Codice penale

IUSTITIAM COLIMUS

Vincenzo Lopilato
Antonella Massaro

Codice penale

con la collaborazione di

Angelo Giraldi e Lorenza Grossi

Giappichelli

VIA PO, 21 - TEL. 011-81.53.111
http://www.giappichelli.it

ISBN/EAN 978-88-7524-607-5

G. Giappichelli Editore

Questo libro è stato stampato su carta certificata, riciclabile al 100%

Stampa: Rotolito S.p.A. - Pioltello (MI)

INTRODUZIONE

La scelta di un codice, specie per chi è chiamato a confrontarsi con esami e concorsi, rappresenta per molti aspetti un momento carico di valore simbolico. Quando si arriva a questa scelta, l'esame o il concorso sono ormai alle porte e si tratta quindi della tappa conclusiva di un percorso durato mesi o, più spesso, anni, nel quale si è scelto di investire il proprio tempo, le proprie aspirazioni, i propri sogni. Scegliere un codice, poi, significa selezionare il compagno di viaggio per le prove d'esame o di concorso, lo strumento da interrogare per cercare una conferma alle più radicate convinzioni o per trovare una risposta agli eventuali (e pressoché inevitabili) dubbi.

Lavorando a questa prima edizione del Codice penale abbiamo pensato anzitutto a loro: alle dottoresse e ai dottori, alle donne e agli uomini chiamati a giocare una sfida importante per il futuro. L'opera, tuttavia, rappresenta anche uno strumento utile per gli operatori del diritto, costretti ormai a districarsi in una selva oscura di norme sempre più fitta e impenetrabile, che necessita di strumenti agili, ma completi, per gestire un diritto penale affetto, purtroppo, da un'elefantiasi che non pare destinata ad arrestarsi in tempi brevi.

Quanto alla normativa complementare, abbiamo cercato di conferire alla legislazione *extra codicem* una organicità sistematica attraverso la struttura dell'indice sommario. Non ci siamo limitati, infatti, a seguire l'ordine alfabetico delle materie trattate, ma abbiamo tentato di costruire voci il più possibile omogenee, che rappresentano altrettanti settori del diritto penale complementare: il diritto penale dell'economia, il diritto penale dell'ambiente dei beni culturali e del paesaggio, il diritto penale dei consumatori, la violenza di genere e/o domestica, solo per restare agli esempi più evidenti.

Per ciò che attiene alla struttura del codice penale, in riferimento a ciascun articolo si è dato conto dell'evoluzione normativa, spesso particolarmente complessa, che ha interessato la singola disposizione, indicando poi le norme connesse che, a nostro avviso, risultano indispensabili per meglio contestualizzare l'articolo preso in considerazione.

Consapevoli, poi, della rilevanza di un confronto con l'evoluzione storica, la scelta è stata quella di riportare integralmente, nelle sezioni iniziali dell'opera, la parte generale del codice Zanardelli, con gli opportuni rinvii inseriti, di volta in volta, nel codice penale. Per le singole fattispecie incriminatrici della parte speciale, abbiamo invece riportato, in calce a quelle per le quali il confronto ci sembrava maggiormente significativo, il testo della codificazione precedente.

Tra gli aggiornamenti più recenti e rilevanti di cui l'opera tiene conto, segnaliamo, oltre al d.lgs. 10 ottobre 2022, n. 150 (c.d. riforma Cartabia), la riforma dei reati contro il patrimonio culturale introdotta dalla l. 9 marzo 2022, n. 22 e poi perfezionata dalla l. 22 gennaio 2024, n.

6; il d.l. 10 marzo 2023, n. 20, convertito con l. 5 maggio 2023, n. 50 (c.d. decreto Cutro); il d.l. 15 settembre 2023, n. 123, convertito con l. 13 novembre 2023, n. 59 (c.d. decreto Caivano); la l. 21 febbraio 2024, n. 14, di Ratifica ed esecuzione del Protocollo tra il Governo della Repubblica italiana e il Consiglio dei ministri della Repubblica di Albania per il rafforzamento della collaborazione in materia migratoria.

A ciò si aggiungono le rilevanti pronunce della Corte costituzionale, che hanno inciso, in maniera significativa, tanto sulla parte generale quanto su quella speciale. Si pensi, a titolo meramente esemplificativo, alle numerose sentenze che hanno interessato l'art. 69, quarto comma c.p. o alle recenti dichiarazioni di illegittimità costituzionale delle fattispecie di estorsione (629 c.p.) e rapina (628 c.p.), nella parte in cui non prevede che la pena da esso comminata sia diminuita in misura non eccedente un terzo quando per la natura, la specie, i mezzi, le modalità o circostanze dell'azione, ovvero per la particolare tenuità del danno o del pericolo, il fatto risulti di lieve entità (Corte cost., n. 120/2023; Corte cost., n. 86/2024).

Questa prima edizione del codice penale è stata realizzata con la collaborazione di Angelo Giraldi e Lorenza Grossi, entrambi dottori di ricerca, che condividono con noi la passione per il diritto penale e quella per le sfide più ambiziose.

In una fase storica in cui l'ideale del diritto penale come *extrema ratio* sembra definitivamente travolto dall'onda del panpenalismo postmoderno, dedichiamo idealmente questo codice a chi, nonostante tutto, non ha ancora perso la voglia e la speranza di delineare un sistema penale solido, coerente e capace di assolvere a quella funzione di garanzia che, per vincolo costituzionale, lo caratterizza in maniera strutturale e irrinunciabile.

Vincenzo Lopilato e Antonella Massaro

Roma, 13 giugno 2024

SOMMARIO

TESTIMONI DI GIUSTIZIA

v. *Criminalità organizzata*

TORTURA

v. anche *Convenzioni internazionali*

PARTE PRIMA

PRINCIPI FONDAMENTALI

1. Costituzione della Repubblica italiana. Approvata dall'Assemblea Costituente il 22 dicembre 1947, promulgata dal Capo provvisorio dello Stato il 27 dicembre 1947 ed entrata in vigore il 1° gennaio 1948

In Gazzetta Ufficiale, 27 dicembre 1947, n. 298, edizione straordinaria.

Principi fondamentali

1. – L'Italia è una Repubblica democratica [139], fondata sul lavoro [4].

La sovranità appartiene al popolo, che la esercita nelle forme e nei limiti della Costituzione [48, 71^{2}, 75, 101 ss.].

2. – La Repubblica riconosce e garantisce i diritti inviolabili dell'uomo [4, 13 ss.], sia come singolo sia nelle formazioni sociali ove si svolge la sua personalità [18, 19, 20, 29, 39, 45, 49; c.c. 14 ss., 2247 ss.], e richiede l'adempimento dei doveri inderogabili di solidarietà politica, economica e sociale [4, 23, 41 ss., 52 ss.].

3. – Tutti i cittadini hanno pari dignità sociale [disp. att. Cost. XIV] e sono eguali davanti alla legge, senza distinzione di sesso [29, 31, 37, 48, 51], di razza, di lingua [6; disp. att. Cost. X], di religione [8, 19, 20]; di opinioni politiche [21, 22, 49], di condizioni personali e sociali.

È compito della Repubblica rimuovere gli ostacoli di ordine economico [23, 24^{2-3}, 34, 36, 40] e sociale [30^{2}, 31, 32, 37], che, limitando di fatto la libertà e l'eguaglianza dei cittadini, impediscono il pieno sviluppo della persona umana [37, 38] e l'effettiva partecipazione di tutti i lavoratori [35] all'organizzazione politica [39, 49], economica [45-47] e sociale [29, 33] del Paese.

4. – La Repubblica riconosce a tutti i cittadini il diritto al lavoro [35 ss.] e promuove le condizioni che rendano effettivo questo diritto.

Ogni cittadino ha il dovere di svolgere, secondo le proprie possibilità e la propria scelta, una attività o una funzione che concorra al progresso materiale o spirituale della società.

5. – La Repubblica, una e indivisibile, riconosce e promuove le autonomie locali [114 ss.]; attua nei servizi che dipendono dallo Stato [97] il più ampio decentramento amministrativo; adegua i principi ed i metodi della sua legislazione alle esigenze dell'autonomia e del decentramento [disp. att. Cost. IX].

6. – La Repubblica tutela con apposite norme le minoranze linguistiche [3; disp. att. Cost. X].

7. – Lo Stato e la Chiesa cattolica sono, ciascuno nel proprio ordine, indipendenti e sovrani.

I loro rapporti sono regolati dai Patti Lateranensi [(1)]. Le modificazioni dei Patti, accettate dalle due parti, non richiedono procedimento di revisione costituzionale [138].

(1) L. 27.5.1929, n. 810, sull'esecuzione del Trattato e del Concordato sottoscritti in Roma, fra la Santa Sede e l'Italia, l'11.2.1929, e l. 25.3.1985, n. 121 di ratifica dell'accordo che apporta modifiche al Concordato lateranense. Si riportano gli artt. 1 e 2 dell'accordo ratificato con l. 25.3.1985. Art. 1: «*La Repubblica italiana e la Santa Sede riaffermano che lo Stato e la Chiesa cattolica sono, ciascuno nel proprio ordine, indipendenti e sovrani, impegnandosi al pieno rispetto di tale principio nei loro rapporti ed alla reciproca collaborazione per la promozione dell'uomo e il bene del Paese*». Art. 2: «*1. La Repubblica italiana riconosce alla Chiesa cattolica la piena libertà di svolgere la sua missione pastorale, educativa e caritativa, di evangelizzazione e di santificazione. In particolare è assicurata alla Chiesa la libertà di organizzazione, di pubblico esercizio del culto, di esercizio del magistero e del ministero spirituale nonché della giurisdizione in materia ecclesiastica. 2. È ugualmente assicurata la reciproca libertà di comunicazione e di corrispondenza fra la Santa Sede, la Conferenza Episcopale italiana, le Conferenze episcopali regionali, i Vescovi, il clero e i fedeli, così come la libertà di pubblicazione e diffusione degli atti e documenti relativi alla missione della Chiesa. 3. È garantita ai cattolici e alle loro associazioni e organizzazioni la piena libertà di riunione e di manifestazione del pensiero con la parola, lo scritto e ogni altro mezzo di diffusione. 4. La Repubblica italiana riconosce il particolare significato che Roma, sede vescovile del Sommo Pontefice, ha per la cattolicità*».
In seguito alla modifica apportata al Concordato lateranense, non si considera più in vigore il principio, originariamente richiamato dai Patti lateranensi, della religione cattolica come unica religione dello Stato.

8. – Tutte le confessioni religiose sono egualmente libere davanti alla legge [19].

Le confessioni religiose diverse dalla cattolica hanno diritto di organizzarsi secondo i propri statuti, in quanto non contrastino con l'ordinamento giuridico italiano [2, 20] [(1)].

I loro rapporti con lo Stato sono regolati per legge sulla base di intese con le relative rappresentanze [(2)].

(1) L. 24.6.1929, n. 1159, sull'esercizio dei culti ammessi nello Stato e il relativo regolamento d'esecuzione approvato con il r.d. 28.2.1930, n. 289. Art. 1, l. 24.6.1929, n. 1159: «*Sono ammessi nel Regno culti diversi dalla religione Cattolica Apostolica e Romana, purché non professino principi o non seguano riti contrari all'ordine pubblico o al buon costume. L'esercizio, anche pubblico, di tali culti è libero*».

(2) L. 11.8.1984, n. 449 (Norme per la regolazione dei rapporti con la Chiesa Valdese); l. 22.11.1988, nn. 516 e 517 (Rapporti con la Chiesa Avventista e Pentecostale); l. 8.3.1989, n. 520 (Norme per la regolazione dei rapporti tra lo Stato e l'Unione delle Comunità ebraiche italiane); l. 29.11.1995, n. 520 (Norme per la regolazione dei rapporti tra lo Stato e la Chiesa Evangelica Luterana in Italia).

9. – La Repubblica promuove lo sviluppo della cultura e la ricerca scientifica e tecnica [33, 34].

Tutela il paesaggio e il patrimonio storico e artistico della Nazione [c.c. 822^{2}, 826^{2}, 834, 839; c.p. 635^{2}, 639, 733] [(1)].

Tutela l'ambiente, la biodiversità e gli ecosistemi [c.p. 452-*bis* ss.], anche nell'interesse delle future generazioni. La legge dello Stato disciplina i modi e le forme di tutela degli animali [c.p. 544-*bis* ss.] (2).

(1) V. *Normativa complementare*, voce *Ambiente (diritto penale dello), beni culturali e paesaggio*.

(2) Comma introdotto dall'art. 1, co. 1, l. cost. 11.2.2022, n. 1, a decorrere dal 9.3.2022. Secondo quanto previsto dall'art. 3, co. 1, l. cost. n. 1/2022, la legge dello Stato che disciplina i modi e le forme di tutela degli animali qui richiamata si applica alle regioni a statuto speciale e alle Province autonome di Trento e di Bolzano nei limiti delle competenze legislative ad esse riconosciute dai rispettivi statuti. V. *Normativa complementare*, voce *Ambiente (diritto penale dello), beni culturali e del paesaggio*.

10. – L'ordinamento giuridico italiano si conforma alle norme del diritto internazionale generalmente riconosciute [117¹].

La condizione giuridica dello straniero è regolata dalla legge in conformità delle norme e dei trattati internazionali [c.p. 3 ss.].

Lo straniero, al quale sia impedito nel suo paese l'effettivo esercizio delle libertà democratiche garantite dalla Costituzione italiana, ha diritto d'asilo nel territorio della Repubblica secondo le condizioni stabilite dalla legge [c.p. 215, 235, 312].

Non è ammessa l'estradizione dello straniero per reati politici [26; c.p. 13; c.p.p. 697-722] (1).

(1) L'articolo unico, l. cost. 21.6.1967, n. 1 ha previsto che l'ultimo comma dell'art. 10 non si applica ai delitti di genocidio.

11. – L'Italia ripudia la guerra [c.p. 310] come strumento di offesa [52] alla libertà degli altri popoli e come mezzo di risoluzione delle controversie internazionali [60², 78, 87⁹, 103³, 111⁷, 117¹]; consente in condizioni di parità con gli altri Stati, alle limitazioni di sovranità necessarie ad un ordinamento che assicuri la pace e la giustizia fra le Nazioni; promuove e favorisce le organizzazioni internazionali rivolte a tale scopo.

12. – La bandiera della Repubblica è il tricolore italiano; verde, bianco e rosso, a tre bande verticali di eguali dimensioni [c.p. 292] (1).

(1) R.d.l. 24.9.1923, n. 2072 (Norme per l'uso della Bandiera nazionale), conv., con modif., in l. 24.12.1925, n. 2264; d.lgs. 5.5.1948, n. 535 (Foggia ed uso dell'emblema dello Stato).

PARTE I
Diritti e doveri dei cittadini

TITOLO I
Rapporti civili

13. – La libertà personale è inviolabile [c.p. 605 ss.].

Non è ammessa forma alcuna di detenzione di ispezione o perquisizione personale, né qualsiasi altra restrizione della libertà personale, se non per atto motivato dall'Autorità giudiziaria [111⁶⁻⁷] e nei soli casi e modi previsti dalla legge [25³, 68²].

In casi eccezionali di necessità ed urgenza, indicati tassativamente dalla legge, l'autorità di Pubblica sicurezza può adottare provvedimenti provvisori, che devono essere comunicati entro quarantotto ore all'Autorità giudiziaria e, se questa non li convalida nelle successive quarantotto ore, si intendono revocati e restano privi di ogni effetto [c.p.p. 352, 354, 356, 380, 381, 384].

È punita ogni violenza fisica e morale sulle persone comunque sottoposte a restrizioni di libertà [27³; CEDU 3; CDFUE 3; CAT 1; c.p. 606-609, 609-*ter*¹ n. 4, 613-*bis*, 613-*ter*] (1).

La legge stabilisce i limiti massimi della carcerazione preventiva [c.p. 137; c.p.p. 303] (2).

(1) V. *Norme connesse sub* art. 613 bis c.p.

(2) L'espressione "carcerazione preventiva deve intendersi sostituita dall'espressione "custodia cautelare" (art. 11, l. 28.7.1984, n. 398).

14. – Il domicilio [c.c. 43, 45, 46] è inviolabile [c.p. 614 ss.].

Non vi si possono eseguire ispezioni o perquisizioni o sequestri, se non nei casi e modi stabiliti dalla legge secondo le garanzie prescritte per la tutela della libertà personale [13, 111⁶; c.p.p. 244-263, 316-323, 332].

Gli accertamenti e le ispezioni per motivi di sanità [32] e di incolumità pubblica o a fini economici e fiscali [53] sono regolati da leggi speciali.

15. – La libertà e la segretezza della corrispondenza e di ogni altra forma di comunicazione sono inviolabili [68³; c.p. 616, 623-*bis*].

La loro limitazione può avvenire soltanto per atto motivato dell'Autorità giudiziaria [111¹] con le garanzie stabilite dalla legge [c.p.p. 248, 254, 353].

16. – Ogni cittadino può circolare e soggiornare liberamente in qualsiasi parte del territorio nazionale, salvo le limitazioni che la legge stabilisce in via generale per motivi di sanità o di sicurezza [120; c.p. 215, 233]. Nessuna restrizione può essere determinata da ragioni politiche [disp. att. Cost. XIII].

Ogni cittadino è libero di uscire dal territorio della Repubblica e di rientrarvi, salvo gli obblighi di legge [35].

17. – I cittadini hanno diritto di riunirsi pacificamente e senz'armi [c.p. 654, 655].

Per le riunioni, anche in luogo aperto al pubblico, non è richiesto preavviso.

Delle riunioni in luogo pubblico deve essere dato preavviso alle autorità, che possono vietarle soltanto per comprovati motivi di sicurezza o di incolumità pubblica.

18. – I cittadini hanno diritto di associarsi liberamente [2], senza autorizzazione, per fini che non sono vietati ai singoli dalla legge penale [19, 20, 39, 49; c.p. 270, 271, 305, 306, 416, 416-*bis*].

Sono proibite le associazioni segrete e quelle che perseguono, anche indirettamente, scopi politici mediante organizzazioni di carattere militare [8, 18, 20; disp. att. Cost. XII] (1).

(1) V. *Normativa complementare*, voce *Associazioni vietate*.

19. – Tutti hanno diritto di professare liberamente la propria fede religiosa [2, 3, 7, 8, 20] in qualsiasi forma, individuale o associata, di farne propaganda e di esercitarne in privato o in pubblico il culto, purché non si tratti di riti contrari al buon costume [8, 20, 21; c.p. 527-529].

20. – Il carattere ecclesiastico e il fine di religione o di culto d'una associazione od istituzione non possono essere causa di speciali limitazioni legislative, né di speciali gravami fiscali [53] per la sua costituzione, capacità giuridica e ogni forma di attività [8, 19] (1).

(1) Art. 7, dell'accordo di modifica del Concordato lateranense, ratificato con l. 25.3.1985, n. 121: «*1. La Repubblica italiana, richiamandosi al principio enunciato dall'articolo 20 della Costituzione, riafferma che il carattere ecclesiastico e il fine di religione o di culto di una associazione o istituzione non possono essere causa di speciali limitazioni legislative, né di speciali gravami fiscali per la sua costituzione, capacità giuridica e ogni forma di attività. 2. Ferma restando la personalità giuridica degli enti ecclesiastici che ne sono attualmente provvisti, la Repubblica italiana, su domanda dell'autorità ecclesiastica o con il suo assenso, continuerà a riconoscere la personalità giuridica degli enti ecclesiastici aventi sede in Italia, eretti o approvati secondo le norme del diritto canonico, i quali abbiano finalità di religione o di culto. Analogamente si procederà per il riconoscimento agli effetti civili di ogni mutamento sostanziale degli enti medesimi. 3 Agli effetti tributari gli enti ecclesiastici aventi fine di religione o di culto, come pure le attività dirette a tali scopi, sono equiparati a quelli aventi fine di beneficenza o di istruzione. Le attività diverse da quelle di religione o di culto, svolte dagli enti ecclesiastici, sono soggette, nel rispetto della struttura e della finalità di tali enti, alle leggi dello Stato concernenti tali attività e al regime tributario previsto per le medesime. 4. Gli edifici aperti al culto, le pubblicazioni di atti, le affissioni all'interno o all'ingresso degli edifici di culto o ecclesiastici, e le collette effettuate nei predetti edifici, continueranno ad essere soggetti al regime vigente. 5. L'amministrazione dei beni appartenenti agli enti ecclesiastici è soggetta ai controlli previsti dal diritto canonico. Gli acquisti di questi enti sono però soggetti anche ai controlli previsti dalle leggi italiane per gli acquisti delle persone giuridiche. 6. All'atto della firma del presente Accordo, le Parti istituiscono una Commissione paritetica per la formulazione delle norme da sottoporre alla loro approvazione per la disciplina di tutta la materia degli enti e beni ecclesiastici e per la revisione degli impegni finanziari dello Stato italiano e degli interventi del medesimo nella gestione patrimoniale degli enti ecclesiastici. In via transitoria e fino all'entrata in vigore della nuova disciplina restano applicabili gli articoli 17, comma terzo, 18, 27, 29 e 30 del precedente testo concordatario*».

21. – Tutti hanno diritto di manifestare liberamente il proprio pensiero [33] con la parola, lo scritto e ogni altro mezzo di diffusione.

La stampa non può essere soggetta ad autorizzazioni o censure.

Si può procedere a sequestro soltanto per atto motivato dell'Autorità giudiziaria [111^{6}] nel caso di delitti, per i quali la legge sulla stampa espressamente lo autorizzi, o nel caso di violazione delle norme che la legge stessa prescriva per l'indicazione dei responsabili.

In tali casi, quando vi sia assoluta urgenza e non sia possibile il tempestivo intervento dell'Autorità giudiziaria, il sequestro della stampa periodica [c.p. 57-58-*bis*] può essere eseguito da ufficiali di polizia giudiziaria, che devono immediatamente, e non mai oltre ventiquattro ore, fare denunzia all'Autorità giudiziaria. Se questa non lo convalida nelle ventiquattro ore successive, il sequestro s'intende revocato e privo d'ogni effetto.

La legge può stabilire, con norme di carattere generale, che siano resi noti i mezzi di finanziamento della stampa periodica.

Sono vietate le pubblicazioni a stampa, gli spettacoli e tutte le altre manifestazioni contrarie al buon costume [c.p. 527-529]. La legge stabilisce provvedimenti adeguati a prevenire e a reprimere le violazioni.

22. – Nessuno può essere privato, per motivi politici, della capacità giuridica [c.c. 1] della cittadinanza (1), del nome [c.c. 6, 7, 9].

(1) Art. 12, l. 5.2.1992, n. 91, sulle cause di perdita della cittadinanza.

23. – Nessuna prestazione personale [4, 48^{2}, 52^{2}] patrimoniale [41, 42, 53] può essere imposta se non in base alla legge.

24. – Tutti possono agire in giudizio per la tutela dei propri diritti e interessi legittimi [113].

La difesa è diritto inviolabile in ogni stato e grado del procedimento [c.p.c. 86, 87; c.p.p. 96 ss.].

Sono assicurati ai non abbienti, con appositi istituti, i mezzi per agire e difendersi davanti ad ogni giurisdizione [c.p.p. 98].

La legge determina le condizioni e i modi per la riparazione degli errori giudiziari [c.p.p. 314-315, 571-574, 643-647].

25. – Nessuno può essere distolto dal giudice naturale precostituito per legge [101^{2}, 102, 103, 105, 107; c.p.c. 1-36; c.p.p. 1-16].

Nessuno può essere punito se non in forza di una legge che sia entrata in vigore prima del fatto commesso [CEDU 7; CDFUE 49; prel. 11; c.p. 1, 2].

Nessuno può essere sottoposto a misure di sicurezza se non nei casi previsti dalla legge [13^{3}; c.p. 199 ss.].

26. – L'estradizione del cittadino può essere consentita soltanto ove sia espressamente prevista dalle convenzioni internazionali [10; c.p. 13; c.p.p. 697].

Non può in alcun caso essere ammessa per reati politici [10^{4}] (1).

(1) L'articolo unico, l. cost. 21.6.1967, n. 1 ha previsto che l'ultimo comma dell'art. 10 non si applica ai delitti di genocidio.

27. – La responsabilità penale è personale [c.p. 5, 40 ss.].

L'imputato [c.p.p. 60] non è considerato colpevole sino alla condanna definitiva [c.p.p. 648 ss.].

Le pene non possono consistere in trattamenti contrari al senso di umanità [CEDU 3; c.p. 613-*bis*] (1) e devono tendere alla rieducazione del condannato [13^{4}] (2).

Non è ammessa la pena di morte [, se non nei casi previsti dalle leggi militari di guerra] (3).

(1) V. *Norme connesse sub* art. 613 bis c.p.

(2) Art. 1, l. 26.7.1975, n. 354 (Norme sull'ordinamento penitenziario ed esecuzione delle misure privative della libertà personale), in *Normativa complementare*, voce *Ordinamento penitenziario*.

(3) Le parole tra parentesi quadra sono state soppresse dall'art. 1, l. cost. 2.11.2007, n. 1. La pena di morte per i delitti previsti dal codice penale è stata abolita e sostituita con l'ergastolo dall'art. 1, d.lgs.lgt. 10.8.1944, n. 224. L'art. 1, d.lgs. ha poi abolito la pena di morte per i delitti previsti dalle leggi speciali. La l. 13.10.1994, n. 589, infine, ha abolito la pena di morte anche per i reati previsti dal codice penale militare di guerra.

28. – I funzionari e i dipendenti dello Stato e degli enti pubblici sono direttamente responsabili secondo le leggi penali [c.p. 314-335-*bis*], civili e amministrative, degli atti compiuti in violazione di diritti. In tali casi la responsabilità civile si estende allo Stato e agli enti pubblici [97^2].

TITOLO II
Rapporti etico-sociali

29. – La Repubblica riconosce i diritti della famiglia come società naturale fondata sul matrimonio [c.c. 79 ss.].

Il matrimonio è ordinato sull'eguaglianza morale e giuridica dei coniugi [3], con i limiti stabiliti dalla legge a garanzia dell'unità familiare [c.c. 143-158].

30. – È dovere e diritto dei genitori mantenere istruire ed educare i figli, anche se nati fuori del matrimonio [c.c. 147, 148, 261, 279].

Nei casi di incapacità dei genitori, la legge provvede a che siano assolti i loro compiti [c.c. 330, 343, 400-403, 433 ss.; c.p. 34].

La legge assicura ai figli nati fuori dal matrimonio ogni tutela giuridica e sociale, compatibile con i diritti dei membri della famiglia legittima [c.c. 250 ss., 536, 573, 577, 578, 580].

La legge detta le norme e i limiti per la ricerca della paternità [c.c. 269 ss.].

31. – La Repubblica agevola con misure economiche e altre provvidenze la formazione della famiglia e l'adempimento dei compiti relativi con particolare riguardo alle famiglie numerose.

Protegge la maternità (1) e l'infanzia (2) e la gioventù, favorendo gli istituti necessari a tale scopo [37].

(1) Art. 1, l. 22.5.1978, n. 194 e art. 1, l. 19.2.1994, n. 40, in *Normativa complementare*, voce *Aborto, maternità e procreazione medicalmente assistita*.

(2) L. 21.5.1991, n. 176 (Ratifica della Convenzione di New York sui diritti del fanciullo del 20.11.1988).

32. – La Repubblica tutela la salute come fondamentale diritto dell'individuo e interesse della collettività, e garantisce cure gratuite agli indigenti (1).

Nessuno può essere obbligato a un determinato trattamento sanitario se non per disposizione di legge. La legge non può in nessun caso violare i limiti imposti dal rispetto della persona umana (2).

(1) Art. 1, l. 22.12.2017, n. 219, in *Normativa complementare*, voce *Consenso informato e disposizioni anticipate di trattamento*.

(2) Art. 1, l. 13.5.1978, n. 180 (Accertamenti e trattamenti sanitari obbligatori): «Accertamenti e trattamenti sanitari volontari e obbligatori. *Gli accertamenti e i trattamenti sanitari sono volontari.*
Nei casi di cui alla presente legge e in quelli espressamente previsti da leggi dello Stato possono essere disposti dall'autorità sanitaria accertamenti e trattamenti sanitari obbligatori nel rispetto della dignità della persona e dei diritti civili e politici garantiti dalla Costituzione, compreso per quanto possibile il diritto alla libera scelta del medico e del luogo di cura.
Gli accertamenti e i trattamenti sanitari obbligatori a carico dello Stato e di enti o istituzioni pubbliche sono attuati dai presidi sanitari pubblici territoriali e, ove necessiti la degenza, nelle strutture ospedaliere pubbliche o convenzionate.
Nel corso del trattamento sanitario obbligatorio chi vi è sottoposto ha diritto di comunicare con chi ritenga opportuno.
Gli accertamenti e i trattamenti sanitari obbligatori di cui ai precedenti commi devono essere accompagnati da iniziative rivolte ad assicurare il consenso e la partecipazione da parte di chi vi è obbligato.
Gli accertamenti e i trattamenti sanitari obbligatori sono disposti con provvedimento del sindaco, nella sua qualità di autorità sanitaria locale, su proposta motivata di un medico».

33. – L'arte e la scienza sono libere e libero ne è l'insegnamento.

La Repubblica detta le norme generali sulla istruzione ed istituisce scuole statali per tutti gli ordini e gradi.

Enti e privati hanno il diritto di istituire scuole ed istituti di educazione, senza oneri per lo Stato.

La legge, nel fissare i diritti e gli obblighi delle scuole non statali che chiedono la parità, deve assicurare ad esse piena libertà e ai loro alunni un trattamento scolastico equipollente a quello degli alunni di scuole statali.

È prescritto un esame di Stato per la ammissione ai vari ordini e gradi di scuole o per la conclusione di essi e per l'abilitazione all'esercizio professionale [c.c. 2229 ss.].

Le istituzioni di alta cultura, università ed accademie, hanno il diritto di darsi ordinamenti autonomi nei limiti stabiliti dalle leggi dello Stato.

La Repubblica riconosce il valore educativo, sociale e di promozione del benessere psicofisico dell'attività sportiva in tutte le sue forme (1).

(1) Comma introdotto dall'art. 1, co. 1, l. cost. 26.9.2023, n. 1, a decorrere dal 22.10.2023.

34. – La scuola è aperta a tutti.

L'istruzione inferiore, impartita per almeno otto anni, è obbligatoria e gratuita.

I capaci e meritevoli, anche se privi di mezzi, hanno diritto di raggiungere i gradi più alti degli studi.

La Repubblica rende effettivo questo diritto con borse di studio, assegni alle famiglie ed altre provvidenze, che devono essere attribuite per concorso (1).

(1) Art. 1, d.lgs. 15.4.2005, n. 76: «Diritto-dovere all'istruzione e alla formazione. *1. La Repubblica promuove l'apprendimento in tutto l'arco della vita e assicura a tutti pari opportunità di raggiungere elevati livelli culturali e di sviluppare le capacità e le competenze, attraverso conoscenze e abilità, generali e specifiche, coerenti con le attitudini e le scelte personali, adeguate all'inserimento nella vita sociale e nel mondo del lavoro, anche con riguardo alle dimensioni locali, nazionale ed europea. 2. L'obbligo scolastico di cui all'articolo 34 della Costituzione, nonché l'obbligo formativo, introdotto dall'articolo 68 della legge 17 maggio 1999, n. 144, e successive modificazioni, sono ridefiniti ed ampliati, secondo quanto previsto dal presente articolo, come diritto all'istruzione e formazione e correlativo dovere. 3. La Repubblica assicura a tutti il diritto all'istruzione e alla formazione, per almeno dodici anni o, comunque, sino al conseguimento di una qualifica di durata almeno triennale entro il diciottesimo anno di età. Tale diritto si realizza nelle istituzioni del primo e del secondo ciclo*

del sistema educativo di istruzione e di formazione, costituite dalle istituzioni scolastiche e dalle istituzioni formative accreditate dalle regioni e dalle province autonome di Trento e di Bolzano, anche attraverso l'apprendistato di cui all'articolo 48 del decreto legislativo 10 settembre 2003, n. 276, ivi comprese le scuole paritarie riconosciute ai sensi della legge 10 marzo 2000, n. 62, secondo livelli essenziali di prestazione definiti a norma dell'articolo 117, secondo comma, lettera m), della Costituzione. 4. I genitori, o chi ne fa le veci, che intendano provvedere privatamente o direttamente all'istruzione dei propri figli, ai fini dell'esercizio del diritto-dovere, devono dimostrare di averne la capacità tecnica o economica e darne comunicazione anno per anno alla competente autorità, che provvede agli opportuni controlli. 5. Nelle istituzioni scolastiche statali la fruizione del diritto di cui al comma 3 non è soggetta a tasse di iscrizione e di frequenza. 6. La fruizione dell'offerta di istruzione e di formazione come previsto dal presente decreto costituisce per tutti ivi compresi, ai sensi dell'articolo 38 del testo unico delle disposizioni concernenti la disciplina dell'immigrazione e norme sulla condizione dello straniero, di cui al decreto legislativo 25 luglio 1998, n. 286, i minori stranieri presenti nel territorio dello Stato, oltre che un diritto soggettivo, un dovere sociale ai sensi dell'articolo 4, secondo comma, della Costituzione, sanzionato come previsto dall'articolo 5. 7. La Repubblica garantisce, attraverso adeguati interventi, l'integrazione nel sistema educativo di istruzione e formazione delle persone in situazione di handicap, a norma della legge 5 febbraio 1992, n. 104, e successive modificazioni. 8. L'attuazione del diritto e del correlativo dovere di cui al presente articolo si realizza con le gradualità e modalità previste dall'articolo».

TITOLO III
Rapporti economici

35. – La Repubblica tutela il lavoro [4, 37^3, 38, 99] in tutte le sue forme ed applicazioni (1).

Cura la formazione e l'elevazione professionale dei lavoratori.

Promuove e favorisce gli accordi e le organizzazioni internazionali intesi ad affermare e regolare i diritti del lavoro.

Riconosce la libertà di emigrazione [16^2], salvo gli obblighi stabiliti dalla legge nell'interesse generale, e tutela il lavoro italiano all'estero.

(1) L. 20.5.1970, n. 300, in *Normativa complementare*, voce *Lavoro (diritto penale del), Diritti dei lavoratori.*

36. – Il lavoratore ha diritto ad una retribuzione proporzionata alla quantità e qualità del suo lavoro [37] e in ogni caso sufficiente ad assicurare a sé e alla famiglia un'esistenza libera e dignitosa [c.c. 2099-2102, 2120-2122, 2131].

La durata massima della giornata lavorativa è stabilita dalla legge [c.c. 2107, 2018].

Il lavoratore ha diritto al riposo settimanale e a ferie annuali retribuite, e non può rinunziarvi [c.c. 2019].

37. – La donna lavoratrice ha gli stessi diritti e, a parità di lavoro, le stesse retribuzioni che spettano al lavoratore [3]. Le condizioni di lavoro devono consentire l'adempimento della sua essenziale funzione familiare e assicurare alla madre e al bambino una speciale e adeguata protezione.

La legge stabilisce il limite minimo di età per il lavoro salariato.

La Repubblica tutela il lavoro dei minori con speciali norme e garantisce ad essi, a parità di lavoro, il diritto alla parità di retribuzione [31].

38. – Ogni cittadino inabile al lavoro e sprovvisto dei mezzi necessari per vivere ha diritto al mantenimento e all'assistenza sociale (1).

I lavoratori hanno diritto che siano preveduti ed assicurati mezzi, adeguati alle loro esigenze di vita in caso di infortunio, malattia, invalidità e vecchiaia, disoccupazione involontaria [c.c. 2110].

Gli inabili ed i minorati hanno diritto all'educazione e all'avviamento professionale.

Ai compiti previsti in questo articolo provvedono organi ed istituti predisposti o integrati dallo Stato.

L'assistenza privata è libera.

(1) Cfr. l. 5.2.1992, n. 104 (*Legge quadro per l'assistenza, l'integrazione e i diritti delle persone handicappate*).

39. – L'organizzazione sindacale è libera [18].

Ai sindacati non può essere imposto altro obbligo se non la loro registrazione presso uffici locali o centrali, secondo le norme di legge.

È condizione per la registrazione che gli statuti dei sindacati sanciscano un ordinamento interno a base democratica.

I sindacati registrati hanno personalità giuridica. Possono, rappresentati unitariamente in proporzione dei loro iscritti, stipulare contratti collettivi di lavoro con efficacia obbligatoria per tutti gli appartenenti alle categorie alle quali il contratto si riferisce.

40. – Il diritto di sciopero si esercita nell'ambito delle leggi che lo regolano [c.p. 503 ss.].

41. – L'iniziativa economica privata è libera [c.c. 2082 ss.].

Non può svolgersi in contrasto con la utilità sociale o in modo da recare danno alla salute, all'ambiente, alla sicurezza, alla libertà, alla dignità umana [c.c. 2087; c.p. 437, 451] (1).

La legge determina i programmi e i controlli opportuni perché l'attività economica pubblica e privata possa essere indirizzata e coordinata a fini sociali e ambientali [43] (2) (3).

(1) Comma così modificato dall'art. 2, co. 1, lett. a), l. cost. 11.2.2022, n. 1, a decorrere dal 9.3.2022.

(2) V. la l. 10.10.1990, n. 287, per la tutela della concorrenza e del mercato.

(3) Comma così modificato dall'art. 2, co. 1, lett. b), l. cost. 11.2.2022, n. 1, a decorrere dal 9.3.2022.

42. – La proprietà è pubblica [c.c. 822-831] o privata [c.c. 832]. I beni economici appartengono allo Stato, ad enti o a privati.

La proprietà privata è riconosciuta e garantita dalla legge, che ne determina i modi di acquisto [c.c. 922], di godimento e i limiti allo scopo di assicurarne la funzione sociale e di renderla accessibile a tutti [44-46, 47^2].

La proprietà privata può essere, nei casi previsti dalla legge, e salvo indennizzo, espropriata per motivi d'interesse generale [c.c. 834] (1).

La legge stabilisce le norme ed i limiti della successione legittima [c.c. 565 ss.] e testamentaria [c.c. 587] e i diritti dello Stato sulle eredità [c.c. 586].

(1) Cfr. art. 1 CDFUE e art. 1 Protocollo 1 CEDU, in *Principi fondamentali*.

43. – A fini di utilità generale la legge può riservare originariamente o trasferire, mediante espropriazione [c.c. 834, 835, 838] e salvo indennizzo, allo Stato, ad enti pubblici o a comunità di lavoratori o di utenti, determinate imprese o categorie di imprese, che si riferiscano a servizi pubblici essenziali o a fonti di energia o a situazioni di monopolio ed abbiano carattere di preminente interesse generale.

44. – Al fine di conseguire il razionale sfruttamento del suolo e di stabilire equi rapporti sociali, la legge impone obblighi e vincoli alla proprietà terriera privata [c.c. 840], fissa limiti alla sua estensione secondo [c.c. 846] le regioni e le zone agrarie, promuove ed impone la bonifica delle terre [c.c. 857], la trasformazione del latifondo e la ricostituzione delle unità produttive; aiuta la piccola e la media proprietà.

La legge dispone provvedimenti a favore delle zone montane.

45. – La Repubblica riconosce la funzione sociale della cooperazione a carattere di mutualità e senza fini di speculazione privata. La legge ne promuove e favorisce l'incremento con i mezzi più idonei e ne assicura, con gli opportuni controlli [c.c. 2545-*quaterdecies*-2545-*octiedecies*], il carattere e le finalità.

La legge provvede alla tutela e allo sviluppo dell'artigianato [c.c. 2083, 2202].

46. – Ai fini della elevazione economica e sociale del lavoro [35] e in armonia con le esigenze della produzione, la Repubblica riconosce il diritto dei lavoratori a collaborare, nei modi e nei limiti stabiliti dalle leggi, alla gestione delle aziende.

47. – La Repubblica incoraggia e tutela il risparmio in tutte le sue forme; disciplina, coordina e controlla l'esercizio del credito.

Favorisce l'accesso del risparmio popolare alla proprietà dell'abitazione, alla proprietà diretta coltivatrice e al diretto e indiretto investimento azionario nei grandi complessi produttivi del Paese.

TITOLO IV
Rapporti politici

48. – Sono elettori [56, 58, 71^{2}, 75^{1,3}] tutti i cittadini, uomini e donne, che hanno raggiunto la maggiore età [c.c. 2].

Il voto è personale ed eguale, libero [c.p. 416-*ter*] e segreto. Il suo esercizio è dovere civico.

La legge stabilisce requisiti e modalità per l'esercizio del diritto di voto dei cittadini residenti all'estero e ne assicura l'effettività. A tal fine è istituita una circoscrizione Estero per l'elezione delle Camere, alla quale sono assegnati seggi nel numero stabilito da norma costituzionale [56^{2}, 57^{2}] e secondo criteri determinati dalla legge[(1)].

Il diritto di voto non può essere limitato se non per incapacità civile o per effetto di sentenza penale irrevocabile o nei casi di indegnità morale indicati dalla legge [disp. att. Cost. XII, XIII; c.p. 19, 28, 29; c.p.p. 662].

(1) Comma introdotto dall'art. 1, l. cost. 17.1.2000, n. 1. Le norme per l'esercizio del diritto di voto dei cittadini italiani residenti all'estero sono state approvate con l. 27.12.2001, n. 459.

49. – Tutti i cittadini hanno diritto di associarsi liberamente in partiti per concorrere con metodo democratico a determinare la politica nazionale [18, 98^{3}; disp. att. Cost. XII].

50. – Tutti i cittadini possono rivolgere petizioni[(1)] alle Camere per chiedere provvedimenti legislativi o esporre comuni necessità.

(1) V. gli artt. 140 e 141 del Regolamento del Senato, 17.2.1971; l'art. 109 del Regolamento della Camera, 18.2.1971.

51. – Tutti i cittadini dell'uno o dell'altro sesso [3] possono accedere agli uffici pubblici e alle cariche elettive in condizioni di eguaglianza, secondo i requisiti stabiliti dalla legge [56^{3}, 58^{2}, 84^{1}, 97^{3}, 104^{3}, 106, 135^{1,2,6}; disp. att. Cost. XIII]. A tale fine la Repubblica promuove con appositi provvedimenti le pari opportunità tra donne e uomini [117^{7}][(1)].

La legge può, per l'ammissione ai pubblici uffici e alle cariche elettive, parificare ai cittadini gli italiani non appartenenti alla Repubblica.

Chi è chiamato a funzioni pubbliche elettive ha diritto di disporre del tempo necessario al loro adempimento e di conservare il suo posto di lavoro.

(1) Periodo introdotto dall'art. 1, l. cost. 30.5.2003, n. 1.

52. – La difesa della patria è sacro dovere del cittadino.

Il servizio militare è obbligatorio nei limiti e modi stabiliti dalla legge[(1)]. Il suo adempimento non pregiudica la posizione di lavoro del cittadino, né l'esercizio dei diritti politici.

L'ordinamento delle Forze armate si informa allo spirito democratico della Repubblica [98].

(1) V. l. 23.8.2004, n. 226 (Sospensione anticipata di leva e disciplina dei volontari di truppa in ferma prefissata, nonché delega al Governo per il conseguente coordinamento con la normativa di settore) e, in attuazione, d.lgs. 19.8.2005, n. 197 e d.lgs. 6.10.2006, n. 275.

53. – Tutti sono tenuti a concorrere alle spese pubbliche in ragione della loro capacità contributiva.

Il sistema tributario è informato a criteri di progressività.

54. – Tutti i cittadini hanno il dovere di essere fedeli alla Repubblica e di osservarne la Costituzione e le leggi.

I cittadini cui sono affidate funzioni pubbliche hanno il dovere di adempierle, con disciplina ed onore, prestando giuramento [91, 93, 135^{3}] nei casi stabiliti dalla legge.

PARTE II
Ordinamento della Repubblica

TITOLO I
Il Parlamento

Sezione I
Le Camere

55. – Il Parlamento si compone della Camera dei deputati [56, 60] e del Senato della Repubblica [57 ss.].

Il Parlamento si riunisce in seduta comune dei membri delle due Camere nei soli casi stabiliti dalla Costituzione [63^{2}, $64^{2,3}$, 83, 90^{2}, 91, 104^{4}, $135^{1,7}$].

56. [(1)] – La Camera dei deputati è eletta a suffragio universale e diretto [48, 60, 61].

Il numero dei deputati è di quattrocento, otto dei quali eletti nella circoscrizione Estero [48^{3}] [(2)].

Sono eleggibili a deputati tutti gli elettori che nel giorno della elezione hanno compiuto i venticinque anni di età [51^{1}].

La ripartizione dei seggi tra le circoscrizioni, fatto salvo il numero dei seggi assegnati alla circoscrizione Estero, si effettua dividendo il numero degli abitanti della Repubblica, quale risulta dall'ultimo censimento generale della popolazione, per trecentonovantadue e distribuendo i seggi in proporzione alla popolazione di ogni circoscrizione, sulla base dei quozienti interi e dei più alti resti [(3)].

(1) Articolo così sostituito dall'art. 1, l. cost. 9.2.1963, n. 2.

(2) Comma sostituito dall'art. 1, co. 1, l. cost. 23.1.2001, n. 1.
Questo comma è stato poi così modificato dall'art. 1, co. 1, lett. a), l. cost. 19.10.2020, n. 1, a decorrere dal 5.11.2020.
Il testo antecedente alla modifica del 2020 così disponeva: «*Il numero dei deputati è di seicentotrenta, dodici dei quali eletti nella circoscrizione Estero*».
Il testo antecedente alla sostituzione del 2001 così disponeva: «*Il numero dei deputati è di seicentotrenta*».

(3) Comma modificato dall'art. 1, co. 2, l. cost. 23.1.2001, n. 1.
Questo comma è stato poi così modificato dall'art. 1, co. 1, lett. b), l. cost. 19.10.2020, n. 1, a decorrere dal 5.11.2020.
Il testo antecedente alla modifica del 2020 così disponeva: «*La ripartizione dei seggi tra le circoscrizioni, fatto salvo il numero dei seggi assegnati alla circoscrizione Estero, si effettua dividendo il numero degli abitanti della Repubblica, quale risulta dall'ultimo censimento generale della popolazione, per seicentodiciotto e distribuendo i seggi in proporzione alla popolazione di ogni circoscrizione, sulla base dei quozienti interi e dei più alti resti*».
Il testo antecedente alla modifica del 2001 così disponeva: «*La ripartizione dei seggi tra le circoscrizioni si effettua dividendo il numero degli abitanti della Repubblica, quale risulta dall'ultimo censimento generale della popolazione, per seicentotrenta e distribuendo i seggi in proporzione alla popolazione di ogni circoscrizione, sulla base dei quozienti interi e dei più alti resti*».

57. [(1)] – Il Senato della Repubblica è eletto a base regionale, salvi i seggi assegnati alla circoscrizione Estero [48^{3}] [(2)].

Il numero dei senatori elettivi è di duecento, quattro dei quali eletti nella circoscrizione Estero [(3)].

Nessuna Regione o Provincia autonoma può avere un numero di senatori inferiore a tre; il Molise ne ha due, la Valle d'Aosta uno [(4)].

La ripartizione dei seggi tra le Regioni o le Province autonome, previa applicazione delle disposizioni del precedente comma, si effettua in proporzione alla loro popolazione, quale risulta dall'ultimo censimento generale, sulla base dei quozienti interi e dei più alti resti [(5)].

(1) Articolo prima sostituito dall'art. 2, l. cost. 9.2.1963, n. 2 e poi così modificato dall'art. 2, l. cost. 27.12.1963, n. 3.

(2) Comma così sostituito dall'art. 2, co. 1, l. cost. 23.1.2001, n. 1
Il testo previgente così disponeva: «*Il Senato della Repubblica è eletto a base regionale.*».

(3) Comma sostituito dall'art. 2, co. 2, l. cost. 23.1.2001, n. 1.
Questo comma, poi, è stato così modificato dall'art. 2, co. 1, lett. a), l. cost. 19.10.2020, n. 1, a decorrere dal 5.11.2020.
Il testo antecedente alla modifica del 2020 così disponeva: «*Il numero dei senatori elettivi è di trecentoquindici, sei dei quali eletti nella circoscrizione Estero*».
Il testo antecedente alla sostituzione del 2001 così disponeva: «*Il numero dei senatori elettivi è di trecentoquindici.*».

(4) Comma così modificato dall'art. 2, co. 1, lett. b), l. cost. 19.10.2020, n. 1, a decorrere dal 5.11.2020.
Il testo previgente così disponeva: «*Nessuna Regione può avere un numero di senatori inferiore a sette; il Molise ne ha due, la Valle d'Aosta uno*».

(5) Comma modificato dall'art. 2, co. 3, l. cost. 23.1.2001, n. 1.
Questo comma, poi, è stato così sostituito dall'art. 2, co. 1, lett. c), l. cost. 19.10.2020, n. 1, a decorrere dal 5.11.2020; questa disposizione si applica, secondo quanto disposto dall'art. 4, co. 1, della stessa l. cost. n. 1/2020, a decorrere dalla data del primo scioglimento o della prima cessazione delle Camere successiva alla data di entrata in vigore della suddetta l. cost. n. 1/2020 e comunque non prima che siano decorsi sessanta giorni dalla predetta data di entrata in vigore.
Il testo antecedente alla sostituzione del 2020 così disponeva: «*La ripartizione dei seggi fra le Regioni, fatto salvo il numero dei seggi assegnati alla circoscrizione Estero, previa applicazione delle disposizioni del precedente comma, si effettua in proporzione alla popolazione delle Regioni, quale risulta dall'ultimo censimento generale, sulla base dei quozienti interi e dei resti più alti.*».
Il testo in vigore prima della modifica del 2001 era il seguente: «*La ripartizione dei seggi fra le Regioni, previa applicazione delle disposizioni del precedente comma, si effettua in proporzione alla popolazione delle Regioni, quale risulta dall'ultimo censimento generale, sulla base dei quozienti interi e dei resti più alti*».

58. – I senatori sono eletti a suffragio universale e diretto [48, 60, 61] [(1)].

Sono eleggibili a senatori gli elettori che hanno compiuto il quarantesimo anno di età [51^{1}].

(1) Comma così modificato dall'art. 1, co. 1, l. cost. 18.10.2021, n. 1, a decorrere dal 4.11.2021.

59. – È senatore di diritto e a vita, salvo rinunzia, chi è stato Presidente della Repubblica [83 ss.].

Il Presidente della Repubblica può nominare senatori a vita cittadini che hanno illustrato la Patria per altissimi meriti nel campo sociale, scientifico, artistico e letterario. Il numero complessivo dei senatori in carica nominati dal Presidente della Repubblica non può in alcun caso essere superiore a cinque [(1)].

(1) Comma così sostituito dall'art. 3, co. 1, l. cost. 19.10.2020, n. 1, a decorrere dal 5.11.2020.
Il testo previgente così disponeva: «*Il Presidente della Repubblica può nominare senatori a vita cinque cittadini che hanno illustrato la*

Patria per altissimi meriti nel campo sociale, scientifico, artistico e letterario».

60. (1) – La Camera dei deputati e il Senato della Repubblica sono eletti per cinque anni [88].

La durata di ciascuna Camera non può essere prorogata se non per legge e soltanto in caso di guerra.

(1) Articolo così sostituito dall'art. 3, l. cost. 9.2.1963, n. 2.

61. – Le elezioni delle nuove Camere hanno luogo entro settanta giorni dalla fine delle precedenti. La prima riunione ha luogo non oltre il ventesimo giorno dalle elezioni [87[3]].

Finché non siano riunite le nuove Camere sono prorogati i poteri delle precedenti.

62. – Le Camere si riuniscono di diritto il primo giorno non festivo di febbraio e di ottobre.

Ciascuna Camera può essere convocata in via straordinaria per iniziativa del suo Presidente o del Presidente della Repubblica o di un terzo dei suoi componenti [77[2]].

Quando si riunisce in via straordinaria una Camera, è convocata di diritto anche l'altra.

63. – Ciascuna Camera elegge fra i suoi componenti il Presidente e l'Ufficio di presidenza.

Quando il Parlamento si riunisce in seduta comune [55[2]], il Presidente e l'Ufficio di presidenza sono quelli della Camera dei deputati.

64. – Ciascuna Camera adotta il proprio regolamento a maggioranza assoluta dei suoi componenti [72].

Le sedute sono pubbliche: tuttavia ciascuna delle due Camere e il Parlamento a Camere riunite [55[2]] possono deliberare di adunarsi in seduta segreta.

Le deliberazioni di ciascuna Camera e del Parlamento non sono valide se non è presente la maggioranza dei loro componenti, e se non sono adottate a maggioranza dei presenti, salvo che la Costituzione prescriva una maggioranza speciale [64[1], 73[2], 83[3], 90[2], 138[1,3]].

I membri del Governo, anche se non fanno parte delle Camere, hanno diritto, e se richiesti obbligo, di assistere alle sedute. Devono essere sentiti ogni volta che lo richiedono.

65. – La legge determina i casi di ineleggibilità e di incompatibilità con l'Ufficio di deputato o di senatore [66, 84[2], 104[7], 122[2], 135[6]].

Nessuno può appartenere contemporaneamente alle due Camere.

66. – Ciascuna Camera giudica dei titoli di ammissione dei suoi componenti e delle cause sopraggiunte di ineleggibilità e di incompatibilità [56, 58, 65, 122[2]].

67. – Ogni membro del Parlamento rappresenta la Nazione ed esercita le sue funzioni senza vincolo di mandato.

68. (1) – I membri del Parlamento non possono essere chiamati a rispondere delle opinioni espresse e dei voti dati nell'esercizio delle loro funzioni [122[4]].

Senza autorizzazione della Camera alla quale appartiene, nessun membro del Parlamento può essere sottoposto a perquisizione personale o domiciliare, né può essere arrestato o altrimenti privato della libertà personale [13, 14], o mantenuto in detenzione, salvo che in esecuzione di una sentenza irrevocabile di condanna [27[2]], ovvero se sia colto nell'atto di commettere un delitto per il quale è previsto l'arresto obbligatorio in flagranza [c.p.p. 380, 382].

Analoga autorizzazione è richiesta per sottoporre i membri del Parlamento ad intercettazioni, in qualsiasi forma, di conversazioni o comunicazioni e a sequestro di corrispondenza [15].

(1) Articolo così sostituito dall'art. 1, l. cost. 29.10.1993, n. 3.

69. – I membri del Parlamento ricevono una indennità stabilita dalla legge.

Sezione II
La formazione delle leggi

70. – La funzione legislativa è esercitata collettivamente dalle due Camere [55, 71-77].

71. – L'iniziativa delle leggi appartiene al Governo [87[4], 89, 92 ss.], a ciascun membro delle Camere [55] ed agli organi [99[3], 121[2]] ed enti ai quali sia conferita da legge costituzionale [116[3], 138].

Il popolo esercita l'iniziativa delle leggi, mediante la proposta da parte di almeno cinquantamila elettori di un progetto redatto in articoli.

72. – Ogni disegno di legge, presentato ad una Camera, secondo le norme del suo regolamento, esaminato da una commissione e poi dalla Camera stessa, che l'approva articolo per articolo e con votazione finale [64].

Il regolamento stabilisce procedimenti abbreviati per i disegni di legge dei quali è dichiarata l'urgenza.

Può altresì stabilire in quali casi e forme l'esame e l'approvazione dei disegni di legge sono deferiti a commissioni, anche permanenti, composte in tal modo da rispecchiare la proporzione dei gruppi parlamentari. Anche in tali casi, fino al momento della sua approvazione definitiva, il disegno di legge è rimesso alla Camera, se il Governo o un decimo dei componenti della Camera o un quinto della Commissione richiedono che sia discusso e votato dalla Camera stessa oppure che sia sottoposto alla sua approvazione finale con sole dichiarazioni di voto. Il regolamento determina le forme di pubblicità dei lavori delle commissioni.

La procedura normale di esame e di approvazione diretta da parte della Camera è sempre adottata per i disegni di legge in materia costituzionale ed elettorale e per quelli di delegazione legislativa, di autorizzazione a ratificare trattati internazionali, di approvazione di bilanci e consuntivi [77, 80, 81, 138].

73. – Le leggi sono promulgate dal Presidente della Repubblica entro un mese dall'approvazione [72, 87].

Se le Camere, ciascuna a maggioranza assoluta dei propri componenti, ne dichiarano l'urgenza, la legge è promulgata nel termine da essa stabilito.

Le leggi sono pubblicate subito dopo la promulgazione ed entrano in vigore il quindicesimo giorno successivo alla loro pubblicazione, salvo che le leggi stesse stabiliscano un termine diverso [prel. 10].

74. – Il Presidente della Repubblica, prima di promulgare la legge, può con messaggio motivato alle Camere chiedere una nuova deliberazione [87^2].

Se le Camere approvano nuovamente la legge, questa deve essere promulgata [73].

75. – È indetto *referendum* popolare [87^6, 123, 132] per deliberare la abrogazione, totale o parziale, di una legge [70] o di un atto avente valore di legge [76, 77], quando lo richiedono cinquecentomila elettori o cinque Consigli regionali [121].

Non è ammesso il *referendum* per le leggi tributarie e di bilancio [81], di amnistia e di indulto [79], di autorizzazione a ratificare trattati internazionali [80] (1).

Hanno diritto di partecipare al *referendum* tutti i cittadini chiamati ad eleggere la Camera dei deputati [56].

La proposta soggetta a *referendum* è approvata se ha partecipato alla votazione la maggioranza degli aventi diritto, e se è raggiunta la maggioranza dei voti validamente espressi.

La legge determina le modalità di attuazione del *referendum*.

(1) Art. 2, l. cost. 11.3.1953, n. 1, in *Normativa complementare*, voce *Corte costituzionale*.

76. – L'esercizio della funzione legislativa [70] non può essere delegato [72^4] al Governo [92 ss.] se non con determinazione di principi e criteri direttivi e soltanto per tempo limitato e per oggetti definiti.

77. – Il Governo [92 ss.] non può, senza delegazione delle Camere, emanare decreti che abbiano valore di legge ordinaria [72, 76].

Quando, in casi straordinari di necessità e d'urgenza, il Governo adotta, sotto la sua responsabilità, provvedimenti provvisori con forza di legge, deve il giorno stesso presentarli per la conversione alle Camere che, anche se sciolte, sono appositamente convocate e si riuniscono entro cinque giorni [61^2, 62^2].

I decreti perdono efficacia sin dall'inizio, se non sono convertiti in legge entro sessanta giorni dalla loro pubblicazione [71, 73]. Le Camere possono tuttavia regolare con legge i rapporti giuridici sorti sulla base dei decreti non convertiti.

78. – Le Camere deliberano lo stato di guerra e conferiscono al Governo i poteri necessari [11, 87^9].

79. (1) – L'amnistia e l'indulto [c.p. 151, 174] sono concessi con legge deliberata a maggioranza dei due terzi dei componenti di ciascuna Camera, in ogni suo articolo e nella votazione finale [75^2].

La legge che concede l'amnistia o l'indulto stabilisce il termine per la loro applicazione.

In ogni caso l'amnistia e l'indulto non possono applicarsi ai reati commessi successivamente alla presentazione del disegno di legge.

(1) Articolo così sostituito dall'art. 1, l. cost. 6.3.1992, n. 1.

80. – Le Camere [55] autorizzano con legge la ratifica dei trattati internazionali [87^8] che sono di natura politica, o prevedono arbitrati o regolamenti giudiziari, o importano variazioni del territorio od oneri alle finanze o modificazioni di leggi [72^4, 75^2; disp. att. Cost. V].

81. (1) – Lo Stato assicura l'equilibrio tra le entrate e le spese del proprio bilancio, tenendo conto delle fasi avverse e delle fasi favorevoli del ciclo economico.

Il ricorso all'indebitamento è consentito solo al fine di considerare gli effetti del ciclo economico e, previa autorizzazione delle Camere adottata a maggioranza assoluta dei rispettivi componenti, al verificarsi di eventi eccezionali.

Ogni legge che importi nuovi o maggiori oneri provvede ai mezzi per farvi fronte.

Le Camere ogni anno approvano con legge il bilancio e il rendiconto consuntivo presentati dal Governo.

L'esercizio provvisorio del bilancio non può essere concesso se non per legge e per periodi non superiori complessivamente a quattro mesi.

Il contenuto della legge di bilancio, le norme fondamentali e i criteri volti ad assicurare l'equilibrio tra le entrate e le spese dei bilanci e la sostenibilità del debito del complesso delle pubbliche amministrazioni sono stabiliti con legge approvata a maggioranza assoluta dei componenti di ciascuna Camera, nel rispetto dei principi definiti con legge costituzionale (2).

(1) Articolo così sostituito dal co. 1 dell'art. 1, l. cost. 20.4.2012, n. 1. Le disposizioni della l. cost. n. 1/2012 si applicano, secondo disposto dal co. 1 dell'art. 6 della stessa, a decorrere dall'esercizio finanziario relativo all'anno 2014.
Il testo applicabile fino all'esercizio finanziario relativo all'anno 2013 così disponeva: «*Le Camere approvano ogni anno i bilanci e il rendiconto consuntivo presentati dal Governo. L'esercizio provvisorio del bilancio non può essere concesso se non per legge e per periodi non superiori complessivamente a quattro mesi. Con la legge di approvazione del bilancio non si possono stabilire nuovi tributi e nuove spese. Ogni altra legge che importi nuove e maggiori spese deve indicare i mezzi per farvi fronte*».

(2) In attuazione di quanto disposto da questo comma, l. 24.12.2012, n. 243.

82. – Ciascuna Camera può disporre inchieste su materie di pubblico interesse.

A tale scopo nomina fra i propri componenti una commissione formata in modo da rispecchiare la proporzione dei vari gruppi. La commissione di inchiesta procede alle indagini e agli esami con gli stessi poteri e le stesse limitazioni della Autorità giudiziaria.

TITOLO II
Il Presidente della Repubblica

83. – Il Presidente della Repubblica è eletto dal Parlamento in seduta comune dei suoi membri [55², 85].

All'elezione partecipano tre delegati per ogni Regione [85²] eletti dal Consiglio regionale [121, 126] in modo che sia assicurata la rappresentanza delle minoranze [disp. att. Cost. II]. La Valle d'Aosta ha un solo delegato.

L'elezione del Presidente della Repubblica ha luogo per scrutinio segreto a maggioranza di due terzi della assemblea. Dopo il terzo scrutinio è sufficiente la maggioranza assoluta.

84. – Può essere eletto Presidente della Repubblica ogni cittadino che abbia compiuto cinquanta anni di età e goda dei diritti civili e politici [51¹].

L'ufficio di Presidente della Repubblica è incompatibile con qualsiasi altra carica [65].

L'assegno e la dotazione del Presidente sono determinati per legge (1).

(1) In attuazione di quanto disposto da questo comma, l. 9.8.1948, n. 1077.

85. – Il Presidente della Repubblica è eletto per sette anni [59].

Trenta giorni prima che scada il termine il Presidente della Camera dei deputati [63²] convoca in seduta comune il Parlamento [55] e i delegati regionali [83], per eleggere il nuovo Presidente della Repubblica.

Se le Camere sono sciolte, o manca meno di tre mesi alla loro cessazione [60], la elezione ha luogo entro quindici giorni dalla riunione delle Camere nuove [61]. Nel frattempo sono prorogati i poteri del Presidente in carica.

86. – Le funzioni del Presidente della Repubblica, in ogni caso che egli non possa adempierle, sono esercitate dal Presidente del Senato.

In caso di impedimento permanente o di morte o di dimissioni del Presidente della Repubblica, il Presidente della Camera dei deputati [63²] indice la elezione del nuovo Presidente della Repubblica entro quindici giorni, salvo il maggior termine previsto se le Camere sono sciolte o manca meno di tre mesi alla loro cessazione [85³].

87. – Il Presidente della Repubblica è il capo dello Stato e rappresenta l'unità nazionale.

Può inviare messaggi alle Camere [74¹].

Indice le elezioni delle nuove Camere e ne fissa la prima riunione [61¹].

Autorizza la presentazione alle Camere dei disegni di legge di iniziativa del Governo [71¹].

Promulga le leggi [73, 74, 138²] ed emana i decreti aventi valore di legge [76, 77] e i regolamenti.

Indice il *referendum* popolare nei casi previsti dalla Costituzione [75, 132, 138²].

Nomina, nei casi indicati dalla legge, i funzionari dello Stato.

Accredita e riceve i rappresentanti diplomatici, ratifica i trattati internazionali, previa, quando occorra, l'autorizzazione delle Camere [80].

Ha il comando delle Forze armate, presiede il Consiglio supremo di difesa costituito secondo la legge, dichiara lo stato di guerra deliberato dalle Camere [11, 78].

Presiede il Consiglio superiore della magistratura [104²].

Può concedere grazia [c.p. 174; c.p.p. 681] e commutare le pene.

Conferisce le onorificenze della Repubblica (1).

(1) Con d.P.R. 9.10.2000 è stato approvato il modello dello stendardo del Presidente della Repubblica.

88. – Il Presidente della Repubblica può, sentiti i loro Presidenti, sciogliere le Camere o anche una sola di esse.

Non può esercitare tale facoltà negli ultimi sei mesi del suo mandato, salvo che essi coincidano in tutto o in parte con gli ultimi sei mesi della legislatura (1).

(1) Comma così sostituito dall'art. 1, l. cost. 4.11.1991, n. 1.

89. – Nessun atto del Presidente della Repubblica è valido se non è controfirmato dai ministri proponenti, che ne assumono la responsabilità [90, 95].

Gli atti che hanno valore legislativo [76, 77] e gli altri indicati dalla legge sono controfirmati anche dal Presidente del Consiglio dei ministri.

90. – Il Presidente della Repubblica non è responsabile degli atti compiuti nell'esercizio delle sue funzioni, tranne che per alto tradimento o per attentato alla Costituzione.

In tali casi è messo in stato di accusa dal Parlamento in seduta comune [Cost. 55], a maggioranza assoluta dei suoi membri [Cost. 134, 135] (1).

(1) Artt. 12, 13 e 15, l. cost. 11.3.1953, n. 1 e l. 25.1.1962, n. 20, sui procedimenti e giudizi d'accusa (in *Normativa complementare*, voce *Corte costituzionale*), nonché il Regolamento parlamentare per i procedimenti di accusa, 7-28 giugno 1989.

91. – Il Presidente della Repubblica, prima di assumere le sue funzioni, presta giuramento [54] di fedeltà alla Repubblica e di osservanza della Costituzione dinanzi al Parlamento in seduta comune [55²].

TITOLO III
Il Governo

Sezione I
Il Consiglio dei ministri

92. – Il Governo della Repubblica è composto del Presidente del Consiglio e dei Ministri, che costituiscono insieme il Consiglio dei ministri [93].

Il Presidente della Repubblica nomina il Presidente del Consiglio dei ministri e, su proposta di questo, i Ministri.

93. – Il Presidente del Consiglio dei ministri e i Ministri prima di assumere le funzioni, prestano giuramento [54] nelle mani del Presidente della Repubblica.

94. – Il Governo deve avere la fiducia delle due Camere [55].

Ciascuna Camera accorda o revoca la fiducia mediante mozione motivata e votata per appello nominale.

Entro dieci giorni dalla sua formazione il Governo si presenta alle Camere per ottenerne la fiducia.

Il voto contrario di una o di entrambe le Camere su una proposta del Governo non importa obbligo di dimissioni.

La mozione di sfiducia deve essere firmata da almeno un decimo dei componenti della Camera e non può essere messa in discussione prima di tre giorni dalla sua presentazione.

95. – Il Presidente del Consiglio dei ministri dirige la politica generale del Governo e ne è responsabile. Mantiene la unità di indirizzo politico ed amministrativo, promovendo e coordinando l'attività dei Ministri.

I Ministri sono responsabili collegialmente degli atti del Consiglio dei ministri, e individualmente degli atti dei loro dicasteri [89].

La legge provvede all'ordinamento della Presidenza del Consiglio e determina il numero, le attribuzioni e l'organizzazione dei Ministeri [97¹].

96. – Il Presidente del Consiglio dei ministri e i Ministri, anche se cessati dalla carica, sono sottoposti, per i reati commessi nell'esercizio delle loro funzioni, alla giurisdizione ordinaria, previa autorizzazione del Senato della Repubblica o della Camera dei Deputati, secondo le norme stabilite con legge costituzionale [(1)].

(1) Comma così sostituito dall'art. 1, l. cost. 16.1.1989, n. 1 di modifica alla Costituzione. V. artt. 13 e 14 l. cost. 11.3.1953, n. 1, e l. 25.1.1962, n. 20 (in *Normativa complementare*, voce *Corte costituzionale*).

Sezione II
La Pubblica Amministrazione

97. – Le pubbliche amministrazioni, in coerenza con l'ordinamento dell'Unione europea, assicurano l'equilibrio dei bilanci e la sostenibilità del debito pubblico [(1)].

I pubblici uffici sono organizzati secondo disposizioni di legge [95³], in modo che siano assicurati il buon andamento e la imparzialità dell'amministrazione.

Nell'ordinamento degli uffici sono determinate le sfere di competenza, le attribuzioni e le responsabilità proprie dei funzionari [28].

Agli impieghi nelle Pubbliche Amministrazioni si accede mediante concorso [51¹, 106¹], salvo i casi stabiliti dalla legge.

(1) Comma introdotto dal co. 1 dell'art. 2, l. cost. 20.4.2012, n. 1. Le disposizioni della l. cost. n. 1/2012 si applicano, secondo quanto disposto dal co. 1 dell'art. 6 della stessa, a decorrere dall'esercizio finanziario relativo all'anno 2014.

98. – I pubblici impiegati sono al servizio esclusivo della Nazione.

Se sono membri del Parlamento, non possono conseguire promozioni se non per anzianità.

Si possono con legge stabilire limitazioni al diritto d'iscriversi ai partiti politici [49] per i magistrati [101 ss.], i militari di carriera in servizio attivo, i funzionari ed agenti di polizia, i rappresentanti diplomatici e consolari all'estero.

Sezione III
Gli organi ausiliari

99. – Il Consiglio nazionale dell'economia e del lavoro [(1)] è composto, nei modi stabiliti dalla legge, di esperti e di rappresentanti delle categorie produttive, in misura che tenga conto della loro importanza numerica e qualitativa.

È organo di consulenza delle Camere [55] e del Governo [92] per le materie e secondo le funzioni che gli sono attribuite dalla legge.

Ha l'iniziativa legislativa [71] e può contribuire alla elaborazione della legislazione economica e sociale secondo i principi ed entro i limiti stabiliti dalla legge.

(1) Il CNEL è stato costituito con l. 5.1.1957, n. 33.

100. – Il Consiglio di Stato è organo di consulenza giuridico-amministrativa e di tutela della giustizia nell'amministrazione [103¹].

La Corte dei conti [103²] esercita il controllo preventivo di legittimità sugli atti del Governo, e anche quello successivo sulla gestione del bilancio dello Stato [81]. Partecipa, nei casi e nelle forme stabilite dalla legge, al controllo sulla gestione finanziaria degli enti a cui lo Stato contribuisce in via ordinaria. Riferisce direttamente alle Camere sul risultato del riscontro eseguito [81¹].

La legge assicura l'indipendenza dei due istituti e dei loro componenti di fronte al Governo [108²].

TITOLO IV
La Magistratura

Sezione I
Ordinamento giurisdizionale

101. – La giustizia è amministrata in nome del popolo [1²].

I giudici sono soggetti soltanto alla legge [108].

102. – La funzione giurisdizionale è esercitata da magistrati ordinari istituiti e regolati dalle norme sull'ordinamento giudiziario [106, 108; disp. att. Cost. VII; c.p.c. 1; c.p.p. 1].

Non possono essere istituiti giudici straordinari o giudici speciali [25¹]. Possono soltanto istituirsi presso gli organi giudiziari ordinari sezioni specializzate per determinate materie, anche con la partecipazione di cittadini idonei estranei alla magistratura [disp. att. Cost. VI].

La legge regola i casi e le forme della partecipazione diretta del popolo all'amministrazione della giustizia.

103. – Il Consiglio di Stato [100[1]] e gli altri organi di giustizia amministrativa hanno giurisdizione per la tutela nei confronti della Pubblica Amministrazione degli interessi legittimi e, in particolari materie indicate dalla legge, anche dei diritti soggettivi [24, 111[8], 113, 125[2]].

La Corte dei conti [100[2]] ha giurisdizione nelle materie di contabilità pubblica e nelle altre specificate dalla legge [111[8], 113[3]].

I Tribunali militari in tempo di guerra hanno la giurisdizione stabilita dalla legge. In tempo di pace hanno giurisdizione soltanto per i reati militari commessi da appartenenti alle Forze armate [Cost. 111[7]; disp. att. Cost. VI[2]].

104. – La magistratura costituisce un ordine autonomo e indipendente da ogni altro potere.

Il Consiglio superiore della magistratura [105, 106[3], 107[1]] è presieduto dal Presidente della Repubblica [87[10]].

Ne fanno parte di diritto il primo Presidente e il Procuratore generale della Corte di cassazione.

Gli altri componenti sono eletti per due terzi da tutti i magistrati ordinari tra gli appartenenti alle varie categorie, e per un terzo dal Parlamento in seduta comune [55[2]] tra professori ordinari di università in materie giuridiche ed avvocati dopo quindici anni di esercizio.

Il Consiglio elegge un vice presidente fra i componenti designati dal Parlamento.

I membri elettivi del Consiglio durano in carica quattro anni e non sono immediatamente rieleggibili.

Non possono, finché sono in carica, essere iscritti, negli albi professionali, né far parte del Parlamento [55] o di un Consiglio regionale [121].

105. – Spettano al Consiglio superiore della magistratura, secondo le norme dell'ordinamento giudiziario, le assunzioni, le assegnazioni ed i trasferimenti, le promozioni e i provvedimenti disciplinari nei riguardi dei magistrati [106, 107, 108].

106. – Le nomine dei magistrati hanno luogo per concorso [54, 97[3], 105].

La legge sull'ordinamento giudiziario [108; disp. att. Cost. VII[1]] può ammettere la nomina, anche elettiva, di magistrati onorari per tutte le funzioni attribuite a giudici singoli.

Su designazione del Consiglio superiore della magistratura [104] possono essere chiamati all'ufficio di consiglieri di Cassazione, per meriti insigni, professori ordinari di università in materie giuridiche e avvocati che abbiano quindici anni di esercizio e siano iscritti negli albi speciali per le giurisdizioni superiori (1).

(1) Sulla nomina di professori universitari e di avvocati all'ufficio di consigliere di cassazione, l. 5.8.1998, n. 303.

107. – I magistrati sono inamovibili. Non possono essere dispensati o sospesi dal servizio né destinati ad altre sedi o funzioni se non in seguito a decisione del Consiglio superiore della magistratura [104], adottata o per i motivi e con le garanzie di difesa stabilite dall'ordinamento giudiziario o con il loro consenso.

Il Ministro della giustizia ha facoltà di promuovere l'azione disciplinare [110].

I magistrati si distinguono fra loro soltanto per diversità di funzioni.

Il Pubblico ministero [c.p.c. 69-74; c.p.p. 50 ss.] gode delle garanzie stabilite nei suoi riguardi dalle norme sull'ordinamento giudiziario [108].

108. – Le norme sull'ordinamento giudiziario e su ogni magistratura sono stabilite con legge [disp. att. Cost. VII[1]].

La legge assicura l'indipendenza dei giudici delle giurisdizioni speciali [100[3]], del Pubblico ministero [107[4]] presso di esse, e degli estranei che partecipano all'amministrazione della giustizia [102[3]].

109. – L'Autorità giudiziaria dispone direttamente della polizia giudiziaria [c.p.p. 55-59].

110. – Ferme le competenze del Consiglio superiore della magistratura, spettano al Ministero della giustizia l'organizzazione e il funzionamento dei servizi relativi alla giustizia.

Sezione II
Norme sulla giurisdizione

111. – La giurisdizione [102] si attua mediante il giusto processo regolato dalla legge (1).

Ogni processo si svolge nel contraddittorio [c.p.c. 101; c.p.p. 498] tra le parti, in condizioni di parità, davanti a giudice terzo e imparziale. La legge ne assicura la ragionevole durata (1).

Nel processo penale, la legge assicura che la persona accusata di un reato sia, nel più breve tempo possibile, informata riservatamente della natura e dei motivi dell'accusa elevata a suo carico; disponga del tempo e delle condizioni necessari per preparare la sua difesa; abbia la facoltà, davanti al giudice, di interrogare o di far interrogare le persone che rendono dichiarazioni a suo carico, di ottenere la convocazione e l'interrogatorio di persone a sua difesa nelle stesse condizioni dell'accusa e l'acquisizione di ogni altro mezzo di prova a suo favore [c.p.p. 60, 61, 347 ss.]; sia assistita da un interprete se non comprende o non parla la lingua impiegata nel processo [c.p.p. 143] (1).

Il processo penale è regolato dal principio del contraddittorio nella formazione della prova [c.p.p. 187, 190, 498]. La colpevolezza dell'imputato non può essere provata sulla base di dichiarazioni rese da chi, per libera scelta, si è sempre volontariamente sottratto all'interrogatorio da parte dell'imputato o del suo difensore (1).

La legge regola i casi la cui formazione della prova non ha luogo in contraddittorio per consenso dell'imputato o per accertata impossibilità di natura oggettiva o per effetto di provata condotta illecita (1).

Tutti i provvedimenti giurisdizionali devono essere motivati [13², 14², 15², 21³; c.p.p. 125, 544, 548, 617; c.p.c. 131-135].

Contro le sentenze e contro i provvedimenti sulla libertà personale [13], pronunciati dagli organi giurisdizionali ordinari o speciali, è sempre ammesso ricorso in Cassazione per violazione di legge [137³; c.p.c. 360 ss.; c.p.c. 606 ss.]. Si può derogare a tale norma soltanto per le sentenze dei Tribunali militari in tempo di guerra [103³; disp. att. Cost. VI].

Contro le decisioni del Consiglio di Stato e della Corte dei conti [100] il ricorso in Cassazione è ammesso per i soli motivi inerenti alla giurisdizione [c.p.c. 360; c.p.p. 606].

(1) Comma introdotto dall'art. 1, l. cost. 23.11.1999, n. 2. L'art. 2 ha disposto che la legge regoli l'applicazione dei principi in essa contenuti, ai processi penali in corso alla data della sua entrata in vigore. In attuazione di questa disposizione, l'art. 1, d.l. 7.1.2000, n. 2, convertito in legge, con modificazioni, dall'art. 1, l. 25.2.2000, n. 35, ha così stabilito: «*Art. 1 – 1. Fino alla data di entrata in vigore della legge che disciplina l'attuazione dell'articolo 111 della Costituzione, come modificato dalla legge costituzionale 23 novembre 1999, n. 2, ed in applicazione dell'articolo 2 della stessa legge costituzionale, i principi di cui all'articolo 111 della Costituzione si applicano ai procedimenti in corso salve le regole contenute nei commi successivi. 2. Le dichiarazioni rese nel corso delle indagini preliminari da chi, per libera scelta, si è sempre volontariamente sottratto all'esame dell'imputato o del suo difensore, sono valutate, se già acquisite al fascicolo per il dibattimento, solo se la loro attendibilità è confermata da altri elementi di prova, assunti o formati con diverse modalità. 3. Le dichiarazioni possono essere comunque valutate quando, sulla base di elementi concreti, verificati in contraddittorio, risulta che la persona è stata sottoposta a violenza, minaccia, offerta o promessa di denaro o di altra utilità affinché si sottragga all'esame. 4. Alle dichiarazioni acquisite al fascicolo per il dibattimento, e già valutate ai fini delle decisioni, si applicano nel giudizio dinanzi alla Corte di cassazione le disposizioni vigenti in materia di valutazione della prova al momento delle decisioni stesse. 5. Nell'udienza preliminare dei processi penali in corso nei confronti di imputato minorenne, il giudice, se ritiene di poter decidere allo stato degli atti, informa l'imputato della possibilità di consentire che il procedimento a suo carico sia definito in quella fase. 6. Le disposizioni dei commi precedenti si applicano anche ai procedimenti che proseguono con le norme del codice di procedura penale anteriormente vigente*».

112. – Il Pubblico ministero ha l'obbligo di esercitare l'azione penale [107⁴; c.p.p. 50, 326, 358, 408].

113. – Contro gli atti della Pubblica Amministrazione è sempre ammessa la tutela giurisdizionale [24] dei diritti e degli interessi legittimi dinanzi agli organi di giurisdizione ordinaria [102] o amministrativa [100, 103¹·², 125²].

Tale tutela giurisdizionale non può essere esclusa o limitata a particolari mezzi di impugnazione o per determinate categorie di atti.

La legge determina quali organi di giurisdizione possono annullare gli atti della Pubblica Amministrazione nei casi e con gli effetti previsti dalla legge stessa.

TITOLO V
Le Regioni, le Province, i Comuni

114. (1) – La Repubblica è costituita dai Comuni, dalle Province, dalle Città metropolitane, dalle Regioni [131, 132] e dallo Stato.

I Comuni, le Province, le Città metropolitane e le Regioni sono enti autonomi con propri statuti, poteri e funzioni secondo i principi fissati dalla Costituzione.

Roma è la capitale della Repubblica. La legge dello Stato disciplina il suo ordinamento.

(1) Articolo così sostituito dall'art. 1, l. cost. 18.10.2001, n. 3.
Il testo precedente così disponeva: «*114. La Repubblica si riparte in Regioni, Province e Comuni*».

115. (1) – [Le Regioni sono costituite in enti autonomi con propri poteri e funzioni secondo i principi fissati nella Costituzione.]

(1) Articolo abrogato dall'art. 9, co. 2, l. cost. 18.10.2001, n. 3.

116. (1) – Il Friuli-Venezia Giulia [disp. att. Cost. X], la Sardegna, la Sicilia, il Trentino-Alto Adige/Südtirol e la Valle d'Aosta/Vallé d'Aoste dispongono di forme e condizioni particolari di autonomia, secondo i rispettivi statuti speciali adottati con legge costituzionale [138] (2).

La Regione Trentino-Alto Adige/Südtirol è costituita dalle Province autonome di Trento e di Bolzano.

Ulteriori forme e condizioni particolari di autonomia, concernenti le materie di cui al terzo comma dell'articolo 117 e le materie indicate dal secondo comma del medesimo articolo alle lettere l), limitatamente all'organizzazione della giustizia di pace, n) e s), possono essere attribuite ad altre Regioni, con legge dello Stato, su iniziativa della Regione interessata, sentiti gli enti locali, nel rispetto dei princìpi di cui all'articolo 119. La legge è approvata dalle Camere a maggioranza assoluta dei componenti sulla base di intesa fra lo Stato e la Regione interessata.

(1) Articolo così sostituito dall'art. 2, co. 2, l. cost. 18.10.2001, n. 3.
Il testo precedente così disponeva: «*116. Alla Sicilia, alla Sardegna, al Trentino-Alto Adige al Friuli-Venezia Giulia e alla Valle d'Aosta sono attribuite forme e condizioni particolari di autonomia, secondo statuti speciali adottati con leggi costituzionali*».

(2) R.d.lgs. 15.5.1946, n. 455 (statuto della Regione siciliana , convertito in legge costituzionale con l. cost. 26.2.1948, n. 2); l. cost. 26.2.1948, n. 3 (statuto speciale per la Sardegna); l. cost. 26.2.1948, n. 4 (statuto speciale per la Valle d'Aosta); l. cost. 26.2 1948, n. 5 (statuto speciale per il Trentino-Alto Adige); l. cost. 31.1.1963, n. 1 (statuto speciale della Regione Friuli-Venezia Giulia).

117. (1) (2) – La potestà legislativa è esercitata dallo Stato e dalle Regioni nel rispetto della Costituzione, nonché dei vincoli derivanti dall'ordinamento comunitario e dagli obblighi internazionali [10, 11].

Lo Stato ha legislazione esclusiva nelle seguenti materie:

a) politica estera e rapporti internazionali dello Stato; rapporti dello Stato con l'Unione europea; diritto di asilo e condizione giuridica dei cittadini di Stati non appartenenti all'Unione europea [10³];

b) immigrazione [10^{2}, 118^{3}];
c) rapporti tra la Repubblica e le confessioni religiose [7,8];
d) difesa e Forze armate; sicurezza dello Stato; armi, munizioni ed esplosivi;
e) moneta, tutela del risparmio e mercati finanziari; tutela della concorrenza; sistema valutario; sistema tributario e contabile dello Stato; armonizzazione dei bilanci pubblici; perequazione delle risorse finanziarie [81] [3];
f) organi dello Stato e relative leggi elettorali; *referendum* statali; elezione del Parlamento europeo;
g) ordinamento e organizzazione amministrativa dello Stato e degli enti pubblici nazionali [95^{3},97];
h) ordine pubblico e sicurezza, ad esclusione della polizia amministrativa locale [118^{3}];
i) cittadinanza, stato civile e anagrafi;
l) giurisdizione e norme processuali; ordinamento civile e penale; giustizia amministrativa [101 ss., 116^{3}];
m) determinazione dei livelli essenziali delle prestazioni concernenti i diritti civili e sociali che devono essere garantiti su tutto il territorio nazionale [120^{2}];
n) norme generali sull'istruzione [33, 34, 116^{3}];
o) previdenza sociale [38];
p) legislazione elettorale, organi di governo e funzioni fondamentali di Comuni, Province e Città metropolitane;
q) dogane, protezione dei confini nazionali e profilassi internazionale;
r) pesi, misure e determinazione del tempo; coordinamento informativo statistico e informatico dei dati dell'amministrazione statale, regionale e locale; opere dell'ingegno;
s) tutela dell'ambiente [9^{2}], dell'ecosistema e dei beni culturali [116^{3}].

Sono materie di legislazione concorrente quelle relative a: rapporti internazionali e con l'Unione europea delle Regioni; commercio con l'estero; tutela e sicurezza del lavoro; istruzione, salva l'autonomia delle istituzioni scolastiche e con esclusione della istruzione e della formazione professionale; professioni; ricerca scientifica e tecnologica e sostegno all'innovazione per i settori produttivi; tutela della salute; alimentazione; ordinamento sportivo; protezione civile; governo del territorio; porti e aeroporti civili; grandi reti di trasporto e di navigazione; ordinamento della comunicazione; produzione, trasporto e distribuzione nazionale dell'energia; previdenza complementare e integrativa; coordinamento della finanza pubblica e del sistema tributario; valorizzazione dei beni culturali e ambientali e promozione e organizzazione di attività culturali; casse di risparmio, casse rurali, aziende di credito a carattere regionale; enti di credito fondiario e agrario a carattere regionale. Nelle materie di legislazione concorrente spetta alle Regioni la potestà legislativa, salvo che per la determinazione dei princìpi fondamentali, riservata alla legislazione dello Stato [116^{3}] [4].

Spetta alle Regioni la potestà legislativa in riferimento ad ogni materia non espressamente riservata alla legislazione dello Stato.

Le Regioni e le Province autonome di Trento e di Bolzano, nelle materie di loro competenza, partecipano alle decisioni dirette alla formazione degli atti normativi comunitari e provvedono all'attuazione e all'esecuzione degli accordi internazionali e degli atti dell'Unione europea, nel rispetto delle norme di procedura stabilite da legge dello Stato, che disciplina le modalità di esercizio del potere sostitutivo in caso di inadempienza.

La potestà regolamentare spetta allo Stato nelle materie di legislazione esclusiva, salva delega alle Regioni. La potestà regolamentare spetta alle Regioni in ogni altra materia. I Comuni, le Province e le Città metropolitane hanno potestà regolamentare in ordine alla disciplina dell'organizzazione e dello svolgimento delle funzioni loro attribuite.

Le leggi regionali rimuovono ogni ostacolo che impedisce la piena parità degli uomini e delle donne nella vita sociale, culturale ed economica e promuovono la parità di accesso tra donne e uomini alle cariche elettive [3, 37, 51].

La legge regionale ratifica le intese della Regione con altre Regioni per il migliore esercizio delle proprie funzioni, anche con individuazione di organi comuni.

Nelle materie di sua competenza la Regione può concludere accordi con Stati e intese con enti territoriali interni ad altro Stato, nei casi e con le forme disciplinati da leggi dello Stato.

(1) Articolo così sostituito dall'art. 3, l. cost. 18.10.2001, n. 3.
Il testo precedente così disponeva: «*117. La Regione emana per le seguenti materie norme legislative nei limiti dei principi fondamentali stabiliti dalle leggi dello Stato, sempreché le norme stesse non siano in contrasto con l'interesse nazionale e con quello di altre Regioni: ordinamento degli uffici e degli enti amministrativi dipendenti dalla Regione; circoscrizioni comunali; polizia locale urbana e rurale; fiere e mercati; beneficenza pubblica ed assistenza sanitaria ed ospedaliera; istruzione artigiana e professionale e assistenza scolastica; musei e biblioteche di enti locali; urbanistica; turismo ed industria alberghiera; tramvie e linee automobilistiche di interesse regionale; viabilità, acquedotti e lavori pubblici di interesse regionale; navigazione e porti lacuali; acque minerali e termali; cave e torbiere; caccia; pesca nelle acque interne; agricoltura e foreste; artigianato.*
Altre materie indicate da leggi costituzionali.
Le leggi della Repubblica possono demandare alla Regione il potere di emanare norme per la loro attuazione».
(2) Per l'attuazione delle norme contenute nel presente articolo, l. 5.6.2003, n. 131.
(3) Lettera così modificata dalla lett. a) del co. 1 dell'art. 3, l. cost. 20.4.2012, n. 1. Le disposizioni della l. cost. n. 1/2012 si applicano, secondo quanto disposto dal co. 1 dell'art. 6 della stessa, a decorrere dall'esercizio finanziario relativo all'anno 2014.
Il testo applicabile fino all'esercizio finanziario relativo all'anno 2013 era il seguente: «*e) moneta, tutela del risparmio e mercati finanziari; tutela della concorrenza; sistema valutario; sistema tributario e contabile dello Stato; perequazione delle risorse finanziarie;*».
(4) Comma così modificato dalla lett. b) del co. 1 dell'art. 3, l. cost. 20.4.2012, n. 1. Le disposizioni della l. cost. n. 1/2012 si applicano, secondo quanto disposto dal co. 1 dell'art. 6 della stessa, a decorrere dall'esercizio finanziario relativo all'anno 2014.
Il testo applicabile fino all'esercizio finanziario relativo all'anno 2013 era il seguente: «*Sono materie di legislazione concorrente quel-*

le relative a: rapporti internazionali e con l'Unione europea delle Regioni; commercio con l'estero; tutela e sicurezza del lavoro; istruzione, salva l'autonomia delle istituzioni scolastiche e con esclusione della istruzione e della formazione professionale; professioni; ricerca scientifica e tecnologica e sostegno all'innovazione per i settori produttivi; tutela della salute; alimentazione; ordinamento sportivo; protezione civile; governo del territorio; porti e aeroporti civili; grandi reti di trasporto e di navigazione; ordinamento della comunicazione; produzione, trasporto e distribuzione nazionale dell'energia; previdenza complementare e integrativa; armonizzazione dei bilanci pubblici e coordinamento della finanza pubblica e del sistema tributario; valorizzazione dei beni culturali e ambientali e promozione e organizzazione di attività culturali; casse di risparmio, casse rurali, aziende di credito a carattere regionale; enti di credito fondiario e agrario a carattere regionale. Nelle materie di legislazione concorrente spetta alle Regioni la potestà legislativa, salvo che per la determinazione dei princìpi fondamentali, riservata alla legislazione dello Stato».

In riferimento al primo comma dell'art. 117 Cost., v. anche art. 46 CEDU e art. 61, Regolamento Corte EDU, 14.11.2016: «Procedura della sentenza pilota. *1. La Corte può decidere di applicare la procedura della sentenza pilota e adottare una sentenza pilota quando i fatti all'origine di un ricorso presentato innanzi a essa rivelano l'esistenza, nella Parte contraente interessata, di un problema strutturale o sistemico o di un'altra disfunzione simile che ha dato luogo o potrebbe dare luogo alla presentazione di ricorsi analoghi. 2. a) Prima di decidere di applicare la procedura della sentenza pilota, la Corte deve invitare le parti a comunicare se, a loro avviso, all'origine del ricorso da esaminare vi è un problema o una disfunzione di questo tipo nella Parte contraente interessata e se il ricorso si presta a questa procedura. b) La Corte può decidere di applicare la procedura della sentenza pilota d'ufficio o su richiesta di una o di entrambe le parti. c) Ai ricorsi per i quali si è deciso di applicare la procedura della sentenza pilota deve essere riservato un trattamento prioritario ai sensi dell'articolo 41 del regolamento della Corte. 3. La Corte deve indicare nella sentenza pilota da essa adottata la natura del problema strutturale o sistemico o della disfunzione da essa constatata e il tipo di misure riparatorie che la Parte contraente interessata deve adottare a livello interno in applicazione del dispositivo della sentenza. 4. La Corte, nel dispositivo della sentenza pilota da essa adottata, può fissare un termine per l'adozione delle misure menzionate al precedente paragrafo 3, tenendo conto della natura delle misure richieste e della rapidità con cui è possibile porre rimedio, a livello interno, al problema da essa constatato. 5. Quando adotta una sentenza pilota, la Corte può riservarsi in tutto o in parte l'esame della questione dell'equa soddisfazione, in attesa che la Parte contraente convenuta adotti le misure individuali e generali indicate nella sentenza. 6. a) All'occorrenza, la Corte può rinviare l'esame di tutti i ricorsi che traggono origine da uno stesso motivo in attesa dell'adozione delle misure riparatorie indicate nel dispositivo della sentenza pilota. b) I ricorrenti interessati sono informati della decisione di rinvio nella forma che conviene. Se necessario, viene loro notificato ogni nuovo elemento riguardante la loro causa. c) La Corte può in qualsiasi momento esaminare un ricorso rinviato se ciò è necessario nell'interesse di una buona amministrazione della giustizia. 7. Quando le parti in una causa pilota giungono a una composizione amichevole, quest'ultima deve contenere una dichiarazione della Parte contraente convenuta riparatorie in favore degli altri ricorrenti, dichiarati o potenziali. 8. Se la Parte contraente interessata non si conforma al dispositivo della sentenza pilota, la Corte, salvo decisione contraria, riprende l'esame dei ricorsi che sono stati rinviati in applicazione del precedente paragrafo 6. 9. Il Comitato dei Ministri, l'Assemblea parlamentare del Consiglio d'Europa, il Segretario generale del Consiglio d'Europa e il Commissario per i diritti dell'uomo del Consiglio d'Europa sono informati sistematicamente dell'adozione di una sentenza pilota o di qualsiasi altra sentenza in cui la Corte segnali l'esistenza di un problema strutturale o sistemico all'interno di una Parte contraente. 10. Le informazioni riguardanti la decisione di trattare un ricorso seguendo la procedura della sentenza pilota, l'adozione di una sentenza pilota, la sua esecuzione e la chiusura della procedura sono pubblicate sul sito Internet della Corte».*

118. (1) – Le funzioni amministrative sono attribuite ai Comuni salvo che, per assicurarne l'esercizio unitario, siano conferite a Province, Città metropolitane, Regioni e Stato, sulla base dei principi di sussidiarietà, differenziazione ed adeguatezza.

I Comuni, le Province e le Città metropolitane sono titolari di funzioni amministrative proprie e di quelle conferite con legge statale o regionale, secondo le rispettive competenze.

La legge statale disciplina forme di coordinamento fra Stato e Regione nelle materie di cui alle lettere b) e h) del secondo comma dell'articolo 117, e disciplina inoltre forme di intesa e coordinamento nella materia della tutela dei beni culturali.

Stato, Regioni, Città metropolitane, Province e Comuni favoriscono l'autonoma iniziativa dei cittadini, singoli e associati, per lo svolgimento di attività di interesse generale, sulla base del principio di sussidiarietà.

(1) Articolo così sostituito dall'art. 4, l. cost. 18.10.2001 n. 3. Per l'attuazione delle norme contenute in questo articolo, art. 7, l. 5.6.2003, n. 131.
Il testo precedente così disponeva: «*118. Spettano alla Regione le funzioni amministrative per le materie elencate nel precedente articolo, salvo quelle di interesse esclusivamente locale, che possono essere attribuite dalle leggi della Repubblica alle Province, ai Comuni o ad altri enti locali.*
Lo Stato può con legge delegare alla Regione l'esercizio di altre funzioni amministrative.
La Regione esercita normalmente le sue funzioni amministrative delegandole alle Province, ai Comuni o ad altri enti locali, o valendosi dei loro uffici».

119. (1) – I Comuni, le Province, le Città metropolitane e le Regioni hanno autonomia finanziaria di entrata e di spesa, nel rispetto dell'equilibrio dei relativi bilanci, e concorrono ad assicurare l'osservanza dei vincoli economici e finanziari derivanti dall'ordinamento dell'Unione europea (2).

I Comuni, le Province, le Città metropolitane e le Regioni hanno risorse autonome. Stabiliscono e applicano tributi ed entrate propri, in armonia con la Costituzione [53] e secondo i princìpi di coordinamento della finanza pubblica e del sistema tributario. Dispongono di compartecipazioni al gettito di tributi erariali riferibile al loro territorio.

La legge dello Stato istituisce un fondo perequativo, senza vincoli di destinazione, per i territori con minore capacità fiscale per abitante.

Le risorse derivanti dalle fonti di cui ai commi precedenti consentono ai Comuni, alle Province, alle Città metropolitane e alle Regioni di finanziare integralmente le funzioni pubbliche loro attribuite.

Per promuovere lo sviluppo economico, la coesione e la solidarietà sociale [2], per rimuovere gli squilibri economici e sociali, per favorire l'effettivo esercizio dei diritti della persona, o per provvedere a scopi diversi dal normale esercizio delle loro funzioni, lo Stato destina risorse aggiuntive ed effettua interventi speciali in favore di determinati Comuni, Province, Città metropolitane e Regioni [116^3].

La Repubblica riconosce le peculiarità delle Isole e promuove le misure necessarie a rimuovere gli svantaggi derivanti dall'insularità [(3)].

I Comuni, le Province, le Città metropolitane e le Regioni hanno un proprio patrimonio [c.c. 824, 826], attribuito secondo i princìpi generali determinati dalla legge dello Stato. Possono ricorrere all'indebitamento solo per finanziare spese di investimento, con la contestuale definizione di piani di ammortamento e a condizione che per il complesso degli enti di ciascuna Regione sia rispettato l'equilibrio di bilancio. È esclusa ogni garanzia dello Stato sui prestiti dagli stessi contratti [(4)].

(1) Articolo così sostituito dall'art. 5, l. cost. 18.10.2001, n. 3. In attuazione di questo articolo, l. 5.5.2009, n. 42, in materia di federalismo fiscale.
Il testo precedente così disponeva: «*119. Le Regioni hanno autonomia finanziaria nelle forme e nei limiti stabiliti da leggi della Repubblica, che la coordinano con la finanza dello Stato, delle Province e dei Comuni.*
Alle Regioni sono attribuiti tributi propri e quote di tributi erariali in relazione ai bisogni delle Regioni per le spese necessarie ad adempiere le loro funzioni normali.
Per provvedere a scopi determinati, e particolarmente per valorizzare il Mezzogiorno e le Isole, lo Stato assegna per legge a singole Regioni contributi speciali.
La Regione ha un proprio demanio e patrimonio, secondo le modalità stabilite con legge della Repubblica».

(2) Comma così modificato dalla lett. a) del co. 1 dell'art. 4, l. cost. 20.4.2012, n. 1. Le disposizioni della l. cost. n. 1/2012 si applicano, secondo quanto disposto dal co. 1 dell'art. 6 della stessa, a decorrere dall'esercizio finanziario relativo all'anno 2014.
Il testo applicabile fino all'esercizio finanziario relativo all'anno 2013 era il seguente: «*I Comuni, le Province, le Città metropolitane e le Regioni hanno autonomia finanziaria di entrata e di spesa.*».

(3) Comma introdotto dall'art. 1, co. 1, l. cost. 7.11.2022, n. 2, a decorrere dal 30.11.2022.

(4) Comma così modificato dalla lett. b) del co. 1 dell'art. 4, l. cost. 20.4.2012, n. 1. Le disposizioni della l. cost. n. 1/2012 si applicano, secondo quanto disposto dal co. 1 dell'art. 6 della stessa, a decorrere dall'esercizio finanziario relativo all'anno 2014.
Il testo applicabile fino all'esercizio finanziario relativo all'anno 2013 era il seguente: «*I Comuni, le Province, le Città metropolitane e le Regioni hanno un proprio patrimonio, attribuito secondo i princìpi generali determinati dalla legge dello Stato. Possono ricorrere all'indebitamento solo per finanziare spese di investimento. È esclusa ogni garanzia dello Stato sui prestiti dagli stessi contratti.*».

120. [(1)] – La Regione non può istituire dazi di importazione o esportazione o transito tra le Regioni, né adottare provvedimenti che ostacolino in qualsiasi modo la libera circolazione delle persone e delle cose tra le Regioni [16], né limitare l'esercizio del diritto al lavoro [4, 35] in qualunque parte del territorio nazionale.

Il Governo può sostituirsi a organi delle Regioni, delle Città metropolitane, delle Province e dei Comuni nel caso di mancato rispetto di norme e trattati internazionali o della normativa comunitaria oppure di pericolo grave per l'incolumità e la sicurezza pubblica, ovvero quando lo richiedono la tutela dell'unità giuridica o dell'unità economica e in particolare la tutela dei livelli essenziali delle prestazioni concernenti i diritti civili e sociali, prescindendo dai confini territoriali dei governi locali [117^{2}, lett. *m)*]. La legge definisce le procedure atte a garantire che i poteri sostitutivi siano esercitati nel rispetto del principio di sussidiarietà e del principio di leale collaborazione.

(1) Articolo così sostituito dall'art. 6, l. cost. 18.10.2001, n. 3. Per l'attuazione delle norme contenute in questo articolo, art. 8, l. 5.6.2003, n. 131.
Il testo precedente così disponeva: «*120. La Regione non può istituire dazi d'importazione o esportazione o transito fra le Regioni.*
Non può adottare provvedimenti che ostacolino in qualsiasi modo la libera circolazione delle persone e delle cose fra le Regioni.
Non può limitare il diritto dei cittadini di esercitare in qualunque parte del territorio nazionale la loro professione, impiego o lavoro».

121. – Sono organi della Regione: il Consiglio regionale, la Giunta e il suo Presidente.

Il Consiglio regionale esercita le potestà legislative [e regolamentari] [(1)] attribuite alla Regione [117] e le altre funzioni conferitegli dalla Costituzione [75^{1}, 83^{2}, 122^{3}, 123^{2}, 132, 138^{2}] e dalle leggi. Può fare proposte di legge alle Camere [71^{1}].

La Giunta regionale è l'organo esecutivo delle Regioni.

Il Presidente della Giunta rappresenta la Regione; dirige la politica della Giunta e ne è responsabile; promulga le leggi ed emana i regolamenti regionali; dirige le funzioni amministrative delegate dallo Stato alla Regione, conformandosi alle istruzioni del Governo della Repubblica [118] [(1)].

(1) Le parole tra parentesi quadre sono state soppresse dall'art. 1, l. cost. 22.11.1999, n. 1.

(2) Comma così sostituito dall'art. 1, l. cost. 22.11.1999, n. 1.
Il testo previgente così disponeva: «*Il Presidente della Giunta rappresenta la Regione; promulga le leggi ed i regolamenti regionali, dirige le funzioni amministrative delegate dallo Stato alla Regione, conformandosi alle istruzioni del Governo centrale.*».

122. [(1)] – Il sistema di elezione e i casi di ineleggibilità e di incompatibilità del Presidente e degli altri componenti della Giunta regionale nonché dei consiglieri regionali sono disciplinati con legge della Regione nei limiti dei principi fondamentali stabiliti con legge della Repubblica [84^{2}, 104^{7}, 135^{6}], che stabilisce anche la durata degli organi elettivi [(2)].

Nessuno può appartenere contemporaneamente a un Consiglio o a una Giunta regionale e ad una delle Camere del Parlamento [65, 66], ad un altro Consiglio o ad una altra Giunta regionale, ovvero al Parlamento europeo.

Il Consiglio elegge tra i suoi componenti un Presidente e un ufficio di presidenza.

I consiglieri regionali non possono essere chiamati a rispondere delle opinioni espresse e dei voti dati nell'esercizio delle loro funzioni [68^{1}].

Il Presidente della Giunta regionale, salvo che lo statuto regionale disponga diversamente, è eletto a suffragio universale e diretto. Il Presidente eletto nomina e revoca i componenti della Giunta.

(1) Articolo così sostituito dall'art. 2, l. cost. 22.11.1999, n. 1.
Il testo precedente così disponeva: «*122. Il sistema d'elezione, il numero e i casi di ineleggibilità e di incompatibilità dei consiglieri regionali sono stabiliti con legge della Repubblica.*

Nessuno può appartenere contemporaneamente a un Consiglio regionale e ad una delle Camere del Parlamento o ad un altro Consiglio regionale.
Il Consiglio elegge nel suo seno un Presidente e un ufficio di presidenza per i propri lavori.
I consiglieri regionali non possono essere chiamati a rispondere delle opinioni espresse e dei voti dati nell'esercizio delle loro funzioni.
Il Presidente ed i membri della Giunta sono eletti dal Consiglio regionale tra i suoi componenti.».

(2) In attuazione di quanto disposto da questo comma, l. 2.7.2004, n. 165.

123. (1) – Ciascuna regione ha uno statuto che, in armonia con la Costituzione, ne determina la forma di governo e i principi fondamentali di organizzazione e funzionamento [121]. Lo statuto regola l'esercizio del diritto di iniziativa e del *referendum* su leggi e provvedimenti amministrativi della Regione e la pubblicazione delle leggi e dei regolamenti regionali [117, 118].

Lo statuto è approvato e modificato dal Consiglio regionale [121] con legge approvata a maggioranza assoluta dei suoi componenti, con due deliberazioni successive adottate ad intervallo non minore di due mesi. Per tale legge non è richiesta l'apposizione del visto da parte del Commissario del Governo. Il Governo della Repubblica può promuovere la questione di legittimità costituzionale sugli statuti regionali dinanzi alla Corte costituzionale [134] entro trenta giorni dalla loro pubblicazione [127^{1}].

Lo statuto è sottoposto a *referendum* popolare qualora entro tre mesi dalla sua pubblicazione ne faccia richiesta un cinquantesimo degli elettori della Regione o un quinto dei componenti il Consiglio regionale. Lo statuto sottoposto a *referendum* non è promulgato se non è approvato dalla maggioranza dei voti validi.

In ogni Regione, lo statuto disciplina il Consiglio delle autonomie locali, quale organo di consultazione fra la Regione e gli enti locali (2).

(1) Articolo così sostituito dall'art. 3, l. cost. 22.11.1999, n. 1.
Il testo precedente così disponeva: «*123. Ogni Regione ha uno statuto il quale, in armonia con la Costituzione e con le leggi della Repubblica, stabilisce le norme relative all'organizzazione interna della Regione.*
Lo statuto regola l'esercizio del diritto di iniziativa e del referendum *su leggi e provvedimenti amministrativi della Regione e la pubblicazione delle leggi e dei regolamenti regionali.*
Lo statuto è deliberato dal Consiglio regionale a maggioranza assoluta dei suoi componenti, ed è approvato con legge della Repubblica».

(2) Comma aggiunto dall'art. 7, l. cost. 18.10.2001, n. 3.

124. (1) – [Un commissario del Governo, residente nel capoluogo della Regione, sopraintende alle funzioni amministrative esercitate dallo Stato e le coordina con quelle esercitate dalla Regione [Cost. 118]].

(1) Articolo abrogato dall'art. 9, co. 2, l. cost. 18.10.2001, n. 3.

125. – [Il controllo di legittimità sugli atti amministrativi della Regione è esercitato, in forma decentrata, da un organo dello Stato, nei modi e nei limiti stabiliti da leggi della Repubblica. La legge può in determinati casi ammettere il controllo di merito, al solo effetto di promuovere, con richiesta motivata, il riesame della deliberazione da parte del Consiglio regionale. [127^{1}] (1).]

Nella Regione sono istituiti organi di giustizia amministrativa di primo grado, secondo l'ordinamento stabilito da legge della Repubblica. Possono istituirsi sezioni con sede diversa dal capoluogo della Regione.

(1) Comma abrogato dall'art. 9, co. 2, l. cost. 18.10.2001, n. 3.

126. (1) – Con decreto motivato del Presidente della Repubblica sono disposti lo scioglimento del Consiglio regionale [121^{2}] e la rimozione del Presidente della Giunta [121^{4}] che abbiano compiuto atti contrari alla Costituzione o gravi violazioni di legge. Lo scioglimento e la rimozione possono altresì essere disposti per ragioni di sicurezza nazionale. Il decreto è adottato sentita una Commissione di deputati e senatori costituita, per le questioni regionali, nei modi stabiliti con legge della Repubblica.

Il Consiglio regionale può esprimere la sfiducia nei confronti del Presidente della Giunta mediante mozione motivata, sottoscritta da almeno un quinto dei suoi componenti e approvata per appello nominale a maggioranza assoluta dei componenti. La mozione non può essere messa in discussione prima di tre giorni dalla presentazione.

L'approvazione della mozione di sfiducia nei confronti del Presidente della Giunta eletto a suffragio universale e diretto, nonché la rimozione, l'impedimento permanente, la morte o le dimissioni volontarie dello stesso comportano le dimissioni della Giunta [121^{3}] e lo scioglimento del Consiglio. In ogni caso i medesimi effetti conseguono alle dimissioni contestuali della maggioranza dei componenti il Consiglio.

(1) Articolo così sostituito dall'art. 4, l. cost. 22.11.1999, n. 1.
Il testo precedente così disponeva: «*126. Il Consiglio regionale può essere sciolto, quando compia atti contrari alla Costituzione o gravi violazioni di legge, o non corrisponda all'invito del Governo di sostituire la Giunta o il Presidente, che abbiano compiuto analoghi atti o violazioni.*
Può essere sciolto quando, per dimissioni o per impossibilità di formare una maggioranza, non sia in grado di funzionare.
Può essere altresì sciolto per ragioni di sicurezza nazionale.
Lo scioglimento è disposto con decreto motivato del Presidente della Repubblica, sentita una Commissione di deputati e senatori costituita, per le questioni regionali, nei modi stabiliti con legge della Repubblica.
Col decreto di scioglimento è nominata una Commissione di tre cittadini eleggibili al Consiglio regionale, che indice le elezioni entro tre mesi e provvede all'ordinaria amministrazione di competenza della Giunta e agli atti improrogabili, da sottoporre alla ratifica del nuovo Consiglio».

127. (1) – Il Governo, quando ritenga che una legge regionale ecceda la competenza della Regione, può promuovere la questione di legittimità costituzionale dinanzi alla Corte costituzionale entro sessanta giorni dalla sua pubblicazione [123^{2}].

La Regione, quando ritenga che una legge o un atto avente valore di legge dello Stato o di un'altra Regione leda la sua sfera di competenza, può promuovere la questione di legittimità costituzionale dinanzi alla Corte costituzionale [Cost. 134, 136] entro sessanta giorni dalla pubblicazione della legge o dell'atto avente valore di legge [134-137].

(1) Articolo così sostituito dall'art. 8, l. cost. 18.10.2001, n. 3. Per l'attuazione delle norme contenute in questo articolo, art. 9, l. 5.6.2003, n. 131.
Il testo previgente così disponeva: «*127. Ogni legge approvata dal Consiglio regionale è comunicata al Commissario che, salvo il caso di opposizione da parte del Governo, deve vistarla nel termine di trenta giorni dalla comunicazione.*
La legge è promulgata nei dieci giorni dalla apposizione del visto ed entra in vigore non prima di quindici giorni dalla sua pubblicazione. Se una legge è dichiarata urgente dal Consiglio regionale, e il Governo della Repubblica lo consente, la promulgazione e l'entrata in vigore non sono subordinate ai termini indicati.
Il Governo della Repubblica, quando ritenga che una legge approvata dal Consiglio regionale ecceda la competenza della Regione o contrasti con gli interessi nazionali o con quelli di altre Regioni, la rinvia al Consiglio regionale nel termine fissato per l'apposizione del visto.
Ove il Consiglio regionale la approvi di nuovo a maggioranza assoluta dei suoi componenti, il Governo della Repubblica può, nei quindici giorni dalla comunicazione, promuovere la questione di legittimità davanti alla Corte costituzionale, o quella di merito per contrasto di interessi davanti alle Camere. In caso di dubbio, la Corte decide di chi sia la competenza.».

128. (1) – [Le Province e i Comuni sono enti autonomi nell'ambito dei principi fissati da leggi generali della Repubblica, che ne determinano le funzioni].

(1) Articolo abrogato dall'art. 9, co. 2, l. cost. 18.10.2001, n. 3.

129. (1) – [Le Province e i Comuni sono anche circoscrizioni di decentramento statale e regionale.

Le circoscrizioni provinciali possono essere suddivise in circondari con funzioni esclusivamente amministrative per un ulteriore decentramento].

(1) Articolo abrogato dall'art. 9, co. 2, l. cost. 18.10.2001, n. 3.

130. (1) – [Un organo della Regione, costituito nei modi stabiliti da legge della Repubblica, esercita, anche in forma decentrata, il controllo di legittimità sugli atti delle Province, dei Comuni e degli altri enti locali.

In casi determinati dalla legge può essere esercitato il controllo di merito, nella forma di richiesta motivata agli enti deliberanti di riesaminare la loro deliberazione.]

(1) Articolo abrogato dall'art. 9, co. 2, l. cost. 18.10.2001, n. 3.

131. – Sono costituite le seguenti Regioni: Piemonte; Valle d'Aosta [57^3, 83^2, 116]; Lombardia; Trentino-Alto Adige [116]; Veneto; Friuli-Venezia Giulia [116; disp. att. Cost. X]; Liguria; Emilia-Romagna; Toscana; Umbria; Marche; Lazio; Abruzzi; Molise [disp. att. Cost. IV] (1); Campania; Puglia; Basilicata; Calabria; Sicilia [116]; Sardegna [116].

(1) Originariamente Abruzzi e Molise costituivano una sola regione. La costituzione del Molise come regione autonoma è stata disposta dall'art. 1, l. cost. 27.12.1963, n. 3 che ha modificato questo articolo.

132. – Si può con legge costituzionale [138], sentiti i Consigli regionali [121], disporre la fusione di Regioni esistenti o la creazione di nuove Regioni con un minimo di un milione d'abitanti, quando ne facciano richiesta tanti Consigli comunali che rappresentino almeno un terzo delle popolazioni interessate, e la proposta sia approvata con *referendum* dalla maggioranza delle popolazioni stesse [123; disp. att. Cost. XI].

Si può, con l'approvazione della maggioranza delle popolazioni della Provincia o delle Province interessate e del Comune o dei Comuni interessati espressa mediante *referendum* e con legge della Repubblica, sentiti i Consigli regionali, consentire che Province e Comuni, che ne facciano richiesta, siano staccati da una Regione ed aggregati ad un'altra (1).

(1) Comma così modificato dall'art. 9, co. 1, l. cost. 18.10.2001, n. 3.
Il testo previgente così disponeva: «*Si può, con* referendum *e con legge della Repubblica, sentiti i Consigli regionali, consentire che Province e Comuni, che ne facciano richiesta, siano staccati da una Regione ed aggregati ad un'altra*».

133. – Il mutamento delle circoscrizioni provinciali e la istituzione di nuove Province nell'ambito d'una Regione sono stabiliti con leggi della Repubblica, su iniziativa dei Comuni, sentita la stessa Regione.

La Regione, sentite le popolazioni interessate, può con sue leggi istituire nel proprio territorio nuovi Comuni e modificare le loro circoscrizioni e denominazioni.

TITOLO VI
Garanzie costituzionali

Sezione I
La Corte costituzionale (1)

134. – La Corte costituzionale giudica [disp. att. Cost. VII^2]:

sulle controversie relative alla legittimità costituzionale delle leggi [70 ss.] e degli atti, aventi forza di legge [76, 77], dello Stato e delle Regioni [117, 127];

sui conflitti di attribuzione tra i poteri dello Stato e su quelli tra lo Stato e le Regioni [127], e tra le Regioni;

sulle accuse promosse contro il Presidente della Repubblica [e dei Ministri] (2), a norma della Costituzione [90].

(1) Sulla Corte costituzionale, v. *Normativa complementare*, voce *Corte costituzionale*.
(2) Inciso soppresso dall'art. 2, l. cost. 16.1.1989, n. 1.

135. (1) – La Corte costituzionale è composta di quindici giudici nominati per un terzo dal Presidente della Repubblica [87], per un terzo dal Parlamento in seduta comune [55^2] e per un terzo dalle supreme magistrature ordinaria ed amministrative.

I giudici della Corte costituzionale sono scelti fra i magistrati anche a riposo delle giurisdizioni superiori ordinaria ed amministrative, i professori ordinari di università in materie giuridiche e gli avvocati dopo venti anni di esercizio.

I Giudici della Corte costituzionale sono nominati per nove anni, decorrenti per ciascuno di essi dal giorno del giuramento, e non possono essere nuovamente nominati.

Alla scadenza del termine il giudice costituzionale cessa dalla carica e dall'esercizio delle funzioni.

La Corte elegge tra i suoi componenti, secondo le norme stabilite dalla legge, il Presidente, che rimane in carica per un triennio, ed è rieleggibile, fermi in ogni caso i termini di scadenza dall'ufficio di giudice.

L'ufficio di giudice della Corte è incompatibile con quello di membro del Parlamento [66], di un Consiglio regionale [122], con l'esercizio della professione di avvocato e con ogni carica ed ufficio indicati dalla legge [84^{2}].

Nei giudizi d'accusa contro il Presidente della Repubblica [134] [e contro i Ministri] (2) intervengono, oltre i giudici ordinari della Corte, sedici membri tratti a sorte da un elenco di cittadini aventi i requisiti per l'eleggibilità a senatore, che il Parlamento compila ogni nove anni mediante elezione con le stesse modalità stabilite per la nomina dei giudici ordinari

(1) Articolo così sostituito dall'art. 1, l. cost. 22.12.1967, n. 2.
(2) Inciso soppresso dall'art. 2, l. cost. 16.1.1989, n. 1.

136. – Quando la Corte dichiara l'illegittimità costituzionale di una norma di legge o di un atto avente forza di legge [134], la norma cessa di avere efficacia dal giorno successivo alla pubblicazione della decisione.

La decisione della Corte è pubblicata e comunicata alle Camere ed ai Consigli regionali interessati, affinché, ove lo ritengano necessario provvedano nelle forme costituzionali.

137. – Una legge costituzionale [138] stabilisce le condizioni, le forme, i termini di proponibilità dei giudizi di legittimità costituzionale, e le garanzie d'indipendenza dei giudici della Corte [101^{2}].

Con legge ordinaria sono stabilite le altre norme necessarie per la costituzione e il funzionamento della Corte.

Contro le decisioni della Corte costituzionale non è ammessa alcuna impugnazione.

Sezione II
Revisione della Costituzione
Leggi costituzionali

138. – Le leggi di revisione della Costituzione e le altre leggi costituzionali [116, 132, 137; disp. att. Cost. XI] sono adottate da ciascuna Camera con due successive deliberazioni ad intervallo non minore di tre mesi, e sono approvate a maggioranza assoluta dei componenti di ciascuna Camera nella seconda votazione [72^{4}].

Le leggi stesse sono sottoposte a *referendum* popolare [87^{6}] quando, entro tre mesi dalla loro pubblicazione, ne facciano domanda un quinto dei membri di una Camera o cinquecentomila elettori o cinque Consigli regionali. La legge sottoposta a *referendum* non è promulgata [73^{1}, 87^{5}] se non è approvata dalla maggioranza dei voti validi.

Non si fa luogo a *referendum* se la legge è stata approvata nella seconda votazione da ciascuna delle Camere a maggioranza di due terzi dei suoi componenti.

139. – La forma repubblicana non può essere oggetto di revisione costituzionale [138].

Disposizioni transitorie

I. – Con l'entrata in vigore della Costituzione il Capo provvisorio dello Stato esercita le attribuzioni di Presidente della Repubblica e ne assume il titolo.

II. – Se alla data della elezione del Presidente della Repubblica non sono costituiti tutti i Consigli regionali, partecipano alla elezione soltanto i componenti delle due Camere.

III. – Per la prima composizione del Senato della Repubblica sono nominati senatori, con decreto del Presidente della Repubblica, i deputati dell'Assemblea Costituente che posseggono i requisiti di legge per essere senatori e che:

sono stati presidenti del Consiglio dei Ministri o di Assemblee legislative;

hanno fatto parte del disciolto Senato;

hanno avuto almeno tre elezioni, compresa quella all'Assemblea Costituente;

sono stati dichiarati decaduti nella seduta della Camera dei deputati del 9 novembre 1926;

hanno scontato la pena della reclusione non inferiore a cinque anni in seguito a condanna del tribunale speciale fascista per la difesa dello Stato.

Sono nominati altresì senatori, con decreto del Presidente della Repubblica, i membri del disciolto Senato che hanno fatto parte della Consulta Nazionale.

Al diritto di essere nominato senatore si può rinunciare prima della firma del decreto di nomina L'accettazione della candidatura alle elezioni politiche implica rinuncia al diritto di nomina a senatore.

IV. – Per la prima elezione del Senato il Molise è considerato come Regione a sé stante, con il numero dei senatori che gli compete in base alla sua popolazione.

V. – La disposizione dell'art. 80 della Costituzione, per quanto concerne i tratti internazionali che importano oneri alle finanze o modificazioni di legge, ha effetto dalla data di convocazione delle Camere.

VI. – Entro cinque anni dall'entrata in vigore della Costituzione si procede alla revisione degli organi speciali di giurisdizione attualmente esistenti, salvo le giurisdizioni del Consiglio di Stato, della Corte dei conti e dei Tribunali militari.

Entro un anno dalla stessa data si provvede con legge al riordinamento del Tribunale supremo militare in relazione all'art. 111.

VII. – Fino a quando non sia emanata la nuova legge sull'ordinamento giudiziario in conformità con la Costituzione, continuano ad osservarsi le norme dell'ordinamento vigente.

Fino a quando non entri in funzione la Corte costituzionale, la decisione delle controversie indicate nell'art. 134 ha luogo nelle forme e nei limiti delle norme preesistenti all'entrata in vigore della Costituzione.

[I giudici della Corte costituzionale nominati nella prima composizione della Corte stessa non sono soggetti alla parziale rinnovazione e durano in carica dodici anni [(1)]].

(1) Comma abrogato dall'art. 7, l. cost. 22.11.1967, n. 2.

VIII. – Le elezioni dei Consigli regionali e degli organi elettivi delle amministrazioni provinciali sono indette entro un anno dall'entrata in vigore della Costituzione.

Leggi della Repubblica regolano per ogni ramo della Pubblica Amministrazione il passaggio delle funzioni statali attribuite alle Regioni. Fino a quando non sia provveduto al riordinamento e alla distribuzione delle funzioni amministrative fra gli enti locali restano alle Province ed ai Comuni le funzioni che esercitano attualmente e le altre di cui le Regioni deleghino loro l'esercizio.

Leggi della Repubblica regolano il passaggio alle Regioni di funzionari e dipendenti dello Stato, anche delle amministrazioni centrali, che sia reso necessario dal nuovo ordinamento. Per la formazione dei loro uffici le Regioni, devono tranne che in casi di necessità, trarre il proprio personale da quello dello Stato e degli enti locali.

IX. – La Repubblica, entro tre anni dall'entrata in vigore della Costituzione, adegua le sue leggi alle esigenze delle autonomie locali e alla competenza legislativa attribuita alle Regioni.

X. – Alla Regione del Friuli-Venezia Giulia, di cui all'art. 116, si applicano provvisoriamente le norme generali del Titolo V, della parte seconda, ferma restando la tutela delle minoranze linguistiche in conformità con l'art. 6 [(1)].

(1) Vedi ora l. cost. 31.1.1963, n. 1 (statuto speciale della Regione Friuli-Venezia Giulia).

XI. – Fino a cinque anni dall'entrata in vigore della Costituzione [(1)] si possono, con leggi costituzionali, formare altre Regioni, a modificazione dell'elenco di cui all'art. 131, anche senza il concorso delle condizioni richieste dal primo comma dell'art. 132, fermo rimanendo tuttavia l'obbligo di sentire le popolazioni interessate.

(1) Art. unico, l. cost. 18.3.1958, n. 1: «*Il termine di cui alla XI delle "Disposizioni transitorie e finali" della Costituzione scadrà il 31 dicembre 1963*».

XII. – È vietata la riorganizzazione, sotto qualsiasi forma, del disciolto partito fascista [(1)].

In deroga all'art. 48, sono stabilite con legge, per non oltre un quinquennio dalla entrata in vigore della Costituzione, limitazioni temporanee al diritto di voto e alla eleggibilità per i capi responsabili del regime fascista [(1)].

(1) L. 20.6.1952, n. 645, in *Normativa complementare*, voce *Associazioni vietate* e l. 23.12.1947, n. 1453 (*Norme per la limitazione temporanea del diritto di voto ai capi responsabili del regime fascista*).

XIII. – [I membri e i discendenti di Casa Savoia non sono elettori e non possono ricoprire uffici pubblici né cariche elettive] [(1)].

[Agli ex re di Casa Savoia, alle loro consorti e ai loro discendenti maschi sono vietati l'ingresso e il soggiorno nel territorio nazionale] [(1)].

I beni esistenti nel territorio nazionale, degli ex re di Casa Savoia, delle loro consorti e dei loro discendenti maschi, sono avocati allo Stato. I trasferimenti e le costituzioni di diritti reali sui beni stessi che siano avvenuti dopo il 2 giugno 1946, sono nulli.

(1) Questo comma ha esaurito i suoi effetti, secondo quanto disposto dall'art. 1, l. cost. 23.10.2002, n. 1.

XIV. – I titoli nobiliari non sono riconosciuti.

I predicati di quelli esistenti prima del 28 ottobre 1922, valgono come parte del nome.

L'Ordine mauriziano è conservato come ente ospedaliero e funziona nei modi stabiliti dalla legge.

La legge regola la soppressione della Consulta araldica.

XV. – Con l'entrata in vigore della Costituzione si ha per convertito in legge il D.Lgs.Lgt. 25 giugno 1944, n. 151, sull'ordinamento provvisorio dello Stato.

XVI. – Entro un anno dalla entrata in vigore della Costituzione si procede alla revisione e al coordinamento con essa delle precedenti leggi costituzionali che non siano state finora esplicitamente o implicitamente abrogate.

XVII. – L'Assemblea costituente sarà convocata dal suo Presidente per deliberare, entro il 31 gennaio 1943, sulla legge per la elezione del Senato della Repubblica, sugli statuti regionali speciali e sulla legge per la stampa.

Fino al giorno delle elezioni delle nuove Camere, l'Assemblea costituente può essere convocata, quando vi sia necessità di deliberare nelle materie attribuite alla sua competenza dagli artt. 2, primo e secondo comma, e 3, comma primo e secondo, del D.Lgs.Lgt. 16 marzo 1946, n. 98.

In tale periodo le Commissioni permanenti restano in funzione. Quelle legislative rinviano al Governo i disegni di legge, ad esse trasmessi, con eventuali osservazioni e proposte di emendamenti.

I deputati possono presentare al Governo interrogazioni con richiesta di risposta scritta.

L'Assemblea costituente, agli effetti di cui al secondo comma del presente articolo, è convocata dal suo Presidente su richiesta motivata del Governo o di almeno duecento deputati.

XVIII. – La presente Costituzione è promulgata dal Capo provvisorio dello Stato entro cinque giorni dalla sua approvazione da parte dell'Assemblea costituente ed entra in vigore il 1° gennaio 1948.

Il testo della Costituzione è depositato nella sala comunale di ciascun Comune della Repubblica per rimanervi esposto, durante tutto l'anno 1948, affinché ogni cittadino possa prenderne cognizione.

La Costituzione, munita del sigillo dello Stato, sarà inserita nella Raccolta ufficiale delle leggi e dei decreti della Repubblica.

La Costituzione dovrà essere fedelmente osservata come Legge fondamentale della Repubblica da tutti i cittadini e dagli organi dello Stato.

2. R.D. 16 marzo 1942, n. 262. – Approvazione del testo del Codice civile. Disposizioni sulla legge in generale

In Gazzetta Ufficiale, 4 aprile 1942, n. 79 e 79 bis, *edizione straordinaria.*

Capo I
Delle fonti del diritto

1. Indicazione delle fonti.

Sono fonti del diritto [c.nav. 1]:

1) le leggi [Cost. 2, 70, 87, 117, 121, 138];
2) i regolamenti [3, 4; Cost. 87⁵];
[3) le norme corporative (1);]
4) gli usi [8, 9].

(1) Le norme corporative sono abrogate, quali fonti di diritto, per effetto della soppressione dell'ordinamento corporativo (R.D.L. 9.8.1943, n. 721) e della soppressione delle organizzazioni sindacali fasciste (d.lgs.lgt. 23.11.1944, n. 369).

2. Leggi.

La formazione delle leggi [1, n. 1] e l'emanazione degli atti del Governo aventi forza di legge [Cost. 76, 77] sono disciplinate da leggi di carattere costituzionale [Cost. 70 ss., 87⁴, 138].

3. Regolamenti.

Il potere regolamentare del Governo [1, n. 2] è disciplinato da leggi di carattere costituzionale.

Il potere regolamentare di altre autorità è esercitato nei limiti delle rispettive competenze, in conformità delle leggi particolari [4; Cost. 64, 121, 123, 128; cod. nav. 30, 62, 81].

4. Limiti della disciplina regolamentare.

I regolamenti non possono contenere norme contrarie alle disposizioni delle leggi [1, n. 2].

I regolamenti emanati a norma del secondo comma dell'art. 3 [3] non possono nemmeno dettare norme contrarie a quelle dei regolamenti emanati dal Governo.

5. Norme corporative (1).

[Sono norme corporative le ordinanze corporative, gli accordi economici collettivi, i contratti collettivi di lavoro e le sentenze della magistratura del lavoro nelle controversie collettive].

(1) Le norme corporative sono abrogate, quali fonti di diritto, per effetto della soppressione dell'ordinamento corporativo (r.d.l. 9.8.1943, n. 721) e della soppressione delle organizzazioni sindacali fasciste (d.lgs.lgt. 23.11.1944, n. 369).

6. Formazione ed efficacia delle norme corporative (1).

[La formazione e l'efficacia delle norme corporative sono disciplinate nel codice civile e in leggi particolari].

(1) Le norme corporative sono abrogate, quali fonti di diritto, per effetto della soppressione dell'ordinamento corporativo (r.d.l. 9.8.1943, n. 721) e della soppressione delle organizzazioni sindacali fasciste (d.lgs.lgt. 23.11.1944, n. 369).

7. Limiti della disciplina corporativa (1).

[Le norme corporative non possono derogare alle disposizioni imperative delle leggi e dei regolamenti].

(1) Le norme corporative sono abrogate, quali fonti di diritto, per effetto della soppressione dell'ordinamento corporativo (r.d.l. 9.8.1943, n. 721) e della soppressione delle organizzazioni sindacali fasciste (d.lgs.lgt. 23.11.1944, n. 369).

8. Usi.

Nelle materie regolate dalle leggi e dai regolamenti gli usi [1, n. 4, 9] hanno efficacia solo in quanto sono da essi richiamati.

[Le norme corporative prevalgono sugli usi, anche se richiamati dalle leggi e dai regolamenti, salvo che in esse sia diversamente disposto (1)].

(1) Le norme corporative sono abrogate, quali fonti di diritto, per effetto della soppressione dell'ordinamento corporativo (r.d.l. 9.8.1943, n. 721) e della soppressione delle organizzazioni sindacali fasciste (d.lgs.lgt. 23.11.1944, n. 369).

9. Raccolte di usi.

Gli usi pubblicati nelle raccolte ufficiali degli enti e degli organi a ciò autorizzati si presumono esistenti fino a prova contraria [1, n. 4] (1).

(1) Le raccolte ufficiali degli usi locali sono curate dalle Camere di commercio, industria, artigianato e agricoltura. L'accertamento degli usi generali spetta a una speciale Commissione istituita presso il Ministero dell'industria, commercio e artigianato (d.lgs.C.p.S. 27.1.1947, n. 152).

Capo II
Dell'applicazione della legge in generale

10. Inizio dell'obbligatorietà delle leggi e dei regolamenti.

Le leggi e i regolamenti divengono obbligatori nel decimoquinto giorno successivo a quello della loro pubblicazione [2, 3], salvo che sia altrimenti disposto [Cost. 73³].

[Le norme corporative divengono obbligatorie nel giorno successivo a quello della pubblicazione, salvo che in esse sia altrimenti disposto (1)].

(1) Le norme corporative sono abrogate, quali fonti di diritto, per effetto della soppressione dell'ordinamento corporativo (r.d.l. 9.8.1943, n. 721) e della soppressione delle organizzazioni sindacali fasciste (d.lgs.lgt. 23.11.1944, n. 369).

11. Efficacia della legge nel tempo.

La legge non dispone che per l'avvenire: essa non ha effetto retroattivo [Cost. 25^2; c.p. 2] (1).

I contratti collettivi di lavoro possono stabilire per la loro efficacia una data anteriore alla pubblicazione, purché non preceda quella della stipulazione.

(1) Quanto alle disposizioni penali delle leggi finanziarie e le disposizioni che prevedono ogni altra violazione di queste leggi, v. art. 20, l. 7.1.1929, n. 4 in *Normativa complementare*, voce *Economia (diritto penale della), Finanza*. Sull'efficacia temporale delle leggi tributarie vedi art. 3, l. 27.7.2000, n. 212.

12. Interpretazione della legge.

Nell'applicare la legge non si può ad essa attribuire altro senso che quello fatto palese dal significato proprio delle parole secondo la connessione di esse, e dalla intenzione del legislatore [c.c. 1362, 1363].

Se una controversia non può essere decisa con una precisa disposizione, si ha riguardo alle disposizioni che regolano casi simili o materie analoghe [14]; se il caso rimane ancora dubbio, si decide secondo i principi generali dell'ordinamento giuridico dello Stato [Cost. 2, 3, 4, 29, 35, 36, 41, 42, 45].

13. Esclusione dell'applicazione analogica delle norme corporative (1).

[Le norme corporative non possono essere applicate a casi simili o a materie analoghe a quelli da esse contemplati].

(1) Le norme corporative sono abrogate, quali fonti di diritto, per effetto della soppressione dell'ordinamento corporativo (r.d.l. 9.8.1943, n. 721) e della soppressione delle organizzazioni sindacali fasciste (d.lgs.lgt. 23.11.1944, n. 369).

14. Applicazione delle leggi penali ed eccezionali (1).

Le leggi penali e quelle che fanno eccezione a regole generali o ad altre leggi non si applicano oltre i casi e i tempi in esse considerati [Cost. 13^2, 25^2; c.p. 2].

(1) Quanto alle disposizioni penali delle leggi finanziarie e le disposizioni che prevedono ogni altra violazione di queste leggi, v. art. 20, l. 7.1.1929, n. 4 in *Normativa complementare*, voce *Economia (diritto penale della), Finanza*.

15. Abrogazione delle leggi.

Le leggi non sono abrogate che da leggi posteriori per dichiarazione espressa del legislatore, o per incompatibilità tra le nuove disposizioni e le precedenti o perché la nuova legge regola l'intera materia già regolata dalla legge anteriore [Cost. 75; c.p. 2].

16. Trattamento dello straniero.

Lo straniero è ammesso a godere dei diritti civili attribuiti al cittadino a condizione di reciprocità e salve le disposizioni contenute in leggi speciali (1).

Questa disposizione vale anche per le persone giuridiche straniere [c.c. 2505] (2).

(1) V. l. 5.2.1992, n. 91, recante nuove norme sulla cittadinanza.
(2) V. la Convenzione di Bruxelles del 29.2.1968, resa esecutiva in Italia con l. 28.1.1971, n. 220, sul reciproco riconoscimento delle società e persone giuridiche.

17-31. (1)

(1) Articoli abrogati dall'art. 73, l. 31.5.1995, n. 218, come modificato dall'art. 10, d.l. 23.10.1996, n. 542, conv. in l. 23.12.1996, n. 649, a decorrere dal 1.9.1995.

3. Trattato sul funzionamento dell'Unione europea (Roma, 25 marzo 1957) (1) (2)

(1) Versione consolidata del Trattato sul funzionamento dell'Unione europea (ex Trattato che istituisce la Comunità europea), come risultante a seguito delle modifiche introdotte dal Trattato di Lisbona, firmato il 13 dicembre 2007.
(2) Versione in vigore del 1° dicembre 2009 (pubblicata nella Gazz. Uff. U.E. 9.5.2008, n. C 115 e corretta dal Verbale di rettifica pubblicato nella Gazz. Uff. U.E. 30.11.2009, n. C 290, firmato a Roma il 27 novembre 2009).

PARTE I
Principi

1. – **1.** Il presente trattato organizza il funzionamento dell'Unione e determina i settori, la delimitazione e le modalità d'esercizio delle sue competenze.

2. Il presente trattato e il trattato sull'Unione europea costituiscono i trattati su cui è fondata l'Unione. I due trattati, che hanno lo stesso valore giuridico, sono denominati «i trattati».

TITOLO I
Categorie e settori di competenza dell'Unione

2. – **1.** Quando i trattati attribuiscono all'Unione una competenza esclusiva in un determinato settore, solo l'Unione può legiferare e adottare atti giuridicamente vincolanti. Gli Stati membri possono farlo autonomamente solo se autorizzati dall'Unione oppure per dare attuazione agli atti dell'Unione.

2. Quando i trattati attribuiscono all'Unione una competenza concorrente con quella degli Stati membri in un determinato settore, l'Unione e gli Stati membri possono legiferare e adottare atti giuridicamente vincolanti in tale settore. Gli Stati membri esercitano la loro competenza nella misura in cui l'Unione non ha esercitato la propria. Gli Stati membri esercitano nuovamente la loro competenza nella misura in cui l'Unione ha deciso di cessare di esercitare la propria.

3. Gli Stati membri coordinano le loro politiche economiche e occupazionali secondo le modalità previste dal presente trattato, la definizione delle quali è di competenza dell'Unione.

4. L'Unione ha competenza, conformemente alle disposizioni del trattato sull'Unione europea, per definire e attuare una politica estera e di sicurezza comune, compresa la definizione progressiva di una politica di difesa comune.

5. In taluni settori e alle condizioni previste dai trattati, l'Unione ha competenza per svolgere azioni intese a sostenere, coordinare o completare l'azione degli Stati membri, senza tuttavia sostituirsi alla loro competenza in tali settori.

Gli atti giuridicamente vincolanti dell'Unione adottati in base a disposizioni dei trattati relative a tali settori non possono comportare un'armonizzazione delle disposizioni legislative e regolamentari degli Stati membri.

6. La portata e le modalità d'esercizio delle competenze dell'Unione sono determinate dalle disposizioni dei trattati relative a ciascun settore.

3. – **1.** L'Unione ha competenza esclusiva nei seguenti settori:
a) unione doganale;
b) definizione delle regole di concorrenza necessarie al funzionamento del mercato interno;
c) politica monetaria per gli Stati membri la cui moneta è l'euro;
d) conservazione delle risorse biologiche del mare nel quadro della politica comune della pesca;
e) politica commerciale comune.

2. L'Unione ha inoltre competenza esclusiva per la conclusione di accordi internazionali allorché tale conclusione è prevista in un atto legislativo dell'Unione o è necessaria per consentirle di esercitare le sue competenze a livello interno o nella misura in cui può incidere su norme comuni o modificarne la portata.

4. – **1.** L'Unione ha competenza concorrente con quella degli Stati membri quando i trattati le attribuiscono una competenza che non rientra nei settori di cui agli articoli 3 e 6.

2. L'Unione ha una competenza concorrente con quella degli Stati membri nei principali seguenti settori:
a) mercato interno;
b) politica sociale, per quanto riguarda gli aspetti definiti nel presente trattato;
c) coesione economica, sociale e territoriale;
d) agricoltura e pesca, tranne la conservazione delle risorse biologiche del mare;
e) ambiente;
f) protezione dei consumatori;
g) trasporti;
h) reti transeuropee;
i) energia;
j) spazio di libertà, sicurezza e giustizia;
k) problemi comuni di sicurezza in materia di sanità pubblica, per quanto riguarda gli aspetti definiti nel presente trattato.

3. Nei settori della ricerca, dello sviluppo tecnologico e dello spazio, l'Unione ha competenza per condurre azioni, in particolare la definizione e l'attuazione di programmi, senza che l'esercizio di tale competenza possa avere per effetto di impedire agli Stati membri di esercitare la loro.

4. Nei settori della cooperazione allo sviluppo e dell'aiuto umanitario, l'Unione ha competenza per condurre azioni e una politica comune, senza che l'esercizio di tale competenza possa avere per effetto di impedire agli Stati membri di esercitare la loro.

5. – **1.** Gli Stati membri coordinano le loro politiche economiche nell'ambito dell'Unione. A tal fine il Consiglio adotta delle misure, in particolare gli indirizzi di massima per dette politiche.

Agli Stati membri la cui moneta è l'euro si applicano disposizioni specifiche.

2. L'Unione prende misure per assicurare il coordinamento delle politiche occupazionali degli Stati membri, in particolare definendo gli orientamenti per dette politiche.

3. L'Unione può prendere iniziative per assicurare il coordinamento delle politiche sociali degli Stati membri.

6. L'Unione ha competenza per svolgere azioni intese a sostenere, coordinare o completare l'azione degli Stati membri. I settori di tali azioni, nella loro finalità europea, sono i seguenti:
a) tutela e miglioramento della salute umana;
b) industria;
c) cultura;
d) turismo;
e) istruzione, formazione professionale, gioventù e sport;
f) protezione civile;
g) cooperazione amministrativa.

TITOLO II
Disposizioni di applicazione generale

7. – L'Unione assicura la coerenza tra le sue varie politiche e azioni, tenendo conto dell'insieme dei suoi obiettivi e conformandosi al principio di attribuzione delle competenze.

8. *[ex articolo 3, paragrafo 2, del TCE]* (2)
Nelle sue azioni l'Unione mira ad eliminare le ineguaglianze, nonché a promuovere la parità, tra uomini e donne.

9. – Nella definizione e nell'attuazione delle sue politiche e azioni, l'Unione tiene conto delle esigenze connesse con la promozione di un elevato livello di occupazione, la garanzia di un'adeguata protezione sociale, la lotta contro l'esclusione sociale e un elevato livello di istruzione, formazione e tutela della salute umana.

10. – Nella definizione e nell'attuazione delle sue politiche e azioni, l'Unione mira a combattere le discriminazioni fondate sul sesso, la razza o l'origine etnica, la religione o le convinzioni personali, la disabilità, l'età o l'orientamento sessuale.

11. *[ex articolo 6 del TCE]*
Le esigenze connesse con la tutela dell'ambiente devono essere integrate nella definizione e nell'attuazione delle politiche e azioni dell'Unione, in particolare nella prospettiva di promuovere lo sviluppo sostenibile.

12. *[ex articolo 153, paragrafo 2, del TCE]*
Nella definizione e nell'attuazione di altre politiche o attività dell'Unione sono prese in considerazione le esigenze inerenti alla protezione dei consumatori.

13. – Nella formulazione e nell'attuazione delle politiche dell'Unione nei settori dell'agricoltura, della pesca, dei trasporti, del mercato interno, della ricerca e sviluppo tecnologico e dello spazio, l'Unione e gli Stati membri tengono pienamente conto delle esigenze in materia di benessere degli animali in quanto esseri senzienti, rispettando nel contempo le disposizioni legislative o amministrative e le consuetudini degli Stati membri per quanto riguarda, in particolare, i riti religiosi, le tradizioni culturali e il patrimonio regionale.

14. *[ex articolo 16 del TCE]*
Fatti salvi l'articolo 4 del trattato sull'Unione europea e gli articoli 93, 106 e 107 del presente trattato, in considerazione dell'importanza dei servizi di interesse economico generale nell'ambito dei valori comuni dell'Unione, nonché del loro ruolo nella promozione della coesione sociale e territoriale, l'Unione e gli Stati membri, secondo le rispettive competenze e nell'ambito del campo di applicazione dei trattati, provvedono affinché tali servizi funzionino in base a principi e condizioni, in particolare economiche e finanziarie, che consentano loro di assolvere i propri compiti. Il Parlamento europeo e il Consiglio, deliberando mediante regolamenti secondo la procedura legislativa ordinaria, stabiliscono tali principi e fissano tali condizioni, fatta salva la competenza degli Stati membri, nel rispetto dei trattati, di fornire, fare eseguire e finanziare tali servizi.

15. *[ex articolo 255 del TCE]*
1. Al fine di promuovere il buon governo e garantire la partecipazione della società civile, le istituzioni, gli organi e gli organismi dell'Unione operano nel modo più trasparente possibile.
2. Il Parlamento europeo si riunisce in seduta pubblica, così come il Consiglio allorché delibera e vota in relazione ad un progetto di atto legislativo.
3. Qualsiasi cittadino dell'Unione e qualsiasi persona fisica o giuridica che risieda o abbia la sede sociale in uno Stato membro ha il diritto di accedere ai documenti delle istituzioni, organi e organismi dell'Unione, a prescindere dal loro supporto, secondo i principi e alle condizioni da definire a norma del presente paragrafo.
I principi generali e le limitazioni a tutela di interessi pubblici o privati applicabili al diritto di accesso ai documenti sono stabiliti mediante regolamenti dal Parlamento europeo e dal Consiglio, che deliberano secondo la procedura legislativa ordinaria.
Ciascuna istituzione, organo od organismo garantisce la trasparenza dei suoi lavori e definisce nel proprio regolamento interno disposizioni specifiche riguardanti l'accesso ai propri documenti, in conformità dei regolamenti di cui al secondo comma.
La Corte di giustizia dell'Unione europea, la Banca centrale europea e la Banca europea per gli investimenti sono soggette al presente paragrafo soltanto allorché esercitano funzioni amministrative.
Il Parlamento europeo e il Consiglio assicurano la pubblicità dei documenti relativi alle procedure legislative nel rispetto delle condizioni previste dai regolamenti di cui al secondo comma.

16. *[ex articolo 286 del TCE]*
1. Ogni persona ha diritto alla protezione dei dati di carattere personale che la riguardano.
2. Il Parlamento europeo e il Consiglio, deliberando secondo la procedura legislativa ordinaria, stabiliscono le norme relative alla protezione delle persone fisiche con riguardo al trattamento dei dati di carattere personale da parte delle istituzioni, degli organi e degli organismi dell'Unione, nonché da parte degli Stati membri nell'esercizio di attività che rientrano nel campo di applicazione del diritto dell'Unione, e le norme relative alla libera circolazione di tali dati. Il rispetto di tali norme è soggetto al controllo di autorità indipendenti.
Le norme adottate sulla base del presente articolo fanno salve le norme specifiche di cui all'articolo 39 del trattato sull'Unione europea.

17. – **1.** L'Unione rispetta e non pregiudica lo status di cui le chiese e le associazioni o comunità religiose godono negli Stati membri in virtù del diritto nazionale.
2. L'Unione rispetta ugualmente lo status di cui godono, in virtù del diritto nazionale, le organizzazioni filosofiche e non confessionali.
3. Riconoscendone l'identità e il contributo specifico, l'Unione mantiene un dialogo aperto, trasparente e regolare con tali chiese e organizzazioni.

PARTE II
Non discriminazione e cittadinanza dell'Unione

18. *[ex articolo 12 del TCE]*
Nel campo di applicazione dei trattati, e senza pregiudizio delle disposizioni particolari dagli stessi previste, è vietata ogni discriminazione effettuata in base alla nazionalità.
Il Parlamento europeo e il Consiglio, deliberando secondo la procedura legislativa ordinaria, possono stabilire regole volte a vietare tali discriminazioni.

19. *[ex articolo 13 del TCE]*
1. Fatte salve le altre disposizioni dei trattati e nel-

l'ambito delle competenze da essi conferite all'Unione, il Consiglio, deliberando all'unanimità secondo una procedura legislativa speciale e previa approvazione del Parlamento europeo, può prendere i provvedimenti opportuni per combattere le discriminazioni fondate sul sesso, la razza o l'origine etnica, la religione o le convinzioni personali, la disabilità, l'età o l'orientamento sessuale.

2. In deroga al paragrafo 1, il Parlamento europeo e il Consiglio, deliberando secondo la procedura legislativa ordinaria, possono adottare i principi di base delle misure di incentivazione dell'Unione, ad esclusione di qualsiasi armonizzazione delle disposizioni legislative e regolamentari degli Stati membri, destinate ad appoggiare le azioni degli Stati membri volte a contribuire alla realizzazione degli obiettivi di cui al paragrafo 1.

20. *[ex articolo 17 del TCE]*

1. È istituita una cittadinanza dell'Unione. È cittadino dell'Unione chiunque abbia la cittadinanza di uno Stato membro. La cittadinanza dell'Unione si aggiunge alla cittadinanza nazionale e non la sostituisce.

2. I cittadini dell'Unione godono dei diritti e sono soggetti ai doveri previsti nei trattati. Essi hanno, tra l'altro:

a) il diritto di circolare e di soggiornare liberamente nel territorio degli Stati membri;
b) il diritto di voto e di eleggibilità alle elezioni del Parlamento europeo e alle elezioni comunali nello Stato membro in cui risiedono, alle stesse condizioni dei cittadini di detto Stato;
c) il diritto di godere, nel territorio di un paese terzo nel quale lo Stato membro di cui hanno la cittadinanza non è rappresentato, della tutela delle autorità diplomatiche e consolari di qualsiasi Stato membro, alle stesse condizioni dei cittadini di detto Stato;
d) il diritto di presentare petizioni al Parlamento europeo, di ricorrere al Mediatore europeo, di rivolgersi alle istituzioni e agli organi consultivi dell'Unione in una delle lingue dei trattati e di ricevere una risposta nella stessa lingua.

Tali diritti sono esercitati secondo le condizioni e i limiti definiti dai trattati e dalle misure adottate in applicazione degli stessi.

21. *[ex articolo 18 del TCE]*

1. Ogni cittadino dell'Unione ha il diritto di circolare e di soggiornare liberamente nel territorio degli Stati membri, fatte salve le limitazioni e le condizioni previste dai trattati e dalle disposizioni adottate in applicazione degli stessi.

2. Quando un'azione dell'Unione risulti necessaria per raggiungere questo obiettivo e salvo che i trattati non abbiano previsto poteri di azione a tal fine, il Parlamento europeo e il Consiglio, deliberando secondo la procedura legislativa ordinaria, possono adottare disposizioni intese a facilitare l'esercizio dei diritti di cui al paragrafo 1.

3. Agli stessi fini enunciati al paragrafo 1 e salvo che i trattati non abbiano previsto poteri di azione a tale scopo, il Consiglio, deliberando secondo una procedura legislativa speciale, può adottare misure relative alla sicurezza sociale o alla protezione sociale. Il Consiglio delibera all'unanimità previa consultazione del Parlamento europeo.

22. *[ex articolo 19 del TCE]*

1. Ogni cittadino dell'Unione residente in uno Stato membro di cui non è cittadino ha il diritto di voto e di eleggibilità alle elezioni comunali nello Stato membro in cui risiede, alle stesse condizioni dei cittadini di detto Stato. Tale diritto sarà esercitato con riserva delle modalità che il Consiglio adotta, deliberando all'unanimità secondo una procedura legislativa speciale e previa consultazione del Parlamento europeo; tali modalità possono comportare disposizioni derogatorie ove problemi specifici di uno Stato membro lo giustifichino.

2. Fatte salve le disposizioni dell'articolo 223, paragrafo 1, e le disposizioni adottate in applicazione di quest'ultimo, ogni cittadino dell'Unione residente in uno Stato membro di cui non è cittadino ha il diritto di voto e di eleggibilità alle elezioni del Parlamento europeo nello Stato membro in cui risiede, alle stesse condizioni dei cittadini di detto Stato. Tale diritto sarà esercitato con riserva delle modalità che il Consiglio adotta, deliberando all'unanimità secondo una procedura legislativa speciale e previa consultazione del Parlamento europeo; tali modalità possono comportare disposizioni derogatorie ove problemi specifici di uno Stato membro lo giustifichino.

23. *[ex articolo 20 del TCE]*

Ogni cittadino dell'Unione gode, nel territorio di un paese terzo nel quale lo Stato membro di cui ha la cittadinanza non è rappresentato, della tutela da parte delle autorità diplomatiche e consolari di qualsiasi Stato membro, alle stesse condizioni dei cittadini di detto Stato. Gli Stati membri adottano le disposizioni necessarie e avviano i negoziati internazionali richiesti per garantire detta tutela.

Il Consiglio, deliberando secondo una procedura legislativa speciale e previa consultazione del Parlamento europeo, può adottare direttive che stabiliscono le misure di coordinamento e cooperazione necessarie per facilitare tale tutela.

24. *[ex articolo 21 del TCE]*

Il Parlamento europeo e il Consiglio, deliberando mediante regolamenti secondo la procedura legislativa ordinaria, adottano le disposizioni relative alle procedure e alle condizioni necessarie per la presentazione di un'iniziativa dei cittadini ai sensi dell'articolo 11 del trattato sull'Unione europea, incluso il numero minimo di Stati membri da cui i cittadini che la presentano devono provenire.

Ogni cittadino dell'Unione ha il diritto di petizione dinanzi al Parlamento europeo conformemente all'articolo 227.

Ogni cittadino dell'Unione può rivolgersi al Mediatore istituito conformemente all'articolo 228.
Ogni cittadino dell'Unione può scrivere alle istituzioni o agli organi di cui al presente articolo o all'articolo 13 del trattato sull'Unione europea in una delle lingue menzionate all'articolo 55, paragrafo 1, di tale trattato e ricevere una risposta nella stessa lingua.

25. *[ex articolo 22 del TCE]*
La Commissione presenta una relazione al Parlamento europeo, al Consiglio e al Comitato economico e sociale, ogni tre anni, in merito all'applicazione delle disposizioni della presente parte. Tale relazione tiene conto dello sviluppo dell'Unione.
Su questa base, lasciando impregiudicate le altre disposizioni dei trattati, il Consiglio, deliberando all'unanimità secondo una procedura legislativa speciale e previa approvazione del Parlamento europeo, può adottare disposizioni intese a completare i diritti elencati all'articolo 20, paragrafo 2. Tali disposizioni entrano in vigore previa approvazione degli Stati membri, conformemente alle rispettive norme costituzionali.

PARTE III
Politiche e azioni interne dell'Unione

TITOLO I
Mercato interno

26. *[ex articolo 14 del TCE]*
1. L'Unione adotta le misure destinate all'instaurazione o al funzionamento del mercato interno, conformemente alle disposizioni pertinenti dei trattati.
2. Il mercato interno comporta uno spazio senza frontiere interne, nel quale è assicurata la libera circolazione delle merci, delle persone, dei servizi e dei capitali secondo le disposizioni dei trattati.
3. Il Consiglio, su proposta della Commissione, definisce gli orientamenti e le condizioni necessari per garantire un progresso equilibrato nell'insieme dei settori considerati.

27. *[ex articolo 15 del TCE]*
Nella formulazione delle proprie proposte intese a realizzare gli obiettivi dell'articolo 26, la Commissione tiene conto dell'ampiezza dello sforzo che dovrà essere sopportato, per l'instaurazione del mercato interno, da talune economie che presentano differenze di sviluppo e può proporre le disposizioni appropriate.
Se queste disposizioni assumono la forma di deroghe, esse debbono avere un carattere temporaneo ed arrecare meno perturbazioni possibili al funzionamento del mercato interno.

TITOLO II
Libera circolazione delle merci

28. *[ex articolo 23 del TCE]*
1. L'Unione comprende un'unione doganale che si estende al complesso degli scambi di merci e comporta il divieto, fra gli Stati membri, dei dazi doganali all'importazione e all'esportazione e di qualsiasi tassa di effetto equivalente, come pure l'adozione di una tariffa doganale comune nei loro rapporti con i paesi terzi.
2. Le disposizioni dell'articolo 30 e del capo 3 del presente titolo si applicano ai prodotti originari degli Stati membri e ai prodotti provenienti da paesi terzi che si trovano in libera pratica negli Stati membri.

29. *[ex articolo 24 del TCE]*
Sono considerati in libera pratica in uno Stato membro i prodotti provenienti da paesi terzi per i quali siano state adempiute in tale Stato le formalità di importazione e riscossi i dazi doganali e le tasse di effetto equivalente esigibili e che non abbiano beneficiato di un ristorno totale o parziale di tali dazi e tasse.

Capo 1
Unione doganale

30. *[ex articolo 25 del TCE]*
I dazi doganali all'importazione o all'esportazione o le tasse di effetto equivalente sono vietati tra gli Stati membri. Tale divieto si applica anche ai dazi doganali di carattere fiscale.

31. *[ex articolo 26 del TCE]*
I dazi della tariffa doganale comune sono stabiliti dal Consiglio su proposta della Commissione.

32. *[ex articolo 27 del TCE]*
Nell'adempimento dei compiti che le sono affidati ai sensi del presente capo, la Commissione s'ispira:
a) alla necessità di promuovere gli scambi commerciali fra gli Stati membri e i paesi terzi;
b) all'evoluzione delle condizioni di concorrenza all'interno dell'Unione, nella misura in cui tale evoluzione avrà per effetto di accrescere la capacità di concorrenza delle imprese;
c) alla necessità di approvvigionamento dell'Unione in materie prime e prodotti semilavorati, pur vigilando a che non vengano falsate fra gli Stati membri le condizioni di concorrenza sui prodotti finiti;
d) alla necessità di evitare gravi turbamenti nella vita economica degli Stati membri e di assicurare uno sviluppo razionale della produzione e una espansione del consumo nell'Unione.

Capo 2
Cooperazione doganale

33. *[ex articolo 135 del TCE]*
Nel quadro del campo di applicazione dei trattati, il Parlamento europeo e il Consiglio, deliberando secondo la procedura legislativa ordinaria, adottano misure per rafforzare la cooperazione doganale tra gli Stati membri e tra questi ultimi e la Commissione.

Capo 3
Divieto delle restrizioni quantitative tra gli Stati membri

34. *[ex articolo 28 del TCE]*
Sono vietate fra gli Stati membri le restrizioni quantitative all'importazione nonché qualsiasi misura di effetto equivalente.

35. *[ex articolo 29 del TCE]*
Sono vietate fra gli Stati membri le restrizioni quantitative all'esportazione e qualsiasi misura di effetto equivalente.

36. *[ex articolo 30 del TCE]*
Le disposizioni degli articoli 34 e 35 lasciano impregiudicati i divieti o restrizioni all'importazione, all'esportazione e al transito giustificati da motivi di moralità pubblica, di ordine pubblico, di pubblica sicurezza, di tutela della salute e della vita delle persone e degli animali o di preservazione dei vegetali, di protezione del patrimonio artistico, storico o archeologico nazionale, o di tutela della proprietà industriale e commerciale. Tuttavia, tali divieti o restrizioni non devono costituire un mezzo di discriminazione arbitraria, né una restrizione dissimulata al commercio tra gli Stati membri.

37. *[ex articolo 31 del TCE]*
1. Gli Stati membri procedono a un riordinamento dei monopoli nazionali che presentano un carattere commerciale, in modo che venga esclusa qualsiasi discriminazione fra i cittadini degli Stati membri per quanto riguarda le condizioni relative all'approvvigionamento e agli sbocchi.
Le disposizioni del presente articolo si applicano a qualsiasi organismo per mezzo del quale uno Stato membro, de jure o de facto, controlla, dirige o influenza sensibilmente, direttamente o indirettamente, le importazioni o le esportazioni fra gli Stati membri. Tali disposizioni si applicano altresì ai monopoli di Stato delegati.
2. Gli Stati membri si astengono da qualsiasi nuova misura contraria ai principi enunciati nel paragrafo 1 o tale da limitare la portata degli articoli relativi al divieto dei dazi doganali e delle restrizioni quantitative fra gli Stati membri.
3. Nel caso di un monopolio a carattere commerciale che comporti una regolamentazione destinata ad agevolare lo smercio o la valorizzazione di prodotti agricoli, è opportuno assicurare, nell'applicazione delle norme del presente articolo, garanzie equivalenti per l'occupazione e il tenore di vita dei produttori interessati.

TITOLO III
Agricoltura e pesca

38. *[ex articolo 32 del TCE]*
1. L'Unione definisce e attua una politica comune dell'agricoltura e della pesca.
Il mercato interno comprende l'agricoltura, la pesca e il commercio dei prodotti agricoli. Per prodotti agricoli si intendono i prodotti del suolo, dell'allevamento e della pesca, come pure i prodotti di prima trasformazione che sono in diretta connessione con tali prodotti. I riferimenti alla politica agricola comune o all'agricoltura e l'uso del termine "agricolo" si intendono applicabili anche alla pesca, tenendo conto delle caratteristiche specifiche di questo settore.
2. Salvo contrarie disposizioni degli articoli da 39 a 44 inclusi, le norme previste per l'instaurazione o il funzionamento del mercato interno sono applicabili ai prodotti agricoli.
3. I prodotti cui si applicano le disposizioni degli articoli da 39 a 44 inclusi sono enumerati nell'elenco che costituisce l'allegato I.
4. Il funzionamento e lo sviluppo del mercato interno per i prodotti agricoli devono essere accompagnati dall'instaurazione di una politica agricola comune.

39. *[ex articolo 33 del TCE]*
1. Le finalità della politica agricola comune sono:
a) incrementare la produttività dell'agricoltura, sviluppando il progresso tecnico, assicurando lo sviluppo razionale della produzione agricola come pure un impiego migliore dei fattori di produzione, in particolare della manodopera;
b) assicurare così un tenore di vita equo alla popolazione agricola, grazie in particolare al miglioramento del reddito individuale di coloro che lavorano nell'agricoltura;
c) stabilizzare i mercati;
d) garantire la sicurezza degli approvvigionamenti;
e) assicurare prezzi ragionevoli nelle consegne ai consumatori.
2. Nell'elaborazione della politica agricola comune e dei metodi speciali che questa può implicare, si dovrà considerare:
a) il carattere particolare dell'attività agricola che deriva dalla struttura sociale dell'agricoltura e dalle disparità strutturali e naturali fra le diverse regioni agricole;
b) la necessità di operare gradatamente gli opportuni adattamenti;
c) il fatto che, negli Stati membri, l'agricoltura costituisce un settore intimamente connesso all'insieme dell'economia.

40. *[ex articolo 34 del TCE]*
1. Per raggiungere gli obiettivi previsti dall'articolo 39 è creata un'organizzazione comune dei mercati agricoli.
A seconda dei prodotti, tale organizzazione assume una delle forme qui sotto specificate:
a) regole comuni in materia di concorrenza;
b) un coordinamento obbligatorio delle diverse organizzazioni nazionali del mercato;
c) un'organizzazione europea del mercato.
2. L'organizzazione comune in una delle forme indicate al paragrafo 1 può comprendere tutte le misure necessarie al raggiungimento degli obiettivi definiti all'articolo 39, e in particolare regolamentazioni dei prez-

zi, sovvenzioni sia alla produzione che alla distribuzione dei diversi prodotti, sistemi per la costituzione di scorte e per il riporto, meccanismi comuni di stabilizzazione all'importazione o all'esportazione.
Essa deve limitarsi a perseguire gli obiettivi enunciati nell'articolo 39 e deve escludere qualsiasi discriminazione fra produttori o consumatori dell'Unione.
Un'eventuale politica comune dei prezzi deve essere basata su criteri comuni e su metodi di calcolo uniformi.

3. Per consentire all'organizzazione comune di cui al paragrafo 1 di raggiungere i suoi obiettivi, potranno essere creati uno o più fondi agricoli di orientamento e di garanzia.

41. *[ex articolo 35 del TCE]*
Per consentire il raggiungimento degli obiettivi definiti dall'articolo 39 può essere in particolare previsto nell'ambito della politica agricola comune:
a) un coordinamento efficace degli sforzi intrapresi nei settori della formazione professionale, della ricerca e della divulgazione dell'agronomia, che possono comportare progetti o istituzioni finanziate in comune;
b) azioni comuni per lo sviluppo del consumo di determinati prodotti.

42. *[ex articolo 36 del TCE]*
Le disposizioni del capo relativo alle regole di concorrenza sono applicabili alla produzione e al commercio dei prodotti agricoli soltanto nella misura determinata dal Parlamento europeo e dal Consiglio, nel quadro delle disposizioni e conformemente alla procedura di cui all'articolo 43, paragrafo 2, avuto riguardo agli obiettivi enunciati nell'articolo 39.
Il Consiglio, su proposta della Commissione, può autorizzare la concessione di aiuti:
a) per la protezione delle aziende sfavorite da condizioni strutturali o naturali;
b) nel quadro di programmi di sviluppo economico.

43. *[ex articolo 37 del TCE]*

1. La Commissione presenta delle proposte in merito all'elaborazione e all'attuazione della politica agricola comune, ivi compresa la sostituzione alle organizzazioni nazionali di una delle forme di organizzazione comune previste dall'articolo 40, paragrafo 1, come pure l'attuazione delle misure specificate nel presente titolo.
Tali proposte devono tener conto dell'interdipendenza delle questioni agricole menzionate nel presente titolo.

2. Il Parlamento europeo e il Consiglio, deliberando secondo la procedura legislativa ordinaria e previa consultazione del Comitato economico e sociale, stabiliscono l'organizzazione comune dei mercati agricoli prevista all'articolo 40, paragrafo 1, e le altre disposizioni necessarie al perseguimento degli obiettivi della politica comune dell'agricoltura e della pesca.

3. Il Consiglio, su proposta della Commissione, adotta le misure relative alla fissazione dei prezzi, dei prelievi, degli aiuti e delle limitazioni quantitative, nonché alla fissazione e ripartizione delle possibilità di pesca.

4. L'organizzazione comune prevista dall'articolo 40, paragrafo 1, può essere sostituita alle organizzazioni nazionali del mercato, alle condizioni previste dal paragrafo 2:
a) quando l'organizzazione comune offra agli Stati membri che si oppongono alla decisione e dispongono essi stessi di un'organizzazione nazionale per la produzione di cui trattasi garanzie equivalenti per l'occupazione ed il tenore di vita dei produttori interessati, avuto riguardo al ritmo degli adattamenti possibili e delle specializzazioni necessarie; e
b) quando tale organizzazione assicuri agli scambi all'interno dell'Unione condizioni analoghe a quelle esistenti in un mercato nazionale.

5. Qualora un'organizzazione comune venga creata per talune materie prime senza che ancora esista un'organizzazione comune per i prodotti di trasformazione corrispondenti, le materie prime di cui trattasi, utilizzate per i prodotti di trasformazione destinati all'esportazione verso i paesi terzi, possono essere importate dall'esterno dell'Unione.

44. *[ex articolo 38 del TCE]*
Quando in uno Stato membro un prodotto è disciplinato da un'organizzazione nazionale del mercato o da qualsiasi regolamentazione interna di effetto equivalente che sia pregiudizievole alla concorrenza di una produzione similare in un altro Stato membro, gli Stati membri applicano al prodotto in questione in provenienza dallo Stato membro ove sussista l'organizzazione ovvero la regolamentazione suddetta una tassa di compensazione all'entrata, salvo che tale Stato non applichi una tassa di compensazione all'esportazione.
La Commissione fissa l'ammontare di tali tasse nella misura necessaria a ristabilire l'equilibrio; essa può ugualmente autorizzare il ricorso ad altre misure di cui determina le condizioni e modalità.

TITOLO IV
Libera circolazione delle persone, dei servizi e dei capitali

Capo 1
I lavoratori

45. *[ex articolo 39 del TCE]*

1. La libera circolazione dei lavoratori all'interno dell'Unione è assicurata.

2. Essa implica l'abolizione di qualsiasi discriminazione, fondata sulla nazionalità, tra i lavoratori degli Stati membri, per quanto riguarda l'impiego, la retribuzione e le altre condizioni di lavoro.

3. Fatte salve le limitazioni giustificate da motivi di ordine pubblico, pubblica sicurezza e sanità pubblica, essa importa il diritto:
a) di rispondere a offerte di lavoro effettive;
b) di spostarsi liberamente a tal fine nel territorio degli Stati membri;
c) di prendere dimora in uno degli Stati membri al fine

di svolgervi un'attività di lavoro, conformemente alle disposizioni legislative, regolamentari e amministrative che disciplinano l'occupazione dei lavoratori nazionali;

d) di rimanere, a condizioni che costituiranno l'oggetto di regolamenti stabiliti dalla Commissione, sul territorio di uno Stato membro, dopo aver occupato un impiego.

4. Le disposizioni del presente articolo non sono applicabili agli impieghi nella pubblica amministrazione.

46. *[ex articolo 40 del TCE]*

Il Parlamento europeo e il Consiglio, deliberando secondo la procedura legislativa ordinaria e previa consultazione del Comitato economico e sociale stabiliscono, mediante direttive o regolamenti, le misure necessarie per attuare la libera circolazione dei lavoratori, quale è definita dall'articolo 45, in particolare:

a) assicurando una stretta collaborazione tra le amministrazioni nazionali del lavoro;

b) eliminando quelle procedure e pratiche amministrative, come anche i termini per l'accesso agli impieghi disponibili, contemplati dalla legislazione interna ovvero da accordi conclusi in precedenza tra gli Stati membri, il cui mantenimento sarebbe di ostacolo alla liberalizzazione dei movimenti dei lavoratori;

c) abolendo tutti i termini e le altre restrizioni previste dalle legislazioni interne ovvero da accordi conclusi in precedenza tra gli Stati membri, che impongano ai lavoratori degli altri Stati membri, in ordine alla libera scelta di un lavoro, condizioni diverse da quelle stabilite per i lavoratori nazionali;

d) istituendo meccanismi idonei a mettere in contatto le offerte e le domande di lavoro e a facilitarne l'equilibrio a condizioni che evitino di compromettere gravemente il tenore di vita e il livello dell'occupazione nelle diverse regioni e industrie.

47. *[ex articolo 41 del TCE]*

Gli Stati membri favoriscono, nel quadro di un programma comune, gli scambi di giovani lavoratori.

48. *[ex articolo 42 del TCE]*

Il Parlamento europeo e il Consiglio, deliberando secondo la procedura legislativa ordinaria, adottano in materia di sicurezza sociale le misure necessarie per l'instaurazione della libera circolazione dei lavoratori, attuando in particolare un sistema che consenta di assicurare ai lavoratori migranti dipendenti e autonomi e ai loro aventi diritto:

a) il cumulo di tutti i periodi presi in considerazione dalle varie legislazioni nazionali, sia per il sorgere e la conservazione del diritto alle prestazioni sia per il calcolo di queste;

b) il pagamento delle prestazioni alle persone residenti nei territori degli Stati membri.

Qualora un membro del Consiglio dichiari che un progetto di atto legislativo di cui al primo comma lede aspetti importanti del suo sistema di sicurezza sociale, in particolare per quanto riguarda il campo di applicazione, i costi o la struttura finanziaria, oppure ne altera l'equilibrio finanziario, può chiedere che il Consiglio europeo sia investito della questione. In tal caso la procedura legislativa ordinaria è sospesa. Previa discussione ed entro quattro mesi da tale sospensione, il Consiglio europeo:

a) rinvia il progetto al Consiglio, il che pone fine alla sospensione della procedura legislativa ordinaria, oppure

b) non agisce o chiede alla Commissione di presentare una nuova proposta; in tal caso l'atto inizialmente proposto si considera non adottato.

Capo 2
Il diritto di stabilimento

49. *[ex articolo 43 del TCE]*

Nel quadro delle disposizioni che seguono, le restrizioni alla libertà di stabilimento dei cittadini di uno Stato membro nel territorio di un altro Stato membro vengono vietate. Tale divieto si estende altresì alle restrizioni relative all'apertura di agenzie, succursali o filiali, da parte dei cittadini di uno Stato membro stabiliti sul territorio di un altro Stato membro.

La libertà di stabilimento importa l'accesso alle attività autonome e al loro esercizio, nonché la costituzione e la gestione di imprese e in particolare di società ai sensi dell'articolo 54, secondo comma, alle condizioni definite dalla legislazione del paese di stabilimento nei confronti dei propri cittadini, fatte salve le disposizioni del capo relativo ai capitali.

50. *[ex articolo 44 del TCE]*

1. Per realizzare la libertà di stabilimento in una determinata attività, il Parlamento europeo e il Consiglio deliberano mediante direttive secondo la procedura legislativa ordinaria, previa consultazione del Comitato economico e sociale.

2. Il Parlamento europeo, il Consiglio e la Commissione esercitano le funzioni loro attribuite in virtù delle disposizioni che precedono, in particolare:

a) trattando, in generale, con precedenza le attività per le quali la libertà di stabilimento costituisce un contributo particolarmente utile all'incremento della produzione e degli scambi;

b) assicurando una stretta collaborazione tra le amministrazioni nazionali competenti al fine di conoscere le situazioni particolari all'interno dell'Unione delle diverse attività interessate;

c) sopprimendo quelle procedure e pratiche amministrative contemplate dalla legislazione interna ovvero da accordi precedentemente conclusi tra gli Stati membri, il cui mantenimento sarebbe di ostacolo alla libertà di stabilimento;

d) vigilando a che i lavoratori dipendenti di uno degli Stati membri, occupati nel territorio di un altro Stato membro, possano quivi rimanere per intraprendere un'attività autonoma, quando soddisfino alle condizioni che sarebbero loro richieste se entrassero in quello Stato nel momento in cui desiderano accedere all'attività di cui trattasi;

e) rendendo possibile l'acquisto e lo sfruttamento di proprietà fondiarie situate nel territorio di uno Stato membro da parte di un cittadino di un altro Stato membro, sempre che non siano lesi i principi stabiliti dall'articolo 39, paragrafo 2;

f) applicando la graduale soppressione delle restrizioni relative alla libertà di stabilimento in ogni ramo di attività considerato, da una parte alle condizioni per l'apertura di agenzie, succursali o filiali sul territorio di uno Stato membro e dall'altra alle condizioni di ammissione del personale della sede principale negli organi di gestione o di controllo di queste ultime;

g) coordinando, nella necessaria misura e al fine di renderle equivalenti, le garanzie che sono richieste, negli Stati membri, alle società a mente dell'articolo 54, secondo comma per proteggere gli interessi tanto dei soci come dei terzi;

h) accertandosi che le condizioni di stabilimento non vengano alterate mediante aiuti concessi dagli Stati membri.

51. *[ex articolo 45 del TCE]*

Sono escluse dall'applicazione delle disposizioni del presente capo, per quanto riguarda lo Stato membro interessato, le attività che in tale Stato partecipino, sia pure occasionalmente, all'esercizio dei pubblici poteri.

Il Parlamento europeo e il Consiglio, deliberando secondo la procedura legislativa ordinaria, possono escludere talune attività dall'applicazione delle disposizioni del presente capo.

52. *[ex articolo 46 del TCE]*

1. Le prescrizioni del presente capo e le misure adottate in virtù di queste ultime lasciano impregiudicata l'applicabilità delle disposizioni legislative, regolamentari e amministrative che prevedano un regime particolare per i cittadini stranieri e che siano giustificate da motivi di ordine pubblico, di pubblica sicurezza e di sanità pubblica.

2. Il Parlamento europeo e il Consiglio, deliberando secondo la procedura legislativa ordinaria, stabiliscono direttive per il coordinamento delle suddette disposizioni.

53. *[ex articolo 47 del TCE]*

1. Al fine di agevolare l'accesso alle attività autonome e l'esercizio di queste, il Parlamento europeo e il Consiglio, deliberando secondo la procedura legislativa ordinaria, stabiliscono direttive intese al reciproco riconoscimento dei diplomi, certificati ed altri titoli e al coordinamento delle disposizioni legislative, regolamentari e amministrative degli Stati membri relative all'accesso alle attività autonome e all'esercizio di queste.

2. Per quanto riguarda le professioni mediche, paramediche e farmaceutiche, la graduale soppressione delle restrizioni è subordinata al coordinamento delle condizioni richieste per il loro esercizio nei singoli Stati membri.

54. *[ex articolo 48 del TCE]*

Le società costituite conformemente alla legislazione di uno Stato membro e aventi la sede sociale, l'amministrazione centrale o il centro di attività principale all'interno dell'Unione, sono equiparate, ai fini dell'applicazione delle disposizioni del presente capo, alle persone fisiche aventi la cittadinanza degli Stati membri.

Per società si intendono le società di diritto civile o di diritto commerciale, ivi comprese le società cooperative, e le altre persone giuridiche contemplate dal diritto pubblico o privato, ad eccezione delle società che non si prefiggono scopi di lucro.

55. *[ex articolo 294 del TCE]*

Fatta salva l'applicazione delle altre disposizioni dei trattati, gli Stati membri applicano la disciplina nazionale nei confronti della partecipazione finanziaria dei cittadini degli altri Stati membri al capitale delle società a mente dell'articolo 54.

Capo 3
I servizi

56. *[ex articolo 49 del TCE]*

Nel quadro delle disposizioni seguenti, le restrizioni alla libera prestazione dei servizi all'interno dell'Unione sono vietate nei confronti dei cittadini degli Stati membri stabiliti in uno Stato membro che non sia quello del destinatario della prestazione.

Il Parlamento europeo e il Consiglio, deliberando secondo la procedura legislativa ordinaria, possono estendere il beneficio delle disposizioni del presente capo ai prestatori di servizi, cittadini di un paese terzo e stabiliti all'interno dell'Unione.

57. *[ex articolo 50 del TCE]*

Ai sensi dei trattati, sono considerate come servizi le prestazioni fornite normalmente dietro retribuzione, in quanto non siano regolate dalle disposizioni relative alla libera circolazione delle merci, dei capitali e delle persone.

I servizi comprendono in particolare:

a) attività di carattere industriale;

b) attività di carattere commerciale;

c) attività artigiane;

d) attività delle libere professioni.

Senza pregiudizio delle disposizioni del capo relativo al diritto di stabilimento, il prestatore può, per l'esecuzione della sua prestazione, esercitare, a titolo temporaneo, la sua attività nello Stato membro ove la prestazione è fornita, alle stesse condizioni imposte da tale Stato ai propri cittadini.

58. *[ex articolo 51 del TCE]*

1. La libera circolazione dei servizi, in materia di

trasporti, è regolata dalle disposizioni del titolo relativo ai trasporti.

2. La liberalizzazione dei servizi delle banche e delle assicurazioni che sono vincolati a movimenti di capitale deve essere attuata in armonia con la liberalizzazione della circolazione dei capitali.

59. *[ex articolo 52 del TCE]*

1. Per realizzare la liberalizzazione di un determinato servizio, il Parlamento europeo e il Consiglio, deliberando secondo la procedura legislativa ordinaria e previa consultazione del Comitato economico e sociale, stabiliscono direttive.

2. Nelle direttive di cui al paragrafo 1 sono in generale considerati con priorità i servizi che intervengono in modo diretto nei costi di produzione, ovvero la cui liberalizzazione contribuisce a facilitare gli scambi di merci.

60. *[ex articolo 53 del TCE]*

Gli Stati membri si sforzano di procedere alla liberalizzazione dei servizi in misura superiore a quella obbligatoria in virtù delle direttive stabilite in applicazione dell'articolo 59, paragrafo 1, quando ciò sia loro consentito dalla situazione economica generale e dalla situazione del settore interessato.

La Commissione rivolge a tal fine raccomandazioni agli Stati membri interessati.

61. *[ex articolo 54 del TCE]*

Fino a quando non saranno soppresse le restrizioni alla libera prestazione dei servizi, ciascuno degli Stati membri le applica senza distinzione di nazionalità o di residenza a tutti i prestatori di servizi contemplati dall'articolo 56, primo comma.

62. *[ex articolo 55 del TCE]*

Le disposizioni degli articoli da 51 a 54 inclusi sono applicabili alla materia regolata dal presente capo.

Capo 4
Capitali e pagamenti

63. *[ex articolo 56 del TCE]*

1. Nell'ambito delle disposizioni previste dal presente capo sono vietate tutte le restrizioni ai movimenti di capitali tra Stati membri, nonché tra Stati membri e paesi terzi.

2. Nell'ambito delle disposizioni previste dal presente capo sono vietate tutte le restrizioni sui pagamenti tra Stati membri, nonché tra Stati membri e paesi terzi.

64. *[ex articolo 57 del TCE]*

1. Le disposizioni di cui all'articolo 63 lasciano impregiudicata l'applicazione ai paesi terzi di qualunque restrizione in vigore alla data del 31 dicembre 1993 in virtù delle legislazioni nazionali o della legislazione dell'Unione per quanto concerne i movimenti di capitali provenienti da paesi terzi o ad essi diretti, che implichino investimenti diretti, inclusi gli investimenti in proprietà immobiliari, lo stabilimento, la prestazione di servizi finanziari o l'ammissione di valori mobiliari nei mercati finanziari. In conformità con le restrizioni esistenti in base alla normativa nazionale in Bulgaria, Estonia ed Ungheria, la pertinente data è il 31 dicembre 1999. In conformità con le restrizioni esistenti in base al diritto nazionale in Croazia, la pertinente data è il 31 dicembre 2002.

2. Nell'ambito degli sforzi volti a conseguire, nella maggior misura possibile e senza pregiudicare gli altri capi dei trattati, l'obiettivo della libera circolazione di capitali tra Stati membri e paesi terzi, il Parlamento europeo e il Consiglio, deliberando secondo la procedura legislativa ordinaria, adottano le misure concernenti i movimenti di capitali provenienti da paesi terzi o ad essi diretti, in relazione a investimenti diretti, inclusi gli investimenti in proprietà immobiliari, lo stabilimento, la prestazione di servizi finanziari o l'ammissione di valori mobiliari nei mercati finanziari.

3. In deroga al paragrafo 2, solo il Consiglio, deliberando secondo una procedura legislativa speciale, all'unanimità e previa consultazione del Parlamento europeo, può adottare misure che comportino un regresso del diritto dell'Unione per quanto riguarda la liberalizzazione dei movimenti di capitali diretti in paesi terzi o provenienti da essi.

65. *[ex articolo 58 del TCE]*

1. Le disposizioni dell'articolo 63 non pregiudicano il diritto degli Stati membri:

a) di applicare le pertinenti disposizioni della loro legislazione tributaria in cui si opera una distinzione tra i contribuenti che non si trovano nella medesima situazione per quanto riguarda il loro luogo di residenza o il luogo di collocamento del loro capitale;
b) di prendere tutte le misure necessarie per impedire le violazioni della legislazione e delle regolamentazioni nazionali, in particolare nel settore fiscale e in quello della vigilanza prudenziale sulle istituzioni finanziarie, o di stabilire procedure per la dichiarazione dei movimenti di capitali a scopo di informazione amministrativa o statistica, o di adottare misure giustificate da motivi di ordine pubblico o di pubblica sicurezza.

2. Le disposizioni del presente capo non pregiudicano l'applicabilità di restrizioni in materia di diritto di stabilimento compatibili con i trattati.

3. Le misure e le procedure di cui ai paragrafi 1 e 2 non devono costituire un mezzo di discriminazione arbitraria, né una restrizione dissimulata al libero movimento dei capitali e dei pagamenti di cui all'articolo 63.

4. In assenza di misure in applicazione dell'articolo 64, paragrafo 3, la Commissione o, in mancanza di una decisione della Commissione entro un periodo di tre mesi dalla richiesta dello Stato membro interessato, il Consiglio può adottare una decisione che conferma che le misure fiscali restrittive adottate da uno Stato membro riguardo ad uno o più paesi terzi devono essere considerate compatibili con i trattati nella misura in cui sono giustificate da uno degli obiettivi dell'Unione e compatibili con il buon funzionamento del mercato interno. Il Consiglio delibera all'unanimità su richiesta di uno Stato membro.

66. *[ex articolo 59 del TCE]*
Qualora, in circostanze eccezionali, i movimenti di capitali provenienti da paesi terzi o ad essi diretti causino o minaccino di causare difficoltà gravi per il funzionamento dell'Unione economica e monetaria, il Consiglio, su proposta della Commissione e previa consultazione della Banca centrale europea, può prendere nei confronti di paesi terzi, e se strettamente necessarie, misure di salvaguardia di durata limitata, per un periodo non superiore a sei mesi.

TITOLO V
Spazio di libertà, sicurezza e giustizia

Capo 1
Disposizioni generali

67. *[ex articolo 61 del TCE ed ex articolo 29 del TUE]*

1. L'Unione realizza uno spazio di libertà, sicurezza e giustizia nel rispetto dei diritti fondamentali nonché dei diversi ordinamenti giuridici e delle diverse tradizioni giuridiche degli Stati membri.

2. Essa garantisce che non vi siano controlli sulle persone alle frontiere interne e sviluppa una politica comune in materia di asilo, immigrazione e controllo delle frontiere esterne, fondata sulla solidarietà tra Stati membri ed equa nei confronti dei cittadini dei paesi terzi. Ai fini del presente titolo gli apolidi sono equiparati ai cittadini dei paesi terzi.

3. L'Unione si adopera per garantire un livello elevato di sicurezza attraverso misure di prevenzione e di lotta contro la criminalità, il razzismo e la xenofobia, attraverso misure di coordinamento e cooperazione tra forze di polizia e autorità giudiziarie e altre autorità competenti, nonché tramite il riconoscimento reciproco delle decisioni giudiziarie penali e, se necessario, il ravvicinamento delle legislazioni penali.

4. L'Unione facilita l'accesso alla giustizia, in particolare attraverso il principio di riconoscimento reciproco delle decisioni giudiziarie ed extragiudiziali in materia civile.

68. – Il Consiglio europeo definisce gli orientamenti strategici della programmazione legislativa e operativa nello spazio di libertà, sicurezza e giustizia.

69. – Per quanto riguarda le proposte e le iniziative legislative presentate nel quadro dei capi 4 e 5, i parlamenti nazionali vigilano sul rispetto del principio di sussidiarietà conformemente al protocollo sull'applicazione dei principi di sussidiarietà e di proporzionalità.

70. – Fatti salvi gli articoli 258, 259 e 260, il Consiglio, su proposta della Commissione, può adottare misure che definiscono le modalità secondo le quali gli Stati membri, in collaborazione con la Commissione, procedono a una valutazione oggettiva e imparziale dell'attuazione, da parte delle autorità degli Stati membri, delle politiche dell'Unione di cui al presente titolo, in particolare al fine di favorire la piena applicazione del principio di riconoscimento reciproco. Il Parlamento europeo e i parlamenti nazionali sono informati dei contenuti e dei risultati di tale valutazione.

71. *[ex articolo 36 del TUE]*
È istituito in seno al Consiglio un comitato permanente al fine di assicurare all'interno dell'Unione la promozione e il rafforzamento della cooperazione operativa in materia di sicurezza interna. Fatto salvo l'articolo 240, esso favorisce il coordinamento dell'azione delle autorità competenti degli Stati membri. I rappresentanti degli organi e organismi interessati dell'Unione possono essere associati ai lavori del comitato. Il Parlamento europeo e i parlamenti nazionali sono tenuti informati dei lavori.

72. *[ex articolo 64, paragrafo 1, del TCE ed ex articolo 33 del TUE]*
Il presente titolo non osta all'esercizio delle responsabilità incombenti agli Stati membri per il mantenimento dell'ordine pubblico e la salvaguardia della sicurezza interna.

73. – Gli Stati membri hanno la facoltà di organizzare tra di loro e sotto la loro responsabilità forme di cooperazione e di coordinamento nel modo che ritengono appropriato tra i dipartimenti competenti delle rispettive amministrazioni responsabili per la salvaguardia della sicurezza nazionale.

74. *[ex articolo 66 del TCE]*
Il Consiglio adotta misure al fine di assicurare la cooperazione amministrativa tra i servizi competenti degli Stati membri nei settori di cui al presente titolo e fra tali servizi e la Commissione. Esso delibera su proposta della Commissione, fatto salvo l'articolo 76, e previa consultazione del Parlamento europeo.

75. *[ex articolo 60 del TCE]*
Qualora sia necessario per conseguire gli obiettivi di cui all'articolo 67, per quanto riguarda la prevenzione e la lotta contro il terrorismo e le attività connesse, il Parlamento europeo e il Consiglio, deliberando mediante regolamenti secondo la procedura legislativa ordinaria, definiscono un insieme di misure amministrative concernenti i movimenti di capitali e i pagamenti, quali il congelamento dei capitali, dei beni finanziari o dei proventi economici appartenenti, posseduti o detenuti da persone fisiche o giuridiche, da gruppi o da entità non statali.
Il Consiglio, su proposta della Commissione, adotta misure per attuare l'insieme di misure di cui al primo comma.
Gli atti di cui al presente articolo contengono le necessarie disposizioni sulle garanzie giuridiche.

76. – Gli atti di cui ai capi 4 e 5 e le misure di cui all'articolo 74 che assicurano la cooperazione amministrativa nei settori di cui a tali capi sono adottati:
a) su proposta della Commissione, oppure
b) su iniziativa di un quarto degli Stati membri.

Capo 2
Politiche relative ai controlli alle frontiere, all'asilo e all'immigrazione

77. *[ex articolo 62 del TCE]*

1. L'Unione sviluppa una politica volta a:
a) garantire l'assenza di qualsiasi controllo sulle persone, a prescindere dalla nazionalità, all'atto dell'attraversamento delle frontiere interne;
b) garantire il controllo delle persone e la sorveglianza efficace dell'attraversamento delle frontiere esterne;
c) instaurare progressivamente un sistema integrato di gestione delle frontiere esterne.

2. Ai fini del paragrafo 1, il Parlamento europeo e il Consiglio, deliberando secondo la procedura legislativa ordinaria, adottano le misure riguardanti:
a) la politica comune dei visti e di altri titoli di soggiorno di breve durata;
b) i controlli ai quali sono sottoposte le persone che attraversano le frontiere esterne;
c) le condizioni alle quali i cittadini dei paesi terzi possono circolare liberamente nell'Unione per un breve periodo;
d) qualsiasi misura necessaria per l'istituzione progressiva di un sistema integrato di gestione delle frontiere esterne;
e) l'assenza di qualsiasi controllo sulle persone, a prescindere dalla nazionalità, all'atto dell'attraversamento delle frontiere interne.

3. Se un'azione dell'Unione risulta necessaria per facilitare l'esercizio del diritto, di cui all'articolo 20, paragrafo 2, lettera a), e salvo che i trattati non abbiano previsto poteri di azione a tale scopo, il Consiglio, deliberando secondo una procedura legislativa speciale, può adottare disposizioni relative ai passaporti, alle carte d'identità, ai titoli di soggiorno o altro documento assimilato. Il Consiglio delibera all'unanimità previa consultazione del Parlamento europeo.

4. Il presente articolo lascia impregiudicata la competenza degli Stati membri riguardo alla delimitazione geografica delle rispettive frontiere, conformemente al diritto internazionale.

78. *[ex articolo 63, punti 1 e 2, e articolo 64, paragrafo 2, del TCE]*

1. L'Unione sviluppa una politica comune in materia di asilo, di protezione sussidiaria e di protezione temporanea, volta a offrire uno status appropriato a qualsiasi cittadino di un paese terzo che necessita di protezione internazionale e a garantire il rispetto del principio di non respingimento. Detta politica deve essere conforme alla convenzione di Ginevra del 28 luglio 1951 e al protocollo del 31 gennaio 1967 relativi allo status dei rifugiati, e agli altri trattati pertinenti.

2. Ai fini del paragrafo 1, il Parlamento europeo e il Consiglio, deliberando secondo la procedura legislativa ordinaria, adottano le misure relative a un sistema europeo comune di asilo che includa:
a) uno status uniforme in materia di asilo a favore di cittadini di paesi terzi, valido in tutta l'Unione;
b) uno status uniforme in materia di protezione sussidiaria per i cittadini di paesi terzi che, pur senza il beneficio dell'asilo europeo, necessitano di protezione internazionale;
c) un sistema comune volto alla protezione temporanea degli sfollati in caso di afflusso massiccio;
d) procedure comuni per l'ottenimento e la perdita dello status uniforme in materia di asilo o di protezione sussidiaria;
e) criteri e meccanismi di determinazione dello Stato membro competente per l'esame di una domanda d'asilo o di protezione sussidiaria;
f) norme concernenti le condizioni di accoglienza dei richiedenti asilo o protezione sussidiaria;
g) il partenariato e la cooperazione con paesi terzi per gestire i flussi di richiedenti asilo o protezione sussidiaria o temporanea.

3. Qualora uno o più Stati membri debbano affrontare una situazione di emergenza caratterizzata da un afflusso improvviso di cittadini di paesi terzi, il Consiglio, su proposta della Commissione, può adottare misure temporanee a beneficio dello Stato membro o degli Stati membri interessati. Esso delibera previa consultazione del Parlamento europeo.

79. *[ex articolo 63, punti 3 e 4, del TCE]*

1. L'Unione sviluppa una politica comune dell'immigrazione intesa ad assicurare, in ogni fase, la gestione efficace dei flussi migratori, l'equo trattamento dei cittadini dei paesi terzi regolarmente soggiornanti negli Stati membri e la prevenzione e il contrasto rafforzato dell'immigrazione illegale e della tratta degli esseri umani.

2. Ai fini del paragrafo 1, il Parlamento europeo e il Consiglio, deliberando secondo la procedura legislativa ordinaria, adottano le misure nei seguenti settori:
a) condizioni di ingresso e soggiorno e norme sul rilascio da parte degli Stati membri di visti e di titoli di soggiorno di lunga durata, compresi quelli rilasciati a scopo di ricongiungimento familiare;
b) definizione dei diritti dei cittadini di paesi terzi regolarmente soggiornanti in uno Stato membro, comprese le condizioni che disciplinano la libertà di circolazione e di soggiorno negli altri Stati membri;
c) immigrazione clandestina e soggiorno irregolare, compresi l'allontanamento e il rimpatrio delle persone in soggiorno irregolare;
d) lotta contro la tratta degli esseri umani, in particolare donne e minori.

3. L'Unione può concludere con i paesi terzi accordi ai fini della riammissione, nei paesi di origine o di provenienza, di cittadini di paesi terzi che non soddisfano o non soddisfano più le condizioni per l'ingresso, la presenza o il soggiorno nel territorio di uno degli Stati membri.

4. Il Parlamento europeo e il Consiglio, deliberando secondo la procedura legislativa ordinaria, possono stabilire misure volte a incentivare e sostenere l'azione degli Stati membri al fine di favorire l'integrazione dei cittadini di paesi terzi regolarmente soggiornanti nel loro territorio, ad esclusione di qualsiasi armonizzazione delle disposizioni legislative e regolamentari degli Stati membri.

5. Il presente articolo non incide sul diritto degli Stati membri di determinare il volume di ingresso nel loro territorio dei cittadini di paesi terzi, provenienti da paesi terzi, allo scopo di cercarvi un lavoro dipendente o autonomo.

80. – Le politiche dell'Unione di cui al presente capo e la loro attuazione sono governate dal principio di solidarietà e di equa ripartizione della responsabilità tra gli Stati membri, anche sul piano finanziario. Ogniqualvolta necessario, gli atti dell'Unione adottati in virtù del presente capo contengono misure appropriate ai fini dell'applicazione di tale principio.

Capo 3
Cooperazione giudiziaria in materia civile

81. *[ex articolo 65 del TCE]*

1. L'Unione sviluppa una cooperazione giudiziaria nelle materie civili con implicazioni transnazionali, fondata sul principio di riconoscimento reciproco delle decisioni giudiziarie ed extragiudiziali. Tale cooperazione può includere l'adozione di misure intese a ravvicinare le disposizioni legislative e regolamentari degli Stati membri.

2. Ai fini del paragrafo 1, il Parlamento europeo e il Consiglio, deliberando secondo la procedura legislativa ordinaria, adottano, in particolare se necessario al buon funzionamento del mercato interno, misure volte a garantire:

a) il riconoscimento reciproco tra gli Stati membri delle decisioni giudiziarie ed extragiudiziali e la loro esecuzione;
b) la notificazione e la comunicazione transnazionali degli atti giudiziari ed extragiudiziali;
c) la compatibilità delle regole applicabili negli Stati membri ai conflitti di leggi e di giurisdizione;
d) la cooperazione nell'assunzione dei mezzi di prova;
e) un accesso effettivo alla giustizia;
f) l'eliminazione degli ostacoli al corretto svolgimento dei procedimenti civili, se necessario promuovendo la compatibilità delle norme di procedura civile applicabili negli Stati membri;
g) lo sviluppo di metodi alternativi per la risoluzione delle controversie;
h) un sostegno alla formazione dei magistrati e degli operatori giudiziari.

3. In deroga al paragrafo 2, le misure relative al diritto di famiglia aventi implicazioni transnazionali sono stabilite dal Consiglio, che delibera secondo una procedura legislativa speciale. Il Consiglio delibera all'unanimità previa consultazione del Parlamento europeo.
Il Consiglio, su proposta della Commissione, può adottare una decisione che determina gli aspetti del diritto di famiglia aventi implicazioni transnazionali e che potrebbero formare oggetto di atti adottati secondo la procedura legislativa ordinaria. Il Consiglio delibera all'unanimità previa consultazione del Parlamento europeo.
I parlamenti nazionali sono informati della proposta di cui al secondo comma. Se un parlamento nazionale comunica la sua opposizione entro sei mesi dalla data di tale informazione, la decisione non è adottata. In mancanza di opposizione, il Consiglio può adottare la decisione.

Capo 4
Cooperazione giudiziaria in materia penale

82. *[ex articolo 31 del TUE]*

1. La cooperazione giudiziaria in materia penale nell'Unione è fondata sul principio di riconoscimento reciproco delle sentenze e delle decisioni giudiziarie e include il ravvicinamento delle disposizioni legislative e regolamentari degli Stati membri nei settori di cui al paragrafo 2 e all'articolo 83.
Il Parlamento europeo e il Consiglio, deliberando secondo la procedura legislativa ordinaria, adottano le misure intese a:

a) definire norme e procedure per assicurare il riconoscimento in tutta l'Unione di qualsiasi tipo di sentenza e di decisione giudiziaria;
b) prevenire e risolvere i conflitti di giurisdizione tra gli Stati membri;
c) sostenere la formazione dei magistrati e degli operatori giudiziari;
d) facilitare la cooperazione tra le autorità giudiziarie o autorità omologhe degli Stati membri in relazione all'azione penale e all'esecuzione delle decisioni.

2. Laddove necessario per facilitare il riconoscimento reciproco delle sentenze e delle decisioni giudiziarie e la cooperazione di polizia e giudiziaria nelle materie penali aventi dimensione transnazionale, il Parlamento europeo e il Consiglio possono stabilire norme minime deliberando mediante direttive secondo la procedura legislativa ordinaria. Queste tengono conto delle differenze tra le tradizioni giuridiche e gli ordinamenti giuridici degli Stati membri.
Esse riguardano:

a) l'ammissibilità reciproca delle prove tra gli Stati membri;
b) i diritti della persona nella procedura penale;
c) i diritti delle vittime della criminalità;
d) altri elementi specifici della procedura penale, individuati dal Consiglio in via preliminare mediante

una decisione; per adottare tale decisione il Consiglio delibera all'unanimità previa approvazione del Parlamento europeo.

L'adozione delle norme minime di cui al presente paragrafo non impedisce agli Stati membri di mantenere o introdurre un livello più elevato di tutela delle persone.

3. Qualora un membro del Consiglio ritenga che un progetto di direttiva di cui al paragrafo 2 incida su aspetti fondamentali del proprio ordinamento giuridico penale, può chiedere che il Consiglio europeo sia investito della questione. In tal caso la procedura legislativa ordinaria è sospesa. Previa discussione e in caso di consenso, il Consiglio europeo, entro quattro mesi da tale sospensione, rinvia il progetto al Consiglio, ponendo fine alla sospensione della procedura legislativa ordinaria.

Entro il medesimo termine, in caso di disaccordo, e se almeno nove Stati membri desiderano instaurare una cooperazione rafforzata sulla base del progetto di direttiva in questione, essi ne informano il Parlamento europeo, il Consiglio e la Commissione. In tal caso l'autorizzazione a procedere alla cooperazione rafforzata di cui all'articolo 20, paragrafo 2 del trattato sull'Unione europea e all'articolo 329, paragrafo 1 del presente trattato si considera concessa e si applicano le disposizioni sulla cooperazione rafforzata.

83. *[ex articolo 31 del TUE]*

1. Il Parlamento europeo e il Consiglio, deliberando mediante direttive secondo la procedura legislativa ordinaria, possono stabilire norme minime relative alla definizione dei reati e delle sanzioni in sfere di criminalità particolarmente grave che presentano una dimensione transnazionale derivante dal carattere o dalle implicazioni di tali reati o da una particolare necessità di combatterli su basi comuni.

Dette sfere di criminalità sono le seguenti: terrorismo, tratta degli esseri umani e sfruttamento sessuale delle donne e dei minori, traffico illecito di stupefacenti, traffico illecito di armi, riciclaggio di denaro, corruzione, contraffazione di mezzi di pagamento, criminalità informatica e criminalità organizzata.

In funzione dell'evoluzione della criminalità, il Consiglio può adottare una decisione che individua altre sfere di criminalità che rispondono ai criteri di cui al presente paragrafo. Esso delibera all'unanimità previa approvazione del Parlamento europeo.

2. Allorché il ravvicinamento delle disposizioni legislative e regolamentari degli Stati membri in materia penale si rivela indispensabile per garantire l'attuazione efficace di una politica dell'Unione in un settore che è stato oggetto di misure di armonizzazione, norme minime relative alla definizione dei reati e delle sanzioni nel settore in questione possono essere stabilite tramite direttive. Tali direttive sono adottate secondo la stessa procedura legislativa ordinaria o speciale utilizzata per l'adozione delle misure di armonizzazione in questione, fatto salvo l'articolo 76.

3. Qualora un membro del Consiglio ritenga che un progetto di direttiva di cui al paragrafo 1 o 2 incida su aspetti fondamentali del proprio ordinamento giuridico penale, può chiedere che il Consiglio europeo sia investito della questione. In tal caso la procedura legislativa ordinaria è sospesa. Previa discussione e in caso di consenso, il Consiglio europeo, entro quattro mesi da tale sospensione, rinvia il progetto al Consiglio, ponendo fine alla sospensione della procedura legislativa ordinaria.

Entro il medesimo termine, in caso di disaccordo, e se almeno nove Stati membri desiderano instaurare una cooperazione rafforzata sulla base del progetto di direttiva in questione, essi ne informano il Parlamento europeo, il Consiglio e la Commissione. In tal caso l'autorizzazione a procedere alla cooperazione rafforzata di cui all'articolo 20, paragrafo 2 del trattato sull'Unione europea e all'articolo 329, paragrafo 1 del presente trattato si considera concessa e si applicano le disposizioni sulla cooperazione rafforzata.

84. – Il Parlamento europeo e il Consiglio, deliberando secondo la procedura legislativa ordinaria, possono stabilire misure per incentivare e sostenere l'azione degli Stati membri nel campo della prevenzione della criminalità, ad esclusione di qualsiasi armonizzazione delle disposizioni legislative e regolamentari degli Stati membri.

85. *[ex articolo 31 del TUE]*

1. Eurojust ha il compito di sostenere e potenziare il coordinamento e la cooperazione tra le autorità nazionali responsabili delle indagini e dell'azione penale contro la criminalità grave che interessa due o più Stati membri o che richiede un'azione penale su basi comuni, sulla scorta delle operazioni effettuate e delle informazioni fornite dalle autorità degli Stati membri e da Europol.

In questo contesto il Parlamento europeo e il Consiglio, deliberando mediante regolamenti secondo la procedura legislativa ordinaria, determinano la struttura, il funzionamento, la sfera d'azione e i compiti di Eurojust. Tali compiti possono comprendere:

a) l'avvio di indagini penali, nonché la proposta di avvio di azioni penali esercitate dalle autorità nazionali competenti, in particolare quelle relative a reati che ledono gli interessi finanziari dell'Unione;
b) il coordinamento di indagini ed azioni penali di cui alla lettera a);
c) il potenziamento della cooperazione giudiziaria, anche attraverso la composizione dei conflitti di competenza e tramite una stretta cooperazione con la Rete giudiziaria europea.

Tali regolamenti fissano inoltre le modalità per associare il Parlamento europeo e i parlamenti nazionali alla valutazione delle attività di Eurojust.

2. Nel contesto delle azioni penali di cui al paragrafo 1, e fatto salvo l'articolo 86, gli atti ufficiali di procedura giudiziaria sono eseguiti dai funzionari nazionali competenti.

86. – **1.** Per combattere i reati che ledono gli interessi finanziari dell'Unione, il Consiglio, deliberando mediante regolamenti secondo una procedura legislativa speciale, può istituire una Procura europea a partire da Eurojust. Il Consiglio delibera all'unanimità, previa approvazione del Parlamento europeo.
In mancanza di unanimità, un gruppo di almeno nove Stati membri può chiedere che il Consiglio europeo sia investito del progetto di regolamento. In tal caso la procedura in sede di Consiglio è sospesa. Previa discussione e in caso di consenso, il Consiglio europeo, entro quattro mesi da tale sospensione, rinvia il progetto al Consiglio per adozione.
Entro il medesimo termine, in caso di disaccordo, e se almeno nove Stati membri desiderano instaurare una cooperazione rafforzata sulla base del progetto di regolamento in questione, essi ne informano il Parlamento europeo, il Consiglio e la Commissione. In tal caso l'autorizzazione a procedere alla cooperazione rafforzata di cui all'articolo 20, paragrafo 2 del trattato sull'Unione europea e all'articolo 329, paragrafo 1 del presente trattato si considera concessa e si applicano le disposizioni sulla cooperazione rafforzata.

2. La Procura europea è competente per individuare, perseguire e rinviare a giudizio, eventualmente in collegamento con Europol, gli autori di reati che ledono gli interessi finanziari dell'Unione, quali definiti dal regolamento previsto nel paragrafo 1, e i loro complici. Essa esercita l'azione penale per tali reati dinanzi agli organi giurisdizionali competenti degli Stati membri.

3. I regolamenti di cui al paragrafo 1 stabiliscono lo statuto della Procura europea, le condizioni di esercizio delle sue funzioni, le regole procedurali applicabili alle sue attività e all'ammissibilità delle prove e le regole applicabili al controllo giurisdizionale degli atti procedurali che adotta nell'esercizio delle sue funzioni.

4. Il Consiglio europeo può adottare, contemporaneamente o successivamente, una decisione che modifica il paragrafo 1 allo scopo di estendere le attribuzioni della Procura europea alla lotta contro la criminalità grave che presenta una dimensione transnazionale, e che modifica di conseguenza il paragrafo 2 per quanto riguarda gli autori di reati gravi con ripercussioni in più Stati membri e i loro complici. Il Consiglio europeo delibera all'unanimità previa approvazione del Parlamento europeo e previa consultazione della Commissione.

Capo 5
Cooperazione di polizia

87. *[ex articolo 30 del TUE]*

1. L'Unione sviluppa una cooperazione di polizia che associa tutte le autorità competenti degli Stati membri, compresi i servizi di polizia, i servizi delle dogane e altri servizi incaricati dell'applicazione della legge specializzati nel settore della prevenzione o dell'individuazione dei reati e delle relative indagini.

2. Ai fini del paragrafo 1, il Parlamento europeo e il Consiglio, deliberando secondo la procedura legislativa ordinaria, possono stabilire misure riguardanti:
a) la raccolta, l'archiviazione, il trattamento, l'analisi e lo scambio delle pertinenti informazioni;
b) un sostegno alla formazione del personale e la cooperazione relativa allo scambio di personale, alle attrezzature e alla ricerca in campo criminologico;
c) le tecniche investigative comuni ai fini dell'individuazione di forme gravi di criminalità organizzata.

3. Il Consiglio, deliberando secondo una procedura legislativa speciale, può stabilire misure riguardanti la cooperazione operativa tra le autorità di cui al presente articolo. Il Consiglio delibera all'unanimità previa consultazione del Parlamento europeo.
In mancanza di unanimità, un gruppo di almeno nove Stati membri può chiedere che il Consiglio europeo sia investito del progetto di misure. In tal caso la procedura in sede di Consiglio è sospesa. Previa discussione e in caso di consenso, il Consiglio europeo, entro quattro mesi da tale sospensione, rinvia il progetto al Consiglio per adozione.
Entro il medesimo termine, in caso di disaccordo, e se almeno nove Stati membri desiderano instaurare una cooperazione rafforzata sulla base del progetto di misure in questione, essi ne informano il Parlamento europeo, il Consiglio e la Commissione. In tal caso l'autorizzazione a procedere alla cooperazione rafforzata di cui all'articolo 20, paragrafo 2 del trattato sull'Unione europea e all'articolo 329, paragrafo 1 del presente trattato si considera concessa e si applicano le disposizioni sulla cooperazione rafforzata.
La procedura specifica di cui al secondo e al terzo comma non si applica agli atti che costituiscono uno sviluppo dell'*acquis* di Schengen.

88. *[ex articolo 30 del TUE]*

1. Europol ha il compito di sostenere e potenziare l'azione delle autorità di polizia e degli altri servizi incaricati dell'applicazione della legge degli Stati membri e la reciproca collaborazione nella prevenzione e lotta contro la criminalità grave che interessa due o più Stati membri, il terrorismo e le forme di criminalità che ledono un interesse comune oggetto di una politica dell'Unione.

2. Il Parlamento europeo e il Consiglio, deliberando mediante regolamenti secondo la procedura legislativa ordinaria, determinano la struttura, il funzionamento, la sfera d'azione e i compiti di Europol. Tali compiti possono comprendere:
a) la raccolta, l'archiviazione, il trattamento, l'analisi e lo scambio delle informazioni trasmesse, in particolare dalle autorità degli Stati membri o di paesi o organismi terzi;
b) il coordinamento, l'organizzazione e lo svolgimento di indagini e di azioni operative, condotte congiuntamente con le autorità competenti degli Stati membri o nel quadro di squadre investigative comuni, eventualmente in collegamento con Eurojust.

Tali regolamenti fissano inoltre le modalità di controllo delle attività di Europol da parte del Parlamento europeo, controllo cui sono associati i parlamenti nazionali.

3. Qualsiasi azione operativa di Europol deve essere condotta in collegamento e d'intesa con le autorità dello Stato membro o degli Stati membri di cui interessa il territorio. L'applicazione di misure coercitive è di competenza esclusiva delle pertinenti autorità nazionali.

89. *[ex articolo 32 del TUE]*
Il Consiglio, deliberando secondo una procedura legislativa speciale, stabilisce le condizioni e i limiti entro i quali le autorità competenti degli Stati membri di cui agli articoli 82 e 87 possono operare nel territorio di un altro Stato membro in collegamento e d'intesa con le autorità di quest'ultimo. Il Consiglio delibera all'unanimità previa consultazione del Parlamento europeo.

TITOLO VI
Trasporti

90. *[ex articolo 70 del TCE]*
Gli obiettivi dei trattati sono perseguiti, per quanto riguarda la materia disciplinata dal presente titolo, nel quadro di una politica comune dei trasporti.

91. *[ex articolo 71 del TCE]*

1. Ai fini dell'applicazione dell'articolo 90 e tenuto conto degli aspetti peculiari dei trasporti, il Parlamento europeo e il Consiglio, deliberando secondo la procedura legislativa ordinaria e previa consultazione del Comitato economico e sociale e del Comitato delle regioni, stabiliscono:

a) norme comuni applicabili ai trasporti internazionali in partenza dal territorio di uno Stato membro o a destinazione di questo, o in transito sul territorio di uno o più Stati membri;
b) le condizioni per l'ammissione di vettori non residenti ai trasporti nazionali in uno Stato membro;
c) le misure atte a migliorare la sicurezza dei trasporti;
d) ogni altra utile disposizione.

2. All'atto dell'adozione delle misure di cui al paragrafo 1, si tiene conto dei casi in cui la loro applicazione rischi di pregiudicare gravemente il tenore di vita e l'occupazione in talune regioni come pure l'uso delle attrezzature relative ai trasporti.

92. *[ex articolo 72 del TCE]*
Fino a che non siano emanate le disposizioni di cui all'articolo 91, paragrafo 1, e salvo che il Consiglio adotti all'unanimità una misura che conceda una deroga, nessuno degli Stati membri può rendere meno favorevoli, nei loro effetti diretti o indiretti nei confronti dei vettori degli altri Stati membri rispetto ai vettori nazionali, le varie disposizioni che disciplinano la materia al 1° gennaio 1958 o, per gli Stati aderenti, alla data della loro adesione.

93. *[ex articolo 73 del TCE]*
Sono compatibili con i trattati gli aiuti richiesti dalle necessità del coordinamento dei trasporti ovvero corrispondenti al rimborso di talune servitù inerenti alla nozione di pubblico servizio.

94. *[ex articolo 74 del TCE]*
Qualsiasi misura in materia di prezzi e condizioni di trasporto, adottata nell'ambito dei trattati, deve tener conto della situazione economica dei vettori.

95. *[ex articolo 75 del TCE]*

1. Nel traffico interno dell'Unione sono vietate le discriminazioni consistenti nell'applicazione, da parte di un vettore, di prezzi e condizioni di trasporto differenti per le stesse merci e per le stesse relazioni di traffico e fondate sul paese di origine o di destinazione dei prodotti trasportati.

2. Il paragrafo 1 non esclude che il Parlamento europeo e il Consiglio possano adottare altre misure in applicazione dell'articolo 91, paragrafo 1.

3. Il Consiglio stabilisce, su proposta della Commissione e previa consultazione del Parlamento europeo e del Comitato economico e sociale, una regolamentazione intesa a garantire l'attuazione delle disposizioni del paragrafo 1.
Esso può prendere in particolare le disposizioni necessarie a permettere alle istituzioni dell'Unione di controllare l'osservanza della norma enunciata dal paragrafo 1 e ad assicurarne l'intero beneficio agli utenti.

4. La Commissione, di sua iniziativa o a richiesta di uno Stato membro, esamina i casi di discriminazioni contemplati dal paragrafo 1 e, dopo aver consultato ogni Stato membro interessato, prende le necessarie decisioni, nel quadro della regolamentazione stabilita conformemente alle disposizioni del paragrafo 3.

96. *[ex articolo 76 del TCE]*

1. È fatto divieto a uno Stato membro di imporre ai trasporti effettuati all'interno dell'Unione l'applicazione di prezzi e condizioni che importino qualsiasi elemento di sostegno o di protezione nell'interesse di una o più imprese o industrie particolari, salvo quando tale applicazione sia autorizzata dalla Commissione

2. La Commissione, di propria iniziativa o a richiesta di uno Stato membro, esamina i prezzi e le condizioni di cui al paragrafo 1, avendo particolare riguardo, da una parte, alle esigenze di una politica economica regionale adeguata, alle necessità delle regioni sottosviluppate e ai problemi delle regioni che abbiano gravemente risentito di circostanze politiche e d'altra parte all'incidenza di tali prezzi e condizioni sulla concorrenza tra i modi di trasporto.

Dopo aver consultato tutti gli Stati membri interessati, la Commissione prende le necessarie decisioni.

3. Il divieto di cui al paragrafo 1 non colpisce le tariffe concorrenziali.

97. *[ex articolo 77 del TCE]*
Le tasse o canoni che, a prescindere dai prezzi di trasporto, sono percepiti da un vettore al passaggio delle

frontiere non debbono superare un livello ragionevole, avuto riguardo alle spese reali effettivamente determinate dal passaggio stesso.
Gli Stati membri procurano di ridurre progressivamente le spese in questione.
La Commissione può rivolgere raccomandazioni agli Stati membri ai fini dell'applicazione del presente articolo.

98. *[ex articolo 78 del TCE]*
Le disposizioni del presente titolo non ostano alle misure adottate nella Repubblica federale di Germania, sempre che tali misure siano necessarie a compensare gli svantaggi economici cagionati dalla divisione della Germania all'economia di talune regioni della Repubblica federale che risentono di tale divisione. Cinque anni dopo l'entrata in vigore del trattato di Lisbona, il Consiglio, su proposta della Commissione, può adottare una decisione che abroga il presente articolo.

99. *[ex articolo 79 del TCE]*
Presso la Commissione è istituito un comitato a carattere consultivo, composto di esperti designati dai governi degli Stati membri. La Commissione lo consulta in materia di trasporti, ogni qualvolta lo ritenga utile.

100. *[ex articolo 80 del TCE]*
1. Le disposizioni del presente titolo si applicano ai trasporti ferroviari, su strada e per vie navigabili.
2. Il Parlamento europeo e il Consiglio, deliberando secondo la procedura legislativa ordinaria, possono stabilire le opportune disposizioni per la navigazione marittima e aerea. Essi deliberano previa consultazione del Comitato economico e sociale e del Comitato delle regioni.

TITOLO VII
Norme comuni sulla concorrenza, sulla fiscalità e sul ravvicinamento delle legislazioni

Capo 1
Regole di concorrenza

Sezione 1
Regole applicabili alle imprese

101. *[ex articolo 81 del TCE]*
1. Sono incompatibili con il mercato interno e vietati tutti gli accordi tra imprese, tutte le decisioni di associazioni di imprese e tutte le pratiche concordate che possano pregiudicare il commercio tra Stati membri e che abbiano per oggetto o per effetto di impedire, restringere o falsare il gioco della concorrenza all'interno del mercato interno ed in particolare quelli consistenti nel:
a) fissare direttamente o indirettamente i prezzi d'acquisto o di vendita ovvero altre condizioni di transazione;
b) limitare o controllare la produzione, gli sbocchi, lo sviluppo tecnico o gli investimenti;
c) ripartire i mercati o le fonti di approvvigionamento;
d) applicare, nei rapporti commerciali con gli altri contraenti, condizioni dissimili per prestazioni equivalenti, così da determinare per questi ultimi uno svantaggio nella concorrenza;
e) subordinare la conclusione di contratti all'accettazione da parte degli altri contraenti di prestazioni supplementari, che, per loro natura o secondo gli usi commerciali, non abbiano alcun nesso con l'oggetto dei contratti stessi.

2. Gli accordi o decisioni, vietati in virtù del presente articolo, sono nulli di pieno diritto.
3. Tuttavia, le disposizioni del paragrafo 1 possono essere dichiarate inapplicabili:
– a qualsiasi accordo o categoria di accordi fra imprese,
– a qualsiasi decisione o categoria di decisioni di associazioni di imprese, e
– a qualsiasi pratica concordata o categoria di pratiche concordate,

che contribuiscano a migliorare la produzione o la distribuzione dei prodotti o a promuovere il progresso tecnico o economico, pur riservando agli utilizzatori una congrua parte dell'utile che ne deriva, ed evitando di:
a) imporre alle imprese interessate restrizioni che non siano indispensabili per raggiungere tali obiettivi;
b) dare a tali imprese la possibilità di eliminare la concorrenza per una parte sostanziale dei prodotti di cui trattasi.

102. *[ex articolo 82 del TCE]*
È incompatibile con il mercato interno e vietato, nella misura in cui possa essere pregiudizievole al commercio tra Stati membri, lo sfruttamento abusivo da parte di una o più imprese di una posizione dominante sul mercato interno o su una parte sostanziale di questo.
Tali pratiche abusive possono consistere in particolare:
a) nell'imporre direttamente od indirettamente prezzi d'acquisto, di vendita od altre condizioni di transazione non eque;
b) nel limitare la produzione, gli sbocchi o lo sviluppo tecnico, a danno dei consumatori;
c) nell'applicare nei rapporti commerciali con gli altri contraenti condizioni dissimili per prestazioni equivalenti, determinando così per questi ultimi uno svantaggio per la concorrenza;
d) nel subordinare la conclusione di contratti all'accettazione da parte degli altri contraenti di prestazioni supplementari, che, per loro natura o secondo gli usi commerciali, non abbiano alcun nesso con l'oggetto dei contratti stessi.

103. *[ex articolo 83 del TCE]*
1. I regolamenti e le direttive utili ai fini dell'applicazione dei principi contemplati dagli articoli 101 e 102 sono stabiliti dal Consiglio, su proposta della Commissione e previa consultazione del Parlamento europeo.
2. Le disposizioni di cui al paragrafo 1 hanno, in particolare, lo scopo di:

a) garantire l'osservanza dei divieti di cui all'articolo 101, paragrafo 1, e all'articolo 102, comminando ammende e penalità di mora;
b) determinare le modalità di applicazione dell'articolo 101, paragrafo 3, avendo riguardo alla necessità di esercitare una sorveglianza efficace e, nel contempo, semplificare, per quanto possibile, il controllo amministrativo;
c) precisare, eventualmente, per i vari settori economici, il campo di applicazione delle disposizioni degli articoli 101 e 102;
d) definire i rispettivi compiti della Commissione e della Corte di giustizia dell'Unione europea nell'applicazione delle disposizioni contemplate dal presente paragrafo;
e) definire i rapporti fra le legislazioni nazionali da una parte e le disposizioni della presente sezione nonché quelle adottate in applicazione del presente articolo, dall'altra.

104. *[ex articolo 84 del TCE]*
Fino al momento dell'entrata in vigore delle disposizioni adottate in applicazione dell'articolo 103, le autorità degli Stati membri decidono in merito all'ammissibilità di intese e allo sfruttamento abusivo di una posizione dominante nel mercato interno, in conformità del diritto nazionale interno e delle disposizioni dell'articolo 101, in particolare del paragrafo 3, e dell'articolo 102.

105. *[ex articolo 85 del TCE]*
1. Senza pregiudizio dell'articolo 104, la Commissione vigila perché siano applicati i principi fissati dagli articoli 101 e 102. Essa istruisce, a richiesta di uno Stato membro o d'ufficio e in collegamento con le autorità competenti degli Stati membri che le prestano la loro assistenza, i casi di presunta infrazione ai principi suddetti. Qualora essa constati l'esistenza di un'infrazione, propone i mezzi atti a porvi termine.

2. Qualora non sia posto termine alle infrazioni, la Commissione constata l'infrazione ai principi con una decisione motivata. Essa può pubblicare tale decisione e autorizzare gli Stati membri ad adottare le necessarie misure, di cui definisce le condizioni e modalità, per rimediare alla situazione.

3. La Commissione può adottare regolamenti concernenti le categorie di accordi per le quali il Consiglio ha adottato un regolamento o una direttiva conformemente all'articolo 103, paragrafo 2, lettera b).

106. *[ex articolo 86 del TCE]*
1. Gli Stati membri non emanano né mantengono, nei confronti delle imprese pubbliche e delle imprese cui riconoscono diritti speciali o esclusivi, alcuna misura contraria alle norme dei trattati, specialmente a quelle contemplate dagli articoli 18 e da 101 a 109 inclusi.

2. Le imprese incaricate della gestione di servizi di interesse economico generale o aventi carattere di monopolio fiscale sono sottoposte alle norme dei trattati, e in particolare alle regole di concorrenza, nei limiti in cui l'applicazione di tali norme non osti all'adempimento, in linea di diritto e di fatto, della specifica missione loro affidata. Lo sviluppo degli scambi non deve essere compromesso in misura contraria agli interessi dell'Unione.

3. La Commissione vigila sull'applicazione delle disposizioni del presente articolo rivolgendo, ove occorra, agli Stati membri, opportune direttive o decisioni.

Sezione 2
Aiuti concessi dagli Stati

107. *[ex articolo 87 del TCE]*
1. Salvo deroghe contemplate dai trattati, sono incompatibili con il mercato interno, nella misura in cui incidano sugli scambi tra Stati membri, gli aiuti concessi dagli Stati, ovvero mediante risorse statali, sotto qualsiasi forma che, favorendo talune imprese o talune produzioni, falsino o minaccino di falsare la concorrenza.

2. Sono compatibili con il mercato interno:
a) gli aiuti a carattere sociale concessi ai singoli consumatori, a condizione che siano accordati senza discriminazioni determinate dall'origine dei prodotti;
b) gli aiuti destinati a ovviare ai danni arrecati dalle calamità naturali oppure da altri eventi eccezionali;
c) gli aiuti concessi all'economia di determinate regioni della Repubblica federale di Germania che risentono della divisione della Germania, nella misura in cui sono necessari a compensare gli svantaggi economici provocati da tale divisione. Cinque anni dopo l'entrata in vigore del trattato di Lisbona, il Consiglio, su proposta della Commissione, può adottare una decisione che abroga la presente lettera.

3. Possono considerarsi compatibili con il mercato interno:
a) gli aiuti destinati a favorire lo sviluppo economico delle regioni ove il tenore di vita sia anormalmente basso, oppure si abbia una grave forma di sottoccupazione, nonché quello delle regioni di cui all'articolo 349, tenuto conto della loro situazione strutturale, economica e sociale;
b) gli aiuti destinati a promuovere la realizzazione di un importante progetto di comune interesse europeo oppure a porre rimedio a un grave turbamento dell'economia di uno Stato membro;
c) gli aiuti destinati ad agevolare lo sviluppo di talune attività o di talune regioni economiche, sempre che non alterino le condizioni degli scambi in misura contraria al comune interesse;
d) gli aiuti destinati a promuovere la cultura e la conservazione del patrimonio, quando non alterino le condizioni degli scambi e della concorrenza nell'Unione in misura contraria all'interesse comune;
e) le altre categorie di aiuti, determinate con decisione del Consiglio, su proposta della Commissione.

108. *[ex articolo 88 del TCE]*
1. La Commissione procede con gli Stati membri al-

l'esame permanente dei regimi di aiuti esistenti in questi Stati. Essa propone a questi ultimi le opportune misure richieste dal graduale sviluppo o dal funzionamento del mercato interno.

2. Qualora la Commissione, dopo aver intimato agli interessati di presentare le loro osservazioni, constati che un aiuto concesso da uno Stato, o mediante fondi statali, non è compatibile con il mercato interno a norma dell'articolo 107, oppure che tale aiuto è attuato in modo abusivo, decide che lo Stato interessato deve sopprimerlo o modificarlo nel termine da essa fissato.
Qualora lo Stato in causa non si conformi a tale decisione entro il termine stabilito, la Commissione o qualsiasi altro Stato interessato può adire direttamente la Corte di giustizia dell'Unione europea, in deroga agli articoli 258 e 259.
A richiesta di uno Stato membro, il Consiglio, deliberando all'unanimità, può decidere che un aiuto, istituito o da istituirsi da parte di questo Stato, deve considerarsi compatibile con il mercato interno, in deroga alle disposizioni dell'articolo 107 o ai regolamenti di cui all'articolo 109, quando circostanze eccezionali giustifichino tale decisione. Qualora la Commissione abbia iniziato, nei riguardi di tale aiuto, la procedura prevista dal presente paragrafo, primo comma, la richiesta dello Stato interessato rivolta al Consiglio avrà per effetto di sospendere tale procedura fino a quando il Consiglio non si sia pronunciato al riguardo.
Tuttavia, se il Consiglio non si è pronunciato entro tre mesi dalla data della richiesta, la Commissione delibera.

3. Alla Commissione sono comunicati, in tempo utile perché presenti le sue osservazioni, i progetti diretti a istituire o modificare aiuti. Se ritiene che un progetto non sia compatibile con il mercato interno a norma dell'articolo 107, la Commissione inizia senza indugio la procedura prevista dal paragrafo precedente. Lo Stato membro interessato non può dare esecuzione alle misure progettate prima che tale procedura abbia condotto a una decisione finale.

4. La Commissione può adottare regolamenti concernenti le categorie di aiuti di Stato per le quali il Consiglio ha stabilito, conformemente all'articolo 109, che possono essere dispensate dalla procedura di cui al paragrafo 3 del presente articolo.

109. *[ex articolo 89 del TCE]*
Il Consiglio, su proposta della Commissione e previa consultazione del Parlamento europeo, può stabilire tutti i regolamenti utili ai fini dell'applicazione degli articoli 107 e 108 e fissare in particolare le condizioni per l'applicazione dell'articolo 108, paragrafo 3, nonché le categorie di aiuti che sono dispensate da tale procedura.

Capo 2
Disposizioni fiscali

110. *[ex articolo 90 del TCE]*
Nessuno Stato membro applica direttamente o indirettamente ai prodotti degli altri Stati membri imposizioni interne, di qualsivoglia natura, superiori a quelle applicate direttamente o indirettamente ai prodotti nazionali similari.
Inoltre, nessuno Stato membro applica ai prodotti degli altri Stati membri imposizioni interne intese a proteggere indirettamente altre produzioni.

111. *[ex articolo 91 del TCE]*
I prodotti esportati nel territorio di uno degli Stati membri non possono beneficiare di alcun ristorno di imposizioni interne che sia superiore alle imposizioni ad essi applicate direttamente o indirettamente.

112. *[ex articolo 92 del TCE]*
Per quanto riguarda le imposizioni diverse dalle imposte sulla cifra d'affari, dalle imposte di consumo e dalle altre imposte indirette, si possono operare esoneri e rimborsi all'esportazione negli altri Stati membri e introdurre tasse di compensazione applicabili alle importazioni provenienti dagli Stati membri, soltanto qualora le misure progettate siano state preventivamente approvate per un periodo limitato dal Consiglio, su proposta della Commissione.

113. *[ex articolo 93 del TCE]*
Il Consiglio, deliberando all'unanimità secondo una procedura legislativa speciale e previa consultazione del Parlamento europeo e del Comitato economico e sociale, adotta le disposizioni che riguardano l'armonizzazione delle legislazioni relative alle imposte sulla cifra d'affari, alle imposte di consumo ed altre imposte indirette, nella misura in cui detta armonizzazione sia necessaria per assicurare l'instaurazione ed il funzionamento del mercato interno ed evitare le distorsioni di concorrenza.

Capo 3
Ravvicinamento delle legislazioni

114. *[ex articolo 95 del TCE]*
1. Salvo che i trattati non dispongano diversamente, si applicano le disposizioni seguenti per la realizzazione degli obiettivi dell'articolo 26. Il Parlamento europeo e il Consiglio, deliberando secondo la procedura legislativa ordinaria e previa consultazione del Comitato economico e sociale, adottano le misure relative al ravvicinamento delle disposizioni legislative, regolamentari ed amministrative degli Stati membri che hanno per oggetto l'instaurazione ed il funzionamento del mercato interno.

2. Il paragrafo 1 non si applica alle disposizioni fiscali, a quelle relative alla libera circolazione delle persone e a quelle relative ai diritti ed interessi dei lavoratori dipendenti.

3. La Commissione, nelle sue proposte di cui al paragrafo 1 in materia di sanità, sicurezza, protezione dell'ambiente e protezione dei consumatori, si basa su un livello di protezione elevato, tenuto conto, in particolare, degli eventuali nuovi sviluppi fondati su riscontri scientifici. Anche il Parlamento europeo ed il Consiglio, nell'ambito delle rispettive competenze, cercheranno di conseguire tale obiettivo.

4. Allorché, dopo l'adozione di una misura di armonizzazione da parte del Parlamento europeo e del Consiglio, da parte del Consiglio o da parte della Commissione, uno Stato membro ritenga necessario mantenere disposizioni nazionali giustificate da esigenze importanti di cui all'articolo 36 o relative alla protezione dell'ambiente o dell'ambiente di lavoro, esso notifica tali disposizioni alla Commissione precisando i motivi del mantenimento delle stesse.

5. Inoltre, fatto salvo il paragrafo 4, allorché, dopo l'adozione di una misura di armonizzazione da parte del Parlamento europeo e del Consiglio, da parte del Consiglio o da parte della Commissione, uno Stato membro ritenga necessario introdurre disposizioni nazionali fondate su nuove prove scientifiche inerenti alla protezione dell'ambiente o dell'ambiente di lavoro, giustificate da un problema specifico a detto Stato membro insorto dopo l'adozione della misura di armonizzazione, esso notifica le disposizioni previste alla Commissione precisando i motivi dell'introduzione delle stesse.

6. La Commissione, entro sei mesi dalle notifiche di cui ai paragrafi 4 e 5, approva o respinge le disposizioni nazionali in questione dopo aver verificato se esse costituiscano o no uno strumento di discriminazione arbitraria o una restrizione dissimulata nel commercio tra gli Stati membri e se rappresentino o no un ostacolo al funzionamento del mercato interno.
In mancanza di decisione della Commissione entro detto periodo, le disposizioni nazionali di cui ai paragrafi 4 e 5 sono considerate approvate.
Se giustificato dalla complessità della questione e in assenza di pericolo per la salute umana, la Commissione può notificare allo Stato membro interessato che il periodo di cui al presente paragrafo può essere prolungato per un ulteriore periodo di massimo sei mesi.

7. Quando uno Stato membro è autorizzato, a norma del paragrafo 6, a mantenere o a introdurre disposizioni nazionali che derogano a una misura di armonizzazione, la Commissione esamina immediatamente l'opportunità di proporre un adeguamento di detta misura.

8. Quando uno Stato membro solleva un problema specifico di pubblica sanità in un settore che è stato precedentemente oggetto di misure di armonizzazione, esso lo sottopone alla Commissione che esamina immediatamente l'opportunità di proporre misure appropriate al Consiglio.

9. In deroga alla procedura di cui agli articoli 258 e 259, la Commissione o qualsiasi Stato membro può adire direttamente la Corte di giustizia dell'Unione europea ove ritenga che un altro Stato membro faccia un uso abusivo dei poteri contemplati dal presente articolo.

10. Le misure di armonizzazione di cui sopra comportano, nei casi opportuni, una clausola di salvaguardia che autorizza gli Stati membri ad adottare, per uno o più dei motivi di carattere non economico di cui all'articolo 36, misure provvisorie soggette ad una procedura di controllo dell'Unione.

115. *[ex articolo 94 del TCE]*
Fatto salvo l'articolo 114, il Consiglio, deliberando all'unanimità secondo una procedura legislativa speciale e previa consultazione del Parlamento europeo e del Comitato economico e sociale, stabilisce direttive volte al ravvicinamento delle disposizioni legislative, regolamentari ed amministrative degli Stati membri che abbiano un'incidenza diretta sull'instaurazione o sul funzionamento del mercato interno.

116. *[ex articolo 96 del TCE]*
Qualora la Commissione constati che una disparità esistente nelle disposizioni legislative, regolamentari o amministrative degli Stati membri falsa le condizioni di concorrenza sul mercato interno e provoca, per tal motivo, una distorsione che deve essere eliminata, essa provvede a consultarsi con gli Stati membri interessati.
Se attraverso tale consultazione non si raggiunge un accordo che elimini la distorsione in questione, il Parlamento europeo e il Consiglio, deliberando secondo la procedura legislativa ordinaria, stabiliscono le direttive all'uopo necessarie. Può essere adottata ogni altra opportuna misura prevista dai trattati.

117. *[ex articolo 97 del TCE]*

1. Quando vi sia motivo di temere che l'emanazione o la modifica di disposizioni legislative, regolamentari o amministrative provochi una distorsione ai sensi dell'articolo precedente, lo Stato membro che vuole procedervi consulta la Commissione. La Commissione, dopo aver consultato gli Stati membri, raccomanda agli Stati interessati le misure idonee ad evitare la distorsione in questione.

2. Se lo Stato che vuole emanare o modificare disposizioni nazionali non si conforma alla raccomandazione rivoltagli dalla Commissione, non si potrà richiedere agli altri Stati membri, nell'applicazione dell'articolo 116, di modificare le loro disposizioni nazionali per eliminare tale distorsione. Se lo Stato membro che ha trascurato la raccomandazione della Commissione provoca una distorsione unicamente a suo detrimento, non sono applicabili le disposizioni dell'articolo 116.

118. Nell'ambito dell'instaurazione o del funzionamento del mercato interno, il Parlamento europeo e il Consiglio, deliberando secondo la procedura legislativa ordinaria, stabiliscono le misure per la creazione di titoli europei al fine di garantire una protezione uniforme dei diritti di proprietà intellettuale nell'Unione e per l'istituzione di regimi di autorizzazione, di coordinamento e di controllo centralizzati a livello di Unione.
Il Consiglio, deliberando mediante regolamenti secondo una procedura legislativa speciale, stabilisce i regimi linguistici dei titoli europei. Il Consiglio delibera all'unanimità previa consultazione del Parlamento europeo.

TITOLO VIII
Politica economica e monetaria

119. *[ex articolo 4 del TCE]*

1. Ai fini enunciati all'articolo 3 del trattato sull'Unione europea, l'azione degli Stati membri e dell'Unione comprende, alle condizioni previste dai trattati, l'adozione di una politica economica che è fondata sullo stretto coordinamento delle politiche economiche degli Stati membri, sul mercato interno e sulla definizione di obiettivi comuni, condotta conformemente al principio di un'economia di mercato aperta e in libera concorrenza.

2. Parallelamente, alle condizioni e secondo le procedure previste dai trattati, questa azione comprende una moneta unica, l'euro, nonché la definizione e la conduzione di una politica monetaria e di una politica del cambio uniche, che abbiano l'obiettivo principale di mantenere la stabilità dei prezzi e, fatto salvo questo obiettivo, di sostenere le politiche economiche generali nell'Unione conformemente al principio di un'economia di mercato aperta e in libera concorrenza.

3. Queste azioni degli Stati membri e dell'Unione implicano il rispetto dei seguenti principi direttivi: prezzi stabili, finanze pubbliche e condizioni monetarie sane nonché bilancia dei pagamenti sostenibile.

Capo 1
Politica economica

120. *[ex articolo 98 del TCE]*

Gli Stati membri attuano la loro politica economica allo scopo di contribuire alla realizzazione degli obiettivi dell'Unione definiti all'articolo 3 del trattato sull'Unione europea e nel contesto degli indirizzi di massima di cui all'articolo 121, paragrafo 2. Gli Stati membri e l'Unione agiscono nel rispetto dei principi di un'economia di mercato aperta e in libera concorrenza, favorendo un'efficace allocazione delle risorse, conformemente ai principi di cui all'articolo 119.

121. *[ex articolo 99 del TCE]*

1. Gli Stati membri considerano le loro politiche economiche una questione di interesse comune e le coordinano nell'ambito del Consiglio, conformemente alle disposizioni dell'articolo 120.

2. Il Consiglio, su raccomandazione della Commissione, elabora un progetto di indirizzi di massima per le politiche economiche degli Stati membri e dell'Unione, e ne riferisce le risultanze al Consiglio europeo.
Il Consiglio europeo, deliberando sulla base di detta relazione del Consiglio, dibatte delle conclusioni in merito agli indirizzi di massima per le politiche economiche degli Stati membri e dell'Unione.
Sulla base di dette conclusioni, il Consiglio adotta una raccomandazione che definisce i suddetti indirizzi di massima. Il Consiglio informa il Parlamento europeo in merito a tale raccomandazione.

3. Al fine di garantire un più stretto coordinamento delle politiche economiche e una convergenza duratura dei risultati economici degli Stati membri, il Consiglio, sulla base di relazioni presentate dalla Commissione, sorveglia l'evoluzione economica in ciascuno degli Stati membri e nell'Unione, nonché la coerenza delle politiche economiche con gli indirizzi di massima di cui al paragrafo 2 e procede regolarmente ad una valutazione globale.
Ai fini di detta sorveglianza multilaterale, gli Stati membri trasmettono alla Commissione le informazioni concernenti le misure di rilievo da essi adottate nell'ambito della loro politica economica, nonché tutte le altre informazioni da essi ritenute necessarie.

4. Qualora si accerti, secondo la procedura prevista al paragrafo 3, che le politiche economiche di uno Stato membro non sono coerenti con gli indirizzi di massima di cui al paragrafo 2 o rischiano di compromettere il buon funzionamento dell'unione economica e monetaria, la Commissione può rivolgere un avvertimento allo Stato membro in questione. Il Consiglio, su raccomandazione della Commissione, può rivolgere allo Stato membro in questione le necessarie raccomandazioni. Il Consiglio, su proposta della Commissione, può decidere di rendere pubbliche le proprie raccomandazioni.
Nel contesto del presente paragrafo, il Consiglio delibera senza tener conto del voto del membro del Consiglio che rappresenta lo Stato membro in questione.
Per maggioranza qualificata degli altri membri del Consiglio s'intende quella definita conformemente all'articolo 238, paragrafo 3, lettera a).

5. Il presidente del Consiglio e la Commissione riferiscono al Parlamento europeo i risultati della sorveglianza multilaterale. Se il Consiglio ha reso pubbliche le proprie raccomandazioni, il presidente del Consiglio può essere invitato a comparire dinanzi alla commissione competente del Parlamento europeo.

6. Il Parlamento europeo e il Consiglio, deliberando mediante regolamenti secondo la procedura legislativa ordinaria, possono adottare le modalità della procedura di sorveglianza multilaterale di cui ai paragrafi 3 e 4.

122. *[ex articolo 100 del TCE]*

1. Fatta salva ogni altra procedura prevista dai trattati, il Consiglio, su proposta della Commissione, può decidere, in uno spirito di solidarietà tra Stati membri, le misure adeguate alla situazione economica, in particolare qualora sorgano gravi difficoltà nell'approvvigionamento di determinati prodotti, in particolare nel settore dell'energia.

2. Qualora uno Stato membro si trovi in difficoltà o sia seriamente minacciato da gravi difficoltà a causa di calamità naturali o di circostanze eccezionali che sfuggono al suo controllo, il Consiglio, su proposta della Commissione, può concedere a determinate condizioni un'assistenza finanziaria dell'Unione allo Stato membro interessato. Il presidente del Consiglio informa il Parlamento europeo in merito alla decisione presa.

123. *[ex articolo 101 del TCE]*

1. Sono vietati la concessione di scoperti di conto o qualsiasi altra forma di facilitazione creditizia, da parte della Banca centrale europea o da parte delle banche centrali degli Stati membri (in appresso denominate «banche centrali nazionali»), a istituzioni, organi od organismi dell'Unione, alle amministrazioni statali, agli enti regionali, locali o altri enti pubblici, ad altri organismi di diritto pubblico o a imprese pubbliche degli Stati membri, così come l'acquisto diretto presso di essi di titoli di debito da parte della Banca centrale europea o delle banche centrali nazionali.

2. Le disposizioni del paragrafo 1 non si applicano agli enti creditizi di proprietà pubblica che, nel contesto dell'offerta di liquidità da parte delle banche centrali, devono ricevere dalle banche centrali nazionali e dalla Banca centrale europea lo stesso trattamento degli enti creditizi privati.

124. *[ex articolo 102 del TCE]*

È vietata qualsiasi misura, non basata su considerazioni prudenziali, che offra alle istituzioni, agli organi o agli organismi dell'Unione, alle amministrazioni statali, agli enti regionali, locali o altri enti pubblici, ad altri organismi di diritto pubblico o a imprese pubbliche degli Stati membri un accesso privilegiato alle istituzioni finanziarie.

125. *[ex articolo 103 del TCE]*

1. L'Unione non risponde né si fa carico degli impegni assunti dalle amministrazioni statali, dagli enti regionali, locali, o altri enti pubblici, da altri organismi di diritto pubblico o da imprese pubbliche di qualsiasi Stato membro, fatte salve le garanzie finanziarie reciproche per la realizzazione in comune di un progetto economico specifico. Gli Stati membri non sono responsabili né subentrano agli impegni dell'amministrazione statale, degli enti regionali, locali o degli altri enti pubblici, di altri organismi di diritto pubblico o di imprese pubbliche di un altro Stato membro, fatte salve le garanzie finanziarie reciproche per la realizzazione in comune di un progetto specifico.

2. Se necessario, il Consiglio, su proposta della Commissione e previa consultazione del Parlamento europeo, può precisare le definizioni per l'applicazione dei divieti previsti dagli articoli 123 e 124 e dal presente articolo.

126. *[ex articolo 104 del TCE]*

1. Gli Stati membri devono evitare disavanzi pubblici eccessivi.

2. La Commissione sorveglia l'evoluzione della situazione di bilancio e dell'entità del debito pubblico negli Stati membri, al fine di individuare errori rilevanti. In particolare esamina la conformità alla disciplina di bilancio sulla base dei due criteri seguenti:

a) se il rapporto tra il disavanzo pubblico, previsto o effettivo, e il prodotto interno lordo superi un valore di riferimento, a meno che:
   - il rapporto non sia diminuito in modo sostanziale e continuo e abbia raggiunto un livello che si avvicina al valore di riferimento,
   - oppure, in alternativa, il superamento del valore di riferimento sia solo eccezionale e temporaneo e il rapporto resti vicino al valore di riferimento;

b) se il rapporto tra debito pubblico e prodotto interno lordo superi un valore di riferimento, a meno che detto rapporto non si stia riducendo in misura sufficiente e non si avvicini al valore di riferimento con ritmo adeguato.

I valori di riferimento sono specificati nel protocollo sulla procedura per i disavanzi eccessivi allegato ai trattati.

3. Se uno Stato membro non rispetta i requisiti previsti da uno o entrambi i criteri menzionati, la Commissione prepara una relazione. La relazione della Commissione tiene conto anche dell'eventuale differenza tra il disavanzo pubblico e la spesa pubblica per gli investimenti e tiene conto di tutti gli altri fattori significativi, compresa la posizione economica e di bilancio a medio termine dello Stato membro.

La Commissione può inoltre preparare una relazione se ritiene che in un determinato Stato membro, malgrado i criteri siano rispettati, sussista il rischio di un disavanzo eccessivo.

4. Il comitato economico e finanziario formula un parere in merito alla relazione della Commissione.

5. La Commissione, se ritiene che in uno Stato membro esista o possa determinarsi in futuro un disavanzo eccessivo, trasmette un parere allo Stato membro interessato e ne informa il Consiglio.

6. Il Consiglio, su proposta della Commissione e considerate le osservazioni che lo Stato membro interessato ritenga di formulare, decide, dopo una valutazione globale, se esiste un disavanzo eccessivo.

7. Se, ai sensi del paragrafo 6, decide che esiste un disavanzo eccessivo, il Consiglio adotta senza indebito ritardo, su raccomandazione della Commissione, le raccomandazioni allo Stato membro in questione al fine di far cessare tale situazione entro un determinato periodo. Fatto salvo il disposto del paragrafo 8, dette raccomandazioni non sono rese pubbliche.

8. Il Consiglio, qualora determini che nel periodo prestabilito non sia stato dato seguito effettivo alle sue raccomandazioni, può rendere pubbliche dette raccomandazioni.

9. Qualora uno Stato membro persista nel disattendere le raccomandazioni del Consiglio, quest'ultimo può decidere di intimare allo Stato membro di prendere, entro un termine stabilito, le misure volte alla riduzione del disavanzo che il Consiglio ritiene necessaria per correggere la situazione.

In tal caso il Consiglio può chiedere allo Stato membro in questione di presentare relazioni secondo un calendario preciso, al fine di esaminare gli sforzi compiuti da detto Stato membro per rimediare alla situazione.

10. I diritti di esperire le azioni di cui agli articoli 258 e 259 non possono essere esercitati nel quadro dei paragrafi da 1 a 9 del presente articolo.

11. Fintantoché uno Stato membro non ottempera ad una decisione presa in conformità del paragrafo 9, il Consiglio può decidere di applicare o, a seconda dei casi, di rafforzare una o più delle seguenti misure:
- chiedere che lo Stato membro interessato pubblichi informazioni supplementari, che saranno specificate dal Consiglio, prima dell'emissione di obbligazioni o altri titoli,
- invitare la Banca europea per gli investimenti a riconsiderare la sua politica di prestiti verso lo Stato membro in questione,
- richiedere che lo Stato membro in questione costituisca un deposito infruttifero di importo adeguato presso l'Unione, fino a quando, a parere del Consiglio, il disavanzo eccessivo non sia stato corretto,
- infliggere ammende di entità adeguata.

Il presidente del Consiglio informa il Parlamento europeo delle decisioni adottate.

12. Il Consiglio abroga alcune o tutte le decisioni o raccomandazioni di cui ai paragrafi da 6 a 9 e 11 nella misura in cui ritiene che il disavanzo eccessivo nello Stato membro in questione sia stato corretto. Se precedentemente aveva reso pubbliche le sue raccomandazioni, il Consiglio dichiara pubblicamente, non appena sia stata abrogata la decisione di cui al paragrafo 8, che non esiste più un disavanzo eccessivo nello Stato membro in questione.

13. Nell'adottare le decisioni o raccomandazioni di cui ai paragrafi 8, 9, 11 e 12, il Consiglio delibera su raccomandazione della Commissione.
Nell'adottare le misure di cui ai paragrafi da 6 a 9, 11 e 12, il Consiglio delibera senza tener conto del voto del membro del Consiglio che rappresenta lo Stato membro in questione.
Per maggioranza qualificata degli altri membri del Consiglio s'intende quella definita conformemente all'articolo 238, paragrafo 3, lettera a).

14. Ulteriori disposizioni concernenti l'attuazione della procedura descritta nel presente articolo sono precisate nel protocollo sulla procedura per i disavanzi eccessivi allegato ai trattati.
Il Consiglio, deliberando all'unanimità secondo una procedura legislativa speciale e previa consultazione del Parlamento europeo e della Banca centrale europea, adotta le opportune disposizioni che sostituiscono detto protocollo.
Fatte salve le altre disposizioni del presente paragrafo, il Consiglio, su proposta della Commissione e previa consultazione del Parlamento europeo, precisa le modalità e le definizioni per l'applicazione delle disposizioni di detto protocollo.

Capo 2
Politica monetaria

127. *[ex articolo 105 del TCE]*

1. L'obiettivo principale del Sistema europeo di banche centrali, in appresso denominato "SEBC", è il mantenimento della stabilità dei prezzi. Fatto salvo l'obiettivo della stabilità dei prezzi, il SEBC sostiene le politiche economiche generali nell'Unione al fine di contribuire alla realizzazione degli obiettivi dell'Unione definiti nell'articolo 3 del trattato sull'Unione europea. Il SEBC agisce in conformità del principio di un'economia di mercato aperta e in libera concorrenza, favorendo una efficace allocazione delle risorse e rispettando i principi di cui all'articolo 119.

2. I compiti fondamentali da assolvere tramite il SEBC sono i seguenti:
- definire e attuare la politica monetaria dell'Unione,
- svolgere le operazioni sui cambi in linea con le disposizioni dell'articolo 219,
- detenere e gestire le riserve ufficiali in valuta estera degli Stati membri,
- promuovere il regolare funzionamento dei sistemi di pagamento.

3. Il paragrafo 2, terzo trattino, non pregiudica la detenzione e la gestione da parte dei governi degli Stati membri di saldi operativi in valuta estera.

4. La Banca centrale europea viene consultata:
- in merito a qualsiasi proposta di atto dell'Unione che rientri nelle sue competenze,
- dalle autorità nazionali, sui progetti di disposizioni legislative che rientrino nelle sue competenze, ma entro i limiti e alle condizioni stabiliti dal Consiglio, secondo la procedura di cui all'articolo 129, paragrafo 4.

La Banca centrale europea può formulare pareri da sottoporre alle istituzioni, agli organi o agli organismi dell'Unione competenti o alle autorità nazionali su questioni che rientrano nelle sue competenze.

5. Il SEBC contribuisce ad una buona conduzione delle politiche perseguite dalle competenti autorità per quanto riguarda la vigilanza prudenziale degli enti creditizi e la stabilità del sistema finanziario.

6. Il Consiglio, deliberando all'unanimità mediante regolamenti secondo una procedura legislativa speciale, previa consultazione del Parlamento europeo e della Banca centrale europea, può affidare alla Banca centrale europea compiti specifici in merito alle politiche che riguardano la vigilanza prudenziale degli enti creditizi e delle altre istituzioni finanziarie, escluse le imprese di assicurazione.

128. *[ex articolo 106 del TCE]*

1. La Banca centrale europea ha il diritto esclusivo di autorizzare l'emissione di banconote in euro all'interno dell'Unione. La Banca centrale europea e le banche centrali nazionali possono emettere banconote. Le banconote emesse dalla Banca centrale europea e dalle banche centrali nazionali costituiscono le uniche banconote aventi corso legale nell'Unione.

2. Gli Stati membri possono coniare monete metalliche in euro con l'approvazione della Banca centrale europea per quanto riguarda il volume del conio. Il Consiglio, su proposta della Commissione e previa consultazione del Parlamento europeo e della Banca centrale europea, può adottare misure per armonizzare le denominazioni e le specificazioni tecniche di tutte le monete metalliche destinate alla circolazione, nella misura necessaria per agevolare la loro circolazione nell'Unione.

129. *[ex articolo 107 del TCE]*

1. Il SEBC è retto dagli organi decisionali della Banca centrale europea che sono il consiglio direttivo e il comitato esecutivo.

2. Lo statuto del Sistema europeo di banche centrali e della Banca centrale europea, in appresso denominato "statuto del SEBC e della BCE", è definito nel protocollo allegato ai trattati.

3. L'articolo 5, paragrafi 1, 2 e 3, gli articoli 17 e 18, l'articolo 19, paragrafo 1, gli articoli 22, 23, 24 e 26, l'articolo 32, paragrafi 2, 3, 4 e 6, l'articolo 33, paragrafo 1, lettera a) e l'articolo 36 dello statuto del SEBC e della BCE possono essere emendati dal Parlamento europeo e dal Consiglio, che deliberano secondo la procedura legislativa ordinaria. Essi deliberano o su raccomandazione della Banca centrale europea e previa consultazione della Commissione o su proposta della Commissione e previa consultazione della Banca centrale europea.

4. Il Consiglio, su proposta della Commissione e previa consultazione del Parlamento europeo e della Banca centrale europea o deliberando su una raccomandazione della Banca centrale europea e previa consultazione del Parlamento europeo e della Commissione, adotta le disposizioni di cui agli articoli 4, 5, paragrafo 4, 19, paragrafo 2, 20, 28, paragrafo 1, 29, paragrafo 2, 30, paragrafo 4 e 34, paragrafo 3, dello statuto del SEBC e della BCE.

130. *[ex articolo 108 del TCE]*
Nell'esercizio dei poteri e nell'assolvimento dei compiti e dei doveri loro attribuiti dai trattati e dallo statuto del SEBC e della BCE, né la Banca centrale europea né una banca centrale nazionale né un membro dei rispettivi organi decisionali possono sollecitare o accettare istruzioni dalle istituzioni, dagli organi o dagli organismi dell'Unione, dai governi degli Stati membri né da qualsiasi altro organismo. Le istituzioni, gli organi e gli organismi dell'Unione nonché i governi degli Stati membri si impegnano a rispettare questo principio e a non cercare di influenzare i membri degli organi decisionali della Banca centrale europea o delle banche centrali nazionali nell'assolvimento dei loro compiti.

131. *[ex articolo 109 del TCE]*
Ciascuno Stato membro assicura che la propria legislazione nazionale, incluso lo statuto della banca centrale nazionale, sarà compatibile con i trattati e con lo statuto del SEBC e della BCE.

132. *[ex articolo 110 del TCE]*

1. Per l'assolvimento dei compiti attribuiti al SEBC, la Banca centrale europea, in conformità delle disposizioni dei trattati e alle condizioni stabilite nello statuto del SEBC e della BCE:

- stabilisce regolamenti nella misura necessaria per assolvere i compiti definiti nell'articolo 3, paragrafo 1, primo trattino, negli articoli 19, paragrafo 1, 22 o 25, paragrafo 2 dello statuto del SEBC e della BCE e nei casi che sono previsti negli atti del Consiglio di cui all'articolo 129, paragrafo 4,
- prende le decisioni necessarie per assolvere compiti attribuiti al SEBC in virtù dei trattati e dello statuto del SEBC e della BCE,
- formula raccomandazioni o pareri.

2. La Banca centrale europea può decidere di pubblicare le sue decisioni, le sue raccomandazioni ed i suoi pareri.

3. Entro i limiti e alle condizioni stabiliti dal Consiglio in conformità della procedura di cui all articolo 129, paragrafo 4, la Banca centrale europea ha il potere di infliggere alle imprese ammende o penalità di mora in caso di inosservanza degli obblighi imposti dai regolamenti e dalle decisioni da essa adottati.

133. Fatte salve le attribuzioni della Banca centrale europea, il Parlamento europeo e il Consiglio, deliberando secondo la procedura legislativa ordinaria stabiliscono le misure necessarie per l'utilizzo dell'euro come moneta unica. Tali misure sono adottate previa consultazione della Banca centrale europea.

Capo 3
Disposizioni istituzionali

134. *[ex articolo 114 del TCE]*

1. Per promuovere il coordinamento delle politiche degli Stati membri in tutta la misura necessaria al funzionamento del mercato interno, è istituito un comitato economico e finanziario.

2. Il comitato economico e finanziario svolge i seguenti compiti:

- formulare pareri, sia a richiesta del Consiglio o della Commissione, sia di propria iniziativa, destinati a tali istituzioni,
- seguire la situazione economica e finanziaria degli Stati membri e dell'Unione e riferire regolarmente in merito al Consiglio e alla Commissione, in particolare sulle relazioni finanziarie con i paesi terzi e le istituzioni internazionali,
- fatto salvo l'articolo 240, contribuire alla preparazione dei lavori del Consiglio di cui agli articoli 66,

75, 121, paragrafi 2, 3, 4 e 6, 122, 124, 125, 126, 127, paragrafo 6, 128, paragrafo 2, 129, paragrafi 3 e 4, 138, 140, paragrafi 2 e 3, 143, 144, paragrafi 2 e 3, e 219, nonché svolgere gli altri compiti consultivi e preparatori ad esso affidati dal Consiglio,

- esaminare, almeno una volta all'anno, la situazione riguardante i movimenti di capitali e la libertà dei pagamenti, quali risultano dall'applicazione dei trattati e dei provvedimenti presi dal Consiglio; l'esame riguarda tutti i provvedimenti riguardanti i movimenti di capitali e i pagamenti; il comitato riferisce alla Commissione e al Consiglio in merito al risultato di tale esame.

Gli Stati membri, la Commissione e la Banca centrale europea nominano ciascuno non più di due membri del comitato.

3. Il Consiglio, su proposta della Commissione e previa consultazione della Banca centrale europea e del comitato di cui al presente articolo, stabilisce disposizioni specifiche relative alla composizione del comitato economico e finanziario. Il presidente del Consiglio informa il Parlamento europeo in merito a tale decisione.

4. Oltre ai compiti di cui al paragrafo 2, se e fintantoché sussistono Stati membri con deroga di cui all'articolo 139, il comitato tiene sotto controllo la situazione monetaria e finanziaria nonché il sistema generale dei pagamenti di tali Stati membri e riferisce periodicamente in merito al Consiglio e alla Commissione.

135. *[ex articolo 115 del TCE]*
Per questioni che rientrano nel campo di applicazione degli articoli 121, paragrafo 4, 126, eccettuato il paragrafo 14, 138, 140, paragrafo 1, 140, paragrafo 2, primo comma, 140, paragrafo 3, e 219, il Consiglio o uno Stato membro possono chiedere alla Commissione di fare, secondo i casi, una raccomandazione o una proposta. La Commissione esamina la richiesta e presenta senza indugio le proprie conclusioni al Consiglio.

Capo 4
Disposizioni specifiche agli Stati membri la cui moneta è l'euro

136. – **1.** Per contribuire al buon funzionamento dell'unione economica e monetaria e in conformità delle pertinenti disposizioni dei trattati, il Consiglio adotta, secondo la procedura pertinente tra quelle di cui agli articoli 121 e 126, con l'eccezione della procedura di cui all'articolo 126, paragrafo 14, misure concernenti gli Stati membri la cui moneta è l'euro, al fine di:

a) rafforzare il coordinamento e la sorveglianza della disciplina di bilancio;
b) elaborare, per quanto li riguarda, gli orientamenti di politica economica vigilando affinché siano compatibili con quelli adottati per l'insieme dell'Unione, e garantirne la sorveglianza.

2. Solo i membri del Consiglio che rappresentano gli Stati membri la cui moneta è l'euro prendono parte al voto sulle misure di cui al paragrafo 1.

Per maggioranza qualificata di detti membri s'intende quella definita conformemente all'articolo 238, paragrafo 3, lettera a).

3. Gli Stati membri la cui moneta è l'euro possono istituire un meccanismo di stabilità da attivare ove indispensabile per salvaguardare la stabilità della zona euro nel suo insieme. La concessione di qualsiasi assistenza finanziaria necessaria nell'ambito del meccanismo sarà soggetta a una rigorosa condizionalità.

137. – Le modalità per le riunioni tra i ministri degli Stati membri la cui moneta è l'euro sono stabilite dal protocollo sull'Eurogruppo.

138. *[ex articolo 111, paragrafo 4, del TCE]*
1. Per garantire la posizione dell'euro nel sistema monetario internazionale, il Consiglio, su proposta della Commissione, adotta una decisione che definisce le posizioni comuni sulle questioni che rivestono un interesse particolare per l'unione economica e monetaria nell'ambito delle competenti istituzioni e conferenze finanziarie internazionali. Il Consiglio delibera previa consultazione della Banca centrale europea.

2. Il Consiglio, su proposta della Commissione, può adottare le misure opportune per garantire una rappresentanza unificata nell'ambito delle istituzioni e conferenze finanziarie internazionali. Il Consiglio delibera previa consultazione della Banca centrale europea.

3. Solo i membri del Consiglio che rappresentano gli Stati membri la cui moneta è l'euro prendono parte al voto sulle misure di cui ai paragrafi 1 e 2.

Per maggioranza qualificata di detti membri s'intende quella definita conformemente all'articolo 238, paragrafo 3, lettera a).

Capo 5
Disposizioni transitorie

139. – **1.** Gli Stati membri riguardo ai quali il Consiglio non ha deciso che soddisfano alle condizioni necessarie per l'adozione dell'euro sono in appresso denominati "Stati membri con deroga".

2. Le disposizioni seguenti dei trattati non si applicano agli Stati membri con deroga:

a) adozione delle parti degli indirizzi di massima per le politiche economiche che riguardano la zona euro in generale (articolo 121, paragrafo 2),
b) mezzi vincolanti per correggere i disavanzi eccessivi (articolo 126, paragrafi 9 e 11),
c) obiettivi e compiti del SEBC (articolo 127, paragrafi 1, 2, 3 e 5),
d) emissione dell'euro (articolo 128),
e) atti della Banca centrale europea (articolo 132),
f) misure relative all'utilizzo dell'euro (articolo 133),
g) accordi monetari e altre misure relative alla politica del cambio (articolo 219),
h) designazione dei membri del comitato esecutivo

della Banca centrale europea (articolo 283, paragrafo 2),

i) decisioni che definiscono le posizioni comuni sulle questioni che rivestono un interesse particolare per l'unione economica e monetaria nell'ambito delle competenti istituzioni e conferenze finanziarie internazionali (articolo 138, paragrafo 1),

j) misure per garantire una rappresentanza unificata nell'ambito delle istituzioni e conferenze finanziarie internazionali (articolo 138, paragrafo 2).

Pertanto, negli articoli di cui alle lettere da a) a j), per «Stati membri» si intendono gli Stati membri la cui moneta è l'euro.

3. Gli Stati membri con deroga e le loro banche centrali nazionali sono esclusi dai diritti e dagli obblighi previsti nel quadro del SEBC conformemente al capo IX dello statuto del SEBC e della BCE.

4. I diritti di voto dei membri del Consiglio che rappresentano gli Stati membri con deroga sono sospesi al momento dell'adozione da parte del Consiglio delle misure di cui agli articoli elencati al paragrafo 2, come pure nei casi seguenti:

a) raccomandazioni rivolte agli Stati membri la cui moneta è l'euro nel quadro della sorveglianza multilaterale, per quanto riguarda anche i programmi di stabilità e gli avvertimenti (articolo 121, paragrafo 4);

b) misure relative ai disavanzi eccessivi riguardanti gli Stati membri la cui moneta è l'euro (articolo 126, paragrafi 6, 7, 8, 12 e 13).

Per maggioranza qualificata degli altri membri del Consiglio s'intende quella definita conformemente all'articolo 238, paragrafo 3, lettera a).

140. *[ex articoli 121, paragrafo 1, 122, paragrafo 2, seconda frase, e 123, paragrafo 5, del TCE]*

1. Almeno una volta ogni due anni o a richiesta di uno Stato membro con deroga, la Commissione e la Banca centrale europea riferiscono al Consiglio sui progressi compiuti dagli Stati membri con deroga nell'adempimento degli obblighi relativi alla realizzazione dell'Unione economica e monetaria. Dette relazioni comprendono un esame della compatibilità tra la legislazione nazionale di ciascuno di tali Stati membri, incluso lo statuto della sua banca centrale, da un lato, e gli articoli 130 e 131 nonché lo statuto del SEBC e della BCE, dall'altro. Le relazioni devono anche esaminare la realizzazione di un alto grado di sostenibile convergenza con riferimento al rispetto dei seguenti criteri da parte di ciascuno Stato membro:

– il raggiungimento di un alto grado di stabilità dei prezzi; questo risulterà da un tasso d'inflazione prossimo a quello dei tre Stati membri, al massimo, che hanno conseguito i migliori risultati in termini di stabilità dei prezzi,
– la sostenibilità della situazione della finanza pubblica; questa risulterà dal conseguimento di una situazione di bilancio pubblico non caratterizzata da un disavanzo eccessivo secondo la definizione di cui all'articolo 126, paragrafo 6,
– il rispetto dei margini normali di fluttuazione previsti dal meccanismo di cambio del Sistema monetario europeo per almeno due anni, senza svalutazioni nei confronti dell'euro,
– i livelli dei tassi di interesse a lungo termine che riflettano la stabilità della convergenza raggiunta dallo Stato membro con deroga e della sua partecipazione al meccanismo di cambio.

I quattro criteri esposti nel presente paragrafo e i periodi pertinenti durante i quali devono essere rispettati sono definiti ulteriormente in un protocollo allegato ai trattati. Le relazioni della Commissione e della Banca centrale europea tengono inoltre conto dei risultati dell'integrazione dei mercati, della situazione e dell'evoluzione delle partite correnti delle bilance dei pagamenti, di un esame dell'evoluzione dei costi unitari del lavoro e di altri indici di prezzo.

2. Previa consultazione del Parlamento europeo e dopo dibattito in seno al Consiglio europeo, il Consiglio, su proposta della Commissione, decide quali Stati membri con deroga soddisfano alle condizioni necessarie sulla base dei criteri di cui di cui al paragrafo 1, e abolisce le deroghe degli Stati membri in questione.

Il Consiglio delibera sulla base di una raccomandazione presentata dalla maggioranza qualificata dei membri che, in seno al Consiglio, rappresentano gli Stati membri la cui moneta è l'euro. Questi membri deliberano entro sei mesi dal ricevimento della proposta della Commissione da parte del Consiglio.

Per maggioranza qualificata di detti membri, prevista al secondo comma, s'intende quella definita conformemente all'articolo 238, paragrafo 3, lettera a).

3. Se si decide, conformemente alla procedura di cui al paragrafo 2, di abolire una deroga, il Consiglio, deliberando all'unanimità degli Stati membri la cui moneta è l'euro e dello Stato membro in questione, su proposta della Commissione e previa consultazione della Banca centrale europea, fissa irrevocabilmente il tasso al quale l'euro subentra alla moneta dello Stato membro in questione e prende le altre misure necessarie per l'introduzione dell'euro come moneta unica nello Stato membro interessato.

141. *[ex articoli 123, paragrafo 3, e 117, paragrafo 2, primi cinque trattini, del TCE]*

1. Se e fintantoché vi sono Stati membri con deroga e fatto salvo l'articolo 129, paragrafo 1, il consiglio generale della Banca centrale europea di cui all'articolo 44 dello statuto del SEBC e della BCE sarà costituito in quanto terzo organo decisionale della Banca centrale europea.

2. Se e fintantoché vi sono Stati membri con deroga, la Banca centrale europea, per quanto concerne detti Stati membri:

– rafforza la cooperazione tra le banche centrali nazionali degli Stati membri,

- rafforza il coordinamento delle politiche monetarie degli Stati membri allo scopo di garantire la stabilità dei prezzi,
- sorveglia il funzionamento del meccanismo di cambio,
- procede a consultazioni su questioni che rientrano nelle competenze delle banche centrali nazionali e riguardano la stabilità degli istituti e dei mercati finanziari,
- esercita i compiti svolti un tempo dal Fondo europeo di cooperazione monetaria, precedentemente assunti dall'Istituto monetario europeo.

142. *[ex articolo 124, paragrafo 1, del TCE]*
Ogni Stato membro con deroga considera la propria politica del cambio come un problema di interesse comune. A tal fine gli Stati membri tengono conto delle esperienze acquisite grazie alla cooperazione nell'ambito del meccanismo di cambio.

143. *[ex articolo 119 del TCE]*
1. In caso di difficoltà o di grave minaccia di difficoltà nella bilancia dei pagamenti di uno Stato membro con deroga, provocate sia da uno squilibrio globale della sua bilancia dei pagamenti, sia dal tipo di valuta di cui esso dispone, e capaci in particolare di compromettere il funzionamento del mercato interno o l'attuazione della politica commerciale comune, la Commissione procede senza indugio a un esame della situazione dello Stato in questione e dell'azione che questo ha intrapreso o può intraprendere conformemente alle disposizioni dei trattati, facendo appello a tutti i mezzi di cui esso dispone. La Commissione indica le misure di cui raccomanda l'adozione da parte dello Stato interessato.
Se l'azione intrapresa da uno Stato membro con deroga e le misure consigliate dalla Commissione non appaiono sufficienti ad appianare le difficoltà o minacce di difficoltà incontrate, la Commissione raccomanda al Consiglio, previa consultazione del comitato economico e finanziario, il concorso reciproco e i metodi del caso.
La Commissione tiene informato regolarmente il Consiglio della situazione e della sua evoluzione.
2. Il Consiglio accorda il concorso reciproco; stabilisce le direttive o decisioni fissandone le condizioni e modalità. Il concorso reciproco può assumere in particolare la forma di:
a) un'azione concordata presso altre organizzazioni internazionali, alle quali gli Stati membri con deroga possono ricorrere;
b) misure necessarie ad evitare deviazioni di traffico quando lo Stato membro con deroga che si trova in difficoltà mantenga o ristabilisca restrizioni quantitative nei confronti dei paesi terzi;
c) concessione di crediti limitati da parte di altri Stati membri, con riserva del consenso di questi.
3. Quando il concorso reciproco raccomandato dalla Commissione non sia stato accordato dal Consiglio ovvero il concorso reciproco accordato e le misure adottate risultino insufficienti, la Commissione autorizza lo Stato membro con deroga che si trova in difficoltà ad adottare delle misure di salvaguardia di cui essa definisce le condizioni e le modalità.
Tale autorizzazione può essere revocata e le condizioni e modalità modificate dal Consiglio.

144. *[ex articolo 120 del TCE]*
1. In caso di improvvisa crisi nella bilancia dei pagamenti e qualora non intervenga immediatamente una decisione ai sensi dell'articolo 143, paragrafo 2, uno Stato membro con deroga può adottare, a titolo conservativo, le misure di salvaguardia necessarie. Tali misure devono provocare il minor turbamento possibile nel funzionamento del mercato interno e non andare oltre la portata strettamente indispensabile a ovviare alle difficoltà improvvise manifestatesi.
2. La Commissione e gli Stati membri devono essere informati in merito a tali misure di salvaguardia al più tardi al momento della loro entrata in vigore. La Commissione può proporre al Consiglio il concorso reciproco ai termini dell'articolo 143.
3. Su raccomandazione della Commissione e previa consultazione del comitato economico e finanziario, il Consiglio può decidere che lo Stato membro interessato debba modificare, sospendere o abolire le suddette misure di salvaguardia.

TITOLO IX
Occupazione

145. *[ex articolo 125 del TCE]*
Gli Stati membri e l'Unione, in base al presente titolo, si adoperano per sviluppare una strategia coordinata a favore dell'occupazione, e in particolare a favore della promozione di una forza lavoro competente, qualificata, adattabile e di mercati del lavoro in grado di rispondere ai mutamenti economici, al fine di realizzare gli obiettivi di cui all'articolo 3 del trattato sull'Unione europea.

146. *[ex articolo 126 del TCE]*
1. Gli Stati membri, attraverso le loro politiche in materia di occupazione, contribuiscono al raggiungimento degli obiettivi di cui all'articolo 145 in modo coerente con gli indirizzi di massima per le politiche economiche degli Stati membri e dell'Unione adottati a norma dell'articolo 121, paragrafo 2.
2. Gli Stati membri, tenuto conto delle prassi nazionali in materia di responsabilità delle parti sociali, considerano la promozione dell'occupazione una questione di interesse comune e coordinano in sede di Consiglio le loro azioni al riguardo, in base alle disposizioni dell'articolo 148.

147. *[ex articolo 127 del TCE]*
1. L'Unione contribuisce ad un elevato livello di occupazione promuovendo la cooperazione tra gli Stati membri nonché sostenendone e, se necessario, inte-

grandone l'azione. Sono in questo contesto rispettate le competenze degli Stati membri.

2. Nella definizione e nell'attuazione delle politiche e delle attività dell'Unione si tiene conto dell'obiettivo di un livello di occupazione elevato.

148. *[ex articolo 128 del TCE]*

1. In base a una relazione annuale comune del Consiglio e della Commissione, il Consiglio europeo esamina annualmente la situazione dell'occupazione nell'Unione e adotta le conclusioni del caso.

2. Sulla base delle conclusioni del Consiglio europeo, il Consiglio, su proposta della Commissione, previa consultazione del Parlamento europeo, del Comitato economico e sociale, del Comitato delle regioni e del comitato per l'occupazione di cui all'articolo 150, elabora annualmente degli orientamenti di cui devono tener conto gli Stati membri nelle rispettive politiche in materia di occupazione. Tali orientamenti sono coerenti con gli indirizzi di massima adottati a norma dell'articolo 121, paragrafo 2.

3. Ciascuno Stato membro trasmette al Consiglio e alla Commissione una relazione annuale sulle principali misure adottate per l'attuazione della propria politica in materia di occupazione, alla luce degli orientamenti in materia di occupazione di cui al paragrafo 2.

4. Il Consiglio, sulla base delle relazioni di cui al paragrafo 3 e dei pareri del comitato per l'occupazione, procede annualmente ad un esame dell'attuazione delle politiche degli Stati membri in materia di occupazione alla luce degli orientamenti in materia di occupazione. Il Consiglio, su raccomandazione della Commissione, può, se lo considera opportuno sulla base di detto esame, rivolgere raccomandazioni agli Stati membri.

5. Sulla base dei risultati di detto esame, il Consiglio e la Commissione trasmettono al Consiglio europeo una relazione annuale comune in merito alla situazione dell'occupazione nell'Unione e all'attuazione degli orientamenti in materia di occupazione.

149. *[ex articolo 129 del TCE]*

Il Parlamento europeo e il Consiglio, deliberando secondo la procedura legislativa ordinaria e previa consultazione del Comitato economico e sociale e del Comitato delle regioni, possono adottare misure di incentivazione dirette a promuovere la cooperazione tra Stati membri e a sostenere i loro interventi nel settore dell'occupazione, mediante iniziative volte a sviluppare gli scambi di informazioni e delle migliori prassi, a fornire analisi comparative e indicazioni, nonché a promuovere approcci innovativi e a valutare le esperienze realizzate, in particolare mediante il ricorso a progetti pilota.

Tali misure non comportano l'armonizzazione delle disposizioni legislative e regolamentari degli Stati membri.

150. *[ex articolo 130 del TCE]*

Il Consiglio, deliberando a maggioranza semplice, previa consultazione del Parlamento europeo, istituisce un comitato per l'occupazione a carattere consultivo, al fine di promuovere il coordinamento tra gli Stati membri per quanto riguarda le politiche in materia di occupazione e di mercato del lavoro. Il comitato è incaricato di:

- seguire la situazione dell'occupazione e le politiche in materia di occupazione negli Stati membri e nell'Unione,
- fatto salvo l'articolo 240, formulare pareri su richiesta del Consiglio o della Commissione o di propria iniziativa, e contribuire alla preparazione dei lavori del Consiglio di cui all'articolo 148.

Nell'esercizio delle sue funzioni, il comitato consulta le parti sociali.

Ogni Stato membro e la Commissione nominano due membri del comitato.

TITOLO X
Politica sociale

151. *[ex articolo 136 del TCE]*

L'Unione e gli Stati membri, tenuti presenti i diritti sociali fondamentali, quali quelli definiti nella Carta sociale europea firmata a Torino il 18 ottobre 1961 e nella Carta comunitaria dei diritti sociali fondamentali dei lavoratori del 1989, hanno come obiettivi la promozione dell'occupazione, il miglioramento delle condizioni di vita e di lavoro, che consenta la loro parificazione nel progresso, una protezione sociale adeguata, il dialogo sociale, lo sviluppo delle risorse umane atto a consentire un livello occupazionale elevato e duraturo e la lotta contro l'emarginazione.

A tal fine, l'Unione e gli Stati membri mettono in atto misure che tengono conto della diversità delle prassi nazionali, in particolare nelle relazioni contrattuali, e della necessità di mantenere la competitività dell'economia dell'Unione.

Essi ritengono che una tale evoluzione risulterà sia dal funzionamento del mercato interno, che favorirà l'armonizzarsi dei sistemi sociali, sia dalle procedure previste dai trattati e dal ravvicinamento delle disposizioni legislative, regolamentari e amministrative.

152. – L'Unione riconosce e promuove il ruolo delle parti sociali al suo livello, tenendo conto della diversità dei sistemi nazionali. Essa facilita il dialogo tra tali parti, nel rispetto della loro autonomia.

Il vertice sociale trilaterale per la crescita e l'occupazione contribuisce al dialogo sociale.

153. *[ex articolo 137 del TCE]*

1. Per conseguire gli obiettivi previsti all'articolo 151, l'Unione sostiene e completa l'azione degli Stati membri nei seguenti settori:

a) miglioramento, in particolare, dell'ambiente di lavoro, per proteggere la sicurezza e la salute dei lavoratori;
b) condizioni di lavoro;
c) sicurezza sociale e protezione sociale dei lavoratori;
d) protezione dei lavoratori in caso di risoluzione del contratto di lavoro;

e) informazione e consultazione dei lavoratori;
f) rappresentanza e difesa collettiva degli interessi dei lavoratori e dei datori di lavoro, compresa la cogestione, fatto salvo il paragrafo 5;
g) condizioni di impiego dei cittadini dei paesi terzi che soggiornano legalmente nel territorio dell'Unione;
h) integrazione delle persone escluse dal mercato del lavoro, fatto salvo l'articolo 166;
i) parità tra uomini e donne per quanto riguarda le opportunità sul mercato del lavoro ed il trattamento sul lavoro;
j) lotta contro l'esclusione sociale;
k) modernizzazione dei regimi di protezione sociale, fatto salvo il disposto della lettera c).

2. A tal fine il Parlamento europeo e il Consiglio:
a) possono adottare misure destinate a incoraggiare la cooperazione tra Stati membri attraverso iniziative volte a migliorare la conoscenza, a sviluppare gli scambi di informazioni e di migliori prassi, a promuovere approcci innovativi e a valutare le esperienze fatte, ad esclusione di qualsiasi armonizzazione delle disposizioni legislative e regolamentari degli Stati membri;
b) possono adottare nei settori di cui al paragrafo 1, lettere da a) a i), mediante direttive, le prescrizioni minime applicabili progressivamente, tenendo conto delle condizioni e delle normative tecniche esistenti in ciascuno Stato membro. Tali direttive evitano di imporre vincoli amministrativi, finanziari e giuridici di natura tale da ostacolare la creazione e lo sviluppo di piccole e medie imprese.

Il Parlamento europeo e il Consiglio deliberano secondo la procedura legislativa ordinaria previa consultazione del Comitato economico e sociale e del Comitato delle regioni.

Nei settori di cui al paragrafo 1, lettere c), d), f) e g), il Consiglio delibera secondo una procedura legislativa speciale, all'unanimità, previa consultazione del Parlamento europeo e di detti Comitati.

Il Consiglio, deliberando all'unanimità, su proposta della Commissione e previa consultazione del Parlamento europeo, può decidere di rendere applicabile al paragrafo 1, lettere d), f) e g) la procedura legislativa ordinaria.

3. Uno Stato membro può affidare alle parti sociali, a loro richiesta congiunta, il compito di mettere in atto le direttive prese a norma del paragrafo 2 o, se del caso, una decisione del Consiglio adottata conformemente all'articolo 155.

In tal caso esso si assicura che, al più tardi alla data in cui una direttiva o una decisione devono essere attuate, le parti sociali abbiano stabilito mediante accordo le necessarie disposizioni, fermo restando che lo Stato membro interessato deve adottare le misure necessarie che gli permettano di garantire in qualsiasi momento i risultati imposti da detta direttiva o detta decisione.

4. Le disposizioni adottate a norma del presente articolo:
- non compromettono la facoltà riconosciuta agli Stati membri di definire i principi fondamentali del loro sistema di sicurezza sociale e non devono incidere sensibilmente sull'equilibrio finanziario dello stesso,
- non ostano a che uno Stato membro mantenga o stabilisca misure, compatibili con i trattati, che prevedano una maggiore protezione.

5. Le disposizioni del presente articolo non si applicano alle retribuzioni, al diritto di associazione, al diritto di sciopero né al diritto di serrata.

154. *[ex articolo 138 del TCE]*

1. La Commissione ha il compito di promuovere la consultazione delle parti sociali a livello dell'Unione e prende ogni misura utile per facilitarne il dialogo provvedendo ad un sostegno equilibrato delle parti.

2. A tal fine la Commissione, prima di presentare proposte nel settore della politica sociale, consulta le parti sociali sul possibile orientamento di un'azione dell'Unione.

3. Se, dopo tale consultazione, ritiene opportuna un'azione dell'Unione, la Commissione consulta le parti sociali sul contenuto della proposta prevista. Le parti sociali trasmettono alla Commissione un parere o, se opportuno, una raccomandazione.

4. In occasione delle consultazioni di cui ai paragrafi 2 e 3 le parti sociali possono informare la Commissione della loro volontà di avviare il processo previsto dall'articolo 155. La durata di tale processo non supera nove mesi, salvo proroga decisa in comune dalle parti sociali interessate e dalla Commissione.

155. *[ex articolo 139 del TCE]*

1. Il dialogo fra le parti sociali a livello dell'Unione può condurre, se queste lo desiderano, a relazioni contrattuali, ivi compresi accordi.

2. Gli accordi conclusi a livello dell'Unione sono attuati secondo le procedure e le prassi proprie delle parti sociali e degli Stati membri o, nell'ambito dei settori contemplati dall'articolo 153, e a richiesta congiunta delle parti firmatarie, in base ad una decisione del Consiglio su proposta della Commissione. Il Parlamento europeo è informato.

Il Consiglio delibera all'unanimità allorché l'accordo in questione contiene una o più disposizioni relative ad uno dei settori per i quali è richiesta l'unanimità a norma dell'articolo 153, paragrafo 2.

156. *[ex articolo 140 del TCE]*

Per conseguire gli obiettivi dell'articolo 151 e fatte salve le altre disposizioni dei trattati, la Commissione incoraggia la cooperazione tra gli Stati membri e facilita il coordinamento della loro azione in tutti i settori della politica sociale contemplati dal presente capo, in particolare per le materie riguardanti:
- l'occupazione,
- il diritto del lavoro e le condizioni di lavoro,
- la formazione e il perfezionamento professionale,
- la sicurezza sociale,

– la protezione contro gli infortuni e le malattie professionali,
– l'igiene del lavoro,
– il diritto di associazione e la contrattazione collettiva tra datori di lavoro e lavoratori.

A tal fine la Commissione opera a stretto contatto con gli Stati membri mediante studi e pareri e organizzando consultazioni, sia per i problemi che si presentano sul piano nazionale, che per quelli che interessano le organizzazioni internazionali, in particolare mediante iniziative finalizzate alla definizione di orientamenti e indicatori, all'organizzazione di scambi di migliori pratiche e alla preparazione di elementi necessari per il controllo e la valutazione periodici. Il Parlamento europeo è pienamente informato.

Prima di formulare i pareri previsti dal presente articolo, la Commissione consulta il Comitato economico e sociale.

157. *[ex articolo 141 del TCE]*

1. Ciascuno Stato membro assicura l'applicazione del principio della parità di retribuzione tra lavoratori di sesso maschile e quelli di sesso femminile per uno stesso lavoro o per un lavoro di pari valore.

2. Per retribuzione si intende, a norma del presente articolo, il salario o trattamento normale di base o minimo e tutti gli altri vantaggi pagati direttamente o indirettamente, in contanti o in natura, dal datore di lavoro al lavoratore in ragione dell'impiego di quest'ultimo.

La parità di retribuzione, senza discriminazione fondata sul sesso, implica:

a) che la retribuzione corrisposta per uno stesso lavoro pagato a cottimo sia fissata in base a una stessa unità di misura;
b) che la retribuzione corrisposta per un lavoro pagato a tempo sia uguale per uno stesso posto di lavoro.

3. Il Parlamento europeo e il Consiglio, deliberando secondo la procedura legislativa ordinaria e previa consultazione del Comitato economico e sociale, adottano misure che assicurino l'applicazione del principio delle pari opportunità e della parità di trattamento tra uomini e donne in materia di occupazione e impiego, ivi compreso il principio della parità delle retribuzioni per uno stesso lavoro o per un lavoro di pari valore.

4. Allo scopo di assicurare l'effettiva e completa parità tra uomini e donne nella vita lavorativa, il principio della parità di trattamento non osta a che uno Stato membro mantenga o adotti misure che prevedano vantaggi specifici diretti a facilitare l'esercizio di un'attività professionale da parte del sesso sottorappresentato ovvero a evitare o compensare svantaggi nelle carriere professionali.

158. *[ex articolo 142 del TCE]*

Gli Stati membri si adoperano a mantenere l'equivalenza esistente nei regimi di congedo retribuito.

159. *[ex articolo 143 del TCE]*

La Commissione elabora una relazione annuale sugli sviluppi nella realizzazione degli obiettivi dell'articolo 151, compresa la situazione demografica nell'Unione. Essa trasmette la relazione al Parlamento europeo, al Consiglio e al Comitato economico e sociale.

160. *[ex articolo 144 del TCE]*

Il Consiglio, deliberando a maggioranza semplice, previa consultazione del Parlamento europeo, istituisce un comitato per la protezione sociale a carattere consultivo, al fine di promuovere la cooperazione in materia di protezione sociale tra gli Stati membri e con la Commissione. Il comitato è incaricato:

– di seguire la situazione sociale e lo sviluppo delle politiche di protezione sociale negli Stati membri e nell'Unione,
– di agevolare gli scambi di informazioni, esperienze e buone prassi tra gli Stati membri e con la Commissione,
– fatto salvo l'articolo 240, di elaborare relazioni, formulare pareri o intraprendere altre attività nei settori di sua competenza, su richiesta del Consiglio o della Commissione o di propria iniziativa.

Nell'esercizio delle sue funzioni, il comitato stabilisce contatti appropriati con le parti sociali.

Ogni Stato membro e la Commissione nominano due membri del comitato.

161. *[ex articolo 145 del TCE]*

La Commissione dedica, nella sua relazione annuale al Parlamento europeo, un capitolo speciale all'evoluzione della situazione sociale nell'Unione.

Il Parlamento europeo può invitare la Commissione a elaborare delle relazioni su problemi particolari concernenti la situazione sociale.

TITOLO XI
Il fondo sociale europeo

162. *[ex articolo 146 del TCE]*

Per migliorare le possibilità di occupazione dei lavoratori nell'ambito del mercato interno e contribuire così al miglioramento del tenore di vita, è istituito, nel quadro delle disposizioni seguenti, un Fondo sociale europeo che ha l'obiettivo di promuovere all'interno dell'Unione le possibilità di occupazione e la mobilità geografica e professionale dei lavoratori, nonché di facilitare l'adeguamento alle trasformazioni industriali e ai cambiamenti dei sistemi di produzione, in particolare attraverso la formazione e la riconversione professionale.

163. *[ex articolo 147 del TCE]*

L'amministrazione del Fondo spetta alla Commissione.

In tale compito la Commissione è assistita da un comitato, presieduto da un membro della Commissione e composto di rappresentanti dei governi e delle organizzazioni sindacali dei lavoratori e dei datori di lavoro.

164. *[ex articolo 148 del TCE]*

Il Parlamento europeo e il Consiglio, deliberando secondo la procedura legislativa ordinaria e previa consultazione del Comitato economico e sociale e del Comitato delle regioni, adottano i regolamenti di applicazione relativi al Fondo sociale europeo.

TITOLO XII
Istruzione, formazione professionale, gioventù e sport

165. *[ex articolo 149 del TCE]*

1. L'Unione contribuisce allo sviluppo di un'istruzione di qualità incentivando la cooperazione tra Stati membri e, se necessario, sostenendo ed integrando la loro azione nel pieno rispetto della responsabilità degli Stati membri per quanto riguarda il contenuto dell'insegnamento e l'organizzazione del sistema di istruzione, nonché delle loro diversità culturali e linguistiche.
L'Unione contribuisce alla promozione dei profili europei dello sport, tenendo conto delle sue specificità, delle sue strutture fondate sul volontariato e della sua funzione sociale ed educativa.

2. L'azione dell'Unione è intesa:
- a sviluppare la dimensione europea dell'istruzione, segnatamente con l'apprendimento e la diffusione delle lingue degli Stati membri;
- a favorire la mobilità degli studenti e degli insegnanti, promuovendo tra l'altro il riconoscimento accademico dei diplomi e dei periodi di studio;
- a promuovere la cooperazione tra gli istituti di insegnamento;
- a sviluppare lo scambio di informazioni e di esperienze sui problemi comuni dei sistemi di istruzione degli Stati membri;
- a favorire lo sviluppo degli scambi di giovani e di animatori di attività socioeducative e a incoraggiare la partecipazione dei giovani alla vita democratica dell'Europa;
- a incoraggiare lo sviluppo dell'istruzione a distanza;
- a sviluppare la dimensione europea dello sport, promuovendo l'equità e l'apertura nelle competizioni sportive e la cooperazione tra gli organismi responsabili dello sport e proteggendo l'integrità fisica e morale degli sportivi, in particolare dei più giovani tra di essi.

3. L'Unione e gli Stati membri favoriscono la cooperazione con i paesi terzi e le organizzazioni internazionali competenti in materia di istruzione e di sport, in particolare con il Consiglio d'Europa.

4. Per contribuire alla realizzazione degli obiettivi previsti dal presente articolo:
- il Parlamento europeo e il Consiglio, deliberando in conformità della procedura legislativa ordinaria e previa consultazione del Comitato economico e sociale e del Comitato delle regioni, adottano azioni di incentivazione, ad esclusione di qualsiasi armonizzazione delle disposizioni legislative e regolamentari degli Stati membri,
- il Consiglio, su proposta della Commissione, adotta raccomandazioni.

166. *[ex articolo 150 del TCE]*

1. L'Unione attua una politica di formazione professionale che rafforza ed integra le azioni degli Stati membri, nel pieno rispetto della responsabilità di questi ultimi per quanto riguarda il contenuto e l'organizzazione della formazione professionale.

2. L'azione dell'Unione è intesa:
- a facilitare l'adeguamento alle trasformazioni industriali, in particolare attraverso la formazione e la riconversione professionale,
- a migliorare la formazione professionale iniziale e la formazione permanente, per agevolare l'inserimento e il reinserimento professionale sul mercato del lavoro,
- a facilitare l'accesso alla formazione professionale ed a favorire la mobilità degli istruttori e delle persone in formazione, in particolare dei giovani,
- a stimolare la cooperazione in materia di formazione tra istituti di insegnamento o di formazione professionale e imprese,
- a sviluppare lo scambio di informazioni e di esperienze sui problemi comuni dei sistemi di formazione degli Stati membri.

3. L'Unione e gli Stati membri favoriscono la cooperazione con i paesi terzi e le organizzazioni internazionali competenti in materia di formazione professionale.

4. Il Parlamento europeo e il Consiglio, deliberando secondo la procedura legislativa ordinaria e previa consultazione del Comitato economico e sociale e del Comitato delle Regioni, adottano le misure atte a contribuire alla realizzazione degli obiettivi di cui al presente articolo, ad esclusione di qualsiasi armonizzazione delle disposizioni legislative e regolamentari degli Stati membri e il Consiglio, su proposta della Commissione, adotta raccomandazioni.

TITOLO XIII
Cultura

167. *[ex articolo 151 del TCE]*

1. L'Unione contribuisce al pieno sviluppo delle culture degli Stati membri nel rispetto delle loro diversità nazionali e regionali, evidenziando nel contempo il retaggio culturale comune.

2. L'azione dell'Unione è intesa ad incoraggiare la cooperazione tra Stati membri e, se necessario, ad appoggiare e ad integrare l'azione di questi ultimi nei seguenti settori:
- miglioramento della conoscenza e della diffusione della cultura e della storia dei popoli europei,
- conservazione e salvaguardia del patrimonio culturale di importanza europea,
- scambi culturali non commerciali,
- creazione artistica e letteraria, compreso il settore audiovisivo.

3. L'Unione e gli Stati membri favoriscono la cooperazione con i paesi terzi e le organizzazioni internazionali competenti in materia di cultura, in particolare con il Consiglio d'Europa.

4. L'Unione tiene conto degli aspetti culturali nell'azione che svolge a norma di altre disposizioni dei trattati, in particolare ai fini di rispettare e promuovere la diversità delle sue culture.

5. Per contribuire alla realizzazione degli obiettivi previsti dal presente articolo:
- il Parlamento europeo e il Consiglio, deliberando secondo la procedura legislativa ordinaria e previa consultazione del Comitato delle regioni, adottano azioni di incentivazione, ad esclusione di qualsiasi armonizzazione delle disposizioni legislative e regolamentari degli Stati membri;
- il Consiglio, su proposta della Commissione, adotta raccomandazioni.

TITOLO XIV
Sanità pubblica

168. *[ex articolo 152 del TCE]*

1. Nella definizione e nell'attuazione di tutte le politiche ed attività dell'Unione è garantito un livello elevato di protezione della salute umana.
L'azione dell'Unione, che completa le politiche nazionali, si indirizza al miglioramento della sanità pubblica, alla prevenzione delle malattie e affezioni e all'eliminazione delle fonti di pericolo per la salute fisica e mentale. Tale azione comprende la lotta contro i grandi flagelli, favorendo la ricerca sulle loro cause, la loro propagazione e la loro prevenzione, nonché l'informazione e l'educazione in materia sanitaria, nonché la sorveglianza, l'allarme e la lotta contro gravi minacce per la salute a carattere transfrontaliero.
L'Unione completa l'azione degli Stati membri volta a ridurre gli effetti nocivi per la salute umana derivanti dall'uso di stupefacenti, comprese l'informazione e la prevenzione.

2. L'Unione incoraggia la cooperazione tra gli Stati membri nei settori di cui al presente articolo e, ove necessario, appoggia la loro azione. In particolare incoraggia la cooperazione tra gli Stati membri per migliorare la complementarietà dei loro servizi sanitari nelle regioni di frontiera.
Gli Stati membri coordinano tra loro, in collegamento con la Commissione, le rispettive politiche ed i rispettivi programmi nei settori di cui al paragrafo 1. La Commissione può prendere, in stretto contatto con gli Stati membri, ogni iniziativa utile a promuovere detto coordinamento, in particolare iniziative finalizzate alla definizione di orientamenti e indicatori, all'organizzazione di scambi delle migliori pratiche e alla preparazione di elementi necessari per il controllo e la valutazione periodici. Il Parlamento europeo è pienamente informato.

3. L'Unione e gli Stati membri favoriscono la cooperazione con i paesi terzi e con le organizzazioni internazionali competenti in materia di sanità pubblica.

4. In deroga all'articolo 2, paragrafo 5, e all'articolo 6, lettera a), e in conformità dell'articolo 4, paragrafo 2, lettera k), il Parlamento europeo e il Consiglio, deliberando secondo la procedura legislativa ordinaria e previa consultazione del Comitato economico e sociale e del Comitato delle regioni, contribuiscono alla realizzazione degli obiettivi previsti dal presente articolo, adottando, per affrontare i problemi comuni di sicurezza:
a) misure che fissino parametri elevati di qualità e sicurezza degli organi e sostanze di origine umana, del sangue e degli emoderivati; tali misure non ostano a che gli Stati membri mantengano o introducano misure protettive più rigorose;
b) misure nei settori veterinario e fitosanitario il cui obiettivo primario sia la protezione della sanità pubblica;
c) misure che fissino parametri elevati di qualità e sicurezza dei medicinali e dei dispositivi di impiego medico.

5. Il Parlamento europeo e il Consiglio, deliberando secondo la procedura legislativa ordinaria e previa consultazione del Comitato economico e sociale e del Comitato delle regioni, possono anche adottare misure di incentivazione per proteggere e migliorare la salute umana, in particolare per lottare contro i grandi flagelli che si propagano oltre frontiera, misure concernenti la sorveglianza, l'allarme e la lotta contro gravi minacce per la salute a carattere transfrontaliero, e misure il cui obiettivo diretto sia la protezione della sanità pubblica in relazione al tabacco e all'abuso di alcol, ad esclusione di qualsiasi armonizzazione delle disposizioni legislative e regolamentari degli Stati membri.

6. Il Consiglio, su proposta della Commissione, può altresì adottare raccomandazioni per i fini stabiliti dal presente articolo.

7. L'azione dell'Unione rispetta le responsabilità degli Stati membri per la definizione della loro politica sanitaria e per l'organizzazione e la fornitura di servizi sanitari e di assistenza medica. Le responsabilità degli Stati membri includono la gestione dei servizi sanitari e dell'assistenza medica e l'assegnazione delle risorse loro destinate. Le misure di cui al paragrafo 4, lettera a) non pregiudicano le disposizioni nazionali sulla donazione e l'impiego medico di organi e sangue.

TITOLO XV
Protezione dei consumatori

169. *[ex articolo 153 del TCE]*

1. Al fine di promuovere gli interessi dei consumatori ed assicurare un livello elevato di protezione dei consumatori, l'Unione contribuisce a tutelare la salute, la sicurezza e gli interessi economici dei consumatori nonché a promuovere il loro diritto all'informazione, all'educazione e all'organizzazione per la salvaguardia dei propri interessi.

2. L'Unione contribuisce al conseguimento degli obiettivi di cui al paragrafo 1 mediante:

a) misure adottate a norma dell'articolo 114 nel quadro della realizzazione del mercato interno;
b) misure di sostegno, di integrazione e di controllo della politica svolta dagli Stati membri.

3. Il Parlamento europeo e il Consiglio, deliberando secondo la procedura legislativa ordinaria e previa consultazione del Comitato economico e sociale, adottano le misure di cui al paragrafo 2, lettera b).

4. Le misure adottate a norma del paragrafo 3 non impediscono ai singoli Stati membri di mantenere o di introdurre misure di protezione più rigorose. Tali misure devono essere compatibili con i trattati. Esse sono notificate alla Commissione.

TITOLO XVI
Reti transeuropee

170. *[ex articolo 154 del TCE]*

1. Per contribuire al raggiungimento degli obiettivi di cui agli articoli 26 e 174 e per consentire ai cittadini dell'Unione, agli operatori economici e alle collettività regionali e locali di beneficiare pienamente dei vantaggi derivanti dall'instaurazione di uno spazio senza frontiere interne, l'Unione concorre alla costituzione e allo sviluppo di reti transeuropee nei settori delle infrastrutture dei trasporti, delle telecomunicazioni e dell'energia.

2. Nel quadro di un sistema di mercati aperti e concorrenziali, l'azione dell'Unione mira a favorire l'interconnessione e l'interoperabilità delle reti nazionali, nonché l'accesso a tali reti. Essa tiene conto in particolare della necessità di collegare alle regioni centrali dell'Unione le regioni insulari, prive di sbocchi al mare e periferiche.

171. *[ex articolo 155 del TCE]*

1. Per conseguire gli obiettivi di cui all'articolo 170, l'Unione:

- stabilisce un insieme di orientamenti che contemplino gli obiettivi, le priorità e le linee principali delle azioni previste nel settore delle reti transeuropee; in detti orientamenti sono individuati progetti di interesse comune,
- intraprende ogni azione che si riveli necessaria per garantire l'interoperabilità delle reti, in particolare nel campo dell'armonizzazione delle norme tecniche,
- può appoggiare progetti di interesse comune sostenuti dagli Stati membri, individuati nell'ambito degli orientamenti di cui al primo trattino, in particolare mediante studi di fattibilità, garanzie di prestito o abbuoni di interesse; l'Unione può altresì contribuire al finanziamento negli Stati membri, mediante il Fondo di coesione istituito conformemente all'articolo 177, di progetti specifici nel settore delle infrastrutture dei trasporti.

L'azione dell'Unione tiene conto della potenziale validità economica dei progetti.

2. Gli Stati membri coordinano tra loro, in collegamento con la Commissione, le politiche svolte a livello nazionale che possono avere un impatto rilevante sulla realizzazione degli obiettivi di cui all'articolo 170. La Commissione può prendere, in stretta collaborazione con gli Stati membri, qualsiasi iniziativa utile per favorire detto coordinamento.

3. L'Unione può decidere di cooperare con i paesi terzi per promuovere progetti di interesse comune e garantire l'interoperabilità delle reti.

172. *[ex articolo 156 del TCE]*

Gli orientamenti e le altre misure di cui all'articolo 171, paragrafo 1, sono adottati dal Parlamento europeo e dal Consiglio, che deliberano secondo la procedura legislativa ordinaria e previa consultazione del Comitato economico e sociale e del Comitato delle regioni.

Gli orientamenti ed i progetti di interesse comune che riguardano il territorio di uno Stato membro esigono l'approvazione dello Stato membro interessato.

TITOLO XVII
Industria

173. *[ex articolo 157 del TCE]*

1. L'Unione e gli Stati membri provvedono affinché siano assicurate le condizioni necessarie alla competitività dell'industria dell'Unione.

A tal fine, nell'ambito di un sistema di mercati aperti e concorrenziali, la loro azione è intesa:

- ad accelerare l'adattamento dell'industria alle trasformazioni strutturali,
- a promuovere un ambiente favorevole all'iniziativa ed allo sviluppo delle imprese di tutta l'Unione, segnatamente delle piccole e medie imprese,
- a promuovere un ambiente favorevole alla cooperazione tra imprese,
- a favorire un migliore sfruttamento del potenziale industriale delle politiche d'innovazione, di ricerca e di sviluppo tecnologico.

2. Gli Stati membri si consultano reciprocamente in collegamento con la Commissione e, per quanto è necessario, coordinano le loro azioni. La Commissione può prendere ogni iniziativa utile a promuovere detto coordinamento, in particolare iniziative finalizzate alla definizione di orientamenti e indicatori, all'organizzazione di scambi di migliori pratiche e alla preparazione di elementi necessari per il controllo e la valutazione periodici. Il Parlamento europeo è pienamente informato.

3. L'Unione contribuisce alla realizzazione degli obiettivi di cui al paragrafo 1 attraverso politiche ed azioni da essa attuate ai sensi di altre disposizioni dei trattati. Il Parlamento europeo e il Consiglio, deliberando secondo la procedura legislativa ordinaria e previa consultazione del Comitato economico e sociale, possono decidere misure specifiche, destinate a sostenere le azioni svolte negli Stati membri al fine di realizzare gli obiettivi di cui al paragrafo 1, ad esclusione di qualsiasi armo-

nizzazione delle disposizioni legislative e regolamentari degli Stati membri.
Il presente titolo non costituisce una base per l'introduzione da parte dell'Unione di qualsivoglia misura che possa generare distorsioni di concorrenza o che comporti disposizioni fiscali o disposizioni relative ai diritti ed interessi dei lavoratori dipendenti.

TITOLO XVIII
Coesione economica, sociale e territoriale

174. *[ex articolo 158 del TCE]*
Per promuovere uno sviluppo armonioso dell'insieme dell'Unione, questa sviluppa e prosegue la propria azione intesa a realizzare il rafforzamento della sua coesione economica, sociale e territoriale.
In particolare l'Unione mira a ridurre il divario tra i livelli di sviluppo delle varie regioni ed il ritardo delle regioni meno favorite.
Tra le regioni interessate, un'attenzione particolare è rivolta alle zone rurali, alle zone interessate da transizione industriale e alle regioni che presentano gravi e permanenti svantaggi naturali o demografici, quali le regioni più settentrionali con bassissima densità demografica e le regioni insulari, transfrontaliere e di montagna.

175. *[ex articolo 159 del TCE]*
Gli Stati membri conducono la loro politica economica e la coordinano anche al fine di raggiungere gli obiettivi dell'articolo 174. L'elaborazione e l'attuazione delle politiche e azioni dell'Unione, nonché l'attuazione del mercato interno tengono conto degli obiettivi dell'articolo 174 e concorrono alla loro realizzazione. L'Unione appoggia questa realizzazione anche con l'azione che essa svolge attraverso fondi a finalità strutturale (Fondo europeo agricolo di orientamento e di garanzia, sezione "orientamento", Fondo sociale europeo, Fondo europeo di sviluppo regionale), la Banca europea per gli investimenti e gli altri strumenti finanziari esistenti.
La Commissione presenta ogni tre anni al Parlamento europeo, al Consiglio, al Comitato economico e sociale e al Comitato delle regioni una relazione sui progressi compiuti nella realizzazione della coesione economica, sociale e territoriale e sul modo in cui i vari strumenti previsti dal presente articolo vi hanno contribuito. Tale relazione è corredata, se del caso, di appropriate proposte.
Le azioni specifiche che si rivelassero necessarie al di fuori dei Fondi, fatte salve le misure decise nell'ambito delle altre politiche dell'Unione, possono essere adottate dal Parlamento europeo e dal Consiglio, che deliberano secondo la procedura legislativa ordinaria e previa consultazione del Comitato economico e sociale e del Comitato delle regioni.

176. *[ex articolo 160 del TCE]*
Il Fondo europeo di sviluppo regionale è destinato a contribuire alla correzione dei principali squilibri regionali esistenti nell'Unione, partecipando allo sviluppo e all'adeguamento strutturale delle regioni in ritardo di sviluppo nonché alla riconversione delle regioni industriali in declino.

177. *[ex articolo 161 del TCE]*
Fatto salvo l'articolo 178, il Parlamento europeo e il Consiglio, deliberando mediante regolamenti secondo la procedura legislativa ordinaria e previa consultazione del Comitato economico e sociale e del Comitato delle regioni, definiscono i compiti, gli obiettivi prioritari e l'organizzazione dei fondi a finalità strutturale, elemento quest'ultimo che può comportare il raggruppamento dei Fondi. Sono inoltre definite, secondo la stessa procedura, le norme generali applicabili ai Fondi, nonché le disposizioni necessarie per garantire l'efficacia e il coordinamento dei Fondi tra loro e con gli altri strumenti finanziari esistenti.
Un Fondo di coesione è istituito secondo la stessa procedura per l'erogazione di contributi finanziari a progetti in materia di ambiente e di reti transeuropee nel settore delle infrastrutture dei trasporti.

178. *[ex articolo 162 del TCE]*
I regolamenti di applicazione relativi al Fondo europeo di sviluppo regionale sono adottati dal Parlamento europeo e dal Consiglio, che deliberano secondo la procedura legislativa ordinaria e previa consultazione del Comitato economico e sociale e del Comitato delle regioni.
Per quanto riguarda il Fondo europeo agricolo di orientamento e di garanzia, sezione "orientamento", ed il Fondo sociale europeo restano applicabili rispettivamente gli articoli 43 e 164.

TITOLO XIX
Ricerca e sviluppo tecnologico e spazio

179. *[ex articolo 163 del TCE]*
1. L'Unione si propone l'obiettivo di rafforzare le sue basi scientifiche e tecnologiche con la realizzazione di uno spazio europeo della ricerca nel quale i ricercatori, le conoscenze scientifiche e le tecnologie circolino liberamente, di favorire lo sviluppo della sua competitività, inclusa quella della sua industria, e di promuovere le azioni di ricerca ritenute necessarie ai sensi di altri capi dei trattati.
2. A tal fine essa incoraggia nell'insieme dell'Unione le imprese, comprese le piccole e le medie imprese, i centri di ricerca e le università nei loro sforzi di ricerca e di sviluppo tecnologico di alta qualità; essa sostiene i loro sforzi di cooperazione, mirando soprattutto a permettere ai ricercatori di cooperare liberamente oltre le frontiere e alle imprese di sfruttare appieno le potenzialità del mercato interno grazie, in particolare, all'apertura degli appalti pubblici nazionali, alla definizione di norme comuni ed all'eliminazione degli ostacoli giuridici e fiscali a detta cooperazione.
3. Tutte le azioni dell'Unione ai sensi dei trattati,

comprese le azioni dimostrative, nel settore della ricerca e dello sviluppo tecnologico sono decise e realizzate conformemente alle disposizioni del presente titolo.

180. *[ex articolo 164 del TCE]*
Nel perseguire tali obiettivi, l'Unione svolge le azioni seguenti, che integrano quelle intraprese dagli Stati membri:

a) attuazione di programmi di ricerca, sviluppo tecnologico e dimostrazione, promuovendo la cooperazione con e tra le imprese, i centri di ricerca e le università;
b) promozione della cooperazione in materia di ricerca, sviluppo tecnologico e dimostrazione dell'Unione con i paesi terzi e le organizzazioni internazionali;
c) diffusione e valorizzazione dei risultati delle attività in materia di ricerca, sviluppo tecnologico e dimostrazione dell'Unione;
d) impulso alla formazione e alla mobilità dei ricercatori dell'Unione.

181. *[ex articolo 165 del TCE]*
1. L'Unione e gli Stati membri coordinano la loro azione in materia di ricerca e sviluppo tecnologico per garantire la coerenza reciproca delle politiche nazionali e della politica dell'Unione.

2. La Commissione, in stretta collaborazione con gli Stati membri, può prendere ogni iniziativa utile a promuovere il coordinamento di cui al paragrafo 1, in particolare iniziative finalizzate alla definizione di orientamenti e indicatori, all'organizzazione di scambi di migliori pratiche e alla preparazione di elementi necessari per il controllo e la valutazione periodici. Il Parlamento europeo è pienamente informato.

182. *[ex articolo 166 del TCE]*
1. Il Parlamento europeo e il Consiglio, deliberando secondo la procedura legislativa ordinaria e previa consultazione del Comitato economico e sociale, adottano un programma quadro pluriennale che comprende l'insieme delle azioni dell'Unione.
Il programma quadro:

- fissa gli obiettivi scientifici e tecnologici da realizzare mediante le azioni previste dall'articolo 180 e le relative priorità,
- indica le grandi linee di dette azioni,
- stabilisce l'importo globale massimo e le modalità della partecipazione finanziaria dell'Unione al programma quadro, nonché le quote rispettive di ciascuna delle azioni previste.

2. Il programma quadro viene adattato o completato in funzione dell'evoluzione della situazione.

3. Il programma quadro è attuato mediante programmi specifici sviluppati nell'ambito di ciascuna azione. Ogni programma specifico precisa le modalità di realizzazione del medesimo, ne fissa la durata e prevede i mezzi ritenuti necessari. La somma degli importi ritenuti necessari, fissati dai programmi specifici, non può superare l'importo globale massimo fissato per il programma quadro e per ciascuna azione.

4. Il Consiglio, deliberando secondo una procedura legislativa speciale e previa consultazione del Parlamento europeo e del Comitato economico e sociale, adotta i programmi specifici.

5. A integrazione delle azioni previste dal programma quadro pluriennale, il Parlamento europeo e il Consiglio, deliberando secondo la procedura legislativa ordinaria e previa consultazione del Comitato economico e sociale, stabiliscono le misure necessarie all'attuazione dello spazio europeo della ricerca.

183. *[ex articolo 167 del TCE]*
Per l'attuazione del programma quadro pluriennale, l'Unione:

- fissa le norme per la partecipazione delle imprese, dei centri di ricerca e delle università,
- fissa le norme applicabili alla divulgazione dei risultati della ricerca.

184. *[ex articolo 168 del TCE]*
Nell'attuazione del programma quadro pluriennale possono essere decisi programmi complementari cui partecipano soltanto alcuni Stati membri che ne assicurano il finanziamento, fatta salva un'eventuale partecipazione dell'Unione.
L'Unione adotta le norme applicabili ai programmi complementari, in particolare in materia di divulgazione delle conoscenze e di accesso di altri Stati membri.

185. *[ex articolo 169 del TCE]*
Nell'attuazione del programma quadro pluriennale l'Unione può prevedere, d'intesa con gli Stati membri interessati, la partecipazione a programmi di ricerca e sviluppo avviati da più Stati membri, compresa la partecipazione alle strutture instaurate per l'esecuzione di detti programmi.

186. *[ex articolo 170 del TCE]*
Nell'attuazione del programma quadro pluriennale l'Unione può prevedere una cooperazione in materia di ricerca, sviluppo tecnologico e dimostrazione dell'Unione con paesi terzi o organizzazioni internazionali.
Le modalità di questa cooperazione possono formare oggetto di accordi tra l'Unione e i terzi interessati.

187. *[ex articolo 171 del TCE]*
L'Unione può creare imprese comuni o qualsiasi altra struttura necessaria alla migliore esecuzione dei programmi di ricerca, sviluppo tecnologico e dimostrazione dell'Unione.

188. *[ex articolo 172 del TCE]*
Il Consiglio, su proposta della Commissione e previa consultazione del Parlamento europeo e del Comitato economico e sociale, adotta le disposizioni di cui all'articolo 187.
Il Parlamento europeo e il Consiglio, deliberando secondo la procedura legislativa ordinaria e previa con-

sultazione del Comitato economico e sociale, adottano le disposizioni di cui agli articoli 183, 184 e 185. L'adozione dei programmi complementari richiede l'accordo degli Stati membri interessati.

189. – **1.** Per favorire il progresso tecnico e scientifico, la competitività industriale e l'attuazione delle sue politiche, l'Unione elabora una politica spaziale europea. A tal fine può promuovere iniziative comuni, sostenere la ricerca e lo sviluppo tecnologico e coordinare gli sforzi necessari per l'esplorazione e l'utilizzo dello spazio.

2. Per contribuire alla realizzazione degli obiettivi di cui al paragrafo 1 il Parlamento europeo e il Consiglio, deliberando secondo la procedura legislativa ordinaria, stabiliscono le misure necessarie, che possono assumere la forma di un programma spaziale europeo, ad esclusione di qualsiasi armonizzazione delle disposizioni legislative e regolamentari degli Stati membri.

3. L'Unione instaura tutti i collegamenti utili con l'Agenzia spaziale europea.

4. Il presente articolo lascia impregiudicate le altre disposizioni del presente titolo.

190. *[ex articolo 173 del TCE]*
All'inizio di ogni anno la Commissione presenta una relazione al Parlamento europeo e al Consiglio. Detta relazione verte in particolare sulle attività svolte in materia di ricerca e di sviluppo tecnologico e di divulgazione dei risultati durante l'anno precedente nonché sul programma di lavoro dell'anno in corso.

TITOLO XX
Ambiente

191. *[ex articolo 174 del TCE]*

1. La politica dell'Unione in materia ambientale contribuisce a perseguire i seguenti obiettivi:
- salvaguardia, tutela e miglioramento della qualità dell'ambiente,
- protezione della salute umana,
- utilizzazione accorta e razionale delle risorse naturali,
- promozione sul piano internazionale di misure destinate a risolvere i problemi dell'ambiente a livello regionale o mondiale e, in particolare, a combattere i cambiamenti climatici.

2. La politica dell'Unione in materia ambientale mira a un elevato livello di tutela, tenendo conto della diversità delle situazioni nelle varie regioni dell'Unione. Essa è fondata sui principi della precauzione e dell'azione preventiva, sul principio della correzione, in via prioritaria alla fonte, dei danni causati all'ambiente, nonché sul principio "chi inquina paga".
In tale contesto, le misure di armonizzazione rispondenti ad esigenze di protezione dell'ambiente comportano, nei casi opportuni, una clausola di salvaguardia che autorizza gli Stati membri a prendere, per motivi ambientali di natura non economica, misure provvisorie soggette ad una procedura di controllo dell'Unione.

3. Nel predisporre la sua politica in materia ambientale l'Unione tiene conto:
- dei dati scientifici e tecnici disponibili,
- delle condizioni dell'ambiente nelle varie regioni dell'Unione,
- dei vantaggi e degli oneri che possono derivare dall'azione o dall'assenza di azione,
- dello sviluppo socioeconomico dell'Unione nel suo insieme e dello sviluppo equilibrato delle sue singole regioni.

4. Nell'ambito delle rispettive competenze, l'Unione e gli Stati membri collaborano con i paesi terzi e con le competenti organizzazioni internazionali. Le modalità della cooperazione dell'Unione possono formare oggetto di accordi tra questa ed i terzi interessati.
Il comma precedente non pregiudica la competenza degli Stati membri a negoziare nelle sedi internazionali e a concludere accordi internazionali.

192. *[ex articolo 175 del TCE]*

1. Il Parlamento europeo e il Consiglio, deliberando secondo la procedura legislativa ordinaria e previa consultazione del Comitato economico e sociale e del Comitato delle regioni, decidono in merito alle azioni che devono essere intraprese dall'Unione per realizzare gli obiettivi dell'articolo 191.

2. In deroga alla procedura decisionale di cui al paragrafo 1 e fatto salvo l'articolo 114, il Consiglio, deliberando all'unanimità secondo una procedura legislativa speciale e previa consultazione del Parlamento europeo, del Comitato economico e sociale e del Comitato delle regioni, adotta:
a) disposizioni aventi principalmente natura fiscale;
b) misure aventi incidenza:
   - sull'assetto territoriale,
   - sulla gestione quantitativa delle risorse idriche o aventi rapporto diretto o indiretto con la disponibilità delle stesse,
   - sulla destinazione dei suoli, ad eccezione della gestione dei residui;
c) misure aventi una sensibile incidenza sulla scelta di uno Stato membro tra diverse fonti di energia e sulla struttura generale dell'approvvigionamento energetico del medesimo.

Il Consiglio, deliberando all'unanimità su proposta della Commissione e previa consultazione del Parlamento europeo, del Comitato economico e sociale e del Comitato delle regioni, può rendere applicabile la procedura legislativa ordinaria alle materie di cui al primo comma.

3. Il Parlamento europeo e il Consiglio, deliberando secondo la procedura legislativa ordinaria e previa consultazione del Comitato economico e sociale e del Comitato delle regioni, adottano programmi generali d'azione che fissano gli obiettivi prioritari da raggiungere.
Le misure necessarie all'attuazione di tali programmi sono adottate conformemente alle condizioni previste al paragrafo 1 o al paragrafo 2, a seconda dei casi.

4. Fatte salve talune misure adottate dall'Unione, gli Stati membri provvedono al finanziamento e all'esecuzione della politica in materia ambientale.

5. Fatto salvo il principio "chi inquina paga", qualora una misura basata sul paragrafo 1 implichi costi ritenuti sproporzionati per le pubbliche autorità di uno Stato membro, tale misura prevede disposizioni appropriate in forma di
- deroghe temporanee e/o
- sostegno finanziario del Fondo di coesione istituito in conformità dell'articolo 177.

193. *[ex articolo 176 del TCE]*
I provvedimenti di protezione adottati in virtù dell'articolo 192 non impediscono ai singoli Stati membri di mantenere e di prendere provvedimenti per una protezione ancora maggiore. Tali provvedimenti devono essere compatibili con i trattati. Essi sono notificati alla Commissione.

TITOLO XXI
Energia

194. – 1. Nel quadro dell'instaurazione o del funzionamento del mercato interno e tenendo conto dell'esigenza di preservare e migliorare l'ambiente, la politica dell'Unione nel settore dell'energia è intesa, in uno spirito di solidarietà tra Stati membri, a:
a) garantire il funzionamento del mercato dell'energia,
b) garantire la sicurezza dell'approvvigionamento energetico nell'Unione,
c) promuovere il risparmio energetico, l'efficienza energetica e lo sviluppo di energie nuove e rinnovabili,
d) promuovere l'interconnessione delle reti energetiche.

2. Fatte salve le altre disposizioni dei trattati, il Parlamento europeo e il Consiglio, deliberando secondo la procedura legislativa ordinaria, stabiliscono le misure necessarie per conseguire gli obiettivi di cui al paragrafo 1. Tali misure sono adottate previa consultazione del Comitato economico e sociale e del Comitato delle regioni.
Esse non incidono sul diritto di uno Stato membro di determinare le condizioni di utilizzo delle sue fonti energetiche, la scelta tra varie fonti energetiche e la struttura generale del suo approvvigionamento energetico, fatto salvo l'articolo 192, paragrafo 2, lettera c).

3. In deroga al paragrafo 2, il Consiglio, deliberando secondo una procedura legislativa speciale, all'unanimità e previa consultazione del Parlamento europeo, stabilisce le misure ivi contemplate se sono principalmente di natura fiscale.

TITOLO XXII
Turismo

195. – 1. L'Unione completa l'azione degli Stati membri nel settore del turismo, in particolare promuovendo la competitività delle imprese dell'Unione in tale settore.
A tal fine l'azione dell'Unione è intesa a:
a) incoraggiare la creazione di un ambiente propizio allo sviluppo delle imprese in detto settore;
b) favorire la cooperazione tra Stati membri, in particolare attraverso lo scambio delle buone pratiche.

2. Il Parlamento europeo e il Consiglio, deliberando secondo la procedura legislativa ordinaria, stabiliscono le misure specifiche destinate a completare le azioni svolte negli Stati membri al fine di realizzare gli obiettivi di cui al presente articolo, ad esclusione di qualsiasi armonizzazione delle disposizioni legislative e regolamentari degli Stati membri.

TITOLO XXIII
Protezione civile

196. – 1. L'Unione incoraggia la cooperazione tra gli Stati membri al fine di rafforzare l'efficacia dei sistemi di prevenzione e di protezione dalle calamità naturali o provocate dall'uomo.
L'azione dell'Unione è intesa a:
a) sostenere e completare l'azione degli Stati membri a livello nazionale, regionale e locale concernente la prevenzione dei rischi, la preparazione degli attori della protezione civile negli Stati membri e l'intervento in caso di calamità naturali o provocate dall'uomo all'interno dell'Unione;
b) promuovere una cooperazione operativa rapida ed efficace all'interno dell'Unione tra i servizi di protezione civile nazionali;
c) favorire la coerenza delle azioni intraprese a livello internazionale in materia di protezione civile.

2. Il Parlamento europeo e il Consiglio, deliberando secondo la procedura legislativa ordinaria, stabiliscono le misure necessarie per contribuire alla realizzazione degli obiettivi di cui al paragrafo 1, ad esclusione di qualsiasi armonizzazione delle disposizioni legislative e regolamentari degli Stati membri.

TITOLO XXIV
Cooperazione amministrativa

197. – 1. L'attuazione effettiva del diritto dell'Unione da parte degli Stati membri, essenziale per il buon funzionamento dell'Unione, è considerata una questione di interesse comune.

2. L'Unione può sostenere gli sforzi degli Stati membri volti a migliorare la loro capacità amministrativa di attuare il diritto dell'Unione. Tale azione può consistere in particolare nel facilitare lo scambio di informazioni e di funzionari pubblici e nel sostenere programmi di formazione. Nessuno Stato membro è tenuto ad avvalersi di tale sostegno. Il Parlamento europeo e il Consiglio, deliberando mediante regolamenti secondo la procedura legislativa ordinaria, stabiliscono le misure necessarie a tal fine, ad esclusione di qualsiasi armonizzazione delle disposizioni legislative e regolamentari degli Stati membri.

3. Il presente articolo non pregiudica l'obbligo degli Stati membri di attuare il diritto dell'Unione né le prerogative e i doveri della Commissione. Esso non pregiudica le altre disposizioni dei trattati che prevedono la cooperazione amministrativa fra gli Stati membri e fra questi ultimi e l'Unione.

PARTE QUARTA
Associazione dei paesi e territori d'oltremare

198. *[ex articolo 182 del TCE]*
Gli Stati membri convengono di associare all'Unione i paesi e i territori non europei che mantengono con la Danimarca, la Francia, i Paesi Bassi e il Regno Unito delle relazioni particolari. Questi paesi e territori, qui di seguito chiamati paesi e territori, sono enumerati nell'elenco che costituisce l'allegato II.
Scopo dell'associazione è di promuovere lo sviluppo economico e sociale dei paesi e territori e l'instaurazione di strette relazioni economiche tra essi e l'Unione nel suo insieme.
Conformemente ai principi enunciati nel preambolo del presente trattato, l'associazione deve in primo luogo permettere di favorire gli interessi degli abitanti di questi paesi e territori e la loro prosperità, in modo da condurli allo sviluppo economico, sociale e culturale che essi attendono.

199. *[ex articolo 183 del TCE]*
L'associazione persegue gli obiettivi seguenti:
1) Gli Stati membri applicano ai loro scambi commerciali con i paesi e territori il regime che si accordano tra di loro, in virtù dei trattati.
2) Ciascun paese o territorio applica ai suoi scambi commerciali con gli Stati membri e gli altri paesi e territori il regime che applica allo Stato europeo con il quale mantiene relazioni particolari.
3) Gli Stati membri contribuiscono agli investimenti richiesti dallo sviluppo progressivo di questi paesi e territori.
4) Per gli investimenti finanziati dall'Unione, la partecipazione alle aggiudicazioni e alle forniture è aperta, a parità di condizioni, a tutte le persone fisiche e giuridiche appartenenti agli Stati membri e ai paesi e territori.
5) Nelle relazioni fra gli Stati membri e i paesi e territori, il diritto di stabilimento dei cittadini e delle società è regolato conformemente alle disposizioni e mediante applicazione delle procedure previste al capo relativo al diritto di stabilimento e su una base non discriminatoria, fatte salve le disposizioni particolari prese in virtù dell'articolo 203.

200. *[ex articolo 184 del TCE]*
1. Le importazioni originarie dei paesi e territori beneficiano, al loro ingresso negli Stati membri, del divieto dei dazi doganali che interviene fra gli Stati membri conformemente alle disposizioni dei trattati.
2. All'entrata in ciascun paese e territorio i dazi doganali gravanti sulle importazioni dagli Stati membri e dagli altri paesi e territori sono vietati conformemente alle disposizioni dell'articolo 30.
3. Tuttavia, i paesi e territori possono riscuotere dei dazi doganali che rispondano alle necessità del loro sviluppo e ai bisogni della loro industrializzazione o dazi di carattere fiscale che abbiano per scopo di alimentare il loro bilancio.
I dazi di cui al comma precedente non possono eccedere quelli gravanti sulle importazioni dei prodotti in provenienza dallo Stato membro con il quale ciascun paese o territorio mantiene relazioni particolari.
4. Il paragrafo 2 non è applicabile ai paesi e territori i quali, a causa degli obblighi internazionali particolari cui sono soggetti, applicano già una tariffa doganale non discriminatoria.
5. L'introduzione o la modifica di dazi che colpiscano le merci importate nei paesi e territori non deve provocare, in linea di diritto o in linea di fatto, una discriminazione diretta o indiretta tra le importazioni in provenienza dai diversi Stati membri.

201. *[ex articolo 185 del TCE]*
Se il livello dei dazi applicabili alle merci in provenienza da un paese terzo alla loro entrata in un paese o territorio, avuto riguardo alle disposizioni dell'articolo 200, paragrafo 1, è tale da provocare deviazioni di traffico a detrimento di uno degli Stati membri, questo può domandare alla Commissione di proporre agli altri Stati membri le misure necessarie per porre rimedio a questa situazione.

202. *[ex articolo 186 del TCE]*
Fatte salve le disposizioni che regolano la pubblica sanità, la pubblica sicurezza e l'ordine pubblico, la libertà di circolazione dei lavoratori dei paesi e territori negli Stati membri e dei lavoratori degli Stati membri nei paesi e territori è regolata da atti adottati a norma dell'articolo 203.

203. *[ex articolo 187 del TCE]*
Il Consiglio, deliberando all'unanimità su proposta della Commissione, stabilisce, muovendo dalle realizzazioni acquisite nell'ambito dell'associazione tra i paesi e territori e l'Unione, e basandosi sui principi inscritti nei trattati, le disposizioni relative alle modalità e alla procedura dell'associazione tra i paesi e territori e l'Unione. Allorché adotta le disposizioni in questione secondo una procedura legislativa speciale, il Consiglio delibera all'unanimità su proposta della Commissione e previa consultazione del Parlamento europeo.

204. *[ex articolo 188 del TCE]*
Gli articoli da 198 a 203 si applicano alla Groenlandia fatte salve le disposizioni specifiche per la Groenlandia che figurano nel protocollo concernente il regime particolare applicabile alla Groenlandia, allegato ai trattati.

PARTE V
Azione esterna dell'Unione

TITOLO I
Disposizioni generali sull'azione esterna dell'Unione

205. L'azione dell'Unione sulla scena internazionale, ai sensi della presente parte, si fonda sui principi, persegue gli obiettivi ed è condotta in conformità delle disposizioni generali di cui al capo 1 del titolo V del trattato sull'Unione europea.

TITOLO II
Politica commerciale comune

206. *[ex articolo 131 del TCE]*
L'Unione, tramite l'istituzione di un'unione doganale in conformità degli articoli da 28 a 32, contribuisce nell'interesse comune allo sviluppo armonioso del commercio mondiale, alla graduale soppressione delle restrizioni agli scambi internazionali e agli investimenti esteri diretti, e alla riduzione delle barriere doganali e di altro tipo.

207. *[ex articolo 133 del TCE]*
1. La politica commerciale comune è fondata su principi uniformi, in particolare per quanto concerne le modificazioni tariffarie, la conclusione di accordi tariffari e commerciali relativi agli scambi di merci e servizi, e gli aspetti commerciali della proprietà intellettuale, gli investimenti esteri diretti, l'uniformazione delle misure di liberalizzazione, la politica di esportazione e le misure di protezione commerciale, tra cui quelle da adottarsi nei casi di dumping e di sovvenzioni. La politica commerciale comune è condotta nel quadro dei principi e obiettivi dell'azione esterna dell'Unione.

2. Il Parlamento europeo e il Consiglio, deliberando mediante regolamenti secondo la procedura legislativa ordinaria, adottano le misure che definiscono il quadro di attuazione della politica commerciale comune.

3. Qualora si debbano negoziare e concludere accordi con uno o più paesi terzi o organizzazioni internazionali, si applica l'articolo 218, fatte salve le disposizioni particolari del presente articolo.
La Commissione presenta raccomandazioni al Consiglio, che l'autorizza ad avviare i negoziati necessari. Spetta al Consiglio e alla Commissione adoperarsi affinché gli accordi negoziati siano compatibili con le politiche e norme interne dell'Unione.
Tali negoziati sono condotti dalla Commissione, in consultazione con un comitato speciale designato dal Consiglio per assisterla in questo compito e nel quadro delle direttive che il Consiglio può impartirle. La Commissione riferisce periodicamente al comitato speciale e al Parlamento europeo sui progressi dei negoziati.

4. Per la negoziazione e la conclusione degli accordi di cui al paragrafo 3, il Consiglio delibera a maggioranza qualificata.
Per la negoziazione e la conclusione di accordi nei settori degli scambi di servizi, degli aspetti commerciali della proprietà intellettuale e degli investimenti esteri diretti, il Consiglio delibera all'unanimità qualora tali accordi contengano disposizioni per le quali è richiesta l'unanimità per l'adozione di norme interne.
Il Consiglio delibera all'unanimità anche per la negoziazione e la conclusione di accordi:
a) nel settore degli scambi di servizi culturali e audiovisivi, qualora tali accordi rischino di arrecare pregiudizio alla diversità culturale e linguistica dell'Unione;
b) nel settore degli scambi di servizi nell'ambito sociale, dell'istruzione e della sanità, qualora tali accordi rischino di perturbare seriamente l'organizzazione nazionale di tali servizi e di arrecare pregiudizio alla competenza degli Stati membri riguardo alla loro prestazione.

5. La negoziazione e la conclusione di accordi internazionali nel settore dei trasporti sono soggette al titolo VI della parte terza e all'articolo 218.

6. L'esercizio delle competenze attribuite dal presente articolo nel settore della politica commerciale comune non pregiudica la ripartizione delle competenze tra l'Unione e gli Stati membri e non comporta un'armonizzazione delle disposizioni legislative o regolamentari degli Stati membri, se i trattati escludono tale armonizzazione.

TITOLO III
Cooperazione con i paesi terzi e aiuto umanitario

Capo 1
Cooperazione allo sviluppo

208. *[ex articolo 177 del TCE]*
1. La politica dell'Unione nel settore della cooperazione allo sviluppo è condotta nel quadro dei principi e obiettivi dell'azione esterna dell'Unione. La politica di cooperazione allo sviluppo dell'Unione e quella degli Stati membri si completano e si rafforzano reciprocamente.
L'obiettivo principale della politica dell'Unione in questo settore è la riduzione e, a termine, l'eliminazione della povertà. L'Unione tiene conto degli obiettivi della cooperazione allo sviluppo nell'attuazione delle politiche che possono avere incidenze sui paesi in via di sviluppo.

2. L'Unione e gli Stati membri rispettano gli impegni e tengono conto degli obiettivi riconosciuti nel quadro delle Nazioni Unite e delle altre organizzazioni internazionali competenti.

209. *[ex articolo 179 del TCE]*
1. Il Parlamento europeo e il Consiglio, deliberando secondo la procedura legislativa ordinaria, adottano le misure necessarie per l'attuazione della politica di cooperazione allo sviluppo, che possono riguardare pro-

grammi pluriennali di cooperazione con paesi in via di sviluppo o programmi tematici.

2. L'Unione può concludere con i paesi terzi e le organizzazioni internazionali competenti qualsiasi accordo utile alla realizzazione degli obiettivi di cui all'articolo 21 del trattato sull'Unione europea e all'articolo 208 del presente trattato.

Il primo comma non pregiudica la competenza degli Stati membri a negoziare nelle sedi internazionali e a concludere accordi.

3. La Banca europea per gli investimenti contribuisce, alle condizioni previste dal suo statuto, all'attuazione delle misure di cui al paragrafo 1.

210. *[ex articolo 180 del TCE]*

1. Per favorire la complementarità e l'efficacia delle azioni, l'Unione e gli Stati membri coordinano le rispettive politiche in materia di cooperazione allo sviluppo e si concertano sui rispettivi programmi di aiuto, anche nelle organizzazioni internazionali e in occasione di conferenze internazionali. Essi possono intraprendere azioni congiunte. Gli Stati membri contribuiscono, se necessario, all'attuazione dei programmi di aiuto dell'Unione.

2. La Commissione può prendere qualsiasi iniziativa utile a promuovere il coordinamento di cui al paragrafo 1.

211. *[ex articolo 181 del TCE]*

Nell'ambito delle rispettive competenze, l'Unione e gli Stati membri collaborano con i paesi terzi e con le competenti organizzazioni internazionali.

Capo 2
Cooperazione economica, finanziaria e tecnica con i paesi terzi

212. *[ex articolo 181 A del TCE]*

1. Fatte salve le altre disposizioni dei trattati, in particolare quelle degli articoli da 208 a 211, l'Unione conduce azioni di cooperazione economica, finanziaria e tecnica, comprese azioni di assistenza specialmente in campo finanziario, con paesi terzi diversi dai paesi in via di sviluppo. Tali azioni sono coerenti con la politica di sviluppo dell'Unione e sono condotte nel quadro dei principi e obiettivi dell'azione esterna. Le azioni dell'Unione e degli Stati membri si completano e si rafforzano reciprocamente.

2. Il Parlamento europeo e il Consiglio, deliberando secondo la procedura legislativa ordinaria, adottano le misure necessarie per l'attuazione del paragrafo 1.

3. Nell'ambito delle rispettive competenze, l'Unione e gli Stati membri collaborano con i paesi terzi e con le competenti organizzazioni internazionali. Le modalità della cooperazione dell'Unione possono formare oggetto di accordi tra questa e i terzi interessati.

Il primo comma non pregiudica la competenza degli Stati membri a negoziare nelle sedi internazionali e a concludere accordi internazionali.

213. – Allorché la situazione in un paese terzo esige un'assistenza finanziaria urgente da parte dell'Unione, il Consiglio, su proposta della Commissione, adotta le decisioni necessarie.

Capo 3
Aiuto umanitario

214. – **1.** Le azioni dell'Unione nel settore dell'aiuto umanitario sono condotte nel quadro dei principi e obiettivi dell'azione esterna dell'Unione. Esse mirano a fornire, in modo puntuale, assistenza, soccorso e protezione alle popolazioni dei paesi terzi vittime di calamità naturali o provocate dall'uomo, per far fronte alle necessità umanitarie risultanti da queste diverse situazioni. Le azioni dell'Unione e degli Stati membri si completano e si rafforzano reciprocamente.

2. Le azioni di aiuto umanitario sono condotte conformemente ai principi del diritto internazionale e ai principi di imparzialità, neutralità e non discriminazione.

3. Il Parlamento europeo e il Consiglio, deliberando secondo la procedura legislativa ordinaria, stabiliscono le misure che definiscono il quadro di attuazione delle azioni di aiuto umanitario dell'Unione.

4. L'Unione può concludere con i paesi terzi e le organizzazioni internazionali competenti qualsiasi accordo utile alla realizzazione degli obiettivi di cui al paragrafo 1 e all'articolo 21 del trattato sull'Unione europea.

Il primo comma non pregiudica la competenza degli Stati membri a negoziare nelle sedi internazionali e a concludere accordi.

5. È istituito un corpo volontario europeo di aiuto umanitario per inquadrare contributi comuni dei giovani europei alle azioni di aiuto umanitario dell'Unione. Il Parlamento europeo e il Consiglio, deliberando mediante regolamenti secondo la procedura legislativa ordinaria, ne fissano lo statuto e le modalità di funzionamento.

6. La Commissione può prendere qualsiasi iniziativa utile a promuovere il coordinamento tra le azioni dell'Unione e quelle degli Stati membri, allo scopo di rafforzare l'efficacia e la complementarità dei dispositivi dell'Unione e dei dispositivi nazionali di aiuto umanitario.

7. L'Unione provvede affinché le sue azioni di aiuto umanitario siano coordinate e coerenti con quelle svolte da organizzazioni e organismi internazionali, specie nell'ambito del sistema delle Nazioni Unite.

TITOLO IV
Misure restrittive

215. *[ex articolo 301 del TCE]*

1. Quando una decisione adottata conformemente al capo 2 del titolo V del trattato sull'Unione europea prevede l'interruzione o la riduzione, totale o parziale, delle relazioni economiche e finanziarie con uno o più paesi terzi, il Consiglio, deliberando a maggioranza qualificata su proposta congiunta dell'alto rappresentante dell'Unione per gli affari esteri e la politica di sicurezza e della Commissione, adotta le misure necessarie. Esso ne informa il Parlamento europeo.

2. Quando una decisione adottata conformemente al capo 2 del titolo V del trattato sull'Unione europea lo prevede, il Consiglio può adottare, secondo la procedura di cui al paragrafo 1, misure restrittive nei confronti di persone fisiche o giuridiche, di gruppi o di entità non statali.

3. Gli atti di cui al presente articolo contengono le necessarie disposizioni sulle garanzie giuridiche.

TITOLO V
Accordi internazionali

216. – **1.** L'Unione può concludere un accordo con uno o più paesi terzi o organizzazioni internazionali qualora i trattati lo prevedano o qualora la conclusione di un accordo sia necessaria per realizzare, nell'ambito delle politiche dell'Unione, uno degli obiettivi fissati dai trattati, o sia prevista in un atto giuridico vincolante dell'Unione, oppure possa incidere su norme comuni o alterarne la portata.

2. Gli accordi conclusi dall'Unione vincolano le istituzioni dell'Unione e gli Stati membri.

217. *[ex articolo 310 del TCE]*
L'Unione può concludere con uno o più paesi terzi o organizzazioni internazionali accordi che istituiscono un'associazione caratterizzata da diritti ed obblighi reciproci, da azioni in comune e da procedure particolari.

218. *[ex articolo 300 del TCE]*

1. Fatte salve le disposizioni particolari dell'articolo 207, gli accordi tra l'Unione e i paesi terzi o le organizzazioni internazionali sono negoziati e conclusi secondo la procedura seguente.

2. Il Consiglio autorizza l'avvio dei negoziati, definisce le direttive di negoziato, autorizza la firma e conclude gli accordi.

3. La Commissione, o l'alto rappresentante dell'Unione per gli affari esteri e la politica di sicurezza quando l'accordo previsto riguarda esclusivamente o principalmente la politica estera e di sicurezza comune, presenta raccomandazioni al Consiglio, il quale adotta una decisione che autorizza l'avvio dei negoziati e designa, in funzione della materia dell'accordo previsto, il negoziatore o il capo della squadra di negoziato dell'Unione.

4. Il Consiglio può impartire direttive al negoziatore e designare un comitato speciale che deve essere consultato nella conduzione dei negoziati.

5. Il Consiglio, su proposta del negoziatore, adotta una decisione che autorizza la firma dell'accordo e, se del caso, la sua applicazione provvisoria prima dell'entrata in vigore.

6. Il Consiglio, su proposta del negoziatore, adotta una decisione relativa alla conclusione dell'accordo.
Tranne quando l'accordo riguarda esclusivamente la politica estera e di sicurezza comune, il Consiglio adotta la decisione di conclusione dell'accordo:

a) previa approvazione del Parlamento europeo nei casi seguenti:
   i) accordi di associazione;
   ii) accordo sull'adesione dell'Unione alla Convenzione europea per la salvaguardia dei diritti dell'uomo e delle libertà fondamentali;
   iii) accordi che creano un quadro istituzionale specifico organizzando procedure di cooperazione;
   iv) accordi che hanno ripercussioni finanziarie considerevoli per l'Unione;
   v) accordi che riguardano settori ai quali si applica la procedura legislativa ordinaria oppure la procedura legislativa speciale qualora sia necessaria l'approvazione del Parlamento europeo.

In caso d'urgenza, il Parlamento europeo e il Consiglio possono concordare un termine per l'approvazione;

b) previa consultazione del Parlamento europeo, negli altri casi. Il Parlamento europeo formula il parere nel termine che il Consiglio può fissare in funzione dell'urgenza. In mancanza di parere entro detto termine, il Consiglio può deliberare.

7. All'atto della conclusione di un accordo, il Consiglio, in deroga ai paragrafi 5, 6 e 9, può abilitare il negoziatore ad approvare a nome dell'Unione le modifiche dell'accordo se quest'ultimo ne prevede l'adozione con una procedura semplificata o da parte di un organo istituito dall'accordo stesso. Il Consiglio correda eventualmente questa abilitazione di condizioni specifiche.

8. Nel corso dell'intera procedura, il Consiglio delibera a maggioranza qualificata.
Tuttavia esso delibera all'unanimità quando l'accordo riguarda un settore per il quale è richiesta l'unanimità per l'adozione di un atto dell'Unione e per gli accordi di associazione e gli accordi di cui all'articolo 212 con gli Stati candidati all'adesione. Il Consiglio delibera all'unanimità anche per l'accordo sull'adesione dell'Unione alla Convenzione europea per la salvaguardia dei diritti dell'uomo e delle libertà fondamentali; la decisione sulla conclusione di tale accordo entra in vigore previa approvazione degli Stati membri, conformemente alle rispettive norme costituzionali.

9. Il Consiglio, su proposta della Commissione o dell'alto rappresentante dell'Unione per gli affari esteri e la politica di sicurezza, adotta una decisione sulla sospensione dell'applicazione di un accordo e che stabilisce le posizioni da adottare a nome dell'Unione in un organo istituito da un accordo, se tale organo deve adottare atti che hanno effetti giuridici, fatta eccezione per gli atti che integrano o modificano il quadro istituzionale dell'accordo.

10. Il Parlamento europeo è immediatamente e pienamente informato in tutte le fasi della procedura.

11. Uno Stato membro, il Parlamento europeo, il Consiglio o la Commissione possono domandare il parere della Corte di giustizia circa la compatibilità di un accordo previsto con i trattati. In caso di parere negativo della Corte, l'accordo previsto non può entrare in vigore, salvo modifiche dello stesso o revisione dei trattati.

219. *[ex articolo 111, paragrafi da 1 a 3 e 5, del TCE]*

1. In deroga all'articolo 218 il Consiglio, su raccomandazione della Banca centrale europea o su raccomandazione della Commissione e previa consultazione della Banca centrale europea, nell'intento di pervenire a un consenso compatibile con l'obiettivo della stabilità dei prezzi, può concludere accordi formali su un sistema di tassi di cambio dell'euro nei confronti delle valute di Stati terzi. Il Consiglio delibera all'unanimità previa consultazione del Parlamento europeo e secondo la procedura di cui al paragrafo 3.
Il Consiglio, su raccomandazione della Banca centrale europea o su raccomandazione della Commissione e previa consultazione della Banca centrale europea, nell'intento di pervenire ad un consenso coerente con l'obiettivo della stabilità dei prezzi, può adottare, adeguare o abbandonare i tassi centrali dell'euro all'interno del sistema dei tassi di cambio. Il presidente del Consiglio informa il Parlamento europeo dell'adozione, dell'adeguamento o dell'abbandono dei tassi centrali dell'euro.

2. In mancanza di un sistema di tassi di cambio rispetto ad una o più valute di Stati terzi, come indicato al paragrafo 1, il Consiglio, su raccomandazione della Commissione e previa consultazione della Banca centrale europea, o su raccomandazione della Banca centrale europea, può formulare gli orientamenti generali di politica del cambio nei confronti di dette valute. Questi orientamenti generali non pregiudicano l'obiettivo prioritario del SEBC di mantenere la stabilità dei prezzi.

3. In deroga all'articolo 218, qualora accordi in materia di regime monetario o valutario debbano essere negoziati dall'Unione con uno o più Stati terzi o organizzazioni internazionali, il Consiglio, su raccomandazione della Commissione e previa consultazione della Banca centrale europea, decide le modalità per la negoziazione e la conclusione di detti accordi. Tali modalità devono assicurare che l'Unione esprima una posizione unica. La Commissione è associata a pieno titolo ai negoziati.

4. Senza pregiudizio della competenza dell'Unione e degli accordi dell'Unione relativi all'Unione economica e monetaria, gli Stati membri possono condurre negoziati nelle istanze internazionali e concludere accordi internazionali.

TITOLO VI
Relazioni dell'Unione con le organizzazioni internazionali e i paesi terzi e delegazioni dell'Unione

220. *[ex articoli da 302 a 304 del TCE]*

1. L'Unione attua ogni utile forma di cooperazione con gli organi delle Nazioni Unite e degli istituti specializzati delle Nazioni Unite, il Consiglio d'Europa, l'Organizzazione per la sicurezza e la cooperazione in Europa e l'Organizzazione per la cooperazione e lo sviluppo economico.
L'Unione assicura inoltre i collegamenti che ritiene opportuni con altre organizzazioni internazionali.

2. L'alto rappresentante dell'Unione per gli affari esteri e la politica di sicurezza e la Commissione sono incaricati dell'attuazione del presente articolo.

221. – **1.** Le delegazioni dell'Unione nei paesi terzi e presso le organizzazioni internazionali assicurano la rappresentanza dell'Unione.

2. Le delegazioni dell'Unione sono poste sotto l'autorità dell'alto rappresentante dell'Unione per gli affari esteri e la politica di sicurezza. Esse agiscono in stretta cooperazione con le missioni diplomatiche e consolari degli Stati membri.

TITOLO VII
Clausola di solidarietà

222. – **1.** L'Unione e gli Stati membri agiscono congiuntamente in uno spirito di solidarietà qualora uno Stato membro sia oggetto di un attacco terroristico o sia vittima di una calamità naturale o provocata dall'uomo. L'Unione mobilita tutti gli strumenti di cui dispone, inclusi i mezzi militari messi a sua disposizione dagli Stati membri, per:

a) prevenire la minaccia terroristica sul territorio degli Stati membri;
   - proteggere le istituzioni democratiche e la popolazione civile da un eventuale attacco terroristico;
   - prestare assistenza a uno Stato membro sul suo territorio, su richiesta delle sue autorità politiche, in caso di attacco terroristico;

b) prestare assistenza a uno Stato membro sul suo territorio, su richiesta delle sue autorità politiche, in caso di calamità naturale o provocata dall'uomo.

2. Se uno Stato membro subisce un attacco terroristico o è vittima di una calamità naturale o provocata dall'uomo, gli altri Stati membri, su richiesta delle sue autorità politiche, gli prestano assistenza. A tal fine gli Stati membri si coordinano in sede di Consiglio.

3. Le modalità di attuazione della presente clausola di solidarietà da parte dell'Unione sono definite da una decisione adottata dal Consiglio, su proposta congiunta della Commissione e dell'alto rappresentante dell'Unione per gli affari esteri e la politica di sicurezza. Quando tale decisione ha implicazioni nel settore della difesa, il Consiglio delibera conformemente all'articolo 31, paragrafo 1 del trattato sull'Unione europea. Il Parlamento europeo è informato.
Ai fini del presente paragrafo e fatto salvo l'articolo 240, il Consiglio è assistito dal comitato politico e di sicurezza, con il sostegno delle strutture sviluppate nell'ambito della politica di sicurezza e di difesa comune,

e dal comitato di cui all'articolo 71, i quali gli presentano, se del caso, pareri congiunti.

4. Per consentire all'Unione e agli Stati membri di agire in modo efficace, il Consiglio europeo valuta regolarmente le minacce cui è confrontata l'Unione.

PARTE VI
Disposizioni istituzionali e finanziarie

TITOLO I
Disposizioni istituzionali

Capo 1
Le istituzioni

Sezione 1
Il parlamento europeo

223. *[ex articolo 190, paragrafi 4 e 5, del TCE]*

1. Il Parlamento europeo elabora un progetto volto a stabilire le disposizioni necessarie per permettere l'elezione dei suoi membri a suffragio universale diretto, secondo una procedura uniforme in tutti gli Stati membri o secondo principi comuni a tutti gli Stati membri.

Il Consiglio, deliberando all'unanimità secondo una procedura legislativa speciale e previa approvazione del Parlamento europeo che si pronuncia alla maggioranza dei membri che lo compongono, stabilisce le disposizioni necessarie. Tali disposizioni entrano in vigore previa approvazione degli Stati membri conformemente alle rispettive norme costituzionali.

2. Previo parere della Commissione e con l'approvazione del Consiglio, il Parlamento europeo, di sua iniziativa, deliberando mediante regolamenti secondo una procedura legislativa speciale, stabilisce lo statuto e le condizioni generali per l'esercizio delle funzioni dei suoi membri. Per le norme o le condizioni relative al regime fiscale dei membri o ex membri è richiesta l'unanimità in sede di Consiglio.

224. *[ex articolo 191, secondo comma, del TCE]*

Il Parlamento europeo e il Consiglio, deliberando mediante regolamenti secondo la procedura legislativa ordinaria, determinano lo statuto dei partiti politici a livello europeo di cui all'articolo 10, paragrafo 4 del trattato sull'Unione europea, in particolare le norme relative al loro finanziamento.

225. *[ex articolo 192, secondo comma, del TCE]*

A maggioranza dei membri che lo compongono, il Parlamento europeo può chiedere alla Commissione di presentare adeguate proposte sulle questioni per le quali reputa necessaria l'elaborazione di un atto dell'Unione ai fini dell'attuazione dei trattati. Se la Commissione non presenta una proposta, essa ne comunica le motivazioni al Parlamento europeo

226. *[ex articolo 193 del TCE]*

Nell'ambito delle sue funzioni, il Parlamento europeo, su richiesta di un quarto dei membri che lo compongono, può costituire una commissione temporanea d'inchiesta incaricata di esaminare, fatti salvi i poteri conferiti dai trattati ad altre istituzioni o ad altri organi, le denunce di infrazione o di cattiva amministrazione nell'applicazione del diritto dell'Unione, salvo quando i fatti di cui trattasi siano pendenti dinanzi ad una giurisdizione e fino all'espletamento della procedura giudiziaria.

La commissione temporanea d'inchiesta cessa di esistere con il deposito della sua relazione.

Previa approvazione del Consiglio e della Commissione, il Parlamento europeo, di sua iniziativa, deliberando mediante regolamenti secondo una procedura legislativa speciale, fissa le modalità per l'esercizio del diritto d'inchiesta.

227. *[ex articolo 194 del TCE]*

Qualsiasi cittadino dell'Unione, nonché ogni persona fisica o giuridica che risieda o abbia la sede sociale in uno Stato membro, ha il diritto di presentare, individualmente o in associazione con altri cittadini o persone, una petizione al Parlamento europeo su una materia che rientra nel campo di attività dell'Unione e che lo (la) concerne direttamente.

228. *[ex articolo 195 del TCE]*

1. Un mediatore europeo, eletto dal Parlamento europeo, è abilitato a ricevere le denunce di qualsiasi cittadino dell'Unione o di qualsiasi persona fisica o giuridica che risieda o abbia la sede sociale in uno Stato membro, e riguardanti casi di cattiva amministrazione nell'azione delle istituzioni, degli organi o degli organismi dell'Unione, salvo la Corte di giustizia dell'Unione europea nell'esercizio delle sue funzioni giurisdizionali.

Egli istruisce tali denunce e riferisce al riguardo.

Conformemente alla sua missione, il Mediatore, di propria iniziativa o in base alle denunce che gli sono state presentate direttamente o tramite un membro del Parlamento europeo, procede alle indagini che ritiene giustificate, tranne quando i fatti in questione formino o abbiano formato oggetto di una procedura giudiziaria.

Qualora il Mediatore constati un caso di cattiva amministrazione, egli ne investe l'istituzione interessata, che dispone di tre mesi per comunicargli il suo parere. Il Mediatore trasmette poi una relazione al Parlamento europeo e all'istituzione, all'organo o all'organismo interessati. La persona che ha sporto denuncia viene informata del risultato dell'indagine.

Ogni anno il Mediatore presenta una relazione al Parlamento europeo sui risultati delle sue indagini.

2. Il Mediatore è eletto dopo ogni elezione del Parlamento europeo per la durata della legislatura. Il suo mandato è rinnovabile.

Il Mediatore può essere dichiarato dimissionario dalla Corte di giustizia, su richiesta del Parlamento europeo, qualora non risponda più alle condizioni necessarie all'esercizio delle sue funzioni o abbia commesso una colpa grave.

3. Il Mediatore esercita le sue funzioni in piena indipendenza. Nell'adempimento dei suoi doveri, egli non sollecita né accetta istruzioni da alcun governo, istituzione, organo o organismo. Per tutta la durata del suo mandato, il Mediatore non può esercitare alcuna altra attività professionale, remunerata o meno.

4. Previo parere della Commissione e con l'approvazione del Consiglio, il Parlamento europeo, di sua iniziativa, deliberando mediante regolamenti secondo una procedura legislativa speciale, fissa lo statuto e le condizioni generali per l'esercizio delle funzioni del Mediatore.

229. *[ex articolo 196 del TCE]*
Il Parlamento europeo tiene una sessione annuale. Esso si riunisce di diritto il secondo martedì del mese di marzo.
Il Parlamento europeo può riunirsi in tornata a richiesta della maggioranza dei membri che lo compongono, del Consiglio o della Commissione.

230. *[ex articolo 197, secondo, terzo e quarto comma, del TCE]*
La Commissione può assistere a tutte le sedute ed essere ascoltata a sua richiesta.
La Commissione risponde oralmente o per iscritto alle interrogazioni che le sono presentate dal Parlamento europeo o dai membri di questo.
Il Consiglio europeo e il Consiglio sono ascoltati dal Parlamento europeo, secondo le modalità previste dal regolamento interno del Consiglio europeo e da quello del Consiglio.

231. *[ex articolo 198 del TCE]*
Salvo contrarie disposizioni dei trattati, il Parlamento europeo delibera a maggioranza dei suffragi espressi.
Il regolamento interno fissa il numero legale.

232. *[ex articolo 199 del TCE]*
Il Parlamento europeo stabilisce il proprio regolamento interno a maggioranza dei membri che lo compongono.
Gli atti del Parlamento europeo sono pubblicati conformemente alle condizioni previste dai trattati e da detto regolamento.

233. *[ex articolo 200 del TCE]*
Il Parlamento europeo, in seduta pubblica, procede all'esame della relazione generale annuale, che gli è sottoposta dalla Commissione.

234. *[ex articolo 201 del TCE]*
Il Parlamento europeo, cui sia presentata una mozione di censura sull'operato della Commissione, non può pronunciarsi su tale mozione prima che siano trascorsi almeno tre giorni dal suo deposito e con scrutinio pubblico.
Se la mozione di censura è approvata a maggioranza di due terzi dei voti espressi e a maggioranza dei membri che compongono il Parlamento europeo, i membri della Commissione si dimettono collettivamente dalle loro funzioni e l'alto rappresentante dell'Unione per gli affari esteri e la politica di sicurezza si dimette dalle funzioni che esercita in seno alla Commissione. Essi rimangono in carica e continuano a curare gli affari di ordinaria amministrazione fino alla loro sostituzione conformemente all'articolo 17 del trattato sull'Unione europea. In questo caso, il mandato dei membri della Commissione nominati per sostituirli scade alla data in cui sarebbe scaduto il mandato dei membri della Commissione costretti a dimettersi collettivamente dalle loro funzioni.

Sezione 2
Il Consiglio europeo

235. – **1.** In caso di votazione, ciascun membro del Consiglio europeo può ricevere delega da uno solo degli altri membri.
L'articolo 16, paragrafo 4 del trattato sull'Unione europea e l'articolo 238, paragrafo 2 del presente trattato si applicano al Consiglio europeo allorché delibera a maggioranza qualificata. Allorché il Consiglio europeo delibera mediante votazione, il presidente e il presidente della Commissione non partecipano al voto.
L'astensione di membri presenti o rappresentati non osta all'adozione delle deliberazioni del Consiglio europeo per le quali è richiesta l'unanimità.

2. Il presidente del Parlamento europeo può essere invitato per essere ascoltato dal Consiglio europeo.

3. Il Consiglio europeo delibera a maggioranza semplice in merito alle questioni procedurali e per l'adozione del suo regolamento interno.

4. Il Consiglio europeo è assistito dal segretariato generale del Consiglio.

236. Il Consiglio europeo adotta a maggioranza qualificata:

a) una decisione che stabilisce l'elenco delle formazioni del Consiglio, eccettuate quella "Affari generali" e quella "Affari esteri", conformemente all'articolo 16, paragrafo 6 del trattato sull'Unione europea;
b) una decisione sulla presidenza delle formazioni del Consiglio, eccettuata quella "Affari esteri", conformemente all'articolo 16, paragrafo 9 del trattato sull'Unione europea.

Sezione 3
Il Consiglio

237. *[ex articolo 204 del TCE]*
Il Consiglio si riunisce su convocazione del suo presidente, per iniziativa di questi, di uno dei suoi membri o della Commissione.

238. *[ex articolo 205, paragrafi 1 e 2, del TCE]*

1. Per le deliberazioni che richiedono la maggioranza semplice, il Consiglio delibera alla maggioranza dei membri che lo compongono.

2. In deroga all'articolo 16, paragrafo 4 del trattato

sull'Unione europea, a decorrere dal 1° novembre 2014 e fatte salve le disposizioni stabilite dal protocollo sulle disposizioni transitorie, quando il Consiglio non delibera su proposta della Commissione o dell'alto rappresentante dell'Unione per gli affari esteri e la politica di sicurezza, per maggioranza qualificata si intende almeno il 72% dei membri del Consiglio rappresentanti Stati membri che totalizzino almeno il 65% della popolazione dell'Unione.

3. A decorrere dal 1° novembre 2014 e fatte salve le disposizioni stabilite dal protocollo sulle disposizioni transitorie, nei casi in cui, a norma dei trattati, non tutti i membri del Consiglio partecipano alla votazione, per maggioranza qualificata si intende quanto segue:

a) per maggioranza qualificata si intende almeno il 55% dei membri del Consiglio rappresentanti gli Stati membri partecipanti che totalizzino almeno il 65% della popolazione di tali Stati.
La minoranza di blocco deve comprendere almeno il numero minimo di membri del Consiglio che rappresentano oltre il 35% della popolazione degli Stati membri partecipanti, più un altro membro; in caso contrario la maggioranza qualificata si considera raggiunta.

b) In deroga alla lettera a), quando il Consiglio non delibera su proposta della Commissione o dell'alto rappresentante dell'Unione per gli affari esteri e la politica di sicurezza, per maggioranza qualificata si intende almeno il 72% dei membri del Consiglio rappresentanti gli Stati membri partecipanti, che totalizzino almeno il 65% della popolazione di tali Stati.

4. Le astensioni dei membri presenti o rappresentati non ostano all'adozione delle deliberazioni del Consiglio per le quali è richiesta l'unanimità.

239. *[ex articolo 206 del TCE]*
In caso di votazione, ciascun membro del Consiglio può ricevere delega da uno solo degli altri membri.

240. *[ex articolo 207 del TCE]*
1. Un comitato costituito dai rappresentanti permanenti dei governi degli Stati membri è responsabile della preparazione dei lavori del Consiglio e dell'esecuzione dei compiti che quest'ultimo gli assegna. Il comitato può adottare decisioni di procedura nei casi previsti dal regolamento interno del Consiglio.

2. Il Consiglio è assistito dal segretariato generale, sotto la responsabilità di un segretario generale nominato dal Consiglio.
Il Consiglio decide a maggioranza semplice in merito all'organizzazione del segretariato generale.

3. Il Consiglio delibera a maggioranza semplice in merito alle questioni procedurali e per l'adozione del suo regolamento interno.

241. *[ex articolo 208 del TCE]*
Il Consiglio, deliberando a maggioranza semplice, può chiedere alla Commissione di procedere a tutti gli studi che esso ritiene opportuni ai fini del raggiungimento degli obiettivi comuni e di sottoporgli tutte le proposte del caso. Se la Commissione non presenta una proposta, ne comunica le motivazioni al Consiglio.

242. *[ex articolo 209 del TCE]*
Il Consiglio deliberando a maggioranza semplice, stabilisce, previa consultazione della Commissione, lo statuto dei comitati previsti dai trattati.

243. *[ex articolo 210 del TCE]*
Il Consiglio fissa gli stipendi, indennità e pensioni del presidente del Consiglio europeo, del presidente della Commissione, dell'alto rappresentante dell'Unione per gli affari esteri e la politica di sicurezza, dei membri della Commissione, dei presidenti, dei membri e dei cancellieri della Corte di giustizia dell'Unione europea, nonché del segretario generale del Consiglio. Esso fissa altresì tutte le indennità sostitutive di retribuzione.

Sezione 4
La Commissione

244. – A norma dell'articolo 17, paragrafo 5 del trattato sull'Unione europea i membri della Commissione sono scelti in base ad un sistema di rotazione stabilito all'unanimità dal Consiglio europeo secondo i principi seguenti:

a) gli Stati membri sono trattati su un piano di assoluta parità per quanto concerne la determinazione dell'avvicendamento e del periodo di permanenza dei loro cittadini in seno alla Commissione; pertanto lo scarto tra il numero totale dei mandati detenuti da cittadini di due Stati membri non può mai essere superiore a uno;

b) fatta salva la lettera a), ciascuna delle Commissioni successive è costituita in modo da riflettere in maniera soddisfacente la molteplicità demografica e geografica degli Stati membri.

245. *[ex articolo 213 del TCE]*
I membri della Commissione si astengono da ogni atto incompatibile con il carattere delle loro funzioni. Gli Stati membri rispettano la loro indipendenza e non cercano di influenzarli nell'adempimento dei loro compiti.
I membri della Commissione non possono, per la durata delle loro funzioni, esercitare alcun'altra attività professionale, rimunerata o meno. Fin dal loro insediamento, essi assumono l'impegno solenne di rispettare, per la durata delle loro funzioni e dopo la cessazione di queste, gli obblighi derivanti dalla loro carica, ed in particolare i doveri di onestà e delicatezza per quanto riguarda l'accettare, dopo tale cessazione, determinate funzioni o vantaggi. In caso di violazione degli obblighi stessi, la Corte di giustizia, su istanza del Consiglio, che delibera a maggioranza semplice, o della Commissione, può, a seconda dei casi, pronunciare le dimissioni d'ufficio alle condizioni previste dall'articolo 247 ovvero la decadenza dal diritto a pensione dell'interessato o da altri vantaggi sostitutivi.

246. *[ex articolo 215 del TCE]*
A parte i rinnovi regolari e i decessi, le funzioni dei membri della Commissione cessano individualmente per dimissioni volontarie o d'ufficio.
Il posto divenuto vacante a seguito di dimissioni volontarie o d'ufficio o di decesso è coperto, per la restante durata del mandato del membro, da un nuovo membro della stessa nazionalità, nominato dal Consiglio di comune accordo col presidente della Commissione, previa consultazione del Parlamento europeo e in conformità dei criteri di cui all'articolo 17, paragrafo 3, secondo comma del trattato sull'Unione europea.
Il Consiglio, deliberando all'unanimità su proposta del presidente della Commissione, può decidere che tale posto divenuto vacante non deve essere coperto, in particolare se la restante durata del mandato è breve.
In caso di dimissioni volontarie, di dimissioni d'ufficio o di decesso, il presidente è sostituito per la restante durata del suo mandato. Per la sua sostituzione si applica la procedura prevista dall'articolo 17, paragrafo 7, primo comma del trattato sull'Unione europea.
In caso di dimissioni volontarie o d'ufficio o di decesso, l'alto rappresentante dell'Unione per gli affari esteri e la politica di sicurezza è sostituito per la restante durata del suo mandato, in conformità dell'articolo 18, paragrafo 1 del trattato sull'Unione europea.
In caso di dimissioni volontarie di tutti i membri della Commissione, questi rimangono in carica e continuano a curare gli affari di ordinaria amministrazione fino alla loro sostituzione, per la restante durata del mandato, in conformità dell'articolo 17 del trattato sull'Unione europea.

247. *[ex articolo 216 del TCE]*
Qualsiasi membro della Commissione che non risponda più alle condizioni necessarie all'esercizio delle sue funzioni o che abbia commesso una colpa grave può essere dichiarato dimissionario dalla Corte di giustizia, su istanza del Consiglio, che delibera a maggioranza semplice, o della Commissione.

248. *[ex articolo 217, paragrafo 2, del TCE]*
Fatto salvo l'articolo 18, paragrafo 4 del trattato sull'Unione europea, le competenze che spettano alla Commissione sono strutturate e ripartite fra i membri dal presidente, in conformità dell'articolo 17, paragrafo 6 di detto trattato. Il presidente può modificare la ripartizione delle competenze nel corso del mandato. I membri della Commissione esercitano le funzioni loro attribuite dal presidente, sotto la sua autorità.

249. *[ex articoli 218, paragrafo 2, e 212 del TCE]*
1. La Commissione stabilisce il proprio regolamento interno allo scopo di assicurare il proprio funzionamento e quello dei propri servizi. Essa provvede alla pubblicazione del regolamento.
2. La Commissione pubblica ogni anno, almeno un mese prima dell'apertura della sessione del Parlamento europeo, una relazione generale sull'attività dell'Unione.

250. *[ex articolo 219 del TCE]*
Le deliberazioni della Commissione sono prese a maggioranza dei suoi membri.
Il regolamento interno fissa il numero legale.

Sezione 5
La Corte di giustizia dell'Unione europea

251. *[ex articolo 221 del TCE]*
La Corte di giustizia si riunisce in sezioni o in grande sezione, conformemente alle regole previste a tal fine dallo statuto della Corte di giustizia dell'Unione europea.
Ove ciò sia previsto dallo statuto, la Corte di giustizia può riunirsi anche in seduta plenaria.

252. *[ex articolo 222 del TCE]*
La Corte di giustizia è assistita da otto avvocati generali. Ove ciò sia richiesto dalla Corte di giustizia, il Consiglio, deliberando all'unanimità, può aumentare il numero degli avvocati generali.
L'avvocato generale ha l'ufficio di presentare pubblicamente, con assoluta imparzialità e in piena indipendenza, conclusioni motivate sulle cause che conformemente allo statuto della Corte di giustizia dell'Unione europea, richiedono il suo intervento.

253. *[ex articolo 223 del TCE]*
I giudici e gli avvocati generali della Corte di giustizia, scelti tra personalità che offrano tutte le garanzie di indipendenza e che riuniscano le condizioni richieste per l'esercizio, nei rispettivi paesi, delle più alte funzioni giurisdizionali, ovvero che siano giureconsulti di notoria competenza, sono nominati di comune accordo per sei anni dai governi degli Stati membri, previa consultazione del comitato di cui all'articolo 255.
Ogni tre anni si procede a un rinnovo parziale dei giudici e degli avvocati generali, alle condizioni previste dallo statuto della Corte di giustizia dell'Unione europea.
I giudici designano tra loro, per tre anni, il presidente della Corte di giustizia. Il suo mandato è rinnovabile.
I giudici e gli avvocati generali uscenti possono essere nuovamente nominati.
La Corte di giustizia nomina il proprio cancelliere, di cui fissa lo statuto.
La Corte di giustizia stabilisce il proprio regolamento di procedura. Tale regolamento è sottoposto all'approvazione del Consiglio.

254. *[ex articolo 224 del TCE]*
Il numero dei giudici del Tribunale è stabilito dallo statuto della Corte di giustizia dell'Unione europea. Lo statuto può prevedere che il Tribunale sia assistito da avvocati generali.
I membri del Tribunale sono scelti tra persone che offrano tutte le garanzie di indipendenza e possiedano la capacità per l'esercizio di alte funzioni giurisdizionali. Essi sono nominati di comune accordo per sei anni dai

governi degli Stati membri, previa consultazione del comitato di cui all'articolo 255. Ogni tre anni si procede a un rinnovo parziale. I membri uscenti possono essere nuovamente nominati.
I giudici designano tra loro, per tre anni, il presidente del Tribunale. Il suo mandato è rinnovabile.
Il Tribunale nomina il proprio cancelliere, di cui fissa lo statuto.
Il Tribunale stabilisce il proprio regolamento di procedura di concerto con la Corte di giustizia. Tale regolamento è sottoposto all'approvazione del Consiglio.
Salvo quanto diversamente disposto dallo statuto della Corte di giustizia dell'Unione europea, le disposizioni dei trattati relative alla Corte di giustizia sono applicabili al Tribunale.

255. – È istituito un comitato con l'incarico di fornire un parere sull'adeguatezza dei candidati all'esercizio delle funzioni di giudice e di avvocato generale della Corte di giustizia e del Tribunale, prima che i governi degli Stati membri procedano alle nomine in conformità degli articoli 253 e 254.
Il comitato è composto da sette personalità scelte tra ex membri della Corte di giustizia e del Tribunale, membri dei massimi organi giurisdizionali nazionali e giuristi di notoria competenza, uno dei quali è proposto dal Parlamento europeo. Il Consiglio adotta una decisione che stabilisce le regole di funzionamento di detto comitato e una decisione che ne designa i membri. Esso delibera su iniziativa del presidente della Corte di giustizia.

256. *[ex articolo 225 del TCE]*
1. Il Tribunale è competente a conoscere in primo grado dei ricorsi di cui agli articoli 263, 265, 268, 270 e 272, ad eccezione di quelli attribuiti a un tribunale specializzato istituito in applicazione dell'articolo 257 e di quelli che lo statuto riserva alla Corte di giustizia. Lo statuto può prevedere che il Tribunale sia competente per altre categorie di ricorsi.
Le decisioni emesse dal Tribunale ai sensi del presente paragrafo possono essere oggetto di impugnazione dinanzi alla Corte di giustizia per i soli motivi di diritto e alle condizioni ed entro i limiti previsti dallo statuto.
2. Il Tribunale è competente a conoscere dei ricorsi proposti contro le decisioni dei tribunali specializzati.
Le decisioni emesse dal Tribunale ai sensi del presente paragrafo possono eccezionalmente essere oggetto di riesame da parte della Corte di giustizia, alle condizioni ed entro i limiti previsti dallo statuto, ove sussistano gravi rischi che l'unità o la coerenza del diritto dell'Unione siano compromesse.
3. Il Tribunale è competente a conoscere delle questioni pregiudiziali, sottoposte ai sensi dell'articolo 267, in materie specifiche determinate dallo statuto.
Il Tribunale, ove ritenga che la causa richieda una decisione di principio che potrebbe compromettere l'unità o la coerenza del diritto dell'Unione, può rinviare la causa dinanzi alla Corte di giustizia affinché si pronunci.
Le decisioni emesse dal Tribunale su questioni pregiudiziali possono eccezionalmente essere oggetto di riesame da parte della Corte di giustizia, alle condizioni ed entro i limiti previsti dallo statuto, ove sussistano gravi rischi che l'unità o la coerenza del diritto dell'Unione siano compromesse.

257. *[ex articolo 225 A del TCE]*
Il Parlamento europeo e il Consiglio, deliberando secondo la procedura legislativa ordinaria, possono istituire tribunali specializzati affiancati al Tribunale, e incaricati di conoscere in primo grado di talune categorie di ricorsi proposti in materie specifiche. Il Parlamento europeo e il Consiglio deliberano mediante regolamenti su proposta della Commissione e previa consultazione della Corte di giustizia o su richiesta della Corte di giustizia e previa consultazione della Commissione.
Il regolamento sull'istituzione di un tribunale specializzato stabilisce le regole relative alla composizione di tale tribunale e precisa la portata delle competenze ad esso conferite.
Le decisioni dei tribunali specializzati possono essere oggetto di impugnazione per i soli motivi di diritto o, qualora il regolamento sull'istituzione del tribunale specializzato lo preveda, anche per motivi di fatto, dinanzi al Tribunale.
I membri dei tribunali specializzati sono scelti tra persone che offrano tutte le garanzie di indipendenza e possiedano la capacità per l'esercizio di funzioni giurisdizionali. Essi sono nominati dal Consiglio, che delibera all'unanimità.
I tribunali specializzati stabiliscono il proprio regolamento di procedura di concerto con la Corte di giustizia. Tale regolamento è sottoposto all'approvazione del Consiglio.
Salvo ove diversamente disposto dal regolamento sull'istituzione del tribunale specializzato, le disposizioni dei trattati relative alla Corte di giustizia dell'Unione europea e le disposizioni dello statuto della Corte di giustizia dell'Unione europea si applicano ai tribunali specializzati. Il titolo I dello statuto e l'articolo 64 del medesimo si applicano in ogni caso ai tribunali specializzati.

258. *[ex articolo 226 del TCE]*
La Commissione, quando reputi che uno Stato membro abbia mancato a uno degli obblighi a lui incombenti in virtù dei trattati, emette un parere motivato al riguardo, dopo aver posto lo Stato in condizioni di presentare le sue osservazioni.
Qualora lo Stato in causa non si conformi a tale parere nel termine fissato dalla Commissione, questa può adire la Corte di giustizia dell'Unione europea.

259. *[ex articolo 227 del TCE]*
Ciascuno degli Stati membri può adire la Corte di giustizia dell'Unione europea quando reputi che un altro

Stato membro ha mancato a uno degli obblighi a lui incombenti in virtù dei trattati.
Uno Stato membro, prima di proporre contro un altro Stato membro un ricorso fondato su una pretesa violazione degli obblighi che a quest'ultimo incombono in virtù dei trattati, deve rivolgersi alla Commissione.
La Commissione emette un parere motivato dopo che gli Stati interessati siano posti in condizione di presentare in contraddittorio le loro osservazioni scritte e orali.
Qualora la Commissione non abbia formulato il parere nel termine di tre mesi dalla domanda, la mancanza del parere non osta alla facoltà di ricorso alla Corte.

260. *[ex articolo 228 del TCE]*
1. Quando la Corte di giustizia dell'Unione europea riconosca che uno Stato membro ha mancato ad uno degli obblighi ad esso incombenti in virtù dei trattati, tale Stato è tenuto a prendere i provvedimenti che l'esecuzione della sentenza della Corte comporta.
2. Se ritiene che lo Stato membro in questione non abbia preso le misure che l'esecuzione della sentenza della Corte comporta, la Commissione, dopo aver posto tale Stato in condizione di presentare osservazioni, può adire la Corte. Essa precisa l'importo della somma forfettaria o della penalità, da versare da parte dello Stato membro in questione, che essa consideri adeguato alle circostanze.
La Corte, qualora riconosca che lo Stato membro in questione non si è conformato alla sentenza da essa pronunciata, può comminargli il pagamento di una somma forfettaria o di una penalità.
Questa procedura lascia impregiudicate le disposizioni dell'articolo 259.
3. La Commissione, quando propone ricorso dinanzi alla Corte in virtù dell'articolo 258 reputando che lo Stato membro interessato non abbia adempiuto all'obbligo di comunicare le misure di attuazione di una direttiva adottata secondo una procedura legislativa, può, se lo ritiene opportuno, indicare l'importo della somma forfettaria o della penalità da versare da parte di tale Stato che essa consideri adeguato alle circostanze.
Se la Corte constata l'inadempimento, può comminare allo Stato membro in questione il pagamento di una somma forfettaria o di una penalità entro i limiti dell'importo indicato dalla Commissione. Il pagamento è esigibile alla data fissata dalla Corte nella sentenza.

261. *[ex articolo 229 del TCE]*
I regolamenti adottati congiuntamente dal Parlamento europeo e dal Consiglio e dal Consiglio in virtù delle disposizioni dei trattati possono attribuire alla Corte di giustizia dell'Unione europea una competenza giurisdizionale anche di merito per quanto riguarda le sanzioni previste nei regolamenti stessi.

262. *[ex articolo 229 A del TCE]*
Fatte salve le altre disposizioni dei trattati, il Consiglio, deliberando all'unanimità secondo una procedura legislativa speciale e previa consultazione del Parlamento europeo, può adottare disposizioni intese ad attribuire alla Corte di giustizia dell'Unione europea, nella misura da esso stabilita, la competenza a pronunciarsi su controversie connesse con l'applicazione degli atti adottati in base ai trattati che creano titoli europei di proprietà intellettuale. Tali disposizioni entrano in vigore previa approvazione degli Stati membri, conformemente alle rispettive norme costituzionali.

263. *[ex articolo 230 del TCE]*
La Corte di giustizia dell'Unione europea esercita un controllo di legittimità sugli atti legislativi, sugli atti del Consiglio, della Commissione e della Banca centrale europea che non siano raccomandazioni o pareri, nonché sugli atti del Parlamento europeo e del Consiglio europeo destinati a produrre effetti giuridici nei confronti di terzi. Esercita inoltre un controllo di legittimità sugli atti degli organi o organismi dell'Unione destinati a produrre effetti giuridici nei confronti di terzi.
A tal fine, la Corte è competente a pronunciarsi sui ricorsi per incompetenza, violazione delle forme sostanziali, violazione dei trattati o di qualsiasi regola di diritto relativa alla loro applicazione, ovvero per sviamento di potere, proposti da uno Stato membro, dal Parlamento europeo, dal Consiglio o dalla Commissione.
La Corte è competente, alle stesse condizioni, a pronunciarsi sui ricorsi che la Corte dei conti, la Banca centrale europea ed il Comitato delle regioni propongono per salvaguardare le proprie prerogative.
Qualsiasi persona fisica o giuridica può proporre, alle condizioni previste al primo e secondo comma, un ricorso contro gli atti adottati nei suoi confronti o che la riguardano direttamente e individualmente, e contro gli atti regolamentari che la riguardano direttamente e che non comportano alcuna misura d'esecuzione.
Gli atti che istituiscono gli organi e organismi dell'Unione possono prevedere condizioni e modalità specifiche relative ai ricorsi proposti da persone fisiche o giuridiche contro atti di detti organi o organismi destinati a produrre effetti giuridici nei loro confronti.
I ricorsi previsti dal presente articolo devono essere proposti nel termine di due mesi a decorrere, secondo i casi, dalla pubblicazione dell'atto, dalla sua notificazione al ricorrente ovvero, in mancanza, dal giorno in cui il ricorrente ne ha avuto conoscenza.

264. *[ex articolo 231 del TCE]*
Se il ricorso è fondato, la Corte di giustizia dell'Unione europea dichiara nullo e non avvenuto l'atto impugnato.
Tuttavia la Corte, ove lo reputi necessario, precisa gli effetti dell'atto annullato che devono essere considerati definitivi.

265. *[ex articolo 232 del TCE]*
Qualora, in violazione dei trattati, il Parlamento europeo, il Consiglio europeo, il Consiglio, la Commissione o la Banca centrale europea si astengano dal pronunciarsi, gli Stati membri e le altre istituzioni dell'Unione possono adire la Corte di giustizia dell'Unione europea

per far constatare tale violazione. Il presente articolo si applica, alle stesse condizioni, agli organi e organismi dell'Unione che si astengano dal pronunciarsi.
Il ricorso è ricevibile soltanto quando l'istituzione, l'organo o l'organismo in causa siano stati preventivamente richiesti di agire. Se, allo scadere di un termine di due mesi da tale richiesta, l'istituzione, l'organo o l'organismo non hanno preso posizione, il ricorso può essere proposto entro un nuovo termine di due mesi.
Ogni persona fisica o giuridica può adire la Corte alle condizioni stabilite dai commi precedenti per contestare ad una istituzione, organo o organismo dell'Unione di avere omesso di emanare nei suoi confronti un atto che non sia una raccomandazione o un parere.

266. *[ex articolo 233 del TCE]*
L'istituzione, l'organo o l'organismo da cui emana l'atto annullato o la cui astensione sia stata dichiarata contraria ai trattati sono tenuti a prendere i provvedimenti che l'esecuzione della sentenza della Corte di giustizia dell'Unione europea comporta.
Tale obbligo non pregiudica quello eventualmente risultante dall'applicazione dell'articolo 340, secondo comma.

267. *[ex articolo 234 del TCE]*
La Corte di giustizia dell'Unione europea è competente a pronunciarsi, in via pregiudiziale:
a) sull'interpretazione dei trattati;
b) sulla validità e l'interpretazione degli atti compiuti dalle istituzioni, dagli organi o dagli organismi dell'Unione.

Quando una questione del genere è sollevata dinanzi ad una giurisdizione di uno degli Stati membri, tale giurisdizione può, qualora reputi necessaria per emanare la sua sentenza una decisione su questo punto, domandare alla Corte di pronunciarsi sulla questione.
Quando una questione del genere è sollevata in un giudizio pendente davanti a una giurisdizione nazionale, avverso le cui decisioni non possa proporsi un ricorso giurisdizionale di diritto interno, tale giurisdizione è tenuta a rivolgersi alla Corte.
Quando una questione del genere è sollevata in un giudizio pendente davanti a una giurisdizione nazionale e riguardante una persona in stato di detenzione, la Corte statuisce il più rapidamente possibile.

268. *[ex articolo 235 del TCE]*
La Corte di giustizia dell'Unione europea è competente a conoscere delle controversie relative al risarcimento dei danni di cui all'articolo 340, secondo e terzo comma.

269. – La Corte di giustizia è competente a pronunciarsi sulla legittimità di un atto adottato dal Consiglio europeo o dal Consiglio a norma dell'articolo 7 del trattato sull'Unione europea unicamente su domanda dello Stato membro oggetto di una constatazione del Consiglio europeo o del Consiglio e per quanto concerne il rispetto delle sole prescrizioni di carattere procedurale previste dal suddetto articolo.
La domanda deve essere formulata entro il termine di un mese a decorrere da detta constatazione. La Corte statuisce entro il termine di un mese a decorrere dalla data della domanda.

270. *[ex articolo 236 del TCE]*
La Corte di giustizia dell'Unione europea è competente a pronunciarsi su qualsiasi controversia tra l'Unione e gli agenti di questa, nei limiti e alle condizioni determinati dallo statuto dei funzionari dell'Unione e dal regime applicabile agli altri agenti dell'Unione.

271. *[ex articolo 237 del TCE]*
La Corte di giustizia dell'Unione europea è competente, nei limiti sotto specificati, a conoscere delle controversie in materia di:
a) esecuzione degli obblighi degli Stati membri derivanti dallo statuto della Banca europea per gli investimenti. Il consiglio di amministrazione della Banca dispone a tale riguardo dei poteri riconosciuti alla Commissione dall'articolo 258;
b) deliberazioni del consiglio dei governatori della Banca europea per gli investimenti. Ciascuno Stato membro, la Commissione e il consiglio di amministrazione della Banca possono proporre un ricorso in materia, alle condizioni previste dall'articolo 263;
c) deliberazioni del consiglio di amministrazione della Banca europea per gli investimenti. I ricorsi avverso tali deliberazioni possono essere proposti, alle condizioni fissate dall'articolo 263, soltanto dagli Stati membri o dalla Commissione e unicamente per violazione delle norme di cui all'articolo 19, paragrafo 2 e paragrafi da 5 a 7 inclusi, dello statuto della Banca;
d) esecuzione, da parte delle banche centrali nazionali, degli obblighi derivanti dai trattati e dallo statuto del SEBC e della BCE. Il consiglio direttivo della Banca centrale europea dispone al riguardo, nei confronti delle banche centrali nazionali, dei poteri riconosciuti alla Commissione dall'articolo 258 nei confronti degli Stati membri. Quando la Corte riconosca che una banca centrale nazionale ha mancato ad uno degli obblighi ad essa incombenti in virtù dei trattati, essa è tenuta a prendere i provvedimenti che l'esecuzione della sentenza della Corte comporta.

272. *[ex articolo 238 del TCE]*
La Corte di giustizia dell'Unione europea è competente a giudicare in virtù di una clausola compromissoria contenuta in un contratto di diritto pubblico o di diritto privato stipulato dall'Unione o per conto di questa.

273. *[ex articolo 239 del TCE]*
La Corte di giustizia è competente a conoscere di qualsiasi controversia tra Stati membri in connessione con l'oggetto dei trattati, quando tale controversia le venga sottoposta in virtù di un compromesso.

274. *[ex articolo 240 del TCE]*
Fatte salve le competenze attribuite alla Corte di giusti-

zia dell'Unione europea dai trattati, le controversie nelle quali l'Unione sia parte non sono, per tale motivo, sottratte alla competenza delle giurisdizioni nazionali.

275. – La Corte di giustizia dell'Unione europea non è competente per quanto riguarda le disposizioni relative alla politica estera e di sicurezza comune, né per quanto riguarda gli atti adottati in base a dette disposizioni.
Tuttavia, la Corte è competente a controllare il rispetto dell'articolo 40 del trattato sull'Unione europea e a pronunciarsi sui ricorsi, proposti secondo le condizioni di cui all'articolo 263, quarto comma del presente trattato, riguardanti il controllo della legittimità delle decisioni che prevedono misure restrittive nei confronti di persone fisiche o giuridiche adottate dal Consiglio in base al titolo V, capo 2 del trattato sull'Unione europea.

276. – Nell'esercizio delle attribuzioni relative alle disposizioni dei capi 4 e 5 della parte terza, titolo V concernenti lo spazio di libertà, sicurezza e giustizia, la Corte di giustizia dell'Unione europea non è competente a esaminare la validità o la proporzionalità di operazioni condotte dalla polizia o da altri servizi incaricati dell'applicazione della legge di uno Stato membro o l'esercizio delle responsabilità incombenti agli Stati membri per il mantenimento dell'ordine pubblico e la salvaguardia della sicurezza interna.

277. *[ex articolo 241 del TCE]*
Nell'eventualità di una controversia che metta in causa un atto di portata generale adottato da un'istituzione, organo o organismo dell'Unione, ciascuna parte può, anche dopo lo spirare del termine previsto all'articolo 263, sesto comma, valersi dei motivi previsti all'articolo 263, secondo comma, per invocare dinanzi alla Corte di giustizia dell'Unione europea l'inapplicabilità dell'atto stesso.

278. *[ex articolo 242 del TCE]*
I ricorsi proposti alla Corte di giustizia dell'Unione europea non hanno effetto sospensivo. Tuttavia, la Corte può, quando reputi che le circostanze lo richiedano, ordinare la sospensione dell'esecuzione dell'atto impugnato.

279. *[ex articolo 243 del TCE]*
La Corte di giustizia dell'Unione europea, negli affari che le sono proposti, può ordinare i provvedimenti provvisori necessari.

280. *[ex articolo 244 del TCE]*
Le sentenze della Corte di giustizia dell'Unione europea hanno forza esecutiva alle condizioni fissate dall'articolo 299.

281. *[ex articolo 245 del TCE]*
Lo statuto della Corte di giustizia dell'Unione europea è stabilito con un protocollo separato.
Il Parlamento europeo e il Consiglio, deliberando secondo la procedura legislativa ordinaria, possono modificare le disposizioni dello statuto, ad eccezione del titolo I e dell'articolo 64. Il Parlamento europeo e il Consiglio deliberano su richiesta della Corte di giustizia e previa consultazione della Commissione o su proposta della Commissione e previa consultazione della Corte di giustizia.

Sezione 6
La Banca centrale europea

282. – **1.** La Banca centrale europea e le banche centrali nazionali costituiscono il Sistema europeo di banche centrali (SEBC). La Banca centrale europea e le banche centrali nazionali degli Stati membri la cui moneta è l'euro, che costituiscono l'Eurosistema conducono la politica monetaria dell'Unione.

2. Il SEBC è diretto dagli organi decisionali della Banca centrale europea. L'obiettivo principale del SEBC è il mantenimento della stabilità dei prezzi. Fatto salvo tale obiettivo, esso sostiene le politiche economiche generali nell'Unione per contribuire alla realizzazione degli obiettivi di quest'ultima.

3. La Banca centrale europea ha personalità giuridica. Ha il diritto esclusivo di autorizzare l'emissione dell'euro. È indipendente nell'esercizio dei suoi poteri e nella gestione delle sue finanze. Le istituzioni, organi e organismi dell'Unione e i governi degli Stati membri rispettano tale indipendenza.

4. La Banca centrale europea adotta le misure necessarie all'assolvimento dei suoi compiti in conformità degli articoli da 127 a 133, dell'articolo 138 e delle condizioni stabilite dallo statuto del SEBC e della BCE. In conformità di questi stessi articoli, gli Stati membri la cui moneta non è l'euro e le rispettive banche centrali conservano le loro competenze nel settore monetario.

5. Nei settori che rientrano nelle sue attribuzioni, la Banca centrale europea è consultata su ogni progetto di atto dell'Unione e su ogni progetto di atto normativo a livello nazionale, e può formulare pareri.

283. *[ex articolo 112 del TCE]*

1. Il consiglio direttivo della Banca centrale europea comprende i membri del comitato esecutivo della Banca centrale europea nonché i governatori delle banche centrali nazionali degli Stati membri la cui moneta è l'euro.

2. Il comitato esecutivo comprende il presidente, il vicepresidente e quattro altri membri.
Il presidente, il vicepresidente e gli altri membri del comitato esecutivo sono nominati, tra persone di riconosciuta levatura ed esperienza professionale nel settore monetario o bancario, dal Consiglio europeo che delibera a maggioranza qualificata, su raccomandazione del Consiglio e previa consultazione del Parlamento europeo e del consiglio direttivo della Banca centrale europea.
Il loro mandato ha una durata di otto anni e non è rinnovabile.
Soltanto cittadini degli Stati membri possono essere membri del comitato esecutivo.

284. *[ex articolo 113 del TCE]*

1. Il presidente del Consiglio e un membro della Commissione possono partecipare, senza diritto di voto, alle riunioni del consiglio direttivo della Banca centrale europea.
Il presidente del Consiglio può sottoporre una mozione alla delibera del consiglio direttivo della Banca centrale europea.

2. Il presidente della Banca centrale europea è invitato a partecipare alle riunioni del Consiglio quando quest'ultimo discute su argomenti relativi agli obiettivi e ai compiti del SEBC.

3. La Banca centrale europea trasmette al Parlamento europeo, al Consiglio e alla Commissione nonché al Consiglio europeo, una relazione annuale sull'attività del SEBC e sulla politica monetaria dell'anno precedente e dell'anno in corso. Il presidente della Banca centrale europea presenta tale relazione al Consiglio e al Parlamento europeo, che può procedere su questa base ad un dibattito generale.
Il presidente della Banca centrale europea e gli altri membri del comitato esecutivo possono, a richiesta del Parlamento europeo o di propria iniziativa, essere ascoltati dalle commissioni competenti del Parlamento europeo.

Sezione 7
La Corte dei conti

285. *[ex articolo 246 del TCE]*

La Corte dei conti assicura il controllo dei conti dell'Unione.
Essa è composta da un cittadino di ciascuno Stato membro. I suoi membri esercitano le loro funzioni in piena indipendenza, nell'interesse generale dell'Unione.

286. *[ex articolo 247 del TCE]*

1. I membri della Corte dei conti sono scelti tra personalità che fanno o hanno fatto parte, nei rispettivi Stati, delle istituzioni di controllo esterno o che posseggono una qualifica specifica per tale funzione. Essi devono offrire tutte le garanzie d'indipendenza.

2. I membri della Corte dei conti sono nominati per un periodo di sei anni. Il Consiglio, previa consultazione del Parlamento europeo, adotta l'elenco dei membri, redatto conformemente alle proposte presentate da ciascuno Stato membro. Il mandato dei membri della Corte dei conti è rinnovabile.
I membri designano tra loro, per tre anni, il presidente della Corte dei conti. Il suo mandato è rinnovabile.

3. Nell'adempimento dei loro doveri, i membri della Corte dei conti non sollecitano né accettano istruzioni da alcun governo né da alcun organismo. Essi si astengono da ogni atto incompatibile con il carattere delle loro funzioni.

4. I membri della Corte dei conti non possono, per la durata delle loro funzioni, esercitare alcun'altra attività professionale, remunerata o meno. Fin dal loro insediamento, i membri della Corte dei conti assumono l'impegno solenne di rispettare, per la durata delle loro funzioni e dopo la cessazione di queste, gli obblighi derivanti dalla loro carica ed in particolare i doveri di onestà e delicatezza per quanto riguarda l'accettare, dopo tale cessazione, determinate funzioni o vantaggi.

5. A parte rinnovamenti regolari e i decessi, le funzioni dei membri della Corte dei conti cessano individualmente per dimissioni volontarie o per dimissioni d'ufficio dichiarate dalla Corte di giustizia conformemente alle disposizioni del paragrafo 6.
L'interessato è sostituito per la restante durata del mandato.
Salvo il caso di dimissioni d'ufficio, i membri della Corte dei conti restano in carica fino a quando non si sia provveduto alla loro sostituzione.

6. I membri della Corte dei conti possono essere destituiti dalle loro funzioni oppure essere dichiarati decaduti dal loro diritto alla pensione o da altri vantaggi sostitutivi soltanto se la Corte di giustizia constata, su richiesta della Corte dei conti, che essi non sono più in possesso dei requisiti necessari o non soddisfano più agli obblighi derivanti dalla loro carica.

7. Il Consiglio fissa le condizioni di impiego, in particolare stipendi, indennità e pensioni, del presidente e dei membri della Corte dei conti. Esso fissa altresì tutte le indennità sostitutive di retribuzione.

8. Le disposizioni del protocollo sui privilegi e sulle immunità dell'Unione europea applicabili ai giudici della Corte di giustizia dell'Unione europea sono applicabili anche ai membri della Corte dei conti.

287. *[ex articolo 248 del TCE]*

1. La Corte dei conti esamina i conti di tutte le entrate e le spese dell'Unione. Esamina del pari i conti di tutte le entrate e le spese di ogni organo o organismo creato dall'Unione, nella misura in cui l'atto costitutivo non escluda tale esame.
La Corte dei conti presenta al Parlamento europeo e al Consiglio una dichiarazione in cui attesta l'affidabilità dei conti e la legittimità e la regolarità delle relative operazioni, che è pubblicata nella *Gazzetta ufficiale dell'Unione europea*. Detta dichiarazione può essere completata da valutazioni specifiche per ciascuno dei settori principali dell'attività dell'Unione.

2. La Corte dei conti controlla la legittimità e la regolarità delle entrate e delle spese ed accerta la sana gestione finanziaria. Nell'esercitare tale controllo, essa riferisce in particolare su ogni caso di irregolarità.
Il controllo delle entrate si effettua in base agli accertamenti ed ai versamenti delle entrate all'Unione.
Il controllo delle spese si effettua in base agli impegni ed ai pagamenti.
Tali controlli possono essere effettuati prima della chiusura dei conti dell'esercizio di bilancio considerato.

3. Il controllo ha luogo tanto sui documenti quanto, in caso di necessità, sul posto, presso le altre istituzioni dell'Unione, nei locali di qualsiasi organo o organismo che gestisca le entrate o le spese per conto dell'Unione e negli Stati membri, compresi i locali di persone fisiche o giuridiche che ricevano contributi a carico del bilancio. Il controllo negli Stati membri si effettua in collaborazione con le istituzioni nazionali di controllo o, se queste non hanno la necessaria competenza, con i servizi nazionali competenti. La Corte dei conti e le istituzioni nazionali di controllo degli Stati membri cooperano in uno spirito di reciproca fiducia, pur mantenendo la loro indipendenza. Tali istituzioni o servizi comunicano alla Corte dei conti se intendono partecipare al controllo.

Le altre istituzioni dell'Unione, gli organi o organismi che gestiscono le entrate o le spese per conto dell'Unione, le persone fisiche o giuridiche che ricevono contributi a carico del bilancio e le istituzioni nazionali di controllo o, se queste non hanno la necessaria competenza, i servizi nazionali competenti trasmettono alla Corte dei conti, a sua richiesta, i documenti e le informazioni necessari all'espletamento delle sue funzioni.

Per quanto riguarda l'attività della Banca europea per gli investimenti in merito alla gestione delle entrate e delle spese dell'Unione, il diritto della Corte di accedere alle informazioni in possesso della Banca è disciplinato da un accordo tra la Corte, la Banca e la Commissione. In mancanza di un accordo, la Corte ha tuttavia accesso alle informazioni necessarie al controllo delle entrate e delle spese dell'Unione gestite dalla Banca.

4. Dopo la chiusura di ciascun esercizio, la Corte dei conti stende una relazione annuale. Questa è trasmessa alle altre istituzioni dell'Unione ed è pubblicata nella *Gazzetta ufficiale dell'Unione europea*, accompagnata dalle risposte delle istituzioni alle osservazioni della Corte dei conti.

La Corte dei conti può inoltre presentare in ogni momento le sue osservazioni su problemi particolari sotto forma, tra l'altro, di relazioni speciali e dare pareri su richiesta di una delle altre istituzioni dell'Unione.

Essa adotta le relazioni annuali, le relazioni speciali o i pareri a maggioranza dei membri che la compongono. Ha tuttavia la possibilità di istituire nel suo ambito delle sezioni per adottare talune categorie di relazioni o di pareri, alle condizioni previste nel suo regolamento interno.

Essa assiste il Parlamento europeo e il Consiglio nell'esercizio della loro funzione di controllo dell'esecuzione del bilancio.

La Corte dei conti stabilisce il proprio regolamento interno. Tale regolamento è sottoposto all'approvazione del Consiglio.

Capo 2
Atti giuridici dell'Unione, procedure di adozione e altre disposizioni

Sezione 1
Atti giuridici dell'Unione

288. *[ex articolo 249 del TCE]*
Per esercitare le competenze dell'Unione, le istituzioni adottano regolamenti, direttive, decisioni, raccomandazioni e pareri.

Il regolamento ha portata generale. Esso è obbligatorio in tutti i suoi elementi e direttamente applicabile in ciascuno degli Stati membri.

La direttiva vincola lo Stato membro cui è rivolta per quanto riguarda il risultato da raggiungere, salva restando la competenza degli organi nazionali in merito alla forma e ai mezzi.

La decisione è obbligatoria in tutti i suoi elementi. Se designa i destinatari è obbligatoria soltanto nei confronti di questi.

Le raccomandazioni e i pareri non sono vincolanti.

289. – **1.** La procedura legislativa ordinaria consiste nell'adozione congiunta di un regolamento, di una direttiva o di una decisione da parte del Parlamento europeo e del Consiglio su proposta della Commissione. Tale procedura è definita all'articolo 294.

2. Nei casi specifici previsti dai trattati, l'adozione di un regolamento, di una direttiva o di una decisione da parte del Parlamento europeo con la partecipazione del Consiglio o da parte di quest'ultimo con la partecipazione del Parlamento europeo costituisce una procedura legislativa speciale.

3. Gli atti giuridici adottati mediante procedura legislativa sono atti legislativi.

4. Nei casi specifici previsti dai trattati, gli atti legislativi possono essere adottati su iniziativa di un gruppo di Stati membri o del Parlamento europeo, su raccomandazione della Banca centrale europea o su richiesta della Corte di giustizia o della Banca europea per gli investimenti.

290. – **1.** Un atto legislativo può delegare alla Commissione il potere di adottare atti non legislativi di portata generale che integrano o modificano determinati elementi non essenziali dell'atto legislativo.

Gli atti legislativi delimitano esplicitamente gli obiettivi, il contenuto, la portata e la durata della delega di potere. Gli elementi essenziali di un settore sono riservati all'atto legislativo e non possono pertanto essere oggetto di delega di potere.

2. Gli atti legislativi fissano esplicitamente le condizioni cui è soggetta la delega, che possono essere le seguenti:

a) il Parlamento europeo o il Consiglio possono decidere di revocare la delega;
b) l'atto delegato può entrare in vigore soltanto se, entro il termine fissato dall'atto legislativo, il Parlamento europeo o il Consiglio non sollevano obiezioni.

Ai fini delle lettere a) e b), il Parlamento europeo delibera a maggioranza dei membri che lo compongono e il Consiglio delibera a maggioranza qualificata.

3. L'aggettivo «delegato» o «delegata» è inserito nel titolo degli atti delegati.

291. – **1.** Gli Stati membri adottano tutte le misure di diritto interno necessarie per l'attuazione degli atti giuridicamente vincolanti dell'Unione.

2. Allorché sono necessarie condizioni uniformi di esecuzione degli atti giuridicamente vincolanti dell'Unione, questi conferiscono competenze di esecuzione alla Commissione o, in casi specifici debitamente motivati e nelle circostanze previste agli articoli 24 e 26 del trattato sull'Unione europea, al Consiglio.

3. Ai fini del paragrafo 2, il Parlamento europeo e il Consiglio, deliberando mediante regolamenti secondo la procedura legislativa ordinaria, stabiliscono preventivamente le regole e i principi generali relativi alle modalità di controllo da parte degli Stati membri dell'esercizio delle competenze di esecuzione attribuite alla Commissione.

4. I termini «di esecuzione» sono inseriti nel titolo degli atti di esecuzione.

292. – Il Consiglio adotta raccomandazioni. Delibera su proposta della Commissione in tutti i casi in cui i trattati prevedono che adotti atti su proposta della Commissione. Delibera all'unanimità nei settori nei quali è richiesta l'unanimità per l'adozione di un atto dell'Unione. La Commissione, e la Banca centrale europea nei casi specifici previsti dai trattati, adottano raccomandazioni.

Sezione 2
Procedure di adozione degli atti e altre disposizioni

293. *[ex articolo 250 del TCE]*

1. Quando, in virtù dei trattati, delibera su proposta della Commissione, il Consiglio può emendare la proposta solo deliberando all'unanimità, salvo nei casi di cui all'articolo 294, paragrafi 10 e 13, agli articoli 310, 312, 314 e all'articolo 315, secondo comma.

2. Fintantoché il Consiglio non ha deliberato, la Commissione può modificare la propria proposta in ogni fase delle procedure che portano all'adozione di un atto dell'Unione.

294. *[ex articolo 251 del TCE]*

1. Quando nei trattati si fa riferimento alla procedura legislativa ordinaria per l'adozione di un atto, si applica la procedura che segue.

2. La Commissione presenta una proposta al Parlamento europeo e al Consiglio.

3. Il Parlamento europeo adotta la sua posizione in prima lettura e la trasmette al Consiglio.

4. Se il Consiglio approva la posizione del Parlamento europeo, l'atto in questione è adottato nella formulazione che corrisponde alla posizione del Parlamento europeo.

5. Se il Consiglio non approva la posizione del Parlamento europeo, esso adotta la sua posizione in prima lettura e la trasmette al Parlamento europeo.

6. Il Consiglio informa esaurientemente il Parlamento europeo dei motivi che l'hanno indotto ad adottare la sua posizione in prima lettura. La Commissione informa esaurientemente il Parlamento europeo della sua posizione.

7. Se, entro un termine di tre mesi da tale comunicazione, il Parlamento europeo:

a) approva la posizione del Consiglio in prima lettura o non si è pronunciato, l'atto in questione si considera adottato nella formulazione che corrisponde alla posizione del Consiglio;

b) respinge la posizione del Consiglio in prima lettura a maggioranza dei membri che lo compongono, l'atto proposto si considera non adottato;

c) propone emendamenti alla posizione del Consiglio in prima lettura a maggioranza dei membri che lo compongono, il testo così emendato è comunicato al Consiglio e alla Commissione che formula un parere su tali emendamenti.

8. Se, entro un termine di tre mesi dal ricevimento degli emendamenti del Parlamento europeo, il Consiglio, deliberando a maggioranza qualificata:

a) approva tutti gli emendamenti, l'atto in questione si considera adottato;

b) non approva tutti gli emendamenti, il presidente del Consiglio, d'intesa con il presidente del Parlamento europeo, convoca entro sei settimane il comitato di conciliazione.

9. Il Consiglio delibera all'unanimità sugli emendamenti rispetto ai quali la Commissione ha dato parere negativo.

10. Il comitato di conciliazione, che riunisce i membri del Consiglio o i loro rappresentanti ed altrettanti membri rappresentanti il Parlamento europeo, ha il compito di giungere ad un accordo su un progetto comune a maggioranza qualificata dei membri del Consiglio o dei loro rappresentanti e a maggioranza dei membri rappresentanti il Parlamento europeo entro un termine di sei settimane dalla convocazione, basandosi sulle posizioni del Parlamento europeo e del Consiglio in seconda lettura.

11. La Commissione partecipa ai lavori del comitato di conciliazione e prende ogni iniziativa necessaria per favorire un ravvicinamento fra la posizione del Parlamento europeo e quella del Consiglio.

12. Se, entro un termine di sei settimane dalla convocazione, il comitato di conciliazione non approva un progetto comune, l'atto in questione si considera non adottato.

13. Se, entro tale termine, il comitato di conciliazione approva un progetto comune, il Parlamento europeo e il Consiglio dispongono ciascuno di un termine di sei settimane a decorrere dall'approvazione per adottare l'atto in questione in base al progetto comune; il Parlamento europeo delibera a maggioranza dei voti espressi e il Consiglio a maggioranza qualificata. In mancanza di una decisione, l'atto in questione si considera non adottato.

14. I termini di tre mesi e di sei settimane di cui al presente articolo sono prorogati rispettivamente di un mese e di due settimane, al massimo, su iniziativa del Parlamento europeo o del Consiglio.

15. Quando, nei casi previsti dai trattati, un atto legislativo è soggetto alla procedura legislativa ordinaria su iniziativa di un gruppo di Stati membri, su raccomandazione della Banca centrale europea o su richiesta della Corte di giustizia, il paragrafo 2, il paragrafo 6, seconda frase e il paragrafo 9 non si applicano.
In tali casi, il Parlamento europeo e il Consiglio trasmettono alla Commissione il progetto di atto insieme alle loro posizioni in prima e seconda lettura. Il Parlamento europeo o il Consiglio possono chiedere il parere della Commissione durante tutta la procedura, parere che la Commissione può altresì formulare di sua iniziativa. Se lo reputa necessario, essa può anche partecipare al comitato di conciliazione conformemente al paragrafo 11.

295. Il Parlamento europeo, il Consiglio e la Commissione procedono a reciproche consultazioni e definiscono di comune accordo le modalità della cooperazione. A tale scopo, nel rispetto dei trattati, possono concludere accordi interistituzionali che possono assumere carattere vincolante.

296. *[ex articolo 253 del TCE]*
Qualora i trattati non prevedano il tipo di atto da adottare, le istituzioni lo decidono di volta in volta, nel rispetto delle procedure applicabili e del principio di proporzionalità.
Gli atti giuridici sono motivati e fanno riferimento alle proposte, iniziative, raccomandazioni, richieste o pareri previsti dai trattati.
In presenza di un progetto di atto legislativo, il Parlamento europeo e il Consiglio si astengono dall'adottare atti non previsti dalla procedura legislativa applicabile al settore interessato.

297. *[ex articolo 254 del TCE]*
1. Gli atti legislativi adottati secondo la procedura legislativa ordinaria sono firmati dal presidente del Parlamento europeo e dal presidente del Consiglio.
Gli atti legislativi adottati secondo una procedura legislativa speciale sono firmati dal presidente dell'istituzione che li ha adottati.
Gli atti legislativi sono pubblicati nella *Gazzetta ufficiale dell'Unione europea*. Essi entrano in vigore alla data da essi stabilita oppure, in mancanza di data, il ventesimo giorno successivo alla pubblicazione.
2. Gli atti non legislativi adottati sotto forma di regolamenti, di direttive e di decisioni, quando queste ultime non designano i destinatari, sono firmati dal presidente dell'istituzione che li ha adottati.
I regolamenti, le direttive che sono rivolte a tutti gli Stati membri e le decisioni che non designano i destinatari sono pubblicati nella *Gazzetta ufficiale dell'Unione europea*. Essi entrano in vigore alla data da essi stabilita oppure, in mancanza di data, il ventesimo giorno successivo alla pubblicazione.
Le altre direttive e le decisioni che designano i destinatari sono notificate ai destinatari e hanno efficacia in virtù di tale notificazione.

298. – **1.** Nell'assolvere i loro compiti le istituzioni, organi e organismi dell'Unione si basano su un'amministrazione europea aperta, efficace ed indipendente.
2. Il Parlamento europeo e il Consiglio, deliberando mediante regolamenti secondo la procedura legislativa ordinaria, fissano disposizioni a tal fine, nel rispetto dello statuto e del regime adottati sulla base dell'articolo 336.

299. *[ex articolo 256 del TCE]*
Gli atti del Consiglio, della Commissione o della Banca centrale europea che comportano, a carico di persone che non siano gli Stati, un obbligo pecuniario costituiscono titolo esecutivo.
L'esecuzione forzata è regolata dalle norme di procedura civile vigenti nello Stato sul cui territorio essa viene effettuata. La formula esecutiva è apposta con la sola verificazione dell'autenticità del titolo, dall'autorità nazionale che il governo di ciascuno degli Stati membri designerà a tal fine, informandone la Commissione e la Corte di giustizia dell'Unione europea.
Assolte tali formalità a richiesta dell'interessato, quest'ultimo può ottenere l'esecuzione forzata richiedendola direttamente all'organo competente, secondo la legislazione nazionale.
L'esecuzione forzata può essere sospesa soltanto in virtù di una decisione della Corte. Tuttavia, il controllo della regolarità dei provvedimenti esecutivi è di competenza delle giurisdizioni nazionali.

Capo 3
Gli organi consultivi dell'Unione

300. – **1.** Il Parlamento europeo, il Consiglio e la Commissione sono assistiti da un Comitato economico e sociale e da un Comitato delle regioni, che esercitano funzioni consultive.
2. Il Comitato economico e sociale è composto da rappresentanti delle organizzazioni di datori di lavoro, di lavoratori dipendenti e di altri attori rappresentativi della società civile, in particolare nei settori socioeconomico, civico, professionale e culturale.
3. Il Comitato delle regioni è composto da rappresentanti delle collettività regionali e locali che sono titolari di un mandato elettorale nell'ambito di una collettività regionale o locale, o politicamente responsabili dinanzi ad un'assemblea eletta.
4. I membri del Comitato economico e sociale e del Comitato delle regioni non sono vincolati da alcun mandato imperativo. Essi esercitano le loro funzioni in piena indipendenza, nell'interesse generale dell'Unione.
5. Le regole di cui ai paragrafi 2 e 3 relative alla natura della composizione di tali comitati sono riesamina-

te a intervalli regolari dal Consiglio, per tener conto dell'evoluzione economica, sociale e demografica nell'Unione. Il Consiglio, su proposta della Commissione, adotta delle decisioni a tal fine.

Sezione 1
Il Comitato economico e sociale

301. *[ex articolo 258 del TCE]*
Il numero dei membri del Comitato economico e sociale non può essere superiore a trecentocinquanta.
Il Consiglio, deliberando all'unanimità su proposta della Commissione, adotta una decisione che determina la composizione del Comitato.
Il Consiglio fissa le indennità dei membri del Comitato.

302. *[ex articolo 259 del TCE]*
1. I membri del Comitato sono nominati per cinque anni. Il Consiglio adotta l'elenco dei membri redatto conformemente alle proposte presentate da ciascuno Stato membro. Il mandato dei membri del Comitato è rinnovabile.
2. Il Consiglio delibera previa consultazione della Commissione. Esso può chiedere il parere delle organizzazioni europee rappresentative dei diversi settori economici e sociali e della società civile interessati dall'attività dell'Unione.

303. *[ex articolo 260 del TCE]*
Il Comitato designa tra i suoi membri il presidente e l'ufficio di presidenza per una durata di due anni e mezzo.
Esso stabilisce il proprio regolamento interno.
Il Comitato è convocato dal presidente su richiesta del Parlamento europeo, del Consiglio o della Commissione. Esso può altresì riunirsi di propria iniziativa.

304. *[ex articolo 262 del TCE]*
Il Parlamento europeo, il Consiglio o la Commissione consultano il Comitato nei casi previsti dai trattati. Tali istituzioni possono consultarlo in tutti i casi in cui lo ritengano opportuno. Il Comitato, qualora lo ritenga opportuno, può formulare un parere di propria iniziativa.
Qualora lo reputino necessario, il Parlamento europeo, il Consiglio o la Commissione fissano al Comitato, per la presentazione del suo parere, un termine che non può essere inferiore ad un mese a decorrere dalla data della comunicazione inviata a tal fine al presidente. Allo spirare del termine fissato, si può non tener conto dell'assenza di parere.
Il parere del Comitato è trasmesso al Parlamento europeo, al Consiglio e alla Commissione, unitamente a un resoconto delle deliberazioni.

Sezione 2
Il Comitato delle regioni

305. *[ex articolo 263, secondo, terzo e quarto comma, del TCE]*
Il numero dei membri del Comitato delle regioni non può essere superiore a trecentocinquanta.
Il Consiglio, deliberando all'unanimità su proposta della Commissione, adotta una decisione che determina la composizione del Comitato.
I membri del Comitato nonché un numero uguale di supplenti sono nominati per cinque anni. Il loro mandato è rinnovabile. Il Consiglio adotta l'elenco dei membri e dei supplenti redatto conformemente alle proposte presentate da ciascuno Stato membro. Alla scadenza del mandato di cui all'articolo 300, paragrafo 3 in virtù del quale sono stati proposti, il mandato dei membri del Comitato termina automaticamente e essi sono sostituiti per la restante durata di detto mandato secondo la medesima procedura. I membri del Comitato non possono essere nel contempo membri del Parlamento europeo.

306. *[ex articolo 264 del TCE]*
Il Comitato delle regioni designa tra i suoi membri il presidente e l'ufficio di presidenza per la durata di due anni e mezzo.
Esso stabilisce il proprio regolamento interno.
Il Comitato è convocato dal presidente su richiesta del Parlamento europeo, del Consiglio o della Commissione. Esso può altresì riunirsi di propria iniziativa.

307. *[ex articolo 265 del TCE]*
Il Parlamento europeo, il Consiglio o la Commissione consultano il Comitato delle regioni nei casi previsti dai trattati e in tutti gli altri casi in cui una di tali istituzioni lo ritenga opportuno, in particolare nei casi concernenti la cooperazione transfrontaliera.
Qualora lo reputino necessario, il Parlamento europeo, il Consiglio o la Commissione fissano al Comitato, per la presentazione del suo parere, un termine che non può essere inferiore a un mese a decorrere dalla data della comunicazione inviata a tal fine al presidente. Allo spirare del termine fissato, si può non tener conto dell'assenza di parere.
Quando il Comitato economico e sociale è consultato in applicazione dell'articolo 304, il Parlamento europeo, il Consiglio o la Commissione informano il Comitato delle regioni di tale domanda di parere. Il Comitato delle regioni, qualora ritenga che sono in causa interessi regionali specifici, può formulare un parere in materia.
Il Comitato delle regioni, qualora lo ritenga utile, può formulare un parere di propria iniziativa.
Il parere del Comitato è trasmesso al Parlamento europeo, al Consiglio e alla Commissione, unitamente a un resoconto delle deliberazioni.

Capo 4
La Banca europea per gli investimenti

308. *[ex articolo 266 del TCE]*
La Banca europea per gli investimenti è dotata di personalità giuridica.
Sono membri della Banca europea per gli investimenti gli Stati membri.

Lo statuto della Banca europea per gli investimenti costituisce l'oggetto di un protocollo allegato ai trattati. Il Consiglio, deliberando all'unanimità secondo una procedura legislativa speciale su richiesta della Banca europea per gli investimenti e previa consultazione del Parlamento europeo e della Commissione, o su proposta della Commissione e previa consultazione del Parlamento europeo e della Banca europea per gli investimenti, può modificare detto statuto.

309. *[ex articolo 267 del TCE]*

La Banca europea per gli investimenti ha il compito di contribuire, facendo appello al mercato dei capitali ed alle proprie risorse, allo sviluppo equilibrato e senza scosse del mercato interno nell'interesse dell'Unione. A tal fine facilita, mediante la concessione di prestiti e garanzie, senza perseguire scopi di lucro, il finanziamento dei seguenti progetti in tutti i settori dell'economia:

a) progetti contemplanti la valorizzazione delle regioni meno sviluppate;
b) progetti contemplanti l'ammodernamento o la riconversione di imprese oppure la creazione di nuove attività indotte dall'instaurazione o dal funzionamento del mercato interno che, per la loro ampiezza o natura, non possono essere interamente assicurati dai vari mezzi di finanziamento esistenti nei singoli Stati membri;
c) progetti di interesse comune per più Stati membri che, per la loro ampiezza o natura, non possono essere completamente assicurati dai vari mezzi di finanziamento esistenti nei singoli Stati membri.

Nello svolgimento dei suoi compiti la Banca facilita il finanziamento di programmi di investimento congiuntamente con gli interventi dei fondi strutturali e degli altri strumenti finanziari dell'Unione.

TITOLO II
Disposizioni finanziarie

310. *[ex articolo 268 del TCE]*

1. Tutte le entrate e le spese dell'Unione devono costituire oggetto di previsioni per ciascun esercizio finanziario ed essere iscritte nel bilancio.

Il bilancio annuale dell'Unione è stabilito dal Parlamento europeo e dal Consiglio conformemente all'articolo 314.

Nel bilancio, entrate e spese devono risultare in pareggio.

2. Le spese iscritte nel bilancio sono autorizzate per la durata dell'esercizio finanziario annuale in conformità del regolamento di cui all'articolo 322.

3. L'esecuzione di spese iscritte nel bilancio richiede l'adozione preliminare di un atto giuridicamente vincolante dell'Unione che dà fondamento giuridico alla sua azione e all'esecuzione della spesa corrispondente in conformità del regolamento di cui all'articolo 322, fatte salve le eccezioni previste da quest'ultimo.

4. Per mantenere la disciplina di bilancio, l'Unione, prima di adottare atti che possono avere incidenze rilevanti sul bilancio, deve assicurare che le spese derivanti da tali atti possano essere finanziate entro i limiti delle risorse proprie dell'Unione e nel rispetto del quadro finanziario pluriennale di cui all'articolo 312.

5. Il bilancio è eseguito in conformità del principio di sana gestione finanziaria. Gli Stati membri e l'Unione cooperano affinché gli stanziamenti iscritti in bilancio siano utilizzati secondo tale principio.

6. L'Unione e gli Stati membri, conformemente all'articolo 325, combattono la frode e le altre attività illegali che ledono gli interessi finanziari dell'Unione.

Capo 1
Risorse proprie dell'Unione

311. *[ex articolo 269 del TCE]*

L'Unione si dota dei mezzi necessari per conseguire i suoi obiettivi e per portare a compimento le sue politiche.

Il bilancio, fatte salve le altre entrate, è finanziato integralmente tramite risorse proprie.

Il Consiglio, deliberando secondo una procedura legislativa speciale, all'unanimità e previa consultazione del Parlamento europeo, adotta una decisione che stabilisce le disposizioni relative al sistema delle risorse proprie dell'Unione. In tale contesto è possibile istituire nuove categorie di risorse proprie o sopprimere una categoria esistente. Tale decisione entra in vigore solo previa approvazione degli Stati membri conformemente alle rispettive norme costituzionali.

Il Consiglio, deliberando mediante regolamenti secondo una procedura legislativa speciale, stabilisce le misure di esecuzione del sistema delle risorse proprie dell'Unione nella misura in cui ciò è previsto nella decisione adottata sulla base del terzo comma. Il Consiglio delibera previa approvazione del Parlamento europeo.

Capo 2
Quadro finanziario pluriennale

312. – **1.** Il quadro finanziario pluriennale mira ad assicurare l'ordinato andamento delle spese dell'Unione entro i limiti delle sue risorse proprie.

È stabilito per un periodo di almeno cinque anni.

Il bilancio annuale dell'Unione è stabilito nel rispetto del quadro finanziario pluriennale.

2. Il Consiglio, deliberando secondo una procedura legislativa speciale, adotta un regolamento che fissa il quadro finanziario pluriennale. Delibera all'unanimità previa approvazione del Parlamento europeo, che si pronuncia a maggioranza dei membri che lo compongono.

Il Consiglio europeo può adottare all'unanimità una decisione che consente al Consiglio di deliberare a maggioranza qualificata quando adotta il regolamento di cui al primo comma.

3. Il quadro finanziario fissa gli importi dei massimali annui degli stanziamenti per impegni per categoria

di spesa e del massimale annuo degli stanziamenti per pagamenti. Le categorie di spesa, in numero limitato, corrispondono ai grandi settori di attività dell'Unione.
Il quadro finanziario prevede ogni altra disposizione utile per il corretto svolgimento della procedura annuale di bilancio.

4. Qualora il regolamento del Consiglio che fissa un nuovo quadro finanziario non sia stato adottato alla scadenza del quadro finanziario precedente, i massimali e le altre disposizioni vigenti nell'ultimo anno coperto sono prorogati fino all'adozione di detto atto.

5. Nel corso della procedura di adozione del quadro finanziario, il Parlamento europeo, il Consiglio e la Commissione adottano ogni misura necessaria a facilitare l'adozione stessa.

Capo 3
Bilancio annuale dell'Unione

313. *[ex articolo 272, paragrafo 1, del TCE]*
L'esercizio finanziario ha inizio il 1° gennaio e si chiude al 31 dicembre.

314. *[ex articolo 272, paragrafi da 2 a 10, del TCE]*
Il Parlamento europeo e il Consiglio, deliberando secondo una procedura legislativa speciale, stabiliscono il bilancio annuale dell'Unione in conformità delle disposizioni in appresso.

1. Ciascuna istituzione, ad eccezione della Banca centrale europea, elabora, anteriormente al 1 luglio, uno stato di previsione delle spese per l'esercizio finanziario successivo. La Commissione raggruppa tali stati di previsione in un progetto di bilancio, che può comportare previsioni divergenti.
Tale progetto comprende una previsione delle entrate e una previsione delle spese.

2. La Commissione sottopone una proposta contenente il progetto di bilancio al Parlamento europeo e al Consiglio non oltre il 1°settembre dell'anno che precede quello dell'esecuzione del bilancio.
La Commissione può modificare il progetto di bilancio nel corso della procedura, fino alla convocazione del comitato di conciliazione di cui al paragrafo 5.

3. Il Consiglio adotta la sua posizione sul progetto di bilancio e la comunica al Parlamento europeo non oltre il 1° ottobre dell'anno che precede quello dell'esecuzione del bilancio. Esso informa esaurientemente il Parlamento europeo dei motivi che l'hanno indotto a adottare tale posizione.

4. Se, entro un termine di quarantadue giorni dalla comunicazione, il Parlamento europeo:

a) approva la posizione del Consiglio, il bilancio è adottato;
b) non ha deliberato, il bilancio si considera adottato;
c) adotta, alla maggioranza dei membri che lo compongono, degli emendamenti, il progetto emendato è trasmesso al Consiglio e alla Commissione. Il presidente del Parlamento europeo, d'intesa con il presidente del Consiglio, convoca senza indugio il comitato di conciliazione. Tuttavia, il comitato di conciliazione non si riunisce se, entro un termine di dieci giorni da detta trasmissione, il Consiglio comunica al Parlamento europeo che approva tutti gli emendamenti.

5. Il comitato di conciliazione, che riunisce i membri del Consiglio o i loro rappresentanti ed altrettanti membri rappresentanti il Parlamento europeo, ha il compito di giungere, basandosi sulle posizioni del Parlamento europeo e del Consiglio, a un accordo su un progetto comune a maggioranza qualificata dei membri del Consiglio o dei loro rappresentanti e a maggioranza dei membri rappresentanti il Parlamento europeo, entro un termine di ventuno giorni dalla convocazione.
La Commissione partecipa ai lavori del comitato di conciliazione e prende ogni iniziativa necessaria per favorire un ravvicinamento fra la posizione del Parlamento europeo e quella del Consiglio.

6. Se, entro il termine di ventuno giorni di cui al paragrafo 5, il comitato di conciliazione giunge a un accordo su un progetto comune, il Parlamento europeo e il Consiglio dispongono ciascuno di un termine di quattordici giorni a decorrere dalla data di tale accordo per approvare il progetto comune.

7. Se, entro il termine di quattordici giorni di cui al paragrafo 6:

a) sia il Parlamento europeo sia il Consiglio approvano il progetto comune o non riescono a deliberare, o se una delle due istituzioni approva il progetto comune mentre l'altra non riesce a deliberare, il bilancio si considera definitivamente adottato in conformità del progetto comune, o
b) sia il Parlamento europeo, deliberando alla maggioranza dei membri che lo compongono, sia il Consiglio respingono il progetto comune, o se una delle due istituzioni respinge il progetto comune mentre l'altra non riesce a deliberare, la Commissione sottopone un nuovo progetto di bilancio, o
c) il Parlamento europeo, deliberando alla maggioranza dei membri che lo compongono, respinge il progetto comune mentre il Consiglio lo approva, la Commissione sottopone un nuovo progetto di bilancio, o
d) il Parlamento europeo approva il progetto comune, mentre il Consiglio lo respinge, il Parlamento europeo può, entro quattordici giorni dalla data in cui il Consiglio lo ha respinto e deliberando a maggioranza dei membri che lo compongono e dei tre quinti dei voti espressi, decidere di confermare tutti gli emendamenti di cui al paragrafo 4, lettera c) o parte di essi. Se un emendamento del Parlamento europeo non è confermato, è mantenuta la posizione concordata in seno al comitato di conciliazione sulla linea di bilancio oggetto di tale emendamento. Il bilancio si considera definitivamente adottato su questa base.

8. Se, entro il termine di ventuno giorni di cui al paragrafo 5, il comitato di conciliazione non giunge a un accordo su un progetto comune, la Commissione sottopone un nuovo progetto di bilancio.

9. Quando la procedura di cui al presente articolo è espletata, il presidente del Parlamento europeo constata che il bilancio è definitivamente adottato.

10. Ciascuna istituzione esercita i poteri ad essa attribuiti dal presente articolo nel rispetto dei trattati e degli atti adottati a norma degli stessi, in particolare in materia di risorse proprie dell'Unione e di equilibrio delle entrate e delle spese.

315. *[ex articolo 273 del TCE]*
Se, all'inizio dell'esercizio finanziario, il bilancio non è stato ancora definitivamente adottato, le spese possono essere effettuate mensilmente per capitolo, in base alle disposizioni del regolamento stabilito in esecuzione dell'articolo 322, nel limite di un dodicesimo degli stanziamenti aperti nel capitolo in questione del bilancio dell'esercizio precedente, senza poter superare il dodicesimo degli stanziamenti previsti nello stesso capitolo del progetto di bilancio.
Il Consiglio, su proposta della Commissione, può autorizzare spese superiori al limite del dodicesimo, sempre che siano osservate le altre condizioni di cui al primo comma, conformemente al regolamento stabilito in esecuzione dell'articolo 322. Esso trasmette immediatamente la decisione al Parlamento europeo.
La decisione di cui al secondo comma prevede le misure necessarie in materia di risorse ai fini dell'applicazione del presente articolo, conformemente agli atti di cui all'articolo 311.
Essa entra in vigore trenta giorni dopo l'adozione se, entro tale termine, il Parlamento europeo, deliberando a maggioranza dei membri che lo compongono, non decide di ridurre dette spese.

316. *[ex articolo 271 del TCE]*
Alle condizioni che saranno determinate in applicazione dell'articolo 322, i crediti, che non siano quelli relativi alle spese di personale e che alla fine dell'esercizio finanziario siano rimasti inutilizzati, potranno essere riportati all'esercizio successivo e limitatamente a questo.
I crediti sono specificatamente registrati in capitoli che raggruppano le spese a seconda della loro natura o della loro destinazione e ripartiti in conformità del regolamento stabilito in esecuzione dell'articolo 322.
Le spese del Parlamento europeo, del Consiglio europeo e del Consiglio, della Commissione e della Corte di giustizia dell'Unione europea sono iscritte in parti separate del bilancio, senza pregiudizio di un regime speciale per determinate spese comuni.

Capo 4
Esecuzione del bilancio e scarico

317. *[ex articolo 274 del TCE]*
La Commissione dà esecuzione al bilancio, in cooperazione con gli Stati membri, in base alle disposizioni del regolamento stabilito in esecuzione dell'articolo 322, sotto la propria responsabilità e nei limiti dei crediti stanziati, in conformità del principio della buona gestione finanziaria. Gli Stati membri cooperano con la Commissione per garantire che gli stanziamenti siano utilizzati secondo i principi della buona gestione finanziaria.
Il regolamento prevede gli obblighi di controllo e di revisione contabile degli Stati membri nell'esecuzione del bilancio e le responsabilità che ne derivano. Esso prevede inoltre le responsabilità e le modalità particolari secondo le quali ogni istituzione partecipa all'esecuzione delle proprie spese.
All'interno del bilancio, la Commissione può procedere, nei limiti e alle condizioni fissate dal regolamento stabilito in esecuzione dell'articolo 322, a trasferimenti di crediti, sia da capitolo a capitolo, sia da suddivisione a suddivisione.

318. *[ex articolo 275 del TCE]*
Ogni anno la Commissione sottopone al Parlamento europeo e al Consiglio i conti dell'esercizio trascorso concernenti le operazioni del bilancio. Inoltre, essa comunica loro un bilancio finanziario che espone l'attivo e il passivo dell'Unione.
La Commissione presenta inoltre al Parlamento europeo e al Consiglio una relazione di valutazione delle finanze dell'Unione basata sui risultati conseguiti, in particolare rispetto alle indicazioni impartite dal Parlamento europeo e dal Consiglio a norma dell'articolo 319.

319. *[ex articolo 276 del TCE]*

1. Il Parlamento europeo, su raccomandazione del Consiglio, dà atto alla Commissione dell'esecuzione del bilancio. A tale scopo esso esamina, successivamente al Consiglio, i conti, il bilancio finanziario e la relazione di valutazione di cui all'articolo 318, la relazione annuale della Corte dei conti, accompagnata dalle risposte delle istituzioni controllate alle osservazioni della Corte stessa, la dichiarazione di affidabilità di cui all'articolo 287, paragrafo 1, secondo comma, nonché le pertinenti relazioni speciali della Corte.

2. Prima di dare atto alla Commissione, o per qualsiasi altro fine nel quadro dell'esercizio delle attribuzioni di quest'ultima in materia di esecuzione del bilancio, il Parlamento europeo può chiedere di ascoltare la Commissione sull'esecuzione delle spese o sul funzionamento dei sistemi di controllo finanziario. La Commissione fornisce al Parlamento europeo, su richiesta di quest'ultimo, tutte le informazioni necessarie.

3. La Commissione compie tutti i passi necessari per dar seguito alle osservazioni che accompagnano le decisioni di scarico ed alle altre osservazioni del Parlamento europeo concernenti l'esecuzione delle spese, nonché alle osservazioni annesse alle raccomandazioni di scarico adottate dal Consiglio.
La Commissione, su richiesta del Parlamento europeo o del Consiglio, sottopone relazioni in merito alle misure adottate sulla scorta di tali osservazioni e in partico-

lare alle istruzioni impartite ai servizi incaricati dell'esecuzione del bilancio. Dette relazioni sono trasmesse altresì alla Corte dei conti.

Capo 5
Disposizioni comuni

320. *[ex articolo 277 del TCE]*
Il quadro finanziario pluriennale e il bilancio annuale sono stabiliti in euro.

321. *[ex articolo 278 del TCE]*
La Commissione, con riserva di informare le autorità competenti degli Stati membri interessati, può trasferire nella moneta di uno di questi Stati gli averi che essa detiene nella moneta di un altro Stato membro, nella misura necessaria alla loro utilizzazione per gli scopi cui sono destinati dai trattati. La Commissione evita, per quanto possibile, di procedere a tali trasferimenti quando detenga averi disponibili o realizzabili nelle monete di cui ha bisogno.
La Commissione comunica con i singoli Stati membri per il tramite dell'autorità da essi designata. Nell'esecuzione delle operazioni finanziarie essa ricorre alla banca di emissione dello Stato membro interessato oppure ad altri istituti finanziari da questo ultimo autorizzati.

322. *[ex articolo 279 del TCE]*
1. Il Parlamento europeo e il Consiglio, deliberando secondo la procedura legislativa ordinaria e previa consultazione della Corte dei conti, adottano mediante regolamenti:
a) le regole finanziarie che stabiliscono in particolare le modalità relative alla formazione e all'esecuzione del bilancio, al rendiconto e alla verifica dei conti;
b) le regole che organizzano il controllo della responsabilità degli agenti finanziari, in particolare degli ordinatori e dei contabili.

2. Il Consiglio, deliberando su proposta della Commissione e previa consultazione del Parlamento europeo e della Corte dei conti, fissa le modalità e la procedura secondo le quali le entrate di bilancio previste dal regime delle risorse proprie dell'Unione sono messe a disposizione della Commissione e determina le misure da applicare per far fronte eventualmente alle esigenze di tesoreria.

323. – Il Parlamento europeo, il Consiglio e la Commissione vigilano sulla disponibilità dei mezzi finanziari necessari a consentire all'Unione di rispettare gli obblighi giuridici nei confronti dei terzi.

324. – Sono convocati regolarmente, su iniziativa della Commissione, incontri tra i presidenti del Parlamento europeo, del Consiglio e della Commissione nell'ambito delle procedure di bilancio di cui al presente titolo. I presidenti prendono tutte le misure necessarie per favorire la concertazione e il ravvicinamento fra le posizioni delle istituzioni che presiedono, al fine di agevolare l'attuazione del presente titolo.

Capo 6
Lotta contro la frode

325. *[ex articolo 280 del TCE]*
1. L'Unione e gli Stati membri combattono contro la frode e le altre attività illegali che ledono gli interessi finanziari dell'Unione stessa mediante misure adottate a norma del presente articolo, che siano dissuasive e tali da permettere una protezione efficace negli Stati membri e nelle istituzioni, organi e organismi dell'Unione.

2. Gli Stati membri adottano, per combattere contro la frode che lede gli interessi finanziari dell'Unione, le stesse misure che adottano per combattere contro la frode che lede i loro interessi finanziari.

3. Fatte salve altre disposizioni dei trattati, gli Stati membri coordinano l'azione diretta a tutelare gli interessi finanziari dell'Unione contro la frode. A tale fine essi organizzano, assieme alla Commissione, una stretta e regolare cooperazione tra le autorità competenti.

4. Il Parlamento europeo e il Consiglio, deliberando secondo la procedura legislativa ordinaria, previa consultazione della Corte dei conti, adottano le misure necessarie nei settori della prevenzione e lotta contro la frode che lede gli interessi finanziari dell'Unione, al fine di pervenire a una protezione efficace ed equivalente in tutti gli Stati membri e nelle istituzioni, organi e organismi dell'Unione.

5. La Commissione, in cooperazione con gli Stati membri, presenta ogni anno al Parlamento europeo e al Consiglio una relazione sulle misure adottate ai fini dell'attuazione del presente articolo.

TITOLO III
Cooperazioni rafforzate

326. *[ex articoli da 27 A a 27 E, da 40 a 40 B e da 43 a 45 del TUE ed ex articoli 11 e 11 A del TCE]*
Le cooperazioni rafforzate rispettano i trattati e il diritto dell'Unione.
Esse non possono recare pregiudizio né al mercato interno né alla coesione economica, sociale e territoriale. Non possono costituire un ostacolo né una discriminazione per gli scambi tra gli Stati membri, né possono provocare distorsioni di concorrenza tra questi ultimi.

327. *[ex articoli da 27 A a 27 E, da 40 a 40 B e da 43 a 45 del TUE ed ex articoli 11 e 11 A del TCE]*
Le cooperazioni rafforzate rispettano le competenze, i diritti e gli obblighi degli Stati membri che non vi partecipano. Questi non ne ostacolano l'attuazione da parte degli Stati membri che vi partecipano.

328. *[ex articoli da 27 A a 27 E, da 40 a 40 B e da 43 a 45 del TUE ed ex articoli 11 e 11 A del TCE]*
1. Al momento della loro instaurazione le cooperazioni rafforzate sono aperte a tutti gli Stati membri, fatto salvo il rispetto delle eventuali condizioni di partecipazione stabilite dalla decisione di autorizzazione. La partecipazione alle cooperazioni rafforzate resta inoltre

possibile in qualsiasi altro momento, fatto salvo il rispetto, oltre che delle condizioni summenzionate, degli atti già adottati in tale ambito.
La Commissione e gli Stati membri che partecipano a una cooperazione rafforzata si adoperano per promuovere la partecipazione del maggior numero possibile di Stati membri.

2. La Commissione e, all'occorrenza, l'alto rappresentante dell'Unione per gli affari esteri e la politica di sicurezza informano periodicamente il Parlamento europeo e il Consiglio in merito allo sviluppo delle cooperazioni rafforzate.

329. *[ex articoli da 27 A a 27 E, da 40 a 40 B e da 43 a 45 del TUE ed ex articoli 11 e 11 A del TCE]*

1. Gli Stati membri che desiderano instaurare tra loro una cooperazione rafforzata in uno dei settori di cui ai trattati, eccetto i settori di competenza esclusiva e la politica estera e di sicurezza comune, trasmettono una richiesta alla Commissione precisando il campo d'applicazione e gli obiettivi perseguiti dalla cooperazione rafforzata prevista. La Commissione può presentare al Consiglio una proposta al riguardo. Qualora non presenti una proposta, la Commissione informa gli Stati membri interessati delle ragioni di tale decisione.
L'autorizzazione a procedere a una cooperazione rafforzata di cui al primo comma è concessa dal Consiglio, su proposta della Commissione e previa approvazione del Parlamento europeo.

2. La richiesta degli Stati membri che desiderano instaurare tra loro una cooperazione rafforzata nel quadro della politica estera e di sicurezza comune è presentata al Consiglio. Essa è trasmessa all'alto rappresentante dell'Unione per gli affari esteri e la politica di sicurezza, che esprime un parere sulla coerenza della cooperazione rafforzata prevista con la politica estera e di sicurezza comune dell'Unione, e alla Commissione, che esprime un parere, in particolare, sulla coerenza della cooperazione rafforzata prevista con le altre politiche dell'Unione. Essa è inoltre trasmessa per conoscenza al Parlamento europeo.
L'autorizzazione a procedere a una cooperazione rafforzata è concessa con una decisione del Consiglio, che delibera all'unanimità.

330. *[ex articoli da 27 A a 27 E, da 40 a 40 B e da 43 a 45 del TUE ed ex articoli 11 e 11 A del TCE]*

Tutti i membri del Consiglio possono partecipare alle sue deliberazioni, ma solo i membri del Consiglio che rappresentano gli Stati membri partecipanti ad una cooperazione rafforzata prendono parte al voto.
L'unanimità è costituita unicamente dai voti dei rappresentanti degli Stati membri partecipanti.
Per maggioranza qualificata s'intende quella definita conformemente all'articolo 238, paragrafo 3.

331. *[ex articoli da 27 A a 27 E, da 40 a 40 B e da 43 a 45 del TUE ed ex articoli 11 e 11 A del TCE]*

1. Ogni Stato membro che desideri partecipare a una cooperazione rafforzata in corso in uno dei settori di cui all'articolo 329, paragrafo 1 notifica tale intenzione al Consiglio e alla Commissione.
La Commissione, entro un termine di quattro mesi dalla data di ricezione della notifica, conferma la partecipazione dello Stato membro in questione. Essa constata, se del caso, che le condizioni di partecipazione sono soddisfatte e adotta le misure transitorie necessarie per l'applicazione degli atti già adottati nel quadro della cooperazione rafforzata.
Tuttavia, se la Commissione ritiene che le condizioni di partecipazione non siano soddisfatte, indica le disposizioni da adottare per soddisfarle e fissa un termine per il riesame della richiesta. Alla scadenza di tale termine, essa riesamina la richiesta in conformità della procedura di cui al secondo comma. Se la Commissione ritiene che le condizioni di partecipazione continuino a non essere soddisfatte, lo Stato membro in questione può sottoporre la questione al Consiglio, che si pronuncia sulla richiesta. Il Consiglio delibera conformemente all'articolo 330. Può inoltre adottare, su proposta della Commissione, le misure transitorie di cui al secondo comma.

2. Ogni Stato membro che desideri partecipare a una cooperazione rafforzata in corso nel quadro della politica estera e di sicurezza comune notifica tale intenzione al Consiglio, all'alto rappresentante dell'Unione per gli affari esteri e la politica di sicurezza e alla Commissione.
Il Consiglio conferma la partecipazione dello Stato membro in causa previa consultazione dell'alto rappresentante dell'Unione per gli affari esteri e la politica di sicurezza e dopo aver constatato, se del caso, che le condizioni di partecipazione sono soddisfatte. Il Consiglio, su proposta dell'alto rappresentante, può inoltre adottare le misure transitorie necessarie per l'applicazione degli atti già adottati nel quadro della cooperazione rafforzata. Tuttavia, se il Consiglio ritiene che le condizioni di partecipazione non siano soddisfatte, indica le disposizioni da adottare per soddisfarle e fissa un termine per il riesame della richiesta di partecipazione.
Ai fini del presente paragrafo, il Consiglio delibera all'unanimità e conformemente all'articolo 330.

332. *[ex articoli da 27 A a 27 E, da 40 a 40 B e da 43 a 45 del TUE ed ex articoli 11 e 11 A del TCE]*

Le spese derivanti dall'attuazione di una cooperazione rafforzata, diverse dalle spese amministrative che devono sostenere le istituzioni, sono a carico degli Stati membri partecipanti, salvo che il Consiglio, deliberando all'unanimità dei membri previa consultazione del Parlamento europeo, non disponga altrimenti.

333. *[ex articoli da 27 A a 27 E, da 40 a 40 B e da 43 a 45 del TUE ed ex articoli 11 e 11 A del TCE]*

1. Qualora una disposizione dei trattati che può essere applicata nel quadro di una cooperazione rafforzata preveda che il Consiglio deliberi all'unanimità, il

Consiglio, deliberando all'unanimità conformemente alle modalità di cui all'articolo 330, può adottare una decisione che prevede che delibererà a maggioranza qualificata.

2. Qualora una disposizione dei trattati che può essere applicata nel quadro di una cooperazione rafforzata preveda che il Consiglio adotti atti secondo una procedura legislativa speciale, il Consiglio, deliberando all'unanimità conformemente alle modalità di cui all'articolo 330, può adottare una decisione che prevede che delibererà secondo la procedura legislativa ordinaria. Il Consiglio delibera previa consultazione del Parlamento europeo.

3. I paragrafi 1 e 2 non si applicano alle decisioni che hanno implicazioni militari o che rientrano nel settore della difesa.

334. *(ex articoli da 27 A a 27 E, da 40 a 40 B e da 43 a 45 del TUE ed ex articoli 11 e 11 A del TCE)*
Il Consiglio e la Commissione assicurano la coerenza delle azioni intraprese nel quadro di una cooperazione rafforzata e la coerenza di dette azioni con le politiche dell'Unione, e cooperano a tale scopo.

PARTE VII
Disposizioni generali e finali

335. *[ex articolo 282 del TCE]*
In ciascuno degli Stati membri, l'Unione ha la più ampia capacità giuridica riconosciuta alle persone giuridiche dalle legislazioni nazionali; essa può in particolare acquistare o alienare beni immobili e mobili e stare in giudizio. A tale fine, essa è rappresentata dalla Commissione. Tuttavia, l'Unione è rappresentata da ciascuna delle istituzioni, in base alla loro autonomia amministrativa, per le questioni connesse al funzionamento della rispettiva istituzione.

336. *[ex articolo 283 del TCE]*
Il Parlamento europeo e il Consiglio, deliberando mediante regolamenti secondo la procedura legislativa ordinaria e previa consultazione delle altre istituzioni interessate, stabiliscono lo statuto dei funzionari dell'Unione europea e il regime applicabile agli altri agenti dell'Unione.

337. *[ex articolo 284 del TCE]*
Per l'esecuzione dei compiti affidatile, la Commissione può raccogliere tutte le informazioni e procedere a tutte le necessarie verifiche, nei limiti e alle condizioni fissate dal Consiglio, che delibera a maggioranza semplice, conformemente alle disposizioni dei trattati.

338. *[ex articolo 285 del TCE]*

1. Fatto salvo l'articolo 5 del protocollo dello statuto del Sistema europeo di banche centrali e della Banca centrale europea, il Parlamento europeo e il Consiglio, deliberando secondo la procedura legislativa ordinaria, adottano misure per l'elaborazione di statistiche laddove necessario per lo svolgimento delle attività dell'Unione.

2. L'elaborazione delle statistiche dell'Unione presenta i caratteri dell'imparzialità, dell'affidabilità, dell'obiettività, dell'indipendenza scientifica, dell'efficienza economica e della riservatezza statistica; essa non comporta oneri eccessivi per gli operatori economici.

339. *[ex articolo 287 del TCE]*
I membri delle istituzioni dell'Unione, i membri dei comitati e parimenti i funzionari e agenti dell'Unione sono tenuti, anche dopo la cessazione dalle loro funzioni, a non divulgare le informazioni che per loro natura siano protette dal segreto professionale e in particolare quelle relative alle imprese e riguardanti i loro rapporti commerciali ovvero gli elementi dei loro costi.

340. *[ex articolo 288 del TCE]*
La responsabilità contrattuale dell'Unione è regolata dalla legge applicabile al contratto in causa.
In materia di responsabilità extracontrattuale, l'Unione deve risarcire, conformemente ai principi generali comuni ai diritti degli Stati membri, i danni cagionati dalle sue istituzioni o dai suoi agenti nell'esercizio delle loro funzioni.
In deroga al secondo comma, la Banca centrale europea deve risarcire, conformemente ai principi generali comuni al diritto degli Stati membri, i danni cagionati da essa stessa o dai suoi agenti nell'esercizio delle loro funzioni.
La responsabilità personale degli agenti nei confronti dell'Unione è regolata dalle disposizioni che stabiliscono il loro statuto o il regime loro applicabile.

341. *[ex articolo 289 del TCE]*
La sede delle istituzioni dell'Unione è fissata d'intesa comune dai governi degli Stati membri.

342. *[ex articolo 290 del TCE]*
Il regime linguistico delle istituzioni dell'Unione è fissato, senza pregiudizio delle disposizioni previste dallo statuto della Corte di giustizia dell'Unione europea, dal Consiglio, che delibera all'unanimità mediante regolamenti.

343. *[ex articolo 291 del TCE]*
L'Unione gode, sul territorio degli Stati membri, delle immunità e dei privilegi necessari all'assolvimento dei suoi compiti, alle condizioni definite dal protocollo dell'8 aprile 1965 sui privilegi e sulle immunità dell'Unione europea. Lo stesso vale per la Banca centrale europea e per la Banca europea per gli investimenti.

344. *[ex articolo 292 del TCE]*
Gli Stati membri si impegnano a non sottoporre una controversia relativa all'interpretazione o all'applicazione dei trattati a un modo di composizione diverso da quelli previsti dal trattato stesso.

345. *[ex articolo 295 del TCE]*
I trattati lasciano del tutto impregiudicato il regime di proprietà esistente negli Stati membri.

346. *[ex articolo 296 del TCE]*

1. Le disposizioni dei trattati non ostano alle norme seguenti:

a) nessuno Stato membro è tenuto a fornire informazioni la cui divulgazione sia dallo stesso considerata contraria agli interessi essenziali della propria sicurezza;

b) ogni Stato membro può adottare le misure che ritenga necessarie alla tutela degli interessi essenziali della propria sicurezza e che si riferiscano alla produzione o al commercio di armi, munizioni e materiale bellico; tali misure non devono alterare le condizioni di concorrenza nel mercato interno per quanto riguarda i prodotti che non siano destinati a fini specificamente militari.

2. Il Consiglio, deliberando all'unanimità su proposta della Commissione, può apportare modificazioni all'elenco, stabilito il 15 aprile 1958, dei prodotti cui si applicano le disposizioni del paragrafo 1, lettera b).

347. *[ex articolo 297 del TCE]*

Gli Stati membri si consultano al fine di prendere di comune accordo le disposizioni necessarie ad evitare che il funzionamento del mercato interno abbia a risentire delle misure che uno Stato membro può essere indotto a prendere nell'eventualità di gravi agitazioni interne che turbino l'ordine pubblico, in caso di guerra o di grave tensione internazionale che costituisca una minaccia di guerra ovvero per far fronte agli impegni da esso assunti ai fini del mantenimento della pace e della sicurezza internazionale.

348. *[ex articolo 298 del TCE]*

Quando delle misure adottate nei casi contemplati dagli articoli 346 e 347 abbiano per effetto di alterare le condizioni di concorrenza nel mercato interno, la Commissione esamina con lo Stato interessato le condizioni alle quali tali misure possono essere rese conformi alle norme sancite dai trattati.

In deroga alla procedura di cui agli articoli 258 e 259, la Commissione o qualsiasi Stato membro può ricorrere direttamente alla Corte di giustizia, ove ritenga che un altro Stato membro faccia un uso abusivo dei poteri contemplati dagli articoli 346 e 347. La Corte di giustizia giudica a porte chiuse.

349. *[ex articolo 299, paragrafo 2, secondo, terzo e quarto comma, del TCE]*

Tenuto conto della situazione socioeconomica strutturale della Guadalupa, della Guyana francese, della Martinica, di Mayotte, della Riunione, di Saint Martin, delle Azzorre, di Madera e delle isole Canarie, aggravata dalla loro grande distanza, dall'insularità, dalla superficie ridotta, dalla topografia e dal clima difficili, dalla dipendenza economica da alcuni prodotti, fattori la cui persistenza e il cui cumulo recano grave danno al loro sviluppo, il Consiglio, su proposta della Commissione e previa consultazione del Parlamento europeo, adotta misure specifiche volte, in particolare, a stabilire le condizioni di applicazione dei trattati a tali regioni, ivi comprese politiche comuni. Allorché adotta le misure specifiche in questione secondo una procedura legislativa speciale, il Consiglio delibera altresì su proposta della Commissione e previa consultazione del Parlamento europeo.

Le misure di cui al primo comma riguardano in particolare politiche doganali e commerciali, politica fiscale, zone franche, politiche in materia di agricoltura e di pesca, condizioni di fornitura delle materie prime e di beni di consumo primari, aiuti di Stato e condizioni di accesso ai fondi strutturali e ai programmi orizzontali dell'Unione.

Il Consiglio adotta le misure di cui al primo comma tenendo conto delle caratteristiche e dei vincoli specifici delle regioni ultraperiferiche senza compromettere l'integrità e la coerenza dell'ordinamento giuridico dell'Unione, ivi compresi il mercato interno e le politiche comuni.

350. *[ex articolo 306 del TCE]*

Le disposizioni dei trattati non ostano all'esistenza e al perfezionamento delle unioni regionali tra il Belgio e il Lussemburgo, come pure tra il Belgio, il Lussemburgo e i Paesi Bassi, nella misura in cui gli obiettivi di tali unioni regionali non sono raggiunti in applicazione dei trattati.

351. *[ex articolo 307 del TCE]*

Le disposizioni dei trattati non pregiudicano i diritti e gli obblighi derivanti da convenzioni concluse, anteriormente al 1° gennaio 1958 o, per gli Stati aderenti, anteriormente alla data della loro adesione, tra uno o più Stati membri da una parte e uno o più Stati terzi dall'altra.

Nella misura in cui tali convenzioni sono incompatibili coi trattati, lo Stato o gli Stati membri interessati ricorrono a tutti i mezzi atti ad eliminare le incompatibilità constatate. Ove occorra, gli Stati membri si forniranno reciproca assistenza per raggiungere tale scopo, assumendo eventualmente una comune linea di condotta.

Nell'applicazione delle convenzioni di cui al primo comma, gli Stati membri tengono conto del fatto che i vantaggi consentiti nei trattati da ciascuno degli Stati membri costituiscono parte integrante dell'instaurazione dell'Unione e sono, per ciò stesso, indissolubilmente connessi alla creazione di istituzioni comuni, all'attribuzione di competenze a favore di queste ultime e alla concessione degli stessi vantaggi da parte di tutti gli altri Stati membri.

352. *[ex articolo 308 del TCE]*

1. Se un'azione dell'Unione appare necessaria, nel quadro delle politiche definite dai trattati, per realizzare uno degli obiettivi di cui ai trattati senza che questi ultimi abbiano previsto i poteri di azione richiesti a tal fine, il Consiglio, deliberando all'unanimità su proposta della Commissione e previa approvazione del Parlamento europeo, adotta le disposizioni appropriate. Allorché adotta le disposizioni in questione secondo una procedura legislativa speciale, il Consiglio delibera altresì all'unanimità su proposta della Commissione e previa approvazione del Parlamento europeo.

2. La Commissione, nel quadro della procedura di controllo del principio di sussidiarietà di cui all'articolo 5, paragrafo 3 del trattato sull'Unione europea, richiama l'attenzione dei parlamenti nazionali sulle proposte fondate sul presente articolo.

3. Le misure fondate sul presente articolo non possono comportare un'armonizzazione delle disposizioni legislative e regolamentari degli Stati membri nei casi in cui i trattati la escludono.

4. Il presente articolo non può servire di base per il conseguimento di obiettivi riguardanti la politica estera e di sicurezza comune e qualsiasi atto adottato a norma del presente articolo rispetta i limiti previsti nell'articolo 40, secondo comma, del trattato sull'Unione europea.

353. L'articolo 48, paragrafo 7, del trattato sull'Unione europea non si applica agli articoli seguenti:
- articolo 311, terzo e quarto comma,
- articolo 312, paragrafo 2, primo comma,
- articolo 352 e
- articolo 354.

354. *[ex articolo 309 del TCE]*
Ai fini dell'articolo 7 del trattato sull'Unione europea relativo alla sospensione di taluni diritti derivanti dall'appartenenza all'Unione, il membro del Consiglio europeo o del Consiglio che rappresenta lo Stato membro in questione non partecipa al voto e nel calcolo del terzo o dei quattro quinti degli Stati membri di cui ai paragrafi 1 e 2 di detto articolo non si tiene conto dello Stato membro in questione. L'astensione di membri presenti o rappresentati non osta all'adozione delle decisioni di cui al paragrafo 2 di detto articolo.
Per l'adozione delle decisioni di cui all'articolo 7, paragrafi 3 e 4 del trattato sull'Unione europea, per maggioranza qualificata s'intende quella definita conformemente all'articolo 238, paragrafo 3, lettera b) del presente trattato.
Qualora, a seguito di una decisione di sospensione dei diritti di voto adottata a norma dell'articolo 7, paragrafo 3 del trattato sull'Unione europea, il Consiglio deliberi a maggioranza qualificata sulla base di una delle disposizioni dei trattati, per maggioranza qualificata s'intende quella definita conformemente all'articolo 238, paragrafo 3, lettera b) del presente trattato o, qualora il Consiglio agisca su proposta della Commissione o dell'alto rappresentante dell'Unione per gli affari esteri e la politica di sicurezza, quella definita conformemente all'articolo 238, paragrafo 3, lettera a).
Ai fini dell'articolo 7 del trattato sull'Unione europea, il Parlamento europeo delibera alla maggioranza dei due terzi dei voti espressi, che rappresenta la maggioranza dei membri che lo compongono.

355. *[ex articolo 299, paragrafo 2, primo comma, e paragrafi da 3 a 6, del TCE]*
Oltre alle disposizioni dell'articolo 52 del trattato sull'Unione europea relativo al campo di applicazione territoriale dei trattati, si applicano le disposizioni seguenti:

1. Le disposizioni dei trattati si applicano alla Guadalupa, alla Guyana francese, alla Martinica, a Mayotte, alla Riunione, a Saint Martin, alle Azzorre, a Madera e alle isole Canarie, conformemente all'articolo 349.

2. I paesi e i territori d'oltremare, il cui elenco figura nell'allegato II, costituiscono l'oggetto dello speciale regime di associazione definito nella quarta parte.
I trattati non si applicano ai paesi e territori d'oltremare che mantengono relazioni particolari con il Regno Unito di Gran Bretagna e Irlanda del Nord non menzionati nell'elenco precitato.

3. Le disposizioni dei trattati si applicano ai territori europei di cui uno Stato membro assume la rappresentanza nei rapporti con l'estero.

4. Le disposizioni dei trattati si applicano alle isole Åland conformemente alle disposizioni contenute nel protocollo n. 2 dell'atto relativo alle condizioni di adesione della Repubblica d'Austria, della Repubblica di Finlandia e del Regno di Svezia.

5. In deroga all'articolo 52 del trattato sull'Unione europea e ai paragrafi da 1 a 4 del presente articolo:
a) i trattati non si applicano alle Faeröer;
b) i trattati non si applicano alle zone di sovranità del Regno Unito di Akrotiri e Dhekelia a Cipro, tranne per quanto necessario ad assicurare l'attuazione del regime definito nel protocollo relativo alle zone di sovranità del Regno Unito di Gran Bretagna e Irlanda del Nord a Cipro, allegato all'atto relativo alle condizioni di adesione all'Unione europea della Repubblica ceca, della Repubblica di Estonia, della Repubblica di Cipro, della Repubblica di Lettonia, della Repubblica di Lituania, della Repubblica di Ungheria, della Repubblica di Malta, della Repubblica di Polonia, della Repubblica di Slovenia e della Repubblica slovacca e secondo i termini di detto protocollo;
c) le disposizioni dei trattati sono applicabili alle isole Normanne ed all'isola di Man soltanto nella misura necessaria per assicurare l'applicazione del regime previsto per tali isole dal trattato relativo all'adesione di nuovi Stati membri alla Comunità economica europea e alla Comunità europea dell'energia atomica, firmato il 22 gennaio 1972.

6. Il Consiglio europeo, su iniziativa dello Stato membro interessato, può adottare una decisione che modifica lo status, nei confronti dell'Unione, di un paese o territorio danese, francese o olandese di cui ai paragrafi 1 e 2. Il Consiglio europeo delibera all'unanimità previa consultazione della Commissione.

356. *[ex articolo 312 del TCE]*
Il presente trattato è concluso per una durata illimitata.

357. *[ex articolo 313 del TCE]*
Il presente trattato sarà ratificato dalle Alte parti contraenti conformemente alle loro norme costituzionali rispettive. Gli strumenti di ratifica saranno depositati presso il governo della Repubblica italiana.
Il presente trattato entrerà in vigore il primo giorno del mese successivo all'avvenuto deposito dello strumento di ratifica da parte dello Stato firmatario che procederà per ultimo a tale formalità. Tuttavia, qualora tale deposito avvenisse meno di quindici giorni prima dell'inizio del mese seguente, l'entrata in vigore del trattato sarà rinviata al primo giorno del secondo mese successivo alla data del deposito stesso.

358. – Le disposizioni dell'articolo 55 del trattato sull'Unione europea si applicano al presente trattato.
IN FEDE DI CHE, i plenipotenziari sottoscritti hanno apposto le loro firme in calce al presente trattato.
Fatto a Roma, il venticinque marzo millenovecentocinquantasette.
(elenco dei firmatari non riprodotto)

4. Trattato sull'Unione europea (Maastricht, 7 febbraio 1992) [1]

In Gazzetta Ufficiale U.E., 30 marzo 2010, n. C 83.

(1) Versione consolidata.

TITOLO I
Disposizioni comuni

1. *[ex articolo 1 del TUE]*
Con il presente trattato, le ALTE PARTI CONTRAENTI istituiscono tra loro un'UNIONE EUROPEA, in appresso denominata "Unione", alla quale gli Stati membri attribuiscono competenze per conseguire i loro obiettivi comuni.
Il presente trattato segna una nuova tappa nel processo di creazione di un'unione sempre più stretta tra i popoli dell'Europa, in cui le decisioni siano prese nel modo più trasparente possibile e il più vicino possibile ai cittadini.
L'Unione si fonda sul presente trattato e sul trattato sul funzionamento dell'Unione europea (in appresso denominati "i trattati"). I due trattati hanno lo stesso valore giuridico. L'Unione sostituisce e succede alla Comunità europea.

2. – L'Unione si fonda sui valori del rispetto della dignità umana, della libertà, della democrazia, dell'uguaglianza, dello Stato di diritto e del rispetto dei diritti umani, compresi i diritti delle persone appartenenti a minoranze. Questi valori sono comuni agli Stati membri in una società caratterizzata dal pluralismo, dalla non discriminazione, dalla tolleranza, dalla giustizia, dalla solidarietà e dalla parità tra donne e uomini.

3. *[ex articolo 2 del TUE]*
1. L'Unione si prefigge di promuovere la pace, i suoi valori e il benessere dei suoi popoli.
2. L'Unione offre ai suoi cittadini uno spazio di libertà, sicurezza e giustizia senza frontiere interne, in cui sia assicurata la libera circolazione delle persone insieme a misure appropriate per quanto concerne i controlli alle frontiere esterne, l'asilo, l'immigrazione, la prevenzione della criminalità e la lotta contro quest'ultima.
3. L'Unione instaura un mercato interno. Si adopera per lo sviluppo sostenibile dell'Europa, basato su una crescita economica equilibrata e sulla stabilità dei prezzi, su un'economia sociale di mercato fortemente competitiva, che mira alla piena occupazione e al progresso sociale, e su un elevato livello di tutela e di miglioramento della qualità dell'ambiente. Essa promuove il progresso scientifico e tecnologico.
L'Unione combatte l'esclusione sociale e le discriminazioni e promuove la giustizia e la protezione sociali, la parità tra donne e uomini, la solidarietà tra le generazioni e la tutela dei diritti del minore.
Essa promuove la coesione economica, sociale e territoriale, e la solidarietà tra gli Stati membri.
Essa rispetta la ricchezza della sua diversità culturale e linguistica e vigila sulla salvaguardia e sullo sviluppo del patrimonio culturale europeo.
4. L'Unione istituisce un'unione economica e monetaria la cui moneta è l'euro.
5. Nelle relazioni con il resto del mondo l'Unione afferma e promuove i suoi valori e interessi, contribuendo alla protezione dei suoi cittadini. Contribuisce alla pace, alla sicurezza, allo sviluppo sostenibile della Terra, alla solidarietà e al rispetto reciproco tra i popoli, al commercio libero ed equo, all'eliminazione della povertà e alla tutela dei diritti umani, in particolare dei diritti del minore, e alla rigorosa osservanza e allo sviluppo del diritto internazionale, in particolare al rispetto dei principi della Carta delle Nazioni Unite.
6. L'Unione persegue i suoi obiettivi con i mezzi appropriati, in ragione delle competenze che le sono attribuite nei trattati.

4. – **1.** In conformità dell'articolo 5, qualsiasi competenza non attribuita all'Unione nei trattati appartiene agli Stati membri.
2. L'Unione rispetta l'uguaglianza degli Stati membri davanti ai trattati e la loro identità nazionale insita nella loro struttura fondamentale, politica e costituzionale, compreso il sistema delle autonomie locali e regio-

nali. Rispetta le funzioni essenziali dello Stato, in particolare le funzioni di salvaguardia dell'integrità territoriale, di mantenimento dell'ordine pubblico e di tutela della sicurezza nazionale. In particolare, la sicurezza nazionale resta di esclusiva competenza di ciascuno Stato membro.

3. In virtù del principio di leale cooperazione, l'Unione e gli Stati membri si rispettano e si assistono reciprocamente nell'adempimento dei compiti derivanti dai trattati.

Gli Stati membri adottano ogni misura di carattere generale o particolare atta ad assicurare l'esecuzione degli obblighi derivanti dai trattati o conseguenti agli atti delle istituzioni dell'Unione.

Gli Stati membri facilitano all'Unione l'adempimento dei suoi compiti e si astengono da qualsiasi misura che rischi di mettere in pericolo la realizzazione degli obiettivi dell'Unione.

5. *[ex articolo 5 del TCE]*

1. La delimitazione delle competenze dell'Unione si fonda sul principio di attribuzione. L'esercizio delle competenze dell'Unione si fonda sui principi di sussidiarietà e proporzionalità.

2. In virtù del principio di attribuzione, l'Unione agisce esclusivamente nei limiti delle competenze che le sono attribuite dagli Stati membri nei trattati per realizzare gli obiettivi da questi stabiliti. Qualsiasi competenza non attribuita all'Unione nei trattati appartiene agli Stati membri.

3. In virtù del principio di sussidiarietà, nei settori che non sono di sua competenza esclusiva l'Unione interviene soltanto se e in quanto gli obiettivi dell'azione prevista non possono essere conseguiti in misura sufficiente dagli Stati membri, né a livello centrale né a livello regionale e locale, ma possono, a motivo della portata o degli effetti dell'azione in questione, essere conseguiti meglio a livello di Unione.

Le istituzioni dell'Unione applicano il principio di sussidiarietà conformemente al protocollo sull'applicazione dei principi di sussidiarietà e di proporzionalità. I parlamenti nazionali vigilano sul rispetto del principio di sussidiarietà secondo la procedura prevista in detto protocollo.

4. In virtù del principio di proporzionalità, il contenuto e la forma dell'azione dell'Unione si limitano a quanto necessario per il conseguimento degli obiettivi dei trattati.

Le istituzioni dell'Unione applicano il principio di proporzionalità conformemente al protocollo sull'applicazione dei principi di sussidiarietà e di proporzionalità.

6. *[ex articolo 6 del TUE]*

1. L'Unione riconosce i diritti, le libertà e i principi sanciti nella Carta dei diritti fondamentali dell'Unione europea del 7 dicembre 2000, adattata il 12 dicembre 2007 a Strasburgo, che ha lo stesso valore giuridico dei trattati.

Le disposizioni della Carta non estendono in alcun modo le competenze dell'Unione definite nei trattati.

I diritti, le libertà e i principi della Carta sono interpretati in conformità delle disposizioni generali del titolo VII della Carta che disciplinano la sua interpretazione e applicazione e tenendo in debito conto le spiegazioni cui si fa riferimento nella Carta, che indicano le fonti di tali disposizioni.

2. L'Unione aderisce alla Convenzione europea per la salvaguardia dei diritti dell'uomo e delle libertà fondamentali. Tale adesione non modifica le competenze dell'Unione definite nei trattati.

3. I diritti fondamentali, garantiti dalla Convenzione europea per la salvaguardia dei diritti dell'uomo e delle libertà fondamentali e risultanti dalle tradizioni costituzionali comuni agli Stati membri, fanno parte del diritto dell'Unione in quanto principi generali.

7. *[ex articolo 7 del TUE]*

1. Su proposta motivata di un terzo degli Stati membri, del Parlamento europeo o della Commissione europea, il Consiglio, deliberando alla maggioranza dei quattro quinti dei suoi membri previa approvazione del Parlamento europeo, può constatare che esiste un evidente rischio di violazione grave da parte di uno Stato membro dei valori di cui all'articolo 2. Prima di procedere a tale constatazione il Consiglio ascolta lo Stato membro in questione e può rivolgergli delle raccomandazioni, deliberando secondo la stessa procedura.

Il Consiglio verifica regolarmente se i motivi che hanno condotto a tale constatazione permangono validi.

2. Il Consiglio europeo, deliberando all'unanimità su proposta di un terzo degli Stati membri o della Commissione europea e previa approvazione del Parlamento europeo, può constatare l'esistenza di una violazione grave e persistente da parte di uno Stato membro dei valori di cui all'articolo 2, dopo aver invitato tale Stato membro a presentare osservazioni.

3. Qualora sia stata effettuata la constatazione di cui al paragrafo 2, il Consiglio, deliberando a maggioranza qualificata, può decidere di sospendere alcuni dei diritti derivanti allo Stato membro in questione dall'applicazione dei trattati, compresi i diritti di voto del rappresentante del governo di tale Stato membro in seno al Consiglio. Nell'agire in tal senso, il Consiglio tiene conto delle possibili conseguenze di una siffatta sospensione sui diritti e sugli obblighi delle persone fisiche e giuridiche.

Lo Stato membro in questione continua in ogni caso ad essere vincolato dagli obblighi che gli derivano dai trattati.

4. Il Consiglio, deliberando a maggioranza qualificata, può successivamente decidere di modificare o revocare le misure adottate a norma del paragrafo 3, per rispondere ai cambiamenti nella situazione che ha portato alla loro imposizione.

5. Le modalità di voto che, ai fini del presente articolo, si applicano al Parlamento europeo, al Consiglio europeo e al Consiglio sono stabilite nell'articolo 354 del trattato sul funzionamento dell'Unione europea.

8. – **1.** L'Unione sviluppa con i paesi limitrofi relazioni privilegiate al fine di creare uno spazio di prosperità e buon vicinato fondato sui valori dell'Unione e caratterizzato da relazioni strette e pacifiche basate sulla cooperazione.

2. Ai fini del paragrafo 1, l'Unione può concludere accordi specifici con i paesi interessati. Detti accordi possono comportare diritti e obblighi reciproci, e la possibilità di condurre azioni in comune. La loro attuazione è oggetto di una concertazione periodica.

TITOLO II
Disposizioni relative ai principi democratici

9. – L'Unione rispetta, in tutte le sue attività, il principio dell'uguaglianza dei cittadini, che beneficiano di uguale attenzione da parte delle sue istituzioni, organi e organismi. È cittadino dell'Unione chiunque abbia la cittadinanza di uno Stato membro. La cittadinanza dell'Unione si aggiunge alla cittadinanza nazionale e non la sostituisce.

10. – **1.** Il funzionamento dell'Unione si fonda sulla democrazia rappresentativa.

2. I cittadini sono direttamente rappresentati, a livello dell'Unione, nel Parlamento europeo.
Gli Stati membri sono rappresentati nel Consiglio europeo dai rispettivi capi di Stato o di governo e nel Consiglio dai rispettivi governi, a loro volta democraticamente responsabili dinanzi ai loro parlamenti nazionali o dinanzi ai loro cittadini.

3. Ogni cittadino ha il diritto di partecipare alla vita democratica dell'Unione. Le decisioni sono prese nella maniera il più possibile aperta e vicina ai cittadini.

4. I partiti politici a livello europeo contribuiscono a formare una coscienza politica europea e ad esprimere la volontà dei cittadini dell'Unione.

11. – **1.** Le istituzioni danno ai cittadini e alle associazioni rappresentative, attraverso gli opportuni canali, la possibilità di far conoscere e di scambiare pubblicamente le loro opinioni in tutti i settori di azione dell'Unione.

2. Le istituzioni mantengono un dialogo aperto, trasparente e regolare con le associazioni rappresentative e la società civile.

3. Al fine di assicurare la coerenza e la trasparenza delle azioni dell'Unione, la Commissione europea procede ad ampie consultazioni delle parti interessate.

4. Cittadini dell'Unione, in numero di almeno un milione, che abbiano la cittadinanza di un numero significativo di Stati membri, possono prendere l'iniziativa d'invitare la Commissione europea, nell'ambito delle sue attribuzioni, a presentare una proposta appropriata su materie in merito alle quali tali cittadini ritengono necessario un atto giuridico dell'Unione ai fini dell'attuazione dei trattati.
Le procedure e le condizioni necessarie per la presentazione di una iniziativa dei cittadini sono stabilite conformemente all'articolo 24, primo comma del trattato sul funzionamento dell'Unione europea.

12. – I parlamenti nazionali contribuiscono attivamente al buon funzionamento dell'Unione:

a) venendo informati dalle istituzioni dell'Unione e ricevendo i progetti di atti legislativi dell'Unione in conformità del protocollo sul ruolo dei parlamenti nazionali nell'Unione europea;
b) vigilando sul rispetto del principio di sussidiarietà secondo le procedure previste dal protocollo sull'applicazione dei principi di sussidiarietà e di proporzionalità;
c) partecipando, nell'ambito dello spazio di libertà, sicurezza e giustizia, ai meccanismi di valutazione ai fini dell'attuazione delle politiche dell'Unione in tale settore, in conformità dell'articolo 70 del trattato sul funzionamento dell'Unione europea, ed essendo associati al controllo politico di Europol e alla valutazione delle attività di Eurojust, in conformità degli articoli 88 e 85 di detto trattato;
d) partecipando alle procedure di revisione dei trattati in conformità dell'articolo 48 del presente trattato;
e) venendo informati delle domande di adesione all'Unione in conformità dell'articolo 49 del presente trattato;
f) partecipando alla cooperazione interparlamentare tra parlamenti nazionali e con il Parlamento europeo in conformità del protocollo sul ruolo dei parlamenti nazionali nell'Unione europea.

TITOLO III
Disposizioni relative alle istituzioni

13. – **1.** L'Unione dispone di un quadro istituzionale che mira a promuoverne i valori, perseguirne gli obiettivi, servire i suoi interessi, quelli dei suoi cittadini e quelli degli Stati membri, garantire la coerenza, l'efficacia e la continuità delle sue politiche e delle sue azioni.
Le istituzioni dell'Unione sono:
- il Parlamento europeo,
- il Consiglio europeo,
- il Consiglio,
- la Commissione europea (in appresso "Commissione"),
- la Corte di giustizia dell'Unione europea,
- la Banca centrale europea,
- la Corte dei conti.

2. Ciascuna istituzione agisce nei limiti delle attribuzioni che le sono conferite dai trattati, secondo le procedure, condizioni e finalità da essi previste. Le istituzioni attuano tra loro una leale cooperazione.

3. Le disposizioni relative alla Banca centrale europea e alla Corte dei conti figurano, insieme a disposizioni dettagliate sulle altre istituzioni, nel trattato sul funzionamento dell'Unione europea.

4. Il Parlamento europeo, il Consiglio e la Commissione sono assistiti da un Comitato economico e sociale e da un Comitato delle regioni, che esercitano funzioni consultive.

14. – 1. Il Parlamento europeo esercita, congiuntamente al Consiglio, la funzione legislativa e la funzione di bilancio. Esercita funzioni di controllo politico e consultive alle condizioni stabilite dai trattati. Elegge il presidente della Commissione.

2. Il Parlamento europeo è composto di rappresentanti dei cittadini dell'Unione. Il loro numero non può essere superiore a settecentocinquanta, più il presidente. La rappresentanza dei cittadini è garantita in modo degressivamente proporzionale, con una soglia minima di sei membri per Stato membro. A nessuno Stato membro sono assegnati più di novantasei seggi.
Il Consiglio europeo adotta all'unanimità, su iniziativa del Parlamento europeo e con l'approvazione di quest'ultimo, una decisione che stabilisce la composizione del Parlamento europeo, nel rispetto dei principi di cui al primo comma.

3. I membri del Parlamento europeo sono eletti a suffragio universale diretto, libero e segreto, per un mandato di cinque anni.

4. Il Parlamento europeo elegge tra i suoi membri il presidente e l'ufficio di presidenza.

15. – 1. Il Consiglio europeo dà all'Unione gli impulsi necessari al suo sviluppo e ne definisce gli orientamenti e le priorità politiche generali. Non esercita funzioni legislative.

2. Il Consiglio europeo è composto dai capi di Stato o di governo degli Stati membri, dal suo presidente e dal presidente della Commissione. L'alto rappresentante dell'Unione per gli affari esteri e la politica di sicurezza partecipa ai lavori.

3. Il Consiglio europeo si riunisce due volte a semestre su convocazione del presidente. Se l'ordine del giorno lo richiede, i membri del Consiglio europeo possono decidere di farsi assistere ciascuno da un ministro e, per quanto riguarda il presidente della Commissione, da un membro della Commissione. Se la situazione lo richiede, il presidente convoca una riunione straordinaria del Consiglio europeo.

4. Il Consiglio europeo si pronuncia per consenso, salvo nei casi in cui i trattati dispongano diversamente.

5. Il Consiglio europeo elegge il presidente a maggioranza qualificata per un mandato di due anni e mezzo, rinnovabile una volta. In caso di impedimento o colpa grave, il Consiglio europeo può porre fine al mandato secondo la medesima procedura.

6. Il presidente del Consiglio europeo:

a) presiede e anima i lavori del Consiglio europeo;
b) assicura la preparazione e la continuità dei lavori del Consiglio europeo, in cooperazione con il presidente della Commissione e in base ai lavori del Consiglio "Affari generali";
c) si adopera per facilitare la coesione e il consenso in seno al Consiglio europeo;
d) presenta al Parlamento europeo una relazione dopo ciascuna delle riunioni del Consiglio europeo.

Il presidente del Consiglio europeo assicura, al suo livello e in tale veste, la rappresentanza esterna dell'Unione per le materie relative alla politica estera e di sicurezza comune, fatte salve le attribuzioni dell'alto rappresentante dell'Unione per gli affari esteri e la politica di sicurezza.
Il presidente del Consiglio europeo non può esercitare un mandato nazionale.

16. – 1. Il Consiglio esercita, congiuntamente al Parlamento europeo, la funzione legislativa e la funzione di bilancio. Esercita funzioni di definizione delle politiche e di coordinamento alle condizioni stabilite nei trattati.

2. Il Consiglio è composto da un rappresentante di ciascuno Stato membro a livello ministeriale, abilitato a impegnare il governo dello Stato membro che rappresenta e ad esercitare il diritto di voto.

3. Il Consiglio delibera a maggioranza qualificata, salvo nei casi in cui i trattati dispongano diversamente.

4. A decorrere dal 1° novembre 2014, per maggioranza qualificata si intende almeno il 55% dei membri del Consiglio, con un minimo di quindici, rappresentanti Stati membri che totalizzino almeno il 65% della popolazione dell'Unione.
La minoranza di blocco deve comprendere almeno quattro membri del Consiglio; in caso contrario la maggioranza qualificata si considera raggiunta.
Le altre modalità che disciplinano il voto a maggioranza qualificata sono stabilite all'articolo 238, paragrafo 2 del trattato sul funzionamento dell'Unione europea.

5. Le disposizioni transitorie relative alla definizione della maggioranza qualificata applicabili fino al 31 ottobre 2014 e quelle applicabili tra il 1° novembre 2014 e il 31 marzo 2017 sono stabilite dal protocollo sulle disposizioni transitorie.

6. Il Consiglio si riunisce in varie formazioni, il cui elenco è adottato conformemente all'articolo 236 del trattato sul funzionamento dell'Unione europea.
Il Consiglio "Affari generali" assicura la coerenza dei lavori delle varie formazioni del Consiglio. Esso prepara le riunioni del Consiglio europeo e ne assicura il seguito in collegamento con il presidente del Consiglio europeo e la Commissione.
Il Consiglio "Affari esteri" elabora l'azione esterna dell'Unione secondo le linee strategiche definite dal Consiglio europeo e assicura la coerenza dell'azione dell'Unione.

7. Un comitato dei rappresentanti permanenti dei governi degli Stati membri è responsabile della preparazione dei lavori del Consiglio.

8. Il Consiglio si riunisce in seduta pubblica quando delibera e vota su un progetto di atto legislativo. A tal fine, ciascuna sessione del Consiglio è suddivisa in due parti dedicate, rispettivamente, alle deliberazioni su atti legislativi dell'Unione e alle attività non legislative.

9. La presidenza delle formazioni del Consiglio, ad eccezione della formazione "Affari esteri", è esercitata dai rappresentanti degli Stati membri nel Consiglio secondo un sistema di rotazione paritaria, alle condizioni stabilite conformemente all'articolo 236 del trattato sul funzionamento dell'Unione europea.

17. – 1. La Commissione promuove l'interesse generale dell'Unione e adotta le iniziative appropriate a tal fine. Vigila sull'applicazione dei trattati e delle misure adottate dalle istituzioni in virtù dei trattati. Vigila sull'applicazione del diritto dell'Unione sotto il controllo della Corte di giustizia dell'Unione europea. Dà esecuzione al bilancio e gestisce i programmi. Esercita funzioni di coordinamento, di esecuzione e di gestione, alle condizioni stabilite dai trattati. Assicura la rappresentanza esterna dell'Unione, fatta eccezione per la politica estera e di sicurezza comune e per gli altri casi previsti dai trattati. Avvia il processo di programmazione annuale e pluriennale dell'Unione per giungere ad accordi interistituzionali.

2. Un atto legislativo dell'Unione può essere adottato solo su proposta della Commissione, salvo che i trattati non dispongano diversamente. Gli altri atti sono adottati su proposta della Commissione se i trattati lo prevedono.

3. Il mandato della Commissione è di cinque anni.
I membri della Commissione sono scelti in base alla loro competenza generale e al loro impegno europeo e tra personalità che offrono tutte le garanzie di indipendenza.
La Commissione esercita le sue responsabilità in piena indipendenza. Fatto salvo l'articolo 18, paragrafo 2, i membri della Commissione non sollecitano né accettano istruzioni da alcun governo, istituzione, organo o organismo. Essi si astengono da ogni atto incompatibile con le loro funzioni o con l'esecuzione dei loro compiti.

4. La Commissione nominata tra la data di entrata in vigore del trattato di Lisbona e il 31 ottobre 2014 è composta da un cittadino di ciascuno Stato membro, compreso il presidente e l'alto rappresentante dell'Unione per gli affari esteri e la politica di sicurezza, che è uno dei vicepresidenti.

5. A decorrere dal 1° novembre 2014, la Commissione è composta da un numero di membri, compreso il presidente e l'alto rappresentante dell'Unione per gli affari esteri e la politica di sicurezza, corrispondente ai due terzi del numero degli Stati membri, a meno che il Consiglio europeo, deliberando all'unanimità, non decida di modificare tale numero.
I membri della Commissione sono scelti tra i cittadini degli Stati membri in base ad un sistema di rotazione assolutamente paritaria tra gli Stati membri che consenta di riflettere la molteplicità demografica e geografica degli Stati membri. Tale sistema è stabilito all'unanimità dal Consiglio europeo conformemente all'articolo 244 del trattato sul funzionamento dell'Unione europea.

6. Il presidente della Commissione:

a) definisce gli orientamenti nel cui quadro la Commissione esercita i suoi compiti;
b) decide l'organizzazione interna della Commissione per assicurare la coerenza, l'efficacia e la collegialità della sua azione;
c) nomina i vicepresidenti, fatta eccezione per l'alto rappresentante dell'Unione per gli affari esteri e la politica di sicurezza, tra i membri della Commissione.

Un membro della Commissione rassegna le dimissioni se il presidente glielo chiede. L'alto rappresentante dell'Unione per gli affari esteri e la politica di sicurezza rassegna le dimissioni conformemente alla procedura di cui all'articolo 18, paragrafo 1, se il presidente glielo chiede.

7. Tenuto conto delle elezioni del Parlamento europeo e dopo aver effettuato le consultazioni appropriate, il Consiglio europeo, deliberando a maggioranza qualificata, propone al Parlamento europeo un candidato alla carica di presidente della Commissione. Tale candidato è eletto dal Parlamento europeo a maggioranza dei membri che lo compongono. Se il candidato non ottiene la maggioranza, il Consiglio europeo, deliberando a maggioranza qualificata, propone entro un mese un nuovo candidato, che è eletto dal Parlamento europeo secondo la stessa procedura.
Il Consiglio, di comune accordo con il presidente eletto, adotta l'elenco delle altre personalità che propone di nominare membri della Commissione. Dette personalità sono selezionate in base alle proposte presentate dagli Stati membri, conformemente ai criteri di cui al paragrafo 3, secondo comma e al paragrafo 5, secondo comma.
Il presidente, l'alto rappresentante dell'Unione per gli affari esteri e la politica di sicurezza e gli altri membri della Commissione sono soggetti, collettivamente, ad un voto di approvazione del Parlamento europeo. In seguito a tale approvazione la Commissione è nominata dal Consiglio europeo, che delibera a maggioranza qualificata.

8. La Commissione è responsabile collettivamente dinanzi al Parlamento europeo. Il Parlamento europeo può votare una mozione di censura della Commissione secondo le modalità di cui all'articolo 234 del trattato sul funzionamento dell'Unione europea. Se tale mozione è adottata, i membri della Commissione si dimettono collettivamente dalle loro funzioni e l'alto rappresentante dell'Unione per gli affari esteri e la politica di sicurezza si dimette dalle funzioni che esercita in seno alla Commissione.

18. – 1. Il Consiglio europeo, deliberando a maggioranza qualificata con l'accordo del presidente della Commissione, nomina l'alto rappresentante dell'Unione per gli affari esteri e la politica di sicurezza. Il Consiglio europeo può porre fine al suo mandato mediante la medesima procedura.

2. L'alto rappresentante guida la politica estera e di sicurezza comune dell'Unione. Contribuisce con le sue proposte all'elaborazione di detta politica e la attua in qualità di mandatario del Consiglio. Egli agisce allo stesso modo per quanto riguarda la politica di sicurezza e di difesa comune.

3. L'alto rappresentante presiede il Consiglio "Affari esteri".

4. L'alto rappresentante è uno dei vicepresidenti della Commissione. Vigila sulla coerenza dell'azione esterna dell'Unione. In seno alla Commissione, è incaricato delle responsabilità che incombono a tale istituzione nel settore delle relazioni esterne e del coordinamento degli altri aspetti dell'azione esterna dell'Unione. Nell'esercizio di queste responsabilità in seno alla Commissione e limitatamente alle stesse, l'alto rappresentante è soggetto alle procedure che regolano il funzionamento della Commissione, per quanto compatibile con i paragrafi 2 e 3.

19. – 1. La Corte di giustizia dell'Unione europea comprende la Corte di giustizia, il Tribunale e i tribunali specializzati. Assicura il rispetto del diritto nell'interpretazione e nell'applicazione dei trattati.
Gli Stati membri stabiliscono i rimedi giurisdizionali necessari per assicurare una tutela giurisdizionale effettiva nei settori disciplinati dal diritto dell'Unione.

2. La Corte di giustizia è composta da un giudice per Stato membro. È assistita da avvocati generali.
Il Tribunale è composto da almeno un giudice per Stato membro.
I giudici e gli avvocati generali della Corte di giustizia e i giudici del Tribunale sono scelti tra personalità che offrano tutte le garanzie di indipendenza e che soddisfino le condizioni richieste agli articoli 253 e 254 del trattato sul funzionamento dell'Unione europea. Sono nominati di comune accordo dai governi degli Stati membri per sei anni. I giudici e gli avvocati generali uscenti possono essere nuovamente nominati.

3. La Corte di giustizia dell'Unione europea si pronuncia conformemente ai trattati:

a) sui ricorsi presentati da uno Stato membro, da un'istituzione o da una persona fisica o giuridica;
b) in via pregiudiziale, su richiesta delle giurisdizioni nazionali, sull'interpretazione del diritto dell'Unione o sulla validità degli atti adottati dalle istituzioni;
c) negli altri casi previsti dai trattati.

TITOLO IV
Disposizioni sulle cooperazioni rafforzate

20. *[ex articoli da 27 A a 27 E, da 40 a 40 B e da 43 a 45 del TUE ed ex articoli da 11 a 11 A del TCE]*

1. Gli Stati membri che intendono instaurare tra loro una cooperazione rafforzata nel quadro delle competenze non esclusive dell'Unione possono far ricorso alle sue istituzioni ed esercitare tali competenze applicando le pertinenti disposizioni dei trattati, nei limiti e con le modalità previsti nel presente articolo e negli articoli da 326 a 334 del trattato sul funzionamento dell'Unione europea.
Le cooperazioni rafforzate sono intese a promuovere la realizzazione degli obiettivi dell'Unione, a proteggere i suoi interessi e a rafforzare il suo processo di integrazione. Sono aperte in qualsiasi momento a tutti gli Stati membri ai sensi dell'articolo 328 del trattato sul funzionamento dell'Unione europea.

2. La decisione che autorizza una cooperazione rafforzata è adottata dal Consiglio in ultima istanza, qualora esso stabilisca che gli obiettivi ricercati da detta cooperazione non possono essere conseguiti entro un termine ragionevole dall'Unione nel suo insieme, e a condizione che vi partecipino almeno nove Stati membri. Il Consiglio delibera secondo la procedura di cui all'articolo 329 del trattato sul funzionamento dell'Unione europea.

3. Tutti i membri del Consiglio possono partecipare alle sue deliberazioni, ma solo i membri del Consiglio che rappresentano gli Stati membri partecipanti ad una cooperazione rafforzata prendono parte al voto. Le modalità di voto sono previste all'articolo 330 del trattato sul funzionamento dell'Unione europea.

4. Gli atti adottati nel quadro di una cooperazione rafforzata vincolano solo gli Stati membri partecipanti. Non sono considerati un *acquis* che deve essere accettato dagli Stati candidati all'adesione all'Unione.

TITOLO V
Disposizioni generali sull'azione esterna dell'Unione e disposizioni specifiche sulla politica estera e di sicurezza comune

Capo 1
Disposizioni generali sull'azione esterna dell'Unione

21. – 1. L'azione dell'Unione sulla scena internazionale si fonda sui principi che ne hanno informato la creazione, lo sviluppo e l'allargamento e che essa si prefigge di promuovere nel resto del mondo: democrazia, Stato di diritto, universalità e indivisibilità dei diritti dell'uomo e delle libertà fondamentali, rispetto della dignità umana, principi di uguaglianza e di solidarietà e rispetto dei principi della Carta delle Nazioni Unite e del diritto internazionale.
L'Unione si adopera per sviluppare relazioni e istituire partenariati con i paesi terzi e con le organizzazioni internazionali, regionali o mondiali, che condividono i principi di cui al primo comma. Essa promuove soluzioni multilaterali ai problemi comuni, in particolare nell'ambito delle Nazioni Unite.

2. L'Unione definisce e attua politiche comuni e azioni e opera per assicurare un elevato livello di cooperazione in tutti i settori delle relazioni internazionali al fine di:

a) salvaguardare i suoi valori, i suoi interessi fondamentali, la sua sicurezza, la sua indipendenza e la sua integrità;
b) consolidare e sostenere la democrazia, lo Stato di diritto, i diritti dell'uomo e i principi del diritto internazionale;
c) preservare la pace, prevenire i conflitti e rafforzare la sicurezza internazionale, conformemente agli obiettivi e ai principi della Carta delle Nazioni Unite, nonché ai principi dell'Atto finale di Helsinki e agli obiettivi della Carta di Parigi, compresi quelli relativi alle frontiere esterne;
d) favorire lo sviluppo sostenibile dei paesi in via di sviluppo sul piano economico, sociale e ambientale, con l'obiettivo primo di eliminare la povertà;
e) incoraggiare l'integrazione di tutti i paesi nell'economia mondiale, anche attraverso la progressiva abolizione delle restrizioni agli scambi internazionali;
f) contribuire all'elaborazione di misure internazionali volte a preservare e migliorare la qualità dell'ambiente e la gestione sostenibile delle risorse naturali mondiali, al fine di assicurare lo sviluppo sostenibile;
g) aiutare le popolazioni, i paesi e le regioni colpiti da calamità naturali o provocate dall'uomo;
h) promuovere un sistema internazionale basato su una cooperazione multilaterale rafforzata e il buon governo mondiale.

3. Nell'elaborazione e attuazione dell'azione esterna nei vari settori compresi nel presente titolo e nella parte quinta del trattato sul funzionamento dell'Unione europea e delle altre politiche nei loro aspetti esterni, l'Unione rispetta i principi e persegue gli obiettivi di cui ai paragrafi 1 e 2.
L'Unione assicura la coerenza tra i vari settori dell'azione esterna e tra questi e le altre politiche. Il Consiglio e la Commissione, assistiti dall'alto rappresentante dell'Unione per gli affari esteri e la politica di sicurezza, garantiscono tale coerenza e cooperano a questo fine.

22. – 1. Il Consiglio europeo individua gli interessi e obiettivi strategici dell'Unione sulla base dei principi e degli obiettivi enunciati all'articolo 21.
Le decisioni del Consiglio europeo sugli interessi e gli obiettivi strategici dell'Unione riguardano la politica estera e di sicurezza comune e altri settori dell'azione esterna dell'Unione. Possono riferirsi alle relazioni dell'Unione con un paese o una regione o essere improntate ad un approccio tematico. Esse fissano la rispettiva durata e i mezzi che l'Unione e gli Stati membri devono mettere a disposizione.
Il Consiglio europeo delibera all'unanimità su raccomandazione del Consiglio adottata da quest'ultimo secondo le modalità previste per ciascun settore. Le decisioni del Consiglio europeo sono attuate secondo le procedure previste dai trattati.

2. L'alto rappresentante dell'Unione per gli affari esteri e la politica di sicurezza, per il settore della politica estera e di sicurezza comune, e la Commissione, per gli altri settori dell'azione esterna, possono presentare proposte congiunte al Consiglio.

Capo 2
Disposizioni specifiche sulla politica estera e di sicurezza comune

Sezione 1
Disposizioni comuni

23. – L'azione dell'Unione sulla scena internazionale, ai sensi del presente capo, si fonda sui principi persegue gli obiettivi ed è condotta in conformità delle disposizioni generali di cui al capo 1.

24. *[ex articolo 11 del TUE]*

1. La competenza dell'Unione in materia di politica estera e di sicurezza comune riguarda tutti i settori della politica estera e tutte le questioni relative alla sicurezza dell'Unione, compresa la definizione progressiva di una politica di difesa comune che può condurre a una difesa comune.
La politica estera e di sicurezza comune è soggetta a norme e procedure specifiche. Essa è definita e attuata dal Consiglio europeo e dal Consiglio che deliberano all'unanimità, salvo nei casi in cui i trattati dispongano diversamente. È esclusa l'adozione di atti legislativi. La politica estera e di sicurezza comune è messa in atto dall'alto rappresentante dell'Unione per gli affari esteri e la politica di sicurezza e dagli Stati membri in conformità dei trattati. Il ruolo specifico del Parlamento europeo e della Commissione in questo settore è definito dai trattati. La Corte di giustizia dell'Unione europea non è competente riguardo a tali disposizioni, ad eccezione della competenza a controllare il rispetto dell'articolo 40 del presente trattato e la legittimità di talune decisioni, come previsto dall'articolo 275, secondo comma del trattato sul funzionamento dell'Unione europea.

2. Nel quadro dei principi e degli obiettivi dell'azione esterna, l'Unione conduce, stabilisce e attua una politica estera e di sicurezza comune fondata sullo sviluppo della reciproca solidarietà politica degli Stati membri, sull'individuazione delle questioni di interesse generale e sulla realizzazione di un livello sempre maggiore di convergenza delle azioni degli Stati membri

3. Gli Stati membri sostengono attivamente e senza riserve la politica estera e di sicurezza dell'Unione in uno spirito di lealtà e di solidarietà reciproca e rispettano l'azione dell'Unione in questo settore.
Gli Stati membri operano congiuntamente per rafforzare e sviluppare la loro reciproca solidarietà politica. Essi si astengono da qualsiasi azione contraria agli interessi dell'Unione o tale da nuocere alla sua efficacia come elemento di coesione nelle relazioni internazionali.
Il Consiglio e l'alto rappresentante provvedono affinché detti principi siano rispettati.

25. *[ex articolo 12 del TUE]*
L'Unione conduce la politica estera e di sicurezza comune:

a) definendo gli orientamenti generali,
b) adottando decisioni che definiscono:
i) le azioni che l'Unione deve intraprendere,
ii) le posizioni che l'Unione deve assumere,
iii) le modalità di attuazione delle decisioni di cui ai punti i) e ii),

e

c) rafforzando la cooperazione sistematica tra gli Stati membri per la conduzione della loro politica.

26. *[ex articolo 13 del TUE]*

1. Il Consiglio europeo individua gli interessi strategici dell'Unione, fissa gli obiettivi e definisce gli orientamenti generali della politica estera e di sicurezza comune, ivi comprese le questioni che hanno implicazioni in materia di difesa. Adotta le decisioni necessarie.
Qualora lo esigano sviluppi internazionali, il presidente del Consiglio europeo convoca una riunione straordinaria dello stesso per definire le linee strategiche della politica dell'Unione dinanzi a tali sviluppi.

2. Il Consiglio elabora la politica estera e di sicurezza comune e prende le decisioni necessarie per la definizione e l'attuazione di tale politica in base agli orientamenti generali e alle linee strategiche definiti dal Consiglio europeo.
Il Consiglio e l'alto rappresentante dell'Unione per gli affari esteri e la politica di sicurezza assicurano l'unità, la coerenza e l'efficacia dell'azione dell'Unione.

3. La politica estera e di sicurezza comune è attuata dall'alto rappresentante e dagli Stati membri, ricorrendo ai mezzi nazionali e a quelli dell'Unione.

27. – 1. L'alto rappresentante dell'Unione per gli affari esteri e la politica di sicurezza, che presiede il Consiglio "Affari esteri", contribuisce con proposte all'elaborazione della politica estera e di sicurezza comune e assicura l'attuazione delle decisioni adottate dal Consiglio europeo e dal Consiglio.

2. L'alto rappresentante rappresenta l'Unione per le materie che rientrano nella politica estera e di sicurezza comune. Conduce, a nome dell'Unione, il dialogo politico con i terzi ed esprime la posizione dell'Unione nelle organizzazioni internazionali e in seno alle conferenze internazionali.

3. Nell'esecuzione delle sue funzioni, l'alto rappresentante si avvale di un servizio europeo per l'azione esterna. Il servizio lavora in collaborazione con i servizi diplomatici degli Stati membri ed è composto da funzionari dei servizi competenti del segretariato generale del Consiglio e della Commissione e da personale distaccato dai servizi diplomatici nazionali. L'organizzazione e il funzionamento del servizio europeo per l'azione esterna sono fissati da una decisione del Consiglio. Il Consiglio delibera su proposta dell'alto rappresentante, previa consultazione del Parlamento europeo e previa approvazione della Commissione.

28. *[ex articolo 14 del TUE]*

1. Quando una situazione internazionale richiede un intervento operativo dell'Unione, il Consiglio adotta le decisioni necessarie. Esse definiscono gli obiettivi, la portata e i mezzi di cui l'Unione deve disporre, le condizioni di attuazione e, se necessario, la durata.
Se si produce un cambiamento di circostanze che ha una netta incidenza su una questione oggetto di una tale decisione, il Consiglio rivede i principi e gli obiettivi di detta decisione e adotta le decisioni necessarie.

2. Le decisioni di cui al paragrafo 1 vincolano gli Stati membri nelle loro prese di posizione e nella conduzione della loro azione.

3. Qualsiasi presa di posizione o azione nazionale prevista in applicazione di una decisione di cui al paragrafo 1 forma oggetto di informazione da parte dello Stato membro interessato entro termini che permettano, se necessario, una concertazione preliminare in sede di Consiglio. L'obbligo dell'informazione preliminare non è applicabile per le misure di semplice recepimento sul piano nazionale delle decisioni del Consiglio.

4. In caso di assoluta necessità connessa con l'evoluzione della situazione e in mancanza di una revisione della decisione del Consiglio di cui al paragrafo 1, gli Stati membri possono prendere d'urgenza le misure necessarie, tenuto conto degli obiettivi generali di detta decisione. Lo Stato membro che prende tali misure ne informa immediatamente il Consiglio.

5. In caso di difficoltà rilevanti nell'applicazione di una decisione di cui al presente articolo, uno Stato membro ne investe il Consiglio che delibera al riguardo e ricerca le soluzioni appropriate. Queste ultime non possono essere in contrasto con gli obiettivi della decisione di cui al paragrafo 1 né nuocere alla sua efficacia.

29. *[ex articolo 15 del TUE]*

Il Consiglio adotta decisioni che definiscono la posizione dell'Unione su una questione particolare di natura geografica o tematica. Gli Stati membri provvedono affinché le loro politiche nazionali siano conformi alle posizioni dell'Unione.

30. *[ex articolo 22 del TUE]*

1. Ogni Stato membro, l'alto rappresentante dell'Unione per gli affari esteri e la politica di sicurezza, o l'alto rappresentante con l'appoggio della Commissione, possono sottoporre al Consiglio questioni relative alla politica estera e di sicurezza comune e possono presentare rispettivamente iniziative o proposte al Consiglio.

2. Nei casi che richiedono una decisione rapida, l'alto rappresentante convoca, d'ufficio o a richiesta di uno Stato membro, una riunione straordinaria del Consiglio, entro un termine di quarantotto ore o, in caso di emergenza, entro un termine più breve.

31. *[ex articolo 23 del TUE]*

1. Le decisioni a norma del presente capo sono adottate dal Consiglio europeo e dal Consiglio che deliberano all'unanimità, salvo nei casi in cui il presente capo

dispone diversamente. È esclusa l'adozione di atti legislativi.
In caso di astensione dal voto, ciascun membro del Consiglio può motivare la propria astensione con una dichiarazione formale a norma del presente comma. In tal caso esso non è obbligato ad applicare la decisione, ma accetta che essa impegni l'Unione. In uno spirito di mutua solidarietà, lo Stato membro interessato si astiene da azioni che possano contrastare o impedire l'azione dell'Unione basata su tale decisione, e gli altri Stati membri rispettano la sua posizione. Qualora i membri del Consiglio che motivano in tal modo l'astensione rappresentino almeno un terzo degli Stati membri che totalizzano almeno un terzo della popolazione dell'Unione, la decisione non è adottata.

2. In deroga alle disposizioni di cui al paragrafo 1, il Consiglio delibera a maggioranza qualificata:
- quando adotta una decisione che definisce un'azione o una posizione dell'Unione, sulla base di una decisione del Consiglio europeo relativa agli interessi e obiettivi strategici dell'Unione di cui all'articolo 22, paragrafo 1;
- quando adotta una decisione che definisce un'azione o una posizione dell'Unione in base a una proposta dell'alto rappresentante dell'Unione per gli affari esteri e la politica di sicurezza presentata in seguito a una richiesta specifica rivolta a quest'ultimo dal Consiglio europeo di sua iniziativa o su iniziativa dell'alto rappresentante;
- quando adotta decisioni relative all'attuazione di una decisione che definisce un'azione o una posizione dell'Unione;
- quando nomina un rappresentante speciale ai sensi dell'articolo 33.

Se un membro del Consiglio dichiara che, per specificati e vitali motivi di politica nazionale, intende opporsi all'adozione di una decisione che richiede la maggioranza qualificata, non si procede alla votazione. L'alto rappresentante cerca, in stretta consultazione con lo Stato membro interessato, una soluzione accettabile per quest'ultimo. In mancanza di un risultato il Consiglio, deliberando a maggioranza qualificata, può chiedere che della questione sia investito il Consiglio europeo, in vista di una decisione all'unanimità.

3. Il Consiglio europeo può adottare all'unanimità una decisione che preveda che il Consiglio delibera a maggioranza qualificata in casi diversi da quelli contemplati al paragrafo 2.

4. I paragrafi 2 e 3 non si applicano alle decisioni che hanno implicazioni nel settore militare o della difesa.

5. Per le questioni procedurali il Consiglio delibera alla maggioranza dei suoi membri.

32. *[ex articolo 16 del TUE]*
Gli Stati membri si consultano in sede di Consiglio europeo e di Consiglio in merito a qualsiasi questione di politica estera e di sicurezza di interesse generale per definire un approccio comune. Prima di intraprendere qualsiasi azione sulla scena internazionale o di assumere qualsiasi impegno che possa ledere gli interessi dell'Unione, ciascuno Stato membro consulta gli altri in sede di Consiglio europeo o di Consiglio. Gli Stati membri assicurano, mediante la convergenza delle loro azioni, che l'Unione possa affermare i suoi interessi e i suoi valori sulla scena internazionale. Gli Stati membri sono solidali tra loro.
Quando il Consiglio europeo o il Consiglio hanno definito un approccio comune dell'Unione ai sensi del primo comma, l'alto rappresentante dell'Unione per gli affari esteri e la politica di sicurezza e i ministri degli affari esteri degli Stati membri coordinano le loro attività nell'ambito del Consiglio.
Le missioni diplomatiche degli Stati membri e le delegazioni dell'Unione nei paesi terzi e presso le organizzazioni internazionali cooperano tra di loro e contribuiscono alla formulazione e all'attuazione dell'approccio comune.

33. *[ex articolo 18 del TUE]*
Il Consiglio, su proposta dell'alto rappresentante dell'Unione per gli affari esteri e la politica di sicurezza, può nominare un rappresentante speciale con un mandato per problemi politici specifici. Il rappresentante speciale esercita il mandato sotto l'autorità dell'alto rappresentante.

34. *[ex articolo 19 del TUE]*
1. Gli Stati membri coordinano la propria azione nelle organizzazioni internazionali e in occasione di conferenze internazionali. In queste sedi essi difendono le posizioni dell'Unione. L'alto rappresentante dell'Unione per gli affari esteri e la politica di sicurezza assicura l'organizzazione di tale coordinamento.
Nelle organizzazioni internazionali e in occasione di conferenze internazionali alle quali non tutti gli Stati membri partecipano, quelli che vi partecipano difendono le posizioni dell'Unione.

2. Conformemente all'articolo 24, paragrafo 3, gli Stati membri rappresentati nelle organizzazioni internazionali o nelle conferenze internazionali alle quali non tutti gli Stati membri partecipano, tengono informati questi ultimi e l'alto rappresentante in merito ad ogni questione di interesse comune.
Gli Stati membri che sono anche membri del Consiglio di sicurezza delle Nazioni Unite si concerteranno e terranno pienamente informati gli altri Stati membri e l'alto rappresentante. Gli Stati membri che sono membri del Consiglio di sicurezza difenderanno, nell'esercizio delle loro funzioni, le posizioni e l'interesse dell'Unione, fatte salve le responsabilità che loro incombono in forza delle disposizioni della Carta delle Nazioni Unite.
Allorché l'Unione ha definito una posizione su un tema all'ordine del giorno del Consiglio di sicurezza delle Nazioni Unite, gli Stati membri che vi partecipano chiedono che l'alto rappresentante sia invitato a presentare la posizione dell'Unione.

35. *[ex articolo 20 del TUE]*
Le missioni diplomatiche e consolari degli Stati membri e le delegazioni dell'Unione nei paesi terzi e nelle conferenze internazionali, nonché le loro rappresentanze presso le organizzazioni internazionali, cooperano al fine di garantire il rispetto e l'attuazione delle decisioni che definiscono posizioni e azioni dell'Unione adottate in virtù del presente capo.
Esse intensificano la loro cooperazione procedendo a scambi di informazioni e a valutazioni comuni.
Esse contribuiscono all'attuazione del diritto di tutela dei cittadini dell'Unione nel territorio dei paesi terzi di cui all'articolo 20, paragrafo 2, lettera c) del trattato sul funzionamento dell'Unione europea e delle misure adottate in applicazione dell'articolo 23 di detto trattato.

36. *[ex articolo 21 del TUE]*
L'alto rappresentante dell'Unione per gli affari esteri e la politica di sicurezza consulta regolarmente il Parlamento europeo sui principali aspetti e sulle scelte fondamentali della politica estera e di sicurezza comune e della politica di sicurezza e di difesa comune e lo informa dell'evoluzione di tali politiche. Egli provvede affinché le opinioni del Parlamento europeo siano debitamente prese in considerazione. I rappresentanti speciali possono essere associati all'informazione del Parlamento europeo.
Il Parlamento europeo può rivolgere interrogazioni o formulare raccomandazioni al Consiglio e all'alto rappresentante. Esso procede due volte all'anno ad un dibattito sui progressi compiuti nell'attuazione della politica estera e di sicurezza comune, compresa la politica di sicurezza e di difesa comune.

37. *[ex articolo 24 del TUE]*
L'Unione può concludere accordi con uno o più Stati o organizzazioni internazionali nei settori di pertinenza del presente capo.

38. *[ex articolo 25 del TUE]*
Fatto salvo l'articolo 240 del trattato sul funzionamento dell'Unione europea, un comitato politico e di sicurezza controlla la situazione internazionale nei settori che rientrano nella politica estera e di sicurezza comune e contribuisce a definire le politiche formulando pareri per il Consiglio, a richiesta di questo, dell'alto rappresentante dell'Unione per gli affari esteri e la politica di sicurezza o di propria iniziativa. Esso controlla altresì l'attuazione delle politiche concordate, fatte salve le competenze dell'alto rappresentante.
Nel quadro del presente capo, il comitato politico e di sicurezza esercita, sotto la responsabilità del Consiglio e dell'alto rappresentante, il controllo politico e la direzione strategica delle operazioni di gestione delle crisi previste all'articolo 43.
Ai fini di un'operazione di gestione delle crisi e per la durata della stessa, quali sono determinate dal Consiglio, quest'ultimo può autorizzare il comitato a prendere le decisioni appropriate in merito al controllo politico e alla direzione strategica dell'operazione.

39. Conformemente all'articolo 16 del trattato sul funzionamento dell'Unione europea e in deroga al paragrafo 2 di detto articolo, il Consiglio adotta una decisione che stabilisce le norme relative alla protezione delle persone fisiche con riguardo al trattamento dei dati di carattere personale da parte degli Stati membri nell'esercizio di attività che rientrano nel campo di applicazione del presente capo, e le norme relative alla libera circolazione di tali dati. Il rispetto di tali norme è soggetto al controllo di autorità indipendenti.

40. *[ex articolo 47 del TUE]*
L'attuazione della politica estera e di sicurezza comune lascia impregiudicata l'applicazione delle procedure e la rispettiva portata delle attribuzioni delle istituzioni previste dai trattati per l'esercizio delle competenze dell'Unione di cui agli articoli da 3 a 6 del trattato sul funzionamento dell'Unione europea.
L'attuazione delle politiche previste in tali articoli lascia parimenti impregiudicata l'applicazione delle procedure e la rispettiva portata delle attribuzioni delle istituzioni previste dai trattati per l'esercizio delle competenze dell'Unione a titolo del presente capo.

41. *[ex articolo 28 del TUE]*
1. Le spese amministrative che le istituzioni sostengono per l'attuazione del presente capo sono a carico del bilancio dell'Unione.
2. Le spese operative cui dà luogo l'attuazione del presente capo sono anch'esse a carico del bilancio dell'Unione, eccetto le spese derivanti da operazioni che hanno implicazioni nel settore militare o della difesa, e a meno che il Consiglio, deliberando all'unanimità, decida altrimenti.
Nei casi in cui non sono a carico del bilancio dell'Unione, le spese sono a carico degli Stati membri secondo un criterio di ripartizione basato sul prodotto nazionale lordo, a meno che il Consiglio, deliberando all'unanimità, non stabilisca altrimenti. Per quanto riguarda le spese derivanti da operazioni che hanno implicazioni nel settore militare o della difesa, gli Stati membri i cui rappresentanti in Consiglio hanno fatto una dichiarazione formale a norma dell'articolo 31, paragrafo 1, secondo comma, non sono obbligati a contribuire al loro finanziamento.
3. Il Consiglio adotta una decisione che stabilisce le procedure specifiche per garantire il rapido accesso agli stanziamenti del bilancio dell'Unione destinati al finanziamento urgente di iniziative nel quadro della politica estera e di sicurezza comune, in particolare ai preparativi di una missione di cui all'articolo 42, paragrafo 1 e all'articolo 43. Esso delibera previa consultazione del Parlamento europeo.
I preparativi delle missioni di cui all'articolo 42, paragrafo 1 e all'articolo 43 che non sono a carico del bilan-

cio dell'Unione sono finanziati mediante un fondo iniziale costituito da contributi degli Stati membri.
Il Consiglio adotta a maggioranza qualificata, su proposta dell'alto rappresentante dell'Unione per gli affari esteri e la politica di sicurezza, le decisioni che fissano:
a) le modalità di costituzione e finanziamento del fondo iniziale, in particolare le dotazioni finanziarie assegnategli;
b) le modalità di gestione del fondo iniziale;
c) le modalità di controllo finanziario.
Quando la missione prevista conformemente all'articolo 42, paragrafo 1 e all'articolo 43 non può essere a carico del bilancio dell'Unione, il Consiglio autorizza l'alto rappresentante a ricorrere a detto fondo. L'alto rappresentante riferisce al Consiglio sull'esecuzione di tale mandato.

Sezione 2
Disposizioni sulla politica di sicurezza e di difesa comune

42. *[ex articolo 17 del TUE]*

1. La politica di sicurezza e di difesa comune costituisce parte integrante della politica estera e di sicurezza comune. Essa assicura che l'Unione disponga di una capacità operativa ricorrendo a mezzi civili e militari. L'Unione può avvalersi di tali mezzi in missioni al suo esterno per garantire il mantenimento della pace, la prevenzione dei conflitti e il rafforzamento della sicurezza internazionale, conformemente ai principi della Carta delle Nazioni Unite. L'esecuzione di tali compiti si basa sulle capacità fornite dagli Stati membri.

2. La politica di sicurezza e di difesa comune comprende la graduale definizione di una politica di difesa comune dell'Unione. Questa condurrà a una difesa comune quando il Consiglio europeo, deliberando all'unanimità, avrà così deciso. In questo caso, il Consiglio europeo raccomanda agli Stati membri di adottare una decisione in tal senso conformemente alle rispettive norme costituzionali.
La politica dell'Unione a norma della presente sezione non pregiudica il carattere specifico della politica di sicurezza e di difesa di taluni Stati membri, rispetta gli obblighi di alcuni Stati membri, i quali ritengono che la loro difesa comune si realizzi tramite l'Organizzazione del trattato del Nord-Atlantico (NATO), nell'ambito del trattato dell'Atlantico del Nord, ed è compatibile con la politica di sicurezza e di difesa comune adottata in tale contesto.

3. Gli Stati membri mettono a disposizione dell'Unione, per l'attuazione della politica di sicurezza e di difesa comune, capacità civili e militari per contribuire al conseguimento degli obiettivi definiti dal Consiglio. Gli Stati membri che costituiscono tra loro forze multinazionali possono mettere anche tali forze a disposizione della politica di sicurezza e di difesa comune.
Gli Stati membri s'impegnano a migliorare progressivamente le loro capacità militari. L'Agenzia nel settore dello sviluppo delle capacità di difesa, della ricerca, dell'acquisizione e degli armamenti (in appresso denominata "Agenzia europea per la difesa") individua le esigenze operative, promuove misure per rispondere a queste, contribuisce a individuare e, se del caso, mettere in atto qualsiasi misura utile a rafforzare la base industriale e tecnologica del settore della difesa, partecipa alla definizione di una politica europea delle capacità e degli armamenti, e assiste il Consiglio nella valutazione del miglioramento delle capacità militari.

4. Le decisioni relative alla politica di sicurezza e di difesa comune, comprese quelle inerenti all'avvio di una missione di cui al presente articolo, sono adottate dal Consiglio che delibera all'unanimità su proposta dell'alto rappresentante dell'Unione per gli affari esteri e la politica di sicurezza o su iniziativa di uno Stato membro. L'alto rappresentante può proporre il ricorso sia ai mezzi nazionali sia agli strumenti dell'Unione, se del caso congiuntamente alla Commissione.

5. Il Consiglio può affidare lo svolgimento di una missione, nell'ambito dell'Unione, a un gruppo di Stati membri allo scopo di preservare i valori dell'Unione e di servirne gli interessi. Lo svolgimento di detta missione è disciplinato dall'articolo 44.

6. Gli Stati membri che rispondono a criteri più elevati in termini di capacità militari e che hanno sottoscritto impegni più vincolanti in materia ai fini delle missioni più impegnative instaurano una cooperazione strutturata permanente nell'ambito dell'Unione. Detta cooperazione è disciplinata dall'articolo 46. Essa lascia impregiudicato l'articolo 43.

7. Qualora uno Stato membro subisca un'aggressione armata nel suo territorio, gli altri Stati membri sono tenuti a prestargli aiuto e assistenza con tutti i mezzi in loro possesso, in conformità dell'articolo 51 della Carta delle Nazioni Unite. Ciò non pregiudica il carattere specifico della politica di sicurezza e di difesa di taluni Stati membri.
Gli impegni e la cooperazione in questo settore rimangono conformi agli impegni assunti nell'ambito dell'Organizzazione del trattato del Nord-Atlantico che resta, per gli Stati che ne sono membri, il fondamento della loro difesa collettiva e l'istanza di attuazione della stessa.

43. – 1. Le missioni di cui all'articolo 42, paragrafo 1, nelle quali l'Unione può ricorrere a mezzi civili e militari, comprendono le azioni congiunte in materia di disarmo, le missioni umanitarie e di soccorso, le missioni di consulenza e assistenza in materia militare, le missioni di prevenzione dei conflitti e di mantenimento della pace e le missioni di unità di combattimento per la gestione delle crisi, comprese le missioni tese al ristabilimento della pace e le operazioni di stabilizzazione al termine dei conflitti. Tutte queste missioni possono contribuire alla lotta contro il terrorismo, anche tramite il sostegno a paesi terzi per combattere il terrorismo sul loro territorio.

2. Il Consiglio adotta decisioni relative alle missioni di cui al paragrafo 1 stabilendone l'obiettivo, la portata e le modalità generali di realizzazione. L'alto rappresentante dell'Unione per gli affari esteri e la politica di sicurezza, sotto l'autorità del Consiglio e in stretto e costante contatto con il comitato politico e di sicurezza, provvede a coordinare gli aspetti civili e militari di tali missioni.

44. – 1. Nel quadro delle decisioni adottate in conformità dell'articolo 43, il Consiglio può affidare la realizzazione di una missione a un gruppo di Stati membri che lo desiderano e dispongono delle capacità necessarie per tale missione. Tali Stati membri, in associazione con l'alto rappresentante dell'Unione per gli affari esteri e la politica di sicurezza, si accordano sulla gestione della missione.

2. Gli Stati membri che partecipano alla realizzazione della missione informano periodicamente il Consiglio dell'andamento della missione, di propria iniziativa o a richiesta di un altro Stato membro. Gli Stati membri partecipanti investono immediatamente il Consiglio della questione se la realizzazione di tale missione genera conseguenze di ampia portata o se impone una modifica dell'obiettivo, della portata o delle modalità della missione stabiliti nelle decisioni di cui al paragrafo 1. In tal caso il Consiglio adotta le decisioni necessarie.

45. – 1. L'Agenzia europea per la difesa, di cui all'articolo 42, paragrafo 3 e posta sotto l'autorità del Consiglio, ha il compito di:

a) contribuire a individuare gli obiettivi di capacità militari degli Stati membri e a valutare il rispetto degli impegni in materia di capacità assunti dagli Stati membri;
b) promuovere l'armonizzazione delle esigenze operative e l'adozione di metodi di acquisizione efficienti e compatibili;
c) proporre progetti multilaterali per il conseguimento degli obiettivi in termini di capacità militari e assicurare il coordinamento dei programmi attuati dagli Stati membri e la gestione di programmi di cooperazione specifici;
d) sostenere la ricerca nel settore della tecnologia della difesa, coordinare e pianificare attività di ricerca congiunte e studi per delineare le soluzioni tecniche che rispondono alle esigenze operative future;
e) contribuire a individuare e, se del caso, attuare qualsiasi misura utile per potenziare la base industriale e tecnologica del settore della difesa e per migliorare l'efficacia delle spese militari.

2. L'Agenzia europea per la difesa è aperta a tutti gli Stati membri che desiderano parteciparvi. Il Consiglio, deliberando a maggioranza qualificata, adotta una decisione che fissa lo statuto, la sede e le modalità di funzionamento dell'Agenzia. Detta decisione tiene conto del grado di partecipazione effettiva alle attività dell'Agenzia. Nell'ambito dell'Agenzia sono costituiti gruppi specifici che riuniscono gli Stati membri impegnati in progetti congiunti. L'Agenzia svolge i suoi compiti in collegamento con la Commissione, se necessario.

46. – 1. Gli Stati membri che desiderano partecipare alla cooperazione strutturata permanente di cui all'articolo 42, paragrafo 6 e che rispondono ai criteri e sottoscrivono gli impegni in materia di capacità militari specificati nel protocollo sulla cooperazione strutturata permanente notificano la loro intenzione al Consiglio e all'alto rappresentante dell'Unione per gli affari esteri e la politica di sicurezza.

2. Entro tre mesi dalla notifica di cui al paragrafo 1, il Consiglio adotta una decisione che istituisce la cooperazione strutturata permanente e fissa l'elenco degli Stati membri partecipanti. Il Consiglio delibera a maggioranza qualificata previa consultazione dell'alto rappresentante.

3. Ogni Stato membro che, in una fase successiva, desideri partecipare alla cooperazione strutturata permanente notifica la sua intenzione al Consiglio e all'alto rappresentante.

Il Consiglio adotta una decisione che conferma la partecipazione dello Stato membro interessato che risponde ai criteri e sottoscrive gli impegni di cui agli articoli 1 e 2 del protocollo sulla cooperazione strutturata permanente. Il Consiglio delibera a maggioranza qualificata previa consultazione dell'alto rappresentante. Solo i membri del Consiglio che rappresentano gli Stati membri partecipanti prendono parte al voto.

Per maggioranza qualificata s'intende quella definita conformemente all'articolo 238, paragrafo 3, lettera a) del trattato sul funzionamento dell'Unione europea.

4. Se uno Stato membro partecipante non soddisfa più i criteri o non può più assolvere gli impegni di cui agli articoli 1 e 2 del protocollo sulla cooperazione strutturata permanente, il Consiglio può adottare una decisione che sospende la partecipazione di questo Stato.

Il Consiglio delibera a maggioranza qualificata. Solo i membri del Consiglio che rappresentano gli Stati membri partecipanti, ad eccezione dello Stato membro in questione, prendono parte al voto.

Per maggioranza qualificata s'intende quella definita conformemente all'articolo 238, paragrafo 3, lettera a) del trattato sul funzionamento dell'Unione europea.

5. Se uno Stato membro partecipante desidera ritirarsi dalla cooperazione strutturata permanente notifica la sua decisione al Consiglio, che prende atto del fatto che la partecipazione dello Stato membro in questione termina.

6. Le decisioni e le raccomandazioni del Consiglio prese nel quadro della cooperazione strutturata permanente, diverse da quelle previste ai paragrafi da 2 a 5, sono adottate all'unanimità. Ai fini del presente paragrafo l'unanimità è costituita dai voti dei soli rappresentanti degli Stati membri partecipanti.

TITOLO VI
Disposizioni finali

47. L'Unione ha personalità giuridica.

48. *[ex articolo 48 del TUE]*

1. I trattati possono essere modificati conformemente a una procedura di revisione ordinaria. Possono inoltre essere modificati conformemente a procedure di revisione semplificate.

2. Il governo di qualsiasi Stato membro, il Parlamento europeo o la Commissione possono sottoporre al Consiglio progetti intesi a modificare i trattati. Tali progetti possono, tra l'altro, essere intesi ad accrescere o a ridurre le competenze attribuite all'Unione nei trattati. Tali progetti sono trasmessi dal Consiglio al Consiglio europeo e notificati ai parlamenti nazionali.

3. Qualora il Consiglio europeo, previa consultazione del Parlamento europeo e della Commissione, adotti a maggioranza semplice una decisione favorevole all'esame delle modifiche proposte, il presidente del Consiglio europeo convoca una convenzione composta da rappresentanti dei parlamenti nazionali, dei capi di Stato o di governo degli Stati membri, del Parlamento europeo e della Commissione. In caso di modifiche istituzionali nel settore monetario, è consultata anche la Banca centrale europea. La convenzione esamina i progetti di modifica e adotta per consenso una raccomandazione a una conferenza dei rappresentanti dei governi degli Stati membri quale prevista al paragrafo 4.
Il Consiglio europeo può decidere a maggioranza semplice, previa approvazione del Parlamento europeo, di non convocare una convenzione qualora l'entità delle modifiche non lo giustifichi. In questo caso, il Consiglio europeo definisce il mandato per una conferenza dei rappresentanti dei governi degli Stati membri.

4. Una conferenza dei rappresentanti dei governi degli Stati membri è convocata dal presidente del Consiglio allo scopo di stabilire di comune accordo le modifiche da apportare ai trattati.
Le modifiche entrano in vigore dopo essere state ratificate da tutti gli Stati membri conformemente alle rispettive norme costituzionali.

5. Qualora, al termine di un periodo di due anni a decorrere dalla firma di un trattato che modifica i trattati, i quattro quinti degli Stati membri abbiano ratificato detto trattato e uno o più Stati membri abbiano incontrato difficoltà nelle procedure di ratifica, la questione è deferita al Consiglio europeo.

6. Il governo di qualsiasi Stato membro, il Parlamento europeo o la Commissione possono sottoporre al Consiglio europeo progetti intesi a modificare in tutto o in parte le disposizioni della parte terza del trattato sul funzionamento dell'Unione europea relative alle politiche e azioni interne dell'Unione.
Il Consiglio europeo può adottare una decisione che modifica in tutto o in parte le disposizioni della parte terza del trattato sul funzionamento dell'Unione europea. Il Consiglio europeo delibera all'unanimità previa consultazione del Parlamento europeo, della Commissione e, in caso di modifiche istituzionali nel settore monetario, della Banca centrale europea. Tale decisione entra in vigore solo previa approvazione degli Stati membri conformemente alle rispettive norme costituzionali.
La decisione di cui al secondo comma non può estendere le competenze attribuite all'Unione nei trattati.

7. Quando il trattato sul funzionamento dell'Unione europea o il titolo V del presente trattato prevedono che il Consiglio deliberi all'unanimità in un settore o in un caso determinato, il Consiglio europeo può adottare una decisione che consenta al Consiglio di deliberare a maggioranza qualificata in detto settore o caso. Il presente comma non si applica alle decisioni che hanno implicazioni militari o che rientrano nel settore della difesa.
Quando il trattato sul funzionamento dell'Unione europea prevede che il Consiglio adotti atti legislativi secondo una procedura legislativa speciale, il Consiglio europeo può adottare una decisione che consenta l'adozione di tali atti secondo la procedura legislativa ordinaria.
Ogni iniziativa presa dal Consiglio europeo in base al primo o al secondo comma è trasmessa ai parlamenti nazionali. In caso di opposizione di un parlamento nazionale notificata entro sei mesi dalla data di tale trasmissione, la decisione di cui al primo o al secondo comma non è adottata. In assenza di opposizione, il Consiglio europeo può adottare detta decisione.
Per l'adozione delle decisioni di cui al primo o al secondo comma, il Consiglio europeo delibera all'unanimità previa approvazione del Parlamento europeo, che si pronuncia a maggioranza dei membri che lo compongono.

49. *[ex articolo 49 del TUE]*
Ogni Stato europeo che rispetti i valori di cui all articolo 2 e si impegni a promuoverli può domandare di diventare membro dell'Unione. Il Parlamento europeo e i parlamenti nazionali sono informati di tale domanda. Lo Stato richiedente trasmette la sua domanda al Consiglio, che si pronuncia all'unanimità, previa consultazione della Commissione e previa approvazione del Parlamento europeo, che si pronuncia a maggioranza dei membri che lo compongono. Si tiene conto dei criteri di ammissibilità convenuti dal Consiglio europeo.
Le condizioni per l'ammissione e gli adattamenti dei trattati su cui è fondata l'Unione, da essa determinati, formano l'oggetto di un accordo tra gli Stati membri e lo Stato richiedente. Tale accordo è sottoposto a ratifica da tutti gli Stati contraenti conformemente alle loro rispettive norme costituzionali.

50. – **1.** Ogni Stato membro può decidere, conformemente alle proprie norme costituzionali, di recedere dall'Unione.

2. Lo Stato membro che decide di recedere notifica

tale intenzione al Consiglio europeo. Alla luce degli orientamenti formulati dal Consiglio europeo, l'Unione negozia e conclude con tale Stato un accordo volto a definire le modalità del recesso, tenendo conto del quadro delle future relazioni con l'Unione. L'accordo è negoziato conformemente all'articolo 218, paragrafo 3 del trattato sul funzionamento dell'Unione europea. Esso è concluso a nome dell'Unione dal Consiglio, che delibera a maggioranza qualificata previa approvazione del Parlamento europeo.

3. I trattati cessano di essere applicabili allo Stato interessato a decorrere dalla data di entrata in vigore dell'accordo di recesso o, in mancanza di tale accordo, due anni dopo la notifica di cui al paragrafo 2, salvo che il Consiglio europeo, d'intesa con lo Stato membro interessato, decida all'unanimità di prorogare tale termine.

4. Ai fini dei paragrafi 2 e 3, il membro del Consiglio europeo e del Consiglio che rappresenta lo Stato membro che recede non partecipa né alle deliberazioni né alle decisioni del Consiglio europeo e del Consiglio che lo riguardano.

Per maggioranza qualificata s'intende quella definita conformemente all'articolo 238, paragrafo 3, lettera b) del trattato sul funzionamento dell'Unione europea.

5. Se lo Stato che ha receduto dall'Unione chiede di aderirvi nuovamente, tale richiesta è oggetto della procedura di cui all'articolo 49.

51. – I protocolli e gli allegati ai trattati ne costituiscono parte integrante.

52. – **1.** I trattati si applicano al Regno del Belgio, alla Repubblica di Bulgaria, alla Repubblica ceca, al Regno di Danimarca, alla Repubblica federale di Germania, alla Repubblica di Estonia, all'Irlanda, alla Repubblica ellenica, al Regno di Spagna, alla Repubblica francese, alla Repubblica di Croazia, alla Repubblica italiana, alla Repubblica di Cipro, alla Repubblica di Lettonia, alla Repubblica di Lituania, al Granducato di Lussemburgo, alla Repubblica di Ungheria, alla Repubblica di Malta, al Regno dei Paesi Bassi, alla Repubblica d'Austria, alla Repubblica di Polonia, alla Repubblica portoghese, alla Romania, alla Repubblica di Slovenia, alla Repubblica slovacca, alla Repubblica di Finlandia, al Regno di Svezia e al Regno Unito di Gran Bretagna e Irlanda del Nord.

2. Il campo di applicazione territoriale dei trattati è precisato all'articolo 355 del trattato sul funzionamento dell'Unione europea.

53. *[ex articolo 51 del TUE]*
Il presente trattato è concluso per una durata illimitata.

54. *[ex articolo 52 del TUE]*

1. Il presente trattato sarà ratificato dalle Alte parti contraenti conformemente alle loro rispettive norme costituzionali. Gli strumenti di ratifica saranno depositati presso il governo della Repubblica italiana.

2. Il presente trattato entrerà in vigore il 1° gennaio 1993, se tutti gli strumenti di ratifica saranno stati depositati; altrimenti, il primo giorno del mese successivo all'avvenuto deposito dello strumento di ratifica da parte dello Stato firmatario che procederà per ultimo a tale formalità.

55. *[ex articolo 53 del TUE]*

1. Il presente trattato, redatto in unico esemplare in lingua bulgara, ceca, croata, danese, estone, finlandese, francese, greca, inglese, irlandese, italiana, lettone, lituana, maltese, neerlandese, polacca, portoghese, rumena, slovacca, slovena, spagnola, svedese, tedesca e ungherese, i testi in ciascuna di queste lingue facenti ugualmente fede, è depositato negli archivi del governo della Repubblica italiana, che provvederà a trasmetterne copia certificata conforme a ciascuno dei governi degli altri Stati firmatari.

2. Il presente trattato può essere parimenti tradotto in qualsiasi altra lingua determinata da uno Stato membro che, in base all'ordinamento costituzionale dello Stato in questione, sia lingua ufficiale in tutto il suo territorio o in parte di esso. Lo Stato membro interessato fornisce copia certificata conforme di tale traduzione affinché sia depositata negli archivi del Consiglio.

IN FEDE DI CHE, i plenipotenziari sottoscritti hanno apposto le loro firme in calce al presente trattato.

Fatto a Maastricht, addì sette febbraio millenovecentonovantadue.

5. Carta dei diritti fondamentali dell'Unione europea

In Gazzetta Ufficiale U.E., 7 giugno 2016, n. C 202.

Il Parlamento europeo, il Consiglio e la Commissione proclamano solennemente quale Carta dei diritti fondamentali dell'Unione europea il testo riportato in appresso.

CARTA DEI DIRITTI FONDAMENTALI DELL'UNIONE EUROPEA.

I popoli d'Europa, nel creare tra loro un'unione sempre più stretta, hanno deciso di condividere un futuro di pace fondato su valori comuni.

Consapevole del suo patrimonio spirituale e morale, l'Unione si fonda sui valori indivisibili e universali della dignità umana, della libertà, dell'uguaglianza e della solidarietà; essa si basa sul principio della democrazia e sul principio dello Stato di diritto. Pone la persona al centro della sua azione istituendo la cittadinanza dell'Unione e creando uno spazio di libertà, sicurezza e giustizia.

L'Unione contribuisce alla salvaguardia e allo sviluppo

di questi valori comuni nel rispetto della diversità delle culture e delle tradizioni dei popoli d'Europa, nonché dell'identità nazionale degli Stati membri e dell'ordinamento dei loro pubblici poteri a livello nazionale, regionale e locale; essa si sforza di promuovere uno sviluppo equilibrato e sostenibile e assicura la libera circolazione delle persone, dei servizi, delle merci e dei capitali, nonché la libertà di stabilimento.

A tal fine è necessario rafforzare la tutela dei diritti fondamentali, alla luce dell'evoluzione della società, del progresso sociale e degli sviluppi scientifici e tecnologici, rendendo tali diritti più visibili in una Carta.

La presente Carta riafferma, nel rispetto delle competenze e dei compiti dell'Unione e del principio di sussidiarietà, i diritti derivanti in particolare dalle tradizioni costituzionali e dagli obblighi internazionali comuni agli Stati membri, dalla Convenzione europea per la salvaguardia dei Diritti dell'Uomo e delle Libertà fondamentali, dalle carte sociali adottate dall'Unione e dal Consiglio d'Europa, nonché dalla giurisprudenza della Corte di giustizia dell'Unione europea e da quella della Corte europea dei diritti dell'uomo. In tale contesto, la Carta sarà interpretata dai giudici dell'Unione e degli Stati membri tenendo in debito conto le spiegazioni elaborate sotto l'autorità del praesidium della Convenzione che ha redatto la Carta e aggiornate sotto la responsabilità del praesidium della Convenzione europea.

Il godimento di questi diritti fa sorgere responsabilità e doveri nei confronti degli altri come pure della comunità umana e delle generazioni future.

Pertanto, l'Unione riconosce i diritti, le libertà e i principi enunciati in appresso.

TITOLO I
Dignità

1. Dignità umana.

La dignità umana è inviolabile. Essa deve essere rispettata e tutelata.

2. Diritto alla vita.

1. Ogni persona ha diritto alla vita.

2. Nessuno può essere condannato alla pena di morte, né giustiziato.

3. Diritto all'integrità della persona.

1. Ogni persona ha diritto alla propria integrità fisica e psichica.

2. Nell'ambito della medicina e della biologia devono essere in particolare rispettati:

a) il consenso libero e informato della persona interessata, secondo le modalità definite dalla legge;

b) il divieto delle pratiche eugenetiche, in particolare di quelle aventi come scopo la selezione delle persone;

c) il divieto di fare del corpo umano e delle sue parti in quanto tali una fonte di lucro;

d) il divieto della clonazione riproduttiva degli esseri umani.

4. Proibizione della tortura e delle pene o trattamenti inumani o degradanti.

Nessuno può essere sottoposto a tortura, né a pene o trattamenti inumani o degradanti.

5. Proibizione della schiavitù e del lavoro forzato.

1. Nessuno può essere tenuto in condizioni di schiavitù o di servitù.

2. Nessuno può essere costretto a compiere un lavoro forzato o obbligatorio.

3. È proibita la tratta degli esseri umani.

TITOLO II
Libertà

6. Diritto alla libertà e alla sicurezza.

Ogni persona ha diritto alla libertà e alla sicurezza.

7. Rispetto della vita privata e della vita familiare.

Ogni persona ha diritto al rispetto della propria vita privata e familiare, del proprio domicilio e delle proprie comunicazioni.

8. Protezione dei dati di carattere personale.

1. Ogni persona ha diritto alla protezione dei dati di carattere personale che la riguardano.

2. Tali dati devono essere trattati secondo il principio di lealtà, per finalità determinate e in base al consenso della persona interessata o a un altro fondamento legittimo previsto dalla legge. Ogni persona ha il diritto di accedere ai dati raccolti che la riguardano e di ottenerne la rettifica.

3. Il rispetto di tali regole è soggetto al controllo di un'autorità indipendente.

9. Diritto di sposarsi e di costituire una famiglia.

Il diritto di sposarsi e il diritto di costituire una famiglia sono garantiti secondo le leggi nazionali che ne disciplinano l'esercizio.

10. Libertà di pensiero, di coscienza e di religione.

1. Ogni persona ha diritto alla libertà di pensiero, di coscienza e di religione. Tale diritto include la libertà di cambiare religione o convinzione, così come la libertà di manifestare la propria religione o la propria convinzione individualmente o collettivamente, in pubblico o in privato, mediante il culto, l'insegnamento, le pratiche e l'osservanza dei riti.

2. Il diritto all'obiezione di coscienza è riconosciuto secondo le leggi nazionali che ne disciplinano l'esercizio.

11. Libertà di espressione e d'informazione.

1. Ogni persona ha diritto alla libertà di espressione. Tale diritto include la libertà di opinione e la libertà di ricevere o di comunicare informazioni o idee senza che vi possa essere ingerenza da parte delle autorità pubbliche e senza limiti di frontiera.

2. La libertà dei media e il loro pluralismo sono rispettati.

12. Libertà di riunione e di associazione.

1. Ogni persona ha diritto alla libertà di riunione pacifica e alla libertà di associazione a tutti i livelli, segnatamente in campo politico, sindacale e civico, il che implica il diritto di ogni persona di fondare sindacati insieme con altri e di aderirvi per la difesa dei propri interessi.

2. I partiti politici a livello dell'Unione contribuiscono a esprimere la volontà politica dei cittadini dell'Unione.

13. Libertà delle arti e delle scienze.

Le arti e la ricerca scientifica sono libere. La libertà accademica è rispettata.

14. Diritto all'istruzione.

1. Ogni persona ha diritto all'istruzione e all'accesso alla formazione professionale e continua.

2. Questo diritto comporta la facoltà di accedere gratuitamente all'istruzione obbligatoria.

3. La libertà di creare istituti di insegnamento nel rispetto dei principi democratici, così come il diritto dei genitori di provvedere all'educazione e all'istruzione dei loro figli secondo le loro convinzioni religiose, filosofiche e pedagogiche, sono rispettati secondo le leggi nazionali che ne disciplinano l'esercizio.

15. Libertà professionale e diritto di lavorare.

1. Ogni persona ha il diritto di lavorare e di esercitare una professione liberamente scelta o accettata.

2. Ogni cittadino dell'Unione ha la libertà di cercare un lavoro, di lavorare, di stabilirsi o di prestare servizi in qualunque Stato membro.

3. I cittadini dei paesi terzi che sono autorizzati a lavorare nel territorio degli Stati membri hanno diritto a condizioni di lavoro equivalenti a quelle di cui godono i cittadini dell'Unione.

16. Libertà d'impresa.

È riconosciuta la libertà d'impresa, conformemente al diritto dell'Unione e alle legislazioni e prassi nazionali.

17. Diritto di proprietà.

1. Ogni persona ha il diritto di godere della proprietà dei beni che ha acquisito legalmente, di usarli, di disporne e di lasciarli in eredità. Nessuna persona può essere privata della proprietà se non per causa di pubblico interesse, nei casi e nei modi previsti dalla legge e contro il pagamento in tempo utile di una giusta indennità per la perdita della stessa. L'uso dei beni può essere regolato dalla legge nei limiti imposti dall'interesse generale.

2. La proprietà intellettuale è protetta.

18. Diritto di asilo.

Il diritto di asilo è garantito nel rispetto delle norme stabilite dalla convenzione di Ginevra del 28 luglio 1951 e dal protocollo del 31 gennaio 1967, relativi allo status dei rifugiati, e a norma del trattato sull'Unione europea e del trattato sul funzionamento dell'Unione europea (in appresso denominati "i trattati").

19. Protezione in caso di allontanamento, di espulsione e di estradizione.

1. Le espulsioni collettive sono vietate.

2. Nessuno può essere allontanato, espulso o estradato verso uno Stato in cui esiste un rischio serio di essere sottoposto alla pena di morte, alla tortura o ad altre pene o trattamenti inumani o degradanti.

TITOLO III
Uguaglianza

20. Uguaglianza davanti alla legge.

Tutte le persone sono uguali davanti alla legge.

21. Non discriminazione.

1. È vietata qualsiasi forma di discriminazione fondata, in particolare, sul sesso, la razza, il colore della pelle o l'origine etnica o sociale, le caratteristiche genetiche, la lingua, la religione o le convinzioni personali, le opinioni politiche o di qualsiasi altra natura, l'appartenenza ad una minoranza nazionale, il patrimonio, la nascita, la disabilità, l'età o l'orientamento sessuale.

2. Nell'ambito d'applicazione dei trattati e fatte salve disposizioni specifiche in essi contenute, è vietata qualsiasi discriminazione in base alla nazionalità.

22. Diversità culturale, religiosa e linguistica.

L'Unione rispetta la diversità culturale, religiosa e linguistica.

23. Parità tra donne e uomini.

La parità tra donne e uomini deve essere assicurata in tutti i campi, compreso in materia di occupazione, di lavoro e di retribuzione.

Il principio della parità non osta al mantenimento o all'adozione di misure che prevedano vantaggi specifici a favore del sesso sottorappresentato.

24. Diritti del minore.

1. I minori hanno diritto alla protezione e alle cure necessarie per il loro benessere. Essi possono esprimere liberamente la propria opinione. Questa viene presa in considerazione sulle questioni che li riguardano in funzione della loro età e della loro maturità.

2. In tutti gli atti relativi ai minori, siano essi compiuti da autorità pubbliche o da istituzioni private, l'interesse superiore del minore deve essere considerato preminente.

3. Il minore ha diritto di intrattenere regolarmente relazioni personali e contatti diretti con i due genitori, salvo qualora ciò sia contrario al suo interesse.

25. Diritti degli anziani.

L'Unione riconosce e rispetta il diritto degli anziani di condurre una vita dignitosa e indipendente e di partecipare alla vita sociale e culturale.

26. Inserimento delle persone con disabilità.

L'Unione riconosce e rispetta il diritto delle persone con disabilità di beneficiare di misure intese a garantirne l'autonomia, l'inserimento sociale e professionale e la partecipazione alla vita della comunità.

TITOLO IV
Solidarietà

27. Diritto dei lavoratori all'informazione e alla consultazione nell'ambito dell'impresa.

Ai lavoratori o ai loro rappresentanti devono essere garantite, ai livelli appropriati, l'informazione e la consultazione in tempo utile nei casi e alle condizioni previsti dal diritto dell'Unione e dalle legislazioni e prassi nazionali.

28. Diritto di negoziazione e di azioni collettive.

I lavoratori e i datori di lavoro, o le rispettive organizzazioni, hanno, conformemente al diritto dell'Unione e alle legislazioni e prassi nazionali, il diritto di negoziare e di concludere contratti collettivi, ai livelli appropriati, e di ricorrere, in caso di conflitti di interessi, ad azioni collettive per la difesa dei loro interessi, compreso lo sciopero.

29. Diritto di accesso ai servizi di collocamento.

Ogni persona ha il diritto di accedere a un servizio di collocamento gratuito.

30. Tutela in caso di licenziamento ingiustificato.

Ogni lavoratore ha il diritto alla tutela contro ogni licenziamento ingiustificato, conformemente al diritto dell'Unione e alle legislazioni e prassi nazionali.

31. Condizioni di lavoro giuste ed eque.

1. Ogni lavoratore ha diritto a condizioni di lavoro sane, sicure e dignitose.

2. Ogni lavoratore ha diritto a una limitazione della durata massima del lavoro, a periodi di riposo giornalieri e settimanali e a ferie annuali retribuite.

32. Divieto del lavoro minorile e protezione dei giovani sul luogo di lavoro.

Il lavoro minorile è vietato. L'età minima per l'ammissione al lavoro non può essere inferiore all'età in cui termina la scuola dell'obbligo, fatte salve le norme più favorevoli ai giovani ed eccettuate deroghe limitate.

I giovani ammessi al lavoro devono beneficiare di condizioni di lavoro appropriate alla loro età ed essere protetti contro lo sfruttamento economico o contro ogni lavoro che possa minarne la sicurezza, la salute, lo sviluppo fisico, psichico, morale o sociale o che possa mettere a rischio la loro istruzione.

33. Vita familiare e vita professionale.

1. È garantita la protezione della famiglia sul piano giuridico, economico e sociale.

2. Al fine di poter conciliare vita familiare e vita professionale, ogni persona ha il diritto di essere tutelata contro il licenziamento per un motivo legato alla maternità e il diritto a un congedo di maternità retribuito e a un congedo parentale dopo la nascita o l'adozione di un figlio.

34. Sicurezza sociale e assistenza sociale.

1. L'Unione riconosce e rispetta il diritto di accesso alle prestazioni di sicurezza sociale e ai servizi sociali che assicurano protezione in casi quali la maternità, la malattia, gli infortuni sul lavoro, la dipendenza o la vecchiaia, oltre che in caso di perdita del posto di lavoro, secondo le modalità stabilite dal diritto dell'Unione e le legislazioni e prassi nazionali.

2. Ogni persona che risieda o si sposti legalmente all'interno dell'Unione ha diritto alle prestazioni di sicurezza sociale e ai benefici sociali, conformemente al diritto dell'Unione e alle legislazioni e prassi nazionali.

3. Al fine di lottare contro l'esclusione sociale e la povertà, l'Unione riconosce e rispetta il diritto all'assistenza sociale e all'assistenza abitativa volte a garantire un'esistenza dignitosa a tutti coloro che non dispongano di risorse sufficienti, secondo le modalità stabilite dal diritto dell'Unione e le legislazioni e prassi nazionali.

35. Protezione della salute.

Ogni persona ha il diritto di accedere alla prevenzione sanitaria e di ottenere cure mediche alle condizioni stabilite dalle legislazioni e prassi nazionali. Nella definizione e nell'attuazione di tutte le politiche ed attività dell'Unione è garantito un livello elevato di protezione della salute umana.

36. Accesso ai servizi d'interesse economico generale.

Al fine di promuovere la coesione sociale e territoriale dell'Unione, questa riconosce e rispetta l'accesso ai servizi d'interesse economico generale quale previsto dalle legislazioni e prassi nazionali, conformemente ai trattati.

37. Tutela dell'ambiente.

Un livello elevato di tutela dell'ambiente e il miglioramento della sua qualità devono essere integrati nelle politiche dell'Unione e garantiti conformemente al principio dello sviluppo sostenibile.

38. Protezione dei consumatori.

Nelle politiche dell'Unione è garantito un livello elevato di protezione dei consumatori.

TITOLO V
Cittadinanza

39. Diritto di voto e di eleggibilità alle elezioni del Parlamento europeo.

1. Ogni cittadino dell'Unione ha il diritto di voto e di eleggibilità alle elezioni del Parlamento europeo nello Stato membro in cui risiede, alle stesse condizioni dei cittadini di detto Stato.

2. I membri del Parlamento europeo sono eletti a suffragio universale diretto, libero e segreto.

40. Diritto di voto e di eleggibilità alle elezioni comunali.

Ogni cittadino dell'Unione ha il diritto di voto e di eleggibilità alle elezioni comunali nello Stato membro in cui risiede, alle stesse condizioni dei cittadini di detto Stato.

41. Diritto ad una buona amministrazione.

1. Ogni persona ha diritto a che le questioni che la riguardano siano trattate in modo imparziale ed equo ed entro un termine ragionevole dalle istituzioni, organi e organismi dell'Unione.

2. Tale diritto comprende in particolare:

a) il diritto di ogni persona di essere ascoltata prima che nei suoi confronti venga adottato un provvedimento individuale che le rechi pregiudizio;

b) il diritto di ogni persona di accedere al fascicolo che la riguarda, nel rispetto dei legittimi interessi della riservatezza e del segreto professionale e commerciale;

c) l'obbligo per l'amministrazione di motivare le proprie decisioni.

3. Ogni persona ha diritto al risarcimento da parte dell'Unione dei danni cagionati dalle sue istituzioni o dai suoi agenti nell'esercizio delle loro funzioni, conformemente ai principi generali comuni agli ordinamenti degli Stati membri.

4. Ogni persona può rivolgersi alle istituzioni dell'Unione in una delle lingue dei trattati e deve ricevere una risposta nella stessa lingua.

42. Diritto d'accesso ai documenti.

Ogni cittadino dell'Unione nonché ogni persona fisica o giuridica che risieda o abbia la sede sociale in uno Stato membro ha il diritto di accedere ai documenti delle istituzioni, organi e organismi dell'Unione, a prescindere dal loro supporto.

43. Mediatore europeo.

Ogni cittadino dell'Unione nonché ogni persona fisica o giuridica che risieda o abbia la sede sociale in uno Stato membro ha il diritto di sottoporre al mediatore europeo casi di cattiva amministrazione nell'azione delle istituzioni, organi o organismi dell'Unione, salvo la Corte di giustizia dell'Unione europea nell'esercizio delle sue funzioni giurisdizionali.

44. Diritto di petizione.

Ogni cittadino dell'Unione nonché ogni persona fisica o giuridica che risieda o abbia la sede sociale in uno Stato membro ha il diritto di presentare una petizione al Parlamento europeo.

45. Libertà di circolazione e di soggiorno.

1. Ogni cittadino dell'Unione ha il diritto di circolare e di soggiornare liberamente nel territorio degli Stati membri.

2. La libertà di circolazione e di soggiorno può essere accordata, conformemente ai trattati, ai cittadini dei paesi terzi che risiedono legalmente nel territorio di uno Stato membro.

46. *Tutela diplomatica e consolare.*

Ogni cittadino dell'Unione gode, nel territorio di un paese terzo nel quale lo Stato membro di cui ha la cittadinanza non è rappresentato, della tutela delle autorità diplomatiche e consolari di qualsiasi Stato membro, alle stesse condizioni dei cittadini di detto Stato.

TITOLO VI
Giustizia

47. Diritto a un ricorso effettivo e a un giudice imparziale.

Ogni persona i cui diritti e le cui libertà garantiti dal diritto dell'Unione siano stati violati ha diritto a un ricorso effettivo dinanzi a un giudice, nel rispetto delle condizioni previste nel presente articolo.

Ogni persona ha diritto a che la sua causa sia esaminata equamente, pubblicamente ed entro un termine ragionevole da un giudice indipendente e imparziale, precostituito per legge. Ogni persona ha la facoltà di farsi consigliare, difendere e rappresentare.

A coloro che non dispongono di mezzi sufficienti è concesso il patrocinio a spese dello Stato, qualora ciò sia necessario per assicurare un accesso effettivo alla giustizia.

48. Presunzione di innocenza e diritti della difesa.

1. Ogni imputato è considerato innocente fino a quando la sua colpevolezza non sia stata legalmente provata.

2. Il rispetto dei diritti della difesa è garantito ad ogni imputato.

49. Principi della legalità e della proporzionalità dei reati e delle pene.

1. Nessuno può essere condannato per un'azione o un'omissione che, al momento in cui è stata commessa, non costituiva reato secondo il diritto interno o il diritto internazionale. Parimenti, non può essere inflitta una pena più grave di quella applicabile al momento in cui il reato è stato commesso. Se, successivamente alla commissione del reato, la legge prevede l'applicazione di una pena più lieve, occorre applicare quest'ultima.

2. Il presente articolo non osta al giudizio e alla condanna di una persona colpevole di un'azione o di un'omissione che, al momento in cui è stata commessa, costituiva un crimine secondo i principi generali riconosciuti da tutte le nazioni.

3. Le pene inflitte non devono essere sproporzionate rispetto al reato.

50. Diritto di non essere giudicato o punito due volte per lo stesso reato.

Nessuno può essere perseguito o condannato per un reato per il quale è già stato assolto o condannato nell'Unione a seguito di una sentenza penale definitiva conformemente alla legge.

TITOLO VII
Disposizioni generali che disciplinano l'interpretazione e l'applicazione della Carta

51. Ambito di applicazione.

1. Le disposizioni della presente Carta si applicano

alle istituzioni, organi e organismi dell'Unione nel rispetto del principio di sussidiarietà, come pure agli Stati membri esclusivamente nell'attuazione del diritto dell'Unione. Pertanto, i suddetti soggetti rispettano i diritti, osservano i principi e ne promuovono l'applicazione secondo le rispettive competenze e nel rispetto dei limiti delle competenze conferite all'Unione nei trattati.

2. La presente Carta non estende l'ambito di applicazione del diritto dell'Unione al di là delle competenze dell'Unione, né introduce competenze nuove o compiti nuovi per l'Unione, né modifica le competenze e i compiti definiti nei trattati.

52. Portata e interpretazione dei diritti e dei principi.

1. Eventuali limitazioni all'esercizio dei diritti e delle libertà riconosciuti dalla presente Carta devono essere previste dalla legge e rispettare il contenuto essenziale di detti diritti e libertà. Nel rispetto del principio di proporzionalità, possono essere apportate limitazioni solo laddove siano necessarie e rispondano effettivamente a finalità di interesse generale riconosciute dall'Unione o all'esigenza di proteggere i diritti e le libertà altrui.

2. I diritti riconosciuti dalla presente Carta per i quali i trattati prevedono disposizioni si esercitano alle condizioni e nei limiti dagli stessi definiti.

3. Laddove la presente Carta contenga diritti corrispondenti a quelli garantiti dalla Convenzione europea per la salvaguardia dei Diritti dell'Uomo e delle Libertà fondamentali, il significato e la portata degli stessi sono uguali a quelli conferiti dalla suddetta convenzione. La presente disposizione non preclude che il diritto dell'Unione conceda una protezione più estesa.

4. Laddove la presente Carta riconosca i diritti fondamentali quali risultano dalle tradizioni costituzionali comuni agli Stati membri, tali diritti sono interpretati in armonia con dette tradizioni.

5. Le disposizioni della presente Carta che contengono dei principi possono essere attuate da atti legislativi e esecutivi adottati da istituzioni, organi e organismi dell'Unione e da atti di Stati membri allorché essi danno attuazione al diritto dell'Unione, nell'esercizio delle loro rispettive competenze. Esse possono essere invocate dinanzi a un giudice solo ai fini dell'interpretazione e del controllo di legalità di detti atti.

6. Si tiene pienamente conto delle legislazioni e prassi nazionali, come specificato nella presente Carta.

7. I giudici dell'Unione e degli Stati membri tengono nel debito conto le spiegazioni elaborate a fine di fornire orientamenti per l'interpretazione della presente Carta.

53. Livello di protezione.

Nessuna disposizione della presente Carta deve essere interpretata come limitativa o lesiva dei diritti dell'uomo e delle libertà fondamentali riconosciuti, nel rispettivo ambito di applicazione, dal diritto dell'Unione, dal diritto internazionale, dalle convenzioni internazionali delle quali l'Unione o tutti gli Stati membri sono parti, in particolare dalla Convenzione europea per la salvaguardia dei Diritti dell'Uomo e delle Libertà fondamentali, e dalle costituzioni degli Stati membri.

54. Divieto dell'abuso di diritto.

Nessuna disposizione della presente Carta deve essere interpretata nel senso di comportare il diritto di esercitare un'attività o compiere un atto che miri a distruggere diritti o libertà riconosciuti nella presente Carta o a imporre a tali diritti e libertà limitazioni più ampie di quelle previste dalla presente Carta.

Il testo di cui sopra riprende, adattandola, la Carta proclamata il 7 dicembre 2000 e la sostituirà a decorrere dall'entrata in vigore del trattato di Lisbona (v. art. 6 par. 1 TUE).

6. Dichiarazione Universale dei Diritti dell'Uomo. Adottata dall'Assemblea delle Nazioni Unite il 10 dicembre 1948

Il 10 dicembre 1948, l'Assemblea Generale delle Nazioni Unite approvò e proclamò la Dichiarazione Universale dei Diritti Umani, il cui testo completo è stampato nelle pagine seguenti. Dopo questa solenne deliberazione, l'Assemblea delle Nazioni Unite diede istruzioni al Segretario Generale di provvedere a diffondere ampiamente questa Dichiarazione e, a tal fine, di pubblicarne e distribuirne il testo non soltanto nelle cinque lingue ufficiali dell'Organizzazione internazionale, ma anche in quante altre lingue fosse possibile usando ogni mezzo a sua disposizione. Il testo ufficiale della Dichiarazione è disponibile nelle lingue ufficiali delle Nazioni Unite, cioè cinese, francese, inglese, russo e spagnolo.

DICHIARAZIONE UNIVERSALE DEI DIRITTI UMANI

Preambolo

Considerato che il riconoscimento della dignità inerente a tutti i membri della famiglia umana e dei loro diritti, uguali ed inalienabili, costituisce il fondamento della libertà, della giustizia e della pace nel mondo;

Considerato che il disconoscimento e il disprezzo dei diritti umani hanno portato ad atti di barbarie che offendono la coscienza dell'umanità, e che l'avvento di un mondo in cui gli esseri umani godano della libertà di parola e di credo e della libertà dal timore e dal bisogno è stato proclamato come la più alta aspirazione dell'uomo;

Considerato che è indispensabile che i diritti umani siano protetti da norme giuridiche, se si vuole evitare che l'uomo sia costretto a ricorrere, come ultima istanza, alla ribellione contro la tirannia e l'oppressione;
Considerato che è indispensabile promuovere lo sviluppo di rapporti amichevoli tra le Nazioni;
Considerato che i popoli delle Nazioni Unite hanno riaffermato nello Statuto la loro fede nei diritti umani fondamentali, nella dignità e nel valore della persona umana, nell'uguaglianza dei diritti dell'uomo e della donna, ed hanno deciso di promuovere il progresso sociale e un miglior tenore di vita in una maggiore libertà;
Considerato che gli Stati membri si sono impegnati a perseguire, in cooperazione con le Nazioni Unite, il rispetto e l'osservanza universale dei diritti umani e delle libertà fondamentali;
Considerato che una concezione comune di questi diritti e di questa libertà è della massima importanza per la piena realizzazione di questi impegni;

L'Assemblea Generale

proclama

la presente dichiarazione universale dei diritti umani come ideale comune da raggiungersi da tutti i popoli e da tutte le Nazioni, al fine che ogni individuo ed ogni organo della società, avendo costantemente presente questa Dichiarazione, si sforzi di promuovere, con l'insegnamento e l'educazione, il rispetto di questi diritti e di queste libertà e di garantirne, mediante misure progressive di carattere nazionale e internazionale, l'universale ed effettivo riconoscimento e rispetto tanto fra i popoli degli stessi Stati membri, quanto fra quelli dei territori sottoposti alla loro giurisdizione.

1. – Tutti gli esseri umani nascono liberi ed eguali in dignità e diritti. Essi sono dotati di ragione e di coscienza e devono agire gli uni verso gli altri in spirito di fratellanza.

2. – Ad ogni individuo spettano tutti i diritti e tutte le libertà enunciate nella presente Dichiarazione, senza distinzione alcuna, per ragioni di razza, di colore, di sesso, di lingua, di religione, di opinione politica o di altro genere, di origine nazionale o sociale, di ricchezza, di nascita o di altra condizione. Nessuna distinzione sarà inoltre stabilita sulla base dello statuto politico, giuridico o internazionale del paese o del territorio cui una persona appartiene, sia indipendente, o sottoposto ad amministrazione fiduciaria o non autonomo, o soggetto a qualsiasi limitazione di sovranità.

3. – Ogni individuo ha diritto alla vita, alla libertà ed alla sicurezza della propria persona.

4. – Nessun individuo potrà essere tenuto in stato di schiavitù o di servitù; la schiavitù e la tratta degli schiavi saranno proibite sotto qualsiasi forma.

5. – Nessun individuo potrà essere sottoposto a tortura o a trattamento o a punizione crudeli, inumani o degradanti.

6. – Ogni individuo ha diritto, in ogni luogo, al riconoscimento della sua personalità giuridica.

7. – Tutti sono eguali dinanzi alla legge e hanno diritto, senza alcuna discriminazione, ad una eguale tutela da parte della legge. Tutti hanno diritto ad una eguale tutela contro ogni discriminazione che violi la presente Dichiarazione come contro qualsiasi incitamento a tale discriminazione.

8. – Ogni individuo ha diritto ad un'effettiva possibilità di ricorso a competenti tribunali contro atti che violino i diritti fondamentali a lui riconosciuti dalla costituzione o dalla legge.

9. – Nessun individuo potrà essere arbitrariamente arrestato, detenuto o esiliato.

10. – Ogni individuo ha diritto, in posizione di piena uguaglianza, ad una equa e pubblica udienza davanti ad un tribunale indipendente e imparziale, al fine della determinazione dei suoi diritti e dei suoi doveri, nonché della fondatezza di ogni accusa penale che gli venga rivolta.

11. – **1.** Ogni individuo accusato di un reato è presunto innocente sino a che la sua colpevolezza non sia stata provata legalmente in un pubblico processo nel quale egli abbia avuto tutte le garanzie necessarie per la sua difesa.

2. Nessun individuo sarà condannato per un comportamento commissivo od omissivo che, al momento in cui sia stato perpetuato, non costituisse reato secondo il diritto interno o secondo il diritto internazionale. Non potrà del pari essere inflitta alcuna pena superiore a quella applicabile al momento in cui il reato sia stato commesso.

12. – Nessun individuo potrà essere sottoposto ad interferenze arbitrarie nella sua vita privata, nella sua famiglia, nella sua casa, nella sua corrispondenza, né a lesione del suo onore e della sua reputazione. Ogni individuo ha diritto ad essere tutelato dalla legge contro tali interferenze o lesioni.

13. – **1.** Ogni individuo ha diritto alla libertà di movimento e di residenza entro i confini di ogni Stato.

2. Ogni individuo ha diritto di lasciare qualsiasi paese, incluso il proprio, e di ritornare nel proprio paese.

14. – **1.** Ogni individuo ha il diritto di cercare e di godere in altri paesi asilo dalle persecuzioni.

2. Questo diritto non potrà essere invocato qualora l'individuo sia realmente ricercato per reati non politici o per azioni contrarie ai fini e ai principi delle Nazioni Unite.

15. – **1.** Ogni individuo ha diritto ad una cittadinanza.

2. Nessun individuo potrà essere arbitrariamente

privato della sua cittadinanza, né del diritto di mutare cittadinanza.

16. – **1.** Uomini e donne in età adatta hanno il diritto di sposarsi e di fondare una famiglia, senza alcuna limitazione di razza, cittadinanza o religione. Essi hanno eguali diritti riguardo al matrimonio, durante il matrimonio e all'atto del suo scioglimento.

2. Il matrimonio potrà essere concluso soltanto con il libero e pieno consenso dei futuri coniugi.

3. La famiglia è il nucleo naturale e fondamentale della società e ha diritto ad essere protetta dalla società e dallo Stato.

17. – **1.** Ogni individuo ha il diritto ad avere una proprietà sua personale o in comune con altri.

2. Nessun individuo potrà essere arbitrariamente privato della sua proprietà.

18. – Ogni individuo ha diritto alla libertà di pensiero, di coscienza e di religione; tale diritto include la libertà di cambiare di religione o di credo, e la libertà di manifestare, isolatamente o in comune, e sia in pubblico che in privato, la propria religione o il proprio credo nell'insegnamento, nelle pratiche, nel culto e nell'osservanza dei riti.

19. – Ogni individuo ha diritto alla libertà di opinione e di espressione incluso il diritto di non essere molestato per la propria opinione e quello di cercare, ricevere e diffondere informazioni e idee attraverso ogni mezzo e senza riguardo a frontiere.

20. – **1.** Ogni individuo ha diritto alla libertà di riunione e di associazione pacifica.

2. Nessuno può essere costretto a far parte di un'associazione.

21. – **1.** Ogni individuo ha diritto di partecipare al governo del proprio paese, sia direttamente, sia attraverso rappresentanti liberamente scelti.

2. Ogni individuo ha diritto di accedere in condizioni di eguaglianza ai pubblici impieghi del proprio paese.

3. La volontà popolare è il fondamento dell'autorità del governo; tale volontà deve essere espressa attraverso periodiche e veritiere elezioni, effettuate a suffragio universale ed eguale, ed a voto segreto, o secondo una procedura equivalente di libera votazione.

22. – Ogni individuo, in quanto membro della società, ha diritto alla sicurezza sociale, nonché alla realizzazione attraverso lo sforzo nazionale e la cooperazione internazionale ed in rapporto con l'organizzazione e le risorse di ogni Stato, dei diritti economici, sociali e culturali indispensabili alla sua dignità ed al libero sviluppo della sua personalità.

23. – **1.** Ogni individuo ha diritto al lavoro, alla libera scelta dell'impiego, a giuste e soddisfacenti condizioni di lavoro ed alla protezione contro la disoccupazione.

2. Ogni individuo, senza discriminazione, ha diritto ad eguale retribuzione per eguale lavoro.

3. Ogni individuo che lavora ha diritto ad una rimunerazione equa e soddisfacente che assicuri a lui stesso e alla sua famiglia una esistenza conforme alla dignità umana ed integrata, se necessario, da altri mezzi di protezione sociale.

4. Ogni individuo ha diritto di fondare dei sindacati e di aderirvi per la difesa dei propri interessi.

24. – Ogni individuo ha diritto al riposo ed allo svago, comprendendo in ciò una ragionevole limitazione delle ore di lavoro e ferie periodiche retribuite.

25. – **1.** Ogni individuo ha diritto ad un tenore di vita sufficiente a garantire la salute e il benessere proprio e della sua famiglia, con particolare riguardo all'alimentazione, al vestiario, all'abitazione, e alle cure mediche e ai servizi sociali necessari; ed ha diritto alla sicurezza in caso di disoccupazione, malattia, invalidità, vedovanza, vecchiaia o in altro caso di perdita di mezzi di sussistenza per circostanze indipendenti dalla sua volontà.

2. La maternità e l'infanzia hanno diritto a speciali cure ed assistenza. Tutti i bambini, nati nel matrimonio o fuori di esso, devono godere della stessa protezione sociale.

26. – **1.** Ogni individuo ha diritto all'istruzione. L'istruzione deve essere gratuita almeno per quanto riguarda le classi elementari e fondamentali. L'istruzione elementare deve essere obbligatoria. L'istruzione tecnica e professionale deve essere messa alla portata di tutti e l'istruzione superiore deve essere egualmente accessibile a tutti sulla base del merito.

2. L'istruzione deve essere indirizzata al pieno sviluppo della personalità umana ed al rafforzamento del rispetto dei diritti umani e delle libertà fondamentali. Essa deve promuovere la comprensione, la tolleranza, l'amicizia fra tutte le Nazioni, i gruppi razziali e religiosi, e deve favorire l'opera delle Nazioni Unite per il mantenimento della pace.

3. I genitori hanno diritto di priorità nella scelta del genere di istruzione da impartire ai loro figli.

27. – **1.** Ogni individuo ha diritto di prendere parte liberamente alla vita culturale della comunità, di godere delle arti e di partecipare al progresso scientifico ed ai suoi benefici.

2. Ogni individuo ha diritto alla protezione degli interessi morali e materiali derivanti da ogni produzione scientifica, letteraria e artistica di cui egli sia autore.

28. – Ogni individuo ha diritto ad un ordine sociale e internazionale nel quale i diritti e le libertà enunciati in questa Dichiarazione possano essere pienamente realizzati.

29. – **1.** Ogni individuo ha dei doveri verso la comunità, nella quale soltanto è possibile il libero e pieno sviluppo della sua personalità.

2. Nell'esercizio dei suoi diritti e delle sue libertà, ognuno deve essere sottoposto soltanto a quelle limitazioni che sono stabilite dalla legge per assicurare il riconoscimento e il rispetto dei diritti e delle libertà degli altri e per soddisfare le giuste esigenze della morale, dell'ordine pubblico e del benessere generale in una società democratica.

3. Questi diritti e queste libertà non possono in nessun caso essere esercitati in contrasto con i fini e principi delle Nazioni Unite.

30. – Nulla nella presente Dichiarazione può essere interpretato nel senso di implicare un diritto di un qualsiasi Stato, gruppo o persona di esercitare un'attività o di compiere un atto mirante alla distruzione di alcuno dei diritti e delle libertà in essa enunciati.

7. Patto internazionale sui diritti civili e politici. Adottato a New York il 16 dicembre 1966, aperto alla firma il 19 dicembre 1966, reso esecutivo con L. 25 ottobre 1977, n. 881 ed entrato in vigore per l'Italia il 15 dicembre 1978 (1)

In Gazzetta Ufficiale, 7 dicembre 1977, n. 333, S.O.

(1) Si riporta qui di seguito il testo nella traduzione italiana non ufficiale, pubblicata in appendice alla legge che lo ha reso esecutivo.

Preambolo

Gli Stati Parti del presente Patto,

Considerato che, in conformità ai principi enunciati nello Statuto delle Nazioni Unite, il riconoscimento della dignità inerente a tutti i membri della famiglia umana e dei loro diritti, uguali e inalienabili, costituisce il fondamento della libertà, della giustizia e della pace nel mondo;

Riconosciuto che, in conformità alla Dichiarazione universale dei diritti dell'uomo, l'ideale dell'essere umano libero, che goda delle libertà civili e politiche e della libertà dal timore e dalla miseria, può essere conseguito soltanto se vengono create condizioni le quali permettano ad ognuno di godere dei propri diritti civili e politici, nonché dei propri diritti economici, sociali e culturali;

Considerato che lo Statuto delle Nazioni Unite impone agli Stati l'obbligo di promuovere il rispetto e l'osservanza universale dei diritti e delle libertà dell'uomo;

Considerato infine che l'individuo, in quanto ha dei doveri verso gli altri e verso la collettività alla quale appartiene, è tenuto a sforzarsi di promuovere e di rispettare i diritti riconosciuti nel presente Patto;

Hanno convenuto quanto segue:

PARTE I

1. – **1.** Tutti i popoli hanno il diritto di autodeterminazione. In virtù di questo diritto, essi decidono liberamente del loro statuto politico e perseguono liberamente il loro sviluppo economico, sociale e culturale.

2. Per raggiungere i loro fini, tutti i popoli possono disporre liberamente delle proprie ricchezze e delle proprie risorse naturali senza pregiudizio degli obblighi derivanti dalla cooperazione economica internazionale, fondata sul principio del mutuo interesse, e dal diritto internazionale. In nessun caso un popolo può essere privato dei propri mezzi di sussistenza.

3. Gli Stati Parti del presente Patto, ivi compresi quelli che sono responsabili dell'amministrazione di territori non autonomi e di territori in amministrazione fiduciaria, debbono promuovere l'attuazione del diritto di autodeterminazione dei popoli e rispettare tale diritto, in conformità alle disposizioni dello Statuto delle Nazioni Unite.

PARTE II

2. – **1.** Ciascuno degli Stati Parti del presente Patto si impegna a rispettare ed a garantire a tutti gli individui che si trovino sul suo territorio e siano sottoposti alla sua giurisdizione i diritti riconosciuti nel presente Patto, senza distinzione alcuna, sia essa fondata sulla razza, il colore, il sesso, la lingua, la religione, l'opinione politica o qualsiasi altra opinione, l'origine nazionale o sociale, la condizione economica, la nascita o qualsiasi altra condizione.

2. Ciascuno degli Stati Parti del presente Patto si impegna a compiere, in armonia con le proprie procedure costituzionali e con le disposizioni del presente Patto, i passi per l'adozione delle misure legislative o d'altro genere che possano occorrere per rendere effettivi i diritti riconosciuti nel presente Patto, qualora non vi provvedano già le misure, legislative e d'altro genere, in vigore.

3. Ciascuno degli Stati Parti del presente Patto s'impegna a:

a) Garantire che qualsiasi persona, i cui diritti o libertà riconosciuti dal presente Patto siano stati violati, disponga di effettivi mezzi di ricorso, anche nel caso in cui la violazione sia stata commessa da persone agenti nell'esercizio delle loro funzioni ufficiali;

b) Garantire che l'autorità competente, giudiziaria, amministrativa o legislativa, od ogni altra autorità competente ai sensi dell'ordinamento giuridico dello Stato, decida in merito ai diritti del ricorrente, e sviluppare le possibilità di ricorso in sede giudiziaria:

c) Garantire che le autorità competenti diano esecuzione a qualsiasi pronuncia di accoglimento di tali ricorsi.

3. – Gli Stati Parti del presente Patto s'impegnano a garantire agli uomini e alle donne la parità giuridica nel godimento di tutti i diritti civili e politici enunciati nel presente Patto.

4. – **1.** In caso di pericolo pubblico eccezionale, che minacci l'esistenza della nazione e venga proclamato un atto ufficiale, gli Stati Parti del presente Patto possono prendere misure le quali deroghino agli obblighi imposti dal presente Patto, nei limiti in cui la situazione strettamente lo esiga, e purché tali misure non siano incompatibili con gli altri obblighi imposti agli Stati medesimi dal diritto internazionale e non comportino una discriminazione fondata unicamente sulla razza, sul colore, sul sesso, sulla lingua, sulla religione o sull'origine sociale.

2. La suddetta disposizione non autorizza alcuna deroga agli articoli 6, 7, 8 (paragrafi 1 e 2), 11, 15, 16 e 18.

3. Ogni Stato Parte del presente Patto che si avvalga del diritto di deroga deve informare immediatamente, tramite il Segretario generale delle Nazioni Unite, gli altri Stati Parti del presente Patto sia delle disposizioni alle quali ha derogato sia dei motivi che hanno provocato la deroga. Una nuova comunicazione deve essere fatta, per lo stesso tramite, alla data in cui la deroga medesima viene fatta cessare.

5. – **1.** Nessuna disposizione del presente Patto può essere interpretata nel senso di implicare un diritto di qualsiasi Stato, gruppo o individuo di intraprendere attività o di compiere atti miranti a sopprimere uno dei diritti o delle libertà riconosciuti nel presente Patto ovvero a limitarlo in misura maggiore di quanto è previsto dal Patto stesso.

2. Nessuna restrizione o deroga a diritti fondamentali dell'uomo riconosciuti o vigenti in qualsiasi Stato Parte del presente Patto in virtù di leggi, convenzioni, regolamenti o consuetudini, può essere ammessa col pretesto che il presente Patto non li riconosce o li riconosce in minor misura.

PARTE III

6. – **1.** Il diritto alla vita è inerente alla persona umana. Questo diritto deve esser protetto dalla legge. Nessuno può essere arbitrariamente privato della vita.

2. Nei paesi in cui la pena di morte non è stata abolita, una sentenza capitale può essere pronunciata soltanto per i delitti più gravi, in conformità alle leggi vigenti al momento in cui il delitto fu commesso e purché ciò non sia in contrasto né con le disposizioni del presente Patto né con la Convenzione per la prevenzione e la punizione del delitto di genocidio. Tale pena può essere eseguita soltanto in virtù di una sentenza definitiva, resa da un tribunale competente.

3. Quando la privazione della vita costituisce delitto di genocidio, resta inteso che nessuna disposizione di questo articolo autorizza uno Stato Parte del presente Patto a derogare in alcun modo a qualsiasi obbligo assunto in base alle norme della Convenzione per la prevenzione e la punizione del delitto di genocidio.

4. Ogni condannato a morte ha il diritto di chiedere la grazia o la commutazione della pena. L'amnistia, la grazia o la commutazione della pena di morte possono essere accordate in tutti i casi.

5. Una sentenza capitale non può essere pronunciata per delitti commessi dai minori di 18 anni e non può essere eseguita nei confronti di donne incinte.

6. Nessuna disposizione di questo articolo può essere invocata per ritardare o impedire l'abolizione della pena di morte ad opera di uno Stato Parte del presente Patto.

7. – Nessuno può essere sottoposto alla tortura né a punizioni o trattamenti crudeli, disumani o degradanti, in particolare, nessuno può essere sottoposto, senza il suo libero consenso, ad un esperimento medico o scientifico.

8. – **1.** Nessuno può esser tenuto in stato di schiavitù; la schiavitù e la tratta degli schiavi sono proibite sotto qualsiasi forma.

2. Nessuno può esser tenuto in stato di servitù.

3. a) Nessuno può essere costretto a compiere un lavoro forzato od obbligatorio;

b) La lettera a) del presente paragrafo non può essere interpretata nel senso di proibire, in quei paesi dove certi delitti possono essere puniti con la detenzione accompagnata dai lavori forzati, che sia scontata una pena ai lavori forzati, inflitta da un tribunale competente;

c) L'espressione "lavoro forzato o obbligatorio", ai fini del presente paragrafo, non comprende:

i) qualsiasi lavoro o servizio, diverso da quello menzionato alla lettera b), normalmente imposto ad un individuo che sia detenuto in base a regolare decisione giudiziaria o che essendo stato oggetto di una tale decisione, sia in libertà condizionata;

ii) qualsiasi servizio di carattere militare e, in quei paesi ove è ammessa l'obiezione di coscienza, qualsiasi servizio nazionale imposto per legge agli obiettori di coscienza;

iii) qualsiasi servizio imposto in situazioni di emergenza o di calamità che minaccino la vita o il benessere della comunità;

iv) qualsiasi lavoro o servizio che faccia parte dei normali obblighi civili.

9. – **1.** Ogni individuo ha diritto alla libertà e alla sicurezza della propria persona. Nessuno può essere arbitrariamente arrestato o detenuto. Nessuno può esser privato della propria libertà, se non per i motivi e secondo la procedura previsti dalla legge.

2. Chiunque sia arrestato deve essere informato, al momento del suo arresto, dei motivi dell'arresto medesimo, e deve al più presto aver notizia di qualsiasi accusa mossa contro di lui.

3. Chiunque sia arrestato o detenuto in base ad un'accusa di carattere penale deve essere tradotto al più presto dinanzi a un giudice o ad altra autorità competente per legge ad esercitare funzioni giudiziarie, e ha diritto ad essere giudicato entro un termine ragionevole, o rilasciato. La detenzione delle persone in attesa di giudizio non deve costituire la regola, ma il loro rilascio può essere subordinato a garanzia che assicurino la comparizione dell'accusato sia ai fini del giudizio, in ogni altra fase del processo, sia eventualmente, ai fini della esecuzione della sentenza.

4. Chiunque sia privato della propria libertà per arresto o detenzione ha diritto a ricorrere ad un tribunale, affinché questo possa decidere senza indugio sulla legalità della sua detenzione e, nel caso questa risulti illegale, possa ordinare il suo rilascio.

5. Chiunque sia stato vittima di arresto o detenzione illegali ha pieno diritto a un indennizzo.

10. – **1.** Qualsiasi individuo privato della propria libertà deve essere trattato con umanità e col rispetto della dignità inerente alla persona umana.

2. a) Gli imputati, salvo circostanze eccezionali, devono essere separati dai condannati e sottoposti a un trattamento diverso, consono alla loro condizione di persone non condannate;

b) gli imputati minorenni devono esser separati dagli adulti e il loro caso deve esser giudicato il più rapidamente possibile.

3. Il regime penitenziario deve comportare un trattamento dei detenuti che abbia per fine essenziale il loro ravvedimento e la loro riabilitazione sociale. I rei minorenni devono essere separati dagli adulti e deve esser loro accordato un trattamento adatto alla loro età e al loro stato giuridico.

11. – Nessuno può essere imprigionato per il solo motivo che non è in grado di adempiere a un obbligo contrattuale.

12. – **1.** Ogni individuo che si trovi legalmente nel territorio di uno Stato ha diritto alla libertà di movimento e alla libertà di scelta della residenza in quel territorio.

2. Ogni individuo è libero di lasciare qualsiasi paese, incluso il proprio.

3. I suddetti diritti non possono essere sottoposti ad alcuna restrizione, tranne quelle che siano previste dalla legge, siano necessarie per proteggere la sicurezza nazionale, l'ordine pubblico, la sanità o la moralità pubbliche, ovvero gli altrui diritti e libertà, e siano compatibili con gli altri diritti riconosciuti dal presente Patto.

4. Nessuno può essere arbitrariamente privato del diritto di entrare nel proprio paese.

13. – Uno straniero che si trovi legalmente nel territorio di uno Stato Parte del presente Patto non può esserne espulso se non in base a una decisione presa in conformità della legge e, salvo che vi si oppongano imperiosi motivi di sicurezza nazionale, deve avere la possibilità di far valere le proprie ragioni contro la sua espulsione, di sottoporre il proprio caso all'esame dell'autorità competente, o di una o più persone specificamente designate da detta autorità, e di farsi rappresentare innanzi ad esse a tal fine.

14. – **1.** Tutti sono eguali dinanzi ai tribunali e alle corti di giustizia. Ogni individuo ha diritto ad un'equa e pubblica udienza dinanzi a un tribunale competente, indipendente e imparziale, stabilito dalla legge, allorché si tratta di determinare la fondatezza di un'accusa penale che gli venga rivolta, ovvero di accertare i suoi diritti ed obblighi mediante un giudizio civile. Il processo può svolgersi totalmente o parzialmente a porte chiuse, sia per motivi di moralità, di ordine pubblico o di sicurezza nazionale in una società democratica, sia quando lo esiga l'interesse della vita privata delle parti in causa, sia, nella misura ritenuta strettamente necessaria dal tribunale, quando per circostanze particolari la pubblicità nocerebbe agli interessi della giustizia; tuttavia, qualsiasi sentenza pronunciata in un giudizio penale o civile dovrà essere resa pubblica, salvo che l'interesse di minori esiga il contrario, ovvero che il processo verta su controversie matrimoniali o sulla tutela dei figli.

2. Ogni individuo accusato di un reato ha il diritto di essere presunto innocente sino a che la sua colpevolezza non sia stata provata legalmente.

3. Ogni individuo accusato di un reato ha diritto, in posizione di piena eguaglianza, come minimo, alle seguenti garanzie:

a) ad essere informato sollecitamente e in modo circostanziato, in una lingua a lui comprensibile, della natura e dei motivi dell'accusa a lui rivolta;

b) a disporre del tempo e dei mezzi necessari alla preparazione della difesa ed a comunicare con un difensore di sua scelta;

c) ad essere giudicato senza ingiustificato ritardo;

d) ad essere presente al processo ed a difendersi personalmente o mediante un difensore di sua scelta; nel caso sia sprovvisto di un difensore, ad essere informato del suo diritto ad averne e, ogni qualvolta l'interesse della giustizia lo esiga, a vedersi assegnato un difensore d'ufficio, a titolo gratuito se egli non dispone di mezzi sufficienti per compensarlo;

e) a interrogare o far interrogare i testimoni a carico e ad ottenere la citazione e l'interrogatorio dei testimoni a discarico nelle stesse condizioni dei testimoni a carico;

f) a farsi assistere gratuitamente da un interprete, nel caso egli non comprenda o non parli la lingua usata in udienza;

g) a non essere costretto a deporre contro se stesso o a confessarsi colpevole.

4. La procedura applicabile ai minorenni dovrà tener conto della loro età e dell'interesse a promuovere la loro riabilitazione.

5. Ogni individuo condannato per un reato ha diritto a che l'accertamento della sua colpevolezza e la condanna siano riesaminati da un tribunale di seconda istanza in conformità della legge.

6. Quando un individuo è stato condannato con sentenza definitiva e successivamente tale condanna viene annullata, ovvero viene accordata la grazia, in quanto un fatto nuovo o scoperto dopo la condanna dimostra che era stato commesso un errore giudiziario, l'individuo che ha scontato una pena in virtù di detta condanna deve essere indennizzato, in conformità della legge, a meno che non venga provato che la mancata scoperta in tempo utile del fatto ignoto è a lui imputabile in tutto o in parte.

7. Nessuno può essere sottoposto a nuovo giudizio o a nuova pena, per un reato per il quale sia stato già assolto o condannato con sentenza definitiva in conformità al diritto e alla procedura penale di ciascun paese.

15. – **1.** Nessuno può essere condannato per azioni od omissioni che, al momento in cui venivano commesse, non costituivano reato secondo il diritto interno o il diritto internazionale. Così pure, non può essere inflitta una pena superiore a quella applicabile al momento in cui il reato sia stato commesso. Se, posteriormente alla commissione del reato, la legge prevede l'applicazione di una pena più lieve, il colpevole deve beneficiarne.

2. Nulla, nel presente articolo, preclude il deferimento a giudizio e la condanna di qualsiasi individuo per atti od omissioni che, al momento in cui furono commessi, costituivano reati secondo i principi generali del diritto riconosciuti dalla comunità delle nazioni.

16. – Ogni individuo ha diritto al riconoscimento in qualsiasi luogo della sua personalità giuridica.

17. – **1.** Nessuno può essere sottoposto ad interferenze arbitrarie o illegittime nella sua vita privata, nella sua famiglia, nella sua casa o nella sua corrispondenza, né a illegittime offese al suo onore e alla sua reputazione.

2. Ogni individuo ha diritto ad essere tutelato dalla legge contro tali interferenze od offese.

18. – **1.** Ogni individuo ha diritto alla libertà di pensiero, di coscienza e di religione. Tale diritto include la libertà di avere o di adottare una religione o un credo di sua scelta, nonché la libertà di manifestare, individualmente o in comune con altri, e sia in pubblico sia in privato, la propria religione o il proprio credo nel culto e nell'osservanza dei riti, nelle pratiche e nell'insegnamento.

2. Nessuno può essere assoggettato a costrizioni che possano menomare la sua libertà di avere o adottare una religione o un credo di sua scelta.

3. La libertà di manifestare la propria religione o il proprio credo può essere sottoposta unicamente alle restrizioni previste dalla legge e che siano necessarie per la tutela della sicurezza pubblica, dell'ordine pubblico e della sanità pubblica, della morale pubblica o degli altrui diritti e libertà fondamentali.

4. Gli Stati Parti del presente Patto si impegnano a rispettare la libertà dei genitori e, ove del caso, dei tutori legali di curare l'educazione religiosa e morale dei figli in conformità alle proprie convinzioni.

19. – **1.** Ogni individuo ha diritto a non essere molestato per le proprie opinioni.

2. Ogni individuo ha il diritto alla libertà di espressione; tale diritto comprende la libertà di cercare, ricevere e diffondere informazioni e idee di ogni genere, senza riguardo a frontiere, oralmente, per iscritto, attraverso la stampa, in forma artistica o attraverso qualsiasi altro mezzo di sua scelta.

3. L'esercizio delle libertà previste al paragrafo 2 del presente articolo comporta doveri e responsabilità speciali. Esso può essere pertanto sottoposto a talune restrizioni che però devono essere espressamente stabilite dalla legge ed essere necessarie:

a) al rispetto dei diritti o della reputazione altrui;
b) alla salvaguardia della sicurezza nazionale, dell'ordine pubblico, della sanità o della morale pubbliche.

20. – **1.** Qualsiasi propaganda a favore della guerra deve esser vietata dalla legge.

2. Qualsiasi appello all'odio nazionale, razziale o religioso che costituisca incitamento alla discriminazione, all'ostilità o alla violenza deve essere vietato dalla legge.

21. – È riconosciuto il diritto di riunione pacifica. L'esercizio di tale diritto non può formare oggetto di restrizioni tranne quelle imposte in conformità alla legge e che siano necessarie in una società democratica, nell'interesse della sicurezza nazionale, della sicurezza pubblica, dell'ordine pubblico o per tutelare la sanità e la morale pubbliche o gli altrui diritti e libertà.

22. – **1.** Ogni individuo ha diritto alla libertà di associazione che include il diritto di costituire dei sindacati e di aderirvi per la tutela dei propri interessi.

2. L'esercizio di tale diritto non può formare oggetto di restrizioni, tranne quelle stabilite dalla legge e che siano necessarie in una società democratica, nell'interesse della sicurezza nazionale, della sicurezza pubblica, dell'ordine pubblico, o per tutelare la sanità e la morale pubbliche o gli altrui diritti e libertà. Il presente articolo non impedisce di imporre restrizioni legali all'esercizio di tale diritto da parte dei membri delle forze armate e della polizia.

3. Nessuna disposizione del presente articolo autorizza gli Stati Parti della Convenzione del 1948 dell'Organizzazione Internazionale del Lavoro, concernente la libertà sindacale e la tutela del diritto sindacale a adottare misure legislative che portino pregiudizio alle garanzie previste dalla menzionata Convenzione, o ad applicare le loro leggi in modo da causare tale pregiudizio.

23. – **1.** La famiglia è il nucleo naturale e fondamentale della società e ha diritto ad essere protetta dalla società e dallo Stato.

2. Il diritto di sposarsi e di fondare una famiglia è riconosciuto agli uomini e alle donne che abbiano l'età per contrarre matrimonio.

3. Il matrimonio non può essere celebrato senza il libero e pieno consenso dei futuri coniugi.

4. Gli Stati Parti del presente Patto devono prendere misure idonee a garantire la parità di diritti e di responsabilità dei coniugi riguardo al matrimonio, durante il matrimonio e al momento del suo scioglimento In caso di scioglimento, deve essere assicurata ai figli la protezione necessaria.

24. – **1.** Ogni fanciullo, senza discriminazione alcuna fondata sulla razza, il colore, il sesso, la lingua, la religione, l'origine nazionale o sociale, la condizione economica o la nascita, ha diritto a quelle misure protettive che richiede il suo stato minorile, da parte della sua famiglia, della società e dello Stato.

2. Ogni fanciullo deve essere registrato subito dopo la nascita ed avere un nome.

3. Ogni fanciullo ha diritto ad acquistare una cittadinanza.

25. – Ogni cittadino ha il diritto, e deve avere la possibilità, senza alcuna delle discriminazioni menzionate all'articolo 2 e senza restrizioni irragionevoli:

a) di partecipare alla direzione degli affari pubblici, personalmente o attraverso rappresentanti liberamente scelti;

b) di votare e di essere eletto, nel corso di elezioni veritiere, periodiche, effettuate a suffragio universale ed eguale, ed a voto segreto, che garantiscano la libera espressione della volontà degli elettori;

c) di accedere, in condizioni generale di eguaglianza, ai pubblici impieghi del proprio paese.

26. – Tutti gli individui sono eguali dinanzi alla legge e hanno diritto, senza alcuna discriminazione, ad una eguale tutela da parte della legge. A questo riguardo, la legge deve proibire qualsiasi discriminazione e garantire a tutti gli individui una tutela eguale ed effettiva contro ogni discriminazione, sia essa fondata sulla razza, il colore, il sesso, la lingua, la religione, l'opinione politica o qualsiasi altra opinione, l'origine nazionale o sociale, la condizione economica, la nascita o qualsiasi altra condizione.

27. – In quegli Stati, nei quali esistono minoranze etniche, religiose, o linguistiche, gli individui appartenenti a tali minoranze non possono essere privati del diritto di avere una vita culturale propria, di professare e praticare la propria religione, o di usare la propria lingua, in comune con gli altri membri del proprio gruppo.

PARTE IV

28. – **1.** È istituito un Comitato dei diritti dell'uomo (indicato di qui innanzi, nel presente Patto, come "il Comitato"). Esso si compone di diciotto membri ed esercita le funzioni qui appresso previste.

2. Il Comitato si compone di cittadini degli Stati Parti del presente Patto, i quali debbono essere persone di alta levatura morale e di riconosciuta competenza nel campo dei diritti dell'uomo. Sarà tenuto conto dell'opportunità che facciano parte del Comitato alcune persone aventi esperienza giuridica.

3. I membri del Comitato sono eletti e ricoprono la loro carica a titolo individuale.

29. – **1.** I membri del Comitato sono eletti a scrutinio segreto fra una lista di persone che posseggono le qualità stabilite all'articolo 28 e che siano state designate a tal fine dagli Stati Parti del presente Patto.

2. Ogni Stato Parte del presente Patto può designare non più di due persone. Queste persone devono essere cittadini dello Stato che le designa.

3. La stessa persona può essere designata più di una volta.

30. – **1.** La prima elezione si svolgerà entro sei mesi a partire dalla data di entrata in vigore del presente Patto.

2. Almeno quattro mesi prima della data di ciascuna elezione al Comitato, salvo che si tratti di elezione per colmare una vacanza dichiarata in conformità all'articolo 34, il Segretario generale delle Nazioni Unite invita per iscritto gli Stati Parti del presente Patto a designare, nel termine di tre mesi, i candidati da essi proposti come membri del Comitato.

3. Il Segretario generale delle Nazioni Unite compila una lista in ordine alfabetico di tutte le persone così designate, facendo menzione degli Stati Parti che le hanno designate, e la comunica agli Stati Parti del presente Patto almeno un mese prima della data di ogni elezione.

4. L'elezione dei membri del Comitato ha luogo nel corso di una riunione degli Stati Parti del presente Patto convocata dal Segretario generale delle Nazioni Unite presso la sede dell'Organizzazione. In tale riunione, per la quale il quorum è costituito dai due terzi degli Stati Parti del presente Patto, sono eletti membri del Comitato i candidati che ottengono il maggior numero di voti e la maggioranza assoluta dei voti dei rappresentanti degli Stati Parti presenti e votanti.

31. – **1.** Il Comitato non può comprendere più di un cittadino dello stesso Stato.

2. Nell'elezione del Comitato, deve tenersi conto di un'equa ripartizione geografica dei seggi, e della rappresentanza sia delle diverse forme di civiltà sia dei principali sistemi giuridici.

32. – **1.** I membri del Comitato sono eletti per un periodo di quattro anni; se vengono nuovamente designati, sono rieleggibili. Tuttavia, il mandato di nove membri eletti alla prima elezione scadrà al termine di due anni; subito dopo la prima elezione, i nomi di questi nove membri saranno tirati a sorte dal Presidente della riunione di cui al paragrafo 4 dell'articolo 30.

2. Allo scadere del mandato, le elezioni si svolgono in conformità alle disposizioni degli articoli precedenti di questa parte del Patto.

33. – **1.** Se, a giudizio unanime degli altri membri, un membro del Comitato abbia cessato di esercitare le sue funzioni per qualsiasi causa diversa da un'assenza di carattere temporaneo, il Presidente del Comitato ne informa il Segretario generale delle Nazioni Unite. il quale dichiara vacante il seggio occupato da detto membro.

2. In caso di morte o di dimissioni di un membro del Comitato, il Presidente ne informa immediatamente il Segretario generale delle Nazioni Unite, il quale dichiara vacante il seggio a partire dalla data della morte o dalla data in cui avranno effetto le dimissioni.

34. – **1.** Quando una vacanza viene dichiarata in conformità; all'arti colo 33, e se il mandato del membro da sostituire non deve aver fine entro i sei mesi successivi alla dichiarazione di vacanza, il Segretario generale delle Nazioni Unite ne avverte gli Stati Parti del presente Patto, i quali possono entro due mesi designare dei candidati, in conformità all'articolo 29, per ricoprire il seggio vacante.

2. Il Segretario generale delle Nazioni Unite compila una lista in ordine alfabetico delle persone così designate e la comunica agli Stati Parti del presente Patto. L'elezione per ricoprire il seggio vacante si svolge quindi in conformità alle disposizioni pertinenti della presente parte del Patto.

3. Un membro del Comitato eletto ad un seggio dichiarato vacante in conformità all'articolo 33 rimane in carica fino alla scadenza del mandato del membro, il cui seggio nel Comitato sia divenuto vacante ai sensi del predetto articolo.

35. – I membri del Comitato ricevono, con l'approvazione dell'Assemblea Generale delle Nazioni Unite, degli emolumenti prelevati sui fondi della Organizzazione, alle condizioni stabilite dall'Assemblea Generale, avuto riguardo all'importanza delle funzioni del Comitato.

36. – Il Segretario generale delle Nazioni Unite mette a disposizione del Comitato il personale e i mezzi materiali necessari perché esso possa svolgere efficacemente le funzioni previste dal presente Patto.

37. – **1.** Il Segretario generale delle Nazioni Unite convocherà la prima riunione del Comitato nella sede dell'Organizzazione.

2. Dopo la sua prima riunione, il Comitato si riunisce alle scadenze previste dal proprio regolamento interno.

3. Le riunioni del Comitato si tengono normalmente nella Sede delle Nazioni Unite ovvero nell'Ufficio delle Nazioni Unite a Ginevra.

38. – Ogni membro del Comitato, prima di assumere la carica, deve fare in udienza pubblica dichiarazione solenne che egli eserciterà le sue funzioni in modo imparziale e coscienzioso.

39. – **1.** Il Comitato elegge il proprio ufficio di presidenza per un periodo di due anni. I componenti di tale ufficio sono rieleggibili.

2. Il Comitato stabilisce il proprio regolamento interno; questo deve tuttavia contenere, tra l'altro, le disposizioni seguenti: a) Il quorum è di dodici membri; b) Le decisioni del Comitato sono prese a maggioranza dei membri presenti.

40. – **1.** Gli Stati Parti del presente Patto si impegnano a presentare rapporti sulle misure che essi avranno adottate per dare attuazione ai diritti riconosciuti nel presente Patto, nonché sui progressi compiuti nel godimento di tali diritti: a) entro un anno dall'entrata in vigore del presente Patto rispetto a ciascuno degli Stati Parti; b) Successivamente, ogni volta che il Comitato ne farà richiesta.

2. Tutti i rapporti sono indirizzati al Segretario generale delle Nazioni Unite, che li trasmette per esame al Comitato. I rapporti indicano, ove del caso, i fattori e le difficoltà che influiscano sull'applicazione del presente Patto.

3. Il Segretario generale delle Nazioni Unite, previa consultazione col Comitato, può trasmettere agli Istituti specializzati interessati copia di quelle parti dei rapporti che possono riguardare i campi di loro competenza.

4. Il Comitato studia i rapporti presentati dagli Stati Parti del presente Patto. Esso trasmette agli Stati Parti i propri rapporti e le osservazioni generali che ritenga opportune. Il Comitato può anche trasmettere al Consiglio Economico e Sociale tali osservazioni, accompagnate da copie dei rapporti ricevuti dagli Stati Parti del presente Patto.

5. Gli Stati Parti del presente Patto possono presentare al Comitato i propri rilievi circa qualsiasi osservazione fatta ai sensi del paragrafo 4 del presente articolo.

41. – **1.** Ogni Stato Parte del presente Patto può dichiarare in qualsiasi momento, in base al presente articolo, di riconoscere la competenza del Comitato a ricevere ed esaminare comunicazioni, nelle quali uno Stato Parte pretenda che un altro Stato Parte non adempie agli obblighi derivanti dal presente Patto. Le comunicazioni di cui al presente articolo possono essere ricevute ed esaminate soltanto se provenienti da uno Stato Parte che abbia dichiarato di riconoscere, per quanto lo concerne, la competenza del Comitato. Il Comitato non può ricevere nessuna comunicazione riguardante uno Stato Parte che non abbia fatto tale dichiarazione. Alle comunicazioni ricevute in conformità al presente articolo si applica la procedura seguente:

a) Se uno Stato Parte del presente Patto ritiene che un altro Stato Parte non applica le disposizioni del presente Patto, esso può richiamare sulla questione, mediante comunicazione scritta, l'attenzione di tale Stato. Entro tre mesi dalla data di ricezione della comunicazione, lo Stato destinatario fa pervenire allo Stato che gli ha inviato la comunicazione delle spiegazioni o altre dichiarazioni scritte intese a chiarire la questione, che dovrebbero includere, purché ciò sia possibile e pertinente, riferimenti alle procedure e ai ricorsi interni già utilizzati, o tuttora pendenti, ovvero ancora esperibili.

b) Se, nel termine di sei mesi dalla data di ricezione della comunicazione iniziale da parte dello Stato destinatario, la questione non è stata risolta con soddisfazione di entrambi gli Stati Parti interessati, tanto l'uno che l'altro hanno il diritto di deferirla al Comitato, mediante notifica fatta sia al Comitato sia all'altro interessato.

c) Il Comitato può entrare nel merito di una questione ad esso deferita soltanto dopo avere accertato che tutti i ricorsi interni disponibili siano stati esperiti ed esauriti in conformità ai principi di diritto internazionale generalmente riconosciuti. Questa norma non si applica se la trattazione dei ricorsi subisce ingiustificati ritardi.

d) Quando esamina le comunicazioni previste dal presente articolo il Comitato tiene seduta a porte chiuse.

e) Salvo quanto è stabilito alla lettera c), il Comitato mette i suoi buoni uffici a disposizione degli Stati Parti interessati, allo scopo di giungere ad una soluzione amichevole della questione, basata sul rispetto dei diritti dell'uomo e delle libertà fondamentali, quali sono riconosciuti dal presente Patto.

f) In ogni questione ad esso deferita, il Comitato può chiedere agli Stati Parti interessati, di cui alla lettera b), di fornire qualsiasi informazione pertinente.

g) Gli Stati Parti interessati, di cui alla lettera b), hanno diritto di farsi rappresentare quando la questione viene esaminata dal Comitato e di presentare osservazioni oralmente o per scritto, o in entrambe le forme.

h) Il Comitato deve presentare un rapporto, entro dodici mesi dalla data di ricezione della notifica prevista alla lettera b): i) Se è stata trovata una soluzione conforme alle condizioni indicate alla lettera e), il Comitato limita il suo rapporto ad una breve esposizione dei fatti e della soluzione raggiunta; ii) Se non è stata trovata una soluzione conforme alle condizioni indicate alla lettera e), il Comitato limita il suo rapporto a una breve esposizione dei fatti; il testo delle osservazioni scritte e i verbali delle osservazioni orali presentate dagli Stati Parti interessati vengono allegati al rapporto. Per ogni questione, il rapporto è comunicato agli Stati Parti interessati.

2. Le disposizioni del presente articolo entreranno in vigore quando dieci Stati Parti del presente Patto avranno fatto la dichiarazione prevista al paragrafo 1 del presente articolo. Detta dichiarazione sarà depositata dagli Stati Parti presso il Segretario generale delle Nazioni Unite, che ne trasmetterà copia agli altri Stati Parti. Una dichiarazione potrà essere ritirata in qualsiasi momento mediante notifica diretta al Segretario generale. Questo ritiro non pregiudicherà l'esame di qualsiasi questione che formi oggetto di una comunicazione già inviata in base al presente articolo; nessun'altra comunicazione di uno Stato Parte sarà ricevuta dopo che il Segretario generale abbia ricevuto notifica del ritiro della dichiarazione, salvo che lo Stato Parte interessato non abbia fatto una nuova dichiarazione.

42. – 1. a) Se una questione deferita al Comitato in conformità all'articolo 41 non viene risolta in modo soddisfacente per gli Stati Parti interessati, il Comitato, previo consenso degli Stati Parti interessati, può designare una Commissione di conciliazione ad hoc (indicata da qui innanzi come "la Commissione"). La Commissione mette i suoi buoni uffici a disposizione degli Stati Parti interessati, allo scopo di giungere ad una soluzione amichevole della questione, basata sul rispetto del presente Patto.

b) La Commissione è composta di cinque membri nominati di concerto con gli Stati Parti interessati. Se gli Stati Parti interessati non pervengono entro tre mesi a un'intesa sulla composizione della Commissione, o di parte di essa, i membri della Commissione sui quali non è stato raggiunto l'accordo sono eletti dal Comitato fra i propri membri, con voto segreto e a maggioranza dei due terzi.

2. I membri della Commissione ricoprono tale carica a titolo individuale. Essi non devono essere cittadini né degli Stati Parti interessati, né di uno Stato che non sia parte del presente Patto, né di uno Stato Parte che non abbia fatto la dichiarazione prevista all'articolo 11.

3. La Commissione elegge il suo Presidente e adotta il suo regolamento interno.

4. Le riunioni della Commissione si tengono normalmente nella Sede delle Nazioni Unite ovvero nell'Ufficio delle Nazioni Unite a Ginevra. Tuttavia, esse possono svolgersi in qualsiasi altro luogo appropriato che può essere stabilito dalla Commissione previa consultazione con il Segretario generale delle Nazioni Unite e con gli Stati Parti interessati.

5. Il segretariato previsto all'articolo 36 presta i suoi servigi anche alle commissioni nominate in base al presente articolo.

6. Le informazioni ricevute e vagliate dal Comitato sono messe a disposizione della Commissione, e la Commissione può chiedere agli Stati Parti interessati di fornirle ogni altra informazione pertinente.

7. Dopo un completo esame della questione, ma in ogni caso entro un termine massimo di dodici mesi dal momento in cui ne è stata investita, la Commissione presenta un rapporto al Presidente del Comitato, perché sia trasmesso agli Stati Parti interessati: a) se la Commissione non è in grado di completare l'esame della questione entro i dodici mesi, essa si limita ad esporre brevemente nel suo rapporto a qual punto si trovi l'esame della questione medesima; b) se si è giunti ad una soluzione amichevole della questione, basata sul rispetto dei diritti dell'uomo riconosciuti nel presente Patto, la Commissione si limita ad esporre brevemente nel suo rapporto i fatti e la soluzione a cui si è pervenuti; c) se non si è giunti ad una soluzione ai sensi della lettera b), la Commissione espone nel suo rapporto i propri accertamenti su tutti i punti di fatto relativi alla questione dibattuta fra gli Stati Parti interessati, nonché le proprie considerazioni circa la possibilità di una soluzione amichevole dell'affare. Il rapporto comprende pure le osservazioni scritte e un verbale delle osservazioni orali presentate dagli Stati Parti interessati; d) se il rapporto della Commissione è presentato in conformità alla lettera c), gli Stati Parti interessati, entro tre mesi dalla ricezione del rapporto, debbono rendere noto al Presidente del Comitato se accettano o meno i termini del rapporto della Commissione.

8. Le disposizioni del presente articolo non pregiudicano le attribuzioni del Comitato previste all'art. 41.

9. Tutte le spese dei membri della Commissione sono ripartite in parti uguali tra gli Stati interessati, in base a un preventivo predisposto dal Segretario generale delle Nazioni Unite.

10. Il Segretario generale delle Nazioni Unite è autorizzato a pagare, se occorre, le spese dei membri della Commissione prima che gli Stati Parti interessati ne abbiano effettuato il rimborso, in conformità al paragrafo 9 del presente articolo.

43. – I membri del Comitato e i membri delle commissioni di conciliazione ad hoc che possano essere designate ai sensi dell'articolo 42 hanno diritto a quelle agevolazioni, quei privilegi e quelle immunità riconosciuti agli esperti in missione per conto delle Nazioni Unite, che sono enunciati nelle sezioni pertinenti della Convenzione sui privilegi e le immunità delle Nazioni Unite.

44. – Le disposizioni per l'attuazione del presente Patto si applicano senza pregiudizio delle procedure istituite nel campo dei diritti dell'uomo ai sensi o sulla base degli strumenti costitutivi e delle convenzioni delle Nazioni Unite e degli Istituti specializzati e non impediscono agli Stati Parti del presente Patto di ricorrere ad altre procedure per la soluzione di una controversia, in conformità agli accordi internazionali generali o speciali in vigore tra loro.

45. – Il Comitato tramite il Consiglio Economico e Sociale, presenta ogni anno all'Assemblea Generale delle Nazioni Unite un rapporto sulle sue attività.

PARTE V

46. – Nessuna disposizione del presente Patto può essere interpretata in senso lesivo delle disposizioni dello Statuto delle Nazioni Unite e degli statuti degli Istituti specializzati che definiscono le funzioni rispettive dei vari organi delle Nazioni Unite e degli Istituti specializzati riguardo alle questioni trattate nel presente Patto.

47. – Nessuna disposizione del presente Patto può essere interpretata in senso lesivo del diritto inerente a tutti i popoli di godere e di disporre pienamente e liberamente delle loro ricchezze e risorse naturali.

PARTE VI

48. – **1.** Il presente Patto è aperto alla firma di ogni Stato membro delle Nazioni Unite o membro di uno qualsiasi dei loro Istituti specializzati di ogni Stato Parte dello Statuto della Corte Internazionale di Giustizia, nonché di qualsiasi altro Stato che sia invitato dall'Assemblea Generale delle Nazioni Unite a divenire parte del presente Patto.

2. Il presente Patto è soggetto a ratifica. Gli strumenti di ratifica saranno depositati presso il Segretario generale delle Nazioni Unite.

3. Il presente Patto sarà aperto all'adesione di qualsiasi Stato tra quelli indicati al paragrafo 1 del presente articolo.

4. L'adesione sarà effettuata mediante deposito di uno strumento di adesione presso il Segretario generale delle Nazioni Unite.

5. Il Segretario generale delle Nazioni Unite informerà tutti gli Stati che abbiano firmato il presente Patto, o che vi abbiano aderito, del deposito di ogni strumento di ratifica o di adesione.

49. – **1.** Il presente Patto entrerà in vigore tre mesi dopo la data del deposito presso il Segretario generale delle Nazioni Unite del trentacinquesimo strumento di ratifica o di adesione.

2. Per ognuno degli Stati che ratificheranno il presente Patto o vi aderiranno successivamente al deposito del trentacinquesimo strumento di ratifica o di adesione, il Patto medesimo entrerà in vigore tre mesi dopo la data del deposito, a parte di tale Stato, del suo strumento di ratifica o di adesione.

50. – Le disposizioni del presente Patto si applicano, senza limitazione o eccezione alcuna, a tutte le unità costitutive degli Stati federali.

51. – **1.** Ogni Stato Parte del presente Patto potrà proporre un emendamento e depositarne il testo presso il Segretario generale delle Nazioni Unite. Il Segretario generale comunicherà quindi le proposte di emendamento agli Stati Parti del presente Patto, chiedendo loro di informarlo se sono favorevoli alla convocazione di una conferenza degli Stati Parti per esaminare dette proposte e metterle ai voti. Se almeno un terzo degli Stati Parti si dichiarerà a favore di tale convocazione, il Segretario generale convocherà la conferenza sotto gli auspici delle Nazioni Unite. Ogni emendamento approvato dalla maggioranza degli Stati presenti e votanti alla conferenza sarà sottoposto all'approvazione dell'Assemblea Generale delle Nazioni Unite.

2. Gli emendamenti entreranno in vigore dopo esser stati approvati dall'Assemblea Generale delle Nazioni Unite e accettati, in conformità alle rispettive procedure costituzionali, da una maggioranza di due terzi degli Stati Parti del presente Patto.

3. Quando gli emendamenti entreranno in vigore, essi saranno vincolanti per gli Stati Parti che li abbiano accettati, mentre gli altri Stati Parti rimarranno vincolati dalle disposizioni del presente Patto e da qualsiasi emendamento anteriore che essi abbiano accettato.

52. – Indipendentemente dalle notifiche effettuate ai sensi del paragrafo 5 dell'articolo 48, il Segretario generale delle Nazioni Unite informerà tutti gli Stati indicati al paragrafo 1 di detto articolo: a) delle firme apposte al presente Patto e degli strumenti di ratifica e di adesione depositati in conformità all'articolo 48 b) della data in cui il presente Patto entrerà in vigore, in conformità all'articolo 49, e della data in cui entreranno in vigore gli emendamenti ai sensi dell'articolo 51.

53. – **1.** Il presente Patto, di cui i testi cinese, francese, inglese, russo e spagnolo, fanno egualmente fede, sarà depositato negli archivi delle Nazioni Unite.

2. Il Segretario generale delle Nazioni Unite trasmetterà copie autentiche del presente Patto a tutti gli Stati indicati all'articolo 48.

8. Convenzione per la salvaguardia dei Diritti dell'Uomo e delle Libertà fondamentali. Adottata a Roma il 4 novembre 1950, resa esecutiva con L. 4 agosto 1955, n. 848 ed entrata in vigore per l'Italia il 26 ottobre 1955 (1)

In Gazzetta Ufficiale, 24 settembre 1955, n. 221.

(1) Si riporta qui di seguito il testo della Convenzione nella traduzione italiana ufficiale, curata dalla Cancelleria federale della Svizzera, per quanto concerne il testo originario; per le successive modifiche o sostituzioni operate dai Protocolli n. 11 (che, adottato a Strasburgo l'11.5.1994, è entrato in vigore per l'Italia il 1°.11.1998) e n. 14 (che, adottato a Strasburgo il 13.5.2004, è entrato in vigore per l'Italia il 1°.6.2010) sono state invece utilizzate le traduzioni italiane non ufficiali pubblicate in appendice alle leggi che li hanno resi esecutivi, rispettivamente la l. 28.8.1997, n. 296 (in Gazz .Uff. 12.9.1997, n. 213) e la l. 15.12.2005, n. 280 (in Gazz. Uff. 5.1.2006, n. 4).

I Governi firmatari, membri del Consiglio d'Europa,

Considerata la Dichiarazione universale dei Diritti dell'Uomo, proclamata dall'Assemblea generale delle Nazioni Unite il 10 dicembre 1948;

Considerato che detta Dichiarazione mira a garantire il riconoscimento e l'applicazione universali ed effettivi dei diritti che vi sono enunciati;

Considerato che il fine del Consiglio d'Europa è quello di realizzare un'unione più stretta tra i suoi membri, e che uno dei mezzi per conseguire tale fine è la salvaguardia e lo sviluppo dei diritti dell'uomo e delle libertà fondamentali;

Riaffermato il loro profondo attaccamento a tali libertà fondamentali che costituiscono le basi stesse della giustizia e della pace nel mondo e il cui mantenimento si fonda essenzialmente, da una parte, su un regime politico effettivamente democratico e dall'altra, su una concezione comune e un comune rispetto dei diritti dell'uomo di cui essi si valgono;

Risoluti, in quanto governi di Stati europei animati da uno stesso spirito e forti di un patrimonio comune di tradizioni e di ideali politici, di rispetto della libertà e di preminenza del diritto, a prendere le prime misure atte ad assicurare la garanzia collettiva di alcuni dei diritti enunciati nella Dichiarazione universale,

hanno convenuto quanto segue:

1. Obbligo di rispettare i diritti dell'uomo (1).

Le Alte Parti Contraenti riconoscono ad ogni persona soggetta alla loro giurisdizione i diritti e le libertà definiti al Titolo I della presente Convenzione.

(1) Rubrica aggiunta dal Protocollo n. 11, firmato a Strasburgo l'11.5.1994 e ratificato con l. 28.8.1997, n. 296.

TITOLO I
Diritti e libertà (1)

(1) Rubrica aggiunta dal Protocollo n. 11, firmato a Strasburgo l'11.5.1994 e ratificato con l. 28.8.1997, n. 296.

2. Diritto alla vita (1).

1. Il diritto alla vita di ogni persona è protetto dalla legge. Nessuno può essere intenzionalmente privato della vita, salvo che in esecuzione di una sentenza capitale pronunciata da un tribunale, nei casi in cui il delitto sia punito dalla legge con tale pena.

2. La morte non è considerata inflitta in violazione di questo articolo quando derivasse da un ricorso alla forza reso assolutamente necessario:

a) per assicurare la difesa di qualsiasi persona da una violenza illegittima;

b) per eseguire un arresto legale o per impedire l'evasione di una persona legalmente detenuta;

c) per reprimere, in modo conforme alla legge, una sommossa o una insurrezione.

(1) Rubrica aggiunta dal Protocollo n. 11, firmato a Strasburgo l'11.5.1994 e ratificato con l. 28.8.1997, n. 296.

3. Divieto della tortura [1].

Nessuno può essere sottoposto a tortura né a pene o trattamenti inumani o degradanti.

(1) Rubrica aggiunta dal Protocollo n. 11, firmato a Strasburgo l'11.5.1994 e ratificato con l. 28.8.1997, n. 296.

4. Divieto di schiavitù e del lavoro forzato [1].

1. Nessuno può essere tenuto in condizioni di schiavitù o di servitù.

2. Nessuno può essere costretto a compiere un lavoro forzato o obbligatorio.

3. Non è considerato "lavoro forzato o obbligatorio" ai sensi del presente articolo:

a) ogni lavoro normalmente richiesto ad una persona detenuta alle condizioni previste dall'articolo 5 della presente Convenzione o durante il periodo di libertà condizionale;

b) ogni servizio di carattere militare o, nel caso di obiettori di coscienza nei paesi nei quali l'obiezione di coscienza è riconosciuta legittima, un altro servizio sostitutivo di quello militare obbligatorio;

c) ogni servizio richiesto in occasione di calamità che pongono in pericolo la vita o il benessere della comunità;

d) ogni lavoro o servizio che faccia parte dei normali doveri civici.

(1) Rubrica aggiunta dal Protocollo n. 11, firmato a Strasburgo l'11.5.1994 e ratificato con l. 28.8.1997, n. 296.

5. Diritto alla libertà e alla sicurezza [1].

1. Ogni persona ha diritto alla libertà e alla sicurezza. Nessuno può essere privato della libertà salvo che nei casi seguenti e nei modi previsti dalla legge:

a) se è detenuto legittimamente in seguito a condanna da parte di un tribunale competente;

b) se è stato oggetto di un arresto o di una detenzione legittima per inosservanza di un provvedimento legittimamente adottato da un tribunale ovvero per garantire l'esecuzione di un obbligo imposto dalla legge;

c) se è stato arrestato o detenuto per essere tradotto dinanzi all'autorità giudiziaria competente quando vi sono fondati motivi per sospettare che abbia commesso un reato o ci sono fondati motivi per ritenere necessario di impedirgli di commettere un reato o di fuggire dopo averlo commesso;

d) se si tratta della detenzione legittima di un minore, decisa per sorvegliare la sua educazione, o di sua legale detenzione al fine di tradurlo dinanzi all'autorità competente;

e) se si tratta della detenzione legittima di una persona per prevenire la diffusione di una malattia contagiosa, di un alienato di mente, di un alcoolizzato, di un tossicodipendente o di un vagabondo;

f) se si tratta dell'arresto o della detenzione legittima di una persona per impedirle di entrare clandestinamente nel territorio, o di una persona contro la quale è in corso un procedimento di espulsione o di estradizione.

2. Ogni persona che venga arrestata deve essere informata al più presto e in una lingua a lei comprensibile dei motivi dell'arresto e degli addebiti contestati.

3. Ogni persona arrestata o detenuta nelle condizioni previste dal paragrafo 1, lettera c) del presente articolo, deve essere tradotta al più presto dinanzi a un giudice o a un altro magistrato autorizzato dalla legge ad esercitare funzioni giudiziarie e ha diritto di essere giudicata entro un termine ragionevole o di essere posta in libertà durante il procedimento. La scarcerazione può essere subordinata ad una garanzia che assicuri la comparizione della persona all'udienza.

4. Ogni persona privata della libertà mediante arresto o detenzione ha il diritto di presentare un ricorso davanti ad un tribunale affinché esso decida, entro breve tempo, sulla legittimità della sua detenzione e ne ordini la scarcerazione se la detenzione è illegittima.

5. Ogni persona vittima di arresto o di detenzione eseguiti in violazione alle disposizioni di questo articolo ha diritto ad un indennizzo.

(1) Rubrica aggiunta dal Protocollo n. 11, firmato a Strasburgo l'11.5.1994 e ratificato con l. 28.8.1997, n. 296.

6. Diritto ad un processo equo [1].

1. Ogni persona ha diritto ad un'equa e pubblica udienza entro un termine ragionevole, davanti ad un tribunale indipendente e imparziale e costituito per legge, che decide sia in ordine alla controversia sui suoi diritti e obblighi di natura civile, sia sul fondamento di ogni accusa in materia penale derivata contro di lei. La sentenza deve essere resa pubblicamente, ma l'accesso alla sala d'udienza può essere vietato alla stampa e al pubblico durante tutto o una parte del processo nell'interesse della morale, dell'ordine pubblico o della sicurezza nazionale in una società democratica, quando lo esigono gli interessi dei minori o la tutela della vita privata delle parti in causa, nella misura ritenuta strettamente necessaria dal tribunale quando, in speciali circostanze, la pubblicità potrebbe pregiudicare gli interessi della giustizia.

2. Ogni persona accusata di un reato si presume innocente sino a quando la sua colpevolezza non sia stata legalmente accertata.

3. Ogni accusato ha diritto soprattutto a:

a) essere informato, nel più breve tempo possibile, in una lingua a lui comprensibile e in modo dettagliato, della natura e dei motivi dell'accusa elevata a suo carico;

b) disporre del tempo e dei mezzi necessari per preparare la sua difesa;
c) difendersi personalmente o con l'assistenza di un difensore di propria scelta e, se non ha i mezzi per pagare un difensore, poter essere assistito gratuitamente da un avvocato d'ufficio, quando lo esigono gli interessi della giustizia;
d) interrogare o far interrogare i testimoni a carico ed ottenere la citazione e l'interrogatorio dei testimoni a discarico a pari condizioni dei testimoni a carico;
e) farsi assistere gratuitamente da un interprete se non comprende o non parla la lingua usata nell'udienza.

(1) Rubrica aggiunta dal Protocollo n. 11, firmato a Strasburgo l'11.5.1994 e ratificato con l. 28.8.1997, n. 296.

7. Nullum crimen sine lege (1).

1. Nessuno può essere condannato per un'azione o un'omissione che, al momento in cui fu commessa, non costituiva reato secondo il diritto interno o secondo il diritto internazionale. Non può del pari essere inflitta una pena maggiore di quella che sarebbe stata applicata al momento in cui il reato è stato commesso.

2. Il presente articolo non vieterà il giudizio e la condanna di una persona colpevole d'una azione o d'una omissione che, al momento in cui è stata commessa, era ritenuta crimine secondo i princìpi generali di diritto riconosciuti dalle nazioni civili.

(1) Rubrica aggiunta dal Protocollo n. 11, firmato a Strasburgo l'11.5.1994 e ratificato con l. 28.8.1997, n. 296.

8. Diritto al rispetto della vita privata e familiare (1).

1. Ogni persona ha diritto al rispetto della sua vita privata e familiare, del suo domicilio e della sua corrispondenza.

2. Non può esservi ingerenza della pubblica autorità nell'esercizio di tale diritto a meno che tale ingerenza sia prevista dalla legge e costituisca una misura che, in una società democratica, è necessaria per la sicurezza nazionale, l'ordine pubblico, il benessere economico del paese, la prevenzione dei reati, la protezione della salute o della morale, o la protezione dei diritti e delle libertà altrui.

(1) Rubrica aggiunta dal Protocollo n. 11, firmato a Strasburgo l'11.5.1994 e ratificato con l. 28.8.1997, n. 296.

9. Libertà di pensiero, di coscienza e di religione (1).

1. Ogni persona ha diritto alla libertà di pensiero, di coscienza e di religione; tale diritto importa la libertà di cambiare di religione o credo e la libertà di manifestare la propria religione o credo individualmente o collettivamente, sia in pubblico che in privato, mediante il culto, l'insegnamento, le pratiche e l'osservanza di riti.

2. La libertà di manifestare la propria religione o il proprio credo non può essere oggetto di altre limitazioni oltre quelle previste dalla legge e che costituiscono misure necessarie in una società democratica, per la sicurezza pubblica, per la protezione dell'ordine pubblico, della salute o della morale pubblica, o per la protezione dei diritti e della libertà altrui.

(1) Rubrica aggiunta dal Protocollo n. 11, firmato a Strasburgo l'11.5.1994 e ratificato con l. 28.8.1997, n. 296.

10. Libertà di espressione (1).

1. Ogni persona ha diritto alla libertà d'espressione. Tale diritto include la libertà d'opinione e la libertà di ricevere o di comunicare informazioni o idee senza ingerenza alcuna da parte delle autorità pubbliche e senza riguardo alla nazionalità. Il presente articolo non impedisce che gli Stati sottopongano a un regime di autorizzazione le imprese di radio-diffusione, di cinema o di televisione.

2. L'esercizio di queste libertà, comportando doveri e responsabilità, può essere subordinato a determinate formalità, condizioni, restrizioni o sanzioni previste dalla legge e costituenti misure necessarie in una società democratica, per la sicurezza nazionale, l'integrità territoriale o l'ordine pubblico, la prevenzione dei disordini e dei reati, la protezione della salute e della morale, la protezione della reputazione o dei diritti altrui, o per impedire la divulgazione di informazioni riservate o per garantire l'autorità e l'imparzialità del potere giudiziario.

(1) Rubrica aggiunta dal Protocollo n. 11, firmato a Strasburgo l'11.5.1994 e ratificato con l. 28.8.1997, n. 296.

11. Libertà di riunione e di associazione (1).

1. Ogni persona ha diritto alla libertà di riunione pacifica e alla libertà d'associazione, ivi compreso il diritto di partecipare alla costituzione di sindacati e di aderire ad essi per la difesa dei propri interessi.

2. L'esercizio di questi diritti non può costituire oggetto di altre restrizioni oltre quelle che, stabilite per legge, costituiscono misure necessarie, in una società democratica, per la sicurezza nazionale, l'ordine pubblico, la difesa dell'ordine e la prevenzione dei disordini e dei reati, per la protezione della salute o della morale o per la protezione dei diritti e delle libertà altrui. Il presente articolo non vieta che restrizioni legittime siano imposte all'esercizio di questi diritti da parte dei membri delle forze armate, della polizia o dell'amministrazione dello Stato.

(1) Rubrica aggiunta dal Protocollo n. 11, firmato a Strasburgo l'11.5.1994 e ratificato con l. 28.8.1997, n. 296.

12. Diritto al matrimonio (1).

Uomini e donne in età maritale hanno diritto di sposarsi e di formare una famiglia secondo le leggi nazionali regolanti l'esercizio di tale diritto.

(1) Rubrica aggiunta dal Protocollo n. 11, firmato a Strasburgo l'11.5.1994 e ratificato con l. 28.8.1997, n. 296.

13. Diritto ad un ricorso effettivo (1).

Ogni persona i cui diritti e le cui libertà riconosciuti nella presente Convenzione siano stati violati, ha diritto di presentare un ricorso avanti ad una magistratura nazionale, anche quando la violazione sia stata commessa da persone agenti nell'esercizio delle loro funzioni ufficiali.

(1) Rubrica aggiunta dal Protocollo n. 11, firmato a Strasburgo l'11.5.1994 e ratificato con l. 28.8.1997, n. 296.

14. Divieto di discriminazione (1).

Il godimento dei diritti e delle libertà riconosciuti nella presente Convenzione deve essere garantito senza alcuna distinzione di sesso, di razza, di colore, di lingua, di religione, di opinione politica o di altro genere, di origine nazionale o sociale, di appartenenza a una minoranza nazionale, di ricchezza, di nascita o di altra condizione.

(1) Rubrica aggiunta dal Protocollo n. 11, firmato a Strasburgo l'11.5.1994 e ratificato con l. 28.8.1997, n. 296.

15. Deroga in caso di stato d'urgenza (1).

1. In caso di guerra o di altro pericolo pubblico che minacci la vita della nazione, ogni Alta Parte Contraente può prendere misure in deroga agli obblighi previsti nella presente Convenzione nella stretta misura in cui la situazione lo esiga e a condizione che tali misure non siano in contrasto con altri obblighi derivanti dal diritto internazionale.

2. La disposizione precedente non autorizza alcuna deroga all'articolo 2, salvo che per il caso di morte risultante da atti di guerra conformi alle Convenzioni internazionali, e agli articoli 3, 4 (paragrafo 1) e 7.

3. Ogni Alta Parte Contraente che eserciti tale diritto di deroga comunica al Segretario Generale del Consiglio d'Europa delle misure prese e dei motivi che le hanno determinate. Essa deve parimenti informare il Segretario Generale del Consiglio d'Europa della data in cui queste misure sono revocate e la data in cui le disposizioni della Convenzione riacquistano piena applicazione.

(1) Rubrica aggiunta dal Protocollo n. 11, firmato a Strasburgo l'11.5.1994 e ratificato con l. 28.8.1997, n. 296.

16. Restrizioni all'attività politica degli stranieri (1).

Nessuna delle disposizioni degli articoli 10, 11 e 14 può essere interpretata nel senso che vieta alle Alte Parti Contraenti di porre limitazioni all'attività politica degli stranieri.

(1) Rubrica aggiunta dal Protocollo n. 11, firmato a Strasburgo l'11.5.1994 e ratificato con l. 28.8.1997, n. 296.

17. Divieto di abusi di diritti (1).

Nessuna disposizione della presente Convenzione può essere interpretata come implicante il diritto per uno Stato, gruppo o individuo di esercitare un'attività o compiere un atto mirante alla sospensione dei diritti o delle libertà riconosciuti nella presente Convenzione o porre a questi diritti e a queste libertà limitazioni maggiori di quelle previste nella presente Convenzione.

(1) Rubrica aggiunta dal Protocollo n. 11, firmato a Strasburgo l'11.5.1994 e ratificato con l. 28.8.1997, n. 296.

18. Limiti alla restrizione dei diritti (1).

Le limitazioni che, in base alla presente Convenzione, sono poste a detti diritti e libertà non possono essere applicate che per lo scopo per il quale sono state previste.

(1) Rubrica aggiunta dal Protocollo n. 11, firmato a Strasburgo l'11.5.1994 e ratificato con l. 28.8.1997, n. 296.

TITOLO II
Corte Europea dei Diritti dell'Uomo (1)

19. Istituzione della Corte (1).

Per assicurare il rispetto degli impegni derivanti alle Alte Parti contraenti dalla presente Convenzione e dai suoi protocolli, è istituita una Corte europea dei Diritti dell'uomo, di seguito denominata "la Corte". Essa funziona in maniera permanente.

(1) Articolo sostituito dal Protocollo n. 11, firmato a Strasburgo l'11.5.1994 e ratificato con l. 2.8. 1997, n. 296.

20. Numero di giudici (1).

La Corte si compone di un numero di giudici eguale a quello delle Alte Parti contraenti.

(1) Articolo sostituito dal Protocollo n. 11, firmato a Strasburgo l'11.5.1994 e ratificato con l. 2.8. 1997, n. 296.

21. Condizioni per l'esercizio delle funzioni (1).

1. I giudici devono godere della più alta considerazione morale e possedere i requisiti richiesti per l'esercizio delle più alte funzioni giudiziarie o essere dei giureconsulti di riconosciuta competenza.

2. I candidati devono avere meno di sessantacinque anni di età alla data in cui la lista di tre candidati deve pervenire all'assemblea parlamentare in virtù dell'articolo 22 (2).

3. I giudici siedono alla Corte a titolo individuale (3).

4. Per tutta la durata del loro mandato, i giudici non possono esercitare alcuna attività incompatibile con le esigenze di indipendenza, di imparzialità o di disponibilità richieste da una attività esercitata a tempo pieno. Ogni problema che sorga nell'applicazione di questo paragrafo è deciso dalla Corte (4).

(1) Articolo sostituito dal Protocollo n. 11, firmato a Strasburgo l'11.5.1994 e ratificato con l. 2.8. 1997, n. 296.
(2) Paragrafo inserito dall'art. 2 del Protocollo n. 15 fatto a Strasburgo il 24.6.2013 e ratificato con l. 15.1.2021, n. 11.
(3) Paragrafo rinumerato dall'art. 2 del Protocollo n. 15 fatto a Strasburgo il 24.6.2013 e ratificato con l. 15.1.2021, n. 11.
(4) Paragrafo rinumerato dall'art. 2 del Protocollo n. 15 fatto a Strasburgo il 24.6.2013 e ratificato con l. 15.1.2021, n. 11.

22. Elezione dei giudici (1).

1. I giudici sono eletti dall'Assemblea parlamentare a titolo di ciascuna Alta Parte contraente a maggioranza dei voti espressi su una lista di tre candidati presentata dall'Alta Parte contraente.

[**2.** La stessa procedura è seguita per completare la Corte nel caso in cui altre Parti contraenti aderiscano e per provvedere ai seggi divenuti vacanti.] (2)

(1) Articolo sostituito dal Protocollo n. 11, firmato a Strasburgo l'11.5.1994 e ratificato con l. 28.8.1997, n. 296.
(2) Paragrafo soppresso dall'art. 1 del Protocollo n. 14 ratificato con l. 15.12.2005, n. 280.

23. Durata del mandato e revoca [1].

1. I giudici sono eletti per una durata di nove anni. Essi non sono rieleggibili.

[**2.** Il mandato dei giudici termina non appena essi raggiungono l'età di settant'anni.] [2]

2. I giudici rimangono in funzione fintanto che non sono sostituiti. Tuttavia, essi continuano a dirimere i casi di cui sono già investiti [3].

3. Un giudice può essere sollevato dalle sue funzioni solo se gli altri giudici decidono, a maggioranza di due terzi, che tale giudice ha smesso di corrispondere alle condizioni richieste [4].

(1) Articolo sostituito dal Protocollo n. 11 ratificato con l.28.8.1997, n. 296 e successivamente dall'art. 2 del Protocollo n. 14 ratificato con l. 15.12.2005, n. 280.
(2) Paragrafo soppresso dall'art. 2, co. 3, del Protocollo n. 15 fatto a Strasburgo il 24.6.2013 e ratificato con l. 15.1.2021, n. 11.
(3) Paragrafo rinumerato dall'art. 2, co. 3, del Protocollo n. 15 fatto a Strasburgo il 24.6.2013 e ratificato con l. 15.1.2021, n. 11.
(4) Paragrafo rinumerato dall'art. 2, co. 3, del Protocollo n. 15 fatto a Strasburgo il 24.6.2013 e ratificato con l. 15.1.2021, n. 11.

24. Cancelliere e relatori [1] [*Ex Art. 25*].

1. La Corte dispone di una cancelleria le cui incombenze e la cui organizzazione sono stabilite dal regolamento della Corte.

2. Quando siede in formazione di giudice unico, la Corte è assistita da relatori che esercitano le loro funzioni sotto l'autorità del presidente della Corte. Essi fanno parte della cancelleria della Corte.

(1) Articolo già sostituito dal Protocollo n. 11, ratificato con l. 2.8. 1997, n. 296. Successivamente l'art. 3 del Protocollo n. 14, ratificato con l. 15.12.2005, n. 280, ha disposto la soppressione del presente articolo e l'art. 4 del medesimo Protocollo n. 14 ha disposto la sostituzione dello stesso con l'art. 25 così riformulato.

25. Assemblea plenaria della Corte [1] [*Ex Art. 26*].

La corte riunita in Assemblea plenaria:

a) elegge per un periodo di tre anni il suo presidente ed uno o due vice-presidenti; essi sono rieleggibili;
b) costituisce Camere per un determinato periodo;
c) elegge i presidenti delle Camere della Corte che sono rieleggibili;
d) adotta il regolamento della Corte [2];
e) elegge il cancelliere ed uno o più vicecancellieri;
f) fa qualsiasi domanda a titolo dell'articolo 26, paragrafo 2 [3].

(1) Articolo sostituito dal Protocollo n. 11 ratificato con l. 28.8.1997, n. 296. Successivamente l'art. 5 del Protocollo n. 14, ratificato con l. 15.12.2005, n. 280, ha disposto la rinumerazione dell'art. 26 in art. 25 e lo ha così riformulato.
(2) Lettera modificata dall'art. 5 del Protocollo n. 14, ratificato con l. 15.12.2005, n. 280.
(3) Lettera aggiunta dall'art. 5 del Protocollo n. 14, ratificato con l. 15.12.2005, n. 280.

26. Formazione del giudice unico, comitati, Sezioni e Sezione allargata [1] [*Ex Art. 27*].

1. Per esaminare i casi presentati al suo cospetto, la Corte siede in formazione di giudice unico, in comitati di tre giudici, in Sezioni di sette giudici ed in una Sezione allargata di diciassette giudici. Le sezioni della Corte costituiscono i comitati per un periodo determinato.

2. A richiesta dell'assemblea plenaria della Corte, il Comitato dei Ministri può, con una decisione unanime e per un determinato periodo, ridurre a cinque il numero dei giudici delle Sezioni.

3. Un giudice che siede in quanto giudice unico non esamina alcun ricorso presentato contro l'Alta Parte contraente a titolo della quale questo giudice è stato eletto.

4. Il giudice eletto a titolo di un'Alta Parte contraente della controversia è membro di diritto della Sezione e della Sezione allargata. Qualora il giudice fosse assente, o non in grado di assolvere le sue funzioni, la persona scelta dal presidente della Corte su di un elenco preliminarmente sottoposto da tale Parte esercita le sue funzioni in qualità di giudice.

5. Fanno altresì parte della Sezione allargata il presidente della Corte, i vice presidenti, i presidenti delle Sezioni ed altri giudici designati conformemente al regolamento della Corte. Quando il caso è deferito alla Sezione allargata in forza dell'articolo 43, nessun giudice della Sezione che ha pronunziato la sentenza può avervi un seggio, ad eccezione del Presidente della Sezione e del giudice che ha esercitato le sue funzioni a titolo dell'Alta Parte contraente interessata.

(1) Articolo sostituito dal Protocollo n. 11, ratificato con l. 28.8.1997, n. 296. Successivamente l'art. 6 del Protocollo n. 14, ratificato con l. 15.12.2005, n. 280, ha disposto la rinumerazione dell'art. 27 in art. 26 e lo ha così sostituito.

27. Competenza del giudice unico [1].

1. Un giudice unico può dichiarare che un ricorso presentato ai sensi dell'articolo 34 è irricevibile oppure radiarlo dal ruolo quando questa decisione può essere presa senza esame complementare.

2. La decisione è definitiva.

3. Se il giudice unico non dichiara che il ricorso è irricevibile o non lo cancella dal ruolo, lo trasmette ad un comitato o ad una Sezione per l'esame complementare.

(1) Articolo sostituito dal Protocollo n. 11, ratificato con l. 28.8.1997, n. 296. Successivamente l'art. 6 del Protocollo n. 14, ratificato con l. 15.12.2005, n. 280, ha disposto la rinumerazione dell'art. 27 in art. 26 e l'art. 7 del medesimo Protocollo n. 14 ha disposto l'inserimento del nuovo art. 27 così formulato.

28. Competenza dei comitati [1].

1. Un comitato investito da un ricorso individuale presentato ai sensi dell'articolo 34 può, con un voto unanime,

a) dichiararlo irricevibile o radiarlo dal ruolo quando una siffatta decisione può essere adottata senza esame preliminare; oppure
b) dichiararlo ricevibile e pronunziare contestualmente una decisione in merito quando la questione relativa all'interpretazione o all'applicazione della Convenzione o dei suoi Protocolli che è

all'origine del caso, è oggetto della giurisprudenza consolidata della Corte.

2. Le decisioni e le sentenze di cui al paragrafo 1 sono definitive.

3. Se il giudice eletto a titolo dell'Alta Parte contraente parte della controversia non fa parte del Comitato, quest'ultimo può, in qualsiasi momento della procedura invitarlo a partecipare alla procedura in sostituzione di uno dei suoi membri, in considerazione di tutti i fattori pertinenti, ivi compreso il fatto di sapere se questa Parte ha contestato l'applicazione della procedura del paragrafo 1.b.

(1) Articolo sostituito dal Protocollo n. 11, ratificato con l. 28.8.1997, n. 296 e successivamente dall'art. 8 del Protocollo n. 14, ratificato con l. 15.12.2005, n. 280.

29. Decisioni delle Camere sulla ricevibilità ed il merito (1).

1. Se nessuna decisione è stata presa in forza degli articoli 27 o 28, e se nessuna decisione è stata adottata in forza dell'articolo 28, una Sezione si pronuncia sulla ricevibilità ed il merito dei ricorsi individuali presentati ai sensi dell'articolo 34. La decisione sulla ricevibilità può essere presa separatamente (2).

2. Una delle Camere si pronuncia sulla ricevibilità e sul merito dei ricorsi governativi presentati in virtù dell'articolo 33. Salvo decisione contraria della Corte in casi eccezionali, la decisione sulla ricevibilità viene presa separatamente (3).

3. *Omissis* (4).

(1) Articolo sostituito dal Protocollo n. 11, ratificato con l. 28.8.1997, n. 296.
(2) Paragrafo sostituito dall'art. 9 del Protocollo n. 14, ratificato con l. 15.12.2005, n. 280.
(3) Paragrafo modificato dall'art. 9 del Protocollo n. 14, ratificato con l. 15.12.2005, n. 280.
(4) Paragrafo soppresso dall'art. 9 del Protocollo n. 14, ratificato con l. 15.12.2005, n. 280.

30. Dichiarazione d'incompetenza a favore della Grande Camera (1).

Se la questione oggetto del ricorso all'esame di una Camera solleva gravi problemi di interpretazione della Convenzione o dei suoi protocolli, o se la sua soluzione rischia di condurre ad una contraddizione con una sentenza pronunciata anteriormente dalla Corte, la Camera, fino a quando non abbia pronunciato la sua sentenza, può spogliarsi della propria competenza a favore della Grande Camera [a meno che una delle parti non vi si opponga] (2).

(1) Articolo sostituito dal Protocollo n. 11, ratificato con l. 28.8.1997, n. 296.
(2) Paragrafo modificato dall'art. 3, co. 1, del Protocollo n. 15 fatto a Strasburgo il 24.6.2013 e ratificato con l. 15.1.2021, n. 11.

31. Competenze della Grande Camera (1).

La Grande Camera:

a) si pronuncia sui ricorsi presentati ai sensi dell'articolo 33 o dell'articolo 34 quando il caso le sia stato deferito dalla Camera ai sensi dell'articolo 30 o quando il caso le sia stato deferito ai sensi dell'articolo 43 (2);
b) si pronuncia sulle questioni di cui la Corte è investita dal Comitato dei ministri in forza dell'articolo 46, paragrafo 4; e (3)
c) esamina le richieste di pareri consultivi presentate ai sensi dell'articolo 47 (4).

(1) Articolo sostituito dal Protocollo n. 11, ratificato con l. 28.8.1997, n. 296.
(2) Lettera modificata dall'art. 10 del Protocollo n. 14, ratificato con l. 15.12.2005, n. 280.
(3) Lettera inserita dall'art. 10 del Protocollo n. 14, ratificato con l. 15.12.2005, n. 280.
(4) Lettera rinominata dall'art. 10 del Protocollo n. 14, ratificato con l. 15.12.2005, n. 280.

32. Competenza della Corte (1).

1. La competenza della Corte si estende a tutte le questioni concernenti l'interpretazione e l'applicazione della Convenzione e dei suoi protocolli che siano sottoposte ad essa nelle condizioni previste dagli articoli 33, 34, 46 e 37 (2).

2. In caso di contestazione sulla questione della propria competenza, è la Corte che decide.

(1) Articolo sostituito dal Protocollo n. 11, ratificato con l. 28.8.1997, n. 296.
(2) Paragrafo modificato dall'art. 11 del Protocollo n. 14, ratificato con l. 15.12.2005, n. 280.

33. Ricorsi interstatali (1).

Ogni Alta Parte contraente può deferire alla Corte ogni inosservanza delle disposizioni della Convenzione e dei suoi protocolli che essa ritenga possa essere imputata ad un'altra Parte contraente.

(1) Articolo così sostituito dal Protocollo n. 11, firmato a Strasburgo l'11.5.1994 e ratificato con l. 28.8.1997, n. 296.

34. Ricorsi individuali (1).

La Corte può essere investita di una domanda fatta pervenire da ogni persona fisica, ogni organizzazione non governativa o gruppo di privati che pretenda d'essere vittima di una violazione da parte di una delle Alte Parti contraenti dei diritti riconosciuti nella Convenzione o nei suoi protocolli. Le Alte Parti contraenti si impegnano a non ostacolare con alcuna misura l'effettivo esercizio di tale diritto (2).

(1) Articolo sostituito dal Protocollo n. 11, firmato a Strasburgo l'11.5.1994 e ratificato con l. 28.8.1997, n. 296.
(2) Si veda anche l'Accordo europeo concernente le persone che partecipano alle procedure davanti alla Corte europea dei diritti dell'uomo adottato a Strasburgo il 5 marzo 1996 e ratificato con l. 2.10.1997, n. 348.

35. Condizioni di ricevibilità (1).

1. La Corte non può essere adita se non dopo l'esaurimento delle vie di ricorso interne, qual è inteso secondo i princìpi di diritto internazionale generalmente riconosciuti ed entro un periodo di quattro mesi a partire dalla data della decisione interna definitiva (2).

2. La Corte non ritiene alcuna domanda singola avanzata sulla base dell'art. 34, se:

a) è anonima; oppure
b) è essenzialmente la stessa di una precedentemente esaminata dalla Corte o già sottoposta ad un'altra istanza internazionale d'inchiesta o di regolamentazione e non contiene fatti nuovi.

3. La Corte dichiara irricevibile qualsiasi ricorso individuale presentato in applicazione dell'articolo 34 qualora ritenga:
a) che il ricorso è incompatibile con le disposizioni della Convenzione o dei suoi Protocolli, manifestamente infondato o abusivo; oppure
b) che il ricorrente non ha subito alcun danno rilevante, a meno che il rispetto dei diritti dell'Uomo garantiti dalla Convenzione e dai suoi Protocolli non esiga un esame del ricorso per quanto riguarda il merito [e a patto di non rigettare, per questa ragione alcuna causa che non sia stata debitamente esaminata da un tribunale interno] (3).

4. La Corte respinge ogni domanda che consideri irricevibile in applicazione del presente articolo. Essa può procedere in tal modo in ogni fase della procedura.

(1) Articolo sostituito dal Protocollo n. 11, ratificato con l. 28.8.1997, n. 296.
(2) Paragrafo modificato dall'art. 4, comma 1, del Protocollo n. 15 fatto a Strasburgo il 24.6.2013 e ratificato con l. 15.1.2021, n. 11.
(3) Paragrafo sostituito dall'art. 12 del Protocollo n. 14, ratificato con l. 15.12.2005, n. 280e successivamente modificato dall'art. 4, comma 1, del Protocollo n. 15 fatto a Strasburgo il 24.6.2013 e ratificato con l. 15.1.2021, n. 11.

36. Intervento di terzi (1).

1. Per qualsiasi questione all'esame di una Camera e/o della Grande Camera, un'Alta Parte contraente un cui cittadino sia ricorrente ha diritto di presentare osservazioni per iscritto e di partecipare alle udienze.

2. Nell'interesse di una corretta amministrazione della giustizia, il presidente della Corre può invitare ogni Alta parte contraente, che non è parte in causa o ogni persona interessata diversa dal ricorrente, a presentare osservazioni per iscritto o a partecipare alle udienze.

3. In qualsiasi caso dinanzi ad una Sezione o ad una Sezione allargata, il Commissario ai diritti dell'Uomo del Consiglio d'Europa può presentare osservazioni scritte e partecipare alle udienze (2).

(1) Articolo sostituito dal Protocollo n. 11, ratificato con l. 28.8.1997, n. 296.
(2) Paragrafo inserito dall'art. 13 del Protocollo n. 14, ratificato con l. 15.12.2005, n. 280.

37. Cancellazione (1).

1. In ogni momento della procedura la Corte può decidere di cancellare un ricorso dal ruolo quando le circostanze consentono di concludere:
a) che il ricorrente non intende mantenerlo; oppure
b) che la controversia è stata risolta; oppure
c) che non è più giustificato, per ogni altro motivo di cui la Corte accerta l'esistenza, proseguire l'esame del ricorso.

Tuttavia la Corte prosegue l'esame del ricorso qualora ciò sia richiesto dal rispetto dei Diritti dell'Uomo garantiti dalla Convenzione e dai suoi protocolli.

2. La Corte può decidere di riscrivere il ricorso a ruolo quando ritenga che ciò è giustificato dalle circostanze.

(1) Articolo così sostituito dal Protocollo n. 11, firmato a Strasburgo l'11.5.1994 e ratificato con l. 28.8.1997, n. 296.

38. Esame contraddittorio del caso (1).

La Corte esamina il caso in contraddittorio con i rappresentanti delle Parti e, se del caso, procede ad un'indagine per lo svolgimento efficace della quale le Alte Parti contraenti interessate forniranno tutte le agevolazioni necessarie.

(1) Articolo sostituito dal Protocollo n. 11, ratificato con l. 28.8.1997, n. 296 e successivamente dall'art. 14 del Protocollo n. 14, ratificato con l. 15.12.2005, n. 280.

39. Regolamenti amichevoli (1).

1. In qualsiasi momento della procedura, la Corte può mettersi a disposizione degli interessati al fine di addivenire ad un regolamento amichevole del caso, nel rispetto dei diritti dell'Uomo come lo riconoscono la Convenzione ed i suoi Protocolli.

2. La procedura descritta al paragrafo 1 è confidenziale.

3. In caso di regolamento amichevole, la Corte cancella il ricorso dal ruolo con una decisione che si limita ad un breve esposto dei fatti e della soluzione adottata.

4. Questa decisione è trasmessa al Comitato dei Ministri che sorveglia l'esecuzione dei termini della composizione amichevole come figurano nella decisione.

(1) Articolo sostituito dal Protocollo n. 11, ratificato con l. 28.8.1997, n. 296 e successivamente dall'art. 15 del Protocollo n. 14, ratificato con l. 15.12.2005, n. 280.

40. Udienza pubblica e accesso ai documenti (1).

1. L'udienza è pubblica a meno che la Corte non decida diversamente a causa di circostanze eccezionali.

2. I documenti depositati presso l'Ufficio di cancelleria sono accessibili al pubblico a meno che il presidente della Corte non decida diversamente.

(1) Articolo così sostituito dal Protocollo n. 11, firmato a Strasburgo l'11.5.1994 e ratificato con l. 28.8.1997, n. 296.

41. Equa soddisfazione (1).

Se la Corte dichiara che vi è stata violazione della Convenzione o dei suoi protocolli e se il diritto interno dell'Alta Parte contraente non permette che in modo incompleto di riparare le conseguenze di tale violazione, la Corte accorda, quando è il caso, un'equa soddisfazione alla parte lesa.

(1) Articolo così sostituito dal Protocollo n. 11, firmato a Strasburgo l'11.5.1994 e ratificato con l. 28.8.1997, n. 296.

42. Sentenze delle Camere (1).

Le sentenze delle Camere divengono definitive in conformità con le disposizioni dell'articolo 44, paragrafo 2.

(1) Articolo così sostituito dal Protocollo n. 11, firmato a Strasburgo l'11.5.1994 e ratificato con l. 28.8.1997, n. 296.

43. Rinvio dinnanzi alla Grande Camera [1].

1. Entro un termine di tre mesi a decorrere dalla data della sentenza di una Camera, ogni Parte alla controversia può, in casi eccezionali, chiedere che il caso sia rinviato dinnanzi alla Grande Camera.

2. Un Collegio di cinque giudici della Grande Camera accoglie la domanda quando la questione oggetto del ricorso solleva gravi problemi di interpretazione o di applicazione della Convenzione o dei suoi protocolli o di carattere generale.

3. Quando il Collegio ha accolto la domanda, la Grande Camera si pronuncia sul caso mediante una sentenza.

(1) Articolo così sostituito dal Protocollo n. 11, firmato a Strasburgo l'11.5.1994 e ratificato con l. 28.8.1997, n. 296.

44. Sentenze definitive [1].

1. La sentenza della Grande Camera è definitiva.

2. La sentenza di una Camera diviene definitiva:

a) quando le parti dichiarano che non richiederanno il rinvio del caso dinnanzi alla Grande Camera; oppure

b) tre mesi dopo la data della sentenza, se non è stato richiesto il rinvio del caso dinnanzi alla Grande Camera; oppure

c) se il Collegio della Grande Camera respinge una richiesta di rinvio formulata secondo l'art. 43.

3. La sentenza definitiva è pubblicata.

(1) Articolo così sostituito dal Protocollo n. 11, firmato a Strasburgo l'11.5.1994 e ratificato con l. 28.8.1997, n. 296.

45. Motivazione delle sentenze e delle decisioni [1].

1. Le sentenze e le decisioni che dichiarano i ricorsi ricevibili o non ricevibili devono essere motivate.

2. Se la sentenza non esprime in tutto o in parte l'opinione unanime dei giudici, ogni giudice avrà diritto di unirvi l'esposizione della sua opinione individuale.

(1) Articolo così sostituito dal Protocollo n. 11, firmato a Strasburgo l'11.5.1994 e ratificato con l. 28.8.1997, n. 296.

46. Forza vincolante ed esecuzione delle sentenze [1].

1. Le Alte Parti contraenti s'impegnano a conformarsi alle sentenze definitive della Corte per le controversie di cui sono parte.

2. La sentenza definitiva della Corte è trasmessa al Comitato dei Ministri che ne sorveglia l'esecuzione.

3. Ove il Comitato dei Ministri ritenga che la sorveglianza di una sentenza definitiva è intralciata dalla difficoltà d'interpretare tale sentenza, esso può investire la Corte affinché si pronunzi su tale questione d'interpretazione. La decisione di investire la Corte è presa con un voto a maggioranza di due terzi dei rappresentanti aventi diritto ad un seggio nel Comitato.

4. Ove il Comitato dei Ministri ritenga che un'Alta Parte contraente rifiuti di attenersi ad una sentenza definitiva in una controversia di cui è parte, esso può, dopo aver messo in mora questa Parte e mediante una decisione adottata con un voto a maggioranza dei due terzi dei rappresentanti aventi diritto ad un seggio nel Comitato, investire la Corte della questione dell'osservanza di questa Parte degli obblighi relativi al paragrafo 1.

5. Se la Corte accerta una violazione del paragrafo 1, essa rinvia il caso al Comitato dei Ministri affinché esamini i provvedimenti da adottare. Qualora la Corte accerti che non vi è stata violazione del paragrafo 1, essa rinvia il caso al Comitato dei Ministri, il quale decide di porre fine al suo esame.

(1) Articolo sostituito dal Protocollo n. 11, ratificato con l. 28.8.1997, n. 296 e successivamente dall'art. 16 del Protocollo n. 14, ratificato con l. 15.12.2005, n. 280.

47. Pareri consultivi [1].

1. La Corte può, su richiesta del Comitato dei Ministri, fornire pareri consultivi su questioni giuridiche relative all'interpretazione della Convenzione e dei suoi protocolli.

2. Tali pareri non devono vertere su questioni inerenti al contenuto o alla portata dei diritti e libertà definiti nel Titolo I della Convenzione e nei protocolli, né su altre questioni che la Corte o il Comitato dei Ministri si troverebbero a dover giudicare per via della presentazione di un ricorso previsto dalla Convenzione.

3. La decisione del Comitato dei Ministri di chiedere un parere alla Corte è adottata con un voto a maggioranza dei rappresentanti che hanno il diritto di avere un seggio al Comitato [2].

(1) Articolo così sostituito dal Protocollo n. 11, firmato a Strasburgo l'11.5.1994 e ratificato con l. 28.8.1997, n. 296.

(2) Il testo degli artt. 47, 48 e 49 riproduce il contenuto del Protocollo n. 2 firmato a Strasburgo il 6.5.1963.

48. Competenza consultiva della Corte [1].

La Corte decide se la domanda di parere consultivo presentata dal Comitato dei Ministri è di sua competenza secondo l'articolo 47 [2].

(1) Articolo così sostituito dal Protocollo n. 11, firmato a Strasburgo l'11.5.1994 e ratificato con l. 28.8.1997, n. 296.

(2) Il testo degli artt. 47, 48 e 49 riproduce il contenuto del Protocollo n. 2 firmato a Strasburgo il 6.5.1963.

49. Motivazione dei pareri consultivi [1].

1. Il parere della Corte è motivato.

2. Se il parere non esprime in tutto o in parte l'opinione unanime dei giudici, ogni giudice avrà diritto di unirvi l'esposizione della sua opinione individuale.

3. Il parere della Corte è trasmesso al Comitato dei Ministri [2].

(1) Articolo così sostituito dal Protocollo n. 11, firmato a Strasburgo l'11.5.1994 e ratificato con l. 28.8.1997, n. 296.

(2) Il testo degli artt. 47, 48 e 49 riproduce il contenuto del Protocollo n. 2 firmato a Strasburgo il 6.5.1963.

50. Spese di funzionamento della Corte (1).

Le spese di funzionamento della Corte sono a carico del Consiglio d'Europa.

(1) Articolo così sostituito dal Protocollo n. 11, firmato a Strasburgo l'11.5.1994 e ratificato con l. 28.8.1997, n. 296.

51. Privilegi ed immunità dei giudici (1).

I giudici beneficiano durante l'esercizio delle loro funzioni dei privilegi e delle immunità previste all'articolo 40 dello Statuto del Consiglio d'Europa e negli accordi conclusi a titolo di detto articolo.

(1) Articolo così sostituito dal Protocollo n. 11, firmato a Strasburgo l'11.5.1994 e ratificato con l. 28.8.1997, n. 296.

TITOLO III
Disposizioni varie (1) (2) [*Ex Titolo V*].

52. Indagini del Segretario Generale (1).

Ogni Alta Parte Contraente, su domanda del Segretario Generale del Consiglio d'Europa, fornirà le spiegazioni richieste sul modo in cui il proprio diritto interno assicura la effettiva applicazione di tutte le disposizioni della presente Convenzione (2).

(1) Rubrica introdotta dal Protocollo n. 11, firmato a Strasburgo l'11.5.1994 e ratificato con l. 28.8.1997, n. 296.
(2) Ex art. 57.

53. Salvaguardia dei diritti dell'uomo riconosciuti (1) (2).

Nessuna delle disposizioni della presente Convenzione può essere interpretata come recante pregiudizio o limitazione ai Diritti dell'Uomo e alle Libertà fondamentali che possano essere riconosciuti in base a leggi di qualunque Stato Contraente o da altri accordi internazionali di cui tale Stato sia parte.

(1) Rubrica introdotta dal Protocollo n. 11, firmato a Strasburgo l'11.5.1994 e ratificato con l. 28.8.1997, n. 296.
(2) Ex art. 60.

54. Poteri del Comitato dei Ministri (1) (2).

Nessuna disposizione della presente Convenzione porta pregiudizio ai poteri conferiti al Comitato dei Ministri dallo Statuto del Consiglio d'Europa.

(1) Rubrica introdotta dal Protocollo n. 11, firmato a Strasburgo l'11.5.1994 e ratificato con l. 28.8.1997, n. 296.
(2) Ex art. 61.

55. Rinuncia ad altri modi di regolamentazione delle controversie (1) (2).

Le Alte Parti Contraenti rinunziano reciprocamente, salvo compromesso speciale, ad avvalersi di trattati, convenzioni o dichiarazioni fra di loro esistenti, in vista di sottomettere, per via di ricorso, una controversia nata dalla interpretazione o dall'applicazione della presente Convenzione ad una procedura di regolamento diversa da quelle previste da detta Convenzione.

(1) Rubrica introdotta dal Protocollo n. 11, firmato a Strasburgo l'11.5.1994 e ratificato con l. 28.8.1997, n. 296.
(2) Ex art. 62.

56. Applicazione territoriale (1) (2).

1. Ogni Stato, al momento della ratifica o in ogni altro momento successivo può dichiarare, mediante notifica indirizzata al Segretario Generale del Consiglio d'Europa, che la presente Convenzione si applicherà, salvo quanto previsto dal paragrafo 4 del presente articolo, in tutti i territori o in determinati territori di cui assicura le relazioni internazionali (2).

2. La Convenzione si applicherà al territorio o ai territori designati nella notifica a partire dal trentesimo giorno successivo alla data in cui il Segretario Generale del Consiglio d'Europa avrà ricevuto tale notifica.

3. In detti territori le disposizioni della presente Convenzione saranno applicate tenendo conto delle necessità locali.

4. Ogni Stato che ha fatto una dichiarazione conforme al primo paragrafo di questo articolo può, in ogni momento, dichiarare relativamente a uno o a più territori previsti in tale dichiarazione che accetta la competenza della Corte a conoscere dei ricorsi di persone fisiche, di organizzazioni non governative o di gruppi di privati come previsto dall'articolo 34 della Convenzione (3).

(1) Rubrica introdotta dal Protocollo n. 11, firmato a Strasburgo l'11.5.1994 e ratificato con l. 28.8.1997, n. 296.
(2) Ex art. 63.
(3) Paragrafo così modificato dal Protocollo n. 11, firmato a Strasburgo l'11.5.1994 e ratificato con l. 28.8.1997, n. 296.

57. Riserve (1) (2).

1. Ogni Stato, al momento della firma della presente Convenzione o del deposito del suo strumento di ratifica, può formulare una riserva riguardo ad una particolare disposizione della Convenzione, nella misura in cui una legge in quel momento in vigore sul suo territorio non sia conforme a tale disposizione. Le riserve di carattere generale non sono autorizzate in base al presente articolo.

2. Ogni riserva emessa in conformità al presente articolo comporta un breve esposto della legge in questione.

(1) Rubrica introdotta dal Protocollo n. 11, firmato a Strasburgo l'11.5.1994 e ratificato con l. 28.8.1997, n. 296.
(2) Ex art. 64.

58. Denuncia (1) (2).

1. Un'Alta Parte Contraente non può denunciare la presente Convenzione che dopo un periodo di cinque anni a partire dalla data d'entrata in vigore della Convenzione nei suoi confronti e dando un preavviso di sei mesi mediante una notifica indirizzata al Segretario Generale del Consiglio d'Europa, che ne informa le altre Alte Parti Contraenti.

2. Tale denuncia non può avere l'effetto di svincolare l'Alta Parte Contraente interessata dagli obblighi contenuti nella presente Convenzione in ciò che concerne qualunque fatto che, potendo costituire una violazione di questi obblighi, fosse stato compiuto da essa anteriormente alla data in cui la denuncia produce il suo effetto.

3. Con la medesima riserva cessa d'essere Parte della presente Convenzione ogni Parte Contraente che cessi d'essere Membro del Consiglio d'Europa.

4. La Convenzione può essere denunciata, in conformità alle disposizioni dei precedenti paragrafi, relativamente a ogni territorio nel quale sia stata dichiarata applicabile in base all'articolo 56 (3).

(1) Rubrica introdotta dal Protocollo n. 11, firmato a Strasburgo l'11.5.1994 e ratificato con l. 28.8.1997, n. 296.
(2) Ex art. 65.
(3) Paragrafo così modificato dal Protocollo n. 11, firmato a Strasburgo l'11.5.1994 e ratificato con l. 28.8.1997, n. 296.

59. Firma e ratifica (1) (2).

1. La presente Convenzione è aperta alla firma dei Membri del Consiglio d'Europa. Essa sarà ratificata. Le ratifiche saranno depositate presso il Segretario Generale del Consiglio d'Europa.

2. L'Unione europea può aderire alla presente Convenzione (3).

3. La presente Convenzione entrerà in vigore dopo il deposito di dieci strumenti di ratifica (4).

4. Per ogni firmatario che la ratificherà successivamente, la Convenzione entrerà in vigore dal momento del deposito dello strumento di ratifica (5).

5. Il Segretario Generale del Consiglio d'Europa notificherà a tutti i Membri del Consiglio d'Europa l'entrata in vigore della Convenzione, i nomi delle Alte Parti Contraenti che l'avranno ratificata, come anche il deposito di ogni altro strumento di ratifica che si sia avuto successivamente (6).

Fatta a Roma il 4 novembre 1950, in francese ed in inglese, i due testi facenti ugualmente fede, in un solo esemplare che sarà depositato negli archivi del Consiglio d'Europa. Il Segretario Generale del Consiglio d'Europa ne comunicherà copia certificata conforme a ciascuno degli Stati membri del Consiglio d'Europa.

(1) Rubrica introdotta dal Protocollo n. 11, ratificato con l. 28.8.1997, n. 296.
(2) Ex art. 66.
(3) Paragrafo introdotto dall'art. 17 del Protocollo n. 14, ratificato con l. 15.12.2005, n. 280.
(4) Paragrafo introdotto dall'art. 17 del Protocollo n. 14, ratificato con l. 15.12.2005, n. 280.
(5) Paragrafo introdotto dall'art. 17 del Protocollo n. 14, ratificato con l. 15.12.2005, n. 280.
(6) Paragrafo rinumerato dall'art. 17 del Protocollo n. 14, ratificato con l. 15.12.2005, n. 280.

9. Protocollo addizionale (n. 1) alla Convenzione per la salvaguardia dei Diritti dell'Uomo e delle Libertà fondamentali. Adottato a Parigi il 20 marzo 1952, reso esecutivo con L. 4 agosto 1955, n. 848 ed entrato in vigore per l'Italia il 26 ottobre 1955 (1)

In Gazzetta Ufficiale, 24 settembre 1955, n. 221.

(1) Questo Protocollo è riportato secondo la traduzione italiana, curata dal Consiglio d'Europa, per quanto riguarda il testo originario; per le successive modifiche operate dal Protocollo n. 11 (che, adottato a Strasburgo l'11.5.1994, è entrato in vigore per l'Italia il 1°.11.1998) è stata invece utilizzata la traduzione italiana non ufficiale pubblicata in appendice alla l. 28.8.1997, n. 296 (in Gazz. Uff. 12.9.1997 n. 213), che lo ha reso esecutivo.

Parigi, 20.III.1952

I Governi firmatari, membri del Consiglio d'Europa,

Risoluti ad adottare misure idonee ad assicurare la garanzia collettiva di certi diritti e libertà oltre quelli che già figurano nel Titolo I della Convenzione per la salvaguardia dei Diritti dell'Uomo e delle Libertà fondamentali, firmata a Roma il 4 novembre 1950 (qui di seguito denominata «la Convenzione»),

Hanno convenuto quanto segue:

1. Protezione della proprietà.

Ogni persona fisica o giuridica ha diritto al rispetto dei suoi beni. Nessuno può essere privato della sua proprietà se non per causa di pubblica utilità e nelle condizioni previste dalla legge e dai principi generali del diritto internazionale.

Le disposizioni precedenti non portano pregiudizio al diritto degli Stati di porre in vigore le leggi da essi ritenute necessarie per disciplinare l'uso dei beni in modo conforme all'interesse generale o per assicurare il pagamento delle imposte o di altri contributi o delle ammende.

2. Diritto all'istruzione.

Il diritto all'istruzione non può essere rifiutato a nessuno. Lo Stato, nell'esercizio delle funzioni che assume nel campo dell'educazione e dell'insegnamento, deve rispettare il diritto dei genitori di provvedere a tale educazione e a tale insegnamento secondo le loro convinzioni religiose e filosofiche.

3. Diritto a libere elezioni.

Le Alte Parti contraenti si impegnano a organizzare, a intervalli ragionevoli, libere elezioni a scrutinio segreto, in condizioni tali da assicurare la libera espressione dell'opinione del popolo sulla scelta del corpo legislativo.

4. Applicazione territoriale.

Ogni Alta Parte contraente, al momento della firma o della ratifica del presente Protocollo o in ogni altro momento successivo, può presentare al Segretario generale del Consiglio d'Europa una dichiarazione che indichi i limiti entro cui si impegna ad applicare le disposizioni del presente Protocollo sui territori di cui cura le relazioni internazionali, designati nella stessa dichiarazione.

Ogni Alta Parte contraente che abbia presentato una dichiarazione in virtù del paragrafo precedente può, di volta in volta, presentare una nuova dichiarazione che modifichi i termini di ogni dichiarazione precedente o che ponga fine all'applicazione delle disposizioni del presente Protocollo su di un qualsiasi territorio.

Una dichiarazione presentata conformemente al presente articolo sarà considerata come presentata in conformità al paragrafo 1 dell'articolo 56 della Convenzione.

5. Relazioni con la Convenzione.

Le Alte Parti contraenti considereranno gli articoli 1, 2, 3 e 4 del presente Protocollo come articoli addizionali alla Convenzione e tutte le disposizioni della Convenzione si applicheranno di conseguenza.

6. Firma e ratifica.

Il presente Protocollo è aperto alla firma dei membri del Consiglio d'Europa, firmatari della Convenzione; esso sarà ratificato contemporaneamente alla Convenzione o dopo la ratifica di quest'ultima. Esso entrerà in vigore dopo il deposito di dieci strumenti di ratifica. Per ogni firmatario che lo ratificherà successivamente, il Protocollo entrerà in vigore dal momento del deposito dello strumento di ratifica.

Gli strumenti di ratifica saranno depositati presso il Segretariato generale del Consiglio d'Europa che notificherà a tutti i membri i nomi di quelli che lo avranno ratificato.

Fatto a Parigi il 20 marzo 1952 in francese e in inglese, i due testi facendo ugualmente fede, in un unico esemplare che sarà depositato presso gli archivi del Consiglio d'Europa. Il Segretario generale ne trasmetterà copia autenticata a ognuno dei Governi firmatari.

10. Protocollo addizionale (n. 4) alla Convenzione per la salvaguardia dei Diritti dell'Uomo e delle Libertà fondamentali. Adottato a Strasburgo il 16 settembre 1963, reso esecutivo con d.P.R. 14 aprile 1982, n. 217 ed entrato in vigore per l'Italia il 27 maggio 1982 (1)

In Gazzetta Ufficiale, 7 maggio 1982, n. 124.

(1) Questo Protocollo è riportato secondo la traduzione italiana non ufficiale pubblicata in appendice al decreto che lo ha reso esecutivo, per quanto concerne il testo originario; analogamente, per le successive modifiche operate dal Protocollo n. 11 (che, adottato a Strasburgo l'11.5.1994, è entrato in vigore per l'Italia il 1.11.1998) è stata utilizzata la traduzione italiana non ufficiale pubblicata in appendice alla l. 28.8.1997, n. 296 (in Gazz .Uff. 12.9.1997, n. 213), che lo ha reso esecutivo.

I Governi firmatari, membri del Consiglio d'Europa,
Risoluti ad adottare misure idonee ad assicurare la garanzia collettiva di diritti e libertà oltre quelli che già figurano nel Titolo I della Convenzione per la salvaguardia dei Diritti dell'Uomo e delle libertà fondamentali, firmata a Roma il 4 novembre 1950 (qui di seguito denominata «la Convenzione») e negli articoli da 1 a 3 del primo Protocollo addizionale alla Convenzione, firmato a Parigi il 20 marzo 1952,
Hanno convenuto quanto segue:

1. Divieto di imprigionamento per debiti.

Nessuno può essere privato della sua libertà per il solo fatto di non essere in grado di adempiere a un'obbligazione contrattuale.

2. Libertà di circolazione.

1. Chiunque si trovi regolarmente sul territorio di uno Stato ha il diritto di circolarvi liberamente e di fissarvi liberamente la sua residenza.

2. Ognuno è libero di lasciare qualsiasi Paese, compreso il proprio.

3. L'esercizio di tali diritti non può essere oggetto di restrizioni diverse da quelle che sono previste dalla legge e che costituiscono, in una società democratica, misure necessarie alla sicurezza nazionale, alla pubblica sicurezza, al mantenimento dell'ordine pubblico, alla prevenzione delle infrazioni penali, alla protezione della salute o della morale o alla protezione dei diritti e libertà altrui.

4. I diritti riconosciuti al paragrafo 1 possono anche, in alcune zone determinate, essere oggetto di restrizioni previste dalla legge e giustificate dall'interesse pubblico in una società democratica.

3. Divieto di espulsione dei cittadini.

1. Nessuno può essere espulso, a seguito di una misura individuale o collettiva, dal territorio dello Stato di cui è cittadino.

2. Nessuno può essere privato del diritto di entrare nel territorio dello Stato di cui è cittadino.

4. Divieto di espulsioni collettive di stranieri.

Le espulsioni collettive di stranieri sono vietate.

5. Applicazione territoriale.

1. Ogni Alta Parte contraente, al momento della firma o della ratifica del presente Protocollo o in ogni altro momento successivo, può presentare al Segretario generale del Consiglio d'Europa una dichiarazione che indichi i limiti entro cui si impegna ad applicare le disposizioni del presente Protocollo sui territori di cui cura le relazioni internazionali, designati nella medesima dichiarazione.

2. Ogni Alta Parte contraente che abbia presentato una dichiarazione in virtù del paragrafo precedente può, di volta in volta, presentare una nuova dichiarazione che modifichi i termini di ogni dichiarazione precedente o che ponga fine all'applicazione delle disposizioni del presente Protocollo su di un qualsiasi territorio.

3. Una dichiarazione presentata conformemente al presente articolo sarà considerata come presentata in conformità al paragrafo 1 dell'articolo 56 della Convenzione.

4. Il territorio di ogni Stato sul quale il presente Protocollo si applica in virtù della ratifica o dell'accettazione da parte di tale Stato e ciascuno dei territori sui quali il Protocollo si applica in virtù di una dichiarazione sottoscritta dallo stesso Stato conformemente al presente articolo, saranno considerati come territori distinti ai fini dei riferimenti al territorio di uno Stato di cui agli articoli 2 e 3.

5. Ogni Stato che abbia reso una dichiarazione in conformità ai paragrafi 1 o 2 del presente articolo può, in qualsiasi momento successivo, dichiarare, relativamente a uno o più dei territori indicati in tale dichiarazione, di accettare la competenza della Corte a pronunciarsi sui ricorsi di persone fisiche, di organizzazioni non governative o di gruppi di privati, come previsto dall'articolo 34 della Convenzione, a norma degli articoli da 1 a 4 del presente Protocollo o di alcuni di essi.

6. Relazioni con la Convenzione.

Le Alte Parti contraenti considereranno gli articoli da 1 a 5 di questo Protocollo come articoli addizionali alla Convenzione e tutte le disposizioni della Convenzione si applicheranno di conseguenza.

7. Firma e ratifica.

1. Il presente Protocollo è aperto alla firma dei membri del Consiglio d'Europa, firmatari della Convenzione; esso sarà ratificato contemporaneamente alla Convenzione o dopo la sua ratifica. Esso entrerà in vigore dopo il deposito di cinque strumenti di ratifica. Per ogni firmatario che lo ratificherà successivamente, il Protocollo entrerà in vigore dal momento del deposito dello strumento di ratifica.

2. Gli strumenti di ratifica saranno depositati presso il Segretario generale del Consiglio d'Europa che notificherà a tutti i membri i nomi di quelli che lo avranno ratificato.

In fede di che, i sottoscritti, debitamente autorizzati a tal fine, hanno firmato il presente Protocollo.

Fatto a Strasburgo il 16 settembre 1963 in francese e in inglese, i due testi facendo ugualmente fede, in un unico esemplare che sarà depositato presso gli archivi del Consiglio d'Europa. Il Segretario generale ne trasmetterà copia autenticata a ognuno degli Stati firmatari.

11. Protocollo addizionale (n. 6) alla Convenzione per la salvaguardia dei Diritti dell'Uomo e delle Libertà fondamentali. Adottato a Strasburgo il 28 aprile 1983, entrato in vigore per l'Italia il 1° gennaio 1989 e reso esecutivo con L. 2 gennaio 1989, n. 8 (1)

In Gazzetta Ufficiale 16 gennaio 1989, n. 12, S.O.

(1) Questo Protocollo è riportato secondo la traduzione italiana non ufficiale pubblicata in appendice alla legge che lo ha reso esecutivo, per quanto concerne il testo originario; analogamente, per le successive modifiche operate dal Protocollo n. 11 (che, adottato a Strasburgo l'11.5.1994, è entrato in vigore per l'Italia il 1°.11.1998) è stata utilizzata la traduzione italiana non ufficiale pubblicata in appendice alla l. 28.8.1997, n. 296 (in Gazz. Uff., 12.9.1997, n. 213), che lo ha reso esecutivo.

Gli Stati membri del Consiglio d'Europa, firmatari del presente Protocollo alla Convenzione per la salvaguardia dei Diritti dell'Uomo e delle Libertà fondamentali, firmata a Roma il 4 novembre 1950 (qui di seguito denominata «la Convenzione»),

Considerato che gli sviluppi intervenuti in diversi Stati membri del Consiglio d'Europa indicano una tendenza generale a favore dell'abolizione della pena di morte,

Hanno convenuto quanto segue:

1. Abolizione della pena di morte.

La pena di morte è abolita. Nessuno può essere condannato a tale pena né giustiziato.

2. Pena di morte in tempo di guerra.

Uno Stato può prevedere nella propria legislazione la pena di morte per atti commessi in tempo di guerra o in caso di pericolo imminente di guerra; tale pena sarà applicata solo nei casi previsti da tale legislazione e conformemente alle sue disposizioni. Lo Stato comunicherà al Segretario generale del Consiglio d'Europa le disposizioni rilevanti della legislazione in questione.

3. Divieto di deroghe.

Non è autorizzata alcuna deroga alle disposizioni del presente Protocollo ai sensi dell'articolo 15 della Convenzione.

4. Divieto di riserve.

Non è ammessa alcuna riserva alle disposizioni del presente Protocollo ai sensi dell'articolo 57 della Convenzione.

5. Applicazione territoriale.

1. Ogni Stato, al momento della firma o al momento del deposito del suo strumento di ratifica, d'accettazione o d'approvazione, può indicare il territorio o i territori sui quali si applicherà il presente Protocollo.

2. Ogni Stato, in qualunque altro momento successivo, mediante una dichiarazione indirizzata al Segretario generale del Consiglio d'Europa, può estendere l'applicazione del presente Protocollo a ogni altro territorio indicato nella dichiarazione. Il Protocollo entrerà in vigore per questo territorio il primo giorno del mese che segue la data di ricezione della dichiarazione da parte del Segretario generale.

3. Ogni dichiarazione fatta in virtù dei due paragrafi precedenti potrà essere revocata, per quanto riguarda ogni territorio designato in siffatta dichiarazione, mediante notifica indirizzata al Segretario generale. La revoca avrà effetto a decorrere dal primo giorno del mese che segue la data di ricezione della notifica da parte del Segretario generale.

6. Relazioni con la Convenzione.

Gli Stati contraenti considerano gli articoli da 1 a 5 del presente Protocollo come articoli addizionali alla Convenzione e tutte le disposizioni della Convenzione si applicheranno di conseguenza.

7. Firma e ratifica.

Il presente Protocollo è aperto alla firma degli Stati membri del Consiglio d'Europa, firmatari della Convenzione. Esso sarà sottoposto a ratifica, accettazione o approvazione. Uno Stato membro del Consiglio d'Europa non potrà ratificare, accettare o approvare il presente Protocollo senza avere simultaneamente o anteriormente ratificato la Convenzione. Gli strumenti di ratifica, d'accettazione o d'approvazione saranno depositati presso il Segretario generale del Consiglio d'Europa.

8. Entrata in vigore.

1. Il presente Protocollo entrerà in vigore il primo giorno del mese che segue la data alla quale cinque Stati membri del Consiglio d'Europa avranno espresso il loro consenso a essere vincolati dal Protocollo conformemente alle disposizioni dell'articolo 7.

2. Per ogni Stato membro che esprimerà ulteriormente il suo consenso a essere vincolato dal Protocollo, questo entrerà in vigore il primo giorno del mese che segue la data di deposito dello strumento di ratifica, d'accettazione o d'approvazione.

9. Funzioni del depositario.

Il Segretario generale del Consiglio d'Europa notificherà agli Stati membri del Consiglio:

a) ogni firma;
b) il deposito di ogni strumento di ratifica, d'accettazione o d'approvazione;
c) ogni data d'entrata in vigore del presente Protocollo conformemente agli articoli 5 e 8;
d) ogni altro atto, notifica o comunicazione riguardante il presente Protocollo.

In fede di che, i sottoscritti, debitamente autorizzati a tal fine, hanno firmato il presente Protocollo.

Fatto a Strasburgo il 28 aprile 1983 in francese e in inglese, i due testi facendo ugualmente fede, in un unico esemplare che sarà depositato presso gli archivi del Consiglio d'Europa. Il Segretario generale del Consiglio d'Europa ne trasmetterà copia autenticata a ciascuno degli Stati membri del Consiglio d'Europa.

12. Protocollo addizionale (n. 7) alla Convenzione per la salvaguardia dei Diritti dell'Uomo e delle Libertà fondamentali. Adottato a Strasburgo il 22 novembre 1984, reso esecutivo con L. 9 aprile 1990, n. 98 ed entrato in vigore per Italia il 1° febbraio 1992 [1]

In Gazzetta Ufficiale, 2 maggio 1990, n. 100, S.O.

(1) Questo Protocollo è riportato secondo la traduzione italiana non ufficiale pubblicata in appendice alla legge che lo ha reso esecutivo, per quanto concerne il testo originario; analogamente, per le successive modifiche operate dal Protocollo n. 11 (che, adottato a Strasburgo l'11.5.1994, è entrato in vigore per l'Italia il 1°.11.1998) è stata utilizzata la traduzione italiana non ufficiale pubblicata in appendice alla l. 28.8.1997, n. 296 (in Gazz. Uff. 12.9.1997, n. 213), che lo ha reso esecutivo.

Gli Stati membri del Consiglio d'Europa, firmatari del presente Protocollo,
Risoluti ad adottare ulteriori misure idonee ad assicurare la garanzia collettiva di alcuni diritti e libertà mediante la Convenzione per la salvaguardia dei Diritti dell'Uomo e delle Libertà fondamentali, firmata a Roma il 4 novembre 1950 (qui di seguito denominata «la Convenzione»),
Hanno convenuto quanto segue:

1. Garanzie procedurali in caso di espulsione di stranieri.

1. Uno straniero regolarmente residente sul territorio di uno Stato non può essere espulso, se non in esecuzione di una decisione presa conformemente alla legge e deve poter:

a) far valere le ragioni che si oppongono alla sua espulsione;
b) far esaminare il suo caso; e
c) farsi rappresentare a tali fini davanti all'autorità competente o a una o più persone designate da tale autorità.

2. Uno straniero può essere espulso prima dell'esercizio dei diritti enunciati al paragrafo 1 a, b e c del presente articolo, qualora tale espulsione sia necessaria nell'interesse dell'ordine pubblico o sia motivata da ragioni di sicurezza nazionale.

2. Diritto a un doppio grado di giudizio in materia penale.

1. Ogni persona dichiarata colpevole da un tribunale ha il diritto di far esaminare la dichiarazione di colpevolezza o la condanna da una giurisdizione superiore. L'esercizio di tale diritto, ivi compresi i motivi per cui esso può essere esercitato, è disciplinato dalla legge.

2. Tale diritto può essere oggetto di eccezioni per reati minori, quali sono definiti dalla legge, o quando l'interessato è stato giudicato in prima istanza da un tribunale della giurisdizione più elevata o è stato dichiarato colpevole e condannato a seguito di un ricorso avverso il suo proscioglimento.

3. Diritto di risarcimento in caso di errore giudiziario.

Qualora una condanna penale definitiva sia successivamente annullata o qualora la grazia sia concessa perché un fatto sopravvenuto o nuove rivelazioni comprovano che vi è stato un errore giudiziario, la persona che ha scontato una pena in seguito a tale condanna sarà risarcita, conformemente alla legge o agli usi in vigore nello Stato interessato, a meno che non sia provato che la mancata rivelazione in tempo utile del fatto non conosciuto le sia interamente o parzialmente imputabile.

4. Diritto di non essere giudicato o punito due volte.

1. Nessuno può essere perseguito o condannato penalmente dalla giurisdizione dello stesso Stato per un reato per il quale è già stato assolto o condannato a seguito di una sentenza definitiva conformemente alla legge e alla procedura penale di tale Stato.

2. Le disposizioni del paragrafo precedente non impediscono la riapertura del processo, conformemente alla legge e alla procedura penale dello Stato interessato, se fatti sopravvenuti o nuove rivelazioni o un vizio fondamentale nella procedura antecedente sono in grado di inficiare la sentenza intervenuta.

3. Non è autorizzata alcuna deroga al presente articolo ai sensi dell'articolo 15 della Convenzione.

5. Parità tra i coniugi.

I coniugi godono dell'uguaglianza di diritti e di responsabilità di carattere civile tra di essi e nelle loro relazioni con i loro figli riguardo al matrimonio, durante il matrimonio e in caso di suo scioglimento. Il presente articolo non impedisce agli Stati di adottare le misure necessarie nell'interesse dei figli.

6. Applicazione territoriale.

1. Ogni Stato, al momento della firma o al momento del deposito del suo strumento di ratifica, d'accettazione o d'approvazione, può designare il territorio o i territori sui quali si applicherà il presente Protocollo, indicando i limiti entro cui si impegna ad applicare le disposizioni del presente Protocollo su tale territorio o territori.

2. Ogni Stato, in qualunque altro momento successivo, mediante una dichiarazione indirizzata al Segretario generale del Consiglio d'Europa, può estendere l'applicazione del presente Protocollo a ogni altro territorio indicato nella dichiarazione. Il Protocollo entrerà in vigore per questo territorio il primo giorno del mese successivo al termine di un periodo di due mesi dalla data di ricezione della dichiarazione da parte del Segretario generale.

3. Ogni dichiarazione fatta in virtù dei due paragrafi precedenti potrà essere revocata o modificata per quanto riguarda ogni territorio designato in tale dichiarazione, mediante notifica indirizzata al Segretario generale. La revoca o la modifica avrà effetto a decorrere dal primo giorno del mese successivo al termine di un periodo di due mesi dalla data di ricezione della notifica da parte del Segretario generale.

4. Una dichiarazione presentata conformemente al presente articolo sarà considerata come presentata in conformità al paragrafo 1 dell'articolo 56 della Convenzione.

5. Il territorio di ogni Stato sul quale il presente Protocollo si applica in virtù della ratifica, dell'accettazione o dell'approvazione da parte di tale Stato, e ciascuno dei territori sui quali il Protocollo si applica in virtù di una dichiarazione sottoscritta dallo stesso Stato conformemente al presente articolo, possono essere considerati come territori distinti ai fini del riferimento al territorio di uno Stato di cui all'articolo 1.

6. Ogni Stato che abbia reso una dichiarazione conformemente ai paragrafi 1 o 2 del presente articolo, può in qualsiasi momento successivo, dichiarare, relativamente a uno o più dei territori indicati in tale dichiarazione, di accettare la competenza della Corte a pronunciarsi sui ricorsi di persone fisiche, o di organizzazioni non governative o di gruppi di privati, come previsto dall'articolo 34 della Convenzione a norma degli articoli da 1 a 5 del presente Protocollo.

7. Relazioni con la Convenzione.

Gli Stati contraenti considerano gli articoli da 1 a 6 del presente Protocollo come articoli addizionali alla Convenzione e tutte le disposizioni della Convenzione si applicano di conseguenza.

8. Firma e ratifica.

Il presente Protocollo è aperto alla firma degli Stati membri del Consiglio d'Europa che hanno firmato la Convenzione. Esso sarà sottoposto a ratifica, accettazione o approvazione. Uno Stato membro del Consiglio d'Europa non può ratificare, accettare o approvare il presente Protocollo senza aver simultaneamente o anteriormente ratificato la Convenzione. Gli strumenti di ratifica, d'accettazione o d'approvazione saranno depositati presso il Segretario generale del Consiglio d'Europa.

9. Entrata in vigore.

1. Il presente Protocollo entrerà in vigore il primo giorno del mese successivo allo scadere di un periodo di due mesi decorrente dalla data in cui sette Stati membri del Consiglio d'Europa avranno espresso il loro consenso a essere vincolati dal Protocollo conformemente alle disposizioni dell'articolo 8.

2. Per ogni Stato membro che esprimerà ulteriormente il suo consenso a essere vincolato dal Protocollo, questo entrerà in vigore il primo giorno del mese successivo allo scadere di un periodo di due mesi decorrente dalla data del deposito dello strumento di ratifica, d'accettazione o d'approvazione.

10. Funzioni del depositario.

Il Segretario generale del Consiglio d'Europa notificherà agli Stati membri del Consiglio d'Europa:

a) ogni firma;

b) il deposito di ogni strumento di ratifica, d'accettazione o d'approvazione;

c) ogni data d'entrata in vigore del presente Protocollo conformemente agli articoli 6 e 9;

d) ogni altro atto, notifica o dichiarazione riguardante il presente Protocollo.

In fede di che, i sottoscritti, debitamente autorizzati a tal fine, hanno firmato il presente Protocollo.

Fatto a Strasburgo il 22 novembre 1984 in francese e in inglese, i due testi facendo ugualmente fede, in un unico esemplare che sarà depositato presso gli archivi del Consiglio d'Europa. Il Segretario generale del Consiglio d'Europa ne trasmetterà copia autenticata a ciascuno degli Stati membri del Consiglio d'Europa.

13. Protocollo addizionale (n. 12) alla Convenzione per la salvaguardia dei Diritti dell'Uomo e delle Libertà fondamentali. Adottato a Roma il 4 novembre 2000

Roma, 4.XI.2000

Gli Stati membri del Consiglio d'Europa, firmatari del presente Protocollo,

Tenuto conto del principio fondamentale, secondo il quale tutte le persone sono uguali innanzi alla legge e hanno diritto alla stessa protezione da parte della legge;

Risoluti ad adottare ulteriori misure per promuovere l'uguaglianza di tutte le persone mediante l'applicazione collettiva di un divieto generale di discriminazione mediante la Convenzione per la salvaguardia dei Diritti dell'Uomo e delle Libertà fondamentali, firmata a Roma il 4 novembre 1950 (qui di seguito denominata "la Convenzione");

Riaffermando che il principio della non discriminazione non impedisce agli Stati Parte di adottare misure per promuovere una piena ed effettiva uguaglianza, a condizione che queste rispondano a una giustificazione oggettiva e ragionevole,

Hanno convenuto quanto segue:

1. Divieto generale di discriminazione.

1. Il godimento di ogni diritto previsto dalla legge deve essere assicurato senza nessuna discriminazione, in particolare quelle fondate sul sesso, la razza, il colore, la lingua, la religione, le opinioni politiche o di altro genere, l'origine nazionale o sociale, l'appartenenza a una minoranza nazionale, la ricchezza, la nascita o ogni altra condizione.

2. Nessuno potrà essere oggetto di discriminazione da parte di una qualsivoglia autorità pubblica per i motivi menzionati al paragrafo 1.

2. Applicazione territoriale.

1. Ogni Stato, al momento della firma o del deposito del proprio strumento di ratifica, accettazione o approvazione, può specificare il territorio o i territori ai quali si applicherà il presente Protocollo.

2. Ogni Stato, in ogni altro momento successivo, può estendere l'applicazione del presente Protocollo, mediante una dichiarazione indirizzata al Segretario generale del Consiglio d'Europa, a qualsiasi altro territorio specificato nella dichiarazione. Rispetto a tale territorio, il Protocollo entrerà in vigore il primo giorno del mese successivo allo scadere di un periodo di tre mesi dalla data di ricezione della dichiarazione da parte del Segretario generale.

3. Qualsiasi dichiarazione resa in virtù dei due paragrafi precedenti potrà essere ritirata o modificata rispetto a ogni territorio specificato in detta dichiarazione, mediante notifica indirizzata al Segretario generale del Consiglio d'Europa. Il ritiro o la modifica avrà effetto a decorrere dal primo giorno del mese successivo allo scadere di un periodo di tre mesi dalla data di ricezione della notifica da parte del Segretario generale.

4. Una dichiarazione resa conformemente al presente articolo sarà considerata presentata in conformità al paragrafo 1 dell'articolo 56 della Convenzione.

5. Ogni Stato che ha reso una dichiarazione conformemente ai paragrafi 1 e 2 di questo articolo può, in ogni momento successivo, dichiarare relativamente a uno o a più territori previsti in tale dichiarazione che accetta la competenza della Corte a ricevere ricorsi di persone fisiche, di organizzazioni non governative o di gruppi di privati conformemente all'articolo 34 della Convenzione, in virtù dell'articolo 1 del presente Protocollo.

3. Relazioni con la Convenzione.

Gli Stati Parte considereranno gli articoli 1 e 2 del

presente Protocollo come articoli aggiuntivi alla Convenzione e tutte le disposizioni della Convenzione si applicheranno di conseguenza.

4. Firma e ratifica.

Il presente Protocollo è aperto alla firma degli Stati membri del Consiglio d'Europa firmatari della Convenzione. Esso sarà sottoposto a ratifica, accettazione o approvazione. Uno Stato membro del Consiglio d'Europa non potrà ratificare, accettare o approvare il presente Protocollo senza aver contemporaneamente o anteriormente ratificato la Convenzione. Gli strumenti di ratifica, accettazione o approvazione saranno depositati presso il Segretario generale del Consiglio d'Europa.

5. Entrata in vigore.

1. Il presente Protocollo entrerà in vigore il primo giorno del mese successivo allo scadere di un periodo di tre mesi dalla data in cui dieci Stati membri del Consiglio d'Europa avranno espresso il loro consenso a essere vincolati dal presente Protocollo conformemente alle disposizioni dell'articolo 4.

2. Per ogni Stato membro che esprimerà successivamente il proprio consenso a essere vincolato dal presente Protocollo, esso entrerà in vigore a decorrere dal primo giorno del mese successivo allo scadere di un periodo di tre mesi dalla data del deposito dello strumento di ratifica, accettazione o approvazione.

6. Funzioni del depositario.

Il Segretario generale del Consiglio d'Europa notificherà a tutti gli Stati membri del Consiglio d'Europa:

a) ogni firma;

b) il deposito di ogni strumento di ratifica, accettazione o approvazione;

c) ogni data di entrata in vigore del presente Protocollo conformemente agli articoli 2 e 5;

d) ogni altro atto, notifica o comunicazione relativi al presente Protocollo.

Fatto a Roma, il 4 novembre 2000, in francese e in inglese, i due testi facenti ugualmente fede, in un unico esemplare che sarà depositato negli archivi del Consiglio d'Europa. Il Segretario generale del Consiglio d'Europa ne trasmetterà copia certificata conforme a ciascuno degli Stati membri del Consiglio d'Europa.

14. Protocollo addizionale (n. 13) alla Convenzione per la salvaguardia dei Diritti dell'Uomo e delle Libertà fondamentali. Adottato a Vilnius il 3 maggio 2002, reso esecutivo con L. 15 ottobre 2008, n. 179 ed entrato in vigore per l'Italia il 1° luglio 2009 (1)

In Gazzetta Ufficiale, 10 novembre 2008, n. 263, S.O.

(1) Questo Protocollo è riportato secondo la traduzione italiana ufficiale, curata dalla Cancelleria federale della Svizzera.

Gli Stati membri del Consiglio d'Europa, firmatari del presente Protocollo,

Convinti che il diritto di ogni persona alla vita sia un valore fondamentale in una società democratica, e che l'abolizione della pena di morte sia essenziale per la protezione di tale diritto e per il pieno riconoscimento della dignità inerente a tutti gli esseri umani;

Desiderosi di rafforzare la protezione del diritto alla vita garantito dalla Convenzione per la salvaguardia dei Diritti dell'Uomo e delle Libertà fondamentali firmata a Roma il 4 novembre 1950 (qui di seguito, denominata «la Convenzione»);

Prendendo nota del fatto che il Protocollo n. 6 alla Convenzione relativo all'abolizione della pena di morte, firmato a Strasburgo il 28 aprile 1983, non esclude la pena di morte per atti commessi in tempo di guerra o di pericolo imminente di guerra;

Risoluti ad abolire in via definitiva la pena di morte in qualsiasi circostanza,

Hanno convenuto quanto segue:

1. Abolizione della pena di morte.

La pena di morte è abolita. Nessuno può essere condannato a tale pena, né può essere giustiziato.

2. Divieto di deroga.

Non è ammessa alcuna deroga alle disposizioni del presente Protocollo in virtù dell'articolo 15 della Convenzione.

3. Divieto di riserva.

Non è ammessa alcuna riserva alle disposizioni del presente Protocollo in virtù dell'articolo 57 della Convenzione.

4. Applicazione territoriale.

1. Qualsiasi Stato può, al momento della firma o del deposito del suo strumento di ratifica, accettazione o approvazione, specificare il territorio o i territori ai quali si applicherà il presente Protocollo.

2. Qualsiasi Stato può, in ogni altro momento successivo, mediante una dichiarazione indirizzata al Segretario generale del Consiglio d'Europa, estendere l'applicazione del presente Protocollo a qualsiasi altro territorio specificato nella dichiarazione. Il Protocollo entrerà in vigore nei confronti di tale territorio il primo giorno del mese successivo allo scadere di un periodo di tre mesi dalla data di ricezione della dichiarazione da parte del Segretario generale.

3. Qualsiasi dichiarazione resa in virtù dei due paragrafi precedenti potrà essere ritirata o modificata relativamente a qualsiasi territorio specificato in questa dichiarazione mediante notifica indirizzata al Segretario generale. Il ritiro o la modifica avrà effetto a decorrere dal primo giorno del mese successivo allo scadere di un periodo di tre mesi dalla data di ricezione della notifica da parte del Segretario generale.

5. Relazioni con la Convenzione.
Gli Stati contraenti considereranno gli articoli da 1 a 4 del presente Protocollo come articoli aggiuntivi alla Convenzione, e tutte le disposizioni della Convenzione si applicheranno di conseguenza.

6. Firma e ratifica.
Il presente Protocollo è aperto alla firma degli Stati membri del Consiglio d'Europa che hanno firmato la Convenzione. È soggetto a ratifica, accettazione o approvazione. Uno Stato membro del Consiglio d'Europa non può ratificare, accettare o approvare il presente Protocollo senza avere ratificato contemporaneamente o precedentemente la Convenzione. Gli strumenti di ratifica, accettazione o approvazione verranno depositati presso il Segretario generale del Consiglio d'Europa.

7. Entrata in vigore.
1. Il presente Protocollo entrerà in vigore il primo giorno del mese successivo allo scadere di un periodo di tre mesi dalla data in cui dieci Stati membri del Consiglio d'Europa avranno espresso il loro consenso a essere vincolati dal presente Protocollo conformemente alle disposizioni del suo articolo 6.

2. Per qualsiasi Stato membro che esprimerà successivamente il proprio consenso a essere vincolato dal presente Protocollo, questo entrerà in vigore il primo giorno del mese successivo allo scadere di un periodo di tre mesi dalla data di deposito dello strumento di ratifica, accettazione o approvazione.

8. Funzioni del depositario.
Il Segretario generale del Consiglio d'Europa notificherà a tutti gli Stati membri del Consiglio d'Europa:
a) qualsiasi firma;
b) il deposito di qualsiasi strumento di ratifica, accettazione o approvazione;
c) qualsiasi data di entrata in vigore del presente Protocollo conformemente ai suoi articoli 4 e 7;
d) qualsiasi altro atto, notifica o comunicazione relativi al presente Protocollo.

In fede di che, i sottoscritti, debitamente autorizzati a tal fine, hanno firmato il presente Protocollo.

Fatto a Vilnius, il 3 maggio 2002, in francese e in inglese, i due testi facenti ugualmente fede, in un unico esemplare che verrà depositato negli archivi del Consiglio d'Europa. Il Segretario generale del Consiglio d'Europa ne invierà una copia certificata conforme a ciascuno Stato Membro del Consiglio d'Europa.

15. Protocollo addizionale (n. 16) alla Convenzione per la salvaguardia dei Diritti dell'Uomo e delle Libertà fondamentali. Adottato a Strasburgo il 2 ottobre 2013

Gli Stati membri del Consiglio d'Europa e le altre Alte Parti contraenti della Convenzione per la Salvaguardia dei Diritti dell'Uomo e delle Libertà Fondamentali, firmata a Roma il 4 novembre 1950 (qui di seguito denominata «la Convenzione»), firmatari del presente Protocollo,
Viste le disposizioni della Convenzione e, in particolare, l'articolo 19 che istituisce la Corte Europea dei Diritti dell'Uomo (qui di seguito denominata «la Corte»),
Considerato che l'ampliamento delle competenze della Corte per fornire pareri consultivi rafforzerà ulteriormente l'interazione fra la Corte e le autorità nazionali e, dunque, l'attuazione della Convenzione conformemente al principio di sussidiarietà,
Visto il Parere n. 285 (2013) adottato dall'Assemblea Parlamentare del Consiglio d'Europa il 28 giugno 2013,
Hanno convenuto quanto segue:

1. – 1. Le corti e i tribunali supremi di un'Alta Parte contraente, così come specificato in conformità all'articolo 10, possono richiedere alla Corte di fornire pareri consultivi riguardanti questioni di principio relative all'interpretazione o applicazione dei diritti e delle libertà definiti nella Convenzione o nei suoi protocolli.

2. La corte o il tribunale richiedente può richiedere un parere consultivo soltanto nell'ambito di un giudizio pendente dinanzi a tale corte o tribunale.

3. La corte o il tribunale richiedente deve fornire una motivazione ragionata della richiesta, nonché esporre il contesto di fatto e di diritto della causa pendente.

2. – 1. Un collegio di cinque giudici della Grande Sezione decide se accettare la richiesta di parere consultivo in conformità all'articolo 1. Il collegio deve motivare l'eventuale mancata accettazione di una richiesta.

2. Se il collegio accetta la richiesta, la Grande Sezione formula il parere consultivo.

3. Il collegio e la Grande Sezione di cui ai precedenti paragrafi comprendono, d'ufficio, il giudice eletto in relazione all'Alta Parte contraente a cui appartiene la corte o il tribunale richiedente. In caso di assenza di tale giudice, o se egli non è in grado di svolgere la sua funzione, siede in qualità di giudice una persona scelta dal Presidente della Corte su una lista presentata previamente da quella Parte.

3. – Il Commissario per i Diritti Umani del Consiglio d'Europa e l'Alta Parte contraente a cui appartiene la corte o il tribunale richiedente hanno il diritto di presentare osservazioni per iscritto e di partecipare alle udienze. Nell'interesse di una corretta amministrazione della giustizia, il Presidente della Corte può invitare anche ogni altra Alta Parte contraente o persona a presentare osservazioni per iscritto o a partecipare alle udienze.

4. – **1.** Devono essere fornite delle motivazioni per i pareri consultivi.

2. Se il parere consultivo non rappresenta, interamente o in parte, l'opinione unanime dei giudici, qualsiasi giudice ha il diritto di esprimere un parere separato.

3. I pareri consultivi sono comunicati alla corte o al tribunale richiedente e all'Alta Parte contraente a cui appartiene la corte o il tribunale.

4. I pareri consultivi sono pubblicati.

5. – I pareri consultivi non sono vincolanti.

6. – Le Alte Parti contraenti considereranno le disposizioni degli articoli 1-5 del presente Protocollo come articoli aggiuntivi alla Convenzione, e tutte le disposizioni della Convenzione si applicheranno di conseguenza.

7. – **1.** Il presente Protocollo è aperto alla firma delle Alte Parti contraenti della Convenzione, che possono esprimere il loro consenso a esservi vincolate:
a) con firma senza riserva di ratifica, accettazione o approvazione; o
b) con firma soggetta a ratifica, accettazione o approvazione, seguita da ratifica, accettazione o approvazione;

2. Gli strumenti di ratifica, accettazione o approvazione saranno depositati presso il Segretario Generale del Consiglio d'Europa.

8. – **1.** Il presente Protocollo entrerà in vigore il primo giorno del mese successivo allo scadere di un periodo di tre mesi a decorrere dalla data alla quale dieci Alte Parti contraenti della Convenzione avranno espresso il proprio consenso a essere vincolate dal Protocollo, conformemente alle disposizioni dell'articolo 7.

2. Per ogni Alta Parte contraente della Convenzione che esprime successivamente il proprio consenso ad essere vincolata dal presente Protocollo, questo entrerà in vigore il primo giorno del mese successivo allo scadere di un periodo di tre mesi a decorrere dalla data in cui è stato espresso il consenso ad essere vincolata dal Protocollo conformemente alle disposizioni dell'articolo 7.

9. – Non è ammessa alcuna riserva alle disposizioni del presente Protocollo in virtù dell'articolo 57 della Convenzione.

10. – Al momento della firma o al deposito del proprio strumento di ratifica, accettazione, approvazione, mediante una dichiarazione indirizzata al Segretario Generale del Consiglio d'Europa, ogni Alta Parte contraente della Convenzione indica le corti o i tribunali designati ai fini dell'articolo 1, paragrafo 1, del presente Protocollo. Tale dichiarazione può essere modificata in qualsiasi data successiva e nello stesso modo.

11. – Il Segretario Generale del Consiglio d'Europa notificherà agli Stati membri del Consiglio d'Europa e alle altre Alte Parti contraenti della Convenzione:
a) qualsiasi firma;
b) il deposito di qualsiasi strumento di ratifica, accettazione o approvazione;
c) qualsiasi data di entrata in vigore del presente Protocollo in conformità all'articolo 8;
d) qualsiasi dichiarazione resa conformemente all'articolo 10; e
e) qualsiasi altro atto, notifica o comunicazione relative al presente Protocollo.

In fede di che, i sottoscritti, debitamente autorizzati a tal fine, hanno firmato il presente Protocollo.

Fatto a Strasburgo, il 2 ottobre 2013, in francese e in inglese, i due testi facenti ugualmente fede, in un unico esemplare che verrà depositato negli archivi del Consiglio d'Europa. Il Segretario Generale del Consiglio d'Europa ne invierà una copia certificata conforme a ciascuno Stato Membro del Consiglio d'Europa e alle altre Alte Parti contraenti della Convenzione.

PARTE SECONDA

CODICE PENALE

1. R.D. 19 ottobre 1930, n. 1398 (suppl. ord. G.U. 26 ottobre 1930, n. 251). Approvazione del testo definitivo del codice penale

LIBRO PRIMO
Dei reati in generale

TITOLO I
Della legge penale

1. Reati e pene: disposizione espressa di legge.

Nessuno può essere punito per un fatto che non sia espressamente preveduto come reato dalla legge, né con pene che non siano da essa stabilite [Cost. 25^2, 13^2]

Riferimenti storici:

Art. 1 Codice Zanardelli (in *Normativa storica*).

Norme connesse:

A. Art. 7 Convenzione europea dei diritti dell'Uomo; art. 49 Carta dei diritti fondamentali dell'Unione europea; art. 15 Patto interazionale sui diritti civili e politici (in *Principi fondamentali*).
B. Artt. 22 e 23 Statuto istitutivo della Corte penale internazionale (in *Normativa complementare*, voce *Diritto penale internazionale, Corte penale internazionale*).
C. Art. 25^3 Cost. e art. 199 c.p.
D. Art. 1, l. 24.11.1981, n. 689 (in *Normativa complementare*, voce *Depenalizzazione*).

2. Successione di leggi penali.

Nessuno può essere punito per un fatto che, secondo la legge del tempo in cui fu commesso, non costituiva reato [Cost. 25^2; prel. 11].

Nessuno può essere punito per un fatto che, secondo una legge posteriore, non costituisce reato [prel. 10, 11, 15]; e, se vi è stata condanna [c.p.p. 442^2, 448^1, 460^2, 533, 605^1, 648], ne cessano l'esecuzione [c.p.p. 650^1] e gli effetti penali [c.p.p. 673].

Se vi è stata condanna a pena detentiva e la legge posteriore prevede esclusivamente la pena pecuniaria, la pena detentiva inflitta si converte immediatamente nella corrispondente pena pecuniaria, ai sensi dell'articolo 135 (1).

Se la legge del tempo in cui fu commesso il reato e le posteriori sono diverse, si applica quella le cui disposizioni sono più favorevoli al reo, salvo che sia stata pronunciata sentenza irrevocabile [c.p.p. 648].

Se si tratta di leggi eccezionali o temporanee [prel. 14], non si applicano le disposizioni dei capoversi precedenti.

Le disposizioni di questo articolo si applicano altresì nei casi di decadenza e di mancata ratifica di un decreto-legge e nel caso di un decreto-legge convertito in legge con emendamenti [Cost. 77] (2).

Riferimenti storici:

Art. 2 Codice Zanardelli (in *Normativa storica*).

Evoluzione normativa:

(1) Comma introdotto dall'art. 14, l. 24.2.2006, n. 85.
(2) La Corte costituzionale, con sent. 22.2.1985, n. 51, ha dichiarato l'illegittimità costituzionale dell'art. 2, co. 5, c.p. [attuale sesto comma], nella parte in cui rende applicabili alle ipotesi da esso previste le disposizioni contenute nel secondo e terzo comma [quarto comma] dello stesso art. 2 c.p.

Norme connesse:

A. Art. 7 Convenzione europea dei diritti dell'Uomo; art. 49 Carta dei diritti fondamentali dell'Unione europea; art. 15 Patto interazionale sui diritti civili e politici (in *Principi fondamentali*).
B. Art. 24 Statuto istitutivo della Corte penale internazionale (in *Normativa complementare*, voce *Diritto penale internazionale, Corte penale internazionale*).
C. Art. 30, l. 11.3.1953, n. 87 (in *Normativa complementare*, voce *Corte costituzionale*).
E. Art. 1, l. 24.11.1981, n. 689 (in *Normativa complementare*, voce *Depenalizzazione*).
D. Art. 3, d.lgs. 8.6.2001, n. 231 (in *Normativa complementare*, voce *Economia (diritto penale della), Enti*).

3. Obbligatorietà della legge penale.

La legge penale italiana obbliga tutti coloro che, cittadini [4^1; 242^3] o stranieri, si trovano nel territorio dello Stato [4^2; cod. nav. 1080^2], salve le eccezioni stabilite dal diritto pubblico interno [Cost. 10, 68, 90, 122] o dal diritto internazionale.

La legge penale italiana obbliga altresì tutti coloro che, cittadini o stranieri, si trovano all'estero, ma limitatamente ai casi stabiliti dalla legge medesima [7, 8, 9, 10; c.p.m.p. 17, 18; cod. nav. 1080] o dal diritto internazionale.

Riferimenti storici:

Art. 3 Codice Zanardelli (in *Normativa storica*).

Norme connesse:

A. Art. 5, co. 1, l. 11.3.1953, n. 1 (in *Normativa complementare*, voce *Corte costituzionale*).
B. Artt. 8, 10, 11, 19, 21, 29 del Concordato tra Stato italiano e Santa Sede, reso esecutivo con la l. 27.5.1929, n. 810 e le cui modifiche sono state ratificate con l. 25.3.1985, n. 121 (Sommo Pontefice, dignitari della Chiesa, diplomatici, inviati della o presso la Santa Sede, Cardinali). Art. 8: «L'Italia, considerando sacra ed inviolabile la persona del Sommo Pontefice, dichiara punibili l'attentato contro di Essa e la provocazione a commetterlo con le stesse pene stabilite per l'attentato e la provocazione a commetterlo contro la persona del Re. Le offese e le ingiurie pubbliche commesse nel territorio italiano contro la persona del Sommo Pontefice con discorsi, con fatti e con scritti, sono punite come le offese e le ingiurie alla persona del Re».
C. Artt. 10, 14 e 18, Accordo generale sui privilegi e le immunità del Consiglio d'Europa, adottato a Parigi il 2 settembre 1949 e reso esecutivo con l. 27.10.1951, n. 1578 (Consiglio d'Europa).
D. Artt. IV, V, VII della Convenzione sui privilegi e le immunità delle Nazioni Unite, approvata New York il 16 febbraio 1946 e resa esecutiva con l. 20.12.1957, n. 1318 (rappresentanti delle Nazioni Unite).
E. Art. 9, Protocollo sui privilegi e sulle immunità delle Comunità Europee, firmato a Bruxelles l'8 aprile 1965 e reso esecutivo con l. 3.5.1966, n. 437 (membri del Parlamento europeo).
F. Art. VII Convenzione tra gli Stati membri del Patto Nord-Atlantico sullo Statuto delle loro forze armate, firmata a Londra il 19 giugno 1951 e resa esecutiva con l. 30.11.1955 (forze N.A.T.O.).
G. Artt. 43, 45, 53-55 della Convenzione sulle relazioni consolari, adottata a Vienna il 24 aprile 1963 e resa esecutiva con l. 9.8.1967, n. 804 (agenti diplomatici e consolari).
H. Art. 19 ss., l. 10.5.1970, n. 1093, di ratifica della Convenzione sul regolamento delle controversie relative agli investimenti tra Stati e cittadini di altri Stati (Centro internazionale per il regolamento delle controversie oggetto della Convenzione).

3 bis. Principio della riserva di codice (1).

Nuove disposizioni che prevedono reati possono essere introdotte nell'ordinamento solo se modificano il codice penale ovvero sono inserite in leggi che disciplinano in modo organico la materia [16].

Evoluzione normativa:

(1) Articolo introdotto dall'art. 1, co. 1, d.lgs. 1.3.2018, n. 21, a decorrere dal 6.4.2018.

4. Cittadino italiano. Territorio dello Stato.

Agli effetti della legge penale, sono considerati cittadini italiani i cittadini delle colonie, i sudditi coloniali (1), gli appartenenti per origine o per elezione ai luoghi soggetti alla sovranità dello Stato e gli apolidi residenti nel territorio dello Stato [242^3].

Agli effetti della legge penale, è territorio dello Stato il territorio della Repubblica, quello delle colonie (2) e ogni altro luogo soggetto alla sovranità dello Stato. Le navi e gli aeromobili italiani sono considerati come territorio dello Stato, ovunque si trovino, salvo che siano soggetti, secondo il diritto internazionale, a una legge territoriale straniera [cod. nav. 2, 3, 4, 136, 743].

Evoluzione normativa:

(1) I riferimenti ai cittadini delle colonie e ai sudditi coloniali devono ritenersi non più validi.
(2) Il riferimento al territorio delle colonie deve ritenersi non più valido.

Norme connesse:

A. L. 5.2.1992, n. 91, recante nuove norme sulla cittadinanza italiana.
B. Art. 219, l. 19.5.1975, n. 151: «*La donna che, per effetto di matrimonio con straniero o di mutamento di cittadinanza da parte del marito, ha perduto la cittadinanza italiana prima dell'entrata in vigore della presente legge, la riacquista con dichiarazione resa all'autorità competente a norma dell'articolo 36 delle disposizioni di attuazione del codice civile*».
C. L. 24.7.1954, n. 722, di ratifica ed esecuzione della Convenzione relativa allo statuto dei rifugiati, firmata a Ginevra il 28.7.1951.
D. L. 1.2.1962, n. 306, di ratifica della Convenzione relativa allo *status* degli apolidi adottata a New York il 28.9.1954.
E. Art. 15 del Concordato tra Stato italiano e Santa Sede, reso esecutivo con la l. 27.5.1929, n. 810 (le modifiche sono state ratificate con l. 25.3.1985, n. 121).
F. Artt. 12-25, l. 6.6.1939, n. 1320, che ha reso esecutiva la Convenzione di amicizia e buon vicinato stipulata in Roma, fra l'Italia e la Repubblica di San Marino, il 31.3.1939.
G. Art. 29, d.P.R. 23.1.1973, n. 43: «*Zona di vigilanza doganale marittima. È sottoposta a vigilanza doganale la zona costituita dalla fascia di mare che si estende dalla linea doganale fino al limite esterno del mare territoriale*».

5. Ignoranza della legge penale.

Nessuno può invocare a propria scusa l'ignoranza della legge penale [Cost. 27^1; 47^3, 59^4] (1).

Riferimenti storici:

Art. 44 Codice Zanardelli (in *Normativa storica*).

Evoluzione normativa:

(1) La Corte costituzionale, con sent. 24.3.1988, n. 364, ha dichiarato la illegittimità dell'art. 5 c.p., nella parte in cui non esclude dall'inescusabilità dell'ignoranza della legge penale l'ignoranza inevitabile.

Norme connesse:

A. Art. 39 c.p.m.p.: «Ignoranza dei doveri militari. *Il militare non può invocare a propria scusa l'ignoranza dei doveri inerenti al suo stato militare*». La Corte costituzionale, con sent. 20.12.1995, n. 61, ha dichiarato l'illegittimità costituzionale dell'art. 39 del codice penale militare di pace, nella parte in cui non esclude dall'inescusabilità dell'ignoranza dei doveri inerenti allo stato militare l'ignoranza inevitabile.
B. Art. 15, d.lgs. 10.3.2000, n. 74 (in *Normativa complementare*, voce *Economia (diritto penale della), Tributi*).
C. Artt. 602-quater e 609-sexies c.p.
D. Art. 32^2, Statuto istitutivo della Corte penale internazionale (in *Normativa complementare*, voce *Diritto penale internazionale, Corte penale internazionale*).

6. Reati commessi nel territorio dello Stato.

Chiunque commette un reato nel territorio dello Stato [4^2] è punito secondo la legge italiana.

Il reato si considera commesso nel territorio dello Stato [4^2], quando l'azione o l'omissione, che lo costituisce, è ivi avvenuta in tutto o in parte, ovvero si è ivi verificato l'evento che è la conseguenza dell'azione od omissione.

Norme connesse:

A. Art. 8^6, d.l. 10.3.2023, n. 20, conv., con modif. con l. 5.5.2023, n. 50 (in *Normativa complementare*, voce *Immigrazione*).

7. Reati commessi all'estero.

È punito secondo la legge italiana il cittadino [4^1; 242^3] o lo straniero che commette in territorio estero [c.p.m.g. 235, 237, 239] taluno dei seguenti reati:

1. delitti contro la personalità dello Stato italiano [241-313] (1);
2. delitti di contraffazione del sigillo dello Stato e di uso di tale sigillo contraffatto [467];
3. delitti di falsità in monete aventi corso legale nel territorio dello Stato, o in valori di bollo o in carte di pubblico credito italiano [453-461, 464, 466];
4. delitti commessi da pubblici ufficiali [357] a servizio dello Stato, abusando dei poteri o violando i doveri inerenti alle loro funzioni [61, n. 9];
5. ogni altro reato per il quale speciali disposizioni di legge [8, 9, 10, 501^4, 531-537, 583-*bis*^{5}, 591^2, 604, 642^3; c.p.m.p. 17, 18] o convenzioni internazionali stabiliscono l'applicabilità della legge penale italiana.

Riferimenti storici:

Artt. 4, 5, 6, 9 e 9 Codice Zanardelli (in *Normativa storica*).

Evoluzione normativa:

(1) Numero così modificato dall'art. 1, d.l. 18.10.2001, n. 374, conv., con modif., con l. 15.12.2001, n. 438.

Norme connesse:

A. Art. 4, d.lgs. 8.6.2001, n. 231 (in *Normativa complementare*, voce *Economia (diritto penale della), Enti*).
B. Art. 22 del Concordato tra Stato italiano e Santa Sede, reso esecutivo con la l. 27.5.1929, n. 810 e le cui modifiche sono state ratificate con l. 25.3.1985, n. 121: «*A richiesta della Santa Sede e per delegazione che potrà essere data dalla medesima o nei singoli casi o in modo permanente, l'Italia provvederà nel suo territorio alla punizione dei delitti che venissero commessi nella Città del Vaticano, salvo quando l'autore del delitto si sia rifugiato nel territorio italiano, nel qual caso si procederà senz'altro contro di lui a norma delle leggi italiane. La Santa Sede consegnerà allo Stato italiano le persone, che si fossero rifugiate nella Città del Vaticano, imputate di atti, commessi nel territorio italiano, che siano ritenuti delittuosi dalle leggi di ambedue gli Stati. Analogamente si provvederà per le persone imputate*

di delitti, che si fossero rifugiate negli immobili dichiarati immuni nell'art. 15, a meno che i preposti ai detti immobili preferiscano invitare gli agenti italiani ad entrarvi per arrestarle.».

C. Art. 48, l. 24.1.1979, n. 18 (in *Normativa complementare*, voce *Finanziamento illecito ai partiti e reati elettorali*).

D. Art. 2, l. 24.7.1980, n. 488, recante *Misure di finanza pubblica per la stabilizzazione e lo sviluppo*.

E. Art. 3, l. 10.5.1976, n. 342 (in *Normativa complementare*, voce *Navigazione e pirateria*).

F. Art. 2, l. 25.3.1985, n. 107 (in *Normativa complementare*, voce *Reati contro le persone internazionalmente protette*).

G. Art. 180 ss., d.lgs. 24.12.1998, n. 58 (in *Normativa complementare*, voce *Economia (diritto penale della), Finanza*).

8. Delitto politico commesso all'estero.

Il cittadino [4[1]] o lo straniero, che commette in territorio estero un delitto politico non compreso tra quelli indicati nel n. 1 dell'articolo precedente, è punito secondo la legge italiana [c.p.m.p. 18], a richiesta del ministro della giustizia [128, 129; c.p.p. 10, 342].

Se si tratta di delitto punibile a querela della persona offesa [120; c.p.p. 336], occorre, oltre tale richiesta, anche la querela.

Agli effetti della legge penale, è delitto politico ogni delitto, che offende un interesse politico dello Stato, ovvero un diritto politico del cittadino [241-294]. È altresì considerato delitto politico il delitto comune determinato, in tutto o in parte, da motivi politici.

Norme connesse:

A. Art. 4, d.lgs. 8.6.2001, n. 231 (in *Normativa complementare*, voce *Economia (diritto penale della), Enti*).

B. Art. 182[1], d.lgs. 24.2.1998, n. 58 (in *Normativa complementare*, voce *Economia (diritto penale della), Finanza*).

9. Delitto comune del cittadino all'estero.

Il cittadino, che, fuori dei casi indicati nei due articoli precedenti, commette in territorio estero un delitto per il quale la legge italiana stabilisce la pena di morte (1) o l'ergastolo, o la reclusione non inferiore nel minimo a tre anni, è punito secondo la legge medesima, sempre che si trovi nel territorio dello Stato [4[2]].

Se si tratta di delitto per il quale è stabilita una pena restrittiva della libertà personale di minore durata, il colpevole è punito a richiesta del ministro della giustizia [127, 128, 129; c.p.p. 342] ovvero a istanza [130; c.p.p. 341], o a querela [120; c.p.p. 336] della persona offesa.

Nei casi preveduti dalle disposizioni precedenti, qualora si tratti di delitto commesso a danno delle Comunità europee, di uno Stato estero o di uno straniero, il colpevole è punito a richiesta del ministro della giustizia, sempre che l'estradizione [13; c.p.p. 697] di lui non sia stata conceduta, ovvero non sia stata accettata dal Governo dello Stato in cui egli ha commesso il delitto (2).

Nei casi preveduti dalle disposizioni precedenti, la richiesta del Ministro della giustizia o l'istanza o la querela della persona offesa non sono necessarie per i delitti previsti dagli articoli 320, 321 e 346-*bis*, 648 e 648-*ter*.1 (3).

Evoluzione normativa:

(1) La pena di morte per i delitti previsti dal codice penale è stata abolita e sostituita con l'ergastolo dall'art. 1, d.lgs.lt. 10.8.1944, n. 224. L'art. 1, d.lgs. ha poi abolito la pena di morte per i delitti previsti dalle leggi speciali. La l. 13.10.1994, n. 589, infine, ha abolito la pena di morte anche per i reati previsti dal codice penale militare di guerra.

(2) Comma modificato dall'art. 5, l. 29.9.2000, n. 300. Il testo previgente così disponeva: «*Nei casi preveduti dalle disposizioni precedenti, qualora si tratti di delitto commesso a danno di uno Stato estero o di uno straniero, il colpevole è punito a richiesta del ministro della giustizia, sempre che l'estradizione di lui non sia stata conceduta, ovvero non sia stata accettata dal Governo dello Stato in cui egli ha commesso il delitto*».

(3) Comma introdotto dall'art. 1, co. 1, lett. a), l. 9.1.2019, n. 3, a decorrere dal 31.1.2019 e poi modificato dall'art. 1, co. 1, lett. a), d.lgs. 8.11.2021, n. 195, a decorrere dal 15.12.2021.

Norme connesse:

A. Art. 3, ultimo comma, l. 20.2.1958, n. 75 (in *Normativa complementare*, voce *Prostituzione e pornografia*).

B. Art. 48, l. 24.1.1979, n. 18 (in *Normativa complementare*, voce *Finanziamento illecito ai partiti e reati elettorali*).

C. Art. 180 ss., d.lgs. 24.12.1998, n. 58 (in *Normativa complementare*, voce *Economia (diritto penale della), Finanza*).

10. Delitto comune dello straniero all'estero.

Lo straniero, che, fuori dei casi indicati negli articoli 7 e 8, commette in territorio estero, a danno dello Stato o di un cittadino, un delitto per il quale la legge italiana stabilisce la pena di morte (1) o l'ergastolo, o la reclusione non inferiore nel minimo a un anno, è punito secondo la legge medesima, sempre che si trovi nel territorio dello Stato [4[2]], e vi sia richiesta del ministro della giustizia [128, 129; c.p.p. 342], ovvero istanza [130; c.p.p. 341] o querela [120, 121; c.p.p. 336] della persona offesa.

Se il delitto è commesso a danno delle Comunità europee, di uno Stato estero o di uno straniero, il colpevole è punito secondo la legge italiana, a richiesta del ministro della giustizia, sempre che:

1. si trovi nel territorio dello Stato;
2. si tratti di delitto per il quale è stabilita la pena di morte (1) o dell'ergastolo, ovvero della reclusione non inferiore nel minimo a tre anni;
3. l'estradizione [13; c.p.p. 697] di lui non sia stata conceduta, ovvero non sia stata accettata dal Governo dello Stato in cui egli ha commesso il delitto, o da quello dello Stato a cui egli appartiene (2).

La richiesta del Ministro della giustizia o l'istanza o la querela della persona offesa non sono necessarie per i delitti previsti dagli articoli 317, 318, 319, 319-*bis*, 319-*ter*, 319-*quater*, 320, 321, 322 e 322-*bis* (3).

Evoluzione normativa:

(1) La pena di morte per i delitti previsti dal codice penale è stata abolita e sostituita con l'ergastolo dall'art. 1, d.lgs.lt. 10.8.1944, n. 224.

(2) Comma modificato dall'art. 5, l. 29.9.2000, n. 300. Il testo previgente così disponeva: «*Se il delitto è commesso a danno di uno Stato estero o di uno straniero, il colpevole è punito secondo la legge italiana, a richiesta del ministro della giustizia, sempre che: 1. si trovi nel territorio dello Stato; 2. si tratti di delitto per il quale è stabilita la pena di morte o dell'ergastolo, ovvero della reclusione non inferiore nel minimo a tre anni; 3. l'estradizione di lui non sia stata conceduta, ovvero non sia stata accettata dal Governo dello Stato in cui egli ha commesso il delitto, o da quello dello Stato a cui egli appartiene*».

(3) Comma introdotto dall'art. 1, co. 1, lett. b), l. 9.1.2019, n. 3, a decorrere dal 31.1.2019.

Norme connesse:

A. Art. 2, l. 25.3.1985, n. 107 (in *Normativa complementare*, voce *Diritto penale internazionale, Convenzioni internazionali*).

B. Art. 180 ss., d.lgs. 24.12.1998, n. 58 (in *Normativa complementare*, voce *Economia (diritto penale della) D. Finanza*).

C. Art. 4, d.lgs. 8.6.2001, n. 231 (in *Normativa complementare*, voce *Economia (diritto penale della), Enti*).

D. Art. 8[6], d.l. 10.3.2023, n. 20, conv., con modif., con l. 5.5.2023, n. 50 (in *Normativa complementare*, voce *Immigrazione*).

E. Art. 4, co. 6, l. 21.2.2024, n. 14, di Ratifica ed esecuzione del Protocollo tra il Governo della Repubblica italiana e il Consiglio dei ministri della Repubblica di Albania per il rafforzamento della collaborazione in materia migratoria: «6. *In deroga all'articolo 10 del codice penale, salvo che il reato sia commesso in danno di un cittadino albanese o dello Stato albanese, lo straniero sottoposto alle procedure di cui al comma 1 del presente articolo, che commette un delitto all'interno delle aree di cui all'articolo 1, paragrafo 1, lettera c), del Protocollo, è punito secondo la legge italiana, se vi è richiesta del Ministro della giustizia, fermo restando il regime di procedibilità previsto per il delitto. La richiesta del Ministro non è necessaria per i delitti puniti con la pena dell'ergastolo o della reclusione non inferiore nel minimo a tre anni*».

11. Rinnovamento del giudizio.

Nel caso indicato nell'art. 6, il cittadino o lo straniero è giudicato nello Stato, anche se sia stato giudicato all'estero [138, 201[1]; c.p.p. 730].

Nei casi indicati negli articoli 7, 8, 9 e 10, il cittadino o lo straniero, che sia stato giudicato all'estero, è giudicato nuovamente nello Stato, qualora il ministro della giustizia ne faccia richiesta [128, 129; c.p.p. 342].

12. Riconoscimento delle sentenze penali straniere.

Alla sentenza penale straniera pronunciata per un delitto può essere dato riconoscimento [c.p.p. 730]:

1. per stabilire la recidiva [99] o un altro effetto penale della condanna ovvero per dichiarare l'abitualità [102, 103, 104] o la professionalità nel reato [105] o la tendenza a delinquere [108];
2. quando la condanna importerebbe, secondo la legge italiana, una pena accessoria [19, 28];
3. quando, secondo la legge italiana, si dovrebbe sottoporre la persona condannata o prosciolta, che si trova nel territorio dello Stato, a misure di sicurezza personali [199, 215];
4. quando la sentenza straniera porta condanna alle restituzioni o al risarcimento del danno, ovvero deve, comunque, esser fatta valere in giudizio nel territorio dello Stato [4[2]], agli effetti delle restituzioni o del risarcimento del danno, o ad altri effetti civili [185; c.p.p. 732, 741].

Per farsi luogo al riconoscimento, la sentenza deve essere stata pronunciata dall'autorità giudiziaria di uno Stato estero col quale esiste trattato di estradizione. Se questo non esiste, la sentenza estera può essere egualmente ammessa a riconoscimento nello Stato, qualora il ministro della giustizia ne faccia richiesta [128, 129; c.p.p. 342]. Tale richiesta non occorre se viene fatta istanza per il riconoscimento agli effetti indicati nel n. 4.

Norme connesse:

A. Art. 85, d.P.R. 9.10.1990, n. 309 (in *Normativa complementare*, voce *Stupefacenti*).

B. Art. 2 l. 3.7.1989, n. 257: «*1. Alla sentenza penale straniera è dato riconoscimento se ricorrono, oltre quelle previste dalla convenzione, le seguenti condizioni: a) la sentenza non contiene disposizioni contrarie ai princìpi fondamentali dell'ordinamento giuridico dello Stato; b) per lo stesso fatto e nei confronti della stessa persona non è stata pronunciata nello Stato sentenza irrevocabile; c) per lo stesso fatto e nei confronti della stessa persona non è in corso nello Stato procedimento penale*».

C. Art. 23 del Concordato tra Stato italiano e Santa Sede, reso esecutivo con la l. 27.5.1929, n. 810 (le modifiche sono state ratificate con l. 25.3.1985, n. 121).

13. Estradizione.

L'estradizione è regolata dalla legge penale italiana, dalle convenzioni e dagli usi internazionali.

L'estradizione non è ammessa, se il fatto che forma oggetto della domanda di estradizione non è preveduto come reato dalla legge italiana e dalla legge straniera [Cost. 10[4]; c.p. 1; c.p.p. 697].

L'estradizione può essere conceduta od offerta, anche per reati non preveduti nelle convenzioni internazionali, purché queste non ne facciano espresso divieto.

Non è ammessa l'estradizione del cittadino [4[1]], salvo che sia espressamente consentita nelle convenzioni internazionali [Cost. 26[1]].

Norme connesse:

A. L'articolo unico l. 21.6.1967, n. 1, di interpretazione autentica delle disposizioni degli artt. 10, co. 4 e 26, co. 2, Cost., ha stabilito che il divieto di estradizione per reati politici non si applica ai delitti di genocidio.

B. Art. 22 del Concordato tra Stato italiano e Santa Sede, reso esecutivo con la l. 27.5.1929, n. 810 (le modifiche sono state ratificate con l. 25.3.1985, n. 121).

14. Computo e decorrenza dei termini.

Quando la legge penale fa dipendere un effetto giuridico dal decorso del tempo [124, 157, 163, 172, 173], per il computo di questo si osserva il calendario comune.

Ogni qual volta la legge penale stabilisce un termine per il verificarsi di un effetto giuridico, il giorno della decorrenza non è computato nel termine [c.p.p. 172].

15. Materia regolata da più leggi penali o da più disposizioni della medesima legge penale.

Quando più leggi penali o più disposizioni della medesima legge penale regolano la stessa materia, la legge o la disposizione di legge speciale deroga alla legge o alla disposizione di legge generale, salvo che sia altrimenti stabilito.

Norme connesse:

A. Art. 9, l. 24.11.1981, 689 (in *Normativa complementare*, voce *Depenalizzazione*).

B. Artt. 187 *ter* e 187 *bis*, d.lgs. 24.2.1998, n. 58 (in *Normativa complementare*, voce *Economia (diritto penale della), Finanza*).

C. Art. 19, d.lgs. 10.3.2000, n. 74 (in *Normativa complementare*, voce *Economia (diritto penale della), Tributi*).

D. Art. 167[6], d.lgs. 30.6.2003, n. 196 (*Codice in materia di protezione dei dati personali*).

16. Leggi penali speciali.

Le disposizioni di questo codice si applicano anche alle materie regolate da altre leggi penali, in quanto non sia da queste stabilito altrimenti.

Norme connesse:
A. Norme connesse *sub* art. 15.

TITOLO II
Delle pene

Capo I
Delle specie di pene, in generale

17. Pene principali: specie (1).

Le pene principali stabilite per i delitti sono:
1. la morte (2);
2. l'ergastolo [22];
3. la reclusione [23];
4. la multa [24].

Le pene principali stabilite per le contravvenzioni sono:
1. l'arresto [25];
2. l'ammenda [26].

Evoluzione normativa:
(1) La Corte costituzionale, con sent. 28.4.1994, n. 168, ha dichiarato l'illegittimità costituzionale di questo articolo nella parte in cui non esclude l'applicazione della pena dell'ergastolo al minore imputabile.
(2) La pena di morte per i delitti previsti dal codice penale è stata abolita e sostituita con l'ergastolo dall'art. 1, d.lgs.lt. 10.8.1944, n. 224. L'art. 1, d.lgs. 22.1.1948, n. 21 ha poi abolito la pena di morte per i delitti previsti dalle leggi speciali. La l. 13.10.1994, n. 589, infine, ha abolito la pena di morte anche per i reati previsti dal codice penale militare di guerra.

Norme connesse:
A. Artt. 35, 36 e 38, l. 21.11.1991, n. 374 (in *Normativa complementare*, voce *Giudice di pace*).
B. Art. 53 ss., l. 24.11.1981, n. 689 (in *Normativa complementare*, voce *Depenalizzazione*).
C. Art. 444 c.p.p.
D. Art. 248 disp. trans. c.p.p.
E. Art. 30[1] e 32[2], d.P.R. 22.9.1988, n. 448, (in *Normativa complementare*, voce *Minori (diritto penale dei)*).

18. Denominazione e classificazione delle pene principali.

Sotto la denominazione di pene detentive o restrittive della libertà personale [disp. att. c.p. 3] la legge comprende: l'ergastolo [22], la reclusione [23] e l'arresto [25].

Sotto la denominazione di pene pecuniarie la legge comprende: la multa [24] e l'ammenda [26].

Norme connesse:
A. V. norme connesse *sub* art. 17.

19. Pene accessorie: specie.

Le pene accessorie per i delitti sono:
1. l'interdizione dai pubblici uffici [28, 29; disp. att. c.p. 13, 14];
2. l'interdizione da una professione o da un'arte [30, 31; disp. att. c.p. 13, 14] (1);
3. l'interdizione legale [32];
4. l'interdizione dagli uffici direttivi delle persone giuridiche e delle imprese [32-*bis*];
5. l'incapacità di contrattare con la pubblica amministrazione [32-*ter*, 32-*quater*];
5-*bis*. l'estinzione del rapporto di impiego o di lavoro [32-*quinquies*] (1);
6. la decadenza o la sospensione [c.p.p. 288] dall'esercizio della responsabilità genitoriale [34] (2).

Le pene accessorie per le contravvenzioni sono:
1. la sospensione dall'esercizio di una professione o di un'arte [35];
2. la sospensione dagli uffici direttivi delle persone giuridiche e delle imprese [35-*bis*] (3).

Pena accessoria comune ai delitti e alle contravvenzioni è la pubblicazione della sentenza penale di condanna [36; c.p.p. 536].

La legge penale determina gli altri casi in cui pene accessorie stabilite per i delitti sono comuni alle contravvenzioni.

Evoluzione normativa:
(1) Numero introdotto dall'art. 5, l. 27.3.2001, n. 97.
(2) Numero modificato dall'art. 93, co. 1, lett. a), d.lgs. 28.12.2013, n. 154, a decorrere dal 7.2.2014 (art. 108, co. 1, d.lgs. n. 154/2013). Il testo previgente così disponeva: «*6. la decadenza o la sospensione dall'esercizio della potestà dei genitori*».
(3) I primi due commi sono stati sostituiti dall'art. 118, l. 24.11.1981, n. 689. Il testo previgente così disponeva: «*Le pene accessorie per i delitti sono: 1) l'interdizione dai pubblici uffici; 2) l'interdizione da una professione o da un'arte; 3) l'interdizione legale; 4) la perdita della capacità di testare e la nullità del testamento fatto prima della condanna; 5) la perdita o la sospensione dall'esercizio della patria potestà o dell'autorità maritale.*
Pena accessoria per le contravvenzioni è la sospensione dall'esercizio di una professione o di un'arte».

Norme connesse:
A. Art. 448 c.p.
B. Art. 85, d.P.R. 9.10.1990, n. 309, (in *Normativa complementare*, voce *Stupefacenti*).
C. Art. 9, l. 8.2.1948, n. 47, (in *Normativa complementare*, voce *Stampa, televisioni, telecomunicazioni*).

20. Pene principali e accessorie.

Le pene principali [17] sono inflitte dal giudice con sentenza di condanna [c.p.p. 442[2], 448[1], 460[2], 533, 605[1]]; quelle accessorie [19] conseguono di diritto alla condanna, come effetti penali di essa [77, 98, 140; c.p.p. 562].

20 bis. Pene sostitutive delle pene detentive brevi (1).

Salvo quanto previsto da particolari disposizioni di legge, le pene sostitutive della reclusione e dell'arresto sono disciplinate dal Capo III della legge 24 novembre 1981, n. 689, e sono le seguenti:
1) la semilibertà sostitutiva;
2) la detenzione domiciliare sostitutiva;
3) il lavoro di pubblica utilità sostitutivo;
4) la pena pecuniaria sostitutiva.

La semilibertà sostitutiva e la detenzione domiciliare sostitutiva possono essere applicate dal giudice in caso di condanna alla reclusione o all'arresto non superiori a quattro anni.

Il lavoro di pubblica utilità sostitutivo può essere applicato dal giudice in caso di condanna alla reclusione o all'arresto non superiori a tre anni.

La pena pecuniaria sostitutiva può essere applicata dal giudice in caso di condanna alla reclusione o all'arresto non superiori a un anno.

Evoluzione normativa:
(1) Articolo introdotto dall'art. 1, co. 1, lett. a), d.lgs. 10.10.2022, n. 150, a decorrere dal 30.12.2022.

Norme connesse:

A. Artt. 186[9-bis] e 187[8-bis], d.lgs. 30.4.1992, n. 285 (in *Normativa complementare*, voce *Circolazione stradale e ferroviaria*).

B. Art. 73[5-bis] d.P.R. 9.10.1990, n. 309 (in *Normativa complementare*, voce *Stupefacenti*).

C. Art. 16 d.lgs. 25.7.1998, n. 286 (in *Normativa complementare*, voce *Immigrazione (diritto penale della)*).

D. Art. 53 ss., l. 24.11.1981, n. 689 (in *Normativa complementare*, voce *Depenalizzazione*).

Capo II
Delle pene principali, in particolare

21. Pena di morte (1).

[La pena di morte si esegue, mediante la fucilazione, nell'interno di uno stabilimento penitenziario ovvero, in un altro luogo indicato dal ministro della giustizia.

L'esecuzione non è pubblica, salvo che il ministro della giustizia disponga altrimenti.]

Evoluzione normativa:

(1) Articolo da considerare abrogato a seguito dell'abolizione della pena di morte per i delitti previsti dal codice penale disposta dall'art. 1, d.lgs.lt. 10.8.1944, n. 224, che alla stessa ha sostituito la pena dell'ergastolo.

22. Ergastolo (1).

La pena dell'ergastolo [disp. att. c.p. 1, 2] è perpetua [27[1] Cost.; 176[3], 184], ed è scontata in uno degli stabilimenti a ciò destinati, con l'obbligo del lavoro e con l'isolamento notturno [29, 32, 36, 72].

Il condannato all'ergastolo può essere ammesso al lavoro all'aperto (2).

[Il Ministro della Giustizia può disporre che l'esecuzione della pena abbia luogo in una colonia o in un altro possedimento d'oltremare] (3).

[Il condannato, che sconta la pena in una colonia o in un altro possedimento d'oltremare, può essere ammesso al lavoro all'aperto, anche prima che sia trascorso il termine indicato nel primo cpv.] (3).

Riferimenti storici:

Art. 12 Codice Zanardelli (in *Normativa storica*).

Evoluzione normativa:

(1) La Corte costituzionale, con sent. 28.4.1994, n. 168, ha dichiarato l'illegittimità costituzionale di questo articolo nella parte in cui non esclude l'applicazione della pena dell'ergastolo al minore imputabile.

(2) Capoverso così sostituito dall'art. 1, l. 25.11.1962, n. 1634, che modifica le norme del codice penale relative all'ergastolo e alla liberazione condizionale.

(3) Capoverso abrogato dall'art. 1, l. 25.11.1962, n. 1634.

Norme connesse:

A. Artt. 59, 61 e 4 bis, l. 26.7.1975, n. 354 (in *Normativa complementare*, voce *Ordinamento penitenziario*).

B. Art. 2, co. 1, l. 18.2.1987, n. 34 (in *Normativa complementare*, voce *Criminalità organizzata e transazionale*, *Collaboratori di giustizia, pentiti e dissociati*).

23. Reclusione.

La pena della reclusione [disp. att. c.p. 1, 2] si estende da quindici giorni a ventiquattro anni [64, 66, 78], ed è scontata in uno degli stabilimenti a ciò destinati, con l'obbligo del lavoro e con l'isolamento notturno.

Il condannato alla reclusione, che ha scontato almeno un anno della pena, può essere ammesso al lavoro all'aperto.

[Sono applicabili alla pena della reclusione le disposizioni degli ultimi due capoversi dell'articolo precedente (1)].

Riferimenti storici:

Art. 13 Codice Zanardelli (in *Normativa storica*).

Evoluzione normativa:

(1) Questo comma deve ritenersi implicitamente abrogato a seguito dell'abrogazione degli ultimi due capoversi dell'art. 22 c.p. V. artt. 10 e 115, l. 24.11.1981, n. 689.

Norme connesse:

A. Artt. 59, 61 e 4 *bis*, l. 26.7.1975, n. 354 (in *Normativa complementare*, voce *Ordinamento penitenziario*).

24. Multa (1).

La pena della multa consiste nel pagamento allo Stato di una somma non inferiore a euro 50, né superiore a euro 50.000 [66 n. 3, 78[1] n. 3, 133-*bis*[2]] (2).

Per i delitti determinati da motivi di lucro, se la legge stabilisce soltanto la pena della reclusione, il giudice può aggiungere la multa da euro 50 a euro 25.000 (3).

Riferimenti storici:

Art. 19 Codice Zanardelli (in *Normativa storica*).

Evoluzione normativa:

(1) Articolo sostituito dall'art. 101, l. 24.11.1981, n. 689.

(2) Comma modificato dall'art. 3, l. 15.7.2009, n. 94. Il testo previgente così disponeva: «*La pena della multa consiste nel pagamento allo Stato di una somma non inferiore a euro 5, né superiore a euro 5.164*».

(3) Comma modificato dall'art. 3, l. 15.7.2009, n. 94. Il testo previgente così disponeva: «*Per i delitti determinati da motivi di lucro, se la legge stabilisce soltanto la pena della reclusione, il giudice può aggiungere la multa da euro 5 a euro 2.065*».

Norme connesse:

A. Art. 51, d.lgs. 24.6.1998, n. 231: «1. *A decorrere dal 1 gennaio 1999 ogni sanzione pecuniaria penale o amministrativa espressa in lire nelle vigenti disposizioni normative si intende espressa anche in Euro secondo il tasso di conversione irrevocabilmente fissato ai sensi del Trattato. 2. A decorrere dal 1 gennaio 2002 ogni sanzione penale o amministrativa espressa in lire nelle vigenti disposizioni normative è tradotta in Euro secondo il tasso di conversione irrevocabilmente fissato ai sensi del Trattato. 3. Se l'operazione di conversione prevista dal comma 2 produce un risultato espresso anche con decimali, la cifra è arrotondata eliminando i decimali*».

25. Arresto.

La pena dell'arresto si estende da cinque giorni a tre anni [66, n. 2, 74, 78[1], n. 3], ed è scontata in uno degli stabilimenti a ciò destinati o in sezioni speciali degli stabilimenti di reclusione, con l'obbligo del lavoro e con l'isolamento notturno.

Il condannato all'arresto può essere addetto a lavori anche diversi da quelli organizzati nello stabilimento, avuto riguardo alle sue attitudini e alle sue precedenti occupazioni.

Riferimenti storici:

Art. 21 Codice Zanardelli (in *Normativa storica*).

Norme connesse:

A. Artt. 15, 17, 17 bis, 18, 24, 25, 28, 29 e 35, r.d. 18.6.1931, n.

773, di approvazione del testo unico delle leggi di pubblica sicurezza (in *Normativa complementare*, voce *Ordine pubblico e sicurezza pubblica*).

26. Ammenda (1).

La pena dell'ammenda consiste nel pagamento allo Stato di una somma non inferiore a euro 20 né superiore a euro 10.000 [66, n. 3, 78^1, n. 3, 133-*bis*^{2}].

Riferimenti storici:

Art. 24 Codice Zanardelli (in *Normativa storica*).

Evoluzione normativa:

(1) Articolo prima sostituito dall'art. 2, d.lgs.lt. 5.10.1945, n. 679, poi dall'art. 1, l. 12.7.1961, n. 603 e dall'art. 101, l. 24.11.1981, n. 689 e infine così modificato dal co. 61, art. 3, l. 15.7.2009, n. 94. Il testo antecedente all'ultima modifica così disponeva: «*La pena dell'ammenda consiste nel pagamento allo Stato di una somma non inferiore a euro 2 né superiore a euro 1.032*».

Norme connesse:

A. Art. 10, l. 24.11.1981, n. 689 (in *Normativa complementare*, voce *Depenalizzazione*).

27. Pene pecuniarie fisse e proporzionali.

La legge determina i casi nei quali le pene pecuniarie sono fisse e quelli in cui sono proporzionali [250, 251, 252]. Le pene pecuniarie proporzionali non hanno limite massimo [24, 26, n. 3, 78^1, n. 3].

Norme connesse:

A. Art. 115, 24.11.1981, n. 689 (in *Normativa complementare*, voce *Depenalizzazione*).

B. Art. 3, l. 12.7.1961, n. 603: «*Le pene pecuniarie comminate per i singoli reati dal Codice penale o dalle leggi speciali, nonché le altre sanzioni comminate per le singole infrazioni dal Codice di procedura penale, sono moltiplicate per quaranta.*
Gli aumenti preveduti nel presente articolo assorbono quelli disposti dai decreti legislativi 5 ottobre 1945, n. 679, 21 ottobre 1947, n. 1250 e, per le sanzioni comminate dal Codice di procedura penale, anche dal decreto legislativo 9 aprile 1948, n. 438. Le disposizioni precedenti non si applicano alle pene proporzionali, né alle leggi tributarie e finanziarie, parimenti non si applicano alle altre leggi, anche se modificatrici del Codice penale, emanate dopo il 21 ottobre 1947».

Capo III
Delle pene accessorie in particolare

28. Interdizione dai pubblici uffici.

L'interdizione dai pubblici uffici [19, n. 1] è perpetua o temporanea [29, 37, 79; c.p.p. 662].

L'interdizione perpetua dai pubblici uffici, salvo che dalla legge sia altrimenti disposto, priva il condannato:

1. del diritto di elettorato o di eleggibilità in qualsiasi comizio elettorale, e di ogni altro diritto politico;
2. di ogni pubblico ufficio, di ogni incarico non obbligatorio di pubblico servizio, e della qualità ad essi inerente di pubblico ufficiale [357] o d'incaricato di pubblico servizio [358];
3. dell'ufficio di tutore [c.c. 346] o di curatore [c.c. 392], anche provvisorio, e di ogni altro ufficio attinente alla tutela o alla cura [c.c. 350, 355, 393; c.p. 564, 569];
4. dei gradi e delle dignità accademiche, dei titoli, delle decorazioni o di altre pubbliche insegne onorifiche;
5. degli stipendi, delle pensioni e degli assegni che siano a carico dello Stato o di un altro ente pubblico (1);
6. di ogni diritto onorifico, inerente a qualunque degli uffici, servizi, gradi o titoli e delle qualità, dignità e decorazioni indicati nei numeri precedenti;
7. della capacità di assumere o di acquistare qualsiasi diritto, ufficio, servizio, qualità, grado, titolo, dignità, decorazione e insegna onorifica, indicati nei numeri precedenti.

L'interdizione temporanea priva il condannato della capacità di acquistare o di esercitare o di godere, durante l'interdizione, i predetti diritti, uffici, servizi, qualità, gradi, titoli e onorificenze (1).

Essa non può avere una durata inferiore a un anno, né superiore a cinque [79].

La legge determina i casi nei quali l'interdizione dai pubblici uffici è limitata ad alcuni di questi [98, 512].

Evoluzione normativa:

(1) La Corte costituzionale, con sent. 7.1.1966, n. 3, ha dichiarato, fra l'altro, l'illegittimità costituzionale dell'art. 28, co. 2, n. 5, c.p., limitatamente alla parte in cui i diritti qui previsti traggono titolo da un rapporto di lavoro; ai sensi dell'art. 27, l. 11.3.1953, n. 87, ha dichiarato in via consequenziale l'illegittimità costituzionale del terzo comma dello stesso art. 28 c.p., nei limiti di cui sopra e, con sent. 2.7.1968, n. 113, ha dichiarato l'illegittimità costituzionale dell'art. 28, co. 2, n. 5, c.p., per quanto attiene alle pensioni di guerra.
A seguito della sent. n. 3/1966 della Corte costituzionale, la l. 8.6.1966, n. 424 ha abrogato norme che prevedono la perdita, la riduzione o la sospensione delle pensioni a carico dello Stato o di altro ente pubblico.

Norme connesse:

A. Art. 6, l. 20.2.1958, n. 75 (in *Normativa complementare*, voce *Prostituzione e pedopornografia*).

B. Art. 12, d.lgs. 10.3.2000, n. 74 (in *Normativa complementare*, voce *Economia (diritto penale della), Tributi*).

C. Art. 1082, 1083 Cod. nav. (in *Normativa complementare*, voce *Navigazione e pirateria*).

D. Art. 42, r.d.l. 27.11.1933, n. 1578 «*Importano di diritto la radiazione dagli albi degli avvocati e dei procuratori: a) l'interdizione perpetua dai pubblici uffici o dall'esercizio della professione di avvocato o di procuratore; b) la condanna per uno dei reati preveduti negli articoli 372, 373, 374, 377, 380 e 381 del codice penale. Importano di diritto la cancellazione dagli albi: a) l'interdizione temporanea dai pubblici uffici o dall'esercizio della professione di avvocato o di procuratore; b) il ricovero in un manicomio giudiziario nei casi indicati nell'articolo 222, comma secondo, del codice penale; c) l'assegnazione ad una colonia agricola od a una casa di lavoro. I provvedimenti preveduti nel presente articolo sono adottati dal Consiglio dell'ordine, sentito il professionista*».

29. Casi nei quali alla condanna consegue l'interdizione dai pubblici uffici.

La condanna all'ergastolo e la condanna alla reclusione per un tempo non inferiore a cinque anni [98] importano l'interdizione perpetua del condannato dai pubblici uffici; e la condanna alla reclusione per un tempo non inferiore a tre anni [314, 317, 371, 376, 377, 383, 386, 501, 512] importa l'interdizione dai pubblici uffici per la durata di anni cinque [31, 139, 140, 389; c.p.p. 662].

La dichiarazione di abitualità [102, 103] o di professionalità nel delitto [105], ovvero di tendenza a delinquere [108], importa l'interdizione perpetua dai pubblici uffici.

Norme connesse:

A. Art. 2, co. 5, l. 20.6.1952, n. 645 (in *Normativa complementare*, voce *Associazioni vietate*).
B. Art. 2, l. 25.1.1982, n. 17 (in *Normativa complementare*, voce *Associazioni vietate*).
C. Art. 6, l. 20.2.1958, n. 75 (in *Normativa complementare*, voce *Prostituzione e pedopornografia*).
D. Art. 12, d.lgs. 10.3.2000, n. 74 (in *Normativa complementare*, voce *Economia (diritto penale della), Tributi*).
E. Art. 42, r.d.l. 27.11.1933, n. 1578: «*Importano di diritto la radiazione dagli albi degli avvocati e dei procuratori: a) l'interdizione perpetua dai pubblici uffici o dall'esercizio della professione di avvocato o di procuratore; b) la condanna per uno dei reati preveduti negli articoli 372, 373, 374, 377, 380 e 381 del codice penale. Importano di diritto la cancellazione dagli albi: a) l'interdizione temporanea dai pubblici uffici o dall'esercizio della professione di avvocato o di procuratore; b) il ricovero in un manicomio giudiziario nei casi indicati nell'articolo 222, comma secondo, del codice penale; c) l'assegnazione ad una colonia agricola od a una casa di lavoro. I provvedimenti preveduti nel presente articolo sono adottati dal Consiglio dell'ordine, sentito il professionista*».

30. Interdizione da una professione o da un'arte.

L'interdizione da una professione o da un'arte [19] priva il condannato della capacità di esercitare, durante l'interdizione, una professione, arte, industria, o un commercio o mestiere, per cui è richiesto uno speciale permesso o una speciale abilitazione, autorizzazione o licenza dell'autorità, e importa la decadenza dal permesso o dall'abilitazione, autorizzazione, o licenza anzidetti [31, 33, 79, 389].

L'interdizione da una professione o da un'arte non può avere una durata inferiore a un mese, né superiore a cinque anni [139, 140], salvi i casi espressamente stabiliti dalla legge.

Norme connesse:

A. Art. 448, co. 2, c.p.
B. Artt. 216^4 e 217^3, r.d. 16.3.1942, n. 267 (in *Normativa complementare*, voce *Fallimento e crisi di impresa*).
C. Art. 186, d.lgs. 24.2.1998, n. 58 (in *Normativa complementare*, voce *Economia (diritto penale della), Finanza*).
D. Art. 22, l. 1.4.1999, n. 91 (in *Normativa complementare*, voce *Trapianti e donazioni di organi*).
E. Art. 11, r.d. 18.6.1931, n. 773 (in *Normativa complementare*, voce *Ordine pubblico e sicurezza pubblica*).

31. Condanna per delitti commessi con abuso di un pubblico ufficio o di una professione o di un'arte. Interdizione.

Ogni condanna [98, 366, 373] per delitti commessi con l'abuso dei poteri [317, 323, 326, 328], o con la violazione dei doveri inerenti a una pubblica funzione [319, 322, 357], o ad un pubblico servizio [358], o a taluno degli uffici indicati nel n. 3 dell'articolo 28, ovvero con l'abuso di una professione, arte, industria, o di un commercio o mestiere, o con la violazione dei doveri a essi inerenti, importa l'interdizione temporanea dai pubblici uffici o dalla professione, arte, industria o dal commercio o mestiere [37, 79, 140].

Norme connesse:

A. Artt. 216^4 e 217^3, l. fall. (r.d. 16.3.1942, n. 267).

32. Interdizione legale.

Il condannato all'ergastolo è in stato di interdizione legale.

La condanna all'ergastolo importa anche la decadenza dalla responsabilità genitoriale (1).

Il condannato alla reclusione per un tempo non inferiore a cinque anni è, durante la pena, in stato d'interdizione legale; la condanna produce altresì, durante la pena, la sospensione dall'esercizio della responsabilità genitoriale, salvo che il giudice disponga altrimenti (2).

Alla interdizione legale si applicano per ciò che concerne la disponibilità e l'amministrazione dei beni, nonché la rappresentanza negli atti ad esse relativi le norme della legge civile sull'interdizione giudiziale [c.c. 424].

Evoluzione normativa:

(1) Comma prima sostituito dall'art. 119, l. 24.11.1981, n. 689 e poi così modificato dall'art. 93, co. 1, lett. b), d.lgs. 28.12.2013, n. 154, a decorrere dal 7.2.2014. Il testo antecedente alle modifiche del 2013 così disponeva: «*La condanna all'ergastolo importa anche la decadenza dalla potestà dei genitori*».
(2) Comma sostituito dall'art. 119, l. 24.11.1981, n. 689. L'art. 105, co. 1, d.lgs. 28.12.2013, n. 154 ha poi disposto che la parola «*potestà dei genitori*» sia sostituita dalle parole «*responsabilità genitoriale*».

32 bis. Interdizione temporanea dagli uffici direttivi delle persone giuridiche e delle imprese (1).

L'interdizione dagli uffici direttivi delle persone giuridiche e delle imprese priva il condannato della capacità di esercitare, durante l'interdizione, l'ufficio di amministratore, sindaco, liquidatore, direttore generale e dirigente preposto alla redazione dei documenti contabili societari, nonché ogni altro ufficio con potere di rappresentanza della persona giuridica o dell'imprenditore (2).

Essa consegue ad ogni condanna alla reclusione non inferiore a sei mesi per delitti commessi con abuso dei poteri o violazione dei doveri inerenti all'ufficio.

Evoluzione normativa:

(1) Articolo introdotto dall'art. 120, l. 24.11.1981, n. 689.
(2) Comma così modificato dall'art. 15, l. 28.12.2005, n. 262. Il testo previgente così disponeva: «*L'interdizione dagli uffici direttivi delle persone giuridiche e delle imprese priva il condannato della capacità di esercitare, durante l'interdizione, l'ufficio di amministratore, sindaco, liquidatore e direttore generale, nonché ogni altro ufficio con potere di rappresentanza della persona giuridica o dell'imprenditore*».

Norme connesse:

A. Art. 448, co. 2, c.p.
B. Art. 186, d.lgs. 24.2.1998, n. 58 (in *Normativa complementare*, voce *Economia (diritto penale della), Finanza*).

32 ter. Incapacità di contrattare con la pubblica amministrazione (1).

L'incapacità di contrattare con la pubblica amministrazione importa il divieto di concludere contratti con la pubblica amministrazione, salvo che per ottenere le prestazioni di un pubblico servizio.

Essa non può avere durata inferiore ad un anno né superiore a cinque anni (2).

Evoluzione normativa:
(1) Articolo introdotto dall'art. 120, l. 24.11.1981, n. 689.
(2) Comma così modificato dall'art. 1, co. 1, lett. a), l. 27.5.2015, n. 69, a decorrere dal 14.6.2015.

Norme connesse:
A. Art. 448, co. 2, c.p.
B. Art. 186, d.lgs. 24.2.1998, n. 58 (in *Normativa complementare*, voce *Economia (diritto penale della), Finanza*).

32 quater. Casi nei quali alla condanna consegue l'incapacità di contrattare con la pubblica amministrazione [1].

Ogni condanna per i delitti previsti dagli articoli 314, primo comma, 316-*bis*, 316-*ter*, 317, 318, 319, 319-*bis*, 319-*ter*, 319-*quater*, 320, 321, 322, 322-*bis*, 346-*bis*, 353, 355, 356, 416, 416-*bis*, 437, 452-*bis*, 452-*quater*, 452-*sexies*, 452-*septies*, 452-*quaterdecies*, 501, 501-*bis*, 640, secondo comma, numero 1, 640-*bis* e 644, commessi in danno o a vantaggio di un'attività imprenditoriale o comunque in relazione ad essa, importa l'incapacità di contrattare con la pubblica amministrazione.

Evoluzione normativa:
(1) Questo articolo (già introdotto dall'art. 120, l. 24.11.1981, n. 689 e poi sostituito dall'art. 21, l. 19.3.1990, n. 55), è stato sostituito dall'art. 3, d.l. 17.9.1993, n. 369, conv. con l. 15.11.1993, n. 461. L'art. 7, l. 7.3.1996, n. 108, ha poi inserito il riferimento all'art. 644 c.p. dopo la parola «640-*bis*», l'art. 6, l. 29.9.2000, n. 300, ha aggiunto i riferimenti agli artt. 316 ter e 322 bis rispettivamente dopo le parole «316-*bis*» e «*322*» e l'art. 1, co. 75, lett. a), l. 6.11.2012, n. 190 ha aggiunto il riferimento all'art. 319 quater dopo la parola «319-*bis*». L'articolo è stato modificato dall'art. 1, co. 5, l. 22.5.2015, n. 68, a decorrere dal 29.5.2015 (art. 3, co. 1, l. n. 68/2015), poi sostituito dall'art. 1, co. 1, lett. c), l. 9.1.2019, n. 3, a decorrere dal 31.1.2019 e, infine, così modificato dall'art. 6, co. 1, lett. a), d.l. 8.9.2021, n. 120, conv., con modif., con l. 8.11.2021, n. 155, a decorrere dal 10.9.2021 e dall'art. 6, co. 1 ter, d.l. 10.8.2023, n. 105, conv., con modif., con l. 9.10.2023, n. 137, a decorrere dal 10.10.2023.

32 quinquies. Casi nei quali alla condanna consegue l'estinzione del rapporto di lavoro o di impiego.

Salvo quanto previsto dagli articoli 29 e 31, la condanna alla reclusione per un tempo non inferiore a due anni per i delitti di cui agli articoli 314, primo comma, 317, 318, 319, 319-*ter*, 319-*quater*, primo comma, e 320 importa altresì l'estinzione del rapporto di lavoro o di impiego nei confronti del dipendente di amministrazioni od enti pubblici ovvero di enti a prevalente partecipazione pubblica [1].

Evoluzione normativa:
(1) Articolo introdotto dall'art. 5, l. 27.3.2001, n. 97 e, poi, così modificato dall'art. 1, co. 75, lett. b), l. 6.11.2012, n. 190 e dall'art. 1, co. 1, lett. b), l. 27.5.2015, n. 69, a decorrere dal 14.6.2015.
Il testo antecedente alla modifica del 2015 così disponeva: «*Salvo quanto previsto dagli articoli 29 e 31, la condanna alla reclusione per un tempo non inferiore a tre anni per i delitti di cui agli articoli 314, primo comma, 317, 318, 319,* 319-ter, 319-quater, *primo comma, e 320 importa altresì l'estinzione del rapporto di lavoro o di impiego nei confronti del dipendente di amministrazioni od enti pubblici ovvero di enti a prevalente partecipazione pubblica*».
Il testo antecedente alla modifica del 2012 così disponeva: «*Salvo quanto previsto dagli articoli 29 e 31, la condanna alla reclusione per un tempo non inferiore a tre anni per i delitti di cui agli articoli 314, primo comma, 317, 318, 319,* 319-ter *e 320 importa altresì l'estinzione del rapporto di lavoro o di impiego nei confronti del dipendente di amministrazioni od enti pubblici ovvero di enti a prevalente partecipazione pubblica*».

33. Condanna per delitto colposo.

Le disposizioni dell'articolo 29 e del secondo capoverso dell'articolo 32 non si applicano nel caso di condanna per delitto colposo [1].

Le disposizioni dell'articolo 31 non si applicano nel caso di condanna per delitto colposo, se la pena inflitta è inferiore a tre anni di reclusione, o se è inflitta soltanto una pena pecuniaria [18].

Evoluzione normativa:
(1) Comma così sostituito dall'art. 121, l. 24.11.1981, n. 689.

34. Decadenza dalla responsabilità genitoriale e sospensione dall'esercizio di essa [1] [2].

La legge determina i casi [32, 562, 564, 569] nei quali la condanna importa la decadenza dalla responsabilità genitoriale [3].

La condanna per delitti commessi con abuso della responsabilità genitoriale importa la sospensione dall'esercizio di essa per un periodo di tempo pari al doppio della pena inflitta [139, 140] [4].

La decadenza dalla responsabilità genitoriale importa anche la privazione di ogni diritto che al genitore spetti sui beni del figlio in forza della responsabilità genitoriale di cui al titolo IX del libro I del codice civile [5].

La sospensione dall'esercizio della responsabilità genitoriale importa anche l'incapacità di esercitare, durante la sospensione, qualsiasi diritto che al genitore spetti sui beni del figlio in base alle norme del titolo IX del libro I del codice civile [6].

Nelle ipotesi previste dai commi precedenti, quando sia concessa la sospensione condizionale della pena, gli atti del procedimento vengono trasmessi al tribunale dei minorenni, che assume i provvedimenti più opportuni nell'interesse dei minori [7].

Evoluzione normativa:
(1) Rubrica così modificata dall'art. 93, co. 1, lett. c), d.lgs. 28.12.2013, n. 154, a decorrere dal 7.2.2014 (art. 108, co. 1, d.lgs. n. 154/2013). Il testo precedente così recava: «*Decadenza dalla potestà dei genitori e sospensione dall'esercizio di essa*».
(2) Articolo così sostituito dall'art. 122, l. 24.11.1981, n. 689.
(3) Comma così modificato dall'art. 93, co. 1, lett. c), d.lgs. 28.12.2013, n. 154, a decorrere dal 7.2.2014 (art. 108, co. 1, d.lgs. n. 154/2013). Il testo previgente così disponeva: «*La legge determina i casi nei quali la condanna importa la decadenza dalla potestà dei genitori*». La «*patria potestà*», inoltre, era stata sostituita con la «potestà dei genitori» in considerazione della modifica introdotta dall'art. 316 c.c. dall'art. 138, l. 19.5.1975, n. 151, sulla riforma del diritto di famiglia. L'art. 146, l. 24.11.1981, n. 689, poi, aveva disposto che ogni qualvolta nel codice penale o in altre leggi ricorresse l'espressione «*patria potestà*» la medesima fosse sostituita dalla espressione «*potestà dei genitori*».
(4) Comma così modificato dall'art. 93, co. 1, lett. c), d.lgs. 28.12.2013, n. 154, a decorrere dal 7.2.2014 (art. 108, co. 1, d.lgs. n. 154/2013). Il testo previgente così disponeva: «*La condanna per delitti commessi con abuso della potestà dei genitori importa la sospensione dall'esercizio di essa per un periodo di tempo pari al doppio della pena*

inflitta». La «*patria potestà*», inoltre, era stata sostituita con la «*potestà dei genitori*» in considerazione della modifica introdotta all'art. 316 c.c. dall'art. 138, l. 19.5.1975, n. 151, sulla riforma del diritto di famiglia. L'art. 146, l. 24.11.1981, n. 689, poi, aveva disposto che ogni qualvolta nel codice penale o in altre leggi ricorresse l'espressione «*patria potestà*» la medesima fosse sostituita dalla espressione «*potestà dei genitori*».

(5) Comma così modificato dall'art. 93, co. 1, lett. c), d.lgs. 28.12.2013, n. 154, a decorrere dal 7.2.2014 (art. 108, co. 1, d.lgs. n. 154/2013). Il testo previgente così disponeva: «*La decadenza dalla potestà dei genitori importa anche la privazione di ogni diritto che al genitore spetti sui beni del figlio in forza della potestà di cui al titolo IX del libro I del codice civile*».
La «*patria potestà*», inoltre, era stata sostituita con la «*potestà dei genitori*» in considerazione della modifica introdotta all'art. 316 c.c. dall'art. 138, l. 19.5.1975, n. 151, sulla riforma del diritto di famiglia. L'art. 146, l. 24.11.1981, n. 689, poi, aveva disposto che ogni qualvolta nel codice penale o in altre leggi ricorresse l'espressione «*patria potestà*» la medesima fosse sostituita dalla espressione «*potestà dei genitori*».

(6) Comma così modificato dall'art. 93, co. 1, lett. c), d.lgs. 28.12.2013, n. 154, a decorrere dal 7.2.2014 (art. 108, co. 1, d.lgs. n. 154/2013). Il testo previgente così disponeva: «*La sospensione dall'esercizio della potestà dei genitori importa anche l'incapacità di esercitare, durante la sospensione, qualsiasi diritto che al genitore spetti sui beni del figlio in base alle norme del titolo IX del libro I del codice civile*».
La «*patria potestà*», inoltre, era stata sostituita con la «*potestà dei genitori*» in considerazione della modifica introdotta all'art. 316 c.c. dall'art. 138, l. 19.5.1975, n. 151, sulla riforma del diritto di famiglia. L'art. 146, l. 24.11.1981, n. 689, poi, aveva disposto che ogni qualvolta nel codice penale o in altre leggi ricorresse l'espressione «*patria potestà*» la medesima fosse sostituita dalla espressione «*potestà dei genitori*».

(7) Comma introdotto dall'art. 5, l. 7.2.1990, n. 19.

Norme connesse:

A. Art. 28, r.d. 18.6.1931, n. 778, sul servizio del casellario giudiziale.

35. Sospensione dall'esercizio di una professione o di un'arte.

La sospensione dall'esercizio di una professione o di un'arte [19] priva il condannato della capacità di esercitare, durante la sospensione, una professione, arte, industria, o un commercio o mestiere, per i quali è richiesto uno speciale permesso o una speciale abilitazione, autorizzazione o licenza dell'autorità.

La sospensione dall'esercizio di una professione o di un'arte non può avere una durata inferiore a tre mesi, né superiore a tre anni [79, 139, 140] (1).

Essa consegue a ogni condanna per contravvenzione, che sia commessa con abuso della professione, arte, industria, o del commercio o mestiere, ovvero con violazione dei doveri ad essi inerenti, quando la pena inflitta non è inferiore a un anno d'arresto [689, 691, 727].

Evoluzione normativa:

(1) Comma così modificato dall'art. 1, co. 1, lett. c), l. 27.5.2015, n. 69, a decorrere dal 14.6.2015.
Il testo previgente così disponeva: «*La sospensione dall'esercizio di una professione o di un'arte non può avere una durata inferiore a quindici giorni, né superiore a due anni*».

Norme connesse:

A. Art. 64 c.p.p.
B. Art. 70⁴, d.P.R. 9.10.1990, n. 309 (in *Normativa complementare*, voce *Stupefacenti*).

35 bis. Sospensione dall'esercizio degli uffici direttivi delle persone giuridiche e delle imprese (1).

La sospensione dall'esercizio degli uffici direttivi delle persone giuridiche e delle imprese priva il condannato della capacità di esercitare, durante la sospensione, l'ufficio di amministratore, sindaco, liquidatore, direttore generale e dirigente preposto alla redazione dei documenti contabili societari, nonché ogni altro ufficio con potere di rappresentanza della persona giuridica o dell'imprenditore (2).

Essa non può avere una durata inferiore a quindici giorni né superiore a due anni e consegue ad ogni condanna all'arresto per contravvenzioni commesse con abuso dei poteri o violazione dei doveri inerenti all'ufficio.

Evoluzione normativa:

(1) Articolo introdotto dall'art. 123, l. 24.11.1981, n. 689.
(2) Comma così modificato dall'art. 15, l. 28.12.2005, n. 262.

36. Pubblicazione della sentenza penale di condanna.

La sentenza di condanna alla pena di morte (1) o all'ergastolo è pubblicata mediante affissione nel comune ove è stata pronunciata, in quello ove il delitto fu commesso, e in quello ove il condannato aveva l'ultima residenza [c.c. 43].

La sentenza di condanna è inoltre pubblicata nel sito internet del Ministero della giustizia. La durata della pubblicazione nel sito è stabilita dal giudice in misura non superiore a trenta giorni. In mancanza, la durata è di quindici giorni (2).

La pubblicazione è fatta per estratto, salvo che il giudice disponga la pubblicazione per intero; essa è eseguita d'ufficio e a spese del condannato [186; c.p.p. 536].

La legge determina gli altri casi nei quali la sentenza di condanna deve essere pubblicata [165, 186, 347, 448, 475, 498, 501-*bis*, 518, 722]. In tali casi la pubblicazione ha luogo nei modi stabiliti nei due capoversi precedenti (3).

Evoluzione normativa:

(1) La pena di morte per i delitti previsti dal codice penale è stata abolita e sostituita con l'ergastolo dall'art. 1, d.lgs.lt. 10.8.1944, n. 224.
(2) Comma così modificato prima dal comma 1 dell'art. 67, l. 18.6.2009, n. 69, con i limiti di applicabilità previsti dalle disposizioni transitorie di cui all'art. 58 della stessa legge, e poi dal n. 1), lett. a), co. 18, art. 37, d.l. 6.7.2011, n. 98, conv., con modif., con l. 15.7.2011, n. 111. Il testo antecedente alla modifica del 2011 così disponeva: «*La sentenza di condanna è inoltre pubblicata, per una sola volta, in uno o più giornali designati dal giudice e nel sito internet del Ministero della giustizia. La durata della pubblicazione nel sito è stabilita dal giudice in misura non superiore a trenta giorni. In mancanza, la durata è di quindici giorni*». Il testo antecedente alla modifica del 2009 era il seguente: «*La sentenza di condanna è inoltre pubblicata, per una sola volta, in uno o più giornali designati dal giudice*».
(3) Comma così modificato prima dall'art. 2, co. 216, l. 23.12.2009, n. 191 e poi dal n. 2), lett. a), co. 18, art. 37, d.l. 6.7.2011, n. 98, conv., con modif., con l. 15.7.2011, n. 111. Il testo antecedente alla modifica del 2011 così disponeva: «*La legge determina gli altri casi nei quali la sentenza di condanna deve essere pubblicata. In tali casi la pubblicazione ha luogo nei modi stabiliti nei due capoversi precedenti, salva la pubblicazione nei giornali, che è fatta unicamente mediante indicazione degli estremi della sentenza e dell'indirizzo internet del sito del Ministero della giustizia*». Il testo antecedente alla modifica del 2009 era il seguente: «*La legge determina gli altri casi nei

quali la sentenza di condanna deve essere pubblicata. In tali casi la pubblicazione ha luogo nei modi stabiliti nei due capoversi precedenti».

Norme connesse:

A. Art. 9, l. 8.2.1948, n. 47 (in *Normativa complementare*, voce *Stampa, televisioni, telecomunicazioni*).

B. Artt. 28^{3},e 38^{3}, l. 30.5.1970, n. 300 (in *Normativa complementare*, voce *Lavoro, Lavoratori*).

C. Art. 12, d.lgs. 10.3.2000, n. 74 (in *Normativa complementare*, voce *Economia (diritto penale della), Tributi*).

D. Art. 76, d.lgs. 8.6.2001, n. 231 (in *Normativa complementare*, voce *Economia (diritto penale della), Enti*).

37. Pene accessorie temporanee: durata.

Quando la legge stabilisce che la condanna importa una pena accessoria temporanea [19], e la durata di questa non è espressamente determinata, la pena accessoria ha una durata eguale a quella della pena principale inflitta, o che dovrebbe scontarsi, nel caso di conversione, per insolvibilità del condannato [135, 136]. Tuttavia, in nessun caso essa può oltrepassare il limite minimo e quello massimo stabiliti per ciascuna specie di pena accessoria [79, 139, 140].

Riferimenti storici:

Art. 11 Codice Zanardelli (in *Normativa storica*).

38. Condizione giuridica del condannato alla pena di morte.

Il condannato alla pena di morte (1) è equiparato al condannato all'ergastolo, per quanto riguarda la sua condizione giuridica.

Evoluzione normativa:

(1) La pena di morte per i delitti previsti dal codice penale è stata abolita e sostituita con l'ergastolo dall'art. 1, d.lgs.lt. 10.8.1944, n. 224.

TITOLO III
Del reato

Capo I
Del reato consumato e tentato

39. Reato: distinzione fra delitti e contravvenzioni.

I reati si distinguono in delitti e contravvenzioni, secondo la diversa specie delle pene per essi rispettivamente stabilite da questo codice [17; disp. att. c.p. 4 ss.].

Riferimenti storici:

Art. 1 Codice Zanardelli (in *Normativa storica*).

40. Rapporto di causalità.

Nessuno può essere punito per un fatto preveduto dalla legge come reato, se l'evento dannoso o pericoloso, da cui dipende l'esistenza del reato, non è conseguenza della sua azione od omissione [Cost. 27^{1};41; 116].

Non impedire un evento, che si ha l'obbligo giuridico di impedire, equivale a cagionarlo.

Norme connesse:

A. Artt. 2 e 199, d.lgs. 9.4.2008 (in *Normativa complementare*, voce *Lavoro (diritto penale del)*, D. *Tutela della salute e della sicurezza sui luoghi di lavoro*.

41. Concorso di cause.

Il concorso di cause preesistenti o simultanee o sopravvenute, anche se indipendenti dall'azione od omissione del colpevole, non esclude il rapporto di causalità fra l'azione od omissione e l'evento [62, n. 5; 589-*bis*^{7}; 590-*bis*^{7} c.p.].

Le cause sopravvenute escludono il rapporto di causalità quando sono state da sole sufficienti a determinare l'evento. In tal caso, se l'azione od omissione precedentemente commessa costituisce per sé un reato, si applica la pena per questo stabilita.

Le disposizioni precedenti si applicano anche quando la causa preesistente o simultanea o sopravvenuta consiste nel fatto illecito altrui.

42. Responsabilità per dolo o per colpa o per delitto preterintenzionale. Responsabilità obiettiva.

Nessuno può essere punito per un'azione od omissione preveduta dalla legge come reato, se non l'ha commessa con coscienza e volontà.

Nessuno può essere punito per un fatto preveduto dalla legge come delitto, se non l'ha commesso con dolo, salvi i casi di delitto preterintenzionale [584, 593-ter^{2}] o colposo espressamente preveduti dalla legge [57, 113, 251^{2}, 254, 259, 261^{5}, 326^{2}, 335, 350, 355^{3}, 387, 388-*bis*, 391^{2}, 449, 450, 451, 452, 452-*quinquies*, 500^{2}, 527^{2}, 589, 589-*bis*, 590, 590-*bis*].

La legge determina i casi nei quali l'evento è posto altrimenti a carico dell'agente [82, 83, 116, 117, 253$^{2, n. 2}$, 255^{2}, 261^{2}, 262^{2}, 368^{3}, 375, 424^{2}, 427^{2}, 431^{2}, 456, 571^{2}, 572^{3}, 584, 586, 586-*bis*, 588^{2}, 591^{3}, 593^{3}], come conseguenza della sua azione od omissione [Cost. 27^{1}; 40, 116;].

Nelle contravvenzioni ciascuno risponde della propria azione od omissione cosciente e volontaria, sia essa dolosa o colposa.

Riferimenti storici:

Art. 45 Codice Zanardelli (in *Normativa storica*).

Norme connesse:

A. Art. 3, l. 24.11.1981, n. 689 (in *Normativa complementare*, voce *Depenalizzazione*).

B. Art. 5, d.lgs. 18.12.1997, n. 472 (in *Normativa complementare*, voce *Economia (diritto penale della), Tributi*).

C. Art. 5, d.lgs. 8.6.2001, n. 231 (in *Normativa complementare*, voce *Economia (diritto penale della), Enti*).

D. Art. 30 Statuto istitutivo della Corte penale internazionale (in *Normativa complementare*, voce *Diritto penale internazionale, Corte penale internazionale*).

E. Artt. 3, 3 bis, d.l. 1.4.2021, n. 44, conv., con modif., con l. 28.5.2021, n. 76 (in *Normativa complementare*, voce *COVID-19*)

F. Art. 12 bis, d.lgs. 25.7.1998, n. 286 (in *Normativa complementare*, voce *Immigrazione (diritto penale della)*.

43. Elemento psicologico del reato.

Il delitto:

è doloso, o secondo l'intenzione, quando l'evento dannoso o pericoloso, che è il risultato dell'azione od omissione e da cui la legge fa dipendere l'esistenza del delitto, è dall'agente preveduto e voluto come conseguenza della propria azione od omissione;

è preterintenzionale, o oltre l'intenzione, quando dall'azione od omissione deriva un evento dannoso o pericoloso più grave di quello voluto dall'agente

è colposo, o contro l'intenzione, quando l'evento, anche se preveduto [61, n. 3], non è voluto dall'agente e si verifica a causa di negligenza o imprudenza o imperizia [590-*sexies*^{2}], ovvero per inosservanza di leggi, regolamenti, ordini o discipline.

La distinzione tra reato doloso e reato colposo, stabilita da questo articolo per i delitti, si applica altresì alle contravvenzioni, ogni qualvolta per queste la legge penale faccia dipendere da tale distinzione un qualsiasi effetto giuridico.

Norme connesse:

V. rinvii e norme connesse *sub* art. 42.

44. Condizione obiettiva di punibilità.

Quando, per la punibilità del reato, la legge richiede il verificarsi di una condizione [158^{2}], il colpevole risponde del reato, anche se l'evento, da cui dipende il verificarsi della condizione, non è da lui voluto [260^{1} n. 2 e 3, 564, 588, 707, 720].

45. Caso fortuito o forza maggiore.

Non è punibile chi ha commesso il fatto per caso fortuito o per forza maggiore.

Norme connesse:

A. Artt. 91-93 c.p.

46. Costringimento fisico.

Non è punibile chi ha commesso il fatto per esservi stato da altri costretto, mediante violenza fisica alla quale non poteva resistere o comunque sottrarsi.

In tal caso, del fatto commesso dalla persona costretta risponde l'autore della violenza.

Norme connesse:

A. Art. 54^{3}, 111, 611 c.p.

47. Errore di fatto.

L'errore sul fatto che costituisce il reato esclude la punibilità dell'agente. Nondimeno, se si tratta di errore determinato da colpa, la punibilità non è esclusa, quando il fatto è preveduto dalla legge come delitto colposo [59^{4}].

L'errore sul fatto che costituisce un determinato reato non esclude la punibilità per un reato diverso.

L'errore su una legge diversa dalla legge penale [5] esclude la punibilità, quando ha cagionato un errore sul fatto che costituisce il reato.

Norme connesse:

A. Art. 3, l. 24.11.1981, n. 689 (in *Normativa complementare*, voce *Economia (diritto penale della), Enti*).

B. Art. 32 Statuto istitutivo della Corte penale internazionale (in *Normativa complementare*, voce *Diritto penale internazionale, Corte penale internazionale*).

C. In riferimento al terzo comma, v. norme connesse *sub* art. 5 c.p.

48. Errore determinato dall'altrui inganno.

Le disposizioni dell'articolo precedente si applicano anche se l'errore sul fatto che costituisce il reato è determinato dall'altrui inganno; ma, in tal caso, del fatto commesso dalla persona ingannata risponde chi l'ha determinata a commetterlo.

49. Reato supposto erroneamente e reato impossibile.

Non è punibile chi commette un fatto non costituente reato, nella supposizione erronea che esso costituisca reato.

La punibilità è altresì esclusa quando, per la inidoneità dell'azione o per l'inesistenza dell'oggetto di essa [56], è impossibile l'evento dannoso o pericoloso.

Nei casi preveduti dalle disposizioni precedenti, se concorrono nel fatto gli elementi costitutivi di un reato diverso, si applica la pena stabilita per il reato effettivamente commesso.

Nel caso indicato nel primo capoverso, il giudice può ordinare che l'imputato prosciolto sia sottoposto a misura di sicurezza [115^{2}, 202^{2}].

Norme connesse:

A. Art. 56 c.p.

50. Consenso dell'avente diritto.

Non è punibile chi lede o pone in pericolo un diritto, col consenso della persona che può validamente disporne [c.c. 5].

Norme connesse:

A. Art. 1, l. 26.6.1967, n. 458 (in *Normativa complementare*, voce *Trapianti e donazioni di organi*).

B. Art. 4 ss., l. 22.5.1978, 194 (in *Normativa complementare*, voce *Aborto, maternità e procreazione medicalmente assistita*).

C. Art 1, l. 22.12.2017, n. 219 (in *Normativa complementare*, voce *Consenso informato e disposizioni anticipate di trattamento*).

D. Artt. 579 e 580 c.p.

51. Esercizio di un diritto o adempimento di un dovere.

L'esercizio di un diritto o l'adempimento di un dovere imposto da una norma giuridica o da un ordine legittimo della pubblica autorità, esclude la punibilità.

Se un fatto costituente reato è commesso per ordine dell'autorità, del reato risponde sempre il pubblico ufficiale [357] che ha dato l'ordine.

Risponde del reato altresì chi ha eseguito l'ordine, salvo che, per errore di fatto [47], abbia ritenuto di obbedire a un ordine legittimo.

Non è punibile chi esegue l'ordine illegittimo, quando la legge non gli consente alcun sindacato sulla legittimità dell'ordine.

Riferimenti storici:

Art. 49 Codice Zanardelli (in *Normativa storica*).

Norme connesse:

A. Art. 33 Statuto istitutivo della Corte penale internazionale (in *Normativa complementare*, voce *Diritto penale internazionale, Corte penale internazionale*).

B. Art. 9, l. 16.3.2006, n. 146 (in *Normativa complementare*, voce *Criminalità organizzata e transazionale, Mafia e crimine organizzato*).

C. Art. 4, l. 24.11.1981, n. 689 (in *Normativa complementare*, voce *Economia (diritto penale della), Enti*).

D. Art. 84 bis, l. 22.12.1975, n. 685 (in *Normativa complementare*, voce *Stupefacenti*).

E. Artt. 97 e 103, d.P.R. 9.10.1990, n. 309 (in *Normativa complementare*, voce *Stupefacenti*).

F. Art. 66, l. 1.1.1981, n. 121 (ordinamento dell'amministrazione della pubblica sicurezza). Il terzo, quarto, quinto comma del citato art. 66 così dispone: «*L'appartenente ai ruoli dell'Amministrazione della pubblica sicurezza, al quale sia rivolto un ordine che egli ritenga palesemente illegittimo, deve farlo rilevare al superiore che lo ha impartito, dichiarandone le ragioni: se l'ordine è rinnovato per iscritto, è te-*

nuto a darvi esecuzione e di essa risponde a tutti gli effetti il superiore che lo ha impartito. Quando l'appartenente ai ruoli della Polizia di Stato si trova in servizio di ordine pubblico ovvero quando esiste uno stato di pericolo e di urgenza, l'ordine ritenuto palesemente illegittimo deve essere eseguito su rinnovata richiesta anche verbale del superiore, che al termine del servizio ha l'obbligo di confermarlo per iscritto.

L'appartenente ai ruoli dell'Amministrazione della pubblica sicurezza, al quale viene impartito un ordine la cui esecuzione costituisce manifestamente reato, non lo esegue ed informa immediatamente i superiori.

Il disposto di cui ai commi precedenti si applica, in quanto compatibile, ai rapporti di dipendenza funzionale derivanti dal nuovo ordinamento della pubblica sicurezza».

G. Art. 17, co. 1, l. 3.8.2007, n. 14: «*1. Fermo quanto disposto dall'articolo 51 del codice penale, non è punibile il personale dei servizi di informazione per la sicurezza che ponga in essere condotte previste dalla legge come reato, legittimamente autorizzate di volta in volta in quanto indispensabili alle finalità istituzionali di tali servizi, nel rispetto rigoroso dei limiti di cui ai commi 2, 3, 4 e 5 del presente articolo e delle procedure fissate dall'articolo 18. 2. La speciale causa di giustificazione di cui al comma 1 non si applica se la condotta prevista dalla legge come reato configura delitti diretti a mettere in pericolo o a ledere la vita, l'integrità fisica, la personalità individuale, la libertà personale, la libertà morale, la salute o l'incolumità di una o più persone. 3. La speciale causa di giustificazione non si applica, altresì, nei casi di delitti di cui agli articoli 289 e 294 del codice penale e di delitti contro l'amministrazione della giustizia, salvo che si tratti di condotte di favoreggiamento personale o reale indispensabili alle finalità istituzionali dei servizi di informazione per la sicurezza e poste in essere nel rispetto rigoroso delle procedure fissate dall'articolo 18, sempre che tali condotte di favoreggiamento non si realizzino attraverso false dichiarazioni all'autorità giudiziaria oppure attraverso occultamento della prova di un delitto ovvero non siano dirette a sviare le indagini disposte dall'autorità giudiziaria. La speciale causa di giustificazione non si applica altresì alle condotte previste come reato a norma dell'articolo 255 del codice penale e della legge 20 febbraio 1958, n. 75, e successive modificazioni. 4. Non possono essere autorizzate, ai sensi dell'articolo 18, condotte previste dalla legge come reato per le quali non è opponibile il segreto di Stato a norma dell'articolo 39, comma 11, ad eccezione delle fattispecie di cui agli articoli 270*-bis, *secondo comma, e 416*-bis, *primo comma, del codice penale. 5. Le condotte di cui al comma 1 non possono essere effettuate nelle sedi di partiti politici rappresentati in Parlamento o in un'assemblea o consiglio regionale, nelle sedi di organizzazioni sindacali ovvero nei confronti di giornalisti professionisti iscritti all'albo. 6. La speciale causa di giustificazione si applica quando le condotte: a) sono poste in essere nell'esercizio o a causa di compiti istituzionali dei servizi di informazione per la sicurezza, in attuazione di un'operazione autorizzata e documentata ai sensi dell'articolo 18 e secondo le norme organizzative del Sistema di informazione per la sicurezza; b) son indispensabili e proporzionate al conseguimento degli obiettivi dell'operazione non altrimenti perseguibili; c) sono frutto di una obiettiva e compiuta comparazione degli interessi pubblici e privati coinvolti; d) sono effettuate in modo tale da comportare il minor danno possibile per gli interessi lesi. 7. Quando, per particolari condizioni di fatto e per eccezionali necessità, le attività indicate nel presente articolo sono state svolte da persone non addette ai servizi di informazione per la sicurezza, in concorso con uno o più dipendenti dei servizi di informazione per la sicurezza, e risulta che il ricorso alla loro opera da parte dei servizi di informazione per la sicurezza era indispensabile ed era stato autorizzato secondo le procedure fissate dall'articolo 18, tali persone sono equiparate, ai fini dell'applicazione della speciale causa di giustificazione, al personale dei servizi di informazione per la sicurezza*».

52. Difesa legittima.

Non è punibile chi ha commesso il fatto, per esservi stato costretto dalla necessità di difendere un diritto proprio od altrui contro il pericolo attuale di una offesa ingiusta, sempre che la difesa sia proporzionata all'offesa [c.c. 2044].

Nei casi previsti dall'articolo 614, primo e secondo comma, sussiste sempre il rapporto di proporzione di cui al primo comma del presente articolo se taluno legittimamente presente in uno dei luoghi ivi indicati usa un'arma legittimamente detenuta o altro mezzo idoneo al fine di difendere [55²] (1):

a) la propria o la altrui incolumità;
b) i beni propri o altrui, quando non vi è desistenza [56³] e vi è pericolo d'aggressione (2).

Le disposizioni di cui al secondo e al quarto comma si applicano anche nel caso in cui il fatto sia avvenuto all'interno di ogni altro luogo ove venga esercitata un'attività commerciale, professionale o imprenditoriale [55²] (3).

Nei casi di cui al secondo e al terzo comma agisce sempre in stato di legittima difesa colui che compie un atto per respingere l'intrusione posta in essere, con violenza o minaccia di uso di armi [585] o di altri mezzi di coazione fisica, da parte di una o più persone [55²] (4).

Riferimenti storici:

Art. 49 Codice Zanardelli (in *Normativa storica*).

Evoluzione normativa:

(1) Alinea modificato dall'art. 1, co. 1, lett. a), l. 26.4.2019, n. 36, a decorrere dal 18.5.2019. Il testo previgente così disponeva: «*Nei casi previsti dall'articolo 614, primo e secondo comma, sussiste il rapporto di proporzione di cui al primo comma del presente articolo se taluno legittimamente presente in uno dei luoghi ivi indicati usa un'arma legittimamente detenuta o altro mezzo idoneo a fine di difendere:*».
(2) Comma introdotto dall'art. 1, l. 13.2.2006, n. 59.
(3) Comma introdotto dall'art. 1, l. 13.2.2006, n. 59 e, poi modificato dall'art. 1, co. 1, lett. b), l. 26.4.2019, n. 36, a decorrere dal 18.5.2019. Il testo antecedente alla modifica del 2019 così disponeva: «*La disposizione di cui al secondo comma si applica anche nel caso in cui il fatto sia avvenuto all'interno di ogni altro luogo ove venga esercitata un'attività commerciale, professionale o imprenditoriale*».
(4) Comma introdotto dall'art. 1, co. 1, lett. c), l. 26.4.2019, n. 36, a decorrere dal 18.5.2019.

Norme connesse:

A. Art. 31, lett. c) Statuto istitutivo della Corte penale internazionale (in *Normativa complementare*, voce *Diritto penale internazionale, Corte penale internazionale*).

B. Art. 2044 c.c.: «*Non è responsabile chi cagiona il danno per legittima difesa di sé o di altri.*
Nei casi di cui all'articolo 52, commi secondo, terzo e quarto, del codice penale, la responsabilità di chi ha compiuto il fatto è esclusa.
Nel caso di cui all'articolo 55, secondo comma, del codice penale, al danneggiato è dovuta una indennità la cui misura è rimessa all'equo apprezzamento del giudice, tenuto altresì conto della gravità, delle modalità realizzative e del contributo causale della condotta posta in essere dal danneggiato».

C. Art. 4, l. 24.11.1981, n. 689 (in *Normativa complementare*, voce *Depenalizzazione*).

D. Art. 131 bis disp. att. c.p.p. (in *Codice di procedura penale*).

53. Uso legittimo delle armi.

Ferme le disposizioni contenute nei due articoli precedenti, non è punibile il pubblico ufficiale [357] che, al fine di adempiere un dovere del proprio ufficio, fa uso ovvero ordina di far uso delle armi o di un altro mezzo di coazione fisica, quando vi è costretto dalla necessità di respingere una violenza o di vincere una resistenza all'autorità e comunque di impedire la consumazione dei delitti di strage, di naufragio, sommersione, disastro aviatorio, disastro ferroviario, omicidio volontario, rapina a mano armata e sequestro di persona (1).

La stessa disposizione si applica a qualsiasi persona che, legalmente richiesta dal pubblico ufficiale, gli presti assistenza.

La legge determina gli altri casi, nei quali è autorizzato l'uso delle armi [585^2] o di un altro mezzo di coazione fisica.

Evoluzione normativa:

(1) Le parole da «e comunque» a «sequestro di persona» sono state aggiunte con l'art. 14 della l. 22.5.1975, n. 152.

Norme connesse:

A. Art. 41, l. 26.7.1975, n. 354 (in *Normativa complementare*, voce *Ordinamento penitenziario*).

B. Artt. 1 e 3, l. 4.3.1958, n. 100 (in *Normativa complementare*, voce *Armi, munizioni ed esplosivi*).

54. Stato di necessità.

Non è punibile chi ha commesso il fatto per esservi stato costretto dalla necessità di salvare sé od altri dal pericolo attuale di un danno grave alla persona, pericolo da lui non volontariamente causato, né altrimenti evitabile, sempre che il fatto sia proporzionato al pericolo.

Questa disposizione non si applica a chi ha un particolare dovere giuridico di esporsi al pericolo.

La disposizione della prima parte di questo articolo si applica anche se lo stato di necessità è determinato dall'altrui minaccia; ma, in tal caso, del fatto commesso dalla persona minacciata risponde chi l'ha costretta a commetterlo [c.p.m.p. 44; c.c. 2045].

Riferimenti storici:

Art. 49 Codice Zanardelli (in *Normativa storica*).

Norme connesse:

A. 384 c.p.

B. Art. 12, d.lgs. 25 luglio 1998, n. 286 (in *Normativa complementare*, voce *Immigrazione (diritto penale della)*).

55. Eccesso colposo.

Quando, nel commettere alcuno dei fatti preveduti dagli articoli 51, 52, 53 e 54, si eccedono colposamente i limiti stabiliti dalla legge o dall'ordine dell'autorità ovvero imposti dalla necessità, si applicano le disposizioni concernenti i delitti colposi, se il fatto è preveduto dalla legge come delitto colposo [42^2, 43].

Nei casi di cui ai commi secondo, terzo e quarto dell'articolo 52, la punibilità è esclusa se chi ha commesso il fatto per la salvaguardia della propria o altrui incolumità ha agito nelle condizioni di cui all'articolo 61, primo comma, n. 5) ovvero in stato di grave turbamento [90], derivante dalla situazione di pericolo in atto (1).

Riferimenti storici:

Art. 50 Codice Zanardelli (in *Normativa storica*).

Evoluzione normativa:

(1) Comma introdotto dall'art. 2, co. 1, l. 26.4.2019, n. 36, a decorrere dal 18.5.2019.

Norme connesse:

A. Art. 2044^3 c.c. (v. norme connesse *sub* art. 52).

56. Delitto tentato.

Chi compie atti idonei, diretti in modo non equivoco a commettere un delitto, risponde di delitto tentato, se l'azione non si compie o l'evento non si verifica.

Il colpevole di delitto tentato è punito: [con la reclusione da ventiquattro a trenta anni, se dalla legge è stabilita per il delitto la pena di morte] (1); con la reclusione non inferiore a dodici anni, se la pena stabilita è l'ergastolo; e, negli altri casi, con la pena stabilita per il delitto, diminuita da un terzo a due terzi.

Se il colpevole volontariamente desiste dall'azione, soggiace soltanto alla pena per gli atti compiuti, qualora questi costituiscano per sé un reato diverso.

Se volontariamente impedisce l'evento, soggiace alla pena stabilita per il delitto tentato, diminuita da un terzo alla metà [62, n. 6, 163^4].

Riferimenti storici:

Art. 61 Codice Zanardelli (in *Normativa storica*).

Evoluzione normativa:

(1) La pena di morte per i delitti previsti dal codice penale è stata abolita e sostituita con l'ergastolo dall'art. 1, d.lgs.lt. 10.8.1944, n. 224.

Norme connesse:

A. Artt. 49^2, 115 c.p.

B. Artt. 276, 280, 283, 289, 295, 420, 433 bis c.p.

C. Art. 74, l. 17.7.1942, n. 907 (in *Normativa complementare*, voce *Contrabbando e Tabacchi*).

D. Art. 293, d.P.R. 23.1.1973, n. 43 (in *Normativa complementare*, voce *Depenalizzazione*).

E. Art. 5, co. 2, l. 29.5.1982, n. 304 (in *Normativa complementare*, voce *Criminalità organizzata e transazionale, Collaboratori di giustizia, pentiti e dissociati*).

F. Art. 26, d.lgs. 8.6.2001, n. 231 (in *Normativa complementare*, voce *Economia (diritto penale della), Enti*).

57. Reati commessi col mezzo della stampa periodica (1).

Salva la responsabilità dell'autore della pubblicazione e fuori dei casi di concorso [110], il direttore o il vice-direttore responsabile, il quale omette di esercitare sul contenuto del periodico da lui diretto il controllo necessario ad impedire che col mezzo della pubblicazione siano commessi reati [40^2, 528, 565, 595, 596-*bis*, 683, 684, 685], è punito, a titolo di colpa [Cost. 27^1, 43], se un reato è commesso, con la pena stabilita per tale reato, diminuita in misura non eccedente un terzo [63].

Evoluzione normativa:

(1) Articolo così sostituito dall'art. 1, l. 4.3.1958, n. 127. Il testo previgente così disponeva: «*Responsabilità per reati commessi col mezzo della stampa. Per i reati commessi col mezzo della stampa si osservano le disposizioni seguenti: 1) qualora si tratti di stampa periodica, chi riveste la qualità di direttore o redattore responsabile risponde, per ciò solo, del reato commesso, salva la responsabilità dell'autore della pubblicazione; 2) qualora si tratti di stampa non periodica, del*

reato commesso risponde l'autore della pubblicazione, ovvero, se questi è ignoto o non è imputabile, l'editore, ovvero, se anche questi è ignoto o non è imputabile, lo stampatore».

Norme connesse:

A. Artt. 1, 3, 5, 8, 13 e 16, l. 8.2.1947, n. 48 (in *Normativa complementare*, voce *Stampa, televisioni, telecomunicazioni*).

57 bis. Reati commessi col mezzo della stampa non periodica (1).

Nel caso di stampa non periodica, le disposizioni di cui al precedente articolo si applicano all'editore, se l'autore della pubblicazione è ignoto o non imputabile, ovvero allo stampatore, se l'editore non è indicato o non è imputabile.

Evoluzione normativa:

(1) Articolo introdotto dall'art. 1, l. 4.3.1958, n. 127.

58. Stampa clandestina.

Le disposizioni dell'articolo precedente (1) si applicano anche se non sono state osservate le prescrizioni di legge sulla pubblicazione e diffusione della stampa periodica e non periodica (2).

Evoluzione normativa:

(1) A seguito dell'introduzione dell'art. 57 bis c.p., il rinvio deve intendersi alle «*disposizioni dei due articoli precedenti*», anziché alle «*disposizioni dell'articolo precedente*».

(2) Seguiva un secondo comma, abrogato dall'art. 2, l. 4.3.1958, n. 127.

58 bis. Procedibilità per i reati commessi col mezzo della stampa (1).

Se il reato commesso col mezzo della stampa è punibile a querela, istanza o richiesta, anche per la punibilità dei reati preveduti dai tre articoli precedenti è necessaria querela [120], istanza [130] o richiesta [8, 9, 10, 128].

La querela, l'istanza o la richiesta presentata contro il direttore o vice-direttore responsabile, l'editore o lo stampatore, ha effetto anche nei confronti dell'autore della pubblicazione per il reato da questo commesso [123, 129, 130].

Non si può procedere per i reati preveduti nei tre articoli precedenti se è necessaria una autorizzazione di procedimento [c.p.p. 343] per il reato commesso dall'autore della pubblicazione, fino a quando l'autorizzazione non è concessa. Questa disposizione non si applica se l'autorizzazione è stabilita per le qualità o condizioni personali dell'autore della pubblicazione.

Evoluzione normativa:

(1) Articolo introdotto dall'art. 3, l. 4.3.1958, n. 127.

Capo II
Delle circostanze del reato

59. Circostanze non conosciute o erroneamente supposte.

Le circostanze che attenuano [62, 62-*bis*] o escludono [50, 51, 52, 53, 54, 85, 308, 309, 376, 418^{3}, 463, 649] la pena sono valutate a favore dell'agente anche se da lui non conosciute, o da lui per errore ritenute inesistenti (1).

Le circostanze che aggravano [61, 111, 112, 113^{3}] la pena sono valutate a carico dell'agente soltanto se da lui conosciute ovvero ignorate per colpa o ritenute inesistenti per errore determinato da colpa (1).

Se l'agente ritiene per errore che esistano circostanze aggravanti o attenuanti, queste non sono valutate contro o a favore di lui.

Se l'agente ritiene per errore che esistano circostanze di esclusione della pena, queste sono sempre valutate a favore di lui. Tuttavia, se si tratta di errore determinato da colpa, la punibilità non è esclusa, quando il fatto è preveduto dalla legge come delitto colposo [43].

Evoluzione normativa:

(1) Il primo e il secondo comma sostituiscono l'originario primo comma, in base all'art. 1, l. 7.2.1990, n. 19.

60. Errore sulla persona dell'offeso.

Nel caso di errore sulla persona offesa da un reato, non sono poste a carico dell'agente le circostanze aggravanti, che riguardano le condizioni o qualità della persona offesa, o i rapporti tra offeso e colpevole [70, n. 2].

Sono invece valutate a suo favore le circostanze attenuanti, erroneamente supposte, che concernono le condizioni, le qualità o i rapporti predetti.

Le disposizioni di questo articolo non si applicano, se si tratta di circostanze che riguardano l'età o altre condizioni o qualità fisiche o psichiche, della persona offesa [609-*sexies*].

Riferimenti storici:

Art. 53 Codice Zanardelli (in *Normativa storica*).

Norme connesse:

A. Art. 82 c.p.

61. Circostanze aggravanti comuni.

Aggravano il reato quando non ne sono elementi costitutivi o circostanze aggravanti speciali [68, 112, 628, 719], le circostanze seguenti:

1. l'avere agito per motivi abietti o futili [576^{1}, n. 2, 577^{1}, n. 4];
2. l'aver commesso il reato per eseguirne od occultarne un altro [c.p.p. 12], ovvero per conseguire o assicurare a sé o ad altri il prodotto o il profitto o il prezzo ovvero la impunità di un altro reato [170^{3}, 452-*novies*, 576^{1}, n. 1];
3. l'avere, nei delitti colposi [43], agito nonostante la previsione dell'evento;
4. l'avere adoperato sevizie, o l'aver agito con crudeltà verso le persone [576^{1}, n. 2, 577^{1}, n. 4];
5. l'avere profittato di circostanze di tempo, di luogo o di persona, anche in riferimento all'età, tali da ostacolare la pubblica o privata difesa [628^{3}, n. 3-*bis*, 640^{2}, n. 2-*bis*] (1);
6. l'avere il colpevole commesso il reato durante il tempo, in cui si è sottratto volontariamente alla ese-

cuzione di un mandato o di un ordine di arresto o di cattura o di carcerazione, spedito per un precedente reato [576^{1}, n. 3, 576^{2}; c.p.p. 296];

7. l'avere, nei delitti contro il patrimonio [624 ss.] o che comunque offendono il patrimonio, ovvero nei delitti determinati da motivi di lucro [24^{2}, 481^{2}], cagionato alla persona offesa dal reato un danno patrimoniale di rilevante gravità [624^{3}];
8. l'avere aggravato o tentato di aggravare le conseguenze del delitto commesso;
9. l'avere commesso il fatto con abuso dei poteri, o con violazione dei doveri inerenti a una pubblica funzione o a un pubblico servizio, ovvero alla qualità di ministro di un culto;
10. l'avere commesso il fatto contro un pubblico ufficiale [357] o una persona incaricata di un pubblico servizio [358], o rivestita della qualità di ministro del culto cattolico o di un culto ammesso nello Stato, ovvero contro un agente diplomatico o consolare di uno Stato estero, nell'atto o a causa dell'adempimento delle funzioni o del servizio;
11. l'avere commesso il fatto con abuso di autorità o di relazioni domestiche, ovvero con abuso di relazioni di ufficio, di prestazione d'opera, di coabitazione, o di ospitalità [646^{3}, 649];

11-*bis*. l'avere il colpevole commesso il fatto mentre si trova illegalmente sul territorio nazionale [2] [3];

11-*ter*. l'aver commesso un delitto contro la persona [575 ss.] ai danni di un soggetto minore all'interno o nelle adiacenze di istituti di istruzione o di formazione [572^{2}, 609-*ter*^{1}, n. 5-*bis*] [4];

11-*quater*. l'avere il colpevole commesso un delitto non colposo durante il periodo in cui era ammesso ad una misura alternativa alla detenzione in carcere [5];

11-*quinquies*. l'avere, nei delitti non colposi contro la vita e l'incolumità individuale [575 ss.] e contro la libertà personale [605 ss.], commesso il fatto in presenza o in danno di un minore di anni diciotto ovvero in danno di persona in stato di gravidanza [6];

11-*sexies*. l'avere, nei delitti non colposi, commesso il fatto in danno di persone ricoverate presso strutture sanitarie o presso strutture sociosanitarie residenziali o semiresidenziali, pubbliche o private, ovvero presso strutture socio-educative [7];

11-*sexies*. l'avere commesso il fatto in occasione o a causa di manifestazioni sportive o durante i trasferimenti da o verso i luoghi in cui si svolgono dette manifestazioni [583-*quater*^{1}] [8];

11-*octies*. l'avere agito, nei delitti commessi con violenza o minaccia, in danno degli esercenti le professioni sanitarie e socio-sanitarie nonché di chiunque svolga attività ausiliarie di cura, assistenza sanitaria o soccorso, funzionali allo svolgimento di dette professioni, a causa o nell'esercizio di tali professioni o attività [583-*quater*^{2}] [9].

11-*novies*. l'avere agito, nei delitti commessi con violenza o minaccia, in danno di un dirigente scolastico o di un membro del personale docente, educativo, amministrativo, tecnico o ausiliario della scuola, a causa o nell'esercizio delle loro funzioni [10].

Riferimenti storici:

Art. 77 Codice Zanardelli (in *Normativa storica*).

Evoluzione normativa:

(1) Numero così sostituito dal co. 7, art. 1, l. 15.7.2009, n. 94. Il testo previgente così disponeva: «*5. l'avere profittato di circostanze di tempo, di luogo o di persona tali da ostacolare la pubblica o privata difesa*».

(2) Numero introdotto dalla lett. f), co. 1, art. 1, d.l. 23.5.2008, n. 92, conv., con modif., con l. 24.7.2008, n. 125. Il testo, prima della conversione in legge, così disponeva: «*Se il fatto è commesso da soggetto che si trovi illegalmente sul territorio nazionale*».

(3) La Corte costituzionale, con sent. 5.7.2010, n. 249, ha dichiarato: a) in relazione alla questione sollevata dal Tribunale di Ferrara, l'illegittimità dell'art. 61, n. 11 bis, c.p.; b) in via consequenziale, ai sensi dell'art. 27, l. 11.3.1953, n. 87, l'illegittimità dell'art. 1, co. 1, l. 15.7.2009, n. 94; c) in via consequenziale, ai sensi dell'art. 27, l. n. 87/1953, l'illegittimità dell'art. 656, co. 9, lett. a), c.p.p., limitatamente alle parole «*e per i delitti in cui ricorre l'aggravante di cui all'art. 61, primo comma, numero 11-*bis*), del medesimo codice*».

(4) Numero introdotto dal co. 20 dell'art. 3, l. 15.7.2009, n. 94.

(5) Numero introdotto dal co. 1 dell'art. 3, l. 26.11.2010, n. 199.

(6) Numero introdotto dall'art. 1, co. 1, d.l. 14.8.2013, n. 93, conv., con modif., con l. 15.10.2013, n. 119, e, poi, così modificato dall'art. 9, co. 1, l. 19.7.2019, n. 69, a decorrere dal 9.8.2019. Il testo antecedente alla modifica del 2019 così disponeva: «*11-*quinquies. *l'avere, nei delitti non colposi contro la vita e l'incolumità individuale, contro la libertà personale nonché nel delitto di cui all'articolo 572, commesso il fatto in presenza o in danno di un minore di anni diciotto ovvero in danno di persona in stato di gravidanza*».

(7) Numero introdotto dall'art. 14, co. 1, l. 11.1.2018, n. 3, a decorrere dal 15.2.2018.

(8) Numero introdotto dall'art. 16, co. 1, lett. a), d.l. 14.6.2019, n. 53, conv., con modif., con l. 8.8.2019, n. 77, a decorrere dal 15.6.2019.

(9) Numero introdotto dall'art. 5, co. 1, l. 14.8.2020, n. 113, a decorrere dal 24.9.2020.

(10) Numero introdotto dall'art. 4, co. 1, l. 4.3.2024, n. 25, a decorrere dal 30.3.2024.

Norme connesse:

A. Art. 24, l. 24.11.1981, n. 689 (in *Normativa complementare*, voce *Depenalizzazione*).

B. Art. 74, l. 22.12.1975, n. 685 e art. 80, D.P.R. 9.10.1990, n. 309 (in *Normativa complementare*, voce *Stupefacenti*).

C. Art. 27, co. 2, l. 25.1.1962, n. 20 (in *Normativa complementare*, voce *Corte costituzionale*).

D. Art. 71, co. 5, l, 4.5.1983, n. 184 (in *Normativa complementare*, voce *Famiglia (diritto penale della), Adozioni*).

61 bis. Circostanza aggravante del reato transnazionale [1].

Per i reati puniti con la pena della reclusione non inferiore nel massimo a quattro anni nella commissione dei quali abbia dato il suo contributo un gruppo criminale organizzato impegnato in attività criminali in più di uno Stato la pena è aumentata da un terzo alla metà. Si applica altresì il secondo comma dell'articolo 416-*bis*.1.

Evoluzione normativa:

(1) Articolo introdotto dall'art. 5, co. 1, lett. a), d.lgs. 1.1.2018, n. 21, a decorrere dal 6.4.2018.

62. Circostanze attenuanti comuni.

Attenuano il reato, quando non ne sono elementi

costitutivi o circostanze attenuanti speciali [68, 114], le circostanze seguenti [63, 65, 67, 69]:
1. l'avere agito per motivi di particolare valore morale o sociale;
2. l'aver reagito in stato di ira, determinato da un fatto ingiusto altrui [393-*bis*, 599²];
3. l'avere agito per suggestione di una folla in tumulto, quando non si tratta di riunioni o assembramenti vietati dalla legge o dall'autorità, e il colpevole non è delinquente o contravventore abituale [102, 103, 104] o professionale [105], o delinquente per tendenza [108];
4. l'avere, nei delitti contro il patrimonio [624 ss.], o che comunque offendono il patrimonio, cagionato alla persona offesa dal reato un danno patrimoniale di speciale tenuità ovvero, nei delitti determinati da motivi di lucro [24²], l'avere agito per conseguire o l'avere comunque conseguito un lucro di speciale tenuità, quando anche l'evento dannoso o pericoloso sia di speciale tenuità [323-*bis*, 626¹, n. 2, 648²] (1);
5. l'essere concorso a determinare l'evento, insieme con l'azione o l'omissione del colpevole, il fatto doloso della persona offesa [41³, 589-*bis*⁷, 590-*bis*⁷];
6. l'avere, prima del giudizio, riparato interamente il danno, mediante il risarcimento di esso, e, quando sia possibile, mediante le restituzioni [185]; o l'essersi, prima del giudizio e fuori del caso preveduto nell'ultimo capoverso dell'articolo 56, adoperato spontaneamente ed efficacemente per elidere o attenuare le conseguenze dannose o pericolose del reato [163⁴, 289-*bis*⁴, 630⁴-⁵]; o l'avere partecipato a un programma di giustizia riparativa con la vittima del reato [c.p.p. 129-*bis*], concluso con un esito riparativo. Qualora l'esito riparativo comporti l'assunzione da parte dell'imputato di impegni comportamentali, la circostanza è valutata solo quando gli impegni sono stati rispettati (2).

Riferimenti storici:

Art. 51 Codice Zanardelli (in *Normativa storica*).

Evoluzione normativa:

(1) Numero così sostituito dall'art. 2, l. 7.2.1990, n. 19, in tema di circostanze, sospensione condizionale della pena e destituzione dei pubblici dipendenti.

(2) Numero così modificato dall'art. 1, co. 1, lett. b), d.lgs. 10.10.2022, n. 150, a decorrere dal 30.12.2022.

Il testo previgente così disponeva: «6. *l'avere, prima del giudizio, riparato interamente il danno, mediante il risarcimento di esso, e, quando sia possibile, mediante le restituzioni; o l'essersi, prima del giudizio e fuori del caso preveduto nell'ultimo capoverso dell'articolo 56, adoperato spontaneamente ed efficacemente per elidere o attenuare le conseguenze dannose o pericolose del reato.*».

Norme connesse:

A. Art. 6, d.l. 15.1.1991, n. 8, conv., con modif., con l. 15.3.1991, n. 82 (in *Normativa complementare*, voce *Criminalità organizzata e transnazionale, Collaboratori di giustizia, pentiti e dissociati (fenomeno mafioso ed eversivo)*).

B. Art. 42, co. 1, lett. a) e b), d.lgs. 10.10.2022, n. 150: «1. *Ai fini del presente decreto si intende per:*
a) giustizia riparativa: ogni programma che consente alla vittima del reato, alla persona indicata come autore dell'offesa e ad altri soggetti appartenenti alla comunità di partecipare liberamente, in modo consensuale, attivo e volontario, alla risoluzione delle questioni derivanti dal reato, con l'aiuto di un terzo imparziale, adeguatamente formato, denominato mediatore;
b) vittima del reato: la persona fisica che ha subito direttamente dal reato qualunque danno patrimoniale o non patrimoniale, nonché il familiare della persona fisica la cui morte è stata causata dal reato e che ha subito un danno in conseguenza della morte di tale persona;».

62 bis. Circostanze attenuanti generiche (1).

Il giudice, indipendentemente dalle circostanze previste nell'articolo 62, può prendere in considerazione altre circostanze diverse, qualora le ritenga tali da giustificare una diminuzione della pena. Esse sono considerate in ogni caso, ai fini dell'applicazione di questo capo, come una sola circostanza, la quale può anche concorrere con una o più delle circostanze indicate nel predetto articolo 62.

Ai fini dell'applicazione del primo comma non si tiene conto dei criteri di cui all'articolo 133, primo comma, numero 3), e secondo comma, nei casi previsti dall'articolo 99, quarto comma, in relazione ai delitti previsti dall'articolo 407, comma 2, lettera a), del codice di procedura penale, nel caso in cui siano puniti con la pena della reclusione non inferiore nel minimo a cinque anni (2).

In ogni caso, l'assenza di precedenti condanne per altri reati a carico del condannato non può essere, per ciò solo, posta a fondamento della concessione delle circostanze di cui al primo comma (3).

Evoluzione normativa:

(1) Articolo introdotto dall'art. 2, d.lgs.lt. 14.9.1944, n. 288 e poi così sostituito dall'art. 1, l. 5.12.2005, n. 251.

(2) La Corte costituzionale, con sent. 7.6.2011, n. 183, ha dichiarato l'illegittimità costituzionale di questo comma, come sostituito dall'art. 1, co. 1, l. 5.12.2005, n. 251, nella parte in cui stabilisce che, ai fini dell'applicazione del primo comma di questo articolo, non si possa tenere conto della condotta del reo susseguente al reato.

(3) Comma introdotto dalla lett. f bis), co. 1, art. 1, d.l. 23.5.2008, n. 92, conv., con modif., con l. 24.7.2008, n. 125.

Norme connesse:

A. Art. 3, l. 25.11.1962, n. 1634, recante modifiche relative all'ergastolo e alla liberazione condizionale, così dispone: «*Il condannato all'ergastolo prima del ripristino delle attenuanti generiche di cui all'art. 2 del D.Lgs.lgt. 14.9.1944, n. 288, può essere ammesso alla liberazione condizionale quando abbia effettivamente scontato almeno venticinque anni di pena*».

63. Applicazione degli aumenti o delle diminuzioni di pena.

Quando la legge dispone che la pena sia aumentata o diminuita entro limiti determinati, l'aumento o la diminuzione si opera sulla quantità di essa, che il giudice applicherebbe al colpevole, qualora non concorresse la circostanza che la fa aumentare o diminuire.

Se concorrono più circostanze aggravanti [61], ovvero più circostanze attenuanti [62, 62-*bis*, 66, 67, 68, 69], l'aumento o la diminuzione di pena si opera sulla quantità di essa risultante dall'aumento o dalla diminuzione precedente.

Quando per una circostanza la legge stabilisce una pena di specie diversa da quella ordinaria del reato, o si tratta di circostanza ad effetto speciale, l'aumento o la diminuzione per le altre circostanze non opera sulla pena ordinaria del reato, ma sulla pena stabilita per la circostanza anzidetta. Sono circostanze ad effetto speciale quelle che importano un aumento o una diminuzione della pena superiore ad un terzo (1).

Se concorrono più circostanze aggravanti tra quelle indicate nel secondo capoverso di questo articolo, si applica soltanto la pena stabilita per la circostanza più grave; ma il giudice può aumentarla [64].

Se concorrono più circostanze attenuanti tra quelle indicate nel secondo capoverso di questo articolo, si applica soltanto la pena meno grave stabilita per le predette circostanze; ma il giudice può diminuirla [65].

Evoluzione normativa:

(1) Comma così sostituito dall'art. 5, l. 31.7.1984, n. 400.

Norme connesse:

A. Art. 1, d.l. 15.12.1979, n. 625, conv., con modif., con l. 6.2.1980, n. 15 (in *Normativa complementare*, voce *Criminalità organizzata e transazionale*, *Collaboratori di giustizia, pentiti e dissociati*).

B. Artt. 9-17, d.l. 15.1.1991, n. 8, conv., con modif., con l. 15.3.1991, n. 82 (in *Normativa complementare*, voce *Criminalità organizzata e transnazionale*, *Collaboratori di giustizia, pentiti e dissociati (fenomeno mafioso ed eversivo)*).

64. Aumento di pena nel caso di una sola circostanza aggravante.

Quando ricorre una circostanza aggravante [61], e l'aumento di pena non è determinato dalla legge, è aumentata [63] fino a un terzo la pena che dovrebbe essere inflitta per il reato commesso [132; disp. att. c.p. 18].

Nondimeno, la pena della reclusione da applicare per effetto dell'aumento non può superare gli anni trenta.

65. Diminuzione di pena nel caso di una sola circostanza attenuante.

Quando ricorre una circostanza attenuante [62], e non è dalla legge determinata la diminuzione di pena, si osservano le norme seguenti:

1. alla pena di morte è sostituita la reclusione da ventiquattro a trenta anni (1);
2. alla pena dell'ergastolo è sostituita la reclusione da venti a ventiquattro anni;
3. le altre pene sono diminuite [63] in misura non eccedente un terzo [132; disp. att. c.p. 18].

Riferimenti storici:

Art. 59 Codice Zanardelli (in *Normativa storica*).

Evoluzione normativa:

(1) La pena di morte per i delitti previsti dal codice penale è stata abolita e sostituita con l'ergastolo dall'art. 1, d.lgs.lt. 10.8.1944, n. 224. L'art. 1, d.lgs. ha poi abolito la pena di morte per i delitti previsti dalle leggi speciali. La l. 13.10.1994, n. 589, infine, ha abolito la pena di morte anche per i reati previsti dal codice penale militare di guerra.

66. Limiti degli aumenti di pena nel caso di concorso di più circostanze aggravanti (1).

Se concorrono più circostanze aggravanti [61], la pena da applicare per effetto degli aumenti non può superare il triplo del massimo stabilito dalla legge per il reato, salvo che si tratti delle circostanze indicate nel secondo capoverso dell'articolo 63, né comunque eccedere:

1. gli anni trenta, se si tratta della reclusione;
2. gli anni cinque, se si tratta dell'arresto;
3. e, rispettivamente, euro 10.329 o euro 2.065, se si tratta della multa o dell'ammenda; ovvero, rispettivamente, euro 30.987 o euro 6.197 se il giudice si avvale della facoltà di aumento indicata nel capoverso dell'articolo 133-*bis*.

Evoluzione normativa:

(1) Questo articolo, già modificato dall'art. 4, d.lgs.lt. 5.10.1945, n. 679 e dall'art. 1, l. 12.7.1961, n. 603, è stato, infine, così sostituito dall'art. 101, l. 24.11.1981, n. 689.

67. Limiti delle diminuzioni di pena nel caso di concorso di più circostanze attenuanti.

Se concorrono più circostanze attenuanti [62] la pena da applicare per effetto delle diminuzioni non può essere inferiore:

1. a quindici anni di reclusione, se per il delitto la legge stabilisce la pena di morte (1);
2. a dieci anni di reclusione, se per il delitto la legge stabilisce la pena dell'ergastolo.

Le altre pene sono diminuite [65]. In tal caso, quando non si tratta delle circostanze indicate nel secondo capoverso dell'articolo 63, la pena non può essere applicata in misura inferiore ad un quarto.

Evoluzione normativa:

(1) La pena di morte per i delitti previsti dal codice penale è stata abolita e sostituita con l'ergastolo dall'art. 1, d.lgs.lt. 10.8.1944, n. 224. L'art. 1, d.lgs. ha poi abolito la pena di morte per i delitti previsti dalle leggi speciali. La l. 13.10.1994, n. 589, infine, ha abolito la pena di morte anche per i reati previsti dal codice penale militare di guerra.

68. Limiti al concorso di circostanze.

Salvo quanto è disposto nell'articolo 15, quando una circostanza aggravante comprende in sé un'altra circostanza aggravante [61], ovvero una circostanza attenuante [62] comprende in sé un'altra circostanza attenuante, è valutata a carico o a favore del colpevole soltanto la circostanza aggravante o la circostanza attenuante, la quale importa, rispettivamente, il maggiore aumento o la maggiore diminuzione di pena.

Se le circostanze aggravanti o attenuanti importano lo stesso aumento o la stessa diminuzione di pena, si applica un solo aumento o una sola diminuzione di pena.

69. Concorso di circostanze aggravanti e attenuanti.

Quando concorrono insieme circostanze aggravanti e circostanze attenuanti, e le prime sono dal giudice ritenute prevalenti, non si tien conto delle diminuzioni di pena stabilite per le circostanze attenuanti, e si fa luogo soltanto agli aumenti di pena stabiliti per le circostanze aggravanti [280].

Se le circostanze attenuanti sono ritenute prevalenti sulle circostanze aggravanti, non si tien conto degli aumenti di pena stabiliti per queste ultime, e si fa luogo soltanto alle diminuzioni di pena stabilite per le circostanze attenuanti.

Se fra le circostanze aggravanti e quelle attenuanti il giudice ritiene che vi sia equivalenza, si applica la pena che sarebbe inflitta se non concorresse alcuna di dette circostanze.

Le disposizioni del presente articolo si applicano anche alle circostanze inerenti alla persona del colpevole, esclusi i casi previsti dall'articolo 99, quarto comma, nonché dagli articoli 111 e 112, primo comma, numero 4), per cui vi è divieto di prevalenza delle circostanze attenuanti sulle ritenute circostanze aggravanti, ed a qualsiasi altra circostanza per la quale la legge stabilisca una pena di specie diversa o determini la misura della pena in modo indipendente da quella ordinaria del reato [(1)].

[In tal caso, gli aumenti e le diminuzioni di pena si operano a norma dell'articolo 63, valutata per ultima la recidiva [(2)].]

Riferimenti storici:

Art. 29 Codice Zanardelli (in *Normativa storica*).

Evoluzione normativa:

(1) Comma così sostituito prima dall'art. 6, d.l. 11.4.1974, n. 99, conv., con modif., con l. 7.6.1974, n. 220 e poi dall'art. 3, l. 5.12.2005, n. 251. Il testo antecedente alla riforma del 2005 era il seguente: «*Le disposizioni precedenti si applicano anche alle circostanze inerenti alla persona del colpevole ed a qualsiasi altra circostanza per la quale la legge stabilisca una pena di specie diversa o determini la misura della pena in modo indipendente da quella ordinaria del reato*».

La Corte costituzionale:

- con sent. 28.4.1994, n. 168 ha dichiarato, fra l'altro, l'illegittimità costituzionale di questo comma nella parte in cui prevede che nei confronti del minore imputabile sia applicabile la disposizione del primo comma dello stesso art. 69 in caso di concorso tra la circostanza attenuante di cui all'art. 98 del codice penale e una o più circostanze aggravanti che comportano la pena dell'ergastolo, nonché nella parte in cui prevede che nei confronti del minore stesso siano applicabili le disposizioni del primo e del terzo comma del citato art. 69, in caso di concorso tra la circostanza attenuante di cui all'art. 98 c.p. e una o più circostanze aggravanti che accedono ad un reato per il quale è prevista la pena base dell'ergastolo;
- con sent. 15.11.2012, n. 251 ha dichiarato l'illegittimità di questo comma, come sostituito dall'art. 3 della l. 5.12.2005, n. 251, nella parte in cui prevede il divieto di prevalenza della circostanza attenuante di cui all'art. 73, co. 5, d.P.R. 9.10.1990, n. 309 sulla recidiva di cui all'art. 99, co. 4, c.p.;
- con sent. 18.4.2014, n. 105, ha dichiarato l'illegittimità costituzionale di questo comma, come sostituito dall'art. 3, l. 5.12.2005, n. 251, nella parte in cui prevede il divieto di prevalenza della circostanza attenuante di cui all'art. 648, co. 2, c.p., sulla recidiva di cui all'art. 99, co. 4, c.p.;
- con sent. 18.4.2014, n. 106, ha dichiarato l'illegittimità costituzionale di questo comma, come sostituito dall'art. 3, l. 5.12.2005, n. 251, nella parte in cui prevede il divieto di prevalenza della circostanza attenuante di cui all'art. 609 bis, co. 3, c.p., sulla recidiva di cui all'art. 99, co. 4, c.p.;
- con sent. 7.4.2016, n. 74, ha dichiarato l'illegittimità costituzionale di questo comma, come sostituito dall'art. 3, l. 5.12.2005, n. 251, nella parte in cui prevede il divieto di prevalenza della circostanza attenuante di cui all'art. 73, co. 7, d.P.R. 9.10.1990, n. 309 sulla recidiva reiterata prevista dall'art. 99, co. 4, c.p.;
- con sent. 17.7.2017, n. 205, ha dichiarato l'illegittimità costituzionale di questo comma, come sostituito dall'art. 3 della l. 5.12.2005, n. 251, nella parte in cui prevede il divieto di prevalenza della circostanza attenuante di cui all'art. 219, co. 3, r.d. 16.3.1942, n. 267 sulla recidiva di cui all'art. 99, co. 4, c.p.;
- con sent. 24.4.2020, n. 73, ha dichiarato l'illegittimità costituzionale di questo comma, nella parte in cui prevede il divieto di prevalenza della circostanza attenuante di cui all'art. 89 c.p. sulla circostanza aggravante della recidiva di cui all'art. 99, co. 4, c.p.;
- con sent. 31.3.2021, n. 55, ha dichiarato l'illegittimità costituzionale di questo comma, come sostituito dall'art. 3, l. 5.12.2005, n. 251, nella parte in cui prevede il divieto di prevalenza della circostanza attenuante di cui all'art. 116, co. 2, c.p., sulla recidiva di cui all'art. 99, co. 4, c.p.;
- con sent. 8.7.2021, n. 143, ha dichiarato l'illegittimità costituzionale di questo comma, nella parte in cui prevede il divieto di prevalenza della circostanza attenuante del fatto di lieve entità sulla circostanza aggravante della recidiva di cui all'art. 99, co. 4, c.p.;
- con sent. 12.5.2023, n. 94, ha dichiarato l'illegittimità costituzionale di questo comma, come modificato dall'art. 3. l. 5.12.2005, n. 251, nella parte in cui, relativamente ai delitti puniti con la pena edittale dell'ergastolo, prevede il divieto di prevalenza delle circostanze attenuanti sulla recidiva reiterata di cui all'art. 99, co. 4, c.p.;
- con sent. 11.7.2023, n. 141, ha dichiarato l'illegittimità costituzionale di questo comma, nella parte in cui prevede il divieto di prevalenza della circostanza attenuante di cui all'art 62, n. 4), c.p. sulla recidiva di cui all'art. 99, co. 4, c.p.;
- con sent. 12.10.2023, n. 188, ha dichiarato l'illegittimità costituzionale di questo comma, nella parte in cui prevede il divieto di prevalenza della circostanza attenuante di cui all'art 648 ter.1, co. 2, c.p. – nella versione introdotta dall'art. 3 co. 3, l. 15.12.2014, n. 186, e vigente fino alla sua sostituzione a opera dell'art. 1, co. 1, lett. f), n. 3), d.lgs. 8.11.2021, n. 195 – sulla recidiva di cui all'art. 99, co. 4, c.p.;
- con sent. 9.11.2023, n. 201, ha dichiarato l'illegittimità costituzionale di questo comma, nella parte in cui prevede il divieto di prevalenza della circostanza attenuante di cui all'art 74, co. 7, d.P.R. 9 ottobre 1990, n. 309, sulla recidiva di cui all'art. 99, co. 4, c.p.

(2) Comma abrogato dall'art. 7, d.l. 11.4.1974, n. 99, conv., con modif., con l. 7.6.1974, n. 220.

Norme collegate:

A. Artt. 69 bis; 270 bis.1; 416 bis.1; 590 quater c.p.
B. Art. 1, d.l. 15.12.1979, n. 625, conv., con modif., con l. 6.2.1980, n. 15 (in *Normativa complementare*, voce *Criminalità organizzata e transazionale*, *Collaboratori di giustizia, pentiti e dissociati*).
C. Art. 8, l. 18.2.1987, n. 34 (in *Normativa complementare*, voce *Criminalità organizzata e transazionale*, *Collaboratori di giustizia, pentiti e dissociati*).
D. Artt. 9-17, d.l. 15.1.1991, n. 8, conv., con modif., con l. 15.3.1991, n. 82 (in *Normativa complementare*, voce *Criminalità organizzata e transnazionale*, *Collaboratori di giustizia, pentiti e dissociati (fenomeno mafioso ed eversivo)*).
E. L'art. 15 quater, d.l. 26.11.1980, n. 776, conv., con modif., con la l. 22.12.1980, n. 874: «*Le pene per i reati previsti dagli articoli 479, 480, 481 e 483 del codice penale, commessi per conseguire benefici disposti a favore delle popolazioni colpite dagli eventi sismici del novembre 1980, sono aumentate fino alla metà.*
a. Non si applica la disposizione dell'ultimo comma dell'articolo 69 del codice penale».

69 bis. Casi di esclusione del giudizio di comparazione tra circostanze [(1)].

Per i delitti di cui all'articolo 407, comma 2, lettera a), numeri da 1) a 6), del codice di procedura penale le circostanze attenuanti, diverse da quella prevista dall'articolo 98, concorrenti con le aggravanti di cui agli articoli 111 e 112, primo comma, numeri 3) e 4), e secondo comma, non possono essere ritenute equivalenti o prevalenti rispetto a queste se chi ha determinato altri a commettere il reato, o si è avvalso di altri nella commissione del delitto, ne è il genitore esercente la responsabilità genitoriale ovvero il fratello o la sorella e le diminuzioni di pena si operano sulla quantità di pena risultante dall'aumento conseguente alle predette aggravanti.

Evoluzione normativa:

(1) Articolo introdotto dall'art. 5, co. 1, lett. b), d.lgs. 1.1.2018, n. 21, a decorrere dal 6.4.2018.

70. Circostanze oggettive e soggettive.

Agli effetti della legge penale:

1. sono circostanze oggettive [61, nn. 2, 4, 5, 7; 62, n. 4] quelle che concernono la natura, la specie, i mezzi, l'oggetto, il tempo, il luogo e ogni altra modalità dell'azione, la gravità del danno o del pericolo, ovvero le condizioni o le qualità personali dell'offeso [118, 119];
2. sono circostanze soggettive [61, nn. 1, 2, 3, 4, 6, 8, 9, 10; 112, nn. 2, 3, 4] quelle che concernono la intensità del dolo o il grado della colpa, o le condizioni e le qualità personali del colpevole, o i rapporti fra il colpevole e l'offeso [61, n. 10; 62, nn. 5, 6; 577], ovvero che sono inerenti alla persona del colpevole.

Le circostanze inerenti alla persona del colpevole riguardano la imputabilità [85, 98], e la recidiva [99].

Capo III
Del concorso di reati

71. Condanna per più reati con unica sentenza o decreto.

Quando, con una sola sentenza o con un solo decreto, si deve pronunciare condanna per più reati contro la stessa persona, si applicano le disposizioni degli articoli seguenti [80].

72. Concorso di reati che importano l'ergastolo e di reati che importano pene detentive temporanee [(1)].

Al colpevole di più delitti [81], ciascuno dei quali importa la pena dell'ergastolo, si applica la detta pena con l'isolamento diurno da sei mesi a tre anni.

Nel caso di concorso di un delitto che importa la pena dell'ergastolo, con uno o più delitti che importano pene detentive temporanee per un tempo complessivo superiore a cinque anni, si applica la pena dell'ergastolo, con l'isolamento diurno per un periodo di tempo da due a diciotto mesi.

L'ergastolano condannato all'isolamento diurno partecipa all'attività lavorativa.

Evoluzione normativa:

(1) Articolo così modificato dall'art. 2, l. 25.11.1962, n. 1634, che modifica le norme del codice penale relative all'ergastolo e alla liberazione condizionale.

73. Concorso di reati che importano pene detentive temporanee o pene pecuniarie della stessa specie.

Se più reati [81] importano pene temporanee detentive della stessa specie, si applica una pena unica, per un tempo uguale alla durata complessiva delle pene che si dovrebbero infliggere per i singoli reati.

Quando concorrono più delitti, per ciascuno dei quali deve infliggersi la pena della reclusione non inferiore a ventiquattro anni, si applica l'ergastolo [(1)].

Le pene pecuniarie della stessa specie si applicano tutte per intero.

Evoluzione normativa:

(1) La Corte costituzionale, con sent. 24.4.1994, n. 168 ha dichiarato, fra l'altro, l'illegittimità costituzionale del secondo comma di questo articolo nella parte in cui, in caso di concorso di più delitti commessi da minore imputabile, per ciascuno dei quali deve infliggersi la pena della reclusione non inferiore a ventiquattro anni, prevede la pena dell'ergastolo.

74. Concorso di reati che importano pene detentive di specie diversa.

Se più reati [81] importano pene temporanee detentive di specie diversa, queste si applicano tutte distintamente e per intero.

La pena dell'arresto è eseguita per ultima.

75. Concorso di reati che importano pene pecuniarie di specie diversa.

Se più reati [81] importano pene pecuniarie di specie diversa, queste si applicano tutte distintamente e per intero [76].

Nel caso che la pena pecuniaria non sia stata pagata per intero, la somma pagata, agli effetti della conversione [136], viene detratta dall'ammontare della multa.

76. Pene concorrenti considerate come pena unica ovvero come pene distinte.

Salvo che la legge stabilisca altrimenti [77], le pene della stessa specie concorrenti a norma dell'articolo 73 si considerano come pena unica per ogni effetto giuridico.

Le pene di specie diversa concorrenti a norma degli articoli 74 e 75 si considerano egualmente, per ogni effetto giuridico, come pena unica della specie più grave. Nondimeno si considerano come pene distinte, agli effetti della loro esecuzione [141], dell'applicazione delle misure di sicurezza [199] e in ogni altro caso stabilito dalla legge.

Se una pena pecuniaria concorre con un'altra pena di specie diversa, le pene si considerano distinte per qualsiasi effetto giuridico.

77. Determinazione delle pene accessorie.

Per determinare le pene accessorie [28, 30, 32, 34, 35] e ogni altro effetto penale della condanna, si ha riguardo ai singoli reati per i quali è pronunciata la condanna, e alle pene principali [22, 23, 24, 25, 26] che, se non vi fosse concorso di reati, si dovrebbero infliggere per ciascuno di essi.

Se concorrono pene accessorie della stessa specie, queste si applicano tutte per intero [79, 80].

78. Limiti degli aumenti delle pene principali [(1)].

Nel caso di concorso di reati preveduto dall'articolo 73, la pena da applicare a norma dello stesso articolo non può essere superiore al quintuplo della più grave fra le pene concorrenti, né comunque eccedere:

1. trenta anni per la reclusione [23];
2. sei anni per l'arresto [25];
3. euro 15.493 per la multa [24] e euro 3.098 per l'ammenda [26]; ovvero euro 64.557 per la multa e euro 12.911 per l'ammenda, se il giudice si vale della facoltà di aumento indicata nel capoverso dell'articolo 133-*bis*.

Nel caso di concorso di reati preveduto dall'articolo 74, la durata delle pene da applicare a norma dell'articolo stesso non può superare gli anni trenta. La parte della pena eccedente tale limite è detratta in ogni caso dall'arresto.

Evoluzione normativa:

(1) Questo articolo, già parzialmente modificato dall'art. 5, d.lgs.lt. 5.10.1945, n. 679 e poi sostituito dall'art. 1, l. 12.7.1961, n. 603, è stato, da ultimo, così sostituito dall'art. 101, l. 24.11.1981, n. 689.

Norme connesse:

A. Art. 58, d.lgs. 28.8.2000, n. 274 (in *Normativa complementare*, voce *Giudice di pace*).

79. Limiti degli aumenti delle pene accessorie.

La durata massima delle pene accessorie temporanee non può superare, nel complesso, i limiti seguenti:

1. dieci anni, se si tratta dell'interdizione dai pubblici uffici o dell'interdizione da una professione o da un'arte [28, 29, 30, 31];
2. cinque anni, se si tratta della sospensione dall'esercizio di una professione o di un'arte [35].

Norme connesse:

A. Art. 4, l. 29.5.1982, n. 304 (in *Normativa complementare*, voce *Criminalità organizzata e transazionale, Collaboratori di giustizia, pentiti e dissociati*).

80. Concorso di pene inflitte con sentenze o decreti diversi.

Le disposizioni degli articoli precedenti si applicano anche nel caso in cui, dopo una sentenza [c.p.p. 533] o un decreto di condanna [c.p.p. 565], si deve giudicare la stessa persona per un altro reato commesso anteriormente o posteriormente alla condanna medesima, ovvero quando contro la stessa persona si debbono eseguire più sentenze o più decreti di condanna [c.p.p. 671].

Riferimenti storici:

Art. 67 Codice Zanardelli (in *Normativa storica*).

Norme connesse:

A. Art. 8, l. 18.2.1987, n. 34 (in *Normativa complementare*, voce *Criminalità organizzata e transazionale, Collaboratori di giustizia, pentiti e dissociati*).

81. Concorso formale. Reato continuato (1).

È punito con la pena che dovrebbe infliggersi per la violazione più grave aumentata sino al triplo chi con una sola azione od omissione viola diverse disposizioni di legge ovvero commette più violazioni della medesima disposizione di legge.

Alla stessa pena soggiace chi con più azioni od omissioni, esecutive di un medesimo disegno criminoso, commette anche in tempi diversi più violazioni della stessa o di diverse disposizioni di legge.

Nei casi preveduti da quest'articolo, la pena non può essere superiore a quella che sarebbe applicabile a norma degli articoli precedenti.

Fermi restando i limiti indicati al terzo comma, se i reati in concorso formale o in continuazione con quello più grave sono commessi da soggetti ai quali sia stata applicata la recidiva prevista dall'articolo 99, quarto comma, l'aumento della quantità di pena non può essere comunque inferiore ad un terzo della pena stabilita per il reato più grave (2).

Riferimenti storici:

Art. 78 Codice Zanardelli (in *Normativa storica*).

Evoluzione normativa:

(1) Articolo così sostituito dall'art. 8, d.l. 11.4.1974, n. 99, conv., con modif., con l. 7.6.1974, n. 220.

(2) Comma introdotto dall'art. 5, l. 5.12.2005, n. 251.

Norme connesse:

A. Artt. 8, 53, l. 24.11.1981, n. 689 (in *Normativa complementare*, voce *Depenalizzazione*).

B. Art. 671 c.p.p.

82. Offesa di persona diversa da quella alla quale l'offesa era diretta.

Quando, per errore nell'uso dei mezzi di esecuzione del reato, o per un'altra causa, è cagionata offesa a persona diversa da quella alla quale l'offesa era diretta, il colpevole risponde come se avesse commesso il reato in danno della persona che voleva offendere, salve, per quanto riguarda le circostanze aggravanti [61] e attenuanti [62], le disposizioni dell'articolo 60.

Qualora, oltre alla persona diversa, sia offesa anche quella alla quale l'offesa era diretta, il colpevole soggiace alla pena stabilita per il reato più grave, aumentata fino alla metà.

83. Evento diverso da quello voluto dall'agente.

Fuori dei casi preveduti dall'articolo precedente, se, per errore nell'uso dei mezzi di esecuzione del reato, o per un'altra causa, si cagiona un evento diverso da quello voluto, il colpevole risponde, a titolo di colpa, dell'evento non voluto, quando il fatto è preveduto dalla legge come delitto colposo [43].

Se il colpevole ha cagionato altresì l'evento voluto, si applicano le regole sul concorso dei reati [71 ss., 586].

Norme connesse:

A. Artt. 116, 452 ter c.p.

B. Art. 12 bis d.lgs. 25.7.1998, n. 286 (in *Normativa complementare*, voce *Immigrazione (Diritto penale della)*).

84. Reato complesso.

Le disposizioni degli articoli precedenti non si applicano quando la legge considera come elementi costitutivi, o come circostanze aggravanti di un solo reato, fatti che costituirebbero, per se stessi, reato [131, 170^{2}, 301].

Qualora la legge nella determinazione della pena per il reato complesso, si riferisca alle pene stabilite per i singoli reati che lo costituiscono, non possono essere superati i limiti massimi indicati negli articoli 78 e 79.

Riferimenti storici:

Art. 77 Codice Zanardelli (in *Normativa storica*).

TITOLO IV
Del reo e della persona offesa dal reato

Capo I
Della imputabilità

85. Capacità d'intendere e di volere.

Nessuno può essere punito per un fatto preveduto

dalla legge come reato, se, al momento in cui lo ha commesso [87, 148], non era imputabile.

È imputabile chi ha la capacità d'intendere e di volere [88, 89, 90, 91, 96, 98; c.c. 2046-2047].

Riferimenti storici:
Art. 46 Codice Zanardelli (in *Normativa storica*).

86. Determinazione in altri dello stato d'incapacità allo scopo di far commettere un reato.

Se taluno mette altri nello stato d'incapacità d'intendere o di volere, al fine di fargli commettere un reato, del reato commesso dalla persona resa incapace risponde chi ha cagionato lo stato d'incapacità [111, 112, 613, 728].

87. Stato preordinato d'incapacità d'intendere o di volere.

La disposizione della prima parte dell'articolo 85 non si applica a chi si è messo in stato d'incapacità d'intendere o di volere al fine di commettere il reato, o di prepararsi una scusa [92^2].

88. Vizio totale di mente.

Non è imputabile chi, nel momento in cui ha commesso il fatto, era, per infermità, in tale stato di mente da escludere la capacità d'intendere o di volere [95, 108^2, 219, 222].

Riferimenti storici:
Art. 46 Codice Zanardelli (in *Normativa storica*).

89. Vizio parziale di mente.

Chi, nel momento in cui ha commesso il fatto, era, per infermità, in tale stato di mente da scemare grandemente, senza escluderla, la capacità d'intendere o di volere, risponde del reato commesso; ma la pena è diminuita [65, 69^4, 70^2, 95, 108^2, 219, 222].

90. Stati emotivi o passionali.

Gli stati emotivi o passionali non escludono né diminuiscono l'imputabilità [55^5].

Riferimenti storici:
Art. 51 Codice Zanardelli (in *Normativa storica*).

91. Ubriachezza derivata da caso fortuito o da forza maggiore.

Non è imputabile chi, nel momento in cui ha commesso il fatto, non aveva la capacità d'intendere o di volere, a cagione di piena ubriachezza derivata da caso fortuito o da forza maggiore [45, 613, 690].

Se l'ubriachezza non era piena, ma era tuttavia tale da scemare grandemente, senza escluderla, la capacità d'intendere o di volere, la pena è diminuita [65, 69^4, 70^2, 93, 219].

Riferimenti storici:
Art. 48 Codice Zanardelli (in *Normativa storica*).

Norme connesse:
A. Art. 31, lett. a) Statuto istitutivo della Corte penale internazionale (in *Normativa complementare*, voce *Diritto penale internazionale, Corte penale internazionale*).

92. Ubriachezza volontaria o colposa ovvero preordinata.

L'ubriachezza non derivata da caso fortuito o da forza maggiore [91] non esclude né diminuisce l'imputabilità.

Se l'ubriachezza era preordinata al fine di commettere il reato, o di prepararsi una scusa [87], la pena è aumentata [69^4, 70^2, 87, 93].

93. Fatto commesso sotto l'azione di sostanze stupefacenti.

Le disposizioni dei due articoli precedenti si applicano anche quando il fatto è stato commesso sotto l'azione di sostanze stupefacenti.

94. Ubriachezza abituale

Quando il reato è commesso in stato di ubriachezza, e questa è abituale, la pena è aumentata [64, 69^4, 70^2, 206, 221, 234, 688].

Agli effetti della legge penale, è considerato ubriaco abituale chi è dedito all'uso di bevande alcooliche e in stato frequente di ubriachezza.

L'aggravamento di pena stabilito nella prima parte di questo articolo si applica anche quando il reato è commesso sotto l'azione di sostanze stupefacenti da chi è dedito all'uso di tali sostanze.

95. Cronica intossicazione da alcool o da sostanze stupefacenti.

Per i fatti commessi in stato di cronica intossicazione prodotta da alcool ovvero da sostanze stupefacenti, si applicano le disposizioni contenute negli articoli 88 e 89 [206, 219, 221, 222].

Norme connesse:
A. Art. 31, lett. a) Statuto istitutivo della Corte penale internazionale (in *Normativa complementare*, voce *Diritto penale internazionale, Corte penale internazionale*).

96. Sordomutismo (1)**.**

Non è imputabile il sordomuto che, nel momento in cui ha commesso il fatto, non aveva, per causa della sua infermità, la capacità d'intendere o di volere [222].

Se la capacità d'intendere o di volere era grandemente scemata, ma non esclusa, la pena è diminuita [65, 69^4, 70^2, 219].

Riferimenti storici:
Artt. 57 e 58 Codice Zanardelli (in *Normativa storica*).

Evoluzione normativa:
(1) L'art. 1, l. 20.2.2006, n. 95 ha previsto che in tutte le disposizioni legislative vigenti il termine «*sordomuto*» sia sostituito con l'espressione «*sordo*».

97. Minore degli anni quattordici.

Non è imputabile chi, nel momento in cui ha commesso il fatto, non aveva compiuto i quattordici anni [65, 222^2, 224].

Riferimenti storici:
Art. 53 Codice Zanardelli (in *Normativa storica*).

98. Minore degli anni diciotto.

È imputabile chi, nel momento in cui ha commesso

il fatto, aveva compiuto i quattordici anni, ma non ancora i diciotto [112, n. 4], se aveva capacità d'intendere e di volere; ma la pena è diminuita [65, 69[4], 70[2], 169, 206, 222, 223, 224, 225, 226, 227, 280[5], 280-*bis*[5], 590-*quater*, 628[4]].

Quando la pena detentiva inflitta è inferiore a cinque anni, o si tratta di pena pecuniaria, alla condanna non conseguono pene accessorie [19]. Se si tratta di pena più grave, la condanna importa soltanto l'interdizione dai pubblici uffici [28] per una durata non superiore a cinque anni, e, nei casi stabiliti dalla legge, la sospensione dall'esercizio della responsabilità genitoriale o dell'autorità maritale [34] (1) (2).

Riferimenti storici:
Art. 54 ss. Codice Zanardelli (in *Normativa storica*).

Evoluzione normativa:
(1) Comma così modificato dall'art. 93, co. 1, lett. d), d.lgs. 28.12.2013, n. 154, a decorrere dal 7.2.2014.
Il testo previgente così disponeva: «*Quando la pena detentiva inflitta è inferiore a cinque anni, o si tratta di pena pecuniaria, alla condanna non conseguono pene accessorie. Se si tratta di pena più grave, la condanna importa soltanto l'interdizione dai pubblici uffici per una durata non superiore a cinque anni, e, nei casi stabiliti dalla legge, la sospensione dall'esercizio della potestà dei genitori o dell'autorità maritale*».
La «*patria potestà*», inoltre, era stata sostituita con la «*potestà dei genitori*» in considerazione della modifica introdotta all'art. 316 c.c. dall'art. 138, l. 19.5.1975, n. 151, sulla riforma del diritto di famiglia. L'art. 146, l. 24.11.1981, n. 689, poi, aveva espressamente disposto che ogni qualvolta nel codice penale o in altre leggi ricorresse l'espressione «*patria potestà*» la medesima fosse sostituita dalla espressione «*potestà dei genitori*».
(2) L'istituto della potestà maritale, previsto dall'art. 144 c.c., è stato soppresso (art. 26, l. 19.5.1975, n. 151).

Norme connesse:
A. Art. 2, l. 24.11.1981, n. 689 (in *Normativa complementare*, voce *Depenalizzazione*).
B. Art. 7, co. 2, d.l. 13.5.1991, n. 152, conv., con modif., con l. 12.7.1991, in tema di pubblica sicurezza, come modificato dall'art. 5, l. 14.2.2003, n. 34: «*Le circostanze attenuanti, diverse da quelle previste dagli articoli 98 e 114 del codice penale, concorrenti con l'aggravante di cui al comma 1 non possono essere ritenute equivalenti o prevalenti rispetto a questa e le diminuzioni di pena si operano sulla quantità di pena risultante dall'aumento conseguente alla predetta aggravante*».

Capo II
Della recidiva, dell'abitualità e professionalità nel reato e della tendenza a delinquere

99. Recidiva (1).

Chi, dopo essere stato condannato [c.p.p. 648] per un delitto non colposo, ne commette un altro, può essere sottoposto ad un aumento di un terzo della pena da infliggere per il nuovo delitto non colposo.

La pena può essere aumentata fino alla metà:

1) se il nuovo delitto non colposo è della stessa indole [101, 517-*bis*[2]];
2) se il nuovo delitto non colposo è stato commesso nei cinque anni dalla condanna precedente;
3) se il nuovo delitto non colposo è stato commesso durante o dopo l'esecuzione della pena [61 n. 11-*quater*], ovvero durante il tempo in cui il condannato si sottrae volontariamente all'esecuzione della pena [151[5], 157[2], 161[2], 172[7], 173[1], 174[3], 176[2], 179[2]].

Qualora concorrano più circostanze fra quelle indicate al secondo comma, l'aumento di pena è della metà [151[5], 157[2], 172[7], 173[1], 174[3], 176[2], 179[2]].

Se il recidivo commette un altro delitto non colposo, l'aumento della pena, nel caso di cui al primo comma, è della metà e, nei casi previsti dal secondo comma, è di due terzi [62-*bis*[2], 69[4], 81[4], 151[5], 157[2], 161[2], 162-*bis*[3], 172[7], 173[1], 174[3], 176[2], 179[2]].

Se si tratta di uno dei delitti indicati all'articolo 407, comma 2, lettera a), del codice di procedura penale, l'aumento della pena per la recidiva è obbligatorio e (2), nei casi indicati al secondo comma, non può essere inferiore ad un terzo della pena da infliggere per il nuovo delitto.

In nessun caso l'aumento di pena per effetto della recidiva può superare il cumulo delle pene risultante dalle condanne precedenti alla commissione del nuovo delitto non colposo.

Riferimenti storici:
Art. 54 ss. Codice Zanardelli (in *Normativa storica*).

Evoluzione normativa:
(1) Articolo così sostituito prima dall'art. 9, d.l. 11.4.1974, n. 99, conv., con modif., con l. 7.6.1974, n. 220, e poi dall'art. 4, l. 5.12.2005, n. 251.
Il testo antecedente alla riforma del 2005 così disponeva: «*Chi, dopo essere stato condannato per un reato, ne commette un altro, può essere sottoposto a un aumento fino a un sesto della pena da infliggere per il nuovo reato.*
La pena può essere aumentata fino a un terzo:
1. se il nuovo reato è della stessa indole;
2. se il nuovo reato è stato commesso nei cinque anni dalla condanna precedente;
3. se il nuovo reato è stato commesso durante o dopo l'esecuzione della pena, ovvero durante il tempo in cui il condannato si sottrae volontariamente all'esecuzione della pena.
Qualora concorrano più circostanze fra quelle indicate nei numeri precedenti, l'aumento di pena può essere fino alla metà.
Se il recidivo commette un altro reato, l'aumento della pena, nel caso preveduto dalla prima parte di questo articolo, può essere fino alla metà, e nei casi preveduti dai numeri 1) e 2) del primo capoverso, può essere fino a due terzi; nel caso preveduto dal numero 3) dello stesso capoverso può essere da un terzo ai due terzi.
In nessun caso l'aumento di pena per effetto della recidiva può superare il cumulo delle pene risultante dalle condanne precedenti alla commissione del nuovo reato».
(2) La Corte costituzionale, con sent. 23.7.2015, n. 185, ha dichiarato l'illegittimità costituzionale di questo comma, limitatamente alle parole «*è obbligatorio e,*».

Norme connesse:
A. Artt. 8 bis, 59, l. 24.11.1981, n. 689 (in *Normativa complementare*, voce *Depenalizzazione*).
B. Art. 52, co. 3, d.lgs. 28.8.2000, n. 274 (in *Normativa complementare*, voce *Giudice di pace*).

100. Recidiva facoltativa (1).

[Il giudice, salvo che si tratti di reati della stessa indole, ha facoltà di escludere la recidiva fra delitti e contravvenzioni, ovvero fra delitti dolosi o preterintenzionali e delitti colposi, ovvero fra contravvenzioni.]

Evoluzione normativa:

(1) Articolo abrogato dall'art. 10, d.l. 11.4.1974, n. 99, conv., con modif., con l. 7.6.1974, n. 220.

101. Reati della stessa indole.

Agli effetti della legge penale, sono considerati reati della stessa indole non soltanto quelli che violano una stessa disposizione di legge, ma anche quelli che, pur essendo preveduti da disposizioni diverse di questo codice ovvero da leggi diverse, nondimeno, per la natura dei fatti che li costituiscono o dei motivi che li determinarono, presentano, nei casi concreti, caratteri fondamentali comuni [167, 168, n. 1, 177].

102. Abitualità presunta dalla legge.

È dichiarato delinquente abituale chi, dopo essere stato condannato [103, 106, 107, 109] alla reclusione in misura superiore complessivamente a cinque anni per tre delitti non colposi [43], della stessa indole [101], commessi entro dieci anni, e non contestualmente, riporta un'altra condanna per un delitto, non colposo, della stessa indole, e commesso entro dieci anni successivi all'ultimo dei delitti precedenti.

Nei dieci anni indicati nella disposizione precedente non si computa il tempo in cui il condannato ha scontato pene detentive o è stato sottoposto a misure di sicurezza detentive [151, 215, 216].

Norme connesse:

A. Art. 1, co. 2, lett. b), l. 26.11.2010, n. 199, il quale prevede che ai delinquenti abituali, professionali o per tendenza non è applicabile l'esecuzione presso il domicilio delle pene detentive non superiori a dodici mesi.

B. Art. 31, l. 10.10.1986, n. 663: «*1. L'articolo 204 del codice penale è abrogato. 2. Tutte le misure di sicurezza personali sono ordinate previo accertamento che colui il quale ha commesso il fatto è persona socialmente pericolosa*».

103. Abitualità ritenuta dal giudice.

Fuori del caso indicato nell'articolo precedente, la dichiarazione di abitualità nel delitto è pronunciata [109] anche contro chi, dopo essere stato condannato [106, 107] per due delitti non colposi [43], riporta un'altra condanna per delitto non colposo, se il giudice, tenuto conto della specie e gravità dei reati, del tempo entro il quale sono stati commessi, della condotta e del genere di vita del colpevole e delle altre circostanze indicate nel capoverso dell'articolo 133, ritiene che il colpevole sia dedito al delitto [151, 164, 179, 216].

104. Abitualità nelle contravvenzioni.

Chi, dopo essere stato condannato [106, 107] alla pena dell'arresto per tre contravvenzioni della stessa indole [101], riporta condanna per un'altra contravvenzione, anche della stessa indole, è dichiarato [109] contravventore abituale, se il giudice, tenuto conto della specie e gravità dei reati, del tempo entro il quale sono stati commessi, della condotta e del genere di vita del colpevole e delle altre circostanze indicate nel capoverso dell'articolo 133, ritiene che il colpevole sia dedito al reato [151, 216, 230, n. 3].

105. Professionalità nel reato.

Chi, trovandosi nelle condizioni richieste per la dichiarazione di abitualità [102, 103], riporta condanna [106, 107] per un altro reato, è dichiarato [109] delinquente o contravventore professionale qualora, avuto riguardo alla natura dei reati, alla condotta e al genere di vita del colpevole e alle altre circostanze indicate nel capoverso dell'articolo 133, debba ritenersi che egli viva abitualmente, anche in parte soltanto, dei proventi del reato [151, 164, n. 1, 179, 216, 230, n. 3].

Norme connesse:

A. Artt. 1 e 4 d.lgs. 6.9.2011, n. 159 (in *Normativa complementare*, voce *Criminalità organizzata e transazionale, Misure patrimoniali*).

B. Art. 1, co. 2, lett. a), l. 26.11.2010, n. 199, il quale prevede che ai delinquenti abituali, professionali o per tendenza non è applicabile l'esecuzione presso il domicilio delle pene detentive non superiori a dodici mesi.

106. Effetti dell'estinzione del reato o della pena.

Agli effetti della recidiva [99] e della dichiarazione di abitualità [102, 103, 104] o di professionalità [105] nel reato, si tien conto altresì delle condanne per le quali è intervenuta una causa di estinzione del reato o della pena [151].

Tale disposizione non si applica quando la causa estingue anche gli effetti penali [178, 556, 563,].

107. Condanna per vari reati con una sola sentenza.

Le disposizioni relative alla dichiarazione di abitualità [102, 103, 104] o di professionalità [105] nel reato si applicano anche se, per i vari reati, è pronunciata condanna con una sola sentenza.

108. Tendenza a delinquere.

È dichiarato [109] delinquente per tendenza chi, sebbene non recidivo [99] o delinquente abituale [102, 103, 104, 151] o professionale [105], commette un delitto non colposo [43], contro la vita o l'incolumità individuale, anche non preveduto dal capo primo del titolo dodicesimo del libro secondo di questo codice [575], il quale, per sé e unitamente alle circostanze indicate nel capoverso dell'art. 133, riveli una speciale inclinazione al delitto, che trovi sua causa nell'indole particolarmente malvagia del colpevole.

La disposizione di questo articolo non si applica se l'inclinazione al delitto è originata dall'infermità preveduta dagli articoli 88 e 89.

Norme connesse:

A. Art. 1, co. 2, lett. a), l. 26.11.2010, n. 199, il quale prevede che ai delinquenti abituali, professionali o per tendenza non è applicabile l'esecuzione presso il domicilio delle pene detentive non superiori a dodici mesi.

109. Effetti della dichiarazione di abitualità, professionalità o tendenza a delinquere.

Oltre gli aumenti di pena stabiliti per la recidiva

[99] e i particolari effetti indicati da altre disposizioni di legge [62, n. 3, 151, 164, 172, 173, 174, 179], la dichiarazione di abitualità [102, 103, 104] o di professionalità nel reato [105] o di tendenza a delinquere [108] importa l'applicazione di misure di sicurezza [199, 216, 226].

La dichiarazione di abitualità o di professionalità nel reato può essere pronunciata in ogni tempo, anche dopo l'esecuzione della pena [205]; ma se è pronunciata dopo la sentenza di condanna, non si tien conto della successiva condotta del colpevole e rimane ferma la pena inflitta.

La dichiarazione di tendenza a delinquere non può essere pronunciata che con la sentenza di condanna.

La dichiarazione di abitualità e professionalità nel reato e quella di tendenza a delinquere si estinguono per effetto della riabilitazione [178, 179, 180, 181].

Norme connesse:

A. Art. 69, co. 4, l. 26.7.1975, n. 354 (in *Normativa complementare*, voce *Ordinamento penitenziario*).

Capo III
Del concorso di persone nel reato

110. Pena per coloro che concorrono nel reato.

Quando più persone concorrono nel medesimo reato, ciascuna di esse soggiace alla pena per questo stabilita, salve le disposizioni degli articoli seguenti [c.p.p. 12].

Riferimenti storici:

Artt. 63 e 64 Codice Zanardelli (in *Normativa storica*).

Norme connesse:

A. Artt. 46², 48, 51², 54³, 86, 113, 116, 117 c.p.

B. Art. 9, d.lgs. 10.3.2000, n. 74 (in *Normativa complementare*, voce *Economia (diritto penale della)*, *Tributi*), che deroga all'art. 110 c.p.

C. Art. 5, l. 24.11.1981, n. 689 (in *Normativa complementare*, voce *Depenalizzazione*).

D. Artt. 25, co. 3, lett. a) e 28 Statuto istitutivo della Corte penale internazionale (in *Normativa complementare*, voce *Diritto penale internazionale*, *Corte penale internazionale*).

111. Determinazione al reato di persona non imputabile o non punibile.

Chi ha determinato a commettere un reato una persona non imputabile [85, 86, 613³ n. 2, 600-*octies*, 728], ovvero non punibile a cagione di una condizione o qualità personale, risponde del reato da questa commesso, e la pena è aumentata [64, 112¹ n. 4, 1132]. Se si tratta di delitti per i quali è previsto l'arresto in flagranza, la pena è aumentata da un terzo alla metà [(1)].

Se chi ha determinato altri a commettere il reato ne è il genitore esercente la responsabilità genitoriale, la pena è aumentata fino alla metà o, se si tratta di delitti per i quali è previsto l'arresto in flagranza, da un terzo a due terzi [(2)].

Evoluzione normativa:

(1) L'ultimo periodo è stato aggiunto dall'art. 11, co. 1, d.l. 13.5.1991, n. 152, conv., con modif., con l. 12.7.1991, n. 203 (in *Normativa complementare*, voce *Criminalità organizzata e transnazionale*, *Mafia e crimine organizzato*).

(2) Comma introdotto dall'art. 7, co. 1, d.l. 31.12.1991, n. 419, conv., con modif., con l. 18.2.1992, n. 172 e poi modificato dall'art. 93, co. 1, lett. e), d.lgs. 28.12.2013, n. 154, a decorrere dal 7.2.2014, così come previsto dall'art. 108, co. 1, del medesimo decreto legislativo. Il testo previgente così disponeva: «*Se chi ha determinato altri a commettere il reato ne è il genitore esercente la potestà, la pena è aumentata fino alla metà o, se si tratta di delitti per i quali è previsto l'arresto in flagranza, da un terzo a due terzi*».

112. Circostanze aggravanti.

La pena da infliggere per il reato commesso è aumentata [64]:

1. se il numero delle persone, che sono concorse nel reato, è di cinque o più, salvo che la legge disponga altrimenti [339¹, 385², 416⁵, 585¹, 625¹, n. 5, 628³ n. 1, 629², 633², 634²];
2. per chi, anche fuori dei casi preveduti dai due numeri seguenti, ha promosso od organizzato la cooperazione nel reato, ovvero diretto l'attività delle persone che sono concorse nel reato medesimo;
3. per chi, nell'esercizio della sua autorità, direzione o vigilanza, ha determinato a commettere il reato persone ad esso soggette [51, 113²];
4. per chi, fuori del caso preveduto dall'articolo 111, ha determinato a commettere il reato un minore di anni 18 [98] o una persona in stato di infermità o di deficienza psichica [88, 89], ovvero si è comunque avvalso degli stessi o con gli stessi ha partecipato nella commissione di un delitto per il quale è previsto l'arresto in flagranza [c.p.p. 380, 381] [(1)].

La pena è aumentata fino alla metà per chi si è avvalso di persona non imputabile o non punibile, a cagione di una condizione o qualità personale, o con la stessa ha partecipato nella commissione di un delitto per il quale è previsto l'arresto in flagranza [c.p.p. 380, 381] [(2)].

Se chi ha determinato altri a commettere il reato o si è avvalso di altri o con questi ha partecipato nella commissione del delitto ne è il genitore esercente la responsabilità genitoriale [c.c. 316], nel caso previsto dal numero 4 del primo comma la pena è aumentata fino alla metà e in quello previsto dal secondo comma la pena è aumentata fino a due terzi [(3)].

Gli aggravamenti di pena stabiliti nei numeri 1, 2 e 3 di questo articolo si applicano anche se taluno dei partecipi al fatto non è imputabile [85] o non è punibile [45, 46, 47, 49, 51, 52, 53, 54, 55²].

Evoluzione normativa:

(1) Numero sostituito dall'art. 11, co. 2, d.l. 13.5.1991, n. 152, conv., con modif., con l. 12.7.1991, n. 203, e poi così modificato dalla lett. a), co. 15, art. 3, l. 15.7.2009, n. 94.
Il testo previgente così disponeva: «*4. per chi, fuori del caso preveduto dall'articolo 111, ha determinato a commettere il reato un minore di anni 18 o una persona in stato di infermità o di deficienza psichica, ovvero si è comunque avvalso degli stessi nella commissione di un delitto per il quale è previsto l'arresto in flagranza*».

(2) Comma introdotto dall'art. 11, co. 2 bis, d.l. 13.5.1991, n. 152, conv., con modif., con l. 12.7.1991, n. 203, e poi così modificato dalla lett. b), co. 15, art. 3, l. 15.7.2009, n. 94.
Il testo previgente così disponeva: «*La pena è aumentata fino alla metà per chi si è avvalso di persona non imputabile o non punibile, a cagione di una condizione o qualità personale, nella commissione di un delitto per il quale è previsto l'arresto in flagranza*».

(3) Comma introdotto dall'art. 7, co, 2, d.l. 31.12.1991, n. 419, conv.,

con modif., con l. 18.2.1992, n. 172, e poi così modificato dalla lett. c), co. 15, art. 3, l. 15.7.2009, n. 94 e dall'art. 93, co. 1, lett. f), d.lgs. 28.12.2013, n. 154, a decorrere dal 7.2.2014.

Il testo antecedente alla modifica disposta con d.lgs. n. 154/2013 così disponeva: «*Se chi ha determinato altri a commettere il reato o si è avvalso di altri o con questi ha partecipato nella commissione del delitto ne è il genitore esercente la potestà, nel caso previsto dal numero 4 del primo comma la pena è aumentata fino alla metà e in quello previsto dal secondo comma la pena è aumentata fino a due terzi*».

Il testo antecedente alla modifica disposta con l. n. 94/2009 così disponeva: «*Se chi ha determinato altri a commettere il reato o si è avvalso di altri nella commissione del delitto ne è il genitore esercente la potestà, nel caso previsto dal numero 4 del primo comma la pena è aumentata fino alla metà e in quello previsto dal secondo comma la pena è aumentata fino a due terzi*».

Norme connesse:

A. Artt. 73 e 80, d.P.R. 9.10.1990, n. 309 (in *Normativa complementare*, voce *Stupefacenti*).

113. Cooperazione nel delitto colposo.

Nel delitto colposo [42^2, 43], quando l'evento è stato cagionato dalla cooperazione di più persone, ciascuna di queste soggiace alle pene stabilite per il delitto stesso.

La pena è aumentata [64] per chi ha determinato altri a cooperare nel delitto, quando concorrono le condizioni stabilite nell'art. 111 e nei numeri 3 e 4 dell'art. 112.

114. Circostanze attenuanti.

Il giudice, qualora ritenga che l'opera prestata da talune delle persone che sono concorse nel reato a norma degli articoli 110 e 113 abbia avuto minima importanza nella preparazione o nell'esecuzione del reato [609-ocites^4], può diminuire la pena.

Tale disposizione non si applica nei casi indicati nell'articolo 112.

La pena può altresì essere diminuita per chi è stato determinato a commettere il reato o a cooperare nel reato, quando concorrono le condizioni stabilite nei numeri 3 e 4 del primo comma e nel terzo comma (1) dell'articolo 112 [118].

Evoluzione normativa:

(1) Comma così modificato dall'art. 7, co. 3, d.l. 31.12.1991, n. 419, conv., con modif., con l. 18.2.1992, n. 172.

115. Accordo per commettere un reato. Istigazione.

Salvo che la legge disponga altrimenti [266, 270, 271, 302, 303, 304, 305, 306, 322, 416, 548; c.p.m.p. 178, 212; c.p.m.g. 89], qualora due o più persone si accordino allo scopo di commettere un reato, e questo non sia commesso, nessuna di esse è punibile per il solo fatto dell'accordo.

Nondimeno, nel caso di accordo per commettere un delitto, il giudice può applicare una misura di sicurezza [229, n. 2].

Le stesse disposizioni si applicano nel caso di istigazione a commettere un reato [302, 322, 415, 548; c.p.m.p. 78, 98, 212; c.p.m.g. 70], se l'istigazione è stata accolta, ma il reato non è stato commesso.

Qualora l'istigazione non sia stata accolta, e si sia trattato d'istigazione a un delitto, l'istigatore può essere sottoposto a misura di sicurezza [49^4, 202^2, 229].

Riferimenti storici:

Art. 64 Codice Zanardelli (in *Normativa storica*).

Norme connesse:

A. Art. 1, d.lgs. C.P.S. 7.11.1947, n. 1559 (in *Normativa complementare*, voce *Economia (diritto penale della), Tributi*).

B. Art. 3 della Convenzione per la prevenzione e la repressione del delitto di genocidio resa esecutiva con la l. 11.3.1952, n. 153: «Saranno puniti i seguenti atti: a) il genocidio; b) l'intesa mirante a commettere genocidio; c) l'incitamento diretto e pubblico a commettere genocidio; d) il tentativo di genocidio; e) la complicità nel genocidio».

C. Artt. 7 e 8, l. 9.10.1967, n. 962 (in *Normativa complementare*, voce *Genocidio e crimini contro l'umanità, Diritto penale internazionale*).

D. Art. 76, l. 22.12.1975, n. 685, e l'art. 82, d.P.R. 9.10.1990, n. 309 (in *Normativa complementare*, voce *Stupefacenti*).

E. D.l. 26.4.1993, n. 122 (in *Normativa complementare*, voce *Discriminazione razziale, etnica e religiosa*).

116. Reato diverso da quello voluto da taluno dei concorrenti.

Qualora il reato commesso sia diverso [110] da quello voluto da taluno dei concorrenti, anche questi ne risponde, se l'evento è conseguenza della sua azione od omissione [40^1].

Se il reato commesso è più grave di quello voluto, la pena è diminuita [65] riguardo a chi volle il reato meno grave.

Norme connesse:

A. Art. 83 c.p.

117. Mutamento del titolo del reato per taluno dei concorrenti.

Se, per le condizioni o le qualità personali del colpevole, o per i rapporti fra il colpevole e l'offeso, muta il titolo del reato per taluno di coloro che vi sono concorsi, anche gli altri rispondono dello stesso reato. Nondimeno, se questo è più grave, il giudice può, rispetto a coloro per i quali non sussistano le condizioni, le qualità o i rapporti predetti, diminuire la pena [65; cod. nav. 1081].

Riferimenti storici:

Art. 66 Codice Zanardelli (in *Normativa storica*).

118. Valutazione delle circostanze aggravanti o attenuanti (1).

Le circostanze che aggravano o diminuiscono le pene concernenti i motivi a delinquere, l'intensità del dolo, il grado della colpa e le circostanze inerenti alla persona del colpevole sono valutate soltanto riguardo alla persona cui si riferiscono.

Riferimenti storici:

Art. 65 Codice Zanardelli (in *Normativa storica*).

Evoluzione normativa:

(1) Articolo così sostituito dall'art. 3, l. 7.2.1990, n. 19, in tema di circostanze, sospensione condizionale della pena e destituzione dei pubblici dipendenti. Il testo previgente così disponeva: «*Le circostanze oggettive, che aggravano o diminuiscono la pena, anche se non conosciute da tutti coloro che concorrono nel reato, sono valutate a carico o a favore di essi.*

Le circostanze soggettive, non inerenti alla persona del colpevole, che aggravano la pena per taluno di coloro che sono concorsi nel reato, stanno a carico anche degli altri, sebbene non conosciute, quando hanno servito ad agevolare l'esecuzione del reato.

Ogni altra circostanza, che aggrava o diminuisce la pena, è valutata soltanto riguardo alla persona a cui si riferisce».

119. Valutazione delle circostanze di esclusione della pena.

Le circostanze soggettive [70, n. 2] le quali escludono la pena per taluno di coloro che sono concorsi nel reato hanno effetto soltanto riguardo alla persona a cui si riferiscono.

Le circostanze oggettive [59, 70, n. 1] che escludono la pena hanno effetto per tutti coloro che sono concorsi nel reato.

Capo IV
Della persona offesa dal reato

120. Diritto di querela.

Ogni persona offesa da un reato [122, 597] per cui non debba procedersi d'ufficio o dietro richiesta [8, 9, 10, 11, 12, 126, 127, 131, 313] o istanza [130; c.p.p. 6] ha diritto di querela [123, 124, 152; c.p.p. 336, 337].

Per i minori degli anni quattordici e per gli interdetti a cagione d'infermità di mente [c.c. 414], il diritto di querela è esercitato dal genitore o dal tutore [c.c. 320, 343, 357, 424].

I minori che hanno compiuto gli anni quattordici e gli inabilitati [c.c. 415] possono esercitare il diritto di querela [120 ss.] e possono altresì, in loro vece, esercitarlo il genitore ovvero il tutore o il curatore [c.c. 390, 424], nonostante ogni contraria dichiarazione di volontà, espressa o tacita, del minore o dell'inabilitato.

Norme connesse:

A. Art. 21, d.lgs. 28.8.2000, n. 274 (in *Normativa complementare*, voce *Giudice di pace*).

121. Diritto di querela esercitato da un curatore speciale.

Se la persona offesa è minore degli anni quattordici o inferma di mente, e non v'è chi ne abbia la rappresentanza, ovvero chi l'esercita si trovi con la persona medesima in conflitto di interessi, il diritto di querela è esercitato da un curatore speciale [125; c.p.p. 338].

122. Querela di uno fra più offesi.

Il reato commesso in danno di più persone è punibile anche se la querela è proposta da una soltanto di esse [154].

123. Estensione della querela.

La querela si estende di diritto a tutti coloro che hanno commesso il reato [58 *bis*, 124, 155].

124. Termine per proporre la querela. Rinuncia.

Salvo che la legge disponga altrimenti, il diritto di querela non può essere esercitato, decorsi tre mesi [c.p.p. 338, 339] dal giorno della notizia del fatto che costituisce il reato.

Il diritto di querela non può essere esercitato se vi è stata rinuncia espressa [542] o tacita da parte di colui al quale ne spetta l'esercizio.

Vi è rinuncia tacita, quando chi ha facoltà di proporre querela ha compiuto fatti incompatibili con la volontà di querelarsi [125, 157, 597].

La rinuncia si estende di diritto a tutti coloro che hanno commesso il reato [123].

Riferimenti storici:

Art. 88 Codice Zanardelli (in *Normativa storica*).

Norme connesse:

A. Art. 99, l. 24.11.1981, n. 689 (in *Normativa complementare*, *Depenalizzazione*).

B. Art. 83, co. 2, d.l. 17.3.2020, n. 18, conv., con mod., con l. 24.4.2020 (in *Normativa complementare*, voce *COVID-19*).

125. Querela del minore o inabilitato nel caso di rinuncia del rappresentante.

La rinuncia alla facoltà di esercitare il diritto di querela, fatta dal genitore o dal tutore o dal curatore, non priva il minore, che ha compiuto gli anni quattordici, o l'inabilitato [c.c. 415], del diritto di proporre querela.

126. Estinzione del diritto di querela.

Il diritto di querela si estingue con la morte della persona offesa [543, 597].

Se la querela è stata già proposta, la morte della persona offesa non estingue il reato.

127. Richiesta di procedimento per delitti contro il Presidente della Repubblica (1)**.**

Salvo quanto è disposto nel titolo primo del libro secondo di questo codice [276], qualora un delitto punibile a querela della persona offesa sia commesso in danno del Presidente della Repubblica, alla querela è sostituita la richiesta dal Ministro per la giustizia [128, 129, 313; c.p.p. 342].

Evoluzione normativa:

(1) Articolo così sostituito dall'art. 3, l. 11.11.1947, n. 1317. Il testo previgente così disponeva: «*Salvo quanto è disposto nel titolo primo del libro secondo di questo codice, qualora un delitto punibile a querela della persona offesa sia commesso in danno del Re, o del Reggente, o della Regina, o del Principe ereditario, o di un'altra persona della Famiglia Reale, alla querela è sostituita la richiesta del Ministro della giustizia*».

128. Termine per la richiesta di procedimento.

Quando la punibilità di un reato dipende dalla richiesta dell'autorità [8, 9, 10, 127, 313⁴], la richiesta non può essere più proposta, decorsi tre mesi dal giorno in cui l'autorità ha avuto notizia del fatto che costituisce il reato.

Quando la punibilità di un reato commesso all'estero dipende dalla presenza del colpevole nel territorio dello Stato [4, 9, 10], la richiesta non può essere più proposta, decorsi tre anni dal giorno in cui il colpevole si trova nel territorio dello Stato [disp. att. c.p. 34].

129. Irrevocabilità ed estensione della richiesta.

La richiesta dell'autorità [c.p.p. 342] è irrevocabile.

Le disposizioni degli articoli 122 e 123 si applicano anche alla richiesta.

130. Istanza della persona offesa.

Quando la punibilità del reato dipende dall'istanza

della persona offesa [9, 10], l'istanza è regolata dalle disposizioni relative alla richiesta [127, 128, 129; c.p.p. 336]. Nondimeno, per quanto riguarda la capacità e la rappresentanza della persona offesa, si applicano le disposizioni relative alla querela [120].

131. Reato complesso. Procedibilità di ufficio.

Nei casi preveduti dall'articolo 84, per il reato complesso si procede sempre di ufficio [c.p.p. 50], se per taluno dei reati, che ne sono elementi costitutivi o circostanze aggravanti, si deve procedere di ufficio [170].

TITOLO V
Della non punibilità per particolare tenuità del fatto. Della modificazione, applicazione ed esecuzione della pena (1)

Capo I
Della non punibilità per particolare tenuità del fatto. Della modificazione e applicazione della pena (2)

(1) Rubrica così sostituita dall'art. 1, co. 1, d.lgs. 16.3.2015, n. 28. Il testo previgente così recava: «*Della modificazione, applicazione ed esecuzione della pena*».

(2) Rubrica così sostituita dall'art. 1, co. 1, d.lgs. 16.3.2015, n. 28. Il testo previgente così recava: «*Della modificazione e applicazione della pena*».

131 bis. Esclusione della punibilità per particolare tenuità del fatto (1) (2).

Nei reati per i quali è prevista la pena detentiva non superiore nel minimo a due anni, ovvero la pena pecuniaria, sola o congiunta alla predetta pena, la punibilità è esclusa quando, per le modalità della condotta e per l'esiguità del danno o del pericolo, valutate ai sensi dell'articolo 133, primo comma, anche in considerazione della condotta susseguente al reato, l'offesa è di particolare tenuità e il comportamento risulta non abituale (3).

L'offesa non può essere ritenuta di particolare tenuità, ai sensi del primo comma, quando l'autore ha agito per motivi abietti o futili, o con crudeltà, anche in danno di animali [544-*bis*; 544-*ter*], o ha adoperato sevizie o, ancora, ha profittato delle condizioni di minorata difesa della vittima, anche in riferimento all'età della stessa ovvero quando la condotta ha cagionato o da essa sono derivate, quali conseguenze non volute, la morte o le lesioni gravissime di una persona (4).

L'offesa non può altresì essere ritenuta di particolare tenuità quando si procede:

1) per delitti, puniti con una pena superiore nel massimo a due anni e sei mesi di reclusione, commessi in occasione o a causa di manifestazioni sportive;
2) per i delitti previsti dagli articoli 336, 337 e 341-*bis*, quando il fatto è commesso nei confronti di un ufficiale o agente di pubblica sicurezza o di un ufficiale o agente di polizia giudiziaria nell'esercizio delle proprie funzioni, nonché per il delitto previsto dall'articolo 343;
3) per i delitti, consumati o tentati, previsti dagli articoli 314, primo comma, 317, 318, 319, 319-*bis*, 319-*ter*, 319-*quater*, primo comma, 320, 321, 322, 322-*bis*, 391-*bis*, 423, 423-*bis*, 558-*bis*, 582, nelle ipotesi aggravate ai sensi degli articoli 576, primo comma, numeri 2, 5 e 5.1, e 577, primo comma, numero 1, e secondo comma, 583, secondo comma, 583-*bis*, 593-*ter*, 600-*bis*, 600-*ter*, primo comma, 609-*bis*, 609-*quater*, 609-*quinquies*, 609-*undecies*, 612-*bis*, 612-*ter*, 613-*bis*, 628, terzo comma, 629, 644, 648-*bis*, 648-*ter*;
4) per i delitti, consumati o tentati, previsti dall'articolo 19, quinto comma, della legge 22 maggio 1978, n. 194, dall'articolo 73 del decreto del Presidente della Repubblica 9 ottobre 1990, n. 309, salvo che per i delitti di cui al comma 5 del medesimo articolo, e dagli articoli 184 e 185 del decreto legislativo 24 febbraio 1998, n. 58 (5);

4-*bis*) per i delitti previsti dalla sezione II del capo III del titolo III della legge 22 aprile 1941 n. 633, salvo che per i delitti di cui all'articolo 171 della medesima legge (6).

Il comportamento è abituale nel caso in cui l'autore sia stato dichiarato delinquente abituale, professionale o per tendenza ovvero abbia commesso più reati della stessa indole, anche se ciascun fatto, isolatamente considerato, sia di particolare tenuità, nonché nel caso in cui si tratti di reati che abbiano ad oggetto condotte plurime, abituali e reiterate [81²].

Ai fini della determinazione della pena detentiva prevista nel primo comma non si tiene conto delle circostanze, ad eccezione di quelle per le quali la legge stabilisce una pena di specie diversa da quella ordinaria del reato e di quelle ad effetto speciale. In quest'ultimo caso ai fini dell'applicazione del primo comma non si tiene conto del giudizio di bilanciamento delle circostanze di cui all'articolo 69.

La disposizione del primo comma si applica anche quando la legge prevede la particolare tenuità del danno o del pericolo come circostanza attenuante.

Evoluzione normativa:

(1) Articolo introdotto dall'art. 1, co. 2, d.lgs. 16.3.2015, n. 28.

(2) La Corte costituzionale, con sent. 25.6.2020, n. 156, ha dichiarato l'illegittimità costituzionale dell'art. 131 bis c.p., nella parte in cui non consente l'applicazione della causa di non punibilità per particolare tenuità del fatto ai reati per i quali non è previsto un minimo edittale di pena detentiva.

(3) Comma così modificato dall'art. 1, co. 1, lett. c), n. 1), d.lgs. 10.10.2022, n. 150, a decorrere dal 30.12.2022.
Il testo previgente così disponeva: «*Nei reati per i quali è prevista la pena detentiva non superiore nel massimo a cinque anni, ovvero la pena pecuniaria, sola o congiunta alla predetta pena, la punibilità è esclusa quando, per le modalità della condotta e per l'esiguità del danno o del pericolo, valutate ai sensi dell'articolo 133, primo comma, l'offesa è di particolare tenuità e il comportamento risulta non abituale.*».

(4) Comma così modificato prima dall'art. 16, co. 1, lett. b), d.l. 14.6.2019, n. 53, conv., con modif., con l. 8.8.2019, n. 77, a decorrere dal 10.8.2019, e, poi, dall'art. 7, co. 1, d.l. 21.10.2020, n. 130, conv., con modif., con l. 18.12.2020, n. 173, a decorrere dal 20.12.2020. Questo comma, infine, è stato così modificato dall'art. dall'art. 1, co. 1, lett. c), n. 2), d.lgs. 10.10.2022, n. 150, a decorrere dal 30.12.2022.
Il testo antecedente alla modifica disposta con d.lgs. n. 150/2022 così disponeva: «*L'offesa non può essere ritenuta di particolare tenuità, ai sensi del primo comma, quando l'autore ha agito per motivi*

*abietti o futili, o con crudeltà, anche in danno di animali, o ha adoperato sevizie o, ancora, ha profittato delle condizioni di minorata difesa della vittima, anche in riferimento all'età della stessa ovvero quando la condotta ha cagionato o da essa sono derivate, quali conseguenze non volute, la morte o le lesioni gravissime di una persona. L'offesa non può altresì essere ritenuta di particolare tenuità quando si procede per delitti, puniti con una pena superiore nel massimo a due anni e sei mesi di reclusione, commessi in occasione o a causa di manifestazioni sportive, ovvero nei casi di cui agli articoli 336, 337 e 341-*bis, *quando il reato è commesso nei confronti di un ufficiale o agente di pubblica sicurezza o di un ufficiale o agente di polizia giudiziaria nell'esercizio delle proprie funzioni, e nell'ipotesi di cui all'articolo 343.*».

Il testo antecedente alla conversione in legge del d.l. n. 130/2020 così disponeva: «*L'offesa non può essere ritenuta di particolare tenuità, ai sensi del primo comma, quando l'autore ha agito per motivi abietti o futili, o con crudeltà, anche in danno di animali, o ha adoperato sevizie o, ancora, ha profittato delle condizioni di minorata difesa della vittima, anche in riferimento all'età della stessa ovvero quando la condotta ha cagionato o da essa sono derivate, quali conseguenze non volute, la morte o le lesioni gravissime di una persona. L'offesa non può altresì essere ritenuta di particolare tenuità quando si procede per delitti, puniti con una pena superiore nel massimo a due anni e sei mesi di reclusione, commessi in occasione o a causa di manifestazioni sportive, ovvero nei casi di cui agli articoli 336, 337 e 341*-bis, *quando il reato è commesso nei confronti di un ufficiale o agente di pubblica sicurezza o di un ufficiale o agente di polizia giudiziaria nell'esercizio delle proprie funzioni e nell'ipotesi di cui all'articolo 343*».

Il testo antecedente alla modifica disposta con d.l. n. 130/2020 così disponeva: «*L'offesa non può essere ritenuta di particolare tenuità, ai sensi del primo comma, quando l'autore ha agito per motivi abietti o futili, o con crudeltà, anche in danno di animali, o ha adoperato sevizie o, ancora, ha profittato delle condizioni di minorata difesa della vittima, anche in riferimento all'età della stessa ovvero quando la condotta ha cagionato o da essa sono derivate, quali conseguenze non volute, la morte o le lesioni gravissime di una persona. L'offesa non può altresì essere ritenuta di particolare tenuità quando si procede per delitti, puniti con una pena superiore nel massimo a due anni e sei mesi di reclusione, commessi in occasione o a causa di manifestazioni sportive, ovvero nei casi di cui agli articoli 336, 337 e 341*-bis, *quando il reato è commesso nei confronti di un pubblico ufficiale nell'esercizio delle proprie funzioni*».

(5) Questo comma, inclusi i numeri da 1 a 4, è stato introdotto dall'art. 1, co. 1, lett. c), n. 3), d.lgs. 10.10.2022, n. 150, a decorrere dal 30.12.2022.

(6) Numero introdotto dall'art. 3, co. 2, l. 14.7.2023, n. 93, a decorrere dall'8.8.2023.

Norme connesse:

A. Art. 651-bis c.p.p.

B. Art. 34, d.lgs. 28 agosto 2000, n. 274(in *Normativa complementare*, voce *Giudice di pace*).

C. Art. 27, d.P.R. 22 settembre 1988, n. 448, per i giudizi a carico di imputati minorenni (in *Normativa complementare*, voce *Minori (diritto penale dei)*).

D. Art. 186, co. 1 e 7, d.lgs. 30.4.12, n. 385 (in *Normativa complementare*, voce *Circolazione stradale e ferroviaria*) e art. 10 ter, d.lgs. 10.3.2000, n. 74 in *Normativa complementare*, voce *Economia (diritto penale della)*, *Tributi*.

132. Potere discrezionale del giudice nell'applicazione della pena: limiti.

Nei limiti fissati dalla legge, il giudice applica la pena discrezionalmente; esso deve indicare i motivi che giustificano l'uso di tal potere discrezionale.

Nell'aumento o nella diminuzione della pena non si possono oltrepassare i limiti stabiliti per ciascuna specie di pena, salvi i casi espressamente determinati dalla legge [24, 26, 27, 66, 67, 72, 78, 136].

133. Gravità del reato: valutazione agli effetti della pena.

Nell'esercizio del potere discrezionale indicato nell'articolo precedente, il giudice deve tener conto della gravità del reato, desunta:

1. dalla natura, dalla specie, dai mezzi, dall'oggetto, dal tempo, dal luogo e da ogni altra modalità dell'azione;
2. dalla gravità del danno o del pericolo cagionato alla persona offesa dal reato;
3. dalla intensità del dolo o dal grado della colpa.

Il giudice deve tener conto, altresì, della capacità a delinquere del colpevole, desunta:

1. dai motivi a delinquere e dal carattere [c.p.p. 220] del reo;
2. dai precedenti penali e giudiziari e, in genere, dalla condotta e dalla vita del reo, antecedenti al reato;
3. dalla condotta contemporanea o susseguente al reato;
4. dalle condizioni di vita individuale, familiare e sociale del reo.

Norme connesse:

A. Art. 203 c.p.

B. Art. 9, co. 4, l. 1.4.1981, n. 121 (in *Normativa complementare*, voce *Ordine pubblico e sicurezza pubblica*).

C. Artt. 11 e 58, l. 24.11.1981, n. 689 (in *Normativa complementare*, voce *Depenalizzazione*).

D. Art. 4, l. 7.1.1929, n. 4 (in *Normativa complementare*, voce *Economia (diritto penale della)*, *Finanza*).

E. Art. 3, co. 3, l. 3.7.1989, n. 257, *Disposizioni per l'attuazione di convenzioni internazionali aventi ad oggetto l'esecuzione delle sentenze penali*: «*1. Con la sentenza di riconoscimento la corte di appello determina, sulla base della pena stabilita nella sentenza straniera, la pena, prevista dalla legge italiana, che deve essere ancora eseguita. 2. Nel determinare la pena, la corte di appello applica i criteri previsti nell'articolo 10 della convenzione. 3. Quando l'entità della pena non è stabilita nella sentenza straniera, la corte la determina sulla base dei criteri indicati negli articoli 133, 133-*bis *e 133-*ter *del codice penale*».

133 bis. Condizioni economiche e patrimoniali del reo; valutazione agli effetti della pena pecuniaria [(1)(2)].

Nella determinazione dell'ammontare della multa o dell'ammenda il giudice deve tener conto, oltre che dei criteri indicati dall'articolo precedente, anche delle condizioni economiche e patrimoniali del reo [(3)].

Il giudice può aumentare la multa o l'ammenda stabilite dalla legge sino al triplo o diminuirle sino ad un terzo quando, per le condizioni economiche e patrimoniali del reo, ritenga che la misura massima sia inefficace ovvero che la misura minima sia eccessivamente gravosa [66] [(4)].

Evoluzione normativa:

(1) Articolo introdotto dall'art. 100, l. 24.11.1981, n. 689.

(2) Rubrica così modificata dall'art. 1, co. 1, lett. d), n. 1), d.lgs. 10.10.2022, n. 150, a decorrere dal 30.12.2022.
Il testo della rubrica, antecedente a questa modifica, recava: «*Condizioni economiche del reo; valutazione agli effetti della pena pecuniaria*».

(3) Comma così modificato dall'art. 1, co. 1, lett. d), n. 2), d.lgs. 10.10.2022, n. 150, a decorrere dal 30.12.2022.
Il testo previgente così disponeva: «*Nella determinazione dell'am-*

montare della multa o dell'ammenda il giudice deve tener conto, oltre che dei criteri indicati dall'articolo precedente, anche delle condizioni economiche del reo.».

(4) Comma così modificato dall'art. 1, co. 1, lett. d), n. 2), d.lgs. 10.10.2022, n. 150, a decorrere dal 30.12.2022.
Il testo previgente così disponeva: «*Il giudice può aumentare la multa o l'ammenda stabilite dalla legge sino al triplo o diminuirle sino ad un terzo quando, per le condizioni economiche del reo, ritenga che la misura massima sia inefficace ovvero che la misura minima sia eccessivamente gravosa.*».

Norme connesse:

A. Art. 53, l. 24.11.1981, n. 689 (in *Normativa complementare*, voce *Depenalizzazione*).

B. Art. 3, co. 3, l. 3.7.1989, n. 257, *sub* art. 133.

133 ter. Pagamento rateale della multa o dell'ammenda [1].

Il giudice, con la sentenza di condanna o con il decreto penale, può disporre, in relazione alle condizioni economiche e patrimoniali del condannato, che la multa o l'ammenda venga pagata in rate mensili da sei a sessanta [c.p.p. 660]. Ciascuna rata tuttavia non può essere inferiore a euro 15. Non sono dovuti interessi per la rateizzazione [2].

In ogni momento il condannato può estinguere la pena mediante un unico pagamento.

Evoluzione normativa:

(1) Articolo introdotto dall'art. 100, l. 24.11.1981, n. 689.

(2) Comma così modificato dall'art. 1, co. 1, lett. e), d.lgs. 10.10.2022, n. 150, a decorrere dal 30.12.2022.
Il testo previgente così disponeva: «*Il giudice, con la sentenza di condanna o con il decreto penale, può disporre, in relazione alle condizioni economiche del condannato, che la multa o l'ammenda venga pagata in rate mensili da tre a trenta. Ciascuna rata tuttavia non può essere inferiore a euro 15.*».

Norme connesse:

A. Art. 53, l. 24.11.1981, n. 689 (in *Normativa complementare*, voce *Depenalizzazione*).

B. Art. 3, co. 3, l. 3.7.1989, n. 257, *sub* art. 133.

C. Art. 38, co. 3, l. 20.5.1970, n. 300 (in *Normativa complementare*, voce *Lavoro (diritto penale del), Diritti dei lavoratori*).

134. Computo delle pene.

Le pene temporanee si applicano a giorni, a mesi e ad anni [14].

Nelle condanne a pene temporanee non si tiene conto delle frazioni di giorno, e, in quelle a pene pecuniarie, delle frazioni di lira [1].

(1) *Ora da intendersi in frazioni di euro.*

135. Ragguaglio fra pene pecuniarie e pene detentive [1].

Salvo quanto previsto da particolari disposizioni di legge, quando, per qualsiasi effetto giuridico, si deve eseguire un ragguaglio fra pene pecuniarie e pene detentive, il computo ha luogo calcolando euro 250, o frazione di euro 250, di pena pecuniaria per un giorno di pena detentiva [136].

Evoluzione normativa:

(1) Articolo sostituito prima dall'art. 6, d.lgs.lt. 5.10.1945, n. 679, dall'art. 1, l. 12.7.1961, n. 603, dall'art. 101, l. 24.11.1981, n. 689, e dall'art. 1, l. 5.10.1993, n. 402 e poi così modificato dal comma 62 dell'art. 3, l. 15.7.2009, n. 94. Questo articolo, infine, è stato così modificato dall'art. 1, co. 1, lett. f), d.lgs. 10.10.2022, n. 150, a decorrere dal 30 dicembre 2022.
Il testo antecedente alla modifica disposta con d.lgs. n. 150/2022 così disponeva: «*Quando, per qualsiasi effetto giuridico, si deve eseguire un ragguaglio fra pene pecuniarie e pene detentive, il computo ha luogo calcolando euro 250, o frazione di euro 250, di pena pecuniaria per un giorno di pena detentiva.*».
Il testo antecedente alla modifica del 2009 così disponeva: «*Quando, per qualsiasi effetto giuridico, si deve eseguire un ragguaglio fra pene pecuniarie e pene detentive, il computo ha luogo calcolando euro 38, o frazione di euro 38, di pena pecuniaria per un giorno di pena detentiva*».
Il testo antecedente alla sostituzione del 1993 così disponeva: «*Quando, per qualsiasi effetto giuridico, si deve eseguire un ragguaglio fra pene pecuniarie e pene detentive, il computo ha luogo calcolando venticinquemila lire, o frazione di venticinquemila lire, di pena pecuniaria per un giorno di pena detentiva*».
La Corte costituzionale, con sent. 10.3.1988, n. 304, aveva dichiarato l'illegittimità del co. 1, art. 175 c.p., nella parte in cui prevedeva che la non menzione nel certificato del casellario giudiziale di condanna a sola pena pecuniaria potesse essere ordinata dal giudice quando non fosse superiore a un milione, anziché a somma pari a quella risultante dal ragguaglio della pena detentiva di anni due, a norma dell'art. 135 c.p.

Norme connesse:

A. Art. 55, d.lgs. 28.8.2000, n. 274 (in *Normativa complementare*, voce *Giudice di pace*).

B. Artt. 53 e 109, l. 24.11.1981, n. 689 (in *Normativa complementare*, voce *Depenalizzazione*).

136. Conversione delle pene pecuniarie non eseguite [1] [2].

Le pene principali della multa e dell'ammenda, non eseguite entro il termine di cui all'articolo 660 del codice di procedura penale indicato nell'ordine di esecuzione, si convertono a norma degli articoli 102 e 103 della legge 24 novembre 1981, n. 689. La pena pecuniaria sostitutiva della reclusione o dell'arresto, non eseguita entro lo stesso termine, si converte a norma dell'articolo 71 della legge 24 novembre 1981, n. 689.

Evoluzione normativa:

(1) Articolo sostituito prima dall'art. 101, l. 24.11.1981, n. 689 e poi dall'art. 1, co. 1, lett. g), d.lgs. 10.10.2022, n. 150, a decorrere dal 30.12.2022.
Il testo antecedente alla sostituzione disposta con d.lgs. n. 150/2022 così disponeva: «*Modalità di conversione di pene pecuniarie.*
Le pene della multa e dell'ammenda, non eseguite per insolvibilità del condannato, si convertono a norma di legge.».

(2) La Corte costituzionale, con sent. 18.6.1971, n. 149 ha dichiarato l'illegittimità dell'art. 136, co. 1, c.p., nella parte in cui ammette, per i reati commessi dal fallito in epoca anteriore alla dichiarazione di fallimento, la conversione della pena pecuniaria in pena detentiva, prima della procedura fallimentare in riferimento all'art. 3 Cost.
La Corte costituzionale, poi, con sent. 21.11.1979, n. 13, ha dichiarato l'illegittimità costituzionale dell'art. 136 c.p.

Norme connesse:

A. Artt. 66, 67, 102, 103, 107, l. 24.11.1981, n. 689 (in *Normativa complementare*, voce *Depenalizzazione*).

137. Custodia cautelare [1].

La carcerazione sofferta prima che la sentenza sia divenuta irrevocabile [c.p.p. 648] si detrae dalla durata complessiva della pena temporanea detentiva o dall'ammontare della pena pecuniaria [c.p.p. 297, 304].

La custodia cautelare [1] è considerata, agli effetti della detrazione, come reclusione od arresto.

Evoluzione normativa:

(1) L'espressione «*custodia cautelare*» sostituisce quella di «*carcera-*

zione preventiva» secondo quanto disposto dall'art. 11, l. 28.7.1984, n. 398.

138. Pena e custodia cautelare per reati commessi all'estero [(1)].

Quando il giudizio seguito all'estero è rinnovato nello Stato [11], la pena scontata all'estero è sempre computata tenendo conto della specie di essa; e, se vi è stata all'estero custodia cautelare [(1)], si applicano le disposizioni dell'articolo precedente.

Evoluzione normativa:

(1) L'espressione «*custodia cautelare*» sostituisce quella di «*carcerazione preventiva*» secondo quanto disposto dall'art. 11, l. 28.7.1984, n. 398.

139. Computo delle pene accessorie.

Nel computo delle pene accessorie temporanee [19, 28, 29, 30] non si tiene conto del tempo in cui il condannato sconta la pena detentiva, o è sottoposto a misura di sicurezza detentiva [215^2], né del tempo in cui egli si è sottratto volontariamente alla esecuzione della pena o della misura di sicurezza [140].

140. Applicazione provvisoria di pene accessorie [(1)].

[Il giudice, durante l'istruzione, nei procedimenti per reati per i quali, in caso di condanna, può essere applicata una pena accessoria, può disporne in via provvisoria l'applicazione quando sussistano specificate, inderogabili esigenze istruttorie o sia necessario impedire che il reato venga portato a conseguenze ulteriori.

L'interdizione dai pubblici uffici può essere applicata provvisoriamente solo nei procedimenti per reati commessi con abuso dei poteri o con violazione dei doveri inerenti a una pubblica funzione o ad un pubblico servizio o a taluno degli uffici indicati nel n. 3 del capoverso dell'articolo 28.

La sospensione provvisoria non si applica agli uffici elettivi ricoperti per diretta investitura popolare.

La pena accessoria provvisoriamente applicata non può avere durata superiore alla metà della durata massima prevista dalla legge ed è computata nella durata della pena accessoria conseguente alla condanna.]

(1) Articolo prima sostituito dall'art. 124, l. 24.11.1981, n. 689 e poi abrogato dall'art. 217, d.lgs. 28.7.1989, n. 271 (in *Codice di procedura penale*).

Capo II
Della esecuzione della pena

141. Esecuzione delle pene detentive. Stabilimenti speciali [(1)].

[Le pene detentive per delitti si scontano [148] in stabilimenti speciali, per ciascuna delle seguenti categorie di condannati:

1. delinquenti abituali [102, 103, 104] o professionali [105] o per tendenza [c.p.p. 108];
2. condannati a pena diminuita per infermità psichica [89], o per sordomutismo [96], o per cronica intossicazione prodotta da alcool o da sostanze stupefacenti [93, 95]; ubriachi abituali [94] e persone dedite all'uso di sostanze stupefacenti.

I condannati indicati nel n. 2 sono sottoposti, qualora occorra, anche a un regime di cura.

Se concorrono in uno stesso condannato condizioni personali diverse, il giudice stabilisce in quale degli stabilimenti speciali debba scontarsi la pena. La decisione può essere modificata durante l'esecuzione della pena.

La pena dell'arresto si sconta, dalle suindicate categorie di condannati e dai contravventori abituali o professionali [104, 105], in sezioni speciali degli stabilimenti destinati alla esecuzione della pena predetta.

Le donne scontano la pena detentiva in stabilimenti distinti da quelli destinati agli uomini].

(1) Articolo abrogato dall'art. 89, l. 26.7.1975, n. 354.

142. Esecuzione delle pene detentive inflitte a minori [(1)].

[I minori scontano fino al compimento degli anni diciotto, le pene detentive in stabilimenti separati da quelli destinati agli adulti, ovvero in sezioni separate di tali stabilimenti; ed è loro impartita, durante le ore non destinate al lavoro, una istruzione diretta soprattutto alla rieducazione morale.

Possono essere ammessi ai lavori all'aperto, anche prima del termine stabilito nel primo capoverso dell'articolo 23.

Essi sono assegnati a stabilimenti speciali, nei casi indicati nei numeri 1 e 2 dell'articolo precedente.

Quando hanno compiuto gli anni diciotto, e la pena da scontare è superiore a tre anni, essi sono trasferiti negli stabilimenti destinati agli adulti.]

(1) Articolo abrogato dall'art. 89, l. 26.7.1975, n. 354.

143. Ripartizione dei condannati negli stabilimenti penitenziari [(1)].

[In ogni stabilimento penitenziario, ordinario o speciale, si tien conto, nella ripartizione dei condannati, della recidiva e dell'indole del reato.]

(1) Articolo abrogato dall'art. 89, l. 26.7.1975, n. 354.

144. Vigilanza sull'esecuzione delle pene [(1)].

[L'esecuzione delle pene detentive è vigilata dal giudice.

Egli delibera circa l'ammissione al lavoro all aperto e dà parere sull'ammissione alla liberazione condizionale.]

(1) Articolo abrogato dall'art. 89, l. 26.7.1975, n. 354.

145. Remunerazione ai condannati per il lavoro prestato.

Negli stabilimenti penitenziari, ai condannati è corrisposta una remunerazione per il lavoro prestato [213].

Sulla remunerazione, salvo che l'adempimento delle obbligazioni sia altrimenti eseguito, sono prelevate nel seguente ordine:

1. le somme dovute a titolo di risarcimento del danno [185];
2. le spese che lo Stato sostiene per il mantenimento del condannato [188];

3. le somme dovute a titolo di rimborso delle spese del procedimento [c.p.p. 535, 691, 693].

In ogni caso, deve essere riservata a favore del condannato una quota pari a un terzo della remunerazione, a titolo di peculio. Tale quota non è soggetta a pignoramento o a sequestro [c.p.p. 253 ss.; c.p.c. 491 ss., 670 ss.].

Norme connesse:

A. Artt. 62, 63, 64, 65, 66, l. 24.11.1981, n. 689 (in *Normativa complementare*, voce *Depenalizzazione*).

B. Art. 24, l. 26.7.1975, n. 354 (in *Normativa complementare*, voce *Ordinamento penitenziario*).

C. Art. 56, d.lgs. 28.8.2000, n. 274 (in *Normativa complementare*, voce *Giudice di pace*).

146. Rinvio obbligatorio dell'esecuzione della pena [1].

L'esecuzione di una pena, che non sia pecuniaria, è differita [148; c.p.p. 684]:

1) se deve aver luogo nei confronti di donna incinta;
2) se deve aver luogo nei confronti di madre di infante di età inferiore ad anni uno;
3) se deve aver luogo nei confronti di persona affetta da AIDS conclamata o da grave deficienza immunitaria accertate ai sensi dell'articolo 286-*bis*, comma 2, del codice di procedura penale, ovvero da altra malattia particolarmente grave per effetto della quale le sue condizioni di salute risultano incompatibili con lo stato di detenzione, quando la persona si trova in una fase della malattia così avanzata da non rispondere più, secondo le certificazioni del servizio sanitario penitenziario o esterno, ai trattamenti disponibili e alle terapie curative.

Nei casi previsti dai numeri 1) e 2) del primo comma il differimento non opera o, se concesso, è revocato se la gravidanza si interrompe, se la madre è dichiarata decaduta dalla responsabilità genitoriale sul figlio ai sensi dell'articolo 330 del codice civile, il figlio muore, viene abbandonato ovvero affidato ad altri, sempreché l'interruzione di gravidanza o il parto siano avvenuti da oltre due mesi [2].

Evoluzione normativa:

(1) Articolo così sostituito dall'art. 1, l. 8.3.2001, n. 40.
Il testo previgente, in cui il n. 3 era stato introdotto dall'art. 2, d.l. 14.5.1993, n. 139 e sostituito dall'art. 6, l. 12.7.1999, n. 231, così disponeva: «*Rinvio obbligatorio dell'esecuzione della pena. L'esecuzione di una pena, che non sia pecuniaria, è differita: 1. se deve avere luogo contro donna incinta; 2. se deve avere luogo contro donna che ha partorito da meno di sei mesi; 3. se deve aver luogo nei confronti di persona affetta da AIDS conclamata o da grave deficienza immunitaria accertate ai sensi dell'articolo 286-*bis*, comma 2, del codice di procedura penale, ovvero da altra malattia particolarmente grave per effetto della quale le sue condizioni di salute risultano incompatibili con lo stato di detenzione, quando la persona si trova in una fase della malattia così avanzata da non rispondere più, secondo le certificazioni del servizio sanitario penitenziario o esterno, ai trattamenti disponibili e alle terapie curative. Nel caso preveduto dal n. 2 il provvedimento è revocato, qualora il figlio muoia o sia affidato a persona diversa dalla madre, e il parto sia avvenuto da oltre due mesi*».
Il testo del n. 3, antecedente alla modifica disposta con l. n. 231/1999, così disponeva: «*3. se deve aver luogo nei confronti di persona affetta da infezione HIV nei casi di incompatibilità con lo stato di detenzione ai sensi dell'articolo 286-*bis*, comma 1, del codice di procedura penale*». La Corte costituzionale, con sent. 18.10.1995, n. 438, aveva dichiarato l'illegittimità del n. 3 nella parte in cui prevedeva che il differimento avesse luogo anche quando l'espiazione della pena potesse avvenire senza pregiudizio della salute del soggetto e di quella degli altri detenuti.

(2) Comma così modificato dall'art. 93, co. 1, lett. g), d.lgs. 28.12.2013, n. 154, a decorrere dal 7.2.2014 (art. 108, co. 1, d.lgs. n. 154/2013). Il testo previgente così disponeva: «*Nei casi previsti dai numeri 1) e 2) del primo comma il differimento non opera o, se concesso, è revocato se la gravidanza si interrompe, se la madre è dichiarata decaduta dalla potestà sul figlio ai sensi dell'articolo 330 del codice civile, il figlio muore, viene abbandonato ovvero affidato ad altri, sempreché l'interruzione di gravidanza o il parto siano avvenuti da oltre due mesi*».

Norme connesse:

A. Art. 47-ter[1-ter], l. 26.7.1975, n. 354 (in *Normativa complementare*, voce *Ordinamento penitenziario*).

147. Rinvio facoltativo dell'esecuzione della pena.

L'esecuzione di una pena può essere differita:

1. se è presentata domanda di grazia [174; c.p.p. 674], e l'esecuzione della pena non deve esser differita a norma dell'articolo precedente;
2. se una pena restrittiva della libertà personale deve essere eseguita contro chi si trova in condizioni di grave infermità fisica [1];
3. se una pena restrittiva della libertà personale deve essere eseguita nei confronti di madre di prole di età inferiore a tre anni [2].

Nel caso indicato nel n. 1, l'esecuzione della pena non può essere differita per un periodo superiore complessivamente a sei mesi, a decorrere dal giorno in cui la sentenza è divenuta irrevocabile [c.p.p. 648], anche se la domanda di grazia è successivamente rinnovata.

Nel caso indicato nel numero 3) del primo comma il provvedimento è revocato, qualora la madre sia dichiarata decaduta dalla responsabilità genitoriale sul figlio ai sensi dell'articolo 330 del codice civile, il figlio muoia, venga abbandonato ovvero affidato ad altri che alla madre [3].

Il provvedimento di cui al primo comma non può essere adottato o, se adottato, è revocato se sussiste il concreto pericolo della commissione di delitti [4].

Evoluzione normativa:

(1) La Corte costituzionale, con sent. 25.7.1979, n. 114 ha dichiarato l'illegittimità costituzionale dell'art. 589, co. 5, c.p.p., nella parte in cui, nel caso previsto dall'art. 147, co. 1, n. 2, c.p., attribuisce al Ministero della giustizia il potere di sospendere l'esecuzione della pena, quando l'ordine di carcerazione del condannato sia già stato eseguito.
La stessa Corte, con sent. 23.5.1990, n. 274, ha dichiarato l'illegittimità dell'art. 589, terzo comma nel testo originario del c.p.p. 1930, nella parte in cui, nel caso previsto dall'art. 147, co. 1, n. 1, c.p., attribuisce al Ministero di Grazia e Giustizia e non al Tribunale di sorveglianza il potere di differire l'esecuzione della pena.
Entrambe le pronunce facevano riferimento alle disposizioni del precedente codice di procedura penale.

(2) Numero così sostituito dall'art. 1, l. 8.3.2001, n. 40. Il testo previgente così disponeva: «*3. se una pena restrittiva della libertà personale deve essere eseguita contro donna, che ha partorito da più di sei mesi ma da meno di un anno, e non vi è modo di affidare il figlio ad altri che alla madre*».

(3) Comma prima sostituito dall'art. 1, l. 8.3.2001, n. 40 e poi così modificato dall'art. 93, co. 1, lett. h), d.lgs. 28.12.2013, n. 154, a decorrere dal 7.2.2014 (art. 108, co. 1, d.lgs. n. 154/2013). Il testo

antecedente alla modifica disposta dal d.lgs. n. 154/2013 così disponeva: «*Nel caso indicato nel numero 3) del primo comma il provvedimento è revocato, qualora la madre sia dichiarata decaduta dalla potestà sul figlio ai sensi dell'articolo 330 del codice civile, il figlio muoia, venga abbandonato ovvero affidato ad altri che alla madre*».

Il testo antecedente alla modifica disposta dalla l. n. 40/2001 così disponeva: «*Nel caso indicato nel n. 3, il provvedimento è revocato, qualora il figlio muoia o sia affidato ad altri che alla madre*».

(4) Comma introdotto dall'art. 1, l. 8.3.2001, n. 40.

Norme connesse:

A. Artt. 62, 63, 64, 65, 66, l. 24.11.1981, n. 689 (in *Depenalizzazione*), per ciò che attiene all'esecuzione delle pene sostitutive della semidetenzione e della libertà controllata.

B. Artt. 47-ter[1-ter], 70, l. 26.7.1975, n. 354, sull'ordinamento penitenziario (in *Ordinamento penitenziario*).

148. Infermità psichica sopravvenuta al condannato.

Se, prima dell'esecuzione di una pena restrittiva della libertà personale o durante l'esecuzione, sopravviene al condannato una infermità psichica, il giudice, qualora ritenga che l'infermità sia tale da impedire l'esecuzione della pena, ordina che questa sia differita o sospesa e che il condannato sia ricoverato in un manicomio giudiziario [(1)], ovvero in una casa di cura e di custodia. Il giudice può disporre che il condannato, invece che in un manicomio giudiziario, sia ricoverato in un manicomio comune, se la pena inflittagli sia inferiore a tre anni di reclusione o di arresto, e non si tratti di delinquente o contravventore abituale [102, 103, 104] o professionale [105] o di delinquente per tendenza [108].

La disposizione precedente si applica anche nel caso in cui, per infermità psichica sopravvenuta, il condannato alla pena di morte [(2)] deve essere ricoverato in un manicomio giudiziario [(3)].

Il provvedimento di ricovero è revocato, e il condannato è sottoposto alla esecuzione della pena, quando sono venute meno le ragioni che hanno determinato tale provvedimento [c.p.p. 70].

Evoluzione normativa:

(1) Per la sostituzione dei manicomi giudiziari, previsti nel testo originario, con gli ospedali psichiatrici giudiziari, v. art. 62, co. 1-2, l. 26.7.1975, n. 354 e art. 111, d.P.R. 30.6.2000, n. 230. Per il definitivo superamento degli ospedali psichiatrici giudiziari, si rimanda all'art. 3 ter, d.l. 22.12.2011, n. 211, conv., con modif., con l. 17 febbraio 2012, n. 9, come da ultimo modificato dall'art. 1, d.l. 31.3.2014, n. 52, conv., con modif., con l. 30.5.2014, n. 81.

(2) La pena di morte per i delitti previsti dal codice penale è stata abolita dall'art. 1, d.lgs.lt. 10.8.1944, n. 224, che ad essa ha sostituito la pena dell'ergastolo.

(3) La Corte costituzionale, con sent. 6.6.1975, n. 146, ha dichiarato l'illegittimità dell'art. 148 c.p., nella parte in cui prevede che il giudice, nel disporre il ricovero in manicomio giudiziale del condannato caduto in stato d'infermità psichica durante l'esecuzione di pena restrittiva della libertà personale, ordini che la pena medesima sia sospesa; in applicazione dell'art. 27, l. 11.3.1953, n. 87, l'illegittimità costituzionale dello stesso art. 148 c.p., nella parte in cui prevede che il giudice ordini la sospensione della pena anche nel caso in cui il condannato sia ricoverato in una casa di cura e di custodia ovvero in un manicomio comune (ospedale psichiatrico).

Norme connesse:

A. Artt. 62, 63, 64, 65, 66, l. 24.11.1981, n. 689 (in *Normativa complementare*, voce *Depenalizzazione*).

B. Artt. 62, 69, 71, l. 26.7.1975, n. 354 (in *Normativa complementare*, voce *Ordinamento penitenziario*).

C. Art. 47-ter, l. 26.7.1975, n. 354 (in *Normativa complementare*, voce *Ordinamento penitenziario*). La Corte costituzionale, con sent. 20.2.2019, n. 99, ha dichiarato illegittimità costituzionale dell'art. 47 ter, co. 1-ter, l. 26.7.1975, n. 354, nella parte in cui non prevede che, nell'ipotesi di grave infermità psichica sopravvenuta, il tribunale di sorveglianza possa disporre l'applicazione al condannato della detenzione domiciliare anche in deroga ai limiti di cui al comma 1 del medesimo art. 47 ter.

149. Consiglio di patronato e Cassa delle ammende [(1)].

[Presso ciascun tribunale è costituito un consiglio di patronato, al quale sono conferite le attribuzioni seguenti:

1. prestare assistenza ai liberati dal carcere, agevolandoli, se occorre, nel trovare stabile lavoro;
2. prestare assistenza alle famiglie di coloro che sono detenuti, con ogni forma di soccorso e, eccezionalmente, anche con sussidi in denaro.

Alle spese necessarie per l'opera di assistenza dei consigli di patronato provvede la Cassa delle ammende.]

(1) Articolo abrogato dall'art. 89, l. 26.7.1975, n. 354 (in *Normativa complementare*, voce *Ordinamento penitenziario*).

TITOLO VI
Della estinzione del reato e della pena

Capo I
Della estinzione del reato

150. Morte del reo prima della condanna.

La morte del reo, avvenuta prima della condanna, estingue il reato [126, 171, 182, 198, 210, 563, n. 1; c.p.p. 69].

Riferimenti storici:

Art. 85 Codice Zanardelli (in *Normativa storica*).

151. Amnistia.

L'amnistia [Cost. 79] estingue il reato, e, se vi è stata condanna [c.p.p. 129, 531, 578], fa cessare l'esecuzione della condanna e le pene accessorie [210; c.p.p. 672] [(1)].

Nel concorso di più reati, l'amnistia si applica ai singoli reati per i quali è conceduta.

L'estinzione del reato per effetto dell'amnistia è limitata ai reati commessi a tutto il giorno precedente la data del decreto, salvo che questo stabilisca una data diversa.

L'amnistia può essere sottoposta a condizioni o ad obblighi.

L'amnistia non si applica ai recidivi, nei casi preveduti dai capoversi dell'art. 99, né ai delinquenti abituali [102, 103], o professionali [105], o per tendenza [108] salvo che il decreto disponga diversamente.

Riferimenti storici:

Art. 86 Codice Zanardelli (in *Normativa storica*).

Evoluzione normativa:

(1) La Corte costituzionale, con sent. 5.7.1971, n. 175, ha dichiarato l'illegittimità dell'art. 151, co. 1, c.p., nella parte in cui esclude la rinunzia con le conseguenze indicate in motivazione, all'applicazione dell'amnistia.

Norme connesse:

A. D.P.R. 16.12.1986, n. 865, il d.P.R. 12.4.1990, n. 75, il d.P.R.

22.12.1990, n. 394 (in *Normativa complementare*, voce *Amnistia e indulto*).

152. Remissione della querela.

Nei reati punibili a querela della persona offesa, la remissione estingue il reato [120, 153, 154, 156, 542] (1).

La remissione è processuale [c.p.p. 340] o extraprocessuale. La remissione extraprocessuale è espressa o tacita. Vi è remissione tacita, quando il querelante ha compiuto fatti incompatibili con la volontà di persistere nella querela [597].

Vi è altresì remissione tacita:

1) quando il querelante, senza giustificato motivo, non compare all'udienza alla quale è stato citato in qualità di testimone;
2) quando il querelante ha partecipato a un programma di giustizia riparativa concluso con un esito riparativo; nondimeno, quando l'esito riparativo comporta l'assunzione da parte dell'imputato di impegni comportamentali, la querela si intende rimessa solo quando gli impegni sono stati rispettati (2).

La disposizione di cui al terzo comma, numero 1), non si applica quando il querelante è persona incapace per ragioni, anche sopravvenute, di età o di infermità, ovvero persona in condizione di particolare vulnerabilità ai sensi dell'articolo 90-*quater* del codice di procedura penale. La stessa disposizione non si applica altresì quando la persona che ha proposto querela ha agito nella qualità di esercente la responsabilità genitoriale su un minore, ovvero di rappresentante legale di una persona minore o incapace, ovvero di persona munita di poteri per proporre querela nell'interesse della persona offesa priva in tutto o in parte di autonomia, ovvero di curatore speciale nominato ai sensi dell'articolo 121 (2).

La remissione può intervenire solo prima della condanna, salvi i casi per i quali la legge disponga altrimenti [542, 563].

La remissione non può essere sottoposta a termini o a condizioni. Nell'atto di remissione può essere fatta rinuncia al diritto alle restituzioni [185] e al risarcimento del danno.

Riferimenti storici:

Art. 88 Codice Zanardelli (in *Normativa storica*).

Evoluzione normativa:

(1) Comma così modificato dall'art. 1, co. 1, lett. h), n. 1), d.lgs. 10.10.2022, n. 150, a decorrere dal 30.12.2022.
Il testo previgente così disponeva: «*Nei delitti punibili a querela della persona offesa, la remissione estingue il reato.*».

(2) Comma introdotto dall'art. 1, co. 1, lett. h), n. 2), d.lgs. 10.10.2022, n. 150, a decorrere dal 30.12.2022.

153. Esercizio del diritto di remissione. Incapaci.

Per i minori degli anni quattordici e per gli interdetti a cagione di infermità di mente [c.c. 414], il diritto di remissione è esercitato dal loro legale rappresentante [c.c. 316, 320, 357, 424; c.p. 120].

I minori, che hanno compiuto gli anni quattordici, e gli inabilitati [c.c. 415] possono esercitare il diritto di remissione, anche quando la querela è stata proposta dal rappresentante, ma, in ogni caso, la remissione non ha effetto senza l'approvazione di questo.

Il rappresentante può rimettere la querela proposta da lui o dal rappresentato, ma la remissione non ha effetto, se questi manifesta volontà contraria.

Le disposizioni dei capoversi precedenti si applicano anche nel caso in cui il minore raggiunge gli anni quattordici, dopo che è stata proposta la querela.

154. Più querelanti: remissione di uno solo.

Se la querela è stata proposta da più persone, il reato non si estingue se non interviene la remissione di tutti i querelanti.

Se tra più persone offese da un reato taluna soltanto ha proposto querela [122], la remissione, che questa ha fatto, non pregiudica il diritto di querela delle altre.

155. Accettazione della remissione.

La remissione non produce effetto, se il querelato l'ha espressamente o tacitamente ricusata. Vi è ricusa tacita, quando il querelato ha compiuto fatti incompatibili con la volontà di accettare la remissione.

La remissione fatta a favore anche di uno soltanto fra coloro che hanno commesso il reato [123, 124⁴] si estende a tutti, ma non produce effetto per chi l'abbia ricusata.

Per quanto riguarda la capacità di accettare la remissione, si osservano le disposizioni dell'articolo 153.

Se il querelato è un minore o un infermo di mente, e nessuno ne ha la rappresentanza, ovvero chi la esercita si trova con esso in conflitto di interessi, la facoltà di accettare la remissione è esercitata da un curatore speciale [c.p.p. 338, 340].

156. Estinzione del diritto di remissione (1).

Il diritto di remissione [152] si estingue con la morte della persona offesa dal reato [597³].

Evoluzione normativa:

(1) La Corte costituzionale, con sent. 6.6.1975, n. 151, ha dichiarato l'illegittimità costituzionale dell'art. 156 c.p., nella parte in cui non attribuisce l'esercizio del diritto di remissione della querela agli eredi della persona offesa dal reato, allorché tutti vi consentano.

157. Prescrizione. Tempo necessario a prescrivere (1).

La prescrizione estingue il reato decorso il tempo corrispondente al massimo della pena edittale stabilita dalla legge e comunque un tempo non inferiore a sei anni se si tratta di delitto e a quattro anni se si tratta di contravvenzione, ancorché puniti con la sola pena pecuniaria.

Per determinare il tempo necessario a prescrivere si ha riguardo alla pena stabilita dalla legge per il reato consumato o tentato, senza tener conto della diminuzione per le circostanze attenuanti e dell'aumento per le circostanze aggravanti, salvo che per le aggravanti per le quali la legge stabilisce una pena di specie diversa da quella ordinaria e per quelle ad effetto speciale, nel qual caso si tiene conto dell'aumento massimo di pena previsto per l'aggravante.

Non si applicano le disposizioni dell'articolo 69 e il tempo necessario a prescrivere è determinato a norma del secondo comma.

Quando per il reato la legge stabilisce congiuntamente o alternativamente la pena detentiva e la pena pecuniaria, per determinare il tempo necessario a prescrivere si ha riguardo soltanto alla pena detentiva.

Quando per il reato la legge stabilisce pene diverse da quella detentiva e da quella pecuniaria, si applica il termine di tre anni.

I termini di cui ai commi che precedono sono raddoppiati per i reati di cui agli articoli 375, terzo comma, 449, 589, secondo e terzo comma, e 589-*bis*, nonché per i reati di cui all'articolo 51 commi 3-*bis* e 3-*quater*, del codice di procedura penale. I termini di cui ai commi che precedono sono altresì raddoppiati per i delitti di cui al titolo VI-*bis* del libro secondo, per il reato di cui all'articolo 572 e per i reati di cui alla sezione I del capo III del titolo XII del libro II e di cui agli articoli 609-*bis*, 609-*quater*, 609-*quinquies* e 609-*octies*, salvo che risulti la sussistenza delle circostanze attenuanti contemplate dal terzo comma dell'articolo 609-*bis* ovvero dal quarto comma dell'articolo 609-*quater* (2).

La prescrizione è sempre espressamente rinunciabile dall'imputato.

La prescrizione non estingue i reati per i quali la legge prevede la pena dell'ergastolo, anche come effetto dell'applicazione di circostanze aggravanti.

Evoluzione normativa:

(1) Articolo prima modificato dall'art. 125, l. 24.11.1981, n. 689 e poi così sostituito dal comma 1 dell'art. 6, l. 5.12.2005, n. 251. L'art. 10 della l. n. 251/2005 così dispone: «1. *La presente legge entra in vigore il giorno successivo a quello della sua pubblicazione nella Gazzetta Ufficiale. 2. Ferme restando le disposizioni dell'articolo 2 del codice penale quanto alle altre norme della presente legge, le disposizioni dell'articolo 6 non si applicano ai procedimenti e ai processi in corso se i nuovi termini di prescrizione risultano più lunghi di quelli previgenti. 3. Se, per effetto delle nuove disposizioni, i termini di prescrizione risultano più brevi, le stesse si applicano ai procedimenti e ai processi pendenti alla data di entrata in vigore della presente legge, ad esclusione dei processi già pendenti in primo grado ove vi sia stata la dichiarazione di apertura del dibattimento, nonché dei processi già pendenti in grado di appello o avanti alla Corte di cassazione*».

Il testo antecedente alla riforma del 2005 così disponeva: «*La prescrizione estingue il reato:*

1. in venti anni, se si tratta di delitto per cui la legge stabilisce la pena della reclusione non inferiore a ventiquattro anni;

2. in quindici anni, se si tratta di delitto per cui la legge stabilisce la pena della reclusione non inferiore a dieci anni;

3. in dieci anni, se si tratta di delitto per cui la legge stabilisce la pena della reclusione non inferiore a cinque anni;

4. in cinque anni, se si tratta di delitto per cui la legge stabilisce la pena della reclusione inferiore a cinque anni, o la pena della multa;

5. in tre anni, se si tratta di contravvenzione per cui la legge stabilisce la pena dell'arresto;

6. in due anni, se si tratta di contravvenzione per cui la legge stabilisce la pena dell'ammenda.

Per determinare il tempo necessario a prescrivere si ha riguardo al massimo della pena stabilita dalla legge per il reato, consumato o tentato, tenuto conto dell'aumento massimo di pena stabilito per le circostanze aggravanti e della diminuzione minima stabilita per le circostanze attenuanti.

Nel caso di concorso di circostanze aggravanti e di circostanze attenuanti si applicano anche a tale effetto le disposizioni dell'articolo 69.

Quando per il reato la legge stabilisce congiuntamente o alternativamente la pena detentiva e quella pecuniaria, per determinare il tempo necessario a prescrivere si ha riguardo soltanto alla pena detentiva».

La Corte costituzionale, con sent. 23.5.1990, n. 274, aveva dichiarato l'illegittimità del precedente articolo, nella parte in cui non prevedeva che la prescrizione del reato potesse essere rinunziata dall'imputato.

(2) Comma modificato dalla lett. c bis), co. 1, art. 1, d.l. 23.5.2008, n. 92, conv., con modif., con l. 24.7.2008, n. 125, lett. a), co. 1, art. 4, l. 1.10.2012, n. 172, dall'art. 1, co. 6, l. 22.5.2015, n. 68, a decorrere dal 29.5.2015 (art. 3, co. 1, l. n. 68/2015) e dall'art. 1, co. 3, lett. a), l. 23.3.2016, n. 41, a decorrere dal 25.3.2016.

Questo comma, poi, è stato così modificato dall'art. , co. 4, l. 11.7.2016, n. 133, a decorrere dal 2.8.2016.

Il testo antecedente alla riforma del 2006 così disponeva: «*I termini di cui ai commi che precedono sono raddoppiati per i reati di cui agli articoli 449, 589, secondo e terzo comma, e 589*-bis, *nonché per i reati di cui all'articolo 51 commi 3*-bis *e 3*-quater, *del codice di procedura penale. I termini di cui ai commi che precedono sono altresì raddoppiati per i delitti di cui al titolo VI*-bis *del libro secondo, per il reato di cui all'articolo 572 e per i reati di cui alla sezione I del capo III del titolo XII del libro II e di cui agli articoli 609*-bis, *609*-quater, *609*-quinquies *e 609*-octies, *salvo che risulti la sussistenza delle circostanze attenuanti contemplate dal terzo comma dell'articolo 609*-bis *ovvero dal quarto comma dell'articolo 609*-quater».

Il testo antecedente alle modifiche disposte dalla l. n. 41/2016 così disponeva: «*I termini di cui ai commi che precedono sono raddoppiati per i reati di cui agli articoli 449 e 589, secondo, terzo e quarto comma, nonché per i reati di cui all'articolo 51 commi 3*-bis *e 3*-quater, *del codice di procedura penale. I termini di cui ai commi che precedono sono altresì raddoppiati per i delitti di cui al titolo VI*-bis *del libro secondo, per il reato di cui all'articolo 572 e per i reati di cui alla sezione I del capo III del titolo XII del libro II e di cui agli articoli 609*-bis, *609*-quater, *609*-quinquies *e 609*-octies, *salvo che risulti la sussistenza delle circostanze attenuanti contemplate dal terzo comma dell'articolo 609*-bis *ovvero dal quarto comma dell'articolo 609*-quater».

Il testo antecedente alle modifiche disposte dalla l. n. 68/2015 così disponeva: «*I termini di cui ai commi che precedono sono raddoppiati per i reati di cui agli articoli 449 e 589, secondo, terzo e quarto comma, nonché per i reati di cui all'articolo 51 commi 3*-bis *e 3*-quater, *del codice di procedura penale. I termini di cui ai commi che precedono sono altresì raddoppiati per il reato di cui all'articolo 572 e per i reati di cui alla sezione I del capo III del titolo XII del libro II e di cui agli articoli 609*-bis, *609*-quater, *609*-quinquies *e 609*-octies, *salvo che risulti la sussistenza delle circostanze attenuanti contemplate dal terzo comma dell'articolo 609*-bis *ovvero dal quarto comma dell'articolo 609*-quater».

La Corte costituzionale, con sent. 19.5.2014, n. 143, aveva dichiarato l'illegittimità di questo comma, nella parte in cui prevedeva che i termini di cui ai precedenti commi di questo articolo fossero raddoppiati per il reato di incendio colposo (art. 449, in riferimento all'art. 423 del codice penale).

Il testo antecedente alla modifica del 2012 così disponeva: «*I termini di cui ai commi che precedono sono raddoppiati per i reati di cui agli articoli 449 e 589, secondo, terzo e quarto comma, nonché per i reati di cui all'articolo 51 commi 3*-bis *e 3*-quater, *del codice di procedura penale*».

Il testo antecedente alla modifica del 2008 disponeva: «*I termini di cui ai commi che precedono sono raddoppiati per i reati di cui agli articoli 449 e 589, secondo e terzo comma, nonché per i reati di cui all'articolo 51, commi 3*-bis *e 3*-quater, *del codice di procedura penale*».

Norme connesse:

A. Art. 83[4], d.l. 17.3.2020, n. 18, conv., con modif., con l. 24.4.2020, n. 27 (in *Normativa complementare*, voce *COVID-19*): «*Nei proce-*

dimenti penali in cui opera la sospensione dei termini ai sensi del comma 2 sono altresì sospesi, per lo stesso periodo, il corso della prescrizione e i termini di cui agli articoli 303 e 308 del codice di procedura penale».

158. Decorrenza del termine della prescrizione.

Il termine della prescrizione decorre, per il reato consumato, dal giorno della consumazione [557]; per il reato tentato, dal giorno in cui è cessata l'attività del colpevole [56]; per il reato permanente o continuato, dal giorno in cui è cessata la permanenza o la continuazione [(1)].

Quando la legge fa dipendere la punibilità del reato dal verificarsi di una condizione [44], il termine della prescrizione decorre dal giorno in cui la condizione si è verificata. Nondimeno, nei reati punibili a querela [120], istanza [130] o richiesta [127; c.p.p. 342], il termine della prescrizione decorre dal giorno del commesso reato.

Per i reati previsti dall'articolo 392, comma 1-*bis*, del codice di procedura penale, se commessi nei confronti di minore, il termine della prescrizione decorre dal compimento del diciottesimo anno di età della persona offesa, salvo che l'azione penale sia stata esercitata precedentemente. In quest'ultimo caso il termine di prescrizione decorre dall'acquisizione della notizia di reato [(2)].

Riferimenti storici:

Art. 92 Codice Zanardelli (in *Normativa storica*).

Evoluzione normativa:

(1) Comma modificato dall'art. 6, co. 2, l. 5.12.2005, n. 251 e, poi, così sostituito dall'art. 1, co. 1, lett. d), l. 9.1.2019, n. 3, a decorrere dal 1.1.2020. Il testo antecedente alla sostituzione del 2009 così disponeva: «*Il termine della prescrizione decorre, per il reato consumato, dal giorno della consumazione; per il reato tentato, dal giorno in cui è cessata l'attività del colpevole; per il reato permanente, dal giorno in cui è cessata la permanenza*». Il testo antecedente alla sostituzione del 2005 così disponeva: «*Il termine della prescrizione decorre, per il reato consumato, dal giorno della consumazione; per il reato tentato, dal giorno in cui è cessata l'attività del colpevole; per il reato permanente o continuato, dal giorno in cui è cessata la permanenza o la continuazione*».

(2) Comma introdotto dall'art. 1, co. 10, l. 23.6.2017, n. 103, a decorrere dal 3.8.2017 (art. 1, co. 95, l. n. 103/2017); il co. 15, art. 1, l. n. 103/2017 ha previsto che «*Le disposizioni di cui ai commi da 10 a 14 si applicano ai fatti commessi dopo la data di entrata in vigore della presente legge*».

Norme connesse:

A. Art. 16, l. 22.5.1975, n. 152 (in *Normativa complementare*, voce *Ordine pubblico e sicurezza pubblica*).

B. Art. 10, commi primo e secondo, l. 5.12.2005, n. 251: «*2. Ferme restando le disposizioni dell'articolo 2 del codice penale quanto alle altre norme della presente legge, le disposizioni dell'articolo 6 non si applicano ai procedimenti e ai processi in corso se i nuovi termini di prescrizione risultano più lunghi di quelli previgenti. 3. Se, per effetto delle nuove disposizioni, i termini di prescrizione risultano più brevi, le stesse si applicano ai procedimenti e ai processi pendenti alla data di entrata in vigore della presente legge, ad esclusione dei processi già pendenti in primo grado ove vi sia stata la dichiarazione di apertura del dibattimento, nonché dei processi già pendenti in grado di appello o avanti alla Corte di cassazione*». La Corte costituzionale, con sentenza 23 novembre 2006, n. 393, aveva dichiarato l'illegittimità costituzionale del comma 3 di questo articolo limitatamente alle parole "*dei processi già pendenti in primo grado ove vi sia stata la dichiarazione di apertura del dibattimento, nonché*"».

159. Sospensione del corso della prescrizione [(1)].

Il corso della prescrizione rimane sospeso in ogni caso in cui la sospensione del procedimento o del processo penale o dei termini di custodia cautelare è imposta da una particolare disposizione di legge, oltre che nei casi di:

1) autorizzazione a procedere, dalla data del provvedimento con cui il pubblico ministero presenta la richiesta sino al giorno in cui l'autorità competente la accoglie [313; c.p.p. 343, 344] [(2)];
2) deferimento della questione ad altro giudizio, sino al giorno in cui viene decisa la questione [c.p.p. 3, 479] [(3)];
3) sospensione del procedimento o del processo penale per ragioni di impedimento delle parti e dei difensori ovvero su richiesta dell'imputato o del suo difensore. In caso di sospensione del processo per impedimento delle parti o dei difensori, l'udienza non può essere differita oltre il sessantesimo giorno successivo alla prevedibile cessazione dell'impedimento, dovendosi avere riguardo in caso contrario al tempo dell'impedimento aumentato di sessanta giorni. Sono fatte salve le facoltà previste dall'articolo 71, commi 1 e 5, del codice di procedura penale;

3-*bis*) pronuncia della sentenza di cui all'articolo 420-*quater* del codice di procedura penale [(4)(5)];

3-*ter*) rogatorie all'estero, dalla data del provvedimento che dispone una rogatoria sino al giorno in cui l'autorità richiedente riceve la documentazione richiesta, o comunque decorsi sei mesi dal provvedimento che dispone la rogatoria [(6)].

[Il corso della prescrizione rimane altresì sospeso dalla pronunzia della sentenza di primo grado o del decreto di condanna fino alla data di esecutività della sentenza che definisce il giudizio o dell'irrevocabilità del decreto di condanna [(7)].] [(8)]

[I periodi di sospensione di cui al secondo comma sono computati ai fini della determinazione del tempo necessario a prescrivere dopo che la sentenza del grado successivo ha prosciolto l'imputato ovvero ha annullato la sentenza di condanna nella parte relativa all'accertamento della responsabilità o ne ha dichiarato la nullità ai sensi dell'articolo 604, commi 1, 4 e 5-*bis*, del codice di procedura penale [(9)].] [(10)]

[Se durante i termini di sospensione di cui al secondo comma si verifica un'ulteriore causa di sospensione di cui al primo comma, i termini sono prolungati per il periodo corrispondente [(9)].] [(10)]

[Nel caso di autorizzazione a procedere, la sospensione del corso della prescrizione si verifica dal momento in cui il pubblico ministero presenta la richiesta e il corso della prescrizione riprende dal giorno in cui l'autorità competente accoglie la richiesta. [(11)]].

La prescrizione riprende il suo corso dal giorno in cui è cessata la causa della sospensione [161].

[Nel caso di sospensione del procedimento ai sensi dell'articolo 420-*quater* del codice di procedura penale, la durata della sospensione della prescrizione del reato non può superare i termini previsti dal secondo comma dell'articolo 161 del presente codice (12)]. (13)

Quando è pronunciata la sentenza di cui all'articolo 420-*quater* del codice di procedura penale il corso della prescrizione rimane sospeso sino al momento in cui è rintracciata la persona nei cui confronti è stata pronunciata, ma in ogni caso non può essere superato il doppio dei termini di prescrizione di cui all'articolo 157 (14).

Evoluzione normativa:

(1) Articolo così sostituito dall'art. 6, l. 5.12.2005, n. 251. L'art. 10 della stessa legge così dispone:
Il testo antecedente alla sostituzione del 2005 – nel quale l'art. 1, l. 5.10.1991, n. 320 aveva aggiunto un comma dopo il primo e un periodo nell'ultimo e l'art. 15, l. 8.8.1995, n. 332 aveva inserito nel primo comma le parole «*o dei termini di custodia cautelare*» – così disponeva: «*Il corso della prescrizione rimane sospeso nei casi di autorizzazione a procedere o di questione deferita ad altro giudizio, e in ogni caso in cui la sospensione del procedimento penale o dei termini di custodia cautelare è imposta da una particolare disposizione di legge. La sospensione del corso della prescrizione, nei casi di autorizzazione a procedere di cui al primo comma, si verifica dal momento in cui il pubblico ministero effettua la relativa richiesta. La prescrizione riprende il suo corso dal giorno in cui è cessata la causa della sospensione. In caso di autorizzazione a procedere, il corso della prescrizione riprende dal giorno in cui l'autorità competente accoglie la richiesta*».

(2) Il testo previgente così disponeva: «*1) autorizzazione a procedere;*».

(3) Numero così sostituito dall'art. 1, co. 11, lett. a), n. 1), l. 23.6.2017, n. 103, a decorrere dal 3.8.2017, secondo quanto disposto dall'art. 1, co. 95 della l. n. 103/2017; il co. 15 dell'art. 1, l. n. 103/2017 ha previsto che «*Le disposizioni di cui ai commi da 10 a 14 si applicano ai fatti commessi dopo la data di entrata in vigore della presente legge*». *Il testo precedente così disponeva: «2) deferimento della questione ad altro giudizio;»*.

(4) Numero introdotto dall'art. 12, co. 1, l. 28.4.2014, n. 67 e così sostituito dall'art. 1, co. 1, lett. i), n. 1), d.lgs. 10.10.2022, n. 150, a decorrere dal 30.12.2022. I commi 4 e 5 dell'art. 89 dello stesso d.lgs. n. 150/2022 così dispongono:
«*4. Nei procedimenti indicati al comma 1, continua ad applicarsi la disposizione dell'articolo 159, primo comma, numero 3-*bis*), del codice penale nel testo vigente prima della data di entrata in vigore del presente decreto legislativo.*
5. Nei procedimenti di cui ai commi 1 e 2 che hanno ad oggetto reati commessi dopo il 18 ottobre 2021, nel caso di sospensione del corso della prescrizione ai sensi dell'articolo 159, primo comma, numero 3-bis, del codice penale, si applica la disposizione dell'ultimo comma di detto articolo, come modificata dal presente decreto legislativo.».
Il testo previgente così disponeva: «*3-bis) sospensione del procedimento penale ai sensi dell'articolo 420-*quater *del codice di procedura penale;*».

(5) La Corte costituzionale, con sent. 14.1.2015, n. 45, ha dichiarato l'illegittimità costituzionale di questo comma, nella parte in cui, ove lo stato mentale dell'imputato sia tale da impedirne la cosciente partecipazione al procedimento e questo venga sospeso, non esclude la sospensione della prescrizione quando è accertato che tale stato è irreversibile.

(6) Numero introdotto dall'art. 1, co. 11, lett. a), n. 2), l. 23.6.2017, n. 103, a decorrere dal 3.8.2017 (art. 1, co. 95, l. n. 103/2017); il co. 15 dell'art. 1, l. n. 103/2017 ha previsto che «*Le disposizioni di cui ai commi da 10 a 14 si applicano ai fatti commessi dopo la data di entrata in vigore della presente legge*».

(7) Comma introdotto dall'art. 1, co. 11, lett. b), l. 23.6.2017, n. 103, a decorrere dal 3.8.2017 (art. 1, co. 95, l. n. 103/2017); il co. 15 dell'art. 1, l. n. 103/2017 ha previsto che «*Le disposizioni di cui ai commi da 10 a 14 si applicano ai fatti commessi dopo la data di entrata in vigore della presente legge*». Questo comma, poi, è stato così sostituito dall'art. 1, co. 1, lett. e), n. 1), l. 9.1.2019, n. 3, a decorrere dal 1.1.2020 (art. 1, co. 2, l. n. 3/2019). Il testo antecedente alla sostituzione del 2019 così disponeva: «*Il corso della prescrizione rimane altresì sospeso nei seguenti casi:*
1) dal termine previsto dall'articolo 544 del codice di procedura penale per il deposito della motivazione della sentenza di condanna di primo grado, anche se emessa in sede di rinvio, sino alla pronuncia del dispositivo della sentenza che definisce il grado successivo di giudizio, per un tempo comunque non superiore a un anno e sei mesi;
2) dal termine previsto dall'articolo 544 del codice di procedura penale per il deposito della motivazione della sentenza di condanna di secondo grado, anche se emessa in sede di rinvio, sino alla pronuncia del dispositivo della sentenza definitiva, per un tempo comunque non superiore a un anno e sei mesi».

(8) Comma abrogato dall'art. 2, co. 1, lett. a), l. 27.9.2021, n. 134, a decorrere dal 19.10.2021.

(9) Comma introdotto dall'art. 1, co. 11, lett. b), l. 23.6.2017 n. 103, a decorrere dal 3.8.2017 (art. 1, co. 95, l. n. 103/2017); il co. 15 dell'art. 1, l. n. 103/2017 ha previsto che «*Le disposizioni di cui ai commi da 10 a 14 si applicano ai fatti commessi dopo la data di entrata in vigore della presente legge*».

(10) Comma abrogato dall'art. 1, co. 1, lett. e), n. 2), l. 9.1.2019, n. 3, a decorrere dal 1.1.2020 (art. 1, co. 2, l. n. 3/2019).

(11) Comma abrogato dall'art. 1, co. 11, lett. c), l. 23.6.2017 n. 103, a decorrere dal 3.8.2017 (art. 1, co. 95 l. n. 103/2017).

(12) Comma introdotto dall'art. 12, co. 2, l. 28.4.2014, n. 67.

(13) Comma abrogato dall'art. 2, co. 1, lett. a), l. 27.9.2021, n. 134, a decorrere dal 19.10.2021.

(14) Comma introdotto dall'art. 1, co. 1, lett. i), n.2), d.lgs. 10.10.2022, n. 150, a decorrere dal 30.12.2022.

Norme connesse:

A. Art. 23, l. 11.3.1953, n. 87 (in *Normativa complementare*, voce *Corte Costituzionale*).

B. Art. 16, l. 22.5.1975, n. 152 (in *Normativa complementare*, voce *Ordine pubblico e sicurezza pubblica*).

C. Art. 1, l. 20.6.2003, n. 140 (in *Normativa complementare* voce *Immunità parlamentare*).

D. Art. 10, co. 1 e 2, l. 5.12.2005, n. 251: «*2. Ferme restando le disposizioni dell'articolo 2 del codice penale quanto alle altre norme della presente legge, le disposizioni dell'articolo 6 non si applicano ai procedimenti e ai processi in corso se i nuovi termini di prescrizione risultano più lunghi di quelli previgenti. 3. Se, per effetto delle nuove disposizioni, i termini di prescrizione risultano più brevi, le stesse si applicano ai procedimenti e ai processi pendenti alla data di entrata in vigore della presente legge, ad esclusione dei processi già pendenti in primo grado ove vi sia stata la dichiarazione di apertura del dibattimento, nonché dei processi già pendenti in grado di appello o avanti alla Corte di cassazione*». *La Corte costituzionale, con sent. 23 novembre 2006, n. 393, aveva dichiarato l'illegittimità costituzionale del comma 3 di questo articolo limitatamente alle parole "dei processi già pendenti in primo grado ove vi sia stata la dichiarazione di apertura del dibattimento, nonché"*».

E. Art. 83, primo comma, d.l. 17.3.2020, n. 18, conv., con modif., con l. 24.4.2020, n. 27 (c.d. decreto Cura Italia): «*[d]al 9 marzo 2020 al 15 aprile 2020 le udienze dei procedimenti civili e penali pendenti presso tutti gli uffici giudiziari sono rinviate d'ufficio a data successiva al 15 aprile 2020*». Il co. 2, art. 83, poi, prevede che, per lo stesso periodo compreso tra il 9 marzo e il 15 aprile 2020, «*è sospeso il decorso dei termini per il compimento di qualsiasi atto dei procedimenti civili e penali*». Il termine del 15 aprile 2020, di cui ai co. 1 e 2, art. 83, è stato prorogato all'11.5.2020 dall'art. 36, co. 1, d.l. 8 aprile 2020, n. 23, conv. con l. 5 giugno 2020, n. 40. L'art. 83, co. 4, d.l. n. 18/2020 precisa che «*[n]ei procedimenti penali in cui opera la sospensione dei termini ai sensi del comma 2 sono altresì sospesi, per lo stesso periodo, il corso della prescrizione e i termini di cui agli articoli 303 e 308 del codice di procedura penale*».

160. Interruzione del corso della prescrizione

[Il corso della prescrizione è interrotto dalla sentenza di condanna [c.p.p. 533] o dal decreto di condanna [c.p.p. 459, 565] (1).]

Interrompono la prescrizione l'ordinanza che applica le misure cautelari personali e quella di convalida del fermo o dell'arresto, l'interrogatorio reso davanti al pubblico ministero o alla polizia giudiziaria, su delega del pubblico ministero, o al giudice, l'invito a presentarsi al pubblico ministero per rendere l'interrogatorio, il provvedimento del giudice di fissazione dell'udienza in camera di consiglio per la decisione sulla richiesta di archiviazione, la richiesta di rinvio a giudizio, il decreto di fissazione della udienza preliminare, l'ordinanza che dispone il giudizio abbreviato, il decreto di fissazione della udienza per la decisione sulla richiesta di applicazione della pena, la presentazione o la citazione per il giudizio direttissimo, il decreto che dispone il giudizio immediato, il decreto che dispone il giudizio, il decreto di citazione a giudizio e il decreto di condanna [(2)].

La prescrizione interrotta comincia nuovamente a decorrere dal giorno della interruzione. Se più sono gli atti interruttivi, la prescrizione decorre dall'ultimo di essi; ma in nessun caso i termini stabiliti nell'articolo 157 possono essere prolungati oltre i termini di cui all'articolo 161, secondo comma, fatta eccezione per i reati di cui all'articolo 51, commi 3-*bis* e 3-*quater*, del codice di procedura penale [disp. att. c.p. 41] [(3)].

Riferimenti storici:

Art. 93 Codice Zanardelli (in *Normativa storica*).

Evoluzione normativa:

(1) Comma abrogato dall'art. 1, co. 1, lett. f), n. 1), l. 9.1.2019, n. 3, a decorrere dal 1.1.2020 (art. 1, co. 2, l. n. 3/2019).

(2) Comma sostituito dall'art. 239, d.lgs. 28.7.1989, n. 271, di attuazione e coordinamento del codice di procedura penale e modificato dall'art. 1, co. 12, l. 23.6.2017, n. 103, a decorrere dal 3.8.2017. Da ultimo, questo comma è stato così modificato dall'art. 2, co. 1, lett. b), l. 27.9.2021, n. 134, a decorrere dal 19.10.2021.

Il testo antecedente alla modifica disposta con l. n. 134/2021 così disponeva: «*Interrompono la prescrizione l'ordinanza che applica le misure cautelari personali e quella di convalida del fermo o dell'arresto, l'interrogatorio reso davanti al pubblico ministero o alla polizia giudiziaria, su delega del pubblico ministero, o al giudice, l'invito a presentarsi al pubblico ministero per rendere l'interrogatorio, il provvedimento del giudice di fissazione dell'udienza in camera di consiglio per la decisione sulla richiesta di archiviazione, la richiesta di rinvio a giudizio, il decreto di fissazione della udienza preliminare, l'ordinanza che dispone il giudizio abbreviato, il decreto di fissazione della udienza per la decisione sulla richiesta di applicazione della pena, la presentazione o la citazione per il giudizio direttissimo, il decreto che dispone il giudizio immediato, il decreto che dispone il giudizio e il decreto di citazione a giudizio.*».

Il testo antecedente alla modifica del 2019 così disponeva: «*Interrompono pure la prescrizione l'ordinanza che applica le misure cautelari personali e quella di convalida del fermo o dell'arresto, l'interrogatorio reso davanti al pubblico ministero o alla polizia giudiziaria, su delega del pubblico ministero, o al giudice, l'invito a presentarsi al pubblico ministero per rendere l'interrogatorio, il provvedimento del giudice di fissazione dell'udienza in camera di consiglio per la decisione sulla richiesta di archiviazione, la richiesta di rinvio a giudizio, il decreto di fissazione della udienza preliminare, l'ordinanza che dispone il giudizio abbreviato, il decreto di fissazione della udienza per la decisione sulla richiesta di applicazione della pena, la presentazione o la citazione per il giudizio direttissimo, il decreto che dispone il giudizio immediato, il decreto che dispone il giudizio e il decreto di citazione a giudizio*». Il testo precedente alla modifica del 2017 così disponeva: «*Interrompono pure la prescrizione l'ordinanza che applica le misure cautelari personali e quella di convalida del fermo o dell'arresto, l'interrogatorio reso davanti al pubblico ministero o al giudice, l'invito a presentarsi al pubblico ministero per rendere l'interrogatorio, il provvedimento del giudice di fissazione dell'udienza in camera di consiglio per la decisione sulla richiesta di archiviazione, la richiesta di rinvio a giudizio, il decreto di fissazione della udienza preliminare, l'ordinanza che dispone il giudizio abbreviato, il decreto di fissazione della udienza per la decisione sulla richiesta di applicazione della pena, la presentazione o la citazione per il giudizio direttissimo, il decreto che dispone il giudizio immediato, il decreto che dispone il giudizio e il decreto di citazione a giudizio*».

(3) Comma così modificato dal co. 4, art. 6, l. 5.12.2005, n. 251.

Norme connesse:

A. Art. 23, l. 11.3.1953, n. 87 (in *Normativa complementare*, voce *Corte Costituzionale*).

B. Art. 16, l. 22.5.1975, n. 152 (in *Normativa complementare*, voce *Ordine pubblico e sicurezza pubblica*).

C. Art. 61, d.lgs. 28.8.2000, n. 274 (in *Normativa complementare*, voce *Giudice di pace*).

D. Art. 100, d.P.R. 16.5.1960, n. 570 (in *Normativa complementare*, voce *Finanziamento illecito ai partiti e reati elettorali*).

E. Art. 10, co. 1 e 2, l. 5.12.2005, n. 251: «*2. Ferme restando le disposizioni dell'articolo 2 del codice penale quanto alle altre norme della presente legge, le disposizioni dell'articolo 6 non si applicano ai procedimenti e ai processi in corso se i nuovi termini di prescrizione risultano più lunghi di quelli previgenti. 3. Se, per effetto delle nuove disposizioni, i termini di prescrizione risultano più brevi, le stesse si applicano ai procedimenti e ai processi pendenti alla data di entrata in vigore della presente legge, ad esclusione dei processi già pendenti in primo grado ove vi sia stata la dichiarazione di apertura del dibattimento, nonché dei processi già pendenti in grado di appello o avanti alla Corte di cassazione*». La Corte costituzionale, con sent. 23.11.2006, n. 393, aveva dichiarato l'illegittimità costituzionale del co. 3 di questo articolo limitatamente alle parole «*dei processi già pendenti in primo grado ove vi sia stata la dichiarazione di apertura del dibattimento, nonché*».

161. Effetti della sospensione e della interruzione.

L'interruzione [160] della prescrizione ha effetto per tutti coloro che hanno commesso il reato. La sospensione [159] della prescrizione ha effetto limitatamente agli imputati nei cui confronti si sta procedendo [(1)].

Salvo che si proceda per i reati di cui all'articolo 51, commi 3-*bis* e 3-*quater*, del codice di procedura penale, in nessun caso l'interruzione della prescrizione può comportare l'aumento di più di un quarto del tempo necessario a prescrivere, della metà per i reati di cui agli articoli 318, 319, 319-*ter*, 319-*quater*, 320, 321, 322-*bis*, limitatamente ai delitti richiamati dal presente comma, e 640-*bis*, nonché nei casi di cui all'articolo 99, secondo comma, di due terzi nel caso di cui all'articolo 99, quarto comma, e del doppio nei casi di cui agli articoli 102, 103 e 105 [(2)].

Evoluzione normativa:

(1) Comma così sostituito dall'art. 1, co. 13, l. 23.6.2017, n. 103, a decorrere dal 3.8.2017, secondo quanto disposto dall'art. 1, co. 95 della l. n. 103/2017; il co. 15, art. 1, l. n. 103/2017 ha previsto che «*Le disposizioni di cui ai commi da 10 a 14 si applicano ai fatti commessi dopo la data di entrata in vigore della presente legge*». Il testo precedente così disponeva: «*La sospensione e l'interruzione della prescrizione hanno effetto per tutti coloro che hanno commesso il reato*».

(2) Comma sostituito dal co. 5, art. 6, l. 5.12.2005, n. 251 e, poi, così modificato dall'art. 1, co. 14, l. 23.6.2017, n. 103, a decorrere dal 3.8.2017 (art. 1, co. 95, l. n. 103/2017).

Il testo di questo comma antecedente alle modifiche del 2017 era il seguente: «*Salvo che si proceda per i reati di cui all'articolo 51, commi* 3-bis *e* 3-quater, *del codice di procedura penale, in nessun caso l'interruzione della prescrizione può comportare l'aumento di più di un quarto del tempo necessario a prescrivere, della metà nei casi di cui all'articolo 99, secondo comma, di due terzi nel caso di cui all'articolo 99, quarto comma, e del doppio nei casi di cui agli articoli 102, 103 e 105*». Il testo precedente alla modifica del 2005 così disponeva: «*Quando per più reati connessi si procede congiuntamente, la sospensione o la interruzione della prescrizione per taluno di essi ha effetto anche per gli altri*».

Norme connesse:

A. Art. 10, co. 1 e 2, l. 5.12.2005, n. 251: «*2. Ferme restando le disposizioni dell'articolo 2 del codice penale quanto alle altre norme della presente legge, le disposizioni dell'articolo 6 non si applicano ai procedimenti e ai processi in corso se i nuovi termini di prescrizione risultano più lunghi di quelli previgenti. 3. Se, per effetto delle nuove disposizioni, i termini di prescrizione risultano più brevi, le stesse si applicano ai procedimenti e ai processi pendenti alla data di entrata in vigore della presente legge, ad esclusione dei processi già pendenti in primo grado ove vi sia stata la dichiarazione di apertura del dibattimento, nonché dei processi già pendenti in grado di appello o avanti alla Corte di cassazione*». La Corte costituzionale, con sent. 23.11.2006, n. 393, aveva dichiarato l'illegittimità costituzionale del co. 3 di questo articolo limitatamente alle parole «*dei processi già pendenti in primo grado ove vi sia stata la dichiarazione di apertura del dibattimento, nonché*».

Art. 161 bis. Cessazione del corso della prescrizione [(1)].

Il corso della prescrizione del reato cessa definitivamente con la pronunzia della sentenza di primo grado. Nondimeno, nel caso di annullamento che comporti la regressione del procedimento al primo grado o a una fase anteriore, la prescrizione riprende il suo corso dalla data della pronunzia definitiva di annullamento.

Evoluzione normativa:

(1) Articolo introdotto dall'art. 2, co. 1, lett. c), l. 27.9.2021, n. 134, a decorrere dal 19.10.2021.

162. Oblazione nelle contravvenzioni [(1)].

Nelle contravvenzioni [39], per le quali la legge stabilisce la sola pena dell'ammenda, il contravventore è ammesso a pagare, prima dell'apertura del dibattimento [c.p.p. 492], ovvero prima del decreto di condanna [c.p.p. 459, 565], una somma corrispondente alla terza parte del massimo della pena stabilita dalla legge per la contravvenzione commessa, oltre le spese del procedimento.

Il pagamento estingue il reato [disp. att. c.p.p. 141].

Evoluzione normativa:

(1) Articolo così sostituito dall'art. 7, d.lgs.lt. 5.10.1945, n. 679.

Norme connesse:

A. Art. 110, l. 17.7.1942, n. 907, sul monopolio di sali e tabacchi (in *Normativa complementare*, voce *Contrabbando e tabacchi*).

B. Art. 10, l. 3.1.1951, n. 27, sul monopolio di sali e tabacchi: «*Competenza dell'Intendente di finanza. Per i reati previsti dalla L. 17 luglio 1942, n. 907, e dalle altre leggi relative a generi di monopolio ed a generi a questi assimilati, e non punibili con pene detentive, il denunciato può chiedere all'Intendente di finanza competente per territorio che il contesto venga definito mediante il pagamento, oltreché del diritto di monopolio, se dovuto di una somma che l'Intendente stesso stabilirà entro i limiti massimo e minimo della pena, tenuto conto della gravità del reato, desunta a norma del Codice penale. Il pagamento della somma anzidetta e del diritto di monopolio eventualmente dovuto estingue il reato, ma non dispensa dall'applicazione della confisca, la quale è disposta dallo stesso Intendente. Le disposizioni di questo articolo sono stabilite in deroga agli artt. 21, n. 2, e 46 della L. 7 gennaio 1929, n. 4*».

C. Art. 334, d.P.R. 23.1.1973, n. 43 (in *Normativa complementare*, voce *Contrabbando e tabacchi*).

D. Artt. 13, 14 e 46, l. 7.1.1929, n. 4 (in *Normativa complementare*, voce *Economia (diritto penale della)*, *Finanza*).

E. Art. 16 e l. 24.11.1981, n. 689 (in *Normativa complementare*, voce *Depenalizzazione*).

F. Art. 464 c.p.p. e art. 141 norme di attuazione c.p.p.

162 bis. Oblazione nelle contravvenzioni punite con pene alternative [(1)].

Nelle contravvenzioni per le quali la legge stabilisce la pena alternativa dell'arresto o dell'ammenda, il contravventore può essere ammesso a pagare, prima dell'apertura del dibattimento [c.p.p. 492], ovvero prima del decreto di condanna [c.p.p. 459, 565], una somma corrispondente alla metà del massimo dell'ammenda stabilita dalla legge per la contravvenzione commessa, oltre le spese del procedimento.

Con la domanda di oblazione il contravventore deve depositare la somma corrispondente alla metà del massimo dell'ammenda.

L'oblazione non è ammessa quando ricorrono i casi previsti dal terzo capoverso dell'articolo 99, dall'articolo 104 o dall'articolo 105, né quando permangono conseguenze dannose o pericolose del reato eliminabili da parte del contravventore.

In ogni altro caso il giudice può respingere con ordinanza la domanda di oblazione, avuto riguardo alla gravità del fatto.

La domanda può essere riproposta sino all'inizio della discussione finale del dibattimento di primo grado [c.p.p. 523].

Il pagamento delle somme indicate nella prima parte del presente articolo estingue il reato.

[In caso di modifica dell'originaria imputazione, qualora per questa non fosse possibile l'oblazione, l'imputato è rimesso in termini per chiedere la medesima, sempre che sia consentita [(2)].]

Evoluzione normativa:

(1) Articolo introdotto dall'art. 126, l. 24.11.1981, n. 689.

(2) Comma introdotto dall'art. 9, l. 16.12.1999, n. 479 e poi abrogato dall'art. 2 quaterdecies, d.l. 7.4.2000, n. 82, nel testo integrato dalla relativa legge di conversione 5.6.2000, n. 144.

162 ter. Estinzione del reato per condotte riparatorie [(1)].

Nei casi di procedibilità a querela soggetta a remissione, il giudice dichiara estinto il reato, sentite le parti e la persona offesa, quando l'imputato ha riparato interamente, entro il termine massimo della dichiarazione di apertura del dibattimento di primo grado, il danno cagionato dal reato, mediante le restituzioni o il risarcimento, e ha eliminato, ove possibile, le conseguenze dannose o pericolose del reato. Il risarcimento del danno può essere riconosciuto anche in seguito ad offerta reale ai sensi degli articoli 1208 e seguenti del codice civile, formulata dall'imputato e non accettata dalla persona offesa, ove il giudice riconosca la congruità della somma offerta a tale titolo.

Quando dimostra di non aver potuto adempiere, per fatto a lui non addebitabile, entro il termine di cui al primo comma, l'imputato può chiedere al giudice la fissazione di un ulteriore termine, non superiore a sei mesi, per provvedere al pagamento, anche in forma rateale, di quanto dovuto a titolo di risarcimento; in tal caso il giudice, se accoglie la richiesta, ordina la sospensione del processo e fissa la successiva udienza alla scadenza del termine stabilito e comunque non oltre novanta giorni dalla predetta scadenza, imponendo specifiche prescrizioni. Durante la sospensione del processo, il corso della prescrizione resta sospeso. Si applica l'articolo 240, secondo comma.

Il giudice dichiara l'estinzione del reato, di cui al primo comma, all'esito positivo delle condotte riparatorie.

Le disposizioni del presente articolo non si applicano nei casi di cui all'articolo 612-*bis* (2).

Evoluzione normativa:

(1) Articolo introdotto dall'art. 1, co. 1, l. 23.6.2017, n. 103, a decorrere dal 3.8.2017 (art. 1, co. 95, l. n. 103/2017); l'art. 1, co. 2, l. n. 103/2017 dispone: «*Le disposizioni dell'articolo 162-*ter *del codice penale, introdotto dal comma 1, si applicano anche ai processi in corso alla data di entrata in vigore della presente legge e il giudice dichiara l'estinzione anche quando le condotte riparatorie siano state compiute oltre il termine della dichiarazione di apertura del dibattimento di primo grado*».

(2) Comma introdotto dall'art. 1, co. 2, l. 4.12.2017, n. 172, a decorrere dal 6.12.2017.

163. Sospensione condizionale della pena (1).

Nel pronunciare sentenza di condanna alla reclusione o all'arresto per un tempo non superiore a due anni, ovvero a pena pecuniaria che, sola o congiunta alla pena detentiva e ragguagliata a norma dell'articolo 135, sia equivalente ad una pena privativa della libertà personale per un tempo non superiore, nel complesso, a due anni, il giudice può ordinare che l'esecuzione della pena rimanga sospesa per il termine di cinque anni se la condanna è per delitto e di due anni se la condanna è per contravvenzione. In caso di sentenza di condanna a pena pecuniaria congiunta a pena detentiva non superiore a due anni, quando la pena nel complesso, ragguagliata a norma dell'articolo 135, sia superiore a due anni, il giudice può ordinare che l'esecuzione della pena detentiva rimanga sospesa (2).

Se il reato è stato commesso da un minore degli anni diciotto (3), la sospensione può essere ordinata quando si infligga una pena restrittiva della libertà personale non superiore a tre anni, ovvero una pena pecuniaria che, sola o congiunta alla pena detentiva e ragguagliata a norma dell'articolo 135, sia equivalente ad una pena privativa della libertà personale per un tempo non superiore, nel complesso, a tre anni. In caso di sentenza di condanna a pena pecuniaria congiunta a pena detentiva non superiore a tre anni, quando la pena nel complesso, ragguagliata a norma dell'articolo 135, sia superiore a tre anni, il giudice può ordinare che l'esecuzione della pena detentiva rimanga sospesa (2).

Se il reato è stato commesso da persona di età superiore agli anni diciotto ma inferiore agli anni ventuno o da chi ha compiuto gli anni settanta, la sospensione può essere ordinata quando si infligga una pena restrittiva della libertà personale non superiore a due anni e sei mesi ovvero una pena pecuniaria che, sola o congiunta alla pena detentiva e ragguagliata a norma dell'articolo 135, sia equivalente ad una pena privativa della libertà personale per un tempo non superiore, nel complesso, a due anni e sei mesi. In caso di sentenza di condanna a pena pecuniaria congiunta a pena detentiva non superiore a due anni e sei mesi, quando la pena nel complesso, ragguagliata a norma dell'articolo 135, sia superiore a due anni e sei mesi, il giudice può ordinare che l'esecuzione della pena detentiva rimanga sospesa (2).

Qualora la pena inflitta non sia superiore ad un anno e sia stato riparato interamente il danno, prima che sia stata pronunciata la sentenza di primo grado, mediante il risarcimento di esso e, quando sia possibile, mediante le restituzioni, nonché qualora il colpevole, entro lo stesso termine e fuori del caso previsto nel quarto comma dell'articolo 56, si sia adoperato spontaneamente ed efficacemente per elidere o attenuare le conseguenze dannose o pericolose del reato da lui eliminabili nonché qualora il colpevole, entro lo stesso termine, abbia partecipato a un programma di giustizia riparativa concluso con un esito riparativo, il giudice può ordinare che l'esecuzione della pena, determinata nel caso di pena pecuniaria ragguagliandola a norma dell'articolo 135, rimanga sospesa per il termine di un anno (3).

Evoluzione normativa:

(1) Articolo così sostituito prima dall'art. 11, d.l. 11.4.1974, n. 99, conv., con modif., con l. 7.6.1974, n. 220, e poi dall'art. 104, l. 24.11.1981, n. 689.
La Corte costituzionale, con sent. 21.4.1976, n. 97, ha dichiarato l'illegittimità dell'art. 164, ultimo comma, c.p. nella parte in cui non consente la concessione della sospensione condizionale della pena a chi ha già riportato una precedente condanna a pena detentiva per delitto non sospesa, qualora la pena da infliggere cumulata con quella irrogata con la condanna precedente non superi i limiti stabiliti dall'art. 163 c.p. Le disposizioni di questo articolo, relative alla sospensione condizionale della pena, non si applicano alle pene sostitutive previste dal Capo III, della l. 24 novembre 1981, n. 689, secondo quanto disposto dall'art 61-bis della l. n. 689/1981, inserito dall'art. 71, co. 1, lett. i), del suddetto d.lgs. n. 150/2022.

(2) Periodo introdotto dall'art. 1, l. 11.6.2004, n. 145, entrata in vigore il giorno successivo a quello della sua pubblicazione.

(3) Comma introdotto dall'art. 1, l. 11.6.2004, n. 145, entrata in vigore il giorno successivo a quello della sua pubblicazione. Questo comma è stato da ultimo così modificato dall'art. 1, co. 1, lett. l), d.lgs. 10.10.2022, n. 150, a decorrere dal 30.12.2022.
Il testo previgente così disponeva: «Qualora la pena inflitta non sia superiore ad un anno e sia stato riparato interamente il danno, prima che sia stata pronunciata la sentenza di primo grado, mediante il risarcimento di esso e, quando sia possibile, mediante le restituzioni, nonché qualora il colpevole, entro lo stesso termine e fuori del caso previsto nel quarto comma dell'articolo 56, si sia adoperato spontaneamente ed efficacemente per elidere o attenuare le conseguenze dannose o pericolose del reato da lui eliminabili, il giudice può ordinare che l'esecuzione della pena, determinata nel caso di pena pecuniaria ragguagliandola a norma dell'articolo 135, rimanga sospesa per il termine di un anno.».

Norme connesse:

A. Art. 60, d.lgs. 28.8.2000, n. 274 (entrato in vigore dal 2.1.200), che esclude l'applicazione degli artt. 163 ss. c.p. alle pene irrogate dal giudice di pace (in *Normativa complementare*, voce *Giudice di pace*).

B. Artt. 16, 102, 103, 107, l. 24.11.1981, n. 689 (in *Normativa complementare*, voce *Depenalizzazione*).

164. Limiti entro i quali è ammessa la sospensione condizionale della pena (1).

La sospensione condizionale della pena [163] è ammessa soltanto se, avuto riguardo alle circostanze indicate nell'articolo 133, il giudice presume che il colpevole si asterrà dal commettere ulteriori reati.

La sospensione condizionale della pena non può essere conceduta:

1. a chi ha riportato una precedente condanna a pena detentiva per delitto, anche se è intervenuta la riabilitazione [178, 179, 180, 181], né al delinquente o contravventore abituale [102, 103, 104] o professionale [105];
2. allorché alla pena inflitta deve essere aggiunta una misura di sicurezza personale [199] perché il reo è persona che la legge presume socialmente pericolosa [203].

La sospensione condizionale della pena rende inapplicabili le misure di sicurezza, tranne che si tratti della confisca [240].

La sospensione condizionale della pena non può essere concessa più di una volta. Tuttavia il giudice nell'infliggere una nuova condanna, può disporre la sospensione condizionale qualora la pena da infliggere, cumulata con quella irrogata con la precedente condanna anche per delitto, non superi i limiti stabiliti dall'articolo 163.

Evoluzione normativa:

(1) Articolo così sostituito prima dall'art. 1, l. 24.4.1962, n. 191, e poi all'art. 12, d.l. 11.4.1974, n. 99, conv., con modif., con l. 7.6.1974, n. 220. L'ultimo comma dell'art. 164 c.p. è stato poi sostituito dall'articolo unico l. 7.6.1974, n. 220, di conversione del precedente decreto in materia di provvedimenti urgenti sulla giustizia penale. La Corte costituzionale, con sent. 21.4.1976, n. 95, ha dichiarato l'illegittimità costituzionale dell'art. 164, ultimo comma, c.p. (come modificato dall'art. 12, d.l. 11.4.1974, n. 99, conv. con l. 7.6.1974, n. 220), nella parte in cui non consente la concessione della sospensione condizionale della pena a chi ha già riportato una precedente condanna a pena detentiva per delitto non sospesa, qualora la pena da infliggere cumulata con quella irrogata con la condanna precedente non superi i limiti stabiliti dall'art. 163 c.p. Le disposizioni di questo articolo, relative alla sospensione condizionale della pena, non si applicano alle pene sostitutive previste dal Capo III, della l. 24.11.1981, n. 689, secondo quanto disposto dall'art 61-bis della l. n. 689/1981, introdotto dall'art. 71, co. 1, lett. i), d.lgs. 10.10.2022, n. 150.

Norme connesse:

A. Art. 60, d.lgs. 28.8.2000, n. 274 (entrato in vigore dal 2.1.200), che esclude l'applicazione degli artt. 163 ss. c.p. alle pene irrogate dal giudice di pace (in *Normativa complementare*, voce *Giudice di pace*).

B. Art. 7, l. 29.5.1982, n. 304, per la difesa dell'ordinamento costituzionale (terroristi pentiti) (in *Normativa complementare*, voce *Criminalità organizzata e transazionale*, *Collaboratori di giustizia, pentiti e dissociati*).

165. Obblighi del condannato (1).

La sospensione condizionale della pena può essere subordinata all'adempimento dell'obbligo delle restituzioni, al pagamento della somma liquidata a titolo di risarcimento del danno o provvisoriamente assegnata sull'ammontare di esso e alla pubblicazione della sentenza [36] a titolo di riparazione del danno [185, 186; c.p.p. 538, 539]; può altresì essere subordinata, salvo che la legge disponga altrimenti, all'eliminazione delle conseguenze dannose o pericolose del reato, ovvero, se il condannato non si oppone, alla prestazione di attività non retribuita a favore della collettività per un tempo determinato comunque non superiore alla durata della pena sospesa, secondo le modalità indicate dal giudice nella sentenza di condanna (2).

La sospensione condizionale della pena, quando è concessa a persona che ne ha già usufruito, deve essere subordinata all'adempimento di uno degli obblighi previsti nel comma precedente (3).

La disposizione del secondo comma non si applica qualora la sospensione condizionale della pena sia stata concessa ai sensi del quarto comma dell'articolo 163 (4).

Nei casi di condanna per i reati previsti dagli articoli 314, 317, 318, 319, 319-*ter*, 319-*quater*, 320, 321 e 322-*bis*, la sospensione condizionale della pena è comunque subordinata al pagamento della somma determinata a titolo di riparazione pecuniaria ai sensi dell'articolo 322-*quater*, fermo restando il diritto all'ulteriore eventuale risarcimento del danno (5).

Nei casi di condanna per i delitti di cui agli articoli 572, 609-*bis*, 609-*ter*, 609-*quater*, 609-*quinquies*, 609-*octies* e 612-*bis*, nonché agli articoli 582 e 583-*quinquies* nelle ipotesi aggravate ai sensi degli articoli 576, primo comma, numeri 2, 5 e 5.1, e 577, primo comma, numero 1, e secondo comma, la sospensione condizionale della pena è comunque subordinata alla partecipazione a specifici percorsi di recupero presso enti o associazioni che si occupano di prevenzione, assistenza psicologica e recupero di soggetti condannati per i medesimi reati (6).

Il giudice nella sentenza stabilisce il termine entro il quale gli obblighi devono essere adempiuti.

Nei casi di condanna per il delitto previsto dall'articolo 575, nella forma tentata, o per i delitti, consumati o tentati, di cui agli articoli 572, 609-*bis*, 609-*ter*, 609-*quater*, 609-*quinquies*, 609-*octies* e 612-*bis*, nonché agli articoli 582 e 583-*quinquies* nelle ipotesi aggravate ai sensi degli articoli 576, primo comma, numeri 2, 5 e 5.1, e 577, primo comma, numero 1, e secondo comma, la sospensione condizionale della pena è sempre subordinata alla partecipazione, con cadenza almeno bisettimanale, e al superamento con esito favorevole di specifici percorsi di recupero presso enti o associazioni che si occupano di prevenzione, assistenza psicologica e recupero di soggetti condannati per i medesimi reati, accertati e valutati dal giudice, anche in relazione alle circostanze poste a fondamento del giudizio formulato ai sensi dell'articolo 164. Del provvedimento che dichiara la perdita di efficacia delle misure cautelari ai sensi dell'articolo 300, comma 3, del codice di procedura penale è data immediata comunicazione, a cura della cancelleria, anche per via telematica, all'autorità di pubblica sicurezza competente per le misure di prevenzione, ai fini delle tempestive valutazioni concernenti l'eventuale proposta di applicazione delle misure di prevenzione personali previste nel libro I, titolo I, capo II, del codice delle leggi antimafia e delle misure di prevenzione, di cui al decreto legislativo 6 settembre 2011, n. 159, fermo restando quanto previsto dall'articolo 166, secondo comma, del presente codice. Sulla proposta di applicazione delle misure di prevenzione personali ai sensi del periodo precedente, il tribunale competente provvede con decreto entro dieci giorni dalla richiesta. La durata della misura di prevenzione personale non può essere inferiore a quella del percorso di recupero di cui al primo periodo. Qualsiasi violazione della misura di prevenzione personale deve essere comunicata senza ritardo al pubblico ministero presso il giudice che ha emesso la sentenza di condanna, ai fini della revoca della sospensione condizionale della pena ai sensi dell'articolo 168, primo comma, numero 1) (7).

Evoluzione normativa:

(1) Articolo così sostituito dall'art. 128, l. 24.11.1981, n. 689.

(2) Comma così modificato dall'art. 2, l. 11.6.2004, n. 145.
Il testo previgente così disponeva: «*La sospensione condizionale della pena può essere subordinata all'adempimento dell'obbligo delle restituzioni, al pagamento della somma liquidata a titolo di risarcimento del danno o provvisoriamente assegnata sull'ammontare di esso e alla pubblicazione della sentenza a titolo di riparazione del danno; può altresì essere subordinata, salvo che la legge disponga altrimenti, all'eliminazione delle conseguenze dannose o pericolose del reato, secondo le modalità indicate dal giudice nella sentenza di condanna*».

(3) Comma così modificato dall'art. 2, l. 11.6.2004, n. 145. Il testo previgente così disponeva: «*La sospensione condizionale della pena, quando è concessa a persona che ne ha già usufruito, deve essere subordinata all'adempimento di uno degli obblighi previsti nel comma precedente, salvo che ciò sia impossibile*».

(4) Comma introdotto dall'art. 2, l. 11.6.2004, n. 145.

(5) Comma introdotto dall'art. 2, co. 1, l. 27.5.2015, n. 69, a decorrere dal 14.6.2015. Questo comma, poi, è stato così modificato dall'art. 1, co. 1, lett. g), l. 9.1.2019, n. 3, a decorrere dal 31.1.2019. Il testo antecedente alla modifica del 2019 così disponeva: «*Nei casi di condanna per i reati previsti dagli articoli 314, 317, 318, 319, 319*-ter, *319*-quater, *320 e 322*-bis, *la sospensione condizionale della pena è comunque subordinata al pagamento di una somma equivalente al profitto del reato ovvero all'ammontare di quanto indebitamente percepito dal pubblico ufficiale o dall'incaricato di un pubblico servizio, a titolo di riparazione pecuniaria in favore dell'amministrazione lesa dalla condotta del pubblico ufficiale o dell'incaricato di un pubblico servizio, ovvero, nel caso di cui all'articolo 319*-ter, *in favore dell'amministrazione della giustizia, fermo restando il diritto all'ulteriore eventuale risarcimento del danno*».

(6) Comma introdotto dall'art. 6, co. 1, l. 19.7.2019, n. 69, a decorrere dal 9.8.2019.

(7) Comma introdotto dall'art. 3, co. 1, l. 26.4.2019, n. 36, a decorrere dal 18.5.2019, modificato dall'art. 2, co. 13, l. 27.9.2021, n. 134, a decorrere dal 19.10.2021, e, da ultimo, così sostituito dall'art. 15, co. 1, l. 24.11.2023, n. 168, a decorrere dal 9.12.2023.
Il testo antecedente alla sostituzione disposta con l. n. 168/2023 così disponeva: «*Nei casi di condanna per il delitto previsto dall'articolo 575, nella forma tentata, o per i delitti, consumati o tentati, di cui agli articoli 572, 609*-bis, *609*-ter, *609*-quater, *609*-quinquies, *609*-octies *e 612*-bis, *nonché agli articoli 582 e 583*-quinquies *nelle ipotesi aggravate ai sensi degli articoli 576, primo comma, numeri 2, 5 e 5.1, e 577, primo comma, numero 1, e secondo comma, la sospensione condizionale della pena è comunque subordinata alla partecipazione a specifici percorsi di recupero presso enti o associazioni che si occupano di prevenzione, assistenza psicologica e recupero di soggetti condannati per i medesimi reati.*».
Il testo antecedente alla modifica disposta con l. n. 134/2021 così disponeva: «*Nei casi di condanna per i delitti di cui agli articoli 572, 609*-bis, *609*-ter, *609*-quater, *609*-quinquies, *609*-octies *e 612*-bis, *nonché agli articoli 582 e 583*-quinquies *nelle ipotesi aggravate ai sensi degli articoli 576, primo comma, numeri 2, 5 e 5.1, e 577, primo comma, numero 1, e secondo comma, la sospensione condizionale della pena è comunque subordinata alla partecipazione a specifici percorsi di recupero presso enti o associazioni che si occupano di prevenzione, assistenza psicologica e recupero di soggetti condannati per i medesimi reati.*».

Norme connesse:

A. Art. 60, d.lgs. 28.8.2000, n. 274 (entrato in vigore dal 2.1.200) pace (in *Normativa complementare*, voce *Giudice di pace*).

B. Art. 7, l. 29.5.1982, n. 304 (in *Normativa complementare*, voce *Criminalità organizzata e transazionale, Collaboratori di giustizia, pentiti e dissociati*).

C. Art. 6, co. 2, l. 19.7.2019, n. 69 (c.d. codice Rosso) (in *Normativa complementare*, voce *Violenza di genere*).

166. Effetti della sospensione (1).

La sospensione condizionale della pena si estende alle pene accessorie [19, 20, 28 ss.]. Nondimeno, nel caso di condanna per i delitti previsti dagli articoli 314, primo comma, 317, 318, 319, 319-*bis*, 319-*ter*, 319-*quater*, primo comma, 320, 321, 322, 322-*bis* e 346-*bis*, il giudice può disporre che la sospensione non estenda i suoi effetti alle pene accessorie dell'interdizione dai pubblici uffici e dell'incapacità di contrattare con la pubblica amministrazione (2).

La condanna a pena condizionalmente sospesa non può costituire in alcun caso, di per sé sola, motivo per l'applicazione di misure di prevenzione, né d'impedimento all'accesso a posti di lavoro pubblici o privati tranne i casi specificamente previsti dalla legge, né per il diniego di concessioni, di licenze o di autorizzazioni necessarie per svolgere attività lavorativa.

Evoluzione normativa:

(1) Articolo così sostituito dall'art. 4, l. 7.2.1990, n. 19, in materia di circostanze e sospensione condizionale della pena.

(2) Comma così modificato dall'art. 1, co. 1, lett. h), l. 9.1.2019, n. 3, a decorrere dal 31.1.2019. Il testo precedente così disponeva: «*La sospensione condizionale della pena si estende alle pene accessorie*».

Norme connesse:

A. Art. 60, d.lgs. 28.8.2000, n. 274 (entrato in vigore dal 2.1.200), che esclude l'applicazione degli artt. 163 ss. c.p. alle pene irrogate dal giudice di pace (in *Normativa complementare*, voce *Giudice di pace*).

B. Art. 7, l. 29.5.1982, n. 304 (in *Normativa complementare*, voce *Criminalità organizzata e transazionale, Collaboratori di giustizia, pentiti e dissociati*).

C. Art. 90, d.P.R. 9.10.1990, n. 309 (in *Normativa complementare*, voce *Stupefacenti*).

D. Art. 10, co. 1, l. 7.2.1990, n. 19: «*alla data di entrata in vigore della presente legge cessa l'esecuzione delle pene accessorie conseguenti a condanne a pene condizionalmente sospese. Qualora la sospensione condizionale della pena venga successivamente revocata, le pene accessorie sono eseguite per la parte residua*».

167. Estinzione del reato.

Se, nei termini stabiliti [163], il condannato non commette un delitto, ovvero una contravvenzione della stessa indole [101], e adempie gli obblighi impostigli [165], il reato è estinto [198].

In tal caso non ha luogo l'esecuzione delle pene [(1)].

Evoluzione normativa:

(1) Comma così sostituito dall'art. 6, l. 7.2.1990, n. 19.

Norme connesse:

A. Art. 90, d.P.R. 9.10.1990, n. 309 (in *Normativa complementare*, voce *Stupefacenti*).

168. Revoca della sospensione [(1)].

Salva la disposizione dell'ultimo comma dell'art. 164, la sospensione condizionale della pena è revocata di diritto [c.p.p. 674] qualora, nei termini stabiliti [163], il condannato:

1. commetta un delitto ovvero una contravvenzione della stessa indole [101], per cui venga inflitta una pena detentiva, o non adempia agli obblighi impostigli [165];
2. riporti un'altra condanna per un delitto anteriormente commesso a pena che, cumulata a quella precedentemente sospesa, supera i limiti stabiliti dall'articolo 163.

Qualora il condannato riporti un'altra condanna per un delitto anteriormente commesso, a pena che, cumulata a quella precedentemente sospesa, non supera i limiti stabiliti dall'art. 163, il giudice, tenuto conto dell'indole e della gravità del reato, può revocare l'ordine di sospensione condizionale della pena.

La sospensione condizionale della pena è altresì revocata quando è stata concessa in violazione dell'articolo 164, quarto comma, in presenza di cause ostative. La revoca è disposta anche se la sospensione è stata concessa ai sensi del comma 3 dell'articolo 444 del codice di procedura penale [(2)].

Riferimenti storici:

Art. 101 Codice Zanardelli (in *Normativa storica*).

Evoluzione normativa:

(1) Articolo così sostituito dall'art. 13, d.l. 11.4.1974, n. 99, conv., con modif., con l. 7.6.1974, n. 220.

(2) Comma introdotto dall'art. 1, l. 26.3.2001, n. 128.

Norme connesse:

A. Art. 7, l. 29.5.1982, n. 304 (in *Normativa complementare*, voce *Criminalità organizzata e transazionale, Collaboratori di giustizia, pentiti e dissociati*).

168 bis. Sospensione del procedimento con messa alla prova dell'imputato [(1)].

Nei procedimenti per reati puniti con la sola pena edittale pecuniaria o con la pena edittale detentiva non superiore nel massimo a quattro anni, sola, congiunta o alternativa alla pena pecuniaria, nonché per i delitti indicati dal comma 2 dell'articolo 550 del codice di procedura penale, l'imputato, anche su proposta del pubblico ministero, può chiedere la sospensione del processo con messa alla prova [(2)].

La messa alla prova comporta la prestazione di condotte volte all'eliminazione delle conseguenze dannose o pericolose derivanti dal reato [62, n. 6], nonché, ove possibile, il risarcimento del danno [185] dallo stesso cagionato. Comporta altresì l'affidamento dell'imputato al servizio sociale, per lo svolgimento di un programma che può implicare, tra l'altro, attività di volontariato di rilievo sociale, ovvero l'osservanza di prescrizioni relative ai rapporti con il servizio sociale o con una struttura sanitaria, alla dimora, alla libertà di movimento, al divieto di frequentare determinati locali.

La concessione della messa alla prova è inoltre subordinata alla prestazione di lavoro di pubblica utilità. Il lavoro di pubblica utilità consiste in una prestazione non retribuita, affidata tenendo conto anche delle specifiche professionalità ed attitudini lavorative dell'imputato, di durata non inferiore a dieci giorni, anche non continuativi, in favore della collettività, da svolgere presso lo Stato, le regioni, le province, i comuni, le aziende sanitarie o presso enti o organizzazioni, anche internazionali, che operano in Italia, di assistenza sociale, sanitaria e di volontariato. La prestazione è svolta con modalità che non pregiudichino le esigenze di lavoro, di studio, di famiglia e di salute dell'imputato e la sua durata giornaliera non può superare le otto ore.

La sospensione del procedimento con messa alla prova dell'imputato non può essere concessa più di una volta [164[4]] [(3)].

La sospensione del procedimento con messa alla prova non si applica nei casi previsti dagli articoli 102, 103, 104, 105 e 108.

Evoluzione normativa:

(1) Articolo introdotto dall'art. 3, co. 1, l. 28.4.2014, n. 67.

(2) Comma così modificato dall'art. 1, co. 1, lett. m), d.lgs. 10.10.2022, n. 150, a decorrere dal 30.12.2022. Il testo previgente così disponeva: «*Nei procedimenti per reati puniti con la sola pena edittale pecuniaria o con la pena edittale detentiva non superiore nel massimo a quattro anni, sola, congiunta o alternativa alla pena pecuniaria, nonché per i delitti indicati dal comma 2 dell'articolo 550 del codice di procedura penale, l'imputato può chiedere la sospensione del processo con messa alla prova.*».

(3) La Corte costituzionale, con sent. 23.6.2022, n. 174, ha dichiarato l'illegittimità costituzionale di questo comma, nella parte in cui non prevede che l'imputato possa essere ammesso alla sospensione del procedimento con messa alla prova nell'ipotesi in cui si proceda per reati connessi, secondo quanto previsto dall'art. 12, co. 1, lett. b), del codice di procedura penale, con altri reati per i quali questo beneficio sia già stato concesso.

Norme connesse:

A. Artt. 90 bis, 464 bis ss. c.p.p.; artt. 141 bis, 141 ter disp. att. c.p.p. (in *Codice di procedura penale*).

B. Artt. 28 ss., d.P.R. 22.9.1988, n. 448 (in *Norme complementari*, voce *Minori (diritto penale dei)*).

168 ter. Effetti della sospensione del procedimento con messa alla prova [(1)].

Durante il periodo di sospensione del procedimento con messa alla prova il corso della prescrizione del reato è sospeso. Non si applicano le disposizioni del primo comma dell'articolo 161.

L'esito positivo della prova estingue il reato per cui si procede. L'estinzione del reato non pregiudica l'applicazione delle sanzioni amministrative accessorie, ove previste dalla legge.

Evoluzione normativa:

(1) Articolo introdotto dall'art. 3, co. 1, l. 28.4.2014, n. 67.

168 quater. Revoca della sospensione del procedimento con messa alla prova [1].

La sospensione del procedimento con messa alla prova è revocata:

1) in caso di grave o reiterata trasgressione al programma di trattamento o alle prescrizioni imposte, ovvero di rifiuto alla prestazione del lavoro di pubblica utilità;
2) in caso di commissione, durante il periodo di prova, di un nuovo delitto non colposo ovvero di un reato della stessa indole rispetto a quello per cui si procede.

Evoluzione normativa:

(1) Articolo introdotto dall'art. 3, co. 1, l. 28.4.2014, n. 67.

169. Perdono giudiziale per i minori degli anni diciotto [1].

Se, per il reato commesso dal minore degli anni diciotto la legge stabilisce una pena restrittiva della libertà personale non superiore nel massimo a due anni, ovvero una pena pecuniaria non superiore nel massimo a euro 5 anche se congiunta a detta pena, il giudice può astenersi dal pronunciare il rinvio al giudizio, quando, avuto riguardo alle circostanze indicate nell'articolo 133, presume che il colpevole si asterrà dal commettere ulteriori reati.

Qualora si proceda al giudizio, il giudice, può, nella sentenza, per gli stessi motivi, astenersi dal pronunciare condanna.

Le disposizioni precedenti non si applicano nei casi preveduti dal n. 1 del primo capoverso dell'articolo 164.

Il perdono giudiziale non può essere conceduto più di una volta.

Evoluzione normativa:

(1) La Corte costituzionale, con sent. 26.6.1973, n. 108, ha dichiarato l'illegittimità dell'art. 169 c.p., nella parte in cui non consente che possa estendersi il perdono giudiziale ad altri reati che si legano con vincolo della continuazione a quelli per i quali è stato concesso il beneficio. La stessa Corte costituzionale, con sent. 24.6.1976, n. 154 ha dichiarato l'illegittimità dell'art. 169, quarto comma, c.p., nella parte in cui esclude che possa concedersi un nuovo perdono giudiziale nel caso di condanna per delitto commesso anteriormente alla prima sentenza di perdono, a pena che, cumulata con quella precedente, non superi i limiti di applicabilità del beneficio.

Norme connesse:

A. Art. 14, r.d.l. 20.7.1934, n. 1404 (in *Normativa complementare*, voce *Minori (diritto penale dei)*).

170. Estinzione di un reato che sia presupposto, elemento costitutivo o circostanza aggravante di un altro reato.

Quando un reato è il presupposto di un altro reato, la causa che lo estingue non si estende all'altro reato.

La causa estintiva di un reato, che è elemento costitutivo o circostanza aggravante di un reato complesso, non si estende al reato complesso [84].

L'estinzione di taluno fra più reati connessi non esclude, per gli altri, l'aggravamento di pena derivante dalla connessione [61, n. 2].

Capo II
Della estinzione della pena

171. Morte del reo dopo la condanna.

La morte del reo [150], avvenuta dopo la condanna [c.p.p. 648], estingue la pena.

172. Estinzione delle pene della reclusione e della multa per decorso del tempo.

La pena della reclusione si estingue col decorso di un tempo pari al doppio della pena inflitta e, in ogni caso, non superiore a trenta e non inferiore a dieci anni.

La pena della multa si estingue nel termine di dieci anni.

Quando, congiuntamente alla pena della reclusione, è inflitta la pena della multa, per l'estinzione dell'una e dell'altra pena si ha riguardo soltanto al decorso del tempo stabilito per la reclusione.

Il termine decorre dal giorno in cui la condanna è divenuta irrevocabile [c.p.p. 648], ovvero dal giorno in cui il condannato si è sottratto volontariamente all'esecuzione già iniziata della pena.

Se l'esecuzione della pena è subordinata alla scadenza di un termine o al verificarsi di una condizione, il tempo necessario per l'estinzione della pena decorre dal giorno in cui il termine è scaduto o la condizione si è verificata.

Nel caso di concorso di reati [71 ss.], si ha riguardo, per l'estinzione della pena, a ciascuno di essi, anche se le pene sono state inflitte con la medesima sentenza.

L'estinzione delle pene non ha luogo, se si tratta di recidivi, nei casi preveduti dai capoversi dell'articolo 99, o di delinquenti abituali [102, 103, 104], professionali [105] o per tendenza [108]; ovvero se il condannato, durante il tempo necessario per l'estinzione della pena, riporta una condanna alla reclusione per un delitto della stessa indole [101].

Norme connesse:

A. Art. 111, co. 2, l. 24.11.1981, n. 689 (in *Normativa complementare*, voce *Depenalizzazione*), per una deroga all'art. 172 c.p.

173. Estinzione delle pene dell'arresto e dell'ammenda per decorso del tempo.

Le pene dell'arresto e dell'ammenda si estinguono nel termine di cinque anni. Tale termine è raddoppiato se si tratta di recidivi, nei casi preveduti dai capoversi dell'articolo 99, ovvero di delinquenti abituali [102, 103, 104], professionali [105] o per tendenza [108].

Se, congiuntamente alla pena dell'arresto, è inflitta la pena dell'ammenda, per l'estinzione dell'una e dell'altra pena si ha riguardo soltanto al decorso del termine stabilito per l'arresto.

Per la decorrenza del termine si applicano le disposizioni del terzo, quarto e quinto capoverso dell'articolo precedente.

Riferimenti storici:

Artt. 95 e 96 Codice Zanardelli (in *Normativa storica*).

174. Indulto e grazia.

L'indulto o la grazia condona, in tutto o in parte, la pena inflitta, o la commuta in un'altra specie di pena stabilita dalla legge [184; c.p.p. 672]. Non estingue le pene accessorie [19, 28, 30, 32, 34], salvo che il decreto disponga diversamente, e neppure gli altri effetti penali della condanna.

Nel concorso di più reati, l'indulto si applica una sola volta, dopo cumulate le pene, secondo le norme concernenti il concorso dei reati [71 ss.].

Si osservano, per l'indulto, le disposizioni contenute nei tre ultimi capoversi dell'articolo 151.

Riferimenti storici:

Art. 87 Codice Zanardelli (in *Normativa storica*).

175. Non menzione della condanna nel certificato del casellario giudiziale.

Se, con una prima condanna, è inflitta una pena detentiva non superiore a due anni, ovvero una pena pecuniaria non superiore a un milione, il giudice, avuto riguardo alle circostanze indicate nell'articolo 133, può ordinare in sentenza che non sia fatta menzione della condanna nel certificato del casellario giudiziale, spedito a richiesta di privati, non per ragione di diritto elettorale [(1)].

La non menzione della condanna può essere altresì concessa quando è inflitta congiuntamente una pena detentiva non superiore a due anni ed una pena pecuniaria, che, ragguagliata a norma dell'articolo 135 e cumulata alla pena detentiva, priverebbe complessivamente il condannato della libertà personale per un tempo non superiore a trenta mesi [135, 136].

La non menzione della condanna può essere concessa anche in caso di condanna a pena sostitutiva di una pena detentiva, entro i limiti di pena di cui al primo e al secondo comma.

Se il condannato commette successivamente un delitto, l'ordine di non fare menzione della condanna precedente è revocato [c.p.p. 674].

[Le disposizioni di questo articolo non si applicano quando alla condanna conseguono pene accessorie [(2)]. [(3)].

Evoluzione normativa:

(1) La Corte costituzionale, con sent. 5.6.1984, n. 155, ha dichiarato l'illegittimità del primo comma dell'art. 175 c.p., nel testo introdotto con l'art. 104, l. 24.11.1981, n. 689, nella parte in cui esclude che possano concedersi ulteriori non menzioni di condanne nel certificato del casellario giudiziale spedito a richiesta di privati, nel caso di condanne, per reati anteriormente commessi, a pene che, cumulate con quelle già irrogate non superino i limiti di applicabilità del beneficio. La stessa Corte costituzionale, con sent. 10.3.1988, n. 304, ha dichiarato l'illegittimità del primo comma dell'art. 175 c.p., nella parte in cui prevede che la non menzione nel certificato del casellario giudiziale di condanna a sola pena pecuniaria possa essere ordinata dal giudice quando non sia superiore a un milione, anziché a somma pari a quella risultante dal ragguaglio della pena detentiva di anni due, a norma dell'art. 135 c.p.

(2) Comma abrogato dall'art. 7, l. 7.2.1990, n. 19. L'intero articolo è stato sostituito prima dall'art. 2, l. 24.4.1962, n. 191 e poi dall'art. 104, l. 24.11.1981, n. 689.

(3) Comma introdotto dall'art. 1, co. 1, lett. n), d.lgs. 10.10.2022, n. 150, a decorrere dal 30.12.2022.

176. Liberazione condizionale [(1)] [(2)].

Il condannato a pena detentiva che, durante il tempo di esecuzione della pena, abbia tenuto un comportamento tale da far ritenere sicuro il suo ravvedimento, può essere ammesso alla liberazione condizionale, se ha scontato almeno trenta mesi e comunque almeno metà della pena inflittagli, qualora il rimanente della pena non superi i cinque anni [c.p.p. 682].

Se si tratta di recidivo, nei casi preveduti dai capoversi dell'articolo 99, il condannato, per essere ammesso alla liberazione condizionale, deve avere scontato almeno quattro anni di pena e non meno di tre quarti della pena inflittagli.

Il condannato all'ergastolo può essere ammesso alla liberazione condizionale quando abbia scontato almeno ventisei anni di pena [(3)].

La concessione della liberazione condizionale è subordinata all'adempimento delle obbligazioni civili derivanti dal reato [185], salvo che il condannato dimostri di trovarsi nell'impossibilità di adempierle [230].

Evoluzione normativa:

(1) Articolo così modificato dall'art. 2, l. 25.11.1962, n. 1634.

(2) Art. 8 l. 29.5.1982, n. 304, Misure per la difesa dell'ordinamento costituzionale: «*In deroga alle disposizioni dell'articolo 176 del c.p., il condannato a pena detentiva per uno o più reati per i quali gli sia stata riconosciuta una delle circostanze attenuanti previste dagli artt. 2 e 3, che durante l'esecuzione della pena abbia tenuto un comportamento tale da far ritenere sicuro il suo ravvedimento, può essere ammesso alla liberazione condizionale se ha scontato metà della pena inflittagli.*
La disposizione di cui al comma precedente si applica anche se la condanna è intervenuta prima dell'entrata in vigore della presente legge e il condannato ha tenuto uno dei comportamenti previsti dall'art. 3.
Per la concessione della liberazione condizionale di cui ai precedenti commi è competente la Corte d'appello nel cui distretto è compreso il giudice che ha pronunciato l'ultima sentenza di condanna». Secondo quanto dispone l'art. 2, d.l. 13.5.1991, n. 152, conv., con modif., con l. 12.7.1991, n. 203, sulla lotta alla criminalità, non possono essere ammessi alla liberazione condizionale i condannati per i delitti commessi per finalità di terrorismo, nonché per i delitti di cui agli artt. 416 bis, 575, 628, co. 3, 629, co. 2, 630, c.p., 73 e 74 T.U. in materia di stupefacenti.

(3) Comma così sostituito dall'art. 28, l. 10.10.1986, n. 663 che modifica la legge sull'ordinamento penitenziario e sulla esecuzione delle misure privative e limitative della libertà. V., anche, l'art. 70, l. 26.7.1975, n. 354, sull'ordinamento penitenziario.

Norme connesse:

A. Art. 21, r.d.l. 20.7.1934, n. 1404 (in *Normativa complementare*, voce *Minori (diritto penale dei)*).

B. Art. 8, l. 29.5.1982, n. 304 (in *Normativa complementare*, voce *Criminalità organizzata e transazionale, Collaboratori di giustizia, pentiti e dissociati*).

177. Revoca della liberazione condizionale o estinzione della pena [(1)].

Nei confronti del condannato ammesso alla liberazione condizionale resta sospesa l'esecuzione della misura di sicurezza detentiva cui il condannato stesso sia stato sottoposto con la sentenza di condanna o con un provvedimento successivo. La liberazione condizionale è revocata, se la persona liberata commette un delitto o una contravvenzione della stessa indole [101], ovvero trasgredisce agli obblighi inerenti alla libertà vigilata, disposta a termini dell'articolo 230, n. 2 [c.p.p. 674]. In tal caso, il tempo trascorso in libertà condizionale non è computato nella durata della pena e il condannato non può essere riammesso alla liberazione condizionale [2].

Decorso tutto il tempo della pena inflitta, ovvero cinque anni dalla data del provvedimento di liberazione condizionale, se trattasi di condannato all'ergastolo, senza che sia intervenuta alcuna causa di revoca, la pena rimane estinta e sono revocate le misure di sicurezza personali [199], ordinate dal giudice con la sentenza di condanna o con provvedimento successivo.

Evoluzione normativa:

(1) Articolo così modificato dall'art. 2, l. 25.11.1962, n. 1634, che modifica le norme del codice penale relative all'ergastolo e alla liberazione condizionale. L'art. 3 della stessa legge stabilisce: «*Il condannato all'ergastolo prima del ripristino delle attenuanti generiche di cui all'art. 2 del D.Lgs.Lgt. 14 settembre 1944, n. 228, può essere ammesso alla liberazione condizionale quando abbia effettivamente scontato almeno venticinque anni di pena*».

(2) La Corte costituzionale:
- con sent. 17.5.1989, n. 282, ha dichiarato l'illegittimità dell'art. 177, co. 1, c.p., nella parte in cui, nel caso di revoca della liberazione condizionale, non consente al Tribunale di sorveglianza di determinare la pena detentiva ancora da espiare, tenendo conto del tempo trascorso in libertà condizionale nonché delle restrizioni di libertà subite dal condannato e del suo comportamento durante tale periodo;
- con sent. 2.6.1997, n. 161, ha dichiarato l'illegittimità dell'art. 177, co. 1, ultimo periodo, nella parte in cui non prevede che il condannato alla pena dell'ergastolo, cui sia stata revocata la liberazione condizionale, possa essere nuovamente ammesso a fruire del beneficio ove ne sussistano i relativi presupposti;
- con sent. 14.12.1998, n. 418, ha dichiarato l'illegittimità dell'art. 177, co. 1, nella parte in cui prevede la revoca della liberazione condizionale nel caso di condanna per qualsiasi delitto o contravvenzione della stessa indole, anziché stabilire che la liberazione condizionale è revocata se la condotta del soggetto, in relazione alla condanna subita, appare incompatibile con il mantenimento del beneficio.

Norme connesse:

A. Art. 21, r.d.l. 20.7.1934, n. 1404 (in *Normativa complementare*, voce *Minori (diritto penale dei)*).

B. Art. 2, d.l. 13.5.1991, n. 152, conv., con modif., con l. 12.7.1991, n. 203 (in *Normativa complementare*, voce *Criminalità organizzata e transazionale, Mafia e crimine organizzato*).

178. Riabilitazione.

La riabilitazione [c.p.p. 683] estingue le pene accessorie [19, 28, 30, 32, 34] ed ogni altro effetto penale della condanna [106, 109], salvo che la legge disponga altrimenti [164].

Riferimenti storici:

Art. 100 Codice Zanardelli (in *Normativa storica*).

Norme connesse:

A. Art. 70, d.lgs. 6.9.2011, n. 159, (in *Normativa complementare*, voce *Criminalità organizzata e transazionale, Misure patrimoniali*).

B. Art. 241, l. fall. (r.d. 16.3.1942, n. 267) (in *Normativa complementare*, voce *Fallimento e crisi di impresa Economia (Diritto penale della)*).

C. Art. 30, l. 11.3.1953, n. 87 (in *Normativa complementare*, voce *Corte costituzionale*).

D. Art. 11, r.d. 18.6.1931, n. 773 (in *Normativa complementare*, voce *Ordine pubblico e sicurezza pubblica*).

E. Art. 2, d.l. 26.4.1993, n. 122, conv., con modif., con l. 25.6.1993, n. 205 (in *Normativa complementare*, voce *Discriminazione razziale, etnica e religiosa*).

F. Art. 24, r.d.l. 20.7.1934, n. 1404 (in *Normativa complementare*, voce *Minori (diritto penale dei)*).

G. Art. 72 c.p.m.p.: «*La riabilitazione ordinata a norma della legge penale comune non estingue le pene militari accessorie e gli altri effetti penali militari.*
Nei confronti della persona riabilitata a norma della legge penale comune, le pene militari accessorie e ogni altro effetto penale militare si estinguono con la riabilitazione conceduta nei modi stabiliti dalla legge penale militare.
La sentenza della riabilitazione conceduta a norma del comma precedente è revocata di diritto nei casi preveduti dagli articoli 180 e 181 del codice penale».

179. Condizioni per la riabilitazione.

La riabilitazione è conceduta quando siano decorsi almeno tre anni dal giorno in cui la pena principale sia stata eseguita o siasi in altro modo estinta [171], e il condannato abbia dato prove effettive e costanti di buona condotta [1].

Il termine è di almeno otto anni se si tratta di recidivi, nei casi preveduti dai capoversi dell'articolo 99 [2].

Il termine è di dieci anni se si tratta di delinquenti abituali [102, 103], professionali [105] o per tendenza [108] e decorre dal giorno in cui sia stato revocato [c.p.p. 678] l'ordine di assegnazione ad una colonia agricola o ad una casa di lavoro [216] [3].

Qualora sia stata concessa la sospensione condizionale della pena ai sensi dell'articolo 163, primo, secondo e terzo comma, il termine di cui al primo comma decorre dallo stesso momento dal quale decorre il termine di sospensione della pena [4].

Qualora sia stata concessa la sospensione condizionale della pena ai sensi del quarto comma dell'articolo 163, la riabilitazione è concessa allo scadere del termine di un anno di cui al medesimo quarto comma, purché sussistano le altre condizioni previste dal presente articolo [4].

La riabilitazione non può essere conceduta quando il condannato:
1. sia stato sottoposto a misura di sicurezza [199], tranne che si tratti di espulsione dello straniero dallo Stato [235], ovvero di confisca [240], e il provvedimento non sia stato revocato [c.p.p. 678];
2. non abbia adempiuto le obbligazioni civili derivanti dal reato [185], salvo che dimostri di trovarsi nell'impossibilità di adempierle.

La riabilitazione concessa a norma dei commi precedenti non produce effetti sulle pene accessorie perpetue. Decorso un termine non inferiore a sette anni dalla riabilitazione, la pena accessoria perpetua è dichiarata estinta, quando il condannato abbia dato prove effettive e costanti di buona condotta [5].

Evoluzione normativa:

(1) Comma così modificato dall'art. 3, l. 11.6.2004, n. 145, entrata in vigore il giorno successivo a quello della sua pubblicazione. Il testo previgente così disponeva: «*La riabilitazione è conceduta quando siano decorsi cinque anni dal giorno in cui la pena principale sia stata eseguita o siasi in altro modo estinta, e il condannato abbia dato prove effettive e costanti di buona condotta*».

(2) Comma così modificato dall'art. 3, l. 11.6.2004, n. 145, entrata in vigore il giorno successivo a quello della sua pubblicazione. Il testo previgente così disponeva: «*Il termine è di dieci anni se si tratta di recidivi, nei casi preveduti dai capoversi dell'articolo 99*».

(3) Comma così modificato dall'art. 3, l. 11.6.2004, n. 145, entrata in vigore il giorno successivo a quello della sua pubblicazione. Il testo previgente così disponeva: «*Il termine è, parimenti, di dieci anni se si tratta di delinquenti abituali, professionali o per tendenza e decorre dal giorno in cui sia stato revocato l'ordine di assegnazione ad una colonia agricola o ad una casa di lavoro*».

(4) Comma introdotto dall'art. 3, l. 11.6.2004, n. 145, entrata in vigore il giorno successivo a quello della sua pubblicazione.

(5) Comma introdotto dall'art. 1, co. 1, lett. i), l. 9.1.2019, n. 3, a decorrere dal 31.1.2019.

Norme connesse:

A. Art. 21, r.d.l. 20.7.1934, n. 1404 (in *Normativa complementare*, voce *Minori (diritto penale dei)*).

180. Revoca della sentenza di riabilitazione [1].

La sentenza di riabilitazione è revocata di diritto se la persona riabilitata commette entro sette anni un delitto non colposo [43], per il quale sia inflitta la pena della reclusione per un tempo non inferiore a due anni od un'altra pena più grave [c.p.p. 683^{1}].

Evoluzione normativa:

(1) Articolo così modificato dall'art. 4, l. 11.6.2004, n. 145, entrata in vigore il giorno successivo a quello della sua pubblicazione. Il testo previgente così disponeva: «*La sentenza di riabilitazione è revocata di diritto se la persona riabilitata commette entro cinque anni un delitto non colposo, per il quale sia inflitta la pena della reclusione per un tempo non inferiore a tre anni od un'altra pena più grave*».

181. Riabilitazione nel caso di condanna all'estero.

Le disposizioni relative alla riabilitazione si applicano anche nel caso di sentenze straniere di condanna, riconosciute a norma dell'articolo 12 [c.p.p. 683].

Capo III
Disposizioni comuni

182. Effetti delle cause di estinzione del reato o della pena.

Salvo che la legge disponga altrimenti [544, 556, 564, 573, 574], l'estinzione del reato [150, 170] o della pena [171, 181] ha effetto soltanto per coloro ai quali la causa di estinzione si riferisce [198].

Riferimenti storici:

Artt. 102 e 103 Codice Zanardelli (in *Normativa storica*).

183. Concorso di cause estintive.

Le cause di estinzione del reato o della pena operano nel momento in cui esse intervengono.

Nel concorso di una causa che estingue il reato [150] con una causa che estingue la pena [171], prevale la causa che estingue il reato, anche se è intervenuta successivamente.

Quando intervengono in tempi diversi più cause di estinzione del reato o della pena, la causa antecedente estingue il reato o la pena, e quelle successive fanno cessare gli effetti che non siano ancora estinti in conseguenza della causa antecedente.

Se più cause intervengono contemporaneamente, la causa più favorevole opera l'estinzione del reato o della pena; ma anche in tal caso, per gli effetti che non siano estinti in conseguenza della causa più favorevole, si applica il capoverso precedente.

184. Estinzione della pena di morte, dell'ergastolo o di pene temporanee nel caso di concorso di reati.

Quando, per effetto di amnistia [151], indulto o grazia [174], la pena di morte [1] o dell'ergastolo è estinta, la pena detentiva temporanea, inflitta per il reato concorrente, è eseguita per intero. Nondimeno, se il condannato ha già interamente subito l'isolamento diurno, applicato a norma del capoverso dell'art. 72 [2], la pena per il reato concorrente è ridotta alla metà; ed è estinta, se il condannato è stato detenuto per oltre trenta anni.

Se, per effetto di alcuna delle dette cause estintive, non deve essere scontata la pena detentiva temporanea inflitta, per il reato concorrente, al condannato all'ergastolo, non si applica l'isolamento diurno, stabilito nel capoverso dell'articolo 72 [2]. Se la pena detentiva deve essere scontata solo in parte, il periodo dell'isolamento diurno, applicato a norma del predetto articolo, può essere ridotto fino a tre mesi.

Evoluzione normativa:

(1) La pena di morte per i delitti previsti dal codice penale è stata abolita e sostituita con l'ergastolo dall'art. 1, d.lgs.lt. 10.8.1944, n. 224. L'art. 1, d.lgs. 22.1.1948, n. 21 ha poi abolito la pena di morte per i delitti previsti dalle leggi speciali. La l. 13.10.1994, n. 589, infine, ha abolito la pena di morte anche per i reati previsti dal codice penale militare di guerra.

(2) Il riferimento deve ora intendersi al primo cpv. dell'art. 72 c.p.

TITOLO VII
Delle sanzioni civili

185. Restituzioni e risarcimento del danno.

Ogni reato obbliga alle restituzioni, a norma delle leggi civili [145, 152^{4}, 165, 166, 176^{4}, 179, n. 2, 187; c.c. 2043, 2059;].

Ogni reato, che abbia cagionato un danno patrimoniale o non patrimoniale, obbliga al risarcimento il colpevole e le persone che, a norma delle leggi civili [c.c. 2047, 2049], debbono rispondere per il fatto di lui [Cost. 28; 190, 198; c.p.p. 83, 540].

Riferimenti storici:

Artt. 37, 38 e 39 Codice Zanardelli (in *Normativa storica*).

Norme connesse:

A. Artt. 11 e 12, l. 8.2.1948, n. 47 (in *Normativa complementare*, voce *Stampa, televisione, telecomunicazioni*).

B. Art. 21, l. 31.12.1982, n. 979, *Disposizione per la difesa del mare*: «*In relazione ai danni provocati per violazione delle disposizioni previste dal presente titolo, fermo restando il disposto dell'articolo 185 del codice penale, al comandante e il proprietario o l'armatore della nave sono tenuti in solido a rifondere allo Stato le spese sostenute per la pulizia delle acque e degli arenili, nonché a risarcire i danni arrecati alle risorse marine. Tale obbligo solidale sussiste anche nei casi in cui si sia dovuta effettuare la discarica on mare di sostanze vietate, per la sicurezza della propria o di altra nave; o l'immissione delle sostanze vietate nelle acque del mare sia stata causata da un'avaria o da una perdita inevitabile ed ogni ragionevole precauzione sia stata adottata dopo l'avaria o la scoperta della perdita per impedire o ridurre il versamento delle sostanze stesse in mare*».

186. Riparazione del danno mediante pubblicazione della sentenza di condanna.

Oltre quanto è prescritto nell'articolo precedente e in altre disposizioni di legge, ogni reato obbliga il colpevole alla pubblicazione, a sue spese, della sentenza di condanna [36], qualora la pubblicazione costituisca un mezzo per riparare il danno non patrimoniale cagionato dal reato [c.p.p. 543, 694].

Norme connesse:

A. Art. 9, l. 8.2.1948, n. 47 (in *Normativa complementare*, voce *Stampa, televisione, telecomunicazioni*).

187. Indivisibilità e solidarietà nelle obbligazioni *ex delicto*.

L'obbligo alle restituzioni e alla pubblicazione della sentenza penale di condanna è indivisibile [c.c. 1316, 1317].

I condannati per uno stesso reato sono obbligati in solido [c.c. 1292] al risarcimento del danno patrimoniale o non patrimoniale [c.c. 2055, 2059].

Norme connesse:

A. Artt. 6 e 24, l. 24.11.1981, n. 689 (in *Normativa complementare*, voce *Depenalizzazione*).

188. Spese per il mantenimento del condannato. Obbligo di rimborso.

Il condannato è obbligato a rimborsare all'erario dello Stato le spese per il suo mantenimento negli stabilimenti di pena [145, 213; c.p.p. 535, 692], e risponde di tale obbligazione con tutti i suoi beni mobili e immobili, presenti e futuri [189, 190], a norma delle leggi civili [c.c. 2740].

L'obbligazione non si estende alla persona civilmente responsabile [c.p.p. 83], e non si trasmette agli eredi del condannato (1).

Evoluzione normativa:

(1) La Corte costituzionale, con sent. 26.3.1998, n. 98, ha dichiarato l'illegittimità di questo comma, nella parte in cui non prevede la non trasmissibilità agli eredi dell'obbligo di rimborsare le spese del processo penale.

Norme connesse:

A. Artt. 2 e 24, l. 26.6.1975, n. 354 (in *Normativa complementare*, voce *Ordinamento penitenziario*).

189. [Ipoteca legale]; sequestro (1).

Lo Stato ha ipoteca legale [c.c. 2808, 2817] sui beni dell'imputato a garanzia del pagamento [c.c. 2748, 2768]:

1. delle pene pecuniarie e di ogni altra somma dovuta all'erario dello Stato;
2. delle spese del procedimento;
3. delle spese relative al mantenimento del condannato negli stabilimenti di pena [188];
4. delle spese sostenute da un pubblico istituto sanitario, a titolo di cura e di alimenti per la persona offesa, durante l'infermità;
5. delle somme dovute a titolo di risarcimento del danno [185], comprese le spese processuali;
6. delle spese anticipate dal difensore e delle somme a lui dovute a titolo di onorario.

L'ipoteca legale non pregiudica il diritto degli interessati a iscrivere ipoteca giudiziale [c.c. 2818, 2820], dopo la sentenza di condanna, anche se non divenuta irrevocabile [c.p.p. 648].

Se vi è fondata ragione di temere che manchino o si disperdano le garanzie delle obbligazioni per le quali è ammessa l'ipoteca legale, può essere ordinato il sequestro dei beni mobili dell'imputato [c.c. 2905; c.p.c. 670].

Gli effetti dell'ipoteca o del sequestro cessano con la sentenza irrevocabile di proscioglimento.

Se l'imputato offre cauzione, può non farsi luogo all'iscrizione dell'ipoteca legale o al sequestro.

Per effetto del sequestro i crediti indicati in questo articolo si considerano privilegiati [c.c. 2745, 2752, 2759, 2771, 2772, 2773] rispetto ad ogni altro credito non privilegiato di data anteriore e ai crediti sorti posteriormente, salvi, in ogni caso, i privilegi stabiliti a garanzia del pagamento di tributi.

Evoluzione normativa:

(1) L'art. 218, d.lgs. 28.7.1989, n. 271 di attuazione e coordinamento al c.p.p. ha abrogato le disposizioni del codice penale che prevedono l'ipoteca legale.

Norme connesse:

A. Art. 29, co. 3, l. 13.9.1982, n. 646: «*Salvo che sia stata offerta idonea cauzione, per i reati finanziari si deve in ogni caso procedere all'iscrizione dell'ipoteca legale o al sequestro previsti dall'articolo 189 del codice penale*».

B. Artt. 13, 17 e 19, l. 24.11.1981, n. 689 (in *Normativa complementare*, voce *Depenalizzazione*).

190. Garanzie sui beni della persona civilmente responsabile.

Le garanzie stabilite nell'articolo precedente si estendono anche ai beni della persona civilmente responsabile [c.c. 2047; c.p.p. 83], limitatamente ai crediti indicati nei numeri 2, 4 e 5 del predetto articolo, qualora, per l'ipoteca legale (1), sussistano le condizioni richieste per la iscrizione sui beni dell'imputato [189], e qualora, per il sequestro, concorrano, riguardo alla persona civilmente responsabile, le circostanze indicate nel secondo capoverso dell'articolo precedente [c.p.p. 320].

Evoluzione normativa:

(1) L'art. 218, d.lgs. 28.7.1989, n. 271, di attuazione e coordinamento del c.p.p. ha abrogato le disposizioni del c.p. che prevedono l'ipoteca legale.

Norme connesse:

A. Artt. 13 e 35, l. 24.11.1981, n. 689 (in *Normativa complementare*, voce *Depenalizzazione*).

191. Ordine dei crediti garantiti con [ipoteca o] sequestro (1).

Sul prezzo degli immobili ipotecati e dei mobili sequestrati a norma dei due articoli precedenti, e sulle somme versate a titolo di cauzione e non devolute alla Cassa delle ammende [149], sono pagate nell'ordine seguente:

1. le spese sostenute da un pubblico istituto sanitario, a titolo di cura e di alimenti per la persona offesa, durante l'infermità;
2. le somme dovute a titolo di risarcimento di danni [185] e di spese processuali al danneggiato [c.p.p. 541], purché il pagamento ne sia richiesto entro un anno dal giorno in cui la sentenza penale di condanna sia divenuta irrevocabile [c.p.p. 648];
3. le spese anticipate dal difensore del condannato e la somma a lui dovuta a titolo di onorario;
4. le spese del procedimento [c.p.p. 535];
5. le spese per il mantenimento del condannato negli stabilimenti di pena [188]. Se la esecuzione della pena non ha ancora avuto luogo, in tutto o in parte,

è depositata nella Cassa delle ammende una somma presumibilmente adeguata alle spese predette;
6. le pene pecuniarie e ogni altra somma dovuta all'erario dello Stato [c.p.p. 691].

Evoluzione normativa:
(1) L'art. 218, d.lgs. 28.7.1989, n. 271, di attuazione e coordinamento del c.p.p. ha abrogato le disposizioni del c.p. che prevedono l'ipoteca legale.

Norme connesse:
Art. 13, l. 24.11.1981, n. 689 (in *Normativa complementare*, voce *Depenalizzazione*).

192. Atti a titolo gratuito compiuti dal colpevole dopo il reato.
Gli atti a titolo gratuito, compiuti dal colpevole dopo il reato, non hanno efficacia rispetto ai crediti indicati nell'art. 189 [388; c.c. 2901;].

193. Atti a titolo oneroso compiuti dal colpevole dopo il reato.
Gli atti a titolo oneroso, eccedenti la semplice amministrazione ovvero la gestione dell'ordinario commercio, i quali siano compiuti dal colpevole dopo il reato, si presumono fatti in frode rispetto ai crediti indicati nell'articolo 189.
Nondimeno, per la revoca dell'atto, è necessaria la prova della mala fede dell'altro contraente [c.c. 2901].

194. Atti a titolo oneroso o gratuito compiuti dal colpevole prima del reato.
Gli atti a titolo gratuito, compiuti dal colpevole prima del reato, non sono efficaci rispetto ai crediti indicati nell'articolo 189, qualora si provi che furono da lui compiuti in frode.
La stessa disposizione si applica agli atti a titolo oneroso eccedenti la semplice amministrazione ovvero la gestione dell'ordinario commercio; nondimeno, per la revoca dell'atto a titolo oneroso, è necessaria la prova anche della mala fede dell'altro contraente.
Le disposizioni di questo articolo non si applicano per gli atti anteriori di un anno al commesso reato.

195. Diritti dei terzi.
Nei casi preveduti dai tre articoli precedenti, i diritti dei terzi sono regolati dalle leggi civili [c.c. 1203, 2901, 2902, 2903, 2904].

196. Obbligazione civile per le multe e le ammende inflitte a persona dipendente (1).
Nei reati commessi da chi è soggetto all'altrui autorità, direzione o vigilanza, la persona rivestita dell'autorità, o incaricata della direzione o vigilanza, è obbligata, in caso di insolvibilità del condannato, al pagamento di una somma pari all'ammontare della multa o dell'ammenda inflitta al colpevole, se si tratta di violazioni di disposizioni che essa era tenuta a far osservare e delle quali non debba rispondere penalmente.
Qualora la persona preposta risulti insolvibile, si applicano al condannato le disposizioni dell'articolo 136 [c.p.p. 460, 534, 565].

Evoluzione normativa:
(1) Articolo così sostituito dall'art. 116, l. 24.11.1981, n. 689.
Tutte le disposizioni processuali relative alla persona civilmente obbligata per la ammenda si intendono riferite anche alla persona civilmente obbligata per la multa, secondo quanto dispone l'art. 117 della stessa legge.

Norme connesse:
A. Art. 9, l. 7.1.1929, n. 4 (in *Normativa complementare*, voce *Economia (diritto penale della)*, *Finanza*).
B. Art. 114, co. 2, l. 17.7.1942, n. 907 (in *Normativa complementare*, voce *Contrabbando e tabacchi*).

197. Obbligazione civile delle persone giurid che per il pagamento delle multe e delle ammende (1).
Gli enti forniti di personalità giuridica [c.c. 12], eccettuati lo Stato, le regioni, le province ed i comuni, qualora sia pronunciata condanna per reato contro chi ne abbia la rappresentanza, o l'amministrazione, o sia con essi in rapporto di dipendenza, e si tratti di reato che costituisca violazione degli obblighi inerenti alla qualità rivestita dal colpevole, ovvero sia commesso nell'interesse della persona giuridica, sono obbligati al pagamento, in caso di insolvibilità del condannato, di una somma pari all'ammontare della multa o dell'ammenda inflitta.
Se tale obbligazione non può essere adempiuta, si applicano al condannato le disposizioni dell'articolo 136 [Cost. 28; c.p.p. 460, 534, 565].

Evoluzione normativa:
(1) Articolo così sostituito dall'art. 116, l. 24.11.1981, n. 689
Tutte le disposizioni processuali relative alla persona civilmente obbligata per la ammenda si intendono riferite anche alla persona civilmente obbligata per la multa, secondo quanto dispone l'art. 117, della medesima legge.

Norme connesse:
A. Art. 10, l. 7.1.1929, n. 4 (in *Normativa complementare*, voce *Economia (diritto penale della)*, *Finanza*).
B. Art. 114, co. 2, l. 17.7.1942, n. 907 (in *Normativa complementare*, voce *Contrabbando e tabacchi*).

198. Effetti dell'estinzione del reato o della pena sulle obbligazioni civili.
L'estinzione del reato [150] o della pena [171, 182] non importa l'estinzione delle obbligazioni civili [185] derivanti dal reato [152], salvo che si tratti delle obbligazioni indicate nei due articoli precedenti.

TITOLO VIII
Delle misure amministrative di sicurezza

Capo I
Delle misure di sicurezza personal

Sezione I
Disposizioni generali

199. Sottoposizione a misure di sicurezza: disposizione espressa di legge.
Nessuno può essere sottoposto a misure di sicurezza

che non siano espressamente stabilite dalla legge e fuori dei casi dalla legge stessa preveduti [Cost. 25³; 202].

Norme connesse:

A. Art. 1 c.p.

200. Applicabilità delle misure di sicurezza rispetto al tempo, al territorio e alle persone.

Le misure di sicurezza [215] sono regolate dalla legge in vigore al tempo della loro applicazione.

Se la legge del tempo in cui deve eseguirsi la misura di sicurezza è diversa, si applica la legge in vigore al tempo dell'esecuzione.

Le misure di sicurezza si applicano anche agli stranieri, che si trovano nel territorio dello Stato [4, 312].

Tuttavia l'applicazione di misure di sicurezza allo straniero non impedisce l'espulsione di lui dal territorio dello Stato, a norma delle leggi di pubblica sicurezza [235].

Norme connesse:

A. Artt. 2 ss. c.p.

B. Art. 15, co. 1, d.lgs. 25.7.1998, n. 286 (in *Normativa complementare*, voce *Immigrazione*).

C. Art. 86, co. 1 e 2, d.P.R. 9.10.1990, n. 309 (in *Normativa complementare*, voce *Stupefacenti*).

201. Misure di sicurezza per fatti commessi all'estero.

Quando, per un fatto commesso all'estero, si procede o si rinnova il giudizio nello Stato [7, 11], è applicabile la legge italiana anche riguardo alle misure di sicurezza.

Nel caso indicato nell'articolo 12, n. 3, l'applicazione delle misure di sicurezza stabilite dalla legge italiana è sempre subordinata all'accertamento che la persona sia socialmente pericolosa [203].

202. Applicabilità delle misure di sicurezza.

Le misure di sicurezza [215, 236] possono essere applicate [205, 206, 207] soltanto alle persone socialmente pericolose che abbiano commesso un fatto preveduto dalla legge come reato.

La legge penale determina i casi nei quali a persone socialmente pericolose possono essere applicate misure di sicurezza per un fatto non preveduto dalla legge come reato [49⁴, 115²⁻⁴, 229, n. 2].

203. Pericolosità sociale.

Agli effetti della legge penale, è socialmente pericolosa la persona, anche se non imputabile [85, 88, 91, 96, 97] o non punibile [45, 46, 49, 50, 51, 54], la quale ha commesso taluno dei fatti indicati nell'articolo precedente quando è probabile che commetta nuovi fatti preveduti dalla legge come reati [164, n. 2].

La qualità di persona socialmente pericolosa si desume dalle circostanze indicate nell'articolo 133.

Norme connesse:

A. Art. 4 bis, l. 26.7.1975, n. 354, sull'ordinamento penitenziario (in *Normativa Complementare*, voce *Ordinamento penitenziario*).

B. Art. 2, d.l. 13.5.1991, n. 152, conv., con modif., con l. 12.7.1991, n. 203, in tema di lotta alla criminalità organizzata, il quale dispone che i condannati per il delitto previsto nel presente articolo sono esclusi dal beneficio della liberazione condizionale (in *Normativa Complementare*, voce *Mafia e crimine organizzato, Criminalità organizzata e transnazionale*).

204. Accertamento di pericolosità. Pericolosità sociale presunta [1].

[Le misure di sicurezza [215, 236] sono ordinate, previo accertamento che colui il quale ha commesso il fatto è persona socialmente pericolosa [203].

Nei casi espressamente determinati [109, 210, 219, 221, 222, 224, 225, 226, 230, 234, 235, 240, 312, 417, 538], la qualità di persona socialmente pericolosa è presunta dalla legge. Nondimeno anche in tali casi l'applicazione delle misure di sicurezza è subordinata all'accertamento di tale qualità, se la condanna o il proscioglimento è pronunciato:

1. dopo dieci anni dal giorno in cui è stato commesso il fatto, qualora si tratti di infermi di mente, nei casi preveduti dal primo capoverso dell'articolo 219 e dell'articolo 222;
2. dopo cinque anni dal giorno in cui è stato commesso il fatto, in ogni altro caso.

È altresì subordinata all'accertamento della qualità di persona socialmente pericolosa l'esecuzione, non ancora iniziata, delle misure di sicurezza aggiunte a pena non detentiva, ovvero concernenti imputati prosciolti, se, dalla data della sentenza di condanna o di proscioglimento, sono decorsi dieci anni nel caso preveduto dal primo capoverso dell'articolo 222, ovvero cinque anni in ogni altro caso.]

Evoluzione normativa:

(1) Articolo da ritenersi abrogato *ex* art. 31², l. 10.10.1986, n. 663 (c.d. legge Gozzini), che, così dispone: «*Tutte le misure di sicurezza personale sono ordinate previo accertamento che colui il quale ha commesso il fatto è persona socialmente pericolosa*».

205. Provvedimento del giudice.

Le misure di sicurezza [199] sono ordinate dal giudice nella stessa sentenza di condanna o di proscioglimento [c.p.p. 658].

Possono essere ordinate con provvedimento successivo [c.p.p. 679]:

1. nel caso di condanna durante la esecuzione della pena o durante il tempo in cui il condannato si sottrae volontariamente all'esecuzione della pena;
2. nel caso di proscioglimento, qualora la qualità di persona socialmente pericolosa sia presunta, e non sia decorso un tempo corrispondente alla durata minima della relativa misura di sicurezza [1];
3. in ogni tempo, nei casi stabiliti dalla legge [109, 210].

Evoluzione normativa:

(1) La Corte costituzionale, con sent. 8.7.1982, n. 139, ha dichiarato l'illegittimità dell'art. 205 c.p., cpv. n. 2, nella parte in cui non subordina il provvedimento di ricovero in ospedale psichiatrico giudiziario dell'imputato prosciolto per infermità psichica, al previo accertamento da parte del giudice della cognizione o dell'esecuzione della persistente pericolosità sociale derivante dalla infermità medesima al tempo dell'applicazione della misura.

206. Applicazione provvisoria delle misure di sicurezza [1].

Durante l'istruzione o il giudizio [c.p.p. 73, 312, 313], può disporsi che il minore di età, o l'infermo di mente [c.c. 414], o l'ubriaco abituale [94], o la persona dedita all'uso di sostanze stupefacenti [95], o in stato di cronica intossicazione prodotta da alcool o da sostanze stupefacenti, siano provvisoriamente ricoverati in un riformatorio [223] o in un manicomio giudiziario [(2)] [222], o in una casa di cura e di custodia [219] [(3)].

Il giudice revoca l'ordine, quando ritenga che tali persone non siano più socialmente pericolose [203].

Il tempo dell'esecuzione provvisoria della misura di sicurezza è computato nella durata minima di essa.

Evoluzione normativa:

(1) La Corte costituzionale, con sent. 17.11.2004, n. 367, ha dichiarato l'illegittimità di questo articolo, nella parte in cui non consente al giudice di disporre, in luogo del ricovero in ospedale psichiatrico giudiziario, una misura di sicurezza non detentiva, prevista dalla legge, idonea ad assicurare alla persona inferma di mente cure adeguate e a contenere la sua pericolosità sociale.

(2) I manicomi giudiziari, cui faceva riferimento il testo originario, sono stati sostituiti dagli ospedali psichiatrici giudiziari (art. 62, co. 1-2, l. 26.7.1975, n. 354 e art. 111, d.P.R. 30.6.2000, n. 230). Per il definitivo superamento degli ospedali psichiatrici giudiziari e la loro sostituzione con le Residenze per l'esecuzione delle misure di sicurezza, v. l'art. 3 ter, d.l. 22.12.2011, n. 211, conv., con modif., con l. 17 febbraio 2012, n. 9, come da ultimo modificato dall'art. 1, d.l. 31.3.2014, n. 52, conv., con modif., con l. 30.5.2014, n. 81 (in *Normativa complementare*, voce *Sanità (diritto penale della)*).

(3) La Corte costituzionale, con sent. 14.7.1998, n. 324, ha dichiarato l'illegittimità di questo comma, nella parte in cui prevede la possibilità di disporre il ricovero provvisorio anche di minori in un ospedale psichiatrico giudiziario. L'art. 62, l. 26.7.1975, n. 354, sull'ordinamento penitenziario indica gli ospedali psichiatrici giudiziari come istituti per l'esecuzione delle misure di sicurezza al posto dei manicomi giudiziari.

207. Revoca delle misure di sicurezza personali.

Le misure di sicurezza [215] non possono essere revocate [c.p.p. 679] se le persone ad esse sottoposte non hanno cessato di essere socialmente pericolose [203].

La revoca non può essere ordinata se non è decorso un tempo corrispondente alla durata minima [215] stabilita dalla legge per ciascuna misura di sicurezza [(1)].

[Anche prima che sia decorso il tempo corrispondente alla durata minima stabilita dalla legge, la misura di sicurezza applicata dal giudice può essere revocata con decreto del ministro della giustizia.] [(2)]

Evoluzione normativa:

(1) La Corte costituzionale, con sent. 5.4.1974, n. 110, ha dichiarato l'illegittimità dell'art. 207, co. 3, c.p., nella parte in cui attribuisce al Ministero di Grazia e Giustizia – anziché al giudice di sorveglianza – il potere di revocare le misure di sicurezza, nonché l'illegittimità del secondo comma dello stesso art. 207 c.p., in quanto non consente la revoca delle misure di sicurezza prima che sia decorso il tempo corrispondente alla durata minima stabilita dalla legge.

(2) Comma abrogato dall'art. 89, l. 26.7.1975, n. 354.

Norme connesse:

A. Artt. 70 e 71, l. 26.7.1975, n. 354 (in *Normativa complementare*, voce *Ordinamento penitenziario*).

208. Riesame della pericolosità.

Decorso il periodo minimo di durata, stabilito dalla legge per ciascuna misura di sicurezza [215], il giudice riprende in esame le condizioni della persona che vi è sottoposta, per stabilire se essa è ancora socialmente pericolosa [203, 230].

Qualora la persona risulti ancora pericolosa, il giudice fissa un nuovo termine per un esame ulteriore. Nondimeno, quando vi sia ragione di ritenere che il pericolo sia cessato, il giudice può, in ogni tempo procedere a nuovi accertamenti [c.p.p. 679].

Norme connesse:

A. Art. 69, co. 4, l. 26.7.1975, n. 354 (in *Normativa complementare*, voce *Ordinamento penitenziario*), dove si prevede che al riesame della pericolosità sociale provvede il magistrato di sorveglianza.

209. Persona giudicata per più fatti.

Quando una persona ha commesso, anche in tempi diversi, più fatti per i quali siano applicabili più misure di sicurezza della medesima specie, è ordinata una sola misura di sicurezza.

Se le misure di sicurezza sono di specie diversa, il giudice [c.p.p. 658, 679] valuta complessivamente il pericolo che deriva dalla persona e, in relazione ad esso, applica una o più misure di sicurezza stabilite dalla legge [219].

Sono in ogni caso applicate le misure di sicurezza detentive [215], alle quali debba essere sottoposta la persona, a cagione del pericolo presunto dalla legge.

Le disposizioni precedenti si applicano anche nel caso di misure di sicurezza in corso di esecuzione, o delle quali non siasi ancora iniziata l'esecuzione.

210. Effetti della estinzione del reato o della pena.

L'estinzione del reato [150] impedisce l'applicazione delle misure di sicurezza [199, 215, 216] e ne fa cessare l'esecuzione.

L'estinzione della pena [172, 173, 174] impedisce l'applicazione delle misure di sicurezza, eccetto quelle per le quali la legge stabilisce che possono essere ordinate in ogni tempo [205, n. 3], ma non impedisce l'esecuzione delle misure di sicurezza che sono state già ordinate dal giudice come misure accessorie di una condanna alla pena della reclusione superiore a dieci anni. Nondimeno, alla colonia agricola e alla casa di lavoro [216] è sostituita la libertà vigilata [228].

Qualora per effetto di indulto o di grazia [174] non debba essere eseguita la pena di morte [(1)], ovvero, in tutto o in parte, la pena dell'ergastolo, il condannato è sottoposto a libertà vigilata per un tempo non inferiore a tre anni [c.p.p. 672].

Evoluzione normativa:

(1) La pena di morte per i delitti previsti dal codice penale è stata abolita e sostituita con l'ergastolo dall'art. 1, d.lgs.lt. 10.8.1944, n. 224. L'art. 1, d.lgs. ha poi abolito la pena di morte per i delitti previsti dalle leggi speciali. La l. 13.10.1994, n. 589, infine, ha abolito la pena di morte anche per i reati previsti dal codice penale militare di guerra.

211. Esecuzione delle misure di sicurezza.

Le misure di sicurezza aggiunte a una pena detentiva sono eseguite [c.p.p. 655] dopo che la pena è stata scontata o è altrimenti estinta [220, 222].

Le misure di sicurezza, aggiunte a pena non detentiva, sono eseguite dopo che la sentenza di condanna è divenuta irrevocabile.

L'esecuzione delle misure di sicurezza temporanee

non detentive, aggiunte a misure di sicurezza detentive, ha luogo dopo la esecuzione di queste ultime.

Norme connesse:

A. Art. 71, l. 26.7.1975, n. 354 (in *Normativa complementare*, voce *Ordinamento penitenziario*).

211 bis. Rinvio dell'esecuzione delle misure di sicurezza.

Alle misure di sicurezza previste dal presente capo si applicano gli articoli 146 e 147 [(1)].

Se la misura di sicurezza deve essere eseguita nei confronti dell'autore di un delitto consumato o tentato commesso con violenza contro le persone ovvero con l'uso di armi e vi sia concreto pericolo che il soggetto commetta nuovamente uno dei delitti indicati il giudice può ordinare il ricovero in una casa di cura o in altro luogo di cura comunque adeguato alla situazione o alla patologia della persona [(2)].

Evoluzione normativa:

(1) Articolo introdotto dall'art. 7, l. 12.7.1999, n. 231.
(2) Comma introdotto dall'art. 2, l. 8.3.2001, n. 40.

212. Casi di sospensione o di trasformazione di misure di sicurezza.

L'esecuzione di una misura di sicurezza applicata a persona imputabile [85] è sospesa se questa deve scontare una pena detentiva, e riprende il suo corso dopo l'esecuzione della pena.

Se la persona sottoposta a una misura di sicurezza detentiva [215] è colpita da un'infermità psichica [148], il giudice ne ordina il ricovero in un manicomio giudiziario [222], ovvero in una casa di cura e di custodia [219].

Quando sia cessata l'infermità, il giudice, accertato che la persona è socialmente pericolosa [203], ordina che essa sia assegnata ad una colonia agricola o ad una casa di lavoro [216], ovvero a un riformatorio giudiziario [223], se non crede di sottoporla a libertà vigilata [228].

Se l'infermità psichica colpisce persona sottoposta a misura di sicurezza non detentiva [215] o a cauzione di buona condotta [237], e l'infermo viene ricoverato in un manicomio comune, cessa l'esecuzione di dette misure. Nondimeno, se si tratta di persona sottoposta a misura di sicurezza personale non detentiva, il giudice, cessata l'infermità, procede a nuovo accertamento ed applica una misura di sicurezza personale non detentiva qualora la persona risulti ancora pericolosa.

213. Stabilimenti destinati alla esecuzione delle misure di sicurezza detentive. Regime educativo, curativo e di lavoro.

Le misure di sicurezza detentive [215] sono eseguite negli stabilimenti a ciò destinati.

Le donne sono assegnate a stabilimenti separati da quelli destinati agli uomini.

In ciascuno degli stabilimenti è adottato un particolare regime educativo o curativo e di lavoro, avuto riguardo alle tendenze e alle abitudini criminose della persona e, in genere, al pericolo sociale che da essa deriva.

Il lavoro è remunerato [145]. Dalla remunerazione è prelevata una quota per il rimborso delle spese di mantenimento [188].

Per quanto concerne il mantenimento dei ricoverati nei manicomi giudiziari [(1)], si osservano le disposizioni sul rimborso delle spese di spedalità.

Evoluzione normativa:

(1) I manicomi giudiziari, cui faceva riferimento il testo originario, sono stati sostituiti dagli ospedali psichiatrici giudiziari (art. 62, co. 1-2, l. 26.7.1975, n. 354 e art. 111, d.P.R. 30.6.2000, n. 230). Per il definitivo superamento degli ospedali psichiatrici giudiziari e la loro sostituzione con le Residenze per l'esecuzione delle misure di sicurezza, v. l'art. 3 ter, d.l. 22.12.2011, n. 211, conv., con modif., con l. 17.2.2012, n. 9, come da ultimo modificato dall'art. 1, d.l. 31.3.2014, n. 52, conv., con modif., con l. 30.5.2014, n. 81 (in *Normativa complementare*, voce *Sanità (diritto penale della), Malattie mentali, O.P.G. e R.E.M.S.*).

Norme connesse:

A. Art. 62, l. 26.7.1975, n. 354 (in *Normativa complementare*, voce *Ordinamento penitenziario*).

214. Inosservanza delle misure di sicurezza detentive.

Nel caso in cui la persona sottoposta a misura di sicurezza detentiva [215] si sottrae volontariamente alla esecuzione di essa [231, 238, 239, 391, 716], ricomincia a decorrere il periodo minimo di durata della misura di sicurezza dal giorno in cui a questa è data nuovamente esecuzione.

Tale disposizione non si applica nel caso di persona ricoverata in un manicomio giudiziario [222] [(1)] o in una casa di cura e di custodia [219].

Evoluzione normativa:

(1) I manicomi giudiziari, cui faceva riferimento il testo originario, sono stati sostituiti dagli ospedali psichiatrici giudiziari (art. 62, co. 1-2, l. 26.7.1975, n. 354 e art. 111, d.P.R. 30.6.2000, n. 230). Per il definitivo superamento degli ospedali psichiatrici giudiziari e la loro sostituzione con le Residenze per l'esecuzione delle misure di sicurezza, v. l'art. 3 ter, d.l. 22.12.2011, n. 211, conv., con modif., con l. 17.2.2012, n. 9, come da ultimo modificato dall'art. 1, d.l. 31.3.2014, n. 52, conv., con modif., con l. 30.5.2014, n. 81 (in *Normativa complementare*, voce *Sanità (diritto penale della), Malattie mentali, O.P.G. e R.E.M.S.*).

Norme connesse:

A. Art. 62, l. 26.7.1975, n. 354 (in *Normativa complementare*, voce *Ordinamento penitenziario*).

Sezione II
Disposizioni speciali

215. Specie.

Le misure di sicurezza personali si distinguono in detentive e non detentive.

Sono misure di sicurezza detentive:

1. l'assegnazione a una colonia agricola o ad una casa di lavoro [216, 217, 218];
2. il ricovero in una casa di cura e di custodia [219, 220, 221];
3. il ricovero in un manicomio giudiziario [(1)] [222];
4. il ricovero in un riformatorio giudiziario [223, 224, 225, 226, 227].

Sono misure di sicurezza non detentive:

1. la libertà vigilata [228, 229, 230, 231, 232];
2. il divieto di soggiorno in uno o più comuni, o in una o più province [233];
3. il divieto di frequentare osterie e pubblici spacci di bevande alcooliche [234];
4. l'espulsione dello straniero dallo Stato [235].

Quando la legge stabilisce una misura di sicurezza senza indicarne la specie, il giudice dispone che si applichi la libertà vigilata, a meno che, trattandosi di un condannato per delitto, ritenga di disporre l'assegnazione di lui a una colonia agricola o ad una casa di lavoro.

Evoluzione normativa:

(1) I manicomi giudiziari, cui faceva riferimento il testo originario, sono stati sostituiti dagli ospedali psichiatrici giudiziari (art. 62, co. 1-2, l. 26.7.1975, n. 354 e art. 111, d.P.R. 30.6.2000, n. 230). Per il definitivo superamento degli ospedali psichiatrici giudiziari e la loro sostituzione con le Residenze per l'esecuzione delle misure di sicurezza, v. l'art. 3 ter, d.l. 22.12.2011, n. 211, conv., con modif., con l. 17 febbraio 2012, n. 9, come da ultimo modificato dall'art. 1, d.l. 31.3.2014, n. 52, conv., con modif., con l. 30.5.2014, n. 81 (in *Normativa complementare*, voce *Sanità (diritto penale della), Malattie mentali, O.P.G. e R.E.M.S.*)

Norme connesse:

A. Art. 62, l. 26.7.1975, n. 354 (in *Normativa complementare*, voce *Ordinamento penitenziario*).

216. Assegnazione a una colonia agricola o ad una casa di lavoro.

Sono assegnati a una colonia agricola o ad una casa di lavoro [217, 230]:

1. coloro che sono stati dichiarati delinquenti abituali [102, 103], professionali [105] o per tendenza [108];
2. coloro che essendo stati dichiarati delinquenti abituali, professionali o per tendenza, e non essendo più sottoposti a misura di sicurezza, commettono un nuovo delitto, non colposo [43], che sia nuova manifestazione della abitualità, della professionalità o della tendenza a delinquere;
3. le persone condannate o prosciolte, negli altri casi indicati espressamente nella legge [212, 215, 223, 226, 231].

217. Durata minima.

L'assegnazione a una colonia agricola o ad una casa di lavoro ha la durata [214] minima di un anno. Per i delinquenti abituali [102, 103], la durata minima è di due anni, per i delinquenti professionali [105] di tre anni, ed è di quattro anni per i delinquenti per tendenza [108].

218. Esecuzione.

Nelle colonie agricole e nelle case di lavoro i delinquenti abituali [102, 103] o professionali [105] e quelli per tendenza [108] sono assegnati a sezioni speciali.

Il giudice stabilisce se la misura di sicurezza debba essere eseguita in una colonia agricola, ovvero in una casa di lavoro, tenuto conto delle condizioni e attitudini della persona a cui il provvedimento si riferisce. Il provvedimento può essere modificato nel corso dell'esecuzione [c.p.p. 680].

219. Assegnazione a una casa di cura e di custodia.

Il condannato, per delitto non colposo [43], a una pena diminuita per cagione di infermità psichica [89] o di cronica intossicazione da alcool o da sostanze stupefacenti [95], ovvero per cagione di sordomutismo [96] (1), è ricoverato [220] in una casa di cura e di custodia per un tempo non inferiore a un anno, quando la pena stabilita dalla legge non è inferiore nel minimo a cinque anni di reclusione.

Se per il delitto commesso è stabilita dalla legge la pena di morte (2) o la pena dell'ergastolo, ovvero la reclusione non inferiore nel minimo a dieci anni, la misura di sicurezza è ordinata per un tempo non inferiore a tre anni (3).

Se si tratta di un altro reato, per il quale la legge stabilisce la pena detentiva, e risulta che il condannato è persona socialmente pericolosa [203], il ricovero in una casa di cura e di custodia è ordinato per un tempo non inferiore a sei mesi; tuttavia il giudice può sostituire alla misura del ricovero quella della libertà vigilata [228]. Tale sostituzione non ha luogo, qualora si tratti di condannati a pena diminuita per intossicazione cronica da alcool o da sostanze stupefacenti [95] (4).

Quando deve essere ordinato il ricovero in una casa di cura e di custodia, non si applica altra misura di sicurezza detentiva [148; c.p.p. 658].

Evoluzione normativa:

(1) L'art. 1, l. 20.2.2006, n. 95 ha previsto che in tutte le disposizioni legislative vigenti il termine «*sordomuto*» sia sostituito con l'espressione «*sordo*».

(2) La pena di morte per i delitti previsti dal codice penale è stata abolita e sostituita con l'ergastolo dall'art. 1, d.lgs.lt. 10.8.1944, n. 224. L'art. 1, d.lgs. ha poi abolito la pena di morte per i delitti previsti dalle leggi speciali. La l. 13.10.1994, n. 589, infine, ha abolito la pena di morte anche per i reati previsti dal codice penale militare di guerra.

(3) La Corte costituzionale, con sent. 15.7.1983, n. 249, ha dichiarato: a) l'illegittimità dell'art. 219, co. 1, c.p., nella parte in cui non subordina il provvedimento di ricovero in una casa di cura e di custodia dell'imputato condannato per delitto non colposo ad una pena diminuita per cagione di infermità psichica, al previo accertamento da parte del giudice della persistente pericolosità sociale derivante dalla infermità medesima, al tempo dell'applicazione della misura di sicurezza; b) l'illegittimità dell'art. 219, co. 2, c.p., nella parte in cui non subordina il provvedimento di ricovero in una casa di cura e di custodia dell'imputato condannato ad una pena diminuita per cagione di infermità psichica, per un delitto per il quale è stabilita dalla legge la pena dell'ergastolo o della reclusione non inferiore nel minimo a dieci anni, al previo accertamento da parte del giudice della persistente pericolosità sociale derivante dalla infermità medesima al tempo della applicazione della misura di sicurezza.

(4) La Corte costituzionale, con sent. 30.11.1988, n. 1102, ha dichiarato l'illegittimità costituzionale dell'art. 219, co. 3, c.p., nella parte in cui, per i casi ivi previsti, subordina il provvedimento di ricovero in una casa di cura e di custodia al previo accertamento della pericolosità sociale, derivante dalla seminfermità di mente, soltanto nel momento in cui la misura di sicurezza viene disposta e non anche nel momento della sua esecuzione.

Norme connesse:

A. Art. 3 ter, d.l. 22.12.2011, n. 211, conv., con modif., con l. 17.2.2012, n. 9 ((in *Normativa complementare*, voce *Sanità (diritto penale della), Malattie mentali, O.P.G. e R.E.M.S.*): «*[...] Dal 31 marzo 2015 gli ospedali psichiatrici giudiziari sono chiusi e le misure di sicurezza del ricovero in ospedale psichiatrico giudiziario e dell'assegna-*

zione a casa di cura e custodia sono eseguite esclusivamente all'interno delle strutture sanitarie di cui al comma 2, fermo restando che le persone che hanno cessato di essere socialmente pericolose devono essere senza indugio dimesse e prese in carico, sul territorio, dai Dipartimenti di salute mentale [...]».

B. Art. 1, co. 1 quater, d.l. 31.3.2014, n. 52, conv., con modif., con l. 30.5.2014, n. 81 (in *Normativa complementare*, voce *Sanità (diritto penale della), Malattie mentali, O.P.G. e R.E.M.S.*): «*Le misure di sicurezza detentive provvisorie o definitive, compreso il ricovero nelle residenze per l'esecuzione delle misure di sicurezza, non possono durare oltre il tempo stabilito per la pena detentiva prevista per il reato commesso, avuto riguardo alla previsione edittale massima. Per la determinazione della pena a tali effetti si applica l'articolo 278 del codice di procedura penale. Per i delitti puniti con la pena dell'ergastolo non si applica la disposizione di cui al primo periodo*».

220. Esecuzione dell'ordine di ricovero.

L'ordine di ricovero del condannato nella casa di cura e di custodia [219] è eseguito dopo che la pena restrittiva della libertà personale sia stata scontata o sia altrimenti estinta [211].

Il giudice, nondimeno, tenuto conto delle particolari condizioni d'infermità psichica del condannato, può disporre che il ricovero venga eseguito prima che sia iniziata o abbia termine la esecuzione della pena restrittiva della libertà personale.

Il provvedimento è revocato quando siano venute meno le ragioni che lo determinarono, ma non prima che sia decorso il termine minimo stabilito nell'articolo precedente.

Il condannato, dimesso dalla casa di cura e di custodia, è sottoposto all'esecuzione della pena.

221. Ubriachi abituali.

Quando non debba essere ordinata altra misura di sicurezza detentiva [215], i condannati alla reclusione per delitti commessi in stato di ubriachezza, qualora questa sia abituale [94], o per delitti commessi sotto l'azione di sostanze stupefacenti [95] all'uso delle quali siano dediti, sono ricoverati in una casa di cura e di custodia [219].

Tuttavia, se si tratta di delitti per i quali sia stata inflitta la reclusione per un tempo inferiore a tre anni, al ricovero in una casa di cura e di custodia può essere sostituita la libertà vigilata [228, 229, 230, 231, 232].

Il ricovero ha luogo in sezioni speciali, e ha la durata minima di sei mesi [214].

222. Ricovero in un manicomio giudiziario (1) (2).

Nel caso di proscioglimento per infermità psichica [88], ovvero per intossicazione cronica da alcool o da sostanze stupefacenti [95], ovvero per sordomutismo [96] (3), è sempre ordinato il ricovero dell'imputato in un manicomio giudiziario per un tempo non inferiore a due anni; salvo che si tratti di contravvenzioni o di delitti colposi [43] o di altri delitti per i quali la legge stabilisce la pena pecuniaria o la reclusione per un tempo non superiore nel massimo a due anni, nei quali casi la sentenza di proscioglimento è comunicata all'Autorità di pubblica sicurezza (4).

La durata minima del ricovero nel manicomio giudiziario è di dieci anni, se per il fatto commesso la legge stabilisce la pena di morte (5) o l'ergastolo, ovvero di cinque se per il fatto commesso la legge stabilisce la pena della reclusione per un tempo non inferiore nel minimo a dieci anni.

Nel caso in cui la persona ricoverata in un manicomio giudiziario debba scontare una pena restrittiva della libertà personale, l'esecuzione di questa è differita fino a che perduri il ricovero nel manicomio [214, 231].

Le disposizioni di questo articolo si applicano anche ai minori degli anni quattordici o maggiori dei quattordici e minori dei diciotto, prosciolti per ragione di età, quando abbiano commesso un fatto preveduto dalla legge come reato, trovandosi in alcuna delle condizioni indicate nella prima parte dell'articolo stesso.

Evoluzione normativa:

(1) La Corte costituzionale, con sent. 2.7.2003, n. 253, ha dichiarato l'illegittimità dell'art. 222 c.p., nella parte in cui non consente al giudice, nei casi ivi previsti, di adottare, in luogo del ricovero in ospedale psichiatrico giudiziario, una diversa misura di sicurezza, prevista dalla legge, idonea ad assicurare adeguate cure dell'infermo di mente e a far fronte alla sua pericolosità sociale.

(2) I manicomi giudiziari, cui faceva riferimento il testo originario, sono stati sostituiti dagli ospedali psichiatrici giudiziari (art. 62, co. 1-2, l. 26.7.1975, n. 354 e art. 111, d.P.R. 30.6.2000, n. 230). Per il definitivo superamento degli ospedali psichiatrici giudiziari e la loro sostituzione con le Residenze per l'esecuzione delle misure di sicurezza, v. l'art. 3 ter, d.l. 22.12.2011, n. 211, conv., con modif., con l. 17.2.2012, n. 9, come da ultimo modificato dall'art. 1, d.l. 31.3.2014, n. 52, conv., con modif., con l. 30.5.2014, n. 81 (in *Normativa complementare*, voce *Sanità (diritto penale della), Malattie mentali, O.P.G. e R.E.M.S.*).

(3) L'art. 1, l. 20.2.2006, n. 95 ha previsto che in tutte le disposizioni legislative vigenti il termine «*sordomuto*» sia sostituito con l'espressione «*sordo*».

(4) La Corte costituzionale:
- con sent. 8.7.1982, n. 139, ha dichiarato l'illegittimità del primo comma, nella parte in cui non subordina il provvedimento di ricovero in ospedale psichiatrico giudiziario dell'imputato prosciolto per infermità psichica, al previo accertamento da parte del giudice della cognizione o della esecuzione della persistente pericolosità sociale derivante dalla infermità medesima al tempo della applicazione della misura;
- con sent. 14.7.1998, n. 324, ha dichiarato, i) l'illegittimità del primo e secondo comma, nella parte in cui prevedono l'applicazione anche ai minori della misura di sicurezza del ricovero in un ospedale psichiatrico giudiziario *e* ii) l'illegittimità del quarto comma.

(5) La pena di morte per i delitti previsti dal codice penale è stata abolita e sostituita con l'ergastolo dall'art. 1, d.lgs.lt. 10.8.1944, n. 224. L'art. 1, d.lgs. 22.1.1948, n. 21 ha poi abolito la pena di morte per i delitti previsti dalle leggi speciali. La l. 13.10.1994, n. 589, infine, ha abolito la pena di morte anche per i reati previsti dal codice penale militare di guerra.

Norme connesse:

A. V. norme connesse *sub* art. 219.

223. Ricovero dei minori in un riformatorio giudiziario.

Il ricovero in un riformatorio giudiziario è misura di sicurezza speciale per i minori, e non può avere durata inferiore a un anno.

Qualora tale misura di sicurezza debba essere, in tutto o in parte, applicata o eseguita dopo che il minore abbia compiuto gli anni ventuno, ad essa è sostituita la libertà vigilata [228, 229, 230], salvo che il giudice ritenga di ordinare l'assegnazione a una colonia agricola, o ad una casa di lavoro [216; c.p.p. 658].

Norme connesse:

A. Art. 2 c.c., che fissa il raggiungimento della maggiore età al compimento del diciottesimo anno. L'art. 24, d.lgs. 28.7.1989, n. 272 (in *Normativa complementare*, voce *Minori (diritto penale dei)*) ha esteso la disciplina dell'esecuzione delle misure di sicurezza minorili a coloro che «*abbiano compiuto il diciottesimo ma non il ventunesimo anno di età*». A seguito delle modificazioni operate dall'art. 5, co. 1, d.l. 26.6.2014, n. 92, conv., con modif., con l. 11.8.2014, n. 117, e da ultimo dall'art. 9, co. 1, d.lgs. 2.10.2018 n. 121, l'art. 24, d.lgs. n. 272/1989 prevede l'applicazione della disciplina minorile in materia di esecuzione di provvedimenti limitativi della libertà a coloro che «*abbiano compiuto il diciottesimo ma non il venticinquesimo anno di età, sempre che non ricorrano particolari ragioni di sicurezza valutate dal giudice competente, tenuto conto altresì delle finalità rieducative ovvero quando le predette finalità non risultano in alcun modo perseguibili a causa della mancata adesione al trattamento in atto*».

B. Art. 36, d.P.R 22.9.1988, n. 448 (in *Normativa complementare*, voce *Minori (diritto penale dei)*).

C. Artt. 1 e 25, r.d.l. 20.7.1934, n. 1404 (in *Normativa complementare*, voce *Minori (diritto penale dei)*).

D. Art. 3, r.d. 4.4.1939, n. 721: «*Art. 3 – Case di rieducazione speciali. In case di rieducazione speciali sono ammessi: 1) i minori sottoposti a procedimento penale, quando non possono essere o non sono soggetti a custodia preventiva; 2) i minori prosciolti per difetto di capacità di intendere o di volere, senza che sia stata applicata una misura di sicurezza; 3) i minori prosciolti per concessione del perdono giudiziale, o condannati con pena sospesa condizionalmente; 4) i minorenni che, precedentemente all'assegnazione ad una casa di rieducazione o durante l'internamento, hanno riportato una condanna, o sono stati, con provvedimento definitivo, internati per misura di sicurezza; 5) i minorenni che il Tribunale assegna per cattiva condotta a una casa speciale, e finché tale assegnazione non è revocata*».

224. Minore non imputabile.

Qualora il fatto commesso da un minore degli anni quattordici sia preveduto dalla legge come delitto, ed egli sia pericoloso [203, 227], il giudice, tenuto specialmente conto della gravità del fatto e delle condizioni morali della famiglia in cui il minore è vissuto, ordina che questi sia ricoverato nel riformatorio giudiziario o posto in libertà vigilata [228, 229, 230, 231, 232].

Se, per il delitto, la legge stabilisce la pena di morte [(1)] o l'ergastolo, o la reclusione non inferiore nel minimo a tre anni, e non si tratta di delitto colposo [43], è sempre ordinato il ricovero del minore nel riformatorio per un tempo non inferiore a tre anni [(2)].

Le disposizioni precedenti si applicano anche al minore che, nel momento in cui ha commesso il fatto preveduto dalla legge come delitto, aveva compiuto gli anni quattordici, ma non ancora i diciotto, se egli sia riconosciuto non imputabile, a norma dell'articolo 98 [212].

Evoluzione normativa:

(1) La pena di morte per i delitti previsti dal codice penale è stata abolita e sostituita con l'ergastolo dall'art. 1, d.lgs.lt. 10.8.1944, n. 224. L'art. 1, d.lgs. 22.1.1948, n. 21 ha poi abolito la pena di morte per i delitti previsti dalle leggi speciali. La l. 13.10.1994, n. 589, infine, ha abolito la pena di morte anche per i reati previsti dal codice penale militare di guerra.

(2) La Corte costituzionale, con sent. 12.1.1971, n. 1, ha dichiarato l'illegittimità costituzionale di questo comma, nella parte in cui rende obbligatorio ed automatico, per i minori degli anni quattordici, il ricovero, per almeno tre anni, in riformatorio giudiziario.

Norme connesse:

A. Art. 36, d.P.R. 22.9.1988, n. 448, (in *Normativa complementare*, voce *Minori (diritto penale dei)*).

225. Minore imputabile.

Quando il minore che ha compiuto gli anni quattordici, ma non ancora i diciotto, sia riconosciuto imputabile [98], il giudice può ordinare che, dopo l'esecuzione della pena, egli sia ricoverato in un riformatorio giudiziario o posto in libertà vigilata [228, 229, 230, 231, 232], tenuto conto delle circostanze indicate nella prima parte dell'articolo precedente.

È sempre applicata una delle predette misure di sicurezza al minore che sia condannato per delitto durante l'esecuzione di una misura di sicurezza, a lui precedentemente applicata per difetto d'imputabilità [97, 212].

Norme connesse:

A. Art. 36, d.P.R 22.9.1988, n. 448, (in *Normativa complementare*, voce *Minori (diritto penale dei)*).

226. Minore delinquente abituale, professionale o per tendenza.

Il ricovero in un riformatorio giudiziario è sempre ordinato per il minore degli anni diciotto, che sia delinquente abituale [102, 103] o professionale [105], ovvero delinquente per tendenza [108], e non può avere durata inferiore a tre anni. Quando egli ha compiuto gli anni ventuno [c.c. 2], il giudice ne ordina l'assegnazione a una colonia agricola o ad una casa di lavoro [216].

La legge determina gli altri casi nei quali deve essere ordinato il ricovero del minore in un riformatorio giudiziario [212].

Norme connesse:

A. Art. 21, r.d.l. 20.7.1934, n. 1404 (in *Normativa complementare*, voce *Minori (diritto penale dei)*).

B. Art. 36, d.P.R 22.9.1988, n. 448 (in *Normativa complementare*, voce *Minori (diritto penale dei)*).

227. Riformatori speciali.

Quando la legge stabilisce che il ricovero in un riformatorio giudiziario sia ordinato senza che occorra accertare che il minore è socialmente pericoloso [203, 224, 225, 226, 232], questi è assegnato ad uno stabilimento speciale o ad una sezione speciale degli stabilimenti ordinari.

Può altresì essere assegnato ad uno stabilimento speciale o ad una sezione speciale degli stabilimenti ordinari il minore che, durante il ricovero nello stabilimento ordinario, si sia rivelato particolarmente pericoloso.

Norme connesse:

A. Art. 1, r.d.l. 20.7.1934, n. 1404 (in *Normativa complementare*, voce *Minori (diritto penale dei)*).

B. Art. 36, d.P.R. 22.9.1988, n. 448, (in *Normativa complementare*, voce *Minori (diritto penale dei)*).

228. Libertà vigilata.

La sorveglianza della persona in stato di libertà vigilata è affidata all'autorità di pubblica sicurezza [c.p.p. 658].

Alla persona in stato di libertà vigilata sono imposte dal giudice prescrizioni idonee ad evitare le occasioni di nuovi reati [231].

Tali prescrizioni possono essere dal giudice successivamente modificate o limitate.

La sorveglianza deve essere esercitata in modo da agevolare, mediante il lavoro, il riadattamento della persona alla vita sociale.

La libertà vigilata non può avere durata inferiore a un anno [210, 230, nn. 1 e 2].

Per la vigilanza sui minori si osservano le disposizioni precedenti, in quanto non provvedano leggi speciali [232].

Norme connesse:

A. Artt. 1 e 23, r.d.l. 20.7.1934, n. 1404 (in *Normativa complementare*, voce *Minori (diritto penale dei)*).

B. Art. 55, l. 26.7.1975, n. 354 (in *Normativa complementare*, voce *Ordinamento penitenziario*).

C. Art. 162, r.d. 18.6,1931, n. 773 (in *Normativa complementare*, voce *Ordine pubblico e sicurezza pubblica*).

229. Casi nei quali può essere ordinata la libertà vigilata.

Oltre quanto è prescritto da speciali disposizioni di legge [212, 215, 219, 221, 224, 225, 230, 233, 234, 669, 692, 701, 703, 713, 718], la libertà vigilata può essere ordinata:

1. nel caso di condanna alla reclusione per un tempo superiore a un anno;
2. nei casi in cui questo codice autorizza una misura di sicurezza per un fatto non preveduto dalla legge come reato [49, 115].

Norme connesse:

A. Art. 300, d.P.R. 23.1.1973, n. 43 (in *Normativa complementare*, voce *Contrabbando e Tabacchi*).

230. Casi nei quali deve essere ordinata la libertà vigilata.

La libertà vigilata è sempre ordinata:

1. se è inflitta la pena della reclusione per non meno di dieci anni: e non può, in tal caso, avere durata inferiore a tre anni;
2. quando il condannato è ammesso alla liberazione condizionale [176];
3. se il contravventore abituale [103, 104] o professionale [105], non essendo più sottoposto a misure di sicurezza, commette un nuovo reato, il quale sia nuova manifestazione di abitualità o professionalità;
4. negli altri casi determinati dalla legge [210, 212, 223, 225, 238, 417].

Nel caso in cui sia stata disposta l'assegnazione a una colonia agricola o ad una casa di lavoro [216], il giudice, al termine dell'assegnazione, può ordinare che la persona da dimettere sia posta in libertà vigilata [228], ovvero può obbligarla a cauzione di buona condotta [237].

Norme connesse:

A. Art. 300, d.P.R. 23.1.1973, n. 43 (in *Normativa complementare*, voce *Contrabbando e Tabacchi*).

B. Art. 23, r.d.l. 20.7.1934, n. 1404 (in *Normativa complementare*, voce *Minori (diritto penale dei)*).

231. Trasgressione degli obblighi imposti.

Fuori del caso preveduto dalla prima parte dell'articolo 177, quando la persona in stato di libertà vigilata trasgredisce agli obblighi imposti [228], il giudice può aggiungere alla libertà vigilata la cauzione di buona condotta [237].

Avuto riguardo alla particolare gravità della trasgressione o al ripetersi della medesima, ovvero qualora il trasgressore non presti la cauzione, il giudice può sostituire alla libertà vigilata l'assegnazione a una colonia agricola o ad una casa di lavoro [216], ovvero, se si tratta di un minore, il ricovero in un riformatorio giudiziario [223; c.p.p. 658] (1).

Evoluzione normativa:

(1) La Corte costituzionale, con sent. 5.4.1974, n. 110, ha dichiarato non fondate le questioni di legittimità del presente comma, esclusa la previsione del ricovero di un minore in un riformatorio giudiziario, in riferimento agli artt. 2, 3, 13, co. 2, 24, 111, 27, co. 3, e 25 Cost.

Norme connesse:

A. Art. 36, d.P.R 22.9.1988, n. 448 (in *Normativa complementare*, voce *Minori (diritto penale dei)*).

232. Minori o infermi di mente in stato di libertà vigilata.

La persona di età minore [c.c. 2] o in stato di infermità psichica non può essere posta in libertà vigilata, se non quando sia possibile affidarla ai genitori o a coloro che abbiano obbligo di provvedere alla sua educazione o assistenza, ovvero a istituti di assistenza sociale [c.p.p. 658, 659].

Qualora tale affidamento non sia possibile o non sia ritenuto opportuno, è ordinato, o mantenuto, secondo i casi, il ricovero nel riformatorio [223], o nella casa di cura e di custodia [219].

Se, durante la libertà vigilata, il minore non dà prova di ravvedimento o la persona in stato d'infermità psichica si rivela di nuovo pericolosa, alla libertà vigilata è sostituito, rispettivamente, il ricovero in un riformatorio o il ricovero in una casa di cura e di custodia.

Norme connesse:

A. Art. 36, d.P.R 22.9.1988, n. 448 (in *Normativa complementare*, voce *Minori (diritto penale dei)*).

233. Divieto di soggiorno in uno o più Comuni o in una o più Province.

Al colpevole di un delitto contro la personalità dello Stato [241 ss.] o contro l'ordine pubblico [414, 421], ovvero di un delitto commesso per motivi politici [8³] o occasionato da particolari condizioni sociali o morali esistenti in un determinato luogo, può essere imposto il divieto di soggiornare in uno o più Comuni o in una o più Province, designati dal giudice [c.p.p. 283; disp. att. c.p.p. 191].

Il divieto di soggiorno ha una durata non inferiore a un anno.

Nel caso di trasgressione, ricomincia a decorrere il termine minimo, e può essere ordinata inoltre la libertà vigilata [Cost. 16; 228].

234. Divieto di frequentare osterie e pubblici spacci di bevande alcooliche.

Il divieto di frequentare osterie e pubblici spacci di bevande alcooliche ha la durata minima di un anno.

Il divieto è sempre aggiunto alla pena, quando si tratta di condannati per ubriachezza abituale [688] o per reati commessi in stato di ubriachezza, sempre che questa sia abituale [94].

Nel caso di trasgressione, può essere ordinata inoltre la libertà vigilata [228, 229, 230, 231] o la prestazione di una cauzione di buona condotta [237].

235. Espulsione od allontanamento dello straniero dallo Stato [(1)]**.**

Il giudice ordina l'espulsione dello straniero ovvero l'allontanamento dal territorio dello Stato [4] del cittadino appartenente ad uno Stato membro dell'Unione europea, oltre che nei casi espressamente preveduti dalla legge [312], quando lo straniero o il cittadino appartenente ad uno Stato membro dell'Unione europea sia condannato alla reclusione per un tempo superiore ai due anni.

[Ferme restando le disposizioni in materia di esecuzione delle misure di sicurezza personali, l'espulsione e l'allontanamento dal territorio dello Stato sono eseguiti dal questore secondo le modalità di cui, rispettivamente, all'articolo 13, comma 4, del testo unico di cui al decreto legislativo 25 luglio 1998, n. 286, e all'articolo 20, comma 11, del decreto legislativo 6 febbraio 2007, n. 30 [(2)].]

Il trasgressore dell'ordine di espulsione od allontanamento pronunciato dal giudice è punito con la reclusione da uno a quattro anni. In tal caso è obbligatorio l'arresto dell'autore del fatto, anche fuori dei casi di flagranza, e si procede con rito direttissimo.

Evoluzione normativa:

(1) Articolo così sostituito dalla lett. a), co. 1, art. 1, d.l. 23.5.2008, n. 92, conv., con modif., con l. 24.7.2008, n. 125.
Il testo antecedente alle modifiche disposte del 2008 così disponeva: «*1. L'espulsione dello straniero dal territorio dello Stato è ordinata dal giudice, oltre che nei casi espressamente preveduti dalla legge, quando lo straniero sia condannato alla reclusione per un tempo non inferiore a dieci anni. 2. Allo straniero che trasgredisce all'ordine di espulsione, pronunciato dal giudice, si applicano le sanzioni stabilite dalle leggi di sicurezza pubblica per il caso di contravvenzione all'ordine di espulsione emanato dall'autorità amministrativa*».

(2) Comma abrogato dal co. 2 dell'art. 1, l. 15.7.2009, n. 94.

Norme connesse:

A. Artt. 10 ss., d.lgs. 25.7.1998, n. 286 (in *Normativa complementare*, voce *Immigrazione (Diritto penale della)*).

Capo II
Delle misure di sicurezza patrimoniali

236. Specie: regole generali.

Sono misure di sicurezza patrimoniali, oltre quelle stabilite da particolari disposizioni di legge:

1. la cauzione di buona condotta [237-239];
2. la confisca [240].

Si applicano anche alle misure di sicurezza patrimoniali le disposizioni degli articoli 199, 200, prima parte, 201, prima parte, 205, prima parte e numero 3 del capoverso, e, salvo che si tratti di confisca, le disposizioni del primo e secondo capoverso dell'articolo 200 e quelle dell'articolo 210.

Alla cauzione di buona condotta si applicano altresì le disposizioni degli articoli 202, 203, 204, prima parte [(1)], e 207.

Evoluzione normativa:

(1) L'art. 204 c.p. deve ritenersi abrogato *ex* art. 31, l. 10.10.1986, n. 663 (c.d. legge Gozzini).

237. Cauzione di buona condotta [(1)]**.**

La cauzione di buona condotta è data mediante il deposito, presso la Cassa delle ammende [149], di una somma non inferiore a euro 103,29, né superiore a euro 2.065,83 [c.p.p. 319].

In luogo del deposito, è ammessa la prestazione di una garanzia mediante ipoteca [(2)] [189; c.c. 2808] o anche mediante fideiussione solidale [c.c. 1936].

La durata della misura di sicurezza non può essere inferiore a un anno, né superiore a cinque, e decorre dal giorno in cui la cauzione fu prestata [238, 239].

Evoluzione normativa:

(1) Articolo così sostituito dall'art. 104, l. 24.11.1981, n. 689.
(2) L'art. 218, d.lgs. 28.7.1989, n. 271 di attuazione e coordinamento al c.p.p. ha abrogato le disposizioni del codice penale che prevedono l'ipoteca legale.

238. Inadempimento dell'obbligo di prestare cauzione.

Qualora il deposito della somma non sia eseguito o la garanzia non sia prestata, il giudice sostituisce alla cauzione la libertà vigilata [228, 229, 230, 231].

239. Adempimento o trasgressione dell'obbligo di buona condotta.

Se, durante l'esecuzione della misura di sicurezza, chi vi è sottoposto non commette alcun delitto, ovvero alcuna contravvenzione per la quale la legge stabilisce la pena dell'arresto, è ordinata la restituzione della somma depositata o la cancellazione della ipoteca [c.c. 2882] [(1)]; e la fideiussione si estingue [c.c. 1955]. In caso diverso, la somma depositata, o per la quale fu data garanzia, è devoluta alla Cassa delle ammende [149].

Evoluzione normativa:

(1) L'art. 218, d.lgs. 28.7.1989, n. 271 di attuazione e coordinamento al c.p.p. ha abrogato le disposizioni del codice penale che prevedono l'ipoteca legale.

240. Confisca.

Nel caso di condanna, il giudice può ordinare la confisca delle cose che servirono o furono destinate a commettere il reato, e delle cose, che ne sono il prodotto o il profitto.

È sempre ordinata la confisca [446]:

1. delle cose che costituiscono il prezzo del reato;

1-*bis*. dei beni e degli strumenti informatici o telematici che risultino essere stati in tutto o in parte utilizzati per la commissione dei reati di cui agli articoli 615-*ter*, 615-*quater*, 615-*quinquies*, 617-*bis*, 617-*ter*, 617-*quater*, 617-*quinquies*, 617-*sexies*, 635-*bis*, 635-*ter*, 635-*quater*, 635-*quinquies*, 640-*ter* e 640-*quinquies* nonché dei beni che ne costituiscono il profitto o il prodotto ovvero di somme di denaro, beni o altre utilità di cui il colpevole ha la disponibilità per un valore corrispondente a tale profitto o prodotto, se non è possibile eseguire la confisca del profitto o del prodotto diretti [(1)];

2. delle cose, la fabbricazione, l'uso, il porto, la detenzione o l'alienazione delle quali costituisce reato, anche se non è stata pronunciata condanna.

Le disposizioni della prima parte e dei numeri 1 e 1-*bis* del capoverso precedente non si applicano se la cosa o il bene o lo strumento informatico o telematico appartiene a persona estranea al reato. La disposizione del numero 1-*bis* del capoverso precedente si applica anche nel caso di applicazione della pena su richiesta delle parti a norma dell'articolo 444 del codice di procedura penale [(2)].

La disposizione del n. 2 non si applica se la cosa appartiene a persona estranea al reato e la fabbricazione, l'uso, il porto, la detenzione o l'alienazione possono essere consentiti mediante autorizzazione amministrativa.

Evoluzione normativa:

(1) Numero introdotto dall'art. 1, co. 1, lett. a), l. 15.2.2012, n. 12 e, poi, così modificato dall'art. 2, co. 1, lett. a), d.lgs. 29.10.2016, n. 202, a decorrere dal 24.11.2016.
Il testo previgente così disponeva: «*1-*bis. *dei beni e degli strumenti informatici o telematici che risultino essere stati in tutto o in parte utilizzati per la commissione dei reati di cui agli articoli 615-*ter, *615-*quater, *615-*quinquies, *617-*bis, *617-*ter, *617-*quater, *617-*quinquies, *617-*sexies, *635-*bis, *635-*ter, *635-*quater, *635-*quinquies, *640-*ter *e 640-*quinquies».

(2) Comma così sostituito dalla lett. b,) co. 1, art. 1, l. 15.2.2012, n. 12.
Il testo previgente così disponeva: «*Le disposizioni della prima parte e del n. 1 del capoverso precedente non si applicano se la cosa appartiene a persona estranea al reato*».

Norme connesse (rivedere integralmente):

A. Art. 44, d.P.R. 6.6.2001, n. 380 (in *Normativa complementare*, voce *Urbanistica ed edilizia*).
B. Art. 85, d.P.R. 9.10.1990, n. 309 (in *Normativa complementare*, voce *Stupefacenti*).
C. Art. 12, co. 4, d.lgs. 25.7.1998, n. 286 (in *Normativa complementare*, voce *Immigrazione*).
D. Art. 6, co. 1, l. 22.5.1975, n. 152 (in *Normativa complementare*, voce *Ordine pubblico e sicurezza pubblica*).
E. Art. 3, co. 3, l. 8.8.1977, n. 533 (in *Normativa complementare*, voce *Ordine pubblico e sicurezza pubblica*).
F. Art. 21, l. 24.11.1981, n. 689 (in *Normativa complementare*, voce *Depenalizzazione*).
G. Art. 24, d.lgs. 6.9.2011, n. 159 (in *Normativa complementare*, voce *Criminalità organizzata e transazionale*, *Misure patrimoniali*).
H. Art. 301, d.P.R. 23.1.1973, n. 43 (in *Normativa complementare*, voce *Contrabbando e tabacchi*).
I. Art. 21, co. 1, l. 20.6.1952, n. 645 (in *Normativa complementare*, voce *Associazioni vietate*).
J. Art. 186, d.lgs. 30.4.1992, n. 285 (in *Normativa complementare*, voce *Circolazione stradale e ferroviaria*).
K. Artt. 600 bis-600 quinquies c.p.

240 bis. Confisca in casi particolari [(1)].

Nei casi di condanna o di applicazione della pena su richiesta a norma dell'articolo 444 del codice di procedura penale, per taluno dei delitti previsti dall'articolo 51, comma 3-*bis*, del codice di procedura penale, dagli articoli 314, 316, 316-*bis*, 316-*ter*, 317, 318, 319, 319-*ter*, 319-*quater*, 320, 322, 322-*bis*, 325, 416, realizzato allo scopo di commettere delitti previsti dagli articoli 453, 454, 455, 460, 461, 517-*ter*, 517-*quater*, 518-*quater*, 518-*quinquies*, 518-*sexies* e 518-*septies*, nonché dagli articoli 452-*bis*, 452-*ter*, 452-*quater*, 452-*sexies*, 452-*octies*, primo comma, 452-*quaterdecies*, 493-*ter*, 512-*bis*, 600-*bis*, primo comma, 600-*ter*, primo e secondo comma, 600-*quater*.1, relativamente alla condotta di produzione o commercio di materiale pornografico, 600-*quinquies*, 603-*bis*, 629, 640, secondo comma, numero 1, con l'esclusione dell'ipotesi in cui il fatto è commesso col pretesto di far esonerare taluno dal servizio militare, 640-*bis*, 644, 648, esclusa la fattispecie di cui al quarto comma, 648-*bis*, 648-*ter* e 648-*ter*.1, dall'articolo 2635 del codice civile, o per taluno dei delitti commessi per finalità di terrorismo, anche internazionale, o di eversione dell'ordine costituzionale, è sempre disposta la confisca del denaro, dei beni o delle altre utilità di cui il condannato non può giustificare la provenienza e di cui, anche per interposta persona fisica o giuridica, risulta essere titolare o avere la disponibilità a qualsiasi titolo in valore sproporzionato al proprio reddito, dichiarato ai fini delle imposte sul reddito, o alla propria attività economica. In ogni caso il condannato non può giustificare la legittima provenienza dei beni sul presupposto che il denaro utilizzato per acquistarli sia provento o reimpiego dell'evasione fiscale, salvo che l'obbligazione tributaria sia stata estinta mediante adempimento nelle forme di legge. La confisca ai sensi delle disposizioni che precedono è ordinata in caso di condanna o di applicazione della pena su richiesta per i reati di cui agli articoli 617-*quinquies*, 617-*sexies*, 635-*bis*, 635-*ter*, 635-*quater*, 635-*quinquies* quando le condotte ivi descritte riguardano tre o più sistemi [(2)].

Nei casi previsti dal primo comma, quando non è possibile procedere alla confisca del denaro, dei beni e delle altre utilità di cui allo stesso comma, il giudice ordina la confisca di altre somme di denaro, di beni e altre utilità di legittima provenienza per un valore equivalente, delle quali il reo ha la disponibilità, anche per interposta persona.

Evoluzione normativa:

(1) Articolo introdotto dall'art. 6, co. 1, d.lgs. 1.3.2018, n. 21, a decorrere dal 6.4.2018 (v., in precedenza, art. 12 sexies, d.l. 8.6.1992, n. 306, conv., con modif., con l. 7.8.1992, n. 356).

(2) Comma modificato dall'art. 1, co. 1, lett. b), d.lgs. 8.11.2021, n. 195, a decorrere dal 15.12.2021, dall'art. 2, co. 1, lett. a), d.l. 25.2.2022, n. 13, a decorrere dal 26.12.2022, dall'art. 1, co. 1, lett. a), l. 9.3.2022, n. 22, a decorrere dal 23.3.2022, e dall'art. 28 bis, co. 1, lett. a), d.l. 27.1.2022, n. 4, conv., con modif., con l. 28.3.2022, n. 25, a decorrere dal 29.3.2022. L'art. 1, co. 2, della stessa l. n. 25/2022, che ha abrogato il d.l. n. 13/2022, ha disposto che restano validi gli atti e i provvedimenti adottati e sono fatti salvi gli effetti prodottisi ed i rapporti giuridici sorti sulla base dello stesso d.l. n. 13/2022. Questo comma è stato poi così modificato dall'art. 6 ter, co. 3, lett. a), d.l.

10.8.2023, n. 105, conv., con modif., con l. 9.10.2023, n. 137, a decorrere dal 10.10.2023. Il testo antecedente alla modifica disposta con d.l. n. 105/2023 così disponeva: «*Nei casi di condanna o di applicazione della pena su richiesta a norma dell'articolo 444 del codice di procedura penale, per taluno dei delitti previsti dall'articolo 51, comma 3-bis, del codice di procedura penale, dagli articoli 314, 316, 316-bis, 316-ter, 317, 318, 319, 319-ter, 319-quater, 320, 322, 322-bis, 325, 416, realizzato allo scopo di commettere delitti previsti dagli articoli 453, 454, 455, 460, 461, 517-ter, 517-quater, 518-quater, 518-quinquies, 518-sexies e 518-septies, nonché dagli articoli 452-quater, 452-octies, primo comma, 493-ter, 512-bis, 600-bis, primo comma, 600-ter, primo e secondo comma, 600-quater.1, relativamente alla condotta di produzione o commercio di materiale pornografico, 600-quinquies, 603-bis, 629, 640, secondo comma, numero 1, con l'esclusione dell'ipotesi in cui il fatto è commesso col pretesto di far esonerare taluno dal servizio militare, 640-bis, 644, 648, esclusa la fattispecie di cui al quarto comma, 648-bis, 648-ter e 648-ter.1, dall'articolo 2635 del codice civile, o per taluno dei delitti commessi per finalità di terrorismo, anche internazionale, o di eversione dell'ordine costituzionale, è sempre disposta la confisca del denaro, dei beni o delle altre utilità di cui il condannato non può giustificare la provenienza e di cui, anche per interposta persona fisica o giuridica, risulta essere titolare o avere la disponibilità a qualsiasi titolo in valore sproporzionato al proprio reddito, dichiarato ai fini delle imposte sul reddito, o alla propria attività economica. In ogni caso il condannato non può giustificare la legittima provenienza dei beni sul presupposto che il denaro utilizzato per acquistarli sia provento o reimpiego dell'evasione fiscale, salvo che l'obbligazione tributaria sia stata estinta mediante adempimento nelle forme di legge. La confisca ai sensi delle disposizioni che precedono è ordinata in caso di condanna o di applicazione della pena su richiesta per i reati di cui agli articoli 617-quinquies, 617-sexies, 635-bis, 635-ter, 635-quater, 635-quinquies quando le condotte ivi descritte riguardano tre o più sistemi.*».

Il testo antecedente alla modifica disposta con d.l. n. 4/2022 così disponeva: «*Nei casi di condanna o di applicazione della pena su richiesta a norma dell'articolo 444 del codice di procedura penale, per taluno dei delitti previsti dall'articolo 51, comma 3-bis, del codice di procedura penale, dagli articoli 314, 316, 316-bis, 316-ter, 317, 318, 319, 319-ter, 319-quater, 320, 322, 322-bis, 325, 416, realizzato allo scopo di commettere delitti previsti dagli articoli 453, 454, 455, 460, 461, 517-ter, 517-quater, 518-quater, 518-quinquies, 518-sexies e 518-septies, nonché dagli articoli 452-quater, 452-octies, primo comma, 493-ter, 512-bis, 600-bis, primo comma, 600-ter, primo e secondo comma, 600-quater.1, relativamente alla condotta di produzione o commercio di materiale pornografico, 600-quinquies, 603-bis, 629, 640, secondo comma, n. 1, con l'esclusione dell'ipotesi in cui il fatto è commesso col pretesto di far esonerare taluno dal servizio militare, 640-bis, 644, 648, esclusa la fattispecie di cui al quarto comma, 648-bis, 648-ter e 648-ter.1, dall'articolo 2635 del codice civile, o per taluno dei delitti commessi per finalità di terrorismo, anche internazionale, o di eversione dell'ordine costituzionale, è sempre disposta la confisca del denaro, dei beni o delle altre utilità di cui il condannato non può giustificare la provenienza e di cui, anche per interposta persona fisica o giuridica, risulta essere titolare o avere la disponibilità a qualsiasi titolo in valore sproporzionato al proprio reddito, dichiarato ai fini delle imposte sul reddito, o alla propria attività economica. In ogni caso il condannato non può giustificare la legittima provenienza dei beni sul presupposto che il denaro utilizzato per acquistarli sia provento o reimpiego dell'evasione fiscale, salvo che l'obbligazione tributaria sia stata estinta mediante adempimento nelle forme di legge. La confisca ai sensi delle disposizioni che precedono è ordinata in caso di condanna o di applicazione della pena su richiesta per i reati di cui agli articoli 617-quinquies, 617-sexies, 635-bis, 635-ter, 635-quater, 635-quinquies quando le condotte ivi descritte riguardano tre o più sistemi.*».

Il testo antecedente alla modifica disposta con l. n. 22/2022 così disponeva: «*Nei casi di condanna o di applicazione della pena su richiesta a norma dell'articolo 444 del codice di procedura penale, per taluno dei delitti previsti dall'articolo 51, comma 3-bis, del codice di procedura penale, dagli articoli 314, 316, 316-bis, 316-ter, 317, 318, 319, 319-ter, 319-quater, 320, 322, 322-bis, 325, 416, realizzato allo scopo di commettere delitti previsti dagli articoli 453, 454, 455, 460, 461, 517-ter e 517-quater, nonché dagli articoli 452-quater, 452-octies, primo comma, 493-ter, 512-bis, 600-bis, primo comma, 600-ter, primo e secondo comma, 600-quater.1, relativamente alla condotta di produzione o commercio di materiale pornografico, 600-quinquies, 603-bis, 629, 640, secondo comma, n. 1, con l'esclusione dell'ipotesi in cui il fatto è commesso col pretesto di far esonerare taluno dal servizio militare, 640-bis, 644, 648, esclusa la fattispecie di cui al quarto comma, 648-bis, 648-ter e 648-ter.1, dall'articolo 2635 del codice civile, o per taluno dei delitti commessi per finalità di terrorismo, anche internazionale, o di eversione dell'ordine costituzionale, è sempre disposta la confisca del denaro, dei beni o delle altre utilità di cui il condannato non può giustificare la provenienza e di cui, anche per interposta persona fisica o giuridica, risulta essere titolare o avere la disponibilità a qualsiasi titolo in valore sproporzionato al proprio reddito, dichiarato ai fini delle imposte sul reddito, o alla propria attività economica. In ogni caso il condannato non può giustificare la legittima provenienza dei beni sul presupposto che il denaro utilizzato per acquistarli sia provento o reimpiego dell'evasione fiscale, salvo che l'obbligazione tributaria sia stata estinta mediante adempimento nelle forme di legge. La confisca ai sensi delle disposizioni che precedono è ordinata in caso di condanna o di applicazione della pena su richiesta per i reati di cui agli articoli 617-quinquies, 617-sexies, 635-bis, 635-ter, 635-quater, 635-quinquies quando le condotte ivi descritte riguardano tre o più sistemi.*».

Il testo antecedente alla modifica disposta con d.l. n. 13/2022 così disponeva: «*Nei casi di condanna o di applicazione della pena su richiesta a norma dell'articolo 444 del codice di procedura penale, per taluno dei delitti previsti dall'articolo 51, comma 3-bis, del codice di procedura penale, dagli articoli 314, 316, 316-bis, 316-ter, 317, 318, 319, 319-ter, 319-quater, 320, 322, 322-bis, 325, 416, realizzato allo scopo di commettere delitti previsti dagli articoli 453, 454, 455, 460, 461, 517-ter e 517-quater, nonché dagli articoli 452-quater, 452-octies, primo comma, 493-ter, 512-bis, 600-bis, primo comma, 600-ter, primo e secondo comma, 600-quater.1, relativamente alla condotta di produzione o commercio di materiale pornografico, 600-quinquies, 603-bis, 629, 644, 648, esclusa la fattispecie di cui al quarto comma, 648-bis, 648-ter e 648-ter.1, dall'articolo 2635 del codice civile, o per taluno dei delitti commessi per finalità di terrorismo, anche internazionale, o di eversione dell'ordine costituzionale, è sempre disposta la confisca del denaro, dei beni o delle altre utilità di cui il condannato non può giustificare la provenienza e di cui, anche per interposta persona fisica o giuridica, risulta essere titolare o avere la disponibilità a qualsiasi titolo in valore sproporzionato al proprio reddito, dichiarato ai fini delle imposte sul reddito, o alla propria attività economica. In ogni caso il condannato non può giustificare la legittima provenienza dei beni sul presupposto che il denaro utilizzato per acquistarli sia provento o reimpiego dell'evasione fiscale, salvo che l'obbligazione tributaria sia stata estinta mediante adempimento nelle forme di legge. La confisca ai sensi delle disposizioni che precedono è ordinata in caso di condanna o di applicazione della pena su richiesta per i reati di cui agli articoli 617-quinquies, 617-sexies, 635-bis, 635-ter, 635-quater, 635-quinquies quando le condotte ivi descritte riguardano tre o più sistemi.*».

Il testo antecedente alla modifica disposta con D.Lgs. n. 195/2021 così disponeva: «*Nei casi di condanna o di applicazione della pena su richiesta a norma dell'articolo 444 del codice di procedura penale, per taluno dei delitti previsti dall'articolo 51, comma 3-bis, del codice di procedura penale, dagli articoli 314, 316, 316-bis, 316-ter, 317, 318, 319, 319-ter, 319-quater, 320, 322, 322-bis, 325, 416, realizzato allo scopo di commettere delitti previsti dagli articoli 453, 454, 455, 460, 461, 517-ter e 517-quater, nonché dagli articoli 452-quater, 452-octies, primo comma, 493-ter, 512-bis, 600-bis, primo comma, 600-ter, primo e secondo comma, 600-quater.1, relativamente alla condotta di produzione o commercio di materiale pornografico, 600-quinquies, 603-bis, 629, 644, 648, esclusa la fattispecie di cui al secondo comma, 648-bis, 648-ter e 648-ter.1, dall'articolo 2635 del codice civile, o per taluno dei delitti commessi per finalità di terrorismo, anche internazionale, o di eversione dell'ordine costituzionale, è sempre disposta la confisca del denaro, dei beni o delle altre utilità di cui il condannato non può giustificare la provenienza e di cui, anche per interposta persona fisica o giuridica, risulta essere titolare o avere la disponibilità a qualsiasi titolo in valore sproporzionato al proprio reddito, dichiarato ai fini delle imposte sul reddito, o alla propria attività econo-*

mica. In ogni caso il condannato non può giustificare la legittima provenienza dei beni sul presupposto che il denaro utilizzato per acquistarli sia provento o reimpiego dell'evasione fiscale, salvo che l'obbligazione tributaria sia stata estinta mediante adempimento nelle forme di legge. La confisca ai sensi delle disposizioni che precedono è ordinata in caso di condanna o di applicazione della pena su richiesta per i reati di cui agli articoli 617-quinquies, 617-sexies, 635-bis, 635-ter, 635-quater, 635-quinquies quando le condotte ivi descritte riguardano tre o più sistemi.».

Norme connesse:

A. Art. 579 bis c.p.p.

LIBRO SECONDO
Dei delitti in particolare

TITOLO I
Dei delitti contro la personalità dello Stato

Capo I
Dei delitti contro la personalità internazionale dello Stato

241. Attentati contro l'integrità, l'indipendenza e l'unità dello Stato (1).

Salvo che il fatto costituisca più grave reato, chiunque compie atti violenti diretti e idonei a sottoporre il territorio dello Stato [4²] o una parte di esso alla sovranità di uno Stato straniero, ovvero a menomare l'indipendenza o l'unità dello Stato, è punito con la reclusione non inferiore a dodici anni.

La pena è aggravata se il fatto è commesso con violazione dei doveri inerenti l'esercizio di funzioni pubbliche.

Evoluzione normativa:

(1) Articolo così sostituito dall'art. 1, l. 24.2.2006, n. 85. Il testo previgente così disponeva: «*Chiunque commette un fatto diretto a sottoporre il territorio dello Stato o una parte di esso alla sovranità di uno Stato straniero, ovvero a menomare l'indipendenza dello Stato, è punito con la morte. Alla stessa pena soggiace chiunque commette un fatto diretto a disciogliere l'unità dello Stato, o a distaccare dalla madre Patria una colonia o un altro territorio soggetto, anche temporaneamente, alla sua sovranità*».

Norme connesse:

A. Art. 90 Cost. e l. 5.5.1989, n. 219.
B. Art. 15, l. cost. 11.3.1953, n. 1.
C. Artt. 11, r.d. 18.6.1931, n. 773 (in *Normativa complementare*, voce *Ordine pubblico e sicurezza pubblica*).
D. Art. 3, l. 8.8.1977, n. 533 (in *Normativa complementare*, voce *Armi, munizioni ed esplosivi*).
E. Art. 5, co. 2, l. 29.5.1982, n. 304 (in *Normativa complementare*, voce *Criminalità organizzata e transazionale, Collaboratori di giustizia, pentiti e dissociati*).
F. Artt. 9-17, d.l. 15.1.1991, n. 8, conv., con modif., con l. 15.3.1991, n. 82, in *Normativa complementare*, voce *Criminalità organizzata e transazionale, Collaboratori di giustizia, pentiti e dissociati*).
G. Art. 8, l. 18.2.1987, n. 34 in *Normativa complementare*, voce *Criminalità organizzata e transazionale, Collaboratori di giustizia, pentiti e dissociati*).

242. Cittadino che porta le armi contro lo Stato italiano (1).

Il cittadino [4¹] che porta le armi contro lo Stato, o presta servizio nelle forze armate di uno Stato in guerra contro lo Stato italiano, è punito con l'ergastolo [7, n. 1, 8, 302, 311, 312]. Se esercita un comando superiore o una funzione direttiva è punito con la morte (1).

Non è punibile chi, trovandosi, durante le ostilità, nel territorio dello Stato nemico, ha commesso il fatto per esservi stato costretto da un obbligo impostogli dalle leggi dello Stato medesimo.

Agli effetti delle disposizioni di questo titolo, è considerato cittadino [4¹] anche chi ha perduto per qualunque causa la cittadinanza italiana.

Agli effetti della legge penale, sono considerati Stati in guerra contro lo Stato italiano [268] anche gli aggregati politici che, sebbene dallo Stato italiano non riconosciuti come Stati, abbiano tuttavia il trattamento di belligeranti.

Evoluzione normativa:

(1) La pena di morte per i delitti previsti dal codice penale è stata abolita e sostituita con l'ergastolo dall'art. 1, d.lgs.lgt. 10.8.1944, n. 224.

243. Intelligenze con lo straniero a scopo di guerra contro lo Stato italiano.

Chiunque tiene intelligenze con lo straniero affinché uno Stato estero muova guerra o compia atti di ostilità contro lo Stato italiano, ovvero commette altri fatti diretti allo stesso scopo, è punito con la reclusione non inferiore a dieci anni [7, n. 1, 8, 302, 311, 312, 363, 364].

Se la guerra segue, si applica la pena di morte (1); se le ostilità si verificano, si applica l'ergastolo.

Evoluzione normativa:

(1) La pena di morte per i delitti previsti dal codice penale è stata abolita ed è stata sostituita con l'ergastolo dall'art. 1, d.lgs.lgt. 10.8.1944, n. 224.

244. Atti ostili verso uno Stato estero, che espongono lo Stato italiano al pericolo di guerra (1).

Chiunque, senza l'approvazione del Governo, fa arruolamenti o compie altri atti ostili contro uno Stato estero, in modo da esporre lo Stato italiano al pericolo di una guerra, è punito con la reclusione da sei a diciotto anni; se la guerra avviene, è punito con l'ergastolo.

Qualora gli atti ostili siano tali da turbare soltanto le relazioni con un Governo estero, ovvero da esporre lo Stato italiano o i suoi cittadini [4²], ovunque residenti, al pericolo di rappresaglie o di ritorsioni, la pena è della reclusione da tre a dodici anni. Se segue la rottura delle relazioni diplomatiche, o se avvengono le rappresaglie o le ritorsioni, la pena è della reclusione da cinque a quindici anni [7, n. 1, 302, 311, 312, 363, 364].

Evoluzione normativa:

(1) Articolo così modificato dall'art. 7, co. 1, l. 12.5.1995, n. 210. Il testo previgente così disponeva: «*Chiunque, senza l'approvazione del Governo, fa arruolamenti o compie altri atti ostili contro uno Stato estero, in modo da esporre lo Stato italiano al pericolo di una guerra, è punito con la reclusione da cinque a dodici anni; se la guerra avviene, è punito con l'ergastolo. Qualora gli atti ostili siano tali da turbare soltanto le relazioni con un Governo estero, ovvero da esporre lo Stato italiano o i suoi cittadini, ovunque residenti, al pericolo di rappresaglie o di ritorsioni, la pena è della reclusione da due a otto anni. Se segue la rottura delle relazioni diplomatiche, o se avvengono le rappresaglie o le ritorsioni, la pena è della reclusione da tre a dieci anni*».

245. Intelligenze con lo straniero per impegnare lo Stato italiano alla neutralità o alla guerra.

Chiunque tiene intelligenze con lo straniero per impegnare o per compiere atti diretti a impegnare lo Stato italiano alla dichiarazione o al mantenimento della neutralità, ovvero alla dichiarazione di guerra, è punito con la reclusione da cinque a quindici anni.

La pena è aumentata se le intelligenze hanno per oggetto una propaganda col mezzo della stampa [7, n. 1, 8, 57, 58, 302, 311, 312, 363].

Norme connesse:

A. Art. 1, l. 8.2.1948, n. 47 (in *Normativa complementare*, voce *Stampa, televisione, telecomunicazioni*).

246. Corruzione del cittadino da parte dello straniero.

Il cittadino [4[1]] che, anche indirettamente, riceve o si fa promettere dallo straniero, per sé o per altri, denaro o qualsiasi utilità, o soltanto ne accetta la promessa, al fine di compiere atti contrari agli interessi nazionali, è punito, se il fatto non costituisce un più grave reato, con la reclusione da tre a dieci anni e con la multa da euro 516 a euro 2.065 (1).

Alla stessa pena soggiace lo straniero che dà o promette il denaro o l'utilità.

La pena è aumentata:

1. se il fatto è commesso in tempo di guerra [310];
2. se il denaro o l'utilità sono dati o promessi per una propaganda col mezzo della stampa [7, n. 1, 8, 57, 58, 302, 311, 312, 363].

Evoluzione normativa:

(1) La multa è stata aumentata, da ultimo, dall'art. 113, l. 24.11.1981, n. 689.

Norme connesse:

A. Art. 1, l. 8.2.1948, n. 47 (in *Normativa complementare*, voce *Stampa, televisione, telecomunicazioni*).

247. Favoreggiamento bellico.

Chiunque, in tempo di guerra [310], tiene intelligenze con lo straniero per favorire le operazioni militari del nemico a danno dello Stato italiano [268], o per nuocere altrimenti alle operazioni militari dello Stato italiano, ovvero commette altri fatti diretti agli stessi scopi, è punito con la reclusione non inferiore a dieci anni; e, se raggiunge l'intento, con la morte [7, n. 1, 8, 363 364] (1).

Evoluzione normativa:

(1) La pena di morte per i delitti previsti dal codice penale è stata abolita ed è stata sostituita con l'ergastolo dall'art. 1, d.lgs.lgt. 10.8.1944, n. 224.

248. Somministrazione al nemico di provvigioni.

Chiunque, in tempo di guerra [310], somministra, anche indirettamente, allo Stato nemico provvigioni, ovvero altre cose, le quali possano essere usate a danno dello Stato italiano [268], è punito con la reclusione non inferiore a cinque anni [302, 311, 312, 363].

Tale disposizione non si applica allo straniero che commette il fatto all'estero [7, 8, 10].

249. Partecipazione a prestiti a favore del nemico.

Chiunque, in tempo di guerra [310], partecipa a prestiti o a versamenti a favore dello Stato nemico, o agevola le operazioni ad essi relative, è punito con la reclusione non inferiore a cinque anni [302, 311, 312, 363].

Tale disposizione non si applica allo straniero che commette il fatto all'estero [7, 8, 10].

250. Commercio col nemico.

Il cittadino [4[1]], o lo straniero dimorante nel territorio dello Stato, il quale, in tempo di guerra [310] e fuori dei casi indicati nell'articolo 248, commercia, anche indirettamente, con sudditi dello Stato nemico, ovunque dimoranti, ovvero con altre persone dimoranti nel territorio dello Stato nemico, è punito con la reclusione da due a dieci anni e con la multa pari al quintuplo del valore della merce e, in ogni caso, non inferiore a euro 1.032 [7, n. 1, 268, 302 ss., 363] (1).

Evoluzione normativa:

(1) La multa è stata così aumentata secondo quanto disposto dall'art. 113, l. 24.11.1981, n. 689.

251. Inadempimento di contratti di forniture in tempo di guerra.

Chiunque, in tempo di guerra [310], non adempie in tutto o in parte gli obblighi che gli derivano da un contratto di fornitura di cose o di opere concluso con lo Stato [268] o con un altro ente pubblico o con un'impresa esercente servizi pubblici o di pubblica necessità [355], per i bisogni delle forze armate dello Stato o della popolazione, è punito con la reclusione da tre a dieci anni e con la multa pari al triplo del valore della cosa o dell'opera che egli avrebbe dovuto fornire e, in ogni caso non inferiore a euro 1.032 [7, n. 1, 8, 268, 302, 311, 312, 355] (1).

Se l'inadempimento, totale o parziale, del contratto, è dovuto a colpa, le pene sono ridotte alla metà.

Le stesse disposizioni si applicano ai subfornitori, ai mediatori e ai rappresentanti dei fornitori, allorché essi, violando i loro obblighi contrattuali, hanno cagionato l'inadempimento del contratto di fornitura.

Evoluzione normativa:

(1) La multa è stata così aumentata secondo quanto disposto dall'art. 113, l. 24.11.1981, n. 689.

252. Frode in forniture in tempo di guerra.

Chiunque, in tempo di guerra [310], commette frode nell'esecuzione dei contratti di fornitura o nell'adempimento degli altri obblighi contrattuali indicati nell'articolo precedente è punito con la reclusione non inferiore a dieci anni e con la multa pari al quintuplo del valore della cosa o dell'opera che avrebbe dovuto fornire e, in ogni caso, non inferiore a euro 2.065 [7, n. 1, 8, 268, 302, 311, 312, 356; c.p.m.g. 163] (1).

Evoluzione normativa:

(1) La multa è stata così aumentata secondo quanto disposto dall'art. 113, l. 24.11.1981, n. 689.

253. Distruzione o sabotaggio di opere militari.

Chiunque distrugge, o rende inservibili, in tutto o in parte, anche temporaneamente, navi, aeromobili, convogli, strade, stabilimenti, depositi o altre opere militari o adibite al servizio delle forze armate dello Stato [268] è punito con la reclusione non inferiore a otto anni [7, n. 1, 311, 312, 363, 364].

Si applica la pena di morte (1):

1. se il fatto è commesso nell'interesse di uno Stato in guerra contro lo Stato italiano [242];
2. se il fatto ha compromesso la preparazione o l'efficienza bellica dello Stato, ovvero le operazioni militari [cod.nav. 1112, 1121].

Evoluzione normativa:

(1) La pena di morte per i delitti previsti dal codice penale è stata abolita e sostituita con l'ergastolo dall'art. 1, d.lgs.lgt. 10.8.1944, n. 224.

Norme connesse:

A. Articolo unico, d.lgs.lgt. 12.4.1945, n. 194, sulla non punibilità delle azioni di guerra di patrioti nell'Italia occupata: «*1. Sono considerate azioni di guerra, e pertanto non punibili a termini delle leggi comuni, gli atti di sabotaggio, le requisizioni, e ogni altra operazione compiuta dai patrioti per la necessità di lotta contro i tedeschi e i fascisti nel periodo dell'occupazione nemica. 2. Questa disposizione si applica tanto ai patrioti inquadrati nelle formazioni militari riconosciute da Comitati di Liberazione Nazionale, quanto agli altri cittadini che li abbiano aiutati o abbiano, per loro ordine, in qualsiasi modo concorso nelle operazioni per assicurarne la riuscita. 3. Ordiniamo che il presente decreto, munito del sigillo dello Stato, sia inserto nella Raccolta ufficiale delle leggi e dei decreti del Regno d'Italia, mandando a chiunque spetti di osservarlo e di farlo osservare come legge dello Stato*».

B. Art. 162 c.p.m.g.: «*Inadempimento di contratti di forniture militari. 1. Chiunque, non adempiendo gli obblighi che gli derivano da un contratto di fornitura o di appalto, fa mancare, in tutto o in parte, cose od opere destinate ai bisogni delle forze armate dello Stato, è punito con la reclusione da cinque a quindici anni. 2. Se la fornitura è soltanto ritardata, si applica la reclusione da tre a dieci anni. 3. Se il fatto è commesso per colpa, si applica la reclusione militare da uno a sette anni. 4. Le stesse disposizioni si applicano ai subfornitori, ai mediatori e ai rappresentanti dei fornitori, allorché essi, violando i loro obblighi contrattuali, hanno cagionato l'inadempimento del contratto di fornitura.*»

254. Agevolazione colposa.

Quando l'esecuzione del delitto preveduto dall'articolo precedente è stata resa possibile, o soltanto agevolata, per colpa di chi era in possesso o aveva la custodia o la vigilanza delle cose ivi indicate, questi è punito con la reclusione da uno a cinque anni [7, n. 1, 302, 311, 312, 363].

255. Soppressione, falsificazione o sottrazione di atti o documenti concernenti la sicurezza dello Stato.

Chiunque, in tutto o in parte, sopprime, distrugge o falsifica, ovvero carpisce, sottrae o distrae, anche temporaneamente, atti o documenti concernenti la sicurezza dello Stato [268] od altro interesse politico, interno o internazionale, dello Stato, è punito con la reclusione non inferiore a otto anni [7, n. 1, 8, 302, 311, 312, 363].

Si applica la pena di morte (1) se il fatto ha compromesso la preparazione o l'efficienza bellica dello Stato, ovvero le operazioni militari.

Evoluzione normativa:

(1) La pena di morte per i delitti previsti dal codice penale è stata abolita e sostituita con l'ergastolo dall'art. 1, d.lgs.lgt. 10.8.1944, n. 224.

256. Procacciamento di notizie concernenti la sicurezza dello Stato.

Chiunque si procura notizie che, nell'interesse della sicurezza dello Stato o, comunque, nell'interesse politico, interno o internazionale, dello Stato, debbono rimanere segrete è punito con la reclusione da tre a dieci anni [7, n. 1, 8, 259, 261, 262, 302, 311, 312, 363].

Agli effetti delle disposizioni di questo titolo, fra le notizie che debbono rimanere segrete nell'interesse politico dello Stato sono comprese quelle contenute in atti del Governo, da esso non pubblicati per ragioni d'ordine politico, interno o internazionale.

Se si tratta di notizie di cui l'Autorità competente ha vietato la divulgazione, la pena è della reclusione da due a otto anni.

Si applica la pena di morte (1) se il fatto ha compromesso la preparazione o l'efficienza bellica dello Stato, ovvero le operazioni militari.

Evoluzione normativa:

(1) La pena di morte per i delitti previsti dal codice penale è stata abolita e sostituita con l'ergastolo dall'art. 1, d.lgs.lgt. 10.8.1944, n. 224.

Norme connesse:

A. L. 3.8.2007, n. 124 (in *Normativa complementare*, voce *Segreto di Stato*).

257. Spionaggio politico o militare.

Chiunque si procura, a scopo di spionaggio politico o militare, notizie che, nell'interesse della sicurezza dello Stato, o comunque, nell'interesse politico, interno o internazionale, dello Stato, debbono rimanere segrete [256] è punito con la reclusione non inferiore a quindici anni [7, n. 1, 259, 260, 261, 302, 311, 312, 363, 364].

Si applica la pena di morte (1):

1. se il fatto è commesso nell'interesse di uno Stato in guerra con lo Stato italiano [242⁴];
2. se il fatto ha compromesso la preparazione o l'efficienza bellica dello Stato, ovvero le operazioni militari.

Evoluzione normativa:

(1) La pena di morte per i delitti previsti dal codice penale è stata abolita e sostituita con l'ergastolo dall'art. 1, d.lgs.lgt. 10.8.1944, n. 224.

258. Spionaggio di notizie di cui è stata vietata la divulgazione.

Chiunque si procura, a scopo di spionaggio politico o militare, notizie di cui l'autorità competente ha vietato la divulgazione è punito con la reclusione non inferiore a dieci anni 7, n. 1, 259, 260, 261, 302, 311, 312, 363, 364].

Si applica l'ergastolo se il fatto è commesso nell'interesse di uno Stato in guerra con lo Stato italiano.

Si applica la pena di morte (1) se il fatto ha compromesso la preparazione o l'efficienza bellica dello Stato, ovvero le operazioni militari.

Evoluzione normativa:

(1) La pena di morte per i delitti previsti dal codice penale è stata abolita e sostituita con l'ergastolo dall'art. 1, d.lgs.lgt. 10.8.1944, n. 224.

259. Agevolazione colposa.

Quando l'esecuzione di alcuno dei delitti preveduti dagli articoli 255, 256, 257 e 258 è stata resa possibile, o soltanto agevolata, per colpa di chi era in possesso dell'atto o documento o a cognizione della notizia, questi è punito con la reclusione da uno a cinque anni [7, n. 1, 268, 302, 311, 312, 363].

Si applica la reclusione da tre a quindici anni se sono state compromesse la preparazione o la efficienza bellica dello Stato [268], ovvero le operazioni militari.

Le stesse pene si applicano quando l'esecuzione dei delitti suddetti è stata resa possibile o soltanto agevolata per colpa di chi aveva la custodia o la vigilanza dei luoghi o delle zone di terra, di acqua o di aria, nelle quali è vietato l'accesso nell'interesse militare dello Stato [682].

260. Introduzione clandestina in luoghi militari e possesso ingiustificato di mezzi di spionaggio.

È punito con la reclusione da uno a cinque anni chiunque:

1. si introduce clandestinamente o con inganno in luoghi o zone di terra, di acqua o di aria, in cui è vietato l'accesso nell'interesse militare dello Stato [682];
2. è còlto, in tali luoghi o zone, o in loro prossimità, in possesso ingiustificato di mezzi idonei a commettere alcuno dei delitti preveduti dagli articoli 256, 257 e 258;
3. è còlto in possesso ingiustificato di documenti o di qualsiasi altra cosa atta a fornire le notizie indicate nell'articolo 256.

Se alcuno dei fatti preveduti dai numeri precedenti è commesso in tempo di guerra [310], la pena è della reclusione da tre a dieci anni [311, 312, 363; cod. nav. 1102].

Le disposizioni del presente articolo si applicano, altresì, agli immobili adibiti a sedi di ufficio o di reparto o a deposito di materiali dell'Amministrazione della pubblica sicurezza, l'accesso ai quali sia vietato per ragioni di sicurezza pubblica (1).

Evoluzione normativa:

(1) Comma introdotto dall'art. 7, co. 3 bis, d.l. 14.8.2013, n. 93, conv., con modif., con l. 15.10.2013, n. 119.

261. Rivelazione di segreti di Stato.

Chiunque rivela taluna delle notizie di carattere segreto indicate nell'art. 256 è punito con la reclusione non inferiore a cinque anni.

Se il fatto è commesso in tempo di guerra [310], ovvero ha compromesso la preparazione o l'efficienza bellica dello Stato, o le operazioni militari, la pena della reclusione non può essere inferiore a dieci anni.

Se il colpevole ha agito a scopo di spionaggio politico o militare, si applica, nel caso preveduto dalla prima parte di questo articolo, la pena dell'ergastolo; e, nei casi preveduti dal primo capoverso, la pena di morte (1).

Le pene stabilite nelle disposizioni precedenti si applicano anche a chi ottiene la notizia [7, n. 1, 8, 302, 311, 312].

Se il fatto è commesso per colpa, la pena è della reclusione da sei mesi a due anni, nel caso preveduto dalla prima parte di questo articolo, e da tre a quindici anni qualora concorra una delle circostanze indicate nel primo capoverso [311, 312, 363, 364].

Evoluzione normativa:

(1) La pena di morte per i delitti previsti dal codice penale è stata abolita e sostituita con l'ergastolo dall'art. 1, d.lgs.lgt. 10.8.1944, n. 224.

262. Rivelazione di notizie di cui sia stata vietata la divulgazione.

Chiunque rivela notizie, delle quali l'Autorità competente ha vietato la divulgazione, è punito con la reclusione non inferiore a tre anni [7, n. 1, 8, 258, 311, 312, 363, 364].

Se il fatto è commesso in tempo di guerra [310], ovvero ha compromesso la preparazione o l'efficienza bellica dello Stato o le operazioni militari, la pena è della reclusione non inferiore a dieci anni.

Se il colpevole ha agito a scopo di spionaggio politico o militare, si applica, nel caso preveduto dalla prima parte di questo articolo, la reclusione non inferiore a quindici anni; e, nei casi preveduti dal primo capoverso, la pena di morte (1).

Le pene stabilite nelle disposizioni precedenti si applicano anche a chi ottiene la notizia [268, 302 ss.].

Se il fatto è commesso per colpa, la pena è della reclusione da sei mesi a due anni, nel caso preveduto dalla prima parte di questo articolo, e da tre a quindici anni qualora concorra una delle circostanze indicate nel primo capoverso.

Evoluzione normativa:

(1) La pena di morte per i delitti previsti dal codice penale è stata abolita e sostituita con l'ergastolo dall'art. 1, d.lgs.lgt. 10.8.1944, n. 224.

263. Utilizzazione dei segreti di Stato.

Il pubblico ufficiale [357, 360] o l'incaricato di un pubblico servizio [358] che impiega a proprio o altrui profitto invenzioni o scoperte scientifiche o nuove applicazioni industriali che egli conosca per ragioni del suo ufficio o servizio, e che debbano rimanere segrete nell'interesse della sicurezza dello Stato, è punito con la reclusione non inferiore a cinque anni e con la multa non inferiore a euro 1.032 (1).

Se il fatto è commesso nell'interesse di uno Stato in guerra con lo Stato italiano [242^4], o se ha compromesso la preparazione o l'efficienza bellica dello Stato, ovvero le operazioni militari, il colpevole è punito con la morte [7, n. 1, 268, 302, 311, 312, 325, 363, 364] (2).

Evoluzione normativa:

(1) La multa è stata così aumentata secondo quanto disposto dall'art. 113, l. 24.11.1981, n. 689.

(2) La pena di morte per i delitti previsti dal codice penale è stata abolita ed è stata sostituita con l'ergastolo dall'art. 1, d.lgs.lgt. 10.8.1944, n. 224.

264. Infedeltà in affari di Stato.

Chiunque, incaricato dal Governo italiano di trattare all'estero affari di Stato, si rende infedele al mandato è punito, se dal fatto possa derivare nocumento all'interesse nazionale, con la reclusione non inferiore a cinque anni [7, n. 1, 8, 268, 302, 311, 312, 363].

265. Disfattismo politico.

Chiunque, in tempo di guerra [310], diffonde o comunica voci o notizie false, esagerate o tendenziose

[656], che possano destare pubblico allarme o deprimere lo spirito pubblico o altrimenti menomare la resistenza della nazione di fronte al nemico, o svolge comunque un'attività tale da recare nocumento agli interessi nazionali, è punito con la reclusione non inferiore a cinque anni [7, n. 1, 8, 302 ss., 311, 312, 313[1]].

La pena è non inferiore a quindici anni:

1. se il fatto è commesso con propaganda o comunicazioni dirette a militari;
2. se il colpevole ha agito in seguito a intelligenze con lo straniero.

La pena è dell'ergastolo se il colpevole ha agito in seguito a intelligenze col nemico [363, 364].

266. Istigazione di militari a disobbedire alle leggi [(1)].

Chiunque [327] istiga i militari a disobbedire alle leggi [414, 415] o a violare il giuramento dato o i doveri della disciplina militare o altri doveri inerenti al proprio stato, ovvero fa a militari l'apologia di fatti contrari alle leggi, al giuramento, alla disciplina o ad altri doveri militari, è punito, per ciò solo [115], se il fatto non costituisce un più grave delitto, con la reclusione da uno a tre anni.

La pena è della reclusione da due a cinque anni se il fatto è commesso pubblicamente [7, n. 1, 8, 265, 268, 269, 272, 302, 311, 312].

Le pene sono aumentate se il fatto è commesso in tempo di guerra [310].

Agli effetti della legge penale, il reato si considera avvenuto pubblicamente quando il fatto è commesso:

1. col mezzo della stampa, o con altro mezzo di propaganda;
2. in luogo pubblico o aperto al pubblico e in presenza di più persone;
3. in una riunione che, per il luogo in cui è tenuta, o per il numero degli intervenuti, o per lo scopo od oggetto di essa, abbia carattere di riunione non privata [654].

Evoluzione normativa:

(1) La Corte costituzionale, con sent. 21.3.1989, n. 139 ha dichiarato l'illegittimità di questo articolo, nella parte in cui non prevede che per la istigazione di militari a commettere un reato militare la pena sia sempre applicata in misura inferiore alla metà della pena stabilita per il reato al quale si riferisce la istigazione.

Norme connesse:

A. Art. 1, l. 8.2.1948, n. 47 (in *Normativa complementare*, voce *Stampa, televisione, telecomunicazioni*).

267. Disfattismo economico.

Chiunque, in tempo di guerra [310], adopera mezzi diretti a deprimere il corso dei cambi, o ad influire sul mercato dei titoli o dei valori, pubblici o privati, in modo da esporre a pericolo la resistenza della nazione di fronte al nemico, è punito con la reclusione non inferiore a cinque anni e con la multa non inferiore a euro 3.098 [7, n. 1, 8, 302 ss., 311, 312, 313] [(1)].

Se il colpevole ha agito in seguito a intelligenze con lo straniero [243], la reclusione non può essere inferiore a dieci anni.

La reclusione è non inferiore a quindici anni se il colpevole ha agito in seguito a intelligenze col nemico [268, 302 ss., 363].

Evoluzione normativa:

(1) La multa è stata così aumentata secondo quanto disposto dall'art. 113, l. 24.11.1981, n. 689.

268. Parificazione degli Stati alleati.

Le pene stabilite negli articoli 247 e seguenti si applicano anche quando il delitto è commesso a danno di uno Stato estero alleato o associato, a fine di guerra, con lo Stato italiano.

269. Attività antinazionale del cittadino all'estero [(1)].

[Il cittadino, che, fuori del territorio dello Stato, diffonde o comunica voci o notizie false, esagerate o tendenziose sulle condizioni interne dello Stato, per modo da menomare il credito o il prestigio dello Stato all'estero, o svolge comunque un'attività tale da recare nocumento agli interessi nazionali, è punito con la reclusione non inferiore a cinque anni].

Evoluzione normativa:

(1) Articolo abrogato dall'art. 12, l. 24.2.2006, n. 85.

270. Associazioni sovversive [(1)].

Chiunque nel territorio dello Stato [4[2]] promuove, costituisce, organizza o dirige associazioni dirette e idonee a sovvertire violentemente gli ordinamenti economici o sociali costituiti nello Stato ovvero a sopprimere violentemente l'ordinamento politico e giuridico dello Stato, è punito con la reclusione da cinque a dieci anni.

Chiunque partecipa alle associazioni di cui al primo comma è punito con la reclusione da uno a tre anni.

Le pene sono aumentate per coloro che ricostituiscono, anche sotto falso nome o forma simulata, le associazioni di cui al primo comma, delle quali sia stato ordinato lo scioglimento [Cost. 18; 302, 311, 312].

Evoluzione normativa:

(1) Articolo sostituito dall'art. 2, l. 24.2.2006, n. 85. Il testo previgente così disponeva: «*Chiunque nel territorio dello Stato promuove, costituisce, organizza o dirige associazioni dirette a stabilire violentemente la dittatura di una classe sociale sulle altre, ovvero a sopprimere violentemente una classe sociale o, comunque, a sovvertire violentemente gli ordinamenti economici o sociali costituiti nello Stato, è punito con la reclusione da cinque a dodici anni.*
Alla stessa pena soggiace chiunque nel territorio dello Stato promuove, costituisce, organizza o dirige associazioni aventi per fine la soppressione violenta di ogni ordinamento politico e giuridico della società.
Chiunque partecipa a tali associazioni è punito con la reclusione da uno a tre anni.
Le pene sono aumentate per coloro che ricostituiscono, anche sotto falso nome o forma simulata, le associazioni predette, delle quali sia stato ordinato lo scioglimento».

Norme connesse:

A. Art. 210, r.d. 18.6.1931, n. 773, Approvazione del testo unico delle leggi di pubblica sicurezza: «*Salvo quanto è disposto dall'articolo precedente, il prefetto può disporre, con decreto, lo scioglimento delle associazioni, enti o istituti costituiti od operanti nel Regno che svolgono un'attività contraria agli ordinamenti politici costituiti nello Stato./Nel decreto può essere ordinata la confisca dei beni sociali./Contro il provvedimento del prefetto si può ricorrere al Ministro dell'interno./ Contro il provvedimento del Ministro non è ammesso ricorso nemmeno per motivi di illegittimità».*

B. Art. 3, l. 8.8.1977, n. 533 (in *Normativa complementare*, voce *Ordine pubblico e sicurezza pubblica*).

C. Art. 1, l. 29.5.1982, n. 304 (in *Normativa complementare*, voce *Criminalità organizzata e transazionale, Collaboratori di giustizia, pentiti e dissociati*).

D. Art. 4, co. 1, lett. d), d.lgs. 6.9.2011, n. 159 (in *Normativa complementare*, voce *Criminalità organizzata e transazionale, Misure patrimoniali*).

E. L. 3.12.1947, n. 1546 e l. 20.6.1952, n. 645 (in *Normativa complementare*, voce *Associazioni segrete*).

F. L. 25.1.1982, n. 17 (in *Normativa complementare*, voce *Associazioni segrete*).

G. Art. 25 quater, d.lgs. 8.6.2001, n. 231 (in *Normativa complementare*, voce *Economia (diritto penale della), Enti*).

270 bis. Associazioni con finalità di terrorismo anche internazionale o di eversione dell'ordine democratico [(1)] [(2)].

Chiunque promuove, costituisce, organizza, dirige o finanzia associazioni che si propongono il compimento di atti di violenza con finalità di terrorismo o di eversione dell'ordine democratico è punito con la reclusione da sette a quindici anni.

Chiunque partecipa a tali associazioni è punito con la reclusione da cinque a dieci anni.

Ai fini della legge penale, la finalità di terrorismo ricorre anche quando gli atti di violenza sono rivolti contro uno Stato estero, un'istituzione o un organismo internazionale.

Nei confronti del condannato è sempre obbligatoria la confisca delle cose che servirono o furono destinate a commettere il reato e delle cose che ne sono il prezzo, il prodotto, il profitto o che ne costituiscono l'impiego.

Evoluzione normativa:

(1) Articolo introdotto dall'art. 3, d.l. 15.12.1979, n. 625, conv., con modif., in l. 6.2.1980, n. 15.

(2) Articolo modificato dall'art. 1, 18.10.2001, conv., con modif., in l. 15.12.2001, n. 438. Il testo previgente così disponeva: «Associazioni con finalità di terrorismo e di eversione dell'ordine democratico.
Chiunque promuove, costituisce, organizza o dirige associazioni che si propongono il compimento di atti di violenza con fini di eversione dell'ordine democratico è punito con la reclusione da sette a quindici anni.
Chiunque partecipa a tali associazioni è punito con la reclusione da quattro a otto anni».
Il testo antecedente alle modifiche introdotte dall'art. 1, d.l. 18.10.2001, n. 374, prima della sua conversione in legge, così disponeva: «Associazioni con finalità di terrorismo e di eversione dell'ordine democratico.
Chiunque promuove, costituisce, organizza, finanzia anche indirettamente o dirige associazioni che si propongono il compimento di atti di violenza con fini di eversione dell'ordine democratico è punito con la reclusione da sette a quindici anni.
Chiunque partecipa a tali associazioni è punito con la reclusione da cinque a dieci anni».

Norme connesse:

A. Art. 1, co. 3 bis, d.l. 18.2.2015, n. 7, conv., con modif., in l. 17.4.2015, n. 43: «*La condanna per i delitti previsti dagli articoli 270-bis, 270-ter, 270-quater, 270-quater.1 e 270-quinquies del codice penale comporta la pena accessoria della perdita della potestà genitoriale quando è coinvolto un minore*».

B. Art. 4, co. 1, lett. d), d.lgs. 6.9.2011, n. 159 (in *Normativa complementare*, voce *Criminalità organizzata e transazionale, Misure patrimoniali*).

C. Art. 25 quater, d.lgs. 8.6.2001, n. 231 (in *Normativa complementare*, voce *Economia (diritto penale della), Enti*).

270 bis.1. Circostanze aggravanti e attenuanti [(1)].

Per i reati commessi per finalità di terrorismo [270-*sexies*] o di eversione dell'ordine democratico, punibili con pena diversa dall'ergastolo, la pena è aumentata della metà, salvo che la circostanza sia elemento costitutivo del reato.

Quando concorrono altre circostanze aggravanti, si applica per primo l'aumento di pena previsto per la circostanza aggravante di cui al primo comma. Le circostanze attenuanti, diverse da quelle previste dagli articoli 98 e 114, concorrenti con l'aggravante di cui al primo comma, non possono essere ritenute equivalenti o prevalenti rispetto a questa e alle circostanze aggravanti per le quali la legge stabilisce una pena di specie diversa o ne determina la misura in modo indipendente da quella ordinaria del reato, e le diminuzioni di pena si operano sulla quantità di pena risultante dall'aumento conseguente alle predette aggravanti.

Per i delitti commessi per finalità di terrorismo [270-*sexies*] o di eversione dell'ordine democratico, salvo quanto disposto nell'articolo 289-*bis*, nei confronti del concorrente che, dissociandosi dagli altri, si adopera per evitare che l'attività delittuosa sia portata a conseguenze ulteriori [323-*bis*, 375, 384-*ter*, 416-*bis*.1, 423-*bis*, 452-*decies*, 518-*septiesdecies*, 600-*sexies*, 600-*sexies*-1, 603-*bis*.1, 605, 630], ovvero aiuta concretamente l'autorità di polizia e l'autorità giudiziaria nella raccolta di prove decisive per l'individuazione o la cattura dei concorrenti, la pena dell'ergastolo è sostituita da quella della reclusione da dodici a venti anni e le altre pene sono diminuite da un terzo alla metà.

Quando ricorre la circostanza di cui al terzo comma non si applica l'aggravante di cui al primo comma.

Fuori del caso previsto dal quarto comma dell'articolo 56, non è punibile il colpevole di un delitto commesso per finalità di terrorismo o di eversione dell'ordine democratico che volontariamente impedisce l'evento e fornisce elementi di prova determinanti per la esatta ricostruzione del fatto e per la individuazione degli eventuali concorrenti.

Per i delitti aggravati dalla circostanza di cui al primo comma si procede sempre d'ufficio [(2)].

Evoluzione normativa:

(1) Articolo introdotto dall'art. 5, co. 1, lett. c), d.lgs. 1.3.2018, n. 21, a decorrere dal 6.4.2018.

(2) Comma introdotto dall'art. 1, co. 1, l. 24.5.2023, n. 60, a decorrere dal 16.6.2023.

270 ter. Assistenza agli associati [(1)].

Chiunque, fuori dei casi di concorso nel reato [110] o di favoreggiamento [378, 379], dà rifugio o fornisce vitto, ospitalità, mezzi di trasporto, strumenti di comunicazione a taluna delle persone che partecipano alle associazioni indicate negli articoli 270 e 270-*bis* è punito con la reclusione fino a quattro anni.

La pena è aumentata se l'assistenza è prestata continuativamente.

Non è punibile chi commette il fatto in favore di un prossimo congiunto.

Evoluzione normativa:

(1) Articolo introdotto dall'art. 1, d.l. 18.10.2001, n. 374, conv., con modif., in l. 15.12.2001, n. 438. Il testo previgente così disponeva: «Associazioni con finalità di terrorismo internazionale.
1. Chiunque promuove, costituisce, organizza, dirige, finanzia anche indirettamente associazioni che si propongono il compimento all'estero, o comunque ai danni di uno Stato estero, di un'istituzione o di un organismo internazionale, di atti di violenza su persone o cose, con finalità di terrorismo, è punito con la reclusione da sette a quindici anni.
2. Chiunque partecipa alle associazioni indicate nel comma 1 è punito con la reclusione da cinque a dieci anni».

Norme connesse:

A. Art. 1, co. 3 bis, d.l. 18.2.2015, n. 7, conv., con modif., in l. 17.4.2015, n. 43 (v. norme connesse *sub* art. 270 bis c.p.).
B. Art. 13, d.l. 13.5.1991, 152 (in *Normativa complementare*, voce *Criminalità organizzata e transazionale, Mafia e crimine organizzato*).
C. Art. 4, co. 1, lett. d), d.lgs. 6.9.2011, n. 159 (in *Normativa complementare*, voce *Criminalità organizzata e transazionale, Misure patrimoniali*).
D. Art. 25 quater, d.lgs. 8.6.2001, n. 231 (in *Normativa complementare*, voce *Economia (diritto penale della), Enti*).

270 quater. Arruolamento con finalità di terrorismo anche internazionale [(1)].

Chiunque, al di fuori dei casi di cui all'articolo 270-*bis*, arruola una o più persone per il compimento di atti di violenza ovvero di sabotaggio di servizi pubblici essenziali, con finalità di terrorismo, anche se rivolti contro uno Stato estero, un'istituzione o un organismo internazionale, è punito con la reclusione da sette a quindici anni.

Fuori dei casi di cui all'articolo 270-*bis*, e salvo il caso di addestramento, la persona arruolata è punita con la pena della reclusione da cinque a otto anni [(2)].

Evoluzione normativa:

(1) Articolo introdotto dall'art. 15, d.l. 27.7.2005, n. 144, conv., con modif., con l. 31.7.2005, n. 155.
(2) Comma introdotto dall'art. 1, co. 1, d.l. 18.2.2015, n. 7, conv., con modif., con l. 17.4.2015, n. 43.

Norme connesse:

A. Art. 1, co. 3 bis, d.l. 18.2.2015, n. 7, conv., con modif., con l. 17.4.2015, n. 43 (v. norme connesse *sub* art. 270 bis).
B. Art. 4, co. 1, lett. d), d.lgs. 6.9.2011, n. 159 (in *Normativa complementare*, voce *Criminalità organizzata e transazionale, Misure patrimoniali*).
C. Art. 25 quater, d.lgs. 8.6.2001, n. 231 (in *Normativa complementare*, voce *Economia (diritto penale della), Enti*).

270 quater.1. Organizzazione di trasferimenti per finalità di terrorismo [(1)].

Fuori dai casi di cui agli articoli 270-*bis* e 270-*quater*, chiunque organizza, finanzia o propaganda viaggi in territorio estero finalizzati al compimento delle condotte con finalità di terrorismo di cui all'articolo 270-*sexies*, è punito con la reclusione da cinque a otto anni.

Evoluzione normativa:

(1) Articolo introdotto dall'art. 1, co. 2, d.l. 18.2.2015, n. 7, conv., con modif., con l. 17.4.2015, n. 43.

Norme connesse:

A. Art. 1, co. 3 bis, d.l. 18.2.2015, n. 7, conv., con modif., in l. 17.4.2015, n. 43 (v. norme connesse *sub* art. 270 bis).

270 quinquies. Addestramento ad attività con finalità di terrorismo anche internazionale [(1)].

Chiunque, al di fuori dei casi di cui all'articolo 270-*bis*, addestra o comunque fornisce istruzioni sulla preparazione o sull'uso di materiali esplosivi, di armi da fuoco o di altre armi, di sostanze chimiche o batteriologiche nocive o pericolose, nonché di ogni altra tecnica o metodo per il compimento di atti di violenza ovvero di sabotaggio di servizi pubblici essenziali, con finalità di terrorismo, anche se rivolti contro uno Stato estero, un'istituzione o un organismo internazionale, è punito con la reclusione da cinque a dieci anni. La stessa pena si applica nei confronti della persona addestrata, nonché della persona che avendo acquisito, anche autonomamente, le istruzioni per il compimento degli atti di cui al primo periodo, pone in essere comportamenti univocamente finalizzati alla commissione delle condotte di cui all'articolo 270-*sexies* [(2)].

Le pene previste dal presente articolo sono aumentate se il fatto di chi addestra o istruisce è commesso attraverso strumenti informatici o telematici [(3)].

Evoluzione normativa:

(1) Articolo introdotto dall'art. 15, d.l. 27.7.2005, n. 144, conv., con modif., con l. 31.7.2005, n. 155.
(2) Comma così modificato dall'art. 1, co. 3, lett. a), d.l. 18.2.2015, n. 7, conv., con modif., con l. 17.4.2015, n. 43.
(3) Comma introdotto dall'art. 1, co. 3, lett. b), d.l. 18.2.2015, n. 7, conv., con modif., con l. 17.4.2015, n. 43.

Norme connesse:

A. Art. 1, co. 3 bis, d.l. 18.2.2015, n. 7, conv., con modif., in l. 17.4.2015, n. 43 (v. norme connesse *sub* art. 270 bis c.p.).
B. Art. 4, co. 1, lett. d), d.lgs. 6.9.2011, n. 159 (in *Normativa complementare*, voce *Criminalità organizzata e transazionale, Misure patrimoniali*).
C. Art. 25 quater, d.lgs. 8.6.2001, n. 231 (in *Normativa complementare*, voce *Economia (diritto penale della), Enti*).

270 quinquies.1. Finanziamento di condotte con finalità di terrorismo [(1)].

Chiunque, al di fuori dei casi di cui agli articoli 270-*bis* e 270-*quater*.1, raccoglie, eroga o mette a disposizione beni o denaro, in qualunque modo realizzati, destinati a essere in tutto o in parte utilizzati per il compimento delle condotte con finalità di terrorismo di cui all'articolo 270-*sexies* è punito con la reclusione da sette a quindici anni, indipendentemente dall'effettivo utilizzo dei fondi per la commissione delle citate condotte.

Chiunque deposita o custodisce i beni o il denaro indicati al primo comma è punito con la reclusione da cinque a dieci anni.

Evoluzione normativa:

(1) Articolo introdotto dall'art. 4, co. 1, lett. a), l. 28.7.2016, n. 153, a decorrere dal 24.8.2016.

270 quinquies.2. Sottrazione di beni o denaro sottoposti a sequestro [(1)].

Chiunque sottrae, distrugge, disperde, sopprime o

deteriora beni o denaro, sottoposti a sequestro per prevenire il finanziamento delle condotte con finalità di terrorismo di cui all'articolo 270-*sexies, è* punito con la reclusione da due a sei anni e con la multa da euro 3.000 a euro 15.000.

Evoluzione normativa:

(1) Articolo introdotto dall'art. 4, co. 1, lett. a), l. 28.7.2016, n. 153, a decorrere dal 24.8.2016.

270 sexies. Condotte con finalità di terrorismo [(1)].

1. Sono considerate con finalità di terrorismo le condotte che, per la loro natura o contesto, possono arrecare grave danno ad un Paese o ad un'organizzazione internazionale e sono compiute allo scopo di intimidire la popolazione o costringere i poteri pubblici o un'organizzazione internazionale a compiere o astenersi dal compiere un qualsiasi atto o destabilizzare o distruggere le strutture politiche fondamentali, costituzionali, economiche e sociali di un Paese o di un'organizzazione internazionale, nonché le altre condotte definite terroristiche o commesse con finalità di terrorismo da convenzioni o altre norme di diritto internazionale vincolanti per l'Italia.

Evoluzione normativa:

(1) Articolo introdotto dall'art. 15, d.l. 27.7.2005, n. 144, conv., con modif., in l. 31.7.2005, n. 155.

Norme connesse:

A. Art. 4, co. 1, lett. d), d.lgs. 6.9.2011, n. 159 (in *Normativa complementare*, voce *Criminalità organizzata e transazionale, Misure patrimoniali*).

B. Art. 25 quater, d.lgs. 8.6.2001, n. 231 (in *Normativa complementare*, voce *Economia (diritto penale della), Enti*).

270 septies. Confisca [(1)].

Nel caso di condanna o di applicazione della pena ai sensi dell'articolo 444 del codice di procedura penale per taluno dei delitti commessi con finalità di terrorismo di cui all'articolo 270-sexies è sempre disposta la confisca delle cose che servirono o furono destinate a commettere il reato e delle cose che ne costituiscono il prezzo, il prodotto o il profitto, salvo che appartengano a persona estranea al reato, ovvero, quando essa non è possibile, la confisca di beni, di cui il reo ha la disponibilità, per un valore corrispondente a tale prezzo, prodotto o profitto.

Evoluzione normativa:

(1) Articolo introdotto dall'art. 4, co. 1, lett. b), l. 28.7.2016, n. 153, a decorrere dal 24.8.2016.

271. Associazioni antinazionali [(1)].

Chiunque, fuori dei casi preveduti dall'articolo precedente, nel territorio dello Stato [4²] promuove, costituisce, organizza o dirige associazioni [270, 270-*bis*] che si propongano di svolgere o che svolgano una attività diretta a distruggere o deprimere il sentimento nazionale è punito con la reclusione da uno a tre anni.

Chiunque partecipa a tali associazioni è punito con la reclusione da sei mesi a due anni.

Si applica l'ultimo capoverso dell'articolo precedente [(2)].

Evoluzione normativa:

(1) La Corte costituzionale, con sent. 12.6.2001, n. 243 ha dichiarato l'illegittimità di questo articolo.

(2) Il riferimento deve attualmente intendersi all'art. 270 c.p

Norme connesse:

A. Art. 211, r.d. 18.6.1931, n. 773, *sub* art. 269 c.p.

B. D.lgs. 14.2.1948, n. 43 (in *Normativa complementare*, voce *Associazioni segrete*).

C. L. 3.12.1947, n. 1546 e la l. 20.6.1952, n. 645 (in *Normativa complementare*, voce *Associazioni segrete*).

272. Propaganda ed apologia sovversiva o antinazionale [(1)].

[Chiunque nel territorio dello Stato fa propaganda per l'instaurazione violenta della dittatura di una classe sociale sulle altre, o per la soppressione violenta di una classe sociale o, comunque, per il sovvertimento violento degli ordinamenti economici o sociali costituiti nello Stato, ovvero fa propaganda per la distruzione di ogni ordinamento politico e giuridico della società, è punito con la reclusione da uno a cinque anni.

Se la propaganda è fatta per distruggere o deprimere il sentimento nazionale, la pena è della reclusione da sei mesi a due anni.

Alle stesse pene soggiace chi fa apologia dei fatti preveduti dalle disposizioni precedenti].

Evoluzione normativa:

(1) Articolo abrogato dall'art. 12, l. 24.2.2006, n. 85.

273. Illecita costituzione di associazioni aventi carattere internazionale [(1) (2)].

Chiunque senza autorizzazione del Governo promuove, costituisce, organizza o dirige nel territorio dello Stato [4²] associazioni, enti o istituti di carattere internazionale, o sezioni di essi, è punito con la reclusione fino a sei mesi o con la multa da lire un milione a quattro milioni .

Se l'autorizzazione è stata ottenuta per effetto di dichiarazioni false o reticenti, la pena è della reclusione da uno a cinque anni e della multa non inferiore a lire due milioni [7, n. 1, 302, 311, 312] [(2)].

Evoluzione normativa:

(1) La Corte costituzionale, con sent. 3.3.1985, n. 193, ha dichiarato l'illegittimità costituzionale dell'art. 273 c.p. e, ai sensi dell'art. 27, l. 11.3.1953, n. 87, l'illegittimità costituzionale degli artt 274 c.p. e 211, r.d. 18.6.1931, n. 773 (testo unico delle leggi di pubblica sicurezza).

(2) La multa è stata così aumentata secondo quanto disposto dall'art. 113, l. 24.11.1981, n. 689.

Norme connesse:

A. L. 25.1.1982, n. 17 (in *Normativa complementare*, voce *Associazioni segrete*).

274. Illecita partecipazione ad associazioni aventi carattere internazionale [(1)].

Chiunque partecipa nel territorio dello Stato [4²] ad associazioni, enti o istituti o sezioni di essi, di carattere internazionale, per i quali non sia stata conceduta l'autorizzazione del Governo, è punito con la multa da lire duecentomila a due milioni [(2)].

La stessa pena si applica al cittadino [242], residente nel territorio dello Stato, che senza l'autorizzazione del Governo partecipa ad associazioni, enti o istituti di carattere internazionale, che abbiano sede all'estero [7, n. 1, 302, 311, 312, 363] [(2)].

Evoluzione normativa:
(1) La Corte costituzionale, con sent. 3.7.1985, n. 193, ha dichiarato l'illegittimità costituzionale di questo articolo.
(2) La multa è stata così aumentata secondo quanto disposto dall'art. 113, l. 24.11.1981, n. 689.

Norme connesse:
A. L. 25.1.1982, n. 17 (in *Normativa complementare*, voce *Associazioni segrete*).

275. Accettazione di onorificenze o utilità da uno Stato nemico [(1)].

[Il cittadino, che, da uno Stato in guerra con lo Stato italiano, accetta gradi o dignità accademiche, titoli, decorazioni o altre pubbliche insegne onorifiche, pensioni o altre utilità, inerenti ai predetti gradi, dignità, titoli, decorazioni od onorificenze, è punito con la reclusione fino a un anno].

Evoluzione normativa:
(1) Articolo abrogato dall'art. 18, l. 25.6.1999, n. 205.

Capo II
Dei delitti contro la personalità interna dello Stato

276. Attentato contro il Presidente della Repubblica [(1)].

Chiunque attenta alla vita, alla incolumità o alla libertà personale del Presidente della Repubblica è punito con l'ergastolo [7, n. 1, 290-*bis*, 301 ss., 363, 364; c.p.m.p. 77].

Evoluzione normativa:
(1) Articolo sostituito dall'art. 2, l. 11.11.1947, n. 1317.

Norme connesse:
A. Art. 8 del Concordato tra Stato italiano e Santa Sede, reso esecutivo con la l. 27.5.1929, n. 810, modificato dall'Accordo ratificato con l. 25.5.1985, n. 121 (v. norme connesse *sub* art. 3).
B. Art. 5, co. 2, l. 29.5.1982, n. 304 (in *Normativa complementare*, voce *Criminalità organizzata e transazionale, Collaboratori di giustizia, pentiti e dissociati*).
C. L. 25.1.1982, n. 17 (in *Normativa complementare*, voce *Associazioni segrete*).
D. Art. 77 c.p.m.p.: «Alto tradimento. *Il militare, che commette alcuno dei delitti contro la personalità dello Stato preveduti dagli articoli 241, 276, 277, 283, 285, 288, 289 e 290-bis del codice penale, modificati dal decreto legislativo luogotenenziale 14 settembre 1944, n. 288, e dalla legge 11 novembre 1947, numero 1317, è punito a norma delle corrispondenti disposizioni dello stesso codice, aumentata di un terzo la pena della reclusione. È punito con l'ergastolo il militare che commette alcuno dei delitti preveduti dagli articoli 242 e 284 del codice penale per il solo fatto di essere insorto in armi, o di aver portato le armi contro lo Stato, ovvero di aver partecipato ad una insurrezione armata*».

277. Offesa alla libertà del Presidente della Repubblica [(1)].

Chiunque, fuori dei casi preveduti dall'articolo precedente, attenta alla libertà del Presidente della Repubblica, è punito con la reclusione da cinque a quindici anni [7, n. 1, 290-*bis*, 302, 311, 312, 363, 364; c.p.m.p. 79].

Evoluzione normativa:
(1) Articolo sostituito dall'art. 2, l. 11.11.1947, n. 1317.

Norme connesse:
A. Art. 8 del Concordato tra Stato italiano e Santa Sede, reso esecutivo con la l. 27.5.1929, n. 810, modificato dall'Accordo ratificato con l. 25.5.1985, n. 121 (v. norme connesse *sub* art. 3).
B. L. 25.1.1982, n. 17 (in *Normativa complementare*, voce *Associazioni segrete*).

278. Offese all'onore o al prestigio del Presidente della Repubblica [(1)].

Chiunque offende l'onore o il prestigio del Presidente della Repubblica, è punito con la reclusione da uno a cinque anni [7, n. 1, 290, 290-*bis*, 360, 363; c.p.m.p. 8, 79].

Evoluzione normativa:
(1) Articolo sostituito dall'art. 2, l. 11.11.1947, n. 1317.

Norme connesse:
A. Art. 8 del Concordato tra Stato italiano e Santa Sede, reso esecutivo con la l. 27.5.1929, n. 810, modificato dall'Accordo ratificato con l. 25.5.1985, n. 121, v. norme connesse *sub* art. 3.
B. Art. 79 c.p.m.p.: «Offesa all'onore ed al prestigio del Presidente della Repubblica. *Il militare che offende l'onore o il prestigio del Presidente della Repubblica, o di chi ne fa le veci, è punito con la reclusione militare da cinque a quindici anni.*».

279. Lesa prerogativa della irresponsabilità del Presidente della Repubblica [(1)].

[Chiunque pubblicamente, fa risalire al Presidente della Repubblica il biasimo o la responsabilità degli atti del Governo, è punito con la reclusione fino ad un anno e con la multa da euro 103 a euro 1.032 [(2)]].

Evoluzione normativa:
(1) Articolo abrogato dall'art. 12, l. 24.2.2006, n. 85.
(2) La multa era stata aumentata, da ultimo, dall'art. 113, l. 24.11.1981, n. 689.

280. Attentato per finalità terroristiche o di eversione [(1) (2)].

Chiunque per finalità di terrorismo [270-*sexies*] o di eversione dell'ordine democratico attenta alla vita od alla incolumità di una persona, è punito, nel primo caso, con la reclusione non inferiore ad anni venti e, nel secondo caso, con la reclusione non inferiore ad anni sei.

Se dall'attentato alla incolumità di una persona deriva una lesione gravissima [583²], si applica la pena della reclusione non inferiore ad anni diciotto; se ne deriva una lesione grave [583¹], si applica la pena della reclusione non inferiore ad anni dodici.

Se i fatti previsti nei commi precedenti sono rivolti contro persone che esercitano funzioni giudiziarie o penitenziarie ovvero di sicurezza pubblica nell'esercizio o a causa delle loro funzioni, le pene sono aumentate di un terzo.

Se dai fatti di cui ai commi precedenti deriva la morte della persona si applicano, nel caso di attentato alla vita, l'ergastolo e, nel caso di attentato alla incolumità, la reclusione di anni trenta.

Le circostanze attenuanti, diverse da quelle previste dagli articoli 98 e 114, concorrenti con le aggravanti di cui al secondo e al quarto comma, non possono essere ritenute equivalenti o prevalenti rispetto a queste e le diminuzioni di pena si operano sulla quantità di pena risultante dall'aumento conseguente alle predette aggravanti [3].

Evoluzione normativa:
(1) Articolo introdotto dall'art. 2, d.l. 15.12.1979, n. 625.
(2) L'articolo, nel testo originario rubricato «*Attentato contro il Capo del Governo*», era stato abrogato dall'art. 3, d.lgs.lgt. 14.9.1944, n. 288.
(3) Comma sostituito dall'art. 4, l. 14.2.2003, n. 34. Il testo previgente così disponeva: «*Le circostanze attenuanti concorrenti con le circostanze aggravanti previste nel secondo e quarto comma non possono essere ritenute equivalenti o prevalenti rispetto a queste*».

Norme connesse:
A. Art. 5 co. 2, l. 29.5.1982, n. 304 (in *Normativa complementare*, voce *Criminalità organizzata e transazionale, Collaboratori di giustizia, pentiti e dissociati*).

280 bis. Atto di terrorismo con ordigni micidiali o esplosivi.

Salvo che il fatto costituisca più grave reato, chiunque per finalità di terrorismo compie qualsiasi atto diretto a danneggiare cose mobili o immobili altrui, mediante l'uso di dispositivi esplosivi o comunque micidiali, è punito con la reclusione da due a cinque anni.

Ai fini del presente articolo, per dispositivi esplosivi o comunque micidiali si intendono le armi e le materie ad esse assimilate indicate nell'articolo 585 e idonee a causare importanti danni materiali.

Se il fatto è diretto contro la sede della Presidenza della Repubblica, delle Assemblee legislative, della Corte costituzionale, di organi del Governo o comunque di organi previsti dalla Costituzione o da leggi costituzionali, la pena è aumentata fino alla metà.

Se dal fatto deriva pericolo per l'incolumità pubblica ovvero un grave danno per l'economia nazionale, si applica la reclusione da cinque a dieci anni.

Le circostanze attenuanti, diverse da quelle previste dagli articoli 98 e 114, concorrenti con le aggravanti di cui al terzo e al quarto comma, non possono essere ritenute equivalenti o prevalenti rispetto a queste e le diminuzioni di pena si operano sulla quantità di pena risultante dall'aumento conseguente alle predette aggravanti [1].

Evoluzione normativa:
(1) Articolo introdotto dall'art. 3, l. 14.2.2003, n. 34.

280 ter. Atti di terrorismo nucleare [1].

È punito con la reclusione non inferiore ad anni quindici chiunque, con le finalità di terrorismo di cui all'articolo 270-*sexies*:
1) procura a sé o ad altri materia radioattiva;
2) crea un ordigno nucleare o ne viene altrimenti in possesso.

È punito con la reclusione non inferiore ad anni venti chiunque, con le finalità di terrorismo di cui all'articolo 270-*sexies*:
1) utilizza materia radioattiva o un ordigno nucleare;
2) utilizza o danneggia un impianto nucleare in modo tale da rilasciare o con il concreto pericolo che rilasci materia radioattiva.

Le pene di cui al primo e al secondo comma si applicano altresì quando la condotta ivi descritta abbia ad oggetto materiali o aggressivi chimici o batteriologici.

Evoluzione normativa:
(1) Articolo introdotto dall'art. 4, co. 1, lett. c), l. 28.7.2016, n. 153, a decorrere dal 24.8.2016.

281. Offesa alla libertà del Capo del Governo [1].

[Chiunque, fuori dei casi preveduti dall'articolo precedente, attenta alla libertà del Capo del Governo è punito con la reclusione da quattro a dodici anni].

Evoluzione normativa:
(1) Articolo abrogato dall'art. 3, d.lgs.lgt. 14.9.1944, n. 288.

282. Offesa all'onore del Capo del Governo [1].

[Chiunque offende l'onore o il prestigio del Capo del Governo è punito con la reclusione da uno a cinque anni].

Evoluzione normativa:
(1) Articolo abrogato dall'art. 3, d.lgs.lgt. 14.9.1944, n. 288.

283. Attentato contro la costituzione dello Stato [1] [2].

Chiunque, con atti violenti, commette un fatto diretto e idoneo a mutare la Costituzione dello Stato o la forma di Governo, è punito con la reclusione non inferiore a cinque anni [7, n. 1, 302 ss., 363].

Evoluzione normativa:
(1) Articolo sostituito da ultimo dall'art. 3, l. 24.2.2006, n. 85. Il testo previgente così disponeva: «*Chiunque commette un fatto diretto a mutare la costituzione dello Stato o la forma del Governo, con mezzi non consentiti dall'ordinamento costituzionale dello Stato, è punito con la reclusione non inferiore a dodici anni*».
(2) Articolo già sostituito dall'art. 2, l. 11.11.1947, n. 1317.

Norme connesse:
A. Art. 77 c.p.m.p., v. norme connesse *sub* art. 276 c.p.

284. Insurrezione armata contro i poteri dello Stato.

Chiunque promuove un'insurrezione armata contro i poteri dello Stato è punito con l'ergastolo e, se l'insurrezione avviene, con la morte.

Coloro che partecipano all'insurrezione sono puniti con la reclusione da tre a quindici anni; coloro che la dirigono, con la morte [7, n. 1, 302, 311] [1].

L'insurrezione si considera armata anche se le armi sono soltanto tenute in un luogo di deposito.

Evoluzione normativa:
(1) La pena di morte per i delitti previsti dal codice penale è stata abolita e sostituita con l'ergastolo dall'art. 1, d.lgs.lgt. 10.8.1944, n. 224.

Norme connesse:
A. Art. 5, co. 2, l. 29.5.1982, n. 304 (in *Normativa complementare*, voce *Criminalità organizzata e transazionale, Collaboratori di giustizia, pentiti e dissociati*).
B. Art. 4, co. 1, lett. d), d.lgs. 6.9.2011, n. 159 (in *Normativa complementare*, voce *Criminalità organizzata e transazionale, Misure patrimoniali*).
C. Artt. 21 e 29, l. 18.4.1975, n. 110: «*art. 21. Distrazione o sottrazione di armi. Chiunque distrae dalla prevista destinazione, sottrae o comunque detiene le armi di cui agli articoli 1 e 2 al fine di sovvertire l'ordinamento dello Stato ovvero di mettere in pericolo la vita delle persone o la sicurezza della collettività mediante la commissione di*

attentati o comunque di uno dei reati previsti dal capo I, titolo VI, del libro II del codice penale o dagli articoli 284, 285, 286 e 306 dello stesso codice, è punito con la reclusione da cinque a quindici anni». «art. 29. Art. 29. Distrazione o sottrazione di esplosivi. Chiunque distrae dalla prevista destinazione, sottrae o comunque detiene esplosivi di ogni genere al fine di sovvertire l'ordinamento dello Stato ovvero di mettere in pericolo la vita delle persone o la sicurezza della collettività mediante la commissione di attentati o comunque di uno dei reati previsti dal capo I, titolo VI del libro II del codice penale o dagli articoli 284, 285, 286 e 306 dello stesso codice, è punito con la reclusione da cinque a quindici anni».

D. Art. 77 c.p.m.p., v. norme connesse *sub* art. 276 c.p.

285. Devastazione, saccheggio e strage.

Chiunque, allo scopo di attentare alla sicurezza dello Stato commette un fatto diretto a portare la devastazione, il saccheggio o la strage nel territorio dello Stato [4] o in una parte di esso è punito con la morte [7, n. 1, 302, 311, 312, 363, 364] (1).

Evoluzione normativa:

(1) La pena di morte per i delitti previsti dal codice penale è stata abolita ed è stata sostituita con l'ergastolo dall'art. 1, d.lgs.lgt. 10.8.1944, n. 224.

Norme connesse:

A. Art. 2, co. 2, l. 18.2.1987, n. 34 (in *Normativa complementare*, voce *Criminalità organizzata e transazionale, Collaboratori di giustizia, pentiti e dissociati*).

B. Art. 5, co. 2, l. 29.5.1982, n. 304 (in *Normativa complementare*, voce *Criminalità organizzata e transazionale, Collaboratori di giustizia, pentiti e dissociati*).

C. Art. 4, co. 1, lett. d), d.lgs. 6.9.2011, n. 159 (in *Normativa complementare*, voce *Criminalità organizzata e transazionale, Misure patrimoniali*).

D. Artt. 21 e 29, l. 18.4.1975, n. 110 (v. norme connesse *sub* art. 284 c.p.).

E. Art. 77 c.p.m.p., v. norme connesse *sub* art. 276 c.p.

286. Guerra civile.

Chiunque commette un fatto diretto a suscitare la guerra civile nel territorio dello Stato [4] è punito con l'ergastolo [7, n. 1, 302, 311, 312, 363, 364].

Se la guerra civile avviene, il colpevole è punito con la morte (1).

Evoluzione normativa:

(1) La pena di morte per i delitti previsti dal codice penale è stata abolita e sostituita con l'ergastolo dall'art. 1, d.lgs.lgt. 10.8.1944, n. 224.

Norme connesse:

A. Art. 2, co. 2, l. 18.2.1987, n. 34 (in *Normativa complementare*, voce *Criminalità organizzata e transazionale, Collaboratori di giustizia, pentiti e dissociati*).

B. Art. 5, co. 1, l. 29.5.1982, n. 304 (in *Normativa complementare*, voce *Criminalità organizzata e transazionale, Collaboratori di giustizia, pentiti e dissociati*).

C. Art. 4, co. 1, lett. d), d.lgs. 6.9.2011, n. 159 (in *Normativa complementare*, voce *Criminalità organizzata e transazionale, Misure patrimoniali*).

D. Artt. 21 e 29, l. 18.4.1975, n. 110 (v. norme connesse *sub* art. 284 c.p.).

287. Usurpazione di potere politico o di comando militare.

Chiunque usurpa un potere politico, ovvero persiste nell'esercitarlo indebitamente è punito con la reclusione da sei a quindici anni [7, n. 1, 302, 311, 312, 364].

Alla stessa pena soggiace chiunque indebitamente assume un alto comando militare.

Se il fatto è commesso in tempo di guerra [310], il colpevole è punito con l'ergastolo; ed è punito con la morte (1), se il fatto ha compromesso l'esito delle operazioni militari.

Evoluzione normativa:

(1) La pena di morte per i delitti previsti dal codice penale è stata abolita e sostituita con l'ergastolo dall'art. 1, d.lgs.lgt. 10.8.1944, n. 224.

288. Arruolamenti o armamenti non autorizzati a servizio di uno Stato estero.

Chiunque nel territorio dello Stato [4²] e senza approvazione del Governo arruola o arma cittadini [4¹], perché militino al servizio o a favore dello straniero, è punito con la reclusione da quattro a quindici anni [7, n. 1, 302, 311, 312, 363] (1).

La pena è aumentata se fra gli arruolati sono militari in servizio, o persone tuttora soggette agli obblighi del servizio militare.

Evoluzione normativa:

(1) Comma modificato dall'art. 7, co. 2, l. 12.5.1995, n. 210. Nel testo previgente era prevista la reclusione da tre a sei anni.

Norme connesse:

A. Art. 77 c.p.m.p., v. norme connesse *sub* art. 276 c.p.

289. Attentato contro organi costituzionali e contro le assemblee regionali (1) (2).

È punito con la reclusione da uno a cinque anni, qualora non si tratti di un più grave delitto, chiunque commette atti violenti diretti ad impedire, in tutto o in parte, anche temporaneamente:

1) al Presidente della Repubblica o al Governo [277, 290-*bis*] l'esercizio delle attribuzioni o delle prerogative conferite dalla legge;
2) alle assemblee legislative o ad una di queste, o alla Corte costituzionale o alle assemblee regionali l'esercizio delle loro funzioni.

Evoluzione normativa:

(1) Articolo sostituito, prima, dall'art. 2, l. 11.11.1947, n. 1317, poi, dall'art. 1, l. 307.1957, n. 655, e, infine, dall'art. 4, l. 24.2.2006, n. 85. Il testo antecedente alla sostituzione del 2006 così disponeva: «*È punito con la reclusione non inferiore a dieci anni, qualora non si tratti di un più grave delitto, chiunque commette un fatto diretto a impedire, in tutto o in parte, anche temporaneamente:*
1. al presidente della Repubblica o al Governo, l'esercizio delle attribuzioni o delle prerogative conferite dalla legge;
2. alle assemblee legislative o ad una di queste, o alla Corte costituzionale o alle assemblee regionali, l'esercizio delle loro funzioni.
La pena è della reclusione da uno a cinque anni se il fatto è diretto soltanto a turbare l'esercizio delle attribuzioni, prerogative o funzioni suddette.
Chiunque commette un fatto diretto a mutare la costituzione dello Stato o la forma del Governo, con mezzi non consentiti dall'ordinamento costituzionale dello Stato, è punito con la reclusione non inferiore a dodici anni».

(2) Articolo sostituito dall'art. 1, l. 30.7.1957, n. 655 e, in precedenza, dall'art. 2, l. 11.11.1947, n. 1317.

Norme connesse:

A. Art. 5, co. 2, l. 29.5.1982, n. 304 (in *Normativa complementare*, voce *Criminalità organizzata e transazionale, Collaboratori di giustizia, pentiti e dissociati*).

B. Art. 17, l. 3.8.2007, n. 124 (in *Normativa complementare*, voce *Segreti di Stato*).

289-bis. Sequestro di persona a scopo di terrorismo o di eversione [1].

Chiunque, per finalità di terrorismo [art. 270-sexies] o di eversione dell'ordine democratico [2] sequestra una persona [605, 630] è punito con la reclusione da venticinque a trenta anni.

Se dal sequestro deriva comunque la morte, quale conseguenza non voluta dal reo [586], della persona sequestrata, il colpevole è punito con la reclusione di anni trenta.

Se il colpevole cagiona la morte [575] del sequestrato si applica la pena dell'ergastolo [3].

Il concorrente [110] che, dissociandosi dagli altri, si adopera in modo che il soggetto passivo riacquisti la libertà è punito con la reclusione da due a otto anni; se il soggetto passivo muore, in conseguenza del sequestro, dopo la liberazione, la pena è della reclusione da otto a diciotto anni.

Quando ricorre una circostanza attenuante, alla pena prevista dal secondo comma è sostituita la reclusione da venti a ventiquattro anni; alla pena prevista dal terzo comma è sostituita la reclusione da ventiquattro a trenta anni. Se concorrono più circostanze attenuanti, la pena da applicare per effetto delle diminuzioni non può essere inferiore a dieci anni, nell'ipotesi prevista dal secondo comma, ed a quindici anni, nell'ipotesi prevista dal terzo comma.

Evoluzione normativa:

(1) Articolo introdotto dall'art. 2, d.l. 21.3.1978, n. 59.

(2) L'espressione "eversione dell'ordine democratico" deve intendersi sostituita dall'espressione "eversione dell'ordinamento costituzionale" per effetto dell'art. 11, l. 29.5.1982.

(3) La Corte costituzionale, con sent. 21.6.2018, n. 149, ha dichiarato l'illegittimità costituzionale dell'art. 58 quater, co. 4, l. n. 354/1975 (Norme sull'ordinamento penitenziario e sull'esecuzione delle misure privative e limitative della libertà), nella parte in cui si applica ai condannati all'ergastolo per il delitto di cui all'art. 289 bis c.p. che abbiano cagionato la morte del sequestrato.

Norme connesse:

A. Art. 10, d.l. 21.3.1978, n. 59, il quale prevede che nei procedimenti per il delitto previsto dall'art. 289 bis c.p. si applicano le disposizioni processuali vigenti per il delitto previsto dall'art. 630 c.p.

B. Artt. 2 e 3, l. 29.5.1982, n. 304 (in *Normativa complementare*, voce *Criminalità organizzata e transazionale, Collaboratori di giustizia, pentiti e dissociati*).

289-ter. Sequestro di persona a scopo di coazione [1].

Chiunque, fuori dei casi indicati negli articoli 289-*bis* e 630, sequestra una persona o la tiene in suo potere minacciando di ucciderla, di ferirla o di continuare a tenerla sequestrata al fine di costringere un terzo, sia questi uno Stato, una organizzazione internazionale tra più governi, una persona fisica o giuridica o una collettività di persone fisiche, a compiere un qualsiasi atto o ad astenersene, subordinando la liberazione della persona sequestrata a tale azione od omissione, è punito con la reclusione da venticinque a trenta anni.

Si applicano i commi secondo, terzo, quarto e quinto dell'articolo 289-*bis*.

Se il fatto è di lieve entità si applicano le pene previste dall'articolo 605 aumentate dalla metà a due terzi.

Evoluzione normativa:

(1) Articolo introdotto dall'art. 2, co. 1, lett. a), d.lgs. 1.3.2018, n. 21, a decorrere dal 6.4.2018.

290. Vilipendio della Repubblica, delle istituzioni costituzionali e delle forze armate [1].

Chiunque pubblicamente [266[4]] vilipende la Repubblica, le Assemblee legislative o una di queste [Cost. 55], ovvero il Governo [Cost. 92], o la Corte costituzionale o l'ordine giudiziario [Cost. 104], è punito con la multa da euro 1.000 a euro 5.000 [2].

La stessa pena si applica a chi pubblicamente [266[4]] vilipende le forze armate dello Stato o quelle della liberazione [302, 311, 312; c.p.m.p. 81].

Evoluzione normativa:

(1) Articolo sostituito prima dall'art. dall'art. 2, l. 11.11.1947 n. 1317 e poi dall'art. 1, l. 30.7.1957, n. 655.

(2) Comma modificato dall'art. 11, l. 24.2.2006, n. 85. Il testo previgente così disponeva: «*Chiunque pubblicamente vilipende la Repubblica, le Assemblee legislative o una di queste, ovvero il Governo, o la Corte costituzionale o l'ordine giudiziario, è punito con la reclusione da sei mesi a tre anni*».

Norme connesse:

A. Art. 4 bis, l. 26.7.1975, n. 354 (in *Normativa complementare*, voce *Ordinamento penitenziario*).

B. Artt. 2 e 6, d.l. 15.1.1991, n. 8 (in *Normativa complementare*, voce *Sequestri di persona*).

C. Art. 81 c.p.m.p.: «Vilipendio della Repubblica, delle istituzioni costituzionali e delle Forze armate dello Stato. *Il militare, che pubblicamente vilipende la Repubblica, le Assemblee legislative o una di queste, ovvero il Governo o la Corte costituzionale o l'ordine giudiziario, è punito con la reclusione militare da due a sette anni.*
La stessa pena si applica al militare che pubblicamente vilipende le Forze armate dello Stato o una parte di esse, o quelle della liberazione.».

290 bis. Parificazione al Presidente della Repubblica di chi ne fa le veci [1].

Agli effetti degli articoli 276, 277, 278, 279, 289, è parificato al Presidente della Repubblica chi ne fa le veci [Cost. 86].

Evoluzione normativa:

(1) Articolo introdotto dall'art. 2, l. 11.11.1947, n. 1371.

Norme connesse:

A. Art. 77 c.p.m.p., v. norme connesse *sub* art. 276 c.p.

291. Vilipendio alla nazione italiana [1].

Chiunque pubblicamente [266[4]] vilipende la nazione italiana è punito con la multa da euro 1.000 a euro 5.000 [293, 302 ss., 311, 363; cod.nav. 1089].

Evoluzione normativa:

(1) Articolo modificato dall'art. 11, l. 24.2.2006, n. 85. Il testo previgente così disponeva: «*Chiunque pubblicamente vilipende la nazione italiana è punito con la reclusione da uno a tre anni*».

Norme connesse:

A. Art. 82 c.p.m.p.: «Vilipendio alla nazione italiana. *Il militare, che pubblicamente vilipende la nazione italiana, è punito con la reclusione militare da due a cinque anni.*
Se il fatto è commesso in territorio estero, si applica la reclusione militare da due a sette anni.».

292. Vilipendio o danneggiamento alla bandiera o ad altro emblema dello Stato (1).

Chiunque vilipende con espressioni ingiuriose la bandiera nazionale [Cost. 12] o un altro emblema dello Stato è punito con la multa da euro 1.000 a euro 5.000. La pena è aumentata da euro 5.000 a euro 10.000 nel caso in cui il medesimo fatto sia commesso in occasione di una pubblica ricorrenza o di una cerimonia ufficiale.

Chiunque pubblicamente e intenzionalmente distrugge, disperde, deteriora, rende inservibile o imbratta la bandiera nazionale o un altro emblema dello Stato è punito con la reclusione fino a due anni.

Agli effetti della legge penale per bandiera nazionale si intende la bandiera ufficiale dello Stato e ogni altra bandiera portante i colori nazionali.

Evoluzione normativa:

(1) Articolo sostituito dall'art. 5, l. 24.2.2006, n. 85. Il testo previgente così disponeva: «*Vilipendio alla bandiera o ad altro emblema dello Stato.*
Chiunque vilipende la bandiera nazionale o di un altro emblema dello Stato è punito con la reclusione da uno a tre anni.
Agli effetti della legge penale, per bandiera nazionale s'intende la bandiera ufficiale dello Stato e ogni altra bandiera portante i colori nazionali.
Le disposizioni di questo articolo si applicano anche a chi vilipende i colori nazionali raffigurati su cosa diversa da una bandiera».

292 bis. Circostanza aggravante (1) (2).

[La pena prevista nei casi indicati dall'articolo 278 (offesa all'onore o al prestigio del presidente della Repubblica), dall'art. 290, comma secondo (vilipendio delle forze armate), e dall'art. 292 (vilipendio della bandiera o di altro emblema dello Stato), è aumentata, se il fatto è commesso dal militare in congedo.

Si considera militare in congedo chi, non essendo in servizio alle armi, non ha cessato di appartenere alle forze armate dello Stato, ai sensi degli articoli 8 e 9 del codice penale militare di pace].

Evoluzione normativa:

(1) Articolo introdotto dall'art. 9, l. 23.3.1956, n. 167 e poi abrogato dall'art. 12, l. 24.2.2006, n. 85.

293. Circostanza aggravante (1).

[Nei casi indicati dai due articoli precedenti (2), la pena è aumentata se il fatto è commesso dal cittadino in territorio estero].

Evoluzione normativa:

(1) Articolo abrogato dall'art. 12, l. 24.2.2006, n. 85.
(2) Il riferimento doveva intendersi agli artt. 291 e 292.

Capo III
Dei delitti contro i diritti politici del cittadino

294. Attentati contro i diritti politici del cittadino.

Chiunque con violenza, minaccia o inganno impedisce in tutto o in parte l'esercizio di un diritto politico [Cost. 48 ss.], ovvero determina taluno a esercitarlo in senso difforme dalla sua volontà, è punito con la reclusione da uno a cinque anni [7, n. 1, 311, 312].

Norme connesse:

A. Art. 17, l. 3.8.2007, n. 124 (in *Normativa complementare*, voce *Segreti di Stato*).

Capo IV
Dei delitti contro gli Stati esteri, i loro Capi e i loro rappresentanti

295. Attentato contro i Capi di Stati esteri.

Chiunque nel territorio dello Stato [4[2]] attenta alla vita, alla incolumità o alla libertà personale del capo di uno Stato estero è punito, nel caso di attentato alla vita, con la reclusione non inferiore a venti anni e, negli altri casi, con la reclusione non inferiore a quindici anni. Se dal fatto è derivata la morte del capo dello Stato estero il colpevole è punito con la morte (1), nel caso di attentato alla vita; negli altri casi è punito con l'ergastolo [301 ss., 311, 312].

Evoluzione normativa:

(1) La pena di morte per i delitti previsti dal codice penale è stata abolita e sostituita con l'ergastolo dall'art. 1, d.lgs.lgt. 10.8.1944, n. 224.

Norme connesse:

A. Art. 5, co. 2, l. 29.5.1982, n. 304 (in *Normativa complementare*, voce *Criminalità organizzata e transazionale, Collaboratori di giustizia, pentiti e dissociati*).

296. Offesa alla libertà dei capi di Stati esteri.

Chiunque nel territorio dello Stato [4[2]], fuori dei casi preveduti dall'articolo precedente, attenta alla libertà del capo di uno Stato estero è punito con la reclusione da tre a dieci anni [300 ss., 311, 312].

297. Offesa all'onore dei capi di Stati esteri (1).

[Chiunque nel territorio dello Stato offende l'onore o il prestigio del capo di uno Stato estero è punito con la reclusione da uno a tre anni.]

Evoluzione normativa:

(1) Articolo abrogato dall'art. 18, l. 25.6.1999, n. 205.

298. Offese contro i rappresentanti di Stati esteri (1).

[Le disposizioni dei tre articoli precedenti si applicano anche se i fatti, ivi preveduti, sono commessi contro i rappresentanti di Stati esteri, accreditati presso il Governo della Repubblica, in qualità di capi di missione diplomatica, a causa o nell'esercizio delle loro funzioni.]

Evoluzione normativa:

(1) Articolo sostituito dall'art. 2, l. 11.11.1947, n. 1317 e poi abrogato dall'art. 18, l. 25.6.1999, n. 205.

299. Offesa alla bandiera o ad altro emblema di uno Stato estero (1).

Chiunque nel territorio dello Stato [4[2]] vilipende, con espressioni ingiuriose, in luogo pubblico o aperto o esposto al pubblico, la bandiera ufficiale o un altro emblema di uno Stato estero, usati in conformità del diritto interno dello Stato italiano, è punito con l'ammenda da euro 100 a euro 1.000.

Evoluzione normativa:

(1) Articolo sostituito dall'art. 6, l. 24.2.2006, n. 85. Il testo previgente così disponeva: «*Chiunque nel territorio dello Stato vilipende, in un luogo pubblico o aperto o esposto al pubblico, la bandiera ufficiale o un altro emblema di uno Stato estero, usati in conformità del diritto interno dello Stato italiano, è punito con la reclusione da sei mesi a tre anni*».

300. Condizione di reciprocità.

Le disposizioni degli articoli 295, 296, 297 e 299 si applicano solo in quanto la legge straniera garantisca, reciprocamente, al capo dello Stato italiano o alla bandiera italiana parità di tutela penale.

I capi di missione diplomatica sono equiparati ai capi di Stati esteri, a norma dell'articolo 298, soltanto se lo Stato straniero concede parità di tutela penale ai capi di missione diplomatica italiana.

Se la parità della tutela penale non esiste, si applicano le disposizioni dei titoli dodicesimo [575 ss.] e tredicesimo [624 ss.]; ma la pena è aumentata.

Capo V
Disposizioni generali e comuni ai capi precedenti

301. Concorso di reati.

Quando l'offesa alla vita, all'incolumità, alla libertà o all'onore, indicata negli articoli 276, 277, 278, 280, 281, 282, 295, 296, 297 e 298 (1), è considerata dalla legge come reato anche in base a disposizioni diverse da quelle contenute nei capi precedenti, si applicano le disposizioni che stabiliscono la pena più grave.

Nondimeno, nei casi in cui debbono essere applicate disposizioni diverse da quelle contenute nei capi precedenti, le pene sono aumentate da un terzo alla metà.

Quando l'offesa alla vita, all'incolumità, alla libertà o all'onore è considerata dalla legge come elemento costitutivo o circostanza aggravante di un altro reato, questo cessa dal costituire un reato complesso [84], e il colpevole soggiace a pene distinte, secondo le norme sul concorso dei reati [71 ss.], applicandosi, per le dette offese, le disposizioni contenute nei capi precedenti.

Evoluzione normativa:

(1) Il riferimento agli artt. 281 e 282 deve intendersi non più valido perché gli articoli sono stati abrogati dall'art. 2, d.lgs.lgt. 14.9.1944, n. 288. L'art. 280, abrogato dall'art. 2, d.lgs.lgt. 14.9.1944, n. 288, è stato introdotto nuovamente dall'art. 2, d.l. 15.12.1979, n. 625.

302. Istigazione a commettere alcuno dei delitti preveduti dai capi primo e secondo.

Chiunque istiga [115, 414] taluno a commettere uno dei delitti, non colposi, preveduti dai capi primo e secondo di questo titolo, per i quali la legge stabilisce [la pena di morte o] (1) l'ergastolo o la reclusione, è punito, se l'istigazione non è accolta, ovvero se l'istigazione è accolta ma il delitto non è commesso, con la reclusione da uno a otto anni [7, n. 1]. La pena è aumentata fino a due terzi se il fatto è commesso attraverso strumenti informatici o telematici (2).

Tuttavia, la pena da applicare è sempre inferiore alla metà della pena stabilita per il delitto al quale si riferisce l'istigazione.

Evoluzione normativa:

(1) La pena di morte per i delitti previsti dal codice penale è stata abolita e sostituita con l'ergastolo dall'art. 1, d.lgs.lgt. 10.8.1944, n. 224.

(2) Comma modificato dall'art. 2, co. 1, lett. a), d.l. 18.2.2015, n. 7, conv., con modif., in l. 17.4.2015, n. 43. Il testo previgente così disponeva: «*Chiunque istiga taluno a commettere uno dei delitti, non colposi, preveduti dai capi primo e secondo di questo titolo, per i quali la legge stabilisce [la pena di morte o] l'ergastolo o la reclusione, è punito, se l'istigazione non è accolta, ovvero se l'istigazione è accolta ma il delitto non è commesso, con la reclusione da uno a otto anni*».

Norme connesse:

A. Art. 2, co. 1, l. 18.2.1987, n. 34 (in *Normativa complementare*, voce *Criminalità organizzata e transazionale, Collaboratori di giustizia, pentiti e dissociati*).

B. Art. 76, l. 22.12.1975, n. 685 (in *Normativa complementare*, voce *Stupefacenti*).

303. Pubblica istigazione e apologia (1).

[Chiunque pubblicamente istiga a commettere uno o più fra i delitti indicati nell'articolo precedente è punito, per il solo fatto dell'istigazione, con la reclusione da tre a dodici anni.

La stessa pena si applica a chiunque pubblicamente fa l'apologia di uno o più fra i delitti indicati nell'articolo precedente.].

Evoluzione normativa:

(1) Articolo abrogato dall'art. 18, l. 25.6.1999, n. 205.

304. Cospirazione politica mediante accordo.

Quando più persone si accordano al fine di commettere uno dei delitti indicati nell'articolo 302, coloro che partecipano all'accordo sono puniti, se il delitto non è commesso, con la reclusione da uno a sei anni [7, n. 1].

Per i promotori la pena è aumentata.

Tuttavia, la pena da applicare è sempre inferiore alla metà della pena stabilita per il delitto al quale si riferisce l'accordo [308].

Norme connesse:

A. Art. 1, co. 3, lett. a), l. 29.5.1982, n. 304 (in *Normativa complementare*, voce *Criminalità organizzata e transazionale, Collaboratori di giustizia, pentiti e dissociati*).

305. Cospirazione politica mediante associazione.

Quando tre o più persone si associano [416] al fine di commettere uno dei delitti indicati nell'articolo 302, coloro che promuovono, costituiscono od organizzano l'associazione sono puniti, per ciò solo, con la reclusione da cinque a dodici anni [7, n. 1].

Per il solo fatto di partecipare all'associazione, la pena è della reclusione da due a otto anni.

I capi dell'associazione soggiacciono alla stessa pena stabilita per i promotori.

Le pene sono aumentate [307, 308, 311] se l'associazione tende a commettere due o più dei delitti sopra indicati.

306. Banda armata: formazione e partecipazione.

Quando, per commettere uno dei delitti indicati nell'articolo 302, si forma una banda armata, coloro che la promuovono o costituiscono od organizzano, soggiacciono, per ciò solo, alla pena della reclusione da cinque a quindici anni [7, n. 1, 307, 309].

Per il solo fatto di partecipare alla banda armata, la pena è della reclusione da tre a nove anni.

I capi o i sovventori della banda armata soggiacciono alla stessa pena stabilita per i promotori.

Norme connesse:

A. Art. 1, co. 3, lett. a), l. 29.5.1982, n. 304 (in *Normativa complementare*, voce *Criminalità organizzata e transazionale, Collaboratori di giustizia, pentiti e dissociati*).

B. Art. 4, co. 1, lett. d), d.lgs. 6.9.2011, n. 159 (in *Normativa complementare*, voce *Criminalità organizzata e transazionale, Misure patrimoniali*).

C. Artt. 21 e 29, l. 18.4.1975, n. 110 (v. norme connesse *sub* art. 284 c.p.).

307. Assistenza ai partecipi di cospirazione o di banda armata.

Chiunque, fuori dei casi di concorso nel reato [110] o di favoreggiamento [378, 379], dà rifugio o fornisce vitto, ospitalità, mezzi di trasporto, strumenti di comunicazione a taluna delle persone che partecipano all'associazione o alla banda indicate nei due articoli precedenti, è punito con la reclusione fino a due anni [7, n. 1, 305, 306, 308] (1).

La pena è aumentata se l'assistenza è prestata continuatamente (2).

Non è punibile [309] chi commette il fatto in favore di un prossimo congiunto.

Agli effetti della legge penale, s'intendono per i prossimi congiunti gli ascendenti, i discendenti, il coniuge, la parte di un'unione civile tra persone dello stesso sesso, i fratelli, le sorelle, gli affini nello stesso grado, gli zii e i nipoti: nondimeno, nella denominazione di prossimi congiunti, non si comprendono gli affini, allorché sia morto il coniuge e non vi sia prole [540] (3).

Evoluzione normativa:

(1) Comma modificato dall'art. 1, d.l. 18.10.2001, n. 374, conv., con modif., in l. 15.12.2001, n. 438. Il testo previgente così disponeva «*Chiunque, fuori dei casi di concorso nel reato o di favoreggiamento, dà rifugio o fornisce il vitto a taluna delle persone che partecipano all'associazione o alla banda indicate nei due articoli precedenti, è punito con la reclusione fino a due anni*».

(2) Comma modificato dall'art. 1, d.l. 18.10.2001, n. 374, conv., con modif., in l. 15.12.2001, n. 438. Il testo previgente così disponeva «*La pena è aumentata se il rifugio o il vitto sono prestati continuatamente*».

(3) Comma modificato dall'art. 1, co. 1, lett. a), d.lgs. 19.1.2017, n. 6, a decorrere dall'11.2.2017. Il testo previgente così disponeva «*Agli effetti della legge penale, s'intendono per i prossimi congiunti gli ascendenti, i discendenti, il coniuge, i fratelli, le sorelle, gli affini nello stesso grado, gli zii e i nipoti: nondimeno, nella denominazione di prossimi congiunti, non si comprendono gli affini, allorché sia morto il coniuge e non vi sia prole*».

308. Cospirazione: casi di non punibilità.

Nei casi preveduti dagli articoli 304, 305 e 307 non sono punibili coloro i quali, prima che sia commesso il delitto per cui l'accordo è intervenuto o l'associazione è costituita, e anteriormente all'arresto, ovvero al procedimento:

1. disciolgono o, comunque, determinano lo scioglimento dell'associazione;
2. non essendo promotori o capi, recedono dall'accordo o dall'associazione.

Non sono parimenti punibili coloro i quali impediscono comunque che sia compiuta l'esecuzione del delitto [56^4] per cui l'accordo è intervenuto o l'associazione è stata costituita.

Norme connesse:

A. Art. 1, co. 3, lett. a), l. 29.5.1982, n. 304 (in *Normativa complementare*, voce *Criminalità organizzata e transazionale, Collaboratori di giustizia, pentiti e dissociati*).

309. Banda armata: casi di non punibilità.

Nei casi preveduti dagli articoli 306 e 307, non sono punibili coloro i quali, prima che sia commesso il delitto [56^4] per cui la banda armata venne formata, e prima dell'ingiunzione dell'autorità o della forza pubblica, o immediatamente dopo tale ingiunzione:

1. disciolgono o, comunque, determinano lo scioglimento della banda;
2. non essendo promotori o capi della banda, si ritirano dalla banda stessa, ovvero si arrendono, senza opporre resistenza e consegnando o abbandonando le armi.

Non sono parimenti punibili coloro i quali impediscono comunque che sia compiuta l'esecuzione del delitto per cui la banda è stata formata.

Norme connesse:

A. Art. 1, co. 3, lett. a), l. 29.5.1982, n. 304 (in *Normativa complementare*, voce *Criminalità organizzata e transazionale, Collaboratori di giustizia, pentiti e dissociati*).

310. Tempo di guerra.

Agli effetti della legge penale, nella denominazione di tempo di guerra è compreso anche il periodo di imminente pericolo di guerra, quando questa sia seguita.

311. Circostanza diminuente: lieve entità del fatto.

Le pene comminate per i delitti preveduti da questo titolo sono diminuite quando per la natura, la specie, i mezzi, le modalità o circostanze dell'azione, ovvero per la particolare tenuità del danno o del pericolo, il fatto risulti di lieve entità.

312. Espulsione od allontanamento dello straniero dallo Stato (1).

Il giudice ordina l'espulsione dello straniero ovvero l'allontanamento dal territorio dello Stato del cittadino appartenente ad uno Stato membro dell'Unione europea, oltre che nei casi espressamente preveduti dalla legge, quando lo straniero o il cittadino appartenente ad uno Stato membro dell'Unione europea sia condannato ad una pena restrittiva della libertà personale per taluno dei delitti preveduti da questo titolo. [Ferme restando le disposizioni in materia di esecuzione delle misure di sicurezza personali, l'espulsione e l'allontanamento dal territorio dello Stato sono eseguiti dal questore secondo le modalità di cui, rispettivamente, all'articolo 13, comma 4, del testo unico di cui al decreto legislativo 25 luglio 1998, n. 286, e all'articolo 20, comma 11, del decreto legislativo 6 febbraio 2007, n. 30] (2).

Il trasgressore dell'ordine di espulsione od allontanamento pronunciato dal giudice è punito con la reclusione da uno a quattro anni. In tal caso è obbligatorio l'arresto dell'autore del fatto, anche fuori dei casi di flagranza, e si procede con rito direttissimo.

Evoluzione normativa:

(1) Articolo sostituito dall'art. 1, co. 1, lett. b), d.l. 23.5.2008, n. 92, conv., con modif., in l. 24.7.2008, n. 125. Il testo previgente così di-

sponeva: «*Il giudice ordina l'espulsione dello straniero ovvero l'allontanamento dal territorio dello Stato del cittadino appartenente ad uno Stato membro dell'Unione europea, oltre che nei casi espressamente preveduti dalla legge, quando lo straniero o il cittadino di Stato dell'Unione europea sia condannato ad una pena restrittiva della libertà personale per taluno dei delitti preveduti da questo titolo.*
Il trasgressore dell'ordine di espulsione od allontanamento pronunciato dal giudice è punito con la reclusione da uno a quattro anni».

(2) Periodo abrogato dall'art. 1, co. 3, l. 15.7.2009, n. 94.

313. Autorizzazione a procedere o richiesta di procedimento [(1)].

Per i delitti preveduti dagli articoli 244, 245, 265, 267, 269, 273, 274 [(2)], 277, 278, 279, 287 e 288 non si può procedere senza l'autorizzazione del ministro per la giustizia [c.p.p. 343] [(3)].

Parimenti non si può procedere senza tale autorizzazione per i delitti preveduti dagli articoli 247, 248, 249, 250, 251 e 252, quando sono commessi a danno di uno Stato estero alleato o associato, a fine di guerra, allo Stato italiano.

Per il delitto preveduto nell'art. 290, quando è commesso contro l'Assemblea costituente ovvero contro le Assemblee legislative o una di queste, non si può procedere senza l'autorizzazione dell'Assemblea, contro la quale il vilipendio è diretto. Negli altri casi non si può procedere senza l'autorizzazione del ministro per la giustizia [(4)].

I delitti preveduti dagli articoli 296, 297, 298, in relazione agli articoli 296 e 297, e dall'art. 299, sono punibili a richiesta [c.p.p. 342] del ministro per la giustizia.

Evoluzione normativa:

(1) Articolo sostituito dall'art. 2, l. 11.11.1947, n. 1317.

(2) Gli artt. 273 e 274 c.p. sono stati dichiarati costituzionalmente illegittimi dalla Corte costituzionale con la sent. 28.6.1985, n. 193.

(3) Comma prima modificato dall'art. 1, d.l. 18.10.2001, n. 374 con l'inserimento, dopo la parola «*269*» delle seguenti «*270-ter e 270-*quater *con riferimento alle ipotesi di cui all'articolo 270-ter*» e poi sostituito dall'art. 16, d.l. 27.7.2005, n. 144 con il seguente testo: «*Per i delitti preveduti dagli articoli 244, 245, 265, 267, 269, 270*-bis *terzo comma, e 270*-quater*, limitatamente al compimento di atti di violenza con finalità di terrorismo internazionale, 270*-quinquies*, limitatamente al compimento di atti di violenza con finalità di terrorismo internazionale, 273, 274, 277, 278, 279, 287 e 288 non si può procedere senza l'autorizzazione del Ministro della giustizia*».

(4) La Corte costituzionale, con sent. 17.2.1969, n. 15, ha dichiarato l'illegittimità di questo comma, nei limiti in cui attribuisce il potere di dare l'autorizzazione a procedere per il delitto di vilipendio alla Corte costituzionale, al Ministero di grazia e giustizia, anziché alla Corte stessa.

TITOLO II
Dei delitti contro la Pubblica Amministrazione

Capo I
Dei delitti dei pubblici ufficiali contro la Pubblica Amministrazione

314. Peculato [(1)].

Il pubblico ufficiale [357] o l'incaricato di un pubblico servizio [358], che, avendo per ragione del suo ufficio o servizio il possesso o comunque la disponibilità di denaro o di altra cosa mobile altrui, se ne appropria [646], è punito con la reclusione da quattro anni a dieci anni e sei mesi [(2)].

Si applica la pena della reclusione da sei mesi a tre anni quando il colpevole ha agito al solo scopo di fare uso momentaneo della cosa, e questa, dopo l'uso momentaneo, è stata immediatamente restituita [314[3]].

Riferimenti storici:

Art. 168 Codice Zanardelli: «*Il pubblico ufficiale, che sottrae o distrae danaro o altra cosa mobile di cui egli abbia, per ragione del suo ufficio, l'amministrazione, l'esazione o la custodia è punito con l'interdizione perpetua dai pubblici ufficii, con la reclusione da tre a dieci anni e con la multa non inferiore alle lire trecento.*
Se il danno sia lieve, o sia interamente risarcito prima dell'invio al giudizio».

Evoluzione normativa:

(1) Articolo sostituito dall'art. 1, l. 26.4.1990, n. 86.

(2) Comma modificato, prima, dall'art. 1, comma 75, lett. c), l. 6.11.2012, n. 190 e poi, dall'art. 1, co. 1, lett. d), l. 27.5.2015, n. 69, a decorrere dal 14.6.2015. Il testo antecedente alla modifica del 2012 così disponeva: «*Il pubblico ufficiale o l'incaricato di un pubblico servizio, che, avendo per ragione del suo ufficio o servizio il possesso o comunque la disponibilità di denaro o di altra cosa mobile altrui, se ne appropria, è punito con la reclusione da quattro a dieci anni*». Il testo antecedente alla modifica del 2015 così disponeva: «*Il pubblico ufficiale o l'incaricato di un pubblico servizio, che, avendo per ragione del suo ufficio o servizio il possesso o comunque la disponibilità di denaro o di altra cosa mobile altrui, se ne appropria, è punito con la reclusione da quattro a dieci anni*».

Norme connesse:

A. Artt. 32 quater, 240 bis c.p.

B. Art. 4, co. 1 ter, d.lgs. 14.3.2011, n. 23: «*1-ter. Il gestore della struttura ricettiva è responsabile del pagamento dell'imposta di soggiorno di cui al comma 1 e del contributo di soggiorno di cui all'articolo 14, co. 16, lettera e), del decreto legge 31 maggio 2010, n. 78, convertito, con modificazioni, dalla legge 30 luglio 2010, n. 122, con diritto di rivalsa sui soggetti passivi, della presentazione della dichiarazione, nonché degli ulteriori adempimenti previsti dalla legge e dal regolamento comunale. La dichiarazione deve essere presentata cumulativamente ed esclusivamente in via telematica entro il 30 giugno 35 dell'anno successivo a quello in cui si è verificato il presupposto impositivo, secondo le modalità approvate con decreto del Ministro dell'economia e delle finanze, sentita la Conferenza Stato-città ed autonomie locali, da emanare entro centottanta giorni dalla data di entrata in vigore della presente disposizione. La dichiarazione di cui al periodo precedente, relativa all'anno d'imposta 2020, deve essere presentata unitamente alla dichiarazione relativa all'anno d'imposta 2021. Per l'omessa o infedele presentazione della dichiarazione da parte del responsabile si applica la sanzione amministrativa pecuniaria del pagamento di una somma dal 100 al 200 per cento dell'importo dovuto. Per l'omesso, ritardato o parziale versamento dell'imposta di soggiorno e del contributo di soggiorno si applica la sanzione amministrativa di cui all'articolo 13 del decreto legislativo 18 dicembre 1997, n. 471*». L'art. 5 quinquies del d.l. 21.10.2021, n. 146, conv. con modif., con l. 17.12.2021, n. 215, ha così stabilito: «*Interpretazione autentica del comma 1-ter dell'articolo 4 del decreto legislativo 14 marzo 2011, n. 23. 1. Il comma 1-ter dell'articolo 4 del decreto legislativo 14 marzo 2011, n. 23, ai sensi del quale si attribuisce la qualifica di responsabile del pagamento dell'imposta di soggiorno al gestore della struttura ricettiva con diritto di rivalsa sui soggetti passivi e si definisce la relativa disciplina sanzionatoria, si intende applicabile anche ai casi verificatisi prima del 19 maggio 2020*».

C. Art. 25, d.lgs. 8.6.2001, n. 231 (in *Normativa complementare*, voce *Economia (diritto penale della), Enti*).

315. Malversazione a danno di privati [(1)].

[Il pubblico ufficiale o l'incaricato di un pubblico servizio, che si appropria o, comunque, distrae, a profitto proprio o di un terzo, denaro o qualsiasi cosa mobile non appartenente alla pubblica amministrazione, di cui egli ha il possesso per ragione del suo ufficio o servizio, è punito con la reclusione da tre a otto anni e con la multa non inferiore a lire due milioni.

Si applicano le disposizioni del capoverso dell'articolo precedente.]

Evoluzione normativa:

(1) Articolo abrogato dall'art. 20, l. 26.4.1990, n. 86.

316. Peculato mediante profitto dell'errore altrui [(1)].

Il pubblico ufficiale [357] o l'incaricato di un pubblico servizio [358], il quale, nell'esercizio delle funzioni o del servizio, giovandosi dell'errore altrui, riceve o ritiene indebitamente, per sé o per un terzo, denaro od altra utilità, è punito con la reclusione da sei mesi a tre anni.

La pena è della reclusione da sei mesi a quattro anni quando il fatto offende gli interessi finanziari dell'Unione europea e il danno o il profitto sono superiori a euro 100.000 [(2)].

Evoluzione normativa:

(1) Articolo sostituito dall'art. 2, l. 26.4.1990, n. 86. Il testo previgente così disponeva: «Peculato mediante profitto dell'errore altrui. *Il pubblico ufficiale o l'incaricato di un pubblico servizio, il quale, nell'esercizio delle funzioni o del servizio, giovandosi dell'errore altrui, riceve o ritiene indebitamente, per sé o per un terzo, denaro od altra utilità, è punito con la reclusione da sei mesi a tre anni e con la multa da lire cinquecento a diecimila.*».

(2) Comma introdotto dall'art. 1, co. 1, lett. a), d.lgs. 14.7.2020, n. 75, a decorrere dal 30.7.2020.

Norme connesse:

A. Art. 240-bis c.p.

B. Art. 25, d.lgs. 8.6.2001, n. 231 (in *Normativa complementare*, voce *Economia (diritto penale della), Enti*).

316 bis. Malversazione di erogazioni pubbliche [(1) (2) (3)].

Chiunque, estraneo alla pubblica amministrazione, avendo ottenuto dallo Stato o da altro ente pubblico o dalle Comunità europee contributi, sovvenzioni, finanziamenti, mutui agevolati o altre erogazioni dello stesso tipo, comunque denominate, destinati alla realizzazione di una o più finalità, non li destina alle finalità previste, è punito con la reclusione da sei mesi a quattro anni [(4)].

Evoluzione normativa:

(1) Articolo modificato dall'art. 1, l. 7.2.1992, n. 181.

(2) Articolo introdotto dall'art. 3, l. 26.4.1990, n. 86.

(3) Rubrica così modificata dall'art. 28 bis, co. 1, lett. b), n. 1), d.l. 27.1.2022, n. 4, conv., con modif., dalla l. 28.3.2022, n. 25, a decorrere dal 29.3.2022. La stessa modifica era stata disposta dall'art. 2, comma 1, lett. b), n. 1), d.l. 25.2.2022, n. 13, a decorrere dal 26.2.2022, abrogato dall'art. 1, comma 2, della l. n. 25/2022, sulla base del quale restano validi gli atti e i provvedimenti adottati e sono fatti salvi gli effetti prodottisi e i rapporti giuridici sorti sulla base del suddetto d.l. n. 13/2022. Il testo previgente così disponeva: «Malversazione a danno dello Stato».

(4) Comma così modificato dall'art. 28 bis, co. 1, lett. b), n. 2), d.l. 27.1.2022, n. 4, conv., con modif., dalla l. 28.3.2022, n. 25, a decorrere dal 29.3.2022. Il testo previgente così disponeva: «*Chiunque, estraneo alla pubblica amministrazione, avendo ottenuto dallo Stato o da altro ente pubblico o dalle Comunità europee contributi, sovvenzioni o finanziamenti destinati a favorire iniziative dirette alla realizzazione di opere od allo svolgimento di attività di pubblico interesse, non li destina alle predette finalità, è punito con la reclusione da sei mesi a quattro anni.*».

Norme connesse:

A. Artt. 32 quater, 240 bis c.p.

B. Art. 24, d.lgs. 8.6.2001, n. 231 (in *Normativa complementare*, voce *Economia (diritto penale della), Enti*).

316 ter. Indebita percezione di erogazioni pubbliche [(1) (2)].

Salvo che il fatto costituisca il reato previsto dall'articolo 640-*bis*, chiunque mediante l'utilizzo o la presentazione di dichiarazioni o di documenti falsi o attestanti cose non vere, ovvero mediante l'omissione di informazioni dovute, consegue indebitamente, per sé o per altri, contributi, sovvenzioni, finanziamenti, mutui agevolati o altre erogazioni dello stesso tipo, comunque denominate, concessi o erogati dallo Stato, da altri enti pubblici o dalle Comunità europee è punito con la reclusione da sei mesi a tre anni. La pena è della reclusione da uno a quattro anni se il fatto è commesso da un pubblico ufficiale o da un incaricato di un pubblico servizio con abuso della sua qualità o dei suoi poteri. La pena è della reclusione da sei mesi a quattro anni se il fatto offende gli interessi finanziari dell'Unione europea e il danno o il profitto sono superiori a euro 100.000 [(3)].

Quando la somma indebitamente percepita è pari o inferiore a euro 3.999,96 si applica soltanto la sanzione amministrativa del pagamento di una somma di denaro da euro 5.164 a euro 25.822. Tale sanzione non può comunque superare il triplo del beneficio conseguito.

Evoluzione normativa:

(1) Articolo introdotto dall'art. 4, l. 29.9.2000, n. 300.

(2) Rubrica così modificata dall'art. 28 bis, co. 1, lett. c), n. 1), d.l. 27.1.2022, n. 4, conv., con modif., con l. 28.3.2022, n. 25, a decorrere dal 29.3.2022. La stessa modifica era stata disposta dall'art. 2, comma 1, lett. b), n. 1), d.l. 25.2.2022, n. 13, a decorrere dal 26.2.2022, abrogato dall'art. 1, comma 2, della l. n. 25/2022, sulla base del quale restano validi gli atti e i provvedimenti adottati e sono fatti salvi gli effetti prodottisi e i rapporti giuridici sorti sulla base del suddetto d.l. n. 13/2022. Il testo previgente così disponeva: «Indebita percezione di erogazioni a danno dello Stato».

(3) Comma modificato, prima, dall'art. 1, comma 1, lett. l), l. 9.1.2019, n. 3, a decorrere dal 31.1.2019, poi, dall'art. 1, co. 1, lett. b), d.lgs. 14.7.2020, n. 75, a decorrere dal 30.7.2020, e infine, dall'art. 28 bis, co. 1, lett. c), n. 2), d.l. 27.1.2022, n. 4, conv., con modif., con l. 28.3.2022, n. 25, a decorrere dal 29.3.2022.
Il testo antecedente alla modifica disposta con d.l. n. 4/2022 così disponeva: «*Salvo che il fatto costituisca il reato previsto dall'articolo 640-bis, chiunque mediante l'utilizzo o la presentazione di dichiarazioni o di documenti falsi o attestanti cose non vere, ovvero mediante l'omissione di informazioni dovute, consegue indebitamente, per sé o per altri, contributi, finanziamenti, mutui agevolati o altre erogazioni dello stesso tipo, comunque denominate, concessi o erogati dallo Stato, da altri enti pubblici o dalle Comunità europee è punito con la reclusione da sei mesi a tre anni. La pena è della reclusione da uno a quattro anni se il fatto è commesso da un pubblico ufficiale o da un incaricato di un pubblico servizio con abuso della sua qualità o dei suoi poteri. La pena è della reclusione da sei mesi a quattro anni se il fatto offende gli interessi finanziari dell'Unione europea e il danno o il profitto sono superiori a euro 100.000.*». Il testo antecedente alla modifica disposta con d.lgs. n. 75/2020 così disponeva: «*Salvo che il fatto costituisca il reato previsto dall'articolo 640-*bis*, chiunque mediante l'utilizzo o la presentazione di dichiarazioni o di documenti falsi o attestanti cose non vere, ovvero mediante l'omissione di informazioni dovute, consegue indebitamente, per sé o per altri, contri-*

buti, finanziamenti, mutui agevolati o altre erogazioni dello stesso tipo, comunque denominate, concessi o erogati dallo Stato, da altri enti pubblici o dalle Comunità europee è punito con la reclusione da sei mesi a tre anni. La pena è della reclusione da uno a quattro anni se il fatto è commesso da un pubblico ufficiale o da un incaricato di un pubblico servizio con abuso della sua qualità o dei suoi poteri.». Il testo antecedente alla modifica disposta con l. n. 3/2019 così disponeva: «Salvo che il fatto costituisca il reato previsto dall'articolo 640-bis, chiunque mediante l'utilizzo o la presentazione di dichiarazioni o di documenti falsi o attestanti cose non vere, ovvero mediante l'omissione di informazioni dovute, consegue indebitamente, per sé o per altri, contributi, finanziamenti, mutui agevolati o altre erogazioni dello stesso tipo, comunque denominate, concessi o erogati dallo Stato, da altri enti pubblici o dalle Comunità europee è punito con la reclusione da sei mesi a tre anni.».

Norme connesse:

A. Art. 240-bis c.p.

B. Art. 2, l. 23.12.1986, n. 898: «*1. Ove il fatto non configuri il più grave reato previsto dall'articolo 640-bis del codice penale, chiunque, mediante l'esposizione di dati o notizie falsi, consegue indebitamente, per sé o per altri, aiuti, premi, indennità, restituzioni, contributi o altre erogazioni a carico totale o parziale del Fondo europeo agricolo di garanzia e del Fondo europeo agricolo per lo sviluppo rurale è punito con la reclusione da sei mesi a tre anni. La pena è della reclusione da sei mesi a quattro anni quando il danno o il profitto sono superiori a euro 100.000. Quando la somma indebitamente percepita è pari o inferiore a 5.000 euro si applica soltanto la sanzione amministrativa di cui agli articoli seguenti.*
2. Agli effetti della disposizione del precedente comma 1 e di quella del comma 1 dell'articolo 3, alle erogazioni a carico del Fondo europeo agricolo di garanzia e del Fondo europeo agricolo per lo sviluppo rurale sono assimilate le quote nazionali previste dalla normativa comunitaria a complemento delle somme a carico di detti Fondi, nonché le erogazioni poste a totale carico della finanza nazionale sulla base della normativa comunitaria.
3. Con la sentenza il giudice determina altresì l'importo indebitamente percepito e condanna il colpevole alla restituzione di esso all'amministrazione che ha disposto la erogazione di cui al comma 1.
3-bis. Nei casi di condanna o di applicazione della pena su richiesta a norma dell'articolo 444 del codice di procedura penale per il delitto di cui al comma 1, si osservano le disposizioni contenute negli articoli 240-bis e 322-ter del codice penale, in quanto compatibili.».

C. Art. 58, co. 8, d.l. 14.8.2020, n. 104 d.l. n. 104/2020: «*Art. 58.* Fondo per la filiera della ristorazione. *1. Al fine di sostenere la ripresa e la continuità dell'attività degli esercizi di ristorazione ed evitare gli sprechi alimentari, è istituito un fondo nello stato di previsione del Ministero delle politiche agricole alimentari e forestali con una dotazione pari a 250 milioni di euro per l'anno 2020 e 200 milioni di euro per l'anno 2021 che costituiscono limite di spesa. Le risorse relative all'anno 2021 concorrono al finanziamento e all'integrazione delle istanze di contributo già presentate entro il 15 dicembre 2020 e parzialmente soddisfatte con lo stanziamento per l'anno 2020 nonché al finanziamento delle eventuali ulteriori istanze di contributo raccolte con le medesime modalità e procedure di cui al comma 6 del presente articolo e al decreto del Ministro delle politiche agricole alimentari e forestali 27 ottobre 2020, pubblicato nella Gazzetta Ufficiale n. 277 del 6 novembre 2020. Al fine di un celere avvio delle procedure di erogazione del contributo ivi previsto, il Ministero delle politiche agricole alimentari e forestali provvede a trasferire al soggetto gestore della misura di cui all'articolo 6 del citato decreto ministeriale 27 ottobre 2020, entro il 31 dicembre 2020, un importo pari a 250 milioni di euro.*
8. Salvo che il fatto costituisca reato, l'indebita percezione del contributo, oltre a comportare il recupero dello stesso, è punita con la sanzione amministrativa pecuniaria pari al doppio del contributo non spettante. Ai fini dell'applicazione del presente articolo, l'ammontare di cui al secondo comma dell'articolo 316-ter del codice penale è elevato a 8.00 euro. Non si applica l'articolo 1, comma 3, del decreto-legge 24 giugno 2014, n. 91, convertito, con modificazioni, in legge 11 agosto 2014, n. 116. All'irrogazione della sanzione, ai sensi della legge 24 novembre 1981, n. 689, provvede l'Ispettorato centrale della tutela della qualità e della repressione frodi dei prodotti agroalimentari (ICQRF). Il pagamento della sanzione e la restituzione del contributo non spettante sono effettuati con modello F24 ai sensi dell'articolo 17 del decreto legislativo 9 luglio 1997, n. 241, senza possibilità di compensazione con crediti, entro sessanta giorni, rispettivamente, dalla data di notifica dell'atto di intimazione alla restituzione del contributo erogato, emesso dall'ufficio che ha erogato il medesimo, e dell'ordinanza ingiunzione di pagamento della sanzione amministrativa pecuniaria, irrogata dall'Ispettorato centrale della tutela della qualità e della repressione frodi dei prodotti agroalimentari. In caso di mancato pagamento nei termini sopra indicati si procede all'emissione dei ruoli di riscossione coattiva. Gli introiti derivanti dall'irrogazione delle sanzioni di cui al presente comma sono versati all'entrata del bilancio dello Stato per essere riassegnati, con decreto del Ragioniere generale dello Stato, allo stato di previsione del Ministero delle politiche agricole alimentari e forestali per il finanziamento di iniziative per il superamento di emergenze e per il rafforzamento dei controlli».

D. Art. 24, d.lgs. 8.6.2001, n. 231 (in *Normativa complementare*, voce *Economia (diritto penale della), Enti*).

317. Concussione [(1)].

Il pubblico ufficiale [357] o l'incaricato di un pubblico servizio [358] che, abusando della sua qualità o dei suoi poteri, costringe taluno a dare o a promettere indebitamente, a lui o a un terzo, denaro o altra utilità, è punito con la reclusione da sei a dodici anni.

Riferimenti storici:

Art. 169 Codice Zanardelli: «*Il pubblico ufficiale, che, abusando del suo ufficio, costringe alcuno a dare o promettere indebitamente, a sé o ad un terzo, danaro o altra utilità, è punito con la interdizione perpetua dai pubblici uffici, con la reclusione da tre a dieci anni e con la multa non inferiore alle lire trecento.*
Se la somma o l'utilità indebitamente data o promessa sia di lieve valore, la interdizione è temporanea e la reclusione è da uno a cinque anni».

Evoluzione normativa:

(1) Articolo sostituito, prima, dall'art. 4, l. 26.4.1990, n. 86, poi, dall'art. 1, co. 75, lett. d), l. 6.11.2012, n. 190 e, infine, così nuovamente modificato dall'art. 3, co. 1, l. 27.5.2015, n. 69, a decorrere da 14.6.2015. Il testo antecedente alle modifiche disposte con l. 69/2015 così disponeva: «*Il pubblico ufficiale che, abusando della sua qualità o dei suoi poteri, costringe taluno a dare o a promettere indebitamente, a lui o a un terzo, denaro o altra utilità è punito con la reclusione da sei a dodici anni*». Il testo antecedente alla sostituzione disposta con l. 190/2012 così disponeva: «*Il pubblico ufficiale o l'incaricato di un pubblico servizio, che, abusando della sua qualità o dei suoi poteri, costringe o induce taluno a dare o a promettere indebitamente, a lui o ad un terzo, denaro od altra utilità, è punito con la reclusione da quattro a dodici anni*». Il testo antecedente alla sostituzione disposta con l. 86/1990 così disponeva: «Concussione. *Il pubblico ufficiale, che, abusando della sua qualità o delle sue funzioni, costringe o induce taluno a dare o a promettere indebitamente, a lui o ad un terzo, denaro od altra utilità, è punito con la reclusione da quattro a dodici anni e con la multa non inferiore a lire tremila.*
Si applicano le disposizioni del capoverso dell'articolo 314».

Norme connesse:

A. Artt. 32-quater, 240-bis, 319-quater c.p.

B. Art. 25, d.lgs. 8.6.2001, n. 231 (in *Normativa complementare*, voce *Economia (diritto penale della), Enti*).

317 bis. Pene accessorie [(1)].

La condanna per i reati di cui agli articoli 314, 317, 318, 319, 319-*bis*, 319-*ter*, 319-*quater*, primo comma, 320, 321, 322, 322-*bis* e 346-*bis* importa l'interdizione perpetua dai pubblici uffici e l'incapacità in perpetuo di contrattare con la pubblica amministrazione [32-*ter*,

32-*quater*], salvo che per ottenere le prestazioni di un pubblico servizio. Nondimeno, se viene inflitta la reclusione per un tempo non superiore a due anni o se ricorre la circostanza attenuante prevista dall'articolo 323-*bis*, primo comma, la condanna importa l'interdizione e il divieto temporanei, per una durata non inferiore a cinque anni né superiore a sette anni.

Quando ricorre la circostanza attenuante prevista dall'articolo 323-*bis*, secondo comma, la condanna per i delitti ivi previsti importa le sanzioni accessorie di cui al primo comma del presente articolo per una durata non inferiore a un anno né superiore a cinque anni.

Evoluzione normativa:

(1) Articolo introdotto dall'art. 5, l. 26.4.1990, n. 86 e modificato dall'art. 1, co. 75, lett. e), l. 6.11.2012, n. 190. Questo articolo è stato poi così sostituito dall'art. 1, co. 1, lett. m), l. 9.1.2019, n. 3, a decorrere dal 31.1.2019. Il testo antecedente alla sostituzione disposta con l. n. 3/2019 così disponeva «*La condanna per i reati di cui agli articoli 314, 317, 319 e 319-ter importa l'interdizione perpetua dai pubblici uffici. Nondimeno, se per circostanze attenuanti viene inflitta la reclusione per un tempo inferiore a tre anni, la condanna importa l'interdizione temporanea*». *Il testo antecedente alle modifiche disposte con l. n. 190/2012 così disponeva: «La condanna per i reati di cui agli articoli 314 e 317 importa l'interdizione perpetua dai pubblici uffici. Nondimeno, se per circostanze attenuanti viene inflitta la reclusione per un tempo inferiore a tre anni, la condanna importa l'interdizione temporanea»*.

318. Corruzione per l'esercizio della funzione [(1)].

Il pubblico ufficiale [357] che, per l'esercizio delle sue funzioni o dei suoi poteri, indebitamente riceve, per sé o per un terzo, denaro o altra utilità o ne accetta la promessa è punito con la reclusione da tre a otto anni [321] [(2)].

Riferimenti storici:

Art. 171 Codice Zanardelli: «*Il pubblico ufficiale, che, per un atto del suo ufficio, riceve, per sé o per altri, in danaro o in altra utilità, una retribuzione che non gli è dovuta o ne accetta la promessa, è punito con la reclusione sino ad un anno, con la interdizione temporanea dai pubblici ufficii e con la multa da lire cinquanta a tremila*».

Evoluzione normativa:

(1) Articolo sostituito dall'art. 6, l. 26.4.1990, n. 86 e dall'art. 1, comma 75, lett. f), l. 6.11.2012, n. 190. Questo articolo è stato poi così modificato dall'art. 1, comma 1, lett. e), l. 27.5.2015, n. 69, a decorrere dal 14.6.2015. Il testo antecedente alla modifica disposta con l. n. 69/2015 così disponeva: «Corruzione per l'esercizio della funzione. *Il pubblico ufficiale che, per l'esercizio delle sue funzioni o dei suoi poteri, indebitamente riceve, per sè o per un terzo, denaro o altra utilità o ne accetta la promessa è punito con la reclusione da uno a cinque anni*». Il testo antecedente alla sostituzione disposta con l. n. 190/2012 così disponeva: «Corruzione per un atto d'ufficio. *Il pubblico ufficiale, che, per compiere un atto del suo ufficio, riceve, per sé o per un terzo, in denaro od altra utilità, una retribuzione che non gli è dovuta, o ne accetta la promessa, è punito con la reclusione da sei mesi a tre anni.*
Se il pubblico ufficiale riceve la retribuzione per un atto d'ufficio da lui già compiuto, la pena è della reclusione fino a un anno».

(2) Comma modificato dall'art. 1, co. 1, lett. n), l. 9.1.2019, n. 3, a decorrere dal 31.1.2019. Il testo previgente così disponeva: «*Il pubblico ufficiale che, per l'esercizio delle sue funzioni o dei suoi poteri, indebitamente riceve, per sé o per un terzo, denaro o altra utilità o ne accetta la promessa è punito con la reclusione da uno a sei anni*».

Norme connesse:

A. Art. 32-quater c.p.
B. Art. 240-bis c.p.
C. Art. 25, d.lgs. 8.6.2001, n. 231 (in *Normativa complementare*, voce *Economia (diritto penale della), Enti*).

319. Corruzione per un atto contrario ai doveri d'ufficio [(1)].

Il pubblico ufficiale [357] che, per omettere [328] o ritardare o per aver omesso o ritardato un atto del suo ufficio, ovvero per compiere o per aver compiuto un atto contrario ai doveri di ufficio, riceve, per sé o per un terzo, denaro od altra utilità, o ne accetta la promessa, è punito con la reclusione da sei a dieci anni.

Evoluzione normativa:

(1) Articolo sostituito, prima, dall'art. 7, l. 26.4.1990, n. 86, poi, dall'art. 1, co. 75, lett. g), l. 6.11.2012, n. 190, e, da ultimo, modificato da ultimo dall'art. 1, co. 1, lett. f), l. 27.5.2015, n. 69, a decorrere dal 14.6.2015. Il testo antecedente alle modifiche disposte con l. 69/2015 così disponeva: «*Il pubblico ufficiale che, per omettere o ritardare o per aver omesso o ritardato un atto del suo ufficio, ovvero per compiere o per aver compiuto un atto contrario ai doveri di ufficio, riceve, per sé o per un terzo, denaro od altra utilità, o ne accetta la promessa, è punito con la reclusione da quattro a otto anni*». Il testo antecedente alla sostituzione disposta con l. n. 190/2012 così disponeva: «*Il pubblico ufficiale che, per omettere o ritardare o per aver omesso o ritardato un atto del suo ufficio, ovvero per compiere o per aver compiuto un atto contrario ai doveri di ufficio, riceve, per sé o per un terzo, denaro od altra utilità, o ne accetta la promessa, è punito con la reclusione da due a cinque anni*».

Norme connesse:

A. Artt. 32-quater, 240-bis c.p.
B. Art. 25, d.lgs. 8.6.2001, n. 231 (in *Normativa complementare*, voce *Economia (diritto penale della), Enti*).

319 bis. Circostanze aggravanti [(1)].

La pena è aumentata se il fatto di cui all'art. 319 ha per oggetto il conferimento di pubblici impieghi o stipendi o pensioni o la stipulazione di contratti nei quali sia interessata l'amministrazione alla quale il pubblico ufficiale [357] appartiene nonché il pagamento o il rimborso di tributi.

Evoluzione normativa:

(1) Articolo introdotto dall'art. 8, l. 26.4.1990, n. 86 e così modificato dall'art. 29, co. 7, d.l. 31.5.2010, n. 78, conv., con modif., in l. 30.7.2010, n. 122. Il testo previgente così disponeva: «*La pena è aumentata se il fatto di cui all'art. 319 ha per oggetto il conferimento di pubblici impieghi o stipendi o pensioni o la stipulazione di contratti nei quali sia interessata l'amministrazione alla quale il pubblico ufficiale appartiene*».

Norme connesse:

A. Art. 32 quater c.p.
B. Art. 25, d.lgs. 8.6.2001, n. 231 (in *Normativa complementare*, voce *Economia (diritto penale della), Enti*).

319 ter. Corruzione in atti giudiziari [(1)].

Se i fatti indicati negli articoli 318 e 319 sono commessi per favorire o danneggiare una parte in un processo civile, penale o amministrativo, si applica la pena della reclusione da sei a dodici anni [(2)].

Se dal fatto deriva l'ingiusta condanna di taluno alla reclusione non superiore a cinque anni, la pena è della reclusione da sei a quattordici anni; se deriva l'ingiusta condanna alla reclusione superiore a cinque anni o all'ergastolo, la pena è della reclusione da otto a venti anni [(3)].

Evoluzione normativa:

(1) Articolo introdotto dall'art. 9, l. 26.4.1990, n. 86.

(2) Comma modificato, prima, dall'art. 1, co. 75, lett. h), n. 1), l. 6.11.2012, n. 190, e, poi, dall'art. 1, co. 1, lett. g), n. 1), l. 27.5.2015, n. 69, a decorrere dal 14.6.2015. Il testo antecedente alle modifiche disposte con l. 69/2015 così disponeva: «*Se i fatti indicati negli articoli 318 e 319 sono commessi per favorire o danneggiare una parte in un processo civile, penale o amministrativo, si applica la pena della reclusione da quattro a dieci anni*». Il testo antecedente alla modifica disposta con l. 190/2012 così disponeva: «*Se i fatti indicati negli articoli 318 e 319 sono commessi per favorire o danneggiare una parte in un processo civile, penale o amministrativo, si applica la pena della reclusione da tre a otto anni*».

(3) Comma modificato, prima, dall'art. 1, co. 75, lett. h), n. 2), l. 6.11.2012, n. 190 e poi dall'art. 1, co. 1, lett. g), n. 2), l. 27.5.2015, n. 69, a decorrere dal 14.6.2015. Il testo antecedente alle modifiche disposte con l. 69/2015 così disponeva: «*Se dal fatto deriva l'ingiusta condanna di taluno alla reclusione non superiore a cinque anni, la pena è della reclusione da cinque a dodici anni; se deriva l'ingiusta condanna alla reclusione superiore a cinque anni o all'ergastolo, la pena è della reclusione da sei a venti anni*». Il testo antecedente alla modifica disposta con l. 190/2012 così disponeva: «*Se dal fatto deriva l'ingiusta condanna di taluno alla reclusione non superiore a cinque anni, la pena è della reclusione da quattro a dodici anni; se deriva l'ingiusta condanna alla reclusione superiore a cinque anni o all'ergastolo, la pena è della reclusione da sei a venti anni*».

Norme connesse:

A. Artt. 32 quater, 240 bis c.p.

B. Art. 25, d.lgs. 8.6.2001, n. 231 (in *Normativa complementare*, voce *Economia (diritto penale della), Enti*).

319 quater. Induzione indebita a dare o promettere utilità [(1)].

Salvo che il fatto costituisca più grave reato, il pubblico ufficiale [357] o l'incaricato di pubblico [358] servizio che, abusando della sua qualità o dei suoi poteri, induce taluno a dare o a promettere indebitamente, a lui o a un terzo, denaro o altra utilità è punito con la reclusione da sei anni a dieci anni e sei mesi [(2)].

Nei casi previsti dal primo comma, chi dà o promette denaro o altra utilità è punito con la reclusione fino a tre anni ovvero con la reclusione fino a quattro anni quando il fatto offende gli interessi finanziari dell'Unione europea e il danno o il profitto sono superiori a euro 100.000 [(3)].

Riferimenti storici:

Art. 170 Codice Zanardelli: «*Il pubblico ufficiale, che, abusando del suo ufficio, induce alcuno a dare o promettere indebitamente, a sé o ad un terzo, danaro o altra utilità, è punito con la reclusione da uno a cinque anni, con la interdizione temporanea dai pubblici ufficii e con la multa da lire cento a cinquemila.*

La reclusione è da sei mesi a tre anni, se il pubblico ufficiale riceva ciò che non è dovuto, giovandosi soltanto dell'errore altrui.

Se la somma o l'utilità indebitamente data o promessa sia di lieve valore, la reclusione è, nel primo caso, da sei mesi a due anni, e, nel secondo caso, da un mese ad un anno».

Evoluzione normativa:

(1) Articolo introdotto dall'art. 1, co. 75, lett. i), l. 6.11.2012, n. 190.

(2) Comma modificato dall'art. 1, co. 1, lett. h), l. 27.5.2015, n. 69, a decorrere dal 14.6.2015. Il testo previgente così disponeva: «*Salvo che il fatto costituisca più grave reato, il pubblico ufficiale o l'incaricato di pubblico servizio che, abusando della sua qualità o dei suoi poteri, induce taluno a dare o a promettere indebitamente, a lui o a un terzo, denaro o altra utilità è punito con la reclusione da tre a otto anni*».

(3) Comma modificato dall'art. 1, co. 1, lett. c), d.lgs. 14.7.2020, n. 75, a decorrere dal 30.7.2020. Il testo previgente così disponeva: «*Nei casi previsti dal primo comma, chi dà o promette denaro o altra utilità è punito con la reclusione fino a tre anni*».

Norme connesse:

A. Artt. 32 quater, 240 bis, 317 c.p.

B. Art. 25, d.lgs. 8.6.2001, n. 231 (in *Normativa complementare*, voce *Economia (diritto penale della), Enti*).

320. Corruzione di persona incaricata di un pubblico servizio [(1)].

Le disposizioni degli articoli 318 e 319 si applicano anche all'incaricato di un pubblico servizio [358] [(2)].

In ogni caso, le pene sono ridotte in misura non superiore a un terzo.

Evoluzione normativa:

(1) Articolo sostituito dall'art. 10, l. 26.4.1990, n. 86.

(2) Comma sostituito dall'art. 1, co. 75, lett. l), l. 6.11.2012 n. 190. Il testo previgente così disponeva: «*Le disposizioni dell'articolo 319 si applicano anche all'incaricato di un pubblico servizio; quelle di cui all'articolo 318 si applicano anche alla persona incaricata di un pubblico servizio, qualora rivesta la qualità di pubblico impiegato*».

Norme connesse:

A. Artt. 32 quater, 240 bis c.p.

321. Pene per il corruttore [(1)].

Le pene stabilite nel primo comma dell'articolo 318, nell'articolo 319, nell'articolo 319-*bis*, nell'art. 319-*ter*, e nell'articolo 320 in relazione alle suddette ipotesi degli articoli 318 e 319, si applicano anche a chi dà o promette al pubblico ufficiale o all'incaricato di un pubblico servizio il denaro od altra utilità.

Evoluzione normativa:

(1) Articolo sostituito dall'art. 11, l. 26.4.1990, n. 86 e poi così modificato dalla l. 7.2.1992, n. 181.

Norme connesse:

A. Art. 32 quater c.p.

B. Art. 25, d.lgs. 8.6.2001, n. 231 (in *Normativa complementare*, voce *Economia (diritto penale della), Enti*).

322. Istigazione alla corruzione [(1)].

Chiunque offre o promette denaro od altra utilità non dovuti ad un pubblico ufficiale [357] o ad un incaricato di un pubblico servizio [358], per l'esercizio delle sue funzioni o dei suoi poteri, soggiace, qualora l'offerta o la promessa non sia accettata, alla pena stabilita nel primo comma dell'articolo 318, ridotta di un terzo [(2)].

Se l'offerta o la promessa è fatta per indurre un pubblico ufficiale [357] o un incaricato di un pubblico servizio [358] ad omettere [328] o a ritardare un atto del suo ufficio, ovvero a fare un atto contrario ai suoi doveri, il colpevole soggiace, qualora l'offerta o la promessa non sia accettata, alla pena stabilita nell'articolo 319, ridotta di un terzo [(3)].

La pena di cui al primo comma si applica al pubblico ufficiale o all'incaricato di un pubblico servizio che sollecita una promessa o dazione di denaro o altra utilità per l'esercizio delle sue funzioni o dei suoi poteri [(4)].

La pena di cui al secondo comma si applica al pubblico ufficiale o all'incaricato di un pubblico servizio che sollecita una promessa o dazione di denaro od altra utilità da parte di un privato per le finalità indicate dall'articolo 319.

Evoluzione normativa:

(1) Articolo sostituito dall'art. 12, l. 26.4.1990, n. 86.
(2) Comma modificato dall'art. 1, co. 75, lett. m), n. 1), l. 6.11.2012, n. 190. Il testo previgente così disponeva: «*Chiunque offre o promette denaro od altra utilità non dovuti ad un pubblico ufficiale o ad un incaricato di un pubblico servizio che riveste la qualità di pubblico impiegato, per indurlo a compiere un atto del suo ufficio, soggiace, qualora l'offerta o la promessa non sia accettata, alla pena stabilita nel primo comma dell'articolo 318, ridotta di un terzo*».
(3) Comma modificato dall'art. 3, l. 7.2.1992, n. 181.
(4) Comma sostituito dall'art. 1, co. 75, lett. m), n. 2), l. 6.11.2012, n. 190. Il testo previgente così disponeva: «*La pena di cui al primo comma si applica al pubblico ufficiale o all'incaricato di un pubblico servizio che riveste la qualità di pubblico impiegato che sollecita una promessa o dazione di denaro od altra utilità da parte di un privato per le finalità indicate dall'articolo 318*».

Norme connesse:

A. Artt. 32 quater, 56, 240 bis c.p.
B. Art. 25, d.lgs. 8.6.2001, n. 231 (in *Normativa complementare*, voce *Economia (diritto penale della), Enti*).

322 bis. Peculato, concussione, induzione indebita a dare o promettere utilità, corruzione e istigazione alla corruzione, abuso d'ufficio di membri delle Corti internazionali o degli organi delle Comunità europee o di assemblee parlamentari internazionali o di organizzazioni internazionali e di funzionari delle Comunità europee e di Stati esteri (1) (2).

Le disposizioni degli articoli 314, 316, da 317 a 320, 322, terzo e quarto comma, e 323 si applicano anche (3):

1) ai membri della Commissione delle Comunità europee, del Parlamento europeo, della Corte di Giustizia e della Corte dei conti delle Comunità europee;
2) ai funzionari e agli agenti assunti per contratto a norma dello statuto dei funzionari delle Comunità europee o del regime applicabile agli agenti delle Comunità europee;
3) alle persone comandate dagli Stati membri o da qualsiasi ente pubblico o privato presso le Comunità europee, che esercitino funzioni corrispondenti a quelle dei funzionari o agenti delle Comunità europee;
4) ai membri e agli addetti a enti costituiti sulla base dei Trattati che istituiscono le Comunità europee;
5) a coloro che, nell'ambito di altri Stati membri dell'Unione europea, svolgono funzioni o attività corrispondenti a quelle dei pubblici ufficiali e degli incaricati di un pubblico servizio;

5-*bis*) ai giudici, al procuratore, ai procuratori aggiunti, ai funzionari e agli agenti della Corte penale internazionale, alle persone comandate dagli Stati parte del Trattato istitutivo della Corte penale internazionale le quali esercitino funzioni corrispondenti a quelle dei funzionari o agenti della Corte stessa, ai membri ed agli addetti a enti costituiti sulla base del Trattato istitutivo della Corte penale internazionale (4);

5-*ter*) alle persone che esercitano funzioni o attività corrispondenti a quelle dei pubblici ufficiali e degli incaricati di un pubblico servizio nell'ambito di organizzazioni pubbliche internazionali (5);

5-*quater*) ai membri delle assemblee parlamentari internazionali o di un'organizzazione internazionale o sovranazionale e ai giudici e funzionari delle corti internazionali (5);

5-*quinquies*) alle persone che esercitano funzioni o attività corrispondenti a quelle dei pubblici ufficiali e degli incaricati di un pubblico servizio nell'ambito di Stati non appartenenti all'Unione europea, quando il fatto offende gli interessi finanziari dell'Unione (6).

Le disposizioni degli articoli 319-*quater*, secondo comma, 321 e 322, primo e secondo comma, si applicano anche se il denaro o altra utilità è dato, offerto o promesso (7):

1) alle persone indicate nel primo comma del presente articolo;
2) a persone che esercitano funzioni o attività corrispondenti a quelle dei pubblici ufficiali e degli incaricati di un pubblico servizio nell'ambito di altri Stati esteri o organizzazioni pubbliche internazionali (6).

Le persone indicate nel primo comma sono assimilate ai pubblici ufficiali, qualora esercitino funzioni corrispondenti, e agli incaricati di un pubblico servizio negli altri casi.

Evoluzione normativa:

(1) Rubrica modificata dall'art. 1, co. 75, lett. n), n. 2), l. 6.11.2012, n. 190 e dall'art. 10, co. 1, lett. b), l. 20.12.2012, n. 237. Questa rubrica, poi, è stata così sostituita dall'art. 1, co. 1, lett. o), n. 1), l. 9.1.2019, n. 3, a decorrere dal 31.1.2019 e, da ultimo, modificata dall'art. 1, co. 1, lett. a), d.lgs. 4.11.2022, n. 156, a decorrere dal 6.11.2022.
Il testo antecedente alla modifica del 2022 così recava: «*Peculato, concussione, induzione indebita a dare o promettere utilità, corruzione e istigazione alla corruzione di membri delle Corti internazionali o degli organi delle Comunità europee o di assemblee parlamentari internazionali o di organizzazioni internazionali e di funzionari delle Comunità europee e di Stati esteri*».
Il testo antecedente alla sostituzione del 2019 così disponeva: «*Peculato, concussione, induzione indebita dare o promettere utilità, corruzione e istigazione alla corruzione di membri della Corte penale internazionale o degli organi delle Comunità europee e di funzionari delle Comunità europee e di Stati esteri*».
Il testo antecedente alla l. n. 237/2012 così disponeva: «*Peculato, concussione, induzione indebita dare o promettere utilità, corruzione e istigazione alla corruzione di membri degli organi delle Comunità europee e di funzionari delle Comunità europee e di Stati esteri*».
Il testo, antecedente alla modifica disposta con l. n. 190/2012 così disponeva: «*Peculato, concussione, corruzione e istigazione alla corruzione di membri degli organi delle Comunità europee e di funzionari delle Comunità europee e di Stati esteri*».
(2) Articolo introdotto dall'art. 3, l. 29.9.2000, n. 300.
(3) Alinea così modificato dall'art. 1 , co. 1, lett. b), d.lgs. 4.10.2022, n. 156, a decorrere dal 6.11.2022.
Il testo antecedente alla modifica del 2022 così disponeva: «*Le disposizioni degli articoli 314, 316, da 317 a 320 e 322, terzo e quarto comma, si applicano anche:*».
(4) Numero introdotto dall'art. 10, co. 1, lett. a), l. 20.12.2012, n. 237.
(5) Numero introdotto dall'art. 1, co. 1, lett. o), n. 2), l. 9.1.2019, n. 3, a decorrere dal 31.1.2019.
(6) Numero introdotto dall'art. 1, co. 1, lett. d), d.lgs. 14.7.2020, n. 75, a decorrere dal 30.7.2020.
(7) Alinea così modificato dall'art. 1, co. 75, lett. n), n. 1), l. 6.11.2012, n. 190.

Il testo previgente così disponeva: «*Le disposizioni degli articoli 321 e 322, primo e secondo comma, si applicano anche se il denaro o altra utilità è dato, offerto o promesso*».

(8) Numero così modificato dall'art. 3, co. 1, l. 3.8.2009, n. 116 e, poi, dall'art. 1, co. 1, lett. o), n. 3), l. 9.1.2019, n. 3, a decorrere dal 31.1.2019.
Il testo antecedente alla modifica del 2019 così disponeva: «*2) a persone che esercitano funzioni o attività corrispondenti a quelle dei pubblici ufficiali e degli incaricati di un pubblico servizio nell'ambito di altri Stati esteri o organizzazioni pubbliche internazionali, qualora il fatto sia commesso per procurare a sé o ad altri un indebito vantaggio in operazioni economiche internazionali ovvero al fine di ottenere o di mantenere un'attività economica o finanziaria*».
Il testo, precedente alla modifica del 2009 così disponeva: «*2) a persone che esercitano funzioni o attività corrispondenti a quelle dei pubblici ufficiali e degli incaricati di un pubblico servizio nell'ambito di altri Stati esteri o organizzazioni pubbliche internazionali, qualora il fatto sia commesso per procurare a sé o ad altri un indebito vantaggio in operazioni economiche internazionali*».

322 ter. Confisca [1].

Nel caso di condanna, o di applicazione della pena su richiesta delle parti a norma dell'articolo 444 del codice di procedura penale, per uno dei delitti previsti dagli articoli da 314 a 320, anche se commessi dai soggetti indicati nell'articolo 322-*bis*, primo comma, è sempre ordinata la confisca dei beni che ne costituiscono il profitto o il prezzo, salvo che appartengano a persona estranea al reato, ovvero, quando essa non è possibile, la confisca di beni, di cui il reo ha la disponibilità, per un valore corrispondente a tale prezzo o profitto [2].

Nel caso di condanna, o di applicazione della pena a norma dell'articolo 444 del codice di procedura penale, per il delitto previsto dall'articolo 321, anche se commesso ai sensi dell'articolo 322-*bis*, secondo comma, è sempre ordinata la confisca dei beni che ne costituiscono il profitto salvo che appartengano a persona estranea al reato, ovvero, quando essa non è possibile, la confisca di beni, di cui il reo ha la disponibilità, per un valore corrispondente a quello di detto profitto e, comunque, non inferiore a quello del denaro o delle altre utilità date o promesse al pubblico ufficiale o all'incaricato di pubblico servizio o agli altri soggetti indicati nell'articolo 322-*bis*, secondo comma.

Nei casi di cui ai commi primo e secondo, il giudice, con la sentenza di condanna, determina le somme di denaro o individua i beni assoggettati a confisca in quanto costituenti il profitto o il prezzo del reato ovvero in quanto di valore corrispondente al profitto o al prezzo del reato.

Evoluzione normativa:

(1) Articolo introdotto dall'art. 3, l. 29.9.2000, n. 300. L'art. 15 di questa legge ha disposto che le previsioni contenute in questo articolo non si applicano ai reati ivi previsti e a quelli indicati nell'art. 640 quater del codice penale, commessi anteriormente alla data di entrata in vigore della l. n. 300/2000. L'art. 6, l. 27.3.2001, n. 97, ha disposto che i beni immobili confiscati ai sensi del presente articolo sono acquisiti di diritto e gratuitamente al patrimonio disponibile del comune nel cui territorio si trovano e che la sentenza, con la quale è disposta la confisca, costituisce titolo per la trascrizione nei registri immobiliari.

(2) Comma così modificato dall'art. 1, co. 75, lett. o), l. 6.11.2012, n. 190.
Il testo previgente così disponeva: «*Nel caso di condanna, o di applicazione della pena su richiesta delle parti a norma dell'articolo 444 del codice di procedura penale, per uno dei delitti previsti dagli articoli da 314 a 320, anche se commessi dai soggetti indicati nell'articolo 322-bis, primo comma, è sempre ordinata la confisca dei beni che ne costituiscono il profitto o il prezzo, salvo che appartengano a persona estranea al reato, ovvero, quando essa non è possibile, la confisca di beni, di cui il reo ha la disponibilità, per un valore corrispondente a tale prezzo*».

322 ter.1. Custodia giudiziale dei beni sequestrati [1].

I beni sequestrati nell'ambito dei procedimenti penali relativi ai delitti indicati all'articolo 322-*ter*, diversi dal denaro e dalle disponibilità finanziarie, possono essere affidati dall'autorità giudiziaria in custodia giudiziale agli organi della polizia giudiziaria che ne facciano richiesta per le proprie esigenze operative.

Evoluzione normativa:

(1) Articolo introdotto dall'art. 1, co. 1, lett. p), l. 9.1.2019, n. 3, a decorrere dal 31.1.2019.

322 quater. Riparazione pecuniaria [1].

Con la sentenza di condanna per i reati previsti dagli articoli 314, 317, 318, 319, 319-*ter*, 319-*quater*, 320, 321 e 322-*bis*, è sempre ordinato il pagamento di una somma equivalente al prezzo o al profitto del reato a titolo di riparazione pecuniaria in favore dell'amministrazione lesa dalla condotta del pubblico ufficiale o dell'incaricato di un pubblico servizio, restando impregiudicato il diritto al risarcimento del danno [2].

Evoluzione normativa:

(1) Articolo introdotto dall'art. 4, co. 1, l. 27.5.2015, n. 69, a decorrere dal 14.6.2015.

(2) Comma così modificato dall'art. 1, co. 1, lett. q), l. 9.1.2019, n. 3, a decorrere dal 31.1.2019.

323. Abuso d'ufficio [1].

Salvo che il fatto non costituisca un più grave reato, il pubblico ufficiale [357] o l'incaricato di pubblico servizio [358] che, nello svolgimento delle funzioni o del servizio, in violazione di specifiche regole di condotta espressamente previste dalla legge o da atti aventi forza di legge e dalle quali non residuino margini di discrezionalità, ovvero omettendo di astenersi in presenza di un interesse proprio o di un prossimo congiunto o negli altri casi prescritti, intenzionalmente procura a sé o ad altri un ingiusto vantaggio patrimoniale ovvero arreca ad altri un danno ingiusto è punito con la reclusione da uno a quattro anni [2].

La pena è aumentata nei casi in cui il vantaggio o il danno hanno un carattere di rilevante gravità.

Riferimenti storici:

Art. 175 Codice Zanardelli: «*Il pubblico ufficiale, che, abusando del suo ufficio, ordina o commette contro gli altrui diritti qualsiasi atto arbitrario non preveduto come reato da una speciale disposizione di legge, è punito con la detenzione da quindici giorni ad un anno; e, qualora agisca per un fine privato, la pena è aumentata di un sesto, sostituita alla detenzione la reclusione.*
Alla stessa pena soggiace il pubblico ufficiale, che, nell'esercizio delle sue funzioni, eccita alcuno a trasgredire alle leggi od ai provvedimenti dell'Autorità».

Evoluzione normativa:

(1) Articolo così sostituito, prima, dall'art. 13, l. 26.4.1990, n. 86, in tema di delitti dei pubblici ufficiali contro la pubblica Amministra-

zione, e poi dall'art. 1, l. 16.7.1997, n. 234. Il testo antecedente alla modifica del 1997 così disponeva: «*Il pubblico ufficiale o l'incaricato di un pubblico servizio, che, al fine di procurare a sé o ad altri un ingiusto vantaggio non patrimoniale o per arrecare ad altri un danno ingiusto, abusa del suo ufficio, è punito, se il fatto non costituisce più grave reato, con la reclusione fino a due anni. Se il fatto è commesso per procurare a sé o ad altri un ingiusto vantaggio patrimoniale, la pena è della reclusione da due a cinque anni*».

(2) Comma così modificato dall'art. 1, co. 75, lett. p), l. 6.11.2012, n. 190 e, poi, a decorrere dal 17.7.2020, dall'art. 23, co. 1, d.l. 16.7.2020, n. 76, conv., con modif., in l. 11.9.2020, n. 120.
Il testo antecedente alla modifica del 2020 così disponeva: «*Salvo che il fatto non costituisca un più grave reato, il pubblico ufficiale o l'incaricato di pubblico servizio che, nello svolgimento delle funzioni o del servizio, in violazione di norme di legge o di regolamento, ovvero omettendo di astenersi in presenza di un interesse proprio o di un prossimo congiunto o negli altri casi prescritti, intenzionalmente procura a sé o ad altri un ingiusto vantaggio patrimoniale ovvero arreca ad altri un danno ingiusto è punito con la reclusione da uno a quattro anni*».
Il testo antecedente alla modifica del 2012 così disponeva: «*Salvo che il fatto non costituisca un più grave reato, il pubblico ufficiale o l'incaricato di pubblico servizio che, nello svolgimento delle funzioni o del servizio, in violazione di norme di legge o di regolamento, ovvero omettendo di astenersi in presenza di un interesse proprio o di un prossimo congiunto o negli altri casi prescritti, intenzionalmente procura a sé o ad altri un ingiusto vantaggio patrimoniale ovvero arreca ad altri un danno ingiusto è punito con la reclusione da sei mesi a tre anni*».

Norme connesse:

A. Art. 16, d.P.R. 16.4.2013, n. 62 (in *Normativa complementare*, voce *Pubblica amministrazione (reati contro la)*).

B. Art. 25, d.lgs. 8.6.2001, n. 231 (in *Normativa complementare*, voce *Economia (diritto penale della), Enti*).

323 bis. Circostanze attenuanti [(1) (2)].

Se i fatti previsti dagli articoli 314, 316, 316-*bis*, 316-*ter*, 317, 318, 319, 319-*quater*, 320, 322, 322-*bis* e 323 sono di particolare tenuità [62, n. 4, 131-*bis*], le pene sono diminuite.

Per i delitti previsti dagli articoli 318, 319, 319-*ter*, 319-*quater*, 320, 321, 322 e 322-*bis*, per chi si sia efficacemente adoperato per evitare che l'attività delittuosa sia portata a conseguenze ulteriori [270-*bis*.1, 375, 384-ter, 416-*bis*.1, 423-*bis*, 452-*decies*, 518-*septiesdecies*, 600-*sexies*, 600-*sexies*.1, 603-*bis*.1, 605, 630], per assicurare le prove dei reati e per l'individuazione degli altri responsabili ovvero per il sequestro delle somme o altre utilità trasferite, la pena è diminuita da un terzo a due terzi [(3)].

Evoluzione normativa:

(1) Rubrica così sostituita dall'art. 1, co. 1, lett. i), n. 2), l. 27.5.2015, n. 69, a decorrere dal 14.6.2015.
La rubrica precedente così recava: «*Circostanza attenuante*».

(2) Articolo introdotto dall'art. 14, l. 26.4.1990, n. 86. L'art. 6, l. 29.9.2000, n. 300 ha poi inserito i riferimenti agli artt. 316 ter e 322 bis rispettivamente dopo le parole «*316*-bis» *e* «*322*» e l'art. 1, co. 75, lett. q), l. 6.11.2012, n. 190 ha aggiunto il riferimento all'art. 319 quater *dopo* la parola «*319*».

(3) Comma introdotto dall'art. 1, co. 1, lett. i), n. 1), l. 27.5.2015, n. 69, a decorrere dal 14.6.2015.

323 ter. Causa di non punibilità [(1)].

Non è punibile chi ha commesso taluno dei fatti previsti dagli articoli 318, 319, 319-*ter*, 319-*quater*, 320, 321, 322-*bis*, limitatamente ai delitti di corruzione e di induzione indebita ivi indicati, 353, 353-*bis* e 354 se, prima di avere notizia che nei suoi confronti sono svolte indagini in relazione a tali fatti e, comunque, entro quattro mesi dalla commissione del fatto, lo denuncia volontariamente e fornisce indicazioni utili e concrete per assicurare la prova del reato e per individuare gli altri responsabili.

La non punibilità del denunciante è subordinata alla messa a disposizione dell'utilità dallo stesso percepita o, in caso di impossibilità, di una somma di denaro di valore equivalente, ovvero all'indicazione di elementi utili e concreti per individuarne il beneficiario effettivo, entro il medesimo termine di cui al primo comma.

La causa di non punibilità non si applica quando la denuncia di cui al primo comma è preordinata rispetto alla commissione del reato denunciato. La causa di non punibilità non si applica in favore dell'agente sotto copertura che ha agito in violazione delle disposizioni dell'articolo 9 della legge 16 marzo 2006, n. 146.

Evoluzione normativa:

(1) Articolo introdotto dall'art. 1, co. 1, lett. r), l. 9.1.2019, n. 3, a decorrere dal 31.1.2019.

324. Interesse privato in atti di ufficio [(1)].

[Il pubblico ufficiale, che, direttamente o per interposta persona, o con atti simulati, prende un interesse privato in qualsiasi atto della pubblica amministrazione presso la quale esercita il proprio ufficio, è punito con la reclusione da sei mesi a cinque anni e con la multa da lire duecentomila a quattro milioni.]

Evoluzione normativa:

(1) Articolo abrogato dall'art. 20 della l. 26.4.1990, n. 86. La multa era stata aumentata, da ultimo, dall'art. 113, l. 24.11.1981, n. 689.

325. Utilizzazione d'invenzioni o scoperte conosciute per ragione di ufficio.

Il pubblico ufficiale [357] o l'incaricato di un pubblico servizio [358], che impiega, a proprio o altrui profitto, invenzioni o scoperte scientifiche, o nuove applicazioni industriali, che egli conosca per ragione dell'ufficio o servizio, e che debbano rimanere segrete [263], è punito con la reclusione da uno a cinque anni e con la multa non inferiore a euro 516 [(1)].

Evoluzione normativa:

(1) La multa risulta così aumentata secondo quanto disposto dall'art. 113, l. 24.11.1981, n. 689.

326. Rivelazione ed utilizzazione di segreti di ufficio [(1)].

Il pubblico ufficiale [357] o la persona incaricata di un pubblico servizio [358], che, violando i doveri inerenti alle funzioni o al servizio, o comunque abusando della sua qualità [323], rivela notizie di ufficio [(2)], le quali debbano rimanere segrete, o ne agevola in qualsiasi modo la conoscenza, è punito con la reclusione da sei mesi a tre anni.

Se l'agevolazione è soltanto colposa, si applica la reclusione fino a un anno.

Il pubblico ufficiale [357] o la persona incaricata di un pubblico servizio [358], che, per procurare a sé o ad altri un indebito profitto patrimoniale, si avvale illegittimamente di notizie di ufficio, le quali debbano rimanere segrete, è punito con la reclusione da due a cinque anni. Se il fatto è commesso al fine di procurare a sé o ad altri un ingiusto profitto non patrimoniale o di cagionare ad altri un danno ingiusto, si applica la pena della reclusione fino a due anni.

Evoluzione normativa:

(1) Articolo così sostituito dall'art. 15, l. 26.4.1990, n. 86.

Norme connesse:

A. Art. 12, l. 1.4.1981, n. 121 (in *Normativa complementare*, voce *Ordine pubblico e sicurezza pubblica*).

B. Art. 21, l. 22.5.1978, n. 194 (in *Normativa complementare*, voce *Aborto, maternità e procreazione medicalmente assistita*).

C. Art. 36, l. 3.8.2007, n. 124 (in *Normativa complementare*, voce *Segreto di Stato*).

327. Eccitamento al dispregio e vilipendio delle istituzioni, delle leggi o degli atti dell'autorità [1].

[Il pubblico ufficiale che, nell'esercizio delle sue funzioni, eccita al dispregio delle istituzioni o all'inosservanza delle leggi, delle disposizioni dell'autorità o dei doveri inerenti a un pubblico ufficio o servizio, ovvero fa l'apologia di fatti contrari alle leggi, alle disposizioni dell'autorità o ai doveri predetti, è punito, quando il fatto non sia preveduto come reato da una particolare disposizione di legge, con la reclusione fino a un anno o con la multa fino a lire quattrocentomila [2].

La disposizione precedente si applica anche al pubblico impiegato incaricato di un pubblico servizio, e al ministro di un culto.]

Evoluzione normativa:

(1) Articolo abrogato dall'art. 18, l. 25.6.1999, n. 205.

(2) La multa era stata così aumentata secondo quanto disposto dall'art. 113, l. 24.11.1981, n. 689.

328. Rifiuto di atti d'ufficio. Omissione [1].

Il pubblico ufficiale [357] o l'incaricato di un pubblico servizio [358], che indebitamente rifiuta un atto del suo ufficio che, per ragioni di giustizia o di sicurezza pubblica, o di ordine pubblico o di igiene e sanità, deve essere compiuto senza ritardo, è punito con la reclusione da sei mesi a due anni.

Fuori dei casi previsti dal primo comma, il pubblico ufficiale [357] o l'incaricato di un pubblico servizio [358], che entro trenta giorni dalla richiesta di chi vi abbia interesse non compie l'atto del suo ufficio e non risponde per esporre le ragioni del ritardo, è punito con la reclusione fino ad un anno o con la multa fino a euro 1.032. Tale richiesta deve essere redatta in forma scritta ed il termine di trenta giorni decorre dalla ricezione della richiesta stessa.

Evoluzione normativa:

(1) Articolo così sostituito, dall'art. 16, l. 26.4.1990, n. 86.

329. Rifiuto o ritardo di obbedienza commesso da un militare o da un agente della forza pubblica.

Il militare o l'agente della forza pubblica, il quale rifiuta o ritarda indebitamente di eseguire una richiesta fattagli dall'autorità competente nelle forme stabilite dalla legge, è punito con la reclusione fino a due anni.

330. Abbandono collettivo di pubblici uffici, impieghi, servizi o lavoro [1].

[I pubblici ufficiali, gli incaricati di un pubblico servizio aventi la qualità di impiegati, i privati che esercitano servizi pubblici o di pubblica necessità, non organizzati in imprese, e i dipendenti da imprese di servizi pubblici o di pubblica necessità, i quali, in numero di tre o più, abbandonano collettivamente l'ufficio, l'impiego, il servizio o il lavoro, ovvero li prestano in modo da turbarne la continuità o la regolarità, sono puniti con la reclusione fino a due anni.

I capi, promotori od organizzatori sono puniti con la reclusione da due a cinque anni.

Le pene sono aumentate, se il fatto:

1. è commesso per fine politico;
2. ha determinato dimostrazioni, tumulti o sommosse popolari.]

Evoluzione normativa:

(1) Articolo abrogato dall'art. 11, l. 12.6.1990, n. 146.

331. Interruzione di un servizio pubblico o di pubblica necessità.

Chi, esercitando imprese di servizi pubblici [358] o di pubblica necessità [359], interrompe il servizio, ovvero sospende il lavoro nei suoi stabilimenti, uffici o aziende, in modo da turbare la regolarità del servizio, è punito con la reclusione da sei mesi a un anno e con la multa non inferiore a euro 516 [1].

I capi, promotori od organizzatori sono puniti con la reclusione da tre a sette anni e con la multa non inferiore a euro 3.098 [1].

Si applica la disposizione dell'ultimo capoverso dell'articolo precedente [2].

Evoluzione normativa:

(1) La multa risulta così aumentata secondo quanto disposto dall'art. 113, l. 24.11.1981, n. 689.

(2) Il rinvio deve intendersi non più operante, a seguito dell'abrogazione dell'art. 330 c.p.

Norme connesse:

A. Art. 72, l. 1.4.1981, n. 121 (in *Normativa complementare*, voce *Ordine pubblico e sicurezza pubblica*).

332. Omissione di doveri di ufficio in occasione di abbandono di un pubblico ufficio o di interruzione di un pubblico servizio [1] [2].

[Il pubblico ufficiale o il dirigente un servizio pubblico o di pubblica necessità, che, in occasione di alcuno dei delitti preveduti dai due articoli precedenti, ai quali non abbia preso parte, rifiuta od omette di adoperarsi per la ripresa del servizio a cui è addetto o preposto, ovvero di compiere ciò che è necessario per la regolare continuazione del servizio, è punito con la multa fino a lire un milione.]

Evoluzione normativa:

(1) Articolo abrogato dall'art. 18, l. 25.6.1999, n. 205.

(2) La multa era stata così aumentata secondo quanto disposto dall'art. 113, l. 24.11.1981, n. 689.

333. Abbandono individuale di un pubblico ufficio, servizio o lavoro [1].

[Il pubblico ufficiale, l'impiegato incaricato di un pubblico servizio, il privato che esercita un servizio pubblico o di pubblica necessità non organizzato in impresa, o il dipendente da imprese di servizi pubblici o di pubblica necessità, il quale abbandona l'ufficio, il servizio o il lavoro, al fine di turbarne la continuità o la regolarità, è punito con la reclusione fino a sei mesi o con la multa fino a lire un milione.

La stessa pena si applica anche a chi, con il fine sopra indicato, senza abbandonare l'ufficio, il servizio o il lavoro, li presta in modo da turbarne la continuità o la regolarità.

La pena è aumentata se dal fatto deriva pubblico o privato nocumento.]

Evoluzione normativa:

(1) Articolo abrogato dall'art. 11, l. 12.6.1990, n. 146.

334. Sottrazione o danneggiamento di cose sottoposte a sequestro disposto nel corso di un procedimento penale o dall'autorità amministrativa [1].

Chiunque sottrae, sopprime, distrugge, disperde o deteriora una cosa sottoposta a sequestro disposto nel corso di un procedimento penale o dall'autorità amministrativa e affidata alla sua custodia, al solo scopo di favorire il proprietario di essa, è punito con la reclusione da sei mesi a tre anni e con la multa da euro 51 a euro 516 [24].

Si applicano la reclusione da tre mesi a due anni e la multa da euro 30 [2] a euro 309 se la sottrazione, la soppressione, la distruzione, la dispersione o il deterioramento sono commessi dal proprietario della cosa affidata alla sua custodia.

La pena è della reclusione da un mese ad un anno e della multa fino a euro 309, se il fatto è commesso dal proprietario della cosa medesima non affidata alla sua custodia.

Evoluzione normativa:

(1) Articolo così sostituito dall'art. 86, l. 24.11.1981, n. 689.

335. Violazione colposa di doveri inerenti alla custodia di cose sottoposte a sequestro disposto nel corso di un procedimento penale o dall'autorità amministrativa [1].

Chiunque, avendo in custodia una cosa sottoposta a sequestro disposto nel corso di un procedimento penale o dall'autorità amministrativa, per colpa ne cagiona la distruzione o la dispersione, ovvero ne agevola la sottrazione o la soppressione, è punito con la reclusione fino a sei mesi o con la multa fino a euro 309.

Evoluzione normativa:

(1) Articolo così sostituito dall'art. 86, l. 24.11.1981, n. 689.

335 bis. Disposizioni patrimoniali [1].

Salvo quanto previsto dall'articolo 322-*ter*, nel caso di condanna per delitti previsti dal presente capo è comunque ordinata la confisca anche nelle ipotesi previste dall'articolo 240, primo comma.

Evoluzione normativa:

(1) Articolo introdotto dall'art. 6, co. 1, l. 27.3.2001, n. 97. L'art. 6, co. 4, l. 27.3.2001, n. 97, prevede che i beni immobili confiscati ai sensi di questo articolo sono acquisiti di diritto e gratuitamente al patrimonio disponibile del comune nel cui territorio si trovano e che la sentenza, con la quale è disposta la confisca, costituisce titolo per la trascrizione nei registri immobiliari.

Capo II
Dei delitti dei privati contro la Pubblica Amministrazione

336. Violenza o minaccia a un pubblico ufficiale [1].

Chiunque usa violenza o minaccia a un pubblico ufficiale [357] o ad un incaricato di un pubblico servizio [358], per costringerlo a fare un atto contrario ai propri doveri, o ad omettere un atto dell'ufficio [328] o del servizio, è punito con la reclusione da sei mesi a cinque anni [319, 322, 326].

La pena è aumentata fino alla metà se il fatto è commesso dal genitore esercente la responsabilità genitoriale o dal tutore dell'alunno nei confronti di un dirigente scolastico o di un membro del personale docente, educativo, amministrativo, tecnico o ausiliario della scuola [2].

La pena è della reclusione fino a tre anni, se il fatto è commesso per costringere alcuna delle persone di cui al primo e al secondo comma a compiere un atto del proprio ufficio o servizio, o per influire, comunque, su di essa [3].

Evoluzione normativa:

(1) Le pene stabilite per i delitti previsti in questo articolo sono aumentate da un terzo alla metà se il fatto è commesso da persona sottoposta con provvedimento definitivo ad una misura di prevenzione personale durante il periodo previsto di applicazione e sino a tre anni dal momento in cui ne è cessata l'esecuzione, secondo quanto previsto dall'art. 71, co. 1, d.lgs. 6.9.2011, n. 159.

(2) Comma introdotto dall'art. 5, co. 1, lett. b), l. 4.3.2024, n. 25, a decorrere dal 30.3.2024.

(3) Comma così modificato dall'art. 5, co. 1, lett. a), l. 4.3.2024, n. 25, a decorrere dal 30.3.2024. Il testo antecedente alla modifica del 2024 così disponeva: «*La pena è della reclusione fino a tre anni, se il fatto è commesso per costringere alcuna delle persone anzidette a compiere un atto del proprio ufficio o servizio, o per influire, comunque, su di essa*».

Norme connesse:

A. Art. 393 bis c.p.

B. Art. 26, l. 22.5.1975, n. 152: «*Se una persona è stata arrestata nella flagranza del reato previsto dall'articolo 336 del codice penale, limitatamente all'uso della violenza, aggravato per essere stata la violenza esercitata con armi proprie o improprie contro un ufficiale od agente della polizia giudiziaria o della forza pubblica, si procede sempre con giudizio direttissimo anche in deroga agli articoli 502 e 504 del codice di procedura penale.*

In tale caso non si applica la disposizione dell'ultimo comma dell'articolo 503 del codice di procedura penale sempreché, entro venti giorni dall'arresto, sia emessa sentenza di primo grado.

Fuori del caso di flagranza previsto dal primo comma, il procuratore della Repubblica deve sempre procedere con giudizio direttissimo dopo avere disposto l'arresto dell'imputato; si applica altresì la disposizione del secondo comma.

Per la connessione vale quanto disposto nel secondo comma dell'articolo 17».

337. Resistenza a un pubblico ufficiale.

Chiunque usa violenza o minaccia per opporsi a un

pubblico ufficiale [357] o ad un incaricato di un pubblico servizio [358], mentre compie un atto di ufficio o di servizio, o a coloro che, richiesti, gli prestano assistenza, è punito con la reclusione da sei mesi a cinque anni.

Riferimenti storici:

Art. 190 Codice Zanardelli: «*Chiunque usa violenza o minaccia per opporsi ad un pubblico ufficiale mentre adempie i doveri del proprio ufficio, o a coloro che, richiesti, gli prestano assistenza, è punito con la reclusione da un mese a due anni.*
La reclusione è:
1. da tre a trenta mesi, se il fatto sia commesso con armi;
2. da uno a sette anni, se il fatto sia commesso in riunione di oltre cinque persone con armi, ovvero in riunione di oltre dieci persone anche senza armi e previo concerto.
Se il fatto sia diretto a sottrarre all'arresto se' stesso od un prossimo congiunto, la pena è della reclusione o della detenzione sino a venti mesi, o del confino per un tempo non minore di tre mesi, nel caso della prima parte; e della reclusione, rispettivamente, da due mesi a due anni nel caso del numero 1°, e da sei mesi a cinque anni nel caso del numero 2° del precedente capoverso».

Norme connesse:

A. Art. 393 bis c.p.
B. Artt. 11 e 43, r.d. 18.6.1931, n. 773, di approvazione del testo unico delle leggi di pubblica sicurezza (in *Normativa complementare*, voce *Ordine pubblico e sicurezza pubblica*).

337 bis. Occultamento, custodia o alterazione di mezzi di trasporto [1].

Chiunque occulti o custodisca mezzi di trasporto di qualsiasi tipo che, rispetto alle caratteristiche omologate, presentano alterazioni o modifiche o predisposizioni tecniche tali da costituire pericolo per l'incolumità fisica degli operatori di polizia, è punito con la reclusione da due a cinque anni e con la multa da euro 2.582 a euro 10.329.

La stessa pena di cui al primo comma si applica a chiunque altera mezzi di trasporto operando modifiche o predisposizioni tecniche tali da costituire pericolo per l'incolumità fisica degli operatori di polizia.

Se il colpevole è titolare di concessione o autorizzazione o licenza o di altro titolo abilitante l'attività, alla condanna consegue la revoca del titolo che legittima la medesima attività.

Evoluzione normativa:

(1) Articolo introdotto dall'art. 4, l. 19.3.2001, n. 92.

338. Violenza o minaccia ad un corpo politico, amministrativo o giudiziario o ai suoi singoli componenti [1] [2].

Chiunque usa violenza o minaccia ad un corpo politico, amministrativo o giudiziario, ai singoli componenti o ad una rappresentanza di esso o ad una qualsiasi pubblica autorità costituita in collegio o ai suoi singoli componenti, per impedirne, in tutto o in parte, anche temporaneamente, o per turbarne comunque l'attività, è punito con la reclusione da uno a sette anni [3].

Alla stessa pena soggiace chi commette il fatto per ottenere, ostacolare o impedire il rilascio o l'adozione di un qualsiasi provvedimento, anche legislativo, ovvero a causa dell'avvenuto rilascio o adozione dello stesso [4].

Alla stessa pena soggiace chi commette il fatto per influire sulle deliberazioni collegiali di imprese che esercitano servizi pubblici [358] o di pubblica necessità [359], qualora tali deliberazioni abbiano per oggetto l'organizzazione o l'esecuzione dei servizi.

Evoluzione normativa:

(1) Rubrica così modificata dall'art. 1, co. 1, lett. c), l. 3.7.2017, n. 105, a decorrere dal 22.7.2017.
Il testo della rubrica, antecedente a questa modifica, così recava: «*Violenza o minaccia ad un corpo politico, amministrativo o giudiziario*».
(2) Le pene stabilite per i delitti previsti in questo articolo sono aumentate da un terzo alla metà se il fatto è commesso da persona sottoposta con provvedimento definitivo ad una misura di prevenzione personale durante il periodo previsto di applicazione e sino a tre anni dal momento in cui ne è cessata l'esecuzione secondo quanto disposto dall'art. 71, co. 1, d.lgs. 6.9.2011, n. 159.
(3) Comma così modificato dall'art. 1, co. 1, lett. a), l. 3.7.2017, n. 105, a decorrere dal 22.7.2017.
Il testo previgente così disponeva: «*Chiunque usa violenza o minaccia ad un corpo politico, amministrativo o giudiziario o ad una rappresentanza di esso o ad una qualsiasi pubblica autorità costituita in collegio, per impedirne, in tutto o in parte, anche temporaneamente, o per turbarne comunque l'attività, è punito con la reclusione da uno a sette anni*».
(4) Comma introdotto dall'art. 1, co. 1, lett. b), l. 3.7.2017, n. 105, a decorrere dal 22.7.2017.

Norme connesse:

A. Art. 393 bis c.p.

339. Circostanze aggravanti.

Le pene stabilite nei tre articoli precedenti sono aumentate se la violenza o la minaccia è commessa nel corso di manifestazioni in luogo pubblico o aperto al pubblico ovvero con armi [585], o da persona travisata, o da più persone riunite [112, n. 1], o con scritto anonimo, o in modo simbolico, o valendosi della forza intimidatrice derivante da segrete associazioni, esistenti o supposte [1].

Se la violenza o la minaccia è commessa da più di cinque persone riunite, mediante uso di armi anche soltanto da parte di una di esse, ovvero da più di dieci persone, pur senza uso di armi, la pena è, nei casi preveduti dalla prima parte dell'articolo 336 e dagli articoli 337 e 338, della reclusione da tre a quindici anni e, nel caso preveduto dal capoverso dell'articolo 336, della reclusione da due a otto anni [2].

Le disposizioni di cui al secondo comma si applicano anche, salvo che il fatto costituisca più grave reato, nel caso in cui la violenza o la minaccia sia commessa mediante il lancio o l'utilizzo di corpi contundenti o altri oggetti atti ad offendere, compresi gli artifici pirotecnici, in modo da creare pericolo alle persone [3].

Evoluzione normativa:

(1) Comma così modificato dall'art. 7, co. 1, lett. a), d.l. 14.6.2019, n. 53, conv., con modif., in l. 8.8.2019, n. 77, a decorrere dal 15.6.2019.
Il testo previgente così disponeva: «*Le pene stabilite nei tre articoli precedenti sono aumentate se la violenza o la minaccia è commessa con armi, o da persona travisata, o da più persone riunite, o con scritto anonimo, o in modo simbolico, o valendosi della forza intimidatrice derivante da segrete associazioni, esistenti o supposte*».
(2) Questo comma era stato modificato dall'art. 7, d.l. 8.2.2007, n. 8. La modifica, consistente nell'aumento da tre a cinque anni della

misura minima della pena, non è più prevista dalla nuova formulazione del citato art. 7 dopo la conversione in legge del suddetto decreto (l. 4.4.2007, n. 41).

(3) Comma introdotto dall'art. 7, d.l. 8.2.2007, n. 8.

Norme connesse:

A. Art. 393 bis c.p.

B. Artt. 5, l. 22.5.1975, n. 152 (in *Normativa complementare*, voce *Ordine pubblico e sicurezza pubblica*).

C. Art. 85, r.d. 18.6.1931, n. 773 (in *Normativa complementare*, voce *Ordine pubblico e sicurezza pubblica*).

D. L. 2.10.1967, n. 895, l. 23.12.1974, n. 694, e l. 10.5.1976, n. 342 (in *Normativa complementare*, voce *Armi, munizioni ed esplosivi*).

339 bis. Circostanza aggravante. Atti intimidatori di natura ritorsiva ai danni di un componente di un Corpo politico, amministrativo o giudiziario (1).

Salvo che il fatto costituisca più grave reato, le pene stabilite per i delitti previsti dagli articoli 582, 610, 612 e 635 sono aumentate da un terzo alla metà se la condotta ha natura ritorsiva ed è commessa ai danni di un componente di un Corpo politico, amministrativo o giudiziario a causa del compimento di un atto nell'adempimento del mandato, delle funzioni o del servizio.

Evoluzione normativa:

(1) Articolo introdotto dall'art. 3, co. 1, l. 3.7.2017, n. 105, a decorrere dal 22.7.2017.

340. Interruzione di un ufficio o servizio pubblico o di un servizio di pubblica necessità.

Chiunque, fuori dei casi preveduti da particolari disposizioni di legge cagiona un'interruzione o turba la regolarità di un ufficio o servizio pubblico [358] o di un servizio di pubblica necessità [359] è punito con la reclusione fino a un anno.

Quando la condotta di cui al primo comma è posta in essere nel corso di manifestazioni in luogo pubblico o aperto al pubblico, si applica la reclusione fino a due anni (1).

I capi, promotori od organizzatori sono puniti con la reclusione da uno a cinque anni.

Evoluzione normativa:

(1) Comma introdotto dall'art. 7, co. 1, lett. b), d.l. 14.6.2019, n. 53, conv., con modif., in l. 8.8.2019, n. 77, a decorrere dal 15.6.2019.

Norme connesse:

A. Art. 1, l. 12.6.1990, n. 146, per l'esercizio del diritto di sciopero nei servizi pubblici essenziali: «*1. Ai fini della presente legge sono considerati servizi pubblici essenziali, indipendentemente dalla natura giuridica del rapporto di lavoro, anche se svolti in regime di concessione o mediante convenzione, quelli volti a garantire il godimento dei diritti della persona, costituzionalmente tutelati, alla vita, alla salute, alla libertà ed alla sicurezza, alla libertà di circolazione, all'assistenza e previdenza sociale, all'istruzione ed alla libertà di comunicazione.*
2. Allo scopo di contemperare l'esercizio del diritto di sciopero con il godimento dei diritti della persona, costituzionalmente tutelati, di cui al comma 1, la presente legge dispone le regole da rispettare e le procedure da seguire in caso di conflitto collettivo, per assicurare l'effettività, nel loro contenuto essenziale, dei diritti medesimi, in particolare nei seguenti servizi e limitatamente all'insieme delle prestazioni individuate come indispensabili ai sensi dell'articolo 2:
a) per quanto concerne la tutela della vita, della salute, della libertà e della sicurezza della persona, dell'ambiente e del patrimonio storico-artistico: la sanità; l'igiene pubblica; la protezione civile; la raccolta e lo smaltimento dei rifiuti urbani e di quelli speciali, tossici e nocivi; le dogane, limitatamente al controllo su animali e su merci deperibili; l'approvvigionamento di energie, prodotti energetici, risorse naturali e beni di prima necessità, nonché la gestione e la manutenzione dei relativi impianti, limitatamente a quanto attiene alla sicurezza degli stessi; l'amministrazione della giustizia, con particolare riferimento a provvedimenti restrittivi della libertà personale ed a quelli cautelari ed urgenti, nonché ai processi penali con imputati in stato di detenzione; i servizi di protezione ambientale e di vigilanza sui beni culturali; l'apertura al pubblico regolamentata di musei e altri istituti e luoghi della cultura, di cui all' articolo 101, comma 3, del codice dei beni culturali e del paesaggio, di cui al decreto legislativo 22 gennaio 2004, n. 42 , e successive modificazioni;
b) per quanto concerne la tutela della libertà di circolazione: i trasporti pubblici urbani ed extraurbani autoferrotranviari, ferroviari, aerei, aeroportuali e quelli marittimi limitatamente al collegamento con le isole;
c) per quanto concerne l'assistenza e la previdenza sociale, nonché gli emolumenti retributivi o comunque quanto economicamente necessario al soddisfacimento delle necessità della vita attinenti a diritti della persona costituzionalmente garantiti: i servizi di erogazione dei relativi importi anche effettuati a mezzo del servizio bancario;
d) per quanto riguarda l'istruzione: l'istruzione pubblica, con particolare riferimento all'esigenza di assicurare la continuità dei servizi degli asili nido, delle scuole materne e delle scuole elementari, nonché lo svolgimento degli scrutini finali e degli esami, e l'istruzione universitaria, con particolare riferimento agli esami conclusivi dei cicli di istruzione;
e) per quanto riguarda la libertà di comunicazione: le poste, le telecomunicazioni e l'informazione radiotelevisiva pubblica.».

B. Art. 1, d.lgs. 22.1.1948, n. 66 (norme per la libera circolazione e la libera navigazione): «*Chiunque, al fine di impedire od ostacolare la libera circolazione, depone o abbandona congegni o altri oggetti di qualsiasi specie in una strada ordinaria o ferrata o comunque ostruisce o ingombra una strada ordinaria o ferrata, ad eccezione dei casi previsti dall'articolo 1-bis, è punito con la reclusione da uno a sei anni.*
La stessa pena si applica nei confronti di chi, al fine di ostacolare la libera navigazione, depone o abbandona congegni o altri oggetti di qualsiasi specie in una zona portuale o nelle acque di fiumi, canali o laghi, o comunque le ostruisce o le ingombra.
La pena è raddoppiata se il fatto è commesso da più persone, anche non riunite, ovvero se è commesso usando violenza o minaccia alle persone o violenza sulle cose».

341. Oltraggio a un pubblico ufficiale (1) (2).

[Chiunque offende l'onore o il prestigio di un pubblico ufficiale, in presenza di lui e a causa o nell'esercizio delle sue funzioni, è punito con la reclusione da sei mesi a due anni.

La stessa pena si applica a chi commette il fatto mediante comunicazione telegrafica o telefonica, o con scritto o disegno, diretti al pubblico ufficiale, e a causa delle sue funzioni.

La pena è della reclusione da uno a tre anni, se l'offesa consiste nell'attribuzione di un fatto determinato.

Le pene sono aumentate quando il fatto è commesso con violenza o minaccia, ovvero quando l'offesa è recata in presenza di una o più persone (3).]

Evoluzione normativa:

(1) Articolo abrogato dall'art. 18, l. 25.6.1999, n. 205.

(2) La Corte costituzionale, con sent. 19.7.1994, n. 341, aveva dichiarato l'illegittimità costituzionale di questo comma, nella parte in cui prevede come minimo edittale la reclusione per mesi sei.

(3) L'art. 4, d.lgs.lgt. 14.9.1944, n. 288, sulla riforma della legislazione penale, così dispone: «*Non si applicano le disposizioni degli artt. 336, 337, 338, 339, 341, 342, 343 del codice penale quando il pubblico ufficiale o l'incaricato di un pubblico servizio ovvero il pubblico impiegato abbia dato causa al fatto preveduto negli stessi articoli, eccedendo con atti arbitrari i limiti delle sue attribuzioni*».

341 bis. Oltraggio a pubblico ufficiale [(1)].

Chiunque, in luogo pubblico o aperto al pubblico e in presenza di più persone, offende l'onore ed il prestigio di un pubblico ufficiale [357] mentre compie un atto d'ufficio ed a causa o nell'esercizio delle sue funzioni è punito con la reclusione da sei mesi a tre anni [(2)].

La pena è aumentata se l'offesa consiste nell'attribuzione di un fatto determinato [594[3]]. Se la verità del fatto è provata o se per esso l'ufficiale a cui il fatto è attribuito è condannato dopo l'attribuzione del fatto medesimo, l'autore dell'offesa non è punibile [596].

La pena è aumentata fino alla metà se il fatto è commesso dal genitore esercente la responsabilità genitoriale o dal tutore dell'alunno nei confronti di un dirigente scolastico o di un membro del personale docente, educativo o amministrativo della scuola [(3)].

Ove l'imputato, prima del giudizio, abbia riparato interamente il danno, mediante risarcimento di esso [62, n. 6] sia nei confronti della persona offesa sia nei confronti dell'ente di appartenenza della medesima, il reato è estinto.

Evoluzione normativa:

(1) Articolo introdotto dal comma 8 dell'art. 1, l. 15.7.2009, n. 94.
(2) Comma così modificato dall'art. 7, co. 1, lett. b bis), d.l. 14.6.2019, n. 53, conv., con modif., in l. 8.8.2019, n. 77, a decorrere dal 10.8.2019.
(3) Comma introdotto dall'art. 6, co. 1, l. 4.3.2024, n. 25, a decorrere dal 30.3.2024

Norme connesse:

A. Art. 393 bis c.p.

342. Oltraggio a un Corpo politico, amministrativo o giudiziario.

Chiunque offende l'onore o il prestigio di un Corpo politico, amministrativo o giudiziario [343], o di una rappresentanza di esso, o di una pubblica autorità costituita in collegio, al cospetto del Corpo, della rappresentanza o del collegio, è punito con la multa da euro 1.000 a euro 5.000 [(1)].

La stessa pena si applica a chi commette il fatto mediante comunicazione telegrafica, o con scritto o disegno, diretti al Corpo, alla rappresentanza o al collegio, a causa delle sue funzioni.

La pena è della reclusione della multa da euro 2.000 a euro 6.000 se l'offesa consiste nell'attribuzione di un fatto determinato [594[3]] [(2)].

Si applica la disposizione dell'ultimo capoverso dell'articolo precedente.

Evoluzione normativa:

(1) Comma così modificato prima dall'art. 18, l. 25.6.1999, n. 205 e poi dall'art. 11, l. 24.2.2006, n. 85.
Il testo antecedente a quest'ultima modifica prevedeva la pena della reclusione fino a tre anni.
Il testo antecedente alla modifica disposta dalla legge n. 205 del 1999 prevedeva la pena della reclusione da sei mesi a tre anni.
(2) Comma così modificato dall'art. 11, l. 24.2.2006, n. 85.
Il testo previgente così disponeva: «*La pena è della reclusione da uno a quattro anni se l'offesa consiste nell'attribuzione di un fatto determinato*».

Norme connesse:

A. Art. 393 bis c.p.
B. Art. 1, d.lgs. 22.1.1948, n. 66, sulla libertà di circolazione (v. norme connesse *sub* art. 340 c.p.).

343. Oltraggio a un magistrato in udienza.

Chiunque offende l'onore o il prestigio di un magistrato in udienza è punito con la reclusione da sei mesi a tre anni [(1)].

La pena è della reclusione da due a cinque anni se l'offesa consiste nell'attribuzione di un fatto determinato [594[3]].

Le pene sono aumentate se il fatto è commesso con violenza o minaccia.

Evoluzione normativa:

(1) Comma così modificato dall'art. 18, l. 25.6.1999, n. 205 e, poi, dall'art. 7, co. 1, lett. b ter), d.l. 14.6.2019, n. 53, conv., con modif., in l. 8.8.2019, n. 77, a decorrere dal 10.8.2019.
Il testo previgente alla modifica del 2019 così disponeva «*Chiunque offende l'onore o il prestigio di un magistrato in udienza è punito con la reclusione fino a tre anni*».
Il testo precedente alla modifica del 1999 prevedeva la pena della reclusione da uno a quattro anni.

Norme connesse:

A. Art. 393 bis c.p.

343 bis. Corte penale internazionale [(1)].

Le disposizioni degli articoli 336, 337, 338, 339, 340, 342 e 343 si applicano anche quando il reato è commesso nei confronti:

a) della Corte penale internazionale;
b) dei giudici, del procuratore, dei procuratori aggiunti, dei funzionari e degli agenti della Corte stessa;
c) delle persone comandate dagli Stati parte del Trattato istitutivo della Corte penale internazionale, le quali esercitino funzioni corrispondenti a quelle dei funzionari o agenti della Corte stessa;
d) dei membri e degli addetti a enti costituiti sulla base del Trattato istitutivo della Corte penale internazionale.

Evoluzione normativa:

(1) Articolo introdotto dall'art. 10, co. 2, l. 20.12.2012, n. 237.

Norme connesse:

A. L. 19 luglio 1999, n. 232, Statuto istitutivo della Corte penale internazionale (in *Normativa complementare*, voce *Diritto penale internazionale, Corte penale internazionale*).

344. Oltraggio a un pubblico impiegato [(1)].

[Le disposizioni dell'articolo 341 si applicano anche nel caso in cui l'offesa è recata a un pubblico impiegato che presti un pubblico servizio; ma le pene sono ridotte di un terzo.]

Evoluzione normativa:

(1) Articolo abrogato dall'art. 18, l. 25.6.1999, n. 205.

345. Offesa all'autorità mediante danneggiamento di affissioni [(1)].

Chiunque, per disprezzo verso l'autorità, rimuove, lacera, o, altrimenti, rende illeggibili o comunque inservibili scritti o disegni affissi o esposti al pubblico per ordine dell'autorità stessa, è punito con la sanzione amministrativa pecuniaria da euro 103 a euro 619 [disp. att. c.p. 19-*bis*].

Evoluzione normativa:

(1) Articolo così modificato dall'art. 38, d.lgs. 30.12.1999, n. 507.
Il testo previgente così disponeva: «Offesa all'autorità mediante danneggiamento di affissioni. *Chiunque, per disprezzo verso l'autorità, rimuove, lacera, o, altrimenti, rende illeggibili o comunque inservibili scritti o disegni affissi o esposti al pubblico per ordine dell'autorità stessa, è punito con la multa fino a lire un milione*».

346. Millantato credito (1).

[Chiunque, millantando credito presso un pubblico ufficiale, o presso un pubblico impiegato che presti un pubblico servizio, riceve o fa dare o fa promettere, a sé o ad altri, denaro o altra utilità, come prezzo della propria mediazione verso il pubblico ufficiale o impiegato, è punito con la reclusione da uno a cinque anni e con la multa da euro 309 a euro 2.065 (2).

La pena è della reclusione da due a sei anni e della multa da euro 516 a euro 3.098 (2), se il colpevole riceve o fa dare o promettere, a sé o ad altri, denaro o altra utilità, col pretesto di dover comprare il favore di un pubblico ufficiale o impiegato, o di doverlo remunerare.]

Evoluzione normativa:

(1) Articolo abrogato dall'art. 1, co. 1, lett. s), l. 9.1.2019, n. 3, a decorrere dal 31.1.2019.

(2) La multa era stata così aumentata secondo quanto disposto dall'art. 113, l. 24.11.1981, n. 689.

Norme connesse:

A. Art. 346 bis c.p.

346 bis. Traffico di influenze illecite (1).

Chiunque, fuori dei casi di concorso nei reati di cui agli articoli 318, 319, 319-*ter* e nei reati di corruzione di cui all'articolo 322-*bis*, sfruttando o vantando relazioni esistenti o asserite con un pubblico ufficiale o un incaricato di un pubblico servizio o uno degli altri soggetti di cui all'articolo 322-*bis*, indebitamente fa dare o promettere, a sé o ad altri, denaro o altra utilità, come prezzo della propria mediazione illecita verso un pubblico ufficiale o un incaricato di un pubblico servizio o uno degli altri soggetti di cui all'articolo 322-*bis*, ovvero per remunerarlo in relazione all'esercizio delle sue funzioni o dei suoi poteri, è punito con la pena della reclusione da un anno a quattro anni e sei mesi (2).

La stessa pena si applica a chi indebitamente dà o promette denaro o altra utilità (3).

La pena è aumentata se il soggetto che indebitamente fa dare o promettere, a sé o ad altri, denaro o altra utilità riveste la qualifica di pubblico ufficiale o di incaricato di un pubblico servizio (4).

Le pene sono altresì aumentate se i fatti sono commessi in relazione all'esercizio di attività giudiziarie o per remunerare il pubblico ufficiale o l'incaricato di un pubblico servizio o uno degli altri soggetti di cui all'articolo 322-*bis* in relazione al compimento di un atto contrario ai doveri d'ufficio o all'omissione o al ritardo di un atto del suo ufficio (5).

Se i fatti sono di particolare tenuità, la pena è diminuita.

Evoluzione normativa:

(1) Articolo introdotto dall'art. 1, co. 75, lett. r), l. 6.11.2012, n. 190.

(2) Comma così sostituito dall'art. 1, co. 1, lett. t), n. 1), l. 9.1.2019, n. 3, a decorrere dal 31.1.2019. Il testo previgente così disponeva: «*Chiunque, fuori dei casi di concorso nei reati di cui agli articoli 319 e 319-ter, sfruttando relazioni esistenti con un pubblico ufficiale o con un incaricato di un pubblico servizio, indebitamente fa dare o promettere, a sé o ad altri, denaro o altro vantaggio patrimoniale, come prezzo della propria mediazione illecita verso il pubblico ufficiale o l'incaricato di un pubblico servizio ovvero per remunerarlo, in relazione al compimento di un atto contrario ai doveri di ufficio o all'omissione o al ritardo di un atto del suo ufficio, è punito con la reclusione da uno a tre anni*».

(3) Comma così modificato dall'art. 1, co. 1, lett. t), n. 2), l. 9.1.2019, n. 3, a decorrere dal 31.1.2019. Il testo previgente così disponeva: «*La stessa pena si applica a chi indebitamente dà o promette denaro o altro vantaggio patrimoniale*».

(4) Comma così modificato dall'art. 1, co. 1, lett. t), n. 2), l. 9.1.2019, n. 3, a decorrere dal 31.1.2019. Il testo previgente così disponeva: «*La pena è aumentata se il soggetto che indebitamente fa dare o promettere, a sé o ad altri, denaro o altro vantaggio patrimoniale riveste la qualifica di pubblico ufficiale o di incaricato di un pubblico servizio*».

(5) Comma così modificato dall'art. 1, co. 1, lett. t), n. 3), l. 9.1.2019, n. 3, a decorrere dal 31.1.2019. Il testo previgente così disponeva: «*Le pene sono altresì aumentate se i fatti sono commessi in relazione all'esercizio di attività giudiziarie*».

Norme connesse:

A. Artt. 346 [abrogato], 32 quater c.p.

B. Art. 25, d.lgs. 8.6.2001, n. 231 (in *Normativa complementare*, voce *Economia (diritto penale della), Enti*).

347. Usurpazione di funzioni pubbliche.

Chiunque usurpa una funzione pubblica [357] o le attribuzioni inerenti a un pubblico impiego [358, n. 1] è punito con la reclusione fino a due anni.

Alla stessa pena soggiace il pubblico ufficiale o impiegato il quale, avendo ricevuta partecipazione del provvedimento che fa cessare o sospendere le sue funzioni o le sue attribuzioni, continua ad esercitarle [287, 498; c.p.p. 289].

La condanna importa la pubblicazione della sentenza [36].

348. Esercizio abusivo di una professione (1).

Chiunque abusivamente esercita una professione per la quale è richiesta una speciale abilitazione dello Stato [c.c. 2229] è punito con la reclusione da sei mesi a tre anni e con la multa da euro 10.000 a euro 50.000.

La condanna comporta la pubblicazione della sentenza e la confisca delle cose che servirono o furono destinate a commettere il reato e, nel caso in cui il soggetto che ha commesso il reato eserciti regolarmente una professione o attività, la trasmissione della sentenza medesima al competente Ordine, albo o registro ai fini dell'applicazione dell'interdizione da uno a tre anni dalla professione o attività regolarmente esercitata.

Si applica la pena della reclusione da uno a cinque anni e della multa da euro 15.000 a euro 75.000 nei confronti del professionista che ha determinato altri a commettere il reato di cui al primo comma ovvero ha diretto l'attività delle persone che sono concorse nel reato medesimo.

Evoluzione normativa:

(1) Articolo così sostituito dall'art. 12, co. 1, l. 11.1.2018, n. 3, a decorrere dal 15.2.2018.
Il testo previgente così disponeva: «Abusivo esercizio di una professione. *Chiunque abusivamente esercita una professione, per la quale è richiesta una speciale abilitazione dello Stato, è punito con la reclusione fino a sei mesi o con la multa da euro 103 a euro 516*». In questa formulazione, la multa era stata così aumentata secondo quanto disposto dall'art. 113, l. 24.11.1981, n. 689.

349. Violazione di sigilli.

Chiunque viola i sigilli, per disposizione della legge o per ordine dell'autorità apposti al fine di assicurare la conservazione o l'identità di una cosa [c.c. 505, 705; c.p.c. 752-768; c.p.p. 260, 261], è punito con la reclusione da sei mesi a tre anni e con la multa da euro 103 a euro 1.032 (1).

Se il colpevole è colui che ha in custodia la cosa, la pena è della reclusione da tre a cinque anni e della multa da euro 309 a euro 3.098 [350; c.p.p. 7] (1).

Evoluzione normativa:

(1) La multa risulta così aumentata secondo quanto disposto dall'art. 113, l. 24.11.1981, n. 689.

350. Agevolazione colposa (1).

Se la violazione dei sigilli [349] è resa possibile, o comunque agevolata, per colpa [43] di chi ha in custodia la cosa, questi è punito con la sanzione amministrativa pecuniaria da euro 154 a euro 929.

Evoluzione normativa:

(1) Articolo così modificato dall'art. 39, d.lgs. 30.12.1999, n. 507.
Il testo previgente così disponeva: «Agevolazione colposa. *Se la violazione dei sigilli è resa possibile, o comunque agevolata, per colpa di chi ha in custodia la cosa, questi è punito con la multa da lire centomila a due milioni*».

351. Violazione della pubblica custodia di cose.

Chiunque sottrae, sopprime, distrugge, disperde o deteriora corpi di reato [c.p.p. 253^2, 354], atti, documenti, ovvero un'altra cosa mobile particolarmente custodita in un pubblico ufficio, o presso un pubblico ufficiale [357] o un impiegato che presti un pubblico servizio [358], è punito, qualora il fatto non costituisca un più grave delitto, con la reclusione da uno a cinque anni.

352. Vendita di stampati dei quali è stato ordinato il sequestro (1).

Chiunque vende, distribuisce o affigge, in luogo pubblico o aperto al pubblico, scritti o disegni, dei quali l'autorità ha ordinato il sequestro, è punito con la sanzione amministrativa pecuniaria da euro 103 a euro 619.

Evoluzione normativa:

(1) Articolo così modificato dall'art. 40, d.lgs. 30.12.1999, n. 507.
Il testo previgente così disponeva: «Vendita di stampati dei quali è stato ordinato il sequestro. *Chiunque vende, distribuisce o affigge, in luogo pubblico o aperto al pubblico, scritti o disegni, dei quali l'autorità ha ordinato il sequestro, è punito con la multa fino a lire un milione*».

Norme connesse:

A. Art. 113, r.d. 18.6.1931, n. 773 (in *Normativa complementare*, voce *Ordine pubblico e sicurezza pubblica*).

353. Turbata libertà degli incanti (1).

Chiunque, con violenza o minaccia, o con doni, promesse, collusioni o altri mezzi fraudolenti, impedisce o turba la gara nei pubblici incanti [c.p.c. 503, 534, 576 ss.; c.p.p. 264] o nelle licitazioni private per conto di pubbliche amministrazioni, ovvero ne allontana gli offerenti, è punito con la reclusione da sei mesi a cinque anni e con la multa da euro 103 a euro 1.032 (2).

Se il colpevole è persona preposta dalla legge o dall'autorità agli incanti o alle licitazioni suddette, la reclusione è da uno a cinque anni e la multa da euro 516 a euro 2.065 (3).

Le pene stabilite in questo articolo si applicano anche nel caso di licitazioni private per conto di privati, dirette da un pubblico ufficiale [357] o da persona legalmente autorizzata; ma sono ridotte alla metà (4).

Evoluzione normativa:

(1) Le pene stabilite per i delitti previsti in questo articolo sono aumentate da un terzo alla metà se il fatto è commesso da persona sottoposta con provvedimento definitivo ad una misura di prevenzione personale durante il periodo previsto di applicazione e sino a tre anni dal momento in cui ne è cessata l'esecuzione, secondo quanto disposto dall'art. 71, co. 1, d.lgs. 6.9.2011, n. 159.

(2) Comma così modificato dal co. 1, art. 9, l. 13.8.2010, n. 136. La multa risulta così aumentata secondo quanto disposto dall'art. 113, l. 24.11.1981, n. 689.
Il testo, precedente alla modifica disposta dalla suddetta l. n. 136/2010, così disponeva: «*Chiunque, con violenza o minaccia, o con doni, promesse, collusioni o altri mezzi fraudolenti, impedisce o turba la gara nei pubblici incanti o nelle licitazioni private per conto di pubbliche amministrazioni, ovvero ne allontana gli offerenti, è punito con la reclusione fino a due anni e con la multa da euro 103 a euro 1.32*».

(3) La multa risulta così aumentata secondo quanto disposto dall'art. 113, l. 24.11.1981, n. 689.

(4) La condanna per il delitto previsto in questo articolo, se commesso in danno o a vantaggio di una attività imprenditoriale, o comunque in relazione ad essa, importa l'incapacità di contrattare con la pubblica amministrazione (art. 32 quater c.p.).

Norme connesse:

A. Artt. 3, 5, 16, 19, r.d. 18.11.1923, n. 2440 sull'amministrazione del patrimonio e contabilità generale dello Stato. Art. 3: «*I beni immobili dello Stato, tanto pubblici quanto posseduti a titolo di privata proprietà, sono amministrati a cura del Ministero del tesoro, del bilancio e della programmazione economica, salve le eccezioni stabilite da leggi speciali.*
I beni immobili assegnati ad un servizio governativo s'intendono concessi in uso gratuito al ministero da cui il servizio dipende e sono da esso amministrati. Tosto che cessi tale uso passano all'amministrazione delle finanze.
Ciascun ministero provvede all'amministrazione dei beni mobili assegnati ad uso proprio o di servizi da esso dipendenti, salve le disposizioni speciali riguardanti i mobili di ufficio».
Art. 5: «*I progetti di contratti devono essere comunicati al Consiglio di Stato, per averne il parere, quando l'importo previsto superi euro 309.874,13 se si tratta di contratti da stipularsi dopo pubblici incanti o euro 154.937,06 se da stipularsi dopo privata licitazione o nel modo di cui al precedente art. 4.*
Il Consiglio di Stato darà il parere, tanto sulla regolarità del contrat-

to, quanto sulla convenienza amministrativa, al quale uopo gli saranno forniti dai ministeri i documenti, le giustificazioni e le notizie che riterrà di chiedere.
Il parere del Consiglio di Stato sarà dal ministero comunicato alla Corte dei conti a corredo del decreto di approvazione del contratto, del quale viene chiesta la registrazione.
Per ragioni di evidente urgenza, prodotte da circostanze non prevedibili, da farsi risultare nel decreto di approvazione del contratto, potranno comunicarsi al Consiglio di Stato, prima dell'approvazione ministeriale, in luogo dei progetti di contratti, i verbali di aggiudicazione o gli schemi di contratto sottoscritti dalla parte».
Art. 16: «*I contratti sono stipulati da un pubblico ufficiale delegato a rappresentare l'amministrazione e ricevuti da un funzionario designato quale ufficiale rogante, con le norme stabilite dal regolamento.*
I processi verbali di aggiudicazione nelle aste e nelle licitazioni private sono parimenti formati da quest'ultimo funzionario.
I contratti ed i verbali anzidetti hanno forza di titolo autentico.
I processi verbali di aggiudicazione definitiva, in seguito ad incanti pubblici o a private licitazioni, equivalgono per ogni legale effetto al contratto.
Il deliberatario non può impugnare l'efficacia dell'atto o incanto pel motivo che non sia stato da lui firmato il relativo verbale d'asta o di licitazione privata».
Art. 19: «*Gli atti di aggiudicazione definitiva ed i contratti, anche se stipulati per corrispondenza ai sensi del precedente art. 17, non sono obbligatori per l'amministrazione, finché non sono approvati dal ministro o dall'ufficiale all'uopo delegato e non sono eseguibili che dopo l'approvazione.*
L'approvazione dei contratti pei quali sia richiesto il parere del Consiglio di Stato deve essere data con decreto ministeriale. Il decreto sarà motivato quando non sia seguito in tutto o in parte tale parere.
I decreti di approvazione dei contratti di importo eccedente euro 10329,13 sono sottoposti alla registrazione preventiva della Corte dei conti.
Per il medesimo oggetto non possono essere formati più contratti, salve speciali necessità da farsi constare nel decreto di approvazione del contratto.
Quando si tratti di oggetti che, per la loro natura o per il luogo in cui si effettua la vendita, debbono essere immediatamente consegnati all'acquirente, il ministro può conferire all'autorità che presiede l'asta la facoltà di approvare e rendere eseguibile il contratto».

B. Artt. 70-74 d.lgs. 31.3.2023, n. 36 (Delle procedure di scelta del contraente – c.d. codice dei contratti pubblici).

353 bis. Turbata libertà del procedimento di scelta del contraente [1].

Salvo che il fatto costituisca più grave reato, chiunque con violenza o minaccia, o con doni, promesse, collusioni o altri mezzi fraudolenti, turba il procedimento amministrativo diretto a stabilire il contenuto del bando o di altro atto equipollente al fine di condizionare le modalità di scelta del contraente da parte della pubblica amministrazione è punito con la reclusione da sei mesi a cinque anni e con la multa da euro 103 a euro 1.032.

Evoluzione normativa:
(1) Articolo introdotto dal co. 1, art. 10, l. 13.8.2010, n. 136.

354. Astensione dagli incanti.

Chiunque, per denaro, dato o promesso a lui o ad altri, o per altra utilità a lui o ad altri data o promessa, si astiene dal concorrere agli incanti o alle licitazioni indicati nell'articolo precedente, è punito con la reclusione sino a sei mesi o con la multa fino a euro 516 [1].

Evoluzione normativa:
(1) La multa è stata così aumentata secondo quanto disposto dall'art. 113, l. 24.11.1981, n. 689.

355. Inadempimento di contratti di pubbliche forniture.

Chiunque, non adempiendo gli obblighi che gli derivano da un contratto di fornitura concluso con lo Stato, o con un altro ente pubblico, ovvero con un'impresa esercente servizi pubblici o di pubblica necessità [359], fa mancare, in tutto o in parte, cose od opere, che siano necessarie a uno stabilimento pubblico o ad un pubblico servizio, è punito con la reclusione da sei mesi a tre anni e con la multa non inferiore a euro 103 [1].

La pena è aumentata se la fornitura concerne:
1. sostanze alimentari o medicinali, ovvero cose od opere destinate alle comunicazioni per terra, per acqua o per aria, o alle comunicazioni telegrafiche o telefoniche;
2. cose od opere destinate all'armamento o all'equipaggiamento delle forze armate dello Stato [251];
3. cose od opere destinate ad ovviare a un comune pericolo o ad un pubblico infortunio.

Se il fatto è commesso per colpa, si applica la reclusione fino a un anno, ovvero la multa da euro 51 a euro 2.065 [1].

Le stesse disposizioni si applicano ai subfornitori, ai mediatori e ai rappresentanti dei fornitori, quando essi, violando i loro obblighi contrattuali, hanno fatto mancare la fornitura.

Evoluzione normativa:
(1) La multa risulta così aumentata secondo quanto disposto dall'art. 113, l. 24.11.1981, n. 689.

Norme connesse:
A. Art. 32 quater c.p.

356. Frode nelle pubbliche forniture.

Chiunque commette frode nell'esecuzione dei contratti di fornitura o nell'adempimento degli altri obblighi contrattuali indicati nell'articolo precedente, è punito con la reclusione da uno a cinque anni e con la multa non inferiore a euro 1.032 [1].

La pena è aumentata nei casi preveduti dal primo capoverso dell'articolo precedente [252].

Evoluzione normativa:
(1) La multa risulta così aumentata secondo quanto disposto dall'art. 113, l. 24.11.1981, n. 689.

Norme connesse:
A. Art. 32 quater c.p.
B. Art. 24, d.lgs. 8.6.2001, n. 231 (in *Normativa complementare*, voce *Economia (diritto penale della), Enti*).

Capo III
Disposizioni comuni ai capi precedenti

357. Nozione del pubblico ufficiale [1].

Agli effetti della legge penale, sono pubblici ufficiali coloro i quali esercitano una pubblica funzione legislativa, giudiziaria o amministrativa.

Agli stessi effetti è pubblica la funzione amministrativa disciplinata da norme di diritto pubblico e da atti autoritativi e caratterizzata dalla formazione e dalla manifestazione della volontà della pubblica amministrazione o dal suo svolgersi per mezzo di poteri autoritativi o certificativi.

Evoluzione normativa:

(1) Articolo così sostituito dall'art. 17, l. 26.4.1990, n. 86. Il secondo comma è stato così modificato dall'art. 4, co. 1, l. 7.2.1992, n. 181. Il testo originario così disponeva: «*Agli effetti della legge penale, sono pubblici ufficiali: 1) gli impiegati dello Stato, o di altro ente pubblico, i quali prestano, permanentemente o temporaneamente, una pubblica funzione, legislativa, amministrativa o giudiziaria; 2) ogni altra persona che presta, permanentemente o temporaneamente, gratuitamente o con retribuzione, volontariamente o per obbligo, una pubblica funzione, legislativa, amministrativa o giudiziaria*».

Norme connesse:

A. Art. 12, d.P.R. 29.3.1973, n. 156, di approvazione del testo unico delle disposizioni in materia postale, di bancoposta e di telecomunicazioni, il quale dispone «Persone addette ai servizi postali, di bancoposta. *Le persone addette ai servizi postali, di bancoposta, anche se dati in concessione ad uso pubblico, sono considerate pubblici ufficiali od incaricati di pubblico servizio, secondo la natura delle funzioni loro affidate, in conformità degli articoli 357 e 358 del codice penale*».

358. Nozione della persona incaricata di un pubblico servizio (1).

Agli effetti della legge penale, sono incaricati di un pubblico servizio coloro i quali, a qualunque titolo, prestano un pubblico servizio.

Per pubblico servizio deve intendersi un'attività disciplinata nelle stesse forme della pubblica funzione, ma caratterizzata dalla mancanza dei poteri tipici di quest'ultima, e con esclusione dello svolgimento di semplici mansioni di ordine e della prestazione di opera meramente materiale.

Evoluzione normativa:

(1) Articolo così sostituito dall'art. 18, l. 26.4.1990, n. 86. Il testo previgente così disponeva: «*Agli effetti della legge penale, sono persone incaricate di un pubblico servizio: 1) gli impiegati dello Stato, o di altro ente pubblico, i quali prestano, permanentemente o temporaneamente, un pubblico servizio; 2) ogni altra persona che presta, permanentemente o temporaneamente, gratuitamente o con retribuzione, volontariamente o per obbligo, un pubblico servizio*».

Norme connesse:

A. Art. 2, primo comma d.P.R. 14.3.2001, n. 144: «Attività di bancoposta. *1. Le attività di bancoposta svolte da Poste comprendono: a) raccolta di risparmio tra il pubblico, come definita dall'articolo 11, comma 1, del testo unico bancario ed attività connesse o strumentali; b) raccolta del risparmio postale; c) prestazione di servizi di pagamento, comprese l'emissione di moneta elettronica e di altri di mezzi di pagamento, di cui all'articolo 1, comma 2, lett. f), numeri 4) e 5), del testo unico bancario; d) servizio di intermediazione in cambi; e) promozione e collocamento presso il pubblico di finanziamenti concessi da banche ed intermediari finanziari abilitati; f) servizi di investimento ed accessori di cui all'articolo 12; f*-bis*) servizio di riscossione di crediti; f*-ter*) esercizio in via professionale del commercio di oro, per conto proprio o per conto terzi, secondo quanto disciplinato dalla legge 17 gennaio 2000, n. 7*».

B. Art. 1, d.lgs. 20.7.1999, n. 284: «Natura giuridica e compiti. *1. La Cassa depositi e prestiti, amministrazione dello Stato dotata, ai sensi della legge 13 maggio 1983, n. 197, e successive modifiche e integrazioni, di propria personalità giuridica e di autonomia ordinamentale, organizzativa, patrimoniale e di bilancio, svolge, nel rispetto dell'equilibrio gestionale e garantendo la propria solidità patrimoniale, le seguenti attività e servizi di interesse economico generale: a) ricevere direttamente depositi, con la garanzia dello Stato, da parte di amministrazioni statali, regioni, enti locali e di altri enti pubblici, nonché di privati nei casi prescritti da leggi o da regolamenti ovvero su disposizione dell'autorità amministrativa o giudiziaria; b) concedere finanziamenti, sotto qualsiasi forma, allo Stato, alle regioni, agli enti locali, agli altri enti pubblici, ai gestori di pubblici servizi, alle società a cui la Cassa partecipa e agli altri soggetti indicati dalla legge; c) gestire fondi e svolgere attività per conto delle amministrazioni pubbliche e, nei casi e per le finalità previsti dalla legge, di altri soggetti; d) svolgere altre attività e altri servizi ad essa assegnati. 2. La Cassa depositi e prestiti può esercitare attraverso la costituzione o partecipazione, anche di controllo, in società di capitali, attività strumentali, connesse o accessorie ai suoi compiti istituzionali*».

359. Persone esercenti un servizio di pubblica necessità.

Agli effetti della legge penale, sono persone che esercitano un servizio di pubblica necessità:

1. i privati che esercitano professioni forensi o sanitarie, o altre professioni il cui esercizio sia per legge vietato senza una speciale abilitazione dello Stato [348, 498], quando dell'opera di essi il pubblico sia per legge obbligato a valersi;
2. i privati che, non esercitando una pubblica funzione, né prestando un pubblico servizio, adempiono un servizio dichiarato di pubblica necessità mediante un atto della pubblica amministrazione [360].

360. Cessazione della qualità di pubblico ufficiale.

Quando la legge considera la qualità di pubblico ufficiale [357] o di incaricato di un pubblico servizio [358], o di esercente un servizio di pubblica necessità [359], come elemento costitutivo o come circostanza aggravante di un reato, la cessazione di tale qualità, nel momento in cui il reato è commesso, non esclude l'esistenza di questo né la circostanza aggravante, se il fatto si riferisce all'ufficio o al servizio esercitato.

TITOLO III
Dei delitti contro l'Amministrazione della giustizia

Capo I
Dei delitti contro l'attività giudiziaria

361. Omessa denuncia di reato da parte del pubblico ufficiale.

Il pubblico ufficiale [357], il quale omette o ritarda di denunciare all'autorità giudiziaria, o ad un'altra autorità che a quella abbia obbligo di riferirne, un reato di cui ha avuto notizia nell'esercizio o a causa delle sue funzioni, è punito con la multa da euro 30 (1) a euro 516 [c.p.p. 347] (2).

La pena è della reclusione fino ad un anno, se il colpevole è un ufficiale o un agente di polizia giudiziaria [c.p.p. 57], che ha avuto comunque notizia di un reato del quale doveva fare rapporto [c.p.p. 331].

Le disposizioni precedenti non si applicano se si tratta di delitto punibile a querela della persona offesa [120 ss.].

Evoluzione normativa:

(1) Secondo quanto disposto dal primo comma dell'art. 24 c.p., come modificato, da ultimo, dal co. 60, art. 3, l. 15.7.2009, n. 94, la pena

della multa consiste nel pagamento di una somma non inferiore a 50 euro.
(2) La multa risulta così aumentata secondo quanto disposto dall'art. 113, l. 24.11.1981, n. 689.

Norme connesse:
A. Artt. 3, 9-17, d.l. 15.1.1991, n. 8, convertito con modificazioni in l. 15.3.1991, n. 82 (in *Normativa complementare*, voce *Criminalità organizzata e transazionale, Collaboratori di giustizia, pentiti e dissociati*).

362. Omessa denuncia da parte di un incaricato di pubblico servizio.

L'incaricato di un pubblico servizio [358], che omette o ritarda di denunciare all'autorità indicata nell'articolo precedente un reato del quale abbia avuto notizia nell'esercizio o a causa del servizio [c.p.p. 347], è punito con la multa fino a euro 103 [384] [(1)].

Tale disposizione non si applica se si tratta di un reato punibile a querela della persona offesa [120-126; c.p.p. 331], né si applica ai responsabili delle comunità terapeutiche socio-riabilitative per fatti commessi da persone tossicodipendenti affidate per l'esecuzione del programma definito da un servizio pubblico [(2)].

Evoluzione normativa:
(1) La multa risulta così aumentata secondo quanto disposto dall'art. 113, l. 24.11.1981, n. 689.
(2) Comma così integrato dall'art. 104, l. 22.12.1975, n. 685.

363. Omessa denuncia aggravata.

Nei casi preveduti dai due articoli precedenti, se la omessa o ritardata denuncia riguarda un delitto contro la personalità dello Stato [241 ss.], la pena è della reclusione da sei mesi a tre anni; ed è da uno a cinque anni, se il colpevole è un ufficiale o un agente di polizia giudiziaria [384; c.p.p. 57].

364. Omessa denuncia di reato da parte del cittadino.

Il cittadino [4[1]], che, avendo avuto notizia di un delitto contro la personalità dello Stato [241 ss.], per il quale la legge stabilisce la pena di morte [(1)] o l'ergastolo, non ne fa immediatamente denuncia all'Autorità indicata nell'art. 361, è punito con la reclusione fino a un anno o con la multa da euro 103 a euro 1.032 [384] [(2)].

Evoluzione normativa:
(1) La pena di morte per i delitti previsti dal codice penale è stata abolita e sostituita con l'ergastolo dall'art. 1, d.lgs.lgt. 10.8.1944, n. 224.
(2) La multa è stata così aumentata secondo quanto disposto dall'art. 113, l. 24.11.1981, n. 689.

365. Omissione di referto.

Chiunque, avendo nell'esercizio di una professione sanitaria prestato la propria assistenza od opera in casi che possono presentare i caratteri di un delitto pel quale si debba procedere d'ufficio [c.p.p. 334], omette o ritarda di riferirne all'autorità indicata nell'articolo 361, è punito con la multa fino a euro 516 [384] [(1)].

Questa disposizione non si applica quando il referto esporrebbe la persona assistita a procedimento penale.

Evoluzione normativa:
(1) La multa è stata così aumentata secondo quanto disposto dall'art. 113, l. 24.11.1981, n. 689.

366. Rifiuto di uffici legalmente dovuti.

Chiunque, nominato dall'autorità giudiziaria perito [c.p.c. 61; c.p.p. 221], interprete [c.p.c. 122; c.p.p. 143], ovvero custode di cose sottoposte a sequestro dal giudice penale [c.p.p. 259], ottiene con mezzi fraudolenti l'esenzione dall'obbligo di comparire o di prestare il suo ufficio, è punito con la reclusione fino a sei mesi o con la multa da euro 30 [(1)] a euro 516 [(2)].

Le stesse pene si applicano a chi, chiamato dinanzi all'autorità giudiziaria per adempiere ad alcuna delle predette funzioni, rifiuta di dare le proprie generalità [495], ovvero di prestare il giuramento richiesto, ovvero di assumere o di adempiere le funzioni medesime.

Le disposizioni precedenti si applicano alla persona chiamata a deporre come testimonio dinanzi all'autorità giudiziaria [c.p.c. 244; c.p.p. 196] e ad ogni altra persona chiamata ad esercitare una funzione giudiziaria [c.p.c. 256; c.p.p. 4, 97].

Se il colpevole è un perito [c.p.p. 221; c.p.c. 61] o un interprete [c.p.p. 143; c.p.c. 122], la condanna importa l'interdizione dalla professione o dall'arte [30].

Evoluzione normativa:
(1) Secondo quanto disposto dal primo comma dell'art. 24 c.p., come modificato, da ultimo, dal co. 60, art. 3, l. 15.7.2009, n. 94, la pena della multa consiste nel pagamento di una somma non inferiore a 50 euro.
(2) La multa risulta così aumentata secondo quanto disposto dall'art. 113, l. 24.11.1981, n. 689.

Norme connesse:
A. Art. 3, l. 23.3.1988, n. 94, sulla istituzione di una commissione parlamentare di inchiesta sul fenomeno della mafia e sulle altre associazioni criminali similari, che dispone: «*1. Ferme le competenze dell'autorità giudiziaria, per le audizioni a testimonianza davanti alla commissione si applicano le disposizioni degli articoli 366 e 372 del codice penale*».
B. Art. 4, l. 17.5.1988, n. 172, sulla istituzione di una commissione parlamentare d'inchiesta sul terrorismo, che dispone «*1. Ferme le competenze dell'autorità giudiziaria, per le audizioni a testimonianza davanti alla commissione si applicano le disposizioni degli articoli 366 e 372 del codice penale.*
2. Per i segreti di Stato, d'ufficio, professionale e bancario si applicano le norme in vigore.
3. È sempre opponibile il segreto tra difensore e parte processuale nell'ambito del mandato.
4. Gli agenti e gli ufficiali di polizia giudiziaria non sono tenuti a rivelare alla commissione i nomi di chi ha loro fornito informazioni».

367. Simulazione di reato.

Chiunque, con denuncia [c.p.p. 331, 333], querela [c.p.p. 336], richiesta [c.p.p. 341, 342] o istanza, anche se anonima o sotto falso nome, diretta all'autorità giudiziaria o ad un'altra autorità che a quella abbia obbligo di riferirne, afferma falsamente essere avvenuto un reato, ovvero simula le tracce di un reato, in modo che si possa iniziare un procedimento penale per accertarlo, è punito con la reclusione da uno a tre anni [370].

368. Calunnia.

Chiunque, con denunzia [c.p.p. 331, 333], querela [c.p.p. 336], richiesta [c.p.p. 341, 342] o istanza, anche se anonima o sotto falso nome, diretta all'autorità giudiziaria o ad un'altra autorità che a quella abbia obbligo di riferirne o alla Corte penale internazionale, incolpa di un reato taluno che egli sa innocente, ovvero simula a carico di lui le tracce di un reato, è punito con la reclusione da due a sei anni [370] (1).

La pena è aumentata [64] se s'incolpa taluno di un reato pel quale la legge stabilisce la pena della reclusione superiore nel massimo a dieci anni, o un'altra pena più grave.

La reclusione è da quattro a dodici anni, se dal fatto deriva una condanna alla reclusione superiore a cinque anni; è da sei a venti anni, se dal fatto deriva una condanna all'ergastolo; e si applica la pena dell'ergastolo, se dal fatto deriva una condanna alla pena di morte (2).

Riferimenti storici:

Art. 313 Codice Zanardelli: «*Chiunque danneggia una strada ferrata, o le macchine, i veicoli, gli strumenti o altri oggetti o apparecchi che servono all'esercizio di essa, è punito con la reclusione da un mese a cinque anni.*
Alla stessa pena soggiace chi lancia corpi contundenti o proiettili contro convogli in corso».

Evoluzione normativa:

(1) Comma così modificato dall'art. 10, co. 3, l. 20.12.2012, n. 237.
Il testo previgente così disponeva: «*Chiunque, con denunzia, querela, richiesta o istanza, anche se anonima o sotto falso nome, diretta all'autorità giudiziaria o ad un'altra autorità che a quella abbia obbligo di riferirne, incolpa di un reato taluno che egli sa innocente, ovvero simula a carico di lui le tracce di un reato, è punito con la reclusione da due a sei anni*».
(2) La pena di morte per i delitti previsti dal codice penale è stata abolita e sostituita con l'ergastolo dall'art. 1, d.lgs.lgt. 10.8.1944, n. 224.

Norme connesse:

A. Art. 22, co. 1, l. 11.1.2018, n. 6 (in *Normativa complementare*, voce *Criminalità organizzata e transazionale, Collaboratori di giustizia, pentiti e dissociati*).

369. Autocalunnia.

Chiunque, mediante dichiarazione ad alcuna delle autorità indicate nell'articolo precedente, anche se fatta con scritto anonimo o sotto falso nome, ovvero mediante confessione innanzi all'autorità giudiziaria, incolpa se stesso di un reato che egli sa non avvenuto, o di un reato commesso da altri, è punito con la reclusione da uno a tre anni [370, 384].

370. Simulazione o calunnia per un fatto costituente contravvenzione.

Le pene stabilite negli articoli precedenti sono diminuite se la simulazione [367] o la calunnia [368] concerne un fatto preveduto dalla legge come contravvenzione.

371. Falso giuramento della parte.

Chiunque, come parte in giudizio civile, giura il falso è punito con la reclusione da sei mesi a tre anni.

Nel caso di giuramento deferito d'ufficio [c.c. 2736^2, 2738; c.p.c. 240], il colpevole non è punibile, se ritratta il falso prima che sulla domanda giudiziale sia pronunciata sentenza definitiva, anche se non irrevocabile.

La condanna importa l'interdizione dai pubblici uffici [28, 29].

371 bis. False informazioni al pubblico ministero o al procuratore della Corte penale internazionale (1) (2).

Chiunque, nel corso di un procedimento penale, richiesto dal pubblico ministero o dal procuratore della Corte penale internazionale di fornire informazioni ai fini delle indagini, rende dichiarazioni false ovvero tace, in tutto o in parte, ciò che sa intorno ai fatti sui quali viene sentito, è punito con la reclusione fino a quattro anni [c.p.p. 375 ss.] (3).

Ferma l'immediata procedibilità nel caso di rifiuto di informazioni, il procedimento penale, negli altri casi, resta sospeso fino a quando nel procedimento nel corso del quale sono state assunte le informazioni sia stata pronunciata sentenza di primo grado ovvero il procedimento sia stato anteriormente definito con archiviazione o con sentenza di non luogo a procedere (4).

Le disposizioni di cui ai commi primo e secondo si applicano, nell'ipotesi prevista dall'articolo 391-*bis*, comma 10, del codice di procedura penale, anche quando le informazioni ai fini delle indagini sono richieste dal difensore (5).

Evoluzione normativa:

(1) Rubrica così modificata dall'art. 10, co. 4, lett. b), l. 20.12.2012, n. 237.
Il testo previgente così recava: «*False informazioni al pubblico ministero*».
(2) Articolo introdotto dall'art. 11, co. 1, d.l. 8.6.1992, n. 306, conv. con modif., in l. 7.8.1992, n. 356. Il testo previgente prevedeva la pena della reclusione da uno a cinque anni.
(3) Comma così modificato dall'art. 10, co. 4, lett. a), l. 20.12.2012, n. 237.
Il testo previgente così disponeva: «*Chiunque, nel corso di un procedimento penale, richiesto dal pubblico ministero di fornire informazioni ai fini delle indagini, rende dichiarazioni false ovvero tace, in tutto o in parte, ciò che sa intorno ai fatti sui quali viene sentito, è punito con la reclusione fino a quattro anni*».
(4) Comma introdotto dall'art. 25, l. 8.8.1995, n. 332. L'art. 28, co. 1, della stessa legge ha così disposto: «*1. La sospensione del procedimento penale prevista dal secondo comma dell'articolo 371-*bis *del codice penale, come modificato dall'articolo 25 della presente legge, non si applica relativamente ai procedimenti nei quali, alla data di entrata in vigore della presente legge, sia stata già esercitata l'azione penale ai sensi dell'articolo 405 del codice di procedura penale. In tali casi resta ferma la competenza del tribunale*».
(5) Comma introdotto dall'art. 19, l. 7.12.2000, n. 397.

371 ter. False dichiarazioni al difensore (1).

Nelle ipotesi previste dall'articolo 391-*bis*, commi 1 e 2, del codice di procedura penale, chiunque, non essendosi avvalso della facoltà di cui alla lettera d) del comma 3 del medesimo articolo, rende dichiarazioni false è punito con la reclusione fino a quattro anni.

Il procedimento penale resta sospeso fino a quando nel procedimento nel corso del quale sono state assunte le dichiarazioni sia stata pronunciata sentenza di primo grado ovvero il procedimento sia stato anteriormente definito con archiviazione o con sentenza di non luogo a procedere.

Nelle ipotesi previste dall'articolo 4-*bis* del decreto-legge 12 settembre 2014, n. 132, convertito, con modificazioni, dall'articolo 1, comma 1, della legge 10 novembre 2014, n. 162, chiunque, non essendosi avvalso della facoltà di cui al comma 2, lettere b) e c), del medesimo articolo, rende dichiarazioni false è punito con la pena prevista dal primo comma (2).

Il procedimento penale resta sospeso fino alla conclusione della procedura di negoziazione assistita nel corso della quale sono state acquisite le dichiarazioni ovvero fino a quando sia stata pronunciata sentenza di primo grado nel giudizio successivamente instaurato, nel quale una delle parti si sia avvalsa della facoltà di cui all'articolo 4-*bis*, comma 6, del decreto-legge n. 132 del 2014, convertito con modificazioni, dall'articolo 1, comma 1, della legge n. 162 del 2014, ovvero fino a quando tale giudizio sia dichiarato estinto (2).

Evoluzione normativa:

(1) Articolo introdotto dall'art. 20, l. 7.12.2000, n. 397.

(2) Comma introdotto dall'art. 5, co. 1, d.lgs. 10.10.2022, n. 149, a decorrere dal 18.10.2022. Secondo quanto stabilito dagli artt. 35, co. 1, e 36, co. 1, del d.lgs. n. 149/2022, come modificati dall'art. 1, co. 380, lett. a) e b), l. 29.12.2022, n. 197, le disposizioni del d.lgs. n. 149/2022 hanno effetto e si applicano a decorrere dal 28.2.2023.

372. Falsa testimonianza (1).

Chiunque, deponendo come testimone [c.p.c. 244; c.p.c. 194 ss., 375 ss., 499 ss.] innanzi all'autorità giudiziaria o alla Corte penale internazionale, afferma il falso o nega il vero, ovvero tace, in tutto o in parte, ciò che sa intorno ai fatti sui quali è interrogato, è punito con la reclusione da due a sei anni [384].

Riferimenti storici:

Art. 210 Codice Zanardelli: «*Chiunque, chiamato dall'Autorità giudiziaria quale testimone, perito o interprete, ottiene, allegando un falso pretesto, di esimersi dal comparire, ovvero, essendosi presentato, rifiuta di fare la testimonianza o di prestare l'ufficio di perito o d'interprete, è punito con la detenzione sino a sei mesi o con la multa da lire cento a mille.*

Questa disposizione si applica anche ai giurati, qualora ottengano l'esenzione allegando un falso pretesto.

Se si tratti di un perito, la condanna ha per effetto la sospensione dall'esercizio della professione o dell'arte per un tempo pari a quello della detenzione».

Evoluzione normativa:

(1) Articolo così modificato prima dall'art. 11, co. 2, d.l. 8.6.1992, n. 306, convertito, con modificazioni in l. 7.8.1992, n. 356, e poi dall'art. 10, co. 5, l. 20.12.2012, n. 237.
Il testo previgente così disponeva: «*Chiunque, deponendo come testimone innanzi all'autorità giudiziaria, afferma il falso o nega il vero, ovvero tace, in tutto o in parte, ciò che sa intorno ai fatti sui quali è interrogato, è punito con la reclusione da due a sei anni*».

Norme connesse:

A. V. norme connesse *sub* art. 366.

373. Falsa perizia o interpretazione.

Il perito [c.p.c. 61; c.p.p. 220] o l'interprete [c.p.c. 122; c.p.p. 143], che, nominato dall'autorità giudiziaria, dà parere o interpretazioni mendaci, o afferma fatti non conformi al vero, soggiace alle pene stabilite nell'articolo precedente [384].

La condanna importa, oltre l'interdizione dai pubblici uffici, l'interdizione dalla professione o dall'arte [28, 30, 31].

374. Frode processuale.

Chiunque, nel corso di un procedimento civile o amministrativo, al fine di trarre in inganno il giudice in un atto d'ispezione o di esperimento giudiziale [c.p.p. 218, 219, 244, 246], ovvero il perito [c.p.c. 61] nell'esecuzione di una perizia [c.p.p. 220], immuta artificiosamente lo stato dei luoghi o delle cose o delle persone, è punito, qualora il fatto non sia preveduto come reato da una particolare disposizione di legge, con la reclusione da uno a cinque anni [384] (1).

La stessa disposizione si applica se il fatto è commesso nel corso di un procedimento penale, anche davanti alla Corte penale internazionale, o anteriormente ad esso; ma in tal caso la punibilità è esclusa, se si tratta di reato per cui non si può procedere che in seguito a querela [120; c.p.p. 336], richiesta [8, 9-12, 127, 313; c.p.p. 342] o istanza [9, 10; c.p.p. 341], e questa non è stata presentata (2).

Evoluzione normativa:

(1) Comma così modificato dall'art. 1, co. 2, l. 11.7.2016, n. 133, a decorrere dal 2.8.2016.
Il testo previgente così disponeva: «*Chiunque, nel corso di un procedimento civile o amministrativo, al fine di trarre in inganno il giudice in un atto d'ispezione o di esperimento giudiziale, ovvero il perito nell'esecuzione di una perizia, immuta artificiosamente lo stato dei luoghi o delle cose o delle persone, è punito, qualora il fatto non sia preveduto come reato da una particolare disposizione di legge, con la reclusione da sei mesi a tre anni*».

(2) Comma così modificato dall'art. 10, co. 6, l. 20.12.2012, n. 237.
Il testo previgente così disponeva: «*La stessa disposizione si applica se il fatto è commesso nel corso di un procedimento penale, o anteriormente ad esso; ma in tal caso la punibilità è esclusa, se si tratta di reato per cui non si può procedere che in seguito a querela, richiesta o istanza, e questa non è stata presentata*».

374 bis. False dichiarazioni o attestazioni in atti destinati all'autorità giudiziaria o alla Corte penale internazionale (1) (2).

Salvo che il fatto costituisca più grave reato, è punito con la reclusione da uno a cinque anni chiunque dichiara o attesta falsamente in certificati o atti destinati a essere prodotti all'autorità giudiziaria o alla Corte penale internazionale condizioni, qualità personali, trattamenti terapeutici, rapporti di lavoro in essere o da instaurare, relativi all'imputato, al condannato o alla persona sottoposta a procedimento di prevenzione (3).

Si applica la pena della reclusione da due a sei anni se il fatto è commesso da un pubblico ufficiale, da un incaricato di un pubblico servizio o da un esercente la professione sanitaria.

Evoluzione normativa:

(1) Rubrica così modificata dall'art. 10, co. 7, lett. b), l. 20.12.2012, n. 237.
Il testo precedente riportava: «*False dichiarazioni o attestazioni in atti destinati all'autorità giudiziaria*».

(2) Articolo introdotto dall'art. 11, co. 3, d.l. 8.6.1992, n. 306, conv., con modif., in l. 7.8.1992, n. 356, recante provvedimenti di contrasto alla criminalità mafiosa.

(3) Comma così modificato dall'art. 10, co. 7, lett. a), l. 20.12.2012, n. 237.
Il testo previgente così disponeva: «*Salvo che il fatto costituisca più grave reato, è punito con la reclusione da uno a cinque anni chiunque dichiara o attesta falsamente in certificati o atti destinati a essere pro-*

dotti all'autorità giudiziaria condizioni, qualità personali, trattamenti terapeutici, rapporti di lavoro in essere o da instaurare, relativi all'imputato, al condannato o alla persona sottoposta a procedimento di prevenzione».

375. Frode in processo penale e depistaggio [1].

Salvo che il fatto costituisca più grave reato, è punito con la reclusione da tre a otto anni il pubblico ufficiale o l'incaricato di pubblico servizio che, al fine di impedire, ostacolare o sviare un'indagine o un processo penale:

a) immuta artificiosamente il corpo del reato ovvero lo stato dei luoghi, delle cose o delle persone connessi al reato;
b) richiesto dall'autorità giudiziaria o dalla polizia giudiziaria di fornire informazioni in un procedimento penale, afferma il falso o nega il vero, ovvero tace, in tutto o in parte, ciò che sa intorno ai fatti sui quali viene sentito.

Se il fatto è commesso mediante distruzione, soppressione, occultamento, danneggiamento, in tutto o in parte, ovvero formazione o artificiosa alterazione, in tutto o in parte, di un documento o di un oggetto da impiegare come elemento di prova o comunque utile alla scoperta del reato o al suo accertamento, la pena è aumentata da un terzo alla metà.

Se il fatto è commesso in relazione a procedimenti concernenti i delitti di cui agli articoli 270, 270-*bis*, 276, 280, 280-*bis*, 283, 284, 285, 289-*bis*, 304, 305, 306, 416-*bis*, 416-*ter* e 422 o i reati previsti dall'articolo 2 della legge 25 gennaio 1982, n. 17, ovvero i reati concernenti il traffico illegale di armi o di materiale nucleare, chimico o biologico e comunque tutti i reati di cui all'articolo 51, comma 3-*bis*, del codice di procedura penale, si applica la pena della reclusione da sei a dodici anni.

La pena è diminuita dalla metà a due terzi nei confronti di colui che si adopera per ripristinare lo stato originario dei luoghi, delle cose, delle persone o delle prove, nonché per evitare che l'attività delittuosa venga portata a conseguenze ulteriori [270-*bis*.1, 323-*bis*, 384-*ter*, 416-*bis*.1, 423-*bis*, 452-*decies*, 518-*septiesdecies*, 600-*sexies*, 600-*sexies*.1, 603-*bis*.1, 605, 630], ovvero aiuta concretamente l'autorità di polizia o l'autorità giudiziaria nella ricostruzione del fatto oggetto di inquinamento processuale e depistaggio e nell'individuazione degli autori.

Le circostanze attenuanti diverse da quelle previste dagli articoli 98 e 114 e dal quarto comma, concorrenti con le aggravanti di cui al secondo e al terzo comma, non possono essere ritenute equivalenti o prevalenti rispetto a queste ultime e le diminuzioni di pena si operano sulla quantità di pena risultante dall'aumento conseguente alle predette aggravanti.

La condanna alla reclusione superiore a tre anni comporta l'interdizione perpetua dai pubblici uffici.

La pena di cui ai commi precedenti si applica anche quando il pubblico ufficiale o l'incaricato di pubblico servizio siano cessati dal loro ufficio o servizio.

La punibilità è esclusa se si tratta di reato per cui non si può procedere che in seguito a querela, richiesta o istanza, e questa non è stata presentata.

Le disposizioni del presente articolo si applicano anche alle indagini e ai processi della Corte penale internazionale in ordine ai crimini definiti dallo Statuto della Corte medesima.

Evoluzione normativa:

(1) Articolo prima sostituito dall'art. 11, co. 4, d.l. 8.6.1992, n. 306, conv., con modif., in l. 7.8.1992, n. 356, poi modificato dall'art. 22, l. 7.12.2000, n. 397 e, infine, così sostituito dall'art. 1, co. 1, l. 11.7.2016, n. 133, a decorrere dal 2.8.2016.
Il testo antecedente alla modifica del 2016 così disponeva: «*Circostanze aggravanti. Nei casi previsti dagli articoli 371-*bis*, 371-*ter*, 372, 373 e 374, la pena è della reclusione da tre a otto anni se dal fatto deriva una condanna alla reclusione non superiore a cinque anni; è della reclusione da quattro a dodici anni, se dal fatto deriva una condanna superiore a cinque anni; ed è della reclusione da sei a venti anni se dal fatto deriva una condanna all'ergastolo*».
Il testo antecedente alla modifica del 2000 così disponeva: «*Nei casi previsti dagli articoli 371-*bis*, 372, 373 e 374, la pena è della reclusione da tre a otto anni se dal fatto deriva una condanna alla reclusione non superiore a cinque anni; è della reclusione da quattro a dodici anni, se dal fatto deriva una condanna superiore a cinque anni; ed è della reclusione da sei a venti anni se dal fatto deriva una condanna all'ergastolo*».
Il testo antecedente alla modifica del 1992 così disponeva: «*Nei casi preveduti dai tre articoli precedenti, la pena è della reclusione da uno a cinque anni, se dal fatto deriva una condanna alla reclusione non superiore a cinque anni; è della reclusione da tre a dodici anni, se dal fatto deriva una condanna superiore a cinque anni; ed è della reclusione da sei a venti anni, se dal fatto deriva una condanna all'ergastolo. Si applica l'ergastolo, se dal fatto deriva una condanna alla pena di morte*».

376. Ritrattazione.

Nei casi previsti dagli articoli 371-*bis*, 371-*ter*, 372 e 373, nonché dall'articolo 375, primo comma, lettera b), e dall'articolo 378, il colpevole non è punibile se, nel procedimento penale in cui ha prestato il suo ufficio o reso le sue dichiarazioni, ritratta il falso e manifesta il vero non oltre la chiusura del dibattimento [c.p.p. 524] [1].

Qualora la falsità sia intervenuta in una causa civile [c.p.c. 526], il colpevole non è punibile se ritratta il falso e manifesta il vero prima che sulla domanda giudiziale sia pronunciata sentenza definitiva [c.p.c. 279], anche se non irrevocabile [c.p.c. 324].

Evoluzione normativa:

(1) Comma prima sostituito dall'art. 11, d.l. 8.6.1992, n. 306, conv., con modif., in l. 7.8.1992, n. 356, e poi così modificato dall'art. 22, l. 7.12.2000, n. 397, dal co. 6, art. 1, l. 15.7.2009, n. 94 e dall'art. 3, co. 1, l. 11.7.2016, n. 133, a decorrere dal 2.8.2016.
Il testo antecedente alla modifica del 2016 così disponeva: «*Nei casi previsti dagli articoli 371-*bis*, 371-*ter*, 372 e 373, nonché dall'articolo 378, il colpevole non è punibile se, nel procedimento penale in cui ha prestato il suo ufficio o reso le sue dichiarazioni, ritratta il falso e manifesta il vero non oltre la chiusura del dibattimento*».
Il testo antecedente alla modifica del 2009 così disponeva: «*Nei casi previsti dagli articoli 371-*bis*, 371-*ter*, 372 e 373, il colpevole non è punibile se, nel procedimento penale in cui ha prestato il suo ufficio o reso le sue dichiarazioni, ritratta il falso e manifesta il vero non oltre la chiusura del dibattimento*».
Il testo antecedente alla modifica del 2000 così disponeva: «*Nei casi previsti dagli articoli 371-*bis*, 372 e 373, il colpevole non è punibile se, nel procedimento penale in cui ha prestato il suo ufficio o reso le sue*

dichiarazioni, ritratta il falso e manifesta il vero non oltre la chiusura del dibattimento». La Corte costituzionale, con sent. 22.3.1999, n. 101, aveva dichiarato l'illegittimità di questa formulazione, nella parte in cui non prevedeva la ritrattazione come causa di non punibilità per chi, richiesto dalla polizia giudiziaria, delegata dal pubblico ministero a norma dell'art. 370 c.p.p., di fornire informazioni ai fini delle indagini, abbia reso dichiarazioni false ovvero in tutto o in parte reticenti.

377. Intralcio alla giustizia [1].

Chiunque offre o promette denaro o altra utilità alla persona chiamata a rendere dichiarazioni davanti all'autorità giudiziaria o alla Corte penale internazionale ovvero alla persona richiesta di rilasciare dichiarazioni dal difensore nel corso dell'attività investigativa, o alla persona chiamata a svolgere attività di perito, consulente tecnico o interprete, per indurla a commettere i reati previsti dagli articoli 371-*bis*, 371-*ter*, 372 e 373, soggiace, qualora l'offerta o la promessa non sia accettata, alle pene stabilite negli articoli medesimi, ridotte dalla metà ai due terzi [2].

La stessa disposizione si applica qualora l'offerta o la promessa sia accettata, ma la falsità non sia commessa.

Chiunque usa violenza o minaccia ai fini indicati al primo comma, soggiace, qualora il fine non sia conseguito, alle pene stabilite in ordine ai reati di cui al medesimo primo comma, diminuite in misura non eccedente un terzo [3].

Le pene previste ai commi primo e terzo sono aumentate se concorrono le condizioni di cui all'articolo 339 [3].

La condanna importa l'interdizione dai pubblici uffici [28, 29].

Evoluzione normativa:

(1) Rubrica così sostituita dall'art. 14, l. 16.3.2006, n. 146.
Il testo della rubrica, precedente alla sostituzione, così recava: «*Subornazione*».

(2) Comma prima sostituito dall'art. 11, d.l. 8.6.1992, n. 306, conv., con modif., in l. 7.8.1992, n. 356, e poi così modificato dall'art. 22, l. 7.12.2000, n. 397 e dall'art. 10, co. 8, l. 20.12.2012, n. 237.
Le pene stabilite per i delitti previsti in questo comma sono aumentate da un terzo alla metà se il fatto è commesso da persona sottoposta con provvedimento definitivo ad una misura di prevenzione personale durante il periodo previsto di applicazione e sino a tre anni dal momento in cui ne è cessata l'esecuzione, secondo quanto disposto dall'art. 71, co. 1, d.lgs. 6.9.2011, n. 159.
Il testo antecedente alla modifica del 2012 così disponeva: «*Chiunque offre o promette denaro o altra utilità alla persona chiamata a rendere dichiarazioni davanti all'autorità giudiziaria ovvero alla persona richiesta di rilasciare dichiarazioni dal difensore nel corso dell'attività investigativa, o alla persona chiamata a svolgere attività di perito, consulente tecnico o interprete, per indurla a commettere i reati previsti dagli articoli 371-*bis*, 371-*ter*, 372 e 373, soggiace, qualora l'offerta o la promessa non sia accettata, alle pene stabilite negli articoli medesimi, ridotte dalla metà ai due terzi*».
Il testo antecedente alla modifica del 2000 così disponeva: «*Chiunque offre o promette denaro o altra utilità alla persona chiamata a rendere dichiarazioni davanti all'autorità giudiziaria ovvero a svolgere attività di perito, consulente tecnico o interprete, per indurla a commettere i reati previsti dagli articoli 371-*bis*, 372 e 373, soggiace, qualora l'offerta o la promessa non sia accettata, alle pene stabilite negli articoli medesimi, ridotte dalla metà ai due terzi*».

(3) Comma introdotto dall'art. 14, l. 16.3.2006, n. 146.

377 bis. Induzione a non rendere dichiarazioni o a rendere dichiarazioni mendaci all'autorità giudiziaria [1].

Salvo che il fatto costituisca più grave reato, chiunque, con violenza o minaccia, o con offerta o promessa di denaro o di altra utilità, induce a non rendere dichiarazioni o a rendere dichiarazioni mendaci la persona chiamata a rendere davanti alla autorità giudiziaria dichiarazioni utilizzabili in un procedimento penale, quando questa ha la facoltà di non rispondere, è punito con la reclusione da due a sei anni.

Evoluzione normativa:

(1) Articolo introdotto dall'art. 20, l. 1.3.2001, n. 63.

Norme connesse:

A. Art. 25 decies, d.lgs. 8.6.2001, n. 231 (in *Normativa complementare*, voce *Economia (diritto penale della), Enti*).

378. Favoreggiamento personale.

Chiunque, dopo che fu commesso un delitto per il quale la legge stabilisce la pena di morte [1] o l'ergastolo o la reclusione, e fuori dei casi di concorso nel medesimo [110], aiuta taluno a eludere le investigazioni dell'autorità, comprese quelle svolte da organi della Corte penale internazionale, o a sottrarsi alle ricerche effettuate dai medesimi soggetti, è punito con la reclusione fino a quattro anni [2].

Quando il delitto commesso è quello previsto dall'art. 416-*bis*, si applica, in ogni caso, la pena della reclusione non inferiore a due anni [3].

Se si tratta di delitti per i quali la legge stabilisce una pena diversa, ovvero di contravvenzioni, la pena è della multa fino a euro 516 [4].

Le disposizioni di questo articolo si applicano anche quando la persona aiutata non è imputabile [85 ss.] o risulta che non ha commesso il delitto [384].

Riferimenti storici:

Art. 225 Codice Zanardelli: «*Chiunque, dopo che fu commesso un delitto per il quale è stabilita una pena non inferiore alla detenzione, senza concerto anteriore al delitto stesso, e senza contribuire a portarlo a conseguenze ulteriori, aiuta taluno ad assicurarne il profitto, a eludere le investigazioni dell'Autorità, ovvero a sottrarsi alle ricerche della medesima o alla esecuzione della condanna, e chiunque sopprime o in qualsiasi modo disperde o altera le tracce o gli indizi di un delitto che importi la pena suddetta, è punito con la reclusione o con la detenzione sino a cinque anni, ma non superiore in durata alla metà della pena stabilita per il delitto medesimo.*
Qualora si tratti di altri reati, la pena è della multa sino a lire mille.
Va esente da pena chi commetta il fatto in favore di un prossimo congiunto».

Evoluzione normativa:

(1) La pena di morte per i delitti previsti dal codice penale è stata abolita e sostituita con l'ergastolo dall'art. 1, d.lgs.lgt. 10.8.1944, n. 224.

(2) Comma così modificato dall'art. 10, co. 9, l. 20.12.2012, n. 237.
Il testo previgente così disponeva: «*Chiunque, dopo che fu commesso un delitto per il quale la legge stabilisce la pena di morte o l'ergastolo o la reclusione, e fuori dei casi di concorso nel medesimo, aiuta taluno a eludere le investigazioni dell'autorità, o a sottrarsi alle ricerche di questa, è punito con la reclusione fino a quattro anni*».

(3) Comma introdotto dall'art. 2, l. 13.9.1982, n. 646.

(4) La multa risulta così aumentata secondo quanto disposto dall'art. 113, l. 24.11.1981, n. 689.

Norme connesse:

A. Art. 2, co. 1, l. 18.2.1987, n. 34 (in *Normativa complementare*, voce *Criminalità organizzata e transazionale, Collaboratori di giustizia, pentiti e dissociati*).

B. Art. 71, co. 1, d.lgs. 6.9.2011, n. 159 (in *Normativa complementare*, voce *Criminalità organizzata e transazionale, Misure patrimoniali*).

C. Art. 1, co. 4, d.l. 15.1.1991, n. 8, conv., con modif., in l. 15.3.1991, n. 82 (in *Normativa complementare*, voce *Criminalità organizzata e transazionale, Collaboratori di giustizia, pentiti e dissociati*).

D. Art. 1, l. 29.5.1982, n. 304 (in *Normativa complementare*, voce *Criminalità organizzata e transazionale, Collaboratori di giustizia, pentiti e dissociati*).

E. Art. 10, l. 16.3.2006, n. 146 (in *Normativa complementare*, voce *Criminalità organizzata e transazionale, Mafia e crimine organizzato*).

379. Favoreggiamento reale.

Chiunque fuori dei casi di concorso nel reato [110] e dei casi previsti dagli articoli 648, 648-*bis*, 648-*ter*, aiuta taluno ad assicurare il prodotto o il profitto o il prezzo di un reato, è punito con la reclusione fino a cinque anni se si tratta di delitto, e con la multa da euro 51 a euro 1.032 se si tratta di contravvenzione (1) (2).

Si applicano le disposizioni del primo e dell'ultimo capoverso dell'articolo precedente (3).

Evoluzione normativa:

(1) Comma così modificato dall'art. 25, l. 19.3.1990, n. 55.

(2) La multa risulta così aumentata secondo quanto disposto dall'art. 113, l. 24.11.1981, n. 689.

(3) Comma così sostituito dall'art. 3, l. 13.9.1982, n. 646.

Norme connesse:

A. Art. 2, co. 1, l. 18.2.1987, n. 34 (in *Normativa complementare*, voce *Criminalità organizzata e transazionale, Collaboratori di giustizia, pentiti e dissociati*).

B. Art. 71, co. 1, d.lgs. 6.9.2011, n. 159 (in *Normativa complementare*, voce *Criminalità organizzata e transazionale, Misure patrimoniali*).

C. Art. 1, co. 4, d.l. 15.1.1991, n. 8, conv., con modif., in l. 15.3.1991, n. 82 (in *Normativa complementare*, voce *Criminalità organizzata e transazionale, Collaboratori di giustizia, pentiti e dissociati*).

D. Art. 1, l. 29.5.1982, n. 304 (in *Normativa complementare*, voce *Criminalità organizzata e transazionale, Collaboratori di giustizia, pentiti e dissociati*).

379 bis. Rivelazione di segreti inerenti a un procedimento penale (1).

Salvo che il fatto costituisca più grave reato, chiunque rivela indebitamente notizie segrete concernenti un procedimento penale, da lui apprese per avere partecipato o assistito ad un atto del procedimento stesso, è punito con la reclusione fino a un anno. La stessa pena si applica alla persona che, dopo avere rilasciato dichiarazioni nel corso delle indagini preliminari, non osserva il divieto imposto dal pubblico ministero ai sensi dell'articolo 391-*quinquies* del codice di procedura penale.

Evoluzione normativa:

(1) Articolo introdotto dall'art. 21, l. 7.12.2000, n. 397.

380. Patrocinio o consulenza infedele.

Il patrocinatore [c.p.c. 82; c.p.p. 96] o il consulente tecnico [c.p.c. 61, 201; c.p.p. 225], che, rendendosi infedele ai suoi doveri professionali, arreca nocumento agli interessi della parte da lui difesa, assistita o rappresentata dinanzi all'autorità giudiziaria o alla Corte penale internazionale, è punito con la reclusione da uno a tre anni e con la multa non inferiore a euro 516 (1) (2).

La pena è aumentata:

1. se il colpevole ha commesso il fatto, colludendo con la parte avversaria;
2. se il fatto è stato commesso a danno di un imputato.

Si applicano la reclusione da tre a dieci anni e la multa non inferiore a euro 1.032 (1), se il fatto è commesso a danno di persona imputata di un delitto per il quale la legge commina la pena di morte (3) o l'ergastolo ovvero la reclusione superiore a cinque anni [383].

Evoluzione normativa:

(1) La multa risulta così aumentata secondo quanto disposto dall'art. 113, l. 24.11.1981, n. 689.

(2) Comma così modificato dall'art. 10, co. 10, l. 20.12.2012, n. 237.
Il testo previgente così disponeva: «*Il patrocinatore o il consulente tecnico, che, rendendosi infedele ai suoi doveri professionali, arreca nocumento agli interessi della parte da lui difesa, assistita o rappresentata dinanzi all'autorità giudiziaria, è punito con la reclusione da uno a tre anni e con la multa non inferiore a euro 516*».

(3) La pena di morte per i delitti previsti dal codice penale è stata abolita e sostituita con l'ergastolo dall'art. 1, d.lgs.lgt. 10.8.1944, n. 224.

381. Altre infedeltà del patrocinatore o del consulente tecnico.

Il patrocinatore [c.p.c. 82; c.p.p. 96] o il consulente tecnico [c.p.c. 61, 201; c.p.p. 225], che, in un procedimento dinanzi all'autorità giudiziaria, presta contemporaneamente, anche per interposta persona, il suo patrocinio o la sua consulenza a favore di parti contrarie, è punito, qualora il fatto non costituisca un più grave reato, con la reclusione da sei mesi a tre anni e con la multa non inferiore a euro 103 [383] (1).

La pena è della reclusione fino a un anno e della multa da euro 51 a euro 516 (1), se il patrocinatore o il consulente, dopo aver difeso, assistito o rappresentato una parte, assume, senza il consenso di questa, nello stesso procedimento, il patrocinio o la consulenza della parte avversaria.

Evoluzione normativa:

(1) La multa è stata così aumentata secondo quanto disposto dall'art. 113, l. 24.11.1981, n. 689.

382. Millantato credito del patrocinatore.

Il patrocinatore [c.p.c. 82; c.p.p. 96], che, millantando credito [346] presso il giudice o il pubblico ministero che deve concludere, ovvero presso il testimone [c.p.c. 244; c.p.p. 194 ss.], il perito [c.p.c. 61; c.p.p. 220] o l'interprete [c.p.c. 122; c.p.p. 143], riceve o fa dare o promettere dal suo cliente, a sé o ad un terzo, denaro o altra utilità, col pretesto di doversi procurare il favore del giudice o del pubblico ministero, o del testimone, perito o interprete, ovvero di doverli remunerare, è punito con la reclusione da due a otto anni e con la multa non inferiore a euro 1.032 [383] (1).

Evoluzione normativa:

(1) La multa risulta così aumentata secondo quanto disposto dall'art. 113, l. 24.11.1981, n. 689.

Norme connesse:

A. Artt. 346 [abrogato], 346 bis c.p.

B. Art. 42, r.d.l. 27.11.1933, n. 1578, sulla professione di avvocato e procuratore, che dispone: «*Importano di diritto la radiazione dagli albi degli avvocati e dei procuratori:*
a) l'interdizione perpetua dai pubblici uffici o dall'esercizio della professione di avvocato o di procuratore:
b) la condanna per uno dei reati preveduti negli articoli 372, 373, 374, 377, 380 e 381 del codice penale.
Importano di diritto la cancellazione dagli albi:
a) l'interdizione temporanea dai pubblici uffici o dall'esercizio della professione di avvocato [o di procuratore];
b) il ricovero in manicomio giudiziario nei casi indicati nell'articolo 222, comma secondo, del codice penale;
c) l'assegnazione ad una colonia agricola od a una casa di lavoro.
I provvedimenti preveduti nel presente articolo sono adottati dal Consiglio dell'ordine, sentito il professionista».

383. Interdizione dai pubblici uffici.

La condanna per i delitti preveduti dagli articoli 380, 381, prima parte, e 382 importa l'interdizione dai pubblici uffici [28, 31, 37].

383 bis. Circostanze aggravanti per il caso di condanna [(1)].

Nei casi previsti dagli articoli 371-*bis*, 371-*ter*, 372, 373, 374 e 375, la pena è della reclusione da quattro a dieci anni se dal fatto deriva una condanna alla reclusione non superiore a cinque anni; è della reclusione da sei a quattordici anni se dal fatto deriva una condanna superiore a cinque anni; è della reclusione da otto a venti anni se dal fatto deriva una condanna all'ergastolo.

Evoluzione normativa:

(1) Articolo introdotto dall'art. 1, co. 3, l. 11.7.2016, n. 133, a decorrere dal 2.8.2016.

384. Casi di non punibilità [(1)].

Nei casi previsti dagli articoli 361, 362, 363, 364, 365, 366, 369, 371-*bis*, 371-*ter*, 372, 373, 374 e 378, non è punibile chi ha commesso il fatto per esservi stato costretto dalla necessità di salvare sé medesimo o un prossimo congiunto [307[4]] da un grave e inevitabile nocumento nella libertà o nell'onore [54] [(2)].

Nei casi previsti dagli articoli 371-*bis*, 371-*ter*, 372 e 373, la punibilità è esclusa se il fatto è commesso da chi per legge non avrebbe dovuto essere richiesto di fornire informazioni ai fini delle indagini o assunto come testimonio [c.p.p. 197; c.p.c. 246, 247], perito [c.p.p. 220; c.p.c. 61], consulente tecnico [c.p.p. 222; c.p.c. 201] o interprete [c.p.p. 144; c.p.c. 122] ovvero non avrebbe potuto essere obbligato a deporre o comunque a rispondere o avrebbe dovuto essere avvertito della facoltà di astenersi dal rendere informazioni, testimonianza [c.p.p. 199 ss.; c.p.c. 249], perizia [c.p.p. 223; c.p.c. 192], consulenza o interpretazione [c.p.p. 145].

Evoluzione normativa:

(1) Articolo così sostituito dall'art. 11, co. 7, d.l. 8.6.1992, n. 306, conv., con modif., in l. 7.8.1992, n. 356, recante provvedimenti di contrasto alla criminalità mafiosa. Il secondo comma, poi, è stato così modificato dall'art. 22, l. 7.12.2000, n. 397 e dall'art. 21, l. 1.3.2001, n. 63.
Il testo antecedente a quest'ultima modifica così disponeva: «*Nei casi previsti dagli articoli 371-*bis*, 371-*ter*, 372 e 373, la punibilità è esclusa se il fatto è commesso da chi per legge non avrebbe dovuto essere richiesto di fornire informazioni ai fini delle indagini o assunto come testimonio, perito, consulente tecnico o interprete ovvero avrebbe dovuto essere avvertito della facoltà di astenersi dal rendere informazioni, testimonianza, perizia, consulenza o interpretazione*».
Il testo antecedente alla modifica del 2000 così disponeva: «*Nei casi previsti dagli articoli 371-*bis*, 372 e 373, la punibilità è esclusa se il fatto è commesso da chi per legge non avrebbe dovuto essere richiesto di fornire informazioni ai fini delle indagini o assunto come testimonio, perito, consulente tecnico o interprete ovvero avrebbe dovuto essere avvertito della facoltà di astenersi dal rendere informazioni, testimonianza, perizia, consulenza o interpretazione*». In relazione a questa formulazione la Corte costituzionale, con sent. 12.12.1996, n. 416, aveva dichiarato l'illegittimità, nella parte in cui non prevedeva l'esclusione della punibilità per false o reticenti informazioni assunte dalla polizia giudiziaria, fornite da chi avrebbe dovuto essere avvertito della facoltà di astenersi dal renderle, a norma dell'art. 199 del codice di procedura penale.

(2) Comma così modificato dall'art. 22, l. 7.12.2000, n. 397. Il testo previgente così disponeva: «*Nei casi previsti dagli articoli 361, 362, 363, 364, 365, 366, 369, 371-*bis*, 372, 373, 374 e 378, non è punibile chi ha commesso il fatto per esservi stato costretto dalla necessità di salvare sé medesimo o un prossimo congiunto da un grave e inevitabile nocumento nella libertà o nell'onore*». La Corte costituzionale, con sent. 11.3.2009, n. 75, ha dichiarato di questo comma, nella parte in cui non prevede l'esclusione della punibilità per false o reticenti informazioni assunte dalla polizia giudiziaria, fornite da chi non avrebbe potuto essere obbligato a renderle o comunque a rispondere in quanto persona indagata per reato probatoriamente collegato – a norma del co. 2, lett. b), art. 371 c.p.p. – a quello, commesso da altri, cui le dichiarazioni stesse si riferiscono.

Norme connesse:

A. Art. 26, 1.3.2001, n. 63: «*1. Nei processi penali in corso alla data di entrata in vigore della presente legge si applicano le disposizioni degli articoli precedenti salvo quanto stabilito nei commi da 2 a 5. 2. Se il procedimento è ancora nella fase delle indagini preliminari, il pubblico ministero provvede a rinnovare l'esame dei soggetti indicati negli articoli 64 e 197-*bis* del codice di procedura penale, come rispettivamente modificato e introdotto dalla presente legge, secondo le forme ivi previste. 3. Le dichiarazioni rese nel corso delle indagini preliminari o dell'udienza preliminare, se già acquisite al fascicolo per il dibattimento, sono valutate a norma dei commi 3, 4, 5 e 6 del previgente articolo 500 del codice di procedura penale. 4. Quando le dichiarazioni di cui al comma 3 sono state rese da chi, per libera scelta, si è sempre volontariamente sottratto all'esame dell'imputato o del difensore, si applica la disposizione del comma 2 dell'articolo 1 del decreto-legge 7.1.2000, n. 2, convertito, con modificazioni, in legge 25.2.2000, n. 35, soltanto se esse siano state acquisite al fascicolo per il dibattimento anteriormente alla data del 25.2.2000. Se sono state acquisite successivamente, si applica il comma 1-*bis* dell'articolo 526 del codice di procedura penale, come introdotto dall'articolo 19 della presente legge. 5. Alle dichiarazioni acquisite al fascicolo per il dibattimento, e già valutate ai fini delle decisioni, si applicano nel giudizio dinanzi alla Corte di Cassazione le disposizioni vigenti in materia di valutazione della prova al momento delle decisioni stesse*».

384 bis. Punibilità dei fatti commessi in collegamento audiovisivo nel corso di una rogatoria dall'estero [(1)].

I delitti di cui agli articoli 366, 367, 368, 369, 371-*bis*, 372 e 373, commessi in occasione di un collegamento audiovisivo nel corso di una rogatoria all'estero, si considerano commessi nel territorio dello Stato e sono puniti secondo la legge italiana.

Evoluzione normativa:

(1) Articolo introdotto dall'art. 17, l. 5.10.2001, n. 367.

384 ter. Circostanze speciali [(1)].

Se i fatti di cui agli articoli 371-*bis*, 371-*ter*, 372, 374 e 378 sono commessi al fine di impedire, ostacolare o sviare un'indagine o un processo penale in relazione ai delitti di cui agli articoli 270, 270-*bis*, 276, 280, 280-*bis*, 283, 284, 285, 289-*bis*, 304, 305, 306, 416-*bis*, 416-*ter* e 422 o ai reati previsti dall'articolo 2 della legge 25 gennaio 1982, n. 17, ovvero ai reati concernenti il traffico illegale di armi o di materiale nucleare, chimico o biologico e comunque in relazione ai reati di cui all'articolo 51, comma 3-*bis*, del codice di procedura penale, la pena è aumentata dalla metà a due terzi e non opera la sospensione del procedimento di cui agli articoli 371-*bis* e 371-*ter*.

La pena è diminuita dalla metà a due terzi nei confronti di colui che si adopera per ripristinare lo stato originario dei luoghi, delle cose, delle persone o delle prove, nonché per evitare che l'attività delittuosa venga portata a conseguenze ulteriori [270-*bis*.1, 323-*bis*, 375, 416-*bis*.1, 423-*bis*, 452-*decies*, 518-*septiesdecies*, 600-*sexies*, 600-*sexies*.1, 603-*bis*.1, 605, 630], ovvero aiuta concretamente l'autorità di polizia o l'autorità giudiziaria nella ricostruzione del fatto oggetto di inquinamento processuale e depistaggio e nell'individuazione degli autori.

Evoluzione normativa:

(1) Articolo introdotto dall'art. 2, co. 1, l. 11.7.2016, n. 133, a decorrere dal 2.8.2016.

Capo II
Dei delitti contro l'autorità delle decisioni giudiziarie

385. Evasione (1).

Chiunque, essendo legalmente arrestato o detenuto per un reato, evade [214] è punito con la reclusione da uno a tre anni (2).

La pena è della reclusione da due a cinque anni se il colpevole commette il fatto usando violenza o minaccia verso le persone, ovvero mediante effrazione; ed è da tre a sei anni se la violenza o minaccia è commessa con armi [585²] o da più persone riunite [386] (3).

Le disposizioni precedenti si applicano anche all'imputato che essendo in stato di arresto nella propria abitazione o in altro luogo designato nel provvedimento se ne allontani, nonché al condannato ammesso a lavorare fuori dello stabilimento penale (4).

Quando l'evaso si costituisce in carcere prima della condanna, la pena è diminuita [65].

Evoluzione normativa:

(1) Articolo così sostituito dall'art. 15, l. 12.1.1977, n. 1.

(2) Comma modificato dalla lett. a), co. 1, art. 2, l. 26.11.2010, n. 199. Il testo previgente così disponeva: «*Chiunque, essendo legalmente arrestato o detenuto per un reato, evade è punito con la reclusione da sei mesi ad un anno*».

(3) Comma modificato dalla lett. b), co. 1, art. 2, l. 26.11.2010, n. 199. Il testo previgente così disponeva: «*La pena è della reclusione da uno a tre anni se il colpevole commette il fatto usando violenza o minaccia verso le persone, ovvero mediante effrazione; ed è da tre a cinque anni se la violenza o minaccia è commessa con armi o da più persone riunite*».

(4) Comma così sostituito dall'art. 29, l. 12.8.1982, n. 532.

Norme connesse:

A. Artt. 11⁶, 30³, 47-*ter*⁸, 47-*sexies*⁸, 51³, 58-*quater*¹·⁵, l. 26.7.1975, n. 354 (in *Normativa complementare*, voce *Ordinamento penitenziario*).

386. Procurata evasione.

Chiunque procura o agevola l'evasione di una persona legalmente arrestata o detenuta per un reato [390, 391], è punito con la reclusione da sei mesi a cinque anni.

Si applica la reclusione da tre a dieci anni se il fatto è commesso a favore di un condannato alla pena di morte (1) o all'ergastolo.

La pena è aumentata se il colpevole, per commettere il fatto, adopera alcuno dei mezzi indicati nel primo capoverso dell'articolo precedente.

La pena è diminuita:

1. se il colpevole è un prossimo congiunto [307⁴];
2. se il colpevole, nel termine di tre mesi dall'evasione, procura la cattura della persona evasa o la presentazione di lei all'autorità.

La condanna importa in ogni caso l'interdizione dai pubblici uffici [28].

Evoluzione normativa:

(1) La pena di morte per i delitti previsti dal codice penale è stata abolita e sostituita con l'ergastolo dall'art. 1, d.lgs.lgt. 10.8.1944, n. 224.

387. Colpa del custode.

Chiunque, preposto per ragione del suo ufficio alla custodia, anche temporanea, di una persona arrestata o detenuta per un reato, ne cagiona, per colpa [43, 42²], l'evasione, è punito con la reclusione fino a tre anni o con la multa da euro 103 a euro 1.032 (1).

Il colpevole non è punibile se nel termine di tre mesi dall'evasione procura la cattura della persona evasa o la presentazione di lei all'autorità.

Evoluzione normativa:

(1) La multa risulta così aumentata secondo quanto disposto dall'art. 113, l. 24.11.1981, n. 689.

387 bis. Violazione dei provvedimenti di allontanamento dalla casa familiare e del divieto di avvicinamento ai luoghi frequentati dalla persona offesa (1).

Chiunque, essendovi legalmente sottoposto violi gli obblighi o i divieti derivanti dal provvedimento che applica le misure cautelari di cui agli articoli 282-*bis* e 282-*ter* del codice di procedura penale o dall'ordine di cui all'articolo 384-*bis* del medesimo codice è punito con la reclusione da sei mesi a tre anni e sei mesi (2).

La stessa pena si applica a chi elude l'ordine di protezione previsto dall'articolo 342-*ter*, primo comma, del codice civile, ovvero un provvedimento di eguale contenuto assunto nel procedimento di separazione personale dei coniugi o nel procedimento di scioglimento o di cessazione degli effetti civili del matrimonio (3).

Evoluzione normativa:

(1) Articolo introdotto dall'art. 4, co. 1, l. 19.7.2019, n. 69, a decorrere dal 9.8.2019.

(2) Comma così modificato dall'art. 9, co. 1, lett. a) n. 1), l. 24.11.2023, n. 168, a decorrere dal 9.12.2023. Il testo previgente così disponeva: «*Chiunque, essendovi legalmente sottoposto, violi gli obblighi o i divieti derivanti dal provvedimento che applica le misure cautelari di cui agli articoli 282-bis e 282-ter del codice di procedura penale o dall'ordine di cui all'articolo 384-bis del medesimo codice è punito con la reclusione da sei mesi a tre anni*».

(3) Comma introdotto dall'art. 9, co. 1, lett. a), n. 2), l. 24.11.2023, n. 168, a decorrere dal 9.12.2023.

388. Mancata esecuzione dolosa di un provvedimento del giudice [(1)].

Chiunque, per sottrarsi all'adempimento degli obblighi nascenti da un provvedimento dell'autorità giudiziaria, o dei quali è in corso l'accertamento dinanzi all'autorità giudiziaria stessa, compie, sui propri o sugli altrui beni, atti simulati o fraudolenti, o commette allo stesso scopo altri fatti fraudolenti, è punito, qualora non ottemperi all'ingiunzione di eseguire il provvedimento, con la reclusione fino a tre anni o con la multa da euro 103 a euro 1.032.

La stessa pena si applica a chi elude l'esecuzione di un provvedimento del giudice civile, ovvero amministrativo o contabile, che concerna l'affidamento di minori o di altre persone incapaci [c.c. 414], ovvero prescriva misure cautelari a difesa della proprietà, del possesso [c.c. 1171] o del credito [(2)].

La stessa pena si applica a chi elude l'esecuzione di un provvedimento del giudice che prescriva misure inibitorie o correttive a tutela dei diritti di proprietà industriale [(3)].

È altresì punito con la pena prevista al primo comma chiunque, essendo obbligato alla riservatezza per espresso provvedimento adottato dal giudice nei procedimenti che riguardino diritti di proprietà industriale, viola il relativo ordine [(3)].

Chiunque sottrae, sopprime, distrugge, disperde o deteriora una cosa di sua proprietà sottoposta a pignoramento [c.p.c. 491 ss.] ovvero a sequestro giudiziario o conservativo [c.c. 2905, 2906; c.p.c. 670 ss.] è punito con la reclusione fino a un anno e con la multa fino a euro 309.

Si applicano la reclusione da due mesi a due anni e la multa da euro 30 a euro 309 se il fatto è commesso dal proprietario su una cosa affidata alla sua custodia, e la reclusione da quattro mesi a tre anni e la multa da euro 51 a euro 516 se il fatto è commesso dal custode al solo scopo di favorire il proprietario della cosa.

Il custode di una cosa sottoposta a pignoramento ovvero a sequestro giudiziario o conservativo che indebitamente rifiuta, omette o ritarda un atto dell'ufficio è punito con la reclusione fino ad un anno o con la multa fino a euro 516.

La pena di cui al settimo comma si applica al debitore o all'amministratore, direttore generale o liquidatore della società debitrice che, invitato dall'ufficiale giudiziario a indicare le cose o i crediti pignorabili, omette di rispondere nel termine di quindici giorni o effettua una falsa dichiarazione [(4)].

Il colpevole è punito a querela [120 ss.; c.p.p. 336] della persona offesa.

Evoluzione normativa:

(1) Articolo prima modificato dagli artt. 87 e 113, l. 24.11.1981, n. 689 e dall'art. 2, l. 24.2.2006, n. 52 e poi così sostituito dal co. 21, art. 3, l. 15.7.2009, n. 94.
Il testo previgente così disponeva: «*Chiunque, per sottrarsi all'adempimento degli obblighi civili nascenti da una sentenza di condanna, o dei quali è in corso l'accertamento dinanzi l'autorità giudiziaria, compie, sui propri o sugli altrui beni, atti simulati o fraudolenti, o commette allo stesso scopo altri fatti fraudolenti, è punito, qualora non ottemperi alla ingiunzione di eseguire la sentenza, con la reclusione fino a tre anni o con la multa da euro 103 a euro 1.32.*
La stessa pena si applica a chi elude l'esecuzione di un provvedimento del giudice civile, che concerna l'affidamento di minori o di altre persone incapaci, ovvero prescriva misure cautelari a difesa della proprietà, del possesso o del credito.
Chiunque sottrae, sopprime, distrugge, disperde o deteriora una cosa di sua proprietà sottoposta a pignoramento ovvero a sequestro giudiziario o conservativo è punito con la reclusione fino a un anno e con la multa fino a euro 309.
Si applicano la reclusione da due mesi a due anni e la multa da euro 30 a euro 309 se il fatto è commesso dal proprietario su una cosa affidata alla sua custodia e la reclusione da quattro mesi a tre anni e la multa da euro 51 a euro 516 se il fatto è commesso dal custode al solo scopo di favorire il proprietario della cosa.
Il custode di una cosa sottoposta a pignoramento ovvero a sequestro giudiziario o conservativo che indebitamente rifiuta, omette o ritarda un atto dell'ufficio è punito con la reclusione fino ad un anno o con la multa fino a euro 516.
La pena di cui al quinto comma si applica al debitore o all'amministratore, direttore generale o liquidatore della società debitrice che, invitato dall'ufficiale giudiziario a indicare le cose o i crediti pignorabili, omette di rispondere nel termine di quindici giorni o effettua una falsa dichiarazione.
Il colpevole è punito a querela della persona offesa».
Il testo antecedente alla modifica disposta dalla l. n. 52/2006 così disponeva: «*Chiunque, per sottrarsi all'adempimento degli obblighi civili nascenti da una sentenza di condanna, o dei quali è in corso l'accertamento dinanzi l'autorità giudiziaria, compie, sui propri o sugli altrui beni, atti simulati o fraudolenti, o commette allo stesso scopo altri fatti fraudolenti, è punito, qualora non ottemperi alla ingiunzione di eseguire la sentenza, con la reclusione fino a tre anni o con la multa da euro 103 a euro 1.32.*
La stessa pena si applica a chi elude l'esecuzione di un provvedimento del giudice civile, che concerna l'affidamento di minori o di altre persone incapaci, ovvero prescriva misure cautelari a difesa della proprietà, del possesso o del credito.
Chiunque sottrae, sopprime, distrugge, disperde o deteriora una cosa di sua proprietà sottoposta a pignoramento ovvero a sequestro giudiziario o conservativo è punito con la reclusione fino a un anno e con la multa fino a euro 309.
Si applicano la reclusione da due mesi a due anni e la multa da euro 30 a euro 309 se il fatto è commesso dal proprietario su una cosa affidata alla sua custodia e la reclusione da quattro mesi a tre anni e la multa da euro 51 a euro 516 se il fatto è commesso dal custode al solo scopo di favorire il proprietario della cosa.
Il custode di una cosa sottoposta a pignoramento ovvero a sequestro giudiziario o conservativo che indebitamente rifiuta, omette o ritarda un atto dell'ufficio è punito con la reclusione fino ad un anno o con la multa fino a euro 516.
Il colpevole è punito a querela della persona offesa».

(2) Comma modificato prima dall'art. 2, co. 1, lett. b), d.lgs. 1.3.2018, n. 21, a decorrere dal 6.4.2018, e, poi, dall'art. 9, co. 1, lett. b), l. 24.11.2023, n. 168, a decorrere dal 9.12.2023. Il testo antecedente alla modifica del 2023 così disponeva: «La stessa pena si applica a chi elude l'ordine di *protezione previsto dall'articolo 342-ter del codice civile, ovvero un provvedimento di eguale contenuto assunto nel procedimento di separazione personale dei coniugi o nel procedimento di scioglimento o di cessazione degli effetti civili del matrimonio ovvero ancora l'esecuzione di un provvedimento del giudice civile, ovvero amministrativo o contabile, che concerna l'affidamento di minori o di altre persone incapaci, ovvero prescriva misure cautelari a difesa della proprietà, del possesso o del credito.*». Il testo antecedente alla modifica del 2018 così disponeva: «*La stessa pena si applica a chi elude l'esecuzione di un provvedimento del giudice civile, ovvero*

amministrativo o contabile, che concerna l'affidamento di minori o di altre persone incapaci, ovvero prescriva misure cautelari a difesa della proprietà, del possesso o del credito».

(3) Comma introdotto dall'art. 9, co. 1, lett. a), d.lgs. 11.5.2018, n. 63, a decorrere dal 22.6.2018.

(4) Comma modificato dall'art. 9, co. 1, lett. b), d.lgs. 11.5.2018, n. 63, a decorrere dal 22.6.2018. Il testo previgente così disponeva: «*La pena di cui al quinto comma si applica al debitore o all'amministratore, direttore generale o liquidatore della società debitrice che, invitato dall'ufficiale giudiziario a indicare le cose o i crediti pignorabili, omette di rispondere nel termine di quindici giorni o effettua una falsa dichiarazione*».

388 bis. Violazione colposa dei doveri inerenti alla custodia di cose sottoposte a pignoramento ovvero a sequestro giudiziario o conservativo [(1)].

Chiunque, avendo in custodia una cosa sottoposta a pignoramento [c.p.c. 491 ss.] ovvero a sequestro giudiziario o conservativo [c.c. 2905, 2906; c.p.c. 670 ss.], per colpa [42²] ne cagiona la distruzione o la dispersione, ovvero ne agevola la soppressione o la sottrazione, è punito, a querela della persona offesa, con la reclusione fino a sei mesi o con la multa fino a euro 309.

Evoluzione normativa:

(1) Articolo introdotto dall'art. 88, l. 24.11.1981, n. 689.

388 ter. Mancata esecuzione fraudolenta di sanzioni pecuniarie [(1) (2)].

Chiunque per sottrarsi all'esecuzione di una multa o di una ammenda o di una sanzione amministrativa pecuniaria compie, sui propri o sugli altrui beni, atti simulati o fraudolenti, o commette allo stesso scopo altri fatti fraudolenti, è punito, qualora non ottemperi nei termini all'ingiunzione di pagamento, con la reclusione da sei mesi a tre anni [(3)].

Evoluzione normativa:

(1) Articolo introdotto dall'art. 109, l. 24.11.1981, n. 689.

(2) Rubrica così modificata dall'art. 2, co. 1, lett. a), n. 1), d.lgs. 10.10.2022, n. 150, a decorrere dal 30.12.2022. Il testo previgente così recava: «Mancata esecuzione dolosa di sanzioni pecuniarie».

(3) Comma così modificato dall'art. 2, co. 1, lett. a), n. 2), d.lgs. 10.10.2022, n. 150, a decorrere dal 30.12.2022. Il testo previgente così disponeva: «*Chiunque per sottrarsi all'esecuzione di una multa o di una ammenda o di una sanzione amministrativa pecuniaria compie, sui propri o sugli altrui beni, atti simulati o fraudolenti, o commette allo stesso scopo altri fatti fraudolenti, è punito, qualora non ottemperi nei termini all'ingiunzione di pagamento contenuta nel precetto, con la reclusione da sei mesi a tre anni.*».

389. Inosservanza di pene accessorie [(1)].

Chiunque, avendo riportato una condanna da cui consegue una pena accessoria [19], trasgredisce agli obblighi o ai divieti inerenti a tale pena, è punito con la reclusione da due a sei mesi.

La stessa pena si applica a chi trasgredisce agli obblighi o ai divieti inerenti ad una pena accessoria provvisoriamente applicata.

Evoluzione normativa:

(1) Articolo così sostituito dall'art. 129, l. 24.11.1981, n. 689.

390. Procurata inosservanza di pena.

Chiunque, fuori dei casi di concorso nel reato [110], aiuta taluno a sottrarsi all'esecuzione della pena è punito con la reclusione da tre mesi a cinque anni se si tratta di condannato per delitto, e con la multa da euro 51 a euro 1.032 se si tratta di condannato per contravvenzione [(1)].

Si applicano le disposizioni del terzo capoverso dell'articolo 386.

Evoluzione normativa:

(1) La multa risulta così aumentata secondo quanto disposto dall'art. 113, l. 24.11.1981, n. 689.

391. Procurata inosservanza di misure di sicurezza detentive.

Chiunque procura o agevola l'evasione di una persona sottoposta a misura di sicurezza detentiva [214 ss.], ovvero nasconde l'evaso o comunque lo favorisce nel sottrarsi alle ricerche dell'autorità, è punito con la reclusione fino a due anni. Si applicano le disposizioni del terzo capoverso dell'articolo 386.

Se l'evasione avviene per colpa [42²] di chi, per ragione del suo ufficio, ha la custodia, anche temporanea, della persona sottoposta a misura di sicurezza, il colpevole è punito con la multa fino a euro 1.032 [(1)]. Si applica la disposizione del capoverso dell'articolo 387.

Evoluzione normativa:

(1) La multa risulta così aumentata secondo quanto disposto dall'art. 113, l. 24.11.1981, n. 689.

391 bis. Agevolazione delle comunicazioni dei detenuti sottoposti alle restrizioni di cui all'articolo 41-*bis* della legge 26.07.1975, n. 354. Comunicazioni in elusione delle prescrizioni [(1) (2)].

Chiunque consente a un detenuto, sottoposto alle restrizioni di cui all'articolo 41-*bis* della legge 26 luglio 1975, n. 354, di comunicare con altri in elusione delle prescrizioni all'uopo imposte è punito con la reclusione da due a sei anni [(3)].

Se il fatto è commesso da un pubblico ufficiale, da un incaricato di pubblico servizio ovvero da un soggetto che esercita la professione forense si applica la pena della reclusione da tre a sette anni [(4)].

La pena prevista dal primo comma si applica anche al detenuto sottoposto alle restrizioni di cui all'articolo 41-*bis* della legge 26 luglio 1975, n. 354, il quale comunica con altri in elusione delle prescrizioni all'uopo imposte [(5)].

Evoluzione normativa:

(1) Rubrica così sostituita dall'art. 8, co. 1, lett. a), d.l. 21.10.2020, n. 130, conv., con modif., in l. 18.12.2020, n. 173, a decorrere dal 22.10.2020. Il testo della rubrica, precedente a quest'ultima modifica, così recava: «*Agevolazione ai detenuti e internati sottoposti a particolari restrizioni delle regole di trattamento e degli istituti previsti dall'ordinamento penitenziario*».

(2) Articolo introdotto dal co. 26, art. 2, l. 15.7.2009, n. 94.

(3) Comma così modificato dall'art. 8, co. 1, lett. b), d.l. 21.10.2020, n. 130, conv., con modif., in l. 18.12.2020, n. 173, a decorrere dal 22.10.2020. Il testo previgente così disponeva: «*Chiunque consente a un detenuto, sottoposto alle restrizioni di cui all'articolo 41-*bis *della legge 26.7.1975, n. 354, di comunicare con altri in elusione delle prescrizioni all'uopo imposte è punito con la reclusione da uno a quattro anni*».

(4) Comma così modificato dall'art. 8, co. 1, lett. c), d.l. 21.10.2020, n. 130, conv., con modif., in l. 18.12.2020, n. 173, a decorrere dal

22.10.2020. Il testo previgente così disponeva: «*Se il fatto è commesso da un pubblico ufficiale, da un incaricato di pubblico servizio ovvero da un soggetto che esercita la professione forense si applica la pena della reclusione da due a cinque anni*».

(5) Comma introdotto dall'art. 8, co. 1, lett. d), d.l. 21.10.2020, n. 130, conv., con modif., in l. 18.12.2020, n. 173, a decorrere dal 20.12.2020. Il testo precedente alla conversione in legge del d.l. n. 130/2020 così disponeva: «*La pena prevista dal primo comma si applica anche al detenuto sottoposto alle restrizioni di cui all'articolo 41-*bis *della legge 26.7.1975, n. 354 il quale comunica con altri in elusione delle prescrizioni all'uopo imposte*».

391 ter. Accesso indebito a dispositivi idonei alla comunicazione da parte di soggetti detenuti (1).

Fuori dei casi previsti dall'articolo 391-*bis*, chiunque indebitamente procura a un detenuto un apparecchio telefonico o altro dispositivo idoneo ad effettuare comunicazioni o comunque consente a costui l'uso indebito dei predetti strumenti o introduce in un istituto penitenziario uno dei predetti strumenti al fine di renderlo disponibile a una persona detenuta è punito con la pena della reclusione da uno a quattro anni.

Si applica la pena della reclusione da due a cinque anni se il fatto è commesso da un pubblico ufficiale, da un incaricato di pubblico servizio ovvero da un soggetto che esercita la professione forense.

Salvo che il fatto costituisca più grave reato, la pena prevista dal primo comma si applica anche al detenuto che indebitamente riceve o utilizza un apparecchio telefonico o altro dispositivo idoneo ad effettuare comunicazioni.

Evoluzione normativa:

(1) Articolo introdotto dall'art. 9, co. 1, d.l. 21.10.2020, n. 130, conv., con modif., in l. 18.12.2020, n. 173, a decorrere dal 20.12.2020.
Il testo precedente alla conversione in legge del d.l. n. 130/2020 così disponeva: «*Art. 391*-ter. *Accesso indebito a dispositivi idonei alla comunicazione da parte di soggetti detenuti. – Fuori dai casi previsti dall'articolo 391*-bis, *chiunque indebitamente procura a un detenuto un apparecchio telefonico o altro dispositivo idoneo ad effettuare comunicazioni o comunque consente a costui l'uso indebito dei predetti strumenti o introduce in un istituto penitenziario uno dei predetti strumenti al fine renderlo disponibile a una persona detenuta è punito con la pena della reclusione da uno a quattro anni.*
Si applica la pena della reclusione da due a cinque anni se il fatto è commesso da un pubblico ufficiale, da un incaricato di pubblico servizio ovvero da un soggetto che esercita la professione forense.
Salvo che il fatto costituisca più grave reato, la pena prevista dal primo comma si applica anche al detenuto che indebitamente riceve o utilizza un apparecchio telefonico o altro dispositivo idoneo ad effettuare comunicazioni».

Capo III
Della tutela arbitraria delle private ragioni

392. Esercizio arbitrario delle proprie ragioni con violenza sulle cose.

Chiunque, al fine di esercitare un preteso diritto, potendo ricorrere al giudice, si fa arbitrariamente ragione da sé medesimo, mediante violenza sulle cose, è punito a querela della persona offesa, con la multa fino a euro 516 [120, 126; c.p.p. 336] (1).

Agli effetti della legge penale, si ha violenza sulle cose allorché la cosa viene danneggiata o trasformata, o ne è mutata la destinazione.

Si ha, altresì, violenza sulle cose allorché un programma informatico viene alterato, modificato o cancellato in tutto o in parte ovvero viene impedito o turbato il funzionamento di un sistema informatico o telematico (2).

Evoluzione normativa:

(1) La multa risulta così aumentata secondo quanto disposto dall'art. 113, l. 24.11.1981, n. 689.

(2) Comma introdotto dall'art. 1, l. 23.12.1993, n. 547.

393. Esercizio arbitrario delle proprie ragioni con violenza alle persone.

Chiunque, al fine indicato nell'articolo precedente, e potendo ricorrere al giudice, si fa arbitrariamente ragione da sé medesimo usando violenza o minaccia alle persone, è punito, a querela dell'offeso, con la reclusione fino a un anno [120, 126; c.p.p. 336].

Se il fatto è commesso anche con violenza sulle cose [392²], alla pena della reclusione è aggiunta la multa fino a euro 206 (1).

La pena è aumentata se la violenza o la minaccia alle persone è commessa con armi [585², 629].

Evoluzione normativa:

(1) La multa risulta così aumentata secondo quanto disposto dall'art. 113, l. 24.11.1981, n. 689.

Norme connesse:

A. Artt. 18 e 20, l. 22.5.1975, n. 152 (in *Normativa complementare*, voce *Ordine pubblico e sicurezza pubblica*).

393 bis. Causa di non punibilità (1).

Non si applicano le disposizioni degli articoli 336, 337, 338, 339, 339-*bis*, 341-*bis*, 342 e 343 quando il pubblico ufficiale o l'incaricato di un pubblico servizio ovvero il pubblico impiegato abbia dato causa al fatto preveduto negli stessi articoli, eccedendo con atti arbitrari i limiti delle sue attribuzioni.

Evoluzione normativa:

(1) Articolo introdotto dal co. 9, art. 1, l. 15.7.2009, n. 94 e, poi, così modificato dall'art. 4, co. 1, l. 3.7.2017, n. 105, a decorrere dal 22.7.2017.

394. Sfida a duello (1).

[Chiunque sfida altri a duello, anche se la sfida non è accettata, è punito, se il duello non avviene, con la multa da lire quarantamila a quattrocentomila (2).

La stessa pena si applica a chi accetta la sfida, sempre che il duello non avvenga.]

Evoluzione normativa:

(1) Articolo abrogato dall'art. 18, l. 25.6.1999, n. 205.

(2) La multa era stata così aumentata secondo quanto disposto dall'art. 113, l. 24.11.1981, n. 689.

395. Portatori di sfida (1).

[I portatori della sfida sono puniti con la multa da lire quarantamila a quattrocentomila (2); ma la pena è diminuita se il duello non avviene.]

Evoluzione normativa:

(1) Articolo abrogato dall'art. 18, l. 25.6.1999, n. 205.

(2) La multa era stata così aumentata secondo quanto disposto dall'art. 113, l. 24.11.1981, n. 689.

396. Uso delle armi in duello [1].

[Chiunque fa uso delle armi in duello è punito, anche se non cagiona all'avversario una lesione personale, con la reclusione fino a sei mesi o con la multa da lire centomila a due milioni [2].

Il duellante è punito:

1. con la reclusione fino a due anni, se dal fatto deriva all'avversario una lesione personale, grave o gravissima;
2. con la reclusione da uno a cinque anni, se dal fatto deriva la morte.

Ai padrini o secondi e alle persone che hanno agevolato il duello, si applica la multa da lire centomila a due milioni [2].

Se padrini o secondi sono gli stessi portatori della sfida, non si applicano loro le disposizioni dell'articolo precedente.]

Evoluzione normativa:

(1) Articolo abrogato dall'art. 18, l. 25.6.1999, n. 205.
(2) La multa era stata così aumentata secondo quanto disposto dall'art. 113, l. 24.11.1981, n. 689.

397. Casi di applicazione delle pene ordinarie stabilite per l'omicidio e per la lesione personale [1].

[In luogo delle disposizioni dell'articolo precedente, si applicano quelle contenute nel capo primo del titolo dodicesimo:

1. se le condizioni del combattimento non sono state precedentemente stabilite da padrini o secondi, ovvero se il combattimento non avviene alla loro presenza;
2. se le armi adoperate nel combattimento non sono uguali, e non sono spade, sciabole o pistole egualmente cariche, ovvero se sono armi di precisione o a più colpi;
3. se nella scelta delle armi o nel combattimento è commessa frode o violazione delle condizioni stabilite;
4. se è stato espressamente convenuto, ovvero se risulta dalla specie del duello, o dalla distanza fra i combattenti, o dalle altre condizioni stabilite, che uno dei duellanti doveva rimanere ucciso.

La frode o la violazione delle condizioni stabilite, quanto alla scelta delle armi o al combattimento, è a carico non solo di chi ne è l'autore, ma anche di quello fra i duellanti, padrini o secondi, che ne ha avuto conoscenza prima o durante il combattimento.]

Evoluzione normativa:

(1) Articolo abrogato dall'art. 18, l. 25.6.1999, n. 205.

398. Circostanze aggravanti. Casi di non punibilità [1].

[Se il colpevole di uno dei delitti preveduti dall'articolo 394, dalla prima parte e dal primo capoverso dell'articolo 396, è stato la causa ingiusta e determinante del fatto, la pena è per lui raddoppiata.

Non sono punibili:

1. i portatori della sfida, i padrini o secondi e coloro che hanno agevolato il duello, se impediscono l'uso delle armi, ovvero se procurano la cessazione del combattimento, prima che dal medesimo sia derivata alcuna lesione;
2. i padrini o secondi che, prima del duello, hanno fatto quanto dipendeva da loro per conciliare le parti, o se per opera loro il combattimento ha avuto un esito meno grave di quello che altrimenti poteva avere;
3. il sanitario che presta la propria assistenza ai duellanti.]

Evoluzione normativa:

(1) Articolo abrogato dall'art. 18, l. 25.6.1999, n. 205.

399. Duellante estraneo al fatto [1].

[Quando taluno dei duellanti non ha avuto parte nel fatto che cagionò il duello, e si batte in vece di chi vi ha direttamente interesse, le pene stabilite nella prima parte e nel primo capoverso dell'articolo 396 sono aumentate.

Tale aumento di pena non si applica se il duellante è un prossimo congiunto, ovvero se, essendo uno dei padrini o secondi, si è battuto in vece del suo primo assente.]

Evoluzione normativa:

(1) Articolo abrogato dall'art. 18, l. 25.6.1999, n. 205.

400. Offesa per rifiuto di duello e incitamento al duello [1].

[Chiunque pubblicamente offende una persona o la fa segno a pubblico disprezzo, perché essa o non ha sfidato o non ha accettato la sfida, o non si è battuta in duello, è punito con la reclusione fino a sei mesi o con la multa da lire centomila a un milione [2].

La stessa pena si applica a chi, facendo mostra del suo disprezzo, incita altri al duello.]

Evoluzione normativa:

(1) Articolo abrogato dall'art. 18, l. 25.6.1999, n. 205.
(2) La multa era stata così aumentata secondo quanto disposto dall'art. 113, l. 24.11.1981, n. 689.

401. Provocazione al duello per fine di lucro [1].

[Quando chi provoca o sfida a duello, o minaccia di provocare o di sfidare, agisce con l'intento di carpire denaro o altra utilità, si applicano le disposizioni dell'articolo 629.

Si applicano altresì le disposizioni del capo primo del titolo dodicesimo, nel caso in cui il duello sia avvenuto.]

Evoluzione normativa:

(1) Articolo abrogato dall'art. 18, l. 25.6.1999, n. 205.

TITOLO IV
Dei delitti contro il sentimento religioso e contro la pietà dei defunti

Capo I
Dei delitti contro le confessioni religiose [1]

Evoluzione normativa:

(1) Rubrica così sostituita dall'art. 10, l. 24.2.2006, n. 85. Il testo previgente così recava: «*Dei delitti contro la religione dello Stato e i culti ammessi*».

402. Vilipendio della religione dello Stato [(1)].

Chiunque pubblicamente vilipende [266[4]] la religione dello Stato è punito con la reclusione fino a un anno [Cost. 7].

Evoluzione normativa:

(1) La Corte costituzionale, con sent. 20.11.2000, n. 508, ha dichiarato l'illegittimità costituzionale di questo articolo.

Norme connesse:

A. Art. 1 del Concordato tra Stato italiano e Santa Sede, reso esecutivo con la l. 27.5.1929, n. 810 (le modifiche sono state ratificate con l. 25.3.1985, n. 121). In seguito alla modifica apportata al Concordato lateranense non si considera più in vigore il principio, originariamente richiamato dai Patti lateranensi, della religione cattolica come unica religione dello Stato.

403. Offese a una confessione religiosa mediante vilipendio di persone [(1)].

Chiunque pubblicamente [266[4]] offende una confessione religiosa, mediante vilipendio di chi la professa, è punito con la multa da euro 1.000 a euro 5.000.

Si applica la multa da euro 2.000 a euro 6.000 a chi offende una confessione religiosa, mediante vilipendio di un ministro del culto.

Evoluzione normativa:

(1) Articolo così sostituito dall'art. 7, l. 24.2.2006, n. 85. Il testo previgente così disponeva: «Offese alla religione dello Stato mediante vilipendio di persone.
Chiunque pubblicamente offende la religione dello Stato mediante vilipendio di chi la professa, è punito con la reclusione fino a due anni.
Si applica la reclusione da uno a tre anni a chi offende la religione dello Stato, mediante vilipendio di un ministro del culto cattolico».
Rispetto a questa formulazione, la Corte costituzionale, con sent. 29.4.2005, n. 168, ha dichiarato l'illegittimità dei commi primo e secondo, nella parte in cui si prevedeva, per le offese alla religione cattolica mediante vilipendio di chi la professa o di un ministro del culto, la pena della reclusione rispettivamente fino a due anni e da uno a tre anni, anziché la pena diminuita stabilita dall'art. 406 c.p.

404. Offese a una confessione religiosa mediante vilipendio o danneggiamento di cose [(1)].

Chiunque, in luogo destinato al culto, o in luogo pubblico o aperto al pubblico, offendendo una confessione religiosa, vilipende con espressioni ingiuriose cose che formino oggetto di culto, o siano consacrate al culto, o siano destinate necessariamente all'esercizio del culto, ovvero commette il fatto in occasione di funzioni religiose, compiute in luogo privato da un ministro del culto, è punito con la multa da euro 1.000 a euro 5.000.

Chiunque pubblicamente e intenzionalmente distrugge, disperde, deteriora, rende inservibili o imbratta cose che formino oggetto di culto o siano consacrate al culto o siano destinate necessariamente all'esercizio del culto è punito con la reclusione fino a due anni.

Evoluzione normativa:

(1) Articolo così sostituito dall'art. 8, l. 24.2.2006, n. 85.
Il testo previgente così disponeva: «Offese alla religione dello Stato mediante vilipendio di cose.
Chiunque in luogo destinato al culto, o in un luogo pubblico o aperto al pubblico, offende la religione dello Stato, mediante vilipendio di cose che formino oggetto di culto, o siano consacrate al culto, o siano destinate necessariamente all'esercizio del culto, è punito con la reclusione da uno a tre anni.
La stessa pena si applica a chi commette il fatto in occasione di funzioni religiose, compiute in un luogo privato da un ministro del culto cattolico».
Rispetto a questa formulazione, la Corte costituzionale, con sent. 14.11.1997, n. 329, ha dichiarato l'illegittimità del primo comma, nella parte in cui prevedeva la pena della reclusione da uno a tre anni, anziché la pena diminuita prevista dall'art. 406 c.p.

405. Turbamento di funzioni religiose del culto di una confessione religiosa [(1)] [(2)].

Chiunque impedisce o turba l'esercizio di funzioni, cerimonie o pratiche religiose del culto di una confessione religiosa, le quali si compiano con l'assistenza di un ministro del culto medesimo o in un luogo destinato al culto, o in un luogo pubblico o aperto al pubblico [409], è punito con la reclusione fino a due anni [(3)].

Se concorrono fatti di violenza alle persone o di minaccia, si applica la reclusione da uno a tre anni.

Evoluzione normativa:

(1) Rubrica così modificata dall'art. 9, l. 24.2.2006, n. 85. Il testo previgente così disponeva: «*Turbamento di funzioni religiose del culto cattolico*».
(2) La Corte costituzionale, con sent. 9.7.2002, n. 327, aveva dichiarato l'illegittimità di questo articolo, nella formulazione precedente alle modifiche del 2006, nella parte in cui, per i fatti di turbamento di funzioni religiose del culto cattolico, prevedeva pene più gravi, anziché le pene diminuite stabilite dall'art. 406 c.p. per gli stessi fatti commessi contro gli altri culti.
(3) Comma così modificato dall'art. 9, l. 24.2.2006, n. 85. Il testo previgente così disponeva: «*Chiunque impedisce o turba l'esercizio di funzioni, cerimonie o pratiche religiose del culto cattolico, le quali si compiano con l'assistenza di un ministro del culto medesimo o in un luogo destinato al culto, o in un luogo pubblico o aperto al pubblico, è punito con la reclusione fino a due anni*».

406. Delitti contro i culti ammessi nello Stato [(1)].

[Chiunque commette uno dei fatti preveduti dagli articoli 403, 404 e 405 contro un culto ammesso nello Stato è punito ai termini dei predetti articoli, ma la pena è diminuita.]

Evoluzione normativa:

(1) Articolo abrogato dall'art. 10, l. 24.3.2006, n. 85.

Capo II
Dei delitti contro la pietà dei defunti

407. Violazione di sepolcro.

Chiunque viola una tomba, un sepolcro o un'urna è punito con la reclusione da uno a cinque anni [410].

408. Vilipendio delle tombe.

Chiunque, in cimiteri o in altri luoghi di sepoltura, commette vilipendio di tombe, sepolcri o urne [407], o di cose destinate al culto dei defunti, ovvero a difesa o ad ornamento dei cimiteri [425, n. 1], è punito con la reclusione da sei mesi a tre anni.

409. Turbamento di un funerale o servizio funebre.

Chiunque, fuori dei casi preveduti dall'articolo 405, impedisce o turba un funerale o un servizio funebre è punito con la reclusione fino a un anno.

410. Vilipendio di cadavere.

Chiunque commette atti di vilipendio sopra un cadavere o sulle sue ceneri è punito con la reclusione da uno a tre anni.

Se il colpevole deturpa o mutila il cadavere, o commette, comunque, su questo atti di brutalità o di oscenità, è punito con la reclusione da tre a sei anni [413].

Norme connesse:

A. Art. 87, d.P.R. 10.9.1990, n. 285 (regolamento di polizia mortuaria), relativo alla cremazione del cadavere.

411. Distruzione, soppressione o sottrazione di cadavere.

Chiunque distrugge, sopprime o sottrae un cadavere, o una parte di esso, ovvero ne sottrae o disperde le ceneri, è punito con la reclusione da due a sette anni.

La pena è aumentata se il fatto è commesso in cimiteri o in altri luoghi di sepoltura, di deposito o di custodia.

Non costituisce reato la dispersione delle ceneri di cadavere autorizzata dall'ufficiale dello stato civile sulla base di espressa volontà del defunto (1).

La dispersione delle ceneri non autorizzata dall'ufficiale dello stato civile, o effettuata con modalità diverse rispetto a quanto indicato dal defunto, è punita con la reclusione da due mesi a un anno e con la multa da euro 2.582 a euro 12.911 (1).

Evoluzione normativa:

(1) Comma introdotto dall'art. 2, l. 30 marzo 2001, n. 130.

Norme connesse:

A. L. 2.12.1975, n. 644 (disciplina dei prelievi di parti di cadavere a scopo di trapianto terapeutico e norme sul prelievo dell'ipofisi da cadavere a scopo di produzione di estratti per uso terapeutico).

412. Occultamento di cadavere.

Chiunque occulta un cadavere, o una parte di esso, ovvero ne nasconde le ceneri, è punito con la reclusione fino a tre anni.

413. Uso illegittimo di cadavere.

Chiunque disseziona o altrimenti adopera un cadavere, o una parte di esso, a scopi scientifici o didattici, in casi non consentiti dalla legge, è punito con la reclusione fino a sei mesi o con la multa fino a euro 516 (1).

La pena è aumentata se il fatto è commesso su un cadavere, o su una parte di esso, che il colpevole sappia essere stato da altri mutilato, occultato o sottratto [411, 412].

Evoluzione normativa:

(1) La multa risulta così aumentata secondo quanto disposto dall'art. 113, l. 24.11.1981, n. 689.

Norme connesse:

A. Artt. 40-43, d.P.R. 10.9.1990, n. 285 (regolamento di polizia mortuaria).

TITOLO V
Dei delitti contro l'ordine pubblico

414. Istigazione a delinquere

Chiunque pubblicamente [266⁴] istiga a commettere uno o più reati [302, 306] è punito, per il solo fatto dell'istigazione [115]:

1. con la reclusione da uno a cinque anni, se trattasi di istigazione a commettere delitti;
2. con la reclusione fino a un anno, ovvero con la multa fino a euro 206 (1), se trattasi di istigazione a commettere contravvenzioni.

Se si tratta di istigazione a commettere uno o più delitti e una o più contravvenzioni, si applica la pena stabilita nel n. 1.

Alla pena stabilita nel n. 1 soggiace anche chi pubblicamente [266⁴] fa l'apologia di uno o più delitti [115, 272, 302, 303]. La pena prevista dal presente comma nonché dal primo e dal secondo comma è aumentata se il fatto è commesso attraverso strumenti informatici o telematici (2).

Fuori dei casi di cui all'articolo 302, se l'istigazione o l'apologia di cui ai commi precedenti riguarda delitti di terrorismo o crimini contro l'umanità la pena è aumentata della metà. La pena è aumentata fino a due terzi se il fatto è commesso attraverso strumenti informatici o telematici (3).

Evoluzione normativa:

(1) La multa risulta così aumentata secondo quanto disposto dall'art. 113, l. 24.11.1981, n. 689.

(2) Comma modificato dall'art. 2, co. 1, lett. b), n. 1), d.l. 18.2.2015, n. 7, conv., con modif., in l. 17.4.2015, n. 43. Il testo previgente così disponeva: «*Alla pena stabilita nel n. 1 soggiace anche chi pubblicamente fa l'apologia di uno o più delitti*».

(3) Comma introdotto dall'art. 15, d.l. 27.7.2005, n. 144, conv., con modif., con l. 31.7.2005, n. 155 e, poi, così modificato dall'art. 2, co. 1, lett. b), n. 2), d.l. 18.2.2015, n. 7, conv., con modif., in l. 17.4.2015, n. 43. Il testo antecedente alla modifica del 2015 così disponeva: «*Fuori dei casi di cui all'articolo 302, se l'istigazione o l'apologia di cui ai commi precedenti riguarda delitti di terrorismo o crimini contro l'umanità la pena è aumentata della metà*».

Norme connesse:

A. Art. 21 Cost.

B. Art. 8, l. 9.10.1967, n. 962 (in *Normativa complementare*, voce *Genocidio e crimini contro l'umanità*).

C. Art. 4, l. 20.6.1952, n. 645 (in *Normativa complementare*, voce *Associazioni vietate*).

D. Art. 1, l. 29.5.1982, m. 304 (in *Normativa complementare*, voce *Criminalità organizzata e transazionale, Collaboratori di giustizia, pentiti e dissociati*).

E. D.l. 26.4.1993, n. 122 (in *Normativa complementare*, voce *Discriminazione razziale, etnica e religiosa*).

414 bis. Istigazione a pratiche di pedofilia e di pedopornografia (1).

Salvo che il fatto costituisca più grave reato, chiunque, con qualsiasi mezzo e con qualsiasi forma di espressione, pubblicamente istiga a commettere, in danno di minorenni, uno o più delitti previsti dagli articoli 600-*bis*, 600-*ter* e 600-*quater*, anche se relativi al materiale pornografico di cui all'articolo 600-*quater.1*, 600-*quinquies*, 609-*bis*, 609-*quater* e 609-*quinquies* è punito con la reclusione da un anno e sei mesi a cinque anni.

Alla stessa pena soggiace anche chi pubblicamente fa l'apologia di uno o più delitti previsti dal primo comma.

Non possono essere invocate, a propria scusa, ragioni o finalità di carattere artistico, letterario, storico o di costume.

Evoluzione normativa:

(1) Articolo introdotto dalla lett. b), co. 1, art. 4, l. 1.10.2012, n. 172.

415. Istigazione a disobbedire alle leggi [(1)].

Chiunque pubblicamente [266[4]] istiga alla disobbedienza delle leggi di ordine pubblico, ovvero all'odio fra le classi sociali, è punito con la reclusione da sei mesi a cinque anni [272, 303].

Evoluzione normativa:

(1) La Corte costituzionale, con sent. 23.4.1974, n. 108, ha dichiarato l'illegittimità della disposizione contenuta nell'art. 415 c.p., riguardante l'istigazione all'odio fra le classi sociali, nella parte in cui non specifica che tale istigazione deve essere attuata in modo pericoloso per la pubblica tranquillità.

Norme connesse:

A. Art. 1, d.lgs. C.P.S. 7.11.1947, n. 1559 (in *Normativa complementare*, voce *Economia (diritto penale della), Tributi*).

416. Associazione per delinquere.

Quando tre o più persone si associano allo scopo di commettere più delitti, coloro che promuovono o costituiscono od organizzano l'associazione [270, 305, 306, 309] sono puniti, per ciò solo, con la reclusione da tre a sette anni.

Per il solo fatto di partecipare all'associazione, la pena è della reclusione da uno a cinque anni.

I capi soggiacciono alla stessa pena stabilita per i promotori.

Se gli associati scorrono in armi [585[2]] le campagne o le pubbliche vie, si applica la reclusione da cinque a quindici anni [270, 305, 306].

La pena è aumentata se il numero degli associati è di dieci o più.

Se l'associazione è diretta a commettere taluno dei delitti di cui agli articoli 600, 601, 601-*bis* e 602, nonché all'articolo 12, comma 3-*bis*, del testo unico delle disposizioni concernenti la disciplina dell'immigrazione e norme sulla condizione dello straniero, di cui al decreto legislativo 25 luglio 1998, n. 286, nonché agli articoli 22, commi 3 e 4, e 22-*bis*, comma 1, della legge 1 aprile 1999, n. 91, si applica la reclusione da cinque a quindici anni nei casi previsti dal primo comma e da quattro a nove anni nei casi previsti dal secondo comma [(1)].

Se l'associazione è diretta a commettere taluno dei delitti previsti dagli articoli 600-*bis*, 600-*ter*, 600-*quater*, 600-*quater.1*, 600-*quinquies*, 609-*bis*, quando il fatto è commesso in danno di un minore di anni diciotto, 609-*quater*, 609-*quinquies*, 609-*octies*, quando il fatto è commesso in danno di un minore di anni diciotto, e 609-*undecies*, si applica la reclusione da quattro a otto anni nei casi previsti dal primo comma e la reclusione da due a sei anni nei casi previsti dal secondo comma [(2)].

Riferimenti storici:

Art. 248 Codice Zanardelli: «*Quando cinque o più persone si associano per commettere delitti contro l'amministrazione della giustizia, o la fede pubblica, o l'incolumità pubblica, o il buon costume e l'ordine delle famiglie, o contro la persona o la proprietà, ciascuna di esse è punita, per il solo fatto dell'associazione, con la reclusione da uno a cinque anni.*

Se gli associati scorrano le campagne o le pubbliche vie, e se due o più di essi portino armi o le tengano in luogo di deposito, la pena è della reclusione da tre a dieci anni.

Se vi siano promotori o capi dell'associazione, la pena per essi è della reclusione da tre a otto anni, nel caso indicato nella prima parte del presente articolo, e da cinque a dodici anni, nel caso indicato nel precedente capoverso.

Alle pene stabilite nel presente articolo è sempre aggiunta la sottoposizione alla vigilanza speciale dell'Autorità di pubblica sicurezza».

Evoluzione normativa:

(1) Comma introdotto dall'art. 4, l. 11.8.2003, n. 228 e poi così modificato dal co. 5, art. 1, l. 15.7.2009, n. 94 e dall'art. 2, co. 1, l. 11.12.2016, n. 236, a decorrere dal 7.1.2017.
Il testo di questo comma, prima delle modifiche del 2016, così disponeva: «*Se l'associazione è diretta a commettere taluno dei delitti di cui agli articoli 600, 601 e 602, nonché all'articolo 12, co. 3-*bis*, del testo unico delle disposizioni concernenti la disciplina dell'immigrazione e norme sulla condizione dello straniero, di cui al decreto legislativo 25 luglio 1998, n. 286, si applica la reclusione da cinque a quindici anni nei casi previsti dal primo comma e da quattro a nove anni nei casi previsti dal secondo comma*».
Il testo di questo comma, prima delle modifiche del 2009, così disponeva: «*Se l'associazione è diretta a commettere taluno dei delitti di cui agli articoli 600, 601 e 602, si applica la reclusione da cinque a quindici anni nei casi previsti dal primo comma e da quattro a nove anni nei casi previsti dal secondo comma*».

(2) Comma introdotto dalla lett. c), co. 1, art. 4, l. 1.10.2012, n. 172.

Norme connesse:

A. Art. 240 bis c.p.
B. Art. 74, d.P.R. 9.10.1990, n. 309 (in *Normativa complementare*, voce *Stupefacenti*).
C. Artt. 71, co. 6, e 71 bis, l. 22.12.1975, n. 685 (in *Normativa complementare*, voce *Stupefacenti*).
D. Art. 71, co. 1, d.lgs. 6.9.2011, n. 159 (in *Normativa complementare*, voce *Criminalità organizzata e transazionale, Misure patrimoniali*).
E. Art. 24 ter, d.lgs. 8.6.2001, n. 231 (in *Normativa complementare*, voce *Economia (diritto penale della), Enti*).

416 bis. Associazioni di tipo mafioso anche straniere [(1)].

Chiunque fa parte di un'associazione di tipo mafioso formata da tre o più persone, è punito con la reclusione da dieci a quindici anni [(2)].

Coloro che promuovono, dirigono o organizzano l'associazione sono puniti, per ciò solo, con la reclusione da dodici a diciotto anni [(3)].

L'associazione è di tipo mafioso quando coloro che ne fanno parte si avvalgono della forza di intimidazione del vincolo associativo e della condizione di assoggettamento e di omertà che ne deriva per commettere delitti, per acquisire in modo diretto o indiretto la gestione o comunque il controllo di attività economiche, di concessioni, di autorizzazioni, appalti e servizi pubblici o per realizzare profitti o vantaggi ingiusti per sé o per altri, ovvero al fine di impedire od ostacolare il libero esercizio del voto o di procurare voti a sé o ad altri in occasione di consultazioni elettorali [(4)].

Se l'associazione è armata si applica la pena della reclusione da dodici a venti anni nei casi previsti dal primo comma e da quindici a ventisei anni nei casi previsti dal secondo comma [(5)].

L'associazione si considera armata quando i partecipanti hanno la disponibilità, per il conseguimento della finalità dell'associazione, di armi o materie esplodenti, anche se occultate o tenute in luogo di deposito.

Se le attività economiche di cui gli associati intendono assumere o mantenere il controllo sono finanziate in tutto o in parte con il prezzo, il prodotto, o il profitto di delitti, le pene stabilite nei commi precedenti sono aumentate da un terzo alla metà.

Nei confronti del condannato è sempre obbligatoria la confisca delle cose che servirono o furono destinate a commettere il reato e delle cose che ne sono il prezzo, il prodotto, il profitto o che ne costituiscono l'impiego. [Decadono inoltre di diritto le licenze di polizia, di commercio, di commissionario astatore presso i mercati annonari all'ingrosso, le concessioni di acque pubbliche e i diritti ad esse inerenti nonché le iscrizioni agli albi di appaltatori di opere o di forniture pubbliche di cui il condannato fosse titolare.] (6)

Le disposizioni del presente articolo si applicano anche alla camorra, alla 'ndrangheta e alle altre associazioni, comunque localmente denominate, anche straniere, che valendosi della forza intimidatrice del vincolo associativo perseguono scopi corrispondenti a quelli delle associazioni di tipo mafioso (7).

Evoluzione normativa:

(1) Articolo introdotto dall'art. 1, l. 13.9.1982, n. 646.
(2) Comma così modificato dall'art. 1, l. 5.12. 2005, n. 251, dal n. 1), lett. b bis), co. 1, art. 1, d.l. 23.5.2008, n. 92, conv. in legge, con modif., con l. 24.7.2008, n. 125 e, poi, dall'art. 5, co. 1, lett. a), l. 27.5.2015, n. 69, a decorrere dal 14 giugno 2015.
(3) Comma così modificato dall'art. 1, l. 5.12.2005, n. 251, dal n. 2), lett. b bis), co. 1, art. 1, d.l. 23.5.2008, n. 92, conv. in legge, con modif., con l. 24.7.2008, n. 125 e, poi, dall'art. 5, co. 1, lett. b), l. 27.5.2015, n. 69, a decorrere dal 14.6.2015.
(4) Comma così modificato dall'art. 11 bis, d.l. 8.6.1992, n. 306, convertito, con modificazioni in l. 7.8.1992, n. 356.
(5) Comma così modificato dall'art. 1, l. 5.12.2005, n. 251, dal n. 3), lett. b bis), co. 1, art. 1, d.l. 23.5.2008, n. 92, conv. in legge, con modif., con l. 24.7. 2008, n. 125 e, poi, dall'art. 5, co. 1, lett. c), l. 27.5. 2015, n. 69, a decorrere dal 14.6.2015.
(6) Parte soppressa dall'art. 36, co. 2, l. 19.3.1990, n. 55, il quale ha altresì disposto che «*restano tuttavia ferme le decadenze di diritto ivi previste conseguenti a sentenze divenute irrevocabili anteriormente alla data di entrata in vigore della presente legge*».
(7) Comma così modificato prima dal n. 4), lett. b bis), co. 1, art. 1, d.l. 23.5.2008, n. 92, conv., con modif., con l. 24.7.2008, n. 125 e poi dal co. 2, art. 6, d.l. 4.2.2010, n. 4, conv., con modif., in l. 31.3.2010, n. 50. Il d.l. n. 4/2010 è stato abrogato dalla lett. c), co. 1, art. 120, d.lgs. 6.9.2011, n. 159. Il testo antecedente alle modifiche del 2010 così disponeva: «*Le disposizioni di questo articolo si applicano anche alla camorra e alle altre associazioni, comunque localmente denominate, anche straniere, che valendosi della forza intimidatrice del vincolo associativo perseguono scopi corrispondenti a quelli delle associazioni di tipo mafioso*».

Norme connesse:

A. Art. 32 quater c.p.
B. Art. 240 bis c.p.
D. Art. 74, d.P.R. 9.10.1990, n. 309 (in *Normativa complementare*, voce *Stupefacenti*).
E. Art. 24 ter, d.lgs. 8.6.2001, n. 231 (in *Normativa complementare*, voce *Economia (diritto penale della), Enti*).

416 bis.1. Circostanze aggravanti e attenuanti per reati connessi ad attività mafiose (1).

Per i delitti punibili con pena diversa dall'ergastolo commessi avvalendosi delle condizioni previste dall'articolo 416-*bis* ovvero al fine di agevolare l'attività delle associazioni previste dallo stesso articolo, la pena è aumentata da un terzo alla metà.

Le circostanze attenuanti, diverse da quelle previste dagli articoli 98 e 114 concorrenti con l'aggravante di cui al primo comma non possono essere ritenute equivalenti o prevalenti rispetto a questa e le diminuzioni di pena si operano sulla quantità di pena risultante dall'aumento conseguente alla predetta aggravante.

Per i delitti di cui all'articolo 416-*bis* e per quelli commessi avvalendosi delle condizioni previste dal predetto articolo ovvero al fine di agevolare l'attività delle associazioni di tipo mafioso, nei confronti dell'imputato che, dissociandosi dagli altri, si adopera per evitare che l'attività delittuosa sia portata a conseguenze ulteriori anche aiutando concretamente l'autorità di polizia o l'autorità giudiziaria nella raccolta di elementi decisivi per [270-*bis*.1, 323-*bis*, 375, 384-*ter*, 423-*bis*, 452-*decies*, 518-*septiesdecies*, 600-*sexies*, 600-*sexies*-1, 603-*bis*-1, 605, 630] la ricostruzione dei fatti e per l'individuazione o la cattura degli autori dei reati, la pena dell'ergastolo è sostituita da quella della reclusione da dodici a venti anni e le altre pene sono diminuite da un terzo alla metà.

Nei casi previsti dal terzo comma non si applicano le disposizioni di cui al primo e secondo comma

Per i delitti aggravati dalla circostanza di cui al primo comma si procede sempre d'ufficio (2).

Evoluzione normativa:

(1) Articolo introdotto dall'art. 5, co. 1, lett. d), d.lgs. 1.3.2018, n. 21, a decorrere dal 6.4.2018.
(2) Comma introdotto dall'art. 1, co. 2, l. 24.5.2023, n. 60, a decorrere dal 16.6.2023.

416 ter. Scambio elettorale politico-mafioso (1).

Chiunque accetta, direttamente o a mezzo di intermediari, la promessa di procurare voti da parte di soggetti appartenenti alle associazioni di cui all'articolo 416-*bis* o mediante le modalità di cui al terzo comma dell'articolo 416-*bis* in cambio dell'erogazione o della promessa di erogazione di denaro o di qualunque altra utilità o in cambio della disponibilità a soddisfare gli interessi o le esigenze dell'associazione mafiosa è punito con la pena stabilita nel primo comma dell'articolo 416-*bis*.

La stessa pena si applica a chi promette, direttamente o a mezzo di intermediari, di procurare voti nei casi di cui al primo comma.

Se colui che ha accettato la promessa di voti, a seguito dell'accordo di cui al primo comma, è risultato eletto nella relativa consultazione elettorale, si applica la pena prevista dal primo comma dell'articolo 416-*bis* aumentata della metà.

In caso di condanna per i reati di cui al presente articolo, consegue sempre l'interdizione perpetua dai pubblici uffici.

Evoluzione normativa:

(1) Articolo introdotto dall'art. 11 ter, d.l. 8.6.1992, n. 306, conv., con

modif., in l. 7.8.1992, n. 356, e poi sostituito dall'art. 1, co. 1, l. 17.4. 2014, n. 62, a decorrere dal 18.4.2014, secondo quanto disposto dall'art. 2, co. 1, della medesima l. n. 62/2014. Questo articolo, poi, è stato modificato dall'art. 1, co. 5, l. 23.6.2017, n. 103, a decorrere dal 3.8.2017, secondo quanto disposto dall'art. 1, co. 95 della stessa l. n. 103/2017. Questo articolo, poi, è stato così sostituito dall'art. 1, co. 1, l. 21.5.2019, n. 43, a decorrere dall'11.6.2019.
Il testo di questo articolo antecedente alla sostituzione disposta nel 2019 così disponeva: «*Chiunque accetta la promessa di procurare voti mediante le modalità di cui al terzo comma dell'articolo 416-*bis *in cambio dell'erogazione o della promessa di erogazione di denaro o di altra utilità è punito con la reclusione da sei a dodici anni.*
La stessa pena si applica a chi promette di procurare voti con le modalità di cui al primo comma».
Il testo di questo articolo precedente alla modifica del 2017 così disponeva: «*Chiunque accetta la promessa di procurare voti mediante le modalità di cui al terzo comma dell'articolo 416-*bis *in cambio dell'erogazione o della promessa di erogazione di denaro o di altra utilità è punito con la reclusione da quattro a dieci anni.*
La stessa pena si applica a chi promette di procurare voti con le modalità di cui al primo comma».
Il testo di questo articolo prima della modifica del 2014 così disponeva: «*La pena stabilita dal primo comma dell'articolo 416-*bis *si applica anche a chi ottiene la promessa di voti prevista dal terzo comma del medesimo articolo 416-*bis *in cambio della erogazione di denaro*».

Norme connesse:

A. Artt. 96-96, d.P.R. 20.3.1957, n. 361 (in *Normativa complementare*, voce *Finanziamento illecito ai partiti e reati elettorali*).
B. Art. 90, d.P.R. 16.5.1960, n. 570 (in *Normativa complementare*, voce *Finanziamento illecito ai partiti e reati elettorali*).
C. Art. 24 ter, d.lgs. 8.6.2001, n. 231 (in *Normativa complementare*, voce *Economia (diritto penale della), Enti*).

417. Misura di sicurezza.

Nel caso di condanna per i delitti preveduti dai due articoli precedenti [(1)], è sempre ordinata una misura di sicurezza [215, c.p.p. 658].

Evoluzione normativa:

(1) Le parole «*per il delitto preveduto dall'articolo precedente*» sono state sostituite con le parole «*per i delitti preveduti dai due articoli precedenti*», dall'art. 5, l. 23.12.1982, n. 936, in materia di lotta alla delinquenza mafiosa. Il riferimento deve attualmente intendersi agli artt. 416 e 416 bis.

418. Assistenza agli associati.

Chiunque, fuori dei casi di concorso nel reato [110] o di favoreggiamento [378, 379], dà rifugio o fornisce vitto, ospitalità, mezzi di trasporto, strumenti di comunicazione a taluna delle persone che partecipano all'associazione [416, 416-*bis*] è punito con la reclusione da due a quattro anni [(1)].

La pena è aumentata se l'assistenza è prestata continuatamente [(2)].

Non è punibile chi commette il fatto in favore di un prossimo congiunto [307^4].

Evoluzione normativa:

(1) Comma così modificato prima dall'art. 1, d.l. 18.10.2001, n. 374, convertito in legge, con modificazioni, dalla l. 15.12. 2001, n. 438 e poi dall'art. 1, l. 5.12.2005, n. 251.
Il testo previgente così disponeva: «*Chiunque, fuori dei casi di concorso nel reato o di favoreggiamento, dà rifugio o fornisce vitto, ospitalità, mezzi di trasporto, strumenti di comunicazione a taluna delle persone che partecipano all'associazione è punito con la reclusione fino a due anni*».
Il testo antecedente alla modifica del 2001 così disponeva: «*Chiunque, fuori dei casi di concorso nel reato o di favoreggiamento, dà rifugio o fornisce il vitto a taluna delle persone che partecipano all'associazione è punito con la reclusione fino a due anni*».
(2) Comma così modificato dall'art. 1, d.l. 18.10.2001, n. 374, convertito in legge, con modificazioni, dalla l. 15.12.2001, n. 438.
Il testo previgente così disponeva: «*La pena è aumentata se il rifugio o il vitto sono prestati continuatamente*».

419. Devastazione e saccheggio.

Chiunque, fuori dei casi preveduti dall'articolo 285, commette fatti di devastazione o di saccheggio è punito con la reclusione da otto a quindici anni.

La pena è aumentata se il fatto è commesso nel corso di manifestazioni in luogo pubblico o aperto al pubblico ovvero su armi [585^2], munizioni o viveri esistenti in luogo di vendita o di deposito [(1)].

Evoluzione normativa:

(1) Comma così modificato dall'art. 7, co. 1, lett. c), d.l. 14.6.2019, n. 53, conv., con modif., in l. 8.8.2019, n. 77 a decorrere dal 15.6.2019.
Il testo previgente così disponeva: «*La pena è aumentata se il fatto è commesso su armi, munizioni o viveri esistenti in luogo di vendita o di deposito*».

420. Attentato a impianti di pubblica utilità [(1)].

Chiunque commette un fatto diretto a danneggiare o distruggere impianti di pubblica utilità [433], è punito, salvo che il fatto costituisca più grave reato, con la reclusione da uno a quattro anni.

[La pena di cui al primo comma si applica anche a chi commette un fatto diretto a danneggiare o distruggere sistemi informatici o telematici di pubblica utilità, ovvero dati, informazioni o programmi in essi contenuti o ad essi pertinenti [(2)].]

[Se dal fatto deriva la distruzione o il danneggiamento dell'impianto o del sistema, dei dati, delle informazioni o dei programmi ovvero l'interruzione anche parziale del funzionamento dell'impianto o del sistema la pena è della reclusione da tre a otto anni. [(2)]]

Evoluzione normativa:

(1) Articolo così sostituito dall'art. 2, l. 23.12.1993, n. 547. Il testo antecedente alla sostituzione del 1993 così disponeva: «Attentato a impianti di pubblica utilità. *Chiunque commette un fatto diretto a danneggiare o distruggere impianti di pubblica utilità o di ricerca o di elaborazione di dati, è punito, salvo che il fatto costituisca più grave reato, con la reclusione da uno a quattro anni.*
Se dal fatto deriva la distruzione o il danneggiamento dell'impianto o l'interruzione del suo funzionamento, la pena è della reclusione da tre a otto anni».
(2) Comma abrogato dall'art. 6, l. 18.3.2008, n. 48.

421. Pubblica intimidazione.

Chiunque minaccia di commettere delitti contro la pubblica incolumità [422-437], ovvero fatti di devastazione o di saccheggio [285, 419], in modo da incutere pubblico timore, è punito con la reclusione fino a un anno.

421 bis. Pubblica intimidazione con uso di armi [(1)].

Chiunque, al fine di incutere pubblico timore o di suscitare tumulto o pubblico disordine o di attentare alla sicurezza pubblica, fa esplodere colpi di arma da fuoco o fa scoppiare bombe o altri ordigni o materie esplodenti è punito, se il fatto non costituisce più grave reato, con la reclusione da tre a otto anni.

Evoluzione normativa:

(1) Articolo introdotto dall'art. 4, co. 2 quater, d.l. 15.9.2023, n. 123, conv., con modif., con l. 13.11.2023, n. 159, a decorrere dal 15.11.2023.

TITOLO VI
Dei delitti contro l'incolumità pubblica

Capo I
Dei delitti di comune pericolo mediante violenza

422. Strage.

Chiunque, fuori dei casi preveduti dall'articolo 285, al fine di uccidere, compie atti tali da porre in pericolo la pubblica incolumità è punito, se dal fatto deriva la morte di più persone, con la morte [1].

Se è cagionata la morte di una sola persona, si applica l'ergastolo. In ogni altro caso si applica la reclusione non inferiore a quindici anni.

Evoluzione normativa:

(1) La pena di morte per i delitti previsti dal codice penale è stata abolita e sostituita con l'ergastolo dall'art. 1, d.lgs.lgt. 10.8.1944, n. 224.

423. Incendio.

Chiunque cagiona un incendio è punito con la reclusione da tre a sette anni [449].

La disposizione precedente si applica anche nel caso d'incendio della cosa propria, se dal fatto deriva pericolo per l'incolumità pubblica.

Norme connesse:

A. Art. 59, r.d. 18.6.1931, n. 773 (in *Normativa complementare*, voce *Ordine pubblico e sicurezza pubblica*).

423 bis. Incendio boschivo [1].

Chiunque, al di fuori dei casi di uso legittimo delle tecniche di controfuoco e di fuoco prescritto, cagioni un incendio su boschi, selve, foreste o zone di interfaccia urbano-rurale ovvero su vivai forestali destinati al rimboschimento, propri o altrui, è punito con la reclusione da sei a dieci anni [2].

Se l'incendio di cui al primo comma è cagionato per colpa, la pena è della reclusione da due a cinque anni [3].

Le pene previste dal primo e dal secondo comma sono aumentate se dall'incendio deriva pericolo per edifici o danno su aree o specie animali o vegetali protette o su animali domestici o di allevamento [4].

Le pene previste dal primo e dal secondo comma sono aumentate della metà, se dall'incendio deriva un danno grave, esteso e persistente all'ambiente.

La pena prevista dal primo comma è aumentata da un terzo alla metà quando il fatto è commesso al fine di trarne profitto per sé o per altri o con abuso dei poteri o con violazione dei doveri inerenti all'esecuzione di incarichi o allo svolgimento di servizi nell'ambito della prevenzione e della lotta attiva contro gli incendi boschivi [5].

Le pene previste dal presente articolo sono diminuite dalla metà a due terzi nei confronti di colui che si adopera per evitare che l'attività delittuosa venga portata a conseguenze ulteriori [270-*bis*.1, 323-*bis*, 375, 384-*ter*, 416-*bis*.1, 452-*decies*, 518-*septiesdecies*, 600-*sexies*, 600-*sexies*.1, 603-*bis*.1, 605, 630], ovvero, prima della dichiarazione di apertura del dibattimento di primo grado, provvede concretamente alla messa in sicurezza e, ove possibile, al ripristino dello stato dei luoghi [6].

Le pene previste dal presente articolo sono diminuite da un terzo alla metà nei confronti di colui che aiuta concretamente l'autorità di polizia o l'autorità giudiziaria nella ricostruzione del fatto, nell'individuazione degli autori o nella sottrazione di risorse rilevanti per la commissione dei delitti [7].

Evoluzione normativa:

(1) Articolo introdotto dall'art. 1, d.l. 4.8.2000, n. 220, conv., con modif., dall'art. 1, l. 6.10.2000, n. 275. L'art. 11, l. 21.11.2000, n. 353 (legge-quadro in materia di incendi boschivi), poi, ha di nuovo disposto l'introduzione nel codice penale dell'art. 423 bis con la stessa formulazione di quello già aggiunto nel 2000.

(2) Comma modificato dall'art. 6, co. 1, lett. a bis), d.l. 8.9.2021, n. 120, conv., con modif., con l. 8.11.2021, n. 155, a decorrere dal 9.11.2021. Il comma è stato poi così modificato dall'art. 6, co. 1, lett. a), d.l. 10.8.2023, n. 105, conv., con modif., con l. 9 ottobre 2023, n. 137, a decorrere dal 10.10.2023. Il testo antecedente alla conversione del d.l. n. 105/2023 così disponeva: «*Chiunque, al di fuori dei casi di uso legittimo delle tecniche di controfuoco e di fuoco prescritto, cagioni un incendio su boschi, selve o foreste ovvero su vivai forestali destinati al rimboschimento, propri o altrui, è punito con la reclusione da sei a dieci anni.*».
Il testo antecedente alla modifica del 2023 così disponeva: «*Chiunque, al di fuori dei casi di uso legittimo delle tecniche di controfuoco e di fuoco prescritto, cagioni un incendio su boschi, selve o foreste ovvero su vivai forestali destinati al rimboschimento, propri o altrui, è punito con la reclusione da quattro a dieci anni.*». Il testo antecedente alla modifica del 2021 così disponeva: «*Chiunque cagioni un incendio su boschi, selve o foreste ovvero su vivai forestali destinati al rimboschimento, propri o altrui, è punito con la reclusione da quattro a dieci anni.*».

(3) Comma così modificato, a decorrere dall'11.8.2023, dall'art. 6, co. 1, lett. b), d.l. 10.8.2023, n. 105, conv., con modif., con l. 9.10.2023, n. 137. Il testo previgente così disponeva: «*Se l'incendio di cui al primo comma è cagionato per colpa, la pena è della reclusione da uno a cinque anni.*».

(4) Comma così modificato dall'art. 6, co. 1, lett. a ter), d.l. 8.9.2021, n. 120, conv., con modif., con l. 8.11.2021, n. 155, a decorrere dal 9.11.2021. Il testo previgente così disponeva: «*Le pene previste dal primo e dal secondo comma sono aumentate se dall'incendio deriva pericolo per edifici o danno su aree protette.*»

(5) Comma introdotto, a decorrere dall'11.8.2023 dall'art. 6, co. 1, lett. c), d.l. 10.8.2023, n. 105, conv., con modif., con l. 9.10.2023, n. 137.

(6) Comma introdotto dall'art. 6, co. 1, lett. b), d.l. 8.9.2021, n. 120, conv., con modif., con l. 8.11.2021, n. 155, a decorrere dal 9.11.2021. Il testo antecedente alla conversione del d.l. n. 120/2021 così disponeva: «*Salvo che ricorra l'aggravante di cui al quinto comma, le pene previste dal presente articolo sono diminuite dalla metà a due terzi nei confronti di colui che si adopera per evitare che l'attività delittuosa venga portata a conseguenze ulteriori, ovvero, prima della dichiarazione di apertura del dibattimento di primo grado, provvede concretamente alla messa in sicurezza e, ove possibile, al ripristino dello stato dei luoghi*».

(7) Comma introdotto dall'art. 6, co. 1, lett. b), d.l. 8.9.2021, n. 120, conv., con modif., con l. 8.11.2021, n. 155, a decorrere dal 10.9.2021.

423 ter. Pene accessorie [(1)].

Fermo quanto previsto dal secondo comma e dagli articoli 29 e 31, la condanna alla reclusione per un tempo non inferiore a due anni per il delitto di cui all'articolo 423-*bis*, primo comma, importa l'estinzione del rapporto di lavoro o di impiego nei confronti del dipendente di amministrazioni od enti pubblici ovvero di enti a prevalente partecipazione pubblica.

La condanna per il reato di cui all'articolo 423-*bis*, primo comma, importa altresì l'interdizione da cinque a dieci anni dall'assunzione di incarichi o dallo svolgimento di servizi nell'ambito della lotta attiva contro gli incedi boschivi nonché l'interdizione dai pubblici uffici e l'incapacità di contrattare con la pubblica amministrazione, salvo che per ottenere prestazioni di un pubblico servizio, per la durata di cinque anni [(2)].

Evoluzione normativa:

(1) Articolo introdotto dall'art. 6, co. 1, lett. c), d.l. 8.9.2021, n. 120, conv., con modif., con l. 8.11.2021, n. 155, a decorrere dal 10.9.2021.

(2) Comma così modificato dall'art. 6, co. 1 bis, d.l. 10.8.2023, n. 105, conv., con modif., con l. 9.10.2023, n. 137, a decorrere dal 10.10.2023. Il testo antecedente alla modifica del 2023 così disponeva: «*La condanna per il reato di cui all'articolo 423-bis, primo comma, importa altresì l'interdizione da cinque a dieci anni dall'assunzione di incarichi o dallo svolgimento di servizi nell'ambito della lotta attiva contro gli incedi boschivi*».

423 quater. Confisca [(1)].

Nel caso di condanna o di applicazione della pena su richiesta delle parti, a norma dell'articolo 444 del codice di procedura penale, per il delitto previsto dall'articolo 423-*bis*, primo comma, è sempre ordinata la confisca dei beni che costituiscono il prodotto o il profitto del reato e delle cose che servirono a commettere il reato, salvo che appartengano a persone estranee al reato.

Quando, a seguito di condanna per il delitto previsto dall'articolo 423-*bis*, primo comma, è stata disposta la confisca dei beni che costituiscono il prodotto o il profitto del reato ed essa non è possibile, il giudice individua beni di valore equivalente di cui il condannato abbia anche indirettamente o per interposta persona la disponibilità e ne ordina la confisca.

I beni confiscati e i loro eventuali proventi sono messi nella disponibilità della pubblica amministrazione competente e vincolati all'uso per il ripristino dei luoghi.

La confisca non si applica nel caso in cui l'imputato abbia efficacemente provveduto al ripristino dello stato dei luoghi.

Evoluzione normativa:

(1) Articolo introdotto, a decorrere dal 10.9.2021, dall'art. 6, co. 1, lett. c), d.l. 8.9.2021, n. 120, come modificato dalla l. 8.11.2021, n. 155, a decorrere dal 9.11.2021. Il testo antecedente alla conversione del d.l. n. 120/2021 così disponeva: «Confisca. *Nel caso di condanna o di applicazione della pena su richiesta delle parti, a norma dell'articolo 444 del codice di procedura penale, per il delitto previsto dall'articolo 423-bis, primo comma, è sempre ordinata la confisca dei beni che costituiscono il prodotto o il profitto del reato e delle cose che servirono a commettere il reato, salvo che appartengano a persone estranee al reato.*
Quando, a seguito di condanna per il delitto di cui all'articolo previsto dall'articolo 423-bis, primo comma, è stata disposta la confisca dei beni che costituiscono il prodotto o il profitto del reato ed essa non è possibile, il giudice individua beni di valore equivalente di cui il condannato abbia anche indirettamente o per interposta persona la disponibilità e ne ordina la confisca.
I beni confiscati e i loro eventuali proventi sono messi nella disponibilità della pubblica amministrazione competente e vincolati all'uso per il ripristino dei luoghi.
La confisca non si applica nel caso in cui l'imputato abbia efficacemente provveduto al ripristino dello stato dei luoghi».

424. Danneggiamento seguito da incendio.

Chiunque, al di fuori delle ipotesi previste nell'articolo 423-*bis*, al solo scopo di danneggiare [635] la cosa altrui, appicca il fuoco a una cosa propria o altrui è punito, se dal fatto sorge il pericolo di un incendio, con la reclusione da sei mesi a due anni [(1)].

Se segue l'incendio, si applicano le disposizioni dell'articolo 423, ma la pena è ridotta da un terzo alla metà [(2)] [449].

Se al fuoco appiccato a boschi, selve e foreste, ovvero vivai forestali destinati al rimboschimento, segue incendio, si applicano le pene previste dall'articolo 423-*bis* [(3)].

Evoluzione normativa:

(1) Comma così modificato dall'art. 1, d.l. 4.8.2000, n. 220, convertito in legge, con modificazioni, dall'art. 1, l. 6.8.2000, n. 275. La stessa modifica è stata confermata dall'art. 11, l. 21.11.2000, n. 353 (legge-quadro in materia di incendi boschivi). Il testo previgente così disponeva: «*Chiunque al solo scopo di danneggiare la cosa altrui, appicca il fuoco a una cosa propria o altrui è punito, se dal fatto sorge il pericolo di un incendio, con la reclusione da sei mesi a due anni*».

(2) Comma così modificato dall'art. 1, d.l. 4.8.2000, n. 220, convertito in legge, con modificazioni, dall'art. 1, l. 6.10.2000, n. 275. La stessa modifica è stata confermata dall'art. 11, l. 21.11.2000, n. 353 (legge-quadro in materia di incendi boschivi). Il testo previgente così disponeva: «*Se segue l'incendio, si applicano le disposizioni dell'articolo precedente, ma la pena è ridotta da un terzo alla metà*».

(3) Comma introdotto dall'art. 11, l. 21 novembre 2000, n. 353 (legge-quadro in materia di incendi boschivi). Anche l'art. 1, co. 4, d.l. 4 agosto 2000, n. 220 aveva disposto l'inserimento in questo articolo di un terzo comma, nella stessa formulazione, ma il co. 4 del d.l. n. 353/2000 era stato soppresso dalla legge di conversione 6.10.2000 n. 275.

425. Circostanze aggravanti.

Nei casi preveduti dagli articoli 423 e 424, la pena è aumentata se il fatto è commesso [(1)]:

1. su edifici pubblici o destinati a uso pubblico, su monumenti, cimiteri [408] e loro dipendenze;
2. su edifici abitati o destinati a uso di abitazione, su impianti industriali o cantieri, su aziende agricole, o su miniere, cave, sorgenti, o su acquedotti o altri manufatti destinati a raccogliere e condurre le acque [(2)];
3. su navi o altri edifici natanti, o su aeromobili [cod. nav. 136, 723, 1123, 1125];
4. su scali ferroviari o marittimi, o aeroscali, magazzini generali o altri depositi di merci o derrate, o su ammassi o depositi di materie esplodenti, infiammabili o combustibili;

[5. su boschi, selve e foreste [(3)]].

Evoluzione normativa:

(1) Alinea così modificato dall'art. 1, d.l. 4.8.2000, n. 220, convertito in legge, con modificazioni, dall'art. 1, l. 6.10.2000, n. 275. La stessa modifica è stata confermata dall'art. 11, l. 21.11.2000, n. 353 (legge-quadro in materia di incendi boschivi). Il testo previgente così disponeva: «*Nei casi preveduti dai due articoli precedenti, la pena è aumentata se il fatto è commesso:*».

(2) Numero così modificato dall'art. 6, co. 1, lett. c bis), d.l. 8.9.2021, n. 120, conv., con modif., con l. 8.11.2021, n. 155, a decorrere dal 9.11.2021. Il testo previgente così disponeva: «*2. su edifici abitati o destinati a uso di abitazione, su impianti industriali o cantieri, o su miniere, cave, sorgenti, o su acquedotti o altri manufatti destinati a raccogliere e condurre le acque;*».

(3) Numero abrogato dall'art. 1, d.l. 4.8.2000, n. 220, conv., con modif., con l. 6.10.2000, n. 275. La stessa modifica è stata confermata dall'art. 11, l. 21.11.2000, n. 353 (legge-quadro in materia di incendi boschivi).

426. Inondazione, frana o valanga.

Chiunque cagiona un'inondazione o una frana, ovvero la caduta di una valanga, è punito con la reclusione da cinque a dodici anni [449, 450].

427. Danneggiamento seguito da inondazione, frana o valanga.

Chiunque rompe, deteriora o rende in tutto o in parte inservibili chiuse, sbarramenti, argini, dighe o altre opere destinate alla difesa contro acque, valanghe o frane, ovvero alla raccolta o alla condotta delle acque, al solo scopo di danneggiamento [635], è punito, se dal fatto deriva il pericolo di un'inondazione o di una frana, ovvero della caduta di una valanga, con la reclusione da uno a cinque anni.

Se il disastro si verifica, la pena è della reclusione da tre a dieci anni [449, 450].

428. Naufragio, sommersione o disastro aviatorio.

Chiunque cagiona il naufragio o la sommersione di una nave [cod. nav. 136] o di un altro edificio natante, ovvero la caduta di un aeromobile [cod. nav. 743], di altrui proprietà, è punito con la reclusione da cinque a dodici anni.

La pena è della reclusione da cinque a quindici anni se il fatto è commesso distruggendo, rimuovendo o facendo mancare le lanterne o altri segnali, ovvero adoperando falsi segnali o altri mezzi fraudolenti [432].

Le disposizioni di questo articolo si applicano anche a chi cagiona il naufragio o la sommersione di una nave o di un altro edificio natante, ovvero la caduta di un aeromobile, di sua proprietà, se dal fatto deriva pericolo per la incolumità pubblica [449, 450].

Norme connesse:

A. Art. 3, l. 28.12.1989 (in *Normativa complementare*, voce *Navigazione e pirateria*).

B. L. 10.5.1976, n. 342 (in *Normativa complementare*, voce *Navigazione e pirateria*).

429. Danneggiamento seguito da naufragio.

Chiunque, al solo scopo di danneggiare una nave [cod. nav. 136], un edificio natante o un aeromobile [cod. nav. 746], ovvero un apparecchio prescritto per la sicurezza della navigazione, lo deteriora, ovvero lo rende in tutto o in parte inservibile, è punito, se dal fatto deriva pericolo di naufragio, di sommersione o di disastro aviatorio, con la reclusione da uno a cinque anni [cod. nav. 1141].

Se dal fatto deriva il naufragio, la sommersione o il disastro, la pena è della reclusione da tre a dieci anni [432, 449, 450].

430. Disastro ferroviario.

Chiunque cagiona un disastro ferroviario è punito con la reclusione da cinque a quindici anni [432, 449, 450].

Norme connesse:

A. D.P.R. 4.7.1980, n. 575: «*Il personale addetto all'esercizio delle ferrovie dello Stato, sia terrestre che marittimo, e di altre ferrovie o tramvie pubbliche ha l'obbligo di non abbandonare il servizio nel caso di sinistro o incidente o ogni altra evenienza che possa configurare ipotesi di reato nel quale sia coinvolto nello svolgimento e a causa delle mansioni inerenti alla circolazione ferrotramviaria ed alle attività ad essa specificamente e direttamente connesse. In tal caso il personale suindicato non è soggetto ad arresto per flagranza di reato.*

Nell'ipotesi di abbandono del servizio, il personale predetto è punito con l'arresto fino a due mesi, oppure con l'ammenda fino al limite massimo di L. 1.00.00.

Per il personale che, non avendo abbandonato il servizio, presti assistenza con particolare diligenza in caso di incidente, le pene da infliggere possono essere ridotte di un terzo.

Sono abrogati l'art. 6 della legge 25.6.1909, n. 372, l'art. 171 del testo unico approvato con regio decreto 9 maggio 1912, n. 1447, ed ogni altra norma in contrasto con la presente disposizione»

431. Pericolo di disastro ferroviario causato da danneggiamento.

Chiunque, al solo scopo di danneggiare una strada ferrata, ovvero macchine, veicoli, strumenti, apparecchi o altri oggetti che servono all'esercizio di essa, li distrugge in tutto o in parte, li deteriora o li rende altrimenti in tutto o in parte inservibili, è punito, se dal fatto deriva il pericolo di un disastro ferroviario [430], con la reclusione da due a sei anni.

Se dal fatto deriva il disastro, la pena è della reclusione da tre a dieci anni.

Per le strade ferrate la legge penale intende, oltre le strade ferrate ordinarie, ogni altra strada con rotaie metalliche, sulla quale circolino veicoli mossi dal vapore, dall'elettricità o da un altro mezzo di trazione meccanica.

432. Attentati alla sicurezza dei trasporti.

Chiunque, fuori dei casi preveduti dagli articoli precedenti, pone in pericolo la sicurezza dei pubblici trasporti per terra, per acqua o per aria, è punito con la reclusione da uno a cinque anni.

Si applica la reclusione da tre mesi a due anni a chi lancia corpi contundenti o proiettili contro veicoli in movimento, destinati a pubblici trasporti per terra, per acqua o per aria.

Se dal fatto deriva un disastro [428, 430], la pena è della reclusione da tre a dieci anni [449, 450].

Norme connesse:

A. Art. 1, d.lgs. 22.1.1948, n. 66: «*Chiunque, al fine di impedire od ostacolare la libera circolazione, depone o abbandona congegni o altri oggetti di qualsiasi specie in una strada ordinaria o ferrata o comunque ostruisce o ingombra una strada ordinaria o ferrata, ad eccezione dei casi previsti dall'articolo 1-bis, è punito con la reclusione da uno a sei anni.*

La stessa pena si applica nei confronti di chi, al fine di ostacolare la libera navigazione, depone o abbandona congegni o altri oggetti di qualsiasi specie in una zona portuale o nelle acque di fiumi, canali o laghi, o comunque le ostruisce o le ingombra.

La pena è raddoppiata se il fatto è commesso da più persone, anche non riunite, ovvero se è commesso usando violenza o minaccia alle persone o violenza sulle cose».

433. Attentati alla sicurezza degli impianti di energia elettrica e del gas, ovvero delle pubbliche comunicazioni.

Chiunque attenta alla sicurezza delle officine, delle opere, degli apparecchi o di altri mezzi destinati alla produzione o alla trasmissione di energia elettrica o di gas, per l'illuminazione o per le industrie, è punito, qualora dal fatto derivi pericolo alla pubblica incolumità, con la reclusione da uno a cinque anni.

La stessa pena si applica a chi attenta alla sicurezza delle pubbliche comunicazioni telegrafiche o telefoniche, qualora dal fatto derivi pericolo per la pubblica incolumità.

Se dal fatto deriva un disastro, la pena è della reclusione da tre a dieci anni [449].

433 bis. Attentato alla sicurezza delle installazioni nucleari (1).

Chiunque attenta alla sicurezza delle installazioni nucleari ovvero degli impianti, dei luoghi o dei mezzi adibiti alla produzione, alla conservazione o al trasporto di materie nucleari è punito, qualora dal fatto derivi pericolo per la pubblica incolumità, con la reclusione da quattro a otto anni.

Se dal fatto deriva un disastro, la pena è della reclusione da cinque a venti anni.

Evoluzione normativa:

(1) Articolo introdotto dall'art. 8, co. 1, l. 28.4.2015, n. 58, a decorrere dal 28.5.2015.

434. Crollo di costruzioni o altri disastri dolosi.

Chiunque, fuori dei casi preveduti dagli articoli precedenti, commette un fatto diretto a cagionare il crollo di una costruzione o di una parte di essa ovvero un altro disastro [Cost. 13^2, 25^2; prel. 14] è punito, se dal fatto deriva pericolo per la pubblica incolumità, con la reclusione da uno a cinque anni.

La pena è della reclusione da tre a dodici anni se il crollo o il disastro avviene [449, 676, 677].

434 bis. Invasioni di terreni o edifici per raduni pericolosi per l'ordine pubblico o l'incolumità pubblica o la salute pubblica (1).

[L'invasione di terreni o edifici per raduni pericolosi per l'ordine pubblico o l'incolumità pubblica o la salute pubblica consiste nell'invasione arbitraria di terreni o edifici altrui, pubblici o privati, commessa da un numero di persone superiore a cinquanta, allo scopo di organizzare un raduno, quando dallo stesso può derivare un pericolo per l'ordine pubblico o l'incolumità pubblica o la salute pubblica.

Chiunque organizza o promuove l'invasione di cui al primo comma è punito con la pena della reclusione da tre a sei anni e con la multa da euro 1.000 a euro 10.000.

Per il solo fatto di partecipare all'invasione la pena è diminuita.

È sempre ordinata la confisca ai sensi dell'articolo 240, secondo comma, del codice penale, delle cose che servirono o furono destinate a commettere il reato di cui al primo comma nonché di quelle utilizzate nei medesimi casi per realizzare le finalità dell'occupazione.]

Evoluzione normativa:

(1) Questo articolo era stato introdotto dall'art. 5, co. 1, d.l. 31.10.2022, n. 162, a decorrere dal 31.10.2022; questa introduzione, tuttavia, non è stata confermata dalla legge di conversione (l. 30.12.2022, n. 199).

Norme connesse:

A. Art. 633 bis c.p.

435. Fabbricazione o detenzione di materie esplodenti.

Chiunque, al fine di attentare alla pubblica incolumità, fabbrica, acquista o detiene dinamite o altre materie esplodenti, asfissianti, accecanti, tossiche o infiammabili, ovvero sostanze che servano alla composizione o alla fabbricazione di esse, è punito con la reclusione da uno a cinque anni [678 ss.].

Norme connesse:

A. Art. 71, co. 1, d.lgs. 6.9.2011, n. 159, il quale prevede che le pene stabilite per i delitti previsti in questo articolo sono aumentate da un terzo alla metà se il fatto è commesso da persona sottoposta con provvedimento definitivo ad una misura di prevenzione personale durante il periodo previsto di applicazione e sino a tre anni dal momento in cui ne è cessata l'esecuzione.

B. Art. 57, r.d. 18.6.1931, n. 773 (in *Normativa complementare*, voce *Ordine pubblico e sicurezza*).

436. Sottrazione, occultamento o guasto di apparecchi a pubblica difesa da infortuni.

Chiunque, in occasione di un incendio [423], di una inondazione [426], di una sommersione [428], di un naufragio [429], o di un altro disastro o pubblico infortunio, sottrae, occulta o rende inservibili materiali, apparecchi o altri mezzi destinati all'estinzione dell'incendio o all'opera di difesa, di salvataggio o di soccorso, ovvero in qualsiasi modo impedisce, od ostacola, che l'incendio sia estinto, o che sia prestata opera di difesa o di assistenza, è punito con la reclusione da due a sette anni [451].

437. Rimozione od omissione dolosa di cautele contro infortuni sul lavoro.

Chiunque omette di collocare impianti, apparecchi o segnali destinati a prevenire disastri o infortuni sul lavoro, ovvero li rimuove o li danneggia, è punito con la reclusione da sei mesi a cinque anni [32-*quater*, 449, 451; c.n. 1122].

Se dal fatto deriva un disastro o un infortunio, la pena è della reclusione da tre a dieci anni.

Capo II
Dei delitti di comune pericolo mediante frode

438. Epidemia.

Chiunque cagiona un'epidemia mediante la diffusione di germi patogeni è punito con l'ergastolo.

Se dal fatto deriva la morte di più persone, si applica la pena di morte [448, 452] (1).

Evoluzione normativa:

(1) La pena di morte per i delitti previsti dal codice penale è stata abolita e sostituita con l'ergastolo dall'art. 1, d.lgs.lgt. 10.8.1944, n. 224.

439. Avvelenamento di acque o di sostanze alimentari.

Chiunque avvelena acque o sostanze destinate all'alimentazione, prima che siano attinte o distribuite per il consumo, è punito con la reclusione non inferiore a quindici anni.

Se dal fatto deriva la morte di alcuno, si applica l'ergastolo; e, nel caso di morte di più persone, si applica la pena di morte [441, 442, 446, 448, 452] (1).

Evoluzione normativa:

(1) La pena di morte per i delitti previsti dal codice penale è stata abolita e sostituita con l'ergastolo dall'art. 1, d.lgs.lgt. 10.8.1944, n. 224.

440. Adulterazione e contraffazione di sostanze alimentari.

Chiunque corrompe o adultera acque o sostanze destinate all'alimentazione, prima che siano attinte o distribuite per il consumo, rendendole pericolose alla salute pubblica, è punito con la reclusione da tre a dieci anni [446].

La stessa pena si applica a chi contraffà, in modo pericoloso alla salute pubblica, sostanze alimentari destinate al commercio [439, 446, 448, 452].

La pena è aumentata se sono adulterate o contraffatte sostanze medicinali [443, 446, 448, 452].

441. Adulterazione o contraffazione di altre cose in danno della pubblica salute.

Chiunque adultera o contraffà, in modo pericoloso alla salute pubblica, cose destinate al commercio, diverse da quelle indicate nell'articolo precedente, è punito con la reclusione da uno a cinque anni o con la multa non inferiore a euro 309 [442, 443, 446, 448, 452] (1).

Evoluzione normativa:

(1) La multa risulta così aumentata, da ultimo, dall'art. 113, l. 24.11.1981, n. 689.

442. Commercio di sostanze alimentari contraffatte o adulterate.

Chiunque, senza essere concorso nei reati preveduti dai tre articoli precedenti, detiene per il commercio, pone in commercio, ovvero distribuisce per il consumo acque, sostanze o cose che sono state da altri avvelenate, corrotte, adulterate o contraffatte, in modo pericoloso alla salute pubblica, soggiace alle pene rispettivamente stabilite nei detti articoli [446, 448, 452, 516].

443. Commercio o somministrazione di medicinali guasti.

Chiunque detiene per il commercio, pone in commercio o somministra medicinali guasti o imperfetti è punito con la reclusione da sei mesi a tre anni e con la multa non inferiore a euro 103 [448, 452] (1).

Evoluzione normativa:

(1) La multa risulta così aumentata, da ultimo, dall'art. 113, l. 24.11.1981, n. 689.

Norme connesse:

A. Art. 123, r.d. 27.7.1934, n. 1265, di approvazione del testo unico delle leggi sanitarie: «*Il titolare della farmacia deve curare: a) che la farmacia sia provvista delle sostanze medicinali prescritte come obbligatorie nella farmacopea ufficiale: b) che in essa si conservino e siano ostensibili al pubblico un esemplare di detta farmacopea e uno della tariffa ufficiale dei medicinali; c) che sia conservata copia di tutte le ricette e, qualora si tratti di veleni somministrati dietro ordinazione di medico chirurgo o veterinario, siano conservate le ricette originali, prendendo nota del nome delle persone alle quali furono consegnate e dandone copia all'acquirente che la domandi.*
Il contravventore è punito con l'ammenda da lire cento a duemila.
La detenzione di medicinali scaduti, guasti o imperfetti nella farmacia è punita con la sanzione amministrativa pecuniaria da euro 1.500 a euro 3.00, se risulta che, per la modesta quantità di farmaci, le modalità di conservazione e l'ammontare complessivo delle riserve, si può concretamente escludere la loro destinazione al commercio.
Nei casi preveduti nel presente articolo, il prefetto, indipendentemente dal procedimento penale, può ordinare la sospensione dall'esercizio della farmacia da cinque giorni ad un mese e, in caso di recidiva, può pronunciare la decadenza dell'autorizzazione ai termini dell'art. 113, lettera e)».

444. Commercio di sostanze alimentari nocive.

Chiunque detiene per il commercio, pone in commercio ovvero distribuisce per il consumo sostanze destinate all'alimentazione, non contraffatte né adulterate, ma pericolose alla salute pubblica, è punito con la reclusione da sei mesi a tre anni e con la multa non inferiore a euro 51 [448, 452] (1).

La pena è diminuita se la qualità nociva delle sostanze è nota alla persona che le acquista o le riceve [448, 452, 516].

Evoluzione normativa:

(1) La multa risulta così aumentata, da ultimo, dall'art. 113, l. 24.11.1981, n. 689.

445. Somministrazione di medicinali in modo pericoloso per la salute pubblica.

Chiunque, esercitando, anche abusivamente, il commercio di sostanze medicinali, le somministra in specie, qualità o quantità non corrispondente alle ordinazioni mediche, o diversa da quella dichiarata o pattuita, è punito con la reclusione da sei mesi a due anni e con la multa da euro 103 a euro 1.032 [448, 452] (1).

Evoluzione normativa:

(1) La multa risulta così aumentata, da ultimo, ai sensi dell'art. 113, l. 24.11.1981, n. 689.

446. Confisca obbligatoria (1).

In caso di condanna per taluno dei delitti preveduti negli articoli 439, 440, 441 e 442, se dal fatto è derivata la morte o la lesione grave o gravissima di una persona, la confisca delle cose indicate nel primo comma dell'articolo 240 è obbligatoria.

Evoluzione normativa:

(1) Questo articolo, già abrogato dall'art. 108, l. 22.12.1975, n. 685, è

stato reintrodotto, con un nuovo contenuto, dall'art. 1, d.l. 18.6.1986, n. 282, sulla prevenzione e repressione delle sofisticazioni alimentari. L'art. 32, l. 26.6.1990, n. 162, sugli stupefacenti, modificando la l. n. 685/1975, ha riformulato l'art. 108 citato (ora art. 110), ripetendo l'abrogazione dell'art. 446. L'art. 136 del nuovo testo unico sugli stupefacenti, approvato con d.P.R. 9.10.1990, n. 309, non ha ripreso la disposizione di abrogazione in quanto il testo dell'art. 446 reintrodotto con il d.l. 282/1986, a differenza di quello originario, contiene materia estranea agli stupefacenti.

447. Agevolazione dolosa dell'uso di sostanze stupefacenti [1].

[Chiunque, senza essere concorso nel delitto preveduto dall'articolo precedente, adibisce o lascia che sia adibito un locale, pubblico o privato, a convegno di persone che vi accedano per darsi all'uso di sostanze stupefacenti, è punito con la reclusione da sei mesi a due anni e con la multa da lire ventimila a quattrocentomila.

Si applica la reclusione fino a sei mesi o la multa da lire quarantamila a duecentomila a chi accede nei detti locali per darsi all'uso di sostanze stupefacenti.]

Evoluzione normativa:

(1) Articolo abrogato dall'art. 110, l. 22.12.1975, n. 685, così come sostituito dall'art. 32, l. 26.6.1990, n. 162, il cui testo è stato recepito dall'art. 136, d.P.R. 9.10.1990, n. 309.

448. Pene accessorie.

La condanna per taluno dei delitti preveduti da questo capo importa la pubblicazione della sentenza [36].

La condanna per taluno dei delitti preveduti dagli articoli 439, 440, 441 e 442 importa l'interdizione da cinque a dieci anni dalla professione, arte, industria, commercio o mestiere nonché l'interdizione dagli uffici direttivi delle persone giuridiche e delle imprese per lo stesso periodo [30, 31, 32-*bis*]. La condanna comporta altresì la pubblicazione della sentenza su almeno due quotidiani a diffusione nazionale [1].

Evoluzione normativa:

(1) Comma introdotto dall'art. 1, d.l. 18.6.1986, n. 282, sulla prevenzione e repressione delle sofisticazioni alimentari.

448 bis. Casi di non punibilità [1].

[Nei casi preveduti dagli articoli 422, 423, 428, 430, 432, 433, 434, 438 e 439, non sono punibili coloro che impediscono volontariamente l'evento a cui il fatto era diretto.]

Evoluzione normativa:

(1) Articolo introdotto dall'art. 5, d.l. 15.12.1979, n. 625. La l. 6.2.1980, n. 15, di conversione del d.l. n. 625/1979, ha poi sostituito l'art. 5 che, nella nuova formulazione, non prevede più l'aggiunta dell'art. 448 bis c.p.

Capo III
Dei delitti colposi di comune pericolo

449. Delitti colposi di danno.

Chiunque, al di fuori delle ipotesi previste nel secondo comma dell'articolo 423-*bis*, cagiona per colpa [42^2] un incendio [423] o un altro disastro preveduto dal capo primo di questo titolo, è punito con la reclusione da uno a cinque anni [1].

La pena è raddoppiata se si tratta di disastro ferroviario [430] o di naufragio o di sommersione di una nave [428, 432] adibita a trasporto di persone [cod. nav. 1125^2] o di caduta di un aeromobile adibito a trasporto di persone.

Evoluzione normativa:

(1) Comma così modificato dall'art. 1, d.l. 4.8.2000, n. 220, convertito in legge, con modificazioni, dall'art. 1, l. 6.10.2000, n. 275. La stessa modifica è stata poi confermata dall'art. 11, l. 21.11.2000, n. 353 (legge-quadro in materia di incendi boschivi). Il testo previgente così disponeva: «*Chiunque cagiona per colpa un incendio o un altro disastro preveduto dal capo primo di questo titolo, è punito con la reclusione da uno a cinque anni*».

450. Delitti colposi di pericolo.

Chiunque, con la propria azione od omissione colposa [43], fa sorgere o persistere il pericolo di un disastro ferroviario [430, 431], di una inondazione, di un naufragio, o della sommersione di una nave o di un altro edificio natante [428, 429], è punito con la reclusione fino a due anni.

La reclusione non è inferiore a un anno se il colpevole ha trasgredito ad una particolare ingiunzione dell'autorità diretta alla rimozione del pericolo [430, 431; cod. nav. 1123].

451. Omissione colposa di cautele o difese contro disastri o infortuni sul lavoro.

Chiunque, per colpa [42^2], omette di collocare, ovvero rimuove o rende inservibili apparecchi o altri mezzi destinati all'estinzione di un incendio, o al salvataggio o al soccorso contro disastri o infortuni sul lavoro, è punito con la reclusione fino a un anno o con la multa da euro 103 a euro 516 [673; cod. nav. 1112, 1124] [1].

Evoluzione normativa:

(1) La multa risulta così aumentata, da ultimo, dall'art. 113, l. 24.11.1981, n. 689.

452. Delitti colposi contro la salute pubblica.

Chiunque commette, per colpa [42^2], alcuno dei fatti preveduti dagli articoli 438 e 439 è punito:

1. con la reclusione da tre a dodici anni, nei casi per i quali le dette disposizioni stabiliscono la pena di morte [1];
2. con la reclusione da uno a cinque anni, nei casi per i quali esse stabiliscono l'ergastolo;
3. con la reclusione da sei mesi a tre anni, nel caso in cui l'articolo 439 stabilisce la pena della reclusione.

Quando sia commesso per colpa alcuno dei fatti preveduti dagli articoli 440, 441, 442, 443, 444 e 445 si applicano le pene ivi rispettivamente stabilite ridotte da un terzo a un sesto.

Evoluzione normativa:

(1) La pena di morte per i delitti previsti dal codice penale è stata abolita e sostituita con l'ergastolo dall'art. 1, d.lgs.lgt. 10.8.1944, n. 224.

Norme connesse:

A. Art. 249, r.d. 27.7.1934, n. 1265: «*Chiunque contamini l'acqua delle fonti, dei pozzi, delle cisterne, dei canali, degli acquedotti, dei serbatoi di acqua potabile è punito con l'ammenda da lire trecento a cinquemila. Salvo l'applicazione delle pene stabilite nel codice penale, quando il fatto renda l'acqua pericolosa per la salute pubblica*».

B. Art. 33 bis c.p.

TITOLO VI bis
Dei delitti contro l'ambiente [(1)]

(1) Il titolo VI bis, comprendente gli artt. da 452 bis a 452 terdecies, è stato introdotto dall'art. 1, co. 1, l. 22.5.2015, n. 68, a decorrere dal 29.5.2015.

452 bis. Inquinamento ambientale [(1)].

È punito con la reclusione da due a sei anni e con la multa da euro 10.000 a euro 100.000 chiunque abusivamente cagiona una compromissione o un deterioramento significativi e misurabili:
1) delle acque o dell'aria, o di porzioni estese o significative del suolo o del sottosuolo;
2) di un ecosistema, della biodiversità, anche agraria, della flora o della fauna.

Quando l'inquinamento è prodotto in un'area naturale protetta o sottoposta a vincolo paesaggistico, ambientale, storico, artistico, architettonico o archeologico, ovvero in danno di specie animali o vegetali protette, la pena è aumentata da un terzo alla metà. Nel caso in cui l'inquinamento causi deterioramento, compromissione o distruzione di un habitat all'interno di un'area naturale protetta o sottoposta a vincolo paesaggistico, ambientale, storico, artistico, architettonico o archeologico, la pena è aumentata da un terzo a due terzi [(2)].

Evoluzione normativa:
(1) Articolo introdotto dall'art. 1, co. 1, l. 22.5.2015, n. 68, a decorrere dal 29.5.2015, secondo quanto disposto dall'art. 3, co. 1, della stessa l. n. 68/2015.
(2) Comma così sostituito dall'art. 6 ter, co. 3, lett. b), d.l. 10.8.2023, n. 105, conv., con modif., dalla l. 9.10.2023, n. 137, a decorrere dal 10.10.2023. Il testo antecedente alla sostituzione disposta con d.l. n. 105/2023 così disponeva: «*Quando l'inquinamento è prodotto in un'area naturale protetta o sottoposta a vincolo paesaggistico, ambientale, storico, artistico, architettonico o archeologico, ovvero in danno di specie animali o vegetali protette, la pena è aumentata.*».

Norme connesse:
A. Art. 32 quater c.p.
B. Art. 25 undecies, d.lgs. 8.6.2001, n. 231 (in *Normativa complementare*, voce *Economia (diritto penale della), Enti*).

452 ter. Morte o lesioni come conseguenza del delitto di inquinamento ambientale [(1)].

Se da uno dei fatti di cui all'articolo 452-*bis* deriva, quale conseguenza non voluta dal reo [586], una lesione personale [582], ad eccezione delle ipotesi in cui la malattia ha una durata non superiore ai venti giorni, si applica la pena della reclusione da due anni e sei mesi a sette anni; se ne deriva una lesione grave, la pena della reclusione da tre a otto anni; se ne deriva una lesione gravissima, la pena della reclusione da quattro a nove anni; se ne deriva la morte, la pena della reclusione da cinque a dieci anni.

Nel caso di morte di più persone, di lesioni di più persone, ovvero di morte di una o più persone e lesioni di una o più persone, si applica la pena che dovrebbe infliggersi per l'ipotesi più grave, aumentata fino al triplo, ma la pena della reclusione non può superare gli anni venti.

Evoluzione normativa:
(1) Art. 1, co. 1, l. 22.5.2015, n. 68 (in *Normativa complementare*, voce *Ambiente (diritto penale dello), beni culturali e paesaggio, Disposizioni generali*).

Norme connesse:
V. norme connesse *sub* art. 83 c.p.

452 quater. Disastro ambientale [(1)].

Fuori dai casi previsti dall'articolo 434, chiunque abusivamente cagiona un disastro ambientale è punito con la reclusione da cinque a quindici anni. Costituiscono disastro ambientale alternativamente:
1) l'alterazione irreversibile dell'equilibrio di un ecosistema;
2) l'alterazione dell'equilibrio di un ecosistema la cui eliminazione risulti particolarmente onerosa e conseguibile solo con provvedimenti eccezionali;
3) l'offesa alla pubblica incolumità in ragione della rilevanza del fatto per l'estensione della compromissione o dei suoi effetti lesivi ovvero per il numero delle persone offese o esposte a pericolo.

Quando il disastro è prodotto in un'area naturale protetta o sottoposta a vincolo paesaggistico, ambientale, storico, artistico, architettonico o archeologico, ovvero in danno di specie animali o vegetali protette, la pena è aumentata da un terzo alla metà [(2)].

Evoluzione normativa:
(1) Art. 1, co. 1, l. 22.5.2015, n. 68, a decorrere dal 29.5.2015.
(2) Comma così sostituito dall'art. 6 ter, co. 3, lett. c), d.l. 10.8.2023, n. 105, conv., con modif., con l. 9.10.2023, n. 137, a decorrere dal 10.10.2023. Il testo antecedente alla sostituzione del 2023 così disponeva: «*Quando il disastro è prodotto in un'area naturale protetta o sottoposta a vincolo paesaggistico, ambientale, storico, artistico, architettonico o archeologico, ovvero in danno di specie animali o vegetali protette, la pena è aumentata.*».

Norme connesse:
A. Art. 32 quater c.p.
B. Art. 240 bis c.p.
C. Art. 25 undecies, d.lgs. 8.6.2001, n. 231 (in *Normativa complementare*, voce *Economia (diritto penale della), Enti*).

452 quinquies. Delitti colposi contro l'ambiente [(1)].

Se taluno dei fatti di cui agli articoli 452-*bis* e 452-*quater* è commesso per colpa [42^2], le pene previste dai medesimi articoli sono diminuite da un terzo a due terzi.

Se dalla commissione dei fatti di cui al comma precedente deriva il pericolo di inquinamento ambientale o di disastro ambientale le pene sono ulteriormente diminuite di un terzo.

Evoluzione normativa:
(1) Art. 1, co. 1, l. 22.5.2015, n. 68, a decorrere dal 29.5.2015.

Norme connesse:
A. Art. 25 undecies, d.lgs. 8.6.2001, n. 231 (in *Normativa complementare*, voce *Economia (diritto penale della), Enti*).

452 sexies. Traffico e abbandono di materiale ad alta radioattività [(1)].

Salvo che il fatto costituisca più grave reato, è punito con la reclusione da due a sei anni e con la multa da euro 10.000 a euro 50.000 chiunque abusivamente cede, acquista, riceve, trasporta, importa, esporta, procura ad altri, detiene, trasferisce, abbandona o si disfa illegittimamente di materiale ad alta radioattività.

La pena di cui al primo comma è aumentata se dal fatto deriva il pericolo di compromissione o deterioramento:

1) delle acque o dell'aria, o di porzioni estese o significative del suolo o del sottosuolo;
2) di un ecosistema, della biodiversità, anche agraria, della flora o della fauna.

Se dal fatto deriva pericolo per la vita o per l'incolumità delle persone, la pena è aumentata fino alla metà.

Evoluzione normativa:

(1) Art. 1, co. 1, l. 22.5.2015, n. 68, a decorrere dal 29.5.2015 (art. 3, co. 1, l. n. 68/2015).

Norme connesse:

A. Art. 32 quater c.p.
B. Art. 25 undecies, d.lgs. 8.6.2001, n. 231 (in *Normativa complementare*, voce *Economia (diritto penale della), Enti*).

452 septies. Impedimento del controllo [(1)].

Salvo che il fatto costituisca più grave reato, chiunque, negando l'accesso, predisponendo ostacoli o mutando artificiosamente lo stato dei luoghi, impedisce, intralcia o elude l'attività di vigilanza e controllo ambientali e di sicurezza e igiene del lavoro, ovvero ne compromette gli esiti, è punito con la reclusione da sei mesi a tre anni.

Evoluzione normativa:

(1) Articolo introdotto dall'art. 1, co. 1, l. 22.5.2015, n. 68, a decorrere dal 29.5.2015.

Norme connesse:

A. Art. 32 quater c.p.

452 octies. Circostanze aggravanti [(1)].

Quando l'associazione di cui all'articolo 416 è diretta, in via esclusiva o concorrente, allo scopo di commettere taluno dei delitti previsti dal presente titolo, le pene previste dal medesimo articolo 416 sono aumentate.

Quando l'associazione di cui all'articolo 416-*bis* è finalizzata a commettere taluno dei delitti previsti dal presente titolo ovvero all'acquisizione della gestione o comunque del controllo di attività economiche, di concessioni, di autorizzazioni, di appalti o di servizi pubblici in materia ambientale, le pene previste dal medesimo articolo 416-*bis* sono aumentate.

Le pene di cui ai commi primo e secondo sono aumentate da un terzo alla metà se dell'associazione fanno parte pubblici ufficiali o incaricati di un pubblico servizio che esercitano funzioni o svolgono servizi in materia ambientale.

Evoluzione normativa:

(1) Articolo introdotto dall'art. 1, co. 1, l. 22.5.2015, n. 68, a decorrere dal 29.5.2015.

Norme connesse:

A. Art. 240 bis c.p.
B. Art. 25 undecies, d.lgs. 8.6.2001, n. 231 (in *Normativa complementare*, voce *Economia (diritto penale della), Enti*).

452 nonies. Aggravante ambientale [(1)].

Quando un fatto già previsto come reato è commesso allo scopo di eseguire uno o più tra i delitti previsti dal presente titolo, dal decreto legislativo 3 aprile 2006, n. 152, o da altra disposizione di legge posta a tutela dell'ambiente, ovvero se dalla commissione del fatto deriva la violazione di una o più norme previste dal citato decreto legislativo n. 152 del 2006 o da altra legge che tutela l'ambiente, la pena nel primo caso è aumentata da un terzo alla metà e nel secondo caso è aumentata di un terzo. In ogni caso il reato è procedibile d'ufficio.

Evoluzione normativa:

(1) Articolo introdotto dall'art. 1, co. 1, l. 22.5.2015, n. 68, a decorrere dal 29.5.2015.

452 decies. Ravvedimento operoso [(1)].

Le pene previste per i delitti di cui al presente titolo, per il delitto di associazione per delinquere di cui all'articolo 416 aggravato ai sensi dell'articolo 452-*octies*, nonché per il delitto di cui all'articolo 260 del decreto legislativo 3 aprile 2006, n. 152, e successive modificazioni, sono diminuite dalla metà a due terzi nei confronti di colui che si adopera per evitare che l'attività delittuosa venga portata a conseguenze ulteriori [270-bis.1, 323-bis, 375, 384-ter, 416-bis.1, 423-bis, 518-septiesdecies, 600-sexies, 600-sexies-1, 603-bis-1, 605, 630], ovvero, prima della dichiarazione di apertura del dibattimento di primo grado, provvede concretamente alla messa in sicurezza, alla bonifica e, ove possibile, al ripristino dello stato dei luoghi, e diminuite da un terzo alla metà nei confronti di colui che aiuta concretamente l'autorità di polizia o l'autorità giudiziaria nella ricostruzione del fatto, nell'individuazione degli autori o nella sottrazione di risorse rilevanti per la commissione dei delitti.

Ove il giudice, su richiesta dell'imputato, prima della dichiarazione di apertura del dibattimento di primo grado disponga la sospensione del procedimento per un tempo congruo, comunque non superiore a due anni e prorogabile per un periodo massimo di un ulteriore anno, al fine di consentire le attività di cui al comma precedente in corso di esecuzione, il corso della prescrizione è sospeso.

Evoluzione normativa:

(1) Articolo introdotto dall'art. 1, co. 1, l. 22.5.2015, n. 68, a decorrere dal 29.5.2015.

452 undecies. Confisca [(1)].

Nel caso di condanna o di applicazione della pena su richiesta delle parti, a norma dell'articolo 444 del codice di procedura penale, per i delitti previsti dagli articoli 452-*bis*, 452-*quater*, 452-*sexies*, 452-*sexies* e 452-*octies* del presente codice, è sempre ordinata la confisca delle cose che costituiscono il prodotto o il profitto del reato o che servirono a commettere il reato, salvo che appartengano a persone estranee al reato.

Quando, a seguito di condanna per uno dei delitti

previsti dal presente titolo, sia stata disposta la confisca di beni ed essa non sia possibile, il giudice individua beni di valore equivalente di cui il condannato abbia anche indirettamente o per interposta persona la disponibilità e ne ordina la confisca.

I beni confiscati ai sensi dei commi precedenti o i loro eventuali proventi sono messi nella disponibilità della pubblica amministrazione competente e vincolati all'uso per la bonifica dei luoghi.

L'istituto della confisca non trova applicazione nell'ipotesi in cui l'imputato abbia efficacemente provveduto alla messa in sicurezza e, ove necessario, alle attività di bonifica e di ripristino dello stato dei luoghi.

Evoluzione normativa:
(1) Articolo introdotto dall'art. 1, co. 1, l. 22.5.2015, n. 68, a decorrere dal 29.5.2015.

452 duodecies. Ripristino dello stato dei luoghi [(1)].

Quando pronuncia sentenza di condanna ovvero di applicazione della pena su richiesta delle parti a norma dell'articolo 444 del codice di procedura penale per taluno dei delitti previsti dal presente titolo, il giudice ordina il recupero e, ove tecnicamente possibile, il ripristino dello stato dei luoghi, ponendone l'esecuzione a carico del condannato e dei soggetti di cui all'articolo 197 del presente codice.

Al ripristino dello stato dei luoghi di cui al comma precedente si applicano le disposizioni di cui al titolo II della parte sesta del decreto legislativo 3 aprile 2006, n. 152, in materia di ripristino ambientale.

Evoluzione normativa:
(1) Articolo introdotto dall'art. 1, co. 1, l. 22.5.2015, n. 68, a decorrere dal 29.5.2015.

452 terdecies. Omessa bonifica [(1)].

Salvo che il fatto costituisca più grave reato, chiunque, essendovi obbligato per legge, per ordine del giudice ovvero di un'autorità pubblica, non provvede alla bonifica, al ripristino o al recupero dello stato dei luoghi è punito con la pena della reclusione da uno a quattro anni e con la multa da euro 20.000 a euro 80.000.

Evoluzione normativa:
(1) Articolo introdotto dall'art. 1, co. 1, l. 22.5.2015, n. 68, a decorrere dal 29.5.2015.

452 quaterdecies. Attività organizzate per il traffico illecito di rifiuti [(1)].

Chiunque, al fine di conseguire un ingiusto profitto, con più operazioni e attraverso l'allestimento di mezzi e attività continuative organizzate, cede, riceve, trasporta, esporta, importa, o comunque gestisce abusivamente ingenti quantitativi di rifiuti è punito con la reclusione da uno a sei anni.

Se si tratta di rifiuti ad alta radioattività si applica la pena della reclusione da tre a otto anni.

Alla condanna conseguono le pene accessorie di cui agli articoli 28, 30, 32-*bis* e 32-*ter*, con la limitazione di cui all'articolo 33.

Il giudice, con la sentenza di condanna o con quella emessa ai sensi dell'articolo 444 del codice di procedura penale, ordina il ripristino dello stato dell'ambiente e può subordinare la concessione della sospensione condizionale della pena all'eliminazione del danno o del pericolo per l'ambiente.

È sempre ordinata la confisca delle cose che servirono a commettere il reato o che costituiscono il prodotto o il profitto del reato, salvo che appartengano a persone estranee al reato. Quando essa non sia possibile, il giudice individua beni di valore equivalente di cui il condannato abbia anche indirettamente o per interposta persona la disponibilità e ne ordina la confisca.

Evoluzione normativa:
(1) Articolo introdotto dall'art. 1, co. 1, l. 22.5.2015, n. 68, a decorrere dal 29.5.2015.

TITOLO VII
Dei delitti contro la fede pubblica

Capo I
Della falsità in monete, in carte di pubblico credito e in valori di bollo

453. Falsificazione di monete, spendita e introduzione nello Stato, previo concerto, di monete falsificate.

È punito con la reclusione da tre a dodici anni e con la multa da euro 516 a euro 3.098 [454, 456, 459, 463] [(1)]:
1. chiunque contraffà monete nazionali o straniere, aventi corso legale nello Stato o fuori;
2. chiunque altera in qualsiasi modo monete genuine, col dare ad esse l'apparenza di un valore superiore;
3. chiunque, non essendo concorso nella contraffazione o nell'alterazione, ma di concerto con chi l'ha eseguita ovvero con un intermediario, introduce nel territorio dello Stato [4²] o detiene o spende o mette altrimenti in circolazione monete contraffatte o alterate;
4. chiunque, al fine di metterle in circolazione, acquista o comunque riceve, da chi le ha falsificate, ovvero da un intermediario, monete contraffatte o alterate.

La stessa pena si applica a chi, legalmente autorizzato alla produzione, fabbrica indebitamente, abusando degli strumenti o dei materiali nella sua disponibilità, quantitativi di monete in eccesso rispetto alle prescrizioni [(2)].

La pena è ridotta di un terzo quando le condotte di cui al primo e secondo comma hanno ad oggetto monete non aventi ancora corso legale e il termine iniziale dello stesso è determinato [(2)].

Evoluzione normativa:
(1) La multa risulta così aumentata, da ultimo, dall'art. 113, l. 24.11.1981, n. 689.
(2) Comma introdotto dall'art. 1, co. 1, lett. a), d.lgs. 21.6.2016, n. 125, a decorrere dal 27.7.2016.

Norme connesse:
A. Art. 142, r.d. 28.4.1910, n. 204: «*È proibita la fabbricazione, l'emissione e la circolazione, per qualsiasi scopo, di qualunque genere di biglietti o stampati imitanti o simulanti, in tutto o in parte, nel recto o nel verso, i biglietti di Banca, o qualunque altro titolo rappresentante valori di Banca, sotto comminatoria di una multa da L. 50 a L. 500 a*

carico di coloro che li fabbricassero o li ponessero in vendita.
Gli stampati e le lastre relative saranno sempre confiscati, a chiunque appartengano, e dovranno essere distrutti.
I commi precedenti non si applicano nei casi consentiti dalle disposizioni comunitarie o dalla BCE con riferimento alle banconote in Euro».

B. Art. 25 bis, d.lgs. 8.6.2001, n. 231 (in *Normativa complementare*, voce *Economia (diritto penale della), Enti*).

454. Alterazione di monete.

Chiunque altera monete della qualità indicata nell'articolo precedente, scemandone in qualsiasi modo il valore, ovvero, rispetto alle monete in tal modo alterate, commette alcuno dei fatti indicati nei n. 3 e 4 del detto articolo, è punito con la reclusione da uno a cinque anni e con la multa da euro 103 a euro 516 [458, 463] (1).

Evoluzione normativa:

(1) La multa risulta così aumentata secondo quanto disposto dall'art. 113, l. 24.11.1981, n. 689.

Norme connesse:

A. Art. 25 bis, d.lgs. 8.6.2001, n. 231 (in *Normativa complementare*, voce *Economia (diritto penale della), Enti*).

455. Spendita e introduzione nello Stato, senza concerto, di monete falsificate.

Chiunque, fuori dei casi preveduti dai due articoli precedenti, introduce nel territorio dello Stato [4^2], acquista o detiene monete contraffatte o alterate, al fine di metterle in circolazione, ovvero le spende o le mette altrimenti in circolazione, soggiace alle pene stabilite nei detti articoli, ridotte da un terzo alla metà [458, 459, 463, 694].

Norme connesse:

A. Art. 25 bis, d.lgs. 8.6.2001, n. 231 (in *Normativa complementare*, voce *Economia (diritto penale della), Enti*).

456. Circostanze aggravanti.

Le pene stabilite negli articoli 453 e 455 sono aumentate se dai fatti ivi preveduti deriva una diminuzione nel prezzo della valuta o dei titoli di Stato, o ne è compromesso il credito nei mercati interni o esteri.

457. Spendita di monete falsificate ricevute in buona fede.

Chiunque spende, o mette altrimenti in circolazione monete contraffatte o alterate, da lui ricevute in buona fede, è punito con la reclusione fino a sei mesi o con la multa fino a euro 1.032 [458, 459, 463, 694] (1).

Evoluzione normativa:

(1) La multa risulta così aumentata secondo quanto disposto dall'art. 113, l. 24.11.1981, n. 689.

Norme connesse:

A. Art. 25 bis, d.lgs. 8.6.2001, n. 231 (in *Normativa complementare*, voce *Economia (diritto penale della), Enti*).

458. Parificazione delle carte di pubblico credito alle monete.

Agli effetti della legge penale, sono parificate alle monete le carte di pubblico credito.

Per carte di pubblico credito s'intendono, oltre quelle che hanno corso legale come moneta, le carte o cedole al portatore emesse dai governi, e tutte le altre aventi corso legale emesse da istituti a ciò autorizzati.

459. Falsificazione di valori di bollo, introduzione nello Stato, acquisto, detenzione o messa in circolazione di valori di bollo falsificati.

Le disposizioni degli articoli 453, 455 e 457 si applicano anche alla contraffazione o alterazione di valori di bollo e alla introduzione nel territorio dello Stato [4^2], o all'acquisto, detenzione e messa in circolazione di valori di bollo contraffatti; ma le pene sono ridotte di un terzo.

Agli effetti della legge penale, si intendono per valori di bollo la carta bollata, le marche da bollo, i francobolli e gli altri valori equiparati a questi da leggi speciali [463, 464, 466].

Norme connesse:

A. Art. 33, d.P.R. 29.3.1973, n. 156 (testo unico in materia postale, bancoposta e telecomunicazioni, come modificato dall'art. 1, l. 4.10.2004, n. 254): «*Le disposizioni degli articoli 468, 469, 470 e 471 del codice penale si applicano anche ove si tratti di bolli o di punzoni delle macchine affrancatrici e delle impronte relative.*
Agli effetti degli articoli 459 e seguenti del codice penale i francobolli di Stato esteri sono equiparati a quelli italiani.
Se i fatti previsti dagli articoli 459, 460 e 461 del codice penale si riferiscono a francobolli non in corso, ma che hanno avuto corso legale, emessi sia dallo Stato italiano che da Stati esteri, si applicano le pene stabilite da tali articoli ridotte di un terzo».

B. Art. 110, r.d.l. 4. 10.1935, n. 1827: «*Agli effetti della legge penale sono equiparate ai valori di bollo le marche emesse in esecuzione del presente decreto.*
Chiunque contraffa' od altera le tessere assicurative o scientemente fa uso di tessere contraffatte od alterate, o le pone in vendita o altrimenti in circolazione, è punito con la multa da lire cento a lire mille, salvo che il fatto costituisca reato più grave.
Alla stessa pena indicata nel comma precedente soggiace chi fa uso di marche annullate o le pone in vendita o le mette altrimenti in circolazione o fa uso illecito di tessere in bianco o ne rende possibile l'uso illecito».

C. Art. 25 bis, d.lgs. 8.6.2001, n. 231 (in *Normativa complementare*, voce *Economia (diritto penale della), Enti*).

460. Contraffazione di carta filigranata in uso per la fabbricazione di carte di pubblico credito o di valori di bollo.

Chiunque contraffà la carta filigranata che si adopera per la fabbricazione delle carte di pubblico credito o dei valori di bollo, ovvero acquista, detiene o aliena tale carta contraffatta, è punito, se il fatto non costituisce un più grave reato, con la reclusione da due a sei anni e con la multa da euro 309 a euro 1.032 [458^2, 459^2, 463, 464] (1).

Evoluzione normativa:

(1) La multa risulta così aumentata secondo quanto disposto dall'art. 113, l. 24.11.1981, n. 689.

Norme connesse:

A. Art. 33, d.P.R. 29.3.1973, n. 156 (testo unico in materia postale, bancoposta e telecomunicazioni): «*Le disposizioni degli articoli 468, 469, 470 e 471 del codice penale si applicano anche ove si tratti di bolli o di punzoni delle macchine affrancatrici e delle impronte relative.*
Agli effetti degli articoli 459 e seguenti del codice penale i francobolli di Stato esteri sono equiparati a quelli italiani.

Se i fatti previsti dagli articoli 459, 460 e 461del codice penale si riferiscono a francobolli non in corso, ma che hanno avuto corso legale, emessi sia dallo Stato italiano che da Stati esteri, si applicano le pene stabilite da tali articoli ridotte di un terzo».

B. Art. 25 bis, d.lgs. 8.6.2001, n. 231 (in *Normativa complementare*, voce *Economia (diritto penale della), Enti*).

461. Fabbricazione o detenzione di filigrane o di strumenti destinati alla falsificazione di monete, di valori di bollo o di carta filigranata.

Chiunque fabbrica, acquista, detiene o aliena filigrane, programmi e dati informatici o strumenti destinati alla contraffazione o alterazione di monete, di valori di bollo o di carta filigranata è punito, se il fatto non costituisce un più grave reato, con la reclusione da uno a cinque anni e con la multa da euro 103 a euro 516 [458, 459², 463, 464] (1) (2).

La stessa pena si applica se le condotte previste dal primo comma hanno ad oggetto ologrammi o altri componenti della moneta destinati ad assicurare la protezione contro la contraffazione o l'alterazione (3).

Evoluzione normativa:

(1) Comma così modificato dall'art. 5, d.l. 25.9.2001, n. 350, nel testo integrato dalla relativa legge di conversione, e, poi, dall'art. 1, co. 1, lett. b), nn. 1) e 2), d.lgs. 21.6.2016, n. 125, a decorrere dal 27.7.2016.

Il testo antecedente alle modifiche del 2016 così disponeva: «*Chiunque fabbrica, acquista, detiene o aliena filigrane, programmi informatici o strumenti destinati esclusivamente alla contraffazione o alterazione di monete, di valori di bollo o di carta filigranata è punito, se il fatto non costituisce un più grave reato, con la reclusione da uno a cinque anni e con la multa da euro 103 a euro 516*».

Il testo in vigore prima delle modifiche del 2001 così disponeva: «*Chiunque fabbrica, acquista, detiene o aliena filigrane o strumenti destinati esclusivamente alla contraffazione o alterazione di monete di valori di bollo o di carta filigranata è punito, se il fatto non costituisce un più grave reato, con la reclusione da uno a cinque anni e con la multa da lire duecentomila a un milione*».

(2) La multa risulta così aumentata secondo quanto disposto dall'art. 113, l. 24.11.1981, n. 689.

(3) Comma introdotto dall'art. 5, d.l. 25.9.2001, n. 350.

Norme connesse:

A. Art. 33, d.P.R. 29.3.1973, n. 156 (testo unico in materia postale, bancoposta e telecomunicazioni): «*Le disposizioni degli articoli 468, 469, 470 e 471 del codice penale si applicano anche ove si tratti di bolli o di punzoni delle macchine affrancatrici e delle impronte relative.*

Agli effetti degli articoli 459 e seguenti del codice penale i francobolli di Stato esteri sono equiparati a quelli italiani.

Se i fatti previsti dagli articoli 459, 460 e 461del codice penale si riferiscono a francobolli non in corso, ma che hanno avuto corso legale, emessi sia dallo Stato italiano che da Stati esteri, si applicano le pene stabilite da tali articoli ridotte di un terzo».

B. Art. 25 bis, d.lgs. 8.6.2001, n. 231 (in *Normativa complementare*, voce *Economia (diritto penale della), Enti*).

462. Falsificazione di biglietti di pubbliche imprese di trasporto.

Chiunque contraffà o altera biglietti di strade ferrate [431³] o di altre pubbliche imprese di trasporto, ovvero, non essendo concorso nella contraffazione o nell'alterazione, acquista o detiene al fine di metterli in circolazione, o mette in circolazione tali biglietti contraffatti o alterati, è punito con la reclusione fino a un anno e con la multa da euro 10 a euro 206 [463, 465, 466] (1).

Evoluzione normativa:

(1) La multa risulta così aumentata, da ultimo, ai sensi dell'art. 113, l. 24.11.1981, n. 689.

463. Casi di non punibilità.

Non è punibile chi, avendo commesso alcuno dei fatti preveduti dagli articoli precedenti, riesce, prima che l'autorità ne abbia notizia, a impedire la contraffazione, l'alterazione, la fabbricazione o la circolazione delle cose indicate negli articoli stessi [56⁴].

464. Uso di valori di bollo contraffatti o alterati.

Chiunque, non essendo concorso nella contraffazione o nell'alterazione, fa uso di valori di bollo [459²] contraffatti o alterati è punito con la reclusione fino a tre anni e con la multa fino a euro 516 (1).

Se i valori sono stati ricevuti in buona fede si applica la pena stabilita nell'articolo 457, ridotta di un terzo.

Evoluzione normativa:

(1) La multa risulta così aumentata secondo quanto disposto dall'art. 113, l. 24.11.1981, n. 689.

Norme connesse:

B. Art. 25 bis, d.lgs. 8.6.2001, n. 231 (in *Normativa complementare*, voce *Economia (diritto penale della), Enti*).

465. Uso di biglietti falsificati di pubbliche imprese di trasporto (1).

Chiunque, non essendo concorso nella contraffazione o nell'alterazione, fa uso di biglietti di strade ferrate [431³] o di altre pubbliche imprese di trasporto, contraffatti o alterati, è punito con la sanzione amministrativa pecuniaria da euro 103 a euro 619.

Se i biglietti sono stati ricevuti in buona fede si applica la sanzione amministrativa pecuniaria da euro 51 a euro 309.

Evoluzione normativa:

(1) Articolo così modificato dall'art. 41, d.lgs. 30.12.1999, n. 507. Il testo previgente così disponeva: «*Uso di biglietti falsificati di pubbliche imprese di trasporto. Chiunque, non essendo concorso nella contraffazione o nell'alterazione, fa uso di biglietti di strade ferrate o di altre pubbliche imprese di trasporto, contraffatti o alterati, è punito con la reclusione fino a sei mesi o con la multa da lire ventimila a quattrocentomila. Se i biglietti sono stati ricevuti in buona fede, si applica soltanto la multa fino a lire sessantamila*».

466. Alterazione di segni nei valori di bollo o nei biglietti usati e uso degli oggetti così alterati (1).

Chiunque cancella o fa in qualsiasi modo scomparire, da valori di bollo [459²] o da biglietti di strade ferrate [431³] o di altre pubbliche imprese di trasporto, i segni appostivi per indicare l'uso già fattone, è punito, qualora ne faccia uso o lasci che altri ne faccia uso, con la sanzione amministrativa pecuniaria da euro 103 a euro 619.

Alla stessa sanzione soggiace chi, senza essere concorso nell'alterazione, fa uso dei valori di bollo o dei biglietti alterati. Se le cose sono state ricevute in buona fede, si applica la sanzione amministrativa pecuniaria da euro 51 a euro 309.

Evoluzione alimentare:

(1) Articolo così modificato dall'art. 42, d.lgs. 30.12.1999, n. 507.
Il testo previgente così disponeva: «*Alterazione di segni nei valori di bollo o nei biglietti usati e uso degli oggetti così alterati. Chiunque cancella o fa in qualsiasi modo scomparire, da valori di bollo o da biglietti di strade ferrate o di altre pubbliche imprese di trasporto, i segni apposti per indicare l'uso già fattone, è punito, qualora ne faccia uso o lasci che altri ne faccia uso, con la reclusione fino a sei mesi o con la multa da lire ventimila a quattrocentomila. Alla stessa pena soggiace chi senza essere concorso nell'alterazione, fa uso dei valori di bollo o dei biglietti alterati. Si applica la sola multa fino a lire sessantamila se le cose sono state ricevute in buona fede*».

Norme connesse:

A. Art. 27, d.P.R. 26.10.1972, n. 642: «*Chi detiene per lo smercio ovvero smercia carta bollata, marche od altri valori di bollo precedentemente usati è punito con le pene stabilite dall'art. 466 del codice penale*».

466 bis. Confisca [1].

Nel caso di condanna o di applicazione di pena su richiesta delle parti, a norma dell'articolo 444 del codice di procedura penale, per uno dei delitti di cui agli articoli 453, 454, 455, 460 e 461 è sempre ordinata la confisca delle cose che servirono o furono destinate a commettere il reato e delle cose che ne sono il prodotto, il prezzo o il profitto, salvo che appartengano a persona estranea al reato, ovvero quando essa non è possibile dei beni di cui il condannato ha comunque la disponibilità, per un valore corrispondente al profitto, al prodotto o al prezzo del reato. Si applica il terzo comma dell'articolo 322-*ter*.

Evoluzione normativa:

(1) Articolo introdotto dall'art. 2, co. 1, lett. b), d.lgs. 29.10.2016, n. 202, a decorrere dal 24.11.2016.

Capo II
Della falsità in sigilli o strumenti o segni di autenticazione, certificazione o riconoscimento

467. Contraffazione del sigillo dello Stato e uso del sigillo contraffatto.

Chiunque contraffà il sigillo dello Stato, destinato a essere apposto sugli atti del governo, ovvero, non essendo concorso nella contraffazione, fa uso di tale sigillo da altri contraffatto, è punito con la reclusione da tre a sei anni e con la multa da euro 103 a euro 2.065 [469, 470] [1].

Evoluzione normativa:

(1) La multa risulta così aumentata secondo quanto disposto dall'art. 113, l. 24.11.1981, n. 689.

Norme connesse:

A. Art. 1, l. 29.5.1982, n. 304 (in *Normativa complementare*, voce *Criminalità organizzata e transnazionale, Collaboratori di giustizia, pentiti e dissociati (fenomeno mafioso ed eversivo)*).

468. Contraffazione di altri pubblici sigilli o strumenti destinati a pubblica autenticazione o certificazione e uso di tali sigilli e strumenti contraffatti.

Chiunque contraffà il sigillo di un ente pubblico o di un pubblico ufficio, ovvero, non essendo concorso [110] nella contraffazione, fa uso di tale sigillo contraffatto, è punito con la reclusione da uno a cinque anni e con la multa da euro *103* a euro *1.032* [1].

La stessa pena si applica a chi contraffà altri strumenti destinati a pubblica autenticazione o certificazione, ovvero, senza essere concorso nella contraffazione, fa uso di tali strumenti [469, 470].

Evoluzione normativa:

(1) La multa è stata così aumentata secondo quanto disposto dall'art. 113, l. 24.11.1981, n. 689.

Norme connesse:

A. Art. 33, d.P.R. 29.3.1973, n. 156 (testo unico in materia postale, bancoposta e telecomunicazioni, come modificato dall'art. 1, l. 4.10.2004, n. 254): «*Le disposizioni degli articoli 468, 469, 470 e 471 del codice penale si applicano anche ove si tratti di bolli o di punzoni delle macchine affrancatrici e delle impronte relative.*
Agli effetti degli articoli 459 e seguenti del codice penale i francobolli di Stato esteri sono equiparati a quelli italiani.
Se i fatti previsti dagli articoli 459, 460 e 461 del codice penale si riferiscono a francobolli non in corso, ma che hanno avuto corso legale, emessi sia dallo Stato italiano che da Stati esteri, si applicano le pene stabilite da tali articoli ridotte di un terzo».

469. Contraffazione delle impronte di una pubblica autenticazione o certificazione.

Chiunque, con mezzi diversi dagli strumenti indicati negli articoli precedenti, contraffà le impronte di una pubblica autenticazione o certificazione, ovvero, non essendo concorso [110] nella contraffazione, fa uso della cosa che reca l'impronta contraffatta, soggiace alle pene rispettivamente stabilite nei detti articoli, ridotte di un terzo.

Norme connesse:

A. Art. 33, d.P.R. 29.3.1973, n. 156 (testo unico in materia postale, bancoposta e telecomunicazioni, come modificato dall'art. 1, l. 4.10.2004, n. 254): «*Le disposizioni degli articoli 468, 469, 470 e 471 del codice penale si applicano anche ove si tratti di bolli o di punzoni delle macchine affrancatrici e delle impronte relative.*
Agli effetti degli articoli 459 e seguenti del codice penale i francobolli di Stato esteri sono equiparati a quelli italiani.
Se i fatti previsti dagli articoli 459, 460 e 461 del codice penale si riferiscono a francobolli non in corso, ma che hanno avuto corso legale, emessi sia dallo Stato italiano che da Stati esteri, si applicano le pene stabilite da tali articoli ridotte di un terzo».

470. Vendita o acquisto di cose con impronte contraffatte di una pubblica autenticazione o certificazione.

Chiunque, fuori dei casi di concorso [110] nei reati preveduti dagli articoli precedenti, pone in vendita o acquista cose sulle quali siano le impronte contraffatte di una pubblica autenticazione o certificazione, soggiace alle pene rispettivamente stabilite per i detti reati.

Norme connesse:

A. Art. 33, d.P.R. 29.3.1973, n. 156 (testo unico in materia postale, bancoposta e telecomunicazioni, come modificato dall'art. 1, l. 4.10.2004, n. 254): «*Le disposizioni degli articoli 468, 469, 470 e 471 del codice penale si applicano anche ove si tratti di bolli o di punzoni delle macchine affrancatrici e delle impronte relative.*
Agli effetti degli articoli 459 e seguenti del codice penale i francobolli di Stato esteri sono equiparati a quelli italiani.
Se i fatti previsti dagli articoli 459, 460 e 461 del codice penale si riferiscono a francobolli non in corso, ma che hanno avuto corso legale, emessi sia dallo Stato italiano che da Stati esteri, si applicano le pene stabilite da tali articoli ridotte di un terzo».

471. Uso abusivo di sigilli e strumenti veri.

Chiunque, essendosi procurati i veri sigilli o i veri strumenti destinati a pubblica autenticazione o certificazione, ne fa uso a danno altrui, o a profitto di sé o di altri, è punito con la reclusione fino a tre anni e con la multa fino a euro 309 [(1)].

Evoluzione normativa:

(1) La multa risulta così aumentata secondo quanto disposto dall'art. 113, l. 24.11.1981, n. 689.

Norme connesse:

A. Art. 33, d.P.R. 29.3.1973, n. 156 (testo unico in materia postale, bancoposta e telecomunicazioni, come modificato dall'art. 1, l. 4.10.2004, n. 254): «*Le disposizioni degli articoli 468, 469, 470 e 471 del codice penale si applicano anche ove si tratti di bolli o di punzoni delle macchine affrancatrici e delle impronte relative.*
Agli effetti degli articoli 459 e seguenti del codice penale i francobolli di Stato esteri sono equiparati a quelli italiani.
Se i fatti previsti dagli articoli 459, 460 e 461 del codice penale si riferiscono a francobolli non in corso, ma che hanno avuto corso legale, emessi sia dallo Stato italiano che da Stati esteri, si applicano le pene stabilite da tali articoli ridotte di un terzo».

472. Uso o detenzione di misure o pesi con falsa impronta.

Chiunque fa uso, a danno altrui, di misure o di pesi con l'impronta legale contraffatta o alterata, o comunque alterati, è punito con la reclusione fino a sei mesi o con la multa fino a euro 516 [(1)].

La stessa pena si applica a chi nell'esercizio di un'attività commerciale, ovvero in uno spaccio aperto al pubblico, detiene misure o pesi con l'impronta legale contraffatta o alterata, ovvero comunque alterati.

Agli effetti della legge penale, nella denominazione di misure o di pesi, è compreso qualsiasi strumento per misurare o pesare [692].

Evoluzione normativa:

(1) La multa risulta è stata aumentata, da ultimo, dall'art. 113, l. 24.11.1981, n. 689.

473. Contraffazione, alterazione o uso di marchio segni distintivi ovvero di brevetti, modelli e disegni [(1)].

Chiunque, potendo conoscere dell'esistenza del titolo di proprietà industriale, contraffà o altera marchi o segni distintivi, nazionali o esteri, di prodotti industriali [c.c. 2569 ss.], ovvero chiunque, senza essere concorso nella contraffazione o alterazione, fa uso di tali marchi o segni contraffatti o alterati, è punito con la reclusione da sei mesi a tre anni e con la multa da euro 2.500 a euro 25.000 [29].

Soggiace alla pena della reclusione da uno a quattro anni e della multa da euro 3.500 a euro 35.000 chiunque contraffà o altera brevetti, disegni o modelli industriali, nazionali o esteri, ovvero, senza essere concorso nella contraffazione o alterazione, fa uso di tali brevetti, disegni o modelli contraffatti o alterati.

I delitti previsti dai commi primo e secondo sono punibili a condizione che siano state osservate le norme delle leggi interne, dei regolamenti comunitari e delle convenzioni internazionali sulla tutela della proprietà intellettuale o industriale [517].

Evoluzione normativa:

(1) Articolo prima modificato dall'art. 113, l. 24.11.1981, n. 689 e poi così sostituito dalla lettera a), co. 1, art. 15, l. 23.7.2009, n. 99.

Il testo di questo articolo, prima della l. n. 99/2009, così disponeva: «*Contraffazione, alterazione o uso di segni distintivi di opere dell'ingegno o di prodotti industriali. Chiunque contraffà o altera i marchi o segni distintivi, nazionali o esteri, delle opere dell'ingegno o dei prodotti industriali, ovvero, senza essere concorso nella contraffazione o alterazione, fa uso di tali marchi o segni contraffatti o alterati, è punito con la reclusione fino a tre anni e con la multa fino a euro 2.65. Alla stessa pena soggiace chi contraffà o altera brevetti, disegni o modelli industriali, nazionali o esteri, ovvero, senza essere concorso nella contraffazione o alterazione, fa uso di tali brevetti, disegni o modelli contraffatti o alterati. Le disposizioni precedenti si applicano sempre che siano state osservate le norme delle leggi interne o delle convenzioni internazionali sulla tutela della proprietà intellettuale o industriale*»

Norme connesse:

A. Art. 127, d.lgs. 10.2.2005, n. 30 (in *Normativa complementare*, voce *Brevetti*).

B. Art. 16, l. 23.7.2009, n. 99 (in *Normativa complementare*, voce *Contraffazione*).

C. Art. 25 bis, d.lgs. 8.6.2001, n. 231 (in *Normativa complementare*, voce *Economia (diritto penale della), Enti*).

474. Introduzione nello Stato e commercio di prodotti con segni falsi [(1)].

Fuori dei casi di concorso [110] nei reati previsti dall'articolo 473, chiunque introduce nel territorio dello Stato, al fine di trarne profitto, prodotti industriali con marchi o altri segni distintivi, nazionali o esteri, contraffatti o alterati è punito con la reclusione da uno a quattro anni e con la multa da euro 3.500 a euro 35.000.

Fuori dei casi di concorso [110] nella contraffazione, alterazione, introduzione nel territorio dello Stato, chiunque detiene per la vendita, pone in vendita o mette altrimenti in circolazione, al fine di trarne profitto, i prodotti di cui al primo comma è punito con la reclusione fino a due anni e con la multa fino a euro 20.000.

I delitti previsti dai commi primo e secondo sono punibili a condizione che siano state osservate le norme delle leggi interne, dei regolamenti comunitari e delle convenzioni internazionali sulla tutela della proprietà intellettuale o industriale.

Evoluzione normativa:

(1) Articolo prima modificato dall'art. 113, l. 24.11.1981, n. 689 e poi così sostituito dalla lett. a), co. 1, art. 15, l. 23.7.2009, n. 99.

Il testo di questo articolo, in vigore prima della sostituzione disposta dalla suddetta l. n. 99/2009, così disponeva: «*Chiunque, fuori dei casi di concorso nei delitti preveduti dall'articolo precedente, introduce nel territorio dello Stato per farne commercio, detiene per vendere, o pone in vendita, o mette altrimenti in circolazione opere dell'ingegno o prodotti industriali, con marchi o segni distintivi, nazionali o esteri, contraffatti o alterati, è punito con la reclusione fino a due anni e con la multa fino a euro 2.65. Si applica la disposizione dell'ultimo capoverso dell'articolo precedente*».

Norme connesse:

A. Art. 25 bis, d.lgs. 8.6.2001, n. 231 (in *Normativa complementare*, voce *Economia (diritto penale della), Enti*).

474 bis. Confisca [(1)].

Nei casi di cui agli articoli 473 e 474 è sempre ordinata, salvi i diritti della persona offesa alle restituzioni e al risarcimento del danno, la confisca delle cose che servirono o furono destinate a commettere il reato e delle cose che ne sono l'oggetto, il prodotto, il prezzo o il profitto, a chiunque appartenenti.

Quando non è possibile eseguire il provvedimento di cui al primo comma, il giudice ordina la confisca di beni di cui il reo ha la disponibilità per un valore corrispondente al profitto. Si applica il terzo comma dell'articolo 322-*ter*.

Si applicano le disposizioni dell'articolo 240, commi terzo e quarto, se si tratta di cose che servirono o furono destinate a commettere il reato, ovvero che ne sono l'oggetto, il prodotto, il prezzo o il profitto, appartenenti a persona estranea al reato medesimo, qualora questa dimostri di non averne potuto prevedere l'illecito impiego, anche occasionale, o l'illecita provenienza e di non essere incorsa in un difetto di vigilanza.

Le disposizioni del presente articolo si osservano anche nel caso di applicazione della pena su richiesta delle parti a norma del titolo II del libro sesto del codice di procedura penale.

Evoluzione normativa:
(1) Articolo introdotto dalla lett. c), co. 1, art. 15, l. 23.7.2009, n. 99.

474 ter. Circostanza aggravante [(1)].

Se, fuori dai casi di cui all'articolo 416, i delitti puniti dagli articoli 473 e 474, primo comma, sono commessi in modo sistematico ovvero attraverso l'allestimento di mezzi e attività organizzate, la pena è della reclusione da due a sei anni e della multa da euro 5.000 a euro 50.000.

Si applica la pena della reclusione fino a tre anni e della multa fino a euro 30.000 se si tratta dei delitti puniti dall'articolo 474, secondo comma.

Evoluzione normativa:
(1) Articolo introdotto dalla lett. c), co. 1, art. 15, l. 23.7.2009, n. 99.

474 quater. Circostanza attenuante [(1)].

Le pene previste dagli articoli 473 e 474 sono diminuite dalla metà a due terzi nei confronti del colpevole che si adopera per aiutare concretamente l'autorità di polizia o l'autorità giudiziaria nell'azione di contrasto dei delitti di cui ai predetti articoli 473 e 474, nonché nella raccolta di elementi decisivi per la ricostruzione dei fatti e per l'individuazione o la cattura dei concorrenti negli stessi, ovvero per la individuazione degli strumenti occorrenti per la commissione dei delitti medesimi o dei profitti da essi derivanti.

Evoluzione normativa:
(1) Articolo introdotto dalla lett. c), co. 1, art. 15, l. 23.7.2009, n. 99.

475. Pena accessoria.

La condanna per alcuno dei delitti preveduti dai due articoli precedenti importa la pubblicazione della sentenza [36].

Capo III
Della falsità in atti

476. Falsità materiale commessa dal pubblico ufficiale in atti pubblici.

Il pubblico ufficiale [357], che, nell'esercizio delle sue funzioni, forma, in tutto o in parte, un atto falso o altera un atto vero, è punito con la reclusione da uno a sei anni.

Se la falsità concerne un atto o parte di un atto, che faccia fede fino a querela di falso [c.c. 2699 ss.; c.p.c. 221, 227], la reclusione è da tre a dieci anni [492, 493; cod. nav. 1134].

Norme connesse:
A. Art. 100, d.P.R. 30.3.1957, n. 361 (in *Normativa complementare*, voce *Finanziamento illecito ai partiti e reati elettorali*). Il terzo comma di questo articolo così disponeva: «*Chiunque commette uno dei reati previsti dai Capi III e IV del Titolo VII del Libro secondo del codice penale aventi ad oggetto l'autenticazione delle sottoscrizioni di liste di elettori o di candidati ovvero forma falsamente, in tutto o in parte, liste di elettori o di candidati, è punito con la pena dell'ammenda da 500 euro a 2.00 euro*»: la Corte costituzionale, con sent. 23.11.2006, n. 394, ha dichiarato l'illegittimità costituzionale di questo comma.
B. Art. 90, d.P.R. 16.5.1960, n. 570 (in *Normativa complementare*, voce *Finanziamento illecito ai partiti e reati elettorali*).
C. Art. 1, l. 29.5.1982, n. 304 (in *Normativa complementare*, voce *Criminalità organizzata e transnazionale, Collaboratori di giustizia, pentiti e dissociati (fenomeno mafioso ed eversivo)*).

477. Falsità materiale commessa dal pubblico ufficiale in certificati o autorizzazioni amministrative.

Il pubblico ufficiale [357], che, nell'esercizio delle sue funzioni, contraffà o altera certificati o autorizzazioni amministrative, ovvero, mediante contraffazione o alterazione, fa apparire adempiute le condizioni richieste per la loro validità, è punito con la reclusione da sei mesi a tre anni [480, 492, 493].

478. Falsità materiale commessa dal pubblico ufficiale in copie autentiche di atti pubblici o privati e in attestati del contenuto di atti.

Il pubblico ufficiale [357], che, nell'esercizio delle sue funzioni, supponendo esistente un atto pubblico o privato [492], ne simula una copia e la rilascia in forma legale, ovvero rilascia una copia di un atto pubblico o privato diversa dall'originale, è punito con la reclusione da uno a quattro anni.

Se la falsità concerne un atto o parte di un atto, che faccia fede fino a querela di falso [c.c. 2699 ss.; c.p.c. 221, 227], la reclusione è da tre a otto anni.

Se la falsità è commessa dal pubblico ufficiale [357] in un attestato sul contenuto di atti, pubblici o privati, la pena è della reclusione da uno a tre anni [491-493].

479. Falsità ideologica commessa dal pubblico ufficiale in atti pubblici.

Il pubblico ufficiale [357], che, ricevendo o formando un atto nell'esercizio delle sue funzioni, attesta falsamente che un fatto è stato da lui compiuto o è avvenuto alla sua presenza, o attesta come da lui ricevute dichiarazioni a lui non rese, ovvero omette o altera dichiarazioni da lui ricevute, o comunque attesta falsamente fatti dei quali l'atto è destinato a provare la verità, soggiace alle pene stabilite nell'articolo 476 [491, 493; cod. nav. 1127, 1128].

Norme connesse:
A. Art. 15 quater, d.l. 26.11.1980, n. 776, conv., con modif., in l.

22.12.1980, n. 874, ora art. 90, d.P.R. 30.3.1990, n. 76: «*Le pene per i reati previsti dagli articoli 479, 480, 481 e 483 del codice penale, commessi per conseguire benefici disposti a favore delle popolazioni colpite dagli eventi sismici del novembre 1980, sono aumentate fino alla metà. Non si applica la disposizione dell'ultimo comma dell'articolo 69 del codice penale*».

480. Falsità ideologica commessa dal pubblico ufficiale in certificati o in autorizzazioni amministrative.

Il pubblico ufficiale [357], che, nell'esercizio delle sue funzioni, attesta falsamente in certificati o autorizzazioni amministrative, fatti dei quali l'atto è destinato a provare la verità, è punito con la reclusione da tre mesi a due anni [492, 493; c.n. 1127, 1128].

Norme connesse:

A. Art. 15 quater, d.l. 26.11.1980, n. 776, conv., con modif., in l. 22.12.1980, n. 874, ora art. 90, d.P.R. 30.3.1990, n. 76: «*Le pene per i reati previsti dagli articoli 479, 480, 481 e 483 del codice penale, commessi per conseguire benefici disposti a favore delle popolazioni colpite dagli eventi sismici del novembre 1980, sono aumentate fino alla metà. Non si applica la disposizione dell'ultimo comma dell'articolo 69 del codice penale*».

481. Falsità ideologica in certificati commessa da persone esercenti un servizio di pubblica necessità.

Chiunque, nell'esercizio di una professione sanitaria o forense, o di un altro servizio di pubblica necessità [359], attesta falsamente, in un certificato, fatti dei quali l'atto è destinato a provare la verità, è punito con la reclusione fino a un anno o con la multa da euro 51 a euro 516 (1).

Tali pene si applicano congiuntamente se il fatto è commesso a scopo di lucro.

Evoluzione normativa:

(1) La multa è stata così modificata, da ultimo, dall'art. 113, l. 24.11.1981, n. 689.

Norme connesse:

A. Art. 15 quater, d.l. 26.11.1980, n. 776, conv., con modif., in l. 22.12.1980, n. 874, ora art. 90, d.P.R. 30.3.1990, n. 76: «*Le pene per i reati previsti dagli articoli 479, 480, 481 e 483 del codice penale, commessi per conseguire benefici disposti a favore delle popolazioni colpite dagli eventi sismici del novembre 1980, sono aumentate fino alla metà. Non si applica la disposizione dell'ultimo comma dell'articolo 69 del codice penale*».

482. Falsità materiale commessa dal privato.

Se alcuno dei fatti preveduti dagli articoli 476, 477 e 478 è commesso da un privato, ovvero da un pubblico ufficiale [357] fuori dell'esercizio delle sue funzioni, si applicano rispettivamente le pene stabilite nei detti articoli, ridotte di un terzo.

483. Falsità ideologica commessa dal privato in atto pubblico.

Chiunque attesta falsamente al pubblico ufficiale [357], in un atto pubblico [492, 495; c.c. 2699], fatti dei quali l'atto è destinato a provare la verità, è punito con la reclusione fino a due anni.

Se si tratta di false attestazioni in atti dello stato civile [495; c.c. 449], la reclusione non può essere inferiore a tre mesi.

Norme connesse:

A. Art. 15 quater, d.l. 26.11.1980, n. 776, conv., con modif., in l. 22.12.1980, n. 874, ora art. 90, d.P.R. 30.3.1990, n. 76: «*Le pene per i reati previsti dagli articoli 479, 480, 481 e 483 del codice penale, commessi per conseguire benefici disposti a favore delle popolazioni colpite dagli eventi sismici del novembre 1980, sono aumentate fino alla metà. Non si applica la disposizione dell'ultimo comma dell'articolo 69 del codice penale*».

B. Art. 21, co. 1, l. 7.8.1990, n. 241 (in *Normativa complementare*, voce *Falsità in atti*).

C. Art. 7, co. 1, 2, 3, 4, d.l. 29.1.2019, n. 4, convertito con modificazioni in l. 28.3.2019, n. 26: «*1. Salvo che il fatto costituisca più grave reato, chiunque, al fine di ottenere indebitamente il beneficio di cui all'articolo 3, rende o utilizza dichiarazioni o documenti falsi o attestanti cose non vere, ovvero omette informazioni dovute, è punito con la reclusione da due a sei anni.*

2. L'omessa comunicazione delle variazioni del reddito o del patrimonio, anche se provenienti da attività irregolari, nonché di altre informazioni dovute e rilevanti ai fini della revoca o della riduzione del beneficio entro i termini di cui all'articolo 3, commi 8, ultimo periodo, 9 e 11, è punita con la reclusione da uno a tre anni.

3. Alla condanna in via definitiva per i reati di cui ai commi 1 e 2 e per quello previsto dall'articolo 640-bis del codice penale, nonché alla sentenza di applicazione della pena su richiesta delle parti per gli stessi reati, consegue di diritto l'immediata revoca del beneficio con efficacia retroattiva e il beneficiario è tenuto alla restituzione di quanto indebitamente percepito. La revoca è disposta dall'INPS ai sensi del comma 10. Il beneficio non può essere nuovamente richiesto prima che siano decorsi dieci anni dalla condanna.

4. Fermo quanto previsto dal comma 3, quando l'amministrazione erogante accerta la non corrispondenza al vero delle dichiarazioni e delle informazioni poste a fondamento dell'istanza ovvero l'omessa successiva comunicazione di qualsiasi intervenuta variazione del reddito, del patrimonio e della composizione del nucleo familiare dell'istante, la stessa amministrazione dispone l'immediata revoca del beneficio con efficacia retroattiva. A seguito della revoca, il beneficiario è tenuto alla restituzione di quanto indebitamente percepito».

484. Falsità in registri e notificazioni.

Chiunque, essendo per legge obbligato a fare registrazioni soggette all'ispezione dell'autorità di pubblica sicurezza, o a fare notificazioni all'autorità stessa circa le proprie operazioni industriali, commerciali o professionali, scrive o lascia scrivere false indicazioni è punito con la reclusione fino a sei mesi o con la multa fino a euro 309 (1).

Evoluzione normativa:

(1) La multa risulta così aumentata secondo quanto disposto dall'art. 113, l. 24.11.1981, n. 689.

Norme connesse:

A. Artt. 55, 109, 120, 128, r.d. 18.6.1931, n. 773 (in *Normativa complementare*, voce *Ordine pubblico e sicurezza pubblica*).

485. Falsità in scrittura privata (1).

[Chiunque, al fine di procurare a sé o ad altri un vantaggio o di recare ad altri un danno, forma, in tutto o in parte, una scrittura privata falsa, o altera una scrittura privata vera, è punito, qualora ne faccia uso o lasci che altri ne faccia uso, con la reclusione da sei mesi a tre anni.

Si considerano alterazioni anche le aggiunte falsamente apposte a una scrittura vera, dopo che questa fu definitivamente formata.]

Evoluzione normativa:

(1) Articolo abrogato dall'art. 1, co. 1, lett. a), d.lgs. 15.1.2016, n. 7, a decorrere dal 6.2.2016. L'art. 4, co. 4, lett. a) dello stesso d.lgs. n. 7/2016 prevede che le condotte in questione siano punite con la

sanzione pecuniaria civile da euro duecento a euro dodicimila. Si considerano alterazioni anche le aggiunte falsamente apposte a una scrittura vera, dopo che questa è stata definitivamente formata.
Lo stesso art. 4 prevede, al quinto comma, che le nuove disposizioni si applicano anche nel caso in cui le falsità ivi previste riguardino un documento informatico privato avente efficacia probatoria, e, al sesto comma, che nella denominazione di "scritture private" sono compresi gli atti originali e le copie autentiche di essi, quando a norma di legge tengano luogo degli originali mancanti.

486. Falsità in foglio firmato in bianco. Atto privato [(1)].

[Chiunque, al fine di procurare a sé o ad altri un vantaggio. o di recare ad altri un danno, abusando di un foglio firmato in bianco, del quale abbia il possesso per un titolo che importi l'obbligo o la facoltà di riempirlo, vi scrive o fa scrivere un atto privato produttivo di effetti giuridici, diverso da quello a cui era obbligato o autorizzato, è punito, se del foglio faccia uso o lasci che altri ne faccia uso, con la reclusione da sei mesi a tre anni.

Si considera firmato in bianco il foglio in cui il sottoscrittore abbia lasciato bianco un qualsiasi spazio destinato a essere riempito.]

Evoluzione normativa:
(1) Articolo abrogato dall'art. 1, co. 1, lett. b), d.lgs. 15.1.2016, n. 7, a decorrere dal 6.2.2016. L'art. 4, co. 4, lett. b) dello stesso d.lgs. n. 7/2016 prevede che le condotte in questione siano punite con la sanzione pecuniaria civile da euro duecento a euro dodicimila.
Lo stesso art. 4 prevede, al quinto comma, che le nuove disposizioni si applicano anche nel caso in cui le falsità ivi previste riguardino un documento informatico privato avente efficacia probatoria, e, al sesto comma, che nella denominazione di "scritture private" sono compresi gli atti originali e le copie autentiche di essi, quando a norma di legge tengano luogo degli originali mancanti.

487. Falsità in foglio firmato in bianco. Atto pubblico.

Il pubblico ufficiale [357], che, abusando di un foglio firmato in bianco [488], del quale abbia il possesso per ragione del suo ufficio e per un titolo che importa l'obbligo o la facoltà di riempirlo, vi scrive o vi fa scrivere un atto pubblico [c.c. 2699] diverso da quello a cui era obbligato o autorizzato, soggiace alle pene rispettivamente stabilite negli articoli 479 e 480 [488, 491, 493].

488. Altre falsità in foglio firmato in bianco. Applicabilità delle disposizioni sulle falsità materiali [(1)].

Ai casi di falsità su un foglio firmato in bianco diversi da quelli preveduti dall'articolo 487 si applicano le disposizioni sulle falsità materiali in atti pubblici [491, 492, 493, 493-*bis*].

Evoluzione normativa:
(1) Articolo così sostituito dall'art. 2, co. 1, lett. a), d.lgs. 15.1.2016, n. 7, a decorrere dal 6.2.2016.
Il testo previgente così disponeva: «*Ai casi di falsità su un foglio firmato in bianco diversi da quelli preveduti dai due articoli precedenti, si applicano le disposizioni sulle falsità materiali in atti pubblici o in scritture private*».

489. Uso di atto falso.

Chiunque senza essere concorso nella falsità, fa uso di un atto falso soggiace alle pene stabilite negli articoli precedenti, ridotte di un terzo.

[Qualora si tratti di scritture private, chi commette il fatto è punibile soltanto se ha agito al fine di procurare a sé o ad altri un vantaggio o di recare ad altri un danno [(1)].]

Evoluzione normativa:
(1) Comma abrogato dall'art. 2, co. 1, lett. b), d.lgs. 15.1.2016, n. 7, a decorrere dal 6.2.2016. L'art. 4, co. 4, lett. d) dello stesso d.lgs. n. 7/2016 prevede che le condotte in questione siano punite con la sanzione pecuniaria civile da euro duecento a euro dodicimila.
Lo stesso art. 4 prevede, al quinto comma, che le nuove disposizioni si applicano anche nel caso in cui le falsità ivi previste riguardino un documento informatico privato avente efficacia probatoria, e, al sesto comma, che nella denominazione di "scritture private" sono compresi gli atti originali e le copie autentiche di essi, quando a norma di legge tengano luogo degli originali mancanti.

490. Soppressione, distruzione e occultamento di atti veri.

Chiunque, in tutto o in parte, distrugge, sopprime od occulta un atto pubblico vero [c.c. 2699] o, al fine di recare a sé o ad altri un vantaggio o di recare ad altri un danno, distrugge, sopprime od occulta un testamento olografo [c.c. 602], una cambiale o un altro titolo di credito trasmissibile per girata o al portatore veri, soggiace rispettivamente alle pene stabilite negli articoli 476, 477 e 482, secondo le distinzioni in essi contenute [(1)].

[Si applica la disposizione del capoverso dell'articolo precedente [(2)].]

Evoluzione normativa:
(1) Comma così sostituito dall'art. 2, co. 1, lett. c), n. 1), d.lgs. 15.1.2016, n. 7, a decorrere dal 6.2.2016.
Il testo previgente così disponeva: «*Chiunque, in tutto o in parte, distrugge, sopprime od occulta un atto pubblico o una scrittura privata veri soggiace rispettivamente alle pene stabilite negli articoli 476, 477, 482 e 485, secondo le distinzioni in essi contenute*».
(2) Comma abrogato dall'art. 2, co. 1, lett. c), n. 2), d.lgs. 15.1.2016, n. 7, a decorrere dal 6.2.2016. L'art. 4, co. 4, lett. e) dello stesso d.lgs. n. 7/2016 prevede che le condotte in questione siano punite con la sanzione pecuniaria civile da euro duecento a euro dodicimila.
Lo stesso art. 4 prevede, al quinto comma, che le nuove disposizioni si applicano anche nel caso in cui le falsità ivi previste riguardino un documento informatico privato avente efficacia probatoria, e, al sesto comma, che nella denominazione di "scritture private" sono compresi gli atti originali e le copie autentiche di essi, quando a norma di legge tengano luogo degli originali mancanti.

491. Falsità in testamento olografo, cambiale o titoli di credito [(1)].

Se alcuna delle falsità prevedute dagli articoli precedenti riguarda un testamento olografo [c.c. 602], ovvero una cambiale o un altro titolo di credito trasmissibile per girata o al portatore [c.c. 2003 ss.] e il fatto è commesso al fine di recare a sé o ad altri un vantaggio o di recare ad altri un danno, si applicano le pene rispettivamente stabilite nella prima parte dell'articolo 476 e nell'articolo 482.

Nel caso di contraffazione o alterazione degli atti di cui al primo comma, chi ne fa uso, senza essere concorso [110] nella falsità, soggiace alla pena stabilita nell'articolo 489 per l'uso di atto pubblico falso.

Evoluzione normativa:
(1) Articolo così sostituito dall'art. 2, co. 1, lett. d), d.lgs. 15.1.2016, n. 7, a decorrere dal 6.2.2016.
Il testo previgente così disponeva: «*Documenti equiparati agli atti pubblici agli effetti della pena.*
Se alcuna delle falsità prevedute dagli articoli precedenti riguarda un testamento olografo, ovvero una cambiale o un altro titolo di credito trasmissibile per girata o al portatore, in luogo della pena stabilita per la

falsità in scrittura privata nell'articolo 485, si applicano le pene rispettivamente stabilite nella prima parte dell'articolo 476 e nell'articolo 482. Nel caso di contraffazione o alterazione di alcuno degli atti suddetti, chi ne fa uso, senza essere concorso nella falsità, soggiace alla pena stabilita nell'articolo 489 per l'uso di atto pubblico falso».

491 bis. Documenti informatici (1).

Se alcuna delle falsità previste dal presente capo riguarda un documento informatico pubblico avente efficacia probatoria, si applicano le disposizioni del capo stesso concernenti gli atti pubblici.

Evoluzione normativa:

(1) Articolo introdotto dall'art. 3, l. 23.12.1993, n. 547, modificato dall'art. 3, l. 18.3.2008, n. 48 e, poi, così sostituito dall'art. 2, co. 1, lett. e), d.lgs. 15.1.2016, n. 7, a decorrere dal 6.2.2016.
Il testo antecedente alla sostituzione del 2016 così disponeva: «*Se alcuna delle falsità previste dal presente capo riguarda un documento informatico pubblico o privato avente efficacia probatoria, si applicano le disposizioni del capo stesso concernenti rispettivamente gli atti pubblici e le scritture private*».
Il testo antecedente alla sostituzione del 2008 così disponeva: «*Se alcuna delle falsità previste dal presente capo riguarda un documento informatico pubblico o privato, si applicano le disposizioni del capo stesso concernenti rispettivamente gli atti pubblici e le scritture private. A tal fine per documento informatico si intende qualunque supporto informatico contenente dati o informazioni aventi efficacia probatoria o programmi specificamente destinati ad elaborarli*».

Norme connesse:

A. Art. 24 bis, d.lgs. 8.6.2001, n. 231 (in *Normativa complementare*, voce *Economia (diritto penale della), Enti*).

492. Copie autentiche che tengono luogo degli originali mancanti.

Agli effetti delle disposizioni precedenti, nella denominazione di atti pubblici e di scritture private sono compresi gli atti originali e le copie autentiche di essi, quando a norma di legge tengano luogo degli originali mancanti [c.c. 2714, 2715, 2719].

493. Falsità commesse da pubblici impiegati incaricati di un servizio pubblico

Le disposizioni degli articoli precedenti sulle falsità commesse da pubblici ufficiali si applicano altresì agli impiegati dello Stato, o di un altro ente pubblico, incaricati di un pubblico servizio [358], relativamente agli atti che essi redigono nell'esercizio delle loro attribuzioni.

493 bis. Casi di perseguibilità a querela (1).

I delitti previsti dagli articoli 490 e 491, quando concernono una cambiale o un titolo di credito trasmissibile per girata o al portatore, sono punibili a querela della persona offesa [120; c.p.p. 336].

Si procede d'ufficio, se i fatti previsti dagli articoli di cui al precedente comma riguardano un testamento olografo [c.c. 602].

Evoluzione normativa:

(1) Articolo introdotto dall'art. 89, l. 24.11.1981, n. 689 e, poi, così sostituito dall'art. 2, co. 1, lett. f), d.lgs. 15.1.2016, n. 7, a decorrere dal 6.2.2016.

493 ter. Indebito utilizzo e falsificazione di strumenti di pagamento diversi dai contanti (1) (2).

Chiunque al fine di trarne profitto per sé o per altri, indebitamente utilizza, non essendone titolare, carte di credito o di pagamento, ovvero qualsiasi altro documento analogo che abiliti al prelievo di denaro contante o all'acquisto di beni o alla prestazione di servizi, o comunque ogni altro strumento di pagamento diverso dai contanti è punito con la reclusione da uno a cinque anni e con la multa da 310 euro a 1.550 euro. Alla stessa pena soggiace chi, al fine di trarne profitto per sé o per altri, falsifica o altera gli strumenti o i documenti di cui al primo periodo, ovvero possiede, cede o acquisisce tali strumenti o documenti di provenienza illecita o comunque falsificati o alterati, nonché ordini di pagamento prodotti con essi (3). In caso di condanna o di applicazione della pena su richiesta delle parti a norma dell'articolo 444 del codice di procedura penale per il delitto di cui al primo comma è ordinata la confisca delle cose che servirono o furono destinate a commettere il reato, nonché del profitto o del prodotto, salvo che appartengano a persona estranea al reato, ovvero quando essa non è possibile, la confisca di beni, somme di denaro e altre utilità di cui il reo ha la disponibilità per un valore corrispondente a tale profitto o prodotto.

Gli strumenti sequestrati ai fini della confisca di cui al secondo comma, nel corso delle operazioni di polizia giudiziaria, sono affidati dall'autorità giudiziaria agli organi di polizia che ne facciano richiesta.

Evoluzione normativa:

(1) Articolo introdotto dall'art. 4, co. 1, lett. a), d.lgs. 1.3.2018, n. 21, a decorrere dal 6.4.2018.

(2) Rubrica così sostituita dall'art. 2, co. 1, lett. a), n. 1), d.lgs. 8.11.2021, n. 184, a decorrere dal 14.12.2021. Il testo previgente così recava: «Indebito utilizzo e falsificazione di carte di credito e di pagamento».

(3) Comma così modificato dall'art. 2, co. 1, lett. a), nn. 2) e 3), d.lgs. 8.11.2021, n. 184, a decorrere dal 14.12.2021. Il testo previgente così disponeva: «*Chiunque al fine di trarne profitto per sé o per altri, indebitamente utilizza, non essendone titolare, carte di credito o di pagamento, ovvero qualsiasi altro documento analogo che abiliti al prelievo di denaro contante o all'acquisto di beni o alla prestazione di servizi, è punito con la reclusione da uno a cinque anni e con la multa da 310 euro a 1.550 euro. Alla stessa pena soggiace chi, al fine di trarne profitto per sé o per altri, falsifica o altera carte di credito o di pagamento o qualsiasi altro documento analogo che abiliti al prelievo di denaro contante o all'acquisto di beni o alla prestazione di servizi, ovvero possiede, cede o acquisisce tali carte o documenti di provenienza illecita o comunque falsificati o alterati, nonché ordini di pagamento prodotti con essi.*».

493 quater. Detenzione e diffusione di apparecchiature, dispositivi o programmi informatici diretti a commettere reati riguardanti strumenti di pagamento diversi dai contanti (1).

Salvo che il fatto costituisca più grave reato, chiunque, al fine di farne uso o di consentirne ad altri l'uso nella commissione di reati riguardanti strumenti di pagamento diversi dai contanti, produce, importa, esporta, vende, trasporta, distribuisce, mette a disposizione o in qualsiasi modo procura a se' o a altri apparecchiature, dispositivi o programmi informatici che, per caratteristiche tecnico-costruttive o di progettazione, sono costruiti principalmente per commettere tali reati, o sono specificamente adattati al medesimo scopo, è punito con la reclusione sino a due anni e la multa sino a 1000 euro.

In caso di condanna o di applicazione della pena su richiesta delle parti a norma dell'articolo 444 del codice di procedura penale per il delitto di cui al primo comma è sempre ordinata la confisca delle apparecchiature, dei dispositivi o dei programmi informatici predetti, nonché la confisca del profitto o del prodotto del reato ovvero, quando essa non è possibile, la confisca di beni, somme di denaro e altre utilità di cui il reo ha la disponibilità per un valore corrispondente a tale profitto o prodotto.

Evoluzione normativa:

(1) Articolo introdotto dall'art. 2, co. 1, lett. b), d.lgs. 8.11.2021, n. 184, a decorrere dal 14.12.2021.

Capo IV
Della falsità personale

494. Sostituzione di persona.

Chiunque, al fine di procurare a sé o ad altri un vantaggio o di recare ad altri un danno, induce taluno in errore, sostituendo illegittimamente la propria all'altrui persona, o attribuendo a sé o ad altri un falso nome, o un falso stato, ovvero una qualità a cui la legge attribuisce effetti giuridici, è punito, se il fatto non costituisce un altro delitto contro la fede pubblica, con la reclusione fino a un anno [496; cod. nav. 1133].

Norme connesse:

A. Art. 1, l. 29.5.1982, n. 304 (in *Normativa complementare*, voce *Criminalità organizzata e transnazionale, Collaboratori di giustizia, pentiti e dissociati (fenomeno mafioso ed eversivo)*).

495. Falsa attestazione o dichiarazione a un pubblico ufficiale sulla identità o su qualità personali proprie o di altri (1).

Chiunque dichiara o attesta falsamente al pubblico ufficiale [357] l'identità, lo stato o altre qualità della propria o dell'altrui persona è punito con la reclusione da uno a sei anni (2).

La reclusione non è inferiore a due anni:

1) se si tratta di dichiarazioni in atti dello stato civile [c.c. 451; c.p. 483, 567];
2) se la falsa dichiarazione sulla propria identità, sul proprio stato [567] o sulle proprie qualità personali è resa all'autorità giudiziaria da un imputato o da una persona sottoposta ad indagini, ovvero se, per effetto della falsa dichiarazione, nel casellario giudiziale [c.p.p. 686] una decisione penale viene iscritta sotto falso nome.

Evoluzione normativa:

(1) Articolo prima modificato dall'art. 10, d.l. 27.7.2005, n. 144, conv., con modif., con l. 31.7.2005, n. 155 – come modificato dall'art. 1 ter, d.l. 30.12.2005, n. 272, conv., con modif., con l. 21.2.2006, n. 49 – e poi così sostituito dalla lett. b ter), co. 1, art. 1, d.l. 23.5.2008, n. 92, conv. in legge, con modif., con l. 24.7.2008, n. 125.
Il testo antecedente alla sostituzione del 2008 così disponeva: «*Chiunque dichiara o attesta falsamente al pubblico ufficiale, in un atto pubblico, l'identità o lo stato o altre qualità della propria o dell'altrui persona è punito con la reclusione fino a tre anni.*
Alla stessa pena soggiace chi commette il fatto in una dichiarazione destinata a essere riprodotta in un atto pubblico.
La reclusione non è inferiore ad un anno:
1. se si tratta di dichiarazione in atti dello stato civile;
2. se la falsa dichiarazione sulla propria identità, sul proprio stato o sulle proprie qualità personali è resa da un imputato all'autorità giudiziaria o da una persona sottoposta ad indagini alla stessa autorità o alla polizia giudiziaria delegata alle indagini, ovvero se, per effetto della falsa dichiarazione, nel casellario giudiziale una decisione penale viene iscritta sotto falso nome.
La pena è diminuita se chi ha dichiarato il falso intendeva ottenere, per sé o per altri, il rilascio di certificati o di autorizzazioni amministrative sotto falso nome, o con altre indicazioni mendaci».
Il testo, ore prima delle modifiche del 2005, così disponeva: «*Chiunque dichiara o attesta falsamente al pubblico ufficiale, in un atto pubblico, l'identità o lo stato o altre qualità della propria o dell'altrui persona è punito con la reclusione fino a tre anni. Alla stessa pena soggiace chi commette il fatto in una dichiarazione destinata a essere riprodotta in un atto pubblico. La reclusione non è inferiore ad un anno:*
1. se si tratta di dichiarazione in atti dello stato civile;
2. se la falsa dichiarazione sulla propria identità, sul proprio stato o sulle proprie qualità personali è resa da un imputato all'autorità giudiziaria, ovvero se, per effetto della falsa dichiarazione, nel casellario giudiziale una decisione penale viene iscritta sotto falso nome.
La pena è diminuita se chi ha dichiarato il falso intendeva ottenere, per sé o per altri, il rilascio di certificati o di autorizzazioni amministrative sotto falso nome, o con altre indicazioni mendaci».

(2) La Corte costituzionale, con sent. 6.4.2023, n. 111 ha dichiarato, tra l'altro, l'illegittimità costituzionale di questo comma, nella parte in cui non esclude la punibilità della persona sottoposta alle indagini o dell'imputato che, richiesti di fornire le informazioni indicate nell'art. 21 norme att. c.p.p. senza che siano stati loro previamente formulati gli avvertimenti di cui all'art. 64, co. 3, c.p.p., abbiano reso false dichiarazioni.

495 bis. Falsa dichiarazione o attestazione al certificatore di firma elettronica sull'identità o su qualità personali proprie o di altri (1).

Chiunque dichiara o attesta falsamente al soggetto che presta servizi di certificazione delle firme elettroniche l'identità o lo stato o altre qualità della propria o dell'altrui persona è punito con la reclusione fino ad un anno.

Evoluzione normativa:

(1) Articolo introdotto dall'art. 3, l. 18.3.2008, n. 48.

495 ter. Fraudolente alterazioni per impedire l'identificazione o l'accertamento di qualità personali (1).

Chiunque, al fine di impedire la propria o altrui identificazione, altera parti del proprio o dell'altrui corpo utili per consentire l'accertamento di identità o di altre qualità personali, è punito con la reclusione da uno a sei anni.

Il fatto è aggravato se commesso nell'esercizio di una professione sanitaria.

Evoluzione normativa:

(1) Articolo introdotto dalla lett. b quater), co. 1, art. 1, d.l. 23.5.2008, n. 92, conv. in legge, con modif., con l. 24.7.2008, n. 125.

496. False dichiarazioni sulla identità o su qualità personali proprie o di altri (1).

Chiunque, fuori dei casi indicati negli articoli precedenti, interrogato sulla identità, sullo stato o su altre qualità della propria o dell'altrui persona, fa mendaci dichiarazioni a un pubblico ufficiale [357] o a persona incaricata di un pubblico servizio [358], nell'esercizio delle funzioni o del servizio, è punito con la reclusione da uno a cinque anni.

Evoluzione normativa:

(1) Articolo così sostituito dalla lett. b quinquies), co. 1, art. 1, d.l. 23.5.2008, n. 92, conv. in l., con modif., con l. 24.7.2008, n. 125.
Il testo previgente così disponeva: «*False dichiarazioni sull'identità*

o su qualità personali proprie o di altri. Chiunque, fuori dei casi indicati negli articoli precedenti, interrogato sull'identità, sullo stato o su altre qualità della propria o dell'altrui persona, fa mendaci dichiarazioni a un pubblico ufficiale, o a persona incaricata di un pubblico servizio, nell'esercizio delle funzioni o del servizio, è punito con la reclusione fino a un anno o con la multa fino a euro 516».

497. Frode nel farsi rilasciare certificati del casellario giudiziale e uso indebito di tali certificati.

Chiunque si procura con frode un certificato del casellario giudiziale [c.p.p. 685 ss.] o un altro certificato penale relativo ad altra persona, ovvero ne fa uso per uno scopo diverso da quello per cui esso è domandato, è punito con la reclusione fino a sei mesi o con la multa fino a euro 516 (1).

Evoluzione normativa:

(1) La multa risulta così aumentata, da ultimo, ai sensi dell'art. 113, l. 24.11.1981, n. 689.

497 bis. Possesso e fabbricazione di documenti di identificazione falsi (1).

Chiunque è trovato in possesso di un documento falso valido per l'espatrio è punito con la reclusione da due a cinque anni (2).

La pena di cui al primo comma è aumentata da un terzo alla metà per chi fabbrica o comunque forma il documento falso, ovvero lo detiene fuori dei casi di uso personale.

Evoluzione normativa:

(1) Articolo introdotto dall'art. 10, d.l. 27.7.2005, n. 144, conv., con modif., con l. 31.7.2005, n. 155.
(2) Comma così modificato dall'art. 2, co. 1, lett. b bis), d.l. 18.2.2015, n. 7, conv., con modif., in l. 17.4.2015, n. 43.

497 ter. Possesso di segni distintivi contraffatti (1).

Le pene di cui all'articolo 497-*bis* si applicano anche, rispettivamente:

1) a chiunque illecitamente detiene segni distintivi, contrassegni o documenti di identificazione in uso ai Corpi di polizia, ovvero oggetti o documenti che ne simulano la funzione;
2) a chiunque illecitamente fabbrica o comunque forma gli oggetti e i documenti indicati nel numero precedente, ovvero illecitamente ne fa uso.

Evoluzione normativa:

(1) Articolo introdotto dall'art. 10 bis, d.l. 27.7.2005, n. 144, conv., con modif., in l. 31.7.2005, n. 155, inserito dall'art. 1 ter, d.l. 30.12.2005, n. 272, conv., con modif., con l. 21.2.2006, n. 49.

498. Usurpazione di titoli o di onori (1).

Chiunque, fuori dei casi previsti dall'articolo 497-*ter*, abusivamente porta in pubblico la divisa o i segni distintivi di un ufficio o impiego pubblico, o di un corpo politico, amministrativo o giudiziario, ovvero di una professione per la quale è richiesta una speciale abilitazione dello Stato [348], ovvero indossa abusivamente in pubblico l'abito ecclesiastico, è punito con la sanzione amministrativa pecuniaria da euro 154 a euro 929 (2).

Alla stessa sanzione soggiace chi si arroga dignità o gradi accademici, titoli, decorazioni o altre pubbliche insegne onorifiche, ovvero qualità inerenti ad alcuno degli uffici, impieghi o professioni, indicati nella disposizione precedente.

Per le violazioni di cui al presente articolo si applica la sanzione amministrativa accessoria della pubblicazione del provvedimento che accerta la violazione con le modalità stabilite dall'articolo 36 e non è ammesso il pagamento in misura ridotta previsto dall'articolo 16 della legge 24 novembre 1981, n. 689.

Evoluzione normativa:

(1) Articolo così modificato dall'art. 43, d.lgs. 30.12.1999, n. 507. Il testo previgente così disponeva: «*Usurpazione di titoli o di onori. Chiunque abusivamente porta in pubblico la divisa o i segni distintivi di un ufficio o impiego pubblico, o di un corpo politico, amministrativo o giudiziario, ovvero di una professione per la quale è richiesta una speciale abilitazione dello Stato, ovvero indossa abusivamente in pubblico l'abito ecclesiastico, è punito con la multa da lire duecentomila a due milioni.*
Alla stessa pena soggiace chi si arroga dignità o gradi accademici, titoli, decorazioni o altre pubbliche insegne onorifiche, ovvero qualità inerenti ad alcuno degli uffici, impieghi o professioni, indicati nella disposizione precedente.
La condanna importa la pubblicazione della sentenza».
(2) Comma così modificato dall'art. 10 bis, d.l. 27.7.2005, n. 144, conv., con modif., con l. 31.7.2005, n. 155, introdotto dall'art. 1 ter, d.l. 30.12.2005, n. 272, conv., con modif., con l. 21.2.2006, n. 49.
Il testo previgente così disponeva: «*Chiunque abusivamente porta in pubblico la divisa o i segni distintivi di un ufficio o impiego pubblico, o di un corpo politico, amministrativo o giudiziario, ovvero di una professione per la quale è richiesta una speciale abilitazione dello Stato, ovvero indossa abusivamente in pubblico l'abito ecclesiastico, è punito con la sanzione amministrativa pecuniaria da euro 154 a euro 929*».

Norme connesse:

A. L. 19.4.1925, n. 475 (in *Normativa complementare*, voce *Falso (delitti di), Falsità in atti*).

TITOLO VIII
Dei delitti contro l'economia pubblica, l'industria e il commercio

Capo I
Dei delitti contro l'economia pubblica

499. Distruzione di materie prime o di prodotti agricoli o industriali, ovvero di mezzi di produzione.

Chiunque, distruggendo materie prime o prodotti agricoli o industriali ovvero mezzi di produzione, cagiona un grave nocumento alla produzione nazionale o fa venir meno in misura notevole merci di comune o largo consumo, è punito con la reclusione da tre a dodici anni e con la multa non inferiore a euro 2.065 [29, 32] (1).

Evoluzione normativa:

(1) La multa risulta così aumentata, da ultimo, ai sensi dell'art. 113, l. 24.11.1981, n. 689.

500. Diffusione di una malattia delle piante o degli animali.

Chiunque cagiona la diffusione di una malattia alle piante o agli animali, pericolosa all'economia rurale o forestale, ovvero al patrimonio zootecnico della nazione, è punito con la reclusione da uno a cinque anni [29, 32].

Se la diffusione avviene per colpa, la pena è della multa da euro 103 a euro 2.065 (1).

Evoluzione normativa:

(1) La multa risulta così aumentata secondo quanto disposto dall'art. 113, l. 24.11.1981, n. 689.

501. Rialzo e ribasso fraudolento di prezzi sul pubblico mercato o nelle borse di commercio [(1)].

Chiunque al fine di turbare il mercato interno dei valori o delle merci, pubblica o altrimenti divulga notizie false, esagerate o tendenziose o adopera altri artifici atti a cagionare un aumento o una diminuzione del prezzo delle merci, ovvero dei valori ammessi nelle liste di borsa o negoziabili nel pubblico mercato, è punito con la reclusione fino a tre anni e con la multa da euro 516 a euro 25.822 [29].

Se l'aumento o la diminuzione del prezzo delle merci o dei valori si verifica, le pene sono aumentate [c.c. 2628; c.p. 64].

Le pene sono raddoppiate:

1) se il fatto è commesso dal cittadino [4] per favorire interessi stranieri;
2) se dal fatto deriva un deprezzamento della valuta nazionale o dei titoli dello Stato, ovvero il rincaro di merci di comune o largo consumo.

Le pene stabilite nelle disposizioni precedenti si applicano anche se il fatto è commesso all'estero, in danno della valuta nazionale o di titoli pubblici italiani.

La condanna importa l'interdizione dai pubblici uffici [28, 37].

Evoluzione normativa:

(1) Articolo così sostituito dall'art. 2, d.l. 15.10.1976, n. 704, sulla repressione dell'accaparramento di merci.

Norme connesse:

A. Artt. 185 e 187 ter, d.lgs. 24.2.1998, n. 58 (in *Normativa complementare*, voce *Economia (diritto penale della), Finanza*).
B. Art. 2637 c.c.
C. Art. 32 quater c.p.

501 bis. Manovre speculative su merci [(1)].

Fuori dei casi previsti dall'articolo precedente, chiunque, nell'esercizio di qualsiasi attività produttiva o commerciale, compie manovre speculative ovvero occulta, accaparra od incetta materie prime, generi alimentari di largo consumo o prodotti di prima necessità, in modo atto a determinarne la rarefazione o il rincaro sul mercato interno, è punito con la reclusione da sei mesi a tre anni e con la multa da euro 516 a euro 25.822.

Alla stessa pena soggiace chiunque, in presenza di fenomeni di rarefazione o rincaro sul mercato interno delle merci indicate nella prima parte del presente articolo e nell'esercizio delle medesime attività, ne sottrae all'utilizzazione o al consumo rilevanti quantità.

L'autorità giudiziaria competente e, in caso di flagranza, anche gli ufficiali e agenti di polizia giudiziaria procedono al sequestro delle merci, osservando le norme sull'istruzione formale. L'autorità giudiziaria competente dispone la vendita coattiva immediata delle merci stesse nelle forme di cui all'articolo 625 [(2)] del codice di procedura penale.

La condanna importa l'interdizione dall'esercizio di attività commerciali o industriali per le quali sia richiesto uno speciale permesso o una speciale abilitazione, autorizzazione o licenza da parte dell'autorità e la pubblicazione della sentenza.

Evoluzione normativa:

(1) Articolo così sostituito dall'art. 2, d.l. 15.10.1976, n. 704.
(2) Il rinvio deve intendersi all'attuale art. 264 nuovo c.p.p.

Norme connesse:

A. Art. 32 quater c.p.

502. Serrata e sciopero per fini contrattuali.

Il datore di lavoro, che, col solo scopo d'imporre ai suoi dipendenti modificazioni ai patti stabiliti, o di opporsi a modificazioni di tali patti, ovvero di ottenere o impedire una diversa applicazione dei patti o usi esistenti, sospende in tutto o in parte il lavoro nei suoi stabilimenti, aziende o uffici, è punito con la multa non inferiore a lire due milioni [(1) (2)].

I lavoratori addetti a stabilimenti, aziende o uffici, che, in numero di tre o più abbandonano collettivamente il lavoro, ovvero lo prestano in modo da turbarne la continuità o la regolarità, col solo scopo di imporre ai datori di lavoro patti diversi da quelli stabiliti, ovvero di opporsi a modificazioni di tali patti o, comunque, di ottenere o impedire una diversa applicazione dei patti o usi esistenti, sono puniti con la multa fino a lire duecentomila [Cost. 40; c.p. 635, n. 2] [(2)].

Evoluzione normativa:

(1) La Corte costituzionale, con sent. 4.5.1960, n. 29, ha dichiarato la illegittimità costituzionale dell'art. 502, co. 1, c.p. in riferimento agli artt. 34 e 40 Cost. e in applicazione dell'art. 27, l. 11.3.1953, n. 87, ha dichiarato altresì l'illegittimità del secondo comma dello stesso art. 502 c.p.
(2) La multa risulta così aumentata secondo quanto disposto dall'art. 113, l. 24.11.1981, n. 689.

Norme connesse:

A. Art. 84, l. 1.4.1981, n. 121, sull'ordinamento dell'Amministrazione della pubblica sicurezza: «*Gli appartenenti alla Polizia di Stato non esercitano il diritto di sciopero né azioni sostitutive di esso che, effettuate durante il servizio, possono pregiudicare le esigenze di tutela dell'ordine e della sicurezza pubblica o le attività di polizia giudiziaria*».

503. Serrata e sciopero per fini non contrattuali.

Il datore di lavoro o i lavoratori, che per fine politico [8] commettono, rispettivamente, alcuno dei fatti preveduti dall'articolo precedente [(1)], sono puniti con la reclusione fino a un anno e con la multa non inferiore a euro 1.032 [(2)], se si tratta d'un datore di lavoro, ovvero con la reclusione fino a sei mesi e con la multa fino a euro 103 se si tratta di lavoratori [510, 511, 512, 635, n. 2] [(3)].

Evoluzione normativa:

(1) Il riferimento all'art. 502 deve ritenersi non più operante poiché la Corte costituzionale, con sent. 4.5.1960, n. 29, ha dichiarato l'illegittimità dell'art. 502, co. 1, c.p., per violazione degli agli artt. 34 e 40 Cost., e, ai sensi dell'art. 27, l. 11.3.1953, n. 87, ha dichiarato altresì l'illegittimità costituzionale del secondo comma dello stesso art. 502 c.p.
(2) La multa risulta così aumentata secondo quanto disposto dall'art. 113, l. 24.11.1981, n. 689.
(3) La Corte costituzionale, con sent. 27.12.1974, n. 290, ha dichiarato l'illegittimità dell'art. 503 c.p., nella parte in cui punisce anche lo sciopero politico che non sia diretto a sovvertire l'ordinamento costituzionale ovvero ad impedire o ostacolare il libero esercizio dei poteri legittimi nei quali si esprime la sovranità popolare.

504. Coazione alla pubblica autorità mediante serrata o sciopero [(1)].

Quando alcuno dei fatti preveduti dall'articolo 502 [(2)] è commesso con lo scopo di costringere l'autorità a dare o ad omettere un provvedimento, ovvero con lo scopo di influire sulle deliberazioni di essa, si applica la pena della reclusione fino a due anni [510, 511, 512].

Evoluzione normativa:

(1) La Corte costituzionale, con sent. 13.6.1983, n. 165, ha dichiarato l'illegittimità dell'art. 504 c.p., nella parte in cui punisce lo sciopero il quale ha lo scopo di costringere l'autorità a dare o ad omettere un provvedimento o lo scopo di influire sulle deliberazioni di essa, a meno che non sia diretto a sovvertire l'ordinamento costituzionale ovvero ad impedire o ostacolare il libero esercizio dei poteri legittimi nei quali si esprime la sovranità popolare.

(2) Il riferimento all'art. 502 deve ritenersi non più valido in quanto la Corte costituzionale, con sent. 4.5.1960, n. 29, ha dichiarato l'illegittimità dell'art. 502, co. 1, c.p., per violazione degli agli artt. 34 e 40 Cost., e, in via consequenziale, ha dichiarato altresì l'illegittimità costituzionale del co. 2 dello stesso art. 502 c.p.

505. Serrata o sciopero a scopo di solidarietà o di protesta.

Il datore di lavoro o i lavoratori, che, fuori dei casi indicati nei due articoli precedenti, commettono uno dei fatti preveduti dall'articolo 502 [(1)] soltanto per solidarietà con altri datori di lavoro o con altri lavoratori ovvero soltanto per protesta, soggiacciono alle pene ivi stabilite [510, 511, 512, 635].

Evoluzione normativa:

(1) Il riferimento all'art. 502 deve ritenersi non più valido in quanto la Corte costituzionale, con sent. 4.5.1960, n. 29, ha dichiarato l'illegittimità dell'art. 502, co. 1, c.p., per violazione degli agli artt. 34 e 40 Cost., e, in via consequenziale, ha dichiarato altresì l'illegittimità costituzionale del co. 2 dello stesso art. 502 c.p.

506. Serrata di esercenti di piccole industrie o commerci [(1)].

Gli esercenti di aziende industriali o commerciali, i quali, non avendo lavoratori alla loro dipendenza, in numero di tre o più sospendono collettivamente il lavoro per uno degli scopi indicati nei tre articoli precedenti, soggiacciono alle pene ivi rispettivamente stabilite per i datori di lavoro, ridotte alla metà [Cost. 40; c.p. 63, 510, 511, 512].

Evoluzione normativa:

(1) La Corte costituzionale, con sent. 17.7.1975, n. 222, ha dichiarato l'illegittimità dell'art. 506, in relazione all'art. 505 c.p., nella parte in cui punisce la sospensione del lavoro effettuata per protesta dagli esercenti di piccole aziende industriali o commerciali che non hanno lavoratori alla loro dipendenza.

507. Boicottaggio [(1)].

Chiunque, per uno degli scopi indicati negli articoli 502 [(2)], 503, 504 e 505, mediante propaganda o valendosi della forza e autorità di partiti, leghe o associazioni, induce una o più persone a non stipulare patti di lavoro o a non somministrare materie o strumenti necessari al lavoro, ovvero a non acquistare gli altrui prodotti agricoli o industriali, è punito con la reclusione fino a tre anni [29].

Se concorrono fatti di violenza o di minaccia, si applica la reclusione da due a sei anni [29, 32, 510, 511, 512].

Evoluzione normativa:

(1) La Corte costituzionale, con sent. 2.4.1969, n. 84, ha dichiarato l'illegittimità dell'art. 507 c.p., per la parte relativa all'ipotesi della propaganda e nei limiti di cui alla motivazione.

(2) Il riferimento all'art. 502 deve ritenersi non più valido in quanto la Corte costituzionale, con sent. 4.5.1960, n. 29, ha dichiarato l'illegittimità dell'art. 502, co. 1, c.p., per violazione degli agli artt. 34 e 40 Cost., e, in via consequenziale, ha dichiarato altresì l'illegittimità costituzionale del co. 2 dello stesso art. 502 c.p. c

508. Arbitraria invasione e occupazione di aziende agricole o industriali. Sabotaggio.

Chiunque, col solo scopo di impedire o turbare il normale svolgimento del lavoro, invade od occupa l'altrui azienda agricola o industriale, ovvero dispone di altrui macchine, scorte, apparecchi o strumenti destinati alla produzione agricola o industriale, è punito con la reclusione fino a tre anni e con la multa non inferiore a euro 103 [29] [(1)].

Soggiace alla reclusione da sei mesi a quattro anni e alla multa non inferiore a euro 516 (2), qualora il fatto non costituisca un più grave reato, chi danneggia gli edifici adibiti ad azienda agricola o industriale, ovvero un'altra delle cose indicate nella disposizione precedente [510, 511, 512, 633, 635, n. 2].

Evoluzione normativa:

(1) La multa risulta così aumentata, da ultimo, dall'art. 113, l. 24.11.1981, n. 689.

509. Inosservanza delle norme disciplinanti i rapporti di lavoro [(1)].

Il datore di lavoro o il lavoratore, il quale non adempie gli obblighi che gli derivano da un contratto collettivo [o dalle norme emanate dagli organi corporativi] [(2)], è punito con la sanzione amministrativa da euro 103 a euro 516 [(3)].

[Il datore di lavoro o il lavoratore, il quale rifiuta o, comunque, omette di eseguire una decisione del magistrato del lavoro, pronunciata su una controversia relativa alla disciplina dei rapporti collettivi di lavoro, è punito, qualora il fatto non costituisca un più grave reato, con la reclusione fino a un anno o con la multa fino a lire due milioni [Cost. 39; c.p. 510, 511, 512] [(4)] [(5)].]

Evoluzione normativa:

(1) Rubrica così sostituita dall'art. 1, d.lgs. 19.12.1994, n. 758. Il testo precedente, in cui l'inciso tra parentesi doveva ritenersi implicitamente abrogato, per effetto della soppressione dell'ordinamento corporativo (r.d.l. 9.8.1943, n. 721) e della soppressione delle organizzazioni sindacali fasciste (d.lgs.lgt. 23.11.1944, n. 369), recava: «*Inosservanza delle norme disciplinanti i rapporti di lavoro [e delle decisioni del magistrato del lavoro]*».

(2) L'inciso deve ritenersi implicitamente abrogato, per effetto della soppressione dell'ordinamento corporativo disposta con r.d.l. 9.8.1943, n. 721 e della soppressione delle organizzazioni sindacali fasciste, disposta con d.lgs.lgt. 23.11.1944, n. 369.

(3) Comma così modificato dall'art. 1, d.lgs. 19.12.1994, n. 758, che ha sostituito alla multa la sanzione amministrativa.

(4) Comma abrogato dall'art. 1, d.lgs. 19.11.1994, n. 758.

(5) La multa era stata così aumentata dall'art. 113, l. 24.11.1981, n. 689.

510. Circostanze aggravanti.

Quando i fatti preveduti dagli articoli 502 [(1)] e seguenti sono commessi in tempo di guerra [310], ovvero hanno determinato dimostrazioni, tumulti o sommosse popolari [70], le pene stabilite negli articoli stessi sono aumentate [64].

Evoluzione normativa:
(1) Il riferimento all'art. 502 deve ritenersi non più valido in quanto la Corte costituzionale, con sent. 4.5.1960, n. 29, ha dichiarato l'illegittimità dell'art. 502, co. 1 c.p., per violazione degli agli artt. 34 e 40 Cost., e, in via consequenziale, ha dichiarato altresì l'illegittimità costituzionale del co. 2 dello stesso art. 502 c.p.

511. Pena per i capi, promotori e organizzatori.

Le pene stabilite per i delitti preveduti dagli articoli 502 (1) e seguenti sono raddoppiate [63] per i capi, promotori od organizzatori; e, se sia stabilita dalla legge la sola pena pecuniaria, è aggiunta la reclusione da sei mesi a due anni.

Evoluzione normativa:
(1) Il riferimento all'art. 502 deve ritenersi non più valido in quanto la Corte costituzionale, con sent. 4.5.1960, n. 29, ha dichiarato l'illegittimità dell'art. 502, co. 1, c.p., per violazione degli agli artt. 34 e 40 Cost., e, in via consequenziale, ha dichiarato altresì l'illegittimità costituzionale del co. 2 dello stesso art. 502 c.p.

512. Pena accessoria.

La condanna per alcuno dei delitti preveduti dagli articoli 502 (1) e seguenti importa l'interdizione da ogni ufficio sindacale per la durata di anni cinque.

Evoluzione normativa:
(1) Il riferimento all'art. 502 deve ritenersi non più valido in quanto la Corte costituzionale, con sent. 4.5.1960, n. 29, ha dichiarato l'illegittimità dell'art. 502, co. 1, c.p., per violazione degli agli artt. 34 e 40 Cost., e, in via consequenziale, ha dichiarato altresì l'illegittimità costituzionale del co. 2 dello stesso art. 502 c.p.

512 bis. Trasferimento fraudolento di valori (1).

Salvo che il fatto costituisca più grave reato, chiunque attribuisce fittiziamente ad altri la titolarità o disponibilità di denaro, beni o altre utilità al fine di eludere le disposizioni di legge in materia di misure di prevenzione patrimoniali o di contrabbando, ovvero di agevolare la commissione di uno dei delitti di cui agli articoli 648, 648-*bis* e 648-*ter*, è punito con la reclusione da due a sei anni.

La stessa pena di cui al primo comma si applica a chi, al fine di eludere le disposizioni in materia di documentazione antimafia, attribuisce fittiziamente ad altri la titolarità di imprese, quote societarie o azioni ovvero di cariche sociali, qualora l'imprenditore o la società partecipi a procedure di aggiudicazione o di esecuzione di appalti o di concessioni (2).

Evoluzione normativa:
(1) Articolo introdotto dall'art. 4, co. 1, lett. b), d.lgs. 1.3.2018, n. 21, a decorrere dal 6.4.2018.
(2) Comma introdotto, a decorrere dal 2.3.2024, dall'art. 3, co. 9, d.l. 2.3.2024, n. 19, conv., con modif., con l. 29.4.2024, n. 56.

Capo II
Dei delitti contro l'industria e il commercio

513. Turbata libertà dell'industria o del commercio.

Chiunque adopera violenza sulle cose [392] ovvero mezzi fraudolenti per impedire o turbare l'esercizio di un'industria o di un commercio è punito, a querela della persona offesa [120; c.p.p. 336], se il fatto non costituisce un più grave reato, con la reclusione fino a due anni e con la multa da euro 103 a euro 1.032 [508] (1).

Evoluzione normativa:
(1) La multa è stata così aumentata dall'art. 113, l. 24.11.1981, n. 689.

Norme connesse:
A. Art. 25 bis.1, d.lgs. 8.6.2001, n. 231 (in *Normativa complementare*, voce *Economia (diritto penale della), Enti*).

513 bis. Illecita concorrenza con minaccia o violenza (1).

Chiunque nell'esercizio di un'attività commerciale, industriale o comunque produttiva, compie atti di concorrenza con violenza o minaccia è punito con la reclusione da due a sei anni.

La pena è aumentata se gli atti di concorrenza riguardano un'attività finanziata in tutto o in parte ed in qualsiasi modo dallo Stato o da altri enti pubblici.

Evoluzione normativa:
(1) Articolo introdotto dall'art. 8, l. 13.9.1982, n. 646.

Norme connesse:
A. Art. 71, co. 1, d.lgs. 6.9.2011, n. 159, il quale prevede che le pene stabilite per i delitti previsti in questo articolo sono aumentate da un terzo alla metà se il fatto è commesso da persona sottoposta con provvedimento definitivo ad una misura di prevenzione personale durante il periodo previsto di applicazione e sino a tre anni dal momento in cui ne è cessata l'esecuzione.
B. Art. 25 bis.1, d.lgs. 8.6.2001, n. 231 (in *Normativa complementare*, voce *Economia (diritto penale della), Enti*).

514. Frodi contro le industrie nazionali.

Chiunque, ponendo in vendita o mettendo altrimenti in circolazione, sui mercati nazionali o esteri, prodotti industriali, con nomi, marchi o segni distintivi contraffatti o alterati, cagiona un nocumento all'industria nazionale è punito con la reclusione da uno a cinque anni e con la multa non inferiore a euro 516 [29, 32, 517] (1).

Se per i marchi o segni distintivi sono state osservate le norme delle leggi interne o delle convenzioni internazionali sulla tutela della proprietà industriale, la pena è aumentata e non si applicano le disposizioni degli articoli 473 e 474.

Evoluzione normativa:
(1) La multa è stata così aumentata secondo dall'art. 113, l. 24.11.1981, n. 689.

Norme connesse:
A. Art. 25 bis.1, d.lgs. 8.6.2001, n. 231 (in *Normativa complementare*, voce *Economia (diritto penale della), Enti*).

515. Frode nell'esercizio del commercio.

Chiunque, nell'esercizio di un'attività commerciale, ovvero in uno spaccio aperto al pubblico, consegna all'acquirente una cosa mobile per un'altra, ovvero una cosa mobile [c.c. 812; c.p. 624], per origine, provenienza, qualità o quantità, diversa da quella dichiarata o pattuita, è punito, qualora il fatto non costituisca un più grave delitto, con la reclusione fino a due anni o con la multa fino a euro 2.065 (1).

Se si tratta di oggetti preziosi, la pena è della reclusione fino a tre anni o della multa non inferiore a euro 103 [29].

Evoluzione normativa:

(1) La multa è stata così aumentata dall'art. 113, l. 24.11.1981, n. 689.

Norme connesse:

A. Art. 4, d.l. 17.1.1977, n. 3: «*Il reato di frode nell'esercizio del commercio, previsto dall'art. 515 del codice penale, è punito, quando consista nella vendita di carne scongelata per fresca, o nella vendita di carne ripetutamente ricongelata, qualora il fatto non costituisca più grave delitto, con la reclusione fino a tre anni o con la multa da lire un milione a lire 50 milioni.*
Durante il procedimento penale può essere disposta la sospensione dell'autorizzazione amministrativa alla vendita. In tutti i casi in cui è disposta tale sospensione, il provvedimento è comunicato dal sindaco all'autorità giudiziaria; questa, ove nel corso dell'istruttoria accerti che sono venuti a mancare i motivi della sospensione, ne dà notizia al sindaco il quale dispone la revoca della sospensione stessa semprechè essa non sia stata disposta per altra causa.
La condanna al massimo della pena, o la recidiva, comportano la revoca dell'autorizzazione»

B. Art. 25 bis.1, d.lgs. 8.6.2001, n. 231 (in *Normativa complementare*, voce *Economia (diritto penale della), Enti*).

516. Vendita di sostanze alimentari non genuine come genuine.

Chiunque pone in vendita o mette altrimenti in commercio come genuine sostanze alimentari non genuine è punito con la reclusione fino a sei mesi o con la multa fino a euro 1.032 [440, 442, 444] (1).

Evoluzione normativa:

(1) La multa è stata così aumentata, da ultimo, dall'art. 113, l. 24.11.1981, n. 689.

Norme connesse:

A. Art. 5, l. 30.4.1962, n. 283: «*È vietato impiegare nella preparazione di alimenti o bevande, vendere, detenere per vendere o somministrare come mercede ai propri dipendenti, o comunque distribuire per il consumo sostanze alimentari:*
a) private anche in parte dei propri elementi nutritivi o mescolate a sostanze di qualità inferiore o comunque trattate in modo da variarne la composizione naturale, salvo quanto disposto da leggi e regolamenti speciali;
b) in cattivo stato di conservazione;
c) con cariche microbiche superiori ai limiti che saranno stabiliti dal regolamento di esecuzione o da ordinanze ministeriali;
d) insudiciate, invase da parassiti, in stato di alterazione o comunque nocive, ovvero sottoposte a lavorazioni o trattamenti diretti a mascherare un preesistente stato di alterazione;
e) adulterate, contraffatte o non rispondenti per natura, sostanza o qualità alla denominazione con cui sono designate o sono richieste;
[f) colorate artificialmente quando la colorazione artificiale non sia autorizzata o, nel caso che sia autorizzata, senza l'osservanza delle norme prescritte e senza l'indicazione a caratteri chiari e ben leggibili, della colorazione stessa. Questa indicazione, se non espressamente prescritta da norme speciali, potrà essere omessa quando la colorazione è effettuata mediante caramello, infuso di truciolo di quercia, enocianina od altri colori naturali consentiti. Lettera abrogata dall'art. 57, l. 19 febbraio 1992, n. 142, a decorrere dal 1 luglio 1992];
g) con aggiunta di additivi chimici di qualsiasi natura non autorizzati con decreto del Ministro per la sanità o, nel caso che siano stati autorizzati, senza l'osservanza delle norme prescritte per il loro impiego. I decreti di autorizzazione sono soggetti a revisioni annuali;
h) che contengano residui di prodotti, usati in agricoltura per la protezione delle piante e a difesa delle sostanze alimentari immagazzinate, tossici per l'uomo. Il Ministro per la sanità, con propria ordinanza, stabilisce per ciascun prodotto, autorizzato all'impiego per tali scopi, i limiti di tolleranza e l'intervallo per tali scopi, i limiti di tolleranza e l'intervallo minimo che deve intercorrere tra l'ultimo trattamento e la raccolta e, per le sostanze alimentari immagazzinate tra l'ultimo trattamento e l'immissione al consumo».

B. Art. 25 bis.1, d.lgs. 8.6.2001, n. 231 (in *Normativa complementare*, voce *Economia (diritto penale della), Enti*).

517. Vendita di prodotti industriali con segni mendaci (1).

Chiunque detiene per la vendita, pone in vendita o mette altrimenti in circolazione opere dell'ingegno o prodotti industriali, con nomi, marchi o segni distintivi nazionali o esteri, atti a indurre in inganno il compratore sull'origine, provenienza o qualità dell'opera o del prodotto, è punito, se il fatto non è preveduto come reato da altra disposizione di legge, con la reclusione fino a due anni e con la multa fino a ventimila euro [473, 474].

Evoluzione normativa:

(1) Articolo così modificato dalla lett. d), co. 1, art. 15, l. 23.7.2009, n. 99 e, poi, dall'art. 52, co. 1, l. 27.12.2023, n. 206, a decorrere dall'11.1.2024. La multa, aumentata, da ultimo, a lire due milioni dall'art. 113, l. 24.11.1981, n. 689, è stata così rideterminata dall'art. 1, co. 10, d.l. 14.3.2005, n. 35.
Il testo antecedente alla modifica disposta con l. n. 206/2023 così disponeva: «*Chiunque pone in vendita o mette altrimenti in circolazione opere dell'ingegno o prodotti industriali, con nomi, marchi o segni distintivi nazionali o esteri, atti a indurre in inganno il compratore sull'origine, provenienza o qualità dell'opera o del prodotto, è punito, se il fatto non è preveduto come reato da altra disposizione di legge, con la reclusione fino a due anni e con la multa fino a ventimila euro.*

Norme connesse:

A. Art. 4 l. 24.12.2003, n. 350: «*Comma 49. L'importazione e l'esportazione a fini di commercializzazione ovvero la commercializzazione o la commissione di atti diretti in modo non equivoco alla commercializzazione di prodotti recanti false o fallaci indicazioni di provenienza o di origine costituisce reato ed è punita ai sensi dell'articolo 517 del codice penale. Costituisce falsa indicazione la stampigliatura "made in Italy" su prodotti e merci non originari dall'Italia ai sensi della normativa europea sull'origine; costituisce fallace indicazione, anche qualora sia indicata l'origine e la provenienza estera dei prodotti o delle merci, l'uso di segni, figure, o quant'altro possa indurre il consumatore a ritenere che il prodotto o la merce sia di origine italiana incluso l'uso fallace o fuorviante di marchi aziendali ai sensi della disciplina sulle pratiche commerciali ingannevoli, fatto salvo quanto previsto dal comma 49 bis. Le fattispecie sono commesse sin dalla presentazione dei prodotti o delle merci in dogana per l'immissione in consumo o in libera pratica e sino alla vendita al dettaglio. La fallace indicazione delle merci può essere sanata sul piano amministrativo con l'asportazione a cura ed a spese del contravventore dei segni o delle figure o di quant'altro induca a ritenere che si tratti di un prodotto di origine italiana. La falsa indicazione sull'origine o sulla provenienza di prodotti o merci può essere sanata sul piano amministrativo attraverso l'esatta indicazione dell'origine o l'asportazione della stampigliatura "made in Italy". Le false e le fallaci indicazioni di provenienza o di origine non possono comunque essere regolarizzate quando i prodotti o le merci siano stati già immessi in libera pratica.*
Comma 49-bis. Costituisce fallace indicazione l'uso del marchio, da parte del titolare o del licenziatario, con modalità tali da indurre il consumatore a ritenere che il prodotto o la merce sia di origine italiana ai sensi della normativa europea sull'origine, senza che gli stessi siano accompagnati da indicazioni precise ed evidenti sull'origine o provenienza estera o comunque sufficienti ad evitare qualsiasi fraintendimento del consumatore sull'effettiva origine del prodotto, ovvero senza essere accompagnati da attestazione, resa da parte del titolare o del licenziatario del marchio, circa le informazioni che, a sua cura, verranno rese in fase di commercializzazione sulla effettiva origine estera del prodotto. Per i prodotti alimentari, per effettiva origine si intende il luogo di coltivazione o di allevamento della materia prima agricola utilizzata nella produzione e nella preparazione dei prodotti e il luogo in

cui è avvenuta la trasformazione sostanziale. Il contravventore è punito con la sanzione amministrativa pecuniaria da euro 10.000 ad euro 250.000.
Comma 49-ter. È sempre disposta la confisca amministrativa del prodotto o della merce di cui al comma 49-bis, salvo che le indicazioni ivi previste siano apposte, a cura e spese del titolare o del licenziatario responsabile dell'illecito, sul prodotto o sulla confezione o sui documenti di corredo per il consumatore».

B. Art. 25 bis.1, d.lgs. 8.6.2001, n. 231 (in *Normativa complementare*, voce *Economia (diritto penale della), Enti*).

517 bis. Circostanza aggravante [1].

Le pene stabilite dagli articoli 515, 516 e 517 sono aumentate se i fatti da essi previsti hanno ad oggetto alimenti o bevande la cui denominazione di origine o geografica o le cui specificità sono protette dalle norme vigenti.

Negli stessi casi, il giudice, nel pronunciare condanna, può disporre, se il fatto è di particolare gravità o in caso di recidiva specifica, la chiusura dello stabilimento o dell'esercizio in cui il fatto è stato commesso da un minimo di cinque giorni ad un massimo di tre mesi, ovvero la revoca della licenza, dell'autorizzazione o dell'analogo provvedimento amministrativo che consente lo svolgimento dell'attività commerciale nello stabilimento o nell'esercizio stesso.

Evoluzione normativa:
(1) Articolo introdotto dall'art. 5, d.lgs. 30.12.1999, n. 507.

517 ter. Fabbricazione e commercio di beni realizzati usurpando titoli di proprietà industriale [1].

Salva l'applicazione degli articoli 473 e 474 chiunque, potendo conoscere dell'esistenza del titolo di proprietà industriale, fabbrica o adopera industrialmente oggetti o altri beni realizzati usurpando un titolo di proprietà industriale o in violazione dello stesso è punito, a querela della persona offesa, con la reclusione fino a due anni e con la multa fino a euro 20.000 [517-*quinquies*].

Alla stessa pena soggiace chi, al fine di trarne profitto, introduce nel territorio dello Stato, detiene per la vendita, pone in vendita con offerta diretta ai consumatori o mette comunque in circolazione i beni di cui al primo comma.

Si applicano le disposizioni di cui agli articoli 474-*bis*, 474-*ter*, secondo comma, e 517-*bis*, secondo comma.

I delitti previsti dai commi primo e secondo sono punibili sempre che siano state osservate le norme delle leggi interne, dei regolamenti comunitari e delle convenzioni internazionali sulla tutela della proprietà intellettuale o industriale.

Evoluzione normativa:
(1) Articolo introdotto dalla lett. e), co. 1, art. 15, l. 23.7.2009, n. 99.

Norme connesse:
A. Art. 16, l. 23.7.2009, n. 99 (in *Normativa complementare*, voce *Contraffazione*).
B. Art. 25 bis.1, d.lgs. 8.6.2001, n. 231 (in *Normativa complementare*, voce *Economia (diritto penale della), Enti*).

517 quater. Contraffazione di indicazioni geografiche o denominazioni di origine dei prodotti agroalimentari [1].

Chiunque contraffà o comunque altera indicazioni geografiche o denominazioni di origine di prodotti agroalimentari è punito con la reclusione fino a due anni e con la multa fino a euro 20.000 [517-*quinquies*].

Alla stessa pena soggiace chi, al fine di trarne profitto, introduce nel territorio dello Stato, detiene per la vendita, pone in vendita con offerta diretta ai consumatori o mette comunque in circolazione i medesimi prodotti con le indicazioni o denominazioni contraffatte.

Si applicano le disposizioni di cui agli articoli 474-*bis*, 474-*ter*, secondo comma, e 517-*bis*, secondo comma.

I delitti previsti dai commi primo e secondo sono punibili a condizione che siano state osservate le norme delle leggi interne, dei regolamenti comunitari e delle convenzioni internazionali in materia di tutela delle indicazioni geografiche e delle denominazioni di origine dei prodotti agroalimentari.

Evoluzione normativa:
(1) Articolo introdotto dalla lett. e), co. 1, art. 15, l. 23.7.2009, n. 99.

Norme connesse:
A. Art. 16, l. 23.7.2009, n. 99 (in *Normativa complementare*, voce *Contraffazione*).
B. Art. 25 bis.1, d.lgs. 8.6.2001, n. 231 (in *Normativa complementare*, voce *Economia (diritto penale della), Enti*).

517 quinquies. Circostanza attenuante [1].

Le pene previste dagli articoli 517-*ter* e 517-*quater* sono diminuite dalla metà a due terzi nei confronti del colpevole che si adopera per aiutare concretamente l'autorità di polizia o l'autorità giudiziaria nell'azione di contrasto dei delitti di cui ai predetti articoli 517-*ter* e 517-*quater*, nonché nella raccolta di elementi decisivi per la ricostruzione dei fatti e per l'individuazione o la cattura dei concorrenti negli stessi, ovvero per la individuazione degli strumenti occorrenti per la commissione dei delitti medesimi o dei profitti da essi derivanti.

Evoluzione normativa:
(1) Articolo introdotto dalla lett. e), co.1, art. 15, l. 23.7.2009, n. 99.

Capo III
Disposizione comune ai capi precedenti

518. Pubblicazione della sentenza.

La condanna per alcuno dei delitti preveduti dagli articoli 501, 514, 515, 516 e 517 importa la pubblicazione della sentenza [36].

TITOLO VIII-bis [1]
Dei delitti contro il patrimonio culturale

Evoluzione normativa
(1) Il Titolo VIII bis è stato inserito dall'art. 1, *co.* 1, lett. b), l. 9.3.2022, n. 22, a decorrere dal 23.3.2022.

Norme connesse:
A. Art. 9 Cost.
B. D.lgs. 22.1.2004, n. 42 (in *Normativa complementare*, voce *Ambiente (diritto penale dello), beni culturali e paesaggio*, D. *Beni culturali e paesaggio*).

518 bis. Furto di beni culturali [1].

Chiunque si impossessa di un bene culturale mobile altrui, sottraendolo a chi lo detiene, al fine di trarne profitto, per sé o per altri [624], o si impossessa di beni culturali appartenenti allo Stato, in quanto rinvenuti nel sottosuolo o nei fondali marini, è punito con la reclusione da due a sei anni e con la multa da euro 927 a euro 1.500.

La pena è della reclusione da quattro a dieci anni e della multa da euro 927 a euro 2.000 se il reato è aggravato da una o più delle circostanze previste nel primo comma dell'articolo 625 o se il furto di beni culturali appartenenti allo Stato, in quanto rinvenuti nel sottosuolo o nei fondali marini, è commesso da chi abbia ottenuto la concessione di ricerca prevista dalla legge.

Evoluzione normativa:

(1) Articolo introdotto dall'art. 1, co. 1, lett. b), l. 9.3.2022, n. 22, a decorrere dal 23.3.2022.

Norme connesse:

A. Art. 25 septiesdecies, d.lgs. 8.6.2001, n. 231 (in *Normativa complementare*, voce *Economia (diritto penale della), Enti*).

518 ter. Appropriazione indebita di beni culturali [1].

Chiunque, per procurare a sé o ad altri un ingiusto profitto, si appropria [646] di un bene culturale altrui di cui abbia, a qualsiasi titolo, il possesso è punito con la reclusione da uno a quattro anni e con la multa da euro 516 a euro 1.500.

Se il fatto è commesso su cose possedute a titolo di deposito necessario, la pena è aumentata.

Evoluzione normativa:

(1) Articolo introdotto dall'art. 1, co. 1, lett. b), l. 9.3.2022, n. 22, a decorrere dal 23.3.2022.

Norme connesse:

A. Art. 25 septiesdecies, d.lgs. 8.6.2001, n. 231 (in *Normativa complementare*, voce *Economia (diritto penale della), Enti*).

518 quater. Ricettazione di beni culturali.

Fuori dei casi di concorso nel reato, chi, al fine di procurare a sé o ad altri un profitto, acquista, riceve od occulta [648] beni culturali provenienti da un qualsiasi delitto, o comunque si intromette nel farli acquistare, ricevere od occultare, è punito con la reclusione da quattro a dieci anni e con la multa da euro 1.032 a euro 15.000.

La pena è aumentata quando il fatto riguarda beni culturali provenienti dai delitti di rapina aggravata ai sensi dell'articolo 628, terzo comma, e di estorsione aggravata ai sensi dell'articolo 629, secondo comma.

Le disposizioni del presente articolo si applicano anche quando l'autore del delitto da cui i beni culturali provengono non è imputabile o non è punibile ovvero quando manca una condizione di procedibilità riferita a tale delitto.

Evoluzione normativa:

(1) Articolo introdotto dall'art. 1, co. 1, lett. b), l. 9.3.2022, n. 22, a decorrere dal 23.3.2022.

Norme connesse:

A. Art. 25 septiesdecies, d.lgs. 8.6.2001, n. 231 (in *Normativa complementare*, voce *Economia (diritto penale della), Enti*).

518 quinquies. Impiego di beni culturali provenienti da delitto [1].

Chiunque, fuori dei casi di concorso nel reato e dei casi previsti dagli articoli 518-quater e 518-sexies, impiega in attività economiche o finanziarie [648-ter] beni culturali provenienti da delitto è punito con la reclusione da cinque a tredici anni e con la multa da euro 6.000 a euro 30.000.

Le disposizioni del presente articolo si applicano anche quando l'autore del delitto da cui i beni culturali provengono non è imputabile o non è punibile ovvero quando manca una condizione di procedibilità riferita a tale delitto.

Evoluzione normativa:

(1) Articolo introdotto dall'art. 1, co. 1, lett. b), l. 9.3.2022 n. 22, a decorrere dal 23.3.2022.

Norme connesse:

A. Art. 25-duodevicies d.lgs. 8.6.2001, n. 231 (in *Normativa complementare*, voce *Economia (diritto penale della), Enti*).

518 sexies. Riciclaggio di beni culturali [1].

Fuori dei casi di concorso nel reato, chiunque sostituisce o trasferisce [648-bis] beni culturali provenienti da delitto non colposo, ovvero compie in relazione ad essi altre operazioni, in modo da ostacolare l'identificazione della loro provenienza delittuosa, è punito con la reclusione da cinque a quattordici anni e con la multa da euro 6.000 a euro 30.000.

La pena è diminuita se i beni culturali provengono da delitto per il quale è stabilita la pena della reclusione inferiore nel massimo a cinque anni.

Le disposizioni del presente articolo si applicano anche quando l'autore del delitto da cui i beni culturali provengono non è imputabile o non è punibile ovvero quando manca una condizione di procedibilità riferita a tale delitto.

Evoluzione normativa:

(1) Articolo introdotto dall'art. 1, co. 1, lett. b), l. 9 03.2022, n. 22, a decorrere dal 23.3.2022.

518 septies. Autoriciclaggio di beni culturali [1].

Chiunque, avendo commesso o concorso a commettere un delitto non colposo, impiega, sostituisce trasferisce, in attività economiche, finanziarie, imprenditoriali o speculative [648-bis.1], beni culturali provenienti dalla commissione di tale delitto, in modo da ostacolare concretamente l'identificazione della loro provenienza delittuosa, è punito con la reclusione da tre a dieci anni e con la multa da euro 6.000 a euro 30.000.

Se i beni culturali provengono dalla commissione di un delitto non colposo, punito con la reclusione inferiore nel massimo a cinque anni, si applicano la reclusione da due a cinque anni e la multa da euro 3.000 a euro 15.000.

Fuori dei casi di cui ai commi primo e secondo, non sono punibili le condotte per cui i beni vengono destinati alla mera utilizzazione o al godimento personale.

Si applica il terzo comma dell'articolo 518-quater.

Evoluzione normativa:

(1) Articolo introdotto dall'art. 1, co. 1, lett. b), l. 9.3.2022, n. 22, a decorrere dal 23.3.2022.

518 octies. Falsificazione in scrittura privata relativa a beni culturali [1].

Chiunque forma, in tutto o in parte, una scrittura privata falsa o, in tutto o in parte, altera, distrugge, sopprime od occulta una scrittura privata vera, in relazione a beni culturali mobili, al fine di farne apparire lecita la provenienza, è punito con la reclusione da uno a quattro anni.

Chiunque fa uso della scrittura privata di cui al primo comma, senza aver concorso nella sua formazione o alterazione, è punito con la reclusione da otto mesi a due anni e otto mesi.

Evoluzione normativa:

(1) Articolo introdotto dall'art. 1, co. 1, lett. b), l. 9.3.2022, n. 22, a decorrere dal 23.3.2022.

Norme connesse:

A. Art. 25-septiesdecies d.lgs. 8.6.2001, n. 231 (in *Normativa complementare*, voce *Economia (diritto penale della), Enti*).

518 nonies. Violazioni in materia di alienazione di beni culturali [1].

È punito con la reclusione da sei mesi a due anni e con la multa da euro 2.000 a euro 80.000:

1) chiunque, senza la prescritta autorizzazione, aliena o immette sul mercato beni culturali;
2) chiunque, essendovi tenuto, non presenta, nel termine di trenta giorni, la denuncia degli atti di trasferimento della proprietà o della detenzione di beni culturali;
3) l'alienante di un bene culturale soggetto a prelazione che effettua la consegna della cosa in pendenza del termine di sessanta giorni dalla data di ricezione della denuncia di trasferimento.

Evoluzione normativa:

(1) Articolo introdotto dall'art. 1, co. 1, lett. b), l. 9.3.2022, n. 22, a decorrere dal 23.3.2022.

Norme connesse:

A. Art. 25 septiesdecies, d.lgs. 8.6.2001, n. 231 (in *Normativa complementare*, voce *Economia (diritto penale della), Enti*).

518 decies. Importazione illecita di beni culturali [1].

Chiunque, fuori dei casi di concorso nei reati previsti dagli articoli 518-quater, 518-quinquies, 518-sexies e 518-septies, importa beni culturali provenienti da delitto ovvero rinvenuti a seguito di ricerche svolte senza autorizzazione, ove prevista dall'ordinamento dello Stato in cui il rinvenimento ha avuto luogo, ovvero esportati da un altro Stato in violazione della legge in materia di protezione del patrimonio culturale di quello Stato, è punito con la reclusione da due a sei anni e con la multa da euro 258 a euro 5.165.

Evoluzione normativa:

(1) Articolo introdotto dall'art. 1, co. 1, lett. b), l. 9.3.2022, n. 22, a decorrere dal 23.3.2022.

Norme connesse:

A. Art. 25 septiesdecies, d.lgs. 8.06.2001, n. 231 (in *Normativa complementare*, voce *Economia (diritto penale della), Enti*).

518 undecies. Uscita o esportazione illecite di beni culturali [1].

Chiunque trasferisce all'estero beni culturali, cose di interesse artistico, storico, archeologico, etnoantropologico, bibliografico, documentale o archivistico o altre cose oggetto di specifiche disposizioni di tutela ai sensi della normativa sui beni culturali, senza attestato di libera circolazione o licenza di esportazione, è punito con la reclusione da due a otto anni e con la multa fino a euro 80.000

La pena prevista al primo comma si applica altresì nei confronti di chiunque non fa rientrare nel territorio nazionale, alla scadenza del termine, beni culturali, cose di interesse artistico, storico, archeologico, etnoantropologico, bibliografico, documentale o archivistico o altre cose oggetto di specifiche disposizioni di tutela ai sensi della normativa sui beni culturali, per i quali siano state autorizzate l'uscita o l'esportazione temporanee, nonché nei confronti di chiunque rende dichiarazioni mendaci al fine di comprovare al competente ufficio di esportazione, ai sensi di legge, la non assoggettabilità di cose di interesse culturale ad autorizzazione all'uscita dal territorio nazionale.

Evoluzione normativa:

(1) Articolo introdotto dall'art. 1, co. 1, lett. b), l. 9.3.2022, n. 22, a decorrere dal 23.03.2022.

Norme connesse:

A. Art. 25 septiesdecies, d.lgs. 8.06.2001, n. 231 (in *Normativa complementare*, voce *Economia (diritto penale della), Enti*).

518 duodecies. Distruzione, dispersione, deterioramento, deturpamento, imbrattamento e uso illecito di beni culturali o paesaggistici [1].

Chiunque distrugge, disperde, deteriora o rende in tutto o in parte inservibili, ove previsto, o non fruibili beni culturali o paesaggistici propri o altrui è punito con la reclusione da due a cinque anni e con la multa da euro 2.500 a euro 15.000 [2].

Chiunque, fuori dei casi di cui al primo comma, deturpa o imbratta beni culturali o paesaggistici propri o altrui, ovvero destina beni culturali a un uso incompatibile con il loro carattere storico o artistico ovvero pregiudizievole per la loro conservazione o integrità, è punito con la reclusione da sei mesi a tre anni e con la multa da euro 1.500 a euro 10.000.

La sospensione condizionale della pena è subordinata al ripristino dello stato dei luoghi o all'eliminazione delle conseguenze dannose o pericolose del reato ovvero alla prestazione di attività non retribuita a favore della collettività per un tempo determinato, comunque non superiore alla durata della pena sospesa, secondo le modalità indicate dal giudice nella sentenza di condanna.

Evoluzione normativa:

(1) Articolo introdotto dall'art. 1, co. 1, lett. b), l. 9.3.2022, n. 22, a decorrere dal 23.3.2022.

(2) Comma così modificato dall'art. 2, co. 1, l. 22.1.2024, n. 6, a decorrere dall'8.2.2024. Il testo di questo comma, antecedente alla modifica disposta con l. n. 6/2024, così disponeva: «*Chiunque distrugge, disperde, deteriora o rende in tutto o in parte inservibili o non fruibili beni culturali o paesaggistici propri o altrui è punito con la reclusione da due a cinque anni e con la multa da euro 2.500 a euro 15.000.*».

Norme connesse:

A. Art. 25-septiesdecies d.lgs. 8.6.2001, n. 231 (in *Normativa complementare*, voce *Economia (diritto penale della), Enti*).

518 terdecies. Devastazione e saccheggio di beni culturali e paesaggistici [1].

Chiunque, fuori dei casi previsti dall'articolo 285, commette fatti di devastazione o di saccheggio aventi ad oggetto beni culturali o paesaggistici ovvero istituti e luoghi della cultura è punito con la reclusione da dieci a sedici anni.

Evoluzione normativa:

(1) Articolo introdotto dall'art. 1, co. 1, lett. b), l. 9.3.2022, n. 22, a decorrere dal 23.3.2022.

Norme connesse:

A. Art. 25-duodevicies d.lgs. 8.6.2001, n. 231 (in *Normativa complementare*, voce *Economia (diritto penale della), Enti*).

518 quaterdecies. Contraffazione di opere d'arte [1].

È punito con la reclusione da uno a cinque anni e con la multa da euro 3.000 a euro 10.000:

1) chiunque, al fine di trarne profitto, contraffà, altera o riproduce un'opera di pittura, scultura o grafica ovvero un oggetto di antichità o di interesse storico o archeologico;
2) chiunque, anche senza aver concorso nella contraffazione, alterazione o riproduzione, pone in commercio, detiene per farne commercio, introduce a questo fine nel territorio dello Stato o comunque pone in circolazione, come autentici, esemplari contraffatti, alterati o riprodotti di opere di pittura, scultura o grafica, di oggetti di antichità o di oggetti di interesse storico o archeologico;
3) chiunque, conoscendone la falsità, autentica opere od oggetti indicati ai numeri 1) e 2) contraffatti, alterati o riprodotti;
4) chiunque, mediante altre dichiarazioni, perizie, pubblicazioni, apposizione di timbri o etichette o con qualsiasi altro mezzo, accredita o contribuisce ad accreditare, conoscendone la falsità, come autentici opere od oggetti indicati ai numeri 1) e 2) contraffatti, alterati o riprodotti.

È sempre ordinata la confisca degli esemplari contraffatti, alterati o riprodotti delle opere o degli oggetti indicati nel primo comma, salvo che si tratti di cose appartenenti a persone estranee al reato. Delle cose confiscate è vietata, senza limiti di tempo, la vendita nelle aste dei corpi di reato.

Evoluzione normativa:

(1) Articolo introdotto dall'art. 1, co. 1, lett. b), l. 9.3.2022, n. 22, a decorrere dal 23.3.2022.

Norme connesse:

A. Art. 25-septiesdecies *d.lgs.* 8.6.2001, n. 231 (in *Normativa complementare*, voce *Economia (diritto penale della), Enti*).

518 quinquiesdecies. Casi di non punibilità [1].

Le disposizioni dell'articolo 518-quaterdecies non si applicano a chi riproduce, detiene, pone in vendita o altrimenti diffonde copie di opere di pittura, di scultura o di grafica, ovvero copie o imitazioni di oggetti di antichità o di interesse storico o archeologico, dichiarate espressamente non autentiche, mediante annotazione scritta sull'opera o sull'oggetto o, quando ciò non sia possibile per la natura o le dimensioni della copia o dell'imitazione, mediante dichiarazione rilasciata all'atto dell'esposizione o della vendita. Non si applicano del pari ai restauri artistici che non abbiano ricostruito in modo determinante l'opera originale.

Evoluzione normativa:

(1) Articolo introdotto dall'art. 1, co. 1, lett. b), l. 9.3.2022, n. 22, a decorrere dal 23.3.2022.

518 sexiesdecies. Circostanze aggravanti [1].

La pena è aumentata da un terzo alla metà quando un reato previsto dal presente titolo:

1) cagiona un danno di rilevante gravità;
2) è commesso nell'esercizio di un'attività professionale, commerciale, bancaria o finanziaria;
3) è commesso da un pubblico ufficiale o da un incaricato di pubblico servizio, preposto alla conservazione o alla tutela di beni culturali mobili o immobili;
4) è commesso nell'ambito dell'associazione per delinquere di cui all'articolo 416.

Se i reati previsti dal presente titolo sono commessi nell'esercizio di un'attività professionale o commerciale, si applicano la pena accessoria di cui all'articolo 30 e la pubblicazione della sentenza penale di condanna ai sensi dell'articolo 36.

Evoluzione normativa:

(1) Articolo introdotto dall'art. 1, co. 1, lett. b), l. 9.3.2022, n. 22, a decorrere dal 23.3.2022.

518 septiesdecies. Circostanze attenuanti [1].

La pena è diminuita di un terzo quando un reato previsto dal presente titolo cagioni un danno di speciale tenuità ovvero comporti un lucro di speciale tenuità quando anche l'evento dannoso o pericoloso sia di speciale tenuità.

La pena è diminuita da un terzo a due terzi nei confronti di chi abbia consentito l'individuazione dei correi o abbia fatto assicurare le prove del reato o si sia efficacemente adoperato per evitare che l'attività delittuosa fosse portata a conseguenze ulteriori [270-bis.1, 323-bis, 375, 384-ter, 416-bis.1, 423-bis, 452-decies, 600-sexies, 600-sexies-1, 603-bis-1, 605, 630] o abbia recuperato o fatto recuperare i beni culturali oggetto del delitto.

Evoluzione normativa:

(1) Articolo introdotto dall'art. 1, co. 1, lett. b), l. 9.3.2022, n. 22, a decorrere dal 23.3.2022.

518 octiesdecies. Confisca [1].

Il giudice dispone in ogni caso la confisca delle cose indicate all'articolo 518-undecies, che hanno costituito l'oggetto del reato, salvo che queste appartengano a persona estranea al reato. In caso di estinzione del reato, il giudice procede a norma dell'articolo 666 del codice di procedura penale. La confisca ha luogo in conformità alle norme della legge doganale relative alle cose oggetto di contrabbando.

Nel caso di condanna o di applicazione della pena su richiesta delle parti, a norma dell'articolo 444 del codice di procedura penale, per uno dei delitti previsti dal presente titolo, è sempre ordinata la confisca delle cose che servirono o furono destinate a commettere il reato e delle cose che ne costituiscono il prodotto, il profitto o il prezzo, salvo che appartengano a persone estranee al reato.

Quando non è possibile procedere alla confisca di cui al secondo comma, il giudice ordina la confisca del denaro, dei beni o delle altre utilità delle quali il reo ha la disponibilità, anche per interposta persona, per un valore corrispondente al profitto o al prodotto del reato.

Le navi, le imbarcazioni, i natanti e gli aeromobili, le autovetture e i motocicli sequestrati nel corso di operazioni di polizia giudiziaria a tutela dei beni culturali sono affidati dall'autorità giudiziaria in custodia giudiziale agli organi di polizia che ne facciano richiesta per l'impiego in attività di tutela dei beni medesimi.

Evoluzione normativa:

(1) Articolo introdotto dall'art. 1, co. 1, lett. b), l. 9.3.2022, n. 22, a decorrere dal 23.3.2022.

518 noviesdecies. Fatto commesso all'estero (1).

Le disposizioni del presente titolo si applicano altresì quando il fatto è commesso all'estero in danno del patrimonio culturale nazionale.

Evoluzione normativa:

(1) Articolo introdotto dall'art. 1, co. 1, lett. b), l. 9.3.2022, n. 22, a decorrere dal 23.3.2022.

TITOLO IX
Dei delitti contro la moralità pubblica e il buon costume

Capo I
Dei delitti contro la libertà sessuale (1)

(1) Capo abrogato dall'art. 1, l. 15.2.1996, n. 66. V. ora gli artt. 609 bis-609 *decies* c.p.

519. Della violenza carnale (1).

[Chiunque, con violenza o minaccia, costringe taluno a congiunzione carnale è punito con la reclusione da tre a dieci anni [29, 30].

Alla stessa pena soggiace chi si congiunge carnalmente con persona la quale al momento del fatto:

1. non ha compiuto gli anni quattordici [539];
2. non ha compiuto gli anni sedici, quando il colpevole ne è l'ascendente [540] o il tutore [c.c. 346, 357, 360], ovvero è un'altra persona a cui il minore è affidato per ragioni di cura, di educazione, di istruzione, di vigilanza o di custodia [61, n. 11];
3. è malata di mente, ovvero non è in grado di resistergli a cagione delle proprie condizioni d'inferiorità psichica o fisica, anche se questa è indipendente dal fatto del colpevole;
4. è stata tratta in inganno, per essersi il colpevole sostituito ad altra persona.]

Evoluzione normativa:

(1) Articolo abrogato dall'art. 1, l. 15.2.1996, n. 66.

520. Congiunzione carnale commessa con abuso della qualità di pubblico ufficiale (1).

[Il pubblico ufficiale [357], che, fuori dei casi preveduti dall'articolo precedente, si congiunge carnalmente con una persona arrestata o detenuta, di cui ha la custodia per ragione del suo ufficio, ovvero con persona che è a lui affidata in esecuzione di un provvedimento dell'autorità competente, è punito con la reclusione da uno a cinque anni [31, 32].

La stessa pena si applica se il fatto è commesso da un altro pubblico ufficiale, rivestito, per ragione del suo ufficio, di qualsiasi autorità sopra taluna delle persone suddette [540, 544].]

Evoluzione normativa:

(1) Articolo abrogato dall'art. 1, l. 15.2.1996, n. 66.

521. Atti di libidine violenti (1).

[Chiunque, usando dei mezzi o valendosi delle condizioni indicate nei due articoli precedenti, commette su taluno atti di libidine diversi dalla congiunzione carnale soggiace alle pene stabilite nei detti articoli, ridotte di un terzo.

Alle stesse pene soggiace chi, usando dei mezzi o valendosi delle condizioni indicate nei due articoli precedenti, costringe o induce taluno a commettere gli atti di libidine su se stesso, sulla persona del colpevole o su altri [540, 544].]

Evoluzione normativa:

(1) Articolo abrogato dall'art. 1, l. 15.2.1996, n. 66.

522. Ratto a fine di matrimonio (1).

[Chiunque, con violenza, minaccia o inganno, sottrae, o ritiene, per fine di matrimonio, una donna non coniugata, è punito con la reclusione da uno a tre anni [29].

Se il fatto è commesso in danno di una persona dell'uno o dell'altro sesso, non coniugata, maggiore degli anni quattordici e minore degli anni diciotto, la pena è della reclusione da due a cinque anni [540, 573, 574].]

Evoluzione normativa:

(1) Articolo abrogato dall'art. 1, l. 15.2.1996, n. 66.

523. Ratto a fine di libidine (1).

[Chiunque, con violenza, minaccia o inganno, sottrae o ritiene, per fine di libidine, un minore, ovvero una donna maggiore di età, è punito con la reclusione da tre a cinque anni [29, 32, 81].

La pena è aumentata [64] se il fatto è commesso a danno di persona che non ha ancora compiuto gli anni diciotto, ovvero di una donna coniugata [540, 574].]

Evoluzione normativa:

(1) Articolo abrogato dall'art. 1, l. 15.2.1996, n. 66.

524. Ratto di persona minore degli anni quattordici o inferma, a fine di libidine o di matrimonio (1).

[Le pene stabilite nei capoversi dei due articoli precedenti si applicano anche a chi commette il fatto ivi preveduto, senza violenza, minaccia o inganno, in danno di persona minore degli anni quattordici o malata di mente, o che non sia, comunque, in grado di resistergli, a cagione delle proprie condizioni di inferiorità psichica o fisica, anche se questa è indipendente dal fatto del colpevole [81, 540, 574].]

Evoluzione normativa:

(1) Articolo abrogato dall'art. 1, l. 15.2.1996, n. 66.

525. Circostanze attenuanti (1).

[Le pene stabilite nei tre articoli precedenti sono diminuite [65] se il colpevole, prima della condanna, senza aver commesso alcun atto di libidine in danno della persona rapita, la restituisce spontaneamente in libertà, riconducendola alla casa donde la tolse o a quella della famiglia di lei, o collocandola in un altro luogo sicuro, a disposizione della famiglia stessa [62, n. 6].]

Evoluzione normativa:

(1) Articolo abrogato dall'art. 1, l. 15.2.1996, n. 66.

526. Seduzione con promessa di matrimonio commessa da persona coniugata (1).

[Chiunque, con promessa di matrimonio, seduce una donna minore di età, inducendola in errore sul proprio stato di persona coniugata, è punito con la reclusione da tre mesi a due anni [540].

Vi è seduzione quando vi è stata congiunzione carnale.]

Evoluzione normativa:

(1) Articolo abrogato dall'art. 1, l. 15.2.1996, n. 66.

Capo II
Delle offese al pudore e all'onore sessuale

527. Atti osceni (1).

Chiunque, in luogo pubblico o aperto o esposto al pubblico, compie atti osceni [529] è soggetto alla sanzione amministrativa pecuniaria da euro 5.000 a euro 30.000 (2).

Si applica la pena della reclusione da quattro mesi a quattro anni e sei mesi se il fatto è commesso all'interno o nelle immediate vicinanze di luoghi abitualmente frequentati da minori e se da ciò deriva il pericolo che essi vi assistano (3).

Se il fatto avviene per colpa [43], si applica la sanzione amministrativa pecuniaria da euro 51 a euro 309 [disp. att. c.p. 19-*bis*].

Evoluzione normativa:

(1) Articolo così modificato dall'art. 44, d.lgs. 30.12.1999, n. 507. Il testo previgente così disponeva: «*Atti osceni. Chiunque, in luogo pubblico o aperto o esposto al pubblico, compie atti osceni è punito con la reclusione da tre mesi a tre anni. Se il fatto avviene per colpa, la pena è della multa da lire sessantamila a seicentomila*».

(2) Comma così modificato dall'art. 2, co. 1, lett. a), d.lgs. 15.1.2016, n. 8, a decorrere dal 6.2.2016. Il testo previgente così disponeva: «*Chiunque, in luogo pubblico o aperto o esposto al pubblico, compie atti osceni è punito con la reclusione da tre mesi a tre anni*».

(3) Comma introdotto dal co. 22 dell'art. 3, l. 15.7.2009, n. 94 e, poi, così modificato dall'art. 2, co. 1, lett. b), d.lgs. 15.1.2016, n. 8, a decorrere dal 6.2.2016. Il testo di questo comma, antecedente alle modifiche del 2016, così disponeva: «*La pena è aumentata da un terzo alla metà se il fatto è commesso all'interno o nelle immediate vicinanze di luoghi abitualmente frequentati da minori e se da ciò deriva il pericolo che essi vi assistano*».

Norme connesse:

A. Art. 36, co. 1, l. 5.2.1992, n. 104, come sostituito dall'art. 3, co. 1, l. 15.7.2009, n. 94: «*Quando i reati di cui all'articolo 527 del codice penale, i delitti non colposi di cui ai titoli XII e XIII del libro II del codice penale, nonché i reati di cui alla legge 20.2.1958, n. 75, sono commessi in danno di persona portatrice di minorazione fisica, psichica o sensoriale, la pena è aumentata da un terzo alla metà*». Secondo quanto disposto dall'art. 4, co. 1, lett. a), b), c) e d), d.lgs. 3.5.2024, n. 62:
a) la parola: «*handicap*», ovunque ricorre, deve intendersi sostituita dalle seguenti: «*condizione di disabilità*»;
b) le parole: «*persona handicappata*», «*portatore di handicap*», «*persona affetta da disabilità*», «*disabile*» e «*diversamente abile*», ovunque ricorrono, devono intendersi sostituite dalle seguenti: «*persona con disabilità*»;
c) le parole: «*con connotazione di gravità*» e «*in situazione di gravità*», ove ricorrono e sono riferite alle persone indicate alla lettera b) devono intendersi sostituite dalle seguenti: «*con necessità di sostegno elevato o molto elevato*»;
d) le parole: «*disabile grave*», ove ricorrono, devono intendersi sostituite dalle seguenti: «*persona con necessità di sostegno intensivo*».

B. Art. 725 c.p.

528. Pubblicazioni e spettacoli osceni.

Chiunque, allo scopo di farne commercio o distribuzione ovvero di esporli pubblicamente, fabbrica, introduce nel territorio dello Stato [4], acquista, detiene, esporta, ovvero mette in circolazione scritti, disegni, immagini od altri oggetti osceni [529] di qualsiasi specie [Cost. 21⁶], è soggetto alla sanzione amministrativa pecuniaria da euro 10.000 a euro 50.000 (1).

Alla stessa sanzione soggiace chi fa commercio, anche se clandestino, degli oggetti indicati nella disposizione precedente, ovvero li distribuisce o espone pubblicamente (2).

Si applicano la reclusione da tre mesi a tre anni e la multa non inferiore a euro 103 a chi (3):

1. adopera qualsiasi mezzo di pubblicità atto a favorire la circolazione o il commercio degli oggetti indicati nella prima parte di questo articolo;
2. dà pubblici spettacoli teatrali o cinematografici, ovvero audizioni o recitazioni pubbliche, che abbiano carattere di oscenità [Cost. 21⁶].

Nel caso preveduto dal n. 2, la pena è aumentata [64] se il fatto è commesso nonostante il divieto dell'autorità.

Evoluzione normativa:

(1) Comma così modificato secondo quanto disposto dall'art. 113, l. 24.11.1981, n. 689 e, poi, dall'art. 2, co. 2, lett. a), d.lgs. 15.1.2016, n. 8, a decorrere dal 6.2.2016. Il testo di questo comma, antecedente alle modifiche del 2016, così disponeva: «*Chiunque, allo scopo di farne commercio o distribuzione ovvero di esporli pubblicamente, fabbrica, introduce nel territorio dello Stato, acquista, detiene, esporta, ovvero mette in circolazione scritti, disegni, immagini od altri oggetti osceni di qualsiasi specie, è punito con la reclusione da tre mesi a tre anni e con la multa non inferiore a euro 103*».

(2) Comma così modificato dall'art. 2, co. 2, lett. b), d.lgs 15.1.2016, n. 8, a decorrere dal 6.2.2016. Il testo previgente così disponeva: «*Alla stessa pena soggiace chi fa commercio, anche se clandestino, degli oggetti indicati nella disposizione precedente, ovvero li distribuisce o espone pubblicamente*».

(3) Alinea così modificato dall'art. 2, co. 2, lett. c), d.lgs. 15.1.2016, n. 8, a decorrere dal 6.2.2016.
Il testo previgente così disponeva: «*Tale pena si applica inoltre a chi:*».

Norme connesse:

A. Art. 30, l. 6.8.1990, n. 223 (in *Normativa complementare*, voce *Stampa, televisione, telecomunicazioni*).

B. Art. unico l. 17.7.1975, n. 355 (in *Normativa complementare*, voce *Stampa, televisione, telecomunicazioni*).

529. Atti e oggetti osceni: nozione.

Agli effetti della legge penale, si considerano osceni gli atti e gli oggetti che, secondo il comune sentimento, offendono il pudore.

Non si considera oscena l'opera d'arte o l'opera di scienza, salvo che, per motivo diverso da quello di studio, sia offerta in vendita, venduta o comunque procurata a persona minore degli anni diciotto.

530. Corruzione di minorenni [1].

[Chiunque, fuori dei casi preveduti dagli articoli 519, 520 e 521, commette atti di libidine su persona o in presenza di persona minore degli anni sedici è punito con la reclusione da sei mesi a tre anni.

Alla stessa pena soggiace chi induce persona minore degli anni sedici a commettere atti di libidine su sé stesso, sulla persona del colpevole, o su altri.

La punibilità è esclusa se il minore è persona già moralmente corrotta [540].]

Evoluzione normativa:

(1) Articolo abrogato dall'art. 1, l. 15.2.1996, n. 66.

531. Istigazione alla prostituzione e favoreggiamento.

[Chiunque, per servire all'altrui libidine, induce alla prostituzione una persona di età minore, o in stato d'infermità o deficienza psichica, ovvero ne eccita la corruzione, è punito con la reclusione da uno a cinque anni e con la multa da lire tremila a diecimila. Se soltanto ne agevola la prostituzione o la corruzione, la pena è della reclusione da sei mesi a tre anni e della multa da lire tremila a diecimila.

La pena è aumentata se il fatto è commesso in danno di una minorenne coniugata, ovvero di una persona minore affidata al colpevole per ragione di servizio o di lavoro.

La pena è raddoppiata:

1) se il fatto è commesso in danno di persona che non ha compiuto gli anni quattordici;
2) se il colpevole è un ascendente, un affine in linea retta ascendente, il padre o la madre adottivi, il marito, il fratello, la sorella, il tutore;
3) se al colpevole la persona è stata affidata per ragione di cura, di educazione, d'istruzione, di vigilanza o di custodia.] [1]

Evoluzione normativa:

(1) Articolo abrogato dall'art. 3, l. 20.2.1958, n. 75 (in *Normativa complementare*, voce *Prostituzione e pornografia*).

532. Istigazione alla prostituzione di una discendente, della moglie, della sorella.

[Chiunque, per servire all'altrui libidine, induce alla prostituzione la discendente, la moglie, la sorella, ovvero l'affine in linea retta discendente, le quali siano maggiori di età, è punito con la reclusione da sei mesi a quattro anni e con la multa da lire tremila a diecimila.

Se il colpevole ha soltanto agevolato la prostituzione, la pena è ridotta alla metà.] [1]

Evoluzione normativa:

(1) Articolo abrogato dall'art. 3, l. 20.2.1958, n. 75 (in *Normativa complementare*, voce *Prostituzione e pornografia*).

533. Costrizione alla prostituzione.

[Chiunque, per servire all'altrui libidine, con violenza o minaccia, costringe una persona di età minore o una donna maggiorenne alla prostituzione è punito con la reclusione da due a sei anni e con la multa da lire cinquemila a quindicimila.

La pena è aumentata se il fatto è commesso in danno di donna coniugata, ovvero di una persona minore affidata al colpevole per ragione di servizio o di lavoro.

La pena è raddoppiata nei casi previsti dai nn. 1, 2 e 3 dell'art. 531.] [1]

Evoluzione normativa:

(1) Articolo abrogato dall'art. 3, l. 20.2.1958, n. 75 (in *Normativa complementare*, voce *Prostituzione e pornografia*).

534. Sfruttamento di prostitute.

[Chiunque si fa mantenere, anche in parte, da una donna, sfruttando i guadagni che essa ricava dalla sua prostituzione, è punito, qualora il fatto non costituisca un più grave delitto, con la reclusione da due a sei anni e con la multa da lire mille a diecimila.] [1]

Evoluzione normativa:

(1) Articolo abrogato dall'art. 3, l. 20.2.1958, n. 75 (in *Normativa complementare*, voce *Prostituzione e pornografia*).

535. Tratta di donne e di minori.

[Chiunque, sapendo che una persona di età minore, o una donna maggiorenne in stato di infermità o deficienza psichica, sarà, nel territorio di un altro Stato, tratta alla prostituzione, la induce a recarvisi, ovvero s'intromette per agevolarne la partenza, è punito con la reclusione da sei mesi a tre anni e con la multa non inferiore a lire tremila.

La pena è raddoppiata nei casi preveduti dai nn. 1, 2 e 3 dell'art. 531, ovvero se il fatto è commesso in danno di due o più persone, anche se dirette in paesi diversi.] [1]

Evoluzione normativa:

(1) Articolo abrogato dall'art. 3, l. 20.2.1958, n. 75 (in *Normativa complementare*, voce *Prostituzione e pornografia*).

536. Tratta di donne e di minori, mediante violenza, minaccia o inganno.

[Chiunque, sapendo che una persona di età minore, o una donna maggiorenne, sarà, nel territorio di un altro Stato, tratta alla prostituzione, la costringe, con violenza o minaccia, a recarvisi è punito con la reclusione da uno a cinque anni e con la multa non inferiore a lire cinquemila.

Alla stessa pena soggiace chi, con inganno, determina una donna maggiorenne a recarsi nel territorio di un altro Stato, ovvero si intromette per agevolarne la partenza, sapendo che all'estero sarà tratta alla prostituzione.

Si applicano i cpvv. dell'art. 533.] [1]

Evoluzione normativa:

(1) Articolo abrogato dall'art. 3, l. 20.2.1958, n. 75 (in *Normativa complementare*, voce *Prostituzione e pornografia*).

537. Tratta di donne e di minori commessa all'estero.

I delitti preveduti dai due articoli precedenti [1] sono punibili anche se commessi da un cittadino in territorio estero.

Evoluzione normativa:

(1) Il riferimento «*ai due articoli precedenti*» deve ritenersi non più valido a seguito dell'abrogazione degli artt. da 531 a 536 c.p., disposta con la l. 20.2.1958, n. 75.

538. Misura di sicurezza.

Alla condanna per il delitto preveduto dall'articolo 531 può essere aggiunta una misura di sicurezza detentiva. La misura di sicurezza detentiva è sempre aggiunta nei casi preveduti dagli articoli 532, 533, 534, 535 e 536.

Norme connesse:

A. Art. 3, l. 20.2.1958, n. 75 (in *Normativa complementare*, voce *Prostituzione e pornografia*).

Capo III
Disposizioni comuni ai capi precedenti

539. Età della persona offesa [1].

[Quando i delitti preveduti in questo titolo sono commessi in danno di un minore degli anni quattordici, il colpevole non può invocare a propria scusa l'ignoranza dell'età dell'offeso.]

Evoluzione normativa:

(1) Articolo abrogato dall'art. 1, l. 15.2.1996, n. 66.

Norme connesse:

A. 609 decies c.p.

540. Rapporto di parentela.

Agli effetti della legge penale, quando il rapporto di parentela è considerato come elemento costitutivo o come circostanza aggravante o attenuante o come causa di non punibilità, la filiazione fuori del matrimonio [c.c. 250] è equiparata alla filiazione nel matrimonio [c.c. 231] [1].

Il rapporto di filiazione fuori del matrimonio è stabilito osservando i limiti di prova indicati dalla legge civile [c.c. 251, 252, 269, 278, 279] anche se per effetti diversi dall'accertamento dello stato delle persone [c.p.p. 193] [2].

Evoluzione normativa:

(1) Comma così modificato dall'art. 93, co. 1, lett. i), d.lgs. 28.12.2013, n. 154, a decorrere dal 7.2.2014. Il testo previgente così disponeva: «*Agli effetti della legge penale, quando il rapporto di parentela è considerato come elemento costitutivo o come circostanza aggravante o attenuante o come causa di non punibilità, la filiazione illegittima è equiparata alla filiazione legittima*».

(2) Comma così modificato dall'art. 93, co. 1, lett. i), d.lgs. 28.12.2013, n. 154, a decorrere dal 7.2.2014. Il testo previgente così disponeva: «*Il rapporto di filiazione illegittima è stabilito osservando i limiti di prova indicati dalla legge civile anche se per effetti diversi dall'accertamento dello stato delle persone*».

541. Pene accessorie ed altri effetti penali [1].

[La condanna per alcuno dei delitti preveduti in questo titolo importa la perdita della potestà dei genitori [c.c. 316] o dell'autorità maritale [34] [2] o l'interdizione perpetua da qualsiasi ufficio attinente alla tutela e alla cura [28, n. 3], quando la qualità di genitore, di marito, di tutore o di curatore è elemento costitutivo o circostanza aggravante [540].

La condanna per alcuno dei delitti preveduti dagli articoli 519, 521, 530, 531, 532, 533, 534, 535, 536 e 537 [3] importa la perdita del diritto dagli alimenti [c.c. 433] e dei diritti successori verso la persona offesa [c.c. 566].]

Evoluzione normativa:

(1) Articolo abrogato dall'art. 1, l. 15.2.1996, n. 66.

(2) Alla «*patria potestà*» è stata sostituita la «*potestà dei genitori*», secondo quanto previsto dall'art. 316 c.c. e dall'art. 138, l. 19.5.1975, n. 151. L'art. 146, l. 24.11.1981, n. 689 ha poi esplicitamente disposto che ogni qualvolta nel codice penale o in altre leggi ricorresse l'espressione «*patria potestà*», quest'ultima dovesse essere sostituita dalla espressione «*potestà dei genitori*». L'istituto della potestà maritale, previsto invece dall'art. 144 c.c., è stato soppresso a seguito della sostituzione dello stesso art. 144 c.c. avvenuta con l'art. 26 della l. n. 151/1975.

(3) Le disposizioni contenute negli artt. 531-536 c.p. sono state sostituite da quelle contenute nell'art. 3, l. 20.2.1958, n. 75: la perdita del diritto agli alimenti e dei diritti successori verso la persona offesa è applicabile ai delitti previsti dalla l. n. 75.

542. Querela dell'offeso [1].

[I delitti preveduti dal capo primo e dall'articolo 530 sono punibili a querela della persona offesa [120, 543; c.p.p. 336.]

La querela proposta è irrevocabile [152].

Si procede tuttavia d'ufficio:

1. se il fatto è commesso dal genitore [540] o dal tutore, ovvero da un pubblico ufficiale [537] o da un incaricato di un pubblico servizio [358];
2. se il fatto è connesso [c.p.p. 45, n. 2] con un altro delitto per il quale si deve procedere d'ufficio.]

Evoluzione normativa:

(1) Articolo abrogato dall'art. 1, l. 15.2.1996, n. 66.

543. Diritto di querela [1].

[Quando la persona offesa muore [126] prima che la querela sia proposta da lei o da coloro che ne hanno la rappresentanza a norma degli articoli 120 e 121, il diritto di querela spetta [124] ai genitori [430] e al coniuge.

Tale disposizione non si applica se la persona offesa ha rinunciato espressamente, o tacitamente al diritto di querelarsi [c.p.p. 339].]

Evoluzione normativa:

(1) Articolo abrogato dall'art. 1, l. 15.2.1996, n. 66.

544. Causa speciale di estinzione del reato [1].

[Per i delitti preveduti dal capo primo e dall'articolo 530, il matrimonio, che l'autore del reato contragga con la persona offesa, estingue il reato, anche riguardo a coloro che sono concorsi nel reato medesimo; e, se vi è stata condanna, ne cessano l'esecuzione e gli effetti penali.]

Evoluzione normativa:

(1) Articolo abrogato dall'art. 1, l. 5.8.1981, n. 442.

TITOLO IX bis (1)
Dei delitti contro il sentimento per gli animali

Evoluzione normativa:
(1) Il Titolo IX bis, comprendente gli artt. da 544 bis a 544 sexies, è stato introdotto dall'art. 1, l. 20.7.2004, n. 189.

Norme connesse:
A. Art. 9[3] Cost.

544 bis. Uccisione di animali (1).

Chiunque, per crudeltà [61[1], n. 4; 131-bis[2]] o senza necessità [54], cagiona la morte di un animale è punito con la reclusione da quattro mesi a due anni [disp. att. c.p. 19-*ter*] (2).

Evoluzione normativa:
(1) Articolo introdotto dall'art. 1, l. 20.7.2004, n. 189.
(2) Articolo così modificato dalla lett. a), co. 1, art. 3, l. 4.11.2010, n. 201, a decorrere dal 4.12.2010.

Norme connesse:
A. Artt. 638 e 727.
B. Art. 30, l. 11.21992, n. 157 (in *Normativa complementare*, voce *Animali e caccia*).

544 ter. Maltrattamento di animali (1).

Chiunque, per crudeltà [61[1], n. 4; 131-bis[2]] o senza necessità [54], cagiona una lesione ad un animale ovvero lo sottopone a sevizie o a comportamenti o a fatiche o a lavori insopportabili per le sue caratteristiche etologiche è punito con la reclusione da tre a diciotto mesi o con la multa da 5.000 a 30.000 euro [disp. att. c.p. 19-*ter*] (2).

La stessa pena si applica a chiunque somministra agli animali sostanze stupefacenti o vietate ovvero li sottopone a trattamenti che procurano un danno alla salute degli stessi.

La pena è aumentata della metà se dai fatti di cui al primo comma deriva la morte dell'animale.

Evoluzione normativa:
(1) Articolo introdotto dall'art. 1, l. 20.7.2004, n. 189.
(2) Comma così modificato dalla lett. b), co. 1, art. 3, l. 4.11.2010, n. 201, a decorrere dal 4.12.2010.

Norme connesse:
A. Art. 727 c.p.

544 quater. Spettacoli o manifestazioni vietati (1).

Salvo che il fatto costituisca più grave reato, chiunque organizza o promuove spettacoli o manifestazioni che comportino sevizie o strazio per gli animali è punito con la reclusione da quattro mesi a due anni e con la multa da 3.000 a 15.000 euro [disp. att. c.p. 19-*ter*].

La pena è aumentata da un terzo alla metà se i fatti di cui al primo comma sono commessi in relazione all'esercizio di scommesse clandestine o al fine di trarne profitto per sé od altri ovvero se ne deriva la morte dell'animale.

Evoluzione normativa:
(1) Articolo introdotto dall'art. 1, l. 20.7.2004, n. 189.

544 quinquies. Divieto di combattimenti tra animali (1).

Chiunque promuove, organizza o dirige combattimenti o competizioni non autorizzate tra animali che possono metterne in pericolo l'integrità fisica è punito con la reclusione da uno a tre anni e con la multa da 50.000 a 160.000 euro.

La pena è aumentata da un terzo alla metà:
1) se le predette attività sono compiute in concorso con minorenni o da persone armate;
2) se le predette attività sono promosse utilizzando videoriproduzioni o materiale di qualsiasi tipo contenente scene o immagini dei combattimenti o delle competizioni;
3) se il colpevole cura la ripresa o la registrazione in qualsiasi forma dei combattimenti o delle competizioni.

Chiunque, fuori dei casi di concorso nel reato, allevando o addestrando animali li destina sotto qualsiasi forma e anche per il tramite di terzi alla loro partecipazione ai combattimenti di cui al primo comma è punito con la reclusione da tre mesi a due anni e con la multa da 5.000 a 30.000 euro. La stessa pena si applica anche ai proprietari o ai detentori degli animali impiegati nei combattimenti e nelle competizioni di cui al primo comma, se consenzienti.

Chiunque, anche se non presente sul luogo del reato, fuori dei casi di concorso nel medesimo, organizza o effettua scommesse sui combattimenti e sulle competizioni di cui al primo comma è punito con la reclusione da tre mesi a due anni e con la multa da 5.000 a 30.000 euro.

Evoluzione normativa:
(1) Articolo introdotto dall'art. 1, l. 20.7.2004, n. 189.

544 sexies. Confisca e pene accessorie (1).

Nel caso di condanna, o di applicazione della pena su richiesta delle parti a norma dell'articolo 444 del codice di procedura penale, per i delitti previsti dagli articoli 544-*ter*, 544-*quater* e 544-*quinquies*, è sempre ordinata la confisca dell'animale, salvo che appartenga a persona estranea al reato [disp. att. c.p. 19-*quater*]. È altresì disposta la sospensione da tre mesi a tre anni dell'attività di trasporto, di commercio o di allevamento degli animali se la sentenza di condanna o di applicazione della pena su richiesta è pronunciata nei confronti di chi svolge le predette attività. In caso di recidiva è disposta l'interdizione dall'esercizio delle attività medesime.

Evoluzione normativa:
(1) Articolo introdotto dall'art. 1, l. 20.7.2004, n. 189.

TITOLO X
Dei delitti contro la integrità e la sanità della stirpe

545. Aborto di donna non consenziente (1).

[Chiunque cagiona l'aborto di una donna, senza il consenso di lei, è punito con la reclusione da sette a dodici anni.]

Evoluzione normativa:
(1) Articolo abrogato dall'art. 22, l. 22.5.1978, n. 194 (in *Normativa complementare*, voce *Aborto, maternità e procreazione medicalmente assistita*).

546. Aborto di donna consenziente (1) (2).

[Chiunque cagiona l'aborto di una donna, col consenso di lei, è punito con la reclusione da due a cinque anni.

La stessa pena si applica alla donna che ha consentito all'aborto.

Si applica la disposizione dell'articolo precedente:

1. se la donna è minore degli anni quattordici, o, comunque, non ha capacità d'intendere o di volere;
2. se il consenso è estorto con violenza, minaccia o suggestione, ovvero è carpito con inganno.]

Evoluzione normativa:

(1) Articolo abrogato dall'art. 22, l. 22.5.1978, n. 194 (in *Normativa complementare*, voce *Aborto, maternità e procreazione medicalmente assistita*). Prima dell'abrogazione, la Corte costituzionale, con sent. 18.2.1975, n. 27, aveva dichiarato l'illegittimità di questo articolo nella parte in cui non prevedeva che la gravidanza potesse venir interrotta quando l'ulteriore gestazione implicasse danno, o pericolo, grave, medicalmente accertato nei sensi di cui in motivazione e non altrimenti evitabile, per la salute della madre.

547. Aborto procuratosi dalla donna (1).

[La donna che si procura l'aborto è punita con la reclusione da uno a quattro anni.]

Evoluzione normativa:

(1) Articolo abrogato dall'art. 22, l. 22.5.1978, n. 194 (in *Normativa complementare*, voce *Aborto, maternità e procreazione medicalmente assistita*).

548. Istigazione all'aborto (1).

[Chiunque fuori dei casi di concorso nel reato preveduto dall'articolo precedente, istiga una donna incinta ad abortire, somministrandole mezzi idonei, è punito con la reclusione da sei mesi a due anni.]

Evoluzione normativa:

(1) Articolo abrogato dall'art. 22, l. 22.5.1978, n. 194 (in *Normativa complementare*, voce *Aborto, maternità e procreazione medicalmente assistita*).

549. Morte o lesione della donna (1).

[Se dal fatto preveduto dall'articolo 545 deriva la morte della donna, si applica la reclusione da dodici a venti anni; se deriva una lesione personale, si applica la reclusione da dieci a quindici anni.

Se dal fatto preveduto dall'articolo 546 deriva la morte della donna, la pena è della reclusione da cinque a dodici anni; se deriva una lesione personale, è della reclusione da tre a otto anni.]

Evoluzione normativa:

(1) Articolo abrogato dall'art. 22, l. 22.5.1978, n. 194 (in *Normativa complementare*, voce *Aborto, maternità e procreazione medicalmente assistita*).

550. Atti abortivi su donna ritenuta incinta (1).

[Chiunque somministra a una donna creduta incinta mezzi diretti a procurarle l'aborto, o comunque commette su lei atti diretti a questo scopo, soggiace, se dal fatto deriva una lesione personale o la morte della donna, alle pene rispettivamente stabilite dagli articoli 582, 583 e 584.

Qualora il fatto sia commesso col consenso della donna, la pena è diminuita.]

Evoluzione normativa:

(1) Articolo abrogato dall'art. 22, l. 22.5.1978, n. 194 (in *Normativa complementare*, voce *Aborto, maternità e procreazione medicalmente assistita*).

551. Causa di onore (1).

[Se alcuno dei fatti preveduti dagli articoli 545, 546, 547, 548, 549 e 550 è commesso per salvare l'onore proprio o quello di un prossimo congiunto, le pene ivi stabilite sono diminuite dalla metà ai due terzi.]

Evoluzione normativa:

(1) Articolo abrogato dall'art. 22, l. 22.5.1978, n. 194 (in *Normativa complementare*, voce *Aborto, maternità e procreazione medicalmente assistita*).

552. Procurata impotenza alla procreazione (1).

[Chiunque compie, su persona dell'uno o dell'altro sesso, col consenso di questa, atti diretti a renderla impotente alla procreazione è punito con la reclusione da sei mesi a due anni e con la multa da lire cinquantamila a duecentomila].

Alla stessa pena soggiace chi ha consentito al compimento di tali atti sulla propria persona.]

Evoluzione normativa:

(1) Articolo abrogato dall'art. 22, l. 22.5.1978, n. 194 (in *Normativa complementare*, voce *Aborto, maternità e procreazione medicalmente assistita*).

553. Incitamento a pratiche contro la procreazione (1).

[Chiunque pubblicamente incita a pratiche contro la procreazione o fa propaganda a favore di esse è punito con la reclusione fino a un anno o con la multa fino a lire quattrocentomila.

Tali pene si applicano congiuntamente se il fatto è commesso a scopo di lucro.]

Evoluzione normativa:

(1) Articolo abrogato dall'art. 22, l. 22.5.1978, n. 194 (in *Normativa complementare*, voce *Aborto, maternità e procreazione medicalmente assistita*).

554. Contagio di sifilide e di blenorragia (1).

[Chiunque, essendo affetto da sifilide e occultando tale suo stato, compie su taluno atti tali da cagionargli il pericolo di contagio, è punito, se il contagio avviene, con la reclusione da uno a tre anni.

Alla stessa pena soggiace chi, essendo affetto da blenorragia e occultando tale suo stato, compie su taluno gli atti preveduti dalla disposizione precedente, se il contagio avviene e da esso deriva una lesione personale gravissima [c.p.p. 31, 235].

In ambedue i casi il colpevole è punito a querela della persona offesa.

Se il colpevole ha agito a fine di cagionare il contagio, si applicano le disposizioni degli articoli 583, 584 e 585.]

Evoluzione normativa:

(1) Articolo abrogato dall'art. 22, l. 22.5.1978, n. 194 (in *Normativa complementare*, voce *Aborto, maternità e procreazione medicalmente assistita*).

555. Circostanza aggravante e pena accessoria (1).

[Se il colpevole di uno dei delitti preveduti dall'articolo 545, dalla prima parte e dal secondo capoverso dell'articolo 546, dagli articoli 548, 549, 550, dalla prima parte dell'articolo 552 e dall'art. 553 è persona che esercita una professione sanitaria, la pena è aumentata.

Nel caso di recidiva, l'interdizione dalla professione sanitaria è perpetua.]

Evoluzione normativa:

(1) Articolo abrogato dall'art. 22, l. 22.5.1978, n. 194 (in *Normativa complementare*, voce *Aborto, maternità e procreazione medicalmente assistita*).

TITOLO XI
Dei delitti contro la famiglia

Capo I
Dei delitti contro il matrimonio

556. Bigamia.

Chiunque, essendo legato da un matrimonio avente effetti civili, ne contrae un altro, pur avente effetti civili [c.c. 82], è punito con la reclusione da uno a cinque anni. Alla stessa pena soggiace chi, non essendo coniugato, contrae matrimonio con persona legata da matrimonio avente effetti civili.

La pena è aumentata se il colpevole ha indotto in errore la persona, con la quale ha contratto matrimonio, sulla libertà dello stato proprio o di lei.

Se il matrimonio, contratto precedentemente dal bigamo, è dichiarato nullo [c.c. 117], ovvero è annullato il secondo matrimonio per causa diversa dalla bigamia, il reato è estinto, anche rispetto a coloro che sono concorsi nel reato, e, se vi è stata condanna, ne cessano l'esecuzione e gli effetti penali.

Norme connesse:

A. Art. 574 ter c.p.
B. In materia di matrimonio concordatario, art. 34 del Concordato reso esecutivo con l. 27.5.1929, n. 810; l. 27.5.1929, n. 847; l. 25.3.1985, n. 121, di ratifica ed esecuzione dell'accordo, con protocollo addizionale, firmato a Roma il 18.2.1984, che apporta modificazioni al Concordato lateranense dell'11.2.1929, tra la Repubblica italiana e la Santa Sede.

557. Prescrizione del reato.

Il termine della prescrizione [157] per il delitto preveduto dall'articolo precedente decorre dal giorno in cui è sciolto [c.c. 149] uno dei due matrimoni o è dichiarato nullo il secondo per bigamia.

558. Induzione al matrimonio mediante inganno.

Chiunque, nel contrarre matrimonio avente effetti civili [c.c. 84], con mezzi fraudolenti occulta all'altro coniuge l'esistenza di un impedimento che non sia quello derivante da un precedente matrimonio [556] è punito, se il matrimonio è annullato a causa dell'impedimento occultato, con la reclusione fino a un anno ovvero con la multa da euro 206 a euro 1.032 (1).

Evoluzione normativa:

(1) La multa risulta così aumentata secondo quanto disposto dall'art. 113, l. 24.11.1981, n. 689.

Norme connesse:

A. Art. 574 ter c.p.
B. In materia di matrimonio concordatario, art. 34 del Concordato reso esecutivo con l. 27.5.1929, n. 810; l. 27.5.1929, n. 847; l. 25.3.1985, n. 121, di ratifica ed esecuzione dell'accordo, con protocollo addizionale, firmato a Roma il 18.2.1984, che apporta modificazioni al Concordato lateranense dell'11.2.1929, tra la Repubblica italiana e la Santa Sede.

558 bis. Costrizione o induzione al matrimonio (1).

Chiunque, con violenza o minaccia, costringe una persona a contrarre matrimonio o unione civile [574 ter] è punito con la reclusione da uno a cinque anni.

La stessa pena si applica a chiunque, approfittando delle condizioni di vulnerabilità o di inferiorità psichica o di necessità di una persona, con abuso delle relazioni familiari, domestiche, lavorative o dell'autorità derivante dall'affidamento della persona per ragioni di cura, istruzione o educazione, vigilanza o custodia, la induce a contrarre matrimonio o unione civile [574 ter].

La pena è aumentata se i fatti sono commessi in danno di un minore di anni diciotto.

La pena è da due a sette anni di reclusione se i fatti sono commessi in danno di un minore di anni quattordici.

Le disposizioni del presente articolo si applicano anche quando il fatto è commesso all'estero da cittadino italiano o da straniero residente in Italia ovvero in danno di cittadino italiano o di straniero residente in Italia.

Evoluzione normativa:

(1) Articolo introdotto dall'art. 7, co. 1, l. 19.7.2019, n. 69, a decorrere dal 9.8.2019.

559. Adulterio.

La moglie adultera è punita con la reclusione fino a un anno.

Con la stessa pena è punito il correo dell'adultera (1).

La pena è della reclusione fino a due anni nel caso di relazione adulterina (2).

Il delitto è punibile a querela del marito (2).

Evoluzione normativa:

(1) La Corte costituzionale, con sent. 19.12.1968, n. 126, ha dichiarato l'illegittimità costituzionale dei co. 1 e 2 dell'art. 559 c.p.
(2) La Corte costituzionale, con sent. 3.12.1969, n. 147, ha dichiarato l'illegittimità costituzionale degli artt. 559, co. 3, e 560, co. 1, c.p. e, in via consequenziale (art. 27, l. 11.3.1953, n. 87) delle seguenti disposizioni dello stesso c.p.: 1) art. 559, co. 4; 2) art. 560, co. 2 e 3; 3) art. 561; 4) art. 562, co. 1, nella parte relativa alla perdita dell'autorità maritale per effetto della condanna per il delitto di concubinato; 5) art. 562, co. 2 e 3; 6) art. 563.

560. Concubinato.

Il marito, che tiene una concubina nella casa coniugale, o notoriamente altrove, è punito con la reclusione fino a due anni.

La concubina è punita con la stessa pena.

Il delitto è punibile a querela della moglie (1).

Evoluzione normativa:

(1) La Corte costituzionale, con sent. 3.12.1969, n. 147, ha dichiarato l'illegittimità costituzionale dell'art. 560, co. 1, c.p. ai sensi dell'art. 27, l. 11.3.1953, n. 87, delle seguenti disposizioni dello stesso codice: I) art. 559, co. 4; II) art. 560, co. 2 e 3; III) art. 561, IV) art. 562, co. 1, nella parte relativa alla perdita dell'autorità maritale per effetto della condanna per il delitto di concubinato; V) art. 562, co. 2 e 3; VI) art. 563.

561. Casi di non punibilità. Circostanza attenuante.

Nel caso preveduto dall'articolo 559, non è punibile

la moglie quando il marito l'abbia indotta o eccitata alla prostituzione ovvero abbia comunque tratto vantaggio dalla prostituzione [(1)] di lei.

Nei casi preveduti dai due articoli precedenti non è punibile il coniuge legalmente separato per colpa dell'altro coniuge, ovvero da questo ingiustamente abbandonato [(1)].

Se il fatto è commesso dal coniuge legalmente separato [c.c. 150] per colpa propria o per colpa propria e dell'altro coniuge o per mutuo consenso [c.c. 158], la pena è diminuita [(2)].

Evoluzione normativa:

(1) La Corte costituzionale, con sent. 19.12.1968, n. 126, ha dichiarato l'illegittimità costituzionale dei co. 1 e 2 dell'art. 559 c.p.

(2) La Corte costituzionale, con sent. 3.12.1969, n. 147, ha dichiarato l'illegittimità costituzionale dell'art. 560, co. 1, c.p. ai sensi dell'art. 27, l. 11.3.1953, n. 87, delle seguenti disposizioni dello stesso codice: I) art. 559, co. 4; II) art. 560, co. 2 e 3; III) art. 561, IV) art. 562, co. 1, nella parte relativa alla perdita dell'autorità maritale per effetto della condanna per il delitto di concubinato; V) art. 562, co. 2 e 3; VI) art. 563.

562. Pena accessoria e sanzione civile.

La condanna per alcuno dei delitti preveduti dagli articoli 556 e 560 [(1)] importa la perdita dell'autorità maritale [(2)].

Con la sentenza di condanna per adulterio o per concubinato il giudice può, sull'istanza del coniuge offeso, ordinare i provvedimenti temporanei di indole civile, che ritenga urgenti nell'interesse del coniuge offeso e della prole [c.c. 155].

Tali provvedimenti sono immediatamente eseguibili, ma cessano di aver effetto se, entro tre mesi dalla sentenza di condanna, divenuta irrevocabile [c.p.p. 648], non è presentata dinanzi al giudice civile domanda di separazione personale [c.c. 150; c.p.c. 706] [(1)].

Evoluzione normativa:

(1) La Corte costituzionale, con sent. 3.12.1969, n. 147, ha dichiarato l'illegittimità costituzionale dell'art. 560, co. 1, c.p. ai sensi dell'art. 27, l. 11.3.1953, n. 87, delle seguenti disposizioni dello stesso codice: I) art. 559, co. 4; II) art. 560, co. 2 e 3; III) art. 561, IV) art. 562, co. 1, nella parte relativa alla perdita dell'autorità maritale per effetto della condanna per il delitto di concubinato; V) art. 562, co. 2 e 3; VI) art. 563.

(2) L'istituto della potestà maritale, previsto dall'art. 144 c.c., è stato abrogato a seguito della sostituzione di questo articolo con l'art. 26, l. 19.5.1975, n. 151.

563. Estinzione del reato.

Nei casi preveduti dagli articoli 559 e 560 [(1)] la remissione della querela, anche se intervenuta dopo la condanna, estingue il reato.

Estinguono altresì il reato:

1. la morte del coniuge offeso;
2. l'annullamento del matrimonio del colpevole di adulterio o di concubinato.

L'estinzione del reato ha effetto anche riguardo al correo e alla concubina e ad ogni persona che sia concorsa nel reato [110; 119]; e, se vi è stata condanna, ne cessano l'esecuzione e gli effetti penali [(1)].

Evoluzione normativa:

(1) La Corte costituzionale, con sent. 19.12.1968, n. 126, ha dichiarato l'illegittimità costituzionale dei co. 1 e 2 dell'art. 559 c.p. La Corte costituzionale, con sent. 3.12.1969, n. 147, ha poi dichiarato l'illegittimità costituzionale dell'art. 560, co. 1, c.p. ai sensi dell'art. 27, l. 11.3.1953, n. 87, delle seguenti disposizioni dello stesso codice: I) art. 559, co. 4; II) art. 560, co. 2 e 3; III) art. 561, IV) art. 562, co. 1, nella parte relativa alla perdita dell'autorità maritale per effetto della condanna per il delitto di concubinato; V) art. 562, co. 2 e 3; VI) art. 563.

Capo II
Dei delitti contro la morale familiare

564. Incesto.

Chiunque, in modo che ne derivi pubblico scandalo [44], commette incesto con un discendente o un ascendente [540; c.c. 75; 540], o con un affine in linea retta [c.c. 78], ovvero con una sorella o un fratello, è punito con la reclusione da uno a cinque anni.

La pena è della reclusione da due a otto anni nel caso di relazione incestuosa.

Nei casi preveduti dalle disposizioni precedenti, se l'incesto è commesso da persona maggiore di età con persona minore degli anni diciotto, la pena è aumentata per la persona maggiorenne.

La condanna pronunciata contro il genitore importa la perdita della responsabilità genitoriale [34; c.c. 315;] [o della tutela legale] [(1) (2)].

Evoluzione normativa:

(1) Comma così modificato dall'art. 93, co. 1, lett. l), d.lgs. 28.12.2013, n. 154, a decorrere dal 7.2.2014. Il testo previgente così disponeva: «*La condanna pronunciata contro il genitore importa la perdita della potestà dei genitori [o della tutela legale]*».
Inoltre, la «*patria potestà*» era stata sostituita con la «*potestà dei genitori*» in considerazione della modifica introdotta all'art. 316 c.c. dall'art. 138, l. 19.5.1975, n. 151. L'art. 146, l. 24.11.1981, n. 689, poi, aveva espressamente disposto che ogni qualvolta nel codice penale o in altre leggi ricorresse l'espressione «*patria potestà*» la medesima fosse sostituita dalla espressione «*potestà dei genitori*».

(2) Il richiamo alla tutela legale deve ritenersi non più operante, perché l'istituto è stato soppresso (art. 260 c.c.).

Norme connesse:

A. Art. 33 bis, c.p.

565. Attentati alla morale familiare commessi col mezzo della stampa periodica.

Chiunque nella cronaca dei giornali o di altri scritti periodici, nei disegni che ad essa si riferiscono, ovvero nelle inserzioni fatte a scopo di pubblicità sugli stessi giornali o scritti, espone o mette in rilievo circostanze tali da offendere la morale familiare, è punito con la multa da euro 103 a euro 516 [(1)].

Evoluzione normativa:

(1) La multa è stata così aumentata dall'art. 113, l. 24.11.1981, n. 689.

Capo III
Dei delitti contro lo stato di famiglia

566. Supposizione o soppressione di stato.

Chiunque fa figurare nei registri dello stato civile [c.c. 449] una nascita inesistente è punito con la reclusione da tre a dieci anni.

Alla stessa pena soggiace chi, mediante l'occultamento di un neonato, ne sopprime lo stato civile.

567. Alterazione di stato.

Chiunque, mediante la sostituzione di un neonato, ne altera lo stato civile è punito con la reclusione da tre a dieci anni [29, 32].

Si applica la reclusione da cinque a quindici anni a chiunque, nella formazione di un atto di nascita, altera lo stato civile di un neonato, mediante false certificazioni, false attestazioni o altre falsità [c.c. 231; c.p. 569] [1].

Evoluzione normativa:

(1) La Corte costituzionale, con sent. 10.11.2016, n. 236, ha dichiarato l'illegittimità costituzionale di questo comma, nella parte in cui prevede la pena edittale della reclusione da un minimo di cinque a un massimo di quindici anni, anziché la pena edittale della reclusione da un minimo di tre a un massimo di dieci anni.

568. Occultamento di stato di un figlio [1].

Chiunque depone o presenta un fanciullo, già iscritto nei registri dello stato civile [c.c. 449] come figlio nato nel matrimonio o riconosciuto, in un ospizio di trovatelli o in un altro luogo di beneficenza, occultandone lo stato, è punito con la reclusione da uno a cinque anni [2].

Evoluzione normativa:

(1) Rubrica così modificata dall'art. 93, co. 1, lett. m), d.lgs. 28.12.2013, n. 154, a decorrere dal 7.2.2014. Il testo previgente così recava: «*Occultamento di stato di un fanciullo legittimo o naturale riconosciuto*».

(2) Comma così modificato dall'art. 93, co. 1, lett. m), d.lgs. 28.12.2013, n. 154, a decorrere dal 7.2.2014. Il testo previgente così disponeva: «*Chiunque depone o presenta un fanciullo, già iscritto nei registri dello stato civile come figlio legittimo o naturale riconosciuto, in un ospizio di trovatelli o in un altro luogo di beneficenza, occultandone lo stato, è punito con la reclusione da uno a cinque anni*».

569. Pena accessoria [1].

La condanna pronunciata contro il genitore per alcuno dei delitti preveduti da questo capo importa la perdita della responsabilità genitoriale [c.c. 315; c.p. 34] [o della tutela legale] [c.c. 348].

Evoluzione normativa:

(1) Articolo così modificato dall'art. 93, co. 1, lett. n), d.lgs. 28.12.2013, n. 154, a decorrere dal 7.2.2014 ai. Il testo previgente così disponeva: «*La condanna pronunciata contro il genitore per alcuno dei delitti preveduti da questo capo importa la perdita della potestà dei genitori [o della tutela legale]*». Di quest'ultima formulazione, la Corte costituzionale, con sent. 23.2.2012, n. 31, aveva dichiarato l'illegittimità, nella parte in cui stabiliva che, in caso di condanna pronunciata contro il genitore per il delitto di alterazione di stato, previsto dall'art. 567, co. 2, c.p., conseguisse di diritto la perdita della potestà genitoriale, così precludendo al giudice ogni possibilità di valutazione dell'interesse del minore nel caso concreto. La stessa Corte, con sent. 23.1.2013, n. 7, aveva dichiarato l'illegittimità della stessa formulazione, nella parte in cui stabiliva che, in caso di condanna pronunciata contro il genitore per il delitto di soppressione di stato, previsto dall'art. 566, co. 2, c.p., conseguisse di diritto la perdita della potestà genitoriale, sì da precludere al giudice ogni possibilità di valutazione dell'interesse del minore nel caso concreto. Inoltre, la «*patria potestà*» era stata sostituita con la «*potestà dei genitori*», in seguito alla modifica introdotta all'art. 316, c.c. dall'art. 138, l. 19.5.1975, n. 151. L'art. 146, l. 24.11.1981, n. 689, poi, aveva stabilito che ogni qualvolta nel codice penale o in altre leggi ricorresse l'espressione «*patria potestà*» la medesima fosse sostituita dalla espressione «*potestà dei genitori*». Il richiamo alla tutela legale deve ritenersi non più operante, perché l'istituto è stato soppresso (art. 260 c.c.).

Capo IV
Dei delitti contro l'assistenza familiare

570. Violazione degli obblighi di assistenza familiare.

Chiunque, abbandonando il domicilio domestico, o comunque serbando una condotta contraria all'ordine o alla morale delle famiglie, si sottrae agli obblighi di assistenza inerenti alla responsabilità genitoriale [c.c. 316], [alla tutela legale] [c.c. 348] o alla qualità di coniuge, è punito con la reclusione fino a un anno o con la multa da euro 103 a euro 1.032 [1] [2].

Le dette pene si applicano congiuntamente a chi:

1. malversa o dilapida i beni del figlio minore [540] o del pupillo [c.c. 343, 414] o del coniuge;
2. fa mancare i mezzi di sussistenza ai discendenti [c.c. 75] di età minore, ovvero inabili al lavoro, agli ascendenti o al coniuge, il quale non sia legalmente separato per sua colpa.

Il delitto è punibile a querela della persona offesa salvo nei casi previsti dal numero 1 e, quando il reato è commesso nei confronti dei minori, dal numero 2 del precedente comma [3].

Le disposizioni di questo articolo non si applicano se il fatto è preveduto come più grave reato da un'altra disposizione di legge.

Evoluzione normativa:

(1) Comma così modificato dall'art. 93, co. 1, lett. o), d.lgs. 28.11.2013, n. 154, a decorrere dal 7.2.2014.
Il testo previgente così disponeva: «*Chiunque, abbandonando il domicilio domestico, o comunque serbando una condotta contraria all'ordine o alla morale delle famiglie, si sottrae agli obblighi di assistenza inerenti alla potestà dei genitori, [alla tutela legale] o alla qualità di coniuge, è punito con la reclusione fino a un anno o con la multa da euro 103 a euro 1.032*».
Peraltro, la «*patria potestà*» era stata sostituita con la «*potestà dei genitori*» in considerazione della modifica introdotta all'art. 316 c.c. dall'art. 138, l. 19.5.1975, n. 151, sulla riforma del diritto di famiglia. L'art. 146, l. 24.11.1981, n. 689, poi, aveva espressamente disposto che ogni qualvolta nel codice penale o in altre leggi ricorresse l'espressione «*patria potestà*» la medesima fosse sostituita dalla espressione «*potestà dei genitori*». Il richiamo alla tutela legale deve ritenersi non più operante, perché l'istituto è stato soppresso (art. 260 c.c.).

(2) La multa risulta così aumentata secondo quanto disposto dall'art. 113, l. 24.11.1981, n. 689.

(3) Comma introdotto dall'art. 90, l. 24.11.1981, n. 689.

Norme connesse:

A. Art. 18, co. 1, r.d. 31.5.1928, n. 1334 (Regolamento per l'esecuzione della l. 23.6.1927, n. 1264, sulla disciplina delle arti ausiliarie delle professioni sanitarie): «*È vietato l'esercizio delle arti ausiliarie delle professioni sanitarie contemplate dal presente regolamento a coloro che, fatta eccezione della ipotesi di cui all'art. 1 del R. decreto-legge 27 ottobre 1927, n. 1983, abbiano riportato condanne passate in giudicato a pene restrittive della libertà personale per la durata di oltre tre mesi pei delitti contro il buon costume, contro le persone e contro la proprietà di cui, rispettivamente ai capi 1, 2, 3 del titolo VIII, 1, 2, 4, 5 e 6 del titolo IX, e 1 e 2 del titolo X del II libro del Codice penale o che, avendone riportate, non abbiano ottenuto la riabilitazione*».

570 bis. Violazione degli obblighi di assistenza familiare in caso di separazione o di scioglimento del matrimonio [1].

Le pene previste dall'articolo 570 si applicano al coniuge che si sottrae all'obbligo di corresponsione di ogni tipologia di assegno dovuto in caso di scioglimento, di cessazione degli effetti civili o di nullità del matrimonio ovvero viola gli obblighi di natura economica in materia di separazione dei coniugi e di affidamento condiviso dei figli.

Evoluzione normativa:

(1) Articolo introdotto dall'art. 2, co. 1, lett. c), d.lgs. 1.3.2018, n. 21, a decorrere dal 6.4.2018.

570 ter. Inosservanza dell'obbligo dell'istruzione dei minori (1).

Il responsabile dell'adempimento dell'obbligo di istruzione che, ammonito ai sensi dell'articolo 114, comma 1 del testo unico di cui al decreto legislativo 16 aprile 1994, n. 297, non prova di procurare altrimenti l'istruzione del minore o non giustifica con motivi di salute, o con altri impedimenti gravi, la mancata iscrizione del minore presso una scuola del sistema nazionale di istruzione, o non ve lo presenta entro una settimana dall'ammonizione, è punito con la reclusione fino a due anni.

Il responsabile dell'adempimento dell'obbligo di istruzione che, ammonito ai sensi dell'articolo 114, comma 4, del testo unico di cui al decreto legislativo 16 aprile 1994, n. 297 per assenze ingiustificate del minore durante il corso dell'anno scolastico tali da costituire elusione dell'obbligo di istruzione, non prova di procurare altrimenti l'istruzione del minore o non giustifica con motivi di salute, o con altri impedimenti gravi, l'assenza del minore dalla scuola, o non ve lo presenta entro una settimana dall'ammonizione, è punito con la reclusione fino a un anno.

Evoluzione normativa:

(1) Articolo introdotto dall'art. 12, co. 1, d.l. 15.9.2023, n. 123, conv., con modif., con l. 13.11.2023, n. 159, a decorrere dal 15.11.2023, che ha contestualmente abrogato l'art. 731, c.p.
Il testo antecedente alla conversione in legge del d.l. n. 123/2023 così disponeva:
«*Il responsabile dell'adempimento dell'obbligo scolastico che, ammonito ai sensi dell'articolo 114, comma 4, del decreto legislativo 16 aprile 1994, n. 297, non prova di procurare altrimenti l'istruzione del minore o non giustifica con motivi di salute, o con altri impedimenti gravi, l'assenza del minore dalla scuola, o non ve lo presenta entro una settimana dall'ammonizione, è punito con la reclusione fino a due anni.*
Il responsabile dell'adempimento dell'obbligo scolastico che, ammonito ai sensi dell'articolo 114, comma 5, secondo periodo, del decreto legislativo 16 aprile 1994, n. 297 per assenze ingiustificate del minore durante il corso dell'anno scolastico tali da costituire elusione dell'obbligo scolastico, non prova di procurare altrimenti l'istruzione del minore o non giustifica con motivi di salute, o con altri impedimenti gravi, l'assenza del minore dalla scuola, o non ve lo presenta entro una settimana dall'ammonizione, è punito con la reclusione fino a un anno».

571. Abuso dei mezzi di correzione o di disciplina.

Chiunque abusa [51] dei mezzi di correzione o di disciplina in danno di una persona sottoposta alla sua autorità, o a lui affidata per ragione di educazione, istruzione, cura, vigilanza o custodia, ovvero per l'esercizio di una professione o di un'arte, è punito, se dal fatto deriva il pericolo di una malattia nel corpo o nella mente, con la reclusione fino a sei mesi.

Se dal fatto deriva una lesione personale, si applicano le pene stabilite negli articoli 582 e 583, ridotte a un terzo; se ne deriva la morte, si applica la reclusione da tre a otto anni.

572. Maltrattamenti contro familiari e conviventi (1).

Chiunque, fuori dei casi indicati nell'articolo precedente, maltratta una persona della famiglia o comunque convivente, o una persona sottoposta alla sua autorità o a lui affidata per ragioni di educazione, istruzione, cura, vigilanza o custodia, o per l'esercizio di una professione o di un'arte, è punito con la reclusione da tre a sette anni (2).

La pena è aumentata fino alla metà se il fatto è commesso in presenza o in danno di persona minore, di donna in stato di gravidanza [art. 61[1], n. 11-quinquies] o di persona con disabilità come definita ai sensi dell'articolo 3 della legge 5 febbraio 1992, n. 104, ovvero se il fatto è commesso con armi (3).

[La pena è aumentata se il fatto è commesso in danno di persona minore degli anni quattordici] (4).

Se dal fatto deriva una lesione personale grave [583[1]], si applica la reclusione da quattro a nove anni; se ne deriva una lesione gravissima [583[2]], la reclusione da sette a quindici anni; se ne deriva la morte, la reclusione da dodici a ventiquattro anni.

Il minore di anni diciotto che assiste ai maltrattamenti di cui al presente articolo si considera persona offesa dal reato (5).

Evoluzione normativa:

(1) Articolo così sostituito dall'art. 4, co. 1, lett. d), l. 1.10.2012, n. 172. Il testo previgente così disponeva: «*Maltrattamenti in famiglia o verso fanciulli. Chiunque, fuori dei casi indicati nell'articolo precedente, maltratta una persona della famiglia, o un minore degli anni quattordici, o una persona sottoposta alla sua autorità, o a lui affidata per ragione di educazione, istruzione, cura, vigilanza o custodia, o per l'esercizio di una professione o di un'arte, è punito con la reclusione da uno a cinque anni. Se dal fatto deriva una lesione personale grave, si applica la reclusione da quattro a otto anni; se ne deriva una lesione gravissima, la reclusione da sette a quindici anni; se ne deriva la morte, la reclusione da dodici a venti anni*».

(2) Comma così modificato dall'art. 9, co. 2, lett. a), l. 19.7.2019, n. 69, a decorrere dal 9.8.2019. Il testo previgente così disponeva: «*Chiunque, fuori dei casi indicati nell'articolo precedente, maltratta una persona della famiglia o comunque convivente, o una persona sottoposta alla sua autorità o a lui affidata per ragioni di educazione, istruzione, cura, vigilanza o custodia, o per l'esercizio di una professione o di un'arte, è punito con la reclusione da due a sei anni*».

(3) Comma introdotto dall'art. 9, co. 2, lett. b), l. 19.7.2019, n. 69, a decorrere dal 9.8.2019.

(4) Comma abrogato dall'art. 1, co. 1 bis, d.l. 14.8.2013, n. 93, conv., con modif., con l. 15.10.2013, n. 119. L'art. 1, co. 1, d.l. n. 93/2013, prima della sua conversione in legge, aveva disposto che, nel presente comma, dopo la parola: «*danno*» le parole «*di persona minore degli anni quattordici*» fossero sostituite dalle seguenti: «*o in presenza di minore degli anni diciotto*».

(5) Comma introdotto dall'art. 9, co. 2, lett. c), l. 19.7.2019, n. 69, a decorrere dal 9.8.2019.

Norme connesse:

A. 165[3], 612-bis[2].
B. 387 c.p.p.
C. D.l. 14.8.2013, n. 93, conv., con modif., con l. 15.10.2013, n. 119 e l. 19.07.2019, n. 69 (c.d. codice rosso) (in *Normativa complementare*, voce *Violenza di genere*).
D. Artt. 3, 26, l. 27 giugno 2013, n. 77 (in *Normativa complementare*, voce *Violenza di genere*).

573. Sottrazione consensuale di minorenni.

Chiunque sottrae un minore, che abbia compiuto gli anni quattordici, col consenso di esso, al genitore esercente la responsabilità genitoriale [c.c. 316] o al tutore [c.c. 346], ovvero lo ritiene contro la volontà del medesimo genitore o tutore, è punito, a querela di questo, con la reclusione fino a due anni [1].

La pena è diminuita, se il fatto è commesso per fine di matrimonio; è aumentata, se è commesso per fine di libidine [521].

Si applicano le disposizioni degli articoli 525 e 544 [2] [3].

Evoluzione normativa:

(1) Comma così modificato dall'art. 93, co. 1, lett. p), d.lgs. 28.12.2013, n. 154, a decorrere dal 7.2.2014. Il testo previgente così disponeva: «*Chiunque sottrae un minore, che abbia compiuto gli anni quattordici, col consenso di esso, al genitore esercente la potestà dei genitori o al tutore, ovvero lo ritiene contro la volontà del medesimo genitore o tutore, è punito, a querela di questo, con la reclusione fino a due anni*». Peraltro, la «*patria potestà*» era stata sostituita con la «*potestà dei genitori*» in considerazione della modifica introdotta all'art. 316 c.c. dall'art. 138, l. 19.5.1975, n. 151, sulla riforma del diritto di famiglia. L'art. 146, l. 24.11.1981, n. 689, poi, aveva espressamente disposto che ogni qualvolta nel codice penale o in altre leggi ricorresse l'espressione «*patria potestà*» la medesima fosse sostituita dalla espressione «*potestà dei genitori*».

(2) La Corte costituzionale, con sent. 22.2.1964, n. 9 ha dichiarato la illegittimità dell'art. 574, c.p., in riferimento all'art. 29, co. 2, Cost., in quanto limita il diritto di querela al genitore esercente la patria potestà, e, in via consequenziale, ha dichiarato la illegittimità dell'art. 573 c.p., in riferimento all'art. 29, co. 2, Cost., in quanto limita il diritto di querela al genitore esercente la patria potestà.

(3) Gli artt. 525 e 544 c.p. sono stati abrogati, rispettivamente, dall'art. 1, l. 15.2.1996, n. 66 e dall'art. 1, l. 5.8.1981, n. 442.

574. Sottrazione di persone incapaci.

Chiunque sottrae un minore degli anni quattordici, o un infermo di mente, al genitore esercente la responsabilità genitoriale [c.c. 316], al tutore [c.c. 346], o al curatore [c.c. 392, 424], o a chi ne abbia la vigilanza o la custodia, ovvero lo ritiene contro la volontà dei medesimi, è punito, a querela del genitore esercente la responsabilità genitoriale, del tutore o del curatore, con la reclusione da uno a tre anni [1].

Alla stessa pena soggiace, a querela delle stesse persone, chi sottrae o ritiene un minore che abbia compiuto gli anni quattordici, senza il consenso di esso per fine diverso da quello di libidine o di matrimonio [2].

Si applicano le disposizioni degli articoli 525 e 544 [3] [4].

Evoluzione normativa:

(1) Comma così modificato dall'art. 93, co. 1, lett. q), d.lgs. 28.12.2013, n. 154, a decorrere dal 7.2.2014. Il testo previgente così disponeva: «*Chiunque sottrae un minore degli anni quattordici, o un infermo di mente, al genitore esercente la potestà dei genitori, al tutore, o al curatore, o a chi ne abbia la vigilanza o la custodia, ovvero lo ritiene contro la volontà dei medesimi, è punito, a querela del genitore esercente la potestà dei genitori, del tutore o del curatore, con la reclusione da uno a tre anni*». Peraltro, la «*patria potestà*» era stata sostituita con la «*potestà dei genitori*» in considerazione della modifica introdotta all'art. 316 c.c. dall'art. 138, l. 19.5.1975, n. 151, sulla riforma del diritto di famiglia. L'art. 146, l. 24.11.1981, n. 689, poi, aveva espressamente disposto che ogni qualvolta nel codice penale o in altre leggi ricorresse l'espressione «*patria potestà*» la medesima fosse sostituita dalla espressione «*potestà dei genitori*».

(3) La Corte costituzionale, con sent. 22.2.1964, n. 9, ha dichiarato l'illegittimità di questo articolo, in riferimento all'art. 29, co. 2, Cost., in quanto limita il diritto di querela al genitore esercente la patria potestà, e, in applicazione dell'art. 27, l. 11.3.1953, n. 87, ha dichiarato la illegittimità dell'art. 573 c.p., in riferimento all'art. 29, co. 2, Cost., in quanto limita il diritto di querela al genitore esercente la patria potestà.

(4) Gli artt. 525 e 544 c.p., qui citati, sono stati abrogati, rispettivamente, dall'art. 1, l. 15.2.1996, n. 66, recante le nuove norme in materia di violenza sessuale e dall'art. 1, l. 5.8.1981, n. 442, di abrogazione della rilevanza penale della causa d'onore.

Norme connesse:

A. Art. 5, l. 9.10.1967, n. 962 (in *Normativa complementare*, voce *Diritto penale internazionale, Genocidio e crimini contro l'umanità*).

574 bis. Sottrazione e trattenimento di minore all'estero [1].

Salvo che il fatto costituisca più grave reato, chiunque sottrae un minore al genitore esercente la responsabilità genitoriale o al tutore, conducendolo o trattenendolo all'estero contro la volontà del medesimo genitore o tutore, impedendo in tutto o in parte allo stesso l'esercizio della responsabilità genitoriale, è punito con la reclusione da uno a quattro anni.

Se il fatto di cui al primo comma è commesso nei confronti di un minore che abbia compiuto gli anni quattordici e con il suo consenso, si applica la pena della reclusione da sei mesi a tre anni.

Se i fatti di cui al primo e secondo comma sono commessi da un genitore in danno del figlio minore, la condanna comporta la sospensione dall'esercizio della responsabilità genitoriale [2].

Evoluzione normativa:

(1) Articolo introdotto dall'art. 3, co. 29, lett. b), l. 15.7.2009, n. 94 e, poi, così modificato dall'art. 93, co. 1, lett. r), d.lgs. 28.12.2013, n. 154, a decorrere dal 7.2.2014. Il testo previgente così disponeva: «*Salvo che il fatto costituisca più grave reato, chiunque sottrae un minore al genitore esercente la potestà dei genitori o al tutore, conducendolo o trattenendolo all'estero contro la volontà del medesimo genitore o tutore, impedendo in tutto o in parte allo stesso l'esercizio della potestà genitoriale, è punito con la reclusione da uno a quattro anni. Se il fatto di cui al co. 1 è commesso nei confronti di un minore che abbia compiuto gli anni quattordici e con il suo consenso, si applica la pena della reclusione da sei mesi a tre anni. Se i fatti di cui al primo e secondo comma sono commessi da un genitore in danno del figlio minore, la condanna comporta la sospensione dall'esercizio della potestà dei genitori*».

(2) La Corte costituzionale, con sent. 29.5.2020, n. 102, ha dichiarato l'illegittimità costituzionale di questo comma, nella parte in cui prevede che la condanna pronunciata contro il genitore per il delitto di sottrazione e mantenimento di minore all'estero ai danni del figlio minore comporta la sospensione dell'esercizio della responsabilità genitoriale, anziché la possibilità per il giudice di disporre la sospensione dall'esercizio della responsabilità genitoriale.

574 ter. Costituzione di un'unione civile agli effetti della legge penale [1].

Agli effetti della legge penale il termine matrimonio si intende riferito anche alla costituzione di un'unione civile tra persone dello stesso sesso.

Quando la legge penale considera la qualità di coniuge come elemento costitutivo o come circostanza aggravante di un reato essa si intende riferita anche alla parte di un'unione civile tra persone dello stesso sesso.

Evoluzione normativa:

(1) Articolo introdotto dall'art. 1, co. 1, lett. b), d.lgs. 19.1.2017, n. 6, a decorrere dall'11.2.2017.

Norme connesse:

(A) Art. 1, l. 20.5.2016, n. 76, *Regolamentazione delle unioni civili tra persone dello stesso sesso e disciplina delle convivenze.*

TITOLO XII
Dei delitti contro la persona

Capo I
Dei delitti contro la vita e l'incolumità individuale

575. Omicidio.

Chiunque cagiona la morte di un uomo [276, 280^4, 289-bis, 295, 301, 422^2, 571, 572^2, 576-579, 588^2, 630] è punito con la reclusione non inferiore ad anni ventuno.

Riferimenti storici:

Artt. 364, 365, 366, 367 Codice Zanardelli: Art. 354: «*Chiunque, a fine di uccidere, cagiona la morte di alcuno, è punito con la reclusione da diciotto a ventun anno*».

Art. 365: «*La pena della reclusione è da ventidue a ventiquattro anni, se il delitto preveduto nell'articolo precedente sia commesso:*

1. sopra la persona del coniuge, del fratello o della sorella, ovvero del padre o della madre adottivi, o del figlio adottivo, o degli affini in linea retta;

2. sopra la persona di un membro del Parlamento o di un pubblico ufficiale, a causa delle loro funzioni;

3. col mezzo di sostanze venefiche».

Art. 366: «*Si applica la pena dell'ergastolo, se il delitto preveduto nell'articolo 364 sia commesso:*

1. sopra la persona dell'ascendente o discendente legittimo o del genitore o figlio naturale, quando la filiazione naturale sia stata legalmente riconosciuta o dichiarata;

2. con premeditazione;

3. per solo impulso di brutale malvagità, ovvero con gravi sevizie;

4. col mezzo d'incendio, inondazione, sommersione o altro dei delitti preveduti nel titolo VII di questo libro;

5. per preparare, facilitare, o consumare un altro reato, benché questo non sia avvenuto;

6. immediatamente dopo aver commesso un altro reato, per assicurarne il profitto o per non essersi potuto conseguire l'intento propostosi, ovvero per occultare il reato o sopprimerne le tracce o le prove, o altrimenti per procurare l'impunità a sé o ad altri».

Art. 367: «*Quando nei casi preveduti negli articoli precedenti la morte non sarebbe avvenuta senza il concorso di condizioni preesistenti ignote al colpevole, o di cause sopravvenute e indipendenti dal suo fatto, la pena è, nel caso dell'articolo 364, della reclusione da quindici a venti anni; nei casi dell'articolo 365, della reclusione da diciotto a ventidue anni; e, nei casi dell'articolo 366, della reclusione superiore ai ventidue anni*».

Norme connesse:

A. Art. 1, l. 29.12.1993, n. 57, Norme per l'accertamento e la certificazione di morte: «*Definizione di morte. 1. La morte si identifica con la cessazione irreversibile di tutte le funzioni dell'encefalo.*».

B. Art. 71, co. 1, d.lgs. 6.9.2011, n. 159 (in *Normativa complementare*, voce *Criminalità organizzata e transazionale, Misure patrimoniali*).

C. Artt. 1150 e 1151 codice della navigazione.

D. Art. 1, l. 25.3.1985, n. 107 (in *Normativa complementare*, voce *Reati contro le persone internazionalmente protette*).

E. Art. 28 d.P.R. 22.9.1988, n. 448 (in *Normativa complementare*, *Minori (diritto penale dei)*).

576. Circostanze aggravanti. Ergastolo (1).

Si applica la pena dell'ergastolo se il fatto preveduto dall'articolo precedente è commesso (2):

1. col concorso di taluna delle circostanze indicate nel n. 2 dell'articolo 61;
2. contro l'ascendente o il discendente [c.c. 75; c.p. 540, 577, n. 1], quando concorre taluna delle circostanze indicate nei numeri 1 e 4 dell'articolo 61 o quando è adoperato un mezzo venefico o un altro mezzo insidioso, ovvero quando vi è premeditazione;
3. dal latitante [c.p.p. 296], per sottrarsi all'arresto, alla cattura o alla carcerazione ovvero per procurarsi i mezzi di sussistenza durante la latitanza;
4. dall'associato per delinquere [416], per sottrarsi all'arresto, alla cattura o alla carcerazione;
5. in occasione della commissione di taluno dei delitti previsti dagli articoli 572, 583-*quinquies*, 600-*bis*, 600-*ter*, 609-*bis*, 609-*quater* e 609-*octies* (3);

5.1. dall'autore del delitto previsto dall'articolo 612-*bis* nei confronti della persona offesa (4);

5-*bis*. contro un ufficiale o agente di polizia giudiziaria, ovvero un ufficiale o agente di pubblica sicurezza, nell'atto o a causa dell'adempimento delle funzioni o del servizio (5).

È latitante, agli effetti della legge penale, chi si trova nelle condizioni indicate nel n. 6 dell'articolo 61.

Evoluzione normativa:

(1) Rubrica così modificata dall'art. 4, lett. e), n. 3), l. 1.10.2012, n. 172. Il testo previgente così disponeva: «*Circostanze aggravanti. Pena di morte*». La pena di morte per i delitti previsti dal codice penale, in ogni caso, era stata abolita dall'art. 1, d.lgs. 10.8.1944, n. 224, che ad essa aveva sostituito la pena dell'ergastolo.

(2) Alinea così modificato dall'art. 4, co. 1, lett. e), n. 1), l. 1.10.2012, n. 172. Il testo previgente così disponeva: «*Si applica la pena di morte se il fatto preveduto dall'articolo precedente è commesso:*».

(3) Numero sostituito dall'art. 1, co. 1, lett. a), d.l. 23.2.2009, n. 11, conv., con modif., con l. 23.4.2009, n. 38, dall'art. 4, co. 1, lett. e), n. 2), l. 1.10.2012, n. 172, e, poi, così modificato dall'art. 12, co. 2, l. 19.7.2019, n. 69, a decorrere dal 9.8.2019. Il testo antecedente all'ultima modifica del 2019 così disponeva: «*5. in occasione della commissione di taluno dei delitti previsti dagli articoli 572, 600-bis, 600-ter, 609*-bis, *609*-quater *e 609*-octies;». Il testo antecedente alla sostituzione del 2012 così disponeva: «*5. in occasione della commissione di taluno dei delitti previsti dagli articoli 609*-bis, *609*-quater *e 609*-octies;». Il testo antecedente alla sostituzione del 2009 così disponeva: «*5. nell'atto di commettere taluno dei delitti preveduti dagli artt. 519, 520 e 521;*».

(4) Numero introdotto dall'art. 1, co. 1, lett. b), d.l. 23.2.2009, n. 11, conv., con modif., con l. 23.4.2009, n. 38. Il testo antecedente alle modifiche disposte con legge di conversione così disponeva: «*5.1. dall'autore del delitto previsto dall'articolo 612*-bis».

(5) Numero introdotto dall'art. 1, co. 1, lett. b sexies), d.l. 23.5.2008, n. 92, conv. in legge, con modif., con l. 24.7.2008, n. 125

577. Altre circostanze aggravanti. Ergastolo.

Si applica la pena dell'ergastolo se il fatto preveduto dall'articolo 575 è commesso:

1. contro l'ascendente o il discendente anche per effetto di adozione di minorenne o contro il coniuge, anche legalmente separato, contro l'altra parte dell'unione civile [574 ter] o contro la persona stabilmente convivente con il colpevole o ad esso legata da relazione affettiva [c.c. 75; c.p. 540] (1);
2. col mezzo di sostanze venefiche, ovvero con un altro mezzo insidioso [439];
3. con premeditazione (2);
4. col concorso di taluna delle circostanze indicate nei numeri 1 e 4 dell'articolo 61.

La pena è della reclusione da ventiquattro a trenta anni, se il fatto è commesso contro il coniuge divorziato, l'altra parte dell'unione civile [574 ter], ove cessata, la persona legata al colpevole da stabile convivenza o relazione affettiva, ove cessate, il fratello o la sorella [540], l'adottante o l'adottato nei casi regolati dal titolo VIII del libro primo del codice civile, il padre o la madre adottivi [c.c. 291], o il figlio adottivo, o contro un affine in linea retta [c.c. 78; c.p. 307] (3).

Le circostanze attenuanti, diverse da quelle previste dagli articoli 62, numero 1, 89, 98 e 114, concorrenti con le circostanze aggravanti di cui al primo comma, numero 1, e al secondo comma, non possono essere ritenute prevalenti rispetto a queste (4).

Evoluzione normativa:

(1) Numero così modificato dall'art. 2, co. 1, lett. a), l. 11.1.2018, n. 4, a decorrere dal 16.2.2018, e, poi, dall'art. 11, co. 1, lett. a), l. 19.7.2019, n. 69, a decorrere dal 9.8.2019. Il testo antecedente alla modifica del 2019 così disponeva: «*1. contro l'ascendente o il discendente o contro il coniuge, anche legalmente separato, contro l'altra parte dell'unione civile o contro la persona legata al colpevole da relazione affettiva e con esso stabilmente convivente;*». Il testo antecedente alla modifica del 2018 così disponeva: «*1. contro l'ascendente o il discendente;*».

(2) La Corte costituzionale, con sent. 10.11.2023, n. 197, ha dichiarato l'illegittimità costituzionale di questo comma, nella parte in cui vieta al giudice di ritenere prevalenti le circostanze attenuanti di cui agli artt. 62, co. 1, n. 2), e 62 bis, c.p.

(3) Comma così modificato dall'art. 2, co. 1, lett. b), l. 11.1.2018, n. 4, a decorrere dal 16.2.2018, e, poi, dall'art. 11, co. 1, lett. b), l. 19.7.2019, n. 69, a decorrere dal 9.8.2019. Il testo antecedente alla modifica del 2019 così disponeva: «*La pena è della reclusione da ventiquattro a trenta anni, se il fatto è commesso contro il coniuge divorziato, l'altra parte dell'unione civile, ove cessata, il fratello o la sorella, il padre o la madre adottivi, o il figlio adottivo, o contro un affine in linea retta*». Il testo antecedente alla modifica del 2018 così disponeva: «*La pena è della reclusione da ventiquattro a trenta anni, se il fatto è commesso contro il coniuge, il fratello o la sorella, il padre o la madre adottivi, o il figlio adottivo, o contro un affine in linea retta*».

(4) Comma introdotto dall'art. 11, co. 1, lett. c), l. 19.7.2019, n. 69, a decorrere dal 9.8.2019.

578. Infanticidio in condizioni di abbandono materiale e morale (1).

La madre che cagiona la morte [575] del proprio neonato immediatamente dopo il parto, o del feto durante il parto, quando il fatto è determinato da condizioni di abbandono materiale e morale connesse al parto, è punita con la reclusione da quattro a dodici anni.

A coloro che concorrono nel fatto di cui al primo comma [110] si applica la reclusione non inferiore ad anni ventuno. Tuttavia, se essi hanno agito al solo scopo di favorire la madre, la pena può essere diminuita da un terzo a due terzi.

Non si applicano le aggravanti stabilite dall'articolo 61 del codice penale.

Evoluzione normativa:

(1) Articolo così sostituito dall'art. 2, l. 5.8.1981, n. 442.

Norme connesse:

A. Art. 36, co. 1, l. 5.2.1992, n. 104, *sub* art. 527 c.p.

579. Omicidio del consenziente.

Chiunque cagiona la morte di un uomo [575], col consenso di lui [50], è punito con la reclusione da sei a quindici anni.

Non si applicano le aggravanti indicate nell'articolo 61.

Si applicano le disposizioni relative all'omicidio [575, 576, 577] se il fatto è commesso:

1. contro una persona minore degli anni diciotto;
2. contro una persona inferma di mente, o che si trova in condizioni di deficienza psichica, per un'altra infermità o per l'abuso di sostanze alcooliche o stupefacenti;
3. contro una persona il cui consenso sia stato dal colpevole estorto con violenza, minaccia o suggestione, ovvero carpito con inganno.

Norme connesse:

A. Art. 32² Cost.

B. Art. 1, co. 6, l. 22.12.2017, n. 219 (in *Normativa complementare*, voce *Consenso informato e disposizioni anticipate di trattamento*).

C. Art. 36, co. 1, l. 5.2.1992, n. 104, *sub* art. 527 c.p.

580. Istigazione o aiuto al suicidio (1).

Chiunque determina altri al suicidio o rafforza l'altrui proposito di suicidio, ovvero ne agevola in qualsiasi modo l'esecuzione, è punito, se il suicidio avviene, con la reclusione da cinque a dodici anni. Se il suicidio non avviene, è punito con la reclusione da uno a cinque anni, sempre che dal tentativo di suicidio derivi una lesione personale grave o gravissima [583].

Le pene sono aumentate se la persona istigata o eccitata o aiutata si trova in una delle condizioni indicate nei numeri 1 e 2 dell'articolo precedente. Nondimeno, se la persona suddetta è minore degli anni quattordici o comunque è priva della capacità d'intendere o di volere, si applicano le disposizioni relative all'omicidio [575, 576, 577].

Evoluzione normativa:

(1) La Corte costituzionale, con sent. 22.11.2019, n. 242, ha dichiarato l'illegittimità costituzionale di questo articolo, nella parte in cui non esclude la punibilità di chi, con le modalità previste dagli artt. 1 e 2, l. 22.12.2017, n. 219 – ovvero, quanto ai fatti anteriori alla pubblicazione della suddetta sentenza nella Gazzetta Ufficiale della Repubblica, con modalità equivalenti nei sensi di cui in motivazione – agevola l'esecuzione del proposito di suicidio, autonomamente e liberamente formatosi, di una persona tenuta in vita da trattamenti di sostegno vitale e affetta da una patologia irreversibile, fonte di sofferenze fisiche o psicologiche che ella reputa intollerabili, ma pienamente capace di prendere decisioni libere e consapevoli, sempre che tali condizioni e le modalità di esecuzione siano state verificate da una struttura pubblica del servizio sanitario nazionale, previo parere del comitato etico territorialmente competente.

Norme connesse:

A. Artt. 13, 32²; 8 CEDU.

B. Art. 36, co. 1, l. 5.2.1992, n. 104, *sub* art. 527 c.p.

581. Percosse.

Chiunque percuote taluno, se dal fatto non deriva una malattia nel corpo o nella mente [582], è punito, a querela della persona offesa [120], salvo che ricorra la circostanza aggravante prevista dall'articolo 61, numero 11-*octies*), con la reclusione fino a sei mesi o con la multa fino a euro 309 (1) (2).

Tale disposizione non si applica quando la legge considera la violenza come elemento costitutivo o come circostanza aggravante di un altro reato [84, 294, 336,

337, 338, 342[4], 343[3], 353, 385[2], 386[3], 393, 405[2], 507[2], 584, 588, 609-bis, 609-octies, 610, 611, 614[4], 615-ter[2], n. 2, 628, 629, 634, 635[2], n. 1].

Evoluzione normativa:

(1) La multa è stata così aumentata secondo quanto disposto dall'art. 113, l. 24.11.1981, n. 689. Al reato previsto in questo articolo si applica, la pena pecuniaria della multa da euro 258 a euro 2.582, secondo quanto disposto dall'art. 52, co. 2, lett. a), d.lgs. 28.8.2000, n. 274.

(2) Comma così modificato dall'art. 6, co. 1, l. 14.8.2020, n. 113, a decorrere dal 24.9.2020. Il testo previgente così disponeva: «*Chiunque percuote taluno, se dal fatto non deriva una malattia nel corpo o nella mente, è punito, a querela della persona offesa, con la reclusione fino a sei mesi o con la multa fino a euro 309*».

Norme connesse:

A. Art. 1, l. 25.3.1985, n. 107 (in *Normativa complementare*, voce *Reati contro le persone internazionalmente protette*).
B. Art. 3, d.l. 14.8.2013, n. 93, conv., con modif., con l. 15.10.2013, n. 119.
C. Art. 36, co. 1, l. 5.2.1992, n. 104, *sub* art. 527 c.p.
D. Art. 15, l. 24.11.1999, n. 468.
E. Artt. 4, 64 e 65, d.lgs. 28.8.2000, n. 274.

582. Lesione personale (1) (2).

Chiunque cagiona ad alcuno una lesione personale, dalla quale deriva una malattia nel corpo o nella mente, è punito, a querela della persona offesa [120], con la reclusione da sei mesi a tre anni [339-bis, 571[2], 585, 586] (3).

Si procede tuttavia d'ufficio se ricorre taluna delle circostanze aggravanti previste negli articoli 583, 583-quater, secondo comma, primo periodo, e 585, ad eccezione di quelle indicate nel primo comma, numero 1), e nel secondo comma dell'articolo 577. Si procede altresì d'ufficio se la malattia ha una durata superiore a venti giorni quando il fatto è commesso contro persona incapace, per età o per infermità (4).

Riferimenti storici:

Art. 372 Codice Zanardelli: «*Chiunque, senza il fine di uccidere, cagiona ad alcuno un danno nel corpo o nella salute o una perturbazione di mente è punito con la reclusione da un mese ad un anno.*

La pena è:

1. della reclusione da uno a cinque anni, se il fatto produca l'indebolimento permanente di un senso o di un organo, od una permanente difficoltà della favella, od uno sfregio permanente del viso, ovvero se produca pericolo di vita, od una malattia di mente o di corpo durata venti o più giorni, o, per ugual tempo, l'incapacità di attendere alle ordinarie occupazioni, ovvero, se commesso contro donna incinta, ne acceleri il parto;

2. della reclusione da cinque a dieci anni, se il fatto produca una malattia di mente o di corpo certamente o probabilmente insanabile, o la perdita di un senso, di una mano, di un piede, della favella, o della capacità di generare, o dell'uso di un organo, od una permanente deformazione del viso, ovvero, se commesso contro donna incinta, le produca l'aborto.

Fuori dei casi preveduti nel precedente capoverso e nell'articolo successivo, se il fatto non produca malattia o incapacità di attendere alle ordinarie occupazioni, o se l'una o l'altra non duri più di dieci giorni, non si procede che a querela di parte, e la pena è della reclusione sino a tre mesi o della multa da lire cinquanta a mille».

Evoluzione normativa:

(1) Al reato previsto in questo articolo si applica la pena pecuniaria della multa da euro 516 a euro 2.582 o la pena della permanenza domiciliare da quindici giorni a quarantacinque giorni ovvero la pena del lavoro di pubblica utilità da venti giorni a sei mesi, secondo quanto disposto dall'art. 52, co. 2, lett. b), d.lgs. 28.8.2000, n. 274.

(2) Articolo così modificato dall'articolo unico, l. 26.1.1963, n. 24. L'ultimo comma è stato, poi, così sostituito dall'art. 91, l. 24 11.1981, n. 689.

(3) Comma così modificato dall'art. 1, co. 3, lett. b), l. 23.3.2016, n. 41, a decorrere dal 25.3.2016. Questo comma è stato poi così modificato dall'art. 2, co. 1, lett. b), n. 1), d.lgs. 10.10.2022, n. 150, a decorrere dal 30.12.2022. Il testo previgente così disponeva: «*Chiunque cagiona ad alcuno una lesione personale, dalla quale deriva una malattia nel corpo o nella mente, è punito con la reclusione da sei mesi a tre anni*».

(4) Comma così modificato dall'art. 6, co. 2, l. 14.8.2020, n. 113 a decorrere dal 24.9.2020, e sostituito dall'art. 2, co. 1, lett. b), n. 2), d.lgs. 10.10.2022, n. 150, a decorrere dal 30.12.2022. Questo comma è stato poi così modificato dall'art. 1, co. 1, lett. a), d.lgs. 19.3.2024, n. 31, a decorrere dal 4.4.2024. Il testo antecedente alle modifiche disposte con d.lgs. n. 31/2024 così disponeva: «*Si procede tuttavia d'ufficio se ricorre taluna delle circostanze aggravanti previste negli articoli 61, numero 11-*octies*), 583 e 585, ad eccezione di quelle indicate nel co. 1, numero 1), e nel secondo comma dell'articolo 577. Si procede altresì d'ufficio se la malattia ha una durata superiore a venti giorni quando il fatto è commesso contro persona incapace, per età o per infermità.*».
Il testo antecedente alla sostituzione disposta con d.lgs. n. 150/2022 così disponeva: «*Se la malattia ha una durata non superiore ai venti giorni e non concorre alcuna delle circostanze aggravanti previste negli articoli 61, numero 11-*octies*), 583 e 585, ad eccezione di quelle indicate nel numero 1 e nell'ultima parte dell'articolo 577, il delitto è punibile a querela della persona offesa.*».
Il testo antecedente alla modifica con l. n. 113/2020 così disponeva: «*Se la malattia ha una durata non superiore ai venti giorni e non concorre alcuna delle circostanze aggravanti previste negli articoli 583 e 585, ad eccezione di quelle indicate nel numero 1 e nell'ultima parte dell'articolo 577, il delitto è punibile a querela della persona offesa.*».

Norme connesse:

A. Art. 50 c.p.; art. 5 c.c.
B. Art. 1, l. 25.3.1985, n. 107 (in *Normativa complementare*, voce *Reati contro le persone internazionalmente protette*).
C. Art. 36, co. 1, l. 5.2.1992, n. 104, *sub* art. 527 c.p.
D. Art. 15, l. 24.11.1999, n. 468 e art. 4 d.lgs. 28.8.2000, n. 74 (in *Normativa complementare*, voce *Giudice di pace*).
E. Artt. 3, co. 1 e 5 quater, 64, 65, d.l. 14.8.2013, n. 93, conv., con modif., con l. 15.10.2013, n. 119, come modificato dall'art. 1, co. 1, lett. c), l. 24.11.2023, n. 168 (in *Normativa complementare*, voce *Violenza di genere*).

583. Circostanze aggravanti.

La lesione personale è grave e si applica la reclusione da tre a sette anni:

1. se dal fatto deriva una malattia che metta in pericolo la vita della persona offesa, ovvero una malattia o un'incapacità di attendere alle ordinarie occupazioni per un tempo superiore ai quaranta giorni;
2. se il fatto produce l'indebolimento permanente di un senso o di un organo;

[3. se la persona offesa è una donna incinta e dal fatto deriva l'acceleramento del parto (1)].

La lesione personale è gravissima, e si applica la reclusione da sei a dodici anni], se dal fatto deriva:

1. una malattia certamente o probabilmente insanabile;
2. la perdita di un senso;
3. la perdita di un arto, o una mutilazione che renda l'arto inservibile, ovvero la perdita dell'uso di un organo o della capacità di procreare, ovvero una permanente e grave difficoltà della favella;

[4. la deformazione, ovvero lo sfregio permanente del viso (2);]

[5. l'aborto della persona offesa (1)].

Evoluzione normativa:

(1) Numero abrogato dall'art. 22, l. 22.5.1978, n. 194.

(2) Numero abrogato dall'art. 12, co. 3, l. 19.7.2019, n. 69, a decorrere dal 9.8.2019.

Norme connesse:

A. Art. 36, co. 1, l. 5.2.1992, n. 104, *sub* art. 527 c.p.

B. Artt. 583 bis e 583 quiquies c.p.

583 bis. Pratiche di mutilazione degli organi genitali femminili [(1)].

Chiunque, in assenza di esigenze terapeutiche, cagiona una mutilazione degli organi genitali femminili [582, 583²] è punito con la reclusione da quattro a dodici anni. Ai fini del presente articolo, si intendono come pratiche di mutilazione degli organi genitali femminili la clitoridectomia, l'escissione e l'infibulazione e qualsiasi altra pratica che cagioni effetti dello stesso tipo.

Chiunque, in assenza di esigenze terapeutiche, provoca, al fine di menomare le funzioni sessuali, lesioni agli organi genitali femminili diverse da quelle indicate al primo comma, da cui derivi una malattia nel corpo o nella mente, è punito con la reclusione da tre a sette anni. La pena è diminuita fino a due terzi se la lesione è di lieve entità.

La pena è aumentata di un terzo quando le pratiche di cui al primo e al secondo comma sono commesse a danno di un minore ovvero se il fatto è commesso per fini di lucro.

La condanna ovvero l'applicazione della pena su richiesta delle parti a norma dell'articolo 444 del codice di procedura penale per il reato di cui al presente articolo comporta, qualora il fatto sia commesso dal genitore o dal tutore, rispettivamente:

1) la decadenza dall'esercizio della responsabilità genitoriale [(2)];

2) l'interdizione perpetua da qualsiasi ufficio attinente alla tutela, alla curatela e all'amministrazione di sostegno [(3)].

Le disposizioni del presente articolo si applicano altresì quando il fatto è commesso all'estero da cittadino italiano o da straniero residente in Italia, ovvero in danno di cittadino italiano o di straniero residente in Italia. In tal caso, il colpevole è punito a richiesta del Ministro della giustizia [585, 602-*bis*].

Evoluzione normativa:

(1) Articolo introdotto dall'art. 6, l. 9.1.2006, n. 7.

(2) Numero così modificato dall'art. 93, co. 1, lett. s), d.lgs. 28.12.2013, n. 154, a decorrere dal 7.2.2014. Il testo previgente così disponeva: «*1) la decadenza dall'esercizio della potestà del genitore*».

(3) Comma introdotto dall'art. 4, co. 1, lett. f), l. 1.10.2012, n. 172.

Norme connesse:

A. Art. 36, co. 1, l. 5.2.1992, n. 104, *sub* art. 527 c.p.

B. Art. 25-*quater*.1, d.lgs. 8.6.2001, n. 231 (in *Normativa complementare*, voce *Economia (diritto penale della), Enti*).

583 ter. Pena accessoria.

La condanna contro l'esercente una professione sanitaria per taluno dei delitti previsti dall'articolo 583-*bis* importa la pena accessoria dell'interdizione dalla professione da tre a dieci anni. Della sentenza di condanna è data comunicazione all'Ordine dei medici chirurghi e degli odontoiatri [(1)].

Evoluzione normativa:

(1) Articolo introdotto dall'art. 6, l. 9.1.2006, n. 7.

Norme connesse:

A. Art. 36, co. 1, l. 5.2.1992, n. 104, *sub* art. 527 c.p.

583 quater. Lesioni personali a un pubblico ufficiale in servizio in ordine pubblico in occasione di manifestazioni sportive, nonché a personale esercente una professione sanitaria o sociosanitaria e a chiunque svolga attività ausiliarie ad essa funzionali [(1) (2)].

Nell'ipotesi di lesioni cagionate al personale esercente una professione sanitaria o socio-sanitaria nell'esercizio o a causa delle funzioni o del servizio, nonché a chiunque svolga attività ausiliarie di cura, assistenza sanitaria o soccorso, funzionali allo svolgimento di dette professioni, nell'esercizio o a causa di tali attività, si applica la reclusione da due a cinque anni. In caso di lesioni personali gravi o gravissime si applicano le pene di cui al comma primo [(3)].

Evoluzione normativa:

(1) Articolo introdotto dall'art. 7, d.l. 8.2.2007, n. 8, conv., con modif., con l. 4.4.2007, n. 41.

(2) Rubrica così modificata, prima, dall'art. 4, co. 2, l. 14.8.2020, n. 113, a decorrere dal 24.9.2020, e, poi, dall'art. 16, co. 1, lett. a), d.l. 30.3.2023, n. 34, conv., con modif., con l. 26.5.2023, n. 56, a decorrere dal 31.3.2023. Il testo della rubrica, antecedente alla modifica disposta con d.l. n. 34/2023, così recava: «*Lesioni personali gravi o gravissime a un pubblico ufficiale in servizio di ordine pubblico in occasione di manifestazioni sportive, nonché a personale esercente una professione sanitaria o sociosanitaria e a chiunque svolga attività ausiliarie ad essa funzionali.*».
Il testo della rubrica, antecedente alla modifica disposta con l. n. 113/2020, così recava: «*Lesioni personali gravi o gravissime a un pubblico ufficiale in servizio di ordine pubblico in occasione di manifestazioni sportive.*».

(3) Comma introdotto dall'art. 4, co. 1, l. 14.8.2020, n. 113, a decorrere dal 24.9.2020, e, poi, così sostituito dall'art. 16, co. 1, lett. b), d.l. 30.3.2023, n. 34, conv., con modif., con l. 26.5.2023, n. 56, a decorrere dal 30.5.2023.
Il testo antecedente alla conversione in legge del d.l. n. 34/2023 così disponeva: «*Nell'ipotesi di lesioni cagionate al personale esercente una professione sanitaria o socio-sanitaria nell'esercizio o a causa delle funzioni o del servizio, nonché a chiunque svolga attività ausiliarie di cura, assistenza sanitaria o soccorso, funzionali allo svolgimento di dette professioni, nell'esercizio o a causa di tali attività, si applica la reclusione da due a cinque anni. In caso di lesioni personali gravi o gravissime si applicano le pene di cui al comma primo.*».
Il testo antecedente alla sostituzione disposta con d.l. n. 34/2023 così disponeva: «*Le stesse pene si applicano in caso di lesioni personali gravi o gravissime cagionate a personale esercente una professione sanitaria o socio-sanitaria nell'esercizio o a causa delle funzioni o del servizio, nonché a chiunque svolga attività ausiliarie di cura, assistenza sanitaria o soccorso, funzionali allo svolgimento di dette professioni, nell'esercizio o a causa di tali attività.*».

Norme connesse:

A. Art. 6 quinquies, l. 13.12.1989, n. 401 (in *Normativa complementare*, voce *Giochi e scommesse*).

B. Art. 36, co. 1, l. 5.2.1992, n. 104, *sub* art. 527 c.p.

C. Art. 9, l. 14.8.2020, n. 113: «*Salvo che il fatto costituisca reato, chiunque tenga condotte violente, ingiuriose, offensive o moleste nei confronti di personale esercente una professione sanitaria o socio-sanitaria o di chiunque svolga attività ausiliarie di cura, assistenza sanitaria o soccorso funzionali allo svolgimento di dette professioni presso strutture sanitarie e socio-sanitarie pubbliche o private è soggetto alla sanzione amministrativa del pagamento di una somma da euro 500 a euro 5.000».*

583 quinquies. Deformazione dell'aspetto della persona mediante lesioni permanenti al viso (1).

Chiunque cagiona ad alcuno lesione personale dalla quale derivano la deformazione o lo sfregio permanente del viso è punito con la reclusione da otto a quattordici anni.

La condanna ovvero l'applicazione della pena su richiesta delle parti a norma dell'articolo 444 del codice di procedura penale per il reato di cui al presente articolo comporta l'interdizione perpetua da qualsiasi ufficio attinente alla tutela, alla curatela e all'amministrazione di sostegno.

Evoluzione normativa:

(1) Articolo introdotto dall'art. 12, co. 1, l. 19.7.2019, n. 69, a decorrere dal 9.8.2019.

584. Omicidio preterintenzionale.

Chiunque, con atti diretti a commettere uno dei delitti preveduti dagli articoli 581 e 582, cagiona la morte di un uomo, è punito con la reclusione da dieci a diciotto anni [27[1] Cost., 585].

Norme connesse:

A. Artt. 586, 593-ter c.p.

B. Art. 36, co. 1, l. 5.2.1992, n. 104, *sub* art. 527 c.p.

585. Circostanze aggravanti.

Nei casi previsti dagli articoli 582, 583, 583-*bis*, 583-*quinquies* e 584, la pena è aumentata [64] da un terzo alla metà, se concorre alcuna delle circostanze aggravanti previste dall'articolo 576, ed è aumentata fino a un terzo, se concorre alcuna delle circostanze aggravanti previste dall'articolo 577, ovvero se il fatto è commesso con armi o con sostanze corrosive, ovvero da persona travisata o da più persone riunite (1).

Agli effetti della legge penale, per armi s'intendono:

1. quelle da sparo e tutte le altre la cui destinazione naturale è l'offesa alla persona;
2. tutti gli strumenti atti ad offendere, dei quali è dalla legge vietato il porto in modo assoluto, ovvero senza giustificato motivo.

Sono assimilate alle armi le materie esplodenti e i gas asfissianti o accecanti.

Evoluzione normativa:

(1) Comma sostituito dall'art. 3, co. 59, l. 15.7.2009, n. 94 e, poi, così modificato dall'art. 12, co. 4, l. 19.7.2019, n. 69, a decorrere dal 9.8.2019. Il testo antecedente alla modifica del 2019 così disponeva: «*Nei casi previsti dagli articoli 582, 583, 583-*bis *e 584, la pena è aumentata da un terzo alla metà, se concorre alcuna delle circostanze aggravanti previste dall'articolo 576, ed è aumentata fino a un terzo, se concorre alcuna delle circostanze aggravanti previste dall'articolo 577, ovvero se il fatto è commesso con armi o con sostanze corrosive, ovvero da persona travisata o da più persone riunite*». Il testo antecedente alla modifica del 2009 così disponeva: «*Nei casi preveduti dagli articoli 582, 583 e 584, la pena è aumentata da un terzo alla metà, se concorre alcuna delle circostanze aggravanti prevedute dall'articolo 576; ed è aumentata fino a un terzo, se concorre alcuna delle circostanze aggravanti prevedute dall'articolo 577, ovvero se il fatto è commesso con armi o con sostanze corrosive*».

Norme connesse:

A. Artt. 1 e 2, l. 18.4.1975, n. 110 (in *Normativa complementare*, voce *Armi, munizioni ed esplosivi*).

586. Morte o lesioni come conseguenza di altro delitto.

Quando da un fatto preveduto come delitto doloso [43] deriva, quale conseguenza non voluta dal colpevole, la morte o la lesione [582, 583] di una persona, si applicano le disposizioni dell'articolo 83, ma le pene stabilite negli articoli 589 e 590 sono aumentate [64, 280[4], 289-bis[2], 438[2], 439[2], 452-*ter*, 571[2], 572[2], 584, 588[2], 591[3], 593[3], 630[2]].

Norme connesse:

A. V. norme connesse sub art. 83 c.p.

B. Art. 36, co. 1, l. 5.2.1992, n. 104, *sub* art. 527 c.p.

C. Art. 81, d.P.R. 9.10.1990, n. 309 (in *Normativa complementare*, voce *Stupefacenti*).

586 bis. Utilizzo o somministrazione di farmaci o di altre sostanze al fine di alterare le prestazioni agonistiche degli atleti (1).

Salvo che il fatto costituisca più grave reato, è punito con la reclusione da tre mesi a tre anni e con la multa da euro 2.582 a euro 51.645 chiunque procura ad altri, somministra, assume o favorisce comunque l'utilizzo di farmaci o di sostanze biologicamente o farmacologicamente attive, ricompresi nelle classi previste dalla legge, che non siano giustificati da condizioni patologiche e siano idonei a modificare le condizioni psicofisiche o biologiche dell'organismo, al fine di alterare le prestazioni agonistiche degli atleti, ovvero siano diretti a modificare i risultati dei controlli sull'uso di tali farmaci o sostanze.

La pena di cui al primo comma si applica, salvo che il fatto costituisca più grave reato, a chi adotta o si sottopone alle pratiche mediche ricomprese nelle classi previste dalla legge non giustificate da condizioni patologiche ed idonee a modificare le condizioni psicofisiche o biologiche dell'organismo, al fine di alterare le prestazioni agonistiche degli atleti ovvero dirette a modificare i risultati dei controlli sul ricorso a tali pratiche.

La pena di cui al primo e secondo comma è aumentata:

a) se dal fatto deriva un danno per la salute;
b) se il fatto è commesso nei confronti di un minorenne;
c) se il fatto è commesso da un componente o da un dipendente del Comitato olimpico nazionale italiano ovvero di una federazione sportiva nazionale, di una società, di un'associazione o di un ente riconosciuti dal Comitato olimpico nazionale italiano.

Se il fatto è commesso da chi esercita una professione sanitaria, alla condanna consegue l'interdizione temporanea dall'esercizio della professione.

Nel caso previsto dal terzo comma, lettera c), alla condanna consegue l'interdizione permanente dagli uffici direttivi del Comitato olimpico nazionale italiano, delle federazioni sportive nazionali, società, associazioni ed enti di promozione riconosciuti dal Comitato olimpico nazionale italiano.

Con la sentenza di condanna è sempre ordinata la confisca dei farmaci, delle sostanze farmaceutiche e delle altre cose servite o destinate a commettere il reato.

Chiunque commercia i farmaci e le sostanze farmacologicamente o biologicamente attive ricompresi nelle classi indicate dalla legge, che siano idonei a modificare le condizioni psicofisiche o biologiche dell'organismo, al fine di alterare le prestazioni agonistiche degli atleti ovvero idonei a modificare i risultati dei controlli sull'uso di tali farmaci o sostanze, attraverso canali diversi dalle farmacie aperte al pubblico, dalle farmacie ospedaliere, dai dispensari aperti al pubblico e dalle altre strutture che detengono farmaci direttamente destinati alla utilizzazione sul paziente, è punito con la reclusione da due a sei anni e con la multa da euro 5.164 a euro 77.468 (2).

Evoluzione normativa:

(1) Articolo introdotto dall'art. 2, co. 1, lett. d), d.lgs. 1.3.2018, n. 21, a decorrere dal 6.4.2018.

(2) La Corte costituzionale, con sent. 22.4.2022, n. 105, ha dichiarato l'illegittimità costituzionale di questo comma, limitatamente alle parole «*al fine di alterare le prestazioni agonistiche degli atleti*».

587. Omicidio e lesione personale a causa di onore (1).

[Chiunque cagiona la morte del coniuge, della figlia o della sorella [540], nell'atto in cui ne scopre la illegittima relazione carnale e nello stato d'ira determinato dall'offesa recata all'onor suo o della famiglia, è punito con la reclusione da tre a sette anni.

Alla stessa pena soggiace chi, nelle dette circostanze, cagiona la morte della persona, che sia in illegittima relazione carnale col coniuge, con la figlia o con la sorella.

Se il colpevole cagiona, nelle stesse circostanze, alle dette persone, una lesione personale, le pene stabilite negli articoli 582 e 583 sono ridotte a un terzo [63]; se dalla lesione personale deriva la morte, la pena è della reclusione da due a cinque anni.

Non è punibile chi, nelle stesse circostanze, commette contro le dette persone il fatto preveduto dall'articolo 581.]

Evoluzione normativa:

(1) Articolo abrogato dall'art. 1, l. 5.8.1981, n. 442.

588. Rissa.

Chiunque partecipa a una rissa è punito con la multa fino a euro 2.000 (1).

Se nella rissa taluno rimane ucciso o riporta lesione personale [582, 583], la pena, per il solo fatto della partecipazione alla rissa, è della reclusione da sei mesi a sei anni. La stessa pena si applica se l'uccisione o la lesione personale, avviene immediatamente dopo la rissa e in conseguenza di essa (2).

Evoluzione normativa:

(1) Comma così modificato dall'art. 113, l. 24.11.1981, n. 689 e, poi, dall'art. 10, co. 1, lett. a), d.l. 21.10.2020, n. 130, conv., con modif., con l. 18.12.2020, n. 173. Il testo antecedente alla conversione in legge così disponeva: «*Chiunque partecipa a una rissa è punito con la multa fino a euro 2.000,00*». Il testo antecedente alla modifica del 2020 così disponeva: «*Chiunque partecipa a una rissa è punito con la multa fino a euro 309*».

(2) Comma così modificato dall'art. 10, co. 1, lett. b), d.l. 21.12.2020, n. 130, conv., con modif., con l. 18.12.2020, n. 173, a decorrere dal 22.10.2020. Il testo previgente così disponeva: «*Se nella rissa taluno rimane ucciso o riporta lesione personale, la pena, per il solo fatto della partecipazione alla rissa, è della reclusione da tre mesi a cinque anni. La stessa pena si applica se l'uccisione o la lesione personale, avviene immediatamente dopo la rissa e in conseguenza di essa*».

Norme connesse:

A. Art. 36, co. 1, l. 5.2.1992, n. 104, *sub* art. 527 c.p.

589. Omicidio colposo (1).

Chiunque cagiona per colpa [42^2, 43] la morte di una persona è punito con la reclusione da sei mesi a cinque anni.

Se il fatto è commesso con violazione delle norme per la prevenzione degli infortuni sul lavoro la pena è della reclusione da due a sette anni [157^6] (2).

Se il fatto è commesso nell'esercizio abusivo di una professione per la quale è richiesta una speciale abilitazione dello Stato o di un'arte sanitaria, la pena è della reclusione da tre a dieci anni [157^6] (3).

[Si applica la pena della reclusione da tre a dieci anni se il fatto è commesso con violazione delle norme sulla disciplina della circolazione stradale da:

1) soggetto in stato di ebbrezza alcolica ai sensi dell'articolo 186, comma 2, lettera c), del decreto legislativo 30 aprile 1992, n. 285, e successive modificazioni;
2) soggetto sotto l'effetto di sostanze stupefacenti o psicotrope (4)] (5).

Nel caso di morte di più persone, ovvero di morte di una o più persone e di lesioni di una o più persone, si applica la pena che dovrebbe infliggersi per la più grave delle violazioni commesse aumentata fino al triplo, ma la pena non può superare gli anni quindici (6).

Riferimenti storici:

Art. 371 Codice Zanardelli: «*Chiunque, per imprudenza, negligenza, ovvero per imperizia nella propria arte o professione, o per inosservanza di regolamenti, ordini o discipline, cagiona la morte di alcuno è punito con la detenzione da tre mesi a cinque anni e con la multa da lire cento a tremila.*
Se dal fatto derivi la morte di più persone o anche la morte di una sola e la lesione di una o più, la quale abbia prodotto gli effetti indicati nel primo capoverso dell'articolo 372, la pena è della detenzione da uno a otto anni e della multa non inferiore a lire duemila».

Evoluzione normativa:

(1) Articolo così sostituito dall'art. 1, l. 11.5.1966, n. 296.

(2) Comma sostituito dall'art. 2, l. 21.2.2006, n. 102 e modificato dell'art. 1, co. 1, lett. c), n. 1), d.l. 23.5.2008, n. 92, conv. in legge, con modif., con l. 24.7.2008, n. 125. Questo comma, poi, è stato così modificato dall'art. 1, co. 3, lett. c), l. 23.3.2016, n. 41, a decorrere dal 25.3.2016. Il testo di questo comma, antecedente alle modifiche del 2016, così disponeva: «*Se il fatto è commesso con violazione delle norme sulla disciplina della circolazione stradale o di quelle per la prevenzione degli infortuni sul lavoro la pena è della reclusione da due a sette anni*». Il testo precedente alle modifiche disposte con la legge di conversione n. 125/2008 così disponeva: «*Se il fatto è commesso con violazione delle norme sulla disciplina della circolazione stradale o di quelle per la prevenzione degli infortuni sul lavoro la pena è della reclusione da due a sei anni*». Il testo di questo comma, prima della sostituzione del 2008, così disponeva: «*Se il fatto è commesso con violazione delle norme sulla disciplina della circolazione stradale o di quelle per la prevenzione degli infortuni sul lavoro la pena è della reclusione da due a cinque anni*». Il testo di

questo comma antecedente alla sostituzione disposta con l. n. 102 del 2006 così disponeva: «*Se il fatto è commesso con violazione delle norme sulla disciplina della circolazione stradale o di quelle per la prevenzione degli infortuni sul lavoro la pena è della reclusione da uno a cinque anni*».

(3) Comma introdotto dall'art. 12, co. 2, l. 11.1.2018, n. 3, a decorrere dal 15.2.2018.

(4) Comma introdotto dall'art. 1, co. 1, lett. c), n. 2), d.l. 23.5.2008, n. 92, conv. in legge, con modif., con l. 24.7.2008, n. 125.

(5) Comma abrogato dall'art. 1, co. 3, lett. d), l. 23.3.2016, n. 41, a decorrere dal 25.3.2016.

(6) Comma così modificato dall'art. 1, co. 1, lett. c), n. 3), d.l. 23.5.2008, n. 92, conv. in legge, con modif., con l. 24.7.2008, n. 125. Il testo di questo comma, prima della modifica del 2008, così disponeva: «*Nel caso di morte di più persone, ovvero di morte di una o più persone e di lesioni di una o più persone, si applica la pena che dovrebbe infliggersi per la più grave delle violazioni commesse aumentata fino al triplo, ma la pena non può superare gli anni dodici*».

Norme connesse:

A. Art. 590-sexies c.p.
B. Art. 25 septies, d.lgs. 8.6.2001, n. 231, (in *Normativa complementare*, voce *Economia (diritto penale della), Enti*).
C. Art. 36, co. 1, l. 5.2.1992, n. 104, *sub* art. 527 c.p.
D. L. 11.1.1986, n. 3 e d.m. 19.10.1987, n. 438, sull'obbligo dell'uso del casco protettivo per gli utenti di motocicli.
E. Artt. 3, 3 bis, d.l. 1.4.2021, n. 44 (in *Normativa complementare*, voce *COVID-19*).

589 bis. Omicidio stradale o nautico [(1)].

Chiunque cagioni per colpa [42^2, 43] la morte di una persona [589] con violazione delle norme sulla disciplina della circolazione stradale o della navigazione marittima o interna è punito con la reclusione da due a sette anni.

Chiunque, ponendosi alla guida di un veicolo a motore o di una delle unità da diporto di cui all'articolo 3 del codice della nautica da diporto, di cui al decreto legislativo 18 luglio 2005, n. 171, in stato di ebbrezza alcolica o di alterazione psicofisica conseguente all'assunzione di sostanze stupefacenti o psicotrope ai sensi rispettivamente degli articoli 186, comma 2, lettera c), e 187 del codice della strada, di cui al decreto legislativo 30 aprile 1992, n. 285, nonché degli articoli 53-bis, comma 2, lettera c), e 53-quater del codice della nautica da diporto, di cui al decreto legislativo 18 luglio 2005, n. 171, cagioni per colpa la morte di una persona, è punito con la reclusione da otto a dodici anni.

La stessa pena si applica al conducente di un veicolo a motore di cui all'articolo 186-bis, comma 1, lettere b), c) e d), del decreto legislativo 30 aprile 1992, n. 285, o di un'unità da diporto di cui all'articolo 53-ter, comma 1, lettera b), del decreto legislativo 18 luglio 2005, n. 171, il quale, in stato di ebbrezza alcolica ai sensi rispettivamente degli articoli 186, comma 2, lettera b), del decreto legislativo 30 aprile 1992, n. 285, e 53-bis, comma 2, lettera b), del decreto legislativo 18 luglio 2005, n. 171, cagioni per colpa la morte di una persona.

Salvo quanto previsto dal terzo comma, chiunque, ponendosi alla guida di un veicolo a motore o di una delle unità da diporto di cui all'articolo 3 del decreto legislativo 18 luglio 2005, n. 171, in stato di ebbrezza alcolica ai sensi rispettivamente degli articoli 186, comma 2, lettera b), del decreto legislativo 30 aprile 1992, n. 285, e 53-bis, comma 2, lettera b), del decreto legislativo 18 luglio 2005, n. 171, cagioni per colpa la morte di una persona, è punito con la reclusione da cinque a dieci anni.

La pena di cui al quarto comma si applica altresì:

1) al conducente di un veicolo a motore che, procedendo in un centro urbano ad una velocità pari o superiore al doppio di quella consentita e comunque non inferiore a 70 km/h, ovvero su strade extraurbane ad una velocità superiore di almeno 50 km/h rispetto a quella massima consentita, cagioni per colpa la morte di una persona;
2) al conducente di un veicolo a motore che, attraversando un'intersezione con il semaforo disposto al rosso ovvero circolando contromano, cagioni per colpa la morte di una persona;
3) al conducente di un veicolo a motore che, a seguito di manovra di inversione del senso di marcia in prossimità o in corrispondenza di intersezioni, curve o dossi o a seguito di sorpasso di un altro mezzo in corrispondenza di un attraversamento pedonale o di linea continua, cagioni per colpa la morte di una persona.

Nelle ipotesi di cui ai commi precedenti la pena è aumentata se il fatto è commesso da persona non munita di patente di guida o, ad eccezione delle ipotesi di cui al quinto comma, di patente nautica, ove prescritta, o con patente sospesa o revocata, ovvero nel caso in cui il veicolo a motore o l'unità da diporto sia di proprietà dell'autore del fatto e tale veicolo o unità da diporto sia sprovvisto di assicurazione obbligatoria.

Nelle ipotesi di cui ai commi precedenti, qualora l'evento non sia esclusiva conseguenza dell'azione o dell'omissione del colpevole, la pena è diminuita fino alla metà.

Nelle ipotesi di cui ai commi precedenti, qualora il conducente del veicolo o dell'unità da diporto cagioni la morte di più persone, ovvero la morte di una o più persone e lesioni a una o più persone, si applica la pena che dovrebbe infliggersi per la più grave delle violazioni commesse aumentata fino al triplo, ma la pena non può superare gli anni diciotto.

Evoluzione normativa:

(1) Articolo introdotto dall'art. 1, co. 1, l. 23.3.2016, n. 41, a decorrere dal 25.3.2016. Questo articolo è stato poi così sostituito dall'art. 1, co. 1, l. 26.9.2023, n. 138, a decorrere dal 25.10.2023.
Il testo antecedente alla sostituzione disposta con l. n. 138/2023 così disponeva: «*Omicidio stradale*
Chiunque, ponendosi alla guida di un veicolo a motore in stato di ebbrezza alcolica o di alterazione psicofisica conseguente all'assunzione di sostanze stupefacenti o psicotrope ai sensi rispettivamente degli articoli 186, comma 2, lettera c), e 187 del decreto legislativo 30 aprile 1992, n. 285, cagioni per colpa la morte di una persona, è punito con la reclusione da otto a dodici anni. Chiunque cagioni per colpa la morte di una persona con violazione delle norme sulla disciplina della circolazione stradale è punito con la reclusione da due a sette anni
Chiunque, ponendosi alla guida di un veicolo a motore in stato di ebbrezza alcolica o di alterazione psicofisica conseguente all'assunzione

di sostanze stupefacenti o psicotrope ai sensi rispettivamente degli articoli 186, comma 2, lettera c), e 187 del decreto legislativo 30 aprile 1992, n. 285, cagioni per colpa la morte di una persona, è punito con la reclusione da otto a dodici anni.
La stessa pena si applica al conducente di un veicolo a motore di cui all'articolo 186-bis, comma 1, lettere b), c) e d), del decreto legislativo 30 aprile 1992, n. 285, il quale, in stato di ebbrezza alcolica ai sensi dell'articolo 186, comma 2, lettera b), del medesimo decreto legislativo n. 285 del 1992, cagioni per colpa la morte di una persona.
Salvo quanto previsto dal terzo comma, chiunque, ponendosi alla guida di un veicolo a motore in stato di ebbrezza alcolica ai sensi dell'articolo 186, comma 2, lett. b), del decreto legislativo 30 aprile 1992, n. 285, cagioni per colpa la morte di una persona, è punito con la reclusione da cinque a dieci anni.
La pena di cui al comma precedente si applica altresì:
1) al conducente di un veicolo a motore che, procedendo in un centro urbano ad una velocità pari o superiore al doppio di quella consentita e comunque non inferiore a 70 km/h, ovvero su strade extraurbane ad una velocità superiore di almeno 50 km/h rispetto a quella massima consentita, cagioni per colpa la morte di una persona;
2) al conducente di un veicolo a motore che, attraversando un'intersezione con il semaforo disposto al rosso ovvero circolando contromano, cagioni per colpa la morte di una persona;
3) al conducente di un veicolo a motore che, a seguito di manovra di inversione del senso di marcia in prossimità o in corrispondenza di intersezioni, curve o dossi o a seguito di sorpasso di un altro mezzo in corrispondenza di un attraversamento pedonale o di linea continua, cagioni per colpa la morte di una persona.
Nelle ipotesi di cui ai commi precedenti la pena è aumentata se il fatto è commesso da persona non munita di patente di guida o con patente sospesa o revocata, ovvero nel caso in cui il veicolo a motore sia di proprietà dell'autore del fatto e tale veicolo sia sprovvisto di assicurazione obbligatoria.
Nelle ipotesi di cui ai commi precedenti, qualora l'evento non sia esclusiva conseguenza dell'azione o dell'omissione del colpevole, la pena è diminuita fino alla metà.
Nelle ipotesi di cui ai commi precedenti, qualora il conducente cagioni la morte di più persone, ovvero la morte di una o più persone e lesioni a una o più persone, si applica la pena che dovrebbe infliggersi per la più grave delle violazioni commesse aumentata fino al triplo, ma la pena non può superare gli anni diciotto.».

Norme connesse:
A. Art. 157, co. 6, c.p.

589 ter. Fuga del conducente in caso di omicidio stradale e nautico (1) (2).

Nel caso di cui all'articolo 589-*bis*, se il conducente si dà alla fuga, la pena è aumentata da un terzo a due terzi e comunque non può essere inferiore a cinque anni [590-*quater*].

Evoluzione normativa:
(1) Articolo introdotto dall'art. 1, co. 1, l. 23.3.2016, n. 41, a decorrere dal 25.3.2016.
(2) Rubrica così modificata dall'art. 1, co. 2, l. 26.9.2023, n. 138, a decorrere dal 25.10.2023.
Il testo antecedente alla modifica disposta con l. n. 138/2023 così recava: «*Fuga del conducente in caso di omicidio stradale*».

Norme connesse:
A. Art. 189, d.lgs. 30.4.1992, n. 285 (in *Normativa complementare*, voce *Circolazione stradale e ferroviaria*).

590. Lesioni personali colpose (1).

Chiunque cagiona ad altri per colpa [42², 43] una lesione personale [582] è punito con la reclusione fino a tre mesi o con la multa fino a euro 309.

Se la lesione è grave [583¹] la pena è della reclusione da uno a sei mesi o della multa da euro 123 a euro 619, se è gravissima [583²], della reclusione da tre mesi a due anni o della multa da euro 309 a euro 1.239 (2).

Se i fatti di cui al secondo comma sono commessi con violazione delle norme per la prevenzione degli infortuni sul lavoro la pena per le lesioni gravi è della reclusione da tre mesi a un anno o della multa da euro 500 a euro 2.000 e la pena per le lesioni gravissime è della reclusione da uno a tre anni (3).

Se i fatti di cui al secondo comma sono commessi nell'esercizio abusivo di una professione per la quale è richiesta una speciale abilitazione dello Stato o di un'arte sanitaria, la pena per lesioni gravi è della reclusione da sei mesi a due anni e la pena per lesioni gravissime è della reclusione da un anno e sei mesi a quattro anni (4).

Nel caso di lesioni di più persone si applica la pena che dovrebbe infliggersi per la più grave delle violazioni commesse, aumentata fino al triplo; ma la pena della reclusione non può superare gli anni cinque.

Il delitto è punibile a querela della persona offesa [120; c.p.p. 336], salvo nei casi previsti nel primo e secondo capoverso, limitatamente ai fatti commessi con violazione delle norme per la prevenzione degli infortuni sul lavoro o relative all'igiene del lavoro o che abbiano determinato una malattia professionale (5).

Riferimenti storici:
Art. 375 Codice Zanardelli: «*Chiunque, per imprudenza o negligenza, ovvero per imperizia nella propria arte o professione, o per inosservanza di regolamenti, ordini o discipline, cagiona ad alcuno un danno nel corpo o nella salute od una perturbazione di mente è punito:*
1. *con la detenzione sino a tre mesi o con la multa sino a lire mille, e non si procede che a querela di parte, nei casi della prima parte e dell'ultimo capoverso dell'articolo 372;*
2. *con la detenzione da uno a venti mesi o con la multa da lire trecento a seimila, negli altri casi.*

Se rimangano offese più persone, nei casi del numero 1°, la detenzione può estendersi sino a sei mesi, e la multa sino a lire duemila; e, nei casi del numero 2°, la pena è della detenzione da tre mesi a tre anni o della multa superiore alle lire mille».

Evoluzione normativa:
(1) Articolo così sostituito dall'art. 2, l. 11.5.1966, n. 296.
(2) La Corte costituzionale, con sent. 19.5.1993, n. 249 ha dichiarato l'illegittimità dell'art. 60, l. 24.11.1981, n. 689, nella parte in cui stabilisce che le pene sostitutive non si applicano al reato previsto dall'art. 590 c.p., co. 2 e 3, limitatamente ai fatti commessi con violazione delle norme per la prevenzione degli infortuni sul lavoro o relative all'igiene del lavoro, che abbiano determinato le conseguenze previste dal co. 1, n. 2, o dal co. 2 dell'art. 583 c.p.
(3) Comma sostituito dall'art. 2, l. 21.2.2006, n. 102 e, poi, così modificato dall'art. 1, co. 1, lett. d), d.l. 23.5.2008, n. 92, conv. in legge, con modif., con l. 24.7.2008, n. 125 e dall'art. 1, co. 3, lett. e) ed f), l. 23.3.2016, n. 41, a decorrere dal 25.3.2016. Il testo di questo comma, prima delle ultime modifiche, così disponeva: «*Se i fatti di cui al secondo comma sono commessi con violazione delle norme sulla disciplina della circolazione stradale o di quelle per la prevenzione degli infortuni sul lavoro la pena per le lesioni gravi è della reclusione da tre mesi a un anno o della multa da euro 500 a euro 2.000 e la pena per le lesioni gravissime è della reclusione da uno a tre anni. Nei casi di violazione delle norme sulla circolazione stradale, se il fatto è commesso da soggetto in stato di ebbrezza alcolica ai sensi dell'articolo 186, comma 2, lett. c), del decreto legislativo 30 aprile 1992, n. 285, e successive modificazioni, ovvero da soggetto sotto l'effetto di sostanze stupefacenti o psicotrope, la pena per le lesioni gravi è della*

reclusione da sei mesi a due anni e la pena per le lesioni gravissime è della reclusione da un anno e sei mesi a quattro anni». Il testo antecedente alle modifiche del 2008 così disponeva: «*Se i fatti di cui al secondo comma sono commessi con violazione delle norme sulla disciplina della circolazione stradale o di quelle per la prevenzione degli infortuni sul lavoro la pena per le lesioni gravi è della reclusione da tre mesi a un anno o della multa da euro 500 a euro 2.000 e la pena per le lesioni gravissime è della reclusione da uno a tre anni*». Il testo antecedente alla sostituzione del 2006 così disponeva: «*Se i fatti di cui al precedente capoverso sono commessi con violazione delle norme sulla disciplina della circolazione stradale o di quelle per la prevenzione degli infortuni sul lavoro, la pena per le lesioni gravi è della reclusione da due a sei mesi o della multa da euro 247 a euro 619 e la pena per lesioni gravissime è della reclusione da sei mesi a due anni o della multa da euro 619 a euro 1.239*».

(4) Comma introdotto dall'art. 12, co. 3, l. 11.1.2018, n. 3, a decorrere dal 15.2.2018.

(5) Comma sostituito dall'art. 92, l. 24.11.1981, n. 689.

Norme connesse:

A. Art. 590-sexies c.p.
B. Art. 36, co. 1, l. 5.2.1992, n. 104, *sub* art. 527 c.p.
C. Art. 25-*septies*, d.lgs. 8.6.2001, n. 231 (in *Normativa complementare*, voce *Economia (diritto penale della), Enti*).
D. L. 11.1.1986, n. 3 sull'obbligo dell'uso del casco protettivo per gli utenti di motocicli.
E. Artt. 3, 3 bis d.l. 1.4.2021, n. 44 (in *Normativa complementare*, voce *COVID-19*).

590 bis. Lesioni personali stradali gravi o gravissime (1).

Chiunque cagioni per colpa [42^2, 43] ad altri una lesione personale con violazione delle norme sulla disciplina della circolazione stradale o della navigazione marittima o interna è punito con la reclusione da tre mesi a un anno per le lesioni gravi e da uno a tre anni per le lesioni gravissime.

Chiunque, ponendosi alla guida di un veicolo a motore o di una delle unità da diporto di cui all'articolo 3 del codice della nautica da diporto, di cui al decreto legislativo 18 luglio 2005, n. 171, in stato di ebbrezza alcolica o di alterazione psicofisica conseguente all'assunzione di sostanze stupefacenti o psicotrope ai sensi rispettivamente degli articoli 186, comma 2, lettera c), e 187 del codice della strada, di cui al decreto legislativo 30 aprile 1992, n. 285, nonché degli articoli 53-bis, comma 2, lettera c), e 53-quater del codice della nautica da diporto, di cui al decreto legislativo 18 luglio 2005, n. 171, cagioni per colpa a taluno una lesione personale, è punito con la reclusione da tre a cinque anni per le lesioni gravi e da quattro a sette anni per le lesioni gravissime.

La stessa pena si applica al conducente di un veicolo a motore di cui all'articolo 186-bis, comma 1, lettere b), c) e d), del decreto legislativo 30 aprile 1992, n. 285, o di un'unità da diporto di cui all'articolo 53-ter, comma 1, lettera b), del decreto legislativo 18 luglio 2005, n. 171, il quale, in stato di ebbrezza alcolica ai sensi rispettivamente degli articoli 186, comma 2, lettera b), del decreto legislativo 30 aprile 1992, n. 285, e 53-bis, comma 2, lettera b), del decreto legislativo 18 luglio 2005, n. 171, cagioni per colpa a taluno lesioni personali gravi o gravissime.

Salvo quanto previsto dal terzo comma, chiunque, ponendosi alla guida di un veicolo a motore o di una delle unità da diporto di cui all'articolo 3 del decreto legislativo 18 luglio 2005, n. 171, in stato di ebbrezza alcolica ai sensi rispettivamente degli articoli 186, comma 2, lettera b), del decreto legislativo 30 aprile 1992, n. 285, e 53-bis, comma 2, lettera b), del decreto legislativo 18 luglio 2005, n. 171, cagioni per colpa a taluno lesioni personali, è punito con la reclusione da un anno e sei mesi a tre anni per le lesioni gravi e da due a quattro anni per le lesioni gravissime.

Le pene di cui al quarto comma si applicano altresì:

1) al conducente di un veicolo a motore che, procedendo in un centro urbano ad una velocità pari o superiore al doppio di quella consentita e comunque non inferiore a 70 km/h, ovvero su strade extraurbane ad una velocità superiore di almeno 50 km/h rispetto a quella massima consentita, cagioni per colpa a taluno lesioni personali gravi o gravissime;
2) al conducente di un veicolo a motore che, attraversando un'intersezione con il semaforo disposto al rosso ovvero circolando contromano, cagioni per colpa a taluno lesioni personali gravi o gravissime;
3) al conducente di un veicolo a motore che, a seguito di manovra di inversione del senso di marcia in prossimità o in corrispondenza di intersezioni, curve o dossi o a seguito di sorpasso di un altro mezzo in corrispondenza di un attraversamento pedonale o di linea continua, cagioni per colpa a taluno lesioni personali gravi o gravissime.

Nelle ipotesi di cui ai commi precedenti la pena è aumentata se il fatto è commesso da persona non munita di patente di guida o, ad eccezione delle ipotesi di cui al quinto comma, di patente nautica, ove prescritta, o con patente sospesa o revocata, ovvero nel caso in cui il veicolo a motore o l'unità da diporto sia di proprietà dell'autore del fatto e tale veicolo o unità da diporto sia sprovvisto di assicurazione obbligatoria.

Nelle ipotesi di cui ai commi precedenti, qualora l'evento non sia esclusiva conseguenza dell'azione o dell'omissione del colpevole, la pena è diminuita fino alla metà.

Nelle ipotesi di cui ai commi precedenti, qualora il conducente del veicolo o dell'unità da diporto cagioni lesioni a più persone, si applica la pena che dovrebbe infliggersi per la più grave delle violazioni commesse aumentata fino al triplo, ma la pena non può superare gli anni sette.

Il delitto è punibile a querela della persona offesa se non ricorre alcuna delle circostanze aggravanti previste dal presente articolo.

Evoluzione normativa:

(1) Articolo introdotto dall'art. 1, co. 1, lett. e), d.l. 23.5.2008, n. 92, conv., con modif., con l. 24.7.2008, n. 125. Questo articolo, poi, è stato così sostituito dall'art. 1, co. 2, l. 23.3.2016, n. 41, che ha sostituito l'originario art. 590 bis con gli attuali articoli da 590 bis a 590 quinquies, a decorrere dal 25.3.2016. Questo articolo è stato poi modificato dall'art. 2, co. 1, lett. c), d.lgs. 10.10.2022, n. 150, a decorrere dal 30.12.2022, e così sostituito dall'art. 1, co. 3, l. 26.9.2023, n. 138, a decorrere dal 25.10.2023.
Il testo antecedente alla sostituzione disposta con l. n. 138/2023 così disponeva: «*Lesioni personali stradali gravi o gravissime*

Chiunque cagioni per colpa ad altri una lesione personale con violazione delle norme sulla disciplina della circolazione stradale è punito con la reclusione da tre mesi a un anno per le lesioni gravi e da uno a tre anni per le lesioni gravissime.
Chiunque, ponendosi alla guida di un veicolo a motore in stato di ebbrezza alcolica o di alterazione psicofisica conseguente all'assunzione di sostanze stupefacenti o psicotrope ai sensi rispettivamente degli articoli 186, comma 2, lettera c), e 187 del decreto legislativo 30 aprile 1992, n. 285, cagioni per colpa a taluno una lesione personale, è punito con la reclusione da tre a cinque anni per le lesioni gravi e da quattro a sette anni per le lesioni gravissime.
Le pene di cui al comma precedente si applicano altresì al conducente di un veicolo a motore di cui all'articolo 186-bis, comma 1, lettere b), c) e d), del decreto legislativo 30 aprile 1992, n. 285, il quale, in stato di ebbrezza alcolica ai sensi dell'articolo 186, comma 2, lettera b), del medesimo decreto legislativo n. 285 del 1992, cagioni per colpa a taluno lesioni personali gravi o gravissime.
Salvo quanto previsto dal terzo comma, chiunque, ponendosi alla guida di un veicolo a motore in stato di ebbrezza alcolica ai sensi dell'articolo 186, comma 2, lettera b), del decreto legislativo 30 aprile 1992, n. 285, cagioni per colpa a taluno lesioni personali, è punito con la reclusione da un anno e sei mesi a tre anni per le lesioni gravi e da due a quattro anni per le lesioni gravissime.
Le pene di cui al comma precedente si applicano altresì:
1) al conducente di un veicolo a motore che, procedendo in un centro urbano ad una velocità pari o superiore al doppio di quella consentita e comunque non inferiore a 70 km/h, ovvero su strade extraurbane ad una velocità superiore di almeno 50 km/h rispetto a quella massima consentita, cagioni per colpa a taluno lesioni personali gravi o gravissime;
2) al conducente di un veicolo a motore che, attraversando un'intersezione con il semaforo disposto al rosso ovvero circolando contromano, cagioni per colpa a taluno lesioni personali gravi o gravissime;
3) al conducente di un veicolo a motore che, a seguito di manovra di inversione del senso di marcia in prossimità o in corrispondenza di intersezioni, curve o dossi o a seguito di sorpasso di un altro mezzo in corrispondenza di un attraversamento pedonale o di linea continua, cagioni per colpa a taluno lesioni personali gravi o gravissime.
Nelle ipotesi di cui ai commi precedenti la pena è aumentata se il fatto è commesso da persona non munita di patente di guida o con patente sospesa o revocata, ovvero nel caso in cui il veicolo a motore sia di proprietà dell'autore del fatto e tale veicolo sia sprovvisto di assicurazione obbligatoria.
Nelle ipotesi di cui ai commi precedenti, qualora l'evento non sia esclusiva conseguenza dell'azione o dell'omissione del colpevole, la pena è diminuita fino alla metà.
Nelle ipotesi di cui ai commi precedenti, qualora il conducente cagioni lesioni a più persone, si applica la pena che dovrebbe infliggersi per la più grave delle violazioni commesse aumentata fino al triplo, ma la pena non può superare gli anni sette.
Il delitto è punibile a querela della persona offesa se non ricorre alcuna delle circostanze aggravanti previste dal presente articolo.».
Il testo antecedente alla modifica disposta con d.lgs. n. 150/2022 così disponeva: «*Lesioni personali stradali gravi o gravissime*
Chiunque cagioni per colpa ad altri una lesione personale con violazione delle norme sulla disciplina della circolazione stradale è punito con la reclusione da tre mesi a un anno per le lesioni gravi e da uno a tre anni per le lesioni gravissime.
Chiunque, ponendosi alla guida di un veicolo a motore in stato di ebbrezza alcolica o di alterazione psicofisica conseguente all'assunzione di sostanze stupefacenti o psicotrope ai sensi rispettivamente degli articoli 186, comma 2, lettera c), e 187 del decreto legislativo 30 aprile 1992, n. 285, cagioni per colpa a taluno una lesione personale, è punito con la reclusione da tre a cinque anni per le lesioni gravi e da quattro a sette anni per le lesioni gravissime.
Le pene di cui al comma precedente si applicano altresì al conducente di un veicolo a motore di cui all'articolo 186-bis, comma 1, lettere b), c) e d), del decreto legislativo 30 aprile 1992, n. 285, il quale, in stato di ebbrezza alcolica ai sensi dell'articolo 186, comma 2, lettera b), del medesimo decreto legislativo n. 285 del 1992, cagioni per colpa a taluno lesioni personali gravi o gravissime.
Salvo quanto previsto dal terzo comma, chiunque, ponendosi alla guida di un veicolo a motore in stato di ebbrezza alcolica ai sensi dell'articolo 186, comma 2, lettera b), del decreto legislativo 30 aprile 1992, n. 285, cagioni per colpa a taluno lesioni personali, è punito con la reclusione da un anno e sei mesi a tre anni per le lesioni gravi e da due a quattro anni per le lesioni gravissime.
Le pene di cui al comma precedente si applicano altresì:
1) al conducente di un veicolo a motore che, procedendo in un centro urbano ad una velocità pari o superiore al doppio di quella consentita e comunque non inferiore a 70 km/h, ovvero su strade extraurbane ad una velocità superiore di almeno 50 km/h rispetto a quella massima consentita, cagioni per colpa a taluno lesioni personali gravi o gravissime;
2) al conducente di un veicolo a motore che, attraversando un'intersezione con il semaforo disposto al rosso ovvero circolando contromano, cagioni per colpa a taluno lesioni personali gravi o gravissime;
3) al conducente di un veicolo a motore che, a seguito di manovra di inversione del senso di marcia in prossimità o in corrispondenza di intersezioni, curve o dossi o a seguito di sorpasso di un altro mezzo in corrispondenza di un attraversamento pedonale o di linea continua, cagioni per colpa a taluno lesioni personali gravi o gravissime.
Nelle ipotesi di cui ai commi precedenti la pena è aumentata se il fatto è commesso da persona non munita di patente di guida o con patente sospesa o revocata, ovvero nel caso in cui il veicolo a motore sia di proprietà dell'autore del fatto e tale veicolo sia sprovvisto di assicurazione obbligatoria.
Nelle ipotesi di cui ai commi precedenti, qualora l'evento non sia esclusiva conseguenza dell'azione o dell'omissione del colpevole, la pena è diminuita fino alla metà.
Nelle ipotesi di cui ai commi precedenti, qualora il conducente cagioni lesioni a più persone, si applica la pena che dovrebbe infliggersi per la più grave delle violazioni commesse aumentata fino al triplo, ma la pena non può superare gli anni sette.».

590 ter. Fuga del conducente in caso di lesioni personali stradali e nautiche [(1) (2)].

Nel caso di cui all'articolo 590-*bis*, se il conducente si dà alla fuga, la pena è aumentata da un terzo a due terzi e comunque non può essere inferiore a tre anni [590-*quater*].

Evoluzione normativa:

(1) Articolo introdotto dall'art. 1, co. 2, l. 23.3.2016, n. 41, che ha sostituito l'originario art. 590 bis con gli attuali artt. da 590 bis a 590 quinquies, a decorrere dal 25.3.2016.

(2) Rubrica così modificata dall'art. 1, co. 4, l. 26.9.2023, n. 138, a decorrere dal 25.10.2023.
Il testo antecedente alla modifica disposta con l. n. 138/2023 così recava: «*Fuga del conducente in caso di lesioni personali stradali*».

Norme connesse:

A. Art. 189 d.lgs. 30.4.1992, n. 285 (in *Normativa complementare*, voce *Circolazione stradale e ferroviaria*).

590 quater. Computo delle circostanze [(1)].

Quando ricorrono le circostanze aggravanti di cui agli articoli 589-*bis*, secondo, terzo, quarto, quinto e sesto comma, 589-*ter*, 590-*bis*, secondo, terzo, quarto, quinto e sesto comma, e 590-*ter*, le concorrenti circostanze attenuanti, diverse da quelle previste dagli articoli 98 e 114, non possono essere ritenute equivalenti o prevalenti rispetto a queste e le diminuzioni si operano sulla quantità di pena determinata ai sensi delle predette circostanze aggravanti.

Evoluzione normativa:

(1) Articolo introdotto dall'art. 1, co. 2, l. 23.3.2016, n. 41, che ha sostituito l'originario art. 590 bis con gli attuali artt. da 590 bis a 590 quinquies, a decorrere dal 25.3.2016.

590 quinquies. Definizione di strade urbane e extraurbane [1].

Ai fini degli articoli 589-*bis* e 590-*bis* si intendono per strade extraurbane le strade di cui alle lettere A, B e C del comma 2 dell'articolo 2 del decreto legislativo 30 aprile 1992, n. 285, e per strade di un centro urbano le strade di cui alle lettere D, E, F e F-*bis* del medesimo comma 2.

Evoluzione normativa:

(1) Articolo introdotto dall'art. 1, co. 2, l. 23.3.2016, n. 41, che ha sostituito l'originario art. 590 bis con gli attuali artt. da 590 bis a 590 quinquies, a decorrere dal 25.3.2016.

590 sexies. Responsabilità colposa per morte o lesioni personali in ambito sanitario [1].

Se i fatti di cui agli articoli 589 e 590 sono commessi nell'esercizio della professione sanitaria, si applicano le pene ivi previste salvo quanto disposto dal secondo comma.

Qualora l'evento si sia verificato a causa di imperizia, la punibilità è esclusa quando sono rispettate le raccomandazioni previste dalle linee guida come definite e pubblicate ai sensi di legge ovvero, in mancanza di queste, le buone pratiche clinico-assistenziali, sempre che le raccomandazioni previste dalle predette linee guida risultino adeguate alle specificità del caso concreto.

Evoluzione normativa:

(1) Articolo introdotto dall'art. 6, co. 1, l. 8.3.2017, n. 24, a decorrere dal 1.4.2017.

Norme connesse:

A. Artt. 3, 3 bis, d.l. 1.4.2021, n. 44 (in *Normativa complementare*, voce *COVID-19*).

591. Abbandono di persone minori o incapaci.

Chiunque abbandona una persona minore degli anni quattordici, ovvero una persona incapace, per malattia di mente o di corpo, per vecchiaia, o per altra causa, di provvedere a se stessa, e della quale abbia la custodia o debba avere cura, è punito con la reclusione da sei mesi a cinque anni.

Alla stessa pena soggiace chi abbandona all'estero un cittadino italiano minore degli anni diciotto, a lui affidato nel territorio dello Stato [4] per ragioni di lavoro.

La pena è della reclusione da uno a sei anni se dal fatto deriva una lesione personale [582], ed è da tre a otto anni se ne deriva la morte.

Le pene sono aumentate se il fatto è commesso dal genitore, dal figlio, dal tutore [c.c. 346] o dal coniuge, ovvero dall'adottante o dall'adottato.

Norme connesse:

A. Art. 36, co. 1, l. 5.2.1992, n. 104, *sub* art. 527 c.p.

592. Abbandono di un neonato per causa di onore [1].

[Chiunque abbandona un neonato subito dopo la nascita, per salvare l'onore proprio o di un prossimo congiunto, è punito con la reclusione da tre mesi ad un anno.

La pena è della reclusione da sei mesi a due anni se dal fatto deriva una lesione personale [582], ed è da due a cinque anni se ne deriva la morte del neonato.

Non si applicano le aggravanti stabilite nell'articolo 61.]

Evoluzione normativa:

(1) Articolo abrogato dall'art. 1, l. 5.8.1981, n. 442.

593. Omissione di soccorso.

Chiunque, trovando abbandonato o smarrito un fanciullo minore degli anni dieci, o un'altra persona incapace di provvedere a se stessa, per malattia di mente o di corpo, per vecchiaia o per altra causa, omette di darne immediato avviso all'autorità è punito con la reclusione fino a un anno o con la multa fino a 2.500 euro [1].

Alla stessa pena soggiace chi, trovando un corpo umano che sia o sembri inanimato, ovvero una persona ferita o altrimenti in pericolo, omette di prestare l'assistenza occorrente o di darne immediato avviso all'autorità.

Se da siffatta condotta del colpevole deriva una lesione personale [582, 583], la pena è aumentata; se ne deriva la morte, la pena è raddoppiata.

Evoluzione normativa:

(1) Comma così modificato dall'art. 1, l. 9.4.2003, n. 72. Il testo previgente così disponeva: «*Chiunque, trovando abbandonato o smarrito un fanciullo minore degli anni dieci, o un'altra persona incapace di provvedere a se stessa, per malattia di mente o di corpo, per vecchiaia o per altra causa, omette di darne immediato avviso all'autorità è punito con la reclusione fino a tre mesi o con la multa fino a euro 309*». L'importo della multa risultava così aumentato ai sensi dell'art. 113, l. 24.11.1981, n. 689.

Norme connesse:

A. Art. 36, co. 1, l. 5.2.1992, n. 104, *sub* art. 527 c.p.

B. Art. 189, d.lgs. 30.4.1992, n. 285 (in *Normativa complementare*, voce *Circolazione stradale e ferroviaria*).

Capo I-bis [1]
Dei delitti contro la maternità

(1) Il Capo I bis, comprendente gli artt. 593 bis e 593 ter, è stato introdotto dall'art. 2, co. 1, lett. e), d.lgs. 1.3.2018, n. 21, a decorrere dal 6.4.2018.

593 bis. Interruzione colposa di gravidanza [1].

Chiunque cagiona a una donna per colpa [42², 43] l'interruzione della gravidanza è punito con la reclusione da tre mesi a due anni.

Chiunque cagiona a una donna per colpa [42², 43] un parto prematuro è punito con la pena prevista dal primo comma, diminuita fino alla metà.

Nei casi previsti dal primo e dal secondo comma, se il fatto è commesso con la violazione delle norme poste a tutela del lavoro la pena è aumentata.

Evoluzione normativa:

(1) Articolo introdotto dall'art. 2, co. 1, lett. e), d.lgs. 1.3.2018, n. 21.

593 ter. Interruzione di gravidanza non consensuale [1].

Chiunque cagiona l'interruzione della gravidanza senza il consenso della donna è punito con la reclusione da quattro a otto anni. Si considera come non prestato il consenso estorto con violenza o minaccia ovvero carpito con l'inganno.

La stessa pena si applica a chiunque provochi l'interruzione della gravidanza con azioni dirette a provocare lesioni alla donna.

Detta pena è diminuita fino alla metà se da tali lesioni deriva l'acceleramento del parto.

Se dai fatti previsti dal primo e dal secondo comma deriva la morte della donna [584] si applica la reclusione da otto a sedici anni; se ne deriva una lesione personale gravissima [583²] si applica la reclusione da sei a dodici anni; se la lesione personale è grave [583¹] quest'ultima pena è diminuita.

Le pene stabilite dai commi precedenti sono aumentate se la donna è minore degli anni diciotto.

Evoluzione normativa:

(1) Articolo introdotto dall'art. 2, co. 1, lett. e), d.lgs. 1.3.2018, n. 21.

Capo II
Dei delitti contro l'onore

594. Ingiuria [1].

[Chiunque offende l'onore o il decoro di una persona [278, 297, 298, 341, 342, 343] presente è punito [598] con la reclusione fino a sei mesi o con la multa fino a euro 516.

Alla stessa pena soggiace chi commette il fatto mediante comunicazione telegrafica o telefonica, o con scritti o disegni, diretti alla persona offesa.

La pena è della reclusione fino a un anno o della multa fino a euro 1.032 se l'offesa consiste nell'attribuzione di un fatto determinato.

Le pene sono aumentate [64] qualora l'offesa sia commessa in presenza di più persone.]

Riferimenti storici:

Art. 395 Codice Zanardelli: «*Chiunque, comunicando con più persone riunite o anche separate, offende in qualsiasi modo l'onore, la riputazione o il decoro di una persona, è punito con la detenzione sino a quindici giorni o con la multa sino a lire trecento.*
Se il fatto sia commesso alla presenza dell'offeso, ancorché solo, o con scritto a lui diretto, ovvero se sia commesso pubblicamente, la pena è della detenzione sino ad un mese o della multa sino a lire cinquecento; e, se con la presenza dell'offeso concorra la pubblicità, la pena è della detenzione sino a due mesi o della multa sino a lire mille.
Se il fatto sia commesso con alcuno dei mezzi indicati nel capoverso dell'articolo 393, la pena è della detenzione da uno a sei mesi o della multa da lire trecento a tremila».

Evoluzione normativa:

(1) Articolo abrogato dall'art. 1, co. 1, lett. c), d.lgs. 15.1.2016, n. 7, a decorrere dal 6.2.2016. L'art. 4, co. 1, lett. a), 2, 3 e 4, lett. f), dello stesso d.lgs. n. 7/2016 prevede che per le stesse condotte si applichi la sanzione pecuniaria civile da euro cento a euro ottomila. Il co. 2 dello stesso art. 4 prevede se le offese sono reciproche, il giudice può non applicare la sanzione pecuniaria civile ad uno o ad entrambi gli offensori. Il co. 3 prevede che non è sanzionabile chi ha commesso il fatto previsto nello stato d'ira determinato da un fatto ingiusto altrui, e subito dopo di esso. Le disposizioni previste dai co. 2 e 3 si applicano anche nel caso in cui l'offesa consista nell'attribuzione di un fatto determinato o sia commessa in presenza di più persone.

595. Diffamazione.

Chiunque, fuori dei casi indicati nell'articolo precedente, comunicando con più persone, offende l'altrui reputazione, è punito [598] con la reclusione fino a un anno o con la multa fino a euro 1.032 [1].

Se l'offesa consiste nell'attribuzione di un fatto determinato, la pena è della reclusione fino a due anni, ovvero della multa fino a euro 2.065 [1].

Se l'offesa è recata col mezzo della stampa [57, 596-bis] o con qualsiasi altro mezzo di pubblicità, ovvero in atto pubblico [c.c. 2699], la pena è della reclusione da sei mesi a tre anni o della multa non inferiore a euro 516 [2].

Se l'offesa è recata a un Corpo politico, amministrativo o giudiziario, o ad una sua rappresentanza o ad una autorità costituita in collegio [342], le pene sono aumentate [64].

Evoluzione normativa:

(1) La multa è stata così aumentata dall'art. 113, l. 24.11.1981, n. 689. Al reato previsto in questo comma si applica, ora, la pena pecuniaria della multa da euro 258 a euro 2.582 o la pena della permanenza domiciliare da sei giorni a trenta giorni ovvero la pena del lavoro di pubblica utilità da dieci giorni a tre mesi, secondo quanto previsto dall'art. 52, co. 2, lett. a), d.lgs. 28.8.2000, n. 274.
(2) La multa risulta così aumentata secondo quanto disposto dall'art. 113, l. 24.11.1981, n. 689.

Norme connesse:

A. Art. 21 Cost.
B. Artt.1, 3, 5, 8, 13 e 16, l. 8.2.1947, n. 48 (in *Normativa complementare*, voce *Stampa, televisioni, telecomunicazioni*).
C. Art. 36, co. 1, l. 5.2.1992, n. 104, *sub* art. 527 c.p.

596. Esclusione della prova liberatoria.

Il colpevole del delitto previsto dall'articolo precedente non è ammesso a provare, a sua discolpa, la verità o la notorietà del fatto attribuito alla persona offesa [1].

Tuttavia, quando l'offesa consiste nell'attribuzione di un fatto determinato, la persona offesa e l'offensore possono, d'accordo, prima che sia pronunciata sentenza irrevocabile [c.p.p. 648], deferire ad un giurì d'onore il giudizio sulla verità del fatto medesimo.

Quando l'offesa consiste nell'attribuzione di un fatto determinato, la prova della verità del fatto medesimo è però sempre ammessa nel procedimento penale:

1. se la persona offesa è un pubblico ufficiale [357] ed il fatto ad esso attribuito si riferisce all'esercizio delle sue funzioni;
2. se per il fatto attribuito alla persona offesa è tuttora aperto o si inizia contro di essa un procedimento penale;
3. se il querelante domanda formalmente che il giudizio si estenda ad accertare la verità o la falsità del fatto ad esso attribuito [2].

Se la verità del fatto è provata o se per esso la persona, a cui il fatto è attribuito, è per esso [3] condannata dopo l'attribuzione del fatto medesimo, l'autore dell'imputazione non è punibile, salvo che i modi usati non rendano per se stessi applicabile la disposizione dell'articolo 595, primo comma [596-*bis*] [4].

Evoluzione normativa:

(1) Comma così modificato dall'art. 2, co. 1, lett. g), n. 1), d.lgs. 15.1.2016, n. 7, a decorrere dal 6.2.2016. Il testo previgente così disponeva: «*Il colpevole dei delitti preveduti dai due articoli precedenti non è ammesso a provare, a sua discolpa, la verità o la notorietà del fatto attribuito alla persona offesa*».
(2) Comma introdotto dall'art. 5, d.lgs.lgt. 14.9.1944, n. 288 di riforma della legislazione penale.

(3) La ripetizione delle parole «*per esso*» si trova nel testo ufficiale.
(4) Comma introdotto dall'art. 5, d.lgs.lgt. 14.9.1944, n. 288 e, poi, così modificato dall'art. 2, co. 1, lett. g), n. 2), d.lgs. 15.1.2016, n. 7, a decorrere dal 6.2.2016. Il testo previgente così disponeva: «*Se la verità del fatto è provata o se per esso la persona, a cui il fatto è attribuito, è per esso condannata dopo l'attribuzione del fatto medesimo, l'autore dell'imputazione non è punibile, salvo che i modi usati non rendano per se stessi applicabili le disposizioni dell'art. 594, comma 1, ovvero dell'articolo 595, comma 1*».

596 bis. Diffamazione col mezzo della stampa [1].

Se il delitto di diffamazione è commesso col mezzo della stampa le disposizioni dell'articolo precedente si applicano anche al direttore o vice-direttore responsabile, all'editore e allo stampatore, per i reati preveduti negli articoli 57, 57-*bis* e 58.

Evoluzione normativa:
(1) Articolo introdotto dall'art. 4, l. 4.3.1958, n. 127.

Norme connesse:
A. Art. 36, co. 1, l. 5.2.1992, n. 104, *sub* art. 527 c.p.
B. Artt. 3 e 13, l. 8.2.1948, n. 47 (in *Normativa complementare*, voce *Stampa, televisione, telecomunicazioni*).

597. Querela della persona offesa ed estinzione del reato.

Il delitto previsto dall'articolo 595 è punibile a querela della persona offesa [120; c.p.p. 336] [1].

Se la persona offesa e l'offensore hanno esercitato la facoltà indicata nel capoverso dell'articolo precedente [2], la querela si considera tacitamente rinunciata o rimessa.

Se la persona offesa muore prima che sia decorso il termine per proporre la querela, o se si tratta di offesa alla memoria di un defunto, possono proporre querela i prossimi congiunti [307], l'adottante e l'adottato [c.c. 291]. In tali casi, e altresì in quello in cui la persona offesa muoia dopo avere proposta la querela, la facoltà indicata nel capoverso dell'articolo precedente spetta ai prossimi congiunti, all'adottante e all'adottato.

Evoluzione normativa:
(1) Comma così modificato dall'art. 2, co. 1, lett. h), d.lgs. 15.1.2016, n. 7, a decorrere dal 6.2.2016. Il testo previgente così disponeva: «*I delitti preveduti dagli articoli 594 e 595 sono punibili a querela della persona offesa*».
(2) Il riferimento deve attualmente intendersi all'art. 596.

Norme connesse:
A. Art. 36, co. 1, l. 5.2.1992, n. 104, *sub* art. 527 c.p.

598. Offese in scritti e discorsi pronunciati dinanzi alle autorità giudiziarie o amministrative.

Non sono punibili le offese contenute negli scritti presentati o nei discorsi pronunciati dalle parti o dai loro patrocinatori nei procedimenti dinanzi all'autorità giudiziaria, ovvero dinanzi a un'autorità amministrativa, quando le offese concernono l'oggetto della causa o del ricorso amministrativo.

Il giudice, pronunciando nella causa, può, oltre ai provvedimenti disciplinari, ordinare la soppressione o la cancellazione, in tutto o in parte, delle scritture offensive, e assegnare alla persona offesa una somma a titolo di risarcimento del danno non patrimoniale. Qualora si tratti di scritture per le quali la soppressione o cancellazione non possa eseguirsi, è fatta sulle medesime annotazioni della sentenza.

Norme connesse:
A. Art. 2, d.lgs. 31.5.1946, n. 561 (in *Normativa complementare*, voce *Stampa, televisione, telecomunicazioni*).

599. Provocazione [1].

[Nei casi preveduti dall'articolo 594, se le offese sono reciproche, il giudice può dichiarare non punibili uno o entrambi gli offensori [2].]

Non è punibile chi ha commesso alcuno dei fatti preveduti dall'articolo 595 nello stato d'ira determinato da un fatto ingiusto altrui [62, n. 2], e subito dopo di esso [3].

[La disposizione della prima parte di questo articolo si applica anche all'offensore che non abbia proposto querela per le offese ricevute [4].]

Evoluzione normativa:
(1) Rubrica così sostituita dall'art. 2, co. 1, lett. i), n. 1), d.lgs. 15.1.2016, n. 7, a decorrere dal 6.2.2016. Il testo previgente così disponeva: «*Ritorsione e provocazione*».
(2) Comma abrogato dall'art. 2, co. 1, lett. i), n. 2), d.lgs. 15.1.2016, n. 7, a decorrere dal 6.2.2016.
(3) Comma così modificato dall'art. 2, co. 1, lett. i), n. 3), d.lgs. 15.1.2016, n. 7, a decorrere dal 6.2.2016. Il testo previgente così disponeva: «*Non è punibile chi ha commesso alcuno dei fatti preveduti dagli articoli 594 e 595 nello stato d'ira determinato da un fatto ingiusto altrui, e subito dopo di esso*».
(4) Comma abrogato dall'art. 2, co. 1, lett. i), n. 2), d.lgs. 15.1.2016, n. 7, a decorrere dal 6.22016.

Capo III
Dei delitti contro la libertà individuale

Sezione I
Dei delitti contro la personalità individuale

600. Riduzione o mantenimento in schiavitù o in servitù [1].

Chiunque esercita su una persona poteri corrispondenti a quelli del diritto di proprietà ovvero chiunque riduce o mantiene una persona in uno stato di soggezione continuativa, costringendola a prestazioni lavorative o sessuali ovvero all'accattonaggio o comunque al compimento di attività illecite che ne comportino lo sfruttamento ovvero a sottoporsi al prelievo di organi, è punito con la reclusione da otto a venti anni [2].

La riduzione o il mantenimento nello stato di soggezione ha luogo quando la condotta è attuata mediante violenza, minaccia, inganno, abuso di autorità o approfittamento di una situazione di vulnerabilità, di inferiorità fisica o psichica o di una situazione di necessità, o mediante la promessa o la dazione di somme di denaro o di altri vantaggi a chi ha autorità sulla persona [3].

[La pena è aumentata da un terzo alla metà se i fatti di cui al primo comma sono commessi in danno di minore degli anni diciotto o sono diretti allo sfruttamento della prostituzione o al fine di sottoporre la persona offesa al prelievo di organi [600-*sexies*, 602-*bis*, 603-*ter*] [4].

Riferimenti storici:
Art. 145 Codice Zanardelli: «*Chiunque riduce una persona in schiavitù o in altra condizione analoga è punito con la reclusione da dodici a venti anni*».

Evoluzione normativa:

(1) Articolo così sostituito dall'art. 1, l. 11.8.2003, n. 228. Il testo previgente così disponeva: «*600. Riduzione in schiavitù. Chiunque riduce una persona in schiavitù o in una condizione analoga alla schiavitù, è punito con la reclusione da cinque a quindici anni*».

(2) Comma così modificato dall'art. 2, co. 1, lett. a), n. 1), d.lgs. 4.3.2014, n. 24. Il testo previgente così disponeva: «*Chiunque esercita su una persona poteri corrispondenti a quelli del diritto di proprietà ovvero chiunque riduce o mantiene una persona in uno stato di soggezione continuativa, costringendola a prestazioni lavorative o sessuali ovvero all'accattonaggio o comunque a prestazioni che ne comportino lo sfruttamento, è punito con la reclusione da otto a venti anni*».

(3) Comma così modificato dall'art. 2, co. 1, lett. a), n. 2), d.lgs. 4.3.2014, n. 24. Il testo previgente così disponeva: «*La riduzione o il mantenimento nello stato di soggezione ha luogo quando la condotta è attuata mediante violenza, minaccia, inganno, abuso di autorità o approfittamento di una situazione di inferiorità fisica o psichica o di una situazione di necessità, o mediante la promessa o la dazione di somme di denaro o di altri vantaggi a chi ha autorità sulla persona*».

(4) Comma abrogato dall'art. 3, co. 1, lett. a), l. 2.7.2010, n. 108.

Norme connesse:

A. Art. 4 CEDU.

B. Art. 71, co. 1, d.lgs. 6.9.2011, n. 159 (in *Normativa complementare*, voce *Criminalità organizzata e transnazionale, Misure patrimoniali*).

C. Art. 25 quinquies, d.lgs. 8.6.2001, n. 231 (in *Normativa complementare*, voce *Economia (diritto penale della), Enti*).

600 bis. Prostituzione minorile [1].

È punito con la reclusione da sei a dodici anni e con la multa da euro 15.000 a euro 150.000 chiunque:

1) recluta o induce alla prostituzione una persona di età inferiore agli anni diciotto;

2) favorisce, sfrutta, gestisce, organizza o controlla la prostituzione di una persona di età inferiore agli anni diciotto, ovvero altrimenti ne trae profitto [2].

Salvo che il fatto costituisca più grave reato, chiunque compie atti sessuali con un minore di età compresa tra i quattordici e i diciotto anni, in cambio di un corrispettivo in denaro o altra utilità, anche solo promessi, è punito con la reclusione da uno a sei anni e con la multa da euro 1.500 a euro 6.000 [157[6], 414-bis, 416[7], 576[1] n. 5, 604, 609-decies].

Evoluzione normativa:

(1) Articolo introdotto dall'art. 2, l. 3.8.1998, n. 269, modificato dall'art. 1, l. 6.2.2006, n. 38 e così sostituito dall'art. 4, co. 1, lett. g), l. 1.10.2012, n. 172. Il testo previgente così disponeva: «*Chiunque induce alla prostituzione una persona di età inferiore agli anni diciotto ovvero ne favorisce o sfrutta la prostituzione è punito con la reclusione da sei a dodici anni e con la multa da euro 15.493 a euro 154.937. Salvo che il fatto costituisca più grave reato, chiunque compie atti sessuali con un minore di età compresa tra i quattordici e i diciotto anni, in cambio di denaro o di altra utilità economica, è punito con la reclusione da sei mesi a tre anni e con la multa non inferiore a euro 5.164. Nel caso in cui il fatto di cui al secondo comma sia commesso nei confronti di persona che non abbia compiuto gli anni sedici, si applica la pena della reclusione da due a cinque anni. Se l'autore del fatto di cui al secondo comma è persona minore di anni diciotto si applica la pena della reclusione o della multa, ridotta da un terzo a due terzi*». Il testo antecedente alla modifica del 2006 così disponeva: «*Chiunque induce alla prostituzione una persona di età inferiore agli anni diciotto ovvero ne favorisce o sfrutta la prostituzione è punito con la reclusione da sei a dodici anni e con la multa da euro 15.493 a euro 154.937. Salvo che il fatto costituisca più grave reato, chiunque compie atti sessuali con un minore di età compresa fra i quattordici ed i sedici anni, in cambio di denaro o di altra utilità economica, è punito con la reclusione da sei mesi a tre anni o con la multa non inferiore a euro 5.164. La pena è ridotta di un terzo se colui che commette il fatto è persona minore degli anni diciotto*».

Norme connesse:

A. Artt. 240-bis, 576[1], n. 2, 600-septies, 600-septies.1, 602-ter, 602-quater, 604, 609-decies.

B. Art. 25 quinquies, d.lgs. 8.6.2001, n. 231 (in *Normativa complementare*, voce *Economia (diritto penale della), Enti*).

600 ter. Pornografia minorile [1].

È punito con la reclusione da sei a dodici anni e con la multa da euro 24.000 a euro 240.000 chiunque:

1) utilizzando minori di anni diciotto, realizza esibizioni o spettacoli pornografici ovvero produce materiale pornografico [2];

2) recluta o induce minori di anni diciotto a partecipare a esibizioni o spettacoli pornografici ovvero dai suddetti spettacoli trae altrimenti profitto [3].

Alla stessa pena soggiace chi fa commercio del materiale pornografico di cui al primo comma.

Chiunque, al di fuori delle ipotesi di cui al primo e al secondo comma, con qualsiasi mezzo, anche per via telematica, distribuisce, divulga, diffonde o pubblicizza il materiale pornografico di cui al primo comma, ovvero distribuisce o divulga notizie o informazioni finalizzate all'adescamento o allo sfruttamento sessuale di minori degli anni diciotto, è punito con la reclusione da uno a cinque anni e con la multa da euro 2.582 a euro 51.645 [4].

Chiunque, al di fuori delle ipotesi di cui ai commi primo, secondo e terzo, offre o cede ad altri, anche a titolo gratuito, il materiale pornografico di cui al primo comma, è punito con la reclusione fino a tre anni e con la multa da euro 1.549 a euro 5.164 [5].

Nei casi previsti dal terzo e dal quarto comma la pena è aumentata in misura non eccedente i due terzi ove il materiale sia di ingente quantità [600-*sexies*] [6].

Salvo che il fatto costituisca più grave reato, chiunque assiste a esibizioni o spettacoli pornografici in cui siano coinvolti minori di anni diciotto è punito con la reclusione fino a tre anni e con la multa da euro 1.500 a euro 6.000 [157[6], 414-bis, 416[7]] [7].

Ai fini di cui al presente articolo per pornografia minorile si intende ogni rappresentazione, con qualunque mezzo, di un minore degli anni diciotto coinvolto in attività sessuali esplicite, reali o simulate, o qualunque rappresentazione degli organi sessuali di un minore di anni diciotto per scopi sessuali [7].

Evoluzione normativa:

(1) Articolo introdotto dall'art. 3, l. 3.8.1998, n. 269.

(2) La Corte costituzionale, con sent. 16.4.2024, n. 91, ha dichiarato l'illegittimità costituzionale di questo numero, nella parte in cui non prevede, per il reato di produzione di materiale pornografico mediante l'utilizzazione di minori di anni diciotto, che nei casi di minore gravità la pena da esso comminata è diminuita in misura non eccedente i due terzi.

(3) Comma così sostituito prima dall'art. 2, l. 6.2.2006, n. 38 e poi dall'art. 4, co. 1, lett. h), n. 1), l. 1.10.2012, n. 172. Il testo antecedente alla sostituzione disposta del 2012 così disponeva: «*Chiunque, utilizzando minori degli anni diciotto, realizza esibizioni pornografiche o produce materiale pornografico ovvero induce minori di anni diciotto a partecipare ad esibizioni pornografiche è punito con la reclusione da sei a dodici anni e con la multa da euro 25.822 a euro 258.228*». Il testo antecedente alla sostituzione disposta con l. n. 38/2006 così disponeva: «*Chiunque sfrutta minori degli anni diciotto al fine di realizzare esibizioni pornografiche o di produrre materiale pornografico è punito con la reclusione da sei a dodici anni e con la multa da euro 25.822 a euro 258.228*».

(4) Comma così modificato dall'art. 2, l. 6.2.2006, n. 38. Il testo previgente così disponeva: «*Chiunque, al di fuori delle ipotesi di cui al primo e al secondo comma, con qualsiasi mezzo, anche per via telematica, distribuisce, divulga o pubblicizza il materiale pornografico di cui al primo comma, ovvero distribuisce o divulga notizie o informazioni finalizzate all'adescamento o allo sfruttamento sessuale di minori degli anni diciotto, è punito con la reclusione da uno a cinque anni e con la multa da euro 25.822 a euro 258.228*».

(5) Comma così sostituito dall'art. 2, l. 6.2.2006, n. 38. Il testo previgente così disponeva: «*Chiunque, al di fuori delle ipotesi di cui ai commi primo, secondo e terzo, consapevolmente cede ad altri, anche a titolo gratuito, materiale pornografico prodotto mediante lo sfruttamento sessuale dei minori degli anni diciotto, è punito con la reclusione fino a tre anni o con la multa da euro 1.549 a euro 5.164*».

(6) Comma introdotto dall'art. 2, l. 6.2.2006, n. 38.

(7) Comma introdotto dall'art. 4, co. 1, lett. h), n. 2), l. 1.10.2012, n. 172 (*Ratifica ed esecuzione della Convenzione del Consiglio d'Europa per la protezione dei minori contro lo sfruttamento e l'abuso sessuale, fatta a Lanzarote il 25 ottobre 2007, nonché norme di adeguamento dell'ordinamento interno*).

Norme connesse:

A. Art. 36, co. 1, l. 5.2.1992, n. 104, *sub* art. 527 c.p.
B. Artt. 240-bis, 576[1], n. 2, 600-septies, 600-septies.1, 602-ter, 602-quater, 604, 609-decies.
C. Art. 25 quinquies, d.lgs. 8.6.2001, n. 231 (in *Normativa complementare*, voce *Economia (diritto penale della), Enti*).

600 quater. Detenzione o accesso a materiale pornografico [(1)] [(2)].

Chiunque, al di fuori delle ipotesi previste dall'articolo 600-*ter*, consapevolmente si procura o detiene materiale pornografico realizzato utilizzando minori degli anni diciotto, è punito con la reclusione fino a tre anni e con la multa non inferiore a euro 1.549 [157[6], 414-bis, 416[7]].

La pena è aumentata in misura non eccedente i due terzi ove il materiale detenuto sia di ingente quantità [190-bis, 351[1ter], 362[1bis], 392[1bis], 444[1bis] c.p.p.].

Fuori dei casi di cui al primo comma, chiunque, mediante l'utilizzo della rete internet o di altre reti o mezzi di comunicazione, accede intenzionalmente e senza giustificato motivo a materiale pornografico realizzato utilizzando minori degli anni diciotto è punito con la reclusione fino a due anni e con la multa non inferiore a euro 1.000 [(3)].

Evoluzione normativa:

(1) Articolo introdotto dall'art. 4, l. 3.8.1998, n. 269 e poi così sostituito dall'art. 3, l. 6.2.2006, n. 38.
(2) Rubrica così sostituita dall'art. 20, co. 1, lett. a), n. 2), l. 23.12.2021, n. 238, a decorrere dal 1.2.2022. Il testo previgente così disponeva: «*Detenzione di materiale pornografico*».
(3) Comma introdotto dall'art. 20, co. 1, lett. a), n. 1), l. 23.12.2021, n. 238, a decorrere dal 1.2.2022.

Norme connesse:

A. Art. 36, co. 1, l. 5.2.1992, n. 104, *sub* art. 527 c.p.
B. Art. 25 quinquies, d.lgs. 8.6.2001, n. 231 (in *Normativa complementare*, voce *Economia (diritto penale della), Enti*).

600 quater.1. Pornografia virtuale [(1)].

Le disposizioni di cui agli articoli 600-*ter* e 600-*quater* si applicano anche quando il materiale pornografico rappresenta immagini virtuali realizzate utilizzando immagini di minori degli anni diciotto o parti di esse, ma la pena è diminuita di un terzo.

Per immagini virtuali si intendono immagini realizzate con tecniche di elaborazione grafica non associate in tutto o in parte a situazioni reali, la cui qualità di rappresentazione fa apparire come vere situazioni non reali.

Evoluzione normativa:

(1) Articolo introdotto dall'art. 4, l. 6.2.2006, n. 38.

Norme connesse:

A. Art. 36, co. 1, l. 5.2.1992, n. 104, *sub* art. 527 c.p.
B. Art. 25 quinquies, d.lgs. 8.6.2001, n. 231 (in *Normativa complementare*, voce *Economia (diritto penale della), Enti*).
C. Artt. 240-bis, 576[1], n. 2, 600-septies, 600-septies.1, 602-ter, 602-quater, 604, 609-decies.

600 quinquies. Iniziative turistiche volte allo sfruttamento della prostituzione minorile [(1)].

Chiunque organizza o propaganda viaggi finalizzati alla fruizione di attività di prostituzione a danno di minori o comunque comprendenti tale attività è punito con la reclusione da sei a dodici anni e con la multa da euro 15.493 a euro 154.937 [600-*sexies*].

Evoluzione normativa:

(1) Articolo introdotto dall'art. 5, l. 3.8.1998, n. 269.

Norme connesse:

A. Art. 36, co. 1, l. 5.2.1992, n. 104, *sub* art. 527 c.p.
B. Artt. 240-bis, 576[1], n. 2, 600-septies, 600-septies.1, 602-ter, 602-quater, 604, 609-decies.
C. Art. 25 quinquies, d.lgs. 8.6.2001, n. 231 (in *Normativa complementare*, voce *Economia (diritto penale della), Enti*).

600 sexies. Circostanze aggravanti ed attenuanti [(1)].

[Nei casi previsti dagli articoli 600-*bis*, primo comma, 600-*ter*, primo comma, e 600-*quinquies*, nonché dagli articoli 600, 601 e 602, la pena è aumentata da un terzo alla metà se il fatto è commesso in danno di minore degli anni quattordici.

Nei casi previsti dagli articoli 600-*bis*, primo comma, e 600-*ter*, nonché dagli articoli 600, 601 e 602, se il fatto è commesso in danno di minore, la pena è aumentata dalla metà ai due terzi se il fatto è commesso da un ascendente, dal genitore adottivo, o dal loro coniuge o convivente, dal coniuge o da affini entro il secondo grado, da parenti fino al quarto grado collaterale, dal tutore o da persona a cui il minore è stato affidato per ragioni di cura, educazione, istruzione, vigilanza, custodia, lavoro, ovvero da pubblici ufficiali o incaricati di pubblico servizio nell'esercizio delle loro funzioni ovvero se è commesso in danno di minore in stato di infermità o minoranza psichica, naturale o provocata.

Nei casi previsti dagli articoli 600-*bis*, primo comma, e 600-*ter* la pena è aumentata se il fatto è commesso con violenza o minaccia.

Nei casi previsti dagli articoli 600-*bis* e 600-*ter*, nonché dagli articoli 600, 601 e 602, la pena è ridotta da un terzo alla metà per chi si adopera concretamente in modo che il minore degli anni diciotto riacquisti la propria autonomia e libertà.

Nei casi previsti dagli articoli 600, 600-*bis*, 600-*ter*, 600-*quater*, 600-*quinquies*, 600-*sexies*, 600-*sexies*, 600-*octies*, 601, 602 e 416, sesto comma, le pene sono diminuite fino alla metà nei confronti dell'imputato che si adopera per evitare che l'attività delittuosa sia portata a conseguenze ulteriori [270-bis.1, 323-bis, 375, 384-ter, 416-bis.1, 423-bis, 452-decies, 518-septiesdecies, 600-sexies-1, 603-bis-1, 605, 630] aiutando concretamente l'autorità di polizia o l'autorità giudiziaria nella raccolta di elementi di prova decisivi per la ricostruzione dei fatti e per l'individuazione e la cattura di uno o più autori dei reati ovvero per la sottrazione di risorse rilevanti alla consumazione dei delitti.

Le circostanze attenuanti, diverse da quella prevista dall'articolo 98, concorrenti con le aggravanti di cui al primo e secondo comma, non possono essere ritenute equivalenti o prevalenti rispetto a queste e le diminuzioni di pena si operano sulla quantità della stessa risultante dall'aumento conseguente alle predette aggravanti.]

Evoluzione normativa:

(1) Articolo introdotto dall'art. 6, l. 3.8.1998, n. 269 e poi abrogato dall'art. 4, co. 1, lett. i), l. 1.10. 2012, n. 172.

600 septies. Confisca [1].

Nel caso di condanna, o di applicazione della pena su richiesta delle parti a norma dell'articolo 444 del codice di procedura penale, per i delitti previsti dalla presente sezione, nonché dagli articoli 609-*bis*, quando il fatto è commesso in danno di un minore di anni diciotto o il reato è aggravato dalle circostanze di cui all'articolo 609-*ter*, primo comma, numeri 1), 5) e 5-*bis*), 609-*quater*, 609-*quinquies*, 609-*octies*, quando il fatto è commesso in danno di un minore di anni diciotto o il reato è aggravato dalle circostanze di cui all'articolo 609-*ter*, primo comma, numeri 1), 5) e 5-*bis*), e 609-*undecies*, è sempre ordinata, salvi i diritti della persona offesa alle restituzioni e al risarcimento dei danni, la confisca dei beni che costituiscono il prodotto, il profitto o il prezzo del reato. Ove essa non sia possibile, il giudice dispone la confisca di beni di valore equivalente a quelli che costituiscono il prodotto, il profitto o il prezzo del reato e di cui il condannato abbia, anche indirettamente o per interposta persona, la disponibilità. Si applica il terzo comma dell'articolo 322-*ter*.

Evoluzione normativa:

(1) Articolo introdotto dall'art. 7, l. 3.8.1998, n. 269, sostituito dall'art. 15, l. 11.8.2003, n. 228, modificato dall'art. 5, l. 6.2.2006, n. 38 e così sostituito dall'art. 4, co. 1, lett. l), l. 1.10.2012, n. 172. Il testo antecedente alla sostituzione del 2012 così disponeva: «*Confisca e pene accessorie. Nel caso di condanna, o di applicazione della pena su richiesta delle parti, a norma dell'articolo 444 del codice di procedura penale, per i delitti previsti dalla presente sezione è sempre ordinata, salvi i diritti della persona offesa dal reato alle restituzioni ed al risarcimento dei danni, la confisca di cui all'articolo 240 e, quando non è possibile la confisca di beni che costituiscono il profitto o il prezzo del reato, la confisca di beni di cui il reo ha la disponibilità per un valore corrispondente a tale profitto. In ogni caso è disposta la chiusura degli esercizi la cui attività risulta finalizzata ai delitti previsti dalla presente sezione, nonché la revoca della licenza d'esercizio o della concessione o dell'autorizzazione per le emittenti radiotelevisive. La condanna o l'applicazione della pena su richiesta delle parti a norma dell'articolo 444 del codice di procedura penale per uno dei delitti di cui al primo comma comporta in ogni caso l'interdizione perpetua da qualunque incarico nelle scuole di ogni ordine e grado, nonché da ogni ufficio o servizio in istituzioni o strutture pubbliche o private frequentate prevalentemente da minori*». Il testo antecedente alla modifica del 2006 così disponeva: «*Confisca e pene accessorie. Nel caso di condanna, o di applicazione della pena su richiesta delle parti, a norma dell'articolo 444 del codice di procedura penale, per i delitti previsti dalla presente sezione è sempre ordinata, salvi i diritti della persona offesa dal reato alle restituzioni ed al risarcimento dei danni, la confisca di cui all'articolo 240 e, quando non è possibile la confisca di beni che costituiscono il profitto o il prezzo del reato, la confisca di beni di cui il reo ha la disponibilità per un valore corrispondente a tale profitto. In ogni caso è disposta la chiusura degli esercizi la cui attività risulta finalizzata ai delitti previsti dalla presente sezione, nonché la revoca della licenza d'esercizio o della concessione o dell'autorizzazione per le emittenti radiotelevisive*». Il testo antecedente alla sostituzione del 2003 così disponeva: «*Pene accessorie. Nel caso di condanna per i delitti previsti dagli articoli 600-*bis*, 600-*ter*, 600-*quater* e 600-*quinquies* è sempre ordinata la confisca di cui all'articolo 240 ed è disposta la chiusura degli esercizi la cui attività risulti finalizzata ai delitti previsti dai predetti articoli, nonché la revoca della licenza d'esercizio o della concessione o dell'autorizzazione per le emittenti radiotelevisive*».

600 septies.1. Circostanza attenuante [1].

La pena per i delitti di cui alla presente sezione è diminuita da un terzo fino alla metà nei confronti del concorrente che si adopera per evitare che l'attività delittuosa sia portata a conseguenze ulteriori [270-bis.1, 323-bis, 375, 384-ter, 416-bis.1, 423-bis, 452-decies, 518-septiesdecies, 600-sexies, 603-bis-1, 605, 630], ovvero aiuta concretamente l'autorità di polizia o l'autorità giudiziaria nella raccolta di prove decisive per l'individuazione o la cattura dei concorrenti.

Evoluzione normativa:

(1) Articolo introdotto dall'art. 4, co. 1, lett. m), l. 1.10.2012, n. 172 (Ratifica ed esecuzione della Convenzione del Consiglio d'Europa per la protezione dei minori contro lo sfruttamento e l'abuso sessuale, fatta a Lanzarote il 25.10.2007, nonché norme di adeguamento dell'ordinamento interno).

600 septies.2. Pene accessorie [1].

Alla condanna o all'applicazione della pena su richiesta delle parti a norma dell'articolo 444 del codice di procedura penale per i delitti previsti dalla presente sezione e per il delitto di cui all'articolo 414-*bis* del presente codice conseguono:

1) la perdita della responsabilità genitoriale [34], quando la qualità di genitore è prevista quale circostanza aggravante del reato [2];
2) l'interdizione perpetua da qualsiasi ufficio attinente alla tutela, alla curatela o all'amministrazione di sostegno;
3) la perdita del diritto agli alimenti e l'esclusione dalla successione della persona offesa;
4) l'interdizione temporanea dai pubblici uffici; l'inter-

dizione dai pubblici uffici [28] per la durata di anni cinque in seguito alla condanna alla reclusione da tre a cinque anni, ferma restando, comunque, l'applicazione dell'articolo 29, primo comma, quanto all'interdizione perpetua.

La condanna o l'applicazione della pena su richiesta delle parti a norma dell'articolo 444 del codice di procedura penale per uno dei delitti previsti dalla presente sezione e per il delitto di cui all'articolo 414-*bis* del presente codice, quando commessi in danno di minori, comporta in ogni caso l'interdizione perpetua da qualunque incarico nelle scuole di ogni ordine e grado, nonché da ogni ufficio o servizio in istituzioni o strutture pubbliche o private frequentate abitualmente da minori.

In ogni caso è disposta la chiusura degli esercizi la cui attività risulta finalizzata ai delitti previsti dalla presente sezione, nonché la revoca della licenza di esercizio o della concessione o dell'autorizzazione per le emittenti radiotelevisive.

Evoluzione normativa:

(1) Articolo introdotto dall'art. 4, co. 1, lett. m), l. 1.10.2012, n. 172 (Ratifica ed esecuzione della Convenzione del Consiglio d'Europa per la protezione dei minori contro lo sfruttamento e l'abuso sessuale, fatta a Lanzarote il 25.10.2007, nonché norme di adeguamento dell'ordinamento interno).

(2) Numero così modificato dall'art. 93, co. 1, lett. t), d.lgs. 28.12.2013, n. 154, a decorrere dal 7.2.2014. Il testo previgente così disponeva: «*1) la perdita della potestà genitoriale, quando la qualità di genitore è prevista quale circostanza aggravante del reato;*».

600 octies. Impiego di minori nell'accattonaggio. Organizzazione dell'accattonaggio [1] [2].

Salvo che il fatto costituisca più grave reato, chiunque si avvale per mendicare di una persona minore degli anni quattordici o, comunque, non imputabile, ovvero permette che tale persona, ove sottoposta alla sua autorità o affidata alla sua custodia o vigilanza, mendichi, o che altri se ne avvalga per mendicare, è punito con la reclusione fino a tre anni [157^6] .

Chiunque organizzi l'altrui accattonaggio, se ne avvalga o comunque lo favorisca a fini di profitto è punito con la reclusione da uno a tre anni (3).

Evoluzione normativa:

(1) Rubrica così sostituita dall'art. 21 quinquies, co. 1, lett. b), d.l. 4.10.2018, n. 113, conv., con modif., con l. 1.12.2018, n. 132, a decorrere dal 4.12.2018.

(2) Articolo introdotto dall'art. 3, co. 19, lett. a), l. 15.7.2009, n. 94.

(3) Comma introdotto dall'art. 21 quinquies, co. 1, lett. a), d.l. 4.10.2018, n. 113, conv., con modif., con l. 1.12.2018, n. 132, a decorrere dal 4.12.2018.

Norme connesse:

A. Art. 671 c.p.

B. Artt. 572, 600, 600-septies, 600-septies.1, 602-quater, 604, 609-decies.

C. Art. 36, co. 1, l. 5.2.1992, n. 104, *sub* art. 527 c.p.

601. Tratta di persone [1].

È punito con la reclusione da otto a venti anni chiunque recluta, introduce nel territorio dello Stato [4], trasferisce anche al di fuori di esso, trasporta, cede l'autorità sulla persona, ospita una o più persone che si trovano nelle condizioni di cui all'articolo 600, ovvero, realizza le stesse condotte su una o più persone, mediante inganno, violenza, minaccia, abuso di autorità [61, n. 11] o approfittamento di una situazione di vulnerabilità, di inferiorità fisica, psichica o di necessità, o mediante promessa o dazione di denaro o di altri vantaggi alla persona che su di essa ha autorità [600^2], al fine di indurle o costringerle a prestazioni lavorative, sessuali ovvero all'accattonaggio o comunque al compimento di attività illecite che ne comportano lo sfruttamento o a sottoporsi al prelievo di organi.

Alla stessa pena soggiace chiunque, anche al di fuori delle modalità di cui al primo comma, realizza le condotte ivi previste nei confronti di persona minore di età [157^6].

La pena per il comandante o l'ufficiale della nave nazionale o straniera, che commette alcuno dei fatti previsti dal primo o dal secondo comma o vi concorre, è aumentata fino a un terzo [2].

Il componente dell'equipaggio di nave nazionale o straniera destinata, prima della partenza o in corso di navigazione, alla tratta è punito, ancorché non sia stato compiuto alcun fatto previsto dal primo o dal secondo comma o di commercio di schiavi, con la reclusione da tre a dieci anni [2].

Evoluzione normativa:

(1) Articolo modificato dall'art. 9, l. 3.8.1998, n. 269, sostituito dall'art. 2, l. 11.8.2003, n. 228 e nuovamente modificato dall'art. 3, co. 1, lett. b), l. 2.7.2010, n. 108. Infine, il presente articolo è stato così sostituito dall'art. 2, co. 1, lett. b), d.lgs. 4.3.2014, n. 24. Il testo antecedente alla sostituzione del 2014 così disponeva: «*Chiunque commette tratta di persona che si trova nelle condizioni di cui all'articolo 600 ovvero, al fine di commettere i delitti di cui al primo comma del medesimo articolo, la induce mediante inganno o la costringe mediante violenza, minaccia, abuso di autorità o approfittamento di una situazione di inferiorità fisica o psichica o di una situazione di necessità, o mediante promessa o dazione di somme di denaro o di altri vantaggi alla persona che su di essa ha autorità, a fare ingresso o a soggiornare o a uscire dal territorio dello Stato o a trasferirsi al suo interno, è punito con la reclusione da otto a venti anni*». Il testo antecedente alla modifica del 2010 così disponeva: «*Chiunque commette tratta di persona che si trova nelle condizioni di cui all'articolo 600 ovvero, al fine di commettere i delitti di cui al primo comma del medesimo articolo, la induce mediante inganno o la costringe mediante violenza, minaccia, abuso di autorità o approfittamento di una situazione di inferiorità fisica o psichica o di una situazione di necessità, o mediante promessa o dazione di somme di denaro o di altri vantaggi alla persona che su di essa ha autorità, a fare ingresso o a soggiornare o a uscire dal territorio dello Stato o a trasferirsi al suo interno, è punito con la reclusione da otto a venti anni. La pena è aumentata da un terzo alla metà se i delitti di cui al presente articolo sono commessi in danno di minore degli anni diciotto o sono diretti allo sfruttamento della prostituzione o al fine di sottoporre la persona offesa al prelievo di organi*». Il testo antecedente alla sostituzione del 2003 così disponeva: «*601. Tratta e commercio di schiavi. Chiunque commette tratta o comunque fa commercio di schiavi o di persone in condizione analoga alla schiavitù è punito con la reclusione da cinque a venti anni. Chiunque commette tratta o comunque fa commercio di minori degli anni diciotto al fine di indurli alla prostituzione è punito con la reclusione da sei a venti anni*». Il testo antecedente alla modifica del 1998 così disponeva: «*601. Tratta e commercio di schiavi. Chiunque commette tratta o comunque fa commercio di schiavi o di persone in condizione analoga alla schiavitù è punito con la reclusione da cinque a venti anni*».

(2) Comma introdotto dall'art. 2, co. 1, lett. f), d.lgs. 1.3.2018, n. 21, a decorrere dal 6.4.2018.

Norme connesse:

A. Art. 36, co. 1, l. 5.2.1992, n. 104, *sub* art. 527 c.p.

B. Artt. 600-septies.1, 600-septies.2, 602-ter, 602-quater, 604, 609-decies c.p.; 190-bis, 351^{1ter}, 362^{1bis}, 392^{1bis}, 398, $498^{4quater}$.

C. Art. 90-quater c.p.p.

D. Art. 71, co. 1, d.lgs. 6.11.2011, n. 159 (in *Normativa complementare*, voce *Criminalità organizzata e transnazionale, Misure patrimoniali*), secondo cui le pene stabilite per i delitti previsti in questo articolo sono aumentate da un terzo alla metà se il fatto è commesso da persona sottoposta con provvedimento definitivo ad una misura di prevenzione personale durante il periodo previsto di applicazione e sino a tre anni dal momento in cui ne è cessata l'esecuzione.

E. Art. 25 quinquies, d.lgs. 8.6.2001, n. 231 (in *Normativa complementare*, voce *Economia (diritto penale della), Enti*).

601 bis. Traffico di organi prelevati da persona vivente (1).

Chiunque, illecitamente, commercia, vende, acquista ovvero, in qualsiasi modo e a qualsiasi titolo, procura o tratta organi o parti di organi prelevati da persona vivente è punito con la reclusione da tre a dodici anni e con la multa da euro 50.000 ad euro 300.000 (2).

Chiunque svolge opera di mediazione nella donazione di organi da vivente al fine di trarne un vantaggio economico è punito con la reclusione da tre a otto anni e con la multa da euro 50.000 a euro 300.000 (3).

Se i fatti previsti dai precedenti commi sono commessi da persona che esercita una professione sanitaria, alla condanna consegue l'interdizione perpetua dall'esercizio della professione (3).

Salvo che il fatto costituisca più grave reato, è punito con la reclusione da tre a sette anni e con la multa da euro 50.000 ad euro 300.000 chiunque organizza o propaganda viaggi ovvero pubblicizza o diffonde, con qualsiasi mezzo, anche per via informatica o telematica, annunci finalizzati al traffico di organi o parti di organi di cui al primo comma.

Evoluzione normativa:

(1) Articolo introdotto dall'art. 1, co. 1, l. 11.12.2016, n. 236, a decorrere dal 7.1.2017.

(2) Comma così modificato dall'art. 2, co. 1, lett. g), n. 1), d.lgs. 1.3.2018, n. 21, a decorrere dal 6.4.2018.

(3) Comma introdotto dall'art. 2, co. 1, lett. g), n. 2), d.lgs. 1.3.2018, n. 21, a decorrere dal 6.4.2018.

602. Acquisto e alienazione di schiavi (1).

Chiunque, fuori dei casi indicati nell'articolo 601, acquista o aliena o cede una persona che si trova in una delle condizioni di cui all'articolo 600 è punito con la reclusione da otto a venti anni.

[La pena è aumentata da un terzo alla metà se la persona offesa è minore degli anni diciotto ovvero se i fatti di cui al primo comma sono diretti allo sfruttamento della prostituzione o al fine di sottoporre la persona offesa al prelievo di organi [600-*sexies*, 602-*bis*] (2).]

Evoluzione normativa:

(1) Articolo così sostituito dall'art. 3, l. 11.8.2003, n. 228. Il testo previgente così disponeva: «602. *Alienazione e acquisto di schiavi. Chiunque, fuori dei casi indicati nell'articolo precedente, aliena o cede una persona che si trova in stato di schiavitù o in una condizione analoga alla schiavitù o se ne impossessa o ne fa acquisto o la mantiene nello stato di schiavitù, o nella condizione predetta, è punito con la reclusione da tre a dodici anni*».

(2) Comma abrogato dall'art. 3, co. 1, lett. c), l. 2.7.2010, n. 108.

Norme connesse:

A. Art. 36, co. 1, l. 5.2.1992, n. 104, *sub* art. 527 c.p.

B. Art. 71, co. 1, d.lgs. 6.11.2011, n. 159 (in *Normativa complementare*, voce *Criminalità organizzata e transnazionale, Misure patrimoniali*).

C. Art. 240 bis c.p.

D. Art. 25 quinquies, d.lgs. 8.6.2001, n. 231 (in *Normativa complementare*, voce *Economia (diritto penale della), Enti*).

602 bis. Pene accessorie (1).

[La condanna per i reati di cui agli articoli 583-*bis*, 600, 601, 602, 609-*bis*, 609-*quater*, 609-*quinquies* e 609-*octies* comporta, qualora i fatti previsti dai citati articoli siano commessi dal genitore o dal tutore, rispettivamente:

1) la decadenza dall'esercizio della potestà del genitore;
2) l'interdizione perpetua da qualsiasi ufficio attinente all'amministrazione di sostegno, alla tutela e alla cura.]

Evoluzione normativa:

(1) Articolo introdotto dall'art. 3, co. 19, lett. b), l. 15.7.2009, n. 94 e poi abrogato dall'art. 4, co. 1, lett. n), l. 1.10.2012, n. 172.

602 ter. Circostanze aggravanti (1).

La pena per i reati previsti dagli articoli 600, 601 primo e secondo comma e 602 è aumentata da un terzo alla metà (2):

a) se la persona offesa è minore degli anni diciotto;
b) se i fatti sono diretti allo sfruttamento della prostituzione o al fine di sottoporre la persona offesa al prelievo di organi;
c) se dal fatto deriva un grave pericolo per la vita o l'integrità fisica o psichica della persona offesa.

Se i fatti previsti dal titolo VII, capo III, del presente libro sono commessi al fine di realizzare od agevolare i delitti di cui agli articoli 600, 601 e 602, le pene ivi previste sono aumentate da un terzo alla metà.

Nei casi previsti dagli articoli 600-*bis*, primo comma, e 600-*ter*, la pena è aumentata da un terzo alla metà se il fatto è commesso con violenza o minaccia (3).

Nei casi previsti dagli articoli 600-*bis*, primo e secondo comma, 600-*ter*, primo comma, e 600-*quinquies*, la pena è aumentata da un terzo alla metà se il fatto è commesso approfittando della situazione di necessità del minore (3).

Nei casi previsti dagli articoli 600-*bis*, primo e secondo comma, 600-*ter* e 600-*quinquies*, nonché dagli articoli 600, 601 e 602, la pena è aumentata dalla metà ai due terzi se il fatto è commesso in danno di un minore degli anni sedici (3).

Nei casi previsti dagli articoli 600-*bis*, primo comma, e 600-*ter*, nonché, se il fatto è commesso in danno di un minore degli anni diciotto, dagli articoli 600, 601 e 602, la pena è aumentata dalla metà ai due terzi se il fatto è commesso da un ascendente, dal genitore adottivo, o dal loro coniuge o convivente, dal coniuge o da affini entro il secondo grado, da parenti fino al quarto grado collaterale, dal tutore o da persona a cui il minore è stato affidato per ragioni di cura, educazione, istruzione, vigilanza, custodia, lavoro, ovvero da pubblici ufficiali o incaricati di pubblico servizio nell'esercizio delle loro funzioni ovvero ancora se è commesso in danno di un minore in stato di infermità o minorazione psichica, naturale o provocata [3].

Nei casi previsti dagli articoli 600-*bis*, primo comma, e 600-*ter*, nonché dagli articoli 600, 601 e 602, la pena è aumentata dalla metà ai due terzi se il fatto è commesso mediante somministrazione di sostanze alcoliche, narcotiche, stupefacenti o comunque pregiudizievoli per la salute fisica o psichica del minore, ovvero se è commesso nei confronti di tre o più persone [3].

Nei casi previsti dagli articoli 600-*bis*, 600-*ter*, 600-*quater*, 600-*quater*.1. e 600-*quinquies*, la pena è aumentata.

a) se il reato è commesso da più persone riunite;
b) se il reato è commesso da persona che fa parte di un'associazione per delinquere e al fine di agevolarne l'attività;
c) se il reato è commesso con violenze gravi o se dal fatto deriva al minore, a causa della reiterazione delle condotte, un pregiudizio grave [4].

Le pene previste per i reati di cui al comma precedente sono aumentate in misura non eccedente i due terzi nei casi in cui gli stessi siano compiuti con l'utilizzo di mezzi atti ad impedire l'identificazione dei dati di accesso alle reti telematiche [3].

c-bis) se dal fatto deriva pericolo di vita per il minore [4].

Le circostanze attenuanti, diverse da quelle previste dagli articoli 98 e 114, concorrenti con le circostanze aggravanti di cui alla presente sezione, non possono essere ritenute equivalenti o prevalenti rispetto a queste e le diminuzioni di pena si operano sulla quantità della stessa risultante dall'aumento conseguente alle predette aggravanti [5].

Evoluzione normativa:

(1) Articolo introdotto dall'art. 3, co. 1, lett. d), l. 2.7.2010, n. 108.
(2) Alinea così modificato dall'art. 2, co. 1, lett. h), d.lgs. 1.3.2018, n. 21, a decorrere dal 6.4.2018. Il testo previgente così disponeva: «*La pena per i reati previsti dagli articoli 600, 601 e 602 è aumentata da un terzo alla metà*».
(3) Comma introdotto dall'art. 4, co. 1, lett. o), l. 1.10.2012, n. 172.
(4) Lettera introdotta dall'art. 20, co. 1, lett. b), l. 23.12.2021, n. 238, a decorrere dal 1.12.2022.
(5) Comma introdotto dall'art. 1, co. 1, d.lgs. 4.3.2014, n. 39.

602 quater. **Ignoranza dell'età della persona offesa** [1].

Quando i delitti previsti dalla presente sezione sono commessi in danno di un minore degli anni diciotto, il colpevole non può invocare a propria scusa l'ignoranza dell'età della persona offesa, salvo che si tratti di ignoranza inevitabile [27[1] Cost.]].

Evoluzione normativa:

(1) Articolo introdotto dall'art. 4, co. 1, lett. p), l. 1.10.2012, n. 172.

Norme connesse:

A. Artt. 5, 609-sexies c.p.

603. **Plagio** [1].

Chiunque sottopone una persona al proprio potere, in modo da ridurla in totale stato di soggezione, è punito con la reclusione da cinque a quindici anni.

Evoluzione normativa:

(1) La Corte costituzionale, con sent. 8.1.1981, n. 96 ha dichiarato l'illegittimità dell'art. 603 c.p.

Norme connesse:

A. Art. 36, co. 1, l. 5.2.1992, n. 104, *sub* art. 527 c.p.

603 bis. **Intermediazione illecita e sfruttamento del lavoro** [1].

Salvo che il fatto costituisca più grave reato, è punito con la reclusione da uno a sei anni e con la multa da 500 a 1.000 euro per ciascun lavoratore reclutato, chiunque:

1) recluta manodopera allo scopo di destinarla al lavoro presso terzi in condizioni di sfruttamento, approfittando dello stato di bisogno dei lavoratori;
2) utilizza, assume o impiega manodopera, anche mediante l'attività di intermediazione di cui al numero 1), sottoponendo i lavoratori a condizioni di sfruttamento ed approfittando del loro stato di bisogno.

Se i fatti sono commessi mediante violenza o minaccia, si applica la pena della reclusione da cinque a otto anni e la multa da 1.000 a 2.000 euro per ciascun lavoratore reclutato.

Ai fini del presente articolo, costituisce indice di sfruttamento la sussistenza di una o più delle seguenti condizioni:

1) la reiterata corresponsione di retribuzioni in modo palesemente difforme dai contratti collettivi nazionali o territoriali stipulati dalle organizzazioni sindacali più rappresentative a livello nazionale, o comunque sproporzionato rispetto alla quantità e qualità del lavoro prestato;
2) la reiterata violazione della normativa relativa all'orario di lavoro, ai periodi di riposo, al riposo settimanale, all'aspettativa obbligatoria, alle ferie
3) la sussistenza di violazioni delle norme in materia di sicurezza e igiene nei luoghi di lavoro;
4) la sottoposizione del lavoratore a condizioni di lavoro, a metodi di sorveglianza o a situazioni alloggiative degradanti.

Costituiscono aggravante specifica e comportano l'aumento della pena da un terzo alla metà:

1) il fatto che il numero di lavoratori reclutati sia superiore a tre;
2) il fatto che uno o più dei soggetti reclutati siano minori in età non lavorativa;
3) l'aver commesso il fatto esponendo i lavoratori sfruttati a situazioni di grave pericolo, avuto riguardo alle caratteristiche delle prestazioni da svolgere e delle condizioni di lavoro [157[6]].

Evoluzione normativa:

(1) Articolo introdotto dall'art. 12, co. 1, d.l. 13.8.2011, n. 138, conv., con modif., con l. 14.9.2011, n. 148. Questo articolo, poi, è stato così sostituito dall'art. 1, co. 1, l. 29.10.2016, n. 199, a decorrere dal 4.11.2016. Il testo previgente così disponeva: «*Salvo che il fatto costituisca più grave reato, chiunque svolga un'attività organizzata di intermediazione, reclutando manodopera o organizzandone l'attività lavorativa caratterizzata da sfruttamento, mediante violenza, minaccia, o intimidazione, approfittando dello stato di bisogno o di necessità dei lavoratori, è punito con la reclusione da cinque a otto anni e con la multa da 1.000 a 2.000 euro per ciascun lavoratore reclutato. Ai fini*

del primo comma, costituisce indice di sfruttamento la sussistenza di una o più delle seguenti circostanze: 1) la sistematica retribuzione dei lavoratori in modo palesemente difforme dai contratti collettivi nazionali o comunque sproporzionato rispetto alla quantità e qualità del lavoro prestato; 2) la sistematica violazione della normativa relativa all'orario di lavoro, al riposo settimanale, all'aspettativa obbligatoria, alle ferie; 3) la sussistenza di violazioni della normativa in materia di sicurezza e igiene nei luoghi di lavoro, tale da esporre il lavoratore a pericolo per la salute, la sicurezza o l'incolumità personale; 4) la sottoposizione del lavoratore a condizioni di lavoro, metodi di sorveglianza, o a situazioni alloggiative particolarmente degradanti. Costituiscono aggravante specifica e comportano l'aumento della pena da un terzo alla metà: 1) il fatto che il numero di lavoratori reclutati sia superiore a tre; 2) il fatto che uno o più dei soggetti reclutati siano minori in età non lavorativa; 3) l'aver commesso il fatto esponendo i lavoratori intermediati a situazioni di grave pericolo, avuto riguardo alle caratteristiche delle prestazioni da svolgere e delle condizioni di lavoro».

Norme connesse:

A. Artt. 240 bis, 600 septies, 600 septies.2, 603 bis.1, 603 ter, 604 c.p.
B. Art. 25 quinquies, d.lgs. 8.6.2001, n. 231 (in *Normativa complementare*, voce *Economia (diritto penale della), Enti*).
C. Art. 103, co. 14, d.l. 19.5.2020, n. 34, conv., con modif., con l. 17.7.2020, n. 77 (in *Normativa complementare*, voce *COVID-19*).

603 bis.1. Circostanza attenuante [(1)].

Per i delitti previsti dall'articolo 603-*bis*, la pena è diminuita da un terzo a due terzi nei confronti di chi, nel rendere dichiarazioni su quanto a sua conoscenza, si adopera per evitare che l'attività delittuosa sia portata a conseguenze ulteriori [270-bis.1, 323-bis, 375, 384-ter, 416-bis.1, 423-bis, 452-decies, 518-septiesdecies, 600-sexies, 600-sexies-1, 605, 630] ovvero aiuta concretamente l'autorità di polizia o l'autorità giudiziaria nella raccolta di prove decisive per l'individuazione o la cattura dei concorrenti o per il sequestro delle somme o altre utilità trasferite.

Nel caso di dichiarazioni false o reticenti si applicano le disposizioni dell'articolo 16-*sexies* del decreto-legge 15 gennaio 1991, n. 8, convertito, con modificazioni, in legge 15 marzo 1991, n. 82.

Non si applicano le disposizioni dell'articolo 600-*sexies*.1.

Evoluzione normativa:

(1) Articolo introdotto dall'art. 2, co. 1, l. 29.10.2016, n. 199, a decorrere dal 4.11.2016.

603 bis.2. Confisca obbligatoria [(1)].

In caso di condanna o di applicazione della pena su richiesta delle parti ai sensi dell'articolo 444 del codice di procedura penale per i delitti previsti dall'articolo 603-*bis*, è sempre obbligatoria, salvi i diritti della persona offesa alle restituzioni e al risarcimento del danno, la confisca delle cose che servirono o furono destinate a commettere il reato e delle cose che ne sono il prezzo, il prodotto o il profitto, salvo che appartengano a persona estranea al reato. Ove essa non sia possibile è disposta la confisca di beni di cui il reo ha la disponibilità, anche indirettamente o per interposta persona, per un valore corrispondente al prodotto, prezzo o profitto del reato.

Evoluzione normativa:

(1) Articolo introdotto dall'art. 2, co. 1, l. 29.10.2016, n. 199, a decorrere dal 4.11.2016.

603 ter. Pene accessorie [(1)].

La condanna per i delitti di cui agli articoli 600, limitatamente ai casi in cui lo sfruttamento ha ad oggetto prestazioni lavorative, e 603-*bis*, importa l'interdizione dagli uffici direttivi delle persone giuridiche o delle imprese, nonché il divieto di concludere contratti di appalto, di cottimo fiduciario, di fornitura di opere, beni o servizi riguardanti la pubblica amministrazione, e relativi subcontratti.

La condanna per i delitti di cui al primo comma importa altresì l'esclusione per un periodo di due anni da agevolazioni, finanziamenti, contributi o sussidi da parte dello Stato o di altri enti pubblici, nonché dell'Unione europea, relativi al settore di attività in cui ha avuto luogo lo sfruttamento.

L'esclusione di cui al secondo comma è aumentata a cinque anni quando il fatto è commesso da soggetto al quale sia stata applicata la recidiva ai sensi dell'articolo 99, secondo comma, numeri 1) e 3).

Evoluzione normativa:

(1) Articolo introdotto dall'art. 12, co. 1, d.l. 13.8.2011, n. 138, conv., con modif., con l. 14.9.2011, n. 148.

604. Fatto commesso all'estero [(1)].

Le disposizioni di questa sezione, nonché quelle previste dagli articoli 609-*bis*, 609-*ter*, 609-*quater*, 609-*quinquies*, 609-*octies* e 609-*undecies*, si applicano altresì quando il fatto è commesso all'estero da cittadino italiano, ovvero in danno di cittadino italiano, ovvero dallo straniero in concorso con cittadino italiano. In quest'ultima ipotesi lo straniero è punibile quando si tratta di delitto per il quale è prevista la pena della reclusione non inferiore nel massimo a cinque anni e quando vi è stata richiesta del Ministro di grazia e giustizia [127, 128, 129].

Evoluzione normativa:

(1) Articolo prima sostituito dall'art. 10, l. 3.8.1998, n. 269 e poi così modificato dall'art. 6, l. 9.1.2006, n. 7 e dall'art. 4, co. 1, lett. q), l. 1.10.2012, n. 172. Il testo antecedente alla modifica del 2012 così disponeva: «*Le disposizioni di questa sezione, nonché quelle previste dagli articoli* 609-bis, 609-ter, 609-quater *e* 609-quinquies, *si applicano altresì quando il fatto è commesso all'estero da cittadino italiano, ovvero in danno di cittadino italiano, ovvero dallo straniero in concorso con cittadino italiano. In quest'ultima ipotesi lo straniero è punibile quando si tratta di delitto per il quale è prevista la pena della reclusione non inferiore nel massimo a cinque anni e quando vi è stata richiesta del Ministro di grazia e giustizia*». Il testo antecedente alla modifica del 2006 così disponeva: «*Le disposizioni di questa sezione, nonché quelle previste dagli articoli* 609-bis, 609-ter, 609-quater *e* 609-quinquies, *si applicano altresì quando il fatto è commesso all'estero da cittadino italiano, ovvero in danno di cittadino italiano, ovvero da cittadino straniero in concorso con cittadino italiano. In quest'ultima ipotesi il cittadino straniero è punibile quando si tratta di delitto per il quale è prevista la pena della reclusione non inferiore nel massimo a cinque anni e quando vi è stata richiesta del Ministro di grazia e giustizia*». Il testo antecedente alla sostituzione del 1998 così disponeva: «*Fatto commesso all'estero in danno di cittadino italiano. Le disposizioni di questa sezione si applicano altresì, quando il fatto è commesso all'estero in danno di cittadino italiano*».

Sezione I bis [1]
Dei delitti contro l'eguaglianza

(1) La Sezione I bis, comprendente gli artt. 604 bis e 604 ter, è stata introdotta dall'art. 2, co. 1, lett. i), d.lgs. 1.3.2018, n. 21, a decorrere dal 6.4.2018.

604 bis. Propaganda e istigazione a delinquere per motivi di discriminazione razziale etnica e religiosa [1].

Salvo che il fatto costituisca più grave reato, è punito:

a) con la reclusione fino ad un anno e sei mesi o con la multa fino a 6.000 euro chi propaganda idee fondate sulla superiorità o sull'odio razziale o etnico, ovvero istiga a commettere o commette atti di discriminazione per motivi razziali, etnici, nazionali o religiosi;

b) con la reclusione da sei mesi a quattro anni chi, in qualsiasi modo, istiga a commettere o commette violenza o atti di provocazione alla violenza per motivi razziali, etnici, nazionali o religiosi.

È vietata ogni organizzazione, associazione, movimento o gruppo avente tra i propri scopi l'incitamento alla discriminazione o alla violenza per motivi razziali, etnici, nazionali o religiosi. Chi partecipa a tali organizzazioni, associazioni, movimenti o gruppi, o presta assistenza alla loro attività, è punito, per il solo fatto della partecipazione o dell'assistenza, con la reclusione da sei mesi a quattro anni. Coloro che promuovono o dirigono tali organizzazioni, associazioni, movimenti o gruppi sono puniti, per ciò solo, con la reclusione da uno a sei anni.

Si applica la pena della reclusione da due a sei anni se la propaganda ovvero l'istigazione e l'incitamento, commessi in modo che derivi concreto pericolo di diffusione, si fondano in tutto o in parte sulla negazione, sulla minimizzazione in modo grave o sull'apologia della Shoah o dei crimini di genocidio, dei crimini contro l'umanità e dei crimini di guerra, come definiti dagli articoli 6, 7 e 8 dello statuto della Corte penale internazionale.

Evoluzione normativa:

(1) Articolo introdotto dall'art. 2, co. 1, lett. i), d.lgs. 1.3.2018, n. 21, a decorrere dal 6.4.2018.

Norme connesse:

A. Art. 21 Cost.

B. Art. 3, l. 13.10.1975, n. 654 (in *Normativa complementare*, voce *Discriminazione razziale, etnica e religiosa*).

604 ter. Circostanza aggravante [1].

Per i reati punibili con pena diversa da quella dell'ergastolo commessi per finalità di discriminazione o di odio etnico, nazionale, razziale o religioso, ovvero al fine di agevolare l'attività di organizzazioni, associazioni, movimenti o gruppi che hanno tra i loro scopi le medesime finalità la pena è aumentata fino alla metà.

Le circostanze attenuanti, diverse da quella prevista dall'articolo 98, concorrenti con l'aggravante di cui al primo comma, non possono essere ritenute equivalenti o prevalenti rispetto a questa e le diminuzioni di pena si operano sulla quantità di pena risultante dall'aumento conseguente alla predetta aggravante.

Evoluzione normativa:

(1) Articolo introdotto dall'art. 2, co. 1, lett. i), d.lgs. 1.3.2018, n. 21, a decorrere dal 6.4.2018.

Sezione II
Dei delitti contro la libertà personale

605. Sequestro di persona.

Chiunque priva taluno della libertà personale è punito con la reclusione da sei mesi a otto anni.

La pena è della reclusione da uno a dieci anni, se il fatto è commesso:

1. in danno di un ascendente, di un discendente [c.c. 75; c.p. 70, 540], o del coniuge;
2. da un pubblico ufficiale [357], con abuso dei poteri inerenti alle sue funzioni.

Se il fatto di cui al primo comma è commesso in danno di un minore, si applica la pena della reclusione da tre a dodici anni. Se il fatto è commesso in presenza di taluna delle circostanze di cui al secondo comma, ovvero in danno di minore di anni quattordici o se il minore sequestrato è condotto o trattenuto all'estero, si applica la pena della reclusione da tre a quindici anni.

Se il colpevole cagiona la morte del minore sequestrato si applica la pena dell'ergastolo.

Le pene previste dal terzo comma sono altresì diminuite fino alla metà nei confronti dell'imputato che si adopera concretamente:

1) affinché il minore riacquisti la propria libertà
2) per evitare che l'attività delittuosa sia portata a conseguenze ulteriori [270-bis.1, 323-bis, 375, 384-ter, 416-bis.1, 423-bis, 452-decies, 518-septiesdecies, 600-sexies, 600-sexies-1, 603-bis-1, 630], aiutando concretamente l'autorità di polizia o l'autorità giudiziaria nella raccolta di elementi di prova decisivi per la ricostruzione dei fatti e per l'individuazione o la cattura di uno o più autori di reati;
3) per evitare la commissione di ulteriori fatti di sequestro di minore [1].

Nell'ipotesi prevista dal primo comma, il delitto è punibile a querela della persona offesa, salvo che il fatto sia commesso nei confronti di persona incapace, per età o per infermità [2].

Riferimenti storici:

Artt. 146, 147 Codice Zanardelli: Art. 146: «*Chiunque illegittimamente priva alcuno della libertà personale è punito con la reclusione da un mese a cinque anni e con la multa sino a lire mille.*
Se il colpevole, per commettere il fatto o durante il medesimo, usi minacce, sevizie o inganno, ovvero commetta il fatto stesso per fine di vendetta o di lucro, o per fine o pretesto religioso, ovvero consegni la persona per un servizio militare all'estero, la pena è della reclusione da tre a otto anni e della multa da lire cinquecento a tremila.
Se il fatto sia commesso contro un ascendente o contro il coniuge, contro un membro del Parlamento o contro un pubblico ufficiale a causa delle sue funzioni, ovvero se dal fatto derivi grave danno alla persona, alla salute o agli averi dell'offeso, la pena è della reclusione da cinque a quindici anni e della multa da lire mille a cinquemila.
La pena è diminuita da un sesto alla metà, se il colpevole rilasci spontaneamente in libertà la persona prima di ogni atto di procedimento, senza aver conseguito il fine propostosi e senza averle cagionato alcun danno».
Art. 147: «*Il pubblico ufficiale, che, con abuso delle sue funzioni, ovvero*

senza le condizioni o le formalità prescritte dalla legge, priva alcuno della libertà personale è punito con la detenzione da tre mesi a sette anni; e, se nel fatto concorra alcuna delle circostanze indicate nei due primi capoversi dell'articolo precedente, la detenzione è da sei a quindici anni. La pena è diminuita da un sesto alla metà nel caso preveduto nell'ultimo capoverso dell'articolo precedente».

Evoluzione normativa:

(1) Comma introdotto dalla lett. a), co. 29, art. 3, l. 15.7.2009, n. 94.
(2) Comma introdotto dall'art. 2, co. 1, lett. d), d.lgs. 10.10.2022, n. 150, a decorrere dal 30.12.2022.

Norme connesse:

A. Artt. 289 bis e 630 c.p.
B. Art. 4, co. 1, lett. d), d.lgs. 6.9.2011, n. 159, il quale prevede che a coloro che, operanti in gruppi o isolatamente, pongano in essere atti preparatori, obiettivamente rilevanti, diretti a sovvertire l'ordinamento dello Stato, con la commissione di uno dei reati previsti dal Capo I, Titolo VI, del Libro II, c.p. o dagli artt. 284, 285, 286, 306, 438, 439, 605 e 630 dello stesso codice nonché alla commissione dei reati con finalità di terrorismo anche internazionale si applicano le disposizioni del Capo II del Titolo I del Libro I del Codice delle leggi antimafia di cui allo stesso d.lgs. n. 159/2011.
C. L. 26.11.1985, n. 718 (in *Normativa complementare*, voce *Diritto penale internazionale, Convenzioni internazionali*).
D. Art. 71, co. 1, d.lgs. 6.11.2011, n. 159 (in *Normativa complementare*, voce *Criminalità organizzata e transnazionale, Misure patrimoniali*).
E. Art. 1, l. 25.3.1985, n. 107 (in *Normativa complementare*, voce *Diritto penale internazionale, Convenzioni internazionali*).
F. Artt. 11 e 43, r.d. 18.6.1931, n. 773 (in *Normativa complementare*, voce *Ordine pubblico e sicurezza pubblica*).
G. Art. 9, co. 1, l. 18.4.1975, n. 110 (in *Normativa complementare*, voce *Armi, munizioni ed esplosivi*).
H. Art. 36, co. 1, l. 5.2.1992, n. 104, *sub* art. 527 c.p.

606. Arresto illegale.

Il pubblico ufficiale [357] che procede ad un arresto [c.p.p. 380], abusando dei poteri inerenti alle sue funzioni, è punito con la reclusione fino a tre anni [Cost. 13].

Norme connesse:

A. Art. 36, co. 1, l. 5.2.1992, n. 104, *sub* art. 527 c.p.

607. Indebita limitazione di libertà personale.

Il pubblico ufficiale [357], che, essendo preposto o addetto a un carcere giudiziario o ad uno stabilimento destinato all'esecuzione di una pena o di una misura di sicurezza, vi riceve taluno senza un ordine dell'Autorità competente, o non obbedisce all'ordine di liberazione dato da questa Autorità, ovvero indebitamente protrae l'esecuzione della pena o della misura di sicurezza, è punito con la reclusione fino a tre anni.

Norme connesse:

A. Art. 36, co. 1, l. 5.2.1992, n. 104, *sub* art. 527 c.p.

608. Abuso di autorità contro arrestati o detenuti.

Il pubblico ufficiale [357], che sottopone a misure di rigore non consentite dalla legge una persona arrestata o detenuta di cui egli abbia la custodia, anche temporanea, o che sia a lui affidata in esecuzione di un provvedimento dell'Autorità competente, è punito con la reclusione fino a trenta mesi [Cost. 13[4]].

La stessa pena si applica se il fatto è commesso da un altro pubblico ufficiale, rivestito, per ragione del suo ufficio, di una qualsiasi autorità sulla persona custodita.

Norme connesse:

A. Art. 613 bis c.p.
B. Art. 1, *Convenzione contro la tortura e altre pene o trattamenti crudeli, inumani o degradanti*, conclusa a New York il 10.12.1984 (v. *sub* art. 613 bis).
C. Art. 3 CEDU (in *Principi fondamentali*).
D. Art. 36, co. 1, l. 5.2.1992, n. 104, *sub* art. 527 c.p.

609. Perquisizione e ispezione personali arbitrarie.

Il pubblico ufficiale [357], che, abusando dei poteri inerenti alle sue funzioni, esegue una perquisizione [c.p.p. 247, 252, 352] o una ispezione personale [c.p.p. 245] è punito con la reclusione fino ad un anno [Cost. 13].

Norme connesse:

A. Art. 36, co. 1, l. 5.2.1992, n. 104, *sub* art. 527 c.p.

609 bis. Violenza sessuale [(1)].

Chiunque, con violenza o minaccia [612] o mediante abuso di autorità [61, n. 11], costringe [610] taluno a compiere o subire atti sessuali è punito con la reclusione da sei a dodici anni [(2)].

Alla stessa pena soggiace chi induce taluno a compiere o subire atti sessuali:

1) abusando delle condizioni di inferiorità fisica o psichica della persona offesa al momento del fatto [61, n. 5, 609 quater];
2) traendo in inganno la persona offesa per essersi il colpevole sostituito ad altra persona.

Nei casi di minore gravità la pena è diminuita in misura non eccedente i due terzi.

Riferimenti storici:

Art. 331, 332, 333 Codice Zanardelli. Art. 331: «*Chiunque, con violenza o minaccia, costringe una persona dell'uno o dell'altro sesso a congiunzione carnale è punito con la reclusione da tre a dieci anni.*
Alla stessa pena soggiace chi si congiunge carnalmente con persona dell'uno o dell'altro sesso, la quale al momento del fatto:
1.non abbia compiuto gli anni dodici;
2. non abbia compiuto gli anni quindici, se il colpevole ne sia l'ascendente, il tutore o l'institutore;
3. essendo arrestata, o condannata, sia affidata al colpevole per ragione di trasporto o di custodia;
4. non sia in grado di resistere, per malattia di mente o di corpo o per altra causa indipendente dal fatto del colpevole, ovvero per effetto di mezzi fraudolenti da esso adoperati».
Art. 332: «*Quando alcuno dei fatti preveduti nella prima parte e nei numeri 1 e 4 del capoverso dell'articolo precedente sia commesso con abuso di autorità, di fiducia o di relazioni domestiche, il colpevole è punito, nel caso preveduto nella prima parte, con la reclusione da sei a dodici anni; e, negli altri casi, con la reclusione da otto a quindici anni»*.
Art. 333: «*Chiunque, usando dei mezzi o profittando delle condizioni o delle circostanze indicate nell'articolo 331, commette su persona dell'uno o dell'altro sesso atti di libidine, che non siano diretti al delitto preveduto in detto articolo, è punito con la reclusione da uno a sette anni.*
Se il fatto sia commesso con abuso di autorità o di fiducia o di relazioni domestiche, la reclusione, in caso di violenza o minaccia, è da due a dieci anni; e, nei casi preveduti nei num. 1 e 4 del capoverso dell'articolo 331, è da quattro a dodici anni».

Evoluzione normativa:

(1) Articolo introdotto dall'art. 3, l. 15.2.1996, n. 66.
(2) Comma così modificato dall'art. 13, co. 1, l. 19.7.2019, n. 69, a decorrere dal 9.8.2019. Il testo previgente così disponeva: «*Chiunque, con violenza o minaccia o mediante abuso di autorità, costringe taluno a compiere o subire atti sessuali è punito con la reclusione da cinque a dieci anni»*.

Norme connesse:

A. Artt. 519, 520, 521, 576[1] n. 5, 600 septies, 604, 609 sexies, 609 novies, 609 decies, 609 duodecies, 734 bis c.p.; 380[d bis]; 444[1 bis] c.p.p..
B. Art. 36 *Convenzione del Consiglio d'Europa sulla prevenzione e la lotta contro la violenza nei confronti delle donne e la violenza domestica, fatta a Istanbul l'11.5.2011* (in *Normativa complementare*, voce *Violenza di genere*).
C. Art. 36, co. 1, l. 5.2.1992, n. 104, *sub* art. 527 c.p.
D. Art. 16, l. 15.2.1996, n. 66, come modificato dall'art. 15, l. 3.8.1998, n. 269: «*1. L'imputato per i delitti di cui agli articoli 600-*bis*, secondo comma, 609-*bis*, 609-*ter*, 609-*quater *e* 609-*octies *del codice penale è sottoposto, con le forme della perizia, ad accertamenti per l'individuazione di patologie sessualmente trasmissibili, qualora le modalità del fatto possano prospettare un rischio di trasmissione delle patologie medesime*».
E. Art. 85, co. 2 ter, d.lgs. 10.10.2022, n. 150, come modificato dall'art. 5 bis, co. 1, lett. b), d.l. 31.10.2022, n. 162, conv., con modif., con l. 30.12.2022, n. 199: «*Per i delitti previsti dagli articoli 609-bis, 612-bis e 612-ter del codice penale, commessi prima della data di entrata in vigore del presente decreto, si continua a procedere d'ufficio quando il fatto è connesso con un delitto divenuto perseguibile a querela della persona offesa in base alle disposizioni del presente decreto*»
D. Art. 28 d.P.R. 22.9.1988, n. 448 (in *Normativa complementare, Minori (diritto penale dei)*).

609 ter. Circostanze aggravanti [(1)].

La pena stabilita dall'articolo 609-*bis* è aumentata di un terzo se i fatti ivi previsti sono commessi [(2)]:

1) nei confronti di persona della quale il colpevole sia l'ascendente, il genitore, anche adottivo [291 c.c.], o il tutore [346 c.p.] [(3)];
2) con l'uso di armi [585] o di sostanze alcoliche, narcotiche o stupefacenti o di altri strumenti o sostanze gravemente lesivi della salute della persona offesa;
3) da persona travisata o che simuli la qualità di pubblico ufficiale [357] o di incaricato di pubblico servizio [358];
4) su persona comunque sottoposta a limitazioni della libertà personale;
5) nei confronti di persona che non ha compiuto gli anni diciotto [(4)];

5-*bis*) all'interno o nelle immediate vicinanze di istituto d'istruzione o di formazione frequentato dalla persona offesa [61, n. 11 ter] [(5)];
5-*ter*) nei confronti di donna in stato di gravidanza [(5)];
5-*quater*) nei confronti di persona della quale il colpevole sia il coniuge, anche separato o divorziato, ovvero colui che alla stessa persona è o è stato legato da relazione affettiva, anche senza convivenza [(6)];
5-*quinquies*) se il reato è commesso da persona che fa parte di un'associazione per delinquere [416] e al fine di agevolarne l'attività [(6)];
5-*sexies*) se il reato è commesso con violenze gravi o se dal fatto deriva al minore, a causa della reiterazione delle condotte, un pregiudizio grave [(7)].
5-*septies*) se dal fatto deriva pericolo di vita per il minore [(8)].

La pena stabilita dall'articolo 609-*bis* è aumentata della metà se i fatti ivi previsti sono commessi nei confronti di persona che non ha compiuto gli anni quattordici. La pena è raddoppiata se i fatti di cui all'articolo 609-*bis* sono commessi nei confronti di persona che non ha compiuto gli anni dieci [(9)].

Evoluzione normativa:

(1) Articolo introdotto dall'art. 4, l. 15.2.1996, n. 66.
(2) Alinea così modificato dall'art. 13, co. 2, lett. a), n. 1), l. 19.7.2019, n. 69, a decorrere dal 9.8.2019.
(3) Numero così sostituito dall'art. 13, co. 2, lett. a), n. 2), l. 19.7.2019, n. 69, a decorrere dal 9.8.2019.
(4) Numero così sostituito dall'art. 1, co. 1-*ter*, d.l. 14.8.2013, n. 93, conv., con modif., con l. 15.10.2013, n. 119, e, poi, dall'art. 13, co. 2, lett. a), n. 3), l. 19.7.2019, n. 69, a decorrere dal 9.8.2019.
(5) Numero introdotto dall'art. 3, co. 23, l. 15.7.2009, n. 94.
(6) Numero introdotto dall'art. 1, co. 2, d.l. 14.8.2013, n. 93, conv., con modif., con l. 15.10.2013, n. 119.
(7) Numero introdotto dall'art. 1, co. 2, D.lgs. 4.3.2014, n. 39
(8) Numero introdotto dall'art. 20, co. 1, lett. c), l. 23.12.2021, n. 238, a decorrere dal 1.2.2022.
(9) Comma così sostituito dall'art. 13, co. 2, lett. b), l. 19.7.2019, n. 69, a decorrere dal 9.8.2019.

Norme connesse:

A. Artt. 604, 609 quater, 609 septies, 609 octies, 609 nonies, 734 bis c.p.; 190 bis, 282 bis[2], 384 bis, 398, 444[1bis], 498[4quater] c.p.p.
B. Art. 36, co. 1, l. 5.2.1992, n. 104, *sub* art. 527 c.p.
C. Art. 16, l. 15.2.1996, n. 66., come modificato dall'art. 15, l. 3.8.1998, n. 269: «*1. L'imputato per i delitti di cui agli articoli 600-*bis*, secondo comma, 609-*bis*, 609-*ter*, 609-*quater *e* 609-*octies *del codice penale è sottoposto, con le forme della perizia, ad accertamenti per l'individuazione di patologie sessualmente trasmissibili, qualora le modalità del fatto possano prospettare un rischio di trasmissione delle patologie medesime*».

609 quater. Atti sessuali con minorenne [(1)].

Soggiace alla pena stabilita dall'articolo 609-*bis* chiunque, al di fuori delle ipotesi previste in detto articolo, compie atti sessuali con persona che, al momento del fatto:

1) non ha compiuto gli anni quattordici;
2) non ha compiuto gli anni sedici, quando il colpevole sia l'ascendente, il genitore, anche adottivo, o il di lui convivente, il tutore, ovvero altra persona cui, per ragioni di cura, di educazione, di istruzione di vigilanza o di custodia, il minore è affidato o che abbia, con quest'ultimo, una relazione di convivenza [(2)].

Fuori dei casi previsti dall'articolo 609-*bis*, l'ascendente, il genitore, anche adottivo, o il di lui convivente, il tutore, ovvero altra persona cui, per ragioni di cura, di educazione, di istruzione, di vigilanza o di custodia, il minore è affidato, o che abbia con quest'ultimo una relazione di convivenza, che, con l'abuso dei poteri connessi alla sua posizione, compie atti sessuali con persona minore che ha compiuto gli anni sedici, è punito con la reclusione da tre a sei anni [(3)].

Fuori dei casi previsti dai commi precedenti, chiunque compie atti sessuali con persona minore che ha compiuto gli anni quattordici, abusando della fiducia riscossa presso il minore o dell'autorità o dell'influenza esercitata sullo stesso in ragione della propria qualità o dell'ufficio ricoperto o delle relazioni familiari, domestiche, lavorative, di coabitazione o di ospitalità, è punito con la reclusione fino a quattro anni [(4)].

La pena è aumentata:

1) se il compimento degli atti sessuali con il minore che non ha compiuto gli anni quattordici avviene in cambio di denaro o di qualsiasi altra utilità, anche solo promessi;

2) se il reato è commesso da più persone riunite;
3) se il reato è commesso da persona che fa parte di un'associazione per delinquere e al fine di agevolarne l'attività;
4) se dal fatto, a causa della reiterazione delle condotte, deriva al minore un pregiudizio grave;
5) se dal fatto deriva pericolo di vita per il minore [5].

Non è punibile il minorenne che, al di fuori delle ipotesi previste nell'articolo 609-*bis*, compie atti sessuali con un minorenne che abbia compiuto gli anni tredici, se la differenza di età tra i soggetti non è superiore a quattro anni [6].

Nei casi di minore gravità la pena è diminuita in misura non eccedente i due terzi [7].

Si applica la pena di cui all'articolo 609-*ter*, secondo comma, se la persona offesa non ha compiuto gli anni dieci [602-*bis*, 734-*bis*; c.p.p. 392, 398].

Evoluzione normativa:

(1) Articolo introdotto dall'art. 4, l. 15.2.1996, n. 66.

(2) Numero così sostituito dall'art. 6, l. 6.2.2006, n. 38. Il testo previgente così disponeva: «*2) non ha compiuto gli anni sedici, quando il colpevole sia l'ascendente, il genitore anche adottivo, il tutore, ovvero altra persona cui, per ragioni di cura, di educazione, di istruzione, di vigilanza o di custodia, il minore è affidato o che abbia, con quest'ultimo, una relazione di convivenza*»

(3) Comma introdotto dall'art. 6, l. 6.2.2006, n. 38 e poi così sostituito dall'art. 4, co. 1, lett. r), n. 1), l. 1.10.2012, n. 172. Il testo previgente così disponeva: «*Al di fuori delle ipotesi previste dall'articolo 609-*bis*, l'ascendente, il genitore, anche adottivo, o il di lui convivente, o il tutore che, con l'abuso dei poteri connessi alla sua posizione, compie atti sessuali con persona minore che ha compiuto gli anni sedici, è punito con la reclusione da tre a sei anni*».

(4) Comma introdotto dall'art. 20, co. 1, lett. d), n. 1), l. 23.12.2021, n. 238, a decorrere dal 1.2.2022.

(5) Comma introdotto dall'art. 13, co. 3, lett. a), l. 19.7.2019, n. 69, a decorrere dal 9.8.2019, e, poi, così sostituito dall'art. 20, co. 1, lett. d), n. 2), l. 23.12.2021, n. 238, a decorrere dal 1.2.2022.

(6) Comma così modificato dall'art. 13, co. 3, lett. b), l. 19.7.2019, n. 69, a decorrere dal 9.8.2019. Il testo previgente così disponeva: «*Non è punibile il minorenne che, al di fuori delle ipotesi previste nell'articolo 609-*bis*, compie atti sessuali con un minorenne che abbia compiuto gli anni tredici, se la differenza di età tra i soggetti non è superiore a tre anni*».

(7) Comma così modificato dall'art. 4, co. 1, lett. r), n. 1), l. 1.10.2012, n. 172. Il testo previgente così disponeva: «*Nei casi di minore gravità la pena è diminuita fino a due terzi*».

Norme connesse:

A. Art. 36, co. 1, l. 5.2.1992, n. 104, *sub* art. 527 c.p.

B. Art. 16, l. 15.2.1996, n. 66., come modificato dall'art. 15, l. 3.8.1998, n. 269: «*1. L'imputato per i delitti di cui agli articoli 600-*bis*, secondo comma, 609-*bis*, 609-*ter*, 609-*quater* e 609-*octies* del codice penale è sottoposto, con le forme della perizia, ad accertamenti per l'individuazione di patologie sessualmente trasmissibili, qualora le modalità del fatto possano prospettare un rischio di trasmissione delle patologie medesime*».

609 quinquies. Corruzione di minorenne [1].

Chiunque compie atti sessuali in presenza di persona minore di anni quattordici, al fine di farla assistere, è punito con la reclusione da uno a cinque anni.

Salvo che il fatto costituisca più grave reato, alla stessa pena di cui al primo comma soggiace chiunque fa assistere una persona minore di anni quattordici al compimento di atti sessuali, ovvero mostra alla medesima materiale pornografico, al fine di indurla a compiere o a subire atti sessuali.

La pena è aumentata.

a) se il reato è commesso da più persone riunite;
b) se il reato è commesso da persona che fa parte di un'associazione per delinquere e al fine di agevolarne l'attività;
c) se il reato è commesso con violenze gravi o se dal fatto deriva al minore, a causa della reiterazione delle condotte, un pregiudizio grave [2].
c-bis) se dal fatto deriva pericolo di vita per il minore [3].

La pena è aumentata fino alla metà quando il colpevole sia l'ascendente, il genitore, anche adottivo, o il di lui convivente, il tutore, ovvero altra persona cui, per ragioni di cura, di educazione, di istruzione, di vigilanza o di custodia, il minore è affidato, o che abbia con quest'ultimo una relazione di stabile convivenza.

Evoluzione normativa:

(1) Articolo introdotto dall'art. 4, l. 15.2.1996, n. 66 e così sostituito dall'art. 4, co. 1, lett. s), l. 1.10.2012, n. 172. Il testo previgente così disponeva: «*Chiunque compie atti sessuali in presenza di persona minore di anni quattordici, al fine di farla assistere, è punito con la reclusione da sei mesi a tre anni*».

(2) Comma introdotto dall'art. 1, co. 3, d.lgs. 4.3.2014, n. 39.

(3) Lettera introdotta dall'art. 20 , co. 1, lett. e), l. 23.12.2021, n. 238, a decorrere dal 1.2.2022.

Norme connesse:

A. Art. 36, co. 1, l. 5.2.1992, n. 104, *sub* art. 527 c.p.

609 sexies. Ignoranza dell'età della persona offesa [1].

Quando i delitti previsti negli articoli 609-*bis*, 609-*ter*, 609-*quater*, 609-*octies* e 609-*undecies* sono commessi in danno di un minore degli anni diciotto, e quando è commesso il delitto di cui all'articolo 609-*quinquies*, il colpevole non può invocare a propria scusa l'ignoranza dell'età della persona offesa, salvo che si tratti di ignoranza inevitabile [27¹ Cost.].

Evoluzione normativa:

(1) Articolo introdotto dall'art. 4, l. 15.2.1996, n. 66 e così sostituito dall'art. 4, co. 1, lett. t), l. 1.10.2012, n. 172. Il testo previgente così disponeva: «*Quando i delitti previsti negli articoli 609-*bis*, 609-*ter*, 609-*quater* e 609-*octies* sono commessi in danno di persona minore di anni quattordici, nonché nel caso del delitto di cui all'articolo 609-*quinquies*, il colpevole non può invocare, a propria scusa, l'ignoranza dell'età della persona offesa*».

Norme connesse:

A. Artt. 5, 602 quater.

B. Art. 36, co. 1, l. 5.2.1992, n. 104, *sub* art. 527 c.p.

609 septies. Querela di parte [1].

I delitti previsti dagli articoli 609-*bis* e 609-*ter* sono punibili a querela della persona offesa [120] [2].

Salvo quanto previsto dall'articolo 597, terzo comma, il termine per la proposizione della querela è di dodici mesi [3].

La querela proposta è irrevocabile.

Si procede tuttavia d'ufficio:

1) se il fatto di cui all'articolo 609-*bis* è commesso nei confronti di persona che al momento del fatto non ha compiuto gli anni diciotto [4];

2) se il fatto è commesso dall'ascendente, dal genitore, anche adottivo, o dal di lui convivente, dal tutore [346 c.c.] ovvero da altra persona cui il minore è affidato per ragioni di cura, di educazione, di istruzione, di vigilanza o di custodia o che abbia con esso una relazione di convivenza (5);
3) se il fatto è commesso da un pubblico ufficiale [357] o da un incaricato di pubblico servizio [358] nell'esercizio delle proprie funzioni;
4) se il fatto è connesso [12 c.p.p.] con un altro delitto per il quale si deve procedere d'ufficio;
[5) se il fatto è commesso nell'ipotesi di cui all'articolo 609-*quater*, ultimo comma] (6).

Evoluzione normativa:
(1) Articolo introdotto dall'art. 8, l. 15.2.1996, n. 66.
(2) Comma così modificato dall'art. 13, co. 4, lett. a), l. 19.7.2019, n. 69, a decorrere dal 9.8.2019. Il testo previgente così disponeva: «*I delitti previsti dagli articoli 609-*bis, *609-*ter *e 609-*quater *sono punibili a querela della persona offesa*».
(3) Comma così modificato dall'art. 13, co. 4, lett. b), l. 19.7.2019, n. 69, a decorrere dal 9.8.2019. Il testo previgente così disponeva: «*Salvo quanto previsto dall'articolo 597, terzo comma, il termine per la proposizione della querela è di sei mesi*».
(4) Numero così modificato dall'art. 7, l. 6.2.2006, n. 38. Il testo previgente così disponeva: «*1) se il fatto di cui all'articolo 609-*bis *è commesso nei confronti di persona che al momento del fatto non ha compiuto gli anni quattordici;*».
(5) Numero così sostituito dall'art. 7, l. 6.2.2006, n. 38. Il testo previgente così disponeva: «*2) se il fatto è commesso dal genitore, anche adottivo, o dal di lui convivente, dal tutore, ovvero da altra persona cui il minore è affidato per ragioni di cura, di educazione, di istruzione, di vigilanza o di custodia;*».
(6) Numero abrogato dall'art. 13, co. 4, lett. c), l. 19.7.2019, n. 69, a decorrere dal 9.8.2019.

609 octies. Violenza sessuale di gruppo (1).

La violenza sessuale di gruppo consiste nella partecipazione, da parte di più persone riunite, ad atti di violenza sessuale di cui all'articolo 609-*bis*.

Chiunque commette atti di violenza sessuale di gruppo è punito con la reclusione da otto a quattordici anni (2).

Si applicano le circostanze aggravanti previste dall'articolo 609-*ter* (3).

La pena è diminuita per il partecipante la cui opera abbia avuto minima importanza nella preparazione o nella esecuzione del reato [114]. La pena è altresì diminuita per chi sia stato determinato a commettere il reato quando concorrono le condizioni stabilite dai numeri 3) e 4) del primo comma e dal terzo comma dell'articolo 112.

Evoluzione normativa:
(1) Articolo introdotto dall'art. 9, l. 15.2.1996, n. 66.
(2) Comma così modificato dall'art. 13, co. 5, lett. a), l. 19.7.2019, n. 69, a decorrere dal 9.8.2019.
(3) Comma così modificato dall'art. 13, co. 5, lett. b), l. 19.7.2019, n. 69, a decorrere dal 9.8.2019.

Norme connesse:
A. V. norme connesse *sub* art. 609 bis c.p.

609 nonies. Pene accessorie ed altri effetti penali (1).

La condanna o l'applicazione della pena su richiesta delle parti ai sensi dell'articolo 444 del codice di procedura penale per alcuno dei delitti previsti dagli articoli 609-*bis*, 609-*ter*, 609-*quater*, 609-*quinquies*, 609-*octies* e 609-*undecies* comporta:
1) la perdita della responsabilità genitoriale [34], quando la qualità di genitore è elemento costitutivo o circostanza aggravante del reato (2);
2) l'interdizione perpetua da qualsiasi ufficio attinente alla tutela, alla curatela [28, n. 3] e all'amministrazione di sostegno;
3) la perdita del diritto agli alimenti e l'esclusione dalla successione della persona offesa [433, 536 ss., 565 ss. c.c.];
4) l'interdizione temporanea dai pubblici uffici; l'interdizione dai pubblici uffici [28] per la durata di anni cinque in seguito alla condanna alla reclusione da tre a cinque anni, ferma restando, comunque, l'applicazione dell'articolo 29, primo comma quanto all'interdizione perpetua;
5) la sospensione dall'esercizio di una professione o di un'arte [35] (3).

La condanna o l'applicazione della pena su richiesta delle parti a norma dell'articolo 444 del codice di procedura penale, per alcuno dei delitti previsti dagli articoli 609-*bis*, 609-*ter*, 609-*octies* e 609-*undecies*, se commessi nei confronti di persona che non ha compiuto gli anni diciotto, 609-*quater* e 609-*quinquies*, comporta in ogni caso l'interdizione perpetua da qualunque incarico nelle scuole di ogni ordine e grado nonché da ogni ufficio o servizio in istituzioni o in altre strutture pubbliche o private frequentate prevalentemente da minori (4).

La condanna per i delitti previsti dall'articolo 600-*bis*, secondo comma, dall'articolo 609-*bis*, nelle ipotesi aggravate di cui all'articolo 609-*ter*, dagli articoli 609-*quater*, 609-*quinquies* e 609-*octies*, nelle ipotesi aggravate di cui al terzo comma del medesimo articolo, comporta, dopo l'esecuzione della pena e per una durata minima di un anno, l'applicazione delle seguenti misure di sicurezza personali:
1) l'eventuale imposizione di restrizione dei movimenti e della libera circolazione, nonché il divieto di avvicinarsi a luoghi frequentati abitualmente da minori;
2) il divieto di svolgere lavori che prevedano un contatto abituale con minori;
3) l'obbligo di tenere informati gli organi di polizia sulla propria residenza e sugli eventuali spostamenti (5).

Chiunque viola le disposizioni previste dal terzo comma è soggetto alla pena della reclusione fino a tre anni (5).

Evoluzione normativa:
(1) Articolo introdotto dall'art. 10, l. 15.2.1996, n. 66.
(2) Numero così modificato dall'art. 93, co. 1, lett. u), d.lgs. 28.12.2013, n. 154, a decorrere dal 7.2.2014. Il testo previgente così disponeva: «*1) la perdita della potestà del genitore, quando la qualità di genitore è elemento costitutivo o circostanza aggravante del reato;*».
(3) Comma prima modificato dall'art. 8, co. 1, lettere a) e b), l. 6.2.2006, n. 38 e poi così sostituito dall'art. 4, co. 1, lett. u), n. 1), l. 1.10.2012, n. 172. Il testo antecedente alla sostituzione del 2012 così disponeva: «*La condanna o l'applicazione della pena su richiesta delle parti ai sensi dell'articolo 444 del codice di procedura penale per*

alcuno dei delitti previsti dagli articoli 609-bis, *609*-ter, *609*-quater, *609*-quinquies *e 609*-octies *comporta: 1) la perdita della potestà del genitore, quando la qualità di genitore è elemento costitutivo o circostanza aggravante del reato; 2) l'interdizione perpetua da qualsiasi ufficio attinente alla tutela ed alla curatela; 3) la perdita del diritto agli alimenti e l'esclusione dalla successione della persona offesa»*. Il testo antecedente alla modifica del 2006 così disponeva: «*La condanna per alcuno dei delitti previsti dagli articoli 609-bis, 609*-ter, *609*-quater, *609*-quinquies *e 609*-octies *comporta: 1) la perdita della potestà del genitore, quando la qualità di genitore è elemento costitutivo del reato; 2) l'interdizione perpetua da qualsiasi ufficio attinente alla tutela ed alla curatela; 3) la perdita del diritto agli alimenti e l'esclusione dalla successione della persona offesa*».

(4) Comma introdotto dall'art. 8, co. 1, lett. c), l. 6.2.2006, n. 38 e poi così sostituito dall'art. 4, co. 1, lett. u), n. 2), l. 1.10.2012, n. 172. Il testo antecedente alla modifica del 2012 così disponeva: «*La condanna o l'applicazione della pena su richiesta delle parti a norma dell'articolo 444 del codice di procedura penale, per alcuno dei delitti previsti dagli articoli 609*-bis, *609*-ter *e 609*-octies, *se commessi nei confronti di persona che non ha compiuto gli anni diciotto, 609*-quater *e 609*-quinquies, *comporta in ogni caso l'interdizione perpetua da qualunque incarico nelle scuole di ogni ordine e grado nonché da ogni ufficio o servizio in istituzioni o in altre strutture pubbliche o private frequentate prevalentemente da minori*».

(5) Comma introdotto dall'art. 4, co. 1, lett. u), n. 3), l. 1.10.2012, n. 172.

Norme connesse:

A. Art. 36, co. 1, l. 5.2.1992, n. 104, *sub* art. 527 c.p.

609 decies. Comunicazione al tribunale per i minorenni [1].

Quando si procede per taluno dei delitti previsti dagli articoli 600, 600-bis, 600-ter, 600-quinquies, 601, 602, 609-bis, 609-ter, 609-quinquies, 609-octies e 609-undecies commessi in danno di minorenni, ovvero per il delitto previsto dall'articolo 609-quater o per i delitti previsti dagli articoli 572 e 612-bis, se commessi in danno di un minorenne o da uno dei genitori di un minorenne in danno dell'altro genitore, il procuratore della Repubblica ne dà notizia al procuratore della Repubblica presso il tribunale per i minorenni [2].

Qualora riguardi taluno dei delitti previsti dagli articoli 572, 609-*ter* e 612-*bis*, commessi in danno di un minorenne o da uno dei genitori di un minorenne in danno dell'altro genitore, la comunicazione di cui al primo comma si considera effettuata anche ai fini dell'adozione dei provvedimenti di cui agli articoli 155 e seguenti, nonché 330 e 333 del codice civile [3].

Nei casi previsti dal primo comma, l'assistenza affettiva e psicologica della persona offesa minorenne è assicurata, in ogni stato e grado del procedimento, dalla presenza dei genitori o di altre persone idonee indicate dal minorenne, nonché di gruppi, fondazioni, associazioni od organizzazioni non governative di comprovata esperienza nel settore dell'assistenza e del supporto alle vittime dei reati di cui al primo comma e iscritti in apposito elenco dei soggetti legittimati a tale scopo, con il consenso del minorenne, e ammessi dall'autorità giudiziaria che procede [4].

In ogni caso al minorenne è assicurata l'assistenza dei servizi minorili dell'Amministrazione della giustizia e dei servizi istituiti dagli enti locali.

Dei servizi indicati nel terzo comma si avvale altresì l'autorità giudiziaria in ogni stato e grado del procedimento.

Evoluzione normativa:

(1) Articolo introdotto dall'art. 11, l. 15.2.1996, n. 66.

(2) Comma prima modificato dall'art. 13, l. 3.8.1998, n. 269, dall'art. 15, l. 11.8.2003, n. 228 e dall'art. 3, co. 19, lett. c), l. 15.7.2009, n. 94, poi sostituito dall'art. 4, co. 1, lett. v), n. 1), l. 1.10.2012, n. 172 e, poi, così modificato dall'art. 1, co. 2 bis, lett. a), d.l. 14.8.2013, n. 93, conv., con modif., con l. 15.8.2013, n. 119 e dall'art. 7, co. 1 bis, l. 15.9.2023, n. 123, conv., con modif., con l. 13.11.2023, n. 159, a decorrere dal 15.11.2023. Il testo antecedente alla modifica disposta con d.l. n. 123/2023 così disponeva: «*Quando si procede per taluno dei delitti previsti dagli articoli 600, 600*-bis, *600-ter, 600*-quinquies, *601, 602, 609*-bis, *609*-ter, *609*-quinquies, *609*-octies *e 609*-undecies *commessi in danno di minorenni, ovvero per il delitto previsto dall'articolo 609*-quater *o per i delitti previsti dagli articoli 572 e 612*-bis, *se commessi in danno di un minorenne o da uno dei genitori di un minorenne in danno dell'altro genitore, il procuratore della Repubblica ne dà notizia al tribunale per i minorenni.*».

Il testo antecedente alla modifica disposta con d.l. n. 93/2013 così disponeva: «*Quando si procede per taluno dei delitti previsti dagli articoli 600, 600*-bis, *600-ter, 600*-quinquies, *601, 602, 609-bis, 609-ter, 609*-quinquies, *609*-octies *e 609*-undecies *commessi in danno di minorenni, ovvero per il delitto previsto dall'articolo 609-quater, il procuratore della Repubblica ne dà notizia al tribunale per i minorenni.*».

Il testo antecedente alla sostituzione disposta con l. n. 172/2012 così disponeva: «*Quando si procede per alcuno dei delitti previsti dagli articoli 600, 600*-bis, *600*-ter, *600*-quinquies, *600*-octies, *601, 602, 609*-bis, *609*-ter, *609*-quinquies *e 609*-octies *commessi in danno di minorenni, ovvero per il delitto previsto dall'articolo 609*-quater, *il procuratore della Repubblica ne dà notizia al tribunale per i minorenni.*».

Il testo antecedente alla modifica disposta con l. n. 94/2009 così disponeva: «*Quando si procede per alcuno dei delitti previsti dagli articoli 600, 600*-bis, *600*-ter, *600*-quinquies, *601, 602, 609*-bis, *609*-ter, *609*-quinquies *e 609*-octies *commessi in danno di minorenni, ovvero per il delitto previsto dall'articolo 609*-quater, *il procuratore della Repubblica ne dà notizia al tribunale per i minorenni.*».

Il testo antecedente alla modifica disposta con l. n. 228/2003 così disponeva: «*Quando si procede per alcuno dei delitti previsti dagli articoli 600*-bis, *600*-ter, *600*-quinquies, *609*-bis, *609*-ter, *609*-quinquies *e 609*-octies *commessi in danno di minorenni, ovvero per il delitto previsto dall'articolo 609*-quater, *il procuratore della Repubblica ne dà notizia al tribunale per i minorenni.*».

Il testo antecedente alla modifica disposta con l. n. 269 del 1998 così disponeva: «*Quando si procede per alcuno dei delitti previsti dagli articoli 609*-bis, *609*-ter, *609*-quinquies *e 609*-octies *commessi in danno di minorenni, ovvero per il delitto previsto dall'articolo 609*-quater, *il procuratore della Repubblica ne dà notizia al tribunale per i minorenni.*».

(3) Comma introdotto dall'art. 1, co. 2 bis, lett. b), d.l. 14.8.2013, n. 93, conv., con modif., con l. 15.8.2013, n. 119.

(4) Comma così sostituito dall'art. 4, co. 1, lett. v), n. 2), l. 1.10.2012, n. 172. Il testo previgente così disponeva: «*Nei casi previsti dal primo comma l'assistenza affettiva e psicologica della persona offesa minorenne è assicurata, in ogni stato e grado del procedimento, dalla presenza dei genitori o di altre persone idonee indicate dal minorenne e ammesse dall'autorità giudiziaria che procede*».

609 undecies. Adescamento di minorenni [1].

Chiunque, allo scopo di commettere i reati di cui agli articoli 600, 600-*bis*, 600-*ter* e 600-*quater*, anche se relativi al materiale pornografico di cui all'articolo 600-*quater*.1, 600-*quinquies*, 609-*bis*, 609-*quater*, 609-*quinquies* e 609-*octies*, adesca un minore di anni sedici, è punito, se il fatto non costituisce più grave reato, con la reclusione da uno a tre anni. Per adescamento si intende qualsiasi atto volto a carpire la fiducia del minore attraverso artifici, lusinghe o minacce posti in essere anche mediante l'utilizzo della rete internet o di altre reti o mezzi di comunicazione.

La pena è aumentata:
1) se il reato è commesso da più persone riunite;
2) se il reato è commesso da persona che fa parte di un'associazione per delinquere e al fine di agevolarne l'attività;
3) se dal fatto, a causa della reiterazione delle condotte, deriva al minore un pregiudizio grave;
4) se dal fatto deriva pericolo di vita per il minore (2).

Evoluzione normativa:
(1) Articolo introdotto dall'art. 4, co. 1, lett. v), n. 2), l. 1.10.2012, n. 172.
(2) Comma introdotto dall'art. 20, co. 1, lett. f), l. 23.12.2021, n. 238, a decorrere dal 1.2.2022.

Norme connesse:
A. Art. 25 quinquies, d.lgs. 8.6.2001, n. 231 (in *Normativa complementare*, voce *Economia (diritto penale della), Enti*).

609 duodecies. Circostanze aggravanti (1).

Le pene per i reati di cui agli articoli 609-*bis*, 609-*quater*, 609-*quinquies*, 609-*octies* e 609-*undecies*, sono aumentate in misura non eccedente la metà nei casi in cui gli stessi siano compiuti con l'utilizzo di mezzi atti ad impedire l'identificazione dei dati di accesso alle reti telematiche.

Evoluzione normativa:
(1) Articolo introdotto dall'art. 1, co. 4, d.lgs. 4.3.2014, n. 39.

Norme connesse:
A. Artt. 416^{7}, 600 septies, 604, 609 sexies, 609 novies, 609 decies, 609 duodecies c.p.; 190 bis, 266$^{1 fbis}$, 351^{1ter}, 362^{1bis}, 392^{1bis}, 398, 498^{4quater} c.p.p.

Sezione III
Dei delitti contro la libertà morale

610. Violenza privata.

Chiunque, con violenza o minaccia [612], costringe altri a fare, tollerare od omettere qualche cosa è punito con la reclusione fino a quattro anni.

La pena è aumentata se concorrono le condizioni prevedute dall'articolo 339.

Il delitto è punibile a querela della persona offesa [120]. Si procede tuttavia d'ufficio se il fatto è commesso nei confronti di persona incapace, per età o per infermità, ovvero se ricorre la circostanza di cui al secondo comma (1).

Evoluzione normativa:
(1) Comma introdotto dall'art. 2, co. 1, lett. e), d.lgs. 10.10.2022, n. 150, a decorrere dal 30.12.2022.

Norme connesse:
A. Art. 71, co. 1, d.lgs. 6.11.2011, n. 159 (in *Normativa complementare*, voce *Criminalità organizzata e transnazionale, Misure patrimoniali*).
B. Art. 36, co. 1, l. 5.2.1992, n. 104, *sub* art. 527 c.p.
C. Art. 1, l. 25.3.1985, n. 107 (in *Normativa complementare*, voce *Reati contro le persone internazionalmente protette*).
D. Art. 3, d.l. 14.8.2013, n. 93 d.l. 14.8.2013, n. 93, conv., con modif., con l. 15.10.2013, n. 119 (in *Normativa complementare*, voce *Violenza di genere*)

611. Violenza o minaccia per costringere a commettere un reato.

Chiunque usa violenza o minaccia per costringere o determinare altri a commettere un fatto costituente reato è punito con la reclusione fino a cinque anni.

La pena è aumentata se concorrono le condizioni prevedute dall'articolo 339.

Norme connesse:
A. Art. 71, co. 1, d.lgs. 6.11.2011, n. 159: «*Le pene stabilite per i delitti previsti in questo articolo sono aumentate da un terzo alla metà se il fatto è commesso da persona sottoposta con provvedimento definitivo ad una misura di prevenzione personale durante il periodo previsto di applicazione e sino a tre anni dal momento in cui ne è cessata l'esecuzione*».
B. Art. 36, co. 1, l. 5.2.1992, n. 104, *sub* art. 527 c.p.

612. Minaccia.

Chiunque minaccia ad altri un ingiusto danno è punito, a querela della persona offesa [120; c.p.p 336], con la multa fino a euro 1.032 (1) (4).

Se la minaccia è grave, o è fatta in uno dei modi indicati nell'articolo 339, la pena è della reclusione fino a un anno (2).

Si procede d'ufficio se la minaccia è fatta in uno dei modi indicati nell'articolo 339, ovvero se la minaccia è grave e ricorrono circostanze aggravanti ad effetto speciale diverse dalla recidiva, ovvero se la persona offesa è incapace, per età o per infermità (3).

Evoluzione normativa:
(1) Comma così modificato, da ultimo, ai sensi dell'art. 113, l. 24.11.1981, n. 689 e, poi, dall'art. 1, co. 2 ter, d.l. 14.8.2013, n. 93, conv., con modif., con l. 15.10.2013, n. 119. Il testo di questo comma, prima della modifica del 2013, così disponeva: «*Chiunque minaccia ad altri un ingiusto danno è punito, a querela della persona offesa, con la multa fino a euro 51*».
(2) Comma così modificato dall'art. 1, co. 1, lett. a), d.lgs. 10.4.2018, n. 36, a decorrere dal 9.5.2018. Il testo previgente così disponeva: «*Se la minaccia è grave, o è fatta in uno dei modi indicati nell'articolo 339, la pena è della reclusione fino a un anno e si procede d'ufficio*».
(3) Comma introdotto dall'art. 1, co. 1, lett. b), d.lgs. 10.4.2018, n. 36, a decorrere dal 9.5.2018 e, poi, così modificato dall'art. 2, co. 1, lett. f), d.lgs. 10.10.2022, n. 150, a decorrere dal 30.12.2022.
Il testo previgente così disponeva: «*Si procede d'ufficio se la minaccia è fatta in uno dei modi indicati nell'articolo 339.*».
(4) Sulla procedibilità d'ufficio per il reato previsto dal presente comma vedi l'art. 3, co. 5 quinquies, d.l. 14.8.2013, n. 93, conv., con modif., con l. 15.10.2013, n. 119, come modificato dall'art. 1, co. 1, lett. c), l. 24.11.2023, n. 168.

Norme connesse:
A. Art. 612 bis c.p.
B. Art. 71, co. 1, d.lgs. 6.11.2011, n. 159 (in *Normativa complementare*, voce *Criminalità organizzata e transnazionale, Misure patrimoniali*).
C. Art. 36, co. 1, l. 5.2.1992, n. 104, *sub* art. 527 c.p.
D. Art. 1, l. 25.3.1985, n. 107 (in *Normativa complementare*, voce *Reati contro le persone internazionalmente protette*).

612 bis. Atti persecutori (1).

Salvo che il fatto costituisca più grave reato, è punito con la reclusione da un anno a sei anni e sei mesi chiunque, con condotte reiterate, minaccia [612] o molesta [660] taluno in modo da cagionare un perdurante e grave stato di ansia o di paura ovvero da ingenerare un fondato timore per l'incolumità propria o di un prossimo congiunto o di persona al medesimo legata da relazione affettiva ovvero da costringere lo stesso ad alterare le proprie abitudini di vita [576, n. 5.1; 282 ter, 392^{1bis}, 398^{5bis}, 498^{4ter} c.p.p.] (2).

La pena è aumentata se il fatto è commesso dal coniuge, anche separato o divorziato, o da persona che è o è stata legata da relazione affettiva alla persona offesa [572] ovvero se il fatto è commesso attraverso strumenti informatici o telematici [612 ter[3]] (3).

La pena è aumentata fino alla metà se il fatto è commesso a danno di un minore, di una donna in stato di gravidanza o di una persona con disabilità di cui all'articolo 3 della legge 5 febbraio 1992, n. 104, ovvero con armi [585] o da persona travisata [266[1fquater], 275[2bis], 351[1ter], 362[1bis], 380[2-1ter], 398, 415bis[1], 498[4quater] c.p.p.].

Il delitto è punito a querela della persona offesa [120]. Il termine per la proposizione della querela è di sei mesi. La remissione della querela può essere soltanto processuale. La querela è comunque irrevocabile se il fatto è stato commesso mediante minacce reiterate nei modi di cui all'articolo 612, secondo comma. Si procede tuttavia d'ufficio se il fatto è commesso nei confronti di un minore o di una persona con disabilità di cui all'articolo 3 della legge 5 febbraio 1992, n. 104, nonché quando il fatto è connesso con altro delitto per il quale si deve procedere d'ufficio (4).

Evoluzione normativa:

(1) Articolo introdotto dall'art. 7, d.l. 23.2.2009, n. 11, conv., con modif., con l. 23.4.2009, n. 38.

(2) Comma così modificato dall'art. 1 bis, co. 1, d.l. 1.7.2013, n. 78, conv., con modif., con l. 9.8.2013, n. 94, e, poi, dall'art. 9, co. 3, l. 19.7.2019, n. 69, a decorrere dal 9.8.2019. Il testo i antecedente alla modifica del 2019 così disponeva: «*Salvo che il fatto costituisca più grave reato, è punito con la reclusione da sei mesi a cinque anni chiunque, con condotte reiterate, minaccia o molesta taluno in modo da cagionare un perdurante e grave stato di ansia o di paura ovvero da ingenerare un fondato timore per l'incolumità propria o di un prossimo congiunto o di persona al medesimo legata da relazione affettiva ovvero da costringere lo stesso ad alterare le proprie abitudini di vita*». Il testo antecedente alla modifica del 2013 così disponeva: «*Salvo che il fatto costituisca più grave reato, è punito con la reclusione da sei mesi a quattro anni chiunque, con condotte reiterate, minaccia o molesta taluno in modo da cagionare un perdurante e grave stato di ansia o di paura ovvero da ingenerare un fondato timore per l'incolumità propria o di un prossimo congiunto o di persona al medesimo legata da relazione affettiva ovvero da costringere lo stesso ad alterare le proprie abitudini di vita*».

(3) Comma così sostituito dall'art. 1, co. 3, lett. a), d.l. 14.8.2013, n. 93, conv., con modif., con l. 15.10.2013, n. 119. Il testo di questo comma, prima della conversione in legge del d.l. n. 93/2013, così disponeva: «*La pena è aumentata se il fatto è commesso dal coniuge anche separato o divorziato o da persona che sia stata legata da relazione affettiva alla persona offesa ovvero se il fatto è commesso attraverso strumenti informatici o telematici*». Il testo, prima del d.l. n. 93/2013, così disponeva: «*La pena è aumentata se il fatto è commesso dal coniuge legalmente separato o divorziato o da persona che sia stata legata da relazione affettiva alla persona offesa*».

(4) Comma così modificato dall'art. 1, co. 3, lett. b), d.l. 14.8.2013, n. 93, conv., con modif., con l. 15.10.2013, n. 119. Il testo di questo comma, antecedente alla conversione in legge del d.l. n. 93/2013, così disponeva: «*Il delitto è punito a querela della persona offesa. Il termine per la proposizione della querela è di sei mesi. La querela proposta è irrevocabile. Si procede tuttavia d'ufficio se il fatto è commesso nei confronti di un minore o di una persona con disabilità di cui all'articolo 3 della legge 5.2.1992, n. 104, nonché quando il fatto è connesso con altro delitto per il quale si deve procedere d'ufficio*». Il testo, prima del d.l. n. 93/2013, così disponeva: «*Il delitto è punito a querela della persona offesa. Il termine per la proposizione della querela è di sei mesi. Si procede tuttavia d'ufficio se il fatto è commesso nei confronti di un minore o di una persona con disabilità di cui all'articolo 3 della legge 5.2.1992, n. 104, nonché quando il fatto è connesso con altro delitto per il quale si deve procedere d'ufficio*».

Norme connesse:

A. Art. 387 bis, 576[1], n. 51.1, 612 ter c.p.; art. 387 bis c.p.p.

B. Art. 8, 11, e 12 d.l. 23.2.2009, n. 11, conv., con modif., con l. 23.4.2009, n. 38 *(in Normativa complementare, voce Violenza di genere)*.

C. Art. 36, co. 1, l. 5.2.1992, n. 104, *sub* art. 527 c.p.

D. Art. 85, co. 2 ter, d.lgs. 10.10.2022, n. 150 (v. norme connesse *sub* 609 bis).

612 ter. Diffusione illecita di immagini o video sessualmente espliciti (1).

Salvo che il fatto costituisca più grave reato, chiunque, dopo averli realizzati o sottratti, invia, consegna, cede, pubblica o diffonde immagini o video a contenuto sessualmente esplicito, destinati a rimanere privati, senza il consenso delle persone rappresentate, è punito con la reclusione da uno a sei anni e con la multa da euro 5.000 a euro 15.000.

La stessa pena si applica a chi, avendo ricevuto o comunque acquisito le immagini o i video di cui al primo comma, li invia, consegna, cede, pubblica o diffonde senza il consenso delle persone rappresentate al fine di recare loro nocumento.

La pena è aumentata se i fatti sono commessi dal coniuge, anche separato o divorziato, o da persona che è o è stata legata da relazione affettiva alla persona offesa ovvero se i fatti sono commessi attraverso strumenti informatici o telematici.

La pena è aumentata da un terzo alla metà se i fatti sono commessi in danno di persona in condizione di inferiorità fisica o psichica o in danno di una donna in stato di gravidanza.

Il delitto è punito a querela della persona offesa. Il termine per la proposizione della querela è di sei mesi. La remissione della querela può essere soltanto processuale. Si procede tuttavia d'ufficio nei casi di cui al quarto comma, nonché quando il fatto è connesso con altro delitto per il quale si deve procedere d'ufficio.

Evoluzione normativa:

(1) Articolo introdotto dall'art. 10, co. 1, l. 19.7.2019, n. 69, a decorrere dal 9.8.2019.

Norme connesse:

A. Art. 85, co. 2 ter, d.lgs. 10.10.2022, n. 150, v. norme connesse *sub* 609 bis.

B. Art 167 D.Lgs. 30 giugno 2003, n. 196 (in *Normativa complementare*, voce *Privacy (diritto penale della)*).

613. Stato di incapacità procurato mediante violenza.

Chiunque, mediante suggestione ipnotica o in veglia, o mediante somministrazione di sostanze alcooliche o stupefacenti, o con qualsiasi altro mezzo, pone una persona, senza il consenso di lei, in stato d'incapacità d'intendere o di volere [85], è punito con la reclusione fino a un anno [628[3], n. 2, 690, 691, 728].

Il consenso dato dalle persone indicate nell'ultimo capoverso dell'articolo 579 non esclude la punibilità.

La pena è della reclusione fino a cinque anni:

1. se il colpevole ha agito col fine di far commettere un reato [86];
2. se la persona resa incapace commette, in tale stato, un fatto preveduto dalla legge come delitto [111, 112].

Norme connesse:

A. Art. 36, co. 1, l. 5.2.1992, n. 104, *sub* art. 527 c.p.

613 bis. Tortura (1).

Chiunque, con violenze o minacce gravi, ovvero agendo con crudeltà [61, n. 4], cagiona acute sofferenze fisiche o un verificabile trauma psichico a una persona privata della libertà personale o affidata alla sua custodia, potestà, vigilanza, controllo, cura o assistenza, ovvero che si trovi in condizioni di minorata difesa [61, n. 5], è punito con la pena della reclusione da quattro a dieci anni se il fatto è commesso mediante più condotte ovvero se comporta un trattamento inumano e degradante per la dignità della persona [Cost. 13^4; CEDU 3].

Se i fatti di cui al primo comma sono commessi da un pubblico ufficiale [357] o da un incaricato di un pubblico servizio [358], con abuso dei poteri o in violazione dei doveri inerenti alla funzione o al servizio, la pena è della reclusione da cinque a dodici anni.

Il comma precedente non si applica nel caso di sofferenze risultanti unicamente dall'esecuzione di legittime misure privative o limitative di diritti.

Se dai fatti di cui al primo comma deriva una lesione personale [582] le pene di cui ai commi precedenti sono aumentate; se ne deriva una lesione personale grave [583^1] sono aumentate di un terzo e se ne deriva una lesione personale gravissima [583^2] sono aumentate della metà.

Se dai fatti di cui al primo comma deriva la morte quale conseguenza non voluta [586], la pena è della reclusione di anni trenta. Se il colpevole cagiona volontariamente la morte [575], la pena è dell'ergastolo.

Evoluzione normativa:

(1) Articolo introdotto dall'art. 1, co. 1, l. 14.7.2017, n. 110, a decorrere dal 18.7.2017.

Norme connesse:

A. Art. 608 c.p.

B. Art. 1, *Convenzione contro la tortura e altre pene o trattamenti crudeli, inumani o degradanti*, conclusa a New York il 10.12.1984: «*1. Ai fini della presente Convenzione, il termine «tortura» designa qualsiasi atto con il quale sono inflitti a una persona dolore o sofferenze acute, fisiche o psichiche, segnatamente al fine di ottenere da questa o da una terza persona informazioni o confessioni, di punirla per un atto che ella o una terza persona ha commesso o è sospettata di aver commesso, di intimidirla od esercitare pressioni su di lei o di intimidire od esercitare pressioni su una terza persona, o per qualunque altro motivo basato su una qualsiasi forma di discriminazione, qualora tale dolore o tali sofferenze siano inflitti da un funzionario pubblico o da qualsiasi altra persona che agisca a titolo ufficiale, o sotto sua istigazione, oppure con il suo consenso espresso o tacito. Tale termine non si estende al dolore o alle sofferenze derivanti unicamente da sanzioni legittime, ad esse inerenti o da esse provocate. 2. Il presente articolo lascia impregiudicato ogni strumento internazionale e ogni legge nazionale che contiene o può contenere disposizioni di portata più ampia*».

C. Art. 3 CEDU (in *Principi fondamentali*).

613 ter. Istigazione del pubblico ufficiale a commettere tortura (1).

Il pubblico ufficiale o l'incaricato di un pubblico servizio il quale, nell'esercizio delle funzioni o del servizio, istiga [115] in modo concretamente idoneo altro pubblico ufficiale o altro incaricato di un pubblico servizio a commettere il delitto di tortura, se l'istigazione non è accolta ovvero se l'istigazione è accolta ma il delitto non è commesso, è punito con la reclusione da sei mesi a tre anni.

Evoluzione normativa:

(1) Articolo introdotto dall'art. 1, co. 1, l. 14.7.2017, n. 110, a decorrere dal 18.7.2017.

Sezione IV
Dei delitti contro la inviolabilità del domicilio

614. Violazione di domicilio.

Chiunque s'introduce nell'abitazione altrui, o in un altro luogo di privata dimora, o nelle appartenenze di essi, contro la volontà espressa o tacita di chi ha il diritto di escluderlo, ovvero vi s'introduce clandestinamente o con inganno, è punito con la reclusione da uno a quattro anni [14 Cost.; 52^{2-3}] (1).

Alla stessa pena soggiace chi si trattiene nei detti luoghi contro l'espressa volontà di chi ha il diritto di escluderlo, ovvero vi si trattiene clandestinamente o con inganno.

La pena è da due a sei anni se il fatto è commesso con violenza sulle cose [392^2], o alle persone, ovvero se il colpevole è palesemente armato [585] (2).

Il delitto è punibile a querela della persona offesa [120]. Si procede, tuttavia, d'ufficio quando il fatto è commesso con violenza alle persone, ovvero se il colpevole è palesemente armato [585] o se il fatto è commesso con violenza sulle cose [392^2] nei confronti di persona incapace, per età o per infermità (3).

Riferimenti storici:

Art. 157 Codice Zanardelli: «*Chiunque arbitrariamente s'introduce o si trattiene nell'abitazione altrui o nelle appartenenze di essa contro il divieto di chi abbia il diritto di escluderlo, ovvero vi s'introduce o vi si trattiene clandestinamente o con inganno, è punito con la reclusione da uno a trenta mesi.*
Se il delitto sia commesso di notte, o con violenza verso la persona, o con armi, o da più persone riunite, la reclusione è da uno a cinque anni.
Non si procede che a querela di parte».

Evoluzione normativa:

(1) Comma così modificato dall'art. 3, co. 24, l. 15.7.2009, n. 94 e, poi, dall'art. 4, co. 1, lett. a), l. 26.4.2019, n. 36, a decorrere dal 18.5.2019. Il testo antecedente alla modifica disposta con l. n. 36/2019 così disponeva: «*Chiunque s'introduce nell'abitazione altrui, o in un altro luogo di privata dimora, o nelle appartenenze di essi, contro la volontà espressa o tacita di chi ha il diritto di escluderlo, ovvero vi s'introduce clandestinamente o con inganno, è punito con la reclusione da sei mesi a tre anni*». Il testo antecedente alla modifica disposta con l. n. 94/2009 così disponeva: «*Chiunque s'introduce nell'abitazione altrui, o in un altro luogo di privata dimora, o nelle appartenenze di essi, contro la volontà espressa o tacita di chi ha il diritto di escluderlo, ovvero vi s'introduce clandestinamente o con inganno, è punito con la reclusione fino a tre anni*».

(2) Comma così sostituito dall'art. 2, co. 1, lett. g), n. 1), d.lgs. 10.10.2022, n. 150, a decorrere dal 30.12.2022.
Il testo previgente così disponeva: «*Il delitto è punibile a querela della persona offesa.*».

(3) Comma modificato dall'art. 4, co. 1, lett. b), l. 26.4.2019, n. 36, a decorrere dal 18.5.2019, e, poi, così sostituito dall'art. 2 co. 1, lett. g), n. 2), d.lgs. 10.10.2022, n. 150, a decorrere dal 30.12.2022.
Il testo antecedente alla sostituzione disposta con d.lgs. n. 150/2022 così disponeva: «*La pena è da due a sei anni, e si procede d'ufficio, se il fatto è commesso con violenza sulle cose, o alle persone, ovvero se il colpevole è palesemente armato.*».

Il testo antecedente alla modifica disposta con l. n. 36/2019 così disponeva: «*La pena è da uno a cinque anni, e si procede d'ufficio, se il fatto è commesso con violenza sulle cose, o alle persone, ovvero se il colpevole è palesemente armato.*».

Norme connesse:

A. 615, 615 bis; 624 bis, 628[3] n. 3 bis c.p.

A. Art. 36, co. 1, l. 5.2.1992, n. 104, *sub* art. 527 c.p.

B. Art. 3 4. d.l. 14.8.2013, n. 93, conv., con modif., in l. 15.10.2013, n. 119 (in *Normativa complementare*, voce *Violenza di genere*).

C. Art. 1, l. 25.3.1985, n. 107 (in *Normativa complementare*, voce *Diritto penale internazionale, Convenzioni internazionali*).

615. Violazione di domicilio commessa da un pubblico ufficiale.

Il pubblico ufficiale [357], che, abusando dei poteri inerenti alle sue funzioni, s'introduce o si trattiene nei luoghi indicati nell'articolo precedente, è punito con la reclusione da uno a cinque anni [14 Cost].

Se l'abuso consiste nell'introdursi nei detti luoghi senza l'osservanza delle formalità prescritte dalla legge, la pena è della reclusione fino a un anno [14[2-3] Cost].

Nel caso previsto dal secondo comma il delitto è punibile a querela della persona offesa [(1)].

Evoluzione normativa:

(1) Comma introdotto dall'art. 2, co. 1, d.lgs. 10.4.2018, n. 36, a decorrere dal 9.5.2018.

Norme connesse:

A. Art. 36, co. 1, l. 5.2.1992, n. 104, *sub* art. 527 c.p.

615 bis. Interferenze illecite nella vita privata [(1)].

Chiunque mediante l'uso di strumenti di ripresa visiva o sonora, si procura indebitamente notizie o immagini attinenti alla vita privata svolgentesi nei luoghi indicati nell'articolo 614, è punito con la reclusione da sei mesi a quattro anni.

Alla stessa pena soggiace, salvo che il fatto costituisca più grave reato, chi rivela o diffonde, mediante qualsiasi mezzo di informazione al pubblico, le notizie o le immagini ottenute nei modi indicati nella prima parte di questo articolo.

I delitti sono punibili a querela della persona offesa [120]; tuttavia si procede d'ufficio e la pena è della reclusione da uno a cinque anni se il fatto è commesso da un pubblico ufficiale [357] o da un incaricato di un pubblico servizio [358], con abuso dei poteri o con violazione dei doveri inerenti alla funzione o servizio [61, n. 9], o da chi esercita anche abusivamente la professione di investigatore privato.

Evoluzione normativa:

(1) Articolo introdotto dall'art. 1, l. 8.4.1974, n. 98.

Norme connesse:

A. Art. 36, co. 1, l. 5.2.1992, n. 104, *sub* art. 527 c.p.

615 ter. Accesso abusivo ad un sistema informatico o telematico [(1)].

Chiunque abusivamente si introduce in un sistema informatico o telematico [392[3], 615 quater, 615 quinquies, 617 quater, 617 quinquies, 617 sexies, 635 quater, 635 quinquies, 640 ter] protetto da misure di sicurezza ovvero vi si mantiene contro la volontà espressa o tacita di chi ha il diritto di escluderlo [614], è punito con la reclusione fino a tre anni.

La pena è della reclusione da uno a cinque anni:

1) se il fatto è commesso da un pubblico ufficiale [357] o da un incaricato di un pubblico servizio [358], con abuso dei poteri o con violazione dei doveri inerenti alla funzione o al servizio [61, n. 9] , o da chi esercita anche abusivamente la professione di investigatore privato, o con abuso della qualità di operatore del sistema;
2) se il colpevole per commettere il fatto usa violenza sulle cose [392[2]] o alle persone, ovvero se è palesemente armato [585];
3) se dal fatto deriva la distruzione o il danneggiamento del sistema [635 quater] o l'interruzione totale o parziale del suo funzionamento, ovvero la distruzione o il danneggiamento dei dati, delle informazioni o dei programmi in esso contenuti 635 bis].

Qualora i fatti di cui ai commi primo e secondo riguardino sistemi informatici o telematici di interesse militare o relativi all'ordine pubblico o alla sicurezza pubblica o alla sanità o alla protezione civile o comunque di interesse pubblico, la pena è, rispettivamente, della reclusione da uno a cinque anni e da tre a otto anni.

Nel caso previsto dal primo comma il delitto è punibile a querela della persona offesa [120]; negli altri casi si procede d'ufficio.

Evoluzione normativa:

(1) Articolo introdotto dall'art. 4, l. 23.12.1993, n. 547.

Norme connesse:

A. Art. 36, co. 1, l. 5.2.1992, n. 104, *sub* art. 527 c.p.

B. Art. 24 bis, d.lgs. 8.6.2001, n. 231 (in *Normativa complementare*, voce *Economia (diritto penale della), Enti*).

615 quater. Detenzione, diffusione e installazione abusiva di apparecchiature, codici e altri mezzi atti all'accesso a sistemi informatici o telematici [(1) (2)].

Chiunque, al fine di procurare a sé o ad altri un profitto o di arrecare ad altri un danno, abusivamente si procura, detiene, produce, riproduce, diffonde, importa, comunica, consegna, mette in altro modo a disposizione di altri o installa apparati, strumenti, parti di apparati o di strumenti, codici, parole chiave o altri mezzi idonei all'accesso ad un sistema informatico o telematico [392[3], 615 ter, 615 quinquies, 617 quater, 617 quinquies, 617 sexies, 635 quater, 635 quinquies, 640 ter], protetto da misure di sicurezza, o comunque fornisce indicazioni o istruzioni idonee al predetto scopo, è punito con la reclusione sino a due anni e con la multa sino a euro 5.164 [(3)].

La pena è della reclusione da uno a tre anni e della multa da euro 5.164 a euro 10.329 se ricorre taluna delle circostanze di cui al quarto comma dell'articolo 617-quater [(4)].

Evoluzione normativa:

(1) Articolo introdotto dall'art. 4, l. 23.12.1993, n. 547.

(2) Rubrica così sostituita dall'art. 19, co. 1, lett. c), l. 23.12.2021, n. 238, a decorrere dal 1.2.2022.

Il testo della rubrica, precedente a quest'ultima modifica, così recava: «*Detenzione e diffusione abusiva di codici di accesso a sistemi informatici o telematici*».

(3) Comma così modificato dall'art. 19, co. 1, lett. a), l. 23.12.2021, n. 238, a decorrere dal 1.2.2022.
Il testo previgente così disponeva: «*Chiunque, al fine di procurare a sé o ad altri un profitto o di arrecare ad altri un danno, abusivamente si procura, riproduce, diffonde, comunica o consegna codici, parole chiave o altri mezzi idonei all'accesso ad un sistema informatico o telematico, protetto da misure di sicurezza, o comunque fornisce indicazioni o istruzioni idonee al predetto scopo, è punito con la reclusione sino ad un anno e con la multa sino a euro 5.164.*».

(4) Comma così modificato dall'art. 19, co. 1, lett. b), l. 23.12.2021, n. 238, a decorrere dal 1.2.2022.

Norme connesse:

A. Art. 36, co. 1, l. 5.2.1992, n. 104, *sub* art. 527 c.p.
B. Art. 24 bis, d.lgs. 8.6.2001, n. 231 (in *Normativa complementare*, voce *Economia (diritto penale della), Enti*).
C. Art. 36, co. 1, l. 5.2.1992, n. 104 (in *Normativa complementare*, voce *Terrorismo internazionale*)

615 quinquies. Detenzione, diffusione di apparecchiature, dispositivi o programmi informatici diretti a danneggiare o interrompere un sistema informatico o telematico (1) (2)**.**

Chiunque, allo scopo di danneggiare illecitamente un sistema informatico o telematico [392³, 615 ter, 615 quater, 617 quater, 617 quinquies, 617 sexies, 635 quater, 635 quinquies, 640 ter], le informazioni, i dati o i programmi in esso contenuti o ad esso pertinenti ovvero di favorire l'interruzione, totale o parziale, o l'alterazione del suo funzionamento, abusivamente si procura, detiene, produce, riproduce, importa, diffonde, comunica, consegna o, comunque, mette in altro modo a disposizione di altri o installa apparecchiature, dispositivi o programmi informatici, è punito con la reclusione fino a due anni e con la multa sino a euro 10.329 (3).

Evoluzione normativa:

(1) Articolo introdotto dall'art. 4, l. 23.12.1993, n. 547, che modifica ed integra le norme del codice penale e del codice di procedura penale in tema di criminalità informatica, e poi così sostituito dall'art. 4, l. 18.3.2008, n. 48, che ha ratificato la Convenzione del Consiglio d'Europa sulla criminalità informatica. Il testo previgente così disponeva: «*Diffusione di programmi diretti a danneggiare o interrompere un sistema informatico.*
Chiunque diffonde, comunica o consegna un programma informatico da lui stesso o da altri redatto, avente per scopo o per effetto il danneggiamento di un sistema informatico o telematico, dei dati o dei programmi in esso contenuti o ad esso pertinenti, ovvero l'interruzione, totale o parziale, o l'alterazione del suo funzionamento, è punito con la reclusione sino a due anni e con la multa sino a euro 10.329».

(2) Rubrica così modificata dall'art. 19, co. 2, lett. b), l. 23.12.2021, n. 238, a decorrere dal 1.2.2022. Il testo della rubrica, precedente a quest'ultima modifica, così recava: «*Diffusione di apparecchiature, dispositivi o programmi informatici diretti a danneggiare o interrompere un sistema informatico o telematico*».

(3) Comma così modificato dall'art. 19, co. 2, lett. a), l. 23.12.2021, n. 238, a decorrere dal 1.2.2022.
Il testo previgente così disponeva: «*Chiunque, allo scopo di danneggiare illecitamente un sistema informatico o telematico, le informazioni, i dati o i programmi in esso contenuti o ad esso pertinenti ovvero di favorire l'interruzione, totale o parziale, o l'alterazione del suo funzionamento, si procura, produce, riproduce, importa, diffonde, comunica, consegna o, comunque, mette a disposizione di altri apparecchiature, dispositivi o programmi informatici, è punito con la reclusione fino a due anni e con la multa sino a euro 10.329.*».

Norme connesse:

A. Art. 36, co. 1, l. 5.2.1992, n. 104, *sub* art. 527 c.p.
B. Art. 24 bis, d.lgs. 8.6.2001, n. 231 (in *Normativa complementare*, voce *Economia (diritto penale della), Enti*).

Sezione V
Dei delitti contro la inviolabilità dei segreti

616. Violazione, sottrazione e soppressione di corrispondenza.

Chiunque prende cognizione del contenuto di una corrispondenza chiusa, a lui non diretta, ovvero sottrae o distrae, al fine di prenderne o di farne da altri prendere cognizione (1), una corrispondenza chiusa o aperta, a lui non diretta, ovvero, in tutto o in parte, la distrugge o sopprime, è punito, se il fatto non è preveduto come reato da altra disposizione di legge, con la reclusione fino a un anno o con la multa da euro 30 a euro 516 [15 Cost.; 619] (1).

Se il colpevole, senza giusta causa, rivela, in tutto o in parte, il contenuto della corrispondenza, è punito, se dal fatto deriva nocumento ed il fatto medesimo non costituisce un più grave reato, con la reclusione fino a tre anni [618, 620].

Il delitto è punibile a querela della persona offesa [120].

Agli effetti delle disposizioni di questa sezione, per "corrispondenza" si intende quella epistolare, telegrafica, telefonica, informatica o telematica, ovvero effettuata con ogni altra forma di comunicazione a distanza [623 bis] (2).

Evoluzione normativa:

(1) La multa risulta così aumentata secondo quanto disposto dall'art. 113, l. 24.11.1981, n. 689.

(2) Comma così sostituito dall'art. 5, l. 23.12.1993, n. 547, che modifica ed integra le norme del codice penale e del codice di procedura penale in tema di criminalità informatica. Il testo previgente così disponeva: «*Agli effetti delle disposizioni di questa sezione per corrispondenza s'intende quella epistolare, telegrafica o telefonica*».

Norme connesse:

A. Art. 36, co. 1, l. 5.2.1992, n. 104, *sub* art. 527 c.p.
B. Art. 10, d.P.R. 29.3.1973, n. 156, in materia postale, di bancoposta e di telecomunicazioni: «*La libertà e la segretezza della corrispondenza e di ogni altra forma di comunicazione sono inviolabili. La loro limitazione può avvenire soltanto per atto motivato dell'autorità giudiziaria.*
I funzionari e gli agenti dell'Amministrazione ne sono responsabili e vigilano nell'ambito della propria competenza perché siano rigorosamente osservate.
È vietato alle persone addette ai servizi postali, di bancoposta, gestiti dallo Stato o in concessione, di dare a terzi informazioni scritte o verbali sull'esistenza o sul contenuto di corrispondenze, di comunicazioni o di messaggi nonché sulle operazioni richieste od eseguite, tranne che nei casi previsti dalla legge.
Nessuno può prendere visione od ottenere copia della corrispondenza in genere, ad eccezione del mittente, del destinatario, dei loro eredi e dei loro rappresentanti legali, nonché delle altre persone indicate dalla legge».
C. Art. 11, d.P.R. 29.3.1973, n. 156, in materia postale, di bancoposta e di telecomunicazioni: «*Non sono ammessi le corrispondenze postali, telegrafiche, radiotelegrafiche e messaggi che possano costituire pericolo alla sicurezza dello Stato o recare danno alle persone ed alle cose o che costituiscano esse stesse reato punibile d'ufficio.*
Non sono altresì ammesse, salvo quanto disposto nei due ultimi commi del presente articolo, le corrispondenze di cui al precedente comma, che siano contrarie al buon costume o contengano frasi, parole, disegni ingiuriosi, scurrili o denigratori a chiunque riferiti.
L'ufficio postale, ove nel testo delle corrispondenze aperte, che in base

alle vigenti disposizioni siano soggette a verifica, o sull'involucro delle corrispondenze chiuse riscontri gli elementi di cui al primo comma deve inviare immediatamente la corrispondenza stessa al pretore chiedendogli di pronunciarsi sull'inoltrabilità della corrispondenza medesima.
Il pretore, senza pregiudizio dell'eventuale azione penale, decide entro 24 ore con decreto motivato se la corrispondenza debba avere corso, sentendo il mittente ove egli sia identificabile e sempre che le circostanze lo consiglino.
Il decreto del pretore deve essere notificato nello stesso giorno dell'emanazione all'ufficio postale che ha inoltrato lo oggetto e al mittente che sia stato identificato.
Avverso il decreto del pretore il mittente può proporre ricorso al tribunale, che decide con sentenza in camera di consiglio, sentito il pubblico ministero e previe deduzioni scritte della direzione provinciale delle poste e delle telecomunicazioni competente per territorio o di un funzionario da essa delegato.
Nel caso che nel testo dei telegrammi si riscontrino gli elementi di cui al secondo comma, l'ufficio postale invita il mittente a sottoscrivere l'invio di cui trattasi previo accertamento dell'identità personale del mittente stesso. In caso di rifiuto ad ottemperare a detto invito si applicano le disposizioni di cui ai commi terzo, quarto, quinto e sesto del presente articolo».

617. Cognizione, interruzione o impedimento illeciti di comunicazioni o conversazioni telegrafiche o telefoniche (1)**.**

Chiunque, fraudolentemente, prende cognizione di una comunicazione o di una conversazione, telefoniche o telegrafiche [623 bis], tra altre persone o comunque a lui non dirette, ovvero le interrompe o le impedisce è punito con la reclusione da un anno e sei mesi a cinque anni (2).

Salvo che il fatto costituisca più grave reato, la stessa pena si applica a chiunque rivela, mediante qualsiasi mezzo di informazione al pubblico, in tutto o in parte, il contenuto delle comunicazioni o delle conversazioni indicate nella prima parte di questo articolo [623 bis].

I delitti sono punibili a querela della persona offesa [120; c.p.p. 336]; tuttavia si procede d'ufficio e la pena è della reclusione da tre a otto anni se il fatto è commesso in danno di un pubblico ufficiale [357] o di un incaricato di un pubblico servizio [358] nell'esercizio o a causa delle funzioni o del servizio, ovvero da un pubblico ufficiale o da un incaricato di un pubblico servizio con abuso dei poteri o con violazione dei doveri inerenti alla funzione o servizio, o da chi esercita anche abusivamente la professione di investigatore privato (3).

Evoluzione normativa:
(1) Articolo così sostituito dall'art. 2, l. 8.4.1974, n. 98.
(2) Comma così modificato dall'art. 19, co. 3, lett. a), l. 23.12.2021, n. 238, a decorrere dal 1.2.2022.
Il testo previgente così disponeva: «*Chiunque, fraudolentemente, prende cognizione di una comunicazione o di una conversazione, telefoniche o telegrafiche, tra altre persone o comunque a lui non dirette, ovvero le interrompe o le impedisce è punito con la reclusione da sei mesi a quattro anni.*».
(3) Comma così modificato dall'art. 19, co. 3, lett. b), l. 23.12.2021, n. 238, a decorrere dal 1.2.2022.
Il testo previgente così disponeva: «*I delitti sono punibili a querela della persona offesa; tuttavia si procede d'ufficio e la pena è della reclusione da uno a cinque anni se il fatto è commesso in danno di un pubblico ufficiale o di un incaricato di un pubblico servizio nell'esercizio o a causa delle funzioni o del servizio, ovvero da un pubblico ufficiale o da un incaricato di un pubblico servizio con abuso dei poteri o con violazione dei doveri inerenti alla funzione o servizio, o da chi esercita anche abusivamente la professione di investigatore privato.*».

617 bis. Detenzione, diffusione e installazione abusiva di apparecchiature e di altri mezzi atti a intercettare, impedire o interrompere comunicazioni o conversazioni telegrafiche o telefoniche (1) (2)**.**

Chiunque, fuori dei casi consentiti dalla legge [103^5, 266-268, 295^3 c.p.p.], al fine di prendere cognizione di una comunicazione o di una conversazione telefonica o telegrafica tra altre persone o comunque a lui non diretta, ovvero di impedirla o di interromperla, si procura, detiene, produce, riproduce, diffonde, importa, comunica, consegna, mette in altro modo a disposizione di altri o installa apparati, strumenti o parti di apparati o di strumenti idonei a intercettare, impedire o interrompere comunicazioni o conversazioni telefoniche o telegrafiche tra altre persone, è punito con la reclusione da uno a quattro anni [623 bis] (3).

La pena è della reclusione da uno a cinque anni se il fatto è commesso in danno di un pubblico ufficiale nell'esercizio o a causa delle sue funzioni [61, n. 10] ovvero da un pubblico ufficiale [357] o da un incaricato di un pubblico servizio [358] con abuso dei poteri o con violazione dei doveri inerenti alla funzione o servizio o da chi esercita anche abusivamente la professione di investigatore privato.

Evoluzione normativa:
(1) Articolo introdotto dall'art. 3, l. 8.4.1974, n. 98, sulla tutela della riservatezza e della libertà e segretezza delle comunicazioni.
(2) Rubrica così sostituita dall'art. 19, co. 4, lett. b), l. 23.12.2021, n. 238, a decorrere dal 1.2.2022.
Il testo della rubrica, precedente a quest'ultima sostituzione, così recava: «*Installazione di apparecchiature atte ad intercettare od impedire comunicazioni o conversazioni telegrafiche o telefoniche*».
(3) Comma così sostituito dall'art. 19, co. 4, lett. a), l. 23.12.2021, n. 238, a decorrere dal 1.2.2022.
Il testo previgente così disponeva: «*Chiunque, fuori dei casi consentiti dalla legge, installa apparati, strumenti, parti di apparati o di strumenti al fine di intercettare od impedire comunicazioni o conversazioni telegrafiche o telefoniche tra altre persone è punito con la reclusione da uno a quattro anni.*».

Norme connesse:
A. Art. 36, co. 1, l. 5.2.1992, n. 104, *sub* art. 527 c.p.

617 ter. Falsificazione, alterazione o soppressione del contenuto di comunicazioni o conversazioni telegrafiche o telefoniche (1)**.**

Chiunque, al fine di procurare a sé o ad altri un vantaggio o di recare ad altri un danno, forma falsamente, in tutto o in parte, il testo di una comunicazione o di una conversazione telegrafica o telefonica ovvero altera o sopprime in tutto o in parte il contenuto di una comunicazione o di una conversazione telegrafica o telefonica vera, anche solo occasionalmente intercettata, è punito, qualora ne faccia uso o lasci che altri ne faccia uso, con la reclusione da uno a quattro anni [623 bis].

La pena è della reclusione da uno a cinque anni se il fatto è commesso in danno di un pubblico ufficiale nell'esercizio o a causa delle sue funzioni [61, n. 10] ovvero da un pubblico ufficiale [357] o da un incaricato di un pubblico servizio [358] con abuso dei poteri o con violazione dei doveri inerenti alla funzione o servizio o da chi esercita anche abusivamente la professione di investigatore privato.

Nel caso previsto dal primo comma il delitto è punibile a querela della persona offesa [120] (2).

Evoluzione normativa:

(1) Articolo introdotto dall'art. 3, l. 8.4.1974, n. 98, sulla tutela della riservatezza e della libertà e segretezza delle comunicazioni.

(2) Comma introdotto dall'art. 3, co. 1, d.lgs. 10.4.2018, n. 36, a decorrere dal 9.5.2018.

Norme connesse:

A. Art. 36, co. 1, l. 5.2.1992, n. 104, *sub* art. 527 c.p.

617 quater. Intercettazione, impedimento o interruzione illecita di comunicazioni informatiche o telematiche (1).

Chiunque fraudolentemente intercetta comunicazioni relative ad un sistema informatico o telematico [392^3, 615 ter, 615 quater, 615 quinquies, 617 quinquies, 617 sexies, 635 quater, 635 quinquies, 640 ter] o intercorrenti tra più sistemi, ovvero le impedisce o le interrompe, è punito con la reclusione da sei mesi a quattro anni [623 bis] (2).

Salvo che il fatto costituisca più grave reato, la stessa pena si applica a chiunque rivela, mediante qualsiasi mezzo di informazione al pubblico, in tutto o in parte, il contenuto delle comunicazioni di cui al primo comma.

I delitti di cui ai commi primo e secondo sono punibili a querela della persona offesa [120].

Tuttavia si procede d'ufficio e la pena è della reclusione da uno a cinque anni se il fatto è commesso (3):

1) in danno di un sistema informatico o telematico utilizzato dallo Stato o da altro ente pubblico o da impresa esercente servizi pubblici o di pubblica necessità [420^2];
2) da un pubblico ufficiale [357] o da un incaricato di un pubblico servizio [358], con abuso dei poteri o con violazione dei doveri inerenti alla funzione o al servizio [61, n. 9], ovvero con abuso della qualità di operatore del sistema;
3) da chi esercita anche abusivamente la professione di investigatore privato.

Evoluzione normativa:

(1) Articolo introdotto dall'art. 6, l. 23.12.1993, n. 547.

(2) Comma così modificato dall'art. 19, co. 5, lett. a), l. 23.12.2021, n. 238, a decorrere dal 1.2.2022.
Il testo previgente così disponeva: «*Chiunque fraudolentemente intercetta comunicazioni relative ad un sistema informatico o telematico o intercorrenti tra più sistemi, ovvero le impedisce o le interrompe, è punito con la reclusione da sei mesi a quattro anni.*».

(3) Alinea così modificato dall'art. 19, co. 5, lett. b), l. 23.12.2021, n. 238, a decorrere dal 1.2.2022.
Il testo previgente così disponeva: «*Tuttavia si procede d'ufficio e la pena è della reclusione da uno a cinque anni se il fatto è commesso:*».

Norme connesse:

A. Art. 36, co. 1, l. 5.2.1992, n. 104, *sub* art. 527 c.p.

B. Art. 24 bis, d.lgs. 8.6.2001, n. 231 (in *Normativa complementare*, voce *Economia (diritto penale della), Enti*).

617 quinquies. Detenzione, diffusione e installazione abusiva di apparecchiature e di altri mezzi atti a intercettare, impedire o interrompere comunicazioni informatiche o telematiche (1) (2).

Chiunque, fuori dai casi consentiti dalla legge [103^5, 266-268, 295^3 c.p.p.], al fine di intercettare comunicazioni relative ad un sistema informatico o telematico [392^3, 615 ter, 615 quater, 615 quinquies, 617 quater, 617 sexies, 635 quater, 635 quinquies, 640 ter] o intercorrenti tra più sistemi, ovvero di impedirle o interromperle, si procura, detiene, produce, riproduce, diffonde, importa, comunica, consegna, mette in altro modo a disposizione di altri o installa apparecchiature, programmi, codici, parole chiave o altri mezzi atti ad intercettare, impedire o interrompere comunicazioni relative ad un sistema informatico o telematico ovvero intercorrenti tra più sistemi, è punito con la reclusione da uno a quattro anni (3).

La pena è della reclusione da uno a cinque anni nei casi previsti dal quarto comma dell'articolo 617-*quater*.

Evoluzione normativa:

(1) Articolo introdotto dall'art. 6, l. 23.12.1993, n. 547.

(2) Rubrica così sostituita dall'art. 19, co. 6, lett. b), l. 23.12.2021, n. 238, a decorrere dal 1.2.2022.
Il testo della rubrica, precedente a quest'ultima sostituzione, così recava: «*Installazione di apparecchiature atte ad intercettare, impedire o interrompere comunicazioni informatiche o telematiche*».

(3) Comma così modificato dall'art. 19, co. 6, lett. a), l. 23.12.2021, n. 238, a decorrere dal 1.2.2022.
Il testo previgente così disponeva: «*Chiunque, fuori dai casi consentiti dalla legge, installa apparecchiature atte ad intercettare, impedire o interrompere comunicazioni relative ad un sistema informatico o telematico ovvero intercorrenti tra più sistemi, è punito con la reclusione da uno a quattro anni.*».

Norme connesse:

A. Art. 36, co. 1, l. 5.2.1992, n. 104, *sub* art. 527 c.p.

B. Art. 240 bis c.p.

C. Art. 24 bis, d.lgs. 8.6.2001, n. 231 (in *Normativa complementare*, voce *Economia (diritto penale della), Enti*).

617 sexies. Falsificazione, alterazione o soppressione del contenuto di comunicazioni informatiche o telematiche (1).

Chiunque, al fine di procurare a sé o ad altri un vantaggio o di arrecare ad altri un danno, forma falsamente ovvero altera o sopprime, in tutto o in parte, il contenuto, anche occasionalmente intercettato, di taluna delle comunicazioni relative ad un sistema informatico o telematico [392^3, 615 ter, 615 quater, 615 quinquies, 617 quater, 617 quinquies, 635 quater, 635 quinquies, 640 ter] o intercorrenti tra più sistemi, è punito, qualora ne faccia uso o lasci che altri ne facciano uso, con la reclusione da uno a quattro anni.

La pena è della reclusione da uno a cinque anni nei casi previsti dal quarto comma dell'articolo 617-*quater*.

Nel caso previsto dal primo comma il delitto è punibile a querela della persona offesa [120] (2).

Evoluzione normativa:

(1) Articolo introdotto dall'art. 6, l. 23.12.1993, n. 547, che modifica ed integra le norme del codice penale e del codice di procedura penale in tema di criminalità informatica.

(2) Comma introdotto dall'art. 4, co. 1, d.lgs. 10.4.2018, n. 36, a decorrere dal 9.5.2018.

Norme connesse:

A. Art. 36, co. 1, l. 5.2.1992, n. 104, *sub* art. 527 c.p.

B. Art. 240 bis c.p.

617 septies. Diffusione di riprese e registrazioni fraudolente [(1)].

Chiunque, al fine di recare danno all'altrui reputazione o immagine, diffonde con qualsiasi mezzo riprese audio o video, compiute fraudolentemente, di incontri privati o registrazioni, pur esse fraudolente, di conversazioni, anche telefoniche o telematiche, svolte in sua presenza o con la sua partecipazione, è punito con la reclusione fino a quattro anni.

La punibilità è esclusa se la diffusione delle riprese o delle registrazioni deriva in via diretta ed immediata dalla loro utilizzazione in un procedimento amministrativo o giudiziario o per l'esercizio del diritto di difesa o del diritto di cronaca.

Il delitto è punibile a querela della persona offesa.

Evoluzione normativa:

(1) Articolo introdotto dall'art. 1, co. 1, d.lgs. 29.12.2017, n. 216, a decorrere dal 26.1.2018.

618. Rivelazione del contenuto di corrispondenza.

Chiunque, fuori dei casi preveduti dall'articolo 616, essendo venuto abusivamente a cognizione del contenuto di una corrispondenza [616[4], 623 bis]] a lui non diretta, che doveva rimanere segreta, senza giusta causa lo rivela, in tutto o in parte, è punito, se dal fatto deriva nocumento, con la reclusione fino a sei mesi o con la multa da euro 103 a euro 516 [620] [(1)].

Il delitto è punibile a querela della persona offesa [120].

Evoluzione normativa:

(1) La multa risulta così aumentata secondo quanto disposto dall'art. 113, l. 24.11.1981, n. 689.

Norme connesse:

A. Art. 36, co. 1, l. 5.2.1992, n. 104, *sub* art. 527 c.p.

B. Art. 10, d.P.R. 29.3.1973, n. 156, in materia postale, di bancoposta e di telecomunicazioni, *sub* art. 616 c.p.

619. Violazione, sottrazione e soppressione di corrispondenza commesse da persona addetta al servizio delle poste, dei telegrafi o dei telefoni.

L'addetto al servizio delle poste, dei telegrafi o dei telefoni, il quale, abusando di tale qualità, commette alcuno dei fatti preveduti dalla prima parte dell'articolo 616, è punito con la reclusione da sei mesi a tre anni.

Se il colpevole, senza giusta causa, rivela, in tutto o in parte, il contenuto della corrispondenza [616[4]], è punito, qualora il fatto non costituisca un più grave reato, con la reclusione da sei mesi a cinque anni e con la multa da euro 30 a euro 516 [(1)].

Nel caso previsto dal primo comma il delitto è punibile a querela della persona offesa [120] [(2)].

Evoluzione normativa:

(1) La multa risulta così aumentata secondo quanto disposto dall'art. 113, l. 24.11.1981, n. 689.

(2) Comma introdotto dall'art. 5, co. 1, d.lgs. 10.4.2018, n. 36, a decorrere dal 9.5.2018.

Norme connesse:

A. Art. 36, co. 1, l. 5.2.1992, n. 104, *sub* art. 527 c.p.

B. Art. 10, d.P.R. 29.3.1973, n. 156, in materia postale, di bancoposta e di telecomunicazioni, *sub* art. 616 c.p.

C. Art. 24 c.p.

620. Rivelazione del contenuto di corrispondenza, commessa da persona addetta al servizio delle poste, dei telegrafi o dei telefoni.

L'addetto al servizio delle poste, dei telegrafi o dei telefoni, che, avendo notizia, in questa sua qualità, del contenuto di una corrispondenza [616[4]] aperta, o di una comunicazione telegrafica, o di una conversazione telefonica [623 bis], lo rivela senza giusta causa ad altri che non sia il destinatario, ovvero a una persona diversa da quelle tra le quali la comunicazione o la conversazione è interceduta, è punito con la reclusione da sei mesi a tre anni.

Il delitto è punibile a querela della persona offesa [120] [(1)].

Evoluzione normativa:

(1) Comma introdotto dall'art. 6, co. 1, d.lgs. 10.4.2018, n. 36, a decorrere dal 9.5.2018.

Norme connesse:

A. Art. 36, co. 1, l. 5.2.1992, n. 104, *sub* art. 527 c.p.

B. Art. 10, d.P.R. 29.3.1973, n. 156, in materia postale, di bancoposta e di telecomunicazioni, *sub* art. 616 c.p.

621. Rivelazione del contenuto di documenti segreti.

Chiunque, essendo venuto abusivamente a cognizione del contenuto, che debba rimanere segreto, di altrui atti o documenti, pubblici o privati, non costituenti corrispondenza [616[4], 623 bis], lo rivela, senza giusta causa, ovvero lo impiega a proprio o altrui profitto, è punito, se dal fatto deriva nocumento, con la reclusione fino a tre anni o con la multa da euro 103 a euro 1.032 [(1)].

Agli effetti della disposizione di cui al primo comma è considerato documento anche qualunque supporto informatico contenente dati, informazioni o programmi [491 bis] [(2)].

Il delitto è punibile a querela della persona offesa [120].

Evoluzione normativa:

(1) La multa è stata così aumentata dall'art. 113, l. 24.11.1981, n. 689.

(2) Comma introdotto dall'art. 7, l. 23.12.1993, n. 547.

Norme connesse:

A. Art. 262 c.p.

B. Art. 36, co. 1, l. 5.2.1992, n. 104, *sub* art. 527 c.p.

622. Rivelazione di segreto professionale.

Chiunque, avendo notizia, per ragione del proprio stato o ufficio, o della propria professione o arte, di un segreto [c.p.p. 200 e ss.], lo rivela, senza giusta causa, ovvero lo impiega a proprio o altrui profitto, è punito, se dal fatto può derivare nocumento, con la reclusione fino a un anno o con la multa da euro 30 a euro 516 [(1)].

La pena è aggravata se il fatto è commesso da amministratori, direttori generali, dirigenti preposti alla redazione dei documenti contabili societari, sindaci o liquidatori o se è commesso da chi svolge la revisione contabile della società [(2)].

Il delitto è punibile a querela della persona offesa [120].

Evoluzione normativa:

(1) La multa risulta così aumentata secondo quanto disposto dall'art. 113, l. 24.11.1981, n. 689.

(2) Comma introdotto dall'art. 2, d.lgs. 11.4.2002, n. 61 e poi così modificato dall'art. 15, l. 28.12.2005, n. 262. Il testo previgente così disponeva: «*La pena è aggravata se il fatto è commesso da amministratori, direttori generali, sindaci o liquidatori o se è commesso da chi svolge la revisione contabile della società*».

Norme connesse:

A. Art. 326 c.p.

B. Art. 36, co. 1, l. 5.2.1992, n. 104, *sub* art. 527 c.p.

C. Art. 21, l. 22.5.1978, n. 194 (in *Normativa complementare*, voce *Aborto, maternità e procreazione medicalmente assistita*).

623. Rivelazione di segreti scientifici o commerciali [(1)].

Chiunque, venuto a cognizione per ragioni del suo stato o ufficio, o della sua professione o arte, di segreti commerciali o di notizie destinate a rimanere segrete, sopra scoperte o invenzioni scientifiche, li rivela o li impiega a proprio o altrui profitto, è punito con la reclusione fino a due anni [263].

La stessa pena si applica a chiunque, avendo acquisito in modo abusivo segreti commerciali, li rivela o li impiega a proprio o altrui profitto.

Se il fatto relativo ai segreti commerciali è commesso tramite qualsiasi strumento informatico la pena è aumentata.

Il colpevole è punito a querela della persona offesa [120].

Evoluzione normativa:

(1) Articolo così sostituito dall'art. 9, co. 2, d.lgs. 11.5.2018, n. 63, a decorrere dal 22.6.2018. Il testo previgente così disponeva: «*Rivelazione di segreti scientifici o industriali. Chiunque, venuto a cognizione per ragione del suo stato o ufficio, o della sua professione o arte, di notizie destinate a rimanere segrete, sopra scoperte o invenzioni scientifiche o applicazioni industriali, le rivela o le impiega a proprio o altrui profitto, è punito con la reclusione fino a due anni. Il delitto è punibile a querela della persona offesa*».

Norme connesse:

A. Art. 36, co. 1, l. 5.2.1992, n. 104, *sub* art. 527 c.p.

623 bis. Altre comunicazioni e conversazioni [(1)].

Le disposizioni contenute nella presente sezione, relative alle comunicazioni e conversazioni telegrafiche, telefoniche, informatiche o telematiche, si applicano a qualunque altra trasmissione a distanza di suoni, immagini od altri dati.

Evoluzione normativa:

(1) Articolo introdotto dall'art. 4, l. 8.4.1974, n. 98, sulla tutela della riservatezza e della libertà e segretezza delle comunicazioni e così sostituito dall'art. 8, l. 23.12.1993, n. 547, che modifica ed integra le norme del codice penale e del codice di procedura penale in tema di criminalità informatica. Il testo antecedente a quest'ultima modifica così disponeva: «*Comunicazioni e conversazioni non telegrafiche o telefoniche. - Le disposizioni contenute nella presente sezione, relative alle comunicazioni e conversazioni telegrafiche o telefoniche, si applicano a qualunque altra trasmissione di suoni, immagini od altri dati effettuata con collegamento su filo o ad onde guidate*».

Norme connesse:

A. Art. 78, co. 1, d.lgs. 6.9.2011, n. 159 (in *Normativa complementare*, voce *Criminalità organizzata e transazionale, Misure patrimoniali*).

Capo III bis [(1)]
Disposizioni comuni sulla procedibilità

(1) Capo introdotto dall'art. 7, co. 1, d.lgs. 10.4.2018, n. 36, a decorrere dal 9.5.2018.

623 ter. Casi di procedibilità d'ufficio [(1)].

Per i fatti perseguibili a querela preveduti dagli articoli 615, secondo comma, 617-*ter*, primo comma, 617-*sexies*, primo comma, 619, primo comma, e 620 si procede d'ufficio qualora ricorrano circostanze aggravanti ad effetto speciale.

Evoluzione normativa:

(1) Articolo introdotto dall'art. 7, co. 1, d.lgs. 10.4.2018, n. 36, a decorrere dal 9.5.2018, e, poi, modificato dall'art. 2, co. 1, lett. h), d.lgs. 10.10.2022, n. 150, a decorrere dal 30.12.2022.
Il testo antecedente alla modifica disposta con d.lgs. n. 150/2022 così disponeva: «*Casi di procedibilità d'ufficio.*
Per i fatti perseguibili a querela preveduti dagli articoli 612, se la minaccia è grave, 615, co. 2, 617 ter, primo comma, 617-sexies, primo comma, 619, primo comma, e 620 si procede d'ufficio qualora ricorrano circostanze aggravanti ad effetto speciale.».

TITOLO XIII
Dei delitti contro il patrimonio

Capo I
Dei delitti contro il patrimonio mediante violenza alle cose o alle persone

624. Furto.

Chiunque s'impossessa della cosa mobile altrui, sottraendola a chi la detiene, al fine di trarne profitto per sé o per altri, è punito con la reclusione da sei mesi a tre anni e con la multa da euro 154 a euro 516 [624 bis, 625, 625 bis, 626, 649; cod. nav. 1148] [(1)].

Agli effetti della legge penale, si considera cosa mobile anche l'energia elettrica e ogni altra energia che abbia un valore economico.

Il delitto è punibile a querela della persona offesa [120]. Si procede, tuttavia, d'ufficio se la persona offesa è incapace, per età o per infermità, ovvero se ricorre taluna delle circostanze di cui all'articolo 625, numeri 7, salvo che il fatto sia commesso su cose esposte alla pubblica fede, e 7-bis) [(2)].

Riferimenti storici:

Art. 402 Codice Zanardelli: «*Chiunque s'impossessa della cosa mobile altrui per trarne profitto, togliendola dal luogo dove si trova, senza il consenso di colui al quale essa appartiene, è punito con la reclusione sino a tre anni.*
Il delitto si commette anche sopra le cose di una eredità non ancora accettata, e dal comproprietario, socio o coerede sopra le cose comuni, o dell'eredità indivisa, da lui non detenute. La quantità del tolto si misura detraendo la parte spettante al colpevole»

Evoluzione normativa:

(1) Comma così modificato dall'art. 2, l. 26.3.2001, n. 128 Il testo previgente prevedeva la reclusione fino a tre anni e la multa da lire sessantamila a un milione.

(2) Comma introdotto dall'art. 12, l. 25.6.1999, n. 205 e, poi, così sostituito dall'art. 2, co. 1, lett. i), d.lgs. 10.10.2022, n. 150, a decorrere dal 30.12.2022. Il testo previgente così disponeva: «*Il delitto è punibile a querela della persona offesa, salvo che ricorra una o più delle circostanze di cui agli articoli 61, numero 7), e 625.*».

Norme connesse:

A. Art. 36, co. 1, l. 5.2.1992, n. 104, *sub* art. 527 c.p.
B. Art. 4, l. 8.8.1977, n. 533 (in *Normativa complementare*, voce *Ordine pubblico e sicurezza pubblica*).

624 bis. Furto in abitazione e furto con strappo (1).

Chiunque si impossessa della cosa mobile altrui, sottraendola a chi la detiene, al fine di trarne profitto per sé o per altri [624, 625 bis, 628³, n. 3 bis], mediante introduzione in un edificio o in altro luogo destinato in tutto o in parte a privata dimora o nelle pertinenze di essa [614], è punito con la reclusione da quattro a sette anni e con la multa da euro 927 a euro 1.500 [649] (2).

Alla stessa pena di cui al primo comma soggiace chi si impossessa della cosa mobile altrui, sottraendola a chi la detiene, al fine di trarne profitto per sé o per altri, strappandola di mano o di dosso alla persona.

La pena è della reclusione da cinque a dieci anni e della multa da euro 1.000 a euro 2.500 se il reato è aggravato da una o più delle circostanze previste nel primo comma dell'articolo 625 ovvero se ricorre una o più delle circostanze indicate all'articolo 61 (3).

Le circostanze attenuanti, diverse da quelle previste dagli articoli 98 e 625-*bis*, concorrenti con una o più delle circostanze aggravanti di cui all'articolo 625, non possono essere ritenute equivalenti o prevalenti [69] rispetto a queste e le diminuzioni di pena si operano sulla quantità della stessa risultante dall'aumento conseguente alle predette circostanze aggravanti (4).

Evoluzione normativa:

(1) Articolo introdotto dall'art. 2, l. 26.3.2001, n. 128.
(2) Comma modificato dall'art. 1, co. 6, lett. a), l. 23.6.2017, n. 103, a decorrere dal 3.8.2017. Questo comma, poi, è stato così modificato dall'art. 5, co. 1, lett. a), l. 26.4.2019, n. 36, a decorrere dal 18.5.2019. Il testo antecedente alla modifica del 2019 così disponeva: «*Chiunque si impossessa della cosa mobile altrui, sottraendola a chi la detiene, al fine di trarne profitto per sé o per altri, mediante introduzione in un edificio o in altro luogo destinato in tutto o in parte a privata dimora o nelle pertinenze di essa, è punito con la reclusione da tre a sei anni e con la multa da euro 927 a euro 1.500*». Il testo precedente la modifica disposta con l. n. 103/2017 così disponeva: «*Chiunque si impossessa della cosa mobile altrui, sottraendola a chi la detiene, al fine di trarne profitto per sé o per altri, mediante introduzione in un edificio o in altro luogo destinato in tutto o in parte a privata dimora o nelle pertinenze di essa, è punito con la reclusione da uno a sei anni e con la multa da euro 309 a euro 1.032*».
(3) Comma modificato dall'art. 1, co. 6, lett. b), l. 23.6.2017, n. 103, a decorrere dal 3.8.2017. Questo comma, poi, è stato così modificato dall'art. 5, co. 1, lett. b), l. 26.4.2019, n. 36, a decorrere dal 18.5.2019. Il testo antecedente alla modifica del 2019 così disponeva: «*La pena è della reclusione da quattro a dieci anni e della multa da euro 927 a euro 2.000 se il reato è aggravato da una o più delle circostanze previste nel primo comma dell'articolo 625 ovvero se ricorre una o più delle circostanze indicate all'articolo 61*». Il testo antecedente alla modifica disposta con l. n. 103/2017 così disponeva: «*La pena è della reclusione da tre a dieci anni e della multa da euro 206 a euro 1.549 se il reato è aggravato da una o più delle circostanze previste nel primo comma dell'articolo 625 ovvero se ricorre una o più delle circostanze indicate all'articolo 61*».
(4) Comma introdotto dall'art. 1, co. 6, lett. c), l. 23.6.2017, n. 103, a decorrere dal 3.8.2017.

Norme connesse:

A. Art. 36, co. 1, l. 5.2.1992, n. 104, *sub* art. 527 c.p.

625. Circostanze aggravanti.

La pena per il fatto previsto dall'articolo 624 è della reclusione da due a sei anni e della multa da euro 927 a euro 1.500 (1):

[1. se il colpevole, per commettere il fatto, si introduce o si trattiene in un edificio o in un altro luogo destinato ad abitazione (2);]
2. se il colpevole usa violenza sulle cose [392²] o si vale di un qualsiasi mezzo fraudolento (3);
3. se il colpevole porta in dosso armi [585] o narcotici, senza farne uso [380²ᵉ];
4. se il fatto è commesso con destrezza (4);
5. se il fatto è commesso da tre o più persone [112], ovvero anche da una sola, che sia travisata o simuli la qualità di pubblico ufficiale [357] o d'incaricato di un pubblico servizio [358];
6. se il fatto è commesso sul bagaglio dei viaggiatori in ogni specie di veicoli, nelle stazioni, negli scali o banchine, negli alberghi o in altri esercizi ove si somministrano cibi o bevande;
7. se il fatto è commesso su cose esistenti in uffici o stabilimenti pubblici, o sottoposte a sequestro [c.c. 1798, 2793, 2905; c.p.c. 671; c.p.p. 252, 253, 354; c.n. 682] o a pignoramento [c.p.c. 491], o esposte per necessità o per consuetudine o per destinazione alla pubblica fede, o destinate a pubblico servizio o a pubblica utilità, difesa o reverenza;

7-*bis*. se il fatto è commesso su componenti metalliche o altro materiale sottratto ad infrastrutture destinate all'erogazione di energia, di servizi di trasporto, di telecomunicazioni o di altri servizi pubblici e gestite da soggetti pubblici o da privati in regime di concessione pubblica (5);

8. se il fatto è commesso su tre o più capi di bestiame raccolti in gregge o in mandria, ovvero su animali bovini o equini, anche non raccolti in mandria [638², n. 3 ter];

8-*bis*. se il fatto è commesso all'interno di mezzi di pubblico trasporto (6);

8-*ter*. se il fatto è commesso nei confronti di persona che si trovi nell'atto di fruire ovvero che abbia appena fruito dei servizi di istituti di credito, uffici postali o sportelli automatici adibiti al prelievo di denaro [638², n. 3 quater] (6).

Se concorrono due o più delle circostanze prevedute dai numeri precedenti, ovvero se una di tali circostanze concorre con altra fra quelle indicate nell'articolo 61, la pena è della reclusione da tre a dieci anni e della multa da euro 206 a euro 1.549 (7).

Evoluzione normativa:

(1) Alinea così modificato dall'art. 113, l. 24.11.1981, n. 689, dall'art. 2, l. 26.3.2001, n. 128 e, poi, dall'art. 1, co. 7, l. 23.6.2017, n. 103, a decorrere dal 3.8.2017. Il testo antecedente alla modifica del 2017 così disponeva: «*La pena per il fatto previsto dall'articolo 624 è della reclusione da uno a sei anni e della multa da euro 103 a euro 1.032:*». Il testo antecedente alla modifica del 2001 così disponeva: «*La pena è della reclusione da uno a sei anni e della multa da lire duecentomila a due milioni:*».
(2) Numero soppresso dall'art. 2, l. 26.3.2001, n. 128.
(3) La Corte costituzionale, con sent. 16.2.1993, n. 54, ha dichiarato l'illegittimità dell'art. 380, co. 2, lett. e), c.p.p., nella parte in cui prevede l'arresto obbligatorio in flagranza per il delitto di furto ag-

gravato ai sensi dell'art. 625, co. 1, n. 2, prima ipotesi, c.p., nel caso in cui ricorra la circostanza attenuante prevista dall'art. 62, n. 4, dello stesso codice.

(4) Numero così modificato dall'art. 2, l. 26.3.2001, n. 128. Il testo previgente così disponeva: «*se il fatto è commesso con destrezza, ovvero strappando la cosa di mano o di dosso alla persona*».

(5) Numero introdotto dall'art. 8, co. 1, lett. a), d.l. 14.8.2013, n. 93, conv., con modif., con l. 15.10.2013, n. 119.

(6) Numero introdotto dall'art. 3, co. 26, l. 15.7.2009, n. 94.

(7) La multa è stata così aumentata dall'art. 113, l. 24.11.1981, n. 689.

Norme connesse:

A. Art. 36, co. 1, l. 5.2.1992, n. 104, *sub* art. 527 c.p.

B. Art. 4, l. 8.8.1977, n. 533 (in *Normativa complementare*, voce *Ordine pubblico e sicurezza pubblica*).

625 bis. Circostanze attenuanti.

Nei casi previsti dagli articoli 624, 624-*bis* e 625 la pena è diminuita da un terzo alla metà qualora il colpevole, prima del giudizio, abbia consentito l'individuazione dei correi o di coloro che hanno acquistato, ricevuto od occultato la cosa sottratta o si sono comunque intromessi per farla acquistare, ricevere od occultare (1).

Evoluzione normativa:

(1) Articolo introdotto dall'art. 2, l. 26.3.2001, n. 128.

Norme connesse:

A. Art. 36, co. 1, l. 5.2.1992, n. 104, *sub* art. 527 c.p.

626. Furti minori (1).

Si applica la reclusione fino a un anno ovvero la multa fino a euro 206 (2), e il delitto è punibile a querela della persona offesa [120]:

1. se il colpevole ha agito al solo scopo di fare uso momentaneo della cosa sottratta, e questa, dopo l'uso momentaneo, è stata immediatamente restituita (3);
2. se il fatto è commesso su cose di tenue valore, per provvedere a un grave ed urgente bisogno;
3. se il fatto consiste nello spigolare, rastrellare o raspollare nei fondi altrui, non ancora spogliati interamente del raccolto.

Tali disposizioni non si applicano se concorre taluna delle circostanze indicate nei numeri 1, 2, 3 e 4 dell'articolo precedente.

Evoluzione normativa:

(1) Rubrica così modificata dall'art. 2, co. 1, lett. l), d.lgs. 10.10.2022, n. 150, a decorrere dal 30.12.2022.
Il testo previgente così disponeva: «*Furti punibili a querela dell'offeso*».

(2) La multa risulta così aumentata secondo quanto disposto dall'art. 113, l. 24.11.1981, n. 689. Al reato previsto in questo articolo si applica, ora, la pena pecuniaria della multa da euro 258 a euro 2.582 o la pena della permanenza domiciliare da sei giorni a trenta giorni ovvero la pena del lavoro di pubblica utilità da dieci giorni a tre mesi, secondo quanto disposto dall'articolo 52, co. 2, lett. a), d.lgs. 28.8.2000, n. 274.

(3) La Corte costituzionale, con sent. 13.12.1988, n. 1085, ha dichiarato l'illegittimità dell'art. 626, co. 1, n. 1, c.p., nella parte in cui non estende la disciplina ivi prevista alla mancata restituzione, dovuta a caso fortuito o forza maggiore, della cosa sottratta.

Norme connesse:

A. Art. 36, co. 1, l. 5.2.1992, n. 104 V. *Norme connesse sub* art. 527 c.p.

627. Sottrazione di cose comuni (1).

[Il comproprietario [c.c. 1100], socio [c.c. 2247] o coerede [c.c. 588] che, per procurare a sé o ad altri un profitto, si impossessa della cosa comune, sottraendola a chi la detiene, è punito [649], a querela della persona offesa, con la reclusione fino a due anni o con la multa da euro 20 a euro 206.

Non è punibile chi commette il fatto su cose fungibili, se il valore di esse non eccede la quota a lui spettante.]

Evoluzione normativa:

(1) Articolo abrogato dall'art. 1, co. 1, lett. d), d.lgs. 15.1.2016, n. 7, a decorrere dal 6.2.2016.

628. Rapina.

Chiunque, per procurare a sé o ad altri un ingiusto profitto, mediante violenza alla persona o minaccia [612, 610], s'impossessa della cosa mobile altrui [624²], sottraendola a chi la detiene [624], è punito con la reclusione da cinque a dieci anni e con la multa da euro 927 a euro 2.500 [649³] (1) (2).

Alla stessa pena soggiace chi adopera violenza o minaccia immediatamente dopo la sottrazione, per assicurare a sé o ad altri il possesso della cosa sottratta, o per procurare a sé o ad altri l'impunità.

La pena è della reclusione da sei a venti anni e della multa da euro 2.000 a euro 4.000 (2) (3):

1) se la violenza o minaccia è commessa con armi [585], o da persona travisata, o da più persone riunite [112¹, n. 1, 605, 613, 625, n. 4];

2) se la violenza consiste nel porre taluno in stato di incapacità di volere o di agire [605, 613];

3) se la violenza o minaccia è posta in essere da persona che fa parte dell'associazione di cui all'articolo 416-*bis* (4);

3-*bis*) se il fatto è commesso nei luoghi di cui all'articolo 624-*bis* o in luoghi tali da ostacolare la pubblica o privata difesa (5);

3-*ter*) se il fatto è commesso all'interno di mezzi di pubblico trasporto [625⁸ᵇⁱˢ] (6);

3-*quater*) se il fatto è commesso nei confronti di persona che si trovi nell'atto di fruire ovvero che abbia appena fruito dei servizi di istituti di credito, uffici postali o sportelli automatici adibiti al prelievo di denaro [625⁸ᵗᵉʳ] (5);

3-*quinquies*) se il fatto è commesso nei confronti di persona ultrasessantacinquenne (7).

Se concorrono due o più delle circostanze di cui al terzo comma del presente articolo, ovvero se una di tali circostanze concorre con altra fra quelle indicate nell'articolo 61, la pena è della reclusione da sette a venti anni e della multa da euro 2.500 a euro 4.000 (8).

Le circostanze attenuanti, diverse da quella prevista dall'articolo 98, concorrenti con le aggravanti di cui al terzo comma, numeri 3), 3-*bis*), 3-*ter*) e 3-*quater*), non possono essere ritenute equivalenti o prevalenti rispetto a queste [69] e le diminuzioni di pena si operano sulla quantità della stessa risultante dall'aumento conseguente alle predette aggravanti (9) (10).

Riferimenti storici:

Art. 406 Codice Zanardelli: «*Chiunque, con violenza o con minaccia di gravi danni imminenti alla persona o agli averi, costringe il detentore o altra persona presente sul luogo del delitto a consegnare una cosa mobile o a soffrire che egli se ne impossessi, è punito con la reclusione da tre a dieci anni.*
Alla stessa pena soggiace chiunque, nell'atto di impossessarsi della cosa mobile altrui o immediatamente dopo, usa contro la persona derubata o accorsa sul luogo del delitto la violenza o la minaccia suaccennata per commettere il fatto o per trasportare la cosa sottratta o per procurare l'impunità di sé stesso o di altra persona che sia concorsa nel delitto.
Se la violenza sia diretta unicamente a strappare la cosa di mano o di dosso alla persona, il colpevole è punito con la reclusione da uno a cinque anni».

Evoluzione normativa:

(1) Comma modificato dall'art. 113, l. 24.11.1981, n. 689, dall'art. 1, co. 8, lett. a), l. 23.6.2017, n. 103 e dall'art. 6, co. 1, lett. a), l. 26.4.2019, n. 36, a decorrere dal 18.5.2019. Il testo precedente alla modifica del 2019 così disponeva: «*Chiunque, per procurare a sé o ad altri un ingiusto profitto, mediante violenza alla persona o minaccia, s'impossessa della cosa mobile altrui, sottraendola a chi la detiene, è punito con la reclusione da quattro a dieci anni e con la multa da euro 927 a euro 2.500*». Il testo precedente alla modifica del 2017 così disponeva: «*Chiunque, per procurare a sé o ad altri un ingiusto profitto, mediante violenza alla persona o minaccia, s'impossessa della cosa mobile altrui, sottraendola a chi la detiene, è punito con la reclusione da tre a dieci anni e con la multa da euro 516 a euro 2.065*».
(2) La Corte costituzionale con sent. 16.4.2024, n. 86, ha dichiarato: a) l'illegittimità costituzionale dell'art. 628, co. 2, c.p., nella parte in cui non prevede che la pena da esso comminata è diminuita in misura non eccedente un terzo quando per la natura, la specie, i mezzi, le modalità o circostanze dell'azione, ovvero per la particolare tenuità del danno o del pericolo, il fatto risulti di lieve entità; b) in via consequenziale, ai sensi dell'art. 27, l. 11.3.1953, n. 87, l'illegittimità costituzionale dell'art. 628, co. 1, c.p., nella parte in cui non prevede che la pena da esso comminata è diminuita in misura non eccedente un terzo quando per la natura, la specie, i mezzi, le modalità o circostanze dell'azione, ovvero per la particolare tenuità del danno o del pericolo, il fatto risulti di lieve entità.
(3) Alinea sostituito dall'art.1, co. 8, lett. b), l. 23.6.2017, n. 103, a decorrere dal 3.8.2017. Questo alinea, poi, è stato così modificato dall'art. 6, co. 1, lett. b), l. 26.4.2019, n. 36, a decorrere dal 18.5.2019. Il testo antecedente alla modifica del 2019 così disponeva: «*La pena è della reclusione da cinque a venti anni e della multa da euro 1.290 a euro 3.098:*». Il testo precedente alla modifica del 2017 così disponeva: «*La pena è della reclusione da quattro anni e sei mesi a venti anni e della multa da euro 1.032 a euro 3.098:*».
(4) Comma prima sostituito dall'art. 3, l. 14.10.1974, n. 497 e poi così modificato dall'art. 9, l. 13.9.1982, n. 646, sulle misure di prevenzione di carattere patrimoniale, e dall'art. 8, co. 3, d.l. 31.12.1991, n. 419, convertito in l. 18.2.1992, n. 172.
(5) Numero introdotto dall'art. 3, co. 27, lett. a), l. 15.7.2009, n. 94 e, poi, così modificato dall'art. 7, co. 2, lett. a), d.l. 14.8.2013, n. 93, conv., con modif., con l. 15.10.2013, n. 119. Il testo antecedente alla modifica del 2013 così disponeva: «*3-*bis*) se il fatto è connesso nei luoghi di cui all'articolo 624-*bis».
(6) Numero introdotto dall'art. 3, co. 27, lett. a), l. 15.7.2009, n. 94.
(7) Numero introdotto dall'art. 7, co. 2, lett. b), d.l. 14.8.2013, n. 93, conv., con modif., con l. 15.10.2013, n. 119.
(8) Comma introdotto dall'art. 1, co. 8, lett. c), l. 23.6.2017, n. 103, a decorrere dal 3.8.2017. Questo comma, poi, è stato così modificato dall'art. 6, co. 1, lett. c), l. 26.4.2019, n. 36, a decorrere dal 18.5.2019. Il testo antecedente alla modifica del 2019 così disponeva: «*Se concorrono due o più delle circostanze di cui al terzo comma del presente articolo, ovvero se una di tali circostanze concorre con altra fra quelle indicate nell'articolo 61, la pena è della reclusione da sei a venti anni e della multa da euro 1.538 a euro 3.098*».
(9) Comma introdotto dalla dall'art. 3, co. 27, lett. b), l. 15.7.2009, n. 94.
(10) La Corte costituzionale, con sent. 22.11.2023, n. 217, ha dichiarato, tra l'altro, l'illegittimità costituzionale di questo comma, nella parte in cui non consente di ritenere prevalente o equivalente la circostanza attenuante prevista dall'art. 89 c.p., allorché concorra con l'aggravante di cui al co. 3, n. 3 bis), del presente articolo.

Norme connesse:

A. Art. 36, co. 1, l. 5.2.1992, n. 104, *sub* art. 527 c.p.
B. Art. 1, l. 25.3.1985, n. 107 (in *Normativa complementare*, voce *Diritto penale internazionale, Convenzioni internazionali*).
C. Art. 71, co. 1, d.lgs. 6.11.2011, n. 159 (in *Normativa complementare*, voce *Criminalità organizzata e transnazionale, Misure patrimoniali*).
D. Artt. 11, 43 e 52, r.d. 18.6.1931, n. 773 (in *Normativa complementare*, voce *Criminalità organizzata e transazionale, Misure patrimoniali*).

629. Estorsione (1).

Chiunque, mediante violenza o minaccia [612], costringendo taluno a fare o ad omettere qualche cosa [610], procura a sé o ad altri un ingiusto profitto con altrui danno, è punito con la reclusione da cinque a dieci anni e con la multa da euro 1.000 a euro 4.000 (2).

La pena è della reclusione da sette a venti anni e della multa da euro 5.000 a euro 15.000, se concorre taluna delle circostanze indicate nell'ultimo capoverso dell'articolo precedente (3).

Evoluzione normativa:

(1) La Corte costituzionale, con sent. 24.5.2023, n. 120, ha dichiarato, tra l'altro, l'illegittimità costituzionale di questo articolo, nella parte in cui non prevede che la pena qui prevista è diminuita in misura non eccedente un terzo quando per la natura, la specie, i mezzi, le modalità o circostanze dell'azione, ovvero per la particolare tenuità del danno o del pericolo, il fatto risulti di lieve entità.
(2) Comma così modificato, da ultimo, dall'art. 113, l. 24.11.1981, n. 689, dall'art. 8, d.l. 31.12.1991, n. 419, conv., con modif., con l. 18.2.1992, n. 172, e, poi, dall'art. 4, co. 1, lett. a), l. 27.1.2012, n. 3, a decorrere dal 29.2.2012. Il testo antecedente alla modifica del 2012 così disponeva: «*Chiunque, mediante violenza o minaccia, costringendo taluno a fare o ad omettere qualche cosa, procura a sé o ad altri un ingiusto profitto con altrui danno, è punito con la reclusione da cinque a dieci anni e con la multa da euro 516 a euro 2.065*».
(3) Comma sostituito dall'art. 4, l. 14.10.1974, n. 497 e modificato dall'art. 8, co. 2, d.l. 31.12.1991, n. 419, conv., con modif., con l. 18.2.1992, n. 172, e, poi, dall'art. 4, co. 1, lett. b), l. 27.1.2012, n. 3, a decorrere dal 29.2.2012. Questo comma, poi, è stato così modificato dall'art. 1, co. 9, l. 23.6.2017, n. 103, a decorrere dal 3.8.2017. Il testo antecedente alla modifica del 2017 così disponeva: «*La pena è della reclusione da sei a venti anni e della multa da euro 5.000 a euro 15.000, se concorre taluna delle circostanze indicate nell'ultimo capoverso dell'articolo precedente*». Il testo antecedente alla modifica del 2012 così disponeva: «*La pena è della reclusione da sei a venti anni e della multa da euro 1.032 a euro 3.098, se concorre taluna delle circostanze indicate nell'ultimo capoverso dell'articolo precedente*».

Norme connesse:

A. Art. 36, co. 1, l. 5.2.1992, n. 104, *sub* art. 527 c.p.
B. Art. 317, 240 bis, 640^2, n. 2, c.p.
C. Art. 33 bis, c.p.p.
D. Artt. 71 e 34, d.lgs. 6.11.2011, n. 159 (in *Normativa complementare*, voce *Criminalità organizzata e transazionale, Misure patrimoniali*).
E. Art. 9, l. 16.3.2006, n. 146 (in *Normativa complementare*, voce *Agente sotto copertura*).

629 bis. Altre attività estorsive (1).

[Salvo che il fatto costituisca più grave reato, la pena prevista dall'articolo 629, primo comma, si applica nei confronti di chiunque realizzi profitti o vantaggi ingiusti per sé o per altri avvalendosi delle condizioni previste dall'articolo 416-*bis*. La pena è aumentata se i fatti sono commessi da persona che fa parte dell'associazione di cui all'articolo 416-*bis*.]

Evoluzione normativa:

(1) Articolo introdotto prima dall'art. 9, co. 1, d.l. 29.10.1991, n. 346 (non convertito in legge), poi dall'art. 9, co. 1, d.l. 31.12.1991, n. 419, e, infine, soppresso in sede di conversione dalla l. 18.2.1992, n. 172.

630. Sequestro di persona a scopo di rapina o di estorsione (1) (2).

Chiunque sequestra una persona [289 bis, 605] allo scopo di conseguire, per sé o per altri, un ingiusto profitto come prezzo della liberazione, è punito con la reclusione da venticinque a trenta anni [157⁶, 375³, 649³].

Se dal sequestro deriva comunque la morte, quale conseguenza non voluta dal reo [586], della persona sequestrata, il colpevole è punito con la reclusione di anni trenta [289-bis²].

Se il colpevole cagiona la morte [575] del sequestrato si applica la pena dell'ergastolo (3).

Al concorrente [110] che, dissociandosi dagli altri, si adopera in modo che il soggetto passivo riacquisti la libertà, senza che tale risultato sia conseguenza del prezzo della liberazione, si applicano le pene previste dall'articolo 605 [62, n. 6, 289 bis⁴]. Se tuttavia il soggetto passivo muore, in conseguenza del sequestro, dopo la liberazione, la pena è della reclusione da sei a quindici anni.

Nei confronti del concorrente che, dissociandosi dagli altri, si adopera, al di fuori del caso previsto dal comma precedente, per evitare che l'attività delittuosa sia portata a conseguenze ulteriori [270-bis.1, 323-bis, 375, 384-ter, 416-bis.1, 423-bis, 452-decies, 518-septiesdecies, 600-sexies, 600-sexies-1, 603-bis-1, 605] ovvero aiuta concretamente l'autorità di polizia o l'autorità giudiziaria nella raccolta di prove decisive per l'individuazione o la cattura dei concorrenti, la pena dell'ergastolo è sostituita da quella della reclusione da dodici a venti anni e le altre pene sono diminuite da un terzo a due terzi.

Quando ricorre una circostanza attenuante, alla pena prevista dal secondo comma è sostituita la reclusione da venti a ventiquattro anni; alla pena prevista dal terzo comma è sostituita la reclusione da ventiquattro a trenta anni. Se concorrono più circostanze attenuanti, la pena da applicare per effetto delle diminuzioni non può essere inferiore a dieci anni, nell'ipotesi prevista dal secondo comma, ed a quindici anni, nell'ipotesi prevista dal terzo comma.

I limiti di pena preveduti nel comma precedente possono essere superati allorché ricorrono le circostanze attenuanti di cui al quinto comma del presente articolo.

Evoluzione normativa:

(1) Articolo, da ultimo, così sostituito dall'articolo unico, l. 30.12.1980, n. 894.

(2) La Corte costituzionale, con sent. 23.3.2012, n. 68, ha dichiarato l'illegittimità di questo articolo, nella parte in cui non prevede che la pena da esso comminata è diminuita quando per la natura, la specie, i mezzi, le modalità o circostanze dell'azione, ovvero per la particolare tenuità del danno o del pericolo, il fatto risulti di lieve entità.

(3) La Corte costituzionale, con sent. 21.6.2018, n. 149, ha dichiarato l'illegittimità costituzionale dell'art. 58 quater, co. 4, l. 26.7.1975, n. 354 (Norme sull'ordinamento penitenziario e sull'esecuzione delle misure privative e limitative della libertà), nella parte in cui si applica ai condannati all'ergastolo per il delitto di cui all'art 630 del codice penale che abbiano cagionato la morte del sequestrato.

Norme connesse:

A. Art. 36, co. 1, l. 5.2.1992, n. 104, *sub* art. 527 c.p.
B. Artt. 289 bis e 605 c.p.
C. Artt. 71 e 34 d.lgs. 6.11.2011, n. 159 (in *Normativa complementare*, voce *Criminalità organizzata e transazionale, Misure patrimoniali*).
D. Art. 24 ter, d.lgs. 8.6.2001, n. 231 (in *Normativa complementare*, voce *Economia (diritto penale della), Enti*).

631. Usurpazione (1).

Chiunque, per appropriarsi, in tutto o in parte, dell'altrui cosa immobile, ne rimuove o altera i termini è punito, a querela della persona offesa [120], con la reclusione fino a tre anni e con la multa fino a euro 206 [649].

Evoluzione normativa:

(1) Articolo così sostituito con l'art. 94, l. 24.11.1981, n. 689.

Norme connesse:

A. Art. 36, co. 1, l. 5.2.1992, n. 104, *sub* art. 527 c.p.
B. Artt. 62, 64 e 66, l. 24.11.1981, n. 689.
C. Competenza. Art. 15, l. 24.11.1999, n. 468 e artt. 4, 64 e 55 d.lgs. 28.8.2000, n. 274 (in *Normativa complementare*, voce *Giudice di pace*).

632. Deviazione di acque e modificazione dello stato dei luoghi (1).

Chiunque, per procurare a sé o ad altri un ingiusto profitto, devia acque, ovvero immuta nell'altrui proprietà lo stato dei luoghi, è punito, a querela della persona offesa [120], con la reclusione fino a tre anni e con la multa fino a euro 206 [639 bis, 649].

Evoluzione normativa:

(1) Articolo così sostituito con l'art. 95, l. 24.11.1981, n. 689. Al reato previsto in questo articolo si applica, ora, la pena pecuniaria della multa da euro 774 a euro 2.582 o la pena della permanenza domiciliare da venti giorni a quarantacinque giorni ovvero la pena del lavoro di pubblica utilità da un mese a sei mesi, secondo quanto disposto dall'art. 52, co. 2, lett. c , d.lgs. 28.8.2000, n. 274.

Norme connesse:

A. Art. 36, co. 1, l. 5.2.1992, n. 104, *sub* art. 527 c.p.
B. Art. 71, co. 1, d.lgs. 6.11.2011, n. 159 (in *Normativa complementare*, voce *Criminalità organizzata e transnazionale, Misure patrimoniali*).
C. Art. 15 l. 24.11.1999, n. 468 e artt. 4, 64 e 65 d.lgs. 28.8.2000, n. 274 (in *Normativa complementare*, voce *Giudice di pace*).

633. Invasione di terreni o edifici (1).

Chiunque invade arbitrariamente terreni o edifici altrui, pubblici o privati [633 bis, 637], al fine di occuparli o di trarne altrimenti profitto, è punito, a querela della persona offesa, con la reclusione da uno a tre anni e con la multa da euro 103 a euro 1.032.

Si applica la pena della reclusione da due a quattro anni della multa da euro 206 a euro 2064 e si procede d'ufficio se il fatto è commesso da più di cinque persone [112] o se il fatto è commesso da persona palesemente armata [585].

Se il fatto è commesso da due o più persone, la pena per i promotori o gli organizzatori è aumentata.

Evoluzione normativa:

(1) Articolo modificato ai sensi dell'art. 113, l. 24.11.1981, n. 689 e, poi, così sostituito dall'art. 30, co. 1, d.l. 4.10.2018, n. 113, conv., con

modif., con l. 1.12.2018, n. 132, a decorrere dal 4.12.2018. Il testo, prima della conversione in legge del d.l. n. 113/2018, così disponeva: «*Invasione di terreni o edifici. Chiunque invade arbitrariamente terreni o edifici altrui, pubblici o privati, al fine di occuparli o di trarne altrimenti profitto, è punito, a querela della persona offesa, con la reclusione fino a due anni o con la multa da euro 103 a euro 1.032.*
Le pene si applicano congiuntamente, e si procede d'ufficio, se il fatto è commesso da più di cinque persone, di cui una almeno palesemente armata, ovvero da più di dieci persone, anche senza armi. Nelle ipotesi di cui al secondo comma, si applica la pena della reclusione fino a quattro anni congiuntamente alla multa da 206 euro a 2.064 euro, nei confronti dei promotori e organizzatori dell'invasione nonché di coloro che hanno compiuto il fatto armati». Il testo, prima del d.l. n. 113/2018 così disponeva: «*Invasione di terreni o edifici. Chiunque invade arbitrariamente terreni o edifici altrui, pubblici o privati, al fine di occuparli o di trarne altrimenti profitto, è punito, a querela della persona offesa, con la reclusione fino a due anni o con la multa da euro 103 a euro 1.032. Le pene si applicano congiuntamente, e si procede d'ufficio, se il fatto è commesso da più di cinque persone, di cui una almeno palesemente armata, ovvero da più di dieci persone, anche senza armi*».

Norme connesse:
A. Art. 36, co. 1, l. 5.2.1992, n. 104, *sub* art. 527 c.p.
B. Art. 71, co. 1, d.lgs. 6.11.2011, n. 159 (in *Normativa complementare*, voce *Criminalità organizzata e transnazionale, Misure patrimoniali*).
C. Competenza. Art. 15 l. 24.11.1999, n. 468 e artt. 4, 64 e 65 d.lgs. 28.8.2000, n. 274 (in *Normativa complementare*, voce *Giudice di pace*).

633 bis. Invasione di terreni o edifici con pericolo per la salute pubblica o l'incolumità pubblica (1).

Chiunque organizza o promuove l'invasione arbitraria di terreni o edifici altrui, pubblici o privati [633, 637], al fine di realizzare un raduno musicale o avente altro scopo di intrattenimento, è punito con la reclusione da tre a sei anni e con la multa da euro 1.000 a euro 10.000, quando dall'invasione deriva un concreto pericolo per la salute pubblica o per l'incolumità pubblica a causa dell'inosservanza delle norme in materia di sostanze stupefacenti ovvero in materia di sicurezza o di igiene degli spettacoli e delle manifestazioni pubbliche di intrattenimento, anche in ragione del numero dei partecipanti ovvero dello stato dei luoghi.

È sempre ordinata la confisca delle cose che servirono o furono destinate a commettere il reato di cui al primo comma, nonché di quelle utilizzate per realizzare le finalità dell'occupazione o di quelle che ne sono il prodotto o il profitto.

Evoluzione normativa:
(1) Articolo introdotto, a decorrere dal 31.12.2022, dall'art. 5, co. 1, d.l. 31.10.2022, n. 162, conv., con modif., con l. 30.12.2022, n. 199.

Norme connesse:
A. Art. 434 bis c.p.

634. Turbativa violenta del possesso di cose immobili.

Chiunque, fuori dei casi indicati nell'articolo precedente, turba, con violenza alla persona o con minaccia [612], l'altrui pacifico possesso di cose immobili, è punito con la reclusione fino a due anni e con la multa da euro 103 a euro 309 (1) (2).

Il fatto si considera compiuto con violenza o minaccia quando è commesso da più di dieci persone [112¹, n. 1].

Si procede, tuttavia, d'ufficio se la persona offesa è incapace, per età o per infermità (3).

Evoluzione normativa:
(1) La multa risulta così aumentata secondo quanto disposto dall'art. 113, l. 24.11.1981, n. 689.
(2) Comma modificato, prima, dall'art. 113, l. 24.11.1981, n. 689, che modifica il sistema penale, poi, dall'art. 2, co. 1, lett. m), n. 1), d.lgs. 10.10.2022, n. 150, a decorrere dal 30.12.2022. Questo comma, infine, è stato così modificato dall'art. 5, co. 1 bis, del citato d.l. n. 162/2022, a decorrere dal 31.12.2022.
Il testo antecedente alla modifica disposta con d.l. n. 162/2022 così disponeva: «*Chiunque, fuori dei casi indicati nell'articolo precedente, turba, con violenza alla persona o con minaccia, l'altrui pacifico possesso di cose immobili, è punito, a querela della persona offesa, con la reclusione fino a due anni e con la multa da euro 103 a euro 309.*».
Il testo antecedente alla modifica disposta con d.lgs. n. 150/2022 così disponeva: «*Chiunque, fuori dei casi indicati nell'articolo precedente, turba, con violenza alla persona o con minaccia, l'altrui pacifico possesso di cose immobili, è punito con la reclusione fino a due anni e con la multa da euro 103 a euro 309.*».
(3) Comma introdotto dall'art. 2, co. 1, lett. m), n. 2), d.lgs. 10.10.2022, n. 150, a decorrere dal 30.12.2022.

Norme connesse:
A. Art. 36, co. 1, l. 5.2.1992, n. 104, *sub* art. 527 c.p.
B. Art. 71, co. 1, d.lgs. 6.11.2011, n. 159 (in *Normativa complementare*, voce *Criminalità organizzata e transazionale, Misure patrimoniali*).

635. Danneggiamento (1).

Chiunque distrugge, disperde, deteriora o rende, in tutto o in parte, inservibili cose mobili [624²] o immobili altrui [424, 427, 429, 431, 518-duodecies, 664] con violenza alla persona o con minaccia ovvero in occasione del delitto previsto dall'articolo 331, è punito con la reclusione da sei mesi a tre anni (2).

Alla stessa pena soggiace chiunque distrugge, disperde, deteriora o rende, in tutto o in parte, inservibili le seguenti cose altrui:
1. edifici pubblici o destinati a uso pubblico o all'esercizio di un culto o immobili compresi nel perimetro dei centri storici, ovvero immobili i cui lavori di costruzione, di ristrutturazione, di recupero o di risanamento sono in corso o risultano ultimati o altre delle cose indicate nel numero 7) dell'articolo 625 (3);
2. opere destinate all'irrigazione;
3. piantate di viti, di alberi o arbusti fruttiferi, o boschi, selve o foreste, ovvero vivai forestali destinati al rimboschimento;
4. attrezzature e impianti sportivi al fine di impedire o interrompere lo svolgimento di manifestazioni sportive.

Chiunque distrugge, disperde, deteriora o rende, in tutto o in parte, inservibili cose mobili [624²] o immobili altrui in occasione di manifestazioni che si svolgono in luogo pubblico o aperto al pubblico è punito con la reclusione da uno a cinque anni e con la multa fino a 10.000 euro (4).

Per i reati di cui ai commi precedenti, la sospensione condizionale della pena [163] è subordinata all'eliminazione delle conseguenze dannose o pericolose del reato, ovvero, se il condannato non si oppone, alla prestazione di attività non retribuita a favore della collettività per un tempo determinato, comunque non superiore alla durata della pena sospesa, secondo le modalità indicate dal giudice nella sentenza di condanna [165] (5).

Nei casi previsti dal primo comma, nonché dal secondo comma, numero 1), limitatamente ai fatti commessi su cose esposte per necessità o per consuetudine o per destinazione alla pubblica fede, ai sensi dell'articolo 625, primo comma, numero 7), il delitto è punibile a querela della persona offesa. Si procede tuttavia d'ufficio se il fatto è commesso in occasione del delitto previsto dall'articolo 331 ovvero se la persona offesa è incapace, per età o per infermità [(6)].

Riferimenti storici:

Art. 424 Codice Zanardelli: «*Chiunque distrugge, disperde, guasta o in qualsiasi modo deteriora cose mobili o immobili altrui è punito, a querela di parte, con la reclusione o con la detenzione sino a sei mesi e con la multa sino a lire cinquecento.*
La pena è della reclusione da un mese a tre anni e della multa sino a lire tremila, e si procede d'ufficio, se il fatto sia commesso:
1. per vendetta contro un pubblico ufficiale a causa delle sue funzioni;
2. con violenza verso le persone, o con alcuno dei mezzi indicati nei numeri 4° e 5° dell'articolo 404;
3. sopra edifizii pubblici o destinati a uso pubblico, a pubblica utilità o all'esercizio di un culto, ovvero sopra edifizii od opere della specie indicata nell'articolo 305 o su monumenti pubblici, cimiteri o loro dipendenze;
4. sopra argini, difese o altre opere destinate a pubblico riparo da infortunii, ovvero sopra apparecchi o segnali destinati a pubblico servizio;
5. sopra canali, chiaviche, o altre opere destinate all'irrigazione;
6. sopra piantate di viti, alberi o arbusti fruttiferi».

Evoluzione normativa:

(1) Articolo modificato ai sensi dell'art. 113, l. 24.11.1981, n. 689, dall'art. 13, l. 8.10.1997, n. 352, dall'art. 3 bis, d.l. 8.2.2007, n. 8, conv. in legge, con modif., con l. 4.4.2007, n. 41 e dall'art. 3, co. 2, lett. a) e b), l. 15.7.2009, n. 94. Questo articolo, poi, è stato così sostituito dall'art. 2, co. 1, lett. l), d.lgs. 15.1.2016, n. 7, a decorrere dal 6.2.2016. Il testo antecedente alla sostituzione del 2016 così disponeva: «*Chiunque distrugge, disperde, deteriora o rende, in tutto o in parte, inservibili cose mobili o immobili altrui, è punito, a querela della persona offesa, con la reclusione fino a un anno o con la multa fino a euro 309. La pena è della reclusione da sei mesi a tre anni e si procede d'ufficio, se il fatto è commesso: 1. con violenza alla persona o con minaccia; 2. da datori di lavoro in occasione di serrate, o da lavoratori in occasione di sciopero, ovvero in occasione di alcuno dei delitti preveduti dagli articoli 330, 331 e 333; 3. su edifici pubblici o destinati a uso pubblico o all'esercizio di un culto, o su cose di interesse storico o artistico ovunque siano ubicate o su immobili compresi nel perimetro dei centri storici ovvero su immobili i cui lavori di costruzione, di ristrutturazione, di recupero o di risanamento sono in corso o risultano ultimati, o su altre delle cose indicate nel n. 7 dell'articolo 625; 4. sopra opere destinate all'irrigazione; 5. sopra piantate di viti, di alberi o arbusti fruttiferi, o su boschi, selve o foreste, ovvero su vivai forestali destinati al rimboschimento; 5-*bis. *sopra attrezzature e impianti sportivi al fine di impedire o interrompere lo svolgimento di manifestazioni sportive. Per i reati di cui al secondo comma, la sospensione condizionale della pena è subordinata all'eliminazione delle conseguenze dannose o pericolose del reato, ovvero, se il condannato non si oppone, alla prestazione di attività non retribuita a favore della collettività per un tempo determinato, comunque non superiore alla durata della pena sospesa, secondo le modalità indicate dal giudice nella sentenza di condanna*». Il testo antecedente alla modifica disposta nel 2009 così disponeva: «*Chiunque distrugge, disperde, deteriora o rende, in tutto o in parte, inservibili cose mobili o immobili altrui, è punito, a querela della persona offesa, con la reclusione fino a un anno o con la multa fino a euro 309. La pena è della reclusione da sei mesi a tre anni e si procede d'ufficio, se il fatto è commesso: 1. con violenza alla persona o con minaccia; 2. da datori di lavoro in occasione di serrate, o da lavoratori in occasione di sciopero, ovvero in occasione di alcuno dei delitti preveduti dagli articoli 330, 331 e 333; 3. su edifici pubblici o destinati a uso pubblico o all'esercizio di un culto, o su cose di interesse storico o artistico ovunque siano ubicate o su immobili compresi nel perimetro dei centri storici, o su altre delle cose indicate nel n. 7 dell'articolo 625; 4. sopra opere destinate all'irrigazione; 5. sopra piantate di viti, di alberi o arbusti fruttiferi, o su boschi, selve o foreste, ovvero su vivai forestali destinati al rimboschimento; 5-*bis. *sopra attrezzature e impianti sportivi al fine di impedire o interrompere lo svolgimento di manifestazioni sportive*». Il testo antecedente alla modifica disposta del 2007 così disponeva: «*Chiunque distrugge, disperde, deteriora o rende, in tutto o in parte, inservibili cose mobili o immobili altrui, è punito, a querela della persona offesa, con la reclusione fino a un anno o con la multa fino a euro 309.*
La pena è della reclusione da sei mesi a tre anni e si procede d'ufficio, se il fatto è commesso: 1. con violenza alla persona o con minaccia; 2. da datori di lavoro in occasione di serrate, o da lavoratori in occasione di sciopero, ovvero in occasione di alcuno dei delitti preveduti dagli articoli 330, 331 e 333; 3. su edifici pubblici o destinati a uso pubblico o all'esercizio di un culto, o su cose di interesse storico o artistico ovunque siano ubicate o su immobili compresi nel perimetro dei centri storici, o su altre delle cose indicate nel n. 7 dell'articolo 625; 4. sopra opere destinate all'irrigazione; 5. sopra piantate di viti, di alberi o arbusti fruttiferi, o su boschi, selve o foreste, ovvero su vivai forestali destinati al rimboschimento».
Il testo precedente alla modifica del 1997 così disponeva: «*Chiunque distrugge, disperde, deteriora o rende, in tutto o in parte, inservibili cose mobili o immobili altrui, è punito, a querela della persona offesa, con la reclusione fino a un anno o con la multa fino a euro 309. La pena è della reclusione da sei mesi a tre anni e si procede d'ufficio, se il fatto è commesso: 1. con violenza alla persona o con minaccia; 2. da datori di lavoro in occasione di serrate, o da lavoratori in occasione di sciopero, ovvero in occasione di alcuno dei delitti preveduti dagli articoli 330, 331 e 333; 3. su edifici pubblici o destinati a uso pubblico o all'esercizio di un culto, o su altre delle cose indicate nel n. 7 dell'articolo 625; 4. sopra opere destinate all'irrigazione; 5. sopra piantate di viti, di alberi o arbusti fruttiferi, o su boschi, selve o foreste, ovvero su vivai forestali destinati al rimboschimento*». Di quest'ultima formulazione, la Corte costituzionale, con sent. 6.7.1970, n. 119, aveva dichiarato l'illegittimità del n. 2) del co. 2, nella parte in cui prevedeva come circostanza aggravante e come causa di procedibilità d'ufficio del reato di danneggiamento il fatto che tale reato fosse commesso da lavoratori in occasione di uno sciopero o da datori di lavoro in occasione di serrata.

(2) Comma così modificato dall'art. 7, co. 1, lett. d), n. 1), d.l. 14.6.2019, n. 53, conv., con modif., con l. 8.8.2019, n. 77, a decorrere dal 15.6.2019. Il testo previgente così disponeva: «*Chiunque distrugge, disperde, deteriora o rende, in tutto o in parte, inservibili cose mobili o immobili altrui con violenza alla persona o con minaccia ovvero in occasione di manifestazioni che si svolgono in luogo pubblico o aperto al pubblico o del delitto previsto dall'articolo 331, è punito con la reclusione da sei mesi a tre anni*».

(3) Numero così modificato dall'art. 5, co. 1, l. 9.3.2022, n. 22, a decorrere dal 23.3.2022, secondo quanto disposto dall'art. 7, co. 1, della stessa l. n. 22/2022.
Il testo previgente così disponeva: «*1. edifici pubblici o destinati a uso pubblico o all'esercizio di un culto o cose di interesse storico o artistico ovunque siano ubicate o immobili compresi nel perimetro dei centri storici, ovvero immobili i cui lavori di costruzione, di ristrutturazione, di recupero o di risanamento sono in corso o risultano ultimati o altre delle cose indicate nel numero 7) dell'articolo 625*».

(4) Comma introdotto dall'art. 7, co. 1, lett. d), n. 2), d.l. 14.6.2019, n. 53, conv., con modif., con l. 8.8.2019, n. 77, a decorrere dal 15.6.2019. Questo comma, infine, è stato così sostituito dall'art. 3, co. 1, l. 22.1.2024, n. 6, a decorrere dall'8.2.2024. Il testo antecedente alla sostituzione disposta con l. n. 6/2024 così disponeva: «*Chiunque distrugge, disperde, deteriora o rende, in tutto o in parte, inservibili cose mobili o immobili altrui in occasione di manifestazioni che si svolgono in luogo pubblico o aperto al pubblico è punito con la reclusione da uno a cinque anni.*».

(5) Comma così modificato dall'art. 7, co. 1, lett. d), n. 3), d.l. 14.6.2019, n. 53, conv., con modif., con l. 8.8.2019, n. 77, a decorrere dal 15.6.2019. Il testo previgente così disponeva: «*Per i reati di cui al primo e al secondo comma, la sospensione condizionale della*

pena è subordinata all'eliminazione delle conseguenze dannose o pericolose del reato, ovvero, se il condannato non si oppone, alla prestazione di attività non retribuita a favore della collettività per un tempo determinato, comunque non superiore alla durata della pena sospesa, secondo le modalità indicate dal giudice nella sentenza di condanna».

(6) Comma introdotto dall'art. 2, co. 1, lett. n), d.lgs. 10.10.2022, n. 150, a decorrere dal 30.12.2022 e poi così modificato dall'art. 1, co. 1, lett. b), d.lgs. 19.3.2024, n. 31, a decorrere dal 4.4.2024.
Il testo antecedente alla modifica del 2024 così disponeva: «*Nei casi previsti dal primo comma il delitto è punibile a querela della persona offesa. Si procede tuttavia d'ufficio se il fatto è commesso in occasione del delitto previsto dall'articolo 331 ovvero se la persona offesa è incapace, per età o per infermità.*».

Norme connesse:

A. Art. 36, co. 1, l. 5.2.1992, n. 104, *sub* art. 527 c.p.
B. Art. 71, co. 1, d.lgs. 6.11.2011, n. 159 (in *Normativa complementare*, voce *Criminalità organizzata e transazionale, Misure patrimoniali*).
C. Art. 97, d.lgs. 1.8.2003, n. 259 (in *Normativa complementare*, voce *Stampa, televisione, telecomunicazioni*).
D. Artt. 23 e 25, d.P.R. 23.3.1973, n. 156. Art. 23: «*Danneggiamento. Chiunque esplichi attività che rechi, in qualsiasi modo, danno ai servizi postali od alle opere ed agli oggetti ad essi inerenti è punito ai sensi dell'art. 635, n. 3, del codice penale*».
Art. 25: «*Tutela degli ambienti di lavoro e di produzione del pubblico servizio. Chiunque distrugga, disperda, deteriori o renda, in tutto o in parte, inservibili oggetti e congegni destinati al servizio postale è punito ai sensi dell'art. 635, n. 3 del codice penale.*
Chiunque, fuori del caso previsto dal comma precedente, deturpi o imbratti oggetti e congegni destinati al servizio postale, è punito ai sensi dell'art. 639 del codice penale, ma si procede d'ufficio».
E. Artt. 1 e 2, l. 10.5.1976, n. 342. Art. 1: «*Chiunque con violenza o minaccia commette un fatto diretto all'impossessamento di un aereo e chiunque con violenza, minaccia o frode commette un fatto diretto al dirottamento o alla distruzione di un aereo è punito con la reclusione da 7 a 21 anni.*
La pena è aumentata se l'autore consegue l'intento.
La pena non può essere inferiore a 12 anni di reclusione se dal fatto derivano lesioni personali ai passeggeri ovvero ai membri dell'equipaggio.
Si applica la pena della reclusione da 24 a 30 anni se dal fatto deriva la morte di una o più persone».
Art. 2: «*Chiunque al fine di dirottare o distruggere un aereo danneggia le installazioni a terra relative alla navigazione aerea o ne altera le modalità di uso è punito con le pene indicate nell'articolo precedente*».

635 bis. **Danneggiamento di informazioni, dati e programmi informatici** (1).

Salvo che il fatto costituisca più grave reato, chiunque distrugge, deteriora, cancella, altera o sopprime informazioni, dati o programmi informatici [615 ter[2-3], 635 quater[1]] altrui è punito, a querela della persona offesa [120], con la reclusione da sei mesi a tre anni [649].

Se il fatto è commesso con violenza alla persona o con minaccia [612] ovvero con abuso della qualità di operatore del sistema, la pena è della reclusione da uno a quattro anni (2).

Evoluzione normativa:

(1) Articolo introdotto dall'art. 9, l. 23.12.1993, n. 547, che ha ratificato la Convenzione del Consiglio d'Europa sulla criminalità informatica.
(2) Comma così sostituito dall'art. 2, co. 1, lett. m), d.lgs. 15.1.2016, n. 7, a decorrere dal 6.2.2016.

Norme connesse:

A. Art. 36, co. 1, l. 5.2.1992, n. 104, *sub* art. 527 c.p.
B. Art. 240 bis c.p.
C. Art. 24 bis, d.lgs. 8.6.2001, n. 231 (in *Normativa complementare*, voce *Economia (diritto penale della), Enti*).

635 ter. **Danneggiamento di informazioni, dati e programmi informatici utilizzati dallo Stato o da altro ente pubblico o comunque di pubblica utilità** (1).

Salvo che il fatto costituisca più grave reato, chiunque commette un fatto diretto a distruggere, deteriorare, cancellare, alterare o sopprimere informazioni, dati o programmi informatici [615 ter[2-3], 635 quater[1]] utilizzati dallo Stato o da altro ente pubblico o ad essi pertinenti, o comunque di pubblica utilità, è punito con la reclusione da uno a quattro anni.

Se dal fatto deriva la distruzione, il deterioramento, la cancellazione, l'alterazione o la soppressione delle informazioni, dei dati o dei programmi informatici, la pena è della reclusione da tre a otto anni.

Se il fatto è commesso con violenza alla persona o con minaccia ovvero con abuso della qualità di operatore del sistema, la pena è aumentata (2).

Evoluzione normativa:

(1) Articolo introdotto dall'art. 5, l. 18.3.2008, n. 48, che ha ratificato la Convenzione del Consiglio d'Europa sulla criminalità informatica.
(2) Comma così sostituito dall'art. 2, co. 1, lett. n), d.lgs. 15.1.2016, n. 7, a decorrere dal 6.2.2016.

Norme connesse:

A. Art. 36, co. 1, l. 5.2.1992, n. 104, *sub* art. 527 c.p.
B. Art. 240 bis c.p.
C. Art. 24 bis d.lgs. 8.6.2001, n. 231 (in *Normativa complementare*, voce *Economia (diritto penale della), Enti*).

635 quater. **Danneggiamento di sistemi informatici o telematici** (1).

Salvo che il fatto costituisca più grave reato, chiunque, mediante le condotte di cui all'articolo 635-*bis*, ovvero attraverso l'introduzione o la trasmissione di dati, informazioni o programmi, distrugge, danneggia, rende, in tutto o in parte, inservibili sistemi informatici o telematici altrui o ne ostacola gravemente il funzionamento è punito con la reclusione da uno a cinque anni.

Se il fatto è commesso con violenza alla persona o con minaccia ovvero con abuso della qualità di operatore del sistema, la pena è aumentata (2).

Evoluzione normativa:

(1) Articolo introdotto dall'art. 5, l. 18.3.2008, n. 48, che ha ratificato la Convenzione del Consiglio d'Europa sulla criminalità informatica.
(2) Comma così sostituito dall'art. 2, co. 1, lett. o), d.lgs. 15.1.2016, n. 7, a decorrere dal 6.2.2016.

Norme connesse:

A. Art. 36, co. 1, l. 5.2.1992, n. 104, *sub* art. 527 c.p.
B. Art. 240 bis c.p.
C. Art. 24 bis d.lgs. 8.6.2001, n. 231 (in *Normativa complementare*, voce *Economia (diritto penale della), Enti*).

635 quinquies. **Danneggiamento di sistemi informatici o telematici di pubblica utilità** (1).

Se il fatto di cui all'articolo 635-*quater* è diretto a distruggere, danneggiare, rendere, in tutto o in parte, inservibili sistemi informatici o telematici [392[3], 615 ter, 615 quater, 615 quinquies, 617 quater, 617 quinquies, 617 sexies, 635 quater, 640 ter] di pubblica utilità o ad ostacolarne gravemente il funzionamento, la pena è della reclusione da uno a quattro anni.

Se dal fatto deriva la distruzione o il danneggiamento del sistema informatico o telematico di pubblica utilità ovvero se questo è reso, in tutto o in parte, inservibile, la pena è della reclusione da tre a otto anni.

Se il fatto è commesso con violenza alla persona o con minaccia ovvero con abuso della qualità di operatore del sistema, la pena è aumentata [2].

Evoluzione normativa:

(1) Articolo introdotto dall'art. 5, l. 18.3.2008, n. 48, che ha ratificato la Convenzione del Consiglio d'Europa sulla criminalità informatica.

(2) Comma così sostituito dall'art. 2, co. 1, lett. p), d.lgs. 15.1.2016, n. 7, a decorrere dal 6.2.2016.

Norme connesse:

A. Art. 36, co. 1, l. 5.2.1992, n. 104, *sub* art. 527 c.p.

B. Art. 240 bis c.p.

C. Art. 24 bis d.lgs. 8.6.2001, n. 231 (in *Normativa complementare*, voce *Economia (diritto penale della), Enti*).

636. Introduzione o abbandono di animali nel fondo altrui e pascolo abusivo.

Chiunque introduce o abbandona animali in gregge o in mandria nel fondo altrui è punito con la multa da euro 10 a euro 103 [649] [1].

Se l'introduzione o l'abbandono di animali, anche non raccolti in gregge o in mandria, avviene per farli pascolare nel fondo altrui, la pena è della reclusione fino a un anno o della multa da euro 20 a euro 206 [1].

Qualora il pascolo avvenga, ovvero dall'introduzione o dall'abbandono degli animali il fondo sia stato danneggiato [635^2, n. 5], il colpevole è punito con la reclusione fino a due anni e con la multa da euro 51 a euro 516 [649] [1].

Il delitto è punibile a querela della persona offesa [639-*bis*] [2].

Evoluzione normativa:

(1) La multa risulta così aumentata secondo quanto disposto dall'art. 113 l. 24.11.1981, n. 689.

(2) Comma introdotto dall'art. 96 l. 24.11.1981, n. 689.

Norme connesse:

A. Art. 36, co. 1, l. 5.2.1992, n. 104, *sub* art. 527 c.p.

B. Art. 71, co. 1, d.lgs. 6.11.2011, n. 159 (in *Normativa complementare*, voce *Criminalità organizzata e transnazionale, Misure patrimoniali*).

C. Competenza. Art. 15 l. 24.11.1999, n. 468 e artt. 4, 64 e 65 d.lgs. 28.8.2000, n. 274 (in *Normativa complementare*, voce *Giudice di pace*).

637. Ingresso abusivo nel fondo altrui.

Chiunque senza necessità [614, 633] entra nel fondo altrui recinto da fosso, da siepe viva o da un altro stabile riparo è punito, a querela della persona offesa [120; c.p.p. 336], con la multa fino a euro 103 [649] [1].

Evoluzione normativa:

(1) La multa è stata così aumentata secondo quanto disposto dall'art. 113, l. 24.11.1981, n. 689.

Norme connesse:

A. Art. 36, co. 1, l. 5.02.1992, n. 104, *sub* art. 527 c.p.

B. Art. 71, co. 1, d.lgs. 6.11.2011, n. 159 (in *Normativa complementare*, voce *Criminalità organizzata e transazionale, Misure patrimoniali*).

C. Competenza. Art. 15 l. 24.11.1999, n. 468 e artt. 4, 64 e 65 d.lgs. 28.8.2000, n. 274 (in *Normativa complementare*, voce *Giudice di pace*).

638. Uccisione o danneggiamento di animali altrui.

Chiunque senza necessità uccide [544 bis] o rende inservibili o comunque deteriora animali che appartengono ad altri è punito, salvo che il fatto costituisca più grave reato, a querela della persona offesa, con la reclusione fino a un anno o con la multa fino a euro 309 [649] [1].

La pena è della reclusione da sei mesi a quattro anni, e si procede d'ufficio, se il fatto è commesso su tre o più capi di bestiame raccolti in gregge o in mandria, ovvero su animali bovini o equini, anche non raccolti in mandria [625, n. 8].

Non è punibile chi commette il fatto sopra volatili sorpresi nei fondi da lui posseduti [c.c. 924, 926] e nel momento in cui gli recano danno.

Evoluzione normativa:

(1) Comma così modificato dall'art. 1, l. 20.7.2004, n. 189. La multa risulta così aumentata secondo quanto disposto dall'art. 113, l. 24.11.1981, n. 689. Al reato previsto in questo comma si applicala pena pecuniaria della multa da euro 258 a euro 2.582 o la pena della permanenza domiciliare da sei giorni a trenta giorni ovvero la pena del lavoro di pubblica utilità da dieci giorni a tre mesi, secondo quanto disposto dall'articolo 52, co. 2, lett. a), d.lgs. 28.8.2000, n. 274.

Norme connesse:

A. Art 727 c.p.

B. Art. 36, co. 1, l. 5.2.1992, n. 104, *sub* art. 527 c.p.

C. Art. 71, co. 1, d.lgs. 6.11.2011, n. 159 (in *Normativa complementare*, voce *Criminalità organizzata e transazionale, Misure patrimoniali*).

D. Competenza. Art. 15 l. 24.11.1999, n. 468 e artt. 4, 64 e 65 d.lgs. 28.8.2000, n. 274 (in *Normativa complementare*, voce *Giudice di pace*).

639. Deturpamento e imbrattamento di cose altrui.

Chiunque, fuori dei casi preveduti dall'articolo 635, deturpa o imbratta cose mobili altrui [518-duodecies, 635, 649, 664, 674] è punito, a querela della persona offesa [120], con la multa fino a euro 309 [649] [1] [2].

Se il fatto è commesso su beni immobili o su mezzi di trasporto pubblici o privati, si applica la pena della reclusione da uno a sei mesi o della multa da 300 a 1.000 euro. Se il fatto è commesso su teche, custodie e altre strutture adibite all'esposizione, protezione e conservazione di beni culturali esposti in musei, pinacoteche, gallerie e altri luoghi espositivi dello Stato, delle regioni, degli altri enti pubblici territoriali, nonché di ogni altro ente e istituto pubblico [518 duodecies, 635^2, n. 1, 733], si applica la pena della reclusione da uno a sei mesi o della multa da 300 a 1.000 euro [3].

Nei casi di recidiva [99] per le ipotesi di cui al secondo comma si applica la pena della reclusione da tre mesi a due anni e della multa fino a 10.000 euro [4].

Chiunque, fuori dei casi preveduti dall'articolo 635, deturpa o imbratta cose mobili o immobili altrui in occasione di manifestazioni che si svolgono in luogo pubblico o aperto al pubblico è punito con le pene di cui ai commi precedenti, raddoppiate [5].

Nei casi previsti dal secondo comma si procede d'ufficio [4].

Con la sentenza di condanna per i reati di cui al secondo e terzo comma il giudice, ai fini di cui all'articolo 165, primo comma, può disporre l'obbligo di ripristino e di ripulitura dei luoghi ovvero, qualora ciò non sia possibile, l'obbligo di sostenerne le spese o di rimborsare quelle a tal fine sostenute, ovvero, se il condannato non si oppone, la prestazione di attività non retribuita a favore della collettività per un tempo determinato comunque non superiore alla durata della pena sospesa, secondo le modalità indicate nella sentenza di condanna (6).

Evoluzione normativa:

(1) La multa risulta così aumentata secondo quanto disposto dall'art. 113, l. 24.11.1981, n. 689.

(2) Comma modificato secondo quanto disposto dall'art. 113, l. 24.11.1981, n. 689 e dall'art. 3, co. 3, lett. a), l. 15.7.2009, n. 94. Questo comma, infine, è stato così modificato dall'art. 4, co. 1, lett. a), l. 22.1.2024, n. 6, a decorrere dall'8.2.2024.
Il testo di questo comma, prima della modifica disposta dalla legge n. 6/2024, così disponeva: «*Chiunque, fuori dei casi preveduti dall'articolo 635, deturpa o imbratta cose mobili altrui è punito, a querela della persona offesa, con la multa fino a euro 103,*».

(3) Comma introdotto dall'art. 13, l. 8.10.1997, n. 352, poi sostituito dall'art. 3, co. 3, lett. b), l. 15.7.2009, n. 94 e nuovamente modificato, prima, dall'art. 5, co. 2, lett. a), l. 9.3.2022, n. 22, a decorrere dal 23.3.2022, e, infine, dall'art. 4, co. 1, lett. b), l. 22.1.2024, n. 6, a decorrere dall'8.2.2024.
Il testo antecedente alla modifica disposta con l. n. 6/2024 così disponeva: «*Se il fatto è commesso su beni immobili o su mezzi di trasporto pubblici o privati, si applica la pena della reclusione da uno a sei mesi o della multa da 300 a 1.000 euro.*».
Il testo antecedente alla modifica disposta con l. n. 22/2022 così disponeva: «*Se il fatto è commesso su beni immobili o su mezzi di trasporto pubblici o privati, si applica la pena della reclusione da uno a sei mesi o della multa da 300 a 1.000 euro. Se il fatto è commesso su cose di interesse storico o artistico, si applica la pena della reclusione da tre mesi a un anno e della multa da 1.000 a 3.000 euro.*».
Il testo antecedente alla sostituzione disposta con l. n. 94/2009 così disponeva: «*Se il fatto è commesso su cose di interesse storico o artistico ovunque siano ubicate o su immobili compresi nel perimetro dei centri storici, si applica la pena della reclusione fino a un anno o della multa fino a euro 1.032 e si procede d'ufficio.*».

(4) Comma introdotto dall'art. 3, co. 3, lett. c), l. 15.7.2009, n. 94.

(5) Comma introdotto dall'art. 4, co. 1, lett. c), l. 22.1.2024, n. 6, a decorrere dall'8.2.2024.
Comma modificato dall'art. 113, l. 24.11.1981, n. 689 e dall'art. 3, co. 3, lett. a), l. 15.7.2009, n. 94. Questo comma è stato infine così modificato dall'art. 4, co. 1, lett. a), l. 22.1.2024, n. 6, a decorrere dall'8.2.2024.
Il testo antecedente alla modifica disposta con l. n. 6/2024 così disponeva: «*Chiunque, fuori dei casi preveduti dall'articolo 635, deturpa o imbratta cose mobili altrui è punito, a querela della persona offesa, con la multa fino a euro 103,*».

(6) Comma introdotto, a decorrere dal 21.2.2017, dall'art. 16, co. 1, d.l. 20.2.2017, n. 14, conv., con modif., con l. 18.4.2017, n. 48, a decorrere dal 22.4.2017. Il testo antecedente alla conversione in legge del d.l. n. 14/2017: «*Con la sentenza di condanna per i reati di cui al secondo e terzo comma il giudice, ai fini di cui all'articolo 165, primo comma, può disporre l'obbligo di ripristino e di ripulitura dei luoghi ovvero, qualora ciò non sia possibile, l'obbligo a sostenerne le relative spese o a rimborsare quelle a tal fine sostenute, ovvero, se il condannato non si oppone, la prestazione di attività non retribuita a favore della collettività per un tempo determinato comunque non superiore alla durata della pena sospesa, secondo le modalità indicate nella sentenza di condanna*».

Norme connesse:

A. Art. 36, co. 1, l. 5.2.1992, n. 104, *sub* art. 527 c.p.

B. Art. 25, d.P.R. 29.3.1973, n. 156 V. *Norme connesse sub* art. 635 c.p.

C. Competenza. Art. 4, d.lgs. 28.8.2000, n. 274 (in *Normativa complementare*, voce *Giudice di pace*).

639 bis. Casi di esclusione della perseguibilità a querela.

Nei casi previsti dagli articoli 631, 632, 633 e 636 si procede d'ufficio se si tratta di acque, terreni, fondi o edifici pubblici o destinati ad uso pubblico (1).

Evoluzione normativa:

(1) Articolo introdotto dall'art. 97, l. 24.11.1981, n. 689.

Norme connesse:

A. Art. 36, co. 1, l. 5.2.1992, n. 104, *sub* art. 527 c.p.

Capo II
Dei delitti contro il patrimonio mediante frode

640. Truffa.

Chiunque, con artifizi o raggiri, inducendo taluno in errore, procura a sé o ad altri un ingiusto profitto con altrui danno, è punito con la reclusione da sei mesi a tre anni e con la multa da euro 51 a euro 1.032 [640] (1).

La pena è della reclusione da uno a cinque anni e della multa da euro 309 a euro 1.549 (1):

1. se il fatto è commesso a danno dello Stato o di un altro ente pubblico o dell'Unione europea o col pretesto di far esonerare taluno dal servizio militare (2);
2. se il fatto è commesso ingenerando nella persona offesa il timore di un pericolo immaginario o l'erroneo convincimento di dovere eseguire un ordine dell'autorità [629];

2-*bis*. se il fatto è commesso in presenza della circostanza di cui all'articolo 61, numero 5) (3).

Il delitto è punibile a querela della persona offesa [120], salvo che ricorra taluna delle circostanze previste dal capoverso precedente (4).

Riferimenti storici:

Art. 413 Codice Zanardelli «*Chiunque, con artifizii o raggiri atti a ingannare o a sorprendere l'altrui buona fede, inducendo alcuno in errore, procura a sé o ad altri un ingiusto profitto con altrui danno, è punito con la reclusione sino a tre anni e con la multa oltre le lire cento.*
La reclusione è da uno a cinque anni, se il delitto sia commesso:
1. da avvocati, procuratori o amministratori, nell'esercizio delle loro funzioni;
2. a danno di un'Amministrazione pubblica o di un istituto di pubblica beneficenza;
3. col pretesto di far esonerare alcuno dal servizio militare».

Evoluzione normativa:

(1) La multa è stata così aumentata dall'art. 113, l. 24.11.1981, n. 689.

(2) Numero così modificato dall'art. 1, co. 1, lett. e), d.lgs. 14.7.2020, n. 75, a decorrere dal 30.7.2020. Il testo previgente così disponeva: «*1. se il fatto è commesso a danno dello Stato o di un altro ente pubblico o col pretesto di far esonerare taluno dal servizio militare*».

(3) Numero introdotto dall'art. 3, co. 28, l. 15.7.2009, n. 94.

(4) Comma introdotto dall'art. 98, l. 24.11.1981, n. 689 e, poi, così modificato dall'art. 8, co. 1, d.lgs. 10.4.2018, n. 36, a decorrere dal 9.5.2018. Il testo previgente così disponeva: «*Il delitto è punibile a querela della persona offesa, salvo che ricorra taluna delle circostanze previste dal capoverso precedente o un'altra circostanza aggravante*».

Norme connesse:

A. Art. 36, co. 1, l. 5.2.1992, n. 104, *sub* art. 527 c.p.

B. Artt. 32 quater, 640 quater c.p.

C. Art. 24, d.lgs. 8.6.2001, n. 231 (in *Normativa complementare*, voce *Economia (diritto penale della), Enti*).

640 bis. Truffa aggravata per il conseguimento di erogazioni pubbliche [(1)].

La pena è della reclusione da due a sette anni e si procede d'ufficio se il fatto di cui all'articolo 640 riguarda contributi, sovvenzioni, finanziamenti, mutui agevolati ovvero altre erogazioni dello stesso tipo, comunque denominate, concessi o erogati da parte dello Stato, di altri enti pubblici o delle Comunità europee [(2) (3)].

Evoluzione normativa:

(1) Articolo introdotto dall'art. 22, l. 19.3.1990, n. 55, sulla prevenzione della delinquenza di tipo mafioso.

(2) Comma così modificato dall'art. 30, co. 1, l. 17.10.2017, n. 161, a decorrere dal 19.11.2017.

(3) Comma così modificato dall'art. 30, co. 1, l. 17.10.2017, n. 161, a decorrere dal 19.11.2017, e, poi, dall'art. 28 bis, co. 1, lett. d), d.l. 27.1.2022, n. 4, conv., con modif., con l. 28.3.2022, n. 25, a decorrere dal 29.3.2022. Una modifica identica a quella disposta dal d.l. n. 4/2022 era stata prevista dall'art. 2, co. 1, lett. d), d.l. 25.2.2022, n. 13, a decorrere dal 26.2.2022, poi abrogato dall'art. 1, co. 2, l. n. 25/2022, secondo il quale restano validi gli atti e i provvedimenti adottati e sono fatti salvi gli effetti prodottisi e i rapporti giuridici sorti sulla base del d.l. n. 13/2022.

Il testo antecedente alla modifica disposta dal d.l. n. 4/2022 così disponeva: «*La pena è della reclusione da due a sette anni e si procede d'ufficio se il fatto di cui all'articolo 640 riguarda contributi, finanziamenti, mutui agevolati ovvero altre erogazioni dello stesso tipo, comunque denominate, concessi o erogati da parte dello Stato, di altri enti pubblici o delle Comunità europee.*».

Il testo antecedente alla modifica disposta con l. n. 161/2017 così disponeva: «*La pena è della reclusione da uno a sei anni e si procede d'ufficio se il fatto di cui all'articolo 640 riguarda contributi, finanziamenti, mutui agevolati ovvero altre erogazioni dello stesso tipo, comunque denominate, concessi o erogati da parte dello Stato, di altri enti pubblici o delle Comunità europee.*».

Norme connesse:

A. Art. 36, co. 1, l. 5.2.1992, n. 104, *sub* art. 527 c.p.

B. Artt. 32 quater, 316 bis, 316 ter, 640 quater c.p.

C. Art. 71, co. 1, d.lgs. 6.11.2011, n. 159 (in *Normativa complementare*, voce *Criminalità organizzata e transazionale, Misure patrimoniali*).

D. Art. 24, d.lgs. 8.6.2001, n. 231 (in *Normativa complementare*, voce *Economia (diritto penale della), Enti*).

640 ter. Frode informatica [(1)].

Chiunque, alterando in qualsiasi modo il funzionamento di un sistema informatico o telematico [392³, 615 ter, 615 quater, 615 quinquies, 617 quater, 617 quinquies, 617 sexies, 635 quater, 635 quinquies] o intervenendo senza diritto con qualsiasi modalità su dati, informazioni o programmi contenuti in un sistema informatico o telematico o ad esso pertinenti, procura a sé o ad altri un ingiusto profitto con altrui danno, è punito con la reclusione da sei mesi a tre anni e con la multa da euro 51 a euro 1.032 [649].

La pena è della reclusione da uno a cinque anni e della multa da euro 309 a euro 1.549 se ricorre una delle circostanze previste dal numero 1) del secondo comma dell'articolo 640, ovvero se il fatto produce un trasferimento di denaro, di valore monetario o di valuta virtuale o è commesso con abuso della qualità di operatore del sistema [(2)].

La pena è della reclusione da due a sei anni e della multa da euro 600 a euro 3.000 se il fatto è commesso con furto [624] o indebito utilizzo dell'identità digitale in danno di uno o più soggetti [(3)].

Il delitto è punibile a querela della persona offesa [120], salvo che ricorra taluna delle circostanze di cui al secondo e terzo comma o la circostanza prevista dall'articolo 61, primo comma, numero 5, limitatamente all'aver approfittato di circostanze di persona anche in riferimento all'età [(4)].

Evoluzione normativa:

(1) Articolo introdotto dall'art. 10, l. 23.12.1993, n. 547, che modifica ed integra le norme del codice penale e del codice di procedura penale in tema di criminalità informatica.

(2) Comma così modificato dall'art. 2, co. 1, lett. c), d.lgs. 8.11.2021, n. 184, a decorrere dal 14.12.2021.

Il testo previgente così disponeva: «*La pena è della reclusione da uno a cinque anni e della multa da euro 309 a euro 1.549 se ricorre una delle circostanze previste dal numero 1) del secondo comma dell'articolo 640, ovvero se il fatto è commesso con abuso della qualità di operatore del sistema.*».

(3) Comma introdotto dall'art. 9, co. 1, lett. a), d.l. 14.8.2013, n. 93, conv., con modif., con l. 15.10.2013, n. 119.

(4) Comma così modificato dall'art. 9, co. 1, lett. b), d.l. 14.8.2013, n. 93, conv., con modif., con l. 15.10.2013, n. 119 e, poi, dall'art. 9, co. 1, d.lgs. 10.4.2018, n. 36, a decorrere dal 9.5.2018. Il comma è stato poi così modificato dall'art. 2, co. 1, lett. p), d.lgs. 10.10.2022, n. 150, a decorrere dal 30.12.2022.

Il testo antecedente alla modifica disposta dal d.lgs. n. 150/2022 così disponeva: «*Il delitto è punibile a querela della persona offesa, salvo che ricorra taluna delle circostanze di cui al secondo e terzo comma o taluna delle circostanze previste dall'articolo 61, primo comma, numero 5, limitatamente all'aver approfittato di circostanze di persona, anche in riferimento all'età, e numero 7.*».

Il testo antecedente alle modifiche disposte con d.lgs. n. 36/2018 così disponeva: «*Il delitto è punibile a querela della persona offesa, salvo che ricorra taluna delle circostanze di cui al secondo e terzo comma o un'altra circostanza aggravante*».

Il testo antecedente alle modifiche disposte con d.l. n. 93/2013 così disponeva: «*Il delitto è punibile a querela della persona offesa, salvo che ricorra taluna delle circostanze di cui al secondo comma o un'altra circostanza aggravante.*».

Norme connesse:

A. Art. 36, co. 1, l. 5.2.1992, n. 104, *sub* art. 527 c.p.

B. Art. 24, d.lgs. 8.6.2001, n. 231 (in *Normativa complementare*, voce *Economia (diritto penale della), Enti*).

640 quater. Applicabilità dell'articolo 322-ter [(1)].

Nei casi di cui agli articoli 640, secondo comma, numero 1, 640-*bis* e 640-*ter*, secondo comma, con esclusione dell'ipotesi in cui il fatto è commesso con abuso della qualità di operatore del sistema, si osservano, in quanto applicabili, le disposizioni contenute nell'articolo 322-*ter*.

Evoluzione normativa:

(1) Articolo introdotto dall'art. 3, l. 29.9.2000, n. 300.

Norme connesse:

A. Art. 36, co. 1, l. 5.2.1992, n. 104, *sub* art. 527 c.p.

640 quinquies. Frode informatica del soggetto che presta servizi di certificazione di firma elettronica.

Il soggetto che presta servizi di certificazione di firma elettronica, il quale, al fine di procurare a sé o ad altri un ingiusto profitto ovvero di arrecare ad altri danno, viola gli obblighi previsti dalla legge per il rilascio di un certificato qualificato, è punito con la reclusione fino a tre anni e con la multa da 51 a 1.032 euro [(1)].

Evoluzione normativa:

(1) Articolo introdotto dall'art. 5, l. 18.3.2008, n. 48, che ha ratificato la Convenzione del Consiglio d'Europa sulla criminalità informatica.

Norme connesse:

A. Art. 36, co. 1, l. 5.2.1992, n. 104, *sub* art. 527 c.p.

B. Art. 24 bis, d.lgs. 8.6.2001, n. 231 (in *Normativa complementare*, voce *Economia (diritto penale della), Enti*).

641. Insolvenza fraudolenta.

Chiunque, dissimulando il proprio stato d'insolvenza, contrae un'obbligazione col proposito di non adempierla è punito, a querela della persona offesa [120], qualora l'obbligazione non sia adempiuta, con la reclusione fino a due anni o con la multa fino a euro 516 [649] (1).

L'adempimento dell'obbligazione avvenuto prima della condanna estingue il reato [182 ss.].

Evoluzione normativa:

(1) La multa è stata così aumentata secondo quanto disposto dall'art. 113, l. 24.11.1981, n. 689.

Norme connesse:

A. Art. 36, co. 1, l. 5.2.1992, n. 104, *sub* art. 527 c.p.

642. Fraudolento danneggiamento dei beni assicurati e mutilazione fraudolenta della propria persona (1).

Chiunque, al fine di conseguire per sé o per altri l'indennizzo di una assicurazione o comunque un vantaggio derivante da un contratto di assicurazione, distrugge, disperde, deteriora od occulta cose di sua proprietà, falsifica o altera una polizza o la documentazione richiesta per la stipulazione di un contratto di assicurazione è punito con la reclusione da uno a cinque anni (2).

Alla stessa pena soggiace chi al fine predetto cagiona a se stesso una lesione personale [582] o aggrava le conseguenze della lesione personale prodotta da un infortunio o denuncia un sinistro non accaduto ovvero distrugge, falsifica, altera o precostituisce elementi di prova o documentazione relativi al sinistro. Se il colpevole consegue l'intento la pena è aumentata. Si procede a querela di parte 120].

Le disposizioni di cui al presente articolo si applicano anche se il fatto è commesso all'estero [7, n. 5], in danno di un assicuratore italiano, che eserciti la sua attività nel territorio dello Stato [4^2]. Il delitto è punibile a querela della persona offesa.

Evoluzione normativa:

(1) Articolo così sostituito dall'art. 24, l. 12.12.2002, n. 273. Il testo previgente, in cui l'importo della multa era stato aumentato ai sensi dell'art. 113, l. 24.11.1981, n. 689, così disponeva: «*Fraudolenta distruzione della cosa propria e mutilazione fraudolenta della propria persona. Chiunque, al fine di conseguire per sé o per altri il prezzo di un'assicurazione contro infortuni, distrugge, disperde, deteriora od occulta cose di sua proprietà è punito con la reclusione da sei mesi a tre anni e con la multa fino a euro 1.032. Alla stessa pena soggiace chi, al fine predetto, cagiona a se stesso una lesione personale o aggrava le conseguenze della lesione personale prodotta dall'infortunio. Se il colpevole consegue l'intento, la pena è aumentata. Le disposizioni di questo articolo si applicano anche se il fatto è commesso all'estero, in danno di un assicuratore italiano, che eserciti la sua industria nel territorio dello Stato; ma il delitto è punibile a querela della persona offesa*».

(2) Comma così modificato dall'art. 33, co. 1 bis, d.l. 24.1.2012, n. 1, conv., con modif., con l. 24.3.2012, n. 27. Il testo previgente così disponeva: «*Chiunque, al fine di conseguire per sé o per altri l'indennizzo di una assicurazione o comunque un vantaggio derivante da un contratto di assicurazione, distrugge, disperde, deteriora od occulta cose di sua proprietà, falsifica o altera una polizza o la documentazione richiesta per la stipulazione di un contratto di assicurazione è punito con la reclusione da sei mesi a quattro anni*».

Norme connesse:

A. Art. 36, co. 1, l. 5.2.1992, n. 104, *sub* art. 527 c.p.

643. Circonvenzione di persone incapaci.

Chiunque, per procurare a sé o ad altri un profitto, abusando dei bisogni, delle passioni o della inesperienza di una persona minore, ovvero abusando dello stato d'infermità o deficienza psichica di una persona, anche se non interdetta [c.c. 414] o inabilitata [c.c. 415], la induce a compiere un atto, che importi qualsiasi effetto giuridico per lei o per altri dannoso, è punito con la reclusione da due a sei anni e con la multa da euro 206 a euro 2.065 [649] (1).

Evoluzione normativa:

(1) La multa è stata così aumentata secondo quanto disposto dall'art. 113, l. 24.11.1981, n. 689.

Norme connesse:

A. Art. 36, co. 1, l. 5.2.1992, n. 104, *sub* art. 527 c.p.

644. Usura (1).

Chiunque, fuori dei casi previsti dall'articolo 643, si fa dare o promettere, sotto qualsiasi forma, per sé o per altri, in corrispettivo di una prestazione di denaro o di altra utilità, interessi o altri vantaggi usurari, è punito con la reclusione da due a dieci anni e con la multa da euro 5.000 a euro 30.000 [649] (2).

Alla stessa pena soggiace chi, fuori del caso di concorso nel delitto previsto dal primo comma, procura a taluno una somma di denaro od altra utilità facendo dare o promettere, a sé o ad altri, per la mediazione, un compenso usurario.

La legge stabilisce il limite oltre il quale gli interessi sono sempre usurari. Sono altresì usurari gli interessi, anche se inferiori a tale limite, e gli altri vantaggi o compensi che, avuto riguardo alle concrete modalità del fatto e al tasso medio praticato per operazioni similari, risultano comunque sproporzionati rispetto alla prestazione di denaro o di altra utilità, ovvero all'opera di mediazione, quando chi li ha dati o promessi si trova in condizioni di difficoltà economica o finanziaria (3).

Per la determinazione del tasso di interesse usurario si tiene conto delle commissioni, remunerazioni a qualsiasi titolo e delle spese, escluse quelle per imposte e tasse, collegate alla erogazione del credito.

Le pene per i fatti di cui al primo e secondo comma sono aumentate da un terzo alla metà:

1) se il colpevole ha agito nell'esercizio di una attività professionale, bancaria o di intermediazione finanziaria mobiliare;

2) se il colpevole ha richiesto in garanzia partecipazioni o quote societarie o aziendali o proprietà immobiliari;
3) se il reato è commesso in danno di chi si trova in stato di bisogno;
4) se il reato è commesso in danno di chi svolge attività imprenditoriale, professionale o artigianale;
5) se il reato è commesso da persona sottoposta con provvedimento definitivo alla misura di prevenzione della sorveglianza speciale durante il periodo previsto di applicazione e fino a tre anni dal momento in cui è cessata l'esecuzione.

Nel caso di condanna, o di applicazione di pena ai sensi dell'articolo 444 del codice di procedura penale, per uno dei delitti di cui al presente articolo, è sempre ordinata la confisca dei beni che costituiscono prezzo o profitto del reato ovvero di somme di denaro, beni ed utilità di cui il reo ha la disponibilità anche per interposta persona per un importo pari al valore degli interessi o degli altri vantaggi o compensi usurari, salvi i diritti della persona offesa dal reato alle restituzioni e al risarcimento dei danni.

Evoluzione normativa:

(1) Articolo così sostituito dall'art. 1, l. 7.3.1996, n. 108. Il testo dell'articolo precedente alla sostituzione disposta con l. n. 108/1996 così disponeva: «*Chiunque, fuori dei casi preveduti dall'articolo precedente, approfittando dello stato di bisogno di una persona, si fa da questa dare o promettere, sotto qualsiasi forma, per sé o per altri, in corrispettivo di una prestazione di denaro o di altra casa mobile, interessi o altri vantaggi usurari [c.c. 1448, 1815], è punito con la reclusione da uno a cinque anni e con la multa da lire sei milioni a lire trenta milioni. Alla stessa pena soggiace chi, fuori dei casi di concorso nel delitto preveduto dalla disposizione precedente, procura ad una persona in stato di bisogno una somma di denaro o un'altra cosa mobile, facendo dare o promettere, a sé o ad altri, per la mediazione, un compenso usurario. Le pene sono aumentate da un terzo alla metà se i fatti di cui ai commi precedenti sono commessi nell'esercizio di una attività professionale o di intermediazione finanziaria*».

(2) Comma così modificato dall'art. 2, l. 5.12.2005, n. 251. Il testo previgente così disponeva: «*Chiunque, fuori dei casi previsti dall'articolo 643, si fa dare o promettere, sotto qualsiasi forma, per sé o per altri, in corrispettivo di una prestazione di denaro o di altra utilità, interessi o altri vantaggi usurari, è punito con la reclusione da uno a sei anni e con la multa da euro 3.098 a euro 15.493*».

(3) Art. 2, l. 7.3.1996, n. 108.

Norme connesse:

A. Artt. 2 e 3, l. 7.3.1996, n. 108 (in *Normativa complementare*, voce *Usura*).
B. Art. 36, co. 1, l. 5.2.1992, n. 104, *sub* art. 527 c.p.
C. Artt. 32 quarter, 240 bis, 644 ter c.p.

644 bis. Usura impropria [1].

[Chiunque, fuori dei casi previsti dall'articolo 644, approfittando delle condizioni di difficoltà economica o finanziaria di persona che svolge una attività imprenditoriale o professionale, si fa dare o promettere, sotto qualsiasi forma, per sé o per altri, in corrispettivo di una prestazione di denaro o di altra cosa mobile, interessi o altri vantaggi usurari, è punito con la reclusione da sei mesi a quattro anni e con la multa da lire quattro milioni a lire venti milioni.

Alla stessa pena soggiace chi, fuori dei casi di concorso nel delitto previsto dal comma precedente, procura ad una persona che svolge una attività imprenditoriale o professionale e che versa in condizioni di difficoltà economica o finanziaria una somma di denaro o un'altra cosa mobile, facendo dare o promettere a sé o ad altri, per la mediazione, un compenso usurario.

Si applica la disposizione del terzo comma dell'articolo 644.]

Evoluzione normativa:

(1) Articolo introdotto dall'art. 11 quinquies, co. 2, d.l. 8.6.1992, n. 306, conv., con modif., con l. 7.8.1992, n. 356, e poi abrogato dall'art. 1, l. 7.3.1996, n. 108.

644 ter. Prescrizione del reato di usura [1].

La prescrizione del reato di usura decorre dal giorno dell'ultima riscossione sia degli interessi che del capitale.

Evoluzione normativa:

(1) Articolo introdotto dall'art. 11, l. 7.3.1996, n. 108.

Norme connesse:

A. Art. 36, co. 1, l. 5.2.1992, n. 104, *sub* art. 527 c.p.

645. Frode in emigrazione.

Chiunque con mendaci asserzioni o con false notizie, eccitando taluno ad emigrare, o avviandolo a paese diverso da quello nel quale voleva recarsi, si fa consegnare o promettere, per sé o per altri, denaro o altra utilità, come compenso per farlo emigrare, è punito con la reclusione da uno a cinque anni e con la multa da euro 309 a euro 1.032 [649] [1].

La pena è aumentata se il fatto è commesso a danno di due o più persone.

Evoluzione normativa:

(1) La multa risulta così aumentata secondo quanto disposto dall'art. 113, l. 24.11.1981, n. 689.

Norme connesse:

A. Art. 36, co. 1, l. 5.2.1992, n. 104, *sub* art. 527 c.p.
B. Art. 240 bis c.p.

646. Appropriazione indebita.

Chiunque, per procurare a sé o ad altri un ingiusto profitto, si appropria il denaro o la cosa mobile [624^2] altrui di cui abbia, a qualsiasi titolo, il possesso, è punito, a querela della persona offesa [120], con la reclusione da due a cinque anni e con la multa da euro 1.000 a euro 3.000 [1] [2].

Se il fatto è commesso su cose possedute a titolo di deposito necessario, la pena è aumentata.

[Si procede d'ufficio, se ricorre la circostanza indicata nel capoverso precedente o taluna delle circostanze indicate nel n. 11 dell'articolo 61 [3].]

Evoluzione normativa:

(1) Comma così modificato ai sensi dell'art. 113, l. 24.11.1981, n. 689 e, poi, dall'art. 1, co. 1, lett. u), l. 9.1.2019, n. 3, a decorrere dal 31.1.2019. Il testo antecedente alla modifica del 2019 così disponeva: «*Chiunque, per procurare a sé o ad altri un ingiusto profitto, si appropria il denaro o la cosa mobile altrui di cui abbia, a qualsiasi titolo, il possesso, è punito, a querela della persona offesa, con la reclusione fino a tre anni e con la multa fino a euro 1.032*».

(2) La Corte costituzionale, con sent. 21.2.2024, n. 46, ha dichiarato l'illegittimità costituzionale di questo comma, come modificato dall'art. 1, co. 1, lett. u), l. 9.1.2019, n. 3, nella parte in cui prevede la pena della reclusione «*da due a cinque anni*» anziché «*fino a cinque anni*».
(3) Comma abrogato dall'art. 10, co. 1, d.lgs. 10.4.2018, n. 36, a decorrere dal 9.5.2018.

Norme connesse:

A. Art. 314 c.p.
B. Art. 36, co. 1, l. 5.2.1992, n. 104, *sub* art. 527 c.p.

647. Appropriazione di cose smarrite, del tesoro o di cose avute per errore o caso fortuito (1).

[È punito, a querela della persona offesa, con la reclusione fino a un anno o con la multa da euro 30 a euro 309:

1. chiunque, avendo trovato denaro o cose da altri smarrite, se li appropria, senza osservare le prescrizioni della legge civile sull'acquisto della proprietà di cose trovate [c.c. 927, 929];
2. chiunque, avendo trovato un tesoro [c.c. 932], si appropria, in tutto o in parte, la quota dovuta al proprietario del fondo;
3. chiunque si appropria cose, delle quali sia venuto in possesso per errore altrui o per caso fortuito.

Nei casi preveduti dai numeri 1 e 3, se il colpevole conosceva il proprietario della cosa che si è appropriata, la pena è della reclusione fino a due anni e della multa fino a euro 309.]

Evoluzione normativa:

(1) Articolo abrogato dall'art. 1, co. 1, lett. e), d.lgs. 15.1.2016, n. 7, a decorrere dal 6.2.2016.

648. Ricettazione (1).

Fuori dei casi di concorso nel reato [110], chi, al fine di procurare a sé o ad altri un profitto, acquista, riceve od occulta denaro o cose provenienti da un qualsiasi delitto, o comunque si intromette nel farle acquistare, ricevere od occultare [518-quater, 712], è punito con la reclusione da due ad otto anni e con la multa da euro 516 a euro 10.329 (2). La pena è aumentata quando il fatto riguarda denaro o cose provenienti da delitti di rapina aggravata ai sensi dell'articolo 628, terzo comma, di estorsione aggravata ai sensi dell'articolo 629, secondo comma, ovvero di furto aggravato ai sensi dell'articolo 625, primo comma, n. 7-*bis*) (3).

La pena è della reclusione da uno a quattro anni e della multa da euro 300 a euro 6.000 quando il fatto riguarda denaro o cose provenienti da contravvenzione punita con l'arresto superiore nel massimo a un anno o nel minimo a sei mesi 6 (4).

La pena è aumentata se il fatto è commesso nell'esercizio di un'attività professionale (4).

Se il fatto è di particolare tenuità [62, n. 4, 131 bis], si applica la pena della reclusione sino a sei anni e della multa sino a euro 1.000 nel caso di denaro o cose provenienti da delitto e la pena della reclusione sino a tre anni e della multa sino a euro 800 nel caso di denaro o cose provenienti da contravvenzione (5).

Le disposizioni di questo articolo si applicano anche quando l'autore del reato da cui il denaro o le cose provengono non è imputabile [85 ss.] o non è punibile ovvero quando manchi una condizione di procedibilità [c.p.p. 336 ss.] riferita a tale reato [648 bis[4], 648 ter[4], 648 ter. 1[7]] (6).

Riferimenti storici:

Art. 421 Codice Zanardelli: «*Chiunque, fuori del caso preveduto nell'articolo 225, acquista, riceve o nasconde danaro o cose provenienti da un delitto, o si intromette in qualsiasi modo nel farle acquistare, ricevere o nascondere, senza essere concorso nel delitto medesimo, è punito con la reclusione sino a due anni e con la multa sino a lire mille.*

Se il danaro o le cose provengano da un delitto che importi pena restrittiva della libertà personale per un tempo maggiore dei cinque anni, il colpevole è punito con la reclusione da uno a quattro anni e con la multa da lire cento a tremila.

In ambedue i casi preveduti nelle precedenti disposizioni, la reclusione non può superare la metà della pena stabilita per il delitto da cui le cose provengano; ed ove si tratti di pena pecuniaria, per determinare tale misura si fa il ragguaglio secondo le norme stabilite nell'articolo 19.

Se il colpevole sia ricettatore abituale, la reclusione è da tre a sette anni, nel caso preveduto nella prima parte del presente articolo, e da cinque a dieci anni, nel caso preveduto nel primo capoverso: e si aggiunge sempre la multa da lire trecento a tremila».

Evoluzione normativa:

(1) Articolo così sostituito dall'art. 15, l. 22.5.1975, n. 152, in materia di ordine pubblico. L'ultimo comma, poi, è stato così sostituito dall'art. 3, l. 9.8.1993, n. 328, di ratifica della Convenzione sul riciclaggio, la ricerca, il sequestro e la confisca dei proventi di reato, fatta a Strasburgo l'8.11.1990. Il testo dell'ultimo comma, prima della modifica del 1993, così disponeva: «*Le disposizioni di questo articolo si applicano anche quando l'autore del delitto, da cui il denaro o le cose provengono, non è imputabile o non è punibile*».
(2) La multa risulta così aumentata secondo quanto disposto dall'art. 113, l. 24.11.1981, n. 689.
(3) Comma così modificato dall'art. 8, co. 1, lett. b), d.l. 14.8.2013, n. 93, conv., con modif., con l. 15.10.2013, n. 119. Il testo previgente così disponeva: «*Fuori dei casi di concorso nel reato, chi, al fine di procurare a sé o ad altri un profitto, acquista, riceve od occulta denaro o cose provenienti da un qualsiasi delitto, o comunque si intromette nel farle acquistare, ricevere od occultare, è punito con la reclusione da due ad otto anni e con la multa da euro 516 a euro 10.329*».
(4) Comma introdotto dall'art. 1, co. 1, lett. c), n. 1), d.lgs. 8.11.2021, n. 195, a decorrere dal 15.12.2021.
(5) Comma così sostituito dall'art. 1, co. 1, lett. c), n. 2), d.lgs. 8.11.2021, n. 195, a decorrere dal 15.12.2021.
Il testo precedente, rispetto al quale la multa era stata aumentata dall'art. 113, l. 24.11.1981, n. 689, così disponeva: «*La pena è della reclusione sino a sei anni e della multa sino a euro 516, se il fatto è di particolare tenuità.*».
(6) Comma sostituito dall'art. 3, l. 9.8.1993, n. 328 e, poi, così modificato dall'art. 1, co. 1, lett. c), n. 3), d.lgs. 8.11.2021, n. 195, a decorrere dal 15.12.2021.
Il testo antecedente alla modifica disposta dal d.lgs. n. 195/2021 così disponeva: «*Le disposizioni di questo articolo si applicano anche quando l'autore del delitto da cui il denaro o le cose provengono non è imputabile o non è punibile ovvero quando manchi una condizione di procedibilità riferita a tale delitto.*».
Il testo antecedente alla disposta modifica della l. n. 328/1993 così disponeva: «*Le disposizioni di questo articolo si applicano anche quando l'autore del delitto, da cui il denaro o le cose provengono, non è imputabile o non è punibile*».

Norme connesse:

A. Art. 36, co. 1, l. 5.2.1992, n. 104, *sub* art. 527 c.p.

B. Artt. 240 bis, 648 ter, 648 ter1, c.p.
C. Art. 25 octies, d.lgs. 8.6.2001, n. 231 (in *Normativa complementare*, voce *Economia (diritto penale della), Enti*).
D. Art. 26 l. 19.3.1990, n. 55 (in *Normativa complementare*, voce *Criminalità organizzata e transazionale, Mafia e crimine organizzato*).

648 bis. Riciclaggio (1).

Fuori dei casi di concorso nel reato [110], chiunque sostituisce o trasferisce denaro, beni o altre utilità provenienti da delitto, ovvero compie in relazione ad essi altre operazioni, in modo da ostacolare l'identificazione della loro provenienza delittuosa [518-sexies], è punito con la reclusione da quattro a dodici anni e con la multa da euro 5.000 a euro 25.000 (2).

La pena è della reclusione da due a sei anni e della multa da euro 2.500 a euro 12.500 quando il fatto riguarda denaro o cose provenienti da contravvenzione punita con l'arresto superiore nel massimo a un anno o nel minimo a sei mesi (3).

La pena è aumentata quando il fatto è commesso nell'esercizio di un'attività professionale.

La pena è diminuita se il denaro, i beni o le altre utilità provengono da delitto per il quale è stabilita la pena della reclusione inferiore nel massimo a cinque anni.

Si applica l'ultimo comma dell'articolo 648 [648-*quater*].

Evoluzione normativa:

(1) Articolo introdotto dall'art. 3, d.l. 21.3.1978, n. 59, sulla prevenzione e repressione di gravi reati, e poi sostituito prima dall'art. 23, l. 19.3.1990, n. 55, sulla prevenzione della delinquenza di tipo mafioso e poi dall'art. 4, l. 9.8.1993, n. 328, di ratifica della Convenzione sul riciclaggio, la ricerca, il sequestro e la confisca dei proventi di reato, fatta a Strasburgo l'8.11.1990. Il testo dell'articolo, precedente alla sostituzione del 1993, così disponeva: «*Riciclaggio. - Fuori dei casi di concorso nel reato, chiunque sostituisce denaro, beni o altre utilità provenienti dai delitti di rapina aggravata, di estorsione aggravata, di sequestro di persona a scopo di estorsione o dai delitti concernenti la produzione o il traffico di sostanze stupefacenti o psicotrope, con altro denaro, altri beni o altre utilità, ovvero ostacola l'identificazione della loro provenienza dai delitti suddetti, è punito con la reclusione da quattro a dodici anni e con la multa da lire due milioni a lire trenta milioni. La pena è aumentata quando il fatto è commesso nell'esercizio di un'attività professionale. Si applica l'ultimo comma dell'articolo 648*».

(2) Comma così modificato dall'art. 3, co. 1, l. 15.12.2014, n. 186. Il testo antecedente alle modifiche disposte con d.lgs. n. 195/2021 così disponeva: «*Fuori dei casi di concorso nel reato, chiunque sostituisce o trasferisce denaro, beni o altre utilità provenienti da delitto non colposo, ovvero compie in relazione ad essi altre operazioni, in modo da ostacolare l'identificazione della loro provenienza delittuosa, è punito con la reclusione da quattro a dodici anni e con la multa da euro 5.000 a euro 25.000.*».
Il testo antecedente alle modifiche disposte dalla legge n. 186/2014 così disponeva: «*Fuori dei casi di concorso nel reato, chiunque sostituisce o trasferisce denaro, beni o altre utilità provenienti da delitto non colposo, ovvero compie in relazione ad essi altre operazioni, in modo da ostacolare l'identificazione della loro provenienza delittuosa, è punito con la reclusione da quattro a dodici anni e con la multa da euro 1.032 a euro 15.493.*».

(3) Comma introdotto dall'art. 1, co. 1, lett. d), n. 2), d.lgs. 8.11.2021, n. 195, a decorrere dal 15.12.2021.

Norme connesse:

A. Art. 36, co. 1, l. 5.2.1992, n. 104, *sub* art. 527 c.p.
B. Art. 240 bis c.p.
C. Art. 25 octies, d.lgs. 8.6.2001, n. 231 (in *Normativa complementare*, voce *Economia (diritto penale della), Enti*).
D. Art. 26, l. 19.3.1990, n. 55 (in *Normativa complementare*, voce *Criminalità organizzata e transazionale, Mafia e crimine organizzato*).

648 ter. Impiego di denaro, beni o utilità di provenienza illecita (1).

Chiunque, fuori dei casi di concorso nel reato e dei casi previsti dagli articoli 648 e 648-*bis*, impiega in attività economiche o finanziarie denaro, beni o altre utilità provenienti da delitto [518-quinquies], è punito con la reclusione da quattro a dodici anni e con la multa da euro 5.000 a euro 25.000 (2).

La pena è della reclusione da due a sei anni e della multa da euro 2.500 a euro 12.500 quando il fatto riguarda denaro o cose provenienti da contravvenzione punita con l'arresto superiore nel massimo a un anno o nel minimo a sei mesi (3).

La pena è aumentata quando il fatto è commesso nell'esercizio di un'attività professionale.

La pena è diminuita nell'ipotesi di cui al quarto comma dell'articolo 648 (4).

Si applica l'ultimo comma dell'articolo 648 [648-*quater*].

Evoluzione normativa:

(1) Articolo introdotto dall'art. 24, l. 19.3.1990, n. 55, sulla prevenzione della delinquenza di tipo mafioso e poi così sostituito dall'art. 5, l. 9.8.1993, n. 328, di ratifica della Convenzione sul riciclaggio, la ricerca, il sequestro e la confisca dei proventi di reato, fatta a Strasburgo l'8.11.1990. Il testo antecedente alla sostituzione del 1993 così disponeva: «*Impiego di denaro, beni o utilità di provenienza illecita. Chiunque, fuori dei casi di concorso nel reato e dei casi previsti dagli articoli 648 e 648 bis, impiega in attività economiche o finanziarie denaro, beni o altre utilità provenienti dai delitti di rapina aggravata, di estorsione aggravata, di sequestro di persona a scopo di estorsione o dai delitti concernenti la produzione o il traffico di sostanze stupefacenti o psicotrope, è punito con la reclusione da quattro a dodici anni e con la multa da lire due milioni a lire trenta milioni. La pena è aumentata quando il fatto è commesso nell'esercizio di un'attività professionale. Si applica l'ultimo comma dell'articolo 648*».

(2) Comma così modificato dall'art. 3, co. 2, l. 15.12.2014, n. 186. Il testo previgente così disponeva: «*Chiunque, fuori dei casi di concorso nel reato e dei casi previsti dagli articoli 648 e 648-*bis*, impiega in attività economiche o finanziarie denaro, beni o altre utilità provenienti da delitto, è punito con la reclusione da quattro a dodici anni e con la multa da euro 1.032 a euro 15.493*».

(3) Comma introdotto dall'art. 1, co. 1, lett. e), n. 1), d.lgs. 8.11.2021, n. 195, a decorrere dal 15.12.2021.

(4) Comma così modificato dall'art. 1, co. 1, lett. e), n. 2), d.lgs. 8.11.2021, n. 195, a decorrere dal 15.12.2021.
Il testo previgente così disponeva: «*La pena è diminuita nell'ipotesi di cui al secondo comma dell'articolo 648.*».

Norme connesse:

A. Art. 36, co. 1, l. 5.2.1992, n. 104, *sub* art. 527 c.p.
B. Artt. 240-bis 648 bis, 648 ter1 c.p.
C. Art. 25 octies d.lgs. 8.6.2001, n. 231 (in *Normativa complementare*, voce *Economia (diritto penale della), Enti*).
D. Art. 26 l. 19.3.1990, n. 55 (in *Normativa complementare*, voce *Criminalità organizzata e transazionale, Mafia e crimine organizzato*).

648 ter.1. Autoriciclaggio (1).

Si applica la pena della reclusione da due a otto anni e della multa da euro 5.000 a euro 25.000 a chiunque, avendo commesso o concorso a commettere un delitto, impiega, sostituisce, trasferisce, in attività economiche, finanziarie, imprenditoriali o speculative, il denaro, i beni o le altre utilità provenienti dalla commissione di tale delitto, in modo da ostacolare concretamente l'identificazione della loro provenienza delittuosa [518-septies] [(2)].

La pena è della reclusione da uno a quattro anni e della multa da euro 2.500 a euro 12.500 quando il fatto riguarda denaro o cose provenienti da contravvenzione punita con l'arresto superiore nel massimo a un anno o nel minimo a sei mesi [(3)]

La pena è diminuita se il denaro, i beni o le altre utilità provengono da delitto per il quale è stabilita la pena della reclusione inferiore nel massimo a cinque anni [(4)].

Si applicano comunque le pene previste dal primo comma se il denaro, i beni o le altre utilità provengono da un delitto commesso con le condizioni o le finalità di cui all'articolo 416-bis.1 [(5)].

Fuori dei casi di cui ai commi precedenti, non sono punibili le condotte per cui il denaro, i beni o le altre utilità vengono destinate alla mera utilizzazione o al godimento personale.

La pena è aumentata quando i fatti sono commessi nell'esercizio di un'attività bancaria o finanziaria o di altra attività professionale.

La pena è diminuita fino alla metà per chi si sia efficacemente adoperato per evitare che le condotte siano portate a conseguenze ulteriori [62, n. 6] o per assicurare le prove del reato e l'individuazione dei beni, del denaro e delle altre utilità provenienti dal delitto.

Si applica l'ultimo comma dell'articolo 648.

Evoluzione normativa:

(1) Articolo introdotto dall'art. 3, co. 3, l. 15.12.2014, n. 186.

(2) Comma così modificato dall'art. 1, co. 1, lett. f), n. 1), d.lgs. 8.11.2021, n. 195, a decorrere dal 15.12.2021. Il testo previgente così disponeva: «*Si applica la pena della reclusione da due a otto anni e della multa da euro 5.000 a euro 25.000 a chiunque, avendo commesso o concorso a commettere un delitto non colposo, impiega, sostituisce, trasferisce, in attività economiche, finanziarie, imprenditoriali o speculative, il denaro, i beni o le altre utilità provenienti dalla commissione di tale delitto, in modo da ostacolare concretamente l'identificazione della loro provenienza delittuosa.*».

(3) Comma introdotto dall'art. 1, co. 1, lett. f), n. 2), d.lgs. 8.11.2021, n. 195, a decorrere dal 15.12.2021.

(4) Comma così sostituito dall'art. 1, co. 1, lett. f), n. 3), d.lgs. 8.11.2021, n. 195, a decorrere dal 15.12.2021. Il testo previgente così disponeva: «*Si applica la pena della reclusione da uno a quattro anni e della multa da euro 2.500 a euro 12.500 se il denaro, i beni o le altre utilità provengono dalla commissione di un delitto non colposo punito con la reclusione inferiore nel massimo a cinque anni.*».

(5) Comma così modificato dall'art. 1, co. 1, lett. f), n. 4), d.lgs. 8.11.2021, n. 195, a decorrere dal 15.12.2021. Il testo previgente così disponeva: «*Si applicano comunque le pene previste dal primo comma se il denaro, i beni o le altre utilità provengono da un delitto commesso con le condizioni o le finalità di cui all'articolo 7 del decreto-legge 13 maggio 1991, n. 152, convertito, con modificazioni, dalla legge 12 luglio 1991, n. 203, e successive modificazioni.*».

Norme connesse:

A. Artt. 648, 648 bis c.p.

B,. Art. 25 octies, d.lgs. 8.6.2001, n. 231 (in *Normativa complementare*, voce *Economia (diritto penale della), Enti*).

648 quater. Confisca [(1)].

Nel caso di condanna o di applicazione della pena su richiesta delle parti, a norma dell'articolo 444 del codice di procedura penale, per uno dei delitti previsti dagli articoli 648-*bis*, 648-*ter* e 648-*ter*.1, è sempre ordinata la confisca dei beni che ne costituiscono il prodotto o il profitto, salvo che appartengano a persone estranee al reato [(2)].

Nel caso in cui non sia possibile procedere alla confisca di cui al primo comma, il giudice ordina la confisca delle somme di denaro, dei beni o delle altre utilità delle quali il reo ha la disponibilità, anche per interposta persona, per un valore equivalente al prodotto, profitto o prezzo del reato.

In relazione ai reati di cui agli articoli 648-*bis*, 648-*ter* e 648-*ter*.1, il pubblico ministero può compiere, nel termine e ai fini di cui all'articolo 430 del codice di procedura penale, ogni attività di indagine che si renda necessaria circa i beni, il denaro o le altre utilità da sottoporre a confisca a norma dei commi precedenti [(3)].

Evoluzione normativa:

(1) Articolo introdotto dall'art. 63 (ora art. 72), co. 4, d.lgs. 21.11.2007, n. 231.

(2) Comma così modificato dall'art. 3, co. 4, lett. a), l. 15.12.2014, n. 186.

(3) Comma così modificato dall'art. 3, co. 4, lett. b), l. 15.12.2014, n. 186.

Norme connesse:

A. Art. 36, co. 1, l. 5.2.1992, n. 104, *sub* art. 527 c.p.

Capo III
Disposizioni comuni ai capi precedenti

649. Non punibilità e querela della persona offesa, per fatti commessi a danno di congiunti.

Non è punibile chi ha commesso alcuno dei fatti preveduti da questo titolo in danno:

1. del coniuge non legalmente separato [c.c. 150 ss.];

1 bis. della parte dell'unione civile tra persone dello stesso sesso [574 ter] (1);

2. di un ascendente o discendente [c.c. 75; 540] o di un affine in linea retta, ovvero dell'adottante o dell'adottato [c.c. 78];

3. di un fratello o di una sorella che con lui convivano.

I fatti preveduti da questo titolo sono punibili a querela della persona offesa [120; c.p.p. 336], se commessi a danno del coniuge legalmente separato [c.c. 150] o della parte dell'unione civile tra persone dello stesso sesso, nel caso in cui sia stata manifestata la volontà di scioglimento dinanzi all'ufficiale dello stato civile [574 ter] e non sia intervenuto lo scioglimento della stessa, ovvero del fratello o della sorella che non convivano coll'autore del fatto, ovvero dello zio o del nipote o dell'affine in secondo grado [c.c. 78] con lui conviventi (2).

Le disposizioni di questo articolo non si applicano ai delitti preveduti dagli artt. 628, 629 e 630 e ad ogni altro delitto contro il patrimonio che sia commesso con violenza alle persone.

Evoluzione normativa:

(1) Numero introdotto dall'art. 1, co. 1, lett. c), d.lgs. 19.1.2017, n. 6, a decorrere dall'11.2.2017.

(2) Comma così modificato dall'art. 1, co. 1, lett. d), d.lgs. 19.1.2017, n. 6, a decorrere dall'11.2.2017. Il testo previgente così disponeva: «*I fatti preveduti da questo titolo sono punibili a querela della persona offesa, se commessi a danno del coniuge legalmente separato, ovvero del fratel-*

lo o della sorella che non convivano coll'autore del fatto, ovvero dello zio o del nipote o dell'affine in secondo grado con lui conviventi».

Norme connesse:

A. Art. 36, co. 1, l. 5.2.1992, n. 104, *sub* art. 527 c.p.

Capo III-*bis* (1)
Disposizioni comuni sulla procedibilità

(1) Capo introdotto dall'art. 11, co. 1, d.lgs. 10.4.2018, n. 36, a decorrere dal 9.5.2018.

649 bis. Casi di procedibilità d'ufficio (1).

Per i fatti perseguibili a querela preveduti dagli articoli 640, terzo comma, 640-*ter*, quarto comma, e per i fatti di cui all'articolo 646, secondo comma, o aggravati dalle circostanze di cui all'articolo 61, primo comma, numero 11, si procede d'ufficio qualora ricorrano circostanze aggravanti ad effetto speciale, diverse dalla recidiva, ovvero se la persona offesa è incapace per età o per infermità (2).

Evoluzione normativa:

(1) Articolo introdotto dall'art. 11, co. 1, d.lgs. 10.4.2018, n. 36, a decorrere dal 9.5.2018.

(2) Comma così modificato dall'art. 1, co. 1, lett. v), l. 9.1.2019, n. 3, a decorrere dal 31.1.2019 e, poi, dall'art. 2, co. 1, lett. q), d.lgs. 10.10.2022, n. 150, a decorrere dal 30.12.2022. Il testo antecedente alla modifica disposta dal d.lgs. n. 150/2022 così disponeva: «*Per i fatti perseguibili a querela preveduti dagli articoli 640, terzo comma, 640-ter, quarto comma, e per i fatti di cui all'articolo 646, secondo comma, o aggravati dalle circostanze di cui all'articolo 61, primo comma, numero 11, si procede d'ufficio qualora ricorrano circostanze aggravanti ad effetto speciale ovvero se la persona offesa è incapace per età o per infermità o se il danno arrecato alla persona offesa è di rilevante gravità.*».
Il testo antecedente alla modifica disposta dalla l. n. 3/2019 così disponeva: «*Per i fatti perseguibili a querela preveduti dagli articoli 640, terzo comma, 640-ter, quarto comma, e per i fatti di cui all'articolo 646, secondo comma, o aggravati dalle circostanze di cui all'articolo 61, primo comma, numero 11, si procede d'ufficio qualora ricorrano circostanze aggravanti ad effetto speciale.*».

LIBRO TERZO
Delle contravvenzioni in particolare

TITOLO I
Delle contravvenzioni di polizia

Capo I
Delle contravvenzioni concernenti la polizia di sicurezza

Sezione I
Delle contravvenzioni concernenti l'ordine pubblico e la tranquillità pubblica

§ 1 – Delle contravvenzioni concernenti l'inosservanza dei provvedimenti di polizia e le manifestazioni sediziose e pericolose

650. Inosservanza dei provvedimenti dell'autorità.

Chiunque non osserva un provvedimento legalmente dato dall'autorità per ragione di giustizia o di sicurezza pubblica o d'ordine pubblico o d'igiene, è punito, se il fatto non costituisce un più grave reato [337, 338, 388, 389, 450^2], con l'arresto fino a tre mesi o con l'ammenda fino a euro 206 (1).

Evoluzione normativa:

(1) L'ammenda è stata così aumentata secondo quanto disposto dall'art. 113, l. 24.11.1981, n. 689.

Norme connesse:

A. Artt. 2, 15 e 17 r.d. 18.6.1931, n. 773 (in *Normativa complementare*, voce *Ordine pubblico e sicurezza pubblica*).

B. Art. 76, d.P.R. 9.10.1990, n. 309 (in *Normativa complementare*, voce *Stupefacenti*).

C. Artt. 9-17 d.l. 15.1.1991, n. 8 (in *Normativa complementare*, voce *Sequestri di persona*).

D. Art. 10, co. 3, l. 8.2.1948, n. 47 (in *Normativa complementare*, voce *Stampa, televisione, telecomunicazioni*).

E. Art. 28, co. 3, l. 20.5.1970, n. 300 (in *Normativa complementare*, voce *Lavoro (diritto penale del), Diritti dei lavoratori*).

F. Art. 180, co. 8, d.lgs. 30.4.1992, n. 285 (in *Normativa complementare*, voce *Circolazione stradale e ferroviaria*).

G. Art. 11 d.l. 21.3.1978, n. 59, convertito in l. 18.5.1978, n. 191 (in *Normativa complementare*, voce *Ordine pubblico e sicurezza pubblica*).

H. Art. 2 d.l. 16.5.2020, n. 33, convertito in l. 14.7.2020, n. 177 (in *Normativa complementare*, voce *COVID-19*).

651. Rifiuto d'indicazioni sulla propria identità personale.

Chiunque, richiesto da un pubblico ufficiale [357] nell'esercizio delle sue funzioni, rifiuta di dare indicazioni sulla propria identità personale, sul proprio stato, o su altre qualità personali, è punito con l'arresto fino a un mese o con l'ammenda fino a euro 206 [366^2, 495, 496] (1).

Evoluzione normativa:

(1) L'ammenda è stata così aumentata secondo quanto disposto dall'art. 113, l. 24.11.1981, n. 689.

Norme connesse:

A. Art. 157 r.d. 18.6.1931, n. 773 (in *Normativa complementare*, voce *Ordine pubblico e sicurezza pubblica*).

B. Art. 11 d.l. 21.3.1978, n. 59, convertito in l. 18.5.1978, n. 191 (in *Normativa complementare*, voce *Ordine pubblico e sicurezza pubblica*).

C. Art. 349, co. 3, c.p.p.

652. Rifiuto di prestare la propria opera in occasione di un tumulto.

Chiunque, in occasione di un tumulto o di un pubblico infortunio o di un comune pericolo [422 ss.] (1) ovvero nella flagranza di un reato [c.p.p. 382] rifiuta, senza giusto motivo, di prestare il proprio aiuto o la propria opera, ovvero di dare le informazioni o le indicazioni che gli siano richieste da un pubblico ufficiale [357] o da una persona incaricata di un pubblico servizio [358], nell'esercizio delle funzioni o del servizio, è soggetto alla sanzione amministrativa pecuniaria da euro 5.000 a euro 15.000 (1).

Se il colpevole dà informazioni o indicazioni mendaci, è soggetto alla sanzione amministrativa pecuniaria da euro 6.000 a euro 18.000 (2).

Evoluzione normativa:

(1) Comma così modificato secondo quanto disposto dall'art. 113, l. 24.11.1981, n. 689 e, poi, dall'art. 2, co. 3, lett. a), d.lgs. 15.1.2016, n. 8, a decorrere dal 6.2.2016.

Il testo di questo comma, antecedente alle modifiche del 2016, così disponeva: «*Chiunque, in occasione di un tumulto o di un pubblico infortunio o di un comune pericolo ovvero nella flagranza di un reato rifiuta, senza giusto motivo, di prestare il proprio aiuto o la propria opera, ovvero di dare le informazioni o le indicazioni che gli siano richieste da un pubblico ufficiale o da una persona incaricata di un pubblico servizio, nell'esercizio delle funzioni o del servizio, è punito con l'arresto fino a tre mesi o con l'ammenda fino a euro 309*».

(2) Comma così modificato ai sensi dell'art. 113, l. 24.11.1981, n. 689 e, poi, dall'art. 2, co. 3, lett. b), d.lgs. 15.1.2016, n. 8, a decorrere dal 6.2.2016.
Il testo di questo comma, antecedente alle modifiche del 2016, così disponeva: «*Se il colpevole dà informazioni o indicazioni mendaci, è punito con l'arresto da uno a sei mesi ovvero con l'ammenda da euro 30 a euro 619*».

653. Formazione di corpi armati non diretti a commettere reati.

Chiunque, senza autorizzazione, forma un corpo armato non diretto a commettere reati è punito con l'arresto fino a un anno.

Norme connesse:

A. Art. 29 r.d. 18.6.1931, n. 773 (in *Normativa complementare*, voce *Ordine pubblico e sicurezza pubblica*).

654. Grida e manifestazioni sediziose [1].

Chiunque, in una riunione che non sia da considerare privata a norma del n. 3 dell'articolo 266 ovvero in luogo pubblico, aperto o esposto al pubblico, compie manifestazioni o emette grida sediziose è punito, se il fatto non costituisce reato [266², 284, 303, 414, 415], con la sanzione amministrativa pecuniaria da euro 103 a euro 619 [disp. att. c.p. 19-*bis*].

Evoluzione normativa:

(1) Articolo così modificato dall'art. 45, d.lgs. 30.12.1999, n. 507.
Il testo previgente così disponeva: «*Grida e manifestazioni sediziose. Chiunque, in una riunione che non sia da considerare privata a norma del n. 3 dell'articolo 266 ovvero in luogo pubblico, aperto o esposto al pubblico, compie manifestazioni o emette grida sediziose è punito, se il fatto non costituisce un più grave reato, con l'arresto fino a un anno*».

Norme connesse:

A. Art. 76 l. 1.4.1981, n. 121 (in *Normativa complementare*, voce *Ordine pubblico e sicurezza pubblica*).
B. Artt. 18, 20-27 r.d. 18.6.1931, n. 773 (in *Normativa complementare*, voce *Ordine pubblico e sicurezza pubblica*).

655. Radunata sediziosa.

Chiunque fa parte di una radunata sediziosa di dieci o più persone è punito, per il solo fatto della partecipazione, con l'arresto fino a un anno.

Se chi fa parte della radunata è armato [585], la pena è dell'arresto non inferiore a sei mesi.

Non è punibile chi, prima dell'ingiunzione dell'Autorità, o per obbedire ad essa, si ritira dalla radunata.

Norme connesse:

A. Artt. 20 e 21 r.d. 18.6.1931, n. 773 (in *Normativa complementare*, voce *Ordine pubblico e sicurezza pubblica*).

656. Pubblicazione o diffusione di notizie false, esagerate o tendenziose, atte a turbare l'ordine pubblico.

Chiunque pubblica o diffonde notizie false, esagerate o tendenziose, per le quali possa essere turbato l'ordine pubblico, è punito se il fatto non costituisce un più grave reato [265, 501, 658], con l'arresto fino a tre mesi o con l'ammenda fino a euro 309 [1].

Evoluzione normativa:

(1) L'ammenda risulta così aumentata secondo quanto disposto dall'art. 113, l. 24.11.1981, n. 689.

657. Grida o notizie atte a turbare la tranquillità pubblica o privata [1].

[Chiunque, con lo scopo di smerciare o distribuire scritti o disegni in un luogo pubblico ovvero aperto o esposto al pubblico, annuncia o grida notizie, dalle quali possa essere turbata la tranquillità pubblica o privata, è punito con l'ammenda fino a lire duecentomila.]

Evoluzione normativa:

(1) Articolo abrogato dall'art. 18, l. 25.6.1999, n. 205. L'ammenda era stata così aumentata secondo quanto disposto dall'art. 113, l. 24.11.1981, n. 689.

658. Procurato allarme presso l'autorità.

Chiunque, annunziando disastri, infortuni o pericoli inesistenti, suscita allarme presso l'autorità o presso enti o persone che esercitano un pubblico servizio [358], è punito con l'arresto fino a sei mesi o con l'ammenda da euro 10 [1] a euro 516.

Evoluzione normativa:

(1) Secondo quanto disposto dal co. 1 dell'art. 26 del codice penale, come modificato, da ultimo, dal co. 61 dell'art. 3, l. 15.7.2009, n. 94, la pena dell'ammenda consiste nel pagamento di una somma non inferiore a 20 euro.

Norme connesse:

A. L'ammenda risulta così aumentata secondo quanto disposto dall'art. 113, l. 24.11.1981, n. 689.

659. Disturbo delle occupazioni o del riposo delle persone.

Chiunque, mediante schiamazzi o rumori, ovvero abusando di strumenti sonori o di segnalazioni acustiche, ovvero suscitando o non impedendo strepiti di animali, disturba le occupazioni o il riposo delle persone [660], ovvero gli spettacoli, i ritrovi o i trattenimenti pubblici, è punito con l'arresto fino a tre mesi o con l'ammenda fino a euro 309 [1].

Si applica l'ammenda da euro 103 a euro 516 [1] a chi esercita una professione o un mestiere rumoroso contro le disposizioni della legge o le prescrizioni dell'autorità.

Nell'ipotesi prevista dal primo comma, la contravvenzione è punibile a querela della persona offesa, salvo che il fatto abbia ad oggetto spettacoli, ritrovi o trattenimenti pubblici, ovvero sia commesso nei confronti di persona incapace, per età o per infermità [2].

Evoluzione normativa:

(1) L'ammenda risulta così aumentata secondo quanto disposto dall'art. 113, l. 24.11.1981, n. 689.

(2) Comma introdotto dall'art. 3, co. 1, lett. a), d.lgs. 10.10.2022, n. 150, a decorrere dal 30.12.2022.

Norme connesse:

A. Art. 82 r.d. 18.6.1931, n. 773 (in *Normativa complementare*, voce *Ordine pubblico e sicurezza pubblica*).

B. Artt. 155 e 156 d.lgs. 30.4.1992, n. 285 (in *Normativa complementare*, voce *Circolazione stradale e ferroviaria*).

660. Molestia o disturbo alle persone.

Chiunque, in un luogo pubblico o aperto al pubblico, ovvero col mezzo del telefono, per petulanza o per altro biasimevole motivo, reca a taluno molestia o disturbo [612 bis] è punito, a querela della persona offesa [120; c.p.p. 340], con l'arresto fino a sei mesi o con l'ammenda fino a euro 516 (1).

Si procede tuttavia d'ufficio quando il fatto è commesso nei confronti di persona incapace, per età o per infermità (2).

Evoluzione normativa:

(1) L'ammenda risulta così aumentata secondo quanto disposto dall'art. 113, l. 24.11.1981, n. 689. Questo comma è stato poi così modificato dall'art. 3, co. 1, lett. b), n. 1), d.lgs. 10.10.2022, n. 150, a decorrere dal 30.12.2022.

Il testo antecedente alla modifica disposta con d.lgs. n. 150/2022 così disponeva: «*Chiunque, in un luogo pubblico o aperto al pubblico, ovvero col mezzo del telefono, per petulanza o per altro biasimevole motivo, reca a taluno molestia o disturbo è punito con l'arresto fino a sei mesi o con l'ammenda fino a euro 516.*».

(2) Comma introdotto dall'art. 3, co. 1, lett. b), n. 2), d.lgs. 10.10.2022, n. 150, a decorrere dal 30.12.2022.

661. Abuso della credulità popolare.

Chiunque, pubblicamente, cerca con qualsiasi impostura, anche gratuitamente, di abusare della credulità popolare è soggetto, se dal fatto può derivare un turbamento dell'ordine pubblico, alla sanzione amministrativa pecuniaria da euro 5.000 a euro 15.000 (1).

Evoluzione normativa:

(1) Comma così modificato ai sensi dell'art. 113, l. 24.11.1981, n. 689 e, poi, dall'art. 2, co. 4, d.lgs. 15.1.2016, n. 8, a decorrere dal 6.2.2016.

Il testo, precedente alle modifiche del 2016, così disponeva: «*Chiunque, pubblicamente, cerca con qualsiasi impostura, anche gratuitamente, di abusare della credulità popolare è punito, se dal fatto può derivare un turbamento dell'ordine pubblico, con l'arresto fino a tre mesi o con l'ammenda fino a euro 1.032*».

Norme connesse:

A. Art. 640 c.p.

B. Art. 121, co. 3, r.d. 18.6.1931, n. 773 (in *Normativa complementare*, voce *Ordine pubblico e sicurezza pubblica*), che vieta il mestiere di ciarlatano. La definizione di "mestiere di ciarlatano" è fornita dall'art. 231, r.d. 6.5.1940, n. 635 (Regolamento di esecuzione del testo unico delle leggi di pubblica sicurezza) : «*Sotto la denominazione di "mestiere di ciarlatano", ai fini dell'applicazione dell'art. 121, ultimo comma, della legge, si comprende ogni attività diretta a speculare sull'altrui credulità, o a sfruttare od alimentare l'altrui pregiudizio, come gli indovini, gli interpreti di sogni, i cartomanti, coloro che esercitano giochi di sortilegio, incantesimi, esorcismi, o millantano o affettano in pubblico grande valentia nella propria arte o professione, o magnificano ricette o specifici, cui attribuiscono virtù straordinarie o miracolose*».

§ 2 – Delle contravvenzioni concernenti la vigilanza sui mezzi di pubblicità

662. Esercizio abusivo dell'arte tipografica (1).

[Chiunque, senza licenza dell'Autorità, o senza osservare le prescrizioni della legge, esercita l'arte tipografica, litografica, fotografica, o un'altra qualunque arte di stampa o di riproduzione meccanica o chimica in molteplici esemplari, è punito con l'arresto fino a sei mesi o con l'ammenda da lire sessantamila a un milione.]

Evoluzione normativa:

(1) Articolo abrogato dall'art. 13, d.lgs. 13.7.1994, n. 480. L'ammenda era stata così aumentata dall'art. 113, l. 24.11.1981, n. 689.

663. Vendita, distribuzione o affissione abusiva di scritti o disegni (1).

Chiunque, in un luogo pubblico o aperto al pubblico vende o distribuisce o mette comunque in circolazione scritti o disegni, senza avere ottenuto l'autorizzazione richiesta dalla legge, è punito con la sanzione amministrativa pecuniaria da euro 51 a euro 309 [disp. att. c.p. 19-*bis*].

Alla stessa sanzione soggiace chiunque, senza licenza dell'autorità o senza osservarne le prescrizioni in un luogo pubblico aperto o esposto al pubblico, affigge scritti o disegni, o fa uso di mezzi luminosi o acustici per comunicazioni al pubblico, o comunque colloca iscrizioni o disegni.

Le disposizioni dei commi 1 e 2 non si applicano all'affissione di scritti o disegni fuori dai luoghi destinati dall'autorità competente.

Evoluzione normativa:

(1) Articolo così modificato dall'art. 46, d.lgs. 30.12.1999, n. 507.

Il testo precedente, in cui l'ultimo comma era stato aggiunto dall'art. 8, d.lgs. 13.7.1994, n. 480, così disponeva: «*Vendita, distribuzione o affissione abusiva di scritti o disegni.*

Chiunque, in un luogo pubblico o aperto al pubblico vende o distribuisce o mette comunque in circolazione scritti o disegni, senza avere ottenuto l'autorizzazione richiesta dalla legge, è punito con l'arresto fino a un mese e con l'ammenda fino a lire cinquantamila.

Alla stessa pena soggiace chiunque, senza licenza dell'autorità o senza osservarne le prescrizioni, in un luogo pubblico aperto o esposto al pubblico, affigge scritti o disegni, o fa uso di mezzi luminosi o acustici per comunicazioni al pubblico, o comunque colloca iscrizioni o disegni.

Le disposizioni dei commi 1 e 2 non si applicano all'affissione di scritti o disegni fuori dai luoghi destinati dall'autorità competente».

Di tale formulazione la Corte costituzionale, con sent. 13.3.1974, n. 64, ha dichiarato non fondata la questione di legittimità del co. 2, in riferimento all'art. 3 Cost., co. 1 e 2.

663 bis. Divulgazione di stampa clandestina (1).

Salvo che il fatto costituisca reato, chiunque in qualsiasi modo divulga stampe o stampati pubblicati senza l'osservanza delle prescrizioni di legge sulla pubblicazione e diffusione della stampa periodica e non periodica, è punito con la sanzione amministrativa pecuniaria da euro 103 a euro 619.

Per le violazioni di cui al presente articolo non è ammesso il pagamento in misura ridotta previsto dall'articolo 16 della legge 24 novembre 1981, n. 689 [disp. att. c.p. 19-*bis*].

Evoluzione normativa:

(1) Articolo introdotto dall'art. 5, l. 4.3.1958, n. 127 e così sostituito dall'art. 47, d.lgs. 30.12.1999, n. 507.
Il testo previgente così disponeva: «*Divulgazione di stampa clandestina. Salvo che il fatto non costituisca reato più grave, chiunque in qualsiasi modo divulga stampe o stampati pubblicati senza l'osservanza delle prescrizioni di legge sulla pubblicazione e diffusione della stampa periodica e non periodica, è punito con l'ammenda fino a lire duecentocinquantamila o con l'arresto fino ad un anno*».

664. Distruzione o deterioramento di affissioni (1).

Chiunque stacca, lacera o rende comunque inservibili o illeggibili scritti o disegni fatti affiggere dalle autorità civili o da quelle ecclesiastiche, è punito con la sanzione amministrativa pecuniaria da euro 77 a euro 464.

Se si tratta di scritti o disegni fatti affiggere da privati nei luoghi e nei modi consentiti dalla legge o dall'autorità, si applica la sanzione amministrativa pecuniaria da euro 51 a euro 309 [disp. att. c.p. 19-*bis*].

Evoluzione normativa:

(1) Articolo così modificato dall'art. 48, d.lgs. 30.12.1999, n. 507.
Il testo previgente così disponeva: «*664. Distruzione o deterioramento di affissioni.*
Chiunque stacca, lacera o rende comunque inservibili o illeggibili scritti o disegni fatti affiggere dalle autorità civili o da quelle ecclesiastiche, è punito con l'ammenda fino a lire seicentomila.
Se si tratta di scritti o disegni fatti affiggere da privati nei luoghi e nei modi consentiti dalla legge o dall'autorità, la pena è dell'ammenda fino a lire duecentomila».

Norme connesse:

A. Art. 20, l. 8.2.1948, n. 47 (in *Normativa complementare*, voce *Stampa, televisione, telecomunicazioni*).
B. Art. 8, l. 4.4.1956, n. 212 (in *Normativa complementare*, voce *Finanziamento illecito ai partiti e reati elettorali*).

§ 3 – Delle contravvenzioni concernenti la vigilanza su talune industrie e sugli spettacoli pubblici

Norme connesse:

A. Artt. 86, 108, 109, 111, 115, 126 r.d. 18.6.1931, n. 773 (in *Normativa complementare*, voce *Ordine pubblico e sicurezza pubblica*)

665. Agenzie di affari ed esercizi pubblici non autorizzati o vietati (1).

[Chiunque, senza la licenza dell'Autorità, o senza la preventiva dichiarazione alla medesima, quando siano richieste, apre o conduce agenzie di affari, stabilimenti o esercizi pubblici, ovvero per mercede alloggia persone, o le riceve in convitto o in cura, è punito con l'arresto fino a sei mesi o con l'ammenda fino a lire un milione.

Se la licenza è stata negata, revocata o sospesa, le pene dell'arresto e dell'ammenda si applicano congiuntamente.

Qualora, ottenuta la licenza, non si osservino le altre prescrizioni della legge o dell'Autorità, la pena è dell'arresto fino a tre mesi o dell'ammenda fino a lire seicentomila.]

Evoluzione normativa:

(1) Articolo abrogato dall'art. 13, d.lgs. 13.7.1994, n. 480. L'ammenda era stata così aumentata secondo quanto disposto dall'art. 113, l. 24.11.1981, n. 689.

666. Spettacoli o trattenimenti pubblici senza licenza (1).

Chiunque, senza la licenza dell'autorità in un luogo pubblico o aperto o esposto al pubblico, dà spettacoli o trattenimenti di qualsiasi natura, o apre circoli o sale da ballo o di audizioni, è punito con la sanzione amministrativa pecuniaria da euro 258 a euro 1.549 [disp. att. c.p. 19-*bis*].

Se la licenza è stata negata, revocata o sospesa, si applica la sanzione amministrativa pecuniaria da euro 413 a euro 2.478.

È sempre disposta la cessazione dell'attività svolta in difetto di licenza. Se l'attività è svolta in locale per il quale è stata rilasciata autorizzazione o altro titolo abilitativo all'esercizio di diversa attività, nel caso di reiterazione delle violazioni di cui al primo comma e nell'ipotesi prevista dal secondo comma è disposta altresì la chiusura del locale per un periodo non superiore a sette giorni.

Per le violazioni previste dal presente articolo non è ammesso il pagamento in misura ridotta a norma dell'articolo 16 della legge 24 novembre 1981, n. 689 [disp. att. c.p. 19-*bis*].

Evoluzione normativa:

(1) Articolo così modificato dall'art. 49, d.lgs. 30.12.1999, n. 507.
La Corte costituzionale, con sent. 15.4.1970, n. 56, ha dichiarato, tra l'altro, l'illegittimità di questo articolo nella parte in cui prescrive che per i trattenimenti da tenersi in luoghi aperti al pubblico, e non indetti nell'esercizio di attività imprenditoriali, occorre la licenza del questore.
Il testo previgente così disponeva: «*Spettacoli o trattenimenti pubblici senza licenza. Chiunque, senza la licenza dell'autorità in un luogo pubblico o aperto o esposto al pubblico, dà spettacoli o trattenimenti di qualsiasi natura, o apre circoli o sale da ballo o di audizioni, è punito con l'ammenda da lire ventimila a un milione.*
Se la licenza è stata negata, revocata o sospesa, la pena è dell'arresto fino a un mese».

Norme connesse:

A. Artt. 68 r.d. 18.6.1931, n. 773 (in *Normativa complementare*, voce *Ordine pubblico e sicurezza*).

667. Esecuzione abusiva di azioni destinate a essere riprodotte col cinematografo (1).

[Chiunque fa eseguire in un luogo pubblico o aperto o esposto al pubblico azioni destinate a essere riprodotte col cinematografo, senza averne dato preventivo avviso all'autorità, è punito con l'ammenda da lire duecentomila a un milione.

Alla stessa pena soggiace chi fabbrica, introduce nel territorio dello Stato [4], ovvero esporta o fa comunque commercio di pellicole cinematografiche, senza averne dato il preventivo avviso all'autorità.

Se alcuno dei fatti preveduti dalle disposizioni precedenti è commesso contro il divieto dell'autorità, la pena è dell'arresto fino a un mese.]

Evoluzione normativa:

(1) Articolo abrogato dall'art. 13, d.lgs. 13.7.1994, n. 480. L'ammenda era stata così aumentata secondo quanto disposto dall'art. 113, l. 24.11.1981, n. 689.

668. Rappresentazioni teatrali o cinematografiche abusive.

Chiunque recita in pubblico drammi o altre opere, ovvero dà in pubblico produzioni teatrali di qualunque genere, senza averli prima comunicati all'autorità, è soggetto alla sanzione amministrativa pecuniaria da euro 5.000 a euro 15.000 [(1)].

Alla stessa sanzione soggiace chi fa rappresentare in pubblico opere cinematografiche, non sottoposte prima alla revisione dell'autorità o non sottoposte a classificazione o senza rispettare la classificazione verificata dalla Commissione per la classificazione delle opere cinematografiche [(2)].

Se il fatto è commesso contro il divieto dell'autorità, si applica la sanzione amministrativa pecuniaria da euro 10.000 a euro 30.000 [(3)].

Il fatto si considera commesso in pubblico se ricorre taluna delle circostanze indicate nei numeri 2 e 3 dell'articolo 266.

Evoluzione normativa:

(1) Comma così modificato ai sensi dell'art. 113, l. 24.11.1981, n. 689 e, poi, dall'art. 2, co. 5, lett. a), d.lgs. 15.1.2016, n. 8, a decorrere dal 6.2.2016.
Il testo precedente alle modifiche del 2016 così disponeva: «*Chiunque recita in pubblico drammi o altre opere, ovvero dà in pubblico produzioni teatrali di qualunque genere, senza averli prima comunicati all'autorità, è punito con l'arresto fino a sei mesi o con l'ammenda fino a euro 309*».

(2) Comma così modificato dall'art. 2, co. 5, lett. b), d.lgs. 15.1.2016, n. 8, a decorrere dal 6.2.2016 e, poi, dall'art. 13, co. 3, d.lgs. 7.12.2017, n. 203, a decorrere dal 12.1.2018.
Il testo, precedente alle modifiche del 2017, così disponeva: «*Alla stessa sanzione soggiace chi fa rappresentare in pubblico pellicole cinematografiche, non sottoposte prima alla revisione dell'autorità*».
Il testo, precedente alle modifiche disposte dal d.lgs. n. 8/2016, così disponeva: «*Alla stessa pena soggiace chi fa rappresentare in pubblico pellicole cinematografiche, non sottoposte prima alla revisione dell'autorità*».

(3) Comma così modificato dall'art. 2, co. 5, lett. c), d.lgs. 15.1.2016, n. 8, a decorrere dal 6.2.2016. Il testo previgente così disponeva: «*Se il fatto è commesso contro il divieto dell'autorità, la pena pecuniaria e la pena detentiva sono applicate congiuntamente*».
Sull'applicabilità delle sanzioni amministrative, previste da questo comma, alle violazioni commesse anteriormente al 6.2.2016, vedi l'art. 8 del medesimo d.lgs. n. 8/2016.

§ 4 – Delle contravvenzioni concernenti la vigilanza sui mestieri girovaghi e la prevenzione dell'accattonaggio

669. Esercizio abusivo di mestieri girovaghi.

Chiunque esercita un mestiere girovago senza la licenza dell'autorità o senza osservare le altre prescrizioni stabilite dalla legge, è punito con la sanzione amministrativa da euro 10 a euro 258 [disp. att. c.p. 19-*bis*] [(1)].

Alla stessa pena soggiace il genitore o il tutore [c.c. 346] che impiega in mestieri girovaghi un minore degli anni diciotto, senza che questi abbia ottenuto la licenza o abbia osservate le altre prescrizioni di legge [(2)].

[La pena è dell'arresto da uno a quattro mesi o dell'ammenda da lire ventimila a cinquecentomila e può essere ordinata la libertà vigilata [228]:]

1. se il fatto è commesso contro il divieto della legge o dell'autorità;
2. se la persona che esercita abusivamente il mestiere girovago ha riportato una precedente condanna a pena detentiva per delitto non colposo [(3)].

Evoluzione normativa:

(1) Le contravvenzioni previste in questo articolo non costituiscono più reato e sono soggette a sanzione amministrativa, (art. 33, l. 24.11.1981, n. 689).

(2) L'art. 5, lett. c) della l. 17.10.1967, n. 977, abrogato dall'art. 18, co. 2, d.lgs. 4.8.1999, n. 345, sulla tutela del lavoro dei fanciulli e degli adolescenti, vietava, anche da parte dei rispettivi genitori, ascendenti e tutori, di adibire fanciulli ed adolescenti di età inferiore agli anni 16, a mestieri girovaghi di qualunque genere.

(3) Comma da ritenere abrogato dagli artt. 33 e 38, co. 2, l. 24.11.1981, n. 689, che, nel depenalizzare il presente articolo, non ha disposto alcunché per l'ipotesi aggravata.

669 bis. Esercizio molesto dell'accattonaggio [(1)].

Salvo che il fatto costituisca più grave reato, chiunque esercita l'accattonaggio con modalità vessatorie o simulando deformità o malattie o attraverso il ricorso a mezzi fraudolenti per destare l'altrui pietà è punito con la pena dell'arresto da tre a sei mesi e con l'ammenda da euro 3.000 a euro 6.000. È sempre disposto il sequestro delle cose che sono servite o sono state destinate a commettere l'illecito o che ne costituiscono il provento.

Evoluzione normativa:

(1) Articolo introdotto dall'art. 21 quater, co. 1, d.l. 4.10.2018, n. 113, conv., con modif., con l. 1.12.2018, n. 132, a decorrere dal 4.12.2018.

670. Mendicità [(1)].

[Chiunque mendica in luogo pubblico o aperto al pubblico è punito con l'arresto fino a tre mesi.

La pena è dell'arresto da uno a sei mesi se il fatto è compiuto in modo ripugnante o vessatorio, ovvero simulando deformità o malattie, o adoperando altri mezzi fraudolenti per destare l'altrui pietà [(2)].]

Evoluzione normativa:

(1) Articolo abrogato dall'art. 18, l. 25.6.1999, n. 205.

(2) La Corte costituzionale, con sent. 28.12.1995, n. 519, aveva dichiarato l'illegittimità del co. 1.

671. Impiego di minori nell'accattonaggio [(1)].

[Chiunque si vale, per mendicare, di una persona minore degli anni quattordici o, comunque, non imputabile, la quale sia sottoposta alla sua autorità o affidata alla sua custodia o vigilanza, ovvero permette che tale persona mendichi, o che altri se ne valga per mendicare, è punito con l'arresto da tre mesi a un anno.

Qualora il fatto sia commesso dal genitore o dal tutore, la condanna importa la sospensione dall'esercizio della potestà dei genitori [(2)] [c.c. 316] o dall'ufficio di tutore [c.c. 343].

Evoluzione normativa:

(1) Articolo abrogato dalla lett. d), co. 19, art. 3, l. 15.7.2009, n. 94.

(2) Alla «*patria potestà*» è stata sostituita la «*potestà dei genitori*», secondo la modifica introdotta all'art. 316 c.c. dall'art. 138, l. 19.5.1975, n. 151, sulla riforma del diritto di famiglia. L'art. 146, l. 24.11.1981, n. 689, poi, ha espressamente disposto che ogni qualvolta nel codice penale o in altre leggi ricorresse l'espressione «*patria potestà*» la medesima fosse sostituita dalla espressione «*potestà dei genitori*».

Norme connesse:

A. Art. 600 octies c.p.

B. Art. 154 r.d. 18.6.1931, n. 773 (in *Normativa complementare*, voce *Ordine pubblico e sicurezza pubblica*).

C. Artt. 4 e 26 l. 17.10.1967, n. 977 (in *Normativa complementare*, voce *Lavoro (diritto penale del), Diritti dei lavoratori*).

Sezione II Delle contravvenzioni concernenti l'incolumità pubblica

§ 1 – Delle contravvenzioni concernenti l'incolumità delle persone nei luoghi di pubblico transito o nelle abitazioni

672. Omessa custodia e mal governo di animali.

Chiunque lascia liberi, o non custodisce con le debite cautele, animali pericolosi da lui posseduti, o ne affida la custodia a persona inesperta, è punito con la sanzione amministrativa da euro 25 a euro 258 [disp. att. c.p. 19-*bis*] [(1)].

Alla stessa sanzione [(2)] soggiace:

1. chi, in luoghi aperti, abbandona a se stessi animali da tiro, da soma o da corsa, o li lascia comunque senza custodia, anche se non siano disciolti, o li attacca o conduce in modo da esporre a pericolo l'incolumità pubblica, ovvero li affida a persona inesperta;
2. chi aizza o spaventa animali, in modo da mettere in pericolo l'incolumità delle persone.

Evoluzione normativa:

(1) La contravvenzione prevista in questo articolo non costituisce più reato ed è soggetta a sanzione amministrativa, secondo quanto previsto dall'art. 33 della l. 24.11.1981, n. 689.

(2) L'originario termine «*pena*» è stato così corretto a seguito alla depenalizzazione disposta dall'art. 33, l. 24.11.1981, n. 689.

Norme connesse:

A. Art. 727 c.p.

B. Art. 115 d.lgs. 30.4.1992, n. 285 (in *Normativa complementare*, voce *Circolazione stradale e ferroviaria*).

673. Omesso collocamento o rimozione di segnali o ripari.

Chiunque omette di collocare i segnali o i ripari prescritti dalla legge o dall'Autorità per impedire pericoli alle persone in un luogo di pubblico transito, ovvero rimuove i segnali o i ripari suddetti, o spegne i fanali collocati come segnali, è punito con l'arresto fino a tre mesi o con l'ammenda fino a euro 516 [(1)].

Alla stessa pena soggiace chi rimuove apparecchi o segnali diversi da quelli indicati nella disposizione precedente e destinati a un servizio pubblico [358] o di pubblica necessità [359], ovvero spegne i fanali della pubblica illuminazione.

Evoluzione normativa:

(1) L'ammenda risulta così aumentata secondo quanto disposto dall'art. 113, l. 24.11.1981, n. 689. La contravvenzione prevista in questo articolo non costituisce più reato ed è soggetta a sanzione amministrativa (art. 33, l. n. 689/1981).

Norme connesse:

A. Artt. 152, 153 e 162, d.lgs. 30.4.1992, n. 285 (in *Normativa complementare*, voce *Circolazione stradale e ferroviaria*).

674. Getto pericoloso di cose.

Chiunque getta o versa, in un luogo di pubblico transito o in un luogo privato ma di comune o di altrui uso, cose atte a offendere o imbrattare o molestare persone [660], ovvero, nei casi non consentiti dalla legge, provoca emissioni di gas, di vapori o di fumo, atti a cagionare tali effetti, è punito con l'arresto fino a un mese o con l'ammenda fino a euro 206 [(1)].

Evoluzione normativa:

(1) L'ammenda è stata così aumentata secondo quanto disposto dall'art. 113, l. 24.11.1981, n. 689.

675. Collocamento pericoloso di cose [(1)].

Chiunque, senza le debite cautele, pone o sospende cose, che, cadendo in un luogo di pubblico transito, o in un luogo privato ma di comune o di altrui uso, possano offendere o imbrattare o molestare persone, è punito con la sanzione amministrativa pecuniaria da euro 103 a euro 619 [disp. att. c.p. 19-*bis*].

Evoluzione normativa:

(1) Articolo così modificato dall'art. 50, d.lgs. 30.12.1999, n. 507.
Il testo previgente così disponeva: «*675. Collocamento pericoloso di cose.*
Chiunque, senza le debite cautele, pone o sospende cose, che, cadendo in un luogo di pubblico transito, o in un luogo privato ma di comune o di altrui uso, possano offendere o imbrattare o molestare persone, è punito con l'ammenda fino a lire duecentomila».

676. Rovina di edifici o di altre costruzioni.

Chiunque ha avuto parte nel progetto o nei lavori concernenti un edificio o un'altra costruzione, che poi, per sua colpa, rovini, è punito con la sanzione amministrativa pecuniaria da euro 154 a euro 929 [disp. att. c.p. 19-*bis*] [(1)].

Se dal fatto è derivato pericolo alle persone, la pena è dell'arresto fino a sei mesi ovvero dell'ammenda non inferiore a euro 309 [(2)].

Evoluzione normativa:

(1) Comma così modificato dall'art. 51, d.lgs. 30.12.1999, n. 507.
Il testo previgente così disponeva: «*Chiunque ha avuto parte nel progetto o nei lavori concernenti un edificio o un'altra costruzione, che poi, per sua colpa, rovini, è punito con l'ammenda non inferiore a lire duecentomila*».

(2) L'ammenda risulta così aumentata secondo quanto disposto dall'art. 113, l. 24.11.1981, n. 689.

677. Omissione di lavori in edifici o costruzioni che minacciano rovina.

Il proprietario di un edificio o di una costruzione

che minacci rovina ovvero chi è per lui obbligato alla conservazione o alla vigilanza dell'edificio o della costruzione, il quale omette di provvedere ai lavori necessari per rimuovere il pericolo, è punito con la sanzione amministrativa pecuniaria da euro 154 a euro 929 [disp. att. c.p. 19-*bis*] (1).

La stessa sanzione si applica a chi, avendone l'obbligo, omette di rimuovere il pericolo cagionato dall'avvenuta rovina di un edificio o di una costruzione (2).

Se dai fatti preveduti dalle disposizioni precedenti deriva pericolo per le persone, la pena è dell'arresto fino a sei mesi o dell'ammenda non inferiore a euro 309 (3).

Evoluzione normativa:

(1) Comma così modificato dall'art. 52, d.lgs. 30.12.1999, n. 507.
Il testo previgente così disponeva: «*Il proprietario di un edificio o di una costruzione che minacci rovina ovvero chi è per lui obbligato alla conservazione o alla vigilanza dell'edificio o della costruzione, il quale omette di provvedere ai lavori necessari per rimuovere il pericolo, è punito con l'ammenda non inferiore a lire duecentomila*».

(2) Comma così modificato dall'art. 52, d.lgs. 30.12.1999, n. 507.
Il testo previgente così disponeva: «*Alla stessa pena soggiace chi, avendone l'obbligo, omette di rimuovere il pericolo cagionato dall'avvenuta rovina di un edificio o di una costruzione*».

(3) L'ammenda risulta così aumentata secondo quanto disposto dall'art. 113, l. 24.11.1981, n. 689.

§ 2 – Delle contravvenzioni concernenti la prevenzione di infortuni nelle industrie o nella custodia di materie esplodenti

678. Fabbricazione o commercio abusivi di materie esplodenti.

Chiunque, senza la licenza dell'autorità o senza le prescritte cautele, fabbrica o introduce nello Stato, ovvero tiene in deposito o vende o trasporta materie esplodenti o sostanze destinate alla composizione o alla fabbricazione di esse, è punito con l'arresto fino a diciotto mesi (1) e con l'ammenda fino a euro 247 [435] (2).

Evoluzione normativa:

(1) L'originaria pena "fino a sei mesi" è stata triplicata dall'art. 34, l. 18.4.1975, n. 110. L'arresto, in ogni caso, non può essere inferiore a tre mesi.

(2) L'ammenda risulta così aumentata secondo quanto disposto dall'art. 113, l. 24.11.1981, n. 689.
Questo reato è escluso dalla depenalizzazione (art. 34, l. n. 689/1981).

678 bis. Detenzione abusiva di precursori di esplosivi (1) (2).

[Chiunque, senza averne titolo, introduce nel territorio dello Stato, detiene, usa o mette a disposizione di privati le sostanze o le miscele che le contengono indicate come precursori di esplosivi nell'allegato I del regolamento (CE) n. 98/2013 del Parlamento europeo e del Consiglio, del 15 gennaio 2013, è punito con l'arresto fino a diciotto mesi e con l'ammenda fino a euro 1.000.]

Evoluzione normativa:

(1) Articolo introdotto dall'art. 3, co. 1, d.l. 18.2.2015, n. 7, conv., con modif., con l. 17.4.2015, n. 43.

(2) Articolo abrogato dall'art. 13, co. 3, l. 23.12.2021, n. 238, a decorrere dal 1.2.2022.

679. Omessa denuncia di materie esplodenti.

Chiunque omette di denunciare all'Autorità che egli detiene materie esplodenti di qualsiasi specie, ovvero materie infiammabili, pericolose per la loro qualità o quantità, è punito con l'arresto fino a dodici mesi (1) o con l'ammenda fino a euro 371 (2).

Soggiace all'ammenda fino a euro 247 chiunque, avendo notizia che in un luogo da lui abitato si trovano materie esplodenti, omette di farne denuncia all'autorità.

Nel caso di trasgressione all'ordine, legalmente dato dall'autorità, di consegnare, nei termini prescritti, le materie esplodenti, la pena è dell'arresto da tre mesi a tre anni (3) o dell'ammenda da euro 37 a euro 619 (4).

Evoluzione normativa:

(1) L'originaria pena "fino a quattro mesi" è stata triplicata dall'art. 34, l. 18.4.1975, n. 110. In ogni caso l'arresto non può essere inferiore a tre mesi.

(2) L'ammenda risulta così aumentata secondo quanto disposto dall'art. 113, l. 24.11.1981, n. 689. Questo reato è escluso dalla depenalizzazione (art. 34, l. n. 689/1981).

(3) L'originaria pena "da un mese ad un anno" è stata triplicata dall'art. 34, l. 18.4.1975, n. 110.

(4) L'ammenda risulta così aumentata secondo quanto disposto dall'art. 113, l. 24.11.1981, n. 689. Questo reato è escluso dalla depenalizzazione (art. 34, l. n. 689/1981).

Norme connesse:

A. Artt. 38-40 r.d. 18.6.1931, n. 773 (in *Normativa complementare*, voce *Ordine pubblico e sicurezza pubblica*).

679 bis. Omissioni in materia di precursori di esplosivi (1) (2).

[Chiunque omette di denunciare all'Autorità il furto o la sparizione delle materie indicate come precursori di esplosivi negli Allegati I e II del Regolamento (CE) n. 98/2013 del Parlamento europeo e del Consiglio, del 15 gennaio 2013, e di miscele o sostanze che le contengono, è punito con l'arresto fino a dodici mesi o con l'ammenda fino a euro 371.]

Evoluzione normativa:

(1) Articolo introdotto dall'art. 3, co. 2, d.l. 18.2.2015, n. 7, conv., con modif., con l. 17.4.2015, n. 43.

(2) Articolo abrogato dall' art. 13, co. 3, l. 23.12.2021, n. 238, a decorrere dal 1.2.2022.

680. Circostanze aggravanti.

Le pene per le contravvenzioni prevedute dai due articoli precedenti sono aumentate [63, 64] se il fatto è commesso da alcuna delle persone alle quali la legge vieta di concedere la licenza, ovvero se questa è stata negata o revocata.

Norme connesse:

A. Artt. 11, 12 e 52 r.d. 18.6.1931, n. 773, (in *Normativa complementare*, voce *Ordine pubblico e sicurezza pubblica*).

B. Art. 3, l. 8.8.1977, n. 533 (in *Normativa complementare*, voce *Ordine pubblico e sicurezza pubblica*).

C. Artt. 9 e 34, l. 18.4.1975, n. 110 (in *Normativa complementare*, voce *Armi, munizioni ed esplosivi*).

D. Art. 72, d.lgs. 6.9.2011, n. 159 (in *Normativa complementare*, voce *Criminalità organizzata e transazionale, Misure patrimoniali*).

681. Apertura abusiva di luoghi di pubblico spettacolo o trattenimento.

Chiunque apre o tiene aperti [666] luoghi di pubblico spettacolo, trattenimento o ritrovo, senza avere osservato le prescrizioni dell'autorità a tutela della incolumità pubblica, è punito con l'arresto fino a sei mesi e con l'ammenda non inferiore a euro 103 [(1)].

Evoluzione normativa:

(1) L'ammenda risulta così aumentata secondo quanto disposto dall'art. 113, l. 24.11.1981, n. 689.

Norme connesse:

A. Artt. 68 e 80 r.d. 18.6.1931, n. 773 (in *Normativa complementare*, voce *Ordine pubblico e sicurezza pubblica*).

Sezione III
Delle contravvenzioni concernenti la prevenzione di talune specie di reati

§ 1 – Delle contravvenzioni concernenti la tutela preventiva dei segreti

682. Ingresso arbitrario in luoghi ove l'accesso è vietato nell'interesse militare dello Stato.

Chiunque s'introduce in luoghi, nei quali l'accesso è vietato nell'interesse militare dello Stato, è punito, se il fatto non costituisce un più grave reato [260], con l'arresto da tre mesi a un anno, ovvero con l'ammenda da euro 51 a euro 309 [(1)].

Le disposizioni del primo comma si applicano, altresì, agli immobili adibiti a sedi di ufficio, di reparto o a deposito di materiali dell'Amministrazione della pubblica sicurezza, il cui accesso è vietato per ragioni di sicurezza pubblica [(2)].

Evoluzione normativa:

(1) L'ammenda risulta così aumentata secondo quanto disposto dall'art. 113, l. 24.11.1981, n. 689.

(2) Comma introdotto dall'art. 7, co. 4, d.l. 14.8.2013, n. 93, conv., con modif., con l. 15.10.2013, n. 119.
Il testo di questo comma, prima della conversione in legge del d.l. n. 93/2013, così disponeva: «*Le disposizioni del presente articolo si applicano, altresì, agli immobili adibiti a sedi di ufficio, di reparto o a deposito di materiali dell'Amministrazione della pubblica sicurezza, il cui accesso è vietato per ragioni di sicurezza pubblica*».

683. Pubblicazione delle discussioni o delle deliberazioni segrete di una delle Camere [(1)].

Chiunque, senza autorizzazione, pubblica col mezzo della stampa, o con un altro dei mezzi indicati nell'articolo 662, anche per riassunto, il contenuto delle discussioni o delle deliberazioni segrete del Senato o della Camera dei deputati è punito, qualora il fatto non costituisca un più grave reato, con l'arresto fino a trenta giorni o con l'ammenda da euro 51 a euro 258.

Evoluzione normativa:

(1) Articolo così sostituito dall'art. 44, l. 24.11.1981, n. 689.

684. Pubblicazione arbitraria di atti di un procedimento penale [(1)].

Chiunque pubblica, in tutto o in parte, anche per riassunto o a guisa d'informazione, atti o documenti di un procedimento penale, di cui sia vietata per legge la pubblicazione [c.p.p. 114, 115, 329, 391 quinquies, 472] è punito con l'arresto fino a trenta giorni o con l'ammenda da euro 51 a euro 258 [262, 326].

Evoluzione normativa:

(1) Articolo così sostituito dall'art. 45, l. 24.11.1981, n. 689.

685. Indebita pubblicazione di notizie concernenti un procedimento penale [(1)].

Chiunque pubblica i nomi dei giudici, con l'indicazione dei voti individuali che ad essi si attribuiscono nelle deliberazioni prese in un procedimento penale, è punito con l'arresto fino a quindici giorni o con l'ammenda da euro 25 a euro 103.

Evoluzione normativa:

(1) Articolo così sostituito dall'art. 46, l. 24.11.1981, n. 689.

§ 2 – Delle contravvenzioni concernenti la prevenzione dell'alcolismo e dei delitti commessi in stato di ubriachezza

686. Fabbricazione o commercio abusivi di liquori o droghe, o di sostanze destinate alla loro composizione.

Chiunque, contro il divieto della legge, ovvero senza osservare le prescrizioni della legge o dell'autorità [(1)], fabbrica o introduce nello Stato droghe, liquori o altre bevande alcooliche ovvero detiene per vendere o vende droghe, è punito con la sanzione amministrativa pecuniaria da euro 413 a euro 2.478 [disp. att. c.p. 19-*bis*].

Alla stessa sanzione soggiace chi, senza osservare le prescrizioni della legge o dell'autorità, fabbrica o introduce nello Stato sostanze destinate alla composizione di liquori o droghe.

È sempre disposta la cessazione dell'attività illecitamente esercitata. Se l'attività è svolta in uno stabilimento o in un esercizio per il quale è stata rilasciata autorizzazione o altro titolo abilitativo all'esercizio di diversa attività, nel caso di reiterazione delle violazioni è disposta altresì la chiusura dello stabilimento o dell'esercizio per un periodo non superiore a sette giorni.

Per le violazioni previste dal presente articolo non è ammesso il pagamento in misura ridotta a norma dell'articolo 16 della legge 24 novembre 1981, n. 689 [disp. att. c.p. 19-*bis*].

Evoluzione normativa:

(1) Articolo così modificato dall'art. 53, d.lgs. 30.12.1999, n. 507.
Il testo precedente, il cui primo comma era stato sostituito dall'art. 9, d.lgs. 13.7.1994, n. 480, così disponeva: «*Fabbricazione o commercio abusivi di liquori o droghe, o di sostanze destinate alla loro composizione.*
Chiunque, contro il divieto della legge, ovvero senza osservare le prescrizioni della legge o dell'autorità, fabbrica o introduce nello Stato droghe, liquori o altre bevande alcooliche ovvero detiene per vendere o vende droghe, è punito con l'arresto fino ad un anno o con l'ammenda da lire centomila a un milione.

Alla stessa pena soggiace chi, senza osservare le prescrizioni della legge o dell'autorità, fabbrica o introduce nello Stato sostanze destinate alla composizione di liquori o droghe».

Norme connesse:

A. Artt. 86, 87 e 105 r.d. 18.6.1931, n. 773 (in *Normativa complementare*, voce *Ordine pubblico e sicurezza pubblica*).

B. Art. 79 d.P.R. 9.10.1990, n. 309 (in *Normativa complementare*, voce *Stupefacenti*).

687. Consumo di bevande alcooliche in tempo di vendita non consentita.

Chiunque acquista o consuma, in un esercizio pubblico, bevande alcooliche fuori del tempo in cui ne è permessa la vendita, è punito con la sanzione amministrativa fino a euro 51 [disp. att. c.p. 19-*bis*] (1).

Evoluzione normativa:

(1) La contravvenzione prevista in questo articolo non costituisce più reato ed è soggetta a sanzione amministrativa (art. 33, l. 24.11.1981, n. 689).

688. Ubriachezza.

Chiunque, in un luogo pubblico o aperto al pubblico, è colto in stato di manifesta ubriachezza è punito con la sanzione amministrativa pecuniaria da euro 51 a euro 309 [disp. att. c.p. 19-*bis*] (1).

La pena è dell'arresto da tre a sei mesi se il fatto è commesso da chi ha già riportato una condanna per delitto non colposo contro la vita o l'incolumità individuale (2).

La pena è aumentata se l'ubriachezza è abituale.

Evoluzione normativa:

(1) Comma così modificato dall'art. 54, d.lgs. 30.12.1999, n. 507.
Il testo previgente così disponeva: «Chiunque, in un luogo pubblico o aperto al pubblico, è colto in stato di manifesta ubriachezza è punito con l'arresto fino a sei mesi o con l'ammenda da lire ventimila a quattrocentomila».

(2) La Corte costituzionale, con sent. 17.7.2002, n. 354, ha dichiarato l'illegittimità di questo comma.

Norme connesse:

A. Artt. 91 ss. c.p.

B. Art. 186, d.lgs. 30.4.1992, n. 285 (in *Normativa complementare*, voce *Circolazione stradale e ferroviaria*).

689. Somministrazione di bevande alcooliche a minori o a infermi di mente.

L'esercente un'osteria o un altro pubblico spaccio di cibi o di bevande, il quale somministra, in un luogo pubblico o aperto al pubblico, bevande alcooliche a un minore degli anni sedici, o a persona che appaia affetta da malattia di mente, o che si trovi in manifeste condizioni di deficienza psichica a causa di un'altra infermità, è punito con l'arresto fino a un anno (1).

La stessa pena di cui al primo comma si applica a chi pone in essere una delle condotte di cui al medesimo comma, attraverso distributori automatici che non consentano la rilevazione dei dati anagrafici dell'utilizzatore mediante sistemi di lettura ottica dei documenti. La pena di cui al periodo precedente non si applica qualora sia presente sul posto personale incaricato di effettuare il controllo dei dati anagrafici (2).

Se il fatto di cui al primo comma è commesso più di una volta si applica anche la sanzione amministrativa pecuniaria da 1.000 euro a 25.000 euro con la sospensione dell'attività per tre mesi (2).

Se dal fatto deriva l'ubriachezza, la pena è aumentata [64].

La condanna importa la sospensione dall'esercizio [35].

Evoluzione normativa:

(1) Al reato previsto in questo articolo si applica, ora, la pena pecuniaria dell'ammenda da euro 516 a euro 2.582 o la pena della permanenza domiciliare da quindici giorni a quarantacinque giorni ovvero la pena del lavoro di pubblica utilità da venti giorni a sei mesi (art. 52, co. 2, lett. b), d.lgs. 28.8.2000, n. 274).

(2) Comma introdotto dall'art. 7, co. 3 ter, d.l. 13.9.2012, n. 158, conv., con modif., con l. 8.11.2012, n. 189.

Norme connesse:

A. Art. 730 c.p.

B. Art. 15, l. 24.11.1999, n. 468 e art. 4, d.lgs. 28.8.2000, n. 274 (in *Normativa complementare*, voce *Giudice di pace*).

690. Determinazione in altri dello stato di ubriachezza.

Chiunque, in un luogo pubblico o aperto al pubblico, cagiona l'ubriachezza altrui, somministrando bevande alcooliche, è punito con l'arresto fino a sei mesi o con l'ammenda da euro 30 a euro 309 (1).

Evoluzione normativa:

(1) L'ammenda è stata così aumentata secondo quanto disposto dall'art. 113, l. 24.11.1981, n. 689. Al reato previsto in questo articolo si applica, ora, la pena pecuniaria dell'ammenda da euro 258 a euro 2.582 (52, co. 2, lett. a), d.lgs. 28.8.2000, n. 274). La competenza per la contravvenzione prevista dal presente articolo è devoluta al giudice di pace (art. 15, l. 24.11.1999, n. 468 e art. 4, d.lgs. 28.8.2000, n. 274).

Norme connesse:

A. Art. 613 c.p.

691. Somministrazione di bevande alcooliche a persona in stato di manifesta ubriachezza.

Chiunque somministra bevande alcooliche a una persona in stato di manifesta ubriachezza, è punito con l'arresto da tre mesi a un anno (1).

Qualora il colpevole sia esercente un'osteria o un altro pubblico spaccio di cibi o bevande, la condanna importa la sospensione dall'esercizio [35] (2).

Evoluzione normativa:

(1) Al reato previsto in questo articolo si applica, ora, la pena pecuniaria dell'ammenda da euro 516 a euro 2.582 o la pena della permanenza domiciliare da quindici giorni a quarantacinque giorni ovvero la pena del lavoro di pubblica utilità da venti giorni a sei mesi (art. 52, co. 2, lett. b), d.lgs. 28.8.2000, n. 274).

(2) La competenza per la contravvenzione prevista da questo articolo è devoluta al giudice di pace (art. 15, l. 24.11.1999, n. 468 e art. 4, d.lgs. 28.8.2000, n. 274).

§ 3 – Delle contravvenzioni concernenti la prevenzione di delitti contro la fede pubblica

692. Detenzione di misure e pesi illegali.

Chiunque, nell'esercizio di un'attività commerciale, o in uno spaccio aperto al pubblico, detiene misure o pesi diversi da quelli stabiliti dalla legge, ovvero usa misure o pesi senza osservare le prescrizioni di legge, è punito con la sanzione amministrativa pecuniaria da euro 103 a euro 619 [disp. att. c.p. 19-*bis*] (1).

[Se il colpevole ha già riportato una condanna per delitti contro il patrimonio, o contro la fede pubblica, o contro l'economia pubblica, l'industria o il commercio, o per altri delitti della stessa indole [101], può essere sottoposto alla libertà vigilata (2).]

Evoluzione normativa:

(1) Comma così modificato dall'art. 55, d.lgs. 30.12.1999, n. 507.
Il testo previgente così disponeva: «*Chiunque, nell'esercizio di un'attività commerciale, o in uno spaccio aperto al pubblico, detiene misure o pesi diversi da quelli stabiliti dalla legge, ovvero usa misure o pesi senza osservare le prescrizioni di legge, è punito con l'ammenda da lire ventimila a quattrocentomila*».

(2) Comma abrogato dall'art. 18, l. 25.6.1999, n. 205.

693. Rifiuto di monete aventi corso legale.

Chiunque rifiuta di ricevere, per il loro valore, monete [458] aventi corso legale nello Stato, è punito con la sanzione amministrativa fino a euro 30 [disp. att. c.p. 19-*bis*] (1).

Evoluzione normativa:

(1) La contravvenzione prevista in questo articolo non costituisce più reato ed è soggetta a sanzione amministrativa (art. 33, l. 24.11.1981, n. 689).

694. Omessa consegna di monete riconosciute contraffatte.

Chiunque, avendo ricevuto come genuine, per un valore complessivo non inferiore a euro 0.0103, monete contraffatte o alterate [453 ss.], non le consegna all'Autorità entro tre giorni da quello in cui ne ha conosciuto la falsità o l'alterazione, indicandone la provenienza se la conosce, è punito con la sanzione amministrativa fino a euro 206 [disp. att. c.p. 19-*bis*] (1).

Evoluzione normativa:

(1) La contravvenzione prevista in questo articolo non costituisce più reato ed è soggetta a sanzione amministrativa (art. 33, l. 24.11.1981, n. 689).

§ 4 – Delle contravvenzioni concernenti la prevenzione di delitti contro la vita e l'incolumità individuale

695. Fabbricazione o commercio non autorizzati di armi.

Chiunque, senza la licenza dell'autorità, fabbrica o introduce nello Stato [4²], o esporta, o pone comunque in vendita armi [704], ovvero ne fa raccolta per ragioni di commercio o d'industria, è punito con l'arresto fino a tre anni (1) e con l'ammenda fino a euro 1.239 (2).

Non si applica la pena dell'arresto, qualora si tratti di collezioni di armi artistiche, rare o antiche.

Evoluzione normativa:

(1) L'originaria pena "fino a un anno" è stata triplicata dall'art. 7, l. 2.10.1967, n. 895. In ogni caso l'arresto non può essere inferiore a tre mesi.

(2) L'ammenda risulta così aumentata secondo quanto disposto dall'art. 113, l. 24.11.1981, n. 689.
Le pene stabilite per le contravvenzioni previste in questo comma sono aumentate da un terzo alla metà se il fatto è commesso da persona sottoposta con provvedimento definitivo ad una misura di prevenzione personale durante il periodo previsto di applicazione e sino a tre anni dal momento in cui ne è cessata l'esecuzione (art. 71, co. 1, d.lgs. 6.9.2011, n. 159).

696. Vendita ambulante di armi.

Chiunque esercita la vendita ambulante di armi [704] è punito con l'arresto fino a tre anni (1) e con l'ammenda fino a euro 1.239 (2).

Evoluzione normativa:

(1) L'originaria pena "fino a un anno" è stata triplicata dall'art. 7, l. 2.10.1967, n. 895. In ogni caso l'arresto non può essere inferiore a tre mesi.

(2) L'ammenda risulta così aumentata secondo quanto disposto dall'art. 113, l. 24.11.1981, n. 689.
Le pene stabilite per le contravvenzioni previste in questo articolo sono aumentate da un terzo alla metà se il fatto è commesso da persona sottoposta con provvedimento definitivo ad una misura di prevenzione personale durante il periodo previsto di applicazione e sino a tre anni dal momento in cui ne è cessata l'esecuzione (art. 71, co. 1, d.lgs. 6.9.2011, n. 159).
Il reato previsto dall'articolo è escluso dalla depenalizzazione (art. 34, l. 24.11.1981, n. 689).

697. Detenzione abusiva di armi.

Chiunque detiene armi [704] o caricatori soggetti a denuncia ai sensi dell'articolo 38 del testo unico di cui al regio decreto 18 giugno 1931, n. 773, e successive modificazioni, o munizioni senza averne fatto denuncia all'autorità, quando la denuncia è richiesta, è punito con l'arresto fino a dodici mesi (1) o con l'ammenda fino a euro 371 (2) (3).

Chiunque, avendo notizia che in un luogo da lui abitato si trovano armi o munizioni, omette di farne denuncia all'autorità [679²] è punito con l'arresto fino a due mesi o con l'ammenda fino a euro 258 (4).

Evoluzione normativa:

(1) L'originaria pena "fino a quattro mesi" è stata triplicata dall'art. 7, l. 2.10.1967, n. 895. In ogni caso l'arresto non può essere inferiore a tre mesi.

(2) L'ammenda risulta così aumentata secondo quanto disposto dall'art. 113, l. 24.11.1981, n. 689.
Le pene stabilite per le contravvenzioni previste in questo articolo sono aumentate da un terzo alla metà se il fatto è commesso da persona sottoposta con provvedimento definitivo ad una misura di prevenzione personale durante il periodo previsto di applicazione e sino a tre anni dal momento in cui ne è cessata l'esecuzione (art. 71, co. 1, d.lgs. 6.9.2011, n. 159).
Il reato previsto dall'articolo è escluso dalla depenalizzazione (art. 34, l. n. 689/1981).

(3) Comma così modificato dall'art. 3, co. 3-*octies*, d.l. 18.2.2015, n. 7, conv., con modif., con l. 17.4.2015, n. 43.
Il testo previgente così disponeva: «*Chiunque detiene armi o munizioni senza averne fatto denuncia all'autorità, quando la denuncia è richiesta, è punito con l'arresto fino a dodici mesi o con l'ammenda fino a euro 371*».

(4) Comma così sostituito dall'art. 47, l. 24.11.1981, n. 689.

698. Omessa consegna di armi.

Chiunque trasgredisce all'ordine, legalmente dato dall'Autorità, di consegnare nei termini prescritti le armi [704] o le munizioni da lui detenute, è punito con l'arresto non inferiore a nove mesi [(1)] o con l'ammenda non inferiore a euro 123 [(2)].

Evoluzione normativa:

(1) L'originaria pena "non inferiore a tre mesi" è stata triplicata secondo quanto disposto dall'art. 7, l. 2.10.1967, n. 895.

(2) L'ammenda risulta così aumentata secondo quanto disposto dall'art. 113, l. 24.11.1981, n. 689.
Le pene stabilite per le contravvenzioni previste in questo articolo sono aumentate da un terzo alla metà se il fatto è commesso da persona sottoposta con provvedimento definitivo ad una misura di prevenzione personale durante il periodo previsto di applicazione e sino a tre anni dal momento in cui ne è cessata l'esecuzione dall'art. 71, co. 1, d.lgs. 6.9.2011, n. 159.
Il reato previsto dall'articolo è escluso dalla depenalizzazione (art. 34, l n. 689/1981).

699. Porto abusivo di armi [(1)].

Chiunque, senza la licenza dell'Autorità, quando la licenza è richiesta porta un'arma [704] fuori della propria abitazione o delle appartenenze di essa, è punito con l'arresto fino a diciotto mesi [(2)].

[Soggiace all'arresto da diciotto mesi a tre anni [(3)] chi, fuori della propria abitazione o delle appartenenze di essa, porta un'arma per cui non è ammessa licenza] [(4)].

Se alcuno dei fatti preveduti dalle disposizioni precedenti è commesso in un luogo ove sia concorso o adunanza di persone, o di notte in un luogo abitato, le pene sono aumentate [64].

Evoluzione normativa:

(1) Le pene stabilite per le contravvenzioni previste in questo articolo sono aumentate da un terzo alla metà se il fatto è commesso da persona sottoposta con provvedimento definitivo ad una misura di prevenzione personale durante il periodo previsto di applicazione e sino a tre anni dal momento in cui ne è cessata l'esecuzione (art. 71, co. 1, d.lgs. 6.9.2011, n. 159).
Il reato previsto dall'articolo è escluso dalla depenalizzazione (art. 34, l. n. 689/1981).

(2) L'originaria pena "fino a sei mesi" è stata triplicata secondo quanto disposto dall'art. 7, l. 2.10.1967, n. 895. In ogni caso l'arresto non può essere inferiore a tre mesi.

(3) L'originaria pena "da sei mesi a un anno" è stata triplicata secondo quanto disposto dall'art. 7, l. 2.10.1967, n. 895.

(4) Comma abrogato dall'art. 4, co. 2, d.l. 15.8.2023, n. 123, conv., con modif., con l. 13.11.2023, n. 159, a decorrere dal 15.11.2023.
Il testo antecedente alla modifica disposta con d.l. n. 123/2023 così disponeva: «*Soggiace all'arresto da diciotto mesi a tre anni chi, fuori della propria abitazione o delle appartenenze di essa, porta un'arma per cui non è ammessa licenza.*».
L'originaria pena "da sei mesi a un anno" era stata triplicata secondo quanto disposto dall'art. 7, l. 2.10.1967, n. 895.

Norme connesse:

A. Art. 4 l. 2.10.1967, n. 895 (in *Normativa complementare*, voce *Armi, munizioni ed esplosivi*).

B. Art. 4 l. 18.4.1975, n. 110 (in *Normativa complementare*, voce *Armi, munizioni ed esplosivi*).

C. Art. 3 l. 25.3.1986, n. 85 (in *Normativa complementare*, voce *Armi, munizioni ed esplosivi*).

D. Art. 6 l. 23.12.1974, n. 694 (in *Normativa complementare*, voce *Armi, munizioni ed esplosivi*).

700. Circostanze aggravanti.

Nei casi preveduti dagli articoli precedenti, la pena è aumentata qualora concorra taluna delle circostanze indicate nell'articolo 680.

701. Misura di sicurezza.

Il condannato per alcuna delle contravvenzioni prevedute dagli articoli precedenti può essere sottoposto alla libertà vigilata.

702. Omessa custodia di armi [(1)].

[È punito con l'ammenda fino a lire duecentomila chiunque, anche se provveduto della licenza di porto d'armi:

1. consegna o lascia portare un'arma [704] a persona di età minore dei quattordici anni, o a qualsiasi persona incapace o inesperta nel maneggio di essa;
2. trascura di adoperare, nella custodia di armi, le cautele necessarie a impedire che alcuna delle persone indicate nel numero precedente giunga a impossessarsene agevolmente;
3. porta un fucile carico in un luogo ove sia adunanza o concorso di persone.]

Evoluzione normativa:

(1) Articolo abrogato dall'art. 9, co. 2, d.l. 13.5.1991, n. 152, conv., con modif., con l. 12.7.1991, n. 203, sulla criminalità organizzata. V. art. 20 bis, l. 18.4.1975, n. 110 (in *Normativa complementare*, voce *Armi, munizioni ed esplosivi*).

703. Accensioni ed esplosioni pericolose [(1)].

Chiunque, senza la licenza dell'autorità, in un luogo abitato o nelle sue adiacenze, o lungo una pubblica via o in direzione di essa spara armi da fuoco [704] [(2)], accende fuochi d'artificio, o lancia razzi, o innalza aerostati con fiamme, o, in genere, fa accensioni o esplosioni pericolose, è punito con l'ammenda fino a euro 103 [(2)].

Se il fatto è commesso in un luogo ove sia adunanza o concorso di persone, la pena è dell'arresto fino a un mese [420].

Evoluzione normativa:

(1) Il reato previsto in questo articolo è escluso dalla depenalizzazione (art. 34, l. 24.11.1981, n. 689).

(2) L'ammenda risulta così aumentata secondo quanto disposto dall'art. 113, l. 24.11.1981, n. 689.

Norme connesse:

A. Art. 57 r.d. 18.6.1931, n. 773 (in *Normativa complementare*, voce *Ordine pubblico e sicurezza pubblica*).

B. Artt. 1, 2 e 34 l. 18.4.1975, n. 110 (in *Normativa complementare*, voce *Armi, munizioni ed esplosivi*).

704. Armi.

Agli effetti delle disposizioni precedenti, per armi si intendono:

1. quelle indicate nel numero 1 del capoverso dell'articolo 585;
2. le bombe, qualsiasi macchina o involucro contenente materie esplodenti, e i gas asfissianti o accecanti.

§ 5 – Delle contravvenzioni concernenti la prevenzione di delitti contro il patrimonio

705. Commercio non autorizzato di cose preziose [(1)].

Chiunque, senza la licenza dell'autorità o senza osservare le prescrizioni della legge, fabbrica o pone in commercio cose preziose, o compie su esse operazioni di mediazione o esercita altre simili industrie, arti o attività, è punito con la sanzione amministrativa pecuniaria da euro 258 a euro 1.549 [disp. att. c.p. 19-*bis*].

Si applicano le disposizioni di cui al terzo e quarto comma dell'articolo 686.

Evoluzione normativa:

(1) Articolo così modificato dall'art. 56, d.lgs. 30.12.1999, n. 507.
Il testo previgente così disponeva: «*Commercio non autorizzato di cose preziose.*
Chiunque, senza la licenza dell'autorità o senza osservare le prescrizioni della legge, fabbrica o pone in commercio cose preziose, o compie su esse operazioni di mediazione o esercita altre simili industrie, arti o attività, è punito con l'arresto fino a tre mesi o con l'ammenda da lire centomila a due milioni».

Norme connesse:

A. Artt. 127 e 128 r.d. 18.6.1931, n. 773 (in *Normativa complementare*, voce *Ordine pubblico e sicurezza pubblica*).

706. Commercio clandestino di cose antiche [1].

[Chiunque esercita il commercio di cose antiche o usate, senza averne prima fatta dichiarazione all'autorità quando la legge la richiede, o senza osservare le prescrizioni della legge, è punito con l'ammenda da lire ventimila a seicentomila [713].]

Evoluzione normativa:

(1) Articolo abrogato dall'art. 13, d.lgs. 13.7.1994, n. 480. L'ammenda risulta così aumentata secondo quanto disposto dall'art. 113, l. 24.11.1981, n. 689.

707. Possesso ingiustificato di chiavi alterate o di grimaldelli.

Chiunque, essendo stato condannato per delitti determinati da motivi di lucro, o per contravvenzioni concernenti la prevenzione di delitti contro il patrimonio, o per mendicità, o essendo ammonito o sottoposto a una misura di sicurezza personale o a cauzione di buona condotta, è colto in possesso di chiavi alterate o contraffatte, ovvero di chiavi genuine o di strumenti atti ad aprire o a sforzare serrature, dei quali non giustifichi l'attuale destinazione è punito con l'arresto da sei mesi a due anni [713] [1].

Evoluzione normativa:

(1) La Corte costituzionale, con sent. 2.2.1971, n. 14, ha dichiarato l'illegittimità dell'art. 707 c.p., limitatamente alla parte in cui fa richiamo alle condizioni personali di condannato per mendicità, di ammonito, di sottoposto a misure di sicurezza personale o a cauzione di buona condotta.

707 bis. Possesso ingiustificato di strumenti per il sondaggio del terreno o di apparecchiature per la rilevazione di metalli [1].

È punito con l'arresto fino a due anni e con l'ammenda da euro 500 a euro 2.000 chi è colto in possesso di strumenti per il sondaggio del terreno o di apparecchiature per la rilevazione dei metalli, dei quali non giustifichi l'attuale destinazione, all'interno di aree e parchi archeologici, di zone di interesse archeologico, se delimitate con apposito atto dell'amministrazione competente, o di aree nelle quali sono in corso lavori sottoposti alle procedure di verifica preventiva dell'interesse archeologico secondo quanto previsto dalla legge [713].

Evoluzione normativa:

(1) Articolo introdotto dall'art. 1, co. 1, lett. c), l. 9.3.2022, n. 22, a decorrere dal 23.3.2022, secondo quanto disposto dall'art. 7, co. 1, della stessa l. n. 22/2022.

708. Possesso ingiustificato di valori [1].

Chiunque, trovandosi nelle condizioni personali indicate nell'articolo precedente, è colto in possesso di denaro o di oggetti di valore, o di altre cose non confacenti al suo stato, e dei quali non giustifichi la provenienza, è punito con l'arresto da tre mesi a un anno [713].

Evoluzione normativa:

(1) La Corte costituzionale, con sent. 19.7.1968, n. 110, aveva dichiarato l'illegittimità costituzionale dell'articolo 708 c.p., limitatamente alla parte in cui fa richiamo alle condizioni personali di condannato per mendicità, di ammonito, di sottoposto a misura di sicurezza personale o a cauzione di buona condotta.
La Corte costituzionale, con sent. 2.11.1996, n. 370, ha poi dichiarato l'illegittimità di questo articolo.

709. Omessa denuncia di cose provenienti da delitto.

Chiunque, avendo ricevuto denaro o acquistato o comunque avuto cose provenienti da delitto, senza conoscerne la provenienza, omette, dopo averla conosciuta, di darne immediato avviso all'Autorità è punito con l'arresto fino a sei mesi o con l'ammenda fino a euro 516 [713] [1].

Evoluzione normativa:

(1) L'ammenda è stata così aumentata secondo quanto disposto dall'art. 113, l. 24.11.1981, n. 689.

710. Vendita o consegna di chiavi o grimaldelli a persona sconosciuta [1].

[Chiunque fabbrica chiavi di qualsiasi specie, su richiesta di persona diversa dal proprietario o possessore del luogo o dell'oggetto a cui le chiavi sono destinate, o da un incaricato di essi, ovvero, esercitando il mestiere di fabbro, chiavaiuolo o un altro simile mestiere, consegna o vende a chicchessia grimaldelli o altri strumenti atti ad aprire o a sforzare serrature, è punito con l'arresto fino a sei mesi e con l'ammenda da lire ventimila a duecentomila [713].]

Evoluzione normativa:

(1) Articolo abrogato dall'art. 18, l. 25.6.1999, n. 205. L'ammenda era stata così aumentata dall'art. 113, l. 24.11.1981, n. 689.

711. Apertura arbitraria di luoghi o di oggetti [1].

[Chiunque, esercitando il mestiere di fabbro o di chiavaiuolo, ovvero un altro simile mestiere, apre serrature o altri congegni analoghi apposti a difesa di un luogo o di un oggetto, su domanda di chi non sia da lui conosciuto come proprietario o possessore del luogo o dell'oggetto o come un loro incaricato, è punito con l'arresto fino a tre mesi o con l'ammenda da lire ventimila a quattrocentomila [713].]

Evoluzione normativa:

(1) Articolo abrogato dall'art. 18, l. 25.6.1999, n. 205. L'ammenda era stata così aumentata dall'art. 113, l. 24.11.1981, n. 689.

712. Acquisto di cose di sospetta provenienza.

Chiunque, senza averne prima accertata la legittima provenienza, acquista o riceve a qualsiasi titolo cose, che, per la loro qualità o per la condizione di chi le offre o per l'entità del prezzo, si abbia motivo di sospettare che provengano da reato, è punito con l'arresto fino a sei mesi o con l'ammenda non inferiore a euro 10 [648; c.p.m.p. 166] (1).

Alla stessa pena soggiace chi si adopera per fare acquistare o ricevere a qualsiasi titolo alcuna delle cose suindicate, senza averne prima accertata la legittima provenienza [713].

Evoluzione normativa:

(1) L'ammenda è stata così aumentata dall'art. 113, l. 24.11.1981, n. 689 (v. art. 24 c.p.).

713. Misura di sicurezza.

Il condannato per alcuna delle contravvenzioni prevedute dagli articoli precedenti può essere sottoposto alla libertà vigilata [228].

§ 6 – Delle contravvenzioni concernenti la custodia [di alienati di mente], di minori o di persone detenute (1)

714. Omessa o non autorizzata custodia, in manicomi o in riformatori, di alienati di mente o di minori (2).

[Chiunque, senza ordine dell'Autorità o senza autorizzazione di questa, accoglie in uno stabilimento di cura una persona presentata come affetta da alienazione mentale, o in un riformatorio pubblico un minore [c.c. 240], è punito con l'ammenda da lire dodicimila a centoventimila.

La stessa pena si applica qualora, pur non essendo richiesto l'ordine o l'autorizzazione, taluno accolga in uno stabilimento di cura una persona affetta da alienazione mentale, omettendo di darne avviso all'Autorità.

Soggiace all'arresto fino a sei mesi o all'ammenda da lire dodicimila a duecentomila chi, senza osservare le prescrizioni della legge, dimette da uno dei suindicati stabilimenti una persona che vi si trovi legittimamente ricoverata.]

Evoluzione normativa:

(1) Le parole «*di alienati di mente*» sono state soppresse con l'art. 10, l. 13.5.1978, n. 180, sugli accertamenti e trattamenti sanitari volontari e obbligatori.

(2) Articolo abrogato dall'art. 11, l. 13.5.1978, n. 180.

715. Omessa o non autorizzata custodia privata di alienati di mente (1).

[Chiunque, fuori del caso preveduto dal primo capoverso dell'articolo precedente, senza autorizzazione, riceve in custodia persone affette da alienazione mentale, è punito con l'arresto fino a tre mesi o con l'ammenda da lire quattromila a ottantamila.

Alla stessa pena soggiace chi non osserva gli obblighi inerenti alla custodia delle persone indicate nella disposizione precedente.]

Evoluzione normativa:

(1) Articolo abrogato dall'art. 11, l. 13.5.1978, n. 180. L'ammenda era stata aumentata dall'art. 24, l. 12.7.1961, n. 603.

716. Omesso avviso all'Autorità dell'evasione o fuga [d'infermi di mente o] di minori (1).

Il pubblico ufficiale [357] o l'addetto a uno stabilimento destinato all'esecuzione di pene o di misure di sicurezza, ovvero [a uno stabilimento di cura, o] (1) ad un riformatorio pubblico, che omette di dare immediato avviso all'Autorità dell'evasione o della fuga di persona ivi detenuta o ricoverata, è punito con l'ammenda da euro 10 a euro 206 [391] (2).

La stessa disposizione si applica a chi per legge o per provvedimento dell'Autorità è stata affidata una persona a scopo di custodia o di vigilanza.

Evoluzione normativa:

(1) Le parole «*di infermi di mente o*» e «*a uno stabilimento di cura o*» sono state soppresse dall'art. 10, l. 13.5.1978.

(2) L'ammenda risulta così aumentata secondo quanto disposto dall'art. 113, l. 24.11.1981, n. 689 (v., però, art. 26 c.p.).

717. Omessa denuncia di malattie di mente o di gravi infermità psichiche pericolose (1).

[Chiunque, nell'esercizio di una professione sanitaria, avendo assistito o esaminato persona affetta da malattia di mente o da grave infermità psichica, la quale dimostri o dia sospetto di essere pericolosa a sé o agli altri, omette di darne avviso all'autorità è punito con l'ammenda da lire dodicimila a centoventimila [c.p.p. 31].

La stessa disposizione si applica se la persona assistita o esaminata sia affetta da intossicazione cronica prodotta da alcool o da sostanze stupefacenti.]

Evoluzione normativa:

(1) Articolo abrogato dall'art. 11, l. 13.5.1978, n. 180.

Capo II
Delle contravvenzioni concernenti la polizia amministrativa sociale

Sezione I
Delle contravvenzioni concernenti la polizia dei costumi

718. Esercizio di giuochi d'azzardo.

Chiunque in un luogo pubblico o aperto al pubblico, o in circoli privati di qualunque specie, tiene un giuoco d'azzardo [721] o lo agevola è punito con l'arresto da tre mesi ad un anno e con l'ammenda non inferiore a euro 206 (1).

Se il colpevole è un contravventore abituale [104] o professionale [105], alla libertà vigilata [228] può essere aggiunta la cauzione di buona condotta [237 722].

Evoluzione normativa:

(1) L'ammenda risulta così aumentata secondo quanto disposto dall'art. 113, l. 24.11.1981, n. 689.

Norme connesse:

A. Art. 5, co. 3, d.l. 30.12.1997, n. 457, conv. in l. 27.21998, n. 30: «*Le disposizioni di cui agli articoli da 71 a 722 del codice penale e all'articolo 110 del testo unico delle leggi di pubblica sicurezza, approvato con regio decreto 18.6.1931, n. 773, non si applicano ai fatti commessi a bordo delle navi passeggeri iscritte nel Registro internazionale, durante il periodo di navigazione al di là del mare territoriale*».

B. Art. 25 l. 11.12.1984, n. 848: «*Le disposizioni di cui agli articoli da 718 a 722 del codice penale e all'articolo 110 del testo unico delle leggi di pubblica sicurezza approvato con regio decreto 18.6.1931, n. 773, non si applicano ai fatti commessi a bordo delle navi adibite a crociera durante il periodo di navigazione oltre lo Stretto di Gibilterra ed il Canale di Suez*».

719. Circostanze aggravanti.

La pena per il reato preveduto dall'articolo precedente è raddoppiata [63]:

1. se il colpevole ha istituito o tenuto una casa da giuoco [721];
2. se il fatto è commesso in un pubblico esercizio;
3. se sono impegnate nel giuoco poste rilevanti;
4. se fra coloro che partecipano al giuoco sono persone minori degli anni diciotto.

Norme connesse:

V. *Norme connesse sub* art. 718 c.p.

720. Partecipazione a giuochi d'azzardo.

Chiunque, in un luogo pubblico o aperto al pubblico, o in circoli privati di qualunque specie, senza essere concorso nella contravvenzione preveduta dall'articolo 718, è colto mentre prende parte al giuoco d'azzardo [721], è punito con l'arresto fino a sei mesi o con l'ammenda fino a euro 516 (1).

La pena è aumentata [64]:

1. nel caso di sorpresa in una casa da giuoco [721] o in un pubblico esercizio;
2. per coloro che hanno impegnato nel giuoco poste rilevanti [722].

Evoluzione normativa:

(1) L'ammenda risulta così aumentata secondo quanto disposto dall'art. 113, l. 24.11.1981, n. 689.

Norme connesse:

V. *Norme connesse sub* art. 718 c.p.

721. Elementi essenziali del giuoco d'azzardo. Case da giuoco.

Agli effetti delle disposizioni precedenti:

sono giuochi d'azzardo quelli nei quali ricorre il fine di lucro e la vincita o la perdita è interamente o quasi interamente aleatoria; sono case da giuoco i luoghi di convegno destinati al giuoco d'azzardo, anche se privati, e anche se lo scopo del giuoco è sotto qualsiasi forma dissimulato.

Norme connesse:

V. *Norme connesse sub* art. 718 c.p.

722. Pena accessoria e misura di sicurezza.

La condanna per alcuna delle contravvenzioni prevedute dagli articoli precedenti importa la pubblicazione della sentenza [36]. È sempre ordinata la confisca [240] del denaro esposto nel giuoco e degli arnesi od oggetti ad esso destinati.

Norme connesse:

V. *Norme connesse sub* art. 718 c.p.

723. Esercizio abusivo di un giuoco non d'azzardo.

Chiunque, essendo autorizzato a tenere sale da giuoco o da bigliardo, tollera che vi si facciano giuochi non d'azzardo, ma tuttavia vietati dall'autorità, è punito con l'ammenda da euro 5 a euro 103 (1).

Nei casi preveduti dai numeri 3 e 4 dell'articolo 719, si applica l'arresto fino a tre mesi o l'ammenda da euro 51 a 516.

Per chi sia colto mentre prende parte al giuoco, la pena è dell'ammenda fino a euro 51.

Evoluzione normativa:

(1) L'ammenda è stata così aumentata secondo quanto disposto dall'art. 113, l. 24.11.1981, n. 689. La pena dell'ammenda, in ogni caso, consiste nel pagamento di una somma non inferiore a 20 euro (art. 26 c.p.).

724. Bestemmia e manifestazioni oltraggiose verso i defunti (1).

Chiunque pubblicamente bestemmia, con invettive o parole oltraggiose, contro la divinità o i simboli o le persone venerati nella religione dello Stato [402, 403, 404] (2), è punito con la sanzione amministrativa pecuniaria da euro 51 a euro 309 [disp. att. c.p. 19-*bis*].

La stessa sanzione si applica a chi compie qualsiasi pubblica manifestazione oltraggiosa verso i defunti [407].

Evoluzione normativa:

(1) Articolo così modificato dall'art. 57, d.lgs. 30.12.1999, n. 507.
Il testo previgente così disponeva: «*Bestemmia e manifestazioni oltraggiose verso i defunti.*
Chiunque pubblicamente bestemmia, con invettive o parole oltraggiose, contro la divinità o i simboli o le persone venerati nella religione dello Stato, è punito con l'ammenda da lire ventimila a seicentomila.
Alla stessa pena soggiace chi compie qualsiasi pubblica manifestazione oltraggiosa verso i defunti».

(2) La Corte costituzionale, con sent. 18.10.1995, n. 440, ha dichiarato l'illegittimità di questo comma limitatamente alle parole «*o i simboli o le persone venerati nella religione dello Stato*». In seguito alla modifica apportata al Concordato non può considerarsi più in vigore il principio, originariamente previsto dai Patti lateranensi, della religione cattolica come unica religione dello Stato.

725. Commercio di scritti, disegni o altri oggetti contrari alla pubblica decenza (1).

Chiunque espone alla pubblica vista o, in un luogo pubblico o aperto al pubblico, offre in vendita o distribuisce scritti, disegni o qualsiasi altro oggetto figurato, che offenda la pubblica decenza, è punito con la sanzione amministrativa pecuniaria da euro 103 a euro 619 [disp. att. c.p. 19-*bis*].

Evoluzione normativa:

(1) Articolo così modificato dall'art. 58, d.lgs. 30.12.1999, n. 507.

Norme connesse:

A. Articolo unico, l. 17.7.1975, n. 355 (in *Normativa complementare*, voce *Stampa, televisione, telecomunicazioni*).

B. Art. 30, l. 6.8.1990, n. 223; l'art. 12, r.d. 18.6.1931, n. 773 (in *Normativa complementare*, voce *Stampa, televisione, telecomunicazioni*).
C. Art. 12, r.d. 18.6.1931, n. 773 (in *Normativa complementare*, voce *Ordine pubblico e sicurezza pubblica*).

726. Atti contrari alla pubblica decenza [1] [2].

Chiunque, in un luogo pubblico o aperto o esposto al pubblico, compie atti contrari alla pubblica decenza è soggetto alla sanzione amministrativa pecuniaria da euro 5.000 a euro 10.000.

Evoluzione normativa:

(1) Articolo modificato ai sensi dell'art. 113, l. 24.11.1981, n. 689 e dall'art. 18, l. 25.6.1999, n. 205 e, infine, così sostituito dall'art. 2, co. 6, d.lgs. 15.1.2016, n. 8, a decorrere dal 6.2.2016. Sull'applicabilità delle sanzioni amministrative previste da questo articolo alle violazioni commesse anteriormente al 6.2.2016, vedi l'art. 8 del d.lgs. n. 8/2016.
Il testo antecedente alla sostituzione del 2016 così disponeva: «*Atti contrari alla pubblica decenza. Chiunque, in un luogo pubblico o aperto o esposto al pubblico, compie atti contrari alla pubblica decenza è punito con l'arresto fino a un mese o con l'ammenda da euro 10 a euro 206*».
Il testo antecedente alle modifiche del 1999 così disponeva: «*Atti contrari alla pubblica decenza. Turpiloquio. Chiunque, in un luogo pubblico o aperto o esposto al pubblico, compie atti contrari alla pubblica decenza è punito con l'arresto fino a un mese o con l'ammenda da euro 10 a euro 206. Soggiace all'ammenda fino a lire centomila chi in un luogo pubblico o aperto al pubblico usa linguaggio contrario alla pubblica decenza*».
(2) La Corte costituzionale, con sent. 9.4.2022, n. 95, ha dichiarato l'illegittimità costituzionale di questo articolo, come sostituito dall'art. 2, co. 6, d.lgs. 15.1.2016, n. 8, nella parte in cui prevede la sanzione amministrativa pecuniaria «*da euro 5.000 a euro 10.000*» anziché «*da euro 51 a euro 309*».

Norme connesse:

A. Art. 527 c.p.

727. Abbandono di animali [1].

Chiunque abbandona animali domestici o che abbiano acquisito abitudini della cattività è punito con l'arresto fino ad un anno o con l'ammenda da 1.000 a 10.000 euro.

Alla stessa pena soggiace chiunque detiene animali in condizioni incompatibili con la loro natura, e produttive di gravi sofferenze.

Evoluzione normativa:

(1) Articolo così sostituito prima dall'art. 1, l. 22.11.1993, n. 473 e poi dall'art. 1, l. 20.7.2004, n. 189. Il testo antecedente alla sostituzione del 2004 così disponeva: «*Maltrattamento di animali. Chiunque incrudelisce verso animali senza necessità o li sottopone a strazio o sevizie o a comportamenti e fatiche insopportabili per le loro caratteristiche, ovvero li adopera in giuochi, spettacoli o lavori insostenibili per la loro natura, valutata secondo le loro caratteristiche anche etologiche, o li detiene in condizioni incompatibili con la loro natura o abbandona animali domestici o che abbiano acquisito abitudini della cattività è punito con l'ammenda da euro 1032 a euro 5164.*
La pena è aumentata se il fatto è commesso con mezzi particolarmente dolorosi, quale modalità del traffico, del commercio, del trasporto, dell'allevamento, della mattazione o di uno spettacolo di animali, o se causa la morte dell'animale: in questi casi la condanna comporta la pubblicazione della sentenza e la confisca degli animali oggetto del maltrattamento, salvo che appartengano a persone estranee al reato.
Nel caso di recidiva la condanna comporta l'interdizione dall'esercizio dell'attività di commercio, di trasporto, di allevamento, di mattazione o di spettacolo.
Chiunque organizza o partecipa a spettacoli o manifestazioni che comportino strazio o sevizie per gli animali è punito con l'ammenda da euro 1032 a euro 5164. La condanna comporta la sospensione per almeno tre mesi della licenza inerente l'attività commerciale o di servizio e, in caso di morte degli animali o di recidiva, l'interdizione dall'esercizio dell'attività svolta.
Qualora i fatti di cui ai commi precedenti siano commessi in relazione all'esercizio di scommesse clandestine la pena è aumentata della metà e la condanna comporta la sospensione della licenza di attività commerciale, di trasporto o di allevamento per almeno dodici mesi».
Il testo antecedente alla sostituzione del 1993 così disponeva: «*Chiunque incrudelisce verso animali o senza necessità li sottopone a eccessive fatiche o a torture, ovvero li adopera in lavori ai quali non siano adatti per malattia o per età, è punito con l'ammenda da lire 500.000 a 3.000.000. Alla stessa pena soggiace chi, anche per solo fine scientifico o didattico, in un luogo pubblico o aperto al pubblico, sottopone animali vivi a esperimenti tali da destare ribrezzo*
La pena è aumentata, se gli animali sono adoperati in giuochi o spettacoli pubblici, i quali importino strazio o sevizie. Nel caso preveduto dalla prima parte di questo articolo, se il colpevole è un conducente di animali, la condanna importa la sospensione dell'esercizio del mestiere, quando si tratta di un contravventore abituale o professionale».

Norme connesse:

A. Artt. 544 ter e 628, c.p.

727 bis. Uccisione, distruzione, cattura, prelievo, detenzione e commercio di esemplari di specie animali o vegetali selvatiche protette [1] [2].

Salvo che il fatto costituisca più grave reato chiunque, fuori dai casi consentiti, uccide, cattura o detiene esemplari appartenenti ad una specie animale selvatica protetta è punito con l'arresto da uno a sei mesi o con l'ammenda fino a 4.000 euro, salvo i casi in cui l'azione riguardi una quantità trascurabile di tali esemplari e abbia un impatto trascurabile sullo stato di conservazione della specie.

Chiunque, fuori dai casi consentiti, distrugge, preleva o detiene esemplari appartenenti ad una specie vegetale selvatica protetta è punito con l'ammenda fino a 4.000 euro, salvo i casi in cui l'azione riguardi una quantità trascurabile di tali esemplari e abbia un impatto trascurabile sullo stato di conservazione della specie.

Salvo che il fatto costituisca più grave reato, chiunque, fuori dai casi consentiti, viola i divieti di commercializzazione di cui all'articolo 8, comma 2, del decreto del Presidente della Repubblica 8 settembre 1997, n. 357, è punito con l'arresto da due a otto mesi e con l'ammenda fino a 10.000 euro [3].

Evoluzione normativa:

(1) Articolo introdotto dalla lett. a), co. 1, art. 1, d.lgs. 7.7.2011, n. 121.
(2) Rubrica così modificata dall'art. 15, co. 1, lett. a), d.lgs. 5.8.2022, n. 135, a decorrere dal 27.9.2022.
Il testo della rubrica, antecedente a quest'ultima modifica, così recava: «*Uccisione, distruzione, cattura, prelievo, detenzione di esemplari di specie animali o vegetali selvatiche protette*».
(3) Comma introdotto dall'art. 15, co. 1, lett. b), d.lgs. 5.8.2022, n. 135, a decorrere dal 27.9.2022.

Norme connesse:

A. Art. 25 undecies, d.lgs. 8.6.2001, n. 231 (in *Normativa complementare*, voce *Economia (diritto penale della)*, Enti).

Sezione II
Delle contravvenzioni concernenti la polizia sanitaria

728. Trattamento idoneo a sopprimere la coscienza o la volontà altrui.

Chiunque pone taluno, col suo consenso, in stato di narcosi o d'ipnotismo, o esegue su lui un trattamento che ne sopprima la coscienza o la volontà [613], è punito, se dal fatto deriva pericolo per l'incolumità della persona, con l'arresto da uno a sei mesi o con l'ammenda da euro 30 a euro 516 [1].

Tale disposizione non si applica se il fatto è commesso, a scopo scientifico o di cura, da chi esercita una professione sanitaria.

Evoluzione normativa:
(1) L'ammenda è stata così aumentata secondo quanto disposto dall'art. 113, l. 24.11.1981, n. 689.

729. Abuso di sostanze stupefacenti [1].

[Chiunque, in un luogo pubblico o aperto al pubblico, o in circoli privati di qualunque specie, è colto in stato di grave alterazione psichica per abuso di sostanze stupefacenti, è punito con l'arresto fino a sei mesi o con l'ammenda da lire quattromila a ottantamila. [446; c.p.m.p. 139; c.p.m.g. 137].]

Evoluzione normativa:
(1) Articolo abrogato dall'art. 110, l. 22.12.1975, n. 685, così come modificato dall'art. 32, l. 26.6.1990, n. 162, il cui testo è stato recepito dall'art. 136, d.P.R. 9.10.1990, n. 309.

730. Somministrazione a minori di sostanze velenose o nocive.

Chiunque, essendo autorizzato alla vendita o al commercio di medicinali, consegna a persona minore degli anni sedici sostanze velenose o stupefacenti, anche su prescrizione medica, è punito con l'ammenda fino a euro 516 [1].

Soggiace all'ammenda fino a euro 103 [1] chi vende o somministra tabacco a persona minore degli anni quattordici [445, 446].

Evoluzione normativa:
(1) L'ammenda risulta così aumentata secondo quanto disposto dall'art. 113, l. 24.11.1981, n. 689.

TITOLO II
Delle contravvenzioni concernenti l'attività sociale della Pubblica Amministrazione

731. Inosservanza dell'obbligo dell'istruzione elementare dei minori.

[Chiunque, rivestito di autorità o incaricato della vigilanza sopra un minore [c.c. 240, 316, 355, 402], omette, senza giusto motivo, d'impartirgli o di fargli impartire l'istruzione elementare è punito con l'ammenda fino a euro 30 [1].] [2]

Evoluzione normativa:
(1) L'ammenda risulta così aumentata secondo quanto disposto dall'art. 113, l. 24.11.1981, n. 689. La competenza per la contravvenzione prevista dal presente articolo è devoluta al giudice di pace (art. 15, l. 24.11.1999, n. 468 e art. 4, d.lgs. 28.8.2000, n. 274).
(2) Articolo abrogato, a decorrere dal 16.9.2023, dall'art. 12, co. 3, d.l. 15.9.2023, n. 123 d.l. 15.09.2023, n. 123, Art. 12. - Disposizioni per il rafforzamento del rispetto dell'obbligo di istruzione, conv., con modif., con l. 13.11.2023, n. 159.

Norme connesse:
A. Art. 570 ter, c.p.

732. Omesso avviamento dei minori al lavoro [1].

[Chiunque, rivestito di autorità o incaricato della vigilanza sopra un minore [c.c. 240, 316, 355, 357, 402] che ha compiuto gli anni quattordici e deve trarre dal lavoro il proprio sostentamento, omette, senza giusto motivo, di avviarlo al lavoro è punito con l'ammenda fino a lire sessantamila.]

Evoluzione normativa:
(1) Articolo abrogato dall'art. 18, l. 25.6.1999, n. 205. L'ammenda era stata aumentata secondo quanto disposto dall'art. dall'art. 113, l. 24.11.1981, n. 689.

733. Danneggiamento al patrimonio archeologico, storico o artistico nazionale.

Chiunque distrugge, deteriora o comunque danneggia un monumento o un'altra cosa propria di cui gli sia noto il rilevante pregio, è punito, se dal fatto deriva un nocumento al patrimonio archeologico, storico o artistico nazionale, con l'arresto fino ad un anno o con l'ammenda non inferiore a euro 2.065 [518-duodecies] [1].

Può essere ordinata la confisca [240] della cosa deteriorata o comunque danneggiata.

¡Evoluzione normativa:
(1) L'ammenda è stata così aumentata secondo quanto disposto dall'art. 113, l. 24.11.1981, n. 689.

733 bis. Distruzione o deterioramento di habitat all'interno di un sito protetto [1].

Chiunque, fuori dai casi consentiti, distrugge un habitat all'interno di un sito protetto o comunque lo deteriora compromettendone lo stato di conservazione, è punito con l'arresto fino a diciotto mesi e con l'ammenda non inferiore a 3.000 euro.

Evoluzione normativa:
(1) Articolo introdotto dalla lett. b), co. 1, art. 1, d.lgs. 7.7.2011, n. 121.

Norme connesse:
A. Art. 452 quater, c.p.
B. Art. 25 undecies d.lgs. 8.6.2001, n. 231 (in *Normativa complementare*, voce *Economia (diritto penale della), Enti*).

734. Distruzione o deturpamento di bellezze naturali.

Chiunque, mediante costruzioni, demolizioni, o in qualsiasi altro modo, distrugge o altera le bellezze naturali dei luoghi soggetti alla speciale protezione dell'autorità, è punito con l'ammenda da euro 1.032 a euro 6.197 [Cost. 9] [1].

Evoluzione normativa:
(1) L'ammenda risulta così aumentata secondo quanto disposto dall'art. 113, l. 24.11.1981, n. 689.

TITOLO II bis
Delle contravvenzioni concernenti la tutela della riservatezza [1]

(1) Titolo introdotto dall'art. 12, l. 15.2.1996, n. 66.

734 bis. Divulgazione delle generalità o dell'immagine di persona offesa da atti di violenza sessuale [1].

Chiunque, nei casi di delitti previsti dagli articoli 600-*bis*, 600-*ter* e 600-*quater*, anche se relativi al materiale pornografico di cui all'articolo 600-*quater*.1, 600-*quinquies*, 609-*bis*, 609-*ter*, 609-*quater*, 609-*quinquies* e 609-*octies*, divulghi, anche attraverso mezzi di comunicazione di massa, le generalità o l'immagine della persona offesa senza il suo consenso, è punito con l'arresto da tre a sei mesi.

Evoluzione normativa:

(1) Articolo introdotto dall'art. 12, l. 15.2.1996, n. 66 e poi così modificato dall'art. 8, l. 3.8.1998, n. 269 e dall'art. 9, l. 6.2.2006, n. 38.

Il testo antecedente alla modifica del 2006 così disponeva: «*Chiunque, nei casi di delitti previsti dagli articoli* 600-bis, 600-ter, 600-quater, 600-quinquies, 609-bis, 609-ter, 609-quater, 609-quinquies *e* 609-octies, *divulghi, anche attraverso mezzi di comunicazione di massa, le generalità o l'immagine della persona offesa senza il suo consenso, è punito con l'arresto da tre a sei mesi*».

Il testo antecedente alla modifica del 1998 così disponeva: «*Divulgazione delle generalità o dell'immagine di persona offesa da atti di violenza sessuale.*

Chiunque, nei casi di delitti previsti dagli articoli 609-bis, 609-ter, 609-quater, 609-quinquies *e* 609-octies, *divulghi, anche attraverso mezzi di comunicazione di massa, le generalità o l'immagine della persona offesa senza il suo consenso, è punito con l'arresto da tre a sei mesi*».

R.D. 28 maggio 1931, n. 601 (G.U. 1 giugno 1931, n. 125). Disposizioni di coordinamento e transitorie per il codice penale

TITOLO I
Disposizioni di coordinamento

1. – Quando le leggi, i decreti e le convenzioni internazionali fanno menzione di pene criminali, correzionali o di polizia, devono considerarsi, per ogni effetto giuridico, come corrispondenti:

1. alle «pene criminali» la pena di morte [(1)], l'ergastolo e la reclusione per un tempo non inferiore nel minimo a tre anni;
2. alle «pene correzionali» le pene non indicate nei numeri 1 e 3;
3. alle «pene di polizia» le pene dell'arresto per un tempo non superiore nel massimo a tre mesi e dell'ammenda in misura non superiore nel massimo a euro 103 [(2)].

Quando sia stata pronunciata condanna, si considerano pene criminali la morte, l'ergastolo e la reclusione per un tempo maggiore dei cinque anni.

(1) La pena di morte per i delitti previsti dal codice penale è stata abolita e sostituita con l'ergastolo dall'art. 1, d.lgs.lgt. 10.8.1944, n. 224. L'art. 1, d.lgs. 22.1.1948, n. 21, ha poi abolito la pena di morte per i delitti previsti dalle leggi speciali. La l. 13.10.1994, n. 589, infine, ha abolito la pena di morte anche per i reati previsti dal codice penale militare di guerra.
(2) L'ammenda è stata così aumentata quanto disposto dall'art. 113, l. 24.11.1981, n. 689.

2. – Quando le leggi, i decreti e le convenzioni internazionali fanno menzione di «crimini» per distinguerli dai delitti, si intendono per crimini i delitti che importano le pene indicate nel n. 1 dell'articolo precedente.

3. – Quando nelle leggi, nei decreti e nelle convenzioni internazionali si fa menzione di «pene restrittive della libertà personale» o «individuale» e di una determinata durata di tali pene, si intendono richiamate quelle che il codice penale comprende sotto la denominazione di «pene detentive» o «pene restrittive della libertà personale», per la stessa durata.

4. – Per determinare se i reati preveduti dalle leggi, dai decreti e dalle convenzioni internazionali anteriori all'attuazione del codice penale sono delitti ovvero contravvenzioni, si osservano le disposizioni degli articoli seguenti.

5. – I reati si considerano delitti o contravvenzioni secondo la diversa specie delle pene per essi rispettivamente stabilite, sempre che la pena sia fra quelle indicate nell'articolo 17 del codice penale.

Tuttavia sono considerate contravvenzioni i reati preveduti dalle leggi anteriori al 19 ottobre 1930 per i quali dalla legge è stabilita la pena della multa non superiore a euro 206 [(1)], sola ovvero congiuntamente o alternativamente con l'ammenda o con una pena pecuniaria senza indicazione della specie, anche se determinate in misura fissa o proporzionale.

Non si tiene conto degli aumenti della pena della multa derivanti dal concorso di circostanze aggravanti.

Quando per il reato sono stabilite, congiuntamente o alternativamente, la pena detentiva e quella pecuniaria, anche se stabilita in misura fissa o proporzionale, per determinare se si tratta di un delitto ovvero di una contravvenzione si ha riguardo soltanto alla pena detentiva.

(1) L'importo è stato così aumentato secondo quanto disposto dall'art. 113, l. 24.11.1981, n. 689.

6. – Quando la legge stabilisce una specie di pena diversa da quelle indicate nell'articolo 17 del codice penale, per determinare se si tratta di delitto ovvero di contravvenzione si ha riguardo alla pena corrispondente, a' termini di questo decreto.

Si applicano i due ultimi capoversi dell'articolo 5.

7. – I reati per i quali la legge stabilisce soltanto la «pena pecuniaria», senza indicazione della specie, si considerano contravvenzioni se la pena non supera euro 206 e si considerano delitti se la pena supera euro 206 [(1)].

Non si tiene conto degli aumenti di pena derivanti dal concorso di circostanze aggravanti.

I reati per i quali la legge stabilisce soltanto una pena pecuniaria proporzionale, senza indicazione della specie, si considerano contravvenzioni.

(1) La pena pecuniaria risulta così aumentata secondo quanto disposto dall'art. 113, l. 24.11.1981, n. 689.

8. – Quando la legge stabilisce la pena della multa o dell'ammenda, senza determinarne l'ammontare, si applica rispettivamente la multa da euro 5 [(1)] a euro 206 [(2)] o l'ammenda [(1)] da euro 2 a euro 30 [(3)].

Quando la legge stabilisce la «pena pecuniaria», senza determinarne l'ammontare, si applica l'ammenda da euro 2 [(1)] a euro 30 [(3)].

(1) Secondo quanto disposto dal primo comma dell'art. 24 e dal primo comma dell'art. 26 c.p., come modificati dai commi 60 e 61 dell'art. 3, l. 15.7.2009, n. 94, le pene della multa e dell'ammenda consistono nel pagamento di una somma rispettivamente non inferiore a 50 euro e a 20 euro.
(2) La multa risulta così aumentata secondo quanto disposto dall'art. 113, l. 24.11.1981, n. 689.
(3) L'ammenda risulta così aumentata secondo quanto disposto dall'art. 113, l. 24.11.1981, n. 689.

9. – Quando per il concorso di una o più circostanze la legge stabilisce una pena di specie diversa da quella ordinaria stabilita per il reato, per determinare se si tratta di delitto ovvero di contravvenzione non si ha riguardo alla pena ordinaria, ma a quella di specie diversa.

10. – Nulla è innovato a quanto è stabilito nell'articolo 61 della legge 7 gennaio 1929, n. 4 contenente norme generali per la repressione delle violazioni delle leggi finanziarie.

11. – I reati che secondo le disposizioni precedenti si considerano contravvenzioni sono sempre perseguibili d'ufficio, anche se è stabilita la punibilità a querela della persona offesa.

12. – Quando è stabilita o richiamata una determinata specie di pena, di cui non è indicata la durata, corrisponde:
1. ai lavori forzati [(1)] a tempo, la reclusione da dieci a venti anni;
2. alla casa di forza, la reclusione da tre a venti anni;
3. alla relegazione, la reclusione da tre a quindici anni;
4. alla reclusione, la reclusione da tre a dieci anni;
5. alla detenzione, la reclusione da due a sette anni;
6. al carcere, la reclusione fino a tre anni;
7. agli arresti, l'arresto da cinque giorni ad un mese.

Quando, invece, è indicata la durata della pena, la reclusione e l'arresto sono sostituiti alle pene corrispondenti per una eguale durata; ma in nessun caso può essere oltrepassato il massimo della pena stabilito dal codice penale.
Ai lavori forzati a vita è sostituito l'ergastolo.
Nulla è innovato circa ogni altra pena, diversa da quelle prevedute dal codice penale, che sia stabilita o richiamata da leggi, decreti o convenzioni internazionali.
Tornano ad aver vigore le disposizioni del codice per la marina mercantile [(2)] che stabiliscono la pena di morte [(3)].

(1) V. l. 24.4.1967, n. 447, di ratifica ed esecuzione della Convenzione internazionale del lavoro numero 105, concernente l'abolizione del lavoro forzato, adottata a Ginevra il 25.6.1957.
(2) Il codice della marina mercantile è stato abrogato dall'art. 1329 del codice della navigazione.
(3) La pena di morte per i delitti previsti dal codice penale è stata abolita e sostituita con l'ergastolo dall'art. 1, d.lgs.lgt. 10.8.1944, n. 224.

13. – Quando nelle leggi, nei decreti e nelle convenzioni internazionali si fa menzione di pene restrittive della capacità giuridica, si intendono richiamate l'interdizione perpetua o temporanea dai pubblici uffici, l'interdizione da una professione o da un'arte e la sospensione dall'esercizio di una professione o di un'arte secondo il codice penale.

14. – Quando nelle leggi, nei decreti e nelle convenzioni internazionali si fa menzione della interdizione dai pubblici uffici senza che sia indicato se perpetua o temporanea, ovvero della sospensione dall'esercizio di una professione o di un'arte:
alla interdizione dai pubblici uffici corrisponde l'interdizione perpetua dai pubblici uffici;
alla sospensione dall'esercizio di una professione o di un'arte corrisponde la interdizione da una professione o da un'arte ovvero la sospensione dall'esercizio di una professione o di un'arte, secondo che si tratti di delitto ovvero di contravvenzione.

15. – Quando non è stabilita la durata delle pene temporanee indicate nell'articolo precedente, l'interdizione temporanea dai pubblici uffici si applica da tre mesi a cinque anni e l'interdizione da una professione o da un'arte e la sospensione dall'esercizio di una professione o di un'arte da quindici giorni a due anni.

16. – Quando l'interdizione dai pubblici uffici o la sospensione da una professione o da un'arte sono prevedute dalle leggi, dai decreti e dalle convenzioni internazionali come effetti penali, senza che ne sia stabilita la durata, esse hanno una durata eguale a quella della pena detentiva inflitta o che dovrebbe scontarsi nel caso di conversione per insolvibilità del condannato.
Tuttavia, in nessun caso possono essere oltrepassati il limite massimo e quello minimo stabiliti negli articoli 20 e 25 del codice penale abrogato.

17. – Salvo quanto è disposto dagli articoli precedenti, ogni altra incapacità giuridica preveduta come pena o come effetto penale dalle leggi, dai decreti e dalle convenzioni internazionali continua ad essere applicata anche se diversa dalle pene accessorie regolate nel codice penale.
Nondimeno alla «sospensione dall'esercizio dei pubblici uffici» deve considerarsi corrispondente l'interdizione temporanea dai pubblici uffici.

18. – Quando dalle leggi, dai decreti e dalle convenzioni internazionali è stabilito che la pena debba essere aumentata o diminuita per gradi, ad un grado corrisponde l'aumento o la diminuzione della pena da un terzo alla metà. Se più sono i gradi, lo stesso aumento o la stessa diminuzione si opera per ciascun grado sulla quantità di pena aumentata o diminuita per il grado precedente.

18 bis. – Nei casi di cui all'articolo 165 del codice penale il giudice dispone che il condannato svolga attività non retribuita a favore della collettività osservando, in quanto compatibili, le disposizioni degli articoli 44, 54, commi 2, 3, 4 e 6, e 59 del decreto legislativo 28 agosto 2000, n. 274 [(1)].

(1) Articolo introdotto dall'art. 5, l. 11.12.2004, n. 145.

19. – Quando nelle leggi, nei decreti e nelle convenzioni internazionali sono richiamati i titoli o le disposizioni di leggi penali abrogate per effetto del codice penale, s'intendono richiamate le disposizioni corrispondenti del codice penale stesso.

19 bis. – L'autorità competente a ricevere il rapporto e ad applicare le sanzioni per le violazioni amministrative previste dagli articoli 350, 352, 498, 527, 654, 663-*bis*, 672, 688, 692, 705, 724 e 725 del codice penale è il prefetto.
Le autorità di seguito elencate sono competenti ad applicare le sanzioni amministrative previste dagli articoli indicati in relazione a ciascuna di esse:

a) Ministero dei trasporti e della navigazione: articolo 465 e, limitatamente ai fatti concernenti biglietti di strade ferrate o di altre pubbliche imprese di trasporto, articolo 466 del codice penale;
b) Ministero del lavoro e della previdenza sociale: articolo 509 del codice penale;
c) Ministero delle finanze: articolo 686, nonché, limitatamente ai fatti concernenti valori di bollo, articolo 466 del codice penale;
d) Ministero del tesoro, del bilancio e della programmazione economica: articoli 693 e 694 del codice penale;
e) sindaco: articoli 345, 663, 664, 666, 669, 675, 676, 677 e 687 del codice penale [1].

(1) Articolo introdotto dall'art. 59, d.lgs. 30.12.1999, n. 507.

19 ter. Leggi speciali in materia di animali.
Le disposizioni del titolo IX-*bis* del libro II del codice penale non si applicano ai casi previsti dalle leggi speciali in materia di caccia, di pesca, di allevamento, di trasporto, di macellazione degli animali, di sperimentazione scientifica sugli stessi, di attività circense, di giardini zoologici, nonché dalle altre leggi speciali in materia di animali. Le disposizioni del titolo IX-*bis* del libro II del codice penale non si applicano altresì alle manifestazioni storiche e culturali autorizzate dalla regione competente [1].

(1) Articolo introdotto dall'art. 3, l. 20.7.2004, n. 189.

19 quater. Affidamento degli animali sequestrati o confiscati.
Gli animali oggetto di provvedimenti di sequestro o di confisca sono affidati ad associazioni o enti che ne facciano richiesta individuati con decreto del Ministro della salute, adottato di concerto con il Ministro dell'interno [1].

(1) Articolo introdotto dall'art. 3, l. 20.7.2004, n. 189.

TITOLO II
Disposizioni transitorie

20. – Le pene dell'ergastolo e della reclusione derivanti dalla commutazione preveduta dall'articolo 36 del regio decreto 1 dicembre 1889, n. 6509 (serie terza), si scontano nei modi stabiliti dal codice penale.

21. – Nell'esecuzione delle condanne a pene principali non prevedute dal codice penale si osservano le disposizioni seguenti:
1. il condannato alla detenzione sconta la pena in uno degli stabilimenti in cui si sconta la pena della reclusione, con l'obbligo del lavoro, con l'isolamento notturno e con il regime al quale sono sottoposti i condannati alla reclusione. Egli può tuttavia scegliere, tra le specie di lavoro ammesse nello stabilimento al quale è assegnato, quella che è più confacente alle sue attitudini e alle sue precedenti occupazioni. Può essergli altresì permessa una specie diversa di lavoro, anche all'aperto. Il condannato alla detenzione non può essere inviato in colonia o in altro possedimento di oltremare [1];
2. il condannato al confino, alla interdizione dai pubblici uffici e alla sospensione dall'esercizio di una professione o di un'arte continua a scontare la pena nei modi stabiliti dal codice penale abrogato.

Se il condannato al confino trasgredisce agli obblighi impostigli, la pena del confino è convertita in quella della reclusione, da scontarsi con le modalità stabilite per la detenzione nel numero 1 di questo articolo per il tempo che rimane ancora da scontare.
Per la inosservanza degli obblighi derivanti dalla condanna alla interdizione dai pubblici uffici o dalla condanna alla sospensione dall'esercizio di una professione o di un'arte, si applica l'articolo 389 del codice penale.

(1) Il riferimento alle colonie deve ritenersi non più valido.

22. – Le pene detentive che debbono ancora essere scontate, in tutto o in parte, per reati commessi anteriormente all'attuazione del codice penale e per le quali è stata ordinata l'esecuzione in stabilimenti speciali, o in case di custodia o in case di correzione a termini del codice penale abrogato, si scontano, rispettivamente, negli stabilimenti e nei modi indicati dal codice penale e dal regolamento penitenziario.

23. – Il condannato all'ergastolo o alla reclusione, anche dopo l'1 luglio 1931, a norma delle leggi anteriori al codice penale, sconta la pena nei modi stabiliti dal codice.
Tuttavia il condannato alla pena dell'ergastolo per delitto per cui il codice commina la pena di morte [1] sconta la pena nei modi stabiliti dal codice abrogato.
Nei casi di aumento della durata della segregazione cellulare continua per effetto del concorso di reati o di pene ovvero per effetto della recidiva, il condannato sconta la pena dell'ergastolo con segregazione cellulare continua per un tempo corrispondente all'aumento predetto.

(1) La pena di morte per i delitti previsti dal codice penale è stata abolita e sostituita con l'ergastolo dall'art. 1, d.lgs.lgt. 10.8.1944, n. 224. L'art. 1, d.lgs. 22.1.1948, n. 21, ha poi abolito la pena di morte per i delitti previsti dalle leggi speciali. La l. 13.10.1994, n. 589, infine, ha abolito la pena di morte anche per i reati previsti dal codice penale militare di guerra.

24. – Quando, per fatti commessi anteriormente all'attuazione del codice penale, si deve pronunciare condanna ad una pena non preveduta dal codice stesso, il giudice applica quella che vi corrisponde, secondo le disposizioni dell'articolo 12.
Nondimeno:
1. quando in luogo della detenzione è applicata la reclusione, questa è scontata a norma del n. 1 dell'articolo 21.
   Per ogni altro effetto giuridico si applicano le disposizioni più favorevoli;

2. continueranno ad applicarsi le pene del confino, della interdizione dai pubblici uffici e della sospensione dall'esercizio di una professione o di un'arte. Si osserva, in tal caso, quanto è disposto dal n. 2 dell'articolo 21;
3. per la vigilanza speciale si osserva il disposto dell'articolo 54.

25. – La riprensione giudiziale è regolata, per i fatti commessi prima dell'attuazione del codice penale, dalle disposizioni del codice penale abrogato.

26. – Le disposizioni del codice penale concernenti le pene accessorie sono applicabili anche rispetto alle condanne divenute irrevocabili prima dell'attuazione del codice stesso, quando le predette disposizioni siano più favorevoli al condannato.

27. – Le disposizioni stabilite dal capo 2 del titolo 3 del libro 1 del codice penale non si applicano ai reati commessi prima dell'attuazione del predetto codice.

28. – La disposizione dell'articolo 97 del codice penale si applica anche ai fatti commessi anteriormente all'attuazione di esso.

29. – Le condanne pronunciate per reati commessi anteriormente all'attuazione del codice penale da persona minore degli anni quattordici sono dichiarate estinte a' termini degli articoli 2 e 97 del codice stesso.
Nondimeno, se il colpevole non ha ancora compiuto gli anni diciotto e non ha ancora scontata, in tutto o in parte, la pena, può farsi luogo all'applicazione di misure di sicurezza secondo le disposizioni dell'articolo 52 di questo decreto.

30. – Le disposizioni dell'articolo 96 e della prima parte dell'articolo 98 del codice penale sono applicabili soltanto al sordo[1] o al minore che non sono stati ancora condannati al momento dell'attuazione del codice stesso.

(1) Il termine «sordo» sostituisce l'originaria espressione «sordomuto» (art. 1, l. 20.2.2006, n. 65).

31. – Gli effetti giuridici della recidiva verificatasi prima dell'attuazione del codice penale sono regolati dalle disposizioni del codice penale abrogato.
Per determinare la recidiva ed ogni altro effetto penale della condanna, diverso dalle pene accessorie, in relazione ai fatti commessi dopo l'attuazione del codice penale, si tiene conto anche delle condanne per reati anteriormente commessi, salvo che prima dell'attuazione del codice siano decorsi i termini stabiliti nell'articolo 80 del codice penale abrogato.

32. – La dichiarazione di abitualità o di professionalità nel reato non può essere pronunciata in base a reati commessi anteriormente all'attuazione del codice penale. Tuttavia si tiene conto anche dei reati anteriori, quando il condannato commette un altro reato dopo l'attuazione del codice stesso.
Per determinare, agli effetti dell'articolo 106 del codice penale, se una causa di estinzione del reato o della pena abbia estinto anche gli effetti penali, si ha riguardo alla legge più favorevole al reo.

33. – La tendenza a delinquere può essere dichiarata anche per delitti commessi anteriormente al codice penale, quando la sentenza di condanna è pronunciata dopo l'attuazione di esso.

34. – Quando la punibilità di un reato commesso in territorio estero prima dell'attuazione del codice penale dipende, secondo il codice stesso, dalla presenza del colpevole nel territorio dello Stato ed egli vi si trova a tale data, il termine di tre anni entro il quale la richiesta o l'istanza possono essere proposte decorre dal giorno dell'attuazione del codice.

35. – Quando per la punibilità di un reato commesso in territorio estero il codice penale richiede l'istanza della persona offesa, la querela presentata prima dell'attuazione del codice tiene luogo dell'istanza.
La richiesta presentata da un Governo estero anteriormente all'attuazione del codice penale ha l'efficacia della richiesta del ministro della giustizia.

36. – Per i reati commessi anteriormente all'attuazione del codice penale non si può procedere d'ufficio
1. se, per la legge del tempo del commesso reato, la punibilità era condizionata alla querela della persona offesa ovvero alla richiesta;
2. se la punibilità del reato non era condizionata, secondo la legge anteriore, a querela, richiesta od istanza, e lo è, invece, secondo il codice penale.

Salvo che sia intervenuta una causa di decadenza, il termine di tre mesi stabilito negli articoli 124 128 e 130 del codice penale per presentare la querela, l'istanza o la richiesta decorre dal giorno dell'attuazione del codice stesso, quando la persona offesa o l'autorità ha avuto notizia del fatto che costituisce il reato prima di tale giorno; altrimenti decorre dal giorno della notizia del fatto.

37. – Per i reati punibili a querela della persona offesa, ovvero su richiesta od istanza, commessi anteriormente all'attuazione del codice penale, la querela, la richiesta e l'istanza sono regolate dal codice stesso, senza pregiudizio degli atti prima compiuti.

38. – Nella conversione in pene detentive delle pene pecuniarie inflitte per reati commessi anteriormente all'attuazione del codice penale, si applica l'articolo 135 del codice stesso, osservate anche per ogni altro effetto giuridico le disposizioni della legge più favorevole al reo.

39. – L'articolo 148 del codice penale si applica anche a coloro che siano stati condannati con sentenza divenuta irrevocabile prima dell'attuazione del codice medesimo.

Qualora il condannato si trovi già ricoverato in un manicomio giudiziario [1], l'esecuzione della pena si considera sospesa a decorrere dal giorno dell'attuazione suddetta.

(1) Il riferimento deve ora intendersi al ricovero in ospedale psichiatrico giudiziario, da eseguire nelle Residenze per l'esecuzione delle misure di sicurezza.

40. – L'esclusione dal beneficio dell'amnistia o dell'indulto stabilita per i recidivi dall'ultimo capoverso dell'articolo 151 e dall'ultimo capoverso dell'articolo 174 del codice penale si applica anche se il reato, al quale il decreto di amnistia o di indulto si riferisce, è stato commesso prima dell'attuazione del codice.

41. – Quando le disposizioni del codice penale concernenti l'estinzione del reato per prescrizione e l'estinzione delle pene per decorso del tempo e quelle stabilite dalle leggi anteriori per la prescrizione dell'azione penale e della condanna penale sono diverse, si applicano le disposizioni più favorevoli al reo.

Gli atti interruttivi compiuti in base alla legge anteriore conservano la loro efficacia anche se il codice penale non attribuisca ad essi efficacia interruttiva.

Tuttavia, se si tratta di prescrizione più breve di un anno, il corso di essa è interrotto da qualsiasi atto del procedimento anche se compiuto dopo l'attuazione del codice penale. In ogni caso il reato è prescritto se nel termine di un anno dal giorno del commesso reato non è pronunciata la sentenza di condanna quantunque non irrevocabile.

42. – In qualsiasi stato e grado del procedimento, escluso il giudizio per cassazione, può, per reati commessi anteriormente all'attuazione del codice penale, essere conceduto il perdono giudiziale, a' termini dell'articolo 169 del codice.

43. – Per i fatti commessi anteriormente all'attuazione del codice penale non si applica, per il risarcimento del danno non patrimoniale, l'articolo 185 del codice, ma continuano ad osservarsi le disposizioni dell'articolo 7 del codice di procedura penale del 1913, concernenti la riparazione pecuniaria.

44. – Le disposizioni degli articoli 145 e 188 del codice penale si applicano anche a coloro che sono stati condannati con sentenza irrevocabile anteriormente all'attuazione del codice, con decorrenza dal giorno dell'attuazione.

45. – Le disposizioni degli articoli 189, 190 e 191, del codice penale si applicano anche ai procedimenti penali non ancora definiti al momento dell'attuazione del codice o che siano iniziati, dopo tale attuazione, per reati commessi prima, senza pregiudizio delle garanzie costituite in base alle leggi anteriori.

46. – Le disposizioni degli articoli 192, 193, 194 e 195 del codice penale si applicano soltanto rispetto ai reati commessi dopo l'attuazione del codice.

Le disposizioni dell'articolo 194 non si applicano per gli atti compiuti anteriormente al 19 ottobre 1930.

47. – Per i delitti di diffamazione commessi prima dell'attuazione del codice penale, la prova della verità continua ad essere ammessa nei casi preveduti dall'articolo 394 del codice penale abrogato; tuttavia, nel caso preveduto dal n. 3 dell'articolo 394, chi ha presentato querela e non ha ancora conceduta la facoltà di prova al momento dell'attuazione del codice penale, può esercitare tale facoltà, a pena di decadenza, entro un mese dell'attuazione di esso.

In tutti i casi è ammessa la facoltà di deferire ad un giurì d'onore il giudizio sulla verità del fatto, a' termini del capoverso dell'articolo 596 del codice penale.

48. – Per ogni caso di successione di leggi penali non espressamente regolato nei precedenti articoli, si osservano le disposizioni della legge più favorevole al reo.

49. – Le misure di sicurezza stabilite dal codice penale non sono applicabili alle persone prosciolte prima dell'attuazione del codice penale stesso.

50. – Le persone prosciolte di cui sia stato ordinato il ricovero in un manicomio a' termini delle leggi anteriori al codice penale, sono trasferite in un manicomio giudiziario [1]. Tale trasferimento non ha luogo quando si tratta di prosciolti da contravvenzioni o da delitti colposi o da altri delitti per i quali la legge stabilisce la pena pecuniaria o una pena detentiva per un tempo non superiore nel massimo a due anni.

In ogni caso competente a revocare il provvedimento di ricovero è il giudice di sorveglianza.

Qualora la revoca sia negata perché il prosciolto risulta ancora socialmente pericoloso, si osserva il capoverso dell'articolo 208 del codice penale.

(1) Il riferimento deve ora intendersi al ricovero in ospedale psichiatrico giudiziario, da eseguire nelle Residenze per l'esecuzione delle misure di sicurezza.

51. – I provvedimenti già emessi ai termini del capoverso dell'articolo 53, o della prima parte dell'articolo 54, o dell'articolo 57, o della prima parte dell'articolo 58 del codice abrogato rimangono fermi.

Per la revoca di essi è competente il giudice di sorveglianza.

Nel caso di trasgressione agli obblighi indicati nel capoverso dell'articolo 53 del predetto codice, i genitori o coloro che hanno obbligo di provvedere alla educazione della persona loro affidata possono, dal giudice di sorveglianza, essere condannati al pagamento, a favore della Cassa delle ammende, di una somma da lire duecento a mille.

52. – Quando un minore degli anni quattordici è prosciolto per un fatto commesso prima dell'attuazione del codice penale e preveduto dalla legge del tempo come delitto, il giudice, accertata in ogni caso la pericolosità

sociale, applica una misura di sicurezza per la durata di un anno.
Allo scadere dell'anno si procede al riesame della pericolosità, osservandosi, anche per gli esami ulteriori, quanto è disposto nell'articolo 208 del codice penale.
Le disposizioni precedenti si applicano anche quando si tratta di un minore riconosciuto non imputabile, a' termini dell'articolo 98 del codice penale.

53. – Le misure di sicurezza prevedute dal codice penale non sono applicabili ai condannati che al momento dell'attuazione del codice hanno scontato interamente la pena.
Il condannato, che non ha ancora espiata, in tutto o in parte, la pena detentiva inflittagli per un delitto, qualora risulti persona socialmente pericolosa, è sottoposto, al termine della pena, a libertà vigilata. Il provvedimento è emesso dal giudice di sorveglianza, d'ufficio o a richiesta del pubblico ministero.

54. – La vigilanza speciale dell'autorità di pubblica sicurezza che è stata applicata o che deriva da una condanna riportata prima dell'attuazione del codice penale è eseguita, per intero o per la parte che rimane da scontare al momento di tale attuazione, nei modi stabiliti dal codice per la libertà vigilata.
Quando l'esecuzione della vigilanza speciale non è stata ancora iniziata, si osservano, in quanto applicabili, gli articoli 648 e seguenti del codice di procedura penale; se l'esecuzione è stata già iniziata, l'autorità di pubblica sicurezza deve fornire al giudice di sorveglianza tutte le informazioni occorrenti perché egli possa stabilire le prescrizioni alle quali il vigilato deve essere sottoposto.
Solamente il giudice di sorveglianza può in ogni caso modificare o limitare le prescrizioni imposte con la sentenza o successivamente. Fino a quando il giudice di sorveglianza non abbia stabilite le prescrizioni conservano efficacia quelle precedentemente imposte.
Per le trasgressioni agli obblighi imposti si osserva l'articolo 231 del codice penale, anche se per tali trasgressioni vi sia procedimento in corso.
Le condanne irrevocabili per le trasgressioni anzidette sono dichiarate estinte ai termini degli articoli 2 e 231 del codice.

55. – Le disposizioni del codice penale concernenti le misure di sicurezza si applicano anche alle persone socialmente pericolose condannate dopo l'attuazione del codice per reati precedentemente commessi.
Se trattasi di procedimenti in corso dinanzi la corte di cassazione, le misure di sicurezza sono applicate dal giudice di rinvio o dal giudice di sorveglianza, dopo che la corte ha pronunciato sul ricorso.

56. – Quando, per fatti commessi prima dell'attuazione del codice penale, è applicata, come più favorevole, la legge anteriore, e la sottoposizione alla misura di sicurezza è dal codice condizionata alla qualità o alla quantità della pena, si tiene conto della pena inflitta o della pena stabilita dalla legge anteriore, avuto riguardo a ciò che queste norme dispongono rispetto alle pene che non hanno riscontro nell'articolo 17 del codice penale.

57. – Con decreto del ministro della giustizia verranno gradatamente indicati gli stabilimenti in cui saranno applicate le disposizioni degli articoli 145 e 213, penultimo capoverso, del codice penale.

PARTE TERZA

CODICE DI PROCEDURA PENALE

1. D.P.R. 22 settembre 1988, n. 447. Approvazione del codice di procedura penale

LIBRO PRIMO
Soggetti

TITOLO I
Giudice

Capo I
Giurisdizione

1. Giurisdizione penale.

1. La giurisdizione penale è esercitata dai giudici previsti dalle leggi di ordinamento giudiziario [Cost. 102] secondo le norme di questo codice.

2. Cognizione del giudice.

1. Il giudice penale risolve ogni questione da cui dipende la decisione, salvo che sia diversamente stabilito [3, 263, 479].

2. La decisione del giudice penale che risolve incidentalmente una questione civile, amministrativa o penale non ha efficacia vincolante in nessun altro processo.

3. Questioni pregiudiziali.

1. Quando la decisione dipende dalla risoluzione di una controversia sullo stato di famiglia o di cittadinanza, il giudice, se la questione è seria e se l'azione a norma delle leggi civili è già in corso, può sospendere il processo fino al passaggio in giudicato della sentenza che definisce la questione [479, 478].

2. La sospensione è disposta con ordinanza soggetta a ricorso per cassazione [606].

La corte decide in camera di consiglio [611].

3. La sospensione del processo non impedisce il compimento degli atti urgenti [467, 559, 392, 354].

4. La sentenza irrevocabile del giudice civile che ha deciso una questione sullo stato di famiglia o di cittadinanza ha efficacia di giudicato nel procedimento penale.

Capo II
Competenza

Sezione I
Disposizione generale

4. Regole per la determinazione della competenza.

1. Per determinare la competenza si ha riguardo alla pena stabilita dalla legge per ciascun reato consumato o tentato [c.p. 56]. Non si tiene conto della continuazione [c.p. 81], della recidiva [c.p. 99] e delle circostanze del reato [c.p. 59-70, 118-119], fatta eccezione delle circostanze aggravanti per le quali la legge stabilisce una pena di specie diversa da quella ordinaria del reato e di quelle ad effetto speciale [c.p. 63].

Sezione II
Competenza per materia

5. Competenza della corte di assise.

1. La corte di assise è competente:

a) per i delitti per i quali la legge stabilisce la pena dell'ergastolo o della reclusione non inferiore nel massimo a ventiquattro anni, esclusi i delitti, comunque aggravati, di tentato omicidio, di rapina, di estorsione e di associazioni di tipo mafioso anche straniere, e i delitti, comunque aggravati, previsti dal decreto del Presidente della Repubblica 9 ottobre 1990, n. 309 (1);

b) per i delitti consumati previsti dagli articoli 579, 580, 584 del codice penale (2);

c) per ogni delitto doloso se dal fatto è derivata la morte di una o più persone, escluse le ipotesi previste dagli articoli 586, 588 e 593 del codice penale;

d) per i delitti previsti dalle leggi di attuazione della XII disposizione finale della Costituzione, dalla legge 9 ottobre 1967 n. 962 e nel titolo I del libro II del codice penale, sempre che per tali delitti sia stabilita la pena della reclusione non inferiore nel massimo a dieci anni;

d-*bis*) per i delitti consumati o tentati di cui agli articoli 416, sesto comma, 600, 601, 602 del codice penale, nonché per i delitti con finalità di terrorismo sempre che per tali delitti sia stabilita la pena della reclusione non inferiore nel massimo a dieci anni (3).

(1) Lettera così sostituita prima dall'art. 1, d.l. 22.2.1999, n. 29, conv. in legge, con modif., dall'art. 1, l. 21.4.1999, n. 109, entra a in vigore il giorno successivo a quello della sua pubblicazione, e poi dalla lett. a) del co. 1 dell'art. 1, d.l. 12.2.2010, n. 10, conv., con modif., dalla l. 6.4.2010, n. 52. Il testo della lett. a), prima della modifica del 2010, così disponeva: «*a) per i delitti per i quali la legge stabilisce la pena dell'ergastolo o della reclusione non inferiore nel massimo a ventiquattro anni, esclusi i delitti di tentato omicidio, di rapina e di estorsione, comunque aggravati, e i delitti previsti dall'articolo 630, primo comma, del codice penale e dal decreto del Presidente della Repubblica 9 ottobre1990, n. 309*». Il testo della lett. a), prima della modifica del 1999, così disponeva: «*a) per i delitti per i quali la legge stabilisce la pena dell'ergastolo o della reclusione non inferiore nel massimo a ventiquattro anni, esclusi il delitto di tentato omicidio comunque aggravato e i delitti previsti dall'articolo 630 comma 1 del codice penale e dalla legge 22.12.1975 n. 685*».

(2) Lettera così modificata dall'art. 6, l. 11.8.2003, n. 228. Il testo previgente così disponeva: «*b) per i delitti consumati previsti dagli articoli 579, 580, 584, 600, 601 e 602 del codice penale;*».

(3) Lettera introdotta dalla lett. b) del co. 1 dell'art. 1, d.l. 12.2.2010, n. 10, conv., con modif., dalla l. 6.4.2010, n. 52. Il testo della lettera d-*bis*), prima della conversione in legge del d.l. n. 10/2010, così disponeva: «*d*-bis*) per i delitti consumati o tentati previsti dall'articolo 51, comma 3*-bis *e comma 3*-quater*, esclusi i delitti previsti dall'articolo 416*-bis *del codice penale, comunque aggravati, e i delitti commessi avvalendosi delle condizioni previste dal predetto articolo 416-bis del codice penale ovvero al fine di agevolare l'attività delle associazioni previste dallo stesso articolo, salvo che si tratti di delitti indicati nelle lettere a), b), c) e d)*».

6. Competenza del tribunale [(1)].

1. Il tribunale è competente per i reati che non appartengono alla competenza della corte di assise o del giudice di pace.

(1) Articolo prima modificato dall'art. 19, l. 26.4.1990, n. 86, poi sostituito dall'art. 166, d.lgs. 19.2.1998, n. 5, con effetto dal 2.6.1999 (art. 247, d.lgs. n. 51/1998, come modificato dall'art. 1, l. 16.6.1998, n. 188), e infine così modificato dall'art. 47, d.lgs. 28.8.2000, n. 274, entrato in vigore a decorrere dal 2.1.2002 (art. 65, d.lgs. n. 274/2000, come modificato dall'art. 1, d.l. 2.4.2001, n. 91, conv. in legge, con modif., dall'art. 1, l. 3.5.2001, n. 163), che ha aggiunto le parole «*o del giudice di pace*». Il testo antecedente alla modifica del 1998 così disponeva: «*Competenza del tribunale. 1. Il tribunale è competente per i reati che non appartengono alla competenza della corte di assise o del pretore. 2. Il tribunale è altresì competente per i reati, consumati o tentati, previsti dal capo I del titolo II del libro II del codice penale, esclusi quelli di cui agli articoli 329, 330, primo comma, 331, primo comma, 332, 333, 334 e 335*».

7. Competenza del pretore [(1)].

[**1.** Il pretore è competente per i reati per i quali la legge stabilisce una pena detentiva non superiore nel massimo a quattro anni ovvero una pena pecuniaria sola o congiunta alla predetta pena detentiva.

2. Il pretore è inoltre competente per i seguenti reati:

a) violenza o minaccia a un pubblico ufficiale prevista dall'articolo 336 comma 1 del codice penale;

b) resistenza a un pubblico ufficiale prevista dall'articolo 337 del codice penale;

c) oltraggio a un magistrato in udienza aggravato a norma dell'articolo 343 comma 2 del codice penale;

d) violazione di sigilli aggravata a norma dell'articolo 349 comma 2 del codice penale;

e) favoreggiamento reale previsto dall'articolo 379 del codice penale;

f) maltrattamenti in famiglia o verso i fanciulli, quando non ricorre l'aggravante prevista dall'articolo 572 comma 2 del codice penale;

g) rissa aggravata a norma dell'articolo 588 comma 2 del codice penale, con esclusione delle ipotesi in cui nella rissa taluno sia rimasto ucciso o abbia riportato lesioni gravi o gravissime;

h) omicidio colposo previsto dall'articolo 589 del codice penale;

i) violazione di domicilio aggravata a norma dell'articolo 614 comma 4 del codice penale;

l) furto aggravato a norma dell'articolo 625 del codice penale;

m) truffa aggravata a norma dell'articolo 640 comma 2 del codice penale;

n) ricettazione prevista dall'articolo 648 del codice penale.]

(1) Articolo abrogato dall'art. 218, d.lgs. 19.2.1998, n. 51, con effetto dal 2.6.1999 (art. 247, d.lgs. n. 51/1998, come modificato dall'art. 1, l. 16.6.1998, n. 188).

Sezione III
Competenza per territorio

8. Regole generali.

1. La competenza per territorio è determinata dal luogo in cui il reato è stato consumato.

2. Se si tratta di fatto dal quale è derivata la morte di una o più persone, è competente il giudice del luogo in cui è avvenuta l'azione o l'omissione.

3. Se si tratta di reato permanente [c.p. 158], è competente il giudice del luogo in cui ha avuto inizio la consumazione, anche se dal fatto è derivata la morte di una o più persone.

4. Se si tratta di delitto tentato [c.p. 56], è competente il giudice del luogo in cui è stato compiuto l'ultimo atto diretto a commettere il delitto.

9. Regole suppletive.

1. Se la competenza non può essere determinata a norma dell'articolo 8, è competente il giudice dell'ultimo luogo in cui è avvenuta una parte dell'azione o dell'omissione.

2. Se non è noto il luogo indicato nel comma 1, la competenza appartiene successivamente al giudice della residenza, della dimora o del domicilio dell'imputato.

3. Se nemmeno in tale modo è possibile determinare la competenza, questa appartiene al giudice del luogo in cui ha sede l'ufficio del pubblico ministero che ha provveduto per primo a iscrivere la notizia di reato [330] nel registro previsto dall'articolo 335.

10. Competenza per reati commessi all'estero.

1. Se il reato è stato commesso interamente all'estero [c.p. 7 ss.], la competenza è determinata successivamente dal luogo della residenza, della dimora, del domicilio, dell'arresto o della consegna [720] dell'imputato. Nel caso di pluralità di imputati, procede il giudice competente per il maggior numero di essi.

1 bis. Se il reato è stato commesso a danno del cittadino e non sussistono i casi previsti dagli articoli 12 e 371, comma 2, lettera b), la competenza è del tribunale o della corte di assise di Roma quando non è possibile determinarla nei modi indicati nel comma 1 [(1)].

2. In tutti gli altri casi, se non è possibile determinare nei modi indicati nei commi 1 e 1-*bis* la competenza, questa appartiene al giudice del luogo in cui ha sede l'ufficio del pubblico ministero che ha provveduto per primo a iscrivere la notizia di reato nel registro previsto dall'articolo 335 [(2)].

3. Se il reato è stato commesso in parte all'estero, la competenza è determinata a norma degli articoli 8 e 9.

(1) Comma introdotto, a decorrere dal 17.5.2016, dall'art. 6, co. 3, lett. a), d.l. 16.5.2016, n. 67, conv., con modif., dalla l. 14.7.2016, n. 131.

(2) Comma così modificato, a decorrere dal 17.5.2016, dall'art. 6, co. 3, lett. b), nn. 1) e 2), d.l. 16.5.2016, n. 67, conv., con modif., dalla l. 14.72016, n. 131. Il testo previgente così disponeva: «*2. Se non è possibile determinare nei modi indicati nel comma 1 la competenza, questa appartiene al giudice del luogo in cui ha sede l'ufficio del pubblico ministero che ha provveduto per primo a iscrivere la notizia di reato nel registro previsto dall'articolo 335*».

11. Competenza per i procedimenti riguardanti i magistrati [(1)].

1. I procedimenti in cui un magistrato assume la qualità di persona sottoposta ad indagini, di imputato ovvero di persona offesa o danneggiata dal reato, che secondo le norme di questo capo sarebbero attribuiti alla competenza di un ufficio giudiziario compreso nel distretto di corte d'appello in cui il magistrato esercita le proprie funzioni o le esercitava al momento del fatto, sono di competenza del giudice, ugualmente competente per materia, che ha sede nel capoluogo del distretto di corte di appello determinato dalla legge.

2. Se nel distretto determinato ai sensi del comma 1 il magistrato stesso è venuto ad esercitare le proprie funzioni in un momento successivo a quello del fatto, è competente il giudice che ha sede nel capoluogo del diverso distretto di corte d'appello determinato ai sensi del medesimo comma 1.

3. I procedimenti connessi a quelli in cui un magistrato assume la qualità di persona sottoposta ad indagini, di imputato ovvero di persona offesa o danneggiata dal reato sono di competenza del medesimo giudice individuato a norma del comma 1.

(1) Articolo così sostituito dall'art. 1, l. 2.121998, n. 420. Il testo previgente dell'art. 11 così disponeva: «*11. Competenza per i procedimenti riguardanti i magistrati. 1. I procedimenti in cui un magistrato assume la qualità di imputato ovvero di persona offesa o danneggiata dal reato, che secondo norme di questo capo sarebbero attribuiti alla competenza di un ufficio giudiziario compreso nel distretto in cui il magistrato esercita le sue funzioni ovvero le esercitava al momento del fatto, sono di competenza del giudice, ugualmente competente per materia, che ha sede nel capoluogo del distretto di corte di appello più vicino, salvo che in tale distretto il magistrato stesso sia venuto successivamente ad esercitare le sue funzioni. In tale ultimo caso è competente il giudice che ha sede nel capoluogo di altro distretto più vicino a quello in cui il magistrato esercitava le sue funzioni al momento del fatto. 2. I procedimenti connessi a quelli in cui un magistrato assume la qualità di imputato ovvero di persona offesa o danneggiata dal reato sono di competenza del medesimo giudice individuato a norma del comma 1. 3. Salve le norme sull'astensione e sulla ricusazione del giudice, le disposizioni dei commi 1 e 2 non si applicano quando il reato dal quale il magistrato è offeso o danneggiato è commesso in udienza*». Di tale formulazione la Corte cost., con sent. 31.10.1991, n. 390, aveva dichiarato l'illegittimità del terzo comma.

11 bis. Competenza per i procedimenti riguardanti i magistrati della Direzione nazionale antimafia e antiterrorismo [(1) (2)].

1. I procedimenti in cui assume la qualità di persona sottoposta ad indagini, di imputato ovvero di persona offesa o danneggiata dal reato un magistrato addetto alla Direzione nazionale antimafia e antiterrorismo di cui all'articolo 76-*bis* dell'ordinamento giudiziario, approvato con regio decreto 30 gennaio 1941, n. 12, e successive modificazioni, sono di competenza del giudice determinato ai sensi dell'articolo 11 [(3)].

(1) Rubrica così modificata dall'art. 20, co. 4, d.l. 18.2.2015, n. 7, conv., con modif., dalla l. 17.4.2015, n. 43. Il testo previgente così disponeva: «*Competenza per i procedimenti riguardanti i magistrati della Direzione nazionale antimafia*».

(2) Articolo introdotto dall'art. 2, l. 2.12.1998, n. 420.

(3) Comma così modificato dall'art. 20, co. 4, d.l. 18 2.2015, n. 7, conv., con modif., dalla l. 17.4.2015, n. 43. Il testo previgente così disponeva: «*1. I procedimenti in cui assume la qualità di persona sottoposta ad indagini, di imputato ovvero di persona offesa o danneggiata dal reato un magistrato addetto alla Direzione nazionale antimafia di cui all'articolo 76-bis dell'ordinamento giudiziario, approvato con regio decreto 30.01.1941, n. 12, e successive modificazioni, sono di competenza del giudice determinato ai sensi dell'articolo 11*».

Sezione IV
Competenza per connessione

12. Casi di connessione.

1. Si ha connessione di procedimenti [17, 197]:

a) se il reato per cui si procede è stato commesso da più persone in concorso o cooperazione [c.p. 110 ss.] fra loro, o se più persone con condotte indipendenti hanno determinato l'evento [c.p. 113];

b) se una persona è imputata di più reati commessi con una sola azione od omissione ovvero con più azioni od omissioni esecutive di un medesimo disegno criminoso [c.p. 81] [(1)];

c) se dei reati per cui si procede gli uni sono stati commessi per eseguire o per occultare gli altri [o in occasione di questi ovvero per conseguirne o assicurarne al colpevole o ad altri il profitto, il prezzo, il prodotto o l'impunità] [(1)].

(1) Lettera così sostituita dall'art. 1, co. 1, d.l. 20.11.1991, n. 367, conv., con modif., con la l. 20.1.1992, n. 8, per il coordinamento delle indagini nei procedimenti per i reati di criminalità organizzata. Le parole tra parentesi quadre sono state soppresse dall'art. 1, l. 1.3.2001, n. 63.

13. Connessione di procedimenti di competenza di giudici ordinari e speciali.

1. Se alcuni dei procedimenti connessi appartengono alla competenza di un giudice ordinario e altri a quella della Corte costituzionale [Cost. 134], è competente per tutti quest'ultima.

2. Fra reati comuni e reati militari, la connessione di procedimenti opera soltanto quando il reato comune è più grave di quello militare, avuto riguardo ai criteri previsti dall'articolo 16 comma 3. In tale caso, la competenza per tutti i reati è del giudice ordinario.

14. Limiti alla connessione nel caso di reati commessi da minorenni.

1. La connessione non opera fra procedimenti relativi a imputati che al momento del fatto erano minorenni e procedimenti relativi a imputati maggiorenni.

2. La connessione non opera, altresì, fra procedimenti per reati commessi quando l'imputato era minorenne e procedimenti per reati commessi quando era maggiorenne.

15. Competenza per materia determinata dalla connessione [(1)].

1. Se alcuni dei procedimenti connessi appartengono alla competenza della corte di assise ed altri a quella del tribunale, è competente per tutti la corte di assise.

(1) Articolo così sostituito dall'art. 167, d.lgs. 19.2.1998, n. 51, con effetto dal 2.6.1999. Il testo in vigore precedentemente così disponeva: «*Competenza per materia determinata dalla connessione. 1. Se alcuni dei procedimenti connessi appartengono alla competenza della corte di assise ed altri a quella del tribunale o del pretore, è compe-*

tente per tutti la corte di assise. 2. Se alcuni dei procedimenti appartengono alla competenza del tribunale ed altri a quella del pretore, è competente per tutti il tribunale».

16. Competenza per territorio determinata dalla connessione.

1. La competenza per territorio per i procedimenti connessi rispetto ai quali più giudici sono ugualmente competenti per materia appartiene al giudice competente per il reato più grave [4] e, in caso di pari gravità, al giudice competente per il primo reato.

2. Nel caso previsto dall'articolo 12 comma 1 lettera a) se le azioni od omissioni sono state commesse in luoghi diversi e se dal fatto è derivata la morte di una persona [8], è competente il giudice del luogo in cui si è verificato l'evento [8].

3. I delitti si considerano più gravi delle contravvenzioni. Fra delitti o fra contravvenzioni si considera più grave il reato per il quale è prevista la pena più elevata nel massimo ovvero, in caso di parità dei massimi, la pena più elevata nel minimo; se sono previste pene detentive e pene pecuniarie, di queste si tiene conto solo in caso di parità delle pene detentive.

Capo III
Riunione e separazione di processi

17. Riunione di processi.

1. La riunione di processi pendenti nello stesso stato e grado davanti al medesimo giudice può essere disposta [491, 610] quando non determini un ritardo nella definizione degli stessi:

a) nei casi previsti dall'articolo 12;

[b) nei casi di reato continuato [(1)];]

c) nei casi previsti dall'articolo 371, comma 2, lettera b) [(2)].

1 bis. Se alcuni dei processi pendono davanti al tribunale collegiale ed altri davanti al tribunale monocratico, la riunione è disposta davanti al tribunale in composizione collegiale. Tale composizione resta ferma anche nel caso di successiva separazione dei processi [(3)].

(1) Lettera soppressa dall'art. 1, co. 2, d.l. 20.11.1991, n. 367, conv., con modif., con la l. 20.1.1992, n. 8, per il coordinamento delle indagini nei procedimenti per reati di criminalità organizzata.

(2) Comma così modificato dall'art. 1, l. 1.3.2001, n. 63. Il testo del comma precedentemente in vigore, in cui la lett. b) era stata soppressa dall'art. 1, d.l. 20.11.1991, n. 367, così disponeva: «*1. La riunione di processi pendenti nello stesso stato e grado davanti al medesimo giudice può essere disposta quando non pregiudichi la rapida definizione degli stessi: a) nei casi previsti dall'articolo 12; b) [nei casi di reato continuato]; c) nei casi di reati commessi da più persone in danno reciproco le une delle altre; d) nei casi in cui la prova di un reato o di una circostanza di esso influisce sulla prova di un altro reato o di una sua circostanza*».

(3) Comma introdotto dall'art. 168, d.lgs. 19.2.1998, n. 51, con effetto dal 2.6.1999.

18. Separazione di processi.

1. La separazione di processi [491,610,210] è disposta, salvo che il giudice ritenga la riunione assolutamente necessaria per l'accertamento dei fatti:

a) se, nell'udienza preliminare [416-433], nei confronti di uno o più imputati o per una o più imputazioni è possibile pervenire prontamente alla decisione, mentre nei confronti di altri imputati o per altre imputazioni è necessario acquisire ulteriori informazioni a norma dell'articolo 422;

b) se nei confronti di uno o più imputati o per una o più imputazioni è stata ordinata la sospensione [3, 71, 479, 486, 519, 520] del procedimento;

c) se uno o più imputati non sono comparsi al dibattimento per nullità dell'atto di citazione o della sua notificazione, per legittimo impedimento [157, 486, 487] o per mancata conoscenza incolpevole dell'atto di citazione [485];

d) se uno o più difensori di imputati non sono comparsi al dibattimento per mancato avviso ovvero per legittimo impedimento [486];

e) se nei confronti di uno o più imputati o per una o più imputazioni l'istruzione dibattimentale risulta conclusa, mentre nei confronti di altri imputati o per altre imputazioni è necessario il compimento di ulteriori atti che non consentono di pervenire prontamente alla decisione [449,453];

e-bis) se uno o più imputati dei reati previsti dall'articolo 407, comma 2, lettera a), è prossimo ad essere rimesso in libertà per scadenza dei termini per la mancanza di altri titoli di detenzione [(1)].

2. Fuori dei casi previsti dal comma 1, la separazione può essere altresì disposta, sull'accordo delle parti, qualora il giudice la ritenga utile ai fini della speditezza del processo.

(1) Lettera introdotta dall'art. 1, d.l. 24.11.2000, n. 341, conv. in legge, con modif., con l. 19.1.2001, n. 4.

19. Provvedimenti sulla riunione e separazione.

1. La riunione e la separazione di processi sono disposte con ordinanza, anche di ufficio, sentite le parti.

Capo IV
Provvedimenti sulla giurisdizione e sulla competenza

20. Difetto di giurisdizione.

1. Il difetto di giurisdizione è rilevato, anche di ufficio, in ogni stato e grado del procedimento.

2. Se il difetto di giurisdizione è rilevato nel corso delle indagini preliminari, si applicano le disposizioni previste dall'articolo 22 commi 1 e 2. Dopo la chiusura delle indagini preliminari e in ogni stato e grado del processo il giudice pronuncia sentenza e ordina, se del caso, la trasmissione degli atti all'autorità competente.

21. Incompetenza.

1. L'incompetenza per materia è rilevata, anche di ufficio, in ogni stato e grado del processo, salvo quanto previsto dal comma 3 e dall'articolo 23 comma 2.

2. L'incompetenza per territorio è rilevata o eccepita, a pena di decadenza [173], prima della conclusione dell'udienza preliminare o, se questa manchi, entro il termine previsto dall'articolo 491 comma 1. Entro quest'ultimo termine deve essere riproposta l'eccezione di incompetenza respinta nell'udienza preliminare.

3. L'incompetenza derivante da connessione è rilevata o eccepita, a pena di decadenza, entro i termini previsti dal comma 2.

22. Incompetenza dichiarata dal giudice per le indagini preliminari.

1. Nel corso delle indagini preliminari il giudice, se riconosce la propria incompetenza per qualsiasi causa, pronuncia ordinanza e dispone la restituzione degli atti al pubblico ministero.

2. L'ordinanza pronunciata a norma del comma 1 produce effetti limitatamente al provvedimento richiesto.

3. Dopo la chiusura delle indagini preliminari il giudice, se riconosce la propria incompetenza per qualsiasi causa, la dichiara con sentenza e ordina la trasmissione degli atti al pubblico ministero presso il giudice competente.

23. Incompetenza dichiarata nel dibattimento di primo grado.

1. Se nel dibattimento di primo grado il giudice ritiene che il processo appartiene alla competenza di altro giudice, dichiara con sentenza la propria incompetenza per qualsiasi causa e ordina la trasmissione degli atti al giudice competente [(1)].

2. Se il reato appartiene alla cognizione di un giudice di competenza inferiore, l'incompetenza è rilevata o eccepita, a pena di decadenza, entro il termine stabilito dall'articolo 491 comma 1. Il giudice, se ritiene la propria incompetenza, provvede a norma del comma 1.

(1) La Corte cost., con sent. 11.3.1993, n. 76, ha dichiarato: a) la illegittimità dell'art. 23, co. 1, c.p.p., nella parte in cui dispone che, quando il giudice del dibattimento dichiara con sentenza la propria incompetenza per materia, ordina la trasmissione degli atti al giudice competente anziché al pubblico ministero presso quest'ultimo; b) non fondata la questione di legittimità dell'art. 23, co. 1, c.p.p., in riferimento agli artt. 102, co. 1, e 112 Cost. La stessa Corte cost., con sent. 15.3.1996, n. 70, ha poi dichiarato, tra l'altro, l'illegittimità di questo comma, nella parte in cui prevede la trasmissione degli atti al giudice competente, anziché al pubblico ministero presso quest'ultimo, quando il giudice del dibattimento dichiara con sentenza la propria incompetenza per territorio.

24. Decisioni del giudice di appello sulla competenza.

1. Il giudice di appello pronuncia sentenza di annullamento e ordina la trasmissione degli atti al giudice di primo grado competente quando riconosce che il giudice di primo grado era incompetente per materia a norma dell'articolo 23 comma 1 ovvero per territorio o per connessione, purché, in tali ultime ipotesi, l'incompetenza sia stata eccepita a norma dell'articolo 21 e l'eccezione sia stata riproposta nei motivi di appello [581] [(1)].

2. Negli altri casi il giudice di appello pronuncia nel merito, salvo che si tratti di decisione inappellabile [443, 448, 469, 593].

(1) La Corte cost., con sent. 5.5.1993, n. 214, ha dichiarato: l'illegittimità dell'art. 24, co. 1, c.p.p., nella parte in cui dispone che, a seguito dell'annullamento della sentenza di primo grado per incompetenza per materia, gli atti siano trasmessi al giudice ritenuto competente, anziché al pubblico ministero presso quest'ultimo. La stessa Corte cost., con sent. 15.3.1996, n. 70, ha dichiarato, tra l'altro, in applicazione dell'art. 27, l. 11.3.1953, n. 87, l'illegittimità di questo comma, nella parte in cui dispone che, a seguito dell'annullamento della sentenza di primo grado per incompetenza per territorio, gli atti sono trasmessi al giudice competente anziché al pubblico ministero presso quest'ultimo.

24 bis. Rinvio pregiudiziale alla Corte di cassazione per la decisione sulla competenza per territorio [(1)].

1. Prima della conclusione dell'udienza preliminare o, se questa manchi, entro il termine previsto dall'articolo 491, comma 1, la questione concernente la competenza per territorio può essere rimessa, anche di ufficio, alla Corte di cassazione. Entro il termine previsto dall'articolo 491, comma 1, può essere altresì rimessa alla Corte di cassazione la questione concernente la competenza per territorio riproposta ai sensi dell'articolo 21, comma 2.

2. Il giudice, nei casi di cui al comma 1, pronuncia ordinanza con la quale rimette alla Corte di cassazione gli atti necessari alla risoluzione della questione, con l'indicazione delle parti e dei difensori.

3. La Corte di cassazione decide in camera di consiglio secondo le forme previste dall'articolo 127 e, se dichiara l'incompetenza del giudice che procede, ordina la trasmissione degli atti al pubblico ministero presso il giudice competente.

4. L'estratto della sentenza è immediatamente comunicato al giudice che ha rimesso la questione e, quando diverso, al giudice competente, nonché al pubblico ministero presso i medesimi giudici ed è notificato alle parti private.

5. Il termine previsto dall'articolo 27 decorre dalla comunicazione effettuata a norma del comma 4.

6. La parte che ha eccepito l'incompetenza per territorio, senza chiedere contestualmente la rimessione della decisione alla Corte di cassazione, non può più riproporre l'eccezione nel corso del procedimento.

(1) Articolo inserito dall'art. 4, co. 1, d.lgs. 10.10.2022, n. 150, a decorrere dal 30.12.2022.

25. Effetti delle decisioni della corte di cassazione sulla giurisdizione e sulla competenza.

1. La decisione della corte di cassazione sulla giurisdizione o sulla competenza [20 ss.] è vincolante nel corso del processo, salvo che risultino nuovi fatti che comportino una diversa definizione giuridica da cui derivi la modificazione della giurisdizione o la competenza di un giudice superiore [627].

26. Prove acquisite dal giudice incompetente.

1. L'inosservanza delle norme sulla competenza non produce l'inefficacia delle prove già acquisite.

2. Le dichiarazioni rese al giudice incompetente per materia, se ripetibili, sono utilizzabili soltanto nell'udienza preliminare e per le contestazioni a norma degli articoli 500 e 503.

27. Misure cautelari disposte dal giudice incompetente.

1. Le misure cautelari disposte dal giudice che, contestualmente o successivamente, si dichiara incompetente per qualsiasi causa cessano di avere effetto se, entro venti giorni dalla ordinanza di trasmissione degli atti [20, 32], il giudice competente non provvede a norma degli articoli 292, 317 e 321.

Capo V
Conflitti di giurisdizione e di competenza

28. Casi di conflitto.

1. Vi è conflitto quando in qualsiasi stato e grado del processo:

a) uno o più giudici ordinari e uno o più giudici speciali contemporaneamente prendono o ricusano di prendere cognizione del medesimo fatto attribuito alla stessa persona;
b) due o più giudici ordinari contemporaneamente prendono o ricusano di prendere cognizione del medesimo fatto attribuito alla stessa persona.

2. Le norme sui conflitti si applicano anche nei casi analoghi a quelli previsti dal comma 1. Tuttavia, qualora il contrasto sia tra giudice dell'udienza preliminare e giudice del dibattimento, prevale la decisione di quest'ultimo [23, comma 1].

3. Nel corso delle indagini preliminari, non può essere proposto conflitto positivo fondato su ragioni di competenza per territorio determinata dalla connessione [16].

29. Cessazione del conflitto.

1. I conflitti previsti dall'articolo 28 cessano per effetto del provvedimento di uno dei giudici che dichiara, anche di ufficio, la propria competenza o la propria incompetenza.

30. Proposizione del conflitto.

1. Il giudice che rileva un caso di conflitto pronuncia ordinanza con la quale rimette alla corte di cassazione copia degli atti necessari alla sua risoluzione con l'indicazione delle parti e dei difensori [31].

2. Il conflitto può essere denunciato dal pubblico ministero presso uno dei giudici in conflitto ovvero dalle parti private. La denuncia è presentata nella cancelleria di uno dei giudici in conflitto, con dichiarazione scritta e motivata alla quale è unita la documentazione necessaria. Il giudice trasmette immediatamente alla corte di cassazione la denuncia e la documentazione nonché copia degli atti necessari alla risoluzione del conflitto, con l'indicazione delle parti e dei difensori e con eventuali osservazioni.

3. L'ordinanza e la denuncia previste dai commi 1 e 2 non hanno effetto sospensivo sui procedimenti in corso [31].

31. Comunicazione al giudice in conflitto.

1. Il giudice che ha pronunciato l'ordinanza o ricevuto la denuncia previste dall'articolo 30 ne dà immediata comunicazione al giudice in conflitto.

2. Questi trasmette immediatamente alla corte di cassazione copia degli atti necessari alla risoluzione del conflitto, con l'indicazione delle parti e dei difensori e con eventuali osservazioni.

32. Risoluzione del conflitto.

1. I conflitti sono decisi dalla corte di cassazione con sentenza in camera di consiglio secondo le forme previste dall'articolo 127 [611]. La corte assume le informazioni e acquisisce gli atti e i documenti che ritiene necessari.

2. L'estratto della sentenza è immediatamente comunicato ai giudici in conflitto e al pubblico ministero presso i medesimi giudici ed è notificato alle parti private.

3. Si applicano le disposizioni degli articoli 25, 26 e 27, ma il termine previsto da quest'ultimo articolo decorre dalla comunicazione effettuata a norma del comma 2.

Capo VI
Capacità e composizione del giudice (1)

33. Capacità del giudice.

1. Le condizioni di capacità del giudice e il numero dei giudici necessario per costituire i collegi sono stabiliti dalle leggi di ordinamento giudiziario.

2. Non si considerano attinenti alla capacità del giudice le disposizioni sulla destinazione del giudice agli uffici giudiziari e alle sezioni, sulla formazione dei collegi e sulla assegnazione dei processi a sezioni, collegi e giudici (3).

3. Non si considerano altresì attinenti alla capacità del giudice né al numero dei giudici necessari per costituire l'organo giudicante le disposizioni sull'attribuzione degli affari penali al tribunale collegiale o monocratico.

(1) Il capo VI è stato interamente così sostituito, con l'aggiunta degli artt. 33 bis, 33 ter e 33 quater, dall'art. 169, d.lgs. 19.2.1998, n. 51, con effetto dal 2.6.1999.

33 bis. Attribuzioni del tribunale in composizione collegiale (1).

1. Sono attribuiti al tribunale in composizione collegiale i seguenti reati, consumati o tentati:

a) delitti indicati nell'articolo 407, comma 2, lettera a), numeri 3), 4) e 5), sempre che per essi non sia stabilita la competenza della corte di assise;
b) delitti previsti dal capo I del titolo II del libro II del codice penale, esclusi quelli indicati dagli articoli 329, 331, primo comma, 332, 334 e 335;
c) delitti previsti dagli articoli 416, 416-*bis*, 416-*ter*, 420, terzo comma, 429, secondo comma, 431, secondo comma, 432, terzo comma, 433, terzo comma, 433-

bis, secondo comma, 440, 449, secondo comma, 452, primo comma, n. 2, [c.p. 416, 416-*bis*, 416-*ter*, 420, 429, 431, 432, 433, 433-*bis*, 440, 449, 452] 513-*bis*, 564, da 600-*bis* a 600*sexies* [c.p. 513-*bis*, 564] [c.p. 600-*bis*, 600-*ter*, 600-*quater*, 600-*quinquies*, 600-*sexies*] puniti con reclusione non inferiore nel massimo a cinque anni, 609-*bis*, 609-*quater* e 644 [c.p. 644] del codice penale (2);

d) reati previsti dal Titolo XI del libro V del codice civile, nonché dalle disposizioni che ne estendono l'applicazione a soggetti diversi da quelli in essi indicati (3);

e) delitti previsti dall'articolo 1136 del codice della navigazione;

f) delitti previsti dagli articoli 6 e 11 della legge costituzionale 16 gennaio 1989, n. 1;

g) delitti previsti dagli articoli 216, 223, 228 e 234 del regio decreto 16 marzo 1942, n. 267, in materia fallimentare, nonché dalle disposizioni che ne estendono l'applicazione a soggetti diversi da quelli in essi indicati;

h) delitti previsti dall'articolo 1 del decreto legislativo 14 febbraio 1948, n. 43, ratificato dalla legge 17 aprile 1956, n. 561, in materia di associazioni di carattere militare;

i) delitti previsti dalla legge 20 giugno 1952, n. 645, attuativa della XII disposizione transitoria e finale della Costituzione;

i-bis) delitti previsti dall'articolo 291-*quater* del testo unico approvato con decreto del Presidente della Repubblica 23 gennaio 1973, n. 43 (4);

l) delitto previsto dall'articolo 593-*ter* del codice penale (5);

m) delitto previsto dall'articolo 2 della legge 25 gennaio 1982, n. 17, in materia di associazioni segrete;

n) delitto previsto dall'articolo 29, secondo comma, della legge 13 settembre 1982, n. 646, in materia di misure di prevenzione;

o) delitto previsto dall'articolo 512-*bis* del codice penale (6);

p) delitti previsti dall'articolo 6, commi 3 e 4, del d.l. 26 aprile 1993, n. 122, convertito, con modificazioni, dalla legge 25 giugno 1993, n. 205, in materia di discriminazione razziale, etnica e religiosa;

q) delitti previsti dall'articolo 10 della legge 18 novembre 1995, n. 496, in materia di produzione e uso di armi chimiche.

2. Sono attribuiti altresì al tribunale in composizione collegiale, salva la disposizione dell'articolo 33-*ter*, comma 1, i delitti puniti con la pena della reclusione superiore nel massimo a dieci anni, anche nell'ipotesi del tentativo. Per la determinazione della pena si osservano le disposizioni dell'articolo 4.

(1) Articolo introdotto dall'art. 169, d.lgs. 19.2.1998, n. 51, con effetto dal 2.1.2000. Successivamente il presente articolo è stato modificato dall'art. 13, l. 3.8.1998, n. 269, sostituito dall'art. 10, l. 16.12.1999, n. 479 ed infine così modificato dall'art. 2 bis, d.l. 7.4.2000, n. 82, nel testo integrato dalla relativa legge di conversione 5.6.2000, n. 144.

(2) Lettera così modificata dall'art. 8, co. 2, l. 28.4.2015, n. 58, a decorrere dal 28.5.2015.
Il testo previgente così disponeva: «*c) delitti previsti dagli articoli 416, 416-*bis*, 416-*ter*, 420, terzo comma, 429, secondo comma, 431, secondo comma, 432, terzo comma, 433, terzo comma, 440, 449, secondo comma, 452, primo comma, n. 2, 513-*bis*, 564, da 600-*bis* a 600*sexies* puniti con reclusione non inferiore nel massimo a cinque anni, 609-*bis*, 609-*quater* e 644 del codice penale;*».

(3) Lettera così sostituita dall'art. 6, d.lgs. 11.4.2002, n. 61.
Il testo previgente così disponeva: «*d) delitti previsti dagli articoli 2621, 2628, 2629 e 2637 del codice civile, nonché dalle disposizioni che ne estendono l'applicazione a soggetti diversi da quelli in esso indicati;*».

(4) Lettera introdotta dall'art. 5, l. 19.3.2001, n. 92.

(5) Lettera così sostituita dall'art. 2, co. 2, d.lgs. 1.3. 2018, n. 21, a decorrere dal 6.4.2018. Il testo previgente così disponeva: «*l) delitto previsto dall'articolo 18 della legge 22 maggio1978, n. 194 in materia di interruzione volontaria della gravidanza;*».

(6) Lettera così sostituita dall'art. 4, co. 2, d.lgs. 1.3.2018, n. 21, a decorrere dal 6.4.2018.
Il testo previgente così disponeva: «*o) delitto previsto dall'articolo 12-*quinquies*, comma 1, del d.l. 8.06.1992, n. 306, convertito, con modificazioni, dalla legge 7.08.1992, n. 356, in materia di trasferimento fraudolento di valori;*».

33 ter. Attribuzioni del tribunale in composizione monocratica (1).

1. Sono attribuiti al tribunale in composizione monocratica i delitti previsti dall'articolo 73 del testo unico approvato con decreto del Presidente della Repubblica 9 ottobre 1990, n. 309, sempre che non siano contestate le aggravanti di cui all'articolo 80[, commi 1, 3 e 4,] del medesimo testo unico (2).

2. Il tribunale giudica in composizione monocratica, altresì, in tutti i casi non previsti dall'articolo 33-*bis* o da altre disposizioni di legge.

(1) Articolo introdotto dall'art. 169, d.lgs. 19.2.1998, n. 51, con effetto dal 2.1.2000. Successivamente il presente articolo è stato così sostituito dall'art. 10, l. 16.12.1999, n. 479. Il testo previgente così disponeva: «*Attribuzioni del tribunale in composizione monocratica. 1. Fuori dei casi previsti dall'articolo 33-bis o da altre disposizioni di legge, il tribunale giudica in composizione monocratica*».

(2) Le parole tra parentesi quadre sono state soppresse dall'art. 2 ter, d.l. 7.4.2000, n. 82, nel testo integrato dalla relativa legge di conversione 5.6.2000, n. 144.

33 quater. Effetti della connessione sulla composizione del giudice (1).

1. Se alcuni dei procedimenti connessi appartengono alla cognizione del tribunale in composizione collegiale ed altri a quella del tribunale in composizione monocratica, si applicano le disposizioni relative al procedimento davanti al giudice collegiale, al quale sono attribuiti tutti i procedimenti connessi.

(1) Articolo introdotto dall'art. 169, d.lgs. 19.2.1998, n. 51, con effetto dal 2.6.1999.

Capo VI bis
Provvedimenti sulla composizione collegiale o monocratica del tribunale (1)

33 quinquies. Inosservanza delle disposizioni sulla composizione collegiale o monocratica del tribunale (1).

1. L'inosservanza delle disposizioni relative all'attribuzione dei reati alla cognizione del tribunale in composizione collegiale o monocratica e delle disposizioni processuali collegate è rilevata o eccepita, a pena di decadenza, prima della conclusione dell'udienza preliminare o, se questa manca, entro il termine previsto dall'articolo 491, comma 1. Entro quest'ultimo termine deve essere riproposta l'eccezione respinta nell'udienza preliminare.

(1) Il capo VI bis con gli artt. da 33 quinquies a 33 nonies sono stati aggiunti dall'art. 170, d.lgs. 19.2.1998, n. 51, con effetto dal 2.6.1999.

33 sexies. Inosservanza dichiarata nell'udienza preliminare (1).

1. Se nell'udienza preliminare il giudice ritiene che per il reato deve procedersi con citazione diretta a giudizio pronuncia, nei casi previsti dall'articolo 550, ordinanza di trasmissione degli atti al pubblico ministero per l'emissione del decreto di citazione a giudizio a norma dell'articolo 552.

2. Si applicano le disposizioni previste dagli articoli 424, commi 2 e 3, 553 e 554.

(1) Il capo VI bis con gli artt. da 33 quinquies a 33 nonies sono stati aggiunti dall'art. 170, d.lgs. 19.2.1998, n. 51, con effetto dal 2.6.1999. Successivamente il presente art. 33 sexies è stato così sostituito dall'art. 47, l. 16.12.1999, n. 479. Il testo previgente così disponeva: «*Inosservanza dichiarata nell'udienza preliminare. 1. Se nell'udienza preliminare il giudice ritiene che il reato appartiene alla cognizione del tribunale in composizione monocratica, pronuncia ordinanza e contestuale decreto di citazione a giudizio a norma dell'articolo 555, disponendo la trasmissione degli atti al pubblico ministero. 2. Si applicano le disposizioni previste dagli articoli 424 commi 2 e 3, 557, 558 e 559*».

33 septies. Inosservanza dichiarata nel dibattimento di primo grado (1).

1. Nel dibattimento di primo grado instaurato a seguito dell'udienza preliminare, il giudice, se ritiene che il reato appartiene alla cognizione del tribunale in composizione diversa, trasmette gli atti, con ordinanza, al giudice competente a decidere sul reato contestato.

2. Fuori dai casi previsti dal comma 1, se il giudice monocratico ritiene che il reato appartiene alla cognizione del collegio, dispone con ordinanza la trasmissione degli atti al pubblico ministero.

3. Si applica la disposizione dell'articolo 420-*ter*, comma 4.

(1) Il capo VI bis con gli artt. da 33 quinquies a 33 nonies sono stati aggiunti dall'art. 170, d.lgs. 19.2.1998, n. 51, con effetto dal 2.6.1999. Questo art. 33 septies, poi, è stato così sostituito dall'art. 47, l. 16.12.1999, n. 479. Il testo previgente così disponeva: «*Inosservanza dichiarata nel dibattimento di primo grado. 1. Nel dibattimento di primo grado, il collegio, se ritiene che il reato appartiene alla cognizione del giudice monocratico, pronuncia ordinanza e fissa la data dell'udienza davanti a questo; se il giudice monocratico ritiene che il reato appartiene alla cognizione del collegio, dispone con ordinanza la trasmissione degli atti al pubblico ministero. 2. Si applica la disposizione dell'articolo 486 comma 4*».

33 octies. Inosservanza dichiarata dal giudice di appello o dalla Corte di Cassazione (1).

1. Il giudice di appello o la Corte di Cassazione pronuncia sentenza di annullamento e ordina la trasmissione degli atti al pubblico ministero presso il giudice di primo grado quando ritiene l'inosservanza delle disposizioni sull'attribuzione dei reati alla cognizione del tribunale in composizione collegiale o monocratica, purché la stessa sia stata tempestivamente eccepita e l'eccezione sia stata riproposta nei motivi di impugnazione.

2. Il giudice di appello pronuncia tuttavia nel merito se ritiene che il reato appartiene alla cognizione del tribunale in composizione monocratica.

(1) Il capo VI bis con gli artt. da 33 quinquies a 33 nonies sono stati aggiunti dall'art. 170, d.lgs. 19.2.1998, n. 51, con effetto dal 2.6.1999.

33 nonies. Validità delle prove acquisite (1).

1. L'inosservanza delle disposizioni sulla composizione collegiale o monocratica del tribunale non determina l'invalidità degli atti del procedimento, né l'inutilizzabilità delle prove già acquisite.

(1) Il capo VI bis con gli artt. da 33 quinquies a 33 nonies sono stati aggiunti dall'art. 170, d.lgs. 19.2.1998, n. 51, con effetto dal 2.6.1999.

Capo VII
Incompatibilità, astensione e ricusazione del giudice

34. Incompatibilità determinata da atti compiuti nel procedimento (1).

1. Il giudice che ha pronunciato o ha concorso a pronunciare sentenza in un grado del procedimento non può esercitare funzioni di giudice negli altri gradi, né partecipare al giudizio di rinvio dopo l'annullamento [627] o al giudizio per revisione [633].

2. Non può partecipare al giudizio il giudice che ha emesso il provvedimento conclusivo dell'udienza preliminare [424] o ha disposto il giudizio immediato [455] o ha emesso decreto penale di condanna [460] o ha deciso sull'impugnazione avverso la sentenza di non luogo a procedere [428].

2 bis. Il giudice che nel medesimo procedimento ha esercitato funzioni di giudice per le indagini preliminari non può emettere il decreto penale di condanna, né tenere l'udienza preliminare; inoltre, anche fuori dei casi previsti dal comma 2, non può partecipare al giudizio (2).

2 ter. Le disposizioni del comma 2-bis non si applicano al giudice che nel medesimo procedimento abbia adottato uno dei seguenti provvedimenti:

a) le autorizzazioni sanitarie previste dall'articolo 11 della legge 26 luglio 1975, n. 354;
b) i provvedimenti relativi ai permessi di colloquio, alla corrispondenza telefonica e al visto di controllo sulla corrispondenza, previsti dagli articoli 18 e 18-ter della legge 26 luglio 1975, n. 354 (3);
c) i provvedimenti relativi ai permessi previsti dall'articolo 30 della legge 26 luglio 1975, n. 354;
d) il provvedimento di restituzione nel termine di cui all'articolo 175;

e) il provvedimento che dichiara la latitanza a norma dell'articolo 296» [(4)].

2 quater. Le disposizioni del comma 2-bis non si applicano inoltre al giudice che abbia provveduto all'assunzione dell'incidente probatorio o comunque adottato uno dei provvedimenti previsti dal titolo VII del libro quinto [(5)].

3. Chi ha esercitato funzioni di pubblico ministero o ha svolto atti di polizia giudiziaria o ha prestato ufficio di difensore, di procuratore speciale, di curatore di una parte ovvero di testimone, perito, consulente tecnico o ha proposto denuncia, querela, istanza o richiesta o ha deliberato o ha concorso a deliberare l'autorizzazione a procedere non può esercitare nel medesimo procedimento l'ufficio di giudice.

(1) La Corte cost.:

- con sent. 26.10.1990, n. 496, ha dichiarato l'illegittimità costituzionale dell'art. 34, co. 2, c.p.p. nella parte in cui non prevede che non possa partecipare al successivo giudizio abbreviato il giudice per le indagini preliminari presso la pretura che abbia emesso l'ordinanza di cui all'art. 554, co. 2 del medesimo codice;
- con sent. 12.11.1991, n. 401, ha dichiarato, tra l'altro, l'illegittimità dell'art. 34 c.p.p., nella parte in cui non prevede che non possa partecipare al successivo giudizio abbreviato il giudice per le indagini preliminari presso il tribunale che abbia emesso l'ordinanza di cui all'art. 409, co. 5, del medesimo codice;
- con sent. 30.12.1991, n. 502, ha dichiarato, tra l'altro, l'illegittimità dell'art. 34, co. 2, c.p.p., nella parte in cui non prevede che non possa partecipare al giudizio dibattimentale: a) il giudice per le indagini preliminari presso la pretura che abbia emesso la ordinanza di cui all'art. 554, co. 2, dello stesso codice; b) il giudice per le indagini preliminari presso il tribunale che abbia emesso l'ordinanza di cui all'art. 409, co. 5, dello stesso codice; ha dichiarato, inoltre, l'illegittimità dello stesso art. 34, co. 2, c.p.p., nella parte in cui non prevede l'incompatibilità a partecipare al giudizio del giudice per le indagini preliminari che ha rigettato la richiesta di decreto di condanna;
- con sent. 25.3.1992, n. 124, ha dichiarato, tra l'altro, l'illegittimità costituzionale dell'art. 34, co. 2, c.p.p., nella parte in cui non prevede l'incompatibilità a partecipare all'udienza dibattimentale del giudice per le indagini preliminari presso la pretura che abbia respinto la richiesta di applicazione di pena concordata per la ritenuta non concedibilità di circostanze attenuanti;
- con sent. 22.4.1992, n. 186, ha altresì, dichiarato l'illegittimità costituzionale dell'art. 34, co. 2, c.p.p., nella parte in cui non prevede l'incompatibilità del giudice per le indagini preliminari che abbia rigettato la richiesta di applicazione di pena concordata di cui all'art. 444 dello stesso codice a partecipare al giudizio;
- con sent. 26.10.1992, n. 399, ha dichiarato l'illegittimità dell'art. 34, co. 2, c.p.p., nella parte in cui non prevede l'incompatibilità a procedere al dibattimento del pretore che, prima dell'apertura di questo, abbia respinto la richiesta di applicazione di pena concordata per il ritenuto non ricorrere di un'ipotesi attenuata del reato contestato;
- con sent. 16.12.1993, n. 439, ha dichiarato, tra l'altro, l'illegittimità costituzionale dell'art. 34, co. 2, c.p.p., nella parte in cui non prevede l'incompatibilità a partecipare al giudizio abbreviato del giudice per le indagini preliminari che abbia rigettato la richiesta di applicazione di pena concordata di cui all'art. 444 dello stesso codice;
- con sent. 15.12.1994, n. 453, ha dichiarato l'illegittimità dell'art. 34, co. 2, c.p.p. nella parte in cui non prevede l'incompatibilità alla funzione di giudizio del giudice per le indagini preliminari il quale, per la ritenuta diversità del fatto, sulla base di una valutazione del complesso delle indagini preliminari, abbia rigettato la domanda di oblazione;
- con sent. 15.12.1994, n. 455, ha dichiarato, tra l'altro, l'illegittimità dell'art. 34, co. 2, c.p.p., nella parte in cui non prevede l'incompatibilità alla funzione di giudizio del giudice che abbia, all'esito di precedente dibattimento, riguardante il medesimo fatto storico a carico del medesimo imputato, ordinato la trasmissione degli atti al pubblico ministero a norma dell'art. 521, co. 2, c.p.p.;
- con sent. 6.9.1995, n. 432, ha dichiarato l'illegittimità dell'art. 34, co. 2, c.p.p., nella parte in cui non prevede che non possa partecipare al giudizio dibattimentale il giudice per le indagini preliminari che abbia applicato una misura cautelare personale nei confronti dell'imputato;
- con sent. 17.4.1996, n. 131, ha dichiarato l'illegittimità dell'art. 34, co. 2, c.p.p., nella parte in cui non prevede: a) l'incompatibilità alla funzione di giudizio del giudice che come componente del tribunale del riesame (art. 309 c.p.p.) si sia pronunciato sull'ordinanza che dispone una misura cautelare personale nei confronti dell'indagato o dell'imputato; b) l'incompatibilità alla funzione di giudizio del giudice che come componente del tribunale dell'appello avverso l'ordinanza che provvede in ordine a una misura cautelare personale nei confronti dell'indagato o dell'imputato (art. 310 c.p.p.) si sia pronunciato su aspetti non esclusivamente formali dell'ordinanza anzidetta;
- con sent. 13-20.5.1996, n. 155, ha dichiarato l'illegittimità dell'art. 34, co. 2, c.p.p. nella parte in cui non prevede: a) che non possa partecipare al giudizio abbreviato e disporre l'applicazione della pena su richiesta delle parti il giudice per le indagini preliminari che abbia disposto una misura cautelare personale; b) che non possa partecipare al giudizio abbreviato e disporre l'applicazione della pena su richiesta delle parti il giudice per le indagini preliminari che abbia disposto la modifica, la sostituzione o la revoca di una misura cautelare personale ovvero che abbia rigettato una richiesta di applicazione, modifica, sostituzione o revoca di una misura cautelare personale; c) che non possa partecipare al giudizio dibattimentale il giudice per le indagini preliminari che abbia disposto la modifica, la sostituzione o la revoca di una misura cautelare personale ovvero che abbia rigettato una richiesta di applicazione, modifica, sostituzione o revoca di una misura cautelare personale; d) che non possa disporre l'applicazione della pena su richiesta delle parti il giudice che, come componente del tribunale del riesame, si sia pronunciato sull'ordinanza che dispone una misura cautelare personale nei confronti dell'indagato o dell'imputato nonché il giudice che, come componente del tribunale dell'appello avverso l'ordinanza che provvede in ordine a una misura cautelare personale nei confronti dell'indagato o dell'imputato, si sia pronunciato su aspetti non esclusivamente formali dell'ordinanza anzidetta;
- con sent. 17.10.1996, n. 371, ha dichiarato l'illegittimità dell'art. 34, co. 2, c.p.p., nella parte in cui non prevede che non possa partecipare al giudizio nei confronti di un imputato il giudice che abbia pronunciato o concorso a pronunciare una precedente sentenza nei confronti di altri soggetti, nella quale la posizione di quello stesso imputato in ordine alla sua responsabilità penale sia già stata comunque valutata;
- con sent. 15.10.1997, n. 311, ha dichiarato, tra l'altro, l'illegittimità dell'art. 34, co. 2, c.p.p. nella parte in cui non prevede l'incompatibilità alla funzione di giudice dell'udienza preliminare nel processo penale a carico di imputati minorenni del giudice per le indagini preliminari che si sia pronunciato in ordine a una misura cautelare personale nei confronti dell'imputato;
- con sent. 13.11.1997, n. 346, ha dichiarato l'illegittimità dell'art. 34, co. 2, c.p.p., nella parte in cui non prevede che non possa pronunciarsi sulla richiesta di emissione del decreto penale di condanna il giudice per le indagini preliminari che abbia emesso l'ordinanza di cui agli artt. 409, co. 5, e 554, co. 2, c.p.p.;
- con sent. 7.7.1998, n. 290, ha dichiarato: a) l'illegittimità dell'art. 34, co. 2, c.p.p., nella parte in cui non prevede nel pro-

cesso penale a carico di imputati minorenni, l'incompatibilità alla funzione di giudice dell'udienza preliminare del giudice che come componente del tribunale del riesame si sia pronunciato sull'ordinanza che dispone una misura cautelare personale nei confronti dell'indagato o dell'imputato; b) in applicazione dell'art. 27 della legge 11.3.1953, n. 87, l'illegittimità dell'art. 34, co. 2, c.p.p., nella parte in cui non prevede, nel processo penale a carico di imputati minorenni, l'incompatibilità alla funzione di giudice dell'udienza preliminare del giudice che come componente del tribunale dell'appello avverso l'ordinanza che provvede in ordine a una misura cautelare personale nei confronti dell'indagato o dell'imputato si sia pronunciato su aspetti non esclusivamente formali dell'ordinanza anzidetta;
- con sent. 9.6.1999, n. 241, ha dichiarato l'illegittimità dell'art. 34, co. 2, nella parte in cui non prevede che non possa partecipare al giudizio nei confronti di un imputato il giudice che abbia pronunciato o concorso a pronunciare sentenza nei confronti di quello stesso imputato per il medesimo fatto;
- con sent. 4.7.2001, n. 224, ha dichiarato l'illegittimità dell'art. 34, co. 1, nella parte in cui non prevede l'incompatibilità alla funzione di giudice dell'udienza preliminare del giudice che abbia pronunciato o concorso a pronunciare sentenza, poi annullata, nei confronti del medesimo imputato e per lo stesso fatto;
- con sent. 3.7.2013, n. 183 ha dichiarato: a) l'illegittimità dell'art. 34, co. 1, nella parte in cui non prevede che non possa partecipare al giudizio di rinvio dopo l'annullamento il giudice che ha pronunciato o concorso a pronunciare ordinanza di accoglimento o rigetto della richiesta di applicazione in sede esecutiva della disciplina del reato continuato, ai sensi dell'art. 671 del presente codice; b) in applicazione dell'art. 27 della l. 11.3.1953, n. 87, l'illegittimità dell'art. 34, co. 1, nella parte in cui non prevede che non possa partecipare al giudizio di rinvio dopo l'annullamento il giudice che ha pronunciato o concorso a pronunciare ordinanza di accoglimento o rigetto della richiesta di applicazione in sede esecutiva della disciplina del concorso formale, ai sensi dell'art. 671 del presente codice;
- con sent. 25.11.2022, n. 7 ha dichiarato l'illegittimità costituzionale degli artt. 34, co. 1, e 623, co. 1, lett. a), c.p.p., nella parte in cui non prevedono che il giudice dell'esecuzione deve essere diverso da quello che ha pronunciato l'ordinanza sulla richiesta di rideterminazione della pena, a seguito di declaratoria di illegittimità costituzionale di una norma incidente sulla commisurazione del trattamento sanzionatorio, annullata con rinvio dalla Corte di cassazione;
- con sent. 16.12.2022, n. 16, ha dichiarato l'illegittimità costituzionale dell'art. 34, co. 2, c.p.p., nella parte in cui non prevede che il giudice per le indagini preliminari, che ha rigettato la richiesta di decreto penale di condanna per mancata contestazione di una circostanza aggravante, sia incompatibile a pronunciare sulla nuova richiesta di decreto penale formulata dal pubblico ministero in conformità ai rilievi del giudice stesso;
- con sent. 23.5.2024, n. 93, *ha dichiarato* l'illegittimità costituzionale dell'art. 34, co. 2, c.p.p., nella parte in cui non prevede l'incompatibilità, a decidere sull'opposizione all'archiviazione per particolare tenuità del fatto, del giudice persona fisica che abbia rigettato la richiesta di decreto penale di condanna, ritenendo sussistere la suddetta causa di esclusione della punibilità.

(2) Comma introdotto dall'art. 171, d.lgs. 19.2.1998, n. 51, con effetto dal 2.6.1999.

(3) Lettera così modificata dall'art. 3, l. 8.4.2004, n. 95. Il testo previgente così disponeva: «*b) i provvedimenti relativi ai permessi di colloquio, alla corrispondenza telefonica e al visto di controllo sulla corrispondenza, previsti dall'articolo 18 della legge 26.07.1975, n. 354*».

(4) Comma introdotto dall'art. 11, l. 16.12.1999, n. 479.

(5) Comma introdotto dall'art. 2 quater, d.l. 7.4.2000, n. 82, nel testo integrato dalla relativa legge di conversione 5.6.2000, n. 144.

35. Incompatibilità per ragioni di parentela, affinità o coniugio.

1. Nello stesso procedimento non possono esercitare funzioni, anche separate o diverse, giudici che sono tra loro coniugi, parenti o affini fino al secondo grado.

36. Astensione.

1. Il giudice ha l'obbligo di astenersi:

a) se ha interesse nel procedimento o se alcuna delle parti private o un difensore è debitore o creditore di lui, del coniuge o dei figli;

b) se è tutore, curatore, procuratore o datore di lavoro di una delle parti private ovvero se il difensore, procuratore o curatore di una di dette parti è prossimo congiunto di lui o del coniuge;

c) se ha dato consigli o manifestato il suo parere sull'oggetto del procedimento fuori dell'esercizio delle funzioni giudiziarie;

d) se vi è inimicizia grave fra lui o un suo prossimo congiunto e una delle parti private;

e) se alcuno dei prossimi congiunti di lui o del coniuge è offeso o danneggiato dal reato o parte privata;

f) se un prossimo congiunto di lui o del coniuge svolge o ha svolto funzioni di pubblico ministero;

g) se si trova in taluna delle situazioni di incompatibilità stabilite dagli articoli 34 e 35 e dalle leggi di ordinamento giudiziario;

h) se esistono altre gravi ragioni di convenienza.

2. I motivi di astensione indicati nel comma 1 lettera b) seconda ipotesi e lettera e) o derivanti da incompatibilità per ragioni di coniugio o affinità, sussistono anche dopo l'annullamento, lo scioglimento o la cessazione degli effetti civili del matrimonio.

3. La dichiarazione di astensione è presentata al presidente della corte o del tribunale, che decide con decreto senza formalità di procedura [125].

4. Sulla dichiarazione di astensione del presidente del tribunale decide il presidente della corte di appello; su quella del presidente della corte di appello decide il presidente della corte di cassazione (1).

(1) Comma così sostituito dall'art. 172, d.lgs. 19.2.1998, n. 51, con effetto dal 2.6.1999. Il testo del comma precedentemente in vigore così disponeva: «*4. Sulla dichiarazione di astensione del pretore decide il presidente del tribunale; su quella del presidente del tribunale decide il presidente della corte di appello; su quella del presidente della corte di appello decide il presidente della corte di cassazione*».

37. Ricusazione.

1. Il giudice può essere ricusato dalle parti:

a) nei casi previsti dall'articolo 36 comma 1 lettere a), b), c), d), e), f), g);

b) se nell'esercizio delle funzioni e prima che sia pronunciata sentenza, egli ha manifestato indebitamente il proprio convincimento sui fatti oggetto dell'imputazione (1).

2. Il giudice ricusato non può pronunciare né concorrere a pronunciare sentenza fino a che non sia intervenuta l'ordinanza che dichiara inammissibile o rigetta la ricusazione [41] (2).

(1) La Corte cost., con sent. 14.7.2000, n. 283 ha dichiarato l'illegittimità di questo comma, nella parte in cui non prevede che possa essere ricusato dalle parti il giudice che, chiamato a decidere sulla

responsabilità di un imputato, abbia espresso in altro procedimento, anche non penale, una valutazione di merito sullo stesso fatto nei confronti del medesimo soggetto.

(2) La Corte cost., con sent. 23.1.1997, n. 10, ha dichiarato l'illegittimità di questo comma, nella parte in cui, qualora sia riproposta la dichiarazione di ricusazione, fondata sui medesimi motivi, fa divieto al giudice di pronunciare o concorrere a pronunciare la sentenza fino a che non sia intervenuta l'ordinanza che dichiara inammissibile o rigetta la ricusazione.

38. Termini e forme per la dichiarazione di ricusazione.

1. La dichiarazione di ricusazione può essere proposta, nell'udienza preliminare, fino a che non siano conclusi gli accertamenti relativi alla costituzione delle parti [420]; nel giudizio, fino a che non sia scaduto il termine previsto dall'articolo 491 comma 1; in ogni altro caso, prima del compimento dell'atto da parte del giudice.

2. Qualora la causa di ricusazione sia sorta o sia divenuta nota dopo la scadenza dei termini previsti dal comma 1, la dichiarazione può essere proposta entro tre giorni. Se la causa è sorta o è divenuta nota durante l'udienza, la dichiarazione di ricusazione deve essere in ogni caso proposta prima del termine dell'udienza.

3. La dichiarazione contenente l'indicazione dei motivi e delle prove è proposta con atto scritto ed è presentata, assieme ai documenti, nella cancelleria del giudice competente a decidere. Copia della dichiarazione è depositata nella cancelleria dell'ufficio cui è addetto il giudice ricusato.

4. La dichiarazione, quando non è fatta personalmente dall'interessato, può essere proposta a mezzo del difensore o di un procuratore speciale. Nell'atto di procura, devono essere indicati, a pena di inammissibilità, i motivi della ricusazione.

39. Concorso di astensione e di ricusazione.

1. La dichiarazione di ricusazione si considera come non proposta quando il giudice, anche successivamente ad essa, dichiara di astenersi [36] e l'astensione è accolta.

40. Competenza a decidere sulla ricusazione.

1. Sulla ricusazione di un giudice del tribunale o della corte di assise o della corte di assise di appello decide la corte di appello; su quella di un giudice della corte di appello decide una sezione della corte stessa, diversa da quella a cui appartiene il giudice ricusato [(1)].

2. Sulla ricusazione di un giudice della corte di cassazione decide una sezione della corte, diversa da quella a cui appartiene il giudice ricusato.

3. Non è ammessa la ricusazione dei giudici chiamati a decidere sulla ricusazione.

(1) Comma così sostituito dall'art. 173, d.lgs. 19.2.1998, n. 51, con effetto dal 2.6.1999.

41. Decisione sulla dichiarazione di ricusazione.

1. Quando la dichiarazione di ricusazione è stata proposta da chi non ne aveva il diritto [37] o senza l'osservanza dei termini o delle forme previsti dall'articolo 38 ovvero quando i motivi addottati sono manifestamente infondati, la corte [o il tribunale], senza ritardo, la dichiara inammissibile con ordinanza avverso la quale è proponibile ricorso per cassazione [606]. La corte di cassazione decide in camera di consiglio a norma dell'articolo 611 [(1)].

2. Fuori dei casi di inammissibilità della dichiarazione di ricusazione, la corte [o il tribunale] può disporre, con ordinanza, che il giudice sospenda temporaneamente ogni attività processuale o si limiti al compimento degli atti urgenti [467,392,559] [(1)].

3. Sul merito della ricusazione la corte [o il tribunale] decide a norma dell'articolo 127 [611], dopo aver assunto, se necessario, le opportune informazioni [(1)].

4. L'ordinanza pronunciata a norma dei commi precedenti è comunicata al giudice ricusato e al pubblico ministero ed è notificata alle parti private.

(1) Le parole tra parentesi quadre sono state soppresse dall'art. 174, d.lgs. 19.2.1998, n. 51, con effetto dal 2.6.1999.

42. Provvedimenti in caso di accoglimento della dichiarazione di astensione o ricusazione.

1. Se la dichiarazione di astensione o di ricusazione è accolta, il giudice non può compiere alcun atto del procedimento.

2. Il provvedimento che accoglie la dichiarazione di astensione o di ricusazione dichiara se e in quale parte gli atti compiuti precedentemente dal giudice astenutosi o ricusato conservano efficacia.

43. Sostituzione del giudice astenuto o ricusato.

1. Il giudice astenuto o ricusato è sostituito con altro magistrato dello stesso ufficio designato, secondo le leggi di ordinamento giudiziario.

2. Qualora non sia possibile la sostituzione prevista dal comma 1, la corte o il tribunale rimette il procedimento al giudice ugualmente competente per materia determinato a norma dell'articolo 11 [att. 1].

44. Sanzioni in caso di inammissibilità o di rigetto della dichiarazione di ricusazione.

1. Con l'ordinanza che dichiara inammissibile o rigetta la dichiarazione di ricusazione [41], la parte privata che l'ha proposta può essere condannata al pagamento a favore della cassa delle ammende di una somma da euro 258 a euro 1.549, senza pregiudizio di ogni azione civile o penale.

Capo VIII
Rimessione del processo

45. Casi di rimessione [(1)].

1. In ogni stato e grado del processo di merito, quando gravi situazioni locali, tali da turbare lo svolgimento del processo e non altrimenti eliminabili, pregiudicano la libera determinazione delle persone che partecipano al processo ovvero la sicurezza o l'incolumità pubblica, o determinano motivi di legittimo sospetto, la Corte di cassazione, su richiesta [46] motivata del procuratore generale presso la corte di appello o del pubblico ministero presso il giudice che procede o

dell'imputato, rimette il processo ad altro giudice, designato a norma dell'articolo 11.

(1) Articolo così sostituito dal co. 1 dell'art. 1, l. 7.11.2002, n. 248. Il testo previgente così disponeva: «*Casi di rimessione. 1. In ogni stato e grado del processo di merito, quando la sicurezza o l'incolumità pubblica ovvero la libertà di determinazione delle persone che partecipano al processo sono pregiudicate da gravi situazioni locali tali da turbare lo svolgimento del processo e non altrimenti eliminabili, la corte di cassazione, su richiesta motivata del procuratore generale presso la corte di appello o del pubblico ministero presso il giudice che procede o dell'imputato, rimette il processo ad altro giudice, designato a norma dell'articolo 11*».

46. Richiesta di rimessione.

1. La richiesta è depositata, con i documenti che vi si riferiscono, nella cancelleria del giudice ed è notificata entro sette giorni a cura del richiedente alle altre parti.

2. La richiesta dell'imputato è sottoscritta da lui personalmente o da un suo procuratore speciale.

3. Il giudice trasmette immediatamente alla corte di cassazione la richiesta con i documenti allegati e con eventuali osservazioni.

4. L'inosservanza delle forme e dei termini previsti dai commi 1 e 2 è causa d'inammissibilità della richiesta [49].

47. Effetti della richiesta [(1)].

1. In seguito alla presentazione della richiesta di rimessione il giudice può disporre con ordinanza la sospensione del processo fino a che non sia intervenuta l'ordinanza che dichiara inammissibile o rigetta la richiesta. La Corte di cassazione può sempre disporre con ordinanza la sospensione del processo [18].

2. Il giudice deve comunque sospendere il processo prima dello svolgimento delle conclusioni e della discussione e non possono essere pronunciati il decreto che dispone il giudizio o la sentenza quando ha avuto notizia dalla Corte di cassazione che la richiesta di rimessione è stata assegnata alle sezioni unite ovvero a sezione diversa dall'apposita sezione di cui all'articolo 610, comma 1. Il giudice non dispone la sospensione quando la richiesta non è fondata su elementi nuovi rispetto a quelli di altra già rigettata o dichiarata inammissibile.

3. La sospensione del processo ha effetto fino a che non sia intervenuta l'ordinanza che rigetta o dichiara inammissibile la richiesta e non impedisce il compimento degli atti urgenti.

4. In caso di sospensione del processo si applica l'articolo 159 del codice penale e, se la richiesta è stata proposta dall'imputato, sono sospesi i termini di cui all'articolo 303, comma 1. La prescrizione e i termini di custodia cautelare riprendono il loro corso dal giorno in cui la Corte di cassazione rigetta o dichiara inammissibile la richiesta ovvero, in caso di suo accoglimento, dal giorno in cui il processo dinanzi al giudice designato perviene al medesimo stato in cui si trovava al momento della sospensione. Si osservano in quanto compatibili le disposizioni dell'articolo 304.

(1) Articolo così sostituito dal co. 2 dell'art. 1, l. 7.11.2002, n. 248. Il testo previgente così disponeva: «*Effetti della richiesta. 1. La richiesta di rimessione non sospende il processo, ma il giudice non può pronunciare sentenza fino a che non sia intervenuta l'ordinanza che dichiara inammissibile o rigetta la richiesta. 2. La corte di cassazione può disporre con ordinanza la sospensione del processo. La sospensione non impedisce il compimento degli atti urgenti*».

48. Decisione [(1)].

1. La Corte di cassazione decide in camera di consiglio a norma dell'articolo 127 [611], dopo aver assunto, se necessario, le opportune informazioni.

2. Il Presidente della Corte di cassazione, se rileva una causa d'inammissibilità della richiesta, dispone che per essa si proceda a norma dell'articolo 610, comma 1.

3. L'avvenuta assegnazione della richiesta di rimessione alle sezioni unite o a sezione diversa dall'apposita sezione prevista dall'articolo 610, comma 1, è immediatamente comunicata al giudice che procede.

4. L'ordinanza che accoglie la richiesta è comunicata senza ritardo al giudice procedente e a quello designato. Il giudice procedente trasmette immediatamente gli atti del processo al giudice designato e dispone che l'ordinanza della Corte di cassazione sia per estratto comunicata al pubblico ministero e notificata alle parti private.

5. Fermo quanto disposto dall'articolo 190-*bis*, il giudice designato dalla Corte di cassazione procede alla rinnovazione degli atti compiuti anteriormente al provvedimento che ha accolto la richiesta di rimessione, quando ne è richiesto da una delle parti e non si tratta di atti di cui è divenuta impossibile la ripetizione. Nel processo davanti a tale giudice, le parti esercitano gli stessi diritti e facoltà che sarebbero loro spettati davanti al giudice originariamente competente.

6. Se la Corte rigetta o dichiara inammissibile la richiesta delle parti private queste con la stessa ordinanza possono essere condannate al pagamento a favore della cassa delle ammende di una somma da 1.000 euro a 5.000 euro, che può essere aumentata fino al doppio, tenuto conto della causa di inammissibilità della richiesta [(2)].

6 bis. Gli importi di cui al comma 6 sono adeguati ogni due anni con decreto del Ministro della giustizia, di concerto con il Ministro dell'economia e delle finanze, in relazione alla variazione, accertata dall'Istituto nazionale di statistica, dell'indice dei prezzi al consumo per le famiglie di operai e impiegati, verificatasi nel biennio precedente [(3)].

(1) Articolo così sostituito dal co. 3 dell'art. 1, l. 7.11.2002, n. 248. Il testo previgente così disponeva: «*Decisione. 1. La corte di cassazione decide in camera di consiglio a norma dell'articolo 127, dopo aver assunto, se necessario, le opportune informazioni. 2. L'ordinanza che accoglie la richiesta è comunicata senza ritardo al giudice procedente e a quello designato. Il giudice procedente trasmette immediatamente gli atti del processo al giudice designato e dispone che l'ordinanza della corte di cassazione sia per estratto comunicata al pubblico ministero e notificata alle parti private. 3. Il giudice designato dalla corte di cassazione dichiara, con ordinanza, se e in quale parte gli atti già compiuti conservano efficacia. Nel processo davanti a tale giudice le parti esercitano gli stessi diritti e facoltà che sarebbero loro spettati davanti al giudice originariamente competente. 4. Se la corte rigetta o dichiara inammissibile la richiesta dell'imputato, questi con la stessa ordi-*

nanza può essere condannato al pagamento a favore della cassa delle ammende di una somma da euro 258 a euro 1.549».

(2) Comma così modificato dall'art. 1, co. 59, lett. a), l. 23.6.2017, n. 103, a decorrere dal 3.8.2017. Il testo previgente così disponeva: «*6. Se la Corte rigetta o dichiara inammissibile la richiesta delle parti private queste con la stessa ordinanza possono essere condannate al pagamento a favore della cassa delle ammende di una somma da 1.000 euro a 5.000 euro*».

(3) Comma introdotto dall'art. 1, co. 59, lett. b), l. 23.6.2017, n. 103, a decorrere dal 3.8.2017.

49. Nuova richiesta di rimessione (1).

1. Anche quando la richiesta è stata accolta, il pubblico ministero o l'imputato può chiedere un nuovo provvedimento per la revoca di quello precedente o per la designazione di un altro giudice.

2. L'ordinanza che rigetta o dichiara inammissibile per manifesta infondatezza la richiesta di rimessione non impedisce che questa sia nuovamente proposta purché fondata su elementi nuovi.

3. È inammissibile per manifesta infondatezza anche la richiesta di rimessione non fondata su elementi nuovi rispetto a quelli già valutati in una ordinanza che ha rigettato o dichiarato inammissibile una richiesta proposta da altro imputato dello stesso procedimento o di un procedimento da esso separato.

4. La richiesta dichiarata inammissibile per motivi diversi dalla manifesta infondatezza può essere sempre riproposta.

(1) Articolo così sostituito dal co. 4 dell'art. 1, l. 7.11.2002, n. 248. Il testo Il testo previgente così disponeva: «*Nuova richiesta di rimessione. 1. Anche quando la richiesta di rimessione è stata accolta, il pubblico ministero o l'imputato può chiedere un nuovo provvedimento per la revoca di quello precedente o per la designazione di un altro giudice. Si osservano le disposizioni dell'articolo 47. 2. L'ordinanza che rigetta o dichiara inammissibile per manifesta infondatezza la richiesta di rimessione non impedisce che questa sia nuovamente proposta purché sia fondata su elementi nuovi. La richiesta dichiarata inammissibile per altri motivi può essere sempre riproposta*».

TITOLO II
Pubblico ministero

50. Azione penale.

1. Il pubblico ministero esercita l'azione penale quando non sussistono i presupposti per la richiesta di archiviazione [Cost. 112; 326, 358, 405, 408, 554, att. 125].

2. Quando non è necessaria la querela, la richiesta, l'istanza o l'autorizzazione a procedere, l'azione penale è esercitata di ufficio [336-340, 344, 341, 343].

3. L'esercizio dell'azione penale può essere sospeso o interrotto soltanto nei casi espressamente previsti dalla legge [3, 47, 71, 343, 344].

51. Uffici del pubblico ministero. Attribuzioni del procuratore della Repubblica distrettuale (1).

1. Le funzioni di pubblico ministero [Cost. 107] sono esercitate:

a) nelle indagini preliminari e nei procedimenti di primo grado, dai magistrati della procura della Repubblica presso il tribunale [o presso la pretura] (2);

b) nei giudizi di impugnazione dai magistrati della procura generale presso la corte di appello o presso la corte di cassazione.

2. Nei casi di avocazione [372, 413], le funzioni previste dal comma 1 lettera a) sono esercitate dai magistrati della procura generale presso la corte di appello.

Nei casi di avocazione previsti dall'articolo 371-*bis*, sono esercitate dai magistrati della Direzione nazionale antimafia e antiterrorismo (3).

3. Le funzioni previste dal comma 1 sono attribuite all'ufficio del pubblico ministero presso il giudice competente a norma del capo II del titolo I [4].

3 bis. Quando si tratta dei procedimenti per i delitti, consumati o tentati, di cui agli articoli 416, sesto e settimo comma, 416, realizzato allo scopo di commettere taluno dei delitti di cui agli articoli 12, commi 1, 3 e 3-*ter*, e 12-*bis* del testo unico delle disposizioni concernenti la disciplina dell'immigrazione e norme sulla condizione dello straniero, di cui al decreto legislativo 25 luglio 1998, n. 286, 416, realizzato allo scopo di commettere delitti previsti dagli articoli 473 e 474 517-*quater*, 600, 601, 602, 416-*bis*, 416-*ter*, 452-*quaterdecies* e 630 del codice penale, per i delitti commessi avvalendosi delle condizioni previste dal predetto articolo 416-*bis* ovvero al fine di agevolare l'attività delle associazioni previste dallo stesso articolo, nonché per i delitti previsti dall'articolo 74 del testo unico approvato con decreto del Presidente della Repubblica 9 ottobre 1990, n. 309, dall'articolo 291-*quater* del testo unico approvato con decreto del Presidente della Repubblica 23 gennaio 1973, n. 43, le funzioni indicate nel comma 1 lettera a) sono attribuite all'ufficio del pubblico ministero presso il tribunale del capoluogo del distretto nel cui ambito ha sede il giudice competente (4).

3 ter. Nei casi previsti dal comma 3-*bis* e dai commi 3-*quater* e 3-*quinquies*, se ne fa richiesta il procuratore distrettuale, il procuratore generale presso la corte di appello può, per giustificati motivi, disporre che le funzioni di pubblico ministero per il dibattimento siano esercitate da un magistrato designato dal procuratore della Repubblica presso il giudice competente (5).

3 quater. Quando si tratta di procedimenti per i delitti consumati o tentati con finalità di terrorismo le funzioni indicate nel comma 1, lettera a), sono attribuite all'ufficio del pubblico ministero presso il tribunale del capoluogo del distretto nel cui ambito ha sede il giudice competente (6).

3 quinquies. Quando si tratta di procedimenti per i delitti, consumati o tentati, di cui agli articoli 414-*bis*, 600-*bis*, 600-*ter*, 600-*quater*, 600-*quater*.1, 600-*quinquies*, 609-*undecies*, 615-*ter*, 615-*quater*, 615-*quinquies*, 617-*bis*, 617-*ter*, 617-*quater*, 617-*quinquies*, 617*sexies*, 635-*bis*, 635-*ter*, 635-*quater*, 640-*ter* e 640-*quinquies* del codice penale, le funzioni indicate nel comma 1, lettera a), del presente articolo sono attribuite all'ufficio del pubblico ministero presso il tribunale del capoluogo del distretto nel cui ambito ha sede il giudice competente (7).

(1) Rubrica così sostituita dall'art. 3, co. 1, d.l. 20.11.1991, n. 367, per

il coordinamento delle indagini nei procedimenti per reati di criminalità organizzata, conv., con modif., in l. 20.1.1992, n. 8.

(2) Le parole tra parentesi quadre sono state soppresse dall'art. 175, d.lgs. 19.2.1998, n. 51, con effetto dal 2.6.1999.

(3) Comma così modificato dall'art. 3, co. 1, d.l. 20.11.1991, n. 367, sul coordinamento delle indagini nei procedimenti per reati di criminalità organizzata, conv., con modif., dalla l. 20.1.1992, n. 8 e, poi, dall'art. 20, co. 4, d.l. 18.2.2015, n. 7, conv., con modif., dalla l. 17.4.2015, n. 43. Il testo antecedente alla modifica del 2015 così disponeva: «*2. Nei casi di avocazione, le funzioni previste dal comma 1 lettera a) sono esercitate dai magistrati della procura generale presso la corte di appello. Nei casi di avocazione previsti dall'articolo 371-bis, sono esercitate dai magistrati della Direzione nazionale antimafia*».

(4) Comma introdotto dall'art. 3, co. 1, d.l. 20.11.1991, n. 367, conv., con modif., dalla l. 20.1.1992, n. 8 e modificato dall'art. 5, l. 19.3.2001, n. 92, dall'art. 6, l. 11.8.2003, n. 228, dal co. 4 dell'art. 15, l. 23.7.2009, n. 99, con i limiti indicati nel co. 5 dello stesso art. 15, dal co. 1 dell'art. 11, l. 13.8.2010, n. 136, dal n. 1) della lett. a) del co. 1 dell'art. 5, l. 1.10.2012, n. 172, dall'art. 2, co. 1, l. 23.2.2015, n. 19, e, a decorrere dal 18.2.2017, dall'art. 18, co. 3, d.l. 17.2.2017, n. 13, conv., con modif., dalla l. 13.4.2017, n. 46. Successivamente il presente comma è stato così modificato dall'art. 3, co. 2, lett. a) e b), d.lgs. 1.3.2018, n. 21, a decorrere dal 6.4.2018, e dall'art. 3, co. 1, d.l. 14.6.2019, n. 53, conv., con modif., dalla l. 8.8.2019, n. 77, a decorrere dal 15.6.2019. Infine, il presente comma è stato così modificato dall'art. 8, co. 3, d.l. 10.3.2023, n. 20, conv., con modif., dalla l. 5.5.2023, n. 50, a decorrere dal 6.5.2023, e dall'art. 49 co. 1, l. 27.12.2023, n. 206, a decorrere dall'11.1.2024. Il testo antecedente alle modifiche del 2023 così disponeva: «*3-bis. Quando si tratta dei procedimenti per i delitti, consumati o tentati, di cui agli articoli 416, sesto e settimo comma, 416, realizzato allo scopo di commettere taluno dei delitti di cui agli articoli 12, commi 1, 3 e 3-ter, e 12-bis del testo unico delle disposizioni concernenti la disciplina dell'immigrazione e norme sulla condizione dello straniero, di cui al decreto legislativo 25.07.1998, n. 286, 416, realizzato allo scopo di commettere delitti previsti dagli articoli 473 e 474, 600, 601, 602, 416-bis, 416-ter, 452-quaterdecies e 630 del codice penale, per i delitti commessi avvalendosi delle condizioni previste dal predetto articolo 416-bis ovvero al fine di agevolare l'attività delle associazioni previste dallo stesso articolo, nonché per i delitti previsti dall'articolo 74 del testo unico approvato con decreto del Presidente della Repubblica 9.10.1990, n. 309, dall'articolo 291-quater del testo unico approvato con decreto del Presidente della Repubblica 23.01.1973, n. 43, le funzioni indicate nel comma 1 lettera a) sono attribuite all'ufficio del pubblico ministero presso il tribunale del capoluogo del distretto nel cui ambito ha sede il giudice competente*».

(5) Comma introdotto dall'art. 3, co. 1, d.l. 20.11.1991, n. 367, conv. in legge, con modif., con l. 20.1.1992, n. 8, e, poi così modificato dal n. 1) della lett. 0a) del co. 1 dell'art. 2, d.l. 23.5.2008, n. 92, conv. in legge, con modif., con l. 24.7.2008, n. 125. Il testo antecedente alla modifica del 2008 così disponeva: «*Nei casi previsti dal comma 3-bis, se ne fa richiesta il procuratore distrettuale, il procuratore generale presso la corte di appello può, per giustificati motivi, disporre che le funzioni di pubblico ministero per il dibattimento siano esercitate da un magistrato designato dal procuratore della Repubblica presso il giudice competente*».

(6) Comma introdotto dall'art. 10 bis, d.l. 18.10.2001, n. 374, conv. in legge, con modif., dalla l. 15.12.2001, n. 438 e così modificato dal n. 2) della lett. 0a) del co. 1 dell'art. 2, d.l. 23.5.2008, n. 92, conv. in legge, con modif., con l. 24.7.2008, n. 125. Il testo antecedente alla modifica del 2008 così disponeva: «*Quando si tratta di procedimenti per i delitti consumati o tentati con finalità di terrorismo le funzioni indicate nel comma 1, lettera a), sono attribuite all'ufficio del pubblico ministero presso il tribunale del capoluogo del distretto nel cui ambito ha sede il giudice competente. Si applicano le disposizioni del comma 3-ter*».

(7) Comma introdotto dal co. 1 dell'art. 11, l. 18.3.2008, n. 48 e, poi così modificato dal n. 2) della lett. a) del co. 1 dell'art. 5, l. 1.10.2012, n. 172. Il testo previgente così disponeva: «*3-quinquies. Quando si tratta di procedimenti per i delitti, consumati o tentati, di cui agli articoli 600-bis, 600-ter, 600-quater, 600-quater.1, 600-quinquies, 615-ter, 615-quater, 615-quinquies, 617-bis, 617-ter, 617-quater, 617-quinquies, 617sexies, 635-bis, 635-ter, 635-quater, 640-ter e 640-quinquies del codice penale, le funzioni indicate nel comma 1, lettera a), del presente articolo sono attribuite all'ufficio del pubblico ministero presso il tribunale del capoluogo del distretto nel cui ambito ha sede il giudice competente*».

52. Astensione.

1. Il magistrato del pubblico ministero ha la facoltà di astenersi quando esistono gravi ragioni di convenienza.

2. Sulla dichiarazione di astensione decidono, nell'ambito dei rispettivi uffici, [il procuratore della Repubblica presso la pretura,] il procuratore della Repubblica presso il tribunale e il procuratore generale [1].

3. Sulla dichiarazione di astensione del procuratore della Repubblica presso il tribunale e del procuratore generale presso la corte di appello decidono, rispettivamente, il procuratore generale presso la corte di appello e il procuratore generale presso la corte di cassazione [2].

4. Con il provvedimento che accoglie la dichiarazione di astensione, il magistrato del pubblico ministero astenuto è sostituito con un altro magistrato del pubblico ministero appartenente al medesimo ufficio. Nondimeno, quando viene accolta la dichiarazione di astensione [del procuratore della Repubblica presso la pretura,] del procuratore della Repubblica presso il tribunale e del procuratore generale presso la corte di appello, può essere designato alla sostituzione altro magistrato del pubblico ministero appartenente all'ufficio ugualmente competente determinato a norma dell'articolo 11 [1].

(1) Le parole tra parentesi quadre sono state soppresse dall'art. 176, d.lgs. 19.2.1998, n. 51, con effetto dal 2.6.1999.

(2) Comma così sostituito dall'art. 176, d.lgs. 19.2.1998, n. 51, con effetto 2.6.1999. Il testo previgente così disponeva: «*3. Sulla dichiarazione di astensione del procuratore della Repubblica presso la pretura, del procuratore della Repubblica presso il tribunale e del procuratore generale presso la corte di appello decidono, rispettivamente, il procuratore della Repubblica presso il tribunale, il procuratore generale presso la corte di appello e il procuratore generale presso la corte di cassazione*».

53. Autonomia del pubblico ministero nell'udienza. Casi di sostituzione.

1. Nell'udienza, il magistrato del pubblico ministero esercita le sue funzioni con piena autonomia.

2. Il capo dell'ufficio provvede alla sostituzione del magistrato nei casi di grave impedimento, di rilevanti esigenze di servizio e in quelli previsti dall'articolo 36 comma 1 lettere a), b), d), e). Negli altri casi il magistrato può essere sostituito solo con il suo consenso.

3. Quando il capo dell'ufficio omette di provvedere alla sostituzione del magistrato nei casi previsti dall'articolo 36 comma 1 lettere a), b), d), e), il procuratore generale presso la corte di appello designa per l'udienza un magistrato appartenente al suo ufficio [372, lett. b].

54. Contrasti negativi tra pubblici ministeri [1].

1. Il pubblico ministero, se durante le indagini preliminari ritiene che il reato appartenga alla competenza di un giudice diverso da quello presso cui egli esercita le funzioni [51], trasmette immediatamente gli atti all'ufficio del pubblico ministero presso il giudice competente.

2. Il pubblico ministero che ha ricevuto gli atti, se ritiene che debba procedere l'ufficio che li ha trasmessi, informa il procuratore generale presso la corte di appello ovvero, qualora appartenga a un diverso distretto, il procuratore generale presso la corte di cassazione. Il procuratore generale, esaminati gli atti, determina quale ufficio del pubblico ministero deve procedere e ne dà comunicazione agli uffici interessati.

3. Gli atti di indagine preliminare compiuti prima della trasmissione o della designazione indicate nei commi 1 e 2 possono essere utilizzati nei casi e nei modi previsti dalla legge.

3 bis. Le disposizioni dei commi 1 e 2 si applicano in ogni altro caso di contrasto negativo fra pubblici ministeri (2).

(1) Rubrica così modificata dall'art. 8, d.lgs. 14.1.1991, n. 12, recante disposizioni integrative e correttive della disciplina processuale penale e delle norme ad essa collegate.

(2) Comma introdotto dall'art. 8, d.lgs. 14.1.1991, n. 12, recante disposizioni integrative e correttive della disciplina processuale penale e delle norme ad essa collegate.

54 bis. Contrasti positivi tra uffici del pubblico ministero (1).

1. Quando il pubblico ministero riceve notizia che presso un altro ufficio sono in corso indagini preliminari a carico della stessa persona e per il medesimo fatto in relazione al quale egli procede, informa senza ritardo il pubblico ministero di questo ufficio richiedendogli la trasmissione degli atti a norma dell'articolo 54 comma 1.

2. Il pubblico ministero che ha ricevuto la richiesta, ove non ritenga di aderire, informa il procuratore generale presso la corte di appello ovvero, qualora appartenga a un diverso distretto, il procuratore generale presso la Corte di cassazione. Il procuratore generale, assunte le necessarie informazioni, determina con decreto motivato, secondo le regole sulla competenza del giudice, quale ufficio del pubblico ministero deve procedere e ne dà comunicazione agli uffici interessati. All'ufficio del pubblico ministero designato sono immediatamente trasmessi gli atti da parte del diverso ufficio.

3. Il contrasto si intende risolto quando, prima della designazione prevista dal comma 2, uno degli uffici del pubblico ministero provvede alla trasmissione degli atti a norma dell'articolo 54comma 1.

4. Gli atti di indagine preliminare compiuti dai diversi uffici del pubblico ministero sono comunque utilizzabili nei casi e nei modi previsti dalla legge.

5. Le disposizioni dei commi 1, 2 e 3 si applicano in ogni altro caso di contrasto positivo tra pubblici ministeri.

(1) Articolo introdotto dall'art. 2, d.l. 20.11.1991, n. 367, per il coordinamento delle indagini nei procedimenti per reati di criminalità organizzata, conv., con modif., in l. 20.1.1992, n. 8.

54 ter. Contrasti tra pubblici ministeri in materia di criminalità organizzata (1).

1. Quando il contrasto previsto dagli articoli 54 e 54-*bis*, riguarda taluno dei reati indicati nell'articolo 51, commi 3-*bis* e 3-*quater*, se la decisione spetta al procuratore generale presso la Corte di cassazione, questi provvede sentito il procuratore nazionale antimafia e antiterrorismo; se spetta al procuratore generale presso la corte di appello, questi informa il procuratore nazionale antimafia e antiterrorismo dei provvedimenti adottati (2).

(1) Articolo introdotto dall'art. 2, d.l. 20.11.1991, n. 367, per il coordinamento delle indagini nei procedimenti per reati di criminalità organizzata, conv., con modif., in l. 20.1.1992, n. 8.

(2) Comma così modificato dall'art. 9, co. 1, lett. a), d.l. 18.2.2015, n. 7, conv., con modif., dalla l. 17.4.2015, n. 43, e, successivamente, dall'art. 2 bis, co. 3, lett. a), d.l. 10.8.2023, n. 105, conv., con modif., dalla l. 9.10.2023, n. 137, a decorrere dal 10.10.2023.
Il testo antecedente alla modifica disposta con d.l. n. 105/2023 così disponeva: «*1. Quando il contrasto previsto dagli articoli 54 e 54-bis, riguarda taluno dei reati indicati nell'articolo 51, commi 3-*bis *e 3-*quater*, se la decisione spetta al procuratore generale presso la Corte di cassazione, questi provvede sentito il procuratore nazionale antimafia e antiterrorismo; se spetta al procuratore generale presso la corte di appello, questi informa il procuratore nazionale antimafia e antiterrorismo dei provvedimenti adottati.*». Il testo, prima della conversione in legge del d.l. n. 7/2015, così disponeva: «*1. Quando il contrasto previsto dagli articoli 54 e 54-*bis*, riguarda taluno dei reati indicati nell'articolo 51 comma 3-*bis*, se la decisione spetta al procuratore generale presso la Corte di cassazione, questi provvede sentito il procuratore nazionale antimafia e antiterrorismo; se spetta al procuratore generale presso la corte di appello, questi informa il procuratore nazionale antimafia e antiterrorismo dei provvedimenti adottati*». Il testo antecedente alla modifica del 2015 così disponeva: «*1. Quando il contrasto previsto dagli articoli 54 e 54-bis, riguarda taluno dei reati indicati nell'articolo 51 comma 3-*bis*, se la decisione spetta al procuratore generale presso la Corte di cassazione, questi provvede sentito il procuratore nazionale antimafia; se spetta al procuratore generale presso la corte di appello, questi informa il procuratore nazionale antimafia dei provvedimenti adottati*».

54 quater. Richiesta di trasmissione degli atti a un diverso pubblico Ministero (1).

1. La persona sottoposta alle indagini che abbia conoscenza del procedimento ai sensi dell'articolo 335 o dell'articolo 369 e la persona offesa dal reato che abbia conoscenza del procedimento ai sensi dell'articolo 369, nonché i rispettivi difensori, se ritengono che il reato appartenga alla competenza di un giudice diverso da quello presso il quale il pubblico ministero che procede esercita le sue funzioni, possono chiedere la trasmissione degli atti al pubblico ministero presso il giudice competente enunciando, a pena di inammissibilità, le ragioni a sostegno della indicazione del diverso giudice ritenuto competente.

2. La richiesta deve essere depositata nella segreteria del pubblico ministero che procede con l'indicazione del giudice ritenuto competente.

3. Il pubblico ministero decide entro dieci giorni dalla presentazione della richiesta e, ove la accolga, trasmette gli atti del procedimento all'ufficio del pubblico ministero presso il giudice competente, dandone comunicazione al richiedente. Se non provvede in tal senso, il richiedente, entro i successivi dieci giorni, può chiedere al procuratore generale presso la corte di appello o, qualora il giudice ritenuto competente appartenga ad un diverso distretto, al procuratore generale presso la Corte di cassazione, di determinare quale ufficio del pubblico ministero deve procedere. Il procuratore generale, assunte le necessarie informazioni, provvede alla determinazione, entro venti giorni dal deposito della richiesta, con decreto motivato dandone comunicazione alle parti ed agli uffici interessati. Quando la richiesta riguarda taluno dei reati indicati nell'articolo 51, comma 3-*bis* e comma 3-*quater*, il procuratore generale provvede osservando le disposizioni dell'articolo 54-*ter* (2).

4. La richiesta non può essere riproposta a pena di inammissibilità salvo che sia basata su fatti nuovi e diversi.

5. Gli atti di indagine preliminare compiuti prima della trasmissione degli atti o della comunicazione del decreto di cui al comma 3 possono essere utilizzati nei casi e nei modi previsti dalla legge.

(1) Articolo introdotto dall'art. 12, l. 16.12.1999, n. 479.

(2) Comma così modificato dall'art. 9, co. 2, d.l. 18.2.2015, n. 7, conv., con modif., dalla l. 17.4.2015, n. 43. Il testo previgente così disponeva: «*3. Il pubblico ministero decide entro dieci giorni dalla presentazione della richiesta e, ove la accolga, trasmette gli atti del procedimento all'ufficio del pubblico ministero presso il giudice competente, dandone comunicazione al richiedente. Se non provvede in tal senso, il richiedente, entro i successivi dieci giorni, può chiedere al procuratore generale presso la corte di appello o, qualora il giudice ritenuto competente appartenga ad un diverso distretto, al procuratore generale presso la Corte di cassazione, di determinare quale ufficio del pubblico ministero deve procedere. Il procuratore generale, assunte le necessarie informazioni, provvede alla determinazione, entro venti giorni dal deposito della richiesta, con decreto motivato dandone comunicazione alle parti ed agli uffici interessati. Quando la richiesta riguarda taluno dei reati indicati nell'articolo 51, comma* 3-bis, *il procuratore generale provvede osservando le disposizioni dell'articolo* 54-ter».

TITOLO III
Polizia giudiziaria

55. Funzioni della polizia giudiziaria.

1. La polizia giudiziaria deve, anche di propria iniziativa, prendere notizia dei reati, impedire che vengano portati a conseguenze ulteriori, ricercarne gli autori, compiere gli atti necessari per assicurare le fonti di prova e raccogliere quant'altro possa servire per l'applicazione della legge penale.

2. Svolge ogni indagine e attività disposta o delegata dall'autorità giudiziaria [131, 370, att. 77].

3. Le funzioni indicate nei commi 1 e 2 sono svolte dagli ufficiali e dagli agenti di polizia giudiziaria.

56. Servizi e sezioni di polizia giudiziaria.

1. Le funzioni di polizia giudiziaria sono svolte alla dipendenza e sotto la direzione dell'autorità giudiziaria:

a) dai servizi di polizia giudiziaria previsti dalla legge;

b) dalle sezioni di polizia giudiziaria istituite presso ogni procura della Repubblica e composte con personale dei servizi di polizia giudiziaria;

c) dagli ufficiali e dagli agenti di polizia giudiziaria appartenenti agli altri organi cui la legge fa obbligo di compiere indagini a seguito di una notizia di reato [347].

57. Ufficiali e agenti di polizia giudiziaria.

1. Salve le disposizioni delle leggi speciali, sono ufficiali di polizia giudiziaria:

a) i dirigenti, i commissari, gli ispettori, i sovrintendenti e gli altri appartenenti alla polizia di Stato ai quali l'ordinamento dell'amministrazione della pubblica sicurezza riconosce tale qualità;

b) gli ufficiali superiori e inferiori e i sottufficiali dei carabinieri, della guardia di finanza, degli agenti di custodia e del corpo forestale dello Stato nonché gli altri appartenenti alle predette forze di polizia ai quali l'ordinamento delle rispettive amministrazioni riconosce tale qualità;

c) il sindaco dei comuni ove non abbia sede un ufficio della polizia di Stato ovvero un comando dell'arma dei carabinieri o della guardia di finanza.

2. Sono agenti di polizia giudiziaria:

a) il personale della polizia di Stato al quale l'ordinamento dell'amministrazione della pubblica sicurezza riconosce tale qualità;

b) i carabinieri, le guardie di finanza, gli agenti di custodia, le guardie forestali e, nell'ambito territoriale dell'ente di appartenenza, le guardie delle province e dei comuni quando sono in servizio.

3. Sono altresì ufficiali e agenti di polizia giudiziaria, nei limiti del servizio cui sono destinate e secondo le rispettive attribuzioni, le persone alle quali le leggi e i regolamenti attribuiscono le funzioni previste dall'articolo 55.

58. Disponibilità della polizia giudiziaria.

1. Ogni procura della Repubblica dispone della rispettiva sezione; la procura generale presso la corte di appello dispone di tutte le sezioni istituite nel distretto.

2. Le attività di polizia giudiziaria per i giudici del distretto sono svolte dalla sezione istituita presso la corrispondente procura della Repubblica.

3. L'autorità giudiziaria si avvale direttamente del personale delle sezioni a norma dei commi 1 e 2 e può altresì avvalersi di ogni servizio o altro organo di polizia giudiziaria.

59. Subordinazione della polizia giudiziaria.

1. Le sezioni di polizia giudiziaria dipendono dai magistrati che dirigono gli uffici presso i quali sono istituite.

2. L'ufficiale preposto ai servizi di polizia giudiziaria è responsabile verso il procuratore della Repubblica presso il tribunale dove ha sede il servizio dell'attività di polizia giudiziaria svolta da lui stesso e dal personale dipendente.

3. Gli ufficiali e gli agenti di polizia giudiziaria sono tenuti a eseguire i compiti a essi affidati inerenti alle funzioni di cui all'articolo 55, comma 1. Gli appartenenti alle sezioni non possono essere distolti dall'attività di polizia giudiziaria se non per disposizione del magistrato dal quale dipendono a norma del comma 1 [att. 5-20] [(1)].

(1) Comma così modificato dal co. 3 dell'art. 17, d.l. 27.7.2005, n. 144, conv., con modif., con l. 31.7.2005, n. 155. Il testo previgente così disponeva: «*3. Gli ufficiali e gli agenti di polizia giudiziaria sono tenuti a eseguire i compiti a essi affidati. Gli appartenenti alle sezioni non possono essere distolti dall'attività di polizia giudiziaria se non per disposizione del magistrato dal quale dipendono a norma del comma 1*».

TITOLO IV
Imputato

60. Assunzione della qualità di imputato.

1. Assume la qualità di imputato la persona alla quale è attribuito il reato nella richiesta di rinvio a giudizio, di giudizio immediato, di decreto penale di condanna, di applicazione della pena a norma dell'articolo 447 comma 1, nel decreto di citazione diretta a giudizio e nel giudizio direttissimo [(1)].

2. La qualità di imputato si conserva in ogni stato e grado del processo, sino a che non sia più soggetta a impugnazione la sentenza di non luogo a procedere [425, 129 comma 2], sia divenuta irrevocabile [648] la sentenza di proscioglimento o di condanna o sia divenuto esecutivo il decreto penale di condanna [463, 650].

3. La qualità di imputato si riassume in caso di revoca [434 ss.] della sentenza di non luogo a procedere e qualora sia disposta la revisione [629 ss.] del processo oppure la riapertura dello stesso a seguito della rescissione del giudicato o di accoglimento della richiesta prevista dall'articolo 628-*bis* [(2)].

(1) Comma così modificato dall'art. 47, l. 16.12.1999, n. 479. Il testo previgente così disponeva: «*1. Assume la qualità di imputato la persona alla quale è attribuito il reato nella richiesta di rinvio a giudizio, di giudizio immediato, di decreto penale di condanna, di applicazione della pena a norma dell'articolo 447 comma 1, nel decreto di citazione a giudizio emesso a norma dell'articolo 555 e nel giudizio direttissimo*».

(2) Comma così modificato dall'art. 5, co. 1, lett. a), d.lgs. 10.10.2022, n. 150, a decorrere dal 30.12.2022.
Il testo precedentemente così disponeva: «*3. La qualità di imputato si riassume in caso di revoca della sentenza di non luogo a procedere e qualora sia disposta la revisione del processo.*».

61. Estensione dei diritti e delle garanzie dell'imputato.

1. I diritti e le garanzie dell'imputato si estendono alla persona sottoposta alle indagini preliminari.

2. Alla stessa persona si estende ogni altra disposizione relativa all'imputato, salvo che sia diversamente stabilito.

62. Divieto di testimonianza sulle dichiarazioni dell'imputato.

1. Le dichiarazioni comunque rese nel corso del procedimento dall'imputato o dalla persona sottoposta alle indagini non possono formare oggetto di testimonianza [195,191].

2. Il divieto si estende alle dichiarazioni, comunque inutilizzabili, rese dall'imputato nel corso di programmi terapeutici diretti a ridurre il rischio che questi commetta delitti sessuali a danno di minori [(1)].

(1) Comma introdotto dall'art. 4, co. 2, d.lgs. 4.3.2014, n. 39.

63. Dichiarazioni indizianti.

1. Se davanti all'autorità giudiziaria o alla polizia giudiziaria una persona non imputata ovvero una persona non sottoposta alle indagini rende dichiarazioni [351, 362] dalle quali emergono indizi di reità a suo carico, l'autorità procedente ne interrompe l'esame, avvertendola che a seguito di tali dichiarazioni potranno essere svolte indagini nei suoi confronti e la invita a nominare un difensore. Le precedenti dichiarazioni non possono essere utilizzate contro la persona che le ha rese [191].

2. Se la persona doveva essere sentita sin dall'inizio in qualità di imputato o di persona sottoposta alle indagini, le sue dichiarazioni non possono essere utilizzate [191].

64. Regole generali per l'interrogatorio.

1. La persona sottoposta alle indagini, anche se in stato di custodia cautelare o se detenuta per altra causa, interviene libera all'interrogatorio [294, 373, 388, 391], salve le cautele necessarie per prevenire il pericolo di fuga o di violenze [att. 22].

2. Non possono essere utilizzati, neppure con il consenso della persona interrogata, metodi o tecniche idonei a influire sulla libertà di autodeterminazione o ad alterare la capacità di ricordare e di valutare i fatti [188].

3. Prima che abbia inizio l'interrogatorio, la persona deve essere avvertita che:

a) le sue dichiarazioni potranno sempre essere utilizzate nei suoi confronti;

b) salvo quanto disposto dall'articolo 66, comma 1, ha facoltà di non rispondere ad alcuna domanda, ma comunque il procedimento seguirà il suo corso;

c) se renderà dichiarazioni su fatti che concernono la responsabilità di altri, assumerà, in ordine a tali fatti, l'ufficio di testimone, salve le incompatibilità previste dall'articolo 197 e le garanzie di cui all'articolo 197-*bis* [(1) (2)].

3 bis. L'inosservanza delle disposizioni di cui al comma 3, lettere a) e b), rende inutilizzabili le dichiarazioni rese dalla persona interrogata. In mancanza dell'avvertimento di cui al comma 3, lettera c), le dichiarazioni eventualmente rese dalla persona interrogata su fatti che concernono la responsabilità di altri non sono utilizzabili nei loro confronti e la persona interrogata non potrà assumere, in ordine a detti fatti, l'ufficio di testimone [(1)].

(1) Gli attuali co. 3 e 3 bis così sostituiscono l'originario co. 3, ai sensi

di quanto disposto dall'art. 2, l. 1.3.2001, n. 63. Il testo del co. 3 precedente così disponeva: «*3. Prima che abbia inizio l'interrogatorio, la persona deve essere avvertita che, salvo quanto disposto dall'articolo 66 comma 1, ha facoltà di non rispondere e che, se anche non risponde, il procedimento seguirà il suo corso*».

(2) La Corte cost., con sent. 6.4-5.6.2023, n. 111, ha dichiarato l'illegittimità costituzionale di questo comma, nella parte in cui non prevede che gli avvertimenti ivi indicati siano rivolti alla persona sottoposta alle indagini o all'imputato prima che vengano loro richieste le informazioni di cui all'art. 21 delle Norme di attuazione del codice di procedura penale.

65. Interrogatorio nel merito.

1. L'autorità giudiziaria contesta alla persona sottoposta alle indagini in forma chiara e precisa il fatto che le è attribuito, le rende noti gli elementi di prova esistenti contro di lei e, se non può derivarne pregiudizio per le indagini, gliene comunica le fonti [294, 373, 388].

2. Invita, quindi, la persona ad esporre quanto ritiene utile per la sua difesa e le pone direttamente domande.

3. Se la persona rifiuta di rispondere, ne è fatta menzione nel verbale. Nel verbale è fatta anche menzione, quando occorre, dei connotati fisici e di eventuali segni particolari della persona.

66. Verifica dell'identità personale dell'imputato.

1. Nel primo atto cui è presente l'imputato, l'autorità giudiziaria lo invita a dichiarare le proprie generalità e quant'altro può valere a identificarlo, ammonendolo circa le conseguenze cui si espone chi si rifiuta di dare le proprie generalità o le dà false [c.p. 495].

2. L'impossibilità di attribuire all'imputato le sue esatte generalità non pregiudica il compimento di alcun atto da parte dell'autorità procedente, quando sia certa l'identità fisica della persona. In ogni caso, quando si procede nei confronti di un apolide, di una persona della quale è ignota la cittadinanza, di un cittadino di uno Stato non appartenente all'Unione europea ovvero di un cittadino di uno Stato membro dell'Unione europea privo del codice fiscale o che è attualmente, o è stato in passato, titolare anche della cittadinanza di uno Stato non appartenente all'Unione europea, nei provvedimenti destinati a essere iscritti nel casellario giudiziale è riportato il codice univoco identificativo della persona nei cui confronti il provvedimento è emesso [(1)].

3. Le erronee generalità attribuite all'imputato sono rettificate nelle forme previste dall'articolo 130 [668].

(1) Comma così modificato dall'art. 2, co. 7, l. 27.9.2021, n. 134, a decorrere dal 19.10.2021.
Il testo previgente così disponeva: «*L'impossibilità di attribuire all'imputato le sue esatte generalità non pregiudica il compimento di alcun atto da parte dell'autorità procedente, quando sia certa l'identità fisica della persona.*».

66 bis. Verifica dei procedimenti a carico dell'imputato [(1)].

1. In ogni stato e grado del procedimento, quando risulta che la persona sottoposta alle indagini o l'imputato è stato segnalato, anche sotto diverso nome, all'autorità giudiziaria quale autore di un reato commesso antecedentemente o successivamente a quello per il quale si procede, sono eseguite le comunicazioni all'autorità giudiziaria competente ai fini dell'applicazione della legge penale.

(1) Articolo introdotto dall'art. 12, d.l. 27.7.2005, n. 144, conv., con modif., con l. 31.7.2005, n. 155.

67. Incertezza sull'età dell'imputato.

1. In ogni stato e grado del procedimento, quando vi è ragione di ritenere che l'imputato sia minorenne, l'autorità giudiziaria trasmette gli atti al procuratore della Repubblica presso il tribunale per i minorenni.

68. Errore sull'identità fisica dell'imputato.

1. Se risulta l'errore di persona, in ogni stato e grado del processo il giudice, sentiti il pubblico ministero e il difensore, pronuncia sentenza a norma dell'articolo 129.

69. Morte dell'imputato.

1. Se risulta la morte dell'imputato, in ogni stato e grado del processo il giudice, sentiti il pubblico ministero e il difensore, pronuncia sentenza a norma dell'articolo 129.

2. La sentenza non impedisce l'esercizio dell'azione penale per il medesimo fatto e contro la medesima persona [649], qualora successivamente si accerti che la morte dell'imputato è stata erroneamente dichiarata.

70. Accertamenti sulla capacità dell'imputato.

1. Quando non deve essere pronunciata sentenza di proscioglimento o di non luogo a procedere [129, 425, 529] e vi è ragione di ritenere che, per infermità mentale sopravvenuta al fatto, l'imputato non è in grado di partecipare coscientemente al processo, il giudice, se occorre, dispone anche di ufficio, perizia [(1)].

2. Durante il tempo occorrente per l'espletamento della perizia il giudice assume, a richiesta del difensore, le prove che possono condurre al proscioglimento dell'imputato, e, quando vi è pericolo nel ritardo [392, 467, 551], ogni altra prova richiesta dalle parti.

3. Se la necessità di provvedere risulta durante le indagini preliminari, la perizia è disposta dal giudice a richiesta di parte con le forme previste per l'incidente probatorio. Nel frattempo restano sospesi i termini per le indagini preliminari [405, 406, 407] e il pubblico ministero compie i soli atti che non richiedono la partecipazione cosciente della persona sottoposta alle indagini. Quando vi è pericolo nel ritardo, possono essere assunte le prove nei casi previsti dall'articolo 392.

(1) La Corte cost.:
- con sent. 20.7.1992, n. 340, ha dichiarato l'illegittimità costituzionale di questo comma, limitatamente alle parole «*sopravvenuta al fatto*».
- con sent. 23.2.2023, n. 65 ha dichiarato: 1) l'illegittimità costituzionale dell'art. 72 bis, co. 1, c.p.p., nella parte in cui si riferisce allo stato «*mentale*», anziché a quello «*psicofisico*»; 2) in via consequenziale, ai sensi dell'art. 27 della l. 11.3.1953, n. 87, l'illegittimità costituzionale del presente comma, nella parte in cui si riferisce all'infermità «*mentale*», anziché a quella «*psicofisica*»; l'illegittimità costituzionale dell'art. 71, co. 1, c.p.p., nella

parte in cui si riferisce allo stato «*mentale*», anziché a quello «*psicofisico*»; l'illegittimità costituzionale dell'art. 72, co. 1, c.p.p., nella parte in cui si riferisce allo stato «*di mente*», anziché a quello «*psicofisico*», e, nel co. 2, nella parte in cui si riferisce allo stato «*mentale*», anziché a quello «*psicofisico*».

71. Sospensione del procedimento per incapacità dell'imputato.

1. Se, a seguito degli accertamenti previsti dall'articolo 70, risulta che lo stato mentale dell'imputato è tale da impedirne la cosciente partecipazione al procedimento e che tale stato è reversibile, il giudice dispone con ordinanza che il procedimento sia sospeso, sempre che non debba essere pronunciata sentenza di proscioglimento o di non luogo a procedere (1) (2).

2. Con l'ordinanza di sospensione il giudice nomina all'imputato un curatore speciale, designando di preferenza l'eventuale rappresentante legale.

3. Contro l'ordinanza possono ricorrere per cassazione il pubblico ministero, l'imputato e il suo difensore nonché il curatore speciale nominato all'imputato.

4. La sospensione non impedisce al giudice di assumere prove, alle condizioni e nei limiti stabiliti dall'articolo 70 comma 2. A tale assunzione il giudice procede anche a richiesta del curatore speciale, che in ogni caso ha facoltà di assistere agli atti disposti sulla persona dell'imputato, nonché agli atti cui questi ha facoltà di assistere.

5. Se la sospensione interviene nel corso delle indagini preliminari, si applicano le disposizioni previste dall'articolo 70 comma 3.

6. Nel caso di sospensione, non si applica la disposizione dell'articolo 75 comma 3.

(1) Comma così modificato dall'art. 1, co. 21, l. 23.6.2017, n. 103, a decorrere dal 3.8.2017. Il testo previgente così disponeva: «*1. Se, a seguito degli accertamenti previsti dall'articolo 70, risulta che lo stato mentale dell'imputato è tale da impedirne la cosciente partecipazione al procedimento, il giudice dispone con ordinanza che questo sia sospeso, sempre che non debba essere pronunciata sentenza di proscioglimento o di non luogo a procedere*».

(2) La Corte cost., con sent. 23.2-7.4.2023, n. 65, ha dichiarato:
- l'illegittimità costituzionale dell'art. 72 bis, co. 1, c.p.p., nella parte in cui si riferisce allo stato «*mentale*», anziché a quello «*psicofisico*»;
- in via consequenziale, ai sensi dell'art. 27 della l. 11.3.1953, n. 87, a) l'illegittimità costituzionale dell'art. 70, co. 1, c.p.p., nella parte in cui si riferisce all'infermità «*mentale*», anziché a quella «*psicofisica*»; b) l'illegittimità costituzionale di questo comma, nella parte in cui si riferisce allo stato «*mentale*», anziché a quello «*psicofisico*»; c) l'illegittimità costituzionale dell'art. 72, co. 1, c.p.p., nella parte in cui si riferisce allo stato «*di mente*», anziché a quello «*psicofisico*», e, nel co. 2, nella parte in cui si riferisce allo stato «*mentale*», anziché a quello «*psicofisico*».

72. Revoca dell'ordinanza di sospensione.

1. Allo scadere del sesto mese dalla pronuncia dell'ordinanza di sospensione del procedimento, o anche prima quando ne ravvisi l'esigenza, il giudice dispone ulteriori accertamenti peritali sullo stato di mente dell'imputato. Analogamente provvede a ogni successiva scadenza di sei mesi, qualora il procedimento non abbia ripreso il suo corso.

2. La sospensione è revocata con ordinanza non appena risulti che lo stato mentale dell'imputato ne consente la cosciente partecipazione al procedimento ovvero che nei confronti dell'imputato deve essere pronunciata sentenza di proscioglimento o di non luogo a procedere (1).

(1) La Corte cost., con sent. 23.2-7.4.2023, n. 65, ha dichiarato:
- l'illegittimità costituzionale dell'art. 72 bis, co. 1, c.p.p., nella parte in cui si riferisce allo stato «*mentale*», anziché a quello «*psicofisico*»;
- in via consequenziale, ai sensi dell'art. 27 della l. 11.3.1953, n. 87, a) l'illegittimità costituzionale dell'art. 70, co. 1, c.p.p., nella parte in cui si riferisce all'infermità «*mentale*», anziché a quella «*psicofisica*»; b) l'illegittimità costituzionale di questo comma, nella parte in cui si riferisce allo stato «*mentale*», anziché a quello «*psicofisico*»; c) l'illegittimità costituzionale dell'art. 72, co. 1, c.p.p., nella parte in cui si riferisce allo stato «*di mente*», anziché a quello «*psicofisico*», e, nel co. 2, nella parte in cui si riferisce allo stato «*mentale*», anziché a quello «*psicofisico*».

72 bis. Definizione del procedimento per incapacità irreversibile dell'imputato (1).

1. Se, a seguito degli accertamenti previsti dall'articolo 70, risulta che lo stato mentale dell'imputato è tale da impedire la cosciente partecipazione al procedimento e che tale stato è irreversibile, il giudice, revocata l'eventuale ordinanza di sospensione del procedimento, pronuncia sentenza di non luogo a procedere o sentenza di non doversi procedere, salvo che ricorrano i presupposti per l'applicazione di una misura di sicurezza diversa dalla confisca (2).

(1) Articolo inserito dall'art. 1, co. 22, l. 23.6.2017, n. 103, a decorrere dal 3.8.2017.

(2) La Corte cost., con sent. 23.2-7.4.2023, n. 65, ha dichiarato:
- l'illegittimità costituzionale dell'art. 72 bis, co. 1, c.p.p., nella parte in cui si riferisce allo stato «*mentale*», anziché a quello «*psicofisico*»;
- in via consequenziale, ai sensi dell'art. 27 della l. 11.3.1953, n. 87, a) l'illegittimità costituzionale dell'art. 70, co. 1, c.p.p., nella parte in cui si riferisce all'infermità «*mentale*», anziché a quella «*psicofisica*»; b) l'illegittimità costituzionale di questo comma, nella parte in cui si riferisce allo stato «*mentale*», anziché a quello «*psicofisico*»; c) l'illegittimità costituzionale dell'art. 72, co. 1, c.p.p., nella parte in cui si riferisce allo stato «*di mente*», anziché a quello «*psicofisico*», e, nel co. 2, nella parte in cui si riferisce allo stato «*mentale*», anziché a quello «*psicofisico*».

73. Provvedimenti cautelari.

1. In ogni caso in cui lo stato di mente dell'imputato appare tale da renderne necessaria la cura nell'ambito del servizio psichiatrico, il giudice informa con il mezzo più rapido l'autorità competente per l'adozione delle misure previste dalle leggi sul trattamento sanitario per malattie mentali.

2. Qualora vi sia pericolo nel ritardo, il giudice dispone anche di ufficio il ricovero provvisorio dell'imputato in idonea struttura del servizio psichiatrico ospedaliero. L'ordinanza perde in ogni caso efficacia nel momento in cui viene data esecuzione al provvedimento dell'autorità indicata nel comma 1.

3. Quando è stata o deve essere disposta la custodia cautelare dell'imputato, il giudice ordina che la misura sia eseguita nelle forme previste dall'articolo 286.

4. Nel corso delle indagini preliminari, il pubblico ministero provvede all'informativa prevista dal comma 1 e, se ne ricorrono le condizioni, chiede al giudice il provvedimento di ricovero provvisorio previsto dal comma 2.

TITOLO V
Parte civile, responsabile civile e civilmente obbligato per la pena pecuniaria

74. Legittimazione all'azione civile.

1. L'azione civile per le restituzioni e per il risarcimento del danno di cui all'articolo 185 del codice penale può essere esercitata nel processo penale dal soggetto al quale il reato ha recato danno ovvero dai suoi successori universali [90], nei confronti dell'imputato e del responsabile civile.

75. Rapporti tra azione civile e azione penale.

1. L'azione civile proposta davanti al giudice civile può essere trasferita nel processo penale fino a quando in sede civile non sia stata pronunciata sentenza di merito anche non passata in giudicato. L'esercizio di tale facoltà comporta rinuncia agli atti del giudizio; il giudice penale provvede anche sulle spese del procedimento civile.

2. L'azione civile prosegue in sede civile [652] se non è trasferita nel processo penale o è stata iniziata quando non è più ammessa la costituzione di parte civile.

3. Se l'azione è proposta in sede civile nei confronti dell'imputato dopo la costituzione di parte civile nel processo penale o dopo la sentenza penale di primo grado [82], il processo civile è sospeso fino alla pronuncia della sentenza penale non più soggetta a impugnazione, salve le eccezioni previste dalla legge [71, 72, 82, 88, 441, 444, 651, 652].

76. Costituzione di parte civile.

1. L'azione civile nel processo penale è esercitata, anche a mezzo di procuratore speciale, mediante la costituzione di parte civile.

2. La costituzione di parte civile produce i suoi effetti in ogni stato e grado del processo.

77. Capacità processuale della parte civile.

1. Le persone che non hanno il libero esercizio dei diritti non possono costituirsi parte civile se non sono rappresentate, autorizzate o assistite nelle forme prescritte per l'esercizio delle azioni civili.

2. Se manca la persona a cui spetta la rappresentanza o l'assistenza e vi sono ragioni di urgenza ovvero vi è conflitto di interessi tra il danneggiato e chi lo rappresenta, il pubblico ministero può chiedere al giudice di nominare un curatore speciale. La nomina può essere chiesta altresì dalla persona che deve essere rappresentata o assistita ovvero dai suoi prossimi congiunti e, in caso di conflitto di interessi, dal rappresentante.

3. Il giudice, assunte le opportune informazioni e sentite se possibile le persone interessate, provvede con decreto, che è comunicato al pubblico ministero affinché provochi, quando occorre, i provvedimenti per la costituzione della normale rappresentanza o assistenza dell'incapace.

4. In caso di assoluta urgenza, l'azione civile nell'interesse del danneggiato incapace per infermità di mente o per età minore può essere esercitata dal pubblico ministero, finché subentri a norma dei commi precedenti colui al quale spetta la rappresentanza o l'assistenza ovvero il curatore speciale.

78. Formalità della costituzione di parte civile.

1. La dichiarazione di costituzione di parte civile è depositata nella cancelleria del giudice che procede o presentata in udienza e deve contenere, a pena di inammissibilità:

a) le generalità della persona fisica o la denominazione dell'associazione o dell'ente che si costituisce parte civile e le generalità del suo legale rappresentante;
b) le generalità dell'imputato nei cui confronti viene esercitata l'azione civile o le altre indicazioni personali che valgono a identificarlo;
c) il nome e il cognome del difensore e l'indicazione della procura;
d) l'esposizione delle ragioni che giustificano la domanda;
e) la sottoscrizione del difensore.

1 bis. Il difensore cui sia stata conferita la procura speciale ai sensi dell'articolo 100, nonché la procura per la costituzione di parte civile a norma dell'articolo 122, se in questa non risulta la volontà contraria della parte interessata, può conferire al proprio sostituto, con atto scritto, il potere di sottoscrivere e depositare l'atto di costituzione [(1)].

2. Se è presentata fuori udienza, la dichiarazione deve essere notificata, a cura della parte civile, alle altre parti e produce effetto per ciascuna di esse dal giorno nel quale è eseguita la notificazione.

3. Se la procura non è apposta in calce o a margine della dichiarazione di parte civile, ed è conferita nelle altre forme previste dall'articolo 100, commi 1 e 2, essa è depositata nella cancelleria o presentata in udienza unitamente alla dichiarazione di costituzione della parte civile [(2)].

(1) Comma introdotto dall'art. 5, co. 1, lett. b), n. 2), d.lgs. 10.10.2022, n. 150, a decorrere dal 30.12.2022.

(2) Comma così sostituito dall'art. 13, l. 16.12.1999, n. 479. Il testo previgente così disponeva: «*3. La procura conferita nelle forme previste dall'articolo 100 comma 1 è depositata nella cancelleria o presentata in udienza unitamente alla dichiarazione di costituzione di parte civile*».

79. Termine per la costituzione di parte civile.

1. La costituzione di parte civile può avvenire per l'udienza preliminare, prima che siano ultimati gli accertamenti relativi alla costituzione delle parti, o, quando manca l'udienza preliminare, fino a che non siano compiuti gli adempimenti previsti dall'articolo 484 o dall'articolo 554-*bis*, comma 2 [(1)].

2. I termini previsti dal comma 1 sono stabiliti a pena di decadenza [173] (2).

3. Quando la costituzione di parte civile è consentita fino a che non siano compiuti gli adempimenti previsti dall'articolo 484, se la stessa avviene dopo la scadenza del termine previsto dall'articolo 468 comma 1, la parte civile non può avvalersi della facoltà di presentare le liste dei testimoni, periti o consulenti tecnici (3).

(1) Comma così modificato dall'art. 5, co. 1, lett. c), n. 1), d.lgs. 10.10.2022, n. 150, a decorrere dal 30.12.2022.
Il testo previgente così disponeva: «*1. La costituzione di parte civile può avvenire per l'udienza preliminare e successivamente, fino a che non siano compiuti gli adempimenti previsti dall'articolo 484.*».

(2) Comma così modificato dall'art. 5, co. 1, lett. c), n. 3), d.lgs. 10.102022, n. 150, a decorrere dal 30.12.2022. Il testo previgente così disponeva: «*2. Il termine previsto dal comma 1 è stabilito a pena di decadenza.*».

(3) Comma così modificato dall'art. 5, co. 1, lett. c), n. 1), d.lgs. 10.10.2022, n. 150, a decorrere dal 30.12.2022.
Il testo previgente così disponeva: «*3. Se la costituzione avviene dopo la scadenza del termine previsto dall'articolo 468 comma 1, la parte civile non può avvalersi della facoltà di presentare le liste dei testimoni, periti o consulenti tecnici*».

80. Richiesta di esclusione della parte civile.

1. Il pubblico ministero, l'imputato e il responsabile civile possono proporre richiesta motivata di esclusione della parte civile.

2. Nel caso di costituzione di parte civile per l'udienza preliminare, la richiesta è proposta, a pena di decadenza [173], non oltre il momento degli accertamenti relativi alla costituzione delle parti nella udienza preliminare o nel dibattimento.

3. Se la costituzione avviene nel corso degli atti preliminari al dibattimento o introduttivi dello stesso, la richiesta è proposta oralmente a norma dell'articolo 491 comma 1.

4. Sulla richiesta il giudice decide senza ritardo con ordinanza.

5. L'esclusione della parte civile ordinata nell'udienza preliminare non impedisce una successiva costituzione fino a che non siano compiuti gli adempimenti previsti dall'articolo 484.

81. Esclusione di ufficio della parte civile.

1. Fino a che non sia dichiarato aperto il dibattimento di primo grado, il giudice, qualora accerti che non esistono i requisiti per la costituzione di parte civile, ne dispone l'esclusione di ufficio, con ordinanza.

2. Il giudice provvede a norma del comma 1 anche quando la richiesta di esclusione è stata rigettata nella udienza preliminare.

82. Revoca della costituzione di parte civile.

1. La costituzione di parte civile può essere revocata in ogni stato e grado del procedimento con dichiarazione fatta personalmente dalla parte o da un suo procuratore speciale in udienza ovvero con atto scritto depositato nella cancelleria del giudice e notificato alle altre parti.

2. La costituzione si intende revocata se la parte civile non presenta le conclusioni a norma dell'articolo 523 ovvero se promuove l'azione davanti al giudice civile [75, att. 23].

3. Avvenuta la revoca della costituzione a norma dei commi 1 e 2, il giudice penale non può conoscere delle spese e dei danni che l'intervento della parte civile ha cagionato all'imputato e al responsabile civile. L'azione relativa può essere proposta davanti al giudice civile.

4. La revoca non preclude il successivo esercizio dell'azione in sede civile.

83. Citazione del responsabile civile (1).

1. Il responsabile civile per il fatto dell'imputato può essere citato nel processo penale a richiesta della parte civile e, nel caso previsto dall'articolo 77, comma 4, a richiesta del pubblico ministero. L'imputato può essere citato come responsabile civile per il fatto dei coimputati per il caso in cui venga prosciolto o sia pronunciata nei suoi confronti sentenza di non luogo a procedere.

2. La richiesta deve essere proposta al più tardi per il dibattimento.

3. La citazione è ordinata con decreto dal giudice che procede. Il decreto contiene:

a) le generalità o la denominazione della parte civile, con l'indicazione del difensore e le generalità del responsabile civile, se è una persona fisica, ovvero la denominazione dell'associazione o dell'ente chiamato a rispondere e le generalità del suo legale rappresentante;
b) l'indicazione delle domande che si fanno valere contro il responsabile civile;
c) l'invito a costituirsi nei modi previsti dall'articolo 84;
d) la data e le sottoscrizioni del giudice e dell'ausiliario che lo assiste.

4. Copia del decreto è notificata, a cura della parte civile, al responsabile civile, al pubblico ministero e all'imputato. Nel caso previsto dall'articolo 77 comma 4, la copia del decreto è notificata al responsabile civile e all'imputato a cura del pubblico ministero. L'originale dell'atto con la relazione di notificazione è depositato nella cancelleria del giudice che procede.

5. La citazione del responsabile civile è nulla se per omissione o per erronea indicazione di qualche elemento essenziale il responsabile civile non è stato posto in condizione di esercitare i suoi diritti nell'udienza preliminare o nel giudizio. La nullità della notificazione rende nulla la citazione (2).

6. La citazione del responsabile civile perde efficacia se la costituzione di parte civile è revocata o se è ordinata l'esclusione della parte civile [80, 82].

(1) La Corte cost., con sent. 16.4.1998, n. 112, ha dichiarato l'illegittimità di questo articolo, nella parte in cui non prevede che, nel caso di responsabilità civile derivante dalla assicurazione obbligatoria prevista dalla l. 24.12.1969, n. 990, l'assicuratore possa essere citato nel processo penale a richiesta dell'imputato. La Corte cost., con sent. 25.5.2022, n. 159, ha poi dichiarato l'illegittimità costituzionale di questo articolo, nella parte in cui non prevede che, nel caso di responsabilità civile derivante dall'assicurazione obbligatoria previ-

sta dall'art. 12, co. 8, l. 11.2.1992, n. 157, l'assicuratore possa essere citato nel processo penale a richiesta dell'imputato.

(2) La Corte cost., con sent. 17.11.1992, n. 453, ha dichiarato l'illegittimità dell'art. 83, co. 5, c.p.p., nella parte in cui non prevede per la citazione del responsabile civile nel procedimento davanti al pretore, il medesimo termine assegnato all'imputato dall'art. 555, co. 3, dello stesso codice.

84. Costituzione del responsabile civile.

1. Chi è citato come responsabile civile può costituirsi in ogni stato e grado del processo, anche a mezzo di procuratore speciale, con dichiarazione depositata nella cancelleria del giudice che procede o presentata in udienza.

2. La dichiarazione deve contenere a pena di inammissibilità:

a) le generalità della persona fisica o la denominazione dell'associazione o dell'ente che si costituisce e le generalità del suo legale rappresentante;

b) il nome e il cognome del difensore e l'indicazione della procura;

c) la sottoscrizione del difensore.

3. La procura conferita nelle forme previste dall'articolo 100 comma 1 è depositata nella cancelleria o presentata in udienza unitamente alla dichiarazione di costituzione del responsabile civile.

4. La costituzione produce i suoi effetti in ogni stato e grado del processo [83].

85. Intervento volontario del responsabile civile.

1. Quando vi è costituzione di parte civile o quando il pubblico ministero esercita l'azione civile a norma dell'articolo 77 comma 4, il responsabile civile può intervenire volontariamente nel processo, anche a mezzo di procuratore speciale, per l'udienza preliminare e, successivamente, fino a che non siano compiuti gli adempimenti previsti dall'articolo 484, presentando una dichiarazione scritta a norma dell'articolo 84 commi 1 e 2.

2. Il termine previsto dal comma 1 è stabilito a pena di decadenza [173]. Se l'intervento avviene dopo la scadenza del termine previsto dall'articolo 468 comma 1, il responsabile civile non può avvalersi della facoltà di presentare le liste dei testimoni, periti o consulenti tecnici.

3. Se è presentata fuori udienza, la dichiarazione è notificata, a cura del responsabile civile, alle altre parti e produce effetto per ciascuna di esse dal giorno nel quale è eseguita la notificazione.

4. L'intervento del responsabile civile perde efficacia se la costituzione di parte civile è revocata o se è ordinata l'esclusione della parte civile.

86. Richiesta di esclusione del responsabile civile.

1. La richiesta di esclusione del responsabile civile può essere proposta dall'imputato nonché dalla parte civile e dal pubblico ministero che non ne abbiano richiesto la citazione.

2. La richiesta può essere proposta altresì dal responsabile civile che non sia intervenuto volontariamente anche qualora gli elementi di prova raccolti prima della citazione possano recare pregiudizio alla sua difesa in relazione a quanto previsto dagli articoli 651 e 654.

3. La richiesta deve essere motivata ed è proposta, a pena di decadenza, non oltre il momento degli accertamenti relativi alla costituzione delle parti nella udienza preliminare o nel dibattimento. Il giudice decide senza ritardo con ordinanza.

87. Esclusione di ufficio del responsabile civile.

1. Fino a che non sia dichiarato aperto il dibattimento di primo grado, il giudice, qualora accerti che non esistono i requisiti per la citazione o per l'intervento del responsabile civile, ne dispone l'esclusione di ufficio, con ordinanza.

2. Il giudice provvede a norma del comma 1 anche quando la richiesta di esclusione è stata rigettata nella udienza preliminare.

3. L'esclusione è disposta senza ritardo, anche di ufficio, quando il giudice accoglie la richiesta di giudizio abbreviato.

88. Effetti dell'ammissione o dell'esclusione della parte civile o del responsabile civile.

1. L'ammissione della parte civile o del responsabile civile non pregiudica la successiva decisione sul diritto alle restituzioni e al risarcimento del danno [647, c.p. 185-187].

2. L'esclusione della parte civile o del responsabile civile non pregiudica l'esercizio in sede civile dell'azione per le restituzioni e il risarcimento del danno. Tuttavia se il responsabile civile è stato escluso su richiesta della parte civile, questa non può esercitare l'azione davanti al giudice civile per il medesimo fatto.

3. Nel caso di esclusione della parte civile non si applica la disposizione dell'articolo 75 comma 3.

89. Citazione del civilmente obbligato per la pena pecuniaria.

1. La persona civilmente obbligata per la pena pecuniaria è citata per l'udienza preliminare o per il giudizio a richiesta del pubblico ministero o dell'imputato.

2. Si osservano in quanto applicabili le disposizioni relative alla citazione e alla costituzione del responsabile civile. Non si applica la disposizione dell'articolo 87 comma 3.

TITOLO VI
Persona offesa dal reato

90. Diritti e facoltà della persona offesa dal reato.

1. La persona offesa dal reato, oltre ad esercitare i diritti e le facoltà ad essa espressamente riconosciuti dalla legge, in ogni stato e grado del procedimento può presentare memorie e, con esclusione del giudizio di cassazione, indicare elementi di prova.

1 bis. La persona offesa ha facoltà di dichiarare o eleggere domicilio. Ai fini della dichiarazione di domicilio la persona offesa può indicare un indirizzo di posta elettronica certificata o altro servizio elettronico di recapito certificato qualificato [1].

2. La persona offesa minore, interdetta per infermità di mente o inabilitata esercita le facoltà e i diritti a essa attribuiti a mezzo dei soggetti indicati negli articoli 120 e 121 del codice penale.

2 bis. Quando vi è incertezza sulla minore età della persona offesa dal reato, il giudice dispone, anche di ufficio, perizia. Se, anche dopo la perizia, permangono dubbi, la minore età è presunta, ma soltanto ai fini dell'applicazione delle disposizioni processuali [2].

3. Qualora la persona offesa sia deceduta in conseguenza del reato, le facoltà e i diritti previsti dalla legge sono esercitati dai prossimi congiunti di essa o da persona alla medesima legata da relazione affettiva e con essa stabilmente convivente [3].

(1) Comma introdotto dall'art. 5, co. 1, lett. d), d.lgs. 10.10.2022, n. 150, a decorrere dal 30.12.2022.
(2) Comma introdotto dall'art. 1, co. 1, lett. a), n. 1), d.lgs. 15.12.2015, n. 212, a decorrere dal 20.1.2016.
(2) Comma così modificato dall'art. 1, co. 1, lett. a), n. 2), d.lgs. 15.12.2015, n. 212, a decorrere dal 20.1.2016. Il testo previgente così disponeva: «*3. Qualora la persona offesa sia deceduta in conseguenza del reato, le facoltà e i diritti previsti dalla legge sono esercitati dai prossimi congiunti di essa*».

90 bis. Informazioni alla persona offesa [1].

1. Alla persona offesa, sin dal primo contatto con l'autorità procedente, vengono fornite, in una lingua a lei comprensibile, informazioni in merito:

a) alle modalità di presentazione degli atti di denuncia o querela, al ruolo che assume nel corso delle indagini e del processo, al diritto ad avere conoscenza della data, del luogo del processo e della imputazione e, ove costituita parte civile, al diritto a ricevere notifica della sentenza, anche per estratto;

a-*bis*) all'obbligo del querelante di dichiarare o eleggere domicilio per la comunicazione e la notificazione degli atti del procedimento, con l'avviso che la dichiarazione di domicilio può essere effettuata anche dichiarando un indirizzo di posta elettronica certificata o altro servizio elettronico di recapito certificato qualificato [2];

a-*ter*) alla facoltà del querelante, ove non abbia provveduto all'atto di presentazione della querela, di dichiarare o eleggere domicilio anche successivamente [2];

a-*quater*) all'obbligo del querelante, in caso di mutamento del domicilio dichiarato o eletto, di comunicare tempestivamente e nelle forme prescritte all'autorità giudiziaria procedente la nuova domiciliazione [2];

a-*quinquies*) al fatto che, ove abbia nominato un difensore, il querelante sarà domiciliato presso quest'ultimo; che, in mancanza di nomina del difensore, le notificazioni saranno eseguite al querelante presso il domicilio digitale e, nei casi di cui all'articolo 148, comma 4, presso il domicilio dichiarato o eletto; che, in caso di mancanza, insufficienza o inidoneità della dichiarazione o elezione di domicilio, le notificazioni al querelante saranno effettuate mediante deposito presso la segreteria del pubblico ministero procedente o presso la cancelleria del giudice procedente [2];

b) alla facoltà di ricevere comunicazione del procedimento e delle iscrizioni di cui all'articolo 335 commi 1, 2 e 3-*ter* [3];

c) alla facoltà di essere avvisata della richiesta di archiviazione;

d) alla facoltà di avvalersi della consulenza legale e del patrocinio a spese dello Stato;

e) alle modalità di esercizio del diritto all'interpretazione e alla traduzione di atti del procedimento;

f) alle eventuali misure di protezione che possono essere disposte in suo favore;

g) ai diritti riconosciuti dalla legge nel caso in cui risieda in uno Stato membro dell'Unione europea diverso da quello in cui è stato commesso il reato;

h) alle modalità di contestazione di eventuali violazioni dei propri diritti;

i) alle autorità cui rivolgersi per ottenere informazioni sul procedimento;

l) alle modalità di rimborso delle spese sostenute in relazione alla partecipazione al procedimento penale;

m) alla possibilità di chiedere il risarcimento dei danni derivanti da reato;

n) alla possibilità che il procedimento sia definito con remissione di querela di cui all'articolo 152 del codice penale, ove possibile [4];

n-*bis*) al fatto che la mancata comparizione senza giustificato motivo della persona offesa che abbia proposto querela all'udienza alla quale sia stata citata in qualità di testimone comporta la remissione tacita di querela [5];

o) alle facoltà ad essa spettanti nei procedimenti in cui l'imputato formula richiesta di sospensione del procedimento con messa alla prova o in quelli in cui è applicabile la causa di esclusione della punibilità per particolare tenuità del fatto;

p) alle strutture sanitarie presenti sul territorio, alle case famiglia, ai centri antiviolenza, alle case rifugio e ai servizi di assistenza alle vittime di reato [6];

p-*bis*) alla facoltà di accedere ai programmi di giustizia riparativa [7];

p-*ter*) al fatto che la partecipazione del querelante a un programma di giustizia riparativa, concluso con un esito riparativo e con il rispetto degli eventuali impegni comportamentali assunti da parte dell'imputato, comporta la remissione tacita di querela [7].

(1) Articolo inserito dall'art. 1, co. 1, lett. b), d.lgs. 15.12.2015, n. 212, a decorrere dal 20.1.2016.
(2) Lettera introdotta dall'art. 5, co. 1, lett. e), n. 1), d.lgs. 10.10.2022, n. 150, a decorrere dal 30.12.2022.
(3) Lettera così sostituita dall'art. 1, co. 27, l. 23.6.2017, n. 103, a decorrere dal 3.8.2017. Il testo previgente così disponeva: «*b) alla facoltà di ricevere comunicazione dello stato del procedimento e delle iscrizioni di cui all'articolo 335, commi 1 e 2;*».
(4) Lettera così modificata dall'art. 5, co. 1, lett. e), n. 2), d.lgs. 10.10.2022, n. 150, a decorrere dal 30.12.2022. Il testo previgente

così disponeva: «*n) alla possibilità che il procedimento sia definito con remissione di querela di cui all'articolo 152 del codice penale, ove possibile, o attraverso la mediazione;*».

(5) Lettera introdotta dall'art. 5, co. 1, lett. e), n. 3), d.lgs. 10.10.2022, n. 150, a decorrere dal 30.12.2022.

(6) Lettera così modificata dall'art. 14, co. 2, l. 19.7.2019, n. 69, a decorrere dal 9.8.2019. Il testo previgente così disponeva: «*p) alle strutture sanitarie presenti sul territorio, alle case famiglia, ai centri antiviolenza e alle case rifugio*». La punteggiatura finale di questa lettera è stata così modificata dall'art. 5, co. 1, lett. e), n. 4), d.lgs. 10.10.2022, n. 150, a decorrere dal 30.12.2022.

(7) Lettera introdotta dall'art. 5, co. 1, lett. e), n. 5), d.lgs. 10.10.2022, n. 150, a decorrere dal 30.12.2022.

90 bis.1. Informazioni alla vittima di cui all'articolo 42, comma 1, lettera b), del decreto legislativo attuativo della legge 27 settembre 2021, n. 134 [1].

1. La vittima del reato di cui all'articolo 42, comma 1, lettera b), del decreto legislativo attuativo della legge 27 settembre 2021, n. 134, sin dal primo contatto con l'autorità procedente, viene informata in una lingua a lei comprensibile della facoltà di svolgere un programma di giustizia riparativa.

(1) Articolo inserito dall'art. 5, co. 1, lett. f), d.lgs. 10.10.2022, n. 150, a decorrere dal 30.12.2022. Le disposizioni di questo si applicano nei procedimenti penali e nella fase dell'esecuzione della pena decorsi sei mesi dalla data del 30.12.2022.

90 ter. Comunicazioni dell'evasione e della scarcerazione [1].

1. Fermo quanto previsto dall'articolo 299, nei procedimenti per delitti commessi con violenza alla persona sono immediatamente comunicati alla persona offesa che ne faccia richiesta, con l'ausilio della polizia giudiziaria, i provvedimenti di scarcerazione e di cessazione della misura di sicurezza detentiva emessi nei confronti dell'imputato in stato di custodia cautelare o del condannato o dell'internato, ed è altresì data tempestiva notizia, con le stesse modalità, dell'evasione dell'imputato in stato di custodia cautelare o del condannato, nonché della volontaria sottrazione dell'internato all'esecuzione della misura di sicurezza detentiva, salvo che risulti, anche nella ipotesi di cui all'articolo 299, il pericolo concreto di un danno per l'autore del reato [2].

1 bis. Le comunicazioni previste al comma 1 sono sempre effettuate alla persona offesa e al suo difensore, ove nominato, se si procede per i delitti previsti dagli articoli 572, 609-*bis*, 609-*ter*, 609-*quater*, 609-*quinquies*, 609-*octies* e 612-*bis* del codice penale, nonché dagli articoli 582 e 583-*quinquies* del codice penale nelle ipotesi aggravate ai sensi degli articoli 576, primo comma, numeri 2, 5 e 5.1, e 577, primo comma, numero 1, e secondo comma, del codice penale [3].

(1) Articolo inserito dall'art. 1, co. 1, lett. b), d.lgs. 15.12.2015, n. 212, a decorrere dal 20.1.2016.

(2) Comma così modificato dall'art. 14, co. 1, lett. a), l. 24.11.2023, n. 168, a decorrere dal 9.12.2023.
Il testo previgente così disponeva: «*1. Fermo quanto previsto dall'articolo 299, nei procedimenti per delitti commessi con violenza alla persona sono immediatamente comunicati alla persona offesa che ne faccia richiesta, con l'ausilio della polizia giudiziaria, i provvedimenti di scarcerazione e di cessazione della misura di sicurezza detentiva, ed è altresì data tempestiva notizia, con le stesse modalità, dell'evasione dell'imputato in stato di custodia cautelare o del condannato, nonché della volontaria sottrazione dell'internato all'esecuzione della misura di sicurezza detentiva, salvo che risulti, anche nella ipotesi di cui all'articolo 299, il pericolo concreto di un danno per l'autore del reato.*».

(3) Comma introdotto dall'art. 15, co. 1, l. 19.7.2019, n. 69, a decorrere dal 9.8.2019.

90 quater. Condizione di particolare vulnerabilità [1].

1. Agli effetti delle disposizioni del presente codice, la condizione di particolare vulnerabilità della persona offesa è desunta, oltre che dall'età e dallo stato di infermità o di deficienza psichica, dal tipo di reato, dalle modalità e circostanze del fatto per cui si procede. Per la valutazione della condizione si tiene conto se il fatto risulta commesso con violenza alla persona o con odio razziale, se è riconducibile ad ambiti di criminalità organizzata o di terrorismo, anche internazionale, o di tratta degli esseri umani, se si caratterizza per finalità di discriminazione, e se la persona offesa è affettivamente, psicologicamente o economicamente dipendente dall'autore del reato.

(1) Articolo inserito dall'art. 1, co. 1, lett. b), d.lgs. 15.12.2015, n. 212, a decorrere dal 20.1.2016.

91. Diritti e facoltà degli enti e delle associazioni rappresentativi di interessi lesi dal reato.

1. Gli enti e le associazioni senza scopo di lucro ai quali, anteriormente alla commissione del fatto per cui si procede, sono state riconosciute, in forza di legge, finalità di tutela degli interessi lesi dal reato, possono esercitare, in ogni stato e grado del procedimento, i diritti e le facoltà attribuiti alla persona offesa dal reato [90, 505, 511, 572].

92. Consenso della persona offesa.

1. L'esercizio dei diritti e delle facoltà spettanti agli enti e alle associazioni rappresentativi di interessi lesi dal reato è subordinato al consenso della persona offesa.

2. Il consenso deve risultare da atto pubblico o da scrittura privata autenticata e può essere prestato a non più di uno degli enti o delle associazioni. È inefficace il consenso prestato a più enti o associazioni.

3. Il consenso può essere revocato in qualsiasi momento con le forme previste dal comma 2.

4. La persona offesa che ha revocato il consenso non può prestarlo successivamente né allo stesso né ad altro ente o associazione.

93. Intervento degli enti o delle associazioni.

1. Per l'esercizio dei diritti e delle facoltà previsti dall'articolo 91 l'ente o l'associazione presenta all'autorità procedente un atto di intervento che contiene a pena di inammissibilità:

a) le indicazioni relative alla denominazione dell'ente o dell'associazione, alla sede, alle disposizioni che riconoscono le finalità di tutela degli interessi lesi, alle generalità del legale rappresentante;
b) l'indicazione del procedimento;

c) il nome e il cognome del difensore e l'indicazione della procura;
d) l'esposizione sommaria delle ragioni che giustificano l'intervento;
e) la sottoscrizione del difensore.

2. Unitamente all'atto di intervento sono presentate la dichiarazione di consenso della persona offesa e la procura al difensore se questa è stata conferita nelle forme previste dall'articolo 100 comma 1.

3. Se è presentato fuori udienza, l'atto di intervento deve essere notificato alle parti e produce effetto dal giorno dell'ultima notificazione.

4. L'intervento produce i suoi effetti in ogni stato e grado del procedimento.

94. Termine per l'intervento.

1. Gli enti e le associazioni rappresentativi di interessi lesi dal reato possono intervenire nel procedimento fino a che non siano compiuti gli adempimenti previsti dall'articolo 484.

95. Provvedimenti del giudice.

1. Entro tre giorni dalla notificazione eseguita a norma dell'articolo 93 comma 3, le parti possono opporsi con dichiarazione scritta all'intervento dell'ente o dell'associazione. L'opposizione è notificata al legale rappresentante dell'ente o dell'associazione, il quale può presentare le sue deduzioni nei cinque giorni successivi.

2. Se l'intervento è avvenuto prima dell'esercizio dell'azione penale [405], sull'opposizione provvede il giudice per le indagini preliminari; se è avvenuto nell'udienza preliminare, l'opposizione è proposta prima dell'apertura della discussione [421]; se è avvenuto in dibattimento, l'opposizione è proposta a norma dell'articolo 491 comma 1.

3. I termini previsti dai commi 1 e 2 sono stabiliti a pena di decadenza [173]. Il giudice provvede senza ritardo con ordinanza.

4. In ogni stato e grado del processo il giudice, qualora accerti che non esistono i requisiti per l'esercizio dei diritti e delle facoltà previsti dall'articolo 91, dispone anche di ufficio, con ordinanza, l'esclusione dell'ente o dell'associazione.

TITOLO VII
Difensore

96. Difensore di fiducia.

1. L'imputato ha diritto di nominare non più di due difensori di fiducia.

2. La nomina è fatta con dichiarazione resa all'autorità procedente ovvero consegnata alla stessa dal difensore o trasmessa con raccomandata.

3. La nomina del difensore di fiducia della persona fermata, arrestata o in custodia cautelare, finché la stessa non vi ha provveduto, può essere fatta da un prossimo congiunto, con le forme previste dal comma 2.

97. Difensore di ufficio.

1. L'imputato che non ha nominato un difensore di fiducia o ne è rimasto privo è assistito da un difensore di ufficio.

2. Il difensore d'ufficio nominato ai sensi del comma 1 è individuato nell'ambito degli iscritti all'elenco nazionale di cui all'articolo 29 delle disposizioni di attuazione. I Consigli dell'ordine circondariali di ciascun distretto di Corte d'appello predispongono, mediante un apposito ufficio centralizzato, l'elenco dei professionisti iscritti all'albo e facenti parte dell'elenco nazionale ai fini della nomina su richiesta dell'autorità giudiziaria e della polizia giudiziaria. Il Consiglio nazionale forense fissa, con cadenza annuale, i criteri generali per la nomina dei difensori d'ufficio sulla base della prossimità alla sede del procedimento e della reperibilità [(1)].

3. Il giudice, il pubblico ministero e la polizia giudiziaria, se devono compiere un atto per il quale è prevista l'assistenza del difensore e la persona sottoposta alle indagini o l'imputato ne sono privi, danno avviso dell'atto al difensore il cui nominativo è comunicato dall'ufficio di cui al comma 2 [(2)].

4. Quando è richiesta la presenza del difensore e quello di fiducia o di ufficio nominato a norma dei commi 2 e 3 non è stato reperito, non è comparso o ha abbandonato la difesa, il giudice designa come sostituto un altro difensore immediatamente reperibile per il quale si applicano le disposizioni di cui all'articolo 102. Il pubblico ministero e la polizia giudiziaria, nelle medesime circostanze, richiedono un altro nominativo all'ufficio di cui al comma 2, salva, nei casi di urgenza, la designazione di un altro difensore immediatamente reperibile, previa adozione di un provvedimento motivato che indichi le ragioni dell'urgenza. Nel corso del giudizio può essere nominato sostituto solo un difensore iscritto nell'elenco di cui al comma 2 [(3)].

5. Il difensore di ufficio ha l'obbligo di prestare il patrocinio e può essere sostituito solo per giustificato motivo.

6. Il difensore di ufficio cessa dalle sue funzioni se viene nominato un difensore di fiducia.

(1) Comma sostituito dall'art. 1, l. 6.3.2001, n. 60 e, poi, dall'art. 3, co. 1, d.lgs. 30.1.2015, n. 6. Il testo antecedente alla sostituzione del 2015 così disponeva: «*I consigli dell'ordine forense di ciascun distretto di corte d'appello, mediante un apposito ufficio centralizzato, al fine di garantire l'effettività della difesa d'ufficio, predispongono gli elenchi dei difensori che a richiesta dell'autorità giudiziaria o della polizia giudiziaria sono indicati ai fini della nomina. I consigli dell'ordine fissano i criteri per la nomina dei difensori sulla base delle competenze specifiche, della prossimità alla sede del procedimento e della reperibilità*». Il testo in antecedente alla sostituzione del 2001 così disponeva: «*Il consiglio dell'ordine forense, al fine di garantire l'effettività della difesa di ufficio, predispone gli elenchi dei difensori e, d'intesa con il presidente del tribunale, fissa i criteri per la loro nomina sulla base di turni di reperibilità*».

(2) Comma così sostituito dall'art. 2, l. 6.3.2001, n. 60. Il testo previgente così disponeva: «*3. Il giudice, il pubblico ministero e la polizia giudiziaria, se devono compiere un atto per il quale è prevista l'assistenza del difensore e l'imputato ne è privo, danno avviso dell'atto al difensore individuato sulla base dei criteri indicati nel comma 2*».

(3) Comma così sostituito dall'art. 3, l. 6.3.2001, n. 60. Il testo previgente così disponeva: «*4. Quando è richiesta la presenza del difenso-*

re e quello di fiducia o di ufficio nominato a norma dei commi 2 e 3 non è stato reperito, non è comparso o ha abbandonato la difesa, il giudice o il pubblico ministero designa come sostituto altro difensore immediatamente reperibile per il quale si applicano le disposizioni dell'articolo 102».

98. Patrocinio dei non abbienti.

1. L'imputato, la persona offesa dal reato, il danneggiato che intende costituirsi parte civile e il responsabile civile possono chiedere di essere ammessi al patrocinio a spese dello Stato, secondo le norme della legge sul patrocinio dei non abbienti.

99. Estensione al difensore dei diritti dell'imputato.

1. Al difensore competono le facoltà e i diritti che la legge riconosce all'imputato, a meno che essi siano riservati personalmente a quest'ultimo [46, comma 2, 419, comma 5, 438, comma 3, 446, comma 3, 571, 589].

2. L'imputato può togliere effetto, con espressa dichiarazione contraria, all'atto compiuto dal difensore prima che, in relazione all'atto stesso, sia intervenuto un provvedimento del giudice.

100. Difensore delle altre parti private.

1. La parte civile, il responsabile civile e la persona civilmente obbligata per la pena pecuniaria stanno in giudizio col ministero di un difensore, munito di procura speciale conferita con atto pubblico o scrittura privata autenticata dal difensore o da altra persona abilitata [(1)].

2. La procura speciale può essere anche apposta in calce o a margine della dichiarazione di costituzione di parte civile, del decreto di citazione o della dichiarazione di costituzione o di intervento del responsabile civile e della persona civilmente obbligata per la pena pecuniaria. In tali casi l'autografia della sottoscrizione della parte è certificata dal difensore.

3. La procura speciale si presume conferita soltanto per un determinato grado del processo, quando nell'atto non è espressa volontà diversa.

4. Il difensore può compiere e ricevere, nell'interesse della parte rappresentata, tutti gli atti del procedimento che dalla legge non sono a essa espressamente riservati. In ogni caso non può compiere atti che importino disposizione del diritto in contesa se non ne ha ricevuto espressamente il potere.

5. Il domicilio delle parti private indicate nel comma 1 per ogni effetto processuale si intende eletto presso il difensore [154, comma 4].

(1) Comma così modificato dall'art. 13, l. 16.12.1999, n. 479. Il testo previgente così disponeva: «*1. La parte civile, il responsabile civile e la persona civilmente obbligata per la pena pecuniaria stanno in giudizio col ministero di un difensore, munito di procura speciale conferita con atto pubblico o scrittura privata autenticata*».

101. Difensore della persona offesa.

1. La persona offesa dal reato, per l'esercizio dei diritti e delle facoltà ad essa attribuiti [90], può nominare un difensore nelle forme previste dall'articolo 96 comma 2. Al momento dell'acquisizione della notizia di reato il pubblico ministero e la polizia giudiziaria informano la persona offesa dal reato di tale facoltà. La persona offesa è altresì informata della possibilità dell'accesso al patrocinio a spese dello Stato ai sensi dell'articolo 76 del testo unico delle disposizioni legislative e regolamentari in materia di spese di giustizia, di cui al decreto del Presidente della Repubblica 30 maggio 2002, n. 115, e successive modificazioni [(1)].

2. Per la nomina dei difensori degli enti e delle associazioni che intervengono a norma dell'articolo 93 si applicano le disposizioni dell'articolo 100.

(1) Comma così modificato dall'art. 2, co. 1, lett. 0a), d.l. 14.8.2013, n. 93, conv., con modif., dalla l. 15.10.2013, n. 119. Il testo previgente così disponeva: «*La persona offesa dal reato, per l'esercizio dei diritti e delle facoltà ad essa attribuiti, può nominare un difensore nelle forme previste dall'articolo 96 comma 2*».

102. Sostituto del difensore.

1. Il difensore di fiducia e il difensore d'ufficio possono nominare un sostituto [97] [(1)].

2. Il sostituto esercita i diritti e assume i doveri del difensore.

(1) Comma così sostituito dall'art. 4, l. 6.3.2001, n. 60. Il testo previgente così disponeva: «*1. Il difensore, per il caso di impedimento e per tutta la durata di questo, può designare un sostituto*».

103. Garanzie di libertà del difensore.

1. Le ispezioni e le perquisizioni negli uffici dei difensori sono consentite solo:

a) quando essi o altre persone che svolgono stabilmente attività nello stesso ufficio sono imputati, limitatamente ai fini dell'accertamento del reato loro attribuito;
b) per rilevare tracce o altri effetti materiali del reato o per ricercare cose o persone specificamente predeterminate.

2. Presso i difensori e gli investigatori privati autorizzati e incaricati in relazione al procedimento, nonché presso i consulenti tecnici non si può procedere a sequestro di carte o documenti relativi all'oggetto della difesa, salvo che costituiscano corpo del reato [(1)].

3. Nell'accingersi a eseguire una ispezione, una perquisizione o un sequestro nell'ufficio di un difensore, l'autorità giudiziaria a pena di nullità avvisa il consiglio dell'ordine forense del luogo perché il presidente o un consigliere da questo delegato possa assistere alle operazioni. Allo stesso, se interviene e ne fa richiesta, è consegnata copia del provvedimento.

4. Alle ispezioni, alle perquisizioni e ai sequestri negli uffici dei difensori procede personalmente il giudice ovvero, nel corso delle indagini preliminari, il pubblico ministero in forza di motivato decreto di autorizzazione del giudice.

5. Non è consentita l'intercettazione relativa a conversazioni o comunicazioni dei difensori, degli investigatori privati autorizzati e incaricati in relazione al procedimento, dei consulenti tecnici e loro ausiliari, né a quelle tra i medesimi e le persone da loro assistite [(2)].

6. Sono vietati il sequestro e ogni forma di controllo della corrispondenza tra l'imputato e il proprio difensore in quanto riconoscibile dalle prescritte indicazioni, salvo che l'autorità giudiziaria abbia fondato motivo di ritenere che si tratti di corpo del reato.

7. Salvo quanto previsto dal comma 3 e dall'articolo 271, i risultati delle ispezioni, perquisizioni, sequestri, intercettazioni di conversazioni o comunicazioni, eseguiti in violazione delle disposizioni precedenti, non possono essere utilizzati [191]. Fermo il divieto di utilizzazione di cui al primo periodo, quando le comunicazioni e conversazioni sono comunque intercettate, il loro contenuto non può essere trascritto, neanche sommariamente, e nel verbale delle operazioni sono indicate soltanto la data, l'ora e il dispositivo su cui la registrazione è intervenuta (3).

(1) Comma così modificato dall'art. 1, l. 7.12.2000, n. 397. Il testo previgente così disponeva: «2. *Presso i difensori e i consulenti tecnici non si può procedere a sequestro di carte o documenti relativi all'oggetto della difesa, salvo che costituiscano corpo del reato*».

(2) Comma così modificato dall'art. 1, l. 7.12.2000, n. 397. Il testo previgente così disponeva: «5. *Non è consentita l'intercettazione relativa a conversazioni o comunicazioni dei difensori, consulenti tecnici e loro ausiliari, né a quelle tra i medesimi e le persone da loro assistite*».

(3) Comma così modificato dall'art. 2, co. 1, lett. a), d.lgs. 29.12.2017, n. 216, a decorrere dal 26.1.2018. Il testo di questo comma precedente così disponeva: «7. *Salvo quanto previsto dal comma 3 e dall'articolo 271, i risultati delle ispezioni, perquisizioni, sequestri, intercettazioni di conversazioni o comunicazioni, eseguiti in violazione delle disposizioni precedenti, non possono essere utilizzati*».

104. Colloqui del difensore con l'imputato in custodia cautelare.

1. L'imputato in stato di custodia cautelare ha diritto di conferire con il difensore fin dall'inizio dell'esecuzione della misura.

2. La persona arrestata in flagranza o fermata a norma dell'articolo 384 ha diritto di conferire con il difensore subito dopo l'arresto o il fermo.

3. Nel corso delle indagini preliminari per i delitti di cui all'articolo 51, commi 3-*bis* e 3-*quater*, quando sussistono specifiche ed eccezionali ragioni di cautela, il giudice su richiesta del pubblico ministero può, con decreto motivato, dilazionare, per un tempo non superiore a cinque giorni (1), l'esercizio del diritto di conferire con il difensore (2).

4. Nell'ipotesi di arresto o di fermo, il potere previsto dal comma 3 è esercitato dal pubblico ministero fino al momento in cui l'arrestato o il fermato è posto a disposizione del giudice.

4 bis. L'imputato in stato di custodia cautelare, l'arrestato e il fermato, che non conoscono la lingua italiana, hanno diritto all'assistenza gratuita di un interprete per conferire con il difensore a norma dei commi precedenti. Per la nomina dell'interprete si applicano le disposizioni del titolo IV del libro II (3).

(1) Il termine per la dilazione dell'esercizio del diritto di comparire con il difensore, prima stabilito per un tempo non superiore a sette giorni, è stato così modificato dall'art. 1, l. 8.8.1995, n. 332.

(2) Comma così modificato dall'art. 1, co. 25, l. 23.6.2017, n. 103, a decorrere dal 3.8.2017. Il testo previgente così disponeva: «3. *Nel corso delle indagini preliminari, quando sussistono specifiche ed eccezionali ragioni di cautela, il giudice su richiesta del pubblico ministero può, con decreto motivato, dilazionare, per un tempo non superiore a cinque giorni, l'esercizio del diritto di conferire con il difensore*».

(3) Comma introdotto dall'art. 1, co. 1, lett. a), d.lgs. 4.3.2014, n. 32.

105. Abbandono e rifiuto della difesa.

1. Il consiglio dell'ordine forense ha competenza esclusiva per le sanzioni disciplinari relative all'abbandono della difesa o al rifiuto della difesa di ufficio.

2. Il procedimento disciplinare è autonomo rispetto al procedimento penale in cui è avvenuto l'abbandono o il rifiuto.

3. Nei casi di abbandono o di rifiuto motivati da violazione dei diritti della difesa, quando il consiglio dell'ordine li ritiene comunque giustificati, la sanzione non è applicata, anche se la violazione dei diritti della difesa è esclusa dal giudice.

4. L'autorità giudiziaria riferisce al consiglio dell'ordine i casi di abbandono della difesa, di rifiuto della difesa di ufficio o, nell'ambito del procedimento, i casi di violazione da parte del difensore dei doveri di lealtà e probità nonché del divieto di cui all'articolo 106, comma 4-*bis* (1).

5. L'abbandono della difesa delle parti private diverse dall'imputato [100], della persona offesa, degli enti e delle associazioni previsti dall'articolo 91 non impedisce in alcun caso l'immediata continuazione del procedimento e non interrompe l'udienza.

(1) Comma così sostituito dall'art. 15, l. 13.2.2001, n. 45. Il testo previgente così disponeva: «4. *L'autorità giudiziaria riferisce al consiglio dell'ordine i casi di abbandono della difesa, di rifiuto della difesa di ufficio e di violazione da parte dei difensori nel procedimento dei doveri di lealtà e di probità*».

106. Incompatibilità della difesa di più imputati nello stesso procedimento.

1. Salva la disposizione del comma 4-*bis* la difesa di più imputati può essere assunta da un difensore comune, purché le diverse posizioni non siano tra loro incompatibili (1).

2. L'autorità giudiziaria, se rileva una situazione di incompatibilità, la indica e ne espone i motivi, fissando un termine per rimuoverla.

3. Qualora l'incompatibilità non sia rimossa il giudice la dichiara con ordinanza provvedendo alle necessarie sostituzioni a norma dell'articolo 97.

4. Se l'incompatibilità è rilevata nel corso delle indagini preliminari, il giudice, su richiesta del pubblico ministero o di taluna delle parti private e sentite le parti interessate, provvede a norma del comma 3 (2).

4 bis. Non può essere assunta da uno stesso difensore la difesa di più imputati che abbiano reso dichiarazioni concernenti la responsabilità di altro imputato nel medesimo procedimento o in procedimento connesso ai sensi dell'articolo 12 o collegato ai sensi dell'articolo 371, comma 2, lettera b). Si applicano, in quanto compatibili, le disposizioni dei commi 2, 3 e 4 (3).

(1) Comma così modificato dall'art. 16, l. 13.2.2001, n. 45. Il testo previgente così disponeva: «1. *La difesa di più imputati può essere*

assunta da un difensore comune, purché le diverse posizioni non siano tra loro incompatibili».

(2) Comma così sostituito dall'art. 16, l. 13.2.2001, n. 45. Il testo previgente così disponeva: «*4. Se l'incompatibilità è rilevata nel corso delle indagini preliminari dal pubblico ministero, il giudice, su richiesta di questo e sentite le parti interessate, provvede a norma del comma 3*».

(3) Comma introdotto dall'art. 16, l. 13.2.2001, n. 45.

107. Non accettazione, rinuncia o revoca del difensore (1).

1. Il difensore che non accetta l'incarico conferitogli o vi rinuncia ne dà subito comunicazione all'autorità procedente e a chi lo ha nominato.

2. La non accettazione ha effetto dal momento in cui è comunicata all'autorità procedente.

3. La rinuncia non ha effetto finché la parte non risulti assistita da un nuovo difensore di fiducia o da un difensore di ufficio e non sia decorso il termine eventualmente concesso a norma dell'articolo 108.

4. La disposizione del comma 3 si applica anche nel caso di revoca.

(1) L'art. 87, co. 6 bis, d.lgs. 10.10.2022, n. 150, come modificato dall'art. 5 quater, co. 1, lett. b), d.l. 31.10.2022, n. 162, conv., con modif., con l. 30.12.2022, n. 199 ha così stabilito: «*6-bis. Sino al quindicesimo giorno successivo alla pubblicazione dei regolamenti di cui ai commi 1 e 3, ovvero sino al diverso termine previsto dal regolamento di cui al comma 3 per gli uffici giudiziari e le tipologie di atti in esso indicati, il deposito di memorie, documenti, richieste e istanze indicati dall'articolo 415-bis, comma 3, del codice di procedura penale, dell'opposizione alla richiesta di archiviazione indicata dall'articolo 410 del codice di procedura penale, della denuncia di cui all'articolo 333 del codice di procedura penale, della querela di cui all'articolo 336 del codice di procedura penale e della relativa procura speciale, nonché della nomina del difensore e della rinuncia o revoca del mandato indicate dall'articolo 107 del codice di procedura penale, negli uffici delle procure della Repubblica presso i tribunali avviene esclusivamente mediante deposito nel portale del processo penale telematico individuato con provvedimento del Direttore generale per i sistemi informativi automatizzati del Ministero della giustizia e con le modalità stabilite nel medesimo provvedimento, anche in deroga al regolamento di cui al decreto del Ministro della giustizia 21 febbraio 2011, n. 44. Il deposito degli atti si intende eseguito al momento del rilascio della ricevuta di accettazione da parte dei sistemi ministeriali, secondo le modalità stabilite dal provvedimento. Il deposito è tempestivo quando è eseguito entro le ore 24 del giorno di scadenza.*».

108. Termine per la difesa (1).

1. Nei casi di rinuncia, di revoca, di incompatibilità, e nel caso di abbandono, il nuovo difensore dell'imputato o quello designato d'ufficio che ne fa richiesta ha diritto a un termine congruo, non inferiore a sette giorni, per prendere cognizione degli atti e per informarsi sui fatti oggetto del procedimento.

2. Il termine di cui al comma 1 può essere inferiore se vi è consenso dell'imputato o del difensore o se vi sono specifiche esigenze processuali che possono determinare la scarcerazione dell'imputato o la prescrizione del reato. In tale caso il termine non può comunque essere inferiore a ventiquattro ore. Il giudice provvede con ordinanza.

(1) Articolo così sostituito dall'art. 5, l. 6.3.2001, n. 60. Il testo previgente così disponeva: «*Termine per la difesa. 1. Nei casi di rinuncia, di revoca, di incompatibilità e nel caso di abbandono, al nuovo difensore dell'imputato o a quello designato in sostituzione che ne fa richiesta è dato un termine congruo, di norma non inferiore a tre giorni, per prendere cognizione degli atti e per informarsi sui fatti oggetto del procedimento*».

LIBRO SECONDO
Atti

TITOLO I
Disposizioni generali

109. Lingua degli atti.

1. Gli atti del procedimento penale sono compiuti in lingua italiana.

2. Davanti all'autorità giudiziaria avente competenza di primo grado o di appello su un territorio dove è insediata una minoranza linguistica riconosciuta, il cittadino italiano che appartiene a questa minoranza è, a sua richiesta, interrogato o esaminato nella madrelingua e il relativo verbale [134] è redatto anche in tale lingua. Nella stessa lingua sono tradotti gli atti del procedimento a lui indirizzati successivamente alla sua richiesta. Restano salvi gli altri diritti stabiliti da leggi speciali e da convenzioni internazionali.

3. Le disposizioni di questo articolo si osservano a pena di nullità [177].

110. Forma degli atti (1).

1. Quando è richiesta la forma scritta, gli atti del procedimento penale sono redatti e conservati in forma di documento informatico, tale da assicurarne l'autenticità, l'integrità, la leggibilità, la reperibilità, l'interoperbilità e, ove previsto dalla legge, la segretezza.

2. Gli atti redatti in forma di documento informatico rispettano la normativa, anche regolamentare, concernente la redazione, la sottoscrizione, la conservazione, l'accesso, la trasmissione e la ricezione degli atti e dei documenti informatici.

3. La disposizione di cui al comma 1 non si applica agli atti che, per loro natura o per specifiche esigenze processuali, non possono essere redatti in forma di documento informatico.

4. Gli atti redatti in forma di documento analogico sono convertiti senza ritardo in copia informatica ad opera dell'ufficio che li ha formati o ricevuti, nel rispetto della normativa, anche regolamentare, concernente la redazione, la sottoscrizione, la trasmissione e la ricezione degli atti e dei documenti informatici.

(1) Articolo così sostituito dall'art. 6, co. 1, lett. a), d.lgs. 10.10.2022, n. 150, a decorrere dal 30.12.2022. L'art. 87, co. 4, dello stesso d.lgs. n. 150/2022 ha così stabilito: «*4. Sino al quindicesimo giorno successivo alla pubblicazione dei regolamenti di cui ai commi 1 e 3, ovvero sino al diverso termine di transizione previsto dal regolamento di cui al comma 3 per gli uffici giudiziari e per le tipologie di atti in esso indicati, continuano ad applicarsi, nel testo vigente al momento dell'entrata in vigore del presente decreto, le disposizioni di cui agli articoli 110, 111, comma 1, 116, comma 3-bis, 125, comma 5, 134, comma 2, 135, comma 2, 162, comma 1, 311, comma 3, 391-octies, comma 3, 419, comma 5, primo periodo, 447, comma 1, primo periodo, 461, comma 1, 462, comma 1, 582, comma 1, 585, comma 4, del codice di procedura penale, nonché le disposizioni di cui l'articolo 154, commi 2, 3 e 4 delle norme di attuazione, di coordinamento e transitorie del*

codice di procedura penale, di cui al decreto legislativo 28 luglio 1989, n. 271.».

Il testo previgente così disponeva: «*Sottoscrizione degli atti.*

1. *Quando è richiesta la sottoscrizione di un atto, se la legge non dispone altrimenti, è sufficiente la scrittura di propria mano, in fine dell'atto, del nome e cognome di chi deve firmare.*
2. *Non è valida la sottoscrizione apposta con mezzi meccanici o con segni diversi dalla scrittura.*
3. *Se chi deve firmare non è in grado di scrivere, il pubblico ufficiale, al quale è presentato l'atto scritto o che riceve l'atto orale, accertata l'identità della persona, ne fa annotazione in fine dell'atto medesimo.*».

111. Data e sottoscrizione degli atti [1].

1. Quando la legge richiede la data di un atto, informatico o analogico, sono indicati il giorno, il mese, l'anno e il luogo in cui l'atto è compiuto. L'indicazione dell'ora è necessaria solo se espressamente prescritta [2].

2. Se l'indicazione della data di un atto è prescritta a pena di nullità [292], questa sussiste soltanto nel caso in cui la data non possa stabilirsi con certezza in base ad elementi contenuti nell'atto medesimo o in atti a questo connessi.

2 bis. L'atto redatto in forma di documento informatico è sottoscritto, con firma digitale o altra firma elettronica qualificata, nel rispetto della normativa, anche regolamentare, concernente la sottoscrizione, la trasmissione e la ricezione degli atti e dei documenti informatici [3].

2 ter. La ricezione di un atto orale, trascritto in forma di documento informatico, contiene l'attestazione da parte dell'autorità procedente, che sottoscrive il documento a norma del comma 2-*bis*, della identità della persona che lo ha reso [3].

2 quater. Quando l'atto è redatto in forma di documento analogico e ne è richiesta la sottoscrizione, se la legge non dispone altrimenti, è sufficiente la scrittura di propria mano, in fine dell'atto, del nome e cognome di chi deve firmare. Se chi deve firmare non è in grado di scrivere, il pubblico ufficiale, al quale è presentato l'atto scritto o che riceve l'atto orale, accertata l'identità della persona, ne fa attestazione in fine dell'atto medesimo [3].

(1) Rubrica così modificata dall'art. 6, co. 1, lett. b), n. 1), d.lgs. 10.10.2022, n. 150, a decorrere dal 30.12.2022.
La rubrica, antecedente alla modifica, era la seguente: «*Data degli atti*».

(2) Comma così modificato dall'art. 6, co. 1, lett. b), n. 2), d.lgs. 10.10.2022, n. 150, a decorrere dal 30.12.2022. L'art. 87, co. 4, dello stesso d.lgs. n. 150/2022 ha così stabilito: «*4. Sino al quindicesimo giorno successivo alla pubblicazione dei regolamenti di cui ai commi 1 e 3, ovvero sino al diverso termine di transizione previsto dal regolamento di cui al comma 3 per gli uffici giudiziari e per le tipologie di atti in esso indicati, continuano ad applicarsi, nel testo vigente al momento dell'entrata in vigore del presente decreto, le disposizioni di cui agli articoli 110, 111, comma 1, 116, comma 3-bis, 125, comma 5, 134, comma 2, 135, comma 2, 162, comma 1, 311, comma 3, 391-octies, comma 3, 419, comma 5, primo periodo, 447, comma 1, primo periodo, 461, comma 1, 462, comma 1, 582, comma 1, 585, comma 4, del codice di procedura penale, nonché le disposizioni di cui l'articolo 154, commi 2, 3 e 4 delle norme di attuazione, di coordinamento e transitorie del codice di procedura penale, di cui al decreto legislativo 28 luglio 1989, n. 271.*». Il testo previgente così disponeva: «*1. Quando la legge richiede la data di un atto, sono indicati il giorno, il mese, l'anno e il luogo in cui l'atto è compiuto. L'indicazione dell'ora è necessaria solo se espressamente prescritta.*».

(3) Comma introdotto dall'art. 6, co. 1, lett. b), n. 3), d.lgs. 10.10.2022, n. 150, a decorrere dal 30.12.2022. L'art. 87, co. 5, dello stesso d.lgs. n. 150/2022 ha così stabilito: «*5. Le disposizioni di cui agli articoli 111, commi 2-bis, 2-ter e 2-quater, 111-bis, 111-ter, 122, comma 2-bis, 172, commi 6-bis e 6-ter, 175-bis, 386, comma 1-ter, 483, comma 1-bis, 582, comma 1-bis, del codice di procedura penale, così come introdotte dal presente decreto, si applicano a partire dal quindicesimo giorno successivo alla pubblicazione dei regolamenti di cui ai commi 1 e 3, ovvero a partire dal diverso termine previsto dal regolamento di cui al comma 3 per gli uffici giudiziari e per le tipologie di atti in esso indicati. Sino alle stesse date, la dichiarazione e l'elezione di domicilio prevista dal comma 2 dell'articolo 153-bis del codice di procedura penale, come introdotto dall'articolo 10, comma 1, lettera e), del presente decreto, nonché le comunicazioni previste dal comma 3 dello stesso articolo 153-bis sono effettuate con le forme ivi previste in alternativa al deposito in via telematica.*».

111 bis. Deposito telematico [1].

1. Salvo quanto previsto dall'articolo 175-*bis*, in ogni stato e grado del procedimento, il deposito di atti, documenti, richieste, memorie ha luogo esclusivamente con modalità telematiche, nel rispetto della normativa, anche regolamentare, concernente la sottoscrizione, la trasmissione e la ricezione degli atti e dei documenti informatici.

2. Il deposito telematico assicura la certezza, anche temporale, dell'avvenuta trasmissione e ricezione, nonché l'identità del mittente e del destinatario, nel rispetto della normativa, anche regolamentare, concernente la sottoscrizione, la trasmissione e la ricezione dei documenti informatici.

3. La disposizione di cui al comma 1 non si applica agli atti e ai documenti che, per loro natura o per specifiche esigenze processuali, non possono essere acquisiti in copia informatica.

4. Gli atti che le parti e la persona offesa dal reato compiono personalmente possono essere depositati anche con modalità non telematiche [2].

(1) Articolo introdotto dall'art. 6, co. 1, lett. c), d.lgs. 10.10.2022, n. 150, a decorrere dal 30.12.2022. L'art. 87, co. 5, dello stesso d.lgs. n. 150/2022 ha così stabilito: «*5. Le disposizioni di cui agli articoli 111, commi 2-bis, 2-ter e 2-quater, 111-bis, 111-ter, 122, comma 2-bis, 172, commi 6-bis e 6-ter, 175-bis, 386, comma 1-ter, 483, comma 1-bis, 582, comma 1-bis, del codice di procedura penale, così come introdotte dal presente decreto, si applicano a partire dal quindicesimo giorno successivo alla pubblicazione dei regolamenti di cui ai commi 1 e 3, ovvero a partire dal diverso termine previsto dal regolamento di cui al comma 3 per gli uffici giudiziari e per le tipologie di atti in esso indicati. Sino alle stesse date, la dichiarazione e l'elezione di domicilio prevista dal comma 2 dell'articolo 153-bis del codice di procedura penale, come introdotto dall'articolo 10, comma 1, lettera e), del presente decreto, nonché le comunicazioni previste dal comma 3 dello stesso articolo 153-bis sono effettuate con le forme ivi previste in alternativa al deposito in via telematica.*».

(2) Comma così modificato dall'art. 2, co. 1, lett. a), d.lgs. 19.3.2024, n. 31, a decorrere dal 4.4.2024.
Il testo previgente così disponeva: «*4. Gli atti che le parti compiono personalmente possono essere depositati anche con modalità non telematiche.*».

111 ter. Fascicolo informatico e accesso agli atti [1].

1. I fascicoli informatici del procedimento penale sono formati, conservati, aggiornati e trasmessi nel rispetto della normativa, anche regolamentare, concernente il fascicolo informatico, in maniera da assicurarne l'autenticità, l'integrità, l'accessibilità, la leggibilità, l'interoperabilità nonché l'agevole consultazione telematica.

2. La disposizione di cui al comma 1 si applica anche quando la legge prevede la trasmissione di singoli atti e documenti contenuti nel fascicolo informatico.

3. Gli atti e i documenti formati e depositati in forma di documento analogico sono convertiti, senza ritardo, in documento informatico e inseriti nel fascicolo informatico, secondo quanto previsto dal comma 1, salvo che per loro natura o per specifiche esigenze processuali non possano essere acquisiti o convertiti in copia informatica. In tal caso, nel fascicolo informatico è inserito elenco dettagliato degli atti e dei documenti acquisiti in forma di documento analogico.

4. Le copie informatiche, anche per immagine, degli atti e dei documenti processuali redatti in forma di documento analogico, presenti nei fascicoli informatici, equivalgono all'originale anche se prive della firma digitale di attestazione di conformità all'originale.

(1) Articolo introdotto dall'art. 6, co. 1, lett. c), d.lgs. 10.10.2022, n. 150, a decorrere dal 30.12.2022. L'art. 87, co.5, dello stesso d.lgs. n. 150/2022 ha così stabilito: «*5. Le disposizioni di cui agli articoli 111, commi 2-bis, 2-ter e 2-quater, 111-bis, 111-ter, 122, comma 2-bis, 172, commi 6-bis e 6-ter, 175-bis, 386, comma 1-ter, 483, comma 1-bis, 582, comma 1-bis, del codice di procedura penale, così come introdotte dal presente decreto, si applicano a partire dal quindicesimo giorno successivo alla pubblicazione dei regolamenti di cui ai commi 1 e 3, ovvero a partire dal diverso termine previsto dal regolamento di cui al comma 3 per gli uffici giudiziari e per le tipologie di atti in esso indicati. Sino alle stesse date, la dichiarazione e l'elezione di domicilio prevista dal comma 2 dell'articolo 153-bis del codice di procedura penale, come introdotto dall'articolo 10, comma 1, lettera e), del presente decreto, nonché le comunicazioni previste dal comma 3 dello stesso articolo 153-bis sono effettuate con le forme ivi previste in alternativa al deposito in via telematica.*».

112. Surrogazione di copie agli originali mancanti.

1. Salvo che la legge disponga altrimenti, quando l'originale di una sentenza o di un altro atto del procedimento, del quale occorre fare uso, è per qualsiasi causa distrutto, smarrito o sottratto e non è possibile recuperarlo [234], la copia autentica ha valore di originale ed è posta nel luogo in cui l'originale dovrebbe trovarsi.

2. A tal fine, il presidente della corte o del tribunale [o il pretore], anche di ufficio, ordina con decreto a chi detiene la copia di consegnarla alla cancelleria, salvo il diritto del detentore di avere gratuitamente un'altra copia autentica [(1)].

(1) Le parole tra parentesi quadre sono state soppresse dall'art. 177, d.lgs. 19.2.1998, n. 51, con effetto dal 2.6.1999.

113. Ricostituzione di atti.

1. Se non è possibile provvedere a norma dell'articolo 112, il giudice, anche di ufficio, accerta il contenuto dell'atto mancante e stabilisce con ordinanza se e in quale tenore esso deve essere ricostituito.

2. Se esiste la minuta dell'atto mancante, questo è ricostituito secondo il tenore della medesima, quando alcuno dei giudici che l'hanno sottoscritto riconosce che questo era conforme alla minuta.

3. Quando non si può provvedere a norma dei commi 1 e 2, il giudice dispone con ordinanza la rinnovazione dell'atto mancante, se necessaria e possibile, prescrivendone il modo ed eventualmente indicando anche gli altri atti che devono essere rinnovati.

114. Divieto di pubblicazione di atti e di immagini [(1)].

1. È vietata la pubblicazione, anche parziale o per riassunto, con il mezzo della stampa o con altro mezzo di diffusione, degli atti coperti dal segreto [329] o anche solo del loro contenuto.

2. È vietata la pubblicazione, anche parziale, degli atti non più coperti dal segreto fino a che non siano concluse le indagini preliminari ovvero fino al termine dell'udienza preliminare, fatta eccezione per l'ordinanza indicata dall'articolo 292 [424] [(2)].

2 bis. È sempre vietata la pubblicazione, anche parziale, del contenuto delle intercettazioni non acquisite ai sensi degli articoli 268, 415-*bis* o 454 [500, 501, 503 comma 3] [(3)].

3. Se si procede al dibattimento, non è consentita la pubblicazione, anche parziale, degli atti del fascicolo per il dibattimento, se non dopo la pronuncia della sentenza di primo grado, e di quelli del fascicolo del pubblico ministero [433], se non dopo la pronuncia della sentenza in grado di appello. È sempre consentita la pubblicazione degli atti utilizzati per le contestazioni [500, 501, 503, comma 3].

4. È vietata la pubblicazione, anche parziale, degli atti del dibattimento celebrato a porte chiuse nei casi previsti dall'articolo 472 commi 1 e 2. In tali casi il giudice, sentite le parti, può disporre il divieto di pubblicazione anche degli atti o di parte degli atti utilizzati per le contestazioni. Il divieto di pubblicazione cessa comunque quando sono trascorsi i termini stabiliti dalla legge sugli archivi di Stato ovvero è trascorso il termine di dieci anni dalla sentenza irrevocabile e la pubblicazione è autorizzata dal ministro di grazia e giustizia.

5. Se non si procede al dibattimento, il giudice, sentite le parti, può disporre il divieto di pubblicazione di atti o di parte di atti quando la pubblicazione di essi può offendere il buon costume o comportare la diffusione di notizie sulle quali la legge prescrive di mantenere il segreto nell'interesse dello Stato [(4)] ovvero causare pregiudizio alla riservatezza dei testimoni o delle parti private. Si applica la disposizione dell'ultimo periodo del comma 4.

6. È vietata la pubblicazione delle generalità e dell'immagine dei minorenni testimoni, persone offese o danneggiati dal reato fino a quando non sono divenuti maggiorenni. È altresì vietata la pubblicazione di elementi che anche indirettamente possano comunque portare alla identificazione dei suddetti minorenni. Il tribunale per i minorenni, nell'interesse esclusivo del minorenne, o il minorenne che ha compiuto i sedici anni, può consentire la pubblicazione [5].

6 bis. È vietata la pubblicazione dell'immagine di persona privata della libertà personale ripresa mentre la stessa si trova sottoposta all'uso di manette ai polsi ovvero ad altro mezzo di coercizione fisica, salvo che la persona vi consenta [6].

7. È sempre consentita la pubblicazione del contenuto di atti non coperti dal segreto.

(1) Rubrica così sostituita dall'art. 14, l. 16.12.1999, n. 479. Il testo previgente così disponeva: «*Divieto di pubblicazione di atti*».

(2) Comma così modificato dall'art. 2, co. 1, lett. b), d.lgs. 29.12.2017, n. 216, a decorrere dal 26.1.2018. Il testo previgente così disponeva: «*2. È vietata la pubblicazione, anche parziale, degli atti non più coperti dal segreto fino a che non siano concluse le indagini preliminari ovvero fino al termine dell'udienza preliminare*».

(3) Comma introdotto dall'art. 2, co. 1, lett. a), d.l. 30.12.2019, n. 161, a decorrere dal 1.1.2020. Questo comma, poi, è stato così modificato, a decorrere dal 29.2.2020, dall'art. 2, co. 1, lett. a), d.l. 30.12.2019, n. 161, conv., con modif., dalla l. 28.2.2020, n. 7. Il testo, prima della conversione del d.l. n. 161/2019, così disponeva: «2-bis. *È sempre vietata la pubblicazione, anche parziale, del contenuto delle intercettazioni non acquisite ai sensi degli articoli 268 e 415*-bis».

(4) La Corte cost., con sent. 24.2.1995, n. 59, ha dichiarato l'illegittimità di questo comma, limitatamente alle parole: «*del fascicolo per il dibattimento, se non dopo la pronuncia della sentenza di primo grado, e di quelli*».

(5) Comma così modificato dall'art. 10, co. 8, l. 3.5.2004, n. 112. Il testo previgente così disponeva: «*6. È vietata la pubblicazione delle generalità e dell'immagine dei minorenni testimoni, persone offese o danneggiati dal reato fino a quando non sono divenuti maggiorenni. Il tribunale per i minorenni, nell'interesse esclusivo del minorenne, o il minorenne che ha compiuto i sedici anni, può consentire la pubblicazione*».

(6) Comma introdotto dall'art. 14, l. 16.12.1999, n. 479.

115. Violazione del divieto di pubblicazione.

1. Salve le sanzioni previste dalla legge penale [c.p. 684], la violazione del divieto di pubblicazione previsto dagli articoli 114 e 329 comma 3 lettera b) costituisce illecito disciplinare quando il fatto è commesso da impiegati dello Stato o di altri enti pubblici ovvero da persone esercenti una professione per la quale è richiesta una speciale abilitazione dello Stato.

2. Di ogni violazione del divieto di pubblicazione commessa dalle persone indicate nel comma 1 il pubblico ministero informa l'organo titolare del potere disciplinare.

115 bis. Garanzia della presunzione di innocenza [1].

1. Salvo quanto previsto dal comma 2, nei provvedimenti diversi da quelli volti alla decisione in merito alla responsabilità penale dell'imputato, la persona sottoposta a indagini o l'imputato non possono essere indicati come colpevoli fino a quando la colpevolezza non è stata accertata con sentenza o decreto penale di condanna irrevocabili. Tale disposizione non si applica agli atti del pubblico ministero volti a dimostrare la colpevolezza della persona sottoposta ad indagini o dell'imputato.

2. Nei provvedimenti diversi da quelli volti alla decisione in merito alla responsabilità penale dell'imputato, che presuppongono la valutazione di prove, elementi di prova o indizi di colpevolezza, l'autorità giudiziaria limita i riferimenti alla colpevolezza della persona sottoposta alle indagini o dell'imputato alle sole indicazioni necessarie a soddisfare i presupposti, i requisiti e le altre condizioni richieste dalla legge per l'adozione del provvedimento.

3. In caso di violazione delle disposizioni di cui al comma 1, l'interessato può, a pena di decadenza, nei dieci giorni successivi alla conoscenza del provvedimento, richiederne la correzione, quando è necessario per salvaguardare la presunzione di innocenza nel processo.

4. Sull'istanza di correzione il giudice che procede provvede, con decreto motivato, entro quarantotto ore dal suo deposito. Nel corso delle indagini preliminari è competente il giudice per le indagini preliminari. Il decreto è notificato all'interessato e alle altre parti e comunicato al pubblico ministero, i quali, a pena di decadenza, nei dieci giorni successivi, possono proporre opposizione al presidente del tribunale o della corte, il quale decide con decreto senza formalità di procedura. Quando l'opposizione riguarda un provvedimento emesso dal presidente del tribunale o dalla corte di appello si applicano le disposizioni di cui all'articolo 36, comma 4.

(1) Articolo introdotto dall'art. 4, co. 1, lett. a), d.lgs. 8.11 2021, n. 188, a decorrere dal 14.12.2021.

116. Copie, estratti e certificati.

1. Durante il procedimento e dopo la sua definizione, chiunque vi abbia interesse può ottenere il rilascio a proprie spese di copie, estratti o certificati di singoli atti.

2. Sulla richiesta provvede il pubblico ministero o il giudice che procede al momento della presentazione della domanda ovvero, dopo la definizione del procedimento, il presidente del collegio o il giudice che ha emesso il provvedimento di archiviazione o la sentenza.

3. Il rilascio non fa venire meno il divieto di pubblicazione stabilito dall'articolo 114.

3 bis. Quando il difensore, anche a mezzo di sostituti, presenta all'autorità giudiziaria atti o documenti redatti in forma di documento analogico, ha diritto al rilascio di attestazione dell'avvenuto deposito, anche in calce ad una copia [1].

(1) Comma introdotto dall'art. 2, l. 7.12.2000, n. 397 e successivamente modificato dall'art. 6, co. 1, lett. d), d.lgs. 10.10.2022, n. 150, a decorrere dal 30.12.2022. L'art. 87, co. 4, dello stesso d.lgs. n. 150/2022 ha così stabilito: «*4. Sino al quindicesimo giorno successivo alla pubblicazione dei regolamenti di cui ai commi 1 e 3, ovvero sino al diverso termine di transizione previsto dal regolamento di cui al comma 3 per gli uffici giudiziari e per le tipologie di atti in esso indicati, continuano ad applicarsi, nel testo vigente al momento dell'entrata in vigore del presente decreto, le disposizioni di cui agli articoli 110, 111, comma 1, 116, comma 3-bis, 125, comma 5, 134, comma 2, 135, comma 2, 162, comma 1, 311, comma 3, 391-octies, comma 3, 419, comma 5, primo periodo, 447, comma 1, primo periodo, 461, comma 1, 462, comma 1, 582, comma 1, 585, comma 4, del codice di procedura penale, nonché le disposizioni di cui l'articolo 154, commi 2, 3 e 4 delle norme di attuazione, di coordinamento e*

transitorie del codice di procedura penale, di cui al decreto legislativo 28 luglio 1989, n. 271.».
Il testo previgente alla modifica disposta con d.lgs. n. 150/2022 così disponeva: «*3*-bis. *Quando il difensore, anche a mezzo di sostituti, presenta all'autorità giudiziaria atti o documenti, ha diritto al rilascio di attestazione dell'avvenuto deposito, anche in calce ad una copia.*».

117. Richiesta di copie di atti e di informazioni da parte del pubblico ministero.

1. Fermo quanto disposto dall'articolo 371, quando è necessario per il compimento delle proprie indagini, il pubblico ministero può ottenere dall'autorità giudiziaria competente, anche in deroga al divieto stabilito dall'articolo 329, copie di atti relativi ad altri procedimenti penali e informazioni scritte sul loro contenuto. L'autorità giudiziaria può trasmettere le copie e le informazioni anche di propria iniziativa.

2. L'autorità giudiziaria provvede senza ritardo e può rigettare la richiesta con decreto motivato.

2 bis. Il procuratore nazionale antimafia e antiterrorismo, nell'ambito delle funzioni previste dall'articolo 371-*bis* accede al registro delle notizie di reato, al registro di cui all'articolo 81 del codice delle leggi antimafia e delle misure di prevenzione, di cui al decreto legislativo 6 settembre 2011, n. 159, nonché a tutti gli altri registri relativi al procedimento penale e al procedimento per l'applicazione delle misure di prevenzione. Il procuratore nazionale antimafia e antiterrorismo accede, altresì, alle banche di dati logiche dedicate alle procure distrettuali e realizzate nell'ambito della banca di dati condivisa della Direzione nazionale antimafia e antiterrorismo [(1)].

(1) Comma introdotto dall'art. 4, co. 9, d.l. 8.6.1992, n. 306, conv. con modif., dalla l. 7.8.1992, n. 356, poi modificato dall'art. 2, co. 1, l. 15.7.2009, n. 94 e, infine, così sostituito dall'art. 9, co. 3, d.l. 18.2.2015, n. 7, conv., con modif., dalla l. 17.4.2015, n. 43. Il testo di questo comma, prima della conversione in legge del d.l. n. 7/2015, così disponeva: «*2*-bis. *Il procuratore nazionale antimafia e antiterrorismo, nell'ambito delle funzioni previste dall'articolo 371-bis, accede al registro delle notizie di reato, ai registri di cui all'articolo 34 della legge 19.03.1990, n. 55, e alle banche dati istituite appositamente presso le procure distrettuali, realizzando se del caso collegamenti reciproci*».

118. Richiesta di copie di atti e di informazioni da parte del ministro dell'interno.

1. Il ministro dell'interno, direttamente o a mezzo di un ufficiale di polizia giudiziaria o del personale della Direzione investigativa antimafia appositamente delegato, può ottenere dall'autorità giudiziaria competente, anche in deroga al divieto stabilito dall'articolo 329, copie di atti di procedimenti penali e informazioni scritte sul loro contenuto, ritenute indispensabili per la prevenzione dei delitti per i quali è obbligatorio l'arresto in flagranza [380]. L'autorità giudiziaria può trasmettere le copie e le informazioni anche di propria iniziativa [(1)].

1 bis. Ai medesimi fini l'autorità giudiziaria può autorizzare i soggetti indicati nel comma 1 all'accesso diretto al registro previsto dall'articolo 335, anche se tenuto in forma automatizzata [(2)].

2. L'autorità giudiziaria provvede senza ritardo e può rigettare la richiesta con decreto motivato.

3. Le copie e le informazioni acquisite a norma del comma 1 sono coperte dal segreto di ufficio.

(1) Comma così modificato dall'art. 4, co. 10, lett. a), d.l. 8.6.1992, n. 306, conv., con modif., in l. 7.8.1992, n. 356, recante provvedimenti di contrasto alla criminalità mafiosa.

(2) Comma introdotto dall'art. 4, co. 10, lett. b), d.l. 8.6.1992, n. 306, conv., con modif., in l. 7.8.1992, n. 356, recante provvedimenti di contrasto alla criminalità mafiosa.

118 bis. Richiesta di copie di atti e di informazioni da parte del Presidente del Consiglio dei Ministri [(1)].

1. Il Presidente del Consiglio dei Ministri può richiedere all'autorità giudiziaria competente, anche in deroga al divieto stabilito dall'articolo 329, direttamente o a mezzo del direttore generale del Dipartimento delle informazioni per la sicurezza, copie di atti di procedimenti penali e informazioni scritte sul loro contenuto ritenute indispensabili per lo svolgimento delle attività connesse alle esigenze del Sistema di informazione per la sicurezza della Repubblica.

2. Si applicano le disposizioni dell'articolo 118, commi 2 e 3.

3. L'autorità giudiziaria può altresì trasmettere le copie e le informazioni di cui al comma 1 anche di propria iniziativa. Ai medesimi fini l'autorità giudiziaria può autorizzare l'accesso diretto di funzionari delegati dal direttore generale del Dipartimento delle informazioni per la sicurezza al registro delle notizie di reato, anche se tenuto in forma automatizzata.

(1) Articolo introdotto dall'art. 14, l. 3.8.2007, n. 124.

119. Partecipazione del sordo, muto o sordomuto [(1)] **ad atti del procedimento.**

1. Quando un sordo, un muto o un sordomuto [(1)] vuole o deve fare dichiarazioni, al sordo si presentano per iscritto le domande, gli avvertimenti e le ammonizioni ed egli risponde oralmente; al muto si fanno oralmente le domande, gli avvertimenti e le ammonizioni ed egli risponde per iscritto; al sordomuto [(1)] si presentano per iscritto le domande, gli avvertimenti e le ammonizioni ed egli risponde per iscritto.

2. Se il sordo, il muto o il sordomuto [(1)] non sa leggere o scrivere, l'autorità procedente nomina uno o più interpreti, scelti di preferenza fra le persone abituate a trattare con lui [(2)].

(1) L'art. 1, l. 20.2.2006, n. 95 ha previsto che in tutte le disposizioni legislative vigenti il termine «*sordomuto*» sia sostituito con l'espressione «*sordo*».

(2) La Corte cost., con sent. 22.7.1999, n. 341, ha dichiarato l'illegittimità di questo articolo, nella parte in cui non prevede che l'imputato sordo, muto o sordomuto, indipendentemente dal fatto che sappia o meno leggere e scrivere, ha diritto di farsi assistere gratuitamente da un interprete, scelto di preferenza fra le persone abituate a trattare con lui, al fine di potere comprendere l'accusa contro di lui formulata e di seguire il compimento degli atti cui partecipa.

120. Testimoni ad atti del procedimento.

1. Non possono intervenire come testimoni ad atti del procedimento:

a) i minori degli anni quattordici e le persone palesemente affette da infermità di mente o in stato di manifesta ubriachezza o intossicazione da sostanze stupefacenti o psicotrope. La capacità si presume sino a prova contraria;

b) le persone sottoposte a misure di sicurezza detentive [c.p. 215] o a misure di prevenzione.

121. Memorie e richieste delle parti.

1. In ogni stato e grado del procedimento le parti e i difensori possono presentare al giudice memorie o richieste scritte, mediante deposito nella cancelleria.

2. Sulle richieste ritualmente formulate il giudice provvede senza ritardo e comunque, salve specifiche disposizioni di legge, [299, 398, 418], entro quindici giorni.

122. Procura speciale per determinati atti.

1. Quando la legge consente che un atto sia compiuto per mezzo di un procuratore speciale, la procura deve, a pena di inammissibilità, essere rilasciata per atto pubblico o scrittura privata autenticata e deve contenere, oltre alle indicazioni richieste specificamente dalla legge, la determinazione dell'oggetto per cui è conferita e dei fatti ai quali si riferisce. Se la procura è rilasciata per scrittura privata al difensore, la sottoscrizione può essere autenticata dal difensore medesimo (1). La procura è unita agli atti.

2. Per le pubbliche amministrazioni è sufficiente che la procura sia sottoscritta dal dirigente dell'ufficio nella circoscrizione in cui si procede e sia munita del sigillo dell'ufficio.

2 bis. La procura speciale è depositata, in copia informatica autenticata con firma digitale o altra firma elettronica qualificata, nel rispetto della normativa, anche regolamentare, concernente la sottoscrizione, la trasmissione e la ricezione dei documenti informatici, con le modalità previste dall'articolo 111-*bis*, salvo l'obbligo di conservare l'originale analogico da esibire a richiesta dell'autorità giudiziaria (2).

3. Non è ammessa alcuna ratifica degli atti compiuti nell'interesse altrui senza procura speciale nei casi in cui questa è richiesta dalla legge.

(1) Periodo introdotto dall'art. 13, l. 16.12.1999, n. 479.

(2) Comma introdotto dall'art. 6, co. 1, lett. e), d.lgs. 10.10.2022, n. 150, a decorrere dal 30.12.2022. L'art. 87, co. 5, dello stesso d.lgs. n. 150/2022 ha così stabilito: «*5. Le disposizioni di cui agli articoli 111, commi 2-bis, 2-ter e 2-quater, 111-bis, 111-ter, 122, comma 2-bis, 172, commi 6-bis e 6-ter, 175-bis, 386, comma 1-ter, 483, comma 1-bis, 582, comma 1-bis, del codice di procedura penale, così come introdotte dal presente decreto, si applicano a partire dal quindicesimo giorno successivo alla pubblicazione dei regolamenti di cui ai commi 1 e 3, ovvero a partire dal diverso termine previsto dal regolamento di cui al comma 3 per gli uffici giudiziari e per le tipologie di atti in esso indicati. Sino alle stesse date, la dichiarazione e l'elezione di domicilio prevista dal comma 2 dell'articolo 153-bis del codice di procedura penale, come introdotto dall'articolo 10, comma 1, lettera e), del presente decreto, nonché le comunicazioni previste dal comma 3 dello stesso articolo 153-bis sono effettuate con le forme ivi previste in alternativa al deposito in via telematica.*».

123. Dichiarazioni e richieste di persone detenute o internate.

1. L'imputato detenuto o internato in un istituto per l'esecuzione di misure di sicurezza ha facoltà di presentare impugnazioni, dichiarazioni e richieste con atto ricevuto dal direttore. Esse sono iscritte in apposito registro, sono immediatamente comunicate all'autorità competente e hanno efficacia come se fossero ricevute direttamente dall'autorità giudiziaria.

2. Quando l'imputato è in stato di arresto o di detenzione domiciliare ovvero è custodito in un luogo di cura, ha facoltà di presentare impugnazioni, dichiarazioni e richieste con atto ricevuto da un ufficiale di polizia giudiziaria, il quale ne cura l'immediata trasmissione all'autorità competente. Le impugnazioni, le dichiarazioni e le richieste hanno efficacia come se fossero ricevute direttamente dall'autorità giudiziaria.

2 bis. Le impugnazioni, le dichiarazioni, compresa quella relativa alla nomina del difensore, e le richieste, di cui ai commi 1 e 2, sono contestualmente comunicate anche al difensore nominato (1).

3. Le disposizioni del comma 1 si applicano alle denunce, impugnazioni, dichiarazioni e richieste presentate dalle altre parti private o dalla persona offesa.

(1) Comma introdotto dall'art. 2, co. 14, l. 27.9.2021, n. 134, a decorrere dal 19.10.2021.

124. Obbligo di osservanza delle norme processuali.

1. I magistrati, i cancellieri e gli altri ausiliari e collaboratori del giudice, gli ufficiali giudiziari, gli ufficiali e gli agenti di polizia giudiziaria sono tenuti a osservare le norme di questo codice anche quando l'inosservanza non importa nullità [177] o altra sanzione processuale (1).

2. I dirigenti degli uffici vigilano sull'osservanza delle norme anche ai fini della responsabilità disciplinare.

(1) Comma così modificato dall'art. 18, co. 2, lett. a), d.lgs. 10.10.2022, n. 151, decorrere dal 1°.11.2022, ai sensi di quanto disposto dall'art. 19, co. 1, del medesimo d.lgs. n. 151/2022.
Il testo previgente così disponeva: «*1. I magistrati, i cancellieri e gli altri ausiliari del giudice, gli ufficiali giudiziari, gli ufficiali e gli agenti di polizia giudiziaria sono tenuti a osservare le norme di questo codice anche quando l'inosservanza non importa nullità o altra sanzione processuale.*».

TITOLO II
Atti e provvedimenti del giudice

125. Forme dei provvedimenti del giudice.

1. La legge stabilisce i casi nei quali il provvedimento del giudice assume la forma della sentenza, dell'ordinanza o del decreto.

2. La sentenza è pronunciata in nome del popolo italiano.

3. Le sentenze e le ordinanze sono motivate, a pena di nullità [177, 546, 604]. I decreti sono motivati, a pena di nullità, nei casi in cui la motivazione è espressamente prescritta dalla legge.

4. Il giudice delibera in camera di consiglio senza la presenza dell'ausiliario designato ad assisterlo e delle parti. La deliberazione è segreta.

5. Nel caso di provvedimenti collegiali, se lo richiede un componente del collegio che non ha espresso voto conforme alla decisione, è compilato sommario verbale contenente l'indicazione del dissenziente, della questione o delle questioni alle quali si riferisce il dissenso e dei motivi dello stesso, succintamente esposti. Il verbale, redatto in forma di documento analogico dal meno anziano dei componenti togati del collegio e sottoscritto da tutti i componenti, è conservato a cura del presidente in plico sigillato presso la cancelleria dell'ufficio. Non si applicano le disposizioni degli articoli 110, comma 4, e 111-*ter*, comma 3 (1).

6. Tutti gli altri provvedimenti sono adottati senza l'osservanza di particolari formalità e, quando non è stabilito altrimenti, anche oralmente.

(1) Comma così sostituito dall'art. 1, d.lgs. 30.10.1989, n. 351, in tema di compilazione e custodia dei verbali relativi a decisioni di collegi giudicanti, e successivamente modificato dall'art. 7, co. 1, lett. a), d.lgs. 10.10.2022, n. 150, a decorrere dal 30.12.2022. L'art. 87, co. 4, dello stesso d.lgs. n. 150/2022 ha così stabilito: «*4. Sino al quindicesimo giorno successivo alla pubblicazione dei regolamenti di cui ai commi 1 e 3, ovvero sino al diverso termine di transizione previsto dal regolamento di cui al comma 3 per gli uffici giudiziari e per le tipologie di atti in esso indicati, continuano ad applicarsi, nel testo vigente al momento dell'entrata in vigore del presente decreto, le disposizioni di cui agli articoli 110, 111, comma 1, 116, comma 3-bis, 125, comma 5, 134, comma 2, 135, comma 2, 162, comma 1, 311, comma 3, 391-octies, comma 3, 419, comma 5, primo periodo, 447, comma 1, primo periodo, 461, comma 1, 462, comma 1, 582, comma 1, 585, comma 4, del codice di procedura penale, nonché le disposizioni di cui l'articolo 154, commi 2, 3 e 4 delle norme di attuazione, di coordinamento e transitorie del codice di procedura penale, di cui al decreto legislativo 28 luglio 1989, n. 271.*».
Il testo previgente alla modifica del d.lgs. 150/2022 così disponeva: «*5. Nel caso di provvedimenti collegiali, se lo richiede un componente del collegio che non ha espresso voto conforme alla decisione, è compilato sommario verbale contenente l'indicazione del dissenziente, della questione o delle questioni alle quali si riferisce il dissenso e dei motivi dello stesso, succintamente esposti. Il verbale, redatto dal meno anziano dei componenti togati del collegio e sottoscritto da tutti i componenti, è conservato a cura del presidente in plico sigillato presso la cancelleria dell'ufficio.*».

126. Assistenza al giudice.

1. Il giudice, in tutti gli atti ai quali procede, è assistito dall'ausiliario a ciò designato a norma dell'ordinamento, se la legge non dispone altrimenti [125, comma 4].

1 bis. Il giudice è supportato dall'ufficio per il processo penale nei limiti dei compiti a questo attribuiti dalla legge (1).

(1) Comma introdotto dall'art. 18, co. 2, lett. b), d.lgs. 10.10.2022, n. 151, decorrere dal 1°.11.2022, ai sensi di quanto disposto dall'art. 19, co. 1, del medesimo d.lgs. n. 151/2022.

127. Procedimento in camera di consiglio.

1. Quando si deve procedere in camera di consiglio [32, 41, 48, 130, 269, 309, 310, 311, 324, 355, 391, 406, 409, 410, 428, 435, 547, 585, 599, 646, 714, 734, 741, 743], il giudice o il presidente del collegio fissa la data dell'udienza e ne fa dare avviso alle parti, alle altre persone interessate e ai difensori. L'avviso è comunicato o notificato almeno dieci giorni prima della data predetta. Se l'imputato è privo di difensore, l'avviso è dato a quello di ufficio.

2. Fino a cinque giorni prima dell'udienza possono essere presentate memorie in cancelleria.

3. Il pubblico ministero, gli altri destinatari dell'avviso nonché i difensori sono sentiti se compaiono. Se l'interessato richiede di essere sentito ed è detenuto o internato in luogo posto fuori della circoscrizione del giudice, si provvede mediante collegamento a distanza, oltre che nei casi particolarmente previsti dalla legge, quando l'interessato vi consente. In caso contrario, l'interessato è sentito prima del giorno dell'udienza dal magistrato di sorveglianza del luogo (1).

4. L'udienza è rinviata se sussiste un legittimo impedimento dell'imputato [485] o del condannato che ha chiesto di essere sentito personalmente e che non sia detenuto o internato in luogo diverso da quello in cui ha sede il giudice.

5. Le disposizioni dei commi 1, 3 e 4, sono previste a pena di nullità.

6. L'udienza si svolge senza la presenza del pubblico.

7. Il giudice provvede con ordinanza comunicata o notificata senza ritardo ai soggetti indicati nel comma 1, che possono proporre ricorso per cassazione.

8. Il ricorso non sospende l'esecuzione dell'ordinanza, a meno che il giudice che l'ha emessa disponga diversamente con decreto motivato.

9. L'inammissibilità dell'atto introduttivo del procedimento è dichiarata dal giudice con ordinanza, anche senza formalità di procedura, salvo che sia altrimenti stabilito. Si applicano le disposizioni dei commi 7 e 8.

10. Il verbale di udienza è redatto soltanto in forma riassuntiva a norma dell'art. 140 comma 2 (2).

(1) Comma così modificato dall'art. 7, co. 1, lett. b), d.lgs. 10.10.2022, n. 150, a decorrere dal 30.12.2022, ai sensi di quanto disposto dall'art. 99 bis, co. 1, del medesimo d.lgs. n. 150/2022, aggiunto dall'art. 6, co. 1, d.l. 31.10.2022, n. 162, conv., con modif., dalla l. 30.12.2022, n. 199.
Il testo previgente così disponeva: «*3. Il pubblico ministero, gli altri destinatari dell'avviso nonché i difensori sono sentiti se compaiono. Se l'interessato è detenuto o internato in luogo posto fuori della circoscrizione del giudice e ne fa richiesta, deve essere sentito prima del giorno dell'udienza, dal magistrato di sorveglianza del luogo.*».

(2) La Corte cost., con sent. 3.12.1990, n. 529, ha dichiarato, fra l'altro, l'illegittimità costituzionale dell'art. 127, co. 10, c.p.p., nella parte in cui, dopo la parola «*redatto*», prevede «*soltanto*» anziché «*di regola*».

128. Deposito dei provvedimenti del giudice.

1. Salvo quanto disposto per i provvedimenti emessi nell'udienza preliminare e nel dibattimento, gli originali dei provvedimenti del giudice sono depositati in cancelleria entro cinque giorni dalla deliberazione. Quando si tratta di provvedimenti impugnabili [Cost. 111; 568], l'avviso di deposito contenente l'indicazione del dispositivo è comunicato al pubblico ministero e notificato a tutti coloro cui la legge attribuisce il diritto di impugnazione.

129. Obbligo della immediata declaratoria di determinate cause di non punibilità.

1. In ogni stato e grado del processo, il giudice, il

quale riconosce che il fatto non sussiste o che l'imputato non lo ha commesso o che il fatto non costituisce reato o non è previsto dalla legge come reato ovvero che il reato è estinto o che manca una condizione di procedibilità [411], lo dichiara di ufficio con sentenza.

2. Quando ricorre una causa di estinzione del reato ma dagli atti risulta evidente che il fatto non sussiste o che l'imputato non lo ha commesso o che il fatto non costituisce reato o non è previsto dalla legge come reato, il giudice pronuncia sentenza di assoluzione [530] o di non luogo a procedere [425] con la formula prescritta.

129 bis. Accesso ai programmi di giustizia riparativa [(1)].

1. In ogni stato e grado del procedimento l'autorità giudiziaria può disporre, anche d'ufficio, l'invio dell'imputato e della vittima del reato di cui all'articolo 42, comma 1, lettera b), del decreto legislativo 10 ottobre 2022, n. 150, al Centro per la giustizia riparativa di riferimento, per l'avvio di un programma di giustizia riparativa [(2)].

2. La richiesta dell'imputato o della vittima del reato di cui all'articolo 42, comma 1, lettera b) del decreto legislativo 10 ottobre 2022, n. 150, è proposta personalmente o per mezzo di procuratore speciale [(3)].

3. L'invio degli interessati è disposto con ordinanza dal giudice che procede, sentite le parti, i difensori nominati e, se lo ritiene necessario, la vittima del reato di cui all'articolo 42, comma 1, lettera b), del decreto legislativo 10 ottobre 2022, n. 150, qualora reputi che lo svolgimento di un programma di giustizia riparativa possa essere utile alla risoluzione delle questioni derivanti dal fatto per cui si procede e non comporti un pericolo concreto per gli interessati e per l'accertamento dei fatti. Nel corso delle indagini preliminari provvede il pubblico ministero con decreto motivato [(4)].

4. Nel caso di reati perseguibili a querela soggetta a remissione, il giudice, a richiesta dell'imputato, può disporre con ordinanza la sospensione del processo per un periodo non superiore a centottanta giorni, al fine di consentire lo svolgimento del programma di giustizia riparativa. Durante la sospensione del processo il giudice, con le modalità stabilite per il dibattimento, acquisisce, a richiesta di parte, le prove non rinviabili [(5)].

4 bis. Le disposizioni di cui al comma 4 si applicano, altresì, prima dell'esercizio dell'azione penale, quando il pubblico ministero ha disposto la notifica dell'avviso di cui all'articolo 415-*bis*. In tal caso, sulla richiesta di sospensione del procedimento provvede il giudice per le indagini preliminari, sentito il pubblico ministero [(6)].

4 ter. Durante il tempo in cui il procedimento o il processo è sospeso, sono sospesi il corso della prescrizione e i termini di cui all'articolo 344-*bis*. Durante lo stesso tempo, i termini di durata massima della custodia cautelare di cui all'articolo 303 sono sospesi dal giudice, con ordinanza appellabile a norma dell'articolo 310. Si applica l'articolo 304, comma 6 [(6)].

5. Al termine dello svolgimento del programma di giustizia riparativa, l'autorità giudiziaria acquisisce la relazione trasmessa dal mediatore.

(1) Articolo introdotto dall'art. 7, co. 1, lett. c), d.lgs. 10.10.2022, n. 150, a decorrere dal 30.12.2022.

(2) Comma così modificato dall'art. 2, co. 1, lett. b), n. 1), d.lgs. 19.3.2024, n. 31, a decorrere dal 4.4.2024.
Il testo previgente alla modifica disposta con d.lgs. n. 31/2024 così disponeva: «*1. In ogni stato e grado del procedimento l'autorità giudiziaria può disporre, anche d'ufficio, l'invio dell'imputato e della vittima del reato di cui all'articolo 42, comma 1, lettera b), del decreto legislativo attuativo della legge 27.09.2021, n. 134, al Centro per la giustizia riparativa di riferimento, per l'avvio di un programma di giustizia riparativa.*».

(3) Comma così modificato dall'art. 2, co. 1, lett. b), n. 2), d.lgs. 19.3.2024, n. 31, a decorrere dal 4.4.2024.
Il testo previgente alla modifica disposta con d.lgs. n. 31/2024 così disponeva: «*2. La richiesta dell'imputato o della vittima del reato di cui all'articolo 42, comma 1, lettera b) del decreto legislativo attuativo della legge 27.09.2021, n. 134, è proposta personalmente o per mezzo di procuratore speciale.*».

(4) Comma così modificato dall'art. 2, co. 1, lett. b), n. 3), d.lgs. 19.3.2024, n. 31, a decorrere dal 4.4.2024.
Il testo previgente alla modifica disposta con d.lgs. n. 31/2024 così disponeva: «*3. L'invio degli interessati è disposto con ordinanza dal giudice che procede, sentite le parti, i difensori nominati e, se lo ritiene necessario, la vittima del reato di cui all'articolo 42, comma 1, lettera b), del decreto legislativo attuativo della legge 27.09.2021, n. 134, qualora reputi che lo svolgimento di un programma di giustizia riparativa possa essere utile alla risoluzione delle questioni derivanti dal fatto per cui si procede e non comporti un pericolo concreto per gli interessati e per l'accertamento dei fatti. Nel corso delle indagini preliminari provvede il pubblico ministero con decreto motivato.*».

(5) Comma così sostituito dall'art. 2, co. 1, lett. b), n. 4), d.lgs. 19.3.2024, n. 31, a decorrere dal 4.4.2024.
Il testo previgente alla modifica disposta con d.lgs. n. 31/2024 così disponeva: «*4. Nel caso di reati perseguibili a querela soggetta a remissione e in seguito all'emissione dell'avviso di cui all'articolo 415-bis, il giudice, a richiesta dell'imputato, può disporre con ordinanza la sospensione del procedimento o del processo per lo svolgimento del programma di giustizia riparativa per un periodo non superiore a centottanta giorni. Si osservano le disposizioni dell'articolo 159, primo comma, numero 3), primo periodo, del codice penale, e dell'articolo 344-bis, commi 6 e 8, nonché, in quanto compatibili, dell'articolo 304.*».

(6) Comma introdotto dall'art. 2, co. 1, lett. b), n. 5), d.lgs. 19.3.2024, n. 31, a decorrere dal 4.4.2024.

130. Correzione di errori materiali.

1. La correzione delle sentenze [535, comma 4, 547], delle ordinanze e dei decreti inficiati da errori od omissioni che non determinano nullità, e la cui eliminazione non comporta una modificazione essenziale dell'atto, è disposta, anche di ufficio, dal giudice che ha emesso il provvedimento. Se questo è impugnato, e l'impugnazione non è dichiarata inammissibile [591, comma 2], la correzione è disposta dal giudice competente a conoscere dell'impugnazione [66, comma 3, 535, 547, 668].

1 bis. Quando nella sentenza di applicazione della pena su richiesta delle parti si devono rettificare solo la specie e la quantità della pena per errore di denominazione o di computo, la correzione è disposta, anche d'ufficio, dal giudice che ha emesso il provvedimento. Se questo è impugnato, alla rettificazione provvede la corte di cassazione a norma dell'articolo 619, comma 2 [(1)].

2. Il giudice provvede in camera di consiglio a norma dell'articolo 127. Dell'ordinanza che ha disposto la correzione è fatta annotazione sull'originale dell'atto.

(1) Comma introdotto dall'art. 1, co. 49, l. 23.6.2017, n. 103, a decorrere dal 3.8.2017.

131. Poteri coercitivi del giudice.

1. Il giudice, nell'esercizio delle sue funzioni, può chiedere l'intervento della polizia giudiziaria e, se necessario, della forza pubblica, prescrivendo tutto ciò che occorre per il sicuro ordinato compimento degli atti ai quali procede.

132. Accompagnamento coattivo dell'imputato.

1. L'accompagnamento coattivo [375, 376, 399, 490] è disposto, nei casi previsti dalla legge, con decreto motivato, con il quale il giudice ordina di condurre l'imputato alla sua presenza, se occorre anche con la forza.

2. La persona sottoposta ad accompagnamento coattivo non può essere tenuta a disposizione oltre il compimento dell'atto previsto e di quelli conseguenziali per i quali perduri la necessità della sua presenza. In ogni caso la persona non può essere trattenuta oltre le ventiquattro ore.

133. Accompagnamento coattivo di altre persone.

1. Se il testimone, il perito, la persona sottoposta all'esame del perito diversa dall'imputato, il consulente tecnico, l'interprete o il custode di cose sequestrate, regolarmente citati o convocati, omettono senza un legittimo impedimento di comparire nel luogo, giorno e ora stabiliti, il giudice può ordinarne l'accompagnamento coattivo e può altresì condannarli, con ordinanza, a pagamento di una somma da euro 51 a euro 516 a favore della cassa delle ammende nonché alle spese alle quali la mancata comparizione ha dato causa [(1)].

1 bis. La disposizione di cui al comma 1 non si applica in caso di mancata comparizione del querelante all'udienza in cui sia stato citato a comparire come testimone, limitatamente ai casi in cui la mancata comparizione del querelante integra remissione tacita di querela, nei casi in cui essa è consentita [(2)].

2. Si applicano le disposizioni dell'articolo 132.

(1) Comma così modificato dall'art. 26, l. 30.6.2009, n. 85. Il testo previgente così disponeva: «*1. Se il testimone, il perito, il consulente tecnico, l'interprete o il custode di cose sequestrate, regolarmente citati o convocati, omettono senza un legittimo impedimento di comparire nel luogo, giorno e ora stabiliti, il giudice può ordinarne l'accompagnamento coattivo e può altresì condannarli, con ordinanza, a pagamento di una somma da euro 51 a euro 516 a favore della cassa delle ammende nonché alle spese alle quali la mancata comparizione ha dato causa*».

(2) Comma introdotto dall'art. 7, co. 1, lett. d), d.lgs. 10.10.2022, n. 150, a decorrere dal 30.12.2022.

TITOLO II bis
Partecipazione a distanza [(1)]

133 bis. Disposizione generale [(2)].

1. Salvo che sia diversamente previsto, quando l'autorità giudiziaria dispone che un atto sia compiuto a distanza o che una o più parti possano partecipare a distanza al compimento di un atto o alla celebrazione di un'udienza si osservano le disposizioni di cui all'articolo 133-*ter*.

(1) Titolo inserito dall'art. 8, co. 1, d.lgs. 10.10.2022, n. 150, a decorrere dal 30.12.2022.

(2) Articolo inserito dall'art. 8, co. 1, d.lgs. 10.10.2022, n. 150, a decorrere dal 30.12.2022.

133 ter. Modalità e garanzie della partecipazione a distanza [(1)].

1. L'autorità giudiziaria, quando dispone che un atto sia compiuto a distanza o che una o più parti partecipino a distanza al compimento di un atto o alla celebrazione di un'udienza, provvede con decreto motivato. Quando non è emesso in udienza, il decreto è notificato o comunicato alle parti unitamente al provvedimento che fissa la data per il compimento dell'atto o la celebrazione dell'udienza, almeno tre giorni prima della data suddetta, salvo i casi di urgenza, ferma restando l'esigenza di garantire al difensore l'esercizio delle facoltà di cui al comma 7. Il decreto è comunicato anche alle autorità interessate [(2)].

2. Nei casi di cui al comma 1 è attivato un collegamento audiovisivo tra l'aula di udienza o l'ufficio giudiziario e il luogo in cui si trovano le persone che compiono l'atto o che partecipano all'udienza a distanza. Il luogo in cui si trovano le persone che compiono l'atto o che partecipano all'udienza a distanza è equiparato all'aula di udienza.

3. Il collegamento audiovisivo è attuato, a pena di nullità, con modalità idonee a salvaguardare il contraddittorio e l'effettiva partecipazione delle parti all'atto o all'udienza e ad assicurare la contestuale, effettiva e reciproca visibilità delle persone presenti nei diversi luoghi e la possibilità per ciascuna di essa di udire quanto viene detto dalle altre. Nei casi di udienza pubblica è assicurata un'adeguata pubblicità degli atti compiuti a distanza. Dell'atto o dell'udienza è sempre disposta la registrazione audiovisiva.

4. Salvo quanto disposto dai commi 5, 6 e 7, le persone che compiono l'atto o che partecipano all'udienza a distanza si collegano da altro ufficio giudiziario o da un ufficio di polizia giudiziaria individuato dall'autorità giudiziaria, previa verifica della disponibilità di dotazioni tecniche e condizioni logistiche idonee per il collegamento audiovisivo.

5. Le persone detenute, internate, sottoposte a custodia cautelare in carcere o ristrette in carcere a seguito di arresto o di fermo, quando compiono l'atto o partecipano all'udienza a distanza, si collegano dal luogo in cui si trovano.

6. Sentite le parti, l'autorità giudiziaria può autorizzare le persone che compiono l'atto o che partecipano all'udienza a distanza a collegarsi da un luogo diverso da quello indicato nel comma 4.

7. I difensori si collegano dai rispettivi uffici o da altro luogo, purché idoneo. È comunque assicurato il diritto dei difensori o dei loro sostituti di essere presenti nel luogo dove si trova l'assistito. È parimenti sempre assicurato il diritto dei difensori o dei loro sostituti di consultarsi riservatamente tra loro e con l'assistito per mezzo di strumenti tecnici idonei.

8. Nei casi di cui ai commi 4 e 5 e, ove l'autorità giudiziaria non disponga diversamente, nel caso di cui al comma 6, un ausiliario del giudice o del pubblico ministero, individuato anche tra gli ausiliari in servizio presso l'ufficio giudiziario di cui al citato comma 4, o un ufficiale di polizia giudiziaria, individuato in via prioritaria tra il personale in servizio presso le sezioni di polizia giudiziaria e designato tra coloro che non svolgono, né hanno svolto, attività di investigazione o di protezione nei confronti dell'imputato o in relazione ai fatti a lui riferiti, è presente nel luogo ove si trovano le persone che compiono l'atto o che partecipano all'udienza a distanza, ne attesta l'identità e redige verbale delle operazioni svolte a norma dell'articolo 136, in cui dà atto dell'osservanza delle disposizioni di cui al comma 3, primo periodo, e al comma 7, secondo e terzo periodo, delle cautele adottate per assicurare la regolarità dell'esame con riferimento al luogo in cui la persona si trova, nonché dell'assenza di impedimenti o limitazioni all'esercizio dei diritti e delle facoltà ad essa spettanti.

(1) Articolo inserito dall'art. 8, co. 1, d.lgs. 10.10.2022, n. 150, a decorrere dal 30.12.2022.

(2) Comma così modificato dall'art. 2, co. 1, lett. c), d.lgs. 19.3.2024, n. 31, a decorrere dal 4.4.2024.
Il testo previgente alla modifica disposta con d.lgs. n. 31/2024 così disponeva:
«*1. L'autorità giudiziaria, quando dispone che un atto sia compiuto a distanza o che una o più parti partecipino a distanza al compimento di un atto o alla celebrazione di un'udienza, provvede con decreto motivato. Quando non è emesso in udienza, il decreto è notificato o comunicato alle parti unitamente al provvedimento che fissa la data per il compimento dell'atto o la celebrazione dell'udienza e, in ogni caso, almeno tre giorni prima della data suddetta. Il decreto è comunicato anche alle autorità interessate.*».

TITOLO III
Documentazione degli atti

134. Modalità di documentazione.

1. Alla documentazione degli atti si procede mediante verbale e, nei casi previsti dalla legge, anche mediante riproduzione audiovisiva o fonografica [(1)].

2. Il verbale è redatto, in forma integrale o riassuntiva, con la stenotipia o altro strumento idoneo allo scopo ovvero, in caso di impossibilità di ricorso a tali mezzi, con la scrittura manuale. Si osservano le disposizioni dell'articolo 110 [(2)].

3. Quando il verbale è redatto in forma riassuntiva o quando la redazione in forma integrale è ritenuta insufficiente, alla documentazione dell'atto si procede altresì mediante riproduzione audiovisiva o fonografica [(3)].

[**4.** Quando le modalità di documentazione indicate nei commi 2 e 3 sono ritenute insufficienti, può essere aggiunta la riproduzione audiovisiva se assolutamente indispensabile. La riproduzione audiovisiva delle dichiarazioni della persona offesa in condizione di particolare vulnerabilità è in ogni caso consentita, anche al di fuori delle ipotesi di assoluta indispensabilità [(4)]].

(1) Comma così modificato dall'art. 9, co. 1, lett. a), n. 1), d.lgs. 10.10.2022, n. 150, a decorrere dal 30.12.2022.
Il testo previgente così disponeva: «*1. Alla documentazione degli atti si procede mediante verbale.*».

(2) Comma così modificato dall'art. 9, co. 1, lett. a), n. 2), d.lgs. 10.10.2022, n. 150, a decorrere dal 30.12.2022. L'art. 87, co. 4, dello stesso d.lgs. n. 150/2022 ha così stabilito: «*4. Sino al quindicesimo giorno successivo alla pubblicazione dei regolamenti di cui ai commi 1 e 3, ovvero sino al diverso termine di transizione previsto dal regolamento di cui al comma 3 per gli uffici giudiziari e per le tipologie di atti in esso indicati, continuano ad applicarsi, nel testo vigente al momento dell'entrata in vigore del presente decreto, le disposizioni di cui agli articoli 110, 111, comma 1, 116, comma 3-*bis*, 125, comma 5, 134, comma 2, 135, comma 2, 162, comma 1, 311, comma 3, 391-*octies*, comma 3, 419, comma 5, primo periodo, 447, comma 1, primo periodo, 461, comma 1, 462, comma 1, 582, comma 1, 585, comma 4, del codice di procedura penale, nonché le disposizioni di cui l'articolo 154, commi 2, 3 e 4 delle norme di attuazione, di coordinamento e transitorie del codice di procedura penale, di cui al decreto legislativo 28.07.1989, n. 271.*».
Il testo previgente così disponeva: «*2. Il verbale è redatto, in forma integrale o riassuntiva, con la stenotipia o altro strumento meccanico ovvero, in caso di impossibilità di ricorso a tali mezzi, con la scrittura manuale.*».

(3) Comma così modificato dall'art. 9, co. 1, lett. a), n. 3), d.lgs. 10.10.2022, n. 150, a decorrere dal 30.12.2022.
Il testo previgente così disponeva: «*3. Quando il verbale è redatto in forma riassuntiva è effettuata anche la riproduzione fonografica.*».

(4) Comma così modificato dall'art. 1, co. 1, lett. c), d.lgs. 15.12.2015, n. 212, a decorrere dal 20.1.2016, e poi abrogato dall'art. 98, co. 1, lett. a), d.lgs. 10.10.2022, n. 150, a decorrere dal 30.12.2022.

135. Redazione del verbale.

1. Il verbale è redatto dall'ausiliario che assiste il giudice.

2. Quando il verbale è redatto con la stenotipia o altro strumento idoneo, il giudice autorizza l'ausiliario che non possiede le necessarie competenze a farsi assistere da personale tecnico, anche esterno all'amministrazione dello Stato [(1)].

(1) Comma così modificato dall'art. 9, co. 1, lett. b), d.lgs. 10.10.2022, n. 150, a decorrere dal 30.12.2022. L'art. 87, co. 4, del medesimo d.lgs. n. 150/2022 ha così disposto: «*4. Sino al quindicesimo giorno successivo alla pubblicazione dei regolamenti di cui ai commi 1 e 3, ovvero sino al diverso termine di transizione previsto dal regolamento di cui al comma 3 per gli uffici giudiziari e per le tipologie di atti in esso indicati, continuano ad applicarsi, nel testo vigente al momento dell'entrata in vigore del presente decreto, le disposizioni di cui agli articoli 110, 111, comma 1, 116, comma 3-bis, 125, comma 5, 134, comma 2, 135, comma 2, 162, comma 1, 311, comma 3, 391-octies, comma 3, 419, comma 5, primo periodo, 447, comma 1, primo periodo, 461, comma 1, 462, comma 1, 582, comma 1, 585, comma 4, del codice di procedura penale, nonché le disposizioni di cui l'articolo 154, commi 2, 3 e 4 delle norme di attuazione, di coordinamento e transitorie del codice di procedura penale, di cui al decreto legislativo 28.07.1989, n. 271.*».
Il testo previgente così disponeva: «*2. Quando il verbale è redatto con la stenotipia o altro strumento meccanico, il giudice autorizza l'ausiliario che non possiede le necessarie competenze a farsi assistere da personale tecnico, anche esterno all'amministrazione dello Stato.*».

136. Contenuto del verbale.

1. Il verbale contiene la menzione del luogo dell'anno, del mese, del giorno e, quando occorre, dell'ora in cui è cominciato e chiuso, le generalità delle persone intervenute, l'indicazione delle cause, se conosciute, della mancata presenza di coloro che sarebbero dovuti intervenire, la descrizione di quanto l'ausiliario ha fatto o ha constatato o di quanto è avvenuto in sua presenza nonché le dichiarazioni ricevute da lui da altro pubblico ufficiale che egli assiste.

2. Per ogni dichiarazione è indicato se è stata resa spontaneamente o previa domanda e, in tal caso, è riprodotta anche la domanda; se la dichiarazione è stata dettata dal dichiarante, o se questi si è avvalso dell'autorizzazione a consultare note scritte, ne è fatta menzione.

137. Sottoscrizione del verbale.

1. Salvo quanto previsto dall'articolo 483 comma 1, il verbale, previa lettura, è sottoscritto alla fine di ogni foglio dal pubblico ufficiale che lo ha redatto, dal giudice e dalle persone intervenute, anche quando le operazioni non sono esaurite e vengono rinviate ad altro momento.

2. Se alcuno degli intervenuti non vuole o non è in grado di sottoscrivere, ne è fatta menzione con l'indicazione del motivo.

138. Trascrizione del verbale redatto con il mezzo della stenotipia.

1. Salvo quanto previsto dall'articolo 483 comma 2, i nastri impressi con i caratteri della stenotipia sono trascritti in caratteri comuni non oltre il giorno successivo a quello in cui sono stati formati. Essi sono uniti agli atti del processo, insieme con la trascrizione.

2. Se la persona che ha impresso i nastri è impedita, il giudice dispone che la trascrizione sia affidata a persona idonea anche estranea all'amministrazione dello Stato.

139. Riproduzione fonografica o audiovisiva.

1. La riproduzione fonografica o audiovisiva è effettuata da personale tecnico, anche estraneo all'amministrazione dello Stato, sotto la direzione dell'ausiliario che assiste il giudice.

2. Quando si effettua la riproduzione fonografica, nel verbale è indicato il momento di inizio e di cessazione delle operazioni di riproduzione.

3. Per la parte in cui la riproduzione fonografica, per qualsiasi motivo, non ha avuto effetto o non è chiaramente intelligibile, fa prova il verbale redatto in forma riassuntiva.

4. La trascrizione della riproduzione è effettuata da personale tecnico giudiziario. Il giudice può disporre che essa sia affidata a persona idonea estranea all'amministrazione dello Stato.

5. Quando le parti vi consentono, il giudice può disporre che non sia effettuata la trascrizione.

6. Le registrazioni fonografiche o audiovisive e le trascrizioni, se effettuate, sono unite agli atti del procedimento.

140. Modalità di documentazione in casi particolari.

1. Il giudice dispone che si effettui soltanto la redazione contestuale del verbale in forma riassuntiva [134] quando gli atti da verbalizzare hanno contenuto semplice o limitata rilevanza ovvero quando si verifica una contingente indisponibilità di strumenti di riproduzione o di ausiliari tecnici.

2. Quando è redatto soltanto il verbale in forma riassuntiva, il giudice vigila affinché sia riprodotta nell'originaria genuina espressione la parte essenziale delle dichiarazioni, con la descrizione delle circostanze nelle quali sono rese se queste possono servire a valutarne la credibilità.

141. Dichiarazioni orali delle parti.

1. Quando la legge non impone la forma scritta, le parti possono fare, personalmente o a mezzo di procuratore speciale, richieste o dichiarazioni orali attinenti al procedimento. In tal caso l'ausiliario che assiste il giudice redige il verbale e cura la registrazione delle dichiarazioni a norma degli articoli precedenti. Al verbale è unita, se ne è il caso, la procura speciale.

2. Alla parte che lo richiede è rilasciata, a sue spese, una certificazione ovvero una copia delle dichiarazioni rese.

141 bis. Modalità di documentazione dell'interrogatorio di persona in stato di detenzione (1).

1. Ogni interrogatorio di persona che si trovi, a qualsiasi titolo, in stato di detenzione, e che non si svolga in udienza, deve essere documentato integralmente, a pena di inutilizzabilità, con mezzi di riproduzione audiovisiva o, se ciò non è possibile, con mezzi di riproduzione fonografica. Quando si verifica una indisponibilità di strumenti di riproduzione audiovisiva e fonografica o di personale tecnico, si provvede con le forme della perizia, ovvero della consulenza tecnica. Dell'interrogatorio è anche redatto verbale in forma riassuntiva. La trascrizione della riproduzione è disposta solo se richiesta dalle parti (2).

(1) Articolo introdotto dall'art. 2, l. 8.8.1995, n. 332.

(2) Comma così modificato dall'art. 9, co. 1, lett. c), d.lgs. 10.10.2022, n. 150, a decorrere dal 30.12.2022.
Il testo previgente così disponeva: «*1. Ogni interrogatorio di persona che si trovi, a qualsiasi titolo, in stato di detenzione, e che non si svolga in udienza, deve essere documentato integralmente, a pena di inutilizzabilità, con mezzi di riproduzione fonografica o audiovisiva. Quando si verifica una indisponibilità di strumenti di riproduzione o di personale tecnico, si provvede con le forme della perizia, ovvero della consulenza tecnica. Dell'interrogatorio è anche redatto verbale in forma riassuntiva. La trascrizione della riproduzione è disposta solo se richiesta dalle parti.*».

142. Nullità dei verbali.

1. Salve particolari disposizioni di legge, il verbale è nullo se vi è incertezza assoluta sulle persone intervenute o se manca la sottoscrizione del pubblico ufficiale che lo ha redatto.

TITOLO IV
Traduzione degli atti

143. Diritto all'interprete e alla traduzione di atti fondamentali [(1)].

1. L'imputato che non conosce la lingua italiana ha diritto di farsi assistere gratuitamente, indipendentemente dall'esito del procedimento, da un interprete al fine di poter comprendere l'accusa contro di lui formulata e di seguire il compimento degli atti e lo svolgimento delle udienze cui partecipa. Ha altresì diritto all'assistenza gratuita di un interprete per le comunicazioni con il difensore prima di rendere un interrogatorio, ovvero al fine di presentare una richiesta o una memoria nel corso del procedimento.

2. Negli stessi casi l'autorità procedente dispone la traduzione scritta, entro un termine congruo tale da consentire l'esercizio dei diritti e della facoltà della difesa, dell'informazione di garanzia, dell'informazione sul diritto di difesa, dei provvedimenti che dispongono misure cautelari personali, dell'avviso di conclusione delle indagini preliminari, dei decreti che dispongono l'udienza preliminare e la citazione a giudizio, delle sentenze e dei decreti penali di condanna.

3. La traduzione gratuita di altri atti o anche solo di parte di essi, ritenuti essenziali per consentire all'imputato di conoscere le accuse a suo carico, può essere disposta dal giudice, anche su richiesta di parte, con atto motivato, impugnabile unitamente alla sentenza.

4. L'accertamento sulla conoscenza della lingua italiana è compiuto dall'autorità giudiziaria. La conoscenza della lingua italiana è presunta fino a prova contraria per chi sia cittadino italiano.

5. L'interprete e il traduttore sono nominati anche quando il giudice, il pubblico ministero o l'ufficiale di polizia giudiziaria ha personale conoscenza della lingua o del dialetto da interpretare.

6. La nomina del traduttore per gli adempimenti di cui ai commi 2 e 3 è regolata dagli articoli 144 e seguenti del presente titolo. La prestazione dell'ufficio di interprete e di traduttore è obbligatoria [c.p. 366].

(1) Articolo così sostituito dall'art. 1, co. 1, lett. b), d.lgs. 4.3.2014, n. 32. Il testo previgente così disponeva: «*143. Nomina dell'interprete. 1. L'imputato che non conosce la lingua italiana ha diritto di farsi assistere gratuitamente da un interprete al fine di potere comprendere l'accusa contro di lui formulata e di seguire il compimento degli atti cui partecipa. La conoscenza della lingua italiana è presunta fino a prova contraria per chi sia cittadino italiano.*
2. Oltre che nel caso previsto dal comma 1 e dall'articolo 119, l'autorità procedente nomina un interprete quando occorre tradurre uno scritto in lingua straniera o in un dialetto non facilmente intelligibile ovvero quando la persona che vuole o deve fare una dichiarazione non conosce la lingua italiana. La dichiarazione può anche essere fatta per iscritto e in tale caso è inserita nel verbale con la traduzione eseguita dall'interprete. 3. L'interprete è nominato anche quando il giudice, il pubblico ministero o l'ufficiale di polizia giudiziaria ha personale conoscenza della lingua o del dialetto da interpretare.
4. La prestazione dell'ufficio di interprete è obbligatoria».

143 bis. Altri casi di nomina dell'interprete [(1)].

1. L'autorità procedente nomina un interprete quando occorre tradurre uno scritto in lingua straniera o in un dialetto non facilmente intellegibile ovvero quando la persona che vuole o deve fare una dichiarazione non conosce la lingua italiana. La dichiarazione può anche essere fatta per iscritto e in tale caso è inserita nel verbale con la traduzione eseguita dall'interprete.

2. Oltre che nei casi di cui al comma 1 e di cui all'articolo 119, l'autorità procedente nomina, anche d'ufficio, un interprete quando occorre procedere all'audizione della persona offesa che non conosce la lingua italiana nonché nei casi in cui la stessa intenda partecipare all'udienza e abbia fatto richiesta di essere assistita dall'interprete.

3. L'assistenza dell'interprete può essere assicurata, ove possibile, anche mediante l'utilizzo delle tecnologie di comunicazione a distanza, sempreché la presenza fisica dell'interprete non sia necessaria per consentire alla persona offesa di esercitare correttamente i suoi diritti o di comprendere compiutamente lo svolgimento del procedimento.

4. La persona offesa che non conosce la lingua italiana ha diritto alla traduzione gratuita di atti, o parti degli stessi, che contengono informazioni utili all'esercizio dei suoi diritti. La traduzione può essere disposta sia in forma orale che per riassunto se l'autorità procedente ritiene che non ne derivi pregiudizio ai diritti della persona offesa.

(1) Articolo inserito dall'art. 1, co. 1, lett. d), d.lgs. 15.12.2015, n. 212, a decorrere dal 20.1.2016.

144. Incapacità e incompatibilità dell'interprete.

1. Non può prestare ufficio di interprete, a pena di nullità:

a) il minorenne, l'interdetto, l'inabilitato [c.c. 415] e chi è affetto da infermità di mente;
b) chi è interdetto anche temporaneamente dai pubblici uffici ovvero è interdetto o sospeso dall'esercizio di una professione o di un'arte;
c) chi è sottoposto a misure di sicurezza personali [c.p. 215] o a misure di prevenzione;
d) chi non può essere assunto come testimone o ha facoltà d'astenersi dal testimoniare o chi è chiamato a prestare ufficio di testimone o di perito ovvero è stato nominato consulente tecnico nello stesso procedimento o in un procedimento connesso [12]. Nondimeno, nel caso previsto dall'articolo 119, la qualità di interprete può essere assunta da un prossimo congiunto della persona sorda, muta o sordomuta [(1)].

(1) L'art. 1, l. 20.2.2006, n. 95 ha previsto che in tutte le disposizioni legislative vigenti il termine «*sordomuto*» sia sostituito con l'espressione «*sordo*».

145. Ricusazione e astensione dell'interprete.

1. L'interprete può essere ricusato per i motivi indicati nell'articolo 144, dalle parti private e, in rapporto agli atti compiuti o disposti dal giudice, anche dal pubblico ministero.

2. Quando esiste un motivo di ricusazione, anche se

non proposto, ovvero se vi sono gravi ragioni di convenienza per astenersi, l'interprete ha obbligo di dichiararlo.

3. La dichiarazione di ricusazione o di astensione può essere presentata fino a che non siano esaurite le formalità di conferimento dell'incarico e, quando si tratti di motivi sopravvenuti ovvero conosciuti successivamente, prima che l'interprete abbia espletato il proprio incarico.

4. Sulla dichiarazione di ricusazione o di astensione decide il giudice con ordinanza.

146. Conferimento dell'incarico.

1. L'autorità procedente accerta l'identità dell'interprete e gli chiede se versi in una delle situazioni previste dagli articoli 144 e 145.

2. Lo ammonisce poi sull'obbligo di adempiere bene e fedelmente l'incarico affidatogli, senz'altro scopo che quello di far conoscere la verità, e di mantenere il segreto [329; c.p. 329]su tutti gli atti che si faranno per suo mezzo o in sua presenza. Quindi lo invita a prestare l'ufficio.

2 bis. Quando l'interprete o il traduttore risiede nella circoscrizione di altro tribunale, l'autorità procedente, ove non ritenga di procedere personalmente, richiede al giudice per le indagini preliminari del luogo il compimento delle attività di cui ai commi precedenti (1).

(1) Comma introdotto dall'art. 1, co. 1, lett. b bis), d.lgs. 4.3.2014, n. 32, come modificato dall'art. 1, co. 1, d.lgs. 23.6.2016, n. 129, a decorrere dal 29.7.2016.

147. Termine per le traduzioni scritte. Sostituzione dell'interprete.

1. Per la traduzione di scritture che richiedono un lavoro di lunga durata, l'autorità procedente fissa all'interprete un termine che può essere prorogato per giusta causa una sola volta. L'interprete può essere sostituito se non presenta entro il termine la traduzione scritta.

2. L'interprete sostituito, dopo essere stato citato a comparire per discolparsi, può essere condannato dal giudice al pagamento a favore della cassa delle ammende di una somma da euro 51 a euro 516.

TITOLO V
Notificazioni

148. Organi e forme delle notificazioni (1).

1. Salvo che la legge disponga altrimenti, le notificazioni degli atti sono eseguite, a cura della segreteria o della cancelleria, con modalità telematiche che, nel rispetto della normativa anche regolamentare concernente la trasmissione e la ricezione dei documenti informatici, assicurano la identità del mittente e del destinatario, l'integrità del documento trasmesso, nonché la certezza, anche temporale, dell'avvenuta trasmissione e ricezione.

2. La lettura dei provvedimenti alle persone presenti o rappresentate dal difensore e gli avvisi che sono dati dal giudice o dal pubblico ministero verbalmente agli interessati in loro presenza sostituiscono le notificazioni di cui al comma 1, purché ne sia fatta menzione nel verbale.

3. Sostituisce le notificazioni di cui al comma 1 anche la consegna di copia in forma di documento analogico dell'atto all'interessato da parte della cancelleria o della segreteria. Il pubblico ufficiale addetto annota in tal caso sull'originale dell'atto la eseguita consegna e la data in cui questa è avvenuta.

4. In tutti i casi in cui, per espressa previsione di legge, per l'assenza o l'inidoneità di un domicilio digitale del destinatario o per la sussistenza di impedimenti tecnici, non è possibile procedere con le modalità indicate al comma 1, e non è stata effettuata la notificazione con le forme previste nei commi 2 e 3, la notificazione disposta dall'autorità giudiziaria è eseguita dagli organi e con le forme stabilite nei commi seguenti e negli ulteriori articoli del presente titolo.

5. Le notificazioni degli atti, salvo che la legge disponga altrimenti, sono eseguite dall'ufficiale giudiziario o da chi ne esercita le funzioni.

6. La notificazione è eseguita dalla polizia giudiziaria nei soli casi previsti dalla legge. Le notificazioni richieste dal pubblico ministero possono essere eseguite dalla polizia giudiziaria nei casi di atti di indagine o provvedimenti che la stessa polizia giudiziaria è delegata a compiere o è tenuta ad eseguire.

7. Nei procedimenti con detenuti e in quelli davanti al tribunale del riesame l'autorità giudiziaria può disporre che, in caso di urgenza, le notificazioni siano eseguite dalla Polizia penitenziaria del luogo in cui i destinatari sono detenuti, con l'osservanza delle norme del presente titolo.

8. L'atto è notificato per intero, salvo che la legge disponga altrimenti, di regola mediante consegna di copia al destinatario oppure, se ciò non è possibile, alle persone indicate nel presente titolo. Quando la notifica non può essere eseguita in mani proprie del destinatario, l'organo competente per la notificazione consegna la copia dell'atto da notificare, fatta eccezione per il caso di notificazione al difensore o al domiciliatario, dopo averla inserita in busta che provvede a sigillare trascrivendovi il numero cronologico della notificazione e dandone atto nella relazione in calce all'originale e alla copia dell'atto.

(1) Articolo modificato dall'art. 1, d.lgs. 14.1.1991, n. 12, dall'art. 3, l. 26.3.2001, n. 128, e dall'art. 9, d.l. 18.10.2001, n. 374, conv., con modif., dalla l. 15.12.2001, n. 438. Successivamente, questo articolo è stato modificato dall'art. 174, d.lgs. 30.6.2003, n. 196, a decorrere dal 1°.1.2004, e poi nuovamente modificato dal co. 1 dell'art. 17, d.l. 27.7.2005, n. 144, conv., con modif., con l. 31.7.2005, n. 155. Infine, l'articolo è stato così sostituito dall'art. 10, co. 1, lett. a), d.lgs. 10.10.2022, n. 150, a decorrere dal 30.12.2022. Vedi, anche, il co. 6 dell'art. 17, d.l. n. 144/2005 e gli artt. 32, co. 2, 48, co. 2, 149, ultimo comma, 397, ultimo comma, 520, 548 c.p.p.
Il testo previgente alla modifica disposta con d.lgs. n. 150/2022 così disponeva:
«*Organi e forme delle notificazioni.*
1. Le notificazioni degli atti, salvo che la legge disponga altrimenti,

sono eseguite dell'ufficiale giudiziario o da chi ne esercita le funzioni.

2. *Nei procedimenti con detenuti ed in quelli davanti al tribunale del riesame il giudice può disporre che, in caso di urgenza, le notificazioni siano eseguite dalla Polizia penitenziaria del luogo in cui i destinatari sono detenuti, con l'osservanza delle norme del presente titolo.*

2-bis. *L'autorità giudiziaria può disporre che le notificazioni o gli avvisi ai difensori siano eseguiti con mezzi tecnici idonei.*
L'ufficio che invia l'atto attesta in calce ad esso di aver trasmesso il testo originale.

3. *L'atto è notificato per intero, salvo che la legge disponga altrimenti, di regola mediante consegna di copia al destinatario oppure, se ciò non è possibile, alle persone indicate nel presente titolo. Quando la notifica non può essere eseguita in mani proprie del destinatario, l'ufficiale giudiziario o la polizia giudiziaria consegnano la copia dell'atto da notificare, fatta eccezione per il caso di notificazione al difensore o al domiciliatario, dopo averla inserita in busta che provvedono a sigillare trascrivendovi il numero cronologico della notificazione e dandone atto nella relazione in calce all'originale e alla copia dell'atto.*

4. *La consegna di copia dell'atto all'interessato da parte della cancelleria ha valore di notificazione. Il pubblico ufficiale addetto annota sull'originale dell'atto la eseguita consegna e la data in cui questa è avvenuta.*

5. *La lettura dei provvedimenti alle persone presenti e gli avvisi che sono dati dal giudice verbalmente agli interessati in loro presenza sostituiscono le notificazioni, purché ne sia fatta menzione nel verbale.*

5-bis. *Le comunicazioni, gli avvisi ed ogni altro biglietto o invito consegnati non in busta chiusa a persona diversa dal destinatario recano le indicazioni strettamente necessarie.».*

Il testo antecedente alla modifica disposta con d.l. n. 144/2005 così disponeva: «*Organi e forme delle notificazioni.*

1. *Le notificazioni degli atti, salvo che la legge disponga altrimenti, sono eseguite dell'ufficiale giudiziario o da chi ne esercita le funzioni.*

2. *Nei procedimenti con detenuti, il giudice può disporre che le notificazioni siano eseguite dalla polizia giudiziaria, con l'osservanza delle norme del presente titolo.*

2-bis. *L'autorità giudiziaria può disporre che le notificazioni o gli avvisi ai difensori siano eseguiti con mezzi tecnici idonei.*
L'ufficio che invia l'atto attesta in calce ad esso di aver trasmesso il testo originale.

2-ter. *Nei procedimenti avanti al tribunale per il riesame il giudice può disporre che, in caso di urgenza, le notificazioni siano eseguite dalle sezioni della polizia giudiziaria presso le procure della Repubblica con le medesime modalità di cui al comma 2.*

3. *L'atto è notificato per intero, salvo che la legge disponga altrimenti, di regola mediante consegna di copia al destinatario oppure, se ciò non è possibile, alle persone indicate nel presente titolo. Quando la notifica non può essere eseguita in mani proprie del destinatario, l'ufficiale giudiziario o la polizia giudiziaria consegnano la copia dell'atto da notificare, fatta eccezione per il caso di notificazione al difensore o al domiciliatario, dopo averla inserita in busta che provvedono a sigillare trascrivendovi il numero cronologico della notificazione e dandone atto nella relazione in calce all'originale e alla copia dell'atto.*

4. *La consegna di copia dell'atto all'interessato da parte della cancelleria ha valore di notificazione. Il pubblico ufficiale addetto annota sull'originale dell'atto la eseguita consegna e la data in cui questa è avvenuta.*

5. *La lettura dei provvedimenti alle persone presenti e gli avvisi che sono dati dal giudice verbalmente agli interessati in loro presenza sostituiscono le notificazioni, purché ne sia fatta menzione nel verbale.*

5-bis. *Le comunicazioni, gli avvisi ed ogni altro biglietto o invito consegnati non in busta chiusa a persona diversa dal destinatario recano le indicazioni strettamente necessarie.».*

Il testo antecedente alla modifica disposta con d.lgs. n. 196/2003 così disponeva: «*Organi e forme delle notificazioni.*

1. *Le notificazioni degli atti, salvo che la legge disponga altrimenti, sono eseguite dell'ufficiale giudiziario o da chi ne esercita le funzioni.*

2. *Nei procedimenti con detenuti, il giudice può disporre che le notificazioni siano eseguite dalla polizia giudiziaria, con l'osservanza delle norme del presente titolo.*

2-bis. *L'autorità giudiziaria può disporre che le notificazioni o gli avvisi ai difensori siano eseguiti con mezzi tecnici idonei.*
L'ufficio che invia l'atto attesta in calce ad esso di aver trasmesso il testo originale.

2-ter. *Nei procedimenti avanti al tribunale per il riesame il giudice può disporre che, in caso di urgenza, le notificazioni siano eseguite dalle sezioni della polizia giudiziaria presso le procure della Repubblica con le medesime modalità di cui al comma 2.*

3. *L'atto è notificato per intero, salvo che la legge disponga altrimenti.*

4. *La consegna di copia dell'atto all'interessato da parte della cancelleria ha valore di notificazione. Il pubblico ufficiale addetto annota sull'originale dell'atto la eseguita consegna e la data in cui questa è avvenuta.*

5. *La lettura dei provvedimenti alle persone presenti e gli avvisi che sono dati dal giudice verbalmente agli interessati in loro presenza sostituiscono le notificazioni, purché ne sia fatta menzione nel verbale.».*

Il testo antecedente alla modifica disposta con d.l. n. 374/2001 così disponeva: «*Organi e forme delle notificazioni.*

1. *Le notificazioni degli atti, salvo che la legge disponga altrimenti, sono eseguite dell'ufficiale giudiziario o da chi ne esercita le funzioni.*

2. *Nei procedimenti con detenuti e negli altri casi di assoluta urgenza, il giudice può disporre che le notificazioni siano eseguite dalla polizia giudiziaria, con l'osservanza delle norme del presente titolo.*

3. *L'atto è notificato per intero, salvo che la legge disponga altrimenti.*

4. *La consegna di copia dell'atto all'interessato da parte della cancelleria ha valore di notificazione. Il pubblico ufficiale addetto annota sull'originale dell'atto la eseguita consegna e la data in cui questa è avvenuta.*

5. *La lettura dei provvedimenti alle persone presenti e gli avvisi che sono dati dal giudice verbalmente agli interessati in loro presenza sostituiscono le notificazioni, purché ne sia fatta menzione nel verbale.».*

Il testo in vigore prima della modifica disposta dalla l. n. 128/2001 così disponeva: «*Organi e forme delle notificazioni.*

1. *Le notificazioni degli atti, salvo che la legge disponga altrimenti, sono eseguite dell'ufficiale giudiziario o da chi ne esercita le funzioni.*

2. *Il giudice, ove ne ravvisi la necessità, può disporre che le notificazioni siano eseguite dalla polizia giudiziaria, con l'osservanza delle norme del presente titolo.*

3. *L'atto è notificato per intero, salvo che la legge disponga altrimenti.*

4. *La consegna di copia dell'atto all'interessato da parte della cancelleria ha valore di notificazione. Il pubblico ufficiale addetto annota sull'originale dell'atto la eseguita consegna e la data in cui questa è avvenuta.*

5. *La lettura dei provvedimenti alle persone presenti e gli avvisi che sono dati dal giudice verbalmente agli interessati in loro presenza sostituiscono le notificazioni, purché ne sia fatta menzione nel verbale.».*

149. Notificazioni urgenti a mezzo del telefono e del telegrafo [(1)]

1. Quando nei casi previsti dall'articolo 148, comma 4, ricorre una situazione di urgenza, il giudice o il pubblico ministero dispongono, anche su richiesta di parte, che le persone diverse dall'imputato siano avvisate o convocate a mezzo del telefono a cura, rispettivamente, della cancelleria o della segreteria.

2. Dell'attività svolta è redatta attestazione che viene inserita nel fascicolo, nella quale si dà atto del numero telefonico chiamato, del nome, delle funzioni o delle mansioni svolte dalla persona che riceve la comunicazione, del suo rapporto con il destinatario e dell'ora della telefonata.

3. Alla comunicazione si procede chiamando il numero telefonico corrispondente ai luoghi indicati nell'articolo 157, commi 1 e 2, o il numero indicato dal destinatario o che dagli atti risulta in uso allo stesso. Essa non ha effetto se non è ricevuta dal destinatario, da persona che conviva anche temporaneamente col medesimo ovvero che sia al suo servizio.

4. La comunicazione telefonica ha valore di notificazione con effetto dal momento in cui è avvenuta, sempre che della stessa sia data immediata conferma al destinatario mediante telegramma o, in alternativa, mediante comunicazione all'indirizzo di posta elettronica indicato dallo stesso.

5. Quando non è possibile procedere nel modo indicato nei commi precedenti, la notificazione è eseguita, per estratto, mediante telegramma.

(1) Articolo modificato dall'art. 9, d.l. 18.10.2001, n. 374, conv., con modif., dalla l. 15.12.2001, n. 438, e, successivamente, così sostituito dall'art. 10, co. 1, lett. b), d.lgs. 10.10.2022, n. 150, a decorrere dal 30.12.2022.

Il testo previgente alla modifica disposta con d.lgs. n. 150/2022 così disponeva:

«*Notificazioni urgenti a mezzo del telefono e del telegrafo.*

1. *Nei casi di urgenza, il giudice può disporre, anche su richiesta di parte, che le persone diverse dall'imputato siano avvisate o convocate a mezzo del telefono a cura della cancelleria.*
2. *Sull'originale dell'avviso o della convocazione sono annotati il numero telefonico chiamato, il nome, le funzioni o le mansioni svolte dalla persona che riceve la comunicazione, il suo rapporto con il destinatario, il giorno e l'ora della telefonata.*
3. *Alla comunicazione si procede chiamando il numero telefonico corrispondente ai luoghi indicati nell'articolo 157 commi 1 e 2. Essa non ha effetto se non è ricevuta dal destinatario ovvero da persona che conviva anche temporaneamente col medesimo.*
4. *La comunicazione telefonica ha valore di notificazione con effetto dal momento in cui è avvenuta, sempre che della stessa sia data immediata conferma al destinatario mediante telegramma.*
5. *Quando non è possibile procedere nel modo indicato nei commi precedenti, la notificazione è eseguita, per estratto, mediante telegramma.*».

Il testo antecedente alla modifica disposta con d.l. n. 374/2001 così disponeva: «*Notificazioni urgenti a mezzo del telefono e del telegrafo.*

1. *Nei casi di urgenza, il giudice può disporre, anche su richiesta di parte, che le persone diverse dall'imputato siano avvisate o convocate a mezzo del telefono a cura della cancelleria o della polizia giudiziaria.*
2. *Sull'originale dell'avviso o della convocazione sono annotati il numero telefonico chiamato, il nome, le funzioni o le mansioni svolte dalla persona che riceve la comunicazione, il suo rapporto con il destinatario, il giorno e l'ora della telefonata.*
3. *Alla comunicazione si procede chiamando il numero telefonico corrispondente ai luoghi indicati nell'articolo 157 commi 1 e 2. Essa non ha effetto se non è ricevuta dal destinatario ovvero da persona che conviva anche temporaneamente col medesimo.*
4. *La comunicazione telefonica ha valore di notificazione con effetto dal momento in cui è avvenuta, sempre che della stessa sia data immediata conferma al destinatario mediante telegramma.*
5. *Quando non è possibile procedere nel modo indicato nei commi precedenti, la notificazione è eseguita, per estratto, mediante telegramma.*».

150. Forme particolari di notificazione disposte dal giudice [(1)].

[**1.** Quando lo consigliano circostanze particolari, il giudice può prescrivere, anche di ufficio, con decreto motivato in calce all'atto, che la notificazione a persona diversa dall'imputato sia eseguita mediante l'impiego di mezzi tecnici che garantiscano la conoscenza dell'atto.

2. Nel decreto sono indicate le modalità necessarie per portare l'atto a conoscenza del destinatario.]

(1) Articolo abrogato dall'art. 98, co. 1, lett. a), d.lgs. 10.10.2022, n. 150, a decorrere dal 30.12.2022.

151. Notificazioni richieste dal pubblico ministero [(1)].

[**1.** Le notificazioni di atti del pubblico ministero nel corso delle indagini preliminari sono eseguite dall'ufficiale giudiziario, ovvero dalla polizia giudiziaria nei soli casi di atti di indagine o provvedimenti che la stessa polizia giudiziaria è delegata a compiere o è tenuta ad eseguire [369, comma 2] [(2)].

2. La consegna di copia dell'atto all'interessato da parte della segreteria ha valore di notificazione. Il pubblico ufficiale addetto annota sull'originale dell'atto la eseguita consegna e la data in cui questa è avvenuta.

3. La lettura dei provvedimenti alle persone presenti e gli avvisi che sono dati dal pubblico ministero verbalmente agli interessati in loro presenza sostituiscono le notificazioni, purché ne sia fatta menzione nel verbale [(3)].

4. Il decreto di irreperibilità emesso a norma dell'articolo 159 dal pubblico ministero ha valore solo per le notificazioni di propri atti e limitatamente alla fase delle indagini preliminari. A seguito della emissione del decreto, la notificazione è eseguita mediante consegna di copia al difensore [(4)].]

(1) Articolo abrogato dall'art. 98, co. 1, lett. a), d.lgs. 10.10.2022, n. 150, a decorrere dal 30.12.2022.

(2) Comma così sostituito dal co. 2 dell'art. 17, d.l. 27.7.2005, n. 144, conv., con modif., con l. 31.7.2005, n. 155. Il testo previgente così disponeva: «*1. Le notificazioni di atti del pubblico ministero nel corso delle indagini preliminari sono eseguite dalla polizia giudiziaria o dall'ufficiale giudiziario*».

(3) Comma così sostituito dall'art. 2, d.lgs. 14.1.1991, n. 12, recante disposizioni integrative e correttive della disciplina processuale penale e delle norme ad essa collegate.

(4) Comma soppresso con l'art. 2, d.lgs. 14.1.1991, n. 12, recante disposizioni integrative e correttive della disciplina processuale penale e delle norme ad essa collegate.

152. Notificazioni richieste dalle parti private.

1. Salvo che la legge disponga altrimenti, le notificazioni richieste dalle parti private possono essere sostituite dalla notificazione con modalità telematiche eseguita dal difensore a mezzo di posta elettronica certificata o altro servizio elettronico di recapito certificato qualificato ovvero dall'invio di copia dell'atto in forma di documento analogico effettuata dal difensore mediante lettera raccomandata con avviso di ricevimento [(1)].

(1) Comma così modificato dall'art. 10, co. 1, lett. c), d.lgs. 10.10.2022, n. 150, a decorrere dal 30.12.2022.

Il testo previgente così disponeva: «*1. Salvo che la legge disponga altrimenti, le notificazioni richieste dalle parti private possono essere sostituite dall'invio di copia dell'atto effettuata dal difensore mediante lettera raccomandata con avviso di ricevimento.».*

153. Notificazioni e comunicazioni al pubblico ministero.

1. Le notificazioni al pubblico ministero sono eseguite, con le modalità previste dall'articolo 148, comma 1, e, nei casi indicati dall'articolo 148, comma 4, direttamente dalle parti o dai difensori, mediante consegna di copia dell'atto in forma di documento analogico nella segreteria. In tale ultimo caso, il pubblico ufficiale addetto annota sull'originale e sulla copia dell'atto le generalità di chi ha eseguito la consegna e la data in cui questa è avvenuta [(1)].

2. Le comunicazioni di atti e provvedimenti del giudice al pubblico ministero sono eseguite a cura della cancelleria nello stesso modo, salvo che il pubblico ministero prenda visione dell'atto sottoscrivendolo. In tal caso, il pubblico ufficiale addetto annota sull'originale dell'atto la eseguita consegna e la data in cui questa è avvenuta [(2)].

(1) Comma così modificato dall'art. 10, co. 1, lett. d), n. 1), d.lgs. 10.10.2022, n. 150, a decorrere dal 30.12.2022.
Il testo previgente così disponeva: «*1. Le notificazioni al pubblico ministero sono eseguite, anche direttamente dalle parti o dai difensori, mediante consegna di copia dell'atto nella segreteria. Il pubblico ufficiale addetto annota sull'originale e sulla copia dell'atto le generalità di chi ha eseguito la consegna e la data in cui questa è avvenuta.*».

(2) Comma così modificato dall'art. 10, co. 1, lett. d), n. 2), d.lgs. 10.10.2022, n. 150, a decorrere dal 30.12.2022.
Il testo previgente così disponeva: «*1. Le notificazioni al pubblico ministero sono eseguite, anche direttamente dalle parti o dai difensori, mediante consegna di copia dell'atto nella segreteria. Il pubblico ufficiale addetto annota sull'originale e sulla copia dell'atto le generalità di chi ha eseguito la consegna e la data in cui questa è avvenuta.*».

153 bis. Domicilio del querelante. Notificazioni al querelante [(1)].

1. Il querelante, nella querela, dichiara o elegge domicilio per la comunicazione e la notificazione degli atti del procedimento. A tal fine, può dichiarare un indirizzo di posta elettronica certificata o altro servizio elettronico di recapito certificato qualificato.

2. Il querelante ha comunque facoltà di dichiarare o eleggere domicilio anche successivamente alla formulazione della querela, con dichiarazione raccolta a verbale o depositata con le modalità telematiche previste dall'articolo 111-bis, ovvero mediante telegramma o lettera raccomandata con sottoscrizione autenticata da un notaio, da altra persona autorizzata o dal difensore. La dichiarazione può essere effettuata anche presso la segreteria del pubblico ministero procedente o presso la cancelleria del giudice procedente.

3. In caso di mutamento del domicilio dichiarato o eletto, il querelante ha l'obbligo di comunicare all'autorità procedente, con le medesime modalità previste dal comma 2, il nuovo domicilio dichiarato o eletto.

4. Le notificazioni al querelante che non ha nominato un difensore sono eseguite presso il domicilio digitale e, nei casi di cui all'articolo 148, comma 4, presso il domicilio dichiarato o eletto.

5. Quando la dichiarazione o l'elezione di domicilio mancano o sono insufficienti o inidonee, le notificazioni alla persona offesa che abbia proposto querela sono eseguite mediante deposito dell'atto da notificare nella segreteria del pubblico ministero procedente o nella cancelleria del giudice procedente.

(1) Articolo inserito dall'art. 10, co. 1, lett. e), d.lgs. 10.10.2022, n. 150, a decorrere dal 30.12.2022, ai sensi di quanto disposto dall'art. 99 bis, co. 1, del medesimo d.lgs. n. 150/2022, aggiunto dall'art. 6, co. 1, d.l. 31.10.2022, n. 162, conv., con modif., dalla l. 30.12.2022, n. 199.

154. Notificazioni alla persona offesa, alla parte civile, al responsabile civile e al civilmente obbligato per la pena pecuniaria.

1. Le notificazioni alla persona offesa che non ha proposto querela e non ha nominato un difensore sono eseguite secondo le disposizioni dell'articolo 153-*bis*, comma 4, e, quando anche la dichiarazione o l'elezione di domicilio mancano o sono insufficienti o inidonee, secondo le disposizioni dell'articolo 157, commi 1, 2, 3, 4 e 8. Se sono ignoti i luoghi ivi indicati, la notificazione è eseguita mediante deposito dell'atto nella segreteria o nella cancelleria. Qualora risulti dagli atti notizia precisa del luogo di residenza, di dimora o di lavoro abituale all'estero, la persona offesa è invitata mediante raccomandata con avviso di ricevimento a dichiarare o eleggere domicilio nel territorio dello Stato, oppure a dichiarare un indirizzo di posta elettronica certificata o altro servizio elettronico di recapito certificato qualificato. Se nel termine di venti giorni dalla ricezione della raccomandata non viene effettuata alcuna dichiarazione o elezione di domicilio ovvero se la stessa è insufficiente o risulta inidonea, la notificazione è eseguita mediante deposito dell'atto nella segreteria o nella cancelleria. Alla dichiarazione o alla elezione di domicilio si applicano le disposizioni di cui all'articolo 153-*bis*, commi 2 e 3 [(1)].

1 bis. Quando è necessario per evitare la scadenza del termine di prescrizione del reato o il decorso del termine di improcedibilità di cui all'articolo 344 *bis* oppure è in corso di applicazione una misura cautelare, l'autorità giudiziaria può disporre che, nei casi indicati al comma 1, primo periodo, la notificazione alla persona offesa dell'avviso di fissazione dell'udienza preliminare o della citazione a giudizio ai sensi degli articoli 450, comma 2, 456, 552 e 601 sia eseguita dalla polizia giudiziaria [(4)].

2. La notificazione della prima citazione al responsabile civile e alla persona civilmente obbligata per la pena pecuniaria è eseguita, nei casi di cui all'articolo 148, comma 4, con le forme stabilite per la prima notificazione all'imputato non detenuto [(2)].

3. Se si tratta di pubbliche amministrazioni di persone giuridiche o di enti privi di personalità giuridica, le notificazioni sono eseguite nelle forme stabilite per il processo civile.

4. Le notificazioni alla parte civile, al responsabile civile e alla persona civilmente obbligata per la pena pecuniaria costituiti in giudizio sono eseguite presso i difensori. Il responsabile civile e la persona civilmente obbligata per la pena pecuniaria, se non sono costituiti, quando non dispongono di un domicilio digitale, devono dichiarare o eleggere il proprio domicilio nel luogo in cui si procede o dichiarare un indirizzo di posta certificata o altro servizio elettronico di recapito certificato qualificato, con atto depositato nella cancelleria del giudice competente. In mancanza di tale dichiarazione o elezione o se la stessa è insufficiente o inidonea, le notificazioni sono eseguite mediante deposito nella cancelleria [3].

(1) Comma così modificato dall'art. 10, co. 1, lett. f), n. 1), d.lgs. 10.10.2022, n. 150, a decorrere dal 30.12.2022.
Il testo previgente così disponeva: «*1. Le notificazioni alla persona offesa dal reato sono eseguite a norma dell'articolo 157 commi 1, 2, 3, 4 e 8. Se sono ignoti i luoghi ivi indicati, la notificazione è eseguita mediante deposito dell'atto nella cancelleria. Qualora risulti dagli atti notizia precisa del luogo di residenza o di dimora all'estero, la persona offesa è invitata mediante raccomandata con avviso di ricevimento a dichiarare o eleggere domicilio nel territorio dello Stato. Se nel termine di venti giorni dalla ricezione della raccomandata non viene effettuata la dichiarazione o l'elezione di domicilio ovvero se la stessa è insufficiente o risulta inidonea, la notificazione è eseguita mediante deposito dell'atto nella cancelleria.*».
(2) Comma così modificato dall'art. 10, co. 1, lett. f), n. 2), d.lgs. 10.10.2022, n. 150, a decorrere dal 30.12.2022.
Il testo previgente così disponeva: «*2. La notificazione della prima citazione al responsabile civile e alla persona civilmente obbligata per la pena pecuniaria è eseguita con le forme stabilite per la prima notificazione all'imputato non detenuto.*».
(3) Comma così modificato dall'art. 10, co. 1, lett. f), n. 3), d.lgs. 10.10.2022, n. 150, a decorrere dal 30.12.2022.
Il testo previgente così disponeva: «*4. Le notificazioni alla parte civile, al responsabile civile e alla persona civilmente obbligata per la pena pecuniaria costituiti in giudizio sono eseguite presso i difensori. Il responsabile civile e la persona civilmente obbligata per la pena pecuniaria, se non sono costituiti, devono dichiarare o eleggere il proprio domicilio nel luogo in cui si procede con atto ricevuto dalla cancelleria del giudice competente. In mancanza di tale dichiarazione o elezione o se la stessa è insufficiente o inidonea, le notificazioni sono eseguite mediante deposito nella cancelleria.*».
(4) Comma introdotto dall'art. 2, co. 1, lett. d), d.lgs. 19.3.2024, n. 31, a decorrere dal 4.4.2024.

155. Notificazioni per pubblici annunzi alle persone offese.

1. Quando per il numero dei destinatari o per l'impossibilità di identificarne alcuni, la notificazione nelle forme ordinarie alle persone offese risulti difficile, l'autorità giudiziaria può disporre, con decreto, che la notificazione sia eseguita mediante pubblicazione dell'atto nel sito internet del Ministero della giustizia per un periodo di tempo determinato. Nel decreto da notificare unitamente all'atto sono designati, quando occorre, i destinatari nei cui confronti la notificazione deve essere eseguita nelle forme ordinarie e sono indicati i modi che appaiono opportuni per portare l'atto a conoscenza degli altri interessati [1].

2. In ogni caso, copia dell'atto è depositata nella casa comunale del luogo in cui si trova l'autorità procedente e un estratto è inserito nella Gazzetta Ufficiale della Repubblica.

3. La notificazione si ha per avvenuta quando l'ufficiale giudiziario deposita una copia dell'atto, con la relazione e i documenti giustificativi dell'attività svolta, nella cancelleria o segreteria dell'autorità procedente.

(1) Comma così sostituito dall'art. 10, co. 1, lett. g), d.lgs. 10.10.2022, n. 150, a decorrere dal 30.12.2022.
Il testo previgente così disponeva: «*1. Quando per il numero dei destinatari o per l'impossibilità di identificarne alcuni, la notificazione nelle forme ordinarie alle persone offese risulti difficile, l'autorità giudiziaria può disporre, con decreto in calce all'atto da notificare, che la notificazione sia eseguita mediante pubblici annunzi. Nel decreto sono designati, quando occorre, i destinatari nei cui confronti la notificazione deve essere eseguita nelle forme ordinarie e sono indicati i modi che appaiono opportuni per portare l'atto a conoscenza degli altri interessati.*».

156. Notificazioni all'imputato detenuto.

1. Le notificazioni all'imputato detenuto, anche successive alla prima, sono sempre eseguite nel luogo di detenzione mediante consegna di copia alla persona [1].

2. In caso di rifiuto della ricezione, se ne fa menzione nella relazione di notificazione e la copia rifiutata è consegnata al direttore dell'istituto o a chi ne fa le veci. Nello stesso modo si provvede quando non è possibile consegnare la copia direttamente all'imputato, perché legittimamente assente. In tal caso, della avvenuta notificazione il direttore dell'istituto informa immediatamente l'interessato con il mezzo più celere.

3. Le notificazioni all'imputato detenuto in luogo diverso dagli istituti penitenziari, anche successive alla prima, [284, 286, 386, comma 5] sono eseguite a norma dell'articolo 157, con esclusione delle modalità di cui all'articolo 148, comma 1 [2].

4. Le disposizioni che precedono si applicano anche quando dagli atti risulta che l'imputato è detenuto per causa diversa dal procedimento per il quale deve eseguirsi la notificazione o è internato in un istituto penitenziario.

5. In nessun caso le notificazioni all'imputato detenuto o internato possono essere eseguite con le forme dell'articolo 159.

(1) Comma così modificato dall'art. 10, co. 1, lett. h), n. 1), d.lgs. 10.10.2022, n. 150, a decorrere dal 30.12.2022.
Il testo previgente così disponeva: «*1. Le notificazioni all'imputato detenuto sono eseguite nel luogo di detenzione mediante consegna di copia alla persona.*».
(2) Comma così modificato dall'art. 10, co. 1, lett. h), n. 2), d.lgs. 10.10.2022, n. 150, a decorrere dal 30.12.2022.
Il testo previgente così disponeva: «*3. Le notificazioni all'imputato detenuto in luogo diverso dagli istituti penitenziari sono eseguite a norma dell'articolo 157.*».

157. Prima notificazione all'imputato non detenuto.

1. Nei casi di cui all'articolo 148, comma 4, la prima notificazione all'imputato non detenuto, che non abbia già ricevuto gli avvertimenti di cui all'articolo 161, comma 01, è eseguita mediante consegna di copia dell'atto in forma di documento analogico alla persona. Se non è possibile consegnare personalmente la copia, la notificazione è eseguita nella casa di abitazione o nel luogo in cui l'imputato esercita abitualmente l'attività lavorativa. Nella casa di abitazione la consegna è eseguita a una persona che conviva anche temporaneamente ovvero addetta alla casa ovvero al servizio del destinatario o, in mancanza, al portiere o a chi ne fa le veci. In caso di notifica nel luogo in cui l'imputato esercita abitualmente l'attività lavorativa, se non è possibile consegnare personalmente la copia, la consegna è eseguita al datore di lavoro, a persona addetta al servizio del destinatario, ad una persona addetta alla ricezione degli atti o, in mancanza, al portiere o a chi ne fa le veci [(1)].

2. Qualora i luoghi indicati nel comma 1 non siano conosciuti, la notificazione è eseguita nel luogo dove l'imputato ha temporanea dimora o recapito, mediante consegna a una delle predette persone.

3. Il portiere o chi ne fa le veci sottoscrive l'originale dell'atto notificato e l'ufficiale giudiziario dà notizia al destinatario dell'avvenuta notificazione dell'atto a mezzo di lettera raccomandata con avviso di ricevimento. Gli effetti della notificazione decorrono dal ricevimento della raccomandata.

4. La copia non può essere consegnata a persona minore degli anni quattordici o in stato di manifesta incapacità di intendere o di volere.

5. L'autorità giudiziaria dispone la rinnovazione della notificazione quando la copia è stata consegnata alla persona offesa dal reato e risulta o appare probabile che l'imputato non abbia avuto effettiva conoscenza dell'atto notificato [420, comma 4, 485, comma 1].

6. La consegna a persona diversa dal destinatario è effettuata in plico chiuso e la relazione di notificazione è effettuata nei modi previsti dall'articolo 148, comma 8 [(2)].

7. Se le persone indicate nel comma 1 mancano o non sono idonee o si rifiutano di ricevere la copia, si procede nuovamente alla ricerca dell'imputato, tornando nei luoghi indicati nei commi 1 e 2.

8. Se neppure in tal modo è possibile eseguire la notificazione, l'atto è depositato nella casa del comune dove l'imputato ha l'abitazione, o, in mancanza di questa, del comune dove egli esercita abitualmente la sua attività lavorativa. Avviso del deposito stesso è affisso alla porta della casa di abitazione dell'imputato ovvero alla porta del luogo dove egli abitualmente esercita la sua attività lavorativa. L'ufficiale giudiziario, inoltre, invia copia dell'atto, provvedendo alla relativa annotazione sull'originale e sulla copia, tramite lettera raccomandata con avviso di ricevimento nel luogo di residenza anagrafica o di dimora dell'imputato. Gli effetti della notificazione decorrono dal ricevimento della raccomandata [(3)].

[**8 bis.** Le notificazioni successive sono eseguite, in caso di nomina di difensore di fiducia ai sensi dell'articolo 96, mediante consegna ai difensori. Il difensore può dichiarare immediatamente all'autorità che procede di non accettare la notificazione. Per le modalità della notificazione si applicano anche le disposizioni previste dall'articolo 148, comma 2-*bis* [(4)].]

8 ter. Con la notifica del primo atto, anche quando effettuata con le modalità di cui all'articolo 148, comma 1, l'autorità giudiziaria avverte l'imputato, che non abbia già ricevuto gli avvertimenti di cui all'articolo 161, comma 01, che le successive notificazioni, diverse dalla notificazione dell'avviso di fissazione dell'udienza preliminare, della citazione in giudizio ai sensi degli articoli 450, comma 2, 456, 552 e 601, nonché del decreto penale di condanna, saranno effettuate mediante consegna al difensore di fiducia o a quello nominato d'ufficio. Avverte, inoltre, il destinatario dell'atto dell'onere di indicare al difensore ogni recapito telefonico o indirizzo di posta elettronica nella sua disponibilità, ove il difensore possa effettuare le comunicazioni, nonché di informarlo di ogni loro successivo mutamento [(5)].

8 quater. L'omessa o ritardata comunicazione da parte del difensore dell'atto notificato all'assistito, ove imputabile al fatto di quest'ultimo, non costituisce inadempimento degli obblighi derivanti dal mandato professionale [(5)].

(1) Comma così sostituito dall'art. 10, co. 1, lett. i), n. 1), d.lgs. 10.10.2022, n. 150, a decorrere dal 30.12.2022.
Il testo previgente così disponeva: «*1. Salvo quanto previsto dagli articoli 161 e 162, la prima notificazione all'imputato non detenuto è eseguita mediante consegna di copia alla persona. Se non è possibile consegnare personalmente la copia, la notificazione è eseguita nella casa di abitazione o nel luogo in cui l'imputato esercita abitualmente l'attività lavorativa, mediante consegna a una persona che conviva anche temporaneamente o, in mancanza, al portiere o a chi ne fa le veci.*».

(2) Comma modificato dall'art. 174, d.lgs. 30.6.2003, n. 196, a decorrere dal 1°.1.2004, e poi così sostituito dall'art. 10, co. 1, lett. i), n. 2), d.lgs. 10.10.2022, n. 150, a decorrere dal 30.12.2022.
Il testo previgente alla modifica disposta con d.lgs. n. 150/2022 così disponeva: «*6. La consegna alla persona convivente, al portiere o a chi ne fa le veci è effettuata in plico chiuso e la relazione di notificazione è effettuata nei modi previsti dall'articolo 148, comma 3.*».
Il testo antecedente alla modifica disposta con d.lgs. n. 196/2003 così disponeva: «*6. La consegna alla persona convivente, al portiere o a chi ne fa le veci è effettuata in plico chiuso e la relazione di notificazione è scritta all'esterno del plico stesso.*».

(3) Comma così modificato dall'art. 10, co. 1, lett. i), n. 3), d.lgs. 10.10.2022, n. 150, a decorrere dal 30.12.2022.
Il testo previgente così disponeva: «*8. Se neppure in tal modo è possibile eseguire la notificazione, l'atto è depositato nella casa del comune dove l'imputato ha l'abitazione, o, in mancanza di questa, del comune dove egli esercita abitualmente la sua attività lavorativa. Avviso del deposito stesso è affisso alla porta della casa di abitazione dell'imputato ovvero alla porta del luogo dove egli abitualmente esercita la sua attività lavorativa. L'ufficiale giudiziario dà inoltre comunicazione all'imputato dell'avvenuto deposito a mezzo di lettera raccomandata con avviso di ricevimento. Gli effetti della notificazione decorrono dal ricevimento della raccomandata.*».

(4) Comma introdotto dall'art. 2, d.l. 21.2.2005, n. 17, conv. in legge, con modif., con l. 22.4.2005, n. 60 e poi abrogato dall'art. 98, co. 1, lett. a), d.lgs. 10.10.2022, n. 150, a decorrere dal 30.12.2022.

(5) Comma introdotto dall'art. 10, co. 1, lett. i), n. 4), d.lgs. 10.10.2022, n. 150, a decorrere dal 30.12.2022.

157 bis. Notifiche all'imputato non detenuto successive alla prima [(1)].

1. In ogni stato e grado del procedimento, le notificazioni all'imputato non detenuto successive alla prima, diverse dalla notificazione dell'avviso di fissazione dell'udienza preliminare, della citazione in giudizio ai sensi degli articoli 450, comma 2, 456, 552 e 601, nonché del decreto penale di condanna, sono eseguite mediante consegna al difensore di fiducia o di ufficio.

2. Se l'imputato è assistito da un difensore di ufficio, nel caso in cui la prima notificazione sia avvenuta mediante consegna di copia dell'atto a persona diversa dallo stesso imputato o da persona che con lui conviva, anche temporaneamente, o dal portiere o da chi ne fa le veci e l'imputato non abbia già ricevuto gli avvertimenti di cui all'articolo 161, comma 01, le notificazioni successive non possono essere effettuate al difensore. In questo caso anche le notificazioni successive alla prima sono effettuate con le modalità di cui all'articolo 157 sino a quando non si realizzano le condizioni previste nel periodo che precede.

(1) Articolo introdotto dall'art. 10, co. 1, lett. l), d.lgs. 10.10.2022, n. 150, a decorrere dal 30.12.2022.

157 ter. Notifiche degli atti introduttivi del giudizio all'imputato non detenuto [(1)].

1. La notificazione all'imputato non detenuto dell'avviso di fissazione dell'udienza preliminare, della citazione a giudizio ai sensi degli articoli 450, comma 2, 456, 552 e 601, nonché del decreto penale di condanna è effettuata al domicilio dichiarato o eletto ai sensi dell'articolo 161, comma 1. In mancanza di un domicilio dichiarato o eletto, fuori dai casi di cui all'articolo 161, comma 4, la notificazione è eseguita nei luoghi e con le modalità di cui all'articolo 157, con esclusione delle modalità di cui all'articolo 148, comma 1 [(2)].

2. Quando è necessario per evitare la scadenza del termine di prescrizione del reato o il decorso del termine di improcedibilità di cui all'articolo 344-*bis* oppure è in corso di applicazione una misura cautelare ovvero in ogni altro caso in cui è ritenuto indispensabile e improcrastinabile sulla base di specifiche esigenze, l'autorità giudiziaria può disporre che la notificazione all'imputato dell'avviso di fissazione dell'udienza preliminare, della citazione a giudizio ai sensi degli articoli 450, comma 2, 456, 552 e 601, nonché del decreto penale di condanna, sia eseguita dalla polizia giudiziaria [(3)].

3. In caso di impugnazione proposta dall'imputato o nel suo interesse, la notificazione dell'atto di citazione a giudizio nei suoi confronti è eseguita esclusivamente presso il domicilio dichiarato o eletto ai sensi dell'articolo 581, commi 1-*ter* e 1-*quater* [(4)].

(1) Articolo introdotto dall'art. 10, co. 1, lett. l), d.lgs. 10.10.2022, n. 150, a decorrere dal 30.12.2022.

(2) Comma così modificato dall'art. 2, co. 1, lett. e), n. 1), d.lgs. 19.3.2024, n. 31, a decorrere dal 4.4.2024.
Il testo previgente così disponeva: «*1. La notificazione all'imputato non detenuto dell'avviso di fissazione dell'udienza preliminare, della citazione in giudizio ai sensi degli articoli 450, comma 2, 456, 552 e 601, nonché del decreto penale di condanna sono effettuate al domicilio dichiarato o eletto ai sensi dell'articolo 161, comma 1. In mancanza di un domicilio dichiarato o eletto, la notificazione è eseguita nei luoghi e con le modalità di cui all'articolo 157, con esclusione delle modalità di cui all'articolo 148, comma 1.*».

(3) Comma così modificato dall'art. 2, co. 1, lett. e), n. 2), d.lgs. 19.4.2024, n. 31, a decorrere dal 4.4.2024.
Il testo previgente così disponeva: «*2. Quando sia necessario per evitare la scadenza del termine di prescrizione del reato o il decorso del termine di improcedibilità di cui all'articolo 344-*bis *oppure sia in corso di applicazione una misura cautelare ovvero in ogni altro caso in cui sia ritenuto indispensabile e improcrastinabile sulla base di specifiche esigenze, l'autorità giudiziaria può disporre che la notificazione all'imputato dell'avviso di fissazione dell'udienza preliminare, della citazione a giudizio ai sensi degli articoli 450, comma 2, 456, 552 e 601, nonché del decreto penale di condanna, sia eseguita dalla polizia giudiziaria.*».

(4) L'art. 89, co. 3, d.lgs. 10.10.2022, n. 150 ha così stabilito: «*3. Le disposizioni degli articoli 157-ter, comma 3, 581, commi 1-ter e 1-quater, e 585, comma 1-bis, del codice di procedura penale si applicano per le sole impugnazioni proposte avverso sentenze pronunciate in data successiva a quella di entrata in vigore del presente decreto. Negli stessi casi si applicano anche le disposizioni dell'articolo 175 del codice di procedura penale, come modificato dal presente decreto.*».

158. Prima notificazione all'imputato in servizio militare [(1)].

[**1.** La prima notificazione all'imputato militare in servizio attivo il cui stato risulti dagli atti è eseguita nel luogo in cui egli risiede per ragioni di servizio, mediante consegna alla persona. Se la consegna non è possibile, l'atto è notificato presso l'ufficio del comandante il quale informa immediatamente l'interessato della avvenuta notificazione con il mezzo più celere.]

(1) Articolo abrogato dall'art. 98, co. 1, lett. a), d.lgs. 10.10.2022, n. 150, a decorrere dal 30.12.2022.

159. Notificazioni all'imputato in caso di irreperibilità.

1. Nei casi di cui all'articolo 148, comma 4, se non è possibile eseguire la notificazione nei modi previsti dall'articolo 157, l'autorità giudiziaria dispone nuove ricerche dell'imputato, particolarmente nel luogo di nascita, dell'ultima residenza anagrafica [c.c. 43], dell'ultima dimora, in quello dove egli abitualmente esercita la sua attività lavorativa e presso l'amministrazione carceraria centrale. Qualora le ricerche non diano esito positivo, l'autorità giudiziaria emette decreto di irreperibilità [151, comma 4, 460, comma 4] con il quale, dopo avere designato un difensore all'imputato che ne sia privo, ordina che le notificazioni siano eseguite mediante consegna di copia al difensore [(1)].

2. Le notificazioni in tal modo eseguite sono valide a ogni effetto. L'irreperibile è rappresentato dal difensore.

(1) Comma così modificato dall'art. 3, d.lgs. 14.1.1991, n. 12 e, successivamente, dall'art. 10, co. 1, lett. m), nn. 1) e 2), d.lgs. 10.10.2022, n. 150, a decorrere dal 30.12.2022.
Il testo previgente alla modifica disposta con d.lgs. n. 150/2022 così disponeva: «*1. Se non è possibile eseguire le notificazioni nei modi previsti dall'articolo 157, l'autorità giudiziaria dispone nuove ricerche dell'imputato, particolarmente nel luogo di nascita, dell'ultima residenza anagrafica, dell'ultima dimora, in quello dove egli abitualmente esercita la sua attività lavorativa e presso l'amministrazione carceraria centrale. Qualora le ricerche non diano esito positivo, l'autorità giudiziaria emette decreto di irreperibilità con il quale, dopo avere designato un difensore all'imputato che ne sia privo, ordina che la notificazione sia eseguita mediante consegna di copia al difensore.*».

160. Efficacia del decreto di irreperibilità [(1)].

1. Il decreto di irreperibilità emesso dal giudice o dal pubblico ministero nel corso delle indagini preliminari cessa di avere efficacia con la notificazione dell'avviso di conclusione delle indagini preliminari ovvero, quando questo manchi, con la chiusura delle indagini preliminari [(2)].

2. Il decreto di irreperibilità emesso dal giudice per la notificazione degli atti introduttivi dell'udienza preliminare nonché il decreto di irreperibilità emesso dal giudice o dal pubblico ministero per la notificazione del provvedimento che dispone il giudizio cessano di avere efficacia con la pronuncia della sentenza di primo grado.

3. Il decreto di irreperibilità emesso dal giudice di secondo grado e da quello di rinvio cessa di avere efficacia con la pronuncia della sentenza.

4. Ogni decreto di irreperibilità deve essere preceduto da nuove ricerche nei luoghi indicati nell'articolo 159.

(1) Articolo così sostituito dall'art. 4, d.lgs. 14.1.1991, n. 12, recante disposizioni integrative e correttive della disciplina processuale penale e delle norme ad essa collegate.

(2) Comma così modificato dall'art. 10, co. 1, lett. n), d.lgs. 10.10.2022, n. 150, a decorrere dal 30.12.2022.
Il testo previgente così disponeva: «*1. Il decreto di irreperibilità emesso dal giudice o dal pubblico ministero nel corso delle indagini preliminari cessa di avere efficacia con la pronuncia del provvedimento che definisce l'udienza preliminare ovvero, quando questa manchi, con la chiusura delle indagini preliminari.*».

161. Domicilio dichiarato, eletto o determinato per le notificazioni [(1)].

01. La polizia giudiziaria, nel primo atto compiuto con l'intervento della persona sottoposta alle indagini, se è nelle condizioni di indicare le norme di legge che si assumono violate, la data e il luogo del fatto e l'autorità giudiziaria procedente, ne dà comunicazione alla persona sottoposta alle indagini e la avverte che le successive notificazioni, diverse da quelle riguardanti l'avviso di fissazione dell'udienza preliminare, la citazione in giudizio ai sensi degli articoli 450, comma 2, 456, 552 e 601 e il decreto penale di condanna, saranno effettuate mediante consegna al difensore di fiducia o a quello nominato d'ufficio. Contestualmente la persona sottoposta alle indagini è altresì avvertita che ha l'onere di indicare al difensore ogni recapito, anche telefonico, o indirizzo di posta elettronica nella sua disponibilità, ove il difensore possa effettuare le comunicazioni, nonché di informarlo di ogni successivo mutamento [(2)].

1. Il giudice, il pubblico ministero o la polizia giudiziaria, nel primo atto compiuto con l'intervento della persona sottoposta alle indagini o dell'imputato non detenuti o internati, li invitano a dichiarare uno dei luoghi indicati nell'articolo 157, comma 1, o un indirizzo di posta elettronica certificata o altro servizio elettronico di recapito certificato qualificato, ovvero a eleggere domicilio per le notificazioni dell'avviso di fissazione dell'udienza preliminare, degli atti di citazione in giudizio ai sensi degli articoli 450, comma 2, 456, 552 e 601, nonché del decreto penale di condanna. Contestualmente la persona sottoposta alle indagini o l'imputato sono avvertiti che hanno l'obbligo di comunicare ogni mutamento del domicilio dichiarato o eletto e che in mancanza di tale comunicazione o nel caso di rifiuto di dichiarare o eleggere domicilio, nonché nel caso in cui il domicilio sia o divenga inidoneo, le notificazioni degli atti indicati verranno eseguite mediante consegna al difensore, già nominato o che è contestualmente nominato, anche d'ufficio [(3)].

1 bis. Della dichiarazione o della elezione di domicilio, ovvero del rifiuto di compierla, nonché degli avvertimenti indicati nei commi 1 e 2, è fatta menzione nel verbale [(4)].

[**2.** Fuori del caso previsto dal comma 1, l'invito a dichiarare o eleggere domicilio è formulato con l'informazione di garanzia o con il primo atto notificato per disposizione dell'autorità giudiziaria. L'imputato è avvertito che deve comunicare ogni mutamento del domicilio dichiarato o eletto e che in caso di mancanza, di insufficienza o di inidoneità della dichiarazione o della elezione, le successive notificazioni verranno eseguite nel luogo in cui l'atto è stato notificato [(5)].]

3. L'imputato detenuto che deve essere scarcerato per causa diversa dal proscioglimento definitivo e l'imputato che deve essere dimesso da un istituto per l'esecuzione di misure di sicurezza, all'atto della scarcerazione o della dimissione ha l'obbligo di fare la dichiarazione o l'elezione di domicilio con atto ricevuto a verbale dal direttore dell'istituto, che procede a norma del comma 1. La dichiarazione o elezione sono iscritte nell'apposito registro e il verbale è trasmesso immediatamente all'autorità che ha disposto la scarcerazione o la dimissione [(6)].

4. Nei casi previsti dai commi 1 e 3, se la dichiarazione o l'elezione di domicilio mancano o sono insufficienti o inidonee, le notificazioni sono eseguite mediante consegna al difensore. Tuttavia, quando risulta che, per caso fortuito o forza maggiore, l'imputato non è stato nella condizione di comunicare il mutamento del luogo dichiarato o eletto, si applicano le disposizioni degli articoli 157 e 159 [(7)].

4 bis. Nei casi di cui ai commi 1 e 3 l'elezione di domicilio presso il difensore è immediatamente comunicata allo stesso [(8)].

(1) Articolo così sostituito dall'art. 5, d.lgs. 14.1.1991, n. 12, recante disposizioni integrative e correttive della disciplina processuale penale e delle norme ad essa collegate.

(2) Comma introdotto dall'art. 10, co. 1, lett. o), n. 1), d.lgs. 10.10.2022, n. 150, a decorrere dal 30.12.2022.

(3) Comma così sostituito dall'art. 10, co. 1, lett. o), n. 2), d.lgs. 10.10.2022, n. 150, a decorrere dal 30.12.2022.
Il testo previgente così disponeva: «*1. Il giudice, il pubblico ministero o la polizia giudiziaria, nel primo atto compiuto con l'intervento della persona sottoposta alle indagini o dell'imputato non detenuto né internato, lo invitano a dichiarare uno dei luoghi indicati nell'articolo 157 comma 1 ovvero a eleggere domicilio per le notificazioni, avvertendolo che, nella sua qualità di persona sottoposta alle indagini o di imputato, ha l'obbligo di comunicare ogni mutamento del domicilio dichiarato o eletto e che in mancanza di tale comunicazione o nel caso di rifiuto di dichiarare o eleggere domicilio, le notificazioni verranno eseguite mediante consegna al difensore. Della dichiarazione o della elezione di domicilio, ovvero del rifiuto di compierla, è fatta menzione nel verbale.*».

(4) Comma introdotto dall'art. 10, co. 1, lett. o), n. 3), d.lgs. 10.10.2022, n. 150, a decorrere dal 30.12.2022.
(5) Comma abrogato dall'art. 98, co. 1, lett. a), d.lgs. 10.10.2022, n. 150, a decorrere dal 30.12.2022.
(6) Comma così modificato dall'art. 10, co. 1, lett. o), n. 4), d.lgs. 10.10.2022, n. 150, a decorrere dal 30.12.2022.
Il testo previgente così disponeva: «*3. L'imputato detenuto che deve essere scarcerato per causa diversa dal proscioglimento definitivo e l'imputato che deve essere dimesso da un istituto per l'esecuzione di misure di sicurezza, all'atto della scarcerazione o della dimissione ha l'obbligo di fare la dichiarazione o l'elezione di domicilio con atto ricevuto a verbale dal direttore dell'istituto. Questi lo avverte a norma del comma 1, iscrive la dichiarazione o elezione nell'apposito registro e trasmette immediatamente il verbale all'autorità che ha disposto la scarcerazione o la dimissione.*».
(7) Comma così modificato dall'art. 10, co. 1, lett. o), n. 5), d.lgs. 10.10.2022, n. 150, a decorrere dal 30.12.2022.
Il testo previgente così disponeva: «*4. Se la notificazione nel domicilio determinato a norma del comma 2 diviene impossibile, le notificazioni sono eseguite mediante consegna al difensore. Nello stesso modo si procede quando, nei casi previsti dai commi 1 e 3, la dichiarazione o l'elezione di domicilio mancano o sono insufficienti o inidonee. Tuttavia, quando risulta che, per caso fortuito o forza maggiore, l'imputato non è stato nella condizione di comunicare il mutamento del luogo dichiarato o eletto, si applicano le disposizioni degli articoli 157 e 159.*».
(8) Comma introdotto dall'art. 10, co. 1, lett. o), n. 6), d.lgs. 10.10.2022, n. 150, a decorrere dal 30.12.2022.

162. Comunicazione del domicilio dichiarato o del domicilio eletto.

1. Il domicilio dichiarato, il domicilio eletto e ogni loro mutamento sono comunicati dall'imputato all'autorità che procede, con le modalità previste dall'articolo 111-*bis* o con dichiarazione raccolta a verbale ovvero mediante telegramma o lettera raccomandata con sottoscrizione autenticata da un notaio o da persona autorizzata o dal difensore (3).

2. La dichiarazione può essere fatta anche nella cancelleria del tribunale del luogo nel quale l'imputato si trova (1).

3. Nel caso previsto dal comma 2 il verbale è trasmesso immediatamente all'autorità giudiziaria che procede. Analogamente si provvede in tutti i casi in cui la comunicazione è ricevuta da una autorità giudiziaria che, nel frattempo, abbia trasmesso gli atti ad altra autorità.

4. Finché l'autorità giudiziaria che procede non ha ricevuto il verbale o la comunicazione, sono valide le notificazioni disposte nel domicilio precedentemente dichiarato o eletto.

4 bis. L'elezione di domicilio presso il difensore d'ufficio non ha effetto se l'autorità che procede non riceve, unitamente alla dichiarazione di elezione, l'assenso del difensore domiciliatario. Se non presta l'assenso, il difensore attesta l'avvenuta comunicazione da parte sua all'imputato della mancata accettazione della domiciliazione o le cause che hanno impedito tale comunicazione (2).

(1) Le originarie parole «*del pretore*» sono state sostituite, con l'attuale espressione «*del tribunale*», dall'art. 178, d.lgs. 19.2.1998, n. 51, con effetto dal 2.6.1999.
(2) Comma introdotto dall'art. 1, co. 24, l. 23.6.2017, n. 103, a decorrere dal 3.8.2017, e successivamente modificato dall'art. 10, co. 1, lett. p), n. 2), d.lgs. 10.10.2022, n. 150, a decorrere dal 30.12.2022.
Il testo previgente alla modifica disposta con d.lgs. n. 150/2022 così disponeva: «*4-bis. L'elezione di domicilio presso il difensore d'ufficio non ha effetto se l'autorità che procede non riceve, unitamente alla dichiarazione di elezione, l'assenso del difensore domiciliata rio.*».
(3) Comma così modificato dall'art. 10, co. 1, lett. p), n. 1), d.lgs. 10.10.2022, n. 150, a decorrere dal 30.12.2022. L'art. 87, co. 4, dello stesso d.lgs. n. 150/2022 ha così stabilito: «*4. Sino al quindicesimo giorno successivo alla pubblicazione dei regolamenti di cui ai commi 1 e 3, ovvero sino al diverso termine di transizione previsto dal regolamento di cui al comma 3 per gli uffici giudiziari e per le tipologie di atti in esso indicati, continuano ad applicarsi, nel testo vigente al momento dell'entrata in vigore del presente decreto, le disposizioni di cui agli articoli 110, 111, comma 1, 116, comma 3-bis, 125, comma 5, 134, comma 2, 135, comma 2, 162, comma 1, 311, comma 3, 391-octies, comma 3, 419, comma 5, primo periodo, 447, comma 1, primo periodo, 461, comma 1, 462, comma 1, 582, comma 1, 585, comma 4, del codice di procedura penale, nonché le disposizioni di cui l'articolo 154, commi 2, 3 e 4 delle norme di attuazione, di coordinamento e transitorie del codice di procedura penale, di cui al decreto legislativo 28 luglio 1989, n. 271.*».
Il testo previgente così disponeva: «*1. Il domicilio dichiarato, il domicilio eletto e ogni loro mutamento sono comunicati dall'imputato all'autorità che procede, con dichiarazione raccolta a verbale ovvero mediante telegramma o lettera raccomandata con sottoscrizione autenticata da un notaio o da persona autorizzata o dal difensore.*».

163. Formalità per le notificazioni nel domicilio dichiarato o eletto.

1. Per le notificazioni eseguite nel domicilio dichiarato o eletto a norma degli articoli 161 e 162 si osservano, in quanto applicabili, le disposizioni degli articoli 148 e 157 (1).

(1) Comma così modificato dall'art. 10, co. 1, lett. q), d.lgs. 10.10.2022, n. 150, a decorrere dal 30.12.2022.
Il testo previgente così disponeva: «*1. Per le notificazioni eseguite nel domicilio dichiarato o eletto a norma degli articoli 161 e 162 si osservano, in quanto applicabili, le disposizioni dell'articolo 157.*».

164. Efficacia della dichiarazione e dell'elezione di domicilio (1)

1. La determinazione del domicilio dichiarato o eletto è valida per le notificazioni dell'avviso di fissazione dell'udienza preliminare, degli atti di citazione in giudizio ai sensi degli articoli 450, comma 2, 456, 552 e 601, nonché del decreto penale, salvo quanto previsto dall'articolo 156, comma 1 (2).

(1) Rubrica così sostituita dall'art. 10, co. 1, lett. r), d.lgs. 10.10.2022, n. 150, a decorrere dal 30.12.2022.
Prima della modifica, il testo della rubrica così riportava: «*Durata del domicilio dichiarato o eletto*».
(2) Comma così modificato dall'art. 10, co. 1, lett. r), d.lgs. 10.10.2022, n. 150, a decorrere dal 30.12.2022.
Il testo previgente così disponeva: «*1. La determinazione del domicilio dichiarato o eletto è valida per ogni stato e grado del procedimento, salvo quanto è previsto dagli articoli 156 e 613 comma 2.*».

165. Notificazioni all'imputato latitante o evaso.

1. Le notificazioni all'imputato latitante [296] o evaso [c.p. 385] sono eseguite mediante consegna di copia al difensore.

1 bis. Per le notificazioni dell'avviso di fissazione dell'udienza preliminare e degli atti di citazione in giudizio ai sensi degli articoli 450, comma 2, 456, 552 e 601 la disposizione del comma 1 si applica solo nel caso in cui non si è perfezionata la notificazione al domicilio dichiarato o eletto ai sensi dell'articolo 161, comma 1, oppure, quando manca la dichiarazione o l'elezione di domicilio, solo nel caso in cui non è possibile eseguire la notificazione con le modalità indicate dai commi da 1 a 3 dell'articolo 157, se l'imputato è evaso o si è sottratto all'esecuzione della misura cautelare della custodia cautelare in carcere o degli arresti domiciliari, ovvero con le modalità indicate dai commi da 1 a 6 dell'articolo 157, se l'imputato si è sottratto all'esecuzione della misura cautelare dell'obbligo di dimora o del divieto di espatrio (1).

2. Se l'imputato è privo di difensore, l'autorità giudiziaria designa un difensore di ufficio.

3. L'imputato latitante o evaso è rappresentato a ogni effetto dal difensore.

(1) Comma introdotto dall'art. 10, co. 1, lett. s), d.lgs. 10.10.2022, n. 150, a decorrere dal 30.12.2022.

166. Notificazioni all'imputato interdetto o infermo di mente.

1. Se l'imputato è interdetto, le notificazioni si eseguono a norma degli articoli precedenti e presso il tutore; se l'imputato si trova nelle condizioni previste dall'articolo 71 comma 1, le notificazioni si eseguono a norma degli articoli precedenti e presso il curatore speciale.

167. Notificazioni ad altri soggetti.

1. Le notificazioni a soggetti diversi da quelli indicati negli articoli precedenti si eseguono a norma dell'articolo 148, comma 1. Nel caso previsto dal comma 4 dell'articolo 148, si eseguono a norma dell'articolo 157, commi 1, 2, 3, 4 e 8, salvi i casi di urgenza previsti dall'articolo 149 (1).

(1) Comma così sostituito dall'art. 10, co. 1, lett. t), d.lgs. 10.10.2022, n. 150, a decorrere dal 30.12.2022.
Il testo previgente così disponeva: «*1. Le notificazioni a soggetti diversi da quelli indicati negli articoli precedenti si eseguono a norma dell'articolo 157 commi 1, 2, 3, 4 e 8, salvi i casi di urgenza previsti dall'articolo 149.*».

168. Relazione di notificazione.

1. Per le notificazioni effettuate con modalità telematiche la ricevuta di avvenuta consegna, generata dal sistema, assume valore di relazione di notificazione. Quando la notificazione non è eseguita con modalità telematiche, salvo quanto previsto dall'articolo 157 comma 6, l'ufficiale giudiziario che procede alla notificazione scrive, in calce all'originale e alla copia notificata, la relazione in cui indica l'autorità o la parte privata richiedente, le ricerche effettuate, le generalità della persona alla quale è stata consegnata la copia, i suoi rapporti con il destinatario, le funzioni o le mansioni da essa svolte, il luogo e la data della consegna della copia, apponendo la propria sottoscrizione (1).

2. Quando vi è contraddizione tra la relazione scritta sulla copia consegnata e quella contenuta nell'originale, valgono per ciascun interessato le attestazioni contenute nella copia notificata.

3. La notificazione produce effetto per ciascun interessato dal giorno della sua esecuzione.

(1) Comma così modificato dall'art. 10, co. 1, lett. u), d.lgs. 10.10.2022, n. 150, a decorrere dal 30.12.2022.
Il testo previgente così disponeva: «*1. Salvo quanto previsto dall'articolo 157 comma 6, l'ufficiale giudiziario che procede alla notificazione scrive, in calce all'originale e alla copia notificata, la relazione in cui indica l'autorità o la parte privata richiedente, le ricerche effettuate, le generalità della persona alla quale è stata consegnata la copia, i suoi rapporti con il destinatario, le funzioni o le mansioni da essa svolte, il luogo e la data della consegna della copia, apponendo la propria sottoscrizione.*».

169. Notificazioni all'imputato all'estero.

1. Quando l'autorità giudiziaria non può procedere alla notificazione con modalità telematiche e risulta dagli atti notizia precisa del luogo di residenza o di dimora all'estero della persona nei cui confronti si deve procedere ovvero del luogo in cui all'estero la stessa esercita abitualmente l'attività lavorativa, il giudice o il pubblico ministero le invia raccomandata con avviso di ricevimento, contenente l'indicazione della autorità che procede, del titolo del reato e della data e del luogo in cui è stato commesso, nonché l'invito a dichiarare o eleggere domicilio nel territorio dello Stato ovvero a dichiarare un indirizzo di posta elettronica certificata o altro servizio elettronico di recapito certificato qualificato. Se nel termine di trenta giorni dalla ricezione della raccomandata o della comunicazione telematica non viene effettuata la dichiarazione o l'elezione di domicilio ovvero se la stessa è insufficiente o risulta inidonea, le notificazioni sono eseguite mediante consegna al difensore (1).

2. Nello stesso modo si provvede se la persona risulta essersi trasferita all'estero successivamente al decreto di irreperibilità emesso a norma dell'art. 159 (2).

3. L'invito previsto dal comma 1 è redatto nella lingua dell'imputato straniero quando dagli atti non risulta che egli conosca la lingua italiana.

4. Quando dagli atti risulta che la persona nei cui confronti si deve procedere risiede o dimora all'estero, ma non si hanno notizie sufficienti per provvedere a norma del comma 1, il giudice o il pubblico ministero, prima di pronunciare decreto di irreperibilità, dispone le ricerche anche fuori del territorio dello Stato nei limiti consentiti dalle convenzioni internazionali.

5. Le disposizioni precedenti si applicano anche nel caso in cui dagli atti risulti che la persona è detenuta all'estero.

(1) Comma così sostituito dall'art. 10, co. 1, lett. v), d.lgs. 10.10.2022, n. 150, a decorrere dal 30.12.2022.
Il testo previgente così disponeva: «*1. Se risulta dagli atti notizia precisa del luogo di residenza o di dimora all'estero della persona nei cui confronti si deve procedere, il giudice o il pubblico ministero le invia raccomandata con avviso di ricevimento, contenente l'indicazione della autorità che procede, il titolo del reato e la data e il luogo in cui è stato commesso nonché l'invito a dichiarare o eleggere domicilio nel territorio dello Stato. Se nel termine di trenta giorni dalla ricezione della raccomandata non viene effettuata la dichiarazione o l'elezione di domicilio ovvero se la stessa è insufficiente o risulta inidonea, le notificazioni sono eseguite mediante consegna al difensore.*»

(2) Comma così modificato dall'art. 6, d.lgs. 14.1.1991, n. 12, in tema di disposizioni integrative e correttive della disciplina processuale penale e delle norme ad essa collegate.

170. Notificazioni col mezzo della posta.

1. Nei casi di cui all'articolo 148, comma 4, e ai fini di cui all'articolo 157-*ter*, le notificazioni possono essere eseguite anche col mezzo degli uffici postali, nei modi stabiliti dalle relative norme speciali [(1)].

2. È valida la notificazione anche se eseguita col mezzo di un ufficio postale diverso da quello a cui inizialmente fu diretto il piego.

3. Qualora l'ufficio postale restituisca il piego per irreperibilità del destinatario, l'ufficiale giudiziario provvede alle notificazioni nei modi ordinari.

(1) Comma così modificato dall'art. 10, co. 1, lett. z), d.lgs. 10.10.2022, n. 150, a decorrere dal 30.12.2022.
Il testo previgente così disponeva: «*1. Le notificazioni possono essere eseguite anche col mezzo degli uffici postali, nei modi stabiliti dalle relative norme speciali.*».

171. Nullità delle notificazioni.

1. La notificazione è nulla:

a) se l'atto è notificato in modo incompleto, fuori dei casi nei quali la legge consente la notificazione per estratto;

b) se vi è incertezza assoluta sull'autorità o sulla parte privata mittente o richiedente ovvero sul destinatario [(1)];

b-*bis*) se, in caso di notificazione eseguita con modalità telematiche, non sono rispettati i requisiti di cui al comma 1 dell'articolo 148 [(2)];

c) se nella relazione della copia notificata con modalità non telematiche manca la sottoscrizione di chi l'ha eseguita [(3)];

d) se sono violate le disposizioni circa la persona a cui deve essere consegnata la copia;

e) se non è stato dato l'avvertimento nei casi previsti dagli articoli 157, comma 8-*ter*, e 161, commi 01, 1 e 3 e la notificazione è stata eseguita mediante consegna al difensore [(4)];

f) se è stata omessa l'affissione o non è stata inviata copia dell'atto con le modalità prescritte dall'articolo 157 comma 8 [(5)];

g) se sull'originale dell'atto notificato manca la sottoscrizione della persona indicata nell'articolo 157 comma 3;

[h) se non sono state osservate le modalità prescritte dal giudice nel decreto previsto dall'articolo 150 e l'atto non è giunto a conoscenza del destinatario [(6)].]

(1) Lettera così modificata dall'art. 10, co. 1, lett. aa), n. 1), d.lgs. 10.10.2022, n. 150, a decorrere dal 30.12.2022.
Il testo previgente così disponeva: «*b) se vi è incertezza assoluta sull'autorità o sulla parte privata richiedente ovvero sul destinatario;*».

(2) Lettera introdotta dall'art. 10, co. 1, lett. aa), n. 2), d.lgs. 10.10.2022, n. 150, a decorrere dal 30.12.2022.

(3) Lettera così modificata dall'art. 10, co. 1, lett. aa), n. 3), d.lgs. 10.10.2022, n. 150, a decorrere dal 30.12.2022.
Il testo previgente così disponeva: «*c) se nella relazione della copia notificata manca la sottoscrizione di chi l'ha eseguita;*».

(4) Lettera così modificata dall'art. 7, d.lgs. 14.1.1991, n. 12 e, successivamente, dall'art. 10, co. 1, lett. aa), n. 4), d.lgs. 10.10.2022, n. 150, a decorrere dal 30.12.2022.
Il testo previgente alla modifica disposta con d.lgs. n. 150/2022 così disponeva: «*e) se non è stato dato l'avvertimento nei casi previsti dall'art. 161 commi 1, 2, 3 e la notificazione è stata eseguita mediante consegna al difensore;*».
Il testo antecedente alla modifica disposta con d.lgs. n. 12/1991 così disponeva: «*e) se non è stato dato l'avvertimento nei casi previsti dall'art. 161 commi 2 e 3 e la notificazione è stata eseguita mediante consegna al difensore;*».

(5) Lettera così modificata dall'art. 10, co. 1, lett. aa), n. 5), d.lgs. 10.10.2022, n. 150, a decorrere dal 30.12.2022.
Il testo previgente così disponeva: «*f) se è stata omessa l'affissione o non è stata data la comunicazione prescritta dall'articolo 157 comma 8;*».

(6) Lettera soppressa dall'art. 10, co. 1, lett. aa), n. 6), d.lgs. 10.10.2022, n. 150, a decorrere dal 30.12.2022.

TITOLO VI
Termini

172. Regole generali.

1. I termini processuali sono stabiliti a ore, a giorni, a mesi o ad anni.

2. I termini si computano secondo il calendario comune.

3. Il termine stabilito a giorni, il quale scade in giorno festivo, è prorogato di diritto al giorno successivo non festivo.

4. Salvo che la legge disponga altrimenti [391, comma 7], nel termine non si computa l'ora o il giorno in cui ne è iniziata la decorrenza; si computa l'ultima ora o l'ultimo giorno.

5. Quando è stabilito soltanto il momento finale, le unità di tempo stabilite per il termine si computano intere e libere.

6. Il termine per fare dichiarazioni, depositare documenti o compiere altri atti in un ufficio giudiziario si considera scaduto nel momento in cui, secondo i regolamenti, l'ufficio viene chiuso al pubblico.

6 bis. Il termine per fare dichiarazioni, depositare documenti o compiere altri atti in un ufficio giudiziario con modalità telematiche si considera rispettato se l'accettazione da parte del sistema informatico avviene entro le ore 24 dell'ultimo giorno utile [(1)].

6 ter. Salvo che non sia diversamente stabilito, i termini decorrenti dal deposito telematico, quando lo stesso è effettuato fuori dell'orario di ufficio stabilito dal regolamento, si computano dalla data della prima apertura immediatamente successiva dell'ufficio [(1)].

(1) Comma introdotto dall'art. 11, co. 1, lett. a), d.lgs. 10.10.2022, n. 150, a decorrere dal 30.12.2022. L'art. 87, co. 5, dello stesso d.lgs. n. 150/2022 ha così stabilito: «*5. Le disposizioni di cui agli articoli 111, commi 2-bis, 2-ter e 2-quater, 111-bis, 111-ter, 122, comma 2-bis, 172, commi 6-bis e 6-ter, 175-bis, 386, comma 1-ter, 483, comma 1-bis, 582, comma 1-bis, del codice di procedura penale, così come introdotte dal presente decreto, si applicano a partire dal quindicesimo giorno successivo alla pubblicazione dei regolamenti di cui ai commi 1 e 3, ovvero a partire dal diverso termine previsto dal regolamento di cui al comma 3 per gli uffici giudiziari e per le tipologie di atti in esso indicati. Sino alle stesse date, la dichiarazione e l'elezione di domicilio prevista dal comma 2 dell'articolo 153-bis del codice di procedura penale, come introdotto dall'articolo 10, comma 1, lettera e), del presente decreto, nonché le comunicazioni previste dal comma 3 dello*

stesso articolo 153-bis sono effettuate con le forme ivi previste in alternativa al deposito in via telematica.».

173. Termini a pena di decadenza. Abbreviazione.

1. I termini si considerano stabiliti a pena di decadenza soltanto nei casi previsti dalla legge [21, 79, 80, 85, 86, 95, 175 comma 3, 182, 309, 458, 461, 468, 493, 585, 646, 606 lett. c].

2. I termini stabiliti dalla legge a pena di decadenza non possono essere prorogati, salvo che la legge disponga altrimenti.

3. La parte a favore della quale è stabilito un termine può chiederne o consentirne l'abbreviazione con dichiarazione ricevuta nella cancelleria o nella segreteria dell'autorità procedente.

174. Prolungamento dei termini di comparizione.

1. Se la residenza dell'imputato risultante dagli atti ovvero il domicilio dichiarato o eletto a norma dell'articolo 161 è fuori del comune nel quale ha sede l'autorità giudiziaria procedente, il termine per comparire è prolungato del numero di giorni necessari per il viaggio. Il prolungamento è di un giorno ogni cinquecento chilometri di distanza, quando è possibile l'uso dei mezzi pubblici di trasporto e di un giorno ogni cento chilometri negli altri casi. Lo stesso prolungamento ha luogo per gli imputati detenuti o internati fuori del comune predetto. In ogni caso il prolungamento del termine non può essere superiore a tre giorni. Per l'imputato residente all'estero il prolungamento del termine è stabilito dall'autorità giudiziaria, tenendo conto della distanza e dei mezzi di comunicazione utilizzabili.

2. Le stesse disposizioni si applicano quando si tratta di termine stabilito per la presentazione di ogni altra persona per la quale l'autorità procedente emette ordine o invito.

175. Restituzione nel termine.

1. Il pubblico ministero, le parti private e i difensori sono restituiti nel termine stabilito a pena di decadenza [173], se provano di non averlo potuto osservare per caso fortuito o per forza maggiore. La richiesta per la restituzione nel termine è presentata, a pena di decadenza, entro dieci giorni da quello nel quale è cessato il fatto costituente caso fortuito o forza maggiore (1).

2. L'imputato condannato con decreto penale, che non ha avuto tempestivamente effettiva conoscenza del provvedimento, è restituito, a sua richiesta, nel termine per proporre opposizione, salvo che vi abbia volontariamente rinunciato (2).

2.1. L'imputato giudicato in assenza è restituito, a sua richiesta, nel termine per proporre impugnazione, salvo che vi abbia volontariamente rinunciato, se, nei casi previsti dall'articolo 420-*bis*, commi 2 e 3, fornisce la prova di non aver avuto effettiva conoscenza della pendenza del processo e di non aver potuto proporre impugnazione nei termini senza sua colpa (3).

2 bis. La richiesta indicata ai commi 2 e 2.1 è presentata, a pena di decadenza, nel termine di trenta giorni da quello in cui l'imputato ha avuto effettiva conoscenza del provvedimento. In caso di estradizione dall'estero, il termine per la presentazione della richiesta decorre dalla consegna del condannato (4).

3. [La richiesta per la restituzione nel termine è presentata, a pena di decadenza, entro dieci giorni da quello nel quale è cessato il fatto costituente caso fortuito o forza maggiore ovvero, nei casi previsti dal comma 2, da quello in cui l'imputato ha avuto effettiva conoscenza dell'atto.] (5) La restituzione non può essere concessa più di una volta per ciascuna parte in ciascun grado del procedimento.

4. Sulla richiesta decide con ordinanza il giudice che procede al tempo della presentazione della stessa. Prima dell'esercizio dell'azione penale provvede il giudice per le indagini preliminari. Se sono stati pronunciati sentenza o decreto di condanna, decide il giudice che sarebbe competente sulla impugnazione o sulla opposizione [670].

5. L'ordinanza che concede la restituzione nel termine per la proposizione della impugnazione o della opposizione può essere impugnata solo con la sentenza che decide sulla impugnazione o sulla opposizione.

6. Contro l'ordinanza che respinge la richiesta di restituzione nel termine può essere proposto ricorso per cassazione.

7. Quando accoglie la richiesta di restituzione nel termine per proporre impugnazione, il giudice, se occorre, ordina la scarcerazione dell'imputato detenuto e adotta tutti i provvedimenti necessari per far cessare gli effetti determinati dalla scadenza del termine.

8. Se la restituzione nel termine è concessa a norma del comma 2, non si tiene conto, ai fini della prescrizione del reato, del tempo intercorso tra la notificazione della sentenza contumaciale o del decreto di condanna e la notificazione alla parte dell'avviso di deposito dell'ordinanza che concede la restituzione.

8 bis. Se la restituzione nel termine è concessa a norma del comma 2.1, non si tiene conto, ai fini della improcedibilità di cui all'articolo 344-*bis*, del tempo intercorso tra il novantesimo giorno successivo alla scadenza del termine previsto dall'articolo 544, come eventualmente prorogato ai sensi dell'articolo 154 delle norme di attuazione, di coordinamento e transitorie del presente codice, e la notificazione alla parte dell'avviso di deposito dell'ordinanza che concede la restituzione (6).

(1) Periodo aggiunto dall'art. 1, d.l. 21.2.2005, n. 17.

(2) Comma sostituito dall'art. 1, d.l. 21.2.2005, n. 17, conv. in legge, con modif., con l. 22.4.2005, n. 60 e, poi, dall'art. 11 co. 6, l. 28.4.2014, n. 67. Il testo antecedente alla sostituzione del 2014 così disponeva: «*2. Se è stata pronunciata sentenza contumaciale o decreto di condanna, l'imputato è restituito, a sua richiesta, nel termine per proporre impugnazione od opposizione, salvo che lo stesso abbia avuto effettiva conoscenza del procedimento o del provvedimento e abbia volontariamente rinunciato a comparire ovvero a proporre impugnazione od opposizione. A tale fine l'autorità giudiziaria compie ogni necessaria verifica*». La Corte cost., con sent. 4.12.2009, n. 317, aveva dichiarato, tra l'altro, l'illegittimità di questa formulazione, nella parte in cui non consentiva la restituzione dell'imputato, che

non avesse avuto effettiva conoscenza del procedimento o del provvedimento, nel termine per proporre impugnazione contro la sentenza contumaciale, nel concorso delle ulteriori condizioni indicate dalla legge, quando analoga impugnazione fosse stata proposta in precedenza dal difensore dello stesso imputato.

(3) Comma introdotto dall'art. 11, co. 1, lett. b), n. 1), d.lgs. 10.10.2022, n. 150, a decorrere dal 30.12.2022.

(4) Comma introdotto dall'art. 1, d.l. 21.2.2005, n. 17, conv., con modif., dalla l. 22.4.2005, n. 60, e, successivamente, così modificato dall'art. 11, co. 1, lett. b), n. 2), d.lgs. 10.10.2022, n. 150, a decorrere dal 30.12.2022.

Il testo previgente alla modifica disposta con d.lgs. n. 150/2022 così disponeva: «2-bis. *La richiesta indicata al comma 2 è presentata, a pena di decadenza, nel termine di trenta giorni da quello in cui l'imputato ha avuto effettiva conoscenza del provvedimento. In caso di estradizione dall'estero, il termine per la presentazione della richiesta decorre dalla consegna del condannato.*».

(5) Periodo soppresso dall'art. 1, d.l. 21.2.2005, n. 17.

(6) Comma introdotto dall'art. 11, co. 1, lett. b), n. 3), d.lgs. 10.10.2022, n. 150, a decorrere dal 30.12.2022.

175 bis. Malfunzionamento dei sistemi informatici (1).

1. Il malfunzionamento dei sistemi informatici dei domini del Ministero della giustizia è certificato dal direttore generale per i servizi informativi automatizzati del Ministero della giustizia, attestato sul portale dei servizi telematici del Ministero della giustizia e comunicato dal dirigente dell'ufficio giudiziario, con modalità tali da assicurarne la tempestiva conoscibilità ai soggetti interessati. Il ripristino del corretto funzionamento è certificato, attestato e comunicato con le medesime modalità.

2. Le certificazioni, attestazioni e comunicazioni di cui al comma 1 contengono l'indicazione della data e, ove risulti, dell'orario dell'inizio e della fine del malfunzionamento, registrati, in relazione a ciascun settore interessato, dal direttore generale per i servizi informativi del Ministero della giustizia.

3. Nei casi di cui ai commi 1 e 2, a decorrere dall'inizio e sino alla fine del malfunzionamento dei sistemi informatici, atti e documenti sono redatti in forma di documento analogico e depositati con modalità non telematiche, fermo quanto disposto dagli articoli 110, comma 4, e 111-*ter*, comma 3.

4. La disposizione di cui al comma 3 si applica, altresì, nel caso di malfunzionamento del sistema non certificato ai sensi del comma 1, accertato ed attestato dal dirigente dell'ufficio giudiziario, e comunicato con modalità tali da assicurare la tempestiva conoscibilità ai soggetti interessati della data e, ove risulti, dell'orario dell'inizio e della fine del malfunzionamento.

5. Se, nel periodo di malfunzionamento certificato ai sensi dei commi 1 e 2 o accertato ai sensi del comma 4, scade un termine previsto a pena di decadenza, il pubblico ministero, le parti private e i difensori sono restituiti nel termine quando provino di essersi trovati, per caso fortuito o forza maggiore, nell'impossibilità di redigere o depositare tempestivamente l'atto ai sensi del comma 3. Si applicano, in tal caso, le disposizioni dell'articolo 175.

(1) Articolo introdotto dall'art. 11, co. 1, lett. c), d.lgs. 10.10.2022, n. 150, a decorrere dal 30.12.2022. L'art. 87, co. 5, dello stesso d.lgs. n. 150/2022 ha così stabilito: «5. *Le disposizioni di cui agli articoli 111, commi* 2-bis, 2-ter *e* 2-quater, *111*-bis, *111*-ter, *122, comma 2*-bis, *172, commi* 6-bis *e* 6-ter, *175*-bis, *386, comma 1*-ter, *483, comma 1*-bis, *582, comma 1*-bis, *del codice di procedura penale, così come introdotte dal presente decreto, si applicano a partire dal quindicesimo giorno successivo alla pubblicazione dei regolamenti di cui ai commi 1 e 3, ovvero a partire dal diverso termine previsto dal regolamento di cui al comma 3 per gli uffici giudiziari e per le tipologie di atti in esso indicati. Sino alle stesse date, la dichiarazione e l'elezione di domicilio prevista dal comma 2 dell'articolo 153-bis del codice di procedura penale, come introdotto dall'articolo 10, comma 1, lettera e), del presente decreto, nonché le comunicazioni previste dal comma 3 dello stesso articolo 153*-bis *sono effettuate con le forme ivi previste in alternativa al deposito in via telematica.*».

176. Effetti della restituzione nel termine.

1. Il giudice che ha disposto la restituzione provvede, a richiesta di parte e in quanto sia possibile, alla rinnovazione degli atti ai quali la parte aveva diritto di assistere.

2. Se la restituzione nel termine è concessa dalla corte di cassazione, al compimento degli atti di cui è disposta la rinnovazione provvede il giudice competente per il merito.

TITOLO VII
Nullità

177. Tassatività.

1. L'inosservanza delle disposizioni stabilite per gli atti del procedimento è causa di nullità soltanto nei casi previsti dalla legge [124].

178. Nullità di ordine generale.

1. È sempre prescritta a pena di nullità l'osservanza delle disposizioni concernenti:

a) le condizioni di capacità del giudice e il numero dei giudici necessario per costituire i collegi stabilito dalle leggi di ordinamento giudiziario [33];

b) l'iniziativa del pubblico ministero nell'esercizio dell'azione penale e la sua partecipazione al procedimento;

c) l'intervento, l'assistenza e la rappresentanza dell'imputato e delle altre parti private nonché la citazione in giudizio [429, comma 4, 451, comma 2, 456, comma 3, 464, 465, comma 2, 519, comma 3, 558, commi 1 e 2] della persona offesa dal reato e del querelante.

179. Nullità assolute.

1. Sono insanabili e sono rilevate di ufficio in ogni stato e grado del procedimento le nullità previste dall'articolo 178 comma 1 lettera a), quelle concernenti l'iniziativa del pubblico ministero nell'esercizio dell'azione penale e quelle derivanti dalla omessa citazione dell'imputato o dall'assenza del suo difensore nei casi in cui ne è obbligatoria la presenza [350, comma 3, 391, 401, 420, 484, 598, 666].

2. Sono altresì insanabili e sono rilevate di ufficio in ogni stato e grado del procedimento le nullità definite assolute da specifiche disposizioni di legge [525, comma 2].

180. Regime delle altre nullità di ordine generale.

1. Salvo quanto disposto dall'articolo 179, le nullità previste dall'articolo 178 sono rilevate anche di ufficio, ma non possono più essere rilevate né dedotte dopo la deliberazione della sentenza di primo grado ovvero, se si sono verificate nel giudizio, dopo la deliberazione della sentenza del grado successivo.

181. Nullità relative.

1. Le nullità diverse da quelle previste dagli articoli 178 e 179 comma 2 sono dichiarate su eccezione di parte.

2. Le nullità concernenti gli atti delle indagini preliminari e quelli compiuti nell'incidente probatorio e le nullità concernenti gli atti dell'udienza preliminare devono essere eccepite prima che sia pronunciato il provvedimento previsto all'articolo 424. Quando manchi l'udienza preliminare [447, 449, 453, 459, 555], le nullità devono essere eccepite entro il termine previsto dall'articolo 491 comma 1.

3. Le nullità concernenti il decreto che dispone il giudizio [429, 450, comma 2, 456, 555] ovvero gli atti preliminari al dibattimento devono essere eccepite entro il termine previsto dall'articolo 491 comma 1. Entro lo stesso termine, ovvero con l'impugnazione della sentenza di non luogo a procedere [428], devono essere riproposte le nullità eccepite a norma del primo periodo del comma 2, che non siano state dichiarate dal giudice.

4. Le nullità verificatesi nel giudizio [444] devono essere eccepite con l'impugnazione della relativa sentenza.

182. Deducibilità delle nullità.

1. Le nullità previste dagli articoli 180 e 181 non possono essere eccepite da chi vi ha dato o ha concorso a darvi causa ovvero non ha interesse all'osservanza della disposizione violata.

2. Quando la parte vi assiste, la nullità di un atto deve essere eccepita prima del suo compimento ovvero, se ciò non è possibile, immediatamente dopo. Negli altri casi la nullità deve essere eccepita entro i termini previsti dagli articoli 180 e 181 commi 2, 3 e 4.

3. I termini per rilevare o eccepire le nullità sono stabiliti a pena di decadenza [173].

183. Sanatorie generali delle nullità.

1. Salvo che sia diversamente stabilito, le nullità [180, 181] sono sanate:

a) se la parte interessata ha rinunciato espressamente ad eccepirle ovvero ha accettato gli effetti dell'atto;

b) se la parte si è avvalsa della facoltà al cui esercizio l'atto omesso o nullo è preordinato.

184. Sanatoria delle nullità delle citazioni, degli avvisi e delle notificazioni.

1. La nullità di una citazione o di un avviso ovvero delle relative comunicazioni e notificazioni è sanata se la parte interessata è comparsa o ha rinunciato a comparire.

2. La parte la quale dichiari che la comparizione è determinata dal solo intento di far rilevare l'irregolarità ha diritto a un termine per la difesa non inferiore a cinque giorni.

3. Quando la nullità riguarda la citazione a comparire al dibattimento, il termine non può essere inferiore a quello previsto dall'articolo 429.

185. Effetti della dichiarazione di nullità.

1. La nullità di un atto rende invalidi gli atti consecutivi che dipendono da quello dichiarato nullo.

2. Il giudice che dichiara la nullità di un atto ne dispone la rinnovazione, qualora sia necessaria e possibile, ponendo le spese a carico di chi ha dato causa alla nullità per dolo o colpa grave.

3. La dichiarazione di nullità comporta la regressione del procedimento allo stato o al grado in cui è stato compiuto l'atto nullo, salvo che sia diversamente stabilito [604, comma 5].

4. La disposizione del comma 3 non si applica alle nullità concernenti le prove.

186. Inosservanza di norme tributarie.

1. Quando la legge assoggetta un atto a una imposta o a una tassa, l'inosservanza della norma tributaria non rende inammissibile l'atto né impedisce il suo compimento, salve le sanzioni finanziarie previste dalla legge.

LIBRO TERZO
Prove

TITOLO I
Disposizioni generali

187. Oggetto della prova.

1. Sono oggetto di prova i fatti che si riferiscono all'imputazione [423, 516], alla punibilità e alla determinazione della pena [c.p. 132, 133] o della misura di sicurezza [c.p. 200].

2. Sono altresì oggetto di prova i fatti dai quali dipende l'applicazione di norme processuali.

3. Se vi è costituzione di parte civile, sono inoltre oggetto di prova i fatti inerenti alla responsabilità civile derivante dal reato [c.p. 185].

188. Libertà morale della persona nell'assunzione della prova.

1. Non possono essere utilizzati, neppure con il consenso della persona interessata, metodi o tecniche idonei a influire sulla libertà di autodeterminazione o ad alterare la capacità di ricordare e di valutare i fatti [64, comma 2, 499, comma 2].

189. Prove non disciplinate dalla legge.

1. Quando è richiesta una prova non disciplinata dalla legge, il giudice può assumerla se essa risulta idonea ad assicurare l'accertamento dei fatti e non pregiudica la libertà morale della persona [64, comma 2]. Il giudice provvede all'ammissione, sentite le parti sulle modalità di assunzione della prova.

190. Diritto alla prova.

1. Le prove sono ammesse a richiesta di parte [392, 422, comma 2, 467, 468, 482, 493, commi 2 e 3, 495, 519, 603, commi 1, 2 e 3]. Il giudice provvede senza ritardo con ordinanza escludendo le prove vietate dalla legge e quelle che manifestamente sono superflue o irrilevanti.

2. La legge stabilisce i casi in cui le prove sono ammesse di ufficio [195, comma 2, 196, 210, 238, 238-*bis*, 507, 508, 603, comma 3].

3. I provvedimenti sull'ammissione della prova possono essere revocati sentite le parti in contraddittorio [495].

190 bis. Requisiti della prova in casi particolari (1).

1. Nei procedimenti per taluno dei delitti indicati nell'articolo 51, comma 3-*bis*, quando è richiesto l'esame di un testimone o di una delle persone indicate nell'articolo 210 e queste hanno già reso dichiarazioni in sede di incidente probatorio o in dibattimento nel contraddittorio con la persona nei cui confronti le dichiarazioni medesime saranno utilizzate ovvero dichiarazioni i cui verbali sono stati acquisiti a norma dell'articolo 238, l'esame è ammesso solo se riguarda fatti o circostanze diversi da quelli oggetto delle precedenti dichiarazioni ovvero se il giudice o taluna delle parti lo ritengono necessario sulla base di specifiche esigenze (2).

1 bis. La stessa disposizione si applica quando si procede per uno dei reati previsti dagli articoli 600-*bis*, primo comma, 600-*ter*, 600-*quater*, anche se relativi al materiale pornografico di cui all'articolo 600-*quater*.1, 600-*quinquies*, 609-*bis*, 609-*ter*, 609-*quater*, 609-*quinquies* e 609-*octies* del codice penale, se l'esame richiesto riguarda un testimone minore degli anni diciotto e, in ogni caso, quando l'esame testimoniale richiesto riguarda una persona offesa in condizione di particolare vulnerabilità (3).

(1) Articolo introdotto dall'art. 3, co. 3, d.l. 8.6.1992, n. 306, conv., con modif., in l. 7.8.1992, n. 356, recante modifiche urgenti al nuovo codice di procedura penale e provvedimenti di contrasto alla criminalità mafiosa.

(2) Comma così sostituito dall'art. 3, l. 1.3.2001, n. 63. Il testo del comma precedente così disponeva: «*1. Nei procedimenti per taluno dei delitti indicati nell'articolo 51, comma 3-bis, quando è richiesto l'esame di un testimone o di una delle persone indicate nell'articolo 210 e queste hanno già reso dichiarazioni in sede di incidente probatorio ovvero dichiarazioni i cui verbali sono stati acquisiti a norma dell'articolo 238, l'esame è ammesso solo se il giudice lo ritiene assolutamente necessario*».

(3) Comma introdotto dall'art. 13, l. 3.8.1998, n. 269 e, poi, così modificato dall'art. 14, l. 6.2.2006, n. 38, dall'art. 1, co. 1, lett. e), d.lgs. 15.12.2015, n. 212, a decorrere dal 20.1.2016, e dall'art. 14, co. 3, l. 19.7.2019, n. 69, a decorrere dal 9.8.2019. Il testo in antecedente alla modifica disposta del 2019 così disponeva: «*1-bis. La stessa disposizione si applica quando si procede per uno dei reati previsti dagli articoli* 600-bis, *primo comma,* 600-ter, 600-quater, *anche se relativi al materiale pornografico di cui all'articolo* 600-quater.*1,* 600-quinquies, 609-bis, 609-ter, 609-quater, 609-quinquies *e* 609-octies *del codice penale, se l'esame richiesto riguarda un testimone minore degli anni sedici e, in ogni caso, quando l'esame testimoniale richiesto riguarda una persona offesa in condizione di particolare vulnerabilità*». Il testo antecedente alla modifica disposta del 2015 così disponeva: «*1*-bis. *La stessa disposizione si applica quando si procede per uno dei reati previsti dagli articoli* 600-bis, *primo comma,* 600-ter, 600-quater, *anche se relativi al materiale pornografico di cui all'articolo* 600-quater.*1,* 600-quinquies, 609-bis, 609-ter, 609-quater, 609-quinquies *e* 609-octies *del codice penale, se l'esame richiesto riguarda un testimone minore degli anni sedici*». Il testo antecedente alla modifica del 2006 così disponeva: «*1*-bis. *La stessa disposizione si applica quando si procede per uno dei reati previsti dagli articoli* 600-bis, *primo comma,* 600-*ter,* 600-quater, 600-quinquies, 609-bis, 609-ter, 609-quater, 609-quinquies *e* 609-octies *del codice penale, se l'esame richiesto riguarda un testimone minore degli anni sedici*».

191. Prove illegittimamente acquisite.

1. Le prove acquisite in violazione dei divieti stabiliti dalla legge non possono essere utilizzate [26, 62, 63, 103, 197, 203, 234 comma 3, 240, 254 comma 3, 267].

2. L'inutilizzabilità è rilevabile anche di ufficio in ogni stato e grado del procedimento [195 comma 3, 271, 606].

2 bis. Le dichiarazioni o le informazioni ottenute mediante il delitto di tortura non sono comunque utilizzabili, salvo che contro le persone accusate di tale delitto e al solo fine di provarne la responsabilità penale (1).

(1) Comma introdotto dall'art. 2, co. 1, l. 14.7.2017, n. 110, a decorrere dal 18.7.2017.

192. Valutazione della prova.

1. Il giudice valuta la prova dando conto nella motivazione [125, comma 3, 606, comma 1, lett. e] dei risultati acquisiti e dei criteri adottati.

2. L'esistenza di un fatto non può essere desunta da indizi a meno che questi siano gravi, precisi e concordanti [c.c. 2729].

3. Le dichiarazioni rese dal coimputato del medesimo reato [c.p. 110, 113] o da persona imputata in un procedimento connesso a norma dell'articolo 12 sono valutate unitamente agli altri elementi di prova che ne confermano l'attendibilità.

4. La disposizione del comma 3 si applica anche alle dichiarazioni rese da persona imputata di un reato collegato a quello per cui si procede, nel caso previsto dall'articolo 371 comma 2 lettera b).

193. Limiti di prova stabiliti dalle leggi civili.

1. Nel processo penale non si osservano i limiti di prova stabiliti dalle leggi civili, eccettuati quelli che riguardano lo stato di famiglia e di cittadinanza [654].

TITOLO II
Mezzi di prova

Capo I
Testimonianza

194. Oggetto e limiti della testimonianza.

1. Il testimone è esaminato sui fatti che costituiscono oggetto di prova [187]. Non può deporre sulla moralità dell'imputato, salvo che si tratti di fatti specifici, idonei a qualificarne la personalità in relazione al reato [c.p. 133, comma 2] e alla pericolosità sociale [c.p. 203].

2. L'esame può estendersi anche ai rapporti di parentela e di interesse che intercorrono tra il testimone e le parti o altri testimoni nonché alle circostanze il cui accertamento è necessario per valutarne la credibilità. La deposizione sui fatti che servono a definire la personalità della persona offesa dal reato è ammessa solo quando il fatto dell'imputato deve essere valutato in relazione al comportamento di quella persona.

3. Il testimone è esaminato su fatti determinati [499, comma 1]. Non può deporre sulle voci correnti nel pubblico né esprimere apprezzamenti personali salvo che sia impossibile scinderli dalla deposizione sui fatti.

195. Testimonianza indiretta.

1. Quando il testimone si riferisce, per la conoscenza dei fatti, ad altre persone, il giudice, a richiesta di parte, dispone che queste siano chiamate a deporre.

2. Il giudice può disporre anche di ufficio l'esame delle persone indicate nel comma 1.

3. L'inosservanza della disposizione del comma 1 rende inutilizzabili [191] le dichiarazioni relative a fatti di cui il testimone abbia avuto conoscenza da altre persone, salvo che l'esame di queste risulti impossibile per morte, infermità o irreperibilità.

4. Gli ufficiali e gli agenti di polizia giudiziaria non possono deporre sul contenuto delle dichiarazioni acquisite da testimoni con le modalità di cui agli articoli 351 e 357, comma 2, lettere a) e b). Negli altri casi si applicano le disposizioni dei commi 1, 2 e 3 del presente articolo [(1) (2)].

5. Le disposizioni dei commi precedenti si applicano anche quando il testimone abbia avuto comunicazione del fatto in forma diversa da quella orale.

6. I testimoni non possono essere esaminati su fatti comunque appresi dalle persone indicate negli articoli 200 e 201 in relazione alle circostanze previste nei medesimi articoli, salvo che le predette persone abbiano deposto sugli stessi fatti o li abbiano in altro modo divulgati.

7. Non può essere utilizzata [191] la testimonianza di chi si rifiuta o non è in grado di indicare la persona o la fonte da cui ha appreso la notizia dei fatti oggetto dell'esame.

(1) Comma così sostituito dall'art. 4, l. 1.3.2001, n. 63. Il testo previgente così disponeva: «*4. Gli ufficiali e gli agenti di polizia giudiziaria non possono deporre sul contenuto delle dichiarazioni acquisite da testimoni*». La Corte cost., con sent. 31.1.1992, n. 24, aveva dichiarato l'illegittimità di questa formulazione.

(2) La Corte cost., con sent. 30.7.2008, n. 305, ha dichiarato, tra l'altro, l'illegittimità di questo comma, ove interpretato nel senso che gli ufficiali e gli agenti di polizia giudiziaria non possono essere chiamati a deporre sul contenuto delle dichiarazioni rese dai testimoni soltanto se acquisite con le modalità di cui agli artt. 351 e 357, co. 2, lett. a) e b), c.p.p., e non anche nel caso in cui, pur ricorrendone le condizioni, tali modalità non siano state osservate.

196. Capacità di testimoniare.

1. Ogni persona ha la capacità di testimoniare.

2. Qualora, al fine di valutare le dichiarazioni del testimone, sia necessario verificarne l'idoneità fisica o mentale a rendere testimonianza, il giudice anche di ufficio può ordinare gli accertamenti opportuni con i mezzi consentiti dalla legge.

3. I risultati degli accertamenti che, a norma del comma 2, siano stati disposti prima dell'esame testimoniale non precludono l'assunzione della testimonianza.

197. Incompatibilità con l'ufficio di testimone.

1. Non possono essere assunti come testimoni:

a) i coimputati del medesimo reato [c.p. 110, 113] o le persone imputate in un procedimento connesso a norma dell'articolo 12, comma 1, lettera a), salvo che nei loro confronti sia stata pronunciata sentenza irrevocabile di proscioglimento, di condanna o di applicazione della pena ai sensi dell'articolo 444 [(1)];

b) salvo quanto previsto dall'articolo 64, comma 3, lettera c), le persone imputate in un procedimento connesso a norma dell'articolo 12, comma 1, lettera c), o di un reato collegato a norma dell'articolo 371, comma 2, lettera b), prima che nei loro confronti sia stata pronunciata sentenza irrevocabile di proscioglimento, di condanna o di applicazione della pena ai sensi dell'articolo 444 [(2)];

c) il responsabile civile e la persona civilmente obbligata per la pena pecuniaria;

d) coloro che nel medesimo procedimento svolgono o hanno svolto la funzione di giudice, pubblico ministero o loro ausiliario nonché il difensore che abbia svolto attività di investigazione difensiva e coloro che hanno formato la documentazione delle dichiarazioni e delle informazioni assunte ai sensi dell'articolo 391-*ter* [(3)].

(1) Lettera così sostituita dall'art. 5, l. 1.3.2001, n. 63. Il testo previgente così disponeva: «*a) i coimputati del medesimo reato o le persone imputate in un procedimento connesso a norma dell'articolo 12, anche se nei loro confronti sia stata pronunciata sentenza di non luogo a procedere, di proscioglimento o di condanna, salvo che la sentenza di proscioglimento sia divenuta irrevocabile*».

(2) Lettera così sostituita dall'art. 5, l. 1.3.2001, n. 63. Il testo della lettera precedente così disponeva: «*b) le persone imputate di un reato collegato a quello per cui si procede, nel caso previsto dall'articolo 371 comma 2 lettera b)*».

(3) Lettera così modificata dall'art. 3, l. 7.12.2000, n. 397. Il testo previgente così disponeva: «*d) coloro che nel medesimo procedimento svolgono o hanno svolto la funzione di giudice, pubblico ministero o loro ausiliario*».

197 bis. Persone imputate o giudicate in un procedimento connesso o per reato collegato che assumono l'ufficio di testimone [(1)].

1. L'imputato in un procedimento connesso ai sensi dell'articolo 12 o di un reato collegato a norma dell'articolo 371, comma 2, lettera b), può essere sempre sentito come testimone quando nei suoi confronti è stata pronunciata sentenza irrevocabile di proscioglimento, di condanna o di applicazione della pena ai sensi dell'articolo 444.

2. L'imputato in un procedimento connesso ai sensi dell'articolo 12, comma 1, lettera c), o di un reato collegato a norma dell'articolo 371, comma 2, lettera b), può essere sentito come testimone, inoltre, nel caso previsto dall'articolo 64, comma 3, lettera c).

3. Nei casi previsti dai commi 1 e 2 il testimone è assistito da un difensore. In mancanza di difensore di fiducia è designato un difensore di ufficio [(2)].

4. Nel caso previsto dal comma 1 il testimone non può essere obbligato a deporre sui fatti per i quali è stata pronunciata in giudizio sentenza di condanna nei suoi confronti, se nel procedimento egli aveva negato la propria responsabilità ovvero non aveva reso alcuna dichiarazione. Nel caso previsto dal comma 2 il testimone non può essere obbligato a deporre su fatti che concernono la propria responsabilità in ordine al reato per cui si procede o si è proceduto nei suoi confronti.

5. In ogni caso le dichiarazioni rese dai soggetti di cui al presente articolo non possono essere utilizzate contro la persona che le ha rese nel procedimento a suo carico, nel procedimento di revisione della sentenza di condanna ed in qualsiasi giudizio civile o amministrativo relativo al fatto oggetto dei procedimenti e delle sentenze suddette.

6. Alle dichiarazioni rese dalle persone che assumono l'ufficio di testimone ai sensi del presente articolo si applica la disposizione di cui all'articolo 192, comma 3 [(2)].

(1) Articolo introdotto dall'art. 6, l. 1.3.2001, n. 63.

(2) La Corte cost., con sent. 21.11.2006, n. 381, ha dichiarato l'illegittimità dell'art. 197 bis, co. 3 e 6, c.p.p., nella parte in cui prevedono, rispettivamente, l'assistenza di un difensore e l'applicazione della disposizione di cui all'art. 192, co. 3, del medesimo codice di rito anche per le dichiarazioni rese dalle persone, indicate al co. 1 del medesimo art. 197 bis c.p.p., nei cui confronti sia stata pronunciata sentenza di assoluzione «*per non aver commesso il fatto*» divenuta irrevocabile. La stessa Corte cost., con sent. 7.12.2016-26.1.2017, n. 21, ha poi dichiarato: a) l'illegittimità costituzionale dell'art. 197 bis, co. 6, c.p.p., nella parte in cui prevede l'applicazione della disposizione di cui all'art. 192, co. 3, del medesimo codice di rito anche per le dichiarazioni rese dalle persone, indicate al co. 1 dell'art. 197 bis c.p.p., nei cui confronti sia stata pronunciata sentenza di assoluzione "perché il fatto non sussiste" divenuta irrevocabile; b) in applicazione dell'art. 27 della l. 11.3.1953, n. 87, l'illegittimità costituzionale dell'art. 197 bis, co. 3, c.p.p., nella parte in cui prevede l'assistenza di un difensore anche per le dichiarazioni rese dalle persone, indicate al co. 1 del medesimo art. 197 bis, nei cui confronti sia stata pronunciata sentenza di assoluzione "perché il fatto non sussiste" divenuta irrevocabile.

198. Obblighi del testimone.

1. Il testimone ha l'obbligo di presentarsi al giudice e di attenersi alle prescrizioni date dal medesimo per le esigenze processuali e di rispondere secondo verità alle domande che gli sono rivolte [497, comma 2].

2. Il testimone non può essere obbligato a deporre su fatti dai quali potrebbe emergere una sua responsabilità penale [63, c.p. 372, 384].

199. Facoltà di astensione dei prossimi congiunti.

1. I prossimi congiunti [c.p. 307 comma 4] dell'imputato non sono obbligati a deporre. Devono tuttavia deporre quando hanno presentato denuncia, querela o istanza ovvero essi o un loro prossimo congiunto sono offesi dal reato.

2. Il giudice, a pena di nullità [181], avvisa le persone predette della facoltà di astenersi chiedendo loro se intendono avvalersene.

3. Le disposizioni dei commi 1 e 2 si applicano anche a chi è legato all'imputato da vincolo di adozione. Si applicano inoltre, limitatamente ai fatti verificatisi o appresi dall'imputato durante la convivenza coniugale o derivante da un'unione civile tra persone dello stesso sesso [(1)]:

a) a chi, pur non essendo coniuge dell'imputato, come tale conviva o abbia convissuto con esso;
b) al coniuge separato dell'imputato;
c) alla persona nei cui confronti sia intervenuta sentenza di annullamento, scioglimento o cessazione degli effetti civili del matrimonio o dell'unione civile tra persone dello stesso sesso contratti con l'imputato [(2)].

(1) Alinea così modificato dall'art. 2, co. 1, lett. a), d.lgs. 19.1.2017, n. 6, a decorrere dall'11.2.2017. Il testo previgente così disponeva: «*Le disposizioni dei commi 1 e 2 si applicano anche a chi è legato all'imputato da vincolo di adozione. Si applicano inoltre, limitatamente ai fatti verificatisi o appresi dall'imputato durante la convivenza coniugale:*».

(2) Lettera così modificata dall'art. 2, co. 1, lett. b), d.lgs. 19.1.2017, n. 6, a decorrere dall'11.2.2017. Il testo previgente così disponeva: «*c) alla persona nei cui confronti sia intervenuta sentenza di annullamento, scioglimento o cessazione degli effetti civili del matrimonio contratto con l'imputato*».

200. Segreto professionale.

1. Non possono essere obbligati a deporre su quanto hanno conosciuto per ragione del proprio ministero, ufficio o professione, salvi i casi in cui hanno l'obbligo di riferirne all'autorità giudiziaria [331, 334]:

a) i ministri di confessioni religiose, i cui statuti non contrastino con l'ordinamento giuridico italiano;
b) gli avvocati, gli investigatori privati autorizzati, i consulenti tecnici e i notai [(1)];
c) i medici e i chirurghi, i farmacisti, le ostetriche e ogni altro esercente una professione sanitaria;
d) gli esercenti altri uffici o professioni ai quali la legge riconosce la facoltà di astenersi dal deporre determinata dal segreto professionale.

2. Il giudice, se ha motivo di dubitare che la dichiarazione resa da tali persone per esimersi dal deporre sia infondata, provvede agli accertamenti necessari. Se risulta infondata, ordina che il testimone deponga.

3. Le disposizioni previste dai commi 1 e 2 si applicano ai giornalisti professionisti iscritti nell'albo professionale, relativamente ai nomi delle persone dalle quali i medesimi hanno avuto notizie di carattere fiduciario nell'esercizio della loro professione. Tuttavia se le notizie sono indispensabili ai fini della prova del reato per cui si procede e la loro veridicità può essere accertata solo attraverso l'identificazione della fonte della notizia, il giudice ordina al giornalista di indicare la fonte delle sue informazioni [195].

(1) Lettera così sostituita dall'art. 4, l. 7.12.2000, n. 397. Il testo previgente così disponeva: «*b) gli avvocati, i procuratori legali, i consulenti tecnici e i notai*».

201. Segreto di ufficio.

1. Salvi i casi in cui hanno l'obbligo di riferirne all'autorità giudiziaria [331], i pubblici ufficiali, i pubblici impiegati e gli incaricati di un pubblico servizio hanno l'obbligo di astenersi dal deporre su fatti conosciuti per ragioni del loro ufficio che devono rimanere segreti [c.p. 326].

2. Si applicano le disposizioni dell'articolo 200 commi 2 e 3.

202. Segreto di Stato (1)**.**

1. I pubblici ufficiali, i pubblici impiegati e gli incaricati di un pubblico servizio hanno l'obbligo di astenersi dal deporre su fatti coperti dal segreto di Stato.

2. Se il testimone oppone un segreto di Stato, l'autorità giudiziaria ne informa il Presidente del Consiglio dei Ministri, ai fini dell'eventuale conferma, sospendendo ogni iniziativa volta ad acquisire la notizia oggetto del segreto.

3. Qualora il segreto sia confermato e per la definizione del processo risulti essenziale la conoscenza di quanto coperto dal segreto di Stato, il giudice dichiara non doversi procedere per l'esistenza del segreto di Stato.

4. Se entro trenta giorni dalla notificazione della richiesta il Presidente del Consiglio dei Ministri non dà conferma del segreto, l'autorità giudiziaria acquisisce la notizia e provvede per l'ulteriore corso del procedimento.

5. L'opposizione del segreto di Stato, confermata con atto motivato dal Presidente del Consiglio dei Ministri, inibisce all'autorità giudiziaria l'acquisizione e l'utilizzazione, anche indiretta, delle notizie coperte dal segreto.

6. Non è, in ogni caso, precluso all'autorità giudiziaria di procedere in base a elementi autonomi e indipendenti dagli atti, documenti e cose coperti dal segreto.

7. Quando è sollevato conflitto di attribuzione nei confronti del Presidente del Consiglio dei Ministri, qualora il conflitto sia risolto nel senso dell'insussistenza del segreto di Stato, il Presidente del Consiglio dei Ministri non può più opporlo con riferimento al medesimo oggetto. Qualora il conflitto sia risolto nel senso della sussistenza del segreto di Stato, l'autorità giudiziaria non può né acquisire né utilizzare, direttamente o indirettamente, atti o documenti sui quali è stato opposto il segreto di Stato.

8. In nessun caso il segreto di Stato è opponibile alla Corte costituzionale. La Corte adotta le necessarie garanzie per la segretezza del procedimento.

(1) Articolo così sostituito dall'art. 40, l. 3.8.2007, n. 124.

203. Informatori della polizia giudiziaria e dei servizi di sicurezza.

1. Il giudice non può obbligare gli ufficiali e gli agenti di polizia giudiziaria nonché il personale dipendente dai servizi per le informazioni e la sicurezza militare o democratica a rivelare i nomi dei loro informatori. Se questi non sono esaminati come testimoni, le informazioni da essi fornite non possono essere acquisite né utilizzate [191, 197 comma 7].

1 bis. L'inutilizzabilità opera anche nelle fasi diverse dal dibattimento, se gli informatori non sono stati interrogati né assunti a sommarie informazioni (1).

(1) Comma introdotto dall'art. 7, l. 1.3.2001, n. 63.

204. Esclusione del segreto.

1. Non possono essere oggetto del segreto previsto dagli articoli 201, 202 e 203 fatti, notizie o documenti concernenti reati diretti all'eversione dell'ordinamento costituzionale nonché i delitti previsti dagli articoli 285, 416-*bis*, 416-*ter* e 422 del codice penale [c.p. 270, 270-*bis*, 272, 280, 283, 284, 289-*bis*]. Se viene opposto il segreto, la natura del reato è definita dal giudice. Prima dell'esercizio dell'azione penale provvede il giudice per le indagini preliminari su richiesta di parte (1).

1 bis. Non possono essere oggetto del segreto previsto dagli articoli 201, 202 e 203 fatti, notizie o documenti concernenti le condotte poste in essere da appartenenti ai servizi di informazione per la sicurezza in violazione della disciplina concernente la speciale causa di giustificazione prevista per attività del personale dei servizi di informazione per la sicurezza. Si considerano violazioni della predetta disciplina le condotte per le quali, essendo stata esperita l'apposita procedura prevista dalla legge, risulta esclusa l'esistenza della speciale causa di giustificazione (2).

1 ter. Il segreto di Stato non può essere opposto o confermato ad esclusiva tutela della classifica di segretezza o in ragione esclusiva della natura del documento, atto o cosa oggetto della classifica (2).

1 quater. In nessun caso il segreto di Stato è opponibile alla Corte costituzionale. La Corte adotta le necessarie garanzie per la segretezza del procedimento (2).

1 quinquies. Quando il Presidente del Consiglio dei Ministri non ritenga di confermare il segreto di Stato, provvede, in qualità di Autorità nazionale per la sicurezza, a declassificare gli atti, i documenti, le cose o i luoghi oggetto di classifica di segretezza, prima che siano messi a disposizione dell'autorità giudiziaria competente (2).

2. Del provvedimento che rigetta l'eccezione di segretezza è data comunicazione al Presidente del Consiglio dei Ministri.

(1) Comma così modificato dall'art. 40, l. 3.8.2007, n. 124. Il testo previgente così disponeva: «*1. Non possono essere oggetto del segreto previsto dagli articoli 201, 202 e 203 fatti, notizie o documenti concernenti reati diretti all'eversione dell'ordinamento costituzionale. Se viene opposto il segreto, la natura del reato è definita dal giudice. Prima dell'esercizio dell'azione penale provvede il giudice per le indagini preliminari su richiesta di parte*».
(2) Comma introdotto dall'art. 40, l. 3.8.2007, n. 124.

205. Assunzione della testimonianza del Presidente della Repubblica e di grandi ufficiali dello Stato.

1. La testimonianza del Presidente della Repubblica è assunta nella sede in cui egli esercita la funzione di Capo dello Stato.

2. Se deve essere assunta la testimonianza di uno dei presidenti delle camere o del Presidente del Consiglio dei Ministri o della Corte costituzionale, questi possono chiedere di essere esaminati nella sede in cui esercitano il loro ufficio, al fine di garantire la continuità e la regolarità della funzione cui sono preposti.

3. Si procede nelle forme ordinarie quando il giudice ritiene indispensabile la comparizione di una delle persone indicate nel comma 2 per eseguire un atto di ricognizione o di confronto o per altra necessità.

206. Assunzione della testimonianza di agenti diplomatici.

1. Se deve essere esaminato un agente diplomatico o l'incaricato di una missione diplomatica all'estero durante la sua permanenza fuori dal territorio dello Stato, la richiesta per l'esame è trasmessa, per mezzo del ministero di grazia e giustizia, all'autorità consolare del luogo. Si procede tuttavia nelle forme ordinarie nei casi previsti dall'articolo 205 comma 3.

2. Per ricevere le deposizioni di agenti diplomatici della Santa Sede accreditati presso lo Stato italiano ovvero di agenti diplomatici di uno Stato estero accreditati presso lo Stato italiano o la Santa sede si osservano le convenzioni e le consuetudini internazionali.

206 bis. Assunzione della testimonianza di cardinali (1).

1. Se deve essere assunta la testimonianza di un cardinale che svolge una funzione di rilievo particolare presso la Santa Sede, questi può chiedere di essere esaminato in un luogo da lui indicato, al fine di garantire la continuità e la regolarità della funzione cui risulta preposto.

2. Rivestono funzioni di rilievo particolare presso la Santa Sede il cardinale decano del Sacro Collegio, i cardinali prefetti dei dicasteri della Curia romana aventi la qualifica di congregazione, il cardinale prefetto del Supremo tribunale della Segnatura apostolica ed il cardinale che presiede la Penitenzieria apostolica.

3. Si procede nelle forme ordinarie nei casi previsti dall'articolo 205, comma 3.

(1) Articolo inserito dall'art. 5, co. 1, l. 22.4.2021, n. 70, a decorrere dal 23.5.2021.

207. Testimoni sospettati di falsità o reticenza. Testimoni renitenti.

1. Se nel corso dell'esame un testimone rende dichiarazioni contraddittorie, incomplete o contrastanti con le prove già acquisite, il presidente o il giudice glielo fa rilevare rinnovandogli, se del caso, l'avvertimento previsto dall'articolo 497 comma 2. Allo stesso avvertimento provvede se un testimone rifiuta di deporre fuori dei casi espressamente previsti dalla legge e, se il testimone persiste nel rifiuto, dispone l'immediata trasmissione degli atti al pubblico ministero perché proceda a norma di legge [476, comma 2].

2. Con la decisione che definisce la fase processuale in cui il testimone ha prestato il suo ufficio, il giudice, se ravvisa indizi del reato previsto dall'articolo 372 del codice penale, ne informa il pubblico ministero trasmettendogli i relativi atti.

Capo II
Esame delle parti

208. Richiesta dell'esame.

1. Nel dibattimento, l'imputato, la parte civile che non debba essere esaminata come testimone, il responsabile civile e la persona civilmente obbligata per la pena pecuniaria sono esaminati se ne fanno richiesta o vi consentono.

209. Regole per l'esame.

1. All'esame delle parti si applicano le disposizioni previste dagli articoli 194, 198 comma 2 e 499 e, se è esaminata una parte diversa dall'imputato, quelle previste dall'articolo 195.

2. Se la parte rifiuta di rispondere a una domanda, ne è fatta menzione nel verbale.

210. Esame di persona imputata in un procedimento connesso.

1. Nel dibattimento, le persone imputate in un procedimento connesso a norma dell'articolo 12, comma 1, lettera a), nei confronti delle quali si procede o si è proceduto separatamente e che non possono assumere l'ufficio di testimone, sono esaminate a richiesta di parte, ovvero, nel caso indicato nell'articolo 195, anche di ufficio (1).

2. Esse hanno obbligo di presentarsi al giudice, il quale, ove occorra, ne ordina l'accompagnamento coattivo. Si osservano le norme sulla citazione dei testimoni.

3. Le persone indicate nel comma 1 sono assistite da un difensore che ha diritto di partecipare all'esame. In mancanza di un difensore di fiducia è designato un difensore di ufficio (2).

4. Prima che abbia inizio l'esame, il giudice avverte le persone indicate nel comma 1 che, salvo quanto disposto dall'articolo 66 comma 1, esse hanno facoltà di non rispondere [64].

5. All'esame si applicano le disposizioni previste dagli articoli 194, 195, 498, 499 e 500 (3).

6. Le disposizioni dei commi precedenti si applicano anche alle persone imputate in un procedimento connesso ai sensi dell'articolo 12, comma 1, lettera c), o di un reato collegato a norma dell'articolo 371, comma 2, lettera b), che non hanno reso in precedenza dichiarazioni concernenti la responsabilità dell'imputato. Tuttavia a tali persone è dato l'avvertimento previsto dall'articolo 64, comma 3, lettera c), e, se esse non si avvalgono della facoltà di non rispondere, assumono l'ufficio di testimone. Al loro esame si applicano, in tal caso, oltre alle disposizioni richiamate dal comma 5, anche quelle previste dagli articoli 197-*bis* e 497 (4) (5).

(1) Comma così modificato dall'art. 8, l. 1.3.2001, n. 63. Il testo del comma precedente così disponeva: «*1. Nel dibattimento, le persone imputate in un procedimento connesso a norma dell'articolo 12, nei*

confronti delle quali si procede o si è proceduto separatamente, sono esaminate a richiesta di parte, ovvero, nel caso indicato nell'articolo 195, anche di ufficio».

(2) Comma così sostituito dall'art. 2, co. 1, lett. a), d.l. 8.6.1992, n. 306, conv., con modif., in l. 7.8.1992, n. 356, recante modifiche urgenti al nuovo codice di procedura penale e provvedimenti di contrasto alla criminalità mafiosa.

(3) Comma così modificato prima dall'art. 2, co. 1, lett. b), d.l. 8.6.1992, n. 306, conv., con modif., in l. 7.8.1992, n. 356, recante modifiche urgenti al nuovo codice di procedura penale e provvedimenti di contrasto alla criminalità mafiosa e, poi dall'art. 8, l. 1.3.2001, n. 63. Il testo del comma in vigore prima di questa ultima modifica così disponeva: «*5. All'esame si applicano le disposizioni previste dagli articoli 194, 195, 499 e 503*».

(4) Comma così sostituito dall'art. 8, l. 1.3.2001, n. 63. Il testo del comma precedente così disponeva: «*6. Le disposizioni dei commi precedenti si applicano anche alle persone imputate di un reato collegato a quello per cui si procede, nel caso previsto dall'articolo 371 comma 2 lettera b)*».

(5) La Corte cost., con sent. 2.11.1998, n. 361, ha dichiarato, tra l'altro, l'illegittimità di questo articolo nella parte in cui non ne è prevista l'applicazione anche all'esame dell'imputato nel medesimo procedimento su fatti concernenti la responsabilità di altri, già oggetto delle sue precedenti dichiarazioni rese all'autorità giudiziaria o alla polizia giudiziaria su delega del pubblico ministero.

Capo III
Confronti

211. Presupposti del confronto.

1. Il confronto [364, 392] è ammesso esclusivamente fra persone già esaminate o interrogate, quando vi è disaccordo fra esse su fatti e circostanze importanti.

212. Modalità del confronto.

1. Il giudice, richiamate le precedenti dichiarazioni ai soggetti tra i quali deve svolgersi il confronto, chiede loro se le confermano o le modificano, invitandoli, ove occorra, alle reciproche contestazioni.

2. Nel verbale è fatta menzione delle domande rivolte dal giudice, delle dichiarazioni rese dalle persone messe a confronto e di quanto altro è avvenuto durante il confronto.

Capo IV
Ricognizioni

213. Ricognizione di persone. Atti preliminari.

1. Quando occorre procedere a ricognizione personale, il giudice invita chi deve eseguirla a descrivere la persona indicando tutti i particolari che ricorda; gli chiede poi se sia stato in precedenza chiamato a eseguire il riconoscimento, se, prima e dopo il fatto per cui si procede, abbia visto, anche se riprodotta in fotografia o altrimenti, la persona da riconoscere, se la stessa gli sia stata indicata o descritta e se vi siano altre circostanze che possano influire sull'attendibilità del riconoscimento.

2. Nel verbale è fatta menzione degli adempimenti previsti dal comma 1 e delle dichiarazioni rese.

3. L'inosservanza delle disposizioni previste dai commi 1 e 2 è causa di nullità [181] della ricognizione [181].

214. Svolgimento della ricognizione.

1. Allontanato colui che deve eseguire la ricognizione, il giudice procura la presenza di almeno due persone il più possibile somiglianti, anche nell'abbigliamento, a quella sottoposta a ricognizione. Invita quindi quest'ultima a scegliere il suo posto rispetto alle altre, curando che si presenti, sin dove è possibile, nelle stesse condizioni nelle quali sarebbe stata vista dalla persona chiamata alla ricognizione. Nuovamente introdotta quest'ultima, il giudice le chiede se riconosca taluno dei presenti e, in caso affermativo, la invita a indicare chi abbia riconosciuto e a precisare se ne sia certa.

2. Se vi è fondata ragione di ritenere che la persona chiamata alla ricognizione possa subire intimidazione o altra influenza dalla presenza di quella sottoposta a ricognizione, il giudice dispone che l'atto sia compiuto senza che quest'ultima possa vedere la prima [361 comma 3].

3. Nel verbale è fatta menzione, a pena di nullità [181], delle modalità di svolgimento e ricognizione. Il giudice può disporre che lo svolgimento della ricognizione sia documentato anche mediante rilevazioni fotografiche o cinematografiche o mediante altri strumenti o procedimenti.

215. Ricognizione di cose.

1. Quando occorre procedere alla ricognizione del corpo del reato o di altre cose pertinenti al reato [253 comma 1], il giudice procede osservando le disposizioni dell'articolo 213, in quanto applicabili.

2. Procurati, ove possibile, almeno due oggetti simili a quello da riconoscere, il giudice chiede alla persona chiamata alla ricognizione se riconosca taluno tra essi e, in caso affermativo, la invita a dichiarare quale abbia riconosciuto e a precisare se ne sia certa.

3. Si applicano le disposizioni dell'articolo 214 comma 3.

216. Altre ricognizioni.

1. Quando dispone la ricognizione di voci, suoni o di quanto altro può essere oggetto di percezione sensoriale, il giudice procede osservando le disposizioni dell'articolo 213, in quanto applicabili.

2. Si applicano le disposizioni dell'articolo 214 comma 3.

217. Pluralità di ricognizioni.

1. Quando più persone sono chiamate ad eseguire la ricognizione della medesima persona o del medesimo oggetto, il giudice procede con atti separati, impedendo ogni comunicazione tra chi ha compiuto la ricognizione e coloro che devono ancora eseguirla.

2. Se una stessa persona deve eseguire la ricognizione di più persone o di più oggetti, il giudice provvede, per ogni atto, in modo che la persona o l'oggetto sottoposti a ricognizione siano collocati tra persone od oggetti diversi.

3. Si applicano le disposizioni degli articoli precedenti.

Capo V
Esperimenti giudiziali

218. Presupposti dell'esperimento giudiziale.

1. L'esperimento giudiziale è ammesso quando occorre accertare se un fatto sia o possa essere avvenuto in un determinato modo.

2. L'esperimento consiste nella riproduzione, per quanto è possibile, della situazione in cui il fatto si afferma o si ritiene essere avvenuto e nella ripetizione delle modalità di svolgimento del fatto stesso.

219. Modalità dell'esperimento giudiziale.

1. L'ordinanza che dispone l'esperimento giudiziale contiene una succinta enunciazione dell'oggetto dello stesso e l'indicazione del giorno, dell'ora e del luogo in cui si procederà alle operazioni. Con la stessa ordinanza o con un provvedimento successivo il giudice può designare un esperto per l'esecuzione di determinate operazioni.

2. Il giudice dà gli opportuni provvedimenti per lo svolgimento delle operazioni, disponendo per le rilevazioni fotografiche o cinematografiche o con altri strumenti o procedimenti [134].

3. Anche quando l'esperimento è eseguito fuori dell'aula di udienza, il giudice può adottare i provvedimenti previsti dall'articolo 471 al fine di assicurare il regolare compimento dell'atto.

4. Nel determinare le modalità dell'esperimento, il giudice, se del caso, dà le opportune disposizioni affinché esso si svolga in modo da non offendere sentimenti di coscienza e da non esporre a pericolo l'incolumità delle persone o la sicurezza pubblica.

Capo VI
Perizia

220. Oggetto della perizia.

1. La perizia è ammessa quando occorre svolgere indagini o acquisire dati o valutazioni che richiedono specifiche competenze tecniche, scientifiche o artistiche.

2. Salvo quanto previsto ai fini dell'esecuzione della pena o della misura di sicurezza, non sono ammesse perizie per stabilire l'abitualità o la professionalità nel reato [c.p. 102, 104, 105], la tendenza a delinquere [c.p. 108], il carattere e la personalità dell'imputato e in genere le qualità psichiche [c.p. 133] indipendenti da cause patologiche.

221. Nomina del perito.

1. Il giudice nomina il perito scegliendolo tra gli iscritti negli appositi albi o tra persone fornite di particolare competenza nella specifica disciplina. Quando la perizia è dichiarata nulla, il giudice cura, ove possibile, che il nuovo incarico sia affidato ad altro perito.

2. Il giudice affida l'espletamento della perizia a più persone quando le indagini e le valutazioni risultano di notevole complessità ovvero richiedono distinte conoscenze in differenti discipline.

3. Il perito ha l'obbligo di prestare il suo ufficio, salvo che ricorra uno dei motivi di astensione previsti dall'articolo 36.

222. Incapacità e incompatibilità del perito.

1. Non può prestare ufficio di perito, a pena di nullità:

a) il minorenne, l'interdetto, l'inabilitato e chi è affetto da infermità di mente;
b) chi è interdetto anche temporaneamente dai pubblici uffici [c.p. 28, 29, 31] ovvero è interdetto o sospeso dall'esercizio di una professione o di un'arte [c.p. 30, 31, 35];
c) chi è sottoposto a misure di sicurezza personali o a misure di prevenzione [c.p. 215];
d) chi non può essere assunto come testimone [197] o ha facoltà di astenersi dal testimoniare [199] o chi è chiamato a prestare ufficio di testimone o di interprete;
e) chi è stato nominato consulente tecnico nello stesso procedimento o in un procedimento connesso [12].

223. Astensione e ricusazione del perito.

1. Quando esiste un motivo di astensione, il perito ha l'obbligo di dichiararlo.

2. Il perito può essere ricusato dalle parti nei casi previsti dall'articolo 36 a eccezione di quello previsto dal comma 1 lettera h) del medesimo articolo.

3. La dichiarazione di astensione o di ricusazione può essere presentata fino a che non siano esaurite le formalità di conferimento dell'incarico e, quando si tratti di motivi sopravvenuti ovvero conosciuti successivamente, prima che il perito abbia dato il proprio parere.

4. Sulla dichiarazione di astensione o di ricusazione decide, con ordinanza, il giudice che ha disposto la perizia.

5. Si osservano, in quanto applicabili, le norme sulla ricusazione del giudice [37].

224. Provvedimenti del giudice.

1. Il giudice dispone anche di ufficio [190 comma 2] la perizia con ordinanza motivata, contenente la nomina del perito, la sommaria enunciazione dell'oggetto delle indagini, l'indicazione del giorno, dell'ora e del luogo fissati per la comparizione del perito.

2. Il giudice dispone la citazione del perito e dà gli opportuni provvedimenti per la comparizione delle persone sottoposte all'esame del perito. Adotta tutti gli altri provvedimenti che si rendono necessari per l'esecuzione delle operazioni peritali (1).

(1) La Corte cost., con sent. 9.7.1996, n. 238, ha dichiarato l'illegittimità di questo comma nella parte in cui consente che il giudice, nell'ambito delle operazioni peritali, disponga misure che comunque incidano sulla libertà personale dell'indagato o dell'imputato o di terzi, al di fuori di quelle specificamente previste nei «*casi*» e nei «*modi*» dalla legge.

224 bis. Provvedimenti del giudice per le perizie che richiedono il compimento di atti idonei ad incidere sulla libertà personale (1).

1. Quando si procede per delitto non colposo, consumato o tentato, per il quale la legge stabilisce la pena dell'ergastolo o della reclusione superiore nel massimo a tre anni, per i delitti di cui agli articoli 589-*bis* e 590-*bis* del codice penale e negli altri casi espressamente previsti dalla legge, se per l'esecuzione della perizia è necessario compiere atti idonei ad incidere sulla libertà personale, quali il prelievo di capelli, di peli o di mucosa del cavo orale su persone viventi ai fini della determinazione del profilo del DNA o accertamenti medici, e non vi è il consenso della persona da sottoporre all'esame del perito, il giudice, anche d'ufficio, ne dispone con ordinanza motivata l'esecuzione coattiva, se essa risulta assolutamente indispensabile per la prova dei fatti (2).

2. Oltre a quanto disposto dall'articolo 224, l'ordinanza di cui al comma 1 contiene, a pena di nullità:
a) le generalità della persona da sottoporre all'esame e quanto altro valga ad identificarla;
b) l'indicazione del reato per cui si procede, con la descrizione sommaria del fatto;
c) l'indicazione specifica del prelievo o dell'accertamento da effettuare e delle ragioni che lo rendono assolutamente indispensabile per la prova dei fatti;
d) l'avviso della facoltà di farsi assistere da un difensore o da persona di fiducia;
e) l'avviso che, in caso di mancata comparizione non dovuta a legittimo impedimento, potrà essere ordinato l'accompagnamento coattivo ai sensi del comma 6;
f) l'indicazione del luogo, del giorno e dell'ora stabiliti per il compimento dell'atto e delle modalità di compimento.

3. L'ordinanza di cui al comma 1 è notificata all'interessato, all'imputato e al suo difensore nonché alla persona offesa almeno tre giorni prima di quello stabilito per l'esecuzione delle operazioni peritali.

4. Non possono in alcun caso essere disposte operazioni che contrastano con espressi divieti posti dalla legge o che possono mettere in pericolo la vita, l'integrità fisica o la salute della persona o del nascituro, ovvero che, secondo la scienza medica, possono provocare sofferenze di non lieve entità.

5. Le operazioni peritali sono comunque eseguite nel rispetto della dignità e del pudore di chi vi è sottoposto. In ogni caso, a parità di risultato, sono prescelte le tecniche meno invasive.

6. Qualora la persona invitata a presentarsi per i fini di cui al comma 1 non compare senza addurre un legittimo impedimento, il giudice può disporre che sia accompagnata, anche coattivamente, nel luogo, nel giorno e nell'ora stabiliti. Se, pur comparendo, rifiuta di prestare il proprio consenso agli accertamenti, il giudice dispone che siano eseguiti coattivamente. L'uso di mezzi di coercizione fisica è consentito per il solo tempo strettamente necessario all'esecuzione del prelievo o dell'accertamento. Si applicano le disposizioni dell'articolo 132, comma 2.

7. L'atto è nullo se la persona sottoposta al prelievo o agli accertamenti non è assistita dal difensore nominato.

(1) Articolo introdotto dall'art. 24, l. 30.6.2009, n. 85.
(2) Comma così modificato dall'art. 1, co. 4, lett. a), l. 23.3.2016, n. 41, a decorrere dal 25.3.2016. Il testo previgente così disponeva: «*1. Quando si procede per delitto non colposo, consumato o tentato, per il quale la legge stabilisce la pena dell'ergastolo o della reclusione superiore nel massimo a tre anni e negli altri casi espressamente previsti dalla legge, se per l'esecuzione della perizia è necessario compiere atti idonei ad incidere sulla libertà personale, quali il prelievo di capelli, di peli o di mucosa del cavo orale su persone viventi ai fini della determinazione del profilo del DNA o accertamenti medici, e non vi è il consenso della persona da sottoporre all'esame del perito, il giudice, anche d'ufficio, ne dispone con ordinanza motivata l'esecuzione coattiva, se essa risulta assolutamente indispensabile per la prova dei fatti*».

225. Nomina del consulente tecnico.

1. Disposta la perizia, il pubblico ministero e le parti private hanno facoltà di nominare propri consulenti tecnici in numero non superiore, per ciascuna parte, a quello dei periti.

2. Le parti private, nei casi e alle condizioni previste dalla legge sul patrocinio statale dei non abbienti, hanno diritto di farsi assistere da un consulente tecnico a spese dello Stato.

3. Non può essere nominato consulente tecnico chi si trova nelle condizioni indicate nell'articolo 222 comma 1 lettere a), b), c), d) [233].

226. Conferimento dell'incarico.

1. Il giudice, accertate le generalità del perito, gli chiede se si trova in una delle condizioni previste dagli articoli 222 e 223, lo avverte degli obblighi e delle responsabilità previste dalla legge penale [c.p. 373] e lo invita a rendere la seguente dichiarazione: «consapevole della responsabilità morale e giuridica che assumo nello svolgimento dell'incarico, mi impegno ad adempiere al mio ufficio senza altro scopo che quello di far conoscere la verità e a mantenere il segreto [329] su tutte le operazioni peritali».

2. Il giudice formula quindi i quesiti, sentiti il perito, i consulenti tecnici [225], il pubblico ministero e i difensori presenti.

227. Relazione peritale.

1. Concluse le formalità di conferimento dell'incarico, il perito procede immediatamente ai necessari accertamenti e risponde ai quesiti con parere raccolto nel verbale.

2. Se, per la complessità dei quesiti, il perito non ritiene di poter dare immediata risposta, può chiedere un termine al giudice.

3. Quando non ritiene di concedere il termine, il giudice provvede alla sostituzione del perito; altrimenti fissa la data, non oltre novanta giorni, nella quale il perito stesso dovrà rispondere ai quesiti e dispone perché ne venga data comunicazione alle parti e ai consulenti tecnici.

4. Quando risultano necessari accertamenti di particolare complessità, il termine può essere prorogato dal giudice, su richiesta motivata del perito, anche più volte per periodi non superiori a trenta giorni. In ogni caso, il termine per la risposta ai quesiti, anche se prorogato, non può superare i sei mesi.

5. Qualora sia indispensabile illustrare con note scritte il parere, il perito può chiedere al giudice di essere autorizzato a presentare, nel termine stabilito a norma dei commi 3 e 4, relazione scritta.

228. Attività del perito.

1. Il perito procede alle operazioni necessarie per rispondere ai quesiti. A tal fine può essere autorizzato dal giudice a prendere visione degli atti, dei documenti e delle cose prodotti dalle parti dei quali la legge prevede l'acquisizione al fascicolo per il dibattimento [431].

2. Il perito può essere inoltre autorizzato ad assistere all'esame delle parti e all'assunzione di prove nonché a servirsi di ausiliari di sua fiducia per lo svolgimento di attività materiali non implicanti apprezzamenti e valutazioni.

3. Qualora, ai fini dello svolgimento dell'incarico, il perito richieda notizie all'imputato, alla persona offesa o ad altre persone, gli elementi in tal modo acquisiti possono essere utilizzati solo ai fini dell'accertamento peritale [191].

4. Quando le operazioni peritali si svolgono senza la presenza del giudice e sorgono questioni relative ai poteri del perito e ai limiti dell'incarico, la decisione è rimessa al giudice, senza che ciò importi sospensione delle operazioni stesse.

229. Comunicazioni relative alle operazioni peritali.

1. Il perito indica il giorno, l'ora e il luogo in cui inizierà le operazioni peritali e il giudice ne fa dare atto nel verbale.

2. Della eventuale continuazione delle operazioni peritali il perito dà comunicazione senza formalità alle parti presenti.

230. Attività dei consulenti tecnici.

1. I consulenti tecnici possono assistere al conferimento dell'incarico al perito e presentare al giudice richieste, osservazioni e riserve, delle quali è fatta menzione nel verbale.

2. Essi possono partecipare alle operazioni peritali, proponendo al perito specifiche indagini e formulando osservazioni e riserve, delle quali deve darsi atto nella relazione.

3. Se sono nominati dopo l'esaurimento delle operazioni peritali, i consulenti tecnici possono esaminare le relazioni e richiedere al giudice di essere autorizzati a esaminare la persona, la cosa e il luogo oggetto della perizia.

4. La nomina dei consulenti tecnici e lo svolgimento della loro attività non può ritardare l'esecuzione della perizia e il compimento delle altre attività processuali.

231. Sostituzione del perito.

1. Il perito può essere sostituito se non fornisce il proprio parere nel termine fissato o se la richiesta di proroga non è accolta ovvero se svolge negligentemente l'incarico affidatogli.

2. Il giudice, sentito il perito, provvede con ordinanza alla sua sostituzione, salvo che il ritardo o l'inadempimento sia dipeso da cause a lui non imputabili. Copia dell'ordinanza è trasmessa all'ordine o al collegio cui appartiene il perito.

3. Il perito sostituito, dopo essere stato citato a comparire per discolparsi, può essere condannato dal giudice al pagamento a favore della cassa delle ammende di una somma da euro 154 a euro 1.549.

4. Il perito è altresì sostituito quando è accolta la dichiarazione di astensione o di ricusazione.

5. Il perito sostituito deve mettere immediatamente a disposizione del giudice la documentazione e i risultati delle operazioni peritali già compiute.

232. Liquidazione del compenso al perito.

1. Il compenso al perito è liquidato con decreto del giudice che ha disposto la perizia, secondo le norme delle leggi speciali.

233. Consulenza tecnica fuori dei casi di perizia.

1. Quando non è stata disposta perizia [359], ciascuna parte può nominare, in numero non superiore a due, propri consulenti tecnici. Questi possono esporre al giudice il proprio parere, anche presentando memorie a norma dell'articolo 121.

1 bis. Il giudice, a richiesta del difensore, può autorizzare il consulente tecnico di una parte privata ad esaminare le cose sequestrate nel luogo in cui esse si trovano, ad intervenire alle ispezioni, ovvero ad esaminare l'oggetto delle ispezioni alle quali il consulente non è intervenuto. Prima dell'esercizio dell'azione penale l'autorizzazione è disposta dal pubblico ministero a richiesta del difensore. Contro il decreto che respinge la richiesta il difensore può proporre opposizione al giudice, che provvede nelle forme di cui all'articolo 127 (1).

1 ter. L'autorità giudiziaria impartisce le prescrizioni necessarie per la conservazione dello stato originario delle cose e dei luoghi e per il rispetto delle persone (1).

2. Qualora, successivamente alla nomina del consulente tecnico, sia disposta perizia, ai consulenti tecnici già nominati sono riconosciuti i diritti e le facoltà previsti dall'articolo 230, salvo il limite previsto dall'articolo 225 comma 1.

3. Si applica la disposizione dell'articolo 225 comma 3.

(1) Comma introdotto dall'art. 5, l. 7.12.2000, n. 397.

Capo VII
Documenti

234. Prova documentale.

1. È consentita l'acquisizione di scritti o di altri documenti che rappresentano fatti, persone o cose mediante la fotografia, la cinematografia, la fonografia o qualsiasi altro mezzo.

2. Quando l'originale di un documento del quale occorre far uso è per qualsiasi causa distrutto, smarrito o sottratto e non è possibile recuperarlo, può esserne acquisita copia.

3. È vietata [191] l'acquisizione di documenti che contengono informazioni sulle voci correnti nel pubblico intorno ai fatti di cui si tratta nel processo o sulla moralità in generale delle parti, dei testimoni, dei consulenti tecnici e dei periti [195 comma 7, 203, 240].

234 bis. Acquisizione di documenti e dati informatici (1).

1. È sempre consentita l'acquisizione di documenti e dati informatici conservati all'estero, anche diversi da quelli disponibili al pubblico, previo consenso, in quest'ultimo caso, del legittimo titolare.

(1) Articolo introdotto dall'art. 2, co. 1 bis, d.l. 18.2.2015, n. 7, conv., con modif., dalla l. 17.4.2015, n. 43.

235. Documenti costituenti corpo del reato.

1. I documenti che costituiscono corpo del reato [253, 103] devono essere acquisiti qualunque sia la persona che li abbia formati o li detenga [240].

236. Documenti relativi al giudizio sulla personalità,

1. È consentita l'acquisizione dei certificati del casellario giudiziale [688], della documentazione esistente presso gli uffici del servizio sociale degli enti pubblici e presso gli uffici di sorveglianza nonché delle sentenze irrevocabili di qualunque giudice italiano e delle sentenze straniere riconosciute [730], ai fini del giudizio sulla personalità dell'imputato [c.p. 133] o della persona offesa dal reato, se il fatto per il quale si procede deve essere valutato in relazione al comportamento o alle qualità morali di questa.

2. Le sentenze indicate nel comma 1 e i certificati del casellario giudiziale possono inoltre essere acquisiti al fine di valutare la credibilità di un testimone.

237. Acquisizione di documenti provenienti dall'imputato.

1. È consentita l'acquisizione, anche di ufficio [190 comma 2], di qualsiasi documento proveniente dall'imputato [240], anche se sequestrato presso altri o da altri prodotto.

238. Verbali di prove di altri procedimenti (1).

1. È ammessa [511-*bis*] l'acquisizione di verbali di prove di altro procedimento penale se si tratta di prove assunte nell'incidente probatorio o nel dibattimento.

2. È ammessa l'acquisizione di verbali di prove assunte in un giudizio civile definito con sentenza che abbia acquistato autorità di cosa giudicata.

2 bis. Nei casi previsti dai commi 1 e 2 i verbali di dichiarazioni possono essere utilizzati contro l'imputato soltanto se il suo difensore ha partecipato all'assunzione della prova o se nei suoi confronti fa stato la sentenza civile (2) (3).

3. È comunque ammessa l'acquisizione della documentazione di atti che non sono ripetibili. Se la ripetizione dell'atto è divenuta impossibile per fatti o circostanze sopravvenuti, l'acquisizione è ammessa se si tratta di fatti o circostanze imprevedibili (4).

4. Al di fuori dei casi previsti dai commi 1, 2, 2-*bis* e 3, i verbali di dichiarazioni possono essere utilizzati nel dibattimento soltanto nei confronti dell'imputato che vi consenta; in mancanza di consenso, detti verbali possono essere utilizzati per le contestazioni previste dagli articoli 500 e 503 (5) (6).

5. Salvo quanto previsto dall'articolo 190-*bis*, resta fermo il diritto delle parti di ottenere a norma dell'articolo 190 l'esame delle persone le cui dichiarazioni sono state acquisite a norma dei commi 1, 2, 2-*bis* e 4 del presente articolo (7).

(1) Articolo così sostituito dall'art. 3, co. 1, d.l. 8.6.1992, n. 306, conv., con modif., in l. 7.8.1992, n. 356, recante modifiche urgenti al nuovo codice di procedura penale e provvedimenti di contrasto alla criminalità mafiosa.

(2) Comma introdotto dall'art. 3, l. 7.8.1997, n. 267, entrata in vigore il giorno successivo alla sua pubblicazione nella Gazzetta Ufficiale e, poi così sostituito dall'art. 9, l. 1.3.2001, n. 63. Il testo del comma precedente così disponeva: «2-bis. *Nei casi previsti dal comma 1, le dichiarazioni rese dalle persone indicate nell'articolo 210 sono utilizzabili soltanto nei confronti degli imputati i cui difensori hanno partecipato alla loro assunzione*».

(3) La Corte cost., con sent. 2.11.1998, n. 361, ha dichiarato, tra l'altro, l'illegittimità del co. 4, nella parte in cui non prevede che, qualora in dibattimento la persona esaminata a norma dell'art. 210 c.p.p. rifiuti o comunque ometta in tutto o in parte di rispondere su fatti concernenti la responsabilità di altri già oggetto delle sue precedenti dichiarazioni, in mancanza di consenso dell'imputato alla utilizzazione si applica l'art. 500, co. 2 bis e 4, c.p.p.

(4) Comma così sostituito dall'art. 9, l. 1.3.2001, n. 63. Il testo del comma precedente così disponeva: «*3. È comunque ammessa l'acquisizione della documentazione di atti che anche per cause sopravvenute non sono ripetibili*».

(5) La Corte cost., con sent. 2.11.1998, n. 361, ha dichiarato, tra l'altro, l'illegittimità del co. 4, nella parte in cui non prevede che, qualora in dibattimento la persona esaminata a norma dell'art. 210 c.p.p. rifiuti o comunque ometta in tutto o in parte di rispondere su fatti concernenti la responsabilità di altri già oggetto delle sue precedenti dichiarazioni, in mancanza di consenso dell'imputato alla utilizzazione si applica l'art. 500, co. 2 bis e 4, c.p.p.

(6) Comma prima modificato dall'art. 3, l. 7.8.1997, n. 267 e, poi così sostituito dall'art. 9, l. 1.3.2001, n. 63. Il testo del comma in vigore prima di quest'ultima modifica così disponeva: «*4. Al di fuori dei casi previsti dai commi 1, 2,* 2-bis *e 3, i verbali di dichiarazioni possono essere utilizzati nel dibattimento solo nei confronti dell'imputato che vi consenta; in mancanza di consenso, detti verbali possono essere utilizzati a norma degli articoli 500 e 503*». Il testo vigente anteriormente alla modifica disposta con l. n. 267 del 1997 così disponeva: «*4. Al di fuori dei casi previsti dai commi 1, 2 e 3, i verbali di dichiarazioni possono essere utilizzati nel dibattimento se le parti vi consentono; in mancanza di consenso, detti verbali possono essere utilizzati a norma degli articoli 500 e 503*».

(7) Comma così modificato dall'art. 3, l. 7.8.1997, n. 267. Il testo previgente così disponeva: «*5. Salvo quanto previsto dall'articolo 190-bis, resta fermo il diritto delle parti di ottenere a norma dell'articolo 190 l'esame delle persone le cui dichiarazioni sono state acquisite a norma dei commi 1, 2 e 4 del presente articolo*».

238 bis. Sentenze irrevocabili (1).

Fermo quanto previsto dall'articolo 236, le sentenze divenute irrevocabili possono essere acquisite ai fini della prova di fatto in esse accertato e sono valutate a norma degli articoli 187 e 192, comma 3.

(1) Articolo introdotto dall'art. 3, co. 2, d.l. 8 6.1992, n. 306, conv., con modif., in l. 7.8.1992, n. 356, recante modifiche urgenti al nuovo codice di procedura penale e provvedimenti di contrasto alla criminalità mafiosa.

239. Accertamento della provenienza dei documenti.

1. Se occorre verificarne la provenienza, il documento è sottoposto per il riconoscimento alle parti private o ai testimoni.

240. Documenti anonimi ed atti relativi ad intercettazioni illegali (1)**.**

1. I documenti che contengono dichiarazioni anonime non possono essere acquisiti né in alcun modo utilizzati [191], salvo che costituiscano corpo del reato [253] o provengano comunque dall'imputato [237].

2. Il pubblico ministero dispone l'immediata secretazione e la custodia in luogo protetto dei documenti, dei supporti e degli atti concernenti dati e contenuti di conversazioni o comunicazioni, relativi a traffico telefonico e telematico, illegalmente formati o acquisiti. Allo stesso modo provvede per i documenti formati attraverso la raccolta illegale di informazioni. Di essi è vietato effettuare copia in qualunque forma e in qualunque fase del procedimento ed il loro contenuto non può essere utilizzato.

3. Il pubblico ministero, acquisiti i documenti, i supporti e gli atti di cui al comma 2, entro quarantotto ore, chiede al giudice per le indagini preliminari di disporne la distruzione.

4. Il giudice per le indagini preliminari entro le successive quarantotto ore fissa l'udienza da tenersi entro dieci giorni, ai sensi dell'articolo 127, dando avviso a tutte le parti interessate, che potranno nominare un difensore di fiducia, almeno tre giorni prima della data dell'udienza (2).

5. Sentite le parti comparse, il giudice per le indagini preliminari legge il provvedimento in udienza e, nel caso ritenga sussistenti i presupposti di cui al comma 2, dispone la distruzione dei documenti, dei supporti e degli atti di cui al medesimo comma 2 e vi dà esecuzione subito dopo alla presenza del pubblico ministero e dei difensori delle parti (2).

6. Delle operazioni di distruzione è redatto apposito verbale, nel quale si dà atto dell'avvenuta intercettazione o detenzione o acquisizione illecita dei documenti, dei supporti e degli atti di cui al comma 2 nonché delle modalità e dei mezzi usati oltre che dei soggetti interessati, senza alcun riferimento al contenuto degli stessi documenti, supporti e atti (2).

(1) Articolo così sostituito dall'art. 1, d.l. 22.9.2006, n. 259, conv. in legge, con modif., con l. 20.11.2006, n. 281. Il testo di questo articolo, prima delle modifiche disposte dalla legge di conversione, così disponeva: «*Documenti anonimi ed atti relativi ad intercettazioni illegali. 1. I documenti che contengono dichiarazioni anonime non possono essere acquisiti né in alcun modo utilizzati, salvo che costituiscano corpo del reato o provengano comunque dall'imputato. 2. L'autorità giudiziaria dispone l'immediata distruzione dei documenti, dei supporti e degli atti concernenti dati e contenuti di conversazioni e comunicazioni, relativi al traffico telefonico e telematico, illegalmente formati o acquisiti. Allo stesso modo si provvede per i documenti formati attraverso la raccolta illegale di informazioni. Di essi è vietato eseguire copia in qualunque forma. Il loro contenuto non costituisce in alcun modo notizia di reato, né può essere utilizzato a fini processuali o investigativi. 3. Delle operazioni di distruzione è redatto apposito verbale, nel quale si dà atto dell'avvenuta intercettazione o detenzione e dell'acquisizione, delle sue modalità e dei soggetti interessati, senza alcun riferimento al contenuto delle stesse*».

(2) La Corte cost., con sent. 11.6.2009, n. 173, ha dichiarato: a) l'illegittimità dell'art. 240, co. 4 e 5, c.p.p., nella parte in cui non prevede, per la disciplina del contraddittorio, l'applicazione dell'art. 401, co. 1 e 2, dello stesso codice; b) l'illegittimità dell'art. 240, co. 6, c.p.p., nella parte in cui non esclude dal divieto di fare riferimento al contenuto dei documenti, supporti e atti, nella redazione del verbale previsto dalla stessa norma, le circostanze inerenti all'attività di formazione, acquisizione e raccolta degli stessi documenti, supporti e atti.

241. Documenti falsi.

1. Fuori dei casi previsti dall'articolo 537, il giudice, se ritiene la falsità di un documento acquisito al procedimento, dopo la definizione di questo, ne informa il pubblico ministero trasmettendogli copia del documento.

242. Traduzione di documenti. Trascrizione di registrazioni (1)**.**

1. Quando è acquisito un documento redatto in lingua diversa da quella italiana, il giudice ne dispone la traduzione a norma dell'articolo 143 se ciò è necessario alla sua comprensione.

2. Quando è acquisita una registrazione, il giudice ne dispone, se necessario, la trascrizione a norma dell'articolo 268, comma 7 (2).

(1) Rubrica così sostituita, a decorrere dal 1.1.2020, dall'art. 2, co. 1, lett. b), n. 2), d.l. 30.12.2019, n. 161, conv., con modif., dalla l. 28.2.2020, n. 7. Il testo previgente così disponeva: «*Traduzione di documenti. Trascrizione di nastri magnetofonici*».

(2) Comma modificato dall'art. 3, co. 1, lett. a), d.lgs. 29.12.2017, n. 216, a decorrere dal 26.1.2018 e, poi, a decorrere dal 1.1.2020, dall'art. 2, co. 1, lett. b), n. 1), d.l. 30.12.2019, n. 161, conv., con modif., dalla l. 28.2.2020, n. 7. Il testo antecedente alle modifiche del 2019 così disponeva: «*2. Quando è acquisito un nastro magnetofonico, il giudice ne dispone, se necessario, la trascrizione a norma dell'articolo 493-*bis*, comma 2*».

243. Rilascio di copie.

1. Quando dispone l'acquisizione di un documento che non deve rimanere segreto [329], il giudice, a richiesta di chi ne abbia interesse, può autorizzare la cancelleria a rilasciare copia autentica a norma dell'articolo 116.

TITOLO III
Mezzi di ricerca della prova

Capo I
Ispezioni

244. Casi e forme delle ispezioni.

1. L'ispezione delle persone, dei luoghi e delle cose è disposta con decreto motivato quando occorre accertare le tracce e gli altri effetti materiali del reato [354, 364].

2. Se il reato non ha lasciato tracce o effetti materiali, o se questi sono scomparsi o sono stati cancellati o dispersi, alterati o rimossi, l'autorità giudiziaria descrive lo stato attuale e, in quanto possibile, verifica quello preesistente, curando anche di individuare modo, tempo e cause delle eventuali modificazioni. L'autorità giudiziaria può disporre rilievi segnaletici, descrittivi e fotografici e ogni altra operazione tecnica, anche in relazione a sistemi informatici o telematici, adottando misure tecniche dirette ad assicurare la conservazione dei dati originali e ad impedirne l'alterazione (1).

(1) Comma così modificato dal co. 1 dell'art. 8, l. 18.3.2008, n. 48, che ha ratificato la Convenzione del Consiglio d'Europa sulla criminalità informatica. Il testo previgente così disponeva: «*2. Se il reato non ha lasciato tracce o effetti materiali, o se questi sono scomparsi o sono stati cancellati o dispersi, alterati o rimossi, l'autorità giudiziaria descrive lo stato attuale e, in quanto possibile, verifica quello preesistente, curando anche di individuare modo, tempo e cause delle eventuali modificazioni. L'autorità giudiziaria può disporre rilievi segnaletici, descrittivi e fotografici e ogni altra operazione tecnica*».

245. Ispezione personale.

1. Prima di procedere all'ispezione personale [Cost. 13; 354] l'interessato è avvertito della facoltà di farsi assistere da persona di fiducia, purché questa sia prontamente reperibile e idonea a norma dell'articolo 120.

2. L'ispezione è eseguita nel rispetto della dignità e, nei limiti del possibile, del pudore di chi vi è sottoposto.

3. L'ispezione può essere eseguita anche per mezzo di un medico. In questo caso l'autorità giudiziaria può astenersi dall'assistere alle operazioni.

246. Ispezione di luoghi o di cose.

1. All'imputato e in ogni caso a chi abbia l'attuale disponibilità del luogo in cui è eseguita l'ispezione è consegnata, nell'atto di iniziare le operazioni e sempre che essi siano presenti, copia del decreto che dispone tale accertamento [103, comma 3].

2. Nel procedere all'ispezione dei luoghi, l'autorità giudiziaria può ordinare, enunciando nel verbale i motivi del provvedimento, che taluno non si allontani prima che le operazioni siano concluse e può far ricondurre coattivamente sul posto il trasgressore [131, 378].

Capo II
Perquisizioni

247. Casi e forme delle perquisizioni.

1. Quando vi è fondato motivo di ritenere che taluno occulti sulla persona il corpo del reato o cose pertinenti al reato [253], è disposta perquisizione personale [249]. Quando vi è fondato motivo di ritenere che tali cose si trovino in un determinato luogo ovvero che in esso possa eseguirsi l'arresto dell'imputato o dell'evaso, è disposta perquisizione locale [352, 365].

1 bis. Quando vi è fondato motivo di ritenere che dati, informazioni, programmi informatici o tracce comunque pertinenti al reato si trovino in un sistema informatico o telematico, ancorché protetto da misure di sicurezza, ne è disposta la perquisizione, adottando misure tecniche dirette ad assicurare la conservazione dei dati originali e ad impedirne l'alterazione (1).

2. La perquisizione è disposta con decreto motivato.

3. L'autorità giudiziaria può procedere personalmente ovvero disporre che l'atto sia compiuto da ufficiali di polizia giudiziaria delegati con lo stesso decreto [370].

(1) Comma introdotto dal co. 2 dell'art. 8, l. 18.3.2008, n. 48, che ha ratificato la Convenzione del Consiglio d'Europa sulla criminalità informatica.

248. Richiesta di consegna.

1. Se attraverso la perquisizione si ricerca una cosa determinata, l'autorità giudiziaria può invitare a consegnarla. Se la cosa è presentata, non si procede alla perquisizione, salvo che si ritenga utile procedervi per la completezza delle indagini.

2. Per rintracciare le cose da sottoporre a sequestro o per accertare altre circostanze utili ai fini delle indagini, l'autorità giudiziaria o gli ufficiali di polizia giudiziaria da questa delegati possono esaminare presso banche atti, documenti e corrispondenza [Cost. 15] nonché dati, informazioni e programmi informatici. In caso di rifiuto, l'autorità giudiziaria procede a perquisizione (1).

(1) Comma così modificato dal co. 3 dell'art. 8, l. 18.3.2008, n. 48, che ha ratificato la Convenzione del Consiglio d'Europa sulla criminalità informatica. Il testo previgente così disponeva: «*2. Per rintracciare le cose da sottoporre a sequestro o per accertare altre circostanze utili ai fini delle indagini, l'autorità giudiziaria o gli ufficiali di polizia giudiziaria da questa delegati possono esaminare atti, documenti e corrispondenza presso banche. In caso di rifiuto, l'autorità giudiziaria procede a perquisizione*».

249. Perquisizioni personali.

1. Prima di procedere alla perquisizione personale [Cost. 13] è consegnata una copia del decreto all'interessato, con l'avviso della facoltà di farsi assistere da persona di fiducia, purché questa sia prontamente reperibile e idonea a norma dell'articolo 120.

2. La perquisizione è eseguita nel rispetto della dignità e, nei limiti del possibile, del pudore di chi vi è sottoposto.

250. Perquisizioni locali.

1. Nell'atto di iniziare le operazioni, copia del decreto di perquisizione locale è consegnata all'imputato, se presente, e a chi abbia l'attuale disponibilità del luogo, con l'avviso della facoltà di farsi rappresentare o assistere da persona di fiducia, purché questa sia prontamente reperibile e idonea a norma dell'articolo 120.

2. Se mancano le persone indicate nel comma 1, la copia è consegnata e l'avviso è rivolto a un congiunto, un coabitante o un collaboratore ovvero, in mancanza, al portiere o a chi ne fa le veci.

3. L'autorità giudiziaria, nel procedere alla perquisizione locale, può disporre con decreto motivato che siano perquisite le persone presenti o sopraggiunte, quando ritiene che le stesse possano occultare il corpo del reato o cose pertinenti al reato [253]. Può inoltre ordinare, enunciando nel verbale i motivi del provvedimento, che taluno non si allontani prima che le operazioni siano concluse. Il trasgressore è trattenuto o ricondotto coattivamente sul posto.

251. Perquisizioni nel domicilio. Limiti temporali.

1. La perquisizione in un'abitazione [Cost. 14] o nei luoghi chiusi adiacenti a essa non può essere iniziata prima delle ore sette e dopo le ore venti [352, comma 3].

2. Tuttavia nei casi urgenti l'autorità giudiziaria può disporre per iscritto che la perquisizione sia eseguita fuori dei suddetti limiti temporali.

252. Sequestro conseguente a perquisizione.

1. Le cose rinvenute a seguito della perquisizione sono sottoposte a sequestro con l'osservanza delle prescrizioni degli articoli 259 e 260.

252 bis. Opposizione al decreto di perquisizione emesso dal pubblico ministero (1)**.**

1. Salvo che alla perquisizione sia seguito il sequestro, contro il decreto di perquisizione emesso dal pubblico ministero la persona nei cui confronti vengono svolte le indagini e la persona nei cui confronti la perquisizione è stata disposta o eseguita possono proporre opposizione, sulla quale il giudice provvede a norma dell'articolo 127.

2. L'opposizione è proposta, a pena di decadenza, entro dieci giorni dalla data di esecuzione del provvedimento o dalla diversa data in cui l'interessato ha avuto conoscenza dell'avvenuta perquisizione.

3. Il giudice accoglie l'opposizione quando accerta che la perquisizione è stata disposta fuori dei casi previsti dalla legge.

(1) Articolo inserito dall'art. 12, co. 1, d.lgs. 10.10.2022, n. 150, a decorrere dal 30.12.2022.

Capo III
Sequestri

253. Oggetto e formalità del sequestro.

1. L'autorità giudiziaria dispone con decreto motivato il sequestro del corpo del reato e delle cose pertinenti al reato necessarie per l'accertamento dei fatti.

2. Sono corpo del reato le cose sulle quali o mediante le quali il reato è stato commesso nonché le cose che ne costituiscono il prodotto, il profitto o il prezzo [c.p. 240].

3. Al sequestro procede personalmente l'autorità giudiziaria ovvero un ufficiale di polizia giudiziaria delegato con lo stesso decreto [370].

4. Copia del decreto di sequestro è consegnata all'interessato, se presente [103, comma 3].

254. Sequestro di corrispondenza.

1. Presso coloro che forniscono servizi postali, telegrafici, telematici o di telecomunicazioni è consentito procedere al sequestro di lettere, pieghi, pacchi, valori, telegrammi e altri oggetti di corrispondenza, anche se inoltrati per via telematica, che l'autorità giudiziaria abbia fondato motivo di ritenere spediti dall'imputato o a lui diretti, anche sotto nome diverso o per mezzo di persona diversa, o che comunque possono avere relazione con il reato [103, comma 6] (1).

2. Quando al sequestro procede un ufficiale di polizia giudiziaria, questi deve consegnare all'autorità giudiziaria gli oggetti di corrispondenza sequestrati, senza aprirli o alterarli e senza prendere altrimenti conoscenza del loro contenuto [353] (2).

3. Le carte e gli altri documenti sequestrati che non rientrano fra la corrispondenza sequestrabile sono immediatamente restituiti all'avente diritto e non possono comunque essere utilizzati [191].

(1) Comma così sostituito dal co. 4 dell'art. 8, l. 18.3.2008, n. 48, che ha ratificato la Convenzione del Consiglio d'Europa sulla criminalità informatica. Il testo previgente così disponeva: «*1. Negli uffici postali o telegrafici è consentito procedere al sequestro di lettere, pieghi, pacchi, valori, telegrammi e altri oggetti di corrispondenza che l'autorità giudiziaria abbia fondato motivo di ritenere spediti dall'imputato o a lui diretti, anche sotto nome diverso o per mezzo di persona diversa o che comunque possono avere relazione con il reato*».

(2) Comma così modificato dal co. 4 dell'art. 8, l. 18.3.2008, n. 48, che ha ratificato la Convenzione del Consiglio d'Europa sulla criminalità informatica. Il testo previgente così disponeva: «*2. Quando al sequestro procede un ufficiale di polizia giudiziaria, questi deve consegnare all'autorità giudiziaria gli oggetti di corrispondenza sequestrati, senza aprirli e senza prendere altrimenti conoscenza del loro contenuto*».

254 bis. Sequestro di dati informatici presso fornitori di servizi informatici, telematici e di telecomunicazioni (1)**.**

1. L'autorità giudiziaria, quando dispone il sequestro, presso i fornitori di servizi informatici, telematici o di telecomunicazioni, dei dati da questi detenuti, compresi quelli di traffico o di ubicazione, può stabilire, per esigenze legate alla regolare fornitura dei medesimi servizi, che la loro acquisizione avvenga mediante copia di essi su adeguato supporto, con una procedura che assicuri la conformità dei dati acquisiti a quelli originali e la loro immodificabilità. In questo caso è, comunque, ordinato al fornitore dei servizi di conservare e proteggere adeguatamente i dati originali.

(1) Articolo introdotto dal co. 5 dell'art. 8, l. 18.3.2008, n. 48, che ha ratificato la Convenzione del Consiglio d'Europa sulla criminalità informatica.

255. Sequestro presso banche.

1. L'autorità giudiziaria può procedere al sequestro presso banche di documenti, titoli, valori, somme depositate in conto corrente e di ogni altra cosa, anche se contenuti in cassette di sicurezza, quando abbia fondato motivo di ritenere che siano pertinenti al reato, quantunque non appartengano all'imputato o non siano iscritti al suo nome.

256. Dovere di esibizione e segreti.

1. Le persone indicate negli articoli 200 e 201 devono consegnare immediatamente all'autorità giudiziaria, che ne faccia richiesta, gli atti e i documenti, anche in originale se così è ordinato, nonché i dati, le informazioni e i programmi informatici, anche mediante copia di essi su adeguato supporto, e ogni altra cosa esistente presso di esse per ragioni del loro ufficio, incarico, ministero, professione o arte, salvo che dichiarino per iscritto che si tratti di segreto di Stato [202, 129] ovvero di segreto inerente al loro ufficio o professione [103, comma 2] (1).

2. Quando la dichiarazione concerne un segreto di ufficio o professionale, l'autorità giudiziaria, se ha motivo di dubitare della fondatezza di essa e ritiene di non potere procedere senza acquisire gli atti, i documenti o le cose indicati nel comma 1, provvede agli accertamenti necessari. Se la dichiarazione risulta infondata, l'autorità giudiziaria dispone il sequestro.

3. Quando la dichiarazione concerne un segreto di Stato, l'autorità giudiziaria ne informa il Presidente del Consiglio dei Ministri, chiedendo che ne sia data conferma. Qualora il segreto sia confermato e la prova sia essenziale per la definizione del processo, il giudice dichiara non doversi procedere per l'esistenza di un segreto di Stato.

4. Qualora, entro sessanta giorni dalla notificazione della richiesta, il Presidente del Consiglio dei Ministri non dia conferma del segreto, l'autorità giudiziaria dispone il sequestro.

5. Si applica la disposizione dell'articolo 204.

(1) Comma così modificato dal co. 6 dell'art. 8, l. 18.3.2008, n. 48, che ha ratificato la Convenzione del Consiglio d'Europa sulla criminalità informatica. Il testo previgente così disponeva: «*1. Le persone indicate negli articoli 200 e 201 devono consegnare immediatamente all'autorità giudiziaria, che ne faccia richiesta, gli atti e i documenti, anche in originale se così è ordinato, e ogni altra cosa esistente presso di esse per ragioni del loro ufficio, incarico, ministero, professione o arte, salvo che dichiarino per iscritto che si tratti di segreto di Stato ovvero di segreto inerente al loro ufficio o professione*».

256 bis. Acquisizione di documenti, atti o altre cose da parte dell'autorità giudiziaria presso le sedi dei servizi di informazione per la sicurezza (1).

1. Quando deve disporre l'acquisizione di documenti, atti o altre cose presso le sedi dei servizi di informazione per la sicurezza, presso gli uffici del Dipartimento delle informazioni per la sicurezza o comunque presso uffici collegati all'esercizio delle funzioni di informazione per la sicurezza della Repubblica, l'autorità giudiziaria indica nell'ordine di esibizione, in modo quanto più possibile specifico, i documenti, gli atti e le cose oggetto della richiesta.

2. L'autorità giudiziaria procede direttamente sul posto all'esame dei documenti, degli atti e delle cose e acquisisce agli atti quelli strettamente indispensabili ai fini dell'indagine. Nell'espletamento di tale attività, l'autorità giudiziaria può avvalersi della collaborazione di ufficiali di polizia giudiziaria.

3. Quando ha fondato motivo di ritenere che i documenti, gli atti o le cose esibiti non siano quelli richiesti o siano incompleti, l'autorità giudiziaria informa il Presidente del Consiglio dei Ministri, che provvede a disporre la consegna di ulteriori documenti, atti o cose o, se ne ricorrono i presupposti, a confermare l'inesistenza di ulteriori documenti, atti o cose.

4. Quando deve essere acquisito, in originale o in copia, un documento, un atto o una cosa, originato da un organismo informativo estero, trasmesso con vincolo di non divulgazione, l'esame e la consegna immediata sono sospesi e il documento, l'atto o la cosa è trasmesso immediatamente al Presidente del Consiglio dei Ministri affinché vengano assunte le necessarie iniziative presso l'autorità estera per le relative determinazioni in ordine all'apposizione del segreto di Stato.

5. Nell'ipotesi prevista al comma 4, il Presidente del Consiglio dei Ministri autorizza l'acquisizione del documento, dell'atto o della cosa ovvero oppone o conferma il segreto di Stato entro sessanta giorni dalla trasmissione.

6. Se il Presidente del Consiglio dei Ministri non si pronuncia nel termine di cui al comma 5, l'autorità giudiziaria acquisisce il documento, l'atto o la cosa.

(1) Articolo introdotto dall'art. 15, l. 3.8.2007, n. 124.

256 ter. Acquisizione di atti, documenti o altre cose per i quali viene eccepito il segreto di Stato (1).

1. Quando devono essere acquisiti, in originale o in copia, documenti, atti o altre cose per i quali il responsabile dell'ufficio detentore eccepisce il segreto di Stato, l'esame e la consegna sono sospesi; il documento, l'atto o la cosa è sigillato in appositi contenitori e trasmesso prontamente al Presidente del Consiglio dei Ministri.

2. Nell'ipotesi prevista al comma 1, il Presidente del Consiglio dei Ministri autorizza l'acquisizione del documento, dell'atto o della cosa ovvero conferma il segreto di Stato entro trenta giorni dalla trasmissione.

3. Se il Presidente del Consiglio dei Ministri non si pronuncia nel termine di cui al comma 2, l'autorità giudiziaria acquisisce il documento, l'atto o la cosa.

(1) Articolo introdotto dall'art. 16, l. 3.8.2007, n. 124.

257. Riesame del decreto di sequestro.

1. Contro il decreto di sequestro l'imputato, la persona alla quale le cose sono state sequestrate e quella che avrebbe diritto alla loro restituzione possono proporre richiesta di riesame, anche nel merito, a norma dell'articolo 324.

2. La richiesta di riesame non sospende l'esecuzione del provvedimento [318 comma 2, 322 comma 2, 588].

258. Copie dei documenti sequestrati.

1. L'autorità giudiziaria può fare estrarre copia degli atti e dei documenti sequestrati, restituendo gli originali, e, quando il sequestro di questi è mantenuto, può autorizzare la cancelleria o la segreteria a rilasciare gratuitamente copia autentica a coloro che li detenevano legittimamente.

2. I pubblici ufficiali possono rilasciare copie, estratti o certificati dei documenti loro restituiti dall'autorità giudiziaria in originale o in copia, ma devono fare menzione in tali copie, estratti o certificati del sequestro esistente.

3. In ogni caso la persona o l'ufficio presso cui fu eseguito il sequestro ha diritto di avere copia del verbale dell'avvenuto sequestro.

4. Se il documento sequestrato fa parte di un volume o di un registro da cui non possa essere separato e l'autorità giudiziaria non ritiene di farne estrarre copia, l'intero volume o registro rimane in deposito giudiziario. Il pubblico ufficiale addetto, con l'autorizzazione dell'autorità giudiziaria, rilascia agli interessati che li richiedono copie, estratti o certificati delle parti del volume o del registro non soggette al sequestro, facendo menzione del sequestro parziale nelle copie, negli estratti e nei certificati.

259. Custodia delle cose sequestrate.

1. Le cose sequestrate sono affidate in custodia alla cancelleria o alla segreteria. Quando ciò non è possibile o non è opportuno, l'autorità giudiziaria dispone che la custodia avvenga in luogo diverso, determinandone il modo e nominando un altro custode, idoneo a norma dell'articolo 120.

2. All'atto della consegna, il custode è avvertito dell'obbligo di conservare e di presentare le cose a ogni richiesta dell'autorità giudiziaria nonché delle pene previste dalla legge penale per chi trasgredisce ai doveri della custodia [c.p. 349]. Quando la custodia riguarda dati, informazioni o programmi informatici, il custode è altresì avvertito dell'obbligo di impedirne l'alterazione o l'accesso da parte di terzi, salva, in quest'ultimo caso, diversa disposizione dell'autorità giudiziaria. Al custode può essere imposta una cauzione. Dell'avvenuta consegna, dell'avvertimento dato e della cauzione imposta è fatta menzione nel verbale. La cauzione è ricevuta, con separato verbale, nella cancelleria o nella segreteria (1).

(1) Comma così modificato dal co. 7 dell'art. 8, l. 18.3.2008, n. 48, che ha ratificato la Convenzione del Consiglio d'Europa sulla criminalità informatica. Il testo previgente così disponeva: «*2. All'atto della consegna, il custode è avvertito dell'obbligo di conservare e di presentare le cose a ogni richiesta dell'autorità giudiziaria nonché delle pene previste dalla legge penale per chi trasgredisce ai doveri della custodia. Al custode può essere imposta una cauzione. Dell'avvenuta consegna, dell'avvertimento dato e della cauzione imposta è fatta menzione nel verbale. La cauzione è ricevuta, con separato verbale, nella cancelleria o nella segreteria*».

260. Apposizione dei sigilli alle cose sequestrate. Cose deperibili. Distruzione di cose sequestrate (1).

1. Le cose sequestrate si assicurano con il sigillo dell'ufficio giudiziario e con le sottoscrizioni dell'autorità giudiziaria e dell'ausiliario che la assiste ovvero, in relazione alla natura delle cose, con altro mezzo, anche di carattere elettronico o informatico, idoneo a indicare il vincolo imposto a fini di giustizia (2).

2. L'autorità giudiziaria fa estrarre copia dei documenti e fa eseguire fotografie o altre riproduzioni delle cose sequestrate che possono alterarsi o che sono di difficile custodia, le unisce agli atti e fa custodire in cancelleria o segreteria gli originali dei documenti, disponendo, quanto alle cose, in conformità dell'articolo 259. Quando si tratta di dati, di informazioni o di programmi informatici, la copia deve essere realizzata su adeguati supporti, mediante procedura che assicuri la conformità della copia all'originale e la sua immodificabilità; in tali casi, la custodia degli originali può essere disposta anche in luoghi diversi dalla cancelleria o dalla segreteria (3).

3. Se si tratta di cose che possono alterarsi, l'autorità giudiziaria ne ordina, secondo i casi, l'alienazione o la distruzione.

3 bis. L'autorità giudiziaria procede, altresì, anche su richiesta dell'organo accertatore, alla distruzione delle merci di cui sono comunque vietati la fabbricazione, il possesso, la detenzione o la commercializzazione quando le stesse sono di difficile custodia, ovvero quando la custodia risulta particolarmente onerosa o pericolosa per la sicurezza, la salute o l'igiene pubblica ovvero quando, anche all'esito di accertamenti compiuti ai sensi dell'articolo 360, risulti evidente la violazione dei predetti divieti. L'autorità giudiziaria dispone il prelievo di uno o più campioni con l'osservanza delle formalità di cui all'articolo 364 e ordina la distruzione della merce residua (4).

3 ter. Nei casi di sequestro nei procedimenti a carico di ignoti, la polizia giudiziaria, decorso il termine di tre mesi dalla data di effettuazione del sequestro, può procedere alla distruzione delle merci contraffatte sequestrate, previa comunicazione all'autorità giudiziaria. La distruzione può avvenire dopo 15 giorni dalla comunicazione salva diversa decisione dell'autorità giudiziaria. È fatta salva la facoltà di conservazione di campioni da utilizzare a fini giudiziari (5).

(1) Rubrica così modificata dalla lett. a bis) del co. 1 dell'art. 2, d.l. 23.5.2008, n. 92, conv. in legge, con modif., con l. 24.7.2008, n. 125. Il testo previgente così disponeva: «*Apposizione dei sigilli alle cose sequestrate. Cose deperibili*».

(2) Comma così modificato dal co. 8 dell'art. 8, l. 18.3.2008, n. 48, che ha modificato la Convenzione del Consiglio d'Europa sulla criminalità informatica. Il testo previgente così disponeva: «*1. Le cose sequestrate si assicurano con il sigillo dell'ufficio giudiziario e con le sottoscrizioni dell'autorità giudiziaria e dell'ausiliario che la assiste ovvero, in relazione alla natura delle cose, con altro mezzo idoneo a indicare il vincolo imposto a fini di giustizia*».

(3) Periodo aggiunto dal co. 8 dell'art. 8, l. 18.3.2008, n. 48, che ha ratificato la Convenzione del Consiglio d'Europa sulla criminalità informatica.

(4) Comma introdotto dalla lett. a) del co. 1 dell'art. 2, d.l. 23.5.2008, n. 92, conv. in legge, con modif., con l. 24.7.2008, n. 125. Il testo, prima delle modifiche disposte dalla legge di conversione, così disponeva: «*L'autorità giudiziaria procede, altresì, anche su richiesta dell'organo accertatore alla distruzione delle merci di cui sono comunque vietati la fabbricazione, il possesso, la detenzione o la commercializzazione quando le stesse sono di difficile custodia, ovvero quando la custodia risulta particolarmente onerosa o pericolosa per la sicurezza, la salute o l'igiene pubblica ovvero quando, anche all'esito di accertamenti compiuti ai sensi dell'articolo 360, risulti evidente la violazione dei predetti divieti. L'autorità giudiziaria dispone il prelievo di uno o più campioni con l'osservanza delle formalità di cui all'articolo 364 e ordina la distruzione della merce residua*».

(5) Comma introdotto dalla lett. a) del co. 1 dell'art. 2, d.l. 23.5.2008, n. 92, conv. in legge, con modif., con l. 24.7.2008, n. 125.

261. Rimozione e riapposizione dei sigilli.

1. L'autorità giudiziaria, quando occorre procedere alla rimozione dei sigilli, ne verifica prima l'identità e l'integrità con l'assistenza dell'ausiliario. Compiuto l'atto per cui si è resa necessaria la rimozione dei sigilli, le cose sequestrate sono nuovamente sigillate dall'ausiliario in presenza dell'autorità giudiziaria. L'autorità giudiziaria e l'ausiliario appongono presso il sigillo la data e la sottoscrizione.

262. Durata del sequestro e restituzione delle cose sequestrate.

1. Quando non è necessario mantenere il sequestro a fini di prova, le cose sequestrate sono restituite a chi ne abbia diritto, anche prima della sentenza. Se occorre, l'autorità giudiziaria prescrive di presentare a ogni richiesta le cose restituite e a tal fine può imporre cauzione.

2. Nel caso previsto dal comma 1, la restituzione non è ordinata se il giudice dispone, a richiesta del pubblico ministero o della parte civile, che sulle cose appartenenti all'imputato o al responsabile civile sia mantenuto il sequestro a garanzia dei crediti indicati nell'articolo 316.

3. Non si fa luogo alla restituzione e il sequestro è mantenuto ai fini preventivi quando il giudice provvede a norma dell'articolo 321.

3 bis. Trascorsi cinque anni dalla data della sentenza non più soggetta ad impugnazione, le somme di denaro sequestrate, se non ne è stata disposta la confisca e nessuno ne ha chiesto la restituzione, reclamando di averne diritto, sono devolute allo Stato [1].

4. Dopo la sentenza non più soggetta a impugnazione [648] le cose sequestrate sono restituite a chi ne abbia diritto, salvo che sia disposta la confisca [c.p. 240].

(1) Comma introdotto dall'art. 2, co. 630, l. 24 12.2007, n. 244.

263. Procedimento per la restituzione delle cose sequestrate.

1. La restituzione delle cose sequestrate è disposta dal giudice con ordinanza se non vi è dubbio sulla loro appartenenza.

2. Quando le cose sono state sequestrate presso un terzo, la restituzione non può essere ordinata a favore di altri senza che il terzo sia sentito in camera di consiglio con le forme previste dall'articolo 127.

3. In caso di controversia sulla proprietà delle cose sequestrate, il giudice ne rimette la risoluzione al giudice civile del luogo competente in primo grado, mantenendo nel frattempo il sequestro.

4. Nel corso delle indagini preliminari, sulla restituzione delle cose sequestrate il pubblico ministero provvede con decreto motivato [1].

5. Contro il decreto del pubblico ministero che dispone la restituzione o respinge la relativa richiesta [2] gli interessati possono proporre opposizione sulla quale il giudice provvede a norma dell'articolo 127.

6. Dopo la sentenza non più soggetta a impugnazione [648], provvede il giudice dell'esecuzione [665].

(1) Comma così sostituito dall'art. 10, d.lgs. 14.1.1991, n. 12, recante disposizioni integrative e correttive della disciplina processuale penale e delle norme ad essa collegate.

(2) Comma così modificato dall'art. 10, d.lgs. 14.1.1991, n. 12 recante disposizioni integrative e correttive della disciplina processuale penale e delle norme ad essa collegate.

264. Provvedimenti in caso di mancata restituzione [1].

[**1.** Dopo un anno dal giorno in cui la sentenza è divenuta inoppugnabile [648], se la richiesta di restituzione non è stata proposta o è stata respinta, il giudice dell'esecuzione [665] dispone con ordinanza che il denaro, i titoli al portatore, quelli emessi o garantiti dallo Stato anche se non al portatore e i valori di bollo siano depositati nell'ufficio del registro del luogo. Negli altri casi, ordina la vendita delle cose, secondo la loro qualità, nelle pubbliche borse o all'asta pubblica, da eseguirsi a cura della cancelleria. Tuttavia, se tali cose hanno interesse scientifico ovvero pregio di antichità o di arte, ne è ordinata la consegna al Ministero di grazia e giustizia.

2. L'autorità giudiziaria può disporre la vendita anche prima del termine indicato nel comma 1 o immediatamente dopo il sequestro, se le cose non possono essere custodite senza pericolo di deterioramento o senza rilevante dispendio.

3. La somma ricavata dalla vendita è versata in deposito giudiziale nell'ufficio postale del luogo. Questa somma e i valori depositati presso l'ufficio del registro, dedotte le spese indicate nell'articolo 265, sono devoluti dopo due anni alla cassa delle ammende se nessuno ha provato di avervi diritto.]

(1) Articolo abrogato dall'art. 299, d.lgs. 30.5.2002, n. 113 e dall'art. 299, d.P.R. 30.5.2002, n. 115.

265. Spese relative al sequestro penale [1].

[**1.** Le spese occorrenti per la conservazione e per la custodia delle cose sequestrate per il procedimento penale sono anticipate dallo Stato, salvo all'erario il diritto di recupero a preferenza di ogni altro creditore sulle somme e sui valori indicati nell'articolo 264.]

(1) Articolo abrogato dall'art. 299, d.lgs. 30.5.2002, n. 113 e dall'art. 299, d.P.R. 30.5.2002, n. 115.

Capo IV
Intercettazioni di conversazioni o comunicazioni

266. Limiti di ammissibilità.

1. L'intercettazione di conversazioni o comunicazioni telefoniche [295] e di altre forme di telecomunicazione è consentita nei procedimenti relativi ai seguenti reati [Cost. 15; 103]:

a) delitti non colposi per i quali è prevista la pena dell'ergastolo o della reclusione superiore nel massimo a cinque anni determinata a norma dell'articolo 4;
b) delitti contro la pubblica amministrazione per i quali è prevista la pena della reclusione non inferiore nel massimo a cinque anni determinata a norma dell'articolo 4;
c) delitti concernenti sostanze stupefacenti o psicotrope;
d) delitti concernenti le armi e le sostanze esplosive;
e) delitti di contrabbando;

f) reati di ingiuria, minaccia, usura, abusiva attività finanziaria, abuso di informazioni privilegiate, manipolazione del mercato, molestia o disturbo alle persone col mezzo del telefono [(1)];

f-*bis*) delitti previsti dall'articolo 600-*ter*, terzo comma, del codice penale, anche se relativi al materiale pornografico di cui all'articolo 600-*quater*.1 del medesimo codice, nonché dall'art. 609-*undecies* [(2)];

f-*ter*) delitti previsti dagli articoli 444, 473, 474, 515, 516, 517-*quater* e 633, secondo comma, del codice penale [(3)];

f-*quater*) delitto previsto dall'articolo 612-*bis* del codice penale [(4)];

f-*quinquies*) delitti commessi avvalendosi delle condizioni previste dall'articolo 416-*bis* del codice penale ovvero al fine di agevolare l'attività delle associazioni previste dallo stesso articolo [(5)].

2. Negli stessi casi è consentita l'intercettazione di comunicazioni tra presenti, che può essere eseguita anche mediante l'inserimento di un captatore informatico su un dispositivo elettronico portatile. Tuttavia, qualora queste avvengano nei luoghi indicati dall'articolo 614 del codice penale, l'intercettazione è consentita solo se vi è fondato motivo di ritenere che ivi si stia svolgendo l'attività criminosa [(6)].

2 bis. L'intercettazione di comunicazioni tra presenti mediante inserimento di captatore informatico su dispositivo elettronico portatile è sempre consentita nei procedimenti per i delitti di cui all'articolo 51, commi 3-*bis* e 3-*quater*, e, previa indicazione delle ragioni che ne giustificano l'utilizzo anche nei luoghi indicati dall'articolo 614 del codice penale, per i delitti dei pubblici ufficiali o degli incaricati di pubblico servizio contro la pubblica amministrazione per i quali è prevista la pena della reclusione non inferiore nel massimo a cinque anni, determinata a norma dell'articolo 4 [(7)].

(1) Lettera così modificata prima dall'art. 8, l. 7.3.1996, n. 108, che ha inserito le parole da «*usura*» a «*finanziaria*» e, poi dal co. 5 dell'art. 9, l. 18.4.2005, n. 62, che ha inserito le parole «*abuso di informazioni privilegiate, manipolazione del mercato,*».

(2) Lettera introdotta dall'art. 12, l. 3.8.1998, n. 269 e, poi così modificata dall'art. 13, l. 6.2.2006, n. 38 e dall'art. 4, co. 1, d.lgs. 4.3.2014, n. 39. Il testo antecedente alle modifiche del 2014 così disponeva: «*f*-bis*) delitti previsti dall'articolo 600-*ter*, terzo comma, del codice penale, anche se relativi al materiale pornografico di cui all'articolo 600-*quater. *1 del medesimo codice;*».

(3) Lettera introdotta dall'art. 14, co. 3, l. 14.1.2013, n. 9, a decorrere dal 1.2.2013. Questa lettera, poi, è stata così modificata dall'art. 31, co. 1, d.l. 4.10.2018, n. 113, conv., con modif., dalla l. 1.12.2018, n. 132, a decorrere dal 4.12.2018. Il testo, prima della conversione in legge del d.l. n. 113/2018, così disponeva: «*f*-ter*) delitti previsti dagli articoli 444, 473, 474, 515, 516, 517*-quater *e 633, terzo comma, del codice penale;*». Il testo antecedente alla modifica del 2018 così disponeva: «*f*-ter*) delitti previsti dagli articoli 444, 473, 474, 515, 516 e 517*-quater *del codice penale;*».

(4) Lettera introdotta dall'art. 2, co. 1, lett. 0b), d.l. 14.8.2013, n. 93, conv., con modif., dalla l. 15.10.2013, n. 119.

(5) Lettera introdotta, a decorrere dal 29.2.2020, dall'art. 2, co. 1, lett. b bis), d.l. 30.12.2019, n. 161, conv., con modif., dalla l. 28.2.2020, n. 7.

(6) Comma così modificato dall'art. 4, co. 1, lett. a), n. 1), d.lgs. 29.12 2017, n. 216, a decorrere dal 26.1.2018. Il testo di questo comma precedente così disponeva: «*2. Negli stessi casi è consentita l'intercettazione di comunicazioni tra presenti. Tuttavia, qualora queste avvengano nei luoghi indicati dall'articolo 614 del codice penale, l'intercettazione è consentita solo se vi è fondato motivo di ritenere che ivi si stia svolgendo l'attività criminosa*».

(7) Comma introdotto dall'art. 4, co. 1, lett. a), n. 2), d.lgs. 29.12.2017, n. 216, a decorrere dal 26.1.2018 e, poi, dall'art. 1, co. 4, lett. a), l. 9.1.2019, n. 3, a decorrere dal 31.1.2019, e dall'art. 2, co. 1, lett. c), d.l. 30.12.2019, n. 161, a decorrere dal 1.1.2020. Infine, il presente comma è stato così modificato, a decorrere dal 29.2.2020, dall'art. 2, co. 1, lett. c), d.l. 30.12.2019, n. 161, conv., con modif., dalla l. 28.2.2020, n. 7. Il testo, prima della conversione del d.l. n. 161/2019, così disponeva: «*2-bis. L'intercettazione di comunicazioni tra presenti mediante inserimento di captatore informatico su dispositivo elettronico portatile è sempre consentita nei procedimenti per i delitti di cui all'articolo 51, commi 3-*bis *e 3-*quater*, e per i delitti dei pubblici ufficiali o degli incaricati di pubblico servizio contro la pubblica amministrazione per i quali è prevista la pena della reclusione non inferiore nel massimo a cinque anni, determinata a norma dell'articolo 4*». Il testo antecedente alla modifica del 2019 così disponeva: «2-bis. *L'intercettazione di comunicazioni tra presenti mediante inserimento di captatore informatico su dispositivo elettronico portatile è sempre consentita nei procedimenti per i delitti di cui all'articolo 51, commi 3-*bis *e 3-*quater*, e per i delitti dei pubblici ufficiali contro la pubblica amministrazione puniti con la pena della reclusione non inferiore nel massimo a cinque anni, determinata ai sensi dell'articolo 4*». Il testo antecedente alla modifica del 2019 così disponeva: «2-bis. *L'intercettazione di comunicazioni tra presenti mediante inserimento di captatore informatico su dispositivo elettronico portatile è sempre consentita nei procedimenti per i delitti di cui all'articolo 51, commi 3-*bis *e 3-*quater».

266 bis. Intercettazioni di comunicazioni informatiche o telematiche [(1)].

1. Nei procedimenti relativi ai reati indicati nell'articolo 266, nonché a quelli commessi mediante l'impiego di tecnologie informatiche o telematiche, è consentita l'intercettazione del flusso di comunicazioni relativo a sistemi informatici o telematici ovvero intercorrente tra più sistemi.

(1) Articolo introdotto dall'art. 11, l. 23.12.1993, n. 547, che modifica ed integra le norme del codice penale e del codice di procedura penale e del codice di procedura penale in tema di criminalità informatica.

267. Presupposti e forme del provvedimento.

1. Il pubblico ministero richiede al giudice per le indagini preliminari l'autorizzazione a disporre le operazioni previste dall'art. 266. L'autorizzazione è data con decreto motivato quando vi sono gravi indizi di reato e l'intercettazione è assolutamente indispensabile ai fini della prosecuzione delle indagini. Il decreto che autorizza l'intercettazione tra presenti mediante inserimento di captatore informatico su dispositivo elettronico portatile espone con autonoma valutazione le specifiche ragioni che rendono necessaria, in concreto, tale modalità per lo svolgimento delle indagini; nonché, se si procede per delitti diversi da quelli di cui all'articolo 51, commi 3-*bis* e 3-*quater*, e dai delitti dei pubblici ufficiali o degli incaricati di pubblico servizio contro la pubblica amministrazione per i quali è prevista la pena della reclusione non inferiore nel massimo a cinque anni, determinata a norma dell'articolo 4, i luoghi e il tempo, anche indirettamente determinati, in relazione ai quali è consentita l'attivazione del microfono [1].

1 bis. Nella valutazione dei gravi indizi di reato si applica l'articolo 203 [2].

2. Nei casi di urgenza, quando vi è fondato motivo di ritenere che dal ritardo possa derivare grave pregiudizio alle indagini, il pubblico ministero dispone l'intercettazione con decreto motivato, che va comunicato immediatamente e comunque non oltre le ventiquattro ore al giudice indicato nel comma 1. Il giudice, entro quarantotto ore dal provvedimento, decide sulla convalida con decreto motivato. Se il decreto del pubblico ministero non viene convalidato nel termine stabilito, l'intercettazione non può essere proseguita e i risultati di essa non possono essere utilizzati [191].

2 bis. Nei casi di cui al comma 2, il pubblico ministero può disporre, con decreto motivato, l'intercettazione tra presenti mediante inserimento di captatore informatico su dispositivo elettronico portatile soltanto nei procedimenti per i delitti di cui all'articolo 51, commi 3-*bis* e 3-*quater* e per i delitti dei pubblici ufficiali o degli incaricati di pubblico servizio contro la pubblica amministrazione per i quali è prevista la pena della reclusione non inferiore nel massimo a cinque anni, determinata a norma dell'articolo 4. A tal fine indica, oltre a quanto previsto dal comma 1, secondo periodo, le ragioni di urgenza che rendono impossibile attendere il provvedimento del giudice. Il decreto è trasmesso al giudice che decide sulla convalida nei termini, con le modalità e gli effetti indicati al comma 2 [3].

3. Il decreto del pubblico ministero che dispone l'intercettazione indica le modalità e la durata delle operazioni. Tale durata non può superare i quindici giorni, ma può essere prorogata dal giudice con decreto motivato per periodi successivi di quindici giorni, qualora permangano i presupposti indicati nel comma 1.

4. Il pubblico ministero procede alle operazioni personalmente ovvero avvalendosi di un ufficiale di polizia giudiziaria [4].

5. In apposito registro riservato gestito, anche con modalità informatiche, e tenuto sotto la direzione e la sorveglianza del Procuratore della Repubblica, sono annotati, secondo un ordine cronologico, i decreti che dispongono, autorizzano, convalidano o prorogano le intercettazioni e, per ciascuna intercettazione, l'inizio e il termine delle operazioni [5].

(1) Comma modificato dall'art. 4, co. 1, lett. b), n. 1), d.lgs. 29.12.2017, n. 216, a decorrere dal 26.1.2018 e, poi, dall'art. 1, co. 4, lett. b), l. 9.1.2019, n. 3, a decorrere dal 31.1.2019, e dall'art. 2, co. 1, lett. d), n. 1), d.l. 30.12.2019, n. 161, conv., con modif., dalla l. 28.2.2020, n. 7, a decorrere dal 1.1.2020. Infine, questo comma è stato così modificato dall'art. 1, co. 1 ter, d.l. 30.9.2021, n. 132, conv., con modif., dalla l. 23.11.2021, n. 178, a decorrere dal 30.11.2021, e dall'art. 1, co. 2 bis, d.l. 10.8.2023, n. 105, conv., con modif., dalla l. 9.10.2023, n. 137, a decorrere dal 10.10.2023.
Il testo antecedente alla modifica del 2023 così disponeva: «*1. Il pubblico ministero richiede al giudice per le indagini preliminari l'autorizzazione a disporre le operazioni previste dall'art. 266. L'autorizzazione è data con decreto motivato quando vi sono gravi indizi di reato e l'intercettazione è assolutamente indispensabile ai fini della prosecuzione delle indagini. Il decreto che autorizza l'intercettazione tra presenti mediante inserimento di captatore informatico su dispositivo elettronico portatile indica le specifiche ragioni che rendono necessaria tale modalità per lo svolgimento delle indagini; nonché, se si procede per delitti diversi da quelli di cui all'articolo 51, commi 3-bis e 3-quater, e dai delitti dei pubblici ufficiali o degli incaricati di pubblico servizio contro la pubblica amministrazione per i quali è prevista la pena della reclusione non inferiore nel massimo a cinque anni, determinata a norma dell'articolo 4, i luoghi e il tempo, anche indirettamente determinati, in relazione ai quali è consentita l'attivazione del microfono.*».
Il testo antecedente alla modifica del 2019 così disponeva: «*1. Il pubblico ministero richiede al giudice per le indagini preliminari l'autorizzazione a disporre le operazioni previste dall'art. 266. L'autorizzazione è data con decreto motivato quando vi sono gravi indizi di reato e l'intercettazione è assolutamente indispensabile ai fini della prosecuzione delle indagini. Il decreto che autorizza l'intercettazione tra presenti mediante inserimento di captatore informatico su dispositivo elettronico portatile indica le ragioni che rendono necessaria tale modalità per lo svolgimento delle indagini; nonché, se si procede per delitti diversi da quelli di cui all'articolo 51, commi 3-bis e 3-quater, e per i delitti dei pubblici ufficiali contro la pubblica amministrazione puniti con la pena della reclusione non inferiore nel massimo a cinque anni, determinata ai sensi dell'articolo 4, i luoghi e il tempo, anche indirettamente determinati, in relazione ai quali è consentita l'attivazione del microfono*».

(2) Comma introdotto dall'art. 10, l. 1.3 2001, n. 63.

(3) Comma introdotto dall'art. 4, co. 1, lett. b), n. 2), d.lgs. 29.12.2017, n. 216, a decorrere dal 26.1.2018.
Questo comma, poi, è stato così modificato, a decorrere dal 1.1.2020, dall'art. 2, co. 1, lett. d), n. 2), d.l. 30.12.2019, n. 161, conv., con modif., dalla l. 28.2.2020, n. 7. Il testo antecedente alla modifica disposta del 2019 così disponeva: «2-bis. *Nei casi di cui al comma 2, il pubblico ministero può disporre, con decreto motivato, l'intercettazione tra presenti mediante inserimento di captatore informatico su dispositivo elettronico portatile soltanto nei procedimenti per i delitti di cui all'articolo 51, commi* 3-bis *e* 3-quater. *A tal fine indica, oltre a quanto previsto dal comma 1, secondo periodo, le ragioni di urgenza che rendono impossibile attendere il provvedimento del giudice. Il decreto è trasmesso al giudice che decide sulla convalida nei termini, con le modalità e gli effetti indicati al comma 2*».

(4) Comma modificato dall'art. 2, co. 1, lett. c), d.lgs. 29.12.2017, n. 216, a decorrere dal 26.1.2018 e, poi, a decorrere dal 1.1.2020, dall'art. 2, co. 1, lett. d), n. 3), d.l. 30.12.2019, n. 161, conv., con modif., dalla l. 28.2.2020, n. 7. Il testo antecedente alla modifica del 2019 così disponeva: «*4. Il pubblico ministero procede alle operazioni personalmente ovvero avvalendosi di un ufficiale di polizia giudiziaria. L'ufficiale di polizia giudiziaria provvede a norma dell'articolo 268, comma 2-bis, informando preventivamente il pubblico ministero con annotazione sui contenuti delle comunicazioni e conversazioni*».

(5) Comma così sostituito, a decorrere dal 1.1.2020, dall'art. 2, co. 1, lett. d), n. 4), d.l. 30.12.2019, n. 161, conv., con modif., dalla l. 28.2.2020, n. 7. Il testo precedente in così disponeva: «*5. In apposito registro riservato tenuto nell'ufficio del pubblico ministero sono annotati, secondo un ordine cronologico, i decreti che dispongono, autorizzano, convalidano o prorogano le intercettazioni e, per ciascuna intercettazione, l'inizio e il termine delle operazioni*».

268. Esecuzione delle operazioni [1].

1. Le comunicazioni intercettate sono registrate e delle operazioni è redatto verbale.

2. Nel verbale è trascritto, anche sommariamente, soltanto il contenuto delle comunicazioni intercettate rilevante ai fini delle indagini, anche a favore della persona sottoposta ad indagine. Il contenuto non rilevante ai fini delle indagini non è trascritto neppure sommariamente e nessuna menzione ne viene riportata nei verbali e nelle annotazioni della polizia giudiziaria, nei quali è apposta l'espressa dicitura: «La conversazione omessa non è utile alle indagini» (2).

2 bis. Il pubblico ministero dà indicazioni e vigila affinché nei verbali non siano riportate espressioni lesive della reputazione delle persone o quelle che riguardano dati personali definiti sensibili dalla legge, salvo che risultino rilevanti ai fini delle indagini (3).

[**2 ter.** Il pubblico ministero, con decreto motivato, può disporre che le comunicazioni e conversazioni di cui al comma 2-*bis* siano trascritte nel verbale quando ne ritiene la rilevanza per i fatti oggetto di prova. Può altresì disporre la trascrizione nel verbale, se necessarie a fini di prova, delle comunicazioni e conversazioni relative a dati personali definiti sensibili dalla legge (4) (5).]

3. Le operazioni possono essere compiute esclusivamente per mezzo degli impianti installati nella procura della Repubblica. Tuttavia, quando tali impianti risultano insufficienti o inidonei ed esistono eccezionali ragioni di urgenza, il pubblico ministero può disporre, con provvedimento motivato, il compimento delle operazioni mediante impianti di pubblico servizio o in dotazione alla polizia giudiziaria.

3 bis. Quando si procede a intercettazione di comunicazioni informatiche o telematiche, il pubblico ministero può disporre che le operazioni siano compiute anche mediante impianti appartenenti a privati. Per le operazioni di avvio e di cessazione delle registrazioni con captatore informatico su dispositivo elettronico portatile, riguardanti comunicazioni e conversazioni tra presenti, l'ufficiale di polizia giudiziaria può avvalersi di persone idonee di cui all'articolo 348, comma 4 (6).

4. I verbali e le registrazioni sono immediatamente trasmessi al pubblico ministero per la conservazione nell'archivio di cui all'articolo 269, comma 1. Entro cinque giorni dalla conclusione delle operazioni, essi sono depositati presso l'archivio di cui all'articolo 269, comma 1, insieme ai decreti che hanno disposto, autorizzato, convalidato o prorogato l'intercettazione, rimanendovi per il tempo fissato dal pubblico ministero, salvo che il giudice non riconosca necessaria una proroga (7).

5. Se dal deposito può derivare un grave pregiudizio per le indagini, il giudice autorizza il pubblico ministero a ritardarlo non oltre la chiusura delle indagini preliminari (8).

6. Ai difensori delle parti è immediatamente dato avviso che, entro il termine fissato a norma dei commi 4 e 5, per via telematica hanno facoltà di esaminare gli atti e ascoltare le registrazioni ovvero di prendere cognizione dei flussi di comunicazioni informatiche o telematiche. Scaduto il termine, il giudice dispone l'acquisizione delle conversazioni o dei flussi di comunicazioni informatiche o telematiche indicati dalle parti, che non appaiano irrilevanti, procedendo anche di ufficio allo stralcio delle registrazioni e dei verbali di cui è vietata l'utilizzazione e di quelli che riguardano categorie particolari di dati personali, sempre che non ne sia dimostrata la rilevanza. Il pubblico ministero e i difensori hanno diritto di partecipare allo stralcio e sono avvisati almeno ventiquattro ore prima (9).

7. Il giudice, anche nel corso delle attività di formazione del fascicolo per il dibattimento ai sensi dell'articolo 431, dispone la trascrizione integrale delle registrazioni ovvero la stampa in forma intellegibile delle informazioni contenute nei flussi di comunicazioni informatiche o telematiche da acquisire, osservando le forme, i modi e le garanzie previsti per l'espletamento delle perizie. Le trascrizioni o le stampe sono inserite nel fascicolo per il dibattimento. Il giudice, con il consenso delle parti, può disporre l'utilizzazione delle trascrizioni delle registrazioni ovvero delle informazioni contenute nei flussi di comunicazioni informatiche o telematiche effettuate dalla polizia giudiziaria nel corso delle indagini. In caso di contestazioni si applicano le disposizioni di cui al primo periodo (10).

8. I difensori possono estrarre copia delle trascrizioni e fare eseguire la trasposizione della registrazione su idoneo supporto. In caso di intercettazione di flussi di comunicazioni informatiche o telematiche i difensori possono richiedere copia su idoneo supporto dei flussi intercettati, ovvero copia della stampa prevista dal comma 7 (11).

(1) La Corte cost., con sent. 10.10.2008, n. 336, ha dichiarato l'illegittimità di questo articolo, nella parte in cui non prevede che, dopo la notificazione o l'esecuzione dell'ordinanza che dispone una misura cautelare personale, il difensore possa ottenere la trasposizione su nastro magnetico delle registrazioni di conversazioni o comunicazioni intercettate, utilizzate ai fini dell'adozione del provvedimento cautelare, anche se non depositate.

(2) Comma così sostituito dall'art. 1, co. 2 ter, lett. a), d.l. 10.8.2023, n. 105, conv., con modif., dalla l. 9.10.2023, n. 137, a decorrere dal 10.10.2023.

(3) Comma introdotto dall'art. 2, co. 1, lett. d), n. 1), d.lgs. 29.12.2017, n. 216, a decorrere dal 26.1.2018 e, poi, dall'art. 2, co. 1, lett. e), n. 1), d.l. 30.12.2019, n. 161, a decorrere dal 1.1.2020. Questo comma è stato poi sostituito, a decorrere dal 29.2.2020, dall'art. 2, co. 1, lett. e), n. 1), d.l. 30.12.2019, n. 161, conv., con modif., dalla l. 28.2.2020, n. 7 e così modificato dall'art. 1, co. 2 ter, lett. b), d.l. 10.8.2023, n. 105, conv., con modif., dalla l. 9.10.2023, n. 137, a decorrere dal 10.10.2023.
Il testo antecedente alla modifica del 2023 così disponeva: «*2-bis. Il pubblico ministero dà indicazioni e vigila affinché nei verbali non siano riportate espressioni lesive della reputazione delle persone o quelle che riguardano dati personali definiti sensibili dalla legge, salvo che risultino rilevanti ai fini delle indagini.*».

(4) Comma introdotto dall'art. 2, co. 1, lett. d), n. 1), d.lgs. 29.12.2017, n. 216, a decorrere dal 26.1.2018.

(5) Comma abrogato, a decorrere dal 1.1.2020, dall'art. 2, co. 1, lett. e), n. 2), d.l. 30.12.2019, n. 161, conv., con modif., dalla l. 28.2.2020, n. 7.

(6) Comma introdotto dall'art. 12, co. 1, l. 23.12.1993, n. 547 e, poi, così modificato dall'art. 4, co. 1, lett. c), d.lgs. 29.12.2017, n. 216, a decorrere dal 26.1.2018. Il testo previgente così disponeva: «*3-bis. Quando si procede a intercettazione di comunicazioni informatiche o telematiche, il pubblico ministero può disporre che le operazioni siano compiute anche mediante impianti appartenenti a privati*».

(7) Comma sostituito dall'art. 2, co. 1, lett. d), n. 2), d.lgs. 29.12.2017, n. 216, a decorrere dal 26.1.2018 e, poi, a decorrere dal 1.1.2020, dall'art. 2, co. 1, lett. e), n. 3), d.l. 30.12.2019, n. 161, conv., con modif., dalla l. 28.2.2020, n. 7, che ha sostituito il co. 4 con i co. 4, 5, 6, 7 e 8. Il testo previgente così disponeva: «*4. I verbali e le registrazioni sono trasmessi al pubblico ministero, per la conservazione*

nell'archivio di cui all'articolo 269, comma 1, immediatamente dopo la scadenza del termine indicato per lo svolgimento delle operazioni nei provvedimenti di autorizzazione o di proroga. Il pubblico ministero dispone con decreto il differimento della trasmissione dei verbali e delle registrazioni quando la prosecuzione delle operazioni rende necessario, in ragione della complessità delle indagini, che l'ufficiale di polizia giudiziaria delegato all'ascolto consulti le risultanze acquisite. Con lo stesso decreto fissa le prescrizioni per assicurare la tutela del segreto sul materiale non trasmesso». Il testo previgente così disponeva: «*4. I verbali e le registrazioni sono immediatamente trasmessi al pubblico ministero. Entro cinque giorni dalla conclusione delle operazioni, essi sono depositati in segreteria insieme ai decreti che hanno disposto, autorizzato, convalidato o prorogato l'intercettazione, rimanendovi per il tempo fissato dal pubblico ministero, salvo che il giudice non riconosca necessaria una proroga*».

(8) Comma introdotto, a decorrere dal 1.1.2020, dall'art. 2, co. 1, lett. e), n. 3), d.l. 30.12.2019, n. 161, conv., con modif., dalla l. 28.2.2020, n. 7, che ha sostituito il co. 4 con i co. 4, 5, 6, 7 e 8. Il precedente co. 5 era stato abrogato dall'art. 2, co. 1, lett. e), d.lgs. 29.12.2017, n. 216, a decorrere dal 26.1.2018. Il testo previgente così disponeva: «*5. Se dal deposito può derivare un grave pregiudizio per le indagini, il giudice autorizza il pubblico ministero a ritardarlo non oltre la chiusura delle indagini preliminari*».

(9) Comma introdotto dall'art. 2, co. 1, lett. e), n. 3), d.l. 30.12.2019, n. 161, a decorrere dal 1.1.2020, che ha sostituito il co. 4 con i co. 4, 5, 6, 7 e 8. L'art. 2, co. 1, lett. e), n. 3), d.l. 30.12.2019, n. 161 e, di conseguenza, questo comma, è stato poi modificato, a decorrere dal 29.2.2020, dalla legge di conversione 28.2.2020, n. 7. Il precedente co. 6 era stato sostituito dall'art. 12, co. 2, l. 23.12.1993, n. 547 e abrogato dall'art. 2, co. 1, lett. e), d.lgs. 29.12.2017, n. 216, a decorrere dal 26.1.2018. Il testo, prima della conversione del d.l. n. 161/2019, così disponeva: «*6. Ai difensori dell'imputato è immediatamente dato avviso che, entro il termine fissato a norma dei commi 4 e 5, per via telematica hanno facoltà di esaminare gli atti e ascoltare le registrazioni ovvero di prendere cognizione dei flussi di comunicazioni informatiche o telematiche. Scaduto il termine, il giudice dispone l'acquisizione delle conversazioni o dei flussi di comunicazioni informatiche o telematiche indicati dalle parti, che non appaiano irrilevanti, procedendo anche di ufficio allo stralcio delle registrazioni e dei verbali di cui è vietata l'utilizzazione e di quelli che riguardano categorie particolari di dati personali, sempre che non ne sia dimostrata la rilevanza. Il pubblico ministero e i difensori hanno diritto di partecipare allo stralcio e sono avvisati almeno ventiquattro ore prima*». Il testo previgente così disponeva: «*6. Ai difensori delle parti è immediatamente dato avviso che, entro il termine fissato a norma dei commi 4 e 5, hanno facoltà di esaminare gli atti e ascoltare le registrazioni ovvero di prendere cognizione dei flussi di comunicazioni informatiche o telematiche. Scaduto il termine, il giudice dispone l'acquisizione delle conversazioni o dei flussi di comunicazioni informatiche o telematiche indicati dalle parti, che non appaiano manifestamente irrilevanti, procedendo anche di ufficio allo stralcio delle registrazioni e dei verbali di cui è vietata l'utilizzazione. Il pubblico ministero e i difensori hanno diritto di partecipare allo stralcio e sono avvisati almeno ventiquattro ore prima*».

(10) Comma introdotto dall'art. 2, co. 1, lett. e), n. 3), d.l. 30.12.2019, n. 161, a decorrere dal 1.1.2020, che ha sostituito il co. 4 con i co. 4, 5, 6, 7 e 8. L'art. 2, co. 1, lett. e), n. 3), d.l. 30.12.2019, n. 161, e di conseguenza il presente comma, è stato poi modificato, a decorrere dal 29.2.2020, dalla legge di conversione 28.2.2020, n. 7. Il precedente co. 7 era stato sostituito dall'art. 12, co. 2, l. 23.12.1993, n. 547 e abrogato dall'art. 2, co. 1, lett. e), d.lgs. 29.12.2017, n. 216, a decorrere dal 26.1.2018. Il testo, prima della conversione del d.l. n. 161/2019, così disponeva: «*7. Il giudice, anche nel corso delle attività di formazione del fascicolo per il dibattimento ai sensi dell'articolo 431, dispone la trascrizione integrale delle registrazioni ovvero la stampa in forma intellegibile delle informazioni contenute nei flussi di comunicazioni informatiche o telematiche da acquisire, osservando le forme, i modi e le garanzie previsti per l'espletamento delle perizie. Le trascrizioni o le stampe sono inserite nel fascicolo per il dibattimento*». Il testo previgente così disponeva: «*7. Il giudice dispone la trascrizione integrale delle registrazioni ovvero la stampa in forma intellegibile delle informazioni contenute nei flussi di comunicazioni informatiche o telematiche da acquisire, osservando le forme, i modi e le garanzie previsti per l'espletamento delle perizie. Le trascrizioni o le stampe sono inserite nel fascicolo per il dibattimento*».

(11) Comma introdotto, a decorrere dal 1.1.2020, dall'art. 2, co. 1, lett. e), n. 3), d.l. 30.12.2019, n. 161, conv., con modif., dalla l. 28.2.2020, n. 7, che ha sostituito il co. 4 con i co. 4, 5, 6, 7 e 8. Il precedente co. 8 era stato sostituito dall'art. 12, co. 2, l. 23.12.1993, n. 547 e abrogato dall'art. 2, co. 1, lett. e), d.lgs. 29.12.2017, n. 216, a decorrere dal 26.1.2018. Il testo previgente così disponeva: «*8. I difensori possono estrarre copia delle trascrizioni e fare eseguire la trasposizione della registrazione su nastro magnetico. In caso di intercettazione di flussi di comunicazioni informatiche o telematiche i difensori possono richiedere copia su idoneo supporto dei flussi intercettati, ovvero copia della stampa prevista dal comma 7*». Il testo antecedente alla sostituzione del 1993 così disponeva: «*8. I difensori possono estrarre copia delle trascrizioni e fare eseguire la trasposizione della registrazione su nastro magnetico*».

268 bis. Deposito di verbali e registrazioni [(1)].

[**1.** Entro cinque giorni dalla conclusione delle operazioni, il pubblico ministero deposita le annotazioni, i verbali e le registrazioni, unitamente ai decreti che hanno disposto, autorizzato, convalidato o prorogato l'intercettazione, e forma l'elenco delle comunicazioni o conversazioni e dei flussi di comunicazioni informatiche o telematiche rilevanti a fini di prova.

2. Ai difensori delle parti è immediatamente dato avviso della facoltà di esaminare gli atti, di prendere visione dell'elenco di cui al comma 1, nonché di ascoltare le registrazioni e di prendere cognizione dei flussi di comunicazioni informatiche o telematiche.

3. Se dal deposito può derivare un grave pregiudizio per le indagini, il giudice autorizza il pubblico ministero a ritardarlo, non oltre la chiusura delle indagini.]

(1) Articolo inserito dall'art. 3, co. 1, lett. b), d.lgs. 29.12.2017, n. 216, a decorrere dal 26.1.2018 e abrogato, a decorrere dal 1.1.2020, dall'art. 2, co. 1, lett. q), d.l. 30.12.2019, n. 161, conv., con modif., dalla l. 28.2.2020, n. 7.

268 ter. Acquisizione al fascicolo delle indagini [(1)].

[**1.** L'acquisizione delle comunicazioni o conversazioni utilizzate, nel corso delle indagini preliminari, per l'adozione di una misura cautelare è disposta dal pubblico ministero, con inserimento dei verbali e degli atti ad esse relativi nel fascicolo di cui all'articolo 373, comma 5.

2. Fuori dai casi di cui al comma 1, il pubblico ministero, entro cinque giorni dal deposito, presenta al giudice la richiesta di acquisizione delle comunicazioni o conversazioni e dei flussi di comunicazioni informatiche o telematiche contenuti nell'elenco formato a norma dell'articolo 268-*bis*, comma 1, e ne dà contestualmente comunicazione ai difensori.

3. I difensori, nel termine di dieci giorni dalla ricezione dell'avviso di cui all'articolo 268-*bis*, comma 2, hanno facoltà di richiedere l'acquisizione delle comunicazioni o conversazioni e dei flussi di comunicazioni informatiche o telematiche, rilevanti a fini di prova, non comprese nell'elenco formato dal pubblico ministero, ovvero l'eliminazione di quelle, ivi indicate, inutilizzabili o di cui è vietata la trascrizione, anche sommaria, nel verbale, ai sensi di quanto disposto dal comma

2-*bis* dell'articolo 268. Tale termine può essere prorogato dal giudice per un periodo non superiore a dieci giorni, in ragione della complessità del procedimento e del numero delle intercettazioni.

4. La richiesta, unitamente agli atti allegati, è depositata nella segreteria del pubblico ministero che ne cura l'immediata trasmissione al giudice.

5. Il pubblico ministero e i difensori, sino alla decisione del giudice, possono integrare le richieste e presentare memorie.

6. Il pubblico ministero, in relazione alle comunicazioni o conversazioni di cui al comma 1, può chiedere al giudice, con le modalità e nei termini indicati dai commi precedenti, l'eliminazione dal fascicolo dei verbali e delle registrazioni di cui ritiene, per elementi sopravvenuti, l'irrilevanza.]

(1) Articolo inserito dall'art. 3, co. 1, lett. b), d.lgs. 29.12.2017, n. 216, a decorrere dal 26.1.2018 e poi abrogato, a decorrere dal 1.1.2020, dall'art. 2, co. 1, lett. q), d.l. 30.12.2019, n. 161, conv., con modif., dalla l. 28.2.2020, n. 7.

268 quater. Termini e modalità della decisione del giudice (1).

[**1.** Decorsi cinque giorni dalla presentazione delle richieste, il giudice dispone con ordinanza, emessa in camera di consiglio senza l'intervento del pubblico ministero e dei difensori, l'acquisizione delle conversazioni e comunicazioni indicate dalle parti, salvo che siano manifestamente irrilevanti, e ordina, anche d'ufficio, lo stralcio delle registrazioni e dei verbali di cui è vietata l'utilizzazione. A tal fine può procedere all'ascolto delle conversazioni e comunicazioni.

2. Quando necessario, l'ordinanza è emessa all'esito dell'udienza fissata per il quinto giorno successivo alla scadenza del termine indicato al comma 1, con tempestivo avviso al pubblico ministero e ai difensori.

3. Con l'ordinanza viene meno il segreto sugli atti e i verbali delle conversazioni e comunicazioni oggetto di acquisizione. Essi sono inseriti nel fascicolo di cui all'articolo 373, comma 5. A tal fine il giudice ordina la trascrizione sommaria, a cura del pubblico ministero, del contenuto delle comunicazioni o conversazioni acquisite su richiesta dei difensori, se nel verbale delle operazioni di cui all'articolo 268, comma 2, sono indicate soltanto la data, l'ora e il dispositivo su cui la registrazione è intervenuta.

4. I difensori possono fare eseguire la trasposizione delle registrazioni acquisite su supporto informatico o altro strumento idoneo alla riproduzione dei dati e possono ottenere copia dei verbali delle operazioni concernenti le comunicazioni e conversazioni acquisite.

5. Gli atti e i verbali relativi a comunicazioni e conversazioni non acquisite sono immediatamente restituiti al pubblico ministero per la conservazione nell'archivio riservato di cui all'articolo 269, comma 1.

6. Alle operazioni di acquisizione provvede il giudice per le indagini preliminari che ha autorizzato, convalidato o prorogato le intercettazioni.]

(1) Articolo inserito dall'art. 3, co. 1, lett. b), d.lgs. 29.12.2017, n. 216 e abrogato, a decorrere dal 1.1.2020, dall'art. 2, co. 1, lett. q), d.l. 30.12.2019, n. 161, conv., con modif., dalla l. 28.2.2020, n. 7.

269. Conservazione della documentazione.

1. I verbali e le registrazioni, e ogni altro atto ad esse relativo, sono conservati integralmente in apposito archivio gestito e tenuto sotto la direzione e la sorveglianza del Procuratore della Repubblica dell'ufficio che ha richiesto ed eseguito le intercettazioni. Non sono coperti da segreto solo i verbali e le registrazioni delle comunicazioni e conversazioni acquisite al fascicolo di cui all'articolo 373, comma 5, o comunque utilizzati nel corso delle indagini preliminari. Al giudice per le indagini preliminari e ai difensori delle parti, successivamente al deposito effettuato ai sensi degli articoli 268 e 415-*bis* o nel caso previsto dall'articolo 454, comma 2-*bis*, per l'esercizio dei loro diritti e facoltà è consentito l'accesso all'archivio e l'ascolto delle conversazioni o comunicazioni registrate (1).

[**1 bis.** Non sono coperti da segreto i verbali e le registrazioni delle comunicazioni e conversazioni acquisite al fascicolo di cui all'articolo 373, comma 5 (2) (3).]

2. Salvo quanto previsto dall'articolo 271 comma 3, le registrazioni sono conservate fino alla sentenza non più soggetta a impugnazione [648]. Tuttavia gli interessati, quando la documentazione non è necessaria per il procedimento, possono chiederne la distruzione, a tutela della riservatezza, al giudice che ha autorizzato o convalidato l'intercettazione. Il giudice decide in camera di consiglio a norma dell'articolo 127 (4).

3. La distruzione, nei casi in cui è prevista, viene eseguita sotto controllo del giudice. Dell'operazione è redatto verbale.

(1) Comma sostituito dall'art. 3, co. 1, lett. c), n. 1), d.lgs. 29.12.2017, n. 216, a decorrere dal 26.1.2018 e, poi, dall'art. 2, co. 1, lett. f), n. 1), d.l. 30.12.2019, n. 161, a decorrere dal 1.1.2020. Infine, questo comma è stato così sostituito, a decorrere dal 29.2.2020, dall'art. 2, co. 1, lett. f), n. 1), d.l. 30.12.2019, n. 161, conv., con modif., dalla l. 28.2.2020, n. 7. Il testo in vigore prima della conversione del d.l. n. 161/2019 così disponeva: «*1. I verbali e le registrazioni, e ogni altro atto ad esse relativo, sono conservati integralmente in apposito archivio gestito e tenuto sotto la direzione e la sorveglianza del Procuratore della Repubblica dell'ufficio che ha richiesto ed eseguito le intercettazioni. Al giudice per le indagini preliminari e ai difensori dell'imputato per l'esercizio dei loro diritti e facoltà è in ogni caso consentito l'accesso all'archivio e l'ascolto delle conversazioni o comunicazioni registrate*». Il testo antecedente alla sostituzione del d.l. n. 161/2019 così disponeva: «*1. I verbali e le registrazioni, e ogni altro atto ad esse relativo, sono conservati integralmente in apposito archivio riservato presso l'ufficio del pubblico ministero che ha richiesto ed eseguito le intercettazioni, e sono coperti da segreto. Al giudice per le indagini preliminari e ai difensori dell'imputato per l'esercizio dei loro diritti e facoltà è in ogni caso consentito l'accesso all'archivio e l'ascolto delle conversazioni o comunicazioni registrate*». Il testo antecedente alla sostituzione del 2017 così disponeva: «*1. I verbali e le registrazioni sono conservati integralmente presso il pubblico ministero che ha disposto l'intercettazione*».

(2) Comma introdotto dall'art. 3, co. 1, lett. c), n. 2), d.lgs. 29.12.2017, n. 216, a decorrere dal 26.1.2018.

(3) Comma abrogato, a decorrere dal 1.1.2020, dall'art. 2, co. 1, lett. f), n. 2), d.l. 30.12.2019, n. 161, conv., con modif., dalla l. 28.2.2020, n. 7.

(4) Comma modificato dall'art. 3, co. 1, lett. c), n. 3), d.lgs. 29.12.2017, n. 216, a decorrere dal 26.1.2018. Questo comma è stato poi così sostituito, a decorrere dal 1.1.2020, dall'art. 2, co. 1, lett. f), n. 3), d.l. 30.12.2019, n. 161, conv., con modif., dalla l. 28.2.2020, n. 7. Il testo antecedente alla sostituzione del 2019 così disponeva: «2. *Salvo quanto previsto dall'articolo 271 comma 3, le registrazioni sono conservate fino alla sentenza non più soggetta a impugnazione. Tuttavia gli interessati, a tutela della riservatezza, possono chiedere la distruzione delle registrazioni non acquisite al giudice che ha autorizzato o convalidato l'intercettazione. Il giudice decide in camera di consiglio a norma dell'articolo 127*». Il testo antecedente alla modifica del 2017 così disponeva: «2. *Salvo quanto previsto dall'articolo 271 comma 3, le registrazioni sono conservate fino alla sentenza non più soggetta a impugnazione. Tuttavia gli interessati, quando la documentazione non è necessaria per il procedimento, possono chiederne la distruzione, a tutela della riservatezza, al giudice che ha autorizzato o convalidato l'intercettazione. Il giudice decide in camera di consiglio a norma dell'articolo 127*».

270. Utilizzazione in altri procedimenti.

1. I risultati delle intercettazioni non possono essere utilizzati in procedimenti diversi da quelli nei quali sono stati disposti, salvo che risultino rilevanti e indispensabili per l'accertamento di delitti per i quali è obbligatorio l'arresto in flagranza [380] (1).

1 bis. Fermo restando quanto previsto dal comma 1, i risultati delle intercettazioni tra presenti operate con captatore informatico su dispositivo elettronico portatile possono essere utilizzati anche per la prova di reati diversi da quelli per i quali è stato emesso il decreto di autorizzazione qualora risultino indispensabili per l'accertamento dei delitti indicati dall'articolo 266, comma 2-*bis* (2).

2. Ai fini della utilizzazione prevista dal comma 1, i verbali e le registrazioni delle intercettazioni sono depositati presso l'autorità competente per il diverso procedimento. Si applicano le disposizioni dell'articolo 268, commi 6, 7 e 8 (3).

3. Il pubblico ministero e i difensori delle parti hanno altresì facoltà di esaminare i verbali e le registrazioni in precedenza depositati nel procedimento in cui le intercettazioni furono autorizzate.

(1) Comma sostituito, a decorrere dal 29.2.2020, dall'art. 2, co. 1, lett. g), n. 01), d.l. 30.12.2019, n. 161, conv., con modif., dalla l. 28.2.2020, n. 7 e poi modificato dall'art. 1, co. 2 quater, d.l. 10.8.2023, n. 105, conv., con modif., dalla l. 9.10.2023, n. 137, a decorrere dal 10.10.2023. Il testo antecedente alla modifica del 2023 così disponeva: «*1. I risultati delle intercettazioni non possono essere utilizzati in procedimenti diversi da quelli nei quali sono stati disposti, salvo che risultino rilevanti e indispensabili per l'accertamento di delitti per i quali è obbligatorio l'arresto in flagranza e dei reati di cui all'articolo 266, comma 1.*».

(2) Comma introdotto dall'art. 4, co. 1, lett. d), d.lgs. 29.12.2017, n. 216, a decorrere dal 26.1.2018. Questo comma è stato poi sostituito dall'art. 2, co. 1, lett. g), n. 1), d.l. 30.12.2019, n. 161, a decorrere dal 1.1.2020. Infine, il presente comma è stato così sostituito, a decorrere dal 29.2.2020, dall'art. 2, co. 1, lett. g), n. 1), d.l. 30.12.2019, n. 161, conv., con modif., dalla l. 28.2.2020, n. 7. Il testo, prima della conversione del d.l. n. 161/2019, così disponeva: «*1*-bis. *Fermo restando quanto previsto dal comma 1, i risultati delle intercettazioni tra presenti operate con captatore informatico su dispositivo elettronico portatile possono essere utilizzati anche per la prova di reati diversi da quelli per i quali è stato emesso il decreto di autorizzazione, se compresi tra quelli indicati dall'articolo 266, comma 2*-bis». Il testo in vigore prima della sostituzione disposta dal suddetto d.l. n. 161/2019 così disponeva: «*1*-bis. *I risultati delle intercettazioni tra presenti operate con captatore informatico su dispositivo elettronico portatile non possono essere utilizzati per la prova di reati diversi da quelli per i quali è stato emesso il decreto di autorizzazione, salvo che risultino indispensabili per l'accertamento di delitti per i quali è obbligatorio l'arresto in flagranza*».

(3) Comma modificato dall'art. 3, co. 1, lett. d), d.lgs. 29.12.2017, n. 216, a decorrere dal 26.1.2018 e, poi, a decorrere dal 1 1.2020, dall'art. 2, co. 1, lett. g), n. 2), d.l. 30.12.2019, n. 161, conv., con modif., dalla l. 28.2.2020, n. 7. Il testo antecedente alla modifica disposta con d.l. n. 161/2019 così disponeva: «*2. Ai fini della utilizzazione prevista dal comma 1, i verbali e le registrazioni delle intercettazioni sono depositati presso l'autorità competente per il diverso procedimento. Si applicano le disposizioni degli articoli 268*-bis, *268*-ter *e 268*-quater». Il testo antecedente alla modifica disposta con d.lgs. n. 216/2017 così disponeva: «*2. Ai fini della utilizzazione prevista dal comma 1, i verbali e le registrazioni delle intercettazioni sono depositati presso l'autorità competente per il diverso procedimento. Si applicano le disposizioni dell'articolo 268 commi 6, 7 e 8*».

270 bis. Comunicazioni di servizio di appartenenti al Dipartimento delle informazioni per la sicurezza e ai servizi di informazione per la sicurezza (1).

1. L'autorità giudiziaria, quando abbia acquisito, tramite intercettazioni, comunicazioni di servizio di appartenenti al Dipartimento delle informazioni per la sicurezza o ai servizi di informazione per la sicurezza, dispone l'immediata secretazione e la custodia in luogo protetto dei documenti, dei supporti e degli atti concernenti tali comunicazioni.

2. Terminate le intercettazioni, l'autorità giudiziaria trasmette al Presidente del Consiglio dei Ministri copia della documentazione contenente le informazioni di cui intende avvalersi nel processo, per accertare se taluna di queste informazioni sia coperta da segreto di Stato.

3. Prima della risposta del Presidente del Consiglio dei Ministri, le informazioni ad esso inviate possono essere utilizzate solo se vi è pericolo di inquinamento delle prove, o pericolo di fuga, o quando è necessario intervenire per prevenire o interrompere la commissione di un delitto per il quale sia prevista la pena della reclusione non inferiore nel massimo a quattro anni. Resta ferma la disciplina concernente la speciale causa di giustificazione prevista per attività del personale dei servizi di informazione per la sicurezza.

4. Se entro sessanta giorni dalla notificazione della richiesta il Presidente del Consiglio dei Ministri non oppone il segreto, l'autorità giudiziaria acquisisce la notizia e provvede per l'ulteriore corso del procedimento.

5. L'opposizione del segreto di Stato inibisce all'autorità giudiziaria l'utilizzazione delle notizie coperte dal segreto.

6. Non è in ogni caso precluso all'autorità giudiziaria di procedere in base ad elementi autonomi e indipendenti dalle informazioni coperte dal segreto

7. Quando è sollevato conflitto di attribuzione nei confronti del Presidente del Consiglio dei Ministri, qualora il conflitto sia risolto nel senso dell'insussistenza del segreto di Stato, il Presidente del Consiglio dei Ministri non può più opporlo con riferimento al medesimo oggetto. Qualora il conflitto sia risolto nel senso della sussistenza del segreto di Stato, l'autorità giudiziaria non può acquisire né utilizzare, direttamente o indirettamente, atti o documenti sui quali è stato opposto il segreto di Stato.

8. In nessun caso il segreto di Stato è opponibile alla Corte costituzionale. La Corte adotta le necessarie garanzie per la segretezza del procedimento.

(1) Articolo introdotto dall'art. 28, l. 3.8.2007, n. 124.

271. Divieti di utilizzazione.

1. I risultati delle intercettazioni non possono essere utilizzati [191] qualora le stesse siano state eseguite fuori dei casi consentiti dalla legge o qualora non siano state osservate le disposizioni previste dagli articoli 267 e 268 commi 1 e 3.

1 bis. Non sono in ogni caso utilizzabili i dati acquisiti nel corso delle operazioni preliminari all'inserimento del captatore informatico sul dispositivo elettronico portatile e i dati acquisiti al di fuori dei limiti di tempo e di luogo indicati nel decreto autorizzativo (1).

2. Non possono essere utilizzate le intercettazioni relative a conversazioni o comunicazioni delle persone indicate nell'articolo 200 comma 1, quando hanno a oggetto fatti conosciuti per ragione del loro ministero, ufficio o professione, salvo che le stesse persone abbiano deposto sugli stessi fatti o li abbiano in altro modo divulgati [103, commi 5 e 7].

3. In ogni stato e grado del processo il giudice dispone che la documentazione delle intercettazioni previste dai commi 1, 1-*bis* e 2 sia distrutta, salvo che costituisca corpo del reato [253, comma 2] (2).

(1) Comma introdotto dall'art. 4, co. 1, lett. e), n. 1), d.lgs. 29.12.2017, n. 216, a decorrere dal 26.1.2018.

(2) Comma così modificato dall'art. 4, co. 1, lett. e), n. 2), d.lgs. 29.12.2017, n. 216, a decorrere dal 26.1.2018. Il testo di questo comma precedente così disponeva: «*3. In ogni stato e grado del processo il giudice dispone che la documentazione delle intercettazioni previste dai commi 1 e 2 sia distrutta, salvo che costituisca corpo del reato*».

LIBRO QUARTO
Misure cautelari

TITOLO I
Misure cautelari personali

Capo I
Disposizioni generali

272. Limitazioni alle libertà della persona.

1. Le libertà della persona possono essere limitate con misure cautelari soltanto a norma delle disposizioni del presente titolo [Cost. 13].

273. Condizioni generali di applicabilità delle misure.

1. Nessuno può essere sottoposto a misure cautelari se a suo carico non sussistono gravi indizi di colpevolezza.

1 bis. Nella valutazione dei gravi indizi di colpevolezza si applicano le disposizioni degli articoli 192, commi 3 e 4, 195, comma 7, 203 e 271, comma 1 (1).

2. Nessuna misura può essere applicata se risulta che il fatto è stato compiuto in presenza di una causa di giustificazione [c.p. 50-54] o di non punibilità [c.p. 45-48, 85, 308, 309] o se sussiste una causa di estinzione del reato [c.p. 150] ovvero una causa di estinzione della pena [c.p. 171] che si ritiene possa essere irrogata.

(1) Comma introdotto dall'art. 11, l. 1.3.2001, n. 63.

274. Esigenze cautelari.

1. Le misure cautelari sono disposte:

a) quando sussistono specifiche ed inderogabili esigenze attinenti alle indagini relative ai fatti per i quali si procede, in relazione a situazioni di concreto ed attuale pericolo per l'acquisizione o la genuinità della prova, fondate su circostanze di fatto espressamente indicate nel provvedimento a pena di nullità rilevabile anche d'ufficio. Le situazioni di concreto ed attuale pericolo non possono essere individuate nel rifiuto della persona sottoposta alle indagini o dell'imputato di rendere dichiarazioni né nella mancata ammissione degli addebiti (1);

b) quando l'imputato si è dato alla fuga o sussiste concreto e attuale pericolo che egli si dia alla fuga, sempre che il giudice ritenga che possa essere irrogata una pena superiore a due anni di reclusione. Le situazioni di concreto e attuale pericolo non possono essere desunte esclusivamente dalla gravità del titolo di reato per cui si procede (2);

c) quando, per specifiche modalità e circostanze del fatto e per la personalità della persona sottoposta alle indagini o dell'imputato, desunta da comportamenti o atti concreti o dai suoi precedenti penali, sussiste il concreto e attuale pericolo che questi commetta gravi delitti con uso di armi o di altri mezzi di violenza personale o diretti contro l'ordine costituzionale ovvero delitti di criminalità organizzata o della stessa specie di quello per cui si procede. Se il pericolo riguarda la commissione di delitti della stessa specie di quello per cui si procede, le misure di custodia cautelare sono disposte soltanto se trattasi di delitti per i quali è prevista la pena della reclusione non inferiore nel massimo a quattro anni ovvero, in caso di custodia cautelare in carcere, di delitti per i quali è prevista la pena della reclusione non inferiore nel massimo a cinque anni nonché per il delitto di finanziamento illecito dei partiti di cui all'articolo 7 della legge 2 maggio 1974, n. 195, e successive modificazioni. Le situazioni di concreto e attuale pericolo, anche in relazione alla personalità dell'imputato, non possono essere desunte esclusivamente dalla gravità del titolo di reato per cui si procede (3).

(1) Lettera così sostituita dall'art. 3, co. 1, l. 8.8.1995, n. 332. La precedente formulazione così disponeva: «*a) quando sussistono inderogabili esigenze attinenti alle indagini, in relazione a situazioni di concreto pericolo per l'acquisizione o la genuinità della prova*».

(2) Lettera così modificata dall'art. 1, co. 1, l. 16.4.2015, n. 47. Il testo previgente così disponeva: «*b) quando l'imputato si è dato alla fuga o sussiste concreto pericolo che egli si dia alla fuga, sempre che il giudice ritenga che possa essere irrogata una pena superiore a due anni di reclusione;*».

(3) Lettera sostituita dall'art. 3, co. 2, l. 8.8.1995, n. 332 e, poi, così modificata dalla lett. 0b) del co. 1 dell'art. 1, d.l. 1.7.2013, n. 78, conv., con modif., dalla l. 9.8.2013, n. 94 e dall'art. 2, co. 1, lett. a), b) e c), l. 16.4.2015, n. 47. Il testo antecedente alla modifica disposta con l. n. 47/2015 così disponeva: «*c) quando, per specifiche modalità e circostanze del fatto e per la personalità della persona sottoposta alle indagini o dell'imputato, desunta da comportamenti o atti concreti o dai suoi precedenti penali, sussiste il concreto pericolo che questi commetta gravi delitti con uso di armi o di altri mezzi di violenza personale o diretti contro l'ordine costituzionale ovvero delitti di criminalità organizzata o della stessa specie di quello per cui si procede. Se il pericolo riguarda la commissione di delitti della stessa specie di quello per cui si procede, le misure di custodia cautelare sono disposte soltanto se trattasi di delitti per i quali è prevista la pena della reclusione non inferiore nel massimo a quattro anni ovvero, in caso di custodia cautelare in carcere, di delitti per i quali è prevista la pena della reclusione non inferiore nel massimo a cinque anni*». Il testo antecedente alla modifica disposta con d.l. n. 78/2013 così disponeva: «*c) quando, per specifiche modalità e circostanze del fatto e per la personalità della persona sottoposta alle indagini o dell'imputato, desunta da comportamenti o atti concreti o dai suoi precedenti penali, sussiste il concreto pericolo che questi commetta gravi delitti con uso di armi o di altri mezzi di violenza personale o diretti contro l'ordine costituzionale ovvero delitti di criminalità organizzata o della stessa specie di quello per cui si procede. Se il pericolo riguarda la commissione di delitti della stessa specie di quello per cui si procede, le misure di custodia cautelare sono disposte soltanto se trattasi di delitti per i quali è prevista la pena della reclusione non inferiore nel massimo a quattro anni*». Il testo antecedente alla modifica disposta con l. n. 332/1995 così disponeva: «*c) quando, per specifiche modalità e circostanze del fatto e per la personalità dell'imputato, vi è il concreto pericolo che questi commetta gravi delitti con uso di armi o di altri mezzi di violenza personale o diretti contro l'ordine costituzionale ovvero delitti di criminalità organizzata o della stessa specie di quello per cui si procede*».

275. Criteri di scelta delle misure.

1. Nel disporre le misure, il giudice tiene conto della specifica idoneità di ciascuna in relazione alla natura e al grado delle esigenze cautelari da soddisfare nel caso concreto.

1 bis. Contestualmente ad una sentenza di condanna, l'esame delle esigenze cautelari è condotto tenendo conto anche dell'esito del procedimento, delle modalità del fatto e degli elementi sopravvenuti, dai quali possa emergere che, a seguito della sentenza, risulta taluna delle esigenze indicate nell'articolo 274, comma 1, lettere b) e c) [(1)].

2. Ogni misura deve essere proporzionata all'entità del fatto e alla sanzione che sia stata o si ritiene possa essere irrogata [(2)].

2 bis. Non può essere applicata la misura della custodia cautelare in carcere o quella degli arresti domiciliari se il giudice ritiene che con la sentenza possa essere concessa la sospensione condizionale della pena. Salvo quanto previsto dal comma 3 e ferma restando l'applicabilità degli articoli 276, comma 1-*ter*, e 280, comma 3, non può applicarsi la misura della custodia cautelare in carcere se il giudice ritiene che, all'esito del giudizio, la pena detentiva irrogata non sarà superiore a tre anni. Tale disposizione non si applica nei procedimenti per i delitti di cui agli articoli 423-*bis*, 572, 612-*bis*, 612-*ter* e 624-*bis* del codice penale, nonché all'articolo 4-*bis* della legge 26 luglio 1975, n. 354, e successive modificazioni, e quando, rilevata l'inadeguatezza di ogni altra misura, gli arresti domiciliari non possano essere disposti per mancanza di uno dei luoghi di esecuzione indicati nell'articolo 284, comma 1, del presente codice. La disposizione di cui al secondo periodo non si applica, altresì, nei procedimenti per i delitti di cui agli articoli 387-*bis* e 582 nelle ipotesi aggravate ai sensi degli articoli 576, primo comma, numeri 2, 5 e 5.1, e 577, primo comma, numero 1, e secondo comma, del codice penale [(3)].

2 ter. Nei casi di condanna di appello le misure cautelari personali sono sempre disposte, contestualmente alla sentenza, quando, all'esito dell'esame condotto a norma del comma 1-*bis*, risultano sussistere esigenze cautelari previste dall'articolo 274 e la condanna riguarda uno dei delitti previsti dall'articolo 380, comma 1, e questo risulta commesso da soggetto condannato nei cinque anni precedenti per delitti della stessa indole [(4)].

3. La custodia cautelare in carcere può essere disposta soltanto quando le altre misure coercitive o interdittive, anche se applicate cumulativamente, risultino inadeguate. Quando sussistono gravi indizi di colpevolezza in ordine ai delitti di cui agli articoli 270, 270-*bis* e 416-*bis* del codice penale, è applicata la custodia cautelare in carcere, salvo che siano acquisiti elementi dai quali risulti che non sussistono esigenze cautelari Salvo quanto previsto dal secondo periodo del presente comma, quando sussistono gravi indizi di colpevolezza in ordine ai delitti di cui all'articolo 51, commi 3-*bis* e 3-*quater*, del presente codice nonché in ordine ai delitti di cui agli articoli 575, 600-*bis*, primo comma, 600-*ter*, escluso il quarto comma, 600-*quinquies* e, quando non ricorrano le circostanze attenuanti contemplate, 609-*bis*, 609-*quater* e 609-*octies* del codice penale, è applicata la custodia cautelare in carcere, salvo che siano acquisiti elementi dai quali risulti che non sussistono esigenze cautelari o che, in relazione al caso concreto, le esigenze cautelari possono essere soddisfatte con altre misure [(5)].

3 bis. Nel disporre la custodia cautelare in carcere il giudice deve indicare le specifiche ragioni per cui ritiene inidonea, nel caso concreto, la misura degli arresti domiciliari con le procedure di controllo di cui all'articolo 275-*bis*, comma 1 [(6)].

4. Quando imputati siano donna incinta o madre di prole di età non superiore a sei anni con lei convivente, ovvero padre, qualora la madre sia deceduta o assolutamente impossibilitata a dare assistenza alla prole, non può essere disposta né mantenuta la custodia cautelare in carcere, salvo che sussistano esigenze cautelari di eccezionale rilevanza. Non può essere disposta la custodia cautelare in carcere, salvo che sussistano esigenze cautelari di eccezionale rilevanza, quando imputato sia persona che ha superato l'età di settanta anni [(7)].

4 bis. Non può essere disposta né mantenuta la custodia cautelare in carcere quando l'imputato è persona affetta da AIDS conclamata o da grave deficienza immunitaria accertate ai sensi dell'articolo 286-*bis*, comma 2, ovvero da altra malattia particolarmente grave, per effetto della quale le sue condizioni di salute risultano incompatibili con lo stato di detenzione e comunque tali da non consentire adeguate cure in caso di detenzione in carcere [(8)].

4 ter. Nell'ipotesi di cui al comma 4-*bis*, se sussistono esigenze cautelari di eccezionale rilevanza e la custodia cautelare presso idonee strutture sanitarie penitenziarie non è possibile senza pregiudizio per la salute dell'imputato o di quella degli altri detenuti, il giudice dispone la misura degli arresti domiciliari presso un luogo di cura o di assistenza o di accoglienza. Se l'imputato è persona affetta da AIDS conclamata o da grave deficienza immunitaria, gli arresti domiciliari possono essere disposti presso le unità operative di malattie infettive ospedaliere ed universitarie o da altre unità operative prevalentemente impegnate secondo i piani regionali nell'assistenza ai casi di AIDS, ovvero presso una residenza collettiva o casa alloggio di cui all'articolo 1, comma 2, della legge 5 giugno 1990, n. 135 [(8)].

4 quater. Il giudice può comunque disporre la custodia cautelare in carcere qualora il soggetto risulti imputato o sia stato sottoposto ad altra misura cautelare per uno dei delitti previsti dall'articolo 380, relativamente a fatti commessi dopo l'applicazione delle misure disposte ai sensi dei commi 4-*bis* e 4-*ter*. In tal caso il giudice dispone che l'imputato venga condotto in un istituto dotato di reparto attrezzato per la cura e l'assistenza necessarie [(8)].

4 quinquies. La custodia cautelare in carcere non può comunque essere disposta o mantenuta quando la malattia si trova in una fase così avanzata da non rispondere più, secondo le certificazioni del servizio sanitario penitenziario o esterno, ai trattamenti disponibili e alle terapie curative [(8)].

[5. Non può essere disposta la custodia cautelare in carcere, salvo che sussistano esigenze cautelari di eccezionale rilevanza, quando imputata è una persona tossicodipendente o alcooldipendente che abbia in corso un programma terapeutico di recupero nell'ambito di una struttura autorizzata, e l'interruzione del programma può pregiudicare la disintossicazione dell'imputato. Con lo stesso provvedimento, o con altro successivo, il giudice stabilisce i controlli necessari per accertare che il tossicodipendente o l'alcooldipendente prosegua il programma di recupero. Le disposizioni del presente comma non si applicano nel caso in cui si procede per uno dei delitti previsti dal comma 3.] [(9)]

(1) Comma introdotto dall'art. 16, d.l. 24.11.2000, n. 341, conv. in legge, con modif., dalla l. 19.1.2001, n. 4 e, poi così sostituito dall'art. 14, l. 26.3.2001, n. 128. Il testo previgente così disponeva: «*1-bis. Nel disporre le misure diverse dalla custodia cautelare in carcere il giudice tiene conto dell'efficacia, in relazione alla natura e al grado delle esigenze cautelari da soddisfare nel caso concreto, delle possibilità di controllo delle prescrizioni imposte all'imputato*».

(2) Comma così modificato dall'art. 14, l. 26.3.2001, n. 128. Il testo previgente così disponeva: «*2. Ogni misura deve essere proporzionata all'entità del fatto e alla sanzione che si ritiene possa essere irrogata*».

(3) Comma introdotto dall'art. 4, l. 8.8.1995, n. 332, sostituito dall'art. 8, co. 1, d.l. 26.6.2014, n. 92, conv., con modif., dalla l. 11.8.2014, n. 117, e, poi, così modificato dall'art. 16, co. 1, l. 19.7.2019, n. 69, a decorrere dal 9.8.2019, e dall'art. 13, co. 1, lett. a), l. 24.11.2023, n. 168, a decorrere dal 9.12.2023.
Il testo antecedente alla modifica disposta nel 2023 così disponeva: «2-bis. *Non può essere applicata la misura della custodia cautelare in carcere o quella degli arresti domiciliari se il giudice ritiene che con la sentenza possa essere concessa la sospensione condizionale della pena. Salvo quanto previsto dal comma 3 e ferma restando l'applicabilità degli articoli 276, comma 1-ter, e 280, comma 3, non può applicarsi la misura della custodia cautelare in carcere se il giudice ritiene che, all'esito del giudizio, la pena detentiva irrogata non sarà superiore a tre anni. Tale disposizione non si applica nei procedimenti per i delitti di cui agli articoli 423-*bis*, 572, 612-*bis*, 612-*ter *e 624-bis del codice penale, nonché all'articolo *4-bis* della legge 26.07.1975, n. 354, e successive modificazioni, e quando, rilevata l'inadeguatezza di ogni altra misura, gli arresti domiciliari non possano essere disposti per mancanza di uno dei luoghi di esecuzione indicati nell'articolo 284, comma 1, del presente codice*».
Il testo antecedente alla modifica disposta con l. n. 69/2019 così disponeva: «2-bis. *Non può essere applicata la misura della custodia cautelare in carcere o quella degli arresti domiciliari se il giudice ritiene che con la sentenza possa essere concessa la sospensione condizionale della pena. Salvo quanto previsto dal comma 3 e ferma restando l'applicabilità degli articoli 276, comma 1-*ter*, e 280, comma 3, non può applicarsi la misura della custodia cautelare in carcere se il giudice ritiene che, all'esito del giudizio, la pena detentiva irrogata non sarà superiore a tre anni. Tale disposizione non si applica nei procedimenti per i delitti di cui agli articoli 423-*bis*, 572, 612-*bis *e 624-*bis *del codice penale, nonché all'articolo *4-bis *della legge 26.07.1975, n. 354, e successive modificazioni, e quando, rilevata l'inadeguatezza di ogni altra misura, gli arresti domiciliari non possano essere disposti per mancanza di uno dei luoghi di esecuzione indicati nell'articolo 284, comma 1, del presente codice*». Il testo antecedente alla modifica del 2014 così disponeva: «2-bis. *Non può essere applicata la misura della custodia cautelare in carcere o quella degli arresti domiciliari se il giudice ritiene che con la sentenza possa essere concessa la sospensione condizionale della pena. Non può applicarsi la misura della custodia cautelare in carcere se il giudice ritiene che, all'esito del giudizio, la pena detentiva da eseguire non sarà superiore a tre anni*». Il testo antecedente alla sostituzione disposta con d.l. n. 92/2014 così disponeva: «*Non può essere disposta la misura della custodia cautelare se il giudice ritiene che con la sentenza possa essere concessa la sospensione condizionale della pena*».

(4) Comma introdotto dall'art. 14, l. 26.3.2001, n. 128.

(5) Comma da ultimo sostituito dall'art. 5, l. 8.8.1995, n. 332 e, poi, così modificato dalle lett. a) e a bis) del co. 1 dell'art. 2, d.l. 23.2.2009, n. 11, conv. in legge, con modif., dalla l. 23.4.2009, n. 38 e dagli artt. 3, co. 1, e 4, co. 1 e 2, l. 16.4.2015, n. 47. Il testo antecedente alla modifica disposta con l. n. 47/2015 così disponeva: «*3. La custodia cautelare in carcere può essere disposta soltanto quando ogni altra misura risulti inadeguata. Quando sussistono gravi indizi di colpevolezza in ordine ai delitti di cui all'articolo 51, commi 3-*bis *e 3-*quater*, nonché in ordine ai delitti di cui agli articoli 575, 600-*bis*, primo comma, 600-*ter*, escluso il quarto comma, e 600-*quinquies *del codice penale, è applicata la custodia cautelare in carcere, salvo che siano acquisiti elementi dai quali risulti che non sussistono esigenze cautelari. Le disposizioni di cui al periodo precedente si applicano anche in ordine ai delitti previsti dagli articoli 609-*bis*, 609-*quater *e 609-*octies *del codice penale, salvo che ricorrano le circostanze attenuanti dagli stessi contemplate*». Di tale formulazione, la Corte cost., con sent. 21.7.2010, n. 265, ha dichiarato l'illegittimità del secondo e terzo periodo, come modificato dall'art. 2, d.l. 23.2.2009, n. 11, conv., con modif., dalla l. 23.4.2009, n. 38, nella parte in cui – nel prevedere che, quando sussistono gravi indizi di colpevolezza in ordine ai delitti di cui agli artt. 600 bis, co. 1, 609 bis e 609 quater c.p., è applicata la custodia cautelare in carcere, salvo che siano acquisiti

elementi dai quali risulti che non sussistono esigenze cautelari – non fa salva, altresì, l'ipotesi in cui siano acquisiti elementi specifici, in relazione al caso concreto, dai quali risulti che le esigenze cautelari possono essere soddisfatte con altre misure. Con sent. 12.5.2011, n. 164, la Corte cost. ha dichiarato l'illegittimità del secondo e terzo periodo, come modificato dal suddetto art. 2, d.l. 23.2.2009, n. 11, conv., con modif., dalla l. 23.4.2009, n. 38, nella parte in cui – nel prevedere che, quando sussistono gravi indizi di colpevolezza in ordine al delitto di cui all'art. 575 c.p., è applicata la custodia cautelare in carcere, salvo che siano acquisiti elementi dai quali risulti che non sussistono esigenze cautelari – non fa salva, altresì, l'ipotesi in cui siano acquisiti elementi specifici, in relazione al caso concreto, dai quali risulti che le esigenze cautelari possono essere soddisfatte con altre misure; con sent. 19-22.7.2011, n. 231, ha dichiarato l'illegittimità del secondo periodo, come modificato dall'art. 2 del d.l. 23.2.2009, n. 11, conv., con modif., dalla l. 23.4.2009, n. 38, nella parte in cui – nel prevedere che, quando sussistono gravi indizi di colpevolezza in ordine al delitto di cui all'art. 74 del d.P.R. 9.10.1990, n. 309, è applicata la custodia cautelare in carcere, salvo che siano acquisiti elementi dai quali risulti che non sussistono esigenze cautelari – non fa salva, altresì, l'ipotesi in cui siano acquisiti elementi specifici, in relazione al caso concreto, dai quali risulti che le esigenze cautelari possono essere soddisfatte con altre misure; con sent. 18.4.-3.5.2012, n. 110, ha dichiarato l'illegittimità del secondo periodo, come modificato dall'art. 2, co. 1, d.l. 23.2.2009, n. 11, conv., con modif., dalla l. 23.4.2009, n. 38, nella parte in cui – nel prevedere che, quando sussistono gravi indizi di colpevolezza in ordine al delitto di cui all'art. 416 c.p., realizzato allo scopo di commettere i delitti previsti dagli artt. 473 e 474 c.p., è applicata la custodia cautelare in carcere, salvo che siano acquisiti elementi dai quali risulti che non sussistono esigenze cautelari – non fa salva, altresì, l'ipotesi in cui siano acquisiti elementi specifici, in relazione al caso concreto, dai quali risulti che le esigenze cautelari possono essere soddisfatte con altre misure; con sent. 25-29.3.2013, n. 57, ha dichiarato l'illegittimità del secondo periodo, come modificato dall'art. 2, co. 1, d.l. 23.2.2009, n. 11, conv., con modif., dalla l. 23.4.2009, n. 38, nella parte in cui – nel prevedere che, quando sussistono gravi indizi di colpevolezza in ordine ai delitti commessi avvalendosi delle condizioni previste dall'art. 416 bis c.p. ovvero al fine di agevolare l'attività delle associazioni previste dallo stesso articolo, è applicata la custodia cautelare in carcere, salvo che siano acquisiti elementi dai quali risulti che non sussistono esigenze cautelari – non fa salva, altresì, l'ipotesi in cui siano acquisiti elementi specifici, in relazione al caso concreto, dai quali risulti che le esigenze cautelari possono essere soddisfatte con altre misure; con sent. 3-18.7.2013, n. 213, ha dichiarato l'illegittimità del secondo periodo, come modificato dall'art. 2 del d.l. 23.2.2009, n. 11, conv., con modif., dalla l. 23.4.2009, n. 38, nella parte in cui – nel prevedere che, quando sussistono gravi indizi di colpevolezza in ordine al delitto di cui all'art. 630 c.p., è applicata la custodia cautelare in carcere, salvo che siano acquisiti elementi dai quali risulti che non sussistono esigenze cautelari – non fa salva, altresì, l'ipotesi in cui siano acquisiti elementi specifici, in relazione al caso concreto, dai quali risulti che le esigenze cautelari possono essere soddisfatte con altre misure; con sent. 16-23.7.2013, n. 232, ha dichiarato l'illegittimità del terzo periodo, come modificato dall'art. 2 del d.l. 23.2.2009, n. 11, conv., con modif., dalla l. 23.4.2009, n. 38, nella parte in cui – nel prevedere che, quando sussistono gravi indizi di colpevolezza in ordine al delitto di cui all'art. 609 octies c.p., è applicata la custodia cautelare in carcere, salvo che siano acquisiti elementi dai quali risulti che non sussistono esigenze cautelari – non fa salva, altresì, l'ipotesi in cui siano acquisiti elementi specifici, in relazione al caso concreto, dai quali risulti che le esigenze cautelari possono essere soddisfatte con altre misure; con sent. 25.2-26.3.2015, n. 48, ha dichiarato l'illegittimità del secondo periodo, nella parte in cui – nel prevedere che, quando sussistono gravi indizi di colpevolezza in ordine al delitto di cui all'art. 416 bis c.p., è applicata custodia cautelare in carcere, salvo che siano acquisiti elementi dai quali risulti che non sussistono esigenze cautelari – non fa salva, altresì, rispetto al concorrente esterno nel suddetto delitto, l'ipotesi in cui siano acquisiti elementi specifici, in relazione al caso concreto, dai quali risulti che le esigenze cautelari possono essere soddisfatte con altre misure. Il testo antecedente alle modifiche disposte con legge di conversione n. 38/2009 così disponeva: «*3. La custodia cautelare in carcere può essere disposta soltanto quando ogni altra misura risulti inadeguata. Quando sussistono gravi indizi di colpevolezza in ordine ai delitti di cui all'articolo 51, commi 3-*bis *e 3-*quater, *nonché in ordine ai delitti di cui agli articoli 575, 600-*bis, *primo comma, 600-*ter, *escluso il quarto comma, 600-*quinquies, *609-*bis, *escluso il caso previsto dal terzo comma, 609-*quater *e 609-*octies *del codice penale, è applicata la custodia cautelare in carcere, salvo che siano acquisiti elementi dai quali risulti che non sussistono esigenze cautelari*». Il testo di questo comma in vigore prima delle modifiche disposte dal d.l. 23.2.2009, n. 11 così disponeva: «*3. La custodia cautelare in carcere può essere disposta soltanto quando ogni altra misura risulti inadeguata. Quando sussistono gravi indizi di colpevolezza in ordine ai delitti di cui all'articolo 416-*bis *del codice penale o ai delitti commessi avvalendosi delle condizioni previste dal predetto articolo 416-*bis *ovvero al fine di agevolare l'attività delle associazioni previste dallo stesso articolo è applicata la custodia cautelare in carcere, salvo che siano acquisiti elementi dai quali risulti che non sussistono esigenze cautelari*».

(6) Comma introdotto dall'art. 4, co. 3, l. 16.4.2015, n. 47.

(7) Comma prima sostituito dall'art. 1, co. 1 bis, d.l. 9.9.1991, n. 292 e dall'art. 5, l. 8.8.1995, n. 332, poi modificato dall'art. 1, l. 12.7.1999, n. 231 e, infine, così sostituito dal co. 1 dell'art. 1, l. 21.4.2011, n. 62. Il testo antecedente alle modifiche disposte dalla l. 12.7.1999, n. 231 così disponeva: «*4. Non può essere disposta la custodia cautelare in carcere, salvo che sussistano esigenze cautelari di eccezionale rilevanza, quando imputati siano donna incinta o madre di prole di età inferiore a tre anni con lei convivente, ovvero padre, qualora la madre sia deceduta o assolutamente impossibilitata a dare assistenza alla prole, ovvero persona che ha superato l'età di settanta anni o che si trovi in condizioni di salute particolarmente gravi incompatibili con lo stato di detenzione e comunque tali da non consentire adeguate cure in caso di detenzione in carcere*». Il testo antecedente alla sostituzione disposta dalla l. 8.8.1995, n. 332 così disponeva: «*4. Non può essere disposta la custodia cautelare in carcere, salvo che sussistano esigenze cautelari di eccezionale rilevanza, quando imputata è una persona incinta o che allatta la propria prole o che ha oltrepassato l'età di settanta anni, ovvero una persona che si trova in condizioni di salute particolarmente gravi che non consentono le cure necessarie in stato di detenzione*».

(8) Comma introdotto dall'art. 1, l. 12.7.1999, n. 231.

(9) L'ultimo periodo di questo comma è stato aggiunto dall'art. 1, co. 1 ter, d.l. 9.9.1991, n. 292. L'intero comma è stato poi abrogato dall'art. 5, d.l. 14.5.1993, n. 139.

275 bis. Particolari modalità di controllo [(1)].

1. Nel disporre la misura degli arresti domiciliari anche in sostituzione della custodia cautelare in carcere, il giudice, salvo che le ritenga non necessarie in relazione alla natura e al grado delle esigenze cautelari da soddisfare nel caso concreto, prescrive procedure di controllo mediante mezzi elettronici o altri strumenti tecnici, previo accertamento della relativa fattibilità tecnica da parte della polizia giudiziaria. Con lo stesso provvedimento il giudice prevede l'applicazione della misura della custodia cautelare in carcere qualora l'imputato neghi il consenso all'adozione dei mezzi e strumenti anzidetti [(2)].

2. L'imputato accetta i mezzi e gli strumenti di controllo di cui al comma 1 ovvero nega il consenso all'applicazione di essi, con dichiarazione espressa resa all'ufficiale o all'agente incaricato di eseguire l'ordinanza che ha disposto la misura. La dichiarazione è trasmessa al giudice che ha emesso l'ordinanza ed al pubblico ministero, insieme con il verbale previsto dall'articolo 293, comma 1.

3. L'imputato che ha accettato l'applicazione dei mezzi e strumenti di cui al comma 1 è tenuto ad agevolare le procedure di installazione e ad osservare le altre prescrizioni impostegli.

(1) Articolo introdotto dall'art. 16, d.l. 24.11.2000, n. 341, conv., con modif., dalla l. 19.1.2001, n. 4.

(2) Comma così modificato dall'art. 1, co. 1, lett. a), d.l. 23.12.2013, n. 146, conv., con modif., dalla l. 21.2.2014, n. 10. Questo comma è, poi, stato così modificato dall'art. 12, co. 1, lett. a), l. 24.24.2023, n. 168, a decorrere dal 9.12.2023. Il testo antecedente alla modifica disposta nel 2023 così disponeva: «*Nel disporre la misura degli arresti domiciliari anche in sostituzione della custodia cautelare in carcere, il giudice, salvo che le ritenga non necessarie in relazione alla natura e al grado delle esigenze cautelari da soddisfare nel caso concreto, prescrive procedure di controllo mediante mezzi elettronici o altri strumenti tecnici, quando ne abbia accertato la disponibilità da parte della polizia giudiziaria. Con lo stesso provvedimento il giudice prevede l'applicazione della misura della custodia cautelare in carcere qualora l'imputato neghi il consenso all'adozione dei mezzi e strumenti anzidetti.*».

276. Provvedimenti in caso di trasgressione alle prescrizioni imposte.

1. In caso di trasgressione alle prescrizioni inerenti a una misura cautelare [281, 282, 283, 284, 288, 289, 290], il giudice può disporre la sostituzione o il cumulo con altra più grave, tenuto conto dell'entità, dei motivi e delle circostanze della violazione. Quando si tratta di trasgressione alle prescrizioni inerenti a una misura interdittiva [287], il giudice può disporre la sostituzione o il cumulo anche con una misura coercitiva.

1 bis. Quando l'imputato si trova nelle condizioni di cui all'articolo 275, comma 4-*bis*, e nei suoi confronti è stata disposta misura diversa dalla custodia cautelare in carcere, il giudice, in caso di trasgressione delle prescrizioni inerenti alla diversa misura cautelare, può disporre anche la misura della custodia cautelare in carcere. In tal caso il giudice dispone che l'imputato venga condotto in un istituto dotato di reparto attrezzato per la cura e l'assistenza necessarie (1).

1 ter. In deroga a quanto previsto nel comma 1, in caso di trasgressione alle prescrizioni degli arresti domiciliari concernenti il divieto di allontanarsi dalla propria abitazione o da altro luogo di privata dimora, il giudice dispone la revoca della misura e la sostituzione con la custodia cautelare in carcere, salvo che il fatto sia di lieve entità (2).

(1) Comma introdotto dall'art. 2, l. 12.7.1999, n. 231.

(2) Comma introdotto dall'art. 16, d.l. 24.11.2000, n. 341, conv. in legge, con modif., dalla l. 19.1.2001, n. 4 e, poi, così sostituito dall'art. 5, co. 1, l. 16.4.2015, n. 47 e, successivamente, così modificato dall'art. 12, co. 1, lett. b), l. 24.12.2023, n. 168, a decorrere dal 9.12.2023.
Il testo antecedente alla modifica disposta con l. 168/2023 così disponeva: «*In deroga a quanto previsto nel comma 1, in caso di trasgressione alle prescrizioni degli arresti domiciliari concernenti il divieto di allontanarsi dalla propria abitazione o da altro luogo di privata dimora, il giudice dispone la revoca della misura e la sostituzione con la custodia cautelare in carcere, salvo che il fatto sia di lieve entità.*». Il testo antecedente alla sostituzione disposta con l. n. 47/2015 così disponeva: «*1-ter. In deroga a quanto previsto nel comma 1, in caso di trasgressione alle prescrizioni degli arresti domiciliari concernenti il divieto di non allontanarsi dalla propria abitazione o da altro luogo di privata dimora, il giudice dispone la revoca della misura e la sua sostituzione con la custodia cautelare in carcere*».

277. Salvaguardia dei diritti della persona sottoposta a misure cautelari.

1. Le modalità di esecuzione delle misure devono salvaguardare i diritti della persona ad esse sottoposta, il cui esercizio non sia incompatibile con le esigenze cautelari del caso concreto.

278. Determinazione della pena agli effetti dell'applicazione delle misure (1).

1. Agli effetti dell'applicazione delle misure, si ha riguardo alla pena stabilita dalla legge per ciascun reato consumato o tentato [c.p. 56]. Non si tiene conto della continuazione [c.p. 81], della recidiva [c.p. 99] e delle circostanze del reato [c.p. 59-70, 118-199], fatta eccezione della circostanza aggravante prevista al numero 5) dell'articolo 61 del codice penale e della circostanza attenuante prevista dall'articolo 62 n. 4 del codice penale nonché delle circostanze per le quali la legge stabilisce una pena di specie diversa da quella ordinaria del reato e di quelle ad effetto speciale [4, 379; c.p. 63, comma 3]. [Della recidiva si tiene conto nel caso previsto dall'articolo 99 comma 4 del codice penale, se ricorrono congiuntamente le circostanze indicate nel comma 2 numeri 1) e 2) dello stesso articolo].

(1) Articolo così modificato dall'art. 2, d.l. 1.3.1991, n. 60, conv., con modif., in l. 22.4.1991, n. 133, dall'art. 6, l. 8.8.1995, n. 332 e dall'art. 4, l. 26.3.2001, n. 128. Il testo antecedente alla modifica disposta dalla l. n. 128/2001 così disponeva: «*Determinazione della pena agli effetti dell'applicazione delle misure. – 1. Agli effetti dell'applicazione delle misure, si ha riguardo alla pena stabilita dalla legge per ciascun reato consumato o tentato. Non si tiene conto della continuazione, della recidiva e delle circostanze del reato, fatta eccezione della circostanza attenuante prevista dall'articolo 62 n. 4 del codice penale nonché delle circostanze per le quali la legge stabilisce una pena di specie diversa da quella ordinaria del reato e di quelle ad effetto speciale*». Il testo antecedente alla modifica disposta dalla l. n. 332/1995 così disponeva: «*Determinazione della pena agli effetti dell'applicazione delle misure. – 1. Agli effetti dell'applicazione delle misure, si ha riguardo alla pena stabilita dalla legge per ciascun reato consumato o tentato. Non si tiene conto della continuazione e delle circostanze del reato, fatta eccezione della circostanza attenuante prevista dall'articolo 62 n. 4 del codice penale nonché delle circostanze aggravanti per le quali la legge stabilisce una pena di specie diversa da quella ordinaria del reato e di quelle ad effetto speciale. Della recidiva si tiene conto nel caso previsto dall'articolo 99 comma 4 del codice penale, se ricorrono congiuntamente le circostanze indicate nel comma 2 numeri 1) e 2) dello stesso articolo*».

279. Giudice competente.

1. Sull'applicazione e sulla revoca delle misure nonché sulle modifiche delle loro modalità esecutive, provvede il giudice che procede [27]. Prima dell'esercizio dell'azione penale provvede il giudice per le indagini preliminari [328].

Capo II
Misure coercitive

280. Condizioni di applicabilità delle misure coercitive (1).

1. Salvo quanto disposto dai commi 2 e 3 del presente articolo e dall'art. 391, le misure previste in questo capo possono essere applicate solo quando si procede per delitti per i quali la legge stabilisce la pena dell'ergastolo o della reclusione superiore nel massimo a tre anni.

2. La custodia cautelare in carcere può essere disposta solo per delitti, consumati o tentati, per i quali sia prevista la pena della reclusione non inferiore nel massimo a cinque anni e per il delitto di finanziamento illecito dei partiti di cui all'articolo 7 della legge 2 maggio 1974, n. 195, e successive modificazioni (2).

3. La disposizione di cui al comma 2 non si applica nei confronti di chi abbia trasgredito alle prescrizioni inerenti ad una misura cautelare.

3 bis. Le disposizioni del presente articolo non si applicano nei procedimenti per i delitti di cui agli articoli 387-*bis* e 582, nelle ipotesi aggravate ai sensi degli articoli 576, primo comma, numeri 2, 5 e 5.1, e 577, primo comma, numero 1, e secondo comma, del codice penale (3).

(1) Articolo così sostituito dall'art. 7, l. 8.8.1995, n. 332.
(2) Comma così modificato dalla lett. a) del co. 1 dell'art. 1, d.l. 1.7.2013, n. 78, conv., con modif., dalla l. 9.8.2013, n. 94. Il testo previgente così disponeva: «*2. La custodia cautelare in carcere può essere disposta solo per delitti, consumati o tentati, per i quali sia prevista la pena della reclusione non inferiore nel massimo a quattro anni*».
(3) Comma introdotto dall'art. 13, co. 1, lett. b), l. 24.11.2023, n. 168, a decorrere dal 9.12.2023.

281. Divieto di espatrio.

1. Con il provvedimento che dispone il divieto di espatrio, il giudice prescrive all'imputato di non uscire dal territorio nazionale senza l'autorizzazione del giudice che procede.

2. Il giudice dà le disposizioni necessarie per assicurare l'esecuzione del provvedimento, anche al fine di impedire l'utilizzazione del passaporto e degli altri documenti di identità validi per l'espatrio.

2 bis. Con l'ordinanza che applica una delle altre misure coercitive previste dal presente capo, il giudice dispone in ogni caso il divieto di espatrio (1) (2).

(1) Comma introdotto dall'art. 9, d.l. 8.6.1992, n. 306, conv., con modif., in l. 7.8.1992, n. 356, recante modifiche urgenti al nuovo codice di procedura penale e provvedimenti di contrasto alla criminalità mafiosa.
(2) La Corte cost., con sent. 31.3.1994, n. 109, ha dichiarato l'illegittimità costituzionale dell'art. 281, co. 2 bis, c.p.p.

282. Obbligo di presentazione alla polizia giudiziaria.

1. Con il provvedimento che dispone l'obbligo di presentazione alla polizia giudiziaria, il giudice prescrive all'imputato di presentarsi a un determinato ufficio di polizia giudiziaria.

2. Il giudice fissa i giorni e le ore di presentazione tenendo conto dell'attività lavorativa e del luogo di abitazione dell'imputato.

282 bis. Allontanamento dalla casa familiare (1).

1. Con il provvedimento che dispone l'allontanamento il giudice prescrive all'imputato di lasciare immediatamente la casa familiare, ovvero di non farvi rientro, e di non accedervi senza l'autorizzazione del giudice che procede. L'eventuale autorizzazione può prescrivere determinate modalità di visita.

2. Il giudice, qualora sussistano esigenze di tutela dell'incolumità della persona offesa o dei suoi prossimi congiunti, può inoltre prescrivere all'imputato di non avvicinarsi a luoghi determinati abitualmente frequentati dalla persona offesa, in particolare il luogo di lavoro, il domicilio della famiglia di origine o dei prossimi congiunti, salvo che la frequentazione sia necessaria per motivi di lavoro. In tale ultimo caso il giudice prescrive le relative modalità e può imporre limitazioni.

3. Il giudice, su richiesta del pubblico ministero, può altresì ingiungere il pagamento periodico di un assegno a favore delle persone conviventi che, per effetto della misura cautelare disposta, rimangano prive di mezzi adeguati. Il giudice determina la misura dell'assegno tenendo conto delle circostanze e dei redditi dell'obbligato e stabilisce le modalità ed i termini del versamento. Può ordinare, se necessario, che l'assegno sia versato direttamente al beneficiario da parte del datore di lavoro dell'obbligato, detraendolo dalla retribuzione a lui spettante. L'ordine di pagamento ha efficacia di titolo esecutivo.

4. I provvedimenti di cui ai commi 2 e 3 possono essere assunti anche successivamente al provvedimento di cui al comma 1, sempre che questo non sia stato revocato o non abbia comunque perduto efficacia. Essi, anche se assunti successivamente, perdono efficacia se è revocato o perde comunque efficacia il provvedimento di cui al comma 1. Il provvedimento di cui al comma 3, se a favore del coniuge o dei figli, perde efficacia, inoltre, qualora sopravvenga l'ordinanza prevista dall'articolo 708 del codice di procedura civile ovvero altro provvedimento del giudice civile in ordine ai rapporti economico-patrimoniali tra i coniugi ovvero al mantenimento dei figli (2).

5. Il provvedimento di cui al comma 3 può essere modificato se mutano le condizioni dell'obbligato o del beneficiario, e viene revocato se la convivenza riprende.

6. Qualora si proceda per uno dei delitti previsti dagli articoli 570, 571, 572, 575, nell'ipotesi di delitto tentato, 582, limitatamente alle ipotesi procedibili d'ufficio o comunque aggravate, 583-*quinquies*,600, 600-*bis*, 600-*ter*, 600-*quater*, 600-*septies*.1, 600-*septies*.2, 601, 602, 609-*bis*, 609-*ter*, 609-*quater*, 609-*quinquies*, 609-*octies* e 612, secondo comma, 612-*bis*, del codice penale, commesso in danno dei prossimi congiunti o del convivente, la misura può essere disposta anche al di fuori dei limiti di pena previsti dall'articolo 280, con le modalità di controllo previste dall'articolo 275-*bis* e con la prescrizione di mantenere una determinata distanza, comunque non inferiore a cinquecento metri, dalla casa familiare e da altri luoghi determinati abitualmente frequentati dalla persona offesa, salvo che la frequentazione sia necessaria per motivi di lavoro. In tale caso, il giudice prescrive le relative modalità e può imporre limitazioni. Con lo stesso provvedimento che dispone l'allontanamento, il giudice prevede l'applicazione, anche congiunta, di una misura più grave qualora l'imputato neghi il consenso all'adozione delle modalità di controllo anzidette. Qualora l'organo delegato per l'esecuzione accerti la non fattibilità tecnica delle predette modalità di controllo, il giudice impone l'applicazione, anche congiunta, di ulteriori misure cautelari anche più gravi [3].

(1) Articolo introdotto dall'art. 1, l. 4.4.2001, n. 154.

(2) Comma così modificato dall'art. 5, co. 2, d.lgs. 10.10.2022, n. 149, a decorrere dal 18.10.2022, ai sensi di quanto disposto dall'art. 52, co. 1, del medesimo d.lgs. n. 149/2022. A norma degli artt. 35, co. 1, e 36, co. 1, del d.lgs. n. 149/2022, come modificati dall'art. 1, co. 380, lett. a) e b), l. 29.12.2022, n. 197, le disposizioni dello stesso d.lgs. n. 149/2022 hanno effetto e si applicano a decorrere dal 28.2.2023.
Il testo previgente così disponeva: «*4. I provvedimenti di cui ai commi 2 e 3 possono essere assunti anche successivamente al provvedimento di cui al comma 1, sempre che questo non sia stato revocato o non abbia comunque perduto efficacia. Essi, anche se assunti successivamente, perdono efficacia se è revocato o perde comunque efficacia il provvedimento di cui al comma 1. Il provvedimento di cui al comma 3, se a favore del coniuge o dei figli, perde efficacia, inoltre, qualora sopravvenga l'ordinanza prevista dall'articolo 708 del codice di procedura civile ovvero altro provvedimento del giudice civile in ordine ai rapporti economico-patrimoniali tra i coniugi ovvero al mantenimento dei figli.*».

(3) Comma così modificato dalla lett. b) del co. 1 dell'art. 5, l. 1.10.2012, n. 172, dalla lett. a) del co. 1 dell'art. 2, d.l. 14.8.2013, n. 93, conv., con modif., dalla l. 15.10.2013, n. 119 e, poi, dall'art. 16, co. 1, d.l. 4.10.2018, n. 113, conv., con modif., dalla l. 1.12.2018, n. 132, a decorrere dal 5.10.2018. Infine, questo comma è stato così modificato dall'art. 12, co. 1, lett. c), nn. 1), 2), 3) e 4), l. 24.11.2023, n. 168, a decorrere dal 9.12.2023.
Il testo antecedente alle modifiche disposte con l. 168/2023 così disponeva: «*Qualora si proceda per uno dei delitti previsti dagli articoli 570, 571, 572, 582, limitatamente alle ipotesi procedibili d'ufficio o comunque aggravate, 600, 600-*bis*, 600-*ter*, 600-*quater*, 600-*septies*.1, 600-*septies*.2, 601, 602, 609-*bis*, 609-*ter*, 609-*quater*, 609-*quinquies*, 609-*octies* e 612, secondo comma, 612-*bis*, del codice penale, commesso in danno dei prossimi congiunti o del convivente, la misura può essere disposta anche al di fuori dei limiti di pena previsti dall'articolo 280, anche con le modalità di controllo previste all'articolo 275-*bis*.*».
Il testo di questo comma prima delle modifiche disposte dal suddetto d.l. n. 113/2018 così disponeva: «*6. Qualora si proceda per uno dei delitti previsti dagli articoli 570, 571, 582, limitatamente alle ipotesi procedibili d'ufficio o comunque aggravate, 600, 600-*bis*, 600-*ter*, 600-*quater*, 600*septies*.1, 600*septies*.2, 601, 602, 609-*bis*, 609-*ter*, 609-*quater*, 609-*quinquies*, 609-*octies* e 612, secondo comma, del codice penale, commesso in danno dei prossimi congiunti o del convivente, la misura può essere disposta anche al di fuori dei limiti di pena previsti dall'articolo 280, anche con le modalità di controllo previste all'articolo 275-*bis*». Il testo antecedente alla modifica disposta con d.l. n. 93/2013 così disponeva: «*Qualora si proceda per uno dei delitti previsti dagli articoli 570, 571, 600, 600-*bis*, 600-*ter*, 600-*quater*, 600*septies*.1, 600*septies*.2, 601, 602, 609-*bis*, 609-*ter*, 609-*quater*, 609-*quinquies* e 609-*octies* del codice penale, commesso in danno dei prossimi congiunti o del convivente, la misura può essere disposta anche al di fuori dei limiti di pena previsti dall'articolo 280*».
Il testo antecedente alla modifica disposta con l. n. 172/2012 così disponeva: «*Qualora si proceda per uno dei delitti previsti dagli articoli 570, 571, 600-*bis*, 600-*ter*, 600-*quater*, 609-*bis*, 609-*ter*, 609-*quater*, 609-*quinquies* e 609-*octies* del codice penale, commesso in danno dei prossimi congiunti o del convivente, la misura può essere disposta anche al di fuori dei limiti di pena previsti dall'articolo 280*».

282 ter. Divieto di avvicinamento ai luoghi frequentati dalla persona offesa [1].

1. Con il provvedimento che dispone il divieto di avvicinamento il giudice prescrive all'imputato di non avvicinarsi a luoghi determinati abitualmente frequentati dalla persona offesa ovvero di mantenere una determinata distanza, comunque non inferiore a cinquecento metri, da tali luoghi o dalla persona offesa, disponendo l'applicazione delle particolari modalità di controllo previste dall'articolo 275-*bis*. Nei casi di cui all'articolo 282-*bis*, comma 6, la misura può essere disposta anche al di fuori dei limiti di pena previsti dall'articolo 280. Con lo stesso provvedimento che dispone il divieto di avvicinamento il giudice prevede l'applicazione, anche congiunta, di una misura più grave qualora l'imputato neghi il consenso all'adozione delle modalità di controllo previste dall'articolo 275-*bis*. Qualora l'organo delegato per l'esecuzione accerti la non fattibilità tecnica delle predette modalità di controllo, il giudice impone l'applicazione, anche congiunta, di ulteriori misure cautelari anche più gravi [2].

2. Qualora sussistano ulteriori esigenze di tutela, il giudice può prescrivere all'imputato di non avvicinarsi a luoghi determinati abitualmente frequentati da prossimi congiunti della persona offesa o da persone con questa conviventi o comunque legate da relazione affettiva ovvero di mantenere una determinata distanza, comunque non inferiore a cinquecento metri, da tali luoghi o da tali persone, disponendo l'applicazione delle particolari modalità di controllo previste dall'articolo 275-*bis* [3].

3. Il giudice può, inoltre, vietare all'imputato di comunicare, attraverso qualsiasi mezzo, con le persone di cui ai commi 1 e 2.

4. Quando la frequentazione dei luoghi di cui ai commi 1 e 2 sia necessaria per motivi di lavoro ovvero per esigenze abitative, il giudice prescrive le relative modalità e può imporre limitazioni.

(1) Articolo introdotto dalla lett. a) del co. 1 dell'art. 9, d.l. 23.2.2009, n. 11, conv. in legge, con modif., dalla l. 23.4.2009, n. 38.

(2) Comma modificato dall'art. 15, co. 2, l. 19.7.2019, n. 69, a decorrere dal 9.8.2019, e poi così sostituito dall'art. 12, co. 1, lett. d), n. 1), l. 24.11.2023, n. 168, a decorrere dal 9.12.2023.
Il testo antecedente alla modifica disposta con l. n. 168/2023 così disponeva: «*Con il provvedimento che dispone il divieto di avvicinamento il giudice prescrive all'imputato di non avvicinarsi a luoghi determinati abitualmente frequentati dalla persona offesa ovvero di mantenere una determinata distanza da tali luoghi o dalla persona offesa, anche disponendo l'applicazione delle particolari modalità di controllo previste dall'articolo 275-*bis*.*».

(3) Comma così modificato dall'art. 12, co. 1, lett. d), n. 2) l. 24.11.2023, n. 168, a decorrere dal 9.12.2023.
Il testo antecedente alla modifica disposta con l. n. 168/2023 così disponeva: «*Qualora sussistano ulteriori esigenze di tutela, il giudice può prescrivere all'imputato di non avvicinarsi a luoghi determinati abitualmente frequentati da prossimi congiunti della persona offesa o da persone con questa conviventi o comunque legate da relazione affettiva ovvero di mantenere una determinata distanza da tali luoghi o da tali persone.*».

282 quater. Obblighi di comunicazione [1].

1. I provvedimenti di cui agli articoli 282-*bis* e 282-

ter sono comunicati all'autorità di pubblica sicurezza competente, ai fini dell'eventuale adozione dei provvedimenti in materia di armi e munizioni. Essi sono altresì comunicati alla parte offesa e, ove nominato, al suo difensore e ai servizi socio-assistenziali del territorio. Quando l'imputato si sottopone positivamente ad un programma di prevenzione della violenza organizzato dai servizi socio-assistenziali del territorio, il responsabile del servizio ne dà comunicazione al pubblico ministero e al giudice ai fini della valutazione ai sensi dell'articolo 299, comma 2 [(2)].

1 bis. Con la comunicazione prevista dal comma 1, la persona offesa è informata della facoltà di richiedere l'emissione di un ordine di protezione europeo [(3)].

(1) Articolo introdotto dalla lett. a) del co. 1 dell'art. 9, d.l. 23.2.2009, n. 11, conv. in legge, con modif., dalla l. 23.4.2009, n. 38.

(2) Comma così modificato dall'art. 2, co. 1, lett. a bis), d.l. 14.8.2013, n. 93, conv., con modif., dalla l. 15.10.2013, n. 119, e, poi, dall'art. 15, co. 3, l. 19.7.2019, n. 69, a decorrere dal 9.8.2019. Il testo antecedente alla modifica disposta con l. n. 69/2019 così disponeva: «*1. I provvedimenti di cui agli articoli 282-*bis *e 282-*ter *sono comunicati all'autorità di pubblica sicurezza competente, ai fini dell'eventuale adozione dei provvedimenti in materia di armi e munizioni. Essi sono altresì comunicati alla parte offesa e ai servizi socio-assistenziali del territorio. Quando l'imputato si sottopone positivamente ad un programma di prevenzione della violenza organizzato dai servizi socio-assistenziali del territorio, il responsabile del servizio ne dà comunicazione al pubblico ministero e al giudice ai fini della valutazione ai sensi dell'articolo 299, comma 2*». Il testo antecedente alla modifica disposta con d.l. n. 93/2013 così disponeva: «*I provvedimenti di cui agli articoli 282-*bis *e 282-*ter *sono comunicati all'autorità di pubblica sicurezza competente, ai fini dell'eventuale adozione dei provvedimenti in materia di armi e munizioni. Essi sono altresì comunicati alla parte offesa e ai servizi socio-assistenziali del territorio*».

(3) Comma introdotto dall'art. 4, co. 1, d.lgs. 11.2.2015, n. 9, a decorrere dal 10.3.2015.

283. Divieto e obbligo di dimora.

1. Con il provvedimento che dispone il divieto di dimora, il giudice prescrive all'imputato di non dimorare in un determinato luogo e di non accedervi senza l'autorizzazione del giudice che procede.

2. Con il provvedimento che dispone l'obbligo di dimora, il giudice prescrive all'imputato di non allontanarsi, senza l'autorizzazione del giudice che procede, dal territorio del comune di dimora abituale ovvero, al fine di assicurare un più efficace controllo o quando il comune di dimora abituale non è sede di ufficio di polizia, dal territorio di una frazione del predetto comune o dal territorio di un comune viciniore ovvero di una frazione di quest'ultimo. Se per la personalità del soggetto o per le condizioni ambientali la permanenza in tali luoghi non garantisce adeguatamente le esigenze cautelari previste dall'articolo 274, l'obbligo di dimora può essere disposto nel territorio di un altro comune o frazione di esso, preferibilmente nella provincia e comunque nell'ambito della regione ove è ubicato il comune di abituale dimora.

3. Quando dispone l'obbligo di dimora, il giudice indica l'autorità di polizia alla quale l'imputato deve presentarsi senza ritardo e dichiarare il luogo ove fisserà la propria abitazione. Il giudice può prescrivere all'imputato di dichiarare all'autorità di polizia gli orari e i luoghi in cui sarà quotidianamente reperibile per i necessari controlli, con obbligo di comunicare preventivamente alla stessa autorità le eventuali variazioni dei luoghi e degli orari predetti.

4. Il giudice può, anche con separato provvedimento, prescrivere all'imputato di non allontanarsi dall'abitazione in alcune ore del giorno, senza pregiudizio per le normali esigenze di lavoro.

5. Nel determinare i limiti territoriali delle prescrizioni, il giudice considera, per quanto è possibile, le esigenze di alloggio, di lavoro e di assistenza dell imputato. Quando si tratta di persona tossicodipendente o alcooldipendente che abbia in corso un programma terapeutico di recupero nell'ambito di una struttura autorizzata, il giudice stabilisce i controlli necessari per accertare che il programma di recupero prosegua.

6. Dei provvedimenti del giudice è data in ogni caso immediata comunicazione all'autorità di polizia competente, che ne vigila l'osservanza e fa rapporto al pubblico ministero di ogni infrazione [276].

284. Arresti domiciliari.

1. Con il provvedimento che dispone gli arresti domiciliari, il giudice prescrive all'imputato di non allontanarsi dalla propria abitazione o da altro luogo di privata dimora ovvero da un luogo pubblico di cura o di assistenza ovvero, ove istituita, da una casa famiglia protetta [(1)].

1 bis. Il giudice dispone il luogo degli arresti domiciliari in modo da assicurare comunque le prioritarie esigenze di tutela della persona offesa dal reato [(2)].

1 ter. La misura cautelare degli arresti domiciliari non può essere eseguita presso un immobile occupato abusivamente [(3)].

2. Quando è necessario, il giudice impone limiti o divieti alla facoltà dell'imputato di comunicare con persone diverse da quelle che con lui coabitano o che lo assistono.

3. Se l'imputato non può altrimenti provvedere alle sue indispensabili esigenze di vita ovvero versa in situazione di assoluta indigenza, il giudice può autorizzarlo ad assentarsi nel corso della giornata dal luogo di arresto per il tempo strettamente necessario per provvedere alle suddette esigenze ovvero per esercitare una attività lavorativa.

4. Il pubblico ministero o la polizia giudiziaria, anche di propria iniziativa, possono controllare in ogni momento l'osservanza delle prescrizioni imposte all'imputato.

5. L'imputato agli arresti domiciliari si considera in stato di custodia cautelare [285].

5 bis. Non possono essere, comunque, concessi gli arresti domiciliari a chi sia stato condannato per il reato di evasione nei cinque anni precedenti al fatto per il quale si procede, salvo che il giudice ritenga, sulla base di specifici elementi, che il fatto sia di lieve entità e che le esigenze cautelari possano essere soddisfatte con tale misura. A tale fine il giudice assume nelle forme più rapide le relative notizie [(4)].

(1) Comma così modificato dal co. 2 dell'art. 1, l. 21.4.2011, n. 62. Il testo di questo comma è il seguente: «*1. Con il provvedimento che dispone gli arresti domiciliari, il giudice prescrive all'imputato di non allontanarsi dalla propria abitazione o da altro luogo di privata dimora ovvero da un luogo pubblico di cura o di assistenza*».

(2) Comma introdotto dall'art. 1, co. 1, lett. a), d.l. 1.7.2013, n. 78, conv., con modif., dalla l. 9.8.2013, n. 94. Il testo prima della modifica disposta con l. di conversione così disponeva: «*1-bis. Il giudice stabilisce il luogo degli arresti domiciliari in modo da assicurare le esigenze di tutela della persona offesa dal reato*».

(3) Comma introdotto dall'art. 31 bis, co. 1, d.l. 4.10.2018, n. 113, conv., con modif., dalla l. 1.12.2018, n. 132, a decorrere dal 4.12.2018.

(4) Comma introdotto dall'art. 16, d.l. 24.11.2000, n. 341, conv. in legge, con modif., dalla l. 19.1.2001, n. 4, sostituito dall'art. 5, l. 26.3.2001, n. 128 e, poi, così modificato dall'art. 6, co. 1, l. 16.4.2015, n. 47. Il testo antecedente alla modifica disposta con l. n. 47/2015 così disponeva: «*5-bis. Non possono essere, comunque, concessi gli arresti domiciliari a chi sia stato condannato per il reato di evasione nei cinque anni precedenti al fatto per il quale si procede. A tale fine il giudice assume nelle forme più rapide le relative notizie*». Il testo antecedente alla sostituzione disposta con l. n. 128/2001 così disponeva: «*5-bis. Non possono essere concessi gli arresti domiciliari a chi ha posto in essere una condotta punibile a norma dell'articolo 385 del codice penale nei cinque anni antecedenti al fatto per cui si procede*».

285. Custodia cautelare in carcere.

1. Con il provvedimento che dispone la custodia cautelare, il giudice ordina agli ufficiali e agli agenti di polizia giudiziaria che l'imputato sia catturato e immediatamente condotto in un istituto di custodia per rimanervi a disposizione dell'autorità giudiziaria.

2. Prima del trasferimento nell'istituto la persona sottoposta a custodia cautelare non può subire limitazione della libertà, se non per il tempo e con le modalità strettamente necessarie alla sua traduzione.

3. Per determinare la pena da eseguire, la custodia cautelare subita si computa a norma dell'articolo 657, anche quando si tratti di custodia cautelare subita all'estero in conseguenza di una domanda di estradizione [722] ovvero nel caso di rinnovamento del giudizio a norma dell'articolo 11 del codice penale.

285 bis. Custodia cautelare in istituto a custodia attenuata per detenute madri [(1)].

1. Nelle ipotesi di cui all'articolo 275, comma 4, se la persona da sottoporre a custodia cautelare sia donna incinta o madre di prole di età non superiore a sei anni, ovvero padre, qualora la madre sia deceduta o assolutamente impossibilitata a dare assistenza alla prole, il giudice può disporre la custodia presso un istituto a custodia attenuata per detenute madri, ove le esigenze cautelari di eccezionale rilevanza lo consentano.

(1) Articolo introdotto dal co. 3 dell'art. 1, l. 21.4.2011, n. 62.

286. Custodia cautelare in luogo di cura.

1. Se la persona da sottoporre a custodia cautelare si trova in stato di infermità di mente che ne esclude o ne diminuisce grandemente la capacità di intendere o di volere [c.p. 85], il giudice, in luogo della custodia in carcere, può disporre il ricovero provvisorio in idonea struttura del servizio psichiatrico ospedaliero, adottando i provvedimenti necessari per prevenire il pericolo di fuga [73]. Il ricovero non può essere mantenuto quando risulta che l'imputato non è più infermo di mente.

2. Si applicano le disposizioni dell'articolo 285 commi 2 e 3.

286 bis. Divieto di custodia cautelare [(1)].

[**1.** Non può essere mantenuta la custodia cautelare in carcere nei confronti di chi sia affetto da infezione da HIV e ricorra una situazione di incompatibilità con lo stato di detenzione. L'incompatibilità sussiste, ed è dichiarata dal giudice, nei casi di AIDS conclamata o di grave deficienza immunitaria; negli altri casi l'incompatibilità per infezione da HIV è valutata dal giudice tenendo conto del periodo residuo di custodia cautelare e degli effetti che sulla pericolosità del detenuto hanno le sue attuali condizioni fisiche. La richiesta di accertamento dello stato di incompatibilità può essere fatta dall'imputato, dal suo difensore o dal servizio sanitario penitenziario. Nei casi di incompatibilità il giudice dispone la revoca della misura cautelare, ovvero gli arresti domiciliari presso l'abitazione dell'imputato.] [(2)]

2. Con decreto del Ministro della sanità, da adottare di concerto con il Ministro di grazia e giustizia, sono definiti i casi di AIDS conclamata o di grave deficienza immunitaria e sono stabilite le procedure diagnostiche e medico-legali per il loro accertamento [(3)].

3. Quando ricorrono esigenze diagnostiche al fine di accertare la sussistenza delle condizioni di salute di cui all'articolo 275, comma 4-*bis*, ovvero esigenze terapeutiche nei confronti di persona che si trovi in tali condizioni, se tali esigenze non possono essere soddisfatte nell'ambito penitenziario, il giudice può disporre il ricovero provvisorio in idonea struttura del Servizio sanitario nazionale per il tempo necessario, adottando, ove occorra, i provvedimenti idonei a evitare il pericolo di fuga. Cessate le esigenze di ricovero, il giudice provvede a norma dell'articolo 275 [(4)].

(1) Articolo introdotto dall'art. 1, d.l. 14.5.1993, n. 139, concernente il trattamento di persone detenute affette da infezione da HIV e di tossicodipendenti.

(2) Comma abrogato dall'art. 3, l. 12.7.1999, n. 231. In precedenza, la Corte cost., con sent. 18.10.1995, n. 439, aveva dichiarato l'illegittimità di questo comma nella parte in cui stabiliva il divieto di custodia cautelare in carcere nei confronti delle persone ivi indicate, anche quando sussistevano le esigenze cautelari di eccezionale rilevanza di cui all'art. 275, co. 4, c.p., e l'applicazione della misura potesse avvenire senza pregiudizio per la salute del soggetto e di quella degli altri detenuti.

(3) Comma così sostituito dall'art. 3, l. 12.7.1999, n. 231. Il testo del comma precedentemente in vigore così disponeva: «*2. Con decreto emanato dai Ministri della sanità e di grazia e giustizia sono definiti i casi di AIDS conclamata e di grave deficienza immunitaria; sono altresì stabilite le procedure diagnostiche e medico legali per accertare l'affezione da HIV, nonché il grado di deficienza immunitaria rilevante ai fini della situazione di incompatibilità valutabile dal giudice*».

(4) Comma così sostituito dall'art. 3, l. 12.7.1999, n. 231. Il testo previ-

gente così disponeva: «*3. Quando ricorrono esigenze diagnostiche per accertare incompatibilità con lo stato di detenzione ovvero, al di fuori dei casi di cui al comma 1, ricorrono esigenze terapeutiche concernenti l'infezione da HIV e sempre che tali esigenze non possano essere soddisfatte nell'ambito penitenziario, il giudice può disporre il ricovero provvisorio in idonea struttura del Servizio sanitario nazionale per il tempo necessario, adottando, ove occorra, i provvedimenti idonei a prevenire il pericolo di fuga. Cessate le esigenze di ricovero, il giudice dispone a norma del comma 1 se risulta accertata l'incompatibilità, altrimenti ripristina la custodia cautelare in carcere, ovvero provvede a norma dell'articolo 299. Se dispone gli arresti domiciliari, l'esecuzione della misura avviene presso l'abitazione dell'imputato o presso una residenza collettiva o casa alloggio di cui all'articolo 1, comma 2, della legge 5.06.1990, n. 135*».

Capo III
Misure interdittive

287. Condizioni di applicabilità delle misure interdittive.

1. Salvo quanto previsto da disposizioni particolari [288, 289, 290], le misure previste in questo capo possono essere applicate solo quando si procede per delitti per i quali la legge stabilisce la pena dell'ergastolo o della reclusione superiore nel massimo di tre anni.

288. Sospensione dall'esercizio della responsabilità genitoriale (1)**.**

1. Con il provvedimento che dispone la sospensione dall'esercizio della responsabilità genitoriale [c.c. 316], il giudice priva temporaneamente l'imputato, in tutto o in parte, dei poteri a essa inerenti (2).

2. Qualora si proceda per un delitto contro la libertà sessuale [c.p. 519-526], ovvero per uno dei delitti previsti dagli articoli 530 e 571 del codice penale, commesso in danno di prossimi congiunti [c.p. 507 comma 4], la misura può essere disposta anche al di fuori dei limiti di pena previsti dall'articolo 287 comma 1.

(1) Rubrica così modificata dall'art. 94, co. 1, d.lgs. 28.12.2013, n. 154, a decorrere dal 7.2.2014. Il testo previgente così disponeva: «*Sospensione dall'esercizio della potestà dei genitori*».

(2) Comma così modificato dall'art. 94, co. 1, d.lgs. 28.12.2013, n. 154, a decorrere dal 7.2.2014. Il testo previgente così disponeva: «*Con il provvedimento che dispone la sospensione dall'esercizio della potestà dei genitori, il giudice priva temporaneamente l'imputato, in tutto o in parte, dei poteri a essa inerenti*».

289. Sospensione dall'esercizio di un pubblico ufficio o servizio.

1. Con il provvedimento che dispone la sospensione dall'esercizio di un pubblico ufficio o servizio [c.p. 367, 358], il giudice interdice temporaneamente all'imputato, in tutto o in parte, le attività a essi inerenti.

2. Qualora si proceda per un delitto contro la pubblica amministrazione, la misura può essere disposta a carico del pubblico ufficiale o dell'incaricato di un pubblico servizio, anche al di fuori dei limiti di pena previsti dall'articolo 287 comma 1. Nel corso delle indagini preliminari, prima di decidere sulla richiesta del pubblico ministero di sospensione dall'esercizio di un pubblico ufficio o servizio, il giudice procede all'interrogatorio dell'indagato, con le modalità indicate agli articoli 64 e 65. Se la sospensione dall'esercizio di un pubblico ufficio o servizio è disposta dal giudice in luogo di una misura coercitiva richiesta dal pubblico ministero, l'interrogatorio ha luogo nei termini di cui al comma 1-*bis* dell'articolo 294 (1).

3. La misura non si applica agli uffici elettivi ricoperti per diretta investitura popolare.

(1) Comma così modificato dall'art. 2, l. 16.7.1997, n. 234 e, poi, dall'art. 7, co. 1, l. 16.4.2015, n. 47. Il testo antecedente alla modifica disposta con l. n. 47/2015 così disponeva: «*2. Qualora si proceda per un delitto contro la pubblica amministrazione, la misura può essere disposta a carico del pubblico ufficiale o dell'incaricato di un pubblico servizio, anche al di fuori dei limiti di pena previsti dall'articolo 287 comma 1. Nel corso delle indagini preliminari, prima di decidere sulla richiesta del pubblico ministero di sospensione dall'esercizio di un pubblico ufficio o servizio, il giudice procede all'interrogatorio dell'indagato, con le modalità indicate agli articoli 64 e 65*». Il testo antecedente alla modifica disposta con l. n. 234/1997 così disponeva: «*2. Qualora si proceda per un delitto contro la pubblica amministrazione, la misura può essere disposta a carico del pubblico ufficiale o dell'incaricato di un pubblico servizio, anche al di fuori dei limiti di pena previsti dall'articolo 287 comma 1*».

289 bis. Divieto temporaneo di contrattare con la pubblica amministrazione (1)**.**

1. Con il provvedimento che dispone il divieto di contrattare con la pubblica amministrazione, il giudice interdice temporaneamente all'imputato di concludere contratti con la pubblica amministrazione, salvo che per ottenere le prestazioni di un pubblico servizio. Qualora si proceda per un delitto contro la pubblica amministrazione, la misura può essere disposta anche al di fuori dei limiti di pena previsti dall'articolo 287, comma 1.

(1) Articolo inserito dall'art. 1, co. 4, lett. c), l. 9.1.2019, n. 3, a decorrere dal 31.1.2019.

290. Divieto temporaneo di esercitare determinate attività professionali o imprenditoriali.

1. Con il provvedimento che dispone il divieto di esercitare determinate professioni, imprese o uffici direttivi delle persone giuridiche e delle imprese, il giudice interdice temporaneamente all'imputato, in tutto o in parte, le attività a essi inerenti [c.p. 35, 35-*bis*].

2. Qualora si proceda per un delitto contro l'incolumità pubblica o contro l'economia pubblica, l'industria e il commercio ovvero per alcuno dei delitti previsti dalle disposizioni penali in materia di società e di consorzi o dagli articoli 353, 355, 373, 380 e 381 del codice penale, la misura può essere disposta anche al di fuori dei limiti di pena previsti dall'articolo 287 comma 1.

Capo IV
Forma ed esecuzione dei provvedimenti

291. Procedimento applicativo.

1. Le misure sono disposte su richiesta del pubblico ministero, che presenta al giudice competente gli elementi su cui la richiesta si fonda, compresi i verbali di cui all'articolo 268, comma 2, limitatamente alle comunicazioni e conversazioni rilevanti, e comunque conferiti nell'archivio di cui all'articolo 269, nonché tutti gli elementi a favore dell'imputato e le eventuali deduzioni e memorie difensive già depositate [1].

[**1 bis.** Nel corso delle indagini preliminari, il giudice può disporre misure meno gravi solo se il pubblico ministero non ha espressamente richiesto di provvedere esclusivamente in ordine alle misure indicate.] [2]

1 ter. Quando è necessario, nella richiesta sono riprodotti soltanto i brani essenziali delle comunicazioni e conversazioni intercettate [3].

2. Se riconosce la propria incompetenza per qualsiasi causa, il giudice, quando ne ricorrono le condizioni e sussiste l'urgenza di soddisfare taluna delle esigenze cautelari previste dall'articolo 274, dispone la misura richiesta con lo stesso provvedimento con il quale dichiara la propria incompetenza. Si applicano in tal caso le disposizioni dell'articolo 27.

2 bis. In caso di necessità o urgenza il pubblico ministero può chiedere al giudice, nell'interesse della persona offesa, le misure patrimoniali provvisorie di cui all'articolo 282-*bis*. Il provvedimento perde efficacia qualora la misura cautelare sia successivamente revocata [4].

(1) Comma sostituito dall'art. 8, l. 8.8.1995, n. 332 e modificato dall'art. 3, co. 1, lett. e), n. 1), d.lgs. 29.12.2017, n. 216, a decorrere dal 26.1.2018. Questo comma è stato poi modificato dall'art. 2, co. 1, lett. h), d.l. 30.12.2019, n. 161, a decorrere dal 1.1.2020. Infine, il presente comma è stato così modificato, a decorrere dal 29.2.2020, dall'art. 2, co. 1, lett. h), d.l. 30.12.2019, n. 161, conv., con modif., dalla l. 28.2.2020, n. 7. Il testo antecedente alla modifica disposta con d.l. n. 161/2019 così disponeva: «*1. Le misure sono disposte su richiesta del pubblico ministero, che presenta al giudice competente gli elementi su cui la richiesta si fonda, compresi i verbali di cui all'articolo 268, comma 2, limitatamente alle comunicazioni e conversazioni rilevanti, nonché tutti gli elementi a favore dell'imputato e le eventuali deduzioni e memorie difensive già depositate*». Il testo antecedente alla modifica disposta con d.lgs. n. 216/2017 così disponeva: «*1. Le misure sono disposte su richiesta del pubblico ministero, che presenta al giudice competente gli elementi su cui la richiesta si fonda, nonché tutti gli elementi a favore dell'imputato e le eventuali deduzioni e memorie difensive già depositate*». Il testo antecedente alla sostituzione disposta con l. n. 332/1995 così disponeva: «*1. Le misure sono disposte su richiesta del pubblico ministero, che presenta al giudice competente gli elementi su cui la richiesta si fonda*».

(2) Comma introdotto dall'art. 12, d.lgs. 14.1.1991, n. 12 e, poi abrogato dall'art. 8, l. 8.8.1995, n. 332.

(3) Comma introdotto dall'art. 3, co. 1, lett. e), n. 2), d.lgs. 29.12.2017, n. 216, a decorrere dal 26.1.2018.

(4) Comma introdotto dall'art. 1, l. 4.4.2001, n. 154.

292. Ordinanza del giudice.

1. Sulla richiesta del pubblico ministero il giudice provvede con ordinanza.

2. L'ordinanza che dispone la misura cautelare contiene, a pena di nullità rilevabile anche d'ufficio:

a) le generalità dell'imputato o quanto altro valga a identificarlo;

b) la descrizione sommaria del fatto con l'indicazione delle norme di legge che si assumono violate;

c) l'esposizione e l'autonoma valutazione delle specifiche esigenze cautelari e degli indizi che giustificano in concreto la misura disposta, con l'indicazione degli elementi di fatto da cui sono desunti e dei motivi per i quali essi assumono rilevanza, tenuto conto anche del tempo trascorso dalla commissione del reato [1];

c-*bis*) l'esposizione e l'autonoma valutazione dei motivi per i quali sono stati ritenuti non rilevanti gli elementi forniti dalla difesa, nonché, in caso di applicazione della misura della custodia cautelare in carcere, l'esposizione e l'autonoma valutazione delle concrete e specifiche ragioni per le quali le esigenze di cui all'articolo 274 non possono essere soddisfatte con altre misure [2];

d) la fissazione della data di scadenza della misura, in relazione alle indagini da compiere, allorché questa è disposta al fine di garantire l'esigenza cautelare di cui alla lettera a) del comma 1 dell'articolo 274;

e) la data e la sottoscrizione del giudice [3].

2 bis. L'ordinanza contiene altresì la sottoscrizione dell'ausiliario che assiste il giudice, il sigillo dell'ufficio e, se possibile, l'indicazione del luogo in cui probabilmente si trova l'imputato [4].

2 ter. L'ordinanza è nulla se non contiene la valutazione degli elementi a carico e a favore dell'imputato, di cui all'articolo 358, nonché all'articolo 327-*bis* [5].

2 quater. Quando è necessario per l'esposizione delle esigenze cautelari e degli indizi, delle comunicazioni e conversazioni intercettate sono riprodotti soltanto i brani essenziali [6].

3. L'incertezza circa il giudice che ha emesso il provvedimento ovvero circa la persona nei cui confronti la misura è disposta esime gli ufficiali e gli agenti incaricati dal darvi esecuzione.

(1) Lettera così modificata dall'art. 8, co. 1, l. 16.4.2015, n. 47. Il testo previgente così disponeva: «*c) l'esposizione delle specifiche esigenze cautelari e degli indizi che giustificano in concreto la misura disposta, con l'indicazione degli elementi di fatto da cui sono desunti e dei motivi per i quali essi assumono rilevanza, tenuto conto anche del tempo trascorso dalla commissione del reato;*»

(2) Lettera così modificata dall'art. 8, co. 2, l. 16.4.2015, n. 47. Il testo previgente così disponeva: «c-bis*) l'esposizione dei motivi per i quali sono stati ritenuti non rilevanti gli elementi forniti dalla difesa, nonché, in caso di applicazione della misura della custodia cautelare in carcere, l'esposizione delle concrete e specifiche ragioni per le quali le esigenze di cui all'articolo 274 non possono essere soddisfatte con altre misure;*»

(3) Comma così sostituito dall'art. 9, l. 8.8.1995, n. 332. La precedente formulazione così disponeva:
«*2. L'ordinanza che dispone la misura cautelare contiene a pena di nullità: a) le generalità dell'imputato o quanto altro valga a identificarlo; b) la descrizione sommaria del fatto con l'indicazione delle norme di legge che si assumono violate; c) l'esposizione delle specifiche esigenze cautelari [274] e degli indizi che giustificano in concreto la misura disposta [273], con l'indicazione degli elementi di fatto da cui sono desunti e dei motivi della loro rilevanza; d) la fissazione della durata della misura, quando questa è disposta al fine di garantire l'acquisizione o la genuinità della priva; e) la data e la sottoscrizione del giudice*».

(4) Comma introdotto dall'art. 5, d.l. 13.5.1991, n. 152, conv., con modif., in l. 12.7.1991, n. 203, riguardante la lotta contro la criminalità organizzata.

(5) Comma introdotto dall'art. 9, l. 8.8.1995, n. 332 e, poi così modificato dall'art. 6, l. 7.12.2000, n. 397. Il testo previgente così disponeva: «2-ter. *L'ordinanza è nulla se non contiene la valutazione degli elementi a carico e a favore dell'imputato, di cui all'articolo 358,*

nonché all'articolo 38 delle norme di attuazione, di coordinamento e transitorie».

(6) Comma introdotto dall'art. 3, co. 1, lett. f), d.lgs. 29.12.2017, n. 216, a decorrere dal 26.1.2018.

293. Adempimenti esecutivi.

1. Salvo quanto previsto dall'articolo 156, l'ufficiale o l'agente incaricato di eseguire l'ordinanza che ha disposto la custodia cautelare consegna all'imputato copia del provvedimento unitamente a una comunicazione scritta, redatta in forma chiara e precisa e, per l'imputato che non conosce la lingua italiana, tradotta in una lingua a lui comprensibile, con cui lo informa:

a) della facoltà di nominare un difensore di fiducia e di essere ammesso al patrocinio a spese dello Stato nei casi previsti dalla legge;
b) del diritto di ottenere informazioni in merito all'accusa;
c) del diritto all'interprete ed alla traduzione di atti fondamentali;
d) del diritto di avvalersi della facoltà di non rispondere;
e) del diritto di accedere agli atti sui quali si fonda il provvedimento;
f) del diritto di informare le autorità consolari e di dare avviso ai familiari;
g) del diritto di accedere all'assistenza medica di urgenza;
h) del diritto di essere condotto davanti all'autorità giudiziaria non oltre cinque giorni dall'inizio dell'esecuzione, se la misura applicata è quella della custodia cautelare in carcere ovvero non oltre dieci giorni se la persona è sottoposta ad altra misura cautelare;
i) del diritto di comparire dinanzi al giudice per rendere l'interrogatorio, di impugnare l'ordinanza che dispone la misura cautelare e di richiederne la sostituzione o la revoca [(1)];
i-*bis*) della facoltà di accedere ai programmi di giustizia riparativa [(2)].

1 bis. Qualora la comunicazione scritta di cui al comma 1 non sia prontamente disponibile in una lingua comprensibile all'imputato, le informazioni sono fornite oralmente, salvo l'obbligo di dare comunque, senza ritardo, comunicazione scritta all'imputato [(3)].

1 ter. L'ufficiale o l'agente incaricato di eseguire l'ordinanza informa immediatamente il difensore di fiducia eventualmente nominato ovvero quello di ufficio designato a norma dell'articolo 97 e redige verbale di tutte le operazioni compiute, facendo menzione della consegna della comunicazione di cui al comma 1 o dell'informazione orale fornita ai sensi del comma 1-*bis*. Il verbale è immediatamente trasmesso al giudice che ha emesso l'ordinanza e al pubblico ministero [(3)].

2. Le ordinanze che dispongono misure diverse dalla custodia cautelare sono notificate all'imputato.

3. Le ordinanze previste dai commi 1 e 2, dopo la loro notificazione o esecuzione, sono depositate nella cancelleria del giudice che le ha emesse insieme alla richiesta del pubblico ministero e agli atti presentati con la stessa. Avviso del deposito è notificato al difensore. Il difensore ha diritto di esaminare e di estrarre copia dei verbali delle comunicazioni e conversazioni intercettate di cui all'articolo 291, comma 1. Ha in ogni caso diritto alla trasposizione, su supporto idoneo alla riproduzione dei dati, delle relative registrazioni [(4)].

4. Copia dell'ordinanza che dispone una misura interdittiva è trasmessa all'organo eventualmente competente a disporre l'interdizione in via ordinaria.

4 bis. Copia dell'ordinanza che dispone la custodia cautelare in carcere nei confronti di madre di prole di minore età è comunicata al procuratore della Repubblica presso il tribunale per i minorenni del luogo di esecuzione della misura [(5)].

(1) Comma così sostituito dal n. 1) della lett. a) del co. 1 dell'art. 1, d.lgs. 1.7.2014, n. 101, a decorrere dal 16.8.2014. Il testo previgente così disponeva: «*1. Salvo quanto previsto dall'articolo 156, l'ufficiale o l'agente incaricato di eseguire l'ordinanza che ha disposto la custodia cautelare consegna all'imputato copia del provvedimento e lo avverte della facoltà di nominare un difensore di fiducia, informa immediatamente il difensore di fiducia eventualmente nominato ovvero quello di ufficio designato a norma dell'articolo 97 e redige verbale di tutte le operazioni compiute. Il verbale è immediatamente trasmesso al giudice che ha emesso l'ordinanza e al pubblico ministero*». La punteggiatura finale, poi, è stata così modificata dall'art. 13, co. 1, lett. a), d.lgs. 10.10.2022, n. 150, a decorrere dal 30.12.2022.

(2) Lettera introdotta dall'art. 13, co. 1, lett. a), d.lgs. 10.10.2022, n. 150, a decorrere dal 30.12.2022, ai sensi di quanto disposto dall'art. 99 bis, co. 1, del medesimo d.lgs. n. 150/2022, aggiunto dall'art. 6, co. 1, d.l. 31.10.2022, n. 162, conv., con modif., dalla l. 30.12.2022, n. 199; a norma dell'art. 92, co. 2 bis, del d.lgs. n. 150/2022, come modificato dall'art. 5 novies, co. 1, del suddetto d.l. n. 162/2022, le disposizioni di questa lettera si applicano nei procedimenti penali e nella fase dell'esecuzione della pena decorsi sei mesi dalla data del 30.12.2022.

(3) Comma introdotto dal n. 2) della lett. a) del co. 1 dell'art 1, d.lgs. 1.7.2014, n. 101, a decorrere dal 16.8.2014.

(4) Comma modificato dall'art. 10, l. 8.8.1995, n. 332 e dall'art. 3, co. 1, lett. g), d.lgs. 29.12.2017, n. 216, a decorrere dal 26.1.2018 e, poi, dall'art. 2, co. 1, lett. i), d.l. 30.12.2019, n. 161, a decorrere dal 1.1.2020. Infine, questo comma è stato così modificato, a decorrere dal 29.2.2020, dall'art. 2, co. 1, lett. i), d.l. 30.12.2019, n. 161, conv., con modif., dalla l. 28.2.2020, n. 7. Il testo antecedente alla conversione del d.l. n. 161/2019 così disponeva: «*3. Le ordinanze previste dai commi 1 e 2, dopo la loro notificazione o esecuzione, sono depositate nella cancelleria del giudice che le ha emesse insieme alla richiesta del pubblico ministero e agli atti presentati con la stessa. Avviso del deposito è notificato al difensore*». Il testo antecedente alla modifica disposta con d.l. n. 161/2019 così disponeva: «*3. Le ordinanze previste dai commi 1 e 2, dopo la loro notificazione o esecuzione, sono depositate nella cancelleria del giudice che le ha emesse insieme alla richiesta del pubblico ministero e agli atti presentati con la stessa. Avviso del deposito è notificato al difensore. Il difensore ha diritto di esame e di copia dei verbali delle comunicazioni e conversazioni intercettate. Ha in ogni caso diritto alla trasposizione, su supporto idoneo alla riproduzione dei dati, delle relative registrazioni*». Il testo antecedente alla modifica disposta con d.lgs. n. 216/2017 – del quale la Corte cost., con sent. 24.6.1997, n. 192, aveva dichiarato l'illegittimità nella parte in cui non prevedeva la facoltà per il difensore di estrarre copia, insieme all'ordinanza che aveva disposto la misura cautelare, della richiesta del pubblico ministero e degli atti presentati con la stessa – così disponeva: «*3. Le ordinanze previste dai commi 1 e 2, dopo la loro notificazione o esecuzione, sono depositate nella cancelleria del giudice che le ha emesse insieme alla richiesta del pubblico ministero e agli atti presentati con la stessa. Avviso del deposito è notificato al difensore*». Il testo antecedente alla modifica disposta con l. n. 332/1995 così disponeva: «*3. Le ordinanze*

previste dai commi 1 e 2, dopo la loro notificazione o esecuzione, sono depositate nella cancelleria del giudice che le ha emesse. Avviso del deposito è notificato al difensore».

(5) Comma introdotto dall'art. 15 bis, co. 2, lett. b), d.l. 4.10.2018, n. 113, conv., con modif., dalla l. 1.12.2018, n. 132.

294. Interrogatorio della persona sottoposta a misura cautelare personale [(1)].

1. Fino alla dichiarazione di apertura del dibattimento, il giudice che ha deciso in ordine all'applicazione della misura cautelare se non vi ha proceduto nel corso dell'udienza di convalida dell'arresto o del fermo di indiziato di delitto procede all'interrogatorio [302] della persona in stato di custodia cautelare in carcere immediatamente e comunque non oltre cinque giorni dall'inizio dell'esecuzione della custodia, salvo il caso in cui essa sia assolutamente impedita [(2)].

1 bis. Se la persona è sottoposta ad altra misura cautelare, sia coercitiva che interdittiva, l'interrogatorio deve avvenire non oltre dieci giorni dalla esecuzione del provvedimento o dalla sua notificazione. Il giudice, anche d'ufficio, verifica che all'imputato in stato di custodia cautelare in carcere o agli arresti domiciliari sia stata data la comunicazione di cui all'articolo 293, comma 1, o che comunque sia stato informato ai sensi del comma 1-*bis* dello stesso articolo, e provvede, se del caso, a dare o a completare la comunicazione o l'informazione ivi indicate [(3)].

1 ter. L'interrogatorio della persona in stato di custodia cautelare deve avvenire entro il termine di quarantotto ore se il pubblico ministero ne fa istanza nella richiesta di custodia cautelare.

2. Nel caso di assoluto impedimento, il giudice ne dà atto con decreto motivato e il termine per l'interrogatorio decorre nuovamente dalla data in cui il giudice riceve comunicazione della cessazione dell'impedimento o comunque accerta la cessazione dello stesso.

3. Mediante l'interrogatorio il giudice valuta se permangono le condizioni di applicabilità e le esigenze cautelari previste dagli articoli 273, 274 e 275. Quando ne ricorrono le condizioni, provvede, a norma dell'articolo 299, alla revoca o alla sostituzione della misura disposta.

4. Ai fini di quanto previsto dal comma 3, l'interrogatorio è condotto dal giudice con le modalità indicate negli articoli 64 e 65. Al pubblico ministero e al difensore, che ha obbligo di intervenire, è dato tempestivo avviso del compimento dell'atto. Il giudice può autorizzare la persona sottoposta a misura cautelare e il difensore che ne facciano richiesta a partecipare a distanza all'interrogatorio [(5)].

4 bis. Quando la misura cautelare è stata disposta dalla Corte di Assise o dal tribunale, all'interrogatorio procede il presidente del collegio o uno dei componenti da lui delegato [(6)].

5. Per gli interrogatori da assumere nella circoscrizione di altro tribunale, il giudice o il presidente, nel caso di organo collegiale, qualora non ritenga di procedere personalmente e non sia possibile provvedere ai sensi del terzo periodo del comma 4, richiede il giudice per le indagini preliminari del luogo [(7)].

6. L'interrogatorio della persona in stato di custodia cautelare [285, 286] da parte del pubblico ministero [364] non può precedere l'interrogatorio del giudice.

6 bis. Alla documentazione dell'interrogatorio si procede anche con mezzi di riproduzione audiovisiva o, se ciò non è possibile a causa della contingente indisponibilità di mezzi di riproduzione audiovisiva o di personale tecnico, con mezzi di riproduzione fonografica. È fatta salva l'applicazione dell'articolo 133-*ter*, comma 3, terzo periodo, nei casi in cui è autorizzata la partecipazione a distanza all'interrogatorio [(8)].

(1) Articolo così modificato dall'art. 11, l. 8.8.1995, n. 332. Il testo precedentemente in vigore, il cui co. 1 era stato modificato dall'art. 13, d.lgs. 14.1.1991, n. 12, così disponeva: «*Interrogatorio della persona in stato di custodia cautelare. 1. Nel corso delle indagini preliminari, il giudice se non vi ha proceduto nel corso dell'udienza di convalida dell'arresto o del fermo di indiziato di delitto procede all'interrogatorio della persona in stato di custodia cautelare immediatamente e comunque non oltre cinque giorni dall'inizio dell'esecuzione della custodia, salvo il caso in cui essa sia assolutamente impedita. Se la persona è sottoposta agli arresti domiciliari [284], l'interrogatorio deve avvenire non oltre quindici giorni. 2. Nel caso di assoluto impedimento, il giudice ne dà atto con decreto motivato e il termine per l'interrogatorio decorre nuovamente dalla data in cui il giudice riceve comunicazione della cessazione dell'impedimento o comunque accerta la cessazione dello stesso. 3. Mediante l'interrogatorio il giudice valuta se permangono le condizioni di applicabilità e le esigenze cautelari previste, con riferimento alla custodia cautelare, dagli articoli 273, 274 e 275. Quando ne ricorrono le condizioni, provvede, a norma dell'articolo 299, alla revoca o alla sostituzione della misura disposta. 4. Ai fini di quanto previsto dal comma 3, l'interrogatorio è condotto dal giudice con le modalità indicate negli articoli 64 e 65. Al pubblico ministero e al difensore, che hanno facoltà di intervenire, è dato tempestivo avviso del compimento dell'atto. 5. Per gli interrogatori da assumere nella circoscrizione di altro tribunale, il giudice, qualora non ritenga di procedere personalmente, richiede il giudice per le indagini preliminari del luogo. 6. L'interrogatorio della persona in stato di custodia cautelare [285, 286] da parte del pubblico ministero [364] può anche precedere l'interrogatorio del giudice se non determina ritardo al compimento di questo*».

(2) Comma così modificato dall'art. 2, d.l. 22.2.1999, n. 29, conv. in legge, con modif., dall'art. 1, l. 21.4.1999, n. 109. Il testo previgente così disponeva: «*1. Nel corso delle indagini preliminari, il giudice se non vi ha proceduto nel corso dell'udienza di convalida dell'arresto o del fermo di indiziato di delitto procede all'interrogatorio della persona in stato di custodia cautelare in carcere immediatamente e comunque non oltre cinque giorni dall'inizio dell'esecuzione della custodia, salvo il caso in cui essa sia assolutamente impedita*». Di tale formulazione la Corte cost., con sent. 3.4.1997, n. 77, aveva dichiarato, tra l'altro, l'illegittimità nella parte in cui non prevedeva che, fino alla trasmissione degli atti al giudice del dibattimento, il giudice procedesse all'interrogatorio della persona in stato di custodia cautelare in carcere immediatamente e comunque non oltre cinque giorni dall'inizio di esecuzione della custodia. La stessa Corte cost., con sent. 17.2.1999, n. 32, aveva dichiarato l'illegittimità di questo comma, nella parte in cui non prevedeva che, fino all'apertura del dibattimento, il giudice procedesse all'interrogatorio della persona in stato di custodia cautelare in carcere.

(3) Comma così modificato dalla lett. c) del co. 1 dell'art. 1, d.lgs. 1.7.2014, n. 101, a decorrere dal 16.8.2014. Il testo previgente così disponeva: «*1-bis. Se la persona è sottoposta ad altra misura cautelare, sia coercitiva che interdittiva, l'interrogatorio deve avvenire non oltre dieci giorni dalla esecuzione del provvedimento o dalla sua notificazione*».

(4) Comma così sostituito dall'art. 12, l. 1.3.2001, n. 63. Il testo del

comma precedente così disponeva: «*4. Ai fini di quanto previsto dal comma 3, l'interrogatorio è condotto dal giudice con le modalità indicate negli articoli 64 e 65. Al pubblico ministero e al difensore, che hanno facoltà di intervenire, è dato tempestivo avviso del compimento dell'atto*».

(5) Comma sostituito dall'art. 12, l. 1.3.2001, n. 63. Successivamente, questo comma è stato così modificato dall'art. 13, co. 1, lett. b), n. 1), d.lgs. 10.10.2022, n. 150, a decorrere dal 30.12.2022. L'art. 26, l. n. 63/2001 ha così disposto: «*Art. 26. 1. Nei processi penali in corso alla data di entrata in vigore della presente legge si applicano le disposizioni degli articoli precedenti salvo quanto stabilito nei commi da 2 a 5.*

2. Se il procedimento è ancora nella fase delle indagini preliminari, il pubblico ministero provvede a rinnovare l'esame dei soggetti indicati negli articoli 64 e 197-bis del codice di procedura penale, come rispettivamente modificato e introdotto dalla presente legge, secondo le forme ivi previste.

3. Le dichiarazioni rese nel corso delle indagini preliminari o dell'udienza preliminare, se già acquisite al fascicolo per il dibattimento, sono valutate a norma dei commi 3, 4, 5 e 6 del previgente articolo 500 del codice di procedura penale.

4. Quando le dichiarazioni di cui al comma 3 sono state rese da chi, per libera scelta, si è sempre volontariamente sottratto all'esame dell'imputato o del difensore, si applica la disposizione del comma 2 dell'articolo 1 del d.l. 7.01.2000, n. 2, convertito, con modificazioni, dalla legge 25 febbraio 2000, n. 35, soltanto se esse siano state acquisite al fascicolo per il dibattimento anteriormente alla data del 25.02.2000. Se sono state acquisite successivamente, si applica il comma 1-bis dell'articolo 526 del codice di procedura penale, come introdotto dall'articolo 19 della presente legge.

5. Alle dichiarazioni acquisite al fascicolo per il dibattimento, e già valutate ai fini delle decisioni, si applicano nel giudizio dinanzi alla Corte di Cassazione le disposizioni vigenti in materia di valutazione della prova al momento delle decisioni stesse».

Il testo antecedente alla modifica disposta con d.lgs. n. 150/2022 così disponeva: «*4. Ai fini di quanto previsto dal comma 3, l'interrogatorio è condotto dal giudice con le modalità indicate negli articoli 64 e 65. Al pubblico ministero e al difensore, che ha obbligo di intervenire, è dato tempestivo avviso del compimento dell'atto.*».

(6) Comma introdotto dall'art. 2, d.l. 22.2.1999, n. 29, conv. in legge, con modif., dall'art. 1, l. 21.4.1999, n. 109.

(7) Comma così modificato dall'art. 2, d.l. 22.2.1999, n. 29, conv. in legge, con modif., dall'art. 1, l. 21.4.1999, n. 109 e poi modificato dall'art. 13, co. 1, lett. b), n. 2), d.lgs. 10.10.2022, n. 150, a decorrere dal 30.12.2022.

Il testo antecedente alla modifica disposta con d.lgs. n. 150/2022 così disponeva: «*5. Per gli interrogatori da assumere nella circoscrizione di altro tribunale, il giudice o il presidente, nel caso di organo collegiale, qualora non ritenga di procedere personalmente, richiede il giudice per le indagini preliminari del luogo.*».

(8) Comma introdotto dall'art. 13, co. 1, lett. b), n. 3), d.lgs. 10.10.2022, n. 150, a decorrere dal 30.12.2022.

295. Verbale di vane ricerche.

1. Se la persona nei cui confronti la misura è disposta non viene rintracciata e non è possibile procedere nei modi previsti dall'articolo 293, l'ufficiale o l'agente redige ugualmente il verbale, indicando specificamente le indagini svolte, e lo trasmette senza ritardo al giudice che ha emesso l'ordinanza.

2. Il giudice, se ritiene le ricerche esaurienti, dichiara, nei casi e con le modalità previste dall'articolo 296, lo stato di latitanza, altrimenti dispone la prosecuzione delle ricerche (1).

3. Al fine di agevolare le ricerche del latitante, il giudice o il pubblico ministero, nei limiti e con le modalità previste dagli articoli 266 e 267, può disporre l'intercettazione di conversazioni o comunicazioni telefoniche e di altre forme di telecomunicazione. Si applicano, ove possibile, le disposizioni degli articoli 268, 269 e 270 (2).

3 bis. Fermo quanto disposto nel comma 3 del presente articolo e nel comma 5 dell'articolo 103, il giudice o il pubblico ministero può disporre l'intercettazione di comunicazioni tra presenti quando si tratta di agevolare le ricerche di un latitante in relazione a uno dei delitti previsti dall'articolo 51, comma 3-*bis* nonché dell'articolo 407, comma 2, lettera a), n. 4) (3).

3 ter. Nei giudizi davanti alla Corte d'assise, ai fini di quanto previsto dai commi 3 e 3-*bis*, in luogo del giudice provvede il presidente della Corte (4).

(1) Comma così modificato dall'art. 13, co. 1, lett. c), d.lgs. 10.10.2022, n. 150, a decorrere dal 30.12.2022.

Il testo previgente così disponeva: «*2. Il giudice, se ritiene le ricerche esaurienti, dichiara, nei casi previsti dall'articolo 296, lo stato di latitanza.*».

(2) Comma modificato dall'art. 3, co. 1, lett. h), d.lgs. 29.12.2017, n. 216, a decorrere dal 26.1.2018 e, poi, a decorrere dal 1.1.2020, dall'art. 2, co. 1, lett. l), d.l. 30.12.2019, n. 161, conv., con modif., dalla l. 28.2.2020, n. 7. Il testo antecedente alla modifica disposta con d.l. n. 161/2019 così disponeva: «*3. Al fine di agevolare le ricerche del latitante, il giudice o il pubblico ministero, nei limiti e con le modalità previste dagli articoli 266 e 267, può disporre l'intercettazione di conversazioni o comunicazioni telefoniche e di altre forme di telecomunicazione. Si applicano, ove possibile, le disposizioni degli articoli 268, 268-*bis*, 268-*ter*, 268-*quater*, 269 e 270*». Il testo antecedente alla modifica disposta con d.lgs. n. 216/2017 così disponeva: «*3. Al fine di agevolare le ricerche del latitante, il giudice o il pubblico ministero, nei limiti e con le modalità previste dagli articoli 266 e 267, può disporre l'intercettazione di conversazioni o comunicazioni telefoniche e di altre forme di telecomunicazione. Si applicano, ove possibile, le disposizioni degli articoli 268, 269 e 270*».

(3) Comma introdotto dall'art. 4, co. 1, d.l. 8.6.1992, n. 306, conv., con modif., in l. 7.8.1992, n. 356, recante modifiche al nuovo codice di procedura penale e provvedimenti di contrasto alla criminalità mafiosa e, poi, così modificato dall'art. 6, d.l. 18.10.2001, n. 374 conv. in legge, con modif., dalla l. 15.12.2001, n. 438. Il testo in vigore prima di quest'ultima modifica così disponeva: «*3-bis. Fermo quanto disposto nel comma 3 del presente articolo e nel comma 5 dell'articolo 103, il giudice o il pubblico ministero può disporre l'intercettazione di comunicazioni tra presenti quando si tratta di agevolare le ricerche di un latitante in relazione a uno dei delitti previsti dall'articolo 51, comma 3-bis*».

(4) Comma introdotto dall'art. 1, l. 14.2.2006, n. 56.

296. Latitanza.

1. È latitante chi volontariamente si sottrae alla custodia cautelare [285], agli arresti domiciliari [284], al divieto di espatrio [281], all'obbligo di dimora [283, comma 2] o a un ordine con cui si dispone la carcerazione [656, comma 1].

2. La latitanza è dichiarata con decreto motivato. Se la dichiarazione consegue alla mancata esecuzione di un'ordinanza applicativa di misure cautelari, nel decreto sono indicati gli elementi che dimostrano l'effettiva conoscenza della misura e la volontà di sottrarvisi. Con il provvedimento che dichiara la latitanza, il giudice designa un difensore di ufficio al latitante che ne sia privo e ordina che sia depositata in cancelleria copia dell'ordinanza con la quale è stata disposta la misura rimasta ineseguita. Avviso del deposito è notificato al difensore [(1)].

3. Gli effetti processuali conseguenti alla latitanza operano soltanto nel procedimento penale nel quale essa è stata dichiarata.

4. La qualità di latitante permane fino a che il provvedimento che vi ha dato causa sia stato revocato a norma dell'articolo 299 o abbia altrimenti perso efficacia ovvero siano estinti il reato o la pena per cui il provvedimento è stato emesso.

4 bis. Quando il provvedimento che ha dato causa alla dichiarazione di latitanza è eseguito, se il processo è in corso, all'imputato è comunicata la data dell'udienza successiva [(2)].

5. Al latitante per ogni effetto è equiparato l'evaso [c.p. 385].

(1) Comma modificato dall'art. 13, co. 1, lett. d), n. 1), d.lgs. 10.10.2022, n. 150, a decorrere dal 30.12.2022. Questo comma, poi, è stato così modificato dall'art. 2, co. 1, lett. f), d.lgs. 19.3.2024, n. 31, a decorrere dal 4.4.2024.
Il testo antecedente alla modifica disposta con d.lgs. n. 31/2024 così disponeva: «*2. La latitanza è dichiarata con decreto motivato. Se la dichiarazione consegue alla mancata esecuzione di un'ordinanza applicativa di misure cautelari, nel decreto sono indicati gli elementi che provano l'effettiva conoscenza della misura e la volontà di sottrarvisi. Con il provvedimento che dichiara la latitanza, il giudice designa un difensore di ufficio al latitante che ne sia privo e ordina che sia depositata in cancelleria copia dell'ordinanza con la quale è stata disposta la misura rimasta ineseguita. Avviso del deposito è notificato al difensore.*».

(2) Comma introdotto dall'art. 13, co. 1, lett. d), n. 2), d.lgs. 10.10.2022, n. 150, a decorrere dal 30.12.2022.

297. Computo dei termini di durata delle misure.

1. Gli effetti della custodia cautelare [285] decorrono dal momento della cattura [293], dell'arresto [380, 381] o del fermo [384].

2. Gli effetti delle altre misure decorrono dal momento in cui l'ordinanza che le dispone è notificata a norma dell'articolo 293.

3. Se nei confronti di un imputato sono emesse più ordinanze che dispongono la medesima misura per uno stesso fatto, benché diversamente circostanziato o qualificato, ovvero per fatti diversi commessi anteriormente alla emissione della prima ordinanza in relazione ai quali sussiste connessione ai sensi dell'articolo 12, comma 1, lettera b) e c), limitatamente ai casi di reati commessi per eseguire gli altri, i termini decorrono dal giorno in cui è stata eseguita o notificata la prima ordinanza e sono commisurati all'imputazione più grave. La disposizione non si applica relativamente alle ordinanze per fatti non desumibili dagli atti prima del rinvio a giudizio disposto per il fatto con il quale sussiste connessione ai sensi del presente comma [(1) (2)].

4. Nel computo dei termini della custodia cautelare si tiene conto dei giorni in cui si sono tenute le udienze e di quelli impiegati per la deliberazione della sentenza nel giudizio di primo grado o nel giudizio sulle impugnazioni solo ai fini della determinazione della durata complessiva della custodia a norma dell'articolo 303 comma 4 [(3)].

5. Se l'imputato è detenuto per un altro reato o è internato per misura di sicurezza, gli effetti della misura decorrono dal giorno in cui è notificata l'ordinanza che la dispone, se sono compatibili con lo stato di detenzione o di internamento; altrimenti decorrono dalla cessazione di questo. Ai soli effetti del computo dei termini di durata massima [303], la custodia cautelare si considera compatibile con lo stato di detenzione per esecuzione di pena o di internamento per misura di sicurezza.

(1) Comma così sostituito, dall'art. 12, l. 8.8.1995, n. 332. Il testo del comma precedente alla sostituzione disposta con l. n. 332/1995 così disponeva: «*3. Se nei confronti di un imputato sono emesse più ordinanze che dispongono la medesima misura per uno stesso fatto, benché diversamente circostanziato o qualificato, i termini decorrono dal giorno in cui è stata eseguita o notificata la prima ordinanza e sono commisurati all'ultima delle imputazioni contestate ovvero, nei casi previsti dagli articoli 81 comma 1, 82 comma 2 e 83 comma 2 del codice penale, all'imputazione più grave*».

(2) La Corte cost., con sent. 3.11.2005, n. 408, ha dichiarato l'illegittimità di questo comma, nella parte in cui non si applica anche a fatti diversi non connessi, quando risulti che gli elementi per emettere la nuova ordinanza erano già desumibili dagli atti al momento della emissione della precedente ordinanza. Successivamente la stessa Corte cost., con sent. 22.7.2011, n. 233, ha dichiarato l'illegittimità di questo comma nella parte in cui – con riferimento alle ordinanze che dispongono misure cautelari per fatti diversi – non prevede che la regola in tema di decorrenza dei termini in esso stabilita si applichi anche quando, per i fatti contestati con la prima ordinanza, l'imputato sia stato condannato con sentenza passata in giudicato anteriormente all'adozione della seconda misura.

(3) Le parole «*Salvo quanto disposto dall'articolo 304, comma 2*», poste all'inizio del co. 4, sono state soppresse dall'art. 12, l. 8.8.1995, n. 332. L'art. 1, co. 1, d.l. 1.3.1991, n. 60, conv., con modif., in l. 22.4.1991, n. 133, sull'interpretazione autentica degli artt. 297 e 304 c.p.p. e modifiche di norme in tema di durata della custodia cautelare, così dispone: «*1. L'articolo 297, comma 4, del codice di procedura penale deve intendersi nel senso che, indipendentemente da una richiesta del pubblico ministero e da un provvedimento del giudice, nel computo dei termini di custodia cautelare stabiliti in relazione alle fasi del giudizio di primo grado o del giudizio sulle impugnazioni non si tiene conto dei giorni in cui si sono tenute le udienze e di quelli impiegati per la deliberazione della sentenza. Dei giorni suddetti si tiene invece conto nel computo dei termini di durata complessiva della custodia cautelare stabiliti nell'art. 303, comma 4, del codice di procedura penale, salvo che ricorra l'ipotesi di sospensione prevista dall'articolo 304, comma 2, del codice di procedura penale*».

298. Sospensione dell'esecuzione delle misure.

1. L'esecuzione di un ordine con cui si dispone la carcerazione [656] nei confronti di un imputato al quale sia stata applicata una misura cautelare personale per un altro reato ne sospende l'esecuzione, salvo che gli effetti della misura disposta siano compatibili con la espiazione della pena.

2. La sospensione non opera quando la pena è espiata in regime di misure alternative alla detenzione.

Capo V
Estinzione delle misure

299. Revoca e sostituzione delle misure.

1. Le misure coercitive e interdittive sono immediatamente revocate quando risultano mancanti, anche per fatti sopravvenuti, le condizioni di applicabilità previste dall'art. 273 o dalle disposizioni relative alle singole misure ovvero le esigenze cautelari previste dall'articolo 274.

2. Salvo quanto previsto dall'art. 275, comma 3, quando [1] le esigenze cautelari risultano attenuate ovvero la misura applicata non appare più proporzionata all'entità del fatto o alla sanzione che si ritiene possa essere irrogata, il giudice sostituisce la misura con un'altra meno grave ovvero ne dispone l'applicazione con modalità meno gravose.

2 bis. I provvedimenti di cui ai commi 1 e 2 relativi alle misure previste dagli articoli 282-*bis*, 282-*ter*, 283, 284, 285 e 286, applicate nei procedimenti aventi ad oggetto delitti commessi con violenza alla persona, devono essere immediatamente comunicati, a cura della polizia giudiziaria, ai servizi socio-assistenziali e alla persona offesa e, ove nominato, al suo difensore [2].

2 ter. Nei procedimenti per i delitti di cui all'articolo 4, comma 1, lettera i-*ter*), del codice delle leggi antimafia e delle misure di prevenzione, di cui al decreto legislativo 6 settembre 2011, n. 159, l'estinzione, l'inefficacia pronunciata per qualsiasi ragione o la revoca delle misure coercitive previste dagli articoli 282-*bis*, 282- *ter*, 283, 284, 285 e 286 o la loro sostituzione con altra misura meno grave sono comunicati, a cura della cancelleria, anche per via telematica, all'autorità di pubblica sicurezza competente per le misure di prevenzione, ai fini dell'eventuale adozione dei relativi provvedimenti [3].

2 quater. Nei procedimenti per i delitti di cui all'articolo 362, comma 1-*ter*, l'estinzione o la revoca delle misure coercitive di cui al comma 1 del presente articolo o la loro sostituzione con altra misura meno grave sono comunicate al prefetto che, sulla base delle valutazioni espresse nelle riunioni di coordinamento di cui all'articolo 5, comma 2, del d.l. 6 maggio 2002, n. 83, convertito, con modificazioni, dalla legge 2 luglio 2002, n. 133, può adottare misure di vigilanza dinamica, da sottoporre a revisione trimestrale, a tutela della persona offesa [3].

3. Il pubblico ministero e l'imputato richiedono la revoca o la sostituzione delle misure al giudice, il quale provvede con ordinanza entro cinque giorni dal deposito della richiesta. La richiesta di revoca o di sostituzione delle misure previste dagli articoli 282-*bis*, 282-*ter*, 283, 284, 285 e 286, applicate nei procedimenti di cui al comma 2-*bis* del presente articolo, che non sia stata proposta in sede di interrogatorio di garanzia, deve essere contestualmente notificata, a cura della parte richiedente ed a pena di inammissibilità, presso il difensore della persona offesa o, in mancanza di questo, alla persona offesa, salvo che in quest'ultimo caso essa non abbia provveduto a dichiarare o eleggere domicilio. Il difensore e la persona offesa possono, nei due giorni successivi alla notifica, presentare memorie ai sensi dell'articolo 121. Decorso il predetto termine il giudice procede. Il giudice provvede anche di ufficio quando assume l'interrogatorio della persona in stato di custodia cautelare [294] o quando è richiesto della proroga del termine per le indagini preliminari [406] o dell'assunzione di incidente probatorio [392] ovvero quando procede all'udienza preliminare o al giudizio [c.p.p. 418-433] [4].

3 bis. Il giudice, prima di provvedere in ordine alla revoca o alla sostituzione delle misure coercitive e interdittive, di ufficio o su richiesta dell'imputato deve sentire il pubblico ministero. Se nei due giorni successivi il pubblico ministero non esprime il proprio parere, il giudice procede [5].

3 ter. Il giudice, valutati gli elementi addotti per la revoca o la sostituzione delle misure, prima di provvedere può assumere l'interrogatorio della persona sottoposta alle indagini. Se l'istanza di revoca o di sostituzione è basata su elementi nuovi o diversi rispetto a quelli già valutati, il giudice deve assumere l'interrogatorio dell'imputato che ne ha fatto richiesta [6].

4. Fermo quanto previsto, dall'articolo 276, quando le esigenze cautelari risultano aggravate, il giudice, su richiesta del pubblico ministero, sostituisce la misura applicata con un'altra più grave ovvero ne dispone l'applicazione con modalità più gravose o applica congiuntamente altra misura coercitiva o interdittiva [7].

4 bis. Dopo la chiusura delle indagini preliminari, se l'imputato chiede la revoca o la sostituzione della misura con altra meno grave ovvero la sua applicazione con modalità meno gravose, il giudice, se la richiesta non è presentata in udienza, ne dà comunicazione al pubblico ministero, il quale, nei due giorni successivi, formula le proprie richieste. La richiesta di revoca o di sostituzione delle misure previste dagli articoli 282-*bis*, 282-*ter*, 283, 284, 285 e 286, applicate nei procedimenti di cui al comma 2-*bis* del presente articolo, deve essere contestualmente notificata, a cura della parte richiedente ed a pena di inammissibilità, presso il difensore della persona offesa o, in mancanza di questo, alla persona offesa, salvo che in quest'ultimo caso essa non abbia provveduto a dichiarare o eleggere domicilio [8].

4 ter. In ogni stato e grado del procedimento, quando non è in grado di decidere allo stato degli atti, il giudice dispone, anche di ufficio e senza formalità, accertamenti sulle condizioni di salute o su altre condizioni o qualità personali dell'imputato. Gli accertamenti sono eseguiti al più presto e comunque entro quindici giorni da quello in cui la richiesta è pervenuta al giudice. Se la richiesta di revoca o di sostituzione della misura della custodia cautelare in carcere è basata sulle condizioni di salute di cui all'articolo 275, comma 4-*bis*, ovvero se tali condizioni di salute sono segnalate dal servizio sanitario penitenziario, o risultano in altro modo al giudice, questi, se non ritiene di accogliere la richiesta sulla base degli atti, dispone con immediatezza, e comunque non oltre il termine previsto nel comma 3, gli accertamenti medici del caso, nominando perito ai sensi dell'articolo 220 e seguenti, il quale deve tener conto del parere del medico penitenziario e riferire entro il termine di cinque giorni, ovvero, nel caso di rilevata urgenza, non oltre due giorni dall'accertamento. Durante il periodo compreso tra il provvedimento che dispone gli accertamenti e la scadenza del termine per gli accertamenti medesimi, è sospeso il termine previsto dal comma 3 [(9)].

4 quater. Si applicano altresì le disposizioni di cui all'articolo 286-*bis*, comma 3 [(10)].

(1) Le parole "*Salvo quanto previsto dall'art. 275 comma 3*" sono state aggiunte dall'art. 1, co. 2, d.l. 9.9.1991, n. 292, conv., con modif., con la l. 8.11.1991, n. 356, recante disposizioni in materia di custodia cautelare, di avocazione dei procedimenti penali per reati di criminalità organizzata e dei trasferimenti d'ufficio dei magistrati per la copertura di uffici giudiziari non richiesti.

(2) Comma introdotto dall'art. 2, co. 1, lett. b), n. 1), d.l. 14.8.2013, n. 93, conv., con modif., dalla l. 15.10.2013, n. 119, e, poi, così modificato dall'art. 15, co. 4, l. 19.7.2019, n. 69, a decorrere dal 9.8.2019. Il testo antecedente alla modifica disposta con l. n. 69/2019 così disponeva: «2-bis. *I provvedimenti di cui ai commi 1 e 2 relativi alle misure previste dagli articoli 282-*bis*, 282-*ter*, 283, 284, 285 e 286, applicate nei procedimenti aventi ad oggetto delitti commessi con violenza alla persona, devono essere immediatamente comunicati, a cura della polizia giudiziaria, ai servizi socio-assistenziali e al difensore della persona offesa o, in mancanza di questo, alla persona offesa*». Il testo di questo comma prima della conversione in legge del suddetto d.l. n. 93/2013 così disponeva: «*I provvedimenti di cui ai commi 1 e 2 relativi alle misure previste dagli articoli 282-*bis *e 282-*ter *devono essere immediatamente comunicati al difensore della persona offesa o, in mancanza di questo, alla persona offesa e ai servizi socio-assistenziali del territorio*».

(3) Comma introdotto dall'art. 14, co. 1, lett. b), l. 24.11.2023, n. 168, a decorrere dal 9.12.2023.

(4) Comma così modificato dall'art. 2, co. 1, lett. b), n. 2), d.l. 14.8.2013, n. 93, conv., con modif., dalla l. 15.10.2013, n. 119. Il testo di questo comma prima della conversione in legge del suddetto d.l. n. 93/2013 così disponeva: «*Il pubblico ministero e l'imputato richiedono la revoca o la sostituzione delle misure al giudice, il quale provvede con ordinanza entro cinque giorni dal deposito della richiesta. La richiesta di revoca o di sostituzione delle misure previste dagli articoli 282-bis e 282-ter deve essere contestualmente notificata, a cura della parte richiedente, al difensore della persona offesa o, in mancanza di questo, alla persona offesa a pena di inammissibilità. Il giudice provvede anche di ufficio quando assume l'interrogatorio della persona in stato di custodia cautelare o quando è richiesto della proroga del termine per le indagini preliminari o dell'assunzione di incidente probatorio ovvero quando procede all'udienza preliminare o al giudizio*». Il testo antecedente alla modifica disposta con d.l. n. 93/2013 così disponeva: «*Il pubblico ministero e l'imputato richiedono la revoca o la sostituzione delle misure al giudice, il quale provvede con ordinanza entro cinque giorni dal deposito della richiesta. Il giudice provvede anche di ufficio quando assume l'interrogatorio della persona in stato di custodia cautelare o quando è richiesto della proroga del termine per le indagini preliminari o dell'assunzione di incidente probatorio ovvero quando procede all'udienza preliminare o al giudizio*».

(5) Comma introdotto dall'art. 14, d.lgs. 14.1.1991, n. 12, recante disposizioni integrative e correttive della disciplina processuale penale e delle norme ad essa collegate.

(6) Comma introdotto dall'art. 13, l. 8.8.1995, n. 332.

(7) Comma così modificato dall'art. 9, co. 1, l. 16.4.2015, n. 47. Il testo previgente così disponeva: «4. *Fermo quanto previsto, dall'articolo 276, quando le esigenze cautelari risultano aggravate, il giudice, su richiesta del pubblico ministero, sostituisce la misura applicata con un'altra più grave ovvero ne dispone l'applicazione con modalità più gravose*».

(8) Comma introdotto dall'art. 14, d.lgs. 14.1.1991, n. 12 e, poi, così modificato dall'art. 2, co. 1, lett. b), n. 3), d.l. 14.8.2013, n. 93, conv., con modif., dalla l. 15.10.2013, n. 119. Il testo antecedente alla modifica disposta con d.l. n. 93/2013 così disponeva: «*Dopo la chiusura delle indagini preliminari, se l'imputato chiede la revoca o la sostituzione della misura con altra meno grave ovvero la sua applicazione con modalità meno gravose, il giudice, se la richiesta non è presentata in udienza, ne dà comunicazione al pubblico ministero, il quale, nei due giorni successivi, formula le proprie richieste*».

(9) Comma introdotto dall'art. 14, d.lgs. 14.1.1991, n. 12, e, poi così modificato dall'art. 5, l. 8.8.1995, n. 332 e dall'art. 4, l. 12.7.1999, n. 231. Il testo in vigore prima di tale ultima modifica così disponeva: «4-ter. *In ogni stato e grado del procedimento, quando non è in grado di decidere allo stato degli atti, il giudice dispone, anche di ufficio e senza formalità, accertamenti sulle condizioni di salute o su altre condizioni o qualità personali dell'imputato. Gli accertamenti sono eseguiti al più presto e comunque entro quindici giorni da quello in cui la richiesta è pervenuta al giudice. Se la richiesta di revoca o di sostituzione della misura della custodia cautelare in carcere è basata sulle condizioni di salute di cui all'articolo 275, comma 4, ovvero se tali condizioni di salute sono segnalate dal servizio sanitario penitenziario, o risultano in altro modo al giudice, questi, se non ritiene di accogliere la richiesta sulla base degli atti, dispone con immediatezza, e comunque non oltre il termine previsto nel comma 3, gli accertamenti medici del caso, nominando perito ai sensi dell'articolo 220 e seguenti, il quale deve tener conto del parere del medico penitenziario e riferire entro il termine di cinque giorni, ovvero, nel caso di rilevata urgenza, non oltre due giorni dall'accertamento. Durante il periodo compreso tra il provvedimento che dispone gli accertamenti e la scadenza del termine per gli accertamenti medesimi, è sospeso il termine previsto dal comma 3*».

(10) Comma introdotto dall'art. 4, l. 12.7.1999, n. 231.

300. Estinzione o sostituzione delle misure per effetto della pronuncia di determinate sentenze [(1)]**.**

1. Le misure disposte in relazione a un determinato fatto perdono immediatamente efficacia quando, per tale fatto e nei confronti della medesima persona, è disposta l'archiviazione [408, 409, 410, 411] ovvero è pronunciata sentenza di non luogo a procedere [425] o di proscioglimento [529, 530, 531, 532].

2. Se l'imputato si trova in stato di custodia cautelare e con la sentenza di proscioglimento o di non luogo a procedere è applicata la misura di sicurezza del ricovero in ospedale psichiatrico giudiziario [222], il giudice provvede a norma dell'art. 312.

3. Quando, in qualsiasi grado del processo, è pronunciata sentenza di condanna, le misure perdono efficacia se la pena irrogata è dichiarata estinta ovvero condizionatamente sospesa.

4. La custodia cautelare perde altresì efficacia quando è pronunciata sentenza di condanna, ancorché sottoposta a impugnazione, se la durata della custodia già subita non è inferiore all'entità della pena irrogata.

4 bis. Quando, in qualsiasi grado del processo, è pronunciata sentenza di condanna o sentenza di applicazione della pena ai sensi dell'articolo 444, ancorché sottoposta a impugnazione, alla pena pecuniaria sostitutiva o al lavoro di pubblica utilità sostitutivo, di cui alla legge 24 novembre 1981 n. 689, non può essere mantenuta la custodia cautelare. Negli stessi casi, quando è pronunciata sentenza di condanna o sentenza di applicazione della pena ai sensi dell'articolo 444 alla pena della detenzione domiciliare sostitutiva, non può essere mantenuta la custodia cautelare in carcere. In ogni caso, il giudice può sostituire la misura in essere con un'altra meno grave di cui ricorrono i presupposti ai sensi dell'articolo 299 [2].

5. Qualora l'imputato prosciolto o nei confronti del quale sia stata emessa sentenza di non luogo a procedere sia successivamente condannato per lo stesso fatto, possono essere disposte nei suoi confronti misure coercitive quando ricorrono le esigenze cautelari previste dall'articolo 274 comma 1 lettere b) o c).

(1) Rubrica così modificata dall'art. 13, co. 1, lett. e), n. 1), d.lgs. 10.10.2022, n. 150, a decorrere dal 30.12.2022.
Il testo previgente così disponeva: «*Estinzione delle misure per effetto della pronuncia di determinate sentenze*».
(2) Comma introdotto dall'art. 13, co. 1, lett. e), n. 2), d.lgs. 10.10.2022, n. 150, a decorrere dal 30.12.2022.

301. Estinzione di misure disposte per esigenze probatorie.

1. Le misure disposte per le esigenze cautelari previste dall'articolo 274 comma 1 lettera a) perdono immediatamente efficacia se alla scadenza del termine previsto dall'art. 292 comma 2 lettera d), non ne è ordinata la rinnovazione.

2. La rinnovazione è disposta dal giudice con ordinanza [125], su richiesta del pubblico ministero, anche per più di una volta, entro i limiti previsti dagli articoli 305 e 308 [1].

2 bis. Salvo il disposto dell'articolo 292, comma 2, lettera d), quando si procede per reati diversi sia da quelli previsti dall'articolo 407, comma 2, lettera a), numeri da 1 a 6, sia da quelli per il cui accertamento sono richieste investigazioni particolarmente complesse per la molteplicità di fatti tra loro collegati ovvero per l'elevato numero di persone sottoposte alle indagini o di persone offese, ovvero per reati il cui accertamento è richiesto il compimento di atti di indagini all'estero, la custodia cautelare in carcere disposta per il compimento delle indagini previste dall'articolo 274, comma 1, lettera a), non può avere durata superiore a trenta giorni [2].

2 ter. La proroga della medesima misura è disposta, per non più di due volte ed entro il limite complessivo di novanta giorni, dal giudice con ordinanza, su richiesta inoltrata dal pubblico ministero prima della scadenza, valutate le ragioni che hanno impedito il compimento delle indagini per le cui esigenze la misura era stata disposta e previo l'interrogatorio dell'imputato [2].

(1) La Corte cost., con sent. 8.6.1994, n. 219, ha dichiarato l'illegittimità costituzionale del secondo comma, nella parte in cui non prevede che, ai fini dell'adozione del provvedimento di rinnovazione della misura cautelare personale, debba essere previamente sentito il difensore della persona da assoggettare alla misura.
(2) Comma introdotto dall'art. 14, l. 8.8.1995, n. 332.

302. Estinzione della custodia per omesso interrogatorio della persona in stato di custodia cautelare [1].

1. La custodia cautelare disposta nel corso delle indagini preliminari [326, 327, 328, 329] perde immediatamente efficacia se il giudice non procede all'interrogatorio entro il termine previsto dall'art. 294. Dopo la liberazione, la misura può essere nuovamente disposta dal giudice, su richiesta del pubblico ministero, previo interrogatorio, allorché, valutati i risultati di questo, sussistono le condizioni indicate negli articoli 273, 274 e 275. Nello stesso modo si procede nel caso in cui la persona, senza giustificato motivo, non si presenta a rendere interrogatorio. Si osservano le disposizioni dell'articolo 294 commi 3, 4 e 5.

(1) La Corte cost., con sent. 3.4.1997, n. 77, ha dichiarato l'illegittimità di questo articolo limitatamente alle parole «*disposta nel corso delle indagini preliminari*». La stessa Corte cost., con sent. 21.3.-4.4.2001, n. 95, ha dichiarato l'illegittimità di questo articolo nella parte in cui non prevede che le misure cautelari coercitive, diverse dalla custodia cautelare, e quelle interdittive, perdono immediatamente efficacia se il giudice non procede all'interrogatorio entro il termine previsto dall'art. 294, co. 1 bis.

303. Termini di durata massima della custodia cautelare [1].

1. La custodia cautelare perde efficacia [306 307] quando:

a) dall'inizio della sua esecuzione sono decorsi i seguenti termini senza che sia stato emesso il provvedimento che dispone il giudizio o l'ordinanza con cui il giudice dispone il giudizio abbreviato ai sensi dell'articolo 438, ovvero senza che sia stata pronunciata la sentenza di applicazione della pena su richiesta delle parti;
   1) tre mesi, quando si procede per un delitto per il quale la legge stabilisce la pena della reclusione non superiore nel massimo a sei anni;
   2) sei mesi, quando si procede per un delitto per il quale la legge stabilisce la pena della reclusione superiore nel massimo a sei anni, salvo quanto previsto dal numero 3);
   3) un anno, quando si procede per un delitto per il quale la legge stabilisce la pena dell'ergastolo o la pena della reclusione non inferiore nel massimo a venti anni ovvero per uno dei delitti indicati nell'articolo 407, comma 2, lettera a), sempre che per lo stesso la legge preveda la pena della reclusione superiore nel massimo a sei anni [2];

b) dall'emissione del provvedimento che dispone il giudizio o dalla sopravvenuta esecuzione della custodia sono decorsi i seguenti termini senza che sia stata pronunciata sentenza di condanna di primo grado:
   1) sei mesi, quando si procede per un delitto per il quale la legge stabilisce la pena della reclusione non superiore nel massimo a sei anni;
   2) un anno, quando si procede per un delitto per il quale la legge stabilisce la pena della reclusione non superiore nel massimo a venti anni, salvo quanto previsto dal numero 1);
   3) un anno e sei mesi, quando si procede per un delitto per il quale la legge stabilisce la pena dell'ergastolo o la pena della reclusione superiore nel massimo a venti anni;
   3-*bis*) qualora si proceda per i delitti di cui all'arti-

colo 407, comma 2, lettera a), i termini di cui ai numeri 1), 2) e 3) sono aumentati fino a sei mesi. Tale termine è imputato a quello della fase precedente ove non completamente utilizzato, ovvero ai termini di cui alla lettera d) per la parte eventualmente residua. In quest'ultimo caso i termini di cui alla lettera d) sono proporzionalmente ridotti [(3)];

b-*bis*) dall'emissione dell'ordinanza con cui il giudice dispone il giudizio abbreviato o dalla sopravvenuta esecuzione della custodia sono decorsi i seguenti termini senza che sia stata pronunciata sentenza di condanna ai sensi dell'articolo 442:

1) tre mesi, quando si procede per un delitto per il quale la legge stabilisce la pena della reclusione non superiore nel massimo a sei anni;
2) sei mesi, quando si procede per un delitto per il quale la legge stabilisce la pena della reclusione non superiore nel massimo a venti anni, salvo quanto previsto nel numero 1;
3) nove mesi, quando si procede per un delitto per il quale la legge stabilisce la pena dell'ergastolo o la pena della reclusione superiore nel massimo a venti anni [(4)];

c) dalla pronuncia della sentenza di condanna di primo grado o dalla sopravvenuta esecuzione della custodia sono decorsi i seguenti termini senza che sia stata pronunciata sentenza di condanna in grado di appello:

1) nove mesi, se vi è stata condanna alla pena della reclusione non superiore a tre anni;
2) un anno, se vi è stata condanna alla pena della reclusione non superiore a dieci anni;
3) un anno e sei mesi, se vi è stata condanna alla pena dell'ergastolo o della reclusione superiore a dieci anni;

d) dalla pronuncia della sentenza di condanna in grado di appello o dalla sopravvenuta esecuzione della custodia sono decorsi gli stessi termini previsti dalla lettera c) senza che sia stata pronunciata sentenza irrevocabile di condanna, salve le ipotesi di cui alla lettera b), numero 3-*bis*). Tuttavia, se vi è stata condanna in primo grado, ovvero se la impugnazione è stata proposta esclusivamente dal pubblico ministero, si applica soltanto la disposizione del comma 4 [47] [(5)].

2. Nel caso in cui, a seguito di annullamento con rinvio da parte della Corte di cassazione o per altra causa, il procedimento regredisca a una fase o a un grado di giudizio diversi ovvero sia rinviato ad altro giudice, dalla data del procedimento che dispone il regresso o il rinvio ovvero dalla sopravvenuta esecuzione della custodia cautelare decorrono di nuovo i termini previsti dal comma 1 relativamente a ciascuno stato e grado del procedimento [(6)].

3. *Nel caso di evasione dell'imputato sottoposto a custodia cautelare, i termini previsti dal comma 1 decorrono di nuovo, relativamente a ciascuno stato e grado del procedimento, dal momento in cui venga ripristinata la custodia cautelare.*

4. La durata complessiva della custodia cautelare, considerate anche le proroghe previste dall'articolo 305, non può superare i seguenti termini:

a) due anni, quando si procede per un delitto per il quale la legge stabilisce la pena della reclusione non superiore nel massimo a sei anni;
b) quattro anni, quando si procede per un delitto per il quale la legge stabilisce la pena della reclusione non superiore nel massimo a venti anni, salvo quanto previsto dalla lettera a);
c) sei anni, quando si procede per un delitto per il quale la legge stabilisce la pena dell'ergastolo o della reclusione superiore nel massimo a venti anni.

(1) Articolo così sostituito dall'art. 2, d.l. 9.9.1991, n. 292, conv., con modif., in l. 8.11.1991, n. 356, recante norme in materia di custodia cautelare, di avocazione dei procedimenti penali per reati di criminalità organizzata e dei trasferimenti d'ufficio dei magistrati per la copertura di uffici giudiziari non richiesti.
(2) Lettera così modificata dall'art. 1, d.l. 7.4.2000, n. 82, conv. in legge, con modif., con l. 5.6.2000, n. 144.
(3) Numero aggiunto dall'art. 2, d.l. 24.11.2000, n. 341, conv. in legge, con modif., dalla l. 19.1.2001, n. 4.
(4) Lettera introdotta dall'art. 1, d.l. 7.4.2000, n. 82, conv. in legge, con modif., con l. 5.6.2000, n. 144.
(5) Lettera così modificata dall'art. 2, d.l. 24.11.2000, n. 341, conv. in legge, con modif., dalla l. 19.1.2001, n. 4. Il testo previgente così disponeva: «*d) dalla pronuncia della sentenza di condanna in grado di appello o dalla sopravvenuta esecuzione della custodia sono decorsi gli stessi termini previsti dalla lettera c) senza che sia stata pronunciata sentenza irrevocabile di condanna. Tuttavia, se vi è stata condanna in primo grado, ovvero se la impugnazione è stata proposta esclusivamente dal pubblico ministero, si applica soltanto la disposizione del comma 4*».
(6) La Corte cost., con sent. 22.7.2005, n. 299, ha dichiarato l'illegittimità di questo comma, nella parte in cui non consente di computare ai fini dei termini massimi di fase determinati dall'art. 304, co. 6, c.p.p., i periodi di custodia cautelare sofferti in fasi o in gradi diversi dalla fase o dal grado in cui il procedimento è regredito.

304. Sospensione dei termini di durata massima della custodia cautelare [(1)].

1. I termini previsti dall'articolo 303 sono sospesi, con ordinanza appellabile a norma dell'articolo 310, nei seguenti casi:

a) nella fase del giudizio, durante il tempo in cui il dibattimento è sospeso o rinviato per impedimento dell'imputato o del suo difensore ovvero su richiesta dell'imputato o del suo difensore, sempre che la sospensione o il rinvio non siano stati disposti per esigenze di acquisizione della prova o a seguito di concessione di termini per la difesa;
b) nella fase del giudizio, durante il tempo in cui il dibattimento è sospeso o rinviato a causa della mancata presentazione, dell'allontanamento o della mancata partecipazione di uno o più difensori che rendano privo di assistenza uno o più imputati;
b-*bis*) nella fase del giudizio, durante il tempo in cui l'udienza di comparizione predibattimentale è sospe-

sa o rinviata per taluno dei casi indicati nelle lettere a) e b)[2];

c) nella fase del giudizio, durante la pendenza dei termini previsti dall'articolo 544, commi 2 e 3;

c-*bis*) nel giudizio abbreviato, durante il tempo in cui l'udienza è sospesa o rinviata per taluno dei casi indicati nelle lettere a) e b) e durante la pendenza dei termini previsti dall'articolo 544, commi 2 e 3[3];

c-*ter*) nei casi previsti dall'articolo 545– *bis*, durante il tempo intercorrente tra la lettura del dispositivo indicato al comma 1 dello stesso articolo e l'udienza fissata per la decisione sulla eventuale sostituzione della pena detentiva con una pena sostitutiva ai sensi dell'articolo 53 della legge 24 novembre 1981, n. 689; in tal caso, la sospensione dei termini previsti dall'articolo 303 non può comunque avere durata superiore a sessanta giorni[4].

2. I termini previsti dall'articolo 303 possono essere altresì sospesi quando si procede per taluno dei reati indicati nell'articolo 407, comma 2, lettera a), nel caso di dibattimenti o di giudizi abbreviati particolarmente complessi, durante il tempo in cui sono tenute le udienze o si delibera la sentenza nel giudizio di primo grado o nel giudizio sulle impugnazioni[5].

3. Nei casi previsti dal comma 2, la sospensione è disposta dal giudice, su richiesta del pubblico ministero, con ordinanza appellabile a norma dell'articolo 310.

4. I termini previsti dall'articolo 303, comma 1, lettera a), sono sospesi, con ordinanza appellabile a norma dell'articolo 310, se l'udienza preliminare è sospesa o rinviata per taluno dei casi indicati nel comma 1, lettere a) e b), del presente articolo.

5. Le disposizioni di cui alle lettere a) e b) del comma 1, anche se riferite al giudizio abbreviato, e di cui al comma 4 non si applicano ai coimputati ai quali i casi di sospensione non si riferiscono e che chiedono che si proceda nei loro confronti previa separazione dei processi[6].

6. La durata della custodia cautelare non può comunque superare il doppio dei termini previsti dall'articolo 303, commi 1, 2 e 3 senza tenere conto dell'ulteriore termine previsto dall'articolo 303, comma 1, lettera b), numero 3-*bis*) e i termini aumentati della metà previsti dall'articolo 303, comma 4, ovvero, se più favorevole, i due terzi del massimo della pena temporanea prevista per il reato contestato o ritenuto in sentenza. A tal fine la pena dell'ergastolo è equiparata alla pena massima temporanea[7].

7. Nel computo dei termini di cui al comma 6, salvo che per il limite relativo alla durata complessiva della custodia cautelare, non si tiene conto dei periodi di sospensione di cui al comma 1, lettera b).

(1) Articolo così sostituito dall'art. 15, l. 8.8.1995, n. 332. Il testo precedente, già modificato dall'art. 4, d.l. 1.3.1991, n. 60, conv. in legge, con modif., con l. 22.4.1991, n. 133, che aveva aggiunto, nel co. 1, la lett. b bis), così disponeva: «*1. I termini previsti dall'articolo 303 sono sospesi, con ordinanza appellabile a norma dell'art. 310, nei seguenti casi: a) nella fase del giudizio, durante il tempo in cui il dibattimento è sospeso o rinviato per impedimento dell'imputato o del suo difensore ovvero su richiesta dell'imputato o del suo difensore [486], sempre che la sospensione o il rinvio non siano stati disposti per esigenze di acquisizione della prova o a seguito di concessione di termini per la difesa [108, 519]; b) nella fase del giudizio, durante il tempo in cui il dibattimento è sospeso o rinviato a causa della mancata presentazione, dell'allontanamento o della mancata partecipazione di uno o più difensori che rendano privo di assistenza uno o più imputati [105, 484]; b-bis) nella fase del giudizio, durante la pendenza dei termini previsti dall'articolo 544 commi 2 e 3. 2. I termini previsti dall'articolo 303 possono altresì essere sospesi, nella fase del giudizio, quando si tratta dei reati indicati nell'articolo 407 comma 2 lettera a), nel caso di dibattimenti particolarmente complessi, durante il tempo in cui sono tenute le udienze o si delibera la sentenza [525, 526, 527, 528] nel giudizio di primo grado o nel giudizio sulle impugnazioni. 3. Nei casi previsti dal comma 2, la sospensione è disposta dal giudice, su richiesta del pubblico ministero, con ordinanza appellabile a norma dell'articolo 310. 4. La durata della custodia cautelare non può comunque superare i due terzi del massimo della pena temporanea prevista per il reato contestato o ritenuto in sentenza. A tal fine la pena dell'ergastolo è equiparata alla pena massima temporanea*».

(2) Lettera introdotta dall'art. 2, co. 1, lett. g), d.lgs. 19.3.2024, n. 31, a decorrere dal 4.4.2024.

(3) Lettera introdotta dall'art. 2, d.l. 7.4.2000, n. 82, conv. in legge, con modif., con l. 5.6.2000, n. 144.
La punteggiatura finale di questa lettera è stata così modificata dall'art. 13, co. 1, lett. f), n. 1), d.lgs. 10.10.2022, n. 150, a decorrere dal 30.12.2022.

(4) Lettera introdotta dall'art. 13, co. 1, lett. f), n. 2), d.lgs. 10.10.2022, n. 150, a decorrere dal 30.12.2022.

(5) Comma così sostituito dall'art. 2, d.l. 7.4.2000, n. 82, conv. in legge, con modif., con l. 5.6.2000, n. 144. Il testo previgente così disponeva: «*2. I termini previsti dall'articolo 303 possono altresì essere sospesi, nella fase del giudizio, quando si tratta di reati indicati dall'articolo 407, comma 2, lettera a), nel caso di dibattimenti particolarmente complessi, durante il tempo in cui sono tenute le udienze o si delibera la sentenza nel giudizio di primo grado o nel giudizio sulle impugnazioni*».

(6) Comma così modificato dall'art. 2, d.l. 7.4.2000, n. 82 conv. in legge, con modif., con l. 5.6.2000, n. 144. Il testo previgente così disponeva: «*5. Le disposizioni di cui alle lettere a) e b) del comma 1 e di cui al comma 4 non si applicano ai coimputati ai quali i casi di sospensione non si riferiscono e che chiedono che si proceda nei loro confronti previa separazione dei processi*».

(7) Comma così modificato dall'art. 2, d.l. 24.11.2000, n. 34 , conv. in legge, con modif., dalla l. 19.1.2001, n. 4. Il testo del comma precedente così disponeva: «*6. La durata della custodia cautelare non può comunque superare il doppio dei termini previsti dall'articolo 303, commi 1, 2 e 3 e i termini aumentati della metà previsti dall'articolo 303, comma 4, ovvero, se più favorevole, i due terzi del massimo della pena temporanea prevista per il reato contestato o ritenuto in sentenza. A tal fine la pena dell'ergastolo è equiparata alla pena massima temporanea*».

305. Proroga della custodia cautelare.

1. In ogni stato e grado del procedimento di merito, quando è disposta perizia [220] sullo stato di mente dell'imputato, i termini di custodia cautelare sono prorogati per il periodo di tempo assegnato per l'espletamento della perizia [227]. La proroga è disposta con ordinanza dal giudice, su richiesta del pubblico ministero, sentito il difensore. L'ordinanza è soggetta a ricorso per cassazione nelle forme previste dall'articolo 311.

2. Nel corso delle indagini preliminari [326, 327, 328, 329], il pubblico ministero può altresì chiedere la proroga dei termini di custodia cautelare che siano prossimi a scadere, quando sussistono gravi esigenze cautelari che, in rapporto ad accertamenti particolarmente complessi, o a nuove indagini disposte ai sensi dell'articolo 415-*bis*, comma 4, rendano indispensabile il protrarsi della custodia. Il giudice, sentiti il pubblico ministero e il difensore, provvede con ordinanza appellabile a norma dell'articolo 310. La proroga è rinnovabile una sola volta. I termini previsti dall'articolo 303 comma 1 non possono essere comunque superati di oltre la metà [(1)].

(1) Comma così modificato dall'art. 2, d.l. 7.4.2000, n. 82, nel testo integrato dalla relativa legge di conversione 5.6. 2000, n. 144. Il testo previgente così disponeva: «2. *Nel corso delle indagini preliminari, il pubblico ministero può altresì chiedere la proroga dei termini di custodia cautelare che siano prossimi a scadere, quando sussistono gravi esigenze cautelari che, in rapporto ad accertamenti particolarmente complessi, rendano indispensabile il protrarsi della custodia. Il giudice, sentiti il pubblico ministero e il difensore, provvede con ordinanza appellabile a norma dell'articolo 310. La proroga è rinnovabile una sola volta. I termini previsti dall'articolo 303 comma 1 non possono essere comunque superati di oltre la metà*».

306. Provvedimenti conseguenti alla estinzione delle misure.

1. Nei casi in cui la custodia cautelare perde efficacia secondo le norme del presente titolo, il giudice dispone con ordinanza l'immediata liberazione della persona sottoposta alla misura.

2. Nei casi di perdita di efficacia di altre misure cautelari, il giudice adotta con ordinanza i provvedimenti necessari per la immediata cessazione delle misure medesime.

307. Provvedimenti in caso di scarcerazione per decorrenza dei termini.

1. Nei confronti dell'imputato scarcerato per decorrenza dei termini il giudice dispone le altre misure cautelari di cui ricorrano i presupposti, solo se sussistano le ragioni che avevano determinato la custodia cautelare [273, 274, 275] [(1)].

1 bis. Qualora si proceda per taluno dei reati indicati nell'articolo 407, comma 2, lettera a), il giudice dispone le misure cautelari indicate dagli articoli 281, 282 e 283 anche cumulativamente [(2)].

2. La custodia cautelare, ove risulti necessaria a norma dell'articolo 275, è tuttavia ripristinata:

a) se l'imputato ha dolosamente trasgredito alle prescrizioni inerenti a una misura cautelare disposta a norma del comma 1, sempre che, in relazione alla natura di tale trasgressione, ricorra taluna delle esigenze cautelari previste dall'articolo 274;

b) contestualmente o successivamente alla sentenza di condanna di primo o di secondo grado, quando ricorre l'esigenza cautelare prevista dall'articolo 274 comma 1 lettera b) [(3)].

3. Con il ripristino della custodia, i termini relativi alla fase in cui il procedimento si trova decorrono nuovamente ma, ai fini del computo del termine previsto dall'articolo 303 comma 4, si tiene conto anche della custodia anteriormente subita.

4. Gli ufficiali e gli agenti di polizia giudiziaria possono procedere al fermo dell'imputato che, trasgredendo alle prescrizioni inerenti a una misura cautelare disposta a norma del comma 1 o nell'ipotesi prevista dal comma 2, lettera b), stia per darsi alla fuga. Del fermo è data notizia senza ritardo, e comunque entro le ventiquattro ore, al procuratore della Repubblica presso il tribunale del luogo ove il fermo è stato eseguito. Si applicano, in quanto compatibili, le disposizioni sul fermo di indiziato di delitto. Con il provvedimento di convalida, il giudice per le indagini preliminari [328], se il pubblico ministero ne fa richiesta, dispone con ordinanza, quando ne ricorrono le condizioni, la misura della custodia cautelare e trasmette gli atti al giudice competente [(4)].

5. La misura disposta a norma del comma 4 cessa di avere effetto se, entro venti giorni dalla ordinanza, il giudice competente non provvede a norma del comma 2 lettera a).

(1) Comma così sostituito dall'art. 2, d.l. 24.11.2000, n. 341, conv. in legge, con modif., dalla l. 19.1.2001, n. 4. Il testo previgente così disponeva: «1. *Nei confronti dell'imputato scarcerato per decorrenza dei termini, il giudice, qualora permangano le ragioni che avevano giustificato la custodia cautelare, dispone le altre misure cautelari di cui ricorrono i presupposti*».

(2) Comma introdotto dall'art. 2, d.l. 24.11.2000, n. 341, conv. in legge, con modif., dalla l. 19.1.2001, n. 4.

(3) Lettera così modificata dall'art. 5, d.l. 1.3.1991, n. 60, conv., con modif., con la l. 22.4.1991, n. 133.

(4) Comma così modificato dall'art. 2, d.l. 24.11.2000, n. 341, conv. in legge, con modif., dalla l. 19.1.2001, n. 4. Il testo previgente così disponeva: «4. *Gli ufficiali e gli agenti di polizia giudiziaria possono procedere al fermo dell'imputato che, trasgredendo alle prescrizioni inerenti a una misura cautelare disposta a norma del comma 1, si è dato alla fuga. Del fermo è data notizia senza ritardo, e comunque entro le ventiquattro ore, al procuratore della Repubblica presso il tribunale del luogo ove il fermo è stato eseguito. Si applicano, in quanto compatibili, le disposizioni sul fermo di indiziato di delitto. Con il provvedimento di convalida, il giudice per le indagini preliminari, se il pubblico ministero ne fa richiesta, dispone con ordinanza, quando ne ricorrono le condizioni, la misura della custodia cautelare e trasmette gli atti al giudice competente*».

308. Termini di durata massima delle misure diverse dalla custodia cautelare.

1. Le misure coercitive diverse dalla custodia cautelare [281, 282, 283] perdono efficacia quando dall'inizio della loro esecuzione è decorso un periodo di tempo pari al doppio dei termini previsti dall'articolo 303.

2. Le misure interdittive [287, 288, 289, 290] non possono avere durata superiore a dodici mesi e perdono efficacia quando è decorso il termine fissato dal giudice nell'ordinanza. In ogni caso, qualora siano state disposte per esigenze probatorie, il giudice può disporne la rinnovazione nei limiti temporali previsti dal primo periodo del presente comma [(1)].

2 bis. [Nel caso si proceda per uno dei delitti previsti dagli articoli 314, 316, 316-*bis*, 316-*ter*, 317, 318, 319, 319-*ter*, 319-*quater*, primo comma, e 320 del codice penale, le misure interdittive perdono efficacia decorsi sei mesi dall'inizio della loro esecuzione. In ogni caso, qualora esse siano state disposte per esigenze probatorie, il giudice può disporne la rinnovazione anche oltre sei mesi dall'inizio dell'esecuzione, fermo restando che comunque la loro efficacia viene meno se dall'inizio della loro esecuzione è decorso un periodo di tempo pari al triplo dei termini previsti dall'articolo 303] [2].

3. L'estinzione delle misure non pregiudica l'esercizio dei poteri che la legge attribuisce al giudice penale o ad altre autorità nell'applicazione di pene accessorie [c.p. 28-37] o di altre misure interdittive.

(1) Comma così sostituito dall'art. 10, co. 1, l. 16.4.2015, n. 47. Il testo previgente così disponeva: «*2. Le misure interdittive perdono efficacia quando sono decorsi due mesi dall'inizio della loro esecuzione. In ogni caso, qualora esse siano state disposte per esigenze probatorie, il giudice può disporne la rinnovazione anche al di là di due mesi dall'inizio dell'esecuzione, osservati i limiti previsti dal comma 1*».

(2) Comma introdotto dall'art. 1, co. 78, l. 6.11.2012, n. 190 e, poi, abrogato dall'art. 10, co. 2, l. 16.4.2015, n. 47.

Capo VI
Impugnazioni

309. Riesame delle ordinanze che dispongono una misura coercitiva [1].

1. Entro dieci giorni dalla esecuzione o notificazione [293] del provvedimento, l'imputato può proporre richiesta di riesame, anche nel merito, della ordinanza che dispone una misura coercitiva, salvo che si tratti di ordinanza emessa a seguito di appello del pubblico ministero [310].

2. Per l'imputato latitante [296] il termine decorre dalla data di notificazione eseguita a norma dell'articolo 165. Tuttavia, se sopravviene l'esecuzione della misura, il termine decorre da tale momento quando l'imputato prova di non avere avuto tempestiva conoscenza del provvedimento.

3. Il difensore dell'imputato può proporre la richiesta di riesame entro dieci giorni dalla notificazione dell'avviso di deposito dell'ordinanza che dispone la misura [293, comma 3].

3 bis. Nei termini previsti dai commi 1, 2 e 3 non si computano i giorni per i quali è stato disposto il differimento del colloquio, a norma dell'articolo 104, comma 3 [2].

4. La richiesta di riesame è presentata nella cancelleria del tribunale indicato nel comma 7. Si osservano le forme previste dall'articolo 582 [3].

5. Il presidente cura che sia dato immediato avviso all'autorità giudiziaria procedente la quale, entro il giorno successivo, e comunque non oltre il quinto giorno, trasmette al tribunale gli atti presentati a norma dell'articolo 291, comma 1, nonché tutti gli elementi sopravvenuti a favore della persona sottoposta alle indagini [4].

6. Con la richiesta di riesame possono essere enunciati anche i motivi e l'imputato può chiedere di comparire personalmente. Chi ha proposto la richiesta ha, inoltre, facoltà di enunciare i nuovi motivi davanti al giudice del riesame facendone dare atto a verbale prima dell'inizio della discussione [5].

7. Sulla richiesta di riesame decide, in composizione collegiale, il tribunale del luogo nel quale ha sede la corte di appello o la sezione distaccata della corte di appello nella cui circoscrizione è compreso l'ufficio del giudice che ha emesso l'ordinanza [6].

8. Il procedimento davanti al tribunale si svolge in camera di consiglio nelle forme previste dall'articolo 127. L'avviso della data fissata per l'udienza è comunicato, almeno tre giorni prima, al pubblico ministero presso il tribunale indicato nel comma 7 e, se diverso, a quello che ha richiesto l'applicazione della misura; esso è notificato, altresì, entro lo stesso termine, all'imputato ed al suo difensore. Fino al giorno dell'udienza gli atti restano depositati in cancelleria, con facoltà per il difensore di esaminarli e di estrarne copia [7].

8 bis. Il pubblico ministero che ha richiesto l'applicazione della misura può partecipare all'udienza in luogo del pubblico ministero presso il tribunale indicato nel comma 7. L'imputato che ne abbia fatto richiesta ai sensi del comma 6 ha diritto di comparire personalmente o, quando una particolare disposizione di legge lo prevede, di partecipare a distanza. Il presidente può altresì disporre la partecipazione a distanza dell'imputato che vi consenta [8].

9. Entro dieci giorni dalla ricezione degli atti il tribunale, se non deve dichiarare l'inammissibilità della richiesta, annulla, riforma e conferma l'ordinanza oggetto del riesame decidendo anche sulla base degli elementi addotti dalle parti nel corso dell'udienza. Il tribunale può annullare il provvedimento impugnato o riformarlo in senso favorevole all'imputato anche per motivi diversi da quelli enunciati ovvero può confermarlo per ragioni diverse da quelle indicate nella motivazione del provvedimento stesso. Il tribunale annulla il provvedimento impugnato se la motivazione manca o non contiene l'autonoma valutazione, a norma dell'articolo 292, delle esigenze cautelari, degli indizi e degli elementi forniti dalla difesa [9].

9 bis. Su richiesta formulata personalmente dall'imputato entro due giorni dalla notificazione dell'avviso, il tribunale differisce la data dell'udienza da un minimo di cinque ad un massimo di dieci giorni se vi siano giustificati motivi. In tal caso il termine per la decisione e quello per il deposito dell'ordinanza sono prorogati nella stessa misura [10].

10. Se la trasmissione degli atti non avviene nei termini di cui al comma 5 o se la decisione sulla richiesta di riesame o il deposito dell'ordinanza del tribunale in cancelleria non intervengono nei termini prescritti, l'ordinanza che dispone la misura coercitiva perde efficacia e, salve eccezionali esigenze cautelari specificamente motivate, non può essere rinnovata. L'ordinanza del tribunale deve essere depositata in cancelleria entro trenta giorni dalla decisione salvi i casi in cui la stesura della motivazione sia particolarmente complessa per il numero degli arrestati o la gravità delle imputazioni. In tali casi, il giudice può disporre per il deposito un termine più lungo, comunque non eccedente il quarantacinquesimo giorno da quello della decisione [11].

(1) La Corte cost., con sent. 15.3.1996, n. 71, ha dichiarato l'illegittimità degli artt. 309 e 310 c.p.p., nella parte in cui non prevedono la possibilità di valutare la sussistenza dei gravi indizi di colpevolezza nell'ipotesi in cui sia stato emesso il decreto che dispone il giudizio a norma dell'art. 429 dello stesso codice. La stessa Corte cost., con sent. 6.12.2013, n. 293, ha dichiarato l'illegittimità dell'art. 309 c.p.p., in quanto interpretato nel senso che la deducibilità, nel procedimento di riesame, della retrodatazione della decorrenza dei termini di durata massima delle misure cautelari, prevista dall'art. 297, co. 3, del medesimo codice, sia subordinata – oltre che alla condizione che, per effetto della retrodatazione, il termine sia già scaduto al momento dell'emissione dell'ordinanza cautelare impugnata – anche a quella che tutti gli elementi per la retrodatazione risultino da detta ordinanza.

(2) Comma introdotto dall'art. 16, l. 8.8.1995, n. 332.

(3) Comma sostituito dall'art. 16, l. 8.8.1995, n. 332 e, successivamente, così modificato dall'art. 13, co. 1, lett. g), d.lgs. 10.10.2022, n. 150, a decorrere dal 30.12.2022.
Il testo antecedente alla modifica disposta con d.lgs. n. 150/2022 così disponeva: «*4. La richiesta di riesame è presentata nella cancelleria del tribunale indicato nel comma 7. Si osservano le forme previste dagli articoli 582 e 583.*». *Il testo previgente così disponeva: «4. La richiesta di riesame è presentata nella cancelleria del tribunale indicato nel comma 7, con le forme previste dall'articolo 582».*

(4) Comma così sostituito dall'art. 16, l. 8.8.1995, n. 332. Il testo del comma precedentemente in vigore così disponeva: «*5. Il presidente cura che sia dato immediato avviso all'autorità giudiziaria procedente che, entro il giorno successivo, trasmette al tribunale gli atti presentati a norma dell'articolo 291 comma 1*».

(5) Comma così modificato dall'art. 11, co. 1, l. 16.4.2015, n. 47. Il testo previgente così disponeva: «*6. Con la richiesta di riesame possono essere enunciati anche i motivi. Chi ha proposto la richiesta ha, inoltre, facoltà di enunciare i nuovi motivi davanti al giudice del riesame facendone dare atto a verbale prima dell'inizio della discussione*».

(6) Comma così sostituito dall'art. 2, d.l. 23.10.1996, n. 553, conv. in legge, con modif., con l. 23.12.1996, n. 652. Il testo previgente disponeva che sulla richiesta di riesame dovesse decidere il tribunale del capoluogo della provincia nella quale era la sede dell'ufficio del giudice emettitore della sent. L'art. 179, d.lgs. 19.2.1998, n. 51, con effetto dal 2.6.1999, ha poi inserito le parole «*, in composizione collegiale,*».

(7) Gli attuali co. 8 e 8 bis così sostituiscono l'originario co. 8 per effetto dell'art. 2, d.l. 23.10.1996, n. 553, conv. in legge, con modif., con l. 23.12.1996, n. 652. Il testo del co. 8 precedente così disponeva: «*8. Il procedimento davanti al tribunale si svolge in camera di consiglio nelle forme previste dall'articolo 127. L'avviso della data fissata per l'udienza è comunicato al pubblico ministero e notificato all'imputato e al suo difensore almeno tre giorni prima. Fino al giorno dell'udienza gli atti restano depositati in cancelleria, con facoltà per il difensore di esaminarli e di estrarne copia*». Precedentemente il co. 8 era stato sostituito anche dall'art. 16, l. 8.8.1995, n. 332. Il testo precedente a tale modifica così disponeva: «*8. Il procedimento davanti al tribunale si svolge in camera di consiglio nelle forme previste dall'articolo 127. L'avviso della data fissata per l'udienza è comunicato al pubblico ministero e notificato all'imputato e al suo difensore almeno tre giorni prima. Fino al giorno dell'udienza gli atti restano depositati in cancelleria*».

(8) Gli attuali co. 8 e 8 bis sostituiscono l'originario co. 8 per effetto dell'art. 2, d.l. 23.10.1996, n. 553, conv. in legge, con modif., con l. 23.12.1996, n. 652 e, poi, dall'art. 11, co. 2, l. 16.4.2015, n. 47.
Questo comma, infine, è stato così modificato dall'art. 11, co. 2, l. 16.4.2015, n. 47 e dall'art. 13, co. 1, lett. g), d.lgs. 10.10.2022, n. 150, a decorrere dal 30.12.2022.
Il testo antecedente alla modifica disposta con d.lgs. n. 150/2022 così disponeva: «*8-bis. Il pubblico ministero che ha richiesto l'applicazione della misura può partecipare all'udienza in luogo del pubblico ministero presso il tribunale indicato nel comma 7. L'imputato che ne abbia fatto richiesta ai sensi del comma 6 ha diritto di comparire personalmente.*».
Il testo antecedente alla modifica del 2015 così disponeva: «*8-bis. Il pubblico ministero che ha richiesto l'applicazione della misura può partecipare all'udienza in luogo del pubblico ministero presso il tribunale indicato nel comma*».

(9) Comma così modificato dall'art. 11, co. 3, l. 16.4.2015, n. 47. Il testo previgente così disponeva: «*9. Entro dieci giorni dalla ricezione degli atti il tribunale, se non deve dichiarare l'inammissibilità della richiesta, annulla, riforma e conferma l'ordinanza oggetto del riesame decidendo anche sulla base degli elementi addotti dalle parti nel corso dell'udienza. Il tribunale può annullare il provvedimento impugnato o riformarlo in senso favorevole all'imputato anche per motivi diversi da quelli enunciati ovvero può confermarlo per ragioni diverse da quelle indicate nella motivazione del provvedimento stesso*».

(10) Comma introdotto dall'art. 11, co. 4, l. 16.4.2015, n. 47.

(11) Comma sostituito dall'art. 16, l. 8.8.1995, n. 332 e, poi, dall'art. 11, co. 5, l. 16.4.2015, n. 47. Il testo antecedente alla sostituzione del 2015 così disponeva: «*10. Se la trasmissione degli atti non avviene nei termini di cui al comma 5 o se la decisione sulla richiesta di riesame non interviene entro il termine prescritto, l'ordinanza che dispone la misura coercitiva perde efficacia*».

310. Appello.

1. Fuori dei casi previsti dall'articolo 309 comma 1, il pubblico ministero, l'imputato e il suo difensore possono proporre appello contro le ordinanze in materia di misure cautelari personali, enunciandone contestualmente i motivi [581, 591].

2. Si osservano le disposizioni dell'articolo 309 commi 1, 2, 3, 4 e 7. Dell'appello è dato immediato avviso all'autorità giudiziaria procedente che, entro il giorno successivo, trasmette al tribunale l'ordinanza appellata e gli atti su cui la stessa si fonda. Il procedimento davanti al tribunale si svolge in camera di consiglio nelle forme previste dall'articolo 127. Fino al giorno dell'udienza gli atti restano depositati in cancelleria con facoltà per il difensore di esaminarli e di estrarne la copia. Il tribunale decide entro venti giorni dalla ricezione degli atti con ordinanza depositata in cancelleria entro trenta giorni dalla decisione. L'ordinanza del tribunale deve essere depositata in cancelleria entro trenta giorni dalla decisione salvi i casi in cui la stesura della motivazione sia particolarmente complessa per il numero degli arrestati o la gravità delle imputazioni. In tali casi, il giudice può indicare nel dispositivo un termine più lungo, non eccedente comunque il quarantacinquesimo giorno da quello della decisione [1].

3. L'esecuzione della decisione con la quale il tribunale, accogliendo l'appello del pubblico ministero, dispone una misura cautelare è sospesa fino a che la decisione non sia divenuta definitiva [588, att. 100] [2].

(1) Comma sostituito dall'art. 17, l. 8.8.1995, n. 332 e, poi, così modificato dall'art. 12, co. 1, l. 16.4.2015, n. 47. Il testo antecedente alla modifica disposta con l. n. 47/2015 così disponeva: «*2. Si osservano le disposizioni dell'articolo 309 commi 1, 2, 3, 4 e 7. Dell'appello è dato immediato avviso all'autorità giudiziaria procedente che, entro il giorno successivo, trasmette al tribunale l'ordinanza appellata e gli atti su cui la stessa si fonda. Il procedimento davanti al tribunale si svolge in camera di consiglio nelle forme previste dall'articolo 127. Fino al giorno dell'udienza gli atti restano depositati in cancelleria con facoltà per il difensore di esaminarli e di estrarne la copia. Il tribunale decide entro venti giorni dalla ricezione degli atti*». Il testo di questo comma antecedente alla sostituzione disposta con l. n. 332/1995 così disponeva:

«*2. Si osservano le disposizioni dell'articolo 309 commi 1, 2, 3, 4 e 7. Dell'appello è dato immediato avviso all'autorità giudiziaria procedente che, entro il giorno successivo, trasmette al tribunale gli atti su cui si fonda l'ordinanza appellata. Il procedimento davanti al tribunale si svolge in camera di consiglio nelle forme previste dall'articolo 127. Fino al giorno dell'udienza gli atti restano depositati in cancelleria. Il tribunale decide entro venti giorni dalla ricezione degli atti*».

(2) La Corte cost., con sent. 15.3.1996, n. 71, ha dichiarato l'illegittimità degli artt. 309 e 310 c.p.p., nella parte in cui non prevedono la possibilità di valutare la sussistenza dei gravi indizi di colpevolezza nell'ipotesi in cui sia stato emesso il decreto che dispone il giudizio a norma dell'art. 429 dello stesso codice.

311. Ricorso per cassazione.

1. Contro le decisioni emesse a norma degli articoli 309 e 310, il pubblico ministero che ha richiesto l'applicazione della misura, l'imputato e il suo difensore possono proporre ricorso per cassazione entro dieci giorni dalla comunicazione o dalla notificazione dell'avviso di deposito del provvedimento. Il ricorso può essere proposto anche dal pubblico ministero presso il tribunale indicato nel comma 7 dell'articolo 309 [(1)].

2. Entro i termini previsti dall'articolo 309 commi 1, 2 e 3, l'imputato e il suo difensore possono proporre direttamente [569] ricorso per cassazione per violazione di legge contro le ordinanze che dispongono una misura coercitiva. La proposizione del ricorso rende inammissibile la richiesta di riesame.

3. Il ricorso è presentato nella cancelleria del giudice che ha emesso la decisione ovvero, nel caso previsto dal comma 2, in quella del giudice che ha emesso l'ordinanza. Si osservano le forme previste dall'articolo 582. Il giudice cura che sia dato immediato avviso all'autorità giudiziaria procedente che, entro il giorno successivo, trasmette gli atti alla corte di cassazione [(2)].

4. Nei casi previsti dai commi 1 e 2, i motivi devono essere enunciati contestualmente al ricorso, ma il ricorrente ha facoltà di enunciare nuovi motivi davanti alla corte di cassazione, prima dell'inizio della discussione.

5. La Corte di cassazione decide entro trenta giorni dalla ricezione degli atti osservando le forme previste dall'articolo 127.

5 bis. Se è stata annullata con rinvio, su ricorso dell'imputato, un'ordinanza che ha disposto o confermato la misura coercitiva ai sensi dell'articolo 309, comma 9, il giudice decide entro dieci giorni dalla ricezione degli atti e l'ordinanza è depositata in cancelleria entro trenta giorni dalla decisione. Se la decisione ovvero il deposito dell'ordinanza non intervengono entro i termini prescritti, l'ordinanza che ha disposto la misura coercitiva perde efficacia, salvo che l'esecuzione sia sospesa ai sensi dell'articolo 310, comma 3, e, salve eccezionali esigenze cautelari specificamente motivate, non può essere rinnovata [(3)].

(1) Comma così sostituito dall'art. 3, d.l. 23.10.1996, n. 553, conv. in legge, con modif., con l. 23.12.1996, n. 652. Il testo previgente così disponeva: «*1. Contro le decisioni emesse a norma degli articoli 309 e 310, il pubblico ministero, l'imputato e il suo difensore possono proporre ricorso per cassazione entro dieci giorni dalla comunicazione o dalla notificazione dell'avviso di deposito del provvedimento*».

(2) Comma così modificato dall'art. 13, co. 1, lett. h), d.lgs. 10.10.2022, n. 150, a decorrere dal 30.12.2022. L'art. 87, co. 4, dello stesso d.lgs. n. 150/2022 ha così stabilito: «*4. Sino al quindicesimo giorno successivo alla pubblicazione dei regolamenti di cui ai commi 1 e 2, ovvero sino al diverso termine di transizione previsto dal regolamento di cui al comma 3 per gli uffici giudiziari e per le tipologie di atti in esso indicati, continuano ad applicarsi, nel testo vigente al momento dell'entrata in vigore del presente decreto, le disposizioni di cui agli articoli 110, 111, comma 1, 116, comma 3-bis, 125, comma 5, 134, comma 2, 135, comma 2, 162, comma 1, 311, comma 3, 391-octies, comma 3, 419, comma 5, primo periodo, 447, comma 1, primo periodo, 461, comma 1, 462, comma 1, 582, comma 1, 585, comma 4, del codice di procedura penale, nonché le disposizioni di cui all'articolo 154, commi 2, 3 e 4 delle norme di attuazione, di coordinamento e transitorie del codice di procedura penale, di cui al decreto legislativo 28.07.1989, n. 271.*».
Il testo previgente così disponeva: «*3. Il ricorso è presentato nella cancelleria del giudice che ha emesso la decisione ovvero, nel caso previsto dal comma 2, in quella del giudice che ha emesso l'ordinanza. Il giudice cura che sia dato immediato avviso all'autorità giudiziaria procedente che, entro il giorno successivo, trasmette gli atti alla corte di cassazione.*».

(3) Comma introdotto dall'art. 13, co. 1, l. 16.4.2015, n. 47.

Capo VII
Applicazione provvisoria di misure di sicurezza

312. Condizioni di applicabilità.

1. Nei casi previsti dalla legge, l'applicazione provvisoria delle misure di sicurezza [c.p. 206] è disposta dal giudice, su richiesta del pubblico ministero, in qualunque stato e grado del procedimento, quando sussistono gravi indizi di commissione del fatto e non ricorrono le condizioni previste dall'articolo 273 comma 2.

313. Procedimento.

1. Il giudice provvede con ordinanza a norma dell'articolo 292, previo accertamento sulla pericolosità sociale [c.p. 203] dell'imputato. Ove non sia stato possibile procedere all'interrogatorio della persona sottoposta alle indagini prima della pronuncia del provvedimento, si applica la disposizione dell'articolo 294.

2. Salvo quanto previsto dall'articolo 299 comma 1, ai fini dell'articolo 206 comma 2 del codice penale, il giudice procede a nuovi accertamenti sulla pericolosità sociale dell'imputato nei termini indicati nell'articolo 72.

3. Ai fini delle impugnazioni [309, 310, 311], la misura prevista dall'articolo 312 è equiparata alla custodia cautelare. Si applicano le norme sulla riparazione per l'ingiusta detenzione [314, 315].

Capo VIII
Riparazione per l'ingiusta detenzione

314. Presupposti e modalità della decisione [(1)].

1. Chi è stato prosciolto con sentenza irrevocabile [648] perché il fatto non sussiste, per non aver commesso il fatto, perché il fatto non costituisce reato o non è previsto dalla legge come reato [530], ha diritto a un'equa riparazione per la custodia cautelare subita, qualora non vi abbia dato o concorso a darvi causa per dolo o colpa grave [643]. L'esercizio da parte dell'imputato della facoltà di cui all'articolo 64, comma 3, lettera b), non incide sul diritto alla riparazione di cui al primo periodo [2] [3].

2. Lo stesso diritto spetta al prosciolto per qualsiasi causa [529, 530, 531, 532] o al condannato [533] che nel corso del processo sia stato sottoposto a custodia cautelare, quando con decisione irrevocabile risulti accertato che il provvedimento che ha disposto la misura è stato emesso o mantenuto senza che sussistessero le condizioni di applicabilità previste dagli articoli 273 e 280 [2].

3. Le disposizioni dei commi 1 e 2 si applicano, alle medesime condizioni, a favore delle persone nei cui confronti sia pronunciato provvedimento di archiviazione [409, 411] ovvero sentenza di non luogo a procedere [425, 129].

4. Il diritto alla riparazione è escluso per quella parte della custodia cautelare che sia computata ai fini della determinazione della misura di una pena ovvero per il periodo in cui le limitazioni conseguenti all'applicazione della custodia siano state sofferte anche in forza di altro titolo [657].

5. Quando con la sentenza o con il provvedimento di archiviazione è stato affermato che il fatto non è previsto dalla legge come reato per abrogazione della norma incriminatrice [c.p. 2, comma 2], il diritto alla riparazione è altresì escluso per quella parte di custodia cautelare sofferta prima della abrogazione medesima.

(1) La Corte cost., con sent. 25.7.1996, n. 310, ha dichiarato l'illegittimità di questo articolo, nella parte in cui non prevede il diritto all'equa riparazione anche per la detenzione ingiustamente patita a causa di erroneo ordine di esecuzione.

(2) La Corte cost., con sent. 2.4.1999, n. 109, ha dichiarato: a) l'illegittimità del co. 1, nella parte in cui non prevede che chi è stato prosciolto con sentenza irrevocabile perché il fatto non sussiste, per non avere commesso il fatto, perché il fatto non costituisce reato o non è previsto dalla legge come reato, ha diritto a un'equa riparazione per la detenzione subita a causa di arresto in flagranza o di fermo di indiziato di delitto, entro gli stessi limiti stabiliti per la custodia cautelare; b) l'illegittimità del co. 2, nella parte in cui non prevede che lo stesso diritto nei medesimi limiti spetta al prosciolto per qualsiasi causa o al condannato che nel corso del processo sia stato sottoposto ad arresto in flagranza o a fermo di indiziato di delitto quando, con decisione irrevocabile, siano risultate insussistenti le condizioni per la convalida.

(3) Comma così modificato dall'art. 4, co. 1, lett. b), d.lgs. 8.11.2021, n. 188, a decorrere dal 14.12.2021.
Il testo previgente così disponeva: «*1. Chi è stato prosciolto con sentenza irrevocabile perché il fatto non sussiste, per non aver commesso il fatto, perché il fatto non costituisce reato o non è previsto dalla legge come reato, ha diritto a un'equa riparazione per la custodia cautelare subita, qualora non vi abbia dato o concorso a darvi causa per dolo o colpa grave.*».

315. Procedimento per la riparazione.

1. La domanda di riparazione deve essere proposta, a pena di inammissibilità, entro due anni dal giorno in cui la sentenza di proscioglimento o di condanna è divenuta irrevocabile, la sentenza di non luogo a procedere è divenuta inoppugnabile o è stata effettuata la notificazione del provvedimento di archiviazione alla persona nei cui confronti è stato pronunciato a norma del comma 3 dell'articolo 314 [1].

2. L'entità della riparazione non può comunque eccedere euro 516.456,90 [2].

3. Si applicano, in quanto compatibili, le norme sulla riparazione dell'errore giudiziario [643].

(1) Comma così sostituito dall'art. 15, l. 16.12.1999, n. 479. Il testo previgente così disponeva: «*1. La domanda di riparazione deve essere proposta, a pena di inammissibilità, entro diciotto mesi dal giorno in cui la sentenza di proscioglimento o di condanna è divenuta irrevocabile, la sentenza di non luogo a procedere è divenuta inoppugnabile o il provvedimento di archiviazione è stato pronunciato*». Di tale formulazione la Corte cost., con sent. 30.12.1997, n. 446, aveva dichiarato l'illegittimità, nella parte in cui prevedeva che il termine per proporre la domanda di riparazione decorresse dalla pronuncia del provvedimento di archiviazione, anziché dal giorno in cui, ricorrendo le condizioni previste dall'art. 314, co. 3, c.p.p., fosse stata effettuata la notificazione del provvedimento di archiviazione alla persona nei cui confronti detto provvedimento era stato pronunciato.

(2) Comma così sostituito dall'art. 15, l. 16.12.1999, n. 479. Il testo previgente così disponeva: «*2. L'entità della riparazione non può comunque eccedere lire cento milioni*».

TITOLO II
Misure cautelari reali

Capo I
Sequestro conservativo

316. Presupposti ed effetti del provvedimento.

1. Se vi è fondata ragione di ritenere che manchino o si disperdano le garanzie per il pagamento delle spese di procedimento [535, 592, 691] e di ogni altra somma dovuta all'erario dello Stato [c.p. 189], il pubblico ministero, in ogni stato e grado del processo di merito, chiede il sequestro conservativo dei beni mobili o immobili dell'imputato o delle somme o cose a lui dovute, nei limiti in cui la legge ne consente il pignoramento [c.p.c. 513, 514, 515] [1].

1 bis. Quando procede per il delitto di omicidio commesso contro il coniuge, anche legalmente separato o divorziato, contro l'altra parte dell'unione civile, anche se l'unione civile è cessata, o contro la persona che è o è stata legata da relazione affettiva e stabile convivenza, il pubblico ministero rileva la presenza di figli della vittima minorenni o maggiorenni economicamente non autosufficienti e, in ogni stato e grado del procedimento, chiede il sequestro conservativo dei beni di cui al comma 1, a garanzia del risarcimento dei danni civili subiti dai figli delle vittime [2].

2. Se vi è fondata ragione di ritenere che manchino o si disperdano le garanzie delle obbligazioni civili derivanti dal reato [c.p. 185], la parte civile può chiedere il sequestro conservativo dei beni dell'imputato o del responsabile civile, secondo quanto previsto dal comma 1.

3. Il sequestro disposto a richiesta del pubblico ministero giova anche alla parte civile.

4. Per effetto del sequestro i crediti indicati nei commi 1 e 2 si considerano privilegiati, rispetto a ogni altro credito non privilegiato di data anteriore e ai crediti sorti posteriormente, salvi, in ogni caso, i privilegi stabiliti a garanzia del pagamento dei tributi.

(1) Comma così modificato dall'art. 14, co. 1, lett. a), d.lgs. 10.10.2022, n. 150, a decorrere dal 30.12.2022.
Il testo previgente così disponeva: «*1. Se vi è fondata ragione di ritenere che manchino o si disperdano le garanzie per il pagamento della pena pecuniaria, delle spese di procedimento e di ogni altra somma dovuta all'erario dello Stato, il pubblico ministero, in ogni stato e grado del processo di merito, chiede il sequestro conservativo dei beni mobili o immobili dell'imputato o delle somme o cose a lui dovute, nei limiti in cui la legge ne consente il pignoramento.*».

(2) Comma introdotto dall'art. 3, co. 1, l. 11.1.2018, n. 4, a decorrere dal 16.2.2018.

317. Forma del provvedimento. Competenza.

1. Il provvedimento che dispone il sequestro conservativo a richiesta del pubblico ministero o della parte civile è emesso con ordinanza del giudice che procede.

2. Se è stata pronunciata sentenza di condanna, di proscioglimento o di non luogo a procedere, soggetta a impugnazione, il sequestro è ordinato, prima che gli atti siano trasmessi al giudice dell'impugnazione, dal giudice che ha pronunciato la sentenza e, successivamente, dal giudice che deve decidere sull'impugnazione. Dopo il provvedimento che dispone il giudizio [429, 456] e prima che gli atti siano trasmessi al giudice competente, provvede il giudice per le indagini preliminari.

3. Il sequestro è eseguito dall'ufficiale giudiziario con le forme prescritte dal codice di procedura civile per l'esecuzione del sequestro conservativo sui beni mobili o immobili [c.p.c. 678, 679].

4. Salvo quanto disposto dal comma 1-*ter* dell'articolo 578, gli effetti del sequestro cessano quando la sentenza di proscioglimento o di non luogo a procedere non è più soggetta a impugnazione. La cancellazione della trascrizione del sequestro di immobili è eseguita a cura del pubblico ministero. Se il pubblico ministero non provvede, l'interessato può proporre incidente di esecuzione[1].

(1) Comma così modificato dall'art. 14, co. 1, lett. b), d.lgs. 10.10.2022, n. 150, a decorrere dal 30.12.2022.
Il testo previgente così disponeva: «*4. Gli effetti del sequestro cessano quando la sentenza di proscioglimento o di non luogo a procedere non è più soggetta a impugnazione. La cancellazione della trascrizione del sequestro di immobili è eseguita a cura del pubblico ministero. Se il pubblico ministero non provvede, l'interessato può proporre incidente di esecuzione.*».

318. Riesame dell'ordinanza di sequestro conservativo.

1. Contro l'ordinanza di sequestro conservativo chiunque vi abbia interesse può proporre richiesta di riesame, anche nel merito, a norma dell'articolo 324.

2. La richiesta di riesame non sospende l'esecuzione del provvedimento [588, comma 1].

319. Offerta di cauzione.

1. Se l'imputato o il responsabile civile offre cauzione idonea a garantire i crediti indicati nell'articolo 316, il giudice dispone con decreto che non si faccia luogo al sequestro conservativo e stabilisce le modalità con cui la cauzione deve essere prestata.

2. Se l'offerta è proposta con la richiesta di riesame [318], il giudice revoca il sequestro conservativo quando ritiene la cauzione proporzionata al valore delle cose sequestrate.

3. Il sequestro è altresì revocato dal giudice se l'imputato o il responsabile civile offre, in qualunque stato e grado del processo di merito, cauzione idonea.

320. Esecuzione sui beni sequestrati.

1. Il sequestro conservativo si converte in pignoramento [c.p.c. 686] quando diventa esecutiva la sentenza che condanna l'imputato e il responsabile civile al risarcimento del danno [647, c.p. 185-187] in favore della parte civile, fatto salvo quanto previsto dal comma 2-*bis* dell'articolo 539. La conversione non estingue il privilegio previsto dall'articolo 316 comma 4[1].

2. Salva l'azione per ottenere con le forme ordinarie il pagamento delle somme che rimangono ancora dovute, l'esecuzione forzata sui beni sequestrati ha luogo nelle forme prescritte dal codice di procedura civile [c.p.c. 483]. Sul prezzo ricavato dalla vendita dei beni sequestrati e sulle somme depositate a titolo di cauzione e non devolute alla cassa delle ammende, sono pagate, nell'ordine, le somme dovute alla parte civile a titolo di risarcimento del danno e di spese processuali, le spese di procedimento e ogni altra somma dovuta all'erario dello Stato[2].

(1) Comma modificato, prima, dall'art. 4, co. 2, l. 11.1.2018, n. 4, a decorrere dal 16.2.2018, e, poi, dall'art. 14, co. 1, lett. c), n. 1), d.lgs. 10.10.2022, n. 150, a decorrere dal 30.12.2022.
Il testo antecedente alla modifica disposta con d.lgs. n. 150/2022 così disponeva: «*1. Il sequestro conservativo si converte in pignoramento quando diventa irrevocabile la sentenza di condanna al pagamento di una pena pecuniaria ovvero quando diventa esecutiva la sentenza che condanna l'imputato e il responsabile civile al risarcimento del danno in favore della parte civile, fatto salvo quanto previsto dal comma 2-bis dell'articolo 539. La conversione non estingue il privilegio previsto dall'articolo 316 comma 4.*».
Il testo antecedente alla modifica disposta con l. 4/2018 così disponeva: «*1. Il sequestro conservativo si converte in pignoramento quando diventa irrevocabile la sentenza di condanna al pagamento di una pena pecuniaria ovvero quando diventa esecutiva la sentenza che condanna l'imputato e il responsabile civile al risarcimento del danno in favore della parte civile. La conversione non estingue il privilegio previsto dall'articolo 316 comma 4*».

(2) Comma così modificato dall'art. 14, co. 1, lett. c), n. 2), d.lgs. 10.10.2022, n. 150, a decorrere dal 30.12.2022.
Il testo previgente così disponeva: «*2. Salva l'azione per ottenere con le forme ordinarie il pagamento delle somme che rimangono ancora dovute, l'esecuzione forzata sui beni sequestrati ha luogo nelle forme prescritte dal codice di procedura civile. Sul prezzo ricavato dalla vendita dei beni sequestrati e sulle somme depositate a titolo di cauzione e non devolute alla cassa delle ammende, sono pagate, nell'ordine, le somme dovute alla parte civile a titolo di risarcimento del danno e di spese processuali, le pene pecuniarie, le spese di procedimento e ogni altra somma dovuta all'erario dello Stato.*».

Capo II
Sequestro preventivo

321. Oggetto del sequestro preventivo.

1. Quando vi è pericolo che la libera disponibilità di una cosa pertinente al reato [253] possa aggravare o protrarre le conseguenze di esso ovvero agevolare la commissione di altri reati, a richiesta del pubblico ministero [262, comma 3] il giudice competente a pronunciarsi nel merito ne dispone il sequestro con decreto motivato. Prima dell'esercizio dell'azione penale provvede il giudice per le indagini preliminari.

2. Il giudice può altresì disporre il sequestro delle cose di cui è consentita la confisca [c.p. 240].

2 bis. Nel corso del procedimento penale relativo a delitti previsti dal capo I del titolo II del libro secondo del codice penale il giudice dispone il sequestro dei beni di cui è consentita la confisca [(1)].

3. Il sequestro è immediatamente revocato a richiesta del pubblico ministero o dell'interessato quando risultano mancanti, anche per fatti sopravvenuti, le condizioni di applicabilità previste dal comma 1. Nel corso delle indagini preliminari provvede il pubblico ministero con decreto motivato, che è notificato a coloro che hanno diritto di proporre impugnazione. Se vi è richiesta di revoca dell'interessato, il pubblico ministero, quando ritiene che essa vada anche in parte respinta, la trasmette al giudice, cui presenta richieste specifiche nonché gli elementi sui quali fonda le sue valutazioni. La richiesta è trasmessa non oltre il giorno successivo a quello del deposito nella segreteria [(2)].

3 bis. Nel corso delle indagini preliminari, quando non è possibile, per la situazione di urgenza, attendere il provvedimento del giudice, il sequestro è disposto con decreto motivato dal pubblico ministero. Negli stessi casi, prima dell'intervento del pubblico ministero, al sequestro procedono ufficiali di polizia giudiziaria, i quali, nelle quarantotto ore successive, trasmettono il verbale al pubblico ministero del luogo in cui il sequestro è stato eseguito. Questi, se non dispone la restituzione delle cose sequestrate, richiede al giudice la convalida e l'emissione del decreto previsto dal comma 1 entro quarantotto ore dal sequestro, se disposto dallo stesso pubblico ministero, o dalla ricezione del verbale, se il sequestro è stato eseguito di iniziativa dalla polizia giudiziaria [(3)].

3 ter. Il sequestro perde efficacia se non sono osservati i termini previsti dal comma 3-*bis* ovvero se il giudice non emette l'ordinanza di convalida entro dieci giorni dalla ricezione della richiesta. Copia dell'ordinanza è immediatamente notificata alla persona alla quale le cose sono state sequestrate [(4)].

(1) Comma introdotto dall'art. 6, l. 27.3.2001, n. 97.
(2) Comma così modificato dall'art. 15, d.lgs. 14.1.1991, n. 12, recante disposizioni integrative e correttive della disciplina processuale penale e delle norme ad essa collegate.
(3) Comma introdotto dall'art. 15, d.lgs. 14.1.1991, n. 12, recante disposizioni integrative e correttive della disciplina processuale penale e delle norme ad essa collegate.
(4) Comma introdotto dall'art. 15, d.lgs. 14.1.1991, n. 12, recante disposizioni integrative e correttive della disciplina processuale penale e delle norme ad essa collegate.

322. Riesame del decreto di sequestro preventivo.

1. Contro il decreto di sequestro emesso dal giudice [(1)] l'imputato e il suo difensore, la persona alla quale le cose sono state sequestrate e quella che avrebbe diritto alla loro restituzione possono proporre richiesta di riesame, anche nel merito, a norma dell'articolo 324.

2. La richiesta di riesame non sospende l'esecuzione del provvedimento [588].

(1) Comma così modificato dall'art. 16, d.lgs. 14.1.1991, n. 12, recante disposizioni integrative e correttive della disciplina processuale penale e delle norme ad essa collegate.

322 bis. Appello [(1)].

1. Fuori dei casi previsti dall'articolo 322, il pubblico ministero, l'imputato e il suo difensore, la persona alla quale le cose sono state sequestrate e quella che avrebbe diritto alla loro restituzione, possono proporre appello contro le ordinanze in materia di sequestro preventivo e contro il decreto di revoca del sequestro emesso dal pubblico ministero.

1 bis. Sull'appello decide, in composizione collegiale, il tribunale del capoluogo della provincia nella quale ha sede l'ufficio che ha emesso il provvedimento [(2)].

2. L'appello non sospende l'esecuzione del provvedimento [588]. Si applicano, in quanto compatibili, le disposizioni dell'articolo 310.

(1) Articolo introdotto dall'art. 17, d.lgs. 14.1.1991, n. 12, recante disposizioni integrative e correttive della disciplina processuale penale e delle norme ad essa collegate.
(2) Comma introdotto dall'art. 4, d.l. 23.10.1996, n. 553, conv. in legge, con modif., con l. 23.12.1996, n. 652. Successivamente l'art. 180, d.lgs. 19.2.1998, n. 51, con effetto dal 2.6.1999, secondo quanto disposto dall'art. 247 dello stesso decreto, come modificato dall'art. 1, l. 16.6.1998, n. 188, ha inserito le parole «*, in composizione collegiale,*».

323. Perdita di efficacia del sequestro preventivo.

1. Con la sentenza di proscioglimento o di non luogo a procedere, ancorché soggetta a impugnazione, il giudice ordina che le cose sequestrate siano restituite a chi ne abbia diritto, quando non deve disporre la confisca a norma dell'articolo 240 del codice penale. Il provvedimento è immediatamente esecutivo.

2. Quando esistono più esemplari identici della cosa sequestrata e questa presenta interesse a fini di prova [262], il giudice, anche dopo la sentenza di proscioglimento o di non luogo a procedere impugnata dal pubblico ministero, ordina che sia mantenuto il sequestro di un solo esemplare e dispone la restituzione degli altri esemplari.

3. Se è pronunciata sentenza di condanna, gli effetti del sequestro permangono quando è stata disposta la confisca delle cose sequestrate.

4. La restituzione non è ordinata se il giudice dispone, a richiesta del pubblico ministero o della parte civile, che sulle cose appartenenti all'imputato o al responsabile civile sia mantenuto il sequestro a garanzia dei crediti indicati nell'articolo 316.

Capo III
Impugnazioni

324. Procedimento di riesame.

1. La richiesta di riesame è presentata, nella cancelleria del tribunale indicato nel comma 5, entro dieci giorni dalla data di esecuzione del provvedimento che ha disposto il sequestro o dalla diversa data in cui l'interessato ha avuto conoscenza dell'avvenuto sequestro.

2. La richiesta è presentata con le forme previste dall'articolo 582. Se la richiesta è proposta dall'imputato non detenuto né internato, questi, ove non abbia già dichiarato o eletto domicilio, deve indicare il domicilio presso il quale intende ricevere l'avviso previsto dal comma 6; in mancanza, l'avviso è notificato mediante consegna al difensore. Se la richiesta è proposta da un'altra persona e questa abbia omesso di dichiarare il proprio domicilio, l'avviso è notificato mediante deposito in cancelleria (1).

3. La cancelleria dà immediato avviso all'autorità giudiziaria procedente che, entro il giorno successivo, trasmette al tribunale gli atti su cui si fonda il provvedimento oggetto del riesame.

4. Con la richiesta di riesame possono essere enunciati anche i motivi. Chi ha proposto la richiesta ha, inoltre, facoltà di enunciare nuovi motivi davanti al giudice del riesame, facendone dare atto a verbale prima dell'inizio della discussione.

5. Sulla richiesta di riesame decide, in composizione collegiale, il tribunale del capoluogo della provincia nella quale ha sede l'ufficio che ha emesso il provvedimento nel termine di dieci giorni dalla ricezione degli atti (2).

6. Il procedimento davanti al tribunale si svolge in camera di consiglio nelle forme previste dall'articolo 127. Almeno tre giorni prima, l'avviso della data fissata per l'udienza è comunicato al pubblico ministero e notificato al difensore e a chi ha proposto la richiesta. Fino al giorno dell'udienza gli atti restano depositati in cancelleria.

7. Si applicano le disposizioni dell'articolo 309, commi 9, 9-*bis* e 10. La revoca del provvedimento di sequestro può essere parziale e non può essere disposta nei casi indicati nell'articolo 240 comma 2 del codice penale (3).

8. Il giudice del riesame, nel caso di contestazione della proprietà, rinvia la decisione della controversia al giudice civile, mantenendo nel frattempo il sequestro.

(1) Comma modificato, prima, dall'art. 18, d.lgs. 14.1.1991, n. 12, recante disposizioni integrative e correttive della disciplina processuale penale e delle norme ad essa collegate, e, poi, dall'art. 2, co. 1, lett. h), d.lgs. 19.3.2024, n. 31, a decorrere dal 4.4.2024.

(2) Le parole «*, in composizione collegiale,*» sono state aggiunte dall'art. 181, d.lgs. 19.2.1998, n. 51, con effetto dal 2.6.1999.

(3) Comma così modificato dall'art. 11, co. 6, l. 16.4.2015, n. 47. Il testo previgente così disponeva: «*7. Si applicano le disposizioni dell'articolo 309 commi 9 e 10. La revoca del provvedimento di sequestro può essere parziale e non può essere disposta nei casi indicati nell'articolo 240 comma 2 del codice penale*».

325. Ricorso per cassazione.

1. Contro le ordinanze emesse a norma degli articoli 322-*bis* e 324, il pubblico ministero, l'imputato e il suo difensore, la persona alla quale le cose sono state sequestrate e quella che avrebbe diritto alla loro restituzione possono proporre ricorso per cassazione per violazione di legge (1).

2. Entro il termine previsto dell'articolo 324 comma 1, contro il decreto di sequestro emesso dal giudice può essere proposto direttamente [569] ricorso per cassazione. La proposizione del ricorso rende inammissibile la richiesta di riesame (2).

3. Si applicano le disposizioni dell'articolo 311 commi 3, 4 e 5 (3).

4. Il ricorso non sospende l'esecuzione della ordinanza [588].

(1) Comma così modificato dall'art. 19, co. 1, lett. a), d.lgs. 14.1.1991, n. 12, recante disposizioni integrative e correttive della disciplina processuale penale e delle norme ad essa collegate.

(2) Comma così modificato dall'art. 19, co. 1, lett. b), d.lgs. 14.1.1991, n. 12, recante disposizioni integrative e correttive della disciplina processuale penale e delle norme ad essa collegate.

(3) Comma così modificato dall'art. 1, co. 60, l. 23.6.2017, n. 103, a decorrere dal 3.8.2017. Il testo previgente così disponeva: «*3. Si applicano le disposizioni dell'articolo 311 commi 3 e 4*».

PARTE II

LIBRO QUINTO
Indagini preliminari e udienza preliminare

TITOLO I
Disposizioni generali

326. Finalità delle indagini preliminari.

1. Il pubblico ministero e la polizia giudiziaria svolgono, nell'ambito delle rispettive attribuzioni, le indagini necessarie per le determinazioni inerenti all'esercizio dell'azione penale [405].

327. Direzione delle indagini preliminari.

1. Il pubblico ministero dirige le indagini e dispone direttamente della polizia giudiziaria [58] che, anche dopo la comunicazione della notizia di reato, continua a svolgere attività di propria iniziativa secondo le modalità indicate nei successivi articoli (1).

(1) Comma così modificato dall'art. 7, l. 26.3.2001, n. 128. Il testo previgente così disponeva: «*1. Il pubblico ministero dirige le indagini e dispone direttamente della polizia giudiziaria*».

327 bis. Attività investigativa del difensore (1).

1. Fin dal momento dell'incarico professionale, risultante da atto scritto, il difensore ha facoltà di svolgere investigazioni per ricercare ed individuare elementi di prova a favore del proprio assistito, nelle forme e per le finalità stabilite nel titolo VI-*bis* del presente libro.

2. La facoltà indicata al comma 1 può essere attribuita per l'esercizio del diritto di difesa, in ogni stato e grado del procedimento, nell'esecuzione penale e per promuovere il giudizio di revisione.

3. Le attività previste dal comma 1 possono essere svolte, su incarico del difensore, dal sostituto, da investigatori privati autorizzati e, quando sono necessarie specifiche competenze, da consulenti tecnici.

(1) Articolo introdotto dall'art. 7, l. 7.12.2000, n. 397.

328. Giudice per le indagini preliminari.

1. Nei casi previsti dalla legge, sulle richieste del pubblico ministero, delle parti private e della persona offesa dal reato, provvede il giudice per le indagini preliminari.

1 bis. Quando si tratta di procedimenti per i delitti indicati nell'articolo 51 commi 3-*bis* e 3-*quater*, le funzioni di giudice per le indagini preliminari sono esercitate, salve specifiche disposizioni di legge, da un magistrato del tribunale del capoluogo del distretto nel cui ambito ha sede il giudice competente (1).

[**1 ter.** Quando si tratta di procedimenti per i delitti indicati nell'articolo 51, comma 3-*quater*, le funzioni di giudice per le indagini preliminari sono esercitate, salve specifiche disposizioni di legge, da un magistrato del tribunale del capoluogo del distretto nel cui ambito ha sede il giudice competente.] (2)

1 quater. Quando si tratta di procedimenti per i delitti indicati nell'articolo 51, comma 3-*quinquies*, le funzioni di giudice per le indagini preliminari e le funzioni di giudice per l'udienza preliminare sono esercitate, salve specifiche disposizioni di legge, da un magistrato del tribunale del capoluogo del distretto nel cui ambito ha sede il giudice competente (3).

(1) Comma introdotto dall'art. 12, d.l. 20.11.1991, n. 367, conv. in legge, con modif., con l. 20.1.1992, n. 8, e, poi così modificato dal n. 1) della lett. 0b) del co. 1 dell'art. 2, d.l. 23.5.2008, n. 92, conv. in legge, con modif., con l. 24.7.2008, n. 125. Il testo antecedente alla modifica disposta con d.l. n. 92/2008 così disponeva: «*Quando si tratta di procedimenti per i delitti indicati nell'articolo 51 comma 3-bis, le funzioni di giudice per le indagini preliminari sono esercitate, salve specifiche disposizioni di legge, da un magistrato del tribunale del capoluogo del distretto nel cui ambito ha sede il giudice competente*».

(2) Comma introdotto dall'art. 10 bis, d.l. 18.10.2001, n. 374, conv. in legge, con modif., dalla l. 15.12.2001, n. 438, e, poi abrogato dal n. 2) della lett. 0b) del co. 1 dell'art. 2, d.l. 23.5.2008, n. 92, conv. in legge, con modif., con l. 24.7.2008, n. 125.

(3) Comma introdotto dal n. 3) della lett. 0b) del co. 1 dell'art. 2, d.l. 23.5.2008, n. 92, conv. in legge, con modif., con l. 24.7.2008, n. 125.

329. Obbligo del segreto.

1. Gli atti d'indagine compiuti dal pubblico ministero e dalla polizia giudiziaria, le richieste del pubblico ministero di autorizzazione al compimento di atti di indagine e gli atti del giudice che provvedono su tali richieste sono coperti dal segreto fino a quando l'imputato non ne possa avere conoscenza e, comunque, non oltre la chiusura delle indagini preliminari (1).

2. Quando è strettamente necessario per la prosecuzione delle indagini, il pubblico ministero può, in deroga a quanto previsto dall'articolo 114, consentire, con decreto motivato, la pubblicazione di singoli atti o di parti di essi. In tal caso, gli atti pubblicati sono depositati presso la segreteria del pubblico ministero (2).

3. Anche quando gli atti non sono più coperti dal segreto a norma del comma 1, il pubblico ministero, in caso di necessità per la prosecuzione delle indagini, può disporre con decreto motivato:

a) l'obbligo del segreto per singoli atti, quando l'imputato lo consente o quando la conoscenza dell'atto può ostacolare le indagini riguardanti altre persone;
b) il divieto di pubblicare il contenuto di singoli atti o notizie specifiche relative a determinate operazioni.

(1) Comma così modificato dall'art. 2, co. 1, lett. f), d.lgs. 29.12.2017, n. 216, a decorrere dal 26.1.2018. Il testo di questo comma precedente così disponeva: «*1. Gli atti d'indagine compiuti dal pubblico ministero e dalla polizia giudiziaria sono coperti dal segreto fino a quando l'imputato non ne possa avere conoscenza e, comunque, non oltre la chiusura delle indagini preliminari*».

(2) Comma così modificato dall'art. 4, co. 1, lett. c), d.lgs. 8.11.2021, n. 188, a decorrere dal 14.12.2021.
Il testo previgente così disponeva: «*2. Quando è necessario per la prosecuzione delle indagini, il pubblico ministero può, in deroga a quanto previsto dall'articolo 114, consentire, con decreto motivato, la pubblicazione di singoli atti o di parti di essi. In tal caso, gli atti pubblicati sono depositati presso la segreteria del pubblico ministero.*».

TITOLO II
Notizia di reato

330. Acquisizione delle notizie di reato.

1. Il pubblico ministero e la polizia giudiziaria prendono notizia dei reati di propria iniziativa e ricevono le notizie di reato presentate o trasmesse a norma degli articoli seguenti.

331. Denuncia da parte di pubblici ufficiali e incaricati di un pubblico servizio.

1. Salvo quanto stabilito dall'articolo 347, i pubblici ufficiali [c.p. 357] e gli incaricati di un pubblico servizio [c.p. 358] che, nell'esercizio o a causa delle loro funzioni o del loro servizio, hanno notizia di reato perseguibile di ufficio, devono farne denuncia per iscritto, anche quando non sia individuata la persona alla quale il reato è attribuito [c.p. 361, 362].

2. La denuncia è presentata o trasmessa senza ritardo al pubblico ministero o a un ufficiale di polizia giudiziaria.

3. Quando più persone sono obbligate alla denuncia per il medesimo fatto, esse possono anche redigere e sottoscrivere un unico atto.

4. Se, nel corso di un procedimento civile o amministrativo, emerge un fatto nel quale si può configurare un reato perseguibile di ufficio, l'autorità che procede redige e trasmette senza ritardo la denuncia al pubblico ministero.

332. Contenuto della denuncia.

1. La denuncia contiene la esposizione degli elementi essenziali del fatto e indica il giorno dell'acquisizione della notizia nonché le fonti di prova già note. Contiene inoltre, quando è possibile, le generalità, il domicilio e quanto altro valga alla identificazione della persona alla quale il fatto è attribuito, della persona offesa e di coloro che siano in grado di riferire su circostanze rilevanti per la ricostruzione dei fatti.

333. Denuncia da parte di privati (1)**.**

1. Ogni persona che ha notizia di un reato perseguibile di ufficio può farne denuncia. La legge determina i casi in cui la denuncia è obbligatoria [c.p. 364, 709].

2. La denuncia è presentata oralmente o per iscritto, personalmente o a mezzo di procuratore speciale, al pubblico ministero o a un ufficiale di polizia giudiziaria; se è presentata per iscritto, è sottoscritta dal denunciante o da un suo procuratore speciale.

3. Delle denunce anonime non può essere fatto alcun uso, salvo quanto disposto dall'articolo 240.

(1) L'art. 87, co. 6 bis, d.lgs. 10.10.2022, n. 150, come modificato dall'art. 5 quater, co. 1, lett. b), d.l. 31.10.2022, n. 162, conv., con modif., dalla l. 30.12.2022, n. 199 ha così stabilito: «6-bis. *Sino al quindicesimo giorno successivo alla pubblicazione dei regolamenti di cui ai commi 1 e 3, ovvero sino al diverso termine previsto dal regolamento di cui al comma 3 per gli uffici giudiziari e le tipologie di atti in esso indicati, il deposito di memorie, documenti, richieste e istanze indicati dall'articolo 415-bis, comma 3, del codice di procedura penale, dell'opposizione alla richiesta di archiviazione indicata dall'articolo 410 del codice di procedura penale, della denuncia di cui all'articolo 333 del codice di procedura penale, della querela di cui all'articolo 336 del codice di procedura penale e della relativa procura speciale, nonché della nomina del difensore e della rinuncia o revoca del mandato indicate dall'articolo 107 del codice di procedura penale, negli uffici delle procure della Repubblica presso i tribunali avviene esclusivamente mediante deposito nel portale del processo penale telematico individuato con provvedimento del Direttore generale per i sistemi informativi automatizzati del Ministero della giustizia e con le modalità stabilite nel medesimo provvedimento, anche in deroga al regolamento di cui al decreto del Ministro della giustizia 21.02.2011, n. 44. Il deposito degli atti si intende eseguito al momento del rilascio della ricevuta di accettazione da parte dei sistemi ministeriali, secondo le modalità stabilite dal provvedimento. Il deposito è tempestivo quando è eseguito entro le ore 24 del giorno di scadenza.*».

334. Referto.

1. Chi ha l'obbligo del referto [c.p. 365] deve farlo pervenire entro quarantotto ore o, se vi è pericolo nel ritardo, immediatamente al pubblico ministero o a qualsiasi ufficiale di polizia giudiziaria del luogo in cui ha prestato la propria opera o assistenza ovvero, in loro mancanza, all'ufficiale di polizia giudiziaria più vicino.

2. Il referto indica la persona alla quale è stata prestata assistenza e, se è possibile, le sue generalità, il luogo dove si trova attualmente e quanto altro valga a identificarla nonché il luogo, il tempo e le altre circostanze dell'intervento; dà inoltre le notizie che servono a stabilire le circostanze del fatto, i mezzi con i quali è stato commesso e gli effetti che ha causato o può causare.

3. Se più persone hanno prestato la loro assistenza nella medesima occasione, sono tutte obbligate al referto, con facoltà di redigere e sottoscrivere un unico atto.

334 bis. Esclusione dell'obbligo di denuncia nell'ambito dell'attività di investigazioni difensiva [(1)].

1. Il difensore e gli altri soggetti di cui all'articolo 391-*bis* non hanno obbligo di denuncia neppure relativamente ai reati dei quali abbiano avuto notizia nel corso delle attività investigative da essi svolte.

(1) Articolo introdotto dall'art. 8, l. 7.12.2000, n. 397.

335. Registro delle notizie di reato.

1. Il pubblico ministero iscrive immediatamente, nell'apposito registro custodito presso l'ufficio, ogni notizia di reato che gli perviene o che ha acquisito di propria iniziativa, contenente la rappresentazione di un fatto, determinato e non inverosimile, riconducibile in ipotesi a una fattispecie incriminatrice. Nell'iscrizione sono indicate, ove risultino, le circostanze di tempo e di luogo del fatto [(1)].

1 bis. Il pubblico ministero provvede all'iscrizione del nome della persona alla quale il reato è attribuito non appena risultino, contestualmente all'iscrizione della notizia di reato o successivamente, indizi a suo carico [(2)].

1 ter. Quando non ha provveduto tempestivamente ai sensi dei commi 1 e 1-*bis*, all'atto di disporre l'iscrizione il pubblico ministero può altresì indicare la data anteriore a partire dalla quale essa deve intendersi effettuata [(2)].

2. Se nel corso delle indagini preliminari muta la qualificazione giuridica del fatto ovvero questo risulta diversamente circostanziato, il pubblico ministero cura l'aggiornamento delle iscrizioni previste dal comma 1 senza procedere a nuove iscrizioni.

3. Ad esclusione dei casi in cui si procede per uno dei delitti di cui all'articolo 407, comma 2, lettera a), le iscrizioni previste ai commi 1 e 2 sono comunicate alla persona alla quale il reato è attribuito, alla persona offesa e ai rispettivi difensori, ove ne facciano richiesta [(3)].

3 bis. Se sussistono specifiche esigenze attinenti all'attività di indagine, il pubblico ministero, nel decidere sulla richiesta, può disporre, con decreto motivato, il segreto sulle iscrizioni per un periodo non superiore a tre mesi e non rinnovabile [(3)].

3 ter. Senza pregiudizio del segreto investigativo, decorsi sei mesi dalla data di presentazione della denuncia, ovvero della querela, la persona offesa dal reato può chiedere di essere informata dall'autorità che ha in carico il procedimento circa lo stato del medesimo [(4)].

(1) Comma così modificato dall'art. 15, co. 1, lett. a), n. 1), d.lgs. 10.10.2022, n. 150, a decorrere dal 30.12.2022.
Il testo previgente così disponeva: «*1. Il pubblico ministero iscrive immediatamente, nell'apposito registro custodito presso l'ufficio, ogni notizia di reato che gli perviene o che ha acquisito di propria iniziativa nonché, contestualmente o dal momento in cui risulta, il nome della persona alla quale il reato stesso è attribuito.*».

(2) Comma introdotto dall'art. 15, co. 1, lett. a), n. 2), d.lgs. 10.10.2022, n. 150, a decorrere dal 30.12.2022.

(3) Gli attuali co. 3 e 3 bis sostituiscono, sulla base dell'art. 18, l. 8.8.1995, n. 332, l'originario co. 3.
Il testo previgente così disponeva: «*3. È vietata la comunicazione delle iscrizioni previste dai commi 1 e 2 fino quando la persona alla quale il reato è attribuito non abbia assunto la qualità di imputato*».

(4) Comma introdotto dall'art. 1, co. 26, l. 23.6.2017, n. 103, a decorrere dal 3.8.2017.

335 bis. Limiti all'efficacia dell'iscrizione ai fini civili e amministrativi [(1)].

1. La mera iscrizione nel registro di cui all'articolo 335 non può, da sola, determinare effetti pregiudizievoli di natura civile o amministrativa per la persona alla quale il reato è attribuito.1. La mera iscrizione nel registro di cui all'articolo 335 non può, da sola, determinare effetti pregiudizievoli di natura civile o amministrativa per la persona alla quale il reato è attribuito.

(1) Articolo introdotto dall'art. 15, co. 1, lett. b), d.lgs. 10.10.2022, n. 150, a decorrere dal 30.12.2022.

335 ter. Ordine di iscrizione del nome della persona sottoposta ad indagini (1).

Quando deve compiere un atto del procedimento, il giudice per le indagini preliminari, se ritiene che il reato per cui si procede debba essere attribuito a una persona che non è stata ancora iscritta nel registro delle notizie di reato, sentito il pubblico ministero, gli ordina con decreto motivato di provvedere all'iscrizione.

Il pubblico ministero provvede all'iscrizione, indicando la data a partire dalla quale decorrono i termini delle indagini. Resta salva la facoltà di proporre la richiesta di cui all'articolo 335-*quater*.

(1) Articolo introdotto dall'art. 15, co. 1, lett. b), d.lgs. 10.10.2022, n. 150, a decorrere dal 30.12.2022.

335 quater. Accertamento della tempestività dell'iscrizione nel registro delle notizie di reato (1).

La persona sottoposta alle indagini può chiedere al giudice di accertare la tempestività dell'iscrizione nel registro di cui all'articolo 335 della notizia di reato che la riguarda e del suo nome, con richiesta di retrodatazione che indichi, a pena di inammissibilità, le ragioni che la sorreggono e gli atti del procedimento dai quali è desunto il ritardo.

La retrodatazione è disposta dal giudice quando il ritardo è inequivocabile e non è giustificato.

La richiesta di retrodatazione deve essere proposta, a pena di inammissibilità, entro venti giorni da quello in cui la persona sottoposta alle indagini ha avuto facoltà di prendere conoscenza degli atti che dimostrano il ritardo nell'iscrizione. Ulteriori richieste sono ammissibili soltanto se proposte nello stesso termine e fondate su atti diversi, in precedenza non conoscibili.

Salvo quanto disposto dal comma 5, la richiesta è proposta al giudice che procede o, nel corso delle indagini preliminari, al giudice per le indagini preliminari.

Durante le indagini preliminari, quando il giudice deve adottare una decisione con l'intervento del pubblico ministero e della persona sottoposta alle indagini e la retrodatazione è rilevante ai fini della decisione, la richiesta può anche essere presentata nell'ambito del relativo procedimento e trattata e decisa nelle forme di questo.

Salvo che sia proposta in udienza oppure ai sensi del comma 5, la richiesta è depositata presso la cancelleria del giudice, con la prova dell'avvenuta notificazione al pubblico ministero. Il pubblico ministero, entro sette giorni, può depositare memorie e il difensore del richiedente può prenderne visione ed estrarne copia. Entrambe le parti hanno facoltà di depositare ulteriori memorie entro i sette giorni successivi. Decorso tale ultimo termine, il giudice, se ritiene che non sia necessario un contraddittorio orale, provvede sulla richiesta; altrimenti, fissa la data dell'udienza in camera di consiglio, dandone avviso al pubblico ministero e al difensore del richiedente. All'udienza, il pubblico ministero e il difensore sono sentiti se compaiono. La decisione è adottata con ordinanza.

Nel corso dell'udienza preliminare o del giudizio, se non è proposta in udienza, la richiesta è depositata nella cancelleria del giudice e viene trattata e decisa in udienza.

In caso d'accoglimento della richiesta, il giudice indica la data nella quale deve intendersi iscritta la notizia di reato e il nome della persona alla quale il reato stesso è attribuito.

Fermo quanto disposto nel secondo periodo del comma 3, la parte la cui richiesta di retrodatazione è stata respinta ovvero, in caso di accoglimento della richiesta, il pubblico ministero e la parte civile possono, a pena di decadenza, chiedere che la questione sia nuovamente esaminata prima della conclusione dell'udienza preliminare o, se questa manca, entro il termine previsto dall'articolo 491, comma 1. Nel dibattimento preceduto da udienza preliminare, la domanda di nuovo esame della richiesta di retrodatazione può essere proposta solo se già avanzata nell'udienza preliminare.

L'ordinanza del giudice dibattimentale può essere impugnata nei casi e nei modi previsti dai primi due commi dell'articolo 586.

(1) Articolo introdotto dall'art. 15, co. 1, lett. b), d.lgs. 10.10.2022, n. 150, a decorrere dal 30.12.2022. L'art. 88 bis, co. 1, del d.lgs. n. 150/2022, inserito dall'art. 5 sexies, co. 1, dello stesso d.l. n. 152/2022 ha così stabilito: «*1. Le disposizioni degli articoli 335-quater, 407-bis e 415-ter del codice di procedura penale, come introdotte dal presente decreto, non si applicano nei procedimenti pendenti alla data di entrata in vigore del presente decreto in relazione alle notizie di reato delle quali il pubblico ministero ha già disposto l'iscrizione nel registro di cui all'articolo 335 del codice di procedura penale, nonché in relazione alle notizie di reato iscritte successivamente, quando ricorrono le condizioni previste dall'articolo 12 del codice di procedura penale e, se si procede per taluno dei delitti indicati nell'articolo 407, comma 2, del codice di procedura penale, anche quando ricorrono le condizioni previste dall'articolo 371, comma 2, lettere b) e c), del medesimo codice. Tuttavia, le disposizioni dell'articolo 335-quater del codice di procedura penale, come introdotte dal presente decreto, si applicano in ogni caso in relazione alle iscrizioni che hanno ad oggetto notizie di reati commessi dopo la data di entrata in vigore del presente decreto.*».

TITOLO III
Condizioni di procedibilità

336. Querela.

1. La querela è proposta mediante dichiarazione nella quale, personalmente o a mezzo di procuratore speciale, si manifesta la volontà che si proceda in ordine a un fatto previsto dalla legge come reato [c.p. 120, att. 107] (1).

(1) L'art. 87, co. 6 bis, d.lgs. 10.10.2022, n. 150, come modificato dall'art. 5 quater, co. 1, lett. b), d.l. 31.10.2022, n. 162, conv., con modif., con l. 30.12.2022, n. 199 ha così stabilito: «*6-bis. Sino al quindicesimo giorno successivo alla pubblicazione dei regolamenti di cui ai commi 1 e 3, ovvero sino al diverso termine previsto dal rego-*

lamento di cui al comma 3 per gli uffici giudiziari e le tipologie di atti in esso indicati, il deposito di memorie, documenti, richieste e istanze indicati dall'articolo 415-bis, comma 3, del codice di procedura penale, dell'opposizione alla richiesta di archiviazione indicata dall'articolo 410 del codice di procedura penale, della denuncia di cui all'articolo 333 del codice di procedura penale, della querela di cui all'articolo 336 del codice di procedura penale e della relativa procura speciale, nonché della nomina del difensore e della rinuncia o revoca del mandato indicate dall'articolo 107 del codice di procedura penale, negli uffici delle procure della Repubblica presso i tribunali avviene esclusivamente mediante deposito nel portale del processo penale telematico individuato con provvedimento del Direttore generale per i sistemi informativi automatizzati del Ministero della giustizia e con le modalità stabilite nel medesimo provvedimento, anche in deroga al regolamento di cui al decreto del Ministro della giustizia 21 febbraio 2011, n. 44. Il deposito degli atti si intende eseguito al momento del rilascio della ricevuta di accettazione da parte dei sistemi ministeriali, secondo le modalità stabilite dal provvedimento. Il deposito è tempestivo quando è eseguito entro le ore 24 del giorno di scadenza.».

337. Formalità della querela.

1. La dichiarazione di querela è proposta, con le forme previste dall'articolo 333 comma 2, alle autorità alle quali può essere presentata denuncia ovvero a un agente consolare all'estero. Essa, con sottoscrizione autentica, può essere anche recapitata da un incaricato o spedita per posta in piego raccomandato.

2. Quando la dichiarazione di querela è proposta oralmente, il verbale in cui essa è ricevuta è sottoscritto dal querelante o dal procuratore speciale.

3. La dichiarazione di querela proposta dal legale rappresentante di una persona giuridica, di un ente o di una associazione deve contenere la indicazione specifica della fonte dei poteri di rappresentanza.

4. L'autorità che riceve la querela provvede all'attestazione della data e del luogo della presentazione, all'identificazione della persona che la propone e alla trasmissione degli atti all'ufficio del pubblico ministero.

338. Curatore speciale per la querela.

1. Nel caso previsto dell'articolo 121 del codice penale, il termine per la presentazione della querela decorre dal giorno in cui è notificato al curatore speciale il provvedimento di nomina.

2. Alla nomina provvede, con decreto motivato, il giudice per le indagini preliminari del luogo in cui si trova la persona offesa, su richiesta del pubblico ministero.

3. La nomina può essere promossa anche dagli enti che hanno per scopo la cura, l'educazione, la custodia o l'assistenza dei minorenni.

4. Il curatore speciale ha facoltà di costituirsi parte civile nell'interesse della persona offesa.

5. Se la necessità della nomina del curatore speciale sopravviene dopo la presentazione della querela, provvede il giudice per le indagini preliminari o il giudice che procede.

339. Rinuncia alla querela.

1. La rinuncia espressa alla querela è fatta personalmente o a mezzo di procuratore speciale, con dichiarazione sottoscritta, rilasciata all'interessato o a un suo rappresentante. La dichiarazione può anche essere fatta oralmente a un ufficiale di polizia giudiziaria o a un notaio, i quali, accertata l'identità del rinunciante, redigono verbale. Questo non produce effetti se non è sottoscritto dal dichiarante.

2. La rinuncia sottoposta a termini o a condizioni non produce effetti.

3. Con la stessa dichiarazione può essere fatta rinuncia anche all'azione civile per le restituzioni e per il risarcimento del danno [647, c.p. 185-187].

340. Remissione della querela.

1. La remissione della querela è fatta e accettata personalmente o a mezzo di procuratore speciale, con dichiarazione ricevuta dall'autorità procedente o da un ufficiale di polizia giudiziaria che deve trasmetterla immediatamente alla predetta autorità.

2. La dichiarazione di remissione e quella di accettazione sono fatte con le forme previste per la rinuncia espressa alla querela [339].

3. Il curatore speciale previsto dall'articolo 155 comma 4 del codice penale è nominato a norma dell'articolo 338.

4. Le spese del procedimento sono a carico del querelato, salvo che nell'atto di remissione sia stato diversamente convenuto (1).

(1) Comma così sostituito dall'art. 13, l. 25.6.1999, n. 205. Il testo previgente così disponeva: «4. *Le spese del procedimento sono a carico del remittente, salvo che nell'atto di remissione sia stato convenuto che siano in tutto o in parte a carico del querelato*».

341. Istanza di procedimento.

1. L'istanza di procedimento [c.p. 130] è proposta dalla persona offesa con le forme della querela.

342. Richiesta di procedimento.

1. La richiesta di procedimento [c.p. 8-11, 127, 128, 313] è presentata al pubblico ministero con atto sottoscritto dall'autorità competente.

343. Autorizzazione a procedere.

1. Qualora sia prevista l'autorizzazione a procedere [Cost. 68; c.p. 313], il pubblico ministero ne fa richiesta a norma dell'articolo 344.

2. Fino a quando non sia stata concessa l'autorizzazione, è fatto divieto di disporre il fermo o misure cautelari personali nei confronti della persona rispetto alla quale è prevista l'autorizzazione medesima nonché di sottoporla a perquisizione personale o domiciliare, a ispezione personale, a ricognizione, a individuazione, a confronto, a intercettazione di conversazioni o di comunicazioni. Si può procedere all'interrogatorio solo se l'interessato lo richiede.

3. Gli atti previsti dal comma 2 sono consentiti, anche prima della richiesta di autorizzazione, quando la persona è colta nella flagranza di uno dei delitti indicati nell'articolo 380 commi 1 e 2. Tuttavia, quando l'autorizzazione a procedere o l'autorizzazione al compimento di determinati atti sono prescritte da disposizioni della

Costituzione o di leggi costituzionali, si applicano tali disposizioni, nonché, in quanto compatibili con esse, quelle di cui agli articoli 344, 345 e 346 [(1)].

4. Gli atti compiuti in violazione di quanto stabilito nei commi 2 e 3 non possono essere utilizzati [191].

5. L'autorizzazione a procedere, una volta concessa, non può essere revocata.

(1) Comma così modificato dall'art. 2, l. 20.6.2003, n. 140. Il testo previgente così disponeva: «*Gli atti previsti dal comma 2 sono consentiti, anche prima della richiesta di autorizzazione, quando la persona è colta nella flagranza di uno dei delitti indicati nell'articolo 380 commi 1 e 2. Tuttavia, se la necessità dell'autorizzazione concerne un membro del Parlamento o della Corte Costituzionale, non possono essere compiuti atti diversi dall'arresto o dalle perquisizioni personali o domiciliari, ai quali può procedersi soltanto in caso di flagranza di un delitto non colposo consumato o tentato, nei casi indicati nell'articolo 380 commi 1 e 2 lettere a), b), d), i), nonché lettere c), f), g), h) se la legge stabilisce la pena della reclusione non inferiore nel massimo a dieci anni*».

344. Richiesta di autorizzazione a procedere.

1. Il pubblico ministero chiede l'autorizzazione prima di procedere a giudizio direttissimo [449] o di richiedere il giudizio immediato [454], il rinvio a giudizio, il decreto penale di condanna o di emettere il decreto di citazione a giudizio [(1)]. La richiesta deve, comunque, essere presentata entro trenta giorni dalla iscrizione nel registro delle notizie di reato del nome della persona per la quale è necessaria l'autorizzazione.

2. Se la persona per la quale è necessaria l'autorizzazione è stata arrestata in flagranza [343, comma 3], il pubblico ministero richiede l'autorizzazione a procedere immediatamente e comunque prima della udienza di convalida [391].

3. Il giudice sospende il processo e il pubblico ministero richiede senza ritardo l'autorizzazione a procedere qualora ne sia sorta la necessità dopo che si è proceduto a giudizio direttissimo ovvero dopo che sono state formulate le richieste previste dalla prima parte del comma 1. Se vi è pericolo nel ritardo, il giudice provvede all'assunzione delle prove richieste dalle parti.

4. Quando si procede nei confronti di più persone per alcune delle quali soltanto è necessaria l'autorizzazione e questa tarda ad essere concessa, si può procedere separatamente [18] contro gli imputati per i quali l'autorizzazione non è necessaria.

(1) Gli originari primi due periodi sono stati così sostituiti, con l'attuale primo periodo, dall'art. 182, d.lgs. 19.2.1998, n. 51, con effetto dal 2.6.1999. Il testo dei primi due periodi di questo comma così disponeva: «*Il pubblico ministero chiede l'autorizzazione prima di procedere a giudizio direttissimo o di richiedere il giudizio immediato, il rinvio a giudizio o il decreto penale di condanna. Nei procedimenti di competenza del pretore, la richiesta deve essere presentata prima dell'emissione del decreto di citazione a giudizio*».

344 bis. Improcedibilità per superamento dei termini di durata massima del giudizio di impugnazione [(1)].

1. La mancata definizione del giudizio di appello entro il termine di due anni costituisce causa di improcedibilità dell'azione penale.

2. La mancata definizione del giudizio di cassazione entro il termine di un anno costituisce causa di improcedibilità dell'azione penale.

3. I termini di cui ai commi 1 e 2 del presente articolo decorrono dal novantesimo giorno successivo alla scadenza del termine previsto dall'articolo 544, come eventualmente prorogato ai sensi dell'articolo 154 delle norme di attuazione, di coordinamento e transitorie del presente codice, per il deposito della motivazione della sentenza.

4. Quando il giudizio di impugnazione è particolarmente complesso, in ragione del numero delle parti o delle imputazioni o del numero o della complessità delle questioni di fatto o di diritto da trattare, i termini di cui ai commi 1 e 2 sono prorogati, con ordinanza motivata del giudice che procede, per un periodo non superiore a un anno nel giudizio di appello e a sei mesi nel giudizio di cassazione. Ulteriori proroghe possono essere disposte, per le ragioni e per la durata indicate nel periodo precedente, quando si procede per i delitti commessi per finalità di terrorismo o di eversione dell'ordinamento costituzionale per i quali la legge stabilisce la pena della reclusione non inferiore nel minimo a cinque anni o nel massimo a dieci anni, per i delitti di cui agli articoli 270, terzo comma, 306, secondo comma, 416-*bis*, 416-*ter*, 609-*bis*, nelle ipotesi aggravate di cui all'articolo 609-*ter*, 609-*quater* e 609-*octies* del codice penale, nonché per i delitti aggravati ai sensi dell'articolo 416-*bis*.1, primo comma, del codice penale e per il delitto di cui all'articolo 74 del testo unico delle leggi in materia di disciplina degli stupefacenti e sostanze psicotrope, prevenzione, cura e riabilitazione dei relativi stati di tossicodipendenza, di cui al decreto del Presidente della Repubblica 9 ottobre 1990, n. 309. Nondimeno, quando si procede per i delitti aggravati ai sensi dell'articolo 416-*bis*.1, primo comma, del codice penale, i periodi di proroga non possono superare complessivamente tre anni nel giudizio di appello e un anno e sei mesi nel giudizio di cassazione.

5. Contro l'ordinanza che dispone la proroga del termine previsto dal comma 1, l'imputato e il suo difensore possono proporre ricorso per cassazione, a pena di inammissibilità, entro cinque giorni dalla lettura dell'ordinanza o, in mancanza, dalla sua notificazione. Il ricorso non ha effetto sospensivo. La Corte di cassazione decide entro trenta giorni dalla ricezione degli atti osservando le forme previste dall'articolo 611. Quando la Corte di cassazione rigetta o dichiara inammissibile il ricorso, la questione non può essere riproposta con l'impugnazione della sentenza.

6. I termini di cui ai commi 1 e 2 sono sospesi, con effetto per tutti gli imputati nei cui confronti si sta procedendo, nei casi previsti dall'articolo 159, primo comma, del codice penale e, nel giudizio di appello, anche per il tempo occorrente per la rinnovazione dell'istruzione dibattimentale. In caso di sospensione per la rinnovazione dell'istruzione dibattimentale, il periodo di sospensione tra un'udienza e quella successiva non può comunque eccedere sessanta giorni. Quando è necessario procedere a nuove ricerche dell'imputato, ai sensi dell'articolo 159 o dell'articolo 598-*ter*, comma 2, del presente codice, per la notificazione del decreto di citazione per il giudizio di appello o degli avvisi di cui all'articolo 613, comma 4, i termini di cui ai commi 1 e 2 del presente articolo sono altresì sospesi, con effetto per tutti gli imputati nei cui confronti si sta procedendo, tra la data in cui l'autorità giudiziaria dispone le nuove ricerche e la data in cui la notificazione è effettuata [(2)].

7. La declaratoria di improcedibilità non ha luogo quando l'imputato chiede la prosecuzione del processo.

8. Fermo restando quanto previsto dall'articolo 624, le disposizioni di cui ai commi 1, 4, 5, 6 e 7 del presente articolo si applicano anche nel giudizio conseguente all'annullamento della sentenza con rinvio al giudice competente per l'appello. In questo caso, il termine di durata massima del processo decorre dal novantesimo giorno successivo alla scadenza del termine previsto dall'articolo 617.

9. Le disposizioni del presente articolo non si applicano nei procedimenti per i delitti puniti con l'ergastolo, anche come effetto dell'applicazione di circostanze aggravanti.

(1) Articolo inserito dall'art. 2, co. 2, lett. a), l. 27.9.2021, n. 134, a decorrere dal 19.10.2021.

(2) Comma così modificato dall'art. 16, co. 1, d.lgs. 10.10.2022, n. 150, a decorrere dal 30.12.2022.
Il testo previgente così disponeva: «6. *I termini di cui ai commi 1 e 2 sono sospesi, con effetto per tutti gli imputati nei cui confronti si sta procedendo, nei casi previsti dall'articolo 159, primo comma, del codice penale e, nel giudizio di appello, anche per il tempo occorrente per la rinnovazione dell'istruzione dibattimentale. In caso di sospensione per la rinnovazione dell'istruzione dibattimentale, il periodo di sospensione tra un'udienza e quella successiva non può comunque eccedere sessanta giorni. Quando è necessario procedere a nuove ricerche dell'imputato, ai sensi dell'articolo 159 del presente codice, per la notificazione del decreto di citazione per il giudizio di appello o degli avvisi di cui all'articolo 613, comma 4, i termini di cui ai commi 1 e 2 del presente articolo sono altresì sospesi, con effetto per tutti gli imputati nei cui confronti si sta procedendo, tra la data in cui l'autorità giudiziaria dispone le nuove ricerche e la data in cui la notificazione è effettuata.*».

345. Difetto di una condizione di procedibilità. Riproponibilità dell'azione penale.

1. Il provvedimento di archiviazione e la sentenza di proscioglimento o di non luogo a procedere, anche se non più soggetta a impugnazione, con i quali è stata dichiarata la mancanza della querela, della istanza, della richiesta o dell'autorizzazione a procedere, non impediscono l'esercizio dell'azione penale per il medesimo fatto e contro la medesima persona se è in seguito proposta la querela, l'istanza, la richiesta o è concessa l'autorizzazione ovvero se è venuta meno la condizione personale che rendeva necessaria l'autorizzazione.

2. La stessa disposizione si applica quando il giudice accerta la mancanza di una condizione di procedibilità diversa da quelle indicate nel comma 1, nonché quando, dopo che è stata pronunciata sentenza di non luogo a procedere o di non doversi procedere a norma dell'articolo 72-*bis*, lo stato di incapacità dell'imputato viene meno o si accerta che è stato erroneamente dichiarato [(1)].

(1) Comma così modificato dall'art. 1, co. 23, l. 23.6.2017, n 103, a decorrere dal 3.8.2017. Il testo previgente così disponeva: «2. *La stessa disposizione si applica quando il giudice accerta la mancanza di una condizione di procedibilità diversa da quelle indicate nel comma 1*».

346. Atti compiuti in mancanza di una condizione di procedibilità.

1. Fermo quanto disposto dall'articolo 343, in mancanza di una condizione di procedibilità che può ancora sopravvenire, possono essere compiuti gli atti di indagine preliminare necessari ad assicurare le fonti di prova e, quando vi è pericolo nel ritardo, possono essere assunte le prove previste dall'articolo 392.

TITOLO IV
Attività a iniziativa della polizia giudiziaria

347. Obbligo di riferire la notizia del reato.

1. Acquisita la notizia di reato, la polizia giudiziaria, senza ritardo, riferisce al pubblico ministero, per iscritto, gli elementi essenziali del fatto e gli altri elementi sino ad allora raccolti, indicando le fonti di prova e le attività compiute, delle quali trasmette la relativa documentazione [(1)].

2. Comunica, inoltre, quando è possibile, le generalità, il domicilio e quanto altro valga alla identificazione della persona nei cui confronti vengono svolte le indagini [349], della persona offesa e di coloro che siano in grado di riferire su circostanze rilevanti per la ricostruzione dei fatti.

2 bis. Qualora siano stati compiuti atti per i quali è prevista l'assistenza del difensore della persona nei cui confronti vengono svolte le indagini, la comunicazione della notizia di reato è trasmessa al più tardi entro quarantotto ore dal compimento dell'atto, salve le disposizioni di legge che prevedono termini particolari [(2)].

3. Se si tratta di taluno dei delitti indicati nell'articolo 407, comma 2, lettera a), numeri da 1) a 6), del presente codice, o di uno dei delitti previsti dagli articoli 572, 609-*bis*, 609-*ter*, 609-*quater*, 609-*quinquies*, 609-*octies*, 612-*bis* e 612-*ter* del codice penale, ovvero dagli articoli 582 e 583-*quinquies* del codice penale nelle ipotesi aggravate ai sensi degli articoli 576, primo comma, numeri 2, 5 e 5.1, e 577, primo comma, numero 1, e secondo comma, del medesimo codice penale, e, in ogni caso, quando sussistono ragioni di urgenza, la comunicazione della notizia di reato è data immediatamente anche in forma orale. Alla comunicazione orale deve seguire senza ritardo quella scritta con le indicazioni e la documentazione previste dai commi 1 e 2 [(3)].

4. Con la comunicazione, la polizia giudiziaria indica il giorno e l'ora in cui ha acquisito la notizia.

(1) Comma così sostituito dall'art. 4, co. 1, lett. a), d.l. 8.6.1992, n. 306, conv., con modif., in l. 7.8.1992, n. 356, recante modifiche urgenti

al nuovo codice di procedura penale e provvedimenti di contrasto alla criminalità mafiosa.

(2) Comma introdotto dall'art. 4, co. 1, lett. b), d.l. 8.6.1992, n. 306, conv., con modif., in l. 7.8.1992, n. 356, recante modifiche urgenti al nuovo codice di procedura penale e provvedimenti di contrasto alla criminalità mafiosa.

(3) Comma così modificato dall'art. 4, co. 1, lett. c), d.l. 8.6.1992, n. 306, conv., con modif., dalla l. 7.8.1992, n. 356, dall'art. 21, l. 8.8.1995, n. 332 e, poi, dall'art. 1, co. 1, l. 19.7.2019, n. 69, a decorrere dal 9.8.2019. Il testo antecedente alla modifica disposta con l. n. 69/2019 così disponeva: «*3. Se si tratta di taluno dei delitti indicati nell'articolo 407, comma 2, lettera a), numeri da 1) a 6) e, in ogni caso, quando sussistono ragioni di urgenza, la comunicazione della notizia di reato è data immediatamente anche in forma orale. Alla comunicazione orale deve seguire senza ritardo quella scritta con le indicazioni e la documentazione previste dai commi 1 e 2*». Il testo antecedente alla modifica disposta con l. n. 332/1995 così disponeva: «*3. Se si tratta di taluno dei delitti indicati nell'articolo 275, comma 3, e, in ogni caso, quando sussistono ragioni di urgenza, la comunicazione della notizia di reato è data immediatamente anche in forma orale. Alla comunicazione orale deve seguire senza ritardo quella scritta con le indicazioni e la documentazione previste dai commi 1 e 2*».

348. Assicurazione delle fonti di prova.

1. Anche successivamente alla comunicazione della notizia di reato, la polizia giudiziaria continua a svolgere le funzioni indicate nell'articolo 55 raccogliendo in specie ogni elemento utile alla ricostruzione del fatto e alla individuazione del colpevole (1).

2. Al fine indicato nel comma 1, procede, fra l'altro:

a) alla ricerca delle cose e delle tracce pertinenti al reato nonché alla conservazione di esse e dello stato dei luoghi;

b) alla ricerca delle persone in grado di riferire su circostanze rilevanti per la ricostruzione dei fatti;

c) al compimento degli atti indicati negli articoli seguenti.

3. Dopo l'intervento del pubblico ministero, la polizia giudiziaria compie gli atti ad essa specificamente delegati a norma dell'articolo 370, esegue le direttive del pubblico ministero ed inoltre svolge di propria iniziativa, informandone prontamente il pubblico ministero, tutte le altre attività di indagine per accertare i reati ovvero richieste da elementi successivamente emersi e assicura le nuove fonti di prova (2).

4. La polizia giudiziaria, quando, di propria iniziativa o a seguito di delega del pubblico ministero, compie atti od operazioni che richiedono specifiche competenze tecniche, può avvalersi di persone idonee le quali non possono rifiutare la propria opera.

(1) Comma così sostituito dall'art. 4, co. 2, lett. a), d.l. 8.6.1992, n. 306, conv., con modif., in l. 7.8.1992, n. 356, recante modifiche al nuovo codice di procedura penale e provvedimenti di contrasto alla criminalità mafiosa.

(2) Comma prima modificato dall'art. 4, co. 2, lett. b), d.l. 8.6.1992, n. 306, conv., con modif., in l. 7.8.1992, n. 356 e, poi così sostituito dall'art. 8, l. 26.3.2001, n. 128. Il testo antecedente alla sostituzione disposta dalla l. n. 128/2001 così disponeva: «*3. Dopo l'intervento del pubblico ministero, la polizia giudiziaria compie gli atti a essa specificamente delegati a norma dell'articolo 370 e tutte le attività di indagine che, anche nell'ambito delle direttive impartite, sono necessarie per accertare i reati ovvero sono richieste da elementi successivamente emersi. In tal caso assicura le nuove fonti di prova delle quali viene a conoscenza, informando prontamente il pubblico ministero*».

349. Identificazione della persona nei cui confronti vengono svolte le indagini e di altre persone.

1. La polizia giudiziaria procede alla identificazione della persona nei cui confronti vengono svolte le indagini e delle persone in grado di riferire su circostanze rilevanti per la ricostruzione dei fatti.

2. Alla identificazione della persona nei cui confronti vengono svolte le indagini può procedersi anche eseguendo, ove occorra, rilievi dattiloscopici, fotografici e antropometrici nonché altri accertamenti. I rilievi di cui al periodo precedente sono sempre eseguiti quando si procede nei confronti di un apolide, di una persona della quale è ignota la cittadinanza, di un cittadino di uno Stato non appartenente all'Unione europea ovvero di un cittadino di uno Stato membro dell'Unione europea privo del codice fiscale o che è attualmente, o è stato in passato, titolare anche della cittadinanza di uno Stato non appartenente all'Unione europea. In tale caso, la polizia giudiziaria trasmette al pubblico ministero copia del cartellino fotodattiloscopico e comunica il codice univoco identificativo della persona nei cui confronti sono svolte le indagini (1).

2 bis. Se gli accertamenti indicati dal comma 2 comportano il prelievo di capelli o saliva e manca il consenso dell'interessato, la polizia giudiziaria procede al prelievo coattivo nel rispetto della dignità personale del soggetto, previa autorizzazione scritta, oppure resa oralmente e confermata per iscritto, del pubblico ministero (2).

3. Quando procede alla identificazione, la polizia giudiziaria invita la persona nei cui confronti vengono svolte le indagini a dichiarare o a eleggere il domicilio per le notificazioni a norma dell'articolo 161, nonché ad indicare il recapito della casa di abitazione, del luogo in cui esercita abitualmente l'attività lavorativa e dei luoghi in cui ha temporanea dimora o domicilio, oltre che ad indicare i recapiti telefonici o gli indirizzi di posta elettronica nella sua disponibilità. Osserva inoltre le disposizioni dell'articolo 66 (3).

4. Se taluna delle persone indicate nel comma 1 rifiuta di farsi identificare ovvero fornisce generalità o documenti di identificazione in relazione ai quali sussistono sufficienti elementi per ritenerne la falsità, la polizia giudiziaria la accompagna nei propri uffici e ivi la trattiene per il tempo strettamente necessario per la identificazione e comunque non oltre le dodici ore ovvero, previo avviso anche orale al pubblico ministero, non oltre le ventiquattro ore, nel caso che l'identificazione risulti particolarmente complessa oppure occorra l'assistenza dell'autorità consolare o di un interprete, ed in tal caso con facoltà per il soggetto di chiedere di avvisare un familiare o un convivente (4).

5. Dell'accompagnamento e dell'ora in cui questo è stato compiuto è data immediata notizia al pubblico ministero il quale, se ritiene che non ricorrono le condizioni previste dal comma 4, ordina il rilascio della persona accompagnata.

6. Al pubblico ministero è data altresì notizia del rilascio della persona accompagnata e dell'ora in cui esso è avvenuto.

(1) Comma così modificato dall'art. 2, co. 8, l. 27.11.2021, n. 134, a decorrere dal 19.10.2021. Il testo previgente così disponeva: «*Alla identificazione della persona nei cui confronti vengono svolte le indagini può procedersi anche eseguendo, ove occorra, rilievi dattiloscopici, fotografici e antropometrici nonché altri accertamenti.*».

(2) Comma introdotto dall'art. 10, d.l. 27.7.2005, n. 144, conv., con modif., con l. 31.7.2005, n. 155. Il testo di questo comma, antecedente alla conversione in legge del decreto, così disponeva: «2-bis. *Se gli accertamenti indicati dal comma 2 comportano il prelievo di materiale biologico dal cavo orale e manca il consenso dell'interessato, la polizia giudiziaria procede al prelievo coattivo nel rispetto della dignità personale del soggetto, previa autorizzazione scritta, oppure resa oralmente e confermata per iscritto, del pubblico ministero*».

(3) Comma così modificato dall'art. 17, co. 1, lett. a), d.lgs. 10.10.2022, n. 150, a decorrere dal 30.12.2022.
Il testo previgente così disponeva: «*3. Quando procede alla identificazione, la polizia giudiziaria invita la persona nei cui confronti vengono svolte le indagini a dichiarare o a eleggere il domicilio per le notificazioni a norma dell'articolo 161. Osserva inoltre le disposizioni dell'articolo 66.*».

(4) Comma così modificato dall'art. 10, d.l. 27.7.2005, n. 144, conv., con modif., con l. 31.7.2005, n. 155. Il testo di questo comma, antecedente alla conversione in legge del decreto, così disponeva: «*4. Se taluna delle persone indicate nel comma 1 rifiuta di farsi identificare ovvero fornisce generalità o documenti di identificazione in relazione ai quali sussistono sufficienti elementi per ritenerne la falsità, la polizia giudiziaria la accompagna nei propri uffici e ivi la trattiene per il tempo strettamente necessario per la identificazione e comunque non oltre le dodici ore ovvero, previo avviso anche orale al pubblico ministero, non oltre le ventiquattro ore, nel caso che l'identificazione risulti particolarmente complessa oppure occorra l'assistenza dell'autorità consolare o di un interprete*». Il testo di questo comma, antecedente alla modifica disposta dal d.l. n. 144/2005, così disponeva: «*4. Se taluna delle persone indicate nel comma 1 rifiuta di farsi identificare ovvero fornisce generalità o documenti di identificazione in relazione ai quali sussistono sufficienti elementi per ritenerne la falsità, la polizia giudiziaria la accompagna nei propri uffici e ivi la trattiene per il tempo strettamente necessario per la identificazione e comunque non oltre le dodici ore*».

350. Sommarie informazioni dalla persona nei cui confronti vengono svolte le indagini.

1. Gli ufficiali di polizia giudiziaria assumono, con le modalità previste dall'articolo 64, sommarie informazioni utili per le investigazioni dalla persona nei cui confronti vengono svolte le indagini che non si trovi in stato di arresto o di fermo a norma dell'articolo 384, e nei casi di cui all'articolo 384-*bis* [357] (1).

2. Prima di assumere le sommarie informazioni, la polizia giudiziaria invita la persona nei cui confronti vengono svolte le indagini a nominare un difensore di fiducia e, in difetto, provvede a norma dell'articolo 97 comma 3.

3. Le sommarie informazioni sono assunte con la necessaria assistenza del difensore [179], al quale la polizia giudiziaria dà tempestivo avviso. Il difensore ha l'obbligo di presenziare al compimento dell'atto.

4. Se il difensore non è stato reperito o non è comparso, la polizia giudiziaria richiede al pubblico ministero di provvedere a norma dell'articolo 97, comma 4.

4 bis. Quando la persona sottoposta alle indagini e il difensore vi consentono, il pubblico ministero, su richiesta della polizia giudiziaria, può autorizzare lo svolgimento dell'atto a distanza. Si osservano, in quanto compatibili, le disposizioni dell'articolo 133-*ter* (2).

5. Sul luogo o nell'immediatezza del fatto, gli ufficiali di polizia giudiziaria possono, anche senza la presenza del difensore, assumere dalla persona nei cui confronti vengono svolte le indagini, anche se arrestata in flagranza o fermata a norma dell'articolo 384, notizie e indicazioni utili ai fini della immediata prosecuzione delle indagini.

6. Delle notizie e delle indicazioni assunte senza l'assistenza del difensore sul luogo o nell'immediatezza del fatto a norma del comma 5 è vietata ogni documentazione e utilizzazione.

7. La polizia giudiziaria può altresì ricevere dichiarazioni spontanee dalla persona nei cui confronti vengono svolte le indagini, ma di esse non è consentita la utilizzazione nel dibattimento, salvo quanto previsto dall'articolo 503 comma 3 (3).

(1) Comma così modificato dall'art. 2, co. 1, lett. b bis), d.l. 14.8.2013, n. 93, conv., con modif., dalla l. 15.10.2013, n. 119. Il testo previgente così disponeva: «*Gli ufficiali di polizia giudiziaria assumono, con le modalità previste dall'articolo 64, sommarie informazioni utili per le investigazioni dalla persona nei cui confronti vengono svolte le indagini che non si trovi in stato di arresto o di fermo a norma dell'articolo 384*».

(2) Comma introdotto dall'art. 17, co. 1, lett. b), d.lgs. 10.10.2022, n. 150, a decorrere dal 30.12.2022.

(3) Comma così sostituito dall'art. 4, co. 3, d.l. 8.6.1992, n. 306, conv., con modif., in l. 7.8.1992, n. 356, recante modifiche urgenti al nuovo codice di procedura penale e provvedimenti in contrasto alla criminalità mafiosa.

351. Altre sommarie informazioni.

1. La polizia giudiziaria assume sommarie informazioni dalle persone che possono riferire circostanze utili ai fini delle indagini. Si applicano le disposizioni del secondo e terzo periodo del comma 1 dell'articolo 362 (1).

1 bis. All'assunzione di informazioni da persona imputata in un procedimento connesso ovvero da persona imputata di un reato collegato a quello per cui si procede nel caso previsto dall'articolo 371 comma 2 lettera b), procede un ufficiale di polizia giudiziaria. La persona predetta, se priva del difensore, è avvisata che è assistita da un difensore di ufficio, ma che può nominarne uno di fiducia. Il difensore deve essere tempestivamente avvisato e ha diritto di assistere all'atto (2).

1 ter. Nei procedimenti per i delitti previsti dagli articoli 572, 600, 600-*bis*, 600-*ter*, 600-*quater*, 600-*quater*.1, 600-*quinquies*, 601, 602, 609-*bis*, 609-*quater*, 609-*quinquies*, 609-*octies*, 609-*undecies* e 612-*bis* del codice penale, la polizia giudiziaria, quando deve assumere sommarie informazioni da persone minori, si avvale dell'ausilio di un esperto in psicologia o in psichiatria infantile, nominato dal pubblico ministero. Allo stesso modo procede quando deve assumere sommarie informazioni da una persona offesa, anche maggiorenne, in condizione di particolare vulnerabilità. In ogni caso assicura che la persona offesa particolarmente vulnerabile, in occasione della richiesta di sommarie informazioni, non abbia contatti con la persona sottoposta ad indagini e non sia chiamata più volte a rendere sommarie informazioni, salva l'assoluta necessità per le indagini [(3)].

1 quater. Alla persona chiamata a rendere sommarie informazioni è sempre dato avviso che, salva la contingente indisponibilità di strumenti di riproduzione o di personale tecnico, ha diritto di ottenere, ove ne faccia richiesta, che le dichiarazioni rese siano documentate mediante riproduzione fonografica [(4)].

(1) Questo ultimo periodo è stato aggiunto dall'art. 4, co. 4, lett. a), d.l. 8.6.1992, n. 306, conv., con modif., in l. 7.8.1992, n. 356, e, poi così sostituito dall'art. 13, l. 1.3.2001, n. 63. Il testo previgente così disponeva: «*Si applica la disposizione del secondo periodo dell'articolo 362*».

(2) Comma introdotto dall'art. 4, co. 4, lett. b), d.l. 8.6.1992, n. 306, conv., con modif., in l. 7.8.1992, n. 356, recante modifiche urgenti al nuovo codice di procedura penale e provvedimenti contro la criminalità mafiosa.

(3) Comma introdotto dalla lett. c) del co. 1 dell'art. 5, l. 1.10.2012, n. 172 e, poi così modificato dall'art. 2, co. 1, lett. b ter), d.l. 14.8.2013, n. 93, conv., con modif., dalla l. 15.10.2013, n. 119 e dall'art. 1, co. 1, lett. f), d.lgs. 15.12.2015, n. 212, a decorrere dal 20.1.2016. Il testo antecedente alla modifica disposta con d.lgs. n. 212/2015 così disponeva: «*1*-ter. *Nei procedimenti per i delitti previsti dagli articoli 572, 600, 600*-bis, *600*-ter, *600*-quater, *600*-quater.*1, 600*-quinquies, *601, 602, 609*-bis, *609*-quater, *609*-quinquies, *609*-octies, *609*-undecies *e 612*-bis *del codice penale, la polizia giudiziaria, quando deve assumere sommarie informazioni da persone minori, si avvale dell'ausilio di un esperto in psicologia o in psichiatria infantile, nominato dal pubblico ministero*». Il testo antecedente alla modifica disposta con d.l. n. 93/2013 così disponeva: «*Nei procedimenti per i delitti previsti dagli articoli 600, 600*-bis, *600*-ter, *600*-quater, *600*-quater.*1, 600*-quinquies, *601, 602, 609*-bis, *609*-quater, *609*-quinquies, *609*-octies *e 609*-undecies *del codice penale, la polizia giudiziaria, quando deve assumere sommarie informazioni da persone minori, si avvale dell'ausilio di un esperto in psicologia o in psichiatria infantile, nominato dal pubblico ministero*».

(4) Comma introdotto dall'art. 17, co. 1, lett. c), d.lgs. 10.10.2022, n. 150, a decorrere dal 30.12.2022.

352. Perquisizioni.

1. Nella flagranza del reato [382] o nel caso di evasione [c.p. 385], gli ufficiali di polizia giudiziaria procedono a perquisizione personale o locale quando hanno fondato motivo di ritenere che sulla persona si trovino occultate cose o tracce pertinenti al reato che possono essere cancellate o disperse ovvero che tali cose o tracce si trovino in un determinato luogo o che ivi si trovi la persona sottoposta alle indagini o l'evaso.

1 bis. Nella flagranza del reato, ovvero nei casi di cui al comma 2 quando sussistono i presupposti e le altre condizioni ivi previsti, gli ufficiali di polizia giudiziaria, adottando misure tecniche dirette ad assicurare la conservazione dei dati originali e ad impedirne l'alterazione, procedono altresì alla perquisizione di sistemi informatici o telematici, ancorché protetti da misure di sicurezza, quando hanno fondato motivo di ritenere che in questi si trovino occultati dati, informazioni, programmi informatici o tracce comunque pertinenti al reato che possono essere cancellati o dispersi [(1)].

2. Quando si deve procedere alla esecuzione di un'ordinanza che dispone la custodia cautelare [285, 286, 292] o di un ordine che dispone la carcerazione nei confronti di persona imputata o condannata per uno dei delitti previsti dall'articolo 380 ovvero al fermo di una persona indiziata di delitto, gli ufficiali di polizia giudiziaria possono altresì procedere a perquisizione personale o locale se ricorrono i presupposti indicati nel comma 1 e sussistono particolari motivi di urgenza che non consentono la emissione di un tempestivo decreto di perquisizione.

3. La perquisizione domiciliare può essere eseguita anche fuori dei limiti temporali dell'articolo 251 quando il ritardo potrebbe pregiudicarne l'esito.

4. La polizia giudiziaria trasmette senza ritardo, e comunque non oltre le quarantotto ore, al pubblico ministero del luogo dove la perquisizione è stata eseguita il verbale delle operazioni compiute. Il pubblico ministero, nelle quarantotto ore successive, decide con decreto motivato sulla convalida della perquisizione [(2)].

4 bis. Salvo che alla perquisizione sia seguito il sequestro, entro dieci giorni dalla data in cui hanno avuto conoscenza del decreto di convalida, la persona nei cui confronti vengono svolte le indagini e la persona nei cui confronti la perquisizione è stata disposta o eseguita possono proporre opposizione, sulla quale il giudice provvede a norma dell'articolo 127. Si applica la disposizione di cui all'articolo 252-*bis*, comma 3 [(3)].

(1) Comma introdotto dall'art. 9, l. 18.3.2008, n. 48, che ha ratificato la Convenzione del Consiglio d'Europa sulla criminalità informatica.

(2) Comma così modificato dall'art. 17, co. 1, lett. d), n. 1), d.lgs. 10.10.2022, n. 150, a decorrere dal 30.12.2022.
Il testo previgente così disponeva: «*4. La polizia giudiziaria trasmette senza ritardo, e comunque non oltre le quarantotto ore, al pubblico ministero del luogo dove la perquisizione è stata eseguita il verbale delle operazioni compiute. Il pubblico ministero, se ne ricorrono i presupposti, nelle quarantotto ore successive, convalida la perquisizione.*».

(3) Comma introdotto dall'art. 17, co. 1, lett. d), n. 2), d.lgs. 10.10.2022, n. 150, a decorrere dal 30.12.2022.

353. Acquisizione di plichi o di corrispondenza.

1. Quando vi è necessità di acquisire plichi sigillati o altrimenti chiusi, l'ufficiale di polizia giudiziaria li trasmette intatti al pubblico ministero per l'eventuale sequestro.

2. Se ha fondato motivo di ritenere che i plichi contengano notizie utili alla ricerca e all'assicurazione di fonti di prova che potrebbero andare disperse a causa del ritardo, l'ufficiale di polizia giudiziaria informa col mezzo più rapido il pubblico ministero il quale può autorizzarne l'apertura immediata e l'accertamento del contenuto [356] [(1)].

3. Se si tratta di lettere, pieghi, pacchi, valori, telegrammi o altri oggetti di corrispondenza, anche se in forma elettronica o se inoltrati per via telematica, per i quali è consentito il sequestro a norma dell'articolo 254, gli ufficiali di polizia giudiziaria, in caso di urgenza, ordinano a chi è preposto al servizio postale, telegrafico, telematico o di telecomunicazione di sospendere l'inoltro. Se entro quarantotto ore dall'ordine della polizia giudiziaria il pubblico ministero non dispone il sequestro, gli oggetti di corrispondenza sono inoltrati [(2)].

(1) Comma così modificato dall'art. 9, l. 18.3.2008, n. 48, che ha ratifi-

cato la Convenzione del Consiglio d'Europa sulla criminalità informatica. Il testo previgente così disponeva: «*2. Se ha fondato motivo di ritenere che i plichi contengano notizie utili alla ricerca e all'assicurazione di fonti di prova che potrebbero andare disperse a causa del ritardo, l'ufficiale di polizia giudiziaria informa col mezzo più rapido il pubblico ministero il quale può autorizzarne l'apertura immediata*».

(2) Comma così modificato dall'art. 9, l. 18.3.2008, n. 48, che ha modificato la Convenzione del Consiglio d'Europa sulla criminalità informatica. Il testo previgente così disponeva: «*3. Se si tratta di lettere, pieghi, pacchi, valori, telegrammi o altri oggetti di corrispondenza per i quali è consentito il sequestro a norma dell'articolo 254, gli ufficiali di polizia giudiziaria, in caso di urgenza, ordinano a chi è preposto al servizio postale di sospendere l'inoltro. Se entro quarantotto ore dall'ordine della polizia giudiziaria il pubblico ministero non dispone il sequestro, gli oggetti di corrispondenza sono inoltrati*».

354. Accertamenti urgenti sui luoghi, sulle cose e sulle persone. Sequestro.

1. Gli ufficiali e gli agenti di polizia giudiziaria curano che le tracce e le cose pertinenti al reato siano conservate e che lo stato dei luoghi e delle cose non venga mutato [348] prima dell'intervento del pubblico ministero.

2. Se vi è pericolo che le cose, le tracce e i luoghi indicati nel comma 1 si alterino o si disperdano o comunque si modifichino e il pubblico ministero non può intervenire tempestivamente, ovvero non ha ancora assunto la direzione delle indagini, gli ufficiali di polizia giudiziaria compiono i necessari accertamenti e rilievi sullo stato dei luoghi e delle cose. In relazione ai dati, alle informazioni e ai programmi informatici o ai sistemi informatici o telematici, gli ufficiali della polizia giudiziaria adottano, altresì, le misure tecniche o impartiscono le prescrizioni necessarie ad assicurarne la conservazione e ad impedirne l'alterazione e l'accesso e provvedono, ove possibile, alla loro immediata duplicazione su adeguati supporti, mediante una procedura che assicuri la conformità della copia all'originale e la sua immodificabilità. Se del caso, sequestrano il corpo del reato e le cose a questo pertinenti [253] (1).

3. Se ricorrono i presupposti previsti dal comma 2, gli ufficiali di polizia giudiziaria compiono i necessari accertamenti e rilievi sulle persone diversi dalla ispezione personale [245]. [Se gli accertamenti comportano il prelievo di materiale biologico, si osservano le disposizioni del comma 2-*bis* dell'articolo 349] (2).

(1) Comma così modificato prima dall'art. 9, l. 26.3.2001, n. 128 e, poi dall'art. 9, l. 18.3.2008, n. 48, che ha ratificato la Convenzione del Consiglio d'Europa sulla criminalità informatica. Il testo in vigore prima di quest'ultima modifica così disponeva: «*2. Se vi è pericolo che le cose, le tracce e i luoghi indicati nel comma 1 si alterino o si disperdano o comunque si modifichino e il pubblico ministero non può intervenire tempestivamente, ovvero non ha ancora assunto la direzione delle indagini, gli ufficiali di polizia giudiziaria compiono i necessari accertamenti e rilievi sullo stato dei luoghi e delle cose. Se del caso, sequestrano il corpo del reato e le cose a questo pertinenti*». Il testo antecedente alla modifica disposta con l. n. 128/2001 così disponeva: «*2. Se vi è pericolo che le cose, le tracce e i luoghi indicati nel comma 1 si alterino o si disperdano o comunque si modifichino e il pubblico ministero non può intervenire tempestivamente, gli ufficiali di polizia giudiziaria compiono i necessari accertamenti e rilievi sullo stato dei luoghi e delle cose. Se del caso, sequestrano il corpo del reato e le cose a questo pertinenti*».

(2) Periodo aggiunto dall'art. 10, d.l. 27.7.2005, n. 144, conv., con modif., con l. 31.7.2005, n. 155 e, poi soppresso dall'art. 27, l. 30.6.2009, n. 85.

355. Convalida del sequestro e suo riesame.

1. Nel caso in cui abbia proceduto a sequestro, la polizia giudiziaria enuncia nel relativo verbale il motivo del provvedimento e ne consegna copia alla persona alla quale le cose sono state sequestrate. Il verbale è trasmesso senza ritardo, e comunque non oltre le quarantotto ore, al pubblico ministero del luogo dove il sequestro è stato eseguito.

2. Il pubblico ministero, nelle quarantotto ore successive, con decreto motivato convalida il sequestro se ne ricorrono i presupposti ovvero dispone la restituzione delle cose sequestrate. Copia del decreto di convalida è immediatamente notificata alla persona alla quale le cose sono state sequestrate.

3. Contro il decreto di convalida, la persona nei cui confronti vengono svolte le indagini e il suo difensore, la persona alla quale le cose sono state sequestrate e quella che avrebbe diritto alla loro restituzione possono proporre, entro dieci giorni dalla notifica del decreto ovvero dalla diversa data in cui l'interessato ha avuto conoscenza dell'avvenuto sequestro, richiesta di riesame, anche nel merito, a norma dell'articolo 324.

4. La richiesta di riesame non sospende l'esecuzione del provvedimento [588].

356. Assistenza del difensore.

1. Il difensore della persona nei cui confronti vengono svolte le indagini ha facoltà di assistere, senza diritto di essere preventivamente avvisato, agli atti previsti dagli articoli 352 e 354oltre che all'immediata apertura del plico autorizzata dal pubblico ministero a norma dell'articolo 353 comma 2.

357. Documentazione dell'attività di polizia giudiziaria.

1. La polizia giudiziaria annota secondo le modalità ritenute idonee ai fini delle indagini, anche sommariamente, tutte le attività svolte, comprese quelle dirette alla individuazione delle fonti di prova.

2. Fermo quanto disposto in relazione a specifiche attività, redige verbale dei seguenti atti:

a) denunce, querele e istanze presentate oralmente;
b) sommarie informazioni rese e dichiarazioni spontanee ricevute dalla persona nei cui confronti vengono svolte le indagini [350];
c) informazioni assunte, a norma dell'articolo 351 (1);
d) perquisizioni e sequestri;
e) operazioni e accertamenti previsti dagli articoli 349, 353 e 354;
f) atti, che descrivono fatti e situazioni, eventualmente compiuti sino a che il pubblico ministero non ha impartito le direttive per lo svolgimento delle indagini [348].

3. Il verbale è redatto da ufficiali o agenti di polizia giudiziaria nelle forme e con le modalità previste dall'articolo 373.

3 bis. Quando le indagini riguardano taluno dei delitti di cui all'articolo 407, comma 2, lettera a), oppure quando la persona informata sui fatti ne faccia richiesta, alla documentazione delle informazioni di cui al comma 2, lettera c), si procede altresì mediante riproduzione fonografica a mezzo di strumenti tecnici idonei ad opera della polizia giudiziaria, salva la contingente indisponibilità di strumenti di riproduzione o di personale tecnico [(2)].

3 ter. Le dichiarazioni della persona minorenne, inferma di mente o in condizioni di particolare vulnerabilità sono documentate integralmente, a pena di inutilizzabilità, con mezzi di riproduzione audiovisiva o fonografica, salvo che si verifichi una contingente indisponibilità di strumenti di riproduzione o di personale tecnico e sussistano particolari ragioni di urgenza che non consentano di rinviare l'atto [(2)].

3 quater. La trascrizione della riproduzione audiovisiva o fonografica di cui ai commi 3-*bis* e 3-*ter* è disposta solo se assolutamente indispensabile e può essere effettuata dalla polizia giudiziaria [(2)].

4. La documentazione dell'attività di polizia giudiziaria è posta a disposizione del pubblico ministero.

5. A disposizione del pubblico ministero sono altresì poste le denunce, le istanze e le querele presentate per iscritto, i referti, il corpo del reato e le cose pertinenti al reato [253, commi 1 e 2].

(1) Lettera così sostituita dall'art. 4, co. 5, d.l. 8.6.1992, n. 306, conv., con modif., in l. 7.8.1992, n. 356, recante modifiche urgenti al nuovo codice di procedura penale e provvedimenti di contrasto alla criminalità mafiosa.

(2) Comma introdotto dall'art. 17, co. 1, lett. e), d.lgs. 10.10.2022, n. 150, a decorrere dal 30.12.2022.

TITOLO V
Attività del Pubblico Ministero

358. Attività di indagine del pubblico ministero.

1. Il pubblico ministero compie ogni attività necessaria ai fini indicati nell'articolo 326 e svolge altresì accertamenti su fatti e circostanze a favore della persona sottoposta alle indagini.

359. Consulenti tecnici del pubblico ministero.

1. Il pubblico ministero, quando procede ad accertamenti, rilievi segnaletici, descrittivi o fotografici e ad ogni altra operazione tecnica per cui sono necessarie specifiche competenze, può nominare e avvalersi di consulenti, che non possono rifiutare la loro opera.

2. Il consulente può essere autorizzato dal pubblico ministero ad assistere a singoli atti di indagine.

359 bis. Prelievo coattivo di campioni biologici su persone viventi [(1)].

1. Fermo quanto disposto dall'articolo 349, comma 2-*bis*, quando devono essere eseguite le operazioni di cui all'articolo 224-*bis* e non vi è il consenso della persona interessata, il pubblico ministero ne fa richiesta al giudice per le indagini preliminari che le autorizza con ordinanza quando ricorrono le condizioni ivi previste.

2. Nei casi di urgenza, quando vi è fondato motivo di ritenere che dal ritardo possa derivare grave o irreparabile pregiudizio alle indagini, il pubblico ministero dispone lo svolgimento delle operazioni con decreto motivato contenente i medesimi elementi previsti dal comma 2 dell'articolo 224-*bis*, provvedendo a disporre l'accompagnamento coattivo, qualora la persona da sottoporre alle operazioni non si presenti senza addurre un legittimo impedimento, ovvero l'esecuzione coattiva delle operazioni, se la persona comparsa rifiuta di sottoporvisi. Entro le quarantotto ore successive il pubblico ministero richiede al giudice per le indagini preliminari la convalida del decreto e dell'eventuale provvedimento di accompagnamento coattivo. Il giudice provvede con ordinanza al più presto e comunque entro le quarantotto ore successive, dandone avviso immediatamente al pubblico ministero e al difensore.

3. Nei casi di cui ai commi 1 e 2, le disposizioni degli articoli 132, comma 2, e 224-*bis*, commi 2, 4 e 5, si applicano a pena di nullità delle operazioni e di inutilizzabilità delle informazioni così acquisite. Si applicano le disposizioni di cui al comma 2 dell'articolo 191.

3 bis. Nei casi di cui agli articoli 589-*bis* e 590-*bis* del codice penale, qualora il conducente rifiuti di sottoporsi agli accertamenti dello stato di ebbrezza alcolica ovvero di alterazione correlata all'uso di sostanze stupefacenti o psicotrope, se vi è fondato motivo di ritenere che dal ritardo possa derivare grave o irreparabile pregiudizio alle indagini, il decreto di cui al comma 2 e gli ulteriori provvedimenti ivi previsti possono, nei casi di urgenza, essere adottati anche oralmente e successivamente confermati per iscritto. Gli ufficiali di polizia giudiziaria procedono all'accompagnamento dell'interessato presso il più vicino presidio ospedaliero al fine di sottoporlo al necessario prelievo o accertamento e si procede all'esecuzione coattiva delle operazioni se la persona rifiuta di sottoporvisi. Del decreto e delle operazioni da compiersi è data tempestivamente notizia al difensore dell'interessato, che ha facoltà di assistervi, senza che ciò possa comportare pregiudizio nel compimento delle operazioni. Si applicano le previsioni di cui ai commi 1 e 2 dell'articolo 365. Entro le quarantotto ore successive, il pubblico ministero richiede la convalida del decreto e degli eventuali ulteriori provvedimenti al giudice per le indagini preliminari, che provvede al più presto e comunque entro le quarantotto ore successive, dandone immediato avviso al pubblico ministero e al difensore. Le operazioni devono sempre svolgersi nel rispetto delle condizioni previste dai commi 4 e 5 dell'articolo 224-*bis* [(2)].

(1) Articolo introdotto dall'art. 25, l. 30.6.2009, n. 85.

(2) Comma introdotto dall'art. 1, co. 4, lett. b), l. 23.3.2016, n. 41, a decorrere dal 25.3.2016.

360. Accertamenti tecnici non ripetibili.

1. Quando gli accertamenti previsti dall'articolo 359 riguardano persone, cose o luoghi il cui stato è soggetto a modificazione, il pubblico ministero avvisa, senza ritardo, la persona sottoposta alle indagini, la persona offesa dal reato e i difensori del giorno, dell'ora e del luogo fissati per il conferimento dell'incarico e della facoltà di nominare consulenti tecnici.

2. Si applicano le disposizioni dell'articolo 364 comma 2.

3. I difensori nonché i consulenti tecnici eventualmente nominati hanno diritto di assistere al conferimento dell'incarico, di partecipare agli accertamenti e di formulare osservazioni e riserve.

3 bis. Il pubblico ministero può autorizzare la persona sottoposta alle indagini, la persona offesa dal reato, i difensori e i consulenti tecnici eventualmente nominati, che ne facciano richiesta, a partecipare a distanza al conferimento dell'incarico o agli accertamenti [1].

4. Qualora, prima del conferimento dell'incarico, la persona sottoposta alle indagini formuli riserva di promuovere incidente probatorio [392], il pubblico ministero dispone che non si proceda agli accertamenti salvo che questi, se differiti, non possano più essere utilmente compiuti.

4 bis. La riserva di cui al comma 4 perde efficacia e non può essere ulteriormente formulata se la richiesta di incidente probatorio non è proposta entro il termine di dieci giorni dalla formulazione della riserva stessa [2].

5. Fuori del caso di inefficacia della riserva di incidente probatorio previsto dal comma 4-*bis*, se il pubblico ministero, malgrado l'espressa riserva formulata dalla persona sottoposta alle indagini e pur non sussistendo le condizioni indicate nell'ultima parte del comma 4, ha ugualmente disposto di procedere agli accertamenti, i relativi risultati non possono essere utilizzati nel dibattimento [3].

(1) Comma introdotto dall'art. 18, co. 1, lett. a), d.lgs. 10.10.2022, n. 150, a decorrere dal 30.12.2022.
(2) Comma introdotto dall'art. 1, co. 28, l. 23.6.2017, n. 103, a decorrere dal 3.8.2017.
(3) Comma così modificato dall'art. 5, co. 1, d.l. 8.6.1992, n. 306, conv., con modif., in l. 7.8.1992, n. 356, e, poi, dall'art. 1, co. 29, l. 23.6.2017, n. 103, a decorrere dal 3.8.2017. Il testo antecedente alla modifica disposta con l. n. 103/2017 così disponeva: «*5. Se il pubblico ministero, malgrado l'espressa riserva formulata dalla persona sottoposta alle indagini e pur non sussistendo le condizioni indicate nell'ultima parte del comma 4, ha ugualmente disposto di procedere agli accertamenti, i relativi risultati non possono essere utilizzati nel dibattimento*».

361. Individuazione di persone e di cose.

1. Quando è necessario per la immediata prosecuzione delle indagini, il pubblico ministero procede alla individuazione di persone, di cose o di quanto altro può essere oggetto di percezione sensoriale [213, 214, 215, 216, 217].

2. Le persone, le cose e gli altri oggetti sono presentati ovvero sottoposti in immagine a chi deve eseguire la individuazione.

3. Se ha fondata ragione di ritenere che la persona chiamata alla individuazione possa subire intimidazione o altra influenza dalla presenza di quella sottoposta a individuazione, il pubblico ministero adotta le cautele previste dall'articolo 214 comma 2.

362. Assunzione di informazioni [1].

1. Il pubblico ministero assume informazioni dalle persone che possono riferire circostanze utili ai fini delle indagini. Alle persone già sentite dal difensore o dal suo sostituto non possono essere chieste informazioni sulle domande formulate e sulle risposte date [2]. Si applicano le disposizioni degli articoli 197, 197-*bis*, 198, 199, 200, 201, 202 e 203.

1 bis. Nei procedimenti per i delitti di cui all'articolo 351, comma 1-*ter*, il pubblico ministero, quando deve assumere informazioni da persone minori, si avvale dell'ausilio di un esperto in psicologia o in psichiatria infantile. Allo stesso modo provvede quando deve assumere sommarie informazioni da una persona offesa, anche maggiorenne, in condizione di particolare vulnerabilità. In ogni caso assicura che la persona offesa particolarmente vulnerabile, in occasione della richiesta di sommarie informazioni, non abbia contatti con la persona sottoposta ad indagini e non sia chiamata più volte a rendere sommarie informazioni, salva l'assoluta necessità per le indagini [3].

1 ter. Quando si procede per il delitto previsto dall'articolo 575 del codice penale, nella forma tentata, o per i delitti, consumati o tentati, previsti dagli articoli 572, 609-*bis*, 609-*ter*, 609-*quater*, 609-*quinquies*, 609-*octies* e 612-*bis* del codice penale, ovvero dagli articoli 582 e 583-*quinquies* del codice penale nelle ipotesi aggravate ai sensi degli articoli 576, primo comma, numeri 2, 5 e 5.1, e 577, primo comma, numero 1, e secondo comma, del medesimo codice, il pubblico ministero assume informazioni dalla persona offesa e da chi ha presentato denuncia, querela o istanza, entro il termine di tre giorni dall'iscrizione della notizia di reato, salvo che sussistano imprescindibili esigenze di tutela di minori di anni diciotto o della riservatezza delle indagini, anche nell'interesse della persona offesa [4].

1 quater. Alla persona chiamata a rendere informazioni è sempre dato avviso che, salva la contingente indisponibilità di strumenti di riproduzione o di personale tecnico, ha diritto di ottenere, ove ne faccia richiesta, che le dichiarazioni rese siano documentate mediante riproduzione fonografica [5].

(1) Articolo così modificato dall'art. 5, co. 2, d.l. 8.6.1992, n. 306, conv., con modif., in l. 7.8.1992, n. 356, recante provvedimenti di contrasto alla criminalità mafiosa. L'ultimo periodo è stato così sostituito dall'art. 13, l. 1.3.2001, n. 63. Il testo di tale periodo antecedente alla presente sostituzione così disponeva: «*Si applicano le disposizioni degli articoli 197, 198, 199, 200, 201, 202 e 203*».
(2) Periodo aggiunto dall'art. 9, l. 7.12.2000, n. 397.
(3) Comma introdotto dalla lett. d) del co. 1 dell'art. 5, l. 1.10.2012, n. 172 e, poi così modificato dall'art. 1, co. 1, lett. g), d.lgs. 15.12.2015, n. 212, a decorrere dal 20.1.2016. Il testo previgente così disponeva: «*1-bis. Nei procedimenti per i delitti di cui all'articolo 351, comma 1-ter, il pubblico ministero, quando deve assumere informazioni da persone minori, si avvale dell'ausilio di un esperto in psicologia o in psichiatria infantile*».
(4) Comma introdotto dall'art. 2, co. 1, l. 19.7.2019, n. 69, a decorrere

dal 9.8.2019, e così modificato dall'art. 2, co. 11, lett. b), l. 27.9.2021, n. 134, a decorrere dal 19.10.2021.
Il testo antecedente alla modifica disposta con l. n. 134/2021 così disponeva: «*Quando si procede per i delitti previsti dagli articoli 572, 609*-bis, *609*-ter, *609*-quater, *609*-quinquies, *609*-octies *e 612*-bis *del codice penale, ovvero dagli articoli 582 e 583*-quinquies *del codice penale nelle ipotesi aggravate ai sensi degli articoli 576, primo comma, numeri 2, 5 e 5.1, e 577, primo comma, numero 1, e secondo comma, del medesimo codice, il pubblico ministero assume informazioni dalla persona offesa e da chi ha presentato denuncia, querela o istanza, entro il termine di tre giorni dall'iscrizione della notizia di reato, salvo che sussistano imprescindibili esigenze di tutela di minori di anni diciotto o della riservatezza delle indagini, anche nell'interesse della persona offesa.*».

(5) Comma introdotto dall'art. 18, co. 1, lett. b), d.lgs. 10.10.2022, n. 150, a decorrere dal 30.12.2022.

362 bis. Misure urgenti di protezione della persona offesa [1].

1. Qualora si proceda per il delitto di cui all'articolo 575, nell'ipotesi di delitto tentato, o per i delitti di cui agli articoli 558-*bis*, 572, 582, nelle ipotesi aggravate ai sensi degli articoli 576, primo comma, numeri 2, 5 e 5.1, e 577, primo comma, numero 1, e secondo comma, 583-*bis*, 583-*quinquies*, 593-*ter*, da 609-*bis* a 609-*octies*, 610, 612, secondo comma, 612-*bis*, 612-*ter* e 613, terzo comma, del codice penale, consumati o tentati, commessi in danno del coniuge, anche separato o divorziato, della parte dell'unione civile o del convivente o di persona che è legata o è stata legata da relazione affettiva ovvero di prossimi congiunti, il pubblico ministero, effettuate le indagini ritenute necessarie, valuta, senza ritardo e comunque entro trenta giorni dall'iscrizione del nominativo della persona nel registro delle notizie di reato, la sussistenza dei presupposti di applicazione delle misure cautelari.

2. In ogni caso, qualora il pubblico ministero non ravvisi i presupposti per richiedere l'applicazione delle misure cautelari nel termine di cui al comma 1, prosegue nelle indagini preliminari.

3. Il giudice provvede in ordine alla richiesta di cui al comma 1 con ordinanza da adottare entro il termine di venti giorni dal deposito dell'istanza cautelare presso la cancelleria.

(1) Articolo inserito dall'art. 7, co. 1, l. 24.11.2023, n. 168, a decorrere dal 9.12.2023.

363. Interrogatorio di persona imputata in un procedimento connesso.

1. Le persone imputate in un procedimento connesso a norma dell'articolo 12 sono interrogate dal pubblico ministero sui fatti per cui si procede nelle forme previste dall'articolo 210 commi 2, 3, 4 e 6 [1].

2. La disposizione del comma 1 si applica anche alle persone imputate di un reato collegato a quello per cui si procede, nel caso previsto dall'articolo 371 comma 2 lettera b).

(1) Comma così modificato dall'art. 8, l. 1.3.2001, n. 63. Il testo previgente così disponeva: «*1. Le persone imputate in un procedimento connesso a norma dell'articolo 12 sono interrogate dal pubblico ministero sui fatti per cui si procede nelle forme previste dall'articolo 210 commi 2, 3 e 4*».

364. Nomina e assistenza del difensore.

1. Il pubblico ministero, se deve procedere a interrogatorio, ovvero a ispezione, a individuazione di persone o confronto cui deve partecipare la persona sottoposta alle indagini, la invita a presentarsi a norma dell'articolo 375 [1].

2. La persona sottoposta alle indagini priva del difensore è altresì avvisata che è assistita da un difensore di ufficio, ma che può nominarne uno di fiducia.

3. Al difensore di ufficio o a quello di fiducia in precedenza nominato è dato avviso almeno ventiquattro ore prima del compimento degli atti indicati nel comma 1 e delle ispezioni a cui non deve partecipare la persona sottoposta alle indagini.

4. Il difensore ha in ogni caso diritto di assistere agli atti indicati nei commi 1 e 3, fermo quanto previsto dall'articolo 245.

5. Nei casi di assoluta urgenza, quando vi è fondato motivo di ritenere che il ritardo possa pregiudicare la ricerca o l'assicurazione delle fonti di prova, il pubblico ministero può procedere a interrogatorio, a ispezione, a individuazione di persone o a confronto anche prima del termine fissato dandone avviso al difensore senza ritardo e comunque tempestivamente. L'avviso può essere omesso quando il pubblico ministero procede a ispezione e vi è fondato motivo di ritenere che le tracce o gli altri effetti materiali del reato possano essere alterati. È fatta salva, in ogni caso, la facoltà del difensore d'intervenire [2].

6. Quando procede nei modi previsti dal comma 5, il pubblico ministero deve specificamente indicare, a pena di nullità, i motivi della deroga e le modalità dell'avviso.

7. È vietato a coloro che intervengono agli atti di fare segni di approvazione o disapprovazione. Quando assiste al compimento degli atti, il difensore può presentare al pubblico ministero richieste, osservazioni e riserve delle quali è fatta menzione nel verbale.

(1) Comma così modificato dall'art. 2, co. 1, lett. a), d.lgs. 15.9.2016, n. 184, a decorrere dal 18.10.2016. Il testo previgente così disponeva: «*Il pubblico ministero, se deve procedere a interrogatorio, ovvero a ispezione o confronto cui deve partecipare la persona sottoposta alle indagini, la invita a presentarsi a norma dell'articolo 375*».

(2) Comma così modificato dall'art. 2, co. 1, lett. b), d.lgs. 15.9.2016, n. 184, a decorrere dal 18.10.2016. Il testo previgente così disponeva: «*Nei casi di assoluta urgenza, quando vi è fondato motivo di ritenere che il ritardo possa pregiudicare la ricerca o l'assicurazione delle fonti di prova, il pubblico ministero può procedere a interrogatorio, a ispezione o a confronto anche prima del termine fissato dandone avviso al difensore senza ritardo e comunque tempestivamente. L'avviso può essere omesso quando il pubblico ministero procede a ispezione e vi è fondato motivo di ritenere che le tracce o gli altri effetti materiali del reato possano essere alterati. È fatta salva, in ogni caso, la facoltà del difensore d'intervenire*».

365. Atti ai quali il difensore ha diritto di assistere senza avviso.

1. Il pubblico ministero, quando procede al compimento di atti di perquisizione o sequestro, chiede alla persona sottoposta alle indagini, che sia presente, se è assistita da un difensore di fiducia e, qualora ne sia priva, designa un difensore di ufficio a norma dell'articolo 97 comma 3.

2. Il difensore ha facoltà di assistere al compimento dell'atto, fermo quanto previsto dall'articolo 249.

3. Si applicano le disposizioni dell'articolo 364 comma 7.

366. Deposito degli atti cui hanno diritto di assistere i difensori.

1. Salvo quanto previsto da specifiche disposizioni, i verbali degli atti compiuti dal pubblico ministero e dalla polizia giudiziaria ai quali il difensore ha diritto di assistere [350, 356, 364], sono depositati nella segreteria del pubblico ministero entro il terzo giorno successivo al compimento dell'atto, con facoltà per il difensore di esaminarli ed estrarne copia nei cinque giorni successivi. Quando non è stato dato avviso del compimento dell'atto, al difensore è immediatamente notificato l'avviso di deposito e il termine decorre dal ricevimento della notificazione. Il difensore ha facoltà di esaminare le cose sequestrate nel luogo in cui esse si trovano e, se si tratta di documenti, di estrarne copia [(1)].

2. Il pubblico ministero, con decreto motivato, può disporre, per gravi motivi, che il deposito degli atti indicati nel comma 1 e l'esercizio della facoltà indicata nel terzo periodo dello stesso comma siano ritardati, senza pregiudizio di ogni altra attività del difensore, per non oltre trenta giorni. Contro il decreto del pubblico ministero la persona sottoposta ad indagini ed il difensore possono proporre opposizione al giudice, che provvede ai sensi dell'articolo 127 [(2)].

(1) Periodo aggiunto dall'art. 10, l. 7.12.2000, n. 397.

(2) Comma così sostituito dall'art. 10, l. 7.12.2000, n. 397. Il testo previgente così disponeva: «*2. Il pubblico ministero con decreto motivato può disporre, per gravi motivi, che il deposito degli atti indicati nel comma 1 sia ritardato senza pregiudizio di ogni altro diritto del difensore*».

367. Memorie e richieste dei difensori.

1. Nel corso delle indagini preliminari, i difensori hanno facoltà di presentare memorie e richieste scritte al pubblico ministero.

368. Provvedimenti del giudice sulla richiesta di sequestro.

1. Quando, nel corso delle indagini preliminari, il pubblico ministero ritiene che non si debba disporre [253] il sequestro richiesto dall'interessato, trasmette la richiesta con il suo parere, al giudice per le indagini preliminari [328].

369. Informazione di garanzia.

1. Solo quando deve compiere un atto al quale il difensore ha diritto di assistere [364, 365], il pubblico ministero notifica alla persona sottoposta alle indagini e alla persona offesa una informazione di garanzia con indicazione delle norme di legge che si assumono violate della data e del luogo del fatto e con invito a esercitare la facoltà di nominare un difensore di fiducia [(1)].

1 bis. Il pubblico ministero informa altresì la persona sottoposta alle indagini e la persona offesa del diritto alla comunicazione previsto dall'articolo 335, comma 3 [(2)].

1 ter. Il pubblico ministero avvisa inoltre la persona sottoposta alle indagini e la persona offesa che hanno facoltà di accedere ai programmi di giustizia riparativa [(3)].

[**2.** Qualora ne ravvisi la necessità ovvero l'ufficio postale restituisca il piego per irreperibilità del destinatario, il pubblico ministero può disporre che l'informazione di garanzia sia notificata a norma dell'articolo 151 [(4)].]

(1) Comma modificato, prima, dall'art. 19, l. 8.8.1995, n. 332, e, poi, dall'art. 18, co. 1, lett. c), n. 1), d.lgs. 10.10.2022, n. 150, a decorrere dal 30.12.2022.
Il testo antecedente alla modifica disposta con d.lgs. n. 150/2022 così disponeva: «*1. Solo quando deve compiere un atto al quale il difensore ha diritto di assistere, il pubblico ministero invia per posta, in piego chiuso raccomandato con ricevuta di ritorno, alla persona sottoposta alle indagini e alla persona offesa una informazione di garanzia con indicazione delle norme di legge che si assumono violate della data e del luogo del fatto e con invito a esercitare la facoltà di nominare un difensore di fiducia.*».
Il testo antecedente alla modifica disposta con l. n. 332/1995 così disponeva: «*1. Sin dal compimento del primo atto al quale il difensore ha diritto di assistere [364, 365], il pubblico ministero invia per posta, in piego chiuso raccomandato con ricevuta di ritorno, alla persona sottoposta alle indagini e alla persona offesa una informazione di garanzia con indicazione delle norme di legge che si assumono violate della data e del luogo del fatto e con invito a esercitare la facoltà di nominare un difensore di fiducia*».

(2) Comma introdotto dalla lett. b) del co. 1 dell'art. 1, d.lgs. 1.7.2014, n. 101, a decorrere dal 16.8.2014.

(3) Comma introdotto dall'art. 18, co. 1, lett. c), n. 2), d.lgs. 10.10.2022, n. 150, a decorrere dal 30.12.2022.

(4) Comma abrogato dall'art. 98, co. 1, lett. a), d.lgs. 10.10.2022, n. 150, a decorrere dal 30.12.2022.

369 bis. Informazione della persona sottoposta alle indagini sul diritto di difesa [(1)].

1. Al compimento del primo atto a cui il difensore ha diritto di assistere e, comunque, prima dell'invito a presentarsi per rendere l'interrogatorio ai sensi del combinato disposto degli articoli 375, comma 3, e 416 ovvero, al più tardi, contestualmente all'avviso della conclusione delle indagini preliminari ai sensi dell'articolo 415-*bis*, il pubblico ministero, a pena di nullità degli atti successivi, notifica alla persona sottoposta alle indagini la comunicazione della nomina del difensore d'ufficio [(2)].

2. La comunicazione di cui al comma 1 deve contenere:

a) l'informazione della obbligatorietà della difesa tecnica nel processo penale, con l'indicazione della facoltà e dei diritti attribuiti dalla legge alla persona sottoposta alle indagini;
b) il nominativo del difensore d'ufficio e il suo indirizzo e recapito telefonico;
c) l'indicazione della facoltà di nominare un difensore di fiducia con l'avvertimento che, in mancanza, l'indagato sarà assistito da quello nominato d'ufficio;
d) l'indicazione dell'obbligo di retribuire il difensore d'ufficio ove non sussistano le condizioni per acce-

dere al beneficio di cui alla lettera e) e l'avvertimento che, in caso di insolvenza, si procederà ad esecuzione forzata;

d-*bis*) l'informazione del diritto all'interprete ed alla traduzione di atti fondamentali [(3)];

e) l'indicazione delle condizioni per l'ammissione al patrocinio a spese dello Stato.

(1) Articolo introdotto dall'art. 19, l. 6.3.2001, n. 60.

(2) Comma così modificato dal n. 1) della lett. d) del co. 1 dell'art. 1, d.lgs. 1.7.2014, n. 101, a decorrere dal 16.8.2014. Il testo previgente così disponeva: «*1. Al compimento del primo atto a cui il difensore ha diritto di assistere e, comunque, prima dell'invito a presentarsi per rendere l'interrogatorio ai sensi del combinato disposto degli articoli 375, comma 3, e 416, il pubblico ministero, a pena di nullità degli atti successivi, notifica alla persona sottoposta alle indagini la comunicazione della nomina del difensore d'ufficio*».

(3) Lettera introdotta dal n. 2) della lett. d) del co. 1 dell'art. 1, d.lgs. 1.7.2014, n. 101, a decorrere dal 16.8.2014.

370. Atti diretti e atti delegati.

1. Il pubblico ministero compie personalmente ogni attività di indagine. Può avvalersi della polizia giudiziaria per il compimento di attività di indagine e di atti specificamente delegati, ivi compresi gli interrogatori ed i confronti cui partecipi la persona sottoposta alle indagini che si trovi in stato di libertà, con l'assistenza necessaria del difensore [(1)].

1 bis. Quando la persona sottoposta alle indagini e il difensore vi consentono, il pubblico ministero può disporre che l'interrogatorio della persona sottoposta alle indagini si svolga a distanza. Allo stesso modo, il pubblico ministero provvede nei casi in cui il compimento dell'interrogatorio è delegato alla polizia giudiziaria ai sensi del comma 1 [(2)].

2. Quando procede a norma del comma 1, la polizia giudiziaria osserva le disposizioni degli articoli 364, 365 e 373 e, nel caso di cui al comma 1-*bis*, le disposizioni dell'articolo 133-*ter* in quanto compatibili [(3)].

2 bis. Se si tratta di uno dei delitti previsti dagli articoli 572, 609-*bis*, 609-*ter*, 609-*quater*, 609-*quinquies*, 609-*octies*, 612-*bis* e 612-*ter* del codice penale, ovvero dagli articoli 582 e 583-*quinquies* del codice penale nelle ipotesi aggravate ai sensi degli articoli 576, primo comma, numeri 2, 5, 5.1, e 577, primo comma, numero 1, e secondo comma, del medesimo codice, la polizia giudiziaria procede senza ritardo al compimento degli atti delegati dal pubblico ministero [(4)].

2 ter. Nei casi di cui al comma 2-*bis*, la polizia giudiziaria pone senza ritardo a disposizione del pubblico ministero la documentazione dell'attività nelle forme e con le modalità previste dall'articolo 357 [(5)].

3. Per singoli atti da assumere nella circoscrizione di altro tribunale, qualora non ritenga di procedere personalmente e, nei casi di interrogatorio, di provvedere ai sensi del comma 1-*bis*, il pubblico ministero, può delegare, secondo la rispettiva competenza per materia, il pubblico ministero presso il tribunale [o la pretura] del luogo [(6)].

4. Quando ricorrono ragioni di urgenza o altri gravi motivi, il pubblico ministero delegato a norma del comma 3 ha facoltà di procedere di propria iniziativa anche agli atti che a seguito dello svolgimento di quelli specificamente delegati appaiono necessari ai fini delle indagini.

(1) Comma così sostituito dall'art. 5, co. 3, d.l. 8.6.1992, n. 306, convertito con modificazioni in l. 7.8.1992, n. 356, recante modifiche urgenti al nuovo codice di procedura penale e provvedimenti di contrasto alla criminalità mafiosa.

(2) Comma introdotto dall'art. 18, co. 1, lett. d), n. 1), d.lgs. 10.10.2022, n. 150, a decorrere dal 30.12.2022.

(3) Comma così modificato dall'art. 18, co. 1, lett. d), n. 2), d.lgs. 10.10.2022, n. 150, a decorrere dal 30.12.2022.
Il testo previgente così disponeva: «*2. Quando procede a norma del comma 1, la polizia giudiziaria osserva le disposizioni degli articoli 364, 365 e 373.*».

(4) Comma introdotto dall'art. 3, co. 1, l. 19.7.2019, n. 69, a decorrere dal 9.8.2019, e, poi, così modificato dall'art. 2, co. 11, lett. c), l. 27.9.2021, n. 134, a decorrere dal 19.10.2021.
Il testo antecedente alla modifica disposta con l. n. 134/2021 così disponeva: «*Se si tratta di uno dei delitti previsti dagli articoli 572,* 609-bis, 609-ter, 609-quater, 609-quinquies, 609-octies, 612-bis *e* 612-ter *del codice penale, ovvero dagli articoli 582 e 583*-quinquies *del codice penale nelle ipotesi aggravate ai sensi degli articoli 576, primo comma, numeri 2, 5, 5.1, e 577, primo comma, numero 1, e secondo comma, del medesimo codice, la polizia giudiziaria procede senza ritardo al compimento degli atti delegati dal pubblico ministero.*».

(5) Comma introdotto dall'art. 3, co. 1, l. 19.7.2019, n. 69, a decorrere dal 9.8.2019.

(6) Le parole fra parentesi quadre sono state soppresse dall'art. 183, d.lgs. 19.2.1998, n. 51, con effetto dal 2.6.1999. Successivamente, questo comma è stato così modificato dall'art. 18, co. 1, lett. d), n. 3), d.lgs. 10.10.2022, n. 150, a decorrere dal 30.12.2022.
Il testo antecedente alla modifica disposta con d.lgs. n. 150/2022 così disponeva: «*3. Per singoli atti da assumere nella circoscrizione di altro tribunale, il pubblico ministero, qualora non ritenga di procedere personalmente, può delegare, secondo la rispettiva competenza per materia, il pubblico ministero presso il tribunale del luogo.*».
Il testo antecedente alla modifica disposta con d.lgs. n. 51/1998 così disponeva: «*3. Per singoli atti da assumere nella circoscrizione di altro tribunale, il pubblico ministero, qualora non ritenga di procedere personalmente, può delegare, secondo la rispettiva competenza per materia, il pubblico ministero presso il tribunale o la pretura del luogo.*».

371. Rapporti tra diversi uffici del pubblico ministero.

1. Gli uffici diversi del pubblico ministero che procedono a indagini collegate, si coordinano tra loro per la speditezza, economia ed efficacia delle indagini medesime. A tali fini provvedono allo scambio di atti e di informazioni nonché alla comunicazione delle direttive rispettivamente impartite alla polizia giudiziaria. Possono altresì procedere, congiuntamente, al compimento di specifici atti.

2. Le indagini di uffici diversi del pubblico ministero si considerano collegate:

a) se i procedimenti sono connessi a norma dell'articolo 12 [ovvero si tratta di reato continuato di reati commessi da più persone in danno reciproco le une delle altre] [(1)];

b) se si tratta di reati dei quali gli uni sono stati commessi in occasione degli altri, o per conseguirne o assicurarne al colpevole o ad altri il profitto, il prezzo, il prodotto o l'impunità, o che sono stati commessi da più persone in danno reciproco le une delle altre, ovvero se la prova di un reato o di una sua circostanza influisce sulla prova di un altro reato o di un'altra circostanza [2];

c) se la prova di più reati deriva, anche in parte, dalla stessa fonte.

3. Salvo quanto disposto dall'articolo 12, il collegamento delle indagini non ha effetto sulla competenza.

(1) Le parole tra parentesi quadre sono state soppresse dall'art. 1, l. 1.3.2001, n. 63. In precedenza, l'art. 1, co. 3, d.l. 20.11.1991, n. 367, conv., con modif., in l. 20.1.1992, n. 8, aveva soppresso le parole «*di reato continuato*».

(2) Lettera così sostituita dall'art. 1, l. 1.3.2001, n. 63. Il testo previgente così disponeva: «*b) se la prova di un reato o di una sua circostanza influisce sulla prova di un altro reato o di un'altra circostanza*».

371 bis. Attività di coordinamento del procuratore nazionale antimafia e antiterrorismo [1] [2].

1. Il procuratore nazionale antimafia e antiterrorismo esercita le sue funzioni in relazione ai procedimenti per i delitti indicati nell'articolo 51 comma 3-*bis* e comma 3-*quater* e in relazione ai procedimenti di prevenzione antimafia e antiterrorismo. In relazione ai procedimenti per i delitti di cui all'articolo 51, comma 3-*bis* dispone della direzione investigativa antimafia e dei servizi centrali e interprovinciali delle forze di polizia e impartisce direttive intese a regolarne l'impiego a fini investigativi. In relazione ai procedimenti per i delitti di cui all'articolo 51, comma 3-*quater*, si avvale altresì dei servizi centrali e interprovinciali delle forze di polizia e impartisce direttive intese a regolarne l'impiego a fini investigativi [3].

2. Il procuratore nazionale antimafia e antiterrorismo esercita funzioni di impulso nei confronti dei procuratori distrettuali al fine di rendere effettivo il coordinamento delle attività di indagine, di garantire la funzionalità dell'impiego della polizia giudiziaria nelle sue diverse articolazioni e di assicurare la completezza e tempestività delle investigazioni [4].

3. Per lo svolgimento delle funzioni attribuitegli dalla legge, il procuratore nazionale antimafia e antiterrorismo, in particolare [5]:

a) d'intesa con i procuratori distrettuali interessati, assicura il collegamento investigativo anche per mezzo dei magistrati della Direzione nazionale antimafia e antiterrorismo [6];

b) cura, mediante applicazioni temporanee dei magistrati della Direzione nazionale antimafia e antiterrorismo e delle procure distrettuali, la necessaria flessibilità e mobilità che soddisfino specifiche e contingenti esigenze investigative o processuali [7];

c) ai fini del coordinamento investigativo e della repressione dei reati provvede all'acquisizione e all'elaborazione di notizie, informazioni e dati attinenti alla criminalità organizzata e ai delitti di terrorismo, anche internazionale [8];

[d-e) [9];]

f) impartisce ai procuratori distrettuali specifiche direttive alle quali attenersi per prevenire o risolvere contrasti riguardanti le modalità secondo le quali realizzare il coordinamento nell'attività di indagine;

g) riunisce i procuratori distrettuali interessati al fine di risolvere i contrasti che, malgrado le direttive specifiche impartite, sono insorti e hanno impedito di promuovere o di rendere effettivo il coordinamento;

h) dispone con decreto motivato, reclamabile al procuratore generale presso la corte di cassazione, l'avocazione delle indagini preliminari relative a taluno dei delitti indicati nell'articolo 51 comma 3-*bis* e comma 3-*quater* quando non hanno dato esito le riunioni disposte al fine di promuovere o rendere effettivo il coordinamento e questo non è stato possibile a causa della [10]:

1) perdurante e ingiustificata inerzia nella attività di indagine;

2) ingiustificata e reiterata violazione dei doveri previsti dall'articolo 371 ai fini del coordinamento delle indagini;

[3) [11].]

4. Il procuratore nazionale antimafia e antiterrorismo provvede alla avocazione dopo aver assunto sul luogo le necessarie informazioni personalmente o tramite un magistrato della Direzione nazionale antimafia e antiterrorismo all'uopo designato. Salvi casi particolari, il procuratore nazionale antimafia e antiterrorismo o il magistrato da lui designato non può delegare per il compimento degli atti di indagine altri uffici del pubblico ministero [12].

4 bis. Il procuratore nazionale antimafia e antiterrorismo esercita le funzioni di impulso di cui al comma 2 anche in relazione ai procedimenti per i delitti di cui agli articoli 615-*ter*, terzo comma, 635-*ter* e 635-*quinquies* del codice penale nonché, quando i fatti sono commessi in danno di un sistema informatico o telematico utilizzato dallo Stato o da altro ente pubblico o da impresa esercente servizi pubblici o di pubblica necessità, in relazione ai procedimenti per i delitti di cui agli articoli 617-*quater*, 617-*quinquies* e 617-*sexies* del codice penale. Si applicano altresì le disposizioni dei commi 3 e 4 del presente articolo [13].

(1) Articolo introdotto dall'art. 7, d.l. 20.11.1991, n. 367, conv., con modif., in l. 20.1.1992, n. 8.

(2) Rubrica così modificata dall'art. 9, co. 4, lett. a), d.l. 18.2.2015, n. 7, conv., con modif., dalla l. 17.4.2015, n. 43. Il testo previgente così disponeva: «*Attività di coordinamento del procuratore nazionale antimafia*».

(3) Comma modificato dalla lett. b) del co. 1 dell'art. 2, co. 1, lett. b), d.l. 23.5.2008, n. 92, conv. in legge, con modif., con l. 24.7.2008, n. 125 e, poi, dall'art. 9, co. 4, lett. b), d.l. 18.2.2015, n. 7, conv., con modif., dalla l. 17.4.2015, n. 43.
Il testo antecedente alla modifica del 2015 così disponeva: «*1. Il procuratore nazionale antimafia esercita le sue funzioni in relazione ai procedimenti per i delitti indicati nell'articolo 51 comma* 3-bis *e in relazione ai procedimenti di prevenzione antimafia. A tal fine dispone della direzione investigativa antimafia e dei servizi centrali e interprovinciali delle forze di polizia e impartisce direttive intese a regolarne l'impiego a fini investigativi*». Il testo di questo comma, antecedente alle modifiche disposte con la legge di conversione n. 125/2008, così disponeva: «*1. Il procuratore nazionale antimafia esercita le sue funzioni in relazione ai procedimenti per i delitti indicati nell'articolo 51 comma* 3-bis *e in relazione ai procedimenti di prevenzione. A tal fine dispone della direzione investigativa antimafia e dei servizi centrali e interprovinciali*

delle forze di polizia e impartisce direttive intese a regolarne l'impiego a fini investigativi». Il testo di questo comma antecedente alla modifica disposta dal d.l. n. 92/2008 così disponeva: «*1. Il procuratore nazionale antimafia esercita le sue funzioni in relazione ai procedimenti per i delitti indicati nell'articolo 51 comma* 3-bis. *A tal fine dispone della direzione investigativa antimafia e dei servizi centrali e interprovinciali delle forze di polizia e impartisce direttive intese a regolarne l'impiego a fini investigativi*».

(4) Comma così modificato dall'art. 9, co. 4, lett. c), d.l. 18.2.2015, n. 7, conv., con modif., dalla l. 17.4.2015, n. 43. Il testo previgente così disponeva: «*2. Il procuratore nazionale antimafia esercita funzioni di impulso nei confronti dei procuratori distrettuali al fine di rendere effettivo il coordinamento delle attività di indagine, di garantire la funzionalità dell'impiego della polizia giudiziaria nelle sue diverse articolazioni e di assicurare la completezza e tempestività delle investigazioni*».

(5) Alinea così modificato dall'art. 9, co. 4, lett. d), d.l. 18.2.2015, n. 7, conv., con modif., dalla l. 17.4.2015, n. 43. Il testo previgente così disponeva: «*3. Per lo svolgimento delle funzioni attribuitegli dalla legge, il procuratore nazionale antimafia, in particolare:*».

(6) Lettera così modificata dall'art. 9, co. 4, lett. d), d.l. 18.2.2015, n. 7, conv., con modif., dalla l. 17.4.2015, n. 43. Il testo previgente così disponeva: «*a) d'intesa con i procuratori distrettuali interessati, assicura il collegamento investigativo anche per mezzo dei magistrati della Direzione nazionale antimafia;*».

(7) Lettera così modificata dall'art. 9, co. 4, lett. d), d.l. 18.2.2015, n. 7, conv., con modif., dalla l. 17.4.2015, n. 43. Il testo previgente così disponeva: «*b) cura, mediante applicazioni temporanee dei magistrati della Direzione nazionale e delle direzioni distrettuali antimafia, la necessaria flessibilità e mobilità che soddisfino specifiche e contingenti esigenze investigative o processuali;*».

(8) Lettera così modificata dall'art. 9, co. 4, lett. d), d.l. 18.2.2015, n. 7, conv., con modif., dalla l. 17.4.2015, n. 43. Il testo previgente così disponeva: «*c) ai fini del coordinamento investigativo e della repressione dei reati provvede all'acquisizione e all'elaborazione di notizie, informazioni e dati attinenti alla criminalità organizzata;*».

(9) Lettere soppresse dall'allegato alla l. 20.1.1992, n. 8 che ha convertito in legge il d.l. 20.11.1991, n. 367.

(10) Alinea così modificato dall'art. 9, co. 4, lett. d), d.l. 18.2.2015, n. 7, conv., con modif., dalla l. 17.4.2015, n. 43. Il testo previgente così disponeva: «*h) dispone con decreto motivato, reclamabile al procuratore generale presso la corte di cassazione, l'avocazione delle indagini preliminari relative a taluno dei delitti indicati nell'articolo 51 comma 3-bis quando non hanno dato esito le riunioni disposte al fine di promuovere o rendere effettivo il coordinamento e questo non è stato possibile a causa della:*».

(11) Numero soppresso dall'allegato alla l. 20.1.1992, n. 8 che ha convertito in legge il d.l. 20.11.1991, n. 367.

(12) Comma così modificato dall'art. 9, co. 4, lett. e), d.l. 18.2.2015, n. 7, conv., con modif., dalla l. 17.4.2015, n. 43. Il testo previgente così disponeva: «*4. Il procuratore nazionale antimafia provvede alla avocazione dopo aver assunto sul luogo le necessarie informazioni personalmente o tramite un magistrato della Direzione nazionale antimafia all'uopo designato. Salvi casi particolari, il procuratore nazionale antimafia o il magistrato da lui designato non può delegare per il compimento degli atti di indagine altri uffici del pubblico ministero*».

(13) Comma introdotto dall'art. 2 bis, co. 3, lett. b), d.l. 10.8.2023, n. 105, conv., con modif., dalla l. 9.10.2023, n. 137, a decorrere dal 10.10.2023.

372. Avocazione delle indagini.

1. Il procuratore generale presso la corte di appello dispone con decreto motivato, e assunte, quando occorre, le necessarie informazioni, l'avocazione delle indagini preliminari quando [51, comma 2, 412]:

a) in conseguenza dell'astensione o della incompatibilità del magistrato designato non è possibile provvedere alla sua tempestiva sostituzione;

b) il capo dell'ufficio del pubblico ministero ha omesso di provvedere alla tempestiva sostituzione del magistrato designato per le indagini nei casi previsti dall'articolo 36 comma 1 lettere a), b), d), e).

1 bis. Il procuratore generale presso la corte di appello, assunte le necessarie informazioni, dispone altresì con decreto motivato l'avocazione delle indagini preliminari relative ai delitti previsti dagli articoli 270-*bis*, 280, 285, 286, 289-*bis*, 305, 306, 416 nei casi in cui è obbligatorio l'arresto in flagranza e 422 del codice penale quando, trattandosi di indagini collegate, non risulta effettivo il coordinamento delle indagini previste dall'articolo 371 comma 1 e non hanno dato esito le riunioni per il coordinamento disposte o promosse dal procuratore generale anche d'intesa con altri procuratori generali interessati [(1)].

(1) Comma così sostituito dall'art. 8, d.l. 20.11.1991, n. 367, conv., con modif., in l. 20.1.1992, n. 8.

373. Documentazione degli atti.

1. Salvo quanto disposto in relazione a specifici atti, è redatto verbale:

a) delle denunce, querele e istanze di procedimento presentate oralmente;

b) degli interrogatori e dei confronti con la persona sottoposta alle indagini;

c) delle ispezioni, delle perquisizioni e dei sequestri;

d) delle informazioni assunte a norma dell'articolo 362 [(1)];

d-*bis*) dell'interrogatorio assunto a norma dell'articolo 363 [(2)];

e) degli accertamenti tecnici compiuti a norma dell'articolo 360.

2. Il verbale è redatto secondo le modalità previste nel titolo III del libro II [134-142].

2 bis. Alla documentazione degli interrogatori di cui al comma 1, lettere b) e d-*bis*), si procede anche con mezzi di riproduzione audiovisiva o, se ciò non è possibile a causa della contingente indisponibilità di mezzi di riproduzione audiovisiva o di personale tecnico, con mezzi di riproduzione fonografica [(3)].

2 ter. Quando le indagini riguardano taluno dei delitti di cui all'articolo 407, comma 2, lettera a), oppure quando la persona informata sui fatti ne faccia richiesta, alla documentazione delle informazioni di cui al comma 1, lettera d), si procede altresì mediante riproduzione fonografica, salva la contingente indisponibilità di strumenti di riproduzione o di personale tecnico [(3)].

2 quater. Le dichiarazioni della persona minorenne, inferma di mente o in condizioni di particolare vulnerabilità sono documentate integralmente, a pena di inutilizzabilità, con mezzi di riproduzione audiovisiva o fonografica, salvo che si verifichi una contingente indisponibilità di strumenti di riproduzione o di personale tecnico e sussistano particolari ragioni di urgenza che non consentano di rinviare l'atto [(3)].

2 quinquies. La trascrizione della riproduzione audiovisiva o fonografica di cui ai commi 2-*bis* e 2-*ter* è disposta solo se assolutamente indispensabile e può essere effettuata anche dalla polizia giudiziaria che assiste il pubblico ministero [3].

3. Alla documentazione delle attività di indagine preliminare, diverse da quelle previste dal comma 1, si procede soltanto mediante la redazione del verbale in forma riassuntiva ovvero, quando si tratta di atti a contenuto semplice o di limitata rilevanza, mediante le annotazioni ritenute necessarie.

4. Gli atti sono documentati nel corso del loro compimento ovvero immediatamente dopo quando ricorrono insuperabili circostanze, da indicarsi specificamente, che impediscono la documentazione contestuale.

5. L'atto contenente la notizia di reato e la documentazione relativa alle indagini sono conservati in apposito fascicolo presso l'ufficio del pubblico ministero assieme agli atti trasmessi dalla polizia giudiziaria a norma dell'articolo 357.

6. Alla redazione del verbale e delle annotazioni provvede l'ufficiale di polizia giudiziaria o l'ausiliario che assiste il pubblico ministero. Si applica la disposizione dell'articolo 142.

(1) Lettera così sostituita dall'art. 5, d.l. 8.6.1992, n. 306, conv., con modif., in l. 7.8.1992, n. 356, recante modifiche urgenti al nuovo codice di procedura penale e provvedimenti di contrasto alla criminalità mafiosa, e, successivamente, così modificata dall'art. 18, co. 1, lett. e), n. 1), d.lgs. 10.10.2022, n. 150, a decorrere dal 30.12.2022.
Il testo antecedente alla modifica disposta con d.lgs. n. 150/2022 così disponeva: «*d) delle sommarie informazioni assunte a norma dell'articolo 362;*».

(2) Lettera introdotta dall'art. 5, d.l. 8.6.1992, n. 306, conv., con modif., in l. 7.8.1992, n. 356, recante modifiche urgenti al nuovo codice di procedura penale e provvedimenti di contrasto alla criminalità mafiosa.

(3) Comma introdotto dall'art. 18, co. 1, lett. e), n. 2), d.lgs. 10.10.2022, n. 150, a decorrere dal 30.12.2022.

374. Presentazione spontanea.

1. Chi ha notizia che nei suoi confronti sono svolte indagini, ha facoltà di presentarsi al pubblico ministero e di rilasciare dichiarazioni.

2. Quando il fatto per cui si procede è contestato a chi si presenta spontaneamente e questi è ammesso a esporre le sue discolpe, l'atto così compiuto equivale per ogni effetto all'interrogatorio. In tale ipotesi, si applicano le disposizioni previste dagli articoli 64, 65 e 364.

3. La presentazione spontanea non pregiudica l'applicazione di misure cautelari.

375. Invito a presentarsi.

1. Il pubblico ministero invita la persona sottoposta alle indagini a presentarsi quando deve procedere ad atti che ne richiedono la presenza.

2. L'invito a presentarsi contiene:

a) le generalità o le altre indicazioni personali che valgono a identificare la persona sottoposta alle indagini;
b) il giorno, l'ora e il luogo della presentazione nonché l'autorità davanti alla quale la persona deve presentarsi;
c) il tipo di atto per il quale l'invito è predisposto;
d) l'avvertimento che il pubblico ministero potrà disporre a norma dell'articolo 132 l'accompagnamento coattivo in caso di mancata presentazione senza che sia stato addotto legittimo impedimento.

3. Quando la persona è chiamata a rendere l'interrogatorio, l'invito contiene altresì la sommaria enunciazione del fatto quale risulta dalle indagini fino a quel momento compiute. L'invito può inoltre contenere, ai fini di quanto previsto dall'articolo 453 comma 1, l'indicazione degli elementi e delle fonti di prova e l'avvertimento che potrà essere presentata richiesta di giudizio immediato [1].

4. L'invito a presentarsi è notificato almeno tre giorni prima di quello fissato per la comparizione salvo che, per ragioni di urgenza, il pubblico ministero ritenga di abbreviare il termine, purché sia lasciato il tempo necessario per comparire.

(1) L'ultimo periodo è stato aggiunto dall'art. 26, d.lgs. 14.1.1991, n. 12, recante disposizioni integrative e correttive della disciplina processuale penale e delle norme ad essa collegate.

376. Accompagnamento coattivo per procedere a interrogatorio o a confronto.

1. Quando si tratta di procedere ad atti di interrogatorio o confronto, l'accompagnamento coattivo è disposto dal pubblico ministero su autorizzazione del giudice [328].

377. Citazioni di persone informate sui fatti.

1. Il pubblico ministero può emettere decreto di citazione quando deve procedere ad atti che richiedono la presenza della persona offesa e delle persone in grado di riferire su circostanze utili ai fini delle indagini.

2. Il decreto contiene:

a) le generalità della persona;
b) il giorno, l'ora e il luogo della comparizione nonché l'autorità davanti alla quale la persona deve presentarsi;
c) l'avvertimento che il pubblico ministero potrà disporre a norma dell'articolo 133 l'accompagnamento coattivo in caso di mancata comparizione senza che sia stato addotto legittimo impedimento.

3. Il pubblico ministero provvede allo stesso modo per la citazione del consulente tecnico, dell'interprete e del custode delle cose sequestrate.

378. Poteri coercitivi del pubblico ministero.

1. Il pubblico ministero ha, nell'esercizio delle sue funzioni, i poteri indicati nell'articolo 131.

TITOLO VI
Arresto in flagranza e fermo

379. Determinazione della pena.

1. Agli effetti delle disposizioni di questo titolo, la pena è determinata a norma dell'articolo 278.

380. Arresto obbligatorio in flagranza.

1. Gli ufficiali e gli agenti di polizia giudiziaria procedono all'arresto [Cost. 13] di chiunque è colto in flagranza di un delitto non colposo [c.p. 43], consumato o tentato [c.p. 56], per il quale la legge stabilisce la pena dell'ergastolo o della reclusione non inferiore nel minimo a cinque anni e nel massimo a venti anni.

2. Anche fuori dei casi previsti dal comma 1, gli ufficiali e gli agenti di polizia giudiziaria procedono all'arresto di chiunque è colto in flagranza di uno dei seguenti delitti non colposi, consumati o tentati:

a) delitti contro la personalità dello Stato previsti nel titolo I del libro II del codice penale per i quali è stabilita la pena della reclusione non inferiore nel minimo a cinque anni o nel massimo a dieci anni;

a-*bis*) delitto di violenza o minaccia ad un Corpo politico, amministrativo o giudiziario o ai suoi singoli componenti previsto dall'articolo 338 del codice penale [(1)];

b) delitto di devastazione e saccheggio previsto dall'articolo 419 del codice penale;

c) delitti contro l'incolumità pubblica previsti nel titolo VI del libro II del codice penale per i quali è stabilita la pena della reclusione non inferiore nel minimo a tre anni o nel massimo a dieci anni;

d) delitto di riduzione in schiavitù previsto dall'articolo 600, delitto di prostituzione minorile previsto dall'articolo 600-*bis*, primo comma, delitto di pornografia minorile previsto dall'articolo 600-*ter*, commi primo e secondo, anche se relativo al materiale pornografico di cui all'articolo 600-*quater*.1, e delitto di iniziative turistiche volte allo sfruttamento della prostituzione minorile previsto dall'articolo 600-*quinquies* del codice penale [(2)];

d.1) delitti di intermediazione illecita e sfruttamento del lavoro previsti dall'articolo 603-*bis*, secondo comma, del codice penale [(3)];

d-*bis*) delitto di violenza sessuale previsto dall'articolo 609-*bis*, escluso il caso previsto dal terzo comma, e delitto di violenza sessuale di gruppo previsto dall'articolo 609-*octies* del codice penale [(4)];

d-*ter*) delitto di atti sessuali con minorenne di cui all'articolo 609-*quater*, primo e secondo comma, del codice penale [(5)];

e) delitto di furto quando ricorre la circostanza aggravante prevista dall'articolo 4 della legge 8 agosto 1977, n. 533, o taluna delle circostanze aggravanti previste dall'articolo 625, primo comma, numeri 2), prima ipotesi, 3) e 5), nonché 7-*bis*), del codice penale, salvo che ricorra, in questi ultimi casi, la circostanza attenuante di cui all'articolo 62, primo comma, numero 4), del codice penale [(6)];

e-*bis*) delitti di furto previsti dall'articolo 624-*bis* del codice penale, salvo che ricorra la circostanza attenuante di cui all'articolo 62, primo comma, numero 4), del codice penale [(7)];

f) delitto di rapina previsto dall'articolo 628 del codice penale e di estorsione previsto dall'articolo 629 del codice penale;

f-*bis*) delitto di ricettazione, nell'ipotesi aggravata di cui all'articolo 648, primo comma, secondo periodo, del codice penale [(8)];

g) delitti di illegale fabbricazione, introduzione nello Stato, messa in vendita, cessione, detenzione e porto in luogo pubblico o aperto al pubblico di armi da guerra o tipo guerra o parti di esse, di esplosivi, di armi clandestine nonché di più armi comuni da sparo escluse quelle previste dall'articolo 2, comma terzo, della legge 18 aprile 1975, n. 110 [(9)];

h) delitti concernenti sostanze stupefacenti o psicotrope puniti a norma dell'art. 73 del testo unico approvato con D.P.R. 9 ottobre 1990, n. 309, salvo che per i delitti di cui al comma 5 del medesimo articolo [(10)];

i) delitti commessi per finalità di terrorismo o di eversione dell'ordine costituzionale per i quali la legge stabilisce la pena della reclusione non inferiore nel minimo a quattro anni o nel massimo a dieci anni [(11)];

l) delitti di promozione, costituzione, direzione e organizzazione delle associazioni segrete previste dall'articolo 1 della legge 25 gennaio 1982, n. 17 [della associazione di tipo mafioso prevista dall'articolo 416-*bis* comma 2 del codice penale] [(12)], delle associazioni di carattere militare previste dall'articolo 1 della legge 17 aprile 1956, n. 561, delle associazioni, dei movimenti o dei gruppi previsti dagli articoli 1 e 2, della legge 20 giugno 1952, n. 645, delle organizzazioni, associazioni, movimenti o gruppi di cui all'art. 3, comma 3, della l. 13 ottobre 1975, n. 654 [(13)];

l-*bis*) delitti di partecipazione, promozione, direzione e organizzazione della associazione di tipo mafioso prevista dall'articolo 416-*bis* del codice penale [(14)];

l-*ter*) delitti di violazione dei provvedimenti di allontanamento dalla casa familiare e del divieto di avvicinamento ai luoghi frequentati dalla persona offesa, di maltrattamenti contro familiari e conviventi e di atti persecutori, previsti dagli articoli 387-*bis*, 572 e 612-*bis* del codice penale [(15)];

m) delitti di promozione, direzione, costituzione e organizzazione della associazione per delinquere prevista dall'articolo 416 commi 1 e 3 del codice penale, se l'associazione è diretta alla commissione di più delitti fra quelli previsti dal comma 1 o dalle lettere a), b), c), d), f), g), i) del presente comma;

m-*bis*) delitti di fabbricazione, detenzione o uso di documento di identificazione falso previsti dall'articolo 497-*bis* del codice penale [(16)];

m-*ter*) delitti di promozione, direzione, organizzazione, finanziamento o effettuazione di trasporto di persone ai fini dell'ingresso illegale nel territorio dello Stato, di cui all'articolo 12, commi 1 e 3, del testo unico delle disposizioni concernenti la disciplina dell'immigrazione e norme sulla condizione dello straniero, di cui al decreto legislativo 25 luglio 1998, n. 286, e successive modificazioni [(17)];

m-quater) delitto di omicidio colposo stradale o nautico previsto dall'articolo 589-*bis*, secondo e terzo comma, del codice penale, salvo che il conducente si sia immediatamente fermato, adoperandosi per prestare o attivare i soccorsi, e si sia messo immediatamente a disposizione degli organi di polizia giudiziaria [(18)];

m-quinquies) delitto di resistenza o di violenza contro una nave da guerra, previsto dall'articolo 1100 del codice della navigazione [19].

3. Se si tratta di delitto perseguibile a querela e la querela non è contestualmente proposta, quando la persona offesa non è prontamente rintracciabile, l'arresto in flagranza, nei casi di cui ai commi 1 e 2, è eseguito anche in mancanza della querela che può ancora sopravvenire. In questo caso, se la querela non è proposta nel termine di quarantotto ore dall'arresto oppure se l'avente diritto dichiara di rinunciarvi o rimette la querela proposta, l'arrestato è posto immediatamente in libertà. Gli ufficiali e gli agenti di polizia giudiziaria che hanno proceduto all'arresto effettuano tempestivamente ogni utile ricerca della persona offesa. Quando la persona offesa è presente o è rintracciata ai sensi dei periodi precedenti, la querela può essere proposta anche con dichiarazione resa oralmente all'ufficiale o all'agente di polizia giudiziaria, ferma restando la necessità di rendere alla persona offesa, anche con atto successivo, le informazioni di cui all'articolo 90-*bis* [20] [21].

(1) Lettera introdotta dall'art. 2, co. 1, l. 3.7.2017, n. 105, a decorrere dal 22.7.2017.

(2) Lettera così modificata prima dall'art. 11, l. 3.8.1998, n. 269 e poi dall'art. 12, l. 6.2.2006, n. 38.
Il testo antecedente alla modifica disposta con l. n. 38/2006 così disponeva: «*d) delitto di riduzione in schiavitù previsto dall'articolo 600 [c.p. 600], delitto di prostituzione minorile previsto dall'articolo 600-*bis*, primo comma, [c.p. 600-*bis*] delitto di pornografia minorile previsto dall'articolo 600-*ter*, commi primo e secondo, [c.p. 600-*ter*] e delitto di iniziative turistiche volte allo sfruttamento della prostituzione minorile previsto dall'articolo 600-*quinquies* del codice penale;*».
Il testo antecedente alla modifica disposta con l. n. 269 del 1998 così disponeva: «*d) delitto di riduzione in schiavitù previsto dall'articolo 600 del codice penale*».

(3) Lettera introdotta dall'art. 4, co. 1, l. 29.10.2016, n. 199, a decorrere dal 4.11.2016, ai sensi di quanto disposto dall'art. 12, co. 1, della medesima l. n. 199/2016.

(4) Lettera introdotta dalla lett. b) del co. 1 dell'art. 2, d.l. 23.2.2009, n. 11, conv. in legge, con modif., dalla l. 23.4.2009, n. 38.

(5) Lettera introdotta dalla lett. e) del co. 1 dell'art. 5, l. 1.10.2012, n. 172.

(6) Lettera prima modificata dall'art. 10, l. 26.3.2001, n. 128, poi sostituita dalla lett. a) del co. 25 dell'art. 3, l. 15.7.2009, n. 94 e, infine, così modificata dal co. 2 dell'art. 8, d.l. 14.8.2013, n. 93, conv., con modif., dalla l. 15.10.2013, n. 119.
Il testo antecedente alla modifica disposta con d.l. n. 93/2013 così disponeva: «*e) delitto di furto quando ricorre la circostanza aggravante prevista dall'articolo 4 della legge 8.08.1977, n. 533, o taluna delle circostanze aggravanti previste dall'articolo 625, primo comma, numeri 2), prima ipotesi, 3) e 5), del codice penale, salvo che ricorra, in questi ultimi casi, la circostanza attenuante di cui all'articolo 62, primo comma, numero 4), del codice penale*».
Il testo antecedente alla sostituzione disposta dalla l. n. 94/2009 così disponeva: «*e) delitto di furto, quando ricorre la circostanza aggravante prevista dall'articolo 4 della legge 8.08.1977, n. 533 quella prevista dall'articolo 625, primo comma, numero 2), prima ipotesi, del codice penale, salvo che, in quest'ultimo caso, ricorra la circostanza attenuante di cui all'articolo 62, primo comma, numero 4), del codice penale*».
Il testo antecedente alla modifica disposta con l. n. 128/2001 così disponeva: «*e) delitto di furto, quando ricorre la circostanza aggravante prevista dall'articolo 4della legge 8.08.1977, n. 533 o taluna delle circostanze aggravanti previste dall'articolo 625 comma 1 numeri 1, 2 prima ipotesi e 4 seconda ipotesi del codice penale*». Di tale formulazione la Corte cost., con sent. 16.2.1993, n. 54, aveva dichiarato l'illegittimità nella parte in cui prevedeva l'arresto obbligatorio in flagranza per il delitto di furto aggravato ai sensi dell'art. 625 c.p., co. 1, n. 2, prima ipotesi, nel caso in cui ricorres e la circostanza attenuante prevista dall'art. 62 c.p., n. 4.

(7) Lettera introdotta dall'art. 10, l. 26.3.2001, n. 128.

(8) Lettera introdotta dall'art. 8, co. 2, d.l. 14.8.2013, n. 93, conv., con modif., dalla l. 15.10.2013, n. 119.
Il testo di questa lettera prima della conversione in legge del suddetto d.l. n. 93/2013 così disponeva: «*f-*bis*) delitto di ricettazione, nell'ipotesi aggravata di cui all'articolo 648, primo comma, ultimo periodo;*».

(9) Lettera così sostituita dall'art. 10, d.l. 13.5.1991, n. 152 recante provvedimenti urgenti in tema di lotta alla criminalità organizzata e di trasparenza del buon andamento dell'attività amministrativa.

(10) Lettera prima sostituita dall'art. 2, d.l. 8.8.1991, n. 247 e poi così modificata dall'art. 2, co. 1 bis, d.l. 23.12.2013, n. 146, conv., con modif., dalla l. 21.2.2014, n. 10.
Il testo precedente le modifiche apportate dal d.l. n. 146/2013 così disponeva: «*h) delitti concernenti sostanze stupefacenti o psicotrope puniti a norma dell'art. 73 del testo unico approvato con D.P.R. 9.10.1990, n. 309, salvo che ricorra la circostanza prevista dal comma 5 del medesimo articolo;*».

(11) Lettera così modificata dall'art. 13, d.l. 27.7.2005, n. 144, conv., con modif., con l. 31.7.2005, n. 155.
Il testo previgente così disponeva: «*i) delitti commessi per finalità di terrorismo o di eversione dell'ordine costituzionale per i quali la legge stabilisce la pena della reclusione non inferiore nel minimo a cinque anni o nel massimo a dieci anni*».
In precedenza, l'art. 2, d.l. 18.10.2001, n. 374 aveva aggiunto, dopo la parola «*terrorismo*», le seguenti: «*anche internazionale*» La legge di conversione 15.12.2001, n. 438, di conversione del decreto-legge, ha però soppresso il suddetto art. 2.

(12) Le parole tra parentesi quadre sono state soppresse dall'art. 4, co. 6, lett. a), d.l. 8.6.1992, n. 306, conv., con modif., in l. 7.8.1992, n. 356, recante modifiche urgenti al nuovo codice di procedura penale e provvedimenti contro la criminalità mafiosa.

(13) Lettera così modificata dall'art. 6, co. 2 bis, d.l. 26.4.1993, n. 122, in materia di discriminazione razziale, etnica e religiosa.
Il testo antecedente alla modifica del 1993 così disponeva «*l) delitti di promozione, costituzione, direzione e organizzazione delle associazioni segrete previste dall'articolo 1 della legge 25.01.1982, n. 17 [della associazione di tipo mafioso prevista dall'articolo 416-bis comma 2 del codice penale], delle associazioni di carattere militare previste dall'articolo 1 della legge 17.04.1956, n. 561, delle associazioni, dei movimenti o dei gruppi previsti dagli articoli 1 e 2, l. 20.06.1952, n. 645*».

(14) Lettera introdotta dall'art. 4, co. 6, lett. b), d.l. 8.6.1992, n. 306, conv., con modif., in l. 7.8.1992, n. 356, recante modifiche urgenti al nuovo codice di procedura penale e provvedimenti contro la criminalità mafiosa.

(15) Lettera introdotta dall'art. 2, co. 1, lett. c), d.l. 14.8.2013, n. 93, conv., con modif., dalla l. 15.10.2013, n. 119, con la decorrenza indicata nel co. 4 del medesimo art. 2, e poi nuovamente sostituita dall'art. 2, co. 15, l. 27.9.2021, n. 134, a decorrere dal 19.10.2021.
Il testo antecedente alla modifica disposta con l. n. 134/2021 così disponeva: «*l-*ter*) delitti di maltrattamenti contro familiari e conviventi e di atti persecutori, previsti dall'articolo 572 e dall'articolo 612-bis del codice penale;*».

(16) Lettera introdotta dall'art. 2, co. 1 ter, lett. a), d.l. 18.2.2015, n. 7, conv., con modif., dalla l. 17.4.2015, n. 43.

(17) Lettera introdotta dall'art. 3 bis, co. 2, d.l. 18.2.2015, n. 7, conv., con modif., dalla l. 17.4.2015, n. 43.

(18) Lettera introdotta dall'art. 1, co. 5, lett. a), l. 23.3.2016, n. 41, a decorrere dal 25.3.2016, ai sensi di quanto disposto dall'art. 1, co. 8, della medesima l. n. 41/2016. Successivamente, questa lettera è stata così sostituita dall'art. 2, co. 1, l. 26.9.2023, n. 138, a decorrere dal 25.10.2023.
Il testo antecedente alla sostituzione disposta con l. n. 138/2023 così disponeva: «*m-*quater*) delitto di omicidio colposo stradale previsto dall'articolo 589-bis, secondo e terzo comma, del codice penale*».

(19) Lettera introdotta dall'art. 3 bis, co. 1, d.l. 14.6.2019, n. 53, conv., con modif., dalla l. 8.8.2019, n. 77, a decorrere dal 10.8.2019.

(20) Le disposizioni relative all'arresto in flagranza non si applicano al procedimento penale davanti al giudice di pace, ai sensi dell'art. 2, d.lgs. 28.8.2000, n. 274.

(21) Comma così sostituito dall'art. 3, co. 1, l. 24.5.2023, n. 60, a decorrere dal 16.6.2023.
Il testo antecedente alla modifica disposta con l. n. 60/2023 così disponeva: «*3. Se si tratta di delitto perseguibile a querela, l'arresto in flagranza è eseguito se la querela viene proposta, anche con dichiarazione resa oralmente all'ufficiale o all'agente di polizia giudiziaria presente nel luogo. Se l'avente diritto dichiara di rimettere la querela, l'arrestato è posto immediatamente in libertà.*».

381. Arresto facoltativo in flagranza.

1. Gli ufficiali e gli agenti di polizia giudiziaria hanno facoltà di arrestare chiunque è colto in flagranza di un delitto non colposo, consumato o tentato, per il quale la legge stabilisce la pena della reclusione superiore nel massimo a tre anni ovvero di un delitto colposo per il quale la legge stabilisce la pena della reclusione non inferiore nel massimo a cinque anni.

2. Gli ufficiali e gli agenti di polizia giudiziaria hanno altresì facoltà di arrestare chiunque è colto in flagranza di uno dei seguenti delitti [(1)]:

a) peculato mediante profitto dell'errore altrui previsto dall'articolo 316 del codice penale;
b) corruzione per un atto contrario ai doveri d'ufficio prevista dagli articoli 319 comma 4 e 321 del codice penale;
c) violenza o minaccia a un pubblico ufficiale prevista dall'articolo 336 comma 2 del codice penale [(2)];
d) commercio e somministrazione di medicinali guasti e di sostanze alimentari nocive previsti dagli articoli 443 e 444 del codice penale;
e) corruzione di minorenni prevista dall'articolo 530 del codice penale;
f) lesione personale prevista dall'articolo 582 del codice penale;
f-*bis*) violazione di domicilio prevista dall'articolo 614, primo e secondo comma, del codice penale [(3)];
g) furto previsto dall'articolo 624 del codice penale;
h) danneggiamento aggravato a norma dell'articolo 635 comma 2 del codice penale;
i) truffa prevista dall'articolo 640 del codice penale;
l) appropriazione indebita prevista dall'articolo 646 del codice penale;
l-*bis*) offerta, cessione o detenzione di materiale pornografico previste dagli articoli 600-*ter*, quarto comma, e 600-*quater* del codice penale, anche se relative al materiale pornografico di cui all'articolo 600-*quater*.1 del medesimo codice [(4)];
m) alterazione di armi e fabbricazione di esplosivi non riconosciuti previste dagli articoli 3 e 24 comma 1 della legge 18 aprile 1975, n. 110;
m-*bis*) [fabbricazione, detenzione o uso di documento di identificazione falso previsti dall'articolo 497-*bis* del codice penale] [(5)];
m-*ter*) falsa attestazione o dichiarazione a un pubblico ufficiale sulla identità o su qualità personali proprie o di altri, prevista dall'articolo 495 del codice penale [(6)];
m-*quater*) fraudolente alterazioni per impedire l'identificazione o l'accertamento di qualità personali, previste dall'articolo 495-*ter* del codice penale [(7)];
m-*quinquies*) delitto di lesioni colpose stradali o nautiche gravi o gravissime previsto dall'articolo 590– *bis*, secondo, terzo, quarto e quinto comma, del codice penale [(8)];
m-*sexies*) porto di armi per cui non è ammessa licenza, di cui all'articolo 4-*bis*, comma 1, della legge 18 aprile 1975, n. 110 [(9)].

3. Se si tratta di delitto perseguibile a querela, l'arresto in flagranza può essere eseguito se la querela viene proposta, anche con dichiarazione resa oralmente [337] all'ufficiale o all'agente di polizia giudiziaria presente nel luogo, ferma restando la necessità di rendere alla persona offesa, anche con atto successivo, le informazioni di cui all'articolo 90-*bis*. Se l'avente diritto dichiara di rimettere la querela, l'arrestato è posto immediatamente in libertà [(10)].

4. Nelle ipotesi previste dal presente articolo si procede all'arresto in flagranza soltanto se la misura è giustificata dalla gravità del fatto ovvero dalla pericolosità del soggetto desunta dalla sua personalità o dalle circostanze del fatto.

4 bis. Non è consentito l'arresto della persona richiesta di fornire informazioni dalla polizia giudiziaria o dal pubblico ministero per reati concernenti il contenuto delle informazioni o il rifiuto di fornirle [(11)].

(1) Alinea così sostituito dall'art. 21, d.lgs. 14.1.1991, n. 12, recante disposizioni integrative e correttive della disciplina processuale penale e delle norme ad essa collegate.

(2) Lettera così modificata dall'art. 22, d.lgs. 14.1.1991, n. 12, recante disposizioni integrative e correttive della disciplina processuale penale e delle norme ad essa collegate.

(3) Lettera introdotta dalla lett. b) del co. 25 dell'art. 3, l. 15.7.2009, n. 94.

(4) Lettera introdotta dall'art. 12, l. 6.2.2006, n. 38.

(5) Lettera introdotta dall'art. 13, d.l. 27.7.2005, n. 144, conv., con modif., con l. 31.7.2005, n. 155, e poi abrogata dall'art. 2, co. 1 ter, lett. b), d.l. 18.2.2015, n. 7, conv., con modif., dalla l. 17.4.2015, n. 43.

(6) Lettera introdotta dalla lettera b bis) del co. 1 dell'art. 2, d.l. 23.5.2008, n. 92, conv. in legge, con modif., con l. 24.7.2008, n. 125.

(7) Lettera introdotta dalla lettera b bis) del co. 1 dell'art. 2, d.l. 23.5.2008, n. 92, conv. in legge, con modif., con l. 24.7.2008, n. 125.

(8) Lettera introdotta dall'art. 1, co. 5, lett. b), l. 23.3.2016, n. 41, a decorrere dal 25.3.2016, ai sensi di quanto disposto dall'art. 1, co. 8, della medesima l. n. 41/2016. Successivamente, questa lettera è stata così modificata dall'art. 2, co. 2, l. 26.9.2023, n. 138, a decorrere dal 25.10.2023.

(9) Lettera introdotta dall'art. 4, co. 2 bis, d.l. 15.9.2023, n. 123, conv., con modif., dalla l. 13.11.2023, n. 159, a decorrere dal 15.11.2023.

(10) Comma così modificato dall'art. 3, co. 2, l. 24.5.2023, n. 60, a decorrere dal 16.6.2023.
Il testo previgente così disponeva: «*3. Se si tratta di delitto perseguibile a querela, l'arresto in flagranza può essere eseguito se la querela viene proposta, anche con dichiarazione resa oralmente all'ufficiale o all'agente di polizia giudiziaria presente nel luogo. Se l'avente diritto dichiara di rimettere la querela, l'arrestato è posto immediatamente in libertà.*».

(11) Comma introdotto dall'art. 26, l. 8.8.1995, n. 332.

382. Stato di flagranza.

1. È in stato di flagranza chi viene colto nell'atto di commettere il reato ovvero chi, subito dopo il reato, è inseguito dalla polizia giudiziaria, dalla persona offesa o da altre persone ovvero è sorpreso con cose o tracce dalle quali appaia che egli abbia commesso il reato immediatamente prima.

2. Nel reato permanente lo stato di flagranza dura fino a quando non è cessata la permanenza.

382 bis. Arresto in flagranza differita (1).

1. Nei casi di cui agli articoli 387-*bis*, 572 e 612-*bis* del codice penale, si considera comunque in stato di flagranza colui il quale, sulla base di documentazione videofotografica o di altra documentazione legittimamente ottenuta da dispositivi di comunicazione informatica o telematica, dalla quale emerga inequivocabilmente il fatto, ne risulta autore, sempre che l'arresto sia compiuto non oltre il tempo necessario alla sua identificazione e, comunque, entro le quarantotto ore dal fatto.

(1) Articolo introdotto dall'art. 10, co. 1, l. 24.11.2023, n. 168, a decorrere dal 9.12.2023.

383. Facoltà di arresto da parte dei privati.

1. Nei casi previsti dall'articolo 380 ogni persona è autorizzata a procedere all'arresto in flagranza, quando si tratta di delitti perseguibili di ufficio.

2. La persona che ha eseguito l'arresto deve senza ritardo consegnare l'arrestato e le cose costituenti il corpo del reato [253] alla polizia giudiziaria la quale redige il verbale della consegna e ne rilascia copia.

384. Fermo di indiziato di delitto.

1. Anche fuori dei casi di flagranza, quando sussistono specifici elementi che, anche in relazione alla impossibilità di identificare l'indiziato, fanno ritenere fondato il pericolo di fuga, il pubblico ministero dispone il fermo della persona gravemente indiziata di un delitto per il quale la legge stabilisce la pena dell'ergastolo o della reclusione non inferiore nel minimo a due anni e superiore nel massimo a sei anni ovvero di un delitto concernente le armi da guerra e gli esplosivi o di un delitto commesso per finalità di terrorismo, anche internazionale, o di eversione dell'ordine democratico (1).

2. Nei casi previsti dal comma 1 e prima che il pubblico ministero abbia assunto la direzione delle indagini [348], gli ufficiali e gli agenti di polizia giudiziaria procedono al fermo di propria iniziativa.

3. La polizia giudiziaria procede inoltre al fermo di propria iniziativa qualora sia successivamente individuato l'indiziato ovvero sopravvengono specifici elementi, quali il possesso di documenti falsi, che rendano fondato il pericolo che l'indiziato sia per darsi alla fuga e non sia possibile, per la situazione di urgenza, attendere il provvedimento del pubblico ministero (2) (3).

(1) Comma così modificato prima dall'art. 11, l. 26.3.2001, n. 128 e poi dall'art. 13, d.l. 27.7.2005, n. 144, conv. in legge, con modif., con l. 31.7.2005, n. 155.
Il testo antecedente alla modifica disposta con d.l. n. 144/2005 così disponeva: «*1. Anche fuori dei casi di flagranza, quando sussistono specifici elementi che, anche in relazione alla impossibilità di identificare l'indiziato, fanno ritenere fondato il pericolo di fuga, il pubblico ministero dispone il fermo della persona gravemente indiziata di un delitto per il quale la legge stabilisce la pena dell'ergastolo o della reclusione non inferiore nel minimo a due anni e superiore nel massimo a sei anni ovvero di un delitto concernente le armi da guerra e gli esplosivi*».
Il testo antecedente alla modifica disposta con l. n. 128/2001 così disponeva: «*1. Anche fuori dei casi di flagranza, quando sussistono specifici elementi che fanno ritenere fondato il pericolo di fuga, il pubblico ministero dispone il fermo della persona gravemente indiziata di un delitto per il quale la legge stabilisce la pena dell'ergastolo o della reclusione non inferiore nel minimo a due anni e superiore nel massimo a sei anni ovvero di un delitto concernente le armi da guerra e gli esplosivi*».

(2) Comma così modificato prima dall'art. 13, d.l. 27.7.2005, n. 144, conv. in legge, con modif., con l. 31.7.2005, n. 155.
Il testo previgente così disponeva: «*3. La polizia giudiziaria procede inoltre al fermo di propria iniziativa qualora sia successivamente individuato l'indiziato ovvero sopravvengono specifici elementi che rendano fondato il pericolo che l'indiziato sia per darsi alla fuga e non sia possibile, per la situazione di urgenza, attendere il provvedimento del pubblico ministero*».

(3) Le disposizioni relative al fermo di indiziato di delitto non si applicano al procedimento penale davanti al giudice di pace, ai sensi dell'art. 2, d.lgs. 28.8.2000, n. 274.

384 bis. Allontanamento d'urgenza dalla casa familiare (1).

1. Gli ufficiali ed agenti di polizia giudiziaria hanno facoltà di disporre, previa autorizzazione del pubblico ministero, scritta, oppure resa oralmente e confermata per iscritto, o per via telematica, l'allontanamento urgente dalla casa familiare con il divieto di avvicinarsi ai luoghi abitualmente frequentati dalla persona offesa, nei confronti di chi è colto in flagranza dei delitti di cui all'articolo 282-*bis*, comma 6, ove sussistano fondati motivi per ritenere che le condotte criminose possano essere reiterate ponendo in grave ed attuale pericolo la vita o l'integrità fisica o psichica della persona offesa. La polizia giudiziaria provvede senza ritardo all'adempimento degli obblighi di informazione previsti dall'articolo 11 del d.l. 23 febbraio 2009, n. 11, convertito, con modificazioni, dalla legge 23 aprile 2009, n. 38, e successive modificazioni.

2. Si applicano in quanto compatibili le disposizioni di cui agli articoli 385 e seguenti del presente titolo. Si osservano le disposizioni di cui all'articolo 381, comma 3. Della dichiarazione orale di querela si dà atto nel verbale delle operazioni di allontanamento.

2 bis. Fermo restando quanto disposto dall'articolo 384, anche fuori dei casi di flagranza, il pubblico ministero dispone, con decreto motivato, l'allontanamento urgente dalla casa familiare, con il divieto di avvicinarsi ai luoghi abitualmente frequentati dalla persona offesa, nei confronti della persona gravemente indiziata di taluno dei delitti di cui agli articoli 387-*bis*, 572 582, limitatamente alle ipotesi procedibili d'ufficio o comunque aggravate ai sensi degli articoli 576, primo comma, numeri 2, 5 e 5.1, e 577, primo comma, numero 1, e secondo comma, e 612-*bis* del codice penale o di altro delitto, consumato o tentato, commesso con minaccia o violenza alla persona per il quale la legge stabilisce la pena dell'ergastolo o della reclusione superiore nel massimo a tre anni, ove sussistano fondati motivi per ritenere che le condotte criminose possano essere reiterate ponendo in grave e attuale pericolo la vita o l'integrità fisica della persona offesa e non sia possibile, per la situazione di urgenza, attendere il provvedimento del giudice (2).

2 ter. Entro quarantotto ore dall'esecuzione del decreto di cui al comma 2-*bis*, il pubblico ministero richiede la convalida al giudice per le indagini preliminari competente in relazione al luogo nel quale il provvedimento di allontanamento d'urgenza è stato eseguito (2).

2 quater. Il giudice fissa l'udienza di convalida al più presto e comunque entro le quarantotto ore successive, dandone avviso senza ritardo al pubblico ministero e al difensore (2).

2 quinquies. Il provvedimento di allontanamento d'urgenza diviene inefficace se il pubblico ministero non osserva le prescrizioni del comma 2-*ter* (2).

2 sexies. Si applicano, in quanto compatibili, le disposizioni di cui agli articoli 385 e seguenti del presente titolo (2).

(1) Articolo introdotto dall'art. 2, co. 1, lett. d), d.l. 14.8.2013, n. 93, conv., con modif., dalla l. 15.10.2013, n. 119.
Il testo di questo articolo prima della conversione in legge del d.l. n. 93/2013 così disponeva: «*1. Gli ufficiali ed agenti di polizia giudiziaria hanno facoltà di disporre, previa autorizzazione del pubblico ministero, l'allontanamento urgente dalla casa familiare con il divieto di avvicinarsi ai luoghi abitualmente frequentati dalla persona offesa, nei confronti di chi è colto in flagranza dei delitti di cui all'articolo 282-bis, comma 6, ove sussistano fondati motivi per ritenere che le condotte criminose possano essere reiterate ponendo in grave ed attuale pericolo la vita o l'integrità fisica della persona offesa. 2. Si applicano in quanto compatibili le disposizioni di cui agli articoli 385 e seguenti del presente titolo*».

(2) Comma introdotto dall'art. 11, co. 1, l. 24.11.2023, n. 168, a decorrere dal 9.12.2023.

385. Divieto di arresto o di fermo in determinate circostanze.

1. L'arresto o il fermo non è consentito quando, tenuto conto delle circostanze del fatto, appare che questo è stato compiuto nell'adempimento di un dovere o nell'esercizio di una facoltà legittima [c.p. 50, 51, 52, 53, 54] ovvero in presenza di una causa di non punibilità.

386. Doveri della polizia giudiziaria in caso di arresto o di fermo.

1. Gli ufficiali e gli agenti di polizia giudiziaria che hanno eseguito l'arresto o il fermo o hanno avuto in consegna l'arrestato, ne danno immediata notizia al pubblico ministero del luogo ove l'arresto o il fermo è stato eseguito. Consegnano all'arrestato o al fermato una comunicazione scritta, redatta in forma chiara e precisa e, se questi non conosce la lingua italiana, tradotta in una lingua a lui comprensibile, con cui lo informano:

a) della facoltà di nominare un difensore di fiducia e di essere ammesso al patrocinio a spese dello Stato nei casi previsti dalla legge;
b) del diritto di ottenere informazioni in merito all'accusa;
c) del diritto all'interprete ed alla traduzione di atti fondamentali;
d) del diritto di avvalersi della facoltà di non rispondere;
e) del diritto di accedere agli atti sui quali si fonda l'arresto o il fermo;
f) del diritto di informare le autorità consolari e di dare avviso ai familiari;
g) del diritto di accedere all'assistenza medica di urgenza;
h) del diritto di essere condotto davanti all'autorità giudiziaria per la convalida entro novantasei ore dall'avvenuto arresto o fermo;
i) del diritto di comparire dinanzi al giudice per rendere l'interrogatorio e di proporre ricorso per cassazione contro l'ordinanza che decide sulla convalida dell'arresto o del fermo (1);

i-*bis*) della facoltà di accedere ai programmi di giustizia riparativa (2).

1 bis. Qualora la comunicazione scritta di cui al comma 1 non sia prontamente disponibile in una lingua comprensibile all'arrestato o al fermato, le informazioni sono fornite oralmente, salvo l'obbligo di dare comunque, senza ritardo, comunicazione scritta all'arrestato o al fermato (3).

1 ter. La comunicazione scritta di cui al comma 1 viene allegata agli atti in forma di documento informatico. Se l'originale è redatto in forma di documento analogico, si osservano le disposizioni degli articoli 110, comma 4, e 111-*ter*, comma 3 (4).

2. Dell'avvenuto arresto o fermo gli ufficiali e gli agenti di polizia giudiziaria informano immediatamente il difensore di fiducia eventualmente nominato ovvero quello di ufficio designato dal pubblico ministero a norma dell'articolo 97 [104].

3. Qualora non ricorra l'ipotesi prevista dall'articolo 389 comma 2, gli ufficiali e gli agenti di polizia giudiziaria pongono l'arrestato o il fermato a disposizione del pubblico ministero al più presto e comunque non oltre ventiquattro ore dall'arresto o dal fermo. Entro il medesimo termine trasmettono il relativo verbale, anche per via telematica, salvo che il pubblico ministero autorizzi una dilazione maggiore. Il verbale contiene l'eventuale nomina del difensore di fiducia, l'indicazione del giorno, dell'ora e del luogo in cui l'arresto o il fermo è stato eseguito e l'enunciazione delle ragioni che lo hanno determinato nonché la menzione dell'avvenuta consegna della comunicazione scritta o dell'informazione orale fornita ai sensi del comma 1-*bis* (5).

4. Gli ufficiali e gli agenti di polizia giudiziaria pongono l'arrestato o il fermato a disposizione del pubblico ministero mediante la conduzione nella casa circondariale o mandamentale del luogo dove l'arresto o il fermo è stato eseguito [566], salvo quanto previsto dall'articolo 558 (6).

5. Il pubblico ministero può disporre che l'arrestato o il fermato sia custodito, in uno dei luoghi indicati nel comma 1 dell'articolo 284 ovvero, se ne possa derivare grave pregiudizio per le indagini, presso altra casa circondariale o mandamentale (7).

6. Gli ufficiali e gli agenti di polizia giudiziaria trasmettono il verbale di fermo anche al pubblico ministero che lo ha disposto, se diverso da quello indicato nel comma 1.

7. L'arresto o il fermo diviene inefficace se non sono osservati i termini previsti dal comma 3 (8).

(1) Comma così sostituito dal n. 1) della lett. e) del co. 1 dell'art. 1, d.lgs. 1.7.2014, n. 101, a decorrere dal 16.8.2014, ai sensi di quanto disposto dall'art. 4, co. 1 dello stesso d.lgs. n. 101/2014.
Il testo previgente così disponeva: «*1. Gli ufficiali e gli agenti di polizia giudiziaria che hanno eseguito l'arresto o il fermo o hanno avuto in consegna l'arrestato, ne danno immediata notizia al pubblico ministero del luogo dove l'arresto o il fermo è stato eseguito. Avvertono inoltre l'arrestato o il fermato della facoltà di nominare un difensore di fiducia*».
Successivamente, la punteggiatura finale di questa lettera è stata così modificata dall'art. 19, co. 1, lett. a), n. 1), d.lgs. 10.10.2022, n. 150, a decorrere dal 30.12.2022.

(2) Lettera introdotta dall'art. 19, co. 1, lett. a), n. 1), d.lgs. 10.10.2022, n. 150, a decorrere dal 30.12.2022.

(3) Comma introdotto dal n. 2) della lett. e) del co. 1 dell'art. 1, d.lgs. 1.7.2014, n. 101, a decorrere dal 16.8.2014, ai sensi di quanto disposto dall'art. 4, co. 1 dello stesso d.lgs. n. 101/2014.

(4) Comma introdotto dall'art. 19, co. 1, lett. a), n. 2), d.lgs. 10.10.2022, n. 150, a decorrere dal 30.12.2022. l'art. 87, co. 5, dello stesso d.lgs. n. 150/2022 ha così stabilito:
«*5. le disposizioni di cui agli articoli 111, commi* 2-bis, 2-ter *e* 2-quater, *111*-bis, *111*-ter, *122, comma* 2-bis, *172, commi* 6-bis *e* 6-ter, *175*-bis, *386, comma* 1-ter, *483, comma* 1-bis, *582, comma* 1-bis, *del codice di procedura penale, così come introdotte dal presente decreto, si applicano a partire dal quindicesimo giorno successivo alla pubblicazione dei regolamenti di cui ai commi 1 e 3, ovvero a partire dal diverso termine previsto dal regolamento di cui al comma 3 per gli uffici giudiziari e per le tipologie di atti in esso indicati. Sino alle stesse date, la dichiarazione e l'elezione di domicilio prevista dal comma 2 dell'articolo 153-bis del codice di procedura penale, come introdotto dall'articolo 10, comma 1, lettera e), del presente decreto, nonché le comunicazioni previste dal comma 3 dello stesso articolo 153-bis sono effettuate con le forme ivi previste in alternativa al deposito in via telematica.*».

(5) Comma sostituito dall'art. 23, d.lgs. 14.1.1991, n. 12 e, poi, così modificato prima dalla lett. a bis) del co. 1 dell'art. 1, d.l. 1.7.2013, n. 78, conv., con modif., dalla l. 9.8.2013, n. 94, e poi dal n. 3) della lett. e) del co. 1 dell'art. 1, d.lgs. 1.7.2014, n. 101, a decorrere dal 16.8.2014, ai sensi di quanto disposto dall'art. 4, co. 1 dello stesso d.lgs. n. 101/2014.
Il testo antecedente alla modifica disposta con d.lgs. n. 101/2014 così disponeva: «*3. Qualora non ricorra l'ipotesi prevista dall'articolo 389 comma 2, gli ufficiali e gli agenti di polizia giudiziaria pongono l'arrestato o il fermato a disposizione del pubblico ministero al più presto e comunque non oltre ventiquattro ore dall'arresto o dal fermo. Entro il medesimo termine trasmettono il relativo verbale, anche per via telematica, salvo che il pubblico ministero autorizzi una dilazione maggiore. Il verbale contiene l'eventuale nomina del difensore di fiducia, l'indicazione del giorno, dell'ora e del luogo in cui l'arresto o il fermo è stato eseguito e l'enunciazione delle ragioni che lo hanno determinato*».
Il testo antecedente alla modifica disposta con d.l. n. 78/2013 così disponeva: «*3. Qualora non ricorra l'ipotesi prevista dall'articolo 389 comma 2, gli ufficiali e gli agenti di polizia giudiziaria pongono l'arrestato o il fermato a disposizione del pubblico ministero al più presto e comunque non oltre ventiquattro ore dall'arresto o dal fermo. Entro il medesimo termine trasmettono il relativo verbale, salvo che il pubblico ministero autorizzi una dilazione maggiore. Il verbale contiene l'eventuale nomina del difensore di fiducia, l'indicazione del giorno, dell'ora e del luogo in cui l'arresto o il fermo è stato eseguito e l'enunciazione delle ragioni che lo hanno determinato*».

(6) Comma prima sostituito dall'art. 23, d.lgs. 14.1.1991, n. 12 e poi così modificato dal co. 01 dell'art. 1, d.l. 22.12.2011, n. 211, conv., con modif., dalla l. 17.2.2012, n. 9.
Il testo antecedente alla modifica disposta con d.l. n. 211/2011 così disponeva: «*Gli ufficiali e gli agenti di polizia giudiziaria pongono l'arrestato o il fermato a disposizione del pubblico ministero mediante la conduzione nella casa circondariale o mandamentale del luogo dove l'arresto o il fermo è stato eseguito*».

(7) Comma così modificato dall'art. 20, l. 8.8.1995, n. 332.
Il testo previgente così disponeva: «*5. Il pubblico ministero può disporre che l'arrestato o il fermato sia custodito, se infermo, presso la propria abitazione o in luogo di cura ovvero, se ne possa derivare grave pregiudizio per le indagini, presso altra casa circondariale o mandamentale*».

(8) Comma così modificato dall'art. 23, d.lgs. 14.1.1991, n. 12, recante disposizioni integrative e correttive della disciplina processuale penale e delle norme ad essa collegate.

387. Avviso dell'arresto o del fermo ai familiari.

1. La polizia giudiziaria, con il consenso dell'arrestato o del fermato, deve senza ritardo dare notizia ai familiari dell'avvenuto arresto o fermo.

387 bis. Adempimenti della polizia giudiziaria nel caso di arresto o di fermo di madre di prole di minore età (1).

1. Nell'ipotesi di arresto o di fermo di madre con prole di minore età, la polizia giudiziaria che lo ha eseguito, senza ritardo, ne dà notizia al pubblico ministero territorialmente competente, nonché al procuratore della Repubblica presso il tribunale per i minorenni del luogo dell'arresto o del fermo.

(1) Articolo inserito dall'art. 15 bis, co. 2, lett. a), d.l. 4.10.2018, n. 113, conv., con modif., dalla l. 1.12.2018, n. 132, a decorrere dal 4.12.2018.

388. Interrogatorio dell'arrestato o del fermato.

1. Il pubblico ministero può procedere all'interrogatorio dell'arrestato o del fermato, dandone tempestivo avviso al difensore di fiducia ovvero, in mancanza, al difensore di ufficio.

2. Durante l'interrogatorio, osservate le forme previste dall'articolo 64, il pubblico ministero informa l'arrestato o il fermato del fatto per cui si procede e delle ragioni che hanno determinato il provvedimento comunicandogli inoltre gli elementi a suo carico e, se non può derivarne pregiudizio per le indagini, le fonti.

389. Casi di immediata liberazione dell'arrestato o del fermato.

1. Se risulta evidente che l'arresto o il fermo è stato eseguito per errore di persona o fuori dei casi previsti dalla legge o se la misura dell'arresto o del fermo è divenuta inefficace a norma degli articoli 386 comma 7 e

390 comma 3, il pubblico ministero dispone con decreto motivato che l'arrestato o il fermato sia posto immediatamente in libertà.

2. La liberazione è altresì disposta prima dell'intervento del pubblico ministero dallo stesso ufficiale di polizia giudiziaria, che ne informa subito il pubblico ministero del luogo dove l'arresto o il fermo è stato eseguito.

390. Richiesta di convalida dell'arresto o del fermo.

1. Entro quarantotto ore dall'arresto o dal fermo il pubblico ministero, qualora non debba ordinare la immediata liberazione dell'arrestato o del fermato [389], richiede la convalida [Cost. 13] al giudice per le indagini preliminari competente in relazione al luogo dove l'arresto o il fermo è stato eseguito.

2. Il giudice fissa l'udienza di convalida al più presto e comunque entro le quarantotto ore successive dandone avviso, senza ritardo, al pubblico ministero e al difensore.

3. L'arresto o il fermo diviene inefficace se il pubblico ministero non osserva le prescrizioni del comma 1.

3 bis. Se non ritiene di comparire, il pubblico ministero trasmette al giudice, per l'udienza di convalida, le richieste in ordine alla libertà personale con gli elementi su cui le stesse si fondano [(1)].

(1) Comma introdotto dall'art. 24, d.lgs. 14.1.1991, n. 12, recante disposizioni integrative e correttive della disciplina processuale penale e delle norme ad essa collegate.

391. Udienza di convalida.

1. L'udienza di convalida si svolge in camera di consiglio con la partecipazione necessaria [del pubblico ministero e] del difensore dell'arrestato o del fermato. Quando l'arrestato, il fermato o il difensore ne fanno richiesta il giudice può autorizzarli a partecipare a distanza [(1)].

2. Se il difensore di fiducia o di ufficio non è stato reperito o non è comparso, il giudice provvede a norma dell'articolo 97 comma 4. Il giudice altresì, anche d'ufficio, verifica che all'arrestato o al fermato sia stata data la comunicazione di cui all'articolo 386, comma 1, o che comunque sia stato informato ai sensi del comma 1-*bis* dello stesso articolo, e provvede, se del caso, a dare o a completare la comunicazione o l'informazione ivi indicate [(2)].

3. Il pubblico ministero, se comparso, indica i motivi dell'arresto o del fermo e illustra le richieste in ordine alla libertà personale. Il giudice procede quindi all'interrogatorio dell'arrestato o del fermato, salvo che questi non abbia potuto o si sia rifiutato di comparire; sente in ogni caso il suo difensore [(3)].

4. Quando risulta che l'arresto o il fermo è stato legittimamente eseguito e sono stati osservati i termini previsti dagli articoli 386 comma 3 [(4)] e 390 comma 1, il giudice provvede alla convalida con ordinanza. Contro l'ordinanza che decide sulla convalida, il pubblico ministero e l'arrestato o il fermato possono proporre ricorso per cassazione.

5. Se ricorrono le condizioni di applicabilità previste dall'articolo 273 e taluna delle esigenze cautelari previste dall'articolo 274, il giudice dispone l'applicazione di una misura coercitiva a norma dell'articolo 291. Quando l'arresto è stato eseguito per uno dei delitti indicati nell'articolo 387-*bis* del codice penale o nell'articolo 381, comma 2, del presente codice ovvero per uno dei delitti per i quali è consentito anche fuori dai casi di flagranza, l'applicazione della misura è disposta anche al di fuori dei limiti di pena previsti dagli articoli 274, comma 1, lettera c), e 280 [(5)].

6. Quando non provvede a norma del comma 5, il giudice dispone con ordinanza la immediata liberazione dell'arrestato o del fermato.

7. Le ordinanze previste dai commi precedenti, se non sono pronunciate in udienza, sono comunicate o notificate a coloro che hanno diritto di proporre impugnazione. Le ordinanze pronunciate in udienza sono comunicate al pubblico ministero e notificate all'arrestato o al fermato, se non comparsi. I termini per l'impugnazione decorrono dalla lettura del provvedimento in udienza ovvero dalla sua comunicazione o notificazione. L'arresto o il fermo cessa di avere efficacia se l'ordinanza di convalida non è pronunciata o depositata anche quarantotto ore successive al momento in cui l'arrestato o il fermato è stato posto a disposizione del giudice [(6)].

(1) Le parole tra parentesi quadre sono state soppresse dall'art. 25, d.lgs. 14.1.1991, n. 12, recante disposizioni integrative e correttive della disciplina penale e delle norme ad essa collegate. Successivamente, questo comma è stato ulteriormente modificato dall'art. 19, co. 1, lett. b), d.lgs. 10.10.2022, n. 150, a decorrere dal 30.12.2022.
Il testo antecedente alla modifica disposta con d.lgs. n. 150/2022 così disponeva: «*1. L'udienza di convalida si svolge in camera di consiglio con la partecipazione necessaria del difensore dell'arrestato o del fermato.*».
Il testo antecedente alla modifica disposta con d.lgs. n. 12/1991 così disponeva: «*1. L'udienza di convalida si svolge in camera di consiglio con la partecipazione necessaria del pubblico ministero e del difensore dell'arrestato o del fermato.*».

(2) Comma così modificato dalla lett. f) del co. 1 dell'art. 1, d.lgs. 1.7.2014, n. 101, a decorrere dal 16.8.2014, ai sensi di quanto disposto dall'art. 4, co. 1 dello stesso d.lgs. n. 101/2014.
Il testo previgente così disponeva: «*2. Se il difensore di fiducia o di ufficio non è stato reperito o non è comparso, il giudice provvede a norma dell'articolo 97 comma 4*».

(3) Comma così sostituito dall'art. 25, d.lgs. 14.1.1991, n. 12, recante disposizioni integrative e correttive della disciplina processuale penale e delle norme ad essa collegate.

(4) Comma così modificato dall'art. 25, d.lgs. 14.1.1991, n. 12, recante disposizioni integrative e correttive della disciplina processuale e delle norme ad essa collegate.

(5) Comma sostituito dall'art. 25, d.lgs. 14.1.1991, n. 12, e successivamente modificato, prima, dall'art. 12, l. 26.3.2001, n. 128, e, poi, dall'art. 12, l. 26.3.2001, n. 128 e dall'art. 13, co. 1, lett. c), l. 24.11.2023, n. 168, a decorrere dal 9.12.2023.
Il testo antecedente alla modifica disposta con l. n. 168/2023 così disponeva: «*5. Se ricorrono le condizioni di applicabilità previste dall'articolo 273 e taluna delle esigenze cautelari previste dall'articolo*

274, il giudice dispone l'applicazione di una misura coercitiva a norma dell'articolo 291.
Quando l'arresto è stato eseguito per uno dei delitti indicati nell'articolo 381, comma 2, ovvero per uno dei delitti per i quali è consentito anche fuori dai casi di flagranza, l'applicazione della misura è disposta anche al di fuori dei limiti di pena previsti dagli articoli 274, comma 1, lettera c), e 280.».
Il testo antecedente alla modifica disposta con l. n. 128/2001 così disponeva: «*5. Se ricorrono le condizioni di applicabilità previste dall'articolo 273 e taluna delle esigenze cautelari previste dall'articolo 274, il giudice dispone l'applicazione di una misura coercitiva a norma dell'articolo 291. Quando l'arresto è stato eseguito per uno dei delitti indicati nell'articolo 381 comma 2, l'applicazione della misura è disposta anche al di fuori dei limiti previsti dall'articolo 280*».
(6) Comma così sostituito dall'art. 25, d.lgs. 14.1.1991, n. 12.

TITOLO VI bis
Investigazioni difensive

391 bis. Colloquio, ricezione di dichiarazioni e assunzione di informazioni da parte del difensore [(1)].

1. Salve le incompatibilità previste dall'articolo 197, comma 1, lettere c) e d), per acquisire notizie il difensore, il sostituto, gli investigatori privati autorizzati o i consulenti tecnici possono conferire con le persone in grado di riferire circostanze utili ai fini dell'attività investigativa. In questo caso, l'acquisizione delle notizie avviene attraverso un colloquio non documentato.

2. Il difensore o il sostituto possono inoltre chiedere alle persone di cui al comma 1 una dichiarazione scritta ovvero di rendere informazioni da documentare secondo le modalità previste dall'articolo 391-*ter*.

3. In ogni caso, il difensore, il sostituto, gli investigatori privati autorizzati o i consulenti tecnici avvertono le persone indicate nel comma 1:
a) della propria qualità e dello scopo del colloquio;
b) se intendono semplicemente conferire ovvero ricevere dichiarazioni o assumere informazioni indicando, in tal caso, le modalità e la forma di documentazione;
c) dell'obbligo di dichiarare se sono sottoposte ad indagini o imputate nello stesso procedimento, in un procedimento connesso o per un reato collegato;
d) della facoltà di non rispondere o di non rendere la dichiarazione;
e) del divieto di rivelare le domande eventualmente formulate dalla polizia giudiziaria o dal pubblico ministero e le risposte date;
f) delle responsabilità penali conseguenti alla falsa dichiarazione.

4. Alle persone già sentite dalla polizia giudiziaria o dal pubblico ministero non possono essere richieste notizie sulle domande formulate o sulle risposte date.

5. Per conferire, ricevere dichiarazioni o assumere informazioni da una persona sottoposta ad indagini o imputata nello stesso procedimento, in un procedimento connesso o per un reato collegato, è dato avviso, almeno ventiquattro ore prima, al suo difensore la cui presenza è necessaria. Se la persona è priva di difensore, il giudice, su richiesta del difensore che procede alle investigazioni, dispone la nomina di un difensore di ufficio ai sensi dell'articolo 97.

5 bis. Nei procedimenti per i delitti di cui all'articolo 351, comma 1-*ter*, il difensore, quando assume informazioni da persone minori, si avvale dell'ausilio di un esperto in psicologia o in psichiatria infantile [(2)].

6. Le dichiarazioni ricevute e le informazioni assunte in violazione di una delle disposizioni di cui ai commi precedenti non possono essere utilizzate. La violazione di tali disposizioni costituisce illecito disciplinare ed è comunicata dal giudice che procede all'organo titolare del potere disciplinare.

7. Per conferire, ricevere dichiarazioni o assumere informazioni da persona detenuta, il difensore deve munirsi di specifica autorizzazione del giudice che procede nei confronti della stessa, sentiti il suo difensore ed il pubblico ministero. Prima dell'esercizio dell'azione penale l'autorizzazione è data dal giudice per le indagini preliminari. Durante l'esecuzione della pena provvede il magistrato di sorveglianza.

8. All'assunzione di informazioni non possono assistere la persona sottoposta alle indagini, la persona offesa e le altre parti private.

9. Il difensore o il sostituto interrompono l'assunzione di informazioni da parte della persona non imputata ovvero della persona non sottoposta ad indagini qualora essa renda dichiarazioni dalle quali emergano indizi di reità a suo carico. Le precedenti dichiarazioni non possono essere utilizzate contro la persona che le ha rese.

10. Quando la persona in grado di riferire circostanze utili ai fini dell'attività investigativa abbia esercitato la facoltà di cui alla lettera d) del comma 3, il pubblico ministero, su richiesta del difensore, ne dispone l'audizione che fissa entro sette giorni dalla richiesta medesima. Tale disposizione non si applica nei confronti delle persone sottoposte ad indagini o imputate nello stesso procedimento e nei confronti delle persone sottoposte ad indagini o imputate in un diverso procedimento nelle ipotesi previste dall'articolo 210. L'audizione si svolge alla presenza del difensore che per primo formula le domande. Anche con riferimento alle informazioni richieste dal difensore si applicano le disposizioni dell'articolo 362.

11. Il difensore, in alternativa all'audizione di cui al comma 10, può chiedere che si proceda con incidente probatorio all'assunzione della testimonianza o all'esame della persona che abbia esercitato la facoltà di cui alla lettera d) del comma 3, anche al di fuori delle ipotesi previste dall'articolo 392, comma 1.

(1) Il titolo VI bis, con gli artt. da 391 bis a 391 decies, è stato aggiunto dall'art. 11, l. 7.12.2000, n. 397.
(2) Comma introdotto dalla lett. f) del co. 1 dell'art. 5, l. 1.10.2012, n. 172.

391 ter. Documentazione delle dichiarazioni e delle informazioni [(1)].

1. La dichiarazione di cui al comma 2 dell'articolo 391-*bis*, sottoscritta dal dichiarante, è autenticata dal

difensore o da un suo sostituto, che redige una relazione nella quale sono riportati:
a) la data in cui ha ricevuto la dichiarazione;
b) le proprie generalità e quelle della persona che ha rilasciato la dichiarazione;
c) l'attestazione di avere rivolto gli avvertimenti previsti dal comma 3 dell'articolo 391-*bis*;
d) i fatti sui quali verte la dichiarazione.

2. La dichiarazione è allegata alla relazione.

3. Le informazioni di cui al comma 2 dell'articolo 391-*bis* sono documentate dal difensore o da un suo sostituto che possono avvalersi per la materiale redazione del verbale di persone di loro fiducia. Si osservano le disposizioni contenute nel titolo III del libro secondo, in quanto applicabili.

3 bis. Le informazioni di cui al comma 3 sono documentate anche mediante riproduzione fonografica, salva la contingente indisponibilità di strumenti di riproduzione o di personale tecnico [2].

3 ter. Le dichiarazioni della persona minorenne, inferma di mente o in condizioni di particolare vulnerabilità sono documentate integralmente, a pena di inutilizzabilità, con mezzi di riproduzione audiovisiva o fonografica, salvo che si verifichi una contingente indisponibilità di strumenti di riproduzione o di personale tecnico e sussistano particolari ragioni di urgenza che non consentano di rinviare l'atto [2].

3 quater. La trascrizione della riproduzione audiovisiva o fonografica di cui ai commi 3-*bis* e 3-*ter* è disposta solo se assolutamente indispensabile [2].

(1) Il titolo VI bis, con gli artt. da 391 bis a 391 decies, è stato aggiunto dall'art. 11, l. 7.12.2000, n. 397.
(2) Comma introdotto dall'art. 20, co. 1, lett. a), d.lgs. 10.10.2022, n. 150, a decorrere dal 30.12.2022.

391 quater. Richiesta di documentazione alla pubblica amministrazione [1].

1. Ai fini delle indagini difensive, il difensore può chiedere i documenti in possesso della pubblica amministrazione e di estrarne copia a sue spese.

2. L'istanza deve essere rivolta all'amministrazione che ha formato il documento o lo detiene stabilmente.

3. In caso di rifiuto da parte della pubblica amministrazione si applicano le disposizioni degli articoli 367 e 368.

(1) Il titolo VI bis, con gli artt. da 391 bis a 391 decies, è stato aggiunto dall'art. 11, l. 7.12.2000, n. 397.

391 quinquies. Potere di segretazione del pubblico ministero [1].

1. Se sussistono specifiche esigenze attinenti all'attività di indagine, il pubblico ministero può, con decreto motivato, vietare alle persone sentite di comunicare i fatti e le circostanze oggetto dell'indagine di cui hanno conoscenza. Il divieto non può avere una durata superiore a due mesi.

2. Il pubblico ministero, nel comunicare il divieto di cui al comma 1 alle persone che hanno rilasciato le dichiarazioni, le avverte delle responsabilità penali conseguenti all'indebita rivelazione delle notizie.

(1) Il titolo VI bis, con gli artt. da 391 bis a 391 decies, è stato aggiunto dall'art. 11, l. 7.12.2000, n. 397.

391 sexies. Accesso ai luoghi e documentazione [1].

1. Quando effettuano un accesso per prendere visione dello stato dei luoghi e delle cose ovvero per procedere alla loro descrizione o per eseguire rilievi tecnici, grafici, planimetrici, fotografici o audiovisivi, il difensore, il sostituto e gli ausiliari indicati nell'articolo 391-*bis* possono redigere un verbale nel quale sono riportati:
a) la data ed il luogo dell'accesso;
b) le proprie generalità e quelle delle persone intervenute;
c) la descrizione dello stato dei luoghi e delle cose;
d) l'indicazione degli eventuali rilievi tecnici, grafici, planimetrici, fotografici o audiovisivi eseguiti, che fanno parte integrante dell'atto e sono allegati al medesimo. Il verbale è sottoscritto dalle persone intervenute.

(1) Il titolo VI bis, con gli artt. da 391 bis a 391 decies, è stato aggiunto dall'art. 11, l. 7.12.2000, n. 397.

391 septies. Accesso ai luoghi privati o non aperti al pubblico [1].

1. Se è necessario accedere a luoghi privati o non aperti al pubblico e non vi è il consenso di chi ne ha la disponibilità, l'accesso, su richiesta del difensore, è autorizzato dal giudice, con decreto motivato che ne specifica le concrete modalità.

2. Nel caso di cui al comma 1, la persona presente è avvertita della facoltà di farsi assistere da persona di fiducia, purché questa sia prontamente reperibile e idonea a norma dell'articolo 120.

3. Non è consentito l'accesso ai luoghi di abitazione e loro pertinenze, salvo che sia necessario accertare le tracce e gli altri effetti materiali del reato.

(1) Il titolo VI bis, con gli artt. da 391 bis a 391 decies, è stato aggiunto dall'art. 11, l. 7.12.2000, n. 397.

391 octies. Fascicolo del difensore [1].

1. Nel corso delle indagini preliminari e nell'udienza preliminare, quando il giudice deve adottare una decisione con l'intervento della parte privata, il difensore può presentargli direttamente gli elementi di prova a favore del proprio assistito.

2. Nel corso delle indagini preliminari il difensore che abbia conoscenza di un procedimento penale può presentare gli elementi difensivi di cui al comma 1 direttamente al giudice, perché ne tenga conto anche nel caso in cui debba adottare una decisione per la quale non è previsto l'intervento della parte assistita.

3. La documentazione di cui ai commi 1 e 2 è inserita nella parte del fascicolo informatico riservata al difensore. I documenti redatti e depositati in forma di documento analogico sono conservati in originale o, se il difensore ne chiede la restituzione, in copia, presso l'ufficio del giudice per le indagini preliminari. Della documentazione il pubblico ministero può prendere visione ed estrarre copia prima che venga adottata una decisione su richiesta delle altre parti o con il loro intervento. Dopo la chiusura delle indagini preliminari il fascicolo del difensore è inserito nel fascicolo di cui all'articolo 433 [2].

4. Il difensore può, in ogni caso, presentare al pubblico ministero gli elementi di prova a favore del proprio assistito.

(1) Il titolo VI bis, con gli artt. da 391 bis a 391 decies, è stato aggiunto dall'art. 11, l. 7.12.2000, n. 397.

(2) Comma così modificato dall'art. 20, co. 1, lett. b), d.lgs. 10.10.2022, n. 150, a decorrere dal 30.12.2022. Il testo previgente così disponeva: «*3. La documentazione di cui ai commi 1 e 2, in originale o, se il difensore ne richiede la restituzione, in copia, è inserita nel fascicolo del difensore, che è formato e conservato presso l'ufficio del giudice per le indagini preliminari. Della documentazione il pubblico ministero può prendere visione ed estrarre copia prima che venga adottata una decisione su richiesta delle altre parti o con il loro intervento. Dopo la chiusura delle indagini preliminari il fascicolo del difensore è inserito nel fascicolo di cui all'articolo 433.*».

391 nonies. Attività investigativa preventiva [1].

1. L'attività investigativa prevista dall'articolo 327-*bis*, con esclusione degli atti che richiedono l'autorizzazione o l'intervento dell'autorità giudiziaria, può essere svolta anche dal difensore che ha ricevuto apposito mandato per l'eventualità che si instauri un procedimento penale.

2. Il mandato è rilasciato con sottoscrizione autenticata e contiene la nomina del difensore e l'indicazione dei fatti ai quali si riferisce.

(1) Il titolo VI bis, con gli artt. da 391 bis a 391 decies, è stato aggiunto dall'art. 11, l. 7.12.2000, n. 397.

391 decies. Utilizzazione della documentazione delle investigazioni difensive [1].

1. Delle dichiarazioni inserite nel fascicolo del difensore le parti possono servirsi a norma degli articoli 500, 512 e 513.

2. Fuori del caso in cui è applicabile l'articolo 234, la documentazione di atti non ripetibili compiuti in occasione dell'accesso ai luoghi, presentata nel corso delle indagini preliminari o nell'udienza preliminare, è inserita nel fascicolo previsto dall'articolo 431.

3. Quando si tratta di accertamenti tecnici non ripetibili, il difensore deve darne avviso, senza ritardo, al pubblico ministero per l'esercizio delle facoltà previste, in quanto compatibili, dall'articolo 360. Negli altri casi di atti non ripetibili di cui al comma 2, il pubblico ministero, personalmente o mediante delega alla polizia giudiziaria, ha facoltà di assistervi.

4. Il verbale degli accertamenti compiuti ai sensi del comma 3 e, quando il pubblico ministero ha esercitato la facoltà di assistervi, la documentazione degli atti compiuti ai sensi del comma 2 sono inseriti nel fascicolo del difensore e nel fascicolo del pubblico ministero. Si applica la disposizione di cui all'articolo 431, comma 1, lettera c).

(1) Il titolo VI bis, con gli artt. da 391 bis a 391 decies, è stato aggiunto dall'art. 11, l. 7.12.2000, n. 397.

TITOLO VII
Incidente probatorio [1]

392. Casi.

1. Nel corso delle indagini preliminari il pubblico ministero e la persona sottoposta alle indagini possono chiedere al giudice che si proceda con incidente probatorio:

a) all'assunzione della testimonianza di una persona, quando vi è fondato motivo di ritenere che la stessa non potrà essere esaminata nel dibattimento per infermità o altro grave impedimento;
b) all'assunzione di una testimonianza quando, per elementi concreti e specifici, vi è fondato motivo di ritenere che la persona sia esposta a violenza, minaccia, offerta o promessa di denaro o di altra utilità affinché non deponga o deponga il falso;
c) all'esame della persona sottoposta alle indagini su fatti concernenti la responsabilità di altri [2];
d) all'esame delle persone indicate nell'articolo 210 e all'esame dei testimoni di giustizia [3];
e) al confronto tra persone che in altro incidente probatorio o al pubblico ministero hanno reso dichiarazioni discordanti, quando ricorre una delle circostanze previste dalle lettere a) e b);
f) a una perizia o a un esperimento giudiziale, se la prova riguarda una persona, una cosa o un luogo il cui stato è soggetto a modificazione non evitabile;
g) a una ricognizione, quando particolari ragioni di urgenza non consentono di rinviare l'atto al dibattimento.

1 bis. Nei procedimenti per i delitti di cui agli articoli 572, 600, 600-*bis*, 600-*ter* e 600-*quater*, anche se relativi al materiale pornografico di cui all'articolo 600-*quater*.1, 600-*quinquies*, 601, 602, 609-*bis*, 609-*quater*, 609-*quinquies*, 609-*octies*, 609-*undecies* e 612-*bis* del codice penale il pubblico ministero, anche su richiesta della persona offesa, o la persona sottoposta alle indagini possono chiedere che si proceda con incidente probatorio all'assunzione della testimonianza di persona minorenne ovvero della persona offesa maggiorenne, anche al di fuori delle ipotesi previste dal comma 1. In ogni caso, quando la persona offesa versa in condizione di particolare vulnerabilità, il pubblico ministero, anche su richiesta della stessa, o la persona sottoposta alle indagini possono chiedere che si proceda con incidente probatorio all'assunzione della sua testimonianza [4].

2. Il pubblico ministero e la persona sottoposta alle indagini possono altresì chiedere una perizia che, se fosse disposta nel dibattimento, ne potrebbe determinare una sospensione superiore a sessanta giorni ovvero che comporti l'esecuzione di accertamenti o prelievi su persona vivente previsti dall'articolo 224-*bis* [227, commi 2 e 4, 468, comma 5] (5) (6).

(1) Le disposizioni relative all'incidente probatorio non si applicano al procedimento penale davanti al giudice di pace, ai sensi dell'art. 2, d.lgs. 28.8.2000, n. 274.

(2) Lettera così modificata dall'art. 4, l. 7.8.1997, n. 267, a decorrere dal 12.8.1997.
Il testo antecedente alla modifica disposta con l. n. 267/1997 così disponeva: «*c) all'esame della persona sottoposta alle indagini su fatti concernenti la responsabilità di altri quando ricorre una delle circostanze previste dalle lettere a) e b);*».

(3) Lettera modificata dall'art. 4, l. 7.8.1997, n. 267, a decorrere dal 12.8.1997 e, poi, dall'art. 21, co. 1, l. 11.1.2018, n. 6, a decorrere dal 21.2.2018.
Il testo antecedente alla modifica del 2018 così disponeva: «*d) all'esame delle persone indicate nell'articolo 210;*».
Il testo antecedente alla modifica disposta con l. n. 267/1997 così disponeva: «*d) all'esame delle persone indicate nell'articolo 210 quando ricorre una delle circostanze previste dalle lettere a) e b);*».

(4) Comma introdotto dall'art. 13, l. 15.2.1996, n. 66, modificato dall'art. 13, l. 3.8.1998, n. 269, dall'art. 15, l. 11.8.2003, n. 228 e dall'art. 14, l. 6.2.2006, n. 38e sostituito dalla lett. b) del co. 1 dell'art. 9, d.l. 23.2.2009, n. 11, conv. in legge, con modif., dalla l. 23.4.2009, n. 38, e dalla lett. g) del co. 1 dell'art. 5, l. 1.10.2012, n. 172. In seguito, questo comma è stato così modificato dall'art. 1, co. 1, lett. h), d.lgs. 15.12.2015, n. 212, a decorrere dal 20.1.2016.
Il testo antecedente alla modifica disposta con d.lgs. n. 212/2015 così disponeva: «*1*-bis. *Nei procedimenti per i delitti di cui agli articoli 572, 600, 600*-bis, *600*-ter *e 600*-quater, *anche se relativi al materiale pornografico di cui all'articolo 600*-quater.*1, 600*-quinquies, *601, 602, 609*-bis, *609*-quater, *609*-quinquies, *609*-octies, *609*-undecies *e 612*-bis *del codice penale il pubblico ministero, anche su richiesta della persona offesa, o la persona sottoposta alle indagini possono chiedere che si proceda con incidente probatorio all'assunzione della testimonianza di persona minorenne ovvero della persona offesa maggiorenne, anche al di fuori delle ipotesi previste dal comma 1*».
Il testo antecedente alla sostituzione disposta con l. n. 172/2012 così disponeva: «*1*-bis. *Nei procedimenti per i delitti di cui agli articoli 572, 609*-bis, *609*-ter, *609*-quater, *609*-quinquies, *609*-octies, *612*-bis, *600, 600*-bis, *600*-ter, *anche se relativo al materiale pornografico di cui all'articolo 600*-quater.*1, 600*-quinquies, *601 e 602 del codice penale il pubblico ministero, anche su richiesta della persona offesa, o la persona sottoposta alle indagini possono chiedere che si proceda con incidente probatorio all'assunzione della testimonianza di persona minorenne ovvero della persona offesa maggiorenne, anche al di fuori delle ipotesi previste dal comma 1*».
Il testo antecedente alla sostituzione disposta con d.l. n. 11/2009 così disponeva: «*1*-bis. *Nei procedimenti per i delitti di cui agli articoli 600, 600*-bis, *600*-ter, *anche se relativo al materiale pornografico di cui all'articolo 600*-quater.*1, 600*-quinquies, *601, 602, 609*-bis, *609*-ter, *609*-quater, *609*-quinquies *e 609*-octies *del codice penale il pubblico ministero o la persona sottoposta alle indagini possono chiedere che si proceda con incidente probatorio all'assunzione della testimonianza di persona minore degli anni sedici, anche al di fuori delle ipotesi previste dal comma 1*».
Il testo antecedente alla modifica disposta dalla l. n. 38/2006 così disponeva: «*1*-bis. *Nei procedimenti per i delitti di cui agli articoli 600, 600*-bis, *600*-ter, *600*-quinquies, *601, 602, 609*-bis, *609*-ter, *609*-quater, *609*-quinquies *e 609*-octies *del codice penale il pubblico ministero o la persona sottoposta alle indagini possono chiedere che si proceda con incidente probatorio all'assunzione della testimonianza di persona minore degli anni sedici, anche al di fuori delle ipotesi previste dal comma 1*».
Il testo di questo comma antecedente alla modifica disposta con l. n. 228/2003 così disponeva: «*1*-bis. *Nei procedimenti per i delitti di cui agli articoli 600*-bis, *600*-ter, *600*-quinquies, *609*-bis, *609*-ter, *609*-quater, *609*-quinquies *e 609*-octies *del codice penale il pubblico ministero o la persona sottoposta alle indagini possono chiedere che si proceda con incidente probatorio all'assunzione della testimonianza di persona minore degli anni sedici, anche al di fuori delle ipotesi previste dal comma 1*».
Il testo antecedente alla modifica disposta dalla l. n. 269/1998 così disponeva: «*1*-bis. *Nei procedimenti per i delitti di cui agli articoli 609*-bis, *609*-ter, *609*-quater, *609*-quinquies *e 609*-octies *del codice penale il pubblico ministero o la persona sottoposta alle indagini possono chiedere che si proceda con incidente probatorio all'assunzione della testimonianza di persona minore degli anni sedici, anche al di fuori delle ipotesi previste dal comma 1*».

(5) Comma così modificato dall'art. 28, l. 30.6.2009, n. 85.
Il testo antecedente alla modifica così disponeva: «*2. Il pubblico ministero e la persona sottoposta alle indagini possono altresì chiedere una perizia che, se fosse disposta nel dibattimento, ne potrebbe determinare una sospensione superiore a sessanta giorni*».

(6) La Corte cost. con sent. 10.3.1994, n. 77, ha dichiarato l'illegittimità costituzionale degli artt. 392 e 393 c.p.p., nella parte in cui non consentono che, nei casi previsti dalla prima di tali disposizioni, l'incidente probatorio possa essere richiesto ed eseguito anche nella fase dell'udienza preliminare.

393. Richiesta.

1. La richiesta è presentata entro i termini per la conclusione delle indagini preliminari [405, 406, 407] e comunque in tempo sufficiente per l'assunzione della prova prima della scadenza dei medesimi termini e indica:

a) la prova da assumere, i fatti che ne costituiscono l'oggetto e le ragioni della sua rilevanza per la decisione dibattimentale;
b) le persone nei confronti delle quali si procede per i fatti oggetto della prova;
c) le circostanze che, a norma dell'articolo 392, rendono la prova non rinviabile al dibattimento.

2. La richiesta proposta dal pubblico ministero indica anche i difensori delle persone interessate a norma del comma 1 lettera b), la persona offesa e il suo difensore.

2 bis. Con la richiesta di incidente probatorio di cui all'articolo 392, comma 1-*bis*, il pubblico ministero deposita tutti gli atti di indagine compiuti (1).

3. Le disposizioni dei commi 1 e 2 si osservano a pena di inammissibilità.

4. Il pubblico ministero e la persona sottoposta alle indagini possono chiedere la proroga del termine delle indagini preliminari ai fini dell'esecuzione dell'incidente probatorio. Il giudice provvede con decreto motivato, concedendo la proroga per il tempo indispensabile all'assunzione della prova quando risulta che la richiesta di incidente probatorio non avrebbe potuto essere formulata anteriormente. Nello stesso modo il giudice provvede se il termine per le indagini preliminari scade durante l'esecuzione dell'incidente probatorio. Del provvedimento è data in ogni caso comunicazione al procuratore generale presso la corte di appello (2).

(1) Comma introdotto dall'art. 13, l. 15.2.1996, n. 66.

(2) La Corte cost. con sent. 10.3.1994, n. 77, ha dichiarato l'illegitti-

mità costituzionale degli artt. 392 e 393 c.p.p., nella parte in cui non consentono che, nei casi previsti dalla prima di tali disposizioni, l'incidente probatorio possa essere richiesto ed eseguito anche nella fase dell'udienza preliminare.

394. Richiesta della persona offesa.

1. La persona offesa può chiedere al pubblico ministero di promuovere un incidente probatorio.

2. Se non accoglie la richiesta, il pubblico ministero pronuncia decreto motivato e lo fa notificare alla persona offesa.

395. Presentazione e notificazione della richiesta.

1. La richiesta di incidente probatorio è depositata nella cancelleria del giudice per le indagini preliminari, unitamente a eventuali cose o documenti, ed è notificata a cura di chi l'ha proposta, secondo i casi, al pubblico ministero e alle persone indicate nell'articolo 393 comma 1 lettera b). La prova della notificazione è depositata in cancelleria.

396. Deduzioni.

1. Entro due giorni dalla notificazione della richiesta, il pubblico ministero ovvero la persona sottoposta alle indagini può presentare deduzioni sull'ammissibilità e sulla fondatezza della richiesta, depositare cose, produrre documenti nonché indicare altri fatti che debbano costituire oggetto della prova e altre persone interessate a norma dell'articolo 393 comma 1 lettera b).

2. Copia delle deduzioni è consegnata dalla persona sottoposta alle indagini alla segreteria del pubblico ministero, che comunica senza ritardo al giudice le indicazioni necessarie per gli avvisi. La persona sottoposta alle indagini può prendere visione ed estrarre copia delle deduzioni da altri presentate.

397. Differimento dell'incidente probatorio.

1. Il pubblico ministero può chiedere che il giudice disponga il differimento dell'incidente probatorio richiesto dalla persona sottoposta alle indagini quando la sua esecuzione pregiudicherebbe uno o più atti di indagine preliminare. Il differimento non è consentito quando pregiudicherebbe l'assunzione della prova.

2. La richiesta di differimento è presentata a pena di inammissibilità nella cancelleria del giudice entro il termine previsto dall'articolo 396, comma 1, e indica:

a) l'atto o gli atti di indagine preliminare che l'incidente probatorio pregiudicherebbe e le cause del pregiudizio;

b) il termine del differimento richiesto.

3. Il giudice, se non dichiara inammissibile o rigetta la richiesta di incidente probatorio, provvede entro due giorni con ordinanza con la quale accoglie, dichiara inammissibile o rigetta la richiesta di differimento. L'ordinanza di inammissibilità o di rigetto è immediatamente comunicata al pubblico ministero.

4. Nell'accogliere la richiesta di differimento il giudice fissa l'udienza per l'incidente probatorio [398, comma 2, lett. c], non oltre il termine strettamente necessario al compimento dell'atto o degli atti di indagine preliminare indicati nel comma 2 lettera a). L'ordinanza è immediatamente comunicata al pubblico ministero e notificata per estratto alle persone indicate nell'articolo 393 comma 1 lettera b). La richiesta di differimento e l'ordinanza sono depositate alla udienza.

398. Provvedimenti sulla richiesta di incidente probatorio.

1. Entro due giorni dal deposito della prova della notifica [395] e comunque dopo la scadenza del termine previsto dall'articolo 396 comma 1, il giudice pronuncia ordinanza con la quale accoglie, dichiara inammissibile o rigetta la richiesta di incidente probatorio. L'ordinanza di inammissibilità o di rigetto è immediatamente comunicata al pubblico ministero e notificata alle persone interessate.

2. Con l'ordinanza che accoglie la richiesta il giudice stabilisce:

a) l'oggetto della prova [187] nei limiti della richiesta e delle deduzioni;

b) le persone interessate all'assunzione della prova individuate sulla base della richiesta e delle deduzioni;

c) la data dell'udienza. Tra il provvedimento e la data dell'udienza non può intercorrere un termine superiore a dieci giorni.

3. Il giudice fa notificare alla persona sottoposta alle indagini, alla persona offesa e ai difensori avviso del giorno, dell'ora e del luogo in cui si deve procedere all'incidente probatorio almeno due giorni prima della data fissata con l'avvertimento che nei due giorni precedenti l'udienza possono prendere cognizione ed estrarre copia delle dichiarazioni già rese dalla persona da esaminare. Nello stesso termine l'avviso è comunicato al pubblico ministero [(1)].

3 bis. La persona sottoposta alle indagini ed i difensori delle parti hanno diritto di ottenere copia degli atti depositati ai sensi dell'articolo 393, comma 2-*bis* [(2)].

4. Se si deve procedere a più incidenti probatori, essi sono assegnati alla medesima udienza, sempre che non ne derivi ritardo.

5. Quando ricorrono ragioni di urgenza e l'incidente probatorio non può essere svolto nella circoscrizione del giudice competente, quest'ultimo può delegare il giudice per le indagini preliminari del luogo dove la prova deve essere assunta.

5 bis. Nel caso di indagini che riguardino ipotesi di reato previste dagli articoli 572, 600, 600-*bis*, 600-*ter*, anche se relativo al materiale pornografico di cui all'articolo 600-*quater*.1, 600-*quinquies*, 601, 602, 609-*bis*, 609-*ter*, 609-*quater*, 609-*octies*, 609-*undecies* e 612-*bis* del codice penale, il giudice, ove fra le persone interessate all'assunzione della prova vi siano minorenni, con l'ordinanza di cui al comma 2, stabilisce il luogo, il tempo e le modalità particolari attraverso cui procedere all'incidente probatorio, quando le esigenze di tutela delle persone lo rendono necessario od opportuno. A tal fine l'udienza può svolgersi anche in luogo diverso dal tribunale, avvalendosi il giudice, ove esistano, di strutture specializzate di assistenza o, in mancanza, presso l'abitazione della persona interessata all'assunzione della prova. Le dichiarazioni testimoniali debbono essere documentate integralmente con mezzi di riproduzione fonografica o audiovisiva. Quando si verifica una indisponibilità di strumenti di riproduzione o di personale tecnico, si provvede con le forme della perizia, ovvero della consulenza tecnica. Dell'interrogatorio è anche redatto verbale in forma riassuntiva. La trascrizione della riproduzione è disposta solo se richiesta dalle parti [3].

5 ter. Il giudice, su richiesta di parte, applica le disposizioni di cui al comma 5-*bis* quando fra le persone interessate all'assunzione della prova vi siano maggiorenni in condizione di particolare vulnerabilità, desunta anche dal tipo di reato per cui si procede [4].

5 quater. Fermo quanto previsto dal comma 5-*ter*, quando occorre procedere all'esame di una persona offesa che versa in condizione di particolare vulnerabilità si applicano le diposizioni di cui all'articolo 498, comma 4-*quater* [5].

(1) Comma così modificato dall'art. 4, l. 7.8.1997, n. 267.
Il testo previgente così disponeva: «*3. Il giudice fa notificare alla persona sottoposta alle indagini, alla persona offesa e ai difensori avviso del giorno, dell'ora e del luogo in cui si deve procedere all'incidente probatorio almeno due giorni prima della data fissata. Nello stesso termine l'avviso è comunicato al pubblico ministero*».

(2) Comma introdotto dall'art. 14, l. 15.2.1996, n. 66.

(3) Comma introdotto dall'art. 14, l. 15.2.1996, n. 66 e poi così modificato dall'art. 13, l. 3.8.1998, n. 269, dall'art. 15, l. 11.8.2003, n. 228, dall'art. 14, l. 6.2.2006, n. 38, dalla lett. c) del co. 1 dell'art. 9, d.l. 23.2.2009, n. 11, conv. in legge, con modif., dalla l. 23.4.2009, n. 38, dalla lett. h) del co. 1 dell'art. 5, l. 1.10.2012, n. 172 e dalla lett. e) del co. 1 dell'art. 2, d.l. 14.8.2013, n. 93, conv., con modif., dalla l. 15.10.2013, n. 119.
La Corte cost., con sent. 9.7.1998, n. 262, ha dichiarato l'illegittimità del co. 5 bis, nella parte in cui non prevede l'ipotesi di reato di cui all'art. 609 quinquies (Corruzione di minorenne) c.p. fra quelle in presenza delle quali, ove fra le persone interessate all'assunzione della prova vi siano minori di anni sedici, il giudice stabilisce il luogo, il tempo e le modalità particolari attraverso cui procedere all'incidente probatorio, quando le esigenze del minore lo rendono necessario od opportuno. La stessa Corte cost., con sent. 29.1.2005, n. 63, ha dichiarato, tra l'altro, l'illegittimità del co. 5 *bis*, nella parte in cui non prevede che il giudice possa provvedere nei modi ivi previsti all'assunzione della prova ove fra le persone interessate ad essa vi sia un maggiorenne infermo di mente, quando le esigenze di questi lo rendano necessario od opportuno. Il testo di questo comma, antecedente alla modifica disposta dal suddetto d.l. n. 93/2013 così disponeva: «5-bis. *Nel caso di indagini che riguardino ipotesi di reato previste dagli articoli 600,* 600-bis, 600-ter, *anche se relativo al materiale pornografico di cui all'articolo* 600-quater.*1,* 600-quinquies*, 601, 602,* 609-bis*,* 609-ter*,* 609-quater*,* 609-octies*,* 609-undecies *e* 612-bis *del codice penale, il giudice, ove fra le persone interessate all'assunzione della prova vi siano minorenni, con l'ordinanza di cui al comma 2, stabilisce il luogo, il tempo e le modalità particolari attraverso cui procedere all'incidente probatorio, quando le esigenze di tutela delle persone lo rendono necessario od opportuno. A tal fine l'udienza può svolgersi anche in luogo diverso dal tribunale, avvalendosi il giudice, ove esistano, di strutture specializzate di assistenza o, in mancanza, presso l'abitazione della persona interessata all'assunzione della prova. Le dichiarazioni testimoniali debbono essere documentate integralmente con mezzi di riproduzione fonografica o audiovisiva. Quando si verifica una indisponibilità di strumenti di riproduzione o di personale tecnico, si provvede con le forme della perizia, ovvero della consulenza tecnica. Dell'interrogatorio è anche redatto verbale in forma riassuntiva. La trascrizione della riproduzione è disposta solo se richiesta dalle parti*».
Il testo di questo comma, antecedente alla modifica disposta con l. n. 172/2012 così disponeva: «5-bis. *Nel caso di indagini che riguardino ipotesi di reato previste dagli articoli 600,* 600-bis*,* 600-ter*, anche se relativo al materiale pornografico di cui all'articolo* 600-quater.*1,* 600-quinquies*, 601, 602,* 609-bis*,* 609-ter*,* 609-quater*,* 609-octies *e* 612-bis *del codice penale, il giudice, ove fra le persone interessate all'assunzione della prova vi siano minorenni, con l'ordinanza di cui al comma 2, stabilisce il luogo, il tempo e le modalità particolari attraverso cui procedere all'incidente probatorio, quando le esigenze di tutela delle persone lo rendono necessario od opportuno. A tal fine l'udienza può svolgersi anche in luogo diverso dal tribunale, avvalendosi il giudice, ove esistano, di strutture specializzate di assistenza o, in mancanza, presso l'abitazione della persona interessata all'assunzione della prova. Le dichiarazioni testimoniali debbono essere documentate integralmente con mezzi di riproduzione fonografica o audiovisiva. Quando si verifica una indisponibilità di strumenti di riproduzione o di personale tecnico, si provvede con le forme della perizia, ovvero della consulenza tecnica. Dell'interrogatorio è anche redatto verbale in forma riassuntiva. La trascrizione della riproduzione è disposta solo se richiesta dalle parti*».
Il testo di questo comma, antecedente alle modifiche disposte con d.l. 23.2.2009, n. 11, così disponeva: «5-bis. *Nel caso di indagini che riguardino ipotesi di reato previste dagli articoli 600,* 600-bis*,* 600-ter*, anche se relativo al materiale pornografico di cui all'articolo* 600-quater.*1,* 600-quinquies*, 601, 602,* 609-bis*,* 609-ter*,* 609-quater *e* 609-octies *del codice penale, il giudice, ove fra le persone interessate all'assunzione della prova vi siano minori di anni sedici, con l'ordinanza di cui al comma 2, stabilisce il luogo, il tempo e le modalità particolari attraverso cui procedere all'incidente probatorio, quando le esigenze del minore lo rendono necessario od opportuno. A tal fine l'udienza può svolgersi anche in luogo diverso dal tribunale, avvalendosi il giudice, ove esistano, di strutture specializzate di assistenza o, in mancanza, presso l'abitazione dello stesso minore. Le dichiarazioni testimoniali debbono essere documentate integralmente con mezzi di riproduzione fonografica o audiovisiva. Quando si verifica una indisponibilità di strumenti di riproduzione o di personale tecnico, si provvede con le forme della perizia, ovvero della consulenza tecnica. Dell'interrogatorio è anche redatto verbale in forma riassuntiva. La trascrizione della riproduzione è disposta solo se richiesta dalle parti*».
Il testo di questo comma, antecedente alla modifica disposta con l. n. 38/2006, così disponeva: «5-bis. *Nel caso di indagini che riguardino ipotesi di reato previste dagli articoli 600,* 600-bis*,* 600-ter*,* 600-quinquies*, 601, 602,* 609-bis*,* 609-ter*,* 609-quater *e* 609-octies *del codice penale, il giudice, ove fra le persone interessate all'assunzione della prova vi siano minori di anni sedici, con l'ordinanza di cui al comma 2, stabilisce il luogo, il tempo e le modalità particolari attraverso cui procedere all'incidente probatorio, quando le esigenze del minore lo rendono necessario od opportuno. A tal fine l'udienza può svolgersi anche in luogo diverso dal tribunale, avvalendosi il giudice, ove esistano, di strutture specializzate di assistenza o, in mancanza, presso l'abitazione dello stesso minore. Le dichiarazioni testimoniali debbono essere documentate integralmente con mezzi di riproduzione fonografica o audiovisiva. Quando si verifica una indisponibilità di strumenti di riproduzione o di personale tecnico, si provvede con le forme della perizia, ovvero della consulenza tecnica. Dell'interrogatorio è anche redatto verbale in forma riassuntiva. La trascrizione della riproduzione è disposta solo se richiesta dalle parti*».
Il testo di questo comma, antecedente alla modifica disposta con l. n. 228/2003, così disponeva: «5-bis. *Nel caso di indagini che riguardino ipotesi di reato previste dagli articoli* 600-bis*,* 600-ter*,* 600-

quinquies, 609-bis, 609-ter, 609-quater e 609-octies *del codice penale, il giudice, ove fra le persone interessate all'assunzione della prova vi siano minori di anni sedici, con l'ordinanza di cui al comma 2, stabilisce il luogo, il tempo e le modalità particolari attraverso cui procedere all'incidente probatorio, quando le esigenze del minore lo rendono necessario od opportuno. A tal fine l'udienza può svolgersi anche in luogo diverso dal tribunale, avvalendosi il giudice, ove esistano, di strutture specializzate di assistenza o, in mancanza, presso l'abitazione dello stesso minore. Le dichiarazioni testimoniali debbono essere documentate integralmente con mezzi di riproduzione fonografica o audiovisiva. Quando si verifica una indisponibilità di strumenti di riproduzione o di personale tecnico, si provvede con le forme della perizia, ovvero della consulenza tecnica. Dell'interrogatorio è anche redatto verbale in forma riassuntiva. La trascrizione della riproduzione è disposta solo se richiesta dalle parti».*

Il testo antecedente alla modifica disposta con l. n. 269/1998 così disponeva: «5-bis. *Nel caso di indagini che riguardino ipotesi di reato previste dagli articoli* 609-bis, 609-ter, 609-quater *e* 609-octies *del codice penale, il giudice, ove fra le persone interessate all'assunzione della prova vi siano minori di anni sedici, con l'ordinanza di cui al comma 2, stabilisce il luogo, il tempo e le modalità particolari attraverso cui procedere all'incidente probatorio, quando le esigenze del minore lo rendono necessario od opportuno. A tal fine l'udienza può svolgersi anche in luogo diverso dal tribunale, avvalendosi il giudice, ove esistano, di strutture specializzate di assistenza o, in mancanza, presso l'abitazione dello stesso minore. Le dichiarazioni testimoniali debbono essere documentate integralmente con mezzi di riproduzione fonografica o audiovisiva. Quando si verifica una indisponibilità di strumenti di riproduzione o di personale tecnico, si provvede con le forme della perizia, ovvero della consulenza tecnica. Dell'interrogatorio è anche redatto verbale in forma riassuntiva. La trascrizione della riproduzione è disposta solo se richiesta dalle parti».*

(4) Comma introdotto dall'art. 3, co. 1, d.lgs. 4.3.2014, n. 24.

(5) Comma introdotto dall'art. 1, co. 1, lett. i), d.lgs. 15.12.2015, n. 212, a decorrere dal 20.1.2016.

399. Accompagnamento coattivo della persona sottoposta alle indagini.

1. Se la persona sottoposta alle indagini, la cui presenza è necessaria per compiere un atto da assumere con l'incidente probatorio, non compare senza addurre un legittimo impedimento, il giudice ne ordina l'accompagnamento coattivo [132].

400. Provvedimenti per i casi di urgenza.

1. Quando per assicurare l'assunzione della prova è indispensabile procedere con urgenza all'incidente probatorio, il giudice dispone con decreto motivato che i termini previsti dagli articoli precedenti siano abbreviati nella misura necessaria.

401. Udienza.

1. L'udienza si svolge in camera di consiglio con la partecipazione necessaria del pubblico ministero e del difensore [179] della persona sottoposta alle indagini. Ha altresì diritto di parteciparvi il difensore della persona offesa.

2. In caso di mancata comparizione del difensore della persona sottoposta alle indagini, il giudice designa altro difensore a norma dell'articolo 97 comma 4.

3. La persona sottoposta alle indagini e la persona offesa hanno diritto di assistere all'incidente probatorio quando si deve esaminare un testimone o un'altra persona. Negli altri casi possono assistere previa autorizzazione del giudice.

4. Non è consentita la trattazione e la pronuncia di nuovi provvedimenti su questioni relative all'ammissibilità e alla fondatezza della richiesta.

5. Le prove sono assunte e documentate con le forme stabilite per il dibattimento [496]. Il difensore della persona offesa può chiedere al giudice di rivolgere domande alle persone sottoposte ad esame [1].

6. Salvo quanto previsto dall'articolo 402, è vietato estendere l'assunzione della prova a fatti riguardanti persone diverse da quelle i cui difensori partecipano all'incidente probatorio. È in ogni caso vietato verbalizzare dichiarazioni riguardanti tali soggetti.

7. Se l'assunzione della prova non si conclude nella medesima udienza, il giudice ne dispone il rinvio al giorno successivo non festivo, salvo che lo svolgimento delle attività di prova richieda un termine maggiore.

8. Il verbale, le cose e i documenti acquisiti nell'incidente probatorio sono trasmessi al pubblico ministero. I difensori hanno diritto di prenderne visione ed estrarne copia.

(1) Comma così modificato dall'art. 21, co. 1, d.lgs. 10.10.2022, n. 150, a decorrere dal 30.12.2022.
Il testo previgente così disponeva: «5. *Le prove sono assunte con le forme stabilite per il dibattimento. Il difensore della persona offesa può chiedere al giudice di rivolgere domande alle persone sottoposte ad esame.*».

402. Estensione dell'incidente probatorio.

1. Se il pubblico ministero o il difensore della persona sottoposta alle indagini chiede che la prova si estenda ai fatti o alle dichiarazioni previsti dall'articolo 401 comma 6, il giudice, se ne ricorrono i requisiti, dispone le necessarie notifiche a norma dell'articolo 398 comma 3 rinviando l'udienza per il tempo strettamente necessario e comunque non oltre tre giorni. La richiesta non è accolta se il rinvio pregiudica l'assunzione della prova.

403. Utilizzabilità nel dibattimento delle prove assunte con incidente probatorio.

1. Nel dibattimento le prove assunte con l'incidente probatorio sono utilizzabili [191] soltanto nei confronti degli imputati i cui difensori hanno partecipato alla loro assunzione.

1 bis. Le prove di cui al comma 1 non sono utilizzabili nei confronti dell'imputato raggiunto solo successivamente all'incidente probatorio da indizi di colpevolezza se il difensore non ha partecipato alla loro assunzione, salvo che i suddetti indizi siano emersi dopo che la ripetizione dell'atto sia divenuta impossibile.

(1) Comma introdotto dall'art. 5, l. 7.8.1997, n. 267.

404. Efficacia dell'incidente probatorio nei confronti della parte civile.

1. La sentenza pronunciata sulla base di una prova assunta con incidente probatorio a cui il danneggiato dal reato non è stato posto in grado di partecipare non produce gli effetti previsti dall'articolo 652, salvo che il danneggiato stesso ne abbia fatta accettazione anche tacita.

TITOLO VIII
Chiusura delle indagini preliminari

405. Termini per la conclusione delle indagini preliminari [(1)].

[**1.** Il pubblico ministero, quando non deve richiedere l'archiviazione [408], esercita l'azione penale, formulando l'imputazione, nei casi previsti nei titoli II, III, IV e V del libro VI ovvero con richiesta di rinvio a giudizio [416, 555]. [(2)]].

1 bis. Il pubblico ministero, al termine delle indagini, formula richiesta di archiviazione quando la Corte di cassazione si è pronunciata in ordine alla insussistenza dei gravi indizi di colpevolezza, ai sensi dell'articolo 273, e non sono stati acquisiti, successivamente, ulteriori elementi a carico della persona sottoposta alle indagini [(3)].

2. Salvo quanto previsto dagli articoli 406 e 415-*bis*, il pubblico ministero conclude le indagini preliminari [335] entro il termine di un anno dalla data in cui il nome della persona alla quale è attribuito il reato è iscritto nel registro delle notizie di reato. Il termine è di sei mesi, se si procede per una contravvenzione, e di un anno e sei mesi, se si procede per taluno dei delitti indicati nell'articolo 407, comma 2 [(4)].

3. Se è necessaria la querela, l'istanza o la richiesta di procedimento, il termine decorre dal momento in cui queste pervengono al pubblico ministero.

4. Se è necessaria l'autorizzazione a procedere, il decorso del termine è sospeso dal momento della richiesta a quello in cui l'autorizzazione perviene al pubblico ministero.

(1) Rubrica così sostituita dall'art. 22, co. 1, lett. a), n. 1), d.lgs. 10.10.2022, n. 150, a decorrere dal 30.12.2022.
Il testo precedente così riportava: «*Inizio dell'azione penale. Forme e termini*».

(2) Comma abrogato dall'art. 98, co. 1, lett. a), d.lgs. 10.10.2022, n. 150, a decorrere dal 30.12.2022.

(3) Comma introdotto dall'art. 3, l. 20.2.2006, n. 46. La Corte cost., con sent. 24.4.2009, n. 121 ha dichiarato l'illegittimità di questo comma. L'art. 10 della l. n. 46/2006 così dispone:
«*Art. 10 – 1. La presente legge si applica ai procedimenti in corso alla data di entrata in vigore della medesima.*
2. L'appello proposto contro una sentenza di proscioglimento dall'imputato o dal pubblico ministero prima della data di entrata in vigore della presente legge viene dichiarato inammissibile con ordinanza non impugnabile.
3. Entro quarantacinque giorni dalla notifica del provvedimento di inammissibilità di cui al comma 2 può essere proposto ricorso per cassazione contro le sentenze di primo grado.
4. La disposizione di cui al comma 2 si applica anche nel caso in cui sia annullata, su punti diversi dalla pena o dalla misura di sicurezza, una sentenza di condanna di una corte di assise di appello o di una corte di appello che abbia riformato una sentenza di assoluzione.
5. Nei limiti delle modificazioni apportate dall'articolo 8 della presente legge possono essere presentati i motivi di cui all'articolo 585, comma 4, del codice di procedura penale entro trenta giorni dalla data di entrata in vigore della presente legge».
Successivamente la Corte cost., con sent. 6.2.2007, n. 26, ha dichiarato, tra l'altro, l'illegittimità del co. 2 dell'art. 10, nella parte in cui prevede che l'appello proposto contro una sentenza di proscioglimento dal pubblico ministero prima della data di entrata in vigore della medesima legge è dichiarato inammissibile.

(4) Comma modificato, prima, dall'art. 17, l. 16.12.1999, n. 479 e, poi, così sostituito dall'art. 22, co. 1, lett. a), n. 2), d.lgs. 10.10.2022, n. 150, a decorrere dal 30.12.2022.
Il testo antecedente alla sostituzione disposta con d.lgs. n. 150/2022 così disponeva: «*2. Salvo quanto previsto dall'articolo 415-bis, il pubblico ministero richiede il rinvio a giudizio entro sei mesi dalla data in cui il nome della persona alla quale è attribuito il reato è iscritto nel registro delle notizie di reato. Il termine è di un anno se si procede per taluno dei delitti indicati nell'articolo 407 comma 2 lettera a).*».
Il testo previgente, il cui ultimo periodo era stato aggiunto dall'art. 6, co. 1, d.l. 8.6.1992, n. 306, conv., con modif., in l. 7.8.1992, n. 356, recante modifiche urgenti al nuovo codice di procedura penale e provvedimenti di contrasto alla criminalità mafiosa, così disponeva: «*2. Il pubblico ministero richiede il rinvio a giudizio entro sei mesi dalla data in cui il nome della persona alla quale è attribuito il reato è iscritto nel registro delle notizie di reato. Il termine è di un anno se si procede per taluno dei delitti indicati nell'articolo 407 comma 2 lettera a)*».

406. Proroga dei termini [(1)].

1. Il pubblico ministero, prima della scadenza, può richiedere al giudice, quando le indagini sono complesse, la proroga del termine previsto dall'articolo 405. La richiesta contiene l'indicazione della notizia di reato e l'esposizione dei motivi che la giustificano [(2)].

2. La proroga può essere autorizzata per una sola volta e per un tempo non superiore a sei mesi [(3)].

[**2 bis.** Ciascuna proroga può essere autorizzata dal giudice per un tempo non superiore a sei mesi. [(4)]].

[**2 ter.** Qualora si proceda per i reati di cui agli articoli 572, 589, secondo comma, 589-*bis*, 590, terzo comma, 590-*bis* e 612-*bis* del codice penale, la proroga di cui al comma 1 può essere concessa per non più di una volta [(4)] [(5)].].

3. La richiesta di proroga è notificata, a cura del giudice, con l'avviso della facoltà di presentare memorie entro cinque giorni dalla notificazione, alla persona sottoposta alle indagini nonché alla persona offesa dal reato che, nella notizia di reato o successivamente alla sua presentazione, abbia dichiarato di volere esserne informata. Il giudice provvede entro dieci giorni dalla scadenza del termine per la presentazione delle memorie.

4. Il giudice autorizza la proroga del termine con ordinanza emessa in camera di consiglio senza intervento del pubblico ministero e dei difensori.

5. Qualora ritenga che allo stato degli atti non si debba concedere la proroga, il giudice, entro il termine previsto dal comma 3 secondo periodo, fissa la data dell'udienza in camera di consiglio e ne fa notificare avviso al pubblico ministero, alla persona sottoposta alle indagini nonché, nella ipotesi prevista dal comma 3, alla persona offesa dal reato. Il procedimento si svolge nelle forme previste dall'articolo 127.

5 bis. Le disposizioni dei commi 3, 4 e 5 non si applicano se si procede per taluno dei delitti indicati nell'articolo 51 comma 3-*bis* e nell'articolo 407, comma 2, lettera a), numeri 4 e 7-*bis*. In tali casi, il giudice provvede con ordinanza entro dieci giorni dalla presentazione della richiesta, dandone comunicazione al pubblico ministero [(6)].

6. Se non ritiene di respingere la richiesta di proroga, il giudice autorizza con ordinanza il pubblico ministero a proseguire le indagini.

7. Con l'ordinanza che respinge la richiesta di proroga, il giudice, se il termine per le indagini preliminari è già scaduto, fissa un termine non superiore a dieci giorni per la formulazione delle richieste del pubblico ministero a norma dell'articolo 405.

8. Gli atti di indagine compiuti dopo la presentazione della richiesta di proroga e prima della comunicazione del provvedimento del giudice sono comunque utilizzabili sempre che, nel caso di provvedimento negativo, non siano successivi alla data di scadenza del termine originariamente previsto per le indagini.

(1) Articolo così sostituito dall'art. 6, co. 2, d.l. 8.6.1992, n. 306, conv., con modif., in l. 7.8.1992, n. 356, recante modifiche urgenti al nuovo codice di procedura penale e provvedimenti di contrasto alla criminalità mafiosa.
Rubrica così modificata dall'art. 22, co. 1, lett. b), n. 3), d.lgs. 10.10.2022, n. 150, a decorrere dal 30.12.2022.
Il testo precedente così riportava: «*Proroga del termine*».

(2) Comma così modificato dall'art. 22, co. 1, lett. b), n. 1), d.lgs. 10.10.2022, n. 150, a decorrere dal 30.12.2022.
Il testo previgente così disponeva: «*1. Il pubblico ministero, prima della scadenza, può richiedere al giudice, per giusta causa, la proroga del termine previsto dall'articolo 405. La richiesta contiene l'indicazione della notizia di reato e l'esposizione dei motivi che la giustificano.*». Di quest'ultima formulazione la Corte cost., con sent. 15.4.1992, n. 174, ha dichiarato l'illegittimità costituzionale nella parte in cui prevede che il giudice possa prorogare il termine per le indagini preliminari solo «*prima della scadenza del termine stesso*».

(3) Comma così sostituito dall'art. 22, co. 1, lett. b), n. 2), d.lgs. 10.10.2022, n. 150, a decorrere dal 30.12.2022.

(4) Comma abrogato dall'art. 98, co. 1, lett. a), d.lgs. 10.10.2022, n. 150, a decorrere dal 30.12.2022.

(5) Comma introdotto dall'art. 4, l. 21.2.2006, n. 102 e, poi, così modificato dall'art. 2 co. 1, lett. f), d.l. 14.8.2013, n. 93, conv., con modif., dalla l. 15.10.2013, n. 119 e dall'art. 1, co. 5, lett. c), l. 23.3.2016, n. 41, a decorrere dal 25.3.2016.
Il testo di questo comma in vigore prima delle modifiche disposte con l. n. 41/2016 così disponeva: «2-ter. *Qualora si proceda per i reati di cui agli articoli 572, 589, secondo comma, 590, terzo comma, e 612-bis del codice penale, la proroga di cui al comma 1 può essere concessa per non più di una volta*».
Il testo di questo comma prima della conversione in legge del d.l. n. 93/2013 così disponeva: «2-ter. *Qualora si proceda per i reati di cui agli articoli 572, 589, secondo comma, e 590, terzo comma, del codice penale, la proroga di cui al comma 1 può essere concessa per non più di una volta*».
Il testo antecedente alla modifica disposta con d.l. n. 93/2013 così disponeva: «2-ter. *Qualora si proceda per i reati di cui agli articoli 589, secondo comma, e 590, terzo comma, del codice penale, la proroga di cui al comma 1 può essere concessa per non più di una volta*».

(6) Comma così modificato prima dall'art. 3, d.l. 24.11.2000, n. 341, conv. in legge, con modif., dalla l. 19.1.2001, n. 4 e poi dall'art. 1, d.l. 5.4.2001, n. 98, convertito in legge dall'art. 1, l. 14.5.2001, n. 196.
Il testo antecedente a quest'ultima modifica così disponeva: «5-bis. *Le disposizioni dei commi 3, 4 e 5 non si applicano se si procede per taluno dei delitti indicati nell'articolo 51comma* 3-bis *e nell'articolo 407, comma 2, lettera a), n.* 7-bis. *In tali casi, il giudice provvede con ordinanza entro dieci giorni dalla presentazione della richiesta, dandone comunicazione al pubblico ministero*». Il testo antecedente alla modifica disposta con d.l. n. 341/2000 così disponeva: «5-bis. *Le disposizioni dei commi 3, 4 e 5 non si applicano se si procede per taluno dei delitti indicati nell'articolo 51 comma* 3-bis. *In tal casi, il giudice provvede con ordinanza entro dieci giorni dalla presentazione della richiesta, dandone comunicazione al pubblico ministero*».

407. Termini di durata massima delle indagini preliminari.

1. Salvo quanto previsto all'articolo 393 comma 4, la durata delle indagini preliminari non può comunque superare diciotto mesi o, se si procede per una contravvenzione, un anno [(1)].

2. La durata massima è tuttavia di due anni se le indagini preliminari riguardano:

a) i delitti appresso indicati:
1) delitti di cui agli articoli 285, 286, 416-*bis* e 422 del codice penale, 291-*ter*, limitatamente alle ipotesi aggravate previste dalle lettere a), d) ed e) del comma 2, e 291-*quater*, comma 4, del testo unico approvato con decreto del Presidente della Repubblica 23 gennaio 1973, n. 43 [(2)];
2) delitti consumati o tentati di cui agli articoli 575, 628, terzo comma, 629, secondo comma, e 630 dello stesso codice penale;
3) delitti commessi avvalendosi delle condizioni previste dall'articolo 416-*bis* del codice penale ovvero al fine di agevolare l'attività delle associazioni previste dallo stesso articolo [(3)];
4) delitti commessi per finalità di terrorismo o di eversione dell'ordinamento costituzionale per i quali la legge stabilisce la pena della reclusione non inferiore nel minimo a cinque anni o nel massimo a dieci anni, nonché delitti di cui agli articoli 270, terzo comma e 306, secondo comma, del codice penale [(3) (4)];
5) delitti di illegale fabbricazione, introduzione nello Stato, messa in vendita, cessione, detenzione e porto in luogo pubblico o aperto al pubblico di armi da guerra o tipo guerra o parti di esse, di esplosivi, di armi clandestine nonché di più armi comuni da sparo escluse quelle previste dall'articolo 2, comma terzo, della legge 18 aprile 1975, n. 110 [(5)];
6) delitti di cui agli articoli 73, limitatamente alle ipotesi aggravate ai sensi dell'articolo 80, comma 2, e 74 del testo unico delle leggi in materia di disciplina degli stupefacenti e sostanze psicotrope, prevenzione, cura e riabilitazione dei relativi stati di tossicodipendenza, approvato con decreto del Presidente della Repubblica 9 ottobre 1990, n. 309, e successive modificazioni;
7) delitto di cui all'articolo 416 del codice penale nei casi in cui è obbligatorio l'arresto in flagranza [(6)];
7-*bis*) dei delitti previsto dagli articoli 600, 600-*bis*, primo comma, 600-*ter*, primo e secondo comma, 601, 602, 609-*bis* nelle ipotesi aggravate previste dall'articolo 609-*ter*, 609-*quater*, 609-*octies* del codice penale, nonché dei delitti previsti dagli articoli 12, comma 3, e 12-*bis* del testo unico di cui

al decreto legislativo 25 luglio 1998, n. 286, e successive modificazioni [(7)];

b) notizie di reato che rendono particolarmente complesse le investigazioni per la molteplicità di fatti tra loro collegati ovvero per l'elevato numero di persone sottoposte alle indagini o di persone offese [(8)];

c) indagini che richiedono il compimento di atti all'estero [727, 728, 729];

d) procedimenti in cui è indispensabile mantenere il collegamento tra più uffici del pubblico ministero a norma dell'articolo 371.

3. Salvo quanto previsto dall'articolo 415-*bis*, non possono essere utilizzati gli atti di indagine compiuti dopo la scadenza del termine per la conclusione delle indagini preliminari stabilito dalla legge o prorogato dal giudice [191] [(9)].

[**3 bis.** In ogni caso il pubblico ministero è tenuto a esercitare l'azione penale o a richiedere l'archiviazione entro il termine di tre mesi dalla scadenza del termine massimo di durata delle indagini e comunque dalla scadenza dei termini di cui all'articolo 415-*bis*. Nel caso di cui al comma 2, lettera b), del presente articolo, su richiesta presentata dal pubblico ministero prima della scadenza, il procuratore generale presso la corte di appello può prorogare, con decreto motivato, il termine per non più di tre mesi, dandone notizia al procuratore della Repubblica. Il termine di cui al primo periodo del presente comma è di quindici mesi per i reati di cui al comma 2, lettera a), numeri 1), 3) e 4), del presente articolo. Ove non assuma le proprie determinazioni in ordine all'azione penale nel termine stabilito dal presente comma, il pubblico ministero ne dà immediata comunicazione al procuratore generale presso la corte di appello [(10)].].

(1) Comma così modificato dall'art. 22, co. 1, lett. c), n. 1), d.lgs. 10.10.2022, n. 150, a decorrere dal 30.12.2022.

(2) Numero così sostituito dall'art. 5, l. 19.3.2001, n. 92.
Il testo previgente così disponeva: «*1) delitti di cui agli articoli 285, 286, 416-bis e 422 del codice penale*».

(3) I delitti indicati nel presente numero sono attribuiti al tribunale in composizione collegiale ai sensi di quanto previsto dall'art. 33 bis c.p.p.

(4) Numero così modificato prima dall'art. 1, d.l. 5.4.2001, n. 98, conv. in l. dall'art. 1, l. 14.5.2001, n. 196 e poi dall'art. 1, d.l. 18.10.2001, n. 374 conv., con modif., dalla l. 15.12.2001, n. 438. Gli artt. 3 e 4 del d.l. n. 374/2001 hanno disposto che, nei procedimenti per i delitti previsti dal presente numero, si applicano le disposizioni di cui all'art. 13, d.l. 13.5.1991, n. 152 e all'art. 10, d.l. 31.12.1991, n. 419.
Il testo antecedente a quest'ultima modifica così disponeva: «*4) delitti commessi per finalità di terrorismo o di eversione dell'ordinamento costituzionale per i quali la legge stabilisce la pena della reclusione non inferiore nel minimo a cinque anni o nel massimo a dieci anni, nonché delitti di cui agli articoli 270, terzo comma, 270-bis, secondo comma, e 306, secondo comma, del codice penale*». A questo testo l'art. 2 del d.l. n. 374/2001 aveva aggiunto, dopo la parola «*terrorismo*», le seguenti: «*anche internazionale*». La legge di conversione 15.12.2001, n. 438 ha però soppresso il art. 2. Il testo antecedente alla modifica disposta con d.l. n. 98/2001 così disponeva: «*4) delitti commessi per finalità di terrorismo o di eversione dell'ordinamento costituzionale per i quali la legge stabilisce la pena della reclusione non inferiore nel minimo a cinque anni o nel massimo a dieci anni*».

(5) I delitti indicati nel presente numero sono attribuiti al tribunale in composizione collegiale ai sensi di quanto previsto dall'art. 33-*bis* c.p.p.

(6) Lettera così sostituita, da ultimo, dall'art. 21, l. 8.8.1995, n. 332. Il testo precedente, come sostituito dall'art. 6, co. 3, d.l. 8.6.1992, n. 306, convertito con modificazioni, con l. 7.8.1992, n. 356, così disponeva: «*a) i delitti indicati nell'articolo 275 comma 3 nonché il delitto previsto dall'articolo 416 del codice penale nei casi in cui è obbligatorio l'arresto in flagranza*».

(7) Numero aggiunto dall'art. 3, d.l. 24.11.2000, n. 341, conv. in legge, con modif., dalla l. 19.1.2001, n. 4 e modificato, prima, dall'art. 6, l. 11.8.2003, n. 228, dal co. 27 dell'art. 1, l. 15.7.2009, n. 94 e dalla lett. i) del co. 1 dell'art. 5, l. 1.10.2012, n. 172, e, poi, dall'art. 8, co. 4, d.l. 10.3.2023, n. 20, conv., con modif., dalla l. 5.5.2023, n. 50, a decorrere dall'11.3.2023.
Questo numero si applica anche ai procedimenti in corso alla data di entrata in vigore del d.l. n. 341/2000, ai sensi dell'art. 5 dello stesso decreto.
Il testo antecedente alle modifiche disposte con d.l. n. 20/2023, così disponeva: «7-bis*) dei delitti previsto dagli articoli 600, 600-*bis*, primo comma, 600-*ter*, primo e secondo comma, 601, 602, 609-*bis* nelle ipotesi aggravate previste dall'articolo 609-*ter*, 609-*quater*, 609-*octies* del codice penale, nonché dei delitti previsti dall'articolo 12, comma 3, del testo unico di cui al decreto legislativo 25 luglio 1998, n. 286, e successive modificazioni.*».
Il testo antecedente alla modifica con la l. n. 172/2012 così disponeva: «7-bis*) dei delitti previsto dagli articoli 600, 600-*bis*, comma 1, 600-*ter*, comma 1, 601, 602, 609-*bis* nelle ipotesi aggravate previste dall'articolo 609-*ter*, 609-*quater*, 609-*octies* del codice penale, nonché dei delitti previsti dall'articolo 12, comma 3, del testo unico di cui al decreto legislativo 25 luglio 1998, n. 286, e successive modificazioni*».
Il testo antecedente alla modifica disposta con l. n. 94/2009 così disponeva: «7-bis*) dei delitti previsto dagli artt. 600, 600-*bis*, co. 1, 600-*ter*, co. 1, 601, 602, 609-*bis* nelle ipotesi aggravate previste dall'artt. 609-*ter*, 609-*quater*, 609-*octies* del codice penale*».
Il testo antecedente alla modifica disposta con l. n. 228/2003 così disponeva: «7-bis*) dei delitti previsto dagli articoli 600-*bis*, comma 1, 600-*ter*, comma 1, 601, 609-*bis* nelle ipotesi aggravate previste dall'articolo 609-*ter*, 609-*quater*, 609-*octies* del codice penale*».

(8) L'art. 1, l. 28.9.1998, n. 336, ha disposto che, nei procedimenti penali in corso alla data della sua entrata in vigore, aventi ad oggetto i reati di cui agli artt. 285 e 422 c.p., commessi anteriormente alla data di entrata in vigore del codice di procedura penale, approvato con decreto del Presidente della Repubblica 22.9.1988, n. 447, il termine di durata massima delle indagini preliminari è di tre anni ove ricorra l'ipotesi di cui alla lett. b) del co. 2 dell'art. 407 c.p.p. Il termine di durata massima delle indagini preliminari per le suddette ipotesi di reato è stato poi aumentato: a quattro anni dall'art. 1, d.l. 27.9.1999, n. 330, convertito in legge dall'art. 1, l. 23.11.1999, n. 438; a cinque anni dall'art. 9, d.l. 24.11.2000, n. 341, conv. in legge, con modif., dalla l. 19.1.2001, n. 4 e a sei anni dall'art. 13, d.l. 25.10.2002, n. 236, conv. in legge, con modif., dalla l. 27.12.2002, n. 284.

(9) Comma modificato dall'art. 17, l. 16.12.1999, n. 479, e, poi, così sostituito dall'art. 22, co. 1, lett. c), n. 2), d.lgs. 10.10.2022, n. 150, a decorrere dal 30.12.2022.
Il testo antecedente alla sostituzione disposta con d.lgs. n. 150/2022 così disponeva: «*3. Salvo quanto previsto dall'articolo 415-bis, qualora il pubblico ministero non abbia esercitato l'azione penale o richiesto l'archiviazione nel termine stabilito dalla legge o prorogato dal giudice, gli atti di indagine compiuti dopo la scadenza del termine non possono essere utilizzati.*».
Il testo antecedente alla modifica disposta con l. n. 479/1999 così disponeva: «*3. Qualora il pubblico ministero non abbia esercitato l'azione penale o richiesto l'archiviazione nel termine stabilito dalla leg-*

ge o prorogato dal giudice, gli atti di indagine compiuti dopo la scadenza del termine non possono essere utilizzati».

(10) Comma introdotto dall'art. 1, co. 30, lett. a), l. 23.6.2017, n. 103, a decorrere dal 3.8.2017, e abrogato dall'art. 98, co. 1, lett. a), d.lgs. 10.10.2022, n. 150, a decorrere dal 30.12.2022. Secondo quanto disposto dall'art. 88 bis, co. 2, del d.lgs. n. 150/2022 le disposizioni dell'art. 407 continuano ad applicarsi nel testo vigente prima della data del 30.12.2022.

407 bis. Inizio dell'azione penale. Forme e termini [(1)].

1. Il pubblico ministero, quando non deve richiedere l'archiviazione, esercita l'azione penale, formulando l'imputazione, nei casi previsti nei titoli II, III, IV, V e V-*bis* del libro VI ovvero con richiesta di rinvio a giudizio.

2. Il pubblico ministero esercita l'azione penale o richiede l'archiviazione entro tre mesi dalla scadenza del termine di cui all'articolo 405, comma 2, o, se ha disposto la notifica dell'avviso della conclusione delle indagini preliminari, entro tre mesi dalla scadenza dei termini di cui all'articolo 415-*bis*, commi 3 e 4. Il termine è di nove mesi nei casi di cui all'articolo 407, comma 2.

(1) Articolo introdotto dall'art. 22, co. 1, lett. d), d.lgs. 10.10.2022, n. 150, a decorrere dal 30.12.2022.

408. Richiesta di archiviazione per infondatezza della notizia di reato.

1. Quando gli elementi acquisiti nel corso delle indagini preliminari non consentono di formulare una ragionevole previsione di condanna o di applicazione di una misura di sicurezza diversa dalla confisca, il pubblico ministero, presenta al giudice richiesta di archiviazione. Con la richiesta è trasmesso il fascicolo contenente la notizia di reato, la documentazione relativa alle indagini espletate [357] e i verbali degli atti compiuti davanti al giudice per le indagini preliminari [294] [(1)].

2. Fuori dei casi di rimessione della querela, l'avviso della richiesta è notificato, a cura del pubblico ministero, alla persona offesa che, nella notizia di reato o successivamente alla sua presentazione, abbia dichiarato di volere essere informata circa l'eventuale archiviazione [(2)].

3. Nell'avviso è precisato che, nel termine di venti giorni, la persona offesa può prendere visione degli atti e presentare opposizione con richiesta motivata di prosecuzione delle indagini preliminari [(3)].

3 bis. Per i delitti commessi con violenza alla persona e per il reato di cui all'articolo 624-*bis* del codice penale, l'avviso della richiesta di archiviazione è in ogni caso notificato, a cura del pubblico ministero, alla persona offesa ed il termine di cui al comma 3 è elevato a trenta giorni [(4)].

(1) Comma così modificato dall'art. 22, co. 1, lett. e), n. 1), d.lgs. 10.10.2022, n. 150, a decorrere dal 30.12.2022.
Il testo previgente così disponeva: «*1. Entro i termini previsti dagli articoli precedenti, il pubblico ministero, se la notizia di reato è infondata, presenta al giudice richiesta di archiviazione. Con la richiesta è trasmesso il fascicolo contenente la notizia di reato, la documentazione relativa alle indagini espletate e i verbali degli atti compiuti davanti al giudice per le indagini preliminari.*».

(2) Comma così modificato dall'art. 22, co. 1, lett. e), n. 2), d.lgs. 10.10.2022, n. 150, a decorrere dal 30.12.2022.
Il testo previgente così disponeva: «*2. L'avviso della richiesta è notificato, a cura del pubblico ministero, alla persona offesa che, nella notizia di reato o successivamente alla sua presentazione, abbia dichiarato di volere essere informata circa l'eventuale archiviazione*».

(3) Comma modificato, prima, dall'art. 1, co. 31, lett. a), l. 23.6.2017, n. 103, a decorrere dal 3.8.2017, e, poi, dall'art. 22, co. 1, lett. e), n. 3), d.lgs. 10.10.2022, n. 150, a decorrere dal 30.12.2022. Secondo quanto previsto dall'art. 92, co. 2 bis, d.lgs. n. 150/2022, come modificato dall'art. 5 novies, co. 1, del d.l. n. 162/2022 le disposizioni di questo comma si applicano nei procedimenti penali e nella fase dell'esecuzione della pena decorsi sei mesi dalla data del 30.12.2022. Questo comma, da ultimo, è stato così modificato dall'art. 2, co. [illegible], lett. i), d.lgs. 19.3.2024, n. 31, a decorrere dal 4.4.2024.
Il testo antecedente alla modifica disposta con d.lgs. n. 31/2024 così disponeva: «*3. Nell'avviso è precisato che, nel termine di venti giorni, la persona offesa può prendere visione degli atti e presentare opposizione con richiesta motivata di prosecuzione delle indagini preliminari. La persona sottoposta alle indagini e la persona offesa sono altresì informate della facoltà di accedere ai programmi di giustizia ripartiva.*».
Il testo antecedente alla modifica disposta con d.lgs. n. 150/2022 così disponeva: «*3. Nell'avviso è precisato che, nel termine di venti giorni, la persona offesa può prendere visione degli atti e presentare opposizione con richiesta motivata di prosecuzione delle indagini preliminari.*».
Il testo previgente così disponeva: «*3. Nell'avviso è precisato che, nel termine di dieci giorni, la persona offesa può prendere visione degli atti e presentare opposizione con richiesta motivata di prosecuzione delle indagini preliminari*».

(4) Comma introdotto dalla lett. g) del co. 1 dell'art. 2, d.l. 14.8.2013, n. 93, conv., con modif., dalla l. 15.10.2013, n. 119, e, poi così modificato dall'art. 1, co. 31, lett. b), l. 23.6.2017, n. 103, a decorrere dal 3.8.2017 (art. 1, co. 95, l. n. 103/2017).
Il testo antecedente alla modifica disposta dalla l. n. 103/2017 così disponeva: «*3-bis. Per i delitti commessi con violenza alla persona, l'avviso della richiesta di archiviazione è in ogni caso notificato, a cura del pubblico ministero, alla persona offesa ed il termine di cui al comma 3 è elevato a venti giorni*».
Il testo di questo comma prima della conversione in legge del d.l. n. 93/2013 così disponeva: «*Per il reato di cui all'articolo 572 del codice penale, l'avviso della richiesta di archiviazione è in ogni caso notificato, a cura del pubblico ministero, alla persona offesa ed il termine di cui al comma 3 è elevato a venti giorni*».

409. Provvedimenti del giudice sulla richiesta di archiviazione.

1. Fuori dei casi in cui sia stata presentata l'opposizione prevista dall'articolo 410, il giudice, se accoglie la richiesta di archiviazione, pronuncia decreto motivato e restituisce gli atti al pubblico ministero. Il provvedimento che dispone l'archiviazione è notificato alla persona sottoposta alle indagini se nel corso del procedimento è stata applicata nei suoi confronti la misura della custodia cautelare [(1)].

2. Se non accoglie la richiesta, il giudice entro tre mesi fissa la data dell'udienza in camera di consiglio e ne fa dare avviso al pubblico ministero, alla persona sottoposta alle indagini e alla persona offesa dal reato. La persona sottoposta alle indagini e la persona offesa sono altresì informate della facoltà di accedere ai programmi di giustizia riparativa. Il procedimento si svolge nelle forme previste dall'articolo 127. Fino al giorno dell'udienza gli atti restano depositati in cancelleria con facoltà del difensore di estrarne copia [(2)].

3. Della fissazione dell'udienza il giudice dà inoltre

comunicazione al procuratore generale presso la corte di appello [412 comma 2].

4. A seguito dell'udienza, il giudice, se ritiene necessarie ulteriori indagini, le indica con ordinanza al pubblico ministero, fissando il termine indispensabile per il compimento di esse, altrimenti provvede entro tre mesi sulle richieste [(3)].

5. Fuori del caso previsto dal comma 4, il giudice, quando non accoglie la richiesta di archiviazione, dispone con ordinanza che, entro dieci giorni, il pubblico ministero formuli l'imputazione [405]. Entro due giorni dalla formulazione dell'imputazione, il giudice fissa con decreto l'udienza preliminare. Si osservano, in quanto applicabili, le disposizioni degli articoli 418 e 419.

[**6.** L'ordinanza di archiviazione è ricorribile per cassazione [606] solo nei casi di nullità previsti dall'articolo 127 comma 5. [(4)]]

(1) Periodo aggiunto dall'art. 15, l. 16.12.1999, n. 479.

(2) Comma modificato dall'art. 12, l. 7.12.2000, n. 397 e, poi, dall'art. 1, co. 32, lett. a), l. 23.6.2017, n. 103, a decorrere dal 3.8.2017 (art. 1, co. 95, l. n. 103/2017). Infine, questo comma è stato così modificato dall'art. 22, co. 1, lett. f), d.lgs. 10.10.2022, n. 150, a decorrere dal 30.12.2022. Secondo quanto previsto dall'art. 92, co. 2 bis, d.lgs. n. 150/2022, come modificato dall'art. 5 novies, co. 1, del d.l. n. 162/2022 le disposizioni di questo comma si applicano nei procedimenti penali e nella fase dell'esecuzione della pena decorsi sei mesi dalla data del 30.12.2022.

Il testo antecedente alla modifica disposta con d.lgs. n. 150/2022 così disponeva: «*2. Se non accoglie la richiesta, il giudice entro tre mesi fissa la data dell'udienza in camera di consiglio e ne fa dare avviso al pubblico ministero, alla persona sottoposta alle indagini e alla persona offesa dal reato. Il procedimento si svolge nelle forme previste dall'articolo 127. Fino al giorno dell'udienza gli atti restano depositati in cancelleria con facoltà del difensore di estrarne copia.*».

Il testo antecedente alla modifica disposta con l. n. 103/2017 così disponeva: «*2. Se non accoglie la richiesta, il giudice fissa la data dell'udienza in camera di consiglio e ne fa dare avviso al pubblico ministero, alla persona sottoposta alle indagini e alla persona offesa dal reato. Il procedimento si svolge nelle forme previste dall'articolo 127. Fino al giorno dell'udienza gli atti restano depositati in cancelleria con facoltà del difensore di estrarne copia*».

Il testo antecedente alla modifica disposta dalla l. n. 397/2000 così disponeva: «*2. Se non accoglie la richiesta, il giudice fissa la data dell'udienza in camera di consiglio e ne fa dare avviso al pubblico ministero, alla persona sottoposta alle indagini e alla persona offesa dal reato. Il procedimento si svolge nelle forme previste dall'articolo 127. Fino al giorno dell'udienza gli atti restano depositati in cancelleria*».

(3) Comma così modificato dall'art. 1, co. 32, lett. b), l. 23.6.2017, n. 103, a decorrere dal 3.8.2017 (art. 1, co. 95, l. n. 103/2017).

Il testo previgente così disponeva: «*4. A seguito dell'udienza, il giudice, se ritiene necessarie ulteriori indagini, le indica con ordinanza al pubblico ministero, fissando il termine indispensabile per il compimento di esse*».

(4) Comma abrogato dall'art. 1, co. 32, lett. c), l. 23.6.2017, n. 103, a decorrere dal 3.8.2017 (art. 1, co. 95, l. n. 103/2017).

410. Opposizione alla richiesta di archiviazione [(1)].

1. Con l'opposizione alla richiesta di archiviazione la persona offesa dal reato chiede la prosecuzione delle indagini preliminari indicando, a pena di inammissibilità, l'oggetto della investigazione suppletiva e i relativi elementi di prova.

2. Se l'opposizione è inammissibile e la notizia di reato è infondata, il giudice dispone l'archiviazione con decreto motivato e restituisce gli atti al pubblico ministero.

3. Fuori dei casi previsti dal comma 2, il giudice provvede a norma dell'articolo 409 commi 2, 3, 4 e 5, ma, in caso di più persone offese, l'avviso per l'udienza è notificato al solo opponente.

(1) L'art. 87, co. 6 bis, d.lgs. 10.10.2022, n. 150, come modificato dall'art. 5 quater, co. 1, lett. b), d.l. 31.10.2022, n. 162, conv., con modif., dalla l. 30.12.2022, n. 199 ha così stabilito: «*6-bis. Sino al quindicesimo giorno successivo alla pubblicazione dei regolamenti di cui ai commi 1 e 3, ovvero sino al diverso termine previsto dal regolamento di cui al comma 3 per gli uffici giudiziari e le tipologie di atti in esso indicati, il deposito di memorie, documenti, richieste e istanze indicati dall'articolo 415-bis, comma 3, del codice di procedura penale, dell'opposizione alla richiesta di archiviazione indicata dall'articolo 410 del codice di procedura penale, della denuncia di cui all'articolo 333 del codice di procedura penale, della querela di cui all'articolo 336 del codice di procedura penale e della relativa procura speciale, nonché della nomina del difensore e della rinuncia o revoca del mandato indicate dall'articolo 107 del codice di procedura penale, negli uffici delle procure della Repubblica presso i tribunali avviene esclusivamente mediante deposito nel portale del processo penale telematico individuato con provvedimento del Direttore generale per i sistemi informativi automatizzati del Ministero della giustizia e con le modalità stabilite nel medesimo provvedimento, anche in deroga al regolamento di cui al decreto del Ministro della giustizia 21 febbraio 2011, n. 44. Il deposito degli atti si intende eseguito al momento del rilascio della ricevuta di accettazione da parte dei sistemi ministeriali, secondo le modalità stabilite dal provvedimento. Il deposito è tempestivo quando è eseguito entro le ore 24 del giorno di scadenza.*».

410 bis. Nullità del provvedimento di archiviazione [(1)].

1. Il decreto di archiviazione è nullo se è emesso in mancanza dell'avviso di cui ai commi 2 e 3-*bis* dell'articolo 408 e al comma 1-*bis* dell'articolo 411 ovvero prima che il termine di cui ai commi 3 e 3-*bis* del medesimo articolo 408 sia scaduto senza che sia stato presentato l'atto di opposizione. Il decreto di archiviazione è altresì nullo se, essendo stata presentata opposizione, il giudice omette di pronunciarsi sulla sua ammissibilità o dichiara l'opposizione inammissibile, salvi i casi di inosservanza dell'articolo 410, comma 1.

2. L'ordinanza di archiviazione è nulla solo nei casi previsti dall'articolo 127, comma 5.

3. Nei casi di nullità previsti dai commi 1 e 2, l'interessato, entro quindici giorni dalla conoscenza del provvedimento, può proporre reclamo innanzi al tribunale in composizione monocratica, che provvede con ordinanza non impugnabile, senza intervento delle parti interessate, previo avviso, almeno dieci giorni prima, dell'udienza fissata per la decisione alle parti medesime, che possono presentare memorie non oltre il quinto giorno precedente l'udienza.

4. Il giudice, se il reclamo è fondato, annulla il provvedimento oggetto di reclamo e ordina la restituzione degli atti al giudice che ha emesso il provvedimento. Altrimenti conferma il provvedimento o dichiara inammissibile il reclamo, condannando la parte privata che lo ha proposto al pagamento delle spese del procedimento e, nel caso di inammissibilità, anche al pagamento di una somma in favore della cassa delle ammende nei limiti di quanto previsto dall'articolo 616, comma 1.

(1) Articolo introdotto dall'art. 1, co. 33, l. 23.6.2017, n. 103, a decorrere dal 3.8.2017 (art. 1, co. 95, l. n. 103/2017).

411. Altri casi di archiviazione.

1. Le disposizioni degli articoli 408, 409, 410 e 410-*bis* si applicano anche quando risulta che manca una condizione di procedibilità, che la persona sottoposta alle indagini non è punibile ai sensi dell'articolo 131-*bis* del codice penale per particolare tenuità del fatto, che il reato è estinto o che il fatto non è previsto dalla legge come reato [(1)].

1 bis. Se l'archiviazione è richiesta per particolare tenuità del fatto, il pubblico ministero deve darne avviso alla persona sottoposta alle indagini e alla persona offesa, precisando che, nel termine di dieci giorni, possono prendere visione degli atti e presentare opposizione in cui indicare, a pena di inammissibilità, le ragioni del dissenso rispetto alla richiesta. Il giudice, se l'opposizione non è inammissibile, procede ai sensi dell'articolo 409, comma 2, e, dopo avere sentito le parti, se accoglie la richiesta, provvede con ordinanza. In mancanza di opposizione, o quando questa è inammissibile, il giudice procede senza formalità e, se accoglie la richiesta di archiviazione, pronuncia decreto motivato. Nei casi in cui non accoglie la richiesta il giudice restituisce gli atti al pubblico ministero, eventualmente provvedendo ai sensi dell'articolo 409, commi 4 e 5 [(2)].

(1) Comma così modificato dall'art. 2, co. 1, lett. a), d.lgs. 16.3.2015, n. 28 e, poi, dall'art. 1, co. 34, l. 23.6.2017, n. 103, a decorrere dal 3.8.2017 (art. 1, co. 95, l. n. 103/2017).
Il testo antecedente alla modifica disposta dalla l. n. 103/2017 così disponeva: «*1. Le disposizioni degli articoli 408, 409 e 410 si applicano anche quando risulta che manca una condizione di procedibilità, che la persona sottoposta alle indagini non è punibile ai sensi dell'articolo 131-bis del codice penale per particolare tenuità del fatto, che il reato è estinto o che il fatto non è previsto dalla legge come reato*».
Il testo antecedente alla modifica disposta con d.lgs. n. 28/2015 così disponeva: «*1. Le disposizioni degli articoli 408, 409 e 410 si applicano anche quando risulta che manca una condizione di procedibilità, che il reato è estinto o che il fatto non è previsto dalla legge come reato*».
(2) Comma introdotto dall'art. 2, co. 1, lett. b), d.lgs. 16.3.2015, n. 28.

412. Avocazione delle indagini preliminari per mancato esercizio dell'azione penale.

1. Il procuratore generale presso la corte di appello può disporre, con decreto motivato, l'avocazione [372] delle indagini preliminari se il pubblico ministero non ha disposto la notifica dell'avviso di conclusione delle indagini preliminari, oppure non ha esercitato l'azione penale o richiesto l'archiviazione, entro i termini previsti dall'articolo 407-*bis*, comma 2. Se il pubblico ministero ha formulato richiesta di differimento del deposito ai sensi dell'articolo 415-*ter*, comma 2, l'avocazione può essere disposta solo se la richiesta è stata rigettata. L'avocazione può essere, altresì, disposta nei casi in cui il pubblico ministero non ha assunto le determinazioni inerenti all'esercizio dell'azione penale entro il termine fissato dal giudice ai sensi dell'articolo 415-*ter*, comma 4, ovvero dal procuratore generale ai sensi dell'articolo 415-*ter*, comma 5, primo periodo [(1)].

2. Il procuratore generale, può altresì disporre l'avocazione a seguito della comunicazione prevista dall'articolo 409, comma 3 [(2)].

2 bis. Il procuratore generale svolge le indagini preliminari indispensabili e formula le sue richieste entro novanta giorni dal decreto di avocazione. Si applicano, in quanto compatibili, le disposizioni di cui all'articolo 415-*ter*, commi 1, 2, 3 e 4 [(3)].

(1) Comma modificato, prima, dall'art. 1, co. 30, lett. b), l. 23.6.2017, n. 103, a decorrere dal 3.8.2017 (art. 1, co. 95, l. n. 103/2017), poi, dall'art. 22, co. 1, lett. g), n. 1), d.lgs. 10.10.2022, n. 150, a decorrere dal 30.12.2022, e, infine, così sostituito dall'art. 2, co. 1, lett. l), n. 1), d.lgs. 19.3.2024, n. 31, a decorrere dal 4.4.2024.
Il testo antecedente alla sostituzione disposta con d.lgs. n. 31/2024 così disponeva: «*1. Il procuratore generale presso la corte di appello può disporre, con decreto motivato, l'avocazione delle indagini preliminari, se il pubblico ministero non ha disposto la notifica dell'avviso di conclusione delle indagini preliminari, oppure non ha esercitato l'azione penale o richiesto l'archiviazione, entro i termini previsti dagli articoli 407-bis, comma 2, 415-bis, comma 5-ter, 415-ter, comma 3. Il procuratore generale svolge le indagini preliminari indispensabili e formula le sue richieste entro trenta giorni dal decreto di avocazione. Si applicano, in quanto compatibili, le disposizioni di cui agli articoli 415-bis, commi 5-quater e 5-quinquies, e 415-ter, commi 1 e 3.*».
Il testo antecedente alla modifica disposta con d.lgs. n. 150/2022 così disponeva: «*1. Il procuratore generale presso la corte di appello, se il pubblico ministero non esercita l'azione penale o non richiede l'archiviazione nel termine previsto dall'articolo 407, comma 3-bis, dispone, con decreto motivato, l'avocazione delle indagini preliminari. Il procuratore generale svolge le indagini preliminari indispensabili e formula le sue richieste entro trenta giorni dal decreto di avocazione.*».
Il testo antecedente alla modifica disposta con l. 103/2017 così disponeva: «*1. Il procuratore generale presso la corte di appello dispone con decreto motivato l'avocazione delle indagini preliminari se il pubblico ministero non esercita l'azione penale o non richiede l'archiviazione nel termine stabilito dalla legge o prorogato dal giudice. Il procuratore generale svolge le indagini preliminari indispensabili e formula le sue richieste entro trenta giorni dal decreto di avocazione*».
(2) Comma modificato dall'art. 22, co. 1, lett. g), n. 2), d.lgs. 10.10.2022, n. 150, a decorrere dal 30.12.2022. Successivamente, questo comma è stato così modificato dall'art. 2, co. 1, lett. l), n. 2), d.lgs. 19.3.2024, n. 31, a decorrere dal 4.4.2024.
Il testo antecedente alla modifica disposta con d.lgs. n. 31/2024 così disponeva: «*2. Il procuratore generale, può altresì disporre l'avocazione a seguito delle comunicazioni previste dagli articoli 409, comma 3, e 415-bis, comma 5-*quater.».
Il testo antecedente alla modifica disposta con d.lgs. n. 150/2022 così disponeva: «*2. Il procuratore generale, può altresì disporre l'avocazione a seguito della comunicazione prevista dall'articolo 409 comma 3.*».
(3) Comma introdotto dall'art. 2, co. 1, lett. l), n. 3), d.lgs. 19.3.2024, n. 31, a decorrere dal 4.4.2024.

413. Richiesta della persona sottoposta alle indagini o della persona offesa dal reato.

1. La persona sottoposta alle indagini o la persona offesa dal reato può chiedere al procuratore generale di disporre l'avocazione a norma dell'articolo 412 comma 1.

2. Disposta l'avocazione, il procuratore generale svolge le indagini preliminari indispensabili e formula le sue richieste entro trenta giorni dalla richiesta proposta a norma del comma 1.

414. Riapertura delle indagini.

1. Dopo il provvedimento di archiviazione emesso a norma degli articoli precedenti, il giudice autorizza con decreto motivato la riapertura delle indagini su richiesta del pubblico ministero motivata dalla esigenza di nuove investigazioni. La richiesta di riapertura delle indagini è respinta quando non è ragionevolmente prevedibile la individuazione di nuove fonti di prova che, da sole o unitamente a quelle già acquisite, possono determinare l'esercizio dell'azione penale [1].

2. Quando è autorizzata la riapertura delle indagini, il pubblico ministero procede a nuova iscrizione a norma dell'articolo 335.

2 bis. Gli atti di indagine compiuti in assenza di un provvedimento di riapertura del giudice sono inutilizzabili [2].

(1) Comma così modificato dall'art. 22, co. 1, lett. h), n. 1), d.lgs. 10.10.2022, n. 150, a decorrere dal 30.12.2022.
Il testo previgente così disponeva: «*1. Dopo il provvedimento di archiviazione emesso a norma degli articoli precedenti, il giudice autorizza con decreto motivato la riapertura delle indagini su richiesta del pubblico ministero motivata dalla esigenza di nuove investigazioni.*».

(2) Comma introdotto dall'art. 22, co. 1, lett. h), n. 2), d.lgs. 10.10.2022, n. 150, a decorrere dal 30.12.2022.

415. Reato commesso da persone ignote [1].

1. Quando è ignoto l'autore del reato il pubblico ministero, entro sei mesi dalla data della registrazione della notizia di reato, presenta al giudice richiesta di archiviazione ovvero di autorizzazione a proseguire le indagini.

2. Quando accoglie la richiesta di archiviazione ovvero di autorizzazione a proseguire le indagini, il giudice pronuncia decreto motivato e restituisce gli atti al pubblico ministero [2].

[**2 bis.** Il termine di cui al comma 2 dell'articolo 405 decorre dal provvedimento del giudice [3].]

3. Si osservano, in quanto applicabili, le altre disposizioni di cui al presente titolo.

4. Nell'ipotesi di cui all'articolo 107-*bis* delle norme di attuazione, di coordinamento e transitorie, [disp. att. c.p.p. 107-*bis*] la richiesta di archiviazione ed il decreto del giudice che accoglie la richiesta sono pronunciati cumulativamente con riferimento agli elenchi trasmessi dagli organi di polizia con l'eventuale indicazione delle denunce che il pubblico ministero o il giudice intendono escludere, rispettivamente, dalla richiesta o dal decreto.

(1) Articolo così sostituito dall'art. 16, l. 16.12.1999, n. 479.
Il testo previgente così disponeva: «*Reato commesso da persone ignote.*
1. Quando è ignoto l'autore del reato, il pubblico ministero, entro sei mesi dalla data di registrazione della notizia di reato, presenta al giudice richiesta di archiviazione ovvero di autorizzazione a proseguire le indagini.
2. Quando accoglie la richiesta di archiviazione ovvero di autorizzazione a proseguire le indagini, il giudice pronuncia decreto motivato e restituisce gli atti al pubblico ministero. Se ritiene che il reato sia da attribuire a persona già individuata, ordina che il nome di questa sia iscritto nel registro delle notizie di reato».

(2) Comma così modificato dall'art. 22, co. 1, lett. i), d.lgs. 10.10.2022, n. 150, a decorrere dal 30.12.2022.

(3) Comma introdotto dall'art. 1, co. 35, l. 23.6.2017, n. 103, a decorrere dal 3.8.2017 (art. 1, co. 95, l. n. 103/2017) e successivamente abrogato dall'art. 98, co. 1, lett. a), d.lgs. 10.10.2022, n. 150, a decorrere dal 30.12.2022.

415 bis. Avviso all'indagato della conclusione delle indagini preliminari [1].

1. Prima della scadenza del termine previsto dal comma 2 dell'articolo 405, anche se prorogato, il pubblico ministero, se non deve formulare richiesta di archiviazione ai sensi degli articoli 408 e 411, fa notificare alla persona sottoposta alle indagini e al difensore nonché, quando si procede per i reati di cui agli articoli 572 e 612-*bis* del codice penale, anche al difensore della persona offesa o, in mancanza di questo, alla persona offesa avviso della conclusione delle indagini preliminari [2].

2. L'avviso contiene la sommaria enunciazione del fatto per il quale si procede, delle norme di legge che si assumono violate, della data e del luogo del fatto, con l'avvertimento che la documentazione relativa alle indagini espletate è depositata presso la segreteria del pubblico ministero e che l'indagato e il suo difensore hanno facoltà di prenderne visione ed estrarne copia.

2 bis. Qualora non si sia proceduto ai sensi dell'articolo 268, commi 4, 5 e 6, l'avviso contiene inoltre l'avvertimento che l'indagato e il suo difensore hanno facoltà di esaminare per via telematica gli atti depositati relativi ad intercettazioni ed ascoltare le registrazioni ovvero di prendere cognizione dei flussi di comunicazioni informatiche o telematiche e che hanno la facoltà di estrarre copia delle registrazioni o dei flussi indicati come rilevanti dal pubblico ministero. Il difensore può, entro il termine di venti giorni, depositare l'elenco delle ulteriori registrazioni ritenute rilevanti e di cui chiede copia. Sull'istanza provvede il pubblico ministero con decreto motivato. In caso di rigetto dell'istanza o di contestazioni sulle indicazioni relative alle registrazioni ritenute rilevanti il difensore può avanzare al giudice istanza affinché si proceda nelle forme di cui all'articolo 268, comma 6 [3].

3. L'avviso contiene altresì l'avvertimento che l'indagato ha facoltà, entro il termine di venti giorni, di presentare memorie, produrre documenti, depositare documentazione relativa ad investigazioni del difensore, chiedere al pubblico ministero il compimento di atti di indagine, nonché di presentarsi per rilasciare dichiarazioni ovvero chiedere di essere sottoposto ad interrogatorio. Se l'indagato chiede di essere sottoposto ad interrogatorio il pubblico ministero deve procedervi. Con l'avviso l'indagato e la persona offesa alla quale lo stesso è notificato sono altresì informati che hanno facoltà di accedere ai programmi di giustizia riparativa [4].

4. Quando il pubblico ministero, a seguito delle richieste dell'indagato, dispone nuove indagini, queste devono essere compiute entro trenta giorni dalla presentazione della richiesta. Il termine può essere prorogato dal giudice per le indagini preliminari, su richiesta del pubblico ministero, per una sola volta e per non più di sessanta giorni.

5. Le dichiarazioni rilasciate dall'indagato, l'interrogatorio del medesimo ed i nuovi atti di indagine del pubblico ministero, previsti dai commi 3 e 4, sono utilizzabili se compiuti entro il termine stabilito dal comma 4, ancorché sia decorso il termine stabilito dalla legge o prorogato dal giudice [(5)].

[**5 bis.** Il pubblico ministero, prima della scadenza del termine previsto dal comma 2 dell'articolo 405, può presentare richiesta motivata di differimento della notifica dell'av-viso di cui al comma 1 al procuratore generale presso la corte di appello:]

[a) quando è stata richiesta l'applicazione della misura della custodia cautelare in carcere o degli arresti domiciliari e il giudice non ha ancora provveduto o quando, fuori dai casi di latitanza, la misura applicata non è stata ancora eseguita;]

[b) quando la conoscenza degli atti d'indagine può concretamente mettere in pericolo la vita o l'incolumità di una persona o la sicurezza dello Stato ovvero, nei procedimenti per taluno dei delitti indicati nell'articolo 407, comma 2, arrecare un concreto pregiudizio, non evitabile attraverso la separazione dei procedimenti o in altro modo, per atti o attività di indagine specificamente individuati, rispetto ai quali non siano scaduti i termini di indagine e che siano diretti all'accertamento dei fatti, all'individuazione o alla cattura dei responsabili o al sequestro di denaro, beni o altre utilità di cui è obbligatoria la confisca [(6)].]

[**5 ter.** Entro venti giorni dal deposito della richiesta del pubblico ministero, se ne ricorrono i presupposti, il procuratore generale autorizza con decreto motivato il differimento per il tempo strettamente necessario e, comunque, per un periodo complessivamente non superiore a sei mesi o, se si procede per taluno dei delitti indicati nell'articolo 407, comma 2, non superiore a un anno. In caso contrario, il procuratore generale ordina con decreto motivato al procuratore della Repubblica di provvedere alla notifica dell'avviso di cui al comma 1 entro un termine non superiore a venti giorni. Copia del decreto con cui il procuratore generale rigetta la richiesta di differimento del pubblico ministero è notificata alla persona sottoposta alle indagini e alla persona offesa che, nella notizia di reato o successivamente, abbia dichiarato di volere essere informata della conclusione delle indagini [(6)].]

[**5 quater.** Alla scadenza dei termini di cui all'articolo 407-*bis*, comma 2, se il pubblico ministero non ha esercitato l'azione penale, né richiesto l'archiviazione, la persona sottoposta alle indagini e la persona offesa possono chiedere al giudice di ordinare al pubblico ministero di assumere le determinazioni sull'azione penale. Sulla richiesta il giudice provvede, nei venti giorni successivi, con decreto motivato. In caso di accoglimento, il giudice ordina al procuratore della Repubblica di assumere le determinazioni sull'azione penale entro un termine non superiore a venti giorni. Copia del decreto è comunicata al pubblico ministero e al procuratore generale presso la corte di appello e notificato alla persona che ha formulato la richiesta [(6)].]

[**5 quinquies.** Il pubblico ministero trasmette al giudice e al procuratore generale copia dei provvedimenti assunti in conseguenza dell'ordine emesso ai sensi del comma 5-*quater* [(6)].]

[**5 sexies.** Nei casi di cui al comma 5-*quater* se non ha già ricevuto la notifica dell'avviso di conclusione delle indagini preliminari ai sensi del comma 1, alla persona offesa dal reato che, nella notizia di reato o successivamente, abbia dichiarato di volere essere informata della conclusione delle indagini è notificato l'avviso previsto dal comma 1 dell'articolo 415-*ter*. Si applicano le disposizioni di cui al comma 2 del medesimo articolo 415-*ter* [(6)].]

(1) Articolo introdotto dall'art. 17, l. 16.12.1999, n. 479.

(2) Comma modificato, prima, dall'art. 2, co. 1, lett. h), d.l. 14.8.2013, n. 93, conv., con modif., dalla l. 15.10.2013, n. 119, e, dall'art. 22, co. 1, lett. l), n. 1), d.lgs. 10.10.2022, n. 150, a decorrere dal 30.12.2022. Infine, questo comma è stato così modificato dall'art. 2, co. 1, lett. m), d.lgs. 19.3.2024, n. 31, a decorrere dal 4.4.2024.

Il testo antecedente alla modifica disposta con d.lgs. n. 31/2024 così disponeva: «*1. Salvo quanto previsto dai commi 5-bis e 5-ter, prima della scadenza del termine previsto dal comma 2 dell'articolo 405, anche se prorogato, il pubblico ministero, se non deve formulare richiesta di archiviazione ai sensi degli articoli 408 e 411, fa notificare alla persona sottoposta alle indagini e al difensore nonché, quando si procede per i reati di cui agli articoli 572 e 612-bis del codice penale, anche al difensore della persona offesa o, in mancanza di questo, alla persona offesa avviso della conclusione delle indagini preliminari.*».

Il testo antecedente alla modifica disposta con d.lgs. n. 150/2022 così disponeva: «*1. Prima della scadenza del termine previsto dal comma 2 dell'articolo 405, anche se prorogato, il pubblico ministero, se non deve formulare richiesta di archiviazione ai sensi degli articoli 408 e 411, fa notificare alla persona sottoposta alle indagini e al difensore nonché, quando si procede per i reati di cui agli articoli 572 e 612-bis del codice penale, anche al difensore della persona offesa o, in mancanza di questo, alla persona offesa avviso della conclusione delle indagini preliminari.*».

Il testo di questo comma prima della conversione in legge del d.l. n. 93/2013 così disponeva: «*Prima della scadenza del termine previsto dal comma 2 dell'articolo 405, anche se prorogato, il pubblico ministero, se non deve formulare richiesta di archiviazione ai sensi degli articoli 408 e 411, fa notificare alla persona sottoposta alle indagini e al difensore nonché, quando si procede per il reato di cui all'articolo 572 del codice penale, anche al difensore della persona offesa o, in mancanza di questo, alla persona offesa avviso della conclusione delle indagini preliminari*».

Il testo antecedente alla modifica disposta con d.l. n. 93/2013 così disponeva: «*Prima della scadenza del termine previsto dal comma 2 dell'articolo 405, anche se prorogato, il pubblico ministero, se non deve formulare richiesta di archiviazione ai sensi degli articoli 408 e 411, fa notificare alla persona sottoposta alle indagini e al difensore avviso della conclusione delle indagini preliminari*».

(3) Comma introdotto dall'art. 2, co. 1, lett. m), d.l. 30.12.2019, n. 161, a decorrere dal 1.1.2020. L'art. 2, co. 1, lett. m), d.l. 30.12.2019, n. 161, e di conseguenza questo comma, è stato modificato, a decorrere dal 29.2.2020, dalla legge di conversione 28.2.2020, n. 7.

Il testo antecedente alla conversione del d.l. n. 161/2019 così disponeva: «2-bis. *Qualora non si sia proceduto ai sensi dell'articolo 268, commi 4, 5 e 6, l'avviso contiene inoltre l'avvertimento che l'indagato e il suo difensore hanno facoltà di esaminare per via telematica gli atti relativi ad intercettazioni ed ascoltare le registrazioni ovvero di prendere cognizione dei flussi di comunicazioni informatiche o telematiche e che hanno la facoltà di estrarre copia delle registrazioni o dei flussi indicati come rilevanti dal pubblico ministero. Il difensore può, entro il termine di venti giorni, depositare l'elenco delle ulteriori registrazioni ritenute rilevanti e di cui chiede copia. Sull'istanza provvede il pubblico ministero con decreto motivato. In caso di rigetto dell'istanza o di contestazioni sulle indicazioni relative alle registrazioni ritenute rilevanti il difensore può avanzare al giudice istanza affinché si proceda nelle forme di cui all'articolo 268, comma 6».*

(4) Comma così modificato dall'art. 22, co. 1, lett. l), n. 2), d.lgs. 10.10.2022, n. 150, a decorrere dal 30.12.2022.
Il testo previgente così disponeva: «*3. L'avviso contiene altresì l'avvertimento che l'indagato ha facoltà, entro il termine di venti giorni, di presentare memorie, produrre documenti, depositare documentazione relativa ad investigazioni del difensore, chiedere al pubblico ministero il compimento di atti di indagine, nonché di presentarsi per rilasciare dichiarazioni ovvero chiedere di essere sottoposto ad interrogatorio. Se l'indagato chiede di essere sottoposto ad interrogatorio il pubblico ministero deve procedervi.*».

(5) Comma così modificato dall'art. 22, co. 1, lett. l), n. 3), d.lgs. 10.10.2022, n. 150, a decorrere dal 30.12.2022.
Il testo previgente così disponeva: «*5. Le dichiarazioni rilasciate dall'indagato, l'interrogatorio del medesimo ed i nuovi atti di indagine del pubblico ministero, previsti dai commi 3 e 4, sono utilizzabili se compiuti entro il termine stabilito dal comma 4, ancorché sia decorso il termine stabilito dalla legge o prorogato dal giudice per l'esercizio dell'azione penale o per la richiesta di archiviazione.*».

(6) Comma introdotto dall'art. 22, co. 1, lett. l), n. 4), d.lgs. 10.10.2022, n. 150, a decorrere dal 30.12.2022, e poi abrogato dall'art. 2, co. 1, lett. m), d.lgs. 19.3.2024, n. 31, a decorrere dal 4.4.2024.

415 ter. Scadenza dei termini per l'assunzione delle determinazioni inerenti all'esercizio dell'azione penale. Diritti e facoltà dell'indagato e della persona offesa (1).

1. Salvo quanto previsto dal comma 2, alla scadenza dei termini di cui all'articolo 407-*bis*, comma 2, se il pubblico ministero non ha esercitato l'azione penale o richiesto l'archiviazione e non ha già disposto la notifica dell'avviso della conclusione delle indagini preliminari, la documentazione relativa alle indagini espletate è depositata in segreteria. Alla persona sottoposta alle indagini e alla persona offesa che, nella notizia di reato o successivamente, abbia dichiarato di volere essere informata della conclusione delle indagini è immediatamente notificato avviso dell'avvenuto deposito della documentazione e della facoltà di esaminarla ed estrarne copia. L'avviso contiene altresì l'indicazione della facoltà di cui al comma 4. Copia dell'avviso è comunicata al procuratore generale presso la corte di appello.

2. Il pubblico ministero, prima della scadenza dei termini di cui all'articolo 407-*bis*, comma 2, può presentare al giudice per le indagini preliminari richiesta motivata di differimento del deposito della documentazione relativa alle indagini espletate:

a) quando è stata richiesta l'applicazione della misura della custodia cautelare in carcere o degli arresti domiciliari e il giudice non ha ancora provveduto o quando, fuori dai casi di latitanza, la misura applicata non è stata ancora eseguita;

b) quando la conoscenza degli atti d'indagine può concretamente mettere in pericolo la vita o l'incolumità di una persona o la sicurezza dello Stato ovvero, nei procedimenti per taluno dei delitti indicati nell'articolo 407, comma 2, arrecare un concreto pregiudizio, non evitabile attraverso la separazione dei procedimenti o in altro modo, per atti o attività di indagine specificamente individuati, rispetto ai quali non siano scaduti i termini di indagine e che siano diretti all'accertamento dei fatti, all'individuazione o alla cattura dei responsabili o al sequestro di denaro, beni o altre utilità di cui è obbligatoria la confisca;

c) quando taluna delle circostanze indicate alle lettere a) e b) ricorre in relazione a reati connessi ai sensi dell'articolo 12 o collegati ai sensi dell'articolo 371, comma 2, per i quali non sia ancora decorso il termine previsto dall'articolo 407-*bis*, comma 2.

3. Entro venti giorni dal deposito della richiesta del pubblico ministero, se ne ricorrono i presupposti, il giudice per le indagini preliminari autorizza con decreto motivato il differimento per il tempo strettamente necessario e, comunque, per un periodo complessivamente non superiore a sei mesi o, se si procede per taluno dei delitti indicati nell'articolo 407, comma 2, non superiore a un anno.

4. Alla scadenza dei termini di cui all'articolo 407-*bis*, comma 2, se il pubblico ministero non ha esercitato l'azione penale, né richiesto l'archiviazione, la persona sottoposta alle indagini e la persona offesa possono chiedere al giudice per le indagini preliminari di valutare le ragioni del ritardo e, nel caso in cui non siano giustificate, di ordinare al pubblico ministero di assumere le determinazioni inerenti all'esercizio dell'azione penale. Sulla richiesta il giudice, sentito il pubblico ministero, provvede nei venti giorni successivi. L'istanza è comunicata al procuratore generale presso la corte di appello. Quando non ha autorizzato il differimento ai sensi del comma 2 o non ricorrono le esigenze indicate nel medesimo comma, il giudice ordina al pubblico ministero di assumere le determinazioni inerenti all'esercizio dell'azione penale entro un termine non superiore a venti giorni.

Quando, ai fini dell'esercizio dell'azione penale, deve essere notificato l'avviso di conclusione delle indagini di cui all'articolo 415-*bis*, nel computo del termine assegnato dal giudice non si tiene conto del tempo intercorso tra la notifica dell'avviso e la scadenza dei termini di cui ai commi 3 e 4 dell'articolo 415-*bis*. Copia del decreto è comunicata al procuratore generale presso la corte di appello e notificata alla persona che ha formulato la richiesta.

5. Alla scadenza dei termini di cui all'articolo 407-*bis*, comma 2, se il pubblico ministero non ha esercitato l'azione penale o richiesto l'archiviazione, il procuratore generale presso la corte d'appello, se non dispone l'avocazione delle indagini ai sensi dell'articolo 412, comma 1, può ordinare, con decreto motivato, al procuratore della Repubblica di assumere le determinazioni inerenti all'esercizio dell'azione penale entro un termine non superiore a venti giorni. La disposizione di cui al primo periodo non si applica quando:

a) il pubblico ministero ha formulato richiesta di differimento del deposito ai sensi del comma 2 e la stessa non è stata rigettata;
b) è stata già presentata l'istanza di cui al comma 4.

(1) Articolo introdotto dall'art. 22, co. 1, lett. m), d.lgs. 10.10.2022, n. 150, a decorrere dal 30.12.2022. L'art. 88 bis, co. 1, d.lgs. n. 150/2022, inserito dall'art. 5 sexies, co. 1, dello stesso d.l. n. 162/2022 ha così stabilito: «*1. Le disposizioni degli articoli 335-*quater, *407-*bis *e 415-*ter *del codice di procedura penale, come introdotte dal presente decreto, non si applicano nei procedimenti pendenti alla data di entrata in vigore del presente decreto in relazione alle notizie di reato delle quali il pubblico ministero ha già disposto l'iscrizione nel registro di cui all'articolo 335 del codice di procedura penale, nonché in relazione alle notizie di reato iscritte successivamente, quando ricorrono le condizioni previste dall'articolo 12 del codice di procedura penale e, se si procede per taluno dei delitti indicati nell'articolo 407, comma 2, del codice di procedura penale, anche quando ricorrono le condizioni previste dall'articolo 371, comma 2, lettere b) e c), del medesimo codice. Tuttavia, le disposizioni dell'articolo 335-*quater *del codice di procedura penale, come introdotte dal presente decreto, si applicano in ogni caso in relazione alle iscrizioni che hanno ad oggetto notizie di reati commessi dopo la data di entrata in vigore del presente decreto.*».
Questo articolo è stato poi così sostituito dall'art. 2, co. 1, lett. n), d.lgs. 19.3.2024, n. 31, a decorrere dal 4.4.2024.
Il testo antecedente alla sostituzione disposta con d.lgs. n. 31/2024 così disponeva: «Diritti e facoltà dell'indagato e della persona offesa in caso di inosservanza dei termini per la conclusione delle indagini preliminari.
1. Salvo quanto previsto dal comma 4, alla scadenza dei termini di cui all'articolo 407-bis, comma 2, se il pubblico ministero non ha disposto la notifica dell'avviso della conclusione delle indagini preliminari, né ha esercitato l'azione penale o richiesto l'archiviazione, la documentazione relativa alle indagini espletate è depositata in segreteria. Alla persona sottoposta alle indagini e alla persona offesa che, nella notizia di reato o successivamente, abbia dichiarato di volere essere informata della conclusione delle indagini è altresì immediatamente notificato avviso dell'av-venuto deposito e della facoltà di esaminarla ed estrarne copia. L'avviso contiene altresì l'indicazione della facoltà di cui al comma 3. Copia dell'avviso è comunicata al procuratore generale presso la corte di appello.
2. Quando, decorsi dieci giorni dalla scadenza dei termini di cui all'articolo 407-bis, comma 2, non riceve la comunicazione prevista al comma 1, se non dispone l'avocazione delle indagini preliminari, il procuratore generale ordina con decreto motivato al procuratore della Repubblica di provvedere alla notifica dell'avviso di deposito di cui al comma 1 entro un termine non superiore a venti giorni. Copia del decreto è notificata alla persona sottoposta alle indagini e alla persona offesa che, nella notizia di reato o successivamente, abbia dichiarato di volere essere informata della conclusione delle indagini.
3. Se dalla notifica dell'avviso di deposito indicato al comma 1 o del decreto indicato al comma 2 è decorso un termine pari a un mese senza che il pubblico ministero abbia assunto le determinazioni sull'azione penale, la persona sottoposta alle indagini e la persona offesa possono chiedere al giudice di ordinare al pubblico ministero di provvedere. Il termine è pari a tre mesi nei casi di cui all'articolo 407, comma 2. Si applicano il secondo, il terzo e il quarto periodo del comma 5-quater nonché il comma 5-quinquies dell'articolo 415-bis. Quando, in conseguenza dell'ordine emesso dal giudice, è notificato l'avviso di conclusione delle indagini preliminari, i termini di cui all'articolo 407-bis, comma 2, sono ridotti di due terzi.
4. Prima della scadenza dei termini previsti dall'articolo 407-bis, comma 2, quando ricorrono le circostanze di cui al comma 5-bis dell'articolo 415-bis, il pubblico ministero può presentare richiesta motivata di differimento del deposito e della notifica dell'avviso di deposito di cui al comma 1 al procuratore generale. Sulla richiesta il procuratore generale provvede ai sensi del comma 5-ter dell'articolo 415-bis. Le disposizioni del presente comma non si applicano quando il pubblico ministero ha già presentato la richiesta di differimento prevista dal comma 5-bis dell'articolo 415-bis.».

TITOLO IX
Udienza preliminare [(1)]

416. Presentazione della richiesta del pubblico ministero.

1. La richiesta di rinvio a giudizio è depositata dal pubblico ministero nella cancelleria del giudice.

La richiesta di rinvio a giudizio è nulla se non è preceduta dall'avviso previsto dall'articolo 415-*bis*, nonché dall'invito a presentarsi per rendere l'interrogatorio ai sensi dell'articolo 375, comma 3, qualora la persona sottoposta alle indagini abbia chiesto di essere sottoposta ad interrogatorio entro il termine di cui all'articolo 415-*bis*, comma 3 [(2)].

2. Con la richiesta è trasmesso il fascicolo contenente la notizia di reato [330], la documentazione relativa alle indagini espletate e i verbali degli atti compiuti davanti al giudice per le indagini preliminari [294, 401]. Il corpo del reato e le cose pertinenti al reato [253] sono allegati al fascicolo, qualora non debbano essere custoditi altrove.

[**2 bis.** Qualora si proceda per i reati di cui agli articoli 589, secondo comma, e 589-*bis* del codice penale, la richiesta di rinvio a giudizio del pubblico ministero deve essere depositata entro trenta giorni dalla chiusura delle indagini preliminari [(3)]].

(1) Le disposizioni relative all'udienza preliminare non si applicano al procedimento penale davanti al giudice di pace, ai sensi dell'art. 2, d.lgs. 28.8.2000, n. 274.

(2) Comma così modificato dall'art. 17, l. 16.12.1999, n. 479.
Il testo precedente, in cui il secondo periodo era stato aggiunto dall'art. 2, l. 16.7.1997, n. 234 – e le disposizioni non si applicavano ai procedimenti penali nei quali, alla data di entrata in vigore della legge, fosse già stata depositata richiesta di rinvio a giudizio o fosse già stato emesso decreto di citazione a giudizio ai sensi dell'art. 3 della l. n. 234/1997, così disponeva: «*1. La richiesta di rinvio a giudizio è nulla se non è preceduta dall'invito a presentarsi per rendere l'interrogatorio ai sensi dell'articolo 375, comma 3*».

(3) Comma introdotto dall'art. 4, l. 21.2.2006, n. 102 e, poi, così modificato dall'art. 1, co. 5, lett. d), l. 23.3.2016, n. 41, a decorrere dal 25.3.2016.
Il testo di questo comma in vigore prima delle modifiche disposte con l. n. 41/2016 così disponeva: «*2-*bis. *Qualora si proceda per il reato di cui all'articolo 589, secondo comma, del codice penale, la richiesta di rinvio a giudizio del pubblico ministero deve essere depositata entro trenta giorni dalla chiusura delle indagini preliminari*».
Questo comma è stato, infine, abrogato dall'art. 98, co. 1, lett. a), d.lgs. 10.10.2022, n. 150, a decorrere dal 30.12.2022.

417. Requisiti formali della richiesta di rinvio a giudizio.

1. La richiesta di rinvio a giudizio contiene:
a) le generalità dell'imputato o le altre indicazioni personali che valgono a identificarlo nonché le generalità della persona offesa dal reato qualora ne sia possibile l'identificazione;
b) l'enunciazione, in forma chiara e precisa, del fatto, delle circostanze aggravanti e di quelle che possono comportare l'applicazione di misure di sicurezza, con l'indicazione dei relativi articoli di legge [(1)];

c) l'indicazione delle fonti di prova acquisite;
d) la domanda al giudice di emissione del decreto che dispone il giudizio;
e) la data e la sottoscrizione.

(1) Lettera così sostituita dall'art. 18, l. 16.12.1999, n. 479.
Il testo previgente così disponeva: «*b) l'enunciazione del fatto, delle circostanze aggravanti e di quelle che possono comportare l'applicazione di misure di sicurezza, con l'indicazione dei relativi articoli di legge;*».

418. Fissazione dell'udienza.

1. Entro cinque giorni dal deposito della richiesta, il giudice fissa con decreto il giorno, l'ora e il luogo dell'udienza in camera di consiglio, provvedendo a norma dell'articolo 97 quando l'imputato è privo di difensore di fiducia [(1)].

2. Tra la data di deposito della richiesta e la data dell'udienza non può intercorrere un termine superiore a trenta giorni.

(1) L'originario termine di due giorni dal deposito della richiesta qui previsto è stato così modificato dall'art. 19, l. 16.12.1999, n. 479.

419. Atti introduttivi.

1. Il giudice fa notificare all'imputato e alla persona offesa, della quale risulti agli atti l'identità e il domicilio, l'avviso del giorno, dell'ora e del luogo dell'udienza, con la richiesta di rinvio a giudizio formulata dal pubblico ministero e con l'avvertimento all'imputato che, qualora non compaia, si applicheranno le disposizioni di cui agli articoli 420-*bis*, 420-*ter*, 420-*quater*, 420-*quinquies* e 420-*sexies* e potranno essere disposte, ove ne ricorrano le condizioni, le sanzioni e le misure, anche di confisca, previste dalla legge in relazione al reato per cui si procede [(1)].

2. L'avviso è altresì comunicato al pubblico ministero e notificato al difensore dell'imputato con l'avvertimento della facoltà di prendere visione degli atti e delle cose trasmessi a norma dell'articolo 416 comma 2 e di presentare memorie e produrre documenti.

3. L'avviso [comunicato al pubblico ministero] [(2)] contiene inoltre l'invito a trasmettere la documentazione relativa alle indagini eventualmente espletate dopo la richiesta di rinvio a giudizio [407, comma 3].

3 bis. L'imputato e la persona offesa sono altresì informate che hanno facoltà di accedere ai programmi di giustizia riparativa [(3)].

4. Gli avvisi sono notificati e comunicati almeno dieci giorni prima della data dell'udienza. Entro lo stesso termine è notificata la citazione del responsabile civile e della persona civilmente obbligata per la pena pecuniaria.

5. L'imputato può rinunciare all'udienza preliminare e richiedere il giudizio immediato [453] con dichiarazione presentata in cancelleria, personalmente o a mezzo di procuratore speciale, almeno tre giorni prima della data dell'udienza. Quando la dichiarazione è presentata a mezzo di procuratore speciale, si osservano le modalità previste dall'articolo 111-*bis*, commi 1 e 2. L'atto di rinuncia è notificato al pubblico ministero e alla persona offesa dal reato a cura dell'imputato [(4)].

6. Nel caso previsto dal comma 5, il giudice emette decreto di giudizio immediato [456].

7. Le disposizioni dei commi 1 e 4 sono previste a pena di nullità.

(1) Comma così modificato dall'art. 2 quinquies, d.l. 7.4.2000, n. 82, conv., con modif., dalla l. 5.6.2000, n. 144 e, poi, dall'art. 9, co. 1, l. 28.4.2014, n. 67.
Successivamente, questo comma è stato modificato dall'art. 23, co. 1, lett. a), n. 1), d.lgs. 10.10.2022, n. 150, a decorrere dal 30.12.2022. Infine, questo comma è stato così modificato dall'art. 4, co. 1, lett. a), d.lgs. 7.12.2023, n. 203, a decorrere dal 6.1.2024.
Il testo antecedente alla modifica disposta con d.lgs. n. 203/2023 così disponeva: «*1. Il giudice fa notificare all'imputato e alla persona offesa, della quale risulti agli atti l'identità e il domicilio, l'avviso del giorno, dell'ora e del luogo dell'udienza, con la richiesta di rinvio a giudizio formulata dal pubblico ministero e con l'avvertimento all'imputato che, qualora non compaia, si applicheranno le disposizioni di cui agli articoli 420-bis, 420-ter, 420-quater, 420-quinquies e 420-sexies.*».
Il testo antecedente alla modifica disposta con d.lgs. n. 150/2022 così disponeva: «*1. Il giudice fa notificare all'imputato e alla persona offesa, della quale risulti agli atti l'identità e il domicilio, l'avviso del giorno, dell'ora e del luogo dell'udienza, con la richiesta di rinvio a giudizio formulata dal pubblico ministero e con l'avvertimento all'imputato che, qualora non compaia, si applicheranno le disposizioni di cui agli articoli 420-bis, 420-ter, 420-quater e 420-quinquies.*».
Il testo antecedente alla modifica disposta con l. n. 67/2014 così disponeva: «*1. Il giudice fa notificare all'imputato e alla persona offesa, della quale risulti agli atti l'identità e il domicilio, l'avviso del giorno, dell'ora e del luogo dell'udienza, con la richiesta di rinvio a giudizio formulata dal pubblico ministero e con l'avvertimento all'imputato che non comparendo sarà giudicato in contumacia*».
Il testo antecedente alla modifica disposta con d.l. n. 82/2000 così disponeva: «*1. Il giudice fa notificare all'imputato e alla persona offesa, della quale risulti agli atti l'identità e il domicilio, l'avviso del giorno, dell'ora e del luogo dell'udienza, con la richiesta di rinvio a giudizio formulata dal pubblico ministero*».
(2) Le parole tra parentesi quadre sono state soppresse dall'art. 13, l. 7.12.2000, n. 397.
(3) Comma introdotto dall'art. 23, co. 1, lett. a), n. 2), d.lgs. 10.10.2022, n. 150, a decorrere dal 30.12.2022. Secondo quanto previsto dall'art. 92, co. 2 bis, d.lgs. n. 150/2022, come modificato dall'art. 5 novies, co. 1, d.l. n. 162/2022, le disposizioni del presente comma si applicano nei procedimenti penali e nella fase dell'esecuzione della pena decorsi sei mesi dalla data del 30.12.2022.
(4) Comma modificato dall'art. 23, co. 1, lett. a), n. 3), d.lgs. 10.10.2022, n. 150, a decorrere dal 30.12.2022. L'art. 87, co. 4, del d.lgs. n. 150/2022 ha così stabilito: «*4. Sino al quindicesimo giorno successivo alla pubblicazione dei regolamenti di cui ai commi 1 e 3, ovvero sino al diverso termine di transizione previsto dal regolamento di cui al comma 3 per gli uffici giudiziari e per le tipologie di atti in esso indicati, continuano ad applicarsi, nel testo vigente al momento dell'entrata in vigore del presente decreto, le disposizioni di cui agli articoli 110, 111, comma 1, 116, comma 3-bis, 125, comma 5, 134, comma 2, 135, comma 2, 162, comma 1, 311, comma 3, 391-octies, comma 3, 419, comma 5, primo periodo, 447, comma 1, primo periodo, 461, comma 1, 462, comma 1, 582, comma 1, 585, comma 4, del codice di procedura penale, nonché le disposizioni di cui l'articolo 154, commi 2, 3 e 4 delle norme di attuazione, di coordinamento e transitorie del codice di procedura penale, di cui al decreto legislativo 28 luglio 1989, n. 271.*».
Il testo previgente così disponeva: «*5. L'imputato può rinunciare all'udienza preliminare e richiedere il giudizio immediato con dichiarazione presentata in cancelleria, personalmente o a mezzo di procu-*

ratore speciale, almeno tre giorni prima della data dell'udienza. L'atto di rinuncia è notificato al pubblico ministero e alla persona offesa dal reato a cura dell'imputato.».

420. Costituzione delle parti.

1. L'udienza si svolge in camera di consiglio con la partecipazione necessaria del pubblico ministero e del difensore dell'imputato.

2. Il giudice procede agli accertamenti relativi alla costituzione delle parti ordinando la rinnovazione degli avvisi, delle citazioni, delle comunicazioni e delle notificazioni di cui dichiara la nullità.

2 bis. In caso di regolarità delle notificazioni, se l'imputato non è presente e non ricorre alcuna delle condizioni di cui all'articolo 420-*ter*, il giudice procede ai sensi dell'articolo 420-*bis* (2).

2 ter. Salvo che la legge disponga altrimenti, l'imputato che, dopo essere comparso, si allontana dall'aula di udienza o che, presente ad una udienza, non compare alle successive, è considerato presente ed è rappresentato dal difensore. È altresì considerato presente l'imputato che richiede per iscritto, nel rispetto delle forme di legge, di essere ammesso ad un procedimento speciale o che è rappresentato in udienza da un procuratore speciale nominato per la richiesta di un procedimento speciale (2).

3. Se il difensore dell'imputato non è presente il giudice provvede a norma dell'articolo 97, comma 4.

4. Il verbale dell'udienza preliminare è redatto di regola in forma riassuntiva a norma dell'articolo 140, comma 2; il giudice, su richiesta di parte, dispone la riproduzione fonografica o audiovisiva ovvero la redazione del verbale con la stenotipia (1).

(1) L'originario art. 420 è stato così sostituito, con gli attuali artt. da 420 a 420 quinquies, dall'art. 19 l. 16.12.1999, n. 479.
Il testo previgente così disponeva: «*Costituzione delle parti.*
1. L'udienza si svolge in camera di consiglio con la partecipazione necessaria del pubblico ministero e del difensore dell'imputato.
2. Il giudice procede agli accertamenti relativi alla costituzione delle parti ordinando la rinnovazione degli avvisi, delle citazioni, delle comunicazioni e delle notificazioni di cui dichiara la nullità.
3. Se il difensore dell'imputato non è presente, il giudice provvede a norma dell'articolo 97 comma 4.
4. Quando l'imputato non si presenta all'udienza e ricorrono le condizioni previste dagli articoli 485 comma 1 e 486 commi 1 e 2, il giudice fissa la data della nuova udienza e dispone che ne sia dato avviso all'imputato a norma dell'articolo 419 comma 1. La data della nuova udienza è comunicata ai presenti.
5. Il verbale dell'udienza preliminare è redatto soltanto in forma riassuntiva a norma dell'articolo 140 comma 2».

(2) Comma introdotto dall'art. 23, co. 1, lett. b), d.lgs. 10.10.2022, n. 150, a decorrere dal 30.12.2022.

420 bis. Assenza dell'imputato (1).

1. Se l'imputato, libero o detenuto, non è presente all'udienza, il giudice procede in sua assenza:

a) quando l'imputato è stato citato a comparire a mezzo di notificazione dell'atto in mani proprie o di persona da lui espressamente delegata al ritiro dell'atto;

b) quando l'imputato ha espressamente rinunciato a comparire o, sussistendo un impedimento ai sensi dell'articolo 420-*ter*, ha rinunciato espressamente a farlo valere.

2. Il giudice procede in assenza dell'imputato anche quando ritiene altrimenti provato che lo stesso ha effettiva conoscenza della pendenza del processo e che la sua assenza all'udienza è dovuta ad una scelta volontaria e consapevole. A tal fine il giudice tiene conto delle modalità della notificazione, degli atti compiuti dall'imputato prima dell'udienza, della nomina di un difensore di fiducia e di ogni altra circostanza rilevante.

3. Il giudice procede in assenza anche fuori dai casi di cui ai commi 1 e 2, quando l'imputato è stato dichiarato latitante o si è in altro modo volontariamente sottratto alla conoscenza della pendenza del processo (2).

4. Nei casi previsti dai commi 1, 2 e 3 il giudice dichiara l'imputato assente. Salvo che la legge disponga altrimenti, l'imputato dichiarato assente è rappresentato dal difensore.

5. Fuori dai casi previsti dai commi 1, 2 e 3 prima di procedere ai sensi dell'articolo 420-*quater*, il giudice rinvia l'udienza e dispone che l'avviso di cui all'articolo 419, la richiesta di rinvio a giudizio e il verbale d'udienza siano notificati all'imputato personalmente ad opera della polizia giudiziaria.

6. L'ordinanza che dichiara l'assenza dell'imputato è revocata anche d'ufficio se, prima della decisione, l'imputato compare. L'imputato è restituito nel termine per esercitare le facoltà dalle quali è decaduto:

a) se fornisce la prova che, per caso fortuito, forza maggiore o altro legittimo impedimento, si è trovato nell'assoluta impossibilità di comparire in tempo utile per esercitare le facoltà dalle quali è decaduto e che non ha potuto trasmettere tempestivamente la prova dell'impedimento senza sua colpa;

b) se, nei casi previsti dai commi 2 e 3, fornisce la prova di non aver avuto effettiva conoscenza della pendenza del processo e di non essere potuto intervenire senza sua colpa in tempo utile per esercitare le facoltà dalle quali è decaduto;

c) se comunque risulta che le condizioni per procedere in sua assenza non erano soddisfatte.

7. Fuori del caso previsto dal comma 6, se risulta che le condizioni per procedere in assenza non erano soddisfatte, il giudice revoca, anche d'ufficio, l'ordinanza che dichiara l'assenza dell'imputato e provvede ai sensi del comma 5.

(1) Articolo introdotto dall'art. 19, l. 16.12.1999, n. 479, che ha disposto la sostituzione dell'originario art. 420 con gli attuali artt. da 420 a 420 quinquies. Questo articolo è stato poi sostituito dall'art. 9, co. 2, l. 28.4.2014, n. 67 e, da ultimo, dall'art. 23, co. 1 lett. c), d.lgs. 10.10.2022, n. 150, a decorrere dal 30.12.2022.
Il testo antecedente alla sostituzione disposta con d.lgs. n. 150/2022 così disponeva:
«*Assenza dell'imputato.*
1. Se l'imputato, libero o detenuto, non è presente all'udienza e, an-

che se impedito, ha espressamente rinunciato ad assistervi, il giudice procede in sua assenza.
2. Salvo quanto previsto dall'articolo 420-ter, il giudice procede altresì in assenza dell'imputato che nel corso del procedimento abbia dichiarato o eletto domicilio ovvero sia stato arrestato, fermato o sottoposto a misura cautelare ovvero abbia nominato un difensore di fiducia, nonché nel caso in cui l'imputato assente abbia ricevuto personalmente la notificazione dell'avviso dell'udienza ovvero risulti comunque con certezza che lo stesso è a conoscenza del procedimento o si è volontariamente sottratto alla conoscenza del procedimento o di atti del medesimo.
3. Nei casi di cui ai commi 1 e 2, l'imputato è rappresentato dal difensore. È altresì rappresentato dal difensore ed è considerato presente l'imputato che, dopo essere comparso, si allontana dall'aula di udienza o che, presente ad una udienza, non compare ad udienze successive.
4. L'ordinanza che dispone di procedere in assenza dell'imputato è revocata anche d'ufficio se, prima della decisione, l'imputato compare. Se l'imputato fornisce la prova che l'assenza è stata dovuta ad una incolpevole mancata conoscenza della celebrazione del processo, il giudice rinvia l'udienza e l'imputato può chiedere l'acquisizione di atti e documenti ai sensi dell'articolo 421, comma 3. Nel corso del giudizio di primo grado, l'imputato ha diritto di formulare richiesta di prove ai sensi dell'articolo 493. Ferma restando in ogni caso la validità degli atti regolarmente compiuti in precedenza, l'imputato può altresì chiedere la rinnovazione di prove già assunte. Nello stesso modo si procede se l'imputato dimostra che versava nell'assoluta impossibilità di comparire per caso fortuito, forza maggiore o altro legittimo impedimento e che la prova dell'impedimento è pervenuta con ritardo senza sua colpa.
5. Il giudice revoca altresì l'ordinanza e procede a norma dell'articolo 420-quater se risulta che il procedimento, per l'assenza dell'imputato, doveva essere sospeso ai sensi delle disposizioni di tale articolo.».
Il testo antecedente alla sostituzione disposta con l. n. 67/2014 così disponeva:
«*Rinnovazione dell'avviso. 1. Il giudice dispone, anche di ufficio, che sia rinnovato l'avviso dell'udienza preliminare a norma dell'articolo 419, comma 1, quando è provato o appare probabile che l'imputato non ne abbia avuto effettiva conoscenza, sempre che il fatto non sia dovuto a sua colpa e fuori dei casi di notificazione mediante consegna al difensore a norma degli articoli 159, 161, comma 4, e 169.*
2. La probabilità che l'imputato non abbia avuto conoscenza dell'avviso è liberamente valutata dal giudice. Tale valutazione non può formare oggetto di discussione successiva né motivo di impugnazione.».

(2) La Corte cost., con sent. 27.9.2023, n. 192, ha dichiarato l'illegittimità costituzionale di questo comma, nella parte in cui non prevede che il giudice procede in assenza per i delitti commessi mediante gli atti di tortura definiti dall'art. 1, co. 1, della Convenzione contro la tortura ed altre pene o trattamenti crudeli, inumani o degradanti, adottata a New York il 10.12.1984, ratificata e resa esecutiva con l. 3.11.1988, n. 498, quando, a causa della mancata assistenza dello Stato di appartenenza dell'imputato, è impossibile avere la prova che quest'ultimo, pur consapevole del procedimento, sia stato messo a conoscenza della pendenza del processo, fatto salvo il diritto dell'imputato stesso a un nuovo processo in presenza per il riesame del merito della causa.

420 ter. Impedimento a comparire dell'imputato o del difensore [1].

1. Quando l'imputato, anche se detenuto, non si presenta ad una udienza e risulta che l'assenza è dovuta ad assoluta impossibilità di comparire per caso fortuito, forza maggiore o altro legittimo impedimento, il giudice, anche d'ufficio, rinvia con ordinanza ad una nuova udienza e dispone la notificazione dell'ordinanza medesima all'imputato [2].

2. Con le medesime modalità di cui al comma 1 il giudice provvede quando appare probabile che l'assenza dell'imputato sia dovuta ad assoluta impossibilità di comparire per caso fortuito o forza maggiore. Tale probabilità è liberamente valutata dal giudice e non può formare oggetto di discussione successiva né motivo di impugnazione.

[**3.** Quando l'imputato, anche se detenuto, non si presenta alle successive udienze e ricorrono le condizioni previste dal comma 1, il giudice rinvia anche d'ufficio l'udienza, fissa con ordinanza la data della nuova udienza e ne dispone la notificazione all'imputato [3].]

4. In ogni caso la lettura dell'ordinanza che fissa la nuova udienza sostituisce gli avvisi per tutti coloro che sono o devono considerarsi presenti [4].

5. Il giudice provvede a norma del comma 1 nel caso di assenza del difensore, quando risulta che l'assenza stessa è dovuta ad assoluta impossibilità di comparire per legittimo impedimento, purché prontamente comunicato. Tale disposizione non si applica se l'imputato è assistito da due difensori e l'impedimento riguarda uno dei medesimi ovvero quando il difensore impedito ha designato un sostituto o quando l'imputato chiede che si proceda in assenza del difensore impedito.

5 bis. Agli effetti di cui al comma 5 il difensore che abbia comunicato prontamente lo stato di gravidanza si ritiene legittimamente impedito a comparire nei due mesi precedenti la data presunta del parto e nei tre mesi successivi ad esso [5].

(1) Articolo introdotto dall'art. 19, l. 16.12.1999, n. 479, che ha disposto la sostituzione dell'originario art. 420 con gli attuali artt. da 420 a 420 quinquies.
(2) Comma così sostituito dall'art. 23, co. 1, lett. d), n. 1), d.lgs. 10.10.2022, n. 150, a decorrere dal 30.12.2022.
Il testo previgente così disponeva: «*1. Quando l'imputato, anche se detenuto, non si presenta all'udienza e risulta che l'assenza è dovuta ad assoluta impossibilità di comparire per caso fortuito, forza maggiore o altro legittimo impedimento, il giudice, con ordinanza, anche d'ufficio, rinvia ad una nuova udienza e dispone che sia rinnovato l'avviso all'imputato, a norma dell'articolo 419, comma 1.*».
(3) Comma abrogato dall'art. 98, co. 1, lett. a), d.lgs. 10.10.2022, n. 150, a decorrere dal 30.12.2022.
(4) Comma così modificato dall'art. 23, co. 1, lett. d), n. 2), d.lgs. 10.10.2022, n. 150, a decorrere dal 30.12.2022.
Il testo previgente così disponeva: «*4. In ogni caso la lettura dell'ordinanza che fissa la nuova udienza sostituisce la citazione e gli avvisi per tutti coloro che sono o devono considerarsi presenti.*».
(5) Comma introdotto dall'art. 1, co. 466, l. 27.12.2017, n. 205, a decorrere dal 1.1.2018.

420 quater. Sentenza di non doversi procedere per mancata conoscenza della pendenza del processo da parte dell'imputato [1].

1. Fuori dei casi previsti dagli articoli 420-*bis* e 420-*ter*, se l'imputato non è presente, il giudice pronuncia sentenza inappellabile di non doversi procedere per mancata conoscenza della pendenza del processo da parte dell'imputato.

2. La sentenza contiene:
a) l'intestazione "in nome del popolo italiano" e l'indicazione dell'autorità che l'ha pronunciata;
b) le generalità dell'imputato o le altre indicazioni personali che valgono a identificarlo, nonché le generalità delle altre parti private;

c) l'imputazione;
d) l'indicazione dell'esito delle notifiche e delle ricerche effettuate;
e) l'indicazione della data fino alla quale dovranno continuare le ricerche per rintracciare la persona nei cui confronti la sentenza è emessa;
f) il dispositivo, con l'indicazione degli articoli di legge applicati;
g) la data e la sottoscrizione del giudice.

3. Con la sentenza il giudice dispone che, fino a quando per tutti i reati oggetto di imputazione non sia superato il termine previsto dall'articolo 159, ultimo comma, del codice penale, la persona nei cui confronti è stata emessa la sentenza sia ricercata dalla polizia giudiziaria e, nel caso in cui sia rintracciata, le sia personalmente notificata la sentenza.

4. La sentenza contiene altresì:
a) l'avvertimento alla persona rintracciata che il processo a suo carico sarà riaperto davanti alla stessa autorità giudiziaria che ha pronunciato la sentenza;
b) quando la persona non è destinataria di un provvedimento applicativo della misura cautelare degli arresti domiciliari o della custodia in carcere per i fatti per cui si procede, l'avviso che l'udienza per la prosecuzione del processo è fissata:
   1) il primo giorno non festivo del successivo mese di ottobre, se la persona è stata rintracciata nel primo semestre dell'anno [(2)];
   2) il primo giorno non festivo del mese di marzo dell'anno successivo, se la persona è stata rintracciata nel secondo semestre dell'anno [(3)];
c) l'indicazione del luogo in cui l'udienza si terrà;
d) l'avviso che, qualora la persona rintracciata non compaia e non ricorra alcuno dei casi di cui all'articolo 420-*ter*, si procederà in sua assenza e sarà rappresentata in udienza dal difensore.

5. Alla sentenza si applicano le disposizioni di cui ai commi 2 e 3 dell'articolo 546.

6. Decorso il termine di cui al comma 3 senza che la persona nei cui confronti è stata emessa la sentenza sia stata rintracciata, la sentenza di non doversi procedere per mancata conoscenza della pendenza del processo non può più essere revocata.

7. In deroga a quanto disposto dall'articolo 300, le misure cautelari degli arresti domiciliari e della custodia in carcere perdono efficacia solo quando la sentenza non è più revocabile ai sensi del comma 6. In deroga a quanto disposto dagli articoli 262, 317 e 323, gli effetti dei provvedimenti che hanno disposto il sequestro probatorio, il sequestro conservativo e il sequestro preventivo permangono fino a quando la sentenza non è più revocabile ai sensi del comma 6.

(1) Articolo introdotto dall'art. 19, l. 16.12.1999, n. 479, che ha disposto la sostituzione dell'originario art. 420 con gli attuali artt. da 420 a 420 quinquies. Questo articolo, poi, è stato sostituito prima dall'art. 9, co. 3, l. 28.4.2014, n. 67, e poi,
Il testo antecedente alla sostituzione disposta dall'art. 23, co. 1, lett. e), d.lgs. 10.10.2022, n. 150, a decorrere dal 30.12.2022. L'art. 89, co. 2, del d.lgs. n. 150/2022 ha così stabilito: «*2. Quando, prima dell'entrata in vigore del presente decreto, nell'udienza preliminare o nel giudizio di primo grado è stata disposta la sospensione del processo ai sensi dell'articolo 420-*quater*, comma 2, del codice di procedura penale nel testo vigente prima dell'entrata in vigore del presente decreto e l'imputato non è stato ancora rintracciato, in luogo di disporre nuove ricerche ai sensi dell'articolo 420-quinquies del codice di procedura penale nel testo vigente prima dell'entrata in vigore del presente decreto, il giudice provvede ai sensi dell'articolo 420-*quater *del codice di procedura penale come modificato dal presente decreto. In questo caso si applicano gli articoli 420-quinquies e 420-sexies del codice di procedura penale, come modificati dal presente decreto.*».
Il testo antecedente alla sostituzione disposta con d.lgs. n. 150/2022 così disponeva:
«*Sospensione del processo per assenza dell'imputato.*
1. Fuori dei casi previsti dagli articoli 420-bis e 420-ter e fuori delle ipotesi di nullità della notificazione, se l'imputato non è presente il giudice rinvia l'udienza e dispone che l'avviso sia notificato all'imputato personalmente ad opera della polizia giudiziaria.
2. Quando la notificazione ai sensi del comma 1 non risulta possibile, e sempre che non debba essere pronunciata sentenza a norma dell'articolo 129, il giudice dispone con ordinanza la sospensione del processo nei confronti dell'imputato assente. Si applica l'articolo 18, comma 1, lettera b). Non si applica l'articolo 75, comma 3.
3. Durante la sospensione del processo, il giudice, con le modalità stabilite per il dibattimento, acquisisce, a richiesta di parte, le prove non rinviabili.».
Il testo antecedente alla sostituzione disposta con l. n. 67/2014 così disponeva:
«*Contumacia dell'imputato. 1. Se l'imputato, libero o detenuto, non compare all'udienza e non ricorrono le condizioni indicate negli articoli 420, comma 2, 420-bis e 420-ter, commi 1 e 2, il giudice, sentite le parti, ne dichiara la contumacia.*
2. L'imputato, quando si procede in sua contumacia, è rappresentato dal suo difensore.
3. Se l'imputato compare prima che il giudice adotti i provvedimenti di cui al comma 1 dell'articolo 424, il giudice revoca l'ordinanza che ha dichiarato la contumacia. In tal caso l'imputato può rendere dichiarazioni spontanee e chiedere di essere sottoposto ad interrogatorio.
4. L'ordinanza dichiarativa di contumacia è nulla se al momento della pronuncia vi è la prova che l'assenza dell'imputato è dovuta a mancata conoscenza dell'avviso a norma dell'articolo 420-bis ovvero ad assoluta impossibilità di comparire per caso fortuito, forza maggiore od altro legittimo impedimento.
5. Se la prova dell'assenza indicata nel comma 4 perviene dopo la pronuncia dell'ordinanza prevista dal comma 1, ma prima dei provvedimenti cui al comma 1 dell'articolo 424, il giudice revoca l'ordinanza medesima e, se l'imputato non è comparso, rinvia anche d'ufficio l'udienza. Restano comunque validi gli atti compiuti in precedenza, ma se l'imputato ne fa richiesta e dimostra che la prova è pervenuta con ritardo senza sua colpa, il giudice dispone l'assunzione o la rinnovazione degli atti che ritiene rilevanti ai fini dei provvedimenti di cui al comma 1 dell'articolo 424.
6. Quando si procede a carico di più imputati, si applicano le disposizioni dell'articolo 18, comma 1, lettere c) e d).
7. L'ordinanza dichiarativa della contumacia è allegata al decreto che dispone il giudizio. Nel decreto è in ogni caso indicato se l'imputato è contumace o assente.».

(2) Numero così modificato dall'art. 2, co. 1, lett. o), d.lgs. 19.3.2024, n. 31, a decorrere dal 4.4.2024.
Il testo previgente così disponeva: «*1) il primo giorno non festivo del successivo mese di settembre, se la persona è stata rintracciata nel primo semestre dell'anno;*».

(3) Numero così modificato dall'art. 2, co. 1, lett. o), d.lgs 19.3.2024, n. 31, a decorrere dal 4.4.2024.
Il testo previgente così disponeva: «*2) il primo giorno non festivo del mese di febbraio dell'anno successivo, se la persona è stata rintracciata nel secondo semestre dell'anno;*».

420 quinquies. Atti urgenti (1).

1. Finché le ricerche della persona nei cui confronti è stata emessa la sentenza di non doversi procedere ai sensi dell'articolo 420-*quater* sono in corso, il giudice che l'ha pronunciata assume, a richiesta di parte, le prove non rinviabili nelle forme di cui all'articolo 401. Del giorno, dell'ora e del luogo stabiliti per il compimento dell'atto è dato avviso almeno ventiquattro ore prima al pubblico ministero, alla persona offesa e ai difensori già nominati nel procedimento in cui è stata pronunciata la sentenza.

2. Per lo stesso periodo di tempo indicato nel comma 1, il giudice che ha pronunciato la sentenza di non doversi procedere ai sensi dell'articolo 420-*quater* resta competente a provvedere sulle misure cautelari e sui provvedimenti di sequestro fino alla perdita di efficacia prevista dal comma 7 dell'articolo 420-*quater*.

(1) Articolo introdotto dall'art. 19, l. 16.12.1999, n. 479, che ha disposto la sostituzione dell'originario art. 420 con gli attuali artt. da 420 a 420 quinquies. Questo articolo, poi, è stato sostituito, prima, dall'art. 9, co. 4, l. 28.4.2014, n. 67, e, poi, presente articolo è stato così sostituito dall'art. 23, co. 1, lett. f), d.lgs. 10.10.2022, n. 150, che ha sostituito l'art. 420 quinquies con gli attuali artt. 420 quinquies e 420 sexies, a decorrere dal 30.12.2022. L'art. 89, co. 2, d.lgs. n. 150/2022 ha così disposto: «*2. Quando, prima dell'entrata in vigore del presente decreto, nell'udienza preliminare o nel giudizio di primo grado è stata disposta la sospensione del processo ai sensi dell'articolo 420-quater, comma 2, del codice di procedura penale nel testo vigente prima dell'entrata in vigore del presente decreto e l'imputato non è stato ancora rintracciato, in luogo di disporre nuove ricerche ai sensi dell'articolo 420-quinquies del codice di procedura penale nel testo vigente prima dell'entrata in vigore del presente decreto, il giudice provvede ai sensi dell'articolo 420-quater del codice di procedura penale come modificato dal presente decreto. In questo caso si applicano gli articoli 420-quinquies e 420-sexies del codice di procedura penale, come modificati dal presente decreto.*».

Il testo antecedente alla sostituzione disposta con d.lgs. n. 150/2022 così disponeva: «*Nuove ricerche dell'imputato e revoca della sospensione del processo.*

1. Alla scadenza di un anno dalla pronuncia dell'ordinanza di cui al comma 2 dell'articolo 420-quater, o anche prima quando ne ravvisi l'esigenza, il giudice dispone nuove ricerche dell'imputato per la notifica dell'avviso. Analogamente provvede a ogni successiva scadenza annuale, qualora il procedimento non abbia ripreso il suo corso.

2. Il giudice revoca l'ordinanza di sospensione del processo:

a) se le ricerche di cui al comma 1 hanno avuto esito positivo;

b) se l'imputato ha nel frattempo nominato un difensore di fiducia;

c) in ogni altro caso in cui vi sia la prova certa che l'imputato è a conoscenza del procedimento avviato nei suoi confronti;

d) se deve essere pronunciata sentenza a norma dell'articolo 129.

3. Con l'ordinanza di revoca della sospensione del processo, il giudice fissa la data per la nuova udienza, disponendo che l'avviso sia notificato all'imputato e al suo difensore, alle altre parti private e alla persona offesa, nonché comunicato al pubblico ministero.

4. All'udienza di cui al comma 3 l'imputato può formulare richiesta ai sensi degli articoli 438 e 444.».

Il testo antecedente alla sostituzione disposta con l. n. 67/2014 così disponeva: «*Assenza e allontanamento volontario dell'imputato. 1. Le disposizioni degli articoli 420-bis e 420-ter non si applicano quando l'imputato, anche se impedito, chiede o consente che l'udienza preliminare avvenga in sua assenza o, se detenuto, rifiuta di assistervi. L'imputato in tali casi è rappresentato dal difensore.*

2. L'imputato che, dopo essere comparso, si allontana dall'aula di udienza è considerato presente ed è rappresentato dal difensore.».

Il testo antecedente alla sostituzione disposta con l. n. 67/2014 così disponeva: «*Assenza e allontanamento volontario dell'imputato. 1. Le disposizioni degli articoli 420-bis e 420-ter non si applicano quando l'imputato, anche se impedito, chiede o consente che l'udienza preliminare avvenga in sua assenza o, se detenuto, rifiuta di assistervi. L'imputato in tali casi è rappresentato dal difensore.*

2. L'imputato che, dopo essere comparso, si allontana dall'aula di udienza è considerato presente ed è rappresentato dal difensore».

420 sexies. Revoca della sentenza di non doversi procedere per mancata conoscenza della pendenza del processo (1).

1. Quando rintraccia la persona nei cui confronti è stata emessa sentenza di non doversi procedere ai sensi dell'articolo 420-*quater*, la polizia giudiziaria le notifica la sentenza e le dà avviso della riapertura del processo, nonché della data dell'udienza, individuata ai sensi dell'articolo 420-*quater*, comma 4, lettera b), nella quale è citata a comparire davanti all'autorità giudiziaria che ha emesso la sentenza.

2. La polizia giudiziaria provvede altresì agli adempimenti previsti dall'articolo 161 e, quando la persona rintracciata risulta priva del difensore, procede ai sensi dell'articolo 97, comma 4, comunicando alla persona rintracciata il nominativo del difensore di ufficio nominato. In ogni caso, la persona rintracciata è avvisata che al difensore sarà notificato avviso della data di udienza individuata ai sensi del comma 1. Delle attività svolte e degli avvisi dati alla persona rintracciata la polizia giudiziaria redige processo verbale.

3. La polizia giudiziaria trasmette senza ritardo al giudice la relazione di notificazione della sentenza e il verbale di cui al comma 2.

4. Il giudice con decreto revoca la sentenza e, salvo quanto previsto al comma 6, fa dare avviso al pubblico ministero, al difensore dell'imputato e alle altre parti della data dell'udienza fissata ai sensi dell'articolo 420-*quater*, comma 4, lettera b). L'avviso è comunicato o notificato almeno venti giorni prima della data predetta.

5. Nell'udienza fissata per la prosecuzione ai sensi dell'articolo 420-*quater*, comma 4, lettera b), il giudice procede alla verifica della regolare costituzione delle parti. Salva l'applicazione degli articoli 420 e 420-*ter*, si procede sempre ai sensi dell'articolo 420-*bis*, comma 1, lettera a).

6. Quando la sentenza è revocata nei confronti di un imputato che, all'atto della sua pronuncia, era destinatario della misura cautelare degli arresti domiciliari o della custodia in carcere per i fatti per cui si procede, il giudice fissa l'udienza per la prosecuzione e dispone che l'avviso del giorno, dell'ora e del luogo dell'udienza sia notificato all'imputato, al difensore dell'imputato e alle altre parti, nonché comunicato al pubblico ministero, almeno venti giorni prima. All'udienza il giudice procede alla verifica della regolare costituzione delle parti. Si applicano gli articoli 420, 420-*bis* e 420-*ter*.

(1) Articolo introdotto dall'art. 23, co. 1, lett. f), d.lgs. 10.10.2022, n. 150, che ha sostituito l'art. 420 quinquies con gli attuali artt. 420

quinquies e 420 sexies, a decorrere dal 30.12.2022. L'art. 89, co. 2, d.lgs. n. 150/2022 ha così stabilito: «*2. Quando, prima dell'entrata in vigore del presente decreto, nell'udienza preliminare o nel giudizio di primo grado è stata disposta la sospensione del processo ai sensi dell'articolo 420-quater, comma 2, del codice di procedura penale nel testo vigente prima dell'entrata in vigore del presente decreto e l'imputato non è stato ancora rintracciato, in luogo di disporre nuove ricerche ai sensi dell'articolo 420-quinquies del codice di procedura penale nel testo vigente prima dell'entrata in vigore del presente decreto, il giudice provvede ai sensi dell'articolo 420-quater del codice di procedura penale come modificato dal presente decreto. In questo caso si applicano gli articoli 420-quinquies e 420-sexies del codice di procedura penale, come modificati dal presente decreto.*».

421. Discussione.

1. Conclusi gli accertamenti relativi alla costituzione delle parti, se rileva una violazione dell'articolo 417, comma 1, lettera b), il giudice, sentite le parti, invita il pubblico ministero a riformulare l'imputazione. Qualora il pubblico ministero non provveda, il giudice, sentite le parti, dichiara anche d'ufficio la nullità della richiesta di rinvio a giudizio e dispone, con ordinanza, la restituzione degli atti al pubblico ministero [(1)].

1 bis. L'imputazione modificata è inserita nel verbale di udienza e contestata all'imputato se presente in aula, anche mediante collegamento a distanza. In caso contrario, il giudice sospende il processo e rinvia a una nuova udienza e dispone che il verbale sia notificato all'imputato entro un termine non inferiore a dieci giorni dalla data della nuova udienza [(2)].

2. Se non dispone la restituzione degli atti al pubblico ministero, il giudice dichiara aperta la discussione. Il pubblico ministero espone sinteticamente i risultati delle indagini preliminari e gli elementi di prova che giustificano la richiesta di rinvio a giudizio. L'imputato può rendere dichiarazioni spontanee e chiedere di essere sottoposto all'interrogatorio, per il quale si applicano le disposizioni degli articoli 64 e 65. Su richiesta di parte, il giudice dispone che l'interrogatorio sia reso nelle forme previste dagli articoli 498 e 499. Prendono poi la parola, nell'ordine, i difensori della parte civile, del responsabile civile, della persona civilmente obbligata per la pena pecuniaria e dell'imputato che espongono le loro difese. Il pubblico ministero e i difensori possono replicare una sola volta [(3)].

3. Il pubblico ministero e i difensori formulano e illustrano le rispettive conclusioni utilizzando gli atti contenuti nel fascicolo trasmesso a norma dell'articolo 416 comma 2 nonché gli atti e i documenti ammessi dal giudice prima dell'inizio della discussione.

4. Se il giudice ritiene di poter decidere allo stato degli atti, dichiara chiusa la discussione.

(1) Comma così sostituito dall'art. 23, co. 1, lett. g), n. 1), d.lgs. *10.10.2022, n. 150*, a decorrere dal 30.12.2022.
Il testo previgente così disponeva: «*1. Conclusi gli accertamenti relativi alla costituzione delle parti, il giudice dichiara aperta la discussione.*».

(2) Comma introdotto dall'art. 23, co. 1, lett. g), n. 2), d.lgs. 10.10.2022, n. 150, a decorrere dal 30.12.2022.

(3) Comma così modificato dall'art. 2, l. 7.8.1997, n. 267, dall'art. 20, l. 16.12.1999, n. 479, e, infine, dall'art. 23, co. 1, lett. g), n. 3), d.lgs. 10.10.2022, n. 150, a decorrere dal 30.12.2022.

Il testo antecedente alla modifica disposta con d.lgs. n. 150/2022 così disponeva: «*2. Il pubblico ministero espone sinteticamente i risultati delle indagini preliminari e gli elementi di prova che giustificano la richiesta di rinvio a giudizio. L'imputato può rendere dichiarazioni spontanee e chiedere di essere sottoposto all'interrogatorio, per il quale si applicano le disposizioni degli articoli 64 e 65. Su richiesta di parte, il giudice dispone che l'interrogatorio sia reso nelle forme previste dagli articoli 498 e 499. Prendono poi la parola, nell'ordine, i difensori della parte civile, del responsabile civile, della persona civilmente obbligata per la pena pecuniaria e dell'imputato che espongono le loro difese. Il pubblico ministero e i difensori possono replicare una sola volta.*».

Il testo antecedente alla modifica disposta con l. n. 479/1999 così disponeva: «*Il pubblico ministero espone sinteticamente i risultati delle indagini preliminari e gli elementi di prova che giustificano la richiesta di rinvio a giudizio. L'imputato può chiedere di essere sottoposto all'interrogatorio, per il quale si applicano le disposizioni degli articoli 64 e 65. Su richiesta di parte, il giudice dispone che l'interrogatorio sia reso nelle forme previste dagli articoli 498 e 499. Prendono poi la parola, nell'ordine, i difensori della parte civile, del responsabile civile, della persona civilmente obbligata per la pena pecuniaria e dell'imputato che espongono le loro difese. Il pubblico ministero e i difensori possono replicare una sola volta.*».

Il testo antecedente alla modifica disposta con l. n. 267/1997 così disponeva: «*Il pubblico ministero espone sinteticamente i risultati delle indagini preliminari e gli elementi di prova che giustificano la richiesta di rinvio a giudizio. L'imputato può chiedere di essere sottoposto all'interrogatorio, per il quale si applicano le disposizioni degli articoli 64 e 65. Prendono poi la parola, nell'ordine, i difensori della parte civile, del responsabile civile, della persona civilmente obbligata per la pena pecuniaria e dell'imputato che espongono le loro difese. Il pubblico ministero e i difensori possono replicare una sola volta.*».

421 bis. Ordinanza per l'integrazione delle indagini [(1)].

1. Quando non provvede a norma del comma 4 dell'articolo 421, il giudice, se le indagini preliminari sono incomplete, indica le ulteriori indagini, fissando il termine per il loro compimento e la data della nuova udienza preliminare. Del provvedimento è data comunicazione al procuratore generale presso la corte d'appello.

2. Il procuratore generale presso la corte d'appello può disporre con decreto motivato l'avocazione delle indagini a seguito della comunicazione prevista dal comma 1. Si applica, in quanto compatibile, la disposizione dell'articolo 412, comma 1.

(1) Articolo introdotto dall'art. 21, l. 16.12.1999, n. 479.

422. Attività di integrazione probatoria del giudice [(1)].

1. Quando non provvede a norma del comma 4 dell'articolo 421, ovvero a norma dell'articolo 421-*bis*, il giudice può disporre, anche d'ufficio, l'assunzione delle prove delle quali appare evidente la decisività ai fini della sentenza di non luogo a procedere.

2. Il giudice, se non è possibile procedere immediatamente all'assunzione delle prove, fissa la data della nuova udienza e dispone la citazione dei testimoni, dei periti, dei consulenti tecnici e delle persone indicate nell'articolo 210 di cui siano stati ammessi l'audizione o l'interrogatorio. Quando una particolare disposizione di legge lo prevede, il giudice dispone che l'esame si svolga a distanza. Il giudice può altresì disporre che l'esame si svolga a distanza quando le parti vi consentono [(2)].

3. L'audizione e l'interrogatorio delle persone indicate nel comma 2 sono condotti dal giudice. Il pubblico ministero e i difensori possono porre domande, a mezzo del giudice, nell'ordine previsto dall'articolo 421, comma 2. Successivamente, il pubblico ministero e i difensori formulano e illustrano le rispettive conclusioni.

4. In ogni caso l'imputato può chiedere di essere sottoposto all'interrogatorio, per il quale si applicano le disposizioni degli articoli 64 e 65. Su richiesta di parte, il giudice dispone che l'interrogatorio sia reso nelle forme previste dagli articoli 498 e 499.

[**4 bis.** Se la richiesta di cui al comma 1 ha ad oggetto conversazioni o comunicazioni intercettate e non acquisite si applicano, in quanto compatibili, gli articoli 268-*ter* e 268-*quater* [3] [4].]

(1) Articolo così sostituito dall'art. 22, l. 16.12.1999, n. 479.
Il testo previgente così disponeva: «*Sommarie informazioni ai fini della decisione.*
1. Quando non provvede a norma dall'articolo 421 comma 4, il giudice, terminata la discussione, può indicare alle parti temi nuovi o incompleti sui quali si rende necessario acquisire ulteriori informazioni ai fini della decisione. Il pubblico ministero e i difensori possono produrre documenti e chiedere l'audizione di testimoni e di consulenti tecnici o l'interrogatorio delle persone indicate nell'articolo 210.
2. Il giudice ammette le prove richieste dal pubblico ministero o dal difensore della parte civile quando ne risulti manifesta la decisività ai fini dell'accoglimento della richiesta di rinvio a giudizio. Le prove a discarico richieste dai difensori delle altre parti private sono ammesse se ne appare evidente la decisività ai fini della pronuncia della sentenza di non luogo a procedere.
3. In ogni caso l'imputato può chiedere di essere sottoposto all'interrogatorio, per il quale si applicano le disposizioni degli articoli 64 e 65.
4. Se le persone di cui il giudice ha ammesso l'audizione o l'interrogatorio non sono presenti, il giudice, con l'ordinanza di ammissione, ne dispone la citazione e fissa la data della nuova udienza. Del provvedimento è data comunicazione al procuratore generale presso la corte di appello.
5. L'udienza è fissata per una data anteriore alla scadenza del termine di durata massima delle indagini preliminari. Qualora il termine sia già decorso, l'udienza è fissata per una data non posteriore al sessantesimo giorno dalla scadenza.
6. La citazione delle persone di cui il giudice ha ammesso l'audizione o l'interrogatorio è notificata a cura della parte che ne ha fatto richiesta.
7. L'audizione e l'interrogatorio delle persone indicate nel comma 1 sono condotti dal giudice. Il pubblico ministero e i difensori possono porre domande, a mezzo del giudice, nell'ordine previsto dall'articolo 421 comma 2. Successivamente, il pubblico ministero e i difensori formulano e illustrano le rispettive conclusioni».
(2) Comma così modificato dall'art. 23, co. 1, lett. h), d.lgs. 10.10.2022, n. 150, a decorrere dal 30.12.2022.
Il testo previgente così disponeva: «*2. Il giudice, se non è possibile procedere immediatamente all'assunzione delle prove, fissa la data della nuova udienza e dispone la citazione dei testimoni, dei periti, dei consulenti tecnici e delle persone indicate nell'articolo 210 di cui siano stati ammessi l'audizione o l'interrogatorio.*».
(3) Comma introdotto dall'art. 3, co. 1, lett. i), d.lgs. 29.12.2017, n. 216, a decorrere dal 26.1.2018.
(4) Comma soppresso, a decorrere dal 1.1.2020, dall'art. 2, co. 1, lett. n), d.l. 30.12.2019, n. 161, conv., con modif., dalla l. 28.2.2020, n. 7.

423. Modificazione dell'imputazione.

1. Se nel corso dell'udienza il fatto risulta diverso da come è descritto nell'imputazione [417] ovvero emerge un reato connesso a norma dell'articolo 12 comma 1 lettera b), o una circostanza aggravante, il pubblico ministero modifica l'imputazione [1].

1 bis. Se rileva che il fatto, le circostanze aggravanti e quelle che possono comportare l'applicazione di misure di sicurezza non sono indicati nell'imputazione in termini corrispondenti a quanto emerge dagli atti o che la definizione giuridica non è corretta, il giudice invita il pubblico ministero a operare le necessarie modificazioni. Se la difformità indicata permane, sentite le parti, il giudice dispone con ordinanza, anche d'ufficio, la restituzione degli atti al pubblico ministero [2].

1 ter. Nei casi di modifica dell'imputazione ai sensi dei commi 1 e 1-*bis*, si applicano le disposizioni di cui all'articolo 421, comma 1-*bis* [2].

2. Se risulta a carico dell'imputato un fatto nuovo non enunciato nella richiesta di rinvio a giudizio, per il quale si debba procedere di ufficio, il giudice ne autorizza la contestazione se il pubblico ministero ne fa richiesta e vi è il consenso dell'imputato [518].

(1) Comma così modificato dall'art. 23, co. 1, lett. i), n. 1), d.lgs. 10.10.2022, n. 150, a decorrere dal 30.12.2022.
(2) Comma così modificato dall'art. 23, co. 1, lett. i), n. 1), d.lgs. 10.10.2022, n. 150, a decorrere dal 30.12.2022.
Il testo previgente così disponeva: «*1. Se nel corso dell'udienza il fatto risulta diverso da come è descritto nell'imputazione ovvero emerge un reato connesso a norma dell'articolo 12 comma 1 lettera b), o una circostanza aggravante, il pubblico ministero modifica l'imputazione e la contesta all'imputato presente. Se l'imputato non è presente, la modificazione della imputazione è comunicata al difensore, che rappresenta l'imputato ai fini della contestazione.*».

424. Provvedimenti del giudice.

1. Subito dopo che è stata dichiarata chiusa la discussione, il giudice procede alla deliberazione pronunciando sentenza di non luogo a procedere o decreto che dispone il giudizio.

2. Il giudice dà immediata lettura del provvedimento. La lettura equivale a notificazione per le parti presenti.

3. Il provvedimento è immediatamente depositato in cancelleria. Le parti hanno diritto di ottenerne copia.

4. Qualora non sia possibile procedere alla redazione immediata dei motivi della sentenza di non luogo a procedere, il giudice provvede non oltre il trentesimo giorno da quello della pronuncia [585].

425. Sentenza di non luogo a procedere [1].

1. Se sussiste una causa che estingue il reato o per la quale l'azione penale non doveva essere iniziata o non deve essere proseguita, se il fatto non è previsto dalla legge come reato ovvero quando risulta che il fatto non sussiste o che l'imputato non lo ha commesso o che il fatto non costituisce reato o che si tratta di persona non punibile per qualsiasi causa, il giudice pronuncia sentenza di non luogo a procedere, indicandone la causa nel dispositivo.

2. Ai fini della pronuncia della sentenza di cui al comma 1, il giudice tiene conto delle circostanze attenuanti. Si applicano le disposizioni dell'articolo 69 del codice penale.

3. Il giudice pronuncia sentenza di non luogo a procedere anche quando gli elementi acquisiti non consentono di formulare una ragionevole previsione di condanna [att. 125] (2).

4. Il giudice non può pronunciare sentenza di non luogo a procedere se ritiene che dal proscioglimento dovrebbe conseguire l'applicazione di una misura di sicurezza diversa dalla confisca (3).

5. Si applicano le disposizioni dell'articolo 537.

(1) Articolo così sostituito dall'art. 23, l. 16.12.1999, n. 479.
Il testo previgente – in cui la parola *«evidente»* era stata soppressa dall'art. 1, l. 8.4.1993, n. 105 e di cui in precedenza la Corte cost., aveva dichiarato, con sent. 10.2.1993, n. 41, l'illegittimità del primo comma, nella parte in cui stabiliva che il giudice pronuncia sentenza di non luogo a procedere quando risulta evidente che l'imputato è persona non imputabile; – così disponeva: «*Sentenza di non luogo a procedere. 1. Se sussiste una causa che estingue il reato o per la quale l'azione penale non doveva essere iniziata o non deve essere proseguita, se il fatto non è previsto dalla legge come reato ovvero quando risulta [evidente] che il fatto non sussiste o che l'imputato non lo ha commesso o che il fatto non costituisce reato o che si tratta di persona non imputabile o non punibile per qualsiasi altra causa il giudice pronuncia sentenza di non luogo a procedere, indicandone la causa nel dispositivo. 2. Si applicano le disposizioni dell'articolo 537*».

(2) Comma così modificato dall'art. 23, co. 1, lett. l), d.lgs. 10.10.2022, n. 150, a decorrere dal 30.12.2022.
Il testo previgente così disponeva: «*3. Il giudice pronuncia sentenza di non luogo a procedere anche quando gli elementi acquisiti risultano insufficienti, contraddittori o comunque non idonei a sostenere l'accusa in giudizio.*».

(3) Comma così modificato dall'art. 2 sexies, d.l. 7.4.2000, n. 82, nel testo integrato dalla relativa legge di conversione 5.6.2000, n. 144.
Il testo previgente così disponeva: «*4. Il giudice non può pronunciare sentenza di non luogo a procedere se ritiene che dal proscioglimento dovrebbe conseguire l'applicazione di una misura di sicurezza*».

426. Requisiti della sentenza.

1. La sentenza contiene:

a) l'intestazione «in nome del popolo italiano» e l'indicazione dell'autorità che l'ha pronunciata;
b) le generalità dell'imputato o le altre indicazioni personali che valgono a identificarlo nonché le generalità delle altre parti private;
c) l'imputazione;
d) l'esposizione sommaria dei motivi di fatto e di diritto su cui la decisione è fondata;
e) il dispositivo, con l'indicazione degli articoli di legge applicati;
f) la data e la sottoscrizione del giudice.

2. In caso di impedimento del giudice, la sentenza è sottoscritta dal presidente del tribunale previa menzione della causa della sostituzione.

3. Oltre che nel caso previsto dall'articolo 125 comma 3, la sentenza è nulla se manca o è incompleto nei suoi elementi essenziali il dispositivo ovvero se manca la sottoscrizione del giudice.

427. Condanna del querelante alle spese e ai danni.

1. Quando si tratta di reato per il quale si procede a querela della persona offesa, con la sentenza di non luogo a procedere perché il fatto non sussiste o l'imputato non lo ha commesso il giudice condanna il querelante al pagamento delle spese del procedimento anticipate dallo Stato (1).

2. Nei casi previsti dal comma 1, il giudice, quando ne è fatta domanda, condanna inoltre il querelante alla rifusione delle spese sostenute dall'imputato e, se il querelante si è costituito parte civile, anche di quelle sostenute dal responsabile civile citato o intervenuto. Quando ricorrono giusti motivi, le spese possono essere compensate in tutto o in parte.

3. Se vi è colpa grave, il giudice può condannare il querelante a risarcire i danni all'imputato e al responsabile civile che ne abbiano fatto domanda.

4. Contro il capo della sentenza di non luogo a procedere che decide sulle spese e sui danni possono proporre impugnazione, a norma dell'articolo 428, il querelante, l'imputato e il responsabile civile.

5. Se il reato è estinto per remissione della querela, si applica la disposizione dell'articolo 340 comma 4 [c.p. 152].

(1) La Corte cost., con sent. 3.12.1993, n. 423, ha dichiarato l'illegittimità costituzionale dell'art. 427, co. 1, c.p.p., nella parte di cui prevede, nel caso di proscioglimento dell'imputato perché il fatto non sussiste o per non aver commesso il fatto, che il giudice condanni il querelante al pagamento delle spese anticipate dallo Stato anche in assenza di qualsiasi colpa a questi ascrivibile nell'esercizio del diritto di querela.

428. Impugnazione della sentenza di non luogo a procedere (1).

1. Contro la sentenza di non luogo a procedere possono proporre appello (2):

a) il procuratore della Repubblica e il procuratore generale nei casi di cui all'articolo 593-*bis*, comma 2 (3);
b) l'imputato, salvo che con la sentenza sia stato dichiarato che il fatto non sussiste o che l'imputato non lo ha commesso.

2. La persona offesa può proporre appello nei soli casi di nullità previsti dall'articolo 419, comma 7 (4).

3. Sull'impugnazione la corte di appello decide in camera di consiglio con le forme previste dall'articolo 127. In caso di appello del pubblico ministero, la corte, se non conferma la sentenza, pronuncia decreto che dispone il giudizio, formando il fascicolo per il dibattimento secondo le disposizioni degli articoli 429 e 431, o sentenza di non luogo a procedere con formula meno favorevole all'imputato. In caso di appello dell'imputato, la corte, se non conferma la sentenza, pronuncia sentenza di non luogo a procedere con formula più favorevole all'imputato (5).

3 bis. Contro la sentenza di non luogo a procedere pronunciata in grado di appello possono ricorrere per cassazione l'imputato e il procuratore generale solo per i motivi di cui alle lettere a), b) e c) del comma 1 dell'articolo 606 (6).

3 ter. Sull'impugnazione la corte di cassazione decide in camera di consiglio con le forme previste dall'articolo 611 (7).

3 quater. Sono inappellabili le sentenze di non luogo a procedere relative a reati puniti con la sola pena pecuniaria o con pena alternativa [8].

(1) Articolo così sostituito dall'art. 4, l. 20.2.2006, n. 46. L'art. 10 della l. n. 46/2006 così dispone:
«*Art. 10 – 1. La presente legge si applica ai procedimenti in corso alla data di entrata in vigore della medesima.*
2. L'appello proposto contro una sentenza di proscioglimento dall'imputato o dal pubblico ministero prima della data di entrata in vigore della presente legge viene dichiarato inammissibile con ordinanza non impugnabile.
3. Entro quarantacinque giorni dalla notifica del provvedimento di inammissibilità di cui al comma 2 può essere proposto ricorso per cassazione contro le sentenze di primo grado.
4. La disposizione di cui al comma 2 si applica anche nel caso in cui sia annullata, su punti diversi dalla pena o dalla misura di sicurezza, una sentenza di condanna di una corte di assise di appello o di una corte di appello che abbia riformato una sentenza di assoluzione.
5. Nei limiti delle modificazioni apportate dall'articolo 8 della presente legge possono essere presentati i motivi di cui all'articolo 585, comma 4, del codice di procedura penale entro trenta giorni dalla data di entrata in vigore della presente legge».
In seguito, la Corte cost., con sent. 6.2.2007, n. 26, ha dichiarato, tra l'altro, l'illegittimità del co. 2 dell'art. 10, nella parte in cui prevede che l'appello proposto contro una sentenza di proscioglimento dal pubblico ministero prima della data di entrata in vigore della medesima legge è dichiarato inammissibile.
Il testo del presente articolo antecedente alla modifica disposta dalla l. n. 46/2006 così disponeva: «*1. Salvo quanto previsto dall'articolo 593, comma 3, contro la sentenza di non luogo a procedere possono proporre appello:*
a) il procuratore della Repubblica e il procuratore generale;
b) l'imputato, salvo che con la sentenza sia stato dichiarato che il fatto non sussiste o che l'imputato non lo ha commesso.
2. Sull'impugnazione decide la corte di appello in camera di consiglio con le forme previste dall'articolo 127.
3. La persona offesa dal reato può ricorrere per cassazione nei casi di nullità previsti dall'articolo 419 comma 7.
4. Il procuratore della Repubblica, il procuratore generale e l'imputato possono proporre ricorso immediato per cassazione a norma dell'articolo 569.
5. Se la sentenza è inappellabile, il procuratore generale, il procuratore della Repubblica e l'imputato possono ricorrere per cassazione.
6. In caso di appello del procuratore della Repubblica e del procuratore generale, la corte di appello, se non conferma la sentenza, pronuncia decreto che dispone il giudizio [429] ovvero sentenza di non luogo a procedere con formula meno favorevole all'imputato.
7. In caso di appello dell'imputato, la corte di appello, se non conferma la sentenza, pronuncia sentenza di non luogo a procedere con formula più favorevole all'imputato.
8. Contro la sentenza di non luogo a procedere pronunciata in grado di appello possono ricorrere per cassazione l'imputato e il procuratore generale.
9. In ogni caso la corte di cassazione decide in camera di consiglio con le forme previste dall'articolo 611».

(2) Alinea così modificato dall'art. 1, co. 38, l. 23.6.2017, n. 103, a decorrere dal 3.8.2017 (art. 1, co. 95, l. n. 103/2017).
Il testo previgente così disponeva: «*1. Contro la sentenza di non luogo a procedere possono proporre ricorso per cassazione:*».

(3) Lettera così modificata dall'art. 3, co. 2, d.lgs. 6.2.2018, n. 11, a decorrere dal 6.3.2018.
Il testo previgente così disponeva: «*a) il procuratore della Repubblica e il procuratore generale;*».

(4) Comma così modificato dall'art. 1, co. 38 e 39, l. 23.6.2017, n. 103, a decorrere dal 3.8.2017 (art. 1, co. 95, l. n. 103/2017).
Il testo previgente così disponeva: «*2. La persona offesa può proporre ricorso per cassazione nei soli casi di nullità previsti dall'articolo 419, comma 7. La persona offesa costituita parte civile può proporre ricorso per cassazione ai sensi dell'articolo 606*».

(5) Comma così sostituito dall'art. 1, co. 40, l. 23.6.2017, n. 103, che ha sostituito l'originario co. 3 con gli attuali co. 3, 3 bis e 3 ter, a decorrere dal 3.8.2017 (art. 1, co. 95, l. n. 103/2017).
Il testo previgente così disponeva: «*3. Sull'impugnazione decide la Corte di cassazione in camera di consiglio con le forme previste dall'articolo 127*».

(6) Comma introdotto dall'art. 1, co. 40, l. 23.6.2017, n. 103, che ha sostituito l'originario co. 3 con gli attuali co. 3, 3 bis e 3 ter, a decorrere dal 3.8.2017 (art. 1, co. 95, l. n. 103/2017).

(7) Comma introdotto dall'art. 2, co. 2, d.lgs. 6.2.2018, n. 11, a decorrere dal 6.3.2018.

(8) Comma introdotto dall'art. 2, co. 2, d.lgs. 6.2.2018, n. 11, a decorrere dal 6.3.2018, e, successivamente, così modificato dall'art. 23, co. 1, lett. m), d.lgs. 10.10.2022, n. 150, a decorrere dal 30.12.2022.
Il testo antecedente alla modifica disposta con d.lgs. n. 150/2022 così disponeva: «*3-*quater. *Sono inappellabili le sentenze di non luogo a procedere relative a contravvenzioni punite con la sola pena dell'ammenda o con pena alternativa.*».

429. Decreto che dispone il giudizio.

1. Il decreto che dispone il giudizio contiene:
a) le generalità dell'imputato e le altre indicazioni personali che valgono a identificarlo nonché le generalità delle altre parti private, con l'indicazione dei difensori;
b) l'indicazione della persona offesa dal reato qualora risulti identificata;
c) l'enunciazione, in forma chiara e precisa, del fatto, delle circostanze aggravanti e di quelle che possono comportare l'applicazione di misure di sicurezza, con l'indicazione dei relativi articoli di legge [417] [1];
d) l'indicazione sommaria delle fonti di prova e dei fatti cui esse si riferiscono;
d-*bis*) l'avviso all'imputato e alla persona offesa che hanno facoltà di accedere ai programmi di giustizia riparativa [2];
e) il dispositivo, con l'indicazione del giudice competente per il giudizio;
f) l'indicazione del luogo, del giorno e dell'ora dell'udienza per la prosecuzione del processo davanti al giudice del dibattimento con l'avvertimento all'imputato che potranno essere disposte, ove ne ricorrano le condizioni, le sanzioni e le misure, anche di confisca, previste dalla legge in relazione al reato per cui si procede [3];
g) la data e la sottoscrizione del giudice e dell'ausiliario che l'assiste.

2. Il decreto è nullo se l'imputato non è identificato in modo certo ovvero se manca o è insufficiente l'indicazione di uno dei requisiti previsti dal comma 1 lettere c) e f).

[**2 bis.** Se si procede per delitto punito con la pena dell'ergastolo e il giudice dà al fatto una definizione giuridica diversa da quella enunciata nell'imputazione, tale da rendere ammissibile il giudizio abbreviato, il decreto che dispone il giudizio contiene anche l'avviso che l'imputato può chiedere il giudizio abbreviato entro quindici giorni dalla lettura del provvedimento o dalla sua notificazione. Si applicano le disposizioni dell'articolo 458 [4].]

3. Tra la data del decreto e la data fissata per il giudizio deve intercorrere un termine non inferiore a venti giorni.

3 bis. Qualora si proceda per i reati di cui agli articoli 589, secondo comma, e 589-*bis* del codice penale, il termine di cui al comma 3 non può essere superiore a sessanta giorni [5].

[**4.** Il decreto è notificato all'imputato contumace nonché all'imputato e alla persona offesa comunque non presenti alla lettura del provvedimento di cui al comma 1 dell'articolo 424 almeno venti giorni prima della data fissata per il giudizio.] [6]

(1) Lettera così modificata dall'art. 18, l. 16.12.1999, n. 479.
Il testo previgente così disponeva: «*c) l'enunciazione del fatto, delle circostanze aggravanti e di quelle che possono comportare l'applicazione di misure di sicurezza, con l'indicazione dei relativi articoli di legge*».

(2) Lettera introdotta dall'art. 23, co. 1, lett. n), n. 1), d.lgs. 10.10.2022, n. 150, a decorrere dal 30.12.2022.
Comma introdotto dall'art. 4, co. 1, l. 12.4.2019, n. 33, a decorrere dal 20.4.2019. Secondo quanto disposto dall'art. 5, co. 1, l. n. 33/2019 le disposizioni in essa contenute si applicano ai fatti commessi dopo la data del 20.4.2019.

(3) Lettera sostituita dall'art. 23, co. 1, lett. n), n. 2), d.lgs. 10.10.2022, n. 150, a decorrere dal 30.12.2022.
Questa lettera è stata poi così modificata dall'art. 4, co. 1, lett. b), d.lgs. 7.12.2023, n. 203, a decorrere dal 6.1.2024.
Il testo antecedente alla modifica disposta con d.lgs. n. 203/2023 così disponeva: «*f) l'indicazione del luogo, del giorno e dell'ora dell'udienza per la prosecuzione del processo davanti al giudice del dibattimento;*».
Il testo antecedente alla sostituzione disposta con d.lgs. n. 150/2022 così disponeva: «*f) l'indicazione del luogo, del giorno e dell'ora della comparizione, con l'avvertimento all'imputato che non comparendo sarà giudicato in contumacia;*».

(4) Comma introdotto dall'art. 4, l. 21.2.2006, n. 102 e, poi, così modificato dall'art. 1, co. 5, lett. e), l. 23.3.2016, n. 41, a decorrere dal 25.3.2016.
Il testo di questo comma in vigore prima delle modifiche disposte con l. n. 41/2016 così disponeva: «*3-bis. Qualora si proceda per il reato di cui all'articolo 589, secondo comma, del codice penale, il termine di cui al comma 3 non può essere superiore a sessanta giorni*».
Questo comma è stato, infine, abrogato dall'art. 98, co. 1, lett. a), d.lgs. 10.10.2022, n. 150, a decorrere dal 30.12.2022.

(5) Comma così sostituito prima dall'art. 24, l. 16.12.1999, n. 479 e poi dall'art. 2*septies*, d.l. 7.4.2000, n. 82, nel testo integrato dalla relativa legge di conversione 5.6.2000, n. 144.
Il testo previgente così disponeva: «*4. Il decreto è notificato all'imputato contumace all'udienza preliminare*». Il co. 4, prima della sostituzione disposta dall'art. 26, l. 16.12.1999, n. 479 così disponeva: «*4. Il decreto è notificato alla persona offesa e all'imputato che non erano presenti all'udienza preliminare almeno venti giorni prima della data fissata per il giudizio*».

(6) Questo comma è stato, infine, abrogato dall'art. 98, co. 1, lett. a), d.lgs. 10.10.2022, n. 150, a decorrere dal 30.12.2022.

430. Attività integrativa di indagine del pubblico ministero e del difensore [1].

1. Successivamente all'emissione del decreto che dispone il giudizio, il pubblico ministero e il difensore possono, ai fini delle proprie richieste al giudice del dibattimento, compiere attività integrativa di indagine, fatta eccezione degli atti per i quali è prevista la partecipazione dell'imputato o del difensore di questo.

2. La documentazione relativa all'attività indicata nel comma 1 è immediatamente depositata nella segreteria del pubblico ministero con facoltà delle parti di prenderne visione e di estrarne copia.

(1) Articolo così sostituito dall'art. 14, l. 7.12.2000, n. 397. Il testo previgente così disponeva: «*Attività integrativa di indagine del pubblico ministero. 1. Successivamente all'emissione del decreto che dispone il giudizio, il pubblico ministero, ai fini delle proprie richieste al giudice del dibattimento, può compiere attività integrativa di indagine, fatta eccezione degli atti per i quali è prevista la partecipazione dell'imputato o del difensore di questo.*
2. La documentazione relativa all'attività indicata nel comma 1 è immediatamente depositata nella segreteria del pubblico ministero con facoltà dei difensori di prenderne visione ed estrarne copia».

430 bis. Divieto di assumere informazioni [1].

1. È vietato al pubblico ministero, alla polizia giudiziaria e al difensore assumere informazioni dalla persona ammessa ai sensi dell'articolo 507 o indicata nella richiesta di incidente probatorio o ai sensi dell'articolo 422, comma 2, ovvero nella lista prevista dall'articolo 468 e presentata dalle altre parti processuali. Le informazioni assunte in violazione del divieto sono inutilizzabili.

2. Il divieto di cui al comma 1 cessa dopo l'assunzione della testimonianza e nei casi in cui questa non sia ammessa o non abbia luogo.

(1) Articolo introdotto dall'art. 25, l. 16.12.1999, n. 479.

431. Fascicolo per il dibattimento [1].

1. Immediatamente dopo l'emissione del decreto che dispone il giudizio, il giudice provvede nel contraddittorio delle parti alla formazione del fascicolo per il dibattimento. Se una delle parti ne fa richiesta il giudice fissa una nuova udienza, non oltre il termine di quindici giorni, per la formazione del fascicolo. Nel fascicolo per il dibattimento sono raccolti:

a) gli atti relativi alla procedibilità dell'azione penale e all'esercizio dell'azione civile [76, 336];
b) i verbali degli atti non ripetibili compiuti dalla polizia giudiziaria [349, 352, 353, 354];
c) i verbali degli atti non ripetibili compiuti dal pubblico ministero [360] e dal difensore [2];
d) i documenti acquisiti all'estero mediante rogatoria internazionale e i verbali degli atti non ripetibili assunti con le stesse modalità;
e) i verbali degli atti assunti nell'incidente probatorio;
f) i verbali degli atti, diversi da quelli previsti dalla lettera d), assunti all'estero a seguito di rogatoria internazionale ai quali i difensori sono stati posti in grado di assistere e di esercitare le facoltà loro consentite dalla legge italiana;
g) il certificato generale del casellario giudiziario e gli altri documenti indicati nell'articolo 236, nonché, quando si procede nei confronti di un apolide, di una persona della quale è ignota la cittadinanza, di un cittadino di uno Stato non appartenente all'Unione europea ovvero di un cittadino di uno Stato membro dell'Unione europea privo del codice fiscale o che è attualmente, o è stato in passato, titolare anche della cittadinanza di uno Stato non appartenente all'Unione europea, una copia del cartellino

fotodattiloscopico con indicazione del codice univoco identificativo [3];

h) il corpo del reato e le cose pertinenti al reato [253], qualora non debbano essere custoditi altrove [259].

2. Le parti possono concordare l'acquisizione al fascicolo per il dibattimento di atti contenuti nel fascicolo del pubblico ministero, nonché della documentazione relativa all'attività di investigazione difensiva.

(1) Articolo così sostituito dall'art. 26, l. 16.12.1999, n. 479.
Il testo previgente così disponeva: «*Fascicolo per il dibattimento.*
1. A seguito del decreto che dispone il giudizio, la cancelleria forma il fascicolo per il dibattimento, nel quale, secondo le prescrizioni del giudice, sono raccolti:
a) gli atti relativi alla procedibilità dell'azione penale e all'esercizio dell'azione civile;
b) i verbali degli atti non ripetibili compiuti dalla polizia giudiziaria;
c) i verbali degli atti non ripetibili compiuti dal pubblico ministero;
d) i verbali degli atti assunti nell'incidente probatorio e di quelli assunti all'estero a seguito di rogatoria;
e) il certificato generale del casellario giudiziale e gli altri documenti indicati nell'articolo 236;
f) il corpo del reato e le cose pertinenti al reato, qualora non debbano essere custoditi altrove».

(2) Le parole «*e dal difensore*» sono state aggiunte dall'art. 15, l. 7.12.2000, n. 397.

(3) Lettera così modificata dall'art. 2, co. 9, l. 27.9.2021, n. 134, a decorrere dal 19.10.2021.
Il testo previgente così disponeva: «*g) il certificato generale del casellario giudiziario e gli altri documenti indicati nell'articolo 236;*».

432. Trasmissione e custodia del fascicolo per il dibattimento.

1. Il decreto che dispone il giudizio [429] è trasmesso senza ritardo, con il fascicolo previsto dall'articolo 431 e con l'eventuale provvedimento che abbia disposto misure cautelari in corso di esecuzione, alla cancelleria del giudice competente per il giudizio.

433. Fascicolo del pubblico ministero.

1. Gli atti diversi da quelli previsti dall'articolo 431 sono trasmessi al pubblico ministero con gli atti acquisiti all'udienza preliminare [420, 421, 422] unitamente al verbale dell'udienza.

2. I difensori hanno facoltà di prendere visione ed estrarre copia, nella segreteria del pubblico ministero, degli atti raccolti nel fascicolo formato a norma del comma 1.

3. Nel fascicolo del pubblico ministero ed in quello del difensore è altresì inserita la documentazione dell'attività prevista dall'articolo 430 quando di essa le parti si sono servite per la formulazione di richieste al giudice del dibattimento e quest'ultimo le ha accolte [1].

(1) Comma così modificato dall'art. 16, l. 7.12.2000, n. 397. Il testo previgente così disponeva: «*3. Nel fascicolo del pubblico ministero è altresì inserita la documentazione dell'attività prevista dall'articolo 430 quando di essa le parti si sono servite per la formulazione di richieste al giudice del dibattimento e quest'ultimo le ha accolte*».

TITOLO X
Revoca della sentenza di non luogo a procedere

434. Casi di revoca.

1. Se dopo la pronuncia di una sentenza di non luogo a procedere sopravvengono o si scoprono nuove fonti di prova che, da sole o unitamente a quelle già acquisite, possono determinare il rinvio a giudizio, il giudice per le indagini preliminari, su richiesta del pubblico ministero, dispone la revoca della sentenza.

435. Richiesta di revoca.

1. Nella richiesta di revoca il pubblico ministero indica le nuove fonti di prova, specifica se queste sono già state acquisite o sono ancora da acquisire e richiede, nel primo caso, il rinvio a giudizio [416] e, nel secondo, la riapertura delle indagini [414].

2. Con la richiesta sono trasmessi alla cancelleria del giudice gli atti relativi alle nuove fonti di prova.

3. Il giudice, se non dichiara inammissibile la richiesta, designa un difensore all'imputato che ne sia privo, fissa la data dell'udienza in camera di consiglio e ne fa dare avviso al pubblico ministero, all'imputato, al difensore e alla persona offesa. Il procedimento si svolge nelle forme previste dall'articolo 127.

436. Provvedimenti del giudice.

1. Sulla richiesta di revoca il giudice provvede con ordinanza.

2. Quando revoca la sentenza di non luogo a procedere, il giudice, se il pubblico ministero ha chiesto il rinvio a giudizio, fissa l'udienza preliminare, dandone avviso agli interessati presenti e disponendo per gli altri la notificazione; altrimenti ordina la riapertura delle indagini.

3. Con l'ordinanza di riapertura delle indagini, il giudice stabilisce per il loro compimento un termine improrogabile non superiore a sei mesi.

4. Entro la scadenza del termine, il pubblico ministero, qualora sulla base dei nuovi atti di indagine non debba chiedere l'archiviazione, trasmette alla cancelleria del giudice la richiesta di rinvio a giudizio.

437. Ricorso per cassazione.

1. Contro l'ordinanza che dichiara inammissibile o rigetta la richiesta di revoca il pubblico ministero può proporre ricorso per cassazione solamente per i motivi indicati all'articolo 606, comma 1, lettere b), d) ed e) [1].

(1) Comma così modificato dall'art. 6, l. 26.3.2001, n. 128.
Il testo previgente così disponeva: «*1. Contro l'ordinanza che dichiara inammissibile o rigetta la richiesta di revoca il pubblico ministero può proporre ricorso per cassazione*».

LIBRO SESTO
Procedimenti speciali

TITOLO I
Giudizio abbreviato

438. Presupposti del giudizio abbreviato [1].

1. L'imputato può chiedere che il processo sia definito all'udienza preliminare allo stato degli atti, salve le disposizioni di cui al comma 5 del presente articolo e all'articolo 441, comma 5.

1 bis. Non è ammesso il giudizio abbreviato per i delitti puniti con la pena dell'ergastolo [(2)].

2. La richiesta può essere proposta, oralmente o per iscritto, fino a che non siano formulate le conclusioni a norma degli articoli 421 e 422.

3. La volontà dell'imputato è espressa personalmente o per mezzo di procuratore speciale e la sottoscrizione è autenticata da un notaio, da altra persona autorizzata o dal difensore [(3)].

4. Sulla richiesta il giudice provvede con ordinanza con la quale dispone il giudizio abbreviato. Quando l'imputato chiede il giudizio abbreviato immediatamente dopo il deposito dei risultati delle indagini difensive, il giudice provvede solo dopo che sia decorso il termine non superiore a sessanta giorni, eventualmente richiesto dal pubblico ministero, per lo svolgimento di indagini suppletive limitatamente ai temi introdotti dalla difesa. In tal caso, l'imputato ha facoltà di revocare la richiesta [(4)].

5. L'imputato, ferma restando la utilizzabilità ai fini della prova degli atti indicati nell'articolo 442, comma 1-*bis*, può subordinare la richiesta ad una integrazione probatoria necessaria ai fini della decisione. Il giudice dispone il giudizio abbreviato se, tenuto conto degli atti già acquisiti ed utilizzabili, l'integrazione probatoria richiesta risulta necessaria ai fini della decisione e il giudizio abbreviato realizza comunque una economia processuale, in relazione all'istruzione dibattimentale. In tal caso il pubblico ministero può chiedere l'ammissione di prova contraria. Resta salva l'applicabilità dell'articolo 423 [(5)].

5 bis. Con la richiesta presentata ai sensi del comma 5 può essere proposta, subordinatamente al suo rigetto, la richiesta di cui al comma 1, oppure quella di applicazione della pena ai sensi dell'articolo 444 [(6)].

6. In caso di dichiarazione di inammissibilità o di rigetto, ai sensi, rispettivamente, dei commi 1-*bis* e 5, la richiesta può essere riproposta fino al termine previsto dal comma 2 [(7)].

6 bis. La richiesta di giudizio abbreviato proposta nell'udienza preliminare determina la sanatoria delle nullità, sempre che non siano assolute, e la non rilevabilità delle inutilizzabilità, salve quelle derivanti dalla violazione di un divieto probatorio. Essa preclude altresì ogni questione sulla competenza per territorio del giudice [(8)].

6 ter. Qualora la richiesta di giudizio abbreviato proposta nell'udienza preliminare sia stata dichiarata inammissibile ai sensi del comma 1-*bis*, il giudice, se all'esito del dibattimento ritiene che per il fatto accertato sia ammissibile il giudizio abbreviato, applica la riduzione della pena ai sensi dell'articolo 442, comma 2. In ogni altro caso in cui la richiesta di giudizio abbreviato proposta nell'udienza preliminare sia stata dichiarata inammissibile o rigettata, l'imputato può riproporre la richiesta prima dell'apertura del dibattimento e il giudice, se ritiene illegittima la dichiarazione di inammissibilità o ingiustificato il rigetto, ammette il giudizio abbreviato [(9)].

(1) Articolo così sostituito dall'art. 27, l. 16.12.1999, n. 479. La Corte cost., con sent. 23.5.2003, n. 169 ha dichiarato, tra l'altro, l'illegittimità dell'art. 438, co. 6, c.p.p., nella parte in cui non prevede che, in caso di rigetto della richiesta di giudizio abbreviato subordinata ad una integrazione probatoria, l'imputato possa rinnovare la richiesta prima della dichiarazione di apertura del dibattimento di primo grado e il giudice possa disporre il giudizio abbreviato.
Il testo previgente così disponeva: «*Presupposti del giudizio abbreviato.*
1. L'imputato può chiedere, con il consenso del pubblico ministero, che il processo sia definito nell'udienza preliminare.
2. La richiesta e il consenso nell'udienza sono formulati oralmente; negli altri casi sono formulati con atto scritto.
3. La volontà dell'imputato è espressa personalmente o a mezzo di procuratore speciale e la sottoscrizione è autenticata nelle forme previste dall'articolo 583 comma 3».
Con sent. 28.1.-15.2.1991, n. 81, ha dichiarato, fra l'altro, l'illegittimità costituzionale del combinato disposto degli artt. 438, 439, 440 e 442 c.p.p., nella parte in cui non prevede che il pubblico ministero, in caso di dissenso sia tenuto ad enunciarne le ragioni e nella parte in cui non prevede che il giudice, quando, a dibattimento concluso, ritiene ingiustificato il dissenso del pubblico ministero, possa applicare all'imputato la riduzione di pena contemplata dall'art. 442 c.p.p., co. 2. La stessa Corte cost., con sent. 31.1 1992, n. 23, ha dichiarato, altresì, l'illegittimità costituzionale del combinato disposto degli artt. 438, 439, 440 e 442 c.p.p., nella parte in cui non prevede che il giudice, all'esito del dibattimento, ritenendo che il processo poteva essere definito allo stato degli atti dal giudice per le indagini preliminari, possa applicare la riduzione di pena prevista dall'art. 442, co. 2, dello stesso codice;

(2) Comma introdotto dall'art. 1, co. 1, lett. a), l. 12.4.2019, n. 33, a decorrere dal 20.4.2019. Secondo quanto disposto dall'art. 5, co. 1, l. n. 33/2019 le disposizioni in essa contenute si applicano ai fatti commessi successivamente alla data del 20.4.2019.

(3) Comma così modificato dall'art. 24, co. 1, lett. a), n. 1), d.lgs. 10.10.2022, n. 150, a decorrere dal 30.12.2022.
Il testo previgente così disponeva: «*3. La volontà dell'imputato è espressa personalmente o per mezzo di procuratore speciale e la sottoscrizione è autenticata nelle forme previste dall'articolo 583, comma 3.*».

(4) Comma così sostituito dall'art. 1, co. 41, l. 23.6.2017, n. 103, a decorrere dal 3.8.2017 (art. 1, co. 95, l. n. 103/2017).
Il testo previgente così disponeva: «*4. Sulla richiesta il giudice provvede con ordinanza con la quale dispone il giudizio abbreviato*».

(5) Comma modificato dall'art. 24, co. 1, lett. a), n. 2), d.lgs. 10.10.2022, n. 150, a decorrere dal 30.12.2022. Questo comma è stato poi così modificato dall'art. 2, co. 1, lett. p), d.lgs. 19.3.2024, n. 31, a decorrere dal 4.4.2024.
Il testo antecedente alla modifica disposta con d.lgs. n. 31/2024 così disponeva: «*5. L'imputato, ferma restando la utilizzabilità ai fini della prova degli atti indicati nell'articolo 442, comma 1-bis, può subordinare la richiesta ad una integrazione probatoria necessaria ai fini della decisione. Il giudice dispone il giudizio abbreviato se, tenuto conto degli atti già acquisiti ed utilizzabili, l'integrazione probatoria richiesta risulta necessaria ai fini della decisione e il giudizio abbreviato realizza comunque una economia processuale, in relazione ai prevedibili tempi dell'istruzione dibattimentale. In tal caso il pubblico ministero può chiedere l'ammissione di prova contraria. Resta salva l'applicabilità dell'articolo 423.*».
Il testo antecedente alla modifica disposta con d.lgs. n. 150/2022 così disponeva: «*5. L'imputato, ferma restando la utilizzabilità ai fini della prova degli atti indicati nell'articolo 442, comma 1-bis, può subordinare la richiesta ad una integrazione probatoria necessaria ai fini della decisione. Il giudice dispone il giudizio abbreviato se l'integrazione probatoria richiesta risulta necessaria ai fini della decisione e compatibile con le finalità di economia processuale proprie del procedimento, tenuto conto degli atti già acquisiti ed utilizzabili. In tal caso il pubblico ministero può chiedere l'ammissione di prova contraria. Resta salva l'applicabilità dell'articolo 423.*».

(6) Comma introdotto dall'art. 1, co. 42, l. 23.6.2017, n. 103, a decorrere dal 3.8.2017 (art. 1, co. 95, l. n. 103/2017).

(7) Comma così sostituito dall'art. 1, co. 1, lett. b), l. 12.4.2019, n. 33, a decorrere dal 20.4.2019. Secondo quanto disposto dall'art. 5, co. 1, della l. n. 33/2019, le disposizioni in essa contenute si applicano ai fatti commessi successivamente alla data del 20.4.2019.
Il testo previgente così disponeva: «*In caso di rigetto ai sensi del comma 5, la richiesta può essere riproposta fino al termine previsto dal comma 2*».

(8) Comma introdotto dall'art. 1, co. 43, l. 23.6.2017, n. 103, a decorrere dal 3.8.2017 (art. 1, co. 95, l. n. 103/2017).

(9) Comma introdotto dall'art. 1, co. 1, lett. c), l. 12.4.2019, n. 33, a decorrere dal 20.4.2019. Questo comma è stato poi così modificato dall'art. 24, co. 1, lett. a), n. 3), d.lgs. 10.10.2022, n. 150, a decorrere dal 30.12.2022.
Il testo antecedente alla modifica disposta con d.lgs. n. 150/2022 così disponeva: «*6-ter. Qualora la richiesta di giudizio abbreviato proposta nell'udienza preliminare sia stata dichiarata inammissibile ai sensi del comma 1-bis, il giudice, se all'esito del dibattimento ritiene che per il fatto accertato sia ammissibile il giudizio abbreviato, applica la riduzione della pena ai sensi dell'articolo 442, comma 2.*».

439. Richiesta di giudizio abbreviato [(1)].

[**1.** La richiesta è depositata in cancelleria unitamente all'atto di consenso del pubblico ministero almeno cinque giorni prima della data fissata per l'udienza.

2. La richiesta e il consenso possono essere presentati anche nel corso dell'udienza preliminare fino a che non siano formulate le conclusioni a norma degli articoli 421 e 422.]

(1) Articolo abrogato dall'art. 28, l. 16.12.1999, n. 479. La Corte cost., con sent. 15.2.1991, n. 81, ha dichiarato, fra l'altro, l'illegittimità del combinato disposto degli artt. 438, 439, 440 e 442 c.p.p., nella parte in cui non prevede che il pubblico ministero, in caso di dissenso sia tenuto ad enunciarne le ragioni e nella parte in cui non prevede che il giudice, quando, a dibattimento concluso, ritiene ingiustificato il dissenso del pubblico ministero, possa applicare all'imputato la riduzione di pena contemplata dall'art. 442 c.p.p., co. 2. La stessa Corte cost., con sent. 31.1.1992, n. 23, ha dichiarato, l'illegittimità del combinato disposto degli artt. 438, 439, 440 e 442 c.p.p., nella parte in cui non prevede che il giudice, all'esito del dibattimento, ritenendo che il processo poteva essere definito allo stato degli atti dal giudice per le indagini preliminari, possa applicare la riduzione di pena prevista dall'art. 442, co. 2, dello stesso codice.

440. Provvedimenti del giudice [(1) (2)].

[**1.** Sulla richiesta il giudice provvede con ordinanza, con la quale dispone il giudizio abbreviato se ritiene che il processo possa essere definito allo stato degli atti.

2. L'ordinanza di accoglimento o di rigetto è depositata in cancelleria almeno tre giorni prima della data dell'udienza. Nel caso previsto dall'articolo 439 comma 2, il giudice decide immediatamente in udienza, dando lettura dell'ordinanza.

3. In caso di rigetto, la richiesta può essere riproposta fino al termine previsto dall'articolo 439 comma 2.]

(1) Articolo abrogato dall'art. 28, l. 16.12.1999, n. 479.

(2) La Corte cost., con sent. 15.2.1991, n. 81, ha dichiarato, fra l'altro, l'illegittimità del combinato disposto degli artt. 438, 439, 440 e 442 c.p.p., nella parte in cui non prevede che il pubblico ministero, in caso di dissenso sia tenuto ad enunciarne le ragioni e nella parte in cui non prevede che il giudice, quando, a dibattimento concluso, ritiene ingiustificato il dissenso del pubblico ministero, possa applicare all'imputato la riduzione di pena contemplata dall'art. 442 c.p.p., co. 2; con sent. 22-31.1.1992, n. 23, ha dichiarato l'illegittimità del combinato disposto degli artt. 438, 439, 440 e 442 c.p.p., nella parte in cui non prevede che il giudice, all'esito del dibattimento, ritenendo che il processo poteva essere definito allo stato degli atti dal giudice per le indagini preliminari, possa applicare la riduzione di pena prevista dall'art. 442, co. 2, dello stesso codice.

441. Svolgimento del giudizio abbreviato [(1)].

1. Nel giudizio abbreviato si osservano, in quanto applicabili, le disposizioni previste per l'udienza preliminare, fatta eccezione per quelle di cui agli articoli 422 e 423.

2. La costituzione di parte civile, intervenuta dopo la conoscenza dell'ordinanza che dispone il giudizio abbreviato, equivale ad accettazione del rito abbreviato.

3. Il giudizio abbreviato si svolge in camera di consiglio; il giudice dispone che il giudizio si svolga in pubblica udienza quando ne fanno richiesta tutti gli imputati.

4. Se la parte civile non accetta il rito abbreviato non si applica la disposizione di cui all'articolo 75, comma 3.

5. Quando il giudice ritiene di non poter decidere allo stato degli atti assume, anche d'ufficio, gli elementi necessari ai fini della decisione. Resta salva in tale caso l'applicabilità dell'articolo 423.

6. All'assunzione delle prove di cui al comma 5 del presente articolo e all'articolo 438, comma 5, si procede nelle forme previste dall'articolo 422, commi 2, 3 e 4. Le prove dichiarative sono documentate nelle forme previste dall'articolo 510 [(2)].

(1) Articolo così sostituito dall'art. 29, l. 16.12.1999, n. 479. Il testo previgente così disponeva: «*Svolgimento del giudizio abbreviato. 1. Nel giudizio abbreviato si osservano, in quanto applicabili, le disposizioni previste per l'udienza preliminare, fatta eccezione di quelle degli articoli 422 e 423.*
2. La costituzione di parte civile intervenuta dopo la conoscenza dell'ordinanza che dispone il giudizio abbreviato equivale ad accettazione del rito abbreviato.
3. Se la parte civile non ha accettato il rito abbreviato, non si applica la disposizione dell'articolo 75 comma 3».

(2) Comma così modificato dall'art. 24, co. 1, lett. b), d.lgs. 10.10.2022, n. 150, a decorrere dal 30.12.2022.
Il testo previgente così disponeva: «*6. All'assunzione delle prove di cui al comma 5 del presente articolo e all'articolo 438, comma 5, si procede nelle forme previste dall'articolo 422, commi 2, 3 e 4.*».

441 bis. Provvedimenti del giudice a seguito di nuove contestazioni sul giudizio abbreviato.

1. Se, nei casi disciplinati dagli articoli 438, comma 5, e 441, comma 5, il pubblico ministero procede alle contestazioni previste dall'articolo 423, comma 1, l'imputato può chiedere che il procedimento prosegua nelle forme ordinarie.

1 bis. Se, a seguito delle contestazioni, si procede per delitti puniti con la pena dell'ergastolo, il giudice revoca, anche d'ufficio, l'ordinanza con cui era stato disposto il giudizio abbreviato e fissa l'udienza preliminare o la sua eventuale prosecuzione. Si applica il comma 4 [(1)].

2. La volontà dell'imputato è espressa nelle forme previste dall'articolo 438, comma 3.

3. Il giudice, su istanza dell'imputato o del difensore, assegna un termine non superiore a dieci giorni, per la formulazione della richiesta di cui ai commi 1 e 2 ovvero per l'integrazione della difesa, e sospende il giudizio per il tempo corrispondente.

4. Se l'imputato chiede che il procedimento prosegua nelle forme ordinarie, il giudice revoca l'ordinanza con cui era stato disposto il giudizio abbreviato e fissa l'udienza preliminare o la sua eventuale prosecuzione. Gli atti compiuti ai sensi degli articoli 438, comma 5, e 441, comma 5, hanno la stessa efficacia degli atti compiuti ai sensi dell'articolo 422. La richiesta di giudizio abbreviato non può essere riproposta. Si applicano le disposizioni dell'articolo 303, comma 2 [(2)].

5. Se il procedimento prosegue nelle forme del giudizio abbreviato, l'imputato può chiedere l'ammissione di nuove prove, in relazione alle contestazioni ai sensi dell'articolo 423, anche oltre i limiti previsti dall'articolo 438, comma 5, ed il pubblico ministero può chiedere l'ammissione di prova contraria.

(1) Comma introdotto dall'art. 2, co. 1, l. 12.4.2019, n. 33, a decorrere dal 20.4.2019. Secondo quanto disposto dall'art. 5, co. 1, l. n. 33/2019 le disposizioni in essa contenute si applicano ai fatti commessi successivamente alla data del 20.4.2019.

(2) L'ultimo periodo di questo comma è stato aggiunto dall'art. 7 bis, d.l. 24.11.2000, n. 341, conv. in legge, con modif., dalla l. 19.1.2001, n. 4.

442. Decisione.

1. Terminata la discussione [421], il giudice provvede a norma degli articoli 529 e seguenti.

1 bis. Ai fini della deliberazione il giudice utilizza gli atti contenuti nel fascicolo di cui all'articolo 416, comma 2, la documentazione di cui all'articolo 419, comma 3, e le prove assunte nell'udienza [(1)].

2. In caso di condanna, la pena che il giudice determina tenendo conto di tutte le circostanze è diminuita della metà se si procede per una contravvenzione e di un terzo se si procede per un delitto [(2) (3)].

2 bis. Quando né l'imputato, né il suo difensore hanno proposto impugnazione contro la sentenza di condanna, la pena inflitta è ulteriormente ridotta di un sesto dal giudice dell'esecuzione [(4)].

[**3.** La sentenza è notificata all'imputato che non sia comparso.] [(5)]

4. Si applica la disposizione dell'articolo 426 comma 2 [(6)].

(1) Comma introdotto dall'art. 30, l. 16.12.1999, n. 479.

(2) Comma modificato prima dall'art. 7, co. 2, d.l. 24.11.2000, n. 341, conv., con modif., dalla l. 19.1.2001, n. 4, poi, dall'art. 1, co. 44, l. 23.6.2017, n. 103, a decorrere dal 3.8.2017, e, infine, dall'art. 3, co. 1, l. 12.4.2019, n. 33, a decorrere dal 20.4.2019. Secondo quanto disposto dall'art. 5, co. 1, l. n. 33/2019 le disposizioni in essa contenute si applicano ai fatti commessi successivamente alla data del 20.4.2019.

Il testo antecedente alle modifiche disposte con l. n. 33/2019, così disponeva: «*2. In caso di condanna, la pena che il giudice determina tenendo conto di tutte le circostanze è diminuita della metà se si procede per una contravvenzione e di un terzo se si procede per un delitto. Alla pena dell'ergastolo è sostituita quella della reclusione di anni trenta. Alla pena dell'ergastolo con isolamento diurno, nei casi di concorso di reati e di reato continuato, è sostituita quella dell'ergastolo*».

Il testo antecedente alle modifiche disposte dalla l. n. 103/2017, così disponeva: «*2. In caso di condanna, la pena che il giudice determina tenendo conto di tutte le circostanze è diminuita di un terzo. Alla pena dell'ergastolo è sostituita quella della reclusione di anni trenta. Alla pena dell'ergastolo con isolamento diurno, nei casi di concorso di reati e di reato continuato, è sostituita quella dell'ergastolo*».

Il testo antecedente alle modifiche disposte dal d.l. n. 341/2000, così disponeva: «*2. In caso di condanna, la pena che il giudice determina tenendo conto di tutte le circostanze è diminuita di un terzo. Alla pena dell'ergastolo è sostituita quella della reclusione di anni trenta*».

(3) La Corte cost., con sent. 23.4.1991, n. 176 ha dichiarato l'illegittimità dell'art. 442, co. 2, ultimo periodo, c.p.p. L'art. 7, co. 1, d.l. 24.11.2000, n. 341, conv. in legge, con modif. dalla l. 19.1.2001, n. 4, ha disposto che, nel secondo periodo di questo comma, già dichiarato illegittimo dalla sent. n. 176/1991 della Corte cost., l'espressione «*pena dell'ergastolo*» deve intendersi riferita all ergastolo senza isolamento diurno. Peraltro, la Corte cost., con sent. 18.7.2013, n. 210, ha dichiarato, tra l'altro, l'illegittimità dell'art. 7, co. 1, d.l. 24.11.2000, n. 341.

(4) Comma introdotto dall'art. 24, co. 1, lett. c), d.lgs. 10.10.2022, n. 150, a decorrere dal 30.12.2022.

(5) Comma abrogato dall'art. 98, co. 1, lett. a), d.lgs. 10.10.2022, n. 150, a decorrere dal 30.12.2022.

(6) La Corte cost., con sent. 15.2.1991, n. 81, ha dichiarato, tra l'altro, l'illegittimità costituzionale del combinato disposto degli artt. 438, 439, 440 e 442 c.p.p., nella parte in cui non prevede che il pubblico ministero, in caso di dissenso sia tenuto ad enunciarne le ragioni e nella parte in cui non prevede che il giudice, quando, a dibattimento concluso, ritiene ingiustificato il dissenso del pubblico ministero, possa applicare all'imputato la riduzione di pena contemplata dall'art. 442, co. 2, dello stesso codice. La stessa Corte cost., con sent. 31.1.1992, n. 23, ha dichiarato: l'illegittimità costituzionale del combinato disposto degli artt. 438, 439, 440 e 442 c.p.p., nella parte in cui non prevede che il giudice, all'esito del dibattimento, ritenendo che il processo poteva essere definito allo stato degli atti dal giudice per le indagini preliminari, possa applicare la riduzione di pena prevista dall'art. 442, co. 2, dello stesso codice.

443. Limiti all'appello.

1. L'imputato e il pubblico ministero non possono proporre appello contro le sentenze di proscioglimento [(1)].

[**2.** L'imputato non può proporre appello contro le sentenze di condanna a una pena che comunque non deve essere eseguita [163] ovvero alla sola pena pecuniaria [(2)].]

3. Il pubblico ministero non può proporre appello contro le sentenze di condanna [533], salvo che si tratti di sentenza che modifica il titolo del reato [521].

4. Il giudizio di appello si svolge con le forme previste dall'articolo 599.

(1) Comma prima sostituito dall'art. 31, l. 16.12.1999, n. 479 e poi così modificato dall'art. 2, l. 20.2.2006, n. 46. La Corte cost., con sent. 29.10.2009, n. 274, ha dichiarato l'illegittimità di questo comma, come modificato dall'art. 2, della l. 20.2.2006, n. 46, nella parte in cui esclude che l'imputato possa proporre appello contro le sentenze di assoluzione per difetto di imputabilità, derivante da vizio totale di mente. L'art. 10 della l. n. 46/2006 così dispone:

«*Art. 10 – 1. La presente legge si applica ai procedimenti in corso alla data di entrata in vigore della medesima.*

2. L'appello proposto contro una sentenza di proscioglimento dall'imputato o dal pubblico ministero prima della data di entrata in vigore della presente legge viene dichiarato inammissibile con ordinanza non impugnabile.

3. Entro quarantacinque giorni dalla notifica del provvedimento di inammissibilità di cui al comma 2 può essere proposto ricorso per cassazione contro le sentenze di primo grado.

4. La disposizione di cui al comma 2 si applica anche nel caso in cui sia annullata, su punti diversi dalla pena o dalla misura di sicurezza, una sentenza di condanna di una corte di assise di appello o di una corte di appello che abbia riformato una sentenza di assoluzione.
5. Nei limiti delle modificazioni apportate dall'articolo 8 della presente legge possono essere presentati i motivi di cui all'articolo 585, comma 4, del codice di procedura penale entro trenta giorni dalla data di entrata in vigore della presente legge».
La Corte cost., con sent. 6.2.2007, n. 26, ha dichiarato, tra l'altro, l'illegittimità del co. 2 dell'art. 10, nella parte in cui prevede che l'appello proposto contro una sentenza di proscioglimento dal pubblico ministero prima della data di entrata in vigore della medesima legge è dichiarato inammissibile. La stessa Corte cost., con sent. 20.7.2007, n. 320, ha dichiarato: a) l'illegittimità dell'art. 2 della l. n. 46/2006, nella parte in cui, modificando il presente comma, esclude che il pubblico ministero possa appellare contro le sentenze di proscioglimento emesse a seguito di giudizio abbreviato; b) l'illegittimità dell'art. 10, co. 2, della l. n. 46/2006, nella parte in cui prevede che l'appello proposto dal pubblico ministero, prima dell'entrata in vigore della medesima legge, contro una sentenza di proscioglimento emessa a seguito di giudizio abbreviato, è dichiarato inammissibile.
Il testo di questo comma antecedente alla modifica disposta dalla l. n. 46/2006 così disponeva: «*1. L'imputato e il pubblico ministero non possono proporre appello contro le sentenze di proscioglimento, quando l'appello tende ad ottenere una diversa formula*».
Il testo di questo comma antecedente alla sostituzione disposta dalla l. n. 479/1999 così disponeva: «*1. L'imputato e il pubblico ministero non possono proporre appello contro: a) le sentenze di proscioglimento, quando l'appello tende a ottenere una diversa formula; b) le sentenze con le quali sono applicate sanzioni sostitutive*».

(2) Comma abrogato dall'art. 31, l. 16.12.1999, n. 479. La Corte cost., con sent. 23.7.1991, n. 363, aveva dichiarato: a) l'illegittimità dell'art. 443, co. 2, c.p.p., nella parte in cui stabilisce che l'imputato non può proporre appello contro le sentenze di condanna a una pena che comunque non deve essere eseguita.

TITOLO II
Applicazione della pena su richiesta delle parti [1]

444. Applicazione della pena su richiesta.

1. L'imputato e il pubblico ministero possono chiedere al giudice l'applicazione, nella specie e nella misura indicata, di una pena sostitutiva o di una pena pecuniaria, diminuita fino a un terzo, ovvero di una pena detentiva quando questa, tenuto conto delle circostanze e diminuita fino a un terzo, non supera cinque anni soli o congiunti a pena pecuniaria. L'imputato e il pubblico ministero possono altresì chiedere al giudice di non applicare le pene accessorie o di applicarle per una durata determinata, salvo quanto previsto dal comma 3-*bis*, e di non ordinare la confisca facoltativa o di ordinarla con riferimento a specifici beni o a un importo determinato [2].

1 bis. Sono esclusi dall'applicazione del comma 1 i procedimenti per i delitti di cui all'articolo 51, commi 3-*bis* e 3-*quater*, i procedimenti per i delitti di cui agli articoli 600-*bis*, 600-*ter*, primo, secondo, terzo e quinto comma, 600-*quater*, secondo comma, 600-*quater*.1, relativamente alla condotta di produzione o commercio di materiale pornografico, 600-*quinquies*, nonché 609-*bis*, 609-*ter*, 609-*quater* e 609-*octies* del codice penale, nonché quelli contro coloro che siano stati dichiarati delinquenti abituali, professionali e per tendenza, o recidivi ai sensi dell'articolo 99, quarto comma, del codice penale, qualora la pena superi due anni soli o congiunti a pena pecuniaria [3].

1 ter. Nei procedimenti per i delitti previsti dagli articoli 314, 317, 318, 319, 319-*ter*, 319-*quater* e 322-*bis* del codice penale, l'ammissibilità della richiesta di cui al comma 1 è subordinata alla restituzione integrale del prezzo o del profitto del reato [4].

2. Se vi è il consenso anche della parte che non ha formulato la richiesta e non deve essere pronunciata sentenza di proscioglimento a norma dell'articolo 129, il giudice, sulla base degli atti, se ritiene corrette la qualificazione giuridica del fatto, l'applicazione e la comparazione delle circostanze prospettate dalle parti, le determinazioni in merito alla confisca, nonché congrue le pene indicate, ne dispone con sentenza l'applicazione enunciando nel dispositivo che vi è stata la richiesta delle parti [445]. Se vi è costituzione di parte civile, il giudice non decide sulla relativa domanda; l'imputato è tuttavia condannato al pagamento delle spese sostenute dalla parte civile, salvo che ricorrano giusti motivi per la compensazione totale o parziale. Non si applica la disposizione dell'articolo 75, comma 3. Si applica l'articolo 537-*bis* [5].

3. La parte, nel formulare la richiesta, può subordinarne l'efficacia, alla concessione della sospensione condizionale della pena [c.p. 163]. In questo caso il giudice, se ritiene che la sospensione condizionale non può essere concessa, rigetta la richiesta.

3 bis. Nei procedimenti per i delitti previsti dagli articoli 314, primo comma, 317, 318, 319, 319-*ter*, 319-*quater*, primo comma, 320, 321, 322, 322-*bis* e 346-*bis* del codice penale, la parte, nel formulare la richiesta, può subordinarne l'efficacia all'esenzione dalle pene accessorie previste dall'articolo 317-*bis* del codice penale ovvero all'estensione degli effetti della sospensione condizionale anche a tali pene accessorie. In questi casi il giudice, se ritiene di applicare le pene accessorie o ritiene che l'estensione della sospensione condizionale non possa essere concessa, rigetta la richiesta [6].

(1) Le disposizioni relative all'applicazione della pena su richiesta delle parti non si applicano al procedimento penale davanti al giudice di pace, secondo quanto previsto dall'art. 2, d.lgs. 28.8.2000, n. 274.

(2) Gli attuali co. 1 e 1 bis così sostituiscono l'originario co. 1 secondo quanto disposto dall'art. 1, l. 12.6.2003, n. 134. Questo comma è stato poi così modificato dall'art. 25, co. 1, lett. a), n. 1), d.lgs. 10.10.2022, n. 150, a decorrere dal 30.12.2022.
Il testo antecedente alla modifica disposta con d.lgs. n. 150/2022 così disponeva: «*1. L'imputato e il pubblico ministero possono chiedere al giudice l'applicazione, nella specie e nella misura indicata, di una sanzione sostitutiva o di una pena pecuniaria, diminuita fino a un terzo, ovvero di una pena detentiva quando questa, tenuto conto delle circostanze e diminuita fino a un terzo, non supera cinque anni soli o congiunti a pena pecuniaria.*».
Il testo antecedente alla modifica disposta l. n. 134/2003 così disponeva: «*1. L'imputato e il pubblico ministero possono chiedere al giudice l'applicazione, nella specie e nella misura indicata, di una sanzione sostitutiva o di una pena pecuniaria, diminuita fino a un terzo, ovvero di una pena detentiva quando questa, tenuto conto delle*

circostanze e diminuita fino a un terzo, non supera due anni di reclusione o di arresto, soli o congiunti a pena pecuniaria».

(3) Gli attuali co. 1 e 1 bis così sostituiscono l'originario co. 1 secondo quanto disposto dall'art. 1, l. 12.6.2003, n. 134. Successivamente il co. 1 bis è stato così modificato dall'art. 11, l. 6.2.2006, n. 38 e dalla lett. l) del co. 1 dell'art. 5, l. 1.10.2012, n. 172.

Il testo antecedente alla modifica disposta con l. n. 172/2012 così disponeva: «*1*-bis. *Sono esclusi dall'applicazione del comma 1 i procedimenti per i delitti di cui all'articolo 51, commi 3*-bis *e 3*-quater, *i procedimenti per i delitti di cui agli articoli 600*-bis, *primo e terzo comma, 600*-ter, *primo, secondo, terzo e quinto comma, 600*-quater, *secondo comma, 600*-quater.*1, relativamente alla condotta di produzione o commercio di materiale pornografico, 600*-quinquies, *nonché 609*-bis, *609*-ter, *609*-quater *e 609*-octies *del codice penale, nonché quelli contro coloro che siano stati dichiarati delinquenti abituali, professionali e per tendenza, o recidivi ai sensi dell'articolo 99, quarto comma, del codice penale, qualora la pena superi due anni soli o congiunti a pena pecuniaria».*

Il testo antecedente alla modifica disposta con l. n. 38/2006 così disponeva: «*1*-bis. *Sono esclusi dall'applicazione del comma 1 i procedimenti per i delitti di cui all'articolo 51, commi 3*-bis *e 3*-quater, *nonché quelli contro coloro che siano stati dichiarati delinquenti abituali, professionali e per tendenza, o recidivi ai sensi dell'articolo 99, quarto comma, del codice penale, qualora la pena superi due anni soli o congiunti a pena pecuniaria».*

(4) Comma introdotto dall'art. 6, co. 1, l. 27.5.2015, n. 69, a decorrere dal 14.6.2015.

(5) Comma sostituito dall'art. 32, l. 16.12.1999, n. 479 e, poi, così modificato dall'art. 5, co. 3, l. 11.1.2018, n. 4, a decorrere dal 16.2.2018, e dall'art. 25, co. 1, lett. a), n. 2), d.lgs. 10.10.2022, n. 150, a decorrere dal 30.12.2022.

Il testo antecedente alla modifica disposta con d.lgs. n. 150/2022 così disponeva: «*2. Se vi è il consenso anche della parte che non ha formulato la richiesta e non deve essere pronunciata sentenza di proscioglimento a norma dell'articolo 129, il giudice, sulla base degli atti, se ritiene corrette la qualificazione giuridica del fatto, l'applicazione e la comparazione delle circostanze prospettate dalle parti, nonché congrua la pena indicata, ne dispone con sentenza l'applicazione enunciando nel dispositivo che vi è stata la richiesta delle parti. Se vi è costituzione di parte civile, il giudice non decide sulla relativa domanda; l'imputato è tuttavia condannato al pagamento delle spese sostenute dalla parte civile, salvo che ricorrano giusti motivi per la compensazione totale o parziale. Non si applica la disposizione dell'articolo 75, comma 3. Si applica l'articolo 537-bis.*».

Il testo antecedente alla modifica disposta con l. n. 4/2018 così disponeva: «*2. Se vi è il consenso anche della parte che non ha formulato la richiesta e non deve essere pronunciata sentenza di proscioglimento a norma dell'articolo 129, il giudice, sulla base degli atti, se ritiene corrette la qualificazione giuridica del fatto, l'applicazione e la comparazione delle circostanze prospettate dalle parti, nonché congrua la pena indicata, ne dispone con sentenza l'applicazione enunciando nel dispositivo che vi è stata la richiesta delle parti. Se vi è costituzione di parte civile, il giudice non decide sulla relativa domanda; l'imputato è tuttavia condannato al pagamento delle spese sostenute dalla parte civile, salvo che ricorrano giusti motivi per la compensazione totale o parziale. Non si applica la disposizione dell'articolo 75, comma 3*».

Il testo antecedente alla sostituzione disposta con l. n. 479/1999 così disponeva: «*2. Se vi è il consenso anche della parte che non ha formulato la richiesta e non deve essere pronunciata sentenza di proscioglimento a norma dell'articolo 129, il giudice, sulla base degli atti, se ritiene che la qualificazione giuridica del fatto e l'applicazione e la comparizione delle circostanze prospettate dalle parti sono corrette, dispone con sentenza l'applicazione della pena indicata, enunciando nel dispositivo che vi è stata la richiesta delle parti. Se vi è costituzione di parte civile, il giudice non decide sulla relativa domanda; non si applica la disposizione dell'articolo 75 comma 3*». Rispetto a questa formulazione, la Corte cost., con sent. 2.7.1990, n. 313, ha dichiarato: a) l'illegittimità dell'art. 444, co. 2, c.p.p., nella parte in cui non prevede che, ai fini e nei limiti di cui all'art. 27, co. 3, della Costituzione, il giudice possa valutare la congruità della pena indicata dalle parti, rigettando la richiesta in ipotesi di sfavorevole valutazione.

La stessa Corte cost., con sent. 12.10.1990, n. 443, ha dichiarato: a) l'illegittimità dell'art. 444, co. 2, secondo periodo, c.p.p., nella parte in cui non prevede che il giudice condanni l'imputato al pagamento delle spese processuali in favore della parte civile, salvo che ritenga di disporre, per giusti motivi, la compensazione totale o parziale; b) ha dichiarato, tra l'altro, l'illegittimità costituzionale dell'art. 34, co. 2, c.p.p., nella parte in cui non prevede l'incompatibilità a partecipare al giudizio abbreviato del giudice per le indagini preliminari che abbia rigettato la richiesta di applicazione di pena concordata di cui all'art. 444 dello stesso codice.

(6) Comma introdotto dall'art. 1, co. 4, lett. d), l. 9.1.2019, n. 3, a decorrere dal 31.1.2019.

445. Effetti dell'applicazione della pena su richiesta.

1. La sentenza prevista dall'articolo 444, comma 2, quando la pena irrogata non superi i due anni di pena detentiva soli o congiunti a pena pecuniaria, non comporta la condanna al pagamento delle spese del procedimento [535, 691] né l'applicazione di pene accessorie [c.p. 19] e di misure di sicurezza [c.p. 215], fatta eccezione della confisca nei casi previsti dall'articolo 240 del codice penale. Nei casi previsti dal presente comma è fatta salva l'applicazione del comma 1-*ter* (1).

1 bis. La sentenza prevista dall'articolo 444, comma 2, anche quando è pronunciata dopo la chiusura del dibattimento, non ha efficacia e non può essere utilizzata a fini di prova nei giudizi civili, disciplinari, tributari o amministrativi, compreso il giudizio per l'accertamento della responsabilità contabile. Se non sono applicate pene accessorie, non producono effetti le disposizioni di leggi diverse da quelle penali che equiparano la sentenza prevista dall'articolo 444, comma 2, alla sentenza di condanna. Salvo quanto previsto dal primo e dal secondo periodo o da diverse disposizioni di legge, la sentenza è equiparata a una pronuncia di condanna (2).

1 ter. Con la sentenza di applicazione della pena di cui all'articolo 444, comma 2, del presente codice per taluno dei delitti previsti dagli articoli 314, primo comma, 317, 318, 319, 319-*ter*, 319-*quater*, primo comma, 320, 321, 322, 322-*bis* e 346-*bis* del codice penale, il giudice può applicare le pene accessorie previste dall'articolo 317-*bis* del codice penale (3).

2. Il reato è estinto, ove sia stata irrogata una pena detentiva non superiore a due anni soli o congiunti a pena pecuniaria, se nel termine di cinque anni, quando la sentenza concerne un delitto, ovvero di due anni, quando la sentenza concerne una contravvenzione, l'imputato non commette un delitto ovvero una contravvenzione della stessa indole. In questo caso si estingue ogni effetto penale, e se è stata applicata una pena pecuniaria o una sanzione sostitutiva, l'applicazione non è comunque di ostacolo alla concessione di una successiva sospensione condizionale della pena (4).

(1) Gli attuali co. 1 e 1 bis sostituiscono l'originario co. 1, già modificato dall'art. 2, l. 27.3.2001, n. 97, ai sensi di quanto disposto dall'art. 2, l. 12.6.2003, n. 134.

In seguito, questo comma è stato così modificato dall'art. 1, co. 4, lett. e), n. 1), l. 9.1.2019, n. 3, a decorrere dal 31.1.2019.

Il testo antecedente alla modifica disposta dalla l. n. 3/2019 così di-

sponeva: «*1. La sentenza prevista dall'articolo 444, comma 2, quando la pena irrogata non superi i due anni di pena detentiva soli o congiunti a pena pecuniaria, non comporta la condanna al pagamento delle spese del procedimento né l'applicazione di pene accessorie e di misure di sicurezza, fatta eccezione della confisca nei casi previsti dall'articolo 240 del codice penale*».
Il testo antecedente alla modifica disposta con l. n. 134/2003 così disponeva: «*1. La sentenza prevista dall'articolo 444 comma 2, non comporta la condanna al pagamento delle spese del procedimento né l'applicazione di pene accessorie e di misure di sicurezza, fatta eccezione della confisca nei casi previsti dall'art. 240 comma 2 del codice penale. Salvo quanto previsto dall'articolo 653, anche quando è pronunciata dopo la chiusura del dibattimento, la sentenza non ha efficacia nei giudizi civili o amministrativi. Salve diverse disposizioni di legge, la sentenza è equiparata a una pronuncia di condanna*».
Il testo antecedente alla modifica disposta con l. n. 97/2001 così disponeva: «*1. La sentenza prevista dall'articolo 444 comma 2, non comporta la condanna al pagamento delle spese del procedimento né l'applicazione di pene accessorie e di misure di sicurezza, fatta eccezione della confisca nei casi previsti dall'art. 240 comma 2 del codice penale. Anche quando è pronunciata dopo la chiusura del dibattimento, la sentenza non ha efficacia nei giudizi civili o amministrativi. Salve diverse disposizioni di legge, la sentenza è equiparata a una pronuncia di condanna*».

(2) Gli attuali co. 1 e 1 bis sostituiscono l'originario co. 1, già modificato dall'art. 2, l. 27.3.2001, n. 97, ai sensi di quanto disposto dall'art. 2, l. 12.6.2003, n. 134. Questo comma, poi, è stato così sostituito dall'art. 25, co. 1, lett. b), d.lgs. 10.10.2022, n. 150, a decorrere dal 30.12.2022.
Il testo in vigore prima della sostituzione disposta dal d.lgs. n. 150/2022 così disponeva: «*1-bis. Salvo quanto previsto dall'articolo 653, la sentenza prevista dall'articolo 444, comma 2, anche quando è pronunciata dopo la chiusura del dibattimento, non ha efficacia nei giudizi civili o amministrativi. Salve diverse disposizioni di legge, la sentenza è equiparata a una pronuncia di condanna.*».

(3) Comma introdotto dall'art. 1, co. 4, lett. e), n. 2), l. 9.1.2019, n. 3, a decorrere dal 31.1.2019.

(4) Comma così modificato dall'art. 2, l. 12.6.2003, n. 134. Il testo previgente così disponeva: «*2. Il reato è estinto se nel termine di cinque anni, quando la sentenza concerne un delitto, ovvero di due anni, quando la sentenza concerne una contravvenzione, l'imputato non commette un delitto ovvero una contravvenzione della stessa indole. In questo caso si estingue ogni effetto penale, e se è stata applicata una pena pecuniaria o una sanzione sostitutiva, l'applicazione non è comunque di ostacolo alla concessione di una successiva sospensione condizionale della pena*».

446. Richiesta di applicazione della pena e consenso.

1. Le parti possono formulare la richiesta prevista dall'articolo 444, comma 1, fino alla presentazione delle conclusioni di cui agli articoli 421, comma 3, e 422, comma 3, e fino alla dichiarazione di apertura del dibattimento di primo grado nel giudizio direttissimo. Se è stato notificato il decreto di giudizio immediato, la richiesta è formulata entro il termine e con le forme stabilite dall'articolo 458, comma 1 [1].

2. La richiesta e il consenso nell'udienza sono formulati oralmente; negli altri casi sono formulati con atto scritto.

3. La volontà dell'imputato è espressa personalmente o a mezzo di procuratore speciale e la sottoscrizione è autenticata da un notaio, da altra persona autorizzata o dal difensore [2].

4. Il consenso sulla richiesta può essere dato entro i termini previsti dal comma 1, anche se in precedenza era stato negato [3].

5. Il giudice, se ritiene opportuno verificare la volontarietà della richiesta o del consenso, dispone la comparizione dell'imputato.

6. Il pubblico ministero, in caso di dissenso, deve, enunciarne le ragioni.

(1) Comma sostituito dall'art. 33, l. 16.12.1999, n. 479, e, poi, così modificato dall'art. 25, co. 1, lett. c), n. 1), d.lgs. 10.10.2022, n. 150, a decorrere dal 30.12.2022.
Il testo antecedente alla modifica disposta con d.lgs. n. 150/2022 così disponeva: «*1. Le parti possono formulare la richiesta prevista dall'articolo 444, comma 1, fino alla presentazione delle conclusioni di cui agli articoli 421, comma 3, e 422, comma 3, e fino alla dichiarazione di apertura del dibattimento di primo grado nel giudizio direttissimo. Se è stato notificato il decreto di giudizio immediato, la richiesta è formulata entro il termine e con le forme stabilite dall'articolo 458, comma 1.*».
Il testo previgente così disponeva: «*1. Le parti possono formulare la richiesta prevista dall'articolo 444 comma 1, fino alla dichiarazione di apertura del dibattimento di primo grado*».

(2) Comma così modificato dall'art. 25, co. 1, lett. c), n. 2), d.lgs. 10.10.2022, n. 150, a decorrere dal 30.12.2022.
Il testo previgente così disponeva: «*3. La volontà dell'imputato è espressa personalmente o a mezzo di procuratore speciale e la sottoscrizione è autenticata nelle forme previste dall'articolo 583 comma 3.*».

(3) Comma così sostituito dall'art. 33, l. 16.12.1999, n. 479.
Il testo previgente così disponeva: «*4. Il consenso sulla richiesta può essere dato fino alla dichiarazione di apertura del dibattimento di primo grado, anche se in precedenza era stato negato*».

447. Richiesta di applicazione della pena nel corso delle indagini preliminari.

1. Nel corso delle indagini preliminari, il giudice, se è presentata una richiesta congiunta o una richiesta con il consenso scritto dell'altra parte, fissa, con decreto, l'udienza per la decisione, assegnando, se necessario, un termine al richiedente per la notificazione all'altra parte. Nel decreto di fissazione dell'udienza la persona sottoposta alle indagini è informata che ha facoltà di accedere ai programmi di giustizia riparativa. Almeno tre giorni prima dell'udienza il fascicolo del pubblico ministero è depositato nella cancelleria del giudice [1].

2. Nell'udienza il pubblico ministero e il difensore sono sentiti se compaiono.

3. Se la richiesta è presentata da una parte, il giudice fissa con decreto un termine all'altra parte per esprimere il consenso o il dissenso e dispone che la richiesta e il decreto siano notificati a cura del richiedente. Prima della scadenza del termine non è consentita la revoca o la modifica della richiesta e in caso di consenso si procede a norma del comma 1.

(1) Comma così modificato dall'art. 25, co. 1, lett. d), d.lgs. 10.10.2022, n. 150, a decorrere dal 30.12.2022.
Il testo previgente così disponeva: «*1. Nel corso delle indagini preliminari, il giudice, se è presentata una richiesta congiunta o una richiesta con il consenso scritto dell'altra parte, fissa, con decreto in calce alla richiesta, l'udienza per la decisione, assegnando, se necessario, un termine al richiedente per la notificazione all'altra parte. Almeno tre giorni prima dell'udienza il fascicolo del pubblico ministero è depositato nella cancelleria del giudice.*».

448. Provvedimenti del giudice.

1. Nell'udienza prevista dall'articolo 447, nell'udienza preliminare, nel giudizio direttissimo e nel giudizio immediato, il giudice, se ricorrono le condizioni per accogliere la richiesta prevista dall'articolo 444, comma 1, pronuncia immediatamente sentenza. Nel caso di dissenso da parte del pubblico ministero o di rigetto della richiesta da parte del giudice per le indagini preliminari, l'imputato, prima della dichiarazione di apertura del dibattimento di primo grado, può rinnovare la richiesta e il giudice, se la ritiene fondata, pronuncia immediatamente sentenza. La richiesta non è ulteriormente rinnovabile dinanzi ad altro giudice. Nello stesso modo il giudice provvede dopo la chiusura del dibattimento di primo grado o nel giudizio di impugnazione quando ritiene ingiustificato il dissenso del pubblico ministero o il rigetto della richiesta (1).

1 bis. Nei casi previsti dal comma 1, quando l'imputato e il pubblico ministero concordano l'applicazione di una pena sostitutiva di cui all'articolo 53 della legge 24 novembre 1981, n. 689, il giudice, se non è possibile decidere immediatamente, sospende il processo e fissa una apposita udienza non oltre sessanta giorni, dandone contestuale avviso alle parti e all'ufficio di esecuzione penale esterna competente. Si applica, in quanto compatibile, l'articolo 545-*bis*, comma 2 (2).

2. In caso di dissenso, il pubblico ministero può proporre appello [594]; negli altri casi la sentenza è inappellabile [568 comma 2].

2 bis. Il pubblico ministero e l'imputato possono proporre ricorso per cassazione contro la sentenza solo per motivi attinenti all'espressione della volontà dell'imputato, al difetto di correlazione tra la richiesta e la sentenza, all'erronea qualificazione giuridica del fatto e all'illegalità della pena o della misura di sicurezza (3).

3. Quando la sentenza è pronunciata nel giudizio di impugnazione, il giudice decide sull'azione civile a norma dell'articolo 578, comma 1 (4).

(1) Comma così sostituito dall'art. 34, l. 16.12.1999, n. 479.
Il testo previgente così disponeva: «*1. Nell'udienza prevista dall'articolo 447, nell'udienza preliminare o nel giudizio, il giudice, se ne ricorrono le condizioni, pronuncia immediatamente sentenza. Nello stesso modo il giudice provvede dopo la chiusura del dibattimento di primo grado o nel giudizio di impugnazione, quando ritiene ingiustificato il dissenso del pubblico ministero e congrua la pena richiesta dall'imputato*».

(2) Comma introdotto dall'art. 25, co. 1, lett. e), n. 1), d.lgs. 10.10.2022, n. 150, a decorrere dal 30.12.2022.

(3) Comma introdotto dall'art. 1, co. 50, l. 23.6.2017, n. 103, a decorrere dal 3.8.2017 (art. 1, co. 95, l. n. 103/2017).

(4) Comma così modificato dall'art. 25, co. 1, lett. e), n. 2), d.lgs. 10.10.2022, n. 150, a decorrere dal 30.12.2022.
Il testo previgente così disponeva: «*3. Quando la sentenza è pronunciata nel giudizio di impugnazione, il giudice decide sull'azione civile a norma dell'articolo 578.*».

TITOLO III
Giudizio direttissimo (1)

449. Casi e modi del giudizio direttissimo.

1. Quando una persona è stata arrestata in flagranza di un reato [380, 381], il pubblico ministero, se ritiene di dover procedere [405], può presentare direttamente l'imputato in stato di arresto davanti al giudice del dibattimento, per la convalida e il contestuale giudizio, entro quarantotto ore dall'arresto. Si applicano al giudizio di convalida le disposizioni dell'articolo 391, in quanto compatibili.

2. Se l'arresto non è convalidato, il giudice restituisce gli atti al pubblico ministero. Il giudice procede tuttavia a giudizio direttissimo quando l'imputato e il pubblico ministero vi consentono.

3. Se l'arresto è convalidato, si procede immediatamente al giudizio. Nel caso di arresto effettuato ai sensi dell'articolo 380, comma 3, il giudice, se l'arresto è convalidato, quando manca la querela e questa può ancora sopravvenire, sospende il processo. La sospensione è revocata non appena risulti sopravvenuta la querela o la rinuncia a proporla oppure, in ogni caso, decorso il termine previsto dalla legge per la proposizione (2).

4. Il pubblico ministero, quando l'arresto in flagranza è già stato convalidato [391, comma 4], procede al giudizio direttissimo presentando l'imputato in udienza non oltre il trentesimo giorno dall'arresto, salvo che ciò pregiudichi gravemente le indagini (3).

5. Il pubblico ministero procede inoltre al giudizio direttissimo, salvo che ciò pregiudichi gravemente le indagini, nei confronti della persona che nel corso dell'interrogatorio [63, 64, 65, 294, 364, 388] ha reso confessione. L'imputato libero è citato a comparire a una udienza non successiva al trentesimo giorno dalla iscrizione nel registro delle notizie di reato [335]. L'imputato in stato di custodia cautelare per il fatto per cui si procede è presentato all'udienza entro il medesimo termine. Quando una persona è stata allontanata d'urgenza dalla casa familiare ai sensi dell'articolo 384-*bis*, la polizia giudiziaria può provvedere, su disposizione del pubblico ministero, alla sua citazione per il giudizio direttissimo e per la contestuale convalida dell'arresto entro le successive quarantotto ore, salvo che ciò pregiudichi gravemente le indagini. In tal caso la polizia giudiziaria provvede comunque, entro il medesimo termine, alla citazione per l'udienza di convalida indicata dal pubblico ministero (4).

6. Quando il reato per cui è richiesto il giudizio direttissimo risulta connesso [12] con altri reati per i quali mancano le condizioni che giustificano la scelta di tale rito, si procede separatamente [18] per gli altri reati e nei confronti degli altri imputati, salvo che ciò pregiudichi gravemente le indagini. Se la riunione risulta indispensabile, prevale in ogni caso il rito ordinario (5).

(1) Le disposizioni relative al giudizio direttissimo non si applicano al procedimento penale davanti al giudice di pace, ai sensi di quanto disposto dall'art. 2, d.lgs. 28.8.2000, n. 274.

(2) Comma così modificato dall'art. 3, co. 3, l. 24.5.2023, n. 60, a decorrere dal 16.6.2023.
Il testo antecedente alla modifica disposta con l. n. 60/2023 così disponeva: «*3. Se l'arresto è convalidato, si procede immediatamente al giudizio.*».

(3) Comma così sostituito dalla lett. c) del co. 1 dell'art. 2, d.l. 23.5.2008, n. 92, conv. in legge, con modif., con l. 24.7.2008, n. 125.

Il testo di questo comma prima delle modifiche disposte dalla legge di conversione n. 125/2008 così disponeva: «*Il pubblico ministero, quando l'arresto in flagranza è già stato convalidato, procede al giudizio direttissimo presentando l'imputato in udienza non oltre il quindicesimo giorno dall'arresto, salvo che ciò pregiudichi gravemente le indagini*».

Il testo di questo comma antecedente alla sostituzione disposta dal d.l. n. 92/2008 così disponeva: «*Il pubblico ministero può, altresì, procedere al giudizio direttissimo quando l'arresto in flagranza è già stato convalidato. In tal caso l'imputato è presentato all'udienza non oltre il quindicesimo giorno dall'arresto*».

(4) Comma così modificato dalla lett. d) del co. 1 dell'art. 2, d.l. 23.5.2008, n. 92, conv. in legge, con modif., con l. 24.7.2008, n. 125 e, poi, dall'art. 2, co. 1, lett. h bis), d.l. 14.8.2013, n. 93, conv., con modif., dalla l. 15.10.2013, n. 119.

Il testo antecedente alla modifica disposta con d.l. n. 93/2013 così disponeva: «*Il pubblico ministero procede inoltre al giudizio direttissimo, salvo che ciò pregiudichi gravemente le indagini, nei confronti della persona che nel corso dell'interrogatorio ha reso confessione. L'imputato libero è citato a comparire a una udienza non successiva al trentesimo giorno dalla iscrizione nel registro delle notizie di reato. L'imputato in stato di custodia cautelare per il fatto per cui si procede è presentato all'udienza entro il medesimo termine*».

Il testo di questo comma prima delle modifiche disposte dalla legge di conversione n. 125/2008 così disponeva: «*Il pubblico ministero procede inoltre al giudizio direttissimo, salvo che ciò pregiudichi gravemente le indagini, nei confronti della persona che nel corso dell'interrogatorio ha reso confessione. L'imputato libero è citato a comparire a una udienza non successiva al quindicesimo giorno dalla iscrizione nel registro delle notizie di reato. L'imputato in stato di custodia cautelare per il fatto per cui si procede è presentato all'udienza entro il medesimo termine*».

Il testo di questo comma antecedente alla sostituzione disposta dal d.l. n. 92/2008 così disponeva: «*Il pubblico ministero può, inoltre, procedere al giudizio direttissimo nei confronti della persona che nel corso dell'interrogatorio ha reso confessione. L'imputato libero è citato a comparire a una udienza non successiva al quindicesimo giorno dalla iscrizione nel registro delle notizie di reato. L'imputato in stato di custodia cautelare per il fatto per cui si procede è presentato all'udienza entro il medesimo termine*».

(5) L'art. 12 bis, d.l. 8.6.1992, n. 306, recante modifiche urgenti al nuovo codice di procedura penale e provvedimenti di contrasto alla criminalità mafiosa, come modificato dall'art. 51, l. 16.12.1999, n. 479, così dispone: «*Per i reati concernenti le armi e gli esplosivi, il pubblico ministero procede al giudizio direttissimo anche fuori dei casi previsti dagli articoli 449 e 558 del codice di procedura penale, salvo che siano necessarie speciali indagini*».

450. Instaurazione del giudizio direttissimo.

1. Quando procede a giudizio direttissimo, il pubblico ministero fa condurre direttamente all'udienza l'imputato arrestato in flagranza o in stato di custodia cautelare [1].

2. La citazione contiene i requisiti previsti dall'articolo 429, comma 1, lettere a), b), c), d-*bis*), f), con l'indicazione del giudice competente per il giudizio nonché la data e la sottoscrizione. La citazione contiene, inoltre, l'avvertimento all'imputato che non comparendo sarà giudicato in assenza. La citazione è nulla se l'imputato non è identificato in modo certo, se non contiene l'avvertimento di cui al periodo precedente ovvero se manca o è insufficiente l'indicazione di uno dei requisiti previsti dall'articolo 429, comma 1, lettere c) e f) [2].

3. La citazione contiene i requisiti previsti dall'articolo 429 comma 1 lettera a), b), c), f), con l'indicazione del giudice competente per il giudizio nonché la data e la sottoscrizione. Si applica inoltre la disposizione dell'articolo 429 comma 2.

4. Il decreto, unitamente al fascicolo previsto dall'articolo 431, formato dal pubblico ministero, è trasmesso alla cancelleria del giudice competente per il giudizio.

5. Al difensore è notificato senza ritardo a cura del pubblico ministero l'avviso della data fissata per il giudizio.

6. Il difensore ha facoltà di prendere visione e di estrarre copia, nella segreteria del pubblico ministero, della documentazione relativa alle indagini espletate [433].

(1) Comma così modificato dalla lett. e) del co. 1 dell'art. 2, d.l. 23.5.2008, n. 92, conv. in legge, con modif., con l. 24.7.2008, n. 125.

Il testo previgente così disponeva: «*Se ritiene di procedere a giudizio direttissimo, il pubblico ministero fa condurre direttamente all'udienza l'imputato arrestato in flagranza o in stato di custodia cautelare*».

(2) Comma modificato dall'art. 26, co. 1, d.lgs. 10.10.2022, n. 150, a decorrere dal 30.12.2022. Questo comma è stato poi così modificato dall'art. 2, co. 1, lett. q), d.lgs. 19.3.2024, n. 31, a decorrere dal 4.4.2024.

Il testo antecedente alla modifica disposta con d.lgs. n. 31/2024 così disponeva: «*3. La citazione contiene i requisiti previsti dall'articolo 429, comma 1, lettere a), b), c), d-bis), f), con l'indicazione del giudice competente per il giudizio nonché la data e la sottoscrizione. Si applica inoltre la disposizione dell'articolo 429 comma 2.*».

Il testo antecedente alla modifica disposta con d.lgs. n. 150/2022 così disponeva: «*3. La citazione contiene i requisiti previsti dall'articolo 429 comma 1 lettera a), b), c), f), con l'indicazione del giudice competente per il giudizio nonché la data e la sottoscrizione. Si applica inoltre la disposizione dell'articolo 429 comma 2.*».

451. Svolgimento del giudizio direttissimo.

1. Nel corso del giudizio direttissimo si osservano le disposizioni degli articoli 470 e seguenti.

2. La persona offesa e i testimoni possono essere citati anche oralmente da un ufficiale giudiziario o da un agente di polizia giudiziaria.

3. Il pubblico ministero, l'imputato e la parte civile possono presentare nel dibattimento testimoni senza citazione.

4. Il pubblico ministero, fuori del caso previsto dall'articolo 450 comma 2, contesta l'imputazione all'imputato presente.

5. Il presidente avvisa l'imputato della facoltà di chiedere il giudizio abbreviato ovvero l'applicazione della pena a norma dell'articolo 444 [1].

6. L'imputato è altresì avvisato della facoltà di chiedere un termine per preparare la difesa non superiore a dieci giorni. Quando l'imputato si avvale di tale facoltà, il dibattimento è sospeso [477] fino all'udienza immediatamente successiva alla scadenza del termine [1].

(1) La Corte cost., con sent. 10.11.2022, n. 243, ha dichiarato l'illegittimità costituzionale degli artt. 451, co. 5 e 6, e 558, co. 7 e 8, c.p.p., in quanto interpretati nel senso che la concessione del termine a difesa nel giudizio direttissimo preclude all'imputato di formulare, nella prima udienza successiva allo spirare del termine, la richiesta di giudizio abbreviato o di applicazione della pena su richiesta ai sensi dell'art. 444 c.p.p.

452. Trasformazione del rito.

1. Se il giudizio direttissimo risulta promosso fuori

dei casi previsti dall'articolo 449, il giudice dispone con ordinanza la restituzione degli atti al pubblico ministero.

2. Se l'imputato chiede il giudizio abbreviato, il giudice, prima che sia dichiarato aperto il dibattimento, dispone con ordinanza la prosecuzione del giudizio con il rito abbreviato. Si osservano, in quanto applicabili, le disposizioni degli articoli 438, commi 3 e 5, 441, 441-*bis*, 442 e 443; si applicano altresì le disposizioni di cui all'articolo 438, comma 6-*bis*; nel caso di cui all'articolo 441-*bis*, comma 4, il giudice, revocata l'ordinanza con cui era stato disposto il giudizio abbreviato, fissa l'udienza per il giudizio direttissimo [1].

(1) Comma sostituito dall'art. 35, l. 16.12.1999, n. 479 e, poi, così modificato dall'art. 2 nonies, d.l. 7.4.2000, n. 82, nel testo integrato dalla relativa legge di conversione 5.6.2000, n. 144, e dall'art. 1, co. 45, l. 23.6.2017, n. 103, a decorrere dal 3.8.2017 (art. 1, co. 95, l. n. 103/2017).
Il testo antecedente alla modifica disposta dalla l. n. 103/2017 così disponeva: «*2. Se l'imputato chiede il giudizio abbreviato, il giudice, prima che sia dichiarato aperto il dibattimento, dispone con ordinanza la prosecuzione del giudizio con il rito abbreviato. Si osservano, in quanto applicabili, le disposizioni degli articoli 438, commi 3 e 5, 441, 441-bis, 442 e 443; nel caso di cui all'articolo 441-bis, comma 4, il giudice, revocata l'ordinanza con cui era stato disposto il giudizio abbreviato, fissa l'udienza per il giudizio direttissimo*».
Il testo antecedente alla modifica disposta con d.l. n. 82/2000 così disponeva «*2. Se l'imputato chiede il giudizio abbreviato, il giudice, prima che sia dichiarato aperto il dibattimento, dispone con ordinanza la prosecuzione del giudizio con il rito abbreviato. Si applicano le disposizioni degli articoli 438, commi 3 e 5, 441, 442 e 443*».
Il testo vigente prima della sostituzione disposta dall'art. 35, l. 16.12.1999, n. 479, così disponeva: «*2. Se l'imputato chiede il giudizio abbreviato e il pubblico ministero vi consente, il giudice, prima che sia dichiarato aperto il dibattimento, dispone con ordinanza la prosecuzione del giudizio osservando le disposizioni previste per l'udienza preliminare, in quanto applicabili. Quando il giudice non ritiene di poter decidere allo stato degli atti, indica alle parti temi nuovi o incompleti e provvede ad assumere gli elementi necessari ai fini della decisione, nelle forme previste dall'articolo 422. Si applicano le disposizioni previste dagli articoli 441 comma 2, 442 e 443*». Rispetto a questa formulazione, la Corte cost., con sent. 12.4.1990, n. 183, ha dichiarato, fra l'altro, l'illegittimità del secondo comma, nella parte in cui non prevede che il pubblico ministero, quando non consente alla richiesta di trasformazione del giudizio direttissimo in giudizio abbreviato, debba enunciare le ragioni del suo dissenso e nella parte in cui non prevede che il giudice, quando, a giudizio direttissimo concluso, ritiene ingiustificato il dissenso del pubblico ministero, possa applicare all'imputato la riduzione di pena contemplata dall'art. 442, co. 2, dello stesso codice.

TITOLO IV
Giudizio immediato [1]

453. Casi e modi di giudizio immediato.

1. Quando la prova appare evidente, salvo che ciò pregiudichi gravemente le indagini, il pubblico ministero chiede il giudizio immediato se la persona sottoposta alle indagini è stata interrogata sui fatti dai quali emerge l'evidenza della prova ovvero, a seguito di invito a presentarsi emesso con l'osservanza delle forme indicate nell'articolo 375 comma 3 secondo periodo, la stessa abbia omesso di comparire, sempre che non sia stato adottato un legittimo impedimento e che non si tratti di persona irreperibile [2].

1 bis. Il pubblico ministero richiede il giudizio immediato, anche fuori dai termini di cui all'articolo 454, comma 1, e comunque entro centottanta giorni dall'esecuzione della misura, per il reato in relazione al quale la persona sottoposta alle indagini si trova in stato di custodia cautelare, salvo che la richiesta pregiudichi gravemente le indagini [3].

1 ter. La richiesta di cui al comma 1-*bis* è formulata dopo la definizione del procedimento di cui all'articolo 309, ovvero dopo il decorso dei termini per la proposizione della richiesta di riesame [3].

2. Quando il reato per cui è richiesto il giudizio immediato risulta connesso [12] con altri reati per i quali mancano le condizioni che giustificano la scelta di tale rito, si procede separatamente [18] per gli altri reati e nei confronti degli altri imputati, salvo che ciò pregiudichi gravemente le indagini. Se la riunione [17] risulta indispensabile, prevale in ogni caso il rito ordinario.

3. L'imputato può chiedere il giudizio immediato a norma dell'articolo 419 comma 5.

(1) Le disposizioni relative al giudizio immediato non si applicano al procedimento penale davanti al giudice di pace, ai sensi dell'art. 2, d.lgs. 28.8.2000, n. 274.

(2) Comma prima sostituito dall'art. 27, d.lgs. 14.1.1991, n. 12, recante disposizioni integrative e correttive della disciplina processuale penale e delle norme ad essa collegate, e poi così modificato dalla lett. f) del co. 1 dell'art. 2, d.l. 23.5.2008, n. 92, conv. in legge con modif., con l. 24.7.2008, n. 125.
Il testo previgente così disponeva: «*Quando la prova appare evidente, il pubblico ministero può chiedere il giudizio immediato se la persona sottoposta alle indagini è stata interrogata sui fatti dai quali emerge l'evidenza della prova ovvero, a seguito di invito a presentarsi emesso con l'osservanza delle forme indicate nell'articolo 375 comma 3 secondo periodo, la stessa abbia omesso di comparire, sempre che non sia stato adottato un legittimo impedimento e che non si tratti di persona irreperibile*».

(3) Comma introdotto dalla lett. g) del co. 1 dell'art. 2, d.l. 23.5.2008, n. 92, conv. in legge, con modif., con l. 24.7.2008, n. 125.

454. Presentazione della richiesta del pubblico ministero.

1. Entro novanta giorni dalla iscrizione della notizia di reato nel registro previsto dall'articolo 335, il pubblico ministero trasmette la richiesta di giudizio immediato alla cancelleria del giudice per le indagini preliminari [1].

2. Con la richiesta è trasmesso il fascicolo contenente la notizia di reato, la documentazione relativa alle indagini espletate e i verbali degli atti compiuti davanti al giudice per le indagini preliminari. Il corpo del reato e le cose pertinenti al reato, sono allegati al fascicolo, qualora non debbano essere custoditi altrove.

2 bis. Qualora non abbia proceduto ai sensi dell'articolo 268, commi 4, 5 e 6, con la richiesta il pubblico ministero deposita l'elenco delle intercettazioni di comunicazioni o conversazioni o dei flussi di comunicazioni informatiche o telematiche rilevanti ai fini di prova. Entro quindici giorni dalla notifica prevista dall'articolo 456, comma 4, il difensore può depositare l'elenco delle ulteriori registrazioni ritenute rilevanti e di cui chiede copia. Sull'istanza provvede il pubblico ministero con decreto motivato. In caso di rigetto dell'istanza o di contestazioni sulle indicazioni relative alle registrazioni ritenute rilevanti il difensore può avanzare al giudice istanza affinché si proceda nelle forme di cui all'articolo 268, comma 6. Il termine di cui al presente comma può essere prorogato di dieci giorni su richiesta del difensore [(2)].

(1) Per quanto stabilito dall'art. 258, co. 2, disp. att. c.p.p., il termine previsto in questo comma è di nove mesi computato dalla data di entrata in vigore del codice.

(2) Comma introdotto dall'art. 2, co. 1, lett. o), d.l. 30.12.2019, n. 161, a decorrere dal 1.1.2020. In seguito, l'art. 2, co. 1, lett. o), d.l. 30.12.2019, n. 161, e di conseguenza questo comma, è stato modificato, a decorrere dal 29.2.2020, dalla legge di conversione 28.2.2020, n. 7.
Il testo antecedente alla conversione del d.l. n. 161/2019 così disponeva: «2-bis. *Qualora non abbia proceduto ai sensi dell'articolo 268, commi 4, 5 e 6, con la richiesta il pubblico ministero deposita l'elenco delle intercettazioni di comunicazioni o conversazioni o dei flussi di comunicazioni informatiche o telematiche rilevanti ai fini di prova. Entro quindici giorni dalla notifica prevista dall'articolo 456, comma 4, il difensore può depositare l'elenco delle ulteriori registrazioni ritenute rilevanti e di cui chiede copia. Sull'istanza provvede il pubblico ministero con decreto motivato. In caso di rigetto dell'istanza o di contestazioni sulle indicazioni relative alle registrazioni ritenute rilevanti il difensore può avanzare al giudice istanza affinché si proceda nelle forme di cui all'articolo 268, comma 6*».

455. Decisione sulla richiesta di giudizio immediato.

1. Il giudice, entro cinque giorni, emette decreto con il quale dispone il giudizio immediato ovvero rigetta la richiesta ordinando la trasmissione degli atti al pubblico ministero.

1 bis. Nei casi di cui all'articolo 453, comma 1-*bis*, il giudice rigetta la richiesta se l'ordinanza che dispone la custodia cautelare è stata revocata o annullata per sopravvenuta insussistenza dei gravi indizi di colpevolezza [(1)].

(1) Comma introdotto dalla lett. h) del co. 1 dell'art. 2, d.l. 23.5.2008, n. 92, conv. in legge, con modif., con l. 24.7.2008, n. 125.

456. Decreto di giudizio immediato.

1. Al decreto che dispone il giudizio immediato si applicano le disposizioni dell'articolo 429 commi 1 e 2.

2. Il decreto contiene anche l'avviso che l'imputato può chiedere il giudizio abbreviato [438], l'applicazione della pena a norma dell'articolo 444 ovvero la sospensione del procedimento con messa alla prova. Il decreto contiene altresì, a pena di nullità, l'avvertimento all'imputato che non comparendo sarà giudicato in assenza [(1)].

2 bis. Con il decreto l'imputato è informato che ha facoltà di accedere ai programmi di giustizia riparativa [(2)].

3. Il decreto è comunicato al pubblico ministero e notificato all'imputato e alla persona offesa almeno trenta giorni prima della data fissata per il giudizio [(3)].

4. All'imputato e alla persona offesa, unitamente al decreto, è notificata la richiesta del pubblico ministero.

5. Al difensore dell'imputato è notificato avviso alla data fissata per il giudizio entro il termine previsto dal comma 3.

(1) Comma modificato dall'art. 27, co. 1, lett. a), d.lgs. 10.10.2022, n. 150, a decorrere dal 30.12.2022. Questo comma è stato poi così modificato dall'art. 2, co. 1, lett. r), d.lgs. 19.3.2024, n. 31, a decorrere dal 4.4.2024.
Il testo antecedente alla modifica disposta con d.lgs. n. 31/2024 così disponeva: «2. *Il decreto contiene anche l'avviso che l'imputato può chiedere il giudizio abbreviato, l'applicazione della pena a norma dell'articolo 444 ovvero la sospensione del procedimento con messa alla prova.*».
Il testo antecedente alla modifica disposta con d.lgs. n. 150/2022 così disponeva: «2. *Il decreto contiene anche l'avviso che l'imputato può chiedere il giudizio abbreviato ovvero l'applicazione della pena a norma dell'articolo 444*». Di quest'ultima formulazione, la Corte cost., con sent. 14.2.2020, n. 19, ha dichiarato l'illegittimità costituzionale di questo comma, nella parte in cui non prevede che il decreto che dispone il giudizio immediato contenga l'avviso della facoltà dell'imputato di chiedere la sospensione del procedimento con messa alla prova.

(2) Comma introdotto dall'art. 2, co. 1, lett. r), d.lgs. 19.3.2024, n. 31, a decorrere dal 4.4.2024.

(3) Comma così modificato dall'art. 14, l. 1.3.2001, n. 63. Il testo previgente prevedeva che il decreto fosse comunicato al pubblico ministero e notificato all'imputato e alla persona offesa almeno venti giorni prima della data fissata per il giudizio. L'art. 26 della l. n. 63/2001 ha così stabilito: «*Art. 26. 1. Nei processi penali in corso alla data di entrata in vigore della presente legge si applicano le disposizioni degli articoli precedenti salvo quanto stabilito nei commi da 2 a 5.*
2. Se il procedimento è ancora nella fase delle indagini preliminari, il pubblico ministero provvede a rinnovare l'esame dei soggetti indicati negli articoli 64 e 197-bis del codice di procedura penale, come rispettivamente modificato e introdotto dalla presente legge, secondo le forme ivi previste.
3. Le dichiarazioni rese nel corso delle indagini preliminari o dell'udienza preliminare, se già acquisite al fascicolo per il dibattimento, sono valutate a norma dei commi 3, 4, 5 e 6 del previgente articolo 500 del codice di procedura penale.
4. Quando le dichiarazioni di cui al comma 3 sono state rese da chi, per libera scelta, si è sempre volontariamente sottratto all'esame dell'imputato o del difensore, si applica la disposizione del comma 2 dell'articolo 1 del d.l. 7 gennaio 2000, n. 2, convertito, con modificazioni, dalla legge 25 febbraio 2000, n. 35, soltanto se esse siano state acquisite al fascicolo per il dibattimento anteriormente alla data del 25 febbraio 2000. Se sono state acquisite successivamente, si applica il comma 1-bis dell'articolo 526 del codice di procedura penale, come introdotto dall'articolo 19 della presente legge.
5. Alle dichiarazioni acquisite al fascicolo per il dibattimento, e già valutate ai fini delle decisioni, si applicano nel giudizio dinanzi alla Corte di Cassazione le disposizioni vigenti in materia di valutazione della prova al momento delle decisioni stesse».

457. Trasmissione degli atti.

1. Decorsi i termini previsti dall'articolo 458 comma 1, il decreto che dispone il giudizio immediato è trasmesso, con il fascicolo formato a norma dell'articolo 431, al giudice competente per il giudizio.

2. Gli atti non inseriti nel fascicolo previsto dal comma 1, sono restituiti al pubblico ministero. Si applica la disposizione dell'art. 433 comma 2.

458. Richiesta di giudizio abbreviato.

1. L'imputato, a pena di decadenza, può chiedere il giudizio abbreviato [438] depositando nella cancelleria del giudice per le indagini preliminari la richiesta, con la prova della avvenuta notifica al pubblico ministero, entro quindici [(1)] giorni dalla notificazione del decreto di giudizio immediato. Si applicano le disposizioni di cui all'articolo 438, comma 6-*bis*. Con la richiesta l'imputato può eccepire l'incompetenza per territorio del giudice [(2)].

2. Il giudice fissa in ogni caso con decreto l'udienza in camera di consiglio per la valutazione della richiesta, dandone avviso almeno cinque giorni prima al pubblico ministero, all'imputato, al difensore e alla persona offesa. Qualora riconosca la propria incompetenza, il giudice la dichiara con sentenza e ordina la trasmissione degli atti al pubblico ministero presso il giudice competente. Nel giudizio si osservano, in quanto applicabili, le disposizioni degli articoli 438, commi 3, 5 e 6-*ter*, 441, 441-*bis*, 442 e 443; nel caso di cui all'articolo 441-*bis*, comma 4, il giudice, revocata l'ordinanza con cui era stato disposto il giudizio abbreviato, fissa l'udienza per il giudizio immediato [(3)].

2 bis. Se il giudice rigetta la richiesta di giudizio abbreviato di cui all'articolo 438, comma 5, l'imputato, alla stessa udienza, può chiedere il giudizio abbreviato ai sensi dell'articolo 438, comma 1, l'applicazione della pena ai sensi dell'articolo 444 oppure la sospensione del procedimento con messa alla prova [(4)].

2 ter. Se non è accolta alcuna richiesta di cui al comma precedente, il giudice rimette le parti al giudice del dibattimento, dandone comunicazione in udienza alle parti presenti o rappresentate [(4)].

3. Le disposizioni del presente articolo non si applicano quando il giudizio immediato è stato richiesto dall'imputato a norma dell'articolo 419 comma 5 [(5)].

(1) L'originario termine di sette giorni è stato così modificato dall'art. 14, l. 1.3.2001, n. 63. L'art. 26 della stessa legge ha così disposto: «*Art. 26.*
1. Nei processi penali in corso alla data di entrata in vigore della presente legge si applicano le disposizioni degli articoli precedenti salvo quanto stabilito nei commi da 2 a 5.
2. Se il procedimento è ancora nella fase delle indagini preliminari, il pubblico ministero provvede a rinnovare l'esame dei soggetti indicati negli articoli 64 e 197-bis del codice di procedura penale, come rispettivamente modificato e introdotto dalla presente legge, secondo le forme ivi previste.
3. Le dichiarazioni rese nel corso delle indagini preliminari o dell'udienza preliminare, se già acquisite al fascicolo per il dibattimento, sono valutate a norma dei commi 3, 4, 5 e 6 del previgente articolo 500 del codice di procedura penale.
4. Quando le dichiarazioni di cui al comma 3 sono state rese da chi, per libera scelta, si è sempre volontariamente sottratto all'esame dell'imputato o del difensore, si applica la disposizione del comma 2 dell'articolo 1 del d.l. 7 gennaio 2000, n. 2, convertito, con modificazioni, dalla legge 25 febbraio 2000, n. 35, soltanto se esse siano state acquisite al fascicolo per il dibattimento anteriormente alla data del 25 febbraio 2000. Se sono state acquisite successivamente, si applica il comma 1-bis dell'articolo 526 del codice di procedura penale, come introdotto dall'articolo 19 della presente legge.
5. Alle dichiarazioni acquisite al fascicolo per il dibattimento, e già valutate ai fini delle decisioni, si applicano nel giudizio dinanzi alla Corte di Cassazione le disposizioni vigenti in materia di valutazione della prova al momento delle decisioni stesse».

(2) Comma così modificato dall'art. 36, l. 16.12.1999, n. 479 e, poi, dall'art. 1, co. 46, l. 23.6.2017, n. 103, a decorrere dal 3.8.2017 (art. 1, co. 95, l. n. 103/2017).
Il testo antecedente alla modifica disposta dalla l. n. 103/2017 così disponeva: «*1. L'imputato, a pena di decadenza, può chiedere il giudizio abbreviato depositando nella cancelleria del giudice per le indagini preliminari la richiesta, con la prova della avvenuta notifica al pubblico ministero, entro quindici giorni dalla notificazione del decreto di giudizio immediato*».
Il testo antecedente alla modifica disposta dalla l. n. 479/1999 così disponeva: «*1. L'imputato, a pena di decadenza, può chiedere il giudizio abbreviato depositando nella cancelleria del giudice per le indagini preliminari la richiesta, con la prova della avvenuta notifica al pubblico ministero, entro quindici giorni dalla notificazione del decreto di giudizio immediato. Il pubblico ministero ha il termine di cinque giorni dalla notificazione della richiesta per esprimere il proprio consenso*».
La Corte cost., con sent. 15.2.1991, n. 81, ha dichiarato, tra l'altro, l'illegittimità dell'art. 458, co. 1 e 2, c.p.p., nella parte in cui non prevede che il pubblico ministero, in caso di dissenso, sia tenuto ad enunciarne le ragioni e nella parte in cui non prevede che il giudice, quando, a dibattimento concluso, ritiene ingiustificato il dissenso del pubblico ministero, possa applicare all'imputato la riduzione di pena contemplata dall'art. 442, co. 2, dello stesso codice.
La stessa Corte cost., con sent. 31.1.1992, n. 23, ha dichiarato l'illegittimità costituzionale dell'art. 458, co. 1 e 2, c.p.p., nella parte in cui non prevede che il giudice, all'esito del dibattimento, ritenendo che il processo poteva essere definito allo stato degli atti dal giudice per le indagini preliminari, possa applicare la riduzione di pena prevista dall'art. 442, co. 2, dello stesso codice; con sent. 16.4.2002, n. 120, ha dichiarato l'illegittimità dell'art. 458, co. 1, c.p.p., nella parte in cui prevede che il termine entro cui l'imputato può chiedere il giudizio abbreviato decorre dalla notificazione del decreto di giudizio immediato, anziché dell'ultima notificazione, all'imputato o al difensore, rispettivamente del decreto ovvero dell'avviso della data fissata per il giudizio immediato.

(3) Comma modificato dall'art. 36, l. 16.12.1999, n. 479 e dall'art. 2 nonies, d.l. 7.4.2000, n. 82, nel testo integrato dalla legge di conversione 5.6.2000, n. 144, e, poi, così sostituito dall'art. 1, co. 47, l. 23.6.2017, n. 103, a decorrere dal 3.8.2017 (art. 1, co. 95, l. n. 103/2017). Questo comma è stato infine così modificato dall'art. 27, co. 1, lett. b), n. 1), d.lgs. 10.10.2022, n. 150, a decorrere dal 30.12.2022.
Il testo antecedente alla modifica disposta con d.lgs. n. 150/2022 così disponeva: «*2. Il giudice fissa con decreto l'udienza in camera di consiglio dandone avviso almeno cinque giorni prima al pubblico ministero, all'imputato, al difensore e alla persona offesa. Qualora riconosca la propria incompetenza, il giudice la dichiara con sentenza e ordina la trasmissione degli atti al pubblico ministero presso il giudice competente. Nel giudizio si osservano, in quanto applicabili, le disposizioni degli articoli 438, commi 3 e 5, 441, 441-bis, 442 e 443; nel caso di cui all'articolo 441-bis, comma 4, il giudice, revocata l'ordinanza con cui era stato disposto il giudizio abbreviato, fissa l'udienza per il giudizio immediato.*».
Il testo antecedente alla modifica disposta dalla l. n. 103/2017 così disponeva: «*2. Se la richiesta è ammissibile, il giudice fissa con decreto l'udienza dandone avviso almeno cinque giorni prima al pubblico ministero, all'imputato, al difensore e alla persona offesa. Nel giudizio si osservano, in quanto applicabili, le disposizioni degli articoli 438, commi 3 e 5, 441,* 441-bis, *442 e 443; nel caso di cui all'articolo* 441-bis, *comma 4, il giudice, revocata l'ordinanza con cui era stato disposto il giudizio abbreviato, fissa l'udienza per il giudizio immediato*». Relativamente a tale formulazione la Corte cost., con sent. 23.5.2003, n. 169, aveva dichiarato, tra l'altro, l'illegittimità di questo comma, nella parte in cui non prevedeva che, in caso di rigetto della richiesta di giudizio abbreviato subordinata ad una integrazione probatoria, l'imputato potesse rinnovare la richiesta prima della dichiarazione di apertura del dibattimento di primo grado e il giudice potesse disporre il giudizio abbreviato.
Il testo antecedente alla modifica disposta con d.l. 7.4.2000, n. 82 così disponeva: «*2. Se la richiesta è ammissibile, il giudice fissa con decreto l'udienza dandone avviso almeno cinque giorni prima al pubblico ministero, all'imputato, al difensore e alla persona offesa. Al giudizio si applicano le disposizioni previste dagli articoli 438, commi 3 e 5, 441, 442 e 443*».
Il testo antecedente alla modifica disposta dalla l. 16.12 1999, n. 479, così disponeva: «*2. Se la richiesta è ammissibile e il pubblico ministero ha espresso il proprio consenso, il giudice fissa con decreto l'udienza dandone avviso almeno cinque giorni prima al pubblico ministero, all'imputato, al difensore e alla persona offesa. Al giudizio si applicano le disposizioni previste dagli articoli 441, 442 e 443*». Relativamente a tale formulazione la Corte cost., con sent. 15.2.1991,

n. 81, aveva dichiarato, fra l'altro, l'illegittimità dell'art. 458, co. 1 e 2, c.p.p., nella parte in cui non prevedeva che il pubblico ministero, in caso di dissenso, fosse tenuto ad enunciarne le ragioni e nella parte in cui non prevedeva che il giudice, quando, a dibattimento concluso, ritenesse ingiustificato il dissenso del pubblico ministero, potesse applicare all'imputato la riduzione di pena contemplata dall'art. 442, co. 2, dello stesso codice.
La stessa Corte cost., con sent. 31.1.1992, n. 23, ha dichiarato l'illegittimità costituzionale dell'art. 458, co. 1 e 2, c.p.p., nella parte in cui non prevede che il giudice, all'esito del dibattimento, ritenendo che il processo poteva essere definito allo stato degli atti dal giudice per le indagini preliminari, possa applicare la riduzione di pena prevista dall'art. 442, co. 2, dello stesso codice.

(4) Comma introdotto dall'art. 27, co. 1, lett. b), n. 2), d.lgs. 10.10.2022, n. 150, a decorrere dal 30.12.2022.

(5) La Corte cost., con sent. 22.1.2015, n. 1, ha dichiarato, tra l'altro, l'illegittimità costituzionale di questo articolo, nella parte in cui prevede che, nel processo minorile, nel caso di giudizio abbreviato richiesto dall'imputato in seguito a un decreto di giudizio immediato, la composizione dell'organo giudicante sia quella monocratica del giudice per le indagini preliminari e non quella collegiale prevista dall'art. 50 bis, co. 2, del r.d. 30.1.1941, n. 12.

458 bis. Richiesta di applicazione della pena [(1)].

1. Quando è formulata la richiesta prevista dall'articolo 446, il giudice fissa in ogni caso con decreto l'udienza in camera di consiglio per la decisione, dandone avviso almeno cinque giorni prima al pubblico ministero, all'imputato, al difensore e alla persona offesa.

2. Nel caso di dissenso da parte del pubblico ministero o di rigetto della richiesta da parte del giudice, l'imputato, nella stessa udienza, può chiedere la sospensione del procedimento con messa alla prova oppure il giudizio abbreviato ai sensi dell'articolo 438. Se il giudice dispone il giudizio abbreviato, si applica l'ultimo periodo del comma 2 dell'articolo 458. Nel caso di rigetto delle richieste, si applica l'articolo 458, comma 2- *ter*.

(1) Articolo introdotto dall'art. 27, co. 1, lett. c), d.lgs. 10.10.2022, n. 150, a decorrere dal 30.12.2022.

TITOLO V
Procedimento per decreto

459. Casi di procedimento per decreto [(1)].

1. Nei procedimenti per reati perseguibili di ufficio ed in quelli perseguibili a querela se questa è stata validamente presentata e se il querelante non ha nella stessa dichiarato di opporvisi, il pubblico ministero, quando ritiene che si debba applicare soltanto una pena pecuniaria, anche se inflitta in sostituzione di una pena detentiva, può presentare al giudice per le indagini preliminari, entro un anno dalla data in cui il nome della persona alla quale il reato è attribuito è iscritto nel registro delle notizie di reato e previa trasmissione del fascicolo, richiesta motivata di emissione del decreto penale di condanna, indicando la misura della pena [(2)].

1 bis. Nel caso di irrogazione di una pena pecuniaria in sostituzione di una pena detentiva, il giudice, per determinare l'ammontare della pena pecuniaria, individua il valore giornaliero al quale può essere assoggettato l'imputato e lo moltiplica per i giorni di pena detentiva. Il valore giornaliero non può essere inferiore a 5 euro e superiore a 250 euro e corrisponde alla quota di reddito giornaliero che può essere impiegata per il pagamento della pena pecuniaria, tenendo conto delle complessive condizioni economiche, patrimoniali e di vita dell'imputato e del suo nucleo familiare. Alla pena pecuniaria irrogata in sostituzione della pena detentiva si applica l'articolo 133-*ter* del codice penale. Entro gli stessi limiti, la pena detentiva può essere sostituita altresì con il lavoro di pubblica utilità di cui all'articolo 56-*bis* della legge 24 novembre 1981, n. 689, se l'indagato, prima dell'esercizio dell'azione penale, ne fa richiesta al pubblico ministero, presentando il programma di trattamento elaborato dall'ufficio di esecuzione penale esterna con la relativa dichiarazione di disponibilità dell'ente [(3)].

1 ter. Quando è stato emesso decreto penale di condanna a pena pecuniaria sostitutiva di una pena detentiva, l'imputato, personalmente o a mezzo di procuratore speciale, nel termine di quindici giorni dalla notificazione del decreto, può chiedere la sostituzione della pena detentiva con il lavoro di pubblica utilità di cui all'articolo 56-*bis* della legge 24 novembre 1981, n. 689, anche senza formulare l'atto di opposizione. Con l'istanza, l'imputato può chiedere un termine di sessanta giorni per depositare la dichiarazione di disponibilità dell'ente o dell'associazione di cui all'articolo 56-*bis*, primo comma, e il programma dell'ufficio di esecuzione penale esterna. Trascorso detto termine, il giudice che ha emesso il decreto di condanna può operare la sostituzione della pena detentiva con il lavoro di pubblica utilità. In difetto dei presupposti, il giudice respinge la richiesta e, se non è stata proposta, congiuntamente o successivamente, tempestiva opposizione, dichiara esecutivo il decreto [(4)].

2. Il pubblico ministero può chiedere l'applicazione di una pena diminuita sino alla metà rispetto al minimo edittale.

3. Il giudice, quando non accoglie la richiesta, se non deve pronunciare sentenza di proscioglimento a norma dell'articolo 129, restituisce gli atti al pubblico ministero.

4. Del decreto penale è data comunicazione al querelante.

5. Il procedimento per decreto non è ammesso quando risulta la necessità di applicare una misura di sicurezza personale [c.p. 215].

(1) Articolo così sostituito dall'art. 37, l. 16.12.1999, n. 479.
Il testo previgente così disponeva: «*Casi di procedimento per decreto.*
1. Nei procedimenti per reati perseguibili di ufficio, il pubblico ministero, quando ritiene che si debba applicare soltanto una pena pecuniaria, anche se inflitta in sostituzione di una pena detentiva, può presentare al giudice per le indagini preliminari, entro sei mesi dalla data in cui il nome della persona alla quale il reato è attribuito è iscritto nel registro delle notizie di reato e previa trasmissione del fascicolo, richiesta motivata di emissione del decreto penale di condanna, indicando la misura della pena e l'eventuale pena accessoria.
2. Il pubblico ministero può chiedere l'applicazione di una pena diminuita sino alla metà rispetto al minimo edittale.
3. Il giudice, quando non accoglie la richiesta, se non deve pronunciare sentenza di proscioglimento a norma dell'articolo 129, restituisce gli atti al pubblico ministero.

4. Il procedimento per decreto non è ammesso quando risulta la necessità di applicare una misura di sicurezza personale».

(2) Comma così modificato dall'art. 28, co. 1, lett. a), n. 1), d.lgs. 10.10.2022, n. 150, a decorrere dal 30.12.2022.

Il testo previgente così disponeva: «*1. Nei procedimenti per reati perseguibili di ufficio ed in quelli perseguibili a querela se questa è stata validamente presentata e se il querelante non ha nella stessa dichiarato di opporvisi, il pubblico ministero, quando ritiene che si debba applicare soltanto una pena pecuniaria, anche se inflitta in sostituzione di una pena detentiva, può presentare al giudice per le indagini preliminari, entro sei mesi dalla data in cui il nome della persona alla quale il reato è attribuito è iscritto nel registro delle notizie di reato e previa trasmissione del fascicolo, richiesta motivata di emissione del decreto penale di condanna, indicando la misura della pena.*». Di quest'ultima formulazione, la Corte cost., con sent. 27.2.2015, n. 23, ha dichiarato l'illegittimità costituzionale, come sostituito dall'art. 37, co. 1, l. 16.12.1999, n. 479, nella parte in cui prevede la facoltà del querelante di opporsi, in caso di reati perseguibili a querela, alla definizione del procedimento con l'emissione di decreto penale di condanna.

(3) Comma introdotto dall'art. 1, co. 53, l. 23.6.2017, n. 103, a decorrere dal 3.8.2017 (art. 1, co. 95, l. n. 103/2017). Questo comma è stato così sostituito dall'art. 28, co. 1, lett. a), n. 2), d.lgs. 10.10.2022, n. 150, a decorrere dal 30.12.2022.

Il testo previgente così disponeva: «*1-bis. Nel caso di irrogazione di una pena pecuniaria in sostituzione di una pena detentiva, il giudice, per determinare l'ammontare della pena pecuniaria, individua il valore giornaliero al quale può essere assoggettato l'imputato e lo moltiplica per i giorni di pena detentiva. Nella determinazione dell'ammontare di cui al periodo precedente il giudice tiene conto della condizione economica complessiva dell'imputato e del suo nucleo familiare. Il valore giornaliero non può essere inferiore alla somma di euro 75 di pena pecuniaria per un giorno di pena detentiva e non può superare di tre volte tale ammontare. Alla pena pecuniaria irrogata in sostituzione della pena detentiva si applica l'articolo 133-ter del codice penale.*».

(4) Comma introdotto dall'art. 28, co. 1, lett. a), n. 3), d.lgs. 10.10.2022, n. 150, a decorrere dal 30.12.2022. Questo comma è stato poi così modificato dall'art. 2, co. 1, lett. s), d.lgs. 19.3.2024, n. 31, a decorrere dal 4.4.2024.

Il testo antecedente alla modifica disposta con d.lgs. n. 31/2024 così disponeva: «*1-ter. Quando è stato emesso decreto penale di condanna a pena pecuniaria sostitutiva di una pena detentiva, l'imputato, personalmente o a mezzo di procuratore speciale, nel termine di quindici giorni dalla notificazione del decreto, può chiedere la sostituzione della pena detentiva con il lavoro di pubblica utilità di cui all'articolo 56-bis della legge 24 novembre 1981, n. 689, senza formulare l'atto di opposizione. Con l'istanza, l'imputato può chiedere un termine di sessanta giorni per depositare la dichiarazione di disponibilità dell'ente o dell'associazione di cui all'articolo 56-bis, primo comma, e il programma dell'ufficio di esecuzione penale esterna. Trascorso detto termine, il giudice che ha emesso il decreto di condanna può operare la sostituzione della pena detentiva con il lavoro di pubblica utilità. In difetto dei presupposti, il giudice respinge la richiesta ed emette decreto di giudizio immediato.*».

460. Requisiti del decreto di condanna.

1. Il decreto di condanna contiene:

a) le generalità dell'imputato o le altre indicazioni personali che valgano a identificarlo nonché, quando occorre, quelle della persona civilmente obbligata per la pena pecuniaria;

b) l'enunciazione del fatto, delle circostanze e delle disposizioni di legge violate;

c) la concisa esposizione dei motivi di fatto e di diritto su cui la decisione è fondata, comprese le ragioni dell'eventuale diminuzione della pena al di sotto del minimo edittale;

d) il dispositivo, con l'indicazione specifica della riduzione di un quinto della pena pecuniaria nel caso previsto dalla lettera h-*ter*) (1);

e) l'avviso che l'imputato e la persona civilmente obbligata per la pena pecuniaria possono proporre opposizione entro quindici giorni dalla notificazione del decreto e che l'imputato può chiedere mediante l'opposizione il giudizio immediato ovvero il giudizio abbreviato o l'applicazione della pena a norma dell'articolo 444 (2);

f) l'avvertimento all'imputato e alla persona civilmente obbligata per la pena pecuniaria che, in caso di mancata opposizione, il decreto diviene esecutivo;

g) l'avviso che l'imputato e la persona civilmente obbligata per la pena pecuniaria hanno la facoltà di nominare un difensore;

h) la data e la sottoscrizione del giudice e dell'ausiliario che lo assiste (3);

h-*bis*) l'avviso all'imputato della facoltà di accedere ai programmi di giustizia riparativa (4);

h-*ter*) l'avviso che può essere effettuato il pagamento della pena pecuniaria in misura ridotta di un quinto, nel termine di quindici giorni dalla notificazione del decreto, con rinuncia all'opposizione (4).

2. Con il decreto di condanna il giudice applica la pena nella misura richiesta dal pubblico ministero indicando l'entità dell'eventuale diminuzione della pena stessa al di sotto del minimo edittale; ordina la confisca, nei casi previsti dall'articolo 240, secondo comma, del codice penale, o la restituzione delle cose sequestrate; concede la sospensione condizionale della pena [c.p. 163] [e la non menzione della condanna nel certificato penale spedito a richiesta di privati [c.p. 175]]. Nei casi previsti dagli articoli 196 e 197 del codice penale, dichiara altresì la responsabilità della persona civilmente obbligata per la pena pecuniaria (5).

3. Copia del decreto è comunicata al pubblico ministero ed è notificata con il precetto al condannato, al difensore d'ufficio o al difensore di fiducia eventualmente nominato ed alla persona civilmente obbligata per la pena pecuniaria (6).

4. Se non è possibile eseguire la notificazione per irreperibilità dell'imputato, il giudice revoca il decreto penale di condanna e restituisce gli atti al pubblico ministero (7).

5. Il decreto penale di condanna non comporta la condanna al pagamento delle spese del procedimento, né l'applicazione di pene accessorie. Nel termine di quindici giorni dalla notifica del decreto il condannato può effettuare il pagamento della sanzione nella misura ridotta di un quinto, con rinuncia all'opposizione. Il decreto, anche se divenuto esecutivo non ha efficacia di giudicato nel giudizio civile o amministrativo. Il reato è estinto se il condannato ha pagato la pena pecuniaria e, nel termine di cinque anni, quando il decreto concerne un delitto, ovvero di due anni, quando il decreto concerne una contravvenzione, non commette un delitto ovvero una contravvenzione della stessa indole. In questo caso si estingue ogni effetto penale e la condanna non è comunque di ostacolo alla concessione di una successiva sospensione condizionale della pena [8].

(1) Lettera così modificata dall'art. 28, co. 1, lett. b), n. 1), d.lgs. 10.10.2022, n. 150, a decorrere dal 30.12.2022.

(2) La Corte cost., con sent. 21.7.2016, n. 201, ha dichiarato l'illegittimità costituzionale di questa lettera, nella parte in cui non prevede che il decreto penale di condanna contenga l'avviso della facoltà dell'imputato di chiedere mediante l'opposizione la sospensione del procedimento con messa alla prova.

(3) La punteggiatura finale di questa lettera è stata così modificata dall'art. 28, co. 1, lett. b), n. 1), d.lgs. 10.10.2022, n. 150, a decorrere dal 30.12.2022.

(4) Lettera introdotta dall'art. 28, co. 1, lett. b), n. 1), d.lgs. 10.10.2022, n. 150, a decorrere dal 30.12.2022.

(5) Comma così sostituito dall'art. 37, l. 16.12.1999, n. 479. Le parole tra parentesi quadre sono state soppresse dall'art. 2 decies, d.l. 7.4.2000, n. 82, nel testo integrato dalla relativa legge di conversione 5.6.2000, n. 144.
Il testo antecedente alla modifica disposta con l. n. 479 del 1999 così disponeva: «*2. Con il decreto di condanna il giudice applica la pena nella misura richiesta dal pubblico ministero indicando l'entità della eventuale diminuzione della pena stessa al di sotto del minimo edittale; pone a carico del condannato le spese del procedimento; ordina la confisca o la restituzione delle cose sequestrate; concede la sospensione condizionale della pena e la non menzione della condanna nel certificato penale spedito a richiesta privata. Nei casi previsti dagli articoli 196 e 197 del codice penale, dichiara altresì la responsabilità della persona civilmente obbligata per la pena pecuniaria*».

(6) Comma così sostituito dall'art. 20, l. 6.3.2001, n. 60.
Il testo previgente così disponeva: «*3. Copia del decreto è comunicata al pubblico ministero ed è notificata con il precetto al condannato, e, se del caso, alla persona civilmente obbligata per la pena pecuniaria*».

(7) La Corte cost., con sent. 18.11.2000, n. 504, ha dichiarato l'illegittimità di questo comma, nella parte in cui non prevede la revoca del decreto penale di condanna e la restituzione degli atti al pubblico ministero anche nel caso in cui non sia possibile la notificazione nel domicilio dichiarato a norma dell'art. 161 c.p.p.

(8) Comma sostituito dall'art. 37, l. 16.12.1999, n. 479 e, successivamente, così modificato dall'art. 28, co. 1, lett. b), n. 2), d.lgs. 10.10.2022, n. 150, a decorrere dal 30.12.2022.
Il testo antecedente alla modifica disposta con d.lgs. n. 150/2022 così disponeva: «*5. Il decreto penale di condanna non comporta la condanna al pagamento delle spese del procedimento, né l'applicazione di pene accessorie. Anche se divenuto esecutivo non ha efficacia di giudicato nel giudizio civile o amministrativo. Il reato è estinto se nel termine di cinque anni, quando il decreto concerne un delitto, ovvero di due anni, quando il decreto concerne una contravvenzione, l'imputato non commette un delitto ovvero una contravvenzione della stessa indole. In questo caso si estingue ogni effetto penale e la condanna non è comunque di ostacolo alla concessione di una successiva sospensione condizionale della pena.*».
Il testo previgente così disponeva: «*5. Il decreto penale di condanna anche se divenuto esecutivo non ha efficacia di giudicato nel giudizio civile o amministrativo.*».
Il testo previgente così disponeva: «*5. Il decreto penale di condanna anche se divenuto esecutivo non ha efficacia di giudicato nel giudizio civile o amministrativo*».

461. Opposizione.

1. Nel termine di quindici giorni dalla notificazione del decreto, l'imputato e la persona civilmente obbligata per la pena pecuniaria, personalmente o a mezzo del difensore eventualmente nominato, possono proporre opposizione con le forme previste dall'articolo 582 nella cancelleria del giudice per le indagini preliminari che ha emesso il decreto ovvero nella cancelleria del tribunale o del giudice di pace del luogo in cui si trova l'opponente [1].

2. La dichiarazione di opposizione deve indicare, a pena di inammissibilità, gli estremi del decreto di condanna, la data del medesimo e il giudice che lo ha emesso. Ove non abbia già provveduto in precedenza, nella dichiarazione l'opponente può nominare un difensore di fiducia.

3. Con l'atto di opposizione l'imputato può chiedere al giudice che ha emesso il decreto di condanna il giudizio immediato ovvero il giudizio abbreviato o l'applicazione della pena a norma dell'articolo 444.

4. L'opposizione è inammissibile, oltre che nei casi indicati nel comma 2, quando è proposta fuori termine o da persona non legittimata.

5. Se non è proposta opposizione o se questa è dichiarata inammissibile, il giudice che ha emesso il decreto di condanna ne ordina l'esecuzione [648, 650].

6. Contro l'ordinanza di inammissibilità l'opponente può proporre ricorso per cassazione [606].

(1) Comma modificato dall'art. 184, d.lgs. 19.2.1998, n. 51, con effetto dal 2.6.1999, in virtù di quanto disposto dall'art. 247 dello stesso decreto, come modificato dall'art. 1, l. 16.6.1998, n. 188. Questo comma, poi, è stato modificato dall'art. 45, l. 16.12.1999, n. 479. Infine, il presente comma è stato così modificato dall'art. 28, co. 1, lett. c), d.lgs. 10.10.2022, n. 150, a decorrere dal 30.12.2022. L'art. 87, co. 4, del d.lgs. n. 150/2022 ha così disposto: «*4. Sino al quindicesimo giorno successivo alla pubblicazione dei regolamenti di cui ai commi 1 e 3, ovvero sino al diverso termine di transizione previsto dal regolamento di cui al comma 3 per gli uffici giudiziari e per le tipologie di atti in esso indicati, continuano ad applicarsi, nel testo vigente al momento dell'entrata in vigore del presente decreto, le disposizioni di cui agli articoli 110, 111, comma 1, 116, comma 3-bis, 125, comma 5, 134, comma 2, 135, comma 2, 162, comma 1, 311, comma 3, 391-octies, comma 3, 419, comma 5, primo periodo, 447, comma 1, primo periodo, 461, comma 1, 462, comma 1, 582, comma 1, 585, comma 4, del codice di procedura penale, nonché le disposizioni di cui l'articolo 154, commi 2, 3 e 4 delle norme di attuazione, di coordinamento e transitorie del codice di procedura penale, di cui al decreto legislativo 28 luglio 1989, n. 271.*».
Il testo antecedente alla modifica disposta con d.lgs. n. 150/2022 così disponeva: «*1. Nel termine di quindici giorni dalla notificazione del decreto, l'imputato e la persona civilmente obbligata per la pena pecuniaria, personalmente o a mezzo del difensore eventualmente nominato, possono proporre opposizione mediante dichiarazione ricevuta nella cancelleria del giudice per le indagini preliminari che ha emesso il decreto ovvero nella cancelleria del tribunale o del giudice di pace del luogo in cui si trova l'opponente.*».
Il testo antecedente alla modifica disposta con l. n. 479/1999 così disponeva: «*1. Nel termine di quindici giorni dalla notificazione del decreto, l'imputato e la persona civilmente obbligata per la pena pecuniaria, personalmente o a mezzo del difensore eventualmente nominato, possono proporre opposizione mediante dichiarazione ricevuta nella cancelleria del giudice per le indagini preliminari che ha emesso il decreto ovvero nella cancelleria del tribunale del luogo in cui si trova l'opponente.*».
Il testo antecedente alla modifica disposta con d.lgs. n. 51/1998 così disponeva: «*1. Nel termine di quindici giorni dalla notificazione del decreto, l'imputato e la persona civilmente obbligata per la pena pecuniaria, personalmente o a mezzo del difensore eventualmente nominato, possono proporre opposizione mediante dichiarazione rice-*

vuta nella cancelleria del giudice per le indagini preliminari che ha emesso il decreto ovvero nella cancelleria della pretura del luogo in cui si trova l'opponente.».

462. Restituzione nel termine per proporre opposizione.

1. L'imputato e la persona civilmente obbligata per la pena pecuniaria sono restituiti nel termine per proporre opposizione a norma degli articoli 175 e 175-*bis* (1).

(1) Comma così modificato dall'art. 28, co. 1, lett. d), d.lgs. 10.10.2022, n. 150, a decorrere dal 30.12.2022. L'art. 87, co. 4, del medesimo d.lgs. n. 150/2022 ha così disposto: «*4. Sino al quindicesimo giorno successivo alla pubblicazione dei regolamenti di cui ai commi 1 e 3, ovvero sino al diverso termine di transizione previsto dal regolamento di cui al comma 3 per gli uffici giudiziari e per le tipologie di atti in esso indicati, continuano ad applicarsi, nel testo vigente al momento dell'entrata in vigore del presente decreto, le disposizioni di cui agli articoli 110, 111, comma 1, 116, comma 3-bis, 125, comma 5, 134, comma 2, 135, comma 2, 162, comma 1, 311, comma 3, 391-octies, comma 3, 419, comma 5, primo periodo, 447, comma 1, primo periodo, 461, comma 1, 462, comma 1, 582, comma 1, 585, comma 4, del codice di procedura penale, nonché le disposizioni di cui l'articolo 154, commi 2, 3 e 4 delle norme di attuazione, di coordinamento e transitorie del codice di procedura penale, di cui al decreto legislativo 28 luglio 1989, n. 271.*».

Il testo previgente così disponeva: «*1. L'imputato e la persona civilmente obbligata per la pena pecuniaria sono restituiti nel termine per proporre opposizione a norma dell'articolo 175.*».

463. Opposizione proposta soltanto da alcuni interessati.

1. L'esecuzione del decreto di condanna pronunciato a carico di più persone imputate dello stesso reato rimane sospesa nei confronti di coloro che non hanno proposto opposizione fino a quando il giudizio conseguente all'opposizione proposta da altri coimputati non sia definito con pronuncia irrevocabile [464, comma 5, 648].

2. Se l'opposizione è proposta dal solo imputato o dalla sola persona civilmente obbligata per la pena pecuniaria, gli effetti si estendono anche a quella fra le dette parti che non ha proposto opposizione.

464. Giudizio conseguente all'opposizione.

1. Se l'opponente ha chiesto il giudizio immediato, il giudice emette decreto a norma dell'articolo 456, commi 1, 3 e 5. Se l'opponente ha chiesto il giudizio abbreviato, il giudice fissa con decreto l'udienza dandone avviso almeno cinque giorni prima al pubblico ministero, all'imputato, al difensore e alla persona offesa; nel giudizio si osservano, in quanto applicabili, le disposizioni degli articoli 438, commi 3 e 5, 441, 441-*bis*, 442 e 443; si applicano altresì le disposizioni di cui all'articolo 438, comma 6-*bis*; nel caso di cui all'articolo 441-*bis*, comma 4, il giudice, revocata l'ordinanza con cui era stato disposto il giudizio abbreviato, fissa l'udienza per il giudizio conseguente all'opposizione. Se l'opponente ha chiesto l'applicazione della pena a norma dell'articolo 444, il giudice fissa con decreto un termine entro il quale il pubblico ministero deve esprimere il consenso, disponendo che la richiesta e il decreto siano notificati al pubblico ministero a cura dell'opponente. Ove il pubblico ministero non abbia espresso il consenso nel termine stabilito ovvero l'imputato non abbia formulato nell'atto di opposizione alcuna richiesta, il giudice emette decreto di giudizio immediato (1) (2).

2. Il giudice, se è presentata domanda di oblazione [c.p. 162, 162-*bis*] contestuale all'opposizione, decide sulla domanda stessa prima di emettere i provvedimenti a norma del comma 1 (3).

3. Nel giudizio conseguente all'opposizione, l'imputato non può chiedere il giudizio abbreviato o l'applicazione della pena su richiesta, né presentare domanda di oblazione. In ogni caso, il giudice revoca il decreto penale di condanna (4).

4. Il giudice può applicare in ogni caso una pena anche diversa e più grave di quella fissata nel decreto di condanna e revocare i benefici già concessi.

5. Con la sentenza che proscioglie l'imputato perché il fatto non sussiste, non è previsto dalla legge come reato ovvero è commesso in presenza di una causa di giustificazione, il giudice revoca il decreto di condanna anche nei confronti degli imputati dello stesso reato che non hanno proposto opposizione [463].

(1) Comma così modificato dall'art. 37, l. 16.12.1999, n. 479, dall'art. 2 nonies, d.l. 7.4.2000, n. 82, conv., con modif., dalla l. 5.6.2000, n. 144, e, poi, dall'art. 1, co. 48, l. 23.6.2017, n. 103, a decorrere dal 3.8.2017, ai sensi di quanto disposto dall'art. 1, co. 95, della medesima l. n. 103/2017.

Il testo di questo comma, antecedente alla modifica disposta con l. n. 103/2017, così disponeva: «*1. Se l'opponente ha chiesto il giudizio immediato, il giudice emette decreto a norma dell'articolo 456, commi 1, 3 e 5. Se l'opponente ha chiesto il giudizio abbreviato, il giudice fissa con decreto l'udienza dandone avviso almeno cinque giorni prima al pubblico ministero, all'imputato, al difensore e alla persona offesa; nel giudizio si osservano, in quanto applicabili, le disposizioni degli articoli 438, commi 3 e 5, 441, 441-bis, 442 e 443; nel caso di cui all'articolo 441-bis, comma 4, il giudice, revocata l'ordinanza con cui era stato disposto il giudizio abbreviato, fissa l'udienza per il giudizio conseguente all'opposizione. Se l'opponente ha chiesto l'applicazione della pena a norma dell'articolo 444, il giudice fissa con decreto un termine entro il quale il pubblico ministero deve esprimere il consenso, disponendo che la richiesta e il decreto siano notificati al pubblico ministero a cura dell'opponente. Ove il pubblico ministero non abbia espresso il consenso nel termine stabilito ovvero l'imputato non abbia formulato nell'atto di opposizione alcuna richiesta, il giudice emette decreto di giudizio immediato*».

Il testo antecedente alla modifica disposta con d.l. n. 82/2000 così disponeva: «*1. Se l'opponente ha chiesto il giudizio immediato, il giudice emette decreto a norma dell'articolo 456, commi 1, 3 e 5. Se l'opponente ha chiesto il giudizio abbreviato, il giudice fissa con decreto l'udienza dandone avviso almeno cinque giorni prima al pubblico ministero, all'imputato, al difensore e alla persona offesa; al giudizio si applicano le disposizioni degli articoli 438, comma 3 e comma 5, 441, 442 e 443. Se l'opponente ha chiesto l'applicazione della pena a norma dell'articolo 444, il giudice fissa con decreto un termine entro il quale il pubblico ministero deve esprimere il consenso, disponendo che la richiesta e il decreto siano notificati al pubblico ministero a cura dell'opponente. Ove il pubblico ministero non abbia espresso il consenso nel termine stabilito ovvero l'imputato non abbia formulato nell'atto di opposizione alcuna richiesta, il giudice emette decreto di giudizio immediato*».

Il testo antecedente alla modifica disposta con l. n. 479/1999 così disponeva: «*1. Se l'opponente ha chiesto il giudizio immediato, il giudice emette decreto a norma dell'articolo 456 comma 1, 3 e 5; se l'opponente ha chiesto il giudizio abbreviato o l'applicazione della pena a norma dell'articolo 444, il giudice fissa con decreto un termine entro il quale il pubblico ministero deve esprimere il consenso, disponendo che la richiesta e il decreto siano notificati al pubblico ministero a cura dell'opponente. Ove il pubblico ministero non abbia espresso il consenso nel termine stabilito ovvero l'imputato non abbia formulato nell'atto di opposizione alcuna richiesta, il giudice emette decreto di giudizio immediato»*.

(2) La Corte cost., con sent. 15.2.1991, n. 81, ha dichiarato, fra l'altro, l'illegittimità costituzionale dell'art. 464, co. 1 e 2, c.p.p., nella parte in cui non prevede che il pubblico ministero, in caso di dissenso sia tenuto ad enunciarne le ragioni e nella parte in cui non prevede che il giudice, quando, a dibattimento concluso, ritiene ingiustificato il dissenso del pubblico ministero, possa applicare all'imputato la riduzione di pena contemplata dall'art. 442, co. 2, dello stesso codice. La stessa Corte cost., con sent. 31.1.1992, n. 23, ha dichiarato, fra l'altro, l'illegittimità costituzionale dell'art. 464, co. 1, c.p.p., nella parte in cui non prevede che il giudice, all'esito del dibattimento, ritenendo che il processo poteva essere definito allo stato degli atti dal giudice per le indagini preliminari, possa applicare la riduzione di pena prevista dall'art. 442, co. 2, dello stesso codice; con sent. 19-23.5.2003, n. 169 ha dichiarato, tra l'altro, l'illegittimità dell'art. 464, co. 1, secondo periodo, c.p.p., nella parte in cui non prevede che, in caso di rigetto della richiesta di giudizio abbreviato subordinata ad una integrazione probatoria, l'imputato possa rinnovare la richiesta prima della dichiarazione di apertura del dibattimento di primo grado e il giudice possa disporre il giudizio abbreviato.

(3) La Corte cost., con sent. 15.2.1991, n. 81, ha dichiarato, fra l'altro, l'illegittimità costituzionale dell'art. 464, co. 1 e 2, c.p.p., nella parte in cui non prevede che il pubblico ministero, in caso di dissenso sia tenuto ad enunciarne le ragioni e nella parte in cui non prevede che il giudice, quando, a dibattimento concluso, ritiene ingiustificato il dissenso del pubblico ministero, possa applicare all'imputato la riduzione di pena contemplata dall'art. 442, co. 2, dello stesso codice.

(4) Comma così sostituito dall'art. 37, l. 16.12.1999, n. 479. Il testo previgente così disponeva: «*3. Nel giudizio conseguente all'opposizione il giudice revoca il decreto penale di condanna*».

TITOLO V bis [1]
Sospensione del procedimento con messa alla prova

464 bis. Sospensione del procedimento con messa alla prova [2].

1. Nei casi previsti dall'articolo 168-*bis* del codice penale l'imputato, anche su proposta del pubblico ministero, può formulare richiesta di sospensione del procedimento con messa alla prova. Se il pubblico ministero formula la proposta in udienza, l'imputato può chiedere un termine non superiore a venti giorni per presentare la richiesta di sospensione del procedimento con messa alla prova [3].

2. La richiesta può essere proposta, oralmente o per iscritto, fino a che non siano formulate le conclusioni a norma degli articoli 421 e 422 o fino alla dichiarazione di apertura del dibattimento di primo grado nel giudizio direttissimo oppure, nel procedimento di citazione diretta a giudizio, fino alla conclusione dell'udienza predibattimentale prevista dall'articolo 554-*bis*. Se è stato notificato il decreto di giudizio immediato, la richiesta è formulata entro il termine e con le forme stabiliti dall'articolo 458, comma 1. Nel procedimento per decreto, la richiesta è presentata con l'atto di opposizione [4].

3. La volontà dell'imputato è espressa personalmente o per mezzo di procuratore speciale e la sottoscrizione è autenticata da un notaio, da altra persona autorizzata o dal difensore [5].

4. All'istanza è allegato un programma di trattamento, elaborato d'intesa con l'ufficio di esecuzione penale esterna, ovvero, nel caso in cui non sia stata possibile l'elaborazione, la richiesta di elaborazione del predetto programma. Il programma in ogni caso prevede:

a) le modalità di coinvolgimento dell'imputato, nonché del suo nucleo familiare e del suo ambiente di vita nel processo di reinserimento sociale, ove ciò risulti necessario e possibile;
b) le prescrizioni comportamentali e gli altri impegni specifici che l'imputato assume anche al fine di elidere o di attenuare le conseguenze del reato, considerando a tal fine il risarcimento del danno, le condotte riparatorie e le restituzioni, nonché le prescrizioni attinenti al lavoro di pubblica utilità ovvero all'attività di volontariato di rilievo sociale;
c) le condotte volte a promuovere, ove possibile, la mediazione con la persona offesa e lo svolgimento di programmi di giustizia riparativa [6].

5. Al fine di decidere sulla concessione, nonché ai fini della determinazione degli obblighi e delle prescrizioni cui eventualmente subordinarla, il giudice può acquisire, tramite la polizia giudiziaria, i servizi sociali o altri enti pubblici, tutte le ulteriori informazioni ritenute necessarie in relazione alle condizioni di vita personale, familiare, sociale ed economica dell'imputato. Tali informazioni devono essere portate tempestivamente a conoscenza del pubblico ministero e del difensore dell'imputato.

(1) Il titolo V bis, comprendente gli artt. da 464 bis a 464 novies, è stato introdotto dall'art. 4, co. 1, lett. a), l. 28.4.2014, n. 67.

(2) Articolo introdotto dall'art. 4, co. 1, lett. a), l. 28.4.2014, n. 67.

(3) Comma così modificato dall'art. 29, co. 1, lett. a), n. 1), d.lgs. 10.10.2022, n. 150, a decorrere dal 30.12.2022.
Il testo previgente così disponeva: «*1. Nei casi previsti dall'articolo 168-bis del codice penale l'imputato può formulare richiesta di sospensione del procedimento con messa alla prova.*».

(4) Comma così modificato dall'art. 29, co. 1, lett. a), n. 2), d.lgs. 10.10.2022, n. 150, a decorrere dal 30.12.2022. L'art. 90, co. 2, dello stesso d.lgs. n. 150/2022 ha così stabilito: «*2. Se sono già decorsi i termini di cui all'articolo 464-bis, comma 2, del codice di procedura penale, l'imputato, personalmente o a mezzo di procuratore speciale, può formulare la richiesta di sospensione del procedimento con messa alla prova, a pena di decadenza, entro la prima udienza successiva alla data di entrata in vigore del presente decreto. Quando nei quarantacinque giorni successivi alla data di entrata in vigore del presente decreto non è fissata udienza, la richiesta è depositata in cancelleria, a pena di decadenza, entro il predetto termine.*».
Il testo previgente così disponeva: «*2. La richiesta può essere proposta, oralmente o per iscritto, fino a che non siano formulate le conclusioni a norma degli articoli 421 e 422 o fino alla dichiarazione di apertura del dibattimento di primo grado nel giudizio direttissimo e nel procedimento di citazione diretta a giudizio. Se è stato notificato il decreto di giudizio immediato, la richiesta è formulata entro il termine e con le forme stabiliti dall'articolo 458, comma 1. Nel procedimento per decreto, la richiesta è presentata con l'atto di opposizione.*».

(5) Comma così modificato dall'art. 29, co. 1, lett. a), n. 3), d.lgs. 10.10.2022, n. 150, a decorrere dal 30.12.2022.

(6) Lettera così modificata dall'art. 29, co. 1, lett. a), n. 4), d.lgs. 10.10.2022, n. 150, a decorrere dal 30.12.2022. Secondo quanto stabilito dall'art. 92, co. 2 bis, d.lgs. n. 150/2022, le disposizioni di questa lettera si applicano nei procedimenti penali e nella fase

dell'esecuzione della pena decorsi sei mesi dalla data del 30.12.2022.

Il testo previgente così disponeva: «*c) le condotte volte a promuovere, ove possibile, la mediazione con la persona offesa.*».

464 ter. Richiesta di sospensione del procedimento con messa alla prova nel corso delle indagini preliminari [(1)].

1. Nel corso delle indagini preliminari, il giudice, se è presentata una richiesta di sospensione del procedimento con messa alla prova, trasmette gli atti al pubblico ministero affinché esprima il consenso o il dissenso nel termine di cinque giorni.

2. Se il pubblico ministero presta il consenso, il giudice provvede ai sensi dell'articolo 464-*quater*.

3. Il consenso del pubblico ministero deve risultare da atto scritto e sinteticamente motivato, unitamente alla formulazione dell'imputazione.

4. Il pubblico ministero, in caso di dissenso, deve enunciarne le ragioni. In caso di rigetto, l'imputato può rinnovare la richiesta prima dell'apertura del dibattimento di primo grado e il giudice, se ritiene la richiesta fondata, provvede ai sensi dell'articolo 464-*quater*.

(1) Articolo introdotto dall'art. 4, co. 1, lett. a), l. 28.4.2014, n. 67.

464 ter.1. Sospensione del procedimento con messa alla prova su proposta del pubblico ministero nel corso delle indagini preliminari [(1)].

1. Il pubblico ministero, con l'avviso previsto dall'articolo 415-*bis*, può proporre alla persona sottoposta ad indagini la sospensione del procedimento con messa alla prova, indicando la durata e i contenuti essenziali del programma trattamentale. Ove lo ritenga necessario per formulare la proposta, il pubblico ministero può avvalersi dell'ufficio di esecuzione penale esterna.

2. Nel caso previsto dal comma 1, entro il termine di venti giorni, la persona sottoposta ad indagini può aderire alla proposta con dichiarazione resa personalmente o a mezzo di procuratore speciale, depositata presso la segreteria del pubblico ministero.

3. Quando la persona sottoposta ad indagini aderisce alla proposta, il pubblico ministero formula l'imputazione e trasmette gli atti al giudice per le indagini preliminari, dando avviso alla persona offesa dal reato della facoltà di depositare entro dieci giorni memorie presso la cancelleria del giudice.

4. Nel caso previsto dal comma 3, il giudice per le indagini preliminari, se non deve pronunciare sentenza di proscioglimento a norma dell'articolo 129 e quando ritiene che la proposta del pubblico ministero cui ha aderito l'imputato sia conforme ai requisiti indicati dall'articolo 464-*quater*, comma 3, primo periodo, richiede all'ufficio di esecuzione penale esterna di elaborare il programma di trattamento d'intesa con l'imputato.

5. Nel caso previso dal comma 4, l'ufficio di esecuzione penale esterna trasmette al giudice entro novanta giorni il programma di trattamento elaborato d'intesa con l'imputato.

6. Quando lo ritiene necessario ai fini della decisione, il giudice per le indagini preliminari fissa udienza ai sensi dell'articolo 127. Il giudice, se ritiene opportuno verificare la volontarietà della richiesta, dispone la comparizione dell'imputato.

7. Il giudice, valutata l'idoneità del programma trattamentale elaborato ai sensi del comma 5, eventualmente integrato o modificato con il consenso dell'imputato nel corso dell'udienza prevista dal comma 6, dispone con ordinanza la sospensione del procedimento con messa alla prova.

(1) Articolo introdotto dall'art. 29, co. 1, lett. b), d.lgs. 10.10.2022, n. 150, a decorrere dal 30.12.2022.

464 quater. Provvedimento del giudice ed effetti della pronuncia [(1)].

1. Il giudice, se non deve pronunciare sentenza di proscioglimento a norma dell'articolo 129, decide con ordinanza nel corso della stessa udienza, sentite le parti nonché la persona offesa, oppure in apposita udienza in camera di consiglio, della cui fissazione è dato contestuale avviso alle parti e alla persona offesa. Si applica l'articolo 127.

2. Il giudice, se ritiene opportuno verificare la volontarietà della richiesta, dispone la comparizione dell'imputato.

3. La sospensione del procedimento con messa alla prova è disposta quando il giudice, in base ai parametri di cui all'articolo 133 del codice penale, reputa idoneo il programma di trattamento presentato e ritiene che l'imputato si asterrà dal commettere ulteriori reati. A tal fine, il giudice valuta anche che il domicilio indicato nel programma dell'imputato sia tale da assicurare le esigenze di tutela della persona offesa dal reato.

4. Il giudice, anche sulla base delle informazioni acquisite ai sensi del comma 5 dell'articolo 464-*bis*, e ai fini di cui al comma 3 del presente articolo può integrare o modificare il programma di trattamento, con il consenso dell'imputato.

5. Il procedimento non può essere sospeso per un periodo:

a) superiore a due anni quando si procede per reati per i quali è prevista una pena detentiva, sola, congiunta o alternativa alla pena pecuniaria;

b) superiore a un anno quando si procede per reati per i quali è prevista la sola pena pecuniaria.

6. I termini di cui al comma 5 decorrono dalla sottoscrizione del verbale di messa alla prova dell'imputato.

7. Contro l'ordinanza che decide sull'istanza di messa alla prova possono ricorrere per cassazione l'imputato e il pubblico ministero, anche su istanza della persona offesa. La persona offesa può impugnare autonomamente per omesso avviso dell'udienza o perché, pur essendo comparsa, non è stata sentita ai sensi del comma 1. L'impugnazione non sospende il procedimento.

8. Nel caso di sospensione del procedimento con messa alla prova non si applica l'articolo 75, comma 3.

9. In caso di reiezione dell'istanza, questa può essere

riproposta nel giudizio, prima della dichiarazione di apertura del dibattimento.

(1) Articolo introdotto dall'art. 4, co. 1, lett. a), l. 28.4.2014, n. 67.

464 quinquies. Esecuzione dell'ordinanza di sospensione del procedimento con messa alla prova [1].

1. Nell'ordinanza che dispone la sospensione del procedimento con messa alla prova, il giudice stabilisce il termine entro il quale le prescrizioni e gli obblighi relativi alle condotte riparatorie o risarcitorie imposti devono essere adempiuti; tale termine può essere prorogato, su istanza dell'imputato, non più di una volta e solo per gravi motivi. Il giudice può altresì, con il consenso della persona offesa, autorizzare il pagamento rateale delle somme eventualmente dovute a titolo di risarcimento del danno.

2. L'ordinanza è immediatamente trasmessa all'ufficio di esecuzione penale esterna che deve prendere in carico l'imputato.

3. Durante la sospensione del procedimento con messa alla prova, il giudice, sentiti l'imputato e il pubblico ministero, può modificare con ordinanza le prescrizioni originarie, ferma restando la congruità delle nuove prescrizioni rispetto alle finalità della messa alla prova.

(1) Articolo introdotto dall'art. 4, co. 1, lett. a), l. 28.4.2014, n. 67.

464 sexies. Acquisizione di prove durante la sospensione del procedimento con messa alla prova [1].

1. Durante la sospensione del procedimento con messa alla prova il giudice, con le modalità stabilite per il dibattimento, acquisisce, a richiesta di parte, le prove non rinviabili e quelle che possono condurre al proscioglimento dell'imputato.

(1) Articolo introdotto dall'art. 4, co. 1, lett. a), l. 28.4.2014, n. 67.

464 septies. Esito della messa alla prova [1].

1. Decorso il periodo di sospensione del procedimento con messa alla prova, il giudice dichiara con sentenza estinto il reato se, tenuto conto del comportamento dell'imputato e del rispetto delle prescrizioni stabilite, ritiene che la prova abbia avuto esito positivo. A tale fine acquisisce la relazione conclusiva dell'ufficio di esecuzione penale esterna che ha preso in carico l'imputato e fissa l'udienza per la valutazione dandone avviso alle parti e alla persona offesa.

2. In caso di esito negativo della prova, il giudice dispone con ordinanza che il procedimento riprenda il suo corso [2].

(1) Articolo introdotto dall'art. 4, co. 1, lett. a), l. 28.4.2014, n. 67.
(2) Comma così modificato dall'art. 29, co. 1, lett. c), d.lgs. 10.10.2022, n. 150, a decorrere dal 30.12.2022.

464 octies. Revoca dell'ordinanza [1].

1. La revoca dell'ordinanza di sospensione del procedimento con messa alla prova è disposta anche d'ufficio dal giudice con ordinanza.

2. Al fine di cui al comma 1 del presente articolo il giudice fissa l'udienza ai sensi dell'articolo 127 per la valutazione dei presupposti della revoca, dandone avviso alle parti e alla persona offesa almeno dieci giorni prima.

3. L'ordinanza di revoca è ricorribile per cassazione per violazione di legge.

4. Quando l'ordinanza di revoca è divenuta definitiva, il procedimento riprende il suo corso dal momento in cui era rimasto sospeso e cessa l'esecuzione delle prescrizioni e degli obblighi imposti.

(1) Articolo introdotto dall'art. 4, co. 1, lett. a), l. 28.4.2014, n. 67.

464 nonies. Divieto di riproposizione della richiesta di messa alla prova [1].

1. Nei casi di cui all'articolo 464*septies*, comma 2, ovvero di revoca dell'ordinanza di sospensione del procedimento con messa alla prova, l'istanza non può essere riproposta.

(1) Articolo introdotto dall'art. 4, co. 1, lett. a), l. 28.4.2014, n. 67.

LIBRO SETTIMO
Giudizio

TITOLO I
Atti preliminari al dibattimento

465. Atti del presidente del tribunale o della corte di assise.

1. Il presidente del tribunale o della corte di assise, ricevuto il decreto che dispone il giudizio, può, con decreto, per giustificati motivi, anticipare l'udienza o differirla non più di una volta.

2. Il provvedimento è comunicato al pubblico ministero e notificato alle parti private, alla persona offesa e ai difensori; nel caso di anticipazione, fermi restando i termini previsti dall'articolo 429 commi 3 e 4, il provvedimento è comunicato e notificato almeno sette giorni prima della nuova udienza.

466. Facoltà dei difensori.

1. Durante il termine per comparire [429, commi 3 e 4, 465, comma 2], le parti e i loro difensori hanno facoltà di prendere visione, nel luogo dove si trovano, delle cose sequestrate, di esaminare in cancelleria gli atti e i documenti raccolti nel fascicolo per il dibattimento [431] e di estrarne copia.

467. Atti urgenti.

1. Nei casi previsti dall'articolo 392, il presidente del tribunale o della corte di assise dispone, a richiesta di parte, l'assunzione delle prove non rinviabili, osservando le forme previste per il dibattimento.

2. Del giorno, dell'ora e del luogo stabiliti per il compimento dell'atto è dato avviso almeno ventiquattro ore prima al pubblico ministero, alla persona offesa e ai difensori.

3. I verbali degli atti compiuti sono inseriti nel fascicolo per il dibattimento [431].

468. Citazione di testimoni, periti e consulenti tecnici.

1. Le parti che intendono chiedere l'esame di testimoni, periti o consulenti tecnici nonché delle persone indicate nell'articolo 210 devono, a pena di inammissibilità, depositare in cancelleria, almeno sette giorni prima della data fissata per il dibattimento, la lista con l'indicazione delle circostanze su cui deve vertere l'esame [(1)].

2. Il presidente del tribunale o della Corte di assise, quando ne sia fatta richiesta, autorizza con decreto la citazione dei testimoni, periti o consulenti tecnici nonché delle persone indicate nell'articolo 210, escludendo le testimonianze vietate dalla legge [62, 194] e quelle manifestamente sovrabbondanti [190]. Il presidente può stabilire che la citazione dei testimoni, periti o consulenti tecnici nonché delle persone indicate nell'articolo 210 sia effettuata per la data fissata per il dibattimento ovvero per altre successive udienze nelle quali ne sia previsto l'esame. In ogni caso, il provvedimento non pregiudica la decisione sull'ammissibilità della prova a norma dell'articolo 495 [(2)].

3. I testimoni e i consulenti tecnici indicati nelle liste possono anche essere presentati direttamente al dibattimento.

4. In relazione alle circostanze indicate nelle liste, ciascuna parte può chiedere la citazione a prova contraria di testimoni, periti e consulenti tecnici non compresi nella propria lista, ovvero presentarli al dibattimento.

4 bis. La parte che intende chiedere l'acquisizione di verbali di prove di altro procedimento penale deve farne espressa richiesta unitamente al deposito delle liste. Se si tratta di verbali di dichiarazioni di persone delle quali la stessa o altra parte chiede la citazione, questa è autorizzata dal presidente solo dopo che in dibattimento il giudice ha ammesso l'esame a norma dell'articolo 495 [(3)].

5. Il presidente in ogni caso dispone di ufficio la citazione del perito nominato nell'incidente probatorio a norma dell'articolo 392 comma 2.

(1) Comma così modificato dall'art. 38, l. 16.12.1999, n. 479.
Il testo previgente così disponeva: «*1. Le parti che intendono chiedere l'esame di testimoni, periti o consulenti tecnici devono, a pena di inammissibilità, depositare in cancelleria, almeno sette giorni prima della data fissata per il dibattimento, la lista con l'indicazione delle circostanze su cui deve vertere l'esame*».

(2) Comma così sostituito dall'art. 38, l. 16.12.1999, n. 479.
Il testo previgente così disponeva: «*2. Il presidente del tribunale o della corte di assise, quando ne sia fatta richiesta, autorizza con decreto la citazione dei testimoni, periti e consulenti tecnici indicati nelle liste, escludendo le testimonianze vietate dalla legge e quelle manifestamente sovrabbondanti. Il provvedimento non pregiudica la decisione sull'ammissibilità della prova a norma dell'articolo 495*».

(3) Comma introdotto dall'art. 7, co. 1, d.l. 8.6.1992, n. 306, conv., con modif., in l. 7.8.1992, n. 356, recante modifiche urgenti al nuovo codice di procedura penale e provvedimenti di contrasto alla criminalità mafiosa.

469. Proscioglimento prima del dibattimento.

1. Salvo quanto previsto dall'articolo 129 comma 2, se l'azione penale non doveva essere iniziata o non deve essere proseguita ovvero se il reato è estinto [c.p. 150, 151, 152, 157] e se per accertarlo non è necessario procedere al dibattimento, il giudice, in camera di consiglio, sentiti il pubblico ministero e l'imputato e se questi non si oppongono, pronuncia sentenza inappellabile di non doversi procedere enunciandone la causa nel dispositivo.

1 bis. La sentenza di non doversi procedere è pronunciata anche quando l'imputato non è punibile ai sensi dell'articolo 131-*bis* del codice penale, previa audizione in camera di consiglio anche della persona offesa, se compare [(1)].

(1) Comma introdotto dall'art. 3, co. 1, lett. a), d.lgs. 16.3.2015, n. 28.

TITOLO II
Dibattimento

Capo I
Disposizioni generali

470. Disciplina dell'udienza.

1. La disciplina dell'udienza e la direzione del dibattimento sono esercitate dal presidente che decide senza formalità; in sua assenza la disciplina dell'udienza è esercitata dal pubblico ministero.

2. Per l'esercizio delle funzioni indicate in questo capo, il presidente o il pubblico ministero si avvale, ove occorra, anche della forza pubblica, che dà immediata esecuzione ai relativi provvedimenti.

471. Pubblicità dell'udienza.

1. L'udienza è pubblica a pena di nullità.

2. Non sono ammessi nell'aula di udienza coloro che non hanno compiuto gli anni diciotto, le persone che sono sottoposte a misure di prevenzione e quelle che appaiono in stato di ubriachezza, di intossicazione o di squilibrio mentale.

3. Se alcuna di queste persone deve intervenire all'udienza come testimone, è fatta allontanare non appena la sua presenza non è più necessaria.

4. Non è consentita la presenza in udienza di persone armate, fatta eccezione per gli appartenenti alla forza pubblica, né di persone che portino oggetti atti a molestare. Le persone che turbano il regolare svolgimento dell'udienza sono espulse per ordine del presidente o, in sua assenza, del pubblico ministero, con divieto di assistere alle ulteriori attività processuali.

5. Per ragioni di ordine, il presidente può disporre, in casi eccezionali, che l'ammissione nell'aula di udienza sia limitata a un determinato numero di persone.

6. I provvedimenti menzionati nel presente articolo sono dati oralmente e senza formalità.

472. Casi in cui si procede a porte chiuse.

1. Il giudice dispone che il dibattimento o alcuni atti di esso si svolgano a porte chiuse quando la pubblicità può nuocere al buon costume ovvero, se vi è richiesta dell'autorità competente, quando la pubblicità può comportare la diffusione di notizie da mantenere segrete nell'interesse dello Stato [202] [(1)].

2. Su richiesta dell'interessato, il giudice dispone che si proceda a porte chiuse all'assunzione di prove che possono causare pregiudizio alla riservatezza dei testimoni ovvero delle parti private in ordine a fatti che non costituiscono oggetto dell'imputazione. Quando l'interessato è assente o estraneo al processo, il giudice provvede di ufficio.

3. Il giudice dispone altresì che il dibattimento o alcuni atti di esso si svolgano a porte chiuse quando la pubblicità può nuocere alla pubblica igiene, quando avvengono da parte del pubblico manifestazioni che turbano il regolare svolgimento delle udienze ovvero quando è necessario salvaguardare la sicurezza di testimoni o di imputati.

3 bis. Il dibattimento relativo ai delitti previsti dagli articoli 600, 600-*bis*, 600-*ter*, 600-*quinquies*, 601, 602, 609-*bis*, 609-*ter* e 609-*octies* del codice penale si svolge a porte aperte; tuttavia, la persona offesa può chiedere che si proceda a porte chiuse anche solo per una parte di esso. Si procede sempre a porte chiuse quando la parte offesa è minorenne. In tali procedimenti non sono ammesse domande sulla vita privata o sulla sessualità della persona offesa se non sono necessarie alla ricostruzione del fatto [2].

4. Il giudice può disporre che avvenga a porte chiuse l'esame dei minorenni.

(1) Comma modificato dall'art. 3, co. 1, lett. l), d.lgs. 29.12.2017, n. 216, a decorrere dal 26.1.2018 e, poi, a decorrere dal 1.1.2020, dall'art. 2, co. 1, lett. p), d.l. 30.12.2019, n. 161, conv., con modif., dalla l. 28.2.2020, n. 7. Il testo antecedente alle modifiche del 2019 così disponeva: «*1. Il giudice dispone che il dibattimento o alcuni atti di esso si svolgano a porte chiuse quando la pubblicità può nuocere al buon costume ovvero, se vi è richiesta dell'autorità competente, quando la pubblicità può comportare la diffusione di notizie da mantenere segrete nell'interesse dello Stato. Il giudice dispone che si proceda a porte chiuse alle operazioni di cui all'articolo 268-ter quando le parti rinnovano richieste non accolte o richiedono acquisizioni, anche ulteriori, e quando le ragioni della rilevanza a fini di prova emergono nel corso dell'istruzione dibattimentale*». Il testo antecedente alle modifiche disposte dal d.lgs. n. 216/2017, così disponeva: «*1. Il giudice dispone che il dibattimento o alcuni atti di esso si svolgano a porte chiuse quando la pubblicità può nuocere al buon costume ovvero, se vi è richiesta dell'autorità competente, quando la pubblicità può comportare la diffusione di notizie da mantenere segrete nell'interesse dello Stato*».

(2) Comma introdotto dall'art. 15, l. 15.2.1996, n. 66 e poi così modificato dall'art. 13, l. 3.8.1998, n. 269 e poi dall'art. 15, l. 11.8.2003, n. 228.
Il testo antecedente alla modifica disposta con l. n. 228/2003 così disponeva: «3-bis. *Il dibattimento relativo ai delitti previsti dagli articoli* 600-bis, 600-ter, 600-quinquies, 609-bis, 609-ter *e* 609-octies *del codice penale si svolge a porte aperte; tuttavia, la persona offesa può chiedere che si proceda a porte chiuse anche solo per una parte di esso. Si procede sempre a porte chiuse quando la parte offesa è minorenne. In tali procedimenti non sono ammesse domande sulla vita privata o sulla sessualità della persona offesa se non sono necessarie alla ricostruzione del fatto*».
Il testo antecedente alla modifica disposta con l. n. 269 del 1998 così disponeva: «3-bis. *Il dibattimento relativo ai delitti previsti dagli articoli* 609-bis, 609-ter *e* 609-octies *del codice penale si svolge a porte aperte; tuttavia, la persona offesa può chiedere che si proceda a porte chiuse anche solo per una parte di esso. Si procede sempre a porte chiuse quando la parte offesa è minorenne. In tali procedimenti non sono ammesse domande sulla vita privata o sulla sessualità della persona offesa se non sono necessarie alla ricostruzione del fatto*».

473. Ordine di procedere a porte chiuse.

1. Nei casi previsti dall'articolo 472, il giudice, sentite le parti, dispone, con ordinanza pronunciata in pubblica udienza, che il dibattimento o alcuni atti di esso si svolgano a porte chiuse. L'ordinanza è revocata con le medesime forme quando sono cessati i motivi del provvedimento.

2. Quando si è ordinato di procedere a porte chiuse, non possono per alcun motivo essere ammesse nell'aula di udienza persone diverse da quelle che hanno il diritto o il dovere di intervenire. Nei casi previsti dall'articolo 472 comma 3, il giudice può consentire la presenza dei giornalisti.

3. I testimoni, i periti e i consulenti tecnici sono assunti secondo l'ordine in cui vengono chiamati e, fatta eccezione di quelli che sia necessario trattenere nell'aula di udienza, vi rimangono per il tempo strettamente necessario.

474. Assistenza dell'imputato all'udienza.

1. L'imputato assiste all'udienza libero nella persona, anche se detenuto, salvo che in questo caso siano necessarie cautele per prevenire il pericolo di fuga o di violenza.

1 bis. Il giudice, sentite le parti, dispone con ordinanza l'impiego delle cautele di cui al comma 1. È comunque garantito il diritto dell'imputato e del difensore di consultarsi riservatamente, anche attraverso l'impiego di strumenti tecnici idonei, ove disponibili. L'ordinanza è revocata con le medesime forme quando sono cessati i motivi del provvedimento [1].

(1) Comma introdotto dall'art. 4, co. 1, lett. d), d.lgs. 8.11.2021, n. 188, a decorrere dal 14.12.2021.

475. Allontanamento coattivo dell'imputato.

1. L'imputato che, dopo essere stato ammonito, persiste nel comportarsi in modo da impedire il regolare svolgimento dell'udienza, è allontanato dall'aula con ordinanza del presidente.

2. L'imputato allontanato si considera presente ed è rappresentato dal difensore.

3. L'imputato allontanato può essere riammesso nell'aula di udienza, in ogni momento, anche di ufficio. Qualora l'imputato debba essere nuovamente allontanato, il giudice può disporre con la stessa ordinanza che sia espulso dall'aula, con divieto di partecipare ulteriormente al dibattimento, se non per rendere le dichiarazioni previste dagli articoli 503 e 523 comma 5.

476. Reati commessi in udienza.

1. Quando viene commesso un reato in udienza, il pubblico ministero procede a norma di legge, disponendo l'arresto dell'autore nei casi consentiti [380, 381].

2. Non è consentito l'arresto del testimone in udienza per reati concernenti il contenuto della deposizione [c.p. 372, 378].

477. Durata e organizzazione del dibattimento [1].

1. Quando non è possibile esaurire il dibattimento

in una sola udienza, il presidente, dopo la lettura dell'ordinanza con cui provvede sulle richieste di prova, sentite le parti, stabilisce il calendario delle udienze, assicurando celerità e concentrazione e indicando per ciascuna udienza le specifiche attività da svolgere (2).

2. Il giudice può sospendere il dibattimento soltanto per ragioni di assoluta necessità e per un termine massimo che, computate tutte le dilazioni, non oltrepassi i dieci giorni, esclusi i festivi.

3. Il presidente dà oralmente gli avvisi opportuni e l'ausiliario ne fa menzione nel verbale. Gli avvisi sostituiscono le citazioni e le notificazioni per coloro che sono comparsi o debbono considerarsi presenti.

(1) Rubrica così modificata dall'art. 30, co. 1, lett. a), d.lgs. 10.10.2022, n. 150, a decorrere dal 30.12.2022.
Il testo previgente così riportava: «*Durata e prosecuzione del dibattimento*».

(2) Comma così sostituito dall'art. 30, co. 1, lett. a), d.lgs. 10.10.2022, n. 150, a decorrere dal 30.12.2022.
Il testo previgente così disponeva: «*1. Quando non è assolutamente possibile esaurire il dibattimento in una sola udienza, il presidente dispone che esso venga proseguito nel giorno seguente non festivo.*».

478. Questioni incidentali.

1. Sulle questioni incidentali proposte dalle parti nel corso del dibattimento il giudice decide immediatamente con ordinanza, previa discussione nei modi previsti dall'articolo 491.

479. Questioni civili o amministrative.

1. Fermo quanto previsto dall'articolo 3, qualora la decisione sull'esistenza del reato dipenda dalla risoluzione di una controversia civile o amministrativa di particolare complessità, per la quale sia già in corso un procedimento presso il giudice competente, il giudice penale, se la legge non pone limitazioni alla prova della posizione soggettiva controversa, può disporre la sospensione del dibattimento, fino a che la questione non sia stata decisa con sentenza passata in giudicato.

2. La sospensione è disposta con ordinanza, contro la quale può essere proposto ricorso per cassazione. Il ricorso non ha effetto sospensivo [588, comma 1].

3. Qualora il giudizio civile o amministrativo non si sia concluso nel termine di un anno, il giudice, anche di ufficio, può revocare l'ordinanza di sospensione.

480. Verbale di udienza.

1. L'ausiliario che assiste il giudice redige il verbale di udienza, nel quale sono indicati:

a) il luogo, la data, l'ora di apertura e di chiusura dell'udienza;
b) i nomi e i cognomi dei giudici;
c) il nome e il cognome del rappresentante del pubblico ministero, le generalità dell'imputato o le altre indicazioni personali che valgono a identificarlo nonché le generalità delle altre parti e dei loro rappresentanti, i nomi e i cognomi dei difensori.

2. Il verbale di udienza è inserito nel fascicolo per il dibattimento.

481. Contenuto del verbale.

1. Il verbale descrive le attività svolte in udienza e riporta sinteticamente le richieste e le conclusioni del pubblico ministero e dei difensori.

2. I provvedimenti dati oralmente dal presidente sono riprodotti in modo integrale. I provvedimenti del giudice pubblicati in udienza mediante lettura sono allegati al verbale.

482. Diritto delle parti in ordine alla documentazione.

1. Le parti hanno diritto di fare inserire nel verbale, entro i limiti strettamente necessari, ogni dichiarazione a cui abbiano interesse, purché non contraria alla legge. Le memorie scritte presentate dalle parti [121, 90] a sostegno delle proprie richieste e conclusioni sono allegate al verbale.

2. Il presidente può disporre, anche di ufficio, che l'ausiliario dia lettura di singole parti del verbale al fine di verificarne la fedeltà e la completezza. Sulla domanda di rettificazione o di cancellazione nonché sulle questioni relative a quanto previsto dal comma 1, il presidente decide con ordinanza.

483. Sottoscrizione e trascrizione del verbale.

1. Subito dopo la conclusione dell'udienza o la chiusura del dibattimento [524], il verbale, sottoscritto alla fine di ogni foglio dal pubblico ufficiale che lo ha redatto, è presentato al presidente per l'apposizione del visto.

1 bis. Il verbale redatto in forma di documento informatico è sottoscritto dal pubblico ufficiale che lo ha redatto secondo le modalità di cui all'articolo 111 e sottoposto al presidente per l'apposizione del visto con firma digitale o altra firma elettronica qualificata (1).

2. Salvo quanto previsto dall'articolo 528, i nastri impressi con i caratteri della stenotipia sono trascritti in caratteri comuni non oltre tre giorni dalla loro formazione [138].

3. I verbali e le trascrizioni sono acclusi al fascicolo per il dibattimento.

(1) Comma introdotto dall'art. 30, co. 1, lett. b), d.lgs. 10.10.2022, n. 150, a decorrere dal 30.12.2022. L'art. 87, co. 5, dello stesso d.lgs. n. 150/2022 ha così stabilito: «*5. Le disposizioni di cui agli articoli 111, commi 2-bis, 2-ter e 2-quater, 111-bis, 111-ter, 122, comma 2-bis, 172, commi 6-bis e 6-ter, 175-bis, 386, comma 1-ter, 483, comma 1-bis, 582, comma 1-bis, del codice di procedura penale, così come introdotte dal presente decreto, si applicano a partire dal quindicesimo giorno successivo alla pubblicazione dei regolamenti di cui ai commi 1 e 3, ovvero a partire dal diverso termine previsto dal regolamento di cui al comma 3 per gli uffici giudiziari e per le tipologie di atti in esso indicati. Sino alle stesse date, la dichiarazione e l'elezione di domicilio prevista dal comma 2 dell'articolo 153 –bis del codice di procedura penale, come introdotto dall'articolo 10, comma 1, lettera e), del presente decreto, nonché le comunicazioni previste dal comma 3 dello stesso articolo 153-bis sono effettuate con le forme ivi previste in alternativa al deposito in via telematica.*».

Capo II
Atti introduttivi

484. Costituzione delle parti.

1. Prima di dare inizio al dibattimento, il presidente

controlla la regolare costituzione delle parti [178 lett. b) e c), 179 comma 1].

2. Qualora il difensore dell'imputato non sia presente, il presidente designa come sostituto altro difensore a norma dell'articolo 97 comma 4.

2 bis. Si applicano, in quanto compatibili, le disposizioni degli articoli 420, comma 2-*ter*, primo periodo, e 420-*ter*, nonché, nei casi in cui manca l'udienza preliminare, anche le disposizioni di cui agli articoli 420, 420-*bis*, 420-*quater*, 420-*quinquies* e 420-*sexies* (1).

(1) Comma introdotto dall'art. 39, l. 16.12.1999, n. 479 e, poi, così modificato dall'art. 30, co. 1, lett. c), d.lgs. 10.10.2022, n. 150, a decorrere dal 30.12.2022.
Il testo previgente così disponeva: «*2-bis. Si applicano, in quanto compatibili, le disposizioni degli articoli 420-bis, 420-ter, 420-quater e 420-quinquies.*».

485. Rinnovazione della citazione (1).

[**1.** Il giudice dispone, anche di ufficio, che sia rinnovata la citazione a giudizio quando è provato o appare probabile che l'imputato non ne abbia avuto effettiva conoscenza, sempre che il fatto non sia dovuto a sua colpa e fuori dei casi di notificazione mediante consegna al difensore a norma degli articoli 159, 161 comma 4 e 169.

2. La probabilità che l'imputato non abbia avuto conoscenza della citazione è liberamente valutata dal giudice. Tale valutazione non può formare oggetto di discussione successiva né motivo di impugnazione.]

(1) Articolo abrogato dall'art. 39, l. 16.12.1999, n. 479.

486. Impedimento a comparire dell'imputato o del difensore (1).

[**1.** Quando l'imputato, anche se detenuto, non si presenta alla prima udienza e risulta che l'assenza è dovuta ad assoluta impossibilità di comparire per caso fortuito, forza maggiore o altro legittimo impedimento, il giudice con ordinanza, anche di ufficio, sospende [477] o rinvia il dibattimento, fissa la data della nuova udienza e dispone che sia rinnovata la citazione a giudizio.

2. Nello stesso modo il giudice provvede quando appare probabile che l'assenza dell'imputato sia dovuta ad assoluta impossibilità di comparire per caso fortuito o forza maggiore. La probabilità è liberamente valutata dal giudice e non può formare oggetto di discussione successiva né motivo di impugnazione.

3. Quando l'imputato, anche se detenuto, non si presenta alle successive udienze e ricorrono le condizioni previste dal comma 1, il giudice sospende o rinvia anche di ufficio il dibattimento, fissa con ordinanza la data della nuova udienza e ne dispone la notificazione all'imputato.

4. In ogni caso la lettura dell'ordinanza che fissa la nuova udienza sostituisce la citazione e gli avvisi per tutti coloro che sono o devono considerarsi presenti.

5. Il giudice provvede a norma del comma 3 anche nel caso di assenza del difensore, quando risulta che la stessa è dovuta ad assoluta impossibilità di comparire per legittimo impedimento purché prontamente comunicato. Tale disposizione non si applica se l'imputato è assistito da due difensori e l'impedimento riguarda uno dei medesimi ovvero quando il difensore impedito ha designato un sostituto o quando l'imputato chiede che si proceda in assenza del difensore impedito.]

(1) Articolo abrogato dall'art. 39, l. 16.12.1999, n. 479.

487. Contumacia dell'imputato (1).

[**1.** Se l'imputato, libero o detenuto, non compare all'udienza e non ricorrono le condizioni indicate negli articoli 485 e 486 commi 1 e 2, il giudice, sentite le parti, ne dichiara la contumacia, salvo che risulti la nullità dell'atto di citazione o della sua notificazione. In tal caso il giudice pronuncia ordinanza con la quale rinvia il dibattimento e dispone la rinnovazione degli atti nulli.

2. L'imputato, quando si procede in sua contumacia, è rappresentato nel dibattimento dal difensore.

3. Se l'imputato compare prima della decisione, il giudice revoca l'ordinanza che ha dichiarato la contumacia. In tal caso l'imputato può rendere le dichiarazioni previste dall'articolo 494 e, se la comparizione avviene prima dell'inizio della discussione finale, può chiedere di essere sottoposto all'esame a norma dell'articolo 503. In ogni caso il dibattimento non può essere sospeso o rinviato a causa della comparizione tardiva.

4. L'ordinanza dichiarativa della contumacia è nulla se al momento della pronuncia vi è la prova che l'assenza dell'imputato è dovuta a mancata conoscenza della citazione a norma dell'articolo 485 comma 1, ovvero ad assoluta impossibilità di comparire per caso fortuito, forza maggiore o altro legittimo impedimento.

5. Se la prova indicata nel comma 4 perviene dopo la pronuncia dell'ordinanza prevista dal comma 1, ma prima della decisione, il giudice revoca l'ordinanza medesima e, se l'imputato non è comparso, sospende o rinvia anche di ufficio il dibattimento. Restano comunque validi gli atti compiuti in precedenza, ma se l'imputato ne fa richiesta e dimostra che la prova è pervenuta con ritardo senza sua colpa, il giudice dispone l'assunzione o la rinnovazione degli atti che ritiene rilevanti ai fini della decisione.

6. Quando si procede a carico di più imputati, si applicano le disposizioni dell'articolo 18 comma 1 lettere c) e d).]

(1) Articolo abrogato dall'art. 39, l. 16.12.1999, n. 479.

488. Assenza e allontanamento volontario dell'imputato (1).

[**1.** Le disposizioni degli articoli 486 e 487 non si applicano quando l'imputato, anche se impedito, chiede o consente che il dibattimento avvenga in sua assenza o, se detenuto, rifiuta di assistervi. L'imputato in tali casi è rappresentato dal difensore.

2. L'imputato che, dopo essere comparso, si allontana dall'aula di udienza è considerato presente ed è rappresentato dal difensore.

3. Le disposizioni del comma 2 si applicano anche quando l'imputato detenuto evade in qualsiasi momento del dibattimento ovvero durante gli intervalli di esso.]

(1) Articolo abrogato dall'art. 39, l. 16.12.1999, n. 479.

489. Rimedi per l'imputato contro il quale si è proceduto in assenza nell'udienza preliminare (1) (2).

1. Se vi è la prova che nel corso dell'udienza preliminare l'imputato è stato dichiarato assente in mancanza dei presupposti previsti dall'articolo 420-*bis*, il giudice, anche d'ufficio, dichiara la nullità del decreto di rinvio a giudizio e restituisce gli atti al giudice dell'udienza preliminare (3).

2. La nullità prevista dal comma 1 è sanata se non è eccepita dall'imputato che è comparso o ha rinunciato a comparire, ferma la possibilità dello stesso di essere restituito nel termine per formulare le richieste di procedimenti speciali e di esercitare le ulteriori facoltà dalle quali sia decaduto. In ogni caso, la nullità non può essere rilevata o eccepita se risulta che l'imputato era nelle condizioni di comparire all'udienza preliminare (4).

2 bis. Fuori dai casi previsti dal comma 1, ferma restando la validità degli atti regolarmente compiuti in precedenza, l'imputato è restituito nel termine per esercitare le facoltà dalle quali è decaduto:

a) se fornisce la prova che, per caso fortuito, forza maggiore o altro legittimo impedimento, si è trovato nell'assoluta impossibilità di comparire in tempo utile per esercitare la facoltà dalla quale è decaduto e che non ha potuto trasmettere tempestivamente la prova dell'impedimento senza sua colpa;

b) se, nei casi previsti dai commi 2 e 3 dell'articolo 420-*bis*, fornisce la prova di non aver avuto effettiva conoscenza della pendenza del processo e di non esser potuto intervenire senza sua colpa in tempo utile per esercitare le facoltà dalle quali è decaduto (5).

(1) Articolo modificato dall'art. 185, d.lgs. 19.2.1998, n. 51, con effetto dal 2.6.1999 (art. 1, co. 95, l. n. 103/2017). Questo articolo, poi, è stato così sostituito dall'art. 10, co. 1, l. 28.4.2014, n. 67.Il testo antecedente alla sostituzione disposta con l. n. 67/2014 così disponeva: «*Dichiarazioni del contumace. 1. L'imputato già contumace che prova di non avere avuto conoscenza del procedimento a suo carico, può chiedere di rendere le dichiarazioni previste dall'articolo 494. Nel corso del giudizio di cassazione le dichiarazioni sono rese al giudice per le indagini preliminari presso il tribunale del luogo in cui l'imputato si trova.*
2. L'imputato nella richiesta prevista dal comma 1 può nominare un difensore al quale deve essere dato tempestivo avviso del giorno e del luogo fissato per l'audizione; in mancanza, il giudice designa un difensore di ufficio. Se l'imputato si trova in stato di custodia cautelare, le dichiarazioni devono essere assunte entro un termine non superiore a quindici giorni da quello in cui è pervenuta la richiesta.
3. La disposizione del comma 1 si applica anche nei confronti del condannato nel corso del giudizio di revisione o nella fase dell'esecuzione. In tal caso le dichiarazioni sono assunte nelle forme previste dal comma 2 dal magistrato di sorveglianza del luogo in cui il condannato si trova.
4. Il verbale delle dichiarazioni rese dall'imputato o dal condannato è trasmesso senza ritardo alla corte di cassazione o alla corte di appello davanti alla quale pende il giudizio di revisione. Se le dichiarazioni sono state rese dal condannato e non pende giudizio di revisione, il relativo verbale è trasmesso al magistrato di sorveglianza competente a norma dell'articolo 677».
Il testo antecedente alla modifica disposta con d.lgs. n. 51/1998 così disponeva: «*Dichiarazioni del contumace. 1. L'imputato già contumace che prova di non avere avuto conoscenza del procedimento a suo carico, può chiedere di rendere le dichiarazioni previste dall'articolo 494. Nel corso del giudizio di cassazione le dichiarazioni sono rese al giudice per le indagini preliminari presso la pretura del luogo in cui l'imputato si trova.*
2. L'imputato nella richiesta prevista dal comma 1 può nominare un difensore al quale deve essere dato tempestivo avviso del giorno e del luogo fissato per l'audizione; in mancanza, il giudice designa un difensore di ufficio. Se l'imputato si trova in stato di custodia cautelare, le dichiarazioni devono essere assunte entro un termine non superiore a quindici giorni da quello in cui è pervenuta la richiesta.
3. La disposizione del comma 1 si applica anche nei confronti del condannato nel corso del giudizio di revisione o nella fase dell'esecuzione. In tal caso le dichiarazioni sono assunte nelle forme previste dal comma 2 dal magistrato di sorveglianza del luogo in cui il condannato si trova.
4. Il verbale delle dichiarazioni rese dall'imputato o dal condannato è trasmesso senza ritardo alla corte di cassazione o alla corte di appello davanti alla quale pende il giudizio di revisione. Se le dichiarazioni sono state rese dal condannato e non pende giudizio di revisione, il relativo verbale è trasmesso al magistrato di sorveglianza competente a norma dell'articolo 677».

(2) Rubrica così modificata dall'art. 30, co. 1, lett. d), n. 4), d.lgs. 10.10.2022, n. 150, a decorrere dal 30.12.2022.
Il testo previgente così riportava: «*Dichiarazioni dell'imputato contro il quale si è proceduto in assenza nell'udienza preliminare*».

(3) Comma così sostituito dall'art. 30, co. 1, lett. d), n. 1), d.lgs. 10.10.2022, n. 150, a decorrere dal 30.12.2022.
Il testo previgente così disponeva: «*1. L'imputato contro il quale si è proceduto in assenza nel corso dell'udienza preliminare può chiedere di rendere le dichiarazioni previste dall'articolo 494.*».

(4) Comma così sostituito dall'art. 30, co. 1, lett. d), n. 2), d.lgs. 10.10.2022, n. 150, a decorrere dal 30.12.2022.
Il testo previgente così disponeva: «*2. Se l'imputato fornisce la prova che l'assenza nel corso dell'udienza preliminare è riconducibile alle situazioni previste dall'articolo 420-bis, comma 4, è rimesso nel termine per formulare le richieste di cui agli articoli 438 e 444.*».

(5) Comma introdotto dall'art. 30, co. 1, lett. d), n. 3), d.lgs. 10.10.2022, n. 150, a decorrere dal 30.12.2022.

490. Accompagnamento coattivo dell'imputato assente (1).

1. Il giudice, a norma dell'articolo 132, può disporre l'accompagnamento coattivo dell'imputato assente [488], quando la sua presenza è necessaria per l'assunzione di una prova diversa dall'esame (2).

(1) Rubrica così modificata dall'art. 10, co. 2, l. 28.4.2014, n. 67.
Il testo previgente così disponeva: «*Accompagnamento coattivo dell'imputato assente o contumace*».

(2) Comma così modificato dall'art. 10, co. 2, l. 28.4.2014, n. 67. Il testo previgente così disponeva: «*1. Il giudice, a norma dell'articolo 132, può disporre l'accompagnamento coattivo dell'imputato assente o contumace, quando la sua presenza è necessaria per l'assunzione di una prova diversa dall'esame*».

491. Questioni preliminari.

1. Le questioni concernenti la competenza per territorio o per connessione [23], le nullità indicate nell'articolo 181 commi 2 e 3, la costituzione di parte civile [76], la citazione o l'intervento del responsabile civile [83, 85] e della persona civilmente obbligata per la pena pecuniaria [89] e l'intervento degli enti e delle associazioni previsti dall'articolo 91 sono precluse se non sono proposte subito dopo compiuto per la prima volta l'accertamento della costituzione delle parti [484] e sono decise immediatamente.

2. La disposizione del comma 1 si applica anche alle questioni concernenti il contenuto del fascicolo per il dibattimento [431] e la riunione [17] o la separazione [18] dei giudizi, salvo che la possibilità di proporle sorga soltanto nel corso del dibattimento.

3. Le questioni preliminari sono discusse dal pubblico ministero e da un difensore per ogni parte privata. La discussione deve essere contenuta nei limiti di tempo strettamente necessari alla illustrazione delle questioni. Non sono ammesse repliche.

4. Il giudice provvede in merito agli atti che devono essere acquisiti al fascicolo per il dibattimento ovvero eliminati da esso.

5. Sulle questioni preliminari il giudice decide con ordinanza.

492. Dichiarazione di apertura del dibattimento.

1. Compiute le attività indicate negli articoli 484 e seguenti, il presidente dichiara aperto il dibattimento.

2. L'ausiliario che assiste il giudice dà lettura dell'imputazione.

493. Richieste di prova [(1)].

1. Il pubblico ministero, i difensori della parte civile, del responsabile civile, della persona civilmente obbligata per la pena pecuniaria e dell'imputato nell'ordine indicano i fatti che intendono provare e chiedono l'ammissione delle prove, illustrandone esclusivamente l'ammissibilità ai sensi degli articoli 189 e 190, comma 1 [(2)].

2. È ammessa l'acquisizione di prove non comprese nella lista prevista dall'articolo 468 quando la parte che le richiede dimostra di non averle potute indicare tempestivamente.

3. Le parti possono concordare l'acquisizione al fascicolo per il dibattimento di atti contenuti nel fascicolo del pubblico ministero, nonché della documentazione relativa all'attività di investigazione difensiva.

4. Il presidente impedisce ogni divagazione, ripetizione e interruzione e ogni lettura o esposizione del contenuto degli atti compiuti durante le indagini preliminari.

(1) Articolo così sostituito dall'art. 40, l. 16.12.1999, n. 479.
Il testo previgente così disponeva: «*Esposizione introduttiva e richieste di prova.*
1. Il pubblico ministero espone concisamente i fatti oggetto dell'imputazione e indica le prove di cui chiede l'ammissione.
2. Successivamente, nell'ordine, i difensori della parte civile, del responsabile civile, della persona civilmente obbligata per la pena pecuniaria e dell'imputato indicano i fatti che intendono provare e chiedono l'ammissione delle prove.
3. È ammessa l'acquisizione di prove non indicate nella lista prevista dall'articolo 468 quando la parte che le richiede dimostra di non averle potute indicare tempestivamente.
4. Il presidente regola l'esposizione introduttiva e impedisce ogni divagazione, ripetizione e interruzione».

(2) Comma così modificato dall'art. 30, co. 1, lett. e), d.lgs. 10.10.2022, n. 150, a decorrere dal 30.12.2022.
Il testo previgente così disponeva: «*1. Il pubblico ministero, i difensori della parte civile, del responsabile civile, della persona civilmente obbligata per la pena pecuniaria e dell'imputato nell'ordine indicano i fatti che intendono provare e chiedono l'ammissione delle prove.*».

493 bis. Trascrizione delle intercettazioni [(1) (2)].

[**1.** Il giudice dispone, su richiesta delle parti, la trascrizione delle registrazioni ovvero la stampa in forma intellegibile delle informazioni contenute nei flussi di comunicazioni informatiche o telematiche acquisite.

2. Per le operazioni di trascrizione e stampa si osservano le forme, i modi e le garanzie previsti per l'espletamento delle perizie.

3. Delle trascrizioni, delle registrazioni e delle stampe le parti possono estrarre copia.]

(1) Articolo introdotto dall'art. 3, co. 1, lett. m), d.lgs. 29.12.2017, n. 216, a decorrere dal 26.1.2018.

(2) Articolo abrogato, a decorrere dal 1.1.2020, dall'art. 2, co. 1, lett. q), d.l. 30.12.2019, n. 161, conv., con modif., dalla l. 28.2.2020, n. 7.

494. Dichiarazioni spontanee dell'imputato.

1. Esaurita l'esposizione introduttiva, il presidente informa l'imputato che egli ha facoltà di rendere in ogni stato del dibattimento le dichiarazioni che ritiene opportune, purché esse si riferiscano all'oggetto dell'imputazione e non intralcino l'istruzione dibattimentale. Se nel corso delle dichiarazioni l'imputato non si attiene all'oggetto dell'imputazione, il presidente lo ammonisce e, se l'imputato persiste, gli toglie la parola.

2. L'ausiliario riproduce integralmente le dichiarazioni rese a norma del comma 1, salvo che il giudice disponga che il verbale sia redatto in forma riassuntiva.

495. Provvedimenti del giudice in ordine alla prova.

1. Il giudice, sentite le parti, provvede con ordinanza all'ammissione delle prove a norma degli articoli 190, comma 1, e 190-*bis*. Quando è stata ammessa l'acquisizione di verbali di prove di altri procedimenti, il giudice provvede in ordine alla richiesta di nuova assunzione della stessa prova solo dopo l'acquisizione della documentazione relativa alla prova dell'altro procedimento [(1)].

2. L'imputato ha diritto all'ammissione delle prove indicate a discarico sui fatti costituenti oggetto delle prove a carico; lo stesso diritto spetta al pubblico ministero in ordine alle prove a carico dell'imputato sui fatti costituenti oggetto delle prove a discarico.

3. Prima che il giudice provveda sulla domanda, le parti hanno facoltà di esaminare i documenti di cui è chiesta l'ammissione.

4. Nel corso dell'istruzione dibattimentale, il giudice decide con ordinanza sulle eccezioni proposte dalle parti in ordine alla ammissibilità delle prove. Il giudice, sentite le parti, può revocare con ordinanza l'ammissione di prove che risultano superflue o ammettere prove già escluse [190 comma 3].

4 bis. Nel corso dell'istruzione dibattimentale ciascuna delle parti può rinunziare, con il consenso dell'altra parte, all'assunzione delle prove ammesse a sua richiesta [(2)].

4 ter. Se il giudice muta nel corso del dibattimento, la parte che vi ha interesse ha diritto di ottenere l'esame delle persone che hanno già reso dichiarazioni nel medesimo dibattimento nel contraddittorio con la persona nei cui confronti le dichiarazioni medesime saranno utilizzate, salvo che il precedente esame sia stato documentato integralmente mediante mezzi di riproduzione audiovisiva. In ogni caso, la rinnovazione dell'esame può essere disposta quando il giudice la ritenga necessaria sulla base di specifiche esigenze [3].

(1) Comma così modificato dall'art. 3, comma quarto, d.l. 8.6.1992, n. 306, conv., con modif., in l. 7.8.1992, n. 356, recante provvedimenti di contrasto alla criminalità mafiosa. L'ultimo periodo di questo comma è stato aggiunto dall'art. 7, comma terzo, d.l. sopra.
(2) Comma introdotto dall'art. 17, l. 7.12.2000, n. 397.
(3) Comma introdotto dall'art. 30, co. 1, lett. f), d.lgs. 10.10.2022, n. 150, a decorrere dal 30.12.2022.

Capo III
Istruzione dibattimentale

496. Ordine e modalità dell'assunzione delle prove [1].

1. L'istruzione dibattimentale inizia con l'assunzione delle prove richieste dal pubblico ministero e prosegue con l'assunzione di quelle richieste da altre parti, nell'ordine previsto dall'articolo 493 comma 2.

2. Le parti possono concordare un diverso ordine di assunzione delle prove.

2 bis. Salvo che una particolare disposizione di legge preveda diversamente, il giudice può disporre, con il consenso delle parti, che l'esame dei testimoni, dei periti, dei consulenti tecnici, delle persone indicate nell'articolo 210 e delle parti private si svolga a distanza [2].

(1) Rubrica così sostituita dall'art. 30, co. 1, lett. g), n. 2), d.lgs. 10.10.2022, n. 150, a decorrere dal 30.12.2022.
Il testo previgente così riportava: «*Ordine nell'assunzione delle prove*».
(2) Comma introdotto dall'art. 30, co. 1, lett. g), n. 1), d.lgs. 10.10.2022, n. 150, a decorrere dal 30.12.2022.

497. Atti preliminari all'esame dei testimoni.

1. I testimoni sono esaminati l'uno dopo l'altro nell'ordine prescelto dalle parti che li hanno indicati.

2. Prima che l'esame abbia inizio, il presidente avverte il testimone dell'obbligo di dire la verità. Salvo che si tratti di persona minore degli anni quattordici, il presidente avverte altresì il testimone delle responsabilità previste dalla legge penale per i testimoni falsi o reticenti e lo invita a rendere la seguente dichiarazione: «Consapevole della responsabilità morale e giuridica che assumo con la mia deposizione, mi impegno a dire tutta la verità e a non nascondere nulla di quanto è a mia conoscenza». Lo invita quindi a fornire le proprie generalità.

2 bis. Gli ufficiali e gli agenti di polizia giudiziaria, anche appartenenti ad organismi di polizia esteri, i dipendenti dei servizi di informazione per la sicurezza, gli ausiliari, nonché le interposte persone, chiamati a deporre, in ogni stato e grado del procedimento, in ordine alle attività svolte sotto copertura ai sensi dell'articolo 9 della legge 16 marzo 2006, n. 146, e della legge 3 agosto 2007, n. 124, e successive modificazioni, invitati a fornire le proprie generalità, indicano quelle di copertura utilizzate nel corso delle attività medesime [1].

3. L'osservanza delle disposizioni del comma 2 è prescritta a pena di nullità [177, 181].

(1) Comma introdotto dall'art. 8, l. 13.8.2010, n. 136 e, poi, così modificato dall'art. 8, co. 1, d.l. 18.2.2015, n. 7, conv., con modif., dalla l. 17.4.2015, n. 43.
Il testo antecedente alla modifica disposta con d.l. n. 7/2015 così disponeva: «2-bis. *Gli ufficiali e gli agenti di polizia giudiziaria, anche appartenenti ad organismi di polizia esteri, gli ausiliari, nonché le interposte persone, chiamati a deporre, in ogni stato e grado del procedimento, in ordine alle attività svolte sotto copertura ai sensi dell'articolo 9 della legge 16 marzo 2006, n. 146, e successive modificazioni, invitati a fornire le proprie generalità, indicano quelle di copertura utilizzate nel corso delle attività medesime*».

498. Esame diretto e controesame dei testimoni.

1. Le domande sono rivolte direttamente dal pubblico ministero o dal difensore che ha chiesto l'esame del testimone.

2. Successivamente altre domande possono essere rivolte dalle parti che non hanno chiesto l'esame, secondo l'ordine indicato nell'articolo 496.

3. Chi ha chiesto l'esame può proporre nuove domande.

4. L'esame testimoniale del minorenne è condotto dal presidente su domande e contestazioni proposte dalle parti. Nell'esame il presidente può avvalersi dell'ausilio di un familiare del minore o di un esperto in psicologia infantile. Il presidente, sentite le parti, se ritiene che l'esame diretto del minore non possa nuocere alla serenità del teste, dispone con ordinanza che la deposizione prosegua nelle forme previste dai commi precedenti. L'ordinanza può essere revocata nel corso dell'esame [1].

4 bis. Si applicano, se una parte lo richiede ovvero se il presidente lo ritiene necessario, le modalità di cui all'articolo 398, comma 5-*bis* [2].

4 ter. Quando si procede per i reati di cui agli articoli 572, 600, 600-*bis*, 600-*ter*, 600-*quater*, 600-*quinquies*, 601, 602, 609-*bis*, 609-*ter*, 609-*quater*, 609-*octies* e 612-*bis* del codice penale, l'esame del minore vittima del reato ovvero del maggiorenne infermo di mente vittima del reato viene effettuato, su richiesta sua o del suo difensore, mediante l'uso di un vetro specchio unitamente ad un impianto citofonico [3].

4 quater. Fermo quanto previsto dai precedenti commi, quando occorre procedere all'esame di una persona offesa che versa in condizione di particolare vulnerabilità, il giudice, se la persona offesa o il suo difensore ne fa richiesta, dispone l'adozione di modalità protette [4].

(1) La Corte cost., con sent. 30.7.1997, n. 283, ha dichiarato l'illegittimità di questo articolo nella parte in cui non consente, nel caso di testimone maggiorenne infermo di mente, che il presidente, sentite le parti, ove ritenga che l'esame del teste ad opera delle parti possa nuocere alla personalità del teste medesimo, ne conduca direttamente l'esame su domande e contestazioni proposte dalle parti.
(2) Comma introdotto dall'art. 13, l. 3.8.1998, n. 269.
(3) Comma introdotto dall'art. 13, l. 3.8.1998, n. 269 e poi così modifi-

cato dall'art. 15, l. 11.8.2003, n. 228, dalla lett. d) del co. 1 dell'art. 9, d.l. 23.2.2009, n. 11, conv. in legge, con modif., dalla l. 23.4.2009, n. 38, e dal n. 1) della lett. i) del co. 1 dell'art. 2, d.l. 14.8.2013, n. 93, conv., con modif., dalla l. 15.10.2013, n. 119.

La Corte cost., con sent. 29.1.2005, n. 63, ha dichiarato, tra l'altro, l'illegittimità di questo comma, nella parte in cui non prevede che l'esame del maggiorenne infermo di mente vittima del reato sia effettuato, su richiesta sua o del suo difensore, mediante l'uso di un vetro specchio unitamente ad un impianto citofonico.

Il testo di questo comma, antecedente alla modifica disposta dal d.l. n. 93/2013, così disponeva: «4-ter. *Quando si procede per i reati di cui agli articoli 600, 600-*bis, *600-*ter, *600-*quater, *600-*quinquies, *601, 602, 609-*bis, *609-*ter, *609-*quater, *609-*octies *e 612-*bis *del codice penale, l'esame del minore vittima del reato ovvero del maggiorenne infermo di mente vittima del reato viene effettuato, su richiesta sua o del suo difensore, mediante l'uso di un vetro specchio unitamente ad un impianto citofonico*».

Il testo antecedente alle modifiche disposte dal d.l. 23.2.2009, n. 11, così disponeva: «4-ter. *Quando si procede per i reati di cui agli articoli 600, 600-*bis, *600-*ter, *600-*quater, *600-*quinquies, *601, 602, 609-*bis, *609-*ter, *609-*quater *e 609-*octies *del codice penale, l'esame del minore vittima del reato viene effettuato, su richiesta sua o del suo difensore, mediante l'uso di un vetro specchio unitamente ad un impianto citofonico*».

Il testo antecedente alla modifica disposta con l. n. 228/2003 così disponeva: «4-ter. *Quando si procede per i reati di cui agli articoli 600-bis, 600-*ter, *600-*quater, *600-*quinquies, *609-*bis, *609-*ter, *609-*quater *e 609-*octies *del codice penale, l'esame del minore vittima del reato viene effettuato, su richiesta sua o del suo difensore, mediante l'uso di un vetro specchio unitamente ad un impianto citofonico*».

(4) Comma introdotto dal n. 2) della lett. i) del co. 1 dell'art. 2, d.l. 14.8.2013, n. 93, conv., con modif., dalla l. 15.10.2013, n. 119 e poi così modificato dall'art. 1, co. 1, lett. l), d.lgs. 15.12.2015, n. 212, a decorrere dal 20.1.2016.

Il testo previgente così disponeva: «4-quater. *Quando si procede per i reati previsti dal comma 4-*ter, *se la persona offesa è maggiorenne il giudice assicura che l'esame venga condotto anche tenendo conto della particolare vulnerabilità della stessa persona offesa, desunta anche dal tipo di reato per cui si procede, e ove ritenuto opportuno, dispone, a richiesta della persona offesa o del suo difensore, l'adozione di modalità protette*».

499. Regole per l'esame testimoniale.

1. L'esame testimoniale si svolge mediante domande su fatti specifici [194].

2. Nel corso dell'esame sono vietate le domande che possono nuocere alla sincerità delle risposte.

3. Nell'esame condotto dalla parte che ha chiesto la citazione del testimone e da quella che ha un interesse comune sono vietate le domande che tendono a suggerire le risposte.

4. Il presidente cura che l'esame del testimone sia condotto senza ledere il rispetto della persona.

5. Il testimone può essere autorizzato dal presidente a consultare, in aiuto della memoria, documenti da lui redatti.

6. Durante l'esame, il presidente, anche di ufficio, interviene per assicurare la pertinenza delle domande, la genuinità delle risposte, la lealtà dell'esame e la correttezza delle contestazioni, ordinando, se occorre, l'esibizione del verbale nella parte in cui le dichiarazioni sono state utilizzate per le contestazioni [(1)].

(1) *Comma così sostituito dall'art. 15, l. 1.3.2001, n. 63.* L'art. 26 della l. n. 63/2001 ha così disposto: «*Art. 26.*

1. Nei processi penali in corso alla data di entrata in vigore della presente legge si applicano le disposizioni degli articoli precedenti salvo quanto stabilito nei commi da 2 a 5.

2. Se il procedimento è ancora nella fase delle indagini preliminari, il pubblico ministero provvede a rinnovare l'esame dei soggetti indicati negli articoli 64 e 197-bis del codice di procedura penale, come rispettivamente modificato e introdotto dalla presente legge, secondo le forme ivi previste.

3. Le dichiarazioni rese nel corso delle indagini preliminari o dell'udienza preliminare, se già acquisite al fascicolo per il dibattimento, sono valutate a norma dei commi 3, 4, 5 e 6 del previgente articolo 500 del codice di procedura penale.

4. Quando le dichiarazioni di cui al comma 3 sono state rese da chi, per libera scelta, si è sempre volontariamente sottratto all'esame dell'imputato o del difensore, si applica la disposizione del comma 2 dell'articolo 1 del d.l. 7 gennaio 2000, n. 2, convertito, con modificazioni, dalla legge 25 febbraio 2000, n. 35, soltanto se esse siano state acquisite al fascicolo per il dibattimento anteriormente alla data del 25 febbraio 2000. Se sono state acquisite successivamente, si applica il comma 1-bis dell'articolo 526 del codice di procedura penale, come introdotto dall'articolo 19 della presente legge.

5. Alle dichiarazioni acquisite al fascicolo per il dibattimento, e già valutate ai fini delle decisioni, si applicano nel giudizio dinanzi alla Corte di Cassazione le disposizioni vigenti in materia di valutazione della prova al momento delle decisioni stesse».

Il testo previgente così disponeva: «6. *Durante l'esame, il presidente, anche di ufficio, interviene per assicurare la pertinenza delle domande, la genuinità delle risposte, la lealtà dell'esame e la correttezza delle contestazioni*».

500. Contestazioni nell'esame testimoniale [(1)].

1. Fermi i divieti di lettura e di allegazione, le parti, per contestare in tutto o in parte il contenuto della deposizione, possono servirsi delle dichiarazioni precedentemente rese dal testimone e contenute nel fascicolo del pubblico ministero. Tale facoltà può essere esercitata solo se sui fatti o sulle circostanze da contestare il testimone abbia già deposto.

2. Le dichiarazioni lette per la contestazione possono essere valutate ai fini della credibilità del teste.

3. Se il teste rifiuta di sottoporsi all'esame o al controesame di una delle parti, nei confronti di questa non possono essere utilizzate, senza il suo consenso, le dichiarazioni rese ad altra parte, salve restando le sanzioni penali eventualmente applicabili al dichiarante.

4. Quando, anche per le circostanze emerse nel dibattimento, vi sono elementi concreti per ritenere che il testimone è stato sottoposto a violenza, minaccia, offerta o promessa di denaro o di altra utilità, affinché non deponga ovvero deponga il falso, le dichiarazioni contenute nel fascicolo del pubblico ministero precedentemente rese dal testimone sono acquisite al fascicolo del dibattimento e quelle previste dal comma 3 possono essere utilizzate.

5. Sull'acquisizione di cui al comma 4 il giudice decide senza ritardo, svolgendo gli accertamenti che ritiene necessari, su richiesta della parte, che può fornire gli elementi concreti per ritenere che il testimone è stato sottoposto a violenza, minaccia, offerta o promessa di denaro o di altra utilità.

6. A richiesta di parte, le dichiarazioni assunte dal giudice a norma dell'articolo 422 sono acquisite al fascicolo del dibattimento e sono valutate ai fini della prova nei confronti delle parti che hanno partecipato alla loro assunzione, se sono state utilizzate per le contestazioni previste dal presente articolo. Fuori dal caso previsto dal periodo precedente, si applicano le disposizioni di cui ai commi 2, 4 e 5.

7. Fuori dai casi di cui al comma 4, su accordo delle parti le dichiarazioni contenute nel fascicolo del pubblico ministero precedentemente rese dal testimone sono acquisite al fascicolo del dibattimento.

(1) Articolo così sostituito prima dall'art. 7, comma quarto, d.l. 8.6.1992, n. 306, conv. in legge, con modif., dalla l. 7.8.1992, n. 356, e poi dall'art. 16, l. 1.3.2001, n. 63. L'art. 26 della l. n. 63/2001 ha così stabilito: «*Art. 26.*
1. Nei processi penali in corso alla data di entrata in vigore della presente legge si applicano le disposizioni degli articoli precedenti salvo quanto stabilito nei commi da 2 a 5.
2. Se il procedimento è ancora nella fase delle indagini preliminari, il pubblico ministero provvede a rinnovare l'esame dei soggetti indicati negli articoli 64 e 197-bis del codice di procedura penale, come rispettivamente modificato e introdotto dalla presente legge, secondo le forme ivi previste.
3. Le dichiarazioni rese nel corso delle indagini preliminari o dell'udienza preliminare, se già acquisite al fascicolo per il dibattimento, sono valutate a norma dei commi 3, 4, 5 e 6 del previgente articolo 500 del codice di procedura penale.
4. Quando le dichiarazioni di cui al comma 3 sono state rese da chi, per libera scelta, si è sempre volontariamente sottratto all'esame dell'imputato o del difensore, si applica la disposizione del comma 2 dell'articolo 1 del d.l. 7 gennaio 2000, n. 2, convertito, con modificazioni, dalla legge 25 febbraio 2000, n. 35, soltanto se esse siano state acquisite al fascicolo per il dibattimento anteriormente alla data del 25 febbraio 2000. Se sono state acquisite successivamente, si applica il comma 1-bis dell'articolo 526 del codice di procedura penale, come introdotto dall'articolo 19 della presente legge.
5. Alle dichiarazioni acquisite al fascicolo per il dibattimento, e già valutate ai fini delle decisioni, si applicano nel giudizio dinanzi alla Corte di Cassazione le disposizioni vigenti in materia di valutazione della prova al momento delle decisioni stesse».
Il testo antecedente alla sostituzione del 2001 così disponeva: «*Contestazioni nell'esame testimoniale.*
1. Fermi i divieti di lettura e di allegazione, le parti, per contestare in tutto o in parte il contenuto della deposizione, possono servirsi delle dichiarazioni precedentemente rese dal testimone e contenute nel fascicolo del pubblico ministero.
2. Tale facoltà può essere esercitata solo se sui fatti e sulle circostanze da contestare il testimone abbia già deposto.
2-bis. Le parti possono procedere alla contestazione anche quando il teste rifiuta o comunque omette, in tutto o in parte, di rispondere sulle circostanze riferite nelle precedenti dichiarazioni.
3. Le dichiarazioni utilizzate per la contestazione possono essere valutate dal giudice per stabilire la credibilità della persona esaminata.
4. Quando, a seguito della contestazione, sussiste difformità rispetto al contenuto della deposizione, le dichiarazioni utilizzate per la contestazione sono acquisite nel fascicolo per il dibattimento e sono valutate come prova dei fatti in esse affermati se sussistono altri elementi di prova che ne confermano l'attendibilità.
5. Le dichiarazioni acquisite a norma del comma 4 sono valutate come prova dei fatti in esse affermati quando, anche per le modalità della deposizione o per altre circostanze emerse dal dibattimento, risulta che il testimone è stato sottoposto a violenza, minaccia, offerta o promessa di denaro o di altra utilità, affinché non deponga o deponga il falso ovvero risultano altre situazioni che hanno compromesso la genuinità dell'esame.
6. Le dichiarazioni assunte dal giudice a norma dell'articolo 422 costituiscono prova dei fatti in esse affermati, se sono state utilizzate per le contestazioni previste dal presente articolo».
Il testo antecedente alla sostituzione del 1992 così disponeva: «*Contestazioni nell'esame testimoniale.*
1. Fermi i divieti di lettura e di allegazione, le parti, per contestare in tutto o in parte il contenuto della deposizione, possono servirsi delle dichiarazioni precedentemente rese dal testimone e contenute nel fascicolo del pubblico ministero.
2. Tale facoltà può essere esercitata solo se sui fatti e sulle circostanze da contestare il testimone abbia già deposto.
3. La dichiarazione utilizzata per la contestazione, anche se letta dalla parte, non può costituire prova dei fatti in essa affermati. Può essere valutata dal giudice per stabilire la credibilità della persona esaminata.
4. Le dichiarazioni assunte dal pubblico ministero o dalla polizia giudiziaria nel corso delle perquisizioni ovvero sul luogo e nell'immediatezza del fatto sono acquisite nel fascicolo per il dibattimento, se sono state utilizzate per le contestazioni previste dai commi precedenti».
Di quest'ultima formulazione la Corte cost., con sent. 3.6.1992, n. 255, aveva dichiarato: a) l'illegittimità del terzo comma; b) l'illegittimità del quarto comma, nella parte in cui non prevedeva l'acquisizione del fascicolo per il dibattimento, se erano state utilizzate, per le contestazioni previste dai co. 1 e 2, delle dichiarazioni precedentemente rese dal testimone e contenute nel fascicolo del pubblico ministero.

501. Esame dei periti e dei consulenti tecnici.

1. Per l'esame dei periti e dei consulenti tecnici si osservano le disposizioni sull'esame dei testimoni, in quanto applicabili.

1 bis. Almeno sette giorni prima dell'udienza fissata per il suo esame, il perito autorizzato ai sensi dell'articolo 227, comma 5, deposita in cancelleria la propria relazione scritta. Nello stesso termine la parte che ha nominato un consulente tecnico deposita in cancelleria l'eventuale relazione scritta del consulente [(1)].

1 ter. Fuori dai casi previsti al comma 1-*bis*, la parte che ha chiesto l'esame di un consulente tecnico deposita l'eventuale relazione almeno sette giorni prima dell'udienza fissata per quell'esame [(1)].

2. Il perito e il consulente tecnico hanno in ogni caso facoltà di consultare documenti, note scritte e pubblicazioni, nonché le relazioni depositate ai sensi dei commi 1-*bis* e 1-*ter*, che possono essere acquisite anche di ufficio [190 comma 2, 499 comma 5] [(2)].

(1) Comma introdotto dall'art. 30, co. 1, lett. h), n. 1), d.lgs. 10.10.2022, n. 150, a decorrere dal 30.12.2022.

(2) Comma così modificato dall'art. 30, co. 1, lett. h), n. 2), d.lgs. 10.10.2022, n. 150, a decorrere dal 30.12.2022.
Il testo previgente così disponeva: «*2. Il perito e il consulente tecnico hanno in ogni caso facoltà di consultare documenti, note scritte e pubblicazioni, che possono essere acquisite anche di ufficio.*».

502. Esame a domicilio di testimoni, periti e consulenti tecnici.

1. In caso di assoluta impossibilità di un testimone, di un perito o di un consulente tecnico a comparire per legittimo impedimento, il giudice, a richiesta di parte, può disporne l'esame nel luogo in cui si trova, dando comunicazione, a norma dell'articolo 477 comma 3, del giorno, dell'ora e del luogo dell'esame.

2. L'esame si svolge con le forme previste dagli articoli precedenti, esclusa la presenza del pubblico. L'imputato e le altre parti private sono rappresentati dai rispettivi difensori. Il giudice, quando ne è fatta richiesta, ammette l'intervento personale dell'imputato interessato all'esame.

503. Esame delle parti private.

1. Il presidente dispone l'esame delle parti [208, 209, 210] che ne abbiano fatto richiesta o che vi abbiano consentito, secondo il seguente ordine: parte civile, responsabile civile, persona civilmente obbligata per la pena pecuniaria e imputato.

2. L'esame si svolge nei modi previsti dagli articoli 498 e 499. Ha inizio con le domande del difensore o del pubblico ministero che l'ha chiesto e prosegue con le domande, secondo i casi, del pubblico ministero e dei difensori della parte civile, del responsabile civile, della persona civilmente obbligata per la pena pecuniaria, del coimputato e dell'imputato. Quindi, chi ha iniziato l'esame può rivolgere nuove domande.

3. Fermi i divieti di lettura [514] e di allegazione [515], il pubblico ministero e i difensori, per contestare in tutto o in parte il contenuto della deposizione, possono servirsi delle dichiarazioni precedentemente rese dalla parte esaminata e contenute nel fascicolo del pubblico ministero. Tale facoltà può essere esercitata solo se sui fatti e sulle circostanze da contestare la parte abbia già deposto [500 comma 2].

4. Si applica la disposizione dell'articolo 500 comma 2 (1).

5. Le dichiarazioni alle quali il difensore aveva diritto di assistere assunte dal pubblico ministero o dalla polizia giudiziaria su delega del pubblico ministero sono acquisite nel fascicolo per il dibattimento, se sono state utilizzate per le contestazioni previste dal comma 3 (2).

6. La disposizione prevista dal comma 5 si applica anche per le dichiarazioni rese a norma degli articoli 294, 299, comma 3-*ter*, 391 e 422 (3).

(1) Comma così modificato dall'art. 17, l. 1.3.2001, n. 63. L'art. 26 della l. n. 63/2001 ha così stabilito: «*Art. 26.*

1. Nei processi penali in corso alla data di entrata in vigore della presente legge si applicano le disposizioni degli articoli precedenti salvo quanto stabilito nei commi da 2 a 5.

2. Se il procedimento è ancora nella fase delle indagini preliminari, il pubblico ministero provvede a rinnovare l'esame dei soggetti indicati negli articoli 64 e 197-bis del codice di procedura penale, come rispettivamente modificato e introdotto dalla presente legge, secondo le forme ivi previste.

3. Le dichiarazioni rese nel corso delle indagini preliminari o dell'udienza preliminare, se già acquisite al fascicolo per il dibattimento, sono valutate a norma dei commi 3, 4, 5 e 6 del previgente articolo 500 del codice di procedura penale.

4. Quando le dichiarazioni di cui al comma 3 sono state rese da chi, per libera scelta, si è sempre volontariamente sottratto all'esame dell'imputato o del difensore, si applica la disposizione del comma 2 dell'articolo 1 del d.l. 7 gennaio 2000, n. 2, convertito, con modificazioni, dalla legge 25 febbraio 2000, n. 35, soltanto se esse siano state acquisite al fascicolo per il dibattimento anteriormente alla data del 25 febbraio 2000. Se sono state acquisite successivamente, si applica il comma 1-bis dell'articolo 526 del codice di procedura penale, come introdotto dall'articolo 19 della presente legge.

5. Alle dichiarazioni acquisite al fascicolo per il dibattimento, e già valutate ai fini delle decisioni, si applicano nel giudizio dinanzi alla Corte di Cassazione le disposizioni vigenti in materia di valutazione della prova al momento delle decisioni stesse».

Il testo previgente così disponeva: «*4. Si applica la disposizione dell'articolo 500 comma 3*».

(2) Comma così sostituito dall'art. 8, co. 1, d.l. 8.6.1992, n. 306, conv., con modif., in l. 7.8.1992, n. 356, recante provvedimenti urgenti di contrasto alla criminalità mafiosa.

(3) Il riferimento all'art. 299, co. 3 ter, c.p.p. qui previsto è stato introdotto dall'art. 13, l. 8.8.1995, n. 332.

504. Opposizioni nel corso dell'esame dei testimoni.

1. Salvo che la legge disponga diversamente, sulle opposizioni formulate nel corso dell'esame dei testimoni, dei periti, dei consulenti tecnici e delle parti private il presidente decide immediatamente e senza formalità.

505. Facoltà degli enti e delle associazioni rappresentativi di interessi lesi dal reato.

1. Gli enti e le associazioni intervenuti nel processo a norma dell'articolo 93 possono chiedere al presidente di rivolgere domande ai testimoni, ai periti, ai consulenti tecnici e alle parti private che si sono sottoposte a esame. Possono altresì chiedere al giudice l'ammissione di nuovi mezzi di prova utili all'accertamento dei fatti [511, comma 6].

506. Poteri del presidente in ordine all'esame dei testimoni e delle parti private.

1. Il presidente, anche su richiesta di altro componente del collegio, in base ai risultati delle prove assunte nel dibattimento a iniziativa delle parti o a seguito delle letture disposte a norma degli articoli 511, 512 e 513, può indicare alle parti temi di prova nuovi o più ampi, utili per la completezza dell'esame.

2. Il presidente, anche su richiesta di altro componente del collegio, può rivolgere domande ai testimoni, ai periti, ai consulenti tecnici, alle persone indicate nell'articolo 210 ed alle parti già esaminate, solo dopo l'esame e il controesame. Resta salvo il diritto delle parti di concludere l'esame secondo l'ordine indicato negli articoli 498, commi 1 e 2, e 503, comma 2 (1).

(1) Comma così sostituito dall'art. 41, l. 16.12.1999, n. 479.

Il testo previgente così disponeva: «*2. Il presidente, anche su richiesta di altro componente del collegio, può rivolgere domande ai testimoni, ai periti, ai consulenti tecnici e alle parti private già esaminate. Resta salvo il diritto delle parti di concludere l'esame, secondo l'ordine indicato negli articoli 498 commi 1 e 2 e 503 comma 2*».

507. Ammissione di nuove prove.

1. Terminata l'acquisizione delle prove, il giudice, se risulta assolutamente necessario, può disporre anche di ufficio l'assunzione di nuovi mezzi di prove [190 comma 2].

1 bis. Il giudice può disporre a norma del comma 1 anche l'assunzione di mezzi di prova relativi agli atti acquisiti al fascicolo per il dibattimento a norma degli articoli 431, comma 2, e 493, comma 3 (1).

(1) Comma introdotto dall'art. 42, l. 16.12.1999, n. 479.

508. Provvedimenti conseguenti all'ammissione della perizia nel dibattimento.

1. Se il giudice, di ufficio o su richiesta di parte, dispone una perizia, il perito è immediatamente citato a comparire e deve esporre il suo parere nello stesso dibattimento. Quando non è possibile provvedere in tale modo, il giudice pronuncia ordinanza con la quale, se è necessario, sospende il dibattimento [477] e fissa la data della nuova udienza nel termine massimo di sessanta giorni.

2. Con l'ordinanza il giudice designa un componente del collegio per l'esercizio dei poteri previsti dall'articolo 228.

3. Nella nuova udienza il perito risponde ai quesiti ed è esaminato a norma dell'articolo 501.

509. Sospensione del dibattimento per esigenze istruttorie.

1. Nei casi previsti dagli articoli 495 comma 4, 506 e 507 il giudice, qualora non sia possibile provvedere nella medesima udienza, sospende il dibattimento per il tempo strettamente necessario, fissando la data della nuova udienza [477].

510. Verbale di assunzione dei mezzi di prova.

1. Nel verbale sono indicate le generalità dei testimoni, dei periti, dei consulenti tecnici e degli interpreti ed è fatta menzione di quanto previsto dall'articolo 497 comma 2.

2. L'ausiliario che assiste il giudice documenta nel verbale lo svolgimento dell'esame dei testimoni, dei periti, dei consulenti tecnici e delle parti private, riproducendo integralmente in forma diretta le domande poste dalle parti o dal presidente nonché le risposte delle persone esaminate.

2 bis. L'esame dei testimoni, dei periti, dei consulenti tecnici, delle parti private e delle persone indicate nell'articolo 210, nonché gli atti di ricognizione e confronto, sono documentati anche con mezzi di riproduzione audiovisiva, salva la contingente indisponibilità di strumenti di riproduzione o di personale tecnico [(1)].

3. Quando il giudice dispone che il verbale sia redatto solo in forma riassuntiva, i poteri di vigilanza previsti dall'articolo 140 comma 2, sono esercitati dal presidente.

[**3 bis.** La trascrizione della riproduzione audiovisiva di cui al comma 2-*bis* è disposta solo se richiesta dalle parti [(2) (3)].]

(1) Comma introdotto dall'art. 30, co. 1, lett. i), n. 1), d.lgs. 10.10.2022, n. 150, a decorrere dal 30.12.2022. Secondo quanto previsto dall'art. 94, co. 1, del medesimo d.lgs. n. 150/2022, come modificato dall'art. 5 undecies, co. 1, d.l. n. 162/2022, le disposizioni dell'art. 30, co. 1, lett. i) si applicano decorsi sei mesi dal 30.12.2022.

(2) Comma introdotto dall'art. 30, co. 1, lett. i), n. 2), d.lgs. 10.10.2022, n. 150, a decorrere dal 30.12.2022. Secondo quanto previsto dall'art. 94, co. 1, del medesimo d.lgs. n. 150/2022, come modificato dall'art. 5 undecies, co. 1, d.l. n. 162/2022, le disposizioni dell'art. 30, co. 1, lett. i) si applicano decorsi sei mesi dal 30.12.2022.

(3) Comma abrogato dall'art. 2, co. 1, lett. t), d.lgs. 19.3.2024, n. 31, a decorrere dal 4.4.2024.

511. Letture consentite.

1. Il giudice, anche di ufficio, dispone che sia data lettura, integrale o parziale, degli atti contenuti nel fascicolo per il dibattimento [431]

2. La lettura di verbali di dichiarazioni è disposta solo dopo l'esame della persona che le ha rese, a meno che l'esame non abbia luogo [238, 511-*bis*].

3. La lettura della relazione peritale è disposta solo dopo l'esame del perito.

4. La lettura dei verbali delle dichiarazioni orali di querela o di istanza [431, lett. a] è consentita ai soli fini dell'accertamento della esistenza della condizione di procedibilità.

5. In luogo della lettura, il giudice, anche di ufficio, può indicare specificamente gli atti utilizzabili ai fini della decisione [526]. L'indicazione degli atti equivale alla loro lettura. Il giudice dispone tuttavia la lettura, integrale o parziale, quando si tratta di verbali di dichiarazioni e una parte ne fa richiesta [238]. Se si tratta di altri atti, il giudice è vincolato alla richiesta di lettura solo nel caso di un serio disaccordo sul contenuto di essi.

6. La facoltà di chiedere la lettura o l'indicazione degli atti, prevista dai commi 1 e 5, è attribuita anche agli enti e alle associazioni intervenuti a norma dell'articolo 93.

511 bis. Lettura di verbali di prove di altri procedimenti [(1)].

1. Il giudice, anche di ufficio, dispone che sia data lettura dei verbali degli atti indicati nell'articolo 238. Si applica il comma 2 dell'articolo 511.

(1) Articolo introdotto dall'art. 8, co. 1 bis, d.l. 8.6.1992, n. 306, conv., con modif., in l. 7.8.1992, n. 356, recante modifiche al nuovo codice di procedura penale e provvedimenti di contrasto alla criminalità mafiosa.

512. Lettura di atti per sopravvenuta impossibilità di ripetizione.

1. Il giudice, a richiesta di parte, dispone che sia data lettura degli atti assunti dalla polizia giudiziaria, dal pubblico ministero, dai difensori delle parti private e dal giudice nel corso della udienza preliminare [422] quando, per fatti o circostanze imprevedibili, ne è divenuta impossibile la ripetizione [(1)].

1 bis. È sempre consentita la lettura dei verbali relativi all'acquisizione ed alle operazioni di distruzione degli atti di cui all'articolo 240 [(2)].

(1) Comma così modificato prima dall'art. 8, co. 2, d.l. 8.6 1992, n. 306, conv., con modif., dalla l. 7.8.1992, n. 356, e poi dall'art. 18, l. 7.12.2000, n. 397.
La Corte cost., poi, con sent. 20.10.2020, n. 218, ha dichiarato l'illegittimità costituzionale di questo comma, nella parte in cui non prevede che, alle condizioni ivi stabilite, sia data lettura delle dichiarazioni rese al giudice per le indagini preliminari in sede di interrogatorio di garanzia dall'imputato di un reato collegato a norma dell'art. 371, co. 2, lett. b), che, avendo ricevuto l'avvertimento di cui all'art. 64, co. 3, lett. c), sia stato per essere sentito come testimone.

Il testo antecedente alla modifica del 2000 così disponeva: «*1. Il giudice, a richiesta di parte, dispone che sia data lettura degli atti assunti dalla polizia giudiziaria, dal pubblico ministero e dal giudice nel corso della udienza preliminare quando, per fatti o circostanze imprevedibili, ne è divenuta impossibile la ripetizione*».

(2) Comma introdotto dall'art. 2, d.l. 22.9.2006, n. 259, conv. in legge, con modif., con l. 20.11.2006, n. 281.
Il testo, introdotto dal art. 2 prima delle modifiche disposte dalla legge di conversione, così disponeva: «*1-bis. È sempre consentita la lettura dei verbali relativi all'acquisizione ed alle operazioni di distruzione degli atti di cui all'articolo 240, comma 2*».

512 bis. Lettura di dichiarazioni rese da persona residente all'estero [(1)].

1. Il giudice, a richiesta di parte, può disporre, tenuto conto degli altri elementi di prova acquisiti, che sia data lettura dei verbali di dichiarazioni rese da persona residente all'estero anche a seguito di rogatoria internazionale se essa, essendo stata citata, non è comparsa e solo nel caso in cui non ne sia assolutamente possibile l'esame dibattimentale.

(1) Articolo introdotto dall'art. 8, co. 2 bis, d.l. 8.6.1992, n. 306, conv., con modif., in l. 7.8.1992, n. 356, recante modifiche al nuovo codice di procedura penale e provvedimenti di contrasto alla criminalità mafiosa e poi così sostituito dall'art. 43, l. 16.12.1999, n. 479.
Il testo previgente così disponeva: «*Lettura di dichiarazioni rese dal cittadino straniero.*
1. Il giudice, a richiesta di parte, può disporre, tenuto conto degli altri elementi di prova acquisiti, che sia data lettura dei verbali di dichiarazioni rese dal cittadino straniero residente all'estero se la persona non è stata citata, ovvero, essendo stata citata, non è comparsa».

513. Lettura delle dichiarazioni rese dall'imputato nel corso delle indagini preliminari o nell'udienza preliminare [(1)].

1. Il giudice, se l'imputato è assente ovvero rifiuta di sottoporsi all'esame, dispone, a richiesta di parte, che sia data lettura dei verbali delle dichiarazioni rese dall'imputato al pubblico ministero o alla polizia giudiziaria su delega del pubblico ministero o al giudice nel corso delle indagini preliminari o nell'udienza preliminare, ma tali dichiarazioni non possono essere utilizzate nei confronti di altri senza il loro consenso salvo che ricorrano i presupposti di cui all'articolo 500, comma 4 [(2)].

2. Se le dichiarazioni sono state rese dalle persone indicate nell'articolo 210, comma 1, il giudice, a richiesta di parte, dispone, secondo i casi, l'accompagnamento coattivo del dichiarante [132, 210] o l'esame a domicilio [502] o la rogatoria internazionale [727, 729] ovvero l'esame in altro modo previsto dalla legge con le garanzie del contraddittorio. Se non è possibile ottenere la presenza del dichiarante, ovvero procedere all'esame in uno dei modi suddetti, si applica la disposizione dell'articolo 512 qualora la impossibilità dipenda da fatti o circostanze imprevedibili al momento delle dichiarazioni. Qualora il dichiarante si avvalga della facoltà di non rispondere, il giudice dispone la lettura dei verbali contenenti le suddette dichiarazioni soltanto con l'accordo delle parti [(3)].

3. Se le dichiarazioni di cui ai commi 1 e 2 del presente articolo sono state assunte ai sensi dell'articolo 392, si applicano le disposizioni di cui all'articolo 511.

(1) Articolo così sostituito dall'art. 1, l. 7.8.1997, n. 267, entrata in vigore il giorno successivo alla sua pubblicazione nella Gazzetta Ufficiale. L'art. 6 della stessa legge ha inoltre così stabilito: «*Art. 6. Norma transitoria. 1. Nei procedimenti penali in corso, il pubblico ministero può avvalersi della facoltà di cui al comma 1, lettere c) e d) dell'articolo 392 del codice di procedura penale, come modificate dall'articolo 4 della presente legge, anche dopo l'esercizio dell'azione penale, se ne fa richiesta al giudice per le indagini preliminari entro sessanta giorni dalla data di entrata in vigore della presente legge.*
2. Nel giudizio di primo grado in corso, quando è stata disposta la lettura, nei confronti di altri senza il loro consenso, dei verbali delle dichiarazioni, rese dalle persone indicate nell'articolo 513 del codice di procedura penale al pubblico ministero, alla polizia giudiziaria da questi delegata o al giudice nel corso delle indagini preliminari o dell'udienza preliminare, ove le parti la richiedano, il giudice dispone la citazione delle predette persone per un nuovo esame.
3. Se è in corso il giudizio di appello e la decisione sul punto, cui si riferiscono i motivi di impugnazione, implica l'utilizzazione delle dichiarazioni delle persone di cui al comma 2, ove la parte interessata la richieda è disposta la rinnovazione parziale del dibattimento, al fine di ottenere la citazione di coloro che avevano reso tali dichiarazioni.
4. Se è in corso giudizio di rinvio a seguito di annullamento disposto dalla Corte di cassazione, nei limiti della cognizione devoluta, si applica la disposizione di cui al comma 3.
5. Disposta la citazione delle persone indicate nei commi precedenti, ove esse si siano ulteriormente avvalse della facoltà di non rispondere ovvero non si siano presentate, nonostante il ricorso alle misure di cui al comma 2, primo periodo, dell'articolo 513 del codice di procedura penale, come sostituito dall'articolo 1 della presente legge, le dichiarazioni rese in precedenza possono essere valutate come prova dei fatti in esse affermati, solo se la loro attendibilità sia confermata da altri elementi di prova, non desunti da dichiarazioni rese al pubblico ministero, alla polizia giudiziaria da questi delegata o al giudice nel corso delle indagini preliminari o nell'udienza preliminare, di cui sia stata data lettura ai sensi dell'articolo 513 del codice di procedura penale, nel testo vigente prima della data di entrata in vigore della presente legge.
6. Il corso della prescrizione rimane sospeso per il tempo necessario per la citazione e l'assunzione delle dichiarazioni delle persone indicate nei commi precedenti. La durata della sospensione, che decorre dal momento in cui è disposto il rinnovo della citazione delle persone indicate nell'articolo 513 del codice di procedura penale fino all'udienza stabilita per il nuovo esame, non può in ogni caso superare il termine di sei mesi».
La formulazione dell'art. 513 prima della sopraindicata modifica era la seguente: «*Lettura delle dichiarazioni rese dall'imputato nel corso delle indagini preliminari o nell'udienza preliminare.*
1. Il giudice, se l'imputato è contumace o assente ovvero si rifiuta di sottoporsi all'esame, dispone, a richiesta di parte, che sia data lettura dei verbali delle dichiarazioni rese dall'imputato al pubblico ministero o al giudice nel corso delle indagini preliminari o nell'udienza preliminare.
2. Se le dichiarazioni sono state rese dalle persone indicate nell'articolo 210, il giudice, a richiesta di parte, dispone, secondo i casi, l'accompagnamento coattivo, del dichiarante ovvero l'esame a domicilio o la rogatoria internazionale. Se non è possibile ottenere la presenza del dichiarante, il giudice, sentite le parti, dispone la lettura dei verbali contenenti le suddette dichiarazioni».

(2) Comma così modificato prima dall'art. 18, l. 1.3.2001, n. 63 e poi dall'art. 10, co. 3, l. 28.4.2014, n. 67. Il testo antecedente alla modifica del 2014 così disponeva: «*1. Il giudice, se l'imputato è contumace o assente ovvero rifiuta di sottoporsi all'esame, dispone, a richiesta di parte, che sia data lettura dei verbali delle dichiarazioni rese dall'imputato al pubblico ministero o alla polizia giudiziaria su delega del pubblico ministero o al giudice nel corso delle indagini preliminari o nell'udienza preliminare, ma tali dichiarazioni non possono essere utilizzate nei confronti di altri senza il loro consenso salvo che ricorrano i presupposti di cui all'articolo 500, comma 4*».
Il testo antecedente alla modifica del 2001 così disponeva: «*1. Il giudice, se l'imputato è contumace o assente ovvero rifiuta di sottoporsi all'esame, dispone, a richiesta di parte, che sia data lettura dei*

verbali delle dichiarazioni rese dall'imputato al pubblico ministero o alla polizia giudiziaria su delega del pubblico ministero o al giudice nel corso delle indagini preliminari o nell'udienza preliminare, ma tali dichiarazioni non possono essere utilizzate nei confronti di altri senza il loro consenso».

(3) Comma così modificato dall'art. 18, l. 1.3.2001, n. 63. L'art. 26 della l. n. 63/2001 ha così stabilito: «*Art. 26.*

1. Nei processi penali in corso alla data di entrata in vigore della presente legge si applicano le disposizioni degli articoli precedenti salvo quanto stabilito nei commi da 2 a 5.

2. Se il procedimento è ancora nella fase delle indagini preliminari, il pubblico ministero provvede a rinnovare l'esame dei soggetti indicati negli articoli 64 e 197-bis del codice di procedura penale, come rispettivamente modificato e introdotto dalla presente legge, secondo le forme ivi previste.

3. Le dichiarazioni rese nel corso delle indagini preliminari o dell'udienza preliminare, se già acquisite al fascicolo per il dibattimento, sono valutate a norma dei commi 3, 4, 5 e 6 del previgente articolo 500 del codice di procedura penale.

4. Quando le dichiarazioni di cui al comma 3 sono state rese da chi, per libera scelta, si è sempre volontariamente sottratto all'esame dell'imputato o del difensore, si applica la disposizione del comma 2 dell'articolo 1 del d.l. 7 gennaio 2000, n. 2, convertito, con modificazioni, dalla legge 25 febbraio 2000, n. 35, soltanto se esse siano state acquisite al fascicolo per il dibattimento anteriormente alla data del 25 febbraio 2000. Se sono state acquisite successivamente, si applica il comma 1-bis dell'articolo 526 del codice di procedura penale, come introdotto dall'articolo 19 della presente legge.

5. Alle dichiarazioni acquisite al fascicolo per il dibattimento, e già valutate ai fini delle decisioni, si applicano nel giudizio dinanzi alla Corte di Cassazione le disposizioni vigenti in materia di valutazione della prova al momento delle decisioni stesse».

Il testo previgente così disponeva «*2. Se le dichiarazioni sono state rese dalle persone indicate nell'articolo 210, il giudice, a richiesta di parte, dispone, secondo i casi, l'accompagnamento coattivo del dichiarante o l'esame a domicilio o la rogatoria internazionale ovvero l'esame in altro modo previsto dalla legge con le garanzie del contraddittorio. Se non è possibile ottenere la presenza del dichiarante, ovvero procedere all'esame in uno dei modi suddetti, si applica la disposizione dell'articolo 512 qualora la impossibilità dipenda da fatti o circostanze imprevedibili al momento delle dichiarazioni. Qualora il dichiarante si avvalga della facoltà di non rispondere, il giudice dispone la lettura dei verbali contenenti le suddette dichiarazioni soltanto con l'accordo delle parti*». La Corte cost., con sent. 2.11.1998, n. 361, aveva dichiarato, tra l'altro l'illegittimità di questa formulazione, nella parte in cui non prevede che, qualora il dichiarante rifiuti o comunque ometta in tutto o in parte di rispondere su fatti concernenti la responsabilità di altri già oggetto delle sue precedenti dichiarazioni, in mancanza dell'accordo delle parti alla lettura si applica l'art. 500, co. 2 bis e 4, c.p.p.

514. Letture vietate [1].

1. Fuori dei casi previsti dagli articoli 511, 512, 512-*bis* e 513, non può essere data lettura dei verbali delle dichiarazioni rese dall'imputato, dalle persone indicate nell'articolo 210 e dai testimoni alla polizia giudiziaria, al pubblico ministero o al giudice nel corso delle indagini preliminari o nella udienza preliminare, a meno che nell'udienza preliminare le dichiarazioni siano state rese nelle forme previste dagli articoli 498 e 499, alla presenza dell'imputato o del suo difensore.

2. Fuori dei casi previsti dall'articolo 511, è vietata la lettura dei verbali e degli altri atti di documentazione delle attività compiute dalla polizia giudiziaria [357]. L'ufficiale o l'agente di polizia giudiziaria esaminato come testimone può servirsi di tali atti a norma dell'articolo 499 comma 5.

(1) Articolo così sostituito dall'art. 2, l. 7.8.1997, n. 267, entrata in vigore il giorno successivo alla sua pubblicazione nella Gazzetta Ufficiale.

Il testo previgente così disponeva: «*Letture vietate.*

1. Fuori dei casi previsti dagli articoli 511, 512 e 513, non può essere data lettura dei verbali delle dichiarazioni rese dall'imputato e dai testimoni alla polizia giudiziaria, al pubblico ministero o al giudice nel corso delle indagini preliminari o nell'udienza preliminare.

2. Fuori dei casi previsti dall'articolo 511, è vietata la lettura dei verbali e degli altri atti di documentazione delle attività compiute dalla polizia giudiziaria. L'ufficiale o l'agente di polizia giudiziaria esaminato come testimone può servirsi di tali atti a norma dell'articolo 499 comma 5».

515. Allegazione di atti al fascicolo per il dibattimento.

1. I verbali degli atti di cui è stata data lettura e i documenti ammessi a norma dell'articolo 495 sono inseriti, unitamente al verbale di udienza, nel fascicolo per il dibattimento.

Capo IV
Nuove contestazioni

516. Modifica della imputazione [1].

1. Se nel corso dell'istruzione dibattimentale il fatto risulta diverso da come è descritto nel decreto che dispone il giudizio, e non appartiene alla competenza di un giudice superiore, il pubblico ministero modifica l'imputazione e procede alla relativa contestazione.

1 bis. Se a seguito della modifica il reato risulta attribuito alla cognizione del tribunale in composizione collegiale anziché monocratica, l'inosservanza delle disposizioni sulla composizione del giudice è rilevata o eccepita, a pena di decadenza, immediatamente dopo la nuova contestazione ovvero, nei casi indicati dagli articoli 519 comma 2 e 520 comma 2, prima del compimento di ogni altro atto nella nuova udienza fissata a norma dei medesimi articoli [2].

1 ter. Se a seguito della modifica risulta un reato per il quale è prevista l'udienza preliminare, e questa non si è tenuta, l'inosservanza delle relative disposizioni è eccepita, a pena di decadenza, entro il termine indicato dal comma 1-*bis* [3].

(1) La Corte cost., con sent. 30.6.1994, n. 265, ha dichiarato a) l'illegittimità costituzionale degli artt. 516 e 517 c.p.p. nella parte in cui non prevedono la facoltà dell'imputato di richiedere al giudice del dibattimento l'applicazione di pena a norma dell'art. 444 c.p.p., relativamente al fatto diverso o al reato concorrente contestato in dibattimento, quando la nuova contestazione concerne un fatto che già risultava dagli atti di indagine al momento dell'esercizio dell'azione penale ovvero quando l'imputato ha tempestivamente e ritualmente proposto la richiesta di applicazione di pena in ordine alle originarie imputazioni;. La stessa Corte cost., con sent. 12.12.1995, n. 530, ha dichiarato, tra l'altro, in applicazione dell'art. 27, l. 11.3.1953, n. 87, l'illegittimità del presente articolo, nella parte in cui non prevede la facoltà dell'imputato di proporre domanda di oblazione, ai sensi degli artt. 162 e 162 bis c.p., relativamente al fatto diverso contestato in dibattimento; con sent. 14-18.12.2009, n. 333, in applicazione dell'art. 27 della l. 11.3.1953, n. 87, ha dichiarato, tra l'altro, l'illegittimità del presente articolo, nella parte in cui non prevede la facoltà dell'imputato di richiedere al giudice del dibattimento il giudizio abbreviato relativamente al fatto diverso contestato in dibattimento, quando la nuova contestazione concerne un fatto che già risultava dagli atti di indagine al momento di eser-

cizio dell'azione penale. La stessa Corte cost., con sent. 5.12.2014, n. 273, ha dichiarato l'illegittimità costituzionale di questo articolo, nella parte in cui non prevede la facoltà dell'imputato di richiedere al giudice del dibattimento il giudizio abbreviato relativamente al fatto diverso emerso nel corso dell'istruzione dibattimentale, che forma oggetto della nuova contestazione. Sempre la Corte cost., con sent. 17.7.2017, n. 206, ha dichiarato l'illegittimità costituzionale di questo articolo, nella parte in cui non prevede la facoltà dell'imputato di richiedere al giudice del dibattimento l'applicazione della pena a norma dell'art. 444 c.p.p., relativamente al fatto diverso emerso nel corso dell'istruzione dibattimentale, che forma oggetto della nuova contestazione. La Corte cost., poi, con sent. 11.2.2020, n. 14, ha dichiarato l'illegittimità costituzionale di questo articolo, nella parte in cui, in seguito alla modifica dell'originaria imputazione, non prevede la facoltà dell'imputato di richiedere al giudice del dibattimento la sospensione del procedimento con messa alla prova.

(2) Comma introdotto dall'art. 186, d.lgs. 19.2.1998, n. 51, con effetto dal 2.6.1999, secondo quanto previsto dall'art. 247 dello stesso decreto, come modificato dall'art. 1, l. 16.6.1998, n. 188.

(3) Comma introdotto dall'art. 47, l. 16.12.1999, n. 479.

517. Reato concorrente e circostanze aggravanti risultanti dal dibattimento (1).

1. Qualora nel corso dell'istruzione dibattimentale emerga un reato connesso a norma dell'articolo 12 comma 1 lettera b) ovvero una circostanza aggravante e non ve ne sia menzione nel decreto che dispone il giudizio, il pubblico ministero contesta all'imputato il reato o la circostanza, purché la cognizione non appartenga alla competenza di un giudice superiore.

1 bis. Si applicano le disposizioni previste dall'articolo 516, commi 1-*bis* e 1-*ter* (2).

(1) La Corte cost., con sent. 30.6.1994, n. 265, ha dichiarato, tra l'altro, l'illegittimità degli artt. 516 e 517 c.p.p. nella parte in cui non prevedono la facoltà dell'imputato di richiedere al giudice del dibattimento l'applicazione di pena a norma dell'art. 444 c.p.p., relativamente al fatto diverso o al reato concorrente contestato in dibattimento, quando la nuova contestazione concerne un fatto che già risultava dagli atti di indagine al momento dell'esercizio dell'azione penale ovvero quando l'imputato ha tempestivamente e ritualmente proposto la richiesta di applicazione di pena in ordine alle originarie imputazioni.

Successivamente:

- la Corte cost., con sent. 29.12.1995, n. 530, ha dichiarato, tra l'altro, l'illegittimità del presente articolo nella parte in cui non prevede la facoltà dell'imputato di proporre domanda di oblazione, ai sensi degli artt. 162 e 162 bis c.p., relativamente al reato contestato in dibattimento;
- la Corte cost., con sent. 18.12.2009, n. 333 ha dichiarato, tra l'altro, l'illegittimità del presente articolo, nella parte in cui non prevede la facoltà dell'imputato di richiedere al giudice del dibattimento il giudizio abbreviato relativamente al reato concorrente contestato in dibattimento, quando la nuova contestazione concerne un fatto che già risultava dagli atti di indagine al momento di esercizio dell'azione penale;
- la Corte cost., con sent. 26.10.2012, n. 237, ha dichiarato l'illegittimità del presente articolo, nella parte in cui non prevede la facoltà dell'imputato di richiedere al giudice del dibattimento il giudizio abbreviato relativamente al reato concorrente emerso nel corso dell'istruzione dibattimentale, che forma oggetto della nuova contestazione;
- la Corte cost., con sent. 25.6.2014, n. 184, ha dichiarato l'illegittimità del presente articolo, nella parte in cui non prevede la facoltà dell'imputato di richiedere al giudice del dibattimento l'applicazione di pena, a norma dell'art. 444 c.p.p., in seguito alla contestazione nel dibattimento di una circostanza aggravante che già risultava dagli atti di indagine al momento dell'esercizio dell'azione penale;
- la Corte cost., con sent. 9.7.2015, n. 139, ha dichiarato: 1) l'illegittimità costituzionale di questo articolo nella parte in cui, nel caso di contestazione di una circostanza aggravante che già risultava dagli atti di indagine al momento dell'esercizio dell'azione penale, non prevede la facoltà dell'imputato di richiedere al giudice del dibattimento il giudizio abbreviato relativamente al reato oggetto della nuova contestazione.
- la Corte cost., con sent. 5.7.2018, n. 141, ha dichiarato l'illegittimità costituzionale di questo articolo, nella parte in cui, in seguito alla nuova contestazione di una circostanza aggravante, non prevede la facoltà dell'imputato di richiedere al giudice del dibattimento la sospensione del procedimento con messa alla prova;
- la Corte cost., con sent. 11.4.2019, n. 82, ha dichiarato l'illegittimità costituzionale di questo articolo, nella parte in cui non prevede la facoltà dell'imputato di richiedere al giudice del dibattimento l'applicazione della pena, a norma dell'art. 444 c.p.p., relativamente al reato concorrente emerso nel corso del dibattimento e che forma oggetto di nuova contestazione;
- la Corte cost., con sent. 14.6.2022, n. 146, ha dichiarato l'illegittimità costituzionale di questo articolo, nella parte in cui non prevede, in seguito alla contestazione di reati connessi a norma dell'art. 12, co. 1, lett. b), c.p.p., la facoltà dell'imputato di richiedere la sospensione del procedimento con messa alla prova, con riferimento a tutti i reati contestatigli.

(2) Comma introdotto dall'art. 187, d.lgs. 19.2.1998, n. 51, con effetto dal 2.6.1999, secondo quanto disposto dall'art. 247 dello stesso decreto, come modificato dall'art. 1, l. 16.6.1998, n. 188. Questo comma, poi, è stato così sostituito dall'art. 47, l. 16.12.1999, n. 479. Il testo previgente così disponeva: «*1*-bis. *Si applica la disposizione prevista dall'articolo 516 comma 1*-bis».

518. Fatto nuovo risultante dal dibattimento.

1. Fuori dei casi previsti dall'articolo 517, il pubblico ministero procede nelle forme ordinarie se nel corso del dibattimento risulta a carico dell'imputato un fatto nuovo non enunciato nel decreto che dispone il giudizio e per il quale si debba procedere di ufficio.

2. Tuttavia il presidente, qualora il pubblico ministero ne faccia richiesta, può autorizzare la contestazione nella medesima udienza, se vi è consenso dell'imputato presente e non ne deriva pregiudizio per la speditezza dei procedimenti.

519. Diritti delle parti.

1. Nei casi previsti dagli articoli 516, 517 e 518 comma 2, salvo che la contestazione abbia per oggetto la recidiva [c.p. 99], il presidente informa l'imputato che può chiedere un termine per la difesa e formulare richiesta di giudizio abbreviato, di applicazione della pena a norma dell'articolo 444 o di sospensione del procedimento con messa alla prova, nonché di richiedere l'ammissione di nuove prove (1).

2. Se l'imputato fa richiesta di un termine per la difesa, il presidente sospende il dibattimento [477] per un tempo non inferiore al termine per comparire previsto dall'articolo 429, ma comunque non superiore a quaranta giorni. In ogni caso l'imputato può, a pena di decadenza entro l'udienza successiva, formulare richiesta di giudizio abbreviato, di applicazione della pena a norma dell'articolo 444 o di sospensione del procedimento con messa alla prova, nonché richiedere l'ammissione di nuove prove (2).

3. Il presidente dispone la citazione della persona offesa [178, 180], osservando un termine non inferiore a cinque giorni.

(1) Comma così modificato dall'art. 30, co. 1, lett. l), n. 1), d.lgs. 10.10.2022, n. 150, a decorrere dal 30.12.2022.
Il testo previgente così disponeva: «*1. Nei casi previsti dagli articoli 516, 517 e 518 comma 2, salvo che la contestazione abbia per oggetto la recidiva, il presidente informa l'imputato che può chiedere un termine per la difesa.*».

(2) Comma così sostituito dall'art. 30, co. 1, lett. l), n. 2), d.lgs. 10.10.2022, n. 150, a decorrere dal 30.12.2022.
Il testo previgente così disponeva: «*2. Se l'imputato ne fa richiesta, il presidente sospende il dibattimento per un tempo non inferiore al termine per comparire previsto dall'articolo 429, ma comunque non superiore a quaranta giorni. In ogni caso l'imputato può chiedere l'ammissione di nuove prove a norma dell'articolo 507.*».
Della precedente formulazione:
- la Corte cost., con sent. 3.6.1992, n. 241, ha dichiarato l'illegittimità: a) nella parte in cui, nei casi previsti, dall'art. 516 c.p.p., non consente al pubblico ministero e alle parti private diverse dall'imputato di chiedere l'ammissione di nuove prove; b) dell'inciso, «*a norma dell'art. 507*»;
- la Corte cost., con sent. 20.2.1995, n. 50, ha dichiarato l'illegittimità nella parte in cui, in caso di nuova contestazione effettuata a norma dell'art. 517 c.p.p., non consente al pubblico ministero e alle parti private diverse dall'imputato di chiedere l'ammissione di nuove prove.

520. Nuove contestazioni all'imputato assente [(1)].

1. Quando intende contestare i fatti o le circostanze indicati negli articoli 516 e 517 all'imputato che non è presente in aula, neppure mediante collegamento a distanza, il pubblico ministero chiede al presidente che la contestazione sia inserita nel verbale del dibattimento [480, 481, 482, 483] e che il verbale sia notificato per estratto all'imputato, con l'avvertimento che entro l'udienza successiva può formulare richiesta di giudizio abbreviato, di applicazione della pena a norma dell'articolo 444 o di sospensione del procedimento con messa alla prova, nonché richiedere l'ammissione di nuove prove [(2)].

2. In tal caso il presidente sospende il dibattimento [477] e fissa una nuova udienza per la prosecuzione, osservando i termini indicati nell'articolo 519 commi 2 e 3.

(1) Rubrica così modificata dall'art. 10, co. 4, l. 28.4.2014, n. 67. Questa rubrica, poi, è stata così modificata dall'art. 30, co. 1, lett. m), n. 1), d.lgs. 10.10.2022, n. 150, a decorrere dal 30.12.2022.
Il testo antecedente alla modifica disposta con d.lgs. n. 150/2022 così disponeva: «*Nuove contestazioni all'imputato assente*».
Il testo antecedente alla modifica disposta dalla l. n. 67/2014 così disponeva: «*Nuove contestazioni all'imputato contumace o assente*».

(2) Comma così modificato dall'art. 10, co. 4, l. 28.4.2014, n. 67. Questo comma, poi, è stato così modificato dall'art. 30, co. 1, lett. m), n. 2), d.lgs. 10.10.2022, n. 150, a decorrere dal 30.12.2022.
Il testo antecedente alla modifica disposta con d.lgs. n. 150/2022 così disponeva: «*1. Quando intende contestare i fatti o le circostanze indicati negli articoli 516 e 517 all'imputato assente, il pubblico ministero chiede al presidente che la contestazione sia inserita nel verbale del dibattimento e che il verbale sia notificato per estratto all'imputato.*».
Il testo antecedente alla modifica introdotta dalla l. n. 67/2014 così disponeva: «*1. Quando intende contestare i fatti o le circostanze indicati negli articoli 516 e 517 all'imputato contumace o assente, il pubblico ministero chiede al presidente che la contestazione sia inserita nel verbale del dibattimento e che il verbale sia notificato per estratto all'imputato.*».

521. Correlazione tra l'imputazione contestata e la sentenza.

1. Nella sentenza il giudice può dare al fatto una definizione giuridica diversa da quella enunciata nell'imputazione, purché il reato non ecceda la sua competenza né risulti attribuito alla cognizione del tribunale in composizione collegiale anziché monocratica [, ovvero non risulti tra quelli per i quali è prevista l'udienza preliminare e questa non si sia tenuta] [(1)].

2. Il giudice dispone con ordinanza la trasmissione degli atti al pubblico ministero se accerta che il fatto è diverso da come descritto nel decreto che dispone il giudizio ovvero nella contestazione effettuata a norma degli articoli 516, 517 e 518 comma 2.

3. Nello stesso modo il giudice procede se il pubblico ministero ha effettuato una nuova contestazione fuori dei casi previsti dagli articoli 516, 517 e 518 comma 2.

(1) Le parole da «*, ovvero non...*» fino alla fine del comma sono state aggiunte dall'art. 47, l. 16.12.1999, n. 479 e poi soppresse dall'art. 2 undecies d.l. 7.4.2000, n. 82, nel testo integrato dalla relativa legge di conversione 5.6.2000, n. 144. Questo comma era stato già sostituito dall'art. 188, d.lgs. 19.2.1998, n. 51, con effetto dal 2.6.1999, secondo quanto disposto dall'art. 247 dello stesso decreto, come modificato dall'art. 1, l. 16.6.1998, n. 188.
Il testo previgente così disponeva: «*1. Nella sentenza il giudice può dare al fatto una definizione giuridica diversa da quella enunciata nell'imputazione, purché il reato non ecceda la sua competenza*».

521 bis. Modifiche della composizione del giudice a seguito di nuove contestazioni [(1)].

1. Se, in seguito ad una diversa definizione giuridica o alle contestazioni previste dagli articoli 516, commi 1-*bis* e 1-*ter*, 517, comma 1-*bis*, e 518 [517, 518], il reato risulta tra quelli attribuiti alla cognizione del tribunale per cui è prevista l'udienza preliminare e questa non si è tenuta, il giudice dispone con ordinanza la trasmissione degli atti al pubblico ministero [(2)].

2. L'inosservanza della disposizione prevista dal comma 1 deve essere eccepita, a pena di decadenza, nei motivi di impugnazione.

(1) Articolo introdotto dall'art. 189, d.lgs. 19.2.1998, n. 51, con effetto dal 2.6.1999, secondo quanto disposto dall'art. 247 dello stesso decreto, come modificato dall'art. 1, l. 16.6.1998, n. 188.

(2) Comma così sostituito dall'art. 47, l. 16.12.1999, n. 479.
Il testo previgente così disponeva: «*1. Se, in seguito ad una diversa definizione giuridica o alle contestazioni previste dagli articoli 516 comma 1-bis, 517 comma 1-bis e 518, il fatto risulta attribuito alla cognizione del tribunale in composizione collegiale anziché monocratica, il giudice dispone con ordinanza la trasmissione degli atti al pubblico ministero*».

522. Nullità della sentenza per difetto di contestazione.

1. L'inosservanza delle disposizioni previste in questo capo è causa di nullità [(1)].

2. La sentenza di condanna pronunciata per un fatto nuovo, per un reato concorrente o per una circostanza aggravante senza che siano state osservate le disposizioni degli articoli precedenti è nulla soltanto nella parte relativa al fatto nuovo, al reato concorrente o alla circostanza aggravante [604].

Capo V
Discussione finale

523. Svolgimento della discussione.

1. Esaurita l'assunzione delle prove, il pubblico ministero e successivamente i difensori della parte civile, del responsabile civile, della persona civilmente obbligata per la pena pecuniaria e dell'imputato formulano e illustrano le rispettive conclusioni, anche in ordine alle ipotesi previste dall'articolo 533, comma 3-*bis* [(1)].

2. La parte civile presenta conclusioni scritte, che devono comprendere, quando sia richiesto il risarcimento dei danni, anche la determinazione del loro ammontare.

3. Il presidente dirige la discussione e impedisce ogni divagazione, ripetizione e interruzione [470].

4. Il pubblico ministero e i difensori delle parti private possono replicare; la replica è ammessa una sola volta e deve essere contenuta nei limiti strettamente necessari per la confutazione degli argomenti avversari.

5. In ogni caso l'imputato e il difensore devono avere, a pena di nullità, la parola per ultimi se la domandano.

6. La discussione non può essere interrotta per l'assunzione di nuove prove, se non in caso di assoluta necessità. Se questa si verifica, il giudice provvede a norma dell'articolo 507.

(1) Comma così modificato dall'art. 4, d.l. 24.11.2000, n. 341, conv. in legge, con modif., dalla l. 19.1.2001, n. 4.
Il testo previgente così disponeva: «*1. Esaurita l'assunzione delle prove, il pubblico ministero e successivamente i difensori della parte civile, del responsabile civile, della persona civilmente obbligata per la pena pecuniaria e dell'imputato formulano e illustrano le rispettive conclusioni*».

524. Chiusura del dibattimento.

1. Esaurita la discussione, il presidente dichiara chiuso il dibattimento.

TITOLO III
Sentenza

Capo I
Deliberazione

525. Immediatezza della deliberazione.

1. La sentenza è deliberata subito dopo la chiusura del dibattimento.

2. Alla deliberazione concorrono, a pena di nullità assoluta [179], gli stessi giudici che hanno partecipato al dibattimento. Se alla deliberazione devono concorrere i giudici supplenti in sostituzione dei titolari impediti, i provvedimenti già emessi conservano efficacia se non sono espressamente revocati.

3. Salvo quanto previsto dall'articolo 528, la deliberazione non può essere sospesa se non in caso di assoluta impossibilità. La sospensione è disposta dal presidente con ordinanza.

526. Prove utilizzabili ai fini della deliberazione.

1. Il giudice non può utilizzare ai fini della deliberazione prove diverse da quelle legittimamente acquisite nel dibattimento.

1 bis. La colpevolezza dell'imputato non può essere provata sulla base di dichiarazioni rese da chi, per libera scelta, si è sempre volontariamente sottratto all'esame da parte dell'imputato o del suo difensore [(1)].

(1) Comma introdotto dall'art. 19, l. 1.3.2001, n. 63. L'art. 26 della stessa legge ha così stabilito: «*Art. 26.*
1. Nei processi penali in corso alla data di entrata in vigore della presente legge si applicano le disposizioni degli articoli precedenti salvo quanto stabilito nei commi da 2 a 5.
2. Se il procedimento è ancora nella fase delle indagini preliminari, il pubblico ministero provvede a rinnovare l'esame dei soggetti indicati negli articoli 64 e 197-bis del codice di procedura penale, come rispettivamente modificato e introdotto dalla presente legge, secondo le forme ivi previste.
3. Le dichiarazioni rese nel corso delle indagini preliminari o dell'udienza preliminare, se già acquisite al fascicolo per il dibattimento, sono valutate a norma dei commi 3, 4, 5 e 6 del previgente articolo 500 del codice di procedura penale.
4. Quando le dichiarazioni di cui al comma 3 sono state rese da chi, per libera scelta, si è sempre volontariamente sottratto all'esame dell'imputato o del difensore, si applica la disposizione del comma 2 dell'articolo 1 del d.l. 7 gennaio 2000, n. 2, convertito, con modificazioni, dalla legge 25 febbraio 2000, n. 35, soltanto se esse siano state acquisite al fascicolo per il dibattimento anteriormente alla data del 25 febbraio 2000. Se sono state acquisite successivamente, si applica il comma 1-bis dell'articolo 526 del codice di procedura penale, come introdotto dall'articolo 19 della presente legge.
5. Alle dichiarazioni acquisite al fascicolo per il dibattimento, e già valutate ai fini delle decisioni, si applicano nel giudizio dinanzi alla Corte di Cassazione le disposizioni vigenti in materia di valutazione della prova al momento delle decisioni stesse».

527. Deliberazione collegiale.

1. Il collegio, sotto la direzione del presidente, decide separatamente le questioni preliminari [491] non ancora risolte e ogni altra questione relativa al processo. Qualora l'esame del merito non risulti precluso dall'esito della votazione, sono poste in decisione le questioni di fatto e di diritto concernenti l'imputazione e, se occorre, quelle relative all'applicazione delle pene e delle misure di sicurezza nonché quelle relative alla responsabilità civile.

2. Tutti i giudici enunciano le ragioni della loro opinione e votano su ciascuna questione qualunque sia stato il voto espresso sulle altre. Il presidente raccoglie i voti cominciando dal giudice con minore anzianità di servizio e vota per ultimo. Nei giudizi davanti alla corte di assise votano per primi i giudici popolari, cominciando dal meno anziano per età.

3. Se nella votazione sull'entità della pena o della misura di sicurezza si manifestano più di due opinioni, i voti espressi per la pena o la misura di maggiore gravità si riuniscono a quelli per la pena o la misura gradatamente inferiore, fino a che venga a risultare la maggioranza. In ogni altro caso, qualora vi sia parità di voti, prevale la soluzione più favorevole all'imputato.

528. Lettura del verbale in camera di consiglio.

1. Qualora sia necessaria la lettura del verbale di udienza redatto con la stenotipia ovvero l'ascolto o la visione di riproduzioni fonografiche o audiovisive di atti del dibattimento, il giudice sospende la deliberazione e procede in camera di consiglio [127] alle operazioni necessarie [483], con l'assistenza dell'ausiliario ed eventualmente del tecnico incaricato della documentazione.

Capo II
Decisione

Sezione I
Sentenza di proscioglimento

529. Sentenza di non doversi procedere.

1. Se l'azione penale non doveva essere iniziata o non deve essere proseguita, il giudice pronuncia sentenza di non doversi procedere indicandone la causa nel dispositivo.

2. Il giudice provvede nello stesso modo quando la prova dell'esistenza di una condizione di procedibilità è insufficiente o contraddittoria [537].

530. Sentenza di assoluzione.

1. Se il fatto non sussiste, se l'imputato non lo ha commesso [541 comma 2, 542], se il fatto non costituisce reato o non è previsto dalla legge come reato ovvero se il reato è stato commesso da persona non imputabile [c.p. 85, 88, 96, 97] o non punibile per un'altra ragione, il giudice pronuncia sentenza di assoluzione indicandone la causa nel dispositivo.

2. Il giudice pronuncia sentenza di assoluzione anche quando manca, è insufficiente o è contraddittoria la prova che il fatto sussiste, che l'imputato lo ha commesso, che il fatto costituisce reato o che il reato è stato commesso da persona imputabile.

3. Se vi è la prova che il fatto è stato commesso in presenza di una causa di giustificazione [c.p. 50, 51, 52, 53, 54] o di una causa personale di non punibilità ovvero vi è dubbio sull'esistenza delle stesse, il giudice pronuncia sentenza di assoluzione a norma del comma 1.

4. Con la sentenza di assoluzione il giudice applica, nei casi previsti dalla legge, le misure di sicurezza [537].

531. Dichiarazione di estinzione del reato.

1. Salvo quanto disposto dall'articolo 129 comma 2, il giudice, se il reato è estinto [c.p. 150, 151, 152], pronuncia sentenza di non doversi procedere enunciandone la causa nel dispositivo.

2. Il giudice provvede nello stesso modo quando vi è dubbio sull'esistenza di una causa di estinzione del reato [537].

532. Provvedimenti sulle misure cautelari personali.

1. Con la sentenza di proscioglimento [529], il giudice ordina la liberazione dell'imputato in stato di custodia cautelare e dichiara la cessazione delle altre misure cautelari personali eventualmente disposte [300].

2. La stessa disposizione si applica nel caso di sentenza di condanna che concede la sospensione condizionale della pena [c.p. 163].

Sezione II
Sentenza di condanna

533. Condanna dell'imputato.

1. Il giudice pronuncia sentenza di condanna se l'imputato risulta colpevole del reato contestatogli al di là di ogni ragionevole dubbio. Con la sentenza il giudice applica la pena e le eventuali misure di sicurezza (1).

2. Se la condanna riguarda più reati, il giudice stabilisce la pena per ciascuno di essi e quindi determina la pena che deve essere applicata in osservanza delle norme sul concorso di reati e di pene o sulla continuazione [c.p. 71-84]. Nei casi previsti dalla legge il giudice dichiara il condannato delinquente o contravventore abituale [c.p. 102-104] o professionale [c.p. 105] o per tendenza [c.p. 108].

3. Quando il giudice ritiene di dover concedere la sospensione condizionale della pena [c.p. 163] o la non menzione della condanna nel certificato del casellario giudiziale [c.p. 175], provvede in tal senso con la sentenza di condanna.

3 bis. Quando la condanna riguarda procedimenti per i delitti di cui all'articolo 407, comma 2, lettera a), anche se connessi ad altri reati, il giudice può disporre, nel pronunciare la sentenza, la separazione dei procedimenti anche con riferimento allo stesso condannato quando taluno dei condannati si trovi in stato di custodia cautelare e, per la scadenza dei termini e la mancanza di altri titoli, sarebbe rimesso in libertà (2).

(1) Comma così sostituito dall'art. 5, l. 20.2.2006, n. 46. L'art. 10 della l. n. 46/2006 così dispone:
«*Art. 10 – 1. La presente legge si applica ai procedimenti in corso alla data di entrata in vigore della medesima.*
2. L'appello proposto contro una sentenza di proscioglimento dall'imputato o dal pubblico ministero prima della data di entrata in vigore della presente legge viene dichiarato inammissibile con ordinanza non impugnabile.
3. Entro quarantacinque giorni dalla notifica del provvedimento di inammissibilità di cui al comma 2 può essere proposto ricorso per cassazione contro le sentenze di primo grado.
4. La disposizione di cui al comma 2 si applica anche nel caso in cui sia annullata, su punti diversi dalla pena o dalla misura di sicurezza, una sentenza di condanna di una corte di assise di appello o di una corte di appello che abbia riformato una sentenza di assoluzione.
5. Nei limiti delle modificazioni apportate dall'articolo 8 della pre-

sente legge possono essere presentati i motivi di cui all'articolo 585, comma 4, del codice di procedura penale entro trenta giorni dalla data di entrata in vigore della presente legge».
La Corte cost., con sent. 6.2.2007, n. 26, ha poi dichiarato, tra l'altro, l'illegittimità del co. 2 dell'art. 10, nella parte in cui prevede che l'appello proposto contro una sentenza di proscioglimento dal pubblico ministero prima della data di entrata in vigore della medesima legge è dichiarato inammissibile.
Il testo di questo comma antecedente alla modifica del 2006 così disponeva: «*1. Se l'imputato risulta colpevole del reato contestatogli, il giudice pronuncia sentenza di condanna applicando la pena e l'eventuale misura di sicurezza*».

(2) Comma introdotto dall'art. 4, d.l. 24.11.2000, n. 341, conv. in legge, con modif., dalla l. 19.1.2001, n. 4. Le disposizioni di questo comma si applicano anche ai procedimenti in corso alla data di entrata in vigore del d.l. n. 341/2000, ai sensi dell'art. 5 dello stesso decreto.

534. Condanna del civilmente obbligato per la pena pecuniaria.

1. Nei casi previsti dagli articoli 205 e 206 del codice penale e nelle leggi speciali, il giudice condanna la persona civilmente obbligata a pagare, se il condannato risulterà insolvibile [660 comma 2, att. 182], una somma pari alla pena pecuniaria a questo inflitta.

535. Condanna alle spese.

1. La sentenza di condanna pone a carico del condannato il pagamento delle spese processuali [(1)].

[**2.** I condannati per lo stesso reato o per reati connessi [12] sono obbligati in solido al pagamento delle spese. I condannati in uno stesso giudizio per reati non connessi sono obbligati in solido alle sole spese comuni relative ai reati per i quali è stata pronunciata condanna [(2)].]

3. Sono poste a carico del condannato le spese di mantenimento durante la custodia cautelare, a norma dell'articolo 692.

4. Qualora il giudice non abbia provveduto circa le spese, la sentenza è rettificata a norma dell'articolo 130.

(1) Comma così modificato dalla lett. a) del co. 2 dell'art. 67, l. 18.6.2009, n. 69, con i limiti di applicabilità previsti dalle disposizioni transitorie di cui all'art. 58 della stessa legge.
Il testo previgente così disponeva: «*1. La sentenza di condanna pone a carico del condannato il pagamento delle spese processuali relative ai reati cui la condanna si riferisce*».

(2) Comma abrogato dalla lett. b) del co. 2 dell'art. 67, l. 18.6.2009, n. 69, con i limiti di applicabilità previsti dalle disposizioni transitorie di cui all'art. 58 della stessa legge.

536. Pubblicazione della sentenza come effetto della condanna.

1. Nei casi previsti dall'articolo 36 del codice penale, il giudice stabilisce nel dispositivo se la sentenza deve essere pubblicata per intero o per estratto e designa il giornale o i giornali in cui deve essere inserita.

537. Pronuncia sulla falsità di documenti.

1. La falsità di un atto o di un documento, accertata con sentenza di condanna, è dichiarata nel dispositivo.

2. Con lo stesso dispositivo è ordinata la cancellazione totale o parziale, secondo le circostanze e, se è il caso, la ripristinazione, la rinnovazione o la riforma dell'atto o del documento, con la prescrizione del modo con cui deve essere eseguita. La cancellazione, la ripristinazione, la rinnovazione o la riforma non è ordinata quando possono essere pregiudicati interessi di terzi non intervenuti come parti nel procedimento.

3. La pronuncia sulla falsità è impugnabile, anche autonomamente, con il mezzo previsto dalla legge [568] per il capo che contiene la decisione sull'imputazione.

4. Le disposizioni del presente articolo si applicano anche nel caso di sentenza di proscioglimento.

537 bis. Indegnità a succedere [(1)].

1. Quando pronuncia sentenza di condanna per uno dei fatti previsti dall'articolo 463 del codice civile, il giudice dichiara l'indegnità dell'imputato a succedere.

(1) Articolo introdotto dall'art. 5, co. 2, l. 11.1.2018, n. 4, a decorrere dal 16.2.2018.

Sezione III
Decisione sulle questioni civili

538. Condanna per la responsabilità civile [(1)].

1. Quando pronuncia sentenza di condanna, il giudice decide sulla domanda per le restituzioni e il risarcimento del danno, proposta a norma degli articoli 74 e seguenti.

2. Se pronuncia condanna dell'imputato al risarcimento del danno, il giudice provvede altresì alla liquidazione, salvo che sia prevista la competenza di altro giudice.

3. Se il responsabile civile è stato citato o è intervenuto nel giudizio, la condanna alle restituzioni e al risarcimento del danno è pronunciata anche contro di lui in solido [575], quando è riconosciuta la sua responsabilità.

(1) La Corte cost., con sent. 12.7.2022, n. 173, ha dichiarato l'illegittimità costituzionale di questo articolo nella parte in cui non prevede che il giudice, quando pronuncia sentenza di proscioglimento per la particolare tenuità del fatto, ai sensi dell'art. 131 bis c.p., decide sulla domanda per le restituzioni e il risarcimento del danno proposta dalla parte civile, a norma degli artt. 74 ss. c.p.p.

539. Condanna generica ai danni e provvisionale.

1. Il giudice, se le prove acquisite non consentono la liquidazione del danno, pronuncia condanna generica e rimette le parti davanti al giudice civile.

2. A richiesta della parte civile, l'imputato e il responsabile civile sono condannati al pagamento di una provvisionale nei limiti del danno per cui si ritiene già raggiunta la prova.

2 bis. Nel caso di cui al comma 1, quando si procede per l'omicidio del coniuge, anche legalmente separato o divorziato, dell'altra parte dell'unione civile, anche se l'unione civile è cessata, o della persona che è o è stata legata da relazione affettiva e stabile convivenza, il giudice, rilevata la presenza di figli della vittima minorenni o maggiorenni economicamente non autosufficienti, costituiti come parte civile, provvede, anche d'ufficio, all'assegnazione di una provvisionale in loro favore, in misura non inferiore al 50 per cento del presumibile danno, da liquidare in separato giudizio civile; nel caso vi siano beni dell'imputato già sottoposti a sequestro conservativo, in deroga all'articolo 320, comma 1, il sequestro si converte in pignoramento con la sentenza di condanna in primo grado, nei limiti della provvisionale accordata [(1)].

(1) Comma introdotto dall'art. 4, co. 1, l. 11.1.2018, n. 4, a decorrere dal 16.2.2018.

540. Provvisoria esecuzione delle disposizioni civili.

1. La condanna alle restituzioni e al risarcimento del danno è dichiarata provvisoriamente esecutiva, a richiesta della parte civile, quando ricorrono giustificati motivi.

2. La condanna al pagamento della provvisionale [539] è immediatamente esecutiva [600 comma 3].

541. Condanna alle spese relative all'azione civile.

1. Con la sentenza che accoglie la domanda di restituzione o di risarcimento del danno, il giudice condanna l'imputato e il responsabile civile in solido al pagamento delle spese processuali in favore della parte civile, salvo che ritenga di disporne, per giusti motivi, la compensazione totale o parziale [c.p.c. 92, comma 2].

2. Con la sentenza che rigetta la domanda indicata nel comma 1 o che assolve l'imputato per cause diverse dal difetto di imputabilità, il giudice, se ne è fatta richiesta, condanna la parte civile alla rifusione delle spese processuali sostenute dall'imputato e dal responsabile civile per effetto dell'azione civile, sempre che non ricorrano giustificati motivi per la compensazione totale o parziale. Se vi è colpa grave, può inoltre condannarla al risarcimento dei danni causati all'imputato o al responsabile civile.

542. Condanna del querelante alle spese e ai danni.

1. Nel caso di assoluzione perché il fatto non sussiste o perché l'imputato non lo ha commesso, quando si tratta di reato perseguibile a querela, si applicano le disposizioni dell'articolo 427per ciò che concerne la condanna del querelante al pagamento delle spese del procedimento anticipate dallo Stato nonché alla rifusione delle spese e al risarcimento del danno in favore dell'imputato e del responsabile civile.

2. L'avviso del deposito della sentenza è notificato al querelante [c.p.c. 576].

543. Ordine di pubblicazione della sentenza come riparazione del danno.

1. La pubblicazione della sentenza di condanna a norma dell'articolo 186 del codice penale è ordinata dal giudice su richiesta della parte civile con la stessa sentenza.

2. La pubblicazione ha luogo a spese del condannato e, se del caso, anche del responsabile civile, per una o due volte, per estratto o per intero, in giornali indicati dal giudice.

3. Se l'inserzione non avviene nel termine stabilito dal giudice con la sentenza, la parte civile può provvedervi direttamente con diritto a ripetere le spese dall'obbligato.

Capo III
Atti successivi alla deliberazione

544. Redazione della sentenza.

1. Conclusa la deliberazione, il presidente redige e sottoscrive il dispositivo. Subito dopo è redatta una concisa esposizione dei motivi di fatto e di diritto su cui la sentenza è fondata.

2. Qualora non sia possibile procedere alla redazione immediata dei motivi in camera di consiglio, vi si provvede non oltre il quindicesimo giorno da quello della pronuncia [(1)].

3. Quando la stesura della motivazione è particolarmente complessa per il numero delle parti o per il numero e la gravità delle imputazioni, il giudice, se ritiene di non poter depositare la sentenza nel termine previsto dal comma 2, può indicare nel dispositivo un termine più lungo, non eccedente comunque il novantesimo giorno da quello della pronuncia.

3 bis. Nelle ipotesi previste dall'articolo 533, comma 3-*bis*, il giudice provvede alla stesura della motivazione per ciascuno dei procedimenti separati, accordando precedenza alla motivazione della condanna degli imputati in stato di custodia cautelare. In tal caso il termine di cui al comma 3 è raddoppiato per la motivazione della sentenza cui non si è accordata precedenza [(2)].

(1) Comma così modificato dall'art. 6, d.l. 1.3.1991, n. 60, recante modifiche alle norme in tema di durata della custodia cautelare. L'art. 2 della legge di conversione dispone che la custodia cautelare ripristinata a norma dell'art. 1 del d.l. venga mantenuta qualora ricorrano i presupposti previsti dagli artt. 274 e 275 del c.p.p.

(2) Comma introdotto dall'art. 4, d.l. 24.11.2000, n. 341, conv. in legge, con modif., dalla l. 19.1.2001, n. 4. Questo comma si applica anche ai procedimenti in corso alla data di entrata in vigore del d.l. n. 341/2000, ai sensi dell'art. 5 dello stesso decreto.

545. Pubblicazione della sentenza.

1. La sentenza è pubblicata in udienza dal presidente o da un giudice del collegio mediante la lettura del dispositivo.

2. La lettura della motivazione redatta a norma dell'articolo 544 comma 1, segue quella del dispositivo e può essere sostituita con un'esposizione riassuntiva.

3. La pubblicazione prevista dal comma 2 equivale a notificazione della sentenza per le parti che sono o devono considerarsi presenti all'udienza.

545 bis. Condanna a pena sostitutiva [(1)].

1. Il giudice, se ritiene che ne ricorrano i presupposti, sostituisce la pena detentiva con una delle pene sostitutive di cui all'articolo 53 della legge 24 novembre 1981, n. 689. Quando non è possibile decidere immediatamente, il giudice, subito dopo la lettura del dispositivo, sentite le parti, acquisito, ove necessario il consenso dell'imputato, integra il dispositivo indicando la pena sostitutiva con gli obblighi e le prescrizioni corrispondenti e provvede ai sensi del comma 3, ultimo periodo. Se deve procedere agli ulteriori accertamenti indicati al comma 2, fissa una apposita udienza non oltre sessanta giorni, dandone contestuale avviso alle parti e all'ufficio di esecuzione penale esterna competente; in tal caso il processo è sospeso [(2)].

2. Al fine di decidere sulla sostituzione della pena detentiva e sulla scelta della pena sostitutiva ai sensi dell'articolo 58 della legge 24 novembre 1981, n. 689, nonché ai fini della determinazione degli obblighi e delle prescrizioni relative, il giudice può acquisire dall'ufficio di esecuzione penale esterna e, se del caso, dalla polizia giudiziaria tutte le informazioni ritenute necessarie in relazione alle condizioni di vita, personali, familiari, sociali, economiche e patrimoniali dell'imputato. Il giudice può richiedere, altresì, all'ufficio di esecuzione penale esterna, il programma di trattamento della semilibertà, della detenzione domiciliare e del lavoro di pubblica utilità con la relativa disponibilità dell'ente. Agli stessi fini, il giudice può acquisire altresì, dai soggetti indicati dall'articolo 94 del decreto del Presidente della Repubblica 9 ottobre 1990, n. 309, la certificazione di disturbo da uso di sostanze o di alcol ovvero da gioco d'azzardo e il programma terapeutico, che il condannato abbia in corso o a cui intenda sottoporsi. Le parti possono depositare documentazione all'ufficio di esecuzione penale esterna e, fino a cinque giorni prima dell'udienza, possono presentare memorie in cancelleria.

3. Acquisiti gli atti, i documenti e le informazioni di cui ai commi precedenti, all'udienza fissata, sentite le parti presenti, il giudice, se sostituisce la pena detentiva, integra il dispositivo indicando la pena sostitutiva con gli obblighi e le prescrizioni corrispondenti. In caso contrario, il giudice conferma il dispositivo. Del dispositivo integrato o confermato è data lettura in udienza ai sensi e per gli effetti dell'articolo 545 [(3)].

4. Quando il processo è sospeso ai sensi del comma 1, la lettura della motivazione redatta a norma dell'articolo 544, comma 1, segue quella del dispositivo integrato o confermato e può essere sostituita con un'esposizione riassuntiva. Fuori dai casi di cui all'articolo 544, comma 1, i termini per il deposito della motivazione decorrono, ad ogni effetto di legge, dalla lettura del dispositivo, confermato o integrato, di cui al comma 3.

(1) Articolo introdotto dall'art. 31, co. 1, d.lgs. 10.10.2022, n. 150, a decorrere dal 30.12.2022.

(2) Comma sostituito dall'art. 2, co. 1, lett. u), d.lgs. 19.3.2024, n. 31, a decorrere dal 4.4.2024.
Il testo previgente così disponeva: «*1. Quando è stata applicata una pena detentiva non superiore a quattro anni e non è stata ordinata la sospensione condizionale, subito dopo la lettura del dispositivo, il giudice, se ricorrono le condizioni per sostituire la pena detentiva con una delle pene sostitutive di cui all'articolo 53 della legge 24 novembre 1981, n. 689, ne dà avviso alle parti. Se l'imputato, personalmente o a mezzo di procuratore speciale, acconsente alla sostituzione della pena detentiva con una pena diversa dalla pena pecuniaria, ovvero se può aver luogo la sostituzione con detta pena, il giudice, sentito il pubblico ministero, quando non è possibile decidere immediatamente, fissa una apposita udienza non oltre sessanta giorni, dandone contestuale avviso alle parti e all'ufficio di esecuzione penale esterna competente; in tal caso il processo è sospeso.*».

(3) Comma così modificato dall'art. 2, co. 1, lett. u), d.lgs. 19.3.2024, n. 31, a decorrere dal 4.4.2024.
Il testo previgente così disponeva: «*3. Acquisiti gli atti, i documenti e le informazioni di cui ai commi precedenti, all'udienza fissata, sentite le parti presenti, il giudice, se sostituisce la pena detentiva, integra il dispositivo indicando la pena sostitutiva con gli obblighi e le prescrizioni corrispondenti; si applicano gli articoli 57 e 61 della legge 24 novembre 1981, n. 689. In caso contrario, il giudice conferma il dispositivo. Del dispositivo integrato o confermato è data lettura in udienza ai sensi e per gli effetti dell'articolo 545.*».

546. Requisiti della sentenza.

1. La sentenza contiene:

a) l'intestazione «in nome del popolo italiano» e l'indicazione dell'autorità che l'ha pronunciata;
b) le generalità dell'imputato o le altre indicazioni personali che valgono a identificarlo nonché le generalità delle altre parti private;
c) l'imputazione;
d) l'indicazione delle conclusioni delle parti;
e) la concisa esposizione dei motivi di fatto e di diritto su cui la decisione è fondata, con l'indicazione dei risultati acquisiti e dei criteri di valutazione della prova adottati e con l'enunciazione delle ragioni per le quali il giudice ritiene non attendibili le prove contrarie, con riguardo:
   1) all'accertamento dei fatti e delle circostanze che si riferiscono all'imputazione e alla loro qualificazione giuridica;
   2) alla punibilità e alla determinazione della pena, secondo le modalità stabilite dal comma 2 dell'articolo 533, e della misura di sicurezza;
   3) alla responsabilità civile derivante dal reato;
   4) all'accertamento dei fatti dai quali dipende l'applicazione di norme processuali [(1)];
f) il dispositivo, con l'indicazione degli articoli di legge applicati;
g) la data e la sottoscrizione del giudice.

2. La sentenza emessa dal giudice collegiale è sottoscritta dal presidente e dal giudice estensore. Se, per morte o altro impedimento, il presidente non può sottoscrivere, alla sottoscrizione provvede, previa menzione dell'impedimento, il componente più anziano del collegio; se non può sottoscrivere l'estensore, alla sottoscrizione, previa menzione dell'impedimento, provvede il solo presidente.

3. Oltre che nel caso previsto dall'articolo 125 comma 3, la sentenza è nulla se manca o è incompleto nei suoi elementi essenziali il dispositivo ovvero se manca la sottoscrizione del giudice.

(1) Lettera così sostituita dall'art. 1, co. 52, l. 23.6.2017, n. 103, a decorrere dal 3.8.2017, secondo quanto disposto dall'art. 1, co. 95 della medesima l. n. 103/2017.
Il testo previgente così disponeva: «*e) la concisa esposizione dei motivi di fatto e di diritto su cui la decisione è fondata, con l'indicazione delle prove poste a base della decisione stessa e l'enunciazione delle ragioni per le quali il giudice ritiene non attendibili le prove contrarie;*».

547. Correzione della sentenza.

1. Fuori dei casi previsti dall'articolo 546 comma 3, se occorre completare la motivazione insufficiente ovvero se manca o è incompleto alcuno degli altri requisiti previsti dall'articolo 546, si procede anche di ufficio alla correzione della sentenza a norma dell'articolo 130.

548. Deposito della sentenza.

1. La sentenza è depositata in cancelleria immediatamente dopo la pubblicazione ovvero entro i termini previsti dall'articolo 544 commi 2 e 3. Il pubblico ufficiale addetto vi appone la sottoscrizione e la data del deposito.

2. Quando la sentenza non è depositata entro il trentesimo giorno o entro il diverso termine indicato dal giudice a norma dell'articolo 544 comma 3, l'avviso di deposito è comunicato al pubblico ministero e notificato alle parti private cui spetta il diritto di impugnazione. È notificato altresì a chi risulta difensore dell'imputato al momento del deposito della sentenza [585, comma 2, lett. c].

3. L'avviso di deposito con l'estratto della sentenza è in ogni caso comunicato al procuratore generale presso la corte di appello [585, comma 2, lett. d] (1).

(1) Comma così modificato dall'art. 10, co. 5, l. 28.4.2014, n. 67. Il testo previgente così disponeva: «*3. L'avviso di deposito con l'estratto della sentenza è in ogni caso notificato all'imputato contumace e comunicato al procuratore generale presso la corte di appello*».

LIBRO OTTAVO
Procedimento davanti al Tribunale in composizione monocratica (1)

TITOLO I
Disposizione generale (2)

549. Norme applicabili al procedimento davanti al tribunale in composizione monocratica (3).

Nel procedimento davanti al tribunale in composizione monocratica, per tutto ciò che non è previsto nel presente libro o in altre disposizioni, si osservano le norme contenute nei libri che precedono, in quanto applicabili.

(1) La rubrica del libro VIII è stata così sostituita dall'art. 190, d.lgs. 19.2.1998, n. 51, con effetto dal 2.6.1999 (art. 1, co. 95, l. n. 103/2017). Successivamente l'intero libro VIII è stato interamente sostituito dall'art. 44, l. 16.12.1999, n. 479.
Il testo della rubrica antecedente alla sostituzione così disponeva: «*Procedimento davanti al pretore*».

(2) Intitolazione così sostituita dall'art. 190, d.lgs. 19.2.1998, n. 51, con effetto dal 2.6.1999 (art. 1, co. 95, l. n. 103/2017). Successivamente l'intero libro VIII è stato interamente sostituito dall'art. 44, l. 16.12.1999, n. 479.

(3) Articolo così sostituito dall'art. 191, d.lgs. 19.2.1998, n. 51, con effetto dal 2.6.1999 (art. 1, co. 95, l. n. 103/2017). Successivamente l'intero libro VIII, originariamente composto dagli artt. da 549 a 567, è stato così sostituito, con gli attuali artt. da 549 a 559, dall'art. 44, l. 16.12.1999, n. 479. Il testo di questo articolo è comunque rimasto invariato.
Il testo previgente così disponeva: «*Norme applicabili al procedimento davanti al pretore. 1. Nel procedimento davanti al pretore, per tutto ciò che non è previsto nel presente libro o in altre disposizioni, si osservano le norme relative al procedimento davanti al tribunale, in quanto applicabili*».

TITOLO II
Citazione diretta a giudizio (1)

550. Casi di citazione diretta a giudizio (2).

1. Il pubblico ministero esercita l'azione penale con la citazione diretta a giudizio quando si tratta di contravvenzioni ovvero di delitti puniti con la pena della reclusione non superiore nel massimo a quattro anni o con la multa, sola o congiunta alla predetta pena detentiva. Si applicano, in quanto compatibili, le disposizioni di cui all'articolo 415-*bis*. Per la determinazione della pena si osservano le disposizioni dell'articolo 4 (3).

2. Le disposizioni del comma 1 si applicano anche quando si procede per i reati previsti dagli articoli 336, 337, 337-*bis*, primo e secondo comma, 340, terzo comma, 343, secondo comma, 348, terzo comma, 349, secondo comma, 351, 372, 374-*bis*, 377, terzo comma, 377-*bis*, 385, secondo comma, con esclusione delle ipotesi in cui la violenza o la minaccia siano state commesse con armi o da più persone riunite, 390, 414, 415, 454, 460, 461, 467, 468, 493-*ter*, 495, 495-*ter*, 496, 497-*bis*, 497-*ter*, 527, secondo comma, 556, 588, secondo comma, con esclusione delle ipotesi in cui nella rissa taluno sia rimasto ucciso o abbia riportato lesioni gravi o gravissime, 590-*bis*, 611, 614, quarto comma, 615 primo comma, 619, secondo comma, 625, 635, terzo comma, 640, secondo comma, 642, primo e secondo comma, 646 e 648 del codice penale, nonché quando si procede per i reati previsti:

a) dall'articolo 291-*bis* del testo unico delle disposizioni legislative in materia doganale, di cui al decreto del Presidente della Repubblica 23 gennaio 1973, n. 43;
b) dagli articoli 4, quarto comma, 10, terzo comma, e 12, quinto comma, della legge 18 aprile 1975, n. 110;
c) dagli articoli 82, comma 1, del testo unico delle leggi in materia di disciplina degli stupefacenti e sostanze psicotrope, prevenzione, cura e riabilitazione dei relativi stati di tossicodipendenza, di cui al decreto del Presidente della Repubblica 9 ottobre 1990, n. 309;
d) dagli articoli 75, comma 2, 75-*bis* e 76, commi 1, 5, 7 e 8, del codice delle leggi antimafia e delle misure di prevenzione, di cui al decreto legislativo 6 settembre 2011, n. 159;
e) dall'articolo 55-*quinquies*, comma 1, del decreto legislativo del 30 marzo 2001, n. 165;
f) dagli articoli 5, comma 8-*bis*, 10, comma 2-*quater*, 13, comma 13-*bis*, e 26-*bis*, comma 9, del testo unico delle disposizioni concernenti la disciplina dell'immigrazione e norme sulla condizione dello straniero, di cui al decreto legislativo 25 luglio 1998, n. 286;
g) dagli articoli 5, commi 1 e 1-*bis*, del decreto legislativo 10 marzo 2000, n. 74 (4).

3. Se il pubblico ministero ha esercitato l'azione penale con citazione diretta per un reato per il quale è prevista l'udienza preliminare e la relativa eccezione è proposta entro il termine indicato dall'articolo 491, comma 1, il giudice dispone con ordinanza la trasmissione degli atti al pubblico ministero.

(1) L'intero libro VIII, originariamente composto dagli artt. da 549 a 567, è stato così sostituito dall'art. 44, l. 16.12.1999, n. 479, con gli attuali artt. da 549 a 559.

(2) Questo articolo, già abrogato dall'art. 218, d.lgs. 19.2.1998, n. 51, con effetto dal 2.6.1999, secondo quanto disposto dall'art. 247 dello stesso decreto, come modificato dall'art. 1, l. 16.6.1998, n. 188 è stato reintrodotto, nell'attuale formulazione, dall'art. 44, l. 16.12.1999, n. 479, che ha sostituito l'intero libro VIII, originariamente composto dagli artt. da 549 a 567, con gli attuali artt. da 549 a 559.
Il testo originario del presente articolo così disponeva: «*Organi giudiziari nel procedimento davanti al pretore.*
1. Svolgono funzioni giudiziarie nel procedimento davanti al pretore:
a) il procuratore della Repubblica presso la pretura circondariale;
b) il giudice per le indagini preliminari presso la pretura circondariale;
c) il pretore del dibattimento in sede mandamentale».

(3) Comma così modificato dall'art. 2 duodecies, d.l. 7.4.2000, n. 82, nel testo integrato dalla relativa legge di conversione 5.6.2000, n. 144.
Il testo previgente così disponeva: «*1. Il pubblico ministero esercita l'azione penale con la citazione diretta a giudizio quando si tratta di contravvenzioni ovvero di delitti puniti con la pena della reclusione non superiore nel massimo a quattro anni, anche congiunta a pena pecuniaria. Si applicano, in quanto compatibili, le disposizioni di cui all'articolo 415-*bis*. Per la determinazione della pena si osservano le disposizioni dell'articolo 4*».

(4) Comma modificato dall'art. 1, co. 5, lett. f), l. 23.3.2016, n. 41, a decorrere dal 25.3.2016, secondo quanto disposto dall'art. 1, co. 8, della medesima l. n. 41/2016. Questo comma, poi, è stato così sostituito dall'art. 32, co. 1, lett. a), d.lgs. 10.10.2022, n. 150, a decorrere dal 1.11.2022. L'art. 90, co. 1, del medesimo d.lgs. n. 150/2022, a decorrere dal 30.12.2022, così dispone: «*1. La disposizione dell'articolo 32, comma 1, lettera a), del presente decreto, che comporta l'estensione della disciplina della sospensione del procedimento con messa alla prova a ulteriori reati, si applica anche ai procedimenti pendenti nel giudizio di primo grado e in grado di appello alla data di entrata in vigore del presente decreto legislativo.*».
Il testo antecedente alla modifica disposta con d.lgs. n. 150/2022 così disponeva: «*2. La disposizione del comma 1 si applica anche quando si procede per uno dei seguenti reati:*
a) violenza o minaccia a un pubblico ufficiale prevista dall'articolo 336 del codice penale;
b) resistenza a un pubblico ufficiale prevista dall'articolo 337 del codice penale;
c) oltraggio a un magistrato in udienza aggravato a norma dell'articolo 343, secondo comma, del codice penale;
d) violazione di sigilli aggravata a norma dell'articolo 349, secondo comma, del codice penale;
e) rissa aggravata a norma dell'articolo 588, secondo comma, del codice penale, con esclusione delle ipotesi in cui nella rissa taluno sia rimasto ucciso o abbia riportato lesioni gravi o gravissime;
e-bis) lesioni personali stradali, anche se aggravate, a norma dell'articolo 590-bis del codice penale;
f) furto aggravato a norma dell'articolo 625 del codice penale;
g) ricettazione prevista dall'articolo 648 del codice penale.».
Il testo antecedente alla modifica introdotta dalla l. n. 41/2016 così disponeva: «*2. La disposizione del comma 1 si applica anche quando si procede per uno dei seguenti reati:*
a) violenza o minaccia a un pubblico ufficiale prevista dall'articolo 336 del codice penale;
b) resistenza a un pubblico ufficiale prevista dall'articolo 337 del codice penale;
c) oltraggio a un magistrato in udienza aggravato a norma dell'articolo 343, secondo comma, del codice penale;
d) violazione di sigilli aggravata a norma dell'articolo 349, secondo comma, del codice penale;
e) rissa aggravata a norma dell'articolo 588, secondo comma, del codice penale, con esclusione delle ipotesi in cui nella rissa taluno sia rimasto ucciso o abbia riportato lesioni gravi o gravissime;
f) furto aggravato a norma dell'articolo 625 del codice penale;
g) ricettazione prevista dall'articolo 648 del codice penale.».

551. Procedimenti connessi.

1. Nel caso di procedimenti connessi, se la citazione diretta a giudizio è ammessa solo per alcuni di essi, il pubblico ministero presenta per tutti la richiesta di rinvio a giudizio a norma dell'articolo 416 [(1)].

(1) L'intero libro VIII, originariamente composto dagli artt. da 549 a 567, è stato così sostituito, con gli attuali artt. da 549 a 559, secondo quanto previsto dall'art. 44, l. 16.12.1999, n. 479.
Il testo previgente del presente articolo – cui era premesso il titolo II – Indagini preliminari – così disponeva: «*Incidente probatorio.*
1. Nel corso delle indagini preliminari, il pubblico ministero e la persona sottoposta alle indagini possono chiedere al giudice che si proceda con incidente probatorio nei casi previsti dall'articolo 392.
2. Il giudice dispone l'incidente probatorio se la complessità delle indagini rende impossibile l'immediata emissione del decreto di citazione a giudizio a norma dell'articolo 555.
3. La persona offesa può chiedere al pubblico ministero di promuovere un incidente probatorio. Si applica il comma 2 dell'articolo 394».

552. Decreto di citazione a giudizio [(1)].

1. Il decreto di citazione a giudizio contiene:

a) le generalità dell'imputato o le altre indicazioni personali che valgono a identificarlo nonché le generalità delle altre parti private, con l'indicazione dei difensori;

b) l'indicazione della persona offesa, qualora risulti identificata;

c) l'enunciazione del fatto, in forma chiara e precisa, delle circostanze aggravanti e di quelle che possono comportare l'applicazione di misure di sicurezza, con l'indicazione dei relativi articoli di legge;

d) l'indicazione del giudice competente per l'udienza di comparizione predibattimentale nonché del luogo, del giorno e dell'ora della comparizione, con l'avvertimento all'imputato che non comparendo sarà giudicato in assenza e potranno essere disposte, ove ne ricorrano le condizioni, le sanzioni e le misure, anche di confisca, previste dalla legge in relazione al reato per cui si procede [(2)];

e) l'avviso che l'imputato ha facoltà di nominare un difensore di fiducia e che, in mancanza, sarà assistito dal difensore di ufficio;

f) l'avviso che, qualora ne ricorrano i presupposti, l'imputato, entro il termine di cui all'articolo 554-*ter*, comma 2, può presentare le richieste previste dagli articoli 438 e 44, 444 e 464-*bis* ovvero presentare domanda di oblazione [(3)];

g) l'avviso che il fascicolo relativo alle indagini preliminari è depositato nella cancelleria del giudice e che le parti e i loro difensori hanno facoltà di prenderne visione e di estrarne copia [(4)];

h) la data e la sottoscrizione del pubblico ministero e dell'ausiliario che lo assiste [(5)];

h-*bis*) l'avviso che l'imputato e la persona offesa hanno facoltà di accedere a un programma di giustizia riparativa [(6)].

[**1 bis.** Qualora si proceda per taluni dei reati previsti dall'articolo 590, terzo comma, del codice penale e per i reati previsti dall'articolo 590-*bis* del medesimo codice, il decreto di citazione a giudizio deve essere emesso entro trenta giorni dalla chiusura delle indagini preliminari [(7)] [(8)].]

1 ter. Qualora si proceda per taluni dei reati previsti dall'articolo 590, terzo comma, del codice penale e per i reati previsti dall'articolo 590-*bis* del medesimo codice, la data di comparizione di cui al comma 1, lettera d), è fissata non oltre novanta giorni dalla emissione del decreto [(9)].

2. Il decreto è nullo se l'imputato non è identificato in modo certo ovvero se manca o è insufficiente l'indicazione di uno dei requisiti previsti dalle lettere c), d), e) ed f) del comma 1. Il decreto è altresì nullo se non è preceduto dall'avviso previsto dall'articolo 415-*bis*, nonché dall'invito a presentarsi per rendere l'interrogatorio ai sensi dell'articolo 375, comma 3, qualora la persona sottoposta alle indagini lo abbia richiesto entro il termine di cui al comma 3 del medesimo articolo 415-*bis*.

3. Il decreto di citazione è notificato, a pena di nullità, all'imputato, al suo difensore e alla parte offesa almeno sessanta giorni prima della data fissata per l'udienza di comparizione predibattimentale. Nei casi di urgenza, di cui deve essere data motivazione, il termine è ridotto a quarantacinque giorni [(10)].

4. Il decreto di citazione è depositato dal pubblico ministero nella segreteria [(11)].

(1) L'intero libro VIII, originariamente composto dagli artt. da 549 a 567, è stato così sostituito, con gli attuali artt. da 549 a 559, secondo quanto previsto dall'art. 44, l. 16.12.1999, n. 479.
Il testo previgente così disponeva: «*Provvedimenti del giudice.*
1. Il giudice, nel termine previsto dall'articolo 398 comma 1, se non dichiara inammissibile o non rigetta la richiesta, dispone con ordinanza l'assunzione della prova indicando il giorno, l'ora e il luogo in cui deve eseguirsi l'incidente probatorio. L'ordinanza è comunicata al pubblico ministero ed è notificata alla persona sottoposta alle indagini, alla persona offesa e ai difensori almeno due giorni prima della data fissata per l'assunzione della prova.
2. Quando per l'assunzione della prova è indispensabile procedere con urgenza, i termini previsti dal comma 1 sono abbreviati nella misura necessaria. 3. Si applica la disposizione dell'articolo 393 comma 4».

(2) Lettera modificata dall'art. 32, co. 1, lett. b), n. 1), d.lgs. 10.10.2022, n. 150, a decorrere dal 30.12.2022. Questa lettera, poi, è stata così modificata dall'art. 4, co. 1, lett. c), d.lgs. 7.12.2023, n. 203, a decorrere dal 6.1.2024. In merito a tale disposizione, vedi l'art. 7, co. 2, del medesimo d.lgs. n. 203/2023: «*Le disposizioni di cui all'articolo 4 non si applicano nei procedimenti in cui, alla data di entrata in vigore del presente decreto, gli avvisi di fissazione di udienza preliminare e i decreti che dispongono il giudizio o che citano l'imputato a giudizio sono stati già emessi*».
Il testo antecedente alla modifica del d.lgs. n. 203/2023 così disponeva: «*d) l'indicazione del giudice competente per l'udienza di comparizione predibattimentale nonché del luogo, del giorno e dell'ora della comparizione, con l'avvertimento all'imputato che non comparendo sarà giudicato in assenza;*».
Il testo antecedente alla modifica del d.lgs. n. 150/2022 così disponeva: «*d) l'indicazione del giudice competente per il giudizio nonché del luogo, del giorno e dell'ora della comparizione, con l'avvertimento all'imputato che non comparendo sarà giudicato in contumacia;*».

(3) Lettera così modificata dall'art. 32, co. 1, lett. b), n. 1), d.lgs. 10.10.2022, n. 150, a decorrere dal 30.12.2022.
Il testo previgente così disponeva: «*f) l'avviso che, qualora ne ricorrano i presupposti, l'imputato, prima della dichiarazione di apertura del dibattimento di primo grado, può presentare le richieste previste dagli articoli 438 e 444 ovvero presentare domanda di oblazione;*».

(4) Lettera così modificata dall'art. 32, co. 1, lett. b), n. 1), d.lgs. 10.10.2022, n. 150, a decorrere dal 30.12.2022.
Il testo previgente così disponeva: «*g) l'avviso che il fascicolo relativo alle indagini preliminari è depositato nella segreteria del pubblico ministero e che le parti e i loro difensori hanno facoltà di prenderne visione e di estrarne copia;*».

(5) Il segno di punteggiatura finale di questa lettera è stato così modificato dall'art. 32, co. 1, lett. b), n. 1), d.lgs. 10.10.2022, n. 150, a decorrere dal 30.12.2022.

(6) Lettera introdotta dall'art. 32, co. 1, lett. b), n. 1), d.lgs. 10.10.2022, n. 150, a decorrere dal 30.12.2022.

(7) Comma introdotto dall'art. 4, l. 21.2.2006, n. 102 e, poi, così modificato dall'art. 1, co. 5, lett. g), n. 1), l. 23.3.2016, n. 41, a decorrere dal 25.3.2016.
Il testo antecedente alla modifica della l. n. 41/2016 così disponeva: «*1*-bis. *Qualora si proceda per taluni dei reati previsti dall'articolo 590, terzo comma, del codice penale, il decreto di citazione a giudizio deve essere emesso entro trenta giorni dalla chiusura delle indagini preliminari*».

(8) Comma abrogato dall'art. 98, co. 1, lett. a), d.lgs. 10.10.2022, n. 150, a decorrere dal 30.12.2022.

(9) Comma introdotto dall'art. 4, l. 21.2.2006, n. 102 e, poi, così modificato dall'art. 1, co. 5, lett. g), n. 2), l. 23.3.2016, n. 41, a decorrere dal 25.3.2016.
Il testo di questo comma in vigore prima delle modifiche del 2016 così disponeva: «*1*-ter. *Qualora si proceda per taluni dei reati previsti dall'articolo 590, terzo comma, del codice penale, la data di comparizione di cui al comma 1, lettera d), è fissata non oltre novanta giorni dalla emissione del decreto*».

(10) Comma così modificato dall'art. 32, co. 1, lett. b), n. 2), d.lgs. 10.10.2022, n. 150, a decorrere dal 30.12.2022.
Il testo previgente così disponeva: «*3. Il decreto di citazione è notificato all'imputato, al suo difensore e alla parte offesa almeno sessanta giorni prima della data fissata per l'udienza di comparizione. Nei casi di urgenza, di cui deve essere data motivazione, il termine è ridotto a quarantacinque giorni.*».

(11) Comma così modificato dall'art. 32, co. 1, lett. b), n. 3), d.lgs. 10.10.2022, n. 150, a decorrere dal 30.12.2022.
Il testo previgente così disponeva: «*4. Il decreto di citazione è depositato dal pubblico ministero nella segreteria unitamente al fascicolo contenente la documentazione, gli atti e le cose indicati nell'articolo 416, comma 2.*».

553. Trasmissione degli atti al giudice dell'udienza di comparizione in dibattimento [(1)] [(2)].

1. Il pubblico ministero forma il fascicolo per il dibattimento e lo trasmette al giudice, unitamente al fascicolo del pubblico ministero e al decreto di citazione immediatamente dopo la notificazione [(3)].

(1) L'intero libro VIII, originariamente composto dagli artt. da 549 a 567, è stato così sostituito, con gli attuali artt. da 549 a 559, secondo quanto previsto dall'art. 44, l. 16.12.1999, n. 479.

Il testo previgente dell'art. 553, come sostituito dall'art. 2, d.lgs. 22.6.1990, n. 161, così disponeva: «*Termini di durata delle indagini preliminari.*
1. Il pubblico ministero compie le indagini preliminari entro i termini indicati nell'articolo 405 commi 2, 3 e 4.
2. Per la proroga del termine si osservano le disposizioni dell'art. 406, ma sulle richieste di proroga il giudice provvede in ogni caso con ordinanza emessa in camera di consiglio senza intervento del pubblico ministero e dei difensori.
3. Per i termini di durata massima delle indagini preliminari si osservano le disposizioni dell'art. 407 commi 1 e 3».
Rispetto a questa formulazione la Corte costituzionale, con sentenza 15.4.1992, n. 174, ha dichiarato l'illegittimità costituzionale degli artt. 406, primo comma, e 553, secondo comma, c.p.p., nelle parti in cui prevedono che il giudice possa prorogare il termine per le indagini preliminari solo «*prima della scadenza del termine stesso*».

(2) Rubrica così modificata dall'art. 32, co. 1, lett. c), n. 2), d.lgs. 10.10.2022, n. 150, a decorrere dal 30.12.2022.
Il testo precedente così riportava: «*Trasmissione degli atti al giudice dell'udienza di comparizione in dibattimento*».

(3) Comma così modificato dall'art. 32, co. 1, lett. c), n. 1), d.lgs. 10.10.2022, n. 150, a decorrere dal 30.12.2022.
Il testo previgente così disponeva: «*1. Il pubblico ministero forma il fascicolo per il dibattimento e lo trasmette al giudice con il decreto di citazione immediatamente dopo la notificazione.*».

554. Atti urgenti (1).

1. Il giudice per le indagini preliminari è competente ad assumere gli atti urgenti a norma dell'articolo 467 e provvede sulle misure cautelari fino a quando il decreto, unitamente al fascicolo per il dibattimento, non è trasmesso al giudice a norma dell'articolo 553, comma 1.

(1) L'intero libro VIII, originariamente composto dagli artt. da 549 a 567, è stato così sostituito, con gli attuali artt. da 549 a 559, secondo quanto previsto dall'art. 44, l. 16.12.1999, n. 479.
Il testo previgente dell'art. 554 così disponeva: «*Chiusura delle indagini preliminari.*
1. Concluse le indagini, il pubblico ministero trasmette gli atti al giudice per le indagini preliminari con richiesta di archiviazione o di decreto penale di condanna ovvero emette decreto di citazione a giudizio.
2. Il giudice, se non accoglie la richiesta di archiviazione, restituisce con ordinanza gli atti al pubblico ministero, disponendo che, entro dieci giorni, questi formuli l'imputazione ai fini degli adempimenti previsti agli articoli 555 e seguenti. L'ordinanza è comunicata al procuratore generale presso la corte di appello. Si applicano le disposizioni dell'articolo 412.
3. La richiesta di decreto penale di condanna, contenente la formulazione dell'imputazione, deve essere presentata entro il termine previsto dall'articolo 553 comma 1.
4. Il decreto di citazione a giudizio è depositato dal pubblico ministero nella segreteria unitamente al fascicolo contenente la documentazione, gli atti e le cose indicate nell'articolo 416comma 2».
Rispetto a questa formulazione la Corte cost., con sent. 12.10.1990, n. 445, ha dichiarato, fra l'altro, l'illegittimità dell'art. 554, co. 2, c.p.p., nella parte in cui non prevede che, di fronte ad una ricerca di archiviazione presentata per infondatezza della notizia di reato, il giudice per le indagini preliminari presso la pretura circondariale, se ritiene necessarie ulteriori indagini, le indichi con ordinanza al pubblico ministero, fissando il termine indispensabile per il loro compimento.

554 bis. Udienza di comparizione predibattimentale a seguito di citazione diretta (1).

1. L'udienza di comparizione predibattimentale si svolge in camera di consiglio con la partecipazione necessaria del pubblico ministero e del difensore dell'imputato.

2. Il giudice procede agli accertamenti relativi alla costituzione delle parti, ordinando la rinnovazione degli avvisi, delle citazioni, delle comunicazioni e delle notificazioni di cui dichiara la nullità. Se l'imputato non è presente si applicano le disposizioni di cui agli articoli 420, 420-*bis*, 420-*ter*, 420-*quater*, 420-*quinquies* e 420-*sexies*.

3. Le questioni indicate nell'articolo 491, commi 1 e 2, o quelle che la legge prevede siano proposte entro i termini di cui all'articolo 491, comma 1, sono precluse se non proposte subito dopo compiuto, per la prima volta, l'accertamento della costituzione delle parti e sono decise immediatamente. Esse non possono essere riproposte nell'udienza dibattimentale. Si applicano i commi 3, 4 e 5 dell'articolo 491.

4. Il giudice, quando il reato è perseguibile a querela, verifica se il querelante, ove presente, è disposto a rimettere la querela e il querelato ad accettare la remissione.

5. In caso di violazione della disposizione di cui all'articolo 552, comma 1, lettera c), il giudice, anche d'ufficio, sentite le parti, invita il pubblico ministero a riformulare l'imputazione e, ove lo stesso non vi provveda, dichiara, con ordinanza, la nullità dell'imputazione e dispone la restituzione degli atti al pubblico ministero.

6. Al fine di consentire che il fatto, la definizione giuridica, le circostanze aggravanti e quelle che possono comportare l'applicazione di misure di sicurezza, siano indicati in termini corrispondenti a quanto emerge dagli atti, il giudice, anche d'ufficio, sentite le parti, invita il pubblico ministero ad apportare le necessarie modifiche e, ove lo stesso non vi provveda, dispone, con ordinanza, la restituzione degli atti al pubblico ministero. Quando il pubblico ministero modifica l'imputazione, procede alla relativa contestazione e la modifica dell'imputazione è inserita nel verbale di udienza. Quando l'imputato non è presente in aula, neppure mediante collegamento a distanza, il giudice sospende il processo, rinvia a una nuova udienza e dispone che il verbale sia notificato all'imputato entro un termine non inferiore a dieci giorni dalla data della nuova udienza.

7. Se, a seguito della modifica dell'imputazione, il reato risulta attribuito alla cognizione del tribunale in composizione collegiale anziché monocratica, l'inosservanza delle disposizioni sulla composizione del giudice è rilevata o eccepita, a pena di decadenza, immediatamente dopo la nuova contestazione ovvero, nel caso indicato nell'ultimo periodo del comma 6, prima del compimento di ogni altro atto nella nuova udienza fissata a norma del medesimo comma. Se, a seguito della modifica, risulta un reato per il quale è prevista l'udienza preliminare e questa non si è tenuta, la relativa eccezione è proposta, a pena di decadenza, entro gli stessi termini indicati nel periodo che precede.

8. Il verbale dell'udienza predibattimentale è redatto in forma riassuntiva a norma dell'articolo 140, comma 2.

(1) Articolo introdotto dall'art. 32, co. 1, lett. d), d.lgs. 10.10.2022, n. 150, a decorrere dal 30.12.2022. L'art. 89 bis, co. 1, del d.lgs. n. 150/2022, introdotto dall'art. 5 octies, co. 1, d.l. n. 162/2022, ha così disposto: «*1. Le disposizioni di cui all'articolo 32, comma 1, lettera d), relative all'udienza di comparizione predibattimentale a seguito di citazione diretta, si applicano nei procedimenti penali nei quali il decreto di citazione a giudizio è emesso in data successiva a quella di entrata in vigore del presente decreto.*».

554 ter. Provvedimenti del giudice [1].

1. Se, sulla base degli atti trasmessi ai sensi dell'articolo 553, sussiste una causa che estingue il reato o per la quale l'azione penale non doveva essere iniziata o non deve essere proseguita, se risulta che il fatto non è previsto dalla legge come reato ovvero che il fatto non sussiste o che l'imputato non lo ha commesso o che il fatto non costituisce reato o che l'imputato non è punibile per qualsiasi causa, il giudice pronuncia sentenza di non luogo a procedere. Il giudice pronuncia sentenza di non luogo a procedere anche quando gli elementi acquisiti non consentono una ragionevole previsione di condanna. Si applicano, in quanto compatibili, le disposizioni di cui agli articoli 424, commi 2, 3 e 4, 425, comma 2, 426 e 427. Il giudice non può pronunciare sentenza di non luogo a procedere se ritiene che dal proscioglimento dovrebbe conseguire l'applicazione di una misura di sicurezza diversa dalla confisca [2].

2. L'istanza di giudizio abbreviato, di applicazione della pena a norma dell'articolo 444, di sospensione del processo con messa alla prova, nonché la domanda di oblazione sono proposte, a pena di decadenza, prima della pronuncia della sentenza di cui al comma 1. Entro lo stesso termine, quando l'imputato e il pubblico ministero concordano l'applicazione di una pena sostitutiva di cui all'articolo 53 della legge 24 novembre 1981, n. 689, il giudice, se non è possibile decidere immediatamente, sospende il processo e fissa una apposita udienza non oltre sessanta giorni, dandone contestuale avviso alle parti e all'ufficio di esecuzione penale esterna competente. Si applica, in quanto compatibile, l'articolo 545-*bis*, comma 2.

3. Se non sussistono le condizioni per pronunciare sentenza di non luogo a procedere e in assenza di definizioni alternative di cui al comma 2, il giudice fissa per la prosecuzione del giudizio la data dell'udienza dibattimentale davanti ad un giudice diverso e dispone la restituzione del fascicolo del pubblico ministero.

4. Tra la data del provvedimento e la data fissata per l'udienza dibattimentale deve intercorrere un termine non inferiore a venti giorni.

(1) Articolo introdotto dall'art. 32, co. 1, lett. d), d.lgs. 10.10.2022, n. 150, a decorrere dal 30.12.2022. L'art. 89 bis, co. 1, del d.lgs. n. 150/2022, introdotto dall'art. 5 octies, co. 1, d.l. n. 162/2022, ha così disposto: «*1. Le disposizioni di cui all'articolo 32, comma 1, lettera d), relative all'udienza di comparizione predibattimentale a seguito di citazione diretta, si applicano nei procedimenti penali nei quali il decreto di citazione a giudizio è emesso in data successiva a quella di entrata in vigore del presente decreto.*».

(2) Comma così modificato dall'art. 2, co. 1, lett. v), d.lgs. 19.3.2024, n. 31, a decorrere dal 4.4.2024.
Il testo previgente così disponeva: «*1. Se, sulla base degli atti trasmessi ai sensi dell'articolo 553, sussiste una causa che estingue il reato o per la quale l'azione penale non doveva essere iniziata o non deve essere proseguita, se risulta che il fatto non è previsto dalla legge come reato ovvero che il fatto non sussiste o che l'imputato non lo ha commesso o che il fatto non costituisce reato o che l'imputato non è punibile per qualsiasi causa, il giudice pronuncia sentenza di non luogo a procedere. Il giudice pronuncia sentenza di non luogo a procedere anche quando gli elementi acquisiti non consentono una ragionevole previsione di condanna. Si applicano, in quanto compatibili, le disposizioni di cui agli articoli 425, comma 2, 426 e 427. Il giudice non può pronunciare sentenza di non luogo a procedere se ritiene che dal proscioglimento dovrebbe conseguire l'applicazione di una misura di sicurezza diversa dalla confisca.*».

554 quater. Impugnazione della sentenza di non luogo a procedere [1].

1. Contro la sentenza di non luogo a procedere possono proporre appello:

a) il procuratore della Repubblica e il procuratore generale nei casi di cui all'articolo 593-*bis*, comma 2;
b) l'imputato, salvo che con la sentenza sia stato dichiarato che il fatto non sussiste o che l'imputato non lo ha commesso.

2. La persona offesa può proporre appello nei soli casi di nullità previsti dall'articolo 552, comma 3.

3. Sull'impugnazione la corte di appello decide in camera di consiglio con le forme previste dall'articolo 127. In caso di appello del pubblico ministero, la corte, se non conferma la sentenza, fissa la data per l'udienza dibattimentale davanti ad un giudice diverso da quello che ha pronunciato la sentenza o pronuncia sentenza di non luogo a procedere con formula meno favorevole all'imputato. In caso di appello dell'imputato, la corte, se non conferma la sentenza, pronuncia sentenza di non luogo a procedere con formula più favorevole all'imputato.

4. Contro la sentenza di non luogo a procedere pronunciata in grado di appello possono ricorrere per cassazione l'imputato e il procuratore generale solo per i motivi di cui alle lettere a), b) e c) del comma 1 dell'articolo 606.

5. Sull'impugnazione la Corte di cassazione decide in camera di consiglio con le forme previste dall'articolo 611.

6. Sono inappellabili le sentenze di non luogo a procedere relative a reati puniti con la sola pena pecuniaria o con pena alternativa.

(1) Articolo introdotto dall'art. 32, co. 1, lett. d), d.lgs. 10.10.2022, n. 150, a decorrere dal 30.12.2022. L'art. 89 bis, co. 1, del d.lgs. n. 150/2022, introdotto dall'art. 5 octies, co. 1, d.l. n. 162/2022, ha così disposto: «*1. Le disposizioni di cui all'articolo 32, comma 1, lettera d), relative all'udienza di comparizione predibattimentale a seguito di citazione diretta, si applicano nei procedimenti penali nei quali il decreto di citazione a giudizio è emesso in data successiva a quella di entrata in vigore del presente decreto.*».

554 quinquies. Revoca della sentenza di non luogo a procedere [(1)].

1. Se dopo la pronuncia della sentenza di non luogo a procedere sopravvengono o si scoprono nuove fonti di prova che, da sole o unitamente a quelle già acquisite, possono determinare l'utile svolgimento del giudizio, il giudice su richiesta del pubblico ministero dispone la revoca della sentenza.

2. Con la richiesta di revoca il pubblico ministero trasmette alla cancelleria del giudice gli atti relativi alle nuove fonti di prova.

3. Il giudice, se non dichiara inammissibile la richiesta, designa un difensore all'imputato che ne sia privo, fissa la data dell'udienza in camera di consiglio e ne fa dare avviso al pubblico ministero, all'imputato, al difensore, alla persona offesa e alle altre parti costituite. Il procedimento si svolge nelle forme previste dall'articolo 127.

4. Sulla richiesta il giudice provvede con ordinanza e quando revoca la sentenza di non luogo a procedere fissa la data dell'udienza per la prosecuzione del giudizio ai sensi dell'articolo 554-*ter*, commi 3 e 4. In questo caso, le istanze di cui all'articolo 554-*ter*, comma 2, sono proposte, a pena di decadenza, prima dell'apertura del dibattimento.

5. Si applica l'articolo 437.

(1) Articolo introdotto dall'art. 32, co. 1, lett. d), d.lgs. 10.10.2022, n. 150, a decorrere dal 30.12.2022. L'art. 89 bis, co. 1, del d.lgs. n. 150/2022, introdotto dall'art. 5 octies, co. 1, d.l. n. 162/2022, ha così disposto: «*1. Le disposizioni di cui all'articolo 32, comma 1, lettera d), relative all'udienza di comparizione predibattimentale a seguito di citazione diretta, si applicano nei procedimenti penali nei quali il decreto di citazione a giudizio è emesso in data successiva a quella di entrata in vigore del presente decreto.*».

555. Udienza dibattimentale a seguito della citazione diretta [(1) (2)].

1. Almeno sette giorni prima della data fissata per l'udienza dibattimentale, le parti devono, a pena di inammissibilità, depositare in cancelleria le liste dei testimoni, periti o consulenti tecnici nonché delle persone indicate nell'articolo 210 di cui intendono chiedere l'esame [(3)].

[**2.** Prima della dichiarazione di apertura del dibattimento, l'imputato o il pubblico ministero può presentare la richiesta prevista dall'articolo 444, comma 1; l'imputato, inoltre, può richiedere il giudizio abbreviato o presentare domanda di oblazione [(4)].]

[**3.** Il giudice, quando il reato è perseguibile a querela, verifica se il querelante è disposto a rimettere la querela e il querelato ad accettare la remissione [(4)].]

4. Le parti, dopo la dichiarazione di apertura del dibattimento, indicano i fatti che intendono provare e chiedono l'ammissione delle prove, illustrandone esclusivamente l'ammissibilità, ai sensi degli articoli 189 e 190, comma 1; inoltre, le parti possono concordare l'acquisizione al fascicolo per il dibattimento di atti contenuti nel fascicolo del pubblico ministero, nonché della documentazione relativa all'attività di investigazione difensiva [(5)].

5. Per tutto ciò che non è espressamente previsto si osservano le disposizioni contenute nel libro settimo, in quanto compatibili.

(1) L'intero libro VIII, originariamente composto dagli artt. da 549 a 567, è stato così sostituito, con gli attuali artt. da 549 a 559, secondo quanto previsto dall'art. 44, l. 16.12.1999, n. 479.
Il testo dell'art. 555, come modificato dall'art. 2, l. 16.7.1997, n. 234 e dall'art. 192, d.lgs. 19.2.1998, n. 51, con effetto dal 2.6.1999, secondo quanto disposto dall'art. 247, dello stesso decreto, come modificato dall'art. 1, l. 16.6.1998, n. 188, così disponeva: «*Decreto di citazione a giudizio.*
1. Il decreto di citazione a giudizio contiene:
a) le generalità dell'imputato o le altre indicazioni personali che valgono a identificarlo nonché le generalità delle altre parti private, con l'indicazione dei difensori;
b) l'indicazione della persona offesa, qualora risulti identificata;
c) l'enunciazione del fatto, delle circostanze aggravanti e di quelle che possono comportare l'applicazione di misure di sicurezza, con l'indicazione dei relativi articoli di legge;
d) l'indicazione del giudice competente per il giudizio nonché del luogo, del giorno e dell'ora della comparizione, con l'avvertimento all'imputato che non comparendo sarà giudicato in contumacia;
e) l'avviso che, qualora ne ricorrano i presupposti, l'imputato può chiedere, mediante richiesta depositata nell'ufficio del pubblico ministero entro quindici giorni dalla notificazione, il giudizio abbreviato ovvero l'applicazione della pena a norma dell'articolo 444 ovvero presentare domanda di oblazione;
f) l'avviso che l'imputato ha facoltà di nominare un difensore di fiducia e che, in mancanza, sarà assistito dal difensore d'ufficio;
g) l'avviso che il fascicolo relativo alle indagini preliminari è depositato nella segreteria del pubblico ministero e che le parti e i loro difensori hanno facoltà di prenderne visione e di estrarne copia;
h) la data e la sottoscrizione del pubblico ministero e dell'ausiliario che lo assiste.
2. Il decreto è nullo se non è preceduto dall'invito a presentarsi per rendere l'interrogatorio ai sensi dell'articolo 375, comma 3, ovvero se l'imputato non è identificato in modo certo ovvero se manca o è insufficiente l'indicazione di uno dei requisiti previsti dal comma 1 lettere c), d), f).
3. Il decreto è notificato all'imputato e al suo difensore almeno quarantacinque giorni prima della data fissata per il giudizio».
Rispetto a questa formulazione la Corte cost., con sent. 11.12.1995, n. 497, ha dichiarato l'illegittimità del secondo comma nella parte in cui non prevede la nullità del decreto di citazione a giudizio per mancanza o insufficiente indicazione del requisito previsto dal co. 1, lett. e).

(2) Rubrica così modificata dall'art. 32, co. 1, lett. e), n. 1), d.lgs. 10.10.2022, n. 150, a decorrere dal 30.12.2022.
Il testo precedente così riportava: «*Udienza di comparizione a seguito della citazione diretta*».

(3) Comma così modificato dall'art. 32, co. 1, lett. e), n. 2), d.lgs. 10.10.2022, n. 150, a decorrere dal 30.12.2022.
Il testo previgente così disponeva: «*1. Almeno sette giorni prima della data fissata per l'udienza di comparizione, le parti devono, a pena di inammissibilità, depositare in cancelleria le liste dei testimoni, periti o consulenti tecnici nonché delle persone indicate nell'articolo 210 di cui intendono chiedere l'esame.*».

(4) Comma abrogato dall'art. 98, co. 1, lett. a), d.lgs. 10.10.2022, n. 150, a decorrere dal 30.12.2022.

(5) Comma così modificato dall'art. 32, co. 1, lett. e), n. 3), d.lgs. 10.10.2022, n. 150, a decorrere dal 30.12.2022.
Il testo previgente così disponeva: «*4. Se deve procedersi al giudizio, le parti, dopo la dichiarazione di apertura del dibattimento, indicano i fatti che intendono provare e chiedono l'ammissione delle prove; inoltre, le parti possono concordare l'acquisizione al fascicolo per il dibattimento di atti contenuti nel fascicolo del pubblico ministero, nonché della documentazione relativa all'attività di investigazione difensiva.*».

TITOLO III
Procedimenti speciali [1]

556. Giudizio abbreviato e applicazione della pena su richiesta [2].

1. Per il giudizio abbreviato e per l'applicazione della pena su richiesta si osservano, rispettivamente, le disposizioni dei titoli I e II del libro sesto, in quanto applicabili.

2. Se manca l'udienza preliminare, si applicano, secondo i casi, le disposizioni degli articoli 555, comma 2, 557 e 558, comma 8. Si osserva altresì, in quanto applicabile, la disposizione dell'articolo 441-*bis*; nel caso di cui al comma 4 di detto articolo, il giudice, revocata l'ordinanza con cui era stato disposto il giudizio abbreviato, fissa l'udienza per il giudizio.

(1) L'intero libro VIII, originariamente composto dagli artt. da 549 a 567, è stato così sostituito, con gli attuali artt. da 549 a 559, dall'art. 44, l. 16.12.1999, n. 479.

(2) L'intero libro VIII, originariamente composto dagli artt. da 549 a 567, è stato così sostituito, con gli attuali artt. da 549 a 559, dall'art. 44, l. 16.12.1999, n. 479. Successivamente l'art. 2 nonies, d.l. 7.4.2000, n. 82, nel testo integrato dalla relativa legge di conversione 5.6.2000, n. 144, ha aggiunto un periodo al co. 2 del presente articolo.

Il testo dell'art. 556, prima della modifica del 1999, così disponeva: «*Consenso anticipato del pubblico ministero.*

1. Il pubblico ministero, quando ritiene che può procedersi al giudizio abbreviato ovvero alla applicazione della pena a norma dell'articolo 444, indica nel decreto di citazione il rito per il quale intende prestare il consenso. Avvisa inoltre l'imputato che può chiedere la definizione anticipata del procedimento entro quindici giorni dalla notificazione e che, in caso di mancata richiesta, deve comparire all'udienza fissata per il giudizio nel decreto di citazione.

2. Se l'imputato formula la richiesta entro il termine previsto dal comma 1, il pubblico ministero trasmette gli atti al giudice per le indagini preliminari e avvisa l'imputato e il suo difensore della data fissata per l'udienza. L'avviso è notificato a cura del pubblico ministero alla persona offesa almeno cinque giorni prima della data fissata per l'udienza».

557. Procedimento per decreto [1].

1. Con l'atto di opposizione l'imputato chiede al giudice di emettere il decreto di citazione a giudizio ovvero chiede il giudizio abbreviato o l'applicazione della pena a norma dell'articolo 444o presenta domanda di oblazione.

2. Nel giudizio conseguente all'opposizione, l'imputato non può chiedere il giudizio abbreviato o l'applicazione della pena su richiesta, né presentare domanda di oblazione. In ogni caso, il giudice revoca il decreto penale di condanna.

3. Si osservano le disposizioni del titolo V del libro sesto, in quanto applicabili.

(1) L'intero libro VIII, originariamente composto dagli artt. da 549 a 567, è stato così sostituito, con gli attuali artt. da 549 a 559, secondo quanto previsto dall'art. 44, l. 16.12.1999, n. 479.

Il testo previgente dell'art. 557 così disponeva: «*Richiesta di definizione anticipata del procedimento. 1. Se entro il termine previsto dall'articolo 555 comma 1 lettera e), l'imputato presenta richiesta di giudizio abbreviato o di applicazione della pena a norma dell'articolo 444 ovvero domanda di oblazione, il pubblico ministero provvede sulla richiesta entro cinque giorni e, se presta il consenso, trasmette gli atti al giudice per le indagini preliminari a norma dell'articolo 556 comma 2*».

558. Convalida dell'arresto e giudizio direttissimo [1].

1. Gli ufficiali o gli agenti di polizia giudiziaria che hanno eseguito l'arresto in flagranza o che hanno avuto in consegna l'arrestato lo conducono direttamente davanti al giudice del dibattimento per la convalida dell'arresto e il contestuale giudizio, sulla base della imputazione formulata dal pubblico ministero. In tal caso citano anche oralmente la persona offesa e i testimoni e avvisano il difensore di fiducia o, in mancanza, quello designato di ufficio a norma dell'articolo 97, comma 3.

2. Quando il giudice non tiene udienza, gli ufficiali o gli agenti di polizia giudiziaria che hanno eseguito l'arresto o che hanno avuto in consegna l'arrestato gliene danno immediata notizia e presentano l'arrestato all'udienza che il giudice fissa entro quarantotto ore dall'arresto. Non si applica la disposizione prevista dall'articolo 386, comma 4.

3. Il giudice al quale viene presentato l'arrestato autorizza l'ufficiale o l'agente di polizia giudiziaria a una relazione orale e quindi sente l'arrestato per la convalida dell'arresto.

4. Se il pubblico ministero ordina che l'arrestato in flagranza sia posto a sua disposizione, lo può presentare direttamente all'udienza, in stato di arresto, per la convalida e il contestuale giudizio, entro quarantotto ore dall'arresto. Si applicano al giudizio di convalida le disposizioni dell'art. 391, in quanto compatibili [2].

4 bis. Salvo quanto previsto dal comma 4-*ter*, nei casi di cui ai commi 2 e 4 il pubblico ministero dispone che l'arrestato sia custodito in uno dei luoghi indicati nel comma 1 dell'articolo 284. In caso di mancanza, indisponibilità o inidoneità di tali luoghi, o quando essi sono ubicati fuori dal circondario in cui è stato eseguito l'arresto, o in caso di pericolosità dell'arrestato, il pubblico ministero dispone che sia custodito presso idonee strutture nella disponibilità degli ufficiali o agenti di polizia giudiziaria che hanno eseguito l'arresto o che hanno avuto in consegna l'arrestato. In caso di mancanza, indisponibilità o inidoneità di tali strutture, o se ricorrono altre specifiche ragioni di necessità o di urgenza, il pubblico ministero dispone con decreto motivato che l'arrestato sia condotto nella casa circondariale del luogo dove l'arresto è stato eseguito ovvero, se ne possa derivare grave pregiudizio per le indagini, presso altra casa circondariale vicina [3].

4 ter. Nei casi previsti dall'articolo 380, comma 2, lettere e-*bis*) ed f), il pubblico ministero dispone che l'arrestato sia custodito presso idonee strutture nella disponibilità degli ufficiali o agenti di polizia giudiziaria che hanno eseguito l'arresto o che hanno avuto in consegna l'arrestato. Si applica la disposizione di cui al comma 4-*bis*, terzo periodo [4].

5. Se l'arresto non è convalidato, il giudice restituisce gli atti al pubblico ministero. Il giudice procede tuttavia a giudizio direttissimo quando l'imputato e il pubblico ministero vi consentono.

6. Se l'arresto è convalidato a norma dei commi precedenti, si procede immediatamente al giudizio [5].

7. L'imputato ha facoltà di chiedere un termine per preparare la difesa non superiore a cinque giorni. Quando l'imputato si avvale di tale facoltà, il dibattimento è sospeso fino all'udienza immediatamente successiva alla scadenza del termine [6].

8. Subito dopo l'udienza di convalida, l'imputato può formulare richiesta di giudizio abbreviato ovvero di applicazione della pena su richiesta. In tal caso il giudizio si svolge davanti allo stesso giudice del dibattimento. Si applicano le disposizioni dell'articolo 452, comma 2 [6].

9. Il pubblico ministero può, altresì, procedere al giudizio direttissimo nei casi previsti dall'articolo 449, commi 4 e 5.

(1) L'intero libro VIII, originariamente composto dagli artt. da 549 a 567, è stato così sostituito, con gli attuali artt. da 549 a 559, secondo quanto previsto dall'art. 44, l. 16.12.1999, n. 479. L'art. 12 bis, d.l. 8.6.1992, n. 306, come modificato dall'art. 51, l. 16.12.1999, n. 479, così dispone: «*Per i reati concernenti le armi e gli esplosivi, il pubblico ministero procede al giudizio direttissimo anche fuori dei casi previsti dagli articoli 449 e 558 del codice di procedura penale, salvo che siano necessarie speciali indagini*».
Il testo previgente dell'art. 558 – come modificato dall'art. 193, d.lgs. 19.2.1998, n. 51, con effetto dal 2.6.1999, secondo quanto disposto dall'art. 247 dello stesso decreto – così disponeva: «*Trasmissione degli atti al giudice del dibattimento.*
1. Se entro il termine indicato negli articoli 555 comma 1 lettera e) e 556 comma 1, l'imputato non presenta richiesta di definizione anticipata del procedimento ovvero se il pubblico ministero non presta il proprio consenso, il pubblico ministero forma il fascicolo per il dibattimento, lo trasmette al giudice unitamente al decreto di citazione a giudizio e dispone la citazione della persona offesa.
2. La citazione della persona offesa è notificata almeno cinque giorni prima della data dell'udienza indicata nel decreto di citazione.
3. Il giudice, se non deve applicare la disposizione prevista dall'articolo 469, procede al dibattimento a norma dell'articolo 567».

(2) Comma così sostituito dalla lett. a) del co. 1 dell'art. 1, d.l. 22.12.2011, n. 211, conv., con modif., dalla l. 17.2.2012, n. 9.
Il testo previgente così disponeva: «*Se il pubblico ministero ordina che l'arrestato in flagranza sia posto a sua disposizione a norma dell'articolo 386, lo può presentare direttamente all'udienza, in stato di arresto, per la convalida e il contestuale giudizio, entro quarantotto ore dall'arresto. Se il giudice non tiene udienza, la fissa a richiesta del pubblico ministero, al più presto e comunque entro le successive quarantotto ore. Si applicano al giudizio di convalida le disposizioni dell'articolo 391, in quanto compatibili*».

(3) Comma introdotto dalla lett. b) del co. 1 dell'art. 1, d.l. 22.12.2011, n. 211, conv., con modif., dalla l. 17.2.2012, n. 9.
Il testo antecedente alla conversione in legge del d.l. n. 211/2011 così disponeva: «4-bis. *Nei casi di cui ai commi 2 e 4, l'arrestato non può essere condotto nella casa circondariale del luogo dove l'arresto è stato eseguito, né presso altra casa circondariale, salvo che il pubblico ministero non lo disponga, con decreto motivato, per la mancanza o indisponibilità di altri idonei luoghi di custodia nel circondario in cui è stato eseguito l'arresto, per motivi di salute della persona arrestata o per altre specifiche ragioni di necessità.*».

(4) Comma introdotto dalla lett. b) del co. 1 dell'art. 1, d.l. 22.12.2011, n. 211, conv., con modif., dalla l. 17.2.2012, n. 9.

(5) Comma così modificato dall'art. 3, co. 4, l. 24.5.2023, n. 60, a decorrere dal 16.6.2023.
Il testo previgente così disponeva: «*6. Se l'arresto è convalidato a norma dei commi precedenti, si procede immediatamente al giudizio.*».

(6) La Corte cost., con sent. 2.12.2022, n. 243, ha dichiarato l'illegittimità costituzionale degli artt. 451, co. 5 e 6, e 558, co. 7 e 8, c.p.p., in quanto interpretati nel senso che la concessione del termine a difesa nel giudizio direttissimo preclude all'imputato di formulare, nella prima udienza successiva allo spirare del termine, la richiesta di giudizio abbreviato o di applicazione della pena su richiesta ai sensi dell'art. 444 c.p.p.

558 bis. Giudizio immediato [1].

1. Per il giudizio immediato si osservano le disposizioni del titolo IV del libro sesto, in quanto compatibili.

2. Nel caso di emissione del decreto di giudizio immediato non si procede all'udienza predibattimentale prevista dall'articolo 554-*bis*.

(1) Articolo introdotto dall'art. 32, co. 1, lett. f), d.lgs. 10.10.2022, n. 150, a decorrere dal 30.12.2022.

TITOLO IV
Dibattimento [1]

559. Dibattimento [2].

1. Il dibattimento si svolge secondo le norme stabilite per il procedimento davanti al tribunale in composizione collegiale, in quanto applicabili.

2. Anche fuori dei casi previsti dall'articolo 140, il verbale di udienza è redatto soltanto in forma riassuntiva se le parti vi consentono e il giudice non ritiene necessaria la redazione in forma integrale.

3. L'esame diretto e il controesame dei testimoni, dei periti, dei consulenti tecnici, delle persone indicate nell'articolo 210 e delle parti private sono svolti dal pubblico ministero e dai difensori. Su concorde richiesta delle parti, l'esame può essere condotto direttamente dal giudice sulla base delle domande e contestazioni proposte dal pubblico ministero e dai difensori.

4. In caso di impedimento del giudice, la sentenza è sottoscritta dal presidente del tribunale previa menzione della causa della sostituzione.

(1) L'intero libro VIII, originariamente composto dagli artt. da 549 a 567, è stato così sostituito, con gli attuali artt. da 549 a 559, dall'art. 44, l. 16.12.1999, n. 479.

(2) L'intero libro VIII, originariamente composto dagli artt. da 549 a 567, è stato così sostituito, con gli attuali artt. da 549 a 559, dall'art. 44, l. 16.12.1999, n. 479. Il testo previgente dell'art. 559 – in cui l'originario termine «*pretore*» era stato sostituito con la parola «*giudice*», dall'art. 194, d.lgs. 19.2.1998, n. 51, con effetto dal 2.6.1999, secondo quanto disposto dall'art. 247 dello stesso decreto, come modificato dall'art. 1, l. 16.6.1998, n. 188 – così disponeva: «*Atti urgenti. 1. Il giudice per le indagini preliminari è competente ad assumere gli atti urgenti a norma dell'articolo 467 e provvede sulle misure cautelari fino a quando il decreto, unitamente al fascicolo per il dibattimento, non è trasmesso al giudice a norma dell'articolo 558 comma 1*».

560. [Giudizio abbreviato.]

... [1]

(1) L'intero libro VIII, originariamente composto dagli artt. da 549 a 567, è stato così sostituito, con gli attuali artt. da 549 a 559, dall'art. 44, l. 16.12.1999, n. 479.
Il testo dell'art. 560, antecedente a quest'ultima modifica, cui era premesso il titolo: «*Titolo IV – Definizione del procedimento*», così disponeva: «*Giudizio abbreviato.*

1. Nel corso delle indagini preliminari ovvero nel termine di quindici giorni dalla notifica del decreto di citazione a giudizio, l'imputato può formulare richiesta di giudizio abbreviato.
2. Sulla richiesta formulata nel corso delle indagini preliminari, il pubblico ministero provvede entro cinque giorni e, se presta il consenso, emette decreto di citazione a giudizio e trasmette gli atti al giudice per le indagini preliminari.
3. Il decreto di citazione a giudizio contiene le indicazioni previste dall'articolo 555 comma 1 lettere a), b), c), f), g), h), nonché l'indicazione del giudice per le indagini preliminari competente per il giudizio e del luogo, del giorno e dell'ora della comparizione.
4. Il decreto di citazione è notificato all'imputato e alla persona offesa almeno cinque giorni prima della data fissata per l'udienza. Entro il medesimo termine, è notificato al difensore dell'imputato avviso della data dell'udienza».

561. [Udienza per il giudizio abbreviato.]

... (1)

(1) L'intero libro VIII, originariamente composto dagli artt. da 549 a 567, è stato così sostituito, con gli attuali artt. da 549 a 559, dall'art. 44, l. 16.12.1999, n. 479.
Il testo dell'art. 561, antecedente a quest'ultima modifica, così disponeva: «*Udienza per il giudizio abbreviato.*
1. L'udienza si svolge in camera di consiglio a norma dell'articolo 420.
2. Il giudice sente la persona offesa e l'imputato, se comparsi. Successivamente il pubblico ministero e i difensori formulano e illustrano le rispettive conclusioni utilizzando gli atti contenuti nel fascicolo depositato a norma dell'articolo 554 comma 4.
3. Se il giudice ritiene di potere decidere allo stato degli atti, provvede a norma dell'articolo 442. Contro la sentenza può essere proposto appello nei limiti previsti dall'articolo 443».

562. [Trasformazione del rito.]

... (1)

(1) L'intero libro VIII, originariamente composto dagli artt. da 549 a 567, è stato così sostituito, con gli attuali artt. da 549 a 559, dall'art. 44, l. 16.12.1999, n. 479.
Il testo dell'art. 562, antecedente a quest'ultima modifica – in cui la parola «*pretore*» è stata sostituita da «*giudice del dibattimento*», secondo quanto disposto dall'art. 195, d.lgs. 19.2.1998, n. 51, con effetto dal 2.6.1999 –, così disponeva: «*Trasformazione del rito.*
1. Nel corso dell'udienza, il giudice, se ritiene di non potere decidere allo stato degli atti, li restituisce al pubblico ministero, il quale contestualmente emette altro decreto di citazione a giudizio, fissando l'udienza davanti al giudice del dibattimento per una data non successiva a venti giorni da quella della restituzione degli atti.
2. Il decreto di citazione non contiene le indicazioni previste dall'articolo 555 comma 1 lettere e), f) e g).
3. La lettura del decreto equivale a notificazione per le parti presenti. Il decreto è notificato alle parti non presenti almeno cinque giorni prima della data dell'udienza».

563. [Applicazione della pena su richiesta.]

... (1)

(1) L'intero libro VIII, originariamente composto dagli artt. da 549 a 567, è stato così sostituito, con gli attuali artt. da 549 a 559, dall'art. 44, l. 16.12.1999, n. 479.
Il testo dell'art. 563, antecedente a quest'ultima modifica, così disponeva: «*Applicazione della pena su richiesta.*
1. Si osservano le disposizioni del titolo II del libro VI, in quanto applicabili.
2. Se la richiesta è formulata nel corso delle indagini preliminari, il pubblico ministero, entro cinque giorni, esprime consenso o dissenso. Se presta il consenso, formula l'imputazione e trasmette gli atti al giudice per le indagini preliminari, fissando la data dell'udienza. Del luogo, del giorno e dell'ora dell'udienza è notificato avviso all'imputato, al difensore e alla persona offesa almeno cinque giorni prima.
3. Se non sussistono le condizioni per l'applicazione della pena su richiesta, il giudice e il pubblico ministero provvedono a norma dell'articolo 562.
4. Se la richiesta è formulata dopo la scadenza del termine previsto dall'articolo 555 comma 1 lettera e), è competente a decidere il giudice del dibattimento».

564. [Tentativo di conciliazione.]

... (1)

(1) L'intero libro VIII, originariamente composto dagli artt. da 549 a 567, è stato così sostituito, con gli attuali artt. da 549 a 559, dall'art. 44, l. 16.12.1999, n. 479.
Si riporta qui di seguito il testo dell'art. 564, antecedente a quest'ultima modifica, così disponeva: «*Tentativo di conciliazione.*
1. In caso di reati perseguibili a querela, il pubblico ministero, anche prima di compiere atti di indagine preliminare, può citare il querelante e il querelato a comparire davanti a sé al fine di verificare se il querelante è disposto a rimettere la querela e il querelato ad accettare la remissione, avvertendoli che possono farsi assistere dai difensori».

565. [Procedimento per decreto.]

... (1)

(1) L'intero libro VIII, originariamente composto dagli artt. da 549 a 567, è stato così sostituito, con gli attuali artt. da 549 a 559, dall'art. 44, l. 16.12.1999, n. 479.
Il testo dell'art. 565, antecedente a quest'ultima modifica, così disponeva: «*Procedimento per decreto.*
1. Si osservano le disposizioni del titolo V del libro VI.
2. Con l'atto di opposizione l'imputato chiede al giudice di emettere decreto che dispone al giudizio ovvero chiede il giudizio abbreviato o l'applicazione della pena a norma dell'articolo 444».

566. [Convalida dell'arresto e giudizio direttissimo.]

... (1)

(1) L'intero libro VIII, originariamente composto dagli artt. da 549 a 567, è stato così sostituito, con gli attuali artt. da 549 a 559, dall'art. 44, l. 16.12.1999, n. 479.
Il testo dell'art. 566, antecedente a quest'ultima modifica, così disponeva: «*Convalida dell'arresto e giudizio direttissimo.*
1. Gli ufficiali o gli agenti di polizia giudiziaria che hanno eseguito l'arresto in flagranza o che hanno avuto in consegna l'arrestato lo conducono direttamente davanti al giudice del dibattimento per la convalida dell'arresto e il contestuale giudizio, sulla base della imputazione formulata dal pubblico ministero. In tal caso citano anche oralmente la persona offesa e i testimoni e avvisano il difensore di fiducia o, in mancanza, quello designato di ufficio a norma dell'articolo 97 comma 3.
2. Quando il giudice non tiene udienza, gli ufficiali o gli agenti di polizia giudiziaria che hanno eseguito l'arresto o che hanno avuto in consegna l'arrestato, gliene danno immediata notizia e presentano l'arrestato all'udienza che il giudice fissa entro quarantotto ore dall'arresto. Non si applica la disposizione prevista dall'articolo 386 comma 4.
3. Il giudice al quale viene presentato l'arrestato autorizza l'ufficiale o l'agente di polizia giudiziaria a una relazione orale e quindi sente l'arrestato per la convalida dell'arresto.
4. Se il pubblico ministero ordina che l'arrestato in flagranza sia posto a sua disposizione a norma dell'articolo 386, lo può presentare direttamente all'udienza, in stato di arresto, per la convalida e il contestuale giudizio, entro quarantotto ore dall'arresto. Se il giudice non tiene udienza, la fissa, a richiesta del pubblico ministero, al più presto e comunque entro le successive quarantotto ore. Si applicano al giudizio di convalida le disposizioni dell'articolo 391, in quanto compatibili.
5. Se l'arresto non è convalidato, il giudice restituisce gli atti al pubblico ministero. Il giudice procede tuttavia a giudizio direttissimo quando l'imputato e il pubblico ministero vi consentono.
6. Se l'arresto è convalidato a norma dei commi precedenti, si procede immediatamente al giudizio.
7. L'imputato ha facoltà di chiedere un termine per preparare la difesa non superiore a cinque giorni. Quando l'imputato si avvale di tale

facoltà, il dibattimento è sospeso fino all'udienza immediatamente successiva alla scadenza del termine.
8. Subito dopo l'udienza di convalida, l'imputato può formulare richiesta di giudizio abbreviato ovvero di applicazione della pena a norma dell'articolo 444. In tal caso, se vi è consenso del pubblico ministero, il giudizio si svolge davanti allo stesso giudice del dibattimento. Si applicano le disposizioni dell'articolo 452 comma 2.
9. Fuori dei casi previsti dai commi precedenti il pubblico ministero procede a norma del titolo II del presente libro». Rispetto a questa formulazione la Corte cost., con sent. 11.3.1991, n. 102, ha dichiarato l'illegittimità costituzionale dell'art. 566, co. 9, c.p.p., nella parte in cui esclude l'applicabilità dell'art. 449, co. 5, c.p.p. La stessa Corte cost., con sent. 15.4.1992, n. 175, ha dichiarato, l'illegittimità costituzionale dell'art. 566, co. 9, c.p.p., nella parte in cui esclude l'applicabilità al rito pretorile dell'art. 449, co. 4, dello stesso codice.

567. [Dibattimento.]

... (1)

(1) L'intero libro VIII, originariamente composto dagli artt. da 549 a 567, è stato così sostituito, con gli attuali artt. da 549 a 559, dall'art. 44, l. 16.12.1999, n. 479.
Il testo dell'art. 567, antecedente a quest'ultima modifica, così disponeva: «*Dibattimento.*
1. Il dibattimento si svolge secondo le norme previste dai titoli II e III del libro VII, in quanto applicabili.
2. Le liste dei testimoni, periti o consulenti tecnici di cui le parti intendono chiedere l'esame a norma dell'articolo 468 devono, a pena di inammissibilità, essere depositate in cancelleria almeno due giorni prima della data fissata per il dibattimento.
3. Anche fuori dei casi previsti dall'articolo 140, il verbale di udienza è redatto soltanto in forma riassuntiva se le parti vi consentono.
4. Sull'accordo delle parti, l'esame dei testimoni, dei periti, dei consulenti tecnici e delle parti private può essere condotto dal giudice sulla base delle domande e contestazioni proposte dal pubblico ministero e dai difensori.
5. Subito dopo la redazione e la sottoscrizione del dispositivo, il giudice redige anche la motivazione, a meno che questa non risulti di particolare complessità.
6. In caso di impedimento del giudice, la sentenza è sottoscritta dal presidente del tribunale previa menzione della causa della sostituzione».

LIBRO NONO
Impugnazioni

TITOLO I
Disposizioni generali

568. Regole generali.

1. La legge stabilisce i casi nei quali i provvedimenti del giudice sono soggetti a impugnazione [Cost. 111] e determina il mezzo con cui possono essere impugnati [591, comma 1, lett. b].

2. Sono sempre soggetti a ricorso per cassazione, quando non sono altrimenti impugnabili, i provvedimenti con i quali il giudice decide sulla libertà personale e le sentenze, salvo quelle sulla competenza che possono dare luogo a un conflitto di giurisdizione o di competenza a norma dell'articolo 28 [Cost. 111; 309, 310, 311].

3. Il diritto di impugnazione spetta soltanto a colui al quale la legge espressamente lo conferisce. Se la legge non distingue tra le diverse parti, tale diritto spetta a ciascuna di esse.

4. Per proporre impugnazione è necessario avervi interesse [591] (2).

4 bis. Il pubblico ministero propone impugnazione diretta a conseguire effetti favorevoli all'imputato solo con ricorso per cassazione (1).

5. L'impugnazione è ammissibile indipendentemente dalla qualificazione a essa data dalla parte che l'ha proposta. Se l'impugnazione è proposta a un giudice incompetente, questi trasmette gli atti al giudice competente.

(1) Comma introdotto dall'art. 1, co. 1, d.lgs. 6.2.2018, n. 11, a decorrere dal 6.3.2018.
(2) La Corte cost., con sent. 9.5.2022, n. 111, ha dichiarato l'illegittimità costituzionale di questo comma, in quanto interpretato nel senso che è inammissibile, per carenza di interesse ad impugnare, il ricorso per cassazione proposto avverso sentenza di appello che, in fase predibattimentale e senza alcuna forma di contraddittorio, abbia dichiarato non doversi procedere per intervenuta prescrizione del reato.

569. Ricorso immediato per cassazione.

1. La parte che ha diritto di appellare la sentenza di primo grado [593] può proporre direttamente ricorso per cassazione.

2. Se la sentenza è appellata da una delle altre parti, si applica la disposizione dell'articolo 580. Tale disposizione non si applica se, entro quindici giorni dalla notificazione del ricorso [584], le parti che hanno proposto appello dichiarano tutte di rinunciarvi [589] per proporre direttamente ricorso per cassazione. In tale caso, l'appello si converte in ricorso e le parti devono presentare entro quindici giorni dalla dichiarazione suddetta nuovi motivi, se l'atto di appello non aveva i requisiti per valere come ricorso.

3. La disposizione del comma 1 non si applica nei casi previsti dall'articolo 606 comma 1 lettere d) ed e). In tali casi, il ricorso eventualmente proposto si converte in appello.

4. Fuori dei casi in cui nel giudizio di appello si sarebbe dovuta annullare la sentenza di primo grado [604], la corte di cassazione, quando pronuncia l'annullamento con rinvio della sentenza impugnata [623] a norma del comma 1, dispone che gli atti siano trasmessi al giudice competente per l'appello (1).

(1) L'art. 1, l. 19.4.2002, n. 72 ha così stabilito:
«*Art. 1. 1. Il ricorso per cassazione presentato, prima del 4 maggio 2001, contro una sentenza di condanna per delitto per il quale è stata applicata la sola pena della multa o contro sentenze di proscioglimento o di non luogo a procedere relative a delitti puniti con la sola pena della multa o con pena alternativa, si converte in appello, ai sensi dell'articolo 580 del codice di procedura penale, su richiesta della parte che lo ha presentato.*
2. La richiesta di cui al comma 1 è presentata, anche a mezzo telefax, almeno cinque giorni prima della data della prima udienza successiva all'entrata in vigore della presente legge, per la quale vi sia stata regolare notifica a tutte le parti.
3. Nei termini per la presentazione dei motivi aggiunti possono essere presentati nuovi motivi di merito».

570. Impugnazione del pubblico ministero.

1. Il procuratore della Repubblica presso il tribunale e il procuratore generale presso la corte di appello possono proporre impugnazione, nei casi stabiliti dalla legge, quali che siano state le conclusioni del rappresentante del pubblico ministero. Salvo quanto previsto dall'articolo 593-*bis*, comma 2, il procuratore generale può proporre impugnazione nonostante l'impugnazione o l'acquiescenza del pubblico ministero presso il giudice che ha emesso il provvedimento [(1)].

2. L'impugnazione può essere proposta anche dal rappresentante del pubblico ministero che ha presentato le conclusioni.

3. Il rappresentante del pubblico ministero che ha presentato le conclusioni e che ne fa richiesta nell'atto di appello può partecipare al successivo grado di giudizio quale sostituto del procuratore generale presso la corte di appello. La partecipazione è disposta dal procuratore generale presso la corte di appello qualora lo ritenga opportuno. Gli avvisi spettano in ogni caso al procuratore generale.

(1) Comma modificato dall'art. 200, d.lgs. 19.2.1998, n. 51.
Il testo antecedente alla modifica del 2018 così disponeva: «*1. Il procuratore della Repubblica presso il tribunale e il procuratore generale presso la corte di appello possono proporre impugnazione, nei casi stabiliti dalla legge, quali che siano state le conclusioni del rappresentante del pubblico ministero. Il procuratore generale può proporre impugnazione nonostante l'impugnazione o l'acquiescenza del pubblico ministero presso il giudice che ha emesso il provvedimento*».
Il testo antecedente alla modifica del 1998 così disponeva: «*1. Il procuratore della Repubblica presso la pretura, il procuratore della Repubblica presso il tribunale e il procuratore generale presso la corte di appello possono proporre impugnazione, nei casi stabiliti dalla legge, quali che siano state le conclusioni del rappresentante del pubblico ministero. Il procuratore generale può proporre impugnazione nonostante l'impugnazione o l'acquiescenza del pubblico ministero presso il giudice che ha emesso il provvedimento*».

571. Impugnazione dell'imputato.

1. Salvo quanto previsto per il ricorso per cassazione dall'articolo 613, comma 1, l'imputato può proporre impugnazione personalmente o per mezzo di un procuratore speciale nominato anche prima della emissione del provvedimento [(1)].

2. Il tutore per l'imputato soggetto alla tutela e il curatore speciale per l'imputato incapace di intendere o di volere [71, comma 2], che non ha tutore, possono proporre l'impugnazione che spetta all'imputato.

3. Può inoltre proporre impugnazione il difensore dell'imputato al momento del deposito del provvedimento ovvero il difensore nominato a tal fine. [Tuttavia, contro una sentenza contumaciale [487, comma 1], il difensore può proporre impugnazione solo se munito di specifico mandato, rilasciato con la nomina o anche successivamente nelle forme per questa previste] [(2)].

4. L'imputato, nei modi previsti per la rinuncia [589], può togliere effetto all'impugnazione proposta dal suo difensore. Per l'efficacia della dichiarazione nel caso previsto dal comma 2, è necessario il consenso del tutore o del curatore speciale.

(1) Comma così modificato dall'art. 1, co. 54, l. 23.6.2017, n. 103, a decorrere dal 3.8.2017 (art. 1, co. 95, l. n. 103/2017).
Il testo previgente così disponeva: «*1. L'imputato può proporre impugnazione personalmente o per mezzo di un procuratore speciale nominato anche prima della emissione del provvedimento*».
(2) Periodo soppresso dall'art. 46, l. 16.12.1999, n. 479.

572. Richiesta della parte civile o della persona offesa.

1. La parte civile, la persona offesa, anche se non costituita parte civile, e gli enti e le associazioni intervenuti a norma degli articoli 93 e 94, possono presentare richiesta motivata al pubblico ministero di proporre impugnazione a ogni effetto penale.

2. Il pubblico ministero, quando non propone impugnazione, provvede con decreto motivato da notificare al richiedente.

573. Impugnazione per i soli interessi civili.

1. L'impugnazione per gli interessi civili è proposta, trattata e decisa con le forme ordinarie del processo penale [(1)].

1 bis. Quando la sentenza è impugnata per i soli interessi civili, il giudice d'appello e la Corte di cassazione, se l'impugnazione non è inammissibile, rinviano per la prosecuzione, rispettivamente, al giudice o alla sezione civile competente, che decide sulle questioni civili utilizzando le prove acquisite nel processo penale e quelle eventualmente acquisite nel giudizio civile [(2)].

2. L'impugnazione per i soli interessi civili non sospende l'esecuzione delle disposizioni penali del provvedimento impugnato.

(1) Comma così modificato dall'art. 33, co. 1, lett. a), n. 1), d.lgs. 10.10.2022, n. 150, a decorrere dal 30.12.2022.
Il testo previgente così disponeva: «*1. L'impugnazione per i soli interessi civili è proposta, trattata e decisa con le forme ordinarie del processo penale.*».
(2) Comma introdotto dall'art. 33, co. 1, lett. a), n. 2), d.lgs. 10.10.2022, n. 150, a decorrere dal 30.12.2022.

574. Impugnazione dell'imputato per gli interessi civili.

1. L'imputato può proporre impugnazione contro i capi della sentenza che riguardano la sua condanna alle restituzioni e al risarcimento del danno e contro quelli relativi alla rifusione delle spese processuali [538-543].

2. L'imputato può altresì proporre impugnazione contro le disposizioni della sentenza di assoluzione relative alle domande da lui proposte per il risarcimento del danno e per la rifusione delle spese processuali [541, comma 2, 542].

3. L'impugnazione è proposta col mezzo previsto per le disposizioni penali della sentenza.

4. L'impugnazione dell'imputato contro la pronuncia di condanna penale o di assoluzione estende i suoi effetti alla pronuncia di condanna alle restituzioni, al risarcimento dei danni e alla rifusione delle spese processuali, se questa pronuncia dipende dal capo o dal punto impugnato.

575. Impugnazione del responsabile civile e della persona civilmente obbligata per la pena pecuniaria.

1. Il responsabile civile può proporre impugnazione contro le disposizioni della sentenza riguardanti la responsabilità dell'imputato [533] e contro quelle relative alla condanna di questi e del responsabile civile alle restituzioni, al risarcimento del danno e alla rifusione delle spese processuali [538]. L'impugnazione è proposta col mezzo che la legge attribuisce all'imputato.

2. Lo stesso diritto spetta alla persona civilmente obbligata [89, 534] per la pena pecuniaria nel caso in cui sia stata condannata.

3. Il responsabile civile può altresì proporre impugnazione contro le disposizioni della sentenza di assoluzione relative alle domande proposte per il risarcimento del danno e per la rifusione delle spese processuali [530, 541, comma 2, 542, comma 1].

576. Impugnazione della parte civile e del querelante.

1. La parte civile può proporre impugnazione, contro i capi della sentenza di condanna che riguardano l'azione civile [538-541, 600] e, ai soli effetti della responsabilità civile, contro la sentenza di proscioglimento pronunciata nel giudizio [529-532]. La parte civile può altresì proporre impugnazione contro la sentenza pronunciata a norma dell'articolo 442, quando ha consentito alla abbreviazione del rito [(1)].

2. Lo stesso diritto compete al querelante condannato a norma dell'articolo 542.

(1) Comma così modificato dall'art. 6, l. 20.2.2006, n. 46. L'art. 10 della l. n. 46/2006 così dispone:
«*Art. 10 – 1. La presente legge si applica ai procedimenti in corso alla data di entrata in vigore della medesima.*
2. L'appello proposto contro una sentenza di proscioglimento dall'imputato o dal pubblico ministero prima della data di entrata in vigore della presente legge viene dichiarato inammissibile con ordinanza non impugnabile.
3. Entro quarantacinque giorni dalla notifica del provvedimento di inammissibilità di cui al comma 2 può essere proposto ricorso per cassazione contro le sentenze di primo grado.
4. La disposizione di cui al comma 2 si applica anche nel caso in cui sia annullata, su punti diversi dalla pena o dalla misura di sicurezza, una sentenza di condanna di una corte di assise di appello o di una corte di appello che abbia riformato una sentenza di assoluzione.
5. Nei limiti delle modificazioni apportate dall'articolo 8 della presente legge possono essere presentati i motivi di cui all'articolo 585, comma 4, del codice di procedura penale entro trenta giorni dalla data di entrata in vigore della presente legge».
La Corte cost., con sent. 6.2.2007, n. 26, ha poi dichiarato, tra l'altro, l'illegittimità del co. 2 dell'art. 10, nella parte in cui prevede che l'appello proposto contro una sentenza di proscioglimento dal pubblico ministero prima della data di entrata in vigore della medesima legge è dichiarato inammissibile.
Il testo di questo comma antecedente alla modifica del 2006 così disponeva: «*1. La parte civile può proporre impugnazione, con il mezzo previsto per il pubblico ministero, contro i capi della sentenza di condanna che riguardano l'azione civile [538, 539, 540, 541, 600] e, ai soli effetti della responsabilità civile, contro la sentenza di proscioglimento pronunciata nel giudizio [529, 530, 531, 532]. Con lo stesso mezzo e negli stessi casi può proporre impugnazione contro la sentenza pronunciata a norma dell'articolo 442, quando ha consentito alla abbreviazione del rito*».

577. Impugnazione della persona offesa per i reati di ingiuria e diffamazione [(1)].

[**1.** La persona offesa costituita parte civile può proporre impugnazione, anche agli effetti penali, contro le sentenze di condanna e di proscioglimento] per i reati di ingiuria e diffamazione.]

(1) Articolo abrogato dall'art. 9, l. 20.2.2006, n. 46. L'art. 10 della l. n. 46/2006 così dispone:
«*Art. 10 – 1. La presente legge si applica ai procedimenti in corso alla data di entrata in vigore della medesima.*
2. L'appello proposto contro una sentenza di proscioglimento dall'imputato o dal pubblico ministero prima della data di entrata in vigore della presente legge viene dichiarato inammissibile con ordinanza non impugnabile.
3. Entro quarantacinque giorni dalla notifica del provvedimento di inammissibilità di cui al comma 2 può essere proposto ricorso per cassazione contro le sentenze di primo grado.
4. La disposizione di cui al comma 2 si applica anche nel caso in cui sia annullata, su punti diversi dalla pena o dalla misura di sicurezza, una sentenza di condanna di una corte di assise di appello o di una corte di appello che abbia riformato una sentenza di assoluzione.
5. Nei limiti delle modificazioni apportate dall'articolo 8 della presente legge possono essere presentati i motivi di cui all'articolo 585, comma 4, del codice di procedura penale entro trenta giorni dalla data di entrata in vigore della presente legge».
La Corte cost., con sent. 6.2.2007, n. 26, ha poi dichiarato, tra l'altro, l'illegittimità del co. 2 dell'art. 10, nella parte in cui prevede che l'appello proposto contro una sentenza di proscioglimento dal pubblico ministero prima della data di entrata in vigore della medesima legge è dichiarato inammissibile.

578. Decisione sugli effetti civili nel caso di estinzione del reato per amnistia o per prescrizione e nel caso di improcedibilità per superamento dei termini di durata massima del giudizio di impugnazione [(1)].

1. Quando nei confronti dell'imputato è stata pronunciata condanna, anche generica, alle restituzioni o al risarcimento dei danni cagionati dal reato [538, 539, 540, 541], a favore della parte civile, il giudice di appello e la corte di cassazione, nel dichiarare il reato estinto per amnistia o per prescrizione, decidono sull'impugnazione ai soli effetti delle disposizioni e dei capi della sentenza che concernono gli interessi civili.

1 bis. Quando nei confronti dell'imputato è stata pronunciata condanna, anche generica, alle restituzioni o al risarcimento dei danni cagionati dal reato, a favore della parte civile, e in ogni caso di impugnazione della sentenza anche per gli interessi civili, il giudice di appello e la Corte di cassazione, se l'impugnazione non è inammissibile, nel dichiarare improcedibile l'azione penale per il superamento dei termini di cui ai commi 1 e 2 dell'articolo 344-*bis*, rinviano per la prosecuzione al giudice o alla sezione civile competente nello stesso grado, che decidono sulle questioni civili utilizzando le prove acquisite nel processo penale e quelle eventualmente acquisite nel giudizio civile [(2)].

1 ter. Nei casi di cui al comma 1-*bis*, gli effetti del sequestro conservativo disposto a garanzia delle obbligazioni civili derivanti dal reato permangono fino a che la sentenza che decide sulle questioni civili non è più soggetta a impugnazione [(3)].

(1) Rubrica così sostituita dall'art. 2, co. 2, lett. b), n. 1), l. 27.9.2021, n. 134, a decorrere dal 19.10.2021. Sull'applicabilità di tale disposizione, vedi l'art. 2, co. 3, della medesima l. n. 134/2021: «*Le disposizioni di cui al comma 2 del presente articolo si applicano ai soli procedimenti di impugnazione che hanno a oggetto reati commessi a far data dal 1° gennaio 2020*».

Il testo precedente così riportava: «*Decisione sugli effetti civili nel caso di estinzione del reato per amnistia o per prescrizione*».

(2) Comma introdotto dall'art. 2, co. 2, lett. b), n. 2), l. 27.9.2021, n. 134, a decorrere dal 19.10.2021. Sull'applicabilità di tale disposizione, vedi l'art. 2, co. 3, della medesima l. n. 134/2021: «*Le disposizioni di cui al comma 2 del presente articolo si applicano ai soli procedimenti di impugnazione che hanno a oggetto reati commessi a far data dal 1° gennaio 2020*». Questo comma, poi, è stato così sostituito dall'art. 33, co. 1, lett. b), n. 1), d.lgs. 10.10.2022, n. 150, a decorrere dal 30.12.2022.

Il testo previgente così disponeva: «*1-bis. Quando nei confronti dell'imputato è stata pronunciata condanna, anche generica, alle restituzioni o al risarcimento dei danni cagionati dal reato, a favore della parte civile, il giudice di appello e la Corte di cassazione, nel dichiarare improcedibile l'azione penale per il superamento dei termini di cui ai commi 1 e 2 dell'articolo 344-*bis*, rinviano per la prosecuzione al giudice civile competente per valore in grado di appello, che decide valutando le prove acquisite nel processo penale.*».

(3) Comma introdotto dall'art. 33, co. 1, lett. b), n. 2), d.lgs. 10.10.2022, n. 150, a decorrere dal 30.12.2022.

578 bis. Decisione sulla confisca in casi particolari nel caso di estinzione del reato per amnistia o per prescrizione [(1)].

1. Quando è stata ordinata la confisca in casi particolari prevista dal primo comma dell'articolo 240-*bis* del codice penale e da altre disposizioni di legge o la confisca prevista dall'articolo 322-*ter* del codice penale, il giudice di appello o la corte di cassazione, nel dichiarare il reato estinto per prescrizione o per amnistia, decidono sull'impugnazione ai soli effetti della confisca, previo accertamento della responsabilità dell'imputato [(2)].

(1) Articolo introdotto dall'art. 6, co. 4, d.lgs. 1.3.2018, n. 21, a decorrere dal 6.4.2018.

(2) Comma così modificato dall'art. 1, co. 4, lett. f), l. 9.1.2019, n. 3, a decorrere dal 31.1.2019.

Il testo previgente così disponeva: «*1. Quando è stata ordinata la confisca in casi particolari prevista dal primo comma dell'articolo 240-bis del codice penale e da altre disposizioni di legge, il giudice di appello o la corte di cassazione, nel dichiarare il reato estinto per prescrizione o per amnistia, decidono sull'impugnazione ai soli effetti della confisca, previo accertamento della responsabilità dell'imputato.*».

578 ter. Decisione sulla confisca e provvedimenti sui beni in sequestro nel caso di improcedibilità per superamento dei termini di durata massima del giudizio di impugnazione [(1)].

1. Il giudice di appello o la Corte di cassazione, nel dichiarare l'azione penale improcedibile ai sensi dell'articolo 344-*bis*, dispongono la confisca nei casi in cui la legge la prevede obbligatoriamente anche quando non è stata pronunciata condanna.

2. Fuori dai casi di cui al comma 1, se vi sono beni in sequestro di cui è stata disposta confisca, il giudice di appello o la Corte di cassazione, nel dichiarare l'azione penale improcedibile ai sensi dell'articolo 344-*bis*, dispongono con ordinanza la trasmissione degli atti al procuratore della Repubblica presso il tribunale del capoluogo del distretto o al procuratore nazionale antimafia e antiterrorismo competenti a proporre le misure patrimoniali di cui al titolo II del Libro I del decreto legislativo 6 settembre 2011, n. 159.

3. Il sequestro disposto nel procedimento penale cessa di avere effetto se, entro novanta giorni dalla ordinanza di cui al comma 2, non è disposto il sequestro ai sensi dell'articolo 20 o 22 del decreto legislativo 6 settembre 2011, n. 159.

(1) Articolo introdotto dall'art. 33, co. 1, lett. c), d.lgs. 10.10.2022, n. 150, a decorrere dal 30.12.2022.

579. Impugnazione di sentenze che dispongono misure di sicurezza.

1. Contro le sentenze di condanna o di proscioglimento è data impugnazione anche per ciò che concerne le misure di sicurezza, se l'impugnazione è proposta per un altro capo della sentenza che non riguardi esclusivamente gli interessi civili [(1)].

2. L'impugnazione contro le sole disposizioni della sentenza che riguardano le misure di sicurezza è proposta a norma dell'articolo 680 comma 2.

3. L'impugnazione contro la sola disposizione che riguarda la confisca [c.p. 240] è proposta con gli stessi mezzi previsti per i capi penali.

(1) Comma così modificato dall'art. 23, l. 16.12.1999, n. 479.

Il testo previgente così disponeva: «*1. Contro le sentenze di condanna, di proscioglimento o di non luogo a procedere è data impugnazione anche per ciò che concerne le misure di sicurezza, se l'impugnazione è proposta per un altro capo della sentenza che non riguardi esclusivamente gli interessi civili*».

580. Conversione del ricorso in appello [(1)].

1. Quando contro la stessa sentenza sono proposti mezzi di impugnazione diversi, nel caso in cui sussista la connessione di cui all'articolo 12, il ricorso per cassazione si converte nell'appello [569, comma 2].

(1) Articolo così sostituito dall'art. 7, l. 20.2.2006, n. 46. L'art. 10 della l. n. 46/2006 così dispone:

«*Art. 10 – 1. La presente legge si applica ai procedimenti in corso alla data di entrata in vigore della medesima.*

2. L'appello proposto contro una sentenza di proscioglimento dall'imputato o dal pubblico ministero prima della data di entrata in vigore della presente legge viene dichiarato inammissibile con ordinanza non impugnabile.

3. Entro quarantacinque giorni dalla notifica del provvedimento di inammissibilità di cui al comma 2 può essere proposto ricorso per cassazione contro le sentenze di primo grado.

4. La disposizione di cui al comma 2 si applica anche nel caso in cui sia annullata, su punti diversi dalla pena o dalla misura di sicurezza, una sentenza di condanna di una corte di assise di appello o di una corte di appello che abbia riformato una sentenza di assoluzione.

5. Nei limiti delle modificazioni apportate dall'articolo 8 della presente legge possono essere presentati i motivi di cui all'articolo 585, comma 4, del codice di procedura penale entro trenta giorni dalla data di entrata in vigore della presente legge».

La Corte cost., con sent. 6.2.2007, n. 26, ha poi dichiarato, tra l'altro, l'illegittimità del co. 2 dell'art. 10, nella parte in cui prevede che l'appello proposto contro una sentenza di proscioglimento dal pubblico ministero prima della data di entrata in vigore della medesima legge è dichiarato inammissibile.

L'art. 1, l. 19.4.2002, n. 72 ha così stabilito:

«*Art. 1. 1. Il ricorso per cassazione presentato, prima del 4 maggio 2001, contro una sentenza di condanna per delitto per il quale è stata applicata la sola pena della multa o contro sentenze di proscioglimento o di non luogo a procedere relative a delitti puniti con la sola pena*

della multa o con pena alternativa, si converte in appello, ai sensi dell'articolo 580 del codice di procedura penale, su richiesta della parte che lo ha presentato.
2. La richiesta di cui al comma 1 è presentata, anche a mezzo telefax, almeno cinque giorni prima della data della prima udienza successiva all'entrata in vigore della presente legge, per la quale vi sia stata regolare notifica a tutte le parti.
3. Nei termini per la presentazione dei motivi aggiunti possono essere presentati nuovi motivi di merito».
Il testo del presente articolo antecedente alla sostituzione del 2006 così disponeva: «*1. Quando contro la stessa sentenza sono proposti mezzi di impugnazione diversi, il ricorso per cassazione si converte nell'appello*».

581. Forma dell'impugnazione [1].

1. L'impugnazione si propone con atto scritto nel quale sono indicati il provvedimento impugnato, la data del medesimo e il giudice che lo ha emesso, con l'enunciazione specifica, a pena di inammissibilità:
a) dei capi o dei punti della decisione ai quali si riferisce l'impugnazione;
b) delle prove delle quali si deduce l'inesistenza, l'omessa assunzione o l'omessa o erronea valutazione;
c) delle richieste, anche istruttorie;
d) dei motivi, con l'indicazione delle ragioni di diritto e degli elementi di fatto che sorreggono ogni richiesta.

1 bis. L'appello è inammissibile per mancanza di specificità dei motivi quando, per ogni richiesta, non sono enunciati in forma puntuale ed esplicita i rilievi critici in relazione alle ragioni di fatto o di diritto espresse nel provvedimento impugnato, con riferimento ai capi e punti della decisione ai quali si riferisce l'impugnazione [2].

1 ter. Con l'atto d'impugnazione delle parti private e dei difensori è depositata, a pena d'inammissibilità, la dichiarazione o elezione di domicilio, ai fini della notificazione del decreto di citazione a giudizio [3].

1 quater. Nel caso di imputato rispetto al quale si è proceduto in assenza, con l'atto d'impugnazione del difensore è depositato, a pena d'inammissibilità, specifico mandato ad impugnare, rilasciato dopo la pronuncia della sentenza e contenente la dichiarazione o l'elezione di domicilio dell'imputato, ai fini della notificazione del decreto di citazione a giudizio [3].

(1) Articolo così sostituito dall'art. 1, co. 55, l. 23.6.2017, n. 103, a decorrere dal 3.8.2017 (art. 1, co. 95, l. n. 103/2017.
Il testo previgente così disponeva: «*581. Forma dell'impugnazione.*
1. L'impugnazione si propone con atto scritto nel quale sono indicati il provvedimento impugnato, la data del medesimo, il giudice che lo ha emesso, e sono enunciati:
a) i capi o i punti della decisione ai quali si riferisce l'impugnazione;
b) le richieste;
c) i motivi, con l'indicazione specifica delle ragioni di diritto e degli elementi di fatto che sorreggono ogni richiesta.».
(2) Comma introdotto dall'art. 33, co. 1, lett. d), d.lgs. 10.10.2022, n. 150, a decorrere dal 30.12.2022.
(3) Comma introdotto dall'art. 33, co. 1, lett. d), d.lgs. 10.10.2022, n. 150, a decorrere dal 30.12.2022. L'art. 89, co. 3, del medesimo d.lgs. n. 150/2022 ha così disposto: «*3. Le disposizioni degli articoli 157-ter, comma 3, 581, commi 1-ter e 1-quater, e 585, comma 1-bis, del codice di procedura penale si applicano per le sole impugnazioni proposte avverso sentenze pronunciate in data successiva a quella di entrata in vigore del presente decreto. Negli stessi casi si applicano anche le disposizioni dell'articolo 175 del codice di procedura penale, come modificato dal presente decreto.*».

582. Presentazione dell'impugnazione.

1. Salvo che la legge disponga altrimenti, l'atto di impugnazione è presentato mediante deposito con le modalità previste dall'articolo 111-*bis* nella cancelleria del giudice che ha emesso il provvedimento impugnato [1].

1 bis. Le parti private possono presentare l'atto con le modalità di cui al comma 1 oppure personalmente, anche a mezzo di incaricato, nella cancelleria del giudice che ha emesso il provvedimento impugnato. In tal caso, il pubblico ufficiale addetto vi appone l'indicazione del giorno in cui riceve l'atto e della persona che lo presenta, lo sottoscrive, lo unisce agli atti del procedimento e rilascia, se richiesto, attestazione della ricezione [2].

[**2.** Le parti private e i difensori possono presentare l'atto di impugnazione anche nella cancelleria del tribunale [3] o del giudice di pace [4] del luogo in cui si trovano, se tale luogo è diverso da quello in cui fu emesso il provvedimento, ovvero davanti a un agente consolare all'estero. In tali casi, l'atto viene immediatamente trasmesso alla cancelleria del giudice che emise il provvedimento impugnato [5].]

(1) Comma così modificato dall'art. 33, co. 1, lett. e), n. 1), d.lgs. 10.10.2022, n. 150, a decorrere dal 30.12.2022. L'art. 87, co. 4, del d.lgs. n. 150/2022 ha così disposto: «*4. Sino al quindicesimo giorno successivo alla pubblicazione dei regolamenti di cui ai commi 1 e 3, ovvero sino al diverso termine di transizione previsto dal regolamento di cui al comma 3 per gli uffici giudiziari e per le tipologie di atti in esso indicati, continuano ad applicarsi, nel testo vigente al momento dell'entrata in vigore del presente decreto, le disposizioni di cui agli articoli 110, 111, comma 1, 116, comma 3-bis, 125, comma 5, 134, comma 2, 135, comma 2, 162, comma 1, 311, comma 3, 391-octies, comma 3, 419, comma 5, primo periodo, 447, comma 1, primo periodo, 461, comma 1, 462, comma 1, 582, comma 1, 585, comma 4, del codice di procedura penale, nonché le disposizioni di cui l'articolo 154, commi 2, 3 e 4 delle norme di attuazione, di coordinamento e transitorie del codice di procedura penale, di cui al decreto legislativo 28 luglio 1989, n. 271.*».
Il testo previgente così disponeva: «*1. Salvo che la legge disponga altrimenti, l'atto di impugnazione è presentato personalmente ovvero a mezzo di incaricato nella cancelleria del giudice che ha emesso il provvedimento impugnato. Il pubblico ufficiale addetto vi appone l'indicazione del giorno in cui riceve l'atto e della persona che lo presenta, lo sottoscrive, lo unisce agli atti del procedimento e rilascia, se richiesto, attestazione della ricezione.*».
(2) Comma introdotto dall'art. 33, co. 1, lett. e), n. 2), d.lgs. 10.10.2022, n. 150, a decorrere dal 30.12.2022. L'art. 87, co. 5, del d.lgs. n. 150/2022 ha così disposto: «*5. Le disposizioni di cui agli articoli 111, commi 2-bis, 2-ter e 2-quater, 111-bis, 111-ter, 122, comma 2-bis, 172, commi 6-bis e 6-ter, 175-bis, 386, comma 1-ter, 483, comma 1-bis, 582, comma 1-bis, del codice di procedura penale, così come introdotte dal presente decreto, si applicano a partire dal quindicesimo giorno successivo alla pubblicazione dei regolamenti di cui ai commi 1 e 3, ovvero a partire dal diverso termine previsto dal regolamento di cui al comma 3 per gli uffici giudiziari e per le tipologie di atti in esso indicati. Sino alle stesse date, la dichiarazione e l'elezione di domicilio prevista dal comma 2 dell'articolo 153-bis del codice di procedura penale, come introdotto dall'articolo 10, comma 1, lettera e), del presente decreto, nonché le comunicazioni previste dal comma 3 dello stesso articolo 153-bis sono effettuate con le forme ivi previste in alternativa al deposito in via telematica.*».

(3) L'attuale espressione «*del tribunale*» ha sostituito l'originaria formula «*della pretura*» secondo quanto stabilito dall'art. 201, d.lgs. 19.2.1998, n. 51, con effetto dal 2.6.1999 (art. 24, d.lgs. n. 51/1998, come modificato dall'art. 1, l. 16.6.1998, n. 188).

(4) Le parole «*o del giudice di pace*» sono state introdotte dall'art. 45, l. 16.12.1999, n. 479.

(5) Comma abrogato dall'art. 98, co. 1, lett. a), d.lgs. 10.10.2022, n. 150, a decorrere dal 30.12.2022.

583. Spedizione dell'atto di impugnazione [(1)].

[**1.** Le parti e i difensori possono proporre l'impugnazione con telegramma ovvero con atto da trasmettersi a mezzo di raccomandata alla cancelleria indicata nell'articolo 582 comma 1. Il pubblico ufficiale addetto allega agli atti la busta contenente l'atto di impugnazione e appone su quest'ultimo l'indicazione del giorno della ricezione e la propria sottoscrizione.

2. L'impugnazione si considera proposta nella data di spedizione della raccomandata o del telegramma.

3. Se si tratta di parti private, la sottoscrizione dell'atto deve essere autenticata da un notaio, da altra persona autorizzata o dal difensore [591, comma 1, lett. c, att. 39].]

(1) Articolo abrogato dall'art. 98, co. 1, lett. a), d.lgs. 10.10.2022, n. 150, a decorrere dal 30.12.2022.

584. Notificazione della impugnazione.

1. A cura della cancelleria del giudice che ha emesso il provvedimento impugnato, l'atto di impugnazione è comunicato al pubblico ministero presso il medesimo giudice ed è notificato alle parti private senza ritardo.

585. Termini per l'impugnazione.

1. Il termine per proporre impugnazione, per ciascuna delle parti, è:

a) di quindici giorni, per i provvedimenti emessi in seguito a procedimento in camera di consiglio [127] e nel caso previsto dall'articolo 544 comma 1;

b) di trenta giorni, nel caso previsto dall'articolo 544 comma 2;

c) di quarantacinque giorni, nel caso previsto dall'articolo 544 comma 3.

1 bis. I termini previsti dal comma 1 sono aumentati di quindici giorni per l'impugnazione del difensore dell'imputato giudicato in assenza [(1)].

2. I termini previsti dal comma 1 decorrono:

a) dalla notificazione o comunicazione dell'avviso di deposito del provvedimento emesso in seguito a procedimento in camera di consiglio;

b) dalla lettura del provvedimento in udienza, quando è redatta anche la motivazione, per tutte le parti che sono state o che debbono considerarsi presenti nel giudizio, anche se non sono presenti alla lettura [545];

c) dalla scadenza del termine stabilito dalla legge o determinato dal giudice per il deposito della sentenza [544] ovvero, nel caso previsto dall'articolo 548 comma 2, dal giorno in cui è stata eseguita la notificazione o la comunicazione dell'avviso di deposito;

d) dal giorno in cui è stata eseguita la comunicazione dell'avviso di deposito con l'estratto del provvedimento, per il procuratore generale presso la corte di appello rispetto ai provvedimenti emessi in udienza da qualsiasi giudice della sua circoscrizione diverso dalla corte di appello [548, comma 3] [(2)].

3. Quando la decorrenza è diversa per l'imputato e per il suo difensore, opera per entrambi il termine che scade per ultimo.

4. Fino a quindici giorni prima dell'udienza possono essere presentati nella cancelleria del giudice della impugnazione motivi nuovi, con le forme previste dall'articolo 582. L'inammissibilità dell'impugnazione si estende ai motivi nuovi [(3)].

5. I termini previsti dal presente articolo sono stabiliti a pena di decadenza [173].

(1) Comma introdotto dall'art. 33, co. 1, lett. f), d.lgs. 10.10.2022, n. 150, a decorrere dal 30.12.2022. L'art. 89, co. 3, del d.lgs. n. 150/2022 ha così disposto: «*3. Le disposizioni degli articoli 157-ter, comma 3, 581, commi 1-*ter *e 1-*quater*, e 585, comma 1-*bis *del codice di procedura penale si applicano per le sole impugnazioni proposte avverso sentenze pronunciate in data successiva a quella di entrata in vigore del presente decreto. Negli stessi casi si applicano anche le disposizioni dell'articolo 175 del codice di procedura penale, come modificato dal presente decreto.*».

(2) Lettera così modificata dall'art. 11, co. 1, l. 28.4.2014, n. 67. Il testo previgente così disponeva: «*d) dal giorno in cui è stata eseguita la notificazione o la comunicazione dell'avviso di deposito con l'estratto del provvedimento, per l'imputato contumace e per il procuratore generale presso la corte di appello rispetto ai provvedimenti emessi in udienza da qualsiasi giudice della sua circoscrizione diverso dalla corte di appello*».

(3) Comma così modificato dall'art. 33, co. 1, lett. f), d.lgs. 10.10.2022, n. 150, a decorrere dal 30.12.2022. L'art. 87, co. 4, del d.lgs. n. 150/2022 ha così disposto: «*4. Sino al quindicesimo giorno successivo alla pubblicazione dei regolamenti di cui ai commi 1 e 3, ovvero sino al diverso termine di transizione previsto dal regolamento di cui al comma 3 per gli uffici giudiziari e per le tipologie di atti in esso indicati, continuano ad applicarsi, nel testo vigente al momento dell'entrata in vigore del presente decreto, le disposizioni di cui agli articoli 110, 111, comma 1, 116, comma 3-*bis*, 125, comma 5, 134, comma 2, 135, comma 2, 162, comma 1, 311, comma 3, 391-*octies*, comma 3, 419, comma 5, primo periodo, 447, comma 1, primo periodo, 461, comma 1, 462, comma 1, 582, comma 1, 585, comma 4, del codice di procedura penale, nonché le disposizioni di cui l'articolo 154, commi 2, 3 e 4 delle norme di attuazione, di coordinamento e transitorie del codice di procedura penale, di cui al decreto legislativo 28 luglio 1989, n. 271.*».
Il testo previgente così disponeva: «*4. Fino a quindici giorni prima dell'udienza possono essere presentati nella cancelleria del giudice della impugnazione motivi nuovi nel numero di copie necessarie per tutte le parti. L'inammissibilità dell'impugnazione si estende ai motivi nuovi.*».

586. Impugnazione di ordinanze emesse nel dibattimento.

1. Quando non è diversamente stabilito dalla legge, l'impugnazione contro le ordinanze emesse nel corso degli atti preliminari ovvero nel dibattimento può essere proposta, a pena di inammissibilità [591], soltanto con l'impugnazione contro la sentenza. L'impugnazione è tuttavia ammissibile anche se la sentenza è impugnata soltanto per connessione con l'ordinanza.

2. L'impugnazione dell'ordinanza è giudicata congiuntamente a quella contro la sentenza, salvo che la legge disponga altrimenti.

3. Contro le ordinanze in materia di libertà personale è ammessa l'impugnazione immediata, indipendentemente dell'impugnazione contro la sentenza.

587. Estensione dell'impugnazione.

1. Nel caso di concorso di più persone in uno stesso reato [c.p. 110], l'impugnazione proposta da uno degli imputati, purché non fondata su motivi esclusivamente personali, giova anche agli altri imputati [595, comma 3].

2. Nel caso di riunione di procedimenti per reati diversi [17], l'impugnazione proposta da un imputato giova a tutti gli altri imputati soltanto se i motivi riguardano violazioni della legge processuale e non sono esclusivamente personali.

3. L'impugnazione proposta dall'imputato giova anche al responsabile civile e alla persona civilmente obbligata per la pena pecuniaria.

4. L'impugnazione proposta dal responsabile civile o dalla persona civilmente obbligata per la pena pecuniaria giova all'imputato anche agli effetti penali, purché non sia fondata su motivi esclusivamente personali.

588. Sospensione della esecuzione.

1. Dal momento della pronuncia, durante i termini per impugnare e fino all'esito del giudizio di impugnazione, l'esecuzione del provvedimento impugnato è sospesa, salvo che la legge disponga altrimenti [318 comma 2, 322 comma 2, 322-*bis* comma 2, 325 comma 4, 355 comma 4, 479 comma 2, 666 comma 7, 680 comma 3].

2. Le impugnazioni contro i provvedimenti in materia di libertà personale non hanno in alcun caso effetto sospensivo [310].

589. Rinuncia all'impugnazione.

1. Il pubblico ministero presso il giudice che ha pronunciato il provvedimento impugnato può rinunciare alla impugnazione da lui proposta fino all'apertura del dibattimento [492]. Successivamente la dichiarazione di rinuncia può essere effettuata prima dell'inizio della discussione [602, 614] dal pubblico ministero presso il giudice della impugnazione, anche se l'impugnazione stessa è stata proposta da altro pubblico ministero [570].

2. Le parti private possono rinunciare all'impugnazione anche per mezzo di procuratore speciale.

3. La dichiarazione di rinuncia è presentata a uno degli organi competenti a ricevere l'impugnazione nelle forme e nei modi previsti dagli articoli 581 e 582 ovvero, in dibattimento, prima dell'inizio della discussione [1].

4. Quando l'impugnazione è trattata e decisa in camera di consiglio [599, 611], la dichiarazione di rinuncia può essere effettuata, prima dell'udienza, dal pubblico ministero che ha proposto l'impugnazione e, poi, dal pubblico ministero presso il giudice dell'impugnazione, anche se la stessa è stata proposta da altro pubblico ministero.

(1) Comma così modificato dall'art. 33, co. 1, lett. g), d.lgs. 10.10.2022, n. 150, a decorrere dal 30.12.2022.
Il testo previgente così disponeva: «*3. La dichiarazione di rinuncia è presentata a uno degli organi competenti a ricevere l'impugnazione nelle forme e nei modi previsti dagli articoli 581, 582 e 583 ovvero, in dibattimento, prima dell'inizio della discussione.*».

590. Trasmissione di atti in seguito all'impugnazione.

1. Al giudice della impugnazione sono trasmessi senza ritardo il provvedimento impugnato, l'atto di impugnazione e gli atti del procedimento.

591. Inammissibilità dell'impugnazione.

1. L'impugnazione è inammissibile:

a) quando è proposta da chi non è legittimato o non ha interesse [568, commi 3 e 4];
b) quando il provvedimento non è impugnabile [568, comma 1];
c) quando non sono osservate le disposizioni degli articoli 581, 582, 585 e 586 [1];
d) quando vi è rinuncia all'impugnazione [589].

2. Il giudice dell'impugnazione, anche di ufficio, dichiara con ordinanza l'inammissibilità e dispone l'esecuzione del provvedimento impugnato.

3. L'ordinanza è notificata a chi ha proposto l'impugnazione ed è soggetta a ricorso per cassazione. Se l'impugnazione è stata proposta personalmente dall'imputato [571, comma 1], l'ordinanza è notificata anche al difensore.

4. L'inammissibilità, quando non è stata rilevata a norma del comma 2, può essere dichiarata in ogni stato e grado del procedimento [627, comma 4].

(1) Lettera così modificata dall'art. 33, co. 1, lett. h), d.lgs. 10.10.2022, n. 150, a decorrere dal 30.12.2022.
Il testo previgente così disponeva: «*c) quando non sono osservate le disposizioni degli articoli 581, 582, 583, 585 e 586;*».

592. Condanna alle spese nei giudizi di impugnazione.

1. Con il provvedimento che rigetta [605, 616] o dichiara inammissibile l'impugnazione, la parte privata che l'ha proposta è condannata alle spese del procedimento [533, 691].

2. I coimputati che hanno partecipato al giudizio a norma dell'articolo 587 sono condannati alle spese in solido con l'imputato che ha proposto l'impugnazione.

3. L'imputato che nel giudizio di impugnazione riporta condanna penale è condannato alle spese dei precedenti giudizi, anche se in questi sia stato prosciolto.

4. Nei giudizi di impugnazione per i soli interessi civili [573], la parte privata soccombente è condannata alle spese.

TITOLO II
Appello

593. Casi di appello [1].

1. Salvo quanto previsto dagli articoli 443, comma 3, 448, comma 2, 579 e 680, l'imputato può appellare contro le sentenze di condanna mentre il pubblico ministero può appellare contro le medesime sentenze solo quando modificano il titolo del reato o escludono la sussistenza di una circostanza aggravante ad effetto speciale o stabiliscono una pena di specie diversa da quella ordinaria del reato [(2)].

2. Il pubblico ministero può appellare contro le sentenze di proscioglimento. L'imputato può appellare contro le sentenze di proscioglimento emesse al termine del dibattimento, salvo che si tratti di sentenze di assoluzione perché il fatto non sussiste o perché l'imputato non lo ha commesso [(3)].

3. Sono in ogni caso inappellabili le sentenze di condanna per le quali è stata applicata la sola pena dell'ammenda e le sentenze di proscioglimento relative a contravvenzioni punite con la sola pena dell'ammenda o con pena alternativa [(4)].

(1) Articolo modificato dall'art. 18, l. 24.11.1999, n. 468, dall'art. 13, l. 26.3.2001, n. 128 e poi così sostituito dall'art. 1, l. 20.2.2006, n. 46. L'art. 10 della l. n. 46/2006 così dispone:
«*Art. 10 – 1. La presente legge si applica ai procedimenti in corso alla data di entrata in vigore della medesima.*
2. L'appello proposto contro una sentenza di proscioglimento dall'imputato o dal pubblico ministero prima della data di entrata in vigore della presente legge viene dichiarato inammissibile con ordinanza non impugnabile.
3. Entro quarantacinque giorni dalla notifica del provvedimento di inammissibilità di cui al comma 2 può essere proposto ricorso per cassazione contro le sentenze di primo grado.
4. La disposizione di cui al comma 2 si applica anche nel caso in cui sia annullata, su punti diversi dalla pena o dalla misura di sicurezza, una sentenza di condanna di una corte di assise di appello o di una corte di appello che abbia riformato una sentenza di assoluzione.
5. Nei limiti delle modificazioni apportate dall'articolo 8 della presente legge possono essere presentati i motivi di cui all'articolo 585, comma 4, del codice di procedura penale entro trenta giorni dalla data di entrata in vigore della presente legge».
La Corte cost., con sent. 6.2.2007, n. 26, ha poi dichiarato: a) l'illegittimità dell'art. 1 della l. n. 46/2006, nella parte in cui, sostituendo l'art. 593 c.p.p., esclude che il pubblico ministero possa appellare contro le sentenze di proscioglimento, fatta eccezione per le ipotesi previste dall'art. 603, co. 2, del medesimo codice, se la nuova prova è decisiva; b) l'illegittimità del co. 2 dell'art. 10 della stessa l. n. 46/2006, nella parte in cui prevede che l'appello proposto contro una sentenza di proscioglimento dal pubblico ministero prima della data di entrata in vigore della medesima legge è dichiarato inammissibile.
La stessa Corte cost., con sent. 4.4.2008, n. 85, ha dichiarato: a) l'illegittimità dell'art. 1 della l. n. 46/2006, nella parte in cui, sostituendo l'art. 593 c.p.p., esclude che l'imputato possa appellare contro le sentenze di proscioglimento relative a reati diversi dalle contravvenzioni punite con la sola ammenda o con pena alternativa, fatta eccezione per le ipotesi previste dall'art. 603, co. 2, del medesimo codice, se la nuova prova è decisiva; b) l'illegittimità del co. 2 dell'art. 10 della l. n. 46/2006, nella parte in cui prevede che l'appello proposto prima dell'entrata in vigore della stessa legge dall'imputato, a norma del presente articolo, contro una sentenza di proscioglimento, relativa a reato diverso dalle contravvenzioni punite con la sola ammenda o con pena alternativa, sia dichiarato inammissibile.
L'art. 1, l. 19.4.2002, n. 72 ha così stabilito:
«*Art. 1. 1. Il ricorso per cassazione presentato, prima del 4 maggio 2001, contro una sentenza di condanna per delitto per il quale è stata applicata la sola pena della multa o contro sentenze di proscioglimento o di non luogo a procedere relative a delitti puniti con la sola pena della multa o con pena alternativa, si converte in appello, ai sensi dell'articolo 580 del codice di procedura penale, su richiesta della parte che lo ha presentato.*
2. La richiesta di cui al comma 1 è presentata, anche a mezzo telefax, almeno cinque giorni prima della data della prima udienza successiva all'entrata in vigore della presente legge, per la quale vi sia stata regolare notifica a tutte le parti.
3. Nei termini per la presentazione dei motivi aggiunti possono essere presentati nuovi motivi di merito».
Il testo antecedente alla sostituzione del 2006 così disponeva: «*1. Salvo quanto previsto dagli articoli 443, 448 comma 2, 469, il pubblico ministero e l'imputato possono appellare contro le sentenze di condanna o di proscioglimento.*
2. L'imputato non può appellare contro la sentenza di proscioglimento perché il fatto non sussiste o per non aver commesso il fatto.
3. Sono inappellabili le sentenze di condanna per le quali è stata applicata la sola pena dell'ammenda e le sentenze di proscioglimento o di non luogo a procedere relative a contravvenzioni punite con la sola pena dell'ammenda o con pena alternativa».
Il testo antecedente alla sostituzione del 2001 così disponeva: «*3. Sono inappellabili le sentenze di condanna relative a reati per i quali è stata applicata la sola pena pecuniaria e le sentenze di proscioglimento o di non luogo a procedere relative a reati puniti con la sola pena pecuniaria o con pena alternativa*».
Il testo antecedente alla sostituzione del 1999 così disponeva: «*3. Sono inappellabili le sentenze di condanna relative a contravvenzioni per le quali è stata applicata la sola pena dell'ammenda e le sentenze di proscioglimento o di non luogo a procedere relative a contravvenzioni punite con la sola ammenda o con pena alternativa*».

(2) Comma così sostituito dall'art. 2, co. 1, lett. a), d.lgs. 6.2.2018, n. 11, a decorrere dal 6.3.2018.
Il testo previgente così disponeva: «*1. Salvo quanto previsto dagli articoli 443, comma 3, 448, comma 2, 579 e 680, il pubblico ministero e l'imputato possono appellare contro le sentenze di condanna*».

(3) Comma così sostituito dall'art. 2, co. 1, lett. a), d.lgs. 6.2.2018, n. 11, a decorrere dal 6.3.2018.
Il testo previgente così disponeva: «*2. L'imputato e il pubblico ministero possono appellare contro le sentenze di proscioglimento nelle ipotesi di cui all'articolo 603, comma 2, se la nuova prova è decisiva. Qualora il giudice, in via preliminare, non disponga la rinnovazione dell'istruttoria dibattimentale dichiara con ordinanza l'inammissibilità dell'appello. Entro quarantacinque giorni dalla notifica del provvedimento le parti possono proporre ricorso per cassazione anche contro la sentenza di primo grado*».

(4) Comma così modificato dall'art. 2, co. 1, lett. b), d.lgs. 6.2.2018, n. 11, a decorrere dal 6.3.2018.
Il testo previgente così disponeva: «*3. Sono inappellabili le sentenze di condanna per le quali è stata applicata la sola pena dell'ammenda*».

593 bis. Appello del pubblico ministero [(1)].

1. Nei casi consentiti, contro le sentenze del giudice per le indagini preliminari, della corte d'assise e del tribunale può appellare il procuratore della Repubblica presso il tribunale.

2. Il procuratore generale presso la corte d'appello può appellare soltanto nei casi di avocazione o qualora il procuratore della Repubblica abbia prestato acquiescenza al provvedimento.

(1) Articolo introdotto dall'art. 3, co. 1, d.lgs. 6.2.2018, n. 11 a decorrere dal 6.3.2018.

594. Appello del pubblico ministero [(1)].

[**1.** Nei casi consentiti, contro le sentenze del giudice per le indagini preliminari, della corte di assise e del tribunale possono appellare il procuratore generale presso la corte di appello e il procuratore della Repubblica presso il tribunale; contro le sentenze del giudice per le indagini preliminari presso la pretura e contro le sentenze del pretore possono appellare il procuratore generale presso la corte di appello e il procuratore della Repubblica presso la pretura.]

(1) Articolo abrogato dall'art. 218, d.lgs. 19.2.1998, n. 51, con effetto dal 2.6.1999 (art. 247, d.lgs. n. 51/1998, come modificato dall'art. 1, l. 16.6.1998, n. 188).

595. Appello incidentale.

1. L'imputato che non ha proposto impugnazione può proporre appello incidentale entro quindici giorni da quello in cui ha ricevuto la notificazione prevista dall'articolo 584 (1).

2. L'appello incidentale è proposto, presentato e notificato a norma degli articoli 581, 582 e 584 (2).

3. Entro quindici giorni dalla notificazione dell'impugnazione presentata dalle altre parti, l'imputato può presentare al giudice, mediante deposito in cancelleria, memorie o richieste scritte (3).

4. L'appello incidentale perde efficacia in caso di inammissibilità [591] dell'appello principale o di rinuncia [589] allo stesso.

(1) Comma così sostituito dall'art. 4, co. 1, lett. a), d.lgs. 6.2.2018, n. 11, a decorrere dal 6.3.2018.
Il testo previgente così disponeva: «*1. La parte che non ha proposto impugnazione può proporre appello incidentale entro quindici giorni da quello in cui ha ricevuto la comunicazione o la notificazione previste dall'articolo 584*».

(2) Comma così dall'art. 34, co. 1, lett. b), d.lgs. 10.10.2022, n. 150, a decorrere dal 30.12.2022.
Il testo previgente così disponeva: «*2. L'appello incidentale è proposto, presentato e notificato a norma degli articoli 581, 582, 583 e 584.*».

(3) Comma così sostituito dall'art. 4, co. 1, lett. b), d.lgs. 6.2.2018, n. 11, a decorrere dal 6.3.2018.
Il testo previgente così disponeva: «*3. L'appello incidentale del pubblico ministero produce gli effetti previsti dall'articolo 597 comma 2; esso tuttavia non ha effetti nei confronti del coimputato non appellante che non ha partecipato al giudizio di appello. Si osservano le disposizioni previste dall'articolo 587*».

596. Giudice competente.

1. Sull'appello proposto contro le sentenze pronunciate dal tribunale decide la corte di appello (1).

2. Sull'appello proposto contro le sentenze della corte di assise decide la corte di assise di appello.

3. Salvo quanto previsto dall'articolo 428, sull'appello contro le sentenze pronunciate dal giudice per le indagini preliminari [presso il tribunale], decidono, rispettivamente, la corte di appello e la corte di assise di appello, a seconda che si tratti di reato di competenza del tribunale o della corte di assise (2).

(1) Comma così sostituito dall'art. 202, d.lgs. 19.2.1998, n. 51, con effetto dal 2.6.1999 (art. 247 d.lgs. n. 51/1998, come modificato dall'art. 1, l. 16.6.1998, n. 188).
Il testo previgente così disponeva: «*1. Sull'appello proposto contro le sentenze pronunciate dal tribunale, dal pretore e dal giudice per le indagini preliminari presso la pretura decide la corte d'appello*».

(2) Le parole fra parentesi quadre sono state soppresse dall'art. 202, d.lgs. 19.2.1998, n. 51, con effetto dal 2.6.1999 (art. 247 d.lgs. n. 51/1998, come modificato dall'art. 1, l. 16.6.1998, n. 188).

597. Cognizione del giudice di appello.

1. L'appello attribuisce al giudice di secondo grado la cognizione del procedimento limitatamente ai punti della decisione ai quali si riferiscono i motivi proposti [581, 585, comma 4].

2. Quando appellante è il pubblico ministero:

a) se l'appello riguarda una sentenza di condanna, il giudice può, entro i limiti della competenza del giudice di primo grado, dare al fatto una definizione giuridica più grave, mutare la specie o aumentare la quantità della pena, revocare benefici, applicare, quando occorre, misure di sicurezza e adottare ogni altro provvedimento imposto o consentito dalla legge;

b) se l'appello riguarda una sentenza di proscioglimento, il giudice può pronunciare condanna ed emettere i provvedimenti indicati nella lettera a) ovvero prosciogliere per una causa diversa da quella enunciata nella sentenza appellata;

c) se conferma la sentenza di primo grado, il giudice può applicare, modificare o escludere, nei casi determinati dalla legge, le pene accessorie e le misure di sicurezza.

3. Quando appellante è il solo imputato, il giudice non può irrogare una pena più grave per specie o quantità, applicare una misura di sicurezza nuova o più grave, prosciogliere l'imputato per una causa meno favorevole di quella enunciata nella sentenza appellata né revocare benefici, salva la facoltà, entro i limiti indicati nel comma 1, di dare al fatto una definizione giuridica più grave, purché non venga superata la competenza del giudice di primo grado.

4. In ogni caso, se è accolto l'appello dell'imputato relativo a circostanze o a reati concorrenti, anche se unificati per la continuazione, la pena complessiva irrogata è corrispondentemente diminuita.

5. Con la sentenza possono essere applicate anche di ufficio la sospensione condizionale della pena [c.p. 163], la non menzione della condanna nel certificato del casellario giudiziale [c.p. 175] e una o più circostanze attenuanti [c.p. 62, 62-*bis*]; può essere altresì effettuato, quando occorre, il giudizio di comparazione a norma dell'articolo 69 del codice penale.

598. Estensione delle norme sul giudizio di primo grado al giudizio di appello.

1. In grado di appello si osservano, in quanto applicabili, le disposizioni relative al giudizio di primo grado, salvo quanto previsto dagli articoli seguenti.

598 bis. Decisioni in camera di consiglio senza la partecipazione delle parti (1).

1. La corte provvede sull'appello in camera di consiglio. Se non è diversamente stabilito e in deroga a quanto previsto dall'articolo 127, essa giudica sui motivi, sulle richieste e sulle memorie senza la partecipazione delle parti. Fino a quindici giorni prima dell'udienza, il procuratore generale presenta le sue richieste e tutte le parti possono presentare motivi nuovi, memorie e, fino a cinque giorni prima, memorie di replica. Il provvedimento emesso in seguito alla camera di consiglio è depositato in cancelleria al termine dell'udienza. Il deposito equivale alla lettura in udienza ai fini di cui all'articolo 545.

1 bis. Fermo restando quanto previsto dall'articolo 597, l'imputato, fino a quindici giorni prima dell'udienza, può, personalmente o a mezzo di procuratore speciale, nei motivi nuovi e nelle memorie di cui al comma 1, esprimere il consenso alla sostituzione della pena detentiva con taluna delle pene sostitutive di cui all'articolo 53 della legge 24 novembre 1981, n. 689. La corte, se ritiene che ne ricorrano i presupposti, sostituisce la pena detentiva. Quando, pur essendo acquisito il consenso, non è possibile decidere immediatamente, la corte fissa una apposita udienza non oltre sessanta giorni, dandone avviso alle parti e all'ufficio di esecuzione penale esterna competente e provvede ad acquisire gli atti, i documenti e le informazioni di cui all'articolo 545-*bis*, comma 2; in tal caso il processo è sospeso. Salvo che la corte disponga altrimenti, l'udienza si svolge senza la partecipazione delle parti [(2)].

2. L'appellante e, in ogni caso, l'imputato o il suo difensore possono chiedere di partecipare all'udienza. In caso di appello del pubblico ministero, la richiesta di partecipare all'udienza è formulata dal procuratore generale. La richiesta è irrevocabile ed è presentata, a pena di decadenza, nel termine di quindici giorni dalla notifica del decreto di citazione di cui all'articolo 601 o dell'avviso della data fissata per il giudizio di appello. La parte privata può presentare la richiesta esclusivamente a mezzo del difensore. Quando la richiesta è ammissibile, la corte dispone che l'udienza si svolga con la partecipazione delle parti e indica se l'appello sarà deciso a seguito di udienza pubblica o in camera di consiglio, con le forme previste dall'articolo 127. Il provvedimento è comunicato al procuratore generale e notificato ai difensori [(3)].

3. La corte può disporre d'ufficio che l'udienza si svolga con la partecipazione delle parti per la rilevanza delle questioni sottoposte al suo esame, con provvedimento nel quale è indicato se l'appello sarà deciso a seguito di udienza pubblica o in camera di consiglio, con le forme previste dall'articolo 127. Il provvedimento è comunicato al procuratore generale e notificato ai difensori, salvo che ne sia stato dato avviso con il decreto di citazione di cui all'articolo 601.

4. La corte, in ogni caso, dispone che l'udienza si svolga con la partecipazione delle parti quando ritiene necessario procedere alla rinnovazione dell'istruzione dibattimentale a norma dell'articolo 603.

4 bis. Nei casi di udienza partecipata di cui ai commi 2, 3 e 4, il consenso alla sostituzione di cui al comma 1-*bis* può essere espresso sino alla data dell'udienza. Si applicano le disposizioni del medesimo comma 1-*bis*, secondo e terzo periodo [(4)].

4 ter. Quando, per effetto della decisione sull'impugnazione, è applicata una pena detentiva non superiore a quattro anni, la corte, se ritiene che ne ricorrano i presupposti, sostituisce la pena detentiva. Se è necessario acquisire il consenso dell'imputato, la corte deposita il dispositivo ai sensi del comma 1, quarto periodo, assegna all'imputato il termine perentorio di quindici giorni per esprimere il consenso e fissa udienza, non oltre trenta giorni, senza la partecipazione delle parti. In tal caso, il processo è sospeso. Se il consenso è acquisito, all'udienza la corte integra il dispositivo altrimenti lo conferma. In ogni caso, provvede al deposito ai sensi del comma 1, ultimo periodo. Quando, pur essendo acquisito il consenso, non è possibile decidere immediatamente, si applicano le disposizioni di cui al comma 1-*bis*, terzo e quarto periodo. I termini per il deposito della motivazione decorrono, ad ogni effetto di legge, dal deposito del dispositivo, confermato o integrato. Nei casi di udienza partecipata di cui ai commi 2, 3 e 4, si osservano le disposizioni dell'articolo 545-*bis*, in quanto applicabili [(4)].

(1) Articolo introdotto dall'art. 34, co. 1, lett. c), d.lgs. 10.10.2022, n. 150, a decorrere dal 30.12.2022.

(2) Comma introdotto dall'art. 2, co. 1, lett. z), n. 1), d.lgs. 19.3.2024, n. 31, a decorrere dal 4.4.2024.

(3) Comma così modificato dall'art. 2, co. 1, lett. z), n. 2), d.lgs. 19.3.2024, n. 31, a decorrere dal 4.4.2024.
Il testo previgente così disponeva: «*2. L'appellante e, in ogni caso, l'imputato o il suo difensore possono chiedere di partecipare all'udienza. La richiesta è irrevocabile ed è presentata, a pena di decadenza, nel termine di quindici giorni dalla notifica del decreto di citazione di cui all'articolo 601 o dell'avviso della data fissata per il giudizio di appello. La parte privata può presentare la richiesta esclusivamente a mezzo del difensore. Quando la richiesta è ammissibile, la corte dispone che l'udienza si svolga con la partecipazione delle parti e indica se l'appello sarà deciso a seguito di udienza pubblica o in camera di consiglio, con le forme previste dall'articolo 127. Il provvedimento è comunicato al procuratore generale e notificato ai difensori.*».

(4) Comma introdotto dall'art. 2, co. 1, lett. z), n. 3), d.lgs. 19.3.2024, n. 31, a decorrere dal 4.4.2024.

598 ter. Assenza dell'imputato in appello [(1)].

1. In caso di regolarità delle notificazioni, l'imputato appellante non presente all'udienza di cui agli articoli 599 e 602 è sempre giudicato in assenza anche fuori dei casi di cui all'articolo 420-*bis*.

2. In caso di regolarità delle notificazioni, se l'imputato non appellante non è presente all'udienza di cui agli articoli 599 e 602 e le condizioni per procedere in assenza, ai sensi dell'articolo 420-*bis*, commi 1, 2 e 3, non risultano soddisfatte, la corte dispone, con ordinanza, la sospensione del processo e ordina le ricerche dell'imputato ai fini della notificazione del decreto di citazione. L'ordinanza contiene gli avvisi di cui all'articolo 420-*quater*, comma 4, lettere b), c) e d). Non si applicano le ulteriori disposizioni di cui all'articolo 420-*quater*, nonché gli articoli 420-*quinquies* e 420-*sexies*.

3. Durante la sospensione del processo la corte, con le modalità stabilite per il dibattimento, acquisisce, a richiesta di parte, le prove non rinviabili.

4. Nell'udienza di cui all'articolo 598-*bis*, la corte

accerta la regolarità della notificazione e, quando nei confronti dell'imputato non appellante le condizioni per procedere in assenza, ai sensi dell'articolo 420-*bis* commi 1, 2 e 3, non risultano soddisfatte, provvede ai sensi del comma 2.

(1) Articolo introdotto dall'art. 34, co. 1, lett. d), d.lgs. 10.10.2022, n. 150, a decorrere dal 30.12.2022.

599. Decisioni in camera di consiglio con la partecipazione delle parti [(1)].

1. Quando dispone che l'udienza si svolga con la partecipazione delle parti, la corte provvede con le forme previste dall'articolo 127, oltre che nei casi particolarmente previsti dalla legge, quando l'appello ha ad oggetto una sentenza pronunciata a norma dell'articolo 442 o quando ha esclusivamente per oggetto la specie o la misura della pena, anche con riferimento al giudizio di comparazione fra circostanze [c.p. 69], o l'applicabilità delle circostanze attenuanti generiche [c.p. 62-*bis*], di pene sostitutive, della sospensione della pena o della non menzione della condanna nel certificato del casellario giudiziale [(2)].

2. L'udienza è rinviata se sussiste un legittimo impedimento dell'imputato che ha manifestato la volontà di comparire [486].

3. Nel caso di rinnovazione dell'istruzione dibattimentale, il giudice assume le prove in camera di consiglio, a norma dell'articolo 603, con la necessaria partecipazione del pubblico ministero e dei difensori. Se questi non sono presenti quando è disposta la rinnovazione, il giudice fissa una nuova udienza e dispone che copia del provvedimento sia comunicata al pubblico ministero e notificata ai difensori.

[**4.** La corte, anche al di fuori dei casi di cui al comma 1, provvede in camera di consiglio altresì quando le parti, nelle forme previste dall'articolo 589, ne fanno richiesta dichiarando di concordare sull'accoglimento, in tutto o in parte, dei motivi di appello, con rinuncia agli altri eventuali motivi. Se i motivi dei quali viene chiesto l'accoglimento comportano una nuova determinazione della pena, il pubblico ministero, l'imputato e la persona civilmente obbligata per la pena pecuniaria indicano al giudice anche la pena sulla quale sono d'accordo [(3)].]

[**5.** Il giudice, se ritiene di non potere accogliere, allo stato, la richiesta, ordina la citazione a comparire al dibattimento. In questo caso la richiesta e la rinuncia perdono effetto, ma possono essere riproposte nel dibattimento [602, n. 2] [(4)].]

(1) Rubrica così modificata dall'art. 34, co. 1, lett. e), n. 2), d.lgs. 10.10.2022, n. 150, a decorrere dal 30.12.2022. L'art. 94, co. 2, del medesimo d.lgs. n. 150/2022 ha così disposto: «*2. Le disposizioni degli articoli 34, comma 1, lettere c), e), f), g), numeri 2), 3), 4), e h), 35, comma 1, lettera a), e 41, comma 1, lettera ee), si applicano a decorrere dalla scadenza del termine fissato dall'articolo 16, comma 1, del d.l. 30 dicembre 2021, n. 228, convertito, con modificazioni, dalla legge 25 febbraio 2022, n. 15.*».
Il testo precedente così riportava: «*Decisioni in camera di consiglio*».

(2) Comma così sostituito dall'art. 34, co. 1, lett. e), n. 1), d.lgs. 10.10.2022, n. 150, a decorrere dal 30.12.2022, e così modificato, a decorrere dal 31.12.2022, dall'art. 5 terdecies, co. 2, d.l. n. 162/2022.
Il testo antecedente alla modifica del d.l. n. 162/2022 così disponeva: «*1. Quando l'appello ha esclusivamente per oggetto la specie o la misura della pena, anche con riferimento al giudizio di comparazione fra circostanze, o l'applicabilità delle circostanze attenuanti generiche, di sanzioni sostitutive, della sospensione condizionale della pena o della non menzione della condanna nel certificato del casellario giudiziario, la corte provvede in camera di consiglio con le forme previste dall'articolo 127.*».
Il testo antecedente alla modifica del d.lgs. n. 150/2022 così disponeva: «*1. Quando l'appello ha esclusivamente per oggetto la specie o la misura della pena, anche con riferimento al giudizio di comparazione fra circostanze, o l'applicabilità delle circostanze attenuanti generiche, di sanzioni sostitutive, della sospensione condizionale della pena o della non menzione della condanna nel certificato del casellario giudiziale, la corte provvede in camera di consiglio con le forme previste dall'articolo 127.*».

(3) I co. 4 e 5 sono stati così sostituiti dall'art. 1, l. 19.1.1999, n. 14, entrata in vigore il giorno successivo a quello della sua pubblicazione nella Gazzetta Ufficiale, e poi abrogati dalla lett. i) del co. 1 dell'art. 2, d.l. 23.5.2008, n. 92, conv. in legge, con modif., con l. 24.7.2008, n. 125.
Il testo previgente così disponeva: «*4. La corte provvede in camera di consiglio anche quando le parti, nelle forme previste dall'articolo 589, ne fanno richiesta dichiarando di concordare sull'accoglimento, in tutto o in parte, dei motivi di appello, con rinuncia agli altri eventuali motivi. Se i motivi dei quali viene chiesto l'accoglimento comportano una nuova determinazione della pena, il pubblico ministero, l'imputato e la persona civilmente obbligata per la pena pecuniaria indicano al giudice anche la pena sulla quale sono d'accordo.*
5. Il giudice, se ritiene di non potere accogliere, allo stato, la richiesta, ordina la citazione a comparire al dibattimento. In questo caso la richiesta e la rinuncia perdono effetto, ma possono essere riproposte nel dibattimento». Rispetto a questa formulazione la Corte cost., con sent. 10.10.1990, n. 435, aveva dichiarato l'illegittimità costituzionale di questi commi, nella parte in cui consentivano la definizione del procedimento, nei modi ivi previsti anche al di fuori dei casi elencati nel co. 1 dell'art. 599.

(4) I co. 4 e 5 sono stati così sostituiti dall'art. 1, l. 19.1.1999, n. 14, entrata in vigore il giorno successivo a quello della sua pubblicazione nella Gazzetta Ufficiale, e poi abrogati dalla lett. i) del co. 1 dell'art. 2, d.l. 23.5.2008, n. 92, conv. in legge, con modif., con l. 24.7.2008, n. 125.
Il testo previgente così disponeva: «*4. La corte provvede in camera di consiglio anche quando le parti, nelle forme previste dall'articolo 589, ne fanno richiesta dichiarando di concordare sull'accoglimento, in tutto o in parte, dei motivi di appello, con rinuncia agli altri eventuali motivi. Se i motivi dei quali viene chiesto l'accoglimento comportano una nuova determinazione della pena, il pubblico ministero, l'imputato e la persona civilmente obbligata per la pena pecuniaria indicano al giudice anche la pena sulla quale sono d'accordo.*
5. Il giudice, se ritiene di non potere accogliere, allo stato, la richiesta, ordina la citazione a comparire al dibattimento. In questo caso la richiesta e la rinuncia perdono effetto, ma possono essere riproposte nel dibattimento». Rispetto a questa la Corte cost., con sent. 10.10.1990, n. 435, aveva dichiarato l'illegittimità costituzionale di questi commi, nella parte in cui consentivano la definizione del procedimento, nei modi ivi previsti anche al di fuori dei casi elencati nel co. 1 dell'art. 599.

599 bis. Concordato anche con rinuncia ai motivi di appello [(1)].

1. Le parti possono dichiarare di concordare sull'accoglimento, in tutto o in parte, dei motivi di appello, con rinuncia agli altri eventuali motivi. Se i motivi dei quali viene chiesto l'accoglimento comportano una nuova determinazione della pena o la sostituzione della pena detentiva con una delle pene sostitutive di cui all'articolo 53 della legge 24 novembre 1981, n. 689, il pubblico ministero, l'imputato e la persona civilmente obbligata per la pena pecuniaria indicano al giudice anche la pena sulla quale sono d'accordo. La dichiarazione e la rinuncia sono presentate nelle forme previste dall'articolo 589 e nel termine, previsto a pena di decadenza, di quindici giorni prima dell'udienza. Nell'ipotesi di sostituzione della pena detentiva con una pena sostitutiva di cui all'articolo 53 della legge 24 novembre 1981, n. 689, si applicano le disposizioni di cui all'articolo 598-*bis*, ma il consenso dell'imputato è espresso, a pena di decadenza, nel termine di quindici giorni prima dell'udienza (2).

[**2.** Sono esclusi dall'applicazione del comma 1 i procedimenti per i delitti di cui all'articolo 51, commi 3-*bis* e 3-*quater*, i procedimenti per i delitti di cui agli articoli 600-*bis*, 600-*ter*, primo, secondo, terzo e quinto comma, 600-*quater*, secondo comma, 600-*quater*.1, relativamente alla condotta di produzione o commercio di materiale pornografico, 600-*quinquies*, 609-*bis*, 609-*ter*, 609-*quater* e 609-*octies* del codice penale, nonché quelli contro coloro che siano stati dichiarati delinquenti abituali, professionali o per tendenza (3).]

3. Quando procede nelle forme di cui all'articolo 598-*bis*, la corte, se ritiene di non poter accogliere la richiesta concordata tra le parti, dispone che l'udienza si svolga con la partecipazione di queste e indica se l'appello sarà deciso a seguito di udienza pubblica o in camera di consiglio, con le forme previste dall'articolo 127. Il provvedimento è comunicato al procuratore generale e notificato alle altre parti. In questo caso la richiesta e la rinuncia perdono effetto, ma possono essere riproposte in udienza (4).

3 bis. Quando procede con udienza pubblica o in camera di consiglio con la partecipazione delle parti, la corte, se ritiene di non poter accogliere la richiesta concordata tra le parti, dispone la prosecuzione del giudizio (5).

3 ter. La richiesta e la rinuncia ai motivi non hanno effetto se la corte decide in modo difforme dall'accordo (5).

4. Fermo restando quanto previsto dal comma 1 dell'articolo 53, il procuratore generale presso la corte di appello, sentiti i magistrati dell'ufficio e i procuratori della Repubblica del distretto, indica i criteri idonei a orientare la valutazione dei magistrati del pubblico ministero nell'udienza, tenuto conto della tipologia dei reati e della complessità dei procedimenti.

(1) Articolo introdotto dall'art. 1, co. 56, l. 23.6.2017, n. 103, a decorrere dal 3.8.2017 (art. 1, co. 95, l. n. 103/2017).

(2) Comma modificato dall'art. 34, co. 1, lett. f), n. 1), d.lgs. 10.10.2022, n. 150, a decorrere dal 30.12.2022. Questo comma, poi, è stato così modificato dall'art. 2, co. 1, lett. aa), d.lgs. 19.3.2024, n. 31, a decorrere dal 4.4.2024.

Il testo antecedente alla modifica del d.lgs. n. 31/2024 così disponeva: «*1. Le parti possono dichiarare di concordare sull'accoglimento, in tutto o in parte, dei motivi di appello, con rinuncia agli altri eventuali motivi. Se i motivi dei quali viene chiesto l'accoglimento comportano una nuova determinazione della pena, il pubblico ministero, l'imputato e la persona civilmente obbligata per la pena pecuniaria indicano al giudice anche la pena sulla quale sono d'accordo. La dichiarazione e la rinuncia sono presentate nelle forme previste dall'articolo 589 e nel termine, previsto a pena di decadenza, di quindici giorni prima dell'udienza.*».

Il testo antecedente alla modifica del d.lgs. n. 150/2022 così disponeva: «*1. La corte provvede in camera di consiglio anche quando le parti, nelle forme previste dall'articolo 589, ne fanno richiesta dichiarando di concordare sull'accoglimento, in tutto o in parte, dei motivi di appello, con rinuncia agli altri eventuali motivi. Se i motivi dei quali viene chiesto l'accoglimento comportano una nuova determinazione della pena, il pubblico ministero, l'imputato e la persona civilmente obbligata per la pena pecuniaria indicano al giudice anche la pena sulla quale sono d'accordo.*».

(3) Comma abrogato dall'art. 98, co. 1, lett. a), d.lgs. 10.10.2022, n. 150, a decorrere dal 30.12.2022.

(4) Comma così sostituito dall'art. 34, co. 1, lett. f), n. 2), d.lgs. 10.10.2022, n. 150, a decorrere dal 30.12.2022.

Il testo previgente così disponeva: «*3. Il giudice, se ritiene di non poter accogliere, allo stato, la richiesta, ordina la citazione a comparire al dibattimento. In questo caso la richiesta e la rinuncia perdono effetto, ma possono essere riproposte nel dibattimento.*».

(5) Comma introdotto dall'art. 34, co. 1, lett. f), n. 3), d.lgs. 10.10.2022, n. 150, a decorrere dal 30.12.2022.

600. Provvedimenti in ordine all'esecuzione delle condanne civili.

1. Se il giudice di primo grado ha omesso di pronunciare sulla richiesta di provvisoria esecuzione proposta a norma dell'articolo 540 comma 1 ovvero l'ha rigettata, la parte civile può riproporla mediante impugnazione della sentenza di primo grado [576] al giudice di appello il quale, a richiesta della parte, provvede con ordinanza in camera di consiglio.

2. Il responsabile civile e l'imputato possono chiedere con le stesse forme [574] la revoca o la sospensione della provvisoria esecuzione.

3. Su richiesta delle stesse parti, il giudice di appello può disporre, con le forme previste dal comma 1, che sia sospesa l'esecuzione della condanna al pagamento della provvisionale [539] quando possa derivarne grave e irreparabile danno (1).

(1) La Corte cost., con sent. 27.7.1994, n. 353, ha dichiarato l'illegittimità costituzionale di questo comma nella parte in cui prevede che il giudice d'appello può disporre la sospensione dell'esecuzione della condanna al pagamento della provvisionale «*quando possa derivarne grave ed irreparabile danno*» anziché «*quando ricorrono gravi motivi*».

601. Atti preliminari al giudizio.

1. Fuori dei casi previsti dall'articolo 591, il presidente ordina senza ritardo la citazione dell'imputato appellante; ordina altresì la citazione dell'imputato non appellante se vi è appello del pubblico ministero o, se ricorre alcuno dei casi previsti dall'articolo 587 (1).

2. Quando la corte, anteriormente alla citazione, dispone che l'udienza si svolga con la partecipazione delle parti, ne è fatta menzione nel decreto di citazione. Nello stesso decreto è altresì indicato se l'appello sarà deciso a seguito di udienza pubblica ovvero in camera di consiglio, con le forme previste dall'articolo 127 (2).

3. Il decreto di citazione per il giudizio di appello contiene i requisiti previsti dall'articolo 429, comma 1, lettere a), d-*bis*), f), g), l'avvertimento all'imputato che non comparendo sarà giudicato in assenza nonché l'indicazione del giudice competente e, fuori dal caso previsto dal comma 2, l'avviso che si procederà con udienza in camera di consiglio senza la partecipazione delle parti, salvo che l'appellante o, in ogni caso, l'imputato o il suo difensore chiedano di partecipare nel termine perentorio di quindici giorni dalla notifica del decreto. Il decreto contiene altresì l'avviso che la richiesta di partecipazione può essere presentata dalla parte privata esclusivamente a mezzo del difensore. Il termine per comparire non può essere inferiore a quaranta giorni [(3)].

4. È ordinata in ogni caso la citazione del responsabile civile, della persona civilmente obbligata per la pena pecuniaria e della parte civile; questa è citata anche quando ha appellato il solo imputato contro una sentenza di proscioglimento.

5. Almeno quaranta giorni prima della data fissata per il giudizio di appello, è notificato avviso ai difensori. L'avviso è, altresì, comunicato al procuratore generale [(4)].

6. Il decreto di citazione è nullo se l'imputato non è identificato in modo certo, se non contiene l'avvertimento all'imputato che non comparendo sarà giudicato in assenza ovvero se manca o è insufficiente l'indicazione di uno dei requisiti previsti dall'articolo 429 comma 1 lettera f) [(5)].

(1) Comma così modificato dall'art. 34, co. 1, lett. g), n. 1), d.lgs. 10.10.2022, n. 150, a decorrere dal 30.12.2022.
Il testo previgente così disponeva: «*1. Fuori dei casi previsti dall'articolo 591, il presidente ordina senza ritardo la citazione dell'imputato appellante; ordina altresì la citazione dell'imputato non appellante se vi è appello del pubblico ministero, se ricorre alcuno dei casi previsti dall'articolo 587 o se l'appello è proposto per i soli interessi civili.*».

(2) Comma così sostituito dall'art. 34, co. 1, lett. g), n. 2), d.lgs. 10.10.2022, n. 150, a decorrere dal 30.12.2022.
Il testo previgente così disponeva: «*2. Quando si procede in camera di consiglio a norma dell'articolo 599, ne è fatta menzione nel decreto di citazione.*».

(3) Comma modificato dall'art. 34, co. 1, lett. g), n. 3), d.lgs. 10.10.2022, n. 150, a decorrere dal 30.12.2022. Ai sensi dell'art. 92, co. 2 bis, d.lgs. n. 150/2022, come modificato dall'art. 5 novies, co. 1, d.l. n. 162/2022, le disposizioni del presente comma si applicano nei procedimenti penali e nella fase dell'esecuzione della pena decorsi sei mesi dalla data del 30.12.2022. Questo comma, poi, è stato così modificato dall'art. 2, co. 1, lett. bb), n. 1), d.lgs. 19.3.2024, n. 31, a decorrere dal 4.4.2024.
Il testo antecedente alla modifica del d.lgs. n. 31/2024 così disponeva: «*3. Il decreto di citazione per il giudizio di appello contiene i requisiti previsti dall'articolo 429, comma 1, lettere a), d-bis), f), g) nonché l'indicazione del giudice competente e, fuori dal caso previsto dal comma 2, l'avviso che si procederà con udienza in camera di consiglio senza la partecipazione delle parti, salvo che l'appellante o, in ogni caso, l'imputato o il suo difensore chiedano di partecipare nel termine perentorio di quindici giorni dalla notifica del decreto. Il decreto contiene altresì l'avviso che la richiesta di partecipazione può essere presentata dalla parte privata esclusivamente a mezzo del difensore. Il termine per comparire non può essere inferiore a quaranta giorni.*».
Il testo antecedente alla modifica del d.lgs. n. 150/2022 così disponeva: «*3. Il decreto di citazione per il giudizio di appello contiene i requisiti previsti dall'articolo 429 comma 1 lettere a), f), g) nonché l'indicazione del giudice competente. Il termine per comparire non può essere inferiore a venti giorni.*».

(4) Comma modificato dall'art. 34, co. 1, lett. g), n. 4), d.lgs. 10.10.2022, n. 150, a decorrere dal 30.12.2022. Questo comma, poi, è stato così modificato dall'art. 2, co. 1, lett. bb), n. 2), d.lgs. 19.3.2024, n. 31, a decorrere dal 4.4.2024.
Il testo antecedente alla modifica del d.lgs. n. 31/2024 così disponeva: «*5. Almeno quaranta giorni prima della data fissata per il giudizio di appello, è notificato avviso ai difensori.*».
Il testo antecedente alla modifica del d.lgs. n. 150/2022 così disponeva: «*5. Almeno venti giorni prima della data fissata per il giudizio di appello, è notificato avviso ai difensori.*».

(5) Comma così modificato dall'art. 2, co. 1, lett. bb), n. 3), d.lgs. 19.3.2024, n. 31, a decorrere dal 4.4.2024.
Il testo previgente così disponeva: «*6. Il decreto di citazione è nullo se l'imputato non è identificato in modo certo ovvero se manca o è insufficiente l'indicazione di uno dei requisiti previsti dall'articolo 429 comma 1 lettera f).*».

602. Dibattimento di appello.

1. Fuori dei casi previsti dall'articolo 599, quando dispone che l'udienza si svolga con la partecipazione delle parti, la corte provvede in pubblica udienza. Nell'udienza, il presidente o il consigliere da lui delegato fa la relazione della causa [(1)].

[**1 bis.** Se le parti richiedono concordemente l'accoglimento, in tutto o in parte, dei motivi di appello a norma dell'articolo 599-*bis*, il giudice, quando ritiene che la richiesta deve essere accolta, provvede immediatamente; altrimenti dispone la prosecuzione del dibattimento. La richiesta e la rinuncia ai motivi non hanno effetto se il giudice decide in modo difforme dall'accordo [(2) (3)].]

[**2.** Se le parti richiedono concordemente l'accoglimento, in tutto o in parte, dei motivi di appello a norma dell'articolo 599, comma 4, il giudice, quando ritiene che la richiesta deve essere accolta, provvede immediatamente; altrimenti dispone per la prosecuzione del dibattimento. La richiesta e la rinuncia ai motivi non hanno effetto se il giudice decide in modo difforme dall'accordo [(4)].]

3. Nel dibattimento può essere data lettura, anche di ufficio, di atti del giudizio di primo grado nonché, entro i limiti previsti dagli articoli 511 e seguenti, di atti compiuti nelle fasi antecedenti.

4. Per la discussione si osservano le disposizioni dell'articolo 523.

(1) Comma così modificato dall'art. 34, co. 1, lett. h), d.lgs. 10.10.2022, n. 150, a decorrere dal 30.12.2022.
Il testo previgente così disponeva: «*1. Nell'udienza, il presidente o il consigliere da lui delegato fa la relazione della causa.*».

(2) Comma introdotto dall'art. 1, co. 57, l. 23.6.2017, n. 103, a decorrere dal 3.8.2017 (art. 1, co. 95, l. n. 103/2017).

(3) Comma abrogato dall'art. 98, co. 1, lett. a), d.lgs. 10.10.2022, n. 150, a decorrere dal 30.12.2022.

(4) Comma così sostituito dall'art. 2, l. 19.1.1999, n. 14 e poi abrogato dalla lett. l) del co. 1 dell'art. 2, d.l. 23.5.2008, n. 92, conv. in legge, con modif., con l. 24.7.2008, n. 125. L'art. 3 della l. n. 14/1999 ha così stabilito: «*Art. 3. – 1. Nei procedimenti nei quali è stata pronunciata sentenza di appello prima della data di entrata in vigore della presente legge, se è pendente ricorso per cassazione, ovvero se questo è proposto successivamente alla predetta data, il procuratore gene-*

rale presso la Corte di cassazione e l'imputato, nonché, se del caso, la persona civilmente obbligata per la pena pecuniaria, possono, entro il termine di cui al comma 4 dell'articolo 585 del codice di procedura penale, esercitare la facoltà prevista dai commi 4 e 5 dell'articolo 599 del codice predetto con riferimento ai motivi di ricorso. La Corte di cassazione provvede sulla richiesta in camera di consiglio, applicando la pena indicata dalle parti nelle forme previste dal comma 2 dell'articolo 619 del codice di procedura penale. Se ritiene di non poter accogliere la richiesta, la Corte di cassazione fissa la data di discussione del ricorso in udienza pubblica. In quest'ultimo caso la richiesta e la rinuncia perdono effetto».

Il co. 2 dell'art. 602, antecedente alla modifica introdotta dalla l. n. 14, così disponeva: «2. *Se le parti richiedono concordemente l'accoglimento, in tutto o in parte, dei motivi di appello a norma dell'articolo 599 comma 4, il giudice, quando ritiene che la richiesta deve essere accolta, provvede immediatamente; altrimenti dispone la prosecuzione del dibattimento. La richiesta e la rinuncia ai motivi non hanno effetto se il giudice decide in modo difforme dall'accordo*». Rispetto a questa formulazione la Corte cost., con sent. 10.10.1990, n. 435, ne aveva dichiarato l'illegittimità, nella parte in cui consentiva la definizione del procedimento nei modi ivi previsti anche al di fuori dei casi elencati nel primo comma dell'art. 599.

603. Rinnovazione dell'istruzione dibattimentale.

1. Quando una parte, nell'atto di appello o nei motivi presentati a norma dell'articolo 585 comma 4, ha chiesto la riassunzione di prove già acquisite nel dibattimento di primo grado o l'assunzione di nuove prove, il giudice se ritiene di non essere in grado di decidere allo stato degli atti, dispone la rinnovazione dell'istruzione dibattimentale.

2. Se le nuove prove sono sopravvenute o scoperte dopo il giudizio di primo grado, il giudice dispone la rinnovazione dell'istruzione dibattimentale nei limiti previsti dall'articolo 495 comma 1.

3. La rinnovazione dell'istruzione dibattimentale è disposta di ufficio se il giudice la ritiene assolutamente necessaria.

3 bis. Nel caso di appello del pubblico ministero contro una sentenza di proscioglimento per motivi attinenti alla valutazione della prova dichiarativa, il giudice, ferme le disposizioni di cui ai commi da 1 a 3, dispone la rinnovazione dell'istruzione dibattimentale nei soli casi di prove dichiarative assunte in udienza nel corso del giudizio dibattimentale di primo grado o all'esito di integrazione probatoria disposta nel giudizio abbreviato a norma degli articoli 438, comma 5, e 441, comma 5 (1).

3 ter. Il giudice dispone altresì la rinnovazione dell'istruzione dibattimentale quando l'imputato ne fa richiesta ai sensi dell'articolo 604, commi 5-*ter* e 5-*quater*. Tuttavia, quando nel giudizio di primo grado si è proceduto in assenza dell'imputato ai sensi dell'articolo 420-*bis*, comma 3, la rinnovazione dell'istruzione dibattimentale è disposta ai sensi dell'articolo 190-*bis* (2).

[**4.** Il giudice dispone, altresì, la rinnovazione dell'istruzione dibattimentale quando l'imputato, contumace [487] in primo grado, ne fa richiesta e prova di non essere potuto comparire per caso fortuito o forza maggiore o per non avere avuto conoscenza del decreto di citazione, sempre che in tal caso il fatto non sia dovuto a sua colpa, ovvero, quando l'atto di citazione per il giudizio di primo grado è stato notificato mediante consegna al difensore nei casi previsti dagli articoli 159, 161 comma 4 e 169, non si sia sottratto volontariamente alla conoscenza degli atti del procedimento (3).]

5. Il giudice provvede con ordinanza, nel contraddittorio delle parti.

6. Alla rinnovazione dell'istruzione dibattimentale, disposta a norma dei commi precedenti, si procede immediatamente. In caso di impossibilità, il dibattimento è sospeso [477] per un termine non superiore a dieci giorni.

(1) Comma introdotto dall'art. 1, co. 58, l. 23.6.2017, n. 103, a decorrere dal 3.8.2017 (art. 1, co. 95, l. n. 103/2017). Questo comma, poi, è stato così sostituito dall'art. 34, co. 1, lett. i), n. 1), d.lgs. 10.10.2022, n. 150, a decorrere dal 30.12.2022.
Il testo previgente così disponeva: «3-bis. *Nel caso di appello del pubblico ministero contro una sentenza di proscioglimento per motivi attinenti alla valutazione della prova dichiarativa, il giudice dispone la rinnovazione dell'istruzione dibattimentale.*».

(2) Comma introdotto dall'art. 34, co. 1, lett. i), n. 2), d.lgs. 10.10.2022, n. 150, a decorrere dal 30.12.2022.

(3) Comma abrogato dall'art. 11, co. 2, l. 28.4.2014, n. 67.

604. Questioni di nullità.

1. Il giudice di appello, nei casi previsti dall'articolo 522, dichiara la nullità in tutto o in parte della sentenza appellata e dispone la trasmissione degli atti al giudice di primo grado, quando vi è stata condanna per un atto diverso o applicazione di una circostanza aggravante per la quale la legge stabilisce una pena di specie diversa da quella ordinaria del reato o di una circostanza aggravante ad effetto speciale, sempre che non vengano ritenute prevalenti o equivalenti circostanze attenuanti.

2. Quando sono state ritenute prevalenti o equivalenti circostanze attenuanti o sono state applicate circostanze aggravanti diverse da quelle previste dal comma 1, il giudice di appello esclude le circostanze aggravanti, effettua, se occorre, un nuovo giudizio di comparazione e ridetermina la pena.

3. Quando vi è stata condanna per un reato concorrente o per un fatto nuovo, il giudice di appello dichiara nullo il relativo capo della sentenza ed elimina la pena corrispondente, disponendo che del provvedimento sia data notizia al pubblico ministero per le sue determinazioni.

4. Il giudice di appello, se accerta una delle nullità indicate nell'articolo 179, da cui sia derivata la nullità del provvedimento che dispone il giudizio [429 456] o della sentenza di primo grado, la dichiara con sentenza e rinvia gli atti al giudice che procedeva quando si è verificata la nullità. Nello stesso modo il giudice provvede se accerta una delle nullità indicate nell'articolo 180 che non sia stata sanata e da cui sia derivata la nullità del provvedimento che dispone il giudizio o della sentenza di primo grado.

5. Se si tratta di altre nullità che non sono state sanate, il giudice di appello può ordinare la rinnovazione degli atti nulli [185] o anche, dichiarata la nullità, decidere nel merito, qualora riconosca che l'atto non fornisce elementi necessari al giudizio.

5 bis. Nei casi in cui nel giudizio di primo grado si è proceduto in assenza dell'imputato, se vi è la prova che la dichiarazione di assenza è avvenuta in mancanza dei presupposti previsti dall'articolo 420-*bis*, commi 1, 2 e 3, il giudice di appello dichiara la nullità della sentenza e dispone la trasmissione degli atti al giudice che procedeva quando si è verificata la nullità. La nullità è sanata se non è stata eccepita nell'atto di appello. In ogni caso, la nullità non può essere rilevata o eccepita se risulta che l'imputato era a conoscenza della pendenza del processo ed era nelle condizioni di comparire in giudizio prima della pronuncia della sentenza impugnata (1).

5 ter. Fuori dai casi previsti dal comma 5-*bis*, ferma restando la validità degli atti regolarmente compiuti in precedenza, l'imputato è sempre restituito nel termine per esercitare le facoltà dalle quali è decaduto:

a) se fornisce la prova che, per caso fortuito, forza maggiore o altro legittimo impedimento, si è trovato nell'assoluta impossibilità di comparire in tempo utile per esercitare le facoltà dalle quali è decaduto e che non ha potuto trasmettere tempestivamente la prova dell'impedimento senza sua colpa;

b) se, nei casi previsti dai commi 2 e 3 dell'articolo 420-*bis*, fornisce la prova di non aver avuto effettiva conoscenza della pendenza del processo e di non essere potuto intervenire senza sua colpa in tempo utile per esercitare le facoltà dalle quali è decaduto (2).

5 quater. Nei casi di cui al comma 5-*ter*, il giudice di appello annulla la sentenza e dispone la trasmissione degli atti al giudice della fase nella quale può essere esercitata la facoltà dalla quale l'imputato è decaduto, salvo che questi chieda l'applicazione della pena ai sensi dell'articolo 444 ovvero l'oblazione o esclusivamente la rinnovazione dell'istruzione dibattimentale. In questi casi provvede il giudice di appello. Quando il giudice di appello rigetta l'istanza di applicazione della pena ai sensi dell'articolo 444 o di oblazione, le stesse non possono essere riproposte (2).

6. Quando il giudice di primo grado ha dichiarato che il reato è estinto [531; c.p. 150] o che l'azione penale non poteva essere iniziata o proseguita, il giudice di appello, se riconosce erronea tale dichiarazione, ordina, occorrendo, la rinnovazione del dibattimento [603] e decide nel merito.

7. Quando il giudice di primo grado ha respinto la domanda di oblazione [c.p. 162, 162-*bis*], il giudice di appello, se riconosce erronea tale decisione, accoglie la domanda e sospende [477] il dibattimento fissando un termine massimo non superiore a dieci giorni per il pagamento delle somme dovute. Se il pagamento avviene nel termine, il giudice di appello pronuncia sentenza di proscioglimento.

8. Nei casi previsti dal comma 1, se annulla una sentenza della corte di assise o del tribunale collegiale, il giudice di appello dispone la trasmissione degli atti ad altra sezione della stessa corte o dello stesso tribunale ovvero, in mancanza, alla corte o al tribunale più vicini. Se annulla una sentenza del tribunale monocratico o di un giudice per le indagini preliminari, dispone la trasmissione degli atti al medesimo tribunale; tuttavia il giudice deve essere diverso da quello che ha pronunciato la sentenza annullata [34] (3).

(1) Comma introdotto dall'art. 11, co. 3, l. 28.4.2014, n. 67. Questo comma, poi, è stato così sostituito dall'art. 34, co. 1, lett. l), n. 1), d.lgs. 10.10.2022, n. 150, a decorrere dal 30.12.2022.
Il testo previgente così disponeva: «5-bis. *Nei casi in cui si sia proceduto in assenza dell'imputato, se vi è la prova che si sarebbe dovuto provvedere ai sensi dell'articolo 420-*ter *o dell'articolo 420-*quater*, il giudice di appello dichiara la nullità della sentenza e dispone il rinvio degli atti al giudice di primo grado. Il giudice di appello annulla altresì la sentenza e dispone la restituzione degli atti al giudice di primo grado qualora l'imputato provi che l'assenza è stata dovuta ad una incolpevole mancata conoscenza della celebrazione del processo di primo grado. Si applica l'articolo 489, comma 2.*».

(2) Comma introdotto dall'art. 34, co. 1, lett. l), n. 2), d.lgs. 10.10.2022, n. 150, a decorrere dal 30.12.2022.

(3) Comma così sostituito dall'art. 203, d.lgs. 19.2.1998, n. 51, con effetto dal 2.6.1999 (art. 247 d.lgs. n. 51/1998, come modificato dall'art. 1, l. 16.6.1998, n. 188).
Il testo previgente così disponeva: «*8. Nei casi previsti dal comma 1, se annulla una sentenza della corte di assise o del tribunale, il giudice di appello dispone la trasmissione degli atti ad altra sezione della stessa corte o dello stesso tribunale ovvero, in mancanza, alla corte o al tribunale più vicini. Se annulla una sentenza di un pretore o di un giudice per le indagini preliminari, dispone la trasmissione degli atti alla medesima pretura o al medesimo tribunale; tuttavia il pretore o il giudice deve essere diverso da quello che ha pronunciato la sentenza annullata*».

605. Sentenza.

1. Fuori dei casi previsti dall'articolo 604, il giudice di appello pronuncia sentenza con la quale conferma o riforma la sentenza appellata.

2. Le pronunce del giudice di appello sull'azione civile sono immediatamente esecutive [540, 612].

3. Copia della sentenza di appello, con gli atti del procedimento, è trasmessa senza ritardo, a cura della cancelleria, al giudice di primo grado, quando questi è competente per l'esecuzione [665] e non è stato proposto ricorso per cassazione.

TITOLO III
Ricorso per cassazione

Capo I
Disposizioni generali

606. Casi di ricorso.

1. Il ricorso per cassazione può essere proposto per i seguenti motivi:

a) esercizio da parte del giudice di una potestà riservata dalla legge a organi legislativi o amministrativi ovvero non consentita ai pubblici poteri;

b) inosservanza o erronea applicazione della legge penale o di altre norme giuridiche, di cui si deve tener conto nell'applicazione della legge penale;
c) inosservanza delle norme processuali stabilite a pena di nullità, di inutilizzabilità, di inammissibilità o di decadenza;
d) mancata assunzione di una prova decisiva, quando la parte ne ha fatto richiesta anche nel corso dell'istruzione dibattimentale limitatamente ai casi previsti dall'articolo 495, comma 2 (1);
e) mancanza, contraddittorietà o manifesta illogicità della motivazione, quando il vizio risulta dal testo del provvedimento impugnato ovvero da altri atti del processo specificamente indicati nei motivi di gravame (2).

2. Il ricorso, oltre che nei casi e con gli effetti determinati da particolari disposizioni, può essere proposto contro le sentenze pronunciate in grado di appello o inappellabili.

2 bis. Contro le sentenze di appello pronunciate per reati di competenza del giudice di pace, il ricorso può essere proposto soltanto per i motivi di cui al comma 1, lettere a), b) e c) (3).

3. Il ricorso è inammissibile [591] se è proposto per motivi diversi da quelli consentiti dalla legge o manifestamente infondati ovvero, fuori dei casi previsti dagli articoli 569 e 609comma 2, per violazioni di legge non dedotte con i motivi di appello.

(1) Lettera così sostituita dall'art. 8, l. 20.2.2006, n. 46. L'art. 10 della l. n. 46/2006 così dispone:
«*Art. 10 – 1. La presente legge si applica ai procedimenti in corso alla data di entrata in vigore della medesima.*
2. L'appello proposto contro una sentenza di proscioglimento dall'imputato o dal pubblico ministero prima della data di entrata in vigore della presente legge viene dichiarato inammissibile con ordinanza non impugnabile.
3. Entro quarantacinque giorni dalla notifica del provvedimento di inammissibilità di cui al comma 2 pusere proposto ricorso per cassazione contro le sentenze di primo grado.
4. La disposizione di cui al comma 2 si applica anche nel caso in cui sia annullata, su punti diversi dalla pena o dalla misura di sicurezza, una sentenza di condanna di una corte di assise di appello o di una corte di appello che abbia riformato una sentenza di assoluzione.
5. Nei limiti delle modificazioni apportate dall'articolo 8 della presente legge possono essere presentati i motivi di cui all'articolo 585, comma 4, del codice di procedura penale entro trenta giorni dalla data di entrata in vigore della presente legge».
La Corte cost., con sent. 6.2.2007, n. 26, ha poi dichiarato, tra l'altro, l'illegittimità del co. 2 dell'art. 10, nella parte in cui prevede che l'appello proposto contro una sentenza di proscioglimento dal pubblico ministero prima della data di entrata in vigore della medesima legge è dichiarato inammissibile.
Il testo della presente lettera antecedente alla sostituzione del 2006 così disponeva: «*d) mancata assunzione di una prova decisiva, quando la parte ne ha fatto richiesta a norma dell'articolo 495 comma 2;*».

(2) Lettera così sostituita dall'art. 8, l. 20.2.2006, n. 46. L'art. 10 della l. n. 46/2006 così dispone:
«*Art. 10 – 1. La presente legge si applica ai procedimenti in corso alla data di entrata in vigore della medesima.*
2. L'appello proposto contro una sentenza di proscioglimento dall'imputato o dal pubblico ministero prima della data di entrata in vigore della presente legge viene dichiarato inammissibile con ordinanza non impugnabile.
3. Entro quarantacinque giorni dalla notifica del provvedimento di inammissibilità di cui al comma 2 può essere proposto ricorso per cassazione contro le sentenze di primo grado.
4. La disposizione di cui al comma 2 si applica anche nel caso in cui sia annullata, su punti diversi dalla pena o dalla misura di sicurezza, una sentenza di condanna di una corte di assise di appello o di una corte di appello che abbia riformato una sentenza di assoluzione.
5. Nei limiti delle modificazioni apportate dall'articolo 8 della presente legge possono essere presentati i motivi di cui all'articolo 585, comma 4, del codice di procedura penale entro trenta giorni dalla data di entrata in vigore della presente legge».
La Corte cost., con sent. 6.2.2007, n. 26, ha poi dichiarato, tra l'altro, l'illegittimità del co. 2 dell'art. 10, nella parte in cui prevede che l'appello proposto contro una sentenza di proscioglimento dal pubblico ministero prima della data di entrata in vigore della medesima legge è dichiarato inammissibile.
Il testo della presente lettera antecedente alla sostituzione del 2006 così disponeva: «*e) mancanza o manifesta illogicità della motivazione, quando il vizio risulta dal testo del provvedimento impugnato*».

(3) Comma introdotto dall'art. 5, co. 1, d.lgs. 6.2.2018, n. 11 a decorrere dal 6.3.2018.

607. Ricorso dell'imputato.

1. L'imputato può ricorrere per cassazione contro la sentenza di condanna o di proscioglimento ovvero contro la sentenza inappellabile di non luogo a procedere.

2. Può, inoltre, ricorrere contro le sole disposizioni della sentenza che riguardano le spese processuali.

608. Ricorso del pubblico ministero.

1. Il procuratore generale presso la corte di appello può ricorrere per cassazione contro ogni sentenza di condanna o di proscioglimento pronunciata in grado di appello o inappellabile [593].

1 bis. Se il giudice di appello pronuncia sentenza di conferma di quella di proscioglimento, il ricorso per cassazione può essere proposto solo per i motivi di cui alle lettere a), b) e c) del comma 1 dell'articolo 606 (1).

2. Il procuratore della Repubblica presso il tribunale può ricorrere per cassazione contro ogni sentenza inappellabile, di condanna o di proscioglimento, pronunciata dalla corte di assise, dal tribunale o dal giudice per le indagini preliminari presso il tribunale.

[**3.** Il procuratore della Repubblica presso la pretura può proporre ricorso per cassazione contro ogni sentenza inappellabile, di condanna o di proscioglimento, pronunciata dal pretore o dal giudice per le indagini preliminari presso la pretura (2).]

4. Il procuratore generale e il procuratore della Repubblica presso il tribunale possono anche ricorrere nei casi previsti dall'articolo 569 e da altre disposizioni di legge (3).

(1) Comma introdotto dall'art. 1, co. 69, l. 23.6.2017, n. 103, a decorrere dal 3.8.2017 (art. 1, co. 95, l. n. 103/2017).

(2) Comma soppresso dall'art. 204, d.lgs. 19.2.1998, n. 51, con effetto dal 2.6.1999 (art. 247, d.lgs. n. 51/1998, come modificato dall'art. 1, l. 16.6.1998, n. 188).

(3) Comma così sostituito dall'art. 204, d.lgs. 19.2.1998, n. 51 (art. 247, d.lgs. n. 51/1998, come modificato dall'art. 1, l. 16.6.1998, n. 188).
Il testo previgente così disponeva: «*4. Il procuratore generale, il procuratore della Repubblica presso il tribunale e il procuratore della Repubblica presso la pretura possono anche ricorrere nei casi previsti dall'articolo 569 e da altre disposizioni di legge*».

609. Cognizione della corte di cassazione,

1. Il ricorso attribuisce alla corte di cassazione la cognizione del procedimento limitatamente ai motivi proposti [606].

2. La corte decide altresì le questioni rilevabili di ufficio in ogni stato e grado del processo e quelle che non sarebbe stato possibile dedurre in grado di appello.

Capo II
Procedimento

610. Atti preliminari.

1. Il presidente della corte di cassazione, se rileva una causa di inammissibilità dei ricorsi, li assegna ad apposita sezione. Il presidente della sezione fissa la data per la decisione in camera di consiglio. La cancelleria dà comunicazione del deposito degli atti e della data dell'udienza al procuratore generale ed ai difensori nel termine di cui al comma 5. L'avviso contiene l'enunciazione della causa di inammissibilità rilevata con riferimento al contenuto dei motivi di ricorso. Si applica il comma 1 dell'articolo 611. Ove non venga dichiarata l'inammissibilità, gli atti sono rimessi al presidente della corte (1).

1 bis. Il presidente della corte di cassazione provvede all'assegnazione dei ricorsi alle singole sezioni secondo i criteri stabiliti dalle leggi di ordinamento giudiziario (2).

2. Il presidente, su richiesta del procuratore generale, dei difensori delle parti o anche di ufficio, assegna il ricorso alle sezioni unite quando le questioni proposte sono di speciale importanza o quando occorre dirimere contrasti insorti tra le decisioni delle singole sezioni.

3. Il presidente della corte, se si tratta delle sezioni unite, ovvero il presidente della sezione fissa la data per la trattazione del ricorso in udienza pubblica [614] o in camera di consiglio [611] e designa il relatore. Il presidente dispone altresì la riunione dei giudizi nei casi previsti dall'articolo 17 e la separazione dei medesimi quando giovi alla speditezza della decisione.

[**4.** La cancelleria dà immediata comunicazione al procuratore generale del deposito degli atti per la eventuale richiesta della dichiarazione di inammissibilità del ricorso (3).]

5. Almeno trenta giorni prima della data dell'udienza, la cancelleria ne dà avviso al procuratore generale e ai difensori, indicando se il ricorso sarà deciso a seguito di udienza pubblica ovvero in camera di consiglio. [In quest'ultimo caso, l'avviso deve inoltre precisare se vi è la richiesta di dichiarazione di inammissibilità, enunciando la causa dedotta] (4).

5 bis. Nei casi previsti dall'articolo 591, comma 1, lettere a), limitatamente al difetto di legittimazione, b), c), esclusa l'inosservanza delle disposizioni dell'articolo 581, e d), la corte dichiara senza formalità di procedura l'inammissibilità del ricorso. Allo stesso modo la corte dichiara l'inammissibilità del ricorso contro la sentenza di applicazione della pena su richiesta delle parti e contro la sentenza pronunciata a norma dell'articolo 599-*bis*. Contro tale provvedimento è ammesso il ricorso straordinario a norma dell'articolo 625-*bis* (5).

(1) Comma sostituito dall'art. 6, l. 26.3.2001, n. 128 e, poi, così modificato dall'art. 1, co. 61, l. 23.6.2017, n. 103, a decorrere dal 3.8.2017 (art. 1, co. 95, l. n. 103/2017).
Il testo antecedente alla modifica del 2017 così disponeva: «*1. Il presidente della corte di cassazione, se rileva una causa di inammissibilità dei ricorsi, li assegna ad apposita sezione. Il presidente della sezione fissa la data per la decisione in camera di consiglio. La cancelleria dà comunicazione del deposito degli atti e della data dell'udienza al procuratore generale ed ai difensori nel termine di cui al comma 5. L'avviso contiene l'enunciazione della causa di inammissibilità rilevata. Si applica il comma 1 dell'articolo 611. Ove non venga dichiarata l'inammissibilità, gli atti sono rimessi al presidente della corte*».
Il testo antecedente alla modifica disposta dalla l. n. 128/2001 così disponeva: «*1. Il presidente della corte di cassazione provvede all'assegnazione dei ricorsi alle singole sezioni secondo i criteri stabiliti dalle leggi di ordinamento giudiziario*».
(2) Comma introdotto dall'art. 6, l. 26.3.2001, n. 128.
(3) Comma abrogato dall'art. 6, l. 26.3.2001, n. 128.
(4) Periodo soppresso dall'art. 6, l. 26.3.2001, n. 128.
(5) Comma introdotto dall'art. 1, co. 62, l. 23.6.2017, n. 103, a decorrere dal 3.8.2017 (art. 1, co. 95, l. n. 103/2017).

611. Procedimento (1).

1. La corte provvede sui ricorsi in camera di consiglio. Se non è diversamente stabilito e in deroga a quanto previsto dall'articolo 127, la corte giudica sui motivi, sulle richieste del procuratore generale e sulle memorie senza la partecipazione del procuratore generale e dei difensori. Fino a quindici giorni prima dell'udienza il procuratore generale presenta le sue richieste e tutte le parti possono presentare motivi nuovi, memorie e, fino a cinque giorni prima, memorie di replica (2).

1 bis. Nei procedimenti per la decisione sui ricorsi contro le sentenze pronunciate nel dibattimento o ai sensi dell'articolo 442 il procuratore generale e i difensori possono chiedere la trattazione in pubblica udienza. Gli stessi possono chiedere la trattazione in camera di consiglio con la loro partecipazione per la decisione:

a) sui ricorsi per i quali la legge prevede la trattazione con l'osservanza delle forme previste dall'articolo 127;
b) sui ricorsi avverso sentenze pronunciate all'esito di udienza in camera di consiglio senza la partecipazione delle parti, a norma dell'articolo 598-*bis*, salvo che l'appello abbia avuto esclusivamente per oggetto la specie o la misura della pena, anche con riferimento al giudizio di comparazione fra circostanze, o l'applicabilità delle circostanze attenuanti generiche, di pene sostitutive, della sospensione della pena o della non menzione della condanna nel certificato del casellario giudiziale (3).

1 ter. Le richieste di cui al comma 1-*bis* sono irrevocabili e sono presentate, a pena di decadenza, nel termine di dieci giorni dalla ricezione dell'avviso di fissazione dell'udienza. Quando ritiene ammissibile la richiesta proposta, la corte dispone che l'udienza si svolga con la partecipazione del procuratore generale e dei difensori. La cancelleria dà avviso del provvedimento al procuratore generale e ai difensori, indicando se il ricorso sarà trattato in udienza pubblica o in camera di consiglio, con le forme previste dall'articolo 127 (4).

1 quater. Negli stessi casi di cui al comma 1-*bis*, la corte può disporre d'ufficio la trattazione del ricorso in udienza pubblica o in camera di consiglio con la partecipazione del procuratore generale e dei difensori per la rilevanza delle questioni sottoposte al suo esame, dandone comunicazione alle parti mediante l'avviso di fissazione dell'udienza (4).

1 quinquies. Nei procedimenti da trattare con le forme previste dall'articolo 127, l'avviso di fissazione dell'udienza è comunicato o notificato almeno venti giorni prima dell'udienza e i termini di cui ai commi 1 e 1-*ter* sono ridotti a cinque giorni per la richiesta di intervenire in udienza, a dieci giorni per le memorie e a tre giorni per le memorie di replica (4).

1 sexies. Se ritiene di dare al fatto una definizione giuridica diversa, la corte dispone con ordinanza il rinvio per la trattazione del ricorso in udienza pubblica o in camera di consiglio con la partecipazione delle parti, indicando la ragione del rinvio e dandone comunicazione alle parti con l'avviso di fissazione della nuova udienza (4).

[**2.** Nello stesso modo la corte procede quando è stata richiesta la dichiarazione di inammissibilità del ricorso. Se non dichiara l'inammissibilità, la corte fissa la data per la decisione del ricorso in udienza pubblica (5).]

(1) Rubrica così modificata dall'art. 35, co. 1, lett. a), n. 3), d.lgs. 10.10.2022, n. 150, a decorrere dal 30.12.2022.
Il testo previgente così recitava: «*Procedimento in camera di consiglio*».

(2) Comma così sostituito dall'art. 35, co. 1, lett. a), n. 1), d.lgs. 10.10.2022, n. 150, a decorrere dal 30.12.2022.
Il testo previgente così disponeva: «*1. Oltre che nei casi particolarmente previsti dalla legge, la corte procede in camera di consiglio quando deve decidere su ogni ricorso contro provvedimenti non emessi nel dibattimento, fatta eccezione delle sentenze pronunciate a norma dell'articolo 442. Se non è diversamente stabilito e in deroga a quanto previsto dall'articolo 127, la corte giudica sui motivi, sulle richieste del procuratore generale e sulle memorie delle altre parti senza intervento dei difensori. Fino a quindici giorni prima dell'udienza, tutte le parti possono presentare motivi nuovi e memorie e, fino a cinque giorni prima, possono presentare memorie di replica.*».

(3) Comma introdotto dall'art. 35, co. 1, lett. a), n. 2), d.lgs. 10.10.2022, n. 150, a decorrere dal 30.12.2022, e modificato, a decorrere dal 31.12.2022, dall'art. 5 terdecies, co. 2, d.l. n. 162/2022.
Il testo antecedente alla modifica del d.l. n. 162/2022 così disponeva: «*1-bis. Nei procedimenti per la decisione sui ricorsi contro le sentenze pronunciate nel dibattimento o ai sensi dell'articolo 442 il procuratore generale e i difensori possono chiedere la trattazione in pubblica udienza. Gli stessi possono chiedere la trattazione in camera di consiglio con la loro partecipazione per la decisione:*
a) sui ricorsi per i quali la legge prevede la trattazione con l'osservanza delle forme previste dall'articolo 127;
*b) sui ricorsi avverso sentenze pronunciate all'esito di udienza in camera di consiglio senza la partecipazione delle parti, a norma dell'articolo 598-*bis*, salvo che l'appello abbia avuto esclusivamente per oggetto la specie o la misura della pena, anche con riferimento al giudizio di comparazione fra circostanze, o l'applicabilità delle circostanze attenuanti generiche, di pene sostitutive, della sospensione della pena o della non menzione della condanna nel certificato del casellario giudiziario.*».

(4) Comma introdotto dall'art. 35, co. 1, lett. a), n. 2 , d.lgs. 10.10.2022, n. 150, a decorrere dal 30.12.2022.

(5) Comma abrogato dall'art. 6, l. 26.3.2001, n. 128.

612. Sospensione dell'esecuzione della condanna civile.

1. A richiesta dell'imputato o del responsabile civile, la corte di cassazione può sospendere, in pendenza del ricorso, l'esecuzione della condanna civile [540 605], quando può derivarne grave e irreparabile danno. La decisione sulla richiesta di sospensione della condanna civile è adottata dalla corte di cassazione con ordinanza in camera di consiglio.

613. Difensori.

1. L'atto di ricorso, le memorie e i motivi nuovi devono essere sottoscritti, a pena di inammissibilità, da difensori iscritti nell'albo speciale della corte di cassazione. Davanti alla corte medesima le parti sono rappresentate dai difensori (1).

2. Per tutti gli atti che si compiono nel procedimento davanti alla corte, il domicilio delle parti è presso i rispettivi difensori, salvo quanto previsto dal comma 4. Il difensore è nominato per la proposizione del ricorso o successivamente; in mancanza di nomina il difensore è quello che ha assistito la parte nell'ultimo giudizio, purché abbia i requisiti indicati nel comma 1.

3. Se l'imputato è privo del difensore di fiducia, il presidente del collegio provvede a norma dell'articolo 97.

4. Gli avvisi che devono essere dati al difensore sono notificati anche all'imputato che non sia assistito da difensore di fiducia.

5. Quando il ricorso concerne gli interessi civili, il presidente, se la parte ne fa richiesta, nomina un difensore secondo le norme sul patrocinio dei non abbienti [98].

(1) Comma così modificato dall'art. 1, co. 63, l. 23.6.2017, n. 103, a decorrere dal 3.8.2017 (art. 1, co. 95, l. n. 103/2017).
Il testo previgente così disponeva: «*1. Salvo che la parte non vi provveda personalmente, l'atto di ricorso, le memorie e i motivi nuovi devono essere sottoscritti, a pena di inammissibilità, da difensori iscritti nell'albo speciale della corte di cassazione. Davanti alla corte medesima le parti sono rappresentate dai difensori*».

614. Dibattimento.

1. Le norme concernenti la pubblicità, la polizia e la disciplina delle udienze [470] e la direzione della discussione nei giudizi di primo e di secondo grado si osservano davanti alla corte di cassazione, in quanto siano applicabili.

2. Le parti private possono comparire per mezzo dei loro difensori.

3. Nell'udienza stabilita, il presidente procede alla verifica della costituzione delle parti [484] e della regolarità degli avvisi [610, comma 5, 613, comma 4], dandone atto a verbale; quindi, il presidente o un consigliere da lui delegato fa la relazione della causa.

4. Dopo la requisitoria del pubblico ministero, i difensori della parte civile, del responsabile civile, della persona civilmente obbligata per la pena pecuniaria e dell'imputato espongono nell'ordine le loro difese. Non sono ammesse repliche.

Capo III
Sentenza

615. Deliberazione e pubblicazione.

1. La corte di cassazione delibera la sentenza in camera di consiglio subito dopo terminata la pubblica udienza salvo che, per la molteplicità o per l'importanza delle questioni da decidere, il presidente ritenga indispensabile differire la deliberazione ad altra udienza prossima. Si osservano, in quanto applicabili, le disposizioni degli articoli 527 e 546.

2. Se non provvede a norma degli articoli 620, 622 e 623, la corte dichiara inammissibile [591, 606, comma 3] o rigetta il ricorso.

3. La sentenza è pubblicata in udienza subito dopo la deliberazione, mediante lettura del dispositivo fatta dal presidente o da un consigliere da lui delegato [545].

4. Prima della lettura, il dispositivo è sottoscritto dal presidente.

616. Spese e sanzione pecuniaria in caso di rigetto o di inammissibilità del ricorso.

1. Con il provvedimento che dichiara inammissibile o rigetta il ricorso, la parte privata che lo ha proposto è condannata al pagamento delle spese del procedimento [535, 592]. Se il ricorso è dichiarato inammissibile, la parte privata è inoltre condannata con lo stesso provvedimento al pagamento a favore della cassa delle ammende di una somma da euro 258 a euro 2.065, che può essere aumentata fino al triplo, tenuto conto della causa di inammissibilità del ricorso. Nello stesso modo si può provvedere quando il ricorso è rigettato (1) (2).

1 bis. Gli importi di cui al comma 1 sono adeguati ogni due anni con decreto del Ministro della giustizia, di concerto con il Ministro dell'economia e delle finanze, in relazione alla variazione, accertata dall'Istituto nazionale di statistica, dell'indice dei prezzi al consumo per le famiglie di operai e impiegati, verificatasi nel biennio precedente (3).

(1) Comma così modificato dall'art. 1, co. 64, l. 23.6.2017, n. 103, a decorrere dal 3.8.2017 (art. 1, co. 95, l. n. 103/2017).
Il testo previgente così disponeva: «*1. Con il provvedimento che dichiara inammissibile o rigetta il ricorso, la parte privata che lo ha proposto è condannata al pagamento delle spese del procedimento. Se il ricorso è dichiarato inammissibile, la parte privata è inoltre condannata con lo stesso provvedimento al pagamento a favore della cassa delle ammende di una somma da euro 258 a euro 2.065. Nello stesso modo si può provvedere quando il ricorso è rigettato*».

(2) La Corte cost., con sent. 13.6.2000, n. 186, ha dichiarato: a) l'illegittimità di questo articolo, nella parte in cui non prevede che la Corte di Cassazione, in caso di inammissibilità del ricorso, possa non pronunciare la condanna in favore della cassa delle ammende, a carico della parte privata che abbia proposto il ricorso senza versare in colpa nella determinazione della causa di inammissibilità.

(3) Comma introdotto dall'art. 1, co. 65, l. 23.6.2017, n. 103, a decorrere dal 3.8.2017 (art. 1, co. 95, l. n. 103/2017).

617. Motivazione e deposito.

1. Conclusa la deliberazione, il presidente o il consigliere da lui designato redige la motivazione. Si osservano le disposizioni concernenti la sentenza nel giudizio di primo grado [544], in quanto applicabili.

2. La sentenza, sottoscritta dal presidente e dall'estensore, è depositata in cancelleria non oltre il trentesimo giorno dalla deliberazione.

3. Qualora il presidente lo disponga, la corte si riunisce in camera di consiglio per la lettura e l'approvazione del testo della motivazione. Sulle proposte di rettifica, integrazione o cancellazione la corte delibera senza formalità [125, comma 6].

618. Decisioni delle sezioni unite.

1. Se una sezione della corte rileva che la questione di diritto sottoposta al suo esame ha dato luogo, o può dar luogo, a un contrasto giurisprudenziale, su richiesta delle parti o di ufficio, può con ordinanza rimettere il ricorso alle sezioni unite.

1 bis. Se una sezione della corte ritiene di non condividere il principio di diritto enunciato dalle sezioni unite, rimette a queste ultime, con ordinanza, la decisione del ricorso (1).

1 ter. Il principio di diritto può essere enunciato dalle sezioni unite, anche d'ufficio, quando il ricorso è dichiarato inammissibile per una causa sopravvenuta (1).

(1) Comma introdotto dall'art. 1, co. 66, l. 23.6.2017, n. 103, a decorrere dal 3.8.2017 (art. 1, co. 95, l. n. 103/2017).

619. Rettificazione di errori non determinanti annullamento.

1. Gli errori di diritto nella motivazione e le erronee indicazioni di testi di legge non producono l'annullamento della sentenza impugnata, se non hanno avuto influenza decisiva sul dispositivo. La corte tuttavia specifica nella sentenza le censure e le rettificazioni occorrenti.

2. Quando nella sentenza impugnata si deve soltanto rettificare la specie o la quantità della pena per errore di denominazione o di computo, la corte di cassazione vi provvede senza pronunciare annullamento.

3. Nello stesso modo si provvede nei casi di legge più favorevole all'imputato [c.p. 2], anche se sopravvenuta dopo la proposizione del ricorso, qualora non siano necessari nuovi accertamenti di fatto.

620. Annullamento senza rinvio.

1. Oltre che nei casi particolarmente previsti dalla

legge, la corte pronuncia sentenza di annullamento senza rinvio:

a) se il fatto non è previsto dalla legge come reato, se il reato è estinto o se l'azione penale non doveva essere iniziata o proseguita [336, 649];
b) se il reato non appartiene alla giurisdizione del giudice ordinario;
c) se il provvedimento impugnato contiene disposizioni che eccedono i poteri della giurisdizione [606, comma 1, lett. a], limitatamente alle medesime;
d) se la decisione impugnata consiste in un provvedimento non consentito dalla legge;
e) se la sentenza è nulla a norma e nei limiti dell'articolo 522 in relazione a un reato concorrente;
f) se la sentenza è nulla a norma e nei limiti dell'articolo 522 in relazione a un fatto nuovo;
g) se la condanna è stata pronunciata per errore di persona [68, 129];
h) se vi è contraddizione fra la sentenza o l'ordinanza impugnata e un'altra anteriore concernente la stessa persona e il medesimo oggetto, pronunciata dallo stesso o da un altro giudice penale;
i) se la sentenza impugnata ha deciso in secondo grado su materia per la quale non è ammesso l'appello [443, 448, comma 2, 593, commi 2 e 3];
l) se la corte ritiene di poter decidere, non essendo necessari ulteriori accertamenti di fatto, o di rideterminare la pena sulla base delle statuizioni del giudice di merito o di adottare i provvedimenti necessari, e in ogni altro caso in cui ritiene superfluo il rinvio (1).

(1) Lettera così sostituita dall'art. 1, co. 67, l. 23.6.2017, n. 103, a decorrere dal 3.8.2017 (art. 1, co. 95, l. n. 103/2017).
Il testo previgente così disponeva: «*l) in ogni altro caso in cui la corte ritiene superfluo il rinvio ovvero può essa medesima procedere alla determinazione della pena o dare i provvedimenti necessari*».

621. Effetti dell'annullamento senza rinvio.

1. Nel caso previsto dall'articolo 620 comma 1 lettera b), la corte dispone che gli atti siano trasmessi all'autorità competente, che essa designa; in quello previsto dalla lettera e) e in quello previsto dalla lettera f), la corte dispone che del provvedimento sia data notizia al pubblico ministero per le sue determinazioni; in quello previsto dalla lettera h), ordina l'esecuzione della prima sentenza o ordinanza, ma, se si tratta di una sentenza di condanna, ordina l'esecuzione della sentenza che ha inflitto la condanna meno grave determinata a norma dell'articolo 669; in quello previsto dalla lettera i), ritiene il giudizio qualificando l'impugnazione come ricorso [568, comma 5]; in quello previsto dalla lettera l), procede alla determinazione della pena o dà i provvedimenti che occorrono.

622. Annullamento della sentenza ai soli effetti civili.

1. Fermi gli effetti penali della sentenza, la corte di cassazione, se ne annulla solamente le disposizioni o i capi che riguardano l'azione civile ovvero se accoglie il ricorso della parte civile contro la sentenza di proscioglimento dell'imputato [576], rinvia quando occorre al giudice civile competente per valore in grado di appello, anche se l'annullamento ha per oggetto una sentenza inappellabile.

623. Annullamento con rinvio.

1. Fuori dei casi previsti dagli articoli 620 e 622:

a) se è annullata un'ordinanza, la corte di cassazione dispone che gli atti siano trasmessi al giudice che l'ha pronunciata, il quale provvede uniformandosi alla sentenza di annullamento (1);
b) se è annullata una sentenza di condanna nei casi previsti dall'articolo 604, commi 1 e 4, la Corte di cassazione dispone che gli atti siano trasmessi al giudice di primo grado (2);
b-*bis*) se è annullata una sentenza di condanna nei casi previsti dall'articolo 604, comma 5-*bis*, la Corte di cassazione dispone che gli atti siano trasmessi al giudice del grado e della fase in cui si è verificata la nullità o, nei casi previsti dall'articolo 604, comma 5-*ter*, al giudice del grado e della fase nella quale può essere esercitata la facoltà dalla quale l'imputato è decaduto, salvo risulti che l'imputato era a conoscenza della pendenza del processo e nelle condizioni di comparire in giudizio prima della pronuncia della sentenza impugnata (3);
c) se è annullata la sentenza di una corte di assise di appello o di una corte di appello ovvero di una corte di assise o di un tribunale in composizione collegiale (4), il giudizio è rinviato rispettivamente a un'altra sezione della stessa corte o dello stesso tribunale o, in mancanza, alla corte o al tribunale più vicini;
d) se è annullata la sentenza di un tribunale monocratico o di un giudice per le indagini preliminari, la corte di cassazione dispone che gli atti siano trasmessi al medesimo tribunale; tuttavia, il giudice deve essere diverso da quello che ha pronunciato la sentenza annullata (5).

(1) La Corte cost., con sent. 9.7.2013, n. 183 ha dichiarato l'illegittimità costituzionale di questa lettera nella parte in cui non prevede che non possa partecipare al giudizio di rinvio dopo l'annullamento il giudice che ha pronunciato o concorso a pronunciare ordinanza di accoglimento o rigetto della richiesta di applicazione in sede esecutiva della disciplina del reato continuato, ai sensi dell'art. 671 del presente codice; ha dichiarato, inoltre, in applicazione dell'art. 27 della l. 11.3.1953, n. 87, l'illegittimità costituzionale di questa lettera nella parte in cui non prevede che non possa partecipare al giudizio di rinvio dopo l'annullamento il giudice che ha pronunciato o concorso a pronunciare ordinanza di accoglimento o rigetto della richiesta di applicazione in sede esecutiva della disciplina del concorso formale, ai sensi dell'art. 671 del presente codice. Successivamente, con sent. 18.1.2022, n. 7, ha dichiarato l'illegittimità costituzionale della presente lettera e dell'art. 34, co. 1, c.p.p., nella parte in cui non prevedono che il giudice dell'esecuzione deve essere diverso da quello che ha pronunciato l'ordinanza sulla richiesta di rideterminazione della pena, a seguito di declaratoria di illegittimità costituzionale di una norma incidente sulla commisurazione del trattamento sanzionatorio, annullata con rinvio dalla Corte di cassazione.

(2) Lettera così sostituita dall'art. 11, co. 4, l. 28.4.2014, n. 67. Successivamente, è stata così modificata dall'art. 35, co. 1, lett. b), n. 1), d.lgs. 10.10.2022, n. 150, a decorrere dal 30.12.2022.
Il testo antecedente alla modifica del d.lgs. n. 150/2022 così disponeva: «*b) se è annullata una sentenza di condanna nei casi previsti dal-*

l'articolo 604, commi 1, 4 e 5-bis, la Corte di cassazione dispone che gli atti siano trasmessi al giudice di primo grado;».
Il testo antecedente alla sostituzione della l. n. 67/2014 così disponeva: «*b) se è annullata una sentenza di condanna nei casi previsti dall'articolo 604 comma 1, la corte di cassazione dispone che gli atti siano trasmessi al giudice di primo grado;*».
(3) Lettera introdotta dall'art. 35, co. 1, lett. b), n. 2), d.lgs. 10.10.2022, n. 150, a decorrere dal 30.12.2022.
(4) Le parole «*in composizione collegiale*» sono state inserite dall'art. 205, d.lgs. 19.2.1998, n. 51, con effetto dal 2.6.1999 (art. 1, co. 95, l. n. 103/2017).
(5) Lettera così sostituita dall'art. 205, d.lgs. 19.2.1998, n. 51, con effetto dal 2.6.1999 (art. 1, co. 95, l. n. 103/2017). Il testo previgente così disponeva: «*d) se è annullata la sentenza di un pretore o di un giudice per le indagini preliminari, la corte di cassazione dispone che gli atti siano trasmessi alla medesima pretura o al medesimo tribunale; tuttavia, il pretore o il giudice deve essere diverso da quello che ha pronunciato la sentenza annullata*».

624. Annullamento parziale.

1. Se l'annullamento non è pronunciato per tutte le disposizioni della sentenza, questa ha autorità di cosa giudicata nelle parti che non hanno connessione essenziale con la parte annullata.

2. La corte di cassazione, quando occorre, dichiara nel dispositivo quali parti della sentenza diventano irrevocabili. L'omissione di tale dichiarazione è riparata dalla corte stessa in camera di consiglio con ordinanza che deve trascriversi in margine o in fine della sentenza e di ogni copia di essa posteriormente rilasciata. L'ordinanza può essere pronunciata di ufficio ovvero su domanda del giudice competente per il rinvio, del pubblico ministero presso il medesimo giudice o della parte privata interessata. La domanda si propone senza formalità.

3. La corte di cassazione provvede in camera di consiglio senza l'osservanza delle forme previste dall'articolo 127.

624 bis. Cessazione delle misure cautelari [1].

1. La corte di cassazione, nel caso di annullamento della sentenza d'appello, dispone la cessazione delle misure cautelari.

(1) Articolo introdotto dall'art. 6, l. 26.3.2001, n. 128.

625. Provvedimenti conseguenti alla sentenza.

1. In caso di annullamento con rinvio [623], la cancelleria della corte di cassazione trasmette senza ritardo gli atti del processo con la copia della sentenza al giudice che deve procedere al nuovo giudizio.

2. In caso di rigetto o di dichiarazione di inammissibilità del ricorso [615], la cancelleria trasmette gli atti e la copia del solo dispositivo al giudice che ha emesso la decisione impugnata.

3. In caso di annullamento senza rinvio [620] o di rettificazione [619], la cancelleria trasmette al giudice indicato nel comma 2 gli atti e la copia della sentenza.

4. In ogni caso la cancelleria del giudice che ha emesso la decisione impugnata esegue annotazione, in margine o in fine dell'originale, della decisione della corte.

625 bis. Ricorso straordinario per errore materiale o di fatto [1].

1. È ammessa, a favore del condannato, la richiesta per la correzione dell'errore materiale o di fatto contenuto nei provvedimenti pronunciati dalla corte di cassazione.

2. La richiesta è proposta dal procuratore generale o dal condannato, con ricorso presentato alla corte di cassazione entro centottanta giorni dal deposito del provvedimento. La presentazione del ricorso non sospende gli effetti del provvedimento, ma, nei casi di eccezionale gravità, la corte provvede, con ordinanza, alla sospensione.

3. L'errore materiale di cui al comma 1 può essere rilevato dalla corte di cassazione, d'ufficio, in ogni momento e senza formalità. L'errore di fatto può essere rilevato dalla corte di cassazione, d'ufficio, entro novanta giorni dalla deliberazione [2].

4. Quando la richiesta è proposta fuori dell'ipotesi prevista al comma 1 o, quando essa riguardi la correzione di un errore di fatto, fuori del termine previsto al comma 2, ovvero risulta manifestamente infondata, la corte, anche d'ufficio, ne dichiara con ordinanza l'inammissibilità; altrimenti procede in camera di consiglio, a norma dell'articolo 127 e, se accoglie la richiesta, adotta i provvedimenti necessari per correggere l'errore.

(1) Articolo introdotto dall'art. 6, l. 26.3.2001, n. 128.
(2) Comma così modificato dall'art. 1, co. 68, l. 23.6.2017, n. 103, a decorrere dal 3.8.2017 (art. 1, co. 95, l. n. 103/2017).
Il testo previgente così disponeva: «*3. L'errore materiale di cui al comma 1 può essere rilevato dalla corte di cassazione, d'ufficio, in ogni momento*».

625 ter. Rescissione del giudicato [1] [2].

[**1.** Il condannato o il sottoposto a misura di sicurezza con sentenza passata in giudicato, nei cui confronti si sia proceduto in assenza per tutta la durata del processo, può chiedere la rescissione del giudicato qualora provi che l'assenza è stata dovuta ad una incolpevole mancata conoscenza della celebrazione del processo.

2. La richiesta è presentata, a pena di inammissibilità, personalmente dall'interessato o da un difensore munito di procura speciale autenticata nelle forme dell'articolo 583, comma 3, entro trenta giorni dal momento dell'avvenuta conoscenza del procedimento.

3. Se accoglie la richiesta, la Corte di cassazione revoca la sentenza e dispone la trasmissione degli atti al giudice di primo grado. Si applica l'articolo 489, comma 2.]

(1) Articolo introdotto dall'art. 11, co. 5, l. 28.4.2014, n. 67.
(2) Articolo abrogato dall'art. 1, co. 70, l. 23.6.2017, n. 103, a decorrere dal 3.8.2017 (art. 1, co. 95, l. n. 103/2017).

626. Effetti della sentenza sui provvedimenti di natura personale o reale.

1. Quando, in seguito alla sentenza della corte di cassazione, deve cessare una misura cautelare ovvero una pena accessoria o una misura di sicurezza, la cancelleria ne comunica immediatamente il dispositivo al procuratore generale presso la corte medesima perché dia i provvedimenti occorrenti.

627. Giudizio di rinvio dopo annullamento.

1. Nel giudizio di rinvio non è ammessa discussione sulla competenza attribuita con la sentenza di annullamento, salvo quanto previsto dall'articolo 25.

2. Il giudice di rinvio decide con gli stessi poteri che aveva il giudice la cui sentenza è stata annullata, salve le limitazioni stabilite dalla legge. Se è annullata una sentenza di appello e le parti ne fanno richiesta, il giudice dispone la rinnovazione dell'istruzione dibattimentale per l'assunzione delle prove rilevanti per la decisione [603].

3. Il giudice di rinvio si uniforma alla sentenza della corte di cassazione per ciò che concerne ogni questione di diritto con essa decisa.

4. Non possono rilevarsi nel giudizio di rinvio nullità, anche assolute, o inammissibilità, verificatesi nei precedenti giudizi o nel corso delle indagini preliminari.

5. Se taluno degli imputati, condannati con la sentenza annullata, non aveva proposto ricorso, l'annullamento pronunciato rispetto al ricorrente giova anche al non ricorrente, salvo che il motivo dell'annullamento sia esclusivamente personale [587]. L'imputato che può giovarsi di tale effetto estensivo deve essere citato e ha facoltà di intervenire nel giudizio di rinvio.

628. Impugnabilità della sentenza del giudice di rinvio.

1. La sentenza del giudice di rinvio può essere impugnata con ricorso per cassazione se pronunciata in grado di appello e col mezzo previsto dalla legge se pronunciata in primo grado.

2. In ogni caso la sentenza del giudice di rinvio può essere impugnata soltanto per motivi non riguardanti i punti già decisi dalla corte di cassazione ovvero per inosservanza della disposizione dell'articolo 627 comma 3.

TITOLO III bis
Rimedi per l'esecuzione delle decisioni della Corte europea dei diritti dell'uomo (1)

(1) Titolo introdotto dall'art. 36, co. 1, d.lgs. 10.10.2022, n. 150, a decorrere dal 30.12.2022.

628 bis. Richiesta per l'eliminazione degli effetti pregiudizievoli delle decisioni adottate in violazione della Convenzione per la salvaguardia dei diritti dell'uomo e delle libertà fondamentali o dei Protocolli addizionali (1).

1. Il condannato e la persona sottoposta a misura di sicurezza possono richiedere alla Corte di cassazione di revocare la sentenza penale o il decreto penale di condanna pronunciati nei loro confronti, di disporre la riapertura del procedimento o, comunque, di adottare i provvedimenti necessari per eliminare gli effetti pregiudizievoli derivanti dalla violazione accertata dalla Corte europea dei diritti dell'uomo, quando hanno proposto ricorso per l'accertamento di una violazione dei diritti riconosciuti dalla Convenzione per la salvaguardia dei diritti dell'uomo e delle libertà fondamentali o dai Protocolli addizionali alla Convenzione e la Corte europea ha accolto il ricorso con decisione definitiva, oppure ha disposto la cancellazione dal ruolo del ricorso ai sensi dell'articolo 37 della Convenzione a seguito del riconoscimento unilaterale della violazione da parte dello Stato.

2. La richiesta di cui al comma 1 contiene l'indicazione specifica delle ragioni che la giustificano ed è presentata personalmente dall'interessato o, in caso di morte, da un suo congiunto, a mezzo di difensore munito di procura speciale, con ricorso depositato presso la cancelleria del giudice che ha emesso la sentenza o il decreto penale di condanna nelle forme previste dall'articolo 582, entro novanta giorni dalla data in cui è divenuta definitiva la decisione della Corte europea che ha accertato la violazione o dalla data in cui è stata emessa la decisione che ha disposto la cancellazione del ricorso dal ruolo. Unitamente alla richiesta sono depositati, con le medesime modalità, la sentenza o il decreto penale di condanna, la decisione emessa dalla Corte europea e gli eventuali ulteriori atti e documenti che giustificano la richiesta.

3. Le disposizioni del comma 2, primo periodo, si osservano a pena di inammissibilità.

4. Sulla richiesta la Corte di cassazione decide in camera di consiglio a norma dell'articolo 611 Se ne ricorrono i presupposti, la corte dispone la sospensione dell'esecuzione della pena o della misura di sicurezza ai sensi dell'articolo 635.

5. Fuori dei casi di inammissibilità, la Corte di cassazione accoglie la richiesta quando la violazione accertata dalla Corte europea, per natura e gravità, ha avuto una incidenza effettiva sulla sentenza o sul decreto penale di condanna pronunciati nei confronti del richiedente. Se non sono necessari ulteriori accertamenti di fatto o comunque risulta superfluo il rinvio, la Corte assume i provvedimenti idonei a rimuovere gli effetti pregiudizievoli derivanti dalla violazione, disponendo, ove occorra, la revoca della sentenza o del decreto penale di condanna. Altrimenti trasmette gli atti al giudice dell'esecuzione o dispone la riapertura del processo nel grado e nella fase in cui si procedeva al momento in cui si è verificata la violazione e stabilisce se e in quale parte conservano efficacia gli atti compiuti nel processo in precedenza svoltosi.

6. La prescrizione riprende il suo corso dalla pronuncia della Corte di cassazione che dispone la riapertura del processo davanti al giudice di primo grado.

7. Quando la riapertura del processo è disposta davanti alla corte di appello, fermo restando quanto previsto dall'articolo 624, si osservano le disposizioni di cui ai commi 1, 4, 5, 6 e 7 dell'articolo 344-*bis* e il termine di durata massima del processo decorre dal novantesimo giorno successivo alla scadenza del termine di cui all'articolo 128.

8. Le disposizioni del presente articolo si applicano anche quando la violazione accertata dalla Corte europea riguarda il diritto dell'imputato di partecipare al processo.

(1) Articolo introdotto dall'art. 36, co. 1, d.lgs. 10.10.2022, n. 150, che ha introdotto il Titolo III-*bis*, a decorrere dal 30.12.2022.

TITOLO IV
Revisione

629. Condanne soggette a revisione.

1. È ammessa in ogni tempo a favore dei condannati, nei casi determinati dalla legge, la revisione delle sentenze di condanna o delle sentenze emesse ai sensi dell'articolo 444, comma 2, o dei decreti penali di condanna, divenuti irrevocabili, anche se la pena è già stata eseguita o è estinta [c.p. 171-174] (1).

(1) Comma così modificato dall'art. 3, l. 12.6.2003, n. 134.
Il testo previgente così disponeva: «*È ammessa in ogni tempo a favore dei condannati, nei casi determinati dalla legge, la revisione delle sentenze di condanna o dei decreti penali di condanna, divenuti irrevocabili, anche se la pena è già stata eseguita o è estinta*».

629 bis. Rescissione del giudicato (1).

1. Fuori dei casi disciplinati dall'articolo 628-*bis*, il condannato o la persona sottoposta a misura di sicurezza con sentenza passata in giudicato nei cui confronti si sia proceduto in assenza può ottenere la rescissione del giudicato qualora provi che sia stato dichiarato assente in mancanza dei presupposti previsti dall'articolo 420-*bis*, e che non abbia potuto proporre impugnazione della sentenza nei termini senza sua colpa, salvo risulti che abbia avuto effettiva conoscenza della pendenza del processo prima della pronuncia della sentenza.

2. La richiesta è presentata alla corte di appello nel cui distretto ha sede il giudice che ha emesso il provvedimento, a pena di inammissibilità, personalmente dall'interessato o da un difensore munito di procura speciale entro trenta giorni dal momento dell'avvenuta conoscenza della sentenza.

3. La corte di appello provvede ai sensi dell'articolo 127 e, se accoglie la richiesta, revoca la sentenza e dispone la trasmissione degli atti al giudice della fase o del grado in cui si è verificata la nullità.

4. Si applicano gli articoli 635 e 640.

(1) Articolo introdotto dall'art. 1, co. 71, l. 23.6.2017, n. 103, a decorrere dal 3.8.2017 (art. 1, co. 95, l. n. 103/2017). Successivamente, il presente articolo è stato così sostituito dall'art. 37, co. 1, d.lgs. 10.10.2022, n. 150, a decorrere dal 30.12.2022.
Il testo previgente così disponeva: «*Rescissione del giudicato.*
1. Il condannato o il sottoposto a misura di sicurezza con sentenza passata in giudicato, nei cui confronti si sia proceduto in assenza per tutta la durata del processo, può ottenere la rescissione del giudicato qualora provi che l'assenza è stata dovuta ad una incolpevole mancata conoscenza della celebrazione del processo.
2. La richiesta è presentata alla corte di appello nel cui distretto ha sede il giudice che ha emesso il provvedimento, a pena di inammissibilità, personalmente dall'interessato o da un difensore munito di procura speciale autenticata nelle forme previste dall'articolo 583, co. 3, entro trenta giorni dal momento dell'avvenuta conoscenza del procedimento.
3. La corte di appello provvede ai sensi dell'articolo 127 e, se accoglie la richiesta, revoca la sentenza e dispone la trasmissione degli atti al giudice di primo grado. Si applica l'articolo 489, co. 2.
4. Si applicano gli articoli 635 e 640.».

630. Casi di revisione (1).

1. La revisione può essere richiesta:

a) se i fatti stabiliti a fondamento della sentenza o del decreto penale di condanna non possono conciliarsi con quelli stabiliti in un'altra sentenza penale irrevocabile [648] del giudice ordinario o di un giudice speciale;

b) se la sentenza o il decreto penale di condanna hanno ritenuto la sussistenza del reato a carico del condannato in conseguenza di una sentenza del giudice civile o amministrativo, successivamente revocata, che abbia deciso una delle questioni pregiudiziali previste dall'articolo 3 ovvero una delle questioni previste dall'articolo 479;

c) se dopo la condanna sono sopravvenute o si scoprono nuove prove che, sole o unite a quelle già valutate, dimostrano che il condannato deve essere prosciolto a norma dell'articolo 631;

d) se è dimostrato che la condanna venne pronunciata in conseguenza di falsità in atti o in giudizio o di un altro fatto previsto dalla legge come reato.

(1) La Corte cost., con sent. 7.4.2011, n. 113, ha dichiarato l'illegittimità di questo articolo, nella parte in cui non prevede un diverso caso di revisione della sentenza o del decreto penale di condanna al fine di conseguire la riapertura del processo, quando ciò sia necessario, ai sensi dell'art. 46, paragrafo 1, della Convenzione per la salvaguardia dei diritti dell'uomo e delle libertà fondamentali, per conformarsi ad una sentenza definitiva della Corte europea dei diritti dell'uomo.

631. Limiti della revisione.

1. Gli elementi in base ai quali si chiede la revisione devono, a pena d'inammissibilità della domanda, essere tali da dimostrare, se accertati, che il condannato deve essere prosciolto a norma degli articoli 529, 530 o 531.

632. Soggetti legittimati alla richiesta.

1. Possono chiedere la revisione:

a) il condannato o un suo prossimo congiunto ovvero la persona che ha sul condannato l'autorità tutoria e, se il condannato è morto, l'erede o un prossimo congiunto;

b) il procuratore generale presso la corte di appello nel cui distretto fu pronunciata la sentenza di condanna. Le persone indicate nella lettera a) possono unire la propria richiesta a quella del procuratore generale.

633. Forma della richiesta.

1. La richiesta di revisione è proposta personalmente o per mezzo di un procuratore speciale. Essa deve contenere l'indicazione specifica delle ragioni e delle prove che la giustificano e deve essere presentata, unitamente a eventuali atti e documenti, nella cancelleria della Corte di appello individuata secondo i criteri di cui all'articolo 11 (1).

2. Nei casi previsti dall'articolo 630 comma 1 lettere a) e b), alla richiesta devono essere unite le copie autentiche delle sentenze o dei decreti penali di condanna ivi indicati.

3. Nel caso previsto dall'articolo 630 comma 1 lettera d), alla richiesta deve essere unita copia autentica della sentenza irrevocabile di condanna per il reato ivi indicato.

(1) Comma così sostituito dall'art. 1, l. 23.11.1998, n. 405. L'art. 2 della stessa legge ha così stabilito: «*Art. 2. – 1. La competenza, individuata ai sensi del comma 1 dell'articolo 633 del codice di procedura penale, come sostituito dall'articolo 1 della presente legge, vale anche per i procedimenti di revisione in corso alla data di entrata in vigore della legge stessa, salvo che sia stato aperto il dibattimento ai sensi degli articoli 636 e 492 del codice di procedura penale o sia stata pronunciata ordinanza di inammissibilità a norma dell'articolo 634 dello stesso codice. 2. Lo spostamento della competenza di cui al comma 1 opera tuttavia anche per i procedimenti di revisione per i quali la Corte di cassazione ha annullato l'ordinanza di inammissibilità rinviando ad altra sezione della Corte di appello che ha pronunciato l'ordinanza annullata*». Il testo del primo comma previgente prevedeva che la richiesta di revisione dovesse essere presentata nella cancelleria della Corte di appello nel cui distretto si trovava il giudice che aveva pronunciato la sentenza di primo grado o il decreto penale di condanna.

634. Declaratoria d'inammissibilità.

1. Quando la richiesta è proposta fuori delle ipotesi previste dagli articoli 629 e 630 o senza l'osservanza delle disposizioni previste dagli articoli 631, 632, 633, 641 ovvero risulta manifestamente infondata, la corte di appello anche di ufficio dichiara con ordinanza l'inammissibilità e può condannare il privato che ha proposto la richiesta al pagamento a favore della cassa delle ammende di una somma da euro 258 a euro 2.065.

2. L'ordinanza è notificata al condannato e a colui che ha proposto la richiesta, i quali possono ricorrere per cassazione. In caso di accoglimento del ricorso, la Corte di cassazione rinvia il giudizio di revisione ad altra corte di appello individuata secondo i criteri di cui all'articolo 11 (1).

(1) Periodo così sostituito dall'art. 1, l. 23.11.1998, n. 405. Il testo previgente così disponeva: «*In caso di accoglimento del ricorso, la corte di cassazione rinvia il giudizio di revisione ad altra sezione della corte di appello che ha pronunciato l'ordinanza prevista dal comma 1 o alla corte di appello più vicina*».

635. Sospensione dell'esecuzione.

1. La corte di appello può in qualunque momento disporre, con ordinanza, la sospensione dell'esecuzione [656] della pena o della misura di sicurezza, applicando, se del caso, una delle misure coercitive previste dagli articoli 281, 282, 283 e 284. In ogni caso di inosservanza della misura, la corte di appello revoca l'ordinanza e dispone che riprenda l'esecuzione della pena o della misura di sicurezza.

2. Contro l'ordinanza che decide sulla sospensione dell'esecuzione, sull'applicazione delle misure coercitive e sulla revoca, possono ricorrere per cassazione il pubblico ministero e il condannato.

636. Giudizio di revisione.

1. Il presidente della corte di appello emette il decreto di citazione a norma dell'articolo 601.

2. Si osservano le disposizioni del titolo I e del titolo II del libro VII in quanto siano applicabili e nei limiti delle ragioni indicate nella richiesta di revisione [633].

637. Sentenza.

1. La sentenza è deliberata secondo le disposizioni degli articoli 525, 526, 527 e 528.

2. In caso di accoglimento della richiesta di revisione, il giudice revoca la sentenza di condanna o il decreto penale di condanna e pronuncia il proscioglimento indicandone la causa nel dispositivo.

3. Il giudice non può pronunciare il proscioglimento esclusivamente sulla base di una diversa valutazione delle prove assunte nel precedente giudizio [192].

4. In caso di rigetto della richiesta, il giudice condanna la parte privata che l'ha proposta al pagamento delle spese processuali [691] e, se è stata disposta la sospensione [635], dispone che riprenda l'esecuzione della pena o della misura di sicurezza.

638. Revisione a favore del condannato defunto.

1. In caso di morte del condannato dopo la presentazione della richiesta di revisione, il presidente della corte di appello nomina un curatore, il quale esercita i diritti che nel processo di revisione sarebbero spettati al condannato.

639. Provvedimenti in accoglimento della richiesta.

1. La corte di appello, quando pronuncia sentenza di proscioglimento a seguito di accoglimento della richiesta di revisione, anche nel caso previsto dall'articolo 638, ordina la restituzione delle somme pagate in esecuzione della condanna per le pene pecuniarie [660], per le misure di sicurezza patrimoniali, per le spese processuali e di mantenimento in carcere [691, 692] e per il risarcimento dei danni a favore della parte civile citata per il giudizio di revisione. Ordina altresì la restituzione delle cose che sono state confiscate, a eccezione di quelle previste nell'articolo 240 comma 2 n. 2 del codice penale.

640. Impugnabilità della sentenza.

1. La sentenza pronunciata nel giudizio di revisione è soggetta al ricorso per cassazione.

641. Effetti dell'inammissibilità o del rigetto.

1. L'ordinanza che dichiara inammissibile [634] la richiesta o la sentenza che la rigetta [637] non pregiudica il diritto di presentare una nuova richiesta fondata su elementi diversi.

642. Pubblicazione della sentenza di accoglimento della richiesta.

1. La sentenza di accoglimento, a richiesta dell'interessato, è affissa per estratto, a cura della cancelleria, nel comune in cui la sentenza di condanna era stata pronunciata e in quello dell'ultima residenza del condannato. L'ufficiale giudiziario deposita in cancelleria il certificato delle eseguite affissioni.

2. Su richiesta dell'interessato, il presidente della corte di appello dispone con ordinanza che l'estratto della sentenza sia pubblicato a cura della cancelleria in un giornale, indicato nella richiesta; le spese della pubblicazione sono a carico della cassa delle ammende.

643. Riparazione dell'errore giudiziario.

1. Chi è stato prosciolto in sede di revisione, se non ha dato causa per dolo o colpa grave all'errore giudiziario, ha diritto a una riparazione commisurata alla durata dell'eventuale espiazione della pena o internamento e alle conseguenze personali e familiari derivanti dalla condanna [314].

2. La riparazione si attua mediante pagamento di una somma di denaro ovvero, tenuto conto delle condizioni dell'avente diritto e della natura del danno, mediante la costituzione di una rendita vitalizia. L'avente diritto, su sua domanda, può essere accolto in un istituto, a spese dello Stato.

3. Il diritto alla riparazione è escluso per quella parte della pena detentiva che sia computata nella determinazione della pena da espiare per un reato diverso, a norma dell'articolo 657 comma 2.

644. Riparazione in caso di morte.

1. Se il condannato muore [638], anche prima del procedimento di revisione, il diritto alla riparazione spetta al coniuge, ai discendenti e ascendenti, ai fratelli e sorelle, agli affini entro il primo grado e alle persone legate da vincolo di adozione con quella deceduta.

2. A tali persone, tuttavia, non può essere assegnata a titolo di riparazione una somma maggiore di quella che sarebbe stata liquidata al prosciolto. La somma è ripartita equitativamente in ragione delle conseguenze derivate dall'errore a ciascuna persona.

3. Il diritto alla riparazione non spetta alle persone che si trovino nella situazione di indegnità prevista dall'articolo 463 del codice civile.

645. Domanda di riparazione.

1. La domanda di riparazione è proposta, a pena di inammissibilità, entro due anni dal passaggio in giudicato della sentenza di revisione [637, 648] ed è presentata per iscritto, unitamente ai documenti ritenuti utili, personalmente o per mezzo di procuratore speciale, nella cancelleria della corte di appello che ha pronunciato la sentenza.

2. Le persone indicate nell'articolo 644 possono presentare la domanda nello stesso termine, anche per mezzo del curatore indicato nell'articolo 638 ovvero giovarsi della domanda già proposta da altri. Se la domanda è presentata soltanto da alcuna delle predette persone, questa deve fornire l'indicazione degli altri aventi diritto.

646. Procedimento e decisione.

1. Sulla domanda di riparazione la corte di appello decide in camera di consiglio osservando le forme previste dall'articolo 127.

2. La domanda, con il provvedimento che fissa l'udienza, è comunicata al pubblico ministero ed è notificata, a cura della cancelleria, al ministro del tesoro presso l'avvocatura dello Stato che ha sede nel distretto della corte e a tutti gli interessati, compresi gli aventi diritto che non hanno proposto la domanda.

3. L'ordinanza che decide sulla domanda di riparazione è comunicata al pubblico ministero e notificata a tutti gli interessati, i quali possono ricorrere per cassazione.

4. Gli interessati che, dopo aver ricevuto la notificazione prevista dal comma 2, non formulano le proprie richieste nei termini e nelle forme previsti dall'articolo 127 comma 2, decadono dal diritto di presentare la domanda di riparazione successivamente alla chiusura del procedimento stesso [173].

5. Il giudice, qualora ne ricorrano le condizioni, assegna all'interessato una provvisionale a titolo di alimenti.

647. Risarcimento del danno e riparazione.

1. Nel caso previsto dall'articolo 630 comma 1 lettera d), lo Stato, se ha corrisposto la riparazione, si surroga [c.c. 1203], fino alla concorrenza della somma pagata, nel diritto al risarcimento dei danni contro il responsabile.

LIBRO DECIMO
Esecuzione

TITOLO I
Giudicato

648. Irrevocabilità delle sentenze e dei decreti penali.

1. Sono irrevocabili le sentenze pronunciate in giudizio contro le quali non è ammessa impugnazione diversa dalla revisione [629].

2. Se l'impugnazione è ammessa, la sentenza è irrevocabile quando è inutilmente decorso il termine per proporla [585] o quello per impugnare l'ordinanza che la dichiara inammissibile [591]. Se vi è stato ricorso per cassazione, la sentenza è irrevocabile dal giorno in cui è pronunciata l'ordinanza o la sentenza che dichiara inammissibile o rigetta il ricorso.

3. Il decreto penale di condanna è irrevocabile quando è inutilmente decorso il termine per proporre opposizione [461] o quello per impugnare l'ordinanza che la dichiara inammissibile.

649. Divieto di un secondo giudizio (1)**.**

1. L'imputato prosciolto o condannato con sentenza o decreto penale divenuti irrevocabili non può essere di nuovo sottoposto a procedimento penale per il medesimo fatto [669], neppure se questo viene diversamente considerato per il titolo, per il grado o per le circostanze, salvo quanto disposto dagli articoli 69 comma 2 e 345.

2. Se ciò nonostante viene di nuovo iniziato procedimento penale, il giudice in ogni stato e grado del processo pronuncia sentenza di proscioglimento o di non luogo a procedere, enunciandone la causa nel dispositivo.

(1) La Corte cost. con sent. 21.7.2016, n. 200, ha dichiarato l'illegittimità costituzionale di questo articolo, nella parte in cui esclude che il fatto sia il medesimo per la sola circostanza che sussiste un concorso formale tra il reato già giudicato con sentenza divenuta irrevocabile e il reato per cui è iniziato il nuovo procedimento penale. La stessa Corte, con sent. 16.6.2022, n. 149, ha dichiarato l'illegittimità costituzionale di questo articolo, nella parte in cui non prevede che il giudice pronunci sentenza di proscioglimento o di non luogo a procedere nei confronti di un imputato per uno dei delitti previsti dall'art. 171 ter, l. 22.4.1941, n. 633, che, in relazione al medesimo fatto, sia già stato sottoposto a procedimento, definitivamente conclusosi, per l'illecito amministrativo di cui all'art. 174 bis l. n. 633/1941.

650. Esecutività delle sentenze e dei decreti penali.

1. Salvo che sia diversamente disposto, le sentenze e i decreti penali hanno forza esecutiva quando sono divenuti irrevocabili.

2. Le sentenze di non luogo a procedere hanno forza esecutiva quando non sono più soggette a impugnazione [428].

651. Efficacia della sentenza penale di condanna nel giudizio civile o amministrativo di danno.

1. La sentenza penale irrevocabile di condanna pronunciata in seguito a dibattimento ha efficacia di giudicato, quanto all'accertamento della sussistenza del fatto, della sua illiceità penale e all'affermazione che l'imputato lo ha commesso, nel giudizio civile o amministrativo per le restituzioni e il risarcimento del danno promosso nei confronti del condannato e del responsabile civile che sia stato citato ovvero sia intervenuto nel processo penale.

2. La stessa efficacia ha la sentenza irrevocabile di condanna pronunciata a norma dell'articolo 442, salvo che vi si opponga la parte civile che non abbia accettato il rito abbreviato.

651 bis. Efficacia della sentenza di proscioglimento per particolare tenuità del fatto nel giudizio civile o amministrativo di danno [(1)].

1. La sentenza penale irrevocabile di proscioglimento pronunciata per particolare tenuità del fatto in seguito a dibattimento ha efficacia di giudicato quanto all'accertamento della sussistenza del fatto, della sua illiceità penale e all'affermazione che l'imputato lo ha commesso, nel giudizio civile o amministrativo per le restituzioni e il risarcimento del danno promosso nei confronti del prosciolto e del responsabile civile che sia stato citato ovvero sia intervenuto nel processo penale.

2. La stessa efficacia ha la sentenza irrevocabile di proscioglimento pronunciata per particolare tenuità del fatto a norma dell'articolo 442, salvo che vi si opponga la parte civile che non abbia accettato il rito abbreviato.

(1) Articolo introdotto dall'art. 3, co. 1, lett. b), d.lgs. 16.3.2015, n. 28, come corretto con Comunicato 23.3.2015, pubblicato nella Gazz. Uff. 23.3.2015, n. 68.

652. Efficacia della sentenza penale di assoluzione nel giudizio civile o amministrativo di danno.

1. La sentenza penale irrevocabile di assoluzione pronunciata in seguito a dibattimento ha efficacia di giudicato, quanto all'accertamento che il fatto non sussiste o che l'imputato non lo ha commesso o che il fatto è stato compiuto nell'adempimento di un dovere o nell'esercizio di una facoltà legittima [c.p. 50, 51, 52, 53, 54], nel giudizio civile o amministrativo per le restituzioni e il risarcimento del danno promosso dal danneggiato o nell'interesse dello stesso, sempre che il danneggiato si sia costituito o sia stato posto in condizione di costituirsi parte civile, salvo che il danneggiato dal reato abbia esercitato l'azione in sede civile a norma dell'articolo 75, comma 2 [(1)].

2. La stessa efficacia ha la sentenza irrevocabile di assoluzione pronunciata a norma dell'articolo 442, se la parte civile ha accettato il rito abbreviato.

(1) Comma così modificato dall'art. 9, l. 27.3.2001, n. 97.
Il testo previgente così disponeva: «*1. La sentenza penale irrevocabile di assoluzione pronunciata in seguito a dibattimento ha efficacia di giudicato, quanto all'accertamento che il fatto non sussiste o che l'imputato non lo ha commesso o che il fatto è stato compiuto nell'adempimento di un dovere o nell'esercizio di una facoltà legittima, nel giudizio civile o amministrativo per le restituzioni e il risarcimento del danno promosso dal danneggiato che si sia costituito o sia stato posto in condizione di costituirsi parte civile nel processo penale, salvo che il danneggiato dal reato abbia esercitato l'azione in sede civile a norma dell'articolo 75 comma 2*».

653. Efficacia della sentenza penale nel giudizio disciplinare [(1)].

1. La sentenza penale irrevocabile di assoluzione ha efficacia di giudicato nel giudizio per responsabilità disciplinare davanti alle pubbliche autorità quanto all'accertamento che il fatto non sussiste o non costituisce illecito penale ovvero che l'imputato non lo ha commesso [(2)].

1 bis. La sentenza penale irrevocabile di condanna ha efficacia di giudicato nel giudizio per responsabilità disciplinare davanti alle pubbliche autorità quanto all'accertamento della sussistenza del fatto, della sua illiceità penale e all'affermazione che l'imputato lo ha commesso [(3)].

(1) Rubrica così modificata dall'art. 1, l. 27.3.2001, n. 97.
Il testo previgente così disponeva: «*Efficacia della sentenza penale di assoluzione nel giudizio disciplinare*».
(2) Comma così modificato dall'art. 1, l. 27.3.2001, n. 97.
Il testo previgente così disponeva: «*La sentenza penale irrevocabile di assoluzione pronunciata in seguito a dibattimento ha efficacia di giudicato nel giudizio per responsabilità disciplinare davanti alle pubbliche autorità quanto all'accertamento che il fatto non sussiste o che l'imputato non lo ha commesso*».
(3) Comma introdotto dall'art. 1, l. 27.3.2001, n. 97.

654. Efficacia della sentenza penale di condanna o di assoluzione in altri giudizi civili o amministrativi.

1. Nei confronti dell'imputato, della parte civile e del responsabile civile che si sia costituito o che sia intervenuto nel processo penale, la sentenza penale irrevocabile di condanna o di assoluzione pronunciata in seguito a dibattimento ha efficacia di giudicato nel giudizio civile o amministrativo, quando in questo si controverte intorno a un diritto o a un interesse legittimo il cui riconoscimento dipende dall'accertamento degli stessi fatti materiali che furono oggetto del giudizio penale, purché i fatti accertati siano stati ritenuti rilevanti ai fini della decisione penale e purché la legge civile non ponga limitazioni alla prova della posizione soggettiva controversa.

TITOLO II
Esecuzione dei provvedimenti giurisdizionali

655. Funzioni del pubblico ministero.

1. Salvo che sia diversamente disposto, il pubblico ministero presso il giudice indicato nell'articolo 665 cura di ufficio l'esecuzione dei provvedimenti.

2. Il pubblico ministero propone le sue richieste al giudice competente e interviene in tutti i procedimenti di esecuzione [178, lett. b].

3. Quando occorre, il pubblico ministero può chiedere il compimento di singoli atti a un ufficio del pubblico ministero di altra sede.

4. Se per l'esecuzione di un provvedimento è necessaria l'autorizzazione [Cost. 68], il pubblico ministero ne fa richiesta all'autorità competente; l'esecuzione è sospesa fino a quando l'autorizzazione non è concessa. Allo stesso modo si procede quando la necessità dell'autorizzazione è sorta nel corso dell'esecuzione.

5. I provvedimenti del pubblico ministero dei quali è prescritta nel presente titolo la notificazione al difensore, sono notificati, a pena di nullità, entro trenta giorni dalla loro emissione, al difensore nominato dall'interessato o, in mancanza, a quello designato dal pubblico ministero a norma dell'articolo 97, senza che ciò determini la sospensione o il ritardo dell'esecuzione.

656. Esecuzione delle pene detentive (1).

1. Quando deve essere eseguita una sentenza di condanna a pena detentiva, il pubblico ministero emette ordine di esecuzione con il quale, se il condannato non è detenuto, ne dispone la carcerazione. Copia dell'ordine è consegnata all'interessato.

2. Se il condannato è già detenuto, l'ordine di esecuzione è comunicato al Ministro di grazia e giustizia e notificato all'interessato.

3. L'ordine di esecuzione contiene le generalità della persona nei cui confronti deve essere eseguito e quant'altro valga a identificarla, l'imputazione, il dispositivo del provvedimento e le disposizioni necessarie all'esecuzione nonché l'avviso al condannato che ha facoltà di accedere ai programmi di giustizia riparativa e che, se il processo si è svolto in sua assenza, nel termine di trenta giorni dalla conoscenza della sentenza può chiedere, in presenza dei relativi presupposti, la restituzione nel termine per proporre impugnazione o la rescissione del giudicato. L'ordine è notificato al difensore del condannato (14).

3 bis. L'ordine di esecuzione della sentenza di condanna a pena detentiva nei confronti di madre di prole di minore età è comunicato al procuratore della Repubblica presso il tribunale per i minorenni del luogo di esecuzione della sentenza (2).

4. L'ordine che dispone la carcerazione è eseguito secondo le modalità previste dall'articolo 277.

4 bis. Al di fuori dei casi previsti dal comma 9, lett. b), quando la residua pena da espiare, computando le detrazioni previste dall'articolo 54 della legge 26 luglio 1975, n. 354, non supera i limiti indicati dal comma 5, il pubblico ministero, prima di emettere l'ordine di esecuzione, previa verifica dell'esistenza di periodi di custodia cautelare o di pena dichiarata fungibile relativi al titolo esecutivo da eseguire, trasmette gli atti al magistrato di sorveglianza affinché provveda all'eventuale applicazione della liberazione anticipata. Il magistrato di sorveglianza provvede senza ritardo con ordinanza adottata ai sensi dell'articolo 69-*bis* della legge 26 luglio 1975, n. 354. La presente disposizione non si applica nei confronti dei condannati per i delitti di cui all'articolo 4-*bis* della legge 26 luglio 1975, n. 354 (3).

4 ter. Quando il condannato si trova in stato di custodia cautelare in carcere il pubblico ministero emette l'ordine di esecuzione e, se ricorrono i presupposti di cui al comma 4-*bis*, trasmette senza ritardo gli atti al magistrato di sorveglianza per la decisione sulla liberazione anticipata (4).

4 quater. Nei casi previsti dal comma 4-*bis*, il pubblico ministero emette i provvedimenti previsti dai commi 1, 5 e 10 dopo la decisione del magistrato di sorveglianza (3).

5. Se la pena detentiva, anche se costituente residuo di maggiore pena, non è superiore a tre anni, quattro anni nei casi previsti dall'articolo 47-*ter*, comma 1, della legge 26 luglio 1975, n. 354, o sei anni nei casi di cui agli articoli 90 e 94 del testo unico approvato con decreto del Presidente della Repubblica 9 ottobre 1990, n. 309, e successive modificazioni, il pubblico ministero, salvo quanto previsto dai commi 7 e 9, ne sospende l'esecuzione. L'ordine di esecuzione e il decreto di sospensione sono notificati al condannato e al difensore nominato per la fase dell'esecuzione o, in difetto, al difensore che lo ha assistito nella fase del giudizio, con l'avviso che entro trenta giorni può essere presentata istanza, corredata dalle indicazioni e dalla documentazione necessarie, volta ad ottenere la concessione di una delle misure alternative alla detenzione di cui agli articoli 47, 47-*ter* e 50, comma 1, della legge 26 luglio 1975, n. 354, e successive modificazioni, e di cui all'articolo 94 del testo unico approvato con decreto del Presidente della

Repubblica 9 ottobre 1990, n. 309, e successive modificazioni, ovvero la sospensione dell'esecuzione della pena di cui all'articolo 90 dello stesso testo unico. L'avviso informa altresì che, ove non sia presentata l'istanza o la stessa sia inammissibile ai sensi degli articoli 90 e seguenti del citato testo unico, l'esecuzione della pena avrà corso immediato. Con l'avviso il condannato è informato che ha facoltà di accedere ai programmi di giustizia riparativa e che, se il processo si è svolto in sua assenza, nel termine di trenta giorni dalla conoscenza della sentenza può chiedere, in presenza dei relativi presupposti, la restituzione nel termine per proporre impugnazione o la rescissione del giudicato [5].

6. L'istanza deve essere presentata dal condannato o dal difensore di cui al comma 5 ovvero allo scopo nominato al pubblico ministero, il quale la trasmette, unitamente alla documentazione, al tribunale di sorveglianza competente in relazione al luogo in cui ha sede l'ufficio del pubblico ministero. Se l'istanza non è corredata dalla documentazione utile, questa, salvi i casi di inammissibilità, può essere depositata nella cancelleria del tribunale di sorveglianza fino a cinque giorni prima dell'udienza fissata a norma dell'articolo 666, comma 3. Resta salva, in ogni caso, la facoltà del tribunale di sorveglianza di procedere anche d'ufficio alla richiesta di documenti o di informazioni, o all'assunzione di prove a norma dell'articolo 666, comma 5. Il tribunale di sorveglianza decide non prima del trentesimo e non oltre il quarantacinquesimo giorno dalla ricezione della richiesta [6].

7. La sospensione dell'esecuzione per la stessa condanna non può essere disposta più di una volta, anche se il condannato ripropone nuova istanza sia in ordine a diversa misura alternativa, sia in ordine alla medesima, diversamente motivata, sia in ordine alla sospensione dell'esecuzione della pena di cui all'articolo 90 del testo unico approvato con decreto del Presidente della Repubblica 9 ottobre 1990, n. 309, e successive modificazioni.

8. Salva la disposizione del comma 8-*bis*, qualora l'istanza non sia tempestivamente presentata, o il tribunale di sorveglianza la dichiari inammissibile o la respinga, il pubblico ministero revoca immediatamente il decreto di sospensione dell'esecuzione [7]. Il pubblico ministero provvede analogamente quando l'istanza presentata è inammissibile ai sensi degli articoli 90 e seguenti del testo unico di cui al decreto del Presidente della Repubblica 9 ottobre 1990, n. 309, e successive modificazioni, nonché, nelle more della decisione del tribunale di sorveglianza, quando il programma di recupero di cui all'articolo 94 del medesimo testo unico non risulta iniziato entro cinque giorni dalla data di presentazione della relativa istanza o risulta interrotto [8]. A tal fine il pubblico ministero, nel trasmettere l'istanza al tribunale di sorveglianza, dispone gli opportuni accertamenti [8].

8 bis. Quando è provato o appare probabile che il condannato non abbia avuto effettiva conoscenza dell'avviso di cui al comma 5, il pubblico ministero può assumere, anche presso il difensore, le opportune informazioni, all'esito delle quali può disporre la rinnovazione della notifica [9].

9. La sospensione dell'esecuzione di cui al comma 5 non può essere disposta:

a) nei confronti dei condannati per i delitti di cui all'articolo 4-*bis* della legge 26 luglio 1975, n. 354, e successive modificazioni, nonché di cui agli articoli 423-*bis*, 572, secondo comma, 612-*bis*, terzo comma, 624-*bis* del codice penale, fatta eccezione per coloro che si trovano agli arresti domiciliari disposti ai sensi dell'articolo 89 del testo unico di cui al decreto del Presidente della Repubblica 9 ottobre 1990, n. 309, e successive modificazioni [10];
b) nei confronti di coloro che, per il fatto oggetto della condanna da eseguire, si trovano in stato di custodia cautelare in carcere nel momento in cui la sentenza diviene definitiva;
c) [nei confronti dei condannati ai quali sia stata applicata la recidiva prevista dall'articolo 99, quarto comma, del codice penale»] [11] [12].

10. Nella situazione considerata dal comma 5, se il condannato si trova agli arresti domiciliari per il fatto oggetto della condanna da eseguire, e se la residua pena da espiare determinata ai sensi del comma 4-*bis* non supera i limiti indicati dal comma 5, il pubblico ministero sospende l'esecuzione dell'ordine di carcerazione e trasmette gli atti senza ritardo al tribunale di sorveglianza perché provveda alla eventuale applicazione di una delle misure alternative di cui al comma 5. Fino alla decisione del tribunale di sorveglianza, il condannato permane nello stato detentivo nel quale si trova e il tempo corrispondente è considerato come pena espiata a tutti gli effetti. Agli adempimenti previsti dall'articolo 47-*ter* della legge 26 luglio 1975, n. 354, e successive modificazioni, provvede in ogni caso il magistrato di sorveglianza [13].

(1) Articolo così sostituito dall'art. 1, l. 27.5.1998, n. 165. Il testo previgente così disponeva: «*Esecuzione delle pene detentive. 1. Quando deve essere eseguita una sentenza di condanna a pena detentiva, il pubblico ministero emette ordine di esecuzione con il quale, se il condannato non è detenuto, ne dispone la carcerazione. Copia dell'ordine è consegnata all'interessato.*
2. Se la pena non è superiore a sei mesi e non vi è pericolo di fuga, il pubblico ministero fa notificare al condannato ordine di esecuzione con l'ingiunzione di costituirsi in carcere entro cinque giorni. Se il condannato non si costituisce nel termine predetto, il pubblico ministero dispone la carcerazione.
3. Se il condannato è già detenuto, l'ordine di esecuzione è comunicato al ministro di grazia e giustizia e notificato all'interessato
4. L'ordine di esecuzione contiene le generalità della persona nei cui confronti il provvedimento deve essere eseguito e quanto altro valga a identificarla, l'imputazione, il dispositivo del provvedimento e le disposizioni necessarie alla esecuzione. L'ordine è notificato al difensore del condannato.
5. L'ordine che dispone la carcerazione è eseguito secondo le modalità previste dall'articolo 277».

(2) Comma introdotto dall'art. 15 *bis*, co. 2, lett. c), d.l. 4.10.2018, n. 113, conv., con modif., dalla l. 1.12.2018, n. 132, a decorrere dal 4.12.2018.

(3) Comma introdotto dall'art. 1, co. 1, lett. b), n. 1), d.l. 1.7.2013, n. 78, conv., con modif., dalla l. 9.8.2013, n. 94.

(4) Comma introdotto dall'art. 1, co. 1, lett. b), n. 1), d.l. 1.7.2013, n. 78, conv., con modif., dalla l. 9.8.2013, n. 94.
Il testo della modifica, prima della legge di conversione, così disponeva: «4-ter. *Quando il condannato si trova in stato di custodia cautelare in carcere il pubblico ministero emette l'ordine di esecuzione e, se ricorrono i presupposti di cui al comma 4-bis, trasmette gli atti al magistrato di sorveglianza per la decisione sulla liberazione anticipata*».

(5) Comma modificato dall'art. 10, d.l. 24.11.2000, n. 341, conv. in legge, con modif., dalla l. 19.1.2001, n. 4, dall'art. 4 undevicies, d.l. 30.12.2005, n. 272, conv., con modif., con l. 21.2.2006, n. 49 e, poi, dall'art. 1, co. 1, lett. b), n. 2), d.l. 1.7.2013, n. 78, conv., con modif., dalla l. 9.8.2013, n. 94. La Corte cost., con sent. 2.3.2018, n. 41, ha dichiarato l'illegittimità costituzionale di questo comma, nella parte in cui si prevede che il pubblico ministero sospende l'esecuzione della pena detentiva, anche se costituente residuo di maggiore pena, non superiore a tre anni, anziché a quattro anni. Successivamente, il comma è stato così modificato dall'art. 38, co. 1, lett. a), n. 2), d.lgs. 10.10.2022, n. 150, a decorrere dal 30.12.2022. Ai sensi dell'art. 92, co. 2 bis, del medesimo d.lgs. n. 150/2022, come modificato dall'art. 5 novies, co. 1, d.l. n. 162/2022, le disposizioni del presente comma si applicano nei procedimenti penali e nella fase dell'esecuzione della pena decorsi sei mesi dalla data del 30.12.2022.
Il testo antecedente alla modifica del d.lgs. n. 150/2022 così disponeva: «*5. Se la pena detentiva, anche se costituente residuo di maggiore pena, non è superiore a tre anni, quattro anni nei casi previsti dall'articolo 47-ter, comma 1, della legge 26 luglio 1975, n. 354, o sei anni nei casi di cui agli articoli 90 e 94 del testo unico approvato con decreto del Presidente della Repubblica 9 ottobre 1990, n. 309, e successive modificazioni, il pubblico ministero, salvo quanto previsto dai commi 7 e 9, ne sospende l'esecuzione. L'ordine di esecuzione e il decreto di sospensione sono notificati al condannato e al difensore nominato per la fase dell'esecuzione o, in difetto, al difensore che lo ha assistito nella fase del giudizio, con l'avviso che entro trenta giorni può essere presentata istanza, corredata dalle indicazioni e dalla documentazione necessarie, volta ad ottenere la concessione di una delle misure alternative alla detenzione di cui agli articoli 47, 47-ter e 50, comma 1, della legge 26 luglio 1975, n. 354, e successive modificazioni, e di cui all'articolo 94 del testo unico approvato con decreto del Presidente della Repubblica 9 ottobre 1990, n. 309, e successive modificazioni, ovvero la sospensione dell'esecuzione della pena di cui all'articolo 90 dello stesso testo unico. L'avviso informa altresì che, ove non sia presentata l'istanza o la stessa sia inammissibile ai sensi degli articoli 90 e seguenti del citato testo unico, l'esecuzione della pena avrà corso immediato*». Di tale formulazione, la Corte cost., con sent. 2.3.2018, n. 41, ha dichiarato l'illegittimità costituzionale, nella parte in cui si prevede che il pubblico ministero sospende l'esecuzione della pena detentiva, anche se costituente residuo di maggiore pena, non superiore a tre anni, anziché a quattro anni.
Il testo antecedente alla modifica del d.l. n. 78/2013 così disponeva:
«*5. Se la pena detentiva, anche se costituente residuo di maggiore pena, non è superiore a tre anni o sei anni nei casi di cui agli articoli 90 e 94 del testo unico approvato con decreto del Presidente della Repubblica 9 ottobre 1990, n. 309, e successive modificazioni, il pubblico ministero, salvo quanto previsto dai commi 7 e 9, ne sospende l'esecuzione. L'ordine di esecuzione e il decreto di sospensione sono notificati al condannato e al difensore nominato per la fase dell'esecuzione o, in difetto, al difensore che lo ha assistito nella fase del giudizio, con l'avviso che entro trenta giorni può essere presentata istanza, corredata dalle indicazioni e dalla documentazione necessarie, volta ad ottenere la concessione di una delle misure alternative alla detenzione di cui agli articoli 47, 47-ter e 50, comma 1, della legge 26 luglio 1975, n. 354, e successive modificazioni, e di cui all'articolo 94 del testo unico approvato con decreto del Presidente della Repubblica 9 ottobre 1990, n. 309, e successive modificazioni, ovvero la sospensione dell'esecuzione della pena di cui all'articolo 90 dello stesso testo unico. L'avviso informa altresì che, ove non sia presentata l'istanza o la stessa sia inammissibile ai sensi degli articoli 90 e seguenti del citato testo unico, l'esecuzione della pena avrà corso immediato.*».
Il testo antecedente alla modifica del d.l. n. 272/2005 così disponeva:
«*5. Se la pena detentiva, anche se costituente residuo di maggiore pena, non è superiore a tre anni ovvero a quattro anni nei casi di cui agli articoli 90 e 94 del testo unico approvato con decreto del Presidente della Repubblica 9 ottobre 1990, n. 309, e successive modificazioni, il pubblico ministero, salvo quanto previsto dai commi 7 e 9, ne sospende l'esecuzione. L'ordine di esecuzione e il decreto di sospensione sono notificati al condannato e al difensore nominato per la fase dell'esecuzione o, in difetto, al difensore che lo ha assistito nella fase del giudizio, con l'avviso che entro trenta giorni può essere presentata istanza, corredata dalle indicazioni e dalla documentazione necessarie, volta ad ottenere la concessione di una delle misure alternative alla detenzione di cui agli articoli 47, 47-ter e 50, comma 1, della legge 26 luglio 1975, n. 354, e successive modificazioni, e di cui all'articolo 94 del testo unico approvato con decreto del Presidente della Repubblica 9 ottobre 1990, n. 309, e successive modificazioni, ovvero la sospensione dell'esecuzione della pena di cui all'articolo 90 dello stesso testo unico. L'avviso informa altresì che, ove non sia presentata l'istanza nonché la certificazione da allegare ai sensi degli articoli 91, comma 2, e 94, comma 1, del testo unico approvato con decreto del Presidente della Repubblica 9 ottobre 1990, n. 309, l'esecuzione della pena avrà corso immediato.*».
Il testo antecedente alla modifica del d.l. n. 341/2000 così disponeva:
«*5. Se la pena detentiva, anche se costituente residuo di maggiore pena, non è superiore a tre anni ovvero a quattro anni nei casi di cui agli articoli 90 e 94 del testo unico approvato con decreto del Presidente della Repubblica 9 ottobre 1990, n. 309, e successive modificazioni, il pubblico ministero, salvo quanto previsto dai commi 7 e 9, ne sospende l'esecuzione. L'ordine di esecuzione e il decreto di sospensione sono consegnati al condannato con l'avviso che egli, entro trenta giorni, può presentare istanza, corredata dalle indicazioni e dalla documentazione necessarie, volta ad ottenere la concessione di una delle misure alternative alla detenzione di cui agli articoli 47, 47-ter e 50, comma 1, della legge 26 luglio 1975, n. 354, e successive modificazioni, e di cui all'articolo 94 del testo unico approvato con decreto del Presidente della Repubblica 9 ottobre 1990, n. 309, e successive modificazioni, ovvero la sospensione dell'esecuzione della pena di cui all'articolo 90 dello stesso testo unico. L'avviso informa altresì che, ove non sia presentata l'istanza, l'esecuzione della pena avrà corso immediato.*».

(6) Comma modificato dall'art. 10, d.l. 24.11.2000, n. 341, conv. in legge, con modif., dalla l. 19.1.2001, n. 4 e dall'art. 4 undevicies, d.l. 30.12.2005, n. 272, conv., con modif., con l. 21.2.2006, n. 49 e, poi, dall'art. 4, co. 1, lett. a), d.lgs. 2.10.2018, n. 123, a decorrere dal 10.11.2018.
Il testo antecedente alla modifica del 2018 così disponeva: «*6. L'istanza deve essere presentata dal condannato o dal difensore di cui al comma 5 ovvero allo scopo nominato al pubblico ministero, il quale la trasmette, unitamente alla documentazione, al tribunale di sorveglianza competente in relazione al luogo in cui ha sede l'ufficio del pubblico ministero. Se l'istanza non è corredata dalla documentazione utile, questa, salvi i casi di inammissibilità, può essere depositata nella cancelleria del tribunale di sorveglianza fino a cinque giorni prima dell'udienza fissata a norma dell'articolo 666, comma 3. Resta salva, in ogni caso, la facoltà del tribunale di sorveglianza di procedere anche d'ufficio alla richiesta di documenti o di informazioni, o all'assunzione di prove a norma dell'articolo 666, comma 5. Il tribunale di sorveglianza decide entro quarantacinque giorni dal ricevimento dell'istanza*».
Il testo previgente così disponeva: «*6. L'istanza deve essere presentata dal condannato o dal difensore di cui al comma 5 ovvero allo scopo nominato al pubblico ministero, il quale la trasmette, unitamente alla documentazione, al tribunale di sorveglianza competente in relazione al luogo in cui ha sede l'ufficio del pubblico ministero. Se l'istanza non è corredata dalla documentazione prescritta o necessa-*

ria, questa può essere depositata nella cancelleria del tribunale di sorveglianza fino a cinque giorni prima dell'udienza fissata a norma dell'articolo 666, comma 3. Resta salva, in ogni caso, la facoltà del tribunale di sorveglianza di procedere anche d'ufficio alla richiesta di documenti o di informazioni, o all'assunzione di prove a norma dell'articolo 666, comma 5. Il tribunale di sorveglianza decide entro quarantacinque giorni dal ricevimento dell'istanza».

(7) Comma così modificato dall'art. 10, d.l. 24.11.2000, n. 341, conv. in legge, con modif., dalla l. 19.1.2001, n. 4.
Il testo previgente così disponeva: «*8. Qualora l'istanza non sia tempestivamente presentata, o il tribunale di sorveglianza la dichiari inammissibile o la respinga, il pubblico ministero revoca immediatamente il decreto di sospensione dell'esecuzione*».

(8) Periodo aggiunto dall'art. 4 undevicies, d.l. 30.12.2005, n. 272, conv., con modif., con l. 21.2.2006, n. 49.

(9) Comma introdotto dall'art. 10, d.l. 24.11.2000, n. 341, conv. in legge, con modif., dalla l. 19.1.2001, n. 4.

(10) Lettera così modificata dall'art. 4 undevicies, d.l. 30.12.2005, n. 272, conv., con modif., con l. 21.2.2006, n. 49, dalla lett. m) del co. 1 dell'art. 2, d.l. 23.5.2008, n. 92, conv. in legge, con modif., con l. 24.7.2008, n. 125 e, poi, dall'art. 1, co. 1, lett. b), n. 3), d.l. 1.7.2013, n. 78, conv., con modif., dalla l. 9.8.2013, n. 94.
La Corte cost., con sent. 1.6.2016, n. 125, ha dichiarato l'illegittimità costituzionale della presente lettera, come modificata dall'art. 2, co. 1, lett. m), d.l. 23.5.2008, n. 92, conv., con modif., dall'art. 1, co. 1, l. 24.7.2008, n. 125, nella parte in cui stabilisce che non può essere disposta la sospensione dell'esecuzione nei confronti delle persone condannate per il delitto di furto con strappo. La stessa Corte cost., poi, con sent. 28.4.2017, n. 90, ha dichiarato l'illegittimità costituzionale della presente lettera, nella parte in cui non consente la sospensione dell'esecuzione della pena detentiva nei confronti dei minorenni condannati per i delitti ivi elencati;
Il testo, prima della legge di conversione, così disponeva: «*a) nei confronti dei condannati per i delitti di cui all'articolo 4-bis della legge 26 luglio 1975, n. 354, e successive modificazioni, nonché di cui agli articoli 572, secondo comma, e 612-*bis*, terzo comma, del codice penale*».
Il testo antecedente alla modifica del 2013 così disponeva: «*a) nei confronti dei condannati per i delitti di cui all'articolo 4-bis della legge 26 luglio 1975, n. 354, e successive modificazioni, nonché di cui agli articoli 423-bis, 624, quando ricorrono due o più circostanze tra quelle indicate dall'articolo 625, 624-*bis *del codice penale, e per i delitti in cui ricorre l'aggravante di cui all'articolo 61, primo comma, numero 11-bis), del medesimo codice, fatta eccezione per coloro che si trovano agli arresti domiciliari disposti ai sensi dell'articolo 89 del testo unico di cui al decreto del Presidente della Repubblica 9 ottobre 1990, n. 309, e successive modificazioni*». La Corte cost., con sent. 8.7.2010, n. 249, aveva dichiarato l'illegittimità di questa formulazione, limitatamente alle parole «*e per i delitti in cui ricorre l'aggravante di cui all'art. 61, primo comma, numero 11-*bis*), del medesimo codice,*».
Il testo della presente lettera prima delle modifiche disposte dalla legge di conversione n. 125/2008 così disponeva: «*a) nei confronti dei condannati per i delitti di cui all'articolo 4-*bis *della legge 26 luglio 1975, n. 354, e successive modificazioni, nonché di cui agli articoli 423-*bis*, 600-*bis*, 624-*bis*, e 628 del codice penale, fatta eccezione per coloro che si trovano agli arresti domiciliari disposti ai sensi dell'articolo 89 del testo unico di cui al decreto del Presidente della Repubblica 9 ottobre 1990, n. 309, e successive modificazioni*».
Il testo antecedente alla modifica del 2008 così disponeva: «*a) nei confronti dei condannati per i delitti di cui all'articolo 4-*bis *della legge 26 luglio 1975, n. 354, e successive modificazioni, fatta eccezione per coloro che si trovano agli arresti domiciliari disposti ai sensi dell'articolo 89 del testo unico di cui al decreto del Presidente della Repubblica 9 ottobre 1990, n. 309, e successive modificazioni*».
Il testo antecedente alla modifica disposta con d.l. n. 272/2005 così disponeva: «*a) nei confronti dei condannati per i delitti di cui all'articolo 4-*bis *della legge 26 luglio 1975, n. 354, e successive modificazioni*».

(11) Lettera soppressa dall'art. 1, co. 1, lett. b), n. 3), d.l. 1.7.2013, n. 78, conv., con modif., dalla l. 9.8.2013, n. 94.

(12) Comma così sostituito dall'art. 9, l. 5.12.2005, n. 251.
Il testo previgente così disponeva: «*9. La sospensione dell'esecuzione di cui al comma 5 non può essere disposta:*
a) nei confronti dei condannati per i delitti di cui all'articolo 4-bis della legge 26 luglio 1975, n. 354, e successive modificazioni;
b) nei confronti di coloro che, per il fatto oggetto della condanna da eseguire, si trovano in stato di custodia cautelare in carcere nel momento in cui la sentenza diviene definitiva».

(13) Comma così modificato dall'art. 10, d.l. 24.11.2000, n. 341, conv. in legge, con modif., dalla l. 19.1.2001, n. 4 e, poi, dall'art. 1, co. 1, lett. b), n. 4), d.l. 1.7.2013, n. 78, conv., con modif., dalla l. 9.8.2013, n. 94.
Il testo antecedente alla modifica del 2013 così disponeva: «*10. Nella situazione considerata dal comma 5, se il condannato si trova agli arresti domiciliari per il fatto oggetto della condanna da eseguire, il pubblico ministero sospende l'esecuzione dell'ordine di carcerazione e trasmette gli atti senza ritardo al tribunale di sorveglianza perché provveda alla eventuale applicazione di una delle misure alternative di cui al comma 5. Fino alla decisione del tribunale di sorveglianza, il condannato permane nello stato detentivo nel quale si trova e il tempo corrispondente è considerato come pena espiata a tutti gli effetti. Agli adempimenti previsti dall'articolo 47-ter della legge 26 luglio 1975, n. 354, e successive modificazioni, provvede in ogni caso il magistrato di sorveglianza*».
Il testo antecedente alla modifica del 2000 così disponeva: «*10. Nella situazione considerata dal comma 5, se il condannato si trova agli arresti domiciliari per il fatto oggetto della condanna da eseguire, il pubblico ministero sospende l'esecuzione dell'ordine di carcerazione e trasmette gli atti senza ritardo al tribunale di sorveglianza perché provveda, senza formalità, all'eventuale applicazione della misura alternativa della detenzione domiciliare. Fino alla decisione del tribunale di sorveglianza, il condannato permane nello stato detentivo nel quale si trova e il tempo corrispondente è considerato come pena espiata a tutti gli effetti. Agli adempimenti previsti dall'articolo 47-ter della legge 26 luglio 1975, n. 354, e successive modificazioni, provvede in ogni caso il magistrato di sorveglianza*».

(14) Comma modificato dall'art. 38, co. 1, lett. a), n. 1), d.lgs. 10.10.2022, n. 150, a decorrere dal 30.12.2022. Questo comma, poi, è stato così modificato dall'art. 2, co. 1, lett. cc), d.lgs. 19.3.2024, n. 31, a decorrere dal 4.4.2024.
Il testo antecedente alla modifica del d.lgs. n. 31/2024 così disponeva: «*3. L'ordine di esecuzione contiene le generalità della persona nei cui confronti deve essere eseguito e quant'altro valga a identificarla, l'imputazione, il dispositivo del provvedimento e le disposizioni necessarie all'esecuzione nonché l'avviso al condannato che ha facoltà di accedere ai programmi di giustizia riparativa. L'ordine è notificato al difensore del condannato.*».
Il testo antecedente alla modifica del d.lgs. n. 150/2022 così disponeva: «*3. L'ordine di esecuzione contiene le generalità della persona nei cui confronti deve essere eseguito e quant'altro valga a identificarla, l'imputazione, il dispositivo del provvedimento e le disposizioni necessarie all'esecuzione. L'ordine è notificato al difensore del condannato.*».

657. Computo della custodia cautelare e delle pene espiate senza titolo.

1. Il pubblico ministero, nel determinare la pena detentiva da eseguire, computa il periodo di custodia cautelare subita per lo stesso o per altro reato, anche se la custodia è ancora in corso. Allo stesso modo procede in caso di applicazione provvisoria di una misura di sicurezza detentiva, se questa non è stata applicata definitivamente.

2. Il pubblico ministero computa altresì il periodo di pena detentiva espiata per un reato diverso, quando la relativa condanna è stata revocata [637], quando per il reato è stata concessa amnistia o quando è stato concesso indulto, nei limiti dello stesso.

3. Nei casi previsti dai commi 1 e 2, il condannato può chiedere al pubblico ministero o, in caso di condanna alla pena del lavoro di pubblica utilità sostitutivo, al giudice che i periodi di custodia cautelare e di pena detentiva espiata, operato il ragguaglio, siano computati per la determinazione della pena pecuniaria o della pena sostitutiva da eseguire; nei casi previsti dal comma 2, può altresì chiedere che le pene sostitutive espiate siano computate nelle pene sostitutive da eseguire per altro reato [(1)].

4. In ogni caso sono computate soltanto la custodia cautelare subita o le pene espiate dopo la commissione del reato per il quale deve essere determinata la pena da eseguire.

5. Il pubblico ministero provvede con decreto, che deve essere notificato al condannato e al suo difensore.

(1) Comma così modificato dall'art. 38, co. 1, lett. b), d.lgs. 10.10.2022, n. 150, a decorrere dal 30.12.2022.
Il testo previgente così disponeva: «*3. Nei casi previsti dai commi 1 e 2, il condannato può chiedere al pubblico ministero che i periodi di custodia cautelare e di pena detentiva espiata, operato il ragguaglio, siano computati per la determinazione della pena pecuniaria o della sanzione sostitutiva da eseguire; nei casi previsti dal comma 2, può altresì chiedere che le sanzioni sostitutive espiate siano computate nelle sanzioni sostitutive da eseguire per altro reato.*».

657 bis. Computo del periodo di messa alla prova dell'imputato in caso di revoca [(1)].

1. In caso di revoca o di esito negativo della messa alla prova, il pubblico ministero, nel determinare la pena da eseguire, detrae un periodo corrispondente a quello della prova eseguita. Ai fini della detrazione, tre giorni di prova sono equiparati a un giorno di reclusione o di arresto, ovvero a 250 euro di multa o di ammenda.

(1) Articolo introdotto dall'art. 4, co. 1, lett. b), l. 28.4.2014, n. 67.

658. Esecuzione delle misure di sicurezza ordinate con sentenza.

1. Quando deve essere eseguita una misura di sicurezza, diversa dalla confisca, ordinata con sentenza, il pubblico ministero presso il giudice indicato nell'articolo 665 trasmette gli atti al pubblico ministero presso il magistrato di sorveglianza competente per i provvedimenti previsti dall'articolo 679. Le misure di sicurezza di cui sia stata ordinata l'applicazione provvisoria a norma dell'articolo 312 sono eseguite dal pubblico ministero presso il giudice che ha emesso il provvedimento, il quale provvede a norma dell'articolo 659 comma 2.

659. Esecuzione di provvedimenti del giudice di sorveglianza.

1. Quando a seguito di un provvedimento del giudice di sorveglianza [677] deve essere disposta la carcerazione o la scarcerazione del condannato, il pubblico ministero che cura l'esecuzione della sentenza di condanna emette ordine di esecuzione con le modalità previste dall'articolo 656 comma 4. Tuttavia, nei casi di urgenza, il pubblico ministero presso il giudice di sorveglianza che ha adottato il provvedimento può emettere ordine provvisorio di esecuzione che ha effetto fino a quando non provvede il pubblico ministero competente.

[**1 bis.** Quando a seguito di un provvedimento del giudice di sorveglianza deve essere disposta la scarcerazione del condannato per il delitto previsto dall'articolo 575 del codice penale, nella forma tentata, o per uno dei delitti, consumati o tentati, previsti dagli articoli 572, 609-*bis*, 609-*ter*, 609-*quater*, 609-*quinquies*, 609-*octies* e 612-*bis* del codice penale, nonché dagli articoli 582 e 583-*quinquies* del codice penale nelle ipotesi aggravate ai sensi degli articoli 576, primo comma, numeri 2, 5 e 5.1, e 577, primo comma, numero 1, e secondo comma, del codice penale, il pubblico ministero che cura l'esecuzione ne dà immediata comunicazione, a mezzo della polizia giudiziaria, alla persona offesa e, ove nominato, al suo difensore [(1) (2)].]

2. I provvedimenti relativi alle misure di sicurezza diverse dalla confisca sono eseguiti dal pubblico ministero presso il giudice di sorveglianza che li ha adottati. Il pubblico ministero comunica in copia il provvedimento all'autorità di pubblica sicurezza e, quando ne è il caso, emette ordine di esecuzione, con il quale dispone la consegna o la liberazione dell'interessato.

(1) Comma introdotto dall'art. 15, co. 5, l. 19.7.2019, n. 69, a decorrere dal 9.8.2019, e poi così modificato dall'art. 2, co. 11, lett. d), l. 27.9.2021, n. 134, a decorrere dal 19.10.2021.
Il testo antecedente alla modifica della l. n. 134/2021 così disponeva: «*Quando a seguito di un provvedimento del giudice di sorveglianza deve essere disposta la scarcerazione del condannato per uno dei delitti previsti dagli articoli 572, 609-*bis*, 609-*ter*, 609-*quater*, 609-*quinquies*, 609-*octies* e 612-*bis* del codice penale, nonché dagli articoli 582 e 583-*quinquies* del codice penale nelle ipotesi aggravate ai sensi degli articoli 576, primo comma, numeri 2, 5 e 5.1, e 577, primo comma, numero 1, e secondo comma, del codice penale, il pubblico ministero che cura l'esecuzione ne dà immediata comunicazione, a mezzo della polizia giudiziaria, alla persona offesa e, ove nominato, al suo difensore.*».
(2) Comma abrogato dall'art. 14, co. 1, lett. c), l. 24.11.2023, n. 168, a decorrere dal 9.12.2023.

660. Esecuzione delle pene pecuniarie [(1)].

1. Quando deve essere eseguita una condanna a pena pecuniaria, anche in sostituzione di una pena detentiva, il pubblico ministero emette ordine di esecuzione con il quale ingiunge al condannato il pagamento.

2. L'ordine è notificato al condannato e al suo difensore nominato per la fase dell'esecuzione o, in difetto, al difensore che lo ha assistito nella fase del giudizio, e contiene le generalità della persona nei cui confronti deve essere eseguito e quanto altro valga a identificarla, l'imputazione, il dispositivo del provvedimento, l'indicazione dell'ammontare della pena, nonché le modalità del pagamento, che può avvenire in un'unica soluzione ovvero in rate mensili ai sensi dell'articolo 133-*ter* del codice penale, secondo quanto disposto dal giudice nella sentenza o nel decreto di condanna. Nei casi dell'articolo 534, l'ordine di esecuzione è notificato altresì al civilmente obbligato per la pena pecuniaria.

3. L'ordine di esecuzione contiene altresì l'intimazione al condannato a pena pecuniaria di provvedere al pagamento entro il termine di novanta giorni dalla notifica e l'avviso che, in mancanza, la pena pecuniaria sarà convertita nella semilibertà sostitutiva o, in caso di accertata insolvibilità, nel lavoro di pubblica utilità sostitutivo o nella detenzione domiciliare sostitutiva, ai sensi degli articoli 102 e 103 della legge 24 novembre 1981, n. 689, ovvero, quando deve essere eseguita una pena pecuniaria sostitutiva, nella semilibertà sostitutiva o nella detenzione domiciliare sostitutiva, ovvero, in caso di accertata insolvibilità, nel lavoro di pubblica utilità sostitutivo o nella detenzione domiciliare sostitutiva, ai sensi dell'articolo 71 della legge 24 novembre 1981, n. 689. L'ordine di esecuzione contiene inoltre l'avviso al condannato che, quando non è già stato disposto nella sentenza o nel decreto di condanna, entro venti giorni, può depositare presso la segreteria del pubblico ministero istanza di pagamento rateale della pena pecuniaria, ai sensi dell'articolo 133-*ter* del codice penale. Se è presentata istanza di pagamento rateale, il pubblico ministero trasmette gli atti al magistrato di sorveglianza competente, che procede ai sensi dell'articolo 667, comma 4. Con l'avviso il condannato è informato che, se il processo si è svolto in sua assenza, nel termine di trenta giorni dalla conoscenza della sentenza può chiedere, in presenza dei relativi presupposti, la restituzione nel termine per proporre impugnazione o la rescissione del giudicato. Nell'avviso il condannato è altresì informato che ha facoltà di accedere ai programmi di giustizia riparativa.

4. Quando con la sentenza o con il decreto di condanna è stato disposto il pagamento in rate mensili, ai sensi dell'articolo 133-*ter* del codice penale, l'ordine di esecuzione contiene l'indicazione del numero delle rate, dell'importo e delle scadenze di ciascuna per il pagamento. Con l'ordine di esecuzione il pubblico ministero ingiunge al condannato di pagare la prima rata entro trenta giorni dalla notifica del provvedimento, avvertendolo che in caso di mancato tempestivo pagamento della prima rata sono previsti l'automatica decadenza dal beneficio e il pagamento della restante parte della pena in un'unica soluzione, da effettuarsi, a pena di conversione ai sensi del comma 3, entro i sessanta giorni successivi.

5. Quando è provato o appare probabile che il condannato non abbia avuto effettiva conoscenza dell'ordine di esecuzione, il pubblico ministero può assumere, anche presso il difensore, le opportune informazioni, all'esito delle quali può disporre la rinnovazione della notifica.

6. Entro il termine indicato nell'ordine di esecuzione, il pubblico ministero accerta l'avvenuto pagamento della multa o dell'ammenda da parte del condannato e dichiara l'avvenuta esecuzione della pena. In caso di pagamento rateale, il pubblico ministero accerta l'avvenuto pagamento delle rate e, dopo l'ultima, dichiara l'avvenuta esecuzione della pena.

7. Quando accerta il mancato pagamento della pena pecuniaria, ovvero di una rata della stessa, entro il termine indicato nell'ordine di esecuzione, il pubblico ministero trasmette gli atti al magistrato di sorveglianza competente per la conversione ai sensi degli articoli 102 e 103 della legge 24 novembre 1981, n. 689, ovvero, quando si tratta di pena pecuniaria sostitutiva, ai sensi dell'articolo 71 della medesima legge n. 689 del 1981. In ogni caso, se il pagamento della pena pecuniaria è stato disposto in rate mensili, è convertita la parte non ancora pagata.

8. Il procedimento per la conversione della pena pecuniaria, anche sostitutiva, è disciplinato dall'articolo 667, comma 4. Per la conversione della pena pecuniaria, ai sensi degli articoli 71, 102 e 103 della legge 24 novembre 1981, n. 689, si applica, in quanto compatibile, l'articolo 545-*bis*, comma 2.

9. Il magistrato di sorveglianza provvede alla conversione della pena pecuniaria con ordinanza, previo accertamento della condizione di insolvenza ovvero di insolvibilità del condannato. A tal fine dispone le opportune indagini nel luogo del domicilio o della residenza, ovvero dove si ha ragione di ritenere che il condannato possieda beni o cespiti di reddito e richiede, se necessario, informazioni agli organi finanziari o di polizia giudiziaria.

10. Quando il mancato pagamento della pena pecuniaria è dovuto a insolvibilità, il condannato può chiedere al magistrato di sorveglianza il differimento della conversione per un tempo non superiore a sei mesi, rinnovabile per una sola volta se lo stato di insolvibilità perdura. Ai fini della estinzione della pena pecuniaria per decorso del tempo, non si tiene conto del periodo durante il quale la conversione è stata differita.

11. Se vi è stata condanna ai sensi dell'articolo 534 ed è accertata l'insolvibilità del condannato, il magistrato di sorveglianza ne dà comunicazione al pubblico ministero, il quale ordina al civilmente obbligato per la pena pecuniaria di provvedere al pagamento della multa o dell'ammenda entro il termine di cui al comma 3, ovvero, in caso di pagamento rateale, entro il termine di cui al comma 4. Qualora il civilmente obbligato per la pena pecuniaria non provveda al pagamento entro i termini stabiliti, il pubblico ministero ne dà comunicazione al magistrato di sorveglianza che provvede alla conversione della pena nei confronti del condannato.

12. L'ordinanza di conversione è eseguita dal magistrato di sorveglianza, ai sensi degli articoli 62 e 63 della legge 24 novembre 1981, n. 689, in quanto compatibili.

13. Il ricorso contro l'ordinanza di conversione ne sospende l'esecuzione.

14. Per l'esecuzione delle pene sostitutive conseguenti alla conversione della pena pecuniaria si applica l'articolo 107 della legge 24 novembre 1981, n. 689.

15. Le pene sostitutive, conseguenti alla conversione della pena pecuniaria, sono immediatamente revocate dal magistrato di sorveglianza quando risulta che il condannato ha pagato la multa o l'ammenda, dedotta la somma corrispondente alla durata della pena conseguente alla conversione già espiata. Durante l'esecuzione, il condannato può chiedere al magistrato di sorveglianza di essere ammesso al pagamento rateale, ai sensi dell'articolo 133-*ter* del codice penale. In tal caso, dopo il pagamento della prima rata, l'esecuzione della pena conseguente alla conversione è sospesa e riprende in caso di mancato pagamento di una delle rate.

(1) Articolo così sostituito dall'art. 38, co. 1, lett. c), d.lgs. 10.10.2022, n. 150, a decorrere dal 30.12.2022. Secondo quanto previsto dall'art. 92, co. 2 bis, del d.lgs. n. 150/2022, come modificato dall'art. 5 novies, co. 1, d.l. n. 162/2022, le disposizioni di questo articolo si applicano nei procedimenti penali e nella fase dell'esecuzione della pena decorsi sei mesi dalla data del 30.12.2022. L'art. 97, co. 2, del d.lgs. n. 150/2022 ha così disposto: «*2. Fermo quanto previsto dal comma 1, ai reati commessi prima della data di entrata in vigore del presente decreto continuano ad applicarsi le disposizioni in materia di conversione ed esecuzione delle pene pecuniarie previste dal Capo V della legge 24 novembre 1981, n. 689, dall'articolo 660 del codice di procedura penale e da ogni altra disposizione di legge, vigenti prima della data di entrata in vigore del presente decreto.*». Prima, questo articolo era stato abrogato dall'art. 299, d.lgs. 30.5.2002, n. 113 e dall'art. 299, d.P.R. 30.5.2002, n. 115, con la decorrenza indicata nell'art. 302 dello stesso decreto (1.7.2002). La Corte cost., con sent. 18.6.2003, n. 212, ha dichiarato, poi, l'illegittimità dell'art. 299 del d.lgs. 30.5.2002, n. 113, nella parte in cui disponeva l'abrogazione del presente articolo.
Il testo antecedente alla sostituzione disposta dal d.lgs. n. 150/2022 così disponeva: «*Esecuzione delle pene pecuniarie.*
1. Le condanne a pena pecuniaria sono eseguite nei modi stabiliti dalle leggi e dai regolamenti.
2. Quando è accertata la impossibilità di esazione della pena pecuniaria o di una rata di essa, il pubblico ministero trasmette gli atti al magistrato di sorveglianza competente per la conversione, il quale provvede previo accertamento dell'effettiva insolvibilità del condannato e, se ne è il caso, della persona civilmente obbligata per la pena pecuniaria. Se la pena è stata rateizzata, è convertita la parte non ancora pagata.
3. In presenza di situazioni di insolvenza, il magistrato di sorveglianza può disporre la rateizzazione della pena a norma dell'articolo 133-ter del codice penale, se essa non è stata disposta con la sentenza di condanna ovvero può differire la conversione per un tempo non superiore a sei mesi. Alla scadenza del termine fissato, se lo stato di insolvenza perdura, è disposto un nuovo differimento, altrimenti è ordinata la conversione. Ai fini della estinzione della pena per decorso del tempo, non si tiene conto del periodo durante il quale l'esecuzione è stata differita.
4. Con l'ordinanza che dispone la conversione, il magistrato di sorveglianza determina le modalità delle sanzioni conseguenti in osservanza delle norme vigenti.
5. Il ricorso contro l'ordinanza di conversione ne sospende l'esecuzione.».

661. Esecuzione delle pene sostitutive [(1)]

1. Quando deve essere eseguita una sentenza di condanna a una delle pene sostitutive della semilibertà e della detenzione domiciliare, il pubblico ministero trasmette la sentenza al magistrato di sorveglianza, che provvede senza ritardo ai sensi dell'articolo 62 della legge 24 novembre 1981, n. 689. Fino alla decisione del magistrato di sorveglianza, se il condannato alla pena sostitutiva della semilibertà o della detenzione domiciliare è in custodia cautelare, permane nello stato detentivo in cui si trova e il tempo corrispondente è considerato come pena espiata a tutti gli effetti. In tutti gli altri casi, le misure cautelari disposte perdono immediatamente efficacia [(2)].

1 bis. L'esecuzione del lavoro di pubblica utilità è ordinata dal giudice che ha applicato la pena, il quale provvede ai sensi dell'articolo 63 della legge 24 novembre 1981, n. 689 [(3)].

2. La pena pecuniaria, quale sanzione sostitutiva, è eseguita a norma dell'articolo 660.

(1) Rubrica così modificata dall'art. 38, co. 1, lett. d), n. 3), d.lgs. 10.10.2022, n. 150, a decorrere dal 30.12.2022.
Il testo previgente così recitava: «*Esecuzione delle sanzioni sostitutive*».
(2) Comma così sostituito dall'art. 38, co. 1, lett. d), n. 1), d.lgs. 10.10.2022, n. 150, a decorrere dal 30.12.2022.
Il testo previgente così disponeva: «*1. Per l'esecuzione della semidetenzione e della libertà controllata, il pubblico ministero trasmette l'estratto della sentenza di condanna al magistrato di sorveglianza territorialmente competente che provvede in osservanza delle leggi vigenti.*».
(3) Comma introdotto dall'art. 38, co. 1, lett. d), n. 2), d.lgs. 10.10.2022, n. 150, a decorrere dal 30.12.2022.

662. Esecuzione delle pene accessorie.

1. Per l'esecuzione delle pene accessorie [c.p. 19, 28], il pubblico ministero, fuori dei casi previsti dagli articoli 32 e 34 del codice penale, trasmette l'estratto della sentenza di condanna agli organi della polizia giudiziaria e di pubblica sicurezza e, occorrendo, agli altri organi interessati, indicando le pene accessorie da eseguire. Nei casi previsti dagli articoli 32 e 34 del codice penale, il pubblico ministero trasmette l'estratto della sentenza al giudice civile competente.

2. Quando alla sentenza di condanna consegue una delle pene accessorie previste dagli articoli 28, 30, 32-*bis* e 34 del codice penale, per la determinazione della relativa durata si computa la misura interdittiva di contenuto corrispondente eventualmente disposta a norma degli articoli 288, 289 e 290.

663. Esecuzione di pene concorrenti.

1. Quando la stessa persona è stata condannata con più sentenze o decreti penali per reati diversi, il pubblico ministero determina la pena da eseguirsi, in osservanza delle norme sul concorso di pene [c.p. 80].

2. Se le condanne sono state inflitte da giudici diversi, provvede il pubblico ministero presso il giudice indicato nell'articolo 665 comma 4.

3. Il provvedimento del pubblico ministero è notificato al condannato e al suo difensore.

664. Esecuzione di altre sanzioni pecuniarie.

1. Le somme dovute per sanzioni disciplinari pecuniarie o per condanna alla perdita della cauzione o in conseguenza della dichiarazione di inammissibilità o di rigetto di una richiesta, sono devolute alla cassa delle ammende anche quando ciò non sia espressamente stabilito.

2. I relativi provvedimenti possono essere revocati

dal giudice, su richiesta dell'interessato o del pubblico ministero, prima della conclusione della fase del procedimento nella quale sono stati adottati, sempre che la revoca non sia vietata.

[**3.** I provvedimenti non più revocabili si eseguono nei modi previsti per il recupero delle spese processuali anticipate dallo Stato (1).]

4. Per l'esecuzione delle sanzioni conseguenti a violazioni amministrative accertate nel processo penale, il pubblico ministero trasmette l'estratto della sentenza esecutiva all'autorità amministrativa competente.

(1) Comma abrogato dall'art. 299, d.lgs. 30.5.2002, n. 113 e dall'art. 299, d.P.R. 30.5.2002, n. 115 con la decorrenza indicata nell'art. 302 dello stesso decreto (1.7.2002).

TITOLO III
Attribuzioni degli organi giurisdizionali

Capo I
Giudice dell'esecuzione

665. Giudice competente.

1. Salvo diversa disposizione di legge, competente a conoscere dell'esecuzione di un provvedimento è il giudice che lo ha deliberato.

2. Quando è stato proposto appello, se il provvedimento è stato confermato o riformato soltanto in relazione alla pena, alle misure di sicurezza o alle disposizioni civili, è competente il giudice di primo grado; altrimenti è competente il giudice di appello.

3. Quando vi è stato ricorso per cassazione e questo è stato dichiarato inammissibile o rigettato ovvero quando la corte ha annullato senza rinvio il provvedimento impugnato, è competente il giudice di primo grado, se il ricorso fu proposto contro provvedimento inappellabile ovvero a norma dell'articolo 569, e il giudice indicato nel comma 2 negli altri casi. Quando è stato pronunciato l'annullamento con rinvio, è competente il giudice di rinvio.

4. Se l'esecuzione concerne più provvedimenti emessi da giudici diversi, è competente il giudice che ha emesso il provvedimento divenuto irrevocabile per ultimo. Tuttavia, se i provvedimenti sono stati emessi da giudici ordinari o giudici speciali, è competente in ogni caso il giudice ordinario (1).

4 bis. Se l'esecuzione concerne più provvedimenti emessi dal tribunale in composizione monocratica e collegiale, l'esecuzione è attribuita in ogni caso al collegio (1).

(1) L'originario co. 4 è stato così sostituito, con gli attuali co. 4 e 4 bis, dall'art. 206, d.lgs. 19.2.1998, n. 51, con effetto dal 2.6.1999 (art. 1, co. 95, l. n. 103/2017). Il testo previgente così disponeva: «*4. Se l'esecuzione concerne più provvedimenti emessi da giudici diversi, è competente il giudice che ha emesso il provvedimento divenuto irrevocabile per ultimo. Tuttavia, se i provvedimenti sono stati emessi dal pretore e da altro giudice ordinario, è competente in ogni caso quest'ultimo; se sono stati emessi da giudici ordinari e giudici speciali, è competente il giudice ordinario*».

666. Procedimento di esecuzione.

1. Il giudice dell'esecuzione procede a richiesta del pubblico ministero [178, lett. b, 655, 676], dell'interessato o del difensore.

2. Se la richiesta appare manifestamente infondata per difetto delle condizioni di legge ovvero costituisce mera riproposizione di una richiesta già rigettata basata sui medesimi elementi, il giudice o il presidente del collegio, sentito il pubblico ministero, la dichiara inammissibile con decreto motivato, che è notificato entro cinque giorni all'interessato. Contro il decreto può essere proposto ricorso per cassazione.

3. Salvo quanto previsto dal comma 2, il giudice o il presidente del collegio, designato il difensore di ufficio all'interessato che ne sia privo, fissa la data dell'udienza in camera di consiglio e ne fa dare avviso alle parti e ai difensori. L'avviso è comunicato o notificato almeno dieci giorni prima della data predetta. Fino a cinque giorni prima dell'udienza possono essere depositate memorie in cancelleria (1).

4. L'udienza si svolge con la partecipazione necessaria del difensore e del pubblico ministero. L'interessato che ne fa richiesta è sentito personalmente. A tal fine si procede mediante collegamento a distanza, quando una particolare disposizione di legge lo prevede o quando l'interessato vi consente. Tuttavia, se è detenuto o internato in luogo posto fuori della circoscrizione del giudice e non consente all'audizione mediante collegamento a distanza, l'interessato è sentito prima del giorno dell'udienza dal magistrato di sorveglianza del luogo, salvo che il giudice ritenga di disporre la traduzione (2).

5. Il giudice può chiedere alle autorità competenti tutti i documenti e le informazioni di cui abbia bisogno [190 comma 2]; se occorre assumere prove, procede in udienza nel rispetto del contraddittorio.

6. Il giudice decide con ordinanza. Questa è comunicata o notificata senza ritardo alle parti e ai difensori, che possono proporre ricorso per cassazione. Si osservano, in quanto applicabili, le disposizioni sulle impugnazioni e quelle sul procedimento in camera di consiglio davanti alla corte di cassazione [611].

7. Il ricorso non sospende l'esecuzione dell'ordinanza [588], a meno che il giudice che l'ha emessa disponga diversamente.

8. Se l'interessato è infermo di mente, l'avviso previsto dal comma 3 è notificato anche al tutore o al curatore; se l'interessato ne è privo, il giudice o il presidente del collegio nomina un curatore provvisorio. Al tutore e al curatore competono gli stessi diritti dell'interessato.

9. Il verbale di udienza è redatto soltanto in forma riassuntiva a norma dell'articolo 140 comma 2 (3).

(1) La Corte cost., con sent. 21.5.2014, n. 135, ha dichiarato l'illegittimità degli artt. 666, co. 3, 678, co. 1, e 679, co. 1, c.p.p., nella parte in cui non consentono che, su istanza degli interessati, il procedimento per l'applicazione delle misure di sicurezza si svolga, davanti al magistrato di sorveglianza e al tribunale di sorveglianza, nelle forme dell'udienza pubblica. La stessa Corte cost., con sent. 5.6.2015, n. 97, ha dichiarato l'illegittimità costituzionale degli artt. 666, co. 3, e

678, co. 1, c.p.p., nella parte in cui non consentono che, su istanza degli interessati, il procedimento davanti al tribunale di sorveglianza nelle materie di sua competenza si svolga nelle forme dell'udienza pubblica; con sent. 15.4.-15.6.2015, n. 109 ha dichiarato l'illegittimità costituzionale degli artt. 666, co. 3, 667, co. 4, e 676 c.p.p., nella parte in cui non consentono che, su istanza degli interessati, il procedimento di opposizione contro l'ordinanza in materia di applicazione della confisca si svolga, davanti al giudice dell'esecuzione, nelle forme dell'udienza pubblica.

(2) Comma così modificato dall'art. 39, co. 1, lett. a), d.lgs. 10.10.2022, n. 150, a decorrere dal 30.12.2022.
Il testo previgente così disponeva: «*4. L'udienza si svolge con la partecipazione necessaria del difensore e del pubblico ministero. L'interessato che ne fa richiesta è sentito personalmente; tuttavia, se è detenuto o internato in luogo posto fuori della circoscrizione del giudice, è sentito prima del giorno dell'udienza dal magistrato di sorveglianza del luogo, salvo che il giudice ritenga di disporre la traduzione.*».

(3) La Corte cost., con sent. 3.12.1990, n. 529, ha dichiarato, tra l'altro, l'illegittimità del nono comma del presente articolo, nella parte in cui, dopo la parola «*redatto*», prevede «*soltanto*» anziché «*di regola*».

667. Dubbio sull'identità fisica della persona detenuta.

1. Se vi è ragione di dubitare dell'identità della persona arrestata per esecuzione di pena o perché evasa mentre scontava una condanna, il giudice dell'esecuzione la interroga e compie ogni indagine utile alla sua identificazione anche, a mezzo della polizia giudiziaria [66, 68] (1).

2. Quando riconosce che non si tratta della persona nei cui confronti deve compiersi l'esecuzione, ne ordina immediatamente la liberazione. Se l'identità rimane incerta, ordina la sospensione dell'esecuzione, dispone la liberazione del detenuto e invita il pubblico ministero a procedere a ulteriori indagini.

3. Se appare evidente che vi è stato un errore di persona e non è possibile provvedere tempestivamente a norma dei commi 1 e 2, la liberazione può essere ordinata in via provvisoria con decreto motivato dal pubblico ministero del luogo dove l'arrestato si trova. Il provvedimento del pubblico ministero ha effetto fino a quando non provvede il giudice competente, al quale gli atti sono immediatamente trasmessi [672 comma 3].

4. Il giudice dell'esecuzione provvede in ogni caso senza formalità con ordinanza comunicata al pubblico ministero e notificata all'interessato. Contro l'ordinanza possono proporre opposizione davanti allo stesso giudice il pubblico ministero, l'interessato e il difensore; in tal caso si procede a norma dell'articolo 666. L'opposizione è proposta, a pena di decadenza, entro quindici giorni dalla comunicazione o dalla notificazione dell'ordinanza (2).

5. Se la persona detenuta deve essere giudicata per altri reati, l'ordinanza è comunicata all'autorità giudiziaria procedente.

(1) Comma così sostituito dall'art. 28, d.lgs. 14.1.1991, n. 12, recante disposizioni integrative e correttive della disciplina processuale penale e delle norme ad essa collegate.

(2) Comma così sostituito dall'art. 28, d.lgs. 14.1.1991, n. 12, recante disposizioni integrative e correttive della disciplina processuale penale e delle norme ad essa collegate. La Corte cost., con sent. 15.5.2015, n. 109, ha poi dichiarato l'illegittimità costituzionale degli artt. 666, co. 3, 667, co. 4, e 676 c.p.p., nella parte in cui non consentono che, su istanza degli interessati, il procedimento di opposizione contro l'ordinanza in materia di applicazione della confisca si svolga, davanti al giudice dell'esecuzione, nelle forme dell'udienza pubblica.

668. Persona condannata per errore di nome.

1. Se una persona è stata condannata in luogo di un'altra per errore di nome, il giudice dell'esecuzione provvede alla correzione nelle forme previste dall'articolo 130 soltanto se la persona contro cui si doveva procedere è stata citata come imputato anche sotto altro nome per il giudizio; altrimenti si provvede a norma dell'articolo 630 comma 1 lettera c). In ogni caso l'esecuzione contro la persona erroneamente condannata è sospesa.

669. Pluralità di sentenze per il medesimo fatto contro la stessa persona.

1. Se più sentenze di condanna divenute irrevocabili [648] sono state pronunciate contro la stessa persona per il medesimo fatto, il giudice ordina l'esecuzione della sentenza con cui si pronunciò la condanna meno grave, revocando le altre.

2. Quando le pene irrogate sono diverse, l'interessato può indicare la sentenza che deve essere eseguita. Se l'interessato non si avvale di tale facoltà prima della decisione del giudice dell'esecuzione, si applicano le disposizioni dei commi 3 e 4.

3. Se si tratta di pena pecuniaria e pena detentiva [c.p. 18], si esegue la pena pecuniaria. Se si tratta di pene detentive o pecuniarie di specie diversa, si esegue la pena di minore entità, se le pene sono di uguale entità, si esegue rispettivamente l'arresto o l'ammenda. Se si tratta di pena detentiva o pecuniaria e della sanzione sostitutiva della semidetenzione o della libertà controllata, si esegue, in caso di pena detentiva, la sanzione sostitutiva e, in caso di pena pecuniaria, quest'ultima.

4. Quando le pene principali sono uguali, si tiene conto della eventuale applicazione di pene accessorie o di misure di sicurezza e degli altri effetti penali. Quando le condanne sono identiche, si esegue la sentenza divenuta irrevocabile per prima.

5. Se la sentenza revocata era stata in tutto o in parte eseguita, l'esecuzione si considera come conseguente alla sentenza rimasta in vigore.

6. Le stesse disposizioni si applicano se si tratta di più decreti penali o di sentenze e di decreti ovvero se il fatto è stato giudicato in concorso formale con altri fatti o quale episodio di un reato continuato, premessa, ove necessaria, la determinazione della pena corrispondente.

7. Se più sentenze di non luogo a procedere o più sentenze di proscioglimento sono state pronunciate nei confronti della stessa persona per il medesimo fatto, il giudice, se l'interessato entro il termine previsto dal comma 2 non indica la sentenza che deve essere eseguita, ordina l'esecuzione della sentenza più favorevole, revocando le altre.

8. Salvo quanto previsto dagli articoli 69 comma 2 e 345, se si tratta di una sentenza di proscioglimento e di una sentenza di condanna o di un decreto penale, il giudice ordina l'esecuzione della sentenza di proscioglimento revocando la decisione di condanna. Tuttavia, se il proscioglimento è stato pronunciato per estinzione del reato verificatasi successivamente alla data in cui è divenuta irrevocabile la decisione di condanna, si esegue quest'ultima.

9. Se si tratta di una sentenza di non luogo a procedere e di una sentenza pronunciata in giudizio o di un decreto penale, il giudice ordina l'esecuzione della sentenza pronunciata in giudizio o del decreto.

670. Questioni sul titolo esecutivo.

1. Quando il giudice dell'esecuzione accerta che il provvedimento manca o non è divenuto esecutivo [650], valutata anche nel merito l'osservanza delle garanzie previste nel caso di irreperibilità del condannato [159, 160], lo dichiara con ordinanza e sospende l'esecuzione, disponendo, se occorre, la liberazione dell'interessato e la rinnovazione della notificazione non validamente eseguita. In tal caso decorre nuovamente il termine per l'impugnazione [585].

2. Quando è proposta impugnazione od opposizione, il giudice dell'esecuzione, dopo aver provveduto sulla richiesta dell'interessato, trasmette gli atti al giudice di cognizione competente. La decisione del giudice dell'esecuzione non pregiudica quella del giudice dell'impugnazione o dell'opposizione, il quale, se ritiene ammissibile il gravame, sospende con ordinanza l'esecuzione che non sia già stata sospesa.

3. Se l'interessato, nel proporre richiesta perché sia dichiarata la non esecutività del provvedimento, eccepisce che comunque sussistono i presupposti e le condizioni per la restituzione nel termine a norma dell'articolo 175, e la relativa richiesta non è già stata proposta al giudice dell'impugnazione, il giudice dell'esecuzione, se non deve dichiarare la non esecutività del provvedimento, decide sulla restituzione. In tal caso, la richiesta di restituzione nel termine non può essere riproposta al giudice dell'impugnazione. Si applicano le disposizioni dell'articolo 175 commi 7 e 8.

671. Applicazione della disciplina del concorso formale e del reato continuato.

1. Nel caso di più sentenze o decreti penali irrevocabili pronunciati in procedimenti distinti contro la stessa persona, il condannato o il pubblico ministero possono chiedere al giudice dell'esecuzione l'applicazione della disciplina del concorso formale o del reato continuato [c.p. 81], sempre che la stessa non sia stata esclusa dal giudice della cognizione. Fra gli elementi che incidono sull'applicazione della disciplina del reato continuato vi è la consumazione di più reati in relazione allo stato di tossicodipendenza (1).

2. Il giudice dell'esecuzione provvede determinando la pena in misura non superiore alla somma di quelle inflitte con ciascuna sentenza o ciascun decreto.

2 bis. Si applicano le disposizioni di cui all'articolo 81, quarto comma, del codice penale (2).

3. Il giudice dell'esecuzione può concedere altresì la sospensione condizionale della pena [c.p. 163] e la non menzione della condanna nel certificato del casellario giudiziale [c.p. 175], quando ciò consegue al riconoscimento del concorso formale o della continuazione. Adotta infine ogni altro provvedimento conseguente.

(1) Periodo aggiunto dall'art. 4 vicies, d.l. 30.12.2005, n. 272 conv. in legge, con modif., con l. 21.2.2006, n. 49.
(2) Comma introdotto dall'art. 5, l. 5.12.2005, n. 251.

672. Applicazione dell'amnistia e dell'indulto.

1. Per l'applicazione dell'amnistia o dell'indulto il giudice dell'esecuzione procede a norma dell'articolo 667 comma 4 (1).

2. Quando, in conseguenza dell'applicazione dell'amnistia o dell'indulto, occorre applicare o modificare una misura di sicurezza a norma dell'articolo 210 del codice penale, il giudice dell'esecuzione dispone la trasmissione degli atti al magistrato di sorveglianza [677].

3. Il pubblico ministero che cura l'esecuzione della sentenza di condanna può disporre provvisoriamente la liberazione del condannato detenuto ovvero la cessazione delle sanzioni sostitutive e delle misure alternative, prima che essa sia definitivamente ordinata con il provvedimento che applica l'amnistia o l'indulto.

4. L'amnistia e l'indulto devono essere applicati, qualora il condannato ne faccia richiesta, anche se è terminata l'esecuzione della pena.

5. L'amnistia e l'indulto condizionati hanno per effetto di sospendere l'esecuzione della sentenza o del decreto penale fino alla scadenza del termine stabilito nel decreto di concessione o, se non fu stabilito termine, fino alla scadenza del quarto mese dal giorno della pubblicazione del decreto. L'amnistia e l'indulto condizionati si applicano definitivamente se, alla scadenza del termine, è dimostrato l'adempimento delle condizioni o degli obblighi ai quali la concessione del beneficio è subordinata.

(1) Comma così sostituito dall'art. 29, d.lgs. 14.1.1991, n. 12, recante disposizioni integrative e correttive della disciplina processuale penale e delle norme ad essa collegate.

673. Revoca della sentenza per abolizione del reato.

1. Nel caso di abrogazione [c.p. 2] o di dichiarazione di illegittimità costituzionale della norma incriminatrice [Cost. 136], il giudice dell'esecuzione revoca la sentenza di condanna o il decreto penale dichiarando che il fatto non è previsto dalla legge come reato e adotta i provvedimenti conseguenti [att. 193].

2. Allo stesso modo provvede quando è stata emessa sentenza di proscioglimento o di non luogo a procedere per estinzione del reato o per mancanza di imputabilità [c.p. 85].

674. Revoca di altri provvedimenti.

1. La revoca della sospensione condizionale della pena, della grazia o dell'amnistia o dell'indulto condizionati e della non menzione della condanna nel certificato del casellario giudiziale è disposta dal giudice dell'esecuzione, qualora non sia stata disposta con la sentenza di condanna per altro reato.

1 bis. Il giudice dell'esecuzione provvede altresì alla revoca della sospensione condizionale della pena quando rileva l'esistenza delle condizioni di cui al terzo comma dell'articolo 168 del codice penale [(1)].

(1) Comma introdotto dall'art. 1, l. 26.3.2001, n. 128.

675. Falsità di documenti.

1. Se la falsità di un atto o di un documento, accertata a norma dell'articolo 537, non è stata dichiarata nel dispositivo della sentenza e non è stata proposta impugnazione per questo capo, ogni interessato può chiedere al giudice dell'esecuzione che la dichiari.

2. La cancellazione totale del documento, disposta dal giudice della cognizione o dell'esecuzione, è eseguita mediante annotazione della sentenza o dell'ordinanza a margine di ciascuna pagina del medesimo e attestazione di tale adempimento nel verbale, con la dichiarazione che il documento non può avere alcun effetto giuridico. Il documento rimane allegato al verbale e una copia di questo è rilasciata in sostituzione del documento stesso a chi lo possedeva o lo aveva in deposito, quando la copia è stata richiesta per un legittimo interesse [116].

3. Negli altri casi, il testo del documento, quale risulta in seguito alla cancellazione parziale o alla ripristinazione, rinnovazione o riforma, è inserito per intero nel verbale. Se il documento era in deposito pubblico, è restituito al depositario unitamente a una copia autentica del verbale a cui deve rimanere allegato. Se il documento era posseduto da un privato, la cancelleria lo conserva allegato al verbale e ne rilascia copia quando questa è richiesta per un legittimo interesse. Tale copia vale come originale per ogni effetto giuridico.

4. Per l'osservanza dei predetti adempimenti, il giudice o il presidente del collegio dà le disposizioni occorrenti nel relativo verbale.

676. Altre competenze [(1)].

1. Il giudice dell'esecuzione è competente a decidere in ordine all'estinzione del reato dopo la condanna, all'estinzione della pena quando la stessa non consegue alla liberazione condizionale o all'affidamento in prova al servizio sociale, in ordine alle pene accessorie, alla confisca o alla restituzione delle cose sequestrate. In questi casi il giudice dell'esecuzione procede a norma dell'articolo 667 comma 4 [(2)].

2. Qualora sorga controversia sulla proprietà delle cose confiscate, si applica la disposizione dell'articolo 263 comma 3.

3. Quando accerta l'estinzione del reato o della pena, il giudice dell'esecuzione la dichiara anche di ufficio adottando i provvedimenti conseguenti.

3 bis. Il giudice dell'esecuzione è, altresì, competente a decidere in ordine all'applicazione della riduzione della pena prevista dall'articolo 442, comma 2-*bis*. In questo caso, il giudice procede d'ufficio prima della trasmissione dell'estratto del provvedimento divenuto irrevocabile [(3)].

(1) La Corte cost., con sent. 15.6.2015, n. 109, ha dichiarato l'illegittimità costituzionale degli artt. 666, co. 3, 667, co. 4, e 676 c.p.p., nella parte in cui non consentono che, su istanza degli interessati, il procedimento di opposizione contro l'ordinanza in materia di applicazione della confisca si svolga, davanti al giudice dell'esecuzione, nelle forme dell'udienza pubblica.

(2) Comma prima sostituito dall'art. 30, d.lgs. 14.1.1991, n. 12, e poi modificato dal co. 613 dell'art. 2, l. 24.12.2007, n. 244 e dal co. 9 dell'art. 2, d.l. 16.9.2008, n. 143, conv. in legge, con modif., con l. 13.11.2008, n. 181. Questo comma, poi, è stato modificato dall'art. 39, co. 1, lett. b), d.lgs. 10.10.2022, n. 150, a decorrere dal 30.12.2022. Infine, il presente comma è stato così modificato dall'art. 2, co. 1, lett. dd), d.lgs. 19.3.2024, n. 31, a decorrere dal 4.4.2024.
Il testo antecedente alla modifica del d.lgs. n. 31/2024 così disponeva: «*1. Il giudice dell'esecuzione è competente a decidere in ordine all'estinzione del reato dopo la condanna, all'estinzione della pena quando la stessa non consegue alla liberazione condizionale o all'affidamento in prova al servizio sociale, in ordine alle pene accessorie, alla confisca o alla restituzione delle cose sequestrate e all'applicazione della riduzione della pena prevista dall'articolo 442, comma 2-bis. In questi casi il giudice dell'esecuzione procede a norma dell'articolo 667 comma 4.*».
Il testo antecedente alla modifica del d.lgs. n. 150/2022 così disponeva: «*1. Il giudice dell'esecuzione è competente a decidere in ordine all'estinzione del reato dopo la condanna, all'estinzione della pena quando la stessa non consegue alla liberazione condizionale o all'affidamento in prova al servizio sociale, in ordine alle pene accessorie, alla confisca o alla restituzione delle cose sequestrate. In questi casi il giudice dell'esecuzione procede a norma dell'articolo 667 comma 4.*».
Il testo antecedente alla modifica del d.l. 143/2008 così disponeva: «*1. Il giudice dell'esecuzione è competente a decidere in ordine all'estinzione del reato dopo la condanna, all'estinzione della pena quando la stessa non consegue alla liberazione condizionale o all'affidamento in prova al servizio sociale, in ordine alle pene accessorie, alla confisca o alla restituzione delle cose sequestrate o alla devoluzione allo Stato delle somme di denaro sequestrate ai sensi del comma 3-*bis* dell'articolo 262. In questi casi il giudice dell'esecuzione procede a norma dell'articolo 667 comma 4.*».
Il testo antecedente alla modifica della l. n. 244/2007 così disponeva: «*1. Il giudice dell'esecuzione è competente a decidere in ordine all'estinzione del reato dopo la condanna, all'estinzione della pena quando la stessa non consegue alla liberazione condizionale o all'affidamento in prova al servizio sociale, in ordine alle pene accessorie, alla confisca o alla restituzione delle cose sequestrate. In questi casi il giudice dell'esecuzione procede a norma dell'articolo 667 comma 4.*».

(3) Comma introdotto dall'art. 2, co. 1, lett. dd), d.lgs. 19.3.2024, n. 31, a decorrere dal 4.4.2024.

Capo II
Magistratura di sorveglianza

677. Competenza per territorio.

1. La competenza a conoscere le materie attribuite alla magistratura di sorveglianza appartiene al tribunale o al magistrato di sorveglianza che hanno giurisdizione sull'istituto di prevenzione o di pena in cui si trova l'interessato all'atto della richiesta, della proposta o dell'inizio di ufficio del procedimento.

2. Quando l'interessato non è detenuto o internato, la competenza, se la legge non dispone diversamente, appartiene al tribunale o al magistrato di sorveglianza che ha giurisdizione sul luogo in cui l'interessato ha la residenza o il domicilio. Se la competenza non può essere determinata secondo il criterio sopra indicato, essa appartiene al tribunale o al magistrato di sorveglianza del luogo in cui fu pronunciata la sentenza di condanna, di proscioglimento o di non luogo a procedere, e, nel caso di più sentenze di condanna o di proscioglimento, al tribunale o al magistrato di sorveglianza del luogo in cui fu pronunciata la sentenza divenuta irrevocabile per ultima.

2 bis. Il condannato, non detenuto, ha l'obbligo, a pena di inammissibilità, di fare la dichiarazione o l'elezione di domicilio con la domanda con la quale chiede una misura alternativa alla detenzione o altro provvedimento attribuito dalla legge alla magistratura di sorveglianza. Il condannato, non detenuto, ha altresì l'obbligo di comunicare ogni mutamento del domicilio dichiarato o eletto. Si applicano, in quanto compatibili, le disposizioni previsti dall'articolo 161 (1).

(1) Comma introdotto dall'art. 9, d.l. 18.10.2001, n. 374, come modificato dalla legge di conversione 15.12.2001, n. 438.

678. Procedimento di sorveglianza.

1. Il magistrato di sorveglianza, nelle materie attinenti alle misure di sicurezza e alla dichiarazione di abitualità o professionalità nel reato o di tendenza a delinquere, e il tribunale di sorveglianza, nelle materie di sua competenza, se non diversamente previsto, procedono, a richiesta del pubblico ministero, dell'interessato, del difensore o di ufficio, a norma dell'articolo 666. Quando vi è motivo di dubitare dell'identità fisica di una persona, procedono comunque a norma dell'articolo 667, comma 4 (1).

1 bis. Il magistrato di sorveglianza, nelle materie attinenti alla rateizzazione e alla conversione delle pene pecuniarie, alla remissione del debito e alla esecuzione delle pene sostitutive della semilibertà e della detenzione domiciliare e delle pene conseguenti alla conversione della pena pecuniaria, e il tribunale di sorveglianza, nelle materie relative alle richieste di riabilitazione, alla valutazione sull'esito dell'affidamento in prova, anche in casi particolari, alla dichiarazione di estinzione del reato conseguente alla liberazione condizionale e al differimento dell'esecuzione della pena nei casi previsti dal primo comma, numeri 1) e 2), dell'articolo 146 del codice penale, procedono a norma dell'articolo 667, comma 4 (2).

1 ter. Quando la pena da espiare non è superiore a un anno e sei mesi, per la decisione sulle istanze di cui all'articolo 656, comma 5, il presidente del tribunale di sorveglianza, acquisiti i documenti e le necessarie informazioni, designa il magistrato relatore e fissa un termine entro il quale questi, con ordinanza adottata senza formalità, può applicare in via provvisoria una delle misure menzionate nell'articolo 656, comma 5. L'ordinanza di applicazione provvisoria della misura è comunicata al pubblico ministero e notificata all'interessato e al difensore, i quali possono proporre opposizione al tribunale di sorveglianza entro il termine di dieci giorni. Il tribunale di sorveglianza, decorso il termine per l'opposizione, conferma senza formalità la decisione del magistrato. Quando non è stata emessa o confermata l'ordinanza provvisoria, o è stata proposta opposizione, il tribunale di sorveglianza procede a norma del comma 1. Durante il termine per l'opposizione e fino alla decisione sulla stessa, l'esecuzione dell'ordinanza è sospesa (3).

2. Quando si procede nei confronti di persona sottoposta a osservazione scientifica della personalità, il giudice acquisisce la relativa documentazione e si avvale, se occorre, della consulenza dei tecnici del trattamento.

3. Le funzioni di pubblico ministero sono esercitate, davanti al tribunale di sorveglianza, dal procuratore generale presso la corte di appello e, davanti al magistrato di sorveglianza, dal procuratore della Repubblica presso il tribunale della sede dell'ufficio di sorveglianza.

3.1. Quando ne fa richiesta l'interessato l'udienza si svolge in forma pubblica. Si osservano, in quanto compatibili, le disposizioni degli articoli 471 e 472.

3.2. L'avviso di fissazione dell'udienza, notificato all'interessato, contiene, a pena di nullità, l'avvertimento della facoltà di parteciparvi personalmente. Se l'interessato detenuto o internato ne fa richiesta, il giudice dispone la traduzione. Si applicano in ogni caso le forme e le modalità di partecipazione a distanza nei procedimenti in camera di consiglio previste dalla legge. La partecipazione all'udienza avviene a distanza anche quando l'interessato, detenuto o internato, ne fa richiesta ovvero quando lo stesso è detenuto o internato in un luogo posto fuori dalla circoscrizione del giudice. Ove lo ritenga opportuno, il giudice dispone la traduzione dell'interessato (4).

3 bis. Il tribunale di sorveglianza e il magistrato di sorveglianza, nelle materie di rispettiva competenza, quando provvedono su richieste di provvedimenti incidenti sulla libertà personale di condannati da Tribunali o Corti penali internazionali, danno immediata comunicazione della data dell'udienza e della pertinente documentazione al Ministro della giustizia, che tempestivamente ne informa il Ministro degli affari esteri e, qualora previsto da accordi internazionali, l'organismo che ha pronunciato la condanna (5).

(1) Comma sostituito dall'art. 1, co. 1, lett. b), d.l. 23.12.2013, n. 146, conv., con modif., dalla l. 21.2.2014, n. 10 e, poi, dall'art. 4, co. 1, lett. b), n. 1), d.lgs. 2.10.2018, n. 123, a decorrere dal 10.11.2018.

Il testo antecedente alla sostituzione del 2018 così disponeva: «*1. Salvo quanto stabilito dal successivo comma 1-bis, il tribunale di sorveglianza nelle materie di sua competenza, e il magistrato di sorveglianza, nelle materie attinenti ai ricoveri previsti dall'articolo 148 del codice penale, alle misure di sicurezza e alla dichiarazione di abitualità o professionalità nel reato o di tendenza a delinquere procedono, a richiesta del pubblico ministero, dell'interessato, del difensore o di ufficio, a norma dell'articolo 666. Tuttavia, quando vi è motivo di dubitare dell'identità fisica di una persona, procedono a norma dell'articolo 667 comma 4».* Di tale formulazione, la Corte cost., con sent. 21.5.2014, n. 135, aveva dichiarato l'illegittimità costituzionale, nella parte in cui non consentiva che, su istanza degli interessati, il procedimento per l'applicazione delle misure di sicurezza si svolgesse, davanti al magistrato di sorveglianza e al tribunale di sorveglianza, nelle forme dell'udienza pubblica e, con sent. 15.4.-5.6.2015, n. 97, la stessa Corte costituzionale aveva dichiarato l'illegittimità costituzionale, nella parte in cui non consentiva che, su istanza degli interessati, il procedimento davanti al tribunale di sorveglianza nelle materie di sua competenza si svolgesse nelle forme dell'udienza pubblica.

Il testo di questo comma antecedente alla sostituzione del 2013 così disponeva: «*Il tribunale di sorveglianza nelle materie di sua competenza, e il magistrato di sorveglianza nelle materie attinenti alla rateizzazione e alla conversione delle pene pecuniarie, alla remissione del debito, ai ricoveri previsti dall'articolo 148 del codice penale, alle misure di sicurezza, alla esecuzione della semidetenzione e della libertà controllata e alla dichiarazione di abitualità o professionalità nel reato o di tendenza a delinquere, procedono, a richiesta del pubblico ministero, dell'interessato, del difensore o di ufficio, a norma dell'articolo 666. Tuttavia, quando vi è motivo di dubitare della identità fisica di una persona, procedono a norma dell'articolo 667*».

(2) Comma introdotto dall'art. 1, co. 1, lett. c), d.l. 23.12.2013, n. 146, conv., con modif., dalla l. 21.2.2014, n. 10 e, poi, così sostituito dall'art. 4, co. 1, lett. b), n. 2), d.lgs. 2.10.2018, n. 123, a decorrere dal 10.11.2018. Questo comma, poi, è stato così modificato dall'art. 39, co. 1, lett. c), d.lgs. 10.10.2022, n. 150, a decorrere dal 30.12.2022.

Il testo antecedente alla modifica del d.lgs. n. 150/2022 così disponeva: «*1-bis. Il magistrato di sorveglianza, nelle materie attinenti alla rateizzazione e alla conversione delle pene pecuniarie, alla remissione del debito e alla esecuzione della semidetenzione e della libertà controllata, e il tribunale di sorveglianza, nelle materie relative alle richieste di riabilitazione, alla valutazione sull'esito dell'affidamento in prova, anche in casi particolari, alla dichiarazione di estinzione del reato conseguente alla liberazione condizionale e al differimento dell'esecuzione della pena nei casi previsti dal primo comma, numeri 1) e 2), dell'articolo 146 del codice penale, procedono a norma dell'articolo 667, comma 4.*».

Il testo antecedente alla modifica del d.l. n. 123/2018 così disponeva: «*1-bis. Il magistrato di sorveglianza, nelle materie attinenti alla rateizzazione e alla conversione delle pene pecuniarie, alla remissione del debito e alla esecuzione della semidetenzione e della libertà controllata, ed il tribunale di sorveglianza, nelle materie relative alle richieste di riabilitazione ed alla valutazione sull'esito dell'affidamento in prova al servizio sociale, anche in casi particolari, procedono a norma dell'articolo 667 comma 4.*».

(3) Comma introdotto dall'art. 4, co. 1, lett. b), n. 3), d.lgs. 2.10.2018, n. 123, a decorrere dal 10.11.2018.

(4) Comma introdotto dall'art. 4, co. 1, lett. b), n. 4), d.lgs. 2.10.2018, n. 123, a decorrere dal 10.11.2018.

(5) Comma introdotto dall'art. 3, co. 1, d.l. 26.6.2014, n. 92, conv., con modif., dalla l. 11.8.2014, n. 117.

679. Misure di sicurezza.

1. Quando una misura di sicurezza diversa dalla confisca è stata, fuori dei casi previsti nell'articolo 312, ordinata con sentenza, o deve essere ordinata successivamente, il magistrato di sorveglianza, su richiesta del pubblico ministero o di ufficio, accerta se l'interessato è persona socialmente pericolosa [c.p. 203] e adotta i provvedimenti conseguenti, premessa, ove occorra, la dichiarazione di abitualità o professionalità nel reato [c.p. 102, 103, 104, 105]. Provvede altresì, su richiesta del pubblico ministero, dell'interessato, del suo difensore o di ufficio, su ogni questione relativa nonché sulla revoca della dichiarazione di tendenza a delinquere [c.p. 108] (1).

2. Il magistrato di sorveglianza sovraintende alla esecuzione delle misure di sicurezza personali [c.p. 215].

(1) La Corte cost., con sent. 21.5.2014, n. 135, ha dichiarato l'illegittimità degli artt. 666, co. 3, 678, co. 1, e 679, co. 1, c.p.p., nella parte in cui non consentono che, su istanza degli interessati, il procedimento per l'applicazione delle misure di sicurezza si svolga, davanti al magistrato di sorveglianza e al tribunale di sorveglianza, nelle forme dell'udienza pubblica.

680. Impugnazione di provvedimenti relativi alle misure di sicurezza.

1. Contro i provvedimenti del magistrato di sorveglianza concernenti le misure di sicurezza e la dichiarazione di abitualità o professionalità nel reato o di tendenza a delinquere, possono proporre appello al tribunale di sorveglianza il pubblico ministero, l'interessato e il difensore.

2. Fuori dei casi previsti dall'articolo 579 commi 1 e 3, il tribunale di sorveglianza giudica anche sulle impugnazioni contro sentenze di condanna o di proscioglimento concernenti le disposizioni che riguardano le misure di sicurezza (1).

3. Si osservano le disposizioni generali sulle impugnazioni, ma l'appello non ha effetto sospensivo, salvo che il tribunale disponga altrimenti.

(1) Comma così modificato dall'art. 23, l. 16.12.1999, n. 479.
Il testo previgente così disponeva: «*2. Fuori dei casi previsti dall'articolo 579 commi 1 e 3, il tribunale di sorveglianza giudica anche sulle impugnazioni contro sentenze di condanna, di proscioglimento o di non luogo a procedere concernenti le disposizioni che riguardano le misure di sicurezza*».

681. Provvedimenti relativi alla grazia.

1. La domanda di grazia [c.p. 174], diretta al presidente della Repubblica, è sottoscritta dal condannato o da un suo prossimo congiunto [c.p. 307, comma 4] o dal convivente o dal tutore o dal curatore ovvero da un avvocato o procuratore legale (1) ed è presentata al ministro di grazia e giustizia.

2. Se il condannato è detenuto o internato, la domanda può essere presentata al magistrato di sorveglianza, il quale, acquisiti tutti gli elementi di giudizio utili e le osservazioni del procuratore generale presso la corte di appello del distretto ove ha sede il giudice indicato nell'articolo 665, la trasmette al ministro con il proprio parere motivato. Se il condannato non è detenuto o internato, la domanda può essere presentata al predetto procuratore generale, il quale, acquisite le opportune informazioni, la trasmette al ministro con le proprie osservazioni.

3. La proposta di grazia è sottoscritta dal presidente del consiglio di disciplina ed è presentata al magistrato di sorveglianza, che procede a norma del comma 2.

4. La grazia può essere concessa anche in assenza di domanda o proposta. Emesso il decreto di grazia, il pubblico ministero presso il giudice indicato nell'articolo 665 ne cura la esecuzione ordinando, quando è il caso, la liberazione del condannato e adottando i provvedimenti conseguenti.

5. In caso di grazia sottoposta a condizioni, si provvede a norma dell'articolo 672 comma 5.

(1) La l. 24.2.1997, n. 27, ha soppresso l'albo dei procuratori legali ed ha disposto la sostituzione del termine «*procuratore legale*» con il termine «*avvocato*».

682. Liberazione condizionale.

1. Il tribunale di sorveglianza decide sulla concessione e sulla revoca della liberazione condizionale [c.p. 176].

2. Se la liberazione non è concessa per difetto del requisito del ravvedimento, la richiesta non può essere riproposta prima che siano decorsi sei mesi dal giorno in cui è divenuto irrevocabile il provvedimento di rigetto.

683. Riabilitazione.

1. Il tribunale di sorveglianza, su richiesta dell'interessato, decide sulla riabilitazione [c.p. 178], anche se relativa a condanne pronunciate da giudici speciali, quando la legge non dispone altrimenti, e sull'estinzione della pena accessoria nel caso di cui all'articolo 179, settimo comma, del codice penale. Decide altresì sulla revoca della riabilitazione [c.p. 180], qualora essa non sia stata disposta con la sentenza di condanna per altro reato [(1)].

2. Nella richiesta sono indicati gli elementi dai quali può desumersi la sussistenza delle condizioni previste dall'articolo 179 del codice penale. Il tribunale acquisisce la documentazione necessaria.

3. Se la richiesta è respinta per difetto del requisito della buona condotta, essa non può essere riproposta prima che siano decorsi due anni dal giorno in cui è divenuto irrevocabile il provvedimento di rigetto.

(1) Comma così modificato dall'art. 1, co. 4, lett. g), nn. 1) e 2), l. 9.1.2019, n. 3, a decorrere dal 31.1.2019.
Il testo previgente così disponeva: «*1. Il tribunale di sorveglianza, su richiesta dell'interessato, decide sulla riabilitazione, anche se relativa a condanne pronunciate da giudici speciali, quando la legge non dispone altrimenti. Decide altresì sulla revoca, qualora essa non sia stata disposta con la sentenza di condanna per altro reato*».

684. Rinvio dell'esecuzione.

1. Il tribunale di sorveglianza provvede in ordine al differimento dell'esecuzione delle pene detentive e delle sanzioni sostitutive della semidetenzione e della libertà controllata nei casi previsti dagli articoli 146 e 147 del codice penale, salvo quello previsto dall'articolo 147 comma 1 numero 1 del codice penale, nel quale provvede il ministro di grazia e giustizia. Il tribunale ordina, quando occorre, la liberazione del detenuto e adotta gli altri provvedimenti conseguenti.

2. Quando vi è fondato motivo per ritenere che sussistono i presupposti perché il tribunale disponga il rinvio, il magistrato di sorveglianza può ordinare il differimento dell'esecuzione o, se la protrazione della detenzione può cagionare grave pregiudizio al condannato, la liberazione del detenuto. Il provvedimento conserva effetto fino alla decisione del tribunale, al quale il magistrato di sorveglianza trasmette immediatamente gli atti [(1)].

(1) La Corte cost., con sent. 31.5.1990, n. 274, ha dichiarato, tra l'altro, l'illegittimità costituzionale dell'art. 684 c.p.p. 1988, nella parte in cui attribuisce al Ministro di Grazia e Giustizia e non al Tribunale di sorveglianza di provvedere al differimento della pena ai sensi dell'art. 147, co. 1, n. 1 c.p.

TITOLO IV
Casellario giudiziale

685. Uffici del casellario giudiziale [(1)].

[**1.** Presso ciascun tribunale, sotto la vigilanza del procuratore della Repubblica, l'ufficio del casellario raccoglie e conserva l'estratto dei provvedimenti e le annotazioni di cui è prescritta l'iscrizione, concernenti le persone nate nel circondario.

2. Gli estratti dei provvedimenti e le annotazioni concernenti persone nate all'estero o delle quali non si è potuto accertare il luogo di nascita nel territorio dello Stato, si conservano nell'ufficio del casellario presso il tribunale di Roma.]

(1) Articolo abrogato dall'art. 52 del testo unico di cui al d.P.R. 14.11.2002, n. 313, a decorrere dal quarantacinquesimo giorno dalla data della sua pubblicazione nella Gazzetta Ufficiale avvenuta il 13.2.2003 (art. 55, d.P.R. n. 313/2002).

686. Iscrizioni nel casellario giudiziale [(1)].

[**1.** Nel casellario giudiziale, oltre le annotazioni prescritte da particolari disposizioni di legge, si iscrivono per estratto:

a) nella materia penale, regolata dal codice penale o da leggi speciali:
   1) le sentenze di condanna e i decreti penali appena divenuti irrevocabili, salvo quelli concernenti contravvenzioni per le quali è ammessa la definizione in via amministrativa o l'oblazione ai sensi dell'articolo 162 del codice penale, sempre che per le stesse non sia stata concessa la sospensione condizionale della pena;
   2) i provvedimenti emessi dagli organi giurisdizionali dell'esecuzione non più soggetti a impugnazione che riguardano la pena, le misure di sicurezza, gli effetti penali della condanna, l'applicazione dell'amnistia e la dichiarazione di abitualità o professionalità nel reato o di tendenza a delinquere;
   3) i provvedimenti che riguardano l'applicazione di pene accessorie;
   4) le sentenze non più soggette a impugnazione che hanno prosciolto l'imputato o dichiarato non luogo a procedere per difetto di imputabilità [c.p. 85] o disposto una misura di sicurezza o dichia-

rato estinto il reato per applicazione di sanzioni sostitutive su richiesta dell'imputato;

b) nella materia civile:

1) le sentenze passate in giudicato che hanno pronunciato l'interdizione o l'inabilitazione e i provvedimenti che le revocano;

2) le sentenze con le quali l'imprenditore è stato dichiarato fallito;

3) le sentenze di omologazione del concordato fallimentare e quelle che hanno dichiarato la riabilitazione del fallito [(2)];

4) i decreti di chiusura del fallimento;

c) i provvedimenti amministrativi relativi alla perdita o alla revoca della cittadinanza e all'espulsione dello straniero;

d) i provvedimenti definitivi che riguardano l'applicazione delle misure di prevenzione della sorveglianza speciale semplice o con divieto od obbligo di soggiorno.

2. Quando sono state riconosciute dall'autorità giudiziaria, sono pure iscritte, nei casi previsti dal comma 1 lettera a), le sentenze pronunciate da autorità giudiziarie straniere.

3. Nel casellario si iscrive altresì, se si tratta di condanna penale, la menzione del luogo e del tempo in cui la pena fu scontata e dell'eventuale applicazione di misure alternative alla detenzione ovvero la menzione che non fu in tutto o in parte scontata, per amnistia, indulto, grazia, liberazione condizionale o per altra causa; devono inoltre essere iscritti i provvedimenti che dichiarano o revocano la riabilitazione.]

(1) Articolo abrogato dall'art. 52 del testo unico di cui al d.P.R. 14.11.2002, n. 313, a decorrere dal quarantacinquesimo giorno dalla data della sua pubblicazione nella Gazzetta Ufficiale avvenuta il 13.2.2003 (art. 55, d.P.R. n. 313/2002). Le norme di cui al presente articolo sono ora contenute nell'art. 3 del testo unico.

(2) Numero così sostituito dall'art. 31, d.lgs. 14.1.1991, n. 12, recante disposizioni integrative e correttive della disciplina processuale penale e delle norme ad essa collegate.

687. Eliminazione delle iscrizioni [(1)].

[**1.** Le iscrizioni del casellario sono eliminate appena si ha notizia ufficiale dell'accertata morte della persona alla quale si riferiscono ovvero quando sono trascorsi ottanta anni dalla nascita della persona medesima.

2. Sono inoltre eliminate le iscrizioni relative:

a) alle sentenze e ai decreti revocati a seguito di revisione o a norma dell'articolo 673;

b) alle sentenze di proscioglimento o di non luogo a procedere per difetto di imputabilità [c.p. 85], trascorsi dieci anni in caso di delitto o tre anni in caso di contravvenzione dal giorno in cui la sentenza è divenuta irrevocabile o, se trattasi di sentenza di non luogo a procedere, è scaduto il termine per l'impugnazione;

c) alle sentenze o ai decreti di condanna per contravvenzioni per le quali è stata inflitta la pena dell'ammenda, salvo che sia stato concesso alcuno dei benefici previsti dagli articoli 163 e 175 del codice penale, trascorsi dieci anni dal giorno in cui la pena è stata eseguita ovvero si è in altro modo estinta.

3. Qualora siano state applicate misure di sicurezza, i termini previsti dal comma 2 decorrono dalla data della revoca della misura di sicurezza e, se questa è stata applicata o sostituita con provvedimento successivo alla sentenza, anche la relativa iscrizione è eliminata.

3 bis. Nella materia civile, sono eliminate le iscrizioni relative:

a) ai provvedimenti indicati nell'articolo 686 comma 1 lettera b) numeri 2) e 4), quando il fallimento è stato revocato con sentenza passata in giudicato;

b) ai provvedimenti indicati nell'articolo 686 comma 1 lettera c) quando sono stati annullati con provvedimento amministrativo o con sentenza passata in giudicato [(2)].]

(1) Articolo abrogato dall'art. 52 del testo unico di cui al d.P.R. 14.11.2002, n. 313, a decorrere dal quarantacinquesimo giorno dalla data della sua pubblicazione nella Gazzetta Ufficiale avvenuta il 13.2.2003 (art. 55, d.P.R. n. 313/2002). Le norme di cui al presente articolo sono ora contenute negli artt. 5 e 8 del testo unico.

(2) Comma introdotto dall'art. 32, d.lgs. 14.1.1991, n. 12, recante disposizioni integrative e correttive della disciplina processuale penale e delle norme ad essa collegate.

688. Certificati del casellario giudiziale [(1)].

[**1.** Ogni organo avente giurisdizione penale ha il diritto di ottenere, per ragioni di giustizia penale, il certificato di tutte le iscrizioni esistenti al nome di una determinata persona. Uguale diritto appartiene a tutte le amministrazioni pubbliche e agli enti incaricati di pubblici servizi, quando il certificato è necessario per provvedere a un atto delle loro funzioni, in relazione alla persona cui il certificato stesso si riferisce.

2. Il pubblico ministero può richiedere, per ragioni di giustizia penale, il predetto certificato concernente la persona sottoposta alle indagini, l'imputato o il condannato. Il pubblico ministero e il difensore possono altresì chiedere, previa autorizzazione del giudice procedente, il certificato medesimo concernente la persona offesa dal reato o un testimone, per i fini indicati nell'articolo 236.

3. Nei certificati spediti per ragioni di elettorato non si fa menzione delle condanne e di altri provvedimenti che non hanno influenza sul diritto elettorale.]

(1) Articolo abrogato dall'art. 52 del testo unico di cui al d.P.R. 14.11.2002, n. 313, a decorrere dal quarantacinquesimo giorno dalla data della sua pubblicazione nella Gazzetta Ufficiale avvenuta il 13.2.2003 (art. 55, d.P.R. n. 313/2002). Le norme di cui al presente articolo sono ora contenute negli artt. 21, 22, 28 e 29 del testo unico.

689. Certificati richiesti dall'interessato [(1)].

[**1.** La persona alla quale le iscrizioni del casellario si riferiscono ha diritto di ottenere i relativi certificati senza motivare la domanda.

2. I certificati rilasciati a norma del comma 1 sono:

a) certificato generale, nel quale sono riportate tutte le iscrizioni esistenti ad eccezione:
   1) delle condanne delle quali è stato ordinato che non si faccia menzione nel certificato a norma dell'articolo 175 del codice penale, purché il beneficio non sia stato revocato;
   2) delle condanne per contravvenzioni punibili con la sola ammenda e delle condanne per reati estinti a norma dell'articolo 167 comma 1 del codice penale;
   3) delle condanne per reati per i quali si è verificata la causa speciale di estinzione prevista dall'articolo 556 del codice penale;
   4) delle condanne in relazione alle quali è stata definitivamente applicata l'amnistia e di quelle per le quali è stata dichiarata la riabilitazione, senza che questa sia stata in seguito revocata;
   5) delle sentenze previste dall'articolo 445 e delle sentenze che hanno dichiarato estinto il reato per applicazione di sanzioni sostitutive su richiesta dell'imputato nonché dei decreti penali (2);
   6) delle condanne per fatti che la legge ha cessato di considerare come reati, quando la relativa iscrizione non è stata eliminata;
   7) dei provvedimenti riguardanti misure di sicurezza conseguenti a sentenze di proscioglimento o di non luogo a procedere, quando le misure sono state revocate;
   8) dei provvedimenti indicati nell'articolo 686 comma 1 lettera b) n. 1), quando l'interdizione o la inabilitazione è stata revocata;
   9) dei provvedimenti concernenti il fallimento, quando il fallito è stato riabilitato con sentenza definitiva;

b) certificato penale, nel quale sono riportate tutte le iscrizioni esistenti ad eccezione di quelle indicate nella lettera a) numeri 1), 2), 3), 4), 5), 6) e 7) e di quelle indicate nell'articolo 686comma 1 lettere b) e c);

c) certificato civile, nel quale sono riportate le iscrizioni indicate nell'articolo 686 comma 1 lettere b) e c) ad eccezione di quelle indicate nei numeri 8) e 9) della lettera a) del presente comma nonché i provvedimenti concernenti le pene accessorie portanti limitazioni alla capacità del condannato.

3. Quando è menzionata una condanna, nel certificato è indicata anche l'eventuale applicazione di misure alternative alla detenzione o l'avvenuta estinzione della pena per una delle cause indicate nell'articolo 686 comma 3.]

(1) Articolo così sostituito dall'art. 33, d.lgs. 14.1.1991, n. 12 e successivamente abrogato dall'art. 52 del testo unico di cui al d.P.R. 14.11.2002, n. 313, a decorrere dal quarantacinquesimo giorno dalla data della sua pubblicazione nella Gazzetta Ufficiale avvenuta il 13.2.2003 (art. 55, d.P.R. n. 313/2002). Le norme di cui al presente articolo sono ora contenute negli artt. da 23 a 27 del testo unico.

(2) Le parole «*nonché dei decreti penali*» sono state aggiunte dall'art. 37, l. 16.12.1999, n. 479.

690. Questioni concernenti le iscrizioni e i certificati (1).

[**1.** Sulle questioni concernenti le iscrizioni e i certificati decide, in composizione monocratica e con le forme stabilite dall'articolo 666, il tribunale del luogo dove ha sede l'ufficio del casellario giudiziale.]

(1) Le parole «*in composizione monocratica e*» sono state aggiunte dall'art. 207, d.lgs. 19.2.1998, n. 51, con effetto dal 2.6.1999 (art. 1, co. 95, l. n. 103/2017). In seguito, questo articolo è stato abrogato dall'art. 52 del testo unico di cui al d.P.R. 14.11.2002, n. 313, a decorrere dal quarantacinquesimo giorno dalla data della sua pubblicazione nella Gazzetta Ufficiale avvenuta il 13.2.2003 (art. 55, d.P.R. n. 313/2002). Le norme qui previste sono ora contenute nell'art. 40 del testo unico.

TITOLO V
Spese

691. Anticipazione delle spese (1).

[**1.** Le spese dei procedimenti penali sono anticipate dallo Stato a eccezione di quelle relative agli atti chiesti dalle parti private non ammesse al patrocinio statale dei non abbienti [98].

2. Al recupero delle spese processuali anticipate dallo Stato si procede, in esecuzione del provvedimento del giudice che ne impone l'obbligo, secondo le forme stabilite dalle leggi e dai regolamenti.]

(1) Articolo abrogato dall'art. 299, d.lgs. 30.5.2002, n. 113 e dall'art. 299, d.P.R. 30.5.2002, n. 115 con la decorrenza indicata nell'art. 302 dello stesso decreto (1.7.2002).

692. Spese della custodia cautelare.

1. Quando l'imputato è condannato a pena detentiva per il reato per il quale fu sottoposto a custodia cautelare, sono poste a suo carico le spese per il mantenimento durante il periodo di custodia.

2. Se la custodia cautelare supera la durata della pena, sono detratte le spese relative alla maggiore durata.

[**3.** All'esazione si provvede secondo le norme stabilite per le spese conseguenti alla carcerazione per l'esecuzione della condanna (1).]

(1) Comma abrogato dall'art. 299, d.lgs. 30.5.2002, n. 113 e dall'art. 299, d.P.R. 30.5.2002, n. 115 con la decorrenza indicata nell'art. 302 dello stesso decreto (1.7.2002).

693. Provvedimenti in caso d'insolvibilità (1).

[**1.** La cancelleria del giudice che ha pronunciato sentenza di condanna alla rifusione delle spese anticipate dallo Stato comunica, per le necessarie informazioni, le generalità dell'obbligato dichiarato insolvibile all'ufficio provinciale di polizia tributaria, indicando il titolo e l'ammontare del credito.

2. L'ufficio di polizia tributaria assume informazioni sulle reali condizioni economiche della persona dichiarata insolvibile e su ogni mutamento in esse avvenuto. Quando gli risulta la solvibilità, comunica senza ritardo le informazioni alla cancelleria che le ha richieste, la quale procede al recupero del credito.]

(1) Articolo abrogato dall'art. 299, d.lgs. 30.5.2002, n. 113 e dall'art. 299, d.P.R. 30.5.2002, n. 115 con la decorrenza indicata nell'art. 302 dello stesso decreto (1.7.2002).

694. Spese per la pubblicazione di sentenze e obbligo di inserzione.

1. Il direttore o vice direttore responsabile di un giornale o periodico deve pubblicare, senza diritto ad anticipazione o a rifusione di spese, non più tardi dei tre giorni successivi a quello in cui ne ha ricevuto ordine dall'autorità competente per l'esecuzione, la sentenza di condanna irrevocabile pronunciata contro di lui o contro altri per pubblicazione avvenuta nel suo giornale.

2. Fuori di questo caso, quando l'inserzione di una sentenza penale in un giornale è ordinata dal giudice [536], il direttore o vice direttore responsabile del giornale o periodico designato deve eseguirla, a richiesta del pubblico ministero o della persona obbligata o autorizzata a provvedervi, [previa anticipazione delle spese per l'importo e nei modi stabiliti dalle disposizioni sulla tariffa penale] (1).

3. La pubblicazione ordinata dal giudice per estratto o per intero può essere eseguita anche in foglio di supplemento dello stesso formato, corpo e carattere della parte principale del giornale o periodico, da unirsi a ciascuna copia di questo e in un unico contesto esattamente riprodotto.

4. Se il direttore o il vice direttore responsabile contravviene alle disposizioni precedenti, è condannato in solido con l'editore e con il proprietario della tipografia al pagamento a favore della cassa delle ammende di una somma fino a euro 1.549.

(1) Le parole tra parentesi quadre sono state abrogate dall'art. 299, d.lgs. 30.5.2002, n. 113 e dall'art. 299, d.P.R. 30.5.2002, n. 115 con la decorrenza indicata nell'art. 302 dello stesso decreto (1.7.2002).

695. Questioni sulle spese processuali (1).

[**1.** Sulle questioni concernenti le materie previste nel presente titolo decide il giudice dell'esecuzione, che procede con le forme indicate nell'articolo 666.]

(1) Articolo abrogato dall'art. 299, d.lgs. 30.5.2002, n. 113 e dall'art. 299, d.P.R. 30.5.2002, n. 115 con la decorrenza indicata nell'art. 302 dello stesso decreto (1.7.2002).

LIBRO UNDICESIMO
Rapporti giurisdizionali con autorità straniere

TITOLO I
Disposizioni generali

696. Prevalenza del diritto dell'Unione europea, delle convenzioni e del diritto internazionale generale (1).

1. Nei rapporti con gli Stati membri dell'Unione europea le estradizioni, le domande di assistenza giudiziaria internazionali, gli effetti delle sentenze penali straniere, l'esecuzione all'estero delle sentenze penali italiane e gli altri rapporti con le autorità straniere, relativi all'amministrazione della giustizia in materia penale, sono disciplinati dalle norme del Trattato sull'Unione europea e del Trattato sul funzionamento dell'Unione europea, nonché dagli atti normativi adottati in attuazione dei medesimi. Se tali norme mancano o non dispongono diversamente, si applicano le norme delle convenzioni internazionali in vigore per lo Stato e le norme di diritto internazionale generale.

2. Nei rapporti con Stati diversi da quelli membri dell'Unione europea le estradizioni, le domande di assistenza giudiziaria internazionali, gli effetti delle sentenze penali straniere, l'esecuzione all'estero delle sentenze penali italiane e gli altri rapporti con le autorità straniere, relativi all'amministrazione della giustizia in materia penale, sono disciplinati dalle norme delle convenzioni internazionali in vigore per lo Stato e dalle norme di diritto internazionale generale.

3. Se le norme indicate ai commi 1 e 2 mancano o non dispongono diversamente, si applicano le norme del presente libro.

4. Il Ministro della giustizia può, in ogni caso, non dare corso alle domande di cooperazione giudiziaria quando lo Stato richiedente non dia idonee garanzie di reciprocità.

(1) Articolo modificato dall'art. 9, l. 5.10.2001, n. 367 e, poi, così sostituito dall'art. 2, co. 1, d.lgs. 3.10.2017, n. 149, a decorrere dal 31.10.2017.
Il testo antecedente alla sostituzione del 2017 così disponeva: «696. *Prevalenza delle convenzioni e del diritto internazionale generale.*
1. Le estradizioni, le rogatorie internazionali, gli effetti delle sentenze penali straniere, l'esecuzione all'estero delle sentenze penali italiane e gli altri rapporti con le autorità straniere, relativi all'amministrazione della giustizia in materia penale, sono disciplinati dalle norme della Convenzione europea di assistenza giudiziaria in materia firmata a Strasburgo il 20 aprile 1959 e dalle altre norme delle convenzioni internazionali in vigore per lo Stato e dalle norme di diritto internazionale generale.
2. Se tali norme mancano o non dispongono diversamente, si applicano le norme che seguono».
Il testo antecedente alla modifica del 2001 così disponeva: «696. *Prevalenza delle convenzioni e del diritto internazionale generale.*
1. Le estradizioni, le rogatorie internazionali, gli effetti delle sentenze penali straniere, l'esecuzione all'estero delle sentenze penali italiane e gli altri rapporti con le autorità straniere, relativi alla amministrazione della giustizia in materia penale, sono disciplinati dalle norme delle convenzioni internazionali in vigore per lo Stato e dalle norme di diritto internazionale generale.
2. Se tali norme mancano o non dispongono diversamente, si applicano le norme che seguono».

TITOLO I bis (1)
Principi generali del mutuo riconoscimento delle decisioni e dei provvedimenti giudiziari tra Stati membri dell'Unione europea

696 bis. Principio del mutuo riconoscimento. (2)

1. Il principio del mutuo riconoscimento è disciplinato dalle norme del presente titolo e dalle altre disposizioni di legge attuative del diritto dell'Unione europea.

2. Le decisioni e i provvedimenti giudiziari emessi dalle competenti autorità degli altri Stati membri possono essere riconosciuti ed eseguiti nel territorio dello

Stato; l'autorità giudiziaria può richiedere alle competenti autorità degli altri Stati membri l'esecuzione dei propri provvedimenti e decisioni.

(1) Titolo inserito dall'art. 3, co. 1, lett. a), d.lgs. 3.10.2017, n. 149, a decorrere dal 31.10.2017.
(2) Articolo introdotto dall'art. 3, co. 1, lett. a), d.lgs. 3.10.2017, n. 149, che ha inserito il Titolo I bis, a decorrere dal 31.10.2017.

696 ter. Tutela dei diritti fondamentali della persona nel mutuo riconoscimento (1).

1. L'autorità giudiziaria provvede al riconoscimento e all'esecuzione se non sussistono fondate ragioni per ritenere che l'imputato o il condannato verrà sottoposto ad atti che configurano una grave violazione dei princìpi fondamentali dell'ordinamento giuridico dello Stato, dei diritti fondamentali della persona riconosciuti dall'articolo 6 del Trattato sull'Unione europea o dei diritti, delle libertà e dei princìpi sanciti nella Carta dei diritti fondamentali dell'Unione europea.

(1) Articolo introdotto dall'art. 3, co. 1, lett. a), d.lgs. 3.10.2017, n. 149, che ha inserito il Titolo I bis, a decorrere dal 31.10.2017.

696 quater. Modalità di trasmissione delle decisioni giudiziarie (1).

1. L'autorità giudiziaria competente riceve direttamente le decisioni e i provvedimenti da riconoscere ed eseguire nel territorio dello Stato.

2. L'autorità giudiziaria trasmette direttamente alle competenti autorità giudiziarie degli altri Stati membri le decisioni e i provvedimenti da riconoscere ed eseguire, dandone comunicazione al Ministro della giustizia nei casi e nei modi previsti dalla legge, anche ai fini dell'esercizio dei poteri di cui all'articolo 696 *sexies*.

3. La documentazione e gli accertamenti integrativi, nonché le ulteriori informazioni necessarie all'esecuzione delle decisioni e dei provvedimenti dei quali sia chiesto il riconoscimento, sono oggetto di trasmissione diretta tra le autorità giudiziarie degli Stati membri.

(1) Articolo introdotto dall'art. 3, co. 1, lett. a), d.lgs. 3.10.2017, n. 149, che ha inserito il Titolo I bis, a decorrere dal 31.10.2017.

696 quinquies. Limiti al sindacato delle decisioni giudiziarie degli altri Stati membri (1).

1. L'autorità giudiziaria riconosce ed esegue le decisioni e i provvedimenti giudiziari degli altri Stati membri senza sindacarne le ragioni di merito, salvo che sia altrimenti previsto. È in ogni caso assicurato il rispetto dei princìpi fondamentali dell'ordinamento giuridico dello Stato.

(1) Articolo introdotto dall'art. 3, co. 1, lett. a), d.lgs. 3.10.2017, n. 149, che ha inserito il Titolo I bis, a decorrere dal 31.10.2017.

696 sexies. Poteri del Ministro della giustizia (1).

1. Il Ministro della giustizia, nei casi e nei modi previsti dalla legge, garantisce l'osservanza delle condizioni eventualmente poste in casi particolari dall'autorità giudiziaria dello Stato membro per dare esecuzione alle decisioni giudiziarie di cui è stato chiesto il riconoscimento, sempre che tali condizioni non contrastino con i principi fondamentali dell'ordinamento giuridico dello Stato.

2. Il Ministro della giustizia verifica l'osservanza delle condizioni poste dall'autorità giudiziaria italiana per l'esecuzione delle decisioni e dei provvedimenti nel territorio di altro Stato membro.

(1) Articolo introdotto dall'art. 3, co. 1, lett. a), d.lgs. 3.10.2017, n. 149, che ha inserito il Titolo I bis, a decorrere dal 31.10.2017.

696 septies. Mutuo riconoscimento e responsabilità da reato degli enti (1).

1. In materia di mutuo riconoscimento delle decisioni giudiziarie riguardanti la responsabilità da reato degli enti, nei rapporti con gli Stati membri dell'Unione europea, si osservano le norme di questo titolo nonché quelle contenute in altre disposizioni di legge attuative del diritto dell'Unione europea.

(1) Articolo introdotto dall'art. 3, co. 1, lett. a), d.lgs. 3.10.2017, n. 149, che ha inserito il Titolo I bis, a decorrere dal 31.10.2017.

696 octies. Modalità di esecuzione (1).

1. L'autorità giudiziaria riconosce ed esegue le decisioni e i provvedimenti giudiziari di altri Stati membri senza ritardo e con modalità idonee ad assicurarne la tempestività e l'efficacia.

2. All'esecuzione delle decisioni e dei provvedimenti giudiziari al cui riconoscimento l'interessato ha prestato il consenso si provvede senza formalità, nel rispetto dei diritti fondamentali della persona.

(1) Articolo introdotto dall'art. 3, co. 1, lett. a), d.lgs. 3.10.2017, n. 149, che ha inserito il Titolo I bis, a decorrere dal 31.10.2017.

696 nonies. Impugnazioni (1).

1. Le decisioni sul riconoscimento e l'esecuzione di un provvedimento emesso dall'autorità giudiziaria di altro Stato membro sono impugnabili nei casi e con i mezzi previsti dalla legge.

2. Avverso le sentenze e i provvedimenti sulla libertà personale è ammesso il ricorso per cassazione per violazione di legge.

3. Non è ammessa l'impugnazione per motivi di merito, salvo quanto previsto dall'articolo 696-*quinquies*.

4. L'impugnazione non ha effetto sospensivo, salvo che sia diversamente previsto.

(1) Articolo introdotto dall'art. 3, co. 1, lett. a), d.lgs. 3.10.2017, n. 149, che ha inserito il Titolo I bis, a decorrere dal 31.10.2017.

696 decies. Tutela dei terzi di buona fede (1).

1. I terzi di buona fede interessati dall'esecuzione della decisione di riconoscimento sono tutelati nei casi e con i mezzi previsti dalla legge. Ai terzi è assicurata la partecipazione al procedimento di riconoscimento con le forme e le garanzie che la legge assicura nei procedimenti analoghi già regolati dall'ordinamento interno.

(1) Articolo introdotto dall'art. 3, co. 1, lett. a), d.lgs. 3.10.2017, n. 149, che ha inserito il Titolo I bis, a decorrere dal 31.10.2017.

TITOLO II
Estradizione

Capo I
Estradizione per l'estero

Sezione I
Procedimento

697. Estradizione e poteri del Ministro della giustizia (1).

1. Salvo che sia diversamente stabilito, la consegna a uno Stato estero di una persona per l'esecuzione di una sentenza straniera di condanna a pena detentiva o di altro provvedimento restrittivo della libertà personale può aver luogo soltanto mediante estradizione (2).

1 bis. Il Ministro della giustizia non dà corso alla domanda di estradizione quando questa può compromettere la sovranità, la sicurezza o altri interessi essenziali dello Stato (3).

1 ter. Fermo quanto previsto dal comma 1-*bis*, quando un accordo internazionale prevede il potere di rifiutare l'estradizione di un cittadino senza regolarne l'esercizio, il Ministro della giustizia rifiuta l'estradizione tenendo conto della gravità del fatto, della rilevanza degli interessi lesi dal reato e delle condizioni personali dell'interessato (3).

1 quater. Il Ministro della giustizia concede l'estradizione della persona che ha prestato il consenso a norma dell'articolo 701, comma 2, sempre che non sussistano le ragioni ostative di cui all'articolo 705, comma 2 (3).

1 quinquies. La decisione di non dare corso alla domanda di estradizione è comunicata dal Ministro della giustizia allo Stato estero e all'autorità giudiziaria (3).

2. Nel concorso di più domande di estradizione, il Ministro della giustizia ne stabilisce l'ordine di precedenza. A tal fine egli tiene conto di tutte le circostanze del caso e in particolare della data di ricezione delle domande, della gravità e del luogo di commissione del reato o dei reati, della nazionalità e della residenza della persona richiesta e della possibilità di una riestradizione dallo Stato richiedente a un altro Stato (4).

(1) Rubrica così modificata dall'art. 4, co. 1, lett. a), n. 3), d.lgs. 3.10.2017, n. 149, a decorrere dal 31.10.2017.
Il testo previgente così disponeva: «*Estradizione e poteri del ministro di grazia e giustizia*».

(2) Comma così modificato dall'art. 4, co. 1, lett. a), n. 1), d.lgs. 3.10.2017, n. 149, a decorrere dal 31.10.2017.
Il testo previgente così disponeva: «*1. La consegna a uno Stato estero di una persona per l'esecuzione di una sentenza straniera di condanna a pena detentiva o di altro provvedimento restrittivo della libertà personale può aver luogo soltanto mediante estradizione*».

(3) Comma introdotto dall'art. 4, co. 1, lett. a), n. 2), d.lgs. 3.10.2017, n. 149, a decorrere dal 31.10.2017.

(4) Comma così modificato dall'art. 4, co. 1, lett. a), n. 3), d.lgs. 3.10.2017, n. 149, a decorrere dal 31.10.2017.
Il testo previgente così disponeva: «*2. Nel concorso di più domande di estradizione, il ministro di grazia e giustizia ne stabilisce l'ordine di precedenza. A tal fine egli tiene conto di tutte le circostanze del caso e in particolare della data di ricezione delle domande, della gravità e del luogo di commissione del reato o dei reati, della nazionalità e della residenza della persona richiesta e della possibilità di una riestradizione dallo Stato richiedente a un altro Stato*».

698. Reati politici. Tutela dei diritti fondamentali della persona.

1. Non può essere concessa l'estradizione per un reato politico [Cost. 3, comma 3, 26, comma 2; c.p. 8, comma 3, 13] né quando vi è ragione di ritenere che l'imputato o il condannato verrà sottoposto ad atti persecutori o discriminatori per motivi di razza, di religione, di sesso, di nazionalità, di lingua, di opinioni politiche o di condizioni personali o sociali ovvero a pene o trattamenti crudeli, disumani o degradanti o comunque ad atti che configurano violazione di uno dei diritti fondamentali della persona.

2. Se il fatto per il quale è domandata l'estradizione è punito con la pena di morte secondo la legge dello Stato estero, l'estradizione può essere concessa solo quando l'autorità giudiziaria accerti che è stata adottata una decisione irrevocabile che irroga una pena diversa dalla pena di morte o, se questa è stata inflitta, è stata commutata in una pena diversa, comunque nel rispetto di quanto stabilito dal comma 1 [700] (1).

(1) Comma così sostituito dall'art. 5, co. 1, l. 21.7.2016, n. 149, a decorrere dal 5.8.2016. Il testo previgente così disponeva: «*2. Se per il fatto per il quale è domandata l'estradizione è prevista la pena di morte dalla legge dello Stato estero, l'estradizione può essere concessa solo se il medesimo Stato dà assicurazioni, ritenute sufficienti sia dall'autorità giudiziaria sia dal ministro di grazia e giustizia, che tale pena non sarà inflitta o, se già inflitta, non sarà eseguita*». La Corte cost., con sent. 27.6.1996, n. 223, aveva dichiarato l'illegittimità di questa formulazione.

699. Principio di specialità.

1. La concessione dell'estradizione, l'estensione dell'estradizione già concessa e la riestradizione sono sempre subordinate alla condizione espressa che, per un fatto anteriore alla consegna diverso da quello per il quale l'estradizione è stata concessa o estesa ovvero da quello per il quale la riestradizione è stata concessa, l'estradato non venga sottoposto a restrizione della libertà personale in esecuzione di una pena o misura di sicurezza né assoggettato ad altra misura restrittiva della libertà personale né consegnato ad altro Stato.

2. La disposizione del comma 1 non si applica quando l'estradato, avendone avuta la possibilità, non ha lasciato il territorio dello Stato al quale è stato consegnato trascorsi quarantacinque giorni dalla sua definitiva liberazione ovvero, avendolo lasciato, vi ha fatto volontariamente ritorno.

3. Il ministro può inoltre subordinare la concessione dell'estradizione ad altre condizioni che ritiene opportune.

4. Il ministro verifica l'osservanza della condizione di specialità e delle altre condizioni eventualmente apposte.

700. Documenti a sostegno della domanda.

1. L'estradizione è consentita soltanto sulla base di una domanda alla quale sia allegata copia del provvedimento restrittivo della libertà personale o della sentenza di condanna a pena detentiva che ha dato luogo alla domanda stessa.

2. Alla domanda devono essere allegati:

a) una relazione sui fatti addebitati alla persona della quale è domandata l'estradizione, con l'indicazione del tempo e del luogo di commissione dei fatti stessi e della loro qualificazione giuridica;

b) il testo delle disposizioni di legge applicabili [(1)];

b-*bis*) il provvedimento di commutazione della pena nei casi di cui all'articolo 698, comma 2 [(2)];

c) i dati segnaletici e ogni altra possibile informazione atta a determinare l'identità e la nazionalità della persona della quale è domandata l'estradizione.

(1) Lettera così modificata dall'art. 4, co. 1, lett. b), n. 1), d.lgs. 3.10.2017, n. 149, a decorrere dal 31.10.2017.
Il testo previgente così disponeva: «*b) il testo delle disposizioni di legge applicabili, con l'indicazione se per il fatto per cui è domandata l'estradizione è prevista dalla legge dello Stato estero la pena di morte e, in tal caso, quali assicurazioni lo Stato richiedente fornisce che tale pena non sarà inflitta o, se già inflitta, che non sarà eseguita;*».

(2) Lettera introdotta dall'art. 4, co. 1, lett. b), n. 2), d.lgs. 3.10.2017, n. 149, a decorrere dal 31.10.2017.

701. Garanzia giurisdizionale.

1. L'estradizione di un imputato o di un condannato all'estero non può essere concessa senza la decisione favorevole della corte di appello.

2. Tuttavia, non si fa luogo al giudizio della corte di appello quando l'imputato o il condannato all'estero acconsente all'estradizione richiesta. L'eventuale consenso deve essere espresso alla presenza del difensore e, se del caso, dell'interprete e di esso è fatta menzione nel verbale [(1)].

3. La decisione favorevole della corte di appello e il consenso della persona non rendono obbligatoria l'estradizione.

4. La competenza a decidere appartiene, nell'ordine, alla corte di appello nel cui distretto l'imputato o il condannato ha la residenza, la dimora o il domicilio nel momento in cui la domanda di estradizione perviene al Ministro della giustizia ovvero alla corte di appello che ha ordinato l'arresto provvisorio previsto dall'articolo 715 o alla corte di appello il cui presidente ha provveduto alla convalida dell'arresto previsto dall'articolo 716. Se la competenza non può essere determinata nei modi così indicati, è competente la corte di appello di Roma [(2)].

(1) Comma così modificato dall'art. 4, co. 1, lett. c), n. 1), d.lgs. 3.10.2017, n. 149, a decorrere dal 31.10.2017.
Il testo previgente così disponeva: «*2. Tuttavia, non si fa luogo al giudizio della corte di appello quando l'imputato o il condannato all'estero acconsente all'estradizione richiesta. L'eventuale consenso deve essere espresso alla presenza del difensore e di esso è fatta menzione nel verbale*».

(2) Comma così modificato dall'art. 4, co. 1, lett. c), n. 2), d.lgs. 3.10.2017, n. 149, a decorrere dal 31.10.2017.
Il testo previgente così disponeva: «*4. La competenza a decidere appartiene, nell'ordine, alla corte di appello nel cui distretto l'imputato o il condannato ha la residenza, la dimora o il domicilio nel momento in cui la domanda di estradizione perviene al ministro di grazia e giustizia ovvero alla corte di appello che ha ordinato l'arresto provvisorio previsto dall'articolo 715 o alla corte di appello il cui presidente ha provveduto alla convalida dell'arresto previsto dall'articolo 716. Se la competenza non può essere determinata nei modi così indicati, è competente la corte di appello di Roma*».

702. Intervento dello Stato richiedente.

1. A condizione di reciprocità, lo Stato richiedente ha la facoltà di intervenire nel procedimento davanti alla corte di appello e alla corte di cassazione facendosi rappresentare da un avvocato abilitato al patrocinio davanti all'autorità giudiziaria italiana.

703. Accertamenti del procuratore generale.

1. Il Ministro della giustizia quando ritiene di dare corso alla domanda di estradizione, la trasmette entro trenta giorni dal ricevimento con i documenti che vi sono allegati al procuratore generale presso la corte di appello competente a norma dell'articolo 701, comma 4 [(1)].

2. Salvo che si sia già provveduto a norma dell'articolo 717, il procuratore generale, ricevuta la domanda, dispone la comparizione davanti a sé dell'interessato e provvede alla sua identificazione. Procede, altresì all'interrogatorio dello stesso e ne raccoglie, previa informazione sulle conseguenze, l'eventuale consenso all'estradizione o la rinuncia al principio di specialità. L'interessato è avvisato che è assistito da un difensore di ufficio, ma che può nominarne uno di fiducia. L'atto è compiuto alla necessaria presenza del difensore cui deve essere dato avviso almeno ventiquattro ore prima. Quando una particolare disposizione di legge lo prevede, il procuratore generale dispone che l'interessato partecipi a distanza all'interrogatorio. Il procuratore generale può altresì autorizzare a partecipare a distanza all'interrogatorio l'interessato e il difensore quando ne fanno richiesta. Il consenso all'estradizione e la rinuncia al principio di specialità non sono validi se non sono espressi alla presenza del difensore. La rinuncia dell'estradato alla garanzia del principio di specialità è irrevocabile alle condizioni stabilite dall'articolo 717, comma 2-*bis* [(2)].

3. Il procuratore generale richiede alle autorità straniere, per mezzo del Ministro della giustizia, la documentazione e le informazioni suppletive che ritiene necessarie. Ove previsto dalle convenzioni internazionali, la richiesta è inoltrata direttamente dal procuratore generale, che ne dà comunicazione al Ministro della giustizia [(3)].

4. Il procuratore generale, entro trenta giorni dalla data in cui la domanda di estradizione gli è pervenuta, presenta alla corte di appello la requisitoria [(4)].

5. La requisitoria è depositata nella cancelleria della corte di appello, unitamente agli atti e alle cose sequestrate. La cancelleria cura la notificazione dell'avviso del deposito alla persona della quale è richiesta l'estradizione, al suo difensore e all'eventuale rappresentante dello Stato richiedente, i quali, entro dieci giorni, hanno facoltà di prendere visione e di estrarre copia della requisitoria e degli atti nonché di esaminare le cose sequestrate e di presentare memorie.

(1) Comma così sostituito dall'art. 4, co. 1, lett. d), n. 1), d.lgs. 3.10.2017, n. 149, a decorrere dal 31.10.2017.
Il testo previgente così disponeva: «*1. Quando riceve da uno Stato estero una domanda di estradizione, il ministro di grazia e giustizia la trasmette con i documenti che vi sono allegati al procuratore generale presso la corte di appello competente a norma dell'articolo 701 comma 4, salvo che ritenga che essa vada respinta*».

(2) Comma sostituito dall'art. 4, co. 1, lett. d), n. 2), d.lgs. 3.10.2017, n. 149, a decorrere dal 31.10.2017 e, successivamente, così modificato dall'art. 40, co. 1, lett. a), d.lgs. 10.10.2022, n. 150, a decorrere dal 30.12.2022.
Il testo antecedente alla modifica del d.lgs. n. 150/2022 così disponeva: «*2. Salvo che si sia già provveduto a norma dell'articolo 717, il procuratore generale, ricevuta la domanda, dispone la comparizione davanti a sé dell'interessato e provvede alla sua identificazione. Procede, altresì, all'interrogatorio dello stesso e ne raccoglie, previa informazione sulle conseguenze, l'eventuale consenso all'estradizione o la rinuncia al principio di specialità. L'interessato è avvisato che è assistito da un difensore di ufficio, ma che può nominarne uno di fiducia. L'atto è compiuto alla necessaria presenza del difensore cui deve essere dato avviso almeno ventiquattro ore prima. Il consenso all'estradizione e la rinuncia al principio di specialità non sono validi se non sono espressi alla presenza del difensore. La rinuncia dell'estradato alla garanzia del principio di specialità è irrevocabile alle condizioni stabilite dall'articolo 717, comma 2-*bis.».
Il testo antecedente alla sostituzione operata con d.lgs. n. 149/2017 così disponeva: «*2. Salvo che si sia già provveduto a norma dell'articolo 717, il procuratore generale, ricevuta la domanda, dispone la comparizione davanti a sé dell'interessato per provvedere alla sua identificazione e per raccogliere l'eventuale consenso all'estradizione. L'interessato è avvisato che è assistito da un difensore di ufficio, ma che può nominarne uno di fiducia. Il difensore ha diritto di assistere all'atto del cui compimento gli è dato avviso almeno ventiquattro ore prima.*».

(3) Comma così sostituito dall'art. 4, co. 1, lett. d), n. 3), d.lgs. 3.10.2017, n. 149, a decorrere dal 31.10.2017.
Il testo previgente così disponeva: «*3. Il procuratore generale richiede alle autorità straniere, per mezzo del ministro di grazia e giustizia, la documentazione e le informazioni che ritiene necessarie*».

(4) Comma così modificato dall'art. 4, co. 1, lett. d), n. 4), d.lgs. 3.10.2017, n. 149, a decorrere dal 31.10.2017. Il testo previgente così disponeva: «*4. Il procuratore generale, entro tre mesi dalla data in cui la domanda di estradizione gli è pervenuta, presenta alla corte di appello la requisitoria*».

704. Procedimento davanti alla corte di appello.

1. Scaduto il termine previsto dall'articolo 703 comma 5, il presidente della corte fissa l'udienza per la decisione, con decreto da comunicarsi al procuratore generale e da notificarsi alla persona della quale è richiesta l'estradizione, al suo difensore e all'eventuale rappresentante dello Stato richiedente, almeno dieci giorni prima, a pena di nullità. Provvede inoltre a designare un difensore di ufficio alla persona che ne sia priva e, ove necessario, nomina un interprete. Fino a cinque giorni prima dell'udienza possono essere presentate memorie in cancelleria [1].

2. La corte decide con sentenza in camera di consiglio, entro sei mesi dalla presentazione della requisitoria, sull'esistenza delle condizioni per l'accoglimento della domanda di estradizione, dopo aver assunto le informazioni e disposto gli accertamenti ritenuti necessari, sentiti il pubblico ministero, il difensore e, se comparsi, la persona della quale è richiesta l'estradizione e il rappresentante dello Stato richiedente [2].

3. Quando la decisione è favorevole all'estradizione, la corte, se vi è richiesta del Ministro della giustizia, dispone la custodia cautelare in carcere [285] della persona da estradare che si trovi in libertà. Provvede, altresì, al sequestro del corpo del reato e delle cose pertinenti [253], stabilendo quali devono essere consegnati allo Stato richiedente [3].

4. Quando la decisione è contraria all'estradizione, la corte revoca le misure cautelari applicate e dispone in ordine alla restituzione delle cose sequestrate [262].

(1) Comma così modificato dall'art. 4, co. 1, lett. e), n. 1), d.lgs. 3.10.2017, n. 149, a decorrere dal 31.10.2017.
Il testo previgente così disponeva: «*1. Scaduto il termine previsto dall'articolo 703 comma 5, il presidente della corte fissa l'udienza per la decisione, con decreto da comunicarsi al procuratore generale e da notificarsi alla persona della quale è richiesta l'estradizione, al suo difensore e all'eventuale rappresentante dello Stato richiedente, almeno dieci giorni prima, a pena di nullità. Provvede inoltre a designare un difensore di ufficio alla persona che ne sia priva. Fino a cinque giorni prima dell'udienza possono essere presentate memorie in cancelleria*».

(2) Comma così modificato dall'art. 4, co. 1, lett. e), n. 2), d.lgs. 3.10.2017, n. 149, a decorrere dal 31.10.2017.
Il testo previgente così disponeva: «*2. La corte decide con sentenza in camera di consiglio sull'esistenza delle condizioni per l'accoglimento della domanda di estradizione, dopo aver assunto le informazioni e disposto gli accertamenti ritenuti necessari e dopo aver sentito il pubblico ministero, il difensore e, se compaiono, la persona della quale è richiesta l'estradizione e il rappresentante dello Stato richiedente*».

(3) Comma così sostituito dall'art. 4, co. 1, lett. e), n. 3), d.lgs. 3.10.2017, n. 149, a decorrere dal 31.10.2017.
Il testo previgente così disponeva: «*3. Quando la decisione è favorevole all'estradizione, la corte, se vi è richiesta del ministro di grazia e giustizia, dispone la custodia cautelare in carcere della persona da estradare che si trovi in libertà e provvede al sequestro del corpo del reato e delle cose pertinenti al reato, stabilendo quali documenti e cose sequestrate possono essere consegnati allo Stato richiedente*».

705. Condizioni per la decisione.

1. Quando non esiste convenzione o questa non dispone diversamente, la corte di appello pronuncia sentenza favorevole all'estradizione se sussistono gravi indizi di colpevolezza ovvero se esiste una sentenza irrevocabile di condanna e se, per lo stesso fatto, nei confronti della persona della quale è domandata l'estradizione, non è in corso procedimento penale né è stata pronunciata sentenza irrevocabile nello Stato.

2. La corte di appello pronuncia comunque sentenza contraria all'estradizione:

a) se, per il reato per il quale l'estradizione è stata domandata, la persona è stata o sarà sottoposta a un procedimento che non assicura il rispetto dei diritti fondamentali;

b) se la sentenza per la cui esecuzione è stata domandata l'estradizione contiene disposizioni contrarie ai principi fondamentali dell'ordinamento giuridico dello Stato;

c) se vi è motivo di ritenere che la persona verrà sottoposta ad atti persecutori o discriminatori per motivi di razza, di religione, di sesso, di nazionalità, di lingua, di opinioni politiche o di condizioni personali o sociali ovvero alla pena di morte o a pene o trattamenti crudeli, disumani o degradanti o comunque ad atti che configurano violazione di uno dei diritti fondamentali della persona [1];

c-*bis*) se ragioni di salute o di età comportino il rischio di conseguenze di eccezionale gravità per la persona richiesta [2].

(1) Lettera così sostituita dall'art. 4, co. 1, lett. f), d.lgs. 3.10.2017, n. 149, che ha sostituito l'originaria lett. c) con le attuali lettere c) e c-*bis*), a decorrere dal 31.10.2017.
Il testo previgente così disponeva: «*c) se vi è motivo di ritenere che la persona verrà sottoposta agli atti, alle pene o ai trattamenti indicati nell'articolo 698 comma 1*».

(2) Lettera introdotta dall'art. 4, co. 1, lett. f), d.lgs. 3.10.2017, n. 149, che ha sostituito l'originaria lett. c) con le attuali lettere c) e c-*bis*), a decorrere dal 31.10.2017.

706. Ricorso per cassazione.

1. Contro la sentenza della corte di appello può essere proposto ricorso per cassazione, anche per il merito, dalla persona interessata, dal suo difensore, dal procuratore generale e dal rappresentante dello Stato richiedente. La corte decide entro sei mesi dal ricevimento del ricorso [1].

2. Nel giudizio davanti alla corte di cassazione si applicano le disposizioni dell'articolo 704.

(1) Comma così modificato dall'art. 4, co. 1, lett. g), d.lgs. 3.10.2017, n. 149, a decorrere dal 31.10.2017.
Il testo previgente così disponeva: «*1. Contro la sentenza della corte di appello può essere proposto ricorso per cassazione, anche per il merito, dalla persona interessata, dal suo difensore, dal procuratore generale e dal rappresentante dello Stato richiedente*».

707. Rinnovo della domanda di estradizione.

1. La sentenza contraria all'estradizione preclude la pronuncia di una successiva sentenza favorevole a seguito di un'ulteriore domanda presentata per i medesimi fatti dallo stesso Stato, salvo che la domanda sia fondata su elementi che non siano già stati valutati dall'autorità giudiziaria.

708. Provvedimento di estradizione. Consegna.

1. Il Ministro della giustizia decide in merito all'estradizione entro quarantacinque giorni dalla ricezione del verbale che dà atto del consenso all'estradizione ovvero dalla notizia della scadenza del termine per l'impugnazione o dal deposito della sentenza della corte di cassazione [1].

2. Scaduto tale termine senza che sia intervenuta la decisione del ministro, la persona della quale è stata chiesta l'estradizione, se detenuta, è posta in libertà.

3. La persona medesima è altresì posta in libertà in caso di diniego dell'estradizione.

4. Il Ministro della giustizia comunica senza indugio allo Stato richiedente la decisione e, se questa è positiva, il luogo della consegna e la data a partire dalla quale sarà possibile procedervi, dando altresì precise indicazioni circa le limitazioni alla libertà personale subite dall'estradando ai fini dell'estradizione [2].

5. Il termine per la consegna è di quindici giorni dalla data stabilita a norma del comma 4 e, su domanda motivata dello Stato richiedente, può essere prorogato di altri venti giorni. Il termine per la consegna è sospeso in caso di sospensione dell'efficacia della decisione del Ministro della giustizia da parte del competente giudice amministrativo e riprende a decorrere dalla data di deposito del provvedimento di revoca del provvedimento cautelare o del provvedimento con cui è accolto il gravame proposto avverso il provvedimento cautelare o della sentenza che rigetta il ricorso ovvero della decisione che dichiara l'estinzione del giudizio [3].

6. Il provvedimento di concessione dell'estradizione perde efficacia se, nel termine fissato, lo Stato richiedente non provvede a prendere in consegna l'estradando; in tal caso quest'ultimo viene posto in libertà

(1) Comma così modificato dall'art. 4, co. 1, lett. h), n. 1), d.lgs. 3.10.2017, n. 149, a decorrere dal 31.10.2017.
Il testo previgente così disponeva: «*1. Il ministro di grazia e giustizia decide in merito all'estradizione entro quarantacinque giorni dalla ricezione del verbale che dà atto del consenso all'estradizione ovvero dalla notizia della scadenza del termine per l'impugnazione o dal deposito della sentenza della corte di cassazione*».

(2) Comma così modificato dall'art. 4, co. 1, lett. h), n. 2), d.lgs. 3.10.2017, n. 149, a decorrere dal 31.10.2017.
Il testo previgente così disponeva: «*4. Il ministro di grazia e giustizia comunica senza indugio allo Stato richiedente la decisione e, se questa è positiva, il luogo della consegna e la data a partire dalla quale sarà possibile procedervi, dando altresì precise indicazioni circa le limitazioni alla libertà personale subite dall'estradando ai fini dell'estradizione*».

(3) Comma così sostituito dall'art. 5, co. 2, l. 21.7.2016, n. 149, a decorrere dal 5.8.2016.
Il testo previgente così disponeva: «*5. Il termine per la consegna è di quindici giorni dalla data stabilita a norma del comma 4 e, a domanda motivata dello Stato richiedente, può essere prorogato di altri venti giorni*».

709. Sospensione della consegna. Consegna temporanea. Esecuzione all'estero.

1. L'esecuzione dell'estradizione è sospesa se l'estradando deve essere giudicato nel territorio dello Stato o vi deve scontare una pena per reati commessi prima o dopo quello per il quale l'estradizione è stata concessa. Ove sia disposta la sospensione, il Ministro della giustizia, sentita l'autorità giudiziaria competente per il procedimento in corso nello Stato o per l'esecuzione della pena, può procedere alla consegna temporanea allo Stato richiedente della persona da estradare, concordandone termini e modalità [1].

2. Il ministro può inoltre, osservate le disposizioni del capo II del titolo IV, convenire che la pena da scontare abbia esecuzione nello Stato richiedente [742].

(1) Comma così modificato dall'art. 4, co. 1, lett. i), d.lgs. 3.10.2017, n. 149, a decorrere dal 31.10.2017.
Il testo previgente così disponeva: «*1. L'esecuzione dell'estradizione è sospesa se l'estradando deve essere giudicato nel territorio dello Stato o vi deve scontare una pena per reati commessi prima o dopo quello per il quale l'estradizione è stata concessa. Tuttavia il ministro di grazia e giustizia, sentita l'autorità giudiziaria competente per il procedimento in corso nello Stato o per l'esecuzione della pena, può procedere alla consegna temporanea allo Stato richiedente della persona da estradare ivi imputata, concordandone termini e modalità*».

710. Estensione dell'estradizione concessa.

1. In caso di nuova domanda di estradizione, presentata dopo la consegna dell'estradato e avente a oggetto un fatto anteriore alla consegna diverso da quello per il quale l'estradizione è già stata concessa, si osservano, in quanto applicabili, le disposizioni del presente capo. Alla domanda devono essere allegate le dichiarazioni della persona interessata, rese davanti a un giudice dello Stato richiedente, in ordine alla richiesta estensione dell'estradizione.

2. La corte di appello procede in assenza della persona interessata.

3. Non si fa luogo al giudizio davanti alla corte di appello se l'estradato, con le dichiarazioni previste dal comma 1, ha consentito all'estensione richiesta.

711. Riestradizione.

1. Le disposizioni dell'articolo 710 si applicano anche nel caso in cui lo Stato al quale la persona è stata consegnata domanda il consenso alla riestradizione della stessa persona verso un altro Stato.

712. Transito.

1. Quando l'estradizione di una persona da uno Stato terzo a un altro richiede il transito sul territorio italiano, il Ministro della giustizia lo autorizza, su domanda dello Stato richiedente l'estradizione, salvo che il transito non comprometta la sovranità, la sicurezza o altri interessi essenziali dello Stato [(1)].

2. Il transito non può essere autorizzato:

a) se l'estradizione è stata concessa per fatti non previsti come reati dalla legge italiana [c.p. 13];

b) se ricorre taluna delle ipotesi previste dall'articolo 698 [(2)];

c) se si tratta di un cittadino italiano [Cost. 26; c.p. 13] e la sua estradizione allo Stato che ha richiesto il transito non potrebbe essere concessa.

3. Se la persona estradata non ha consentito al transito con dichiarazione resa davanti all'autorità giudiziaria dello Stato che ha concesso l'estradizione, l'autorizzazione è data previa decisione della corte di appello di Roma, resa in camera di consiglio [(3)].

4. L'autorizzazione non è richiesta quando il transito avviene per via aerea e non è previsto lo scalo nel territorio dello Stato. Tuttavia, se lo scalo si verifica, si applicano, in quanto compatibili, le disposizioni dei commi precedenti e quelle della sezione II del presente capo.

(1) Comma così sostituito dall'art. 4, co. 1, lett. l), n. 1), d.lgs. 3.10.2017, n. 149, a decorrere dal 31.10.2017.
Il testo previgente così disponeva: «*1. Il transito attraverso il territorio dello Stato di una persona estradata da uno ad altro Stato è autorizzato, su domanda di quest'ultimo, dal ministro di grazia e giustizia, salvo che il transito non comprometta la sovranità, la sicurezza o altri interessi essenziali dello Stato*».

(2) Lettera così sostituita dall'art. 4, co. 1, lett. l), n. 2), d.lgs. 3.10.2017, n. 149, a decorrere dal 31.10.2017.
Il testo previgente così disponeva: «*b) se ricorre taluna delle ipotesi previste dall'articolo 698 comma 1 ovvero l'ipotesi prevista dal comma 2 dello stesso articolo se lo Stato richiedente non dia assicurazione che la pena di morte non sia inflitta o, se già inflitta, non sarà eseguita;*».

(3) Comma così sostituito dall'art. 4, co. 1, lett. l), n. 3), d.lgs. 3.10.2017, n. 149, a decorrere dal 31.10.2017.
Il testo previgente così disponeva: «*3. Salvo che la persona estradata non abbia consentito al transito con dichiarazione resa davanti all'autorità giudiziaria dello Stato che ha concesso l'estradizione, l'autorizzazione non può essere data senza la decisione favorevole della corte di appello. A tal fine il ministro di grazia e giustizia trasmette la domanda e i documenti allegati al procuratore generale presso la corte di appello. La corte procede in camera di consiglio in assenza della persona interessata, applicando le disposizioni previste dall'articolo 704 commi 1 e 2. Si applicano altresì le disposizioni previste dall'articolo 706 comma 1. La competenza a decidere appartiene in ogni caso alla corte d'appello di Roma*».

713. Misure di sicurezza applicate all'estradato.

1. Le misure di sicurezza applicate al prosciolto o al condannato nello Stato, che successivamente venga estradato, sono eseguite, quando lo stesso ritorna per qualsiasi causa nel territorio dello Stato, previo nuovo accertamento della pericolosità sociale [c.p. 203].

Sezione II
Misure cautelari

714. Misure coercitive e sequestro.

1. In ogni tempo la persona della quale è domandata l'estradizione può essere sottoposta, a richiesta del Ministro della giustizia, a misure coercitive. Parimenti, in ogni tempo, può essere disposto, a richiesta del Ministro della giustizia, il sequestro del corpo del reato e delle cose pertinenti al reato per il quale è domandata l'estradizione [(1)].

2. Si osservano, in quanto applicabili, le disposizioni del titolo I del libro IV, riguardanti le misure coercitive, fatta eccezione di quelle degli articoli 273 e 280, e le disposizioni del capo III del titolo III del libro III. Nell'applicazione delle misure coercitive si tiene conto in particolare dell'esigenza di garantire che la persona della quale è domandata l'estradizione non si sottragga all'eventuale consegna.

3. Le misure coercitive e il sequestro non possono comunque essere disposti se vi sono ragioni per ritenere che non sussistono le condizioni per una sentenza favorevole all'estradizione.

4. Le misure coercitive sono revocate se dall'inizio della loro esecuzione è trascorso un anno senza che la corte di appello abbia pronunciato la sentenza favorevole all'estradizione ovvero, in caso di ricorso per cassazione contro tale sentenza, un anno e sei mesi senza che sia stato esaurito il procedimento davanti all'autorità giudiziaria. A richiesta del procuratore generale, detti termini possono essere prorogati, anche più volte, per un periodo complessivamente non superiore a tre mesi, quando è necessario procedere ad accertamenti di particolare complessità [(2)].

4 bis. Le misure coercitive sono altresì revocate se sono trascorsi tre mesi dalla pronuncia della decisione favorevole del Ministro della giustizia sulla richiesta di estradizione senza che l'estradando sia stato consegnato allo Stato richiedente. Il termine è sospeso dalla data di deposito del ricorso presentato al giudice amministrativo avverso la decisione del Ministro della giustizia, fino alla data di deposito della sentenza che rigetta il ricorso o della decisione che dichiara l'estinzione del giudizio, comunque per un periodo non superiore a sei mesi [3].

5. La competenza a provvedere a norma dei commi precedenti appartiene alla corte di appello o, nel corso del procedimento davanti alla corte di cassazione, alla corte medesima.

(1) Comma così modificato dall'art. 4, co. 1, lett. m), d.lgs. 3.10.2017, n. 149, a decorrere dal 31.10.2017.
Il testo previgente così disponeva: «*1. In ogni tempo la persona della quale è domandata l'estradizione può essere sottoposta, a richiesta del ministro di grazia e giustizia, a misure coercitive. Parimenti, in ogni tempo, può essere disposto, a richiesta del ministro di grazia e giustizia, il sequestro del corpo del reato e delle cose pertinenti al reato per il quale è domandata l'estradizione*».

(2) Comma così sostituito dall'art. 35, d.lgs. 14.1.1991, n. 12, recante disposizioni integrative e correttive della disciplina processuale penale e delle norme ad essa collegate.

(3) Comma introdotto dall'art. 5, co. 3, l. 21.7.2016, n. 149, a decorrere dal 5.8.2016.

715. Applicazione provvisoria di misure cautelari.

1. Su domanda dello Stato estero e a richiesta motivata del Ministro della giustizia, la corte di appello può disporre, in via provvisoria, una misura coercitiva prima che la domanda di estradizione sia pervenuta [1].

2. La misura può essere disposta se:

a) lo Stato estero ha dichiarato che nei confronti della persona è stato emesso provvedimento restrittivo della libertà personale ovvero sentenza di condanna a pena detentiva e che intende presentare domanda di estradizione;
b) lo Stato estero ha fornito la descrizione dei fatti, la specificazione del reato e delle pene previste per lo stesso, nonché gli elementi per l'esatta identificazione della persona [2];
c) vi è pericolo di fuga.

3. La competenza a disporre la misura appartiene, nell'ordine, alla corte di appello nel cui distretto la persona ha la residenza, la dimora o il domicilio ovvero alla corte di appello del distretto in cui risulta che la persona si trova. Se la competenza non può essere determinata nei modi così indicati, è competente la corte di appello di Roma.

4. La corte di appello può altresì disporre il sequestro del corpo del reato e delle cose pertinenti al reato.

5. Il Ministro della giustizia dà immediata comunicazione allo Stato estero dell'applicazione in via provvisoria della misura coercitiva e dell'eventuale sequestro [3].

6. Le misure cautelari sono revocate se entro quaranta giorni dalla predetta comunicazione non sono pervenuti al ministero degli affari esteri o a quello della giustizia la domanda di estradizione e i documenti previsti dall'articolo 700 [4].

(1) Comma così modificato dall'art. 4, co. 1, lett. n), n. 1), d.lgs. 3.10.2017, n. 149, a decorrere dal 31.10.2017.
Il testo previgente così disponeva: «*1. Su domanda dello Stato estero e a richiesta motivata del ministro di grazia e giustizia, la corte di appello può disporre, in via provvisoria, una misura coercitiva prima che la domanda di estradizione sia pervenuta*».

(2) Lettera così modificata dall'art. 4, co. 1, lett. n), n. 2), d.lgs. 3.10.2017, n. 149, a decorrere dal 31.10.2017.
Il testo previgente così disponeva: «*b) lo Stato estero ha fornito la descrizione dei fatti, la specificazione del reato e gli elementi sufficienti per l'esatta identificazione della persona;*».

(3) Comma così modificato dall'art. 4, co. 1, lett. n), n. 3), d.lgs. 3.10.2017, n. 149, a decorrere dal 31.10.2017. Il testo previgente così disponeva: «*5. Il ministro di grazia e giustizia dà immediata comunicazione allo Stato estero dell'applicazione in via provvisoria della misura coercitiva e dell'eventuale sequestro*».

(4) Comma così modificato dall'art. 4, co. 1, lett. n), n. 4), d.lgs. 3.10.2017, n. 149, a decorrere dal 31.10.2017. Il testo previgente così disponeva: «*6. Le misure cautelari sono revocate se entro quaranta giorni dalla predetta comunicazione non sono pervenuti al ministero degli affari esteri o a quello di grazia e giustizia la domanda di estradizione e i documenti previsti dall'articolo 700*».

716. Arresto da parte della polizia giudiziaria.

1. Nei casi di urgenza, la polizia giudiziaria può procedere all'arresto [Cost. 13] della persona nei confronti della quale sia stata presentata domanda di arresto provvisorio se ricorrono le condizioni previste dall'articolo 715 comma 2. Essa provvede altresì al sequestro del corpo del reato e delle cose pertinenti al reato.

2. L'autorità che ha proceduto all'arresto ne informa immediatamente il Ministro della giustizia e al più presto, e comunque non oltre quarantotto ore, pone l'arrestato a disposizione del presidente della corte di appello nel cui distretto l'arresto è avvenuto, mediante la trasmissione del relativo verbale [1].

3. Quando non deve disporre la liberazione dell'arrestato, il presidente della corte di appello, entro le successive quarantotto ore, convalida l'arresto con ordinanza disponendo, se ne ricorrono i presupposti l'applicazione di una misura coercitiva. Dei provvedimenti dati informa immediatamente il Ministro della giustizia [2].

4. La misura coercitiva è revocata se il Ministro della giustizia non ne chiede il mantenimento entro dieci giorni dalla convalida [3].

5. Si applicano le disposizioni dell'articolo 715 commi 5 e 6.

(1) Comma così modificato dall'art. 4, co. 1, lett. o), n. 1), d.lgs. 3.10.2017, n. 149, a decorrere dal 31.10.2017.
Il testo previgente così disponeva: «*2. L'autorità che ha proceduto all'arresto ne informa immediatamente il ministro di grazia e giustizia e al più presto, e comunque non oltre quarantotto ore, pone l'arrestato a disposizione del presidente della corte di appello nel cui distretto l'arresto è avvenuto, mediante la trasmissione del relativo verbale*».

(2) Comma così sostituito dall'art. 4, co. 1, lett. o), n. 2), d.lgs. 3.10.2017, n. 149, a decorrere dal 31.10.2017.
Il testo previgente così disponeva: «*3. Quando non deve disporre la liberazione dell'arrestato, il presidente della corte di appello, entro novantasei ore dall'arresto, lo convalida con ordinanza disponendo l'applicazione di una misura coercitiva. Dei provvedimenti dati informa immediatamente il ministro di grazia e giustizia*».

(3) Comma così modificato dall'art. 4, co. 1, lett. o), n. 1), d.lgs. 3.10.2017, n. 149, a decorrere dal 31.10.2017.
Il testo previgente così disponeva: «*4. La misura coercitiva è revocata se il ministro di grazia e giustizia non ne chiede il mantenimento entro dieci giorni dalla convalida*».

717. Audizione della persona sottoposta a una misura coercitiva.

1. Quando è stata applicata una misura coercitiva a norma degli articoli 714, 715 e 716, il presidente della corte di appello, al più presto e comunque entro cinque giorni dalla esecuzione della misura ovvero dalla convalida prevista dall'articolo 716, provvede, all'identificazione della persona, al suo interrogatorio, e ne raccoglie, previa informazione sulle conseguenze giuridiche che ne derivano, l'eventuale consenso all'estradizione o la rinuncia alla garanzia del principio di specialità, facendone menzione nel verbale (1).

2. Al fine di provvedere agli adempimenti previsti dal comma 1, il presidente della corte di appello invita l'interessato a nominare un difensore di fiducia designando, in difetto di tale nomina, un difensore di ufficio a norma dell'articolo 97 comma 3. Gli adempimenti di cui al comma 1 sono compiuti alla necessaria presenza del difensore, al quale è dato avviso almeno ventiquattro ore prima. Il consenso all'estradizione e la rinuncia alla garanzia del principio di specialità non sono validi se non sono espressi alla presenza del difensore (2).

2 bis. La rinuncia dell'estradato alla garanzia del principio di specialità è irrevocabile, salvo l'intervento di fatti nuovi che modifichino la situazione esistente al momento della rinuncia (3).

(1) Comma così modificato dall'art. 4, co. 1, lett. p), n. 1), d.lgs. 3.10.2017, n. 149, a decorrere dal 31.10.2017.
Il testo previgente così disponeva: «*1. Quando è stata applicata una misura coercitiva a norma degli articoli 714, 715 e 716, il presidente della corte di appello, al più presto e comunque entro cinque giorni dalla esecuzione della misura ovvero dalla convalida prevista dall'articolo 716, provvede, all'identificazione della persona e ne raccoglie l'eventuale consenso all'estradizione facendone menzione nel verbale*».

(2) Comma così modificato dall'art. 4, co. 1, lett. p), n. 2), d.lgs. 3.10.2017, n. 149, a decorrere dal 31.10.2017.
Il testo previgente così disponeva: «*2. Al fine di provvedere agli adempimenti previsti dal comma 1, il presidente della corte di appello invita l'interessato a nominare un difensore di fiducia designando, in difetto di tale nomina, un difensore di ufficio a norma dell'articolo 97 comma 3. Il difensore deve essere avvisato, almeno ventiquattro ore prima, della data fissata per i predetti adempimenti e ha diritto di assistervi*».

(3) Comma introdotto dall'art. 4, co. 1, lett. p), n. 3), d.lgs. 3.10.2017, n. 149, a decorrere dal 31.10.2017.

718. Revoca e sostituzione delle misure.

1. La revoca e la sostituzione delle misure previste dagli articoli precedenti sono disposte in camera di consiglio [127] dalla corte di appello o, nel corso del procedimento davanti alla corte di cassazione, dalla corte medesima.

2. La revoca è sempre disposta se il Ministro della giustizia ne fa richiesta (1).

(1) Comma così modificato dall'art. 4, co. 1, lett. q), d.lgs. 3.10.2017, n. 149, a decorrere dal 31.10.2017.
Il testo previgente così disponeva: «*2. La revoca è sempre disposta se il ministro di grazia e giustizia ne fa richiesta*».

719. Impugnazione dei provvedimenti relativi alle misure cautelari.

1. Copia dei provvedimenti emessi dal presidente della corte di appello o dalla corte di appello a norma degli articoli precedenti è comunicata e notificata, dopo la loro esecuzione, al procuratore generale presso la corte di appello, alla persona interessata e al suo difensore, i quali possono proporre ricorso per cassazione per violazione di legge.

Capo II
Estradizione dall'estero

720. Domanda di estradizione.

1. Il Ministro della giustizia è competente a domandare a uno Stato estero l'estradizione di un imputato o di un condannato nei cui confronti debba essere eseguito un provvedimento restrittivo della libertà personale. A tal fine il procuratore generale presso la corte di appello nel cui distretto si procede o è stata pronunciata la sentenza di condanna ne fa richiesta al Ministro della giustizia, trasmettendogli gli atti e i documenti necessari (1).

2. L'estradizione può essere domandata di propria iniziativa dal ministro di grazia e giustizia.

3. Il Ministro della giustizia può decidere di non presentare la domanda di estradizione o di differirne la presentazione, quando la richiesta può pregiudicare la sovranità, la sicurezza o altri interessi essenziali dello Stato, dandone comunicazione all'autorità giudiziaria richiedente (2).

4. Il Ministro della giustizia è competente a decidere in ordine all'accettazione delle condizioni eventualmente poste dallo Stato estero per concedere l'estradizione, purché non contrastanti con i principi fondamentali dell'ordinamento giuridico italiano. L'autorità giudiziaria è vincolata al rispetto delle condizioni accettate (3).

5. Il Ministro della giustizia può disporre, al fine di estradizione, le ricerche all'estero dell'imputato o del condannato e domandarne l'arresto provvisorio (4).

(1) Comma così modificato dall'art. 5, co. 1, lett. a), n. 1), d.lgs. 3.10.2017, n. 149, a decorrere dal 31.10.2017.
Il testo previgente così disponeva: «*1. Il ministro di grazia e giustizia è competente a domandare a uno Stato estero l'estradizione di un imputato o di un condannato nei cui confronti debba essere eseguito un provvedimento restrittivo della libertà personale. A tal fine il procuratore generale presso la corte di appello nel cui distretto si procede o è stata pronunciata la sentenza di condanna ne fa richiesta al ministro di grazia e giustizia, trasmettendogli gli atti e i documenti necessari*».

(2) Comma così modificato dall'art. 5, co. 1, lett. a), n. 2), d.lgs. 3.10.2017, n. 149, a decorrere dal 31.10.2017.
Il testo previgente così disponeva: «*3. Il ministro di grazia e giustizia può decidere di non presentare la domanda di estradizione o di differirne la presentazione dandone comunicazione all'autorità giudiziaria richiedente*».

(3) Comma così modificato dall'art. 5, co. 1, lett. a), n. 3), d.lgs. 3.10.2017, n. 149, a decorrere dal 31.10.2017.
Il testo previgente così disponeva: «*4. Il ministro di grazia e giustizia è competente a decidere in ordine all'accettazione delle condizioni eventualmente poste dallo Stato estero per concedere l'estradizione,*

purché non contrastanti con i principi fondamentali dell'ordinamento giuridico italiano. L'autorità giudiziaria è vincolata al rispetto delle condizioni accettate».

(4) Comma così modificato dall'art. 5, co. 1, lett. a), n. 3), d.lgs. 3.10.2017, n. 149, a decorrere dal 31.10.2017.
Il testo previgente così disponeva: «*5. Il ministro di grazia e giustizia può disporre, al fine di estradizione, le ricerche all'estero dell'imputato o del condannato e domandarne l'arresto provvisorio*».

721. Principio di specialità [1].

1. La persona estradata non può essere sottoposta a restrizione della libertà personale in esecuzione di una pena o di una misura di sicurezza detentiva, né assoggettata ad altra misura restrittiva della libertà personale per un fatto anteriore alla consegna diverso da quello per il quale l'estradizione è stata concessa.

2. Quando le convenzioni internazionali o le condizioni poste prevedono che un fatto anteriore alla consegna non possa essere giudicato, il giudice dispone con ordinanza la sospensione del processo se l'azione penale è stata esercitata, sempre che non debba essere pronunciata sentenza di proscioglimento o di non luogo a procedere.

3. Avverso l'ordinanza di cui al comma 2 possono ricorrere per cassazione il pubblico ministero, l'imputato e il suo difensore. Il ricorso non ha effetto sospensivo.

4. La sospensione del processo non impedisce il compimento degli atti urgenti, l'assunzione delle prove non rinviabili, nonché di quelle che possono determinare il proscioglimento per fatti anteriori alla consegna.

5. Il principio di specialità non opera quando:
a) lo Stato estero ha consentito all'estensione;
b) l'estradato ha espresso il proprio consenso con le modalità indicate nell'articolo 717, commi 2 e 2-*bis*;
c) l'estradato, avendone avuta la possibilità, non ha lasciato il territorio dello Stato trascorsi quarantacinque giorni dalla sua definitiva liberazione oppure se, dopo averlo lasciato, vi ha fatto volontariamente ritorno.

(1) Articolo così sostituito dall'art. 5, co. 1, lett. b), d.lgs. 3.10.2017, n. 149, a decorrere dal 31.10.2017.
Il testo previgente così disponeva: «*721. Principio di specialità.*
1. La persona estradata non può essere sottoposta a restrizione della libertà personale in esecuzione di una pena o misura di sicurezza né assoggettata ad altra misura restrittiva della libertà personale per un fatto anteriore alla consegna diverso da quello per il quale l'estradizione è stata concessa, salvo che vi sia l'espresso consenso dello Stato estero o che l'estradato, avendone avuta la possibilità, non abbia lasciato il territorio dello Stato trascorsi quarantacinque giorni dalla sua definitiva liberazione ovvero che, dopo averlo lasciato, vi abbia fatto volontariamente ritorno».

721 bis. Estensione dell'estradizione [1].

1. Ai fini della richiesta di estensione dell'estradizione può essere emessa ordinanza di custodia cautelare quando sussistono gravi indizi di colpevolezza.

2. L'esecuzione dell'ordinanza resta sospesa fino alla concessione della estensione dell'estradizione ed è revocata, anche d'ufficio, in caso di rifiuto da parte dello Stato estero.

3. Concessa l'estensione, su richiesta del pubblico ministero l'ordinanza di custodia cautelare è confermata ai fini dell'esecuzione, soltanto se, fermi i gravi indizi di colpevolezza, sussistono esigenze cautelari a norma degli articoli 274 e seguenti.

(1) Articolo introdotto dall'art. 5, co. 1, lett. c), d.lgs. 3.10.2017, n. 149, a decorrere dal 31.10.2017.

722. Custodia cautelare all'estero [1].

1. La custodia cautelare all'estero in conseguenza di una domanda di estradizione presentata dallo Stato è computata ai sensi dell'articolo 303, fermo quanto previsto dall'articolo 304, comma 6.

(1) Articolo sostituito dall'art. 10, d.l. 8.6.1992, n. 306, conv. con modif., in l. 7.8.1992, n. 356, e poi, dall'art. 5, co. 1, lett. d), d.lgs. 3.10.2017, n. 149, a decorrere dal 31.10.2017.
Il testo antecedente alla sostituzione del 2017 così disponeva: «*722. Custodia cautelare all'estero.*
1. La custodia cautelare all'estero in conseguenza di una domanda di estradizione presentata dallo Stato è computata ai soli effetti della durata complessiva stabilita dall'articolo 303comma 4, fermo quanto previsto dall'articolo 304 comma 4».
La Corte cost., con sent. 21.7.2004, n. 253, aveva dichiarato l'illegittimità di questa formulazione, nella parte in cui non prevedeva che la custodia cautelare all'estero in conseguenza di una domanda di estradizione presentata dallo Stato fosse computata anche agli effetti della durata dei termini di fase previsti dall'art. 303, co. 1, 2 e 3, c.p.p.

722 bis. Riparazione per ingiusta detenzione [1].

1. La custodia cautelare all'estero in conseguenza di una domanda di estradizione presentata dallo Stato è computata ai fini della riparazione per ingiusta detenzione nei casi indicati all'articolo 314.

(1) Articolo introdotto dall'art. 5, co. 1, lett. e), d.lgs. 3.10.2017, n. 149, a decorrere dal 31.10.2017.

TITOLO III
Rogatorie internazionali

Capo I
Rogatorie dall'estero

723. Poteri del Ministro della giustizia [1].

1. Il Ministro della giustizia provvede sulla domanda di assistenza giudiziaria di un'autorità straniera, trasmettendola per l'esecuzione all'autorità giudiziaria competente entro trenta giorni dalla ricezione della stessa, salvo quanto previsto dal comma 3.

2. Quando le convenzioni in vigore tra gli Stati membri dell'Unione europea, ovvero gli atti adottati dal Consiglio e dal Parlamento dell'Unione europea, prevedono un intervento del Ministro, questi può disporre con decreto di non dare corso alla esecuzione della domanda di assistenza giudiziaria nei casi e nei limiti stabiliti dalle convenzioni e dagli atti indicati.

3. Nei rapporti con Stati diversi da quelli membri dell'Unione europea, tale potere può essere esercitato altresì in caso di pericolo per la sovranità, la sicurezza o altri interessi essenziali dello Stato.

4. Quando un accordo internazionale prevede la trasmissione diretta della richiesta di assistenza, l'autorità giudiziaria che la riceve ne trasmette copia senza ritardo al Ministero della giustizia.

5. Il Ministro della giustizia non dà altresì corso alla rogatoria quando risulta evidente che gli atti richiesti sono espressamente vietati dalla legge o sono contrari ai princìpi fondamentali dell'ordinamento giuridico italiano o ancora quando vi sono fondate ragioni per ritenere che considerazioni relative alla razza, alla religione, al sesso, alla nazionalità, alla lingua, alle opinioni politiche o alle condizioni personali o sociali possano influire negativamente sullo svolgimento o sull'esito del processo e non risulta che l'imputato abbia liberamente espresso il suo consenso alla rogatoria.

6. Nei casi in cui la richiesta di assistenza ha ad oggetto la citazione di un testimone, di un perito o di un imputato davanti all'autorità giudiziaria straniera, il Ministro della giustizia ha facoltà di non dare corso alla stessa quando lo Stato richiedente non offre idonea garanzia in ordine all'immunità della persona citata. Il Ministro ha altresì facoltà di non dare corso alla richiesta di assistenza giudiziaria quando lo Stato richiedente non dà idonee garanzie di reciprocità.

7. Nei casi in cui il Ministro della giustizia esercita il potere di cui al presente articolo ne dà comunicazione alle autorità giudiziarie interessate.

(1) Articolo così sostituito dall'art. 6, co. 1, lett. a), d.lgs. 3.10.2017, n. 149, a decorrere dal 31.10.2017.
Il testo previgente così disponeva: «*723. Poteri del ministro di grazia e giustizia.*
1. Il ministro di grazia e giustizia dispone che si dia corso alla rogatoria di un'autorità straniera per comunicazioni, notificazioni e per attività di acquisizione probatoria, salvo che ritenga che gli atti richiesti compromettano la sovranità, la sicurezza o altri interessi essenziali dello Stato.
2. Il ministro non dà corso alla rogatoria quando risulta evidente che gli atti richiesti sono espressamente vietati dalla legge o sono contrari ai princìpi fondamentali dell'ordinamento giuridico italiano. Il ministro non dà altresì corso alla rogatoria quando vi sono fondate ragioni per ritenere che considerazioni relative alla razza, alla religione, al sesso, alla nazionalità, alla lingua, alle opinioni politiche o alle condizioni personali o sociali possano influire negativamente sullo svolgimento o sull'esito del processo e non risulta che l'imputato abbia liberamente espresso il suo consenso alla rogatoria.
3. Nei casi in cui la rogatoria ha ad oggetto la citazione di un testimone, di un perito o di un imputato davanti all'autorità giudiziaria straniera, il ministro di grazia e giustizia non dà corso alla rogatoria quando lo Stato richiedente non offre idonea garanzia in ordine all'immunità della persona citata.
4. Il ministro ha inoltre facoltà di non dare corso alla rogatoria quando lo Stato richiedente non dia idonee garanzie di reciprocità».

724. Procedimento di esecuzione [1].

1. Le richieste di assistenza giudiziaria per le attività di acquisizione probatoria e di sequestro di beni a fini di confisca sono trasmesse al procuratore della Repubblica presso il tribunale del capoluogo del distretto del luogo nel quale deve compiersi l'attività richiesta.

2. Il procuratore della Repubblica, ricevuti gli atti trasmessi dal Ministro della giustizia o direttamente dall'autorità straniera a norma di convenzioni internazionali in vigore per lo Stato, se la rogatoria ha per oggetto acquisizioni probatorie da compiersi davanti al giudice ovvero attività che secondo la legge italiana devono essere svolte dal giudice, presenta senza ritardo le proprie richieste al giudice per le indagini preliminari.

3. Negli altri casi il procuratore della Repubblica dà senza ritardo esecuzione alla richiesta, con decreto motivato.

4. Quando la domanda di assistenza ha ad oggetto atti che devono essere eseguiti in più distretti all'esecuzione provvede il procuratore del luogo nel quale deve compiersi il maggior numero di atti, ovvero, se di eguale numero, quello nel cui distretto deve compiersi l'atto di maggiore importanza investigativa.

5. Se il procuratore della Repubblica ritiene che deve provvedere alla esecuzione altro ufficio, trasmette allo stesso immediatamente gli atti; in caso di contrasto si applicano gli articoli 54, 54-*bis* e 54-*ter*.

6. Quando è previsto l'intervento del giudice, in caso di contrasto, gli atti sono trasmessi alla Corte di cassazione che decide secondo le forme previste dagli articoli 32, comma 1, e 127, in quanto compatibili. L'avviso di cui all'articolo 127, comma 1, è comunicato soltanto al procuratore generale presso la Corte di cassazione. La Corte di cassazione trasmette gli atti all'autorità giudiziaria designata, comunicando la decisione al Ministero della giustizia.

7. L'esecuzione della domanda di assistenza giudiziaria è negata:
a) se gli atti richiesti sono vietati dalla legge o sono contrari a princìpi dell'ordinamento giuridico dello Stato;
b) se il fatto per cui procede l'autorità straniera non è previsto come reato dalla legge italiana e non risulta che l'imputato abbia liberamente espresso il suo consenso alla domanda di assistenza giudiziaria;
c) se vi sono fondate ragioni per ritenere che considerazioni relative alla razza, alla religione, al sesso, alla nazionalità, alla lingua, alle opinioni politiche o alle condizioni personali o sociali possano influire sullo svolgimento o sull'esito del processo e non risulta che l'imputato abbia liberamente espresso il suo consenso alla domanda di assistenza giudiziaria.

8. L'esecuzione della richiesta di assistenza giudiziaria è sospesa quando da essa può derivare pregiudizio alle indagini o a procedimenti penali in corso.

9. Il procuratore della Repubblica trasmette senza ritardo al procuratore nazionale antimafia e antiterrorismo copia delle richieste di assistenza dell'autorità straniera che si riferiscono ai delitti di cui agli articoli 51, commi 3-*bis* e 3-*quater*, e 371-*bis*, comma 4-*bis* [2].

(1) Articolo modificato dall'art. 6, l. 9.8.1993, n. 328, dall'art. 10, l. 5.10.2001, n. 367 e dagli artt. 9, co. 4 bis, e 20, co. 4, d.l. 18.2.2015, n. 7, conv., con modif., dalla l. 17.4.2015, n. 43. Infine, questo articolo è stato così sostituito dall'art. 6, co. 1, lett. b), d.lgs. 3.10.2017, n. 149, a decorrere dal 31.10.2017.

Il testo antecedente alla sostituzione del 2017 così disponeva: «724. *Procedimento in sede giurisdizionale.*

1. Fuori dei casi previsti dagli articoli 726 e 726-ter, non si può dare esecuzione alla rogatoria dell'autorità straniera senza previa decisione favorevole della corte di appello del luogo in cui deve procedersi agli atti richiesti.

1-bis. Quando la domanda di assistenza giudiziaria ha per oggetto atti che devono essere eseguiti in più distretti di corte d'appello, la stessa è trasmessa, direttamente dall'autorità straniera, o tramite il Ministero della giustizia o altra autorità giudiziaria italiana eventualmente adita, alla Corte di cassazione, che determina secondo le forme previste dagli articoli 32, comma 1, e 127, in quanto compatibili, la corte d'appello competente, tenuto conto anche del numero di atti da svolgere e della tipologia ed importanza degli stessi con riferimento alla dislocazione delle sedi giudiziarie interessate. L'avviso di cui all'articolo 127, comma 1, è comunicato soltanto al procuratore generale presso la Corte di cassazione. La Corte di cassazione trasmette gli atti alla corte d'appello designata, comunicando la decisione al Ministero della giustizia.

2. Il procuratore generale, ricevuti gli atti dal ministro di grazia e giustizia, presenta la propria requisitoria alla corte di appello e trasmette senza ritardo al procuratore nazionale antimafia e antiterrorismo copia delle rogatorie dell'autorità straniera che si riferiscono ai delitti di cui all'articolo 51, commi 3-bis *e* 3-quater.

3. Il presidente della corte fissa la data dell'udienza e ne dà comunicazione al procuratore generale.

4. La corte dà esecuzione alla rogatoria con ordinanza.

5. L'esecuzione della rogatoria è negata:

a) se gli atti richiesti sono vietati dalla legge e sono contrari a principi dell'ordinamento giuridico dello Stato;

b) se il fatto per cui procede l'autorità straniera non è previsto come reato dalla legge italiana e non risulta che l'imputato abbia liberamente espresso il suo consenso alla rogatoria;

c) se vi sono fondate ragioni per ritenere che considerazioni relative alla razza, alla religione, al sesso, alla nazionalità, alla lingua, alle opinioni politiche o alle condizioni personali o sociali possano influire sullo svolgimento o sull'esito del processo e non risulta che l'imputato abbia liberamente espresso il suo consenso alla rogatoria.

5-bis. *L'esecuzione della rogatoria è sospesa se essa può pregiudicare indagini o procedimenti penali in corso nello Stato»*.

Il testo antecedente alla conversione in legge del d.l. n. 7/2015 così disponeva: «724. *Procedimento in sede giurisdizionale.*

1. Fuori dei casi previsti dagli articoli 726 e 726-ter, non si può dare esecuzione alla rogatoria dell'autorità straniera senza previa decisione favorevole della corte di appello del luogo in cui deve procedersi agli atti richiesti.

1-bis. Quando la domanda di assistenza giudiziaria ha per oggetto atti che devono essere eseguiti in più distretti di corte d'appello, la stessa è trasmessa, direttamente dall'autorità straniera, o tramite il Ministero della giustizia o altra autorità giudiziaria italiana eventualmente adita, alla Corte di cassazione, che determina secondo le forme previste dagli articoli 32, comma 1, e 127, in quanto compatibili, la corte d'appello competente, tenuto conto anche del numero di atti da svolgere e della tipologia ed importanza degli stessi con riferimento alla dislocazione delle sedi giudiziarie interessate. L'avviso di cui all'articolo 127, comma 1, è comunicato soltanto al procuratore generale presso la Corte di cassazione. La Corte di cassazione trasmette gli atti alla corte d'appello designata, comunicando la decisione al Ministero della giustizia.

2. Il procuratore generale, ricevuti gli atti dal ministro di grazia e giustizia, presenta la propria requisitoria alla corte di appello e trasmette senza ritardo al procuratore nazionale antimafia e antiterrorismo copia delle rogatorie dell'autorità straniera che si riferiscono ai delitti di cui all'articolo 51, comma 3-bis.

3. Il presidente della corte fissa la data dell'udienza e ne dà comunicazione al procuratore generale.

4. La corte dà esecuzione alla rogatoria con ordinanza.

5. L'esecuzione della rogatoria è negata:

a) se gli atti richiesti sono vietati dalla legge e sono contrari a principi dell'ordinamento giuridico dello Stato;

b) se il fatto per cui procede l'autorità straniera non è previsto come reato dalla legge italiana e non risulta che l'imputato abbia liberamente espresso il suo consenso alla rogatoria;

c) se vi sono fondate ragioni per ritenere che considerazioni relative alla razza, alla religione, al sesso, alla nazionalità, alla lingua, alle opinioni politiche o alle condizioni personali o sociali possano influire sullo svolgimento o sull'esito del processo e non risulta che l'imputato abbia liberamente espresso il suo consenso alla rogatoria.

5-bis. L'esecuzione della rogatoria è sospesa se essa può pregiudicare indagini o procedimenti penali in corso nello Stato».

Il testo antecedente alla modifica del 2015 così disponeva: «724. *Procedimento in sede giurisdizionale.*

1. Fuori dei casi previsti dagli articoli 726 e 726-ter, non si può dare esecuzione alla rogatoria dell'autorità straniera senza previa decisione favorevole della corte di appello del luogo in cui deve procedersi agli atti richiesti.

1-bis. Quando la domanda di assistenza giudiziaria ha per oggetto atti che devono essere eseguiti in più distretti di corte d'appello, la stessa è trasmessa, direttamente dall'autorità straniera, o tramite il Ministero della giustizia o altra autorità giudiziaria italiana eventualmente adita, alla Corte di cassazione, che determina secondo le forme previste dagli articoli 32, comma 1, e 127, in quanto compatibili, la corte d'appello competente, tenuto conto anche del numero di atti da svolgere e della tipologia ed importanza degli stessi con riferimento alla dislocazione delle sedi giudiziarie interessate. L'avviso di cui all'articolo 127, comma 1, è comunicato soltanto al procuratore generale presso la Corte di cassazione. La Corte di cassazione trasmette gli atti alla corte d'appello designata, comunicando la decisione al Ministero della giustizia.

2. Il procuratore generale, ricevuti gli atti dal ministro di grazia e giustizia, presenta la propria requisitoria alla corte di appello e trasmette senza ritardo al procuratore nazionale antimafia copia delle rogatorie dell'autorità straniera che si riferiscono ai delitti di cui all'articolo 51, comma 3-bis.

3. Il presidente della corte fissa la data dell'udienza e ne dà comunicazione al procuratore generale.

4. La corte dà esecuzione alla rogatoria con ordinanza.

5. L'esecuzione della rogatoria è negata:

a) se gli atti richiesti sono vietati dalla legge e sono contrari a principi dell'ordinamento giuridico dello Stato;

b) se il fatto per cui procede l'autorità straniera non è previsto come reato dalla legge italiana e non risulta che l'imputato abbia liberamente espresso il suo consenso alla rogatoria;

c) se vi sono fondate ragioni per ritenere che considerazioni relative alla razza, alla religione, al sesso, alla nazionalità, alla lingua, alle opinioni politiche o alle condizioni personali o sociali possano influire sullo svolgimento o sull'esito del processo e non risulta che l'imputato abbia liberamente espresso il suo consenso alla rogatoria.

5-bis. L'esecuzione della rogatoria è sospesa se essa può pregiudicare indagini o procedimenti penali in corso nello Stato».

Il testo in antecedente alle modifiche del 2001 così disponeva: «724. *Procedimento in sede giurisdizionale.*

1. Fuori dei casi previsti dall'articolo 726, non si può dare esecuzione alla rogatoria dell'autorità straniera senza previa decisione favorevole della corte d'appello del luogo in cui deve procedersi agli atti richiesti.

2. Il procuratore generale, ricevuti gli atti dal ministro di grazia e giustizia, presenta la propria requisitoria alla corte di appello.

3. Il presidente della corte fissa la data dell'udienza e ne dà comunicazione al procuratore generale.

4. La corte dà esecuzione alla rogatoria con ordinanza.

5. L'esecuzione della rogatoria è negata:

a) se gli atti richiesti sono vietati dalla legge e sono contrari a principi dell'ordinamento giuridico dello Stato;

b) se il fatto per cui procede l'autorità straniera non è previsto come reato dalla legge italiana e non risulta che l'imputato abbia liberamente espresso il suo consenso alla rogatoria;

c) se vi sono fondate ragioni per ritenere che considerazioni relative alla razza, alla religione, al sesso, alla nazionalità, alla lingua, alle opinioni politiche o alle condizioni personali o sociali possano influire sullo svolgimento o sull'esito del processo e non risulta che l'imputato abbia liberamente espresso il suo consenso alla rogatoria.

5-bis. *L'esecuzione della rogatoria è sospesa se essa può pregiudicare indagini o procedimenti penali in corso nello Stato».*

Il testo in antecedente alle modifiche del 1993 così disponeva: «*724. Procedimento in sede giurisdizionale.*

1. Fuori dei casi previsti dall'articolo 726, non si può dare esecuzione alla rogatoria dell'autorità straniera senza previa decisione favorevole della corte d'appello del luogo in cui deve procedersi agli atti richiesti.

2. Il procuratore generale, ricevuti gli atti dal ministro di grazia e giustizia, presenta la propria requisitoria alla corte di appello.

3. Il presidente della corte fissa la data dell'udienza e ne dà comunicazione al procuratore generale.

4. La corte dà esecuzione alla rogatoria con ordinanza.

5. L'esecuzione della rogatoria è negata:

a) se gli atti richiesti sono vietati dalla legge e sono contrari a principi dell'ordinamento giuridico dello Stato;

b) se il fatto per cui procede l'autorità straniera non è previsto come reato dalla legge italiana e non risulta che l'imputato abbia liberamente espresso il suo consenso alla rogatoria;

c) se vi sono fondate ragioni per ritenere che considerazioni relative alla razza, alla religione, al sesso, alla nazionalità, alla lingua, alle opinioni politiche o alle condizioni personali o sociali possano influire sullo svolgimento o sull'esito del processo e non risulta che l'imputato abbia liberamente espresso il suo consenso alla rogatoria».

(2) Comma così modificato dall'art. 2 bis, co. 3, lett. c), d.l. 10.8.2023, n. 105, nel testo integrato dalla relativa legge di conversione 9.10.2023, n. 137, a decorrere dal 10.10.2023.

Il testo previgente così disponeva: «*9. Il procuratore della Repubblica trasmette senza ritardo al procuratore nazionale antimafia e antiterrorismo copia delle richieste di assistenza dell'autorità straniera che si riferiscono ai delitti di cui all'articolo 51, commi 3-*bis *e 3-*quater.».

725. Esecuzione delle rogatorie [(1)].

1. Per il compimento degli atti richiesti si applicano le disposizioni del presente codice, salva l'osservanza delle forme espressamente richieste dall'autorità giudiziaria straniera che non siano contrarie ai princìpi dell'ordinamento giuridico dello Stato.

2. Si applica l'articolo 370, comma 3.

3. L'autorità giudiziaria può autorizzare, con decreto motivato, la presenza al compimento degli atti richiesti di rappresentanti o incaricati dell'autorità richiedente. Quando la richiesta proviene da autorità diverse da quelle di Stati membri dell'Unione europea, l'autorizzazione è comunicata al Ministro della giustizia.

4. Se nel corso dell'esecuzione il procuratore della Repubblica rileva l'opportunità del compimento di atti ulteriori non indicati nella richiesta, ne informa senza ritardo l'autorità richiedente ai fini dell'integrazione della richiesta. Si osservano, in quanto compatibili, le disposizioni di cui all'articolo 724, commi 7 e 9.

(1) Articolo così sostituito dall'art. 6, co. 1, lett. c), d.lgs. 3.10.2017, n. 149, a decorrere dal 31.10.2017.

Il testo previgente così disponeva: «*725. Esecuzione delle rogatorie.*

1. Nell'ordinare l'esecuzione della rogatoria la corte delega uno dei suoi componenti ovvero il giudice per le indagini preliminari del luogo in cui gli atti devono compiersi.

2. Per il compimento degli atti richiesti si applicano le norme di questo codice, salva l'osservanza delle forme espressamente richieste dall'autorità giudiziaria straniera che non siano contrarie ai principi dell'ordinamento giuridico dello Stato».

726. Citazione di testimoni a richiesta dell'autorità straniera.

1. La citazione dei testimoni residenti o dimoranti nel territorio dello Stato, richiesta da una autorità giudiziaria straniera, è trasmessa al procuratore della Repubblica del luogo in cui deve essere eseguita, il quale provvede per la notificazione a norma dell'articolo 167.

726 bis. Notifica diretta all'interessato [(1)].

1. Quando le convenzioni o gli accordi internazionali consentono la notificazione diretta all'interessato a mezzo posta e questa non viene utilizzata, anche la richiesta dell'autorità giudiziaria straniera di notificazione all'imputato residente o dimorante nel territorio dello Stato è trasmessa al procuratore della Repubblica del luogo in cui deve essere eseguita, che provvede per la notificazione a norma degli articoli 156, 157 e 158.

(1) Articolo introdotto dall'art. 11, l. 5.10.2001, n. 367.

726 ter. Rogatoria proveniente da autorità amministrativa straniera [(1)].

1. Quando la richiesta di assistenza giudiziaria in un procedimento concernente un reato è presentata da un'autorità amministrativa di altro Stato, essa è trasmessa per l'esecuzione al procuratore della Repubblica del luogo nel quale devono essere compiuti gli atti richiesti. Si applicano in quanto compatibili le disposizioni del presente Capo.

(1) Articolo introdotto dall'art. 11, l. 5.10.2001, n. 367 e, poi, così sostituito dall'art. 6, co. 1, lett. d), d.lgs. 3.10.2017, n. 149, a decorrere dal 31.10.2017.

Il testo previgente così disponeva: «*726-*ter. *Rogatoria proveniente da autorità amministrativa straniera.*

1. Quando un accordo internazionale prevede che la richiesta di assistenza giudiziaria in un procedimento concernente un reato sia presentata anche da un'autorità amministrativa straniera, alla rogatoria provvede, su richiesta del procuratore della Repubblica, il giudice per le indagini preliminari del luogo in cui devono essere eseguiti gli atti richiesti. Si applicano gli articoli 724, comma 5 e 5-bis, e 725, comma 2».

726 quater. Trasferimento temporaneo all'estero di persone detenute [(1)].

1. Sulle richieste di trasferimento temporaneo a fini di indagine di persone detenute o internate, previste da accordi internazionali in vigore per lo Stato, provvede il Ministro della giustizia, sentita l'autorità giudiziaria procedente ovvero il magistrato di sorveglianza quando si tratti di soggetto condannato o internato e acquisite le informazioni relative alla situazione processuale, alle condizioni di salute e alle eventuali esigenze di sicurezza.

2. In caso di accoglimento, il Ministro della giustizia indica il termine entro il quale la persona deve essere riconsegnata, che non può comunque eccedere il tempo strettamente necessario all'espletamento dell'atto.

3. L'autorità giudiziaria italiana concorda con l'autorità straniera competente le modalità del trasferimento e della detenzione nello Stato richiedente.

4. Il trasferimento temporaneo è rifiutato se:

a) la persona detenuta non vi acconsente;

b) il trasferimento può prolungare la sua detenzione.

5. Il trasferimento temporaneo è subordinato alla condizione che la persona trasferita non sia perseguita, detenuta o sottoposta a qualsiasi altra restrizione della libertà personale nello Stato richiedente per fatti commessi o condanne pronunciate prima del suo temporaneo trasferimento, salvo che:

a) il testimone, il perito o l'imputato, avendone avuta la possibilità, non ha lasciato il territorio dello Stato richiedente trascorsi quindici giorni dal momento in cui la sua presenza non è più richiesta dall'autorità giudiziaria;

b) avendolo lasciato, vi ha fatto volontariamente ritorno.

6. La persona trasferita rimane in stato di detenzione nel territorio dello Stato estero, salvo che l'autorità giudiziaria italiana ne disponga la liberazione. La detenzione al di fuori del territorio nazionale si considera ad ogni effetto come sofferta in Italia.

(1) Articolo introdotto dall'art. 6, co. 1, lett. e), d.lgs. 3.10.2017, n. 149, a decorrere dal 31.10.2017.

726 quinquies. Audizione mediante videoconferenza o altra trasmissione audiovisiva (1).

1. Nei casi previsti dagli accordi internazionali, l'audizione e la partecipazione all'udienza davanti all'autorità giudiziaria straniera della persona sottoposta ad indagini, dell'imputato, del testimone, del consulente tecnico o del perito che si trovi nello Stato può essere eseguita mediante videoconferenza o altra forma di collegamento audiovisivo a distanza.

2. L'autorità giudiziaria competente ai sensi dell'articolo 724 procede all'esecuzione della richiesta, salvo che sia contraria ai princìpi fondamentali dell'ordinamento. L'audizione e la partecipazione a distanza della persona sottoposta alle indagini o dell'imputato è subordinata all'acquisizione del consenso dello stesso.

3. L'autorità giudiziaria e l'autorità richiedente concordano le modalità dell'audizione o della partecipazione a distanza, nonché le eventuali misure relative alla protezione della persona di cui è richiesto l'esame o la partecipazione a distanza.

4. Per la citazione della persona di cui è richiesta l'audizione o la partecipazione a distanza si applicano le norme del presente codice.

5. L'autorità giudiziaria provvede all'identificazione della persona di cui è richiesta l'audizione o la partecipazione e assicura, ove necessario, la presenza di un interprete e la traduzione degli atti nei casi previsti dalla legge.

6. L'audizione è direttamente condotta dall'autorità richiedente secondo il proprio diritto interno, in presenza dell'autorità nazionale che, assistita se del caso da un interprete, assicura il rispetto dei princìpi fondamentali dell'ordinamento giuridico italiano.

7. Al termine delle operazioni è redatto processo verbale attestante la data e il luogo di esecuzione delle medesime, l'identità della persona sentita o che ha partecipato all'udienza, fatte salve le misure eventualmente concordate per la protezione della stessa, nonché l'identità e le qualifiche di tutte le altre persone presenti, le eventuali prestazioni di giuramento e le condizioni tecniche in cui si è svolto il collegamento. Il processo verbale, sottoscritto dall'autorità giudiziaria procedente, è trasmesso all'autorità richiedente.

8. Si applicano le norme di cui agli articoli 366, 367, 368, 369, 371-*bis*, 372 e 373 del codice penale per i fatti commessi nel corso dell'audizione in videoconferenza.

(1) Articolo introdotto dall'art. 6, co. 1, lett. e), d.lgs. 3.10.2017, n. 149, a decorrere dal 31.10.2017.

726 sexies. Audizione mediante teleconferenza (1).

1. Nei casi previsti dagli accordi internazionali, l'audizione del testimone o del perito che si trovi nello Stato e la cui comparizione davanti all'autorità richiedente non sia possibile od opportuna può essere eseguita mediante teleconferenza.

2. Si applicano le disposizioni dell'articolo 726-*quinquies*, comma 8, nonché in quanto compatibili le ulteriori disposizioni del medesimo articolo.

(1) Articolo introdotto dall'art. 6, co. 1, lett. e), d.lgs. 3.10.2017, n. 149, a decorrere dal 31.10.2017.

Capo II
Rogatorie all'estero

727. Trasmissione di rogatorie ad autorità straniere (1).

1. Le richieste di assistenza giudiziaria per comunicazioni, notificazioni e per attività di acquisizione probatoria sono trasmesse al Ministro della giustizia il quale provvede all'inoltro all'autorità estera entro trenta giorni dalla ricezione. Il Ministro comunica senza ritardo all'autorità giudiziaria richiedente la data di ricezione della domanda.

2. Quando le convenzioni in vigore tra gli Stati membri dell'Unione europea, ovvero le disposizioni del diritto dell'Unione europea, prevedono l'intervento del Ministro della giustizia, questi può disporre con decreto che non si dia corso all'inoltro della richiesta di assistenza giudiziaria nei casi e nei limiti stabiliti dalle convenzioni e dagli atti indicati. Nei rapporti con Stati diversi da quelli membri dell'Unione europea, tale potere può essere esercitato, oltre a quanto previsto dalle convenzioni, in caso di pericolo per la sovranità, la sicurezza o altri interessi essenziali dello Stato.

3. Il Ministro della giustizia comunica tempestivamente all'autorità richiedente l'avvenuto inoltro, ovvero il decreto di cui al comma 2.

4. Quando la richiesta di assistenza giudiziaria non è stata inoltrata dal Ministro della giustizia entro trenta giorni dalla ricezione e non sia stato emesso il decreto previsto dal comma 2, l'autorità giudiziaria può provvedere all'inoltro diretto all'agente diplomatico o consolare italiano, informandone il Ministro.

5. Nei casi urgenti, l'autorità giudiziaria provvede all'inoltro diretto a norma del comma 4 dopo che copia della richiesta di assistenza è stata ricevuta dal Ministro della giustizia. Resta salva l'applicazione della disposizione del comma 2 sino al momento della trasmissione della domanda, da parte dell'agente diplomatico o consolare, all'autorità straniera.

6. Quando un accordo internazionale prevede la trasmissione diretta della richiesta di assistenza giudiziaria, l'autorità giudiziaria ne trasmette copia senza ritardo al Ministro della giustizia.

7. Quando, nei rapporti di assistenza giudiziaria con Stati diversi da quelli membri dell'Unione europea, le convenzioni internazionali prevedono la trasmissione diretta delle domande di assistenza, l'autorità giudiziaria provvede alla trasmissione diretta decorsi dieci giorni dalla ricezione della copia della stessa da parte del Ministro della giustizia. Entro il termine indicato, il Ministro della giustizia può esercitare il potere di cui al comma 2.

8. In ogni caso, copia delle richieste di assistenza giudiziaria formulate nell'ambito di procedimenti relativi ai delitti di cui agli articoli 51, commi 3-*bis* e 3-*quater*, e 371-*bis*, comma 4-*bis*, è trasmessa senza ritardo al procuratore nazionale antimafia e antiterrorismo (2).

9. Quando, a norma di accordi internazionali, la richiesta di assistenza giudiziaria può essere eseguita secondo quanto previsto dall'ordinamento giuridico dello Stato, l'autorità giudiziaria indica all'autorità dello Stato estero le modalità e le forme stabilite dalla legge ai fini dell'utilizzabilità degli atti richiesti.

(1) Articolo modificato dall'art. 12, l. 5.10.2001, n. 367 e dall'art. 9, co. 4 ter, d.l. 18.2.2015, n. 7, conv., con modif., dalla l. 17.4.2015, n. 43. Questo articolo, poi, è stato così sostituito dall'art. 7, co. 1, lett. a), d.lgs. 3.10.2017, n. 149, a decorrere dal 31.10.2017.

Il testo antecedente alla sostituzione del 2017 così disponeva: «727. *Trasmissione di rogatorie ad autorità straniere.*

1. Le rogatorie dei giudici e dei magistrati del pubblico ministero dirette, nell'ambito delle rispettive attribuzioni, alle autorità straniere per comunicazioni, notificazioni e per attività di acquisizione probatoria, sono trasmesse al ministro di grazia e giustizia il quale provvede all'inoltro per via diplomatica.

2. Il ministro dispone con decreto, entro trenta giorni dalla ricezione della rogatoria, che non si dia corso alla stessa, qualora ritenga che possano essere compromessi la sicurezza o altri interessi essenziali dello Stato.

3. Il ministro comunica all'autorità giudiziaria richiedente la data di ricezione della richiesta e l'avvenuto inoltro della rogatoria ovvero il decreto previsto dal comma 2.

4. Quando la rogatoria non è stata inoltrata dal ministro entro trenta giorni dalla ricezione e non sia stato emesso il decreto previsto dal comma 2, l'autorità giudiziaria può provvedere all'inoltro diretto all'agente diplomatico o consolare italiano, informandone il ministro di grazia e giustizia.

5. Nei casi urgenti, l'autorità giudiziaria trasmette la rogatoria a norma del comma 4 dopo che copia di essa è stata ricevuta dal ministro di grazia e giustizia. Resta salva l'applicazione della disposizione del comma 2 sino al momento della trasmissione della rogatoria, da parte dell'agente diplomatico o consolare, all'autorità straniera.

5-bis. *Quando, a norma di accordi internazionali, la domanda di assistenza giudiziaria può essere eseguita secondo modalità previste dall'ordinamento dello Stato, l'autorità giudiziaria, nel formulare la domanda di assistenza, ne specifica le modalità indicando gli elementi necessari per l'utilizzazione processuale degli atti richiesti.*

5-ter. *In ogni caso, copia delle rogatorie dei magistrati del pubblico ministero, formulate nell'ambito di procedimenti relativi ai delitti di cui all'articolo 51, commi* 3-bis *e* 3-quater, *è trasmessa senza ritardo al procuratore nazionale antimafia e antiterrorismo».*

Il testo antecedente alla conversione in legge del d.l. n. 7/2015 così disponeva: «727. *Trasmissione di rogatorie ad autorità straniere.*

1. Le rogatorie dei giudici e dei magistrati del pubblico ministero dirette, nell'ambito delle rispettive attribuzioni, alle autorità straniere per comunicazioni, notificazioni e per attività di acquisizione probatoria, sono trasmesse al ministro di grazia e giustizia il quale provvede all'inoltro per via diplomatica.

2. Il ministro dispone con decreto, entro trenta giorni dalla ricezione della rogatoria, che non si dia corso alla stessa, qualora ritenga che possano essere compromessi la sicurezza o altri interessi essenziali dello Stato.

3. Il ministro comunica all'autorità giudiziaria richiedente la data di ricezione della richiesta e l'avvenuto inoltro della rogatoria ovvero il decreto previsto dal comma 2.

4. Quando la rogatoria non è stata inoltrata dal ministro entro trenta giorni dalla ricezione e non sia stato emesso il decreto previsto dal comma 2, l'autorità giudiziaria può provvedere all'inoltro diretto all'agente diplomatico o consolare italiano, informandone il ministro di grazia e giustizia.

5. Nei casi urgenti, l'autorità giudiziaria trasmette la rogatoria a norma del comma 4 dopo che copia di essa è stata ricevuta dal ministro di grazia e giustizia. Resta salva l'applicazione della disposizione del comma 2 sino al momento della trasmissione della rogatoria, da parte dell'agente diplomatico o consolare, all'autorità straniera.

5-bis. *Quando, a norma di accordi internazionali, la domanda di assistenza giudiziaria può essere eseguita secondo modalità previste dall'ordinamento dello Stato, l'autorità giudiziaria, nel formulare la domanda di assistenza, ne specifica le modalità indicando gli elementi necessari per l'utilizzazione processuale degli atti richiesti.*

5-ter. *In ogni caso, copia delle rogatorie dei magistrati del pubblico ministero, formulate nell'ambito di procedimenti relativi ai delitti di cui all'articolo 51, comma* 3-bis, *è trasmessa senza ritardo al procuratore nazionale antimafia e antiterrorismo».*

Il testo antecedente alla modifica del 2015 così disponeva: «727. *Trasmissione di rogatorie ad autorità straniere.*

1. Le rogatorie dei giudici e dei magistrati del pubblico ministero dirette, nell'ambito delle rispettive attribuzioni, alle autorità straniere per comunicazioni, notificazioni e per attività di acquisizione probatoria, sono trasmesse al ministro di grazia e giustizia il quale provvede all'inoltro per via diplomatica.

2. Il ministro dispone con decreto, entro trenta giorni dalla ricezione della rogatoria, che non si dia corso alla stessa, qualora ritenga che possano essere compromessi la sicurezza o altri interessi essenziali dello Stato.

3. Il ministro comunica all'autorità giudiziaria richiedente la data di ricezione della richiesta e l'avvenuto inoltro della rogatoria ovvero il decreto previsto dal comma 2.

4. Quando la rogatoria non è stata inoltrata dal ministro entro trenta giorni dalla ricezione e non sia stato emesso il decreto previsto dal comma 2, l'autorità giudiziaria può provvedere all'inoltro diretto all'agente diplomatico o consolare italiano, informandone il ministro di grazia e giustizia.

5. Nei casi urgenti, l'autorità giudiziaria trasmette la rogatoria a norma del comma 4 dopo che copia di essa è stata ricevuta dal ministro di grazia e giustizia. Resta salva l'applicazione della disposizione del comma 2 sino al momento della trasmissione della rogatoria, da parte dell'agente diplomatico o consolare, all'autorità straniera.

5-bis. *Quando, a norma di accordi internazionali, la domanda di assistenza giudiziaria può essere eseguita secondo modalità previste dall'ordinamento dello Stato, l'autorità giudiziaria, nel formulare la domanda di assistenza, ne specifica le modalità indicando gli elementi necessari per l'utilizzazione processuale degli atti richiesti.*

5-ter. *In ogni caso, copia delle rogatorie dei magistrati del pubblico ministero, formulate nell'ambito di procedimenti relativi ai delitti di cui all'articolo 51, comma* 3-bis, *è trasmessa senza ritardo al procuratore nazionale antimafia».*

Il testo antecedente alle modifiche del 2001 così disponeva: «727. *Trasmissione di rogatorie ad autorità straniere.*

1. Le rogatorie dei giudici e dei magistrati del pubblico ministero dirette, nell'ambito delle rispettive attribuzioni, alle autorità straniere per comunicazioni, notificazioni e per attività di acquisizione probatoria, sono trasmesse al ministro di grazia e giustizia il quale provvede all'inoltro per via diplomatica.

2. Il ministro dispone con decreto, entro trenta giorni dalla ricezione della rogatoria, che non si dia corso alla stessa, qualora ritenga che possano essere compromessi la sicurezza o altri interessi essenziali dello Stato.
3. Il ministro comunica all'autorità giudiziaria richiedente la data di ricezione della richiesta e l'avvenuto inoltro della rogatoria ovvero il decreto previsto dal comma 2.
4. Quando la rogatoria non è stata inoltrata dal ministro entro trenta giorni dalla ricezione e non sia stato emesso il decreto previsto dal comma 2, l'autorità giudiziaria può provvedere all'inoltro diretto all'agente diplomatico o consolare italiano, informandone il ministro di grazia e giustizia.
5. Nei casi urgenti, l'autorità giudiziaria trasmette la rogatoria a norma del comma 4 dopo che copia di essa è stata ricevuta dal ministro di grazia e giustizia. Resta salva l'applicazione della disposizione del comma 2 sino al momento della trasmissione della rogatoria, da parte dell'agente diplomatico o consolare, all'autorità straniera».

(2) Comma così modificato dall'art. 2 bis, co. 3, lett. d), d.l. 10.8.2023, n. 105, nel testo integrato dalla relativa legge di conversione 9.10.2023, n. 137, a decorrere dal 10.10.2023.
Il testo previgente così disponeva: «*8. In ogni caso, copia delle richieste di assistenza giudiziaria formulate nell'ambito di procedimenti relativi ai delitti di cui all'articolo 51, commi 3*-bis *e 3*-quater, *è trasmessa senza ritardo al procuratore nazionale antimafia e antiterrorismo.*».

728. Immunità temporanea della persona citata [1].

1. Nei casi in cui la domanda di assistenza giudiziaria ha ad oggetto la citazione di un testimone, di un perito o di un imputato davanti all'autorità giudiziaria italiana, la persona citata, qualora compaia, non può essere sottoposta a restrizione della libertà personale in esecuzione di una pena o di una misura di sicurezza né assoggettata ad altre misure restrittive della libertà personale per fatti anteriori alla notifica della citazione, salvo che:

a) il testimone, il perito o l'imputato, avendone avuta la possibilità, non ha lasciato il territorio dello Stato trascorsi quindici giorni dal momento in cui la sua presenza non è più richiesta dall'autorità giudiziaria;
b) avendolo lasciato, vi ha fatto volontariamente ritorno.

(1) Articolo così sostituito dall'art. 7, co. 1, lett. b), d.lgs. 3.10.2017, n. 149, a decorrere dal 31.10.2017.
Il testo previgente così disponeva: «*728. Immunità temporanea della persona citata.*
1. Nei casi in cui la rogatoria ha ad oggetto la citazione di un testimone, di un perito o di un imputato davanti all'autorità giudiziaria italiana, la persona citata, qualora compaia, non può essere sottoposta a restrizione della libertà personale in esecuzione di una pena o di una misura di sicurezza né assoggettata ad altre misure restrittive della libertà personale per fatti anteriori alla notifica della citazione.
2. L'immunità prevista dal comma 1 cessa qualora il testimone, il perito o l'imputato, avendone avuta la possibilità, non ha lasciato il territorio dello Stato trascorsi quindici giorni dal momento in cui la sua presenza non è più richiesta dall'autorità giudiziaria ovvero, avendolo lasciato, vi ha fatto volontariamente ritorno».

729. Utilizzabilità degli atti assunti per rogatoria [1].

1. Nei casi in cui lo Stato estero abbia posto condizioni all'utilizzabilità degli atti richiesti, l'autorità giudiziaria è vincolata al rispetto di tali condizioni.

2. Se lo Stato estero dà esecuzione alla richiesta di assistenza con modalità diverse da quelle indicate dall'autorità giudiziaria ai sensi dell'articolo 727, comma 9, gli atti compiuti sono inutilizzabili solo nei casi in cui l'inutilizzabilità è prevista dalla legge.

3. Non possono in ogni caso essere utilizzate le dichiarazioni, da chiunque rese, aventi ad oggetto il contenuto di atti inutilizzabili.

4. Si applica la disposizione dell'articolo 191, comma 2.

(1) Articolo modificato dall'art. 13, l. 5.10.2001, n. 367 e, poi, così sostituito dall'art. 7, co. 1, lett. c), d.lgs. 3.10.2017, n. 149 a decorrere dal 31.10.2017.
Il testo antecedente alla sostituzione del 2017 così disponeva: «*729. Utilizzabilità degli atti assunti per rogatoria.* 1. *La violazione delle norme di cui all'articolo 696, comma 1, riguardanti l'acquisizione o la trasmissione di documenti o di altri mezzi di prova a seguito di rogatoria all'estero comporta l'inutilizzabilità dei documenti o dei mezzi di prova acquisiti o trasmessi. Qualora lo Stato estero abbia posto condizioni all'utilizzabilità degli atti richiesti, l'autorità giudiziaria è vincolata al rispetto di tali condizioni.*
1-bis. *Se lo stato estero dà esecuzione alla rogatoria con modalità diverse da quelle indicate dall'autorità giudiziaria ai sensi dell'articolo 727, comma 5*-bis, *gli atti compiuti dall'autorità straniera sono inutilizzabili.*
1-ter. *Non possono in ogni caso essere utilizzate le dichiarazioni, da chiunque rese, aventi ad oggetto il contenuto degli atti inutilizzabili ai sensi dei commi 1 e 1*-bis.
2. Si applica la disposizione dell'articolo 191 comma 2».
Il testo antecedente alle modifiche del 2001 così disponeva: «*729.* Utilizzabilità degli atti assunti per rogatoria.
1. *Qualora lo Stato estero abbia posto condizioni alla utilizzabilità degli atti richiesti, l'autorità giudiziaria è vincolata al rispetto di tali condizioni.*
2. Si applica la disposizione dell'articolo 191 comma 2».

729 bis. Acquisizione di atti e informazioni da autorità straniere [1].

1. La documentazione relativa ad atti e a informazioni spontaneamente trasmessi dall'autorità di altro Stato può essere acquisita al fascicolo del pubblico ministero.

2. L'autorità giudiziaria è vincolata al rispetto delle condizioni eventualmente poste all'utilizzabilità degli atti e delle informazioni spontaneamente trasmessi a norma del comma 1.

(1) Articolo introdotto dall'art. 7, co. 1, lett. d), d.lgs. 3.10.2017, n. 149, a decorrere dal 31.10.2017.

729 ter. Trasferimento temporaneo in Italia di persone detenute [1].

1. L'autorità giudiziaria può richiedere il trasferimento temporaneo nel territorio italiano di persona detenuta in altro Stato, al fine del compimento di un atto di indagine o per l'assunzione di una prova.

2. L'autorità giudiziaria italiana concorda con l'autorità straniera competente le modalità del trasferimento e il termine entro cui la persona detenuta deve fare rientro nello Stato richiesto, tenuto conto delle condizioni di salute fisica e mentale della persona interessata, nonché del livello di sicurezza indicato dall'autorità dello Stato richiesto.

3. Ai fini dell'esecuzione il procuratore della Repubblica dispone che la persona temporaneamente trasferita sia custodita, per la durata del trasferimento temporaneo, nella casa circondariale del luogo di compimento dell'atto di indagine o di prova. Le spese di mantenimento sono a carico dello Stato italiano.

4. La persona trasferita rimane in stato di detenzione sul territorio nazionale, salvo che l'autorità straniera non ne chieda la liberazione.

5. Quando il trasferimento temporaneo è condizionato al fatto che la persona trasferita non può essere perseguita, detenuta o sottoposta a qualsiasi altra restrizione della libertà personale nello Stato italiano per fatti commessi o condanne pronunciate prima del suo temporaneo trasferimento, l'immunità cessa qualora il testimone, il perito o l'imputato, avendone avuta la possibilità, non ha lasciato il territorio dello Stato trascorsi quindici giorni dal momento in cui la sua presenza non è più richiesta dall'autorità giudiziaria ovvero, avendolo lasciato, vi ha fatto volontariamente ritorno.

(1) Articolo introdotto dall'art. 7, co. 1, lett. d), d.lgs. 3.10.2017, n. 149, a decorrere dal 31.10.2017.

729 quater. Audizione mediante videoconferenza o altra trasmissione audiovisiva [(1)].

1. Nei casi previsti dagli accordi internazionali, l'audizione e la partecipazione all'udienza davanti all'autorità giudiziaria italiana della persona sottoposta ad indagini, dell'imputato, del testimone o del perito che si trovi all'estero e che non possa essere trasferito in Italia, può essere eseguita mediante videoconferenza o altra forma di collegamento audiovisivo a distanza.

2. L'audizione e la partecipazione a distanza della persona sottoposta alle indagini o dell'imputato è subordinata all'acquisizione del consenso dello stesso. Si applicano, in ogni caso, le disposizioni di cui all'articolo 205-*ter* delle disposizioni di attuazione.

3. L'autorità giudiziaria e l'autorità straniera competente concordano le modalità della citazione, dell'audizione o della partecipazione a distanza, nonché le eventuali misure relative alla protezione della persona di cui è richiesto l'esame o la partecipazione all'udienza.

4. L'autorità giudiziaria richiede all'autorità straniera di identificare la persona da sentire o di cui è chiesta la partecipazione all'udienza e di comunicarle tempestivamente i diritti che le vengono riconosciuti dall'ordinamento italiano e, ove necessario, quelli relativi alla traduzione e alla interpretazione, al fine di garantirne l'effettivo esercizio.

5. L'imputato e la persona sottoposta alle indagini sono necessariamente assistiti dal difensore e devono essere informati dei diritti e delle facoltà che sono loro riconosciuti dall'ordinamento interno e da quello dello Stato richiedente. I testimoni e i periti sono informati della facoltà di astensione prevista dall'ordinamento interno e da quello dello Stato richiesto.

6. L'autorità giudiziaria può mettere a disposizione dello Stato richiesto i mezzi tecnici per procedere all'audizione mediante videoconferenza, ove necessario.

7. Nel verbale redatto dall'autorità giudiziaria procedente deve darsi atto che l'attività è stata compiuta mediante collegamento a distanza.

(1) Articolo introdotto dall'art. 7, co. 1, lett. d), d.lgs. 3.10.2017, n. 149, a decorrere dal 31.10.2017.

729 quinquies. Squadre investigative comuni [(1)].

1. Quando le convenzioni in vigore tra gli Stati membri dell'Unione europea, ovvero le disposizioni del diritto dell'Unione europea prevedono l'impiego di squadre investigative comuni, il procuratore della Repubblica può richiedere la costituzione di una o più squadre investigative comuni con le modalità e alle condizioni stabilite dalla legge.

2. Nei rapporti con le autorità giudiziarie di Stati diversi da quelli membri dell'Unione europea il procuratore della Repubblica può richiedere la costituzione di una o più squadre investigative comuni con le modalità e alle condizioni stabilite dalla legge, nei casi previsti dagli accordi internazionali. Della costituzione di una o più squadre investigative comuni è data comunicazione al Ministro della giustizia.

(1) Articolo introdotto dall'art. 7, co. 1, lett. d), d.lgs. 3.10.2017, n. 149, a decorrere dal 31.10.2017.

TITOLO IV
Effetti delle sentenze penali straniere. Esecuzione all'estero di sentenze penali italiane

Capo I
Effetti delle sentenze penali straniere

730. Riconoscimento delle sentenze penali straniere per gli effetti previsti dal codice penale.

1. Il Ministro della giustizia, quando riceve una sentenza penale di condanna o di proscioglimento pronunciata all'estero nei confronti di cittadini italiani o di stranieri o di apolidi residenti nello Stato ovvero di persone sottoposte a procedimento penale nello Stato, trasmette senza ritardo al procuratore generale presso la corte di appello, nel distretto della quale ha sede l'ufficio del casellario locale del luogo di nascita della persona cui è riferito il provvedimento giudiziario straniero, o, se questo è sconosciuto, presso la Corte di appello di Roma, copia della sentenza, unitamente alla traduzione in lingua italiana, con gli atti che vi siano allegati, e con le informazioni e la documentazione del caso. Trasmette inoltre l'eventuale richiesta indicata nell'articolo 12 comma 2 del codice penale [(1)].

2. Il procuratore generale, se deve essere dato riconoscimento alla sentenza straniera per gli effetti previsti dall'articolo 12 comma 1 numeri 1, 2 e 3 del codice penale, promuove il relativo procedimento con richiesta alla corte di appello. A tale scopo, anche per mezzo del Ministero della giustizia, può chiedere alle autorità estere competenti le informazioni che ritiene opportune [(2)].

2 bis. Quando il procuratore generale è informato

dall'autorità straniera, anche per il tramite del Ministero della giustizia, dell'esistenza di una sentenza penale di condanna pronunciata all'estero, ne richiede la trasmissione all'autorità straniera con le forme previste dalle convenzioni internazionali in vigore con lo Stato estero ovvero, in mancanza, con rogatoria, ai fini del riconoscimento ai sensi del comma 2 [(3)].

3. La richiesta alla corte di appello contiene la specificazione degli effetti per i quali il riconoscimento è domandato.

(1) Comma modificato dall'art. 53 del testo unico di cui al d.P.R. 14.11.2002, n. 313, a decorrere dal quarantacinquesimo giorno dalla data della sua pubblicazione nella Gazzetta Ufficiale avvenuta il 13.2.2003 (art. 55, d.P.R. n. 313/2002). In seguito, questo comma è stato così modificato dall'art. 8, co. 1, lett. a), n. 1), d.lgs. 3.10.2017, n. 149, a decorrere dal 31.10.2017.

Il testo antecedente alle modifiche del 2017 così disponeva: «*1. Il Ministro di grazia e giustizia, quando riceve una sentenza penale di condanna o di proscioglimento pronunciata all'estero nei confronti di cittadini italiani o di stranieri o di apolidi residenti nello Stato ovvero di persone sottoposte a procedimento penale nello Stato, trasmette senza ritardo al procuratore generale presso la corte di appello, nel distretto della quale ha sede l'ufficio del casellario locale del luogo di nascita della persona cui è riferito il provvedimento giudiziario straniero, o presso la Corte di appello di Roma, copia della sentenza, unitamente alla traduzione in lingua italiana, con gli atti che vi siano allegati, e con le informazioni e la documentazione del caso. Trasmette inoltre l'eventuale richiesta indicata nell'articolo 12 comma 2 del codice penale*».

Il testo antecedente alle modifiche del 2002 così disponeva: «*1. Il Ministro di grazia e giustizia, quando riceve una sentenza penale di condanna o di proscioglimento pronunciata all'estero nei confronti di cittadini italiani o di stranieri o di apolidi residenti nello Stato ovvero di persone sottoposte a procedimento penale nello Stato, trasmette senza ritardo al procuratore generale presso la corte di appello, nel distretto della quale ha sede l'ufficio del casellario competente ai fini dell'iscrizione, una copia della sentenza, unitamente alla traduzione in lingua italiana, con gli atti che vi siano allegati, e con le informazioni e la documentazione del caso. Trasmette inoltre l'eventuale richiesta indicata nell'articolo 12 comma 2 del codice penale*».

(2) Comma così modificato dall'art. 8, co. 1, lett. a), n. 2), d.lgs. 3.10.2017, n. 149, a decorrere dal 31.10.2017.

Il testo previgente così disponeva: «*2. Il procuratore generale, se deve essere dato riconoscimento alla sentenza straniera per gli effetti previsti dall'articolo 12 comma 1 numeri 1, 2 e 3 del codice penale, promuove il relativo procedimento con richiesta alla corte di appello. A tale scopo, anche per mezzo del ministero di grazia e giustizia, può chiedere alle autorità estere competenti le informazioni che ritiene opportune*».

(3) Comma introdotto dall'art. 14, l. 5.10.2001, n. 367. In seguito, questo comma è stato così modificato dall'art. 8, co. 1, lett. a), n. 3), d.lgs. 3.10.2017, n. 149, a decorrere dal 31.10.2017.

Il testo antecedente alle modifiche del 2017 così disponeva: «*2-bis. Quando il procuratore generale è informato dall'autorità straniera, anche per il tramite del Ministero della giustizia, dell'esistenza di una sentenza penale di condanna pronunciata all'estero, ne richiede la trasmissione all'autorità straniera con rogatoria, ai fini del riconoscimento ai sensi del comma 2*».

731. Riconoscimento delle sentenze penali straniere a norma di accordi internazionali.

1. Il Ministro della giustizia, se ritiene che a norma di un accordo internazionale deve avere esecuzione nello Stato una sentenza penale pronunciata all'estero o comunque che a essa devono venire attribuiti altri effetti nello Stato, ne richiede il riconoscimento. A tale scopo trasmette al procuratore generale presso la corte di appello nel distretto della quale ha sede l'ufficio del casellario locale del luogo di nascita della persona cui è riferito il provvedimento giudiziario straniero, o, se questo è sconosciuto, presso la Corte di appello di Roma, una copia della sentenza, unitamente alla traduzione in lingua italiana, con gli atti che vi siano allegati, e con la documentazione e le informazioni disponibili. Trasmette inoltre l'eventuale domanda di esecuzione nello Stato da parte dello Stato estero ovvero l'atto con cui questo Stato acconsente all'esecuzione. Le informazioni supplementari, eventualmente necessarie, possono essere richieste e ottenute con qualsiasi mezzo idoneo a garantire l'autenticità della documentazione e della provenienza [(1)].

1 bis. Le disposizioni del comma si applicano anche quando si tratta dell'esecuzione di una confisca ed il relativo provvedimento è stato adottato dall'autorità giudiziaria straniera con atto diverso dalla sentenza di condanna [(2)].

2. Il procuratore generale promuove il riconoscimento con richiesta alla corte di appello. Ove ne ricorrano i presupposti, richiede che il riconoscimento sia deliberato anche agli effetti previsti dall'articolo 12 comma 1 numeri 1, 2 e 3 del codice penale.

(1) Comma modificato dall'art. 53 del testo unico di cui al d.P.R. 14.11.2002, n. 313. Questo comma è stato poi così modificato dall'art. 8, co. 1, lett. b), nn. 1), 2) e 3), d.lgs. 3.10.2017, n. 149, a decorrere dal 31.10.2017.

Il testo antecedente alle modifiche del 2017 così disponeva: «*1. Il Ministro di grazia e giustizia, se ritiene che a norma di un accordo internazionale deve avere esecuzione nello Stato una sentenza penale pronunciata all'estero o comunque che a essa devono venire attribuiti altri effetti nello Stato, ne richiede il riconoscimento. A tale scopo trasmette al procuratore generale presso la corte di appello nel distretto della quale ha sede l'ufficio del casellario locale del luogo di nascita della persona cui è riferito il provvedimento giudiziario straniero, o presso la Corte di appello di Roma, una copia della sentenza, unitamente alla traduzione in lingua italiana, con gli atti che vi siano allegati, e con la documentazione e le informazioni disponibili. Trasmette inoltre l'eventuale domanda di esecuzione nello Stato da parte dello Stato estero ovvero l'atto con cui questo Stato acconsente all'esecuzione*».

Il testo antecedente alle modifiche del 2002 così disponeva: «*1. Il Ministro di grazia e giustizia, se ritiene che a norma di un accordo internazionale deve avere esecuzione nello Stato una sentenza penale pronunciata all'estero o comunque che a essa devono venire attribuiti altri effetti nello Stato, ne richiede il riconoscimento. A tale scopo trasmette al procuratore generale presso la corte di appello nel distretto della quale ha sede l'ufficio del casellario competente ai fini della iscrizione, una copia della sentenza, unitamente alla traduzione in lingua italiana, con gli atti che vi siano allegati, e con la documentazione e le informazioni disponibili. Trasmette inoltre l'eventuale domanda di esecuzione nello Stato da parte dello Stato estero ovvero l'atto con cui questo Stato acconsente all'esecuzione*».

(2) Comma introdotto dall'art. 7, l. 9.8.1993, n. 328, di ratifica della Convenzione sul riciclaggio, la ricerca, il sequestro e la confisca dei proventi di reato, fatta a Strasburgo l'8.11.1990.

732. Riconoscimento delle sentenze penali straniere per gli effetti civili.

1. Chi ha interesse a far valere in giudizio le disposizioni penali di una sentenza straniera per conseguire le restituzioni o il risarcimento del danno o per altri effetti civili, può domandare il riconoscimento della sentenza alla corte di appello nel distretto della quale ha sede l'ufficio del casellario locale del luogo di nascita della persona cui è riferito il provvedimento giudiziario straniero, o alla Corte di appello di Roma [(1)].

(1) Comma così modificato dall'art. 53 del testo unico di cui al d.P.R. 14.11.2002, n. 313, a decorrere dal quarantacinquesimo giorno dalla data della sua pubblicazione nella Gazzetta Ufficiale avvenuta il 13.2.2003 (art. 55, d.P.R. n. 313/2002). Il testo previgente così disponeva: «*1. Chi ha interesse a far valere in giudizio le disposizioni penali di una sentenza straniera per conseguire le restituzioni o il risarcimento del danno o per altri effetti civili, può domandare il riconoscimento della sentenza alla corte di appello nel distretto della quale ha sede l'ufficio del casellario competente ai fini dell'iscrizione [685, comma 1]*».

733. Presupposti del riconoscimento.

1. La sentenza straniera non può essere riconosciuta se:

a) la sentenza non è divenuta irrevocabile per le leggi dello Stato in cui è stata pronunciata;

b) la sentenza contiene disposizioni contrarie ai principi fondamentali dell'ordinamento giuridico dello Stato, ovvero quando le condizioni poste dallo Stato straniero per l'esecuzione della sentenza della quale è chiesto il riconoscimento sono contrarie a tali principi [(1)];

c) la sentenza non è stata pronunciata da un giudice indipendente e imparziale ovvero l'imputato non è stato citato a comparire in giudizio davanti all'autorità straniera ovvero non gli è stato riconosciuto il diritto a essere interrogato in una lingua a lui comprensibile e a essere assistito da un difensore;

d) vi sono fondate ragioni per ritenere che considerazioni relative alla razza, alla religione, al sesso, alla nazionalità, alla lingua, alle opinioni politiche o alle condizioni personali o sociali abbiano influito sullo svolgimento o sull'esito del processo;

e) il fatto per il quale è stata pronunciata la sentenza non è previsto come reato dalla legge italiana;

f) per lo stesso fatto e nei confronti della stessa persona è stata pronunciata nello Stato sentenza irrevocabile;

g) per lo stesso fatto e nei confronti della stessa persona è in corso nello Stato procedimento penale.

1 bis. Salvo quanto previsto dall'articolo 735-*bis*, la sentenza straniera non può essere riconosciuta ai fini dell'esecuzione di una confisca se questa ha per oggetto beni la cui confisca non sarebbe possibile secondo la legge italiana qualora per lo stesso fatto si procedesse nello Stato [(2)].

(1) Lettera così modificata dall'art. 8, co. 1, lett. c), d.lgs. 3.10.2017, n. 149, a decorrere dal 31.10.2017.
Il testo previgente così disponeva: «*b) la sentenza contiene disposizioni contrarie ai principi fondamentali dell'ordinamento giuridico dello Stato;*».

(2) Comma introdotto dall'art. 8, l. 9.8.1993, n. 328, di ratifica della Convenzione sul riciclaggio, la ricerca, il sequestro e la confisca dei proventi di reato, fatta a Strasburgo l'8.11.1990.

734. Deliberazione della corte di appello [(1)]**.**

1. La corte di appello delibera in ordine al riconoscimento senza ritardo, e comunque non oltre novanta giorni dal ricevimento della richiesta, pronunciando sentenza, nella quale enuncia espressamente gli effetti che ne conseguono, osservate le forme di cui all'articolo 127.

2. Nei casi disciplinati dagli articoli 730, 732 e 741 la corte di appello decide sulla base della richiesta scritta del procuratore generale e delle memorie presentate dalle parti.

3. Avverso la decisione della corte di appello il procuratore generale, l'interessato e il difensore possono proporre ricorso per cassazione per violazione di legge. La decisione della Corte di cassazione è adottata entro sessanta giorni dal ricevimento del ricorso.

(1) Articolo così sostituito dall'art. 8, co. 1, lett. d), d.lgs. 3.10.2017, n. 149, a decorrere dal 31.10.2017.
Il testo previgente così disponeva: «*734. Deliberazione della corte di appello.*
1. La corte di appello delibera in ordine al riconoscimento, osservate le forme previste dall'articolo 127, con sentenza, nella quale enuncia espressamente gli effetti che ne conseguono.
2. La sentenza è soggetta a ricorso per cassazione da parte del procuratore generale presso la corte di appello e dell'interessato».

734 bis. Poteri del Ministro in materia di esecuzione della decisione dello Stato estero [(1)]**.**

1. Il Ministro della giustizia assicura il rispetto delle condizioni eventualmente poste dallo Stato estero per l'esecuzione della sentenza della quale è stato chiesto il riconoscimento, purché non contrastanti con i princìpi fondamentali dell'ordinamento giuridico dello Stato.

(1) Articolo introdotto dall'art. 8, co. 1, lett. e), d.lgs. 3.10.2017, n. 149, a decorrere dal 31.10.2017.

735. Determinazione della pena ed ordine di confisca.

1. La corte di appello, quando pronuncia il riconoscimento ai fini dell'esecuzione di una sentenza straniera, determina la pena che deve essere eseguita nello Stato.

2. A tal fine essa converte la pena stabilita nella sentenza straniera in una delle pene previste per lo stesso fatto dalla legge italiana. Tale pena, per quanto possibile, deve corrispondere per natura a quella inflitta con la sentenza straniera. La quantità della pena è determinata, tenendo eventualmente conto dei criteri di ragguaglio previsti dalla legge italiana, sulla base di quella fissata nella sentenza straniera; tuttavia tale quantità non può eccedere il limite massimo previsto per lo stesso fatto dalla legge italiana. Quando la quantità della pena non è stabilita nella sentenza straniera, la corte la determina sulla base dei criteri indicati negli articoli 133, 133-*bis* e 133-*ter* del codice penale.

3. In nessun caso la pena così determinata può essere più grave di quella stabilita nella sentenza straniera.

4. Se nello Stato estero nel quale fu pronunciata la sentenza l'esecuzione della pena è stata condizionalmente sospesa, la corte dispone inoltre, con la sentenza di riconoscimento, la sospensione condizionale della pena a norma del codice penale; se in detto Stato il condannato è stato liberato sotto condizione, la corte sostituisce alla misura straniera la liberazione condizionale e il magistrato di sorveglianza, nel determinare le prescrizioni relative alla libertà vigilata, non può aggravare il trattamento sanzionatorio complessivo stabilito nei provvedimenti stranieri.

4 bis. Se la decisione prevede la concessione di benefici riconosciuti nello Stato di emissione, diversi da quelli di cui al comma 4, essi sono convertiti in misure analoghe previste dall'ordinamento giuridico italiano [(1)].

5. Per determinare la pena pecuniaria l'ammontare stabilito nella sentenza straniera è convertito nel pari valore in euro al cambio del giorno in cui il riconoscimento è deliberato [(2)].

6. Quando la corte pronuncia il riconoscimento ai fini dell'esecuzione di una confisca, questa è ordinata con la stessa sentenza di riconoscimento, fermo quanto previsto dall'articolo 733, comma 1-*bis* [(3)].

(1) Comma introdotto dall'art. 8, co. 1, lett. f), n. 1), d.lgs. 3.10.2017, n. 149, a decorrere dal 31.10.2017.

(2) Comma così modificato dall'art. 8, co. 1, lett. f), n. 2), d.lgs. 3.10.2017, n. 149, a decorrere dal 31.10.2017.
Il testo previgente così disponeva: «*5. Per determinare la pena pecuniaria l'ammontare stabilito nella sentenza straniera è convertito nel pari valore in lire italiane al cambio del giorno in cui il riconoscimento è deliberato*».

(3) Comma così modificato dall'art. 8, co. 1, lett. f), n. 3), d.lgs. 3.10.2017, n. 149, a decorrere dal 31.10.2017.
Il testo previgente così disponeva: «*6. Quando la corte pronuncia il riconoscimento ai fini dell'esecuzione di una confisca, questa è ordinata con la stessa sentenza di riconoscimento*».

735 bis. Confisca consistente nella imposizione del pagamento di una somma di denaro [(1)].

1. Nel caso di esecuzione di un provvedimento straniero di confisca consistente nella imposizione nel pagamento di una somma di denaro corrispondente al valore del prezzo, del prodotto o del profitto di un reato, si applicano le disposizioni sull'esecuzione delle pene pecuniarie, ad eccezione di quella concernente il rispetto del limite massimo di pena previsto dall'articolo 735 comma 2.

(1) Articolo introdotto dall'art. 9, l. 9.8.1993, n. 328, di ratifica della Convenzione sul riciclaggio, la ricerca, il sequestro e la confisca dei proventi di reato, fatta a Strasburgo l'8.11.1990.

736. Misure coercitive.

1. Su richiesta del procuratore generale, la corte di appello competente per il riconoscimento di una sentenza straniera ai fini dell'esecuzione di una pena restrittiva della libertà personale, può disporre una misura coercitiva nei confronti del condannato che si trovi nel territorio dello Stato.

2. Si osservano, in quanto applicabili, le disposizioni del titolo I del libro IV riguardanti le misure coercitive, fatta eccezione di quelle dell'articolo 273.

3. Il presidente della corte di appello, al più presto e comunque entro cinque giorni dalla esecuzione della misura coercitiva, provvede alla identificazione e all'audizione della persona. Si applica la disposizione dell'articolo 717 comma 2 [(1)].

4. La misura coercitiva, disposta a norma del presente articolo, è revocata se dall'inizio della sua esecuzione sono trascorsi novanta giorni senza che la corte di appello abbia pronunciato sentenza di riconoscimento, ovvero, in caso di ricorso per cassazione contro tale sentenza, cinque mesi senza che sia intervenuta sentenza irrevocabile di riconoscimento [(2)].

5. La revoca e la sostituzione della misura coercitiva sono disposte in camera di consiglio dalla corte di appello.

6. Copia dei provvedimenti emessi dalla corte è comunicata e notificata, dopo la loro esecuzione, al procuratore generale, alla persona interessata e al suo difensore, i quali possono proporre ricorso per cassazione per violazione di legge.

(1) Comma così modificato dall'art. 8, co. 1, lett. g), n. 1), d.lgs. 3.10.2017, n. 149, a decorrere dal 31.10.2017.
Il testo previgente così disponeva: «*3. Il presidente della corte di appello, al più presto e comunque entro cinque giorni dalla esecuzione della misura coercitiva, provvede alla identificazione della persona. Si applica la disposizione dell'articolo 717 comma 2*».

(2) Comma così modificato dall'art. 8, co. 1, lett. g), n. 2), d.lgs. 3.10.2017, n. 149, a decorrere dal 31.10.2017. Il testo previgente così disponeva: «*4. La misura coercitiva, disposta a norma del presente articolo, è revocata se dall'inizio della sua esecuzione sono trascorsi sei mesi senza che la corte di appello abbia pronunciato sentenza di riconoscimento, ovvero, in caso di ricorso per cassazione contro tale sentenza, dieci mesi senza che sia intervenuta sentenza irrevocabile di riconoscimento*».

737. Sequestro.

1. Su richiesta del procuratore generale, la corte di appello competente per il riconoscimento di una sentenza straniera ai fini dell'esecuzione di una confisca [c.p. 240] può ordinare il sequestro delle cose assoggettabili a confisca.

2. Se la corte non accoglie la richiesta, contro la relativa ordinanza può essere proposto ricorso per cassazione da parte del procuratore generale. Contro l'ordinanza che dispone il sequestro può essere proposto ricorso per cassazione per violazione di legge da parte dell'interessato. Il ricorso non ha effetto sospensivo.

3. Si osservano, in quanto applicabili, le disposizioni che regolano l'esecuzione del sequestro preventivo [(1)].

(1) Comma così sostituito dall'art. 10, l. 9.8.1993, n. 328, di ratifica della Convenzione sul riciclaggio, la ricerca, il sequestro e la confisca dei proventi di reato, fatta a Strasburgo l'8.11.1990.
Il testo previgente così disponeva: «*Si osservano, in quanto applicabili, le disposizioni che regolano il sequestro preventivo*».

737 bis. Indagini e sequestro a fini di confisca [(1)].

1. Nei casi previsti da convenzioni internazionali, al fine di dar corso alla domanda dell'autorità straniera di procedere ad indagini su beni che possono divenire oggetto di una successiva richiesta di esecuzione di una confisca, anche se non ancora adottata, ovvero di procedere al sequestro di tali beni, si applicano gli articoli 723, 724 e 725 [(2)].

2. A tal fine il Ministro della giustizia trasmette la richiesta, unitamente agli atti allegati, al procuratore distrettuale competente ai sensi dell'articolo 724 [(3)].

3. L'esecuzione della richiesta di indagini o sequestro è negata:

a) se gli atti richiesti sono contrari a principi dell'ordinamento giuridico dello Stato, o sono vietati dalla legge, ovvero se si tratta di atti che non sarebbero consentiti qualora si procedesse nello Stato per gli stessi fatti;
b) se vi sono ragioni per ritenere che non sussistono le condizioni per la successiva esecuzione della confisca.

3 bis. L'autorità giudiziaria comunica al Ministro della giustizia l'adozione del provvedimento di sequestro richiesto dall'autorità straniera [(4)].

[**4.** Per l'esecuzione di indagini si osservano le disposizioni dell'articolo 725. [(5)]]

[**5.** Nei casi di richiesta di sequestro, si applicano le disposizioni dell'articolo 737, commi 2 e 3. [(5)]]

6. Il sequestro ordinato ai sensi di questo articolo perde efficacia e si dispone la restituzione delle cose sequestrate a chi ne abbia diritto, se, entro un anno dal momento in cui esso è stato eseguito, lo Stato estero non richiede l'esecuzione della confisca. Il termine può essere prorogato anche più volte per un periodo massimo di sei mesi; sulla richiesta decide l'autorità giudiziaria che ha dichiarato il sequestro [(6)].

(1) Articolo introdotto dall'art. 11, l. 9.8.1993, n. 328, di ratifica della Convenzione sul riciclaggio, la ricerca, il sequestro e la confisca dei proventi di reato, fatta a Strasburgo l'8.11.1990.

(2) Comma così sostituito dall'art. 8, co. 1, lett. h), n. 1), d.lgs. 3.10.2017, n. 149, a decorrere dal 31.10.2017.
Il testo previgente così disponeva: «*1. Nei casi previsti da accordi internazionali, il Ministro di grazia e giustizia dispone che si dia corso alla richiesta di un'autorità straniera di procedere ad indagini su beni che possono divenire oggetto di una successiva richiesta di esecuzione di una confisca, ovvero di procedere al loro sequestro*».

(3) Comma così sostituito dall'art. 8, co. 1, lett. h), n. 1), d.lgs. 3.10.2017, n. 149, a decorrere dal 31.10.2017.
Il testo previgente così disponeva: «*2. A tal fine il Ministro di grazia e giustizia trasmette la richiesta, unitamente agli atti allegati, al procuratore generale presso la corte d'appello competente per il riconoscimento della sentenza straniera ai fini della successiva esecuzione della confisca. Il procuratore generale fa richiesta alla corte d'appello, che decide con ordinanza osservate le forme previste dall'articolo 724*».

(4) Comma introdotto dall'art. 8, co. 1, lett. h), n. 2), d.lgs. 3.10.2017, n. 149, a decorrere dal 31.10.2017.

(5) Comma soppresso dall'art. 8, co. 1, lett. h), n. 3), d.lgs. 3.10.2017, n. 149, a decorrere dal 31.10.2017.

(6) Comma così modificato dall'art. 8, co. 1, lett. h), n. 4), d.lgs. 3.10.2017, n. 149, a decorrere dal 31.10.2017. Il testo previgente così disponeva: «*6. Il sequestro ordinato ai sensi di questo articolo perde efficacia e la corte d'appello ordina la restituzione delle cose sequestrate a chi ne abbia diritto, se, entro due anni dal momento in cui esso è stato eseguito, lo Stato estero non richiede l'esecuzione della confisca. Il termine può essere prorogato anche più volte per un periodo massimo di due anni; sulla richiesta decide la corte d'appello che ha dichiarato il sequestro*».

738. Esecuzione conseguente al riconoscimento.

1. Nei casi di riconoscimento ai fini dell'esecuzione della sentenza straniera, le pene e la confisca [c.p. 240] conseguenti al riconoscimento sono eseguite secondo la legge italiana. La pena espiata nello Stato di condanna è computata ai fini dell'esecuzione.

2. All'esecuzione provvede di ufficio il procuratore generale presso la corte di appello che ha deliberato il riconoscimento. Tale corte è equiparata, a ogni effetto, al giudice che ha pronunciato sentenza di condanna in un procedimento penale ordinario.

739. Divieto di estradizione e di nuovo procedimento.

1. Nei casi di riconoscimento ai fini dell'esecuzione della sentenza straniera, salvo che si tratti dell'esecuzione di una confisca [c.p. 240], il condannato non può essere estradato né sottoposto di nuovo a procedimento penale nello Stato per lo stesso fatto, neppure se questo viene diversamente considerato per il titolo, per il grado o per le circostanze.

740. Esecuzione della pena pecuniaria e devoluzione di cose confiscate.

1. La somma ricavata dall'esecuzione della pena pecuniaria è versata alla cassa delle ammende; è invece versata allo Stato di condanna, a sua richiesta, qualora quest'ultimo Stato nelle medesime circostanze provvederebbe al versamento a favore dello Stato italiano.

2. Le cose confiscate sono devolute allo Stato. Esse sono invece devolute, a sua richiesta, allo Stato nel quale è stata pronunciata la sentenza riconosciuta, qualora quest'ultimo Stato nelle medesime circostanze provvederebbe alla devoluzione allo Stato italiano.

740 bis. Devoluzione ad uno Stato estero delle cose confiscate [(1)].

1. Nei casi previsti dagli accordi internazionali in vigore per lo Stato, le cose confiscate con sentenza definitiva o con altro provvedimento irrevocabile sono devolute allo Stato estero nel quale è stata pronunciata la sentenza ovvero è stato adottato il provvedimento di confisca.

2. La devoluzione di cui al comma 1 è ordinata quando ricorrono i seguenti presupposti:

a) lo Stato estero ne ha fatto espressa richiesta;
b) la sentenza ovvero il provvedimento di cui al comma 1 sono stati riconosciuti nello Stato ai sensi degli articoli 731, 733 e 734.

(1) Articolo introdotto dall'art. 5, co. 1, l. 3.8.2009, n. 116.

740 ter. Ordine di devoluzione.

1. La Corte di appello, nel deliberare il riconoscimento della sentenza straniera o del provvedimento di confisca, ordina la devoluzione delle cose confiscate ai sensi dell'articolo 740-*bis*.

2. Copia del provvedimento è immediatamente trasmessa al Ministro della giustizia, che concorda le modalità della devoluzione con lo Stato richiedente [(1)].

(1) Articolo introdotto dall'art. 5, co. 1, l. 3.8.2009, n. 116.

741. Procedimento relativo al riconoscimento delle disposizioni civili di sentenze penali straniere.

1. A domanda dell'interessato, nel medesimo procedimento e con la stessa sentenza prevista dall'articolo 734 possono essere dichiarate efficaci le disposizioni civili della sentenza penale straniera di condanna alle restituzioni o al risarcimento del danno.

2. Negli altri casi, la domanda è proposta da chi ne ha interesse alla corte di appello nel distretto della quale le disposizioni civili della sentenza penale straniera dovrebbero essere fatte valere. Si osservano le disposizioni degli articoli 733 e 734.

Capo II
Esecuzione all'estero di sentenze penali italiane

742. Poteri del Ministro della giustizia e presupposti dell'esecuzione all'estero (1).

1. Nei casi previsti da accordi internazionali o dall'articolo 709 comma 2, il Ministro della giustizia, anche su domanda del pubblico ministero competente, chiede l'esecuzione all'estero delle sentenze penali ovvero vi acconsente quando essa è richiesta dallo Stato estero, sempre che non contrasti con i princìpi fondamentali dell'ordinamento giuridico dello Stato (2).

2. L'esecuzione all'estero di una sentenza penale di condanna a pena restrittiva della libertà personale può essere domandata o concessa solo se il condannato, reso edotto delle conseguenze, ha liberamente dichiarato di acconsentirvi e l'esecuzione nello Stato estero è idonea a favorire il suo reinserimento sociale.

3. L'esecuzione all'estero di una sentenza penale di condanna a pena restrittiva della libertà personale è ammissibile, anche se non ricorrono le condizioni previste dal comma 2, quando il condannato si trova nel territorio dello Stato richiesto e l'estradizione è stata negata o non è comunque possibile.

(1) Rubrica così modificata dall'art. 9, co. 1, lett. a), n. 1), d.lgs. 3.10.2017, n. 149, a decorrere dal 31.10.2017.
Il testo previgente così disponeva: «*Poteri del ministro di grazia e giustizia e presupposti dell'esecuzione all'estero*».

(2) Comma così modificato dall'art. 9, co. 1, lett. a), n. 2), d.lgs. 3.10.2017, n. 149, a decorrere dal 31.10.2017.
Il testo previgente così disponeva: «*1. Nei casi previsti da accordi internazionali o dall'articolo 709 comma 2, il ministro di grazia e giustizia domanda l'esecuzione all'estero delle sentenze penali ovvero vi acconsente quando essa è richiesta dallo Stato estero*».

742 bis. Poteri del Ministro della giustizia in materia di esecuzione della decisione nello Stato estero (1).

1. Il Ministro della giustizia vigila sull'osservanza delle condizioni eventualmente poste per l'esecuzione nello Stato estero della sentenza della quale è stato chiesto il riconoscimento.

(1) Articolo introdotto dall'art. 9, co. 1, lett. b), d.lgs. 3.10.2017, n. 149, a decorrere dal 31.10.2017.

743. Deliberazione della corte di appello.

1. La domanda di esecuzione all'estero di una sentenza di condanna a pena restrittiva della libertà personale non è ammessa senza previa deliberazione favorevole della corte di appello nel cui distretto fu pronunciata la condanna. A tale scopo il Ministro della giustizia trasmette gli atti al procuratore generale affinché promuova il procedimento davanti alla corte di appello (1).

2. La corte delibera con sentenza, osservate le forme previste dall'articolo 127, nei termini di cui all'articolo 734 (2).

3. Qualora sia necessario il consenso del condannato, esso deve essere prestato davanti all'autorità giudiziaria italiana. Se il condannato si trova all'estero, il consenso può essere prestato davanti all'autorità consolare italiana ovvero davanti all'autorità giudiziaria dello Stato estero.

4. La sentenza è soggetta a ricorso per cassazione per violazione di legge da parte del procuratore generale presso la corte di appello, dell'interessato e del difensore (3).

(1) Comma così modificato dall'art. 9, co. 1, lett. c), n. 1), d.lgs. 3.10.2017, n. 149, a decorrere dal 31.10.2017.
Il testo previgente così disponeva: «*1. La domanda di esecuzione all'estero di una sentenza di condanna a pena restrittiva della libertà personale non è ammessa senza previa deliberazione favorevole della corte di appello nel cui distretto fu pronunciata la condanna. A tale scopo il ministro di grazia e giustizia trasmette gli atti al procuratore generale affinché promuova il procedimento davanti alla corte di appello*».

(2) Comma così modificato dall'art. 9, co. 1, lett. c), n. 2), d.lgs. 3.10.2017, n. 149, a decorrere dal 31.10.2017.
Il testo previgente così disponeva: «*2. La corte delibera con sentenza, osservate le forme previste dall'articolo 127*».

(3) Comma così modificato dall'art. 9, co. 1, lett. c), n. 3), d.lgs. 3.10.2017, n. 149, a decorrere dal 31.10.2017.
Il testo previgente così disponeva: «*4. La sentenza è soggetta a ricorso per cassazione da parte del procuratore generale presso la corte di appello e dell'interessato*».

744. Limiti dell'esecuzione della condanna all'estero.

1. In nessun caso il Ministro della giustizia può domandare l'esecuzione all'estero di una sentenza penale di condanna a pena restrittiva della libertà personale se si ha motivo di ritenere che il condannato verrà sottoposto ad atti persecutori o discriminatori per motivi di razza, di religione, di sesso, di nazionalità, di lingua, di opinioni politiche o di condizioni personali o sociali ovvero a pene o trattamenti crudeli, disumani o degradanti (1).

(1) Comma così modificato dall'art. 9, co. 1, lett. d), d.lgs. 3.10.2017, n. 149, a decorrere dal 31.10.2017.
Il testo previgente così disponeva: «*1. In nessun caso il ministro di grazia e giustizia può domandare l'esecuzione all'estero di una sentenza penale di condanna a pena restrittiva della libertà personale se si ha motivo di ritenere che il condannato verrà sottoposto ad atti persecutori o discriminatori per motivi di razza, di religione, di sesso, di nazionalità, di lingua, di opinioni politiche o di condizioni personali o sociali ovvero a pene o trattamenti crudeli, disumani o degradanti*».

745. Richiesta di misure cautelari all'estero.

1. Se è domandata l'esecuzione di una pena restrittiva della libertà personale e il condannato si trova all'estero, il Ministro della giustizia ne richiede la custodia cautelare [285] (1).

2. Nel domandare l'esecuzione di una confisca [c.p. 240], il ministro ha facoltà di richiedere il sequestro.

2 bis. Il Ministro ha altresì facoltà, nei casi previsti da accordi internazionali, di richiedere lo svolgimento di indagini per l'identificazione e la ricerca di beni che si trovano all'estero e che possono divenire oggetto di una domanda di esecuzione di confisca, nonché di richiedere il loro sequestro [2].

(1) Comma così modificato dall'art. 9, co. 1, lett. e), d.lgs. 3.10.2017, n. 149, a decorrere dal 31.10.2017.
Il testo previgente così disponeva: «*1. Se è domandata l'esecuzione di una pena restrittiva della libertà personale e il condannato si trova all'estero, il ministro di grazia e giustizia ne richiede la custodia cautelare*».

(2) Comma introdotto dall'art. 12, l. 9.8.1993, n. 328, di ratifica della Convenzione sul riciclaggio, la ricerca, il sequestro e la confisca di proventi di reato, fatta a Strasburgo l'8.11.1990.

746. Effetti sull'esecuzione nello Stato.

1. L'esecuzione della pena nello Stato è sospesa dal momento in cui ha inizio l'esecuzione nello Stato richiesto e per tutta la durata della medesima.

2. La pena non può più essere eseguita nello Stato quando, secondo le leggi dello Stato richiesto, essa è stata interamente espiata.

TITOLO IV bis [1]
Trasferimento dei procedimenti penali

(1) Titolo inserito dall'art. 10, co. 1, lett. a), d.lgs. 3.10.2017, n. 149, a decorrere dal 31.10.2017.

746 bis. Disposizioni generali [1].

1. Salve le disposizioni speciali in materia di conflitti di giurisdizione con le autorità giudiziarie degli Stati membri dell'Unione europea, possono essere disposti, quando previsto dalle convenzioni internazionali, sia il trasferimento del procedimento penale in favore dell'autorità giudiziaria di altro Stato perché essa proceda che l'assunzione, nello Stato, del procedimento penale pendente davanti all'autorità giudiziaria di Stato estero.

2. Il trasferimento del procedimento penale o la sua assunzione sono disposti fino a quando non sia esercitata l'azione penale.

3. Il trasferimento è disposto in favore dell'autorità giudiziaria di altro Stato che presenti più stretti legami territoriali con il fatto per il quale si procede o con le fonti di prova. Ai fini della decisione si tiene conto dei seguenti criteri:

a) luogo in cui è avvenuta la maggior parte dell'azione, dell'omissione o dell'evento;

b) luogo in cui si è verificata la maggior parte delle conseguenze dannose;

c) luogo in cui si trovano il maggior numero di persone offese, di testimoni o delle fonti di prova;

d) impossibilità di procedere ad estradizione dell'indagato che ha trovato rifugio nello Stato richiesto;

e) luogo in cui risiede, dimora, è domiciliato ovvero si trova l'indagato.

(1) Articolo introdotto dall'art. 10, co. 1, lett. a), d.lgs. 3.10.2017, n. 149, che ha inserito il Titolo IV bis, a decorrere dal 31.10.2017.

746 ter. Assunzione di procedimenti penali dall'estero [1].

1. Il Ministro della giustizia, ricevuta richiesta di assunzione nello Stato di un procedimento penale, la trasmette all'ufficio del pubblico ministero presso il giudice competente.

2. Nel caso in cui le convenzioni internazionali prevedono il rapporto diretto tra autorità giudiziarie, il pubblico ministero dà tempestiva comunicazione al Ministro della giustizia del provvedimento di assunzione, reso all'esito delle consultazioni con l'autorità giudiziaria dello Stato estero.

3. La decisione di assunzione del procedimento è notificata alla persona offesa con l'avviso della facoltà di proporre querela, se questa è richiesta soltanto dall'ordinamento dello Stato. Il termine per la presentazione della querela decorre dalla notificazione dell'avviso.

4. La querela presentata nello Stato estero conserva efficacia nell'ordinamento interno.

5. Nel caso di misure cautelari disposte nel procedimento assunto in Italia, si applica l'articolo 27, ma il termine per l'adozione dei relativi provvedimenti è di trenta giorni dalla ricezione degli atti.

6. Il periodo di custodia cautelare sofferto all'estero è computato ai sensi e per gli effetti degli articoli 303, comma 4, 304 e 657. Si applica il comma 2 dell'articolo 303.

7. Gli atti di acquisizione probatoria compiuti all'estero conservano la loro efficacia e sono utilizzabili secondo la legge italiana, sempre che non contrastino con i principi fondamentali dell'ordinamento.

8. Il Ministro della giustizia informa tempestivamente lo Stato estero delle decisioni assunte dalle autorità giudiziarie italiane.

(1) Articolo introdotto dall'art. 10, co. 1, lett. a), d.lgs. 3.10.2017, n. 149, che ha inserito il Titolo IV bis, a decorrere dal 31.10.2017.

746 quater. Trasferimento di procedimenti penali all'estero [1].

1. Quando il pubblico ministero ha notizia della pendenza di un procedimento penale all'estero, per gli stessi fatti per i quali si è proceduto all'iscrizione a norma dell'articolo 335, adotta le proprie determinazioni in relazione al trasferimento del procedimento, dopo essersi consultato con la competente autorità straniera.

2. La decisione sul trasferimento del procedimento all'estero è comunicata al Ministro della giustizia che, nel termine di trenta giorni dalla ricezione degli atti, può vietarne l'esecuzione quando sono compromessi la sicurezza, la sovranità o altri interessi essenziali dello Stato, nonché nei casi previsti dal comma 4. Della decisione del Ministro è data comunicazione al pubblico ministero.

3. Quando gli accordi internazionali prevedono la decisione di autorità centrali, il pubblico ministero inoltra al Ministro della giustizia richiesta motivata di trasferimento del procedimento. Entro il termine di trenta giorni dalla ricezione degli atti, il Ministro può disporre il trasferimento sempre che non ricorrano le condizioni di cui ai commi 2 e 4, dandone tempestiva comunicazione all'autorità straniera e al pubblico ministero che procede.

4. Non può disporsi il trasferimento del procedimento se vi è motivo di ritenere che lo Stato estero non assicuri, nel procedimento, il rispetto dei principi fondamentali dell'ordinamento, ovvero se vi è motivo di ritenere che l'indagato verrà sottoposto ad atti persecutori o discriminatori per motivi di razza, di religione, di sesso, di nazionalità, di lingua, di opinioni politiche o di condizioni personali o sociali ovvero a pene o trattamenti crudeli, disumani o degradanti o comunque ad atti che configurano violazione di uno dei diritti fondamentali della persona.

5. Il procedimento penale è sospeso dal momento della trasmissione al Ministro della giustizia della decisione prevista dal comma 2 o della richiesta motivata prevista al comma 3 e sino alla comunicazione della decisione del Ministro. In ogni caso possono essere compiuti gli atti urgenti o irripetibili.

6. A seguito della comunicazione del trasferimento all'estero del procedimento penale ovvero decorso il termine di cui al comma 2 senza che il Ministro abbia esercitato il potere di diniego, il giudice emette decreto di archiviazione. Non si applicano gli articoli 408, 409 e 410. Il decreto di archiviazione è comunicato alla persona offesa che, nella notizia di reato o successivamente alla sua presentazione, abbia dichiarato di volere essere informata circa l'eventuale archiviazione.

7. Resta fermo quanto stabilito dall'articolo 414 quando l'azione penale non è esercitata nello Stato estero nel termine convenuto all'atto del trasferimento, sempre che la decisione assunta nello Stato estero non determini il divieto di un secondo giudizio. Dell'avvenuta riapertura delle indagini è data comunicazione allo Stato estero.

(1) Articolo introdotto dall'art. 10, co. 1, lett. a), d.lgs. 3.10.2017, n. 149, che ha inserito il Titolo IV bis, a decorrere dal 31.10.2017.

2. D.Lgs. 28 luglio 1989, n. 271 (in G.U. 5 agosto 1989, n. 18, S.O.). Norme di attuazione, di coordinamento e transitorie del codice di procedura penale

TITOLO I
Norme di attuazione

Capo I
Disposizioni relative al giudice

1. Modalità di determinazione della competenza per i procedimenti riguardanti i magistrati [(1)].

1. Agli effetti di quanto stabilito dall'articolo 11 del codice, il distretto di corte d'appello nel cui capoluogo ha sede il giudice competente è determinato sulla base della tabella A allegata alle presenti norme.

(1) Articolo così sostituito dall'art. 6, l. 2.12.1998, n. 420. Il testo previgente così disponeva: «*Determinazione del distretto di corte di appello più vicino. 1. Agli effetti di quanto stabilito dall'art. 11 del codice, per determinare il distretto di corte di appello più vicino si tiene conto della distanza chilometrica ferroviaria, e se del caso marittima, tra i capoluoghi di distretto*».

2. Riunione di processi.

1. Se più processi che possono essere riuniti a norma dell'articolo 17 del codice pendono davanti a diversi giudici o a diverse sezioni dello stesso ufficio giudiziario, il dirigente dell'ufficio o della sezione designa per la eventuale riunione il giudice o la sezione cui è stato assegnato per primo uno dei processi, salvo che sussistano rilevanti esigenze di servizio ovvero la designazione possa pregiudicare la rapida definizione dei processi medesimi. In tali ultime ipotesi provvede con decreto motivato.

1 bis. Fermo quanto previsto dalla seconda parte del comma 1, nel caso indicato dall'articolo 17 comma 1-*bis* del codice il dirigente dell'ufficio o della sezione designa per l'eventuale riunione il giudice o la sezione che procede in composizione collegiale cui è stato assegnato per primo uno dei processi. Se la riunione non viene disposta, gli atti sono restituiti [(1)].

(1) Comma introdotto dall'art. 208, d.lgs. 19.2.1998, n. 51, con effetto dal 2.6.1999.

Capo II
Disposizioni relative al pubblico ministero

3. Designazione del pubblico ministero [(1)].

[**1.** I titolari degli uffici del pubblico ministero curano che, ove possibile, alla trattazione del procedimento provvedano, per tutte le fasi del relativo grado, il magistrato o i magistrati originariamente designati.]

(1) Articolo abrogato dall'art. 7, d.lgs. 20.2.2006, n. 106, a decorrere dal novantunesimo giorno successivo a quello della sua pubblicazione (art. 8, d.lgs. n. 106/2006).

3 bis. Priorità nella trattazione delle notizie di reato e nell'esercizio dell'azione penale [(1)].

1. Nella trattazione delle notizie di reato e nell'esercizio dell'azione penale il pubblico ministero si conforma ai criteri di priorità contenuti nel progetto organizzativo dell'ufficio.

(1) Articolo introdotto dall'art. 41, co. 1, lett. a), d.lgs. 10.10.2022, n. 150, a decorrere dal 30.12.2022.

4. Contrasto tra pubblici ministeri.

1. Quando ricorre l'ipotesi prevista dall'articolo 54

comma 2 del codice, il pubblico ministero trasmette immediatamente al procuratore generale presso la corte di appello o presso la corte di cassazione gli atti del procedimento in originale o in copia.

4 bis. Formalità delle richieste per la trasmissione a un diverso ufficio del pubblico ministero (1).

1. La richiesta al procuratore generale di cui all'articolo 54-*quater*, comma 3, del codice, deve essere depositata presso la segreteria del medesimo, unitamente a copia della richiesta presentata al pubblico ministero.

2. Ai fini della determinazione dell'ufficio del pubblico ministero che deve procedere, il procuratore generale presso la corte di appello o presso la Corte di cassazione, verificata l'ammissibilità della richiesta, può richiedere la trasmissione di copia degli atti del procedimento.

(1) Articolo introdotto dall'art. 48, l. 16.12.1999, n. 479.

4 ter. Nucleo di polizia penitenziaria a supporto delle funzioni del procuratore nazionale antimafia (1).

1. Nell'esercizio delle funzioni di cui all'articolo 371-*bis*, commi 1 e 2, del codice e con specifico riferimento all'acquisizione, all'analisi ed all'elaborazione dei dati e delle informazioni provenienti dall'ambiente penitenziario, il procuratore nazionale antimafia e antiterrorismo si avvale di un apposito nucleo costituito, fino a un massimo di venti unità, nell'ambito del Corpo di polizia penitenziaria e composto da personale del medesimo Corpo. L'assegnazione al predetto nucleo non determina l'attribuzione di emolumenti aggiuntivi.

(1) Articolo introdotto dall'art. 15 ter, co. 1, d.l. 4.10.2018, n. 113, convertito, con modificazioni, dalla l. 1.12.2018, n. 132, a decorrere dal 4.12.2018.

Capo III
Disposizioni relative alla polizia giudiziaria

5. Composizione delle sezioni di polizia giudiziaria.

1. Le sezioni di polizia giudiziaria sono composte dagli ufficiali e dagli agenti di polizia giudiziaria della polizia di Stato, dell'arma dei carabinieri e del corpo della guardia di finanza nonché del Corpo forestale dello Stato (1).

2. Quando lo richiedono particolari esigenze di specializzazione dell'attività di polizia giudiziaria, su richiesta del procuratore generale presso la corte di appello e del procuratore della Repubblica interessato, possono essere applicati presso le sezioni, con provvedimento delle amministrazioni di appartenenza, ufficiali e agenti di polizia giudiziaria di altri organi. Si osservano le disposizioni dell'articolo 8 [disp. att. c.p.p. 8] in quanto applicabili.

3. Al personale indicato nel comma 2 si applicano le disposizioni dell'articolo 10 [disp. att. c.p.p. 10].

(1) Comma così modificato dal co. 7, art. 4, l. 3.02.2011, n. 4.
Il testo previgente così disponeva: «*Le sezioni di polizia giudiziaria sono composte dagli ufficiali e dagli agenti di polizia giudiziaria della polizia di Stato, dell'arma dei carabinieri e del corpo della guardia di finanza*».

6. Costituzione dell'organico delle sezioni.

1. L'organico delle sezioni di polizia giudiziaria è costituito da personale in numero non inferiore al doppio di quello dei magistrati previsti nell'organico delle procure della Repubblica (1).

2. Almeno due terzi dell'organico sono riservati ad ufficiali di polizia giudiziaria.

3. Fermi restando i limiti previsti dai commi 1 e 2, entro il 15 gennaio di ogni biennio il ministro di grazia e giustizia, di concerto con i ministri dell'interno, della difesa e delle finanze, determina con decreto l'organico delle sezioni, tenuto conto delle esigenze connesse all'esercizio delle funzioni di polizia giudiziaria e sentito il procuratore generale presso la corte di appello interessato. Nel decreto è fissato, per ogni sezione, il contingente assegnato a ciascuna forza di polizia, tenuto conto dei rispettivi organici.

4. Il personale applicato a norma dell'articolo 5 [disp. att. c.p.p. 5] comma 2 non viene calcolato nell'organico delle sezioni.

(1) Comma così sostituito dall'art. 209, d.lgs. 19.2.1998, n. 51, con effetto dal 2.6.1999.
Il testo previgente così disponeva: «*1. L'organico delle sezioni di polizia giudiziaria è costituito: a) da personale in numero non inferiore al doppio di quello dei magistrati previsti nell'organico delle procure della Repubblica presso i tribunali; b) da personale in numero non inferiore al doppio di quello dei magistrati previsti nell'organico delle procure della Repubblica presso le preture*».

7. Ripianamento organico e posti vacanti.

1. Le amministrazioni rispettivamente interessate provvedono al ripianamento organico entro novanta giorni dalla pubblicazione del decreto previsto dall'articolo 6 [disp. att. c.p.p. 6]comma 3).

2. Quando si deve provvedere alla copertura delle vacanze, l'elenco di queste è pubblicato senza ritardo sul bollettino dell'amministrazione interessata su richiesta del procuratore generale presso la corte di appello.

3. Nell'ipotesi indicata nel comma 2, l'amministrazione interessata provvede alla copertura entro novanta giorni dalla richiesta del procuratore generale.

8. Assegnazione alle sezioni

1. Gli interessati all'assegnazione alle sezioni di polizia giudiziaria presentano domanda all'amministrazione di appartenenza entro trenta giorni dalla pubblicazione delle vacanze indicando, se lo ritengono, tre sedi di preferenza.

2. Le domande, con il parere dell'ufficio o comando da cui dipendono gli interessati, sono trasmesse senza ritardo al procuratore generale presso la corte di appello nel cui distretto è stata dichiarata la vacanza.

3. Quando mancano le domande o queste sono in numero inferiore al triplo delle vacanze, ciascuna amministrazione indica al procuratore generale, individuato a norma del comma 2, coloro che possono essere presi in considerazione ai fini dell'assegnazione alle sezioni sino a raggiungere, tenendo conto anche delle eventuali domande, un numero triplo a quello delle vacanze.

4. Un terzo dei soggetti indicati dall'amministrazione di appartenenza deve avere svolto attività di polizia giudiziaria per almeno due anni nelle sezioni o nei servizi di polizia giudiziaria.

5. Per ogni candidato, l'amministrazione di appartenenza trasmette contestualmente copia della documentazione caratteristica.

6. L'assegnazione è disposta senza ritardo con provvedimento dell'amministrazione di appartenenza su richiesta nominativa congiunta del procuratore generale presso la corte di appello e del procuratore della Repubblica interessato.

7. Non sono considerate le domande e le posizioni rispetto alle quali ricorrono divieti previsti da leggi o da regolamenti concernenti gli ordinamenti delle amministrazioni di appartenenza.

9. Direzione e coordinamento delle sezioni.

1. Il capo dell'ufficio presso cui è istituita la sezione la dirige e ne coordina l'attività in relazione alle richieste formulate dai singoli magistrati a norma dell'articolo 58 del codice.

2. Per ciascuna forza di polizia che compone la sezione, l'ufficiale di polizia giudiziaria più elevato in grado o con qualifica superiore è responsabile del personale appartenente alla propria amministrazione.

10. Stato giuridico e carriera del personale delle sezioni.

1. Lo stato giuridico e la carriera del personale delle sezioni sono disciplinati dagli ordinamenti delle amministrazioni di appartenenza.

2. Ai fini della compilazione della documentazione caratteristica del personale, nei casi previsti dai rispettivi ordinamenti, il capo dell'ufficio presso cui è istituita la sezione fornisce elementi informativi che concorrono alla formazione della valutazione.

3. Il personale delle sezioni è esonerato, quanto all'impiego, dai compiti e dagli obblighi derivanti dagli ordinamenti della amministrazioni di appartenenza non inerenti alle funzioni di polizia giudiziaria, salvo che per casi eccezionali o per esigenze di istruzione e addestrative, previo consenso del capo dell'ufficio presso il quale la sezione è istituita.

11. Trasferimenti del personale delle sezioni.

1. I trasferimenti del personale della sezione di polizia giudiziaria sono disposti dall'amministrazione di appartenenza su proposta motivata del capo dell'ufficio presso cui è istituita la sezione ovvero, su iniziativa dell'amministrazione, previo nulla osta del medesimo e del procuratore generale presso la corte di appello.

2. Qualora il trasferimento si renda necessario in relazione alla progressione in carriera, è sufficiente il tempestivo avviso al capo dell'ufficio e al procuratore generale da parte dell'amministrazione.

12. Servizi di polizia giudiziaria.

1. Agli effetti di quanto previsto dall'articolo 56 del codice, sono servizi di polizia giudiziaria tutti gli uffici e le unità ai quali è affidato dalle rispettive amministrazioni o dagli organismi previsti dalla legge il compito di svolgere in via prioritaria e continuativa le funzioni indicate nell'articolo 55 del codice.

2. Entro il termine stabilito per l'entrata in vigore del codice, le amministrazioni o gli organismi dai quali dipendono i servizi indicati nel comma 1 comunicano al procuratore generale presso la corte di appello e al procuratore della Repubblica presso il tribunale il nome e il grado degli ufficiali che dirigono i servizi di polizia giudiziaria e specifici settori o articolazioni di questi.

3. Salvo quanto disposto dall'articolo 14 [d sp. att. c.p.p. 14], ogni variazione dell'elenco degli ufficiali indicati nel comma 2 deve essere comunicata senza ritardo.

13. Servizi operanti in ambito più vasto del circondario.

1. Quando i servizi di polizia giudiziaria sono costituiti per attività da svolgere in ambito territoriale più vasto del circondario, l'ufficiale preposto è responsabile verso il procuratore generale del distretto dove ha sede il servizio.

14. Allontanamento dei dirigenti dei servizi.

1. Per allontanare anche provvisoriamente dalla sede o assegnare ad altri uffici i dirigenti dei servizi di polizia giudiziaria o di specifici settori o articolazioni di questi, le amministrazioni dalle quali essi dipendono devono ottenere il consenso del procuratore generale presso la corte di appello e del procuratore della Repubblica presso il tribunale.

2. Il diniego deve essere motivato. Qualora l'allontanamento si renda necessario ai fini della progressione in carriera, il consenso non può essere negato.

15. Promozioni.

1. Le promozioni degli addetti alle sezioni di polizia giudiziaria non possono essere disposte senza il parere favorevole del procuratore generale presso la corte di appello e del capo dell'ufficio presso cui è istituita la sezione.

2. Le promozioni degli ufficiali che dirigono i servizi o specifici settori o articolazioni di questi non possono essere disposte senza il parere favorevole del procuratore generale presso la corte di appello e del procuratore della Repubblica presso il tribunale.

3. Le disposizioni dei commi 1 e 2 si applicano anche quando l'ufficiale o l'agente ha cessato dalle funzioni di polizia giudiziaria da non più di due anni.

16. Sanzioni disciplinari.

1. Gli ufficiali e gli agenti di polizia giudiziaria che senza giustificato motivo omettono di riferire nel termine previsto all'autorità giudiziaria la notizia del reato, che omettono o ritardano l'esecuzione di un ordine dell'autorità giudiziaria o lo eseguono soltanto in parte o negligentemente o comunque violano ogni altra disposizione di legge relativa all'esercizio delle funzioni di polizia giudiziaria, sono soggetti alla sanzione disciplinare della censura e, nei casi più gravi, alla sospensione dall'impiego per un tempo non eccedente sei mesi.

2. Nei confronti degli ufficiali e degli agenti indicati nell'articolo 56 comma 1 lettera b) del codice può essere altresì disposto l'esonero dal servizio presso le sezioni.

3. Fuori delle trasgressioni previste dal comma 1, gli ufficiali e gli agenti di polizia giudiziaria rimangono soggetti alle sanzioni disciplinari stabilite dai propri ordinamenti.

17. Procedimento disciplinare.

1. L'azione disciplinare è promossa dal procuratore generale presso la corte di appello nel cui distretto l'ufficiale o l'agente presta servizio. Dell'inizio dell'azione disciplinare è data comunicazione all'amministrazione dalla quale dipende l'ufficiale o l'agente di polizia giudiziaria.

2. L'addebito è contestato all'incolpato per iscritto. La contestazione indica succintamente il fatto e la specifica trasgressione della quale l'incolpato è chiamato a rispondere. Essa è notificata all'incolpato e contiene l'avviso che, fino a cinque giorni prima dell'udienza, egli può presentare memorie, produrre documenti e richiedere l'audizione di testimoni.

3. Competente a giudicare è una commissione composta:

a) da un presidente di sezione della corte di appello che la presiede e da un magistrato di tribunale, nominati ogni due anni dal consiglio giudiziario;

b) da un ufficiale di polizia giudiziaria, scelto, a seconda dell'appartenenza dell'incolpato, fra tre ufficiali di polizia giudiziaria nominati ogni due anni rispettivamente dal questore, dal comandante di legione dei carabinieri e dal comandante di zona della guardia di finanza. Se l'incolpato non appartiene alla polizia di Stato, ai carabinieri o alla guardia di finanza, a comporre la commissione è invece chiamato un ufficiale di polizia giudiziaria appartenente alla stessa amministrazione dell'incolpato e nominato ogni due anni dagli organi che la rappresentano.

4. Nel procedimento disciplinare si osservano, in quanto applicabili, le disposizioni dell'articolo 127 del codice. L'accusa è esercitata dal procuratore generale che ha promosso l'azione disciplinare o da un suo sostituto. L'incolpato ha facoltà di nominare un difensore scelto tra gli appartenenti alla propria amministrazione ovvero tra gli avvocati e i procuratori (1) iscritti negli albi professionali. In mancanza di tale nomina, il presidente della commissione designa un difensore di ufficio individuato secondo le modalità previste dall'articolo 97 del codice.

5. Il procuratore generale presso la corte di appello comunica i provvedimenti all'amministrazione di appartenenza dell'ufficiale o agente di polizia giudiziaria nei cui confronti è stata promossa l'azione disciplinare.

(1) La l. 24.2.1997, n. 27, ha soppresso l'albo dei procuratori legali ed ha disposto la sostituzione del termine "procuratore legale" con il termine "avvocato".

18. Ricorso.

1. Contro la decisione emessa a norma dell'articolo 17 [disp. att. c.p.p. 17] l'incolpato e il procuratore generale presso la corte di appello possono proporre ricorso a una commissione che ha sede presso il ministero di grazia e giustizia ed è composta:

a) da un magistrato della corte di cassazione che la presiede e da un magistrato che esercita funzioni di appello, nominati ogni quattro anni dal Consiglio superiore della magistratura;

b) da un ufficiale di polizia giudiziaria scelto, a seconda dell'appartenenza dell'incolpato, fra i tre nominati ogni quattro anni rispettivamente dal capo della polizia e dai comandanti generali dei carabinieri e della guardia di finanza. Se l'incolpato non appartiene alla polizia di Stato, ai carabinieri o alla guardia di finanza, a comporre la commissione è chiamato un ufficiale di polizia giudiziaria appartenente alla stessa amministrazione dell'incolpato e nominato ogni quattro anni dagli organi che la rappresentano.

2. L'accusa è esercitata da un magistrato della procura generale presso la corte di cassazione.

3. L'incolpato ha facoltà di nominare un difensore scelto tra gli avvocati e i procuratori (1) iscritti negli albi professionali. In mancanza di tale nomina, il presidente della commissione designa un difensore di ufficio individuato secondo le modalità previste dall'articolo 97 del codice.

4. La decisione è immediatamente trasmessa per l'esecuzione all'amministrazione cui appartiene l'ufficiale o l'agente.

5. Contro la decisione l'incolpato e il procuratore generale presso la corte di cassazione possono proporre ricorso per cassazione per violazione di legge. Il ricorso non sospende l'esecuzione della decisione. Si osservano le disposizioni dell'articolo 611 del codice, in quanto applicabili (2).

(1) La l. 24.2.1997, n. 27, ha soppresso l'albo dei procuratori legali e ha disposto la sostituzione del termine "procuratore legale" con il termine "avvocato".

(2) La Corte costituzionale, con sent. 4.12.1998, n. 394, ha dichiarato l'illegittimità costituzionale di questo comma.

19. Sospensione cautelare.

1. Le commissioni previste dagli articoli 17 e 18 [disp. att. c.p.p. 17, 18] possono disporre la sospensione cautelare dell'ufficiale o dell'agente dalle funzioni di polizia giudiziaria.

20. Disposizione transitoria.

1. Il personale di polizia giudiziaria attualmente operante presso gli uffici giudiziari è mantenuto nelle sue funzioni fino a che non siano costituite per la prima volta le sezioni di polizia giudiziaria.

2. Per la prima costituzione delle sezioni di polizia

giudiziaria, il decreto previsto dall'articolo 6 comma 3 [disp. att. c.p.p. 6] è emesso non oltre un mese prima della data di entrata in vigore del codice.

3. Il personale è assegnato alle sezioni a norma degli articoli 7 e 8 [disp. att. c.p.p. 7, 8]; tuttavia, al ripianamento si provvede entro trenta giorni dal decreto indicato nel comma 2 e all'assegnazione si provvede non oltre i sessanta giorni successivi.

Capo IV
Disposizioni relative alle parti private e ai difensori

21. Notizie da chiedere all'imputato nel primo atto cui egli è presente.

1. Quando procede a norma dell'articolo 66 del codice, il giudice o il pubblico ministero invita l'imputato o la persona sottoposta alle indagini a dichiarare se ha un soprannome o uno pseudonimo, se ha beni patrimoniali e quali sono le sue condizioni di vita individuale, familiare e sociale. Lo invita inoltre a dichiarare se è sottoposto ad altri processi penali, se ha riportato condanne nello Stato o all'estero e, quando ne è il caso, se esercita o ha esercitato uffici o servizi pubblici o servizi di pubblica necessità e se ricopre o ha ricoperto cariche pubbliche.

22. Comparizione delle persone in stato di arresto o detenzione domiciliare.

1. Quando una persona in stato di arresto o detenzione domiciliare deve comparire per ragioni di giustizia davanti all'autorità giudiziaria, il giudice competente a norma dell'articolo 279 del codice ovvero il magistrato di sorveglianza del luogo dove si svolge la detenzione, se non ritiene di dover disporre l'accompagnamento o la traduzione per salvaguardare comprovate esigenze processuali o di sicurezza, autorizza l'allontanamento dal luogo di arresto o di detenzione per il tempo strettamente necessario. In tal caso detta le opportune prescrizioni e dà comunicazione del provvedimento all'ufficio di polizia giudiziaria territorialmente competente. Il giudice per le indagini preliminari provvede sentito il pubblico ministero.

2. L'autorizzazione prevista dal comma 1 può essere concessa anche quando la traduzione sia stata disposta da altra autorità giudiziaria davanti alla quale la persona deve comparire.

23. Assenza delle parti private diverse dall'imputato.

1. L'assenza delle parti private diverse dall'imputato regolarmente citate non determina la sospensione o il rinvio del dibattimento, né la nuova fissazione dell'udienza preliminare a norma degli articoli 420-*bis* e 420-*ter* del codice [(1)].

2. Fermo quanto previsto dall'articolo 82 comma 2 del codice, nel caso di mancata comparizione delle parti private diverse dall'imputato, la sentenza è notificata alle stesse per estratto unitamente all'avviso di deposito della sentenza.

(1) Comma così modificato dall'art. 49, l. 16.12.1999, n. 479.
Il testo previgente così disponeva: «*L'assenza delle parti private diverse dall'imputato regolarmente citate non determina la sospensione o il rinvio del dibattimento, né la nuova fissazione dell'udienza preliminare a norma dell'art. 420 comma 4 del codice*».

24. Nomina di più difensori.

1. La nomina di ulteriori difensori si considera senza effetto finché la parte non provvede alla revoca delle nomine precedenti che risultano in eccedenza rispetto al numero previsto dagli articoli 96, 100 e 101 del codice.

25. Divieto di consigli circa la scelta del difensore di fiducia.

1. Costituisce grave infrazione disciplinare per gli ufficiali e gli agenti di polizia giudiziaria e per tutti i dipendenti dell'amministrazione degli istituti di prevenzione e di pena dare consigli sulla scelta del difensore di fiducia.

26. Nomina del difensore nei casi di uso di lingua diversa dall'italiano.

1. Anche nei casi di uso di lingua diversa dall'italiano nel procedimento, l'imputato e le altre parti private hanno il diritto di nominare il difensore senza alcun limite derivante dall'appartenenza etnica o linguistica dello stesso.

2. Nei casi previsti dall'articolo 109 comma 2 del codice, quando ciò serve ad assicurare l'effettività della difesa, l'autorità giudiziaria, nell'individuare il difensore d'ufficio o nel designare il sostituto del difensore a norma dell'articolo 97 comma 4 del codice, tiene conto dell'appartenenza etnica o linguistica dell'imputato.

27. Documentazione della qualità di difensore.

1. Quando è richiesto, il difensore documenta la sua qualità esibendo:

a) la certificazione della nomina fatta con dichiarazione orale all'autorità procedente;
b) la copia della nomina recante l'attestazione dell'avvenuto deposito, nel caso di consegna da parte del difensore;
c) la copia della nomina, certificata conforme all'originale da parte del difensore, e l'originale della ricevuta postale, nel caso di trasmissione a mezzo di raccomandata;
d) la copia del verbale o dell'avviso indicati nell'articolo 30 [disp. att. c.p.p. 30], nel caso di nomina di ufficio.

28. Comunicazione del nominativo del difensore di ufficio.

1. Il nominativo del difensore di ufficio è comunicato senza ritardo all'imputato con l'avvertimento che può essere nominato, in qualunque momento, un difensore di fiducia.

1 bis. Contestualmente sono comunicati i recapiti, anche telefonici e telematici, del difensore [(1)].

(1) Comma introdotto dall'art. 41, co. 1, lett. b), d.lgs. 10.10.2022, n. 150, a decorrere dal 30.12.2022.

29. Elenchi e tabelle dei difensori di ufficio.

1. Il Consiglio nazionale forense predispone e aggiorna, con cadenza trimestrale, l'elenco alfabetico degli avvocati iscritti negli albi, disponibili ad assumere le difese d'ufficio [1].

1 bis. L'inserimento nell'elenco di cui al comma 1 è disposto sulla base di almeno uno dei seguenti requisiti:
a) partecipazione a un corso biennale di formazione e aggiornamento professionale in materia penale, organizzato dal Consiglio dell'ordine circondariale o da una Camera penale territoriale o dall'Unione delle Camere penali, della durata complessiva di almeno 90 ore e con superamento di esame finale;
b) iscrizione all'albo da almeno cinque anni ed esperienza nella materia penale, comprovata dalla produzione di idonea documentazione;
c) conseguimento del titolo di specialista in diritto penale, secondo quanto previsto dall'articolo 9 della legge 31 dicembre 2012, n. 247 [2].

1 ter. La domanda di inserimento nell'elenco nazionale di cui al comma 1 è presentata al Consiglio dell'ordine circondariale di appartenenza, che provvede alla trasmissione degli atti, con allegato parere, al Consiglio nazionale forense. Avverso la decisione di rigetto della domanda è ammessa opposizione ai sensi dell'articolo 7 del decreto del Presidente della Repubblica 24 novembre 1971, n. 1199 [3].

1 quater. Ai fini della permanenza nell'elenco dei difensori d'ufficio sono condizioni necessarie:
a) non avere riportato sanzioni disciplinari definitive superiori all'ammonimento;
b) l'esercizio continuativo di attività nel settore penale comprovato dalla partecipazione ad almeno dieci udienze camerali o dibattimentali per anno, escluse quelle di mero rinvio [3].

1 quinquies. Il professionista iscritto nell'elenco nazionale deve presentare, con cadenza annuale, la relativa documentazione al Consiglio dell'ordine circondariale, che la inoltra, con allegato parere, al Consiglio nazionale forense. In caso di mancata presentazione della documentazione, il professionista è cancellato d'ufficio dall'elenco nazionale [3].

1 sexies. I professionisti iscritti all'elenco nazionale non possono chiedere la cancellazione dallo stesso prima del termine di due anni [3].

2. È istituito presso l'ordine forense di ciascun capoluogo del distretto di corte d'appello un apposito ufficio con recapito centralizzato che, mediante linee telefoniche dedicate, fornisce i nominativi dei difensori d'ufficio a richiesta dell'autorità giudiziaria o della polizia giudiziaria. Non si ricorre al sistema informatizzato se il procedimento concerne materie che riguardano competenze specifiche [4].

3. L'ufficio di cui al comma 2 gestisce separatamente gli elenchi dei difensori d'ufficio di ciascun ordine forense esistente nel distretto di corte d'appello [5].

4. Il sistema informatizzato di cui al comma 2 deve garantire:
a) che l'indicazione dei nominativi rispetti un criterio di rotazione automatico tra gli iscritti nell'elenco di cui al comma 1;
b) che sia evitata l'attribuzione contestuale di nomine, ad un unico difensore, per procedimenti pendenti innanzi ad autorità giudiziarie e di polizia distanti tra di loro e, comunque, dislocate in modo da non permettere l'effettività della difesa;
c) l'istituzione di un turno differenziato, per gli indagati e gli imputati detenuti o arrestati all'estero in esecuzione di mandato di arresto europeo nell'ambito di procedura attiva di consegna, al fine di agevolare la tempestiva nomina di un difensore che assista quello officiato nello Stato di esecuzione, che assicuri, attraverso un criterio di rotazione giornaliera dei nominativi, la reperibilità di un numero di difensori d'ufficio corrispondente alle esigenze [6] [7].

5. L'autorità giudiziaria e, nei casi previsti, la polizia giudiziaria, individuano il difensore richiedendone il nominativo all'ufficio di cui al comma 2 [8].

6. Il presidente del consiglio dell'ordine forense o un componente da lui delegato vigila sul rispetto dei criteri per l'individuazione e la designazione del difensore d'ufficio [9].

7. I difensori inseriti nei turni giornalieri di cui al comma 4, lettera c), hanno l'obbligo della reperibilità [10].

[**8.** Il presidente del tribunale e il presidente del consiglio dell'ordine forense vigilano sul rispetto della tabella e dei criteri per l'individuazione e la designazione dei difensori di ufficio [11].]

[**9.** I difensori inseriti nella tabella hanno l'obbligo della reperibilità [11].]

(1) Comma modificato dall'art. 6, l. 6.3.2001, n. 60 e, poi, così sostituito dall'art. 1, co. 1, lett. a), d.lgs. 30.1.2015, n. 6.
Il testo antecedente alla sostituzione disposta con d.lgs. n. 6/2015 così disponeva: «*Il consiglio dell'ordine forense predispone e aggiorna almeno ogni tre mesi l'elenco alfabetico degli iscritti negli albi disponibili ad assumere le difese di ufficio*». *Il testo antecedente alla modifica del 2001 così disponeva: «Il consiglio dell'ordine forense predispone e aggiorna almeno ogni tre mesi l'elenco alfabetico degli iscritti negli albi idonei e disponibili ad assumere le difese di ufficio*».

(2) Comma introdotto dall'art. 7, l. 6.3.2001, n. 60 e, poi, così sostituito dall'art. 1, co. 1, lett. a), d.lgs. 30.1.2015, n. 6.
Il testo antecedente alla sostituzione disposta con d.lgs. n. 6/2015 così disponeva: «*Per l'iscrizione nell'elenco di cui all'art. 97 del codice, è necessario il conseguimento di attestazione di idoneità rilasciata dall'ordine forense di appartenenza al termine della frequenza di corsi di aggiornamento professionale organizzati dagli ordini medesimi o, ove costituita, dalla camera penale territoriale ovvero dall'unione delle camere penali. I difensori possono, tuttavia, essere iscritti nell'elenco, a prescindere dal requisito di cui al periodo precedente, dimostrando di aver esercitato la professione in sede penale per almeno due anni, mediante la produzione di idonea documentazione*».

(3) Comma introdotto dall'art. 1, co. 1, lett. b), d.lgs. 30.1.2015, n. 6.

(4) Comma così sostituito dall'art. 8, l. 6.3.2001, n. 60.
Il testo previgente così disponeva: «*L'elenco, sottoscritto dal presi-*

dente e dal segretario del consiglio dell'ordine forense, è consegnato in copia al presidente del tribunale, il quale ne cura la trasmissione agli uffici giudiziari che hanno sede nel territorio del circondario».

(5) Comma così sostituito dall'art. 9, l. 6.3.2001, n. 60.
Il testo previgente così disponeva: «*Il consiglio dell'ordine forense, d'intesa con il presidente del tribunale, forma almeno ogni tre mesi una tabella di turni giornalieri o settimanali, se del caso differenziata per i diversi uffici giudiziari, nella quale sono distribuiti e si avvicendano gli iscritti nell'elenco indicato nel comma 1, in modo che ogni giorno sia assicurata la reperibilità di un numero di difensori corrispondente alle esigenze*».

(6) Lettera così modificata dall'art. 3, co. 1, d.lgs. 15.9.2016, n. 184, a decorrere dal 18.10.2016.
Il testo previgente così disponeva: «*c) l'istituzione di un turno differenziato, per gli indagati e gli imputati detenuti, che assicuri, attraverso un criterio di rotazione giornaliera dei nominativi, la reperibilità di un numero di difensori d'ufficio corrispondente alle esigenze*».

(7) Comma così sostituito dall'art. 10, l. 6.3.2001, n. 60.
Il testo previgente così disponeva: «*Nella tabella sono fissati i criteri di individuazione del difensore di ufficio*».

(8) Comma così sostituito dall'art. 11, l. 6.3.2001, n. 60.
Il testo previgente così disponeva: «*La tabella, sottoscritta dal presidente del consiglio dell'ordine forense e dal presidente del tribunale, è trasmessa a cura di quest'ultimo agli uffici giudiziari che hanno sede nel territorio del circondario*».

(9) Comma così sostituito dall'art. 12, l. 6.3.2001, n. 60.
Il testo previgente così disponeva: «*L'autorità giudiziaria e, nei casi previsti, la polizia giudiziaria, individuano il difensore di ufficio nell'ambito e secondo l'ordine della tabella indicata nel comma 3. Nel caso di mancanza o inidoneità della tabella, provvede l'autorità giudiziaria, nell'ambito dell'elenco indicato nel comma 1 e, se anche questo manca o è inidoneo, in base agli albi professionali ovvero designando il presidente o un membro del consiglio dell'ordine forense*».

(10) Comma così sostituito dall'art. 13, l. 6.3.2001, n. 60.
Il testo previgente così disponeva: «*Quando il difensore di ufficio è designato fuori dell'ambito o dell'ordine della tabella, l'autorità giudiziaria ne indica le ragioni nell'atto di designazione, informandone il presidente del tribunale e il presidente del consiglio dell'ordine forense*».

(11) Comma abrogato dall'art. 14, l. 6.3.2001, n. 60.

30. Comunicazione al difensore di ufficio.

1. Al difensore di ufficio è data comunicazione della individuazione effettuata a norma dell'articolo 97 comma 3 del codice [(1)].

2. Allo stesso modo è comunicata la designazione al sostituto nei casi previsti dall'articolo 97 comma 4 del codice.

3. Nel caso previsto dall'articolo 97 comma 5 del codice, il difensore di ufficio che si trova nell'impossibilità di adempiere l'incarico e non ha nominato un sostituto deve avvisare immediatamente l'autorità giudiziaria, indicandone le ragioni, affinché si provveda alla sostituzione [(2)].

(1) Comma così modificato dall'art. 15, l. 6.3.2001, n. 60.
Il testo previgente così disponeva: «*Al difensore di ufficio è data comunicazione della individuazione effettuata a norma dell'art. 97 commi 2 e 3 del codice*».

(2) Comma così modificato dall'art. 16, l. 6.3.2001, n. 60.
Il testo previgente così disponeva: «*Nel caso previsto dall'art. 97 comma 5 del codice, il difensore di ufficio che si trova nell'impossibilità di adempiere l'incarico deve avvertire immediatamente l'autorità giudiziaria, indicandone le ragioni, affinché si provveda a sostituirlo*».

31. Diritto alla retribuzione del difensore di ufficio.

1. Fermo quanto previsto dalle norme sul gratuito patrocinio, l'attività del difensore di ufficio è in ogni caso retribuita.

32. Recupero dei crediti professionali [(1)].

1. Le procedure intraprese per il recupero dei crediti professionali vantati dai difensori d'ufficio nei confronti degli indagati, degli imputati e dei condannati inadempienti sono esenti da bolli, imposte e spese.

[**2.** Al difensore d'ufficio è corrisposto il compenso nella misura e secondo le modalità previste dalla legge 30 luglio 1990, n. 217, quando dimostri di avere esperito inutilmente le procedure per il recupero dei crediti professionali [(2)].]

[**3.** Lo Stato, con le forme e le procedure di cui al decreto del Presidente della Repubblica 29 settembre 1973, n. 602, e successive modificazioni, ha diritto di ripetere le somme di cui al comma 1, salvo che la persona assistita dal difensore d'ufficio versi nelle condizioni per essere ammessa al patrocinio a spese dello Stato [(2)].]

(1) Articolo così sostituito dall'art. 17, l. 6.3.2001, n. 60.
Il testo previgente così disponeva: «*Ammissione al gratuito patrocinio. 1. Ai fini dell'applicazione del regio decreto 30.12.1923 n. 3282, all'ammissione al gratuito patrocinio e alla nomina del difensore provvede con decreto motivato, prima dell'esercizio dell'azione penale, il giudice per le indagini preliminari e, poi, il giudice che procede. Nel caso di giudice collegiale provvede il presidente*».

(2) Comma abrogato dall'art. 299, d.lgs. 30.5.2002, n. 113 e dall'art. 299, d.P.R. 30.5.2002, n. 115 con la decorrenza indicata nell'art. 302 dello stesso decreto (1.7.2002).

32-bis. Retribuzione del difensore d'ufficio di persona irreperibile [(1)].

[**1.** Il difensore d'ufficio della persona sottoposta alle indagini, dell'imputato e del condannato irreperibile è retribuito secondo le norme relative al patrocinio a spese dello Stato nelle forme di cui all'articolo 1, comma 5, della legge 30 luglio 1990, n. 217, con diritto di ripetizione delle somme a carico di chi si è reso successivamente reperibile.]

(1) Articolo introdotto dall'art. 18, l. 6.3.2001, n. 60 e poi abrogato dall'art. 299, d.lgs. 30.5.2002, n. 113 e dall'art. 299, d.P.R. 30.5.2002, n. 115 con la decorrenza indicata nell'art. 302 dello stesso decreto (1.7.2002).

33. Domicilio della persona offesa.

1. Il domicilio della persona offesa dal reato che abbia nominato un difensore si intende eletto presso quest'ultimo.

34. Designazione del sostituto del difensore.

1. Il difensore designa il sostituto nelle forme indicate nell'articolo 96 comma 2 del codice.

35. Corrispondenza e colloqui telefonici del difensore con l'imputato.

1. Ai fini di quanto previsto dall'articolo 103 comma 6 del codice, la busta della corrispondenza tra l'imputato e il suo difensore deve riportare:

a) il nome e il cognome dell'imputato;

b) il nome, il cognome e la qualifica professionale del difensore;

c) la dicitura «corrispondenza per ragioni di giustizia» con la sottoscrizione del mittente e l'indicazione del procedimento cui la corrispondenza si riferisce.

2. Quando mittente è il difensore, la sottoscrizione è autenticata dal presidente del consiglio dell'ordine forense di appartenenza o da un suo delegato.

3. Se l'imputato è detenuto, l'autorità che ne ha la custodia appone il proprio timbro o firma sulla busta chiusa che già reca le indicazioni suddette, senza che ciò ritardi l'inoltro della corrispondenza.

4. Alla corrispondenza tra l'imputato detenuto e il suo difensore, recante le indicazioni stabilite nei commi 1 e 2, non si applicano le disposizioni dell'articolo 18 commi 8 e 9 della legge 26 luglio 1975, n. 354 e degli articoli 20 comma 1 e 36 commi 7 e 8 del decreto del Presidente della Repubblica 29 aprile 1976, n. 431.

5. Ai fini di quanto previsto dall'articolo 103 comma 5 del codice, quando sono autorizzati colloqui telefonici tra l'imputato detenuto e il suo difensore, come risultante dall'indicazione del relativo procedimento, non si applica la disposizione dell'articolo 37 comma 8 del decreto del Presidente della Repubblica 29 aprile 1976, n. 431.

36. Accesso del difensore al luogo di custodia.

1. Per conferire con la persona fermata, arrestata o sottoposta a custodia cautelare, il difensore ha diritto di accedere ai luoghi in cui la persona stessa si trova custodita.

2. A tale fine la qualità di difensore, che non risulti in qualsiasi modo all'autorità che esercita la custodia, è documentata a norma dell'articolo 27 [disp. att. c.p.p. 27] o con altro mezzo equipollente.

3. Quando è disposta la dilazione prevista dall'articolo 104 commi 3 e 4 del codice, copia del relativo decreto è consegnata a chi esercita la custodia ed è da questi esibita all'arrestato, al fermato, alla persona sottoposta a custodia cautelare o al difensore che richiedono il colloquio.

37. Procura speciale rilasciata in via preventiva.

1. La procura speciale prevista dall'articolo 122 del codice può essere rilasciata anche preventivamente, per l'eventualità in cui si verifichino i presupposti per il compimento dell'atto al quale la procura si riferisce.

38. Facoltà dei difensori per l'esercizio del diritto alla prova (1).

[**1.** Al fine di esercitare il diritto alla prova previsto dall'articolo 190 del codice, i difensori, anche a mezzo di sostituti e di consulenti tecnici, hanno facoltà di svolgere investigazioni per ricercare e individuare elementi di prova a favore del proprio assistito e di conferire con le persone che possano dare informazioni.

2. L'attività prevista dal comma 1 può essere svolta, su incarico del difensore, da investigatori privati autorizzati.

2 bis. Il difensore della persona sottoposta alle indagini o della persona offesa può presentare direttamente al giudice elementi che egli reputa rilevanti ai fini della decisione da adottare (2).

2 ter. La documentazione presentata al giudice è inserita nel fascicolo relativo agli atti di indagine in originale o in copia, se la persona sottoposta alle indagini ne richiede la restituzione (2).]

(1) Articolo abrogato dall'art. 23, l. 7.12.2000, n. 397.
(2) Comma introdotto dall'art. 22, l. 8.8.1995, n. 332.

Capo V
Disposizioni relative agli atti

39. Autenticazione della sottoscrizione di atti.

1. Fermo quanto previsto da speciali disposizioni, l'autenticazione della sottoscrizione di atti per i quali il codice prevede tale formalità può essere effettuata, oltre che dal funzionario di cancelleria, dal notaio, dal difensore, dal sindaco, da un funzionario delegato dal sindaco, dal segretario comunale, dal giudice di pace (1), dal presidente del consiglio dell'ordine forense o da un consigliere da lui delegato.

(1) L'attuale espressione "giudice di pace" sostituisce, a decorrere dal 1.5.1995, l'originario termine "giudice conciliatore" ai sensi dell'art. 39, l. 21.11.1991, n. 374.

40. Copia dell'atto che surroga l'originale mancante.

1. Nel caso previsto dall'articolo 112 comma 1 del codice, la cancelleria attesta sulla copia autentica dell'atto che si tratta di copia che tiene luogo, ad ogni effetto, dell'originale distrutto, smarrito o sottratto.

41. Atto ricostituito.

1. Quando si procede a norma dell'articolo 113 commi 1 e 2 del codice, sull'atto ricostituito sono indicati gli estremi dell'ordinanza che ha disposto la ricostituzione.

42. Trasmissione a distanza di copia di atti.

1. Il rilascio di copie di atti del procedimento, nei casi previsti dalla legge, può avvenire mediante la trasmissione a distanza con mezzi tecnici idonei, previo accertamento della legittimazione del richiedente. In tal caso l'ufficio presso il quale l'atto si trova attesta, in calce ad esso, di aver trasmesso il testo originale.

43. Autorizzazione al rilascio di copia di atti.

1. L'autorizzazione prevista dall'articolo 116 comma 2 del codice non è richiesta nei casi in cui è riconosciuto espressamente al richiedente il diritto al rilascio di copie, estratti o certificati di atti.

44. Comunicazione delle dichiarazioni e richieste di persone detenute o internate.

1. Le impugnazioni, le richieste e le altre dichiarazioni previste dall'articolo 123 del codice sono comunicate nel giorno stesso, o al più tardi nel giorno successivo, all'autorità giudiziaria competente mediante estratto o copia autentica, anche per mezzo di lettera raccomandata. Nei casi di speciale urgenza, la comunicazione può avvenire anche con telegramma confermato da lettera raccomandata ovvero mediante l'uso di altri mezzi tecnici idonei. In tal caso l'ufficio presso il quale l'atto si trova attesta, in calce ad esso, di aver trasmesso il testo originale.

45. Relazione nel procedimento in camera di consiglio.

1. Nel procedimento in camera di consiglio davanti alle corti e ai tribunali, la relazione orale è svolta, appena compiuti gli atti introduttivi, da un componente del collegio previamente designato dal presidente.

45 bis. Partecipazione al procedimento in camera di consiglio a distanza (1).

1. La partecipazione dell'imputato o del condannato all'udienza nel procedimento in camera di consiglio avviene a distanza nei casi e secondo quanto previsto dall'articolo 146-*bis*, [disp. att. c.p.p. 146-*bis*] commi 1, 1-*bis*, 1-*ter* e 1-*quater* (2).

[**2.** La partecipazione a distanza è comunicata o notificata dal giudice o dal presidente del collegio unitamente all'avviso di cui all'articolo 127, comma 1, del codice (3)]. (4)

3. Si applicano, in quanto compatibili, le disposizioni previste dell'articolo 146-*bis* [disp. att. c.p.p. 146–*bis*], comma 4-*bis*, e dall'articolo 133-*ter* del codice (5).

(1) Articolo introdotto dall'art. 1, l. 7.1.1998, n. 11 sulla partecipazione al procedimento penale a distanza e l'esame in dibattimento dei collaboratori di giustizia.

(2) Comma così modificato dall'art. 13, d.l. 24.11.2000, n. 341, convertito in legge, con modificazioni, dalla l. 19.1.2001, n. 4, e, poi, dall'art. 1, co. 78, lett. a), l. 23.6.2017, n. 103, a decorrere dal 3.8.2017; secondo quanto disposto dall'art. 1, co. 81, l. n. 103/2017, le disposizioni del comma 78 acquistano efficacia decorso un anno dalla pubblicazione della stessa l. n. 103/2017 nella Gazzetta Ufficiale. L'art 2, co. 2, d.l. 25.07.2018, n. 91, convertito, con modificazioni, dalla l. 21.9.2018, n. 108, ha poi disposto che l'efficacia delle disposizioni di cui al citato art. 1, co. 78, l. 23.6.2017, n. 103, è sospesa dal 26.7.2018, data di entrata in vigore del suddetto d.l. n. 91/2018, fino al 15.2.2019.
Il testo antecedente alla modifica del 2017 così disponeva: «*1. Nei casi previsti dell'art. 146-*bis*, commi 1 e 1-*bis*, la partecipazione dell'imputato o del condannato all'udienza nel procedimento in camera di consiglio avviene a distanza*».
Il testo antecedente alla modifica disposta con d.l. n. 341/2000 così disponeva: «*Nei casi previsti dell'art. 146-*bis*, comma 1, la partecipazione dell'imputato o del condannato all'udienza nel procedimento in camera di consiglio avviene a distanza*».

(3) Comma così modificato dall'art. 1, co. 78, lett. b), l. 23.6.2017, n. 103, a decorrere dal 3.8.2017 (art. 1, co. 95, l. n. 103/2017); a norma dell'art. 1, co. 81 della citata l. n. 103/2017 le disposizioni del suddetto co. 78 acquistano efficacia decorso un anno dalla pubblicazione della stessa l. n. 103/2017 nella Gazzetta Ufficiale. L'art. 2, co. 2, d.l. 25.7.2018, n. 91, convertito, con modificazioni, dalla l. 21.9.2018, n. 108, ha poi disposto che l'efficacia delle disposizioni di cui al citato art. 1, co. 78, l. 23.6.2017, n. 103, è sospesa dal 26.7.2018, data di entrata in vigore del suddetto d.l. n. 91/2018, fino al 15.2.2019.
Il testo previgente così disponeva: «*2. La partecipazione a distanza è disposta dal giudice con ordinanza o dal presidente del collegio con decreto motivato, che sono comunicati o notificati unitamente all'avviso di cui all'art. 127, comma 1, del codice*».

(4) Comma abrogato dall'art. 98, co. 1, lett. b), d.lgs. 10.10.2022, n. 150, a decorrere dal 30.12.2022.

(5) Comma così modificato dall'art. 1, co. 78, lett. c), l. 23.6.2017, n. 103, a decorrere dal 3.8.2017. Questo comma, infine, è stato così modificato dall'art. 41, co. 1, lett. c), d.lgs. 10.10.2022, n. 150, a decorrere dal 30.12.2022.
Il testo previgente alla modifica disposta con D.Lgs. n. 150/2022 così disponeva: «*3. Si applicano, in quanto compatibili, le disposizioni previste dell'art. 146-*bis*, commi 2, 3, 4, 4-*bis* e 6.*».
Il testo previgente alla modifica disposta con l. n. 103/2017 così disponeva: «*3. Si applicano, in quanto compatibili, le disposizioni previste dell'art. 146-bis, commi 2, 3, 4 e 6.*».

45 ter. Giudice competente in ordine all'accesso alla giustizia riparativa.

1. A seguito dell'emissione del decreto di citazione diretta a giudizio i provvedimenti concernenti l'invio al Centro per la giustizia riparativa sono adottati dal giudice per le indagini preliminari fino a quando il decreto, unitamente al fascicolo, non è trasmesso al giudice a norma dell'articolo 553, comma 1, del codice. Dopo la pronuncia della sentenza e prima della trasmissione degli atti a norma dell'articolo 590 del codice, provvede il giudice che ha emesso la sentenza; durante la pendenza del ricorso per cassazione, provvede il giudice che ha emesso il provvedimento impugnato.

(1) Articolo introdotto dall'art. 41, co. 1, lett. c), d.lgs. 10.10.2022, n. 150, a decorrere dal 30.12.2022.

46. Esecuzione dell'accompagnamento coattivo.

1. Il provvedimento che dispone l'accompagnamento coattivo è tramesso, a cura della cancelleria o della segreteria dell'autorità giudiziaria che lo ha emesso, all'organo che deve provvedere alla esecuzione. Copia del provvedimento è consegnata all'interessato.

47. Revoca della condanna pecuniaria inflitta alle persone non comparse.

1. La condanna al pagamento di una somma a norma dell'articolo 133 del codice è revocata con ordinanza dal giudice quando sono ritenute fondate le giustificazioni addotte dall'interessato.

48. Cancellature, variazioni e aggiunte negli atti.

1. Le cancellature che occorre eseguire nelle sentenze, nelle ordinanze, nei decreti, nei verbali o in altri atti del procedimento sono fatte in modo da lasciare leggere le parole cancellate.

2. Alle variazioni e alle aggiunte che occorre eseguire prima della sottoscrizione si provvede con postille, che devono essere approvate.

49. Conservazione dei nastri e dei supporti fonografici e audiovisivi.

1. I nastri e i supporti contenenti le riproduzioni fonografiche o audiovisive sono racchiusi in apposite custodie numerate e sigillate.

2. Ciascuna custodia, a sua volta, è racchiusa in un involucro, sul quale è trascritto il numero della custodia e sono indicati gli estremi del procedimento e le generalità delle persone alle quali si riferiscono le riproduzioni nonché la data in cui le singole riproduzioni sono state effettuate.

3. Al fine di evitarne il deterioramento, i nastri e i

supporti possono essere conservati anche in contenitori separati dagli atti processuali.

50. Redazione del verbale in forma stenotipica o con altro strumento meccanico.

1. Quando il verbale è redatto in forma stenotipica o con altro strumento meccanico, esso può essere formato da più ausiliari o da più tecnici autorizzati a norma dell'articolo 135 del codice, ciascuno dei quali lo sottoscrive per la parte di rispettiva competenza.

2. Se lo strumento meccanico impiegato non comporta la immediata impressione di caratteri comuni di scrittura, il relativo nastro è sottoscritto dai soli verbalizzanti.

51. Personale tecnico impiegato per la documentazione degli atti.

1. Quando rileva l'esigenza di avvalersi di personale tecnico estraneo all'amministrazione dello Stato per la documentazione degli atti, nei casi previsti dagli articoli 135 comma 2, 138 comma 2 e 139 comma 4 del codice, l'autorità giudiziaria ne fa richiesta al Presidente della Corte di appello perché provveda alla scelta del personale idoneo [(1)].

2. Al fine indicato nel comma 1, il Ministero della giustizia, nei limiti delle risorse finanziarie attribuite e con le modalità di cui al comma 3-*bis*, stipula contratti con imprese o cooperative di servizi specialistici [(2)].

3. Nell'àmbito della politica di decentramento amministrativo e di contenimento della spesa pubblica, le procedure di cui al comma 2 possono essere delegate, per ciascun distretto, al Presidente della Corte di appello [(3)].

3 bis. Il Direttore generale delle risorse materiali, dei beni e dei servizi, al fine di attuare la delega di cui al comma 3, individua, sentito il Direttore generale della giustizia penale, gli schemi di contratto di cui al comma 2, nonché, previo monitoraggio delle caratteristiche e del costo medio di mercato di prestazioni analoghe od equivalenti, la tipologia ed il costo massimo delle prestazioni [(4)].

(1) Comma così modificato dall'art. 9, d.l. 30.6.2005, n. 115.
Il testo previgente così disponeva: «*1. Quando rileva l'esigenza di avvalersi di personale tecnico estraneo all'amministrazione dello Stato per la documentazione degli atti, nei casi previsti dagli articoli 135 comma 2, 138 comma 2 e 139 comma 4 del codice, l'autorità giudiziaria ne fa richiesta al capo dell'ufficio giudiziario perché provveda alla scelta del personale idoneo*».

(2) Comma così sostituito dall'art. 9, d.l. 30.6.2005, n. 115, e poi modificato, a decorrere dal 25.2.2023, dall'art. 39, co. 1, lett. a), d.l. 24.2.2023, n. 13, convertito, con modificazioni, con l. 21.4.2023, n. 41.
Il testo previgente alla modifica disposta con d.l. n. 13/2023 così disponeva: «*2. Al fine indicato nel comma 1, il Ministero della giustizia, nei limiti delle risorse finanziarie attribuite e con le modalità di cui al comma 3–* bis, *stipula contratti di durata biennale con imprese o cooperative di servizi specialistici*».
Il testo previgente alla sostituzione disposta con d.l. n. 115/2005 così disponeva: «*2. Al fine indicato nel comma 1 il capo dell'ufficio giudiziario è autorizzato a stipulare uno o più contratti trimestrali, prorogabili per un periodo non superiore a un anno, con imprese di servizi specialistici, aventi sede, di regola, nella circoscrizione dell'ufficio giudiziario medesimo*».

(3) Comma così sostituito dall'art. 9, d.l. 30.6.2005, n. 115.
Il testo previgente così disponeva: «*3. Ai contratti si applicano le disposizioni dell'art. 7 comma 1 della legge 3.10.1987 n. 401. Il parere sulla congruità della spesa è espresso dall'ufficio tecnico erariale territorialmente competente*».

(4) Comma introdotto dall'art. 9, d.l. 30.6.2005, n. 115, convertito, con modificazioni, dalla l. 17.08.2005, n. 168. Questo comma, poi, è stato modificato, a decorrere dal 25.2.2023, dall'art. 39, co. 1, lett. b), d.l. 24.02.2023, n. 13, convertito, con modificazioni, con l. 21.4.2023, n. 41.
Il testo antecedente alla modifica disposta con d.l. n. 13/2023 così disponeva: «*3-*bis. *Il Direttore generale delle risorse materiali, dei beni e dei servizi, al fine di attuare la delega di cui al comma 3, individua, sentito il Direttore generale della giustizia penale, gli schemi di contratto di cui al comma 2, nonché, previo monitoraggio delle caratteristiche e del costo medio di mercato di prestazioni analoghe od equivalenti, la tipologia ed il costo massimo delle prestazioni.*».

51 bis. Assistenza dell'interprete e traduzione degli atti [(1)]**.**

1. Per ciascuno dei casi previsti dall'articolo 143, comma 1, secondo periodo, del codice, l'imputato ha diritto all'assistenza gratuita dell'interprete per un colloquio con il difensore. Se per fatti o circostanze particolari l'esercizio del diritto di difesa richiede lo svolgimento di più colloqui in riferimento al compimento di un medesimo atto processuale, l'assistenza gratuita dell'interprete può essere assicurata per più di un colloquio.

2. Quando ricorrono particolari ragioni di urgenza e non è possibile avere prontamente una traduzione scritta degli atti di cui all'articolo 143, comma 2, del codice l'autorità giudiziaria dispone, con decreto motivato, se ciò non pregiudica il diritto di difesa dell'imputato, la traduzione orale, anche in forma riassuntiva, redigendo contestualmente verbale.

3. L'imputato può rinunciare espressamente, anche a mezzo di procuratore speciale, alla traduzione scritta degli atti. La rinuncia produce effetti solo se l'imputato ha consapevolezza delle conseguenze che da essa derivano, anche per avere a tal fine consultato il difensore. In tal caso il contenuto degli atti è tradotto oralmente, anche in forma riassuntiva.

4. Nei casi di cui ai commi 2 e 3 della traduzione orale è effettuata anche la riproduzione fonografica.

5. Ove vi siano strumenti tecnici idonei, l'autorità procedente può disporre l'assistenza dell'interprete mediante l'utilizzo delle tecnologie di comunicazione a distanza, salvo che ciò possa causare concreto pregiudizio al diritto di difesa.

(1) Articolo introdotto dall'art. 2, co. 1, lett. 0a), d.lgs. 4.3.2014, n. 32, come modificato dall'art. 2, co. 1, d.lgs. 23.6.2016, n. 129, a decorrere dal 29.7.2016.

52. Citazione dell'interprete.

1. Con il provvedimento di nomina è disposta la notificazione all'interprete del relativo decreto di citazione. Nei casi urgenti l'interprete può essere citato anche oralmente per mezzo dell'ufficiale giudiziario o della polizia giudiziaria.

53. Sanzione pecuniaria inflitta all'interprete nel corso delle indagini preliminari.

1. Nel corso delle indagini preliminari, quando si verifica l'ipotesi prevista dall'articolo 147 comma 2 del codice, il pubblico ministero richiede al giudice per le indagini preliminari di provvedere all'applicazione della sanzione pecuniaria.

54. Copie degli atti da notificare.

1. Quando l'atto da notificare viene trasmesso all'ufficiale giudiziario, questi deve formarne un numero di copie uguale a quello dei destinatari della notificazione.

2. Tengono luogo dell'originale le copie, trasmesse con mezzi tecnici idonei, quando l'ufficio che ha emesso l'atto attesta, in calce ad esso, di aver trasmesso il testo originale.

3. Quando la notificazione viene eseguita a mezzo della polizia giudiziaria, l'atto è trasmesso all'ufficio di polizia competente per territorio con numero di copie uguale a quello dei destinatari della notificazione.

55. Modalità di attuazione delle notificazioni urgenti a mezzo del telefono o del telegrafo.

1. Alla spedizione del telegramma previsto dall'articolo 149 commi 4 e 5 del codice provvede la cancelleria o la segreteria.

2. La copia e la ricevuta di spedizione del telegramma previsto dall'articolo 149 comma 2 del codice, con l'indicazione della persona che lo trasmette, di quella che lo riceve, dell'ora e del giorno di trasmissione, sono allegati agli atti del procedimento a cura della cancelleria o della segreteria [(1)].

(1) Comma così modificato dall'art. 41, co. 1, lett. d), d.lgs. 10.10.2022, n. 150, a decorrere dal 30.12.2022.
Il testo previgente così disponeva: «*2. La copia e la ricevuta di spedizione del telegramma e il testo del fonogramma previsto dall'art. 149 comma 2 del codice, con l'indicazione della persona che lo trasmette, di quella che lo riceve, dell'ora e del giorno di trasmissione, sono allegati agli atti del procedimento a cura della cancelleria o della segreteria.*».

56. Notificazione a mezzo posta effettuata dal difensore.

1. Ai fini previsti dall'articolo 152 del codice, il difensore che ha spedito l'atto da notificare con lettera raccomandata documenta tale spedizione depositando in cancelleria copia dell'atto inviato, attestandone la conformità all'originale, e l'avviso di ricevimento.

2. Il difensore indica altresì se l'atto è stato spedito in busta chiusa o in piego.

56 bis. Notificazione con modalità telematiche eseguita dal difensore.

1. La notificazione con modalità telematiche è eseguita dal difensore a mezzo di posta elettronica certificata o altro servizio elettronico di recapito certificato qualificato a un domicilio digitale risultante da pubblici elenchi, nel rispetto della normativa, anche regolamentare, concernente la sottoscrizione, la trasmissione e la ricezione dei documenti informatici. La notificazione può essere eseguita esclusivamente utilizzando un domicilio digitale del notificante risultante da pubblici elenchi.

2. L'avvocato redige la relazione di notificazione su documento informatico separato, sottoscritto con firma digitale o altra firma elettronica qualificata ed allegato al messaggio inviato con le modalità di cui al comma 1. La relazione deve contenere:
a) il nome e il cognome dell'avvocato notificante;
b) il nome e il cognome della parte che lo ha nominato o nel cui interesse è stato nominato;
c) il nome e cognome del destinatario;
d) il domicilio digitale a cui l'atto viene notificato;
e) l'indicazione dell'elenco da cui il predetto domicilio digitale è stato estratto;
f) l'ufficio giudiziario, l'eventuale sezione e il numero del procedimento.

3. Quando l'atto da notificarsi è redatto in forma di documento analogico, l'avvocato provvede ad estrarne copia informatica, sulla quale appone attestazione di conformità nel rispetto delle modalità previste per i procedimenti civili.

4. Ai fini previsti dall'articolo 152 del codice, il difensore documenta l'avvenuta notificazione dell'atto con modalità telematiche depositando in cancelleria il duplicato informatico o la copia informatica dell'atto inviato, unitamente all'attestazione di conformità all'originale, la relazione redatta con le modalità di cui al comma 2, nonché le ricevute di accettazione e di avvenuta consegna generate dal sistema.

(1) Articolo introdotto dall'art. 41, co. 1, lett. e), d.lgs. 10.10.2022, n. 150, a decorrere dal 30.12.2022.

57. Rifiuto di ricezione dell'atto notificato all'imputato detenuto.

1. Gli atti che l'imputato detenuto si è rifiutato di ricevere e che devono essere consegnati al direttore dell'istituto a norma dell'articolo 156 comma 2 del codice sono inseriti nel fascicolo personale del detenuto. Se l'imputato richiede che gli atti depositati gli siano consegnati, della consegna è fatta menzione in apposito registro.

58. Informazione all'imputato detenuto legittimamente assente.

1. Il direttore dell'istituto annota nel registro indicato nell'articolo 57 [disp. att. c.p.p. 57] data, ora e modalità dell'informazione prevista dall'articolo 156 comma 2 del codice.

59. Secondo accesso per la prima notificazione all'imputato non detenuto.

1. Nel caso previsto dall'articolo 157 comma 7 del codice, nella relazione di notificazione è indicata anche l'ora in cui sono avvenuti gli accessi. In caso di mancanza o inidoneità delle persone indicate nell articolo 157 comma 1 del codice, il secondo accesso deve avvenire in uno dei giorni successivi e in orario diverso da quello del primo accesso.

60. Informazione dell'avvenuta notificazione all'imputato in servizio militare.

1. Il comandante militare che ha provveduto all'informazione a norma dell'articolo 158 del codice annota data, ora e modalità in apposito registro.

61. Documentazione delle nuove ricerche dell'imputato.

1. La polizia giudiziaria, in caso di nuove ricerche disposte a norma dell'articolo 159 del codice, ne fa relazione all'autorità richiedente, indicando i luoghi in cui le ricerche sono state svolte, gli ufficiali e gli agenti che le hanno eseguite, i nomi dei familiari dell'imputato reperiti e le notizie dagli stessi fornite circa il luogo in cui il loro congiunto si trova.

62. Indicazione delle generalità del domiciliatario.

1. Nell'eleggere il domicilio a norma dell'articolo 162 del codice, l'imputato è tenuto a indicare anche le generalità del domiciliatario.

63. Traduzione dell'avviso inviato all'imputato straniero all'estero.

1. Ai fini di quanto previsto dall'articolo 169 comma 3 del codice, all'avviso redatto in lingua italiana e sottoscritto dall'autorità giudiziaria che procede è allegata la traduzione nella lingua ufficiale dello stato in cui l'imputato risulta essere nato.

63 bis. Comunicazione di cortesia [(1)].

1. Fuori del caso di notificazione al difensore o al domiciliatario, quando la relazione della notificazione all'imputato dell'avviso di fissazione dell'udienza preliminare, degli atti di citazione a giudizio ai sensi degli articoli 450, comma 2, 456, 552 e 601, nonché del decreto penale di condanna attesta l'avvenuta consegna dell'atto a persona fisica diversa dal destinatario, la cancelleria o la segreteria dà avviso di cortesia al destinatario dell'avvenuta notifica dell'atto tramite comunicazione al recapito telefonico o all'indirizzo di posta elettronica dallo stesso indicato ai sensi dell'articolo 349, comma 3, del codice, annotandone l'esito [(2)].

(1) Articolo introdotto dall'art. 41, co. 1, lett. f), d.lgs. 10.10.2022, n. 150, a decorrere dal 30.12.2022.

(2) Comma così modificato dall'art. 3, co. 1, lett. a), d.lgs. 19.3.2024, n. 31, a decorrere dal 4.4.2024.
Il testo antecedente alle modifiche disposte con d.lgs. n. 31/2024 così disponeva: «*1. Fuori del caso di notificazione al difensore o al domiciliatario, quando la relazione della notificazione alla persona sottoposta alle indagini o all'imputato attesta l'avvenuta consegna dell'atto a persona fisica diversa dal destinatario, la cancelleria o la segreteria dà avviso di cortesia al destinatario dell'avvenuta notifica dell'atto tramite comunicazione al recapito telefonico o all'indirizzo di posta elettronica dallo stesso indicato ai sensi dell'art. 349, comma 3, del codice, annotandone l'esito.*».

64. Comunicazione di atti.

1. La comunicazione di atti del giudice ad altro giudice si esegue mediante trasmissione di copia dell'atto con le modalità telematiche di cui all'articolo 148, comma 1, del codice o, nei casi di cui all'articolo 148, comma 4, del codice, con lettera raccomandata con avviso di ricevimento, ovvero mediante consegna al personale di cancelleria, che ne rilascia ricevuta su apposito registro custodito presso la cancelleria del giudice che ha emesso l'atto.

2. La comunicazione di atti dal giudice al pubblico ministero che ha sede diversa da quella del giudice si esegue mediante trasmissione di copia dell'atto con le modalità telematiche di cui all'articolo 148, comma 1, del codice o, nei casi di cui all'articolo 148, comma 4, del codice, con lettera raccomandata con avviso di ricevimento.

3. Nei casi di cui all'articolo 148, comma 4, del codice, quando ricorre una situazione di urgenza o l'atto contiene disposizioni concernenti la libertà personale, la comunicazione è eseguita col mezzo più celere nelle forme previste dall'articolo 149 del codice ovvero è eseguita dalla polizia giudiziaria mediante consegna di copia dell'atto presso la cancelleria o la segreteria. In questo ultimo caso, la polizia redige verbale, copia del quale è trasmessa al giudice che ha emesso l'atto.

(1) Articolo così sostituito dall'art. 41, co. 1, lett. g), d.lgs. 10.10.2022, n. 150, a decorrere dal 30.12.2022. Il testo previgente così disponeva: «*Comunicazione di atti.*
1. La comunicazione di atti del giudice ad altro giudice si esegue mediante trasmissione di copia dell'atto con lettera raccomandata con avviso di ricevimento ovvero mediante consegna al personale di cancelleria, che ne rilascia ricevuta su apposito registro custodito presso la cancelleria del giudice che ha emesso l'atto.
2. La comunicazione di atti dal giudice al pubblico ministero, che ha sede diversa da quella del giudice, si esegue mediante trasmissione di copia dell'atto con lettera raccomandata con avviso di ricevimento.
3. In caso di urgenza o quando l'atto contiene disposizioni concernenti la libertà personale, la comunicazione è eseguita col mezzo più celere nelle forme previste dagli articoli 149 e 150 del codice ovvero è eseguita dalla polizia giudiziaria mediante consegna di copia dell'atto presso la cancelleria o la segreteria. In questo ultimo caso, la polizia redige verbale, copia del quale è trasmessa al giudice che ha emesso l'atto.
4. Ai fini delle comunicazioni previste dai commi precedenti, la copia può essere trasmessa con mezzi tecnici idonei, quando il funzionario di cancelleria del giudice che ha emesso l'atto attesta, in calce ad esso, di aver trasmesso il testo originale.».

64 bis. Comunicazioni e trasmissione di atti al giudice civile [(1) (2)].

1. Quando procede per reati commessi in danno del coniuge, del convivente o di persona legata da una relazione affettiva, anche ove cessata, e risulta la pendenza di procedimenti relativi alla separazione personale dei coniugi, allo scioglimento o cessazione degli effetti civili del matrimonio, allo scioglimento dell'unione civile o alla responsabilità genitoriale, il pubblico ministero ne dà notizia senza ritardo al giudice che procede, salvo che gli atti siano coperti dal segreto di cui all'articolo 329 del codice di procedura penale. Allo stesso modo provvede quando procede per reati commessi in danno di minori dai genitori, da altri familiari o da persone comunque con loro conviventi, nonché dalla persona legata al genitore da una relazione affettiva, anche ove cessata, ed è pendente procedimento relativo alla responsabilità genitoriale, al suo esercizio e al mantenimento del minore [(3)].

1 bis. Nei casi di cui al comma 1, il pubblico ministero trasmette al giudice civile o al tribunale per i minorenni che procede copia delle ordinanze che applicano misure cautelari personali o ne dispongono la sostituzione o la revoca, nonché copia dell'avviso di conclusione delle indagini preliminari e degli atti di indagine non coperti dal segreto di cui all'articolo 329 del codice. Allo stesso giudice è altresì trasmessa copia della sentenza che definisce il processo o del decreto di archiviazione, a cura della cancelleria (4).

(1) Articolo introdotto dall'art. 14, co. 1, l. 19.7.2019, n. 69, a decorrere dal 9.8.2019.

(2) Rubrica così sostituita dall'art. 6, co. 1, lett. c), d.lgs. 10.10.2022, n. 149, a decorrere dal 18.10.2022.
Il testo precedente così recava: «*Trasmissione obbligatoria di provvedimenti al giudice civile*».
Secondo quanto previsto dagli artt. 35, co. 1, e 36, co. 2, del citato d.lgs. n. 149/2022, come modificati dall'art. 1, co. 380, lett. a) e b), l. 29.12.2022, n. 197, le disposizioni dello stesso d.lgs. n. 149/2022 hanno effetto e si applicano a decorrere dal 28.2.2023.

(3) Comma modificato dall'art. 2, co. 12, l. 27.09.2021, n. 134, a decorrere dal 19.10.2021. Questo comma è stato, poi, così sostituito dall'art. 6, co. 1, lett. a), d.lgs. 10.10.2022, n. 149, a decorrere dal 18.10.2022. Secondo quanto previsto dagli artt. 35, co. 1, e 36, co. 2, del citato d.lgs. n. 149/2022, come modificati dall'art. 1, co. 380, lett. a) e b), l. 29.12.2022, n. 197, le disposizioni del d.lgs. n. 149/2022 hanno effetto e si applicano a decorrere dal 28.2.2023.
Il testo antecedente alla modifica disposta con d.lgs. n. 149/2022 così disponeva: «*Ai fini della decisione dei procedimenti di separazione personale dei coniugi o delle cause relative ai figli minori di età o all'esercizio della potestà genitoriale, copia delle ordinanze che applicano misure cautelari personali o ne dispongono la sostituzione o la revoca, dell'avviso di conclusione delle indagini preliminari, del provvedimento con il quale è disposta l'archiviazione e della sentenza emessi nei confronti di una delle parti in relazione al delitto previsto dall'art. 575 del codice penale, nella forma tentata, o a uno dei delitti, consumati o tentati, previsti dagli articoli 572, 609*-bis, *609*– ter, *609*-quater, *609*-quinquies, *609*-octies, *612*-bis *e 612*-ter *del codice penale, nonché dagli articoli 582 e 583*– quinquies *del codice penale nelle ipotesi aggravate ai sensi degli articoli 576, primo comma, numeri 2, 5 e 5.1, e 577, primo comma, numero 1, e secondo comma, del codice penale è trasmessa senza ritardo al giudice civile procedente.*».
Il testo antecedente alla modifica disposta con l. n. 134/2021 così disponeva: «*Ai fini della decisione dei procedimenti di separazione personale dei coniugi o delle cause relative ai figli minori di età o all'esercizio della potestà genitoriale, copia delle ordinanze che applicano misure cautelari personali o ne dispongono la sostituzione o la revoca, dell'avviso di conclusione delle indagini preliminari, del provvedimento con il quale è disposta l'archiviazione e della sentenza emessi nei confronti di una delle parti in relazione ai reati previsti dagli articoli 572, 609*-bis, *609*-ter, *609*-quater, *609*-quinquies, *609*-octies, *612*-bis *e 612*-ter *del codice penale, nonché dagli articoli 582 e 583*-quinquies *del codice penale nelle ipotesi aggravate ai sensi degli articoli 576, primo comma, numeri 2, 5 e 5.1, e 577, primo comma, numero 1, e secondo comma, del codice penale è trasmessa senza ritardo al giudice civile procedente*».

(4) Comma introdotto dall'art. 6, co. 1, lett. b), d.lgs. 10.10.2022, n. 149, a decorrere dal 18.10.2022. Secondo quanto previsto dagli artt. 35, co. 1, e 36, co. 2, del citato d.lgs. n. 149/2022, come modificati dall'art. 1, co. 380, lett. a) e b), l. 29.12.2022, n. 197, le disposizioni del d.lgs. n. 149/2022 hanno effetto e si applicano a decorrere dal 28.2.2023.

64 ter. Diritto all'oblio degli imputati e delle persone sottoposte ad indagini (1).

1. La persona nei cui confronti sono stati pronunciati una sentenza di proscioglimento o di non luogo a procedere ovvero un provvedimento di archiviazione può richiedere che sia preclusa l'indicizzazione o che sia disposta la deindicizzazione, sulla rete internet, dei dati personali riportati nella sentenza o nel provvedimento, ai sensi e nei limiti dell'articolo 17 del regolamento (UE) 2016/679 del Parlamento europeo e del Consiglio, del 27 aprile 2016. Resta fermo quanto previsto dall'articolo 52 del decreto legislativo 30 giugno 2003, n. 196.

2. Nel caso di richiesta volta a precludere l'indicizzazione, la cancelleria del giudice che ha emesso il provvedimento appone e sottoscrive la seguente annotazione, recante sempre l'indicazione degli estremi del presente articolo: «Ai sensi e nei limiti dell'articolo 17 del regolamento (UE) 2016/679 del Parlamento europeo e del Consiglio, del 27 aprile 2016, è preclusa l'indicizzazione del presente provvedimento rispetto a ricerche condotte sulla rete internet a partire dal nominativo dell'istante.».

3. Nel caso di richiesta volta ad ottenere la deindicizzazione, la cancelleria del giudice che ha emesso il provvedimento appone e sottoscrive la seguente annotazione, recante sempre l'indicazione degli estremi del presente articolo: «Il presente provvedimento costituisce titolo per ottenere, ai sensi e nei limiti dell'articolo 17 del regolamento (UE) 2016/679 del Parlamento europeo e del Consiglio, del 27 aprile 2016, un provvedimento di sottrazione dell'indicizzazione, da parte dei motori di ricerca generalisti, di contenuti relativi al procedimento penale, rispetto a ricerche condotte a partire dal nominativo dell'istante.

(1) Articolo introdotto dall'art. 41, co. 1, lett. h), d.lgs. 10.10.2022, n. 150, a decorrere dal 30.12.2022.

65. Obblighi del difensore non iscritto nell'albo del circondario (1).

[**1.** Il difensore che non è iscritto nell'albo del circondario dove ha sede l'ufficio giudiziario presso cui è in corso il procedimento deve comunicare il proprio domicilio quando questo non risulta già dagli atti.

2. Nel corso delle indagini preliminari, ai fini delle notificazioni degli avvisi, i difensori, se non hanno domicilio nel circondario dove ha sede l'ufficio giudiziario presso cui è in corso il procedimento, devono eleggere domicilio nel medesimo circondario entro cinque giorni dalla nomina.

3. Se il difensore non ha fatto la comunicazione o l'elezione di domicilio a norma dei commi 1 e 2, l'autorità giudiziaria procedente dispone che la notificazione degli avvisi sia eseguita presso il presidente del consiglio dell'ordine forense.]

(1) Articolo abrogato dall'art. 9, d.l. 18.10.2001, n. 374, come modificato dalla legge di conversione 15.12.2001, n. 438.

Capo VI
Disposizioni relative alle prove

66. Procedimento di esclusione del segreto.

1. Nei fatti, notizie e documenti indicati nell'articolo

204 comma 1 del codice non sono compresi i nomi degli informatori.

2. Quando perviene la comunicazione prevista dall'articolo 204, comma 2, del codice, il Presidente del Consiglio dei Ministri, con atto motivato, conferma il segreto, se ritiene che non ricorrano i presupposti indicati nei commi 1, 1-*bis* e 1-*ter* dello stesso articolo, perché il fatto, la notizia o il documento coperto dal segreto di Stato non concerne il reato per cui si procede. In mancanza, decorsi trenta giorni dalla notificazione della comunicazione, il giudice dispone il sequestro del documento o l'esame del soggetto interessato [(1)].

[**3.** Quando è stata confermata l'opposizione del segreto di Stato a norma del comma 2, si osservano le disposizioni dell'articolo 16 della legge 24 ottobre 1977 n. 801[(2)].]

(1) Comma così sostituito dall'art. 40, l. 3.08.2007, n. 124.
Il testo previgente così disponeva: «*Quando perviene la comunicazione prevista dall'art. 204 comma 2 del codice, il Presidente del Consiglio dei Ministri conferma il segreto se ritiene che non ricorrono i presupposti indicati nel comma 1 dello stesso art. perché il fatto, la notizia o il documento coperto da segreto di Stato non concerne il reato per cui si procede. In mancanza, decorsi sessanta giorni dalla notificazione della comunicazione, il giudice dispone il sequestro del documento o l'esame del soggetto interessato*».

(2) Comma abrogato dall'art. 40, l. 3.08.2007, n. 124.

67. Albo dei periti presso il tribunale.

1. Presso ogni tribunale è istituito un albo dei periti, diviso in categorie.

2. Nell'albo sono sempre previste le categorie di esperti in medicina legale, psichiatria, contabilità, ingegneria e relative specialità, infortunistica del traffico e della circolazione stradale, balistica, chimica, analisi e comparazione della grafia, trascrizione, interpretariato e traduzione [(1)].

3. Quando il giudice nomina come perito un esperto non iscritto negli albi, designa, se possibile, una persona che svolge la propria attività professionale presso un ente pubblico.

4. Nel caso previsto dal comma 3, il giudice indica specificamente nell'ordinanza di nomina le ragioni della scelta.

5. In ogni caso il giudice evita di designare quale perito le persone che svolgano o abbiano svolto attività di consulenti di parte in procedimenti collegati a norma dell'articolo 371 comma 2 del codice.

5 bis. Con decreto del Ministro della giustizia, adottato di concerto con il Ministro dell'economia e delle finanze e con il Ministro delle imprese e del made in Italy, sono stabilite le ulteriori categorie dell'albo e i settori di specializzazione di ciascuna categoria [(2)].

(1) Comma così modificato dall'art. 11, d.lgs. 14.01.1991, n. 12 e, poi, dall'art. 2, co. 1, lett. a), d.lgs. 4.3.2014, n. 32 e, poi, a decorrere dal 2.3.2024, dall'art. 22, co. 5, lett. a), d.l. 2.3.2024, n. 19, convertito, con modificazioni, dalla l. 29.4.2024, n. 56.
Il testo antecedente alle modifiche disposte con d.l. n. 19/2024 così disponeva: «*Nell'albo sono sempre previste le categorie di esperti in medicina legale, psichiatria, contabilità, ingegneria e relative specialità, infortunistica del traffico e della circolazione stradale, balistica, chimica, analisi e comparazione della grafia interpretariato e traduzione.*».
Il testo antecedente alle modifiche disposte con d.lgs. n. 32/2014 così disponeva: «*Nell'albo sono sempre previste le categorie di esperti in medicina legale, psichiatria, contabilità, ingegneria e relative specialità, infortunistica del traffico e della circolazione stradale, balistica, chimica, analisi e comparazione della grafia.*».

(2) Comma introdotto, a decorrere dal 2.3.2024, dall'art. 22, co. 5, lett. b), d.l. 2.3.2024, n. 19, convertito, con modificazioni, dalla l. 29.4.2024, n. 56.

67 bis. Elenco nazionale degli interpreti e traduttori [(1)].

1. Ogni tribunale trasmette per via telematica al Ministero della giustizia l'elenco aggiornato, in formato elettronico, degli interpreti e dei traduttori iscritti nell'albo dei periti di cui all'articolo 67. L'autorità giudiziaria si avvale di tale elenco nazionale e nomina interpreti e traduttori diversi da quelli ivi inseriti solo in presenza di specifiche e particolari esigenze.

2. L'elenco nazionale di cui al comma 1 è consultabile dall'autorità giudiziaria, dagli avvocati e dalla polizia giudiziaria sul sito istituzionale del Ministero della giustizia, nel rispetto della normativa vigente sul trattamento dei dati personali. Le modalità di consultazione dell'elenco nazionale sono definite con decreto del Ministro della giustizia, da adottarsi entro il termine di otto mesi dalla data di entrata in vigore della presente disposizione.

(1) Articolo introdotto dall'art. 2, co. 1, lett. a bis), d.lgs. 4.3.2014, n. 32, come modificato dall'art. 2, co. 2, d.lgs. 23.6.2016, n. 129, a decorrere dal 29.7.2016.

68. Formazione e revisione dell'albo dei periti.

1. L'albo dei periti previsto dall'articolo 67 [disp. att. c.p.p. 67] è tenuto a cura del presidente del tribunale ed è formato da un comitato da lui presieduto e composto dal procuratore della Repubblica presso il medesimo tribunale, dal presidente del consiglio dell'ordine forense, dal presidente dell'ordine, del collegio ovvero delle associazioni rappresentative a livello nazionale delle professioni non regolamentate a cui appartiene la categoria di esperti per la quale si deve provvedere ovvero da loro delegati [(1)].

2. Il comitato decide sulla richiesta di iscrizione e di cancellazione dall'albo.

3. Il comitato può assumere informazioni e delibera a maggioranza dei voti. In caso di parità di voti, prevale il voto del presidente.

4. Il comitato provvede ogni due anni alla revisione dell'albo per cancellare gli iscritti per i quali è venuto meno alcuno dei requisiti previsti dall'articolo 69 [disp. att. c.p.p. 69] comma 3 o è sorto un impedimento a esercitare l'ufficio di perito.

(1) Comma modificato dall'art. 210, d.lgs. 19.2.1998, n. 51, con effetto dal 2.6.1999 e, poi, dall'art. 2, co. 1, lett. b), d.lgs. 4.3.2014, n. 32.
Il testo antecedente alle modifiche del 2014 così disponeva: «*L'albo dei periti previsto dall'art. 67 è tenuto a cura del presidente del tribunale ed è formato da un comitato da lui presieduto e composto dal procuratore della Repubblica presso il medesimo tribunale, dal presidente del consiglio dell'ordine forense, dal presidente dell'ordine o del collegio a cui appartiene la categoria di esperti per la quale si deve provvedere ovvero da loro delegati*».

Il testo antecedente alle modifiche del 1998 così disponeva: «*L'albo dei periti previsto dall'art. 67 è tenuto a cura del presidente del tribunale ed è formato da un comitato da lui presieduto e composto dal procuratore della Repubblica presso il medesimo tribunale, dal pretore dirigente, dal procuratore della Repubblica presso la pretura, dal presidente del consiglio dell'ordine forense, dal presidente dell'ordine o del collegio a cui appartiene la categoria di esperti per la quale si deve provvedere ovvero da loro delegati*».

69. Requisiti per la iscrizione nell'albo dei periti.

1. Salvo quanto previsto dal comma 3, possono ottenere l'iscrizione nell'albo le persone fornite di speciale competenza nella materia.

2. La richiesta di iscrizione, diretta al presidente del tribunale, deve essere accompagnata dall'estratto dell'atto di nascita, dal certificato generale del casellario giudiziale, dal certificato di residenza nella circoscrizione del tribunale e dai titoli e documenti attestanti la speciale competenza del richiedente.

3. Non possono ottenere l'iscrizione nell'albo le persone:

a) condannate con sentenza irrevocabile alla pena della reclusione per delitto non colposo, salvo che sia intervenuta riabilitazione;

b) che si trovano in una delle situazioni di incapacità previste dall'articolo 222 comma 1 lettere a), b), c) del codice;

c) cancellate o radiate dal rispettivo albo professionale a seguito di provvedimento disciplinare definitivo.

4. La richiesta di iscrizione nell'albo resta sospesa per il tempo in cui la persona è imputata di delitto non colposo per il quale è consentito l'arresto in flagranza ovvero è sospesa dal relativo albo professionale.

70. Sanzioni applicabili agli iscritti nell'albo dei periti.

1. Agli iscritti nell'albo dei periti che non abbiano adempiuto agli obblighi derivanti dal conferimento dell'incarico possono essere applicate, su segnalazione del giudice procedente, le sanzioni dell'avvertimento, della sospensione dall'albo per un periodo non superiore a un anno o della cancellazione.

2. È disposta la sospensione dall'albo nei confronti delle persone che si trovano nelle situazioni previste dall'articolo 69 comma 4 [disp. att. c.p.p. 69] per il tempo in cui perdurano le situazioni medesime.

3. È disposta la cancellazione dall'albo, anche prima della scadenza del termine stabilito per la revisione degli albi, nei confronti degli iscritti per i quali è venuto meno alcuno dei requisiti previsti dall'articolo 69 comma 3 [disp. att. c.p.p. 69].

4. Competente a decidere è il comitato previsto 68 (dall'articolo 68) [disp. att. c.p.p. 68].

71. Procedimento per l'applicazione delle sanzioni.

1. Ai fini dell'applicazione delle sanzioni previste dall'articolo 70 [disp. att. c.p.p. 70], il presidente del tribunale contesta l'addebito al perito mediante lettera raccomandata con avviso di ricevimento, invitandolo a fornire deduzioni scritte entro il termine di dieci giorni dalla ricezione della raccomandata. Decorso tale termine e assunte se del caso informazioni, il comitato delibera a norma dell'articolo 68 [disp. att. c.p.p. 68] comma 3.

72. Reclamo avverso le decisioni del comitato.

1. Entro quindici giorni dalla notificazione, contro le decisioni del comitato può essere proposto reclamo sul quale decide una commissione composta dal presidente della corte di appello nel cui distretto ha sede il comitato, dal procuratore generale della Repubblica presso la corte medesima, dal presidente del consiglio dell'ordine forense, dal presidente dell'ordine o del collegio professionale cui l'interessato appartiene ovvero da loro delegati.

2. Della commissione non possono far parte persone che abbiano partecipato alla decisione oggetto del reclamo.

3. La commissione decide entro trenta giorni dalla ricezione degli atti.

72 bis. Prelievo di campioni biologici e accertamenti medici su minori e su persone incapaci o interdette [(1)].

1. Nei casi previsti dagli articoli 224-*bis* e 359-*bis* del codice, se la persona da sottoporre a prelievo di campioni biologici o ad accertamenti medici è minore, incapace ovvero interdetta per infermità di mente il consenso è prestato dal genitore o dal tutore, i quali possono presenziare alle operazioni.

2. Ai fini di cui al comma 1, se il genitore o il tutore mancano o non sono reperibili, ovvero si trovano in conflitto di interessi con la persona da sottoporre a prelievo di campioni biologici o ad accertamenti medici, il consenso è prestato da un curatore speciale nominato dal giudice, il quale può presenziare a le operazioni.

3. Si osservano, in quanto applicabili, le disposizioni di cui agli articoli 224-*bis* e 359-*bis* del codice.

(1) Articolo introdotto dall'art. 29, l. 30.6.2009, n. 85.

72 ter. Redazione del verbale delle operazioni [(1)].

1. Nel verbale relativo alle operazioni di prelievo di campioni biologici o all'effettuazione di accertamenti medici è fatta espressa menzione del consenso eventualmente prestato dalla persona sottoposta ad esame.

(1) Articolo introdotto dall'art. 29, l. 30.6.2009, n. 85.

72 quater. Distruzione dei campioni biologici [(1)].

1. All'esito della perizia su campioni biologici, ai sensi dell'articolo 224-*bis* del codice, il giudice dispone l'immediata distruzione del campione prelevato, salvo che non ritenga la conservazione assolutamente indispensabile. La distruzione è effettuata a cura del perito il quale ha proceduto alla relativa analisi, che ne redige verbale da allegare agli atti.

2. Dopo la definizione del procedimento con decreto di archiviazione o dopo che è stata pronunciata sentenza non più soggetta ad impugnazione, la cancelleria procede, in ogni caso e senza ritardo, alla distruzione dei campioni biologici prelevati ai sensi degli articoli 224-*bis* e 359-*bis* del codice.

(1) Articolo introdotto dall'art. 29, l. 30.6.2009, n. 85.

73. Consulente tecnico del pubblico ministero.

1. Il pubblico ministero nomina il consulente tecnico scegliendo di regola una persona iscritta negli albi dei periti. Per la liquidazione del compenso al consulente tecnico si osservano le disposizioni previste per il perito.

74. Consulenza o perizia nummaria [(1)]**.**

1. Nei procedimenti per la falsificazione di biglietti di banca o di monete metalliche è nominato consulente o perito rispettivamente un tecnico della direzione generale della Banca d'Italia o un tecnico della direzione generale del tesoro [(2)].

2. Se l'autorità giudiziaria che ha disposto la perizia non ha sede in Roma, può richiedere per il relativo espletamento il giudice per le indagini preliminari presso il tribunale di Roma. A tal fine l'autorità rogante pronuncia ordinanza con la quale formula i quesiti, indica le parti e i difensori da convocare e trasmette gli atti, anche in copia, il corpo del reato e i documenti occorrenti per l'espletamento della perizia. Il giudice per le indagini preliminari provvede nelle forme previste per l'incidente probatorio.

(1) Rubrica così modificata dall'art. 1, co. 2, lett. a), d.lgs. 21.6.2016, n. 125, a decorrere dal 27.7.2016.
Il testo previgente così disponeva: «*Perizia nummaria*».

(2) Comma così modificato dall'art. 1, co. 2, lett. b), d.lgs. 21.6.2016, n. 125, a decorrere dal 27.7.2016.
Il testo previgente così disponeva: «*1. Nei procedimenti per la falsificazione di biglietti di banca o di monete metalliche è nominato perito rispettivamente un tecnico della direzione generale della Banca d'Italia o un tecnico della direzione generale del tesoro*».

75. Scritture di comparizione.

1. Nei procedimenti per falsità in atti, il giudice ordina la presentazione di scritture di comparazione che si trovano presso pubblici ufficiali o presso incaricati di un pubblico servizio. Ammette inoltre ogni altra scrittura quando non vi è dubbio sulla sua autenticità, ordinando, se necessario, atti di perquisizione e di sequestro. Analogamente provvede il pubblico ministero nel corso delle indagini preliminari.

2. Il giudice può disporre che l'imputato, se possibile alla presenza del perito, rilasci una scrittura di comparazione facendo menzione dell'eventuale rifiuto dell'imputato stesso e di quant'altro interessi per valutare la genuinità della scrittura.

76. Consegna al perito di documenti o di altri oggetti.

1. Quando il giudice ritiene necessario disporre la consegna al perito di documenti in originale o di altri oggetti, della consegna è redatto verbale a cura del funzionario di cancelleria. In tal caso, il giudice può disporre che dei documenti venga estratta copia autentica.

77. Attività di investigazione della polizia in materia di armi e di sostanze stupefacenti.

1. Il dirigente del servizio di polizia giudiziaria può essere autorizzato dal giudice a prelevare, dopo l'espletamento della perizia, armi, munizioni, esplosivi e altri oggetti o sostanze equiparati occorrenti ai fini di investigazione o di prevenzione nonché alla raccolta ed elaborazione dei relativi dati, sempre che tale attività non comporti modifiche o alterazioni degli oggetti o delle sostanze medesime. Analoga autorizzazione può essere concessa anche dopo che è stata disposta la confisca e la distruzione ovvero dopo la chiusura del giudizio di primo grado, se la perizia non ha avuto luogo.

2. Dopo il provvedimento di archiviazione perché è ignoto l'autore del reato ovvero dopo che la sentenza è divenuta inoppugnabile, il giudice può autorizzare il dirigente del servizio di polizia giudiziaria a prelevare gli oggetti e le sostanze indicate nel comma 1 anche per l'espletamento di accertamenti tecnici che ne determinano modifiche o alterazioni.

3. In ogni stato e grado del processo, il giudice può autorizzare il dirigente del servizio di polizia giudiziaria a prelevare, ai fini previsti dal comma 1, campioni di sostanze stupefacenti o psicotrope sequestrate o confiscate, se il quantitativo lo consente. Nel relativo verbale viene dato atto del quantitativo e della natura presunta della sostanza prelevata.

4. Delle operazioni di prelievo e di restituzione degli oggetti e delle sostanze previsti dai commi 1 e 3 è redatto verbale a cura del pubblico ufficiale addetto alla cancelleria.

78. Acquisizione di atti di un procedimento penale straniero.

1. La documentazione di atti di un procedimento penale compiuti da autorità giudiziaria straniera può essere acquisita a norma dell'articolo 238 del codice.

2. Gli atti non ripetibili compiuti dalla polizia straniera possono essere acquisiti nel fascicolo per il dibattimento se le parti vi consentono ovvero dopo l'esame testimoniale dell'autore degli stessi, compiuto anche mediante rogatoria all'estero in contraddittorio.

79. Esecuzione di perquisizioni e ispezioni personali.

1. Le perquisizioni e le ispezioni sono fatte eseguire da persona dello stesso sesso di quella che vi è sottoposta, salvi i casi di impossibilità o di urgenza assoluta.

2. La disposizione del comma 1 non si applica quando le operazioni sono eseguite da persona esercente la professione sanitaria.

80. Esecuzione di perquisizioni locali.

1. Se la copia del decreto di perquisizione locale è consegnata al portiere o a chi ne fa le veci, si applica la disposizione di cui all'articolo 148, comma 3, del codice [(1)].

2. Se non si può provvedere a norma dell'articolo 250 comma 2 del codice, la copia del decreto di perquisizione è depositata presso la cancelleria o la segreteria dell'autorità giudiziaria che procede, e di tale deposito è affisso un avviso alla porta del luogo dove è stata eseguita la perquisizione.

(1) Comma così sostituito dall'art. 174, d.lgs. 30.6.2003, n. 196, a decorrere dal 1.1.2004. L'art. 174, d.lgs. n. 196/2003 è stato poi abrogato dall'art. 27, co. 1, lett. c), n. 3), d.lgs. 10.8.2018, n. 101.
Il testo previgente così disponeva: «*1. Quando la copia del decreto di perquisizione locale è consegnata al portiere o a chi ne fa le veci, si applica la disposizione dell'art. 157 comma 6 del codice*».

81. Redazione del verbale di sequestro.

1. Il verbale di sequestro contiene l'elenco delle cose sequestrate, la descrizione delle cautele adottate per assicurarle e l'indicazione della specie e del numero dei sigilli apposti. Nel caso di beni contraffatti, l'elenco può essere sostituito dalla loro catalogazione per tipologia e la quantità può essere indicata per massa, volume o peso [(1)].

2. Le carte sono numerate e sottoscritte singolarmente da chi procede al sequestro. Se ciò non è possibile, esse sono rinchiuse in uno o più pacchi sigillati, numerati e timbrati.

3. Il verbale indica anche il luogo della custodia. Il provvedimento previsto dall'articolo 259 comma 1 secondo periodo del codice può essere adottato, quando ne ricorrono le condizioni, anche da chi ha provveduto al sequestro. Quando è nominato un custode, questi dichiara di assumere gli obblighi di legge e sottoscrive il verbale. L'inosservanza di queste formalità non esime il custode, che abbia assunto l'ufficio, dall'adempimento dei suoi doveri e dalla relativa responsabilità disciplinare e penale.

4. Sulle cose sequestrate ovvero sui pacchi in cui esse sono rinchiuse è apposta l'indicazione del procedimento al quale si riferiscono.

(1) Comma così modificato dall'art. 54, co. 1, l. 27.12.2023, n. 206, a decorrere dall'11.1.2024.
Il testo previgente così disponeva: «1. *Il verbale di sequestro contiene l'elenco delle cose sequestrate, la descrizione delle cautele adottate per assicurarle e l'indicazione della specie e del numero dei sigilli apposti.*».

82. Attività per il deposito e la custodia delle cose sequestrate.

1. Le cose sequestrate sono annotate in apposito registro nel quale la cancelleria o la segreteria indica il numero del procedimento a cui si riferiscono, il cognome e il nome della persona a cui appartengono, se sono noti, e quelli della persona il cui nome è stato iscritto nel registro delle notizie di reato, le trasmissioni ad altri uffici giudiziari e le restituzioni.

2. Le cose sequestrate non possono essere rimosse dal luogo in cui sono custodite, se non nei casi consentiti dalla legge. Quando i sigilli appaiono rotti o alterati, si procede alla verificazione delle cose sequestrate, a cura della cancelleria o della segreteria. Di ogni verificazione e in tutti i casi di rimozione e riapposizione di sigilli è redatto verbale.

3. Con decreto del ministro di grazia e giustizia sono dettate le disposizioni regolamentari per il deposito e la custodia delle cose sequestrate.

4. Fino alla data di entrata in vigore del decreto previsto dal comma 3, le cose sequestrate, che a norma dell'articolo 259 del codice andrebbero depositate nella segreteria del pubblico ministero, sono depositate nella cancelleria [della pretura o] del tribunale e annotate nei relativi registri. La stessa cancelleria provvede altresì agli adempimenti previsti dall'articolo 83 [disp. att. c.p.p. 83] [(1)].

(1) Le parole fra parentesi quadre sono state soppresse dall'art. 211, d.lgs. 19.2.1998, n. 51, con effetto dal 2.6.1999.

83. Vendita o distruzione delle cose deperibili.

1. La vendita delle cose indicate nell'articolo 260 comma 3 del codice è eseguita a cura della cancelleria o della segreteria anche a trattativa privata.

2. Allo stesso modo si procede per la distruzione delle cose. Tuttavia a questa può procedersi anche avvalendosi di persona idonea o della polizia giudiziaria che ha eseguito il sequestro. Delle operazioni compiute è redatto verbale da allegare agli atti.

3. L'autorità giudiziaria, prima che si proceda alle operazioni indicate nei commi 1 e 2, dispone il prelievo dei campioni, quando ciò è possibile, dando avviso al difensore.

84. Restituzione delle cose sequestrate [(1)]**.**

[**1.** La restituzione delle cose sequestrate è disposta dall'autorità giudiziaria, di ufficio o su richiesta dell'interessato esente da bollo. Della avvenuta restituzione è redatto verbale.

2. La restituzione è concessa a condizione che prima siano pagate le spese per la custodia e la conservazione delle cose sequestrate, salvo che siano stati pronunciati provvedimento di archiviazione, sentenza di non luogo a procedere o sentenza di proscioglimento ovvero che le cose sequestrate appartengano a persona diversa dall'imputato o che il decreto di sequestro sia stato revocato a norma dell'articolo 324 del codice. Le spese di custodia e di conservazione sono in ogni caso dovute dall'avente diritto alla restituzione per il periodo successivo al trentesimo giorno decorrente dalla data in cui il medesimo ha ricevuto la comunicazione del provvedimento di restituzione.]

(1) Articolo abrogato dall'art. 299, d.lgs. 30.5.2002, n. 113 e dall'art. 299, d.P.R. 30.5.2002, n. 115 con la decorrenza indicata nell'art. 302 dello stesso decreto.

85. Restituzione con imposizione di prescrizioni.

1. Quando sono state sequestrate cose che possono essere restituite previa esecuzione di specifiche prescrizioni, l'autorità giudiziaria, se l'interessato consente, ne ordina la restituzione impartendo le prescrizioni del caso e imponendo una idonea cauzione a garanzia della esecuzione delle prescrizioni nel termine stabilito.

2. Scaduto il termine, se le prescrizioni non sono adempiute, l'autorità giudiziaria provvede a norma dell'articolo 260 comma 3 del codice qualora ne ricorrano le condizioni.

86. Vendita o distruzione delle cose confiscate.

1. La cancelleria provvede alla vendita delle cose di cui è stata ordinata la confisca, salvo che per esse sia prevista una specifica destinazione. Il compimento delle operazioni di vendita può essere delegato a un istituto all'uopo autorizzato o ad uno dei professionisti indicati negli articoli 534-*bis* e 591-*bis* del codice di procedura civile, con le modalità ivi previste, in quanto compatibili [(1)].

1 bis. Qualora sia stata disposta una confisca per equivalente di beni non sottoposti a sequestro o, comunque, non specificamente individuati nel provvedimento che dispone la confisca, l'esecuzione si svolge con le modalità previste per l'esecuzione delle pene pecuniarie, ferma la possibilità per il pubblico ministero di dare esecuzione al provvedimento su beni individuati successivamente [(2)].

2. Il giudice dispone la distruzione delle cose confiscate se la vendita non è opportuna. All'affidamento dell'incarico procede la cancelleria. Il giudice può disporre che alla distruzione proceda la polizia giudiziaria che ha eseguito il sequestro.

(1) Comma così modificato dall'art. 41, co. 1, lett. i), n. 1), d.lgs. 10.10.2022, n. 150, a decorrere dal 30.12.2022.
Il testo previgente così disponeva: «1. La cancelleria provvede alla vendita delle cose di cui è stata ordinata la confisca, salvo che per esse sia prevista una specifica destinazione.».

(2) Comma introdotto dall'art. 41, co. 1, lett. i), n. 2), d.lgs. 10.10.2022, n. 150, a decorrere dal 30.12.2022.

86 bis. Destinazione dei beni informatici o telematici sequestrati o confiscati in quanto utilizzati per la commissione dei reati di cui agli articoli 473, 474, 615-*ter*, 615-*quater*, 615-*quinquies*, 617-*bis*, 617-*ter*, 617-*quater*, 617-*quinquies*, 617-*sexies*, 635-*bis*, 635-*ter*, 635-*quater*, 635-*quinquies*, 640-*ter* e 640-*quinquies* del codice penale [(1)].

1. I beni e gli strumenti informatici o telematici oggetto di sequestro che, a seguito di analisi tecnica forense, risultino essere stati in tutto o in parte utilizzati per la commissione dei reati di cui agli articoli 473, 474, 615-*ter*, 615-*quater*, 615-*quinquies*, 617-*bis*, 617-*ter*, 617-*quater*, 617-*quinquies*, 617-*sexies*, 635-*bis*, 635-*ter*, 635-*quater*, 635-*quinquies*, 640-*ter* e 640-*quinquies* del codice penale sono affidati dall'autorità giudiziaria in custodia giudiziale con facoltà d'uso, salvo che vi ostino esigenze processuali, agli organi di polizia che ne facciano richiesta per l'impiego in attività di contrasto ai crimini informatici, ovvero ad altri organi dello Stato per finalità di giustizia.

2. I beni e gli strumenti di cui al comma 1, ove acquisiti dallo Stato a seguito di procedimento definitivo di confisca, sono assegnati alle amministrazioni che ne facciano richiesta e che ne abbiano avuto l'uso ovvero, ove non vi sia stato un precedente affidamento in custodia giudiziale, agli organi di polizia che ne facciano richiesta per l'impiego in attività di contrasto ai crimini informatici ovvero ad altri organi dello Stato per finalità di giustizia.

(1) Articolo introdotto dal co. 1 dell'art. 2, l. 15.2.2012, n. 12.

86 ter. Destinazione dei beni confiscati in quanto utilizzati per la commissione del reato di esercizio abusivo della professione sanitaria [(1)].

1. Nel caso di condanna o di applicazione della pena su richiesta delle parti a norma dell'articolo 444 del codice per l'esercizio abusivo di una professione sanitaria, i beni immobili confiscati sono trasferiti al patrimonio del comune ove l'immobile è sito, per essere destinati a finalità sociali e assistenziali.

(1) Articolo introdotto dall'art. 12, co. 7, l. 11.01.2018, n. 3, a decorrere dal 15.2.2018.

87. Cose di cui è stata ordinata la consegna al ministero di grazia e giustizia [(1)].

[**1.** Il provvedimento con cui è ordinata la consegna al ministero di grazia e giustizia delle cose indicate nell'articolo 264 comma 1 del codice è comunicato al ministero medesimo.

2. Il ministro di grazia e giustizia può disporre che le cose di cui è stata ordinata la consegna siano rimesse al museo criminale presso il ministero o ad altri istituti. Se non ritiene di provvedere in questo modo, le cose sono messe in vendita a norma dell'articolo 264 del codice.

3. Allo stesso modo si provvede se delle cose aventi interesse scientifico ovvero pregio di antichità o di arte è stata disposta la confisca.]

(1) Articolo abrogato dall'art. 299, d.lgs. 30.05.2002, n. 113 e dall'art. 299, d.P.R. 30.05.2002, n. 115, a decorrere dal 1.7.2002.

88. Destinazione delle monete metalliche e dei biglietti di banca confiscati.

1. I biglietti di banca e le monete metalliche, di cui è stata accertata la falsità e ordinata la confisca, sono trasferiti rispettivamente alla filiale della Banca d'Italia o alla sezione della tesoreria provinciale più vicina, a cura della cancelleria del giudice che ha emesso il provvedimento, immediatamente dopo che questo è divenuto esecutivo.

2. La disposizione del comma 1 si applica anche agli strumenti e agli altri oggetti destinati esclusivamente alla falsificazione dei quali è stata ordinata la confisca.

89. Verbale e registrazioni delle intercettazioni [(1)].

1. Il verbale delle operazioni previsto dall'articolo 268 comma 1 del codice contiene l'indicazione degli estremi del decreto che ha disposto l'intercettazione, la descrizione delle modalità di registrazione, l'annotazione del giorno e dell'ora di inizio e di cessazione della intercettazione nonché i nominativi delle persone che hanno preso parte alle operazioni. Quando si procede ad intercettazione delle comunicazioni e conversazioni tra presenti mediante inserimento di captatore informatico su dispositivo elettronico portatile, il verbale indica il tipo di programma impiegato e, ove possibile, i luoghi in cui si svolgono le comunicazioni o conversazioni.

2. Ai fini dell'installazione e dell'intercettazione attraverso captatore informatico in dispositivi elettronici portatili, devono essere impiegati programmi conformi ai requisiti tecnici stabiliti con decreto del Ministro della giustizia.

3. Nei casi previsti dal comma 2 le comunicazioni intercettate sono conferite, dopo l'acquisizione delle necessarie informazioni in merito alle condizioni tecniche di sicurezza e di affidabilità della rete di trasmissione, esclusivamente negli impianti della procura della Repubblica. Durante il trasferimento dei dati sono operati controlli costanti di integrità che assicurino l'integrale corrispondenza tra quanto intercettato, registrato e trasmesso.

4. Quando è impossibile il contestuale trasferimento dei dati intercettati, il verbale di cui all'articolo 268 del codice dà atto delle ragioni impeditive e della successione cronologica degli accadimenti captati e delle conversazioni intercettate.

5. Al termine delle operazioni si provvede, anche mediante persone idonee di cui all'articolo 348 del codice, alla disattivazione del captatore con modalità tali da renderlo inidoneo a successivi impieghi. Dell'operazione si dà atto nel verbale.

(1) Articolo modificato dall'art. 5, co. 1, lett. a), nn. 1) e 2), d.lgs. 29.12.2017, n. 216, a decorrere dal 26.1.2018. Questo articolo è stato poi sostituito dall'art. 2, co. 2, lett. a), d.l. 30.12.2019, n. 161, a decorrere dal 1.1.2020. Infine, l'art. 2, co. 2, lett. a), d.l. 30.12.2019, n. 161, e di conseguenza questo articolo, è stato modificato, a decorrere dal 29.2.2020, dalla legge di conversione 28.2.2020, n. 7.

Il testo antecedente alla conversione del citato d.l. n. 161/2019 così disponeva: «*Verbale e registrazioni delle intercettazioni. 1. Il verbale delle operazioni previsto dall'art. 268 comma 1 del codice contiene l'indicazione degli estremi del decreto che ha disposto l'intercettazione, la descrizione delle modalità di registrazione, l'annotazione del giorno e dell'ora di inizio e di cessazione della intercettazione nonché i nominativi delle persone che hanno preso parte alle operazioni. Quando si procede ad intercettazione delle comunicazioni e conversazioni tra presenti mediante inserimento di captatore informatico su dispositivo elettronico portatile, il verbale indica il tipo di programma impiegato e, ove possibile, i luoghi in cui si svolgono le comunicazioni o conversazioni.*

2. Ai fini dell'installazione e dell'intercettazione attraverso captatore informatico in dispositivi elettronici portatili possono essere impiegati soltanto programmi conformi ai requisiti tecnici stabiliti con decreto del Ministro della giustizia.

3. Nei casi previsti dal comma 2 le comunicazioni intercettate sono trasferite, dopo l'acquisizione delle necessarie informazioni in merito alle condizioni tecniche di sicurezza e di affidabilità della rete di trasmissione, esclusivamente nell'archivio digitale di cui all'art. 269, comma 1, del codice. Durante il trasferimento dei dati sono operati controlli costanti di integrità che assicurino l'integrale corrispondenza tra quanto intercettato, registrato e trasmesso.

4. Quando è impossibile il contestuale trasferimento dei dati intercettati, il verbale di cui all'art. 268 del codice dà atto delle ragioni impeditive e della successione cronologica degli accadimenti captati e delle conversazioni intercettate.

5. Al termine delle operazioni si provvede, anche mediante persone idonee di cui all'art. 348 del codice, alla disattivazione del captatore con modalità tali da renderlo inidoneo a successivi impieghi. Dell'operazione si dà atto nel verbale».

Il testo antecedente alla sostituzione del 2019 così disponeva: «Verbale e nastri registrati delle intercettazioni. 1. Il verbale delle operazioni previsto dall'art. 268 comma 1 del codice contiene l'indicazione degli estremi del decreto che ha disposto l'intercettazione, la descrizione delle modalità di registrazione, l'annotazione del giorno e dell'ora di inizio e di cessazione della intercettazione nonché i nominativi delle persone che hanno preso parte alle operazioni. Quando si procede ad intercettazione delle comunicazioni e conversazioni tra presenti mediante inserimento di captatore informatico su dispositivo elettronico portatile, il verbale indica il tipo di programma impiegato e i luoghi in cui si svolgono le comunicazioni o conversazioni.

2. I nastri contenenti le registrazioni, racchiusi in apposite custodie numerate e sigillate, sono collocati in un involucro sul quale sono indicati il numero delle registrazioni contenute, il numero dell'apparecchio controllato, i nomi, se possibile, delle persone le cui conversazioni sono state sottoposte ad ascolto e il numero che, con riferimento alla registrazione consentita, risulta dal registro delle intercettazioni previsto dall'art. 267 comma 5 del codice.

2-bis. *Ai fini dell'installazione e dell'intercettazione attraverso captatore informatico in dispositivi elettronici portatili possono essere impiegati soltanto programmi conformi ai requisiti tecnici stabiliti con decreto del Ministro della giustizia.*

2-ter. *Nei casi previsti dal comma 2-bis le comunicazioni intercettate sono trasferite, dopo l'acquisizione delle necessarie informazioni in merito alle condizioni tecniche di sicurezza e di affidabilità della rete di trasmissione, esclusivamente verso gli impianti della procura della Repubblica. Durante il trasferimento dei dati sono operati controlli costanti di integrità, in modo da assicurare l'integrale corrispondenza tra quanto intercettato e quanto trasmesso e registrato.*

2-quater. *Quando è impossibile il contestuale trasferimento dei dati intercettati, il verbale di cui all'art. 268 del codice dà atto delle ragioni tecniche impeditive e della successione cronologica degli accadimenti captati e delle conversazioni intercettate.*

2-quinquies. *Al termine delle operazioni si provvede, anche mediante persone idonee di cui all'art. 348 del codice, alla disattivazione del captatore con modalità tali da renderlo inidoneo a successivi impieghi. Dell'operazione si dà atto nel verbale».*

Il testo antecedente alle modifiche del 2017 così disponeva: «Verbale e nastri registrati delle intercettazioni. 1. Il verbale delle operazioni previsto dall'art. 268 comma 1 del codice contiene l'indicazione degli estremi del decreto che ha disposto l'intercettazione, la descrizione delle modalità di registrazione, l'annotazione del giorno e dell'ora di inizio e di cessazione della intercettazione nonché i nominativi delle persone che hanno preso parte alle operazioni.

2. I nastri contenenti le registrazioni, racchiusi in apposite custodie numerate e sigillate, sono collocati in un involucro sul quale sono indicati il numero delle registrazioni contenute, il numero dell'apparecchio controllato, i nomi, se possibile, delle persone le cui conversazioni sono state sottoposte ad ascolto e il numero che, con riferimento alla registrazione consentita, risulta dal registro delle intercettazioni previsto dall'art. 267 comma 5 del codice».

89 bis. Archivio delle intercettazioni [(1)].

1. Nell'archivio digitale istituito dall'articolo 269, comma 1, del codice, tenuto sotto la direzione e la sorveglianza del Procuratore della Repubblica, sono custoditi i verbali, gli atti e le registrazioni delle intercettazioni a cui afferiscono.

2. L'archivio è gestito con modalità tali da assicurare la segretezza della documentazione relativa alle intercettazioni non necessarie per il procedimento, ed a quelle irrilevanti o di cui è vietata l'utilizzazione ovvero riguardanti categorie particolari di dati personali come definiti dalla legge o dal regolamento in materia. Il Procuratore della Repubblica impartisce, con particolare riguardo alle modalità di accesso, le prescrizioni necessarie a garantire la tutela del segreto su quanto ivi custodito.

3. All'archivio possono accedere, secondo quanto stabilito dal codice, il giudice che procede e i suoi ausiliari, il pubblico ministero e i suoi ausiliari, ivi compresi gli ufficiali di polizia giudiziaria delegati all ascolto, i difensori delle parti, assistiti, se necessario, da un interprete. Ogni accesso è annotato in apposito registro, gestito con modalità informatiche; in esso sono indicate data, ora iniziale e finale, e gli atti specificamente consultati.

4. I difensori delle parti possono ascoltare le registrazioni con apparecchio a disposizione dell'archivio e possono ottenere copia delle registrazioni e degli atti quando acquisiti a norma degli articoli 268, 415-*bis* e 454 del codice. Ogni rilascio di copia è annotato in apposito registro, gestito con modalità informatiche; in esso sono indicate data e ora di rilascio e gli atti consegnati in copia.

(1) Articolo introdotto dall'art. 5, co. 1, lett. b), d.lgs. 29.12.2017, n. 216, a decorrere dal 26.1.2018. Questo articolo è stato poi sostituito dall'art. 2, co. 2, lett. b), d.l. 30.12.2019, n. 161, a decorrere dal 1.1.2020. Infine, l'art. 2, co. 2, lett. b), d.l. 30.12.2019, n. 161, e di conseguenza questo articolo, è stato modificato, a decorrere dal 29.2.2020, dalla legge di conversione 28.2.2020, n. 7.
Il testo antecedente alla conversione del d.l. n. 161/2019 così disponeva: «*Archivio delle intercettazioni. 1. Nell'archivio digitale istituito dall'art. 269, comma 1, del codice, tenuto sotto la direzione e la sorveglianza del Procuratore della Repubblica, sono custoditi i verbali, gli atti e le registrazioni delle intercettazioni a cui afferiscono.*
2. L'archivio è gestito con modalità tali da assicurare la segretezza della documentazione relativa alle intercettazioni non necessarie per il procedimento, ed a quelle irrilevanti o di cui è vietata l'utilizzazione ovvero riguardanti categorie particolari di dati personali come definiti dalla legge o dal regolamento in materia. Il Procuratore della Repubblica impartisce, con particolare riguardo alle modalità di accesso, le prescrizioni necessarie a garantire la tutela del segreto su quanto ivi custodito.
3. All'archivio possono accedere, secondo quanto stabilito dal codice, il giudice che procede e i suoi ausiliari, il pubblico ministero e i suoi ausiliari, ivi compresi gli ufficiali di polizia giudiziaria delegati all'ascolto, i difensori delle parti, assistiti, se necessario, da un interprete. Ogni accesso è annotato in apposito registro, gestito con modalità informatiche; in esso sono indicate data, ora iniziale e finale, e gli atti specificamente consultati.
4. I difensori delle parti possono ascoltare le registrazioni con apparecchio a disposizione dell'archivio e possono ottenere copia delle registrazioni e degli atti quando acquisiti a norma degli articoli 268 e 415-bis del codice. Ogni rilascio di copia è annotato in apposito registro, gestito con modalità informatiche; in esso sono indicate data e ora di rilascio e gli atti consegnati in copia».
Il testo antecedente alla sostituzione del 2019 così disponeva: «*Archivio riservato delle intercettazioni. 1. Presso l'ufficio del pubblico ministero è istituito l'archivio riservato previsto dall'art. 269, comma 1, del codice, nel quale sono custoditi le annotazioni, i verbali, gli atti e le registrazioni delle intercettazioni a cui afferiscono.*
2. L'archivio è gestito, anche con modalità informatiche, e tenuto sotto la direzione e la sorveglianza del procuratore della Repubblica, con modalità tali da assicurare la segretezza della documentazione custodita. Il procuratore della Repubblica impartisce, con particolare riguardo alle modalità di accesso, le prescrizioni necessarie a garantire la tutela del segreto su quanto ivi custodito.
3. All'archivio possono accedere, secondo quanto stabilito dal codice, il giudice che procede e i suoi ausiliari, il pubblico ministero e i suoi ausiliari, ivi compresi gli ufficiali di polizia giudiziaria delegati all'ascolto, i difensori delle parti, assistiti, se necessario, da un interprete. Ogni accesso è annotato in apposito registro, gestito con modalità informatiche; in esso sono indicate data, ora iniziale e finale, e gli atti specificamente consultati.
4. I difensori delle parti possono ascoltare le registrazioni con apparecchio a disposizione dell'archivio, ma non possono ottenere copia delle registrazioni e degli atti ivi custoditi».

90. Intercettazioni disposte dalla procura della Repubblica presso la pretura (1).

[**1.** Le intercettazioni disposte dalla procura della Repubblica presso la pretura sono eseguite presso gli impianti installati nella procura della Repubblica presso il tribunale.]

(1) Articolo abrogato dall'art. 218, d.lgs. 19.2.1998, n. 51, con effetto dal 2.6.1999.

Capo VII
Disposizioni relative alle misure cautelari

91. Giudice competente in ordine alle misure cautelari (1).

1. Nel corso degli atti preliminari al dibattimento, i provvedimenti concernenti le misure cautelari sono adottati, secondo la rispettiva competenza, dal tribunale in composizione collegiale o monocratica, dalla corte di assise, dalla corte di appello o dalla corte di assise di appello; dopo la pronuncia della sentenza e prima della trasmissione degli atti a norma dell'articolo 590 del codice, provvede il giudice che ha emesso la sentenza; durante la pendenza del ricorso per cassazione, provvede il giudice che ha emesso il provvedimento impugnato.

(1) Articolo così modificato dall'art. 212, d.lgs. 19.2.1998, n. 51, con effetto dal 2.6.1999.
Il testo previgente così disponeva: «*Nel corso degli atti preliminari al dibattimento, i provvedimenti concernenti le misure cautelari sono adottati, secondo la rispettiva competenza, dal pretore, dal tribunale, dalla corte di assise, dalla corte di appello o dalla corte di assise di appello; dopo la pronuncia della sentenza e prima della trasmissione degli atti a norma dell'art. 590 del codice, provvede il giudice che ha emesso la sentenza; durante la pendenza del ricorso per cassazione, provvede il giudice che ha emesso il provvedimento impugnato*».

92. Trasmissione dell'ordinanza che dispone la misura cautelare.

1. L'ordinanza che dispone la misura cautelare è immediatamente trasmessa, in duplice copia, a cura della cancelleria del giudice che ha emesso il provvedimento, all'organo che deve provvedere all'esecuzione ovvero, nel corso delle indagini preliminari, al pubblico ministero che ne ha fatto richiesta, il quale ne cura l'esecuzione.

1 bis. Contestualmente sono restituiti al pubblico ministero, per la conservazione nell'archivio di cui all'articolo 89-*bis*, gli atti contenenti le comunicazioni e conversazioni intercettate ritenute dal giudice non rilevanti o inutilizzabili (1).

(1) Comma introdotto dall'art. 5, co. 1, lett. c), d.lgs. 29.12.2017, n. 216, a decorrere dal 26.1.2018. Questo comma, poi, è stato così modificato, a decorrere dal 1.1. 2020, dall'art. 2, co. 2, lett. c), d.l. 30.12.2019, n. 161, conv., con modif., dalla l. 28.2.2020, n. 7. Il testo antecedente alle modifiche disposte dal d.l. n. 161/2019 così disponeva: «*1-*bis. *Contestualmente sono restituiti al pubblico ministero, per la conservazione nell'archivio riservato di cui all'art. 89-*bis*, gli atti contenenti le comunicazioni e conversazioni intercettate ritenute dal giudice non rilevanti o inutilizzabili*».

93. Deposito del verbale di interrogatorio.

1. Il verbale dell'interrogatorio della persona in stato di custodia cautelare è trasmesso al pubblico ministero. I difensori hanno diritto di prenderne visione ed estrarne copia.

94. Ingresso in istituti penitenziari.

1. Il pubblico ufficiale preposto a un istituto penitenziario non può ricevere né ritenervi alcuno se non in forza di un provvedimento dell'autorità giudiziaria o un avviso di consegna da parte di un ufficiale di polizia giudiziaria.

1 bis. Copia del provvedimento che costituisce titolo di custodia è inserito nella cartella personale del detenuto. All'atto del colloquio previsto dall'articolo 23, quarto comma, del regolamento approvato con decreto del Presidente della Repubblica 29 aprile 1976, n. 431, o anche successivamente, il direttore o l'operatore penitenziario da lui designato accerta, se del caso con l'ausilio di un interprete, che l'interessato abbia precisa conoscenza del provvedimento che ne dispone la custodia e gliene illustra, ove occorra, i contenuti [(1)].

1 ter. L'autorità giudiziaria che dispone la custodia cautelare in carcere o che pronuncia un provvedimento da cui non consegua la rimessione in libertà del datore dispone che copia del provvedimento sia trasmessa, a cura della polizia giudiziaria o della cancelleria, al direttore dell'istituto penitenziario perché provveda a quanto stabilito dal comma 1-*bis* [(1)].

1 quater. Il detenuto ha sempre diritto di consultare la propria cartella personale e di ottenere copia dei provvedimenti dell'autorità giudiziaria in essa contenuti [(1)].

2. Nondimeno, se si presenta nell'istituto una persona che dichiari di avere commesso un reato per il quale è obbligatorio l'arresto in flagranza, vi deve essere trattenuto a norma dell'articolo 349 del codice ad opera degli appartenenti al personale di custodia che abbiano qualità di ufficiale o di agente di polizia giudiziaria, i quali redigono verbale e ne danno immediata notizia all'autorità giudiziaria competente.

3. Allo stesso modo si procede nei confronti di un latitante che si sia sottratto alla esecuzione della custodia cautelare, di un evaso o di un condannato in via definitiva che non sia in grado di produrre copia dell'ordine di esecuzione.

(1) Comma introdotto dall'art. 23, l. 8.8.1995, n. 332.

95. Esecuzione della custodia cautelare nei confronti dell'internato per misura di sicurezza.

1. Con l'ordinanza che dispone la custodia cautelare nei confronti di persona internata per misura di sicurezza, il giudice ne dispone il trasferimento nell'istituto di custodia, salvo quanto previsto dall'articolo 286 del codice.

96. Separazione degli imputati detenuti.

1. Negli istituti di custodia gli imputati in uno stesso procedimento o comunque di uno stesso reato devono essere tenuti separati tra loro, se l'autorità giudiziaria abbia così ordinato. In mancanza di tale ordine, la separazione deve essere disposta sempre che lo consentano le possibilità dell'istituto.

97. Comunicazioni al servizio informatico.

1. I provvedimenti con i quali è disposta una misura cautelare personale sono comunicati, a cura della cancelleria del giudice che li ha emessi, al servizio informatico istituito con decreto del ministro di grazia e giustizia, quando la misura ha avuto esecuzione. La stessa comunicazione è altresì data quando è dichiarato lo stato di latitanza.

2. Nel caso di fermo o di arresto in flagranza, alla comunicazione prevista dal comma 1 provvede la direzione dell'istituto di custodia al quale il fermato o l'arrestato è consegnato.

3. Deve essere altresì data immediata comunicazione al servizio previsto dal comma 1 del provvedimento con cui è ordinata la immediata liberazione dell'arrestato o del fermato nonché di ogni provvedimento estintivo o modificativo delle misure cautelari personali. Alla comunicazione provvede la cancelleria o la segreteria dell'autorità giudiziaria che ha adottato il provvedimento.

97 bis. Modalità di esecuzione del provvedimento che applica gli arresti domiciliari [(1)].

1. A seguito del provvedimento che sostituisce la misura della custodia cautelare in carcere con quella degli arresti domiciliari, l'imputato raggiunge senza accompagnamento il luogo di esecuzione della misura, individuato ai sensi dell'articolo 284 del codice; del provvedimento emesso, il giudice informa il pubblico ministero e la polizia giudiziaria che possono, anche di propria iniziativa, controllare l'osservanza delle prescrizioni imposte.

2. Qualora il giudice, anche a seguito della segnalazione operata dal pubblico ministero, dal direttore dell'istituto penitenziario o dalle forze di polizia, ritenga sussistenti specifiche esigenze processuali ovvero altre esigenze di sicurezza, con il provvedimento di sostituzione di cui al comma 1 dispone che l'imputato venga accompagnato dalle forze di polizia presso il luogo di esecuzione degli arresti domiciliari.

(1) Articolo introdotto dall'art. 27, l. 8.8.1995, n. 332 e, poi, così sostituito dall'art. 4, co. 1, d.l. 26.6.2014, n. 92, conv., con modif., dalla l. 11.8.2014, n. 117.

Il testo antecedente alla modifica disposta con la legge di conversione n. 117/2014 così disponeva: «*1. A seguito del provvedimento che sostituisce la misura della custodia cautelare in carcere con quella degli arresti domiciliari, l'imputato raggiunge senza accompagnamento il luogo di esecuzione della misura, individuato ai sensi dell'art. 284 del codice; del provvedimento emesso, il giudice informa il pubblico ministero e la polizia giudiziaria che possono, anche di propria iniziativa, controllare l'osservanza delle prescrizioni imposte.*

2. Qualora il giudice, anche a seguito della segnalazione operata dal pubblico ministero, dal direttore dell'istituto penitenziario o dalle forze di polizia, ritenga sussistenti specifiche esigenze processuali ovvero altre esigenze di sicurezza, con il provvedimento di sostituzione di cui al comma 1 dispone che l'imputato venga accompagnato dalle forze di polizia presso il luogo di esecuzione degli arresti domiciliari.

3. Qualora, con il provvedimento di sostituzione di cui al comma 1, sia stata disposta l'applicazione delle procedure di controllo tramite gli strumenti previsti dall'art. 275-bis, comma 1, del codice, il direttore dell'istituto penitenziario, nel trasmettere la dichiarazione dell'im-

putato prevista dall'art. 275-bis, comma 2, del codice, può rappresentare l'impossibilità di dare esecuzione immediata alla scarcerazione in considerazione di specifiche esigenze di carattere tecnico; in tal caso, il giudice può autorizzare il differimento dell'esecuzione del provvedimento di sostituzione sino alla materiale disponibilità del dispositivo elettronico da parte della polizia giudiziaria».

Il testo antecedente alla sostituzione disposta con d.l. n. 92/2014 così disponeva: «*Modalità di esecuzione del provvedimento che applica gli arresti domiciliari. 1. Con il provvedimento che sostituisce la misura di custodia cautelare in carcere con quella degli arresti domiciliari, il giudice, se ritiene di non dover disporre l'accompagnamento per salvaguardare comprovate esigenze processuali o di sicurezza ovvero altre esigenze evidenziate dal pubblico ministero, dal direttore di custodia o dalle forze di polizia, autorizza l'imputato a raggiungere il luogo dell'arresto individuato a norma dell'art. 284 del codice fissando i tempi e le modalità per il raggiungimento. Del provvedimento dato, il giudice informa il pubblico ministero e la polizia giudiziaria che possono, anche di propria iniziativa, controllare l'osservanza delle prescrizioni imposte*».

98. Cessazione delle misure cautelari estinte.

1. Quando l'imputato sottoposto a custodia cautelare deve essere liberato, il giudice, con il provvedimento emesso a norma dell'articolo 306 del codice, ordina al direttore dell'istituto di custodia l'immediata dimissione. L'ordine è trasmesso con urgenza.

2. Nel caso di imputato custodito in luogo di cura, il provvedimento previsto dal comma 1 è trasmesso, con urgenza, al direttore del servizio psichiatrico ospedaliero dove l'imputato è ricoverato nonché alla polizia giudiziaria incaricata della custodia, la quale provvede agli adempimenti previsti dall'articolo 161 comma 3 del codice.

3. Nel caso di imputato agli arresti domiciliari o sottoposto alle misure del divieto o dell'obbligo di dimora, il giudice comunica, con urgenza, il provvedimento previsto dal comma 1, oltre che all'imputato, anche alla polizia giudiziaria competente a controllare l'osservanza delle prescrizioni imposte con le suddette misure. Nel caso della misura dell'obbligo di presentazione alla polizia giudiziaria, la comunicazione della cessazione deve essere data, oltre che all'imputato, anche all'ufficio di polizia giudiziaria competente.

4. In caso di cessazione della misura del divieto di espatrio e delle misure interdittive, il giudice dispone la comunicazione del provvedimento all'imputato e, se del caso, rispettivamente, all'organo competente ad assicurare la esecuzione della misura ovvero a quello eventualmente competente a disporre l'interdizione in via ordinaria.

99. Inammissibilità della richiesta di riesame.

1. La disposizione dell'articolo 585 comma 5 del codice si applica anche ai termini per le impugnazioni previsti dal libro IV del codice.

100. Trasmissione degli atti in caso di impugnazione.

1. Quando è impugnato un provvedimento concernente la libertà personale, la cancelleria o la segreteria dell'autorità giudiziaria procedente trasmette, in originale o in copia, al giudice competente gli atti necessari per decidere sull'impugnazione, con precedenza assoluta su ogni altro affare e, comunque, entro il giorno successivo alla ricezione dell'avviso della proposizione dell'impugnazione previsto dagli articoli 309, 310 e 311 del codice.

101. Termine per la decisione sulla richiesta di riesame.

1. Nel procedimento previsto dall'articolo 309 del codice, se l'udienza è rinviata a norma dell'articolo 127 comma 4 del codice, il termine per la decisione sulla richiesta di riesame decorre nuovamente dalla data in cui il giudice riceve comunicazione della cessazione dell'impedimento o comunque accerta la cessazione dello stesso.

2. Quando l'imputato è detenuto o internato in luogo posto fuori del circondario del tribunale competente, il termine previsto dall'articolo 309 comma 10 del codice decorre dal momento in cui pervengono al tribunale gli atti assunti dal magistrato di sorveglianza a norma dell'articolo 127 comma 3 del codice. Il magistrato di sorveglianza senza ritardo assume le dichiarazioni dell'imputato, previo tempestivo avviso al difensore e trasmette gli atti al tribunale con il mezzo più celere.

102. Domanda di riparazione per l'ingiusta detenzione.

1. La domanda di riparazione per l'ingiusta detenzione è presentata presso la cancelleria della corte di appello nel cui distretto è stata pronunciata la sentenza o il provvedimento di archiviazione che ha definito il procedimento. Nel caso di sentenza emessa dalla corte di cassazione, è competente la corte di appello nel cui distretto è stato emesso il provvedimento impugnato.

102 bis. Reintegrazione nel posto di lavoro perduto per ingiusta detenzione (1)**.**

1. Chiunque sia stato sottoposto alla misura della custodia cautelare in carcere ai sensi dell'articolo 285 del codice ovvero a quella degli arresti domiciliari ai sensi dell'articolo 284 del codice e sia stato per ciò stesso licenziato dal posto di lavoro che occupava prima dell'applicazione della misura, ha diritto di essere reintegrato nel posto di lavoro medesimo qualora venga pronunciata in suo favore sentenza di assoluzione, di proscioglimento o di non luogo a procedere ovvero venga disposto provvedimento di archiviazione.

(1) Articolo introdotto dall'art. 24, l. 8.8.1995, n. 332.

103. Trascrizione e cancellazione del sequestro conservativo.

1. Per la trascrizione e la cancellazione del sequestro conservativo richiesto dal pubblico ministero, l'ufficio del conservatore dei registri immobiliari non può esigere alcuna tassa o diritto, salva l'azione contro il condannato.

104. Esecuzione del sequestro preventivo (1)**.**

1. Il sequestro preventivo è eseguito:

a) sui mobili e sui crediti, secondo le forme prescritte dal codice di procedura civile per il pignoramento presso il debitore o presso il terzo in quanto applicabili;

b) sugli immobili o mobili registrati, con la trascrizione del provvedimento presso i competenti uffici;
c) sui beni aziendali organizzati per l'esercizio di un'impresa, oltre che con le modalità previste per i singoli beni sequestrati, con l'immissione in possesso dell'amministratore, con l'iscrizione del provvedimento nel registro delle imprese presso il quale è iscritta l'impresa;
d) sulle azioni e sulle quote sociali, con l'annotazione nei libri sociali e con l'iscrizione nel registro delle imprese;
e) sugli strumenti finanziari dematerializzati, ivi compresi i titoli del debito pubblico, con la registrazione nell'apposito conto tenuto dall'intermediario ai sensi dell'articolo 34 del decreto legislativo 24 giugno 1998, n. 213. Si applica l'articolo 10, comma 3, del decreto legislativo 21 maggio 2004, n. 170.

2. Si applica altresì la disposizione dell'articolo 92.

(1) Articolo così sostituito dalla lett. a) del co. 9 dell'art. 2, l. 15.7.2009, n. 94.
Il testo previgente così disponeva: «*Norme applicabili al sequestro preventivo.*
1. Per il sequestro preventivo si applicano le disposizioni relative al sequestro probatorio contenute nel capo, VI. Si applica altresì la disposizione dell'art. 92».

104 bis. Amministrazione dei beni sottoposti a sequestro e confisca. Tutela dei terzi nel giudizio [1] [2].

1. In tutti i casi in cui il sequestro preventivo o la confisca abbiano per oggetto aziende, società ovvero beni di cui sia necessario assicurare l'amministrazione, esclusi quelli destinati ad affluire nel Fondo unico giustizia, di cui all'articolo 61, comma 23, del decreto-legge 25 giugno 2008, n. 112, convertito, con modificazioni, dalla legge 6 agosto 2008, n. 133, l'autorità giudiziaria nomina un amministratore giudiziario scelto nell'Albo di cui all'articolo 35 del codice di cui al decreto legislativo 6 settembre 2011, n. 159, e successive modificazioni. Con decreto motivato dell'autorità giudiziaria la custodia dei beni suddetti può tuttavia essere affidata a soggetti diversi da quelli indicati al periodo precedente [3].

1 bis. Si applicano le disposizioni di cui al Libro I, titolo III, del codice di cui al decreto legislativo 6 settembre 2011, n. 159, e successive modificazioni nella parte in cui recano la disciplina della nomina e revoca dell'amministratore, dei compiti, degli obblighi dello stesso e della gestione dei beni. In caso di sequestro disposto ai sensi dell'articolo 321, comma 2, del codice o di confisca ai fini della tutela dei terzi e nei rapporti con la procedura di liquidazione giudiziaria si applicano, altresì, le disposizioni di cui al titolo IV del Libro I del citato decreto legislativo [4].

1 bis.1. Quando il sequestro ha ad oggetto stabilimenti industriali o parti di essi dichiarati di interesse strategico nazionale ai sensi dell'articolo 1 del decreto-legge 3 dicembre 2012, n. 207, convertito, con modificazioni, dalla legge 24 dicembre 2012, n. 231, ovvero impianti o infrastrutture necessari ad assicurarne la continuità produttiva, il giudice dispone la prosecuzione dell'attività avvalendosi di un amministratore giudiziario nominato ai sensi del comma 1. In caso di imprese che dopo il verificarsi dei reati che danno luogo all'applicazione del provvedimento di sequestro sono state ammesse all'amministrazione straordinaria, anche in via temporanea ai sensi dell'articolo 1 del decreto-legge 5 dicembre 2022, n. 187, la prosecuzione dell'attività è affidata al commissario già nominato nell'ambito della procedura di amministrazione straordinaria. Ove necessario per realizzare un bilanciamento tra le esigenze di continuità dell'attività produttiva e di salvaguardia dell'occupazione e la tutela della sicurezza sul luogo di lavoro, della salute, dell'ambiente e degli altri eventuali beni giuridici lesi dagli illeciti commessi, il giudice detta le prescrizioni necessarie, tenendo anche conto del contenuto dei provvedimenti amministrativi a tal fine adottati dalle competenti autorità. Le disposizioni di cui al primo, secondo e terzo periodo non si applicano quando dalla prosecuzione può derivare un concreto pericolo per la salute o l'incolumità pubblica ovvero per la salute o la sicurezza dei lavoratori non evitabile con alcuna prescrizione. Il giudice autorizza la prosecuzione dell'attività se, nell'ambito della procedura di riconoscimento dell'interesse strategico nazionale, sono state adottate misure con le quali si è ritenuto realizzabile il bilanciamento tra le esigenze di continuità dell'attività produttiva e di salvaguardia dell'occupazione e la tutela della sicurezza sul luogo di lavoro, della salute e dell'ambiente e degli altri eventuali beni giuridici lesi dagli illeciti commessi. In ogni caso i provvedimenti emessi dal giudice ai sensi dei periodi precedenti, anche se negativi, sono trasmessi, entro il termine di quarantotto ore, alla Presidenza del Consiglio dei ministri, al Ministero delle imprese e del made in Italy e al Ministero dell'ambiente e della sicurezza energetica [5].

1 bis. 2. Nei casi disciplinati dal comma 1-*bis*.1, il provvedimento con cui il giudice abbia escluso o revocato l'autorizzazione alla prosecuzione, o negato la stessa in sede di istanza di revoca, modifica o rivalutazione del sequestro precedentemente disposto, nonostante le misure adottate nell'ambito della procedura di riconoscimento dell'interesse strategico nazionale, può essere oggetto di impugnazione ai sensi dell'articolo 322-*bis* del codice, anche da parte della Presidenza del Consiglio dei ministri, del Ministero delle imprese e del made in Italy o del Ministero dell'ambiente e della sicurezza energetica. Sull'appello avverso il provvedimento di cui al primo periodo decide, in composizione collegiale, il tribunale di Roma [6].

1 ter. I compiti del giudice delegato alla procedura sono svolti nel corso di tutto il procedimento dal giudice che ha emesso il decreto di sequestro ovvero, nel caso di provvedimento emesso da organo collegiale, dal giudice delegato nominato ai sensi e per gli effetti dell'articolo 35, comma 1, del codice di cui al decreto legislativo 6 settembre 2011, n. 159, e successive modificazioni [7].

1 quater. Ai casi di sequestro e confisca in casi particolari previsti dall'articolo 240-*bis* del codice penale o dalle altre disposizioni di legge che a questo articolo rinviano, nonché agli altri casi di sequestro e confisca di beni adottati nei procedimenti relativi ai delitti di cui all'articolo 51, comma 3-*bis*, del codice, si applicano le disposizioni del titolo IV del Libro I del decreto legislativo 6 settembre 2011, n. 159. Si applicano inoltre le disposizioni previste dal medesimo decreto legislativo in materia di amministrazione e destinazione dei beni sequestrati e confiscati e di esecuzione del sequestro. [In tali casi l'Agenzia nazionale per l'amministrazione e la destinazione dei beni sequestrati e confiscati alla criminalità organizzata coadiuva l'autorità giudiziaria nell'amministrazione e nella custodia dei beni sequestrati, fino al provvedimento di confisca emesso dalla corte di appello e, successivamente a tale provvedimento, amministra i beni medesimi secondo le modalità previste dal citato decreto legislativo 6 settembre 2011, n. 159. Restano comunque salvi i diritti della persona offesa dal reato alle restituzioni e al risarcimento del danno] [8].

1 quinquies. Nel processo di cognizione devono essere citati i terzi titolari di diritti reali o personali di godimento sui beni in sequestro, di cui l'imputato risulti avere la disponibilità a qualsiasi titolo [9].

1 sexies. In tutti i casi di sequestro preventivo e confisca restano comunque salvi i diritti della persona offesa dal reato alle restituzioni e al risarcimento del danno. Le disposizioni di cui al presente articolo si applicano anche nel caso indicato dall'articolo 578-*bis* del codice [10].

1 septies. Nei casi previsti dal comma 1-*bis*.1, qualora la prosecuzione dell'attività sia stata autorizzata dopo l'adozione del provvedimento di sequestro, l'amministratore giudiziario, ovvero il commissario straordinario nominato nell'ambito di una procedura di amministrazione straordinaria, è autorizzato a proseguire l'attività anche quando il provvedimento con cui è disposta la confisca è divenuto definitivo, fermo restando il rispetto delle prescrizioni impartite dal giudice ai sensi del terzo periodo del comma 1-*bis*.1 ovvero delle misure adottate nell'ambito della procedura di riconoscimento dell'interesse strategico nazionale ai sensi del quinto periodo del medesimo comma 1-*bis*.1. In questo caso, il giudice competente è il giudice dell'esecuzione [11].

1 octies. In caso di imprese ammesse all'amministrazione straordinaria di cui al decreto legislativo 8 luglio 1999, n. 270, ovvero al decreto-legge 23 dicembre 2003, n. 347, convertito, con modificazioni, dalla legge 18 febbraio 2004, n. 39, anche in via temporanea ai sensi dell'articolo 1 del decreto-legge 5 dicembre 2022, n. 187, convertito, con modificazioni, dalla legge 1° febbraio 2023, n. 10, il sequestro preventivo, disposto ai sensi dell'articolo 321 del codice di procedura penale ovvero di altre previsioni di legge che a detto articolo rinviano, non impedisce il trasferimento dei beni in sequestro ai sensi dell'articolo 27, comma 2, del decreto legislativo 8 luglio 1999, n. 270, in attuazione del programma di amministrazione straordinaria di cui all'articolo 4 del decreto-legge 23 dicembre 2003, n. 347, convertito, con modificazioni, dalla legge 18 febbraio 2004, n. 39, ovvero ai sensi di altre disposizioni di legge applicabili alla procedura di amministrazione straordinaria, se essi sono costituiti da stabilimenti industriali o parti di essi dichiarati di interesse strategico nazionale ai sensi dell'articolo 1 del decreto-legge 3 dicembre 2012, n. 207, convertito, con modificazioni, dalla legge 24 dicembre 2012, n. 231, ovvero impianti o infrastrutture necessari ad assicurarne la continuità produttiva, purché ricorrano le seguenti condizioni:

a) l'ammissione all'amministrazione straordinaria è intervenuta dopo il verificarsi dei reati che hanno dato luogo all'applicazione del provvedimento di sequestro;
b) dopo l'adozione del provvedimento di sequestro, è stata autorizzata la prosecuzione dell'attività;
c) sono in corso di attuazione o sono state attuate le prescrizioni impartite dal giudice ai sensi del comma 1-*bis*.1, ovvero le misure indicate nell'ambito della procedura di riconoscimento dell'interesse strategico nazionale ai fini del bilanciamento tra esigenze di continuità dell'attività produttiva e beni giuridici lesi dagli illeciti oggetto del giudizio penale, ovvero le prescrizioni dettate da provvedimenti amministrativi che autorizzino la prosecuzione dell'attività dettando misure dirette a tutelare i beni giuridici protetti dalle norme incriminatrici oggetto del giudizio penale;
d) il soggetto al quale i beni sono trasferiti non risulta controllato, controllante o collegato ai sensi dell'articolo 2359 del codice civile, né altrimenti riconducibile, direttamente o indirettamente, al soggetto che ha commesso i reati per i quali il sequestro è stato disposto, ovvero all'ente che ha commesso gli illeciti amministrativi per i quali il sequestro è stato disposto, ovvero al soggetto per conto o nell'interesse del quale essi hanno agito; e) la congruità del prezzo è attestata mediante apposita perizia giurata, ivi compresa quella utilizzata ai fini della determinazione del valore del bene ai sensi degli articoli 62 e 63 del decreto legislativo 8 luglio 1999, n. 270, ovvero di altre disposizioni di legge applicabili alla procedura di amministrazione straordinaria, tenendo comunque conto delle valutazioni fatte nell'ambito delle procedure competitive per la cessione a terzi dei complessi aziendali. Le medesime disposizioni si applicano nel caso in cui sia intervenuto un provvedimento di confisca nei casi previsti dal comma 1-*septies* [12].

1 novies. Nei casi di cui al comma 1-*octies*, il corrispettivo della cessione è depositato dagli organi dell'amministrazione straordinaria presso la Cassa delle ammende, con divieto di utilizzo per finalità diverse dall'acquisto di titoli di Stato, fino alla conclusione del procedimento penale, salvo il caso in cui il sequestro sia revocato. Dal momento del deposito del corrispettivo presso la Cassa delle ammende, gli effetti del sequestro sui beni cessano definitivamente, salvo quanto previsto, ai fini della loro utilizzazione, dal quinto periodo del presente comma. Nel caso in cui il giudice disponga la confisca, essa ha ad oggetto esclusivamente le somme depositate ai sensi del primo periodo, che sono acquisite al Fondo unico giustizia, di cui all'articolo 61, comma 23, del decreto-legge 25 giugno 2008, n. 112, convertito, con modificazioni, dalla legge 6 agosto 2008, n. 133. In caso di revoca del sequestro o di mancata adozione del provvedimento di confisca, le somme sono immediatamente restituite ai commissari straordinari e dagli stessi utilizzabili per le finalità di cui al capo VI del titolo III del decreto legislativo 8 luglio 1999, n. 270. Al fine di poter utilizzare il bene, dopo che la confisca è divenuta definitiva, l'acquirente e i successivi aventi causa devono rispettare le prescrizioni impartite dal giudice ai sensi del terzo periodo del comma 1-*bis*.1 del presente articolo ovvero le misure adottate nell'ambito della procedura di riconoscimento dell'interesse strategico nazionale ai sensi del quinto periodo del medesimo comma 1-*bis*.1, salvo che il giudice dell'esecuzione accerti, su istanza dell'interessato, la cessazione dei rischi conseguenti alla libera disponibilità del bene medesimo. Qualora la cessione avvenga nei casi previsti dal comma 1-*octies*, ultimo periodo, la confisca dei beni perde efficacia e si trasferisce sul corrispettivo versato ai sensi del primo periodo del presente comma, ferma l'applicazione del quinto periodo [13].

1 decies. Per le finalità di cui al comma 1-*octies*, lettera c), la verifica relativa all'attuazione delle misure indicate nell'ambito della procedura di interesse strategico nazionale è effettuata da un comitato di cinque esperti, scelti tra soggetti di comprovata esperienza e competenza in materia di tutela dell'ambiente e della salute e di ingegneria impiantistica, nominato con decreto del Ministro dell'ambiente e della sicurezza energetica, adottato sentiti i Ministri delle imprese e del made in Italy, della salute e per gli affari europei, il Sud, le politiche di coesione e il PNRR, nonché la regione nel cui territorio sono ubicati gli impianti o le infrastrutture. Con il decreto di cui al primo periodo, si provvede altresì alla determinazione del compenso riconosciuto a ciascun componente del comitato, in ogni caso non superiore ad euro 50.000 in ragione d'anno, con oneri posti a carico esclusivo dei terzi gestori dell'impianto o dell'infrastruttura. Il Ministro dell'ambiente e della sicurezza energetica trasmette alla Camere una relazione sull'attività di verifica effettuata dal comitato di cui al primo periodo [14].

(1) Articolo introdotto dall'art. 2, co. 9, lett. b), l. 15.7.2009, n. 94.

(2) Rubrica così sostituita prima dall'art. 6, co. 3, lett. a), n. 1, d.lgs. 1.3.2018, n. 21 e poi dall'art. 41, co. 1, lett. l), d.lgs. 10.10.2022, n. 150.
Il testo della rubrica antecedente della modifica del 2018 così recava: «*Amministrazione dei beni sottoposti a sequestro preventivo*».
Il testo della rubrica antecedente alla modifica del 2022 così recava: «*Amministrazione dei beni sottoposti a sequestro preventivo e a sequestro e confisca in casi particolari. Tutela dei terzi nel giudizio*»

(3) Comma modificato prima dall'art. 30, co. 2, lett. a), l. 17.10.2017, n. 161 e poi dall'art. 41, co, 1, lett. l), d.lgs. 10.10.2022, n. 150.
Il testo antecedente alla modifica disposta con d.lgs. n. 150/2022 così disponeva: «*1. Nel caso in cui il sequestro preventivo abbia per oggetto aziende, società ovvero beni di cui sia necessario assicurare l'amministrazione, esclusi quelli destinati ad affluire nel Fondo unico giustizia, di cui all'art. 61, comma 23, del decreto-legge 25.06.2008, n. 112, convertito, con modificazioni, dalla legge 6.08.2008, n. 133, l'autorità giudiziaria nomina un amministratore giudiziario scelto nell'Albo di cui all'art. 35 del codice di cui al decreto legislativo 6.09.2011, n. 159, e successive modificazioni. Con decreto motivato dell'autorità giudiziaria la custodia dei beni suddetti può tuttavia essere affidata a soggetti diversi da quelli indicati al periodo precedente.*».
Il testo antecedente alla modifica disposta con l. n. 161/2017 così disponeva: «1. *Nel caso in cui il sequestro preventivo abbia per oggetto aziende, società ovvero beni di cui sia necessario assicurare l'amministrazione, esclusi quelli destinati ad affluire nel Fondo unico giustizia, di cui all'art. 61, comma 23, del decreto-legge 25.06.2008, n. 112, convertito, con modificazioni, dalla legge 6.08.2008, n. 133, l'autorità giudiziaria nomina un amministratore giudiziario scelto nell'Albo di cui all'art.* 2-sexies, *comma 3, della legge 31.05.1965, n. 575. Con decreto motivato dell'autorità giudiziaria la custodia dei beni suddetti può tuttavia essere affidata a soggetti diversi da quelli indicati al periodo precedente.*».

(4) Comma introdotto dall'art. 30, co. 2, lett. b), l. 17.10.2017, n. 161, a decorrere dal 19.11.2017, e sostituito dall'art. 373, co. 1, lett. a), d.lgs. 12.1.2019, n. 14, a decorrere dal 15.7.2022.
Il testo antecedente alla modifica disposta con d.lgs. n. 150/2022 così disponeva: «*1*-bis. *Si applicano le disposizioni di cui al Libro I, titolo III, del codice di cui al decreto legislativo 6.09.2011, n. 159, e successive modificazioni nella parte in cui recano la disciplina della nomina e revoca dell'amministratore, dei compiti, degli obblighi dello stesso e della gestione dei beni. Quando il sequestro è disposto ai sensi dell'art. 321, comma 2, del codice ai fini della tutela dei terzi e nei rapporti con la procedura di liquidazione giudiziaria si applicano, altresì, le disposizioni di cui al titolo IV del Libro I del citato decreto legislativo.*».
Il testo in vigore prima della sostituzione disposta dal citato d.lgs. n. 14/2019 così disponeva: «*Il giudice che dispone il sequestro nomina un amministratore giudiziario ai fini della gestione. Si applicano le norme di cui al libro I, titolo III, del codice di cui al decreto legislativo 6.09.2011, n. 159, e successive modificazioni.*».

(5) Comma introdotto, a decorrere dal 6.1.2023, dall'art. 6, co. 1, d.l. 5.1.2023, n. 2, conv., con modif., l. 3.3.2023, n. 17, a decorrere dal 7.3.2023.
Il testo di questo comma antecedente alla conversione in legge del d.l. n. 2/2023 così disponeva: «*1*-bis.*1. Quando il sequestro ha ad oggetto stabilimenti industriali o parti di essi dichiarati di interesse strategico nazionale ai sensi dell'art. 1 del decreto-legge 3.12.2012, n. 207, convertito, con modificazioni, dalla legge 24.12.2012, n. 231, ovvero impianti o infrastrutture necessari ad assicurarne la continuità produttiva, il giudice dispone la prosecuzione dell'attività avvalendosi di un amministratore giudiziario nominato ai sensi del comma 1. In caso di imprese che dopo il verificarsi dei reati che danno luogo all'applicazione del provvedimento di sequestro sono state ammesse all'amministrazione straordinaria, anche in via temporanea ai sensi dell'art. 1 del decreto-legge 5.12.2022, n. 187, la prosecuzione dell'attività è affidata al commissario già nominato nell'ambito della procedura di amministrazione straordinaria. Ove necessario per realizzare un bilanciamento tra le esigenze di continuità dell'attività produttiva e di salvaguardia dell'occupazione e la tutela della sicurezza sul luogo di lavoro, della salute, dell'ambiente e degli altri eventuali beni giuridici lesi dagli illeciti commessi, giudice detta le prescrizioni necessarie, tenendo anche conto del contenuto dei provvedimenti amministrativi a tal fine adottati dalle competenti autorità. Le disposizioni di cui al primo, secondo e terzo periodo non si applicano quando dalla prosecuzione può derivare un concreto pericolo per la salute o l'incolumità pubblica ovvero per la salute o la sicurezza dei lavoratori non evitabile con alcuna prescrizione. Il giudice autorizza la prosecuzione dell'attività se, nell'ambito della procedura di riconoscimento dell'interesse strategico nazionale, sono state adottate misure con le quali si è*

ritenuto realizzabile il bilanciamento tra le esigenze di continuità dell'attività produttiva e di salvaguardia dell'occupazione e la tutela della sicurezza sul luogo di lavoro, della salute e dell'ambiente e degli altri eventuali beni giuridici lesi dagli illeciti commessi. In ogni caso il provvedimento di cui ai periodi precedenti, anche se negativo, è trasmesso, entro il termine di quarantotto ore, alla Presidenza del Consiglio dei ministri, al Ministero delle imprese e del made in Italy e al Ministero dell'ambiente e della sicurezza energetica.».

(6) Comma introdotto dall'art. 6, d.l. 5.1.2023, n. 2, come modificato in sede di conversione dalla l. 3.3.2023, n. 17.

(7) Comma introdotto dall'art. 30, co. 2, lett. b) l. 17.10.2017, n. 161.

(8) Comma introdotto dall'art. 6, co. 3, lett. a), n. 2), d.lgs. 1.3.2018, n. 21, a decorrere dal 6.4.2018, e sostituito dall'art. 373, co. 1, lett. b), d.lgs. 12.1.2019, n. 14, a decorrere dal 15.7.2022. Questo comma è stato così modificato dall'art. 41, co. 1, lett. l), n. 3), d.lgs. 10.10.2022, n. 150, a decorrere dal 30.12.2022.

Il testo antecedente alla modifica disposta con d.lgs. n. 150/2022 così disponeva: «*1*-quater. *Ai casi di sequestro e confisca in casi particolari previsti dall'art. 240*-bis *del codice penale o dalle altre disposizioni di legge che a questo articolo rinviano, nonché agli altri casi di sequestro e confisca di beni adottati nei procedimenti relativi ai delitti di cui all'art. 51, comma 3*-bis, *del codice, si applicano le disposizioni del titolo IV del Libro I del decreto legislativo 6.09.2011, n. 159. Si applicano inoltre le disposizioni previste dal medesimo decreto legislativo in materia di amministrazione e destinazione dei beni sequestrati e confiscati e di esecuzione del sequestro. In tali casi l'Agenzia nazionale per l'amministrazione e la destinazione dei beni sequestrati e confiscati alla criminalità organizzata coadiuva l'autorità giudiziaria nell'amministrazione e nella custodia dei beni sequestrati, fino al provvedimento di confisca emesso dalla corte di appello e, successivamente a tale provvedimento, amministra i beni medesimi secondo le modalità previste dal citato decreto legislativo 6.09.2011, n. 159. Restano comunque salvi i diritti della persona offesa dal reato alle restituzioni e al risarcimento del danno.*».

Il testo antecedente alla sostituzione disposta con d.lgs. n. 14/2019 così disponeva: «*Le disposizioni in materia di amministrazione e destinazione dei beni sequestrati e confiscati nonché quelle in materia di tutela dei terzi e di esecuzione del sequestro previste dal codice di cui al decreto legislativo 6.09.2011, n. 159, si applicano ai casi di sequestro e confisca in casi particolari previsti dall'art. 240*-bis *del codice penale o dalle altre disposizioni di legge che a questo articolo rinviano, nonché agli altri casi di sequestro e confisca di beni adottati nei procedimenti relativi ai delitti di cui all'art. 51, comma 3-bis, del codice. In tali casi l'Agenzia nazionale per l'amministrazione e la destinazione dei beni sequestrati e confiscati alla criminalità organizzata coadiuva l'autorità giudiziaria nell'amministrazione e nella custodia dei beni sequestrati, fino a l provvedimento di confisca emesso dalla corte di appello e, successivamente a tale provvedimento, amministra i beni medesimi secondo le modalità previste dal citato codice di cui al decreto legislativo 6.09.2011, n. 159. Restano comunque salvi i diritti della persona offesa dal reato alle restituzioni e al risarcimento del danno.*».

(9) Comma introdotto dall'art. 6, co. 3, lett. a), n. 2, d.lgs. 1.3.2018, n. 21.

(10) Comma introdotto dall'art. 6, co. 3, lett. a), n. 2), d.lgs. 1.3.2018, n. 21, a decorrere dal 6.4.2018, e, successivamente, così sostituito dall'art. 41, co. 1, lett. l), n. 4), d.lgs. 10.10.2022, n. 150.

Il testo antecedente alla modifica disposta con d.lgs. n. 150/2022 così disponeva: «*1*-sexies. *Le disposizioni dei commi 1*-quater *e 1*-quinquies *si applicano anche nel caso indicato dall'art. 578*-bis *del codice.*».

(11) Comma introdotto dall'art. 9 bis, d.l. 13.6.2023, n. 69, conv., con modif., in l. 10.8.2023, n. 103.

(12) Comma introdotto dall'art. 9 bis, d.l. 13.6.2023, n. 69, conv., con modif., in l. 10.8.2023, n. 103.

(13) Comma introdotto dall'art. 9 bis, d.l. 13.6.2023, n. 69, conv., con modif., in l. 10.8.2023, n. 103.

(14) Comma introdotto dall'art. 9 bis, d.l. 13.6.2023, n. 69, conv., con modif., in l. 10.8.2023, n. 103.

Capo VIII
Disposizioni relative alle indagini preliminari

105. Registrazione e conservazione dei provvedimenti del giudice per le indagini preliminari.

1. Con il regolamento previsto dall'articolo 206 comma 1 [disp. att. c.p.p. 206] sono stabiliti i casi e le modalità di registrazione e di custodia dei provvedimenti del giudice per le indagini preliminari.

106. Informativa al giudice civile o amministrativo che ha redatto denuncia di reato.

1. Nel caso previsto dall'articolo 331 comma 4 del codice, il procuratore della Repubblica informa senza ritardo il giudice civile o amministrativo delle richieste da lui formulate alla conclusione delle indagini preliminari.

107. Attestazione della presentazione di denuncia o querela ovvero della mancata identificazione dell'autore del reato.

1. La persona che presenta una denuncia o che propone una querela ha diritto di ottenere attestazione della ricezione dall'autorità davanti alla quale la denuncia o la querela è stata presentata o proposta. L'attestazione può essere apposta in calce alla copia dell'atto.

2. Anche nel corso delle indagini preliminari, la persona offesa e il danneggiato dal reato possono ottenere dal pubblico ministero attestazione relativa mancata identificazione della persona alla quale il reato è attribuito, sempre che ciò non pregiudichi l'esito delle indagini.

107 bis. Denunce a carico di ignoti [1].

1. Le denunce a carico di ignoti sono trasmesse all'ufficio di procura competente da parte degli organi di polizia, unitamente agli eventuali atti di indagine svolti per la identificazione degli autori del reato, con elenchi mensili.

(1) Articolo introdotto dall'art. 50, l. 16.12.1999, n. 479.

107 ter. Assistenza dell'interprete per la proposizione o presentazione di denuncia o querela [1].

1. La persona offesa che non conosce la lingua italiana, se presenta denuncia o propone querela dinnanzi alla procura della Repubblica presso il tribunale del capoluogo del distretto, ha diritto di utilizzare una lingua a lei conosciuta. Negli stessi casi ha diritto di ottenere, previa richiesta, la traduzione in una lingua a lei conosciuta dell'attestazione di ricezione della denuncia o della querela.

(1) Articolo introdotto dall'art. 2, co. 1, lett. a), d.lgs. 15.12.2015, n. 212, a decorrere dal 20.1.2016.

108. Denunce e altri documenti anonimi.

1. Con regolamento del ministro di grazia e giustizia sono stabilite le modalità di conservazione delle denunce anonime e degli altri documenti anonimi che non possono essere utilizzati nel procedimento.

108 bis. Modalità particolari di trasmissione della notizia di reato [(1)].

1. Tiene luogo della comunicazione scritta la comunicazione della notizia di reato consegnata su supporto magnetico o trasmessa per via telematica. Nei casi di urgenza, le indicazioni e la documentazione previste dall'articolo 347 commi 1 e 2 del codice sono trasmesse senza ritardo.

2. Quando la comunicazione è eseguita nelle forme previste dal comma 1, la polizia giudiziaria indica altresì la data di consegna e di trasmissione.

(1) Articolo introdotto dall'art. 4, co. 7, d.l. 8.6.1992, n. 306, conv., con modif., in l. 7.8.1992, n. 356, recante modifiche urgenti al nuovo codice di procedura penale e provvedimenti di contrasto alla criminalità mafiosa.

108 ter. Denunce e querele per reati commessi in altro Stato dell'Unione europea [(1)].

1. Quando la persona offesa denunciante o querelante sia residente o abbia il domicilio nel territorio dello Stato, il procuratore della Repubblica trasmette al procuratore generale presso la Corte di appello le denunce o le querele per reati commessi in altri Stati dell'Unione europea, affinché ne curi l'invio all'autorità giudiziaria competente.

(1) Articolo introdotto dall'art. 2, co. 1, lett. b), d.lgs. 15.12.2015, n. 212, a decorrere dal 20.1.2016.

109. Ricezione della notizia di reato.

1. La segreteria della procura della Repubblica annota sugli atti che possono contenere notizia di reato la data e l'ora in cui sono pervenuti in ufficio e li sottopone immediatamente al procuratore della Repubblica per l'eventuale iscrizione nel registro delle notizie di reato.

110. Richiesta dei certificati.

1. Non appena il nome della persona alla quale il reato è attribuito è stato iscritto nel registro indicato nell'articolo 335 del codice, la segreteria richiede:
a) i certificati anagrafici;
b) il certificato previsto dall'articolo 688 del codice;
c) il certificato del casellario dei carichi pendenti [(1)];
c-*bis*) il certificato del casellario giudiziale europeo [(2)].

1 bis. Quando la persona alla quale il reato è attribuito è un apolide, una persona della quale è ignota la cittadinanza, un cittadino di uno Stato non appartenente all'Unione europea ovvero un cittadino di uno Stato membro dell'Unione europea privo del codice fiscale o che è attualmente, o è stato in passato, titolare anche della cittadinanza di uno Stato non appartenente all'Unione europea, la segreteria acquisisce altresì, ove necessario, una copia del cartellino fotodattiloscopico e provvede, in ogni caso, ad annotare il codice univoco identificativo della persona nel registro di cui all'articolo 335 del codice [(3)].

[**2.** Fino alla entrata in funzione di un servizio centralizzato informatico, i certificati delle iscrizioni indicate nel comma 1 lettera c) sono acquisiti secondo le disposizioni del pubblico ministero [(4)].]

(1) Lettera così modificata dall'art. 53 del testo unico di cui al d.P.R. 14.11.2002, n. 313, a decorrere dal quarantacinquesimo giorno dalla data della sua pubblicazione nella Gazzetta Ufficiale avvenuta il 13.2.2003 (art. 55, d.P.R. n. 313/2002).
Il testo della lett. c) previgente così disponeva: «c) *il certificato delle iscrizioni relative ai procedimenti per i quali la persona ha assunto la qualità di imputato*».
(2) Lettera introdotta dall'art. 11, co. 1, d.lgs. 12.5.2016, n. 74, a decorrere dal 4.6.2016.
(3) Comma introdotto dall'art. 2, co. 10, l. 27.9.2021, n. 134, a decorrere dal 19.10.2021.
(4) Comma abrogato dall'art. 52 del testo unico di cui al d.P.R. 14.11.2002, n. 313, a decorrere dal quarantacinquesimo giorno dalla data della sua pubblicazione nella Gazzetta Ufficiale avvenuta il 13.2.2003.

110 bis. Richiesta di comunicazione delle iscrizioni [(1)].

1. Quando vi è richiesta di comunicazione delle iscrizioni contenute nel registro delle notizie di reato a norma dell'articolo 335, comma 3, del codice, la segreteria della procura della Repubblica, se la risposta è positiva, e non sussistono gli impedimenti a rispondere di cui all'articolo 335, commi 3 e 3-*bis* del codice, fornisce le informazioni richieste precedute dalla formula: "Risultano le seguenti iscrizioni suscettibili di comunicazione". In caso contrario, risponde con la formula: "Non risultano iscrizioni suscettibili di comunicazione".

(1) Articolo introdotto dall'art. 18, l. 8.8.1995, n. 332.

110 ter. Informazione sulle iscrizioni [(1)].

1. Il pubblico ministero, quando presenta una richiesta al giudice per le indagini preliminari, indica sempre la notizia di reato e il nome della persona a cui il reato è attribuito. Art. 110-*quater* (Riferimenti alla persona iscritta nel registro delle notizie di reato contenuti nelle disposizioni civili e amministrative). – 1. Le disposizioni da cui derivano effetti pregiudizievoli in sede civile o amministrativa per la persona sottoposta a indagini devono intendersi nel senso che esse si applicano comunque alla persona nei cui confronti è stata emessa una misura cautelare personale o è stata esercitata l'azione penale.

(1) Articolo introdotto dall'art. 41, co. 1, lett. m), d.lgs. 10.10.2022, n. 150, a decorrere dal 30.12.2022.

110 quater. Riferimenti alla persona iscritta nel registro delle notizie di reato contenuti nelle disposizioni civili e amministrative.

1. Le disposizioni da cui derivano effetti pregiudizievoli in sede civile o amministrativa per la persona sottoposta a indagini devono intendersi nel senso che esse si applicano comunque alla persona nei cui confronti è stata emessa una misura cautelare personale o è stata esercitata l'azione penale.

(1) Articolo introdotto dall'art. 41, co. 1, lett. m), d.lgs. 10.10.2022, n. 150, a decorrere dal 30.12.2022.

111. Requisiti della richiesta di autorizzazione a procedere.

1. Con la richiesta di autorizzazione a procedere, il pubblico ministero enuncia il fatto per il quale intende procedere, indicando le norme di legge che si assumono violate, e fornisce all'autorità competente gli elementi sui quali la richiesta si fonda.

112. Attività della polizia giudiziaria in mancanza di una condizione di procedibilità [1].

1. La polizia giudiziaria riferisce senza ritardo al pubblico ministero l'attività di indagine prevista dall'articolo 346 del codice. Se sussistono ragioni di urgenza o si tratta di taluno dei delitti indicati nell'articolo 407, comma 2, lettera a), numeri da 1) a 6), la comunicazione è data immediatamente anche in forma orale. La documentazione delle attività compiute è prontamente trasmessa al pubblico ministero se questi ne fa richiesta.

(1) Articolo così modificato dall'art. 21, l. 8.8.1995, n. 332.
Il testo antecedente, il cui primo periodo era stato sostituito dall'art. 4, co. 8, d.l. 8.6.1992, n. 306, conv. in legge, con modif., con l. 7.8.1992, n. 356, così disponeva: «*La polizia giudiziaria riferisce senza ritardo al pubblico ministero l'attività di indagine prevista dall'art. 346 del codice. Se sussistono ragioni di urgenza o si tratta di taluno dei delitti indicati nell'art. 275 comma 3, la comunicazione è data immediatamente anche in forma orale. La documentazione delle attività compiute è prontamente trasmessa al pubblico ministero se questi ne fa richiesta*».

113. Accertamenti urgenti della polizia giudiziaria.

1. Nei casi di particolare necessità e urgenza, gli atti previsti dagli articoli 352 e 354 commi 2 e 3 del codice possono essere compiuti anche dagli agenti di polizia giudiziaria.

114. Avvertimento del diritto all'assistenza del difensore.

1. Nel procedere al compimento degli atti indicati nell'articolo 356 del codice, la polizia giudiziaria avverte la persona sottoposta alle indagini, se presente, che ha facoltà di farsi assistere dal difensore di fiducia.

115. Annotazioni e verbali della polizia giudiziaria.

1. Le annotazioni previste dall'articolo 357 comma 1 del codice contengono l'indicazione dell'ufficiale o dell'agente di polizia giudiziaria che ha compiuto le attività di indagine, del giorno, dell'ora e del luogo in cui sono state eseguite e la enunciazione succinta del loro risultato. Quando assume dichiarazioni ovvero quando per il compimento di atti si avvale di altre persone, la polizia giudiziaria annota altresì le relative generalità e le altre indicazioni personali utili per la identificazione.

1 bis. Le annotazioni di cui al comma 1, se riguardanti le attività di indagine condotte da ufficiali o agenti di polizia giudiziaria nel corso delle operazioni sotto copertura ai sensi dell'articolo 9 della legge 16 marzo 2006, n. 146, e successive modificazioni, contengono le generalità di copertura dagli stessi utilizzate nel corso delle attività medesime [1].

2. Copia delle annotazioni e dei verbali redatti a norma dell'articolo 357 del codice è conservata presso l'ufficio di polizia giudiziaria.

(1) Comma introdotto dalla lett. a), co. 4 dell'art. 8, l. 13.8.2010, n. 136.

116. Indagini sulla morte di una persona per la quale sorge sospetto di reato

1. Se per la morte di una persona sorge sospetto di reato, il procuratore della Repubblica accerta la causa della morte e, se lo ravvisa necessario, ordina l'autopsia secondo le modalità previste dall'articolo 360 del codice ovvero fa richiesta di incidente probatorio, dopo aver compiuto le indagini occorrenti per l'identificazione. Trattandosi di persona sconosciuta, ordina che il cadavere sia esposto nel luogo pubblico a ciò designato e, occorrendo, sia fotografato; descrive nel verbale le vesti e gli oggetti rinvenuti con esso, assicurandone la custodia. Nei predetti casi la sepoltura non può essere eseguita senza l'ordine del procuratore della Repubblica.

2. Il disseppellimento di un cadavere può essere ordinato, con le dovute cautele, dall'autorità giudiziaria se vi sono gravi indizi di reato.

117. Accertamenti tecnici che modificano lo stato dei luoghi, delle cose o delle persone.

1. Le disposizioni previste dall'articolo 360 del codice si applicano anche nei casi in cui l'accertamento tecnico determina modificazioni delle cose, dei luoghi o delle persone tali da rendere l'atto non ripetibile.

118. Deposito di atti compiuti nel corso delle indagini preliminari.

1. Gli atti compiuti nel corso delle indagini preliminari, ai quali i difensori hanno diritto di assistere, sono raccolti in fascicolo separato; sulla copertina del fascicolo è segnata la data del deposito nella segreteria del pubblico ministero. Scaduto il termine fissato dalla legge, gli atti sono riuniti a quelli non depositati.

118 bis. Coordinamento delle indagini [1].

1. Il procuratore della Repubblica, quando procede a indagini per taluno dei delitti indicati nell'articolo 407, comma 2 lettera a) del codice, nonché per i delitti di cui agli articoli 452-*bis*, 452-*quater*, 452-*sexies* e 452-*octies* del codice penale, ne dà notizia al procuratore generale presso la corte di appello nonché all'Agenzia delle entrate ai fini dei necessari accertamenti. Se rileva trattarsi di indagini collegate, il procuratore generale ne dà segnalazione ai procuratori generali e ai procuratori della Repubblica del distretto interessati al coordinamento. Il procuratore della Repubblica, quando procede a indagini per i delitti di cui agli articoli 452-*bis*, 452-*quater*, 452-*sexies* e 452-*octies* del codice penale e all'articolo 260 del decreto legislativo 3 aprile 2006, n. 152, e successive modificazioni, ne dà altresì notizia al Procuratore nazionale antimafia [2].

2. Quando, di loro iniziativa o a seguito della segnalazione prevista dal comma 1, più uffici del pubblico ministero procedono a indagini collegate, i procuratori della Repubblica ne danno notizia al procuratore generale del rispettivo distretto.

3. Quando il coordinamento, di cui ai commi precedenti, non è stato promosso o non risulta effettivo, il procuratore generale presso la corte di appello può riunire i procuratori della Repubblica che procedono a indagini collegate. Se i procuratori della Repubblica appartengono a distretti diversi, la riunione è promossa dai procuratori generali presso le corti di appello interessate, di intesa tra loro.

(1) Articolo introdotto dall'art. 9, d.lgs. 14.1.1991, n. 12, recante disposizioni integrative e correttive della disciplina processuale penale e delle norme ad essa collegate.

(2) Comma prima sostituito dall'art. 3, co. 2, d.l. 9.9.1991, n. 292, conv., con modif., dalla l. 8.11.1991, n. 356, e poi così modificato dall'art. 1, co. 7, l. 22.5.2015, n. 68, a decorrere dal 29.5.2015 (art. 3, co. 1, l. n. 68/2015).

Il testo antecedente alla modifica del 2015 così disponeva: «*1. Il procuratore della Repubblica, quando procede a indagini per taluno dei delitti indicati nell'art. 407, comma 2 lettera a) del codice, ne dà notizia al procuratore generale presso la corte di appello. Se rileva trattarsi di indagini collegate, il procuratore generale ne dà segnalazione ai procuratori generali e ai procuratori della Repubblica del distretto interessati al coordinamento*».

119. Annotazione di atti del pubblico ministero.

1. Per le annotazioni previste dall'articolo 373 comma 3 del codice si applicano, in quanto compatibili, le disposizioni dell'articolo 115 comma 1 [disp. att. c.p.p. 115].

120. Adempimenti conseguenti all'arresto o al fermo.

1. Agli adempimenti previsti dall'articolo 386 del codice possono provvedere anche ufficiali e agenti di polizia giudiziaria diversi da quelli che hanno eseguito l'arresto o il fermo. Se l'arresto o il fermo è stato eseguito da agenti di polizia giudiziaria, questi provvedono a darne immediata notizia all'ufficiale di polizia giudiziaria competente ad adottare il provvedimento di liberazione previsto dall'articolo 389 comma 2 del codice.

121. Liberazione dell'arrestato o del fermato.

1. Oltre che nei casi previsti dall'articolo 389 del codice, il pubblico ministero dispone con decreto motivato che l'arrestato o il fermato sia posto immediatamente in libertà quando ritiene di non dovere richiedere l'applicazione di misure coercitive.

2. Nel caso di liberazione prevista dal comma 1, il giudice, nel fissare l'udienza di convalida, ne dà avviso, senza ritardo, anche alla persona liberata.

122. Trasmissione della richiesta di convalida.

1. Con la richiesta di convalida prevista dall'articolo 390 del codice, il pubblico ministero trasmette al giudice il verbale di arresto o di fermo e copia della documentazione attestante che l'arrestato o il fermato è stato tempestivamente condotto nel luogo di custodia; trasmette altresì il decreto di fermo emesso a norma dell'articolo 384 comma 1 del codice.

123. Luogo di svolgimento dell'udienza di convalida e dell'interrogatorio del detenuto [(1)].

1. Salvo quanto previsto dall'art. 121 [disp. att. c.p.p. 121] nonché dagli artt. 449 comma 1 e 558 del codice, l'udienza di convalida si svolge nel luogo dove l'arrestato o il fermato è custodito salvo che nel caso di custodia nel proprio domicilio o altro luogo di privata dimora. Il procuratore capo della Repubblica predispone le necessarie misure organizzative per assicurare il rispetto dei termini di cui all'articolo 558 del codice. Nel medesimo luogo si svolge l'interrogatorio della persona che si trovi, a qualsiasi titolo, in stato di detenzione. Tuttavia, quando sussistono eccezionali motivi di necessità o di urgenza il giudice con decreto motivato può disporre il trasferimento dell'arrestato, del fermato o del detenuto per la comparizione davanti a sé.

(1) Articolo prima modificato dall'art. 51, l. 16.12.1999, n. 479 e poi così sostituito dalla lett. a), co. 1 dell'art. 2, d.l. 22.12.2011, n. 211, conv., con modif., dalla l. 17.2.2012, n. 9.

Il testo antecedente alla conversione in legge del citato d.l. n. 211/2011 così disponeva: «*Luogo di svolgimento dell'udienza di convalida e dell'interrogatorio del detenuto. 1. Salvo quanto previsto dall'art. 121 nonché dagli artt. 449 comma 1 e 558 del codice, l'udienza di convalida si svolge nel luogo dove l'arrestato o il fermato è custodito. Nel medesimo luogo si svolge l'interrogatorio della persona che si trovi, a qualsiasi titolo, in stato di detenzione. Tuttavia, quando sussistono eccezionali motivi di necessità o di urgenza il giudice con decreto motivato può disporre il trasferimento dell'arrestato, del fermato o del detenuto per la comparizione davanti a sé*».

Il testo antecedente alla sostituzione del 2011 così disponeva: «*Luogo di svolgimento dell'udienza di convalida. 1. Salvo quanto previsto dall'art. 121 nonché dagli articoli 449 comma 1 e 558 del codice, l'udienza di convalida si svolge nel luogo dove l'arrestato o il fermato è custodito. Tuttavia, quando sussistono specifici motivi di necessità o di urgenza, il giudice può disporre il trasferimento dell'arrestato o del fermato per la comparizione davanti a sé*».

Il testo antecedente alla modifica del 1999 così disponeva: «*Luogo di svolgimento dell'udienza di convalida. 1. Salvo quanto previsto dall'art. 121 nonché dagli articoli 449 comma 1 e 566 del codice, l'udienza di convalida si svolge nel luogo dove l'arrestato o il fermato è custodito. Tuttavia, quando sussistono specifici motivi di necessità o di urgenza, il giudice può disporre il trasferimento dell'arrestato o del fermato per la comparizione davanti a sé*».

123 bis. Custodia dell'arrestato [(1)].

[**1.** Nei casi previsti nell'art. 558 del codice l'arrestato viene custodito dagli ufficiali e agenti di polizia giudiziaria presso le camere di sicurezza del circondario in cui è stato eseguito l'arresto. Il pubblico ministero può disporre che l'arrestato venga condotto nella casa circondariale del luogo dove l'arresto è stato eseguito, o presso altra casa circondariale, anche quando gli ufficiali e agenti che hanno eseguito l'arresto rappresentino la pericolosità della persona arrestata o l'incompatibilità della stessa con la permanenza nelle camere di sicurezza ovvero altre ragioni che impediscano l'utilizzo di esse.]

(1) L'art. 123 bis era stato aggiunto dalla lett. b), co. 1 dell'art. 2, d.l. 22.12.2011, n. 211. La suddetta lett. b) è stata soppressa dalla legge di conversione 17.2.2012, n. 9.

124. Ordinanza che accoglie la richiesta di incidente probatorio.

1. Con l'ordinanza che accoglie la richiesta di incidente probatorio il giudice dispone la citazione delle persone che devono comparire per l'assunzione della prova. Quando occorre procedere a una perizia, con la stessa ordinanza il giudice nomina il perito.

125. Richiesta di archiviazione.

1. Il pubblico ministero presenta al giudice la richiesta di archiviazione quando ritiene l'infondatezza della notizia di reato perché gli elementi acquisiti nelle indagini preliminari non sono idonei a sostenere accusa in giudizio.

126. Avviso alla persona offesa della richiesta di archiviazione.

1. Nel caso previsto dall'articolo 408 comma 2 del codice, il pubblico ministero trasmette gli atti al giudice per le indagini preliminari dopo la presentazione dell'opposizione della persona offesa ovvero dopo la scadenza del termine indicato nel comma 3 del medesimo articolo.

127. Comunicazione delle notizie di reato al procuratore generale (1).

1. La segreteria del pubblico ministero trasmette ogni mese al procuratore generale presso la corte di appello i dati di cui al comma 3 relativi ai procedimenti di seguito indicati, da raggrupparsi in distinti elenchi riepilogativi: (2)

a) procedimenti nei quali il pubblico ministero non ha esercitato l'azione penale o richiesto l'archiviazione, entro i termini previsti dall'articolo 407-*bis*, comma 2, del codice, salvo che il pubblico ministero abbia formulato richiesta di differimento ai sensi dell'articolo 415-*ter*, comma 2, del codice; in tale ultima ipotesi, i procedimenti sono inseriti nell'elenco solo in caso di rigetto della richiesta (3);

b) procedimenti nei quali il pubblico ministero non ha assunto le determinazioni sull'azione penale nei termini fissati ai sensi dell'articolo 415-*ter*, commi 4 e 5, del codice (4);

[c) procedimenti, diversi da quelli indicati alle lettere a) e b), nei quali il pubblico ministero non ha esercitato l'azione penale, né richiesto l'archiviazione, entro i termini previsti dagli articoli 407-*bis*, comma 2, e 415-*ter*, comma 3, quarto periodo.] (5)

1 bis. Il procuratore generale presso la corte di appello acquisisce ogni tre mesi dalle procure della Repubblica del distretto i dati sul rispetto dei termini relativi ai procedimenti di cui all'articolo 362-*bis* del codice di procedura penale e invia al procuratore generale presso la Corte di cassazione una relazione almeno semestrale (6).

2. [Per ciascuno dei procedimenti di cui al comma 1, lettera a), è specificato se il pubblico ministero ha formulato la richiesta di differimento di cui al comma 5-*bis* dell'articolo 415-*bis* del codice e, in caso affermativo, se il procuratore generale ha provveduto sulla richiesta e con quale esito.] (7)

3. Per ciascuno dei procedimenti indicati al comma 1, la segreteria del pubblico ministero comunica:

a) le generalità della persona sottoposta alle indagini o quanto altro valga a identificarla;

b) il luogo di residenza, dimora o domicilio della persona sottoposta alle indagini;

c) le generalità della persona offesa o quanto altro valga a identificarla;

d) il luogo di residenza, dimora o domicilio della persona offesa;

e) i nominativi dei difensori della persona sottoposta alle indagini e della persona offesa e i relativi recapiti;

f) il reato per cui si procede, con indicazione delle norme di legge che si assumono violate, nonché, se risultano, la data e il luogo del fatto.

(1) Articolo così sostituito dall'art. 41, co. 1, lett. n), d.lgs. 10.10.2022, n. 150.
Il testo previgente così disponeva: «*1. La segreteria del pubblico ministero trasmette ogni settimana al procuratore generale presso la corte di appello un elenco delle notizie di reato contro persone note per le quali non è stata esercitata l'azione penale o richiesta l'archiviazione entro il termine previsto dalla legge o prorogato dal giudice.*».

(2) Alinea modificato dall'art. 3, co. 1, lett. b) n. 1), punto 1.1, d.lgs. 19.3.2024, n. 31, che ha sostituito la parola: «*mese*» alla parola «*settimana*».

(3) Lettera sostituita dall'art. 3, co. 1, lett. b) n. 1), punto 1.2, d.lgs. 19.3.2024, n. 31.
Il testo previgente così disponeva: «*a) procedimenti nei quali il pubblico ministero non ha disposto la notifica dell'avviso di conclusione delle indagini preliminari, né ha esercitato l'azione penale o richiesto l'archiviazione, entro i termini previsti dall'art. 407-*bis*, comma 2, del codice;*».

(4) Lettera modificata dall'art. 3, co. 1, lett. b) n. 1), punto 1.3, d.lgs. 19.3.2024, n. 31. Il testo previgente così disponeva: «*b) procedimenti nei quali il pubblico ministero non ha assunto le determinazioni sull'azione penale nei termini di cui all'art. 415-*ter*, comma 3, primo e secondo periodo del codice*».

(5) Lettera soppressa dall'art. 3, co. 1, lett. b), n. 1), punto 1.4, d.lgs. 19.3.2024, n. 31.

(6) Comma introdotto dall'art. 8, co. 1, l. 24.11.2023, n. 168.

(7) Comma abrogato dall'art. 3, co. 1, lett. b) n. 2), d.lgs. 19.3.2024, n. 31.

127 bis. Avocazione e criteri di priorità.

Nel disporre l'avocazione delle notizie di reato nei casi previsti dagli articoli 412 e 421-*bis*, comma 2, del codice, il procuratore generale presso la Corte di appello tiene conto dei criteri di priorità contenuti nel progetto organizzativo dell'ufficio della procura della Repubblica che ha iscritto la notizia di reato.

(1) Articolo introdotto dall'art. 41, co. 1, lett. o), d.lgs. 10.10.2022, n. 150.

128. Fissazione della udienza preliminare nel caso di mancato accoglimento della richiesta di archiviazione.

1. Nel caso previsto dall'articolo 409 comma 5 del codice, il giudice fa notificare all'imputato e alla persona offesa dal reato il decreto di fissazione della udienza preliminare, nel quale sono enunciati gli elementi previsti all'articolo 417 comma 1 lettere a), b), c) del codice.

129. Informazioni sul procedimento penale (1).

1. Quando esercita l'azione penale nei confronti di un impiegato dello Stato o di altro ente pubblico, il pubblico ministero informa l'autorità da cui l'impiegato dipende, dando notizia dell'imputazione. Quando si tratta di personale dipendente dai servizi per le informazioni e la sicurezza militare o democratica, ne dà comunicazione anche al comitato parlamentare per i servizi di informazione e sicurezza e per il segreto di Stato.

2. Quando un ecclesiastico o un religioso del culto cattolico è arrestato, fermato o sottoposto a una misura cautelare limitativa della libertà personale o quando è comunicata allo stesso o al suo difensore la pendenza del procedimento penale o, in ogni caso, quando è esercitata l'azione penale nei suoi confronti, il pubblico ministero informa, segnalando le norme che si assumono violate, la data e il luogo del fatto, la seguente autorità ecclesiastica:

a) la Santa Sede, nella persona del Cardinale Segretario di Stato, quando la comunicazione riguarda vescovi titolari o emeriti, inclusi gli ordinari diocesani, i prelati territoriali, i coadiutori e ausiliari, oppure ordinari di luogo equiparati a vescovi diocesani, inclusi gli abati di abbazie territoriali o i sacerdoti che, in sede vacante, svolgono l'ufficio di amministratore della diocesi;

b) l'ordinario diocesano nella cui circoscrizione territoriale ha sede la procura della Repubblica, quando la comunicazione riguarda sacerdoti, secolari o appartenenti a istituti di vita consacrata o a società di vita apostolica [(2)].

3. Quando esercita l'azione penale per un reato che ha cagionato un danno per l'erario, il pubblico ministero informa il procuratore generale presso la Corte dei conti, dando notizia della imputazione. Quando esercita l'azione penale per i delitti di cui agli articoli 317, 318, 319, 319-*bis*, 319-*ter*, 319-*quater*, 320, 321, 322, 322-*bis*, 346-*bis*, 353 e 353-*bis* del codice penale, il pubblico ministero informa il presidente dell'Autorità nazionale anticorruzione, dando notizia dell'imputazione [(1)].

3 bis. Il pubblico ministero invia la informazione contenente la indicazione delle norme di legge che si assumono violate anche quando taluno dei soggetti indicati nel comma 1 è stato arrestato o fermato ovvero si trova in stato di custodia cautelare.

Il pubblico ministero invia la informazione contenente la indicazione delle norme di legge che si assumono violate anche quando taluno dei soggetti indicati nei commi 1 e 2 è stato arrestato o fermato ovvero si trova in stato di custodia cautelare [(3)].

3 ter. Quando esercita l'azione penale per i reati previsti nel decreto legislativo 3 aprile 2006, n. 152, ovvero per i reati previsti dal codice penale o da leggi speciali comportanti un pericolo o un pregiudizio per l'ambiente, il pubblico ministero informa il Ministero dell'ambiente e della tutela del territorio e del mare e la Regione nel cui territorio i fatti si sono verificati, dando notizia dell'imputazione. Qualora i reati di cui al primo periodo arrechino un concreto pericolo alla tutela della salute o alla sicurezza agroalimentare, il pubblico ministero informa anche il Ministero della salute o il Ministero delle politiche agricole alimentari e forestali. Le sentenze e i provvedimenti definitori di ciascun grado di giudizio sono trasmessi per estratto, a cura della cancelleria del giudice che ha emesso i provvedimenti medesimi, alle amministrazioni indicate nei primi due periodi del presente comma. I procedimenti di competenza delle amministrazioni di cui ai periodi precedenti, che abbiano ad oggetto, in tutto o in parte, fatti in relazione ai quali procede l'autorità giudiziaria, possono essere avviati o proseguiti anche in pendenza del procedimento penale, in conformità alle norme vigenti. Per le infrazioni di maggiore gravità, sanzionate con la revoca di autorizzazioni o con la chiusura di impianti, l'ufficio competente, nei casi di particolare complessità dell'accertamento dei fatti addebitati, può sospendere il procedimento amministrativo fino al termine di quello penale, salva la possibilità di adottare strumenti cautelari [(4)].

(1) Comma così modificato dall'art. 7, co. 1, l. 27.5.2015, n. 69, a decorrere dal 14.6.2015.
Il testo previgente così disponeva: «*Quando esercita l'azione penale per un reato che ha cagionato un danno per l'erario, il pubblico ministero informa il procuratore generale presso la Corte dei conti, dando notizia della imputazione*».

(2) Comma così sostituito dall'art. 4, co. 1, lett. b), l. 22.4.2021, n. 70, a decorrere dal 23.5.2021. Il testo previgente così disponeva: «*Quando l'azione penale è esercitata nei confronti di un ecclesiastico o di un religioso del culto cattolico, l'informazione è inviata all'Ordinario della diocesi a cui appartiene l'imputato*».

(3) Comma introdotto dall'art. 20, d.lgs. 14.01.1991, n. 12, recante disposizioni integrative e correttive della disciplina processuale penale e delle norme ad essa collegate.

(4) Comma introdotto dall'art. 4, co. 1, d.l. 10.12.2013, n. 136, conv., con modif., dalla l. 6.2.2014, n. 6, e, poi, così modificato dall'art. 1, co. 73, lett. a) e b), l. 23.6.2017, n. 103, a decorrere dal 3.8.2017.
Il testo antecedente alla modifica del 2017 così disponeva: «*3-ter. Quando esercita l'azione penale per i reati previsti nel decreto legislativo 3.04.2006, n. 152, ovvero per i reati previsti dal codice penale o da leggi speciali comportanti un pericolo o un pregiudizio per l'ambiente, il pubblico ministero informa il Ministero dell'ambiente e della tutela del territorio e del mare e la Regione nel cui territorio i fatti si sono verificati. Qualora i reati di cui al primo periodo arrechino un concreto pericolo alla tutela della salute o alla sicurezza agroalimentare, il pubblico ministero informa anche il Ministero della salute o il Ministero delle politiche agricole alimentari e forestali. Il pubblico ministero, nell'informazione, indica le norme di legge che si assumono violate. Le sentenze e i provvedimenti definitori di ciascun grado di giudizio sono trasmessi per estratto, a cura della cancelleria del giudice che ha emesso i provvedimenti medesimi, alle amministrazioni indicate nei primi due periodi di questo comma. I procedimenti di competenza delle amministrazioni di cui ai periodi precedenti, che abbiano ad oggetto, in tutto o in parte, fatti in relazione ai quali procede l'autorità giudiziaria, possono essere avviati o proseguiti anche in pendenza del procedimento penale, in conformità alle norme vigenti. Per le infrazioni di maggiore gravità, sanzionate con la revoca di autorizzazioni o con la chiusura di impianti, l'ufficio competente, nei casi di particolare complessità dell'accertamento dei fatti addebitati, può sospendere il procedimento amministrativo fino al termine di quello penale, salva la possibilità di adottare strumenti cautelari*».
Il testo antecedente alla conversione in legge del d.l. n 136/2013 così disponeva: «*Quando esercita l'azione penale per i reati previsti nel decreto legislativo 3.04.2006, n. 152, ovvero per i reati previsti dal codice penale comportanti un pericolo o un pregiudizio per l'ambiente, il pubblico ministero informa il Ministero dell'ambiente e della tutela del territorio e del mare e la Regione nel cui territorio i fatti si sono verificati. Qualora i reati di cui al primo periodo arrechino un concreto pericolo alla tutela della salute o alla sicurezza agroalimentare, il pubblico ministero informa anche il Ministero della salute o il Ministero delle politiche agricole alimentari e forestali. Il pubblico ministero, nell'informazione, indica le norme di legge che si*

assumono violate anche quando il soggetto sottoposto a indagine per i reati indicati nel secondo periodo è stato arrestato o fermato ovvero si trova in stato di custodia cautelare. Le sentenze e i provvedimenti definitori di ciascun grado di giudizio sono trasmessi per estratto, a cura della cancelleria del giudice che ha emesso i provvedimenti medesimi, alle amministrazioni indicate nei primi due periodi di questo comma».

130. Contenuto del fascicolo trasmesso dal pubblico ministero con la richiesta di rinvio a giudizio.

1. Se gli atti di indagine preliminare riguardano più persone o più imputazioni, il pubblico ministero forma il fascicolo previsto dall'articolo 416 comma 2 del codice, inserendovi gli atti ivi indicati per la parte che si riferisce alle persone o alle imputazioni per cui viene esercitata l'azione penale.

2. In ogni caso il pubblico ministero può, a fini di indagine, trattenere copia della documentazione e degli atti trasmessi al giudice.

130 bis. Separazione dei procedimenti in fase di indagine (1).

1. Il pubblico ministero, prima dell'esercizio dell'azione penale, procede di regola separatamente quando ricorrono le ragioni di urgenza indicate nell'articolo 18, comma 1, lettera e-*bis*), del codice.

(1) Articolo introdotto dall'art. 1, d.l. 24.11.2000, n. 341, conv. in legge, con modif., dalla l. 19.1.2001, n. 4. Le disposizioni del presente articolo si applicano anche ai procedimenti in corso alla data di entrata in vigore del suddetto d.l. n. 341/2000, ai sensi dell'art. 5 dello stesso decreto.

131. Deposito degli atti per l'udienza preliminare.

1. Durante il termine per comparire e fino alla conclusione dell'udienza preliminare, le parti, la persona offesa e i difensori hanno facoltà di prendere visione, nel luogo dove si trovano, degli atti e delle cose indicati nell'articolo 419 comma 2 e 3 del codice e di estrarre copia degli atti suddetti.

131 bis. Liberazione dell'imputato prosciolto (1).

1. L'imputato detenuto nei cui confronti è pronunciata la sentenza di cui all'art. 425 del codice è posto in libertà immediatamente dopo la lettura del dispositivo. Si applicano le disposizioni di cui al comma 2 dell'art. 154-*bis*.

(1) Articolo introdotto dall'art. 4, co. 1, l. 12.12.1992, n. 492, recante disposizioni in materia di traduzioni di soggetti in condizione di restrizione della libertà personale e di liberazione di imputati prosciolti.

132. Decreto che dispone il giudizio davanti alla corte di assise o al tribunale.

1. Quando la corte di assise o il tribunale è diviso in sezioni, il decreto che dispone il giudizio contiene anche l'indicazione della sezione davanti alla quale le parti devono comparire.

2. Per ogni processo il presidente del tribunale, in seguito alla richiesta del giudice per le indagini preliminari, comunica anche con mezzi telematici, sulla base dei criteri determinati dal Consiglio superiore della magistratura, il giorno e l'ora della comparizione e, quando occorre, anche la sezione da indicare nel decreto che dispone il giudizio.

132 bis. Formazione dei ruoli di udienza e trattazione dei processi (1).

1. Nella formazione dei ruoli di udienza e nella trattazione dei processi è assicurata la priorità assoluta:

a) ai processi relativi ai delitti di cui all'articolo 407, comma 2, lettera a), del codice e ai delitti di criminalità organizzata, anche terroristica;

a-*bis*) ai delitti previsti dagli articoli 387-*bis*, 558-*bis*, 572, 582, nelle ipotesi aggravate ai sensi degli articoli 576, primo comma, numeri 2, 5 e 5.1, e 577, primo comma, numero 1, e secondo comma, 583-*quinquies*, 593-*ter*, da 609-*bis* a 609-*octies*, 612-*bis*, 612-*ter* e 613, terzo comma, del codice penale (2);

a-*ter*) ai processi relativi ai delitti di cui agli articoli 589 e 590 del codice penale verificatisi in presenza delle circostanze di cui agli articoli 52, secondo, terzo e quarto comma, e 55, secondo comma, del codice penale (3);

b) ai processi relativi ai delitti commessi in violazione delle norme relative alla prevenzione degli infortuni e all'igiene sul lavoro e delle norme in materia di circolazione stradale, ai delitti di cui al testo unico delle disposizioni concernenti la disciplina dell'immigrazione e norme sulla condizione dello straniero, di cui al decreto legislativo 25 luglio 1998, n. 286, nonché ai delitti puniti con la pena della reclusione non inferiore nel massimo a quattro anni;

c) ai processi a carico di imputati detenuti, anche per reato diverso da quello per cui si procede;

d) ai processi nei quali l'imputato è stato sottoposto ad arresto o a fermo di indiziato di delitto, ovvero a misura cautelare personale, anche revocata o la cui efficacia sia cessata;

e) ai processi nei quali è contestata la recidiva, ai sensi dell'articolo 99, quarto comma, del codice penale;

f) ai processi da celebrare con giudizio direttissimo e con giudizio immediato;

f-*bis*) ai processi relativi ai delitti di cui agli articoli 317, 319, 319-*ter*, 319-*quater*, 320, 321 e 322-*bis* del codice penale (4);

f-*bis*) ai processi nei quali vi sono beni sequestrati in funzione della confisca di cui all'articolo 12-*sexies* del decreto-legge 8 giugno 1992, n. 306, convertito, con modificazioni, dalla legge 7 agosto 1992, n. 356, e successive modificazioni (5).

2. I dirigenti degli uffici giudicanti adottano i provvedimenti organizzativi necessari per assicurare la rapida definizione dei processi per i quali è prevista la trattazione prioritaria.

(1) Articolo introdotto dall'art. 1, d.l. 24.11.2000, n. 341, conv. in legge, con modif., dalla l. 19.1.2001, n. 4, e poi così sostituito dall'art. 2 bis, d.l. 23.5.2008, n. 92, conv. in legge, con modif., con l. 24.7.2008, n. 125.
Il testo previgente così disponeva: «*Formazione dei ruoli di udienza. Nella formazione dei ruoli di udienza è assicurata priorità assoluta alla trattazione dei procedimenti quando ricorrono ragioni di urgenza con riferimento alla scadenza dei termini di custodia cautelare*».

(2) Lettera introdotta dal co. 2 dell'art. 2, d.l. 14.8.2013, n. 93, convertito, con modificazioni, dalla l. 15.10.2013, n. 119 e così sostituita dall'art. 3, co. 1, l. 24.11.2023, n. 168. Il testo previgente così di-

sponeva «*a*-bis) *ai delitti previsti dagli articoli 572 e da 609*-bis *a 609*-octies *e 612*-bis *del codice penale*».

(3) Lettera introdotta dall'art. 9, co. 1, l. 26.4.2019, n. 36, a decorrere dal 18.5.2019.

(4) Lettera introdotta dall'art. 1, co. 74, l. 23.6.2017, n. 103, a decorrere dal 3.8.2017.

(5) L'art. 30, co. 3, l. 17.10.2017, n. 161, ha disposto, a decorrere dal 19.11.2017, l'introduzione della lett. f-*bis*), senza tener conto dell'identica numerazione già presente in questo articolo.

132 ter. Fissazione dell'udienza per la riapertura del processo [(1)].

1. I dirigenti degli uffici giudicanti adottano i provvedimenti organizzativi necessari per assicurare la celebrazione, nella medesima aula di udienza, il primo giorno non festivo del mese di febbraio e il primo giorno non festivo del mese di settembre di ogni anno, delle udienze destinate alla riapertura dei procedimenti definiti con sentenza resa ai sensi dell'articolo 420-*quater*, nonché alla celebrazione dei processi nei quali è stata pronunciata l'ordinanza di cui all'articolo 598-*ter*, comma 2.

(1) Articolo introdotto dall'art. 41, co. 1, lett. p), d.lgs. 10.10.2022, n. 150.

133. Notificazione del decreto che dispone il giudizio.

1. Il decreto che dispone il giudizio è notificato, a norma dell'articolo 429 comma 4 del codice, anche alle altre parti private non presenti all'udienza preliminare.

1 bis. Il decreto è altresì comunicato alle amministrazioni o enti di appartenenza quando è ammesso nei confronti di dipendenti di amministrazioni pubbliche o di enti pubblici ovvero di enti a prevalente partecipazione pubblica, per alcuno dei delitti previsti dagli articoli 314, primo comma, 317, 318, 319, 319-*ter*, 319-*quater* e 320 del codice penale e dall'articolo 3 della legge 9 dicembre 1941, n. 1383 (1).

(1) Comma introdotto dall'art. 3, l. 27.3.2001, n. 97 e poi così modificato dall'art. 1, co. 79, l. 6.11.2012, n. 190.
Il testo previgente così disponeva: «*1*-bis. *Il decreto è altresì comunicato alle amministrazioni o enti di appartenenza quando è ammesso nei confronti di dipendenti di amministrazioni pubbliche o di enti pubblici ovvero di enti a prevalente partecipazione pubblica, per alcuno dei delitti previsti dagli articoli 314, primo comma, 317, 318, 319, 319*-ter *e 320 del codice penale e dall'art. 3 della legge 9.12.1941, n. 1383*».

Capo IX
Disposizioni relative ai procedimenti speciali

134. Sentenza emessa nel giudizio abbreviato nei confronti di imputato non comparso.

1. La sentenza emessa nel giudizio abbreviato è notificata per estratto all'imputato non comparso, unitamente all'avviso di deposito della sentenza medesima.

134 bis. Partecipazione a distanza nel giudizio abbreviato [(1)].

1. Nei casi previsti dall'articolo 146-*bis*, commi 1, 1-*bis* e 1-*quater*, la partecipazione dell'imputato avviene a distanza anche quando il giudizio abbreviato si svolge in pubblica udienza [(2)].

(1) Articolo introdotto dall'art. 14, d.l. 24.11.2000, n. 341, conv. in legge, con modif., dalla l. 19.1.2001, n. 4.

(2) Comma così modificato dall'art. 1, co. 79, l. 23.6.2017, n. 103, a decorrere dal 3.8.2017. L'art. 2, co. 2, d.l. 25.7.2018, n. 91, conv., con modif., dalla l. 21.9.2018, n. 108, ha disposto che l'efficacia delle disposizioni di cui all'art. 1, co. 79, l. 23.6.2017, n. 103, è sospesa dal 26.7.2018, data di entrata in vigore del d.l. n. 91/2018, fino al 15.2.2019.
Il testo previgente così disponeva: «1. *Nei casi previsti dall'art. 146*-bis, *commi 1 e 1*-bis, *la partecipazione dell'imputato avviene a distanza anche quando il giudizio abbreviato si svolge in pubblica udienza*».

135. Decisione nel giudizio sulla richiesta di applicazione della pena [(1)].

1. Il giudice, per decidere sulla richiesta di applicazione della pena rinnovata prima della dichiarazione di apertura del dibattimento di primo grado, ordina l'esibizione degli atti contenuti nel fascicolo del pubblico ministero. Se la richiesta è accolta, gli atti esibiti vengono inseriti nel fascicolo per il dibattimento; altrimenti gli atti sono immediatamente restituiti al pubblico ministero.

(1) Articolo così sostituito dall'art. 52, l. 16.12.1999, n. 479.
Il testo previgente così disponeva: «*Decisione nel giudizio sulla richiesta di applicazione della pena. 1. Il giudice, per decidere sulla richiesta di applicazione della pena, nel giudizio può ordinare l'esibizione degli atti contenuti nel fascicolo del pubblico ministero. Se la richiesta è accolta, gli atti esibiti vengono inseriti nel fascicolo per il dibattimento; altrimenti gli atti sono immediatamente restituiti al pubblico ministero*».

136. Limiti all'effetto estintivo.

1. L'effetto estintivo previsto dall'articolo 445 comma 2 del codice non si produce se la persona nei cui confronti la pena è stata applicata si sottrae volontariamente alla sua esecuzione.

137. Concorso formale e continuazione.

1. Nel caso di applicazione della pena richiesta dalle parti con più sentenze per reati unificati a norma dell'articolo 81 del codice penale, il termine di estinzione previsto dall'articolo 445comma 2 del codice decorre nuovamente per tutti i reati dalla data in cui è divenuta irrevocabile l'ultima sentenza.

2. La disciplina del concorso formale e del reato continuato è applicabile anche quando concorrono reati per i quali la pena è applicata su richiesta delle parti e altri reati.

138. Formazione del fascicolo per il dibattimento nel giudizio direttissimo.

1. In tutti i casi di giudizio direttissimo con imputato in stato di arresto o di custodia cautelare, il pubblico ministero forma il fascicolo per il dibattimento a norma dell'articolo 431 del codice. Quando l'imputato è presentato davanti al giudice del dibattimento per la convalida dell'arresto e il contestuale giudizio, il fascicolo medesimo è formato subito dopo il giudizio di convalida dal pubblico ministero presente all'udienza.

139. Facoltà dei difensori di prendere visione del fascicolo trasmesso con la richiesta di giudizio immediato.

1. Durante i termini previsti dall'articolo 458 del codice, le parti e i difensori hanno facoltà di prendere visione ed estrarre copia, nella cancelleria del giudice per le indagini preliminari, del fascicolo trasmesso a norma dell'articolo 454 comma 2 del codice.

140. Facoltà dei difensori di prendere visione del fascicolo trasmesso con la richiesta di decreto penale di condanna.

1. Durante il termine per proporre opposizione, le parti e i difensori hanno facoltà di prendere visione ed estrarre copia, nella cancelleria del giudice per le indagini preliminari, del fascicolo trasmesso a norma dell'articolo 459 comma 1 del codice.

Capo X
Disposizioni relative al procedimento di oblazione

141. Procedimento di oblazione.

1. Se la domanda di oblazione è proposta nel corso delle indagini preliminari [ovvero a norma dell'articolo 557 del codice], il pubblico ministero la trasmette, unitamente agli atti del procedimento, al giudice per le indagini preliminari [(1)].

2. Il pubblico ministero, anche prima di presentare richiesta di decreto penale, può avvisare l'interessato, ove ne ricorrano i presupposti, che ha facoltà di chiedere di essere ammesso all'oblazione e che il pagamento dell'oblazione estingue il reato.

3. Quando per il reato per il quale si è proceduto è ammessa l'oblazione e non è stato dato l'avviso previsto dal comma 2, nel decreto penale deve essere fatta menzione della relativa facoltà dell'imputato.

4. Quando è proposta domanda di oblazione, il giudice, acquisito il parere del pubblico ministero, se respinge la domanda pronuncia ordinanza disponendo, se del caso, la restituzione degli atti al pubblico ministero; altrimenti ammette all'oblazione e fissa con ordinanza la somma da versare, dandone avviso all'interessato. Avvenuto il versamento della somma, il giudice, se la domanda è stata proposta nel corso delle indagini preliminari, trasmette gli atti al pubblico ministero per le sue determinazioni; in ogni altro caso dichiara con sentenza l'estinzione del reato. Non si applica la disposizione dell'articolo 75, comma 3, del codice [(2)].

4 bis. In caso di modifica dell'originaria imputazione in altra per la quale sia ammissibile l'oblazione, l'imputato è rimesso in termini per chiedere la medesima. La disposizione di cui al periodo precedente si applica anche nel caso di nuove contestazioni ai sensi degli articoli 517 e 518 del codice. Il giudice, se accoglie la domanda, fissa un termine non superiore a dieci giorni, per il pagamento della somma dovuta. Se il pagamento avviene nel termine il giudice dichiara con sentenza l'estinzione del reato [(3)].

(1) Le parole tra parentesi quadre sono state soppresse dall'art. 53, l. 16.12.1999, n. 479.
(2) Periodo aggiunto dall'art. 53, l. 16.12.1999, n. 479.
(3) Comma introdotto dall'art. 53, l. 16.12.1999, n. 479. L'art. 41, co. 1, lett. q), d.lgs. 10.10.2022, n. 150 ha poi inserito il seguente periodo: «*La disposizione di cui al periodo precedente si applica anche nel caso di nuove contestazioni ai sensi degli articoli 517 e 518 del codice.*»

Capo X bis (1)
Disposizioni in materia di messa alla prova

141 bis. Avviso del pubblico ministero per la richiesta di ammissione alla messa alla prova. Proposta di messa alla prova formulata dal pubblico ministero [(2) (3)].

1. Il pubblico ministero, anche prima di esercitare l'azione penale, può avvisare l'interessato, ove ne ricorrano i presupposti, che ha la facoltà di chiedere di essere ammesso alla prova, ai sensi dell'articolo 168-*bis* del codice penale, e che l'esito positivo della prova estingue il reato.

1 bis. Il pubblico ministero può formulare la proposta di sospensione del procedimento con messa alla prova, prevista dall'articolo 464-*ter*.1 del codice, in occasione della notifica dell'avviso previsto dall'articolo 415-*bis* del codice (4).

(1) Il Capo X bis, comprendente gli artt. 141 bis e 141 ter, è stato aggiunto dall'art. 5, co. 1, l. 28.4.2014, n. 67.
(2) Articolo introdotto dall'art. 5, co. 1, l. 28.4.2014, n. 67.
(3) Rubrica modificata dall'art. 41, co. 1, lett. r), d.lgs. 10.10.2022, n. 150. Il testo della rubrica, antecedente alle modifiche disposte dal d.lgs. n. 150/2022, così recava: «*Avviso del pubblico ministero per la richiesta di ammissione alla messa alla prova*».
(4) Comma introdotto dall'art. 41, co. 1, lett. r), d.lgs. 10.10.2022, n. 150.

141 ter. Attività dei servizi sociali nei confronti degli adulti ammessi alla prova [(1)].

1. Le funzioni dei servizi sociali per la messa alla prova, disposta ai sensi dell'articolo 168-*bis* del codice penale, sono svolte dagli uffici locali di esecuzione penale esterna, nei modi e con i compiti previsti dall'articolo 72 della legge 26 luglio 1975, n. 354, e successive modificazioni.

1 bis. Gli uffici di esecuzione penale esterna forniscono le indicazioni loro richieste dal pubblico ministero ai sensi dell'articolo 464-*ter*.1, comma 1, del codice entro il termine di trenta giorni (2).

2. Ai fini del comma 1, l'imputato rivolge richiesta all'ufficio locale di esecuzione penale esterna competente affinché predisponga un programma di trattamento. L'imputato deposita gli atti rilevanti del procedimento penale nonché le osservazioni e le proposte che ritenga di fare.

3. L'ufficio di cui al comma 2, all'esito di un'apposita indagine socio-familiare, redige il programma di trattamento, acquisendo su tale programma il consenso dell'imputato e l'adesione dell'ente o del soggetto presso il quale l'imputato è chiamato a svolgere le proprie prestazioni. L'ufficio trasmette quindi al giudice il programma accompagnandolo con l'indagine socio-familiare e con le considerazioni che lo sostengono. Nell'indagine e nelle considerazioni, l'ufficio riferisce specificamente sulle possibilità economiche dell'imputato, sulla capacità e sulla possibilità di svolgere attività riparatorie nonché sulla possibilità di svolgimento di attività di mediazione, anche avvalendosi a tal fine di centri o strutture pubbliche o private presenti sul territorio.

4. Quando è disposta la sospensione del procedimento con messa alla prova dell'imputato, l'ufficio di cui al comma 2 informa il giudice, con la cadenza stabilita nel provvedimento di ammissione e comunque non superiore a tre mesi, dell'attività svolta e del comportamento dell'imputato, proponendo, ove necessario, modifiche al programma di trattamento, eventuali abbreviazioni di esso ovvero, in caso di grave o reiterata trasgressione, la revoca del provvedimento di sospensione.

5. Alla scadenza del periodo di prova, l'ufficio di cui al comma 2 trasmette al giudice una relazione dettagliata sul decorso e sull'esito della prova medesima.

6. Le relazioni periodiche e quella finale dell'ufficio di cui al comma 2 del presente articolo sono depositate in cancelleria non meno di dieci giorni prima dell'udienza di cui all'articolo 464-*septies* del codice, con facoltà per le parti di prenderne visione ed estrarne copia».

(1) Articolo introdotto dall'art. 5, co. 1, l. 28.4.2014, n. 67.
(2) Comma introdotto dall'art. 41, co. 1, lett. s), del d.lgs. 10.10.2022, n. 150.

Capo XI
Disposizioni relative al dibattimento

142. Citazione di testimoni, periti, interpreti, consulenti tecnici e imputati di un procedimento connesso [1].

[**1.** I testimoni, i periti, gli interpreti e i consulenti tecnici sono citati almeno tre giorni prima della data fissata per il dibattimento [2].]

2. Quando per le notificazioni dei testimoni, dei periti, degli interpreti, dei consulenti tecnici e delle persone indicate nell'articolo 210 del codice è richiesto l'ufficiale giudiziario, le parti devono consegnare al medesimo gli atti di citazione in tempo utile e nel numero di copie necessario [3].

3. L'atto di citazione contiene:
a) l'indicazione della parte richiedente e dell'imputato nonché del decreto che ha autorizzato la citazione;
b) le generalità e il domicilio della persona da citare;
c) il giorno, l'ora e il luogo della comparizione e il giudice davanti al quale la persona citata deve presentarsi;
d) l'indicazione degli obblighi e delle facoltà previsti dagli articoli 198, 210 e 226 del codice [4];
d-*bis*) l'avvertimento che la mancata comparizione senza giustificato motivo del querelante all'udienza in cui è citato a comparire come testimone integra remissione tacita di querela, nei casi in cui essa è consentita [5];
e) l'avvertimento che, fuori del caso previsto dalla lettera d-*bis*), in caso di mancata comparizione non dovuta a legittimo impedimento, la persona citata potrà, a norma dell'articolo 133 del codice, essere accompagnata a mezzo della polizia giudiziaria e condannata al pagamento di una somma da 51 euro a 516 euro a favore della cassa delle ammende e alla rifusione delle spese alle quali la mancata comparizione ha dato causa [6].

4. Quando la citazione è disposta di ufficio il decreto di citazione contiene i requisiti previsti dal comma 3, lettere b), c), d), d-*bis*), e), nonché l'indicazione dell'imputato [7].

(1) Rubrica così sostituita dall'art. 2, co. 2, lett. a), d.l. 8.6.1992, n. 306, conv., con modif., in l. 7.8.1992, n. 356, recante modifiche urgenti al nuovo codice di procedura penale e provvedimenti di contrasto alla criminalità mafiosa.
Il testo antecedente così recava: «*Citazione dei testimoni, periti, interpreti e consulenti tecnici*».
(2) Comma abrogato dall'art. 2, co. 2, lett. b), d.l. 8.6.1992, n. 306, conv., con modif., in l. 7.8.1992, n. 356, recante modifiche al nuovo codice di procedura penale e provvedimenti di contrasto alla criminalità mafiosa.
(3) Comma così modificato dall'art. 2, co. 2, lett. c), d.l. 8.6.1992, n. 306, conv., con modif., in l. 7.8.1992, n. 356, recante modifiche urgenti al nuovo codice di procedura penale e provvedimenti di contrasto alla criminalità mafiosa.
(4) Lettera così sostituita dall'art. 2, co. 2, lett. d), d.l. 8.6.1992, n. 306, conv., con modif., in l. 7.8.1992, n. 356, recante modifiche urgenti al nuovo codice di procedura penale e provvedimenti di contrasto alla criminalità mafiosa.
(5) Lettera introdotta dall'art. 41, co. 1, lett. t), d.lgs. 10.10.2022, n. 150.
(6) Lettera modificata dall'art. 41, co. 1, lett. t), d.lgs. 10.10.2022, n. 150. Il testo previgente così disponeva: «*e) l'avvertimento che, in caso di mancata comparizione non dovuta a legittimo impedimento, la persona citata potrà, a norma dell'art. 133 del codice, essere accompagnata a mezzo della polizia giudiziaria e condannata al pagamento di una somma da euro 51 a euro 516 a favore della cassa delle ammende e alla rifusione delle spese alle quali la mancata comparizione ha dato causa.*».
(7) Comma così modificato dall'art. 41, co. 1, lett. t), d.lgs. 10.10.2022, n. 150. Il testo previgente così disponeva: «*4. Quando la citazione è disposta di ufficio il decreto di citazione contiene i requisiti previsti dal comma 3 lettere b), c), d), e) nonché l'indicazione dell'imputato.*».

143. Rinnovazione della citazione a giudizio.

1. Negli atti preliminari al dibattimento, in tutti i casi in cui occorre, per qualunque motivo, rinnovare la citazione a giudizio o la relativa notificazione, vi provvede il presidente.

143 bis. Adempimenti in caso di sentenza di non doversi procedere per mancata conoscenza della pendenza del processo da parte dell'imputato [1] [2].

1. Quando il giudice emette la sentenza di cui all'articolo 420-*quater* del codice, ne dispone la trasmissione alla locale sezione di polizia giudiziaria, per l'inserimento nel Centro elaborazione dati, di cui all'articolo 8 della legge 1° aprile 1981, n. 121, e successive modificazioni [3].

(1) Articolo introdotto dall'art. 14, co. 1, l. 28.4.2014, n. 67.
(2) Rubrica così modificata dall'art. 41, co. 1, lett. u), d.lgs. 10.10.2022, n. 150. Il testo antecedente così recava: «*Adempimenti in caso di sospensione del processo per assenza dell'imputato*».
(3) Comma così modificato dall'art. dall'art. 41, co. 1, let . u), d.lgs. 10.10.2022, n. 150. Il testo previgente così disponeva: «*1. Quando il giudice dispone la sospensione ai sensi dell'art. 420-quater del codice, la relativa ordinanza e il decreto di fissazione dell'udienza preliminare ovvero il decreto che dispone il giudizio o il decreto di citazione a giudizio sono trasmessi alla locale sezione di polizia giudiziaria, per l'inserimento nel Centro elaborazione dati, di cui all'art. 8 della legge 1°.04.1981, n. 121, e successive modificazioni.*».

144. Spese e indennità per i testimoni, periti e consulenti tecnici [(1)].

[**1.** Gli importi delle spese e delle indennità dovuti ai testimoni, periti e consulenti tecnici citati a richiesta delle parti private non ammesse al gratuito patrocinio sono anticipati dalle parti richiedenti.

2. Il presidente può esonerare l'imputato, che ne faccia domanda, dalla anticipazione degli importi indicati nel comma 1, per tutte o alcune delle persone di cui è chiesta la citazione.

3. Con il regolamento previsto dall'articolo 206 comma 1 [disp. att. c.p.p. 206] sono disciplinate le modalità di liquidazione e di versamento degli importi indicati nel comma 1.]

(1) Articolo abrogato dall'art. 299, d.lgs. 30.5.2002, n. 113 e dall'art. 299, d.P.R. 30.5.2002, n. 115 con la decorrenza indicata nell'art. 302 dello stesso decreto (1.7.2002).

145. Comparizione dei testimoni, periti, consulenti tecnici e interpreti.

1. I testimoni, i periti, i consulenti tecnici e gli interpreti citati devono trovarsi presenti all'inizio dell'udienza.

2. Se il dibattimento deve protrarsi per più giorni, il presidente, sentiti il pubblico ministero e i difensori, stabilisce il giorno in cui ciascuna persona deve comparire [(1)].

(1) Comma così modificato dall'art. dall'art. 41, co. 1, lett. v), d.lgs. 10.10.2022, n. 150. Il testo previgente così disponeva: «*2. Se il dibattimento deve protrarsi per più giorni, il presidente, sentiti il pubblico ministero e i difensori, può stabilire il giorno in cui ciascuna persona deve comparire*».

145 bis. Aule di udienza protette [(1)].

1. Nei procedimenti per taluno dei reati indicati nell'articolo 51, comma 3-*bis*, del codice, quando è necessario, per ragioni di sicurezza, utilizzare aule protette e queste non siano disponibili nella sede giudiziaria territorialmente competente, il Presidente della Corte d'appello, su proposta del Presidente del Tribunale, individua l'aula protetta per il dibattimento nell'ambito del distretto. Qualora l'aula protetta non sia disponibile nell'àmbito del distretto, il Ministero della giustizia fornisce al Presidente della Corte d'appello nel cui distretto si trova il giudice competente l'indicazione dell'aula disponibile, individuata nel distretto di corte d'appello più vicino.

2. Il provvedimento di cui ai commi che precedono è adottato prima della notificazione del decreto di citazione che dispone il giudizio a norma dell'articolo 133.

(1) Articolo introdotto dall'art. 6, d.l. 24.11.2000, n. 341, conv. in legge, con modif., dalla l. 19.1.2001, n. 4.

146. Aula di udienza dibattimentale.

1. Nelle aule di udienza per il dibattimento, i banchi riservati al pubblico ministero e ai difensori sono posti allo stesso livello di fronte all'organo giudicante. Le parti private siedono a fianco dei propri difensori, salvo che sussistano esigenze di cautela. Il seggio delle persone da sottoporre ad esame è collocato in modo da consentire che le persone stesse siano agevolmente visibili sia dal giudice che dalle parti.

146 bis. Partecipazione al dibattimento a distanza [(1)].

1. La persona che si trova in stato di detenzione per taluno dei delitti indicati nell'articolo 51, comma 3-*bis*, nonché nell'articolo 407, comma 2, lettera a), numero 4), del codice, partecipa a distanza alle udienze dibattimentali dei processi nei quali è imputata, anche relativi a reati per i quali sia in libertà. Allo stesso modo partecipa alle udienze penali e alle udienze civili nelle quali deve essere esaminata quale testimone [(2)].

1 bis. La persona ammessa a programmi o misure di protezione, comprese quelle di tipo urgente o provvisorio, partecipa a distanza alle udienze dibattimentali dei processi nei quali è imputata [(3)].

1 ter. Ad esclusione del caso in cui sono state applicate le misure di cui all'articolo 41-*bis* della legge 26 luglio 1975, n. 354, e successive modificazioni, il giudice può disporre con decreto motivato, anche su istanza di parte, la presenza alle udienze delle persone indicate nei commi 1 e 1-*bis* del presente articolo qualora lo ritenga necessario [(4)].

1 quater. Fuori dei casi previsti dai commi 1 e 1-*bis*, il giudice può disporre con decreto motivato la partecipazione a distanza anche quando sussistano ragioni di sicurezza, qualora il dibattimento sia di particolare complessità e sia necessario evitare ritardi nel suo svolgimento, ovvero quando si deve assumere la testimonianza di persona a qualunque titolo in stato di detenzione presso un istituto penitenziario [(5)].

2. [Il presidente del tribunale o della corte di assise nella fase degli atti preliminari, oppure il giudice nel corso del dibattimento, dà comunicazione alle autorità competenti nonché alle parti e ai difensori della partecipazione al dibattimento a distanza [(6)].] [(7)]

3. [Quando è disposta la partecipazione a distanza, è attivato un collegamento audiovisivo tra l'aula di udienza e il luogo della custodia, con modalità tali da assicurare la contestuale, effettiva e reciproca visibilità delle persone presenti in entrambi i luoghi e la possibilità di udire quanto vi viene detto. Se il provvedimento è adottato nei confronti di più imputati che si trovano, a qualsiasi titolo, in stato di detenzione in luoghi diversi, ciascuno è posto altresì in grado, con il medesimo mezzo, di vedere ed udire gli altri.] [(8)]

4. [È sempre consentito al difensore o a un suo sostituto di essere presente nel luogo dove si trova l'imputato. Il difensore o il suo sostituto presenti nell'aula di udienza e l'imputato possono consultarsi riservatamente, per mezzo di strumenti tecnici idonei.] [(9)]

4 bis. In tutti i processi nei quali si procede con il collegamento audiovisivo ai sensi dei commi precedenti, il giudice, su istanza, può consentire alle parti private e ai loro difensori di intervenire a distanza assumendosi l'onere dei costi del collegamento [(10)].

5. [Il luogo dove l'imputato si collega in audiovisione è equiparato all'aula di udienza.] [(11)]

6. [Un ausiliario abilitato ad assistere il giudice in udienza designato dal giudice o, in caso di urgenza, dal presidente è presente nel luogo ove si trova l'imputato e ne attesta l'identità dando atto che non sono posti impedimenti o limitazioni all'esercizio dei diritti e delle facoltà a lui spettanti. Egli dà atto altresì della osservanza delle disposizioni di cui al comma 3 ed al secondo periodo del comma 4 nonché, se ha luogo l'esame, delle cautele adottate per assicurarne la regolarità con riferimento al luogo ove si trova. A tal fine interpella, ove occorra, l'imputato ed il suo difensore. Durante il tempo del dibattimento in cui non si procede ad esame dell'imputato il giudice o, in caso di urgenza, il presidente, può designare ad essere presente nel luogo ove si trova l'imputato, in vece dell'ausiliario, un ufficiale di polizia giudiziaria scelto tra coloro che non svolgono, né hanno svolto, attività di investigazione o di protezione con riferimento all'imputato o ai fatti a lui riferiti. Delle operazioni svolte l'ausiliario o l'ufficiale di polizia giudiziaria redigono verbale a norma dell'articolo 136 del codice.] (12)

7. Se nel dibattimento occorre procedere a confronto o ricognizione dell'imputato o ad altro atto che implica l'osservazione della sua persona, il giudice, ove lo ritenga indispensabile, sentite le parti, dispone la presenza dell'imputato nell'aula di udienza per il tempo necessario al compimento dell'atto.

(1) Articolo introdotto dall'art. 2, l. 7.1.1998, n. 11. L'art. 3, l. 19.12.2002, n. 279 ha abrogato l'art. 6, l. n. 11, cit., che poneva il termine di efficacia della disposizione dapprima al 31.12.2000 e successivamente al 31.12.2002, in forza della modifica apportata dall'art. 12, d.l. 24.11.2000, n. 341, conv., con modif., con l. 19.1.2001, n. 4.

(2) Comma modificato prima dall'art. 8, co. 1, lett. a), d.l. 18.10.2001, n. 374, conv., con modif., con l. 15.12.2001, n. 438, e poi dall'art.15, co. 1 lett. a), d.l. n. 341/2000. L'art. 1, co. 77, lett. a), l. 23.6.2017, n. 103, ha infine sostituito questo comma.
Il testo previgente alla modifica disposta con l. n. 103/3017 così disponeva: «*1. Quando si procede per taluno dei delitti indicati nell'art. 51, comma 3*-bis, *nonché nell'art. 407, comma 2, lettera a), n. 4 del codice, nei confronti di persona che si trova, a qualsiasi titolo, in stato di detenzione in carcere, la partecipazione al dibattimento avviene a distanza nei seguenti casi:*
a) qualora sussistano gravi ragioni di sicurezza o di ordine pubblico;
b) qualora il dibattimento sia di particolare complessità e la partecipazione a distanza risulti necessaria ad evitare ritardi nel suo svolgimento. L'esigenza di evitare ritardi nello svolgimento del dibattimento è valutata anche in relazione al fatto che nei confronti dello stesso imputato siano contemporaneamente in corso distinti processi presso diverse sedi giudiziarie.».
Il testo in vigore prima della modifica disposta dal suddetto d.l. n. 374/2001 così disponeva: «*1. Quando si procede per taluno dei delitti indicati nell'art. 51, comma 3*-bis, *del codice, nei confronti di persona che si trova, a qualsiasi titolo, in stato di detenzione in carcere, la partecipazione al dibattimento avviene a distanza nei seguenti casi:*
a) qualora sussistano gravi ragioni di sicurezza o di ordine pubblico;
b) qualora il dibattimento sia di particolare complessità e la partecipazione a distanza risulti necessaria ad evitare ritardi nel suo svolgimento. L'esigenza di evitare ritardi nello svolgimento del dibattimento è valutata anche in relazione al fatto che nei confronti dello stesso imputato siano contemporaneamente in corso distinti processi presso diverse sedi giudiziarie.».
Il testo in vigore prima della modifica disposta dal suddetto d.l. n. 341/2000 così disponeva: «*1. Quando si procede per taluno dei delitti indicati nell'art. 51, comma 3*-bis, *del codice, nei confronti di persona che si trova, a qualsiasi titolo, in stato di detenzione in carcere, la partecipazione al dibattimento avviene a distanza nei seguenti casi:*
a) qualora sussistano gravi ragioni di sicurezza o di ordine pubblico;
b) qualora il dibattimento sia di particolare complessità e la partecipazione a distanza risulti necessaria ad evitare ritardi nel suo svolgimento. L'esigenza di evitare ritardi nello svolgimento del dibattimento è valutata anche in relazione al fatto che nei confronti dello stesso imputato siano contemporaneamente in corso distinti processi presso diverse sedi giudiziarie;
c) qualora si tratti di detenuto nei cui confronti è stata disposta l'applicazione delle misure di cui all'art. 41-bis *della legge 26.07.1975, n. 354, e successive modificazioni e integrazioni.*»

(3) Comma sostituito, in sede di conversione, dall'art. 2, d.l. 22.12.2011, n. 211, conv., con modif., con l. 17.2.2012 n. 9 e poi sostituito dall'art. 1, co. 77, lett. b), l. 23.6.2017, n. 103. Il testo antecedente alla modifica del 2017 così disponeva: «*Fuori dei casi previsti dal comma 1, la partecipazione al dibattimento avviene a distanza anche quando si procede nei confronti di detenuto al quale sono state applicate le misure di cui all'art. 41-bis, comma 2, della legge 26.07.1975, n. 354, e successive modificazioni*».

(4) Comma introdotto dall'art. 1, co. 77, lett. c), l. 23.6.2017, n. 103.

(5) Comma introdotto dall'art. 1, co. 77, lett. c), l. 23.6.2017, n. 103.

(6) Comma sostituito dall'art. 1, co. 77, lett. d), l. 23.6.2017, n. 103

(7) Comma abrogato dall'art. 98, co. 1, lett. b), d.lgs. 10.10.2022, n. 150.

(8) Comma abrogato dall'art. 98, co. 1, lett. b), d.lgs. 10.10.2022, n. 150.

(9) Comma abrogato dall'art. 98, co. 1, lett. b), d.lgs. 10.10.2022, n. 150.

(10) Comma introdotto dall'art. 1, co. 77, lett. e), l. 23.6.2017 n. 103, a decorrere dal 3.8.2017, e così modificato dall'art. 41, co. 1, lett. z), d.lgs. 10.10.2022, n. 150, a decorrere dal 30.12.2022.
Il testo antecedente alla modifica disposta dal d.lgs. n. 150/2022 così disponeva: «4-bis. *In tutti i processi nei quali si procede con il collegamento audiovisivo ai sensi dei commi precedenti, il giudice, su istanza, può consentire alle altre parti e ai loro difensori di intervenire a distanza assumendosi l'onere dei costi del collegamento*».

(11) Comma abrogato dall'art. 98, co. 1, lett. b), d.lgs. 10.10.2022, n. 150.

(12) Comma abrogato dall'art. 98, co. 1, lett. b), d.lgs. 10.10.2022, n. 150.

147. Riprese audiovisive dei dibattimenti.

1. Ai fini dell'esercizio del diritto di cronaca, il giudice con ordinanza, se le parti consentono, può autorizzare in tutto o in parte la ripresa fotografica, fonografica o audiovisiva ovvero la trasmissione radiofonica o televisiva del dibattimento, purché non ne derivi pregiudizio al sereno e regolare svolgimento dell'udienza o alla decisione.

2. L'autorizzazione può essere data anche senza il consenso delle parti quando sussiste un interesse sociale particolarmente rilevante alla conoscenza del dibattimento.

3. Anche quando autorizza la ripresa o la trasmissione a norma dei commi 1 e 2, il presidente vieta la ripresa delle immagini di parti, testimoni, periti, consulenti tecnici, interpreti e di ogni altro soggetto che deve essere presente, se i medesimi non vi consentono o la legge ne fa divieto.

4. Non possono in ogni caso essere autorizzate le riprese o le trasmissioni dei dibattimenti che si svolgono a porte chiuse a norma dell'articolo 472 commi 1, 2 e 4 del codice.

147 bis. Esame degli operatori sotto copertura, delle persone che collaborano con la giustizia e degli imputati di reato connesso (1) (2).

1. L'esame in dibattimento delle persone ammesse,

in base alla legge, a programmi o misure di protezione anche di tipo urgente o provvisorio si svolge con le cautele necessarie alla tutela della persona sottoposta all'esame, determinate, d'ufficio ovvero su richiesta di parte o dell'autorità che ha disposto il programma o le misure di protezione, dal giudice o, nei casi di urgenza, dal presidente del tribunale o della corte di assise.

1 bis. L'esame in dibattimento degli ufficiali e degli agenti di polizia giudiziaria, anche appartenenti ad organismi di polizia esteri, degli ausiliari e delle interposte persone, che abbiano operato in attività sotto copertura ai sensi dell'articolo 9 della legge 16 marzo 2006, n. 146, e successive modificazioni, si svolge sempre con le cautele necessarie alla tutela e alla riservatezza della persona sottoposta all'esame e con modalità determinate dal giudice o, nei casi di urgenza, dal presidente, in ogni caso idonee a evitare che il volto di tali soggetti sia visibile [3].

2. Il giudice o il presidente, sentite le parti, può disporre, anche d'ufficio, che l'esame si svolga a distanza [4].

3. Salvo che il giudice ritenga assolutamente necessaria la presenza della persona da esaminare, l'esame si svolge a distanza secondo le modalità previste dal comma 2 nei seguenti casi:

a) quando l'esame è disposto nei confronti di persone ammesse al piano provvisorio di protezione previsto dall'articolo 13, comma 1, del decreto-legge 15 gennaio 1991, n. 8, convertito, con modificazioni, dalla legge 15 marzo 1991, n. 82, e successive modificazioni, o alle speciali misure di protezione di cui al citato articolo 13, commi 4 e 5, del medesimo decreto-legge [5];

a-*bis*) quando l'esame o altro atto istruttorio è disposto nei confronti di persone ammesse al piano provvisorio o al programma definitivo per la protezione dei testimoni di giustizia [6];

b) quando nei confronti della persona sottoposta ad esame è stato emesso il decreto di cambiamento delle generalità di cui all'articolo 3 del decreto legislativo 29 marzo 1993, n. 119; in tale caso, nel procedere all'esame, il giudice o il presidente si uniforma a quanto previsto dall'articolo 6, comma 6, del medesimo decreto legislativo e dispone le cautele idonee ad evitare che il volto della persona sia visibile;

c) quando, nell'ambito di un processo per taluno dei delitti previsti dall'articolo 51, comma 3-*bis*, o dall'articolo 407, comma 2, lettera a), n. 4, del codice, devono essere esaminate le persone indicate nell'articolo 210 del codice nei cui confronti si procede per uno dei delitti previsti dall'articolo 51, comma 3-*bis* o dall'articolo 407, comma 2, lettera a), n. 4, del codice, anche se vi è stata separazione dei procedimenti [7];

c-*bis*) quando devono essere esaminati ufficiali o agenti di polizia giudiziaria, anche appartenenti ad organismi di polizia esteri, nonché ausiliari e interposte persone, in ordine alle attività dai medesimi svolte nel corso delle operazioni sotto copertura di cui all'articolo 9 della legge 16 marzo 2006, n. 146, e successive modificazioni. In tali casi, il giudice o il presidente dispone le cautele idonee ad evitare che il volto di tali soggetti sia visibile [8].

[**4.** Se la persona da esaminare deve essere assistita da un difensore si applicano le disposizioni previste dell'articolo 146-*bis* [disp. att. c.p.p. 146-*bis*], commi 3, 4 e 6.] [9]

5. Le modalità di cui al comma 2 possono essere altresì adottate, a richiesta di parte, per l'esame della persona di cui è stata disposta la nuova assunzione a norma dell'articolo 495, comma 1, del codice, o quando vi siano gravi difficoltà ad assicurare la comparazione della persona da sottoporre ad esame.

(1) Rubrica così modificata dal n. 1) della lett. b), co. 4 dell'art. 8, l. 13.8.2010, n. 136.
Il testo previgente così disponeva: «*Esame delle persone che collaborano con la giustizia e degli imputati di reato connesso*».

(2) Articolo introdotto dall'art. 7, co. 2, d.l. 8.6.1992, n. 306, conv., con modif., in l. 7.8.1992, n. 356, recante modifiche urgenti al nuovo codice di procedura penale e provvedimenti di contrasto alla criminalità mafiosa e poi sostituito con gli artt. 147 bis e 147 ter dall'art. 3, l. 7.1.1998, n. 11 sulla partecipazione al procedimento penale a distanza e l'esame di dibattimento dei collaboratori di giustizia. L'art. 6 della stessa legge, come modificato dall'art. 12, d.l. 24.11.2000, n. 341, conv. in legge, con modif., dalla l. 19.1.2001, n. 4, aveva disposto che il termine di efficacia delle disposizioni contenute nel provvedimento fosse posto alla data del 31.12.2002. L'art. 6, poi, era stato abrogato dall'art. 8, d.l. 18.10.2001, n. 374; l'abrogazione, tuttavia, non era più presente nel testo del citato d.l. n. 374/2001, dopo la conversione dello stesso ad opera della l. 15.12.2001, n. 438. L'art. 6 è stato infine abrogato dall'art. 3, l. 23.12.2002, n. 279.
Il testo originario di questo articolo così disponeva: «*Esame delle persone che collaborano con la giustizia.*
1. Nei confronti delle persone ammesse, in base alla legge, a programmi o misure di protezione, il giudice o in caso di urgenza il presidente, anche di ufficio, può disporre che l'esame in dibattimento si svolga con le necessarie cautele volte alla tutela della persona sottoposta all'esame. Ove siano disponibili strumenti tecnici idonei a consentire il collegamento audiovisivo, l'esame può svolgersi a distanza secondo modalità tali da assicurare la contestuale visibilità delle persone presenti nel luogo ove la persona sottoposta all'esame si trova. In tal caso, un ausiliario del giudice o altro pubblico ufficiale autorizzato è presente nel luogo dove si trova la persona sottoposta all'esame e attesta l'identità di essa dando atto delle cautele adottate per assicurare la genuinità dell'esame.
2. Le modalità di cui al comma 1 possono essere adottate, a richiesta di parte, per l'esame della persona di cui è stata disposta la nuova assunzione a norma dell'art. 495, comma 1, del codice, ovvero nel caso di gravi difficoltà ad assicurare la comparizione della persona che deve essere sottoposta ad esame».

(3) Comma introdotto dal n. 2) della lett. b) del co. 4 dell'art. 8, l. 13.8.2010, n. 136.

(4) Comma così sostituito dall'art. 41, co. 1, lett. aa), d.lgs. 10.10.2022, n. 150.
Il testo previgente così disponeva: «*2. Ove siano disponibili strumenti tecnici idonei, il giudice o il presidente, sentite le parti, può disporre, anche d'ufficio, che l'esame si svolga a distanza, mediante collegamento audiovisivo che assicuri la contestuale visibilità delle persone presenti nel luogo dove la persona sottoposta ad esame si trova. In tal caso, un ausiliario abilitato ad assistere il giudice in udienza, designato dal giudice o, in caso di urgenza, dal presidente, è presente nel luogo ove si trova la persona sottoposta ad esame e ne attesta le generalità, dando atto della osservanza delle disposizioni contenute nel presente comma nonché*

delle cautele adottate per assicurare la regolarità dell'esame con riferimento al luogo ove egli si trova. Delle operazioni svolte l'ausiliario redige verbale a norma dell'art. 136 del codice.».

(5) Lettera prima modificata dall'art. 8, d.l. 18.10.2001, n. 374 e poi così sostituita dal co. 2 dell'art. 11, l. 13.8.2010, n. 136.

Il testo antecedente alla sostituzione del 2010 così disponeva: «*a) quando le persone ammesse, in base alla legge, a programmi o misure di protezione sono esaminate nell'ambito di un processo per taluno dei delitti indicati dall'art. 51, comma 3-*bis*, nonché dall'art. 407, comma 2, lettera a), n. 4, del codice*».

Il testo antecedente alla modifica del 2001 così disponeva: «*a) quando le persone ammesse, in base alla legge, a programmi o misure di protezione sono esaminate nell'ambito di un processo per taluno dei delitti indicati dall'art. 51, comma 3-*bis*, del codice*».

(6) Lettera introdotta dall'art. 24, co. 1, l. 11.1.2018, n. 6, a decorrere dal 21.2.2018.

(7) Lettera così sostituita dall'art. 8, d.l. 18.10.2001, n. 374.

Il testo previgente così disponeva: «*c) quando, nell'ambito di un processo per taluno dei delitti previsti dall'art. 51, comma 3-bis, del codice, devono essere esaminate le persone indicate nell'art. 210 del codice nei cui confronti si procede per uno dei delitti previsti dal medesimo art. 51, comma 3-bis, anche se vi è stata separazione dei procedimenti*».

(8) Lettera introdotta dal n. 3) della lett. b), co. 4 dell'art. 8, l. 13.8.2010, n. 136.

(9) Comma abrogato dall'art. 98, co. 1, lett. b), d.lgs. 10.10.2022, n. 150.

147 ter. Ricognizione in dibattimento delle persone che collaborano con la giustizia [(1)].

1. Quando nel dibattimento occorre procedere a ricognizione della persona nei cui confronti è stato emesso il decreto di cambiamento delle generalità di cui all'articolo 3 del decreto legislativo 29 marzo 1993, n. 119, ovvero ed altro atto che implica l'osservazione del corpo della medesima, il giudice, ove lo ritenga indispensabile, ne autorizza o ordina la citazione o ne dispone l'accompagnamento coattivo per il tempo necessario al compimento dell'atto.

2. Durante tutto il tempo in cui la persona è presente nell'aula di udienza, il dibattimento si svolge a porte chiuse a norma dell'articolo 473, comma 2, del codice.

3. Se l'atto da assumere non ne rende necessaria l'osservazione, il giudice dispone le cautele idonee ad evitare che il volto della persona sia visibile.

(1) Articolo introdotto dall'art. 3, l. 7.1.1998, n. 11, sulla partecipazione al procedimento penale a distanza e l'esame in dibattimento dei collaboratori di giustizia. L'art. 6 della stessa legge, come modificato dall'art. 12, d.l. 24.11.2000, n. 341, conv. in legge, con modif., dalla l. 19.1.2001, n. 4, aveva disposto che il termine di efficacia delle disposizioni contenute nel provvedimento fosse posto alla data del 31.12.2002. L'art. 6, poi, era stato abrogato dall'art. 8, d.l. 18.10.2001, n. 374; l'abrogazione, tuttavia, non era più presente nel testo del citato d.lgs. n. 374/2001, dopo la conversione dello stesso ad opera della l. 15.12.2001, n. 438. L'art. 6 è stato infine abrogato dall'art. 3, l. 23.12.2002, n. 279.

147-quater. Requisiti tecnici di sicurezza in caso di partecipazione a distanza [(1)].

1. Il Ministero della giustizia assicura che, nei casi di partecipazione a distanza al compimento di atti del procedimento ovvero alla celebrazione delle udienze, i collegamenti telematici agli uffici giudiziari siano realizzati attraverso reti o canali di comunicazione idonei a garantire l'integrità e la sicurezza della trasmissione dei dati.

(1) Articolo introdotto dall'art. 41, co. 1, lett. bb), d.lgs. 10.10.2022, n. 150, a decorrere dal 30.12.2022.

148. Eliminazione di atti dal fascicolo per il dibattimento.

1. Gli atti del fascicolo per il dibattimento dei quali il giudice ha disposto la eliminazione a norma dell'articolo 491 comma 4 del codice sono restituiti al pubblico ministero.

149. Regole da osservare prima dell'esame testimoniale.

1. L'esame del testimone deve avvenire in modo che nel corso della udienza nessuna delle persone citate prima di deporre possa comunicare con alcuna delle parti o con i difensori o consulenti tecnici, assistere agli esami degli altri o vedere o udire o essere altrimenti informata di ciò che si fa nell'aula di udienza.

150. Esame delle parti private.

1. L'esame delle parti private, nell'ordine previsto dall'articolo 503 comma 1 del codice, ha luogo appena terminata l'assunzione delle prove a carico dell'imputato.

151. Assunzione di nuove prove.

1. Nel caso previsto dall'articolo 507 del codice, il giudice dispone l'assunzione dei nuovi mezzi di prova secondo l'ordine previsto dall'articolo 496 del codice, se le prove sono state richieste dalle parti.

2. Quando è stato disposto di ufficio l'esame di una persona, il presidente vi provvede direttamente stabilendo, all'esito, la parte che deve condurre l'esame diretto.

152. Facoltà delle parti nel caso di perizia disposta nel dibattimento.

1. Quando il giudice ha disposto la citazione del perito a norma dell'articolo 508 comma 1 del codice, le parti hanno facoltà di presentare al dibattimento, anche senza citazione, i propri consulenti tecnici a norma dell'articolo 225 del codice.

153. Liquidazione delle spese processuali in favore della parte civile.

1. Agli effetti dell'articolo 541 comma 1 del codice, le spese sono liquidate dal giudice sulla base della nota che la parte civile presenta al più tardi insieme alle conclusioni.

154. Redazione non immediata dei motivi della sentenza.

1. Nei casi previsti dall'articolo 544 commi 2 e 3 del codice, il presidente provvede personalmente alla redazione della motivazione o designa un estensore tra i componenti del collegio.

2. L'estensore rende disponibile la bozza della sentenza al presidente il quale, se sorgono questioni sulla motivazione, ne dà lettura al collegio, che può designare un altro estensore [(1)].

[**3.** La minuta, sottoscritta dall'estensore e dal presidente, è consegnata alla cancelleria per la formazione dell'originale [(2)].]

4. Il presidente e l'estensore sottoscrivono la sentenza [(3)].

4 bis. Il Presidente della Corte d'appello può prorogare, su richiesta motivata del giudice che deve procedere alla redazione della motivazione, i termini previsti dall'articolo 544, comma 3, del codice, per una sola volta e per un periodo massimo di novanta giorni, esonerando, se necessario, il giudice estensore da altri incarichi. Per i giudizi di primo grado provvede il presidente del tribunale. In ogni caso del provvedimento è data comunicazione al Consiglio superiore della magistratura [4].

(1) Comma così modificato dall'art. 41, co. 1, lett. cc), d.lgs. 10.10.2022, n. 150, a decorrere dal 30.12.2022. L'art. 87, co. 4, del citato d.lgs. n. 150/2022 ha così disposto: «*4. Sino al quindicesimo giorno successivo alla pubblicazione dei regolamenti di cui ai commi 1 e 3, ovvero sino al diverso termine di transizione previsto dal regolamento di cui al comma 3 per gli uffici giudiziari e per le tipologie di atti in esso indicati, continuano ad applicarsi, nel testo vigente al momento dell'entrata in vigore del presente decreto, le disposizioni di cui agli articoli 110, 111, comma 1, 116, comma 3*-bis*, 125, comma 5, 134, comma 2, 135, comma 2, 162, comma 1, 311, comma 3, 391*-octies*, comma 3, 419, comma 5, primo periodo, 447, comma 1, primo periodo, 461, comma 1, 462, comma 1, 582, comma 1, 585, comma 4, del codice di procedura penale, nonché le disposizioni di cui l'art. 154, commi 2, 3 e 4 delle norme di attuazione, di coordinamento e transitorie del codice di procedura penale, di cui al decreto legislativo 28.07.1989, n. 271.*».
Il testo previgente così disponeva: «*2. L'estensore consegna la minuta della sentenza al presidente il quale, se sorgono questioni sulla motivazione, ne dà lettura al collegio, che può designare un altro estensore.*».

(2) Comma abrogato dall'art. 98, co. 1, lett. b), d.lgs. 10.10.2022, n. 150, a decorrere dal 30.12.2022.

(3) Comma così modificato dall'art. 41, co. 1, lett. cc), d.lgs. 10.10.2022, n. 150, a decorrere dal 30.12.2022.
Il testo previgente così disponeva: «4. Il presidente e l'estensore, verificata la corrispondenza dell'originale alla minuta, sottoscrivono la sentenza.».

(4) Comma introdotto dall'art. 4, d.l. 24.11.2000, n. 341, conv. in legge, con modif., con l.19.1.2001, n. 4.

154 bis. Liberazione dell'imputato prosciolto [1].

1. L'imputato detenuto è posto in libertà immediatamente dopo la lettura in udienza del dispositivo della sentenza di proscioglimento, se non detenuto per altra causa.

2. L'imputato prosciolto e la persona di cui è comunque disposta l'immediata liberazione sono accompagnati, separatamente dai soggetti da tradurre, presso l'istituto penitenziario, per il disbrigo delle formalità conseguenti alla liberazione; se ne fanno richiesta, possono recarsi presso l'istituto anche senza accompagnamento. È vietato l'uso di qualsiasi mezzo di coercizione fisica.

(1) Articolo introdotto dall'art. 4, co. 2, l. 12.12.1992, n. 492, recante disposizioni in materia di traduzioni di soggetti in materia della libertà personale e di liberazione degli imputati prosciolti.

154 ter. Comunicazione della sentenza [1].

1. La cancelleria del giudice che ha pronunciato sentenza penale nei confronti di un lavoratore dipendente di un'amministrazione pubblica ne comunica il dispositivo all'amministrazione di appartenenza e, su richiesta di questa, trasmette copia integrale del provvedimento. La comunicazione e la trasmissione sono effettuate con modalità telematiche, ai sensi del decreto legislativo 7 marzo 2005, n. 82, entro trenta giorni dalla data del deposito.

(1) Articolo introdotto dal co. 1 dell'art. 70, d.lgs. 27.10.2009, n. 150.

Capo XII
Disposizioni relative al procedimento davanti al tribunale in composizione monocratica [1]

155. Decisione sulla richiesta di incidente probatorio [2].

[**1.** Ai fini della decisione prevista dall'articolo 551 comma 2 del codice, il giudice per le indagini preliminari può chiedere in visione il fascicolo contenente la documentazione relativa alle indagini espletate.]

(1) Rubrica così sostituita dall'art. 213, d.lgs. 19.2.1998, n. 51, con effetto dal 2.6.1999.
Il testo previgente così recava: «*Disposizioni relative al procedimento davanti al pretore*».

(2) Articolo abrogato dall'art. 54, l. 16.12.1999, n. 479.

156. Opposizione alla richiesta di archiviazione [1].

[**1.** La persona offesa dal reato, con l'opposizione alla richiesta di archiviazione formulata dal pubblico ministero, indica gli elementi di prova che giustificano il rigetto della richiesta stessa.

2. A seguito dell'opposizione, il giudice per le indagini preliminari provvede a norma dell'articolo 554 comma 2 del codice.]

(1) Articolo abrogato dall'art. 54, l. 16.12.1999, n. 479.

157. Ulteriori indagini. Avocazione [1].

1. Quando emette decreto di archiviazione, il giudice per le indagini preliminari, se rileva l'esigenza di ulteriori indagini, ne informa il procuratore generale presso la corte di appello. Questi, se ne ravvisa i presupposti, richiede la riapertura delle indagini a norma dell'articolo 414 del codice.

2. Quando è accolta la richiesta del procuratore generale, le nuove indagini restano avocate.

(1) La Corte costituzionale, con sent. 12.10.1990, n. 445, ha dichiarato, tra l'altro, l'illegittimità di questo articolo.

158. Avocazione nel caso di mancato accoglimento della richiesta di archiviazione [1].

[**1.** Nel caso previsto dall'articolo 554 comma 2 del codice, il pubblico ministero comunica immediatamente l'ordinanza al procuratore generale presso la corte di appello che può disporre l'avocazione con decreto motivato entro cinque giorni dalla comunicazione della ordinanza medesima. Decorso tale termine, il pubblico ministero formula l'imputazione entro i cinque giorni successivi.

2. Il decreto con il quale il procuratore generale dispone l'avocazione è immediatamente comunicato al pubblico ministero.

3. Disposta l'avocazione, il procuratore generale formula l'imputazione entro il termine previsto dall'articolo 554 comma 2 del codice ai fini degli adempimenti previsti dagli articoli 555 e seguenti del codice.]

(1) Articolo abrogato dall'art. 54, l. 16.12.1999, n. 479.

159. Indicazione dei procedimenti speciali nel decreto di citazione a giudizio.

1. Nel decreto di citazione a giudizio sono indicati i

procedimenti speciali, e i relativi articoli di legge, che possono trovare applicazione nel caso concreto.

2. Il pubblico ministero, nel decreto di citazione a giudizio, può manifestare il proprio consenso all'applicazione della pena su richiesta, indicando gli elementi previsti dall'articolo 444, comma 1, del codice [1].

(1) Comma così sostituito dall'art. 55, l. 16.12.1999, n. 479.
Il testo previgente così disponeva: «*Ai fini di quanto stabilito dall'art. 556 del codice, nell'atto di consenso anticipato all'applicazione della pena il pubblico ministero indica gli elementi previsti dall'art. 444 comma 1 del codice*».

160. Determinazione della data dell'udienza dibattimentale o del procedimento speciale.

1. Ai fini dell'emissione del decreto di citazione a giudizio ovvero del decreto che dispone il giudizio a seguito di opposizione a decreto penale, la richiesta prevista dall'articolo 132 [disp. att. c.p.p. 132] comma 2 è proposta al presidente del tribunale rispettivamente dal pubblico ministero o dal giudice per le indagini preliminari (1).

[**2.** Quando il pubblico ministero deve fissare l'udienza davanti al giudice per le indagini preliminari a norma degli articoli 556 comma 2, 557, 560 comma 2, 563 comma 2 del codice, l'individuazione della data dell'udienza è effettuata, su richiesta del pubblico ministero, dal presidente della sezione dei giudici per le indagini preliminari ovvero, quando questa manchi, dal presidente del tribunale [1] [2].]

(1) L'attuale espressione «presidente del tribunale» ha sostituito, nei due commi di questo articolo, l'originaria dizione «*pretore dirigente*», secondo quanto stabilito dall'art. 214, d.lgs. 19.2.1998, n. 51, con effetto dal 2.6.1999.
(2) Comma abrogato dall'art. 54, l. 16.12.1999, n. 479.

161. Deposito degli atti per il giudizio abbreviato [1].

[**1.** Nel decreto di citazione emesso dal pubblico ministero per il giudizio abbreviato a norma dell'articolo 560 commi 2 e 3 del codice, in luogo di quanto previsto dall'articolo 555 comma 1 lettera g) del codice, è contenuto l'avviso che il fascicolo relativo alle indagini preliminari è depositato nella cancelleria del giudice per le indagini preliminari, con facoltà per le parti e i loro difensori di prenderne visione e di estrarne copia.]

(1) Articolo abrogato dall'art. 54, l. 16.12.1999, n. 479.

162. Delega delle funzioni di pubblico ministero in udienza dibattimentale.

1. La delega prevista dall'articolo 72 del regio decreto 30 gennaio 1941, n. 12 è conferita con atto scritto di cui è fatta annotazione in apposito registro ed è esibita in dibattimento.

2. Nel caso di giudizio direttissimo, la delega può essere conferita anche per la partecipazione alla contestuale udienza di convalida.

3. Quando si presenta la necessità di prestare il consenso all'applicazione della pena su richiesta o al giudizio abbreviato ovvero si deve procedere a nuove contestazioni, il pubblico ministero delegato può procedere a consultazioni con il procuratore della Repubblica.

4. Il giudice, nel caso previsto dal comma 3, può sospendere l'udienza per il tempo strettamente necessario (1).

(1) Comma così modificato dall'art. 215, d.lgs. 19.2.1998, n. 51, con effetto dal 2.6.1999.
Il testo previgente così disponeva: «*Il pretore, nel caso previsto dal comma 3, può sospendere l'udienza per il tempo strettamente necessario*».

163. Presentazione dell'arrestato per la convalida.

1. Nel caso previsto dall'articolo 558 [1] comma 1, la presentazione dell'arrestato al giudice per la convalida e il contestuale giudizio è disposta dal procuratore della Repubblica [presso la pretura] con l'atto mediante il quale formula l'imputazione [2].

2. Gli ufficiali o gli agenti di polizia giudiziaria che hanno eseguito l'arresto consegnano immediatamente gli atti al pubblico ministero presente all'udienza.

(1) L'originaria parola «566» è stata così sostituita dalla parola «*558*» dall'art. 51, l. 16.12.1999, n. 479.
(2) L'art. 216, d.lgs. 19.2.1998, n. 51, con effetto dal 2.6.1999, ha soppresso le parole fra parentesi quadre ed ha sostituito alla parola «*pretore*» la parola «*giudice*».

Capo XII bis
Disposizioni relative alle sezioni distaccate del tribunale [1]

163 bis. Inosservanza delle disposizioni sulle attribuzioni delle sezioni distaccate del tribunale.

1. L'inosservanza delle disposizioni di ordinamento giudiziario relative alla ripartizione tra sede principale e sezioni distaccate, o tra diverse sezioni distaccate, dei procedimenti nei quali il tribunale giudica in composizione monocratica è rilevata fino alla dichiarazione di apertura del dibattimento di primo grado.

2. Il giudice, se ravvisa l'inosservanza o ritiene comunque non manifestamente infondata la relativa questione, rimette gli atti al presidente del tribunale, che provvede con decreto non impugnabile [2].

(1) Il capo XII-*bis* con gli artt. 163 bis e 163 ter sono stati introdotti dall'art. 217, d.lgs. 19.2.1998, n. 51, con effetto dal 2.6.1999.
(2) Il capo XII-*bis* con gli artt. 163 bis e 163 ter sono stati introdotti dall'art. 217, d.lgs. 19.2.1998, n. 51, con effetto dal 2.6.1999.

163 ter. Presentazione dell'atto di impugnazione presso la sezione distaccata [1].

1. Nei casi previsti dall'articolo 461 comma 1 e dall'articolo 582 comma 2 del codice, le dichiarazioni e le impugnazioni possono essere presentate anche nella cancelleria della sezione distaccata del tribunale.

(1) Il capo XII-*bis* con gli artt. 163 bis e 163 ter sono stati introdotti dall'art. 217, d.lgs. 19.02.1998, n. 51, con effetto dal 2.6.1999.

Capo XIII
Disposizioni relative alle impugnazioni

164. Deposito delle copie dell'atto di impugnazione e formazione dei relativi fascicoli.

[**1.** Le parti devono depositare le copie dell'atto di impugnazione occorrenti per la notificazione prevista dall'articolo 584 del codice.

2. Le parti devono inoltre depositare, presso la cancelleria del giudice che ha emesso il provvedimento impugnato, due copie dell'atto di impugnazione, nel caso di appello, e cinque copie, nel caso di ricorso per cassazione, oltre a una copia per il procuratore generale.

3. Se non sono depositate le copie indicate nei commi 1 e 2, la cancelleria provvede a farle a spese di chi ha presentato l'impugnazione. [I diritti dovuti per le copie sono triplicati. Qualora chi ha proposto l'impugnazione, a seguito della richiesta da parte della cancelleria a mezzo di lettera raccomandata con tassa a carico del destinatario, non provveda al pagamento della somma dovuta, il dirigente dell'ufficio di cancelleria emette ingiunzione di pagamento immediatamente esecutiva nei confronti del medesimo e del suo difensore se quest'ultimo ha sottoscritto l'atto. Si osservano le disposizioni previste dal regio decreto 14 aprile 1910 n. 639 per la riscossione delle entrate patrimoniali dello Stato] (1).

4. A cura della cancelleria presso il giudice che ha emesso il provvedimento impugnato sono formati, nel caso di appello, tre fascicoli e, nel caso di ricorso per cassazione, sei fascicoli contenenti ciascuno una copia della sentenza impugnata e degli atti di impugnazione (2).]

(1) I periodi tra parentesi quadre sono stati abrogati dall'art. 299, d.lgs. 30.5.2002, n. 113 e dall'art. 299, d.P.R. 30.5.2002, n. 115.
(2) Articolo abrogato dall'art. 98, co. 1, lett. b), d.lgs. 10.10.2022, n. 150, a decorrere dal 30.12.2022.

165. Annotazione della impugnazione in calce al provvedimento impugnato.

1. Prima della notificazione, l'impugnazione è annotata in calce al provvedimento impugnato, con la indicazione di chi l'ha proposta e della data della proposizione.

2. Le copie del provvedimento impugnato trasmesse al giudice dell'impugnazione contengono le indicazioni previste dal comma 1.

165 bis. Adempimenti connessi alla trasmissione degli atti al giudice dell'impugnazione (1).

1. Gli atti da trasmettere al giudice dell'impugnazione devono contenere, in distinti allegati formati subito dopo la presentazione dell'atto di impugnazione, a cura del giudice o del presidente del collegio che ha emesso il provvedimento impugnato, i seguenti dati:
a) i nominativi dei difensori, di fiducia o d'ufficio, con indicazione della data di nomina;
b) le dichiarazioni o elezioni o determinazioni di domicilio, con indicazione delle relative date;
c) i termini di prescrizione riferiti a ciascun reato, con indicazione degli atti interruttivi e delle specifiche cause di sospensione del relativo corso, ovvero eventuali dichiarazioni di rinuncia alla prescrizione;
d) i termini di scadenza delle misure cautelari in atto, con indicazione della data di inizio e di eventuali periodi di sospensione o proroga.

2. Nel caso di ricorso per cassazione, a cura della cancelleria del giudice che ha emesso il provvedimento impugnato, è inserita in separato fascicolo allegato al ricorso, qualora non già contenuta negli atti trasmessi, copia degli atti specificamente indicati da chi ha proposto l'impugnazione ai sensi dell'articolo 606, comma 1, lettera e), del codice; della loro mancanza è fatta attestazione.

(1) Articolo introdotto dall'art. 7, co. 1, d.lgs. 6.2.2018, n. 11, a decorrere dal 6.3.2018.

165 ter. Monitoraggio dei termini di cui all'articolo 344 bis del codice.

1. I presidenti della Corte di cassazione e delle corti di appello adottano i provvedimenti organizzativi necessari per attuare il costante monitoraggio dei termini di durata massima dei giudizi di impugnazione e del rispetto della disposizione di cui all'articolo 175-*bis*.

(1) Articolo introdotto dall'art. 41, co. 1, lett. dd), d.lgs. 10.10.2022, n. 150, a decorrere dal 30.12.2022.

166. Comunicazione al procuratore generale dell'appello dell'imputato (1).

[**1.** Qualora non sia stata proposta impugnazione da parte del procuratore generale, l'appello dell'imputato è comunicato anche al procuratore generale agli effetti dell'articolo 595 del codice.]

(1) Articolo abrogato dall'art. 6, co. 1, d.lgs. 6.2.2018, n. 11, a decorrere dal 6.3.2018.

166 bis. Poteri del procuratore generale in materia di impugnazione delle sentenze di primo grado (1).

1. Al fine di acquisire tempestiva notizia in ordine alle determinazioni relative all'impugnazione delle sentenze di primo grado, il procuratore generale presso la corte d'appello promuove intese o altre forme di coordinamento con i procuratori della Repubblica del distretto.

(1) Articolo introdotto dall'art. 8, co. 1, d.lgs. 6.2.2018, n. 11, a decorrere dal 6.3.2018.

167. Nuovi motivi della impugnazione già proposta.

1. Nel caso di presentazione di motivi nuovi, si applicano le disposizioni dell'articolo 164 commi 2 e 3 [disp. att. c.p.p. 164] e devono essere specificati i capi e i punti enunciati a norma dell'articolo 581 comma 1 lettera a) del codice, ai quali i motivi si riferiscono.

167 bis. Adempimenti connessi all'udienza di cui all'articolo 598-*bis* del codice.

1. L'avviso del deposito del provvedimento emesso dalla corte di appello in seguito alla camera di consiglio di cui all'articolo 598-*bis* del codice, contenente l'indicazione del dispositivo, è comunicato a cura della cancelleria al procuratore generale e ai difensori delle altre parti.

(1) Articolo introdotto dall'art. 41, co. 1, lett. ee), d.lgs. 10.10.2022, n. 150, a decorrere dal 30.12.2022.

168. Disposizione di rinvio.

1. Nei giudizi di impugnazione si osservano, in quanto applicabili, le disposizioni di attuazione relative al giudizio di primo grado.

169. Riduzione dei termini nel giudizio di cassazione.

1. Nei casi di urgenza, le parti possono chiedere la riduzione dei termini stabiliti per il giudizio di cassazione. Il presidente, se accoglie la richiesta, dispone con decreto la riduzione dei termini in misura non superiore a un terzo. Del provvedimento di riduzione è fatta menzione negli avvisi.

2. Con l'atto di ricorso o anche successivamente le parti possono rinunciare agli avvisi.

169 bis. Sezione della corte di cassazione per l'esame dell'inammissibilità dei ricorsi [1].

1. La sezione di cui al comma 1 dell'articolo 610 del codice è predeterminata con rotazione biennale dal provvedimento tabellare riguardante la corte di cassazione.

(1) Articolo introdotto dall'art. 6, l. 26.3.2001, n. 128.

170. Sezioni unite.

1. Le sezioni unite sono convocate con decreto del presidente della corte di cassazione o del presidente aggiunto da lui delegato e sono composte con magistrati di tutte le sezioni penali. Il collegio è presieduto dal presidente della corte ovvero, su sua delegazione, dal presidente aggiunto o da un presidente di sezione.

171. Questione dedotta nel corso della discussione.

1. Se una questione è dedotta per la prima volta nel corso della discussione, il presidente può concedere nuovamente la parola alle parti già intervenute.

172. Restituzione alla sezione di ricorsi già rimessi alle sezioni unite.

1. Nel caso previsto dall'articolo 618 del codice, il presidente della corte di cassazione può restituire alla sezione il ricorso qualora siano stati assegnati alle sezioni unite altri ricorsi sulla medesima questione o il contrasto giurisprudenziale risulti superato.

2. In nessun caso può essere restituito il ricorso che, dopo una decisione delle sezioni unite, è stato rimesso da una sezione della corte di cassazione con l'enunciazione delle ragioni che possono dar luogo a un nuovo contrasto giurisprudenziale.

173. Motivazione della sentenza. Enunciazione del principio di diritto.

1. Nella sentenza della corte di cassazione i motivi del ricorso sono enunciati nei limiti strettamente necessari per la motivazione.

2. Nel caso di annullamento con rinvio, la sentenza enuncia specificamente il principio di diritto al quale il giudice di rinvio deve uniformarsi.

3. Quando il ricorso è stato rimesso alle sezioni unite, la sentenza enuncia sempre il principio di diritto sul quale si basa la decisione.

174. Rettifiche e integrazioni alla motivazione.

1. Nel caso previsto dall'articolo 617 comma 3 del codice, alla redazione del testo rettificato o integrato provvede la corte di cassazione in camera di consiglio. Quando ciò non è possibile, provvede un consigliere che può anche essere diverso da quello precedentemente designato per la redazione della motivazione.

175. Determinazione del giudice di rinvio.

1. Per determinare ai fini del giudizio di rinvio la corte di appello, la corte di assise di appello, la corte di assise o il tribunale più vicino, si tiene conto della distanza chilometrica ferroviaria, e se del caso marittima, tra i capoluoghi del distretto o, rispettivamente, del circolo o del circondario.

175 bis. Decisione sulla improcedibilità ai sensi dell'articolo 344 bis del codice.

1. Ai fini di cui agli articoli 578, comma 1-*bis* e 578-*ter*, comma 2, del codice, la Corte di cassazione e le corti di appello, nei procedimenti in cui sono costituite parti civili o vi sono beni in sequestro, si pronunciano sulla improcedibilità non oltre il sessantesimo giorno successivo al maturare dei termini di durata massima del giudizio di impugnazione di cui all'articolo 344-*bis* del codice.

(1) Articolo introdotto dall'art. 41, co. 1, lett. ff), d.lgs. 10.10.2022, n. 150, a decorrere dal 30.12.2022.

176. Rilascio dei documenti da unire alla domanda di riparazione dell'errore giudiziario.

1. I documenti da unire alla domanda di riparazione dell'errore giudiziario, a norma dell'articolo 645 del codice, sono rilasciati gratuitamente dagli uffici competenti e sono esenti da imposta di bollo.

Capo XIV
Disposizioni relative ai giurì d'onore

177. Deferimento del giudizio a un giurì d'onore.

1. Agli effetti dell'articolo 597 del codice penale, la facoltà di deferire a un giurì d'onore il giudizio sulla verità del fatto s'intende esercitata quando i componenti il giurì hanno accettato la nomina. L'accettazione deve risultare da atto scritto.

2. Nel deferire il giudizio previsto dal comma 1, le parti interessate, se non dichiarano espressamente di rinunciare al diritto al risarcimento e alla riparazione, possono demandare al giurì il relativo accertamento e le conseguenti pronunce in via equitativa.

3. Su richiesta delle parti interessate, la nomina dei componenti il giurì può essere fatta dal presidente del tribunale.

4. Su richiesta delle parti interessate, la nomina dei componenti il giurì può essere fatta da associazioni legalmente riconosciute come enti morali. I componenti sono scelti fra le persone iscritte in appositi albi formati dalle stesse associazioni e approvati dal presidente del tribunale.

5. Se vengono a mancare per qualunque causa tutti o alcuni dei componenti il giurì, il presidente del tribunale o le associazioni provvedono alla loro sostituzione.

178. Componenti del giurì d'onore. Termine per la pronuncia del verdetto.

1. Il giurì d'onore si compone di uno o più membri in numero dispari.

2. Il giurì deve pronunciare il verdetto nel termine di tre mesi dal giorno dell'accettazione. Il presidente del tribunale per gravi motivi può prorogare questo termine fino ad altri tre mesi.

179. Procedimento davanti al giurì d'onore.

1. Le sedute del giurì non sono pubbliche.

2. I componenti del giurì sono obbligati al segreto per tutto ciò che concerne gli atti compiuti, salvo che per il verdetto.

3. È vietata la pubblicazione, in tutto o in parte, anche per riassunto o a guisa di informazione, degli atti e documenti concernenti il giudizio, fatta eccezione per il verdetto. Sono applicabili gli articoli 684 e 685 del codice penale.

4. Quando lo ritiene necessario, il giurì può, anche di sua iniziativa, sentire testimoni.

5. Il giurì, quando è stato nominato nei modi indicati nell'articolo 177 commi 3 e 4 [disp. att. c.p.p. 177], può chiedere documenti e informazioni alle pubbliche amministrazioni, le quali hanno l'obbligo di fornirli, salvo che vi ostino gravi ragioni di servizio, e compiere altri accertamenti.

180. Sanzioni pecuniarie.

1. I componenti del giurì che violano gli obblighi stabiliti dall'articolo 178 comma 2 [disp. att. c.p.p. 178] o dall'articolo 179 comma 2 [disp. att. c.p.p. 179] possono essere condannati al pagamento di una somma da euro 25 a euro 258 a favore della cassa delle ammende.

2. Nel caso in cui il giurì sia stato nominato nei modi indicati nell'articolo 177 [disp. att. c.p.p. 177] commi 3 e 4, il testimone che omette senza legittimo impedimento di comparire nel luogo, giorno e ora stabiliti, può essere condannato al pagamento di una somma da euro 12 a euro 129 a favore della cassa delle ammende.

3. Le condanne previste dai commi 1 e 2 sono pronunciate dal presidente del tribunale, sentito il trasgressore, e alla loro esecuzione provvede la cancelleria del tribunale, osservate le disposizioni dell'articolo 664 del codice.

Capo XV
Disposizioni relative alla esecuzione

181. Esecuzione delle pene pecuniarie e recupero delle spese [1].

[**1.** Entro trenta giorni dal passaggio in giudicato della sentenza o del decreto penale di condanna, la cancelleria del giudice dell'esecuzione provvede al recupero delle pene pecuniarie e delle spese del procedimento nei confronti del condannato.

2. A tal fine la cancelleria notifica al condannato l'estratto della sentenza in forma esecutiva o il decreto unitamente all'atto di precetto contenente l'intimazione di pagare entro dieci giorni dalla notificazione o, se si tratta di decreto, dalla scadenza del termine per proporre opposizione, le somme in esso specificamente indicate per pena pecuniaria, spese recuperabili per intero e spese recuperabili in misura fissa.

3. L'avviso di pagamento e il precetto per le pene pecuniarie pagabili ratealmente contengono l'indicazione dell'importo e della scadenza delle singole rate; il termine per il pagamento decorre dalla scadenza suddetta. La stessa disposizione si osserva quando la rateizzazione è disposta dal magistrato di sorveglianza a norma dell'articolo 660 comma 3 del codice. In ogni caso non sono dovuti interessi per la rateizzazione.

4. La specifica contenuta nell'atto di precetto sostituisce la nota delle spese.

5. La procedura prevista nel presente articolo si applica anche per il recupero delle spese di mantenimento in carcere.]

(1) Articolo abrogato dall'art. 299, d.lgs. 30.5.2002, n. 113 e dall'art. 299, d.P.R. 30.5.2002, n. 115 con la decorrenza indicata nell'art. 302 dello stesso decreto (1.7.2002).

181 bis. Modalità di pagamento delle pene pecuniarie.

1. Le modalità di pagamento delle pene pecuniarie applicate dal giudice con la sentenza o con il decreto di condanna sono indicate dal pubblico ministero, anche in via alternativa, nell'ordine di esecuzione di cui all'articolo 660 del codice. Esse comprendono, in ogni caso, il pagamento attraverso un modello precompilato, allegato all'ordine di esecuzione.

2. Le modalità tecniche di pagamento, anche per via telematica, sono individuate e periodicamente aggiornate con decreto del Ministro della giustizia, da adottarsi entro novanta giorni dalla data di entrata in vigore della presente disposizione, sentito il Garante per la protezione dei dati personali.

(1) Articolo introdotto dall'art. 41, co. 1, lett. gg), d.lgs. 10.10.2022, n. 150, a decorrere dal 30.12.2022.

182. Procedura in caso di insolvibilità [1].

[**1.** Se la procedura esecutiva per il recupero della pena pecuniaria o di una rata di essa ha esito negativo, la cancelleria del giudice dell'esecuzione trasmette copia degli atti al pubblico ministero perché proceda a norma dell'articolo 660 del codice.

2. Al fine di accertare la effettiva insolvibilità del condannato e della persona civilmente obbligata per la pena pecuniaria, il magistrato di sorveglianza dispone le opportune indagini nel luogo dove il condannato o il civilmente obbligato ha il domicilio o la residenza ovvero si ha ragione di ritenere che possieda beni o cespiti di reddito e richiede, se necessario, informazioni agli organi finanziari.]

(1) Articolo abrogato dall'art. 299, d.lgs. 30.5.2002, n. 113 e dall'art. 299, d.P.R. 30.5.2002, n. 115 con la decorrenza indicata nell'art. 302 dello stesso decreto (1.7.2002).

183. Richiesta di applicazione di pena accessoria.

1. Quando alla condanna consegue di diritto una

pena accessoria predeterminata dalla legge nella specie e nella durata, il pubblico ministero ne richiede l'applicazione al giudice dell'esecuzione se non si è provveduto con la sentenza di condanna.

183 bis. Esecuzione della misura di sicurezza dell'espulsione del cittadino di uno Stato non appartenente all'Unione europea e dell'apolide [(1)].

1. L'espulsione del cittadino di uno Stato non appartenente all'Unione europea e dell'apolide dal territorio dello Stato è eseguita dal questore secondo le modalità di cui all'articolo 13, comma 4, del testo unico di cui al decreto legislativo 25 luglio 1998, n. 286.

(1) Articolo introdotto dal co. 4 dell'art. 1, l. 15.7.2009, n. 94.

183 ter. Esecuzione della misura di sicurezza dell'allontanamento del cittadino di uno Stato membro dell'Unione europea e di un suo familiare [(1)].

1. L'allontanamento del cittadino di uno Stato membro dell'Unione europea o di un suo familiare, di cui agli articoli 2, comma 1, lettera b), e 3, comma 2, del decreto legislativo 6 febbraio 2007, n. 30, è disposto in conformità ai criteri ed alle modalità fissati dall'articolo 20 del medesimo decreto legislativo (2).

(1) Articolo introdotto dal comma 4 dell'art. 1, l. 15.7.2009, n. 94 e poi così sostituito dal comma 1 dell'art. 2, d.l. 23.6.2011, n. 89 convertito, con modificazioni, dalla l. 2.8.2011, n. 129.
Il testo antecedente alla sostituzione del 2011 così disponeva: «Esecuzione della misura di sicurezza dell'allontanamento del cittadino di uno Stato membro dell'Unione europea.
1. L'allontanamento del cittadino di uno Stato membro dell'Unione europea è disposto in conformità ai criteri e con le modalità fissati dall'art. 20 del decreto legislativo 6.02.2007, n. 30».

(2) Comma così modificato dal comma 2 dell'art. 1, l. 6.8.2013, n. 97.
Il testo previgente così disponeva: «1. L'allontanamento del cittadino di uno Stato membro dell'Unione europea o di un suo familiare, di cui agli articoli 2, comma 1, lettera b), e 3, comma 2, lettera a), del decreto legislativo 6.02.2007, n. 30, è disposto in conformità ai criteri ed alle modalità fissati dall'art. 20 del medesimo decreto legislativo».

183 quater. Esecuzione della confisca in casi particolari [(1)].

1. Competente a emettere i provvedimenti di confisca in casi particolari previsti dall'articolo 240-*bis* del codice penale o da altre disposizioni di legge che a questo articolo rinviano dopo l'irrevocabilità della sentenza, è il giudice di cui all'articolo 666, commi 1, 2 e 3, del codice. Il giudice, sulla richiesta di sequestro e contestuale confisca proposta dal pubblico ministero, provvede nelle forme previste dall'articolo 667, comma 4, del codice. L'opposizione è proposta, a pena di decadenza, entro trenta giorni dalla comunicazione o notificazione del decreto.

2. In caso di morte del soggetto nei cui confronti è stata disposta la confisca con sentenza di condanna passata in giudicato, il relativo procedimento inizia o prosegue, a norma dell'articolo 666 del codice, nei confronti degli eredi o comunque degli aventi causa.

3. L'autorità giudiziaria competente ad amministrare i beni sequestrati è il giudice che ha disposto il sequestro ovvero, se organo collegiale, il giudice delegato nominato dal collegio stesso. L'opposizione ai provvedimenti adottati, ove consentita, è presentata, nelle forme dell'articolo 666 del codice, allo stesso giudice ovvero, nel caso di provvedimento del giudice delegato, al collegio.

(1) Articolo introdotto dall'art. 6, co. 3, lett. b), d.lgs. 1.3.2018 n. 21, a decorrere dal 6.4.2018.

184. Forma dei provvedimenti che applicano altre sanzioni pecuniarie.

1. Salvo che la legge disponga altrimenti, i provvedimenti previsti dall'articolo 664 comma 1 del codice sono adottati con ordinanza.

185. Assunzione delle prove del procedimento di esecuzione.

1. Il giudice, nell'assumere le prove a norma dell'articolo 666 comma 5 del codice, procede senza particolari formalità anche per quanto concerne la citazione e l'esame dei testimoni e l'espletamento della perizia.

186. Applicazione della disciplina del concorso formale e del reato continuato.

1. Le copie delle sentenze o decreti irrevocabili, se non sono allegate alla richiesta prevista dall'articolo 671 comma 1 del codice, sono acquisite di ufficio.

187. Determinazione del reato più grave.

1. Per l'applicazione della disciplina del concorso formale e del reato continuato da parte del giudice dell'esecuzione si considera violazione più grave quella per la quale è stata inflitta la pena più grave, anche quando per alcuni reati si è proceduto con giudizio abbreviato.

188. Concorso formale e reato continuato nel caso di più sentenze di applicazione della pena su richiesta delle parti.

1. Fermo quanto previsto dall'articolo 137 [disp. att. c.p.p. 137], nel caso di più sentenze di applicazione della pena su richiesta delle parti pronunciate in procedimenti distinti contro la stessa persona, questa e il pubblico ministero possono chiedere al giudice dell'esecuzione l'applicazione della disciplina del concorso formale o del reato continuato, quando concordano sulla entità della sanzione sostitutiva o della pena detentiva, sempre che quest'ultima non superi complessivamente cinque anni, soli o congiunti a pena pecuniaria, ovvero due anni, soli o congiunti a pena pecuniaria, nei casi previsti nel comma 1-*bis* dell'articolo 444 del codice. Nel caso di disaccordo del pubblico ministero, il giudice, se lo ritiene ingiustificato, accoglie ugualmente la richiesta [(1)].

(1) Comma così modificato dall'art. 1, l. 2.8.2004, n. 205, entrata in vigore il giorno successivo a quello della sua pubblicazione.
Il testo previgente così disponeva: «*Fermo quanto previsto dall'art. 137, nel caso di più sentenze di applicazione della pena su richiesta delle parti pronunciate in procedimenti distinti contro la stessa persona, questa e il pubblico ministero possono chiedere al giudice dell'esecuzione l'applicazione della disciplina del concorso formale o del reato continuato, quando concordano sulla entità della sanzione sostitutiva o della pena, sempre che quest'ultima non superi complessivamente due anni di reclusione o di arresto, soli o congiunti a pena pe-*

cuniaria. Nel caso di disaccordo del pubblico ministero, il giudice, se lo ritiene ingiustificato, accoglie ugualmente la richiesta».

189. Comunicazione dei provvedimenti del giudice di sorveglianza.

1. Il dispositivo dei provvedimenti esecutivi del giudice di sorveglianza che incidono sulla durata della pena, o sulla data in cui la stessa deve avere inizio o termine, è comunicato senza ritardo, a cura della cancelleria presso il giudice medesimo, al pubblico ministero competente per l'esecuzione della sentenza di condanna. Le medesime disposizioni si applicano ai provvedimenti esecutivi del giudice di sorveglianza concernenti le misure di sicurezza.

190. Prescrizioni per la persona sottoposta a libertà vigilata.

1. Il magistrato di sorveglianza stabilisce le prescrizioni alle quali deve attenersi la persona sottoposta a libertà vigilata a norma dell'articolo 228 del codice penale.

2. Le prescrizioni sono trascritte in una carta precettiva che è consegnata all'interessato con obbligo di conservarla e di presentarla ad ogni richiesta dell'autorità. In caso di irreperibilità, il magistrato di sorveglianza provvede a norma dell'articolo 231 del codice penale.

3. Il vigilato non può, senza autorizzazione del magistrato di sorveglianza, trasferire la propria residenza o dimora in un comune diverso e deve informare gli organi ai quali è stata affidata la vigilanza di ogni mutamento di abitazione nell'ambito del comune.

4. In caso di trasferimento non autorizzato, di successiva irreperibilità e di altre trasgressioni, il magistrato di sorveglianza provvede a norma dell'articolo 231 del codice penale.

5. Copia delle prescrizioni indicate nel comma 1 è comunicata agli organi e alle persone cui è affidata la vigilanza a norma degli articoli 228 e 232 del codice penale nonché al centro di servizio sociale.

6. La vigilanza è esercitata in modo da non rendere difficoltosa alla persona che vi è sottoposta la ricerca di un lavoro e da consentirle di attendervi con la necessaria tranquillità.

191. Applicazione del divieto di soggiorno.

1. Il provvedimento del magistrato di sorveglianza che applica il divieto di soggiorno in determinati luoghi a norma dell'articolo 233 del codice penale è immediatamente comunicato dalla cancelleria agli organi di pubblica sicurezza dei comuni o delle province cui si riferisce il divieto. Di ogni trasgressione gli organi predetti fanno rapporto al magistrato di sorveglianza per i provvedimenti conseguenti.

192. Annotazione del decreto di grazia.

1. Il pubblico ministero competente a norma dell'articolo 681 comma 4 del codice provvede senza ritardo affinché il decreto di grazia sia annotato sull'originale della sentenza o del decreto penale di condanna.

193. Annotazione del provvedimento di riabilitazione e di revoca delle sentenze di condanna.

1. Il provvedimento che concede la riabilitazione, divenuto irrevocabile, è annotato nella sentenza di condanna a cura della cancelleria del giudice che lo ha emesso. Allo stesso modo si procede per i provvedimenti di revoca adottati a norma degli articoli 669 e 673 del codice.

194. Iscrizioni nel casellario giudiziale (1)**.**

[**1.** Sono iscritti nel casellario giudiziale previsto dall'articolo 685 del codice anche i provvedimenti del pubblico ministero indicati negli articoli 657 e 663 del codice nonché quelli con i quali è concessa la riabilitazione prevista dall'articolo 15 della legge 3 agosto 1988, n. 327.

2. Dei provvedimenti indicati nell'articolo 686 comma 1 lettera d) del codice si fa menzione solo nei certificati previsti dall'articolo 688 del codice.]

(1) Articolo abrogato dall'art. 52 del testo unico di cui al d.P.R. 14.11.2002, n. 313, a decorrere dal quarantacinquesimo giorno dalla data della sua pubblicazione nella Gazzetta Ufficiale (13.2.2003).

195. Richiesta del certificato spedito per ragioni di elettorato (1)**.**

[**1.** Il certificato spedito per ragioni di elettorato può essere richiesto anche da una persona diversa da quella alla quale le iscrizioni del casellario si riferiscono. Nella domanda deve essere specificato e dimostrato il legittimo interesse del richiedente.]

(1) Articolo abrogato dall'art. 52 del testo unico di cui al d.P.R. 14.11.2002, n. 313, a decorrere dal quarantacinquesimo giorno dalla data della sua pubblicazione nella Gazzetta Ufficiale (13.2.2003).

196. Iscrizione delle sentenze di applicazione di sanzioni sostitutive a richiesta dell'imputato (1)**.**

[**1.** Le sentenze che hanno dichiarato estinto il reato per applicazione di sanzioni sostitutive a richiesta dell'imputato previste dall'articolo 77 della legge 24 novembre 1981 n. 689 si iscrivono solo agli effetti dell'articolo 80 della medesima legge. Di tali provvedimenti non si fa menzione nei certificati richiesti dalle amministrazioni pubbliche e dagli enti incaricati di pubblici servizi a norma dell'articolo 688 comma 1 del codice.]

(1) Articolo abrogato dall'art. 52 del testo unico di cui al d.P.R. 14.11.2002, n. 313, a decorrere dal quarantacinquesimo giorno dalla data della sua pubblicazione nella Gazzetta Ufficiale (13.2.2003).

197. Condanne da non menzionare nei certificati richiesti dall'interessato (1)**.**

[**1.** Nei certificati rilasciati a richiesta dell'interessato non si fa menzione delle condanne per i reati per i quali è stata dichiarata la speciale causa di estinzione prevista dall'articolo 544 del codice penale, abrogato dall'articolo 1 della legge 5 agosto 1981 n. 442.]

(1) Articolo abrogato dall'art. 52 del testo unico di cui al d.P.R. 14.11.2002, n. 313, a decorrere dal quarantacinquesimo giorno dalla data della sua pubblicazione nella Gazzetta Ufficiale (13.2.2003).

198. Certificati che possono essere chiesti dall'interessato (1)**.**

[**1.** Oltre il certificato previsto dall'art. 689 del codice, la persona alla quale le iscrizioni del casellario si riferiscono ha diritto di ottenere:

a) un certificato generale nel quale sono riportate tutte

le iscrizioni esistenti a norma dell'articolo 686 del codice, escluse quelle previste dall'art. 689 comma 2 lettere a), b), c), d), e), f), g) del codice;

b) un certificato civile nel quale sono riportate le iscrizioni esistenti a norma dell'articolo 686 comma 1 lettere b) e c) del codice nonché i provvedimenti concernenti le pene accessorie portanti limitazioni alla capacità del condannato.]

(1) Articolo abrogato dall'art. 34, d.lgs. 14.1.1991, n. 12, recante disposizioni integrative e correttive della disciplina processuale penale e delle norme ad essa collegate.

199. Recupero delle spese del procedimento [(1)].

[**1.** Le spese del procedimento anticipate dall'erario sono recuperate per intero. Tuttavia, le imposte di bollo, i diritti di cancelleria, i diritti e le indennità di trasferta spettanti all'ufficiale giudiziario, le spese postali e telegrafiche per la notificazione degli atti a richiesta dell'ufficio o per l'invio dell'informazione di garanzia e il diritto di chiamata di causa sono recuperati nella misura fissa stabilita con regolamento del ministro delle finanze, di concerto con il ministro di grazia e giustizia. Il regolamento determina la misura stessa, con riferimento al numero degli atti e delle attività mediamente compiute in ciascun procedimento e delle disposizioni di legge che regolano l'imposizione; fissa altresì le percentuali e le modalità di ripartizione delle somme in questione.]

(1) Articolo abrogato dall'art. 299, d.lgs. 30.5.2002, n. 113 e dall'art. 299, d.P.R. 30.5.2002, n. 115 con la decorrenza indicata nell'art. 302 dello stesso decreto (1.7.2002).

200. Annotazione delle spese anticipate dall'erario [(1)].

[**1.** Al momento della iscrizione dell'ordine di pagamento nel registro delle spese di giustizia, la cancelleria o la segreteria iscrive l'importo delle spese anticipate dall'erario e recuperabili per intero a norma dell'articolo 199 [disp. att. c.p.p. 199] nella distinta delle spese allegata al fascicolo, indicando la data e l'atto cui l'anticipazione si riferisce.

2. L'importo della somma anticipata è altresì annotato a margine dell'atto predetto.]

(1) Articolo abrogato dall'art. 299, d.lgs. 30.5.2002, n. 113 e dall'art. 299, d.P.R. 30.5.2002, n. 115 con la decorrenza indicata nell'art. 302 dello stesso decreto (1.7.2002).

Capo XVI
Disposizioni relative ai rapporti giurisdizionali con autorità straniere

201. Traduzione delle domande provenienti da un'autorità straniera.

1. Le domande provenienti da un'autorità straniera nonché i relativi atti e documenti sono accompagnati da una traduzione in lingua italiana.

202. Consenso dell'interessato alla estradizione per l'estero.

1. Fuori dei casi previsti dagli articoli 703 e 717 del codice, il consenso dell'interessato alla estradizione è prestato davanti al presidente della corte di appello nel rispetto delle garanzie previste dall'articolo 701 comma 2. Il verbale è compilato in due originali, uno dei quali è trasmesso senza ritardo, a cura della cancelleria, al ministro di grazia e giustizia.

203. Comunicazioni al ministro di grazia e giustizia in merito alla estradizione.

1. La cancelleria comunica senza ritardo al ministro di grazia e giustizia l'avvenuta scadenza del termine per l'impugnazione della sentenza della corte di appello o l'avvenuto deposito della sentenza della corte di cassazione. Trasmette, inoltre, al ministro di grazia e giustizia copia della sentenza della corte di appello non più soggetta a impugnazione ovvero copia della sentenza della corte di cassazione.

204. Comunicazioni all'autorità giudiziaria che ha trasmesso la rogatoria all'estero.

1. Le comunicazioni previste dall'articolo 727 comma 3 del codice devono pervenire all'autorità giudiziaria richiedente senza ritardo. Le comunicazioni dell'avvenuto inoltro della rogatoria ovvero dell'emissione del decreto previsto dall'articolo 727 comma 2 del codice devono comunque pervenire entro cinque giorni dalle rispettive date di inoltro e di emissione.

204 bis. Comunicazioni all'autorità giudiziaria in tema di rogatoria [(1)].

1. Quando un accordo internazionale prevede la trasmissione diretta della richiesta di assistenza giudiziaria, l'autorità giudiziaria indicata dagli articoli 724, 726 e 726-*ter* del codice che riceve direttamente la richiesta ovvero l'autorità giudiziaria che la invia direttamente all'autorità straniera ne trasmette senza ritardo copia al Ministero della giustizia.

(1) Articolo introdotto dall'art. 15, l. 5.10.2001, n. 367.

205. Richiesta del testo di leggi straniere.

1. L'autorità giudiziaria, per ragioni di ufficio, può richiedere al ministro di grazia e giustizia il testo di leggi straniere.

205 bis. Irrevocabilità del consenso nell'ambito di procedure di cooperazione giudiziaria [(1)].

1. Quando è previsto dal codice e da accordi internazionali, per l'espletamento di determinati atti, che l'interessato esprima il proprio consenso in una procedura di cooperazione giudiziaria, il consenso espresso non può essere revocato, salvo che l'interessato ignorasse circostanze di fatto rilevanti ai fini della sua decisione ovvero esse si siano successivamente modificate.

(1) Articolo introdotto dall'art. 16, l. 5.10.2001, n. 367.

205 ter. Partecipazione al processo a distanza per l'imputato detenuto all'estero [(1)].

1. La partecipazione all'udienza dell'imputato detenuto all'estero, che non possa essere trasferito in Italia, ha luogo attraverso il collegamento audiovisivo, quando previsto da accordi internazionali e secondo la disciplina in essi contenuta. Per quanto non espressamente disciplinato dagli accordi internazionali, si applica la disposizione dell'articolo 133-*ter* del codice (2).

2. Non può procedersi a collegamento audiovisivo se lo Stato estero non assicura la possibilità di presenza del difensore o di un sostituto nel luogo in cui viene assunto l'atto e se quest'ultimo non ha possibilità di colloquiare riservatamente con il suo assistito.

3. L'imputato ha diritto alla presenza dell'interprete se non conosce la lingua del luogo ove l'atto è compiuto o quella usata per rivolgergli le domande.

4. La detenzione dell'imputato all'estero non può comportare la sospensione o il differimento dell'udienza quando è possibile la partecipazione all'udienza in collegamento audiovisivo, nei casi in cui l'imputato non dà il consenso o rifiuta di assistere. Si osservano, in quanto applicabili, le disposizioni di cui all'articolo 420-*ter* del codice.

5. La partecipazione all'udienza attraverso il collegamento audiovisivo del testimone o del perito si svolge secondo le modalità e i presupposti previsti dagli accordi internazionali. Per quanto non espressamente disciplinato, si applica, in quanto compatibile, la disposizione dell'articolo 133-*ter* del codice (3).

(1) Articolo introdotto dall'art. 16, l. 5.10.2001, n. 367.

(2) Comma così modificato dall'art. 41, co. 1, lett. hh), n. 1), d.lgs. 10.10.2022, n. 150, a decorrere dal 30.12.2022.
Il testo previgente così disponeva: «*1. La partecipazione all'udienza dell'imputato detenuto all'estero, che non possa essere trasferito in Italia, ha luogo attraverso il collegamento audiovisivo, quando previsto da accordi internazionali e secondo la disciplina in essi contenuta. Per quanto non espressamente disciplinato dagli accordi internazionali, si applica la disposizione dell'art.* 146-bis.».

(3) Comma così modificato dall'art. 41, co. 1, lett. hh), n. 2), d.lgs. 10.10.2022, n. 150, a decorrere dal 30.12.2022.
Il testo previgente così disponeva: «*5. La partecipazione all'udienza attraverso il collegamento audiovisivo del testimone o del perito si svolge secondo le modalità e i presupposti previsti dagli accordi internazionali. Per quanto non espressamente disciplinato, si applica, in quanto compatibile, la disposizione dell'art.* 147-bis.».

Capo XVII
Disposizione finale

206. Regolamento ministeriale.

1. Con decreto del ministro di grazia e giustizia sono adottate le disposizioni regolamentari che concernono:

a) la tenuta, anche in forma automatizzata, dei registri e degli altri strumenti di registrazione in materia penale;

b) le modalità di formazione e di tenuta dei fascicoli degli uffici giudiziari penali;

c) le altre attività necessarie per l'attuazione del codice non disciplinate dal presente decreto.

2. Il decreto previsto dal comma 1 e quello previsto dall'articolo 199 [disp. att. c.p.p. 199] sono emanati entro il 30 settembre 1989; all'uopo il Consiglio di Stato deve pronunziarsi entro quindici giorni dalla richiesta del parere (1).

(1) L'art. 25, l. 7.12.2000, n. 397, ha disposto che le disposizioni regolamentari di cui al presente articolo sono modificate conformemente a quanto previsto dalla stessa l. n. 397/2000.

TITOLO II
Norme di coordinamento

207. Ambito di applicazione delle disposizioni del codice.

1. Le disposizioni del codice si osservano nei procedimenti relativi a tutti i reati anche se previsti da leggi speciali, salvo quanto diversamente stabilito in questo titolo e nel titolo III.

208. Corrispondenza tra gli istituti e le disposizioni del codice e del codice abrogato.

1. Quando nelle leggi o nei decreti sono richiamati istituti o disposizioni del codice abrogato, il richiamo si intende riferito agli istituti o alle disposizioni del codice che disciplinano la corrispondente materia.

209. Corrispondenza tra uffici e organi del codice e del codice abrogato.

1. Quando leggi o decreti indicano uffici o organi giudiziari con la denominazione del codice abrogato, l'indicazione si intende riferita agli uffici o agli organi giudiziari ai quali il codice attribuisce funzioni corrispondenti o analoghe.

210. Competenza.

1. Continuano a osservarsi le disposizioni di leggi o decreti che regolano la competenza per materia o per territorio in deroga alla disciplina del codice nonché le disposizioni che prevedono la competenza del giudice penale in ordine a violazioni connesse a fatti costituenti reato.

211. Rapporti tra azione civile e azione penale.

1. Salvo quanto disposto dall'articolo 75 comma 2 del codice, quando disposizioni di legge prevedono la sospensione necessaria del processo civile o amministrativo a causa della pendenza di un processo penale, il processo civile o amministrativo è sospeso fino alla definizione del processo penale se questo può dare luogo a una sentenza che abbia efficacia di giudicato nell'altro processo e se è già stata esercitata l'azione penale.

212. Costituzione di parte civile e intervento nel processo.

1. Quando leggi o decreti consentono la costituzione di parte civile o l'intervento nel processo penale al di fuori delle ipotesi indicate nell'articolo 74 del codice, è consentito solo l'intervento nei limiti e alle condizioni previste dagli articoli 91, 92, 93 e 94 del codice.

2. Resta in vigore l'articolo 240 del regio decreto 16 marzo 1942, n. 267.

213. Responsabilità civile derivante dalla circolazione dei veicoli a motore e dei natanti e provvisoria esecuzione.

1. Continua a osservarsi la disposizione dell'articolo

5-*bis* del decreto-legge 23 dicembre 1976 n. 857, convertito nella legge 26 febbraio 1977, n. 39.

214. Arresto o cattura da parte di organi che non esercitano funzioni penali.

1. Sono abrogate le disposizioni di leggi o decreti che prevedono l'arresto o la cattura da parte di organi giudiziari che non esercitano funzioni penali.

215. Rilascio del passaporto.

1. È abrogato l'articolo 3 comma -1 lettera c) della legge 21 novembre 1967, n. 1185.

216. Modalità di esecuzione della custodia cautelare, delle pene e delle misure di sicurezza.

1. Continuano a osservarsi le disposizioni di leggi o decreti che prevedono speciali modalità per l'esecuzione della custodia cautelare, delle pene e delle misure di sicurezza in istituti penitenziari.

217. Applicazione provvisoria di pene accessorie.

1. È abrogato l'articolo 140 del codice penale.

2. È abrogata, altresì, ogni altra disposizione che prevede l'applicazione provvisoria di pene accessorie.

218. Ipoteca legale.

1. Sono abrogate le disposizioni del codice penale che prevedono l'ipoteca legale.

2. L'ipoteca legale per illeciti penali prevista da altre disposizioni di legge è sostituita con il sequestro conservativo secondo le norme del codice.

219. Associazione segrete.

1. Continuano a osservarsi le disposizioni processuali della legge 25 gennaio 1982, n. 17.

220. Attività ispettive e di vigilanza.

1. Quando nel corso di attività ispettive o di vigilanza previste da leggi o decreti emergono indizi di reato, gli atti necessari per assicurare le fonti di prova e raccogliere quant'altro possa servire per l'applicazione della legge penale sono compiuti con l'osservanza delle disposizioni del codice.

221. Modalità particolari per la denuncia delle notizie di reato.

1. Continuano a osservarsi le disposizioni di leggi o decreti che prevedono modalità diverse da quelle indicate negli articoli 331 e 347 del codice per l'inoltro della denuncia all'autorità giudiziaria ovvero consentono di presentare la denuncia stessa ad altra autorità che a quella abbia l'obbligo di riferire.

222. Investigatori privati.

1. Fino all'approvazione della nuova disciplina sugli investigatori privati, l'autorizzazione a svolgere le attività indicate nell'articolo 327-*bis* del codice è rilasciata dal prefetto agli investigatori che abbiano maturato una specifica esperienza professionale che garantisca il corretto esercizio dell'attività (1).

2. In deroga a quanto previsto dall'articolo 135 del regio decreto 18 giugno 1931 n. 773, l'incarico è iscritto in uno speciale registro, in cui sono annotate:

a) le generalità e l'indirizzo del difensore committente;
b) la specie degli atti investigativi richiesti;
c) la durata delle indagini, determinata al momento del conferimento dell'incarico.

3. Nell'ambito delle indagini previste dal presente articolo non si applica la disposizione dell'articolo 139 del regio decreto 18 giugno 1931 n. 773.

4. Ai fini di quanto disposto dall'articolo 103 commi 2 e 5, del codice, il difensore comunica il conferimento dell'incarico previsto dal comma 2 del presente articolo all'autorità giudiziaria procedente (2).

(1) Comma così modificato dall'art. 24, l. 7.12.2000, n. 397. Il testo previgente così disponeva: «*Fino all'approvazione della nuova disciplina sugli investigatori privati, l'autorizzazione a svolgere le attività indicate nell'art. 38 è rilasciata dal prefetto agli investigatori che abbiano maturato una specifica esperienza professionale che garantisca il corretto esercizio dell'attività*».

(2) Comma così sostituito dall'art. 24, l. 7.12.2000, n. 397. Il testo previgente così disponeva: «*Ai fini di quanto previsto dall'art. 200 del codice, l'investigatore autorizzato è equiparato al consulente tecnico*».

223. Analisi di campioni e garanzie per l'interessato.

1. Qualora nel corso di attività ispettive o di vigilanza previste da leggi o decreti si debbano eseguire analisi di campioni per le quali non è prevista la revisione, a cura dell'organo procedente è dato, anche oralmente, avviso all'interessato del giorno, dell'ora e del luogo dove le analisi verranno effettuate. L'interessato o persona di sua fiducia appositamente designata possono presenziare alle analisi, eventualmente con l'assistenza di un consulente tecnico. A tali persone spettano i poteri previsti dall'articolo 230 del codice.

2. Se leggi o decreti prevedono la revisione delle analisi e questa sia richiesta dall'interessato, a cura dell'organo incaricato della revisione, almeno tre giorni prima, deve essere dato avviso del giorno, dell'ora e del luogo ove la medesima verrà effettuata all'interessato e al difensore eventualmente nominato. Alle operazioni di revisione l'interessato e il difensore hanno diritto di assistere personalmente, con l'assistenza eventuale di un consulente tecnico. A tali persone spettano i poteri previsti dall'articolo 230 del codice.

3. I verbali di analisi non ripetibili e i verbali di revisione di analisi sono raccolti nel fascicolo per il dibattimento, sempre che siano state osservate le disposizioni dei commi 1 e 2.

224. Violazione del foglio di via da parte dello straniero.

1. Continuano a osservarsi le disposizioni dell'articolo 152 del regio decreto 18 giugno 1931, n. 773 che prevedono l'arresto dello straniero munito di foglio di via obbligatorio che si allontani all'itinerario prescritto.

2. Se l'arresto è convalidato e ricorre taluna delle esigenze cautelari previste dall'articolo 274 lettere a) e c) del codice ovvero concreto pericolo di fuga, in deroga a quanto stabilito dall'articolo 280 del codice il giudice, su richiesta del pubblico ministero, dispone l'applicazione di una misura coercitiva.

3. Nei casi di applicazione di misure coercitive a norma del comma 2, si applicano, ridotti di due terzi, i termini di durata previsti dall'articolo 303 del codice per i delitti puniti con la reclusione non superiore nel massimo a sei anni, ma la durata complessiva delle misure non può comunque superare il termine di tre mesi.

4. Le disposizioni del presente articolo si applicano non oltre il termine di due anni a decorrere dall'entrata in vigore del codice.

225. Perquisizioni domiciliari.

1. Continuano a osservarsi le disposizioni dell'articolo 41 del regio decreto 18 giugno 1931, n. 773 e dell'articolo 33 della legge 7 gennaio 1929, n. 4.

226. Intercettazioni e controlli preventivi sulle comunicazioni (1).

1. Il Ministro dell'interno o, su sua delega, i responsabili dei Servizi centrali di cui all'articolo 12 del decreto-legge 13 maggio 1991, n. 152, convertito, con modificazioni, dalla legge 12 luglio 1991, n. 203, nonché il questore o il comandante provinciale dei Carabinieri e della Guardia di finanza, richiedono al procuratore della Repubblica presso il tribunale del capoluogo del distretto in cui si trova il soggetto da sottoporre a controllo ovvero, nel caso non sia determinabile, del distretto in cui sono emerse le esigenze di prevenzione, l'autorizzazione all'intercettazione di comunicazioni o conversazioni, anche per via telematica, nonché all'intercettazione di comunicazioni o conversioni tra presenti anche se queste avvengono nei luoghi indicati dall'articolo 614 del codice penale quando sia necessario per l'acquisizione di notizie concernenti la prevenzione di delitti di cui all'articolo 407, comma 2, lettera a), n. 4 e 51, comma 3-*bis* dal codice, nonché di quelli di cui all'articolo 51, comma 3-*quater*, del codice, commessi mediante l'impiego di tecnologie informatiche o telematiche. Il Ministro dell'interno può altresì delegare il Direttore della Direzione investigativa antimafia limitatamente ai delitti di cui all'articolo 51, comma 3-*bis* del codice (2).

2. Il procuratore della Repubblica, qualora vi siano elementi investigativi che giustifichino l'attività di prevenzione e lo ritenga necessario, autorizza l'intercettazione per la durata massima di giorni quaranta, prorogabile per periodi successivi di giorni venti ove permangano i presupposti di legge. L'autorizzazione alla prosecuzione delle operazioni è data dal pubblico ministero con decreto motivato, nel quale deve essere dato chiaramente atto dei motivi che rendono necessaria la prosecuzione delle operazioni.

3. Delle operazioni svolte e dei contenuti intercettati è redatto verbale sintetico che, unitamente ai supporti utilizzati, è depositato presso il procuratore che ha autorizzato le attività entro cinque giorni dal termine delle stesse. Il predetto termine è di dieci giorni se sussistono esigenze di traduzione delle comunicazioni o conversazioni. Il procuratore, verificata la conformità delle attività compiute all'autorizzazione, dispone l'immediata distribuzione dei supporti e dei verbali (3).

3 bis. In deroga a quanto previsto dal comma 3, il procuratore può autorizzare, per un periodo non superiore a ventiquattro mesi, la conservazione dei dati acquisiti, anche relativi al traffico telematico, esclusi comunque i contenuti delle comunicazioni, quando gli stessi sono indispensabili per la prosecuzione dell'attività finalizzata alla prevenzione di delitti di cui al comma 1 (4).

4. Con le modalità e nei casi di cui ai commi 1 e 3, può essere autorizzato il tracciamento delle comunicazioni telefoniche e telematiche, nonché l'acquisizione dei dati esterni relativi alle comunicazioni telefoniche e telematiche intercorse e l'acquisizione di ogni altra informazione utile in possesso degli operatori di telecomunicazioni.

5. In ogni caso gli elementi acquisiti attraverso le attività preventive non possono essere utilizzati nel procedimento penale, fatti salvi i fini investigativi. In ogni caso le attività di intercettazione preventiva di cui ai commi precedenti, e le notizie acquisite a seguito delle attività medesime, non possono essere menzionate in atti di indagine né costituire oggetto di deposizione né essere altrimenti divulgate.

(1) Articolo così sostituito dall'art. 5, d.l. 18.10.2001, n. 374, come modificato dalla legge di conversione 15.12.2001, n. 438. I co. 2 e 3 dello stesso art. 5 hanno disposto, rispettivamente, l'abrogazione di ogni altra disposizione concernente le intercettazioni preventive e che le intercettazioni di comunicazioni telefoniche e telematiche di cui al presente art. sono eseguite con impianti installati presso la Procura della Repubblica o presso altre idonee strutture individuate dal procuratore che concede l'autorizzazione. Il testo antecedente alle modifiche disposte con l. n. 438/2001 così disponeva: «*Intercettazioni e controlli sulle comunicazioni a fini di prevenzione.*

1. Il Ministro dell'interno o, su sua delega, i responsabili dei Servizi centrali di cui all'art. 12 del decreto-legge 13.05.1991, n. 152, convertito, con modificazioni, dalla legge 12.07.1991, n. 203, nonché il questore o il comandante provinciale dei Carabinieri e della Guardia di finanza, richiedono al procuratore della Repubblica presso il tribunale del capoluogo del distretto in cui si trova il soggetto da sottoporre a controllo ovvero, nel caso non sia determinabile, del distretto in cui sono emerse le esigenze di prevenzione, l'autorizzazione all'intercettazione di comunicazioni o conversazioni, anche per via telematica, quando sia necessario per l'acquisizione di notizie concernenti la prevenzione di delitti di cui all'art. 407, comma 2, lettera a), n. 4 e 51, comma 3-bis, del codice di procedura penale. Il Ministro dell'interno può altresì delegare il Direttore della Direzione investigativa antimafia limitatamente ai delitti di cui all'art. 51, comma 3-bis, del codice di procedura penale.

2. Il procuratore della Repubblica, ove ritenga fondati i sospetti che giustifichino l'attività di prevenzione, autorizza l'intercettazione per la durata massima di giorni quaranta, prorogabile una sola volta per giorni venti.

3. Delle operazioni svolte e dei contenuti intercettati è redatto verbale sintetico che, unitamente ai supporti utilizzati, è depositato presso il procuratore che ha autorizzato le attività entro cinque giorni dal termine delle stesse. Il procuratore, verificata la conformità delle attività compiute all'autorizzazione, dispone l'immediata distribuzione dei supporti e dei verbali.

4. Con le modalità e nei casi di cui ai commi 1 e 3, può essere autorizzato il tracciamento delle comunicazioni telefoniche e telematiche, nonché l'acquisizione dei dati esterni relativi alle comunicazioni telefoniche e telematiche intercorse e l'acquisizione di ogni altra informazione utile in possesso degli operatori di telecomunicazioni.

5. In ogni caso gli elementi acquisiti attraverso le attività preventive non possono essere utilizzati nel procedimento penale».
Il testo antecedente alla sostituzione del 2001 così disponeva: «*Intercettazioni telefoniche preventive.*
*1. Continua a osservarsi la disposizione dell'art. 226-*sexies *del codice abrogato per le intercettazioni telefoniche previste dall'art. 1 comma 8 del decreto-legge 6.09.1982, n. 629, convertito con modificazioni nella legge 12.10.1982, n. 726.*
2. I richiami contenuti nell'art. 226-sexies alle altre disposizioni del codice abrogato si intendono riferiti alle disposizioni corrispondenti del codice».

(2) Comma così modificato dall'art. 2, co. 1 quater, lett. a), d.l. 18.2.2015, n. 7, conv., con modif., dalla l. 17.4.2015, n. 43.
Il testo previgente così disponeva: «*1. Il Ministro dell'interno o, su sua delega, i responsabili dei Servizi centrali di cui all'art. 12 del decreto-legge 13.05.1991, n. 152, convertito, con modificazioni, dalla legge 12.07.1991, n. 203, nonché il questore o il comandante provinciale dei Carabinieri e della Guardia di finanza, richiedono al procuratore della Repubblica presso il tribunale del capoluogo del distretto in cui si trova il soggetto da sottoporre a controllo ovvero, nel caso non sia determinabile, del distretto in cui sono emerse le esigenze di prevenzione, l'autorizzazione all'intercettazione di comunicazioni o conversazioni, anche per via telematica, nonché all'intercettazione di comunicazioni o conversioni tra presenti anche se queste avvengono nei luoghi indicati dall'art. 614 del codice penale quando sia necessario per l'acquisizione di notizie concernenti la prevenzione di delitti di cui all'art. 407, comma 2, lettera a), n. 4 e 51, comma 3-bis del codice. Il Ministro dell'interno può altresì delegare il Direttore della Direzione investigativa antimafia limitatamente ai delitti di cui all'art. 51, comma 3-*bis *del codice».*

(3) Comma così modificato dall'art. 4, co. 3, d.l. 18.2.2015, n. 7, conv., con modif., dalla l. 17.4.2015, n. 43.
Il testo previgente così disponeva: «*3. Delle operazioni svolte e dei contenuti intercettati è redatto verbale sintetico che, unitamente ai supporti utilizzati, è depositato presso il procuratore che ha autorizzato le attività entro cinque giorni dal termine delle stesse. Il procuratore, verificata la conformità delle attività compiute all'autorizzazione, dispone l'immediata distribuzione dei supporti e dei verbali».*

(4) Comma introdotto dall'art. 2, co. 1 quater, lett. b), d.l. 18.2.2015, n. 7, conv., con modif., dalla l. 17.4.2015, n. 43.

227. Detenzione per uso personale di sostanze stupefacenti (1).

[**1.** La non punibilità dell'imputato a norma dell'articolo 80 della legge 22 dicembre 1975 n. 685 è dichiarata dal giudice competente a conoscere dei reati previsti dagli articoli 71 e 72 della stessa legge. Il rapporto indicato nell'articolo 98 comma 1 della predetta legge è inviato al pretore in sede non penale per gli interventi di sua competenza previsti dalla stessa legge.

2. Prima dell'esercizio dell'azione penale, il pubblico ministero, se ritiene che sussista una delle cause di non punibilità previste dal predetto articolo 80, formula richiesta di archiviazione.]

(1) Articolo abrogato dall'art. 136, d.P.R. 9.10.1990, n. 309, recante il testo unico delle leggi in materia di disciplina degli stupefacenti e sostanze psicotrope, prevenzione, cura e riabilitazione dei relativi stati di tossicodipendenza.

228. Disposizioni speciali in tema di sostanze stupefacenti (1).

[**1.** Per il sequestro, il prelievo, la destinazione e la confisca di sostanze stupefacenti o psicotrope continuano a osservarsi le disposizioni delle leggi speciali.

2. Continua a osservarsi la disposizione dell'articolo 82 della legge 22 dicembre 1975, n. 685.]

(1) Articolo abrogato, dall'art. 136, d.P.R. 9.10.1990, n. 309, recante il testo unico delle leggi in materia di disciplina degli stupefacenti e sostanze psicotrope, prevenzione, cura e riabilitazione dei relativi stati di tossicodipendenza.

229. Disposizioni speciali in tema di sequestri.

1. Continuano a osservarsi, se più brevi, i termini previsti da leggi o decreti per la trasmissione del verbale di sequestro effettuato dalla polizia giudiziaria e per la successiva convalida. In ogni caso i provvedimenti relativi ai sequestri per il procedimento penale sono assoggettati soltanto ai rimedi previsti dal codice.

230. Fermo, arresto e cattura.

1. Le disposizioni dell'articolo 384 del codice si osservano anche quando leggi o decreti prevedono il fermo o l'arresto fuori dei casi di flagranza per delitti punibili con la reclusione superiore nel massimo a tre anni.

2. Ai fini della determinazione di effetti giuridici diversi dalla cattura, se in leggi o decreti si fa riferimento a reati per i quali è previsto il mandato o l'ordine di cattura obbligatorio, il riferimento deve intendersi operato ai delitti non colposi consumati o tentati previsti dall'articolo 380 commi 1 e 2 lettere a), b), d), f), i), del codice nonché, se la legge stabilisce la pena della reclusione non inferiore nel massimo a dieci anni, dalle lettere c), g), h), dello stesso comma 2. Se il riferimento è fatto a reati per i quali è previsto il mandato o l'ordine di cattura facoltativo, esso deve intendersi operato ai delitti indicati nell'art. 280 del codice diversi da quelli menzionati nel primo periodo del presente comma.

3. Restano in vigore l'articolo 133 comma 4 del decreto del Presidente della Repubblica 15 giugno 1959, n. 393 e l'articolo unico comma 1 del decreto del Presidente della Repubblica 4 luglio 1980 n. 575.

231. Esercizio dell'azione penale da parte di organi diversi dal pubblico ministero.

1. Sono abrogate le disposizioni di leggi o decreti che prevedono l'esercizio dell'azione penale da parte di organi diversi dal pubblico ministero.

232. Corrispondenza tra sentenza istruttoria, sentenza di non luogo a procedere e provvedimento di archiviazione.

1. Le sentenze istruttorie di non doversi procedere emesse a norma del codice abrogato sono equiparate, nei corrispondenti casi, ai provvedimenti di archiviazione per mancanza di una condizione di procedibilità o per essere ignoto l'autore del reato ovvero alle sentenze di non luogo a procedere previste dal codice.

233. Giudizio direttissimo (1).

1. Sono abrogate le disposizioni di leggi o decreti che prevedono il giudizio direttissimo in casi, con forme o termini diversi da quelli indicati nel codice.

2. Tuttavia, il pubblico ministero procede al giudizio direttissimo, anche fuori dei casi previsti dagli articoli 449 e 566 del codice, per i reati concernenti le armi e gli esplosivi e per i reati commessi con il mezzo della stampa.

(1) La Corte costituzionale, con sent. 8.2.1991, n. 68 ha dichiarato l'illegittimità costituzionale dell'art. 233 [disp. att. c.p.p. 233], co. 2.

234. Richiesta di sanzioni sostitutive da parte dell'imputato.

1. Salvo quanto stabilito dall'articolo 248 comma 4, sono abrogati gli articoli 77, 78, 79 e 80 della legge 24 novembre 1981 n. 689.

235. Violazioni di leggi finanziarie.

1. Nei procedimenti relativi a violazioni delle leggi finanziarie continua a osservarsi la disposizione dell'articolo 53 della legge 7 gennaio 1929 n. 4.

236. Disposizioni concernenti il tribunale di sorveglianza (1)**.**

1. Competente a dichiarare l'estinzione della pena in conseguenza della liberazione condizionale o dell'affidamento in prova al servizio sociale è il tribunale di sorveglianza.

2. Nelle materie di competenza del tribunale di sorveglianza continuano a osservarsi le disposizioni processuali della legge 26 luglio 1975 n. 354 diverse da quelle contenute nel capo II-*bis* del titolo II della stessa legge.

(1) La Corte costituzionale, con sent. 6.2.1993, n. 53, ha dichiarato l'illegittimità del secondo comma di questo articolo nella parte in cui non consente l'applicazione degli artt. 666, e 678 c.p.p., nel procedimento di reclamo avverso il decreto del magistrato di sorveglianza che esclude dal computo della detenzione il periodo trascorso in permesso premio.

237. Eliminazione di iscrizioni dal casellario giudiziale (1)**.**

[**1.** Sono eliminate dal casellario giudiziale le iscrizioni non previste dal codice e dalle relative disposizioni di attuazione. Per le iscrizioni, concernenti i reati di competenza del tribunale per i minorenni si osserva quanto stabilito nel decreto del Presidente della Repubblica 22 settembre 1988 n. 448 e nelle relative norme di attuazione, di coordinamento e transitorie.]

(1) Articolo abrogato dall'art. 52 del testo unico di cui al d.P.R. 14.11.2002, n. 313, a decorrere dal quarantacinquesimo giorno dalla data della sua pubblicazione nella Gazzetta Ufficiale (13.2.2003).

238. Individuazione del pubblico ministero e del giudice per le indagini preliminari nei procedimenti di assise.

1. Per i reati di competenza della corte di assise le indagini preliminari sono svolte dal procuratore della Repubblica presso il tribunale individuato a norma degli articoli 8, 9, 10, 11 e 16 del codice. Con i medesimi criteri è individuato il giudice per le indagini preliminari. È fatto salvo quanto previsto dagli articoli 51 comma 3-*bis* e 328 comma 1-*bis* del codice (1).

2. Il procuratore della Repubblica indicato nel comma 1 partecipa al dibattimento davanti alla corte di assise e, nelle ipotesi di giudizio direttissimo, presenta l'imputato davanti al giudice del dibattimento.

3. Sono abrogati gli articoli 3 e 4 della legge 24 novembre 1951 n. 1324.

(1) L'ultimo periodo di questo comma è stato aggiunto dall'art. 4, d.l. 20.11.1991, n. 367, per il coordinamento delle indagini nei procedimenti per reati di criminalità organizzata, convertito, con modificazioni, in l. 20.01.1992, n. 8. Questa disposizione, entrata in vigore il 21.01.1992 (art. 16), si applica solo ai procedimenti iniziati successivamente a questa data (art. 15).

239. Interruzione della prescrizione.

... (1)

(1) Sostituisce il co. 2 dell'art. 160 c.p.

240. Trattamento sanitario del detenuto (1)**.**

[**1.** Il provvedimento previsto dall'articolo 11 comma 2 della legge 26 luglio 1975, n. 354 è adottato con ordinanza dal giudice che procede. Prima dell'esercizio dell'azione penale provvede il giudice per le indagini preliminari. Dopo la pronuncia della sentenza di primo grado provvede il magistrato di sorveglianza.

2. Il provvedimento è revocato appena sono cessate le ragioni che lo hanno determinato e può essere modificato per garantire le esigenze di sicurezza che siano sopravvenute. La competenza per la revoca e per la modifica è determinata a norma del comma 1.]

(1) Articolo abrogato dall'art. 2, comma 1, D.Lgs. 2.10.2018, n. 123, a decorrere dal 10.11.2018.

240 bis. Sospensione dei termini processuali nel periodo feriale (1)**.**

...

(1) L'articolo, introdotto dall'art. 1, d.lgs. 20.7.1990, n. 193, recante la nuova disciplina della sospensione dei termini processuali nel periodo feriale in materia penale, sostituisce l'art. 2, l. 7.10.1969, n. 742.

TITOLO III
Norme transitorie

241. Procedimenti in corso che si trovano in una fase diversa da quella istruttoria.

1. Salvo quanto previsto dal presente titolo, i procedimenti in corso alla data di entrata in vigore del codice proseguono con l'applicazione delle norme anteriormente vigenti se a tale data è stata già richiesta la citazione a giudizio ovvero sono stati emessi sentenza istruttoria di proscioglimento non irrevocabile, ordinanza di rinvio a giudizio, decreto di citazione a giudizio o decreto penale di condanna ovvero è stato disposto il giudizio direttissimo.

242. Procedimenti in fase istruttoria che proseguono con le norme anteriormente vigenti.

1. La disposizione dell'articolo 241 si osserva altresì:

a) nei procedimenti in corso alla data di entrata in vigore del codice quando è stato compiuto un atto di istruzione del quale è previsto il deposito e il fatto è stato contestato all'imputato ovvero enunciato in un mandato o in un ordine rimasto senza effetto;
b) quando, prima dell'entrata in vigore del codice, è stato eseguito l'arresto in flagranza o il fermo;
c) nei procedimenti connessi a norma dell'articolo 45 del codice abrogato per i quali le condizioni indicate

nelle lettere a) e b) ricorrono anche relativamente a uno solo degli indiziati o imputati ovvero a una sola delle imputazioni, sempre che alla data di entrata in vigore del codice i procedimenti siano già riuniti.

2. Quando si procede con istruzione sommaria, se entro il 31 dicembre 1990 non è stato ancora richiesto il decreto di citazione a giudizio o richiesta la sentenza di proscioglimento o non è stato disposto il giudizio direttissimo, il pubblico ministero entro i successivi trenta giorni trasmette il fascicolo con le sue conclusioni al giudice istruttore. Questi provvede agli adempimenti previsti dall'articolo 372 del codice abrogato ed entro sessanta giorni dalla scadenza del termine ivi indicato pronuncia sentenza di proscioglimento od ordinanza di rinvio a giudizio (1).

3. Quando si procede con istruzione formale, se l'istruzione è ancora in corso alla data del 31 dicembre 1990 ovvero, quando si tratta dei reati indicati nell'articolo 407, comma 2, lettera a) del codice, alla data del 30 giugno 1997 (2), il giudice istruttore entro cinque giorni deposita il fascicolo in cancelleria, dandone avviso al pubblico ministero a norma dell'articolo 369 del codice abrogato. Entro sessanta giorni dalla scadenza del termine previsto dall'articolo 372 del codice abrogato, il giudice istruttore pronuncia sentenza di proscioglimento od ordinanza di rinvio a giudizio (3).

4. Nei procedimenti di competenza del pretore, se alla data del 31 dicembre 1990 (4), l'istruzione è ancora in corso, il pretore entro trenta giorni pronuncia sentenza di proscioglimento, decreto di citazione a giudizio o decreto penale di condanna ovvero dispone il giudizio direttissimo.

(1) Comma così modificato, prima, dall'art. 1, d.lgs. 12.4.1990, n. 77, in tema di termini per la definizione dei procedimenti in fase istruttoria che proseguono con le norme del codice di procedura penale abrogato, e successivamente dall'art. 1, co. 1, lett. a), d.lgs. 17.10.1990, n. 293, recante nuova disciplina dei procedimenti in fase di istruzione formale che proseguono con le norme del codice di procedura penale abrogato.

(2) Data, da ultimo, così modificata con l'art. 1, l. 2.7.1996, n. 343, entrata in vigore il giorno stesso della sua pubblicazione nella Gazzetta Ufficiale. Questo termine è stato poi ulteriormente prorogato al 31.12.1997, limitatamente ai procedimenti nei quali siano contestati i delitti previsti dagli artt. 285, 286, 422 e 428 c.p., dall'art. 1, l. 27.6.1997, n. 183, entrata in vigore il giorno stesso della sua pubblicazione nella Gazzetta Ufficiale.

(3) Comma così sostituito dall'art. 1, co. 1, lett. b), d.lgs. 17.10.1990, n. 293, recante nuova disciplina dei procedimenti in fase di istruzione formale che proseguono con le norme del codice di procedura penale abrogato.

(4) Termine così sostituito con l'art. 1, co. 1, lett. c), d.lgs. 17.10.1990, n. 293, recante nuova disciplina dei procedimenti in fase di istruzione formale che proseguono con le norme del codice di procedura penale abrogato.

243. Revoca delle sentenze di proscioglimento.

1. Le sentenze istruttorie di proscioglimento emesse nei procedimenti indicati nell'articolo 242 comma 1 [disp. att. c.p.p. 242] possono essere revocate nei casi e con le forme previste dal titolo X del libro V del codice.

2. In caso di revoca di una sentenza istruttoria di proscioglimento si osservano le disposizioni del giudice. Gli atti di polizia giudiziaria e gli atti istruttori già compiuti sono considerati ad ogni effetto come compiuti nel corso delle indagini preliminari, tuttavia, quando si tratta di esperimenti giudiziali, perizie o ricognizioni, anche compiuti all'estero col rispetto del contraddittorio, i relativi verbali sono raccolti nel fascicolo previsto dall'articolo 431 del codice (1).

(1) L'ultima parte di questo periodo è stata aggiunta dall'art 2, d.lgs. 17.10.1990, n. 293, recante nuova disciplina dei procedimenti in fase di istruzione formale che proseguono con le norme del codice di procedura penale abrogato.

244. Disciplina applicabile in caso di regressione dei procedimenti alla fase istruttoria.

1. Le disposizioni dell'articolo 243 comma 2 [disp. att. c.p.p. 243] si osservano anche quando, dopo la scadenza dei termini indicati nell'articolo 242 commi 2, 3 e 4 [disp. att. c.p.p. 242], i procedimenti proseguiti con l'applicazione delle norme vigenti anteriormente alla data di entrata in vigore del codice regrediscono per qualunque motivo alla fase istruttoria ovvero quando i termini suddetti non sono rispettati. In tali casi si osservano altresì le seguenti disposizioni (1):

a) i termini che, secondo il codice, decorrono dal momento in cui è effettuata taluna delle iscrizioni nel registro previsto dall'articolo 335, sono computati a partire dalla data del provvedimento che dispone la regressione del procedimento o la trasmissione degli atti al pubblico ministero;
b) alle nullità relative verificatesi nel corso dell'istruzione si applica l'articolo 181 commi 1 e 2 del codice;
c) alla parte civile ritualmente costituita spettano nelle indagini preliminari i poteri attribuiti dal codice alla persona offesa.

2. Quando non sono rispettati i termini indicati nell'articolo 242 commi 2, 3 e 4 [disp. att. c.p.p. 242], il pubblico ministero, il giudice istruttore o il pretore comunica al procuratore generale presso la corte di appello, che ne informa il ministro di grazia e giustizia, le ragioni che hanno impedito l'osservanza dei predetti termini e dispone la trasmissione degli atti al pubblico ministero.

(1) L'alinea di questo comma è stato modificato prima dall'art. 2, d.lgs. 12.4.1990, n. 77, in tema di termini per la definizione dei procedimenti in fase istruttoria che proseguono con le norme del codice di procedura penale abrogato, e poi dall'art. 3, d.lgs. 17.10.1990, n. 293, recante nuova disciplina dei procedimenti in fase di istruzione formale che proseguono con le norme del codice di procedura penale abrogato.

245. Disposizioni del codice applicabili ai procedimenti che proseguono con le norme anteriormente vigenti

1. Nei procedimenti in corso alla data di entrata in vigore del codice che proseguono con l'applicazione delle norme anteriormente vigenti si osservano le disposizioni degli articoli 246, 247, 248, 249, 250, 251, 252, 253, 254, 255, 256 e 257.

2. Nei procedimenti indicati nel comma 1 si osservano, inoltre, le seguenti disposizioni del codice:

a) articolo 104;
b) articolo 192;
c) articolo 200;
d) articolo 207;
e) articolo 296 comma 3, per i soli procedimenti pendenti nella fase istruttoria;
f) articolo 298;
g) articoli 314 e 315;
h) articolo 476 comma 2;
i) articolo 486 comma 5;
l) articolo 508 commi 1 e 2;
m) articolo 564;
n) articolo 578;
o) articolo 586;
p) articolo 597 commi 4 e 5;
q) articolo 599.

246. Questioni pregiudiziali.

1. Per la risoluzione delle questioni pregiudiziali si osservano le disposizioni del codice nonché quelle delle leggi vigenti. Se è stata disposta la sospensione del processo e questa non è più consentita, la relativa ordinanza è revocata.

247. Giudizio abbreviato.

1. Prima che siano state compiute le formalità di apertura del dibattimento di primo grado, l'imputato può chiedere, nella forma prevista dall'articolo 438 del codice, che il processo sia definito allo stato degli atti a norma dell'articolo 442 del codice [(1)].

2. Alla presentazione della richiesta il giudice, sospese le formalità di apertura del dibattimento se già iniziate, ne dà avviso al pubblico ministero, che nei cinque giorni successivi esprime o nega il proprio consenso. Se il consenso interviene e il giudice ritiene di poter decidere allo stato degli atti, fissa con ordinanza l'udienza in camera di consiglio, dandone avviso al pubblico ministero, all'imputato, al difensore e alla parte civile. All'udienza, il pubblico ministero e i difensori della parte civile e dell'imputato illustrano, nell'ordine, le rispettive conclusioni; l'imputato può chiedere di essere interrogato dopo le conclusioni del pubblico ministero. Terminata la discussione, il giudice pronuncia sentenza a norma dell'articolo 442 del codice. La sentenza ha autorità di cosa giudicata nel giudizio civile se la parte civile ha presentato le sue conclusioni alla udienza. Si osservano le disposizioni previste dall'articolo 443 del codice [(1)].

3. Il giudice, se non vi è il consenso del pubblico ministero o se ritiene di non poter decidere allo stato degli atti, pronuncia ordinanza con la quale dispone procedersi nelle forme ordinarie (1).

4. Quando la richiesta prevista dal comma 1 è formulata nel corso dell'istruzione, la competenza a provvedere spetta al giudice istruttore. Se si procede con istruzione sommaria, la richiesta è depositata presso la segreteria del pubblico ministero il quale, se esprime il proprio consenso, la trasmette al giudice istruttore unitamente agli atti del processo. Nei procedimenti di competenza del pretore il consenso è espresso dal pubblico ministero indicato nell'articolo 550 comma 1 lettera a) del codice. Si osservano in ogni caso, in quanto applicabili, le disposizioni previste dai commi 1, 2 e 3.

5. Quando si procede a carico di più imputati o per più imputazioni e sussistono i presupposti per definire il processo allo stato degli atti solo per alcuni degli imputati o per alcune delle imputazioni, il giudice, anche di ufficio, dispone con ordinanza la separazione dei procedimenti.

(1) La Corte costituzionale, con sent. 8.2.1990, n. 66, ha dichiarato: a) l'illegittimità dell'art. 247 [disp. att. c.p.p. 247], primo, secondo e terzo comma, del testo delle norme di attuazione, di coordinamento e transitorie del codice di procedura penale, nella parte in cui non prevede che il pubblico ministero, in caso di dissenso, debba enunciarne le ragioni e nella parte in cui non prevede che il giudice, quando, a dibattimento concluso, ritiene ingiustificato il dissenso del pubblico ministero, possa applicare all'imputato la riduzione di pena contemplata dall'art. 442, co. 2, c.p.p.

248. Applicazione della pena su richiesta delle parti.

1. Prima che siano compiute le formalità di apertura del dibattimento di primo grado, l'imputato e il pubblico ministero possono chiedere al giudice l'applicazione della pena a norma dell'articolo 444 del codice. Se la richiesta non è formulata in udienza, il giudice ne dà avviso all'altra parte che, nei cinque giorni successivi, esprime o nega il proprio consenso. La richiesta e il consenso sono espressi nelle forme previste dall'articolo 446 commi 2, 3 e 6 del codice. Il giudice, se non deve provvedere a norma dell'articolo 421 del codice abrogato e sempre che ne sussistano i presupposti, pronuncia la sentenza prevista dall'articolo 444 comma 2 del codice. Si osservano le disposizioni previste dagli articoli 444 comma 2, 445 e 448 del codice. Quando non pronuncia sentenza, il giudice dispone con ordinanza procedersi nelle forme ordinarie.

2. Se la richiesta è formulata nel corso dell'istruzione, la competenza a provvedere spetta al giudice istruttore, osservate, in quanto compatibili, le disposizioni previste dall'articolo 447 del codice. Quando si procede con istruzione sommaria, la richiesta dell'imputato è depositata presso la segreteria del pubblico ministero il quale, se esprime il proprio consenso, la trasmette al giudice istruttore unitamente agli atti del processo, altrimenti emette decreto motivato di dissenso. Quando il pubblico ministero ritiene che il processo possa essere definito con la sentenza prevista dall'articolo 444 del codice, notifica all'imputato avviso di deposito della richiesta che intende rivolgere al giudice; se l'imputato esprime il proprio consenso, il pubblico ministero trasmette la richiesta, il consenso e gli atti del procedimento al giudice istruttore che provvede a norma del primo periodo del presente comma. Nei procedimenti di competenza del pretore, il consenso o il dissenso motivato è espresso dal pubblico ministero indicato nell'articolo 550 comma 1 lettera a) del codice.

3. Si osservano le disposizioni previste dall'articolo 247 comma 5.

4. Continuano ad osservarsi le disposizioni relative alla applicazione di sanzioni sostitutive su richiesta dell'imputato, a norma della legge 24 novembre 1981, n. 689, se la richiesta medesima è stata formulata anteriormente all'entrata in vigore del codice e sempre che l'interessato non si avvalga delle facoltà previste dall'articolo 247 e dal presente articolo.

249. Procedimento per decreto.

1. Quando ritiene di emettere decreto di condanna, il pretore può applicare una pena diminuita sino alla metà rispetto al minimo edittale.

2. Nei procedimenti di competenza del tribunale, sino alla chiusura dell'istruzione sommaria o formale, il pubblico ministero può chiedere al giudice istruttore di emettere decreto di condanna nei casi previsti dall'articolo 459 del codice, anche per una pena diminuita fino alla metà rispetto al minimo edittale. Se il giudice accoglie la richiesta emette il decreto, altrimenti si procede secondo le forme ordinarie. Per il decreto di condanna e per l'eventuale giudizio di opposizione davanti al tribunale si osservano, in quanto compatibili, le disposizioni del codice abrogato.

250. Disciplina delle misure cautelari, del fermo, dell'arresto e delle pene accessorie.

1. Successivamente alla data di entrata in vigore del codice può procedersi al fermo solo nei casi e alle condizioni previste dal codice. I mandati di cattura e gli ordini e i mandati di arresto possono essere emessi solo se ricorrono i presupposti indicati negli articoli 273, 274 e 280 del codice.

2. I provvedimenti sulla libertà personale disposti anteriormente alla data di entrata in vigore del codice sono revocati se non ricorrono i presupposti indicati nell'ultima parte del comma 1 ovvero, quando sono stati disposti con il provvedimento di convalida dell'arresto o di conferma della convalida, se sono relativi a reati per i quali il codice non consente l'arresto in flagranza.

3. Quando i provvedimenti indicati nel comma 2 sono stati emessi esclusivamente al fine di evitare il pericolo per l'acquisizione della prova, il termine previsto dall'articolo 292 lettera d) del codice è fissato su richiesta di parte ovvero di ufficio se il provvedimento non è stato ancora eseguito. Competente a fissare il suddetto termine è il giudice che procede o, nel corso dell'istruzione sommaria, il giudice istruttore su richiesta del pubblico ministero o del pretore.

4. Alla data di entrata in vigore del codice cessa l'esecuzione delle pene accessorie provvisoriamente applicate. Il giudice indicato nel comma 3 può disporre in sostituzione di esse, qualora ne ricorrano le condizioni, le misure interdittive previste nel capo III del titolo I del libro IV del codice.

251. Durata delle misure cautelari e restituzione della cauzione.

1. Quando si procede nei confronti di un imputato che si trova in stato di custodia cautelare si osservano le disposizioni del codice sui termini di durata della custodia stessa calcolati a decorrere dalla data di entrata in vigore del codice. Tuttavia, la durata della custodia cautelare non può superare i termini previsti dalle norme del codice abrogato.

2. Le misure previste dall'articolo 282 comma 1 del codice abrogato, imposte anteriormente alla data di entrata in vigore del codice, sono revocate quando dalla loro esecuzione è decorso un periodo di tempo pari a quello indicato nell'articolo 308 comma 1 del codice.

3. Se alla data di entrata in vigore del codice non è stata pronunciata l'ordinanza prevista dal comma 4 ovvero quella prevista dal comma 6 dell'articolo 292 del codice abrogato, la cauzione è restituita a richiesta dell'imputato o dei suoi eredi e i fideiussori sono liberati.

252. Infermità di mente sopravvenuta all'imputato.

1. Quando l'imputato si trova ricoverato per infermità di mente sopravvenuta a norma dell'articolo 88 del codice abrogato o tale infermità è accertata successivamente alla data di entrata in vigore del codice, si osservano le disposizioni previste dagli articoli 72 e 73 commi 1, 2 e 3 del codice.

2. I provvedimenti previsti dall'articolo 73 commi 1, 2 e 3 del codice sono adottati senza ritardo dal giudice anche di ufficio.

253. Trasferimento delle funzioni della sezione istruttoria.

1. Le funzioni attribuite dal codice abrogato alla sezione istruttoria sono esercitate dalla corte di appello.

254. Formule di proscioglimento.

1. Le sentenze di proscioglimento possono essere pronunciate solo con le formule previste dal codice.

255. Ricorso immediato per cassazione.

1. La parte che ha diritto di appellare la sentenza di primo grado può proporre direttamente ricorso per cassazione. Si osservano, in quanto applicabili, le disposizioni dell'articolo 569 del codice.

256. Criteri per il rinvio a giudizio.

1. La richiesta e il decreto di citazione a giudizio nonché l'ordinanza di rinvio a giudizio sono emessi solo quando il pubblico ministero, il pretore o il giudice istruttore ritengono che gli elementi di prova raccolti siano sufficienti a determinare, all'esito della istruttoria dibattimentale, la condanna dell'imputato.

257. Criteri per l'emissione delle sentenze di proscioglimento

1. Ai fini della pronuncia delle sentenze istruttorie di proscioglimento ovvero di quelle previste dall'articolo 421 del codice abrogato, il giudice può tenere conto delle diminuzioni di pena derivanti da circostanze attenuanti e applicare le disposizioni dell'articolo 69 del codice penale.

258. Procedimenti che proseguono secondo le disposizioni del codice [1].

1. I procedimenti in corso diversi da quelli indicati negli articoli 241 e 242 [disp. att. c.p.p. 241, 242] proseguono con l'osservanza delle disposizioni del codice, ma i termini previsti dagli articoli 405 comma 2 e 553 comma 1 del codice sono di dodici mesi e il termine di durata massima delle indagini preliminari scade il 31 dicembre 1991.

2. Il termine per la richiesta di giudizio immediato previsto dall'articolo 454 comma 1 del codice è di nove mesi; il termine per la richiesta di emissione del decreto penale di condanna previsto dall'articolo 459 comma 1 del codice è di dodici mesi.

3. Detti termini sono computati dalla data di entrata in vigore del codice. Per gli atti di polizia giudiziaria e per gli atti istruttori si osservano le disposizioni previste dagli articoli 243 comma 2 e 244 comma 1 [disp. att. c.p.p. 243, 244].

4. Qualora alla scadenza dei termini per le indagini preliminari il pubblico ministero non abbia esercitato l'azione penale o richiesto l'archiviazione, la proroga prevista dagli articoli 406 comma 1 e 553 comma 2 del codice opera di diritto fino al 31 dicembre 1991 per i procedimenti indicati nel comma 1 e per la durata di dodici mesi per i procedimenti relativi alle notizie di reato pervenute agli uffici di procura della Repubblica dalla data di entrata in vigore del codice fino a tutto il 31 maggio 1990. Per i suddetti procedimenti, in deroga a quanto previsto dall'articolo 412 comma 1 del codice, il procuratore generale presso la corte di appello ha facoltà di avocare le indagini preliminari qualora il pubblico ministero non abbia esercitato l'azione penale o richiesto l'archiviazione nei termini. Nei casi di proroga dei termini per le indagini preliminari previsti dal presente comma, la richiesta di emissione del decreto penale di condanna, in deroga a quanto previsto dall'articolo 459 comma 1 del codice, può essere trasmessa entro il termine prorogato.

(1) Articolo così sostituito dall'art. 1, d.lgs. 7.12.1990, n. 369, recante ulteriore prolungamento dei termini per le indagini preliminari nel regime transitorio.

259. Disciplina della competenza e della riunione dei procedimenti

1. Ai fini della determinazione della competenza per materia e per territorio le disposizioni del codice si applicano solo per i reati commessi successivamente alla data di entrata in vigore dello stesso.

2. La riunione non può essere disposta e la connessione non opera tra i procedimenti che proseguono con l'osservanza del codice abrogato e quelli per i quali si applica il codice.

260. Esecuzione.

1. Nelle materie regolate dal libro X del codice si osservano le disposizioni ivi previste anche per i provvedimenti emessi anteriormente alla data di entrata in vigore del codice e per i procedimenti già iniziati a tale data, ferma restando la competenza del giudice davanti al quale i procedimenti medesimi sono in corso.

Tabella A [1]

Spostamenti di competenza per i procedimenti penali nei quali un magistrato assume la qualità di persona sottoposta ad indagini, di imputato ovvero di persona offesa o danneggiata dal reato.

Dal distretto di	Al distretto di
Roma	Perugia
Perugia	Firenze
Firenze	Genova
Genova	Torino
Torino	Milano
Milano	Brescia
Brescia	Venezia
Venezia	Trento
Trento	Trieste
Trieste	Bologna
Bologna	Ancona
Ancona	L'Aquila
L'Aquila	Campobasso
Campobasso	Bari
Bari	Lecce
Lecce	Potenza
Potenza	Catanzaro
Cagliari	Roma [2]
Palermo	Caltanissetta
Caltanissetta	Catania
Catania	Messina
Messina	Reggio Calabria
Reggio Calabria	Catanzaro
Catanzaro	Salerno
Salerno	Napoli
Napoli	Roma

(1) Tabella aggiunta dall'art. 7, l. 2.12.1998, n. 420.

(2) L'originario distretto di Palermo è stato così sostituito dall'art. 1, l. 24.7.2003, n. 199. L'art. 2 della stessa legge ha stabilito che la modifica disposta dall'art. 1 si applica ai procedimenti concernenti i reati commessi e ai giudizi civili iniziati successivamente alla data di entrata in vigore della legge medesima (17.8.2003, n.d.r.).

3. D.M. 30 settembre 1989, n. 334 (G.U. 5 ottobre 1989, n. 233). Regolamento per l'esecuzione del codice di procedura penale

1. – 1. I compiti che il codice, le norme di attuazione e il presente regolamento attribuiscono all'ausiliario, al funzionario di cancelleria, al pubblico ufficiale, alla cancelleria o alla segreteria si intendono attribuiti al personale di cancelleria e di segreteria secondo le mansioni a ciascuno spettanti a norma delle disposizioni sullo stato giuridico.

2. Il dirigente dell'ufficio di cancelleria o di segreteria, con ordine di servizio, ripartisce i compiti fra il personale, in modo da assicurare la continuità ed efficienza del servizio.

2. – 1. Gli uffici giudiziari tengono, nella materia penale, i registri obbligatori conformi ai modelli approvati con decreto del Ministro di grazia e giustizia. Possono altresì tenere i registri sussidiari, senza carattere ufficiale, che ritengono utili.

2. I registri non devono presentare alterazioni o abrasioni. Se occorre eseguire cancellature, le stesse sono fatte in modo da lasciar leggere le parole cancellate.

3. I registri sono tenuti in luogo non accessibile al pubblico e possono essere consultati solo dal personale autorizzato.

3. – 1. Nella formazione dei fascicoli si osservano le disposizioni seguenti:

a) gli atti e le produzioni sono inseriti nel fascicolo in ordine cronologico a cura della cancelleria o segreteria, che provvede alla numerazione delle singole pagine;
b) la copertina del fascicolo deve contenere le generalità della persona a cui è attribuito il reato nonché la data e il numero della iscrizione della notizia di reato nel registro previsto dall'art. 335 del codice.

2. Il fascicolo deve contenere:

a) l'indice degli atti e delle produzioni;
b) l'elenco delle cose sequestrate;
c) la distinta delle spese anticipate dall'erario, diverse da quelle per le quali è stabilito il recupero in misura fissa;
d) la copia della sentenza o del decreto penale di condanna.

4. – 1. Le comunicazioni previste dall'art. 157 commi 3 e 8 del codice sono spedite in plico chiuso e contengono:

a) il nome del destinatario della notificazione;
b) la indicazione della natura dell'atto notificato e del luogo della notificazione;
c) la data e la firma dell'ufficiale giudiziario.

2. Ricorrendone le ipotesi, le comunicazioni contengono altresì l'indicazione del giudice o del pubblico ministero che ha emesso il provvedimento notificato nonché del luogo e della data di comparizione.

5. – 1. Le denunce e gli altri documenti anonimi che non possono essere utilizzati nel procedimento sono annotati in apposito registro suddiviso per anni, nel quale sono iscritti la data in cui il documento è pervenuto e il relativo oggetto.

2. Il registro e i documenti sono custoditi presso la procura della Repubblica con modalità tali da assicurarne la riservatezza.

3. Decorsi cinque anni da quando i documenti indicati nel comma 1 sono pervenuti alla procura della Repubblica, i documenti stessi e il registro sono distrutti con provvedimento adottato annualmente dal procuratore della Repubblica. Delle relative operazioni è redatto verbale.

6. – 1. La cancelleria o la segreteria dell'autorità giudiziaria che ha emesso un provvedimento relativo alla libertà personale di persona detenuta o internata lo comunica all'autorità preposta all'istituto penitenziario. A quest'ultima autorità sono comunicati per estratto i provvedimenti che dispongono la rimessione per qualunque causa del procedimento ad altra autorità giudiziaria e gli estratti delle sentenze.

7. – 1. L'autorità preposta a un istituto penitenziario o un funzionario da essa delegato iscrive in un registro, in ordine cronologico, il cognome, il nome, il luogo e la data di nascita, la cittadinanza, la lingua, lo stato, il domicilio dichiarato o eletto, i contrassegni personali delle persone che riceve in custodia, il giorno della loro entrata nell'istituto, il tempo e il luogo del loro arresto con l'indicazione del provvedimento in forza del quale furono arrestate, dell'autorità a disposizione della quale si trova il detenuto e del nome di chi ha proceduto alla consegna. Nello stesso registro sono iscritte la data dell'uscita dall'istituto, il provvedimento che la ordina e la dichiarazione o l'elezione di domicilio prevista dall'art. 161 comma 3 del codice.

2. Nel registro sono altresì annotati i provvedimenti comunicati a norma dell'art. 6 [reg. c.p.p. 6].

8. – 1. La disposizione dell'art. 24 comma 2 del decreto del Presidente della Repubblica 29 aprile 1976, n. 431, relativa alla vidimazione da parte del magistrato di sorveglianza, si applica anche al registro previsto dall'art. 57 del decreto legislativo 28 luglio 1989, n. 271.

9. – 1. Nessun onere grava sull'amministrazione penitenziaria per il mantenimento, la cura e l'assistenza medica della persona sottoposta alla misura degli arresti domiciliari.

2. La disposizione del comma 1 non si applica se la misura degli arresti domiciliari è eseguita presso le comunità terapeutiche o di riabilitazione individuate con decreto del ministro di grazia e giustizia, sentite le regioni interessate, tra quelle che svolgono funzioni di recupero sociale senza finalità di lucro.

10. – 1. L'elenco previsto dall'art. 81 comma 1 del decreto legislativo 28 luglio 1989, n. 271 è formato assegnando un distinto numero a ciascuna cosa sequestrata. Più cose sequestrate possono essere raggruppate sotto un unico numero quando esse sono della stessa specie e non rilevano per la loro individualità.

2. L'autorità che ha proceduto al sequestro cura che ciascuna cosa o ciascun gruppo di cose siano contraddistinti, mediante le modalità ritenute più idonee, da un numero corrispondente a quello con il quale la cosa o il gruppo di cose sono indicati nell'elenco richiamato dal comma 1.

11. – **1.** Se le cose sequestrate sono oggetti preziosi, monete, carte di pubblico credito indicate nell'art. 458 del codice penale o altri titoli al portatore, si provvede, appena pervengono nella cancelleria o nella segreteria, alla loro verificazione, osservate le disposizioni dell'art. 261 del codice. Allo stesso modo si procede per ogni altra cosa sequestrata quando i sigilli appaiono rotti o alterati. Delle operazioni è compilato verbale che viene unito agli atti.

[**2.** Fino alla data di entrata in vigore del decreto previsto dall'art 82 comma 3 del decreto legislativo 28 luglio 1989, n. 271, il denaro sequestrato, se l'autorità giudiziaria non dispone diversamente, è depositato nell'ufficio postale secondo le norme che disciplinano i depositi giudiziari.]. (1)

(1) Comma abrogato dall'art. 301, co. 1, d.P.R. 30.5.2002, n. 115.

12. – [**1.** Con la comunicazione prevista dall'art. 84 comma 2 del decreto legislativo 28 luglio 1989, n. 271 è dato avviso all'avente diritto alla restituzione che le spese di custodia e di conservazione delle cose sequestrate, decorsi trenta giorni dalla ricezione della comunicazione stessa, sono in ogni caso a suo carico.] (1)

(1) Articolo abrogato dall'art. 301, co. 1, d.P.R. 30.5.2002, n. 115.

13. – **1.** La vendita delle cose confiscate può essere eseguita dalla cancelleria anche a mezzo degli istituti di vendite giudiziarie.

14. – **1.** Nel corso delle indagini preliminari possono essere compiuti atti del procedimento anche nei giorni festivi.

15. – **1.** La cancelleria del giudice che ha emesso un provvedimento che definisce una fase o un grado del processo ne comunica l'estratto alla segreteria del pubblico ministero per l'annotazione nel registro delle notizie di reato.

2. Alla stessa segreteria è comunicata la trasmissione degli atti a norma dell'art. 590 del codice o la rimessione per qualunque causa del procedimento ad altra autorità giudiziaria.

16. – **1.** Salvo quanto previsto dall'art. 17 [reg. c.p.p. 17], la cancelleria del giudice per le indagini preliminari annota in apposito registro, sotto un unico numero d'ordine, tutti i provvedimenti relativi a un medesimo procedimento adottati nel corso delle indagini preliminari o a seguito della chiusura di queste.

2. Gli originali dei provvedimenti del giudice per le indagini preliminari sono custoditi nel fascicolo relativo agli atti di indagine presso la segreteria del pubblico ministero. Per le sentenze e per i decreti di condanna emessi dal giudice per le indagini preliminari si applica la disposizione dell'art. 23 [reg. c.p.p. 23].

3. Il giudice per le indagini preliminari può disporre l'esibizione dei provvedimenti da lui emessi nel corso delle indagini.

17. – **1.** Può prescindersi dall'annotazione prevista dall'art. 16 comma 1 [reg. c.p.p. 16] per i decreti di archiviazione emessi a norma dell'art. 415 del codice qualora, prima della richiesta di archiviazione, non sia stato emesso alcun provvedimento da parte del giudice per le indagini preliminari. In tal caso, la segreteria del pubblico ministero trasmette alla cancelleria del giudice per le indagini preliminari i fascicoli contenenti le richieste di archiviazione per essere ignoto l'autore del reato accompagnati da un elenco in duplice esemplare. Uno degli esemplari è restituito alla segreteria del pubblico ministero con attestazione di ricevuta da parte della cancelleria del giudice.

2. Quando, a seguito della procedura prevista dal comma 1, è emesso decreto di archiviazione, la cancelleria del giudice allega agli atti da restituire alla segreteria del pubblico ministero un elenco in duplice esemplare, nel quale, con riferimento a ciascun procedimento, è indicata la data del decreto di archiviazione. Un esemplare di tale elenco, con l'attestazione di ricevuta da parte della segreteria del pubblico ministero, è conservato nella cancelleria del giudice in raccolta annuale.

18. – **1.** La segreteria del pubblico ministero dà avviso senza ritardo ai difensori del deposito della documentazione relativa all'attività integrativa di indagine prevista dall'art. 430 del codice.

19. – **1.** La cancelleria del giudice per le indagini preliminari, nel trasmettere al pubblico ministero il fascicolo a norma dell'art. 433 del codice, annota nell'indice gli atti acquisiti successivamente al deposito della richiesta di rinvio a giudizio nonché quelli che sono stati raccolti nel fascicolo per il dibattimento. In quest'ultimo fascicolo sono inseriti l'elenco delle cose sequestrate e la distinta delle spese non soggette a recupero in misura fissa.

20. – **1.** Il ruolo per i dibattimenti davanti al tribunale, alla corte di assise e al pretore è formato a norma degli articoli 132 e 160 del decreto legislativo 28 luglio 1989, n. 271.

2. Il ruolo per i dibattimenti davanti alla corte di appello e alla corte di assise di appello è formato ogni venti giorni dal presidente della corte di appello o da un consigliere da lui delegato.

3. Il ruolo è affisso a cura della cancelleria all'ingresso dell'aula di udienza almeno un giorno prima di quello dell'udienza.

4. Ai dibattimenti si procede secondo l'ordine del ruolo e conformemente agli orari indicati sui decreti che dispongono il giudizio, salvo che, per ragioni di urgenza o per altro giustificato motivo, il presidente o il pretore ordini che sia tenuto in precedenza un determinato dibattimento iscritto nel ruolo.

5. È in ogni caso data precedenza ai dibattimenti con imputati in custodia cautelare.

21. – **1.** L'ufficiale giudiziario o chi ne esercita le funzioni deve trovarsi nell'aula prima che cominci l'udienza. Quando il giudice entra nell'aula di udienza ne dà l'annuncio ad alta voce e quando il giudice si ritira in camera di consiglio resta nell'aula agli ordini del pubblico ministero.

2. Durante l'udienza l'ufficiale giudiziario o chi ne esercita le funzioni deve:

a) impedire qualunque comunicazione tra i testimoni esaminati e quelli da esaminare nonché fra questi ultimi e gli estranei;
b) vigilare perché i testimoni non assistano al dibattimento prima di essere esaminati;
c) curare che siano osservate le disposizioni dell'art. 471 del codice e impedire che sia turbato l'ordine dell'udienza;
d) eseguire gli ordini del presidente o, in sua assenza, del pubblico ministero.

22. – [**1.** Gli importi delle spese e delle indennità che devono essere anticipati dalle parti private a norma dell'art. 144 comma 1 del decreto legislativo 28 luglio 1989, n. 271 sono determinati provvisoriamente dalla cancelleria con nota in calce al provvedimento che ha autorizzato la citazione dei testimoni, periti e consulenti tecnici. Le contestazioni sull'ammontare delle spese e delle indennità sono risolte dal giudice per le indagini preliminari o dal presidente senza formalità.

2. La parte interessata provvede al versamento delle somme determinate a norma del comma 1 mediante apertura di libretto presso un ufficio postale a titolo di deposito giudiziario.

3. Il cancelliere, ricevuto in consegna il libretto, attesta l'avvenuto versamento, anche di seguito al provvedimento indicato nel comma 1. Per la liquidazione delle spese e delle indennità agli aventi diritto e la restituzione in favore del depositante della somma eventualmente residuata sul libretto, continuano a osservarsi le disposizioni che regolano i depositi giudiziari.

4. L'ufficiale giudiziario o chi ne esercita le funzioni provvede a notificare la citazione delle persone indicate nel comma 1 previa esibizione da parte dell'interessato di copia del provvedimento che ha autorizzato la citazione e dell'attestato di versamento previsto dal comma 3.]. (1)

(1) Articolo abrogato dall'art. 301, co. 1, d.P.R. 30.5.2002, n. 115.

23. – **1.** Gli originali delle sentenze e dei decreti penali di condanna sono raccolti in appositi volumi custoditi nella cancelleria del giudice che li ha emessi.

24. – **1.** I nastri e i supporti previsti dall'art. 49 del decreto legislativo 28 luglio 1989, n. 271 dei quali è stata eseguita la trascrizione sono trasmessi senza ritardo alla cancelleria del giudice della impugnazione se questi ne fa richiesta.

25. – **1.** Prima dell'udienza della corte di cassazione, la cancelleria trasmette al presidente e ai consiglieri copia del provvedimento impugnato, dell'atto di impugnazione e delle memorie.

26. – **1.** Con decreto del presidente della corte di cassazione sono stabiliti i criteri per la individuazione delle sentenze dalle quali devono essere tratte le massime e per la redazione delle stesse.

27. – **1.** Fermo quanto previsto dall'art. 625 comma 4 del codice, la cancelleria annota sull'originale della sentenza o del decreto di condanna l'irrevocabilità del provvedimento, dandone comunicazione alla segreteria del pubblico ministero per le conseguenti annotazioni sul registro previsto dall'art. 335 del codice.

28. – **1.** La cancelleria, quando un provvedimento diviene esecutivo per non essere stata proposta impugnazione od opposizione, ne trasmette l'estratto senza ritardo, e comunque entro cinque giorni, al pubblico ministero presso il giudice indicato nell'art. 665 del codice. Fermo quanto previsto dall'art. 626 del codice, allo stesso modo provvede la cancelleria della Corte di cassazione quando l'esecuzione consegue alla decisione della stessa Corte.

2. L'estratto del provvedimento contiene le generalità della persona nei confronti della quale deve essere eseguito, l'imputazione, il dispositivo e, quando ne è il caso, l'attestazione che non è stata proposta impugnazione od apposizione. All'estratto è allegata copia dei dispositivi dei provvedimenti che hanno definito gli eventuali altri gradi del procedimento.

3. Allo stesso modo si procede quando la legge stabilisce che l'impugnazione non sospende l'esecuzione del provvedimento.

4. Il pubblico ministero promuove senza ritardo l'esecuzione del provvedimento.

29. – **1.** Per l'esecuzione delle sentenze e dei decreti di condanna la segreteria del pubblico ministero procede ai seguenti adempimenti:

a) eseguiti i necessari accertamenti, iscrive ciascuna sentenza di condanna a pene detentive nel registro delle esecuzioni; le sentenze di condanna a pene pecuniarie o a sanzioni sostitutive, i decreti di condanna nonché le sentenze di condanna a pene detentive la cui esecuzione è sospesa sono iscritti nel registro delle esecuzioni nel caso di conversione in pena detentiva o di revoca della sospensione. Con l'iscrizione è annotato il provvedimento con il quale è stata promossa l'esecuzione della sentenza o del decreto di condanna;
b) forma un fascicolo con un numero progressivo corrispondente a quello del registro, nel quale sono raccolti l'estratto indicato nell'art. 28 [reg. c.p.p. 28], il certificato del casellario giudiziale riguardante il condannato, i dati acquisiti presso il servizio informatico previsto dall'art. 97 del decreto legislativo 28 luglio 1989, n. 271 nonché copia degli atti del procedimento di grazia e dei provvedimenti emessi dall'autorità giudiziaria in sede di esecuzione. Di tutti gli atti viene formato un indice;
c) sottopone al pubblico ministero il fascicolo, anche per l'adozione dei provvedimenti previsti dagli articoli 657 e 663 del codice;

d) trasmette al direttore dell'istituto penitenziario dove si trova il condannato un foglio, sottoscritto dal pubblico ministero, con l'indicazione della quantità di pena da eseguire e della data in cui termina l'esecuzione;
e) comunica al direttore predetto ogni successivo provvedimento che incida sull'esecuzione della pena.

30. – [**1.** Nei casi previsti dall'art. 660 comma 2 del codice, il magistrato di sorveglianza, se accerta che il condannato è solvibile, restituisce gli atti al pubblico ministero.

2. Il pubblico ministero comunica l'esito degli accertamenti sulla solvibilità alla cancelleria del giudice dell'esecuzione che provvede al rinnovo degli atti esecutivi.] [(1)]

(1) Articolo abrogato dall'art. 301, co. 1, d.P.R. 30.05.2002, n. 115.

31. – **1.** Per l'esecuzione delle sanzioni sostitutive, la cancelleria del magistrato di sorveglianza iscrive in apposito registro l'estratto del provvedimento che le ha disposte e forma un fascicolo nel quale sono raccolti l'estratto medesimo e tutti gli atti del procedimento.

2. Allo stesso modo si procede per l'esecuzione delle misure di sicurezza diverse dalla confisca.

32. – **1.** Il provvedimento con il quale viene respinta la richiesta di liberazione anticipata o di liberazione condizionale è comunicato, a cura della cancelleria, al direttore dell'istituto di pena presso il quale il condannato è ristretto perché ne sia presa nota nella cartella biografica.

33. – **1.** La cancelleria del giudice che emette i provvedimenti di riabilitazione o di revoca previsti dall'art. 193 del decreto legislativo 28 luglio 1989, n. 271 ne trasmette l'estratto per l'annotazione alla cancelleria del giudice che ha emesso la sentenza di condanna.

34. – **1.** La cancelleria o la segreteria dell'autorità giudiziaria che ha emesso un provvedimento del quale è prevista l'iscrizione nel casellario giudiziale ne comunica senza ritardo, anche avvalendosi di mezzi tecnici idonei, l'estratto al casellario indicato nell'art. 685 del codice.

2. Allo stesso modo la segreteria del pubblico ministero indicato nell'art. 655 comunica gli eventi relativi alla espiazione della pena di cui è prevista l'iscrizione.

35. – **1.** Il giudice istruttore e il pretore trasmettono senza ritardo al pubblico ministero gli atti dei procedimenti indicati nell'art. 258 del decreto legislativo 28 luglio 1989, n. 271. La segreteria del pubblico ministero provvede all'iscrizione dei procedimenti medesimi nel registro previsto dall'art. 335 del codice.

36. – **1.** Il presente regolamento entra in vigore lo stesso giorno dell'entrata in vigore del codice di procedura penale, approvato con decreto del Presidente della Repubblica 22 settembre 1988, n. 447.

PARTE QUARTA

NORMATIVA STORICA

1. R.D. 30 giugno 1889, n. 6133 (c.d. Codice Zanardelli), che approva il testo definitivo del codice penale per il Regno (*artt. 1-103*)

LIBRO PRIMO
Dei reati e delle pene in generale

TITOLO I
Dell'applicazione della legge penale

1. – Nessuno può essere punito per un fatto che non sia espressamente preveduto come reato dalla legge, né con pene che non siano da essa stabilite.

I reati si distinguono in delitti e contravvenzioni.

2. – Nessuno può essere punito per un fatto che, secondo la legge del tempo in cui fu commesso, non costituiva reato.

Nessuno può essere punito per un fatto che, secondo una legge posteriore, non costituisca reato; e, se vi sia stata condanna, ne cessano l'esecuzione e gli effetti penali.

Se la legge del tempo in cui fu commesso il reato e le posteriori siano diverse, si applica quella le cui disposizioni sono più favorevoli all'imputato.

3. – Chiunque commette un reato nel territorio del regno è punito secondo la legge italiana.

Il cittadino è giudicato nel regno, ancorché sia stato giudicato all'estero.

Lo straniero, che sia stato giudicato all'estero, è giudicato nel regno, se il Ministro della Giustizia ne faccia richiesta.

4. – Il cittadino o lo straniero, che commette in territorio estero un delitto contro la sicurezza dello Stato, o di contraffazione del sigillo dello Stato, o di falsità in monete aventi corso legale nel regno o in carte di pubblico credito italiane, per il quale la legge italiana stabilisca una pena restrittiva della libertà personale non inferiore nel massimo ai cinque anni, è punito secondo la legge medesima.

È giudicato nel regno, ancorché sia stato giudicato all'estero, se il Ministro della Giustizia ne faccia richiesta.

Le precedenti disposizioni si applicano anche se trattisi di delitto per il quale sia stabilita una pena restrittiva della libertà personale di minore durata, sempre che il cittadino o lo straniero si trovi nel territorio del regno.

5. – Il cittadino, che, fuori dei casi indicati nell'articolo precedente, commette in territorio estero un delitto per il quale la legge italiana stabilisca una pena restrittiva della libertà personale non inferiore nel minimo ai tre anni, è punito secondo la legge medesima, sempre che si trovi nel territorio del regno; ma la pena è diminuita di un sesto, e all'ergastolo è sostituita la reclusione da venticinque a trent'anni.

Se trattisi di delitto per il quale sia stabilita una pena restrittiva della libertà personale di minore durata, non si procede che a querela di parte o a richiesta del Governo estero.

6. – Lo straniero, che, fuori dei casi indicati nell'articolo 4, commette in territorio estero, a danno dello Stato o di un cittadino, un delitto per il quale la legge italiana stabilisca una pena restrittiva della libertà personale non inferiore nel minimo ad un anno, è punito secondo la legge medesima, sempre che si trovi nel territorio del regno: ma la pena è diminuita di un terzo, e all'ergastolo è sostituita la reclusione non inferiore ai venti anni.

Non si procede che a richiesta del Ministro della Giustizia o a querela di parte.

Se il delitto sia commesso a danno di altro straniero, il colpevole, a richiesta del Ministro della Giustizia, è punito secondo le disposizioni della prima parte del presente articolo, sempre che:

1. si tratti di delitto per il quale sia stabilita una pena restrittiva della libertà personale non inferiore nel minimo ai tre anni;
2. non esista trattato di estradizione, o questa non sia stata accettata dal Governo del luogo in cui il colpevole ha commesso il delitto o da quello della sua patria.

7. – Non si procede al giudizio nei casi indicati negli artt. 5 e 6:

1. se trattisi di delitto per il quale, secondo la disposizione del primo capoverso dell'art. 9, non sia ammessa l'estradizione;
2. se l'imputato, giudicato all'estero, sia stato definitivamente prosciolto dall'imputazione, ovvero se condannato, abbia scontato la pena o la condanna sia estinta.

Nondimeno, se contro il cittadino, per un delitto commesso in territorio estero, diverso da quelli indicati nel numero 1° del presente articolo, sia stata pronunziata all'estero una condanna, che secondo la legge italiana importerebbe, come pena o come effetto penale, l'interdizione dai pubblici ufficii o altra incapacità, l'Autorità giudiziaria, sull'istanza del Pubblico Ministero, può dichiarare che la sentenza pronunziata all'estero produce nel regno l'interdizione o l'incapacità suddetta; salvo al condannato il diritto di chiedere che, prima di provvedere sull'istanza del Pubblico Ministero, si rinnovi il giudizio seguito all'estero.

8. – Quando, nei casi preveduti negli articoli precedenti, il giudizio seguito all'estero sia rinnovato nel regno, si computa la pena scontata all'estero, tenendo conto della specie di essa ed applicando, ove occorra, le disposizioni dell'art. 40.

9. – Non è ammessa l'estradizione del cittadino.

L'estradizione dello straniero non è ammessa per i delitti politici, né per i reati che a questi siano connessi.

L'estradizione dello straniero non può essere offerta né consentita se non dal Governo del Re, e previa deliberazione conforme dell'Autorità giudiziaria del luogo in cui lo straniero si trovi.

Nondimeno, su domanda od offerta di estradizione, può essere ordinato l'arresto provvisorio dello straniero.

10. – Le disposizioni del presente codice si applicano anche alle materie regolate da altre leggi penali, in quanto non sia da queste diversamente stabilito.

TITOLO II
Delle pene

11. – Le pene stabilite per i delitti sono:
1. l'ergastolo;
2. la reclusione;
3. la detenzione;
4. il confino;
5. la multa;
6. l'interdizione dai pubblici ufficii.

Le pene stabilite per le contravvenzioni sono:
1. l'arresto;
2. l'ammenda;
3. la sospensione dall'esercizio di una professione o di un'arte.

Sotto la denominazione di pene restrittive della libertà personale la legge comprende l'ergastolo, la reclusione, la detenzione, il confino e l'arresto.

12. – La pena dell'ergastolo è perpetua. Si sconta in uno stabilimento speciale, dove il condannato rimane per i primi sette anni in segregazione cellulare continua, con l'obbligo del lavoro. Negli anni successivi egli è ammesso al lavoro insieme con altri condannati, con l'obbligo del silenzio.

13. – La pena della reclusione si estende da tre giorni a ventiquattro anni. Si sconta negli stabilimenti a ciò destinati, con l'obbligo del lavoro e secondo le norme seguenti.

Se non superi i sei mesi, si sconta con segregazione cellulare continua per tutta la sua durata; e può essere fatta scontare in un carcere giudiziario.

Se superi i sei mesi, si sconta con segregazione cellulare continua per un primo periodo uguale al sesto dell'intera durata della pena, e che non può essere inferiore ai sei mesi, né superiore ai tre anni; con segregazione notturna e silenzio durante il giorno, per il periodo successivo.

14. – Il condannato alla reclusione per un tempo non minore dei tre anni, il quale abbia scontato metà della pena e non meno di trenta mesi, ed abbia tenuto buona condotta, può essere ammesso a scontare il rimanente in uno stabilimento penitenziario, agricolo o industriale, o anche lavorando in opere pubbliche o private, sotto la potestà della pubblica Amministrazione.

Se il condannato non perseveri nella buona condotta, l'ammissione suddetta è revocata.

15. – La pena della detenzione si estende da tre giorni a ventiquattro anni. Si sconta negli stabilimenti a ciò destinati, con l'obbligo del lavoro e con segregazione notturna.

Il condannato può scegliere, tra le specie di lavoro ammesso nello stabilimento al quale è assegnato, quella che è più confacente alle sue attitudini e precedenti occupazioni; e può essergli anche permessa una specie diversa di lavoro.

Se la pena non superi i sei mesi, può essere fatta scontare in una sezione speciale del carcere giudiziario.

16. – Il condannato alla reclusione o alla detenzione per un tempo superiore ai tre anni, che abbia scontato tre quarti della pena e non meno di tre anni, se si tratti della reclusione, o la metà, se si tratti della detenzione, e abbia tenuto tale condotta da far presumere il suo ravvedimento, può, a sua istanza, ottenere la liberazione condizionale, sempre che il rimanente della pena non superi i tre anni.

La liberazione condizionale non è concessa:
1. al condannato per alcuno tra i delitti indicati negli art. 248 e dal 406 al 410;
2. al condannato alla reclusione per trent'anni, nel caso preveduto nell'art. 59;
3. al recidivo in alcuno tra i delitti indicati negli articoli dal 364 al 368 e 404;
4. al recidivo per la seconda volta in qualsiasi delitto, quando sia stato condannato a pena che superi i cinque anni.

17. – La liberazione condizionale è revocata, se il condannato commetta un reato che importi pena restrittiva della libertà personale, o non adempia le condizioni a lui imposte. In tal caso il tempo trascorso in liberazione condizionale non si computa nella durata della pena; e il condannato non può essere riammesso alla liberazione condizionale.

Scorso tutto il tempo della pena inflitta senza che la liberazione condizionale sia revocata, la pena rimane scontata; e il tempo trascorso in liberazione condizionale si computa nella durata della vigilanza speciale dell'Autorità di pubblica sicurezza che fosse aggiunta alla pena scontata.

18. – La pena del confino consiste nell'obbligo imposto al condannato di dimorare per un tempo non inferiore ad un mese e non superiore ai tre anni, in un Comune indicato nella sentenza, a distanza non minore di sessanta chilometri, tanto dal Comune ove fu commesso il delitto, quanto da quelli in cui gli offesi e lo stesso condannato hanno la propria residenza.

Se il condannato trasgredisca all'obbligo suddetto, la pena del confino e convertita in quella della detenzione per il tempo che rimane al compimento di essa.

19. – La pena della multa consiste nel pagamento all'erario dello Stato di una somma non inferiore alle lire dieci, né superiore alle lire diecimila.

Nel caso di non eseguito pagamento entro due mesi dal giorno dell'intimazione del precetto, e di insolvibilità del condannato, la multa si converte nella detenzione, col ragguaglio di un giorno per ogni dieci lire e frazione di dieci lire della somma non pagata.

Il condannato può sempre far cessare la pena sostituita, pagando la multa, dedotta la parte corrispondente alla detenzione sofferta, col ragguaglio stabilito nel precedente capoverso.

La detenzione sostituita alla multa non può mai oltrepassare la durata di un anno.

Alla detenzione può essere sostituita nell'esecuzione, ad istanza del condannato la prestazione di un'opera determinata a servizio dello Stato, della Provincia o del Comune; e due giorni di lavoro sono ragguagliati ad un giorno di detenzione.

20. – L'interdizione dai pubblici ufficii è perpetua o temporanea.

L'interdizione perpetua produce la privazione:

1. del diritto di elettore e di eligibile in qualsiasi comizio elettorale, e di ogni altro diritto politico;
2. della qualità di membro del Parlamento e di giurato, di ogni ufficio elettivo e di ogni impiego od ufficio pubblico, conferito dallo Stato, da una Provincia, da un Comune, o da un istituto sottoposto per legge alla tutela dello Stato, della Provincia o del Comune;
3. dei gradi e delle dignità accademiche, dei titoli, delle decorazioni e altre pubbliche insegne onorifiche;
4. di ogni diritto lucrativo od onorifico inerente a qualunque degli impieghi, ufficii, gradi o titoli e delle qualità, dignità o decorazioni indicate nei numeri precedenti, e del beneficio ecclesiastico di cui il condannato sia investito;
5. dell'ufficio di tutore o di curatore e di ogni altro attinente alla tutela e alla cura, tranne quella dei discendenti nei casi determinati dalla legge civile;
6. della capacità di acquistare qualsiasi diritto, impiego, ufficio, qualità, grado, titolo e distinzione indicate nei numeri precedenti.

L'interdizione temporanea produce l'incapacità nel condannato di acquistare o esercitare, per un tempo non minore dei tre mesi e non maggiore dei cinque anni, i predetti diritti, impieghi, ufficii, qualità, gradi e onorificenze.

La legge determina i casi nei quali la interdizione dai pubblici ufficii è limitata ad alcuno di essi, e i casi nei quali si estende all'esercizio della professione o dell'arte del condannato.

21. – La pena dell'arresto si estende da un giorno a due anni. Si sconta negli stabilimenti a ciò destinati, con segregazione notturna e con l'obbligo del lavoro, rispetto al quale e applicabile il primo capoverso dell'art. 15. Può farsi anche scontare in una sezione speciale del carcere giudiziario.

Per le donne e per i minorenni, non recidivi, se la pena non superi un mese, il giudice può disporre che sia scontata nella loro abitazione. In caso di trasgressione, la intera pena si sconta nei modi ordinarii.

22. – La legge determina i casi nei quali l'arresto può essere scontato in una casa di lavoro, o anche mediante prestazione d'opera in lavori di pubblica utilità.

Se il condannato non si presenti per scontare la pena, ovvero rifiuti di prestare l'opera propria, l'arresto è scontato nei modi ordinarii.

23. – Le donne scontano le pene dell'ergastolo, della reclusione, della detenzione e dell'arresto in stabilimenti speciali.

La legge determina i casi nei quali le pene restrittive della libertà personale si scontano in una casa di correzione o in una casa di custodia.

24. – La pena dell'ammenda consiste nel pagamento all'erario dello Stato di una somma non inferiore ad una lira, né superiore alle lire duemila.

Si applicano le disposizioni contenute nei capoversi dell'art. 19, sostituito l'arresto alla detenzione.

25. – La sospensione dall'esercizio di una professione o di un'arte si estende da tre giorni a due anni.

26. – Quando la pena stabilita dalla legge non superi un mese di detenzione o di arresto, tre mesi di confino, ovvero trecento lire di multa o di ammenda, ove concorrano circostanze attenuanti, e il colpevole non abbia riportato mai condanna per delitto, né condanna per contravvenzione a una pena superiore ad un mese di arresto, il giudice può dichiarare che alla pena da lui pronunziata è sostituita una riprensione giudiziale.

La riprensione giudiziale consiste in un ammonimento, adatto alle particolari condizioni della persona e alle circostanze del fatto, che, intorno ai precetti della legge violata e alle conseguenze del reato commesso, il giudice rivolge al colpevole, in pubblica udienza.

Se il condannato non si presenti all'udienza fissata per la riprensione, o non l'accolga con rispetto, è applicata la pena stabilita nella sentenza per il reato commesso.

27. – Nel caso preveduto nell'articolo precedente, il condannato deve obbligarsi personalmente, e, ove il giudice lo reputi opportuno, anche in concorso di uno o più fideiussori idonei e solidali, a pagare una determinata somma a titolo di ammenda, qualora, entro un termine da prefiggersi nella sentenza, non superiore ai due anni per i delitti e ad un anno per le contravvenzioni, egli commetta un altro reato; salvo per l nuovo reato l'applicazione della pena stabilita dalla legge. Spetta al giudice decidere sulla idoneità dei fidejussori.

Se il condannato non si assoggetti al predetto obbligo o non presenti fidejussori idonei, è applicata la pena stabilita nella sentenza per il reato commesso.

28. – La legge determina i casi nei quali il giudice deve aggiungere alla pena inflitta la sottoposizione del condannato alla vigilanza speciale dell'Autorità di pubblica sicurezza.

La vigilanza speciale dell'Autorità di pubblica sicurezza, ove la legge non disponga altrimenti, non può essere inferiore ad un anno, né superiore ai tre. Il condannato sottoposto a tale vigilanza ha l'obbligo di dichiarare all'Autorità competente, entro quindici giorni dal termine indicato nell'art. 42, in qual luogo intenda stabilire la propria residenza e l'obbligo altresì di adempiere le prescrizioni che gli siano imposte in conformità della legge. La stessa Autorità gli può vietare la residenza in luoghi determinati durante il tempo della vigilanza.

Nelle sentenze di condanna alla pena della reclusione per un tempo maggiore di un anno, il giudice può aggiungere la sottoposizione del condannato alla vigilanza speciale.

La sentenza può limitare le prescrizioni da imporsi al condannato.

29. – Le pene non possono essere aumentate, né diminuite, né commutate, se non nei casi espressamente determinati dalla legge.

Quando la legge disponga che la pena sia aumentata o diminuita di una determinata frazione, l'aumento o la diminuzione si opera su quella quantità di essa che il giudice applicherebbe al colpevole ove non concorresse la circostanza che la fa aumentare o diminuire.

Se concorrano più circostanze, l'aumento o la diminuzione si opera sulla quantità di pena risultante dall'aumento o dalla diminuzione precedente; e, concorrendo insieme circostanze di aumento e altre di diminuzione, si comincia dalle prime. In ogni caso sono valutate per ultime, e nell'ordine seguente, l'età, lo stato di mente, le attenuanti prevedute nell'art. 59, e la recidiva.

Nell'aumento o nella diminuzione non si possono oltrepassare i limiti stabiliti per ciascuna specie di pena, salvo i casi espressamente determinati dalla legge.

Se debbasi diminuire la pena dell'arresto o dell'ammenda, il cui massimo stabilito dalla legge non superi, rispettivamente, i cinque giorni o le cinquanta lire, è ad essa sostituita la riprensione giudiziale.

30. – Le pene temporanee si applicano a giorni, a mesi e ad anni.

Ogni giorno di pena è di ventiquattro ore; ogni mese, di trenta giorni. L'anno si computa secondo il calendario comune.

Nelle pene temporanee non si tien conto delle frazioni di giorno, e nelle pene pecuniarie delle frazioni di lira.

TITOLO III
Degli effetti e della esecuzione delle condanne penali

31. – La condanna all'ergastolo e la condanna alla reclusione per un tempo maggiore dei cinque anni hanno per effetto l'interdizione perpetua del condannato dai pubblici ufficii; e la condanna alla reclusione per un tempo maggiore dei tre anni ha per effetto l'interdizione dai pubblici ufficii per una durata pari a quella della reclusione.

32. – La condanna alla reclusione per trent'anni, sostituita all'ergastolo nel caso preveduto nell'art. 59, ha per effetto la sottoposizione del condannato alla vigilanza speciale dell'Autorità di pubblica sicurezza per dieci anni.

33. – Il condannato all'ergastolo o alla reclusione per un tempo maggiore dei cinque anni è, durante la pena, in istato d'interdizione legale; e gli si applicano, per l'amministrazione dei beni, le disposizioni della legge civile sugli interdetti.

La condanna all'ergastolo priva inoltre il condannato della patria podestà, dell'autorità maritale, e della capacità di testare, e rende nullo il testamento fatto prima della condanna.

Nella condanna alla reclusione per un tempo maggiore dei cinque anni può aggiungersi la privazione della patria podestà e dell'autorità maritale, durante la pena.

34. – Quando la legge disponga che la condanna per un delitto abbia per effetto l'indicibilità nei comizii politici, la condanna medesima produce anche la decadenza dalla qualità di membro del Parlamento, di cui il condannato sia rivestito.

35. – Oltre i casi determinati dalla legge, ogni condanna per reati commessi con abuso di un ufficio pubblico, ovvero con abuso di una professione o di un'arte per l'esercizio della quale si richieda speciale abilitazione o una licenza dell'Autorità, ha per effetto l'interdizione temporanea dall'ufficio ovvero la sospensione dall'esercizio della professione o dell'arte, per un tempo pari a quello della pena restrittiva della libertà personale inflitta o che dovrebbe scontarsi nel caso d'insolvenza di una pena pecuniaria.

Qualora si tratti di altre professioni o arti, la legge determina i casi nei quali la condanna ha per effetto la sospensione dall'esercizio della professione o dell'arte.

L'interdizione e la sospensione non possono mai superare il limite massimo stabilito negli articoli 20 e 25.

36. – Nel caso di condanna, il giudice può ordinare la confisca delle cose che servirono o furono destinate a commettere il delitto, e delle cose che ne sono il prodotto, purché non appartengano a persone estranee al delitto.

Ove si tratti di cose, la fabbricazione, l'uso, il porto, la detenzione o la vendita delle quali costituisca reato, la loro confisca è sempre ordinata, quand'anche non vi sia condanna, e ancorché esse non appartengano all'imputato.

37. – La condanna penale non pregiudica il diritto dell'offeso o danneggiato alle restituzioni e al risarcimento dei danni.

38. – Oltre alle restituzioni e al risarcimento dei danni, il giudice, per ogni delitto che offenda l'onore della persona o della famiglia, ancorché non abbia cagionato danno, può assegnare alla parte offesa, che ne faccia domanda, una somma determinata a titolo di riparazione.

39. – Il condannato è obbligato al rifacimento delle spese processuali.

I condannati per uno stesso reato sono obbligati in solido alle restituzioni, al risarcimento dei danni, alla riparazione pecuniaria e alle spese processuali.

I condannati in uno stesso giudizio per reati diversi sono obbligati in solido alle sole spese comuni ai reati per i quali riportano condanna.

40. – La carcerazione sofferta prima che la sentenza sia divenuta irrevocabile si detrae dalla durata complessiva della pena temporanea restrittiva della libertà personale.

Se la pena sia del confino, un giorno di carcerazione si computa per tre giorni di pena.

Se sia applicata soltanto una pena pecuniaria, la detrazione si fa col ragguaglio stabilito nell'articolo 19.

41. – Le pene dell'interdizione dai pubblici ufficii e della sospensione dall'esercizio di una professione o di un'arte decorrono dal giorno in cui la sentenza è divenuta irrevocabile; ferme le disposizioni della legge quanto alle sentenze proferite in contumacia.

Se l'interdizione o la sospensione suddetta od altra incapacità sia congiunta ad una pena restrittiva della libertà personale o sia effetto di una condanna penale, essa è applicata mentre si sconta la pena restrittiva, ma la durata stabilita nella sentenza o nella legge comincia a decorrere soltanto dal giorno in cui la pena sia scontata o la condanna sia estinta.

42. – La vigilanza speciale dell'Autorità di pubblica sicurezza decorre dal giorno in cui sia scontata la pena alla quale fu aggiunta.

La sottoposizione del condannato alla vigilanza speciale dell'Autorità di pubblica sicurezza può, ove le condizioni e la condotta del medesimo lo permettano, farsi cessare o limitarsi, tanto nella durata quanto negli effetti, con provvedimento dell'Autorità giudiziaria.

A limitarne gli effetti può provvedere anche l'Autorità competente per l'esecuzione della vigilanza, se i medesimi non siano stati determinati nella sentenza di condanna.

43. – La sentenza di condanna all'ergastolo è stampata per estratto ed affissa nel Comune dove è stata pronunziata, in quello dove il delitto fu commesso ed in quello dove il condannato aveva l'ultima residenza.

TITOLO IV
Della imputabilità, e delle cause che la escludono o la diminuiscono

44. – Nessuno può invocare a propria scusa l'ignoranza della legge penale.

45. – Nessuno può essere punito per un delitto, se non abbia voluto il fatto che lo costituisce, tranne che la legge lo ponga altrimenti a suo carico, come conseguenza della sua azione od omissione.

Nelle contravvenzioni ciascuno risponde della propria azione od omissione, ancorché non si dimostri ch'egli abbia voluto commettere un fatto contrario alla legge.

46. – Non è punibile colui che, nel momento in cui ha commesso il fatto, era in tale stato di infermità di mente da togliergli la coscienza o la libertà dei proprii atti.

Il giudice, nondimeno, ove stimi pericolosa la liberazione dell'imputato prosciolto, ne ordina la consegna all'Autorità competente per i provvedimenti di legge.

47. – Quando lo stato di mente indicato nell'articolo precedente era tale da scemare grandemente la imputabilità, senza escluderla, la pena stabilita per il reato commesso è diminuita secondo le norme seguenti:

1. all'ergastolo è sostituita la reclusione per un tempo non inferiore ai sei anni;
2. all'interdizione perpetua dai pubblici ufficii è sostituita l'interdizione temporanea;
3. ove si tratti di pena temporanea che oltrepassi i dodici anni, essa si applica nella durata da tre a dieci anni; se oltrepassi i sei anni ma non i dodici, si applica nella durata da uno a cinque anni; e, negli altri casi, in una aurata inferiore alla metà della pena che sarebbe applicata;
4. la pena pecuniaria è ridotta alla metà.

Se la pena sia restrittiva della libertà personale, il giudice può ordinare che sia scontata in una casa di custodia sino a che l'Autorità competente non revochi il provvedimento, nel qual caso il rimanente della pena è scontato nei modi ordinarii.

48. – Le disposizioni contenute nella prima parte degli articoli 46 e 47 si applicano anche a colui che nel momento in cui ha commesso il fatto, si trovava nello stato preveduto in detti articoli a cagione di ubbriachezza accidentale.

Ove si tratti di ubbriachezza volontaria:

1. nel caso dell'art. 46, all'ergastolo è sostituita la reclusione da uno a otto anni, e da tre a dodici se l'ubbriachezza sia abituale; all'interdizione perpetua dai pubblici ufficii è sostituita l'interdizione temporanea; e le altre pene sono applicate in misura inferiore ad un sesto, e, se l'ubbriachezza sia abituale, in misura non inferiore ad un sesto e non superiore ad un terzo;
2. nel caso dell'art. 47, all'ergastolo è sostituita la reclusione non minore di dieci anni, e non minore di diciotto, se l'ubbriachezza sia abituale; e le altre pene sono applicate con la diminuzione della metà, e, se l'ubbriachezza sia abituale, con la diminuzione di un terzo.

Se l'ubbriachezza sia abituale, la pena restrittiva della libertà personale può essere fatta scontare in uno stabilimento speciale.

Le diminuzioni di pena stabilite nel presente articolo non si applicano, se l'ubbriachezza sia stata procurata per facilitare la esecuzione del reato o per preparare una scusa.

49. – Non è punibile colui che ha commesso il fatto:
1. per disposizione della legge, o per ordine, che era obbligato ad eseguire, dell'Autorità competente;
2. per esservi stato costretto dalla necessità di respingere da sé o da altri una violenza attuale e ingiusta;
3. per esservi stato costretto dalla necessità di salvare sé o altri da un pericolo grave e imminente alla persona, al quale non aveva dato volontariamente causa e che non si poteva altrimenti evitare.

Nel caso preveduto nel numero 1°, se il fatto commesso in esecuzione dell'ordine di un pubblico ufficiale costituisca reato, la pena stabilita per il medesimo è applicata al pubblico ufficiale che ha dato l'ordine.

50. – Colui che, commettendo un fatto nelle circostanze prevedute nell'articolo precedente, ha ecceduto i limiti imposti dalla legge, dall'Autorità o dalla necessità, è punito con la detenzione per un tempo non inferiore ai sei anni, ove la pena stabilita per il reato commesso sia l'ergastolo, e negli altri casi con la pena stabilita per il reato medesimo ridotta a misura non inferiore ad un sesto e non superiore alla metà, sostituita la detenzione alla reclusione e la interdizione temporanea dai pubblici uffici all'interdizione perpetua.

51. – Colui che ha commesso il fatto nell'impeto d'ira o d'intenso dolore, determinato da ingiusta provocazione, è punito con la reclusione non inferiore ai venti anni, se la pena stabilita per il reato commesso sia l'ergastolo, e negli altri casi con la pena stabilita per il reato commesso diminuita di un terzo.

Se la provocazione sia grave, all'ergastolo è sostituita la detenzione da dieci a venti anni, e le altre pene sono diminuite dalla metà ai due terzi, sostituita alla reclusione la detenzione e all'interdizione perpetua dai pubblici ufficii l'interdizione temporanea.

52. – Quando alcuno, per errore o per altro accidente, commetta un delitto in pregiudizio di persona diversa da quella contro la quale aveva diretta la propria azione, non sono poste a carico di lui le circostanze aggravanti che derivano dalla qualità dell'offeso o danneggiato, e gli sono valutate le circostanze che avrebbero diminuita la pena per il delitto, se l'avesse commesso in pregiudizio della persona contro la quale la sua azione era diretta.

53. – Non si procede contro colui che, nel momento in cui ha commesso il fatto, non aveva compiuto i nove anni.

Nondimeno, ove il fatto sia preveduto dalla legge come un delitto che importi l'ergastolo o la reclusione, ovvero la detenzione non inferiore ad un anno, il presidente del tribunale civile, sulla richiesta del pubblico ministero, può ordinare, con provvedimento revocabile, che il minore sia rinchiuso in un istituto di educazione e di correzione, per un tempo che non oltrepassi a maggiore età; ovvero può ingiungere ai genitori, o a coloro che abbian obbligo di provvedere all'educazione del minore, di vigilare sulla condotta di lui, sotto pena, in caso d'inosservanza ed ove il minore commetta un delitto qualsiasi, di un'ammenda sino a lire duemila.

54. – Colui che, nel momento in cui ha commesso il fatto, aveva compiuto i nove anni, ma non ancora i quattordici, se non risulti che abbia agito con discernimento, non soggiace a pena. Nondimeno, ove il fatto sia preveduto dalla legge come un delitto che importi l'ergastolo o la reclusione, ovvero la detenzione non inferiore ad un anno, il giudice può dare l'uno o l'altro dei provvedimenti indicati nel capoverso dell'art, precedente.

Qualora risulti che abbia agito con discernimento, la pena stabilita per il reato commesso è diminuita secondo le norme seguenti:
1. all'ergastolo è sostituita la reclusione da sei a quindici anni;
2. le altre pene si applicano con le diminuzioni determinate nei numeri 3° e 4° dell'art. 47.

Se la pena sia restrittiva della libertà personale, ancorché sostituita ad una pena pecuniaria, il colpevole, che al tempo della condanna non abbia ancora compiuto i diciotto anni, la sconta in una casa di correzione.

L'interdizione dai pubblici ufficii e la sottoposizione alla vigilanza speciale dell'Autorità di pubblica sicurezza non sono applicate.

55. – Colui che, nel momento in cui ha commesso il fatto, aveva compiuto i quattordici anni, ma non ancora i diciotto, è punito secondo le norme seguenti:
1. all'ergastolo è sostituita la reclusione da dodici a venti anni;
2. ove si tratti di pena temporanea che oltrepassi i dodici anni, essa si applica nella durata da sei a dodici anni; se oltrepassa i sei ma non i dodici, si applica nella durata da tre a sei anni; e negli altri casi la pena è ridotta alla metà;
3. la pena pecuniaria è diminuita di un terzo.

Se al tempo della condanna il colpevole non abbia ancora compiuto i diciotto anni, il giudice può ordinare che la pena restrittiva della libertà personale sia scontata in una casa di correzione; e l'interdizione dai pubblici ufficii e la sottoposizione alla vigilanza speciale dell'Autorità di pubblica sicurezza non sono applicate.

56. – Colui che nel momento in cui ha commesso il fatto, aveva compiuto i diciotto anni, ma non ancora i ventuno, soggiace alla reclusione da venticinque a trent'anni, se la pena stabilita per il reato commesso sia l'ergastolo, e negli altri casi alla pena stabilita per il reato commesso diminuita di un sesto.

57. – Non si procede contro il sordomuto, che, nel momento in cui ha commesso il fatto, non aveva compiuto i quattordici anni; ma può essergli applicata la disposizione contenuta nel capoverso dell'art. 53, con facoltà di ordinare che rimanga nell'istituto di educazione e di correzione sino all'età dei ventiquattro anni.

58. – Il sordomuto che, nel momento in cui ha commesso il fatto, aveva compiuto i quattordici anni, ove non risulti che abbia agito con discernimento, non soggiace a pena. Nondimeno, qualora il fatto sia preveduto dalla legge come un delitto che importi l'ergastolo o la reclusione, ovvero la detenzione non inferiore ad un anno, il giudice, se il sordomuto non abbia ancora compiuto i ventiquattro anni, può applicargli la disposizione contenuta nel capoverso dell'art. 53, con facoltà di ordinare che rimanga nell'istituto di educazione e di correzione sino all'età dei ventiquattro anni. Se abbia compiuto gli anni ventiquattro, il giudice può ordinarne la consegna all'Autorità competente per i provvedimenti di legge.

Ove risulti che abbia agito con discernimento, se il sordomuto non aveva ancora compiuto i diciotto anni, si applicano le disposizioni contenute nei capoversi dell'art. 54; se aveva compiuto i diciotto anni ma non ancora i ventuno, si applicano quelle dell'art. 55; e se aveva compiuto i ventuno, si applicano le disposizioni dell'art. 56.

59. – Oltre le diminuzioni di pena espressamente stabilite dalla legge, se concorrano circostanze attenuanti in favore del colpevole, all'ergastolo è sostituita la reclusione per trent'anni, e le altre pene sono diminuite di un sesto.

60. – Nelle contravvenzioni commesse da chi è soggetto all'altrui autorità, direzione o vigilanza, la pena, oltre alla persona subordinata, si applica anche alla persona rivestita dell'autorità, o incaricata della direzione o vigilanza, se trattisi di contravvenzione a disposizioni che essa era tenuta a far osservare, e se la contravvenzione poteva essere impedita dalla sua diligenza.

Se la contravvenzione sia commessa per ordine della persona rivestita dell'autorità, o incaricata della direzione o vigilanza, e violi disposizioni che la persona medesima era tenuta per legge a far osservare, la pena si applica anche alla persona subordinata, nel caso in cui questa abbia commessa la contravvenzione non ostante speciale precetto o avvertimento dell'Autorità.

TITOLO V
Del tentativo

61. – Colui che, a fine di commettere un delitto, ne comincia con mezzi idonei l'esecuzione, ma per circostanze indipendenti dalla sua volontà non compie tutto ciò che è necessario alla consumazione di esso, è punito con la reclusione non inferiore ai dieci anni, ove la pena stabilita per il delitto sia l'ergastolo, e negli altri casi con la pena stabilita per il delitto diminuita dalla metà ai due terzi.

Se volontariamente desista dagli atti d'esecuzione del delitto, soggiace soltanto alla pena stabilita per l'atto eseguito, ove questo costituisca di per sé un reato.

62. – Colui che, a fine di commettere un delitto, compie tutto ciò che è necessario alla consumazione di esso, se questa non avvenga per circostanze indipendenti dalla sua volontà, è punito con la reclusione non inferiore ai venti anni, ove la pena stabilita per il delitto sia l'ergastolo, e negli altri casi con la pena stabilita per il delitto diminuita da un sesto ad un terzo.

TITOLO VI
Del concorso di più persone in uno stesso reato

63. – Quando più persone concorrano nella esecuzione di un reato, ciascuno degli esecutori e dei cooperatori immediati soggiace alla pena stabilita per il reato commesso.

Alla stessa pena soggiace colui che ha determinato altri a commettere il reato; ma all'ergastolo è sostituita la reclusione da venticinque a trent'anni, e le altre pene sono diminuite di un sesto, se l'esecutore del reato lo abbia commesso anche per motivi proprii.

64. – È punito con la reclusione per un tempo non minore dei dodici anni, ove la pena stabilita per il reato commesso sia l'ergastolo, e negli altri casi con la pena stabilita per il reato medesimo diminuita della metà, colui che è concorso nel reato:

1. con l'eccitare o rafforzare la risoluzione di commetterlo, o col promettere assistenza od aiuto da prestarsi dopo il reato;
2. col dare istruzioni o col somministrare mezzi per eseguirlo;
3. col facilitarne l'esecuzione, prestando assistenza od aiuto prima o durante il fatto;

La diminuzione di pena per il colpevole di alcuno dei fatti preveduti nel presente articolo non è applicata, se il reato senza il suo concorso non si sarebbe commesso.

65. – Le circostanze e le qualità inerenti alla persona, permanenti o accidentali, per le quali si aggrava la pena di alcuno fra quelli che sono concorsi nel reato, ove abbiano servito ad agevolarne la esecuzione, stanno a carico anche di coloro che le conoscevano nel momento in cui vi sono concorsi; ma la pena può essere diminuita di un sesto, e all'ergastolo può essere sostituita la reclusione da venticinque a trent'anni.

66. – Le circostanze materiali che aggravano la pena, ancorché facciano mutare il titolo del reato, stanno a carico anche di coloro che le conoscevano nel momento in cui sono concorsi nel reato.

TITOLO VII
Del concorso di reati e di pene

67. – Al colpevole di più delitti, che importino pene

restrittive della libertà personale per un tempo maggiore dei cinque anni, una delle quali sia l'ergastolo, si aumenta da uno a tre anni il periodo della segregazione cellulare continua, e sino a cinque anni ove anche un'altra delle pene incorse sia l'ergastolo.

68. – Al colpevole di più delitti, che importino la stessa specie di pena temporanea restrittiva della libertà personale, si applica la pena per il delitto più grave, con un aumento pari alla metà della durata complessiva delle altre pene, purché non si oltrepassino i trent'anni per la reclusione e la detenzione, e i cinque anni per il confino.

69. – Il colpevole di due delitti, uno dei quali importi la reclusione e l'altro la detenzione, è punito secondo le norme seguenti:
1. se la reclusione non superi un anno e non raggiunga il terzo della durata della detenzione, si applica la detenzione con un aumento pari alla metà della durata della reclusione;
2. in ogni altro caso, si applica la reclusione con un aumento pari al terzo della durata della detenzione, purché non si superino i trent'anni.

Quando concorrano più di due delitti, prima di applicare, secondo i casi, l'una o l'altra delle precedenti disposizioni, si applica quella dell'articolo precedente per i delitti che importino la stessa specie di pena.

70. – Al colpevole di due delitti, uno dei quali importi la reclusione o la detenzione e l'altro il confino, si applica la reclusione o la detenzione, con un aumento pari ad un terzo della durata del confino, ove la pena applicata sia la detenzione, e ad un sesto, ove sia la reclusione.

Se più siano i delitti che importino la reclusione o la detenzione, ovvero più quelli che importino il confino, si applicano altresì le disposizioni degli articoli 68 e 69.

71. – Al colpevole di più contravvenzioni, che importino l'arresto, si applica la pena per la contravvenzione più grave, con un aumento pari alla metà della durata complessiva delle altre pene, purché non si superino i tre anni.

72. – Al colpevole di uno o più delitti e di una o più contravvenzioni, che importino l'arresto, si applica la pena comminata per il delitto o risultante dal concorso di più delitti secondo le norme stabilite negli articoli precedenti, con un aumento pari al sesto della durata complessiva dell'arresto, se la pena da infliggersi per i delitti sia la reclusione, e al terzo negli altri casi.

73. – Nei casi preveduti negli articoli precedenti, per determinare gli effetti della condanna penale, secondo le disposizioni degli articoli 31, 33, 34 e 35, si tien conto soltanto della pena da infliggersi per ciascun delitto, salvo quanto e disposto nell'articolo seguente.

74. – Le pene dell'interdizione temporanea dai pubblici ufficii e della sospensione dall'esercizio di una professione o di un'arte stabilite per ciascun reato sono applicate tutte per intero, purché nella durata complessiva non si superino i dieci anni per l'interdizione e i quattro per la sospensione.

75. – Le pene pecuniarie stabilite per ciascun reato sono sempre applicate tutte per intero, purché non si superi la somma di lire quindicimila nei delitti e di lire tremila nelle contravvenzioni.
In caso di conversione di pene pecuniarie in una pena restrittiva della libertà personale, la durata di questa non può superare i diciotto mesi; e, in caso di concorso della multa con l'ammenda, la conversione si fa sempre nella pena della detenzione.

76. – Le norme contenute nei precedenti articoli si applicano anche nel caso in cui, dopo una sentenza di condanna, si debba giudicare la stessa persona per un altro reato commesso prima della condanna.

Le norme suddette si applicano altresì nel caso di un reato commesso dopo la condanna ad una pena temporanea restrittiva della libertà personale e prima che essa sia scontata o mentre si sconta; ma l'aumento di pena, secondo gli articoli precedenti, è rispettivamente di due terzi, della metà o di un terzo, invece della metà, di un terzo o di un sesto.

Per determinare tale aumento si tien conto soltanto della parte di pena che rimane da scontare al momento in cui è pronunziata la condanna, dopo aver computato, nella pena per il nuovo reato, ove occorra, l'aggravante della recidiva.

Ma, se la pena sia scontata o la condanna estinta prima che la nuova condanna sia eseguibile, la pena per il nuovo reato è applicata per intero.

77. – Colui che per eseguire o per occultare un reato, ovvero in occasione di esso, commette altri fatti costituenti essi pure reato, ove questi non siano considerati dalla legge come elementi costitutivi o circostanze aggravanti del reato medesimo, soggiace alle pene da infliggersi per tutti i reati commessi, secondo le disposizioni contenute negli articoli precedenti.

78. – Colui che con un medesimo fatto viola diverse disposizioni di legge, è punito secondo la disposizione che stabilisce la pena più grave.

79. – Più violazioni della stessa disposizione di legge, anche se commesse in tempi diversi, con atti esecutivi della medesima risoluzione si considerano per un solo reato; ma la pena è aumentata da un sesto alla metà.

TITOLO VIII
Della recidiva

80. – Colui che, dopo una sentenza di condanna, e non oltre i dieci anni dal giorno in cui la pena fu scontata o la condanna estinta, se la pena era superiore ai cinque anni di durata, o non oltre i cinque anni negli altri casi, commette un altro reato, non può essere punito col minimo della pena incorsa per il nuovo reato.

Se il nuovo reato sia della stessa indole di quello per il quale è stata pronunziata la precedente condanna, il colpevole soggiace ad un aggravamento della pena incorsa, secondo le norme seguenti:
1. se la pena incorsa per il nuovo reato sia la reclusione, la durata ordinaria della segregazione cellulare continua è aumentata in ragione di un sesto della pena stabilita per il reato commesso; e ove la reclusione debba scontarsi interamente in tale segregazione, o il prolungamento suddetto non possa farsi nei limiti della pena da infliggere, per applicare il prolungamento stesso si aumenta proporzionatamente la durata della pena;
2. se la pena incorsa per il nuovo reato sia diversa dalla reclusione, essa è aumentata da un sesto ad un terzo.

In nessun caso l'aumento stabilito nelle disposizioni precedenti può applicarsi in misura superiore alla più grave delle pene anteriormente inflitte; e ove si tratti di pene pecuniarie, per determinare tale misura si fa il ragguaglio secondo le norme stabilite nell'art. 19.

81. – Colui che, dopo essere stato più volte condannato a pena restrittiva della libertà personale, superiore per ciascuna volta ai tre mesi, commette, nei termini indicati nell'articolo precedente, un altro reato della stessa indole e che importi anch'esso una pena restrittiva della libertà personale, soggiace ad un aumento della pena incorsa pari alla metà della durata della pena stessa, ove questa sia inferiore ai trenta mesi, e ad un terzo negli altri casi; purché non si superino i trent'anni per la reclusione e la detenzione.

Se la nuova pena incorsa sia la reclusione, si applica anche la segregazione cellulare continua nella misura stabilita nel precedente articolo.

82. – Per gli effetti della legge penale, sono considerati reati della stessa indole non soltanto quelli che violano una stessa disposizione di legge, ma anche quelli preveduti in uno stesso capo del codice e quelli rispettivamente indicati sotto le lettere seguenti:
a) delitti contro la sicurezza dello Stato;
b) delitti commessi da pubblici ufficiali, mediante violazione dei doveri inerenti all'ufficio o con abuso delle proprie funzioni;
c) delitti contro le libertà politiche o la libertà dei culti, abusi dei ministri del culto nell'esercizio delle proprie funzioni, delitti commessi contro pubblici ufficiali a causa delle loro funzioni ed ogni altro delitto contro l'Amministrazione pubblica commesso da privati, e delitti contro l'ordine pubblico;
d) simulazione di reato, calunnia, falsità in giudizio e prevaricazione;
e) delitti contro l'incolumità pubblica;
f) delitti contro il buon costume e l'ordine delle famiglie preveduti negli articoli dal 331 al 348;
g) omicidio e lesione personale;
h) furto, rapina, estorsione, ricatto, truffa ed altre frodi, appropriazioni indebite, ricettazione, bancarotta fraudolenta, delitti preveduti negli articoli da 203 al 206, 224, dal 256 al 260, dal 293 al 299, dal 319 al 322, 326, e omicidio e lesione personale commessi a fine di lucro.

83. – Per gli effetti delle disposizioni degli articoli precedenti non si tien conto:
1. delle condanne per contravvenzioni rispetto a quelle per delitti, e viceversa;
2. delle condanne per delitti commessi per imprudenza o negligenza o per imperizia nell'arte o professione o per inosservanza di regolamenti, ordini o discipline, rispetto alle condanne per altri delitti, e viceversa;
3. delle condanne pronunziate per reati esclusivamente militari;
4. delle condanne pronunziate da tribunali stranieri.

84. – Il condannato all'ergastolo, il quale commette un altro delitto, soggiace ad un nuovo periodo di segregazione cellulare continua da sei mesi a cinque anni, se il delitto importi la reclusione o la detenzione per un tempo superiore ad un anno; e ad un nuovo periodo non inferiore a otto anni, che può estendersi a tutta la vita, se il delitto importi l'ergastolo.

TITOLO IX
Dell'estinzione dell'azione panale e delle condanne penali

85. – La morte dell'imputato estingue l'azione penale.

La morte del condannato estingue la condanna anche alla pena pecuniaria non soddisfatta e tutti gli effetti penali della condanna medesima; ma non impedisce l'esecuzione delle confische.

86. – L'amnistia estingue l'azione penale e fa cessare l'esecuzione della condanna e tutti gli effetti penali di essa.

87. – L'indulto o la grazia, che condona o commuta la pena, fa cessare l'interdizione legale del condannato e le incapacità stabilite nei capoversi dell'art. 33 purché non siano congiunte per legge alla pena sostituita; ma non fa cessare l'interdizione dai pubblici ufficii, né la sospensione dall'esercizio di una professione o di un'arte, né la vigilanza speciale dell'Autorità di pubblica sicurezza, salvo il caso di espressa disposizione nel decreto d'indulto o di grazia.

88. – Nei reati per i quali non si può procedere che a querela di parte, la remissione della parte lesa estingue l'azione penale; ma non fa cessare l'esecuzione della condanna se non nei casi stabiliti dalla legge.

La remissione a favore di uno degli imputati giova anche agli altri.

La remissione non produce effetto per l'imputato che ricusi di accettarla.

89. – L'amnistia, l'indulto e la grazia, e la remissione della parte lesa non danno diritto alla restituzione delle cose confiscate, né delle somme pagate all'erario a titolo di pene pecuniarie.

90. – Quando la pena dell'ergastolo o della reclusione oltre i dieci anni sia condonata o commutata per decreto d'indulto o di grazia, che non abbia disposto altrimenti, il condannato è sottoposto per tre anni alla vigilanza speciale dell'Autorità di pubblica sicurezza.

91. – La prescrizione, salvo i casi nei quali la legge disponga altrimenti, estingue l'azione penale:
1. in venti anni, se all'imputato si sarebbe dovuto infliggere l'ergastolo;
2. in quindici anni, se all'imputato si sarebbe dovuto infliggere la reclusione per un tempo non inferiore ai venti anni;
3. in dieci anni, se all'imputato si sarebbe dovuto infliggere la reclusione per un tempo superiore ai cinque o inferiore ai venti anni, o la detenzione per un tempo superiore ai cinque anni, o la interdizione perpetua dai pubblici ufficii;
4. in cinque anni, se all'imputato si sarebbe dovuto infliggere la reclusione o la detenzione per un tempo non superiore ai cinque anni, ovvero la pena del confino, o della interdizione temporanea dai pubblici ufficii, o della multa;
5. in due anni, se all'imputato si sarebbe dovuto infliggere la pena dell'arresto per un tempo superiore ad un mese, o dell'ammenda per una somma superiore alle lire trecento;
6. in sei mesi, se all'imputato si sarebbe dovuto infliggere la pena dell'arresto o dell'ammenda in misura inferiore a quella indicata nel numero precedente, ovvero la sospensione dall'esercizio di una professione o di un'arte.

92. – La prescrizione decorre, per i reati consumati, dal giorno della loro consumazione; per i reati tentati o mancati, dal giorno in cui fu commesso l'ultimo atto di esecuzione; per i reati continuati o permanenti, dal giorno in cui ne cessò, la continuazione o la permanenza.

Se l'azione penale non possa essere promossa o proseguita che dopo una speciale autorizzazione, ovvero dopo che sia risoluta una questione deferita ad altro giudizio, la prescrizione rimane sospesa e non riprende il suo corso che dal giorno in cui l'autorizzazione siasi data o la questione sia stata definita.

93. – Il corso della prescrizione dell'azione penale e interrotto dalla pronunzia della sentenza di condanna in contradittorio o in contumacia.

Interrompono pure la prescrizione il mandato di cattura, ancorché rimasto senza effetto per latitanza dell'imputato, e qualsiasi provvedimento del giudice diretto contro di esso, ed a lui legalmente notificato, per il fatto che gli è attribuito; ma l'effetto interruttivo del mandato o del provvedimento non può prolungare la durata dell'azione penale per un tempo che superi nel complesso la metà dei termini rispettivamente stabiliti nell'art. 91.

Se la legge stabilisca un termine di prescrizione più breve di un anno, il corso della prescrizione è interrotto da qualsiasi atto di procedimento; ma, se nel termine di un anno dal giorno in cui cominciò la prescrizione, secondo l'art. 92, non sia proferita la sentenza di condanna, l'azione penale è prescritta.

La prescrizione interrotta ricomincia a decorrere dal giorno all'interruzione.

L'interruzione della prescrizione ha effetto per tutti coloro che sono concorsi nel reato, ancorché gli atti interruttivi non siano intervenuti che contro un solo.

94. – Quando un condannato sia sottoposto per qualsiasi rimedio giuridico a nuovo giudizio, la prescrizione si misura secondo la pena che dovrebbe infliggersi con a nuova sentenza, ove risulti inferiore a quella inflittagli con la precedente.

95. – La condanna si prescrive:
1. in trent'anni, se fu inflitta la reclusione per trent'anni;
2. in venti anni, se fu inflitta la reclusione o la detenzione per un tempo maggiore dei cinque anni;
3. in dieci anni, se fu inflitta la reclusione o la detenzione per un tempo non maggiore dei cinque anni; ovvero la pena del confino, o della interdizione temporanea dai pubblici ufficii, o della multa;
4. in quattro anni, se fu inflitta la pena dell'arresto o della sospensione dall'esercizio di una professione o di un'arte per oltre un mese, o quella dell'ammenda oltre le lire trecento;
5. in diciotto mesi, se fu inflitta la pena dell'arresto, della sospensione dall'esercizio di una professione o di un'arte o dell'ammenda in misura inferiore a quella indicata nel numero precedente.

La condanna a più specie di pene, si prescrive nel termine stabilito per la pena più grave.

La sottoposizione alla vigilanza speciale dell'Autorità di pubblica sicurezza non ha effetto dopo che la condanna sia prescritta.

96. – La prescrizione della condanna decorre dal giorno in cui la sentenza diventa irrevocabile, o da quello in cui sia interrotta in qualsiasi modo la esecuzione già cominciata della condanna.

Qualunque atto dell'Autorità competente per la esecuzione della sentenza, legalmente reso noto al condannato, interrompe la prescrizione; e nelle pene restrittive della libertà personale la interrompe altresì l'arresto del condannato, cui siasi proceduto per l'esecuzione della sentenza medesima.

La prescrizione della condanna è pure interrotta, se, durante il suo corso, il condannato commette un altro reato della stessa indole.

97. – Quando l'interdizione temporanea dai pubblici ufficii o altra temporanea incapacità, o la sospensione dall'esercizio di una professione o di un'arte sia congiunta ad un'altra pena, o sia effetto di una condanna, la prescrizione quanto all'interdizione, all'incapacità o alla sospensione predette non si compie se non trascorso un tempo pari al doppio della rispettiva durata, il quale decorre dal giorno in cui l'altra pena sia scontata o la condanna a tale pena sia prescritta o altrimenti estinta.

98. – Il tempo stabilito per la prescrizione dell'azione penale e della condanna si computa a norma dell'art. 30.

99. – La prescrizione dell'azione penale e della condanna è applicata d'ufficio, né l'imputato o il condannato vi può rinunziare.

100. – L'interdizione perpetua dai pubblici ufficii e ogni altra incapacità perpetua derivante da una condanna cessano per effetto della riabilitazione, salvo che la legge non disponga altrimenti.

Se l'interdizione o l'incapacità era congiunta ad altra pena, la riabilitazione non può essere domandata se non dal condannato il quale abbia tenuto tale condotta da far presumere il suo ravvedimento, e scorsi cinque anni dal giorno nel quale la pena sia stata scontata o la condanna sia rimasta estinta per indulto o per grazia, ovvero scorsi dieci anni dal giorno in cui la condanna sia rimasta prescritta.

Se l'interdizione o l'incapacità non era congiunta ad altra pena, la riabilitazione non può essere domandata che dopo cinque anni dal giorno in cui la sentenza di condanna sia divenuta irrevocabile.

Il termine stabilito per domandare la riabilitazione è doppio per i condannati recidivi.

La riabilitazione si concede nei modi stabiliti dalla legge, e produce il suo effetto secondo le norme in essa determinate.

101. – Quando la legge non disponga altrimenti, nelle contravvenzioni per le quali è stabilita la sola pena pecuniaria non oltre le lire trecento, l'imputato può far cessare il corso dell'azione penale pagando, prima dell'apertura del dibattimento, una somma corrispondente al massimo della pena stabilita perla contravvenzione commessa, oltre le spese del procedimento.

102. – L'estinzione dell'azione penale non pregiudica l'azione civile per le restituzioni e il risarcimento dei danni, eccetto che l'estinzione avvenga per la remissione della parte lesa, e questa non ne abbia fatta espressa riserva.

103. – L'estinzione della condanna penale non pregiudica la condanna civile alle restituzioni, al risarcimento dei danni e alle spese del procedimento, eccetto che l'estinzione avvenga per amnistia, nel qual caso cessa l'azione dell'erario per la riscossione delle spese processuali.

PARTE QUINTA

NORMATIVA COMPLEMENTARE

ABORTO, MATERNITÀ E PROCREAZIONE MEDICALMENTE ASSISTITA

1. L. 22 maggio 1978, n. 194. – Norme per la tutela sociale della maternità e sull'interruzione volontaria della gravidanza

In Gazzetta Ufficiale 22 maggio 1978, n. 140

1. – Lo Stato garantisce il diritto alla procreazione cosciente e responsabile, riconosce il valore sociale della maternità e tutela la vita umana dal suo inizio.

L'interruzione volontaria della gravidanza, di cui alla presente legge, non è mezzo per il controllo delle nascite.

Lo Stato, le regioni e gli enti locali, nell'ambito delle proprie funzioni e competenze, promuovono e sviluppano i servizi socio-sanitari, nonché altre iniziative necessarie per evitare che lo aborto sia usato ai fini della limitazione delle nascite.

2. – I consultori familiari istituiti dalla legge 29 luglio 1975, n. 405, fermo restando quanto stabilito dalla stessa legge, assistono la donna in stato di gravidanza:

a) informandola sui diritti a lei spettanti in base alla legislazione statale e regionale, e sui servizi sociali, sanitari e assistenziali concretamente offerti dalle strutture operanti nel territorio;
b) informandola sulle modalità idonee a ottenere il rispetto delle norme della legislazione sul lavoro a tutela della gestante;
c) attuando direttamente o proponendo allo ente locale competente o alle strutture sociali operanti nel territorio speciali interventi, quando la gravidanza o la maternità creino problemi per risolvere i quali risultino inadeguati i normali interventi di cui alla lettera a);
d) contribuendo a far superare le cause che potrebbero indurre la donna all'interruzione della gravidanza.

I consultori sulla base di appositi regolamenti o convenzioni possono avvalersi, per i fini previsti dalla legge, della collaborazione volontaria di idonee formazioni sociali di base e di associazioni del volontariato, che possono anche aiutare la maternità difficile dopo la nascita.

La somministrazione su prescrizione medica, nelle strutture sanitarie e nei consultori, dei mezzi necessari per conseguire le finalità liberamente scelte in ordine alla procreazione responsabile è consentita anche ai minori.

3. – Anche per l'adempimento dei compiti ulteriori assegnati dalla presente legge ai consultori familiari, il fondo di cui all'articolo 5 della legge 29 luglio 1975, n. 405, è aumentato con uno stanziamento di L. 50.000.000.000 annui, da ripartirsi fra le regioni in base agli stessi criteri stabiliti dal suddetto articolo.

Alla copertura dell'onere di lire 50 miliardi relativo all'esercizio finanziario 1978 si provvede mediante corrispondente riduzione dello stanziamento iscritto nel capitolo 9001 dello stato di previsione della spesa del Ministero del tesoro per il medesimo esercizio Il Ministro del tesoro è autorizzato ad apportare, con propri decreti, le necessarie variazioni di bilancio.

4. – Per l'interruzione volontaria della gravidanza entro i primi novanta giorni, la donna che accusi circostanze per le quali la prosecuzione della gravidanza, il parto o la maternità comporterebbero un serio pericolo per la sua salute fisica o psichica, in relazione o al suo stato di salute, o alle sue condizioni economiche, o sociali o familiari, o alle circostanze in cui è avvenuto il concepimento, o a previsioni di anomalie o malformazioni del concepito, si rivolge ad un consultorio pubblico istituito ai sensi dell'articolo 2, lettera a), della legge 29 luglio 1975 numero 405, o a una struttura sociosanitaria a ciò abilitata dalla regione, o a un medico di sua fiducia.

5. – Il consultorio e la struttura socio-sanitaria, oltre a dover garantire i necessari accertamenti medici, hanno il compito in ogni caso, e specialmente quando la richiesta di interruzione della gravidanza sia motivata dall'incidenza delle condizioni economiche, o sociali, o familiari sulla salute della gestante, di esaminare con la donna e con il padre del concepito, ove la donna lo consenta, nel rispetto della dignità e della riservatezza della donna e della persona indicata come padre del concepito, le possibili soluzioni dei problemi proposti, di aiutarla a rimuovere le cause che la porterebbero alla interruzione della gravidanza, di metterla in grado di far valere i suoi diritti di lavoratrice e di madre, di promuovere ogni opportuno intervento atto a sostenere la donna, offrendole tutti gli aiuti necessari sia durante la gravidanza sia dopo il parto.

Quando la donna si rivolge al medico di sua fiducia questi compie gli accertamenti sanitari necessari nel rispetto della dignità e della libertà della donna; valuta con la donna stessa e con il padre del concepito, ove la donna lo consenta, nel rispetto della dignità e della riservatezza della donna e della persona indicata come padre del concepito, anche sulla base dell'esito degli accertamenti di cui sopra, le circostanze che la determinano a chiedere l'interruzione della gravidanza; la informa sui diritti a lei spettanti e sugli interventi di carattere sociale cui può fare ricorso, nonché sui consultori e le strutture socio-sanitarie.

Quando il medico del consultorio o della struttura socio-sanitaria, o il medico di fiducia, riscontra l'esistenza di condizioni tali da rendere urgente l'intervento, rilascia immediatamente alla donna un certificato attestante l'urgenza. Con tale certificato la donna stessa può presentarsi ad una delle sedi autorizzate a praticare la interruzione della gravidanza.

Se non viene riscontrato il caso di urgenza, al termine dell'incontro il medico del consultorio o della struttura socio-sanitaria, o il medico di fiducia, di fronte alla richiesta della donna di interrompere la gravidanza sulla base delle circostanze di cui all'articolo 4, le rilascia copia di un documento, firmato anche dalla donna, attestante lo stato di gravidanza e l'avvenuta richiesta, e la invita a soprassedere per sette giorni. Trascorsi i sette giorni, la donna può presentarsi, per ottenere la interruzione della gravidanza, sulla base del documento rilasciatole ai sensi del presente comma, presso una delle sedi autorizzate.

6. – L'interruzione volontaria della gravidanza, dopo i primi novanta giorni, può essere praticata:
a) quando la gravidanza o il parto comportino un grave pericolo per la vita della donna;
b) quando siano accertati processi patologici, tra cui quelli relativi a rilevanti anomalie o malformazioni del nascituro, che determinino un grave pericolo per la salute fisica o psichica della donna.

7. – I processi patologici che configurino i casi previsti dall'articolo precedente vengono accertati da un medico del servizio ostetrico-ginecologico dell'ente ospedaliero in cui deve praticarsi l'intervento, che ne certifica l'esistenza. Il medico può avvalersi della collaborazione di specialisti. Il medico è tenuto a fornire la documentazione sul caso e a comunicare la sua certificazione al direttore sanitario dell'ospedale per l'intervento da praticarsi immediatamente.

Qualora l'interruzione della gravidanza si renda necessaria per imminente pericolo per la vita della donna, l'intervento può essere praticato anche senza lo svolgimento delle procedure previste dal comma precedente e al di fuori delle sedi di cui all'articolo 8. In questi casi, il medico è tenuto a darne comunicazione al medico provinciale.

Quando sussiste la possibilità di vita autonoma del feto, l'interruzione della gravidanza può essere praticata solo nel caso di cui alla lettera a) dell'articolo 6 e il medico che esegue l'intervento deve adottare ogni misura idonea a salvaguardare la vita del feto.

8. – L'interruzione della gravidanza è praticata da un medico del servizio ostetrico-ginecologico presso un ospedale generale tra quelli indicati nell'articolo 20 della legge 12 febbraio 1968, n. 132, il quale verifica anche l'inesistenza di controindicazioni sanitarie.

Gli interventi possono essere altresì praticati presso gli ospedali pubblici specializzati, gli istituti ed enti di cui all'articolo 1, penultimo comma, della legge 12 febbraio 1968, n. 132, e le istituzioni di cui alla legge 26 novembre 1973, n. 817, ed al decreto del Presidente della Repubblica 18 giugno 1958, n. 754, sempre che i rispettivi organi di gestione ne facciano richiesta.

Nei primi novanta giorni l'interruzione della gravidanza può essere praticata anche presso case di cura autorizzate dalla regione, fornite di requisiti igienico-sanitari e di adeguati servizi ostetrico-ginecologici.

Il Ministro della sanità con suo decreto limiterà la facoltà delle case di cura autorizzate, a praticare gli interventi di interruzione della gravidanza, stabilendo:
1) la percentuale degli interventi di interruzione della gravidanza che potranno avere luogo, in rapporto al totale degli interventi operatori eseguiti nell'anno precedente presso la stessa casa di cura;
2) la percentuale dei giorni di degenza consentiti per gli interventi di interruzione della gravidanza, rispetto al totale dei giorni di degenza che nell'anno precedente si sono avuti in relazione alle convenzioni con la regione.

Le percentuali di cui ai punti 1) e 2) dovranno essere non inferiori al 20 per cento e uguali per tutte le case di cura.

Le case di cura potranno scegliere il criterio al quale attenersi, fra i due sopra fissati.

Nei primi novanta giorni gli interventi di interruzione della gravidanza dovranno altresì poter essere effettuati, dopo la costituzione delle unità socio-sanitarie locali, presso poliambulatori pubblici adeguatamente attrezzati, funzionalmente collegati agli ospedali ed autorizzati dalla regione.

Il certificato rilasciato ai sensi del terzo comma dell'articolo 5 e, alla scadenza dei sette giorni, il documento consegnato alla donna ai sensi del quarto comma dello stesso articolo costituiscono titolo per ottenere in via d'urgenza l'intervento e, se necessario, il ricovero.

9. – Il personale sanitario ed esercente le attività ausiliarie non è tenuto a prendere parte alle procedure di cui agli articoli 5 e 7ed agli interventi per l'interruzione della gravidanza quando sollevi obiezione di coscienza, con preventiva dichiarazione. La dichiarazione dell'obiettore deve essere comunicata al medico provinciale e, nel caso di personale dipendente dello ospedale o dalla casa di cura, anche al direttore sanitario, entro un mese dall'entrata in vigore della presente legge o dal conseguimento della abilitazione o dall'assunzione presso un ente tenuto a fornire prestazioni dirette alla interruzione della gravidanza o dalla stipulazione di una convenzione con enti previdenziali che comporti l'esecuzione di tali prestazioni.

L'obiezione può sempre essere revocata o venire proposta anche al di fuori dei termini di cui al precedente comma, ma in tale caso la dichiarazione produce effetto dopo un mese dalla sua presentazione al medico provinciale.

L'obiezione di coscienza esonera il personale sanitario ed esercente le attività ausiliarie dal compimento delle procedure e delle attività specificamente e necessariamente dirette a determinare l'interruzione della gravidanza, e non dall'assistenza antecedente e conseguente all'intervento.

Gli enti ospedalieri e le case di cura autorizzate sono tenuti in ogni caso ad assicurare lo espletamento delle procedure previste dall'articolo 7 e l'effettuazione degli interventi di interruzione della gravidanza richiesti secondo le modalità previste dagli articoli 5, 7 e 8. La regione ne controlla e garantisce l'attuazione anche attraverso la mobilità del personale.

L'obiezione di coscienza non può essere invocata dal personale sanitario, ed esercente le attività ausiliarie quando, data la particolarità delle circostanze, il loro personale intervento è indispensabile per salvare la vita della donna in imminente pericolo.

L'obiezione di coscienza si intende revocata, con effetto, immediato, se chi l'ha sollevata prende parte a procedure o a interventi per l'interruzione della gravidanza previsti dalla presente legge, al di fuori dei casi di cui al comma precedente.

10. – L'accertamento, l'intervento, la cura e la eventuale degenza relativi alla interruzione della gravidanza nelle circostanze previste dagli articoli 4 e 6, ed attuati nelle istituzioni sanitarie di cui all'articolo 8, rientrano fra le prestazioni ospedaliere trasferite alle regioni dalla legge 17 agosto 1974, n. 386.

Sono a carico della regione tutte le spese per eventuali accertamenti, cure o degenze necessarie per il compimento della gravidanza nonché per il parto, riguardanti le donne che non hanno diritto all'assistenza mutualistica.

Le prestazioni sanitarie e farmaceutiche non previste dai precedenti commi e gli accertamenti effettuati secondo quanto previsto dal secondo comma dell'articolo 5 e dal primo comma dell'articolo 7 da medici dipendenti pubblici, o che esercitino la loro attività nell'ambito di strutture pubbliche o convenzionate con la regione, sono a carico degli enti mutualistici, sino a che non sarà istituito il servizio sanitario nazionale.

11. – L'ente ospedaliero, la casa di cura o il poliambulatorio nei quali l'intervento è stato effettuato sono tenuti ad inviare al medico provinciale competente per territorio una dichiarazione con la quale il medico che lo ha eseguito dà notizia dell'intervento stesso e della documentazione sulla base della quale è avvenuto, senza fare menzione dell'identità della donna.

Le lettere b) e f) dell'articolo 103 del testo unico delle leggi sanitarie, approvato con il regio decreto 27 luglio 1934, n. 1265, sono abrogate.

12. – La richiesta di interruzione della gravidanza secondo le procedure della presente legge è fatta personalmente dalla donna.

Se la donna è di età inferiore ai diciotto anni, per l'interruzione della gravidanza è richiesto lo assenso di chi esercita sulla donna stessa la responsabilità genitoriale o la tutela. Tuttavia, nei primi novanta giorni, quando vi siano seri motivi che impediscano o sconsiglino la consultazione delle persone esercenti la responsabilità genitoriale o la tutela, oppure queste, interpellate, rifiutino il loro assenso o esprimano pareri tra loro difformi, il consultorio o la struttura socio-sanitaria, o il medico di fiducia, espleta i compiti e le procedure di cui all'articolo 5 e rimette entro sette giorni dalla richiesta una relazione, corredata del proprio parere, al giudice tutelare del luogo in cui esso opera. Il giudice tutelare, entro cinque giorni, sentita la donna e tenuto conto della sua volontà, delle ragioni che adduce e della relazione trasmessagli, può autorizzare la donna, con atto non soggetto a reclamo, a decidere la interruzione della gravidanza.

Qualora il medico accerti l'urgenza dell'intervento a causa di un grave pericolo per la salute della minore di diciotto anni, indipendentemente dall'assenso di chi esercita la responsabilità genitoriale o la tutela e senza adire il giudice tutelare, certifica l'esistenza delle condizioni che giustificano l'interruzione della gravidanza. Tale certificazione costituisce titolo per ottenere in via d'urgenza l'intervento e, se necessario, il ricovero.

Ai fini dell'interruzione della gravidanza dopo i primi novanta giorni, si applicano anche alla minore di diciotto anni le procedure di cui all'articolo 7, indipendentemente dall'assenso di chi esercita la responsabilità genitoriale o la tutela [(1)].

(1) Articolo modificato dall'art. 99, d.lgs. 28.12.2013, n. 154, a decorrere dal 7 febbraio 2014 (art. 108, co. 1, d.lgs. n. 154/2013).

13. – Se la donna è interdetta per infermità di mente, la richiesta di cui agli articoli 4 e 6 può essere presentata, oltre che da lei personalmente, anche dal tutore o dal marito non tutore, che non sia legalmente separato.

Nel caso di richiesta presentata dall'interdetta o dal marito, deve essere sentito il parere del tutore. La richiesta presentata dal tutore o dal marito deve essere confermata dalla donna.

Il medico del consultorio o della struttura socio-sanitaria, o il medico di fiducia, trasmette al giudice tutelare, entro il termine di sette giorni dalla presentazione della richiesta, una relazione contenente ragguagli sulla domanda e sulla sua provenienza, sull'atteggiamento comunque assunto dalla donna e sulla gravidanza e specie dell'infermità mentale di essa nonché il parere del tutore, se espresso.

Il giudice tutelare, sentiti se lo ritiene opportuno gli interessati, decide entro cinque giorni dal ricevimento della relazione, con atto non soggetto a reclamo.

Il provvedimento del giudice tutelare ha gli effetti di cui all'ultimo comma dell'articolo 8.

14. – Il medico che esegue l'interruzione della gravidanza è tenuto a fornire alla donna le informazioni e le indicazioni sulla regolazione delle nascite, nonché a renderla partecipe dei procedimenti abortivi, che devono comunque essere attuati in modo da rispettare la dignità personale della donna.

In presenza di processi patologici, fra cui quelli relativi ad anomalie o malformazioni del nascituro, il medico che esegue l'interruzione della gravidanza deve fornire alla donna i ragguagli necessari per la prevenzione di tali processi.

15. – Le regioni, d'intesa con le università e con gli enti ospedalieri, promuovono l'aggiornamento del personale sanitario ed esercente le arti ausiliarie sui problemi della procreazione cosciente e responsabile, sui metodi anticoncezionali, sul decorso della gravidanza, sul parto e sull'uso delle tecniche più moderne, più rispettose dell'integrità fisica e psichica della donna e meno rischiose per l'interruzione della gravidanza. Le regioni promuovono inoltre corsi ed incontri ai quali possono partecipare sia il personale sanitario ed esercente le arti ausiliarie sia le persone interessate ad approfondire le questioni relative all'educazione sessuale, al decorso della gravidanza, al parto, ai metodi anticoncezionali e alle tecniche per l'interruzione della gravidanza.

Al fine di garantire quanto disposto dagli articoli 2 e 5, le regioni redigono un programma annuale d'aggiornamento e di informazione sulla legislazione statale e regionale, e sui servizi sociali, sanitari e assistenziali esistenti nel territorio regionale.

16. – Entro il mese di febbraio, a partire dall'anno successivo a quello dell'entrata in vigore della Presente legge, il Ministro della sanità presenta al Parlamento una relazione sull'attuazione della legge stessa e sui suoi effetti, anche in riferimento al problema della prevenzione.

Le regioni sono tenute a fornire le informazioni necessarie entro il mese di gennaio di ciascun anno, sulla base di questionari predisposti dal Ministro.

Analoga relazione presenta il Ministro della giustizia per quanto riguarda le questioni di specifica competenza del suo Dicastero.

17. – [Chiunque cagiona ad una donna per colpa l'interruzione della gravidanza è punito con la reclusione da tre mesi a due anni.

Chiunque cagiona ad una donna per colpa un parto prematuro è punito con la pena prevista dal comma precedente, diminuita fino alla metà.

Nei casi previsti dai commi precedenti, se il fatto è commesso con la violazione delle norme poste a tutela del lavoro la pena è aumentata.] [1]

(1) Articolo abrogato dall'art. 7, co. 1, lett. e), d.lgs. 1.3.2018, n. 21. La fattispecie in questione è attualmente prevista dall'art. 593 bis c.p.

18. – [Chiunque cagiona l'interruzione della gravidanza senza il consenso della donna è punito con la reclusione da quattro a otto anni. Si considera come non prestato il consenso estorto con violenza o minaccia ovvero carpito con l'inganno.

La stessa pena si applica a chiunque provochi l'interruzione della gravidanza con azioni dirette a provocare lesioni alla donna.

Detta pena è diminuita fino alla metà se da tali lesioni deriva l'acceleramento del parto.

Se dai fatti previsti dal primo e dal secondo comma deriva la morte della donna si applica la reclusione da otto a sedici anni; se ne deriva una lesione personale gravissima si applica la reclusione da sei a dodici anni; se la lesione personale è grave questa ultima pena è diminuita.

Le pene stabilite dai commi precedenti sono aumentate se la donna è minore degli anni diciotto.] [1]

(1) Articolo abrogato dall'art. 7, co. 1, lett. e), d.lgs. 1.3.2018, n. 21. La fattispecie in questione è attualmente prevista dall'art. 593 ter c.p.

19. – Chiunque cagiona l'interruzione volontaria della gravidanza senza l'osservanza delle modalità indicate negli articoli 5 o 8, è punito con la reclusione sino a tre anni.

La donna è punita con la multa fino a euro 51 [1].

Se l'interruzione volontaria della gravidanza avviene senza l'accertamento medico dei casi previsti dalle lettere a) e b) dell'articolo 6 o comunque senza l'osservanza delle modalità previste dall'articolo 7, chi la cagiona è punito con la reclusione da uno a quattro anni.

La donna è punita con la reclusione sino a sei mesi.

Quando l'interruzione volontaria della gravidanza avviene su donna minore degli anni diciotto, o interdetta, fuori dei casi o senza l'osservanza delle modalità previste dagli articoli 12 e 13, chi la cagiona è punito con le pene rispettivamente previste dai commi precedenti aumentate fino alla metà. La donna non è punibile.

Se dai fatti previsti dai commi precedenti deriva la morte della donna, si applica la reclusione da tre a sette anni; se ne deriva una lesione personale gravissima si applica la reclusione da due a cinque anni; se la lesione personale è grave questa ultima pena è diminuita.

Le pene stabilite dal comma precedente sono aumentate se la morte o la lesione della donna derivano dai fatti previsti dal quinto comma.

(1) L'art. 1, co. 1, d.lgs. 15.1.2016, n. 8, ha depenalizzato i reati per puniti con la sola pena della multa o dell'ammenda.

20. – Le pene previste dagli articoli 18 e 19 per chi procura l'interruzione della gravidanza sono aumentate quando il reato è commesso da chi ha sollevato obiezione di coscienza ai sensi dell'articolo 9.

21. – Chiunque, fuori dei casi previsti dall'articolo 326 del codice penale, essendone venuto a conoscenza per ragioni di professione o di ufficio, rivela l'identità – o comunque divulga notizie idonee a rivelarla – di chi ha fatto ricorso alle procedure o agli interventi previsti dalla presente legge, è punito a norma dell'articolo 622 del codice penale.

22. – Il titolo X del libro II del codice penale è abrogato.

Sono altresì abrogati il n. 3) del primo comma e il n. 5) del secondo comma dell'art. 583 del codice penale.

Salvo che sia stata pronunciata sentenza irrevocabile di condanna, non è punibile per il reato di aborto di donna consenziente chiunque abbia commesso il fatto prima dell'entrata in vigore della presente legge, se il giudice accerta che sussistevano le condizioni previste dagli articoli 4 e 6.

2. L. 19 febbraio 2004, n. 40. – Norme in materia di procreazione medicalmente assistita *(artt. 1-14, 16-17)*

In Gazzetta Ufficiale 24 febbraio 2004, n. 45

Capo I
Principi generali

1. Finalità.

1. Al fine di favorire la soluzione dei problemi riproduttivi derivanti dalla sterilità o dalla infertilità umana è consentito il ricorso alla procreazione medicalmente assistita, alle condizioni e secondo le modalità previste dalla presente legge, che assicura i diritti di tutti i soggetti coinvolti, compreso il concepito [(1)].

2. Il ricorso alla procreazione medicalmente assistita è consentito qualora non vi siano altri metodi terapeutici efficaci per rimuovere le cause di sterilità o infertilità [(2)].

(1) La Corte costituzionale, con sent. 5.6.2015, n. 96, ha dichiarato l'illegittimità costituzionale di questo comma nella parte in cui non consente il ricorso alle tecniche di procreazione medicalmente assistita alle coppie fertili portatrici di malattie genetiche trasmissibili, rispondenti ai criteri di gravità di cui all'art. 6, co. 1, lett. b), della l. 22.5.1978, n. 194 (Norme per la tutela sociale della maternità e sull'interruzione volontaria della gravidanza), accertate da apposite strutture pubbliche.

(2) La Corte costituzionale, con sent. 5.6.2015, n. 96, ha dichiarato l'illegittimità costituzionale di questo comma nella parte in cui non consente il ricorso alle tecniche di procreazione medicalmente assistita alle coppie fertili portatrici di malattie genetiche trasmissibili, rispondenti ai criteri di gravità di cui all'art. 6, co. 1, lett. b), della 22.5.1978, n. 194 (Norme per la tutela sociale della maternità e sull'interruzione volontaria della gravidanza), accertate da apposite strutture pubbliche.

2. Interventi contro la sterilità e la infertilita.

1. Il Ministro della salute, sentito il Ministro dell'istruzione, dell'università e della ricerca, può promuovere ricerche sulle cause patologiche, psicologiche, ambientali e sociali dei fenomeni della sterilità e della infertilità e favorire gli interventi necessari per rimuoverle nonché per ridurne l'incidenza, può incentivare gli studi e le ricerche sulle tecniche di crioconservazione dei gameti e può altresì promuovere campagne di informazione e di prevenzione dei fenomeni della sterilità e della infertilità.

2. Per le finalità di cui al comma 1 è autorizzata la spesa massima di 2 milioni di euro a decorrere dal 2004.

3. All'onere derivante dall'attuazione del comma 2 si provvede mediante corrispondente riduzione dello stanziamento iscritto, ai fini del bilancio triennale 2004-2006, nell'ambito dell'unità previsionale di base di parte corrente "Fondo speciale" dello stato di previsione del Ministero dell'economia e delle finanze per l'anno 2004, allo scopo parzialmente utilizzando l'accantonamento relativo al Ministero della salute. Il Ministro dell'economia e delle finanze è autorizzato ad apportare, con propri decreti, le occorrenti variazioni di bilancio.

3. Modifica alla legge 29 luglio 1975, n. 405.

1. Al primo comma dell'articolo 1 della legge 29 luglio 1975, n. 405, sono aggiunte, in fine, le seguenti lettere:

"*d-bis*) l'informazione e l'assistenza riguardo ai problemi della sterilità e della infertilità umana, nonché alle tecniche di procreazione medicalmente assistita;

d-ter) l'informazione sulle procedure per l'adozione e l'affidamento familiare".

2. Dall'attuazione del presente articolo non devono derivare nuovi o maggiori oneri a carico della finanza pubblica.

Capo II
Accesso alle tecniche

4. Accesso alle tecniche.

1. Il ricorso alle tecniche di procreazione medicalmente assistita è consentito solo quando sia accertata l'impossibilità di rimuovere altrimenti le cause impeditive della procreazione ed è comunque circoscritto ai casi di sterilità o di infertilità inspiegate documentate da atto medico nonché ai casi di sterilità o di infertilità da causa accertata e certificata da atto medico [(1)]

2. Le tecniche di procreazione medicalmente assistita sono applicate in base ai seguenti principi:

a) gradualità, al fine di evitare il ricorso ad interventi aventi un grado di invasività tecnico e psicologico più gravoso per i destinatari, ispirandosi al principio della minore invasività;

b) consenso informato, da realizzare ai sensi dell'articolo 6.

3. È vietato il ricorso a tecniche di procreazione medicalmente assistita di tipo eterologo [(2)].

(1) La Corte costituzionale, con sent. 5.6.2015, n. 96, ha dichiarato l'illegittimità costituzionale di questo comma nella parte in cui non consente il ricorso alle tecniche di procreazione medicalmente assistita alle coppie fertili portatrici di malattie genetiche trasmissibili, rispondent ai criteri di gravità di cui all'art. 6, co. 1, lett. b), della 22.5.1978, n. 194 (Norme per la tutela sociale della maternità e sull'interruzione volontaria della gravidanza), accertate da apposite strutture pubbliche.

(2) La Corte costituzionale, con sent. 10.6.2014, n. 162, ha dichiarato l'illegittimità costituzionale di questo comma, nella parte in cui stabilisce per la coppia di cui all'art. 5, co. 1, della presente legge, il divieto del ricorso a tecniche di procreazione medicalmente assistita di tipo eterologo, qualora sia stata diagnosticata una patologia che sia causa di sterilità o infertilità assolute ed irreversibili.

5. Requisiti soggettivi.

1. Fermo restando quanto stabilito dall'articolo 4, comma 1, possono accedere alle tecniche di procreazione medicalmente assistita coppie di maggiorenni di sesso diverso, coniugate o conviventi, in età potenzialmente fertile, entrambi viventi.

6. Consenso informato.

1. Per le finalità indicate dal comma 3, prima del ricorso ed in ogni fase di applicazione delle tecniche di procreazione medicalmente assistita il medico informa in maniera dettagliata i soggetti di cui all'articolo 5 sui metodi, sui problemi bioetici e sui possibili effetti collaterali sanitari e psicologici conseguenti all'applicazione delle tecniche stesse, sulle probabilità di successo e sui rischi dalle stesse derivanti, nonché sulle relative conseguenze giuridiche per la donna, per l'uomo e per il nascituro.

Alla coppia deve essere prospettata la possibilità di ricorrere a procedure di adozione o di affidamento ai sensi della legge 4 maggio 1983, n. 184, e successive modificazioni, come alternativa alla procreazione medicalmente assistita. Le informazioni di cui al presente comma e quelle concernenti il grado di invasività delle tecniche nei confronti della donna e dell'uomo devono essere fornite per ciascuna delle tecniche applicate e in modo tale da garantire il formarsi di una volontà consapevole e consapevolmente espressa.

2. Alla coppia devono essere prospettati con chiarezza i costi economici dell'intera procedura qualora si tratti di strutture private autorizzate.

3. La volontà di entrambi i soggetti di accedere alle tecniche di procreazione medicalmente assistita è espressa per iscritto congiuntamente al medico responsabile della struttura, secondo modalità definite con decreto dei Ministri della giustizia e della salute, adottato ai sensi dell'articolo 17, comma 3, della legge 23 agosto 1988, n. 400, entro tre mesi dalla data di entrata in vigore della presente legge. Tra la manifestazione della volontà e l'applicazione della tecnica deve intercorrere un termine non inferiore a sette giorni. La volontà può essere revocata da ciascuno dei soggetti indicati dal presente comma fino al momento della fecondazione dell'ovulo.

4. Fatti salvi i requisiti previsti dalla presente legge, il medico responsabile della struttura può decidere di non procedere alla procreazione medicalmente assistita, esclusivamente per motivi di ordine medico-sanitario. In tale caso deve fornire alla coppia motivazione scritta di tale decisione.

5. Ai richiedenti, al momento di accedere alle tecniche di procreazione medicalmente assistita, devono essere esplicitate con chiarezza e mediante sottoscrizione le conseguenze giuridiche di cui all'articolo 8 e all'articolo 9 della presente legge.

7. Linee guida.

1. Il Ministro della salute, avvalendosi dell'Istituto superiore di sanità, e previo parere del Consiglio superiore di sanità, definisce, con proprio decreto, da emanare entro tre mesi dalla data di entrata in vigore della presente legge, linee guida contenenti l'indicazione delle procedure e delle tecniche di procreazione medicalmente assistita.

2. Le linee guida di cui al comma 1 sono vincolanti per tutte le strutture autorizzate.

3. Le linee guida sono aggiornate periodicamente, almeno ogni tre anni, in rapporto all'evoluzione tecnico-scientifica, con le medesime procedure di cui al comma 1.

Capo III
Disposizioni concernenti la tutela del nascituro

8. Stato giuridico del nato.

1. I nati a seguito dell'applicazione delle tecniche di procreazione medicalmente assistita hanno lo stato di figli nati nel matrimonio o di figli riconosciuti della coppia che ha espresso la volontà di ricorrere alle tecniche medesime ai sensi dell'articolo 6 [1].

(1) Articolo modificato dall'art. 102, co. 1, d.lgs. 28.12.2013, n. 154, a decorrere dal 7.2.2014 (art. 108, co. 1, d.lgs. n. 154/2013. Nel testo precedente compariva la parola la parola "legittimi" in luogo dell'espressione "nati nel matrimonio".

9. Divieto del disconoscimento della paternità e dell'anonimato della madre.

1. Qualora si ricorra a tecniche di procreazione medicalmente assistita di tipo eterologo in violazione del divieto di cui all'articolo 4, comma 3, il coniuge o il convivente il cui consenso è ricavabile da atti concludenti non può esercitare l'azione di disconoscimento della paternità nei casi previsti dall'articolo 235, primo comma, numeri 1) e 2), del codice civile, né l'impugnazione di cui all'articolo 263 dello stesso codice [1].

2. La madre del nato a seguito dell'applicazione di tecniche di procreazione medicalmente assistita non può dichiarare la volontà di non essere nominata, ai sensi dell'articolo 30, comma 1, del regolamento di cui al decreto del Presidente della Repubblica 3 novembre 2000, n. 396.

3. In caso di applicazione di tecniche di tipo eterologo in violazione del divieto di cui all'articolo 4, comma 3, il donatore di gameti non acquisisce alcuna relazione giuridica parentale con il nato e non può far valere nei suoi confronti alcun diritto né essere titolare di obblighi [2].

(1) La Corte costituzionale, con sent. 10.6.2014, n. 162, ha dichiarato l'illegittimità costituzionale di questo comma, limitatamente alle parole «*in violazione del divieto di cui all'articolo 4, comma 3*».

(2) La Corte costituzionale, con sent. 10.6.2014, n. 162, ha dichiarato l'illegittimità costituzionale di questo comma, limitatamente alle parole «*in violazione del divieto di cui all'articolo 4, comma 3*».

Capo IV
Regolamentazione delle strutture autorizzate all'applicazione delle tecniche di procreazione medicalmente assistita

10. Strutture autorizzate.

1. Gli interventi di procreazione medicalmente assistita sono realizzati nelle strutture pubbliche e private autorizzate dalle regioni e iscritte al registro di cui all'articolo 11.

2. Le regioni e le province autonome di Trento e di Bolzano definiscono con proprio atto, entro tre mesi dalla data di entrata in vigore della presente legge:

a) i requisiti tecnico-scientifici e organizzativi delle strutture;
b) le caratteristiche del personale delle strutture;
c) i criteri per la determinazione della durata delle autorizzazioni e dei casi di revoca delle stesse;
d) i criteri per lo svolgimento dei controlli sul rispetto delle disposizioni della presente legge e sul permanere dei requisiti tecnico-scientifici e organizzativi delle strutture.

11. Registro.

1. È istituito, con decreto del Ministro della salute,

presso l'Istituto superiore di sanità, il registro nazionale delle strutture autorizzate all'applicazione delle tecniche di procreazione medicalmente assistita, degli embrioni formati e dei nati a seguito dell'applicazione delle tecniche medesime.

2. L'iscrizione al registro di cui al comma 1 è obbligatoria.

3. L'Istituto superiore di sanità raccoglie e diffonde, in collaborazione con gli osservatori epidemiologici regionali, le informazioni necessarie al fine di consentire la trasparenza e la pubblicità delle tecniche di procreazione medicalmente assistita adottate e dei risultati conseguiti.

4. L'Istituto superiore di sanità raccoglie le istanze, le informazioni, i suggerimenti, le proposte delle società scientifiche e degli utenti riguardanti la procreazione medicalmente assistita.

5. Le strutture di cui al presente articolo sono tenute a fornire agli osservatori epidemiologici regionali e all'Istituto superiore di sanità i dati necessari per le finalità indicate dall'articolo 15 nonché ogni altra informazione necessaria allo svolgimento delle funzioni di controllo e di ispezione da parte delle autorità competenti.

6. All'onere derivante dall'attuazione del presente articolo, determinato nella misura massima di 154.937 euro a decorrere dall'anno 2004, si provvede mediante corrispondente riduzione dello stanziamento iscritto, ai fini del bilancio triennale 2004-2006, nell'ambito dell'unità previsionale di base di parte corrente "Fondo speciale" dello stato di previsione del Ministero dell'economia e delle finanze per l'anno 2004, allo scopo parzialmente utilizzando l'accantonamento relativo al Ministero della salute. Il Ministro dell'economia e delle finanze è autorizzato ad apportare, con propri decreti, le occorrenti variazioni di bilancio.

Capo V
Divieti e sanzioni

12. Divieti generali e sanzioni.

1. Chiunque a qualsiasi titolo utilizza a fini procreativi gameti di soggetti estranei alla coppia richiedente, in violazione di quanto previsto dall'articolo 4, comma 3, è punito con la sanzione amministrativa pecuniaria da 300.000 a 600.000 euro [(1)].

2. Chiunque a qualsiasi titolo, in violazione dell'articolo 5, applica tecniche di procreazione medicalmente assistita a coppie i cui componenti non siano entrambi viventi o uno dei cui componenti sia minorenne ovvero che siano composte da soggetti dello stesso sesso o non coniugati o non conviventi è punito con la sanzione amministrativa pecuniaria da 200.000 a 400.000 euro.

3. Per l'accertamento dei requisiti di cui al comma 2 il medico si avvale di una dichiarazione sottoscritta dai soggetti richiedenti. In caso di dichiarazioni mendaci si applica l'articolo 76, commi 1 e 2, del testo unico delle disposizioni legislative e regolamentari in materia di documentazione amministrativa, di cui al decreto del Presidente della Repubblica 28 dicembre 2000, n. 445.

4. Chiunque applica tecniche di procreazione medicalmente assistita senza avere raccolto il consenso secondo le modalità di cui all'articolo 6 è punito con la sanzione amministrativa pecuniaria da 5.000 a 50.000 euro.

5. Chiunque a qualsiasi titolo applica tecniche di procreazione medicalmente assistita in strutture diverse da quelle di cui all'articolo 10 è punito con la sanzione amministrativa pecuniaria da 100.000 a 300.000 euro.

6. Chiunque, in qualsiasi forma, realizza, organizza o pubblicizza la commercializzazione di gameti o di embrioni o la surrogazione di maternità è punito con la reclusione da tre mesi a due anni e con la multa da 600.000 a un milione di euro.

7. Chiunque realizza un processo volto ad ottenere un essere umano discendente da un'unica cellula di partenza, eventualmente identico, quanto al patrimonio genetico nucleare, ad un altro essere umano in vita o morto, è punito con la reclusione da dieci a venti anni e con la multa da 600.000 a un milione di euro. Il medico è punito, altresì, con l'interdizione perpetua dall'esercizio della professione.

8. Non sono punibili l'uomo o la donna ai quali sono applicate le tecniche nei casi di cui ai commi 1, 2, 4 e 5.

9. È disposta la sospensione da uno a tre anni dall'esercizio professionale nei confronti dell'esercente una professione sanitaria condannato per uno degli illeciti di cui al presente articolo, salvo quanto previsto dal comma 7.

10. L'autorizzazione concessa ai sensi dell'articolo 10 alla struttura al cui interno è eseguita una delle pratiche vietate ai sensi del presente articolo è sospesa per un anno. Nell'ipotesi di più violazioni dei divieti di cui al presente articolo o di recidiva l'autorizzazione può essere revocata.

(1) La Corte costituzionale, con sent. 10.6.2014, n. 162, ha dichiarato l'illegittimità costituzionale di questo comma, nei limiti di cui in motivazione.

Capo VI
Misure di tutela dell'embrione

13. Sperimentazione sugli embrioni umani.

1. È vietata qualsiasi sperimentazione su ciascun embrione umano.

2. La ricerca clinica e sperimentale su ciascun embrione umano è consentita a condizione che si perseguano finalità esclusivamente terapeutiche e diagnostiche ad essa collegate volte alla tutela della salute e allo sviluppo dell'embrione stesso, e qualora non siano disponibili metodologie alternative.

3. Sono, comunque, vietati:

a) la produzione di embrioni umani a fini di ricerca o di sperimentazione o comunque a fini diversi da quello previsto dalla presente legge;
b) ogni forma di selezione a scopo eugenetico degli embrioni e dei gameti ovvero interventi che, attraverso tecniche di selezione, di manipolazione o comunque tramite procedimenti artificiali, siano diret-

ti ad alterare il patrimonio genetico dell'embrione o del gamete ovvero a predeterminarne caratteristiche genetiche, ad eccezione degli interventi aventi finalità diagnostiche e terapeutiche, di cui al comma 2 del presente articolo (1);

c) interventi di clonazione mediante trasferimento di nucleo o di scissione precoce dell'embrione o di ectogenesi sia a fini procreativi sia di ricerca;

d) la fecondazione di un gamete umano con un gamete di specie diversa e la produzione di ibridi o di chimere.

4. La violazione dei divieti di cui al comma 1 è punita con la reclusione da due a sei anni e con la multa da 50.000 a 150.000 euro.

In caso di violazione di uno dei divieti di cui al comma 3 la pena è aumentata. Le circostanze attenuanti concorrenti con le circostanze aggravanti previste dal comma 3 non possono essere ritenute equivalenti o prevalenti rispetto a queste (2).

5. È disposta la sospensione da uno a tre anni dall'esercizio professionale nei confronti dell'esercente una professione sanitaria condannato per uno degli illeciti di cui al presente articolo.

(1) La Corte costituzionale, con sent. 11.11.2015, n. 229, ha dichiarato l'illegittimità costituzionale della presente lettera nella parte in cui contempla come ipotesi di reato la condotta di selezione degli embrioni anche nei casi in cui questa sia esclusivamente finalizzata ad evitare l'impianto nell'utero della donna di embrioni affetti da malattie genetiche trasmissibili rispondenti ai criteri di gravità di cui all'art. 6, co. 1, lett. b), l. 22.5.1978, n. 194 (Norme per la tutela della maternità e sulla interruzione della gravidanza) e accertate da apposite strutture pubbliche.

(2) La Corte costituzionale, con sent. 11.11.2015, n. 229, ha dichiarato l'illegittimità costituzionale di questo comma nella parte in cui contempla come ipotesi di reato la condotta di selezione degli embrioni anche nei casi in cui questa sia esclusivamente finalizzata ad evitare l'impianto nell'utero della donna di embrioni affetti da malattie genetiche trasmissibili rispondenti ai criteri di gravità di cui all'art. 6, co. 1, lett. b), l. 22.5.1978, n. 194 (Norme per la tutela della maternità e sulla interruzione della gravidanza) e accertate da apposite strutture pubbliche.

14. Limiti all'applicazione delle tecniche sugli embrioni.

1. È vietata la crioconservazione e la soppressione di embrioni, fermo restando quanto previsto dalla legge 22 maggio 1978, n. 194.

2. Le tecniche di produzione degli embrioni, tenuto conto dell'evoluzione tecnico-scientifica e di quanto previsto dall'articolo 7, comma 3, non devono creare un numero di embrioni superiore a quello strettamente necessario ad un unico e contemporaneo impianto, comunque non superiore a tre (1).

3. Qualora il trasferimento nell'utero degli embrioni non risulti possibile per grave e documentata causa di forza maggiore relativa allo stato di salute della donna non prevedibile al momento della fecondazione è consentita la crioconservazione degli embrioni stessi fino alla data del trasferimento, da realizzare non appena possibile (2).

4. Ai fini della presente legge sulla procreazione medicalmente assistita è vietata la riduzione embrionaria di gravidanze plurime, salvo nei casi previsti dalla legge 22 maggio 1978, n. 194.

5. I soggetti di cui all'articolo 5 sono informati sul numero e, su loro richiesta, sullo stato di salute degli embrioni prodotti e da trasferire nell'utero.

6. La violazione di uno dei divieti e degli obblighi di cui ai commi precedenti è punita con la reclusione fino a tre anni e con la multa da 50.000 a 150.000 euro.

7. È disposta la sospensione fino ad un anno dall'esercizio professionale nei confronti dell'esercente una professione sanitaria condannato per uno dei reati di cui al presente articolo.

8. È consentita la crioconservazione dei gameti maschile e femminile, previo consenso informato e scritto.

9. La violazione delle disposizioni di cui al comma 8 è punita con la sanzione amministrativa pecuniaria da 5.000 a 50.000 euro.

(1) La Corte costituzionale, con sent. 8.5.2009, n. 151, ha dichiarato l'illegittimità costituzionale di questo comma, limitatamente alle parole «*ad un unico e contemporaneo impianto, comunque non superiore a tre*».

(2) La Corte costituzionale, con sent. 8.5.2009, n. 151, ha dichiarato l'illegittimità costituzionale di questo comma, nella parte in cui non prevede che il trasferimento degli embrioni, da realizzare non appena possibile, debba essere effettuato senza pregiudizio della salute della donna.

Capo VII
Disposizioni finali e transitorie

15. Relazione al Parlamento.

Omissis.

16. Obiezione di coscienza.

1. Il personale sanitario ed esercente le attività sanitarie ausiliarie non è tenuto a prendere parte alle procedure per l'applicazione delle tecniche di procreazione medicalmente assistita disciplinate dalla presente legge quando sollevi obiezione di coscienza con preventiva dichiarazione. La dichiarazione dell'obiettore deve essere comunicata entro tre mesi dalla data di entrata in vigore della presente legge al direttore dell'azienda unità sanitaria locale o dell'azienda ospedaliera, nel caso di personale dipendente, al direttore sanitario, nel caso di personale dipendente da strutture private autorizzate o accreditate.

2. L'obiezione può essere sempre revocata o venire proposta anche al di fuori dei termini di cui al comma 1, ma in tale caso la dichiarazione produce effetto dopo un mese dalla sua presentazione agli organismi di cui al comma 1.

3. L'obiezione di coscienza esonera il personale sanitario ed esercente le attività sanitarie ausiliarie dal compimento delle procedure e delle attività specificatamente e necessariamente dirette a determinare l'intervento di procreazione medicalmente assistita e non dall'assistenza antecedente e conseguente l'intervento.

17. Disposizioni transitorie.

1. Le strutture e i centri iscritti nell'elenco predisposto presso l'Istituto superiore di sanità ai sensi dell'ordinanza del Ministro della sanità del 5 marzo 1997, pubblicata nella Gazzetta Ufficiale n. 55 del 7 marzo 1997, sono autorizzati ad applicare le tecniche di procreazione medicalmente assistita, nel rispetto delle disposizioni della presente legge, fino al nono mese successivo alla data di entrata in vigore della presente legge.

2. Entro trenta giorni dalla data di entrata in vigore della presente legge, le strutture e i centri di cui al comma 1 trasmettono al Ministero della salute un elenco contenente l'indicazione numerica degli embrioni prodotti a seguito dell'applicazione di tecniche di procreazione medicalmente assistita nel periodo precedente la data di entrata in vigore della presente legge, nonché, nel rispetto delle vigenti disposizioni sulla tutela della riservatezza dei dati personali, l'indicazione nominativa di coloro che hanno fatto ricorso alle tecniche medesime a seguito delle quali sono stati formati gli embrioni. La violazione della disposizione del presente comma è punita con la sanzione amministrativa pecuniaria da 25.000 a 50.000 euro.

3. Entro tre mesi dalla data di entrata in vigore della presente legge il Ministro della salute, avvalendosi dell'Istituto superiore di sanità, definisce, con proprio decreto, le modalità e i termini di conservazione degli embrioni di cui al comma 2.

3. D.M. 28 dicembre 2016, n. 265. – Regolamento recante norme in materia di manifestazione della volontà di accedere alle tecniche di procreazione medicalmente assistita, in attuazione dell'articolo 6, comma 3, della legge 19 febbraio 2004, n. 40

In Gazzetta Ufficiale 17 febbraio 2017, n. 40

1. Finalità e contenuti del consenso informato.

1. Gli elementi minimi di conoscenza necessari alla formazione del consenso informato in caso di richiesta di accesso alla procreazione medicalmente assistita (PMA), ai sensi dell'articolo 6, comma 3, della legge 19 febbraio 2004, n. 40, concernono:

a) la possibilità di ricorrere agli strumenti offerti dalla legge 4 maggio 1983, n. 184, in tema di affidamento ed adozione, come alternativa alla procreazione medicalmente assistita;

b) la disciplina giuridica della procreazione medicalmente assistita, con specifico riferimento ai seguenti profili: i requisiti oggettivi e soggettivi di accesso alle tecniche di procreazione medicalmente assistita, ai sensi degli articoli 1, commi 1 e 2, 4, comma 1, e 5, comma 1, della legge 19 febbraio 2004, n. 40; le conseguenze giuridiche per l'uomo, per la donna e per il nascituro, ai sensi degli articoli 8,9 e 12, comma 3, della legge 19 febbraio 2004, n. 40; le sanzioni di cui all'articolo 12, commi 2, 4, 5 e 6, legge 19 febbraio 2004, n. 40;

c) i problemi bioetici conseguenti all'applicazione delle tecniche;

d) le diverse tecniche impiegabili, incluse le tecniche di PMA di tipo eterologo e la possibilità per uno dei componenti della coppia di donare gameti, nonché le procedure e le fasi operative di ciascuna tecnica, con particolare riguardo alla loro invasività nei confronti della donna e dell'uomo, ai sensi dell'articolo 6 della legge 19 febbraio 2004, n. 40;

e) l'impegno dovuto dai richiedenti con riguardo anche ai tempi di realizzazione, all'eventuale terapia farmacologica da seguire, agli accertamenti strumentali e di laboratorio da esperire, alle visite ambulatoriali ed ai ricoveri, anche in day hospital, da effettuare;

f) gli effetti indesiderati o collaterali relativi ai trattamenti;

g) le probabilità di successo delle diverse tecniche espresse come possibilità di nascita di un bambino vivo;

h) i rischi per la madre e per il nascituro, accertati o possibili, quali evidenziabili dalla letteratura scientifica;

i) i rischi associati alle tecniche di PMA di tipo eterologo e i provvedimenti presi per attenuarli, con particolare riferimento agli esami clinici cui è stato sottoposto il donatore, inclusa la visita di genetica medica, e ai relativi test impiegati, rappresentando che tali esami non possono garantire, in modo assoluto, l'assenza di patologie per il nascituro;

l) l'impegno di comunicare al centro, in caso di accesso a tecniche PMA di tipo eterologo, eventuali patologie insorte, anche a distanza di tempo, nella donna, nel nascituro o nel nato, e di cui è ragionevole ipotizzare la presenza antecedentemente alla donazione;

m) la possibilità che il nato da PMA di tipo eterologo, una volta adulto, possa essere oggetto di anamnesi medica inappropriata, se non a conoscenza delle modalità del proprio concepimento;

n) la volontarietà e gratuità della donazione di gameti, ai sensi dell'articolo 12 del decreto legislativo 6 novembre 2007, n. 191, nonché la non rivelabilità dell'identità del o dei riceventi al donatore o alla sua famiglia e viceversa, ai sensi dell'articolo 14, comma 3, del medesimo decreto legislativo;

o) i possibili effetti psicologici per i singoli richiedenti, per la coppia e per il nato, conseguenti all'applicazione delle tecniche di PMA, con particolare riguardo alle specificità delle tecniche di PMA di tipo eterologo;

p) la possibilità di crioconservazione dei gameti maschili e femminili per successivi trattamenti di fecondazione assistita, ed eventualmente anche al fine della donazione per fecondazione di tipo eterologo;
q) la possibilità di revoca del consenso da parte dei richiedenti fino al momento della fecondazione dell'ovulo;
r) la possibilità, da parte del medico responsabile della struttura, di non procedere alla procreazione medicalmente assistita esclusivamente per motivi di ordine medico-sanitario, motivata in forma scritta;
s) i limiti all'applicazione delle tecniche sugli embrioni, di cui all'articolo 14, della legge 19 febbraio 2004, n. 40;
t) la possibilità di crioconservazione degli embrioni in conformità a quanto disposto dall'articolo 14 della legge n. 40 del 2004 e dalla sentenza della Corte costituzionale n. 151 del 2009; a tal fine deve essere precisato che le tecniche di produzione degli embrioni non devono creare un numero di embrioni superiore a quello strettamente necessario alla procreazione, e che il trasferimento degli embrioni così creati deve essere effettuato non appena possibile, senza pregiudizio della salute della donna. Deve altresì essere illustrato e discusso il rischio di produrre embrioni soprannumerari, con la conseguenza di destinare quelli in eccedenza alla crioconservazione. Ogni decisione deve essere motivata in forma scritta e deve esserne conservata copia nella cartella clinica;
u) i costi economici totali derivanti dalla procedura adottata;
v) l'informativa sul trattamento dei dati personali raccolti, ai sensi dell'articolo 13, comma 1, del decreto legislativo del 30 giugno 2003, n. 196, in conformità al modello contenuto nell'Allegato 2, che costituisce parte integrante del presente regolamento.

2. Le strutture autorizzate ai sensi dell'articolo 10 della legge 19 febbraio 2004, n. 40, e dell'Accordo Stato-regioni del 15 marzo 2012 sono tenute, per il tramite dei propri medici, a fornire ai richiedenti, in maniera chiara ed esaustiva, nel corso di uno o più colloqui, gli elementi informativi di cui al comma 1 preliminarmente alla sottoscrizione del consenso informato ed al conseguente avvio del trattamento di procreazione medicalmente assistita. Tale consenso è acquisito, unitamente al consenso relativo al connesso trattamento dei dati personali, acquisite le informazioni fornite ai sensi dell'articolo 13 del decreto legislativo n. 196 del 2003, di cui alla lettera v), del comma 1, secondo lo schema riportato nell'allegato 2 del presente regolamento, qualora quest'ultimo atto di consenso non sia già stato precedentemente e separatamente acquisito. Senza necessità di integrare il consenso già acquisito, gli elementi informativi di cui al comma 1, lettere c), f), g), h) ed o), sono forniti in ogni fase di applicazione delle tecniche di procreazione medicalmente assistita.

4. Le strutture private autorizzate sono altresì tenute a fornire con chiarezza ai richiedenti i costi economici totali derivanti dalle diverse procedure, preliminarmente alla sottoscrizione del consenso informato ed al conseguente avvio del trattamento di procreazione medicalmente assistita.

2. Modalità di espressione del consenso informato.

1. La volontà di accedere al trattamento di procreazione medicalmente assistita è espressa con apposita dichiarazione, sottoscritta e datata, in duplice esemplare, dai richiedenti, congiuntamente al medico responsabile della struttura autorizzata ai sensi dell'articolo 10 della legge 19 febbraio 2004, n. 40, e dell'Accordo Stato-regioni del 15 marzo 2012. Una delle copie è consegnata ai richiedenti e una trattenuta agli atti della struttura, che provvede alla sua custodia nel tempo.

2. L'allegato 1 del presente regolamento, del quale costituisce parte integrante, contiene gli elementi minimi che devono essere riportati nel modello di dichiarazione di consenso informato di cui al comma 1 del presente articolo.

3. Disposizioni finali.

Il regolamento di cui al decreto del Ministro della giustizia e del Ministro della salute 16 dicembre 2004, n. 336, è abrogato.

Il presente regolamento, munito del sigillo dello Stato, sarà inserito nella Raccolta ufficiale degli atti normativi della Repubblica italiana. È fatto obbligo a chiunque spetti di osservarlo e di farlo osservare.

AFFISSIONI CONTRARIE AL PUDORE O ALLA DECENZA

1. L. 12 dicembre 1960, n. 1591. – Disposizioni concernenti l'affissione e l'esposizione al pubblico di manifesti, immagini, oggetti contrari al pudore o alla decenza

In Gazzetta Ufficiale 3 gennaio 1961, n. 2

1. – Chiunque fabbrica, introduce, affigge od espone in luogo pubblico od aperto al pubblico disegni, immagini, fotografie od oggetti figurati comunque destinati alla pubblicità, i quali offendono il pudore o la pubblica decenza, considerati secondo la particolare sensibilità dei minori degli anni diciotto e le esigenze della loro tutela morale, è rispettivamente punito a norma degli articoli 528 e 725 del Codice penale.

Si applica la pena di cui all'art. 725 del Codice penale anche quando disegni, immagini, fotografie od oggetti figurati rappresentano scene di violenza atte ad offendere il senso morale o l'ordine familiare [1].

(1) Questa contravvenzione è da intendersi depenalizzata dalla l. 24.11.1981, n. 689.

2. – Quando vi sia assoluta urgenza e non sia possibile il tempestivo intervento dell'Autorità giudiziaria, gli ufficiali di polizia giudiziaria possono eseguire il sequestro di detti disegni, immagini, fotografie od oggetti figurati procedendo immediatamente, e non oltre le ventiquattro ore, alla denuncia al procuratore della Repubblica.

Se questi non lo convalida entro le ventiquattro ore successive, il sequestro si intende revocato e privo di ogni effetto.

AMBIENTE (DIRITTO PENALE DELLO), BENI CULTURALI E PAESAGGIO

A. Disposizioni generali

1. D.Lgs. 3 aprile 2006, n. 152. – Norme in materia ambientale *(artt. 73-74, 95, 97-113, 124-132, 137-140, 177-192, 208-216 ter, 227-231, 239-242, 254-263, 267-270, 272, 278-279, 282-288, 291-296)* [1] [2] [3]

In Gazzetta Ufficiale 14 aprile 2006, n. 88

(1) Gli artt. da 4 a 52 dell'originaria Parte II sono stati abrogati e sostituiti dall'attuale Parte II, comprendente gli artt. da 4 a 36, ai sensi dell'art. 1, co. 3 (art. 4, co. 2, d.lgs. 16.1.2008, n. 4).

(2) Secondo quanto disposto dall'art. 2, co. 3, 1, d.lgs. 29.6.2010, n. 128, l'espressione "del decreto legislativo 18 febbraio 2005, n. 59" è da intendersi sostituita dalla seguente: "del Titolo III-*bis* della parte seconda del presente decreto".

(3) L'art. 4, co. 2, d.lgs. 29.6.2010, n. 128 ha stabilito che: «*Nel decreto legislativo 3 aprile 2006, n. 152, ovunque ricorrano, le parole "Ministero dell'ambiente e della tutela del territorio", sono sostituite dalle seguenti: "Ministero dell'ambiente e della tutela del territorio e del mare", le parole: "Ministro dell'ambiente e della tutela del territorio" sono sostituite dalle seguenti: "Ministro dell'ambiente e della tutela del territorio e del mare", le parole "Agenzia per la protezione dell'ambiente e per i servizi tecnici" sono sostituite dalle seguenti: "Istituto superiore per la protezione e la ricerca ambientale", e la parola "APAT" è sostituita dalla seguente: "ISPRA"*».

Sezione II
Tutela delle acque dall'inquinamento

TITOLO I
Principi generali e competenze

73. Finalità.

1. Le disposizioni di cui alla presente sezione definiscono la disciplina generale per la tutela delle acque superficiali, marine e sotterranee perseguendo i seguenti obiettivi:

a) prevenire e ridurre l'inquinamento e attuare il risanamento dei corpi idrici inquinati;
b) conseguire il miglioramento dello stato delle acque ed adeguate protezioni di quelle destinate a particolari usi;
c) perseguire usi sostenibili e durevoli delle risorse idriche, con priorità per quelle potabili;
d) mantenere la capacità naturale di autodepurazione dei corpi idrici, nonché la capacità di sostenere comunità animali e vegetali ampie e ben diversificate;
e) mitigare gli effetti delle inondazioni e della siccità contribuendo quindi a:
   1) garantire una fornitura sufficiente di acque superficiali e sotterranee di buona qualità per un utilizzo idrico sostenibile, equilibrato ed equo;
   2) ridurre in modo significativo l'inquinamento delle acque sotterranee;
   3) proteggere le acque territoriali e marine e realizzare gli obiettivi degli accordi internazionali in materia, compresi quelli miranti a impedire ed eliminare l'inquinamento dell'ambiente marino, allo scopo di arrestare o eliminare gradualmente gli scarichi, le emissioni e le perdite di sostanze pericolose prioritarie al fine ultimo di pervenire a concentrazioni, nell'ambiente marino, vicine ai valori del fondo naturale per le sostanze presenti in natura e vicine allo zero per le sostanze sintetiche antropogeniche;
f) impedire un ulteriore deterioramento, proteggere e migliorare lo stato degli ecosistemi acquatici, degli ecosistemi terrestri e delle zone umide direttamente dipendenti dagli ecosistemi acquatici sotto il profilo del fabbisogno idrico.

2. Il raggiungimento degli obiettivi indicati al comma 1 si realizza attraverso i seguenti strumenti:

a) l'individuazione di obiettivi di qualità ambientale e per specifica destinazione dei corpi idrici;
b) la tutela integrata degli aspetti qualitativi e quantitativi nell'ambito di ciascun distretto idrografico ed un adeguato sistema di controlli e di sanzioni;

c) il rispetto dei valori limite agli scarichi fissati dallo Stato, nonché la definizione di valori limite in relazione agli obiettivi di qualità del corpo recettore;
d) l'adeguamento dei sistemi di fognatura, collegamento e depurazione degli scarichi idrici, nell'ambito del servizio idrico integrato;
e) l'individuazione di misure per la prevenzione e la riduzione dell'inquinamento nelle zone vulnerabili e nelle aree sensibili;
f) l'individuazione di misure tese alla conservazione, al risparmio, al riutilizzo ed al riciclo delle risorse idriche;
g) l'adozione di misure per la graduale riduzione degli scarichi, delle emissioni e di ogni altra fonte di inquinamento diffuso contenente sostanze pericolose o per la graduale eliminazione degli stessi allorché contenenti sostanze pericolose prioritarie, contribuendo a raggiungere nell'ambiente marino concentrazioni vicine ai valori del fondo naturale per le sostanze presenti in natura e vicine allo zero per le sostanze sintetiche antropogeniche;
h) l'adozione delle misure volte al controllo degli scarichi e delle emissioni nelle acque superficiali secondo un approccio combinato.

3. Il perseguimento delle finalità e l'utilizzo degli strumenti di cui ai commi 1 e 2, nell'ambito delle risorse finanziarie previste dalla legislazione vigente, contribuiscono a proteggere le acque territoriali e marine e a realizzare gli obiettivi degli accordi internazionali in materia.

74. Definizioni.

1. Ai fini della presente sezione si intende per:
a) abitante equivalente: il carico organico biodegradabile avente una richiesta biochimica di ossigeno a 5 giorni (BODS) pari a 60 grammi di ossigeno al giorno;
b) acque ciprinicole: le acque in cui vivono o possono vivere pesci appartenenti ai oiprinidi (Cyprinidae) o a specie come i lucci, i pesci persici e le anguille;
c) acque costiere: le acque superficiali situate all'interno rispetto a una retta immaginaria distante, in ogni suo punto, un miglio nautico sul lato esterno dal punto più vicino della linea di base che serve da riferimento per definire il limite delle acque territoriali e che si estendono eventualmente fino al limite esterno delle acque di transizione;
d) acque salmonicole: le acque in cui vivono o possono vivere pesci appartenenti a specie come le trote, i temoli e i coregoni;
e) estuario: l'area di transizione tra le acque dolci e le acque costiere alla foce di un fiume, i cui limiti esterni verso il mare sono definiti con decreto del Ministro dell'ambiente e della tutela del territorio; in via transitoria tali limiti sono fissati a cinquecento metri dalla linea di costa [(1)];
f) acque dolci: le acque che si presentano in natura con una concentrazione di sali tale da essere considerate appropriate per l'estrazione e il trattamento al fine di produrre acqua potabile;
g) acque reflue domestiche: acque reflue provenienti da insediamenti di tipo residenziale e da servizi e derivanti prevalentemente dal metabolismo umano e da attività domestiche;
h) "acque reflue industriali": qualsiasi tipo di acque reflue scaricate da edifici od impianti in cui si svolgono attività commerciali o di produzione di beni, diverse dalle acque reflue domestiche e dalle acque meteoriche di dilavamento [(2)];
i) "acque reflue urbane": acque reflue domestiche o il miscuglio di acque reflue domestiche, di acque reflue industriali ovvero meteoriche di dilavamento convogliate in reti fognarie, anche separate, e provenienti da agglomerato [(3)];
l) acque sotterranee: tutte le acque che si trovano al di sotto della superficie del suolo, nella zona di saturazione e in diretto contatto con il suolo e il sottosuolo;
m) acque termali: le acque minerali naturali di cui all'articolo 2, comma 1, lettera a), della legge 24 ottobre 2000, n. 323, utilizzate per le finalità consentite dalla stessa legge;
n) agglomerato: l'area in cui la popolazione, ovvero le attività produttive, sono concentrate in misura tale da rendere ammissibile, sia tecnicamente che economicamente in rapporto anche ai benefici ambientali conseguibili, la raccolta e il convogliamento [in una fognatura dinamica] delle acque reflue urbane verso un sistema di trattamento o verso un punto di recapito finale [(4)];
o) applicazione al terreno: l'apporto di materiale al terreno mediante spandimento e/o mescolamento con gli strati superficiali, iniezione, interramento;
p) utilizzazione agronomica: la gestione di effluenti di allevamento, acque di vegetazione residuate dalla lavorazione delle olive, acque reflue provenienti da aziende agricole e piccole aziende agro-alimentari, dalla loro produzione fino all'applicazione al terreno ovvero al loro utilizzo irriguo o fertirriguo, finalizzati all'utilizzo delle sostanze nutritive e ammendanti nei medesimi contenute;
q) ente di governo dell'ambito: la forma di cooperazione tra comuni e province per l'organizzazione del servizio idrico integrato [(5)];
r) gestore del servizio idrico integrato: il soggetto che gestisce il servizio idrico integrato in un ambito territoriale ottimale ovvero il gestore esistente del servizio pubblico soltanto fino alla piena operatività del servizio idrico integrato;
s) bestiame: tutti gli animali allevati per uso o profitto;
t) composto azotato: qualsiasi sostanza contenente azoto, escluso quello allo stato molecolare gassoso;
u) concimi chimici: qualsiasi fertilizzante prodotto mediante procedimento industriale;
v) effluente di allevamento: le deiezioni del bestiame o una miscela di lettiera e di deiezione di bestiame, anche sotto forma di prodotto trasformato, ivi compresi i reflui provenienti da attività di piscicoltura;

z) eutrofizzazione: arricchimento delle acque di nutrienti, in particolare modo di composti dell'azoto e/o del fosforo, che provoca una abnorme proliferazione di alghe e/o di forme superiori di vita vegetale, producendo la perturbazione dell'equilibrio degli organismi presenti nell'acqua e della qualità delle acque interessate;

a) fertilizzante: fermo restando quanto disposto dalla legge 19 ottobre 1984, n. 748, le sostanze contenenti uno o più composti azotati, compresi gli effluenti di allevamento, i residui degli allevamenti ittici e i fanghi, sparse sul terreno per stimolare la crescita della vegetazione;

b) fanghi: i fanghi residui, trattati o non trattati, provenienti dagli impianti di trattamento delle acque reflue urbane;

c) inquinamento: l'introduzione diretta o indiretta, a seguito di attività umana, di sostanze o di calore nell'aria, nell'acqua o nel terreno che possono nuocere alla salute umana o alla qualità degli ecosistemi acquatici o degli ecosistemi terrestri che dipendono direttamente da ecosistemi acquatici, perturbando, deturpando o deteriorando i valori ricreativi o altri legittimi usi dell'ambiente;

d) "rete fognaria": un sistema di condotte per la raccolta e il convogliamento delle acque reflue urbane [(6)];

e) fognatura separata: la rete fognaria costituita da due canalizzazioni, la prima delle quali adibita alla raccolta ed al convogliamento delle sole acque meteoriche di dilavamento, e dotata o meno di dispositivi per la raccolta e la separazione delle acque di prima pioggia, e la seconda adibita alla raccolta ed al convogliamento delle acque reflue urbane unitamente alle eventuali acque di prima pioggia;

f) scarico: qualsiasi immissione effettuata esclusivamente tramite un sistema stabile di collettamento che collega senza soluzione di continuità il ciclo di produzione del refluo con il corpo ricettore acque superficiali, sul suolo, nel sottosuolo e in rete fognaria, indipendentemente dalla loro natura inquinante, anche sottoposte a preventivo trattamento di depurazione. Sono esclusi i rilasci di acque previsti all'articolo 114 [(7)];

g) acque di scarico: tutte le acque reflue provenienti da uno scarico;

h) scarichi esistenti: gli scarichi di acque reflue urbane che alla data del 13 giugno 1999 erano in esercizio e conformi al regime autorizzativo previgente e gli scarichi di impianti di trattamento di acque reflue urbane per i quali alla stessa data erano già state completate tutte le procedure relative alle gare di appalto e all'affidamento dei lavori, nonché gli scarichi di acque reflue domestiche che alla data del 13 giugno 1999 erano in esercizio e conformi al previgente regime autorizzativo e gli scarichi di acque reflue industriali che alla data del 13 giugno 1999 erano in esercizio e già autorizzati;

i) trattamento appropriato: il trattamento delle acque reflue urbane mediante un processo ovvero un sistema di smaltimento che, dopo lo scarico, garantisca la conformità dei corpi idrici recettori ai relativi obiettivi di qualità ovvero sia conforme alle disposizioni della parte terza del presente decreto;

l) trattamento primario: il trattamento delle acque reflue che comporti la sedimentazione dei solidi sospesi mediante processi fisici e/o chimico-fisici e/o altri, a seguito dei quali prima dello scarico il BOD5 delle acque in trattamento sia ridotto almeno del 20 per cento ed i solidi sospesi totali almeno del 50 per cento;

m) trattamento secondario: il trattamento delle acque reflue mediante un processo che in genere comporta il trattamento biologico con sedimentazione secondaria, o mediante altro processo in cui vengano comunque rispettati i requisiti di cui alla tabella 1 dell'Allegato 5 alla parte terza del presente decreto;

n) stabilimento industriale, stabilimento: tutta l'area sottoposta al controllo di un unico gestore, nella quale si svolgono attività commerciali o industriali che comportano la produzione, la trasformazione e/o l'utilizzazione delle sostanze di cui all'Allegato 8 alla parte terza del presente decreto, ovvero qualsiasi altro processo produttivo che comporti la presenza di tali sostanze nello scarico;

o) valore limite di emissione: limite di accettabilità di una sostanza inquinante con tenuta in uno scarico, misurata in concentrazione, oppure in massa per unità di prodotto o di materia prima lavorata, o in massa per unità di tempo i valori limite di emissione possono essere fissati anche per determinati gruppi, famiglie o categorie di sostanze. I valori limite di emissione delle sostanze si applicano di norma nel punto di fuoriuscita delle emissioni dall'impianto, senza tener conto dell'eventuale diluizione; l'effetto di una stazione di depurazione di acque reflue può essere preso in considerazione nella determinazione dei valori limite di emissione dell'impianto, a condizione di garantire un livello equivalente di protezione dell'ambiente nel suo insieme e di non portare carichi inquinanti maggiori nell'ambiente [(8)];

p) zone vulnerabili: zone di territorio che scaricano direttamente o indirettamente composti azotati di origine agricola o zootecnica in acque già inquinate o che potrebbero esserlo in conseguenza di tali tipi di scarichi.

2. Ai fini della presente sezione si intende inoltre per:

a) acque superficiali: le acque interne ad eccezione di quelle sotterranee, le acque di transizione e le acque costiere, tranne per quanto riguarda lo stato chimico, in relazione al quale sono incluse anche le acque territoriali;

b) acque interne: tutte le acque superficiali correnti o stagnanti, e tutte le acque sotterranee all'interno della linea di base che serve da riferimento per definire il limite delle acque territoriali;

c) fiume: un corpo idrico interno che scorre prevalentemente in superficie ma che può essere parzialmente sotterraneo;

d) lago: un corpo idrico superficiale interno fermo;

e) acque di transizione: i corpi idrici superficiali in prossimità della foce di un fiume, che sono parzialmente di natura salina a causa della loro vicinanza alle acque costiere, ma sostanzialmente influenzate dai flussi di acqua dolce;

f) corpo idrico artificiale: un corpo idrico superficiale creato da un'attività umana;

g) corpo idrico fortemente modificato: un corpo idrico superficiale la cui natura, a seguito di alterazioni fisiche dovute a un'attività umana, è sostanzialmente modificata, come risulta dalla designazione fattane dall'autorità competente in base alle disposizioni degli articoli 118 e 120;

h) corpo idrico superficiale: un elemento distinto e significativo di acque superficiali, quale un lago, un bacino artificiale, un torrente, fiume o canale, parte di un torrente, fiume o canale, acque di transizione o un tratto di acque costiere;

i) acquifero: uno o più strati sotterranei di roccia o altri strati geologici di permeabilità sufficiente da consentire un flusso significativo di acque sotterranee o l'estrazione di quantità significative di acque sotterranee [9];

l) corpo idrico sotterraneo: un volume distinto di acque sotterranee contenute da una o più falde acquifere;

m) bacino idrografico: il territorio nel quale scorrono tutte le acque superficiali attraverso una serie di torrenti, fiumi ed eventualmente laghi per sfociare al mare in un'unica foce, a estuario o delta;

n) sotto-bacino idrografico: il territorio nel quale scorrono tutte le acque superficiali attraverso una serie di torrenti, fiumi e laghi per sfociare in un punto specifico di un corso d'acqua, di solito un lago o la confluenza di un fiume;

o) distretto idrografico: l'area di terra e di mare, costituita da uno o più bacini idrografici limitrofi e dalle rispettive acque sotterranee e costiere che costituisce la principale unità per la gestione dei bacini idrografici;

p) stato delle acque superficiali: l'espressione complessiva dello stato di un corpo idrico superficiale, determinato dal valore più basso del suo stato ecologico e chimico;

q) buono stato delle acque superficiali: lo stato raggiunto da un corpo idrico superficiale qualora il suo stato, tanto sotto il profilo ecologico quanto sotto quello chimico, possa essere definito almeno "buono";

r) stato delle acque sotterranee: l'espressione complessiva dello stato di un corpo idrico sotterraneo, determinato dal valore più basso del suo stato quantitativo e chimico;

s) buono stato delle acque sotterranee: lo stato raggiunto da un corpo idrico sotterraneo qualora il suo stato, tanto sotto il profilo quantitativo quanto sotto quello chimico, possa essere definito almeno "buono";

t) stato ecologico: l'espressione della qualità della struttura e del funzionamento degli ecosistemi acquatici associati alle acque superficiali, classificato a norma dell'Allegato 1 alla parte terza del presente decreto;

u) buono stato ecologico: lo stato di un corpo idrico superficiale classificato in base all'Allegato 1 alla parte terza del presente decreto;

v) buon potenziale ecologico: lo stato di un corpo idrico artificiale o fortemente modificato, così classificato in base alle disposizioni pertinenti dell'Allegato 1 alla parte terza del presente decreto;

z) buono stato chimico delle acque superficiali: lo stato chimico richiesto per conseguire gli obiettivi ambientali per le acque superficiali fissati dalla presente sezione secondo le modalità previste all'articolo 78, comma 2, lettere a) e b), ossia lo stato raggiunto da un corpo idrico superficiale nel quale la concentrazione degli inquinanti non superi gli standard di qualità ambientali fissati per le sostanze dell'elenco di priorità di cui alle tabelle 1/A e 2/A del paragrafo A.2.6 dell'allegato 1 alla parte terza [10];

a) buono stato chimico: lo stato chimico di un corpo idrico sotterraneo che risponde alle condizioni di cui agli articoli 3 e 4 ed all'Allegato 3, Parte A [11];

b) stato quantitativo: l'espressione del grado in cui un corpo idrico sotterraneo è modificato da estrazioni dirette e indirette;

c) risorse idriche sotterranee disponibili: il risultato della velocità annua media di ravvenamento globale a lungo termine del corpo idrico sotterraneo meno la velocità annua media a lungo termine del flusso necessario per raggiungere gli obiettivi di qualità ecologica per le acque superficiali connesse, di cui all'articolo 76, al fine di evitare un impoverimento significativo dello stato ecologico di tali acque, nonché danni rilevanti agli ecosistemi terrestri connessi;

d) buono stato quantitativo: stato definito all'Allegato 3, Parte B [12];

e) sostanze pericolose: le sostanze o gruppi di sostanze tossiche, persistenti e bio-accumulabili e altre sostanze o gruppi di sostanze che danno adito a preoccupazioni analoghe;

f) sostanze prioritarie e sostanze pericolose prioritarie: le sostanze individuate con disposizioni comunitarie ai sensi dell'articolo 16 della direttiva 2000/60/CE;

g) inquinante: qualsiasi sostanza che possa inquinare, in particolare quelle elencate nell'Allegato 8 alla parte terza del presente decreto;

h) immissione diretta nelle acque sotterranee: l'immissione di inquinanti nelle acque sotterranee senza infiltrazione attraverso il suolo o il sottosuolo;

i) obiettivi ambientali: gli obiettivi fissati dal titolo II della parte terza del presente decreto;

l) standard di qualità ambientale, denominati anche "SQA": la concentrazione di un particolare inquinante o gruppo di inquinanti nelle acque, nei sedimenti e nel biota che non deve essere superata per tutelare la salute umana e l'ambiente [13];

m) approccio combinato: l'insieme dei controlli, da istituire o realizzare, salvo diversa indicazione delle normative di seguito citate, entro il 22 dicembre 2012, riguardanti tutti gli scarichi nelle acque superficiali, comprendenti i controlli sulle emissioni basati sulle migliori tecniche disponibili, quelli sui pertinenti valori limite di emissione e, in caso di impatti diffusi, quelli comprendenti, eventualmente, le migliori prassi ambientali; tali controlli sono quelli stabiliti:
   1) nel decreto legislativo 18 febbraio 2005, n. 59, sulla prevenzione e la riduzione integrate dell'inquinamento;
   2) nella parte terza del presente decreto in materia di acque reflue urbane, nitrati provenienti da fonti agricole, sostanze che presentano rischi significativi per l'ambiente acquatico o attraverso l'ambiente acquatico, inclusi i rischi per le acque destinate alla produzione di acqua potabile e di scarichi di Hg, Cd, HCH, DDT, PCP, aldrin, dieldrin, endrin, HCB, HCBD, cloroformio, tetracloruro di carbonio, EDC, tricloroetilene, TCB e percloroetilene;

n) acque destinate al consumo umano: le acque disciplinate dal decreto legislativo 2 febbraio 2001, n. 31;

o) servizi idrici: tutti i servizi che forniscono alle famiglie, agli enti pubblici o a qualsiasi attività economica:
   1) estrazione, arginamento, stoccaggio, trattamento e distribuzione di acque superficiali o sotterranee;
   2) strutture per la raccolta e il trattamento delle acque reflue, che successivamente scaricano nelle acque superficiali;

p) utilizzo delle acque: i servizi idrici unitamente agli altri usi risultanti dall'attività conoscitiva di cui all'articolo 118 che incidono in modo significativo sullo stato delle acque. Tale nozione si applica ai fini dell'analisi economica di cui all'Allegato 10 alla parte terza del presente decreto;

[q) valori limite di emissione: la massa espressa in rapporto a determinati parametri specifici, la concentrazione e/o il livello di un'emissione che non devono essere superati in uno o più periodi di tempo. I valori limite di emissione possono essere fissati anche per determinati gruppi, famiglie o categorie di sostanze. I valori limite di emissione delle sostanze si applicano di norma nel punto di fuoriuscita delle emissioni dall'impianto, senza tener conto dell'eventuale diluizione; per gli scarichi indiretti nell'acqua, l'effetto di una stazione di depurazione di acque reflue può essere preso in considerazione nella determinazione dei valori limite di emissione dell'impianto, a condizione di garantire un livello equivalente di protezione dell'ambiente nel suo insieme e di non portare a carichi inquinanti maggiori nell'ambiente;] [14]

r) controlli delle emissioni: i controlli che comportano una limitazione specifica delle emissioni, ad esempio un valore limite delle emissioni oppure che definiscono altrimenti limiti o condizioni in merito agli effetti, alla natura o ad altre caratteristiche di un'emissione o condizioni operative che influiscono sulle emissioni;

s) costi ambientali: i costi legati ai danni che l'utilizzo stesso delle risorse idriche causa all'ambiente, agli ecosistemi e a coloro che usano l'ambiente;

t) costi della risorsa: i costi delle mancate opportunità imposte ad altri utenti in conseguenza dello sfruttamento intensivo delle risorse al di là del loro livello di ripristino e ricambio naturale;

u) impianto: l'unità tecnica permanente in cui sono svolte una o più attività di cui all'Allegato I del decreto legislativo 18 febbraio 2005, n. 59, e qualsiasi altra attività accessoria, che siano tecnicamente connesse con le attività svolte in uno stabilimento e possono influire sulle emissioni e sull'inquinamento; nel caso di attività non rientranti nel campo di applicazione del decreto legislativo 18 febbraio 2005, n. 59, l'impianto si identifica nello stabilimento. Nel caso di attività di cui all'Allegato I del predetto decreto, l'impianto si identifica con il complesso assoggettato alla disciplina della prevenzione e controllo integrati dell'inquinamento [15];

u-*bis*) limite di rivelabilità: il segnale in uscita o il valore di concentrazione al di sopra del quale si può affermare, con un livello di fiducia dichiarato, che un dato campione è diverso da un bianco che non contiene l'analita [16];

u-*ter*) limite di quantificazione: un multiplo dichiarato del limite di rivelabilità a una concentrazione dell'analita che può ragionevolmente essere determinata con accettabile accuratezza e precisione. Il limite di quantificazione può essere calcolato servendosi di un materiale di riferimento o di un campione adeguato e può essere ottenuto dal punto di taratura più basso sulla curva di taratura, dopo la sottrazione del bianco [17];

u-*quater*) incertezza di misura: un parametro non negativo che caratterizza la dispersione dei valori quantitativi attribuiti a un misurando sulla base delle informazioni utilizzate [18];

u-*quinquies*) materiale di riferimento: materiale sufficientemente omogeneo e stabile rispetto a proprietà specificate, che si è stabilito essere idonee per un determinato utilizzo in una misurazione o nell'esame di proprietà nominali [19];

u-*sexies*) matrice: un comparto dell'ambiente acquatico, vale a dire acqua, sedimenti, biota [20];

u-*septies*) taxon del biota: un particolare taxon acquatico all'interno del rango tassonomico o "sub phylum", "classe" o un loro equivalente [21].

(1) Questo decreto, a norma dell'articolo unico, Comunicato 26.6.2006, non essendo stato sottoposto al preventivo e necessario controllo della Corte dei conti, deve considerarsi giuridicamente non produttivo di effetti.

(2) Lettera sostituita dall'art. 2, d.lgs. 16.1.2008, n. 4.

(3) Lettera sostituita dall'art. 2, d.lgs. 16.1.2008, n. 4.

(4) Lettera modificata dall'art. 2, d.lgs. 16.1.2008, n. 4.

(5) Lettera modificata dall'art. 7, co. 1, lett. a), d.l. 12.9.2014, n. 133, conv., con modif., con l. 11.11.2014, n. 164.

(6) Lettera sostituita dall'art. 2, d.lgs. 16.1.2008, n. 4.

(7) Lettera modificata dall'art. 2, d.lgs. 16.1.2008, n. 4.

(8) Lettera modificata dall'art. 2, d.lgs. 16.1.2008, n. 4.

(9) Lettera sostituita dall'art. 9, co. 1, lett. a) d.lgs. 16.3.2009 n. 30.

(10) Lettera sostituita dall'art. 1, co. 1, lett. a), punto 1), d.lgs. 10.12.2010, n. 219 e poi dall'art. 1, co. 1, lett. a), d.lgs. 13.10.2015, n. 172.

(11) Lettera sostituita dall'art. 9, co. 1, lett. a), d.lgs. 16.3.2009, n. 30.

(12) Lettera sostituita dall'art. 9, co. 1, lett. a), d.lgs. 16.3.2009, n. 30.

(13) Lettera modificata dall'art. 1, co. 1, lett. b), d.lgs. 13.10.2015, n. 172.

(14) Lettera abrogata dall'art. 2, co. 7, d.lgs. 16.1.2008, n. 4.

(15) A norma dell'art. 4, co. 2, d.lgs. 29.6.2010, n. 128, nel presente provvedimento le parole «*Ministro dell'ambiente e della tutela del territorio*» sono state sostituite dalle parole «*Ministro dell'ambiente e della tutela del territorio e del mare*».

(16) Lettera aggiunta dall'art. 1, co. 1, lett. a), punto 2), d.lgs. 10.12.2010, n. 219.

(17) Lettera aggiunta dall'art. 1, co. 1, lett. a), punto 2), d.lgs. 10.12.2010, n. 219.

(18) Lettera aggiunta dall'art. 1, co. 1, lett. a), punto 2), d.lgs. 10.12.2010, n. 219.

(19) Lettera aggiunta dall'art. 1, co. 1, lett. a), punto 2), d.lgs. 10.12.2010, n. 219.

(20) Lettera introdotta dall'art. 1, co. 1, lett. c), d.lgs. 13.10.2015, n. 172.

(21) Lettera introdotta dall'art. 1, co. 1, lett. c), d.lgs. 13.10.2015, n. 172.

Capo II
Tutela quantitativa della risorsa e risparmio idrico

95. Pianificazione del bilancio idrico.

1. La tutela quantitativa della risorsa concorre al raggiungimento degli obiettivi di qualità attraverso una pianificazione delle utilizzazioni delle acque volta ad evitare ripercussioni sulla qualità delle stesse e a consentire un consumo idrico sostenibile.

2. Nei piani di tutela sono adottate le misure volte ad assicurare l'equilibrio del bilancio idrico come definito dalle Autorità di bacino, nel rispetto delle priorità stabilite dalla normativa vigente e tenendo conto dei fabbisogni, delle disponibilità, del minimo deflusso vitale, della capacità di ravvenamento della falda e delle destinazioni d'uso della risorsa compatibili con le relative caratteristiche qualitative e quantitative.

3. Entro centottanta giorni dalla data di entrata in vigore della parte terza del presente decreto, le regioni definiscono, sulla base delle linee guida adottate dal Ministro dell'ambiente e della tutela del territorio con proprio decreto, previa intesa con la Conferenza permanente per i rapporti tra lo Stato, le regioni e le province autonome di Trento e di Bolzano, nonché sulla base dei criteri già adottati dalle Autorità di bacino, gli obblighi di installazione e manutenzione in regolare stato di funzionamento di idonei dispositivi per la misurazione delle portate e dei volumi d'acqua pubblica derivati, in corrispondenza dei punti di prelievo e, ove presente, di restituzione, nonché gli obblighi e le modalità di trasmissione dei risultati delle misurazioni dell'Autorità concedente per il loro successivo inoltro alla regione ed alle Autorità di bacino competenti. Le Autorità di bacino provvedono a trasmettere i dati in proprio possesso al Servizio geologico d'Italia – Dipartimento difesa del suolo dell'Agenzia per la protezione dell'ambiente e per i servizi tecnici (APAT) secondo le modalità di cui all'articolo 75, comma 6.

4. Salvo quanto previsto al comma 5, tutte le derivazioni di acqua comunque in atto alla data di entrata in vigore della parte terza del presente decreto sono regolate dall'Autorità concedente mediante la previsione di rilasci volti a garantire il minimo deflusso vitale nei corpi idrici, come definito secondo i criteri adottati dal Ministro dell'ambiente e della tutela del territorio con apposito decreto, previa intesa con la Conferenza Stato-regioni, senza che ciò possa dar luogo alla corresponsione di indennizzi da parte della pubblica amministrazione, fatta salva la relativa riduzione del canone demaniale di concessione.

5. Per le finalità di cui ai commi 1 e 2, le Autorità concedenti effettuano il censimento di tutte le utilizzazioni in atto nel medesimo corpo idrico sulla base dei criteri adottati dal Ministro dell'ambiente e della tutela del territorio con proprio decreto, previa intesa con la Conferenza permanente per i rapporti tra lo Stato, le regioni e le province autonome di Trento e di Bolzano; le medesime Autorità provvedono successivamente, ove necessario, alla revisione di tale censimento, disponendo prescrizioni o limitazioni temporali o quantitative, senza che ciò possa dar luogo alla corresponsione di indennizzi da parte della pubblica amministrazione, fatta salva la relativa riduzione del canone demaniale di concessione.

6. Nel provvedimento di concessione preferenziale, rilasciato ai sensi dell'articolo 4 del regio decreto 11 dicembre 1933, n. 1775, sono contenute le prescrizioni relative ai rilasci volti a garantire il minimo deflusso vitale nei corpi idrici nonché le prescrizioni necessarie ad assicurare l'equilibrio del bilancio idrico.

97. Acque minerali naturali e di sorgenti.

1. Le concessioni di utilizzazione delle acque minerali naturali e delle acque di sorgente sono rilasciate tenuto conto delle esigenze di approvvigionamento e distribuzione delle acque potabili e delle previsioni del Piano di tutela di cui all'articolo 121.

98. Risparmio idrico.

1. Coloro che gestiscono o utilizzano la risorsa idrica adottano le misure necessarie all'eliminazione degli sprechi ed alla riduzione dei consumi e ad incrementare il riciclo ed il riutilizzo, anche mediante l'utilizzazione delle migliori tecniche disponibili.

2. Le regioni, sentite le Autorità di bacino, approvano specifiche norme sul risparmio idrico in agricoltura, basato sulla pianificazione degli usi, sulla corretta individuazione dei fabbisogni nel settore, e sui controlli degli effettivi emungimenti.

99. Riutilizzo dell'acqua.

1. Con regolamento adottato con decreto del Presidente della Repubblica, ai sensi dell'articolo 17, comma 1, della legge 23 agosto 1988, n. 400, su proposta del Ministro dell'ambiente e della sicurezza energetica, di concerto con il Ministro della salute, con il Ministro dell'agricoltura, della sovranità alimentare e delle foreste e con il Ministro delle imprese e del made in Italy, previa intesa in sede di Conferenza permanente per i rapporti tra lo Stato, le regioni e le province autonome di Trento e di Bolzano, sono stabiliti i criteri, le modalità e le condizioni per il riutilizzo delle acque reflue (1).

2. Le regioni, nel rispetto dei principi della legislazione statale, e sentita l'Autorità di vigilanza sulle risorse idriche e sui rifiuti, adottano norme e misure volte a favorire il riciclo dell'acqua e il riutilizzo delle acque reflue depurate (2).

(1) Comma sostituito dall'art. 14 ter, co. 2, d.l. 9.12.2023, n. 181, conv., con modif., con l. 2.2.2024, n. 11.

(2) Secondo quanto previsto dall'art. 1, co. 5, d.lgs. 8.11.2006, n. 284, tutti i riferimenti all'Autorità di vigilanza sulle risorse idriche e sui rifiuti contenuti in questo decreto sono soppressi. L'art. 1 ha poi disposto che il Comitato per la vigilanza sull'uso delle risorse idriche e l'Osservatorio nazionale sui rifiuti sono ricostituiti ed esercitano le relative funzioni. L'art. 9 bis, co. 6, d.l. 28.4.2009, n. 39, ha infine stabilito che tutti i riferimenti al Comitato per la vigilanza sull'uso delle risorse idriche, contenuti in questo decreto sono sostituiti dalla denominazione "Commissione nazionale per la vigilanza sulle risorse idriche".

Capo III
Tutela qualitativa della risorsa: disciplina degli scarichi

100. Reti fognarie.

1. Gli agglomerati con un numero di abitanti equivalenti superiore a 2.000 devono essere provvisti di reti fognarie per le acque reflue urbane.

2. La progettazione, la costruzione e la manutenzione delle reti fognarie si effettuano adottando le migliori tecniche disponibili e che comportino costi economicamente ammissibili, tenendo conto, in particolare:

a) della portata media, del volume annuo e delle caratteristiche delle acque reflue urbane;

b) della prevenzione di eventuali fenomeni di rigurgito che comportino la fuoriuscita delle acque reflue dalle sezioni fognarie;

c) della limitazione dell'inquinamento dei ricettori, causato da tracimazioni originate da particolari eventi meteorici.

3. Per insediamenti, installazioni o edifici isolati che producono acque reflue domestiche, le regioni individuano sistemi individuali o altri sistemi pubblici o privati adeguati che raggiungano lo stesso livello di protezione ambientale, indicando i tempi di adeguamento degli scarichi a detti sistemi.

101. Criteri generali della disciplina degli scarichi.

1. Tutti gli scarichi sono disciplinati in funzione del rispetto degli obiettivi di qualità dei corpi idrici e devono comunque rispettare i valori limite previsti nell'Allegato 5 alla parte terza del presente decreto. L'autorizzazione può in ogni caso stabilire specifiche deroghe ai suddetti limiti e idonee prescrizioni per i periodi di avviamento e di arresto e per l'eventualità di guasti nonché per gli ulteriori periodi transitori necessari per il ritorno alle condizioni di regime.

2. Ai fini di cui al comma 1, le regioni, nell'esercizio della loro autonomia, tenendo conto dei carichi massimi ammissibili e delle migliori tecniche disponibili, definiscono i valori-limite di emissione, diversi da quelli di cui all'Allegato 5 alla parte terza del presente decreto, sia in concentrazione massima ammissibile sia in quantità massima per unità di tempo in ordine ad ogni sostanza inquinante e per gruppi o famiglie di sostanze affini. Le regioni non possono stabilire valori limite meno restrittivi di quelli fissati nell'Allegato 5 alla parte terza del presente decreto:

a) nella Tabella 1, relativamente allo scarico di acque reflue urbane in corpi idrici superficiali;

b) nella Tabella 2, relativamente allo scarico di acque reflue urbane in corpi idrici superficiali ricadenti in aree sensibili;

c) nella Tabella 3/A, per i cicli produttivi ivi indicati;

d) nelle Tabelle 3 e 4, per quelle sostanze indicate nella Tabella 5 del medesimo Allegato.

3. Tutti gli scarichi, ad eccezione di quelli domestici e di quelli ad essi assimilati ai sensi del comma 7, lettera e), devono essere resi accessibili per il campionamento da parte dell'autorità competente per il controllo nel punto assunto a riferimento per il campionamento, che, salvo quanto previsto dall'articolo 108, comma 4, va effettuato immediatamente a monte della immissione nel recapito in tutti gli impluvi naturali, le acque superficiali e sotterranee, interne e marine, le fognature, sul suolo e nel sottosuolo.

4. L'autorità competente per il controllo è autorizzata ad effettuare tutte le ispezioni che ritenga necessarie per l'accertamento delle condizioni che danno luogo alla formazione degli scarichi. Essa può richiedere che scarichi parziali contenenti le sostanze di cui ai numeri 1, 2, 3, 4, 5, 6, 7, 8, 9, 10, 12, 15, 16, 17 e 18 della tabella 5 dell'Allegato 5 alla parte terza del presente decreto subiscano un trattamento particolare prima della loro confluenza nello scarico generale.

5. I valori limite di emissione non possono in alcun

caso essere conseguiti mediante diluizione con acque prelevate esclusivamente allo scopo. Non è comunque consentito diluire con acque di raffreddamento, di lavaggio o prelevate esclusivamente allo scopo gli scarichi parziali di cui al comma 4, prima del trattamento degli stessi per adeguarli ai limiti previsti dalla parte terza dal presente decreto. L'autorità competente, in sede di autorizzazione prescrive che lo scarico delle acque di raffreddamento, di lavaggio, ovvero impiegate per la produzione di energia, sia separato dagli scarichi terminali contenenti le sostanze di cui al comma 4 [(1)].

6. Qualora le acque prelevate da un corpo idrico superficiale presentino parametri con valori superiori ai valori-limite di emissione o nel caso di utilizzo delle stesse in impianti di desalinizzazione, la disciplina dello scarico è fissata in base alla natura delle alterazioni e agli obiettivi di qualità del corpo idrico ricettore. In ogni caso le acque devono essere restituite con caratteristiche qualitative non peggiori di quelle prelevate o in accordo con fattore di concentrazione tipico degli scarichi derivanti dagli impianti di desalinizzazione e senza maggiorazioni di portata allo stesso corpo idrico dal quale sono state prelevate [(2)].

7. Salvo quanto previsto dall'articolo 112, ai fini della disciplina degli scarichi e delle autorizzazioni, sono assimilate alle acque reflue domestiche le acque reflue:

a) provenienti da imprese dedite esclusivamente alla coltivazione del terreno e/o alla silvicoltura;

b) provenienti da imprese dedite ad allevamento di bestiame [che, per quanto riguarda gli effluenti di allevamento, praticano l'utilizzazione agronomica in conformità alla disciplina regionale stabilita sulla base dei criteri e delle norme tecniche generali di cui all'articolo 112, comma 2, e che dispongono di almeno un ettaro di terreno agricolo per ognuna delle quantità indicate nella Tabella 6 dell'Allegato 5 alla parte terza del presente decreto] [(3)];

c) provenienti da imprese dedite alle attività di cui alle lettere a) e b) che esercitano anche attività di trasformazione o di valorizzazione della produzione agricola, inserita con carattere di normalità e complementarietà funzionale nel ciclo produttivo aziendale e con materia prima lavorata proveniente in misura prevalente dall'attività di coltivazione dei terreni di cui si abbia a qualunque titolo la disponibilità;

d) provenienti da impianti di acqua coltura e di piscicoltura che diano luogo a scarico e che si caratterizzino per una densità di allevamento pari o inferiore a 1 Kg per metro quadrato di specchio d'acqua o in cui venga utilizzata una portata d'acqua pari o inferiore a 50 litri al minuto secondo;

e) aventi caratteristiche qualitative equivalenti a quelle domestiche e indicate dalla normativa regionale;

f) provenienti da attività termali, fatte salve le discipline regionali di settore.

7 bis. *Sono altresì assimilate alle acque reflue domestiche, ai fini dello scarico in pubblica fognatura, le acque reflue di vegetazione dei frantoi oleari. Al fine di assicurare la tutela del corpo idrico ricettore e il rispetto della disciplina degli scarichi delle acque reflue urbane, lo scarico di acque di vegetazione in pubblica fognatura è ammesso, ove l'ente di governo dell'ambito e il gestore d'ambito non ravvisino criticità nel sistema di depurazione, per i frantoi che trattano olive provenienti esclusivamente dal territorio regionale e da aziende agricole i cui terreni insistono in aree scoscese o terrazzate ove i metodi di smaltimento tramite fertilizzazione e irrigazione non siano agevolmente praticabili, previo idoneo trattamento che garantisca il rispetto delle norme tecniche, delle prescrizioni regolamentari e dei valori limite adottati dal gestore del servizio idrico integrato in base alle caratteristiche e all'effettiva capacità di trattamento dell'impianto di depurazione* [(4)].

8. Entro sei mesi dalla data di entrata in vigore della parte terza del presente decreto, e successivamente ogni due anni, le regioni trasmettono al Ministero dell'ambiente e della tutela del territorio, al Servizio geologico d'Italia – Dipartimento difesa del suolo dell'Agenzia per la protezione dell'ambiente e per i servizi tecnici (APAT) e all'Autorità di vigilanza sulle risorse idriche e sui rifiuti le informazioni relative alla funzionalità dei depuratori, nonché allo smaltimento dei relativi fanghi, secondo le modalità di cui all'articolo 75, comma 5 [(5)].

9. Al fine di assicurare la più ampia divulgazione delle informazioni sullo stato dell'ambiente le regioni pubblicano ogni due anni, sui propri Bollettini Ufficiali e siti internet istituzionali, una relazione sulle attività di smaltimento delle acque reflue urbane nelle aree di loro competenza, secondo le modalità indicate nel decreto di cui all'articolo 75, comma 5.

10. Le Autorità competenti possono promuovere e stipulare accordi e contratti di programma con soggetti economici interessati, al fine di favorire il risparmio idrico, il riutilizzo delle acque di scarico e il recupero come materia prima dei fanghi di depurazione, con la possibilità di ricorrere a strumenti economici, di stabilire agevolazioni in materia di adempimenti amministrativi e di fissare, per le sostanze ritenute utili, limiti agli scarichi in deroga alla disciplina generale, nel rispetto comunque delle norme comunitarie e delle misure necessarie al conseguimento degli obiettivi di qualità.

(1) Comma modificato dall'art. 2, co. 8, d.lgs. 16.1.2008, n. 4.
(2) Comma modificato dall'art. 10, co. 2, lett. 0a), d.l. 14.4.2023, n. 39, conv., con modif., con l. 13.6.2023, n. 68.
(3) Lettera modificata dall'art. 2, co. 8, d.lgs. 16.1.2008, n. 4.
(4) Comma introdotto dall'art. 65, co. 1, l. 28.12.2015, n. 221.
(5) A norma dell'art. 1, co. 5, d.lgs. 8.11.2006, n. 284 tutti i riferimenti all'Autorità di vigilanza sulle risorse idriche e sui rifiuti contenuti nel presente decreto sono soppressi. Il medesimo art. 1 ha inoltre disposto che il Comitato per la vigilanza sull'uso delle risorse idriche e l'Osservatorio nazionale sui rifiuti sono ricostituiti ed esercitano le relative funzioni. Successivamente l'art. 9 bis, co. 6, d.l. 28.4.2009, n. 39, ha stabilito che tutti i riferimenti al Comitato per la vigilanza sull'uso delle risorse idriche, contenuti nel presente decreto sono sostituiti dalla denominazione "Commissione nazionale per la vigilanza sulle risorse idriche".

102. Scarichi di acque termali.

1. Per le acque termali che presentano all'origine parametri chimici con valori superiori a quelli limite di emissione, è ammessa la deroga ai valori stessi a condizione che le acque siano restituite con caratteristiche qualitative non superiori rispetto a quelle prelevate o, in alternativa che le stesse, nell'ambito massimo del 10 per cento, rispettino i parametri batteriologici e non siano presenti le sostanze pericolose di cui alle Tabelle 3/A e 5 dell'Allegato 5 alla parte terza del presente decreto [(1)].

2. Gli scarichi termali sono ammessi, fatta salva la disciplina delle autorizzazioni adottata dalle regioni ai sensi dell'articolo 124, comma 5:

a) in corpi idrici superficiali, purché la loro immissione nel corpo ricettore non comprometta gli usi delle risorse idriche e non causi danni alla salute ed all'ambiente;

b) sul suolo o negli strati superficiali del sottosuolo, previa verifica delle situazioni geologiche;

c) in reti fognarie, purché vengano osservati i regolamenti emanati dal gestore del servizio idrico integrato e vengano autorizzati dagli enti di governo dell'ambito [(2)];

d) in reti fognarie di tipo separato previste per le acque meteoriche.

(1) Comma modificato dall'art. 50, co. 1, lett. p-ter), d.l. 16.7.2020, n. 76, conv., con modif., con l. 11.9.2020, n. 120.

(2) Lettera modificata dall'art. 7, co. 1, lett. a), d.l. 12.9.2014, n. 133, conv., con modif., con l. 11.11.2014, n. 164.

103. Scarichi sul suolo.

1. È vietato lo scarico sul suolo o negli strati superficiali del sottosuolo, fatta eccezione:

a) per i casi previsti dall'articolo 100, comma 3;

b) per gli scaricatori di piena a servizio delle reti fognarie;

c) per gli scarichi di acque reflue urbane e industriali per i quali sia accertata l'impossibilità tecnica o l'eccessiva onerosità, a fronte dei benefici ambientali conseguibili, a recapitare in corpi idrici superficiali, purché gli stessi siano conformi ai criteri ed ai valori-limite di emissione fissati a tal fine dalle regioni ai sensi dell'articolo 101, comma 2. Sino all'emanazione di nuove norme regionali si applicano i valori limite di emissione della Tabella 4 dell'Allegato 5 alla parte terza del presente decreto;

d) per gli scarichi di acque provenienti dalla lavorazione di rocce naturali nonché dagli impianti di lavaggio delle sostanze minerali, purché i relativi fanghi siano costituiti esclusivamente da acqua e inerti naturali e non comportino danneggiamento delle falde acquifere o instabilità dei suoli;

e) per gli scarichi di acque meteoriche convogliate in reti fognarie separate;

f) per le acque derivanti dallo sfioro dei serbatoi idrici, dalle operazioni di manutenzione delle reti idropotabili e dalla manutenzione dei pozzi di acquedotto.

2. Al di fuori delle ipotesi previste al comma 1, gli scarichi sul suolo esistenti devono essere convogliati in corpi idrici superficiali, in reti fognarie ovvero destinati al riutilizzo in conformità alle prescrizioni fissate con il decreto di cui all'articolo 99, comma 1. In caso di mancata ottemperanza agli obblighi indicati, l'autorizzazione allo scarico si considera a tutti gli effetti revocata.

3. Gli scarichi di cui alla lettera c) del comma 1 devono essere conformi ai limiti della Tabella 4 dell'Allegato 5 alla parte terza del presente decreto. Resta comunque fermo il divieto di scarico sul suolo delle sostanze indicate al punto 2.1 dell'Allegato 5 alla parte terza del presente decreto.

104. Scarichi nel sottosuolo e nelle acque sotterranee.

1. È vietato lo scarico diretto nelle acque sotterranee e nel sottosuolo.

2. In deroga a quanto previsto al comma 1, l'autorità competente, dopo indagine preventiva, può autorizzare gli scarichi nella stessa falda delle acque utilizzate per scopi geotermici, delle acque di infiltrazione di miniere o cave o delle acque pompate nel corso di determinati lavori di ingegneria civile, ivi comprese quelle degli impianti di scambio termico.

3. In deroga a quanto previsto al comma 1, per i giacimenti a mare, il Ministero dell'ambiente e della tutela del territorio e del mare, d'intesa con il Ministero dello sviluppo economico e, per i giacimenti a terra, ferme restando le competenze del Ministero dello sviluppo economico in materia di ricerca e coltivazione di idrocarburi liquidi e gassosi, le regioni possono autorizzare lo scarico di acque risultanti dall'estrazione di idrocarburi nelle unità geologiche profonde da cui gli stessi idrocarburi sono stati estratti ovvero in unità dotate delle stesse caratteristiche che contengano, o abbiano contenuto, idrocarburi, indicando le modalità dello scarico. Lo scarico non deve contenere altre acque di scarico o altre sostanze pericolose diverse, per qualità e quantità, da quelle derivanti dalla separazione degli idrocarburi. Le relative autorizzazioni sono rilasciate con la prescrizione delle precauzioni tecniche necessarie a garantire che le acque di scarico non possano raggiungere altri sistemi idrici o nuocere ad altri ecosistemi [(1)].

4. In deroga a quanto previsto al comma 1, l'autorità competente, dopo indagine preventiva anche finalizzata alla verifica dell'assenza di sostanze estranee, può autorizzare gli scarichi nella stessa falda delle acque utilizzate per il lavaggio e la lavorazione degli inerti, purché i relativi fanghi siano costituiti esclusivamente da acqua ed inerti naturali ed il loro scarico non comporti danneggiamento alla falda acquifera. A tal fine, l'Agenzia regionale per la protezione dell'ambiente (ARPA) competente per territorio, a spese del soggetto richiedente l'autorizzazione, accerta le caratteristiche quantitative e qualitative dei fanghi e l'assenza di possibili danni per la falda, esprimendosi con parere vincolante sulla richiesta di autorizzazione allo scarico.

4 bis. Fermo restando il divieto di cui al comma 1, l'autorità competente, al fine del raggiungimento dell'obiettivo di qualità dei corpi idrici sotterranei, può autorizzare il ravvenamento o l'accrescimento artificiale dei corpi sotterranei, nel rispetto dei criteri stabiliti con decreto del Ministero dell'ambiente e della tutela del territorio e del mare. L'acqua impiegata può essere di provenienza superficiale o sotterranea, a condizione che l'impiego della fonte non comprometta la realizzazione degli obiettivi ambientali fissati per la fonte o per il corpo idrico sotterraneo oggetto di ravvenamento o accrescimento. Tali misure sono riesaminate periodicamente e aggiornate quando occorre nell'ambito del Piano di tutela e del Piano di gestione [(2)].

5. Per le attività di prospezione, ricerca e coltivazione di idrocarburi liquidi o gassosi in mare, lo scarico delle acque diretto in mare avviene secondo le modalità previste dal Ministro dell'ambiente e della tutela del territorio con proprio decreto, purché la concentrazione di olii minerali sia inferiore a 40 mg/1. Lo scarico diretto a mare è progressivamente sostituito dalla iniezione o reiniezione in unità geologiche profonde, non appena disponibili pozzi non più produttivi ed idonei all'iniezione o reiniezione, e deve avvenire comunque nel rispetto di quanto previsto dai commi 2 e 3.

5 bis. In deroga a quanto previsto al comma 1 è consentita l'iniezione, a fini di stoccaggio, di flussi di biossido di carbonio in formazioni geologiche prive di scambio di fluidi con altre formazioni che per motivi naturali sono definitivamente inadatte ad altri scopi, a condizione che l'iniezione sia effettuata a norma del decreto legislativo di recepimento della direttiva 2009/31/CE in materia di stoccaggio geologico di biossido di carbonio [(3)].

6. Il Ministero dell'ambiente e della tutela del territorio, in sede di autorizzazione allo scarico in unità geologiche profonde di cui al comma 3, autorizza anche lo scarico diretto a mare, secondo le modalità previste dai commi 5 e 7, per i seguenti casi:

a) per la frazione di acqua eccedente, qualora la capacità del pozzo iniettore o reiniettore non sia sufficiente a garantire la ricezione di tutta l'acqua risultante dall'estrazione di idrocarburi;
b) per il tempo necessario allo svolgimento della manutenzione, ordinaria e straordinaria, volta a garantire la corretta funzionalità e sicurezza del sistema costituito dal pozzo e dall'impianto di iniezione o di reiniezione.

7. Lo scarico diretto in mare delle acque di cui ai commi 5 e 6 è autorizzato previa presentazione di un piano di monitoraggio volto a verificare l'assenza di pericoli per le acquee per gli ecosistemi acquatici.

8. Al di fuori delle ipotesi previste dai commi 2, 3, 5 e 7, gli scarichi nel sottosuolo e nelle acque sotterranee, esistenti e debitamente autorizzati, devono essere convogliati in corpi idrici superficiali ovvero destinati, ove possibile, al riciclo, al riutilizzo o all'utilizzazione agronomica. In caso di mancata ottemperanza agli obblighi indicati, l'autorizzazione allo scarico è revocata.

8 bis. Per gli interventi assoggettati a valutazione di impatto ambientale, nazionale o regionale, le autorizzazioni ambientali di cui ai commi 5 e 7 sono istruite a livello di progetto esecutivo e rilasciate dalla stessa autorità competente per il provvedimento che conclude motivatamente il procedimento di valutazione di impatto ambientale [(4)].

(1) Comma sostituito dall'art. 7, co. 6, d.lgs. 163.2009, n. 30.
(2) Comma introdotto dall'art. 24, co. 1, lett. e), l. 6.8.2013, n. 97.
(3) Comma introdotto dall'art. 35, co. 1, d.lgs. 14.9.2011, n. 162.
(4) Comma introdotto dall'art. 8, co. 1, lett. a), l. 28.12.2015, n. 221.

105. Scarichi in acque superficiali.

1. Gli scarichi di acque reflue industriali in acque superficiali devono rispettare i valori-limite di emissione fissati ai sensi dell'articolo 101, commi 1 e 2, in funzione del perseguimento degli obiettivi di qualità.

2. Gli scarichi di acque reflue urbane che confluiscono nelle reti fognarie, provenienti da agglomerati con meno di 2.000 abitanti equivalenti e recapitanti in acque dolci ed in acque di transizione, e gli scarichi provenienti da agglomerati con meno di 10.000 abitanti equivalenti, recapitanti in acque marino-costiere, sono sottoposti ad un trattamento appropriato, in conformità con le indicazioni dell'Allegato 5 alla parte terza del presente decreto.

3. Le acque reflue urbane devono essere sottoposte, prima dello scarico, ad un trattamento secondario o ad un trattamento equivalente in conformità con le indicazioni dell'Allegato 5 alla parte terza del presente decreto.

4. Gli scarichi previsti al comma 3 devono rispettare, altresì, i valori-limite di emissione fissati ai sensi dell'articolo 101, commi 1 e 2.

5. Le regioni dettano specifica disciplina per gli scarichi di reti fognarie provenienti da agglomerati a forte fluttuazione stagionale degli abitanti, tenuto conto di quanto disposto ai commi 2 e 3 e fermo restando il conseguimento degli obiettivi di qualità.

6. Gli scarichi di acque reflue urbane in acque situate in zone d'alta montagna, ossia al di sopra dei 1500 metri sul livello del mare, dove, a causa delle basse temperature, è difficile effettuare un trattamento biologico efficace, possono essere sottoposti ad un trattamento meno spinto di quello previsto al comma 3, purché appositi studi comprovino che i suddetti scarichi non avranno ripercussioni negative sull'ambiente.

106. Scarichi di acque reflue urbane in corpi idrici ricadenti in aree sensibili.

1. Ferme restando le disposizioni dell'articolo 101, commi 1 e 2, le acque reflue urbane provenienti da agglomerati con oltre 10.000 abitanti equivalenti, che scaricano in acque recipienti individuate quali aree sensibili, devono essere sottoposte ad un trattamento più spinto di quello previsto dall'articolo 105, comma 3, secondo i requisiti specifici indicati nell'Allegato 5 alla parte terza del presente decreto.

2. Le disposizioni di cui al comma 1 non si applicano nelle aree sensibili in cui può essere dimostrato che la percentuale minima di riduzione del carico complessivo in ingresso a tutti gli impianti di trattamento delle acque reflue urbane è pari almeno al settantacinque per cento per il fosforo totale oppure per almeno il settantacinque per cento per l'azoto totale.

3. Le regioni individuano, tra gli scarichi provenienti dagli impianti di trattamento delle acque reflue urbane situati all'interno dei bacini drenanti afferenti alle aree sensibili, quelli che, contribuendo all'inquinamento di tali aree, sono da assoggettare al trattamento di cui ai commi 1 e 2 in funzione del raggiungimento dell'obiettivo di qualità dei corpi idrici ricettori.

107. Scarichi in reti fognarie [(1)].

1. Ferma restando l'inderogabilità dei valori-limite di emissione di cui alla tabella 3/A dell'Allegato 5 alla parte terza del presente decreto e, limitatamente ai parametri di cui alla nota 2 della Tabella 5 del medesimo Allegato 5, alla Tabella 3, gli scarichi di acque reflue industriali che recapitano in reti fognarie sono sottoposti alle norme tecniche, alle prescrizioni regolamentari e ai valori-limite adottati dall'Autorità d'ambito competente in base alle caratteristiche dell'impianto, e in modo che sia assicurata la tutela del corpo idrico ricettore nonché il rispetto della disciplina degli scarichi di acque reflue urbane definita ai sensi dell'articolo 101, commi 1 e 2.

2. Gli scarichi di acque reflue domestiche che recapitano in reti fognarie sono sempre ammessi purché osservino i regolamenti emanati dal soggetto gestore del servizio idrico integrato ed approvati dall'Autorità d'ambito competente.

3. Non è ammesso lo smaltimento dei rifiuti, anche se triturati, in fognatura, ad eccezione di quelli organici provenienti dagli scarti dell'alimentazione trattati con apparecchi dissipatori di rifiuti alimentari che ne riducano la massa in particelle sottili, previo accertamento dell'esistenza di un sistema di depurazione da parte dell'ente gestore del servizio idrico integrato, che assicura adeguata informazione al pubblico anche in merito alla planimetria delle zone servite da tali sistemi. L'installazione delle apparecchiature è comunicata da parte del rivenditore al gestore del servizio idrico, che ne controlla la diffusione sul territorio [(2)].

4. Le regioni, sentite le province, possono stabilire norme integrative per il controllo degli scarichi degli insediamenti civili e produttivi allacciati alle pubbliche fognature, per la funzionalità degli impianti di pretrattamento e per il rispetto dei limiti e delle prescrizioni previsti dalle relative autorizzazioni.

(1) Articolo sostituito dall'art. 2, co. 8 bis e 19, d.lgs. 16.1.2008, n. 4.
(2) Comma sostituito dall'art. 9 quater, co. 1, d.l. 6.11.2008, n. 172, conv., con modif., con l. 30.12.2008, n. 210.

108. Scarichi di sostanze pericolose.

1. Le disposizioni relative agli scarichi di sostanze pericolose si applicano agli stabilimenti nei quali si svolgono attività che comportano la produzione, la trasformazione o l'utilizzazione delle sostanze di cui alle Tabelle 3/A e 5 dell'Allegato 5 alla parte terza del presente decreto, e nei cui scarichi sia accertata la presenza di tali sostanze in quantità o concentrazioni superiori ai limiti di rilevabilità consentiti dalle metodiche di rilevamento in essere alla data di entrata in vigore della parte terza del presente decreto, o, successivamente, superiori ai limiti di rilevabilità consentiti dagli aggiornamenti a tali metodiche messi a punto ai sensi del punto 4 dell'Allegato 5 alla parte terza del presente decreto.

2. Tenendo conto della tossicità, della persistenza e della bioaccumulazione della sostanza considerata nell'ambiente in cui è effettuato lo scarico, l'autorità competente in sede di rilascio dell'autorizzazione fissa, nei casi in cui risulti accertato che i valori limite definiti ai sensi dell'articolo 101, commi 1 e 2, impediscano o pregiudichino il conseguimento degli obiettivi di qualità previsti nel Piano di tutela di cui all'articolo 121, anche per la compresenza di altri scarichi di sostanze pericolose, valori-limite di emissione più restrittivi di quelli fissati ai sensi dell'articolo 101, commi 1 e 2 [(1)].

3. Ai fini dell'attuazione delle disposizioni di cui al comma 1 dell'articolo 107 e del comma 2 del presente articolo, entro il 30 ottobre 2007 devono essere attuate le prescrizioni concernenti gli scarichi delle imprese assoggettate alle disposizioni del decreto legislativo 18 febbraio 2005, n. 59. Dette prescrizioni, concernenti valori limite di emissione, parametri e misure tecniche, si basano sulle migliori tecniche disponibili, senza obbligo di utilizzare una tecnica o una tecnologia specifica, tenendo conto delle caratteristiche tecniche dell'impianto in questione, della sua ubicazione geografica e delle condizioni locali dell'ambiente.

4. Per le sostanze di cui alla Tabella 3/A dell'Allegato 5 alla parte terza del presente decreto, derivanti dai cicli produttivi indicati nella medesima tabella, le autorizzazioni stabiliscono altresì la quantità massima della sostanza espressa in unità di peso per unità di elemento caratteristico dell'attività inquinante e cioè per materia prima o per unità di prodotto, in conformità con quanto indicato nella stessa Tabella. Gli scarichi contenenti le sostanze pericolose di cui al comma 1 sono assoggettati alle prescrizioni di cui al punto 1.2.3. dell'Allegato 5 alla parte terza del presente decreto.

5. Per le acque reflue industriali contenenti le sostanze della Tabella 5 dell'Allegato 5 alla parte terza del presente decreto, il punto di misurazione dello scarico è fissato secondo quanto previsto dall'autorizzazione integrata ambientale di cui al decreto legislativo 18 febbraio 2005, n. 59, e, nel caso di attività non rientranti nel campo di applicazione del suddetto decreto, subito dopo l'uscita dallo stabilimento o dall'impianto di trattamento che serve lo stabilimento medesimo. L'autorità competente può richiedere che gli scarichi parziali contenenti le sostanze della tabella 5 del medesimo Allegato 5 siano tenuti separati dallo scarico generale e disciplinati come rifiuti. Qualora, come nel caso dell'articolo 124, comma 2, secondo periodo, l'impianto di trattamento di acque reflue industriali che tratta le sostanze pericolose, di cui alla tabella 5 del medesimo allegato 5, riceva, tramite condotta, acque reflue provenienti da altri stabilimenti industriali o acque reflue urbane, contenenti sostanze diverse non utili ad un modifica o ad una riduzione delle sostanze pericolose, in sede di autorizzazione l'autorità competente ridurrà opportunamente i valori limite di emissione indicati nella tabella 3 del medesimo Allegato 5 per ciascuna delle predette sostanze pericolose indicate in Tabella 5, tenendo conto della diluizione operata dalla miscelazione delle diverse acque reflue [(2)].

6. L'autorità competente al rilascio dell'autorizzazione per le sostanze di cui alla Tabella 3/A dell'Allegato 5 alla parte terza del presente decreto, derivanti dai cicli produttivi indicati nella tabella medesima, redige un elenco delle autorizzazioni rilasciate, degli scarichi esistenti e dei controlli effettuati, ai fini del successivo inoltro alla Commissione europea.

(1) Comma modificato dall'art. 2, co.9, d.lgs. 16.1.2008, n. 4.
(2) Comma modificato dall'art. 2, co. 10, d.lgs. 16.1.2008, n. 4.

Capo IV
Ulteriori misure per la tutela dei corpi idrici

109. Immersione in mare di materiale derivante da attività di escavo e attività di posa in mare di cavi e condotte.

1. Al fine della tutela dell'ambiente marino e in conformità alle disposizioni delle convenzioni internazionali vigenti in materia, è consentita l'immersione deliberata in mare da navi ovvero aeromobili e da strutture ubicate nelle acque del mare o in ambiti ad esso contigui, quali spiagge, lagune e stagni salmastri e terrapieni costieri, dei materiali seguenti:

a) materiali di escavo di fondali marini o salmastri o di terreni litoranei emersi;
b) inerti, materiali geologici inorganici e manufatti al solo fine di utilizzo, ove ne sia dimostrata la compatibilità e l'innocuità ambientale;
c) materiale organico e inorganico di origine marina o salmastra, prodotto durante l'attività di pesca effettuata in mare o laguna o stagni salmastri.

2. L'autorizzazione all'immersione in mare dei materiali di cui al comma 1, lettera a), è rilasciata dalla regione, fatta eccezione per gli interventi ricadenti in aree protette nazionali di cui alle leggi 31 dicembre 1982, n. 979 e 6 dicembre 1991, n. 394, per i quali è rilasciata dal Ministero dell'ambiente e della tutela del territorio e del mare, in conformità alle modalità stabilite con decreto del Ministro dell'ambiente e della tutela del territorio, di concerto con i Ministri delle infrastrutture e dei trasporti, delle politiche agricole e forestali, delle attività produttive previa intesa con la Conferenza permanente per i rapporti tra lo Stato, le regioni e le province autonome di Trento e di Bolzano, da emanarsi entro centoventi giorni dalla data di entrata in vigore della parte terza del presente decreto [(1)].

2 bis. Il decreto di cui al comma 2 non si applica alla gestione dei sedimenti all'interno delle acque di transizione e degli ambienti lagunari per i quali trova applicazione la pianificazione di cui all'art. 121 del presente decreto, fatte salve le specifiche norme per la salvaguardia della Laguna di Venezia di cui all'art. 95 del decreto-legge 14 agosto 2020, n. 104, convertito, con modificazioni, dalla legge 13 ottobre 2020, n. 126 [(2)].

3. L'immersione in mare di materiale di cui al comma 1, lettera b), è soggetta ad autorizzazione regionale, con esclusione dei nuovi manufatti soggetti alla valutazione di impatto ambientale. Per le opere di ripristino, che non comportino aumento della cubatura delle opere preesistenti, è dovuta la sola comunicazione all'autorità competente [(3)].

4. L'immersione in mare dei materiali di cui al comma 1, lettera c), non è soggetta ad autorizzazione.

5. La movimentazione dei fondali marini derivante dall'attività di posa in mare di cavi e condotte è soggetta ad autorizzazione regionale rilasciata, in conformità alle modalità tecniche stabilite con decreto del Ministro dell'ambiente e della tutela del territorio, di concerto con i Ministri delle attività produttive, delle infrastrutture e dei trasporti e delle politiche agricole e forestali, per quanto di competenza, da emanarsi entro centoventi giorni dalla data di entrata in vigore della parte terza del presente decreto. [Nel caso di condotte o cavi facenti parte di reti energetiche di interesse nazionale, o di connessione con reti energetiche di altri stati, l'autorizzazione è rilasciata dal Ministero dell'ambiente e della tutela del territorio, sentite le regioni interessate, nell'ambito del procedimento unico di autorizzazione delle stesse reti] [(4)].

5 bis. Per gli interventi assoggettati a valutazione di impatto ambientale, nazionale o regionale, le autorizzazioni ambientali di cui ai commi 2 e 5 sono istruite e rilasciate dalla stessa autorità competente per il provvedimento che conclude motivatamente il procedimento di valutazione di impatto ambientale. Nel caso di condotte o cavi facenti parte della rete nazionale di trasmissione dell'energia elettrica o di connessione con reti energetiche di altri Stati, non soggetti a valutazione di impatto ambientale, l'autorizzazione è rilasciata dal Ministero dell'ambiente e della tutela del territorio e del mare, sentite le regioni interessate, nell'ambito del procedimento unico di autorizzazione delle stesse reti [(5)].

(1) Comma modificato dall'art. 24, co. 1, lett. d), n. 1, d.l. 9.2.2012, n. 5, conv., con modif., con l. 4.4.2012, n. 35.
(2) Comma introdotto dall'art. 10, co. 2, lett. 0b), d.l. 14.4.2023, n. 39, conv., con modif., con l. 13.6.2023, n. 68.
(3) Comma modificato dall'art. 24, co. 1, lett. d), n. 2, d.l. 9.2.2012, n. 5, conv., con modif., con l. 4.4.2012, n. 35.
(4) Comma modificato dall'art. 8, co. 1, lett. b), n. 1), l. 28.12.2015, n. 221.
(5) Comma introdotto dall'art. 8, co. 1, lett. b), n. 2), l. 28.12.2015, n. 221.

110. Trattamento di rifiuti presso impianti di trattamento delle acque reflue urbane.

1. Salvo quanto previsto ai commi 2 e 3, è vietato l'utilizzo degli impianti di trattamento di acque reflue urbane per lo smaltimento di rifiuti.

2. In deroga al comma 1, l'autorità competente, d'intesa con l'ente di governo dell'ambito, in relazione a particolari esigenze e nei limiti della capacità residua di trattamento, autorizza il gestore del servizio idrico integrato a smaltire nell'impianto di trattamento di acque reflue urbane rifiuti liquidi, limitatamente alle tipologie compatibili con il processo di depurazione (1).

3. Il gestore del servizio idrico integrato, previa comunicazione all'autorità competente ai sensi dell'articolo 124, è comunque autorizzato ad accettare in impianti con caratteristiche e capacità depurative adeguate, che rispettino i valori limite di cui all'articolo 101, commi 1 e 2, i seguenti rifiuti e materiali, purché provenienti dal proprio Ambito territoriale ottimale oppure da altro Ambito territoriale ottimale sprovvisto di impianti adeguati:

a) rifiuti costituiti da acque reflue che rispettino i valori limite stabiliti per lo scarico in fognatura;
b) rifiuti costituiti dal materiale proveniente dalla manutenzione ordinaria di sistemi di trattamento di acque reflue domestiche previsti ai sensi dell'articolo 100, comma 3;
c) materiali derivanti dalla manutenzione ordinaria della rete fognaria nonché quelli derivanti da altri impianti di trattamento delle acque reflue urbane, nei quali l'ulteriore trattamento dei medesimi non risulti realizzabile tecnicamente e/o economicamente.

4. L'attività di cui ai commi 2 e 3 può essere consentita purché non sia compromesso il possibile riutilizzo delle acque reflue e dei fanghi.

5. Nella comunicazione prevista al comma 3 il gestore del servizio idrico integrato deve indicare la capacità residua dell'impianto e le caratteristiche e quantità dei rifiuti che intende trattare. L'autorità competente può indicare quantità diverse o vietare il trattamento di specifiche categorie di rifiuti. L'autorità competente provvede altresì all'iscrizione in appositi elenchi dei gestori di impianti di trattamento che hanno effettuato la comunicazione di cui al comma 3.

6. Allo smaltimento dei rifiuti di cui ai commi 2 e 3 si applica l'apposita tariffa determinata dall'ente di governo dell'ambito (2).

7. Il produttore ed il trasportatore dei rifiuti sono tenuti al rispetto della normativa in materia di rifiuti, fatta eccezione per il produttore dei rifiuti di cui al comma 3, lettera b), che è tenuto al rispetto dei soli obblighi previsti per i produttori dalla vigente normativa in materia di rifiuti. Il gestore del servizio idrico integrato che, ai sensi dei commi 3 e 5, tratta rifiuti è soggetto all'obbligo di tenuta del registro di carico e scarico secondo quanto previsto dalla vigente normativa in materia di rifiuti.

(1) Comma modificato dall'art. 7, co. 1, lett. a), d.l. 12.9.2014, n. 133, conv., con modif., con l. 11.11.2014, n. 164.
(2) Comma modificato dall'art. 7, co. 1, lett. a), d.l. 12.9.2014, n. 133, conv., con modif., con l. 11.11.2014, n. 164.

111. Impianti di acquacoltura e piscicoltura.

1. Con decreto del Ministro dell'ambiente e della tutela del territorio, di concerto con i Ministri delle politiche agricole e forestali, delle infrastrutture e dei trasporti e delle attività produttive, e previa intesa con Conferenza permanente per i rapporti tra lo Stato, le regioni e le province autonome di Trento e di Bolzano, sono individuati i criteri relativi al contenimento dell'impatto sull'ambiente derivante dalle attività di acquacoltura e di piscicoltura.

112. Utilizzazione agronomica.

1. Fermo restando quanto previsto dall'articolo 92 per le zone vulnerabili e dal decreto legislativo 18 febbraio 2005, n. 59, per gli impianti di allevamento intensivo di cui al punto 6.6 dell'Allegato 1 al predetto decreto, l'utilizzazione agronomica degli effluenti di allevamento, delle acque di vegetazione dei frantoi oleari, sulla base di quanto previsto dalla legge 11 novembre 1996, n. 574, nonché dalle acque reflue provenienti dalle aziende di cui all'articolo 101, comma 7, lettere a), b) e c), e da piccole aziende agroalimentari, così come individuate in base al decreto del Ministro delle politiche agricole e forestali di cui al comma 2, è soggetta a comunicazione all'autorità competente ai sensi all'articolo 75del presente decreto.

2. Le regioni disciplinano le attività di utilizzazione agronomica di cui al comma 1 sulla base dei criteri e delle norme tecniche generali adottati con decreto del Ministro delle politiche agricole e forestali, di concerto con i Ministri dell'ambiente e della tutela del territorio, delle attività produttive, della salute e delle infrastrutture e dei trasporti, d'intesa con la Conferenza permanente per i rapporti tra lo Stato, le regioni e le province autonome di Trento e di Bolzano, entro centottanta giorni dalla data di entrata in vigore del predetto decreto ministeriale, garantendo nel contempo la tutela dei corpi idrici potenzialmente interessati ed in particolare il raggiungimento o il mantenimento degli obiettivi di qualità di cui alla parte terza del presente decreto.

3. Nell'ambito della normativa di cui al comma 2, sono disciplinali in particolare:

a) le modalità di attuazione degli articoli 3, 5, 6 e 9 della legge 11 novembre 1996, n. 574;
b) i tempi e le modalità di effettuazione della comunicazione, prevedendo procedure semplificate nonché specifici casi di esonero dall'obbligo di comunicazione per le attività di minor impatto ambientale;
c) le norme tecniche di effettuazione delle operazioni di utilizzo agronomico;
d) i criteri e le procedure di controllo, ivi comprese quelle inerenti l'imposizione di prescrizioni da parte dell'autorità competente, il divieto di esercizio ovvero la sospensione a tempo determinato dell'attività di cui al comma 1 nel caso di mancata comunicazione o mancato rispetto delle norme tecniche e delle prescrizioni impartite;
e) le sanzioni amministrative pecuniarie fermo restando quanto disposto dall'articolo 137, comma 15.

113. Acque meteoriche di dilavamento e acque di prima pioggia.

1. Ai fini della prevenzione di rischi idraulici ed ambientali, le regioni, previo parere del Ministero dell'ambiente e della tutela del territorio, disciplinano e attuano:

a) le forme di controllo degli scarichi di acque meteoriche di dilavamento provenienti da reti fognarie separate;

b) i casi in cui può essere richiesto che le immissioni delle acque meteoriche di dilavamento, effettuate tramite altre condotte separate, siano sottoposte a particolari prescrizioni, ivi compresa l'eventuale autorizzazione.

2. Le acque meteoriche non disciplinate ai sensi del comma 1 non sono soggette a vincoli o prescrizioni derivanti dalla parte terza del presente decreto.

3. Le regioni disciplinano altresì i casi in cui può essere richiesto che le acque di prima pioggia e di lavaggio delle aree esterne siano convogliate e opportunamente trattate in impianti di depurazione per particolari condizioni nelle quali, in relazione alle attività svolte, vi sia il rischio di dilavamento da superfici impermeabili scoperte di sostanze pericolose o di sostanze che creano pregiudizio per il raggiungimento degli obiettivi di qualità dei corpi idrici.

4. È comunque vietato lo scarico o l'immissione diretta di acque meteoriche nelle acque sotterranee.

Capo II
Autorizzazione agli scarichi

124. Criteri generali.

1. Tutti gli scarichi devono essere preventivamente autorizzati.

2. L'autorizzazione è rilasciata al titolare dell'attività da cui origina lo scarico. Ove uno o più stabilimenti conferiscano, tramite condotta, ad un terzo soggetto, titolare dello scarico finale, le acque reflue provenienti dalle loro attività, oppure qualora tra più stabilimenti sia costituito un consorzio per l'effettuazione in comune dello scarico delle acque reflue provenienti dalle attività dei consorziati, l'autorizzazione è rilasciata in capo al titolare dello scarico finale o al consorzio medesimo, ferme restando le responsabilità dei singoli titolari delle attività suddette e del gestore del relativo impianto di depurazione in caso di violazione delle disposizioni della parte terza del presente decreto [(1)].

3. Il regime autorizzatorio degli scarichi di acque reflue domestiche e di reti fognarie, servite o meno da impianti di depurazione delle acque reflue urbane, è definito dalle regioni nell'ambito della disciplina di cui all'articolo 101, commi 1 e 2.

4. In deroga al comma 1, gli scarichi di acque reflue domestiche in reti fognarie sono sempre ammessi nell'osservanza dei regolamenti fissati dal gestore del servizio idrico integrato ed approvati dall'ente di governo dell'ambito [(2)].

5. Il regime autorizzatorio degli scarichi di acque reflue termali è definito dalle regioni; tali scarichi sono ammessi in reti fognarie nell'osservanza dei regolamenti emanati dal gestore del servizio idrico integrato ed in conformità all'autorizzazione rilasciata dall'ente di governo dell'ambito [(3)].

6. Le regioni disciplinano le fasi di autorizzazione provvisoria agli scarichi degli impianti di depurazione delle acque reflue per il tempo necessario al loro avvio oppure, se già in esercizio, allo svolgimento di interventi, sugli impianti o sulle infrastrutture ad essi connesse, finalizzati all'adempimento degli obblighi derivanti dall'appartenenza dell'Italia all'Unione europea, ovvero al potenziamento funzionale, alla ristrutturazione o alla dismissione [(4)].

7. Salvo diversa disciplina regionale, la domanda di autorizzazione è presentata alla provincia ovvero all'ente di governo dell'ambito se lo scarico è in pubblica fognatura. L'autorità competente provvede entro novanta giorni dalla ricezione della domanda [(5)].

8. Salvo quanto previsto dal decreto legislativo 18 febbraio 2005, n. 59, l'autorizzazione è valida per quattro anni dal momento del rilascio. Un anno prima della scadenza ne deve essere chiesto il rinnovo. Lo scarico può essere provvisoriamente mantenuto in funzione nel rispetto delle prescrizioni contenute nella precedente autorizzazione, fino all'adozione di un nuovo provvedimento, se la domanda di rinnovo è stata tempestivamente presentata. Per gli scarichi contenenti sostanze pericolose di cui all'articolo 108, il rinnovo deve essere concesso in modo espresso entro e non oltre sei mesi dalla data di scadenza; trascorso inutilmente tale termine, lo scarico dovrà cessare immediatamente. La disciplina regionale di cui al comma 3 può prevedere per specifiche tipologie di scarichi di acque reflue domestiche, ove soggetti ad autorizzazione, forme di rinnovo tacito della medesima.

9. Per gli scarichi in un corso d'acqua nel quale sia accertata una portata naturale nulla per oltre centoventi giorni annui, oppure in un corpo idrico non significativo, l'autorizzazione tiene conto del periodo di portata nulla e della capacità di diluizione del corpo idrico negli altri periodi, e stabilisce prescrizioni e limiti al fine di garantire le capacità autodepurative del corpo ricettore e la difesa delle acque sotterranee.

10. In relazione alle caratteristiche tecniche dello scarico, alla sua localizzazione e alle condizioni locali dell'ambiente interessato, l'autorizzazione contiene le ulteriori prescrizioni tecniche volte a garantire che lo scarico, ivi comprese le operazioni ad esso funzionalmente connesse, avvenga in conformità alle disposizioni della parte terza del presente decreto e senza che consegua alcun pregiudizio per il corpo ricettore, per la salute pubblica e l'ambiente.

11. Le spese occorrenti per l'effettuazione di rilievi, accertamenti, controlli e sopralluoghi necessari per l'istruttoria delle domande di autorizzazione allo scarico previste dalla parte terza del presente decreto sono a carico del richiedente. L'autorità competente determina, preliminarmente all'istruttoria e in via provvisoria, la somma che il richiedente è tenuto a versare, a titolo di deposito, quale condizione di procedibilità della domanda. La medesima Autorità, completata l'istruttoria, provvede alla liquidazione definitiva delle spese sostenute sulla base di un tariffario dalla stessa approntato.

12. Per insediamenti, edifici o stabilimenti la cui attività sia trasferita in altro luogo, ovvero per quelli soggetti a diversa destinazione d'uso, ad ampliamento o a ristrutturazione da cui derivi uno scarico avente caratteristiche qualitativamente e/o quantitativamente diverse da quelle dello scarico preesistente, deve essere richiesta una nuova autorizzazione allo scarico, ove quest'ultimo ne risulti soggetto. Nelle ipotesi in cui lo scarico non abbia caratteristiche qualitative o quantitative diverse, deve essere data comunicazione all'autorità competente, la quale, verificata la compatibilità dello scarico con il corpo recettore, adotta i provvedimenti che si rendano eventualmente necessari.

(1) Comma sostituito dall'art. 2, co. 11, d.lgs. 16.1.2008, n. 4.
(2) Comma modificato dall'art. 7, co. 1, lett. a), d.l. 12.9.2014, n. 133, conv., con modif., con l. 11.11.2014, n. 164.
(3) Comma modificato dall'art. 7, co. 1, lett. a), d.l. 12.9.2014, n. 133, conv., con modif., con l. 11.11.2014, n. 164.
(4) Comma modificato dall'art. 7, co. 1, lett. l), d.l. 12.9.2014, n. 133, conv., con modif., con l. 11.11.2014, n. 164.
(5) Comma sostituito dall'art. 2, co. 12, d.lgs. 16.1.2008, n. 4 e poi modificato dall'art. 7, co. 1, lett. a), d.l. 12.9.2014, n. 133, conv., con modif., con l. 11.11.2014, n. 164.

125. Domanda di autorizzazione agli scarichi di acque reflue industriali.

1. La domanda di autorizzazione agli scarichi di acque reflue industriali deve essere corredata dall'indicazione delle caratteristiche quantitative e qualitative dello scarico e del volume annuo di acqua da scaricare, dalla tipologia del ricettore, dalla individuazione del punto previsto per effettuare i prelievi di controllo, dalla descrizione del sistema complessivo dello scarico ivi comprese le operazioni ad esso funzionalmente connesse, dall'eventuale sistema di misurazione del flusso degli scarichi, ove richiesto, e dalla indicazione delle apparecchiature impiegate nel processo produttivo e nei sistemi di scarico nonché dei sistemi di depurazione utilizzati per conseguire il rispetto dei valori limite di emissione.

2. Nel caso di scarichi di sostanze di cui alla tabella 3/A dell'Allegato 5 alla parte terza del presente decreto, derivanti dai cicli produttivi indicati nella medesima tabella 3/A, la domanda di cui al comma 1 deve altresì indicare:

a) la capacità di produzione del singolo stabilimento industriale che comporta la produzione o la trasformazione o l'utilizzazione delle sostanze di cui alla medesima tabella, oppure la presenza di tali sostanze nello scarico. La capacità di produzione dev'essere indicata con riferimento alla massima capacità oraria moltiplicata per il numero massimo di ore lavorative giornaliere e per il numero massimo di giorni lavorativi;
b) il fabbisogno orario di acque per ogni specifico processo produttivo.

126. Approvazione dei progetti degli impianti di trattamento delle acque reflue urbane.

1. Le regioni disciplinano le modalità di approvazione dei progetti degli impianti di trattamento delle acque reflue urbane. Tale disciplina deve tenere conto dei criteri di cui all'Allegato 5 alla parte terza del presente decreto e della corrispondenza tra la capacità di trattamento dell'impianto e le esigenze delle aree asservite, nonché delle modalità della gestione che deve assicurare il rispetto dei valori limite degli scarichi. Le regioni disciplinano altresì le modalità di autorizzazione provvisoria necessaria all'avvio dell'impianto anche in caso di realizzazione per lotti funzionali.

127. Fanghi derivanti dal trattamento delle acque reflue.

1. Ferma restando la disciplina di cui al decreto legislativo 27 gennaio 1992, n. 99, i fanghi derivanti dal trattamento delle acque reflue sono sottoposti alla disciplina dei rifiuti, ove applicabile e comunque solo alla fine del complessivo processo di trattamento effettuato nell'impianto di depurazione. I fanghi devono essere riutilizzati ogni qualvolta il loro reimpiego risulti appropriato (1).

2. È vietato lo smaltimento dei fanghi nelle acque superficiali dolci e salmastre.

(1) Comma modificato, prima, dall'art. 2, co. 12 bis, d.lgs. 16.1.2008, n. 4 e, poi, dall'art. 9, co. 1, d.l. 14.4.2023, n. 39, conv., con modif., con l. 13.6.2023, n. 68.

Capo III
Controllo degli scarichi

128. Soggetti tenuti al controllo.

1. L'autorità competente effettua il controllo degli scarichi sulla base di un programma che assicuri un periodico, diffuso, effettivo ed imparziale sistema di controlli.

2. Fermo restando quanto stabilito al comma 1, per gli scarichi in pubblica fognatura il gestore del servizio idrico integrato organizza un adeguato servizio di controllo secondo le modalità previste nella convenzione di gestione.

129. Accessi ed ispezioni.

1. L'autorità competente al controllo è autorizzata a effettuare le ispezioni, i controlli e i prelievi necessari all'accertamento del rispetto dei valori limite di emissione, delle prescrizioni contenute nei provvedimenti autorizzatori o regolamentari e delle condizioni che danno luogo alla formazione degli scarichi. Il titolare dello scarico è tenuto a fornire le informazioni richieste e a consentire l'accesso ai luoghi dai quali origina lo scarico.

130. Inosservanza delle prescrizioni della autorizzazione allo scarico.

1. Ferma restando l'applicazione delle norme sanzionatorie di cui al titolo V della parte terza del presente decreto, in caso di inosservanza delle prescrizioni dell'autorizzazione allo scarico l'autorità competente procede, secondo la gravità dell'infrazione:

a) alla diffida, stabilendo un termine entro il quale devono essere eliminate le inosservanze;
b) alla diffida e contestuale sospensione dell'autorizzazione per un tempo determinato, ove si manifestino situazioni di pericolo per la salute pubblica e per l'ambiente;
c) alla revoca dell'autorizzazione in caso di mancato adeguamento alle prescrizioni imposte con la diffida e in caso di reiterate violazioni che determinino situazione di pericolo per la salute pubblica e per l'ambiente.

131. Controllo degli scarichi di sostanze pericolose.

Per gli scarichi contenenti le sostanze di cui alla Tabella 5 dell'Allegato 5 parte terza del presente decreto, l'autorità competente al rilascio dell'autorizzazione può prescrivere, a carico del titolare dello scarico, l'installazione di strumenti di controllo in automatico, nonché le modalità di gestione degli stessi e di conservazione dei relativi risultati, che devono rimanere a disposizione dell'autorità competente al controllo per un periodo non inferiore a tre anni dalla data di effettuazione dei singoli controlli.

132. Interventi sostitutivi.

1. Nel caso di mancata effettuazione dei controlli previsti dalla parte terza del presente decreto, il Ministro dell'ambiente e della tutela del territorio diffida la regione a provvedere entro il termine massimo di centottanta giorni ovvero entro il minor termine imposto dalle esigenze di tutela ambientale. In caso di persistente inadempienza provvede, in via sostitutiva, il Ministro dell'ambiente e della tutela del territorio, previa delibera del Consiglio dei Ministri, con oneri a carico dell'Ente inadempiente.

2. Nell'esercizio dei poteri sostitutivi di cui al comma 1, il Ministro dell'ambiente e della tutela del territorio nomina un commissario "ad acta" che pone in essere gli atti necessari agli adempimenti previsti dalla normativa vigente a carico delle regioni al fine dell'organizzazione del sistema dei controlli.

Capo II
Sanzioni penali

137. Sanzioni penali.

1. Fuori dai casi sanzionati ai sensi dell'articolo 29-quattuordecies, comma 1, chiunque apra o comunque effettui nuovi scarichi di acque reflue industriali, senza autorizzazione, oppure continui ad effettuare o mantenere detti scarichi dopo che l'autorizzazione sia stata sospesa o revocata, è punito con l'arresto da due mesi a due anni o con l'ammenda da millecinquecento euro a diecimila euro [(1)].

2. Quando le condotte descritte al comma 1 riguardano gli scarichi di acque reflue industriali contenenti le sostanze pericolose comprese nelle famiglie e nei gruppi di sostanze indicate nelle tabelle 5 e 3/A dell'Allegato 5 alla parte terza del presente decreto, la pena è dell'arresto da tre mesi a tre anni e dell'ammenda da 5.000 euro a 52.000 euro [(2)].

3. Chiunque, al di fuori delle ipotesi di cui al comma 5, o di cui all'articolo 29-quattuordecies, comma 3, effettui uno scarico di acque reflue industriali contenenti le sostanze pericolose comprese nelle famiglie e nei gruppi di sostanze indicate nelle tabelle 5 e 3/A dell'Allegato 5 alla parte terza del presente decreto senza osservare le prescrizioni dell'autorizzazione, o le altre prescrizioni dell'autorità competente a norma degli articolo 107, comma 1, e 108, comma 4, è punito con l'arresto fino a due anni [(3)].

4. Chiunque violi le prescrizioni concernenti l'installazione e la gestione dei controlli in automatico o l'obbligo di conservazione dei risultati degli stessi di cui all'articolo 131 è punito con la pena di cui al comma 3.

5. Salvo che il fatto costituisca più grave reato, chiunque, in relazione alle sostanze indicate nella tabella 5 dell'Allegato 5 alla parte terza del presente decreto, nell'effettuazione di uno scarico di acque reflue industriali, superi i valori limite fissati nella tabella 3 o, nel caso di scarico sul suolo, nella tabella 4 dell'Allegato 5 alla parte terza del presente decreto, oppure i limiti più restrittivi fissati dalle regioni o dalle province autonome o dall'Autorità competente a norma dell'articolo 107, comma 1, è punito con l'arresto fino a due anni e con l'ammenda da tremila euro a trentamila euro. Se sono superati anche i valori limite fissati per le sostanze contenute nella tabella 3/A del medesimo Allegato 5, si applica l'arresto da sei mesi a tre anni e l'ammenda da seimila euro a centoventimila euro [(4)].

6. Le sanzioni di cui al comma 5 si applicano altresì al gestore di impianti di trattamento delle acque reflue urbane che nell'effettuazione dello scarico supera i valori-limite previsti dallo stesso comma.

7. Al gestore del servizio idrico integrato che non ottempera all'obbligo di comunicazione di cui all'articolo 110, comma 3, o non osserva le prescrizioni o i divieti di cui all'articolo 110, comma 5, si applica la pena dell'arresto da tre mesi ad un anno o con l'ammenda da tremila euro a trentamila euro se si tratta di rifiuti non pericolosi e con la pena dell'arresto da sei mesi a due anni e con l'ammenda da tremila euro a trentamila euro se si tratta di rifiuti pericolosi.

8. Il titolare di uno scarico che non consente l'accesso agli insediamenti da parte del soggetto incaricato del controllo ai fini di cui all'articolo 101, commi 3 e 4, salvo che il fatto non costituisca più grave reato, è punito con la pena dell'arresto fino a due anni. Restano fermi i poteri-doveri di interventi dei soggetti incaricati del controllo anche ai sensi dell'articolo 13 della legge n. 689 del 1981 e degli articoli 55 e 354 del codice di procedura penale.

9. Chiunque non ottempera alla disciplina dettata dalle regioni ai sensi dell'articolo 113, comma 3, è punito con le sanzioni di cui all'articolo 137, comma 1.

10. Chiunque non ottempera al provvedimento adottato dall'autorità competente ai sensi dell'articolo 84, comma 4, ovvero dell'articolo 85, comma 2, è punito con l'ammenda da millecinquecento euro a quindicimila euro.

11. Chiunque non osservi i divieti di scarico previsti dagli articoli 103 e articolo 104 è punito con l'arresto sino a tre anni.

12. Chiunque non osservi le prescrizioni regionali assunte a norma dell'articolo 88, commi 1 e 2, dirette ad assicurare il raggiungimento o il ripristino degli obiettivi di qualità delle acque designate ai sensi dell'articolo 87, oppure non ottemperi ai provvedimenti adottati dall'autorità competente ai sensi dell'articolo 87, comma 3, è punito con l'arresto sino a due anni o con l'ammenda da quattromila euro a quarantamila euro.

13. Si applica sempre la pena dell'arresto da due mesi a due anni se lo scarico nelle acque del mare da parte di navi od aeromobili contiene sostanze o materiali per i quali è imposto il divieto assoluto di sversamento ai sensi delle disposizioni contenute nelle convenzioni internazionali vigenti in materia e ratificate dall'Italia, salvo che siano in quantità tali da essere resi rapidamente innocui dai processi fisici, chimici e biologici, che si verificano naturalmente in mare e purché in presenza di preventiva autorizzazione da parte dell'autorità competente.

14. Chiunque effettui l'utilizzazione agronomica di effluenti di allevamento, di acque di vegetazione dei frantoi oleari, nonché di acque reflue provenienti da aziende agricole e piccole aziende agroalimentari di cui all'articolo 112, al di fuori dei casi e delle procedure ivi previste, oppure non ottemperi al divieto o all'ordine di sospensione dell'attività impartito a norma di detto articolo, è punito con l'ammenda da euro millecinquecento a euro diecimila o con l'arresto fino ad un anno. La stessa pena si applica a chiunque effettui l'utilizzazione agronomica al di fuori dei casi e delle procedure di cui alla normativa vigente.

(1) Comma modificato dall'art. 11, co. 2, lett. a), d.lgs. 4.3.2014, n. 46.
(2) Comma modificato dall'art. 11, co. 2, lett. b), d.lgs. 4.3.2014, n. 46.
(3) Comma modificato dall'art. 11, co. 2, lett. c), d.lgs. 4.3.2014, n. 46.
(4) Comma modificato dall'art. 1, co. 1, della l. 25 febbraio 2010, n. 36 e dall'art. 11, co. 2, lett. d), d.lgs. 4.3.2014, n. 46.

138. Ulteriori provvedimenti sanzionatori per l'attività di molluschicoltura.

1. Nei casi previsti dal comma 12 dell'articolo 137, il Ministro della salute, il Ministro dell'ambiente e della tutela del territorio, nonché la regione e la provincia autonoma competente, ai quali è inviata copia delle notizie di reato, possono disporre, per quanto di competenza e indipendentemente dall'esito del giudizio penale, la sospensione in via cautelare dell'attività di molluschicoltura; a seguito di sentenza di condanna o di decisione emessa ai sensi dell'articolo 444 del codice di procedura penale divenute definitive, possono inoltre disporre, valutata la gravità dei fatti, la chiusura degli impianti.

139. Obblighi del condannato.

1. Con la sentenza di condanna per i reati previsti nella parte terza del presente decreto, o con la decisione emessa ai sensi dell'articolo 444 del codice di procedura penale, il beneficio della sospensione condizionale della pena può essere subordinato al risarcimento del danno e all'esecuzione degli interventi di messa in sicurezza, bonifica e ripristino.

140. Circostanza attenuante.

1. Nei confronti di chi, prima del giudizio penale o dell'ordinanza-ingiunzione, ha riparato interamente il danno, le sanzioni penali e amministrative previste nel presente titolo sono diminuite dalla metà a due terzi.

PARTE IV
Norme in materia di gestione dei rifiuti e di bonifica dei siti inquinati

TITOLO I
Gestione dei rifiuti

Capo I
Disposizioni generali

177. Campo di applicazione e finalità (1).

1. La parte quarta del presente decreto disciplina la gestione dei rifiuti e la bonifica dei siti inquinati, anche in attuazione delle direttive comunitarie, in particolare della direttiva 2008/98/CE, così come modificata dalla direttiva (UE) 2018/851 prevedendo misure volte a proteggere l'ambiente e la salute umana, evitando o riducendo la produzione di rifiuti, gli impatti negativi della produzione e della gestione dei rifiuti, riducendo gli impatti complessivi dell'uso delle risorse e migliorandone l'efficacia e l'efficienza che costituiscono elementi fondamentali per il passaggio a un'economia circolare e per assicurare la competitività a lungo termine dell'Unione (2).

2. La gestione dei rifiuti costituisce attività di pubblico interesse.

3. Sono fatte salve disposizioni specifiche, particolari o complementari, conformi ai principi di cui alla parte quarta del presente decreto adottate in attuazione di direttive comunitarie che disciplinano la gestione di determinate categorie di rifiuti.

4. I rifiuti sono gestiti senza pericolo per la salute dell'uomo e senza usare procedimenti o metodi che potrebbero recare pregiudizio all'ambiente e, in particolare:

a) senza determinare rischi per l'acqua, l'aria, il suolo, nonché per la fauna e la flora;
b) senza causare inconvenienti da rumori o odori;
c) senza danneggiare il paesaggio e i siti di particolare interesse, tutelati in base alla normativa vigente.

5. Per conseguire le finalità e gli obiettivi di cui ai commi da 1 a 4, lo Stato, le regioni, le province autonome e gli enti locali esercitano i poteri e le funzioni di rispettiva competenza in materia di gestione dei rifiuti in conformità alle disposizioni di cui alla parte quarta del presente decreto, adottando ogni opportuna azione ed avvalendosi, ove opportuno, mediante accordi, contratti di programma o protocolli d'intesa anche sperimentali, di soggetti pubblici o privati.

6. I soggetti di cui al comma 5 costituiscono, altresì, un sistema compiuto e sinergico che armonizza, in un contesto unitario, relativamente agli obiettivi da perseguire, la redazione delle norme tecniche, i sistemi di accreditamento e i sistemi di certificazione attinenti direttamente o indirettamente le materie ambientali, con particolare riferimento alla gestione dei rifiuti, secondo i criteri e con le modalità di cui all'articolo 195, comma 2, lettera a), e nel rispetto delle procedure di informazione nel settore delle norme e delle regolazioni tecniche e delle regole relative ai servizi della società dell'informazione, previste dalle direttive comunitarie e relative norme di attuazione, con particolare riferimento alla legge 21 giugno 1986, n. 317.

7. Le regioni e le province autonome adeguano i rispettivi ordinamenti alle disposizioni di tutela dell'ambiente e dell'ecosistema contenute nella parte quarta del presente decreto entro un anno dalla data di entrata in vigore della presente disposizione.

8. Ai fini dell'attuazione dei principi e degli obiettivi stabiliti dalle disposizioni di cui alla parte quarta del presente decreto, il Ministro dell'ambiente e della tutela del territorio e del mare può avvalersi del supporto tecnico dell'Istituto superiore per la protezione e la ricerca ambientale (ISPRA), senza nuovi o maggiori oneri per la finanza pubblica.

(1) Articolo modificato dall'art. 2, co. 16, d.lgs. 16.1.2008, n. 4 e, poi, sostituito dall'art. 1, d.lgs. 3.12.2010, n. 205.
(2) Comma modificato dall'art. 1, co. 1, d.lgs. 3.9.2020, n. 116.

178. Principi [1].

1. La gestione dei rifiuti è effettuata conformemente ai principi di precauzione, di prevenzione, di sostenibilità, di proporzionalità, di responsabilizzazione e di cooperazione di tutti i soggetti coinvolti nella produzione, nella distribuzione, nell'utilizzo e nel consumo di beni da cui originano i rifiuti, nel rispetto del principio di concorrenza nonché del principio chi inquina paga. A tale fine la gestione dei rifiuti è effettuata secondo criteri di efficacia, efficienza, economicità, trasparenza, fattibilità tecnica ed economica, nonché nel rispetto delle norme vigenti in materia di partecipazione e di accesso alle informazioni ambientali [2].

(1) Articolo modificato dall'art. 2, co. 16 bis, d.lgs. 16.1.2008, n. 4 e, poi, sostituito dall'art. 2, d.lgs. 3.12.2010, n. 205.
(2) Comma modificato dall'art. 1, co. 2, d.lgs. 3.9.2020, n. 116.

178 bis. Responsabilità estesa del produttore [1].

1. Al fine di rafforzare il riutilizzo, la prevenzione, il riciclaggio e il recupero dei rifiuti, con uno o più decreti adottati ai sensi dell'art. 17, comma 3, della legge 23 agosto 1988, n. 400 del Ministro dell'ambiente e della tutela del territorio e del mare, di concerto con il Ministero dello sviluppo economico, sentita la Conferenza unificata, sono istituiti[, anche su istanza di parte,] regimi di responsabilità estesa del produttore di cui all'art. 183, comma 1, lettera g-*bis*) del presente decreto. Con il medesimo decreto sono definiti, per singolo regime di responsabilità estesa del produttore, i requisiti, nel rispetto dell'art. 178-*ter*, e sono altresì determinate le misure che includono un sistema di restituzione dei prodotti dopo l'utilizzo e dei rifiuti derivanti dagli stessi nonché la successiva gestione dei rifiuti, la responsabilità finanziaria per tali attività [nonché misure volte ad assicurare che qualsiasi persona fisica o giuridica che professionalmente sviluppi, fabbrichi, trasformi, tratti, venda o importi prodotti (produttore del prodotto) sia soggetto ad una responsabilità estesa del produttore. Sono fatte salve le discipline di responsabilità estesa del produttore di cui agli articoli 217 e seguenti del presente decreto] [2].

2. Sono fatte salve le discipline di responsabilità estesa del produttore di cui al titolo II e al titolo III del presente decreto. La responsabilità estesa del produttore del prodotto è applicabile fatta salva la responsabilità della gestione dei rifiuti di cui all'art. 188, comma 1, e fatta salva la legislazione esistente concernente flussi di rifiuti e prodotti specifici [3].

3. I regimi di responsabilità estesa del produttore istituiti con i decreti di cui al comma 1 prevedono misure appropriate per incoraggiare una progettazione dei prodotti e dei loro componenti volta a ridurne gli impatti ambientali e la produzione di rifiuti durante la produzione e il successivo utilizzo dei prodotti e tesa ad assicurare che il recupero e lo smaltimento dei prodotti che sono diventati rifiuti avvengano secondo i criteri di priorità di cui all'articolo 179 e nel rispetto del comma 4 dell'articolo 177. Tali misure incoraggiano, tra l'altro, lo sviluppo, la produzione e la commercializzazione di prodotti e componenti dei prodotti adatti all'uso multiplo, contenenti materiali riciclati, tecnicamente durevoli e facilmente riparabili e che, dopo essere diventati rifiuti, sono adatti a essere preparati per il riutilizzo e riciclati per favorire la corretta attuazione della gerarchia dei rifiuti. Le misure tengono conto dell'impatto dell'intero ciclo di vita dei prodotti, della gerarchia dei rifiuti e, se del caso, della potenzialità di riciclaggio multiplo.

4. I decreti di cui al comma 1:

a) tengono conto della fattibilità tecnica e della praticabilità economica nonché degli impatti complessivi sanitari, ambientali e sociali, rispettando l'esigenza di assicurare il corretto funzionamento del mercato interno;
b) disciplinano le eventuali modalità di riutilizzo dei prodotti nonché di gestione dei rifiuti che ne derivano ed includono l'obbligo di mettere a disposizione del pubblico le informazioni relative alla modalità di riutilizzo e riciclo;
c) prevedono specifici obblighi per gli aderenti al sistema.

5. Nelle materie di competenza del Ministero delle

politiche agricole alimentari e forestali, i regimi di responsabilità estesa del produttore sono istituiti e disciplinati, ai sensi del comma 1, con decreto del Ministro dell'ambiente e della tutela del territorio e del mare e del Ministro delle politiche agricole alimentari e forestali, di concerto con il Ministro dello sviluppo economico, sentita la Conferenza unificata.

(1) Articolo introdotto dall'art. 3, d.lgs. 3.12.2010, n. 205 e poi sostituito dall'art. 1, co. 3, d.lgs. 3.9.2020, n. 116.

(2) Comma modificato dall'art. 1, co. 1, lett. a), d.lgs. 23.12.2022, n. 213.

(3) Comma modificato dall'art. 1, co. 1, lett. b), d.lgs. 23.12.2022, n. 213.

178 ter. Requisiti generali minimi in materia di responsabilità estesa del produttore [1].

1. I regimi di responsabilità estesa del produttore rispettano i seguenti requisiti:

a) definizione dei ruoli e delle responsabilità di tutti i pertinenti attori coinvolti nelle diverse filiere di riferimento, compresi i produttori che immettono prodotti sul mercato nazionale, le organizzazioni che attuano, per conto dei produttori di prodotti, gli obblighi derivanti dalla responsabilità estesa di questi ultimi, i gestori pubblici o privati di rifiuti, le autorità locali e, ove applicabile, gli operatori per il riutilizzo e la preparazione per il riutilizzo e le imprese dell'economia sociale;

b) definizione in linea con la gerarchia dei rifiuti degli obiettivi di gestione dei rifiuti, volti a conseguire almeno gli obiettivi quantitativi rilevanti per il regime di responsabilità estesa del produttore e per il raggiungimento degli obiettivi di cui al presente decreto ed alle direttive 94/62/CE, 2000/53/CE, 2006/66/CE e 2012/19/CE del Parlamento europeo e del Consiglio, e definiscono, ove opportuno, altri obiettivi quantitativi e/o qualitativi considerati rilevanti per il regime di responsabilità estesa del produttore;

c) adozione di un sistema di comunicazione delle informazioni relative ai prodotti immessi sul mercato e dei dati sulla raccolta e sul trattamento di rifiuti risultanti da tali prodotti, specificando i flussi dei materiali di rifiuto e di altri dati pertinenti ai fini della lettera b), da parte dei produttori, tramite il Registro di cui al comma 8;

d) adempimento degli oneri amministrativi a carico dei produttori e importatori di prodotti, nel rispetto del principio di equità e proporzionalità in relazione alla quota di mercato e indipendentemente dalla loro provenienza;

e) assicurazione che i produttori del prodotto garantiscano la corretta informazione agli utilizzatori del loro prodotto e ai detentori di rifiuti interessati dai regimi di responsabilità estesa del produttore circa le misure di prevenzione dei rifiuti, i centri per il riutilizzo e la preparazione per il riutilizzo, i sistemi di ritiro e di raccolta dei rifiuti e la prevenzione della dispersione dei rifiuti nonché le misure per incentivare i detentori di rifiuti a conferire i rifiuti ai sistemi esistenti di raccolta differenziata, in particolare, se del caso, mediante incentivi economici.

2. I regimi di responsabilità estesa assicurano:

a) una copertura geografica della rete di raccolta dei rifiuti corrispondente alla copertura geografica della distribuzione dei prodotti, senza limitare la raccolta alle aree in cui la raccolta stessa e gestione dei rifiuti sono più proficue e fornendo un'adeguata disponibilità dei sistemi di raccolta dei rifiuti anche nelle zone più svantaggiate;

b) idonei mezzi finanziari o mezzi finanziari e organizzativi per soddisfare gli obblighi derivanti dalla responsabilità estesa del produttore;

c) meccanismi adeguati di autosorveglianza supportati da regolari verifiche indipendenti, e inviate al soggetto di cui al comma 4, per valutare:
  1. la loro gestione finanziaria, compreso il rispetto degli obblighi di cui al comma 3, lettere a) e b);
  2. la qualità dei dati raccolti e comunicati in conformità del comma 1, lettera c) e delle disposizioni del regolamento (CE) n. 1013/2006;

d) pubblicità delle informazioni sul conseguimento degli obiettivi di gestione dei rifiuti di cui al comma 1, lettera b), e, nel caso di adempimento collettivo degli obblighi in materia di responsabilità estesa del produttore, informazioni altresì su:
  1. proprietà e membri;
  2. contributi finanziari versati da produttori di prodotti per unità venduta o per tonnellata di prodotto immessa sul mercato;
  3. procedura di selezione dei gestori di rifiuti.

3. I produttori, in adempimento ai propri obblighi derivanti dalla responsabilità estesa del produttore, versano un contributo finanziario affinché lo stesso:

a) copra i seguenti costi per i prodotti che il produttore immette sul mercato nazionale:
  1) costi della raccolta differenziata di rifiuti e del loro successivo trasporto;
  2) costi della cernita e del trattamento necessario per raggiungere gli obiettivi dell'Unione in materia di gestione dei rifiuti tenendo conto degli introiti ricavati dal riutilizzo, dalla vendita dei rifiuti derivanti dai propri prodotti, dalla vendita delle materie prime secondarie ottenute dai propri prodotti e da cauzioni di deposito non reclamate;
  3) costi necessari a raggiungere altri traguardi e obiettivi di cui al comma 1, lettera b);
  4) costi di una congrua informazione agli utilizzatori dei prodotti e ai detentori di rifiuti a norma del comma 1, lettera e);
  5) costi della raccolta e della comunicazione dei dati a norma del comma 1, lettera c);

b) nel caso di adempimento collettivo degli obblighi in materia di responsabilità estesa del produttore, sia modulato, ove possibile, per singoli prodotti o gruppi di prodotti simili, in particolare tenendo conto della loro durevolezza, riparabilità, riutilizzabilità e riciclabilità e della presenza di sostanze pericolose, adottando in tal modo un approccio basato sul ciclo di vita e in linea con gli obblighi fissati dalla pertinente normativa dell'Unione e, se del caso, sulla base di criteri armonizzati al fine di garantire il buon funzionamento del mercato interno;

c) non superi i costi che sono necessari per fornire servizi di gestione dei rifiuti in modo efficiente in termini di costi. Tali costi sono stabiliti, sentita l'Autorità di regolazione per energia, reti e ambiente (ARERA), in modo trasparente tra i soggetti interessati.

4. La lettera a) di cui al comma 3 non si applica ai regimi di responsabilità estesa del produttore di cui alle direttive 2000/53/CE, 2006/66/CE e 2012/19/UE. Il principio della copertura finanziaria dei costi, così come declinato alla lettera a) del comma 3 può essere derogato, previa autorizzazione del Ministero dell'ambiente e della tutela del territorio e del mare, ove ricorra la necessità di garantire la corretta gestione dei rifiuti e la sostenibilità economica del regime di responsabilità estesa, a condizione che:

a) nel caso di regimi di responsabilità estesa del produttore istituiti con direttive europee, per raggiungere gli obiettivi in materia di gestione dei rifiuti, i produttori di prodotti sostengano almeno l'80 per cento dei costi necessari;

b) nel caso di regimi di responsabilità estesa del produttore istituiti dopo il 4 luglio 2018 per raggiungere gli obiettivi in materia di gestione dei rifiuti, i produttori di prodotti sostengano almeno l'80 per cento dei costi necessari;

c) nel caso di regimi di responsabilità estesa del produttore istituiti prima del 4 luglio 2018 per raggiungere gli obiettivi in materia di gestione dei rifiuti, i produttori sostengano almeno il 50 per cento dei costi necessari;

d) e a condizione che i rimanenti costi siano sostenuti da produttori originali di rifiuti o distributori.

5. La deroga non può essere utilizzata per ridurre la quota dei costi sostenuti dai produttori di prodotti nell'ambito dei regimi di responsabilità estesa del produttore istituiti prima del 4 luglio 2018.

6. Il Ministero dell'ambiente e della tutela del territorio e del mare esercita la funzione di vigilanza e controllo sul rispetto degli obblighi derivanti dalla responsabilità estesa del produttore e, in particolare:

a) raccoglie in formato elettronico i dati di cui al comma 9 nel Registro nazionale di cui al comma 8 e ne verifica la correttezza e la provenienza;

b) analizza i bilanci di esercizio ed effettua analisi comparative tra i diversi sistemi collettivi evidenziando eventuali anomalie;

c) analizza la determinazione del contributo ambientale di cui al comma 3;

d) controlla che vengano raggiunti gli obbiettivi previsti negli accordi di programma stipulati dai sistemi di gestione volti a favorire la prevenzione, il riciclaggio e il recupero dei rifiuti e ne monitora l'attuazione;

e) verifica la corretta attuazione delle previsioni del presente art. e degli ulteriori requisiti di legge stabiliti per le diverse filiere per ciascun sistema istituito e per tutti i soggetti responsabili [(2)].

7. Con decreto del Ministro dell'ambiente e della tutela del territorio e del mare sono definite le modalità di vigilanza e controllo di cui al comma 6.

8. Al fine dello svolgimento della funzione di vigilanza e controllo di cui al comma 6, presso il Ministero dell'ambiente e della tutela del territorio e del mare è istituito il Registro nazionale dei produttori al quale i soggetti sottoposti ad un regime di responsabilità estesa del produttore sono tenuti ad iscriversi secondo le modalità definite con il decreto di cui al comma 7; in caso di produttori con sede legale in altro Stato Membro dell'Unione che immettono prodotti sul territorio nazionale, ai fini di adempiere agli obblighi derivanti dall'istituzione di un regime di responsabilità estesa, questi designano una persona giuridica o fisica stabilita sul territorio nazionale quale rappresentante autorizzato per l'adempimento degli obblighi e l'iscrizione al Registro.

9. I soggetti di cui al comma 8 trasmettono al Registro, secondo le modalità stabilite con il decreto di cui al comma 7: i dati relativi all'immesso sul mercato nazionale dei propri prodotti e le modalità con cui intendono adempiere ai propri obblighi; i sistemi attraverso i quali i produttori adempiono ai propri obblighi, in forma individuale e associata, con statuto e annessa documentazione relativa al proprio progetto; entro il 31 maggio di ogni anno il bilancio in caso di sistemi collettivi, il rendiconto dell'attività di gestione in caso di sistemi individuali; entro il 31 maggio di ogni anno una relazione sulla gestione relativa all'anno precedente contenente gli obiettivi raggiunti ovvero le ragioni che, eventualmente, impediscono il raggiungimento degli obiettivi di recupero e riciclo previsti e le relative soluzioni, le modalità di raccolta e di trattamento implementate, le voci di costo relative alle diverse operazioni di gestione, inclusa la prevenzione, i ricavi dalla commercializzazione dei materiali e dal riutilizzo e le entrate da contributo ambientale; entro il 30 settembre di ogni anno un piano specifico di prevenzione e gestione relativo all'anno successivo; entro il 31 maggio di ogni anno l'entità del contributo ambientale per l'anno successivo dettagliando le voci di costo che lo compongono [(3)].

(1) Articolo introdotto dall'art. 1, co. 4, d.lgs. 3.9.2020, n. 116.
(2) Lettera modificata dall'art. 7, co. 1, l. 30.12.2023, n. 214.
(3) Comma modificato dall'art. 1, co. 2, d.lgs. 23.12.2022, n. 213.

179. Criteri di priorità nella gestione dei rifiuti [(1)].

1. La gestione dei rifiuti avviene nel rispetto della seguente gerarchia:

a) prevenzione;

b) preparazione per il riutilizzo;

c) riciclaggio;

d) recupero di altro tipo, per esempio il recupero di energia;
e) smaltimento.

2. La gerarchia stabilisce, in generale, un ordine di priorità di ciò che costituisce la migliore opzione ambientale. Nel rispetto della gerarchia di cui al comma 1, devono essere adottate le misure volte a incoraggiare le opzioni che garantiscono, nel rispetto degli articoli 177, commi 1 e 4, e 178, il miglior risultato complessivo, tenendo conto degli impatti sanitari, sociali ed economici, ivi compresa la fattibilità tecnica e la praticabilità economica.

3. Con riferimento a flussi di rifiuti specifici è consentito discostarsi, in via eccezionale, dall'ordine di priorità di cui al comma 1 qualora ciò sia previsto nella pianificazione nazionale e regionale e consentito dall'autorità che rilascia l'autorizzazione ai sensi del Titolo III-*bis* della Parte II o del Titolo I, Capo IV, della Parte IV del decreto legislativo 3 aprile 2006, n. 152, nel rispetto del principio di precauzione e sostenibilità, in base ad una specifica analisi degli impatti complessivi della produzione e della gestione di tali rifiuti sia sotto il profilo ambientale e sanitario, in termini di ciclo di vita, che sotto il profilo sociale ed economico, ivi compresi la fattibilità tecnica e la protezione delle risorse [2].

4. Con uno o più decreti del Ministro dell'ambiente e della tutela del territorio e del mare, di concerto con il Ministro della salute, possono essere individuate, con riferimento a flussi di rifiuti specifici, le opzioni che garantiscono, in conformità a quanto stabilito dai commi da 1 a 3, il miglior risultato in termini di protezione della salute umana e dell'ambiente [3].

[**5.** Le pubbliche amministrazioni perseguono, nell'esercizio delle rispettive competenze, iniziative dirette a favorire il rispetto della gerarchia del trattamento dei rifiuti di cui al comma 1 in particolare mediante:
a) la promozione dello sviluppo di tecnologie pulite, che permettano un uso più razionale e un maggiore risparmio di risorse naturali;
b) la promozione della messa a punto tecnica e dell'immissione sul mercato di prodotti concepiti in modo da non contribuire o da contribuire il meno possibile, per la loro fabbricazione, il loro uso o il loro smaltimento, ad incrementare la quantità o la nocività dei rifiuti e i rischi di inquinamento;
c) la promozione dello sviluppo di tecniche appropriate per l'eliminazione di sostanze pericolose contenute nei rifiuti al fine di favorirne il recupero;
d) la determinazione di condizioni di appalto che prevedano l'impiego dei materiali recuperati dai rifiuti e di sostanze e oggetti prodotti, anche solo in parte, con materiali recuperati dai rifiuti al fine di favorire il mercato dei materiali medesimi;
e) l'impiego dei rifiuti per la produzione di combustibili e il successivo utilizzo e, più in generale, l'impiego dei rifiuti come altro mezzo per produrre energia.] [4]

[**6.** Nel rispetto della gerarchia del trattamento dei rifiuti le misure dirette al recupero dei rifiuti mediante la preparazione per il riutilizzo, il riciclaggio o ogni altra operazione di recupero di materia sono adottate con priorità rispetto all'uso dei rifiuti come fonte di energia.] [5]

[**7.** Le pubbliche amministrazioni promuovono l'analisi del ciclo di vita dei prodotti sulla base di metodologie uniformi per tutte le tipologie di prodotti stabilite mediante linee guida dall'ISPRA, eco-bilanci, la divulgazione di informazioni anche ai sensi del decreto legislativo 19 agosto 2005, n. 195, l'uso di strumenti economici, di criteri in materia di procedure di evidenza pubblica, e di altre misure necessarie.] [6]

[**8.** Le Amministrazioni interessate provvedono agli adempimenti di cui al presente articolo con le risorse umane, strumentali e finanziarie disponibili a legislazione vigente, senza nuovi o maggiori oneri a carico della finanza pubblica.] [7]

(1) Articolo modificato dall'art. 2, co. 17, d.lgs. 16.1.2008, n. 4 e poi sostituito dall'art. 4, d.lgs. 3.12.2010, n. 205.
(2) Comma modificato dall'art. 1, co. 5, lett. a), d.lgs. 3.9.2020, n. 116.
(3) Comma modificato dall'art. 1, co. 5, lett. b), d.lgs. 3.9.2020, n. 116.
(4) Comma abrogato dall'art. 7, co. 1, lett. a), d.lgs. 3.9.2020, n. 116.
(5) Comma abrogato dall'art. 7, co. 1, lett. a), d.lgs. 3.9.2020, n. 116.
(6) Comma abrogato dall'art. 7, co. 1, lett. a), d.lgs. 3.9.2020, n. 116.
(7) Comma abrogato dall'art. 7, co. 1, lett. a), d.lgs. 3.9.2020, n. 116.

180. Prevenzione della produzione di rifiuti [1]

1. Al fine di promuovere in via prioritaria la prevenzione della produzione dei rifiuti, il Ministero dell'ambiente e della tutela del territorio e del mare, di concerto con il Ministero dello sviluppo economico, il Ministero delle politiche agricole alimentari e forestali, adotta il Programma nazionale di prevenzione dei rifiuti. Il Programma nazionale di prevenzione dei rifiuti fissa idonei indicatori e obiettivi qualitativi e quantitativi per la valutazione dell'attuazione delle misure di prevenzione dei rifiuti in esso stabilite.

2. Fatte salve le misure già in essere, il Programma nazionale di prevenzione dei rifiuti comprende misure che:
a) promuovono e sostengono modelli di produzione e consumo sostenibili;
b) incoraggiano la progettazione, la fabbricazione e l'uso di prodotti efficienti sotto il profilo delle risorse, durevoli, anche in termini di durata di vita e di assenza di obsolescenza programmata, scomponibili, riparabili, riutilizzabili e aggiornabili nonché l'utilizzo di materiali ottenuti dai rifiuti nella loro produzione;
c) riguardano prodotti che contengono materie prime critiche onde evitare che tali materie diventino rifiuti;
d) incoraggiano il riutilizzo di prodotti e la creazione di sistemi che promuovono attività di riparazione e di riutilizzo, in particolare per le apparecchiature elettriche ed elettroniche, i tessili e i mobili, nonché imballaggi e materiali e prodotti da costruzione;
e) incoraggiano, se del caso e fatti salvi i diritti di proprietà intellettuale, la disponibilità di pezzi di ricambio, i manuali di istruzioni e di manutenzione, le informazioni tecniche o altri strumenti, attrezzature

o software che consentano la riparazione e il riutilizzo dei prodotti senza comprometterne la qualità e la sicurezza;

f) riducono la produzione di rifiuti nei processi inerenti alla produzione industriale, all'estrazione di minerali, all'industria manifatturiera, alla costruzione e alla demolizione, tenendo in considerazione le migliori tecniche disponibili;

g) riducono la produzione di rifiuti alimentari nella produzione primaria, nella trasformazione e nella fabbricazione, nella vendita e in altre forme di distribuzione degli alimenti, nei ristoranti e nei servizi di ristorazione, nonché nei nuclei domestici come contributo all'obiettivo di sviluppo sostenibile delle Nazioni Unite di ridurre del 50 per cento i rifiuti alimentari globali pro capite a livello di vendita al dettaglio e di consumatori e di ridurre le perdite alimentari lungo le catene di produzione e di approvvigionamento entro il 2030. Il Programma nazionale di prevenzione dei rifiuti comprende una specifica sezione dedicata al Programma di prevenzione dei rifiuti alimentari che favorisce l'impiego degli strumenti e delle misure finalizzate alla riduzione degli sprechi secondo le disposizioni di cui alla legge 19 agosto 2016, n. 166;

h) incoraggiano la donazione di alimenti e altre forme di ridistribuzione per il consumo umano, dando priorità all'utilizzo umano rispetto ai mangimi e al ritrattamento per ottenere prodotti non alimentari;

i) promuovono la riduzione del contenuto di sostanze pericolose in materiali e prodotti, fatti salvi i requisiti giuridici armonizzati relativi a tali materiali e prodotti stabiliti a livello dell'Unione;

l) riducono la produzione di rifiuti, in particolare dei rifiuti che non sono adatti alla preparazione per il riutilizzo o al riciclaggio;

m) identificano i prodotti che sono le principali fonti della dispersione di rifiuti, in particolare negli ambienti terrestri e acquatici, e adottano le misure adeguate per prevenire e ridurre la dispersione di rifiuti da tali prodotti;

n) mirano a porre fine alla dispersione di rifiuti in ambiente acquatico come contributo all'obiettivo di sviluppo sostenibile delle Nazioni Unite per prevenire e ridurre in modo significativo l'inquinamento acquatico di ogni tipo;

o) sviluppano e supportano campagne di informazione per sensibilizzare alla riduzione della produzione dei rifiuti e alla prevenzione della loro dispersione.

3. A decorrere dal 5 gennaio 2021, ogni fornitore di un art., quale definito al punto 33 dell'art. 3 del regolamento (CE) n. 1907/2006 del Parlamento europeo e del Consiglio, trasmette le informazioni di cui all'art. 33, paragrafo 1, del suddetto regolamento all'Agenzia europea per le sostanze chimiche tramite il format e la modalità di trasmissione stabiliti dalla medesima Agenzia ai sensi dell'art. 9, paragrafo 2, della direttiva 2008/98/CE. L'attività di controllo è esercitata in linea con gli accordi Stato-regioni in materia. Con successivo decreto del Ministero dell'ambiente e della tutela del territorio e del mare, di concerto con il Ministero della salute, sono stabilite le modalità di analisi dei dati trasmessi dai fornitori di articoli.

4. Il Ministero dell'ambiente e della tutela del territorio e del mare controlla e valuta l'attuazione delle misure di prevenzione di cui al comma 2.

5. Il Ministero dell'ambiente e della tutela del territorio e del mare, sulla base della metodologia stabilita ai sensi dell'art. 9, paragrafo 7, della direttiva 2008/98/CE, valuta l'attuazione delle misure sul riutilizzo.

6. Il Ministero dell'ambiente e della tutela del territorio e del mare e il Ministero delle politiche agricole alimentari e forestali controllano e valutano l'attuazione delle misure di prevenzione dei rifiuti alimentari, misurando i livelli di rifiuti alimentari sulla base della metodologia stabilita ai sensi dell'art. 9, paragrafi 5 e 8, della direttiva 2008/98/CE.

(1) Art. modificato prima dall'art. 5, co. 1, lett. a), d.lgs. 3.12.2010, n. 205, dall'art. 1, co. 3 bis, d.l. 25.1.2012, n. 2, conv., con modif., con l. 24.3.2012, n. 28, dall'art. 38, co. 1, l. 28.12.2015, n. 221 e poi sostituito dall'art. 1, co. 6, d.lgs. 3.9.2020, n. 116.

182. Smaltimento dei rifiuti.

1. Lo smaltimento dei rifiuti è effettuato in condizioni di sicurezza e costituisce la fase residuale della gestione dei rifiuti, previa verifica, da parte della competente autorità, della impossibilità tecnica ed economica di esperire le operazioni di recupero di cui all'articolo 181. A tal fine, la predetta verifica concerne la disponibilità di tecniche sviluppate su una scala che ne consenta l'applicazione in condizioni economicamente e tecnicamente valide nell'ambito del pertinente comparto industriale, prendendo in considerazione i costi e i vantaggi, indipendentemente dal fatto che siano o meno applicate o prodotte in ambito nazionale, purché vi si possa accedere a condizioni ragionevoli.

2. I rifiuti da avviare allo smaltimento finale devono essere il più possibile ridotti sia in massa che in volume, potenziando la prevenzione e le attività di riutilizzo, di riciclaggio e di recupero e prevedendo, ove possibile, la priorità per quei rifiuti non recuperabili generati nell'ambito di attività di riciclaggio o di recupero (1).

3. È vietato smaltire i rifiuti urbani non pericolosi in regioni diverse da quelle dove gli stessi sono prodotti, fatti salvi eventuali accordi regionali o internazionali, qualora gli aspetti territoriali e l'opportunità tecnico economica di raggiungere livelli ottimali di utenza servita lo richiedano (2).

3 bis. Il divieto di cui al comma 3 non si applica ai rifiuti urbani che il Presidente della regione ritiene necessario avviare a smaltimento, nel rispetto della normativa europea, fuori del territorio della regione dove sono prodotti per fronteggiare situazioni di emergenza causate da calamità naturali per le quali è dichiarato lo stato di emergenza di protezione civile ai sensi della legge 24 febbraio 1992, n. 225 (3).

4. Nel rispetto delle prescrizioni contenute nel decreto legislativo 11 maggio 2005, n. 133, la realizzazione e la gestione di nuovi impianti possono essere autorizzate solo se il relativo processo di combustione garantisca un elevato livello di recupero energetico [(4)].

5. Le attività di smaltimento in discarica dei rifiuti sono disciplinate secondo le disposizioni del decreto legislativo 13 gennaio 2003, n. 36, di attuazione della direttiva 1999/31/CE [(5)].

6. Lo smaltimento dei rifiuti in fognatura è disciplinato dall'articolo 107, comma 3 [(6)].

6 bis. Le attività di raggruppamento e abbruciamento in piccoli cumuli e in quantità giornaliere non superiori a tre metri steri per ettaro dei materiali vegetali di cui all'articolo 185, comma 1, lettera f), effettuate nel luogo di produzione, costituiscono normali pratiche agricole consentite per il reimpiego dei materiali come sostanze concimanti o ammendanti, e non attività di gestione dei rifiuti. Nei periodi di massimo rischio per gli incendi boschivi, dichiarati dalle regioni, la combustione di residui vegetali agricoli e forestali è sempre vietata. I comuni e le altre amministrazioni competenti in materia ambientale hanno la facoltà di sospendere, differire o vietare la combustione del materiale di cui al presente comma all'aperto in tutti i casi in cui sussistono condizioni meteorologiche, climatiche o ambientali sfavorevoli e in tutti i casi in cui da tale attività possano derivare rischi per la pubblica e privata incolumità e per la salute umana, con particolare riferimento al rispetto dei livelli annuali delle polveri sottili (PM10) [(7)].

[**7.** Le attività di smaltimento in discarica dei rifiuti sono disciplinate secondo le disposizioni del decreto legislativo 13 gennaio 2003, n. 36, di attuazione della direttiva 1999/31/CE.] [(8)]

[**8.** È ammesso lo smaltimento della frazione biodegradabile ottenuta da trattamento di separazione fisica della frazione residua dei rifiuti solidi urbani nell'ambito degli impianti di depurazione delle acque reflue previa verifica tecnica degli impianti da parte dell'ente gestore] [(9)].

(1) Comma modificato dall'art. 8, co. 1, lett. a), d.lgs. 3.12.2010, n. 205.
(2) Comma sostituito dall'art. 8, co. 1, lett. b), d.lgs. 3.12.2010, n. 205.
(3) Comma introdotto dall'art. 35, co. 11, d.l. 12.9.2014, n. 133, conv., con modif., con l. 11.11.2014, n. 164.
(4) Comma modificato dall'art. 4, co. 2, d.lgs. 29.6.2010, n. 128 e poi sostituito dall'art. 8, co. 1, lett. c), d.lgs. 3.12.2010, n. 205.
(5) Comma sostituito dall'art. 8, co. 1, lett. c), d.lgs. 3.12.2010, n. 205.
(6) Comma abrogato dall'art. 2, co. 19, d.lgs. 16.1.2008, n. 4. Il co. 19, poi, dell'art. 2 d.lgs. n. 4/2008 è stato sostituito dall'art. 9 quater, co. 3, d.l. 6.11.2008, n. 172, conv., con modif., con l. 30.12.2008, n. 210 che, nell'attuale formulazione, non contempla più l'abrogazione del presente comma.
(7) Comma introdotto dall'art. 14, co. 8, lett. b), d.l. 24.6.2014, n. 91, conv., con modif., con l. 11.8.2014, n. 116.
(8) Comma abrogato dall'art. 8, co. 1, lett. c), d.lgs. 3.12.2010, n. 205.
(9) Comma abrogato dall'art. 2, co. 19, d.lgs. 16.1.2008, n. 4.

182 bis. Principi di autosufficienza e prossimità [(1)].

1. Lo smaltimento dei rifiuti ed il recupero dei rifiuti urbani non differenziati sono attuati con il ricorso ad una rete integrata ed adeguata di impianti, tenendo conto delle migliori tecniche disponibili e del rapporto tra i costi e i benefici complessivi, al fine di:

a) realizzare l'autosufficienza nello smaltimento dei rifiuti urbani non pericolosi e dei rifiuti derivanti dal loro trattamento in ambiti territoriali ottimali [(2)];
b) permettere lo smaltimento dei rifiuti ed il recupero dei rifiuti urbani indifferenziati in uno degli impianti idonei più vicini ai luoghi di produzione o raccolta, al fine di ridurre i movimenti dei rifiuti stessi, tenendo conto del contesto geografico o della necessità di impianti specializzati per determinati tipi di rifiuti;
c) utilizzare i metodi e le tecnologie più idonei a garantire un alto grado di protezione dell'ambiente e della salute pubblica.

2. Sulla base di una motivata richiesta delle regioni e delle province autonome di Trento e di Bolzano, con decreto del Ministro dell'ambiente e della tutela del territorio e del mare può essere limitato l'ingresso nel territorio nazionale di rifiuti destinati ad inceneritori classificati come impianti di recupero, qualora sia accertato che l'ingresso di tali rifiuti avrebbe come conseguenza la necessità di smaltire i rifiuti nazionali o di trattare i rifiuti in modo non coerente con i piani di gestione dei rifiuti. Può essere altresì limitato, con le modalità di cui al periodo precedente, l'invio di rifiuti negli altri Stati membri per motivi ambientali, come stabilito nel regolamento (CE) n. 1013/2006.

3. I provvedimenti di cui al comma 2 sono notificati alla Commissione europea.

(1) Articolo introdotto dall'art. 9, d.lgs. 3.12.2010, n. 205.
(2) Lettera modificata dall'art. 1, co. 3, d.lgs. 23.12.2022, n. 213.

182 ter. Rifiuti organici [(1)].

1. Il Ministero dell'ambiente e della tutela del territorio e del mare, il Ministero delle politiche agricole alimentari e forestali, le Regioni e Province autonome di Trento e Bolzano favoriscono, nell'ambito delle risorse previste a legislazione vigente, il riciclaggio, ivi compresi il compostaggio e la digestione dei rifiuti organici, in modo da rispettare un elevato livello di protezione dell'ambiente e che dia luogo ad un prodotto in uscita che soddisfi pertinenti standard di elevata qualità. L'utilizzo in agricoltura è consentito per i soli prodotti in uscita conformi alla normativa vigente sui fertilizzanti.

2. Al fine di incrementarne il riciclaggio, entro il 31 dicembre 2021, i rifiuti organici sono differenziati e riciclati alla fonte, anche mediante attività di compostaggio sul luogo di produzione, oppure raccolti in modo differenziato, con contenitori a svuotamento riutilizzabili o con sacchetti compostabili certificati a norma UNI EN 13432-2002, senza miscelarli con altri tipi di rifiuti.

3. Le attività di compostaggio sul luogo di produzione comprendono oltre all'autocompostaggio anche il compostaggio di comunità realizzato secondo i criteri operativi e le procedure autorizzative da stabilirsi con decreto del Ministro dell'ambiente della tutela del territorio e del mare di concerto con il Ministro della salute.

4. Il Ministero dell'ambiente e della tutela del territorio e del mare, le Regioni e le Province autonome di Trento e Bolzano, gli Enti di governo dell'ambito ed i Comuni, secondo le rispettive competenze, promuovono le attività di compostaggio sul luogo di produzione, anche attraverso gli strumenti di pianificazione di cui all'articolo 199 e la pianificazione urbanistica.

5. Le Regioni e le Province autonome di Trento e Bolzano promuovono la produzione e l'utilizzo di materiali ottenuti dal riciclaggio di rifiuti organici.

6. I rifiuti anche di imballaggi, aventi analoghe proprietà di biodegradabilità e compostabilità rispetto ai rifiuti organici sono raccolti e riciclati assieme a questi ultimi, laddove:

a) siano certificati conformi, da organismi accreditati, allo standard europeo EN 13432 per gli imballaggi [recuperabili mediante compostaggio e biodegradazione], o allo standard europeo EN14995 per i manufatti diversi dagli imballaggi se in materiale plastico, recuperabili mediante compostaggio e biodegradazione [(2)];

b) siano opportunamente etichettati e riportino, oltre alla menzione della conformità ai predetti standard europei, elementi identificativi del produttore e del certificatore nonché idonee istruzioni per i consumatori di conferimento di tali rifiuti nel circuito di raccolta differenziata e riciclo dei rifiuti organici;

[c) entro il 31 dicembre 2023 siano tracciati in maniera tale da poter essere distinti e separati dalle plastiche convenzionali nei comuni impianti di selezione dei rifiuti e negli impianti di riciclo organico.] [(3)]

7. Entro un anno dall'entrata in vigore della presente disposizione, il Ministero dell'ambiente e della tutela del territorio e del mare stabilisce livelli di qualità per la raccolta differenziata dei rifiuti organici e individua precisi criteri da applicare ai controlli di qualità delle raccolte nonché degli impianti di riciclaggio di predetti rifiuti.

(1) Articolo introdotto dall'art. 9, d.lgs. 3.12.2010, n. 205 e poi sostituito dall'art. 1, co. 8, d.lgs. 3.9.2020, n. 116.

(2) Lettera modificata dall'art. 1, co. 4, lett. a), d.lgs. 23.12.2022, n. 213.

(3) Lettera soppressa dall'art. 1, co. 4, lett. b), d.lgs. 23.12.2022, n. 213.

183. Definizioni [(1)].

1. Ai fini della parte quarta del presente decreto e fatte salve le ulteriori definizioni contenute nelle disposizioni speciali, si intende per:

a) "rifiuto": qualsiasi sostanza od oggetto di cui il detentore si disfi o abbia l'intenzione o abbia l'obbligo di disfarsi;

b) "rifiuto pericoloso": rifiuto che presenta una o più caratteristiche di cui all'allegato I della parte quarta del presente decreto;

b-*bis*) "rifiuto non pericoloso": rifiuto non contemplato dalla lettera b) [(2)];

b-*ter*) "rifiuti urbani":

1. i rifiuti domestici indifferenziati e da raccolta differenziata, ivi compresi: carta e cartone, vetro, metalli, plastica, rifiuti organici, legno, tessili, imballaggi, rifiuti di apparecchiature elettriche ed elettroniche, rifiuti di pile e accumulatori e rifiuti ingombranti, ivi compresi materassi e mobili;
2. i rifiuti indifferenziati e da raccolta differenziata provenienti da altre fonti che sono simili per natura e composizione ai rifiuti domestici indicati nell'allegato L-quater prodotti dalle attività riportate nell'allegato L-quinquies;
3. i rifiuti provenienti dallo spazzamento delle strade e dallo svuotamento dei cestini portarifiuti;
4. i rifiuti di qualunque natura o provenienza, giacenti sulle strade ed aree pubbliche o sulle strade ed aree private comunque soggette ad uso pubblico o sulle spiagge marittime e lacuali e sulle rive dei corsi d'acqua;
5. i rifiuti della manutenzione del verde pubblico, come foglie, sfalci d'erba e potature di alberi, nonché i rifiuti risultanti dalla pulizia dei mercati;
6. i rifiuti provenienti da aree cimiteriali, esumazioni ed estumulazioni, nonché gli altri rifiuti provenienti da attività cimiteriale diversi da quelli di cui ai punti 3, 4 e 5 [(3)];

6-*bis*. i rifiuti accidentalmente pescati nonché quelli volontariamente raccolti, anche attraverso campagne di pulizia, in mare, nei laghi, nei fiumi e nelle lagune [(4)].

b-*quater*) "rifiuti da costruzione e demolizione" i rifiuti prodotti dalle attività di costruzione e demolizione [(5)];

b-*quinquies*) la definizione di rifiuti urbani di cui alla lettera b-ter) rileva ai fini degli obiettivi di preparazione per il riutilizzo e di riciclaggio nonché delle relative norme di calcolo e non pregiudica la ripartizione delle responsabilità in materia di gestione dei rifiuti tra gli attori pubblici e privati [(6)];

b-*sexies*) i rifiuti urbani non includono i rifiuti della produzione, dell'agricoltura, della silvicoltura, della pesca, delle fosse settiche, delle reti fognarie e degli impianti di trattamento delle acque reflue, ivi compresi i fanghi di depurazione, i veicoli fuori uso e i rifiuti da costruzione e demolizione prodotti nell'ambito di attività di impresa [(7)];

c) "oli usati": qualsiasi olio industriale o lubrificante, minerale o sintetico, divenuto improprio all'uso cui era inizialmente destinato, quali gli oli usati dei motori a combustione e dei sistemi di trasmissione, nonché gli oli usati per turbine e comandi idraulici;

d) "rifiuti organici": rifiuti biodegradabili di giardini e parchi, rifiuti alimentari e di cucina prodotti da nuclei domestici, ristoranti, uffici, attività all'ingrosso, mense, servizi di ristorazione e punti vendita al dettaglio e rifiuti equiparabili prodotti dagli impianti dell'industria alimentare [(8)];

d-*bis*) "rifiuti alimentari": tutti gli alimenti di cui all'art. 2 del regolamento (CE) n. 178/2002 del Parlamento europeo e del Consiglio che sono diventati rifiuti [(9)];

d-ter) «rifiuti accidentalmente pescati»: rifiuti raccolti dalle reti durante le operazioni di pesca [10];

e) "autocompostaggio": compostaggio degli scarti organici dei propri rifiuti urbani, effettuato da utenze domestiche e non domestiche, ai fini dell'utilizzo in sito del materiale prodotto [11];

f) "produttore di rifiuti": il soggetto la cui attività produce rifiuti e il soggetto al quale sia giuridicamente riferibile detta produzione (produttore iniziale) o chiunque effettui operazioni di pretrattamento, di miscelazione o altre operazioni che hanno modificato la natura o la composizione di detti rifiuti (nuovo produttore) [12];

g) "produttore del prodotto": qualsiasi persona fisica o giuridica che professionalmente sviluppi, fabbrichi, trasformi, tratti, venda o importi prodotti;

g-*bis*) "regime di responsabilità estesa del produttore": le misure volte ad assicurare che ai produttori di prodotti spetti la responsabilità finanziaria o la responsabilità finanziaria e organizzativa della gestione della fase del ciclo di vita in cui il prodotto diventa un rifiuto [13];

h) "detentore": il produttore dei rifiuti o la persona fisica o giuridica che ne è in possesso;

i) "commerciante": qualsiasi impresa che agisce in qualità di committente, al fine di acquistare e successivamente vendere rifiuti, compresi i commercianti che non prendono materialmente possesso dei rifiuti;

l) "intermediario" qualsiasi impresa che dispone il recupero o lo smaltimento dei rifiuti per conto di terzi, compresi gli intermediari che non acquisiscono la materiale disponibilità dei rifiuti;

m) "prevenzione": misure adottate prima che una sostanza, un materiale o un prodotto diventi rifiuto che riducono:

1) la quantità dei rifiuti, anche attraverso il riutilizzo dei prodotti o l'estensione del loro ciclo di vita;

2) gli impatti negativi dei rifiuti prodotti sull'ambiente e la salute umana;

3) il contenuto di sostanze pericolose in materiali e prodotti;

n) "gestione dei rifiuti": la raccolta, il trasporto, il recupero, compresa la cernita, e lo smaltimento dei rifiuti, compresi la supervisione di tali operazioni e gli interventi successivi alla chiusura dei siti di smaltimento, nonché le operazioni effettuate in qualità di commerciante o intermediari. Non costituiscono attività di gestione dei rifiuti le operazioni di prelievo, raggruppamento, selezione e deposito preliminari alla raccolta di materiali o sostanze naturali derivanti da eventi atmosferici o meteorici o vulcanici, ivi incluse mareggiate e piene, anche ove frammisti ad altri materiali di origine antropica effettuate, nel tempo tecnico strettamente necessario, presso il medesimo sito nel quale detti eventi li hanno depositati [14][15];

o) "raccolta": il prelievo dei rifiuti, compresi la cernita preliminare e il deposito preliminare alla raccolta, ivi compresa la gestione dei centri di raccolta di cui alla lettera "mm", ai fini del loro trasporto in un impianto di trattamento [16];

p) "raccolta differenziata": la raccolta in cui un flusso di rifiuti è tenuto separato in base al tipo ed alla natura dei rifiuti al fine di facilitarne il trattamento specifico;

q) "preparazione per il riutilizzo": le operazioni di controllo, pulizia, smontaggio e riparazione attraverso cui prodotti o componenti di prodotti diventati rifiuti sono preparati in modo da poter essere reimpiegati senza altro pretrattamento;

r) "riutilizzo": qualsiasi operazione attraverso la quale prodotti o componenti che non sono rifiuti sono reimpiegati per la stessa finalità per la quale erano stati concepiti;

s) "trattamento": operazioni di recupero o smaltimento, inclusa la preparazione prima del recupero o dello smaltimento;

t) "recupero": qualsiasi operazione il cui principale risultato sia di permettere ai rifiuti di svolgere un ruolo utile, sostituendo altri materiali che sarebbero stati altrimenti utilizzati per assolvere una particolare funzione o di prepararli ad assolvere tale funzione, all'interno dell'impianto o nell'economia in generale. L'allegato C della parte IV del presente decreto riporta un elenco non esaustivo di operazioni di recupero;

t-*bis*) "recupero di materia": qualsiasi operazione di recupero diversa dal recupero di energia e dal ritrattamento per ottenere materiali da utilizzare quali combustibili o altri mezzi per produrre energia. Esso comprende, tra l'altro la preparazione per il riutilizzo, il riciclaggio e il riempimento [17];

u) "riciclaggio": qualsiasi operazione di recupero attraverso cui i rifiuti sono trattati per ottenere prodotti, materiali o sostanze da utilizzare per la loro funzione originaria o per altri fini. Include il trattamento di materiale organico ma non il recupero di energia né il ritrattamento per ottenere materiali da utilizzare quali combustibili o in operazioni di riempimento;

u-*bis*) "riempimento": qualsiasi operazione di recupero in cui rifiuti non pericolosi idonei ai sensi della normativa UNI sono utilizzati a fini di ripristino in aree escavate o per scopi ingegneristici nei rimodellamenti morfologici. I rifiuti usati per il riempimento devono sostituire i materiali che non sono rifiuti, essere idonei ai fini summenzionati ed essere limitati alla quantità strettamente necessaria a perseguire tali fini [18];

v) "rigenerazione degli oli usati" qualsiasi operazione di riciclaggio che permetta di produrre oli di base mediante una raffinazione degli oli usati, che comporti in particolare la separazione dei contaminanti, dei prodotti di ossidazione e degli additivi contenuti in tali oli;

z) "smaltimento": qualsiasi operazione diversa dal recupero anche quando l'operazione ha come conseguenza secondaria il recupero di sostanze o di energia. L'Allegato B alla parte IV del presente decreto riporta un elenco non esaustivo delle operazioni di smaltimento;

a) "stoccaggio": le attività di smaltimento consistenti nelle operazioni di deposito preliminare di rifiuti di cui al punto D15 dell'Allegato B alla parte quarta del presente decreto, nonché le attività di recupero consistenti nelle operazioni di messa in riserva di rifiuti di cui al punto R13 dell'allegato C alla medesima parte quarta;

b) "deposito temporaneo prima della raccolta": il raggruppamento dei rifiuti ai fini del trasporto degli stessi in un impianto di recupero e/o smaltimento, effettuato, prima della raccolta ai sensi dell'art. 185-bis [19];

c) "combustibile solido secondario (CSS)": il combustibile solido prodotto da rifiuti che rispetta le caratteristiche di classificazione e di specificazione individuate delle norme tecniche UNI CEN/TS 15359 e successive modifiche ed integrazioni; fatta salva l'applicazione dell'art. 184-ter, il combustibile solido secondario, è classificato come rifiuto speciale;

d) "rifiuto biostabilizzato": rifiuto ottenuto dal trattamento biologico aerobico o anaerobico dei rifiuti indifferenziati, nel rispetto di apposite norme tecniche, da adottarsi a cura dello Stato, finalizzate a definirne contenuti e usi compatibili con la tutela ambientale e sanitaria e, in particolare, a definirne i gradi di qualità;

e) "compost": prodotto ottenuto dal compostaggio, o da processi integrati di digestione anaerobica e compostaggio, dei rifiuti organici raccolti separatamente, di altri materiali organici non qualificati come rifiuti, di sottoprodotti e altri rifiuti a matrice organica che rispetti i requisiti e le caratteristiche stabilite dalla vigente normativa in tema di fertilizzanti e di compostaggio sul luogo di produzione [20];

f) "digestato da rifiuti": prodotto ottenuto dalla digestione anaerobica di rifiuti organici raccolti separatamente, che rispetti i requisiti contenuti in norme tecniche da emanarsi con decreto del Ministero dell'ambiente e della tutela del territorio e del mare, di concerto con il Ministero delle politiche agricole alimentari e forestali [21];

g) "emissioni": le emissioni in atmosfera di cui all'art. 268, comma 1, lettera b);

h) "scarichi idrici": le immissioni di acque reflue di cui all'art. 74, comma 1, lettera ff);

i) "inquinamento atmosferico": ogni modifica atmosferica di cui all'art. 268, comma 1, lettera a);

l) "gestione integrata dei rifiuti": il complesso delle attività, ivi compresa quella di spazzamento delle strade come definita alla lettera oo), volte ad ottimizzare la gestione dei rifiuti;

m) "centro di raccolta": area presidiata ed allestita, senza nuovi o maggiori oneri a carico della finanza pubblica, per l'attività di raccolta mediante raggruppamento differenziato dei rifiuti urbani per frazioni omogenee conferiti dai detentori per il trasporto agli impianti di recupero e trattamento. La disciplina dei centri di raccolta è data con decreto del Ministro dell'ambiente e della tutela del territorio e del mare, sentita la Conferenza unificata, di cui al decreto legislativo 28 agosto 1997, n. 281;

n) "migliori tecniche disponibili": le migliori tecniche disponibili quali definite all'art. 5, comma 1, lett. l-ter) del presente decreto;

o) spazzamento delle strade: modalità di raccolta dei rifiuti mediante operazione di pulizia delle strade, aree pubbliche e aree private ad uso pubblico escluse le operazioni di sgombero della neve dalla sede stradale e sue pertinenze, effettuate al solo scopo di garantire la loro fruibilità e la sicurezza del transito;

p) "circuito organizzato di raccolta": sistema di raccolta di specifiche tipologie di rifiuti organizzato dai Consorzi di cui ai titoli II e III della parte quarta del presente decreto e alla normativa settoriale, o organizzato sulla base di un accordo di programma stipulato tra la pubblica amministrazione ed associazioni imprenditoriali rappresentative sul piano nazionale, o loro articolazioni territoriali, oppure sulla base di una convenzione-quadro stipulata tra le medesime associazioni ed i responsabili della piattaforma di conferimento, o dell'impresa di trasporto dei rifiuti, dalla quale risulti la destinazione definitiva dei rifiuti. All'accordo di programma o alla convenzione-quadro deve seguire la stipula di un contratto di servizio tra il singolo produttore ed il gestore della piattaforma di conferimento, o dell'impresa di trasporto dei rifiuti, in attuazione del predetto accordo o della predetta convenzione;

q) "sottoprodotto": qualsiasi sostanza od oggetto che soddisfa le condizioni di cui all'art. 184-bis, comma 1, o che rispetta i criteri stabiliti in base all'art. 184-bis, comma 2;

q-*bis*) "compostaggio di comunità": compostaggio effettuato collettivamente da più utenze domestiche e non domestiche della frazione organica dei rifiuti urbani prodotti dalle medesime, al fine dell'utilizzo del compost prodotto da parte delle utenze conferenti [22];

q-*ter*) "compostaggio": trattamento biologico aerobico di degradazione e stabilizzazione, finalizzato alla produzione di compost dai rifiuti organici differenziati alla fonte, da altri materiali organici non qualificati come rifiuti, da sottoprodotti e da altri rifiuti a matrice organica previsti dalla disciplina nazionale in tema di fertilizzanti nonché dalle disposizioni della parte quarta del presente decreto relative alla disciplina delle attività di compostaggio sul luogo di produzione [23].

(1) Articolo sostituito dall'art. 2, co. 20, d.lgs. 16.1.2008, n. 4 e, successivamente, dall'art. 10, co. 10, d.lgs. 3.12.2010, n. 205.
(2) Lettera introdotta dall'art. 1, co. 9, lett. a), d.lgs. 3.9.2020, n. 116.
(3) Lettera introdotta dall'art. 1, co. 9, lett. a), d.lgs. 3.9.2020, n. 116.
(4) Numero inserito dall'art. 2, co. 6, l. 17.5.2022, n. 60 e successivamente modificato dall'art. 1, co. 5, lett. a), d.lgs. 23.12.2022, n. 213.
(5) Lettera introdotta dall'art. 1, co. 9, lett. a), d.lgs. 3.9.2020, n. 116.
(6) Lettera introdotta dall'art. 1, co. 9, lett. a), d.lgs. 3.9.2020, n. 116 e successivamente modificata dall'art. 1, co. 5, lett. b), d.lgs. 23.12.2022, n. 213.
(7) Lettera introdotta dall'art. 1, co. 9, lett. a), d.lgs. 3.9.2020, n. 116 e successivamente modificata dall'art. 1, co. 5, lett. c), d.lgs. 23.12.2022, n. 213.
(8) Lettera modificata dall'art. 1, co. 9, lett. b), d.lgs. 3.9.2020, n. 116.
(9) Lettera introdotta dall'art. 1, co. 9, lett. c), d.lgs. 3.9.2020, n. 116.
(10) Lettera introdotta dall'art. 1, co. 5, lett. d), d.lgs. 23.12.2022, n. 213.
(11) Lettera modificata dall'art. 38, co. 2, lett. a), l. 28.12.2015, n. 221.
(12) Lettera modificata dall'art. 11, co. 12, d.l. 31.8.2013, n. 101, conv., con modif., con l. 30.10.2013, n. 125e, successivamente, dall'art. 11, co. 16 bis, lett. a), d.l. 19.6.2015, n. 78, conv., con modif., con l. 6.8.2015, n. 125. Precedentemente, la stessa modifica era stata disposta dall'art. 1, co. 1, lett. a), d.l. 4.7.2015, n. 92, poi abrogato dall'art. 1, co. 3, della l. n. 125/2015.
(13) Lettera introdotta dall'art. 1, co. 9, lett. d), d.lgs. 3.9.2020, n. 116.
(14) La Corte costituzionale, con sent. 28.1.2010, n. 28, ha dichiarato l'illegittimità costituzionale di questa lettera, nel testo antecedente alle modiche introdotte dall'art. 2, co. 20, d.lgs. 16.1.2008, n. 4 (Ulteriori disposizioni correttive ed integrative del d.lgs. 3.4.2006, n. 152, recante norme in materia ambientale), nella parte in cui prevede: «*rientrano altresì tra i sottoprodotti non soggetti alle disposizioni di cui alla parte quarta del presente decreto le ceneri di pirite, polveri di ossido di ferro, provenienti dal processo di arrostimento del minerale noto come pirite o solfuro di ferro per la produzione di acido solforico e ossido di ferro, depositate presso stabilimenti di produzione dismessi, aree industriali e non, anche se sottoposte a procedimento di bonifica o di ripristino ambientale*».
(15) Lettera modificata dall'art. 14, co. 8, lett. b-bis), d.l. 24.6.2014, n. 91, conv., con modif., dalla l. 11.8.2014, n. 116; successivamente sostituita dall'art. 1, co. 1, lett. e), d.lgs. 3.9.2020, n. 116 e, da ultimo, modificata dall'art. 7, co. 3 bis, d.l. 8.9.2021, n. 120, conv., con modif., dalla l. 8.11.2021, n. 155.
(16) Lettera modificata dall'art. 11, co. 16 bis, lett. b), d.l. 19.6.2015, n. 78, conv., con modif., con l. 6.8.2015, n. 125. Precedentemente, la stessa modifica, era stata disposta dall'art. 1, co. 1, lett. b), d.l. 4 luglio 2015, n. 92, poi abrogato dall'art. 1, co. 3, l. n. 125/2015.
(17) Lettera introdotta dall'art. 1, co. 9, lett. f), d.lgs. 3.9.2020, n. 116.
(18) Lettera introdotta dall'art. 1, co. 9, lett. g), d.lgs. 3.9.2020, n. 116.
(19) Alinea modificato dall'art. 28, co. 2, d.l. 9.2.2012, n. 5, conv., con modif., dalla l. 4.4.2012, n. 35 e, successivamente, dall'art. 52, co. 2 ter, d.l. 22.6.2012, n. 83, conv., con modif., dalla l. 7.8.2012, n. 134 e, da ultimo, dall'art. 11, co. 16 bis, lett. c), d.l. 19.6.2015, n. 78, conv., con modif., dalla l. 6.8.2015, n. 125. Precedentemente, la stessa modifica, era stata disposta dall'art. 1, co. 1, lett. c), d.l. 4 luglio 2015, n. 92, poi abrogato dall'art. 1, co. 3, l. n. 125/2015. Questa lettera, infine, è stata sostituita dall'art. 1, co. 9, lett. h), d.lgs. 3.9.2020, n. 116.
(20) Lettera modificata dall'art. 1, co. 9, lett. m), d.lgs. 3.9.2020, n. 116.
(21) Lettera modificata dall'art. 1, co. 9, lett. i), d.lgs. 3.9.2020, n. 116.
(22) Lettera introdotta dall'art. 38, co. 2, lett. b), l. 28.12.2015, n. 221.
(23) Lettera introdotta dall'art. 1, co. 9, lett. l), d.lgs. 3.9.2020, n. 116.

184. Classificazione.

1. Ai fini dell'attuazione della parte quarta del presente decreto i rifiuti sono classificati, secondo l'origine, in rifiuti urbani e rifiuti speciali e, secondo le caratteristiche di pericolosità, in rifiuti pericolosi e rifiuti non pericolosi.

2. Sono rifiuti urbani i rifiuti di cui all'articolo 183, comma 1, lettera b-*ter*) [1].

3. Sono rifiuti speciali:

a) i rifiuti prodotti nell'ambito delle attività agricole, agro-industriali e della silvicoltura, ai sensi e per gli effetti dell'articolo 2135 del codice civile, e della pesca;
b) i rifiuti prodotti dalle attività di costruzione e demolizione, nonché i rifiuti che derivano dalle attività di scavo, fermo restando quanto disposto dall'articolo 184-*bis*;
c) i rifiuti prodotti nell'ambito delle lavorazioni industriali se diversi da quelli di cui al comma 2;
d) i rifiuti prodotti nell'ambito delle lavorazioni artigianali se diversi da quelli di cui al comma 2;
e) i rifiuti prodotti nell'ambito delle attività commerciali se diversi da quelli di cui al comma 2;
f) i rifiuti prodotti nell'ambito delle attività di servizio se diversi da quelli di cui al comma 2;
g) i rifiuti derivanti dall'attività di recupero e smaltimento di rifiuti, i fanghi prodotti dalla potabilizzazione e da altri trattamenti delle acque e dalla depurazione delle acque reflue, nonché i rifiuti da abbattimento di fumi, dalle fosse settiche e dalle reti fognarie;
h) i rifiuti derivanti da attività sanitarie se diversi da quelli all'articolo 183, comma 1, lettera b-*ter*);
i) i veicoli fuori uso [2].

4. Sono rifiuti pericolosi quelli che recano le caratteristiche di cui all'allegato I della parte quarta del presente decreto [3].

5. L'elenco dei rifiuti di cui all'allegato D alla parte quarta del presente decreto include i rifiuti pericolosi e tiene conto dell'origine e della composizione dei rifiuti e, ove necessario, dei valori limite di concentrazione delle sostanze pericolose. Esso è vincolante per quanto concerne la determinazione dei rifiuti da considerare pericolosi. L'inclusione di una sostanza o di un oggetto nell'elenco non significa che esso sia un rifiuto in tutti i casi, ferma restando la definizione di cui all'articolo 183. La corretta attribuzione dei Codici dei rifiuti e delle caratteristiche di pericolo dei rifiuti è effettuata dal produttore sulla base delle Linee guida redatte, entro il 31 dicembre 2020, dal Sistema nazionale per la protezione e la ricerca ambientale ed approvate con decreto del Ministero dell'ambiente e della tutela del territorio e del mare, sentita la Conferenza permanente per i rapporti tra lo Stato, le Regioni e le Province autonome di Trento e Bolzano. Il Ministero dell'ambiente e della tutela del territorio e del mare notifica immediatamente alla Commissione europea i casi di cui all'articolo 7 della direttiva 2008/98/CE e fornisce alla stessa tutte le informazioni pertinenti [4].

5 bis. Con uno o più decreti del Ministro della difesa, di concerto con il Ministro dell'ambiente e della tutela del territorio e del mare, con il Ministro della salute, con il Ministro delle infrastrutture e dei trasporti e con il Ministro dell'economia e delle finanze, sono disciplinate, nel rispetto delle norme dell'Unione europea e del presente decreto legislativo, le speciali procedure per la gestione, lo stoccaggio, la custodia, nonché per l'autorizzazione e i nulla osta all'esercizio degli impianti per il trattamento dei rifiuti prodotti dai sistemi d'arma, dai mezzi, dai materiali e dalle infrastrutture direttamente destinati alla difesa militare ed alla sicurezza nazionale, così come individuati con decreto del Ministro della difesa, compresi quelli per il trattamento e lo smaltimento delle acque reflue navali e oleose di sentina delle navi militari da guerra, delle navi militari ausiliarie e del naviglio dell'Arma dei carabinieri, del Corpo della Guardia di Finanza e del Corpo delle Capitanerie di porto – Guardia costiera iscritti nel quadro e nei ruoli speciali del naviglio militare dello Stato [5].

5 bis. 1. Presso ciascun poligono militare delle Forze armate è tenuto, sotto la responsabilità del comandante, il registro delle attività a fuoco. Nel registro sono annotati, immediatamente dopo la conclusione di ciascuna attività:
a) l'arma o il sistema d'arma utilizzati;
b) il munizionamento utilizzato;
c) la data dello sparo e i luoghi di partenza e di arrivo dei proiettili [6].

5 bis. 2. Il registro di cui al comma 5-bis. 1 è conservato per almeno dieci anni dalla data dell'ultima annotazione. Lo stesso è esibito agli organi di vigilanza e di controllo ambientali e di sicurezza e igiene del lavoro, su richiesta degli stessi, per gli accertamenti di rispettiva competenza [7].

5 bis. 3. Entro trenta giorni dal termine del periodo esercitativo, il direttore del poligono avvia le attività finalizzate al recupero dei residuati del munizionamento impiegato. Tali attività devono concludersi entro centottanta giorni al fine di assicurare i successivi adempimenti previsti dagli articoli 1 e seguenti del decreto del Ministro della difesa 22 ottobre 2009, pubblicato nella Gazzetta Ufficiale n. 87 del 15 aprile 2010 [8].

5 ter. La declassificazione da rifiuto pericoloso a rifiuto non pericoloso non può essere ottenuta attraverso una diluizione o una miscelazione del rifiuto che comporti una riduzione delle concentrazioni iniziali di sostanze pericolose sotto le soglie che definiscono il carattere pericoloso del rifiuto [9].

5 quater. L'obbligo di etichettatura dei rifiuti pericolosi di cui all'articolo 193 e l'obbligo di tenuta dei registri di cui all'art. 190 non si applicano alle frazioni separate di rifiuti pericolosi prodotti da nuclei domestici fino a che siano accettate per la raccolta, lo smaltimento o il recupero da un ente o un'impresa che abbiano ottenuto l'autorizzazione o siano registrate in conformità agli articoli 208, 212, 214 e 216 [10].

(1) Comma sostituito dall'art. 1, co. 10, lett. a), d.lgs. 3.9.2020, n. 116.
(2) Comma modificato dall'art. 2, co. 21-*bis*, d.lgs. 16.1.2008, n. 4, dall'art. 11, co. 1, lett. b), d.lgs. 3.12.2010, n. 205 e poi sostituito dall'art. 1, co. 10, lett. b), d.lgs. 3.9.2020, n. 116.
(3) Comma sostituito dall'art. 11, co. 1, lett. d), d.lgs. 3.12.2010, n. 205.
(4) Comma sostituito dall'art. 11, co. 1, lett. e), d.lgs. 3.12.2010, n. 205 e poi modificato dall'art. 1, co. 10, lett. c), d.lgs. 3.9.2020, n. 116.
(5) Comma introdotto dall'art. 2, co. 21, d.lgs. 16.1.2008, n. 4; poi modificato dall'art. 35, co. 2, d.l. 22.6.2012, n. 83, conv., con modif., con l. 7.8.2012, n. 134 e, infine, sostituito dall'art. 13, co. 5, lett. a), d.l. 24.6.2014, n. 91 conv., con modif., dalla l. 11.8.2014, n. 116.
(6) Comma introdotto dall'art. 1, co. 304, lett. a), l. 27.12.2017, n. 205.
(7) Comma introdotto dall'art. 1, co. 304, lett. a), l. 27.12.2017, n. 205.
(8) Comma introdotto dall'art. 1, co. 304, lett. a), l. 27.12.2017, n. 205.
(9) Comma introdotto dall'art. 11, co. 1, lett. f), d.lgs. 3.12.2010, n. 205.
(10) Comma introdotto dall'art. 11, co. 1, lett. f), d.lgs. 3.12.2010, n. 205.

184 bis. Sottoprodotto [1].

1. È un sottoprodotto e non un rifiuto ai sensi dell'articolo 183, comma 1, lettera a), qualsiasi sostanza od oggetto che soddisfa tutte le seguenti condizioni:
a) la sostanza o l'oggetto è originato da un processo di produzione, di cui costituisce parte integrante, e il cui scopo primario non è la produzione di tale sostanza od oggetto;
b) è certo che la sostanza o l'oggetto sarà utilizzato, nel corso dello stesso o di un successivo processo di produzione o di utilizzazione, da parte del produttore o di terzi;
c) la sostanza o l'oggetto può essere utilizzato direttamente senza alcun ulteriore trattamento diverso dalla normale pratica industriale;
d) l'ulteriore utilizzo è legale, ossia la sostanza o l'oggetto soddisfa, per l'utilizzo specifico, tutti i requisiti pertinenti riguardanti i prodotti e la protezione della salute e dell'ambiente e non porterà a impatti complessivi negativi sull'ambiente o la salute umana.

2. Sulla base delle condizioni previste al comma 1, possono essere adottate misure per stabilire criteri qualitativi o quantitativi da soddisfare affinché specifiche tipologie di sostanze o oggetti siano considerati sottoprodotti e non rifiuti garantendo un elevato livello di protezione dell'ambiente e della salute umana favorendo, altresì, l'utilizzazione attenta e razionale delle risorse naturale dando priorità alle pratiche replicabili di simbiosi industriale. All'adozione di tali criteri si provvede con uno o più decreti del Ministro dell'ambiente e della tutela del territorio e del mare, ai sensi dell'articolo 17, comma 3, della legge 23 agosto 1988, n. 400, in conformità a quanto previsto dalla disciplina comunitaria [2].

[**2 bis.** Il decreto del Ministro dell'ambiente e della tutela del territorio e del mare di concerto con il Ministro delle infrastrutture e dei trasporti 10 agosto 2012, n. 161, adottato in attuazione delle previsioni di cui all'articolo 49 del decreto-legge 24 gennaio 2012, n. 1, convertito, con modificazioni, dalla legge 24 marzo 2012, n. 27, si applica solo alle terre e rocce da scavo che provengono da attività o opere soggette a valutazione d'impatto ambientale o ad autorizzazione integrata ambientale. Il decreto di cui al periodo precedente non si applica comunque alle ipotesi disciplinate dall'articolo 109 del presente decreto.] [3]

(1) Articolo introdotto dall'art. 12, d.lgs. 3.12.2010, n. 205.
(2) Comma modificato dall'art. 1, co. 11, d.lgs. 3.9.2020, n. 116.
(3) Comma introdotto dall'art. 41, co. 2, d.l. 21.6.2013, n. 69, conv., con modif., con l. 9.8.2013, n. 98 e poi abrogato dall'art. 31, co. 2, lett. a), d.P.R. 13.6.2017, n. 120.

184 ter. Cessazione della qualifica di rifiuto [1].

1. Un rifiuto cessa di essere tale, quando è stato sottoposto a un'operazione di recupero, incluso il riciclaggio [e la preparazione per il riutilizzo], e soddisfi i criteri specifici, da adottare nel rispetto delle seguenti condizioni [2]:

a) la sostanza o l'oggetto sono destinati a essere utilizzati per scopi specifici [3];
b) esiste un mercato o una domanda per tale sostanza od oggetto;
c) la sostanza o l'oggetto soddisfa i requisiti tecnici per gli scopi specifici e rispetta la normativa e gli standard esistenti applicabili ai prodotti;
d) l'utilizzo della sostanza o dell'oggetto non porterà a impatti complessivi negativi sull'ambiente o sulla salute umana.

2. L'operazione di recupero può consistere semplicemente nel controllare i rifiuti per verificare se soddisfano i criteri elaborati conformemente alle predette condizioni. I criteri di cui al comma 1 sono adottati in conformità a quanto stabilito dalla disciplina comunitaria ovvero, in mancanza di criteri comunitari, caso per caso per specifiche tipologie di rifiuto attraverso uno o più decreti del Ministro dell'ambiente e della tutela del territorio e del mare, ai sensi dell'art. 17, comma 3, della legge 23 agosto 1988, n. 400. I criteri includono, se necessario, valori limite per le sostanze inquinanti e tengono conto di tutti i possibili effetti negativi sull'ambiente della sostanza o dell'oggetto.

3. In mancanza di criteri specifici adottati ai sensi del comma 2, le autorizzazioni di cui agli articoli 208, 209 e 211 e di cui al titolo III-*bis* della parte seconda del presente decreto, per lo svolgimento di operazioni di recupero ai sensi del presente art., sono rilasciate o rinnovate nel rispetto delle condizioni di cui all'art. 6, paragrafo 1, della direttiva 2008/98/CE del Parlamento europeo e del Consiglio, del 19 novembre 2008, e sulla base di criteri dettagliati, definiti nell'ambito dei medesimi procedimenti autorizzatori previo parere obbligatorio e vincolante dell'ISPRA o dell'Agenzia regionale per la protezione ambientale territorialmente competente, che includono [4]:

a) materiali di rifiuto in entrata ammissibili ai fini dell'operazione di recupero;
b) processi e tecniche di trattamento consentiti;
c) criteri di qualità per i materiali di cui è cessata la qualifica di rifiuto ottenuti dall'operazione di recupero in linea con le norme di prodotto applicabili, compresi i valori limite per le sostanze inquinanti, se necessario;
d) requisiti affinché i sistemi di gestione dimostrino il rispetto dei criteri relativi alla cessazione della qualifica di rifiuto, compresi il controllo della qualità, l'automonitoraggio e l'accreditamento, se del caso;
e) un requisito relativo alla dichiarazione di conformità.

In mancanza di criteri specifici adottati ai sensi del comma 2, continuano ad applicarsi, quanto alle procedure semplificate per il recupero dei rifiuti, le disposizioni di cui al decreto del Ministro dell'ambiente 5 febbraio 1998, pubblicato nel supplemento ordinario n. 72 alla Gazzetta Ufficiale n. 88 del 16.04.1998, e ai regolamenti di cui ai decreti del Ministro dell'ambiente e della tutela del territorio 12.06.2002, n. 161, e 17 novembre 2005, n. 269 [5].

3 bis. Le autorità competenti al rilascio delle autorizzazioni di cui al comma 3 comunicano all'ISPRA i nuovi provvedimenti autorizzatori adottati, riesaminati o rinnovati, entro dieci giorni dalla notifica degli stessi al soggetto istante [6].

3 ter. L'ISPRA, o l'Agenzia regionale per la protezione dell'ambiente territorialmente competente delegata dal predetto Istituto, controlla a campione, sentita l'autorità competente di cui al comma 3-*bis*, in contraddittorio con il soggetto interessato, la conformità delle modalità operative e gestionali degli impianti, ivi compresi i rifiuti in ingresso, i processi di recupero e le sostanze o oggetti in uscita, agli atti autorizzatori rilasciati nonché alle condizioni di cui al comma 1, redigendo, in caso di non conformità, apposita relazione. [Il procedimento di controllo si conclude entro sessanta giorni dall'inizio della verifica.] [L'ISPRA o l'Agenzia regionale per la protezione dell'ambiente delegata comunica entro quindici giorni gli esiti della verifica al Ministero dell'ambiente e della tutela del territorio e del mare.] Al fine di assicurare l'armonizzazione, l'efficacia e l'omogeneità dei controlli di cui al presente comma sul territorio nazionale, si applicano gli articoli 4, comma 4, e 6 della legge 28.06.2016, n. 132 [7].

[**3 quater.** Ricevuta la comunicazione di cui al comma 3-*ter*, il Ministero dell'ambiente e della tutela del territorio e del mare, nei sessanta giorni successivi, adotta proprie conclusioni, motivando l'eventuale mancato recepimento degli esiti dell'istruttoria contenuti nella relazione di cui al comma 3-*ter*, e le trasmette all'autorità competente. L'autorità competente avvia un procedimento finalizzato all'adeguamento degli impianti, da parte del soggetto interessato, alle conclusioni di cui al presente comma, disponendo, in caso di mancato adeguamento, la revoca dell'autorizzazione e dando tempestiva comunicazione della conclusione del procedimento al Ministero medesimo. Resta salva la possibilità per l'autorità competente di adottare provvedimenti di natura cautelare [8].]

[**3 quinquies.** Decorsi centottanta giorni dalla comunicazione all'autorità competente, ove il procedimento di cui al comma 3-*quater* non risulti avviato o concluso, il Ministro dell'ambiente e della tutela del territorio e del mare può provvedere, in via sostitutiva e previa diffida, anche mediante un commissario ad acta all'adozione dei provvedimenti di cui al comma 3-*quater*. Al commissario non è dovuto alcun compenso per lo svolgimento delle funzioni attribuite ai sensi del presente comma e il medesimo commissario non ha diritto a gettoni, rimborsi di spese o altri emolumenti, comunque denominati [9].]

3 sexies. Con cadenza annuale, l'ISPRA redige una relazione sulle verifiche e i controlli effettuati nel corso dell'anno ai sensi del comma 3-*ter* e la comunica al Ministero dell'ambiente e della tutela del territorio e del mare entro il 31 gennaio [10].

3 septies. Al fine del rispetto dei principi di trasparenza e di pubblicità, è istituito presso il Ministero dell'ambiente e della tutela del territorio e del mare il registro nazionale per la raccolta delle autorizzazioni rilasciate e delle procedure semplificate (RECER) concluse ai sensi del presente art. Le autorità competenti, al momento del rilascio, comunicano al Ministero dell'ambiente e della tutela del territorio e del mare i nuovi provvedimenti autorizzatori emessi, riesaminati e rinnovati nonché gli esiti delle procedure semplificate avviate per l'inizio di operazioni di recupero di rifiuti ai fini del presente articolo. Con decreto non avente natura regolamentare del Ministro dell'ambiente e della tutela del territorio e del mare, sono definite le modalità di funzionamento e di organizzazione del registro di cui al presente comma. A far data dall'effettiva operatività del registro di cui al presente comma, la comunicazione di cui al comma 3-*bis* si intende assolta con la sola comunicazione al registro. Alle attività di cui al presente comma le amministrazioni provvedono con le risorse umane, strumentali e finanziarie disponibili a legislazione vigente [11].

4. Un rifiuto che cessa di essere tale ai sensi e per gli effetti del presente art. è da computarsi ai fini del calcolo del raggiungimento degli obiettivi di recupero e riciclaggio stabiliti dal presente decreto, daldecreto legislativo 24.06.2003, n 209, dal decreto legislativo 25 luglio 2005, n. 151, e dal decreto legislativo 120 novembre 2008, n. 188, ovvero dagli atti di recepimento di ulteriori normative comunitarie, qualora e a condizione che siano soddisfatti i requisiti in materia di riciclaggio o recupero in essi stabiliti.

5. La disciplina in materia di gestione dei rifiuti si applica fino alla cessazione della qualifica di rifiuto.

5 bis. La persona fisica o giuridica che utilizza, per la prima volta, un materiale che ha cessato di essere considerato rifiuto e che non è stato immesso sul mercato o che immette un materiale sul mercato per la prima volta dopo che cessa di essere considerato rifiuto, provvede affinché il materiale soddisfi i pertinenti requisiti ai sensi della normativa applicabile in materia di sostanze chimiche e prodotti collegati. Le condizioni di cui al comma 1 devono essere soddisfatte prima che la normativa sulle sostanze chimiche e sui prodotti si applichi al materiale che ha cessato di essere considerato un rifiuto [12].

(1) Articolo introdotto dall'art. 12, d.lgs. 3.12.2010, n. 205.
(2) Alinea modificato dall'art. 1, co. 12, lett. a), d.lgs. 3.9.2020, n. 116.
(3) Lettera sostituita dall'art. 14 bis, co. 1, d.l. 3.9.2019, n. 101, conv., con modif., con l. 2.11.2019, n. 128.
(4) Alinea modificato dall'art. 34, co. 1, lett. a), d.l. 31.5.2021, n. 77, conv., con modif., dalla l. 29.7.2021, n. 108.
(5) Comma sostituito dall'art. 1, co. 19, d.l. 18.4.2019, n. 32, conv., con modif., con l. 14.6.2019, n. 55 e successivamente dall'art. 14 bis, co. 2, d.l. 3.9.2019, n. 101, conv., con modif., con l. 2.11.2019, n. 128.
(6) Comma introdotto dall'art. 14 bis, co. 3, d.l. 3.9.2019, n. 101, conv., con modif., con l. 2.11.2019, n. 128.
(7) Comma introdotto dall'art. 14 bis, co. 3, d.l. 3.9.2019, n. 101, conv., con modif., con l. 2.11.2019, n. 128 e successivamente modificato dall'art. 34, co. 1, lett. b), d.l. 31 maggio 2021, n. 77, conv., con modif., dalla l. 29.7.2021, n. 108.
(8) Comma introdotto dall'art. 14 bis, co. 3, d.l. 3.9.2019, n. 101, conv., con modif., con l. 2.11.2019, n. 128 e successivamente abrogato dall'art. 34, co. 1, lett. c), d.l. 31.5.2021, n. 77, conv., con modif., dalla l. 29.7.2021, n. 108.
(9) Comma introdotto dall'art. 14 bis, co. 3, d.l. 3.9.2019, n. 101, conv., con modif., con l. 2.11.2019, n. 128 e successivamente abrogato dall'art. 34, co. 1, lett. c), d.l. 31.5.2021, n. 77, conv., con modif., dalla l. 29.7.2021, n. 108.
(10) Comma introdotto dall'art. 14 bis, co. 3, d.l. 3.9.2019, n. 101, conv., con modif., con l. 2.11.2019, n. 128 e successivamente modificato dall'art. 1, co. 6, lett. a), d.lgs. 23.12.2022, n. 213.
(11) Comma introdotto dall'art. 14 bis, co. 3, d.l. 3.9.2019, n. 101, conv., con modif., con l. 2.11.2019, n. 128 e successivamente modificato dall'art. 1, co. 6, lett. b), d.lgs. 23.12.2022, n. 213.
(12) Comma introdotto dall'art. 1, co. 12, lett. b), d.lgs. 3.9.2020, n. 116.

184 quater. Utilizzo dei materiali di dragaggio [1].

1. I materiali dragati sottoposti ad operazioni di recupero in casse di colmata o in altri impianti autorizzati ai sensi della normativa vigente, cessano di essere rifiuti se, all'esito delle operazioni di recupero, che possono consistere anche in operazioni di cernita e selezione, soddisfano e sono utilizzati rispettando i seguenti requisiti e condizioni:

a) non superano i valori delle concentrazioni soglia di contaminazione di cui alle colonne A e B della tabella 1 dell'allegato 5 al titolo V della parte quarta, con riferimento alla destinazione urbanistica del sito di utilizzo, o, in caso di utilizzo diretto in un ciclo produttivo, rispondono ai requisiti tecnici di cui alla lettera b), secondo periodo;
b) è certo il sito di destinazione e sono utilizzati direttamente, anche a fini del riuso o rimodellamento ambientale, senza rischi per le matrici ambientali interessate e in particolare senza determinare contaminazione delle acque sotterranee e superficiali. In caso di utilizzo diretto in un ciclo produttivo, devono, invece, rispettare i requisiti tecnici per gli scopi specifici individuati, la normativa e gli standard esistenti applicabili ai prodotti e alle materie prime, e in particolare non devono determinare emissioni nell'ambiente superiori o diverse qualitativamente da quelle che derivano dall'uso di prodotti e di materie prime per i quali è stata rilasciata l'autorizzazione all'esercizio dell'impianto.

2. Al fine di escludere rischi di contaminazione delle acque sotterranee, i materiali di dragaggio destinati all'utilizzo in un sito devono essere sottoposti a test di cessione secondo le metodiche e i limiti di cui all'Allegato 3 del decreto del Ministro dell'ambiente 5 febbraio 1998, pubblicato nel supplemento ordinario n. 72 alla Gazzetta Ufficiale n. 88 del 16 aprile 1998. L'autorità competente può derogare alle concentrazioni limite di cloruri e di solfati qualora i materiali di dragaggio siano destinati ad aree prospicenti il litorale e siano compatibili con i livelli di salinità del suolo e della falda.

3. Il produttore o il detentore predispongono una dichiarazione di conformità da cui risultino, oltre ai dati del produttore, o del detentore e dell'utilizzatore, la tipologia e la quantità dei materiali oggetto di utilizzo, le attività di recupero effettuate, il sito di destinazione e le altre modalità di impiego previste e l'attestazione che sono rispettati i criteri di cui al presente articolo. La dichiarazione di conformità è presentata all'autorità competente per il procedimento di recupero e all'ARPA nel cui territorio è localizzato il sito di destinazione o il ciclo produttivo di utilizzo, trenta giorni prima dell'inizio delle operazioni di conferimento. Tutti i soggetti che intervengono nel procedimento di recupero e di utilizzo dei materiali di cui al presente articolo conservano una copia della dichiarazione per almeno un anno dalla data del rilascio, mettendola a disposizione delle autorità competenti che la richiedano.

4. Entro trenta giorni dalla comunicazione della dichiarazione di cui al comma 3, l'autorità competente per il procedimento di recupero verifica il rispetto dei requisiti e delle procedure disciplinate dal presente articolo e qualora rilevi difformità o violazioni degli stessi ordina il divieto di utilizzo dei materiali di cui al comma 1 che restano assoggettati al regime dei rifiuti.

5. I materiali che cessano di essere rifiuti ai sensi dei commi 1 e 2 durante la movimentazione sono accompagnati dalla comunicazione di cui al comma 3 e dal documento di trasporto o da copia del contratto di trasporto redatto in forma scritta o dalla scheda di trasporto di cui agli articoli 6 e 7-*bis* del decreto legislativo 21 novembre 2005, n. 286.

5 bis. Al fine di promuovere investimenti a favore di progetti di economia circolare, di favorire l'innovazione tecnologica e di garantire la sicurezza del trasporto marittimo, le amministrazioni competenti possono autorizzare, previa caratterizzazione, eventualmente anche per singole frazioni granulometriche, dei materiali derivanti dall'escavo di fondali di aree portuali e marino-costiere condotta secondo la disciplina vigente in materia, di cui all'art. 109 del presente decreto legislativo e all'art. 5-*bis* della legge 28 gennaio 1994, n. 84[, e salve le ulteriori specificazioni tecniche definite ai sensi del comma 5-*ter* del presente art.], il riutilizzo dei predetti materiali in ambienti terrestri e marino-costieri anche per singola frazione granulometrica ottenuta a seguito di separazione con metodi fisici [(2)].

[**5 ter.** Entro novanta giorni dalla data di entrata in vigore della presente disposizione, con decreto del Ministro della transizione ecologica, di concerto con il Ministro delle infrastrutture e della mobilità sostenibili, sono adottate le norme tecniche che disciplinano le opzioni di riutilizzo dei sedimenti di dragaggio e di ogni loro singola frazione granulometrica secondo le migliori tecnologie disponibili] [(3)].

(1) Articolo introdotto dall'art. 14, co. 8, lett. b-ter), d.l. 24.6.2014, n. 91, conv., con modif., dalla l. 11.8.2014, n. 116.
(2) Comma introdotto dall'art. 4, co. 6 quater, d.l. 10.9.2021, n. 121, conv., con modif., con l. 9.11.2021, n. 156 e successivamente modificato dall'art. 19, co. 1, lett. a), d.l. 9.12.2023, n. 181, conv., con modif., dalla l. 2.2.2024, n. 11.
(3) Comma introdotto dall'art. 4, co. 6 quater, d.l. 10.9.2021, n. 121, conv., con modif., con l. 9.11.2021, n. 156 e successivamente abrogato dall'art. 19, co. 1, lett. b), d.l. 9.12.2023, n. 181, conv., con modif., con l. 2.2.2024, n. 11.

185. Esclusioni dall'ambito di applicazione [(1)].

1. Non rientrano nel campo di applicazione della parte quarta del presente decreto:

a) le emissioni costituite da effluenti gassosi emessi nell'atmosfera e il biossido di carbonio catturato e trasportato ai fini dello stoccaggio geologico e stoccato in formazioni geologiche prive di scambio di fluidi con altre formazioni a norma del decreto legislativo di recepimento della direttiva 2009/31/CE in materia di stoccaggio geologico di biossido di carbonio [(2)];

b) il terreno (in situ), inclusi il suolo contaminato non scavato e gli edifici collegati permanentemente al terreno, fermo restando quanto previsto dagli artt. 239 e ss. relativamente alla bonifica di siti contaminati [(3)];

c) il suolo non contaminato e altro materiale allo stato naturale escavato nel corso di attività di costruzione, ove sia certo che esso verrà riutilizzato a fini di costruzione allo stato naturale e nello stesso sito in cui è stato escavato, le ceneri vulcaniche, laddove riutilizzate in sostituzione di materie prime all'interno di cicli produttivi, mediante processi o metodi che non danneggiano l'ambiente né mettono in pericolo la salute umana [(4)(5)];

d) i rifiuti radioattivi;

e) i materiali esplosivi in disuso, ad eccezione dei rifiuti prodotti dai materiali che hanno avuto contatto con materiale esplosivo e dei rifiuti da "articoli pirotecnici", intendendosi tali i rifiuti prodotti dall'accensione di pirotecnici di qualsiasi specie e gli articoli pirotecnici che abbiano cessato il periodo della loro validità, che siano in disuso o che non siano più idonei ad essere impiegati per il loro fine originario [(6)];

f) le materie fecali, se non contemplate dal comma 2, lettera b), del presente art., la paglia e altro materiale agricolo o forestale naturale non pericoloso quali, a titolo esemplificativo e non esaustivo, gli sfalci e le potature effettuati nell'ambito delle buone pratiche colturali, [nonché gli sfalci e le potature derivanti dalla manutenzione del verde pubblico dei comuni,] utilizzati in agricoltura, nella silvicoltura o per la produzione di energia da tale biomassa, anche al di fuori del luogo di produzione ovvero con cessione a terzi, mediante processi o metodi che non danneggiano l'ambiente né mettono in pericolo la salute umana, nonché [, fino al 31 dicembre 2022,] la posidonia spiaggiata, laddove reimmessa nel medesimo ambiente marino o riutilizzata a fini agronomici o in sostituzione di materie prime all'interno di cicli produttivi, mediante processi o metodi che non danneggiano l'ambiente né mettono in pericolo la salute umana [7].

2. Sono esclusi dall'ambito di applicazione della parte quarta del presente decreto, in quanto regolati da altre disposizioni normative comunitarie, ivi incluse le rispettive norme nazionali di recepimento:

a) le acque di scarico;

b) i sottoprodotti di origine animale, compresi i prodotti trasformati, contemplati dal regolamento (CE) n. 1774/2002, eccetto quelli destinati all'incenerimento, allo smaltimento in discarica o all'utilizzo in un impianto di produzione di biogas o di compostaggio;

c) le carcasse di animali morti per cause diverse dalla macellazione, compresi gli animali abbattuti per eradicare epizoozie, e smaltite in conformità del regolamento (CE) n. 1774/2002;

d) i rifiuti risultanti dalla prospezione, dall'estrazione, dal trattamento, dall'ammasso di risorse minerali o dallo sfruttamento delle cave, di cui al decreto legislativo 30 maggio 2008, n. 117;

d-*bis*) sostanze destinate a essere utilizzate come materie prime per mangimi di cui all'art. 3, paragrafo 2, lettera g), del regolamento (CE) n. 767/2009 del Parlamento europeo e del Consiglio e che non sono costituite né contengono sottoprodotti di origine animale [8].

3. Fatti salvi gli obblighi derivanti dalle normative comunitarie specifiche, sono esclusi dall'ambito di applicazione della Parte Quarta del presente decreto i sedimenti spostati all'interno di acque superficiali o nell'ambito delle pertinenze idrauliche ai fini della gestione delle acque e dei corsi d'acqua o della prevenzione di inondazioni o della riduzione degli effetti di inondazioni o siccità o ripristino dei suoli se è provato che i sedimenti non sono pericolosi ai sensi della decisione 2000/532/CE della Commissione del 3 maggio 2000, e successive modificazioni [9].

4. Il suolo escavato non contaminato e altro materiale allo stato naturale, utilizzati in siti diversi da quelli in cui sono stati escavati, devono essere valutati ai sensi, nell'ordine, degli articoli 183, comma 1, lettera a), 184-*bis* e 184-*ter* [10].

4 bis. I rifiuti provenienti da articoli pirotecnici in disuso e qualunque tipologia di rifiuto prodotto dai materiali che hanno avuto contatto con materiale esplosivo sono gestiti ai sensi del decreto ministeriale di cui all'art. 34, comma 2, del decreto legislativo 29 luglio 2015, n. 123, e, in virtù della persistente capacità esplodente, nel rispetto delle disposizioni vigenti in materia di pubblica sicurezza per le attività di detenzione in depositi intermedi e movimentazione dal luogo di deposito preliminare ai depositi intermedi o all'impianto di trattamento, secondo le vigenti normative sul trasporto di materiali esplosivi; il trattamento e recupero o/e distruzione mediante incenerimento sono svolti in impianti all'uopo autorizzati secondo le disposizioni di pubblica sicurezza [11].

4 ter. Al fine di garantire il perseguimento delle finalità di tutela ambientale secondo le migliori tecniche disponibili, ottimizzando il recupero dei rifiuti da articoli pirotecnici, è fatto obbligo ai produttori e importatori di articoli pirotecnici di provvedere, singolarmente o in forma collettiva, alla gestione dei rifiuti derivanti dai loro prodotti immessi sul mercato nazionale, secondo i criteri direttivi di cui all'art. 237 del presente decreto [12].

(1) Art. sostituito dall'art. 2, co. 22, d.lgs. 16.1.2008, n. 4; modificato dall'art. 20, co. 10 sexies, d.l. 29.11.2008, n. 185, conv., con modif., con l. 28.1.2009, n. 2; dall'art. 1, co. 3, d.l. 8.7.2010, n. 105, conv., con modif., con l. 13.8.2010, n. 129 e, da ultimo, sostituito dall'art. 13, co. 1, d.lgs. 3.12.2010, n. 205.
(2) Lettera sostituita dall'art. 35, co. 2, d.lgs. 14.9.2011 n. 162.
(3) Per l'interpretazione autentica delle disposizioni di cui alla presente lettera, cfr. art. 3, co. 1, d.l. 25.1.2012, n. 2, conv., con modif., con l. 24.3.2012, n. 28.
(4) Lettera modificata dall'art. 35, co. 1, lett. b), n. 1), d.l. 31.5.2021, n. 77, conv., con modif., con l. 29.7.2021, n. 108.
(5) Per l'interpretazione autentica delle disposizioni di cui alla presente lettera, vedi l'art. 3, co. 1, d.l. 25.1.2012, n. 2, conv., con modif., con l. 24.3.2012, n. 28.
(6) Lettera modificata dall'art. 35, co. 1, lett. b), n. 2), d.l. 31.5.2021, n. 77, conv., con modif., con l. 29.7.2021, n. 108 e, poi, dall'art. 1, co. 7, lett. a), d.lgs. 23.12.2022, n. 213.
(7) Lettera sostituita dall'art. 41, co. 1, l. 28.7.2016, n. 154, dall'art. 20, co. 1, l. 3.5.2019, n. 37 (Legge Europea 2018) e successivamente modificata dall'art. 1, co. 13, lett. a), d.lgs. 3.9.2020, n. 116; dall'art. 39 quater, co. 1, d.l. 22.3.2021, n. 41conv., con modif., con l. 21.5.2021, n. 69 e, da ultimo, dall'art. 35, co. 1, lett. b), n. 2 bis), d.l. 31.5.2021, n. 77, conv., con modif., con l. 29.7.2021, n. 108.
(8) Lettera introdotta dall'art. 1, co. 13, lett. b), d.lgs. 3.9.2020, n. 116.
(9) Comma modificato dall'art. 7, co. 8 bis, d.l. 12.9.2014, n. 133, conv., con modif., con l. 11.11.2014, n. 164.
(10) Per l'interpretazione autentica delle disposizioni di cui al presente comma, vedi l'art. 3, co. 1, d.l. 25.1.2012, n. 2, conv., con modif., con l. 24.3.2012, n. 28.
(11) Comma introdotto dall'art. 35, co. 1, lett. b), n. 3), d.l. 31.5.2021, n. 77, conv., con modif., con l. 29.7.2021, n. 108 e, poi, modificato dall'art. 1, co. 7, lett. b), d.lgs. 23.12.2022, n. 213.
(12) Comma introdotto dall'art. 35, co. 1, lett. b), n. 3), d.l. 31.5.2021, n. 77, conv., con modif., con l. 29.7.2021, n. 108.

185 bis. Deposito temporaneo prima della raccolta [1].

1. Il raggruppamento dei rifiuti ai fini del trasporto degli stessi in un impianto di recupero o smaltimento è effettuato come deposito temporaneo, prima della raccolta, nel rispetto delle seguenti condizioni:

a) nel luogo in cui i rifiuti sono prodotti, da intendersi quale l'intera area in cui si svolge l'attività che ha determinato la produzione dei rifiuti o, per gli imprenditori agricoli di cui all'articolo 2135 del codice civile, presso il sito che sia nella disponibilità giuridica della cooperativa agricola, ivi compresi i consorzi agrari, di cui gli stessi sono soci;

b) esclusivamente per i rifiuti soggetti a responsabilità estesa del produttore, anche di tipo volontario, il deposito preliminare alla raccolta può essere effettuato dai distributori presso i locali del proprio punto vendita;

c) per i rifiuti da costruzione e demolizione, nonché per le filiere di rifiuti per le quali vi sia una specifica disposizione di legge, il deposito preliminare alla raccolta può essere effettuato presso le aree di pertinenza dei punti di vendita dei relativi prodotti.

2. Il deposito temporaneo prima della raccolta è effettuato alle seguenti condizioni:

a) i rifiuti contenenti gli inquinanti organici persistenti di cui al regolamento (CE) 850/2004, e successive modificazioni, sono depositati nel rispetto delle norme tecniche che regolano lo stoccaggio e l'imballaggio dei rifiuti contenenti sostanze pericolose e gestiti conformemente al suddetto regolamento;

b) i rifiuti sono raccolti ed avviati alle operazioni di recupero o di smaltimento secondo una delle seguenti modalità alternative, a scelta del produttore dei rifiuti: con cadenza almeno trimestrale, indipendentemente dalle quantità in deposito; quando il quantitativo di rifiuti in deposito raggiunga complessivamente i 30 metri cubi di cui al massimo 10 metri cubi di rifiuti pericolosi. In ogni caso, allorché il quantitativo di rifiuti non superi il predetto limite all'anno, il deposito temporaneo non può avere durata superiore ad un anno;

c) i rifiuti sono raggruppati per categorie omogenee, nel rispetto delle relative norme tecniche, nonché, per i rifiuti pericolosi, nel rispetto delle norme che disciplinano il deposito delle sostanze pericolose in essi contenute;

d) nel rispetto delle norme che disciplinano l'imballaggio e l'etichettatura delle sostanze pericolose.

3. Il deposito temporaneo prima della raccolta è effettuato alle condizioni di cui ai commi 1 e 2 e non necessita di autorizzazione da parte dell'autorità competente.

(1) Articolo introdotto dall'art. 1, co. 14, d.lgs. 3.9.2020, n. 116.

187. Divieto di miscelazione di rifiuti pericolosi [(1)].

1. È vietato miscelare rifiuti pericolosi aventi differenti caratteristiche di pericolosità ovvero rifiuti pericolosi con rifiuti non pericolosi. La miscelazione comprende la diluizione di sostanze pericolose.

2. In deroga al comma 1, la miscelazione dei rifiuti pericolosi che non presentino la stessa caratteristica di pericolosità, tra loro o con altri rifiuti, sostanze o materiali, può essere autorizzata ai sensi degli articoli 208, 209 e 211 a condizione che:

a) siano rispettate le condizioni di cui all'articolo 177, comma 4, e l'impatto negativo della gestione dei rifiuti sulla salute umana e sull'ambiente non risulti accresciuto;

b) l'operazione di miscelazione sia effettuata da un ente o da un'impresa che ha ottenuto un'autorizzazione ai sensi degli articoli 208, 209 e 211;

c) l'operazione di miscelazione sia conforme alle migliori tecniche disponibili di cui all'articoli 183, comma 1, lettera nn).

2 bis. Gli effetti delle autorizzazioni in essere relative all'esercizio degli impianti di recupero o di smaltimento di rifiuti che prevedono la miscelazione di rifiuti speciali, consentita ai sensi del presente articolo e dell'allegato G alla parte quarta del presente decreto, nei testi vigenti prima della data di entrata in vigore del decreto legislativo 3 dicembre 2010, n. 205, restano in vigore fino alla revisione delle autorizzazioni medesime [(2)].

3. Fatta salva l'applicazione delle sanzioni specifiche ed in particolare di quelle di cui all'articolo 256, comma 5, chiunque viola il divieto di cui al comma 1 è tenuto a procedere a proprie spese alla separazione dei rifiuti miscelati, qualora sia tecnicamente ed economicamente possibile e nel rispetto di quanto previsto dall'articolo 177, comma 4.

3 bis. Le miscelazioni non vietate in base al presente articolo non sono sottoposte ad autorizzazione e, anche se effettuate da enti o imprese autorizzati ai sensi degli articoli 208, 209 e 211, non possono essere sottoposte a prescrizioni o limitazioni diverse od ulteriori rispetto a quelle previste per legge [(3)].

(1) Articolo sostituito dall'art. 15, d.lgs. 3.12.2010, n. 205.
(2) Comma introdotto dall'art. 14, co. 8 quater, d.l. 24.6.2014, n. 91, conv., con modif., dalla l. 11.8.2014, n. 116.
(3) Comma introdotto dall'art. 49, l. 28.12.2015, n. 221, articolo poi dichiarato costituzionalmente illegittimo, con sent. 21.3.2017, n. 75.

188. Responsabilità della gestione dei rifiuti [(1)].

1. Il produttore iniziale, o altro detentore, di rifiuti provvede al loro trattamento direttamente ovvero mediante l'affidamento ad intermediario, o ad un commerciante o alla loro consegna a un ente o impresa che effettua le operazioni di trattamento dei rifiuti, o ad un soggetto addetto alla raccolta o al trasporto dei rifiuti, pubblico o privato, nel rispetto della Parte IV del presente decreto.

2. Gli enti o le imprese che provvedono alla raccolta o al trasporto dei rifiuti a titolo professionale sono tenuti all'iscrizione all'Albo dei Gestori Ambientali di cui all'articolo 212 e conferiscono i rifiuti raccolti e trasportati agli impianti autorizzati alla gestione dei rifiuti o a un centro di raccolta.

3. I costi della gestione dei rifiuti sono sostenuti dal produttore iniziale dei rifiuti nonché dai detentori che si succedono a vario titolo nelle fasi del ciclo di gestione.

4. La consegna dei rifiuti, ai fini del trattamento, dal produttore iniziale o dal detentore ad uno dei soggetti di cui al comma 1, non costituisce esclusione automatica della responsabilità rispetto alle operazioni di effettivo recupero o smaltimento. Al di fuori dei casi di concorso di persone nel fatto illecito e di quanto previsto dal regolamento (CE) n. 1013/2006, la responsabilità del produttore o del detentore per il recupero o smaltimento dei rifiuti è esclusa nei seguenti casi:

a) conferimento dei rifiuti al servizio pubblico di raccolta;

b) conferimento dei rifiuti a soggetti autorizzati alle attività di recupero o di smaltimento a condizione che il detentore abbia ricevuto il formulario di cui all'articolo 193 controfirmato e datato in arrivo dal destinatario entro tre mesi dalla data di conferimento dei rifiuti al trasportatore ovvero che alla scadenza di detto termine il produttore o detentore abbia provveduto a dare comunicazione alle autorità competenti della mancata ricezione del formulario. Per le spedizioni transfrontaliere di rifiuti, con riferimento ai documenti previsti dal regolamento (CE) n. 1013/2006, tale termine è elevato a sei mesi e la comunicazione è effettuata alla Regione o alla Provincia autonoma.

5. Nel caso di conferimento di rifiuti a soggetti autorizzati alle operazioni intermedie di smaltimento, quali il raggruppamento, il ricondizionamento e il deposito preliminare di cui ai punti D13, D14, D15 dell'allegato B alla parte quarta del presente decreto, la responsabilità per il corretto smaltimento dei rifiuti è attribuita al soggetto che effettua dette operazioni. La disposizione di cui al presente comma si applica sino alla data di entrata in vigore del decreto di cui all'art. 188-*bis*, comma 1, in cui sono definite, altresì, le modalità per la verifica ed invio della comunicazione dell'avvio a recupero o smaltimento dei rifiuti, nonché le responsabilità da attribuire all'intermediario dei rifiuti [2].

(1) Articolo modificato dall'art. 16, d.lgs. 3.12.2010, n. 205, dall'art. 14, co. 8, lett. b quater), d.l. 24.6.2014, n. 91, conv., con modif., dalla l. 11.8.2014, n. 116, dall'art. 30, co. 1, l. 28.12.2015, n. 221 e poi sostituito dall'art. 1, co. 15, d.lgs. 3.9.2020, n. 116.

(2) Comma modificato dall'art. 35, co. 1, lett. c), d.l. 31.5.2021, n. 77, conv., con modif., con l. 29.7.2021, n. 108 e successivamente dall'art. 1, co. 8, d.lgs. 23.12.2022, n. 213.

188 bis. Sistema di tracciabilità dei rifiuti [1].

1. Il sistema di tracciabilità dei rifiuti si compone delle procedure e degli strumenti di tracciabilità dei rifiuti integrati nel Registro elettronico nazionale per la tracciabilità dei rifiuti [istituito ai sensi dell'art. 6 del decreto-legge 14 dicembre 2018, n. 135, convertito, con modificazioni, dalla legge 11 febbraio 2019, n. 12, e gestito con il supporto tecnico operativo dell'Albo nazionale dei gestori di cui all'art. 212]. Il Registro elettronico nazionale per la tracciabilità dei rifiuti è gestito direttamente dal Ministero dell'ambiente e della sicurezza energetica, con il supporto tecnico operativo dell'Albo nazionale dei gestori di cui all'art. 212. Per consentire la lettura integrata dei dati, gli adempimenti relativi alle modalità di compilazione e tenuta del registro di carico e scarico e del formulario identificativo di trasporto dei rifiuti, di cui agli articoli 190 e 193, sono effettuati secondo le modalità dettate con uno o più decreti del Ministro dell'ambiente e della tutela del territorio e del mare, adottati ai sensi dell'art. 17, comma 3, della legge 23 agosto 1988, n. 400, di concerto con il Ministro dell'economia e delle finanze, sentiti il Ministro dello sviluppo economico, il Ministro della pubblica amministrazione, il Ministro delle infrastrutture e dei trasporti nonché, per gli aspetti di competenza, il Ministro delle politiche agricole alimentari e forestali, sentita la Conferenza permanente per i rapporti tra lo Stato, le regioni e le province autonome di Trento e di Bolzano di cui al decreto legislativo 28 agosto 1997, n. 281. Con il decreto di cui al terzo periodo, sono determinati gli importi dovuti a titolo di diritti di segreteria e di contributo, da aggiornare ogni tre anni, nonché le modalità di versamento [2].

2. In relazione alle esigenze organizzative e operative delle Forze armate, delle Forze di polizia e del Corpo nazionale dei vigili del fuoco, connesse rispettivamente alla difesa e alla sicurezza militare dello Stato, alla tutela dell'ordine e della sicurezza pubblica, al soccorso pubblico e alla difesa civile, le procedure e le modalità con le quali il sistema di tracciabilità dei rifiuti si applica alle corrispondenti Amministrazioni centrali sono individuate con decreto del Ministro dell'ambiente e della tutela del territorio e del mare e del Ministro dell'economia e delle finanze e, per quanto di competenza, del Ministro della difesa e del Ministro dell'interno, sentita la Conferenza permanente per i rapporti tra lo Stato, le Regioni e le Province autonome di Trento e Bolzano di cui al decreto legislativo 28 agosto 1997, n. 281, da adottare ai sensi dell'art. 17, comma 3, della legge 23 agosto 1988, n. 400.

3. Il Registro elettronico nazionale per la tracciabilità dei rifiuti, collocato presso la competente struttura organizzativa del Ministero dell'ambiente e della tutela del territorio e del mare, è articolato in:

a) una sezione Anagrafica, comprensiva dei dati dei soggetti iscritti e delle informazioni relative alle specifiche autorizzazioni rilasciate agli stessi per l'esercizio di attività inerenti alla gestione dei rifiuti;
b) una sezione Tracciabilità, comprensiva dei dati ambientali relativi agli adempimenti di cui agli articoli 190 e 193 e dei dati afferenti ai percorsi dei mezzi di trasporto nei casi stabiliti dal decreto di cui al comma 1.

3 bis. Gli enti e le imprese che effettuano il trattamento dei rifiuti, i produttori di rifiuti pericolosi e gli enti e le imprese che raccolgono o trasportano rifiuti pericolosi a titolo professionale o che operano in qualità di commercianti ed intermediari di rifiuti pericolosi, i Consorzi istituiti per il recupero e il riciclaggio di particolari tipologie di rifiuti, nonché, con riferimento ai rifiuti non pericolosi, i soggetti di cui all'art. 189, comma 3, sono tenuti ad iscriversi al Registro elettronico nazionale di cui al comma 3 del presente art. [3].

4. I decreti di cui ai commi 1 e 2 disciplinano anche l'organizzazione ed il funzionamento del sistema di tracciabilità di cui al presente art., consentendo il colloquio con i sistemi gestionali degli utenti, pubblici e privati, attraverso apposite interfacce, favorendo la semplificazione amministrativa, garantendo un periodo preliminare di sperimentazione e la sostenibilità dei costi a carico degli aderenti al sistema, disponendo in particolare:

a) i modelli ed i formati relativi al registro di carico e scarico dei rifiuti ed al formulario di identificazione di cui agli articoli 190 e 193 con l'indicazione altresì delle modalità di compilazione, vidimazione e tenuta in formato digitale degli stessi;

b) le modalità di iscrizione al Registro elettronico nazionale, e relativi adempimenti, da parte dei soggetti obbligati ovvero di coloro che intendano volontariamente aderirvi, ai sensi del comma 3-*bis*, con la previsione di criteri di gradualità per la progressiva iscrizione degli operatori [(4)];

c) il funzionamento del Registro elettronico nazionale, ivi incluse le modalità di trasmissione dei dati relativi ai documenti di cui alla lettera a), comprensivi dei dati di cui all'art. 193, comma 1, lettera d), relativi ai percorsi dei mezzi di trasporto [(5)];

d) le modalità per la condivisione dei dati del Registro elettronico con l'Istituto superiore per la ricerca ambientale (ISPRA) al fine del loro inserimento nel Catasto di cui all'art. 189;

e) le modalità di interoperabilità per l'acquisizione della documentazione di cui al regolamento (CE) n. 1013/2006, nonché le modalità di coordinamento tra le comunicazioni di cui alla legge 25 gennaio 1994, n. 70 e gli adempimenti trasmessi al Registro elettronico nazionale;

f) le modalità di svolgimento delle funzioni da parte dell'Albo nazionale indicate al comma 1;

g) le modalità di accesso ai dati del Registro elettronico nazionale da parte degli organi di controllo;

h) le modalità per la verifica e l'invio della comunicazione dell'avvio a recupero o smaltimento dei rifiuti, di cui all'art. 188, comma 5, nonché le responsabilità da attribuire all'intermediario [(6)].

5. Gli adempimenti relativi agli articoli 190 e 193 sono effettuati digitalmente da parte dei soggetti obbligati ovvero di coloro che intendano volontariamente aderirvi ai sensi del comma 3-*bis* del presente art.; negli altri casi i suddetti adempimenti possono essere assolti mediante il formato cartaceo. In entrambi i casi la modulistica è scaricabile direttamente dal Registro elettronico nazionale [(7)].

6. Al fine di garantire tempestivi adeguamenti dei modelli di cui alla lettera a) del comma 4, in caso di intervenute novità tecniche o operative, gli aggiornamenti sono adottati con decreto del Ministro dell'ambiente e della tutela del territorio e del mare, di natura non regolamentare, sentiti i Ministri indicati al comma 1 e sentita la Conferenza permanente per i rapporti tra lo Stato, le Regioni e le Province autonome di Trento e Bolzano [(8)].

6 bis. L'iscrizione al Registro elettronico nazionale comporta il versamento di un diritto di segreteria e di un contributo annuale, al fine di assicurare l'integrale copertura dei costi di funzionamento del sistema. Con i decreti di cui ai commi 1 e 2, sono determinati gli importi dovuti a titolo di diritti di segreteria e di contributo, da aggiornare ogni tre anni, nonché le modalità di versamento. Agli oneri di funzionamento si provvede con i proventi derivanti dai diritti di segreteria e con il contributo annuale, che sono versati ad apposito capitolo dell'entrata del bilancio dello Stato per essere riassegnati, con decreto del Ministero dell'economia e delle finanze, ad apposito capitolo dello stato di previsione del Ministero dell'ambiente e della sicurezza energetica [(9)].

7. Fino all'entrata in vigore dei modelli contenuti nel decreto previsto al comma 1 continuano ad applicarsi i decreti del Ministro dell'ambiente 1°.04.1998, n. 145 e 1°.04.1998, n. 148, recanti i modelli di registro di carico e scarico e di formulario di identificazione del rifiuto [(10)].

(1) Articolo introdotto dall'art. 16, d.lgs. 3.12.2010, n. 205, modificato dall'art. 11, co. 7, d.l. 31.8.2013, n. 101, conv., con modif., con l. 30.10.2013, n. 125. Successivamente il predetto art. 16, d.lgs. n. 205/2010 è stato abrogato a decorrere dal 1.1.2019 dall'art. 6, co. 2, lett. a), d.l. 14.12.2018, n. 135conv., con modif., con l. 11.2.2019, n. 12. Da ultimo il presente art. è stato sostituito dall'art. 1, co. 16, d.lgs. 3.9.2020, n. 116.

(2) Comma modificato dall'art. 1, co. 9, lett. a), d.lgs. 23.12.2022, n. 213.

(3) Comma introdotto dall'art. 1, co. 9, lett. b), d.lgs. 23.12.2022, n. 213.

(4) Lettera modificata dall'art. 1, co. 9, lett. c), d.lgs. 23.12.2022, n. 213.

(5) Lettera modificata dall'art. 1, co. 9, lett. c), d.lgs. 23.12.2022, n. 213.

(6) Lettera modificata dall'art. 35, co. 1, lett. d), d.l. 31.5.2021, n. 77, conv., con modif., con l. 29.7.2021, n. 108.

(7) Comma modificato dall'art. 1, co. 9, lett. d), d.lgs. 23.12.2022, n. 213.

(8) Comma modificato dall'art. 1, co. 9, lett. e), d.lgs. 23.12.2022, n. 213.

(9) Comma introdotto dall'art. 1, co. 9, lett. f), d.lgs. 23.12.2022, n. 213.

(10) Comma modificato dall'art. 1, co. 9, lett. g), d.lgs. 23.12.2022, n. 213.

189. Catasto dei rifiuti [(1)].

1. Il Catasto dei rifiuti, istituito dall'art. 3 del decreto-legge 9 settembre 1988, n. 397, convertito, con modificazioni, dalla legge 9 novembre 1988, n. 475, è articolato in una Sezione nazionale, che ha sede in Roma presso l'Istituto superiore per la protezione e la ricerca ambientale (ISPRA) ed in Sezioni regionali o delle Province autonome di Trento e Bolzano presso le corrispondenti Agenzie regionali e delle Province autonome per la protezione dell'ambiente. Le norme di organizzazione del Catasto sono emanate ed aggiornate con decreto del Ministro dell'ambiente e della tutela del territorio e del mare, di concerto con il Ministro delle politiche agricole alimentari e forestali. Sino all'emanazione del decreto di cui al secondo periodo continuano ad applicarsi le disposizioni di cui al decreto del Ministro dell'ambiente 4 agosto 1998, n. 372.

2. Il Catasto assicura, anche ai fini della pianificazione delle attività di gestione dei rifiuti, un quadro conoscitivo, completo e costantemente aggiornato, dei dati raccolti ai sensi della legge 25 gennaio 1994, n. 70 e mediante gli strumenti di tracciabilità di cui alla presente Parte IV, utilizzando la nomenclatura prevista dalla disciplina europea e nazionale di riferimento.

3. Chiunque effettua a titolo professionale attività di raccolta e trasporto di rifiuti, i commercianti e gli intermediari di rifiuti senza detenzione, le imprese e gli enti che effettuano operazioni di recupero e di smaltimento di rifiuti, i Consorzi e i sistemi riconosciuti, gli istituti per il recupero e riciclaggio degli imballaggi e di particolari tipologie di rifiuti, nonché le imprese e gli enti produttori iniziali di rifiuti pericolosi e le imprese e gli enti produttori iniziali di rifiuti non pericolosi di cui all'art. 184, comma 3, lettere c), d) e g), comunicano annualmente alle Camere di commercio, industria, artigianato e agricoltura territorialmente competenti, con le modalità previste dalla legge 25 gennaio 1994, n. 70, le quantità e le caratteristiche qualitative dei rifiuti oggetto delle predette attività, dei materiali prodotti all'esito delle attività di recupero nonché i dati relativi alle autorizzazioni ed alle comunicazioni inerenti le attività di gestione dei rifiuti. Sono esonerati da tale obbligo gli imprenditori agricoli di cui all'art. 2135 del codice civile con un volume di affari annuo non superiore a euro ottomila, le imprese che raccolgono e trasportano i propri rifiuti non pericolosi, di cui all'art. 212, comma 8, nonché, per i soli rifiuti non pericolosi, le imprese e gli enti produttori iniziali che non hanno più di dieci dipendenti.

4. Nel caso in cui i produttori di rifiuti speciali conferiscano i medesimi al servizio pubblico di raccolta competente per territorio, ovvero ad un circuito organizzato di raccolta di cui all'art. 183, comma 1, lettera pp), previa apposita convenzione, la comunicazione è effettuata dal gestore del servizio limitatamente alla quantità conferita.

5. I soggetti responsabili del servizio di gestione integrata dei rifiuti urbani [e assimilati] comunicano annualmente, secondo le modalità previste dalla legge 25 gennaio 1994, n. 70, le seguenti informazioni relative all'anno precedente [(2)]:

a) la quantità dei rifiuti urbani raccolti nel proprio territorio;
b) la quantità dei rifiuti speciali raccolti nel proprio territorio a seguito di apposita convenzione con soggetti pubblici o privati;
c) i soggetti che hanno provveduto alla gestione dei rifiuti, specificando le operazioni svolte, le tipologie e la quantità dei rifiuti gestiti da ciascuno;
d) i costi di gestione e di ammortamento tecnico e finanziario degli investimenti per le attività di gestione dei rifiuti, nonché i proventi della tariffa di cui all'art. 238 ed i proventi provenienti dai consorzi finalizzati al recupero dei rifiuti;
e) i dati relativi alla raccolta differenziata;
f) le quantità raccolte, suddivise per materiali, in attuazione degli accordi con i consorzi finalizzati al recupero dei rifiuti.

6. La Sezione nazionale rende disponibili, entro trenta giorni dal ricevimento, alle Sezioni regionali e provinciali le banche dati trasmesse dalle Camere di commercio, industria, artigianato e agricoltura ai sensi dell'art. 2, comma 2, della legge 25 gennaio 1994, n. 70. Le Sezioni regionali e provinciali provvedono all'elaborazione dei dati, secondo una metodologia condivisa ai sensi dell'art. 4 della legge 28.06.2016, n. 132, ed alla successiva trasmissione alla Sezione nazionale entro novanta giorni dal ricevimento, delle informazioni di cui ai commi 2, 3, 4 e 5.

L'Istituto superiore per la protezione e la ricerca ambientale (ISPRA) elabora i dati, evidenziando le tipologie e le quantità dei rifiuti prodotti, raccolti, trasportati, recuperati e smaltiti, nonché gli impianti di smaltimento e di recupero in esercizio e ne assicura la pubblicità anche attraverso la pubblicazione di un rapporto annuale.

7. Per le comunicazioni relative ai rifiuti di imballaggio si applica quanto previsto dall'art. 220, comma 2.

8. La Sezione nazionale del catasto dei rifiuti e il Registro elettronico nazionale di cui all'art. 188-*bis*, assicurano il coordinamento e la condivisione dei dati, anche al fine di consentire un'opportuna pubblicità alle informazioni.

9. Il decreto di cui all'art. 188-*bis*, comma 1, disciplina le modalità di coordinamento tra le comunicazioni al Catasto dei rifiuti e gli adempimenti trasmessi al Registro elettronico nazionale, garantendone la precompilazione automatica.

(1) Articolo modificato dall'art. 2, co. 24, d.lgs. 16.1.2008, n. 4 e, successivamente, sostituito dall'art. 16, co. 1, d.lgs. 3.12.2010, n. 205, con la decorrenza di cui al medesimo art. 16, co. 2. Successivamente il predetto art. 16, d.lgs. n. 205/2010 è stato abrogato a decorrere dal 1.1.2019 dall'art. 6, co. 2, lett. a), d.l. 14.12.2018, n. 135conv., con modif., con l. 11.2.2019, n. 12. Da ultimo il presente art. è stato sostituito dall'art. 1, co. 17, d.lgs. 3.9.2020, n. 116.

(2) Alinea modificato dall'art. 35, co. 1, lett. a), d.l. 31.5.2021, n. 77, conv., con modif., con l. 29.7.2021, n. 108.

190. Registro cronologico di carico e scarico [(1)].

1. Chiunque effettua a titolo professionale attività di raccolta e trasporto di rifiuti, i commercianti e gli intermediari di rifiuti senza detenzione, le imprese e gli enti che effettuano operazioni di recupero e di smaltimento di rifiuti, i Consorzi e i sistemi riconosciuti, istituiti per il recupero e riciclaggio degli imballaggi e di particolari tipologie di rifiuti, nonché le imprese e gli enti produttori iniziali di rifiuti pericolosi e le imprese e gli enti produttori iniziali di rifiuti non pericolosi di cui all'art. 184, comma 3, lettere c), d) e g), ha l'obbligo di tenere un registro cronologico di carico e scarico, in cui sono indicati per ogni tipologia di rifiuto la quantità prodotta o trattata, la natura e l'origine di tali rifiuti e la quantità dei prodotti e materiali ottenuti dalle operazioni di trattamento quali preparazione per il riutilizzo, riciclaggio e altre operazioni di recupero nonché, laddove previsto, gli estremi del formulario di identificazione di cui all'art. 193 [(2)].

2. Il modello di registro cronologico di carico e scarico è disciplinato con il decreto di cui all'art. 188-*bis*, comma 1.

Fino alla data di entrata in vigore dei modelli contenuti nel suddetto decreto continuano ad applicarsi le disposizioni di cui al decreto del Ministro dell'ambiente 1°.04.1998, n. 148, nonché le disposizioni relative alla numerazione e vidimazione dei registri da parte delle Camere di commercio territorialmente competenti con le procedure e le modalità fissate dalla normativa sui registri IVA [(3)].

3. Le annotazioni di cui al comma 1, da riportare nel registro cronologico, sono effettuate:

a) per i produttori di rifiuti, almeno entro dieci giorni lavorativi dalla produzione del rifiuto e dallo scarico del medesimo [(4)];
b) per i soggetti che effettuano la raccolta e il trasporto, almeno entro dieci giorni lavorativi dalla data di consegna dei rifiuti all'impianto di destino;
c) per i commercianti, gli intermediari e i consorzi, almeno entro dieci giorni lavorativi dalla data di consegna dei rifiuti all'impianto di destino;
d) per i soggetti che effettuano le operazioni di recupero e di smaltimento, entro due giorni lavorativi dalla presa in carico dei rifiuti.

4. I soggetti e le organizzazioni di cui agli articoli 221, comma 3, lettere a) e c), 223, 224, 228, 233, 234 e 236, possono adempiere all'obbligo di cui al comma 1 tramite analoghe evidenze documentali o gestionali [(5)].

5. Sono esonerati dall'obbligo di cui al comma 1 gli imprenditori agricoli di cui all'art. 2135 del codice civile, con un volume di affari annuo non superiore a euro ottomila, le imprese che raccolgono e trasportano i propri rifiuti non pericolosi, di cui all'art. 212, comma 8, nonché, per i soli rifiuti non pericolosi, le imprese e gli enti produttori iniziali che non hanno più di dieci dipendenti.

6. Gli imprenditori agricoli di cui all'art. 2135 del codice civile produttori iniziali di rifiuti pericolosi, nonché i soggetti esercenti attività ricadenti nell'ambito dei codici ATECO 96.02.01, 96.02.02, 96.02.03 e 96.09.02 che producono rifiuti pericolosi, compresi quelli aventi codice EER 18.01.03*, relativi ad aghi, siringhe e oggetti taglienti usati ed i produttori di rifiuti pericolosi non rientranti in organizzazione di ente o impresa, quando obbligati alla tenuta del registro ai sensi del comma 1, possono adempiere all'obbligo con una delle seguenti modalità, che sono valide anche ai fini della comunicazione al catasto di cui all'art. 189 [(6)]:

a) con la conservazione progressiva per tre anni del formulario di identificazione di cui all'art. 193, comma 1, relativo al trasporto dei rifiuti o dei documenti sostitutivi previsti dall'art. 193;
b) con la conservazione per tre anni del documento di conferimento rilasciato dal soggetto che provvede alla raccolta di detti rifiuti nell'ambito del circuito organizzato di raccolta di cui all'art. 183. [Tale modalità è valida anche ai fini della comunicazione al catasto di cui all'art. 189.] [(7)]

7. I soggetti la cui produzione annua di rifiuti non eccede le venti tonnellate di rifiuti non pericolosi e le quattro tonnellate di rifiuti pericolosi, in luogo della tenuta in proprio dei registri di carico e scarico dei rifiuti, possono adempiere tramite le organizzazioni di categoria interessate o loro società di servizi che provvedono ad annotare i dati con cadenza mensile, mantenendo presso la sede operativa dell'impresa copia delle annotazioni o, comunque, rendendola tempestivamente disponibile su richiesta degli organi di controllo.

8. Per le attività di gestione dei rifiuti costituiti da rottami ferrosi e non ferrosi, gli obblighi connessi alla tenuta dei registri di carico e scarico si intendono assolti anche tramite l'utilizzo dei registri IVA di acquisto e di vendita secondo le procedure e le modalità fissate dall'art. 39 del decreto del Presidente della Repubblica 26 ottobre 1972, n. 633 e successive modifiche

9. Le operazioni di gestione dei centri di raccolta di cui all'art. 183 sono escluse dagli obblighi del presente art. limitatamente ai rifiuti non pericolosi. Per i rifiuti pericolosi la registrazione del carico e dello scarico può essere effettuata contestualmente al momento dell'uscita dei rifiuti stessi dal centro di raccolta e in maniera cumulativa per ciascun codice dell'elenco dei rifiuti.

10. I registri sono tenuti, o resi accessibili, presso ogni impianto di produzione, di stoccaggio, di recupero e di smaltimento di rifiuti, ovvero per le imprese che effettuano attività di raccolta e trasporto e per i commercianti e gli intermediari, presso la sede operativa. I registri, integrati con i formulari di cui all'art. 193 relativi al trasporto dei rifiuti, sono conservati per tre anni dalla data dell'ultima registrazione. I registri relativi alle operazioni di smaltimento dei rifiuti in discarica devono essere conservati a tempo indeterminato e consegnati all'autorità che ha rilasciato l'autorizzazione, alla chiusura dell'impianto. I registri relativi agli impianti dismessi o non presidiati possono essere tenuti presso la sede legale del soggetto che gestisce l'impianto.

11. I registri relativi ai rifiuti prodotti dalle attività di manutenzione di cui all'art. 230 possono essere tenuti nel luogo di produzione dei rifiuti, così come definito dal medesimo art. Per rifiuti prodotti dalle attività di manutenzione di impianti e infrastrutture a rete e degli impianti a queste connessi, i registri possono essere tenuti presso le sedi di coordinamento organizzativo del gestore, o altro centro equivalente, previa comunicazione all'ARPA territorialmente competente ovvero al Registro elettronico nazionale di cui all'art. 188-*bis*.

12. Le informazioni contenute nel registro sono utilizzate anche ai fini della comunicazione annuale al Catasto di cui all'art. 189.

13. Le informazioni contenute nel registro sono rese disponibili in qualunque momento all'autorità di controllo che ne faccia richiesta.

(1) Articolo modificato dall'art. 2, co. 24 bis, d.lgs. 16.1.2008, n. 4 e successivamente sostituito dall'art. 16, d.lgs. 3.12.2010, n. 205, ulteriormente modificato dall'art. 4, co. 1, lett. a), d.lgs. 7.7.2011, n. 121, dall'art. 11, co. 12 bis, d.l. 31.8.2013, n. 101, conv., con modif., con l. 30.10.2013, n. 125, dall'art. 14, co. 8 bis, d.l. 24.6.2014, n. 91, conv., con modif., con l. 11.8.2014, n. 116, dall'art. 60, co. 3, l. 28.12.2015, n. 221. Successivamente l'art. 16, d.lgs. n. 205/2010 è stato abrogato a decorrere dal 1.1.2019 dall'art. 6, co. 2, lett. a), d.l. 14.12.2018, n. 135conv., con modif., con l. 11.2.2019, n. 12. Da ultimo il presente art. è stato sostituito dall'art. 1, co. 17, d.lgs. 3.9.2020, n. 116.

(2) Comma modificato dall'art. 1, co. 10, lett. a), d.lgs. 23.12.2022, n. 213.

(3) Comma modificato dall'art. 1, co. 10, lett. b), d.lgs. 23.12.2022, n. 213.

(4) Lettera modificata dall'art. 1, co. 10, lett. c), d.lgs. 23.12.2022, n. 213.

(5) Comma modificato dall'art. 35, co. 1, lett. d-*bis*), d.l. 31.5.2021, n. 77, conv., con modif., con l. 29.7.2021, n. 108.
(6) Alinea modificato dall'art. 1, co. 10, lett. d), n. 1), d.lgs. 23.12.2022, n. 213.
(7) Lettera modificata dall'art. 1, co. 10, lett. d), n. 2), d.lgs. 23.12.2022, n. 213.

191. Ordinanze contingibili e urgenti e poteri sostitutivi.

1. Ferme restando le disposizioni vigenti in materia di tutela ambientale, sanitaria e di pubblica sicurezza, con particolare riferimento alle disposizioni sul potere di ordinanza di cui all'articolo 5 della legge 24 febbraio 1992, n. 225, istitutiva del servizio nazionale della protezione civile, qualora si verifichino situazioni di eccezionale ed urgente necessità di tutela della salute pubblica e dell'ambiente, e non si possa altrimenti provvedere, il Presidente della Giunta regionale o il Presidente della provincia ovvero il Sindaco possono emettere, nell'ambito delle rispettive competenze, ordinanze contingibili ed urgenti per consentire il ricorso temporaneo a speciali forme di gestione dei rifiuti, anche in deroga alle disposizioni vigenti, nel rispetto, comunque, delle disposizioni contenute nelle direttive dell'Unione europea, garantendo un elevato livello di tutela della salute e dell'ambiente. Dette ordinanze sono comunicate al Presidente del Consiglio dei Ministri, al Ministro dell'ambiente e della tutela del territorio, al Ministro della salute, al Ministro delle attività produttive, al Presidente della regione e all'autorità d'ambito di cui all'201 entro tre giorni dall'emissione ed hanno efficacia per un periodo non superiore a sei mesi [(1)].

2. Entro centoventi giorni dall'adozione delle ordinanze di cui al comma 1, il Presidente della Giunta regionale promuove ed adotta le iniziative necessarie per garantire la raccolta differenziata, il riutilizzo, il riciclaggio e lo smaltimento dei rifiuti. In caso di inutile decorso del termine e di accertata inattività, il Ministro dell'ambiente e della tutela del territorio diffida il Presidente della Giunta regionale a provvedere entro sessanta giorni e, in caso di protrazione dell'inerzia, può adottare in via sostitutiva tutte le iniziative necessarie ai predetti fini [(2)].

3. Le ordinanze di cui al comma 1 indicano le norme a cui si intende derogare e sono adottate su parere degli organi tecnici o tecnico-sanitari locali, che si esprimono con specifico riferimento alle conseguenze ambientali.

4. Le ordinanze di cui al comma 1 possono essere reiterate per un periodo non superiore a 18 mesi per ogni speciale forma di gestione dei rifiuti. Qualora ricorrano comprovate necessità, il Presidente della regione d'intesa con il Ministro dell'ambiente e della tutela del territorio può adottare, dettando specifiche prescrizioni, le ordinanze di cui al comma 1 anche oltre i predetti termini [(3)].

5. Le ordinanze di cui al comma 1 che consentono il ricorso temporaneo a speciali forme di gestione dei rifiuti pericolosi sono comunicate dal Ministro dell'ambiente e della tutela del territorio alla Commissione dell'Unione europea.

(1) Comma modificato dall'art. 44, co. 1, l. 28.12.2015, n. 221.
(2) Comma modificato dall'art. 44, co. 2, l. 28.12.2015, n. 221.
(3) Comma modificato dall'art. 9, co. 8, d.l. 23.5.2008, n. 90, conv., con modif., con l. 14.7.2008, n. 123.

192. Divieto di abbandono.

1. L'abbandono e il deposito incontrollati di rifiuti sul suolo e nel suolo sono vietati.

2. È altresì vietata l'immissione di rifiuti di qualsiasi genere, allo stato solido o liquido, nelle acque superficiali e sotterranee.

3. Fatta salva l'applicazione della sanzioni di cui agli articoli 255 e 256, chiunque viola i divieti di cui ai commi 1 e 2 è tenuto a procedere alla rimozione, all'avvio a recupero o allo smaltimento dei rifiuti ed al ripristino dello stato dei luoghi in solido con il proprietario e con i titolari di diritti reali o personali di godimento sull'area, ai quali tale violazione sia imputabile a titolo di dolo o colpa, in base agli accertamenti effettuati, in contraddittorio con i soggetti interessati, dai soggetti preposti al controllo. Il Sindaco dispone con ordinanza le operazioni a tal fine necessarie ed il termine entro cui provvedere, decorso il quale procede all'esecuzione in danno dei soggetti obbligati ed al recupero delle somme anticipate.

4. Qualora la responsabilità del fatto illecito sia imputabile ad amministratori o rappresentanti di persona giuridica ai sensi e per gli effetti del comma 3, sono tenuti in solido la persona giuridica ed i soggetti che siano subentrati nei diritti della persona stessa, secondo le previsioni del decreto legislativo 8 giugno 2001, n. 231, in materia di responsabilità amministrativa delle persone giuridiche, delle società e delle associazioni.

Capo IV
Autorizzazioni e iscrizioni

208. Autorizzazione unica per i nuovi impianti di smaltimento e di recupero dei rifiuti.

1. I soggetti che intendono realizzare e gestire nuovi impianti di smaltimento o di recupero di rifiuti, anche pericolosi, devono presentare apposita domanda alla regione competente per territorio, allegando il progetto definitivo dell'impianto e la documentazione tecnica prevista per la realizzazione del progetto stesso dalle disposizioni vigenti in materia urbanistica, di tutela ambientale, di salute di sicurezza sul lavoro e di igiene pubblica. Ove l'impianto debba essere sottoposto alla procedura di valutazione di impatto ambientale ai sensi della normativa vigente, alla domanda è altresì allegata la comunicazione del progetto all'autorità competente ai predetti fini; i termini di cui ai commi 3 e 8 restano sospesi fino all'acquisizione della pronuncia sulla compatibilità ambientale ai sensi della parte seconda del presente decreto.

2. Per le installazioni di cui all'art. 6, comma 13,

l'autorizzazione integrata ambientale sostituisce l'autorizzazione di cui al presente art. A tal fine, in relazione alle attività di smaltimento o di recupero dei rifiuti:
a) ove un provvedimento di cui al presente art. sia stato già emanato, la domanda di autorizzazione integrata ambientale ne riporta gli estremi;
b) se l'istanza non riguarda esclusivamente il rinnovo o l'adeguamento dell'autorizzazione all'esercizio, prevedendo invece nuove realizzazioni o modifiche, la partecipazione alla conferenza di servizi di cui all'art. 29-*quater*, comma 5, è estesa a tutti i partecipanti alla conferenza di servizio di cui all'art. 208, comma 3;
c) la Regione, o l'autorità da essa delegata, specifica in conferenza le garanzie finanziarie da richiedere ai sensi dell'art. 208, comma 11, lettera g);
d) i contenuti dell'AIA sono opportunamente integrati con gli elementi di cui all'art. 208, comma 11;
e) le garanzie finanziarie di cui all'art. 208, comma 11, sono prestate a favore della Regione, o dell'autorità da essa delegata alla gestione della materia;
f) la comunicazione di cui all'art. 208, comma 18, è effettuata dall'amministrazione che rilascia l'autorizzazione integrata ambientale;
g) la comunicazione di cui all'art. 208, comma 19, è effettuata dal soggetto pubblico che accerta l'evento incidente (1).

3. Entro trenta giorni dal ricevimento della domanda di cui al comma 1, la regione individua il responsabile del procedimento e convoca apposita conferenza di servizi. Alla conferenza dei servizi partecipano, con un preavviso di almeno 20 giorni, i responsabili degli uffici regionali competenti e i rappresentanti delle autorità d'ambito e degli enti locali sul cui territorio è realizzato l'impianto, nonché il richiedente l'autorizzazione o un suo rappresentante al fine di acquisire documenti, informazioni e chiarimenti. Nel medesimo termine di 20 giorni, la documentazione di cui al comma 1 è inviata ai componenti della conferenza di servizi. La decisione della conferenza dei servizi è assunta a maggioranza e le relative determinazioni devono fornire una adeguata motivazione rispetto alle opinioni dissenzienti espresse nel corso della conferenza (2).

4. Entro novanta giorni dalla sua convocazione, la Conferenza di servizi:
a) procede alla valutazione dei progetti;
b) acquisisce e valuta tutti gli elementi relativi alla compatibilità del progetto con quanto previsto dall'art. 177, comma 4 (3);
c) acquisisce, ove previsto dalla normativa vigente, la valutazione di compatibilità ambientale;
d) trasmette le proprie conclusioni con i relativi atti alla regione.

5. Per l'istruttoria tecnica della domanda le regioni possono avvalersi delle Agenzie regionali per la protezione dell'ambiente.

6. Entro 30 giorni dal ricevimento delle conclusioni della Conferenza dei servizi, valutando le risultanze della stessa, la regione, in caso di valutazione positiva del progetto, autorizza la realizzazione e la gestione dell'impianto. L'approvazione sostituisce ad ogni effetto visti, pareri, autorizzazioni e concessioni di organi regionali, provinciali e comunali, costituisce, ove occorra, variante allo strumento urbanistico e comporta la dichiarazione di pubblica utilità, urgenza ed indifferibilità dei lavori (4).

7. Nel caso in cui il progetto riguardi aree vincolate ai sensi del decreto legislativo 22 gennaio 2004 n. 42, si applicano le disposizioni dell'art. 146 di tale decreto in materia di autorizzazione.

8. L'istruttoria si conclude entro centocinquanta giorni dalla presentazione della domanda di cui al comma 1 con il rilascio dell'autorizzazione unica o con il diniego motivato della stessa.

9. I termini di cui al comma 8 sono interrotti, per una sola volta, da eventuali richieste istruttorie fatte dal responsabile del procedimento al soggetto interessato e ricominciano a decorrere dal ricevimento degli elementi forniti dall'interessato.

10. Ferma restando la valutazione delle eventuali responsabilità ai sensi della normativa vigente, ove l'autorità competente non provveda a concludere il procedimento di rilascio dell'autorizzazione unica entro i termini previsti al comma 8, si applica il potere sostitutivo di cui all'art. 5 del decreto legislativo 31 marzo 1998, n. 112 (5).

11. L'autorizzazione individua le condizioni e le prescrizioni necessarie per garantire l'attuazione dei principi di cui all'art. 178 e contiene almeno i seguenti elementi:
a) i tipi ed i quantitativi di rifiuti che possono essere trattati (6);
b) per ciascun tipo di operazione autorizzata, i requisiti tecnici con particolare riferimento alla compatibilità del sito, alle attrezzature utilizzate, ai tipi ed ai quantitativi massimi di rifiuti e alla modalità di verifica, monitoraggio e controllo della conformità dell'impianto al progetto approvato (7);
c) le misure precauzionali e di sicurezza da adottare (8);
d) la localizzazione dell'impianto autorizzato (9)
e) il metodo da utilizzare per ciascun tipo di operazione (10);
f) le disposizioni relative alla chiusura e agli interventi ad essa successivi che si rivelino necessarie (11);
g) le garanzie finanziarie richieste, che devono essere prestate solo al momento dell'avvio effettivo dell'esercizio dell'impianto; [a tal fine,] le garanzie finanziarie per la gestione della discarica, anche per la fase successiva alla sua chiusura, dovranno essere prestate conformemente a quanto disposto dall'art. 14 del decreto legislativo 13 gennaio 2003, n. 36 (12) (13);
h) la data di scadenza dell'autorizzazione, in conformità con quanto previsto al comma 12;
i) i limiti di emissione in atmosfera per i processi di trattamento termico dei rifiuti, anche accompagnati da recupero energetico.

11 bis. Le autorizzazioni concernenti l'incenerimento o il coincenerimento con recupero di energia sono subordinate alla condizione che il recupero avvenga con un livello elevato di efficienza energetica, tenendo conto delle migliori tecniche disponibili [14].

12. Salva l'applicazione dell'art. 29-*octies* per le installazioni di cui all'art. 6, comma 13, l'autorizzazione di cui al comma 1 è concessa per un periodo di dieci anni ed è rinnovabile. A tale fine, almeno centottanta giorni prima della scadenza dell'autorizzazione, deve essere presentata apposita domanda alla regione che decide prima della scadenza dell'autorizzazione stessa. In ogni caso l'attività può essere proseguita fino alla decisione espressa, previa estensione delle garanzie finanziarie prestate. Le prescrizioni dell'autorizzazione possono essere modificate, prima del termine di scadenza e dopo almeno cinque anni dal rilascio, nel caso di condizioni di criticità ambientale, tenendo conto dell'evoluzione delle migliori tecnologie disponibili e nel rispetto delle garanzie procedimentali di cui alla legge n. 241 del 1990 [15].

12 bis. Per impianti di smaltimento o di recupero di rifiuti ricompresi in un'installazione di cui all'art. 6, comma 13, il rinnovo, l'aggiornamento e il riesame dell'autorizzazione di cui al presente art. sono disciplinati dal Titolo III-*bis* della Parte Seconda, previa estensione delle garanzie finanziarie già prestate [16].

13. Ferma restando l'applicazione delle norme sanzionatorie di cui al titolo VI della parte quarta del presente decreto, in caso di inosservanza delle prescrizioni dell'autorizzazione l'autorità competente procede, secondo la gravità dell'infrazione:

a) alla diffida, stabilendo un termine entro il quale devono essere eliminate le inosservanze;
b) alla diffida e contestuale sospensione dell'autorizzazione per un tempo determinato, ove si manifestino situazioni di pericolo per la salute pubblica e per l'ambiente;
c) alla revoca dell'autorizzazione in caso di mancato adeguamento alle prescrizioni imposte con la diffida e in caso di reiterate violazioni che determinino situazione di pericolo per la salute pubblica e per l'ambiente [17].

14. Il controllo e l'autorizzazione delle operazioni di carico, scarico, trasbordo, deposito e maneggio di rifiuti in aree portuali sono disciplinati dalle specifiche disposizioni di cui alla legge 28 gennaio 1994, n. 84 e di cui al decreto legislativo 24.06.2003, n. 182 di attuazione della direttiva 2000/59/CE sui rifiuti prodotti sulle navi e dalle altre disposizioni previste in materia dalla normativa vigente. Nel caso di trasporto transfrontaliero di rifiuti, l'autorizzazione delle operazioni di imbarco e di sbarco non può essere rilasciata se il richiedente non dimostra di avere ottemperato agli adempimenti di cui all'193, comma 1, del presente decreto [18].

15. Gli impianti mobili di smaltimento o di recupero, esclusi gli impianti mobili che effettuano la disidratazione dei fanghi generati da impianti di depurazione e reimmettono l'acqua in testa al processo depurativo presso il quale operano, ed esclusi i casi in cui si provveda alla sola riduzione volumetrica e separazione delle frazioni estranee, sono autorizzati, in via definitiva, dalla regione ove l'interessato ha la sede legale o la società straniera proprietaria dell'impianto ha la sede di rappresentanza. Per lo svolgimento delle singole campagne di attività sul territorio nazionale, l'interessato, almeno venti giorni prima dell'installazione dell'impianto, deve comunicare alla regione nel cui territorio si trova il sito prescelto le specifiche dettagliate relative alla campagna di attività, allegando l'autorizzazione di cui al comma 1 e l'iscrizione all'Albo nazionale gestori ambientali, nonché l'ulteriore documentazione richiesta. La regione può adottare prescrizioni integrative oppure può vietare l'attività con provvedimento motivato qualora lo svolgimento della stessa nello specifico sito non sia compatibile con la tutela dell'ambiente o della salute pubblica [19].

16. Le disposizioni di cui al presente art. si applicano anche ai procedimenti in corso alla data di entrata in vigore della parte quarta del presente decreto, eccetto quelli per i quali sia completata la procedura di valutazione di impatto ambientale.

17. Fatti salvi l'obbligo di tenuta dei registri di carico e scarico da parte dei soggetti di cui all'art. 190 ed il divieto di miscelazione di cui all'art. 187, le disposizioni del presente art. non si applicano al deposito temporaneo prima della raccolta effettuato nel rispetto delle condizioni stabilite dall'art. 185-*bis*. [La medesima esclusione opera anche quando l'attività di deposito temporaneo nel luogo di produzione sia affidata dal produttore ad altro soggetto autorizzato alla gestione di rifiuti. Il conferimento di rifiuti da parte del produttore all'affidatario del deposito temporaneo costituisce adempimento agli obblighi di cui all'art. 188, comma 3. In tal caso le annotazioni sia da parte del produttore che dell'affidatario del deposito temporaneo debbono essere effettuate entro ventiquattro ore.] [20]

17 bis. L'autorizzazione di cui al presente art. deve essere comunicata, a cura dell'amministrazione competente al rilascio della stessa, al registro nazionale per la raccolta delle autorizzazioni rilasciate e delle procedure semplificate concluse (RECER), di cui al comma 3-*septies* dell'art. 184-*ter*, interoperabile con il Catasto dei rifiuti di cui all'art. 189 [attraverso il Catasto telematico] e secondo gli standard concordati con ISPRA [che cura l'inserimento in un elenco nazionale], accessibile al pubblico, indicando i seguenti elementi identificativi, senza nuovi o maggiori oneri per la finanza pubblica [21]:

a) ragione sociale;
b) sede legale dell'impresa autorizzata;
c) sede dell'impianto autorizzato;
d) attività di gestione autorizzata;
e) i rifiuti oggetto dell'attività di gestione;
f) quantità autorizzate;
g) scadenza dell'autorizzazione [22].

17 ter. La comunicazione dei dati di cui al comma 17-*bis* deve avvenire senza nuovi e maggiori oneri a carico della finanza pubblica tra i sistemi informativi regionali esistenti, e il registro nazionale per la raccolta delle autorizzazioni rilasciate e delle procedure semplificate concluse (RECER) secondo standard condivisi [23].

18. In caso di eventi incidenti sull'autorizzazione, questi sono comunicati, previo avviso all'interessato, al Catasto dei rifiuti di cui all'art. 189 [24].

19. Le procedure di cui al presente art. si applicano anche per la realizzazione di varianti sostanziali in corso d'opera o di esercizio che comportino modifiche a seguito delle quali gli impianti non sono più conformi all'autorizzazione rilasciata [25].

19 bis. Alle utenze non domestiche che effettuano il compostaggio aerobico individuale per residui costituiti da sostanze naturali non pericolose prodotti nell'ambito delle attività agricole e vivaistiche e alle utenze domestiche che effettuano compostaggio aerobico individuale per i propri rifiuti organici da cucina, sfalci e potature da giardino è applicata una riduzione della tariffa dovuta per la gestione dei rifiuti urbani [26].

[**20.** Le procedure di cui al presente art. si applicano anche per la realizzazione di varianti sostanziali in corso d'opera o di esercizio che comportino modifiche a seguito delle quali gli impianti non sono più conformi all'autorizzazione rilasciata.] [27]

(1) Comma sostituito dall'art. 13, co. 1, lett. a), d.lgs. 4.3.2014, n. 46.
(2) Comma sostituito dall'art. 22, d.lgs. 3.12.2010, n. 205.
(3) Lettera modificata dall'art. 22, d.lgs. 3.12.2010, n. 205.
(4) Comma modificato dall'art. 22, d.lgs. 3.12.2010, n. 205.
(5) Comma modificato dall'art. 22, d.lgs. 3.12.2010, n. 205.
(6) Lettera modificata dall'art. 22, d.lgs. 3.12.2010, n. 205.
(7) Lettera modificata dall'art. 22, d.lgs. 3.12.2010, n. 205.
(8) Lettera sostituita dall'art. 22, d.lgs. 3.12.2010, n. 205.
(9) Lettera modificata dall'art. 22, d.lgs. 3.12.2010, n. 205.
(10) Lettera modificata dall'art. 22, d.lgs. 3.12.2010, n. 205.
(11) Lettera sostituita dall'art. 22, d.lgs. 3.12.2010, n. 205.
(12) Lettera modificata dall'art. 22, d.lgs. 3.12.2010, n. 205.
(13) Secondo quanto previsto dall'art. 3, co. 2 bis, d.l. 26.11.2010, n. 196, conv., con modif., con l. 24.1.2011, n. 1 è ridotto del cinquanta per cento, per le imprese registrate ai sensi del regolamento (Ce) n. 1221/2009 del Parlamento europeo e del Consiglio del 25.11.2009 (Emas) e del quaranta per cento, per quelle in possesso della certificazione ambientale ai sensi della norma UNI EN ISO 14001, l'importo delle garanzie finanziarie di cui alla presente lettera.
(14) Comma introdotto dall'art. 22, d.lgs. 3.12.2010, n. 205.
(15) Comma modificato dall'art. 2, co. 29 ter, lett. a), d.lgs. 16.1.2008, n. 4, dall'art. 22, d.lgs. 3.12.2010, n. 205 e dall'art. 13, co. 1, lett. b), d.lgs. 4.3.2014, n. 46.
(16) Comma introdotto dall'art. 13, co. 1, lett. c), d.lgs. 4.3.2014, n. 46.
(17) Comma sostituito dall'art. 2, co. 29 ter, lett. b), d.lgs. 16.1.2008, n. 4.
(18) Comma modificato dall'art. 22, d.lgs. 3.12.2010, n. 205.
(19) Comma modificato dall'art. 22, d.lgs. 3.12.2010, n. 205 e successivamente dall'art. 35, co. 1, lett. g-*ter*), d.l. 31.5.2021, n. 77, conv., con modif., dalla l. 29.7.2021, n. 108.
(20) Comma modificato dall'art. 2, co. 29 ter, lett. c), d.lgs. 16.1.2008, n. 4 e successivamente dall'art. 4, co. 1, lett. a), d.lgs. 23.12.2022, n. 213.
(21) Alinea modificato dall'art. 4, co. 1, lett. b), d.lgs. 23.12.2022, n. 213.
(22) Comma introdotto dall'art. 22, d.lgs. 3.12.2010, n. 205.
(23) Comma introdotto dall'art. 22, d.lgs. 3.12.2010, n. 205 e successivamente modificato dall'art. 4, co. 1, lett. c), d.lgs. 23.12.2022, n. 213.
(24) Comma sostituito dall'art. 22, d.lgs. 3.12.2010, n. 205.
(25) Comma sostituito dall'art. 22, d.lgs. 3.12.2010, n. 205.
(26) Comma aggiunto dall'art. 37, co. 1, l. 28.12.2015, n. 221.
(27) Comma abrogato dall'art. 22, d.lgs. 3.12.2010, n. 205.

209. Rinnovo delle autorizzazioni alle imprese in possesso di certificazione ambientale.

1. Nel rispetto delle normative comunitarie, in sede di espletamento delle procedure previste per il rinnovo delle autorizzazioni all'esercizio di un impianto ovvero per il rinnovo dell'iscrizione all'Albo di cui all'articolo 212, le imprese che risultino registrate ai sensi del regolamento (CE) n. 1221/2009 del Parlamento europeo e del Consiglio, del 25 novembre 2009, sull'adesione volontaria delle organizzazioni a un sistema comunitario di ecogestione e audit, che abroga il regolamento (CE) n. 761/2001 e le decisioni della Commissione 2001/681/CE e 2006/193/CE o certificati Uni En Iso 14001, possono sostituire tali autorizzazioni con autocertificazione resa alle autorità competenti, ai sensi del testo unico delle disposizioni legislative e regolamentari in materia di documentazione amministrativa, di cui al decreto del Presidente della Repubblica 28 dicembre 2000, n. 445 [1].

2. L'autocertificazione di cui al comma 1 deve essere accompagnata da una copia conforme del certificato di registrazione ottenuto ai sensi dei regolamenti e degli standard parametrici di cui al medesimo comma 1, nonché da una denuncia di prosecuzione delle attività, attestante la conformità dell'impresa, dei mezzi e degli impianti alle prescrizioni legislative e regolamentari, con allegata una certificazione dell'esperimento di prove a ciò destinate, ove previste.

3. L'autocertificazione e i relativi documenti, di cui ai commi 1 e 2, sostituiscono a tutti gli effetti l'autorizzazione alla prosecuzione, ovvero all'esercizio delle attività previste dalle norme di cui al comma 1 e ad essi si applicano, in quanto compatibili, le disposizioni di cui al decreto del Presidente della Repubblica 26 aprile 1992, n. 300. Si applicano, altresì, le disposizioni sanzionatone di cui all'articolo 21 della legge 7 agosto 1990, n 241.

4. L'autocertificazione e i relativi documenti mantengono l'efficacia sostitutiva di cui al comma 3 fino ad un periodo massimo di centottanta giorni successivi alla data di comunicazione all'interessato della decadenza, a qualsiasi titolo avvenuta, della registrazione ottenuta ai sensi dei regolamenti e degli standard parametrici di cui al comma 1.

5. Salva l'applicazione delle sanzioni specifiche e salvo che il fatto costituisca più grave reato, in caso di accertata falsità delle attestazioni contenute nell autocertificazione e dei relativi documenti, si applica l'articolo 483 del codice penale nei confronti di chiunque abbia sottoscritto la documentazione di cui ai commi 1 e 2.

6. Resta ferma l'applicazione del titolo III-*bis* della parte seconda del presente decreto, relativo alla prevenzione e riduzione integrate dell'inquinamento, per gli impianti rientranti nel campo di applicazione del medesimo [2].

7. I titoli abilitativi di cui al presente articolo devono essere comunicati, a cura dell'amministrazione che li rilascia, all'ISPRA, comma 1, che cura l'inserimento in un elenco nazionale, accessibile al pubblico, degli elementi identificativi di cui all'articolo 208, comma 17, senza nuovi o maggiori oneri per la finanza pubblica (3).

7 bis. La comunicazione dei dati di cui al comma 7 deve avvenire senza nuovi e maggiori oneri a carico della finanza pubblica tra i sistemi informativi regionali esistenti, e il Catasto telematico secondo standard condivisi (4).

(1) Comma sostituito dall'art. 23, d.lgs. 3.12.2010, n. 205.
(2) Comma inizialmente sostituito dall'art. 23, d.lgs. 3.12.2010, n. 205 e poi modificato dall'art. 14, co. 1, d.lgs. 4.3.2014, n. 46.
(3) Comma modificato dall'art. 23, d.lgs. 3.12.2010, n. 205.
(4) Comma introdotto dall'art. 23, d.lgs. 3.12.2010, n. 205.

210. Autorizzazioni in ipotesi particolari.

[**1.** Coloro che alla data di entrata in vigore della parte quarta del presente decreto non abbiano ancora ottenuto l'autorizzazione alla gestione dell'impianto, ovvero intendano, comunque, richiedere una modifica dell'autorizzazione alla gestione di cui sono in possesso, ovvero ne richiedano il rinnovo presentano domanda alla regione competente per territorio, che si pronuncia entro novanta giorni dall'istanza. La procedura di cui al presente comma si applica anche a chi intende avviare una attività di recupero o di smaltimento di rifiuti in un impianto già esistente, precedentemente utilizzato o adibito ad altre attività. Ove la nuova attività di recupero o di smaltimento sia sottoposta a valutazione di impatto ambientale, si applicano le disposizioni previste dalla parte seconda del presente decreto per le modifiche sostanziali.

2. Resta ferma l'applicazione della normativa nazionale di attuazione della direttiva 96/61/CE relativa alla prevenzione e riduzione integrate dell'inquinamento per gli impianti rientranti nel campo di applicazione della medesima, con particolare riferimento al decreto legislativo 18 febbraio 2005, n. 59.

3. L'autorizzazione individua le condizioni e le prescrizioni necessarie per garantire l'attuazione dei principi di cui all'articolo 178 e contiene almeno i seguenti elementi:

a) i tipi ed i quantitativi di rifiuti da smaltire o da recuperare;
b) i requisiti tecnici, con particolare riferimento alla compatibilità del sito, alle attrezzature utilizzate, ai tipi ed ai quantitativi massimi di rifiuti ed alla conformità dell'impianto alla nuova forma di gestione richiesta;
c) le precauzioni da prendere in materia di sicurezza ed igiene ambientale;
d) la localizzazione dell'impianto da autorizzare;
e) il metodo di trattamento e di recupero;
f) i limiti di emissione in atmosfera per i processi di trattamento termico dei rifiuti, anche accompagnati da recupero energetico;
g) le prescrizioni per le operazioni di messa in sicurezza, chiusura dell'impianto e ripristino del sito;
h) le garanzie finanziarie, ove previste dalla normativa vigente, o altre equivalenti; tali garanzie sono in ogni caso ridotte del cinquanta per cento per le imprese registrate ai sensi del regolamento (CE) n. 761/2001, del Parlamento europeo e del Consiglio, del 19 marzo 2001 (Emas), e del quaranta per cento nel caso di imprese in possesso della certificazione ambientale ai sensi della norma Uni En Iso 14001;
i) la data di scadenza dell'autorizzazione, in conformità a quanto previsto dall'articolo 208, comma 12.

4. Ferma restando l'applicazione delle norme sanzionatorie di cui al titolo VI della parte quarta del presente decreto, in caso di inosservanza delle prescrizioni dell'autorizzazione l'autorità competente procede, secondo la gravità dell'infrazione:

a) alla diffida, stabilendo un termine entro il quale devono essere eliminate le inosservanze;
b) alla diffida e contestuale sospensione dell'autorizzazione per un tempo determinato, ove si manifestino situazioni di pericolo per la salute pubblica e per l'ambiente;
c) alla revoca dell'autorizzazione in caso di mancato adeguamento alle prescrizioni imposte con la diffida e in caso di reiterate violazioni che determinino situazione di pericolo per la salute pubblica e per l'ambiente (1).

5. Le disposizioni del presente articolo non si applicano al deposito temporaneo effettuato nel rispetto delle condizioni di cui all'articolo 183 comma 1, lettera m), che è soggetto unicamente agli adempimenti relativi al registro di carico e scarico di cui all'articolo 190 ed al divieto di miscelazione di cui all'articolo 187. [La medesima esclusione opera anche quando l'attività di deposito temporaneo nel luogo di produzione sia affidata dal produttore ad altro soggetto autorizzato alla gestione di rifiuti. Il conferimento di rifiuti da parte del produttore all'affidatario del deposito temporaneo costituisce adempimento agli obblighi di cui all'articolo 188, comma 3. In tal caso le annotazioni sia da parte del produttore che dell'affidatario del deposito temporaneo debbono essere effettuate entro ventiquattro ore.] (2)

6. Per i rifiuti in aree portuali e per le operazioni di imbarco e sbarco in caso di trasporto transfrontaliero di rifiuti si applica quanto previsto dall'articolo 208, comma 14.

7. Per gli impianti mobili, di cui all'articolo 208, comma 15, si applicano le disposizioni ivi previste.

8. Ove l'autorità competente non provveda a concludere il procedimento relativo al rilascio dell'autorizzazione entro i termini previsti dal comma 1, si applica il potere sostitutivo di cui all'articolo 5 del decreto legislativo 31 marzo 1998, n. 112.

9. Le autorizzazioni di cui al presente articolo devono essere comunicate, a cura dell'amministrazione che li rilascia, all'Albo di cui all'articolo 212, comma 1, che cura l'inserimento in un elenco nazionale, accessibile al pubblico, degli elementi identificativi di cui all'articolo 212, comma 23, senza nuovi o maggiori oneri per la finanza pubblica.] (3)

(1) Comma sostituito dall'art. 2, co. 29 quater, lett. a), d.lgs. 16.1.2008, n. 4.
(2) Comma modificato dall'art. 2, co. 29 quater, lett. b), d.lgs. 16.1.2008, n. 4.
(3) Articolo abrogato dall'art. 39, co. 3, d.lgs. 3.12.2010, n. 205.

211. Autorizzazione di impianti di ricerca e di sperimentazione.

1. I termini di cui all'art. 208 sono ridotti alla metà per l'autorizzazione alla realizzazione ed all'esercizio di impianti di ricerca e di sperimentazione qualora siano rispettate le seguenti condizioni [1]:
a) le attività di gestione degli impianti non comportino utile economico;
b) gli impianti abbiano una potenzialità non superiore a 5 tonnellate al giorno, salvo deroghe giustificate dall'esigenza di effettuare prove di impianti caratterizzati da innovazioni, che devono però essere limitate alla durata di tali prove.

2. ha durata dell'autorizzazione di cui al comma 1 è di due anni, salvo proroga che può essere concessa previa verifica annuale dei risultati raggiunti e non può comunque superare altri due anni.

3. Qualora il progetto o la realizzazione dell'impianto non siano stati approvati e autorizzati entro il termine di cui al comma 1, l'interessato può presentare istanza al Ministro dell'ambiente e della tutela del territorio, che si esprime nei successivi sessanta giorni di concerto con i Ministri delle attività produttive e dell'istruzione, dell'università e della ricerca. La garanzia finanziaria in tal caso è prestata a favore dello Stato.

4. In caso di rischio di agenti patogeni o di sostanze sconosciute e pericolose dal punto di vista sanitario, l'autorizzazione di cui al comma 1 è rilasciata dal Ministero dell'ambiente e della tutela del territorio, che si esprime nei successivi sessanta giorni, di concerto con i Ministri delle attività produttive, della salute e dell'istruzione, dell'università e della ricerca [2].

5. L'autorizzazione di cui al presente articolo deve essere comunicata, a cura dell'amministrazione che la rilascia, all'ISPRA che cura l'inserimento in un elenco nazionale, accessibile al pubblico, degli elementi identificativi di cui all'articolo 208, comma 16, senza nuovi o maggiori oneri per la finanza pubblica [3].

5 bis. La comunicazione dei dati di cui al comma 5 deve avvenire senza nuovi e maggiori oneri a carico della finanza pubblica tra i sistemi informativi regionali esistenti, e il Catasto telematico secondo standard condivisi [4].

(1) Comma modificato dall'art. 4, co. 2, d.lgs. 23.12.2022, n. 213.
(2) Comma modificato dall'art. 24, d.lgs. 3.12.2010, n. 205.
(3) Comma modificato dall'art. 24, d.lgs. 3.12.2010, n. 205.
(4) Comma introdotto dall'art. 24, d.lgs. 3.12.2010, n. 205.

212. Albo nazionale gestori ambientali.

1. È costituito, presso il Ministero dell'ambiente e tutela del territorio, l'Albo nazionale gestori ambientali, di seguito denominato Albo, articolato in un Comitato nazionale, con sede presso il medesimo Ministero, ed in Sezioni regionali e provinciali, istituite presso le Camere di commercio, industria, artigianato e agricoltura dei capoluoghi di regione e delle province autonome di Trento e di Bolzano. I componenti del Comitato nazionale e delle Sezioni regionali e provinciali durano in carica cinque anni.

2. Con decreto del Ministero dell'ambiente e della tutela del territorio e del mare sono istituite sezioni speciali del Comitato nazionale per ogni singola attività soggetta ad iscrizione all'Albo, senza nuovi o maggiori oneri a carico della finanza pubblica, e ne vengono fissati composizione e competenze. Il Comitato nazionale dell'Albo ha potere deliberante ed è composto da diciannove membri effettivi di comprovata e documentata esperienza tecnico-economica o giuridica nelle materie ambientali nominati con decreto del Ministro dell'ambiente e della tutela del territorio e designati rispettivamente:
a) due dal Ministro dell'ambiente e della tutela del territorio e del mare, di cui uno con funzioni di Presidente;
b) uno dal Ministro dello sviluppo economico, con funzioni di vice-Presidente;
c) uno dal Ministro della salute;
d) uno dal Ministro dell'economia e delle finanze;
e) uno dal Ministro delle infrastrutture e dei trasporti;
f) uno dal Ministro dell'interno;
g) tre dalle regioni;
h) uno dall'Unione italiana delle Camere di commercio industria, artigianato e agricoltura;
i) otto dalle organizzazioni imprenditoriali maggiormente rappresentative delle categorie economiche interessate, di cui due dalle organizzazioni rappresentative della categoria degli autotrasportatori e due dalle organizzazioni che rappresentano i gestori dei rifiuti e uno delle organizzazioni rappresentative delle imprese che effettuano attività di bonifica dei siti e di bonifica di beni contenenti amianto. Per ogni membro effettivo è nominato un supplente [1].

3. Le Sezioni regionali e provinciali dell'Albo sono istituite con decreto del Ministro dell'ambiente e della tutela del territorio e sono composte:
a) dal Presidente della Camera di commercio, industria, artigianato e agricoltura o da un membro del Consiglio camerale all'uopo designato dallo stesso, con funzioni di Presidente;
b) da un funzionario o dirigente di comprovata esperienza nella materia ambientale designato dalla regione o dalla provincia autonoma, con funzioni di vice-Presidente;
c) da un funzionario o dirigente di comprovata esperienza nella materia ambientale, designato dall'Unione regionale delle province o dalla provincia autonoma;
d) da un esperto di comprovata esperienza nella materia ambientale, designato dal Ministro dell'ambiente e della tutela del territorio;
[e) da due esperti designati dalle organizzazioni maggiormente rappresentative delle categorie economiche;] [2]

[f) da due esperti designati dalle organizzazioni sindacali maggiormente rappresentative.] (3)

[**4.** Le funzioni del Comitato nazionale e delle Sezioni regionali dell'Albo sono svolte, sino alla scadenza del loro mandato, rispettivamente dal Comitato nazionale e dalle Sezioni regionali dell'Albo nazionale delle imprese che effettuano la gestione dei rifiuti già previsti all'articolo 30 del decreto legislativo 5 febbraio 1997, n. 22, integrati, senza nuovi o maggiori oneri per la finanza pubblica, dai nuovi componenti individuati ai sensi, rispettivamente, del comma 2, lettera 1), e del comma 3, lettere e) ed f), nel rispetto di quanto previsto dal comma 16.] (4)

5. L'iscrizione all'Albo è requisito per lo svolgimento delle attività di raccolta e trasporto di rifiuti, di bonifica dei siti, di bonifica dei beni contenenti amianto, di commercio ed intermediazione dei rifiuti senza detenzione dei rifiuti stessi. Sono esonerati dall'obbligo di cui al presente comma le organizzazioni di cui agli articoli 221, comma 3, lettere a) e c), 223, 224, 228, 233, 234, 235 e 236, al decreto legislativo 20 novembre 2008, n. 188, e al decreto legislativo 25 luglio 2005, n. 151, limitatamente all'attività di intermediazione e commercio senza detenzione di rifiuti oggetto previste nei citati articoli. Per le aziende speciali, i consorzi di comuni e le società di gestione dei servizi pubblici ci cui al decreto legislativo 18 agosto 2000, n.267, l'iscrizione all'Albo è effettuata con apposita comunicazione del comune o del consorzio di comuni alla sezione regionale territorialmente competente ed è valida per i servizi di gestione dei rifiuti urbani prodotti nei medesimi comuni. Le iscrizioni di cui al presente comma, già effettuate alla data di entrata in vigore della presente disposizione, rimangono efficaci fino alla loro naturale scadenza (5).

6. L'iscrizione deve essere rinnovata ogni cinque anni e costituisce titolo per l'esercizio delle attività di raccolta, di trasporto, di commercio e di intermediazione dei rifiuti; per le altre attività l'iscrizione abilita allo svolgimento delle attività medesime (6).

7. Gli enti e le imprese iscritte all'Albo per le attività di raccolta e trasporto dei rifiuti pericolosi sono esonerate dall'obbligo di iscrizione per le attività di raccolta e trasporto dei rifiuti non pericolosi a condizione che tale ultima attività non comporti variazione della classe per la quale le imprese sono iscritte (7).

8. I produttori iniziali di rifiuti non pericolosi che effettuano operazioni di raccolta e trasporto dei propri rifiuti, nonché i produttori iniziali di rifiuti pericolosi che effettuano operazioni di raccolta e trasporto dei propri rifiuti pericolosi in quantità non eccedenti trenta chilogrammi o trenta litri al giorno, non sono soggetti alle disposizioni di cui ai commi 5, 6, e 7 a condizione che tali operazioni costituiscano parte integrante ed accessoria dell'organizzazione dell'impresa dalla quale i rifiuti sono prodotti.

Detti soggetti non sono tenuti alla prestazione delle garanzie finanziarie e sono iscritti in un'apposita sezione dell'Albo in base alla presentazione di una comunicazione alla sezione regionale o provinciale dell'Albo territorialmente competente che rilascia il relativo provvedimento entro i successivi trenta giorni. Con la comunicazione l'interessato attesta sotto la sua responsabilità, ai sensi dell'articolo 21 della legge n. 241 del 1990: a) la sede dell'impresa, l'attività o le attività dai quali sono prodotti i rifiuti; b) le caratteristiche, la natura dei rifiuti prodotti; c) gli estremi identificativi e l'idoneità tecnica dei mezzi utilizzati per il trasporto dei rifiuti, tenuto anche conto delle modalità di effettuazione del trasporto medesimo; d) l'avvenuto versamento del diritto annuale di registrazione di 50 euro rideterminabile ai sensi dell'articolo 21 del decreto del Ministro dell'ambiente 28 aprile 1998, n. 406. L'iscrizione deve essere rinnovata ogni 10 anni e l'impresa è tenuta a comunicare ogni variazione intervenuta successivamente all'iscrizione. Le iscrizioni di cui al presente comma, effettuate entro il 14 aprile 2008 ai sensi e per gli effetti della normativa vigente a quella data, dovranno essere aggiornate entro un anno dalla data di entrata in vigore della presente disposizione (8).

9. Le imprese tenute ad aderire al sistema di tracciabilità dei rifiuti di cui all'articolo 188-*bis*, procedono all'iscrizione al Registro elettronico nazionale per la tracciabilità dei rifiuti istituito ai sensi dell'articolo 6 del decreto-legge 14 dicembre 2018, n. 135, attraverso la piattaforma telematica dell'Albo nazionale gestori ambientali, che fornisce mediante le Sezioni regionali e provinciali il necessario supporto tecnico operativo, ed assicura la gestione dei rapporti con l'utenza e la riscossione dei contributi (9).

10. L'iscrizione all'Albo per le attività di raccolta e trasporto dei rifiuti pericolosi, per l'attività di intermediazione e di commercio dei rifiuti senza detenzione dei medesimi, è subordinata alla prestazione di idonee garanzie finanziarie a favore dello Stato i cui importi e modalità sono stabiliti con uno o più decreti del Ministro dell'ambiente e della tutela del territorio e del mare, di concerto con il Ministero dell'economia e delle finanze.

Tali garanzie sono ridotte del cinquanta per cento per le imprese registrate ai sensi del regolamento (CE) n. 1221/2009, e del quaranta per cento nel caso di imprese in possesso della certificazione ambientale ai sensi della norma Uni En Iso 14001. Fino alla data di entrata in vigore dei predetti decreti si applicano la modalità e gli importi previsti dal decreto del Ministro dell'ambiente in data 8 ottobre 1996, pubblicato nella Gazzetta Ufficiale n. 1 del 2 gennaio 1997, come modificato dal decreto del Ministro dell'ambiente in data 23 aprile 1999, pubblicato nella Gazzetta Ufficiale n. 148 del 26 giugno 1999 (10).

11. Le imprese che effettuano le attività di bonifica dei siti e di bonifica dei beni contenenti amianto devono prestare idonee garanzie finanziarie a favore della regione territorialmente competente per ogni intervento di bonifica nel rispetto dei criteri generali di cui all'articolo 195, comma 2, lettera g). Tali garanzie sono ridotte del cinquanta per cento per le imprese registrate ai sensi del regolamento (CE) n. 761/2001, e del quaranta per cento nel caso di imprese in possesso della certificazione ambientale ai sensi della norma Uni En Iso 14001 (11).

12. Sono iscritti all'Albo le imprese e gli operatori logistici presso le stazioni ferroviarie, gli interporti, gli impianti di terminalizzazione, gli scali merci e i porti ai quali, nell'ambito del trasporto intermodale, sono affidati rifiuti in attesa della presa in carico degli stessi da parte dell'impresa ferroviaria o navale o dell'impresa che effettua il successivo trasporto, nel caso di trasporto navale, il raccomandatario marittimo di cui alla legge 4 aprile 1977, n. 135, è delegato dall'armatore o noleggiatore, che effettuano il trasporto, per gli adempimenti relativi al sistema di tracciabilità dei rifiuti di cui all'articolo 188-*bis*. L'iscrizione deve essere rinnovata ogni cinque anni e non è subordinata alla prestazione delle garanzie finanziarie (12).

13. L'iscrizione all'Albo ed i provvedimenti di sospensione, di revoca, di decadenza e di annullamento dell'iscrizione, nonché l'accettazione, la revoca e lo svincolo delle garanzie finanziarie che devono essere prestate a favore dello Stato sono deliberati dalla Sezione regionale dell'Albo della regione ove ha sede legale l'impresa interessata, in base alla normativa vigente ed alle direttive emesse dal Comitato nazionale (13).

14. Avverso i provvedimenti delle Sezioni regionali dell'Albo gli interessati possono proporre, nel termine di decadenza di trenta giorni dalla notifica dei provvedimenti stessi, ricorso al Comitato nazionale dell'Albo (14).

15. Con decreto del Ministro dell'ambiente e della tutela del territorio e del mare, di concerto con i Ministri dello sviluppo economico e delle infrastrutture e dei trasporti, sentito il parere del Comitato nazionale, da adottare entro novanta giorni dalla data di entrata in vigore della parte quarta del presente decreto, sono definite le attribuzioni e le modalità organizzative dell'Albo, i requisiti tecnici e finanziari delle imprese, i requisiti dei responsabili tecnici delle medesime, i termini e le modalità di iscrizione, i diritti annuali d'iscrizione. Fino all'adozione del predetto decreto, continuano ad applicarsi, per quanto compatibili, le disposizioni del decreto del Ministro dell'ambiente 28 aprile 1998, n. 406, e delle deliberazioni del Comitato nazionale dell'Albo.

Il decreto di cui al presente comma si informa ai seguenti principi:

a) individuazione di requisiti per l'iscrizione, validi per tutte le sezioni, al fine di uniformare le procedure;
b) coordinamento con la vigente normativa sull'autotrasporto, sul trasporto ferroviario, sul trasporto via mare e per via navigabile interna, in coerenza con la finalità di cui alla lettera a);
c) effettiva copertura delle spese attraverso i diritti di segreteria e i diritti annuali di iscrizione;
d) ridefinizione dei diritti annuali d'iscrizione relativi alle imprese di trasporto dei rifiuti iscritte all'Albo nazionale gestori ambientali;
e) interconnessione e interoperabilità con le pubbliche amministrazioni competenti alla tenuta di pubblici registri;
f) riformulazione del sistema disciplinare-sanzionatorio dell'Albo e delle cause di cancellazione dell'iscrizione;
g) definizione delle competenze e delle responsabilità del responsabile tecnico (15).

16. Nelle more dell'emanazione dei decreti di cui al presente articolo, continuano ad applicarsi le disposizioni disciplinanti l'Albo nazionale delle imprese che effettuano la gestione dei rifiuti vigenti alla data di entrata in vigore della parte quarta del presente decreto, la cui abrogazione è differita al momento della pubblicazione dei suddetti decreti (16).

17. Agli oneri per il funzionamento del Comitato nazionale e delle Sezioni regionali e provinciali si provvede con le entrate derivanti dai diritti di segreteria e dai diritti annuali d'iscrizione, secondo le previsioni, anche relative alle modalità di versamento e di utilizzo, che saranno determinate con decreto del Ministro dell'ambiente e della tutela del territorio e del mare, di concerto con il Ministro dell'economia e delle finanze. Fino all'adozione del citato decreto, si applicano le disposizioni di cui al decreto del Ministro dell'ambiente in data 29 dicembre 1993, e successive modificazioni, e le disposizioni di cui al decreto del Ministro dell'ambiente in data 13 dicembre 1995, pubblicato nella Gazzetta Ufficiale n. 51 del 1° marzo 1995. Le somme di cui all'articolo 7 comma 7, del decreto del Ministro dell'ambiente 29 in data dicembre 1993 sono versate al Capo XXXII, capitolo 2592, articolo 04, dell'entrata del Bilancio dello Stato, per essere riassegnate con decreto del Ministro dell'economia e delle finanze, al Capitolo 7083 (spesa corrente funzionamento registro) dello stato di previsione del Ministero dell'ambiente e della tutela del territorio e del mare (17).

18. I compensi da corrispondere ai componenti del Comitato nazionale dell'Albo e delle Sezioni regionali dell'Albo sono determinati ai sensi dell'articolo 7, comma 5, del decreto del Ministro dell'ambiente 28 aprile 1998, 406 (18).

19. La disciplina regolamentare dei casi in cui, ai sensi degli articoli 19 e 20 della legge 7 agosto 1990, n. 241, l'esercizio di un'attività privata può essere intrapreso sulla base della denuncia di inizio dell'attività non si applica alle domande di iscrizione e agli atti di competenza dell'Albo (19).

19 bis. Sono esclusi dall'obbligo di iscrizione all'Albo nazionale gestori ambientali gli imprenditori agricoli di cui all'articolo 2135 del codice civile, produttori iniziali di rifiuti, per il trasporto dei propri rifiuti effettuato all'interno del territorio provinciale o regionale dove ha sede l'impresa ai fini del conferimento degli stessi nell'ambito del circuito organizzato di raccolta di cui alla lettera pp) del comma 1 dell'articolo 183 [(20)].

[**20.** Le imprese iscritte all'Albo con procedura ordinaria ai sensi del comma 5 sono esentate dall'obbligo della comunicazione di cui al comma 18 se lo svolgimento dell'attività di raccolta e trasporto dei rifiuti sottoposti a procedure semplificate ai sensi dell'articolo 216 ed effettivamente avviati al riciclaggio e al recupero non comporta variazioni della categoria, della classe e della tipologia di rifiuti per le quali tali imprese sono iscritte.] [(21)]

[**21.** Alla comunicazione di cui al comma 18 si applicano le disposizioni di cui all'articolo 21 della legge 7 agosto 1990, n. 241. Alle imprese che svolgono le attività di cui al comma 18 a seguito di comunicazione corredata da documentazione incompleta o inidonea, si applica il disposto di cui all'articolo 256, comma 1.] [(22)]

[**22.** I soggetti firmatari degli accordi e contratti di programma previsti dall'articolo 181 e dall'articolo 206 sono iscritti presso un'apposita sezione dell'Albo, a seguito di semplice richiesta scritta e senza essere sottoposti alle garanzie finanziarie di cui ai commi 8 e 9.] [(23)]

[**23.** Sono istituiti presso il Comitato nazionale i registri delle imprese autorizzate alla gestione di rifiuti, aggiornati ogni trenta giorni, nei quali sono inseriti, a domanda, gli elementi identificativi dell'impresa consultabili dagli operatori secondo le procedure fissate con decreto del Ministro dell'ambiente e della tutela del territorio, nel rispetto dei principi di cui al decreto legislativo 30 giugno 2003, n. 196. I registri sono pubblici e, entro dodici mesi dall'entrata in vigore della parte quarta del presente decreto, sono resi disponibili al pubblico, senza oneri, anche per via telematica, secondo i criteri fissati dal predetto decreto. Le Amministrazioni autorizzanti comunicano al Comitato nazionale, subito dopo il rilascio dell'autorizzazione, la ragione sociale dell'impresa autorizzata, l'attività per la quale viene rilasciata l'autorizzazione, i rifiuti oggetto dell'attività di gestione, la scadenza dell'autorizzazione e successivamente segnalano ogni variazione delle predette informazioni che intervenga nel corso della validità dell'autorizzazione stessa. Nel caso di ritardo dell'Amministrazione superiore a trenta giorni dal rilascio dell'autorizzazione, l'impresa interessata può inoltrare copia autentica del provvedimento, anche per via telematica, al Comitato nazionale, che ne dispone l'inserimento nei registri.] [(24)]

[**24.** Le imprese che effettuano attività di smaltimento dei rifiuti non pericolosi nel luogo di produzione dei rifiuti stessi ai sensi dell'articolo 215sono iscritte in un apposito registro con le modalità previste dal medesimo articolo.] [(25)]

[**25.** Le imprese che svolgono operazioni di recupero dei rifiuti ai sensi dell'articolo 216 sono iscritte in un apposito registro con le modalità previste dal medesimo articolo.] [(26)]

[**26.** Per la tenuta dei registri di cui ai commi 22, 23, 24 e 25 gli interessati sono tenuti alla corresponsione di un diritto annuale di iscrizione, per ogni tipologia di registro, pari a 50 euro, rideterminabile ai sensi dell'articolo 21 del decreto del Ministro dell'ambiente 28 aprile 1998, n. 406. I diritti di cui ai commi 8, 24 e 25 sono versati, secondo le modalità di cui al comma 16, alla competente Sezione regionale dell'Albo, che procede a contabilizzarli separatamente e ad utilizzarli integralmente per l'attuazione dei medesimi commi.] [(27)]

[**27.** La tenuta dei registri di cui ai commi 22 e 23 decorre dall'entrata in vigore del decreto di cui al comma 16.] [(28)]

[**28.** Dall'attuazione del presente articolo non devono derivare nuovi o maggiori oneri per la finanza pubblica.] [(29)]

(1) Comma modificato dall'art. 25, d.lgs. 3.12.2010, n. 205.
(2) Lettera soppressa dall'art. 2, co. 30, d.lgs. 16.1.2008, n. 4.
(3) Lettera soppressa dall'art. 2, co. 30, d.lgs. 16.1.2008, n. 4.
(4) Comma abrogato dall'art. 25, d.lgs. 3.12.2010, n. 205.
(5) Comma modificato dall'art. 2, co. 30 e 31, d.lgs. 16.1.2008, n. 4 e poi sostituito dall'art. 25, d.lgs. 3.12.2010, n. 205.
(6) Comma sostituito dall'art. 25, d.lgs. 3.12.2010, n. 205.
(7) Comma sostituito dall'art. 25, d.lgs. 3.12.2010, n. 205.
(8) Comma sostituito dall'art. 2, co. 30, d.lgs. 16.1.2008, n. 4 e poi modificato dall'art. 4 quinquies, co. 1, lett. b), d.l. 3.11.2008, n. 171, conv., con modif., con l. 30.12.2008, n. 205 ed infine sostituito dall'art. 25, d.lgs. 3.12.2010, n. 205.
(9) Comma sostituito dall'art. 25, d.lgs. 3.12.2010, n. 205 e poi dall'art. 2, co. 5, lett. a), d.lgs. 3.9.2020, n. 116.
(10) Comma sostituito dall'art. 25, d.lgs. 3.12.2010, n. 205.
(11) Comma sostituito dall'art. 25, d.lgs. 3.12.2010, n. 205.
(12) Comma abrogato dall'art. 2, co. 30, d.lgs. 16.1.2008, n. 4, poi sostituito dall'art. 25, d.lgs. 3.12.2010, n. 205 e, infine, modificato dall'art. 2, co. 5, lett. b), d.lgs. 3.9.2020, n. 116.
(13) Comma sostituito dall'art. 25, d.lgs. 3.12.2010, n. 205.
(14) Comma modificato dall'art. 2, co. 31, d.lgs. 16.1.2008, n. 4 poi sostituito dall'art. 25, d.lgs. 3.12.2010, n. 205.
(15) Comma sostituito dall'art. 25, d.lgs. 3.12.2010, n. 205.
(16) Comma sostituito dall'art. 25, d.lgs. 3.12.2010, n. 205.
(17) Comma sostituito dall'art. 25, d.lgs. 3.12.2010, n. 205 poi modificato dall'art. 2, co. 5, lett. c), d.lgs. 3.9.2020, n. 116.
(18) Comma modificato dall'art. 2, co. 31, d.lgs. 16.1.2008, n. 4 e poi sostituito dall'art. 25, d.lgs. 3.12.2010, n. 205.
(19) Comma sostituito dall'art. 25, d.lgs. 3.12.2010, n. 205.
(20) Comma introdotto dall'art. 11, co. 12 quinquies, d.l. 31.8.2013, n. 101, conv., con modif., con l. 30.10.2013, n. 125.
(21) Comma abrogato dall'art. 25, d.lgs. 3.12.2010, n. 205.
(22) Comma abrogato dall'art. 25, d.lgs. 3.12.2010, n. 205.
(23) Comma abrogato dall'art. 2, co. 30, d.lgs. 16.1.2008, n. 4. L'abrogazione è stata poi ribadita dall'art. 25, d.lgs. 3.12.2010, n. 205.
(24) Comma abrogato dall'art. 25, d.lgs. 3.12.2010, n. 205.
(25) Comma abrogato dall'art. 2, co. 30, d.lgs. 16.1.2008, n. 4. L'abrogazione è stata poi ribadita dall'art. 25, d.lgs. 3.12.2010, n. 205.
(26) Comma abrogato dall'art. 2, co. 30, d.lgs. 16.1.2008, n. 4. L'abrogazione è stata poi ribadita dall'art. 25, d.lgs. 3.12.2010, n. 205.
(27) Comma abrogato dall'art. 25, d.lgs. 3.12.2010, n. 205.
(28) Comma abrogato dall'art. 25, d.lgs. 3.12.2010, n. 205.
(29) Comma abrogato dall'art. 25, d.lgs. 3.12.2010, n. 205.

213. Autorizzazioni integrate ambientali.

1. Le autorizzazioni integrate ambientali rilasciate ai sensi del decreto legislativo 18 febbraio 2005, n. 59, sostituiscono ad ogni effetto, secondo le modalità ivi previste:

a) le autorizzazioni di cui al presente capo;
b) la comunicazione di cui all'articolo 216, limitatamente alle attività non ricadenti nella categoria 5

dell'Allegato I del decreto legislativo 18 febbraio 2005, n. 59, che, se svolte in procedura semplificata, sono escluse dall'autorizzazione ambientale integrata, ferma restando la possibilità di utilizzare successivamente le procedure semplificate previste dal capo V.

[**2.** Al trasporto dei rifiuti di cui alla lista verde del regolamento (CEE) 1° febbraio 1993, n. 259, destinati agli impianti di cui al comma 1 del presente articolo si applicano le disposizioni di cui agli articoli 214 e 216 del presente decreto.] (1)

(1) Comma abrogato dall'art. 26, d.lgs. 3.12.2010, n. 205.

Capo V
Procedure semplificate

214. Determinazione delle attività e delle caratteristiche dei rifiuti per l'ammissione alle procedure semplificate (1).

1. Le procedure semplificate di cui al presente capo devono garantire in ogni caso un elevato livello di protezione ambientale e controlli efficaci ai sensi e nel rispetto di quanto disposto dall'articolo 177, comma 4.

2. Con decreti del Ministro dell'ambiente e della tutela del territorio e del mare, di concerto con i Ministri dello sviluppo economico, della salute e, per i rifiuti agricoli e le attività che generano i fertilizzanti, con il Ministro delle politiche agricole e forestali, sono adottate per ciascun tipo di attività le norme, che fissano i tipi e le quantità di rifiuti e le condizioni in base alle quali le attività di smaltimento di rifiuti non pericolosi effettuate dai produttori nei luoghi di produzione degli stessi e le attività di recupero di cui all'Allegato C alla parte quarta del presente decreto sono sottoposte alle procedure semplificate di cui agli articoli 215 e 216. Con la medesima procedura si provvede all'aggiornamento delle predette norme tecniche e condizioni.

3. Le norme e le condizioni di cui al comma 2 e le procedure semplificate devono garantire che i tipi o le quantità di rifiuti ed i procedimenti e metodi di smaltimento o di recupero siano tali da non costituire un pericolo per la salute dell'uomo e da non recare pregiudizio all'ambiente. In particolare, ferma restando la disciplina del decreto legislativo 11 maggio 2005, n. 133, per accedere alle procedure semplificate, le attività di trattamento termico e di recupero energetico devono, inoltre, rispettare le seguenti condizioni:

a) siano utilizzati combustibili da rifiuti urbani oppure rifiuti speciali individuati per frazioni omogenee;
b) i limiti di emissione non siano superiori a quelli stabiliti per gli impianti di incenerimento e coincenerimento dei rifiuti dalla normativa vigente, con particolare riferimento al decreto legislativo 11 maggio 2005, n. 133;
c) sia garantita la produzione di una quota minima di trasformazione del potere calorifico dei rifiuti in energia utile calcolata su base annuale;
d) siano rispettate le condizioni, le norme tecniche e le prescrizioni specifiche di cui agli articoli 215, commi 1 e 2, e 216, commi 1, 2 e 3.

4. Sino all'adozione dei decreti di cui al comma 2 relativamente alle attività di recupero continuano ad applicarsi le disposizioni di cui ai decreti del Ministro dell'ambiente 5 febbraio 1998, pubblicato nel S.O. alla Gazzetta Ufficiale n. 88 del 16 aprile 1998 e 12 giugno 2002, n. 161.

5. L'adozione delle norme e delle condizioni di cui al comma 2 deve riguardare, in primo luogo, i rifiuti indicati nella lista verde di cui all'Allegato III del regolamento (CE), n. 1013/2006.

6. Per la tenuta dei registri di cui agli articoli 215, comma 3, e 216, comma 3, e per l'effettuazione dei controlli periodici, l'interessato è tenuto a versare alla provincia territorialmente competente un diritto di iscrizione annuale determinato con decreto del Ministro dell'ambiente e della tutela del territorio e del mare, di concerto con i Ministri dello sviluppo economico e dell'economia e delle finanze. Nelle more dell'emanazione del predetto decreto, si applicano le disposizioni di cui al decreto del Ministro dell'ambiente 21 luglio 1998, n. 350. All'attuazione dei compiti indicati dal presente comma le Province provvedono con le risorse umane, strumentali e finanziarie disponibili a legislazione vigente, senza nuovi o maggiori oneri a carico della finanza pubblica.

7. La costruzione di impianti che recuperano rifiuti nel rispetto delle condizioni, delle prescrizioni e delle norme tecniche di cui ai commi 2 e 3 è disciplinata dalla normativa nazionale e comunitaria in materia di qualità dell'aria e di inquinamento atmosferico da impianti industriali e dalle altre disposizioni che regolano la costruzione di impianti industriali.

L'autorizzazione all'esercizio nei predetti impianti di operazioni di recupero di rifiuti non individuati ai sensi del presente articolo resta comunque sottoposta alle disposizioni di cui agli articoli 208, 209 e 211.

7 bis. In deroga a quanto stabilito dal comma 7, ferme restando le disposizioni delle direttive e dei regolamenti dell'Unione europea, gli impianti di compostaggio aerobico di rifiuti biodegradabili derivanti da attività agricole e vivaistiche o da cucine, mense, mercati, giardini o parchi, che hanno una capacità di trattamento non eccedente 80 tonnellate annue e sono destinati esclusivamente al trattamento di rifiuti raccolti nel comune dove i suddetti rifiuti sono prodotti e nei comuni confinanti che stipulano una convenzione di associazione per la gestione congiunta del servizio, acquisito il parere dell'Agenzia regionale per la protezione dell'ambiente (ARPA) previa predisposizione di un regolamento di gestione dell'impianto che preveda anche la nomina di un gestore da individuare in ambito comunale, possono essere realizzati e posti in esercizio con denuncia di inizio di attività ai sensi del testo unico delle disposizioni legislative e regolamentari in materia edilizia, di cui al decreto del Presidente della Repubblica 6 giugno 2001, n. 380, anche in aree agricole, nel rispetto delle prescrizioni in materia urbanistica, delle norme antisismiche, ambientali, di sicurezza, antincendio e igienico-sanitarie, delle norme relative all'efficienza energetica nonché delle disposizioni del codice dei beni culturali e del paesaggio, di cui al decreto legislativo 22 gennaio 2004, n. 42 [(2)].

8. Alle denunce, alle comunicazioni e alle domande disciplinate dal presente capo si applicano, in quanto compatibili, le disposizioni relative alle attività private sottoposte alla disciplina degli articoli 19 e 20 della legge 7 agosto 1990, n. 241.

Si applicano, altresì, le disposizioni di cui all'articolo 21 della legge 7 agosto 1990, n. 241. A condizione che siano rispettate le condizioni, le norme tecniche e le prescrizioni specifiche adottate ai sensi dei commi 1, 2 e 3 dell'articolo 216, l'esercizio delle operazioni di recupero dei rifiuti può essere intrapresa decorsi novanta giorni dalla comunicazione di inizio di attività alla provincia.

9. Le province comunicano al registro nazionale per la raccolta delle autorizzazioni rilasciate e delle procedure semplificate concluse (RECER), di cui al comma 3-*septies* dell'art. 184-*ter* e secondo gli standard concordati con ISPRA, [che cura l'inserimento in un elenco nazionale], accessibile al pubblico, i seguenti elementi identificativi delle imprese iscritte nei registri di cui agli articoli 215, comma 3, e 216, comma 3 [(3)]:

a) ragione sociale;
b) sede legale dell'impresa;
c) sede dell'impianto;
d) tipologia di rifiuti oggetto dell'attività di gestione;
e) relative quantità;
f) attività di gestione;
g) data di iscrizione nei registri di cui agli articoli 215, comma 3, e 216, comma 3.

10. La comunicazione dei dati di cui al comma 9 deve avvenire senza nuovi e maggiori oneri a carico della finanza pubblica tra i sistemi informativi regionali esistenti, e il Catasto telematico secondo standard condivisi.

11. Con uno o più decreti, emanati ai sensi dell'articolo 17, comma 2, della legge 23 agosto 1988, n. 400, e successive modificazioni, su proposta del Ministro dell'ambiente e della tutela del territorio e del mare, sentito il Ministro dello sviluppo economico, sono individuate le condizioni alle quali l'utilizzo di un combustibile alternativo, in parziale sostituzione dei combustibili fossili tradizionali, in impianti soggetti al regime di cui al Titolo III-*bis* della Parte II, dotati di certificazione di qualità ambientale, sia da qualificarsi, ad ogni effetto, come modifica non sostanziale. I predetti decreti possono stabilire, nel rispetto dell'articolo 177, comma 4, le opportune modalità di integrazione ed unificazione delle procedure, anche presupposte, per l'aggiornamento dell'autorizzazione integrata ambientale, con effetto di assorbimento e sostituzione di ogni altro prescritto atto di assenso. Alle strutture eventualmente necessarie, ivi incluse quelle per lo stoccaggio e l'alimentazione del combustibile alternativo, realizzate nell'ambito del sito dello stabilimento qualora non già autorizzate ai sensi del precedente periodo, si applica il regime di cui agli articoli 22 e 23 del testo unico delle disposizioni legislative e regolamentari in materia edilizia, di cui al decreto del Presidente della Repubblica 6 giugno 2001, n. 380, e successive modificazioni.

(1) Articolo modificato dall'art. 2, co. 32, d.lgs. 16.1.2008, n. 4 e poi sostituito dall'art. 27, d.lgs. 3.12.2010, n. 205.
(2) Comma introdotto dall'art. 37, co. 2, l. 28.12.2015, n. 221.
(3) Comma modificato dall'art. 5, co. 1, d.lgs. 23.12.2022, n. 213.

214 bis. Sgombero della neve.

1. Le attività di sgombero della neve effettuate dalle pubbliche amministrazioni o da loro delegati, dai concessionari di reti infrastrutturali o infrastrutture non costituisce detenzione ai fini della lettera a) comma 1 dell'articolo 183 [(1)].

(1) Articolo introdotto dall'art. 28, d.lgs. 3.12.2010, n. 205.

214 ter. Determinazione delle condizioni per l'esercizio delle operazioni di preparazione per il riutilizzo in forma semplificata [(1)].

1. L'esercizio delle operazioni di preparazione per il riutilizzo di prodotti o componenti di prodotti diventati rifiuti, di cui all'art. 183, comma 1, lettera q), è avviato, a partire dall'entrata in vigore del decreto di cui al comma 2, decorsi novanta giorni dalla comunicazione di inizio attività, entro i quali le province o le città metropolitane territorialmente competenti verificano, secondo le modalità indicate dall'art. 216, il possesso dei requisiti previsti dal decreto di cui al comma 2 del presente art. Gli esiti delle procedure semplificate avviate per l'inizio delle operazioni di preparazione per il riutilizzo sono comunicati dalle autorità competenti al Ministero della transizione ecologica. Le modalità e la tenuta dei dati oggetto delle suddette comunicazioni sono definite nel decreto di cui al comma 2. È fatto salvo quanto previsto dall'art. 216, comma 1, in materia di rifiuti elettrici ed elettronici [(2)].

2. Entro sessanta giorni dalla data di entrata in vigore della presente disposizione, con decreto del Ministro dell'ambiente e della tutela del territorio e del mare adottato ai sensi dell'art. 17, comma 3, della legge 23 agosto 1988, n. 400, sono definite le modalità operative, le dotazioni tecniche e strutturali, i requisiti minimi di qualificazione degli operatori necessari per l'esercizio delle operazioni di preparazione per il riutilizzo, le quantità massime impiegabili, la provenienza, i tipi e le caratteristiche dei rifiuti, nonché le condizioni specifiche di utilizzo degli stessi in base alle quali prodotti o componenti di prodotti diventati rifiuti sono sottoposti a operazioni di preparazione per il riutilizzo.

(1) Articolo introdotto dall'art. 2, co. 6, d.lgs. 3.9.2020, n. 116. Da ultimo modificato dall'art. 5, co. 2, d.lgs 23.12.2022, n. 213.
(2) Comma modificato dall'art. 35, co. 1, lett. h), d.l. 31.5.2021, n. 77, conv., con modif., con l. 29.7.2021, n. 108.

215. Autosmaltimento.

1. A condizione che siano rispettate le norme tecniche e le prescrizioni specifiche di cui all'articolo 214, commi 1, 2 e 3, e siano tenute in considerazione le migliori tecniche disponibili, le attività di smaltimento di rifiuti non pericolosi effettuate nel luogo di produzione dei rifiuti stessi possono essere intraprese decorsi novanta giorni dalla comunicazione di inizio di attività alla provincia territorialmente competente, [entro dieci giorni dal ricevimento della comunicazione stessa] [(1)].

2. Le norme tecniche di cui al comma 1 prevedono in particolare:

a) il tipo, la quantità e le caratteristiche dei rifiuti da smaltire;
b) il ciclo di provenienza dei rifiuti;
c) le condizioni per la realizzazione e l'esercizio degli impianti;
d) le caratteristiche dell'impianto di smaltimento;
e) la qualità delle emissioni e degli scarichi idrici nell'ambiente.

3. La provincia iscrive in un apposito registro le imprese che effettuano la comunicazione di inizio di attività ed entro il termine di cui al comma 1 verifica d'ufficio la sussistenza dei presupposti e dei requisiti richiesti. A tal fine, alla comunicazione di inizio di attività, a firma del legale rappresentante dell'impresa, è allegata una relazione dalla quale deve risultare [(2)]:

a) il rispetto delle condizioni e delle norme tecniche specifiche di cui al comma 1;
b) il rispetto delle norme tecniche di sicurezza e delle procedure autorizzative previste dalla normativa vigente.

4. Qualora la provincia, qualora accerti il mancato rispetto delle norme tecniche e delle condizioni di cui al comma 1, dispone con provvedimento motivato il divieto di inizio ovvero di prosecuzione dell'attività, salvo che l'interessato non provveda a conformare alla normativa vigente detta attività ed i suoi effetti entro il termine e secondo le prescrizioni stabiliti dall'amministrazione [(3)].

5. La comunicazione di cui al comma 1 deve essere rinnovata ogni cinque anni e, comunque, in caso di modifica sostanziale delle operazioni di autosmaltimento.

6. Restano sottoposte alle disposizioni di cui agli articoli 208, 209, 210 e 211 le attività di autosmaltimento di rifiuti pericolosi e la discarica di rifiuti.

(1) Comma modificato dall'art. 2, co. 33, d.lgs. 16.1.2008, n. 4 e, poi, dall'art. 29, d.lgs. 3.12.2010, n. 205.
(2) Alinea modificato dall'art. 2, co. 34, d.lgs. 16.1.2008, n. 4.
(3) Comma modificato dall'art. 2, co. 35, d.lgs. 16.1.2008, n. 4.

216. Operazioni di recupero.

1. A condizione che siano rispettate le norme tecniche e le prescrizioni specifiche di cui all'articolo 214, commi 1, 2 e 3, l'esercizio delle operazioni di recupero dei rifiuti può essere intrapreso decorsi novanta giorni dalla comunicazione di inizio di attività alla provincia territorialmente competente, [entro dieci giorni dal ricevimento della comunicazione stessa]. Nelle ipotesi di rifiuti elettrici ed elettronici di cui all'articolo 227, comma 1, lettera a), di veicoli fuori uso di cui all'articolo 227, comma 1, lettera c), e di impianti di coincenerimento, l'avvio delle attività è subordinato all'effettuazione di una visita preventiva, da parte della provincia competente per territorio, da effettuarsi entro sessanta giorni dalla presentazione della predetta comunicazione [(1)].

2. Le condizioni e le norme tecniche di cui al comma 1, in relazione a ciascun tipo di attività, prevedono in particolare:

a) per i rifiuti non pericolosi:
   1) le quantità massime impiegabili;
   2) la provenienza, i tipi e le caratteristiche dei rifiuti utilizzabili nonché le condizioni specifiche alle quali le attività medesime sono sottoposte alla disciplina prevista dal presente articolo;
   3) le prescrizioni necessarie per assicurare che, in relazione ai tipi o alle quantità dei rifiuti ed ai metodi di recupero, i rifiuti stessi siano recuperati senza pericolo per la salute dell'uomo e senza usare procedimenti o metodi che potrebbero recare pregiudizio all'ambiente;
b) per i rifiuti pericolosi:
   1) le quantità massime impiegabili;
   2) la provenienza, i tipi e le caratteristiche dei rifiuti;
   3) le condizioni specifiche riferite ai valori limite di sostanze pericolose contenute nei rifiuti, ai valori limite di emissione per ogni tipo di rifiuto ed al tipo di attività e di impianto utilizzato, anche in relazione alle altre emissioni presenti in sito;
   4) gli altri requisiti necessari per effettuare forme diverse di recupero;
   5) le prescrizioni necessarie per assicurare che, in relazione al tipo ed alle quantità di sostanze pericolose contenute nei rifiuti ed ai metodi di recupero, i rifiuti stessi siano recuperati senza pericolo per la salute dell'uomo e senza usare procedimenti e metodi che potrebbero recare pregiudizio all'ambiente.

3. La provincia iscrive in un apposito registro le imprese che effettuano la comunicazione di inizio di attività e, entro il termine di cui al comma 1, verifica d'ufficio la sussistenza dei presupposti e dei requisiti richiesti. A tal fine, alla comunicazione di inizio di attività, a firma del legale rappresentante dell'impresa, è allegata una relazione dalla quale risulti:

a) il rispetto delle norme tecniche e delle condizioni specifiche di cui al comma 1;
b) il possesso dei requisiti soggettivi richiesti per la gestione dei rifiuti;
c) le attività di recupero che si intendono svolgere;
d) lo stabilimento, la capacità di recupero e il ciclo di trattamento o di combustione nel quale i rifiuti stessi sono destinati ad essere recuperati, nonché l'utilizzo di eventuali impianti mobili;
e) le caratteristiche merceologiche dei prodotti derivanti dai cicli di recupero [(2)].

4. Qualora la provincia, qualora accerti il mancato rispetto delle norme tecniche e delle condizioni di cui al comma 1, dispone, con provvedimento motivato, il divieto di inizio ovvero di prosecuzione dell'attività, salvo che l'interessato non provveda a conformare alla normativa vigente detta attività ed i suoi effetti entro il termine e secondo le prescrizioni stabiliti dall'amministrazione (3).

5. La comunicazione di cui al comma 1 deve essere rinnovata ogni cinque anni e comunque in caso di modifica sostanziale delle operazioni di recupero.

6. La procedura semplificata di cui al presente articolo sostituisce, limitatamente alle variazioni qualitative e quantitative delle emissioni determinate dai rifiuti individuati dalle norme tecniche di cui al comma 1 che già fissano i limiti di emissione in relazione alle attività di recupero degli stessi, l'autorizzazione di cui all'articolo 269 in caso di modifica sostanziale dell'impianto,

7. Alle attività di cui al presente articolo si applicano integralmente le norme ordinarie per il recupero e lo smaltimento qualora i rifiuti non vengano destinati in modo effettivo al recupero (4).

8. Fermo restando il rispetto dei limiti di emissione in atmosfera di cui all'art. 214, comma 3, lettera b), e dei limiti delle altre emissioni inquinanti stabilite da disposizioni vigenti e fatta salva l'osservanza degli altri vincoli a tutela dei profili sanitari e ambientali, entro sessanta giorni dalla data di entrata in vigore della parte quarta del presente decreto, il Ministro dell'ambiente e della tutela del territorio, di concerto con il Ministro delle attività produttive, determina modalità, condizioni e misure relative alla concessione di incentivi finanziari previsti da disposizioni legislative vigenti a favore dell'utilizzazione dei rifiuti in via prioritaria in operazioni di riciclaggio e di recupero per ottenere materie, sostanze, oggetti, nonché come combustibile per produrre energia elettrica, tenuto anche conto del prevalente interesse pubblico al recupero energetico nelle centrali elettriche di rifiuti urbani sottoposti a preventive operazioni di trattamento finalizzate alla produzione di combustibile da rifiuti e di quanto previsto dal decreto legislativo 29 dicembre 2003, n. 387, e successive modificazioni, nonché dalla direttiva 2009/28/CE e dalle relative disposizioni di recepimento (5).

8 bis. Le operazioni di messa in riserva dei rifiuti pericolosi individuati ai sensi del presente articolo sono sottoposte alle procedure semplificate di comunicazione di inizio di attività solo se effettuate presso l'impianto dove avvengono le operazioni di riciclaggio e di recupero previste ai punti da R1 a R9 dell'Allegato C alla parte quarta del presente decreto (6).

8 ter. Fatto salvo quanto previsto dal comma 8, le norme tecniche di cui ai commi 1, 2 e 3 stabiliscono le caratteristiche impiantistiche dei centri di messa in riserva di rifiuti non pericolosi non localizzati presso gli impianti dove sono effettuate le operazioni di riciclaggio e di recupero individuate ai punti da R1 a R9 dell'Allegato C alla parte quarta del presente decreto, nonché le modalità di stoccaggio e i termini massimi entro i quali i rifiuti devono essere avviati alle predette operazioni (7).

8 quater. Le attività di trattamento disciplinate dai regolamenti di cui all'articolo 6, paragrafo 2, della direttiva 2008/98/CE del Parlamento europeo e del Consiglio, del 19 novembre 2008, che fissano i criteri che determinano quando specifici tipi di rifiuti cessano di essere considerati rifiuti, sono sottoposte alle procedure semplificate disciplinate dall'articolo 214 del presente decreto e dal presente articolo a condizione che siano rispettati tutti i requisiti, i criteri e le prescrizioni soggettive e oggettive previsti dai predetti regolamenti, con particolare riferimento:
a) alla qualità e alle caratteristiche dei rifiuti da trattare;
b) alle condizioni specifiche che devono essere rispettate nello svolgimento delle attività;
c) alle prescrizioni necessarie per assicurare che i rifiuti siano trattati senza pericolo per la salute dell'uomo e senza usare procedimenti o metodi che potrebbero recare pregiudizio all'ambiente, con specifico riferimento agli obblighi minimi di monitoraggio;
d) alla destinazione dei rifiuti che cessano di essere considerati rifiuti agli utilizzi individuati (8).

8 quinquies. L'operazione di recupero può consistere nel mero controllo sui materiali di rifiuto per verificare se soddisfino i criteri elaborati affinché gli stessi cessino di essere considerati rifiuti nel rispetto delle condizioni previste. Questa è sottoposta, al pari delle altre, alle procedure semplificate disciplinate dall'articolo 214 del presente decreto e dal presente articolo a condizione che siano rispettati tutti i requisiti, i criteri e le prescrizioni soggettive e oggettive previsti dai predetti regolamenti con particolare riferimento:
a) alla qualità e alle caratteristiche dei rifiuti da trattare;
b) alle condizioni specifiche che devono essere rispettate nello svolgimento delle attività;
c) alle prescrizioni necessarie per assicurare che i rifiuti siano trattati senza pericolo per la salute dell'uomo e senza usare procedimenti o metodi che potrebbero recare pregiudizio all'ambiente, con specifico riferimento agli obblighi minimi di monitoraggio;
d) alla destinazione dei rifiuti che cessano di essere considerati rifiuti agli utilizzi individuati (9).

8 sexies. Gli enti e le imprese che effettuano, ai sensi delle disposizioni del decreto del Ministro dell'ambiente 5 febbraio 1998, pubblicato nel supplemento ordinario n. 72 alla Gazzetta Ufficiale n. 88 del 16 aprile 1998, dei regolamenti di cui ai decreti del Ministro dell'ambiente e della tutela del territorio 12 giugno 2002, n. 161, e 17 novembre 2005, n. 269, e dell'articolo 9-*bis* del decreto-legge 6 novembre 2008, n. 172, convertito, con modificazioni, dalla legge 30 dicembre 2008, n. 210, operazioni di recupero di materia prima secondaria da specifiche tipologie di rifiuti alle quali sono applicabili i regolamenti di cui al comma 8-*quater* del presente articolo, adeguano le proprie attività alle disposizioni di cui al medesimo comma 8-*quater* o all'articolo 208 del presente decreto, entro sei mesi dalla data di entrata in vigore dei predetti regolamenti di cui al comma 8-*quater*.

Fino alla scadenza di tale termine è autorizzata la continuazione dell'attività in essere nel rispetto delle citate disposizioni del decreto del Ministro dell'ambiente 5 febbraio 1998, dei regolamenti di cui ai decreti del Ministro dell'ambiente e della tutela del territorio n. 161 del 2002 e n. 269 del 2005 e dell'articolo 9-*bis* del decreto-legge n. 172 del 2008, convertito, con modificazioni, dalla legge n. 210 del 2008. Restano in ogni caso ferme le quantità massime stabilite dalle norme di cui al secondo periodo [(10)].

8 septies. Al fine di un uso più efficiente delle risorse e di un'economia circolare che promuova ambiente e occupazione, i rifiuti individuati nella lista verde di cui al regolamento (CE) n. 1013/2006 del Parlamento europeo e del Consiglio, del 14 giugno 2006, possono essere utilizzati negli impianti industriali autorizzati ai sensi della disciplina dell'autorizzazione integrata ambientale di cui agli articoli 29-*sexies* e seguenti del presente decreto, nel rispetto del relativo BAT References, previa comunicazione da inoltrare quarantacinque giorni prima dell'avvio dell'attività all'autorità ambientale competente. In tal caso i rifiuti saranno assoggettati al rispetto delle norme riguardanti esclusivamente il trasporto dei rifiuti e il formulario di identificazione [(11)].

[**9.** Con apposite norme tecniche adottate ai sensi del comma 1, da pubblicare entro sessanta giorni dalla data di entrata in vigore della parte quarta del presente decreto, è individuata una lista di rifiuti non pericolosi maggiormente utilizzati nei processi dei settori produttivi nell'osservanza dei seguenti criteri:

a) diffusione dell'impiego nel settore manifatturiero sulla base di dati di contabilità nazionale o di studi di settore o di programmi specifici di gestione dei rifiuti approvati ai sensi delle disposizioni di cui alla parte quarta del presente decreto;
b) utilizzazione coerente con le migliori tecniche disponibili senza pericolo per la salute dell'uomo e senza usare procedimenti o metodi che potrebbero recare pregiudizio all'ambiente;
c) impiego in impianti autorizzati.] [(12)]

[**10.** I rifiuti individuati ai sensi del comma 9 sono sottoposti unicamente alle disposizioni di cui agli articoli 188, comma 3,189, 190 e 193 nonché alle relative norme sanzionatorie contenute nella parte quarta del presente decreto. Sulla base delle informazioni di cui all'articolo 189 il Catasto redige per ciascuna provincia un elenco degli impianti di cui al comma 9.] [(13)]

[**11.** Alle attività di cui al presente articolo si applicano integralmente le norme ordinarie per il recupero e lo smaltimento qualora i rifiuti non vengano destinati *in modo effettivo ed oggettivo al recupero*.] [(14)]

[**12.** Le condizioni e le norme tecniche relative ai rifiuti pericolosi di cui al comma 1 sono comunicate alla Commissione dell'Unione europea tre mesi prima della loro entrata in vigore.] [(15)]

[**13.** Le operazioni di messa in riserva dei rifiuti pericolosi individuati ai sensi del presente articolo sono sottoposte alle procedure semplificate di comunicazione di inizio di attività solo se effettuate presso l'impianto dove avvengono le operazioni di riciclaggio e di recupero previste ai punti da R1 a R9 dell'Allegato C alla parte quarta del presente decreto.] [(16)]

[**14.** Fatto salvo quanto previsto dal comma 13, le norme tecniche di cui ai commi 1, 2 e 3 stabiliscono le caratteristiche impiantistiche dei centri di messa in riserva di rifiuti non pericolosi non localizzati presso gli impianti dove sono effettuate le operazioni di riciclaggio e di recupero individuate ai punti da R1 a R9 dell'Allegato C alla parte quarta del presente decreto, nonché le modalità di stoccaggio e i termini massimi entro i quali i rifiuti devono essere avviati alle predette operazioni.] [(17)]

[**15.** Le comunicazioni effettuate alla data di entrata in vigore del presente decreto alle sezioni regionali dell'Albo sono trasmesse, a cura delle Sezioni medesime, alla provincia territorialmente competente [(18)].]

(1) Comma modificato dall'art. 2, co. 36, d.lgs. 16.1.2008, n. 4 e, poi, dall'art. 30, co. 1, lett. a), d.lgs. 3.12.2010, n. 205.
(2) Comma modificato dall'art. 2, co. 37, d.lgs. 16.1.2008, n. 4.
(3) Comma modificato dall'art. 2, co. 38, d.lgs. 16.1.2008, n. 4.
(4) Comma sostituito dall'art. 30, co. 1, lett. b), d.lgs. 3.12.2010, n. 205.
(5) Comma modificato dall'art. 2, co. 36, d.lgs. 16.1.2008, n. 4 e, poi, dall'art. 30, co. 1, lett. c), d.lgs. 3.12.2010, n. 205 e, poi, dall'art. 5, co. 3, d.lgs 23.12.2022, n. 213.
(6) Comma introdotto dall'art. 30, co. 1, lett. d), d.lgs. 3.12.2010, n. 205.
(7) Comma introdotto dall'art. 30, co. 1, lett. d), d.lgs. 3.12.2010, n. 205.
(8) Comma introdotto dall'art. 13, co. 4, d.l. 24.6.2014, n. 91, conv., con modif., dalla l. 11.8.2014, n. 116.
(9) Comma introdotto dall'art. 13, co. 4, d.l. 24.6.2014, n. 91, conv., con modif., dalla l. 11.8.2014, n. 116.
(10) Comma introdotto dall'art. 13, co. 4, d.l. 24.6.2014, n. 91, conv., con modif., dalla l. 11.8.2014, n. 116.
(11) Comma introdotto dall'art. 13, co. 4, d.l. 24.6.2014, n. 91, conv., con modif., dalla l. 11.8.2014, n. 116.
(12) Comma soppresso dall'art. 2, co. 36, d.lgs. 16.1.2008, n. 4.
(13) Comma soppresso dall'art. 2, co. 36, d.lgs. 16.1.2008, n. 4.
(14) Comma abrogato dall'art. 30, co. 1, lett. e), d.lgs. 3.12.2010, n. 205.
(15) Comma abrogato dall'art. 30, co. 1, lett. e), d.lgs. 3.12.2010, n. 205.
(16) Comma abrogato dall'art. 30, co. 1, lett. e), d.lgs. 3.12.2010, n. 205.
(17) Comma abrogato dall'art. 30, co. 1, lett. e), d.lgs. 3.12.2010, n. 205.
(18) Comma sostituito dall'art. 2, co. 36, d.lgs. 16.1.2008, n. 4 e, poi, abrogato dall'art. 30, co. 1, lett. e), d.lgs. 3.12.2010, n. 205.

231. Veicoli fuori uso non disciplinati dal decreto legislativo 24 giugno 2003, n. 209 [(1)].

1. Il proprietario di un veicolo a motore o di un rimorchio, con esclusione di quelli disciplinati dal decreto legislativo 24 giugno 2002, n. 209, che intenda procedere alla demolizione dello stesso deve consegnarlo ad un centro di raccolta per la messa in sicurezza, la demolizione, il recupero dei materiali e la rottamazione, autorizzato ai sensi degli articoli 208, 209 e 210. Tali centri di raccolta possono ricevere anche rifiuti costituiti da parti di veicoli a motore.

2. Il proprietario di un veicolo a motore o di un rimorchio di cui al comma 1 destinato alla demolizione può altresì consegnarlo ai concessionari o alle succursali delle case costruttrici per la consegna successiva ai centri di cui al comma 1, qualora intenda cedere il predetto veicolo o rimorchio per acquistarne un altro.

3. I veicoli a motore o i rimorchi di cui al comma 1 rinvenuti da organi pubblici o non reclamati dai proprietari e quelli acquisiti per occupazione ai sensi degli articoli 927, 928,929 e923 del codice civile sono conferiti ai centri di raccolta di cui al comma 1 nei casi e con le procedure determinate con decreto del Ministro dell'interno, di concerto con i Ministri dell'economia e delle finanze, dell'ambiente e della tutela del territorio e delle infrastrutture e dei trasporti. Fino all'adozione di tale decreto, trova applicazione il decreto 22 ottobre 1999, n. 460.

4. I centri di raccolta ovvero i concessionari o le succursali delle case costruttrici rilasciano al proprietario del veicolo o del rimorchio consegnato per la demolizione un certificato dal quale deve risultare la data della consegna, gli estremi dell'autorizzazione del centro, le generalità del proprietario e gli estremi di identificazione del veicolo, nonché l'assunzione, da parte del gestore del centro stesso ovvero del concessionario o del titolare della succursale, dell'impegno a provvedere direttamente alle pratiche di cancellazione dal Pubblico registro automobilistico (PRA).

5. La cancellazione dal PRA dei veicoli e dei rimorchi avviati a demolizione avviene esclusivamente a cura del titolare del centro di raccolta o del concessionario o del titolare della succursale senza oneri di agenzia a carico del proprietario del veicolo o del rimorchio. A tal fine, entro novanta giorni dalla consegna del veicolo o del rimorchio da parte del proprietario, il gestore del centro di raccolta, il concessionario o il titolare della succursale deve comunicare l'avvenuta consegna per la demolizione del veicolo e consegnare il certificato di proprietà, la carta di circolazione e le targhe al competente Ufficio del PRA che provvede ai sensi e per gli effetti dell'articolo 103, comma 1, del decreto legislativo 30 aprile 1992, n. 285 (2).

6. Il possesso del certificato di cui al comma 4 libera il proprietario del veicolo dalla responsabilità civile, penale e amministrativa connessa con la proprietà dello stesso.

7. I gestori dei centri di raccolta, i concessionari e i titolari delle succursali delle case costruttrici di cui ai commi 1 e 2 non possono alienare, smontare o distruggere i veicoli a motore e i rimorchi da avviare allo smontaggio ed alla successiva riduzione in rottami senza aver prima adempiuto ai compiti di cui al comma 5.

[**8.** Gli estremi della ricevuta dell'avvenuta denuncia e consegna delle targhe e dei documenti agli uffici competenti devono essere annotati sull'apposito registro di entrata e di uscita dei veicoli da tenersi secondo le norme del regolamento di cui al decreto legislativo 30.04.1992, n. 285.] (3)

9. Agli stessi obblighi di cui ai commi 7 e 8 sono soggetti i responsabili dei centri di raccolta o altri luoghi di custodia di veicoli rimossi ai sensi dell'articolo 159 del decreto legislativo 30 aprile 1992, n. 285, nel caso di demolizione del veicolo ai sensi dell'articolo 215, comma 4 del predetto decreto legislativo 30 aprile 1992, n. 285.

10. È consentito il commercio delle parti di ricambio recuperate dalla demolizione dei veicoli a motore o dei rimorchi ad esclusione di quelle che abbiano attinenza con la sicurezza dei veicoli. L'origine delle parti di ricambio immesse alla vendita deve risultare dalle fatture e dalle ricevute rilasciate al cliente.

11. Le parti di ricambio attinenti alla sicurezza dei veicoli sono cedute solo agli esercenti l'attività di autoriparazione di cui alla legge 5 febbraio 1992, n. 122, e, per poter essere utilizzate, ciascuna impresa di autoriparazione è tenuta a certificarne l'idoneità e la funzionalità.

12. L'utilizzazione delle parti di ricambio di cui ai commi 10 e 11 da parte delle imprese esercenti attività di autoriparazione deve risultare dalle fatture rilasciate al cliente.

13. Entro sei mesi dalla data di entrata in vigore della parte quarta del presente decreto, il Ministro dell'ambiente e della tutela del territorio, di concerto con i Ministri delle attività produttive e delle infrastrutture e dei trasporti, emana le norme tecniche relative alle caratteristiche degli impianti di demolizione, alle operazioni di messa in sicurezza e all'individuazione delle parti di ricambio attinenti la sicurezza di cui al comma 11. Fino all'adozione di tale decreto, si applicano i requisiti relativi ai centri di raccolta e le modalità di trattamento dei veicoli di cui all'Allegato I del decreto legislativo 24 giugno 2003, n. 209.

(1) In attuazione del presente art., vedi il d.m. 2.5.2006; il presente decreto, a norma dell'articolo unico, Comunicato 26.6.2006, non essendo stato sottoposto al preventivo e necessario controllo della Corte dei conti, deve considerarsi giuridicamente non produttivo di effetti.

(2) A norma dell'art. 5, co. 2, d.lgs. 29.5.2017, n. 98, come modificato dall'art. 1, co. 1140, lett. b), l. 27.12.2017, n. 205 e poi dall'art. 1, co. 1135, lett. b), n. 2), della l. 30.12.2018, n. 145, a decorrere dal 1 gennaio 2020, il secondo periodo del presente comma, è sostituito dal seguente: «*A tal fine, entro novanta giorni dalla consegna del veicolo o del rimorchio da parte del proprietario, il gestore del centro di raccolta, il concessionario o il titolare della succursale restituisce la carta di circolazione e le targhe ad uno sportello telematico dell'automobilista che provvede secondo le procedure previste dal decreto del Presidente della Repubblica 19.09.2000, n. 358.*».

(3) Comma abrogato dall'art. 48, co. 1, lett. d bis), d.l. 30.4.2022, n. 36, conv., con modif., con l. 29.6.2022, n. 79.

239. Principi e campo di applicazione.

1. Il presente titolo disciplina gli interventi di bonifica e ripristino ambientale dei siti contaminati e definisce le procedure, i criteri e le modalità per lo svolgimento delle operazioni necessarie per l'eliminazione delle sorgenti dell'inquinamento e comunque per la riduzione delle concentrazioni di sostanze inquinanti, in armonia con i principi e le norme comunitari, con particolare riferimento al principio "chi inquina paga".

2. Ferma restando la disciplina dettata dal titolo I della parte quarta del presente decreto, le disposizioni del presente titolo non si applicano:

a) all'abbandono dei rifiuti disciplinato dalla parte quarta del presente decreto. In tal caso qualora, a seguito della rimozione, avvio a recupero, smaltimento dei rifiuti abbandonati o depositati in modo incontrollato, si accerti il superamento dei valori di attenzione, si dovrà procedere alla caratterizzazione dell'area ai fini degli eventuali interventi di bonifica e ripristino ambientale da effettuare ai sensi del presente titolo;

b) agli interventi di bonifica disciplinati da leggi speciali, se non nei limiti di quanto espressamente richiamato dalle medesime o di quanto dalle stesse non disciplinato.

3. Gli interventi di bonifica e ripristino ambientale per le aree caratterizzate da inquinamento diffuso sono disciplinati dalle regioni con appositi piani, fatte salve le competenze e le procedure previste per i siti oggetto di bonifica di interesse nazionale e comunque nel rispetto dei criteri generali di cui al presente titolo.

240. Definizioni.

1. Ai fini dell'applicazione del presente titolo, si definiscono:

a) sito: l'area o porzione di territorio, geograficamente definita e determinata, intesa nelle diverse matrici ambientali (suolo, materiali di riporto, sottosuolo ed acque sotterranee) e comprensiva delle eventuali strutture edilizie e impiantistiche presenti [(1)];

b) concentrazioni soglia di contaminazione (CSC): i livelli di contaminazione delle matrici ambientali che costituiscono valori al di sopra dei quali è necessaria la caratterizzazione del sito e l'analisi di rischio sito specifica, come individuati nell'Allegato 5alla parte quarta del presente decreto. Nel caso in cui il sito potenzialmente contaminato sia ubicato in un'area interessata da fenomeni antropici o naturali che abbiano determinato il superamento di una o più concentrazioni soglia di contaminazione, queste ultime si assumono pari al valore di fondo esistente per tutti i parametri superati;

c) concentrazioni soglia di rischio (CSR): i livelli di contaminazione delle matrici ambientali, da determinare caso per caso con l'applicazione della procedura di analisi di rischio sito specifica secondo i principi illustrati nell'Allegato 1 alla parte quarta del presente decreto e sulla base dei risultati del piano di caratterizzazione, il cui superamento richiede la messa in sicurezza e la bonifica. I livelli di concentrazione così definiti costituiscono i livelli di accettabilità per il sito;

d) sito potenzialmente contaminato: un sito nel quale uno o più valori di concentrazione delle sostanze inquinanti rilevati nelle matrici ambientali risultino superiori ai valori di concentrazione soglia di contaminazione (CSC), in attesa di espletare le operazioni di caratterizzazione e di analisi di rischio sanitario e ambientale sito specifica, che ne permettano di determinare lo stato o meno di contaminazione sulla base delle concentrazioni soglia di rischio (CSR);

e) sito contaminato: un sito nel quale i valori delle concentrazioni soglia di rischio (CSR), determinati con l'applicazione della procedura di analisi di rischio di cui all'Allegato 1 alla parte quarta del presente decreto sulla base dei risultati del piano di caratterizzazione, risultano superati;

f) sito non contaminato: un sito nel quale la contaminazione rilevata nelle matrici ambientali risulti inferiore ai valori di concentrazione soglia di contaminazione (CSC) oppure, se superiore, risulti comunque inferiore ai valori di concentrazione soglia di rischio (CSR) determinate a seguito dell'analisi di rischio sanitario e ambientale sito specifica;

g) sito con attività in esercizio: un sito nel quale risultano in esercizio attività produttive sia industriali che commerciali nonché le aree pertinenziali e quelle adibite ad attività accessorie economiche, ivi comprese le attività di mantenimento e tutela del patrimonio ai fini della successiva ripresa delle attività;

h) sito dismesso: un sito in cui sono cessate le attività produttive;

i) misure di prevenzione: le iniziative per contrastare un evento, un atto o un'omissione che ha creato una minaccia imminente per la salute o per l'ambiente, intesa come rischio sufficientemente probabile che si verifichi un danno sotto il profilo sanitario o ambientale in un futuro prossimo, al fine di impedire o minimizzare il realizzarsi di tale minaccia;

l) misure di riparazione: qualsiasi azione o combinazione di azioni, tra cui misure di attenuazione o provvisorie dirette a riparare, risanare o sostituire risorse naturali e/o servizi naturali danneggiati, oppure a fornire un'alternativa equivalente a tali risorse o servizi;

m) messa in sicurezza d'emergenza: ogni intervento immediato o a breve termine, da mettere in opera nelle condizioni di emergenza di cui alla lettera t) in caso di eventi di contaminazione repentini di qualsiasi natura, atto a contenere la diffusione delle sorgenti primarie di contaminazione, impedirne il contatto con altre matrici presenti nel sito e a rimuoverle, in attesa di eventuali ulteriori interventi di bonifica o di messa in sicurezza operativa o permanente;

n) messa in sicurezza operativa: l'insieme degli interventi eseguiti in un sito con attività in esercizio atti a garantire un adeguato livello di sicurezza per le persone e per l'ambiente, in attesa di ulteriori interventi di messa in sicurezza permanente o bonifica da realizzarsi alla cessazione dell'attività. Essi comprendono altresì gli interventi di contenimento della contaminazione da mettere in atto in via transitoria fino all'esecuzione della bonifica o della messa in sicurezza permanente, al fine di evitare la diffusione della contaminazione all'interno della stessa matrice o tra matrici differenti. In tali casi devono essere predisposti idonei piani di monitoraggio e controllo che consentano di verificare l'efficacia delle soluzioni adottate;

o) messa in sicurezza permanente: l'insieme degli interventi atti a isolare in modo definitivo le fonti inquinanti rispetto alle matrici ambientali circostanti e a garantire un elevato e definitivo livello di sicurezza per le persone e per l'ambiente. In tali casi devono essere previsti piani di monitoraggio e controllo e limitazioni d'uso rispetto alle previsioni degli strumenti urbanistici;

p) bonifica: l'insieme degli interventi atti ad eliminare le fonti di inquinamento e le sostanze inquinanti o a ridurre le concentrazioni delle stesse presenti nel suolo, nel sottosuolo e nelle acque sotterranee ad un livello uguale o inferiore ai valori delle concentrazioni soglia di rischio (CSR);

q) ripristino e ripristino ambientale: gli interventi di riqualificazione ambientale e paesaggistica, anche costituenti complemento degli interventi di bonifica o messa in sicurezza permanente, che consentono di recuperare il sito alla effettiva e definitiva fruibilità per la destinazione d'uso conforme agli strumenti urbanistici;

r) inquinamento diffuso: la contaminazione o le alterazioni chimiche, fisiche o biologiche delle matrici ambientali determinate da fonti diffuse e non imputabili ad una singola origine;

s) analisi di rischio sanitario e ambientale sito specifica: analisi sito specifica degli effetti sulla salute umana derivanti dall'esposizione prolungata all'azione delle sostanze presenti nelle matrici ambientali contaminate, condotta con i criteri indicati nell'alla parte quarta del presente decreto;

t) condizioni di emergenza: gli eventi al verificarsi dei quali è necessaria l'esecuzione di interventi di emergenza, quali ad esempio:
   1) concentrazioni attuali o potenziali dei vapori in spazi confinati prossime ai livelli di esplosività o idonee a causare effetti nocivi acuti alla salute;
   2) presenza di quantità significative di prodotto in fase separata sul suolo o in corsi di acqua superficiali o nella falda;
   3) contaminazione di pozzi ad utilizzo idropotabile o per scopi agricoli;
   4) pericolo di incendi ed esplosioni.

(1) Lettera modificata dall'art. 3, co. 4, d.l. 25.1.2012, n. 2, conv., con modif., con l. 24.3.2012, n. 28.

241. Regolamento aree agricole.

1. Il regolamento relativo agli interventi di bonifica, ripristino ambientale e di messa in sicurezza, d'emergenza, operativa e permanente, delle aree destinate alla produzione agricola e all'allevamento è adottato con decreto del Ministro dell'ambiente e della tutela del territorio di concerto con i Ministri delle attività produttive, della salute e delle politiche agricole e forestali [1].

(1) La Corte costituzionale, con sent. 24.7.2009, n. 247, ha dichiarato l'illegittimità costituzionale di questo articolo., nella parte in cui non prevede che, prima dell'adozione del regolamento da esso disciplinato, sia sentita la Conferenza unificata di cui all'art. 8, d.lgs. n. 281/1997.

241 bis. Aree Militari [1].

1. Ai fini dell'individuazione delle misure di prevenzione, messa in sicurezza e bonifica, e dell'istruttoria dei relativi progetti, da realizzare nelle aree del demanio destinate ad uso esclusivo delle Forze armate per attività connesse alla difesa nazionale, si applicano le concentrazioni di soglia di contaminazione previste nella tabella 1, colonne A e B, dell'allegato 5 al titolo V della parte quarta del presente decreto, individuate tenuto conto delle diverse destinazioni e delle attività effettivamente condotte all'interno delle aree militari.

2. Gli obiettivi di intervento nelle aree di cui al comma 1 sono determinanti mediante applicazione di idonea analisi di rischio sito specifica che deve tenere conto dell'effettivo utilizzo e delle caratteristiche ambientali di dette aree o di porzioni di esse e delle aree limitrofe, al fine di prevenire, ridurre o eliminare i rischi per la salute dovuti alla potenziale esposizione a sostanze inquinanti e la diffusione della contaminazione nelle matrici ambientali.

3. Resta fermo che in caso di declassificazione del sito da uso militare a destinazione residenziale dovranno essere applicati i limiti di concentrazione di soglia di contaminazione di cui alla Tabella 1, colonna a), dell'Allegato 5, alla Parte IV, Titolo V del presente decreto.

4. Le concentrazioni soglia di contaminazione delle sostanze specifiche delle attività militari non incluse nella Tabella 1 dell'Allegato 5, alla Parte IV, Titolo V del presente decreto sono definite dall'Istituto Superiore di Sanità sulla base delle informazioni tecniche fornite dal Ministero della difesa.

4 bis. Il comandante di ciascun poligono militare delle Forze armate adotta un piano di monitoraggio permanente sulle componenti di tutte le matrici ambientali in relazione alle attività svolte nel poligono, assumendo altresì le iniziative necessarie per l'estensione del monitoraggio, a cura degli organi competenti, anche alle aree limitrofe al poligono. Relativamente ai poligoni temporanei o semi-permanenti il predetto piano è limitato al periodo di utilizzo da parte delle Forze armate [2].

4 ter. Il comandante di ciascun poligono militare delle Forze armate predispone semestralmente, per ciascuna tipologia di esercitazione o sperimentazione da eseguire nell'area del poligono, un documento indicante le attività previste, le modalità operative di tempo e di luogo e gli altri elementi rilevanti ai fini della tutela dell'ambiente e della salute [3].

4 quater. Il comandante del poligono militare delle Forze armate trasmette il documento di cui al comma 4-*ter* alla regione in cui ha sede il poligono. Lo stesso documento è messo a disposizione dell'ARPA e dei comuni competenti per territorio [4].

4 quinquies. Le regioni in cui hanno sede poligoni militari delle Forze armate istituiscono un Osservatorio ambientale regionale sui poligoni militari, nell'ambito dei sistemi informativi ambientali regionali afferenti alla rete informativa nazionale ambientale (SINANET) di cui all'articolo 11 della legge 28 giugno 2016, n. 132. Il comandante del poligono militare, entro trenta giorni dal termine del periodo esercitativo, trasmette all'Osservatorio le risultanze del piano di monitoraggio ambientale di cui al comma 4-*bis*. Le forme di collaborazione tra gli Osservatori ambientali regionali e il Ministero della difesa sono disciplinate da appositi protocolli [5].

4 sexies. Con le modalità previste dall'articolo 184, comma 5-*bis*, sono disciplinate, nel rispetto dei principi di cui alla parte sesta, titolo II, del presente decreto, le procedure applicabili al verificarsi, nei poligoni militari delle Forze armate, di un evento in relazione al quale esiste il pericolo imminente di un danno ambientale [6].

4 septies. Con decreto del Ministro della difesa, di concerto con il Ministro dell'ambiente e della tutela del territorio e del mare e con il Ministro della salute, è stabilito il periodo massimo di utilizzo annuale dei poligoni militari delle Forze armate per le esercitazioni e le sperimentazioni [7].

4 octies. Ferme restando le competenze di cui all'art. 9 del decreto del Ministro della difesa 22 ottobre 2009, pubblicato nella Gazzetta Ufficiale n. 87 del 15.04.2010, l'ISPRA provvede alle attività di vigilanza sul rispetto della normativa sui rifiuti avvalendosi delle ARPA [, secondo le modalità definite con decreto del Ministro della difesa, di concerto con il Ministro dell'ambiente e della tutela del territorio e del mare] [8].

[**4 novies.** Con decreto del Ministro della difesa, di concerto con il Ministro dell'ambiente e della tutela del territorio e del mare, sono determinati annualmente gli oneri a carico del Ministero della difesa, relativi alle attività di cui all'articolo 184, comma 5-*bis*.3, e ai commi 4-*bis* e 4-*octies* del presente articolo.] [9].

5. Per le attività di progettazione e realizzazione degli interventi, di cui al presente articolo, il Ministero della difesa si può avvalere, con apposite convenzioni, di organismi strumentali dell'Amministrazione centrale che operano nel settore e definisce con propria determinazione le relative modalità di attuazione.

(1) Articolo introdotto dall'art. 13, co. 5, lett. b), d.l. 24.6.2014, n. 91, conv., con modif., dalla l. 11.8.2014, n. 116.
(2) Comma introdotto dall'art. 1, co. 304, lett. b), l. 27.12.2017, n. 205.
(3) Comma introdotto dall'art. 1, co. 304, lett. b), l. 27.12.2017, n. 205.
(4) Comma introdotto dall'art. 1, co. 304, lett. b), l. 27.12.2017, n. 205.
(5) Comma introdotto dall'art. 1, co. 304, lett. b), l. 27.12.2017, n. 205.
(6) Comma introdotto dall'art. 1, co. 304, lett. b), l. 27.12.2017, n. 205.
(7) Comma introdotto dall'art. 1, co. 304, lett. b), l. 27.12.2017, n. 205.
(8) Comma introdotto dall'art. 1, co. 304, lett. b), l. 27.12.2017, n. 205 e poi modificato dall'art. 66 bis, co. 4, d.l. 31.5.2021, n. 77, conv., con modif., con l. 29.7.2021, n. 108.
(9) Comma introdotto dall'art. 1, co. 304, lett. b), l. 27.12.2017, n. 205 e poi abrogato, a decorrere dal 1.1.2020, dall'art. 1, co. 623, l. 27.12.2019, n. 160.

242. Procedure operative ed amministrative.

1. Al verificarsi di un evento che sia potenzialmente in grado di contaminare il sito, il responsabile dell'inquinamento mette in opera entro ventiquattro ore le misure necessarie di prevenzione e ne dà immediata comunicazione ai sensi e con le modalità di cui all'articolo 304, comma 2. La medesima procedura si applica all'atto di individuazione di contaminazioni storiche che possano ancora comportare rischi di aggravamento della situazione di contaminazione.

2. Il responsabile dell'inquinamento, attuate le necessarie misure di prevenzione, svolge, nelle zone interessate dalla contaminazione, un'indagine preliminare sui parametri oggetto dell'inquinamento e, ove accerti che il livello delle concentrazioni soglia di contaminazione (CSC) non sia stato superato, provvede al ripristino della zona contaminata, dandone notizia, con apposita autocertificazione, al comune ed alla provincia competenti per territorio entro quarantotto ore dalla comunicazione. L'autocertificazione conclude il procedimento di notifica di cui al presente articolo, ferme restando le attività di verifica e di controllo da parte dell'autorità competente da effettuarsi nei successivi quindici giorni. Nel caso in cui l'inquinamento non sia riconducibile ad un singolo evento, i parametri da valutare devono essere individuati, caso per caso, sulla base della storia del sito e delle attività ivi svolte nel tempo.

3. Qualora l'indagine preliminare di cui al comma 2 accerti l'avvenuto superamento delle CSC anche per un solo parametro, il responsabile dell'inquinamento ne dà immediata notizia al comune ed alle province competenti per territorio con la descrizione delle misure di prevenzione e di messa in sicurezza di emergenza adottate. Nei successivi trenta giorni, presenta alle predette amministrazioni, nonché alla regione territorialmente competente il piano di caratterizzazione con i requisiti di cui all'Allegato 2alla parte quarta del presente decreto. Entro i trenta giorni successivi la regione, convocata la conferenza di servizi, autorizza il piano di caratterizzazione con eventuali prescrizioni integrative. L'autorizzazione regionale costituisce assenso per tutte le opere connesse alla caratterizzazione, sostituendosi ad ogni altra autorizzazione, concessione, concerto, intesa, nulla osta da parte della pubblica amministrazione.

4. Sulla base delle risultanze della caratterizzazione, al sito è applicata la procedura di analisi del rischio sito specifica per la determinazione delle concentrazioni soglia di rischio (CSR). I criteri per l'applicazione della procedura di analisi di rischio sono stabiliti con decreto del Ministro dell'ambiente e della tutela del territorio e del mare, di concerto con i Ministri dello sviluppo economico e della salute entro il 30 giugno 2008. Nelle more dell'emanazione del predetto decreto, i criteri per l'applicazione della procedura di analisi di rischio sono riportati nell'Allegato 1 alla parte quarta del presente decreto. Entro sei mesi dall'approvazione del piano di caratterizzazione, il soggetto responsabile presenta alla regione i risultati dell'analisi di rischio. La conferenza di servizi convocata dalla regione, a seguito dell'istruttoria svolta in contraddittorio con il soggetto responsabile, cui è dato un preavviso di almeno venti giorni, approva il documento di analisi di rischio entro i sessanta giorni dalla ricezione dello stesso. Tale documento è inviato ai componenti della conferenza di servizi almeno venti giorni prima della data fissata per la conferenza e, in caso di decisione a maggioranza, la delibera di adozione fornisce una adeguata ed analitica motivazione rispetto alle opinioni dissenzienti espresse nel corso della conferenza [1].

5. Qualora gli esiti della procedura dell'analisi di rischio dimostrino che la concentrazione dei contaminanti presenti nel sito è inferiore alle concentrazioni soglia di rischio, la conferenza dei servizi, con l'approvazione del documento dell'analisi del rischio, dichiara concluso positivamente il procedimento. In tal caso la conferenza di servizi può prescrivere lo svolgimento di un programma di monitoraggio sul sito circa la stabilizzazione della situazione riscontrata in relazione agli esiti dell'analisi di rischio e all'attuale destinazione d'uso del sito. A tal fine, il soggetto responsabile, entro sessanta giorni dall'approvazione di cui sopra, invia alla provincia ed alla regione competenti per territorio un piano di monitoraggio nel quale sono individuati:
a) i parametri da sottoporre a controllo;
b) la frequenza e la durata del monitoraggio.

6. La regione, sentita la provincia, approva il piano di monitoraggio entro trenta giorni dal ricevimento dello stesso. L'anzidetto termine può essere sospeso una sola volta, qualora l'autorità competente ravvisi la necessità di richiedere, mediante atto adeguatamente motivato, integrazioni documentali o approfondimenti del progetto, assegnando un congruo termine per l'adempimento. In questo caso il termine per l'approvazione decorre dalla ricezione del progetto integrato. Alla scadenza del periodo di monitoraggio il soggetto responsabile ne dà comunicazione alla regione ed alla provincia, inviando una relazione tecnica riassuntiva degli esiti del monitoraggio svolto. Nel caso in cui le attività di monitoraggio rilevino il superamento di uno o più delle concentrazioni soglia di rischio, il soggetto responsabile dovrà avviare la procedura di bonifica di cui al comma 7.

7. Qualora gli esiti della procedura dell'analisi di rischio dimostrino che la concentrazione dei contaminanti presenti nel sito è superiore ai valori di concentrazione soglia di rischio (CSR), il soggetto responsabile sottopone alla regione, nei successivi sei mesi dall'approvazione del documento di analisi di rischio, il progetto operativo degli interventi di bonifica o di messa in sicurezza, operativa o permanente, e, ove necessario, le ulteriori misure di riparazione e di ripristino ambientale, al fine di minimizzare e ricondurre ad accettabilità il rischio derivante dallo stato di contaminazione presente nel sito. Per la selezione delle tecnologie di bonifica in situ più idonee, la regione può autorizzare l'applicazione a scala pilota, in campo, di tecnologie di bonifica innovative, anche finalizzata all'individuazione dei parametri di progetto necessari per l'applicazione a piena scala, a condizione che tale applicazione avvenga *in condizioni di sicurezza con riguardo* ai rischi sanitari e ambientali. Nel caso di interventi di bonifica o di messa in sicurezza di cui al primo periodo, che presentino particolari complessità a causa della natura della contaminazione, degli interventi, delle dotazioni impiantistiche necessarie o dell'estensione dell'area interessata dagli interventi medesimi, il progetto può essere articolato per fasi progettuali distinte al fine di rendere possibile la realizzazione degli interventi per singole aree o per fasi temporali successive. Nell'ambito dell'articolazione temporale potrà essere valutata l'adozione di tecnologie innovative, di dimostrata efficienza ed efficacia, a costi sopportabili, resesi disponibili a seguito dello sviluppo tecnico-scientifico del settore. La regione, acquisito il parere del comune e della provincia interessati mediante apposita conferenza di servizi e sentito il soggetto responsabile, approva il progetto, con eventuali prescrizioni ed integrazioni entro sessanta giorni dal suo ricevimento. Tale termine può essere sospeso una sola volta, qualora la regione ravvisi la necessità di richiedere, mediante atto adeguatamente motivato, integrazioni documentali o approfondimenti al progetto, assegnando un congruo termine per l'adempimento. In questa ipotesi il termine per l'approvazione del progetto decorre dalla presentazione del progetto integrato. Ai soli fini della realizzazione e dell'esercizio degli impianti e delle attrezzature necessarie all'attuazione del progetto operativo e per il tempo strettamente necessario all'attuazione medesima, l'autorizzazione regionale di cui al presente comma sostituisce a tutti gli effetti le autorizzazioni, le concessioni, i concerti, le intese, i nulla osta, i pareri e gli assensi previsti dalla legislazione vigente compresi, in particolare, quelli relativi alla valutazione di impatto ambientale, ove necessaria, alla gestione delle terre e rocce da scavo all'interno dell'area oggetto dell'intervento ed allo scarico delle acque emunte dalle falde. L'autorizzazione costituisce, altresì, variante urbanistica e comporta dichiarazione di pubblica utilità, di urgenza ed indifferibilità dei lavori. Con il provvedimento di approvazione del progetto sono stabiliti anche i tempi di esecuzione, indicando altresì le eventuali prescrizioni necessarie per l'esecuzione dei lavori ed è fissata l'entità delle garanzie finanziarie, in misura non superiore al cinquanta per cento del costo stimato dell'intervento, che devono essere prestate in favore della regione per la corretta esecuzione ed il completamento degli interventi medesimi [2].

8. I criteri per la selezione e l'esecuzione degli interventi di bonifica e ripristino ambientale, di messa in sicurezza operativa o permanente, nonché per l'individuazione delle migliori tecniche di intervento a costi sostenibili (B.A.T.N.E.E.C. – Best Available Technology Not Entailing Excessive Costs) ai sensi delle normative comunitarie sono riportati nell'Allegato 3 alla parte quarta del presente decreto,

9. La messa in sicurezza operativa, riguardante i siti contaminati [con attività in esercizio], garantisce una adeguata sicurezza sanitaria ed ambientale ed impedisce un'ulteriore propagazione dei contaminanti. I progetti di messa in sicurezza operativa sono accompagnati da accurati piani di monitoraggio dell'efficacia delle misure adottate ed indicano se all'atto della cessazione dell'attività si renderà necessario un intervento di bonifica o un intervento di messa in sicurezza permanente. Possono essere altresì autorizzati interventi di manutenzione ordinaria e straordinaria e di messa in sicurezza degli impianti e delle reti tecnologiche, purché non compromettano la possibilità di effettuare o completare gli interventi di bonifica che siano condotti adottando appropriate misure di prevenzione dei rischi [3].

10. Nel caso di caratterizzazione, bonifica, messa in sicurezza e ripristino ambientale di siti con attività in esercizio, la regione, fatto salvo l'obbligo di garantire la tutela della salute pubblica e dell'ambiente, in sede di approvazione del progetto assicura che i suddetti interventi siano articolati in modo tale da risultare compatibili con la prosecuzione dell'attività.

11. Nel caso di eventi avvenuti anteriormente all'entrata in vigore della parte quarta del presente decreto che si manifestino successivamente a tale data in assenza di rischio immediato per l'ambiente e per la salute pubblica, il soggetto interessato comunica alla regione, alla provincia e al comune competenti l'esistenza di una potenziale contaminazione unitamente al piano di caratterizzazione del sito, al fine di determinarne l'entità e l'estensione con riferimento ai parametri indicati nelle CSC ed applica le procedure di cui ai commi 4 e seguenti.

12. Le indagini ed attività istruttorie sono svolte dalla provincia, che si avvale della competenza tecnica dell'Agenzia regionale per la protezione dell'ambiente e si coordina con le altre amministrazioni.

13. La procedura di approvazione della caratterizzazione e del progetto di bonifica si svolge in Conferenza di servizi convocata dalla regione e costituita dalle amministrazioni ordinariamente competenti a rilasciare i permessi, autorizzazioni e concessioni per la realizzazione degli interventi compresi nel piano e nel progetto. La relativa documentazione è inviata ai componenti della conferenza di servizi almeno venti giorni prima della data fissata per la discussione e, in caso di decisione a maggioranza, la delibera di adozione deve fornire una adeguata ed analitica motivazione rispetto alle opinioni dissenzienti espresse nel corso della conferenza. Compete alla provincia rilasciare la certificazione di avvenuta bonifica. Qualora la provincia non provveda a rilasciare tale certificazione entro trenta giorni dal ricevimento della delibera di adozione, al rilascio provvede la regione.

13 bis. Per la rete di distribuzione carburanti si applicano le procedure semplificate di cui all'articolo 252, comma 4 [4].

(1) Comma modificato dall'art. 2, co. 43 bis, d.lgs. 16.1.2008, n. 4.
(2) Comma modificato dall'art. 40, co. 5, d.l. 6.12.2011, n. 201, conv., con modif., dalla l. 22.12.2011, n. 214, dall'art. 24, co. 1, lett. f bis), d.l. 9.2.2012, n. 5, conv., con modif., con l. 4.4.2012, n. 35 e dall'art. 34, co. 7 bis, d.l. 12.9.2014, n. 133, conv., con modif., con l. 11.11.2014, n. 164.
(3) Comma modificato dall'art. 40, co. 5, d.l. 6.12.2011, n. 201, conv., con modif., dalla l. 22.12.2011, n. 214.
(4) Comma introdotto dall'art. 13, co. 3 ter, d.l. 24.6.2014, n. 91, con modificazioni dalla l. 11.8.2014, n. 116.

TITOLO VI
Sistema sanzionatorio e disposizioni transitorie e finali

Capo I
Sanzioni

254. Norme speciali.

1. Restano ferme le sanzioni previste da norme speciali vigenti in materia.

255. Abbandono di rifiuti.

1. Fatto salvo quanto disposto dall'art. 256, comma 2, chiunque, in violazione delle disposizioni degli articoli 192, commi 1 e 2, 226, comma 2, e 231, commi 1 e 2, abbandona o deposita rifiuti ovvero li immette nelle acque superficiali o sotterranee è punito con l'ammenda da mille euro a diecimila euro. Se l'abbandono riguarda rifiuti pericolosi, la pena è aumentata fino al doppio [1].

1 bis. Chiunque viola il divieto di cui all'articolo 232-*ter* è punito con la sanzione amministrativa pecuniaria da euro trenta a euro centocinquanta. Se l'abbandono riguarda i rifiuti di prodotti da fumo di cui all'articolo 232-*bis*, la sanzione amministrativa è aumentata fino al doppio [2].

2. Il titolare del centro di raccolta, il concessionario o il titolare della succursale della casa costruttrice che viola le disposizioni di cui all'articolo 231, comma 5, è punito con la sanzione amministrativa pecuniaria da euro duecentosessanta a euro millecinquecentocinquanta

3. Chiunque non ottempera all'ordinanza del Sindaco, di cui all'articolo 192, comma 3, o non adempie all'obbligo di cui all'articolo 187, comma 3, è punito con la pena dell'arresto fino ad un anno. Nella sentenza di condanna o nella sentenza emessa ai sensi dell'articolo 444 del codice di procedura penale, il beneficio della sospensione condizionale della pena può essere subordinato alla esecuzione di quanto disposto nella ordinanza di cui all'articolo 192, comma 3, ovvero all'adempimento dell'obbligo di cui all'articolo 187, comma 3.

(1) Comma modificato dall'art. 34, d.lgs. 3.12.2010, n. 205 e poi sostituito dall'art. 6 ter, co. 1, d.l. 10.8.2023, n. 105, conv., con modif., con l. 9.10.2023, n. 137.
(2) Comma introdotto dall'art. 40, co. 1, lett. b), l. 28.12.2015, n. 221.

256. Attività di gestione di rifiuti non autorizzata.

1. Fuori dai casi sanzionati ai sensi dell'articolo 29-quattuordecies, comma 1, chiunque effettua una attività di raccolta, trasporto, recupero, smaltimento, commercio ed intermediazione di rifiuti in mancanza della prescritta autorizzazione, iscrizione o comunicazione di cui agli articoli 208, 209, 210, 211, 212, 214, 215 e 216 è punito [1]:

a) con la pena dell'arresto da tre mesi a un anno o con l'ammenda da duemilaseicento euro a ventiseimila euro se si tratta di rifiuti non pericolosi;
b) con la pena dell'arresto da sei mesi a due anni e con l'ammenda da duemilaseicento euro a ventiseimila euro se si tratta di rifiuti pericolosi.

2. Le pene di cui al comma 1 si applicano ai titolari di imprese ed ai responsabili di enti che abbandonano o depositano in modo incontrollato i rifiuti ovvero li immettono nelle acque superficiali o sotterranee in violazione del divieto di cui all'articolo 192, commi 1 e 2.

3. Fuori dai casi sanzionati ai sensi dell'articolo 29-quattuordecies, comma 1, chiunque realizza o gestisce una discarica non autorizzata è punito con la pena dell'arresto da sei mesi a due anni e con l'ammenda da duemilaseicento euro a ventiseimila euro. Si applica la pena dell'arresto da uno a tre anni e dell'ammenda da euro cinquemiladuecento a euro cinquantaduemila se la discarica è destinata, anche in parte, allo smaltimento di rifiuti pericolosi. Alla sentenza di condanna o alla sentenza emessa ai sensi dell'articolo 444 del codice di procedura penale, consegue la confisca dell'area sulla quale è realizzata la discarica abusiva se di proprietà dell'autore o del compartecipe al reato, fatti salvi gli obblighi di bonifica o di ripristino dello stato dei luoghi [2].

4. Le pene di cui ai commi 1, 2 e 3 sono ridotte della metà nelle ipotesi di inosservanza delle prescrizioni contenute o richiamate nelle autorizzazioni, nonché nelle ipotesi di carenza dei requisiti e delle condizioni richiesti per le iscrizioni o comunicazioni.

5. Chiunque, in violazione del divieto di cui all'articolo 187, effettua attività non consentite di miscelazione di rifiuti, è punito con la pena di cui al comma 1, lettera b).

6. Chiunque effettua il deposito temporaneo presso il luogo di produzione di rifiuti sanitari pericolosi, con violazione delle disposizioni di cui all'articolo 227, comma 1, lettera b), è punito con la pena dell'arresto da tre mesi ad un anno o con la pena dell'ammenda da duemilaseicento euro a ventiseimila euro. Si applica la sanzione amministrativa pecuniaria da duemilaseicento euro a quindicimilacinquecento euro per i quantitativi non superiori a duecento litri o quantità equivalenti.

7. Chiunque viola gli obblighi di cui agli articoli 231, commi 7, 8 e 9, 233, commi 12 e 13, e 234, comma 14, è punito con la sanzione amministrativa pecuniaria da duecentosessanta euro a millecinquecentocinquanta euro.

8. I soggetti di cui agli articoli 233, [234,] 235 e 236 che non adempiono agli obblighi di partecipazione ivi previsti sono puniti con una sanzione amministrativa pecuniaria da ottomila euro a quarantacinquemila euro, fatto comunque salvo l'obbligo di corrispondere i contributi pregressi. Ai soggetti di cui all'art. 234 che non adempiono agli obblighi di partecipazione ivi previsti, si applica la sanzione amministrativa pecuniaria di euro 5.000, fatto comunque salvo l'obbligo di corrispondere i contributi pregressi [3].

9. Le sanzioni di cui al comma 8 sono ridotte della metà nel caso di adesione effettuata entro il sessantesimo giorno dalla scadenza del termine per adempiere agli obblighi di partecipazione previsti dagli articoli 233, 234, 235 e 236.

(1) Comma modificato dall'art. 11, co. 3, lett. a), d.lgs. 4.3.2014, n. 46.
(2) Comma modificato dall'art. 11, co. 3, lett. b), d.lgs. 4.3.2014, n. 46.
(3) Comma modificato dall'art. 15, co. 4, lett. a) e b), d.lgs. 8.11.2021, n. 196, a decorrere dal 14.1.2022.

256 bis. Combustione illecita di rifiuti [1].

1. Salvo che il fatto costituisca più grave reato, chiunque appicca il fuoco a rifiuti abbandonati ovvero depositati in maniera incontrollata è punito con la reclusione da due a cinque anni. Nel caso in cui sia appiccato il fuoco a rifiuti pericolosi, si applica la pena della reclusione da tre a sei anni. Il responsabile è tenuto al ripristino dello stato dei luoghi, al risarcimento del danno ambientale e al pagamento, anche in via di regresso, delle spese per la bonifica.

2. Le stesse pene si applicano a colui che tiene le condotte di cui all'articolo 255, comma 1, e le condotte di reato di cui agli articoli 256 e 259 in funzione della successiva combustione illecita di rifiuti.

3. La pena è aumentata di un terzo se il delitto di cui al comma 1 è commesso nell'ambito dell'attività di un'impresa o comunque di un'attività organizzata. Il titolare dell'impresa o il responsabile dell'attività comunque organizzata è responsabile anche sotto l'autonomo profilo dell'omessa vigilanza sull'operato degli autori materiali del delitto comunque riconducibili all'impresa o all'attività stessa; ai predetti titolari d'impresa o responsabili dell'attività si applicano altresì le sanzioni previste dall'articolo 9, comma 2, del decreto legislativo 8 giugno 2001, n. 231.

4. La pena è aumentata di un terzo se il fatto di cui al comma 1 è commesso in territori che, al momento della condotta e comunque nei cinque anni precedenti, siano o siano stati interessati da dichiarazioni di stato di emergenza nel settore dei rifiuti ai sensi della legge 24 febbraio 1992, n. 225.

5. I mezzi utilizzati per il trasporto di rifiuti oggetto del reato di cui al comma 1 del presente articolo, inceneriti in aree o in impianti non autorizzati, sono confiscati ai sensi dell'articolo 259, comma 2, salvo che il mezzo appartenga a persona estranea alle condotte di cui al citato comma 1 del presente articolo e che non si configuri concorso di persona nella commissione del reato. Alla sentenza di condanna o alla sentenza emessa ai sensi dell'articolo 444 del codice di procedura penale consegue la confisca dell'area sulla quale è commesso il reato, se di proprietà dell'autore o del concorrente nel reato, fatti salvi gli obblighi di bonifica e ripristino dello stato dei luoghi.

6. Si applicano le sanzioni di cui all'articolo 255 se le condotte di cui al comma 1 hanno a oggetto i rifiuti di cui all'articolo 184, comma 2, lettera e). Fermo restando quanto previsto dall'articolo 182, comma 6-*bis*, le disposizioni del presente articolo non si applicano all'abbruciamento di materiale agricolo o forestale naturale, anche derivato da verde pubblico o privato [(2)].

(1) Articolo introdotto dall'art. 3, co. 1, d.l. 10.12.2013, n. 136, conv., con modif., con l. 6.2.2014, n. 6.

(2) Comma modificato dall'art. 14, co. 8, lett. b sexies), d.l. 24.6.2014, n. 91, conv., con modif., dalla l. 11.8.2014, n. 116.

257. Bonifica dei siti.

1. Salvo che il fatto costituisca più grave reato, chiunque cagiona l'inquinamento del suolo, del sottosuolo, delle acque superficiali o delle acque sotterranee con il superamento delle concentrazioni soglia di rischio è punito con la pena dell'arresto da sei mesi a un anno o con l'ammenda da duemilaseicento euro a ventiseimila euro, se non provvede alla bonifica in conformità al progetto approvato dall'autorità competente nell'ambito del procedimento di cui agli articoli 242 e seguenti. In caso di mancata effettuazione della comunicazione di cui all'articolo 242, il trasgressore è punito con la pena dell'arresto da tre mesi a un anno o con l'ammenda da mille euro a ventiseimila euro [(1)].

2. Si applica la pena dell'arresto da un anno a due anni e la pena dell'ammenda da cinquemiladuecento euro a cinquantaduemila euro se l'inquinamento è provocato da sostanze pericolose.

3. Nella sentenza di condanna per la contravvenzione di cui ai commi 1 e 2, o nella sentenza emessa ai sensi dell'articolo 444 del codice di procedura penale, il beneficio della sospensione condizionale della pena può essere subordinato alla esecuzione degli interventi di emergenza, bonifica e ripristino ambientale.

4. L'osservanza dei progetti approvati ai sensi degli articoli 242 e seguenti costituisce condizione di non punibilità per le contravvenzioni ambientali contemplate da altre leggi per il medesimo evento e per la stessa condotta di inquinamento di cui al comma 1 [(2)].

(1) Comma modificato dall'art. 1, co. 2, lett. a), l. 22.5.2015, n. 68.

(2) Comma sostituito dall'art. 1, co. 2, lett. b), l. 22.5.2015, n. 68.

258. Violazione degli obblighi di comunicazione, di tenuta dei registri obbligatori e dei formulari [(1)].

1. I soggetti di cui all'art. 189, comma 3, che non effettuano la comunicazione ivi prescritta ovvero la effettuano in modo incompleto o inesatto sono puniti con la sanzione amministrativa pecuniaria da duemila a diecimila euro; se la comunicazione è effettuata entro il sessantesimo giorno dalla scadenza del termine stabilito ai sensi della legge 25 gennaio 1994, n. 70, si applica la sanzione amministrativa pecuniaria da ventisei euro a centosessanta euro.

2. Chiunque omette di tenere ovvero tiene in modo incompleto il registro di carico e scarico di cui all'art. 190, comma 1, è punito con la sanzione amministrativa pecuniaria da duemila a diecimila euro. Se il registro è relativo a rifiuti pericolosi si applica la sanzione amministrativa pecuniaria da diecimila euro a trentamila euro, nonché nei casi più gravi, la sanzione amministrativa accessoria facoltativa della sospensione da un mese a un anno dalla carica rivestita dal soggetto responsabile dell'infrazione e dalla carica di amministratore.

3. Nel caso di imprese che occupino un numero di unità lavorative inferiore a 15 dipendenti, le sanzioni sono quantificate nelle misure minime e massime da millequaranta euro a seimiladuecento euro per i rifiuti non pericolosi e da duemilasettanta euro a dodicimilaquattrocento euro per i rifiuti pericolosi. Il numero di unità lavorative è calcolato con riferimento al numero di dipendenti occupati mediamente a tempo pieno durante un anno, mentre i lavoratori a tempo parziale e quelli stagionali rappresentano frazioni di unità lavorative annue; ai predetti fini l'anno da prendere in considerazione è quello dell'ultimo esercizio contabile approvato, precedente il momento di accertamento dell'infrazione.

4. Salvo che il fatto costituisca reato, chiunque effettua il trasporto di rifiuti senza il formulario di cui all'art. 193 o senza i documenti sostitutivi ivi previsti, ovvero riporta nel formulario stesso dati incompleti o inesatti è punito con la sanzione amministrativa pecuniaria da milleseicento euro a diecimila euro. Si applica la pena dell'art. 483 del codice penale nel caso di trasporto di rifiuti pericolosi. Tale ultima pena si applica anche a chi nella predisposizione di un certificato di analisi di rifiuti, fornisce false indicazioni sulla natura, sulla composizione e sulle caratteristiche chimico-fisiche dei rifiuti e a chi fa uso di un certificato falso durante il trasporto.

5. Nei casi di cui ai commi 1, 2 e 4, ove le informazioni, pur formalmente incomplete o inesatte, siano rinvenibili in forma corretta dai dati riportati nella comunicazione al catasto, nei registri cronologici di carico e scarico, nei formulari di identificazione dei rifiuti trasportati e nelle altre scritture contabili tenute per legge, si applica la sanzione amministrativa pecuniaria da duecentosessanta euro a millecinquecentocinquanta euro. La stessa pena si applica nei casi di indicazioni formalmente incomplete o inesatte, ma contenenti gli elementi atti a ricostruire le informazioni richieste ai sensi di legge, nonché nei casi di mancato invio alle autorità competenti e di mancata conservazione dei registri di cui all'art. 190, comma 1, o del formulario di cui all'art. 193. La sanzione ridotta di cui alla presente disposizione si applica alla omessa o incompleta tenuta dei registri cronologici di carico e scarico da parte del produttore quando siano presenti i formulari di trasporto, a condizione che la data di produzione e presa in carico dei rifiuti possa essere dimostrata, o coincida con la data di scarico dei rifiuti stessi.

6. I soggetti di cui all'art. 220, comma 2, che non effettuano la comunicazione ivi prescritta ovvero la effettuino in modo incompleto o inesatto sono puniti con la sanzione amministrativa pecuniaria da duemila euro a diecimila euro; nel caso in cui la comunicazione sia effettuata entro il sessantesimo giorno dalla scadenza del termine stabilito ai sensi della legge 25 gennaio 1994, n. 70, si applica la sanzione amministrativa pecuniaria da ventisei euro a centosessanta euro.

7. I soggetti responsabili del servizio di gestione integrata dei rifiuti urbani [e assimilati] che non effettuano la comunicazione di cui all'art. 189, comma 5, ovvero la effettuano in modo incompleto o inesatto, sono puniti con la sanzione amministrativa pecuniaria da duemila euro a diecimila euro; nel caso in cui la comunicazione sia effettuata entro il sessantesimo giorno dalla scadenza del termine stabilito ai sensi della legge 25 gennaio 1994, n. 70, si applica la sanzione amministrativa pecuniaria da ventisei euro a centosessanta euro [(2)].

8. In caso di violazione di uno o più degli obblighi previsti dall'art. 184, commi 5- *bis*.1 e 5-*bis*.2, e dall'art. 241-*bis*, commi 4-*bis*, 4-*ter* e 4-*quater*, del presente decreto, il comandante del poligono militare delle Forze armate è punito con la sanzione amministrativa pecuniaria da tremila euro a diecimila euro. In caso di violazione reiterata degli stessi obblighi si applica la sanzione amministrativa pecuniaria da cinquemila euro a ventimila euro.

9. Chi con un'azione od omissione viola diverse disposizioni di cui al presente art., ovvero commette più violazioni della stessa disposizione, soggiace alla sanzione amministrativa prevista per la violazione più grave, aumentata sino al doppio. La stessa sanzione si applica a chi con più azioni od omissioni, esecutive di un medesimo disegno, commette anche in tempi diversi più violazioni della stessa o di diverse disposizioni di cui al presente art.

9 bis. Le disposizioni di cui al comma 9 si applicano a tutte le violazioni commesse anteriormente alla data di entrata in vigore del decreto legislativo 3.09.2020, n. 116, per le quali non sia già intervenuta sentenza passata in giudicato [(3)].

10. Salvo che il fatto costituisca reato e fermo restando l'obbligo di corrispondere i contributi pregressi eventualmente non versati, la mancata o irregolare iscrizione al Registro di cui all'art. 188-*bis*, nelle tempistiche e con le modalità definite nel decreto di cui al comma 1 del medesimo art., comporta l'applicazione di una sanzione amministrativa pecuniaria da cinquecento euro a duemila euro, per i rifiuti non pericolosi, e da mille euro a tremila euro per i rifiuti pericolosi. La mancata o incompleta trasmissione dei dati informativi con le tempistiche e le modalità ivi definite comporta l'applicazione di una sanzione amministrativa pecuniaria da cinquecento euro a duemila euro per i rifiuti non pericolosi e da mille euro a tremila euro per i rifiuti pericolosi.

11. Le sanzioni di cui al comma 10 sono ridotte ad un terzo nel caso in cui si proceda all'iscrizione al Registro entro 60 giorni dalla scadenza dei termini previsti dal decreto di cui al comma 1 dell'art. 188-*bis* e dalle procedure operative. Non è soggetta alle sanzioni di cui *al comma 11 la mera correzione di dati*, comunicata con le modalità previste dal decreto citato.

12. Gli importi delle sanzioni di cui al comma 10 sono versati ad apposito capitolo dell'entrata del bilancio dello Stato per essere riassegnati, con decreto del Ministro dell'economia e delle finanze, ai pertinenti capitoli dello stato di previsione del Ministero dell'ambiente e della tutela del territorio e del mare, destinati agli interventi di bonifica dei siti di cui all'art. 252, comma 5, ove ricorrano le condizioni di cui all'art. 253, comma 5, secondo criteri e modalità di ripartizione fissati con decreto del Ministro dell'ambiente e della tutela del territorio e del mare.

13. Le sanzioni di cui al presente art., conseguenti alla trasmissione o all'annotazione di dati incompleti o inesatti sono applicate solo nell'ipotesi in cui i dati siano rilevanti ai fini della tracciabilità, con esclusione degli errori materiali e violazioni formali. In caso di dati incompleti o inesatti rilevanti ai fini della tracciabilità di tipo seriale, si applica una sola sanzione aumentata fino al triplo.

(1) Articolo modificato dall'art. 2, co. 42, d.lgs. 16.1.2008, n. 4, dall'art. 35, d.lgs. 3.12.2010, n. 205, dall'art. 1, co. 304, lett. c), l. 27.12.2017, n. 205 e poi sostituito dall'art. 4, co. 1, d.lgs. 3.9.2020, n. 116.

(2) Comma modificato dall'art. 35, co. 1, lett. a) e f), d.l. 31.5.2021, n. 77, conv., con modif., con l. 29.7.2021, n. 108.

(3) Comma introdotto dall'art. 8 quater, co. 1, d.l. 18.10.2023, n. 145, conv., con modif., con l. 15.12.2023, n. 191.

259. Traffico illecito di rifiuti.

1. Chiunque effettua una spedizione di rifiuti costituente traffico illecito ai sensi dell'articolo 26 del regolamento (CEE) 1° febbraio 1993, n. 259, o effettua una spedizione di rifiuti elencati nell'Allegato II del citato regolamento in violazione dell'articolo 1, comma 3, lettere a), b), c) e d), del regolamento stesso è punito con la pena dell'ammenda da millecinquecentocinquanta euro a ventiseimila euro e con l'arresto fino a due anni. La pena è aumentata in caso di spedizione di rifiuti pericolosi.

2. Alla sentenza di condanna, o a quella emessa ai sensi dell'articolo 444 del codice di procedura penale, per i reati relativi al traffico illecito di cui al comma 1 o al trasporto illecito di cui agli articoli 256 e 258, comma 4, consegue obbligatoriamente la confisca del mezzo di trasporto.

260. Attività organizzate per il traffico illecito di rifiuti.

[**1.** Chiunque, al fine di conseguire un ingiusto profitto, con più operazioni e attraverso l'allestimento di mezzi e attività continuative organizzate, cede, riceve, trasporta, esporta, importa, o comunque gestisce abusivamente ingenti quantitativi di rifiuti è punito con la reclusione da uno a sei anni,

2. Se si tratta di rifiuti ad alta radioattività si applica la pena della reclusione da tre a otto anni.

3. Alla condanna conseguono le pene accessorie di cui agli articoli 28, 30, 32-*bis* e 32-*ter* del codice penale, con la limitazione di cui all'articolo 33 del medesimo codice.

4. Il giudice, con la sentenza di condanna o con

quella emessa ai sensi dell'articolo 444 del codice di procedura penale, ordina il ripristino dello stato dell'ambiente e può subordinare la concessione della sospensione condizionale della pena all'eliminazione del danno o del pericolo per l'ambiente.

4 bis. È sempre ordinata la confisca delle cose che servirono a commettere il reato o che costituiscono il prodotto o il profitto del reato, salvo che appartengano a persone estranee al reato. Quando essa non sia possibile, il giudice individua beni di valore equivalente di cui il condannato abbia anche indirettamente o per interposta persona la disponibilità e ne ordina la confisca [(1)].] [(2)]

(1) Comma introdotto dall'art. 1, co. 3, l. 22.5.2015, n. 68.
(2) Articolo abrogato dall'art. 7, co. 1, lett. q), d.lgs. 1.3.2018, n. 21.

260 ter. Sanzioni amministrative accessorie. Confisca [(1)].

1. All'accertamento delle violazioni di cui ai commi 7 e 8 dell'articolo 260-*bis*, consegue obbligatoriamente la sanzione accessoria del fermo amministrativo del veicolo utilizzato per l'attività di trasporto dei rifiuti di mesi 12, nel caso in cui il responsabile si trovi nelle situazioni di cui all'art. 99 c.p. o all'articolo 8-*bis* della legge 24 novembre 1981, n. 689, o abbia commesso in precedenza illeciti amministrativi con violazioni della stessa indole o comunque abbia violato norme in materia di rifiuti [(2)].

2. Si applicano, in quanto compatibili, le disposizioni di cui agli articoli 213, 214, 214 *bis* e 224-*ter* del decreto legislativo 30 aprile 1992, n. 285, e relative norme di attuazione.

3. All'accertamento delle violazioni di cui al comma 1 dell'articolo 260-*bis*, consegue la sanzione accessoria del fermo amministrativo di mesi 12 del veicolo utilizzato dal trasportatore.

In ogni caso restituzione del veicolo sottoposto al fermo amministrativo non può essere disposta in mancanza dell'iscrizione e del correlativo versamento del contributo.

4. In caso di trasporto non autorizzato di rifiuti pericolosi, è sempre disposta la confisca del veicolo e di qualunque altro mezzo utilizzato per il trasporto del rifiuto, ai sensi dell'articolo 240, secondo comma, del codice penale, salvo che gli stessi che appartengano, non fittiziamente a persona estranea al reato.

5. Il fermo di cui al comma 1 e la confisca di cui al comma 4 conseguono obbligatoriamente anche all'accertamento delle violazioni di cui al comma 1 dell'articolo 256.

(1) Articolo introdotto dall'art. 36 d.lgs. 3.12.2010, n. 205. L'art. 36, d.lgs. n. 205/2010 è stato abrogato a decorrere dal 1.1.2019 dall'art. 6, co. 2, lett. a), d.l. 14.12.2018, n. 135conv., con modif., in l. 11.2.2019, n. 12.
(2) Comma modificato dall'art. 3, d.lgs. 7.7.2011, n. 121.

261. Imballaggi.

1. I produttori e gli utilizzatori che non adempiono all'obbligo di raccolta di cui all'articolo 221, comma 2, o non adottano, in alternativa, sistemi gestionali ai sensi del medesimo articolo 221, comma 3, lettere a) e c), sono puniti con la sanzione amministrativa pecuniaria di euro 5.000 [(1)].

2. I produttori di imballaggi che non provvedono ad organizzare un sistema per l'adempimento degli obblighi di cui all'articolo 221, comma 3, e non aderiscono ai consorzi di cui all'articolo 223, né adottano un sistema di restituzione dei propri imballaggi ai sensi dell'articolo 221, comma 3, lettere a) e c), sono puniti con la sanzione amministrativa pecuniaria da quindicimilacinquecento euro a quarantaseimilacinquecento euro. La stessa pena si applica agli utilizzatori che non adempiono all'obbligo di cui all'articolo 221, comma 4.

3. La violazione dei divieti di cui all'articolo 226, commi 1 e 4, è punita con la sanzione amministrativa pecuniaria da cinquemiladuecento euro a quarantamila euro. La stessa pena si applica a chiunque immette nel mercato interne imballaggi privi dei requisiti di cui all'articolo 219, comma 5.

4. La violazione del disposto di cui all'articolo 226, comma 3, è punita con la sanzione amministrativa pecuniaria da duemilaseicento euro a quindicimilacinquecento euro.

4 bis. La violazione delle disposizioni di cui agli articoli 226-*bis* e 226-*ter* è punita con la sanzione amministrativa pecuniaria da 2.500 a 25.000 euro [(2)].

4 ter. La sanzione amministrativa di cui al comma 4-*bis* è aumentata fino al quadruplo del massimo se la violazione del divieto riguarda ingenti quantitativi di borse di plastica oppure un valore di queste ultime superiore al 10 per cento del fatturato del trasgressore, nonché in caso di utilizzo di diciture o altri mezzi elusivi degli obblighi di cui agli articoli 226-*bis* e 226-*ter* [(3)].

4 quater. Le sanzioni di cui ai commi 4-*bis* e 4-*ter* sono applicate ai sensi della legge 24 novembre 1981, n. 689; all'accertamento delle violazioni provvedono, d'ufficio o su denunzia, gli organi di polizia amministrativa, fermo restando quanto previsto dall'articolo 13 della citata legge n. 689 del 1981 [(4)].

(1) Comma modificato dall'art. 26, co. 1, lett. c), d.l. 24.1.2012, n. 1, conv., con modif., con l. 24.3.2012, n. 27 e poi sostituito dall'art. 11, co. 3, l. 28.7.2016, n. 154.
(2) Comma introdotto dall'art. 9 bis, co. 1, lett. a), d.l. 20.6.2017, n. 91, conv., con modif., con l. 3.8. 2017, n. 123.
(3) Comma introdotto dall'art. 9 bis, co. 1, lett. a), d.l. 20.6.2017, n. 91, conv., con modif., con l. 3.8. 2017, n. 123.
(4) Comma introdotto dall'art. 9 bis, co. 1, lett. a), d.l. 20.6.2017, n. 91, conv., con modif., con l. 3.8. 2017, n. 123.

261 bis. Sanzioni [(1)].

1. Salvo che il fatto costituisca più grave reato, chiunque effettua attività di incenerimento o di coincenerimento di rifiuti pericolosi in mancanza della prescritta autorizzazione all'esercizio di cui presente titolo, è punito con l'arresto da uno a due anni e con l'ammenda da diecimila euro a cinquantamila euro.

2. Salvo che il fatto costituisca più grave reato, chiunque effettua attività di incenerimento o di coincenerimento di rifiuti non pericolosi, negli impianti di cui all'articolo 237-*ter*, comma 1, lettere b), c) d) ed e), in mancanza della prescritta autorizzazione all'esercizio, è punito con l'arresto da sei mesi ad un anno e con l'ammenda da diecimila euro a trentamila euro.

3. Salvo che il fatto costituisca più grave reato, chiunque effettua lo scarico sul suolo, nel sottosuolo o nelle acque sotterranee, di acque reflue evacuate da un impianto di incenerimento o coincenerimento e provenienti dalla depurazione degli effluenti gassosi di cui all'articolo 237-*duodecies*, comma 5, è punito con l'arresto fino ad un anno e con l'ammenda da diecimila euro a trentamila euro.

4. Salvo che il fatto costituisca più grave reato, il proprietario ed il gestore che nell'effettuare la dismissione di un impianto di incenerimento o di coincenerimento di rifiuti non provvedono a quanto previsto all'articolo 237-*octies*, comma 10, sono puniti con l'arresto fino ad un anno e con l'ammenda da diecimila euro a venticinquemila euro.

5. Salvo che il fatto costituisca più grave reato, chiunque effettua attività di incenerimento o di coincenerimento di rifiuti nelle condizioni di cui all'articolo 237-*septiesdecies*, comma 3, superando anche uno solo dei limiti temporali ivi previsti, è punito con l'arresto fino a nove mesi e con l'ammenda da cinquemila euro a trentamila euro.

6. Salvo che il fatto costituisca più grave reato, chiunque effettua lo scarico in acque superficiali di acque reflue evacuate da un impianto di incenerimento o coincenerimento e provenienti dalla depurazione degli effluenti gassosi di cui all'articolo 237-*duodecies*, comma 5, non rispettando i valori di emissione previsti all'Allegato 1, paragrafo D, è punito con l'arresto fino a sei mesi e con l'ammenda da diecimila euro a trentamila euro.

7. Salvo che il fatto costituisca più grave reato, chiunque effettua lo scarico delle acque reflue di cui all'articolo 237-*duodecies*, in mancanza della prescritta autorizzazione di cui al comma 1, è punito con l'arresto fino a tre mesi e con l'ammenda da cinquemila euro a trentamila euro.

8. Salvo che il fatto costituisca più grave reato, chiunque, nell'esercizio dell'attività di incenerimento o coincenerimento, supera i valori limite di emissione di cui all'articolo 237-*undecies*, è punito con l'arresto fino ad un anno o con l'ammenda da diecimila euro a venticinquemila euro. Se i valori non rispettati sono quelli di cui all'Allegato 1, paragrafo A, punti 3) e 4), il responsabile è punito con l'arresto da uno a due anni e con l'ammenda da diecimila euro a quarantamila euro.

9. Salvo che il fatto costituisca più grave reato, il professionista che, nel certificato sostitutivo di cui all'articolo 237-*octies*, comma 8, e all'articolo 237-*octies*, comma 10, con riferimento agli impianti di coincenerimento, attesta fatti non corrispondenti al vero, è punito con l'arresto fino ad un anno o con l'ammenda da cinquemila euro a venticinquemila euro.

10. Salvo che il fatto costituisca più grave reato, chiunque mette in esercizio un impianto di incenerimento o di coincenerimento autorizzato alla costruzione ed all'esercizio, in assenza della verifica di cui all'articolo 237-*octies*, comma 7, o della relativa certificazione sostitutiva comunicata nelle forme di cui all'articolo 237-*octies*, comma 8, e all'articolo 237-*octies*, comma 10, con riferimento agli impianti di coincenerimento, è punito con l'arresto fino ad un anno o con l'ammenda da tremila euro a venticinquemila euro.

11. Salvo che il fatto costituisca più grave reato e salvo quanto previsto al comma 12, chiunque, nell'esercizio di un impianto autorizzato di incenerimento o coincenerimento, non osserva le prescrizioni indicate nell'autorizzazione ai sensi dell'articolo 237-*quinquies*, comma 2, con riferimento agli impianti di incenerimento, all'articolo 237-*quinquies*, comma 3, all'articolo 237-*septies*, comma 1, e all'articolo 237-*octies*, comma 1, è punito con l'ammenda da tremila euro a trentamila euro.

12. Salvo che il fatto costituisca reato, chiunque, nell'esercizio di un impianto autorizzato di incenerimento o coincenerimento, avendo conseguito in sede di autorizzazione le parziali deroghe di cui all'articolo 237-*septies*, comma 6, e all'articolo 237-*nonies*, non rispetta le prescrizioni imposte dall'autorità competente in sede di autorizzazione, è punito con la sanzione amministrativa da tremila euro a venticinquemila euro.

13. Salvo che il fatto costituisca reato, chiunque, nell'esercizio di un impianto autorizzato di incenerimento o coincenerimento, avendo conseguito in sede di autorizzazione le deroghe di cui all'articolo 237-*undecies*, comma 6, non rispetta le prescrizioni imposte dall'autorità competente in sede di autorizzazione, è punito con la sanzione amministrativa da duemilacinquecento euro a venticinquemila euro.

14. Salvo che il fatto costituisca reato, chiunque, al di fuori dei casi previsti dal presente articolo, nell'esercizio di un impianto di incenerimento o coincenerimento non rispetta le prescrizioni di cui al presente decreto, o quelle imposte dall'autorità competente in sede di autorizzazione, è punito con la sanzione amministrativa da mille euro a trentacinquemila euro.

15. Le disposizioni di cui ai commi 1, 2, 5, 6, 7, 8, 10, 12, 13, 14 e 15 non si applicano nel caso in cui l'installazione è soggetta alle disposizioni del Titolo III-*bis* della Parte seconda.

(1) Articolo introdotto dall'art. 16, co. 1, d.lgs. 4.3.2014, n. 46.

262. Competenza e giurisdizione.

1. Fatte salve le altre disposizioni della legge 24 novembre 1981, n. 689 in materia di accertamento degli illeciti amministrativi, all'irrogazione delle sanzioni amministrative pecuniarie previste dalla parte quarta del presente decreto provvede la provincia nel cui territorio è stata commessa la violazione, ad eccezione delle sanzioni previste dall'articolo 261, comma 3, in relazione al divieto di cui all'articolo 226, comma 1, per le quali è competente il comune.

2. Avverso le ordinanze-ingiunzione relative alle sanzioni amministrative di cui al comma 1 è esperibile il giudizio di opposizione previsto dall'articolo 22 della legge 24 novembre 1981, n. 689 [1].

3. Per i procedimenti penali pendenti alla data di entrata in vigore della parte quarta del presente decreto l'autorità giudiziaria, se non deve pronunziare decreto di archiviazione o sentenza di proscioglimento, dispone la trasmissione degli atti agli Enti indicati ai comma 1 ai fini dell'applicazione delle sanzioni amministrative.

(1) Comma modificato dall'art. 34, co. 4, d.lgs. 1.9.2011, n. 150.

263. Proventi delle sanzioni amministrative pecuniarie.

1. I proventi delle sanzioni amministrative pecuniarie per le violazioni di cui alle disposizioni della parte quarta del presente decreto sono devoluti alle province e sono destinati all'esercizio delle funzioni di controllo in materia ambientale, fatti salvi i proventi delle sanzioni amministrative pecuniarie di cui all'articolo 261, comma 3, in relazione al divieto di cui all'articolo 226, comma 1, che sono devoluti ai comuni.

2. Le somme derivanti dai proventi delle sanzioni amministrative irrogate ai sensi dell'articolo 261-*bis* sono versate all'entrata dei bilanci delle autorità competenti e sono destinate a potenziare le ispezioni ambientali straordinarie previste dal presente decreto, in particolare all'articolo 29-*decies*, comma 4, nonché le ispezioni finalizzate a verificare il rispetto degli obblighi ambientali per impianti ancora privi di autorizzazione [1].

2 bis. Il 50 per cento delle somme derivanti dai proventi delle sanzioni amministrative pecuniarie irrogate ai sensi dell'articolo 255, comma 1-*bis*, è versato all'entrata del bilancio dello Stato per essere riassegnato ad un apposito Fondo istituito presso lo stato di previsione del Ministero dell'ambiente e della tutela del territorio e del mare e destinato alle attività di cui ai commi 1 e 2 dell'articolo 232-*bis*. Il restante 50 per cento dei suddetti proventi è destinato ai comuni nel cui territorio sono state accertate le relative violazioni ed è destinato alle attività di cui al comma 1 dell'articolo 232-*bis*, ad apposite campagne di informazione da parte degli stessi comuni, volte a sensibilizzare i consumatori sulle conseguenze nocive per l'ambiente derivanti dall'abbandono dei mozziconi dei prodotti da fumo e dei rifiuti di piccolissime dimensioni di cui all'articolo 232-*ter*, nonché alla pulizia del sistema fognario urbano. Con provvedimento del Ministero dell'ambiente e della tutela del territorio e del mare, di concerto con il Ministero dell'interno e con il Ministero dell'economia e delle finanze, da emanare entro novanta giorni dalla data di entrata in vigore della presente disposizione, sono stabilite le modalità attuative del presente comma [2].

(1) Comma introdotto dall'art. 17, co. 1, d.lgs. 4.3.2014, n. 46.
(2) Comma introdotto dall'art. 40, co. 1, lett. c), l. 28.12.2015, n. 221.

PARTE V
Norme in materia di tutela dell'aria e di riduzione delle emissioni in atmosfera

TITOLO I
Prevenzione e limitazione delle emissioni in atmosfera di impianti e attività

267. Campo di applicazione.

1. Il presente titolo, ai fini della prevenzione e della limitazione dell'inquinamento atmosferico, si applica agli impianti, inclusi gli impianti termici civili non disciplinati dal titolo II, ed alle attività che producono emissioni in atmosfera e stabilisce i valori di emissione, le prescrizioni, i metodi di campionamento e di analisi delle emissioni ed i criteri per la valutazione della conformità dei valori misurati ai valori limite.

2. Per gli impianti di incenerimento e coincenerimento e gli altri impianti di trattamento termico dei rifiuti i valori limite di emissione e altre prescrizioni sono stabiliti nell'autorizzazione di cui all'articolo 208 o nell'autorizzazione integrata ambientale di cui al Titolo III-*bis* alla Parte Seconda. I valori limite e le prescrizioni sono stabiliti, per gli impianti di incenerimento e coincenerimento sulla base del Titolo III-*bis* della Parte Quarta e dei piani regionali di qualità dell'aria e, per gli altri impianti di trattamento termico dei rifiuti, sulla base degli articoli 270 e 271 del presente titolo. Resta ferma l'applicazione del presente titolo per gli altri impianti e le altre attività presenti nello stesso stabilimento, nonché nei casi previsti dall'articolo 214, comma 8 [1].

3. Resta fermo, per le installazioni sottoposte ad autorizzazione integrata ambientale, quanto previsto al Titolo III-*bis* della Parte Seconda; per tali installazioni l'autorizzazione alle emissioni prevista dal presente Titolo non è richiesta in quanto sostituita dall'autorizzazione integrata ambientale [2].

[**4.** Al fine di consentire il raggiungimento degli obiettivi derivanti dal Protocollo di Kyoto e di favorire comunque la riduzione delle emissioni in atmosfera di sostanze inquinanti, la normativa di cui alla parte quinta del presente decreto intende determinare l'attuazione di tutte le più opportune azioni volte a promuovere l'impiego dell'energia elettrica prodotta da impianti di produzione alimentati da fonti rinnovabili ai sensi della normativa comunitaria e nazionale vigente e, in particolare, della direttiva 2001/77/CE e del decreto legislativo 29 dicembre 2003, n. 387, determinandone il dispacciamento prioritario. In particolare:

a) potranno essere promosse dal Ministro dell'ambiente e della tutela del territorio di concerto con i Ministri delle attività produttive e per lo sviluppo e la coesione territoriale misure atte a favorire la produzione di energia elettrica tramite fonti rinnovabili ed al contempo sviluppare la base produttiva di tecnologie pulite, con particolare riferimento al Mezzogiorno;

b) con decreto del Ministro delle attività produttive di concerto con i Ministri dell'ambiente e della tutela del territorio e dell'economia e delle finanze, da emanarsi entro trenta giorni dalla data di entrata in vigore della parte quinta del presente decreto, sono determinati i compensi dei componenti dell'Osservatorio di cui all'articolo 16 del decreto legislativo 29 dicembre 2003, n. 387, da applicarsi a decorrere dalla data di nomina, nel limite delle risorse di cui all'articolo 16, comma 6, del medesimo decreto legislativo e senza che ne derivino nuovi o maggiori oneri a carico della finanza pubblica;
c) i certificati verdi maturati a fronte di energia prodotta ai sensi dell'articolo 1, comma 71, della legge 23 agosto 2004, n. 239, possono essere utilizzati per assolvere all'obbligo di cui all'articolo 11 del decreto legislativo 16 marzo 1999, n. 79, solo dopo che siano stati annullati tutti i certificati verdi maturati dai produttori di energia elettrica prodotta da fonti rinnovabili così come definite dall'articolo 2, comma 1, lettera a), del decreto legislativo n. 387 del 2003;
d) al fine di prolungare il periodo di validità dei certificati verdi, all'articolo 20, comma 5, del decreto legislativo 29 dicembre 2003, n. 387, le parole «otto anni» sono sostituite dalle parole «dodici anni» (3).] (4)

(1) Comma sostituito dall'art. 3, co. 1, d.lgs. 29.6.2010, n. 128 e poi modificato dall'art. 18, co. 1, lett. a), d.lgs. 4.3.2014, n. 46.
(2) Comma sostituito dall'art. 3, co. 1, d.lgs. 29.6.2010, n. 128 e poi dall'art. 18, co. 1, lett. b), d.lgs. 4.3.2014, n. 46.
(3) Secondo quanto previsto dall'art. 2, co. 151, della l. 24.12.2007, n. 244 il prolungamento del periodo di diritto ai certificati verdi si applica ai soli impianti alimentati da fonti rinnovabili entrati in esercizio dopo il 1.4.1999 fino al 31.12.2007.
(4) Comma abrogato dall'art. 1, co. 1, lett. a), d.lgs. 15.11.2017, n. 183.

268. Definizioni.

1. Ai fini del presente titolo si applicano le seguenti definizioni:
a) inquinamento atmosferico: ogni modificazione dell'aria atmosferica, dovuta all'introduzione nella stessa di una o di più sostanze in quantità e con caratteristiche tali da ledere o da costituire un pericolo per la salute umana o per la qualità dell'ambiente oppure tali da ledere i beni materiali o compromettere gli usi legittimi dell'ambiente;
b) emissione in atmosfera: qualsiasi sostanza solida, liquida o gassosa introdotta nell'atmosfera che possa causare inquinamento atmosferico e, per le attività di cui all'articolo 275, qualsiasi scarico, diretto o indiretto, di COV nell'ambiente (1);
c) emissione convogliata: emissione di un effluente gassoso effettuata attraverso uno o più appositi punti;
d) emissione diffusa: emissione diversa da quella ricadente nella lettera c); per le lavorazioni di cui all'articolo 275 le emissioni diffuse includono anche i COV contenuti negli scarichi idrici, nei rifiuti e nei prodotti, fatte salve le diverse indicazioni contenute nella parte *III* dell'*Allegato III* alla parte quinta del presente decreto (2);
e) emissione tecnicamente convogliabile: emissione diffusa che deve essere convogliata sulla base delle migliori tecniche disponibili o in presenza di situazioni o di zone che richiedono una particolare tutela;
f) emissioni totali: la somma delle emissioni diffuse e delle emissioni convogliate;
f-bis) emissioni odorigene: emissioni convogliate o diffuse aventi effetti di natura odorigena (3);
g) effluente gassoso: lo scarico gassoso, contenente emissioni solide, liquide o gassose; la relativa portata volumetrica è espressa in metri cubi all'ora riportate in condizioni normali (N metri cubi/ora), previa detrazione del tenore di vapore acqueo, se non diversamente stabilito dalla parte quinta del presente decreto;
h) stabilimento: il complesso unitario e stabile, che si configura come un complessivo ciclo produttivo, sottoposto al potere decisionale di un unico gestore, in cui sono presenti uno o più impianti o sono effettuate una o più attività che producono emissioni attraverso, per esempio, dispositivi mobili, operazioni manuali, deposizioni e movimentazioni. Si considera stabilimento anche il luogo adibito in modo stabile all'esercizio di una o più attività (4);
i) stabilimento anteriore al 1988: uno stabilimento che, alla data del 1 luglio 1988, era in esercizio o costruito in tutte le sue parti o autorizzato ai sensi della normativa previgente, e che è stato autorizzato ai sensi degli articoli 12 e 13 del decreto del Presidente della Repubblica 24 maggio 1988, n. 203 (5);
i-*bis*) stabilimento anteriore al 2006: uno stabilimento che è stato autorizzato ai sensi dell'articolo 6 o dell'articolo 11 o dell'articolo 15, comma 1, lettera b), del decreto del Presidente della Repubblica 24 maggio 1988, n. 203, purché in funzione o messo in funzione entro il 29 aprile 2008 (6);
i-*ter*) stabilimento nuovo: uno stabilimento che non ricade nelle definizioni di cui alle lettere i) e i-*bis*) (7);
l) impianto: il dispositivo o il sistema o l'insieme di dispositivi o sistemi fisso e destinato a svolgere in modo autonomo una specifica attività, anche nell'ambito di un ciclo più ampio (8);
m) modifica dello stabilimento: installazione di un impianto o avvio di una attività presso uno stabilimento o modifica di un impianto o di una attività presso uno stabilimento, la quale comporti una variazione di quanto indicato nel progetto o nella relazione tecnica di cui all'articolo 269, comma 2, o nell'autorizzazione di cui all'articolo 269, comma 3, o nella domanda di adesione all'autorizzazione generale di cui all'articolo 272, o nell'autorizzazione rilasciata ai sensi del decreto del Presidente della Repubblica 24 maggio 1988, n. 203, o nei documenti previsti dall'articolo 12 di tale decreto; ricadono nella definizione anche le modifiche relative alle modalità di esercizio o ai combustibili utilizzati (9);
m-*bis*) modifica sostanziale: modifica che comporta un aumento o una variazione qualitativa delle emissioni

o che altera le condizioni di convogliabilità tecnica delle stesse e che possa produrre effetti negativi e significativi sull'ambiente; per gli impianti di cui all'articolo 273 si applica la definizione prevista dall'articolo 5, comma 1, lettera l-*bis*); per le attività di cui all'articolo 275 si applicano le definizioni previste ai commi 21e 22 di tale articolo. Le regioni e le province autonome possono, nel rispetto della presente definizione, definire ulteriori criteri per la qualificazione delle modifiche sostanziali e indicare modifiche non sostanziali per le quali non vi è l'obbligo di comunicazione di cui all'articolo 269, comma 8 (10);

n) gestore: la persona fisica o giuridica che ha potere decisionale circa l'installazione o l'esercizio dello stabilimento e che è responsabile dell'applicazione dei limiti e delle prescrizioni disciplinate nel presente decreto; per gli impianti di cui all'articolo 273 e per le attività di cui all'articolo 275 si applica la definizione prevista all'articolo 5, comma 1, lettera r-*bis*) (11);

o) autorità competente: la regione o la provincia autonoma o la diversa autorità indicata dalla legge regionale quale autorità competente al rilascio dell'autorizzazione alle emissioni e all'adozione degli altri provvedimenti previsti dal presente titolo; per gli stabilimenti sottoposti ad autorizzazione integrata ambientale e per gli adempimenti a questa connessi, l'autorità competente è quella che rilascia tale autorizzazione (12);

p) autorità competente per il controllo: l'autorità a cui la legge regionale attribuisce il compito di eseguire in via ordinaria i controlli circa il rispetto dell'autorizzazione e delle disposizioni del presente titolo, ferme restando le competenze degli organi di polizia giudiziaria; in caso di stabilimenti soggetti ad autorizzazione alle emissioni tale autorità coincide, salvo diversa indicazione della legge regionale, con quella di cui alla lettera o); per stabilimenti sottoposti ad autorizzazione integrata ambientale e per i controlli a questa connessi, l'autorità competente per il controllo è quella prevista dalla normativa che disciplina tale autorizzazione (13);

q) valore limite di emissione: il fattore di emissione, la concentrazione, la percentuale o il flusso di massa di sostanze inquinanti nelle emissioni che non devono essere superati. I valori di limite di emissione espressi come concentrazione sono stabiliti con riferimento al funzionamento dell'impianto nelle condizioni di esercizio più gravose e, salvo diversamente disposto dal presente titolo o dall'autorizzazione, si intendono stabiliti come media oraria (14);

r) fattore di emissione: rapporto tra massa di sostanza inquinante emessa e unità di misura specifica di prodotto o di servizio;

s) concentrazione: rapporto tra massa di sostanza inquinante emessa e volume dell'effluente gassoso; per gli impianti di combustione i valori di emissione espressi come concentrazione (mg/Nmetri cubi) sono calcolati considerando, se non diversamente stabilito dalla parte quinta del presente decreto, un tenore volumetrico di ossigeno di riferimento del 3 per cento in volume dell'effluente gassoso per i combustibili liquidi e gassosi, del 6 per cento in volume per i combustibili solidi e del 15 per cento in volume per le turbine a gas;

t) percentuale: rapporto tra massa di sostanza inquinante emessa e massa della stessa sostanza utilizzata nel processo produttivo, moltiplicato per cento;

u) flusso di massa: massa di sostanza inquinante emessa per unità di tempo;

v) soglia di rilevanza dell'emissione: flusso di massa, per singolo inquinante o per singola classe di inquinanti, calcolato a monte di eventuali sistemi di abbattimento, e nelle condizioni di esercizio più gravose dell'impianto, al di sotto del quale non si applicano i valori limite di emissione (15);

z) condizioni normali: una temperatura di 273 15 K ed una pressione di 101,3 kPa;

a) migliori tecniche disponibili: la più efficiente ed avanzata fase di sviluppo di attività e relativi metodi di esercizio indicanti l'idoneità pratica di determinate tecniche ad evitare ovvero, se ciò risulti impossibile, a ridurre le emissioni; a tal fine, si intende per:

1) tecniche: sia le tecniche impiegate, sia le modalità di progettazione, costruzione, manutenzione, esercizio e chiusura degli impianti e delle attività (16);

2) disponibili: le tecniche sviluppate su una scala che ne consenta l'applicazione in condizioni economicamente e tecnicamente valide nell'ambito del pertinente comparto industriale, prendendo in considerazione i costi e i vantaggi, indipendentemente dal fatto che siano o meno applicate o prodotte in ambito nazionale, purché il gestore possa avervi accesso a condizioni ragionevoli;

3) migliori: le tecniche più efficaci per ottenere un elevato livello di protezione dell'ambiente nel suo complesso. Per gli impianti di cui all'articolo 273 e per le attività di cui all'articolo 275 si applica la definizione prevista all'articolo 5, comma 1, lettera l-*ter*) (17);

a-*bis*) ore operative: il tempo, espresso in ore, durante il quale un grande impianto di combustione o un medio impianto di combustione è, in tutto o in parte, in esercizio e produce emissioni in atmosfera, esclusi i periodi di avviamento e di arresto (18);

b) periodo di avviamento: salva diversa disposizione autorizzativa, il tempo in cui l'impianto, a seguito dell'erogazione di energia, combustibili o materiali, è portato da una condizione nella quale non esercita l'attività a cui è destinato, o la esercita in situazione di carico di processo inferiore al minimo tecnico, ad una condizione nella quale tale attività è esercitata in situazione di carico di processo pari o superiore al minimo tecnico;

c) periodo di arresto: salva diversa disposizione autorizzativa, il tempo in cui l'impianto, a seguito dell'interruzione dell'erogazione di energia, combustibili o materiali, non dovuta ad un guasto, è portato da una condizione nella quale esercita l'attività a cui è destinato in situazione di carico di processo pari o superiore al minimo tecnico ad una condizione nella quale tale funzione è esercitata in situazione di carico di processo inferiore al minimo tecnico o non è esercitata;

d) carico di processo: il livello percentuale di produzione rispetto alla potenzialità nominale dell'impianto;

e) minimo tecnico: il carico minimo di processo compatibile con l'esercizio dell'attività cui l'impianto è destinato [19];

f) impianto di combustione: qualsiasi dispositivo tecnico in cui sono ossidati combustibili al fine di utilizzare il calore così prodotto:

g) grande impianto di combustione: impianto di combustione di potenza termica nominale pari o superiore a 50MW. Un grande impianto di combustione è classificato come:

1) anteriore al 2013: il grande impianto di combustione che ha ottenuto un'autorizzazione prima del 7 gennaio 2013 o per cui è stata presentata una domanda completa di autorizzazione entro tale data, a condizione che sia messo in servizio entro il 7 gennaio 2014;

2) anteriore al 2002: il grande impianto di combustione che ha ottenuto un'autorizzazione prima del 27 novembre 2002 o per cui è stata presentata una domanda completa di autorizzazione prima di tale data, a condizione che sia stato messo in esercizio entro il 27 novembre 2003;

3) nuovo: il grande impianto di combustione che non ricade nella definizione di cui ai numeri 2) e 3) [20];

g-*bis*) medio impianto di combustione: impianto di combustione di potenza termica nominale pari o superiore a 1 MW e inferiore a 50MW, inclusi i motori e le turbine a gas alimentato con i combustibili previsti all'allegato X alla Parte Quinta o con le biomasse rifiuto previste all'allegato II alla Parte Quinta. Un medio impianto di combustione è classificato come:

1) esistente: il medio impianto di combustione messo in esercizio prima del 20 dicembre 2018 nel rispetto della normativa all'epoca vigente o previsto in una autorizzazione alle emissioni o in una autorizzazione unica ambientale o in una autorizzazione integrata ambientale che il gestore ha ottenuto o alla quale ha aderito prima del 19 dicembre 2017 a condizione che sia messo in esercizio entro il 20 dicembre 2018;

2) nuovo: il medio impianto di combustione che non rientra nella definizione di cui al punto 1) [21];

g-*ter*) motore: un motore a gas, diesel o a doppia alimentazione [22];

g-*quater*) motore a gas: un motore a combustione interna che funziona secondo il ciclo Otto e che utilizza l'accensione comandata per bruciare il combustibile [23];

g-*quinquies*) motore diesel: un motore a combustione interna che funziona secondo il ciclo diesel e che utilizza l'accensione spontanea per bruciare il combustibile [24];

g-*sexies*) motore a doppia alimentazione: un motore a combustione interna che utilizza l'accensione spontanea e che funziona secondo il ciclo diesel quando brucia combustibili liquidi e secondo il ciclo Otto quando brucia combustibili gassosi [25];

g-*septies*) turbina a gas: qualsiasi macchina rotante che trasforma energia termica in meccanica, costituita principalmente da un compressore, un dispositivo termico in cui il combustibile è ossidato per riscaldare il fluido motore e una turbina; sono incluse le turbine a gas a ciclo aperto, le turbine a gas a ciclo combinato e le turbine a gas in regime di cogenerazione, dotate o meno di bruciatore supplementare [26];

h) potenza termica nominale dell'impianto di combustione: prodotto del potere calorifico inferiore del combustibile utilizzato e della portata massima di combustibile bruciato al singolo impianto di combustione, così come dichiarata dal costruttore, espressa in Watt termici o suoi multipli;

i) composto organico: qualsiasi composto contenente almeno l'elemento carbonio e uno o più degli elementi seguenti: idrogeno, alogeni, ossigeno, zolfo, fosforo, silicio o azoto, ad eccezione degli ossidi di carbonio e dei carbonati e bicarbonati inorganici;

l) composto organico volatile (COV): qualsiasi composto organico che abbia a 293,15 K una pressione di vapore di 0,01 kPa o superiore, oppure che abbia una volatilità corrispondente in condizioni particolari di uso. Ai fini della parte quinta del presente decreto, è considerata come COV la frazione di creosoto che alla temperatura di 293,15 K ha una pressione di vapore superiore a 0,01 kPa;

m) solvente organico: qualsiasi COV usato da solo o in combinazione con altri agenti, senza subire trasformazioni chimiche, al fine di dissolvere materie prime, prodotti o rifiuti, o usato come agente di pulizia per dissolvere contaminanti oppure come dissolvente, mezzo di dispersione, correttore di viscosità, correttore di tensione superficiale, plastificante o conservante [27];

n) capacità nominale: la massa giornaliera massima di solventi organici utilizzati per le attività di cui all'articolo 275, svolte in condizioni di normale funzionamento ed in funzione della potenzialità di prodotto per cui le attività sono progettate;

o) consumo di solventi: il quantitativo totale di solventi organici utilizzato in uno stabilimento per le attività di cui all'articolo 275 per anno civile ovvero per qualsiasi altro periodo di dodici mesi, detratto qualsiasi COV recuperato per riutilizzo [28];

p) consumo massimo teorico di solventi: il consumo di solventi calcolato sulla base della capacità nominale riferita, se non diversamente stabilito dall'autorizzazione, a tre centotrenta giorni all'anno in caso di attività effettuate su tutto l'arco della settimana ed a duecentoventi giorni all'anno per le altre attività [29];

q) riutilizzo di solventi organici: l'utilizzo di solventi organici prodotti da una attività e successivamente recuperati [al fine di essere alla stessa destinati] per qualsiasi finalità tecnica o commerciale, ivi compreso l'uso come combustibile [30];

r) soglia di consumo: il consumo di solvente espresso in tonnellate/anno stabilito dalla parte II dell'Allegato III alla parte quinta del presente decreto, per le attività ivi previste;

[s) raffinerie: raffinerie di oli minerali sottoposte ad autorizzazione ai sensi della legge 23 agosto 2004, n. 239] [31];

t) impianti di distribuzione: impianti in cui il carburante viene erogato ai serbatoi dei veicoli a motore da impianti di deposito; ai fini dell'applicazione dell'articolo 277 si considerano esistenti gli impianti di distribuzione di benzina già costruiti o la cui costruzione ed il cui esercizio sono autorizzati ai sensi della vigente normativa prima del 1 gennaio 2012 e si considerano nuovi gli impianti di distribuzione di benzina la cui costruzione ed il cui esercizio sono autorizzati ai sensi della vigente normativa dal 1 gennaio 2012; sono equiparati agli impianti nuovi gli impianti distribuzione che, a decorrere dal 1 gennaio 2012, sono oggetto di una ristrutturazione completa, intesa come il totale rinnovo o riposizionamento dei serbatoi e delle relative tubazioni [32];

t-*bis*) distributore: ogni apparecchio finalizzato all'erogazione di benzina; il distributore degli impianti di distribuzione di benzina deve essere dotato di idonea pompa di erogazione in grado di prelevare il carburante dagli impianti di deposito o, in alternativa, essere collegato a un sistema di pompaggio centralizzato [33];

t-*ter*) sistema di recupero dei vapori di benzina:

1) ai fini dell'articolo 276, l'attrezzatura per il recupero di benzina dai vapori durante le operazioni di caricamento presso i terminali;

2) ai fini dell'articolo 277, l'attrezzatura per il recupero dei vapori di benzina spostati dal serbatoio del carburante del veicolo durante il rifornimento presso un impianto di distribuzione [34];

t-*quater*) sistema di recupero di fase II: sistema di recupero dei vapori di benzina che prevede il trasferimento dei vapori di benzina in un impianto di deposito presso l'impianto di distribuzione o il riconvogliamento degli stessi al distributore per la reimmissione in commercio [35];

t-*quinquies*) flusso: quantità totale annua di benzina scaricata da cisterne mobili di qualsiasi capacità in un impianto di distribuzione [36];

u) benzina: ogni derivato del petrolio, con o senza additivi, corrispondente ai seguenti codici doganali: NC 2710 1131 – 2710 1141 –2710 1145 – 2710 1149 – 2710 1151 – 2710 1159 o che abbia una tensione di vapore Reid pari o superiore a 27,6 kilopascal, pronto all'impiego quale carburante per veicoli a motore, ad eccezione del gas di petrolio liquefatto (GPL);

u-*bis*) vapori di benzina: composti gassosi che evaporano dalla benzina [37];

v) terminale: ogni struttura adibita al caricamento e allo scaricamento di benzina in/da veicolo-cisterna, carro-cisterna o nave-cisterna, ivi compresi gli impianti di deposito presenti nel sito della struttura;

z) impianto di deposito: ogni serbatoio fisso adibito allo stoccaggio di combustibile; ai fini dell'applicazione dell'articolo 277 si fa riferimento ai serbatoi fissi adibiti allo stoccaggio di benzina presso gli impianti di distribuzione [38];

a) impianto di caricamento: ogni impianto di un terminale ove la benzina può essere caricata in cisterne mobili. Gli impianti di caricamento per i veicoli-cisterna comprendono una o più torri di caricamento;

b) torre di caricamento: ogni struttura di un terminale mediante la quale la benzina può essere, in un dato momento, caricata in un singolo veicolo-cisterna;

c) deposito temporaneo di vapori: il deposito temporaneo di vapori in un impianto di deposito a tetto fisso presso un terminale prima del trasferimento e del successivo recupero in un altro terminale. Il trasferimento dei vapori da un impianto di deposito ad un altro nello stesso terminale non è considerato deposito temporaneo di vapori ai sensi della parte quinta del presente decreto;

d) cisterna mobile: una cisterna di capacità superiore ad 1 metro cubo, trasportata su strada, per ferrovia o per via navigabile e adibita al trasferimento di benzina da un terminale ad un altro o da un terminale ad un impianto di distribuzione di carburanti;

e) veicolo-cisterna: un veicolo adibito al trasporto su strada della benzina che comprenda una o più cisterne montate stabilmente o facenti parte integrante del telaio o una o più cisterne rimuovibili;

e-*bis*) combustibile: qualsiasi materia solida, liquida o gassosa, di cui l'allegato X alla Parte Quinta preveda l'utilizzo per la produzione di energia mediante combustione, esclusi i rifiuti (39);

e-*ter*) combustibile di raffineria: materiale combustibile solido, liquido o gassoso risultante dalle fasi di distillazione e conversione della raffinazione del petrolio greggio, inclusi gas di raffineria, gas di sintesi, oli di raffineria e coke di petrolio (40);

e-*quater*) olio combustibile pesante: qualsiasi combustibile liquido derivato dal petrolio di cui al codice NC da 2710 19 51 a 2710 19 68, 2710 20 31, 2710 20 35, o 2710 20 39 o qualsiasi combustibile liquido derivato dal petrolio, diverso dal gasolio, che, per i suoi limiti di distillazione, rientra nella categoria degli oli pesanti destinati a essere usati come combustibile e di cui meno del 65% in volume, comprese le perdite, distilla a 250 C secondo il metodo ASTM D86, anche se la percentuale del distillato a 250 C non può essere determinata secondo il predetto metodo (41);

e-*quinquies*) gasolio: qualsiasi combustibile liquido derivato dal petrolio di cui ai codici NC 2710 19 25, 2710 19 29, 2710 19 47, 2710 19 48, 2710 20 17 o 2710 20 19 o qualsiasi combustibile liquido derivato dal petrolio di cui meno del 65% in volume, comprese le perdite, distilla a 250 C e di cui almeno l'85% in volume, comprese le perdite, distilla a 350 C secondo il metodo ASTM D86;

e-*sexies*) gas naturale: il metano presente in natura, contenente non più del 20% in volume di inerti e altri costituenti (42);

e-*septies*) polveri: particelle, di qualsiasi forma, struttura o densità, disperse in fase gassosa alle condizioni del punto di campionamento, che, in determinate condizioni, possono essere raccolte mediante filtrazione dopo il prelievo di campioni rappresentativi del gas da analizzare e che, in determinate condizioni, restano a monte del filtro e sul filtro dopo l'essiccazione (43);

e-*octies*) ossidi di azoto (NOx): il monossido di azoto (NO) ed il biossido di azoto espressi come biossido di azoto (NO2) (44);

e-*nonies*) rifiuto: rifiuto come definito all'articolo 183, comma 1, lett. a) (45).

(1) Lettera sostituita, prima, dall'art. 3, co. 2, d.lgs. 29.6.2010, n. 128 e poi dall'art. 19, co. 1, lett. a), d.lgs. 4.3.2014, n. 46.
(2) Lettera sostituita dall'art. 3, co. 2, d.lgs. 29.6.2010, n.128.
(3) Lettera introdotta dall'art. 1, co. 1, lett. a), d.lgs. 30.7.2020, n. 102.
(4) Lettera sostituita dall'art. 3, co. 2, d.lgs. 29.6.2010, n. 128.
(5) Lettera sostituita dall'art. 3, co. 2, d.lgs. 29.6.2010, n. 128.
(6) Lettera introdotta dall'art. 3, co. 2, d.lgs. 29.6.2010, n. 128.
(7) Lettera introdotta dall'art. 3, co. 2, d.lgs. 29.6.2010, n. 128.
(8) Lettera sostituita dall'art. 3, co. 2, d.lgs. 29.6.2010, n. 128.
(9) Lettera sostituita dall'art. 3, co. 2, d.lgs. 29.6.2010, n. 128.
(10) Lettera introdotta dall'art. 3, co. 2, d.lgs. 29.6.2010, n. 128, poi sostituita dall'art. 19, co. 1, lett. b), d.lgs. 4.3.2014, n. 46 e, infine, ultimo modificata dall'art. 1, co. 1, lett. b), n. 1), d.lgs. 15.11.2017, n. 183.
(11) Lettera sostituita, prima, dall'art. 3, co. 2, d.lgs. 29.6.2010, n. 128 e poi dall'art. 19, co. 1, lett. c), d.lgs. 4.3.2014, n. 46.
(12) Lettera modificata dall'art. 3, co. 2, d.lgs. 29.6.2010, n. 128 e poi sostituita dall'art. 19, co. 1, lett. d), d.lgs. 4.3.2014, n. 46.
(13) Lettera sostituita dall'art. 3, co. 2, d.lgs. 29.6.2010, n. 128 e poi modificata dall'art. 24, co. 1, lett. g), d.l. 9.2.2012, n. 5, conv., con modif., con l. 4.4.2012, n. 35 e dall'art. 19, co. 1, lett. e), d.lgs. 4.3.2014, n. 46.
(14) Lettera sostituita dall'art. 3, co. 2, d.lgs. 29.6.2010, n. 128.
(15) Lettera modificata dall'art. 3, co. 2, d.lgs. 29.6.2010, n. 128.
(16) Punto modificato dall'art. 3, co. 2, d.lgs. 29.6.2010, n. 128.
(17) Lettera modificata dall'art. 19, co. 1, lett. f), d.lgs. 4.3.2014, n. 46.
(18) Lettera introdotta dall'art. 19, co. 1, lett. g) d.lgs. 4.3.2014, n. 46 e poi sostituita dall'art. 1, co. 1, lett. b), n. 2), d.lgs. 15.11.2017, n. 183.
(19) Lettera modificata dall'art. 3, co. 2, d.lgs. 29.6.2010, n.128.
(20) Lettera modificata, prima, dall'art. 3, co. 2, d.lgs. 29.6.2010, n. 128 e poi dall'art. 19, co. 1, lett. h), d.lgs. 4.3.2014, n. 46 e dall'art. 1, co. 1, lett. b), n. 3), d.lgs. 15.11.2017, n. 183.
(21) Lettera introdotta dall'art. 1, co. 1, lett. b), n. 4), d.lgs. 15.11.2017, n. 183.
(22) Lettera introdotta dall'art. 1, co. 1, lett. b), n. 4), d.lgs. 15.11.2017, n. 183.
(23) Lettera introdotta dall'art. 1, co. 1, lett. b), n. 4), d.lgs. 15.11.2017, n. 183.
(24) Lettera introdotta dall'art. 1, co. 1, lett. b), n. 4), d.lgs. 15.11.2017, n. 183.
(25) Lettera introdotta dall'art. 1, co. 1, lett. b), n. 4), d.lgs. 15.11.2017, n. 183.
(26) Lettera introdotta dall'art. 1, co. 1, lett. b), n. 4), d.lgs. 15.11.2017, n. 183.
(27) Lettera sostituita dall'art. 1, co. 1, lett. b), d.lgs. 30.7.2020, n. 102.
(28) Lettera modificata dall'art. 3, co. 2, d.lgs. 29.6.2010, n. 128.
(29) Lettera modificata dall'art. 3, co. 2, d.lgs. 29.6.2010, n. 128.
(30) Lettera modificata dall'art. 19, co. 1, lett. i), d.lgs. 4.3.2014, n. 46.
(31) Lettera soppressa dall'art. 3, co. 2, d.lgs. 29.6.2010, n. 128.
(32) Lettera soppressa dall'art. 3, co. 2, d.lgs. 29.6.2010, n. 128.
(33) Lettera sostituita dall'art. 2, co. 1, lett. a), d.lgs. 30.7.2012, n. 125.
(34) Lettera introdotta dall'art. 2, co. 1, lett. b), d.lgs. 30.7.2012, n. 125.
(35) Lettera introdotta dall'art. 2, co. 1, lett. b), d.lgs. 30.7.2012, n. 125.
(36) Lettera introdotta dall'art. 2, co. 1, lett. b), d.lgs. 30.7.2012, n. 125.
(37) Lettera introdotta dall'art. 2, co. 1, lett. c), d.lgs. 30.7.2012, n. 125.
(38) Lettera sostituita dall'art. 2, co. 1, lett. d), d.lgs. 30.7.2012, n. 125.
(39) Lettera introdotta dall'art. 1, co. 1, lett. b), n. 6), d.lgs. 15.11.2017, n. 183.
(40) Lettera introdotta dall'art. 1, co. 1, lett. b), n. 6), d.lgs. 15.11.2017, n. 183.
(41) Lettera introdotta dall'art. 1, co. 1, lett. b), n. 6), d.lgs. 15.11.2017, n. 183.
(42) Lettera introdotta dall'art. 1, co. 1, lett. b), n. 6), d.lgs. 15.11.2017, n. 183.
(43) Lettera introdotta dall'art. 1, co. 1, lett. b), n. 6), d.lgs. 15.11.2017, n. 183.
(44) Lettera introdotta dall'art. 1, co. 1, lett. b), n. 6), d.lgs. 15.11.2017, n. 183.
(45) Lettera introdotta dall'art. 1, co. 1, lett. b), n. 6), d.lgs. 15.11.2017, n. 183.

269. Autorizzazione alle emissioni in atmosfera per gli stabilimenti (1).

1. Fatto salvo quanto stabilito dall'articolo 267, commi 2 e 3, dal comma 10 del presente articolo e dall'articolo 272, commi 1 e 5, per tutti gli stabilimenti che producono emissioni deve essere richiesta una autorizzazione ai sensi della parte quinta del presente decreto. L'autorizzazione è rilasciata con riferimento allo stabilimento. I singoli impianti e le singole attività presenti

nello stabilimento non sono oggetto di distinte autorizzazioni [2].

1 bis. In caso di stabilimenti soggetti ad autorizzazione unica ambientale si applicano, in luogo delle procedure previste ai commi 3, 7 e 8, le procedure previste dal decreto di attuazione dell'articolo 23, comma 1, del decreto-legge 9 febbraio 2012, n. 5, convertito, con modificazioni, in legge 4 aprile 2012, n. 35. Le disposizioni dei commi 3, 7 e 8 continuano ad applicarsi nei casi in cui il decreto di attuazione dell'articolo 23, comma 1, del decreto-legge 9 febbraio 2012, n. 5, convertito, con modificazioni, dalla legge 4 aprile 2012, n. 35, rinvia alle norme di settore, nonché in relazione alla partecipazione del Comune al procedimento. Sono fatti salvi gli ulteriori termini previsti all'articolo 273-*bis*, comma 13 [3].

2. Il gestore che intende installare un uno stabilimento nuovo o trasferire un impianto da un luogo ad un altro presenta all'autorità competente una domanda di autorizzazione, accompagnata [4]:

a) dal progetto dello stabilimento in cui sono descritti gli impianti e le attività, le tecniche adottate per limitare le emissioni e la quantità e la qualità di tali emissioni, le modalità di esercizio, la quota dei punti di emissione individuata in modo da garantire l'adeguata dispersione degli inquinanti, i parametri che caratterizzano l'esercizio e la quantità, il tipo e le caratteristiche merceologiche dei combustibili di cui si prevede l'utilizzo, nonché, per gli impianti soggetti a tale condizione, il minimo tecnico definito tramite i parametri di impianto che lo caratterizzano [5];

b) da una relazione tecnica che descrive il complessivo ciclo produttivo in cui si inseriscono gli impianti e le attività ed indica il periodo previsto intercorrente tra la messa in esercizio e la messa a regime degli impianti [6].

2 bis. Nella domanda di autorizzazione relativa a stabilimenti in cui sono presenti medi impianti di combustione devono essere indicati, oltre quanto previsto al comma 2, anche i dati previsti all'allegato I, Parte IV-*bis*, alla Parte Quinta [7].

3. Per il rilascio dell'autorizzazione all'installazione di stabilimenti nuovi, l'autorità competente indice, entro trenta giorni dalla ricezione della richiesta, una conferenza di servizi ai sensi dell'articolo 14, [comma 3,] della legge 7 agosto 1990, n. 241, nel corso della quale si procede anche, in via istruttoria, ad un contestuale esame degli interessi coinvolti in altri procedimenti amministrativi e, in particolare, nei procedimenti svolti dal comune ai sensi del decreto del Presidente della Repubblica 6 giugno 2001, n. 380, e del regio decreto 27 luglio 1934, n. 1265. Per il rinnovo e per l'aggiornamento dell'autorizzazione l'autorità competente, previa informazione al comune interessato il quale può esprimere un parere nei trenta giorni successivi, avvia un autonomo procedimento entro trenta giorni dalla ricezione della richiesta. In sede di conferenza di servizi o di autonomo procedimento, eventuali integrazioni della domanda devono essere trasmesse all'autorità competente entro trenta giorni dalla relativa richiesta; se l'autorità competente non si pronuncia in un termine pari a centoventi giorni o, in caso di integrazione della domanda di autorizzazione, pari a centocinquanta giorni dalla ricezione della domanda stessa, in caso di richiesta di integrazioni tali termini sono sospesi fino alla ricezione delle stesse e, comunque, per un periodo non superiore a trenta giorni; il gestore può, entro i successivi sessanta giorni, richiedere al Ministro dell'ambiente e della tutela del territorio di provvedere, notificando tale richiesta anche all'autorità competente. [Il Ministro si esprime sulla richiesta, di concerto con i Ministri della salute e delle attività produttive, sentito il comune interessato, entro novanta giorni o, nei casi previsti dall'articolo 281, comma 1, entro centocinquanta giorni dalla ricezione della stessa; decorsi tali termini, si applica l'articolo 2, comma 8, della legge 7 agosto 1990, n. 241] [8].

4. L'autorizzazione stabilisce, ai sensi degli articoli 270 e 271:

a) per le emissioni che risultano tecnicamente convogliabili, le modalità di captazione e di convogliamento;

b) per le emissioni convogliate o di cui è stato disposto il convogliamento, i valori limite di emissione, le prescrizioni, i metodi di campionamento e di analisi, i criteri per la valutazione della conformità dei valori misurati ai valori limite e la periodicità del monitoraggio di competenza del gestore, la quota dei punti di emissione individuata tenuto conto delle relative condizioni tecnico-economiche, il minimo tecnico per gli impianti soggetti a tale condizione e le portate di progetto tali da consentire che le emissioni siano diluite solo nella misura inevitabile dal punto di vista tecnologico e dell'esercizio; devono essere specificamente indicate le sostanze a cui si applicano i valori limite di emissione, le prescrizioni ed i relativi controlli. I valori limite di emissione sono identificati solo per sostanze e parametri valutati pertinenti in relazione al ciclo produttivo e sono riportati nell'autorizzazione unitamente al metodo di monitoraggio di cui all'articolo 271, comma 18 [9];

c) per le emissioni diffuse, apposite prescrizioni, anche di carattere gestionale, finalizzate ad assicurare il contenimento delle fonti su cui l'autorità competente valuti necessario intervenire [10].

5. In aggiunta a quanto previsto dal comma 4, l'autorizzazione può stabilire, per ciascun inquinante, valori limite di emissione espressi come flussi di massa annuali riferiti al complesso delle emissioni, eventualmente incluse quelle diffuse, degli impianti e delle attività di uno stabilimento. [Per gli impianti di cui all allegato XII alla parte seconda del presente decreto, in tutti i casi in cui sia tecnicamente possibile individuare valori limite di emissione espressi come concentrazione, l'autorizzazione integrata ambientale, fatto salvo quanto disposto dall'articolo 275, comma 2, non può stabilire esclusivamente valori espressi come flusso di massa fattore di emissione o percentuale] (11).

6. L'autorizzazione stabilisce il periodo che deve intercorrere tra la messa in esercizio e la messa a regime dell'impianto. La messa in esercizio, fermo restando quanto previsto all'articolo 272, comma 3, deve essere comunicata all'autorità competente con un anticipo di almeno quindici giorni. L'autorizzazione stabilisce la data entro cui devono essere trasmessi all'autorità competente i risultati delle misurazioni delle emissioni effettuate in un periodo rappresentativo delle condizioni di esercizio dell'impianto, decorrente dalla messa a regime, e la durata di tale periodo, nonché il numero dei campionamenti da realizzare; [tale periodo deve avere una durata non inferiore a dieci giorni, salvi i casi in cui il progetto di cui al comma 2, lettera a) preveda che l'impianto funzioni esclusivamente per periodi di durata inferiore]. L'autorità competente per il controllo effettua il primo accertamento circa il rispetto dell'autorizzazione entro sei mesi dalla data di messa a regime di uno o più impianti o dall'avvio di una o più attività dello stabilimento autorizzato (12).

7. L'autorizzazione rilasciata ai sensi del presente articolo ha una durata di quindici anni. La domanda di rinnovo deve essere presentata almeno un anno prima della scadenza. Nelle more dell'adozione del provvedimento sulla domanda di rinnovo dell'autorizzazione rilasciata ai sensi del presente articolo, l'esercizio dell'impianto può continuare anche dopo la scadenza dell'autorizzazione in caso di mancata pronuncia in termini del Ministro dell'ambiente e della tutela del territorio a cui sia stato richiesto di provvedere ai sensi del comma 3. L'autorità competente può imporre il rinnovo dell'autorizzazione prima della scadenza ed il rinnovo delle autorizzazioni di cui al decreto del Presidente della Repubblica 24 maggio 1988, n. 203, prima dei termini previsti dall'articolo 281, comma 1, se una modifica delle prescrizioni autorizzative risulti necessaria al rispetto dei valori limite di qualità dell'aria previsti dalla vigente normativa. Il rinnovo dell'autorizzazione comporta il decorso di un periodo di quindici anni (13).

8. Il gestore che intende effettuare una modifica dello stabilimento ne dà comunicazione all'autorità competente o, se la modifica è sostanziale, presenta, ai sensi del presente articolo, una domanda di autorizzazione. Se la modifica per cui è stata data comunicazione è sostanziale, l'autorità competente ordina al gestore di presentare una domanda di autorizzazione ai sensi del presente articolo. Se la modifica è sostanziale l'autorità competente aggiorna l'autorizzazione dello stabilimento con un'istruttoria limitata agli impianti e alle attività interessati dalla modifica o, a seguito di eventuale apposita istruttoria che dimostri tale esigenza in relazione all'evoluzione della situazione ambientale o delle migliori tecniche disponibili, la rinnova con un'istruttoria estesa all'intero stabilimento.[Se la modifica per cui è stata data comunicazione è sostanziale, l'autorità competente ordina al gestore di presentare una domanda di aggiornamento dell'autorizzazione, alla quale si applicano le disposizioni del presente articolo.] Se la modifica non è sostanziale, l'autorità competente provvede, ove necessario, ad aggiornare l'autorizzazione in atto. Se l'autorità competente non si esprime entro sessanta giorni, il gestore può procedere all'esecuzione della modifica non sostanziale comunicata, fatto salvo il potere dell'autorità competente di provvedere successivamente. [Per modifica sostanziale si intende quella che comporta un aumento o una variazione qualitativa delle emissioni o che altera le condizioni di convogliabilità tecnica delle stesse.] È fatto salvo quanto previsto dall'articolo 275, comma 11. Il rinnovo dell'autorizzazione comporta, a differenza dell'aggiornamento, il decorso di un nuovo periodo di quindici anni. [Con apposito decreto da adottare ai sensi dell'articolo 281, comma 5, si provvede ad integrare l'allegato I alla parte quinta del presente decreto con indicazione degli ulteriori criteri per la qualificazione delle modifiche sostanziali di cui all'articolo 268, comma 1, lettera m *bis*), e con l'indicazione modifiche di cui all'articolo 268, comma 1, lettera m) per le quali non vi è l'obbligo di effettuare la comunicazione]. Alla variazione del gestore si applica la procedura di cui al comma 11-*bis* (14).

9. L'autorità competente per il controllo è autorizzata ad effettuare presso gli stabilimenti tutte le ispezioni che ritenga necessarie per accertare il rispetto dell'autorizzazione. Il gestore fornisce a tale autorità la collaborazione necessaria per i controlli, anche svolti mediante attività di campionamento e analisi e raccolta di dati e informazioni, funzionali all'accertamento del rispetto delle disposizioni della parte quinta del presente decreto. Il gestore assicura in tutti i casi l'accesso in condizioni di sicurezza, anche sulla base delle norme tecniche di settore, ai punti di prelievo e di campionamento (15).

10. Non sono sottoposti ad autorizzazione gli impianti di deposito di oli minerali, compresi i gas liquefatti. I gestori sono comunque tenuti ad adottare apposite misure per contenere le emissioni diffuse ed a rispettare le ulteriori prescrizioni eventualmente disposte, per le medesime finalità, con apposito provvedimento dall'autorità competente (16).

11. Il trasferimento di uno stabilimento da un luogo ad un altro equivale all'installazione di uno stabilimento nuovo (17).

11 bis. La variazione del gestore dello stabilimento è comunicata dal nuovo gestore all'autorità competente entro dieci giorni dalla data in cui essa acquista efficacia, risultante dal contratto o dall'atto che la produce. L'aggiornamento dell'autorizzazione ha effetto dalla suddetta data. La presente procedura non si applica se, congiuntamente alla variazione del gestore, è effettuata una modifica sostanziale dello stabilimento (18).

11 ter. In caso di trasferimento di una parte di uno stabilimento il gestore cessionario richiede il rilascio dell'autorizzazione per la parte trasferita. L'autorizzazione applica la classificazione di cui all'articolo 268, comma 1, lettere i), i-*bis*), i-*ter*), corrispondente a quella dello stabilimento oggetto di parziale trasferimento. L'autorità competente procede altresì all'aggiornamento dell'autorizzazione della parte di stabilimento che rimane sotto la gestione del gestore cedente, sulla base di una apposita comunicazione di modifica non sostanziale da parte di quest'ultimo (19).

11 quater. Le spese per rilievi, accertamenti, verifiche e sopralluoghi necessari per l'istruttoria relativa alle autorizzazioni di cui al presente articolo sono a carico del richiedente, sulla base di appositi tariffari adottati dall'autorità competente (20).

[**12.** Le disposizioni dei commi 10 e 11 si applicano altresì a chi intende effettuare, in modo non occasionale ed in un luogo a ciò adibito, in assenza di un impianto, attività di lavorazione, trasformazione o conservazione di materiali agricoli, le quali producano emissioni, o attività di produzione, manipolazione, trasporto, carico, scarico o stoccaggio di materiali polverulenti, salvo tali attività ricadano tra quelle previste dall'articolo 272, comma 1. Per le attività aventi ad oggetto i materiali polverulenti si applicano le norme di cui alla parte I dell'Allegato V alla parte quinta del presente decreto.] (21)

[**13.** Se un luogo è adibito, in assenza di una struttura fissa, all'esercizio non occasionale delle attività previste dai commi 10 o 12, ivi effettuate in modo occasionale da più soggetti, l'autorizzazione è richiesta dal gestore del luogo. Per gestore si intende, ai fini del presente comma, il soggetto che esercita un potere decisionale circa le modalità e le condizioni di utilizzo di tale area da parte di chi esercita l'attività.] (22)

[**14.** Non sono sottoposti ad autorizzazione i seguenti impianti:

a) impianti di combustione, compresi i gruppi elettrogeni a cogenerazione, di potenza termica nominale inferiore a 1 MW, alimentati a biomasse di cui all'Allegato X alla parte quinta del presente decreto, a gasolio, come tale o in emulsione, o a biodiesel;
b) impianti di combustione alimentati ad olio combustibile, come tale o in emulsione, di potenza termica nominale inferiore a 0,3 MW;
c) impianti di combustione alimentati a metano o a GPL, di potenza termica nominale inferiore a 3 MW;
d) impianti di combustione, ubicati all'interno di impianti di smaltimento dei rifiuti, alimentati da gas di discarica, gas residuati dai processi di depurazione e biogas, di potenza termica nominale non superiore a 3 MW, se l'attività di recupero è soggetta alle procedure autorizzative semplificate previste dalla parte quarta del presente decreto e tali procedure sono state espletate;
e) impianti di combustione alimentati a biogas di cui all'Allegato X alla parte quinta del presente decreto, di potenza termica nominale complessiva inferiore o uguale a 3 MW;
f) gruppi elettrogeni di cogenerazione alimentati a metano o a GPL, di potenza termica nominale inferiore a 3 MW;
g) gruppi elettrogeni di cogenerazione alimentati a benzina di potenza termica nominale inferiore a 1 MW;
h) impianti di combustione connessi alle attività di stoccaggio dei prodotti petroliferi funzionanti per meno di 2200 ore annue, di potenza termica nominale inferiore a 5 MW se alimentati a metano o GPL ed inferiore a 2,5 MW se alimentati a gasolio;
i) impianti di emergenza e di sicurezza, laboratori di analisi e ricerca, impianti pilota per prove, ricerche, sperimentazioni, individuazione di prototipi. Tale esenzione non si applica in caso di emissione di sostanze cancerogene, tossiche per la riproduzione o mutagene o di sostanze di tossicità e cumulabilità particolarmente elevate, come individuate dalla parte II dell'Allegato I alla parte quinta del presente decreto.] (23)

[**15.** L'autorità competente può prevedere, con proprio provvedimento generale, che i gestori degli impianti di cui al comma 14 comunichino alla stessa, in via preventiva, la data di messa in esercizio dell'impianto o di avvio dell'attività.] (24)

[**16.** Non sono sottoposti ad autorizzazione gli impianti di deposito di oli minerali, compresi i gas liquefatti. I gestori sono comunque tenuti ad adottare apposite misure per contenere le emissioni diffuse ed a rispettare le ulteriori prescrizioni eventualmente disposte, per le medesime finalità, con apposito provvedimento dall'autorità competente.] (25)

(1) Rubrica sostituita dall'art. 3, co. 3, lett. a), d.lgs. 29.6.2010, n. 128.
(2) Comma sostituito dall'art. 3, co. 3, lett. b), d.lgs. 29.6.2010, n. 128.
(3) Comma introdotto dall'art. 1, co. 1, lett. c), n. 1), d.lgs. 15.11.2017, n. 183.
(4) Alinea modificato dall'art. 3, co. 3, lett. c), d.lgs. 29.6.2010, n. 128.
(5) Lettera sostituita dall'art. 3, co. 3, lett. c), d.lgs. 29.6.2010, n. 128.
(6) Lettera sostituita dall'art. 3, co. 3, lett. c), d.lgs. 29.6.2010, n. 128.
(7) Comma introdotto dall'art. 1, co. 1, lett. c), n. 2), d.lgs. 15.11.2017, n. 183.
(8) Comma modificato dall'art. 3, co. 3, lett. d), d.lgs. 29.6.2010, n. 128, dall'art. 11, co. 4, lett. a), d.P.R. 13.3.2013, n. 59 e dall'art. 5, co. 1, lett. d), d.lgs. 30.6.2016, n. 127.
(9) Lettera modificata dall'art. 3, co. 3, lett. e), d.lgs. 29.6.2010, n. 128; dall'art. 1, co. 1, lett. c), n. 3), d.lgs. 15.11.2017, n. 183 e, infine, dall'art. 1, co. 1, lett. b), n. 1), d.lgs. 30.7.2020, n. 102.
(10) Lettera sostituita dall'art. 1, co. 1, lett. c), n. 3), d.lgs. 15.11.2017, n. 183.
(11) Comma sostituito dall'art. 3, co. 3, lett. f), d.lgs. 29.6.2010, n. 128 e poi modificato dall'art. 20, co. 1, lett. a), d.lgs. 4.3.2014, n. 46.
(12) Comma sostituito dall'art. 3, co. 3, lett. g), d.lgs. 29.6.2010, n. 128 e poi modificato dall'art. 1, co. 1, lett. c), n. 4), d.lgs. 15.11.2017, n. 183.
(13) Comma modificato dall'art. 3, co. 3, lett. h), d.lgs. 29.6.2010, n. 128.
(14) Comma modificato, prima, dall'art. 3, co. 3, lett. i), d.lgs. 29.6.2010, n. 128, poi modificato dall'art. 20, co. 1, lett. b), d.lgs. 4.3.2014, n. 46; dall'art. 1, co. 1, lett. c), n. 5), d.lgs. 15.11.2017, n. 183 e, infine, dall'art. 1, co. 1, lett. b), n. 2), d.lgs. 30.7.2020, n. 102.
(15) Comma sostituito dall'art. 1, co. 1, lett. c), n. 6), d.lgs. 15.11.2017, n. 183
(16) Comma sostituito dall'art. 3, co. 3, lett. l), d.lgs. 29.6.2010, n. 128.
(17) Comma sostituito dall'art. 3, co. 3, lett. l), d.lgs. 29.6.2010, n. 128.
(18) Comma introdotto dall'art. 1, co. 1, lett. b), n. 3), d.lgs. 30.7.2020, n. 102.
(19) Comma introdotto dall'art. 1, co. 1, lett. b), n. 3), d.lgs. 30.7.2020, n. 102.

(20) Comma introdotto dall'art. 1, co. 1, lett. b), n. 3), d.lgs. 30.7.2020, n. 102.
(21) Comma sostituito dall'art. 3, co. 3, lett. m), d.lgs. 29.6.2010, n. 128.
(22) Comma sostituito dall'art. 3, co. 3, lett. m), d.lgs. 29.6.2010, n. 128.
(23) Comma sostituito dall'art. 3, co. 3, lett. m), d.lgs. 29.6.2010, n. 128.
(24) Comma sostituito dall'art. 3, co. 3, lett. m), d.lgs. 29.6.2010, n. 128.
(25) Comma sostituito dall'art. 3, co. 3, lett. m), d.lgs. 29.6.2010, n. 128.

270. Individuazione degli impianti e convogliamento delle emissioni [1].

1. In sede di autorizzazione, fatto salvo quanto previsto all'articolo 272, l'autorità competente verifica se le emissioni diffuse di ciascun impianto e di ciascuna attività sono tecnicamente convogliabili sulla base delle migliori tecniche disponibili e sulla base delle pertinenti prescrizioni dell'Allegato I alla parte quinta del presente decreto e, in tal caso, ne dispone la captazione ed il convogliamento [2].

2. In presenza di particolari situazioni di rischio sanitario o di zone che richiedono una particolare tutela ambientale, l'autorità competente dispone la captazione ed il convogliamento delle emissioni diffuse ai sensi del comma 1 anche se la tecnica individuata non soddisfa il requisito della disponibilità di cui all'articolo 268, comma 1, lettera aa), numero 2).

[**3.** Con decreto del Ministro dell'ambiente e della tutela del territorio, di concerto con i Ministri delle attività produttive e della salute, sono stabiliti i criteri da utilizzare per la verifica di cui ai commi 1 e 2.] [3]

4. Se più impianti con caratteristiche tecniche e costruttive simili, aventi emissioni con caratteristiche chimico-fisiche omogenee e localizzati nello stesso stabilimento sono destinati a specifiche attività tra loro identiche, l'autorità competente, tenendo conto delle condizioni tecniche ed economiche, può considerare gli stessi come un unico impianto disponendo il convogliamento ad un solo punto di emissione. L'autorità competente deve, in qualsiasi caso, considerare tali impianti come un unico impianto ai fini della determinazione dei valori limite di emissione. Resta fermo quanto previsto dall'articolo 282, comma 2 [4].

5. In caso di emissioni convogliate o di cui è stato disposto il convogliamento, ciascun impianto [o macchinario fisso dotato di autonomia funzionale, anche individuato ai sensi del comma 4,] deve avere un solo punto di emissione, fatto salvo quanto previsto nei commi 6 e 7. Salvo quanto diversamente previsto da altre disposizioni del presente titolo, i valori limite di emissione si applicano a ciascun punto di emissione [5].

6. Ove non sia tecnicamente possibile, anche per ragioni di sicurezza, assicurare il rispetto del comma 5, l'autorità competente può consentire un impianto avente più punti di emissione. In tal caso, i valori limite di emissione espressi come flusso di massa, fattore di emissione e percentuale sono riferiti al complesso delle emissioni dell'impianto e quelli espressi come concentrazione sono riferiti alle emissioni dei singoli punti. L'autorizzazione può prevedere che i valori limite di emissione si riferiscano alla media ponderata delle emissioni di sostanze inquinanti uguali o appartenenti alla stessa classe ed aventi caratteristiche chimiche omogenee, provenienti dai diversi punti di emissione dell'impianto; in tal caso, il flusso di massa complessivo dell'impianto non può essere superiore a quello che si avrebbe se i valori limite di emissione si applicassero ai singoli punti di emissione [6].

7. Ove opportuno, l'autorità competente, tenuto conto delle condizioni tecniche ed economiche, può consentire il convogliamento delle emissioni di più impianti in uno o più punti di emissione comuni, purché le emissioni di tutti gli impianti presentino caratteristiche chimico-fisiche omogenee. In tal caso a ciascun punto di emissione comune si applica il più restrittivo dei valori limite di emissione espressi come concentrazione previsti per i singoli impianti e, se del caso, si prevede un tenore di ossigeno di riferimento coerente con i flussi inviati a tale punto. L'autorizzazione stabilisce apposite prescrizioni volte a limitare la diluizione delle emissioni ai sensi dell'articolo 269, comma 4, lettera b) [7].

8. L'adeguamento alle disposizioni del comma 5 o, ove ciò non sia tecnicamente possibile, alle disposizioni dei commi 6 e 7 è realizzato entro i tre anni successivi al primo rinnovo o all'ottenimento dell'autorizzazione ai sensi dell'articolo 281, o dell'articolo 272, comma 3, ovvero nel più breve termine stabilito dall'autorizzazione. Ai fini dell'applicazione dei commi 4, 5, 6 e 7 l'autorità competente tiene anche conto della documentazione elaborata dalla commissione di cui all'articolo 281, comma 9 [8].

8 bis. Il presente articolo si applica anche ai grandi impianti di combustione ed ai medi impianti di combustione, ferme restando le specifiche disposizioni in materia di aggregazione degli impianti previste all'articolo 273, commi 9 e 10, e all'articolo 273-*bis*, commi 8 e 9 [9].

(1) Rubrica sostituita dall'art. 3, co. 4, d.lgs. 29.6.2010, n.128.
(2) Comma modificato, prima, dall'art. 3, co. 4, d.lgs. 29.6.2010, n. 128 e poi dall'art. 1, co. 1, lett. d), n. 1), d.lgs. 15.11.2017, n. 183.
(3) Comma abrogato dall'art. 1, co. 1, lett. d), n. 2), d.lgs. 15.11.2017, n. 183.
(4) Comma modificato dall'art. 3, co. 4, d.lgs. 29.6.2010, n.128.
(5) Comma modificato dall'art. 3, co. 4, d.lgs. 29.6.2010, n.128.
(6) Comma sostituito dall'art. 3, co. 4, d.lgs. 29.6.2010, n.128.
(7) Comma sostituito dall'art. 3, co. 4, d.lgs. 29.6.2010, n.128.
(8) Comma modificato, prima, dall'art. 3, co. 4, d.lgs. 29.6.2010, n.128 e poi dall'art. 1, co. 1, lett. c), n. 1), d.lgs. 30.7.2020, n. 102.
(9) Comma introdotto dall'art. 20, co. 2, d.lgs. 4.3.2014, n. 46; poi sostituito dall'art. 1, co. 1, lett. d), n. 3), d.lgs. 15.11.2017, n. 183 e, infine, modificato dall'art. 1, co. 1, lett. c), n. 2), d.lgs. 30.7.2020, n. 102.

272. Impianti e attività in deroga.

1. Non sono sottoposti ad autorizzazione di cui al presente titolo gli stabilimenti in cui sono presenti esclusivamente impianti e attività elencati nella parte I dell'Allegato IV alla parte quinta del presente decreto. L'elenco si riferisce a impianti e ad attività le cui emissioni sono scarsamente rilevanti agli effetti dell'inquinamento atmosferico. Si applicano esclusivamente i valori limite di emissione e le prescrizioni specificamente previsti, per tali impianti e attività, dai piani e programmi o dalle normative di cui all'articolo 271, commi 3 e 4. Al fine di stabilire le soglie di produzione e di consumo e le potenze termiche nominali indicate nella parte I dell'Allegato IV alla parte quinta del presente decreto si deve considerare l'insieme degli impianti e delle attività che, nello stabilimento, ricadono in ciascuna categoria presente nell'elenco. Gli impianti che utilizzano i combustibili soggetti alle condizioni previste dalla parte II, sezioni 4 e 6, dell'Allegato X alla parte quinta del presente decreto, devono in ogni caso rispettare almeno i valori limite appositamente previsti per l'uso di tali combustibili nella parte II, dell'Allegato I alla parte quinta del presente decreto. Se in uno stabilimento sono presenti sia impianti o attività inclusi nell'elenco della parte I dell'allegato IV alla parte quinta del presente decreto, sia impianti o attività non inclusi nell'elenco, l'autorizzazione di cui al presente titolo considera solo quelli esclusi. Il presente comma si applica anche ai dispositivi mobili utilizzati all'interno di uno stabilimento da un gestore diverso da quello dello stabilimento o non utilizzati all'interno di uno stabilimento. Il gestore di uno stabilimento in cui i dispositivi mobili di un altro gestore sono collocati ed utilizzati in modo non occasionale deve comunque ricomprendere tali dispositivi nella domanda di autorizzazione dell'articolo 269 salva la possibilità di aderire alle autorizzazioni generali del comma 2 nei casi ivi previsti. L'autorità competente può altresì prevedere, con proprio provvedimento generale, che i gestori comunichino alla stessa o ad altra autorità da questa delegata, in via preventiva, la data di messa in esercizio dell'impianto o di avvio dell'attività ovvero, in caso di dispositivi mobili, la data di inizio di ciascuna campagna di utilizzo. Gli elenchi contenuti nell'allegato IV alla parte quinta del presente decreto possono essere aggiornati ed integrati, con le modalità di cui all'articolo 281, comma 5, anche su indicazione delle regioni, delle province autonome e delle associazioni rappresentative di categorie produttive [(1)].

1 bis. Per gli impianti previsti dal comma 1, ove soggetti a valori limite di emissione applicabili ai sensi del medesimo comma, la legislazione regionale di cui all'articolo 271, comma 3, individua i metodi di campionamento e di analisi delle emissioni da utilizzare nei controlli e può imporre obblighi di monitoraggio di competenza del gestore. Per gli impianti di combustione previsti dal comma 1, ove soggetti a valori limite di emissione applicabili ai sensi del medesimo comma, l'autorità competente per il controllo può decidere di non effettuare o di limitare i controlli sulle emissioni se il gestore dispone di una dichiarazione di conformità dell'impianto rilasciata dal costruttore che attesta la conformità delle emissioni ai valori limite e se, sulla base di un controllo documentale, risultano regolarmente applicate le apposite istruzioni tecniche per l'esercizio e per la manutenzione previste dalla dichiarazione. La decisione dell'autorità competente per il controllo è ammessa solo se la dichiarazione riporta le istruzioni tecniche per l'esercizio e la manutenzione dell'impianto e le altre informazioni necessarie a rispettare i valori limite, quali le configurazioni impiantistiche e le modalità di gestione idonee, il regime di esercizio ottimale, le caratteristiche del combustibile ed i sistemi di regolazione [(2)].

2. L'autorità competente può adottare autorizzazioni di carattere generale riferite a stabilimenti oppure a categorie di impianti e attività, nelle quali sono stabiliti i valori limite di emissione, le prescrizioni, anche inerenti le condizioni di costruzione o di esercizio e i combustibili utilizzati, i tempi di adeguamento, i metodi di campionamento e di analisi e la periodicità dei controlli. Può inoltre stabilire apposite prescrizioni finalizzate a predefinire i casi e le condizioni in cui il gestore è tenuto a captare e convogliare le emissioni ai sensi dell'articolo 270. Al di fuori di tali casi e condizioni l'articolo 270 non si applica agli impianti degli stabilimenti soggetti ad autorizzazione generale. I valori limite di emissione e le prescrizioni sono stabiliti in conformità all'articolo 271, commi da 5 a 7. L'autorizzazione generale stabilisce i requisiti della domanda di adesione e può prevedere appositi modelli semplificati di domanda, nei quali le quantità e le qualità delle emissioni sono deducibili dalle quantità di materie prime ed ausiliarie utilizzate. Le autorizzazioni generali sono adottate con priorità per gli stabilimenti in cui sono presenti le tipologie di impianti e di attività elencate alla Parte II dell'allegato IV alla Parte Quinta. Al fine di stabilire le soglie di produzione e di consumo e le potenze termiche nominali indicate nella parte II dell'allegato IV alla Parte Quinta si deve considerare l'insieme degli impianti e delle attività che, nello stabilimento, ricadono in ciascuna categoria presente nell'elenco. I gestori degli stabilimenti per cui è stata adottata una autorizzazione generale possono comunque presentare domanda di autorizzazione ai sensi dell'articolo 269. L'installazione di stabilimenti in cui sono presenti anche impianti e attività non previsti in autorizzazioni generali è soggetta alle autorizzazioni di cui all'articolo 269. L'installazione di stabilimenti in cui sono presenti impianti e attività previsti in più autorizzazioni generali è ammessa previa contestuale procedura di adesione alle stesse. In stabilimenti dotati di autorizzazioni generali è ammessa, previa procedura di adesione, l'installazione di impianti e l'avvio di attività previsti in altre autorizzazioni generali. In caso di convogliamento delle emissioni prodotte da impianti previsti da diverse autorizzazioni generali in punti di emissione comuni, si applicano i valori limite più severi prescritti in tali autorizzazioni per ciascuna sostanza interessata. In stabilimenti dotati di un'autorizzazione prevista all'articolo 269, è ammessa, previa procedura di adesione, l'installazione di impianti e l'avvio di attività previsti nelle autorizzazioni generali, purché la normativa regionale o le autorizzazioni generali stabiliscano requisiti e condizioni volti a limitare il numero massimo o l'entità delle modifiche effettuabili mediante tale procedura per singolo stabilimento; l'autorità competente provvede ad aggiornare l'autorizzazione prevista all'articolo 269 sulla base dell'avvenuta adesione [3]

3. Ai fini previsti dal comma 2, almeno quarantacinque giorni prima dell'installazione il gestore invia all'autorità competente una domanda di adesione all'autorizzazione generale corredata dai documenti ivi prescritti. La domanda di adesione individua specificamente gli impianti e le attività a cui fare riferimento nell'ambito delle autorizzazioni generali vigenti. L'autorità che riceve la domanda può, con proprio provvedimento, negare l'adesione nel caso in cui non siano rispettati i requisiti previsti dall'autorizzazione generale o i requisiti previsti dai piani e dai programmi o dalla legislazione regionale di cui all'articolo 271, commi 3 e 4, o in presenza di particolari situazioni di rischio sanitario o di zone che richiedono una particolare tutela ambientale. Alla domanda di adesione può essere allegata la comunicazione relativa alla messa in esercizio prevista all'articolo 269, comma 6, che può avvenire dopo un periodo di quarantacinque giorni dalla domanda stessa. La procedura si applica anche nel caso in cui il gestore intenda effettuare una modifica dello stabilimento. Resta fermo l'obbligo di sottoporre lo stabilimento alle autorizzazioni previste all'articolo 269 in caso di modifiche relative all'installazione di impianti o all'avvio di attività non previsti nelle autorizzazioni generali. L'autorizzazione generale si applica a chi vi ha aderito, anche se sostituita da successive autorizzazioni generali, per un periodo pari ai quindici anni successivi all'adesione. Non hanno effetto su tale termine le domande di adesione relative alle modifiche dello stabilimento. Almeno quarantacinque giorni prima della scadenza di tale periodo il gestore presenta una domanda di adesione all'autorizzazione generale vigente, corredata dai documenti ivi prescritti. L'autorità competente procede, almeno ogni quindici anni, al rinnovo delle autorizzazioni generali adottate ai sensi del presente articolo. Le procedure e le tempistiche previste dal presente articolo si applicano in luogo di quelle previste dalle norme generali vigenti in materia di comunicazioni amministrative e silenzio assenso [4].

3 bis. Le autorizzazioni di carattere generale adottate per gli stabilimenti in cui sono presenti medi impianti di combustione, anche insieme ad altri impianti e attività, devono disciplinare anche le voci previste all'allegato I, Parte IV-*bis*, alla Parte Quinta, escluse quelle riportate alle lettere a), g) e h). Le relative domande di adesione devono contenere tutti i dati previsti all'allegato I, Parte IV-*bis*, alla Parte Quinta [5].

4. Le disposizioni dei commi 2 e 3 non si applicano nel caso in cui siano utilizzate, nei cicli produttivi da cui originano le emissioni, le sostanze o le miscele con indicazioni di pericolo H350, H340, H350i, H360D, H360F, H360FD, H360Df e H360Fd o quelle classificate estremamente preoccupanti, ai sensi della normativa europea vigente in materia di classificazione, etichettatura e imballaggio delle sostanze e delle miscele. Nel caso in cui, a seguito di una modifica della classificazione di una sostanza, uno o più impianti o attività ricompresi in autorizzazioni generali siano soggetti al divieto previsto al presente comma, il gestore deve presentare all'autorità competente, entro tre anni dalla modifica della classificazione, una domanda di autorizzazione ai sensi dell'articolo 269. In caso di mancata presentazione, lo stabilimento si considera in esercizio senza autorizzazione [6].

[**4 bis.** Con apposito decreto, da adottare ai sensi dell'articolo 281, comma 5, si provvede ad integrare l'allegato IV, parte II, alla parte quinta del presente decreto con l'indicazione dei casi in cui, in deroga al comma precedente, l'autorità competente può permettere, nell'autorizzazione generale, l'utilizzo di sostanze inquinanti classificate con frasi di rischio R45, R46, R49, R60, R61, R68, in considerazione degli scarsi quantitativi d'impiego o delle ridotte percentuali di presenza nelle materie prime o nelle emissioni.] [7]

5. Il presente titolo non si applica agli stabilimenti destinati alla difesa nazionale, fatto salvo quanto previsto al comma 5-*bis*, ed alle emissioni provenienti da sfiati e ricambi d'aria esclusivamente adibiti alla protezione e alla sicurezza degli ambienti di lavoro in relazione alla temperatura, all'umidità e ad altre condizioni attinenti al microclima di tali ambienti. Sono in tutti i casi soggette al presente titolo le emissioni provenienti da punti di emissione specificamente destinati all'evacuazione di sostanze inquinanti dagli ambienti di lavoro. Il presente titolo non si applica inoltre a valvole di sicurezza, dischi di rottura e altri dispositivi destinati a situazioni critiche o di emergenza, salvo quelli che l'autorità competente stabilisca di disciplinare nell'autorizzazione. Sono comunque soggetti al presente titolo gli impianti che, anche se messi in funzione in caso di situazioni critiche o di emergenza, operano come parte integrante del ciclo produttivo dello stabilimento. Agli impianti di distribuzione dei carburanti si applicano esclusivamente le pertinenti disposizioni degli articoli 276 e 277 [8].

5 bis. Sono soggetti ad autorizzazione gli stabilimenti destinati alla difesa nazionale in cui sono ubicati medi impianti di combustione. L'autorizzazione dello stabilimento prevede valori limite e prescrizioni solo per tali impianti [9].

(1) Comma sostituito dall'art. 3, co. 6, d.lgs. 29.6.2010, n. 128 e poi modificato dall'art. 1, co. 1, lett. e), n. 1), d.lgs. 30.7.2020, n. 102.

(2) Comma introdotto dall'art. 1, co. 1, lett. f), n. 1), d.lgs. 15.11.2017, n. 183 e poi modificato dall'art. 1, co. 1, lett. e), n. 2), d.lgs. 30.7.2020, n. 102.

(3) Comma modificato dall'art. 3, co. 6, d.lgs. 29.6.2010, n. 128 e dall'art. 11, co. 4, lett. b), d.P.R. 13.3.2013, n. 59 e, infine, sostituito dall'art. 1, co. 1, lett. f), n. 2), d.lgs. 15.11.2017, n. 183.

(4) Comma sostituito dall'art. 3, co. 6, d.lgs. 29.6.2010, n. 128 e poi dall'art. 1, co. 1, lett. f), n. 2), d.lgs. 15.11.2017, n. 183.

(5) Comma introdotto dall'art. 1, co. 1, lett. f), n. 3), d.lgs. 15.11.2017, n. 183.

(6) Comma modificato dall'art. 3, co. 6, d.lgs. 29.6.2010, n. 128; poi sostituito dall'art. 1, co. 1, lett. f), n. 4), d.lgs. 15.11.2017, n. 183 e, infine,

modificato dall'art. 1, co. 1, lett. e), n. 3), d.lgs. 30.7.2020, n. 102.
(7) Comma introdotto dall'art. 3, co. 6, d.lgs. 29.6.2010, n. 128 e poi abrogato dall'art. 1, co. 1, lett. f), n. 5), d.lgs. 15.11.2017, n. 183.
(8) Comma modificato dall'art. 3, co. 6, d.lgs. 29.6.2010, n. 128 e poi sostituito dall'art. 1, co. 1, lett. f), n. 6), d.lgs. 15.11.2017, n. 183.
(9) Comma introdotto dall'art. 1, co. 1, lett. f), n. 7), d.lgs. 15.11.2017, n. 183.

278. Poteri di ordinanza.

1. In caso di inosservanza delle prescrizioni contenute nell'autorizzazione, ferma restando l'applicazione delle sanzioni di cui all'articolo 279 e delle misure cautelari disposte dall'autorità giudiziaria, l'autorità competente procede, secondo la gravità dell'infrazione:
a) alla diffida, con l'assegnazione di un termine entro il quale le irregolarità devono essere eliminate;
b) alla diffida ed alla contestuale temporanea sospensione dell'autorizzazione con riferimento agli impianti e alle attività per i quali vi è stata violazione delle prescrizioni autorizzative, ove si manifestino situazioni di pericolo per la salute o per l'ambiente [(1)];
c) alla revoca dell'autorizzazione con riferimento agli impianti e alle attività per i quali vi è stata violazione delle prescrizioni autorizzative, in caso di mancato adeguamento alle prescrizioni imposte con la diffida o qualora la reiterata inosservanza delle prescrizioni contenute nell'autorizzazione determini situazioni di pericolo o di danno per la salute o per l'ambiente [(2)].

1 bis. Resta ferma, in caso di non conformità dei valori misurati ai valori limite prescritti, accertata nel corso dei controlli effettuati dall'autorità o dagli organi di cui all'articolo 268, comma 1, lettera p), la possibilità di adottare le ordinanze previste all'articolo 271, comma 20-*bis* [(3)].

(1) Lettera sostituita dall'art. 3, co. 12, d.lgs. 29.6.2010, n. 128.
(2) Lettera sostituita dall'art. 3, co. 12, d.lgs. 29.6.2010, n. 128.
(3) Comma introdotto dall'art. 1, co. 1, lett. n), d.lgs. 15.11.2017, n. 183.

279. Sanzioni.

1. Fuori dai casi per cui trova applicazione l'articolo 6, comma 13, cui eventuali sanzioni sono applicate ai sensi dell'articolo 29-quattuordecies, chi inizia a installare o esercisce uno stabilimento in assenza dell'autorizzazione prevista dagli articoli 269 o 272 ovvero continua l'esercizio con l'autorizzazione scaduta, decaduta, sospesa o revocata è punito con la pena dell'arresto da due mesi a due anni o dell'ammenda da 1.000 euro a 10.000 euro. Con la stessa pena è punito chi sottopone uno stabilimento ad una modifica sostanziale senza l'autorizzazione prevista dall'articolo 269, comma 8 o, ove applicabile, dal decreto di attuazione dell'articolo 23 del decreto-legge 9 febbraio 2012, n. 5, convertito, con modificazioni, dalla legge 4 aprile 2012, n. 35. Chi sottopone uno stabilimento ad una modifica non sostanziale senza effettuare la comunicazione prevista dall'articolo 269, comma 8 o comma 11-*bis*, o, ove applicabile, dal decreto di attuazione dell'articolo 23 del decreto-legge 9 febbraio 2012, n. 5, convertito, con modificazioni, dalla legge 4 aprile 2012, n. 35, è assoggettato ad una sanzione amministrativa pecuniaria da 300 euro a 1.000 euro, alla cui irrogazione provvede l'autorità competente [(1)].

2. Chi, nell'esercizio di uno stabilimento, viola i valori limite di emissione [o le prescrizioni] stabiliti dall'autorizzazione, dagli Allegati I, II, III o V alla parte quinta del presente decreto, dai piani e dai programmi o dalla normativa di cui all'articolo 271 [o le prescrizioni altrimenti imposte dall'autorità competente ai sensi del presente titolo] è punito con l'arresto fino ad un anno o con l'ammenda fino a 10.000 euro. Se i valori limite [o le prescrizioni] violati sono contenuti nell'autorizzazione integrata ambientale si applicano le sanzioni previste dalla normativa che disciplina tale autorizzazione [(2)].

2 bis. Chi, nell'esercizio di uno stabilimento, viola le prescrizioni stabilite dall'autorizzazione, dagli allegati I, II, III o V alla Parte Quinta, dai piani e dai programmi o dalla normativa di cui all'articolo 271 o le prescrizioni altrimenti imposte dall'autorità competente è soggetto ad una sanzione amministrativa pecuniaria da 1.000 euro a 10.000 euro, alla cui irrogazione provvede l'autorità competente. Se le prescrizioni violate sono contenute nell'autorizzazione integrata ambientale si applicano le sanzioni previste dalla normativa che disciplina tale autorizzazione [(3)].

3. Fuori dai casi sanzionati ai sensi dell'articolo 29-quattuordecies, comma 7, chi mette in esercizio un impianto o inizia ad esercitare un'attività senza averne dato la preventiva comunicazione prescritta ai sensi dell'articolo 269, comma 6, o ai sensi dell'articolo 272, comma 1, è soggetto ad una sanzione amministrativa pecuniaria da 500 euro a 2.500 euro. È soggetto ad una sanzione amministrativa pecuniaria da 500 euro a 2.500 euro, alla cui irrogazione provvede l'autorità competente, chi non presenta, nei termini previsti, la domanda o la relazione di cui all'articolo 271, comma 7-*bis*, chi non effettua, nei termini, una delle comunicazioni previste all'articolo 273-*bis*, comma 6 e comma 7, lettere c) e d), e chi non presenta, nei termini, la domanda prevista all'articolo 273-*bis*, comma 6 [(4)].

4. Fuori dai casi sanzionati ai sensi dell'articolo 29-quattuordecies, comma 8, chi non comunica all'autorità competente i dati relativi alle emissioni ai sensi dell'articolo 269, comma 6, è soggetto ad una sanzione amministrativa pecuniaria da 1.000 euro a 10.000 euro [(5)].

5. Nei casi previsti dal comma 2 si applica sempre la pena dell'arresto fino ad un anno se il superamento dei valori limite di emissione determina anche il superamento dei valori limite di qualità dell'aria previsti dalla vigente normativa.

6. Chi, nei casi previsti dall'articolo 281, comma 1, non adotta tutte le misure necessarie ad evitare un aumento anche temporaneo delle emissioni è punito con la pena dell'arresto fino ad un anno o dell'ammenda fino a milletrentadue euro.

7. Per la violazione delle prescrizioni dell articolo

276, nel caso in cui la stessa non sia soggetta alle sanzioni previste dai commi da 1 a 6, e per la violazione delle prescrizioni dell'articolo 277 si applica una sanzione amministrativa pecuniaria da 15.500 euro a 155.000 euro. All'irrogazione di tale sanzione provvede, ai sensi degli articoli 17 e seguenti della legge 24 novembre 1981, n. 689, la regione o la diversa autorità indicata dalla legge regionale. La sospensione delle autorizzazioni in essere è sempre disposta in caso di recidiva (6) (7).

(1) Comma sostituito dall'art. 3, co. 13, d.lgs. 29.6.2010, n. 128; poi modificato dall'art. 11, co. 4, lett. a), d.lgs. 4.3.2014, n. 46; dall'art. 1, co. 1, lett. o), n. 1), d.lgs. 15.11.2017, n. 183 e, infine, dall'art. 1, co. 1, lett. g), n. 1), d.lgs. 30.7.2020, n. 102.

(2) Comma sostituito dall'art. 3, co. 13, d.lgs. 29.6.2010, n. 128 e poi modificato dall'art. 1, co. 1, lett. o), n. 2), d.lgs. 15.11.2017, n. 183.

(3) Comma introdotto dall'art. 1, co. 1, lett. o), n. 3), d.lgs. 15.11.2017, n. 183.

(4) Comma modificato dall'art. 3, co. 13, d.lgs. 29.6.2010, n. 128, dall'art. 11, co. 4, lett. b), d.lgs. 4.3.2014, n. 46 e dall'art. 1, co. 1, lett. o), n. 4), d.lgs. 15.11.2017, n. 183 e, infine, dall'art. 1, co. 1, lett. g), n. 2), d.lgs. 30.7.2020, n. 102.

(5) Comma modificato dall'art. 3, co. 13, d.lgs. 29.6.2010, n. 128; dall'art. 11, co. 4, lett. c), d.lgs. 4.3.2014, n. 46 e, infine, dall'art. 1, co. 1, lett. g), n. 3), d.lgs. 30.7.2020, n. 102.

(6) Secondo quanto previsto dall'art. 2, co. 3, d.lgs. 30.7.2012, n. 125, restano ferme le sanzioni previste dal presente comma, per la violazione delle prescrizioni dell'art. 277 del presente decreto, come modificato dal co. 2 del suddetto art. 2, d.lgs. n. 125/2012.

(7) Comma modificato dall'art. 1, co. 1, lett. o), n. 5), d.lgs. 15.11.2017, n. 183.

TITOLO II
Impianti termici civili

282. Campo di applicazione (1).

1. Il presente titolo disciplina, ai fini della prevenzione e della limitazione dell'inquinamento atmosferico, gli impianti termici civili aventi potenza termica nominale inferiore a 3 MW. Sono sottoposti alle disposizioni del titolo I gli impianti termici civili aventi potenza termica nominale uguale o superiore.

2. Un impianto termico civile avente potenza termica nominale uguale o superiore a 3 MW si considera come un unico impianto ai fini dell'applicazione delle disposizioni del titolo I. Resta soggetta alle disposizioni degli articoli 270, 273, commi 9 e 10, e 273-*bis*, commi 8 e 9, l'aggregazione di tale impianto con altri impianti (2).

2 bis. Il produttore di impianti termici civili attesta, per ciascun modello prodotto, la conformità alle caratteristiche tecniche di cui all'articolo 285 e l'idoneità a rispettare i valori limite di emissione di cui all'articolo 286. L'idoneità deve risultare da apposite prove, effettuate secondo le pertinenti norme EN da laboratori accreditati ai sensi della norma UNI CEI EN ISO/IEC 17025 per i metodi di prova relativi ai parametri per i quali si effettua la misura. I rapporti sono tenuti a disposizione dal produttore. Ciascun impianto termico civile messo in commercio è accompagnato dalla attestazione e dalle istruzioni relative all'installazione (3).

(1) Articolo sostituito dall'art. 3, co. 15, d.lgs. 29.6.2010, n. 128.

(2) Comma sostituito dall'art. 2, co. 1, lett. a), punto 1), d.lgs. 15.11.2017, n. 183.

(3) Comma introdotto dall'art. 2, co. 1, lett. a), punto 2), d.lgs. 15.11.2017, n. 183.

283. Definizioni.

1. Ai fini del presente titolo si applicano le seguenti definizioni:

a) impianto termico: impianto destinalo alla produzione di calore costituito da uno o più generatori di calore e da un unico sistema di distribuzione e utilizzazione di tale calore, nonché da appositi dispositivi di regolazione e di controllo;

b) generatore di calore: qualsiasi dispositivo di combustione alimentato con combustibili al fine di produrre calore, costituito da un focolare ed eventualmente uno scambiatore di calore (1);

c) focolare: parte di un generatore di calore nella quale avviene il processo di combustione;

d) impianto termico civile: impianto termico la cui produzione di calore è esclusivamente destinata, anche in edifici ad uso non residenziale, al riscaldamento o alla climatizzazione invernale o estiva di ambienti o al riscaldamento di acqua per usi igienici e sanitari; l'impianto termico civile è centralizzato se serve tutte le unità dell'edificio o di più edifici ed è individuale negli altri casi (2);

d-*bis*) medio impianto termico civile: impianto termico civile di potenza pari o superiore a 1 MW; non ricadono nella definizione gli impianti utilizzati per il riscaldamento a gas diretto degli spazi interni dello stabilimento ai fini del miglioramento delle condizioni degli ambienti di lavoro (3);

e) potenza termica nominale dell'impianto: la somma delle potenze termiche nominali dei singoli focolari costituenti l'impianto;

f) potenza termica nominale del focolare: il prodotto del potere calorifico inferiore del combustibile utilizzato e della portata massima di combustibile bruciato all'interno del focolare, espresso in Watt termici o suoi multipli;

g) valore di soglia: potenza termica nominale dell'impianto pari a 0.035MW;

h) modifica dell'impianto: qualsiasi intervento che sia effettuato su un impianto già installato e che richieda la dichiarazione di conformità di cui all'articolo 7 del decreto ministeriale 22 gennaio 2008, n. 37 (4);

i) autorità competente: l'autorità responsabile dei controlli, degli accertamenti e delle ispezioni previsti all'articolo 9 del decreto legislativo 19 agosto 2005, n. 192, e dal decreto attuativo dell'articolo 4, comma 1, lettere a) e b), e comma 1-*bis*, del citato decreto legislativo, o altra autorità indicata dalla legge regionale (5);

l) installatore: il soggetto indicato dall'articolo 3 del decreto ministeriale 22 gennaio 2008, n. 37 (6);

m) responsabile dell'esercizio e della manutenzione dell'impianto: il soggetto indicato dal decreto attuativo dell'articolo 4, comma 1, lettere a) e b), e comma 1-*bis*, del decreto legislativo 19 agosto 2005, n. 192 (7);

n) conduzione di un impianto termico: insieme delle

operazioni necessarie al fine di assicurare la corretta combustione nei focolari e l'adeguamento del regime dell'impianto termico alla richiesta di calore.

(1) Lettera sostituita dall'art. 3, co. 16, d.lgs. 29.6.2010, n. 128.
(2) Lettera sostituita dall'art. 3, co. 16, d.lgs. 29.6.2010, n. 128.
(3) Lettera introdotta dall'art. 2, co. 1, lett. b), punto 1.1, d.lgs. 15.11.2017, n. 183.
(4) Lettera sostituita dall'art. 3, co. 16, d.lgs. 29.6.2010, n. 128.
(5) Lettera sostituita dall'art. 3, co. 16, d.lgs. 29.6.2010, n. 128; dall'art. 2, co. 1, lett. b), punto 1.2, d.lgs. 15.11.2017, n. 183 e, infine, modificata dall'art. 1, co. 1, lett. i), d.lgs. 30.7.2020, n. 102.
(6) Lettera sostituita dall'art. 3, co. 16, d.lgs. 29.6.2010, n. 128.
(7) Lettera modificata, prima, dall'art. 2, co. 1, lett. b), punto 1.3, d.lgs. 15.11.2017, n. 183 e, poi, dall'art. 1, co. 1, lett. i), d.lgs. 30.7.2020, n. 102.

284. Installazione o modifica [1] [2].

1. Nel corso delle verifiche finalizzate alla dichiarazione di conformità prevista dal decreto ministeriale 22 gennaio 2008, n. 37, per gli impianti termici civili di potenza termica nominale superiore al valore di soglia, l'installatore verifica e dichiara anche che l'impianto è dotato della attestazione prevista all'articolo 282, comma 2-*bis*. In caso di modifica di impianti fuori produzione l'installatore dichiara che il libretto di centrale è stato integrato nei modi previsti dal comma 2.Tali dichiarazioni devono essere espressamente riportate in un atto allegato alla dichiarazione di conformità, messo a disposizione del responsabile dell'esercizio e della manutenzione dell'impianto da parte dell'installatore entro 30 giorni dalla conclusione dei lavori. L'autorità che riceve la dichiarazione di conformità ai sensi del decreto ministeriale 22 gennaio 2008, n. 37, provvede ad inviare tale atto all'autorità competente. In occasione della dichiarazione di conformità, l'installatore indica al responsabile dell'esercizio e della manutenzione dell'impianto l'elenco delle manutenzioni ordinarie e straordinarie necessarie ad assicurare il rispetto dei valori limite di cui all'articolo 286, affinché tale elenco sia inserito nel libretto di centrale previsto dal decreto del Presidente della Repubblica 26 agosto 1993, n. 412. Se il responsabile dell'esercizio e della manutenzione dell'impianto non è ancora individuato al momento dell'installazione, l'installatore, entro 30 giorni dall'installazione, invia l'atto e l'elenco di cui sopra al soggetto committente, il quale li mette a disposizione del responsabile dell'esercizio e della manutenzione dell'impianto entro 30 giorni dalla relativa individuazione [3].

2. Per gli impianti termici civili di potenza termica nominale superiore al valore di soglia, in esercizio alla data di entrata in vigore della parte quinta del presente decreto, il libretto di centrale previsto dall'articolo 11 del decreto del Presidente della Repubblica 26 agosto 1993, n. 412 deve essere integrato, a cura del responsabile dell'esercizio e della manutenzione dell'impianto, entro il 31 dicembre 2012, da un atto in cui si dichiara che l'impianto è conforme alle caratteristiche tecniche di cui all'articolo 285 ed è idoneo a rispettare i valori limite di cui all'articolo 286. Entro il 31 dicembre 2012, il libretto di centrale deve essere inoltre integrato con l'indicazione delle manutenzioni ordinarie e straordinarie necessarie ad assicurare il rispetto dei valori limite di cui all'articolo 286. Il responsabile dell'esercizio e della manutenzione dell'impianto provvede ad inviare tali atti integrativi all'autorità competente entro 30 giorni dalla redazione.

2 bis. I medi impianti termici civili messi in esercizio o soggetti a modifica a partire dal 20 dicembre 2018 devono essere preventivamente iscritti nel registro autorizzativo previsto al comma 2-*quater*. A tal fine il responsabile dell'esercizio e della manutenzione trasmette all'autorità titolare del registro, entro un termine non inferiore a sessanta giorni prima dell'installazione o della modifica dell'impianto, un apposito atto in cui dichiara i dati previsti all'allegato I, Parte IV-*bis*, alla Parte Quinta. Il termine di sessanta giorni può essere ridotto qualora sussista una imprevedibile urgenza da dichiarare in un atto allegato dal responsabile dell'esercizio e della manutenzione [4]

2 ter. I medi impianti termici civili messi in esercizio prima del 20 dicembre 2018 devono essere iscritti nel registro autorizzativo previsto al comma 2-*quater* entro il 1° gennaio 2029. A tal fine il responsabile dell'esercizio e della manutenzione trasmette all'autorità titolare del registro, entro il 31 ottobre 2028, un apposito atto in cui dichiara i dati previsti all'allegato I, parte IV-*bis*, alla Parte Quinta. [5]

2 quater. È tenuto, presso ciascuna autorità competente, un registro per l'iscrizione dei medi impianti termici civili. Entro trenta giorni dalla ricezione degli atti previsti ai commi 2-*bis* e 2-*ter* l'autorità competente effettua o nega l'iscrizione nel registro autorizzativo e comunica tempestivamente tale esito al richiedente [6].

(1) Articolo sostituito dall'art. 3, co. 17, d.lgs. 29.6.2010, n. 128.
(2) A norma dell'art. 11, co. 7, d.l. 24.6.2014, n. 91, conv., con modif., con l. 11.8.2014, n. 116, come modificato dall'art. 12, co. 2 bis, d.l. 31.12.2014, n. 192, conv., con modif., con l. 27.2.2015, n. 11, agli adempimenti relativi all'integrazione del libretto di centrale per gli impianti termici civili previsti dal presente comma, si procede, ove non espletati in precedenza, entro il 31.12.2015.
(3) Comma modificato dall'art. 2, co. 1, lett. c), punto 1, d.lgs. 15.11.2017, n. 183 e poi dall'art. 1, co. 1, lett. l), n. 1), d.lgs. 30.7.2020, n. 102.
(4) Comma introdotto dall'art. 2, co. 1, lett. c), punto 2, d.lgs. 15.11.2017, n. 183 e poi modificato dall'art. 1, co. 1, lett. l), n. 2), d.lgs. 30.7.2020, n. 102.
(5) Comma introdotto dall'art. 2, co. 1, lett. c), punto 2, d.lgs. 15.11.2017, n. 183 poi modificato dall'art. 1, co. 1, lett. l), n. 2), d.lgs. 30.7.2020, n. 102.
(6) Comma introdotto dall'art. 2, co. 1, lett. c), punto 2, d.lgs. 15.11.2017, n. 183.

285. Caratteristiche tecniche [1].

1. Gli impianti termici civili di potenza termica nominale superiore al valore di soglia devono rispettare le caratteristiche tecniche previste dalla parte II dell'allegato IX alla presente parte pertinenti al tipo di combustibile utilizzato. I piani e i programmi di qualità dell'aria previsti dal decreto legislativo n. 155 del 2010. possono imporre ulteriori caratteristiche tecniche, ove necessarie al conseguimento e al rispetto dei valori e degli obiettivi di qualità dell'aria.

(1) Articolo sostituito dall'art. 3, co. 18, d.lgs. 29.6.2010, n. 128, dall'art. 34, co. 52, d.l. 10.10.2012, n. 179, conv., con modif., con l. 17.12.2012, n. 221, dall'art. 11, co. 9, d.l. 24.6.2014, n. 91, conv., con modif., con l. 11.8.2014, n. 116 e, infine, dall'art. 2, co. 1, lett. d), d.lgs. 15.11.2017, n. 183.

286. Valori limite di emissione.

1. Le emissioni in atmosfera degli impianti termici civili di potenza termica nominale superiore al valore di soglia devono rispettare i pertinenti valori limite previsti dalla parte III dell'Allegato IX alla parte quinta del presente decreto e i più restrittivi valori limite previsti dai piani e dai programmi di qualità dell'aria previsti dal decreto legislativo n. 155 del 2010, ove necessario al conseguimento ed al rispetto dei valori e degli obiettivi di qualità dell'aria [1].

1 bis. I medi impianti termici civili messi in esercizio prima del 20 dicembre 2018 sono soggetti ai pertinenti valori previsti a fini di adeguamento dall'allegato IX alla Parte Quinta ed alle disposizioni dei commi 2-*bis* e 2-*ter* a partire dal 1° gennaio 2029 [2].

2. I valori di emissione degli impianti di cui al comma 1 devono essere controllati almeno annualmente dal responsabile dell'esercizio e della manutenzione dell'impianto nel corso delle normali operazioni di controllo e manutenzione. I valori misurati, con l'indicazione delle relative date, dei metodi di misura utilizzati e del soggetto che ha effettuato la misura, devono essere allegati al libretto di centrale previsto dal decreto del Presidente della Repubblica 26 agosto 1993, n. 412. La parte III, sezione 1, dell'allegato IX alla parte quinta del presente decreto individua i casi in cui tale controllo dei valori di emissione non è richiesto o deve essere effettuato con una diversa frequenza. Al libretto di centrale devono essere allegati altresì i documenti o le dichiarazioni che attestano l'espletamento delle manutenzioni necessarie a garantire il rispetto dei valori limite di emissione previste dal libretto di centrale [3].

2 bis. In caso di medi impianti termici civili, le non conformità dei valori limite misurati rispetto ai valori limite prescritti, accertate nei controlli previsti al comma 2, sono comunicate dal responsabile dell'esercizio e della manutenzione dell'impianto all'autorità competente entro 24 ore dall'accertamento, utilizzando il formato stabilito dalla normativa regionale. In tali casi, il responsabile dell'esercizio e della manutenzione dell'impianto deve procedere al ripristino della conformità nel più breve tempo possibile. L'autorità competente può impartire prescrizioni dirette al ripristino della conformità, fissando un termine per l'adempimento, e stabilire le condizioni per l'esercizio dell'impianto fino al ripristino. La continuazione dell'esercizio non è in tutti i casi concessa se la non conformità può determinare un pericolo per la salute umana o un significativo peggioramento della qualità dell'aria a livello locale. [4]

2 ter. In caso di medi impianti termici civili, al libretto di centrale sono allegati, oltre agli atti previsti al comma 2, i seguenti atti:
a) la comunicazione di avvenuta registrazione di cui all'articolo 284, comma 2-*quater*;
b) la documentazione relativa al tipo ed al quantitativo di combustibili utilizzati;
c) le prove del funzionamento effettivo e costante dell'impianto di abbattimento delle emissioni, ove presente;
d) la documentazione relativa alle comunicazioni effettuate ed agli interventi effettuati ai sensi del comma 2-*bis*. [5]

3. Ai fini del campionamento, dell'analisi e della valutazione delle emissioni degli impianti termici di cui al comma 1 si applicano i metodi previsti nella parte III dell'Allegato IX alla parte quinta del presente decreto.

[**4.** A decorrere dal 29 ottobre 2006, l'installatore, contestualmente all'installazione o alla modifica dell'impianto, verifica il rispetto dei valori limite di emissione previsti dal presente articolo. La documentazione relativa a tale verifica è messa a disposizione del responsabile dell'esercizio e della manutenzione dell'impianto che la allega al libretto di centrale previsto dal decreto del Presidente della Repubblica 26 agosto 1993, n. 412. Tale verifica non è richiesta nei casi previsti dalla parte III, sezione 1, dell'Allegato IX VIII alla parte quinta del presente decreto] [6].

(1) Comma sostituito dall'art. 3, co. 19, d.lgs. 29.6.2010, n. 128 e poi modificato dall'art. 2, co. 1, lett. e), d.lgs. 15.11.2017, n. 183.
(2) Comma introdotto dall'art. 2, co. 1, lett. e), d.lgs. 15.11.2017, n. 183.
(3) Comma modificato dall'art. 3, co. 19, d.lgs. 29.6.2010, n.128 e modificato dall'art. 2, co. 1, lett. e), d.lgs. 15.11.2017, n. 183.
(4) Comma introdotto dall'art. 2, co. 1, lett. e), d.lgs. 15.11.2017, n. 183.
(5) Comma introdotto dall'art. 2, co. 1, lett. e), d.lgs. 15.11.2017, n. 183.
(6) Comma sostituito dall'art. 3, co. 19, d.lgs. 29.6.2010, n. 128 e poi abrogato dall'art. 2, co. 1, lett. e), d.lgs. 15.11.2017, n. 183.

287. Abilitazione alla conduzione.

1. Il personale addetto alla conduzione degli impianti termici civili di potenza termica nominale superiore a 0.232 MW deve essere munito di un patentino di abilitazione rilasciato da una autorità individuata dalla legge regionale, la quale disciplina anche le opportune modalità di formazione nonché le modalità di compilazione, tenuta e aggiornamento di un registro degli abilitati alla conduzione degli impianti termici. I patentini possono essere rilasciati a persone aventi età non inferiore a diciotto anni compiuti. Il registro degli abilitati alla conduzione degli impianti termici è tenuto presso l'autorità che rilascia il patentino o presso la diversa autorità indicata dalla legge regionale e, in copia, presso l'autorità competente e presso il comando provinciale dei vigili del fuoco [1] [2].

2. Resta fermo quanto previsto dall'articolo 11, comma 3, del decreto del Presidente della Repubblica 26 agosto 1993, n. 412.

3. Ai fini del comma 1 sono previsti due gradi di abilitazione. Il patentino di primo grado abilita alla conduzione degli impianti termici per il cui mantenimento in funzione è richiesto il certificato di abilitazione alla condotta dei generatori di vapore a norma del regio decreto 12 maggio 1927, n. 824, e il patentino di secondo grado abilita alla conduzione degli altri impianti. Il patentino di primo grado abilita anche alla conduzione degli impianti per cui è richiesto il patentino di secondo grado.

4. Il possesso di un certificato di abilitazione di qualsiasi grado per la condotta dei generatori di vapore, ai sensi del regio decreto 12 maggio 1927, n. 824, consente, ove previsto dalla legge regionale, il rilascio del patentino senza necessità dell'esame di cui al comma 1 [(3) (4)].

5. Il patentino può essere in qualsiasi momento revocato [dall'Ispettorato provinciale del lavoro] in caso di irregolare conduzione dell'impianto. A tal fine l'autorità competente comunica all'autorità che ha rilasciato il patentino i casi di irregolare conduzione accertati. Il provvedimento di sospensione o di revoca del certificato di abilitazione alla condotta dei generatori di vapore ai sensi degli articoli 31 e 32 del regio decreto 12 maggio 1927, n. 824, non ha effetto sul patentino di cui al presente articolo [(5) (6)].

6. Fino all'entrata in vigore delle disposizioni regionali di cui al comma 1, la disciplina dei corsi e degli esami resta quella individuata ai sensi del decreto del Ministro del lavoro e della previdenza sociale del 12 agosto 1968 [(7) (8)].

(1) La Corte costituzionale, con sent. 24.7.2009, n. 250, ha dichiarato l'illegittimità costituzionale di questo comma, limitatamente alle parole «*rilasciato dall'ispettorato provinciale del lavoro, al termine di un corso per conduzione di impianti termici, previo superamento dell'esame finale*».
(2) Comma modificato dall'art. 3, co. 20, d.lgs. 29.6.2010, n. 128.
(3) La Corte costituzionale, con sent. 24.7.2009, n. 250, ha dichiarato, ai sensi dell'art. 27, l. 11.3.1953, n. 87, l'illegittimità costituzionale di questo comma, limitatamente alle parole «*senza necessità dell'esame di cui al comma 1*».
(4) Comma modificato dall'art. 3, co. 20, d.lgs. 29.6.2010, n. 128.
(5) La Corte costituzionale, con sent. 24.7.2009, n. 250, ha dichiarato, ai sensi dell'art. 27, l. 11.3.1953, n. 87, l'illegittimità costituzionale di questo comma, limitatamente alle parole «*dall'Ispettorato provinciale del lavoro*».
(6) Comma modificato dall'art. 3, co. 20, d.lgs. 29.6.2010, n. 128.
(7) La Corte costituzionale, con sent. 24.7.2009, n. 250, ha dichiarato, ai sensi dell'art. 27, l. 11.3.1953, n. 87, l'illegittimità costituzionale di questo comma.
(8) Comma modificato dall'art. 3, co. 20, d.lgs. 29.6.2010, n. 128.

288. Controlli e sanzioni.

1. È punito con una sanzione amministrativa pecuniaria da cinquecentosedici euro a duemilacinquecentottantadue euro l'installatore che non redige o redige in modo incompleto l'atto di cui all'articolo 284, comma 1, o non lo mette a disposizione del responsabile dell'esercizio e della manutenzione dell'impianto o del soggetto committente nei termini prescritti o non lo trasmette unitamente alla dichiarazione di conformità nei casi in cui questa è trasmessa ai sensi del decreto ministeriale 22 gennaio 2008, n. 37. Con la stessa sanzione è punito il soggetto committente che non mette a disposizione del responsabile dell'esercizio e della manutenzione dell'impianto l'atto e l'elenco dovuti nei termini prescritti. Con la stessa sanzione è punito il responsabile dell'esercizio e della manutenzione dell'impianto che non redige o redige in modo incompleto l'atto di cui all'articolo 284, comma 2, o non lo trasmette all'autorità competente nei termini prescritti. Il produttore di impianti termici civili che non tiene a disposizione i rapporti di prova previsti all'articolo 282, comma 2-*bis*, è soggetto alla stessa sanzione [(1)].

1 bis. In caso di esercizio di medi impianti termici civili in assenza di iscrizione nel registro previsto all'articolo 284, comma 2-*quater*, il responsabile dell'esercizio e della manutenzione è soggetto ad una sanzione amministrativa pecuniaria da cinquecentosedici euro a duemilacinquecentottantadue euro. [(2)]

2. In caso di esercizio di un impianto termico civile non conforme alle caratteristiche tecniche di cui all'articolo 285, sono puniti con una sanzione amministrativa pecuniaria da cinquecentosedici euro a duemilacinquecentottantadue euro:
a) il produttore o, se manca l'attestazione prevista all'articolo 282, il produttore e l'installatore, nei casi soggetti all'articolo 284, comma 1 [(3)];
b) il responsabile dell'esercizio e della manutenzione dell'impianto, nei casi soggetti all'articolo 284, comma 2 [(4)];

3. Nel caso in cui un impianto termico civile non rispetti i valori limite di emissione di cui all'articolo 286, comma 1, sono soggetti ad una sanzione amministrativa pecuniaria da cinquecentosedici euro a duemilacinquecentottantadue euro:
a) il produttore e l'installatore se mancano la attestazione o le istruzioni previste dall'articolo 282;
b) il produttore se sussistono la attestazione e le istruzioni previste dall'articolo 282 e se dal libretto di centrale risultano regolarmente effettuati i controlli e le manutenzioni prescritti dalla parte quinta del presente decreto e dal decreto attuativo dell articolo 4, comma 1, lettere a) e b), del decreto legislativo 19 agosto 2005, n. 192, purché non sia superata la durata stabilita per il ciclo di vita dell'impianto;
c) il responsabile dell'esercizio e della manutenzione se sussistono la attestazione e le istruzioni previste dall'articolo 282 e se dal libretto di centrale non risultano regolarmente effettuati i controlli e le manutenzioni prescritti o è stata superata la durata stabilita per il ciclo di vita dell'impianto. [(5)]

3 bis. In caso di violazione degli obblighi di comunicazione o di ripristino di conformità previsti dall'articolo 286, comma 2-*bis*, il responsabile dell'esercizio e della manutenzione è soggetto ad una sanzione amministrativa pecuniaria da cinquecentosedici euro a duemilacinquecentottantadue euro. [(6)]

4. Con una sanzione amministrativa pecuniaria da cinquecentosedici euro a duemilacinquecentottantadue euro è punito il responsabile dell'esercizio e della manutenzione dell'impianto che non effettua il controllo [annuale] delle emissioni ai sensi dell'articolo 286, comma 2, o non allega al libretto di centrale i dati ivi previsti o i dati previsti all'articolo 286, comma 2-*ter*(7).

5. Ferma restando l'applicazione delle sanzioni previste dai commi precedenti, della procedura prevista all'articolo 286, comma 2-*bis* e delle sanzioni previste per la produzione di dichiarazioni mendaci o di false attestazioni, l'autorità competente, ove accerti che l'impianto non rispetta le caratteristiche tecniche di cui all'articolo 285 o i valori limite di emissione di cui all'articolo 286 o quanto disposto dall'articolo 293, impone, con proprio provvedimento, al contravventore di procedere all'adeguamento entro un determinato termine oltre il quale l'impianto non può essere utilizzato. In caso di mancato rispetto del provvedimento adottato dall'autorità competente si applica l'articolo 650 del codice penale(8).

6. All'irrogazione delle sanzioni amministrative previste dal presente articolo, ai sensi degli articoli 17 e seguenti della legge 24 novembre 1981, n. 689, provvede l'autorità competente di cui all'articolo 283, comma 1, lettera i), o la diversa autorità indicata dalla legge regionale.

7. Chi effettua la conduzione di un impianto termico civile di potenza termica nominale superiore a 0.232 MW senza essere munito, ove prescritto, del patentino di cui all'articolo 287 è punito con una sanzione amministrativa pecuniaria da quindici euro a quarantasei euro, alla cui irrogazione provvede l'autorità indicata dalla legge regionale(9).

8. I controlli relativi al rispetto del presente titolo sono effettuati dall'autorità competente in occasione delle ispezioni effettuate ai sensi del decreto legislativo 19 agosto 2005, n. 192, e del decreto attuativo dell'articolo 4, comma 1, lettere a) e b), del citato decreto legislativo, anche avvalendosi degli organismi ivi previsti, nei limiti delle risorse disponibili a legislazione vigente(10).

8 bis. Il responsabile dell'esercizio e della manutenzione dell'impianto fornisce all'autorità competente la collaborazione necessaria per i controlli, anche svolti mediante attività di campionamento e analisi e raccolta di dati e informazioni, funzionali all'accertamento del rispetto delle disposizioni della Parte Quinta del presente decreto(11).

8 ter. Gli atti allegati al libretto di centrale ai sensi del presente titolo, relativi ad un anno civile, sono conservati per almeno i sei anni civili successivi. Tali atti sono messi senza indebito ritardo a disposizione dell'autorità competente che ne richieda l'acquisizione. L'autorità competente richiede l'acquisizione degli atti ai fini di controllo e quando un cittadino formuli una richiesta di accesso ai dati ivi contenuti(12).

(1) Comma sostituito dall'art. 3, co. 21, d.lgs. 29.6.2010, n. 128 e poi modificato dall'art. 2, co. 1, lett. f),'d.lgs. 15.11.2017, n. 183.
(2) Comma introdotto dall'art. 2, co. 1, lett. e), d.lgs. 15.11.2017, n. 183.
(3) Lettera sostituita, prima, dall'art. 3, co. 21, d.lgs. 29.6.2010, n.128 e poi dall'art. 2, co. 1, lett. f), d.lgs. 15.11.2017, n. 183.
(4) Lettera sostituita dall'art. 3, co. 21, d.lgs. 29.6.2010, n.128.
(5) Comma sostituito dall'art. 2, co. 1, lett. f), d.lgs. 15.11.2017, n. 183.
(6) Comma introdotto dall'art. 2, co. 1, lett. f), d.lgs. 15.11.2017, n. 183.
(7) Comma modificato dall'art. 2, co. 1, lett. f), d.lgs. 15.11.2017, n. 183.
(8) Comma modificato dall'art. 3, co. 21, d.lgs. 29.6.2010, n. 128 e dall'art. 2, co. 1, lett. f), d.lgs. 15.11.2017, n. 183.
(9) Comma modificato dall'art. 3, co. 21, d.lgs. 29.6.2010, n. 128.
(10) Comma sostituito dall'art. 3, co. 21, d.lgs. 29.6.2010, n.128 e poi modificato dall'art. 2, co. 1, lett. f), d.lgs. 15.11.2017, n. 183.
(11) Comma introdotto dall'art. 2, co. 1, lett. f), d.lgs. 15.11.2017, n. 183.
(12) Comma introdotto dall'art. 2, co. 1, lett. f), d.lgs. 15.11.2017, n. 183.

TITOLO III
Combustibili

291. Campo di applicazione.

1. Il presente titolo disciplina, ai fini della prevenzione e della limitazione dell'inquinamento atmosferico, le caratteristiche merceologiche dei combustibili che possono essere utilizzati negli impianti di cui ai titoli I e II della parte quinta del presente decreto, inclusi gli impianti termici civili di potenza termica inferiore al valore di soglia, e le caratteristiche merceologiche dei combustibili per uso marittimo. Il presente titolo stabilisce inoltre le condizioni di utilizzo dei combustibili, comprese le prescrizioni finalizzate ad ottimizzare il rendimento di combustione, e i metodi di misura delle caratteristiche merceologiche(1).

(1) Comma modificato dall'art. 1, d.lgs. 9.11.2007, n. 205.

292. Definizioni(1).

1. Ai fini del presente titolo si applicano, ove non altrimenti disposto, le definizioni di cui al titolo I ed al titolo II della parte quinta.

2. In aggiunta alle definizioni del comma 1, si applicano le seguenti definizioni:

a) olio combustibile pesante:
   1) qualsiasi combustibile liquido derivato dal petrolio che rientra nei codici da NC 2710 1951 a NC 2710 1968, 2710 2031, 2710 2035, 2710 2039, escluso il combustibile per uso marittimo(2);
   2) qualsiasi combustibile liquido derivato dal petrolio, escluso il gasolio di cui alle lettere b) e f), che, per i suoi limiti di distillazione, rientra nella categoria degli oli pesanti destinati ad essere usati come combustibile e di cui meno del 65% in volume, comprese le perdite, distilla a 250 C secondo il metodo ASTM D86 o per il quale la percentuale del distillato a 250 C non può essere determinata con tale metodo;

b) gasolio:
   1) qualsiasi combustibile liquido derivato dal petrolio, escluso il combustibile per uso marittimo, che rientra nei codici NC 2710 1925, 2710 1929, 2710 1947, 2710 1948, 2710 2017, 2710 2019(3);
   2) qualsiasi combustibile liquido derivato dal petrolio, escluso il combustibile per uso marittimo, di cui meno del 65% in volume, comprese le perdite, distilla a 250 C e di cui almeno l'85% in volume, comprese le perdite, distilla a 350 C secondo il metodo ASTM D86;

c) metodo ASTM: i metodi stabiliti dalla American Society for Testing and Materials nell'edizione 1976 delle definizioni e delle specifiche tipo per il petrolio e i prodotti lubrificanti;
d) combustibile per uso marittimo: qualsiasi combustibile liquido derivato dal petrolio utilizzato su una nave in mare o destinato ad essere utilizzato su una nave in mare, inclusi i combustibili definiti nella norma ISO 8217 [(4)];
e) olio diesel marino: qualsiasi combustibile per uso marittimo definito per la qualità "DMB" alla tabella I della norma ISO 8217, eccettuato il riferimento al tenore di zolfo [(5)];
f) gasolio marino: qualsiasi combustibile per uso marittimo definito per le qualità "DMX", "DMA" e "DMZ" alla tabella I della norma ISO 8217, eccettuato il riferimento al tenore di zolfo [(6)];
g) immissione sul mercato: qualsiasi operazione di messa a disposizione di terzi, a titolo oneroso o gratuito, di combustibili per uso marittimo destinati alla combustione su una nave, eccettuati quelli destinati all'esportazione e trasportati, a tale fine, all'interno delle cisterne di una nave;
h) acque territoriali: zone di mare previste dall'articolo 2 del codice della navigazione;
i) zona economica esclusiva: zona di cui all'articolo 55 della Convenzione delle Nazioni Unite sul diritto del mare, fatta a Montego Bay il 10 dicembre 1982, ratificata con legge 2 dicembre 1994, n. 689;
l) zona di protezione ecologica: zona individuata ai sensi della legge 8 febbraio 2006, n. 61;
m) aree di controllo delle emissioni di SOX: zone a cui tale qualificazione è stata assegnata dall'International Maritime Organization (I.M.O.) previa apposita procedura di designazione, ai sensi dell'allegato VI della Convenzione internazionale del 1973 per la prevenzione dell'inquinamento causato da navi, denominata Convenzione MARPOL;
n) nave passeggeri: nave che trasporta più di dodici passeggeri, ad eccezione del comandante, dei membri dell'equipaggio e di tutti i soggetti adibiti ad attività relative alla gestione della nave, nonché dei bambini di età inferiore ad un anno;
o) servizio di linea: i viaggi seriali per collegare due o più porti o i viaggi seriali che iniziano e terminano presso lo stesso porto senza scali intermedi, purché effettuati sulla base di un orario reso noto al pubblico; l'orario può essere desunto anche dalla regolarità o dalla frequenza del servizio;
[p) nave adibita alla navigazione interna: nave destinata ad essere utilizzata in una via navigabile interna di cui al decreto del Ministro per il coordinamento delle politiche comunitarie 28 novembre 1987, n. 572;] [(7)]
q) nave all'ormeggio: nave assicurata ad un ormeggio o ancorata presso un porto italiano;
r) stazionamento: l'utilizzo dei motori su una nave all'ormeggio, ad eccezione dei periodi di carico e scarico;
s) nave da guerra: nave che appartiene alle forze armate di uno Stato e porta i segni distintivi delle navi militari di tale Stato, il cui equipaggio sia soggetto alle leggi relative ai militari ed il cui comandante sia un ufficiale di marina debitamente incaricato e sia inscritto nell'apposito ruolo degli ufficiali o in un documento equivalente;
t) metodo di riduzione delle emissioni: qualsiasi apparecchiatura, apparato, dispositivo o materia e da installare su una nave o qualsiasi procedura, metodo o combustibile alternativo, utilizzato in alternativa ai combustibili per uso marittimo conformi ai limiti previsti all'articolo 295, che sia verificabile, quantificabile ed applicabile [(8)].

(1) Articolo sostituito dall'art. 1, d.lgs. 9.11.2007, n. 205.
(2) Numero modificato dall'art. 1, co. 1, lett. a), d.lgs. 16.7.2014, n. 112.
(3) Numero modificato dall'art. 1, co. 1, lett. b), d.lgs. 16.7.2014, n. 112.
(4) Lettera sostituita dall'art. 2, co. 2, lett. a), d.lgs. 31.3.2011, n. 55.
(5) Lettera sostituita, prima, dall'art. 2, co. 2, lett. a), d.lgs. 31.3.2011, n. 55 e poi dall'art. 1, co. 1, lett. c) d.lgs. 16.7.2014, n. 112.
(6) Lettera sostituita, prima, dall'art. 2, co. 2, lett. a), d.lgs. 31.3.2011, n. 55 e poi dall'art. 1, co. 1, lett. d) d.lgs. 16.7.2014, n. 112.
(7) Lettera abrogata dall'art. 2, co. 2, lett. b), d.lgs. 31.3.2011, n. 55.
(8) Lettera sostituita dall'art. 1, co. 1, lett. e) d.lgs. 16.7.2014, n. 112.

293. Combustibili consentiti [(1)].

1. Negli impianti disciplinati dal titolo I e dal titolo II della parte quinta, inclusi gli impianti termici civili di potenza termica inferiore al valore di soglia, possono essere utilizzati esclusivamente i combustibili previsti per tali categorie di impianti dall'Allegato X alla parte quinta, alle condizioni ivi previste I materiali e le sostanze elencati nell'allegato X alla parte quinta del presente decreto non possono essere utilizzati come combustibili ai sensi del presente titolo se costituiscono rifiuti ai sensi della parte quarta del presente decreto. È soggetta alla normativa vigente in materia di rifiuti la combustione di materiali e sostanze che non sono conformi all'allegato X alla parte quinta del presente decreto o che comunque costituiscono rifiuti ai sensi della parte quarta del presente decreto. Agli impianti di cui alla parte I, paragrafo 4, lettere e) ed f), dell'Allegato IV alla parte quinta si applicano le prescrizioni del successivo Allegato X relative agli impianti disciplinati dal titolo II. Ai combustibili per uso marittimo si applicano le disposizioni dell'articolo 295 [(2)].

2. Con decreto del Ministro dell'ambiente e della tutela del territorio e del mare, di concerto con i Ministri dello sviluppo economico e della salute, previa autorizzazione della Commissione europea, possono essere stabiliti valori limite massimi per il contenuto di zolfo negli oli combustibili pesanti, nei gasoli e nei combustibili per uso marittimo più elevati di quelli fissati nell'Allegato X alla parte quinta qualora, a causa di un mutamento improvviso nell'approvvigionamento del petrolio greggio, di prodotti petroliferi o di altri idrocarburi, non sia possibile rispettare tali valori limite.

3. Con decreto del Ministro dell'ambiente e della tutela del territorio e del mare, di concerto con i Ministro dell'università e della ricerca, sono stabiliti i criteri e le modalità per esentare, anche mediante apposite procedure autorizzative, i combustibili previsti dal presente titolo III dall'applicazione delle prescrizioni dell'Allegato X alla parte quinta ove gli stessi siano utilizzati a fini di ricerca e sperimentazione.

(1) Articolo sostituito dall'art. 1 d.lgs. 9.11.2007, n.205.
(2) Comma modificato dall'art. 3, co. 23, d.lgs. 29.6.2010, n.128.

294. Prescrizioni per il rendimento di combustione [1].

1. Al fine di ottimizzare il rendimento di combustione, gli impianti disciplinati dal titolo I della parte quinta del presente decreto, eccettuati quelli previsti dall'allegato IV, parte I, alla stessa parte quinta, devono essere dotati, ove tecnicamente possibile, di un sistema di controllo della combustione che consenta la regolazione automatica del rapporto aria-combustibile. Ai fini della presente disposizione non si applicano le norme di aggregazione previste dall'articolo 272, comma 1 [2].

2. Il comma 1 non si applica agli impianti elencati nell'articolo 273, comma 15, anche di potenza termica nominale inferiore a 50MW.

3. Al fine di ottimizzare il rendimento di combustione, gli impianti disciplinati dal titolo II della parte quinta del presente decreto, di potenza termica nominale per singolo focolare superiore a 1,16 MW, o di potenza termica nominale complessiva superiore a 1,5 MW e dotati di singoli focolari di potenza termica nominale non inferiore a 0,75 MW, devono essere dotati di un sistema di controllo della combustione che consenta la regolazione automatica del rapporto aria-combustibile.

3 bis. Per consentire la regolazione automatica del rapporto aria-combustibile ai sensi del presente articolo, il sistema di controllo della combustione deve essere in grado di garantire il mantenimento in continuo dei valori di rendimento verificati al collaudo e di quelli applicabili per effetto della vigente normativa, anche in presenza di variazioni chimico/fisiche dell'aria comburente o del combustibile. Tale condizione si considera rispettata se è utilizzato un sistema di regolazione automatica che prevede la misura in continuo del tenore di ossigeno residuo nelle emissioni o dei valori espressi come massa di comburente e combustibile. I dispositivi di misura a tal fine utilizzati devono essere compatibili con i sistemi realizzati secondo la norma UNI EN 298:2012 ed essere tarati in conformità alle modalità ed alle periodicità previste nelle istruzioni tecniche rilasciate dal produttore [3].

(1) Articolo modificato dall'art. 3, co. 24, d.lgs. 29.6.2010, n. 128 e poi sostituito dall'art. 2, co. 1, lett. f), d.lgs. 15.11.2017, n. 183.
(2) Comma sostituito dall'art. 1, co. 1, lett. m, n. 1), d.lgs. 30.7.2020, n. 102.
(3) Comma introdotto dall'art. 1, co. 1, lett. m, n. 2), d.lgs. 30.7.2020, n. 102.

295. Combustibili per uso marittimo [1].

1. Fermi restando i limiti di tenore di zolfo previsti ai commi 2, 3, 4, 6 e 8, è vietato, nelle acque territoriali, nelle zone economiche esclusive e nelle zone di protezione ecologica, appartenenti all'Italia, a bordo di navi di qualsiasi bandiera, l'utilizzo di combustibili per uso marittimo con un tenore di zolfo, dal 18 giugno 2014, superiore al 3,50% in massa e, dal 1 gennaio 2020, superiore allo 0,50% in massa. Dal 1 gennaio 2018 per il mare Adriatico e il mare Ionio e dal 1 gennaio 2020 per le altre zone di mare, si applica un tenore massimo di zolfo pari allo 0,10% in massa, a condizione che gli Stati membri dell'Unione europea prospicienti le stesse zone di mare abbiano previsto l'applicazione di tenori di zolfo uguali o inferiori [2].

2. È vietata l'immissione sul mercato di gasoli marini con tenore di zolfo superiore allo 0,10% in massa [3].

3. È vietata l'immissione sul mercato di oli diesel marini con tenore di zolfo superiore all'1,50% in massa [4].

4. Fermo restando quanto previsto dal comma 1, nelle acque territoriali, nelle zone economiche esclusive e nelle zone di protezione ecologica, ricadenti all'interno di aree di controllo delle emissioni di SO X ^, ovunque ubicate, è vietato, a bordo di una nave battente bandiera italiana, l'utilizzo di combustibili per uso marittimo con un tenore di zolfo superiore all'1,00% in massa e, dal 1 gennaio 2015, superiore allo 0,10% in massa. La violazione del divieto è fatta valere anche nei confronti delle navi non battenti bandiera italiana che hanno attraversato una di tali aree inclusa nel territorio italiano o con esso confinante e che si trovano in un porto italiano [5].

5. Il divieto di cui al comma 4 si applica all'area del Mar Baltico [e, a decorrere dall'11 agosto 2007,] all'area del Mare del Nord, nonché, entro dodici mesi dalla data di entrata in vigore della relativa designazione, alle ulteriori aree designate [6].

6. Per le navi passeggeri battenti bandiera italiana, le quali effettuano un servizio di linea proveniente da o diretto ad un porto di un Paese dell'Unione europea, è vietato, nelle acque territoriali, nelle zone economiche esclusive e nelle zone di protezione ecologica, appartenenti all'Italia, l'utilizzo di combustibili per uso marittimo con un tenore di zolfo superiore all'1,50% in massa. La violazione del divieto è fatta valere anche nei confronti delle navi non battenti bandiera italiana e che si trovano in un porto italiano. Il divieto si applica fino all'entrata in vigore dei più restrittivi limiti di tenore di zolfo di cui al comma 1 [7].

6 bis. Fermi restando i limiti di tenore di zolfo previsti ai commi 1, 2, 3, 4, 6 e 8, è vietato, nelle aree soggette alla giurisdizione nazionale, l'utilizzo di combustibili per uso marittimo con un tenore di zolfo superiore al 3,50%. Tali limiti non si applicano ai combustibili destinati alle navi che utilizzano metodi di riduzione delle emissioni basati su sistemi a circuito chiuso. Per sistema a circuito chiuso si intende un sistema operante mediante ricircolo della soluzione utilizzata senza che vi sia rilascio all'esterno della stessa o di eventuali solidi ivi contenuti, salvo nelle fasi di manutenzione o di raccolta e smaltimento a terra dei residui costituiti da fanghi. Tali limiti non si applicano inoltre quando siano utilizzati combustibili o miscele previsti in alternativa ai combustibili per uso marittimo all'allegato X, parte I, sezione 5, alla Parte Quinta. Per i combustibili per uso marittimo destinati alle navi che utilizzano metodi di riduzione delle emissioni non basati su sistemi a circuito chiuso si applica, nelle aree soggette alla giurisdizione nazionale, un limite relativo al tenore di zolfo pari al 3,50% [(8)].

6 ter. Il soggetto responsabile dell'immissione sul mercato di combustibili per uso marittimo destinati a navi che utilizzano metodi di riduzione delle emissioni basati su sistemi a circuito chiuso allega ai documenti di accompagnamento e di consegna del combustibile una dichiarazione fornita dal comandante o dall'armatore in cui si attesta, ai fini del presente decreto, che la nave di destinazione utilizza tali metodi [(9)].

[**7.** A decorrere dal 1 gennaio 2010 è vietato, su navi adibite alla navigazione interna, l'utilizzo di combustibili per uso marittimo, diversi dal gasolio marino e dall'olio diesel marino, con tenore di zolfo superiore allo 0,1% massa.] [(10)]

8. A decorrere dal 1 gennaio 2010 è vietato l'utilizzo di combustibili per uso marittimo con tenore di zolfo superiore allo 0,10% in massa su navi all'ormeggio. Il divieto si applica anche ai periodi di carico, scarico e stazionamento. La sostituzione dei combustibili utilizzati con combustibili conformi a tale limite deve essere completata il prima possibile dopo l'ormeggio. La sostituzione dei combustibili conformi a tale limite con altri combustibili deve avvenire il più tardi possibile prima della partenza. I tempi delle operazioni di sostituzione del combustibile sono iscritti nei documenti di cui al comma 10 [(11)].

9. Il comma 8 non si applica [(12)]:

[a) alle navi adibite alla navigazione interna, quando utilizzate in mare, per le quali sia stato rilasciato un certificato di conformità alla Convenzione internazionale per la salvaguardia della vita umana in mare;] [(13)]

b) alle navi di cui si prevede, secondo orari resi noti al pubblico, un ormeggio di durata inferiore alle due ore;

c) alle navi all'ormeggio a motori spenti e collegate ad un sistema di alimentazione di energia elettrica ubicato sulla costa.

10. Tutte le operazioni di cambio dei combustibili utilizzati sulle navi devono essere indicate nel giornale generale e di contabilità e nel giornale di macchina o nell'inventario di cui agli articoli 174, 175 e 176 del codice della navigazione o in un apposito documento di bordo.

11. Chi mette combustibili per uso marittimo a disposizione dell'armatore o di un suo delegato, per una nave di stazza non inferiore a 400 tonnellate lorde, fornisce un bollettino di consegna indicante il quantitativo ed il relativo tenore di zolfo, del quale conserva una copia per i tre anni successivi, nonché un campione sigillato di tale combustibile, firmato da chi riceve la consegna. Chi riceve il combustibile conserva il bollettino a bordo per lo stesso periodo e conserva il campione a bordo fino al completo esaurimento del combustibile a cui si riferisce e, comunque, per almeno dodici mesi successivi alla consegna.

12. È tenuto, presso ciascuna autorità marittima e, ove istituita, presso ciascuna autorità portuale, un apposito registro che riporta l'elenco dei fornitori di combustibili per uso marittimo nell'area di competenza, con l'indicazione dei combustibili forniti e del relativo contenuto massimo di zolfo. [Tali dati sono comunicati dai fornitori alle autorità marittime e portuali entro il 31 dicembre 2007.] Le variazioni dei dati [comunicati] sono comunicate in via preventiva. La presenza di nuovi fornitori è comunicata in via preventiva. I registri devono essere tenuti a disposizione del pubblico sia in forma documentale, sia attraverso canali informatici. Le autorità che detengono i registri elaborano, sulla base degli stessi, informative annuali circa la disponibilità di combustibili per uso marittimo conformi ai limiti previsti dal presente articolo nell'area di competenza e le inviano, entro il 31 marzo di ogni anno, al Ministero dell'ambiente e della tutela del territorio e del mare che le allega alla relazione prevista all'articolo 298, comma 2-*bis* [(14)].

12 bis. Al fine di assicurare la disponibilità di combustibili per uso marittimo conformi ai limiti previsti al presente articolo, ove emergano situazioni in cui vi sia il rischio di una significativa riduzione della disponibilità di tali combustibili su tutto il territorio nazionale o in specifiche aree, il Ministero dell'ambiente e della tutela del territorio e del mare, anche su segnalazione delle autorità marittime e, ove istituite, delle autorità portuali, può richiedere al Ministero dello sviluppo economico di attivare le procedure di emergenza previste all'articolo 20 del decreto legislativo 31 dicembre 2012, n. 249. A tali fini, i gestori degli impianti di produzione e dei depositi fiscali che importano i combustibili ed i fornitori di cui al comma 12 comunicano preventivamente alle autorità marittime e, ove istituite, alle autorità portuali le situazioni in cui può verificarsi una significativa riduzione della disponibilità di combustibili per uso marittimo conformi ai limiti previsti al presente articolo [(15)].

13. I limiti relativi al tenore di zolfo previsti dai commi precedenti non si applicano:

a) ai combustibili utilizzati dalle navi da guerra e da altre navi in servizio militare se le rotte non prevedono l'accesso a porti in cui sono presenti fornitori di combustibili conformi a tali limiti o, comunque, se il relativo rifornimento può pregiudicare le operazioni o le capacità operative; in tale secondo caso il comandante informa il Ministero della difesa dei motivi della scelta;

b) ai combustibili il cui utilizzo a bordo di una nave risulta specificamente necessario per garantire la sicurezza della stessa o di altra nave e per salvare vite in mare;

c) ai combustibili il cui utilizzo a bordo di una nave è imposto dal danneggiamento della stessa o delle relative attrezzature, purché si dimostri che, dopo il verificarsi del danno, sono state assunte tutte le misure ragionevoli per evitare o ridurre al minimo l'incremento delle emissioni e che sono state adottate quanto prima misure dirette ad eliminare il danno. Tale deroga non si applica se il danno è dovuto a dolo o colpa del comandante o dell'armatore;

d) ai combustibili utilizzati a bordo di navi che utilizzano metodi di riduzione delle emissioni ai sensi del comma 14 o del comma 19, fatto salvo quanto previsto al comma 6-*bis* (16);

e) ai combustibili destinati alla trasformazione prima dell'utilizzo.

14. Con decreto direttoriale del Ministero dell'ambiente e della tutela del territorio e del mare, di concerto con il Ministero delle infrastrutture e dei trasporti sono autorizzati, su navi battenti bandiera italiana o nelle acque sotto giurisdizione italiana, esperimenti relativi a metodi di riduzione delle emissioni, nel corso dei quali è ammesso l'utilizzo di combustibili non conformi ai limiti previsti dai commi da 1 a 8. Tale autorizzazione, la cui durata non può eccedere i diciotto mesi, è rilasciata entro tre mesi dalla presentazione della domanda, la quale deve essere accompagnata da una relazione contenente i seguenti elementi (17):

a) la descrizione del metodo e, in particolare, del principio di funzionamento, corredata da riferimenti di letteratura scientifica o dai risultati di sperimentazioni preliminari, nonché la stima qualitativa e quantitativa delle emissioni, degli scarichi e dei rifiuti previsti per effetto della sperimentazione, e la descrizione delle caratteristiche dei combustibili, delle navi e di tutte le strutture da utilizzare per l'esperimento (18);

b) la stima che, a parità di condizioni, le emissioni previste di ossido di zolfo saranno costantemente inferiori o equivalenti a quelle prodotte dall'utilizzo di combustibili conformi ai commi da 1 a 8 in assenza del metodo di riduzione delle emissioni (19);

c) la stima che, a parità di condizioni, le emissioni previste di inquinanti diversi dagli ossidi di zolfo, quali ossidi di azoto e polveri, non superino i livelli previsti dalla vigente normativa e, comunque, non superino in modo significativo quelle prodotte dall'utilizzo di combustibili conformi ai commi da 1 a 8 in assenza della tecnologia di riduzione delle emissioni (20);

d) uno studio diretto a dimostrare la compatibilità dell'impatto dell'esperimento sull'ambiente marino, con particolare riferimento agli ecosistemi delle baie, dei porti e degli estuari, finalizzato a dimostrarne la compatibilità; lo studio include un piano di monitoraggio degli effetti prodotti dall'esperimento sull'ambiente marino (21);

e) la descrizione delle zone interessate dai viaggi durante l'esperimento (22);

e-*bis*) la descrizione degli strumenti a prova di manomissione di cui le navi saranno dotate per le misurazioni in continuo delle emissioni degli ossidi di zolfo e di tutti i parametri necessari a normalizzare le concentrazioni (23);

e-*ter*) la descrizione dei sistemi diretti a garantire una adeguata gestione dei rifiuti e degli scarichi prodotti per effetto della sperimentazione (24).

15. L'autorizzazione di cui al comma 14 è rilasciata previa verifica della completezza della relazione allegata alla domanda e dell'idoneità delle descrizioni, delle stime e dello studio ivi contenuti. Al rilascio ed all'istruttoria provvede la Direzione del Ministero dell'ambiente e della tutela del territorio e del mare competente in materia di inquinamento atmosferico, fatta salva l'istruttoria relativa agli elementi di cui al comma 14, lettere d) ed e-*ter*), curata rispettivamente dalle Direzioni del predetto Ministero competenti in materia di tutela del mare e di gestione degli scarichi e dei rifiuti. Ai fini dell'istruttoria il Ministero dell'ambiente e della tutela del territorio e del mare si può avvalere dell'ISPRA. L'autorizzazione prevede il periodo in cui l'esperimento può essere effettuato e stabilisce i dati e le informazioni che il soggetto autorizzato deve comunicare al Ministero dell'ambiente e della tutela del territorio e del mare e al Ministero dei trasporti e la periodicità di tale comunicazione. Stabilisce inoltre la periodicità con la quale il soggetto autorizzato deve comunicare a tali Ministeri gli esiti del monitoraggio effettuato sulla base del piano di cui al comma 14, lettera d) (25).

16. L'autorizzazione rilasciata ai sensi del comma 14 è immediatamente revocata se, anche sulla base dei controlli effettuati dall'autorità di cui all'articolo 296, comma 9:

a) gli strumenti di misura ed i sistemi di gestione dei rifiuti e degli scarichi di cui al comma 14 non sono utilizzati (26);

b) il metodo, alla luce dei risultati delle misure effettuate, non ottiene i risultati previsti dalle stime contenute nella relazione (27);

c) il soggetto autorizzato non provvede a comunicare, nei termini stabiliti, i dati, le informazioni e gli esiti del monitoraggio previsti dall'autorizzazione, conformi ai criteri ivi stabiliti (28).

17. Nel caso in cui gli esperimenti di cui al comma 14 siano effettuati da navi battenti bandiera italiana in acque sotto giurisdizione di altri Stati dell'Unione europea o da navi battenti bandiera di altri Stati dell'Unione europea in acque sotto giurisdizione italiana, gli Stati interessati individuano opportune modalità di cooperazione nel procedimento autorizzativo.

18. Almeno sei mesi prima dell'inizio di ciascun esperimento di cui al comma 14 il Ministero dell'ambiente e della tutela del territorio e del mare ne informa la Commissione europea e l'eventuale Stato estero avente giurisdizione sulle acque in cui l'esperimento è effettuato. I risultati di ciascun esperimento di cui al comma 14 sono trasmessi dal Ministero dell'ambiente e della tutela del territorio e del mare alla Commissione europea entro sei mesi dalla conclusione dello stesso e sono messi a disposizione del pubblico secondo quanto previsto dal decreto legislativo 19 agosto 2005, n. 195.

18 bis. Per gli esperimenti relativi a metodi di riduzione delle emissioni che prevedono l'utilizzo di sistemi, dispositivi o materiali non collocati a bordo della nave, nel corso dei quali è ammesso l'utilizzo sulla nave di combustibili non conformi ai limiti previsti ai commi da 1 a 8, i criteri per il rilascio dell'autorizzazione sono stabiliti con uno o più decreti ai sensi dell'articolo 281, comma 5. A tale autorizzazione si applicano le procedure previste ai commi da 14 a 18 (29).

19. In alternativa all'utilizzo di combustibili conformi ai limiti previsti ai commi da 1 a 8, è ammesso, nei porti, nelle acque territoriali, nelle zone economiche esclusive e nelle zone di protezione ecologica, appartenenti all'Italia, a bordo di navi battenti bandiera di uno Stato dell'Unione europea, l'utilizzo di metodi di riduzione delle emissioni che sono approvati ai sensi del decreto del Presidente della Repubblica 6 ottobre 1999, n. 407, e successive modificazioni, o che, non ricadendo nel campo di applicazione di tale decreto, sono stati approvati dal Comitato istituito dal regolamento (CE) n. 2099/2002 (30).

20. Al di fuori dei casi previsti al comma 19, nelle acque territoriali, nelle zone economiche esclusive e nelle zone di protezione ecologica, appartenenti all'Italia, l'uso, a bordo di navi battenti qualsiasi bandiera, di metodi di riduzione delle emissioni in alternativa all'utilizzo di combustibili conformi ai limiti previsti ai commi da 1 a 8, è ammesso ove si disponga degli atti, rilasciati dalle competenti autorità di bandiera in conformità all'Allegato VI della Convenzione MARPOL 73/78 e notificati sulla base di tale normativa internazionale, attestanti che:

a) le emissioni di anidride solforosa sono costantemente inferiori o equivalenti a quelle prodotte dall'utilizzo di combustibili conformi ai commi da 1 a 8 in assenza del metodo di riduzione delle emissioni; ai fini della valutazione si applicano valori di emissione equivalenti ai sensi dell'allegato X, parte I, sezione 4, alla Parte Quinta;
b) sono rispettati i criteri previsti, per ciascun tipo di metodo di riduzione delle emissioni, all'allegato X, parte I, sezione 5, paragrafo 1, punti A, B e C, alla Parte Quinta (31).

20 bis. Gli atti previsti al comma 20 devono essere tenuti a bordo della nave in originale ed esibiti su richiesta dell'autorità competente (32).

(1) Articolo sostituito dall'art. 1 d.lgs. 9.11.2007, n. 205.
(2) Comma sostituito dall'art. 1, co. 2, lett. a), d.lgs. 16.7.2014, n. 112.
(3) Comma sostituito dall'art. 1, co. 2, lett. b), d.lgs. 16.7.2014, n. 112.
(4) Comma modificato dall'art. 1, co. 2, lett. c), d.lgs. 16.7.2014, n. 112.
(5) Comma modificato dall'art. 1, co. 2, lett. d), d.lgs. 16.7.2014, n. 112.
(6) Comma modificato dall'art. 1, co. 2, lett. e), d.lgs. 16.7.2014, n. 112.
(7) Comma modificato dall'art. 1, co. 2, lett. f), d.lgs. 16.7.2014, n. 112.
(8) Comma introdotto dall'art. 1, co. 2, lett. g), d.lgs. 16.7.2014, n. 112.
(9) Comma introdotto dall'art. 1, co. 2, lett. g), d.lgs. 16.7.2014, n. 112.
(10) Comma abrogato dall'art. 2, co. 3, lett. a), d.lgs. 31.3.2011, n. 55.
(11) Comma modificato dall'art. 1, co. 2, lett. h), d.lgs. 16.7.2014, n. 112.
(12) Alinea modificato dall'art. 1, co. 2, lett. i), d.lgs. 16.7.2014, n. 112.
(13) Lettera abrogata dall'art. 2, co. 3, lett. b), d.lgs. 31.3.2011, n. 55.
(14) Comma modificato dall'art. 1, co. 2, lett. l), d.lgs. 16.7.2014, n. 112.
(15) Comma introdotto dall'art. 1, co. 2, lett. m), d.lgs. 16.7.2014, n. 112.
(16) Lettera sostituita dall'art. 1, co. 2, lett. n), d.lgs. 16.7.2014, n. 112.
(17) Alinea modificato dall'art. 1, co. 2, lett. o) e p), d.lgs. 16.7.2014, n. 112.
(18) Lettera modificata dall'art. 1, co. 2, lett. q), d.lgs. 16.7.2014, n. 112.
(19) Lettera modificata dall'art. 1, co. 2, lett. r), d.lgs. 16.7.2014, n. 112.
(20) Lettera modificata dall'art. 1, co. 2, lett. s), d.lgs. 16.7.2014, n. 112.
(21) Lettera modificata dall'art. 1, co. 2, lett. t), d.lgs. 16.7.2014, n. 112.
(22) Lettera sostituita dall'art. 1, co. 2, lett. u), d.lgs. 16.7.2014, n. 112.
(23) Lettera introdotta dall'art. 1, co. 2, lett. v), d.lgs. 16.7.2014, n. 112.
(24) Lettera introdotta dall'art. 1, co. 2, lett. v), d.lgs. 16.7.2014, n. 112.
(25) Comma modificato dall'art. 1, co. 2, lett. z), d.lgs. 16.7.2014, n. 112.
(26) Lettera sostituita dall'art. 1, co. 2, lett. aa), d.lgs. 16.7.2014, n. 112.
(27) Lettera sostituita dall'art. 1, co. 2, lett. aa), d.lgs. 16.7.2014, n. 112.
(28) Lettera sostituita dall'art. 1, co. 2, lett. aa), d.lgs. 16.7.2014, n. 112.
(29) Comma introdotto dall'art. 1, co. 2, lett. bb), d.lgs. 16.7.2014, n. 112.
(30) Comma sostituito dall'art. 1, co. 2, lett. cc), d.lgs. 16.7.2014, n. 112.
(31) Comma sostituito dall'art. 1, co. 2, lett. cc), d.lgs. 16.7.2014, n. 112.
(32) Comma introdotto dall'art. 1, co. 2, lett. dd), d.lgs. 16.7.2014, n. 112.

296. Controlli e sanzioni (1).

1. Fuori dai casi sanzionati ai sensi dell'articolo 29-quattuordecies, comma 4, chi effettua la combustione di materiali o sostanze in difformità alle prescrizioni del presente titolo, ove gli stessi non costituiscano rifiuti ai sensi della vigente normativa, è punito (2):

a) in caso di combustione effettuata presso gli impianti di cui al titolo I della parte quinta del presente decreto, con l'arresto fino a due anni o con l'ammenda da duecentocinquantotto euro a milletrentadue euro;
b) in caso di combustione effettuata presso gli impianti di cui al titolo II della parte quinta, inclusi gli impianti termici civili di potenza termica inferiore al valore di soglia, con una sanzione amministrativa pecuniaria da duecento euro a mille euro; a tale sanzione, da irrogare ai sensi dell'articolo 288, comma 6, non si applica il pagamento in misura ridotta di cui all'articolo 16 della legge 24 novembre 1981, n. 689, e successive modificazioni; la sanzione non si applica se, dalla documentazione relativa all'acquisto di tali materiali o sostanze, risultano caratteristiche merceologiche conformi a quelle dei combustibili consentiti nell'impianto, ferma restando l'applicazione dell'articolo 515 del codice penale e degli altri reati previsti dalla vigente normativa [per chi ha effettuato la messa in commercio] (3).

2. I controlli sul rispetto delle disposizioni del presente titolo sono effettuati, per gli impianti di cui al titolo I della parte quinta, dall'autorità di cui all'articolo 268, comma 1, lettera p), e per gli impianti di cui al titolo II della parte quinta, dall'autorità di cui all'articolo 283, comma 1, lettera i).

3. In caso di mancato rispetto delle prescrizioni di cui all'articolo 294, il gestore degli impianti disciplinati dal titolo I della parte quinta è punito con l'arresto fino a un anno o con l'ammenda fino a milletrentadue euro. Per gli impianti disciplinati dal titolo II della parte quinta si applica la sanzione prevista dall'articolo 288, comma 2; tale sanzione, in caso di mancato rispetto delle prescrizioni di cui all'articolo 294, si applica al responsabile per l'esercizio e la manutenzione se ricorre il caso previsto dall'ultimo periodo dell'articolo 284, comma 2.

4. In caso di mancata trasmissione dei dati di cui all'articolo 298, comma 3, nei termini prescritti, il Ministro dell'ambiente e della tutela del territorio e del mare, anche ai fini di quanto previsto dall'articolo 650 del codice penale, ordina ai soggetti inadempienti di provvedere.

5. Salvo che il fatto costituisca reato, sono puniti con una sanzione amministrativa pecuniaria da 15.000 a 150.000 euro coloro che immettono sul mercato combustibili per uso marittimo aventi un tenore di zolfo superiore ai limiti previsti nell'articolo 295 e l'armatore o il comandante che, anche in concorso tra loro, utilizzano combustibili per uso marittimo aventi un tenore di zolfo superiore a tali limiti. In caso di recidiva e in caso di infrazioni che, per l'entità del tenore di zolfo o della quantità del combustibile o per le caratteristiche della zona interessata, risultano di maggiore gravità, all'irrogazione segue, per un periodo da un mese a due anni:

a) la sospensione dei titoli professionali marittimi o la sospensione dagli uffici direttivi delle persone giuridiche nell'esercizio dei quali l'infrazione è commessa, ovvero, se tali sanzioni accessorie non sono applicabili,
b) l'inibizione dell'accesso ai porti italiani per il comandante che ha commesso l'infrazione o per le navi dell'armatore che ha commesso l'infrazione.

6. In caso di violazione dell'articolo 295, comma 10, il comandante è punito con la sanzione amministrativa prevista dall'articolo 1193 del codice della navigazione.

7. Salvo che il fatto costituisca reato, chi, senza commettere l'infrazione di cui al comma 5, non consegna il bollettino o il campione di cui all'articolo 295, comma 11, o consegna un bollettino in cui l'indicazione ivi prevista sia assente è punito con una sanzione amministrativa pecuniaria da 5.000 a 15.000 euro. Con la stessa sanzione è punito chi, senza commettere l'infrazione di cui al comma 5, non conserva a bordo il bollettino o il campione previsto dall'articolo 295, comma 11.

8. I fornitori di combustibili che non comunicano in termini i dati previsti dall'articolo 295, comma 12, sono puniti con una sanzione amministrativa pecuniaria da 10.000 a 30.000 euro.

9. All'accertamento delle infrazioni previste dai commi da 5 a 8, provvedono, con adeguata frequenza e programmazione e nell'ambito delle rispettive competenze, ai sensi degli articoli 13 e seguenti della legge 24 novembre 1981, n. 689, il Corpo delle capitanerie di porto, la Guardia costiera, gli altri soggetti di cui all'articolo 1235 del codice della navigazione e gli altri organi di polizia giudiziaria. All'irrogazione delle sanzioni previste da tali commi provvedono le autorità marittime competenti per territorio e, in caso di infrazioni attinenti alla immissione sul mercato [o alla navigazione interna], le regioni o le diverse autorità indicate dalla legge regionale. Restano ferme, per i fatti commessi all'estero, le competenze attribuite alle autorità consolari (4).

10. Gli accertamenti previsti dal comma 9, ove relativi all'utilizzo dei combustibili, possono essere effettuati con le seguenti modalità (5):

a) mediante il campionamento e l'analisi dei combustibili per uso marittimo al momento della consegna alla nave; il campionamento deve essere effettuato secondo le linee guida di cui alla risoluzione 182(59) del comitato MEPC dell'IMO (6);
b) mediante il campionamento e l'analisi dei combustibili per uso marittimo contenuti nei serbatoi della nave o, ove ciò non sia tecnicamente possibile, nei campioni sigillati presenti a bordo, c) mediante controlli sui documenti di bordo e sui bollettini di consegna dei combustibili.

10 bis. Per i controlli analitici si applica la procedura di verifica prevista all'appendice VI dell'allegato VI alla Convenzione MARPOL 73/78 (7).

10 ter. Nei casi soggetti alla giurisdizione dell'Italia, l'armatore o il comandante della nave, fermi restando i termini previsti al comma 10-*quater*, hanno l'obbligo di comunicare all'autorità marittima competente per territorio tutti i casi in cui sussiste l'impossibilità di ottenere combustibile a norma. È utilizzato, a tal fine, il rapporto contenuto all'allegato X, parte I, sezione 6, alla Parte Quinta. La comunicazione è effettuata prima dell'accesso nelle acque soggette alla giurisdizione nazionale e, nel caso di viaggi effettuati esclusivamente all'interno di tali zone, prima dell'arrivo al porto di prima destinazione. In caso di violazioni commesse all'estero, l'armatore o il comandante delle navi battenti bandiera italiana notificano inoltre al Ministero dell'ambiente e della tutela del territorio e del mare, per il tramite del porto di iscrizione, tutti i casi in cui sussiste l'impossibilità di ottenere combustibile per uso marittimo a norma (8).

10 quater. Nei casi in cui vi sia una violazione degli obblighi relativi al tenore di zolfo dei combustibili per uso marittimo l'armatore o il comandante possono presentare all'autorità competente per il controllo operante presso il porto di destinazione, anche su richiesta della stessa, un rapporto nel quale indicano tutte le misure adottate, prima e durante il viaggio, al fine di rispettare l'obbligo violato e, in particolare, le azioni intraprese per ottenere combustibile a norma nell'ambito del proprio piano di viaggio e, se tale combustibile non era disponibile nel luogo previsto, le azioni intraprese per ottenerlo da altre fonti. Il rapporto deve essere diretto a dimostrare che tali tentativi sono stati effettuati con la massima diligenza possibile, la quale non comporta tuttavia l'obbligo di deviare la rotta prevista o di ritardare il viaggio per ottenere il combustibile a norma. Se il rapporto è presentato almeno 48 ore prima dell'accesso nelle zone soggette alla giurisdizione nazionale l'autorità competente per il controllo, valutando la diligenza osservata dal responsabile alla luce del numero, della gravità e della imprevedibilità delle cause del mancato ottenimento del combustibile a norma, può stabilire di non procedere al controllo per la presenza di una causa esimente della violazione. Con le stesse modalità si procede se, in caso di viaggi effettuati esclusivamente all'interno di zone soggette alla giurisdizione nazionale, il rapporto è presentato almeno 48 ore prima dell'arrivo al porto di prima destinazione. Se il rapporto è stato presentato oltre tali termini e, comunque, se nel rapporto non è dimostrato che il responsabile ha osservato la massima diligenza possibile, l'autorità competente per il controllo acquisisce il rapporto e procede ai sensi degli articoli 14 e 17 della legge 24 novembre 1981, n. 689. In tali casi l'autorità competente all'irrogazione della sanzione, valutando la diligenza osservata dal responsabile alla luce del numero, della gravità e della imprevedibilità delle cause del mancato ottenimento del combustibile a norma, procede, se necessario, ad adeguare l'entità della sanzione ai sensi dell'articolo 11 della legge 24 novembre 1981, n. 689, o adottare l'ordinanza di archiviazione ai sensi dell'articolo 18, comma 2, di tale legge [9].

10 quinquies. Le autorità che ricevono il rapporto di cui al comma 10-*quater* ne informano, entro dieci giorni, il Ministero dell'ambiente e della tutela del territorio e del mare che provvede a trasmettere alla Commissione europea tutti i rapporti ricevuti in ciascun mese civile entro la fine del mese successivo. Il Ministero dell'ambiente e della tutela del territorio e del mare, alla luce di tali informazioni e di quelle ricevute ai sensi del comma 10-*ter*, può attivare la procedura prevista all'articolo 295, comma 12-*bis*, con particolare riferimento ai casi in cui emerga, presso un porto o terminale, la ricorrente impossibilità di ottenere combustibile per uso marittimo a norma [10].

11. In caso di accertamento degli illeciti previsti al comma 5, fatti salvi i casi di cui al comma 10-*quater*, l'autorità competente all'applicazione delle procedure di sequestro, dispone, ove tecnicamente possibile, ed assicurando il preventivo prelievo di campioni e la conservazione degli altri elementi necessari a fini di prova, il cambio del combustibile fuori norma con combustibile marittimo a norma, a spese del responsabile [11].

(1) Articolo sostituito dall'art. 1, d.lgs. 9.11.2007, n. 205.
(2) Alinea modificato dall'art. 11, co. 5, d.lgs. 4.3.2014, n. 46.
(3) Lettera modificata dall'art. 3, co. 25, d.lgs. 29.6.2010, n. 128.
(4) Comma modificato dall'art. 2, co. 4, d.lgs. 31.3.2011, n. 55.
(5) Alinea modificato dall'art. 1, co. 3, lett. a), d.lgs. 16.7.2014, n. 112.
(6) Lettera modificata dall'art. 1, co. 3, lett. b), d.lgs. 16.7.2014, n. 112.
(7) Comma introdotto dall'art. 1, co. 3, lett. c), d.lgs. 16.7.2014, n. 112.
(8) Comma introdotto dall'art. 1, co. 3, lett. c), d.lgs. 16.7.2014, n. 112.
(9) Comma introdotto dall'art. 1, co. 3, lett. c), d.lgs. 16.7.2014, n. 112.
(10) Comma introdotto dall'art. 1, co. 3, lett. c), d.lgs. 16.7.2014, n. 112.
(11) Comma sostituito dall'art. 1, co. 3, lett. d), d.lgs. 16.7.2014, n. 112.

2. L. 22 maggio 2015, n. 68. – Disposizioni in materia di delitti contro l'ambiente (*art. 1*)

In Gazzetta Ufficiale 28 maggio 2015, n. 122

L'art. 1, l. 22.05.2015, n. 68 introduce nel codice penale gli artt. 452-*bis* e seguenti. Si rinvia pertanto al corrispondente testo del codice penale per tutte le necessarie indicazioni.

B. Inquinamento

3. D.Lgs. 14 dicembre 1992, n. 508. – Attuazione della direttiva 90/667/CEE del Consiglio del 27 novembre 1990, che stabilisce le norme sanitarie per l'eliminazione, la trasformazione e l'immissione sul mercato di rifiuti di origine animale e la protezione dagli agenti patogeni degli alimenti per animali di origine animale o a base di pesce e che modifica la direttiva 90/425/CEE (*artt. 4-5, 8-9, 18-19*)

In Gazzetta Ufficiale 30 dicembre 1992, n. 305

4. – 1. Il Ministro della sanità riconosce gli stabilimenti incaricati della raccolta e della trasformazione dei materiali ad alto rischio a condizione che:

a) siano conformi ai requisiti di cui all'allegato II, capitolo I;
b) provvedano a che l'attività di raccolta, trasporto,

trattamento, trasformazione e relative operazioni di magazzinaggio dei materiali siano conformi all'allegato I e all'allegato II, capitolo II;
c) i prodotti ottenuti dalla trasformazione siano conformi ai requisiti di cui all'allegato II, capitolo III.

2. La domanda per ottenere il riconoscimento, da presentare al Ministero della sanità, è corredata da copia delle autorizzazioni necessarie ai sensi delle leggi vigenti.

3. Il riconoscimento costituisce condizione per l'esercizio delle attività di cui al comma 1, ed è sospeso quando non sono più rispettati i requisiti di cui al predetto comma.

4. Il Ministro della sanità può individuare uno stabilimento di trasformazione ad alto rischio situato in un altro Stato membro, previo accordo con detto Stato membro o consentire che altro Stato membro lo individui nel territorio nazionale.

5. – **1.** I materiali a basso rischio devono essere trattati in uno stabilimento di trasformazione riconosciuto a basso o alto rischio, in una fabbrica di alimenti per animali familiari o di prodotti farmaceutici o tecnici, oppure essere eliminati mediante incenerimento o sotterramento conformemente all'art. 3, commi 3 e 4.

2. Oltre a quelli di cui all'art. 2, punto 3, sono considerati materiali a basso rischio:
a) cuoi, pelli, zoccoli, penne, piume, lana, pelame, corna, sangue e prodotti analoghi nella preparazione di alimenti per animali;
b) il pesce catturato in alto mare e destinato alla produzione di farina di pesce;
c) le frattaglie fresche di pesce provenienti da stabilimenti che fabbricano prodotti a base di pesce destinati al consumo umano.

3. Devono essere considerati come materiali ad alto rischio i miscugli di materiali a basso rischio trattati insieme ai materiali ad alto rischio.

4. In caso di trattamento di materiale a basso rischio in una fabbrica di alimenti per animali familiari o di prodotti farmaceutici o tecnici la competente autorità sanitaria locale può imporre che la spedizione, il magazzinaggio e il trattamento di tale materiale abbiano luogo in uno spazio e in condizioni ad esso idonee. In particolare può imporre che il sangue venga mantenuto in contenitori adeguatamente refrigerati [(1)].

5. La farina di pesce prodotta da stabilimenti che ricevono e trasformano esclusivamente materiali a basso rischio destinati alla produzione di farina di pesce deve soddisfare ai requisiti di cui all'allegato II, capitolo III.

6. Il Ministro della sanità riconosce gli stabilimenti di trasformazione a basso rischio a condizione che gli stessi:
a) siano conformi ai requisiti di cui all'allegato II, capitolo I;
b) provvedano a che l'attività di raccolta, trasporto, trattamento, trasformazione e relative operazioni di magazzinaggio dei materiali, siano conformi all'allegato I e all'allegato II, capitolo II;
c) facciano in modo che i prodotti ottenuti dalla trasformazione siano conformi ai requisiti di cui all'allegato II, capitolo III.

7. Il riconoscimento costituisce condizione per l'esercizio delle attività di cui al comma 6 ed è sospeso quando non siano più rispettati i requisiti di cui al predetto comma.

8. Gli stabilimenti che utilizzano materiali a basso rischio per la preparazione di alimenti per animali familiari, di prodotti farmaceutici o tecnici, autorizzati ai sensi delle vigenti leggi, sono riconosciuti dal Ministero della sanità a condizione che soddisfino i seguenti requisiti:
a) siano attrezzati in modo adeguato per immagazzinare e trattare in condizioni di sicurezza i rifiuti di origine animale;
b) dispongano di impianti adeguati per provvedere alla distruzione dei rifiuti greggi di origine animale non utilizzabili, rimanenti dopo la produzione di alimenti per animali familiari, di prodotti tecnici o farmaceutici, o per provvedere al loro invio ad uno stabilimento di trasformazione o ad un inceneritore;
c) dispongano di impianti adeguati per provvedere alla distruzione di rifiuti risultanti dal processo produttivo che, per motivi connessi con la salute dell'uomo e degli animali, non possono essere inclusi in altri alimenti per animali. Detti impianti devono consentire l'incenerimento o il sotterramento in un terreno adeguato per evitare la contaminazione dei corsi d'acqua e danno all'ambiente.

9. I servizi veterinari dell'unità sanitaria locale, vigilano che siano rispettati i requisiti fissati dal presente decreto.

10. Le regioni e le province autonome esercitano sugli stabilimenti di cui al presente decreto le competenze previste dagli articoli 7 e 11 della legge 23 dicembre 1978, n. 833.

(1) Comma così modificato dall'art. 14, l. 5.2.1999, n. 25.

8. – **1.** L'unità sanitaria locale competente per territorio controlla che i materiali ad alto e basso rischio di cui al presente decreto siano raccolti e trasportati in conformità alle prescrizioni stabilite all'allegato I.

2. La raccolta ed il trasporto dei materiali ad alto rischio e basso rischio sono effettuati nell'osservanza degli obblighi di documentazione del trasporto e di tenuta dei registri di carico e scarico vigenti; con decreto del Ministro della sanità, di concerto con il Ministro dell'ambiente, da adottarsi entro sessanta giorni dalla data di entrata in vigore del presente decreto, sono stabilite le modalità di osservanza degli obblighi di cui al presente comma.

3. Il titolare dello stabilimento di cui agli articoli 4 e 5, che si avvale di trasportatore autonomo, deve assicurare che quest'ultimo osservi le prescrizioni di cui all'allegato I, nonché quelle applicative stabilite dal decreto ministeriale di cui al comma 2.

9. – **1.** Il responsabile ed il proprietario di stabilimenti di trasformazione a basso rischio o ad alto rischio o i loro rappresentanti adottano sotto la propria responsabilità tutte le misure necessarie per conformarsi ai requisiti previsti dal presente decreto: essi devono in particolare:

a) identificare e controllare i punti critici degli stabilimenti di trasformazione a basso e alto rischio;
b) prelevare negli stabilimenti per la fabbricazione di farina di pesce campioni rappresentativi e negli altri stabilimenti di trasformazione a basso o ad alto rischio, campioni rappresentativi di ciascuna partita trasformata per accertare il rispetto delle norme microbiologiche fissate per il prodotto nell'allegato II, capitolo III e l'assenza di residui fisici o chimici;
c) registrare i risultati dei diversi controlli e delle prove eseguite e tenere tali registrazioni per almeno due anni, per poterle mettere a disposizione delle autorità competenti al controllo;
d) adottare un sistema che permetta di stabilire un nesso tra la partita spedita e il momento della sua produzione.

2. Qualora i risultati della prova prevista dal comma 1, non siano conformi all'allegato II, capitolo III, il responsabile dello stabilimento di trasformazione sia ad alto rischio che a basso rischio deve:

a) darne immediata notifica al servizio veterinario dell'unità sanitaria locale competente;
b) ricercarne le cause;
c) curare che nessun materiale contaminato o sospetto di esserlo sia rimosso dai locali prima di essere stato nuovamente trasformato sotto il controllo diretto dell'autorità competente e si sia proceduto ufficialmente ad un nuovo campionamento in osservanza dei controlli biologici di cui all'allegato II, capitolo III; qualora, per qualsiasi ragione, non sia possibile procedere ad una sua nuova trasformazione, il materiale contaminato in questione deve essere utilizzato per fini diversi dall'alimentazione degli animali.

18. – **1.** Chi inizia l'attività di raccolta e trasformazione di materiali ad alto rischio senza aver ottenuto il preventivo riconoscimento, previsto dall'art. 4, ovvero con riconoscimento sospeso, rifiutato o revocato è punito con l'arresto sino a due anni o con l'ammenda sino a lire 100 milioni.

2. Chi inizia l'attività di raccolta e trasformazione di materiali a basso rischio nei casi previsti dall'art. 5 senza aver ottenuto il preventivo riconoscimento, ovvero con riconoscimento sospeso, rifiutato o revocato è punito con l'arresto sino ad un anno o con l'ammenda sino a lire 100 milioni.

3. Chi effettua l'attività di raccolta e trasporto di materiali a basso ed alto rischio in violazione delle prescrizioni tecniche stabilite dall'art. 8, comma 1, è punito con la sanzione amministrativa pecuniaria da lire 5 milioni a lire 30 milioni.

4. Chi non osserva gli obblighi stabiliti dall'art. 9 è punito con la sanzione amministrativa pecuniaria da lire 2 milioni a lire 12 milioni.

19. – **1.** Chi, esercitando alla data di entrata in vigore del presente decreto, l'attività di cui all'art. 17, comma 1, non presenta la domanda nel termine e nei modi prescritti dai commi 1 e 3 dell'art. 17, ovvero non osserva le ulteriori condizioni fissate nel comma 3 del medesimo articolo, ovvero non realizza il progetto di adeguamento nel termine fissato dall'art. 17, comma 2, ovvero continua l'attività dopo il rifiuto, la revoca o la sospensione del riconoscimento è punito con l'arresto sino a due anni o con l'ammenda sino a lire 100 milioni.

2. Chi, esercitando alla data di entrata in vigore del presente decreto, le attività previste dall'art. 17, commi 4 e 5, non osserva le prescrizioni ivi stabilite ovvero continua l'attività dopo il rifiuto, la revoca o la sospensione del riconoscimento, è punito con l'arresto sino ad un anno o con l'ammenda sino a lire 100 milioni.

3. Alle attività previste dal presente articolo restano applicabili le disposizioni di cui ai commi 3 e 4 dell'art. 18.

4. L. 22 febbraio 2001, n. 36. – Legge quadro sulla protezione dalle esposizioni a campi elettrici, magnetici ed elettromagnetici (*artt. 4-5, 15*)

In Gazzetta Ufficiale 7 marzo 2001, n. 55

4. Funzioni dello Stato.

1. Lo Stato esercita le funzioni relative:

a) alla determinazione dei limiti di esposizione, dei valori di attenzione e degli obiettivi di qualità, in quanto valori di campo come definiti dall'articolo 3, comma 1, lettera d), numero 2), in considerazione del preminente interesse nazionale alla definizione di criteri unitari e di normative omogenee in relazione alle finalità di cui all'articolo 1;
b) alla promozione di attività di ricerca e di sperimentazione tecnico-scientifica, nonché al coordinamento dell'attività di raccolta, di elaborazione e di diffusione dei dati, informando annualmente il Parlamento su tale attività, in particolare il Ministro della salute promuove, avvalendosi di istituzioni pubbliche e private senza fini di lucro, aventi comprovata esperienza nel campo scientifico, un programma pluriennale di ricerca epidemiologica e di cancerogenesi sperimentale, al fine di approfondire i rischi connessi all'esposizione a campi elettromagnetici a bassa e alta frequenza, e il Ministro delle imprese e del made in Italy effettua la raccolta e l'elaborazione

dei dati relativi a sorgenti connesse ad impianti, apparecchiature e sistemi radioelettrici per usi civili di telecomunicazioni, da trasmettere al Ministero dell'ambiente e della sicurezza energetica, al Ministero della salute e al Comitato di cui all'articolo 6 al fine di implementare e sostenere le attività di monitoraggio ambientale e consentire una più efficiente e razionale gestione dello spettro elettromagnetico [(1)];

c) all'istituzione del catasto nazionale delle sorgenti fisse e mobili dei campi elettrici, magnetici ed elettromagnetici e delle zone territoriali interessate, al fine di rilevare i livelli di campo presenti nell'ambiente;

d) alla determinazione dei criteri di elaborazione dei piani di risanamento di cui all'articolo 9, comma 2, con particolare riferimento alle priorità di intervento, ai tempi di attuazione ed alle modalità di coordinamento delle attività riguardanti più regioni nonché alle migliori tecnologie disponibili per quanto attiene alle implicazioni di carattere economico ed impiantistico;

e) all'individuazione delle tecniche di misurazione e di rilevamento dell'inquinamento elettromagnetico;

f) alla realizzazione di accordi di programma con i gestori di elettrodotti ovvero con i proprietari degli stessi o delle reti di trasmissione o con coloro che ne abbiamo comunque la disponibilità nonché con gli esercenti di impianti per emittenza radiotelevisiva e telefonia mobile, al fine di promuovere tecnologie e tecniche di costruzione degli impianti che consentano di minimizzare le emissioni nell'ambiente e di tutelare il paesaggio;

g) alla definizione dei tracciati degli elettrodotti con tensione superiore a 150 kV;

h) alla determinazione dei parametri per la previsione di fasce di rispetto per gli elettrodotti; all'interno di tali fasce di rispetto non è consentita alcuna destinazione di edifici ad uso residenziale, scolastico, sanitario ovvero ad uso che comporti una permanenza non inferiore a quattro ore.

2. I limiti di esposizione, i valori di attenzione e gli obiettivi di qualità, le tecniche di misurazione e rilevamento dell'inquinamento elettromagnetico e i parametri per la previsione di fasce di rispetto per gli elettrodotti, di cui al comma 1, lettere a), e) e h), sono stabiliti, entro sessanta giorni dalla data di entrata in vigore della presente legge:

a) per la popolazione, con decreto del Presidente del Consiglio dei ministri, su proposta del Ministro dell'ambiente, di concerto con il Ministro della sanità, sentiti il Comitato di cui all'articolo 6 e le competenti Commissioni parlamentari, previa intesa in sede di Conferenza unificata di cui all'articolo 9 del decreto legislativo 29 agosto 1997, n. 281, di seguito denominata "Conferenza unificata";

b) per i lavoratori e le lavoratrici, ferme restando le disposizioni previste dal decreto legislativo 19 settembre 1994, n. 626, e successive modificazioni, con decreto del *Presidente del Consiglio* dei ministri, su proposta del Ministro della sanità, sentiti i Ministri dell'ambiente e del lavoro e della previdenza sociale, il Comitato di cui all'articolo 6 e le competenti Commissioni parlamentari, previa intesa in sede di Conferenza unificata. Il medesimo decreto disciplina, altresì, il regime di sorveglianza medica sulle lavoratrici e sui lavoratori professionalmente esposti.

3. Qualora entro il termine previsto dal comma 2 non siano state raggiunte le intese in sede di Conferenza unificata, il Presidente del Consiglio dei ministri entro i trenta giorni successivi adotta i decreti di cui al comma 2, lettere a) e b).

4. Alla determinazione dei criteri di elaborazione dei piani di risanamento, ai sensi del comma 1, lettera d), si provvede, entro centoventi giorni dalla data di entrata in vigore della presente legge, con decreto del Presidente del Consiglio dei ministri, su proposta del Ministro dell'ambiente, sentiti il Comitato di cui all'articolo 6 e la Conferenza unificata.

5. Le regioni adeguano la propria legislazione ai limiti di esposizione, ai valori di attenzione e, limitatamente alla definizione dì cui all'articolo 3, comma 1, lettera d), numero 2), agli obiettivi di qualità previsti dai decreti di cui al comma 2 del presente articolo.

6. Per le finalità di cui al presente articolo è autorizzata la spesa di lire 8.000 milioni per ciascuno degli anni 2001, 2002 e 2003 per le attività di cui al comma 1, lettera b), di lire 2.000 milioni annue a decorrere dall'anno 2001 per le attività di cui al comma 1, lettera c), e di lire 5.000 milioni per ciascuno degli anni 2001, 2002 e 2003 per la realizzazione degli accordi di programma di cui al comma 1, lettera f), nonché per gli ulteriori accordi di programma di cui agli articoli 12 e 13.

(1) Lettera modificata dall'art. 10, co. 3, lett. a), l. 30.12.2023, n. 214.

5. Misure di tutela dell'ambiente e del paesaggio. Procedimento di autorizzazione alla costruzione e all'esercizio di elettrodotti.

1. Al fine di tutelare l'ambiente e il paesaggio, con apposito regolamento adottato, entro centoventi giorni dalla data di entrata in vigore della presente legge, ai sensi dell'articolo 17, comma 2, della legge 23 agosto 1988, n. 400, e dell'articolo 29, comma 2, lettera g), del decreto legislativo 31 marzo 1999, n. 112, su proposta dei Ministri dei lavori pubblici e per i beni e le attività culturali, previo parere del Comitato di cui all'articolo 6 e sentite le competenti Commissioni parlamentari, sono adottate misure specifiche relative alle caratteristiche tecniche degli impianti e alla localizzazione dei tracciati per la progettazione, la costruzione e la modifica di elettrodotti e di impianti per telefonia mobile e radiodiffusione. Con lo stesso regolamento vengono indicate le particolari misure atte ad evitare danni ai valori ambientali e paesaggistici e possono essere adottate ulteriori misure specifiche per la progettazione, la costruzione e la modifica di elettrodotti nelle aree soggette a vincoli imposti da leggi statali o regionali, nonché da strumenti di pianificazione territoriale ed urbanistica, a tutela degli interessi storici, artistici, architettonici, archeologici, paesaggistici e ambientali, fermo restando quanto disposto dal testo unico delle disposizioni legislative in materia di beni culturali e ambientali, approvato con decreto legislativo 29 ottobre 1999, n. 490, e fermo restando il rispetto dei predetti vincoli e strumenti di pianificazione.

2. Con il medesimo regolamento di cui al comma 1 sono adottate misure di contenimento del rischio elettrico degli impianti di cui allo stesso comma 1, ed in particolare del rischio di elettrocuzione e di collisione dell'avifauna.

3. Con il medesimo regolamento di cui al comma 1 è definita una nuova disciplina dei procedimenti di autorizzazione alla costruzione e all'esercizio degli elettrodotti con tensione superiore a 150 kV, in modo da assicurare il rispetto dei principi della presente legge, ferme restando le vigenti disposizioni in materia di valutazione di impatto ambientale. Tale disciplina si conforma inoltre ai seguenti criteri e principi:

a) semplificazione dei procedimenti amministrativi;
b) individuazione delle tipologie di infrastrutture a minore impatto ambientale, paesaggistico e sulla salute dei cittadini;
c) concertazione con le regioni e gli enti locali interessati nell'ambito dei procedimenti amministrativi di definizione dei tracciati;
d) individuazione delle responsabilità e delle procedure di verifica e controllo;
e) riordino delle procedure relative alle servitù di elettrodotto e ai relativi indennizzi;
f) valutazione preventiva dei campi elettromagnetici preesistenti.

4. Le norme, anche di legge, che disciplinano i procedimenti indicati al comma 3, individuate dal regolamento di cui al medesimo comma, sono abrogate con effetto dalla data di entrata in vigore del regolamento medesimo.

15. Sanzioni.

1. Salvo che il fatto costituisca reato, chiunque nell'esercizio o nell'impiego di una sorgente o di un impianto che genera campi elettrici, magnetici ed elettromagnetici superi i limiti di esposizione ed i valori di attenzione di cui ai decreti del Presidente del Consiglio dei ministri previsti dall'articolo 4, comma 2, e ai decreti previsti dall'articolo 16 è punito con la sanzione amministrativa del pagamento di una somma da lire 2 milioni a lire 600 milioni. La predetta sanzione si applica anche nei confronti di chi ha in corso di attuazione piani di risanamento, qualora non rispetti i limiti ed i tempi ivi previsti.

2. Salvo che il fatto costituisca reato, la violazione delle misure di tutela di cui all'articolo 5, comma 1, è punita con la sanzione amministrativa del pagamento di una somma da lire 2 milioni a lire 200 milioni. In caso di recidiva la sanzione è raddoppiata.

3. Salvo che il fatto costituisca reato, le sanzioni di cui ai commi 1 e 2 sono irrogate dalle autorità competenti, sulla base degli accertamenti effettuati dalle autorità abilitate ai controlli ai sensi dell'articolo 14. Le autorità competenti all'irrogazione delle sanzioni di cui ai commi 1 e 2 sono individuate dai decreti di cui all'articolo 4, comma 2.

4. In caso di inosservanza delle prescrizioni previste, ai fini della tutela dell'ambiente e della salute, dall'autorizzazione, dalla concessione o dalla licenza per l'installazione e l'esercizio degli impianti disciplinati dalla presente legge, si applica la sanzione della sospensione degli atti autorizzatori suddetti, da due a quattro mesi. In caso di nuova infrazione l'atto autorizzatorio è revocato.

5. La sanzione di cui al comma 4 è applicata dall'autorità competente in base alle vigenti disposizioni a rilasciare l'atto autorizzatorio, sulla base degli accertamenti effettuati dalle autorità abilitate ai controlli.

6. L'inosservanza del decreto di cui all'articolo 12, comma 1, è punita con la sanzione amministrativa del pagamento di una somma compresa fra lire 2 milioni e lire 600 milioni.

7. In riferimento alle sanzioni previste nel presente articolo non è ammesso il pagamento in misura ridotta di cui all'articolo 16 della legge 24 novembre 1981, n. 689, e successive modificazioni.

5. D.Lgs. 6 novembre 2007, n. 202. – Attuazione della direttiva 2005/35/CE relativa all'inquinamento provocato dalle navi e conseguenti sanzioni

In Gazzetta Ufficiale 9 novembre 2007, n. 261

1. Finalità.

1. Al fine di aumentare la sicurezza marittima e di migliorare la protezione dell'ambiente marino dall'inquinamento provocato dalle navi, il presente decreto prevede il divieto di scarico delle sostanze inquinanti di cui all'articolo 2, comma 1, lettera b), nelle aree individuate all'articolo 3, comma 1, ed introduce adeguate sanzioni in caso di violazione degli obblighi previsti.

2. Definizioni.

1. Ai fini del presente decreto si intende per:

a) «Convenzione Marpol 73/78»: la Convenzione internazionale del 1973 per la prevenzione dell'inquinamento causato dalle navi e il relativo protocollo del 1978;
b) «sostanze inquinanti»: le sostanze inserite nell'allegato I (idrocarburi) e nell'allegato II (sostanze liquide nocive trasportate alla rinfusa) alla Convenzione Marpol 73/78, come richiamate nell'elenco di cui all'allegato A alla legge 31 dicembre 1982, n. 979, aggiornato dal decreto del Ministro della marina mercantile 6 luglio 1983, pubblicato nella Gazzetta Ufficiale n. 229 del 22 agosto 1983;

c) «scarico»: ogni immissione in mare comunque proveniente da una nave di cui all'articolo 2 della Convenzione Marpol 73/78;
d) «nave»: un natante di qualsiasi tipo comunque operante nell'ambiente marino e battente qualsiasi bandiera, compresi gli aliscafi, i veicoli a cuscino d'aria, i sommergibili, i galleggianti, le piattaforme fisse e galleggianti;
e) «Convenzione sul diritto del Mare»: Convenzione delle Nazioni Unite sul diritto del mare, firmata a Montego Bay, il 10 dicembre 1982.

3. Ambito di applicazione.

1. Le disposizioni del presente decreto si applicano agli scarichi in mare delle sostanze inquinanti di cui all'articolo 2, comma 1, lettera b), provenienti dalle navi battenti qualsiasi bandiera effettuati:
a) nelle acque interne, compresi i porti, nella misura in cui è applicabile il regime previsto dalla Convenzione Marpol 73/78;
b) nelle acque territoriali;
c) negli stretti utilizzati per la navigazione internazionale e soggetti al regime di passaggio di transito, come specificato nella parte III, sezione 2, della Convenzione delle Nazioni Unite del 1982 sul diritto del mare;
d) nella zona economica esclusiva o in una zona equivalente istituita ai sensi del diritto internazionale e nazionale;
e) in alto mare.

2. Le disposizioni del presente decreto non si applicano alle navi militari da guerra o ausiliarie e alle navi possedute o gestite dallo Stato, solo se impiegate per servizi governativi e non commerciali.

4. Divieti.

1. Fatto salvo quanto previsto all'articolo 5, nelle aree di cui all'articolo 3, comma 1, è vietato alle navi, senza alcuna discriminazione di nazionalità, versare in mare le sostanze inquinanti di cui all'articolo 2, comma 1, lettera b), o causare lo sversamento di dette sostanze.

5. Deroghe.

1. Lo scarico di sostanze inquinanti di cui all'articolo 2, comma 1, lettera b), in una delle aree di cui all'articolo 3, comma 1, è consentito se effettuato nel rispetto delle condizioni di cui all'allegato I, norme 15, 34, 4.1 o 4.3 o all'allegato II, norme 13, 3.1 o 3.3 della Convenzione Marpol 73/78.

2. Lo scarico di sostanze inquinanti di cui all'articolo 2, comma 1, lettera b), nelle aree di cui all'articolo 3, comma 1, lettere c), d) ed e), è consentito al proprietario, al comandante o all'equipaggio posto sotto la responsabilità di quest'ultimo, se effettuato nel rispetto delle condizioni di cui all'allegato I, norma 4.2, o all'allegato II, norma 3.2 della Convenzione Marpol 73/78.

6. Misure di controllo per le navi che si trovano in porto.

1. Fatto salvo quanto previsto dagli articoli 11 e 12 della legge 31 dicembre 1982, n. 979, e successive modificazioni, qualora l'Autorità marittima competente per territorio, a seguito dell'accertamento di irregolarità o sulla base di informazioni comunque acquisite, ritenga che una nave che si trova all'interno di un porto o in un terminale off-shore stia procedendo o abbia proceduto allo scarico di sostanze inquinanti in una delle aree di cui all'articolo 3, comma 1, procede ad apposita ispezione, ai sensi del decreto del Ministro delle infrastrutture e dei trasporti 13 ottobre 2003, n. 305, come modificato dal decreto del 2 febbraio 2006, n. 113.

2. Qualora l'Autorità marittima competente per territorio, in base all'esito dell'ispezione di cui al comma 1, ritenga che possa essere stato violato il divieto di cui all'articolo 4, comma 1, informa le Autorità competenti per i provvedimenti conseguenti, l'Autorità dello Stato di bandiera della nave e il Ministero dell'ambiente e della tutela del territorio e del mare, ai fini della eventuale costituzione in giudizio come parte civile.

7. Misure di controllo per le navi in transito.

1. Fatto salvo quanto previsto dagli articoli 11 e 12 della legge 31 dicembre 1982, n. 979, e successive modificazioni, se il presunto scarico di sostanze inquinanti è effettuato nelle aree di cui all'articolo 3, comma 1, lettere b), c), d) o e), e se la nave sospettata di aver effettuato lo scarico non approda in un porto dello Stato italiano che detiene le informazioni riguardo al presunto scarico:
a) nel caso in cui il successivo porto di approdo è situato in un altro Stato membro, l'Autorità marittima che detiene le informazioni, sulla base delle direttive impartite dal Ministero dell'ambiente e della tutela del territorio e del mare, richiede la collaborazione di tale Stato ai fini dell'ispezione di cui all'articolo 6, comma 1, e della individuazione dei provvedimenti da adottare;
b) nel caso in cui il successivo porto di approdo della nave è situato in uno Stato terzo, l'Autorità marittima che detiene le informazioni, sulla base delle direttive impartite dal Ministero dell'ambiente e della tutela del territorio e del mare, adotta i provvedimenti necessari per garantire che il successivo porto di approdo della nave sia informato del presunto scarico e invita lo Stato in cui è situato tale porto ad adottare iniziative adeguate.

2. Se esistono elementi di prova certi e obiettivi che una nave che naviga nelle aree di cui all'articolo 3, comma 1, lettera b) o d), abbia effettuato, nell'area di cui all'art. 3, comma 1, lettera d), uno scarico che provoca o minaccia di provocare un grave danno al litorale o agli interessi collegati allo Stato italiano o alle risorse delle aree di cui all'art. 3, comma 1, lettera b) o d), l'Autorità marittima, qualora gli elementi di prova lo giustificano e fatto salvo quanto previsto nella parte XII, sezione 7, della Convenzione delle Nazioni Unite del 1982 sul diritto del mare, procede, sulla base di apposite direttive indicate dal Ministero dell'ambiente e della tutela del territorio e del mare, a sottoporre a fermo la nave, ad adottare le misure di cui all'art. 6 e ad informare le Autorità dello Stato di bandiera della nave.

8. Inquinamento doloso.

1. Salvo che il fatto costituisca più grave reato, il Comandante di una nave, battente qualsiasi bandiera, nonché i membri dell'equipaggio, il proprietario e l'armatore della nave, nel caso in cui la violazione sia avvenuta con il loro concorso, che dolosamente violano le disposizioni dell'art. 4 sono puniti con l'arresto da sei mesi a due anni e con l'ammenda da euro 10.000 ad euro 50.000.

2. Se la violazione di cui al comma 1 causa danni permanenti o, comunque, di particolare gravità, alla qualità delle acque, a specie animali o vegetali o a parti di queste, si applica l'arresto da uno a tre anni e l'ammenda da euro 10.000 ad euro 80.000.

3. Il danno si considera di particolare gravità quando l'eliminazione delle sue conseguenze risulta di particolare complessità sotto il profilo tecnico, ovvero particolarmente onerosa o conseguibile solo con provvedimenti eccezionali.

9. Inquinamento colposo.

1. Salvo che il fatto costituisca più grave reato, il Comandante di una nave, battente qualsiasi bandiera, nonché i membri dell'equipaggio, il proprietario e l'armatore della nave, nel caso in cui la violazione sia avvenuta con la loro cooperazione, che violano per colpa le disposizioni dell'art. 4, sono puniti con l'ammenda da euro 10.000 ad euro 30.000.

2. Se la violazione di cui al comma 1 causa danni permanenti o, comunque, di particolare gravità, alla qualità delle acque, a specie animali o vegetali o a parti di queste, si applica l'arresto da sei mesi a due anni e l'ammenda da euro 10.000 ad euro 30.000.

3. Il danno si considera di particolare gravità quando l'eliminazione delle sue conseguenze risulta di particolare complessità sotto il profilo tecnico, ovvero particolarmente onerosa o conseguibile solo con provvedimenti eccezionali.

10. Pene accessorie.

1. Al Comandante e ai membri dell'equipaggio iscritti nelle matricole della gente di mare tenute dalla competente autorità marittima, condannati per il reato di cui all'art. 8 si applica la pena accessoria della sospensione del titolo professionale di durata, comunque, non inferiore ad un anno, ai sensi dell'art. 1083 del Codice della Navigazione.

11. Divieto di attracco.

1. Al Comandante e ai membri dell'equipaggio condannati per i reati di cui agli articoli 8 e 9 è inibito l'attracco ai porti italiani per un periodo comunque non inferiore ad un anno, commisurato alla gravità del reato commesso, da determinarsi con decreto del Ministero dell'ambiente e della tutela del territorio e del mare.

12. Controlli ed accertamento delle violazioni.

1. I controlli sul rispetto delle disposizioni del presente decreto nonché l'accertamento delle violazioni alle medesime disposizioni sono svolti dagli ufficiali e dagli agenti di polizia giudiziaria di cui all'art. 57 del codice di procedura penale dagli ufficiali, dagli agenti di polizia giudiziaria del Corpo delle Capitanerie di porto-Guardia costiera, dagli ufficiali e sottufficiali della marina militare e dagli altri soggetti di cui all'art. 1235 del codice della navigazione, nei limiti del servizio cui sono destinati e secondo le rispettive attribuzioni.

2. L'attività di controllo di cui al comma 1 è effettuata sotto la direzione del comandante del porto.

13. Comunicazione delle informazioni.

1. Entro tre anni dalla data di entrata in vigore del presente decreto e, poi, ogni tre anni il Ministero dell'ambiente e della tutela del territorio e del mare invia alla Commissione europea una relazione sull applicazione della direttiva.

14. Abrogazioni.

1. Sono abrogati gli articoli 16, 17, primo comma, e 20 della legge 31 dicembre 1982, n. 979.

15. Disposizioni finanziarie.

1. Dall'attuazione del presente decreto non devono derivare nuovi o maggiori oneri, né minori entrate a carico della finanza pubblica.

2. Le amministrazioni interessate provvederanno ad attuare le disposizioni del presente decreto con le risorse umane, strumentali e finanziarie disponibili a legislazione vigente.

Il presente decreto, munito del sigillo dello Stato, sarà inserito nella Raccolta ufficiale degli atti normativi della Repubblica italiana. È fatto obbligo a chiunque spetti di osservarlo e di farlo osservare.

6. D.Lgs. 15 febbraio 2016, n. 28. – Attuazione della direttiva 2013/51/EURATOM del Consiglio, del 22 ottobre 2013, che stabilisce requisiti per la tutela della salute della popolazione relativamente alle sostanze radioattive presenti nelle acque destinate al consumo umano

In Gazzetta Ufficiale 7 marzo 2016, n. 55

1. Oggetto.

1. Il presente decreto stabilisce i requisiti per la tutela della salute della popolazione relativamente alle sostanze radioattive presenti nelle acque destinate al con-

sumo umano. In particolare, esso stabilisce i principi e disciplina le modalità del controllo delle sostanze radioattive mediante parametri indicatori, nonché i relativi valori di parametro.

2. Definizioni.

1. Ai fini del presente decreto si intende per:

a) «acque destinate al consumo umano»:

1) tutte le acque trattate o non trattate, destinate ad uso potabile, per la preparazione o la cottura di cibi e bevande, o per altri usi domestici, a prescindere dalla loro origine, siano esse fornite tramite una rete di distribuzione, mediante cisterne, in bottiglie o altri contenitori;

2) tutte le acque utilizzate in un'impresa alimentare per la fabbricazione, il trattamento, la conservazione o l'immissione sul mercato di prodotti o sostanze destinati al consumo umano;

b) «sostanza radioattiva»: qualsiasi sostanza contenente uno o più radionuclidi di cui, ai fini della radioprotezione, non si può trascurare l'attività o la concentrazione;

c) «parametri» o «parametri indicatori»: le grandezze fisiche o dosimetriche adottate nel presente decreto per il controllo della radioattività nelle acque destinate al consumo umano, quali, in particolare, la concentrazione di attività di radon, la concentrazione di attività di trizio, la dose indicativa;

d) «dose indicativa» o «DI»: la dose efficace impegnata per un anno d'ingestione risultante da tutti i radionuclidi, di origine naturale e artificiale, presenti nelle acque destinate al consumo umano, ad eccezione di trizio, potassio-40, radon e prodotti di decadimento del radon a vita breve;

e) «valore di parametro»: il valore di attenzione del parametro, ovvero il valore con cui confrontare la media annua dei valori misurati del parametro e al di sopra del quale è obbligatorio valutare se la presenza di sostanze radioattive nelle acque destinate al consumo umano costituisca un rischio per la salute umana tale da richiedere un intervento, inclusa, ove necessario, l'adozione di provvedimenti correttivi volti a migliorare la qualità dell'acqua, per quanto riguarda la presenza di sostanze radioattive, e a garantire che essa soddisfi i requisiti del presente decreto;

f) «programma di controllo»: insieme delle attività atte a verificare, mediante il monitoraggio dei parametri indicatori, il rispetto dei valori di parametro nelle acque destinate al consumo umano, fissati ai sensi dell'articolo 5 del presente decreto;

g) «NORM»: acronimo di Naturally Occurring Radioactive Materials indicante materiali, generalmente materie prime, o prodotti secondari, o residui di attività industriali, contenenti radionuclidi di origine naturale e regolati dal decreto legislativo 17 marzo 1995, n. 230, e successive modificazioni;

h) «gestore»: *il gestore del servizio idrico* integrato così come riportato all'articolo 74, comma 1, lettera r), del decreto legislativo 3 aprile 2006, n. 152, e successive modificazioni ovvero chiunque fornisce a terzi acqua destinata al consumo umano mediante rete di distribuzione idrica, oppure chiunque fornisce a terzi acqua destinata al consumo umano attraverso cisterne, fisse o mobili, o attraverso impianti idrici autonomi, oppure chiunque confeziona per la distribuzione a terzi, acqua destinata al consumo umano in bottiglie o altri contenitori; sono altresì considerati gestori le imprese alimentari che utilizzano acque di cui alla lettera a), numero 2, se queste derivano da fonti proprie o comunque non sono fornite attraverso rete di distribuzione idrica;

i) «rete di distribuzione idrica»: insieme degli impianti e strutture finalizzate alla produzione e fornitura di acqua destinata al consumo umano attraverso le fasi di captazione, trattamento, adduzione e distribuzione alle utenze.

3. Ambito di applicazione ed esenzioni.

1. Il presente decreto si applica alle acque destinate al consumo umano.

2. Il presente decreto non si applica:

a) alle acque minerali naturali riconosciute come tali ai sensi del decreto legislativo 8 ottobre 2011, n. 176, che attua la direttiva 2009/54/CE;

b) alle acque medicinali ai sensi del decreto legislativo 24 aprile 2006, n. 219, che attua la direttiva 2001/83/CE.

3. Con decreto del Ministro della salute, possono essere esentate dall'applicazione del presente decreto le acque destinate al consumo umano provenienti da una singola fonte che ne eroga in media meno di 10 m^3 al giorno o che approvvigiona meno di 50 persone, escluse le acque fornite nell'ambito di una attività commerciale o pubblica.

4. In caso di esenzione ai sensi del comma 3, le regioni e le province autonome provvedono a che:

a) la popolazione interessata sia informata al riguardo e in ordine a qualsiasi provvedimento eventualmente adottato al fine di tutelare la salute umana dagli effetti negativi derivanti dalla contaminazione delle acque destinate al consumo umano;

b) la popolazione interessata sia informata della possibilità di chiedere alle autorità competenti lo svolgimento di verifiche atte ad escludere, in concreto, rischi per la salute connessi all'eventuale presenza di sostanze radioattive;

c) la popolazione interessata riceva tempestivamente i consigli appropriati allorché si manifesti un pericolo potenziale per la salute umana derivante dalla qualità di tali acque.

4. Obblighi generali.

1. Le regioni e le province autonome, avvalendosi delle aziende sanitarie locali ovvero di altri enti pubblici competenti a svolgere controlli sulla salubrità delle acque e sugli alimenti e bevande per scopi di tutela della salute pubblica individuati da leggi regionali e delle

ARPA/APPA, assicurano il controllo delle sostanze radioattive nelle acque destinate al consumo umano, finalizzato alla verifica del rispetto dei valori di parametro di cui all'articolo 5, attraverso l'elaborazione e la messa in atto di un programma di controllo.

2. Le regioni e le province autonome inviano al Ministero della salute il testo del programma di controllo elaborato, completo della relativa documentazione di supporto. Il Ministero della salute, avvalendosi dell'Istituto superiore di sanità, esamina il testo del programma e la documentazione di supporto e invia, entro tre mesi, un parere alla regione o provincia autonoma. La regione o la provincia autonoma adotta il programma di controllo, modificato per tener conto del parere del Ministero della salute.

3. Il programma di controllo deve essere aggiornato nei casi in cui cambino le condizioni sulla base delle quali è stato elaborato, seguendo le stesse modalità di cui al comma 2.

4. In caso di superamento di uno o più valori di parametro di cui all'articolo 5, le regioni e le province autonome, avvalendosi delle aziende sanitarie locali, ovvero di altri enti pubblici competenti a svolgere controlli sulla salubrità delle acque e sugli alimenti e bevande per scopi di tutela della salute pubblica individuati da leggi regionali e delle ARPA/APPA, assicurano che:

a) venga valutato il rischio per la salute a cui è esposta la popolazione interessata;

b) vengano adottati, ove necessario, provvedimenti correttivi volti a ridurre la concentrazione di radioattività nell'acqua destinata al consumo umano per renderla conforme ai requisiti del presente decreto;

c) vengano adottate, ove necessario, misure cautelative a tutela della salute pubblica.

5. Ai fini dell'elaborazione del programma di controllo delle acque destinate al consumo umano di cui al comma 1, le regioni e le province autonome effettuano le valutazioni preliminari di cui all'Allegato II avvalendosi delle aziende sanitarie locali, ovvero da altri enti pubblici competenti a svolgere controlli sulla salubrità delle acque e sugli alimenti e bevande per scopi di tutela della salute pubblica individuati da leggi regionali, e delle ARPA/APPA. La pianificazione e le risultanze delle suddette valutazioni preliminari sono parte integrante del programma di controllo di cui al comma 1.

5. Valori di parametro e punti in cui i valori devono essere rispettati.

1. I valori di parametro sono riportati nell'allegato I.

2. I valori di parametro devono essere rispettati nei seguenti punti:

a) per le acque fornite attraverso una rete di distribuzione idrica nel punto in cui queste fuoriescono dai rubinetti;

b) per le acque fornite da una cisterna, nel punto in cui fuoriescono dalla cisterna;

c) per le acque confezionate in bottiglie o altri contenitori, nel punto in cui sono imbottigliate o introdotte nei contenitori;

d) per le acque utilizzate nelle imprese alimentari, nel punto in cui sono utilizzate nell'impresa.

3. La definizione dei punti di cui al comma 2 avviene fatta salva la scelta del punto di prelievo per il controllo dei parametri indicatori, che può essere un punto qualsiasi della rete di distribuzione idrica ovvero del sistema idropotabile, a condizione che non vi siano modifiche peggiorative della qualità dell'acqua per quel che riguarda i valori di concentrazione di radioattività tra il punto di prelievo per il controllo e i punti in cui i valori di parametro devono essere rispettati. Nei casi di cui al comma 2, lettere b), c) e d), se l'acqua introdotta nelle cisterne, confezionata in bottiglie o altri contenitori, o utilizzata nelle imprese alimentari, proviene da una rete di distribuzione idrica, il controllo della radioattività può essere considerato assolto dal controllo sulla rete di distribuzione idrica di provenienza effettuato ai sensi del presente decreto, a condizione che i contenitori, le cisterne, i serbatoi di accumulo, le tubazioni, i raccordi, le guarnizioni, nonché tutti i materiali utilizzati con cui l'acqua entra in contatto fino ai punti in cui i valori di parametro devono essere rispettati, non incrementino i valori di concentrazione di radioattività dell'acqua proveniente dalla rete di distribuzione idrica.

4. In aggiunta al valore di parametro, per la concentrazione di attività di radon è stabilito, con decreto del Ministro della salute, un livello di riferimento inferiore a 1000 Bq/l, superato il quale l'adozione dei provvedimenti correttivi e delle misure cautelative di cui all'articolo 4, comma 4, lettere b) e c), è giustificata da motivi di protezione radiologica, senza la necessità di ulteriori considerazioni. Nelle more dell'emanazione del predetto decreto, tale livello di riferimento è fissato a 1000 Bq/l

6. Controlli e analisi.

1. Al fine di verificare che le acque destinate al consumo umano fornite mediante una rete di distribuzione idrica, utilizzate nelle imprese alimentari, fornite attraverso cisterne, o confezionate per la distribuzione in bottiglie o altri contenitori, soddisfano i requisiti di conformità di cui all'articolo 5, comma 2, sono effettuati, nell'ambito dei programmi di controllo di cui all'articolo 4, comma 1, controlli delle sostanze radioattive nelle acque destinate al consumo umano, mediante analisi della radioattività presente nelle acque, atte ad accertare se siano superati o meno i valori di parametro di cui all'articolo 5, comma 1. Tali controlli, definiti «controlli esterni», sono effettuati dalle aziende sanitarie locali territorialmente competenti, ovvero da altri enti pubblici competenti a svolgere controlli sulla salubrità delle acque e sugli alimenti e bevande per scopi di tutela della salute pubblica individuati da leggi regionali, avvalendosi delle ARPA/APPA anche in forme consortili, e devono essere pianificati ed effettuati in modo da assicurare che i valori ottenuti siano rappresentativi della qualità dell'acqua consumata nel corso dell'anno. I risultati dei controlli esterni devono essere conservati, a cura delle aziende sanitarie locali, ovvero di altri enti pubblici competenti a svolgere controlli sulla salubrità delle acque e sugli alimenti e bevande per scopi di tutela della salute pubblica individuati da leggi regionali, per un periodo di almeno 5 anni. Ove gli impianti di una rete di distribuzione ricadano nell'area di competenza territoriale di più aziende sanitarie locali, ovvero di altri enti pubblici individuati con legge regionale, la regione può individuare l'azienda alla quale attribuire la competenza in materia di controlli. Per le reti acquedottistiche interregionali l'organo sanitario di controllo è individuato d'intesa fra le regioni interessate.

2. I controlli esterni sono effettuati nell'ambito del programma di controllo di cui all'articolo 4, comma 1. Tali controlli devono essere effettuati in conformità ai principi generali, alle frequenze, alle strategie di screening e ai requisiti analitici stabiliti negli allegati II e III. In relazione all'evoluzione delle conoscenze tecnico-scientifiche, con decreto del Ministro della salute, possono esser modificate la tabella 2 di cui all'allegato II, il valore dei parametri di screening per l'attività alfa totale e l'attività beta totale e le tabelle 1 e 2 di cui all'allegato III.

3. I risultati dei controlli esterni sono inviati dalle regioni e dalle province autonome al Ministero della salute, il quale, in collaborazione con l'Istituto superiore di sanità, gestisce un archivio nazionale contenente i dati, le informazioni e la documentazione riguardanti le misure di radioattività nelle acque destinate al consumo umano e le altre attività connesse disciplinate dal presente decreto, anche ai fini di informare la popolazione sulla qualità delle acque destinate al consumo umano. I risultati dei controlli effettuati in applicazione del presente decreto sono comunicati dal Ministero della salute alla Commissione europea, se richiesti dalla Commissione medesima.

4. Le regioni e le province autonome assicurano che i laboratori in cui sono analizzati i campioni di acqua per la verifica della conformità ai valori di parametro del presente decreto adottino un sistema di qualità conforme ad una norma tecnica approvata e pubblicata da un organismo internazionale. L'Istituto superiore di sanità provvede a sottoporre i predetti laboratori a verifiche periodiche del sistema di qualità. La disposizione contenuta nel precedente periodo non si applica in caso di laboratori di prova accreditati, secondo la norma UNI CEI EN ISO/IEC 17025, da un ente di accreditamento riconosciuto ai sensi del regolamento (CE) n. 765/2008.

5. I gestori sono tenuti ad effettuare controlli sulle acque destinate al consumo umano, definiti «controlli interni», finalizzati a garantire che l'acqua destinata al consumo umano distribuita, utilizzata, fornita, o confezionata per la distribuzione, sia conforme ai requisiti fissati dal presente decreto. I controlli interni fanno parte dell'analisi e gestione del rischio, che è effettuata secondo le indicazioni e le tempistiche contenute nel decreto di cui all'articolo 8. Nel caso delle reti di distribuzione idrica, l'analisi e gestione del rischio è effettuata anche tenendo conto dei principi e criteri contenuti nel piano di sicurezza dell'acqua (PSA) raccomandato dall'organizzazione mondiale della sanità (OMS). I controlli interni possono essere concordati con l'azienda sanitaria locale territorialmente competente ovvero con altri enti pubblici competenti a svolgere controlli sulla salubrità delle acque e sugli alimenti e bevande per scopi di tutela della salute pubblica individuati da leggi regionali. I controlli interni non possono essere eseguiti dallo stesso laboratorio che effettua i controlli esterni sulla medesima rete idrica o sistema idropotabile.

6. I risultati dei controlli interni devono essere conservati per un periodo di almeno 5 anni per eventuale consultazione da parte degli enti che effettuano i controlli esterni e delle altre autorità ed enti competenti ai sensi del presente decreto.

7. Per le acque confezionate in bottiglie o altri contenitori, sono fatti salvi i principi HACCP di cui al regolamento (CE) n. 852/2004 e i principi dei controlli ufficiali definiti nel regolamento (CE) n. 882/2004.

7. Provvedimenti in caso di non conformità dei parametri indicatori e informazione alla popolazione.

1. Le regioni e le province autonome assicurano che, nell'ambito dei controlli esterni, in caso di superamento come valore medio annuo di uno dei valori di parametro, le aziende sanitarie locali, ovvero gli altri enti pubblici competenti a svolgere controlli sulla salubrità delle acque e sugli alimenti e bevande per scopi di tutela della salute pubblica individuati da leggi regionali, comunicano tale superamento al gestore e, avvalendosi delle ARPA/APPA:

a) valutano i rischi per la salute a cui è esposta la popolazione interessata;
b) esaminano, avvalendosi della collaborazione del gestore interessato, i dati relativi al superamento al fine di individuarne la causa;
c) individuano, ove necessario, i provvedimenti correttivi e le misure cautelative di cui all'articolo 4, comma 4, lettere b) e c).

2. Le azioni di cui al comma 1 vanno eseguite tempestivamente, tenendo conto dell'entità del superamento dei valori di parametro, e comunque entro 6 mesi dal superamento del valore di parametro.

3. Le regioni e le province autonome inviano tempestivamente, e comunque entro il termine di cui al comma 2, al Ministero della salute la documentazione relativa alla valutazione dei rischi per la salute di cui al comma 1, lettera a), le risultanze dell'esame di cui al comma 1, lettera b), nonché le eventuali misure cautelative e i provvedimenti correttivi individuati ai sensi del comma 1, lettera c). Il Ministero della salute, avvalendosi della collaborazione dell'Istituto superiore di sanità, esamina la documentazione ricevuta ai sensi del presente comma e trasmette alla regione o provincia autonoma un parere entro 2 mesi dal ricevimento della predetta documentazione.

4. Gli eventuali provvedimenti correttivi e le misure cautelative di cui al comma 1, lettera c), modificati per tener conto del parere del Ministero della salute di cui al comma 3, sono comunicati tempestivamente, e comunque non oltre 30 giorni dal ricevimento del parere del Ministero della salute di cui al comma 3, ai soggetti competenti per la loro attuazione che deve comunque avvenire non oltre 3 mesi dalla suddetta comunicazione. In particolare:

a) il sindaco adotta le misure cautelative a tutela della salute pubblica;

b) il gestore attua i provvedimenti correttivi, al fine di garantire il ripristino della qualità dell'acqua secondo i requisiti del presente decreto.

5. Il sindaco, l'azienda sanitaria locale, ovvero l'altro ente pubblico competente a svolgere controlli sulla salubrità delle acque e sugli alimenti e bevande per scopi di tutela della salute pubblica individuato da leggi regionali, e il gestore del servizio idrico integrato ovvero chi fornisce a terzi acqua destinata al consumo umano mediante una rete di distribuzione idrica oppure attraverso cisterne fisse o mobili, provvedono, ciascuno per quanto di propria competenza, a che la popolazione interessata:

a) sia tempestivamente e adeguatamente informata della valutazione del rischio di cui al comma 1, lettera a), nonché degli eventuali provvedimenti correttivi e misure cautelative adottati; il gestore del servizio idrico integrato ovvero chi fornisce a terzi acqua destinata al consumo umano mediante una rete di distribuzione idrica oppure attraverso cisterne fisse o mobili informa gli utenti circa la situazione di non conformità accertata e circa i provvedimenti correttivi attuati;

b) sia consigliata su eventuali misure cautelative supplementari utili alla tutela della salute umana sotto il profilo della radioprotezione.

6. Nell'ambito dei controlli interni, in caso di superamento di uno dei valori di parametro in un dato campione, il gestore, comunica tale superamento alla azienda sanitaria locale, ovvero all'altro ente pubblico competente a svolgere controlli sulla salubrità delle acque e sugli alimenti e bevande per scopi di tutela della salute pubblica individuato da leggi regionali, entro 7 giorni dall'acquisizione del risultato della misura, al fine di procedere con le conseguenti valutazioni e gli eventuali interventi.

8. Indicazioni tecnico-operative.

1. Con decreto del Ministro della salute, sentita la Conferenza Stato-Regioni, da adottarsi entro sessanta giorni dalla data di entrata in vigore del presente decreto, sono emanate specifiche indicazioni operative a carattere tecnico-scientifico, elaborate in collaborazione con l'Istituto superiore di sanità, finalizzate a garantire uniformità e coerenza di applicazione del presente decreto nel territorio nazionale.

9. Poteri sostitutivi.

1. Nel caso di mancata osservanza, entro 12 mesi dalla data di entrata in vigore del presente decreto, da parte delle regioni o province autonome degli obblighi di cui all'articolo 4, comma 1, e all'articolo 6, comma 1, con la procedura di cui all'articolo 8, comma 1, della legge 5 giugno 2003, n. 131, il Presidente del Consiglio dei ministri, su proposta del Ministro della salute, diffida la regione interessata ad adempiere, entro un termine stabilito in sede di diffida, agli obblighi del presente decreto.

2. La disposizione di cui al comma 1 si applica anche in caso di mancata osservanza, entro 6 mesi dal termine indicato all'articolo 7, comma 2, degli obblighi di cui all'articolo 7, comma 1.

3. Ove la regione non adempie alla diffida di cui al comma 1, ovvero gli atti posti in essere risultano, inidonei o insufficienti, il Consiglio dei ministri, su proposta del Ministro della salute, nomina un commissario ad acta per l'attuazione degli atti necessari all'adempimento degli obblighi previsti dal presente decreto. Gli oneri sono a carico della regione inadempiente.

10. Sanzioni.

1. Il gestore che non effettua i controlli interni, a norma dell'articolo 6, comma 5, è soggetto alla sanzione amministrativa pecuniaria da euro 40.000 ad euro 120.000. Nel caso di reiterata violazione della disposizione del presente comma da parte di un gestore che presta il servizio o svolge l'attività sulla base di un provvedimento dell'amministrazione, la regione interessata ne dà comunicazione all'autorità che ha adottato il provvedimento affinché provveda immediatamente alla revoca dello stesso. Il gestore del servizio idrico integrato ovvero chi fornisce a terzi acqua destinata al consumo umano attraverso rete di distribuzione idrica oppure mediante cisterne fisse o mobili, è in ogni caso tenuto alla prosecuzione all'erogazione del servizio sino all'ultimazione delle procedure necessarie al subentro di un diverso gestore, e alla consegna a quest'ultimo delle opere e degli impianti della rete di distribuzione idrica.

2. Il gestore che non conserva per cinque anni i documenti che certificano i risultati delle analisi effettuate dai laboratori a norma dell'articolo 6, comma 6, è soggetto alla sanzione amministrativa pecuniaria da euro 20.000 ad euro 80.000, per ogni risultato di misura non conservato. In luogo della sanzione di cui al periodo precedente, si applica la sanzione amministrativa da euro 50.000 ad euro 150.000 per ogni risultato di misura non conservato nei confronti del gestore che, nei cinque anni precedenti, sia incorso in altra violazione della stessa indole.

3. Il gestore che non comunica all'azienda sanitaria locale competente, ovvero ad altro ente pubblico individuato da leggi regionali, l'accertato superamento dei valori di parametro, a norma dell'articolo 7, comma 6, è soggetto alla sanzione amministrativa pecuniaria da euro 30.000 ad euro 100.000, per ogni dato non comunicato. In luogo della sanzione di cui al periodo precedente, si applica la sanzione amministrativa da euro

50.000 ad euro 150.000 per ogni dato non comunicato nei confronti del gestore che, nei cinque anni precedenti, sia incorso in altra violazione della stessa indole.

4. Il gestore che non attua, a norma dell'articolo 7, comma 4, lettera b), i provvedimenti correttivi adottati dalla azienda sanitaria locale competente, ovvero ad altro ente pubblico individuato dalla regione, è soggetto alla sanzione amministrativa pecuniaria da euro 50.000 ad euro 150.000.

5. Il gestore del servizio idrico integrato ovvero chi fornisce a terzi acqua destinata al consumo umano mediante rete di distribuzione idrica oppure attraverso cisterne fisse o mobili, che non informa la popolazione interessata circa la situazione di non conformità accertata e circa i provvedimenti correttivi conseguentemente attuati, non ottemperando agli obblighi di cui all'articolo 7, comma 5, lettera a), è soggetto alla sanzione amministrativa pecuniaria da euro 50.000 ad euro 150.000.

6. Quando è accertato che la violazione di una delle disposizioni previste dai commi 4 o 5 è stata commessa da un gestore che presta il servizio o svolge l'attività sulla base di un provvedimento dell'amministrazione, la regione o la provincia autonoma ne dà comunicazione all'autorità che ha adottato il provvedimento affinché provveda immediatamente alla revoca dello stesso. Il gestore del servizio idrico integrato ovvero chi fornisce a terzi acqua destinata al consumo umano attraverso rete di distribuzione oppure cisterne fisse o mobili è in ogni caso tenuto alla prosecuzione dell'erogazione del servizio sino all'ultimazione delle procedure necessarie al subentro di un diverso gestore e alla consegna a quest'ultimo delle opere e degli impianti della rete di distribuzione idrica.

11. Applicazione sanzioni amministrative.

1. La azienda sanitaria locale competente, ovvero l'altro ente pubblico competente a svolgere controlli sulla salubrità delle acque e sugli alimenti e bevande per scopi di tutela della salute pubblica individuato dalla regione, provvede all'accertamento delle violazioni delle disposizioni previste dal presente decreto. Le regioni e le provincie autonome provvedono all'irrogazione delle sanzioni amministrative pecuniarie previste dall'articolo 10. Si osservano le disposizioni contenute nel capo I, sezioni I e II, della legge 24 novembre 1981, n. 689. Non è ammesso il pagamento in misura ridotta. I proventi derivanti dall'applicazione delle sanzioni di cui all'articolo 10 sono incamerati dalla regione o dalla provincia autonoma.

12. Disposizioni finanziarie e finali.

1. Dall'attuazione del presente decreto non devono derivare nuovi o maggiori oneri a carico del bilancio dello Stato.

2. Le pubbliche amministrazioni interessate all'attuazione delle disposizioni di cui al presente decreto legislativo provvedono nell'ambito delle risorse umane, strumentali e finanziarie disponibili a legislazione vigente.

3. Il presente decreto sostituisce la disciplina di cui al decreto legislativo 2 febbraio 2001, n. 31, relativamente alle sostanze radioattive presenti nelle acque destinate al consumo umano; conseguentemente, nel decreto legislativo 2 febbraio 2001, n. 31, allegato I, parte C, è soppressa la tabella relativa alla radioattività.

Il presente decreto, munito del sigillo dello Stato, sarà inserito nella Raccolta ufficiale degli atti normativi della Repubblica italiana. È fatto obbligo a chiunque spetti di osservarlo e di farlo osservare.

C. Rifiuti

7. D.Lgs. 13 gennaio 2003, n. 36. – Attuazione della direttiva 1999/31/CE relativa alle discariche di rifiuti (*artt. 1-8, 16-17*)

In Gazzetta Ufficiale 12 marzo 2003, n. 59

1. Finalità [(1)].

1. Il presente decreto garantisce una progressiva riduzione del collocamento in discarica dei rifiuti, in particolare di quelli idonei al riciclaggio o al recupero di altro tipo, al fine di sostenere la transizione verso un'economia circolare e adempiere i requisiti degli articoli 179 e 182 del decreto legislativo 3 aprile 2006, n. 152, e di prevedere, mediante requisiti operativi e tecnici per i rifiuti e le discariche, misure, procedure e orientamenti volti a prevenire o a ridurre il più possibile le ripercussioni negative sull'ambiente, in particolare l'inquinamento delle acque superficiali, delle acque di falda, del suolo e dell'aria, sul patrimonio agroalimentare, culturale e il paesaggio, e sull'ambiente globale, compreso l'effetto serra, nonché i rischi per la salute umana risultanti dalle discariche di rifiuti, durante l'intero ciclo di vita della discarica.

2. Si considerano soddisfatti i requisiti pertinenti del decreto legislativo 4 marzo 2014, n. 46, se sono soddisfatti i requisiti del presente decreto.

(1) Articolo sostituito dall'art. 1, co. 1, lett. a), d.lgs. 3.9.2020, n. 121.

2. Definizioni.

1. Ai fini del presente decreto si intende per:

[a) "rifiuti": le sostanze od oggetti di cui all'articolo 6, comma 1, lettera a), del decreto legislativo n. 22 del 1997, e successive modificazioni;] [(1)]

[b) "rifiuti urbani": i rifiuti di cui all'articolo 7, comma 2, del decreto legislativo n. 22 del 1997, e successive modificazioni;] (2)

[c) "rifiuti pericolosi": i rifiuti di cui all'articolo 7, comma 4, del decreto legislativo n. 22 del 1997, e successive modificazioni;] (3)

[d) "rifiuti non pericolosi": i rifiuti che per provenienza o per le loro caratteristiche non rientrano tra i rifiuti contemplati dalla lettera c);] (4)

e) "rifiuti inerti": i rifiuti solidi che non subiscono alcuna trasformazione fisica, chimica o biologica significativa; i rifiuti inerti non si dissolvono, non bruciano ne sono soggetti ad altre reazioni fisiche o chimiche, non sono biodegradabili e, in caso di contatto con altre materie, non comportano effetti nocivi tali da provocare inquinamento ambientale o danno alla salute umana. La tendenza a dar luogo a percolati e la percentuale inquinante globale dei rifiuti, nonché l'ecotossicità dei percolati devono essere trascurabili e, in particolare, non danneggiare la qualità delle acque, superficiali e sotterranee;

f) "deposito sotterraneo": un impianto per il deposito permanente di rifiuti situato in una cavità geologica profonda, senza coinvolgimento di falde o acquiferi, quale una miniera di potassio o di sale;

g) "discarica": area adibita a smaltimento dei rifiuti mediante operazioni di deposito sul suolo o nel suolo, compresa la zona interna al luogo di produzione dei rifiuti adibita allo smaltimento dei medesimi da parte del produttore degli stessi, nonché qualsiasi area ove i rifiuti sono sottoposti a deposito temporaneo per più di un anno. Sono esclusi da tale definizione gli impianti in cui i rifiuti sono scaricati al fine di essere preparati per il successivo trasporto in un impianto di recupero, trattamento o smaltimento, e lo stoccaggio di rifiuti in attesa di recupero 0 trattamento per un periodo inferiore a tre anni come norma generale, o 10 stoccaggio di rifiuti in attesa di smaltimento per un periodo inferiore a un anno;

h) "trattamento": i processi fisici, termici, chimici o biologici, incluse le operazioni di cernita, che modificano le caratteristiche dei rifiuti, allo scopo di ridurne il volume o la natura pericolosa, di facilitarne il trasporto, di agevolare il recupero o di favorirne lo smaltimento in condizioni di sicurezza;

i) "rifiuti biodegradabili": qualsiasi rifiuto che per natura subisce processi di decomposizione aerobica o anaerobica, quali, ad esempio, rifiuti di alimenti, rifiuti dei giardini, rifiuti di carta e di cartone, rifiuti in plastica biodegradabile e compostabile certificata EN 13432 o EN 14995 (5);

l) "gas di discarica": tutti i gas generati dai rifiuti in discarica;

m) "percolato": qualsiasi liquido che si origina prevalentemente dall'infiltrazione di acqua nella massa dei rifiuti o dalla decomposizione degli stessi e che sia emesso da una discarica o contenuto all'interno di essa (6);

n) "eluato": la soluzione ottenuta in una prova di eluizione in laboratorio (7);

o) "gestore" il soggetto responsabile di una qualsiasi delle fasi di gestione di una discarica, che vanno dalla realizzazione e gestione della discarica fino al termine della gestione post-operativa compresa; tale soggetto può variare dalla fase di preparazione a quella di gestione successiva alla chiusura della discarica

[p) "detentore": il produttore dei rifiuti o il soggetto che ne è in possesso;] (8)

q) "richiedente": il soggetto che presenta richiesta di autorizzazione per una discarica;

r) "rifiuti liquidi": qualsiasi rifiuto sotto forma liquida, comprese le acque reflue non convogliate in reti fognarie ed esclusi i fanghi;

s) "autorità territoriale competente"; l'autorità responsabile dell'esecuzione degli obblighi previsti dal presente decreto;

t) "centro abitato": insieme di edifici delimitato lungo le vie d'accesso dagli appositi segnali di inizio e fine. Per insieme di edifici si intende un raggruppamento continuo, ancorché intervallato da strade piazze, giardini o simili, costituito da non meno di venticinque fabbricati e da aree di uso pubblico con accessi veicolari o pedonali sulla strada.

1 bis. Ai fini del presente decreto si applicano, inoltre, le definizioni di "rifiuto", "rifiuto pericoloso", "rifiuto non pericoloso", "rifiuti urbani", "produttore di rifiuti", "detentore di rifiuti", "gestione dei rifiuti", "raccolta differenziata", "recupero", "preparazione per il riutilizzo", "riciclaggio" e "smaltimento", di cui all'articolo 183 del decreto legislativo 3 aprile 2006, n. 152 (9).

(1) Lettera abrogata dall'art. 1, co. 1, lett. b), n. 1), d.lgs. 3.9.2020, n. 121.
(2) Lettera abrogata dall'art. 1, co. 1, lett. b), n. 1), d.lgs. 3.9.2020, n. 121.
(3) Lettera abrogata dall'art. 1, co. 1, lett. b), n. 1), d.lgs. 3.9.2020, n. 121.
(4) Lettera abrogata dall'art. 1, co. 1, lett. b), n. 1), d.lgs. 3.9.2020, n. 121.
(5) Lettera sostituita dall'art. 1, co. 1, lett. b), n. 4), d.lgs. 3.9.2020, n. 121.
(6) Lettera sostituita dall'art. 1, co. 1, lett. b), n. 2), d.lgs. 3.9.2020, n. 121.
(7) Lettera sostituita dall'art. 1, co. 1, lett. b), n. 3), d.lgs. 3.9.2020, n. 121.
(8) Lettera abrogata dall'art. 1, co. 1, lett. b), n. 1), d.lgs. 3.9.2020, n. 121.
(9) Comma introdotto dall'art. 1, co. 1, lett. b), n. 5), d.lgs. 3.9.2020, n. 121.

3. Ambito d'applicazione.

1. Le disposizioni del presente decreto si applicano a tutte le discariche, come definite dall'articolo 2, comma 1, lettera g).

2. Il presente decreto non si applica:

a) alle operazioni di spandimento sul suolo di fanghi, compresi i fanghi di depurazione delle acque reflue domestiche ed i fanghi risultanti dalle operazioni di dragaggio, e di materie analoghe a fini fertilizzanti o ammendanti;

b) all'impiego di rifiuti inerti idonei in lavori di accrescimento o ricostruzione e riempimento o a fmi di costruzione nelle discariche;

c) al deposito di fanghi di dragaggio non pericolosi presso corsi d'acqua minori da cui sono stati dragati e al deposito di fanghi non pericolosi nelle acque superficiali, compreso il letto e il sottosuolo corrispondente;

[d) al deposito di terra non inquinata ai sensi del decreto del Ministro dell'ambiente 25 ottobre 1999, n. 471, o di rifiuti inerti non pericolosi derivanti dalla prospezione ed estrazione, dal trattamento e dallo stoccaggio di minerali, nonché dall'esercizio di cave.] (1)

3. La gestione dei rifiuti provenienti dalle industrie estrattive sulla terraferma, vale a dire i rifiuti derivanti dalle attività di prospezione, estrazione, compresa la fase di sviluppo preproduzione, trattamento e stoccaggio di minerali, e dallo sfruttamento delle cave è esclusa dall'ambito di applicazione del presente decreto, laddove rientri nell'ambito di applicazione del decreto legislativo 30 maggio 2008, n. 117 (2).

(1) Lettera abrogata dall'art. 1, co. 1, lett. c), n. 1), d.lgs. 3.9.2020, n. 121.
(2) Comma sostituito dall'art. 1, co. 1, lett. c), n. 2), d.lgs. 3.9.2020, n. 121.

4. Classificazione delle discariche.

1. Ciascuna discarica è classificata in una delle seguenti categorie:
a) discarica per rifiuti inerti;
b) discarica per rifiuti non pericolosi;
c) discarica per rifiuti pericolosi.

5. Obiettivi di riduzione del conferimento di rifiuti in discarica (1).

1. Entro un anno dalla data di entrata in vigore della presente disposizione, ciascuna regione elabora ed approva un apposito programma per la riduzione dei rifiuti biodegradabili da collocare in discarica ad integrazione del piano regionale di gestione dei rifiuti di cui all'articolo 199 del decreto legislativo 3 aprile 2006, n. 152, allo scopo di raggiungere a livello di ambito territoriale ottimale, oppure, ove questo non sia stato istituito, a livello provinciale, i seguenti obiettivi:
a) entro cinque anni dalla data di entrata in vigore della presente disposizione i rifiuti urbani biodegradabili devono essere inferiori a 173 kg/anno per abitante;
b) entro otto anni dalla data di entrata in vigore della presente disposizione i rifiuti urbani biodegradabili devono essere inferiori a 115 kg/anno per abitante;
c) entro quindici anni dalla data di entrata in vigore della presente disposizione i rifiuti urbani biodegradabili devono essere inferiori a 81 kg/anno per abitante.

2. Il programma di cui al comma 1 prevede in via prioritaria la prevenzione dei rifiuti e, in subordine, il trattamento dei medesimi conformemente alla gerarchia fissata dalla normativa europea.

3. Le regioni soggette a fluttuazioni stagionali del numero degli abitanti superiori al 10 per cento devono calcolare la popolazione cui riferire gli obiettivi del programma di cui al comma 1 sulla base delle effettive presenze all'interno del territorio al momento del maggiore afflusso.

4. I programmi e i relativi stati annuali di attuazione sono trasmessi al Ministero dell'ambiente e della tutela del territorio e del mare, che provvede a darne comunicazione alla Commissione europea.

4 bis. A partire dal 2030 è vietato lo smaltimento in discarica di tutti i rifiuti idonei al riciclaggio o al recupero di altro tipo, in particolare i rifiuti urbani, ad eccezione dei rifiuti per i quali il collocamento in discarica produca il miglior risultato ambientale conformemente all'articolo 179 del decreto legislativo 3 aprile 2006, n. 152. I criteri per la individuazione dei rifiuti per i quali il collocamento in discarica produca il miglior risultato ambientale, nonché un elenco anche non esaustivo dei medesimi, sono definiti dal Ministro dell'ambiente e della tutela del territorio e del mare con decreto adottato ai sensi dell'articolo 16-*bis*. Le Regioni conformano la propria pianificazione, predisposta ai sensi dell'articolo 199 del decreto legislativo 3 aprile 2006, n. 152, al fine di garantire il raggiungimento di tale obiettivo. Le Regioni modificano tempestivamente gli atti autorizzativi che consentono lo smaltimento in discarica dei rifiuti non ammessi, in modo tale da garantire che, al più tardi per il giorno 31 dicembre 2029, i medesimi siano adeguati ai sopra citati divieti di smaltimento (2).

4 ter. Entro il 2035 la quantità di rifiuti urbani collocati in discarica deve essere ridotta al 10 per cento, o a una percentuale inferiore, del totale in peso dei rifiuti urbani prodotti. Le Regioni conformano la propria pianificazione, predisposta ai sensi dell'articolo 199 del decreto legislativo 3 aprile 2006, n. 152, al fine di garantire il raggiungimento di tale obiettivo (3).

(1) Articolo sostituito dall'art. 47, co. 1, l. 28.12.2015, n. 221.
(2) Comma introdotto dall'art. 1, co. 1, lett. d), d.lgs. 3.9.2020, n. 121.
(3) Comma introdotto dall'art. 1, co. 1, lett. d), d.lgs. 3.9.2020, n. 121.

5 bis. Regole per calcolare il conseguimento degli obiettivi (1).

1. Per calcolare se gli obiettivi di cui all'articolo 5, comma 4-*ter*, siano stati conseguiti:
a) il peso dei rifiuti urbani prodotti e inviati in discarica è calcolato in un determinato anno civile;
b) il peso dei rifiuti derivanti dalle operazioni di trattamento preliminari al riciclaggio o al recupero di altro tipo dei rifiuti urbani, come la selezione, la cernita o il trattamento meccanico biologico, che sono successivamente collocati in discarica, è incluso nel peso dei rifiuti urbani comunicati come collocati in discarica;
c) il peso dei rifiuti urbani sottoposti alle operazioni di smaltimento mediante incenerimento (operazione D10 di cui all'Allegato B alla Parte Quarta del decreto legislativo n. 152 del 2006) e il peso dei rifiuti prodotti in operazioni di stabilizzazione della frazione biodegradabile dei rifiuti urbani, destinati a essere successivamente collocati in discarica, sono comunicati come collocati in discarica;
d) il peso dei rifiuti prodotti nel corso di operazioni di riciclaggio o recupero di altro tipo di rifiuti urbani, che sono successivamente collocati in discarica, non è incluso nel peso dei rifiuti urbani comunicati come collocati in discarica.

2. Al fine di assicurare il soddisfacimento degli obiettivi di cui al comma 1, nonché nel rispetto del divieto di cui all'articolo 6, la tracciabilità dei rifiuti urbani è garantita con gli strumenti di cui all'articolo 6, comma 3, del decreto-legge 14 dicembre 2018, n. 135, convertito, con modificazioni, dalla legge 11febbraio 2019, n. 12, nonché agli articoli 189, 190 e 193 del decreto legislativo 3 aprile 2006, n. 152. Il controllo della qualità dei rifiuti urbani è assicurato mediante il rispetto delle disposizioni di cui agli articoli da 7 a 7-*octies*, nonché all'articolo 11 del presente decreto.

3. Qualora in conformità del regolamento (CE) n. 1013/2006 del Parlamento europeo e del Consiglio, del 14 giugno 2006, i rifiuti urbani raccolti siano spediti in un altro Stato membro o esportati al di fuori dell'Unione, ai fini del collocamento in discarica, tali rifiuti sono contabilizzati ai fini del calcolo della quantità di rifiuti collocati in discarica.

4. Fatti salvi i criteri stabiliti dalla Commissione europea, ai sensi dell'articolo 5-*bis*, paragrafo 4, della direttiva 1999/31/UE del Consiglio, del 26 aprile 1999, le modalità, i criteri generali per il raggiungimento degli obiettivi di cui ai commi 4-*bis* e 4-*ter* dell'articolo 5 e gli eventuali obiettivi progressivi in termini di percentuali massime di rifiuti urbani conferibili in discarica sono definiti con decreto del Ministro dell'ambiente della tutela del territorio e del mare, adottato ai sensi dell'articolo 17, comma 3, della legge 23 agosto 1988, n. 400, sentita la Conferenza permanente per i rapporti tra lo Stato, le Regioni e le Province autonome di Trento e Bolzano di cui al decreto legislativo 28 agosto 1997, n. 281.

(1) Articolo introdotto dall'art. 1, co. 1, lett. e), d.lgs. 3.9.2020, n. 121.

6. Rifiuti non ammessi in discarica [(1)].

1. È vietato lo smaltimento in discarica dei rifiuti idonei al riciclaggio o al recupero di altro tipo. È comunque vietato lo smaltimento in discarica dei seguenti rifiuti:

a) rifiuti allo stato liquido;
b) rifiuti classificati come Esplosivi (HP1), Comburenti (HP2) e Infiammabili (HP3), ai sensi dell'allegato III alla direttiva 2008/98/CE;
c) rifiuti che contengono una o più sostanze corrosive classificate come H314 – Skin Corr. 1A in concentrazione totale maggiore o uguale all'1 per cento;
d) rifiuti che contengono una o più sostanze corrosive classificate come H314 – Skin Corr. 1A, H314 – Skin Corr. 1B e H314 Skin Corr. 1C in concentrazione totale maggiore o uguale al 5 per cento;
e) rifiuti sanitari pericolosi a rischio infettivo – HP9 ai sensi dell'allegato III alla direttiva 2008/98/CE e ai sensi del decreto del Presidente della Repubblica 15 luglio 2003, n. 254;
f) rifiuti contenenti sostanze chimiche non identificate o nuove provenienti da attività di ricerca, di sviluppo o di insegnamento, i cui effetti sull'uomo e sull'ambiente non sono noti (ad esempio rifiuti di laboratorio, ecc.);
g) rifiuti della produzione di principi attivi per biocidi, come definiti ai sensi del decreto legislativo 25 febbraio 2000, n. 174, e per prodotti fitosanitari come definiti dal decreto legislativo 17 marzo 1995, n. 194;
h) rifiuti che contengono o sono contaminati da policlorodifenili (PCB) come definiti dal decreto legislativo 22 maggio 1999, n. 209, in quantità superiore a 50 ppm; l'elenco dei PCB da prendere in considerazione è riportato nella tabella 1A dell'Allegato 3;
i) rifiuti che contengono o sono contaminati da diossine e furani in quantità superiore a 10 ppb; l'elenco delle diossine (policlorodibenzodiossine, PCDD) e dei furani (policlorodibenziofurani, PCDF) da prendere in considerazione ai fini della verifica di ammissibilità in discarica, con i rispettivi fattori di equivalenza, è riportato nella tabella 1B dell'Allegato 3;
l) rifiuti che contengono fluidi refrigeranti costituiti da CFC e HCFC, o rifiuti contaminati da CFC e HCFC in quantità superiore al 0,5% in peso riferito al materiale di supporto;
m) pneumatici interi fuori uso a partire dal 16 luglio 2003, esclusi gli pneumatici usati come materiale di ingegneria, e gli pneumatici fuori uso triturati a partire da tre anni da tale data, esclusi in entrambi i casi quelli per biciclette e quelli con un diametro esterno superiore a 1.400 mm.;
n) i rifiuti provenienti dalla raccolta differenziata e destinati alla preparazione al riutilizzo e al riciclaggio, ad eccezione degli scarti derivanti da successive operazioni di trattamento dei rifiuti da raccolta differenziata per i quali il collocamento in discarica produca il miglior risultato ambientale conformemente all'articolo 179 del decreto legislativo n. 152 del 2006;
o) tutti gli altri tipi di rifiuti che non soddisfano i criteri di ammissibilità stabiliti a norma dell'articolo 7 e dell'Allegato 6 al presente decreto;

2. È vietato lo smaltimento in discarica dei rifiuti individuati dai codici EER riportati nell'elenco di cui alla tabella 2 dell'Allegato 3, qualora presentino le caratteristiche chimico fisiche riportate nella stessa tabella.

3. È vietato diluire o miscelare rifiuti al solo fine di renderli conformi ai criteri di ammissibilità di cui all'articolo 7.

(1) Articolo modificato dall'art. 6, co. 3, d.l. 28.12.2006, n. 300, dall'art. 6, co. 1, d.l. 30.12.2008, n. 208, dall'art. 15, co. 2 ter, d.l. 25.9.2009, n. 135, dall'art. 2, co. 4 sexiedecies, d.l. 29.12.2010, n. 225, e poi dall'art. 1, co. 1, d.l. 29.12.2010, n. 225, che ha sostituito il termine di scadenza del 31.12.2010 qui previsto, al 31.3.2011; dall'art. 8, co. 3, d.l. 30.12.2015, n. 210, conv., con modif., con l. 25.2.2016, n. 21; dall'art. 46, co. 1, l. 28.12.2015, n. 22 e, infine, sostituito dall'art. 1, co. 1, lett. f), d.lgs. 3.9.2020, n. 121.

7. Rifiuti ammessi in discarica [(1)].

1. I rifiuti possono essere collocati in discarica solo dopo trattamento. Tale disposizione non si applica:

a) ai rifiuti inerti il cui trattamento non sia tecnicamente fattibile;

b) ai rifiuti il cui trattamento non contribuisce al raggiungimento delle finalità di cui all'articolo 1, riducendo la quantità dei rifiuti o i rischi per la salute umana e l'ambiente. La Regione autorizza gli impianti di discarica a ricevere senza trattamento rifiuti indicati nell'Allegato 8, ove siano rispettate le condizioni indicate al medesimo Allegato, quando ritenga che il trattamento non contribuisca al raggiungimento delle finalità di cui all'articolo 1, e salvo che non ritenga comunque necessario il trattamento al fine di conseguire un maggiore livello di protezione dell'ambiente nel suo complesso. Le successive modifiche all'Allegato 8, adottate ai sensi dell'articolo 16-*bis*, assicurano che non venga pregiudicato il raggiungimento degli obiettivi fissati dalla direttiva 2008/98/CE, in particolare per quanto riguarda la gerarchia dei rifiuti e l'aumento della preparazione per il riutilizzo e il riciclaggio.

2. Fermo restando il rispetto delle norme del presente decreto e in particolare l'obbligo di trattamento dei rifiuti al fine di ridurre il più possibile gli effetti negativi del collocamento in discarica dei rifiuti sulla salute umana e sull'ambiente, i criteri tecnici per la valutazione dell'efficacia del pretrattamento non si applicano alle sottocategorie di discarica.

3. I rifiuti sono ammessi in discarica, esclusivamente, se risultano conformi ai criteri di ammissibilità della corrispondente categoria di discarica secondo quanto stabilito dal presente decreto.

4. Per accertare l'ammissibilità dei rifiuti nelle discariche si procede al campionamento ed alle determinazioni analitiche per la caratterizzazione di base degli stessi, nonché alla verifica di conformità, con oneri a carico del detentore dei rifiuti o del gestore della discarica, effettuati da persone e istituzioni indipendenti e qualificate, tramite laboratori accreditati. I metodi di campionamento e analisi garantiscono l'utilizzazione delle tecniche e delle metodiche riconosciute a livello nazionale e internazionale, e sono individuati all'Allegato 6.

5. Lo smaltimento in discarica di rifiuti contenenti o contaminati da inquinanti organici persistenti deve essere effettuato conformemente a quanto previsto dal regolamento (UE) n. 2019/1021 del Parlamento e del Consiglio, del 20 giugno 2019.

(1) Articolo modificato dall'art. 48, co. 1, l. 28.12.2015, n. 221 e poi sostituito dall'art. 1, co. 1, lett. g), d.lgs. 3.9.2020, n. 121.

7 bis. Caratterizzazione di base [(1)].

1. Al fine di determinare l'ammissibilità dei rifiuti in ciascuna categoria di discarica, il produttore dei rifiuti è tenuto ad effettuare la caratterizzazione di base di ciascuna tipologia di rifiuti conferiti in discarica. La caratterizzazione deve essere effettuata prima del conferimento in discarica ovvero dopo l'ultimo trattamento effettuato.

2. La caratterizzazione di base determina le caratteristiche dei rifiuti attraverso la raccolta di tutte le informazioni necessarie per lo smaltimento finale in condizioni di sicurezza. La caratterizzazione di base è obbligatoria per qualsiasi tipo di rifiuto ed è effettuata nel rispetto delle prescrizioni stabilite all'Allegato 5.

3. La caratterizzazione di base, relativamente ai rifiuti regolarmente generati, è effettuata in corrispondenza del primo conferimento e ripetuta ad ogni variazione significativa del processo che origina i rifiuti e, comunque, almeno una volta l'anno.

Relativamente ai rifiuti non regolarmente generati, la caratterizzazione di base deve essere effettuata per ciascun lotto.

Per la definizione di lotto e di rifiuti regolarmente o non regolarmente generati si rinvia alle definizioni riportate in Allegato 5.

4. Se le caratteristiche di base di una tipologia di rifiuti dimostrano che gli stessi soddisfano i criteri di ammissibilità per una categoria di discarica, tali rifiuti sono considerati ammissibili nella corrispondente categoria. La mancata conformità ai criteri comporta l'inammissibilità dei rifiuti a tale categoria.

5. Al produttore dei rifiuti o, in caso di non determinabilità di quest'ultimo, al gestore spetta la responsabilità di garantire che le informazioni fornite per la caratterizzazione siano corrette.

6. Il gestore è tenuto a conservare i dati richiesti per un periodo di cinque anni.

(1) Articolo introdotto dall'art. 1, co. 1, lett. h), d.lgs. 3.9.2020, n. 121.

7 ter. Verifica di conformità [(1)].

1. I rifiuti giudicati ammissibili in una determinata categoria di discarica, in base alla caratterizzazione di cui all'articolo 7-*bis*, sono successivamente sottoposti alla verifica di conformità per stabilire se possiedono le caratteristiche della relativa categoria e se soddisfano i criteri di ammissibilità previsti dal presente decreto.

2. La verifica di conformità, relativamente ai rifiuti regolarmente generati, è effettuata dal gestore sulla base dei dati forniti dal produttore in esito alla fase di caratterizzazione con la medesima frequenza prevista dal comma 3 dell'articolo 7-*bis*. Per i rifiuti non regolarmente generati, devono essere determinate le caratteristiche di ogni lotto; pertanto, non deve essere effettuata la verifica di conformità.

3. Ai fini della verifica di conformità, il gestore utilizza una o più delle determinazioni analitiche impiegate per la caratterizzazione di base. Tali determinazioni devono comprendere almeno un test di cessione. A tal fine, sono utilizzati i metodi di campionamento e analisi di cui all'Allegato 6. Sono fatti salvi i casi in cui le caratterizzazioni analitiche non sono necessarie ai sensi dell'Allegato 5, paragrafo 4.

4. Il gestore conserva i risultati delle prove per cinque anni.

(1) Articolo introdotto dall'art. 1, co. 1, lett. h), d.lgs. 3.9.2020, n. 121.

7 quater. Discariche per rifiuti inerti [(1)].

1. Fatto salvo quanto previsto dall'articolo 16-*ter*, sono smaltiti nelle discariche per rifiuti inerti:

a) i rifiuti elencati nella tabella 1 dell'allegato 4 che sono considerati già conformi ai criteri specificati nella definizione di rifiuti inerti di cui all'articolo 2, comma 1, lettera e), nonché ai criteri di cui alla tabella 2 dell'allegato 4 e che possono essere ammessi in una discarica per rifiuti inerti senza essere sottoposti ad accertamento analitico. Si deve trattare di una singola tipologia di rifiuti proveniente da un'unica fonte. Si possono ammettere insieme rifiuti diversi elencati nella tabella 1 dell'Allegato 4, purché provenienti dalla stessa fonte;

b) i rifiuti inerti che, a seguito della caratterizzazione di base di cui all'articolo 7-*bis*, soddisfano i seguenti requisiti: sottoposti a test di cessione di cui all'Allegato 6, presentano un eluato conforme alle concentrazioni fissate nella tabella 2 dell'Allegato 4 e non contengono contaminanti organici in concentrazioni superiori a quelle indicate alla tabella 4 dell'Allegato 4.

2. È vietato il conferimento in discarica di rifiuti inerti che contengono PCB, come definiti dal decreto legislativo 22 maggio 1999, n. 209, diossine e furani, calcolati secondo i fattori di equivalenza di cui alla tabella 1B dell'Allegato 3, in concentrazione superiore ai limiti riportati nella tabella 3 dell'Allegato 4. Per gli altri inquinanti organici persistenti si applicano i limiti di cui all'Allegato IV del regolamento (CE) n. 2019/1021.

3. Qualora sia dubbia la conformità dei rifiuti ai criteri specificati nella definizione di rifiuti inerti di cui all'articolo 2, comma 1, lettera e), ovvero si sospetti una contaminazione, a seguito di un esame visivo o in relazione all'origine del rifiuto, anche i rifiuti di cui alla tabella 1 dell'Allegato 4 sono sottoposti ad analisi o semplicemente respinti dal gestore. I rifiuti elencati non possono essere ammessi in una discarica per rifiuti inerti se risultano contaminati o contengono altri materiali o sostanze come metalli, amianto, plastica, sostanze chimiche, in quantità tale da aumentare il rischio per l'ambiente o da determinare il loro smaltimento in una discarica appartenente ad una categoria diversa.

(1) Articolo introdotto dall'art. 1, co. 1, lett. h), d.lgs. 3.9.2020, n. 121.

7 quinquies. Discariche per rifiuti non pericolosi [1].

1. Nelle discariche per i rifiuti non pericolosi possono essere ammessi i seguenti rifiuti:

a) rifiuti urbani non pericolosi;
b) rifiuti non pericolosi di qualsiasi altra origine che soddisfano i criteri di ammissione dei rifiuti previsti dal presente decreto;
c) rifiuti pericolosi stabili e non reattivi che soddisfano i criteri di ammissione previsti al comma 5.

2. Nelle discariche per rifiuti non pericolosi è consentito lo smaltimento, senza caratterizzazione analitica, dei rifiuti urbani di cui al decreto legislativo 3 aprile 2006, n. 152, classificati come non pericolosi nel capitolo 20 dell'elenco europeo dei rifiuti.

3. I rifiuti di cui al comma 2 non possono essere ammessi in aree in cui sono ammessi rifiuti pericolosi stabili e non reattivi.

4. Fatto salvo quanto previsto all'articolo 16-*ter*, nelle discariche per rifiuti non pericolosi sono smaltiti rifiuti non pericolosi che rispettano i limiti indicati nella tabella 5-*bis* dell'Allegato 4 e che, sottoposti a test di cessione di cui all'Allegato 6, presentano un eluato conforme alle concentrazioni fissate in tabella 5 dell'Allegato 4 [2].

5. Fatto salvo quanto previsto all'articolo 16-*ter*, nelle discariche per rifiuti non pericolosi sono, altresì, smaltiti rifiuti pericolosi stabili non reattivi, vale a dire rifiuti che, sottoposti a trattamento preliminare, ad esempio di solidificazione/stabilizzazione, vetrificazione, presentano un comportamento alla lisciviazione che non subisca alterazioni negative nel lungo periodo nelle condizioni di collocazione in discarica, che hanno le caratteristiche individuate nella tabella 5a-*bis* dell'Allegato 4 e che:

a) sottoposti a test di cessione di cui all'Allegato 6 presentano un eluato conforme alle concentrazioni fissate in tabella 5a dell'Allegato 4;
b) tali rifiuti non devono essere smaltiti in aree destinate ai rifiuti non pericolosi biodegradabili;
c) sottoposti a idonee prove geotecniche dimostrano adeguata stabilità fisica e capacità di carico. Per tale valutazione è possibile riferirsi ai criteri di accettazione WAC dell'Agenzia per la protezione dell'ambiente del Regno Unito. Le modalità operative e i criteri per effettuare le valutazioni sono definiti con decreto del Ministro dell'ambiente e della tutela del territorio e del mare approvato secondo il procedimento di cui all'articolo 16-*bis*;
d) sono sottoposti alla valutazione della capacità di neutralizzazione degli acidi, utilizzando i test di cessione secondo i metodi Cen/Ts 14429 o Cen/Ts 14997. Le modalità operative e i criteri per effettuare le valutazioni sono definiti con decreto del Ministro dell'ambiente e della tutela del territorio e del mare approvato secondo il procedimento di cui all'articolo 16-*bis*.

6. Fatto salvo quanto previsto dall'articolo 16-*ter*, in discarica per rifiuti non pericolosi, è vietato il conferimento di rifiuti che non rispettano i limiti di cui alla tabella 5-*bis* dell'Allegato 4.

7. Possono essere, inoltre, smaltiti nelle discariche per rifiuti non pericolosi i seguenti rifiuti:

a) i rifiuti costituiti da fibre minerali artificiali, indipendentemente dalla loro classificazione come pericolosi o non pericolosi. Il deposito dei rifiuti contenenti fibre minerali artificiali deve avvenire direttamente all'interno della discarica in celle appositamente ed esclusivamente dedicate ed effettuato in modo tale da evitare la frantumazione dei materiali. Dette celle sono realizzate con gli stessi criteri adottati per le discariche dei rifiuti inerti. Le celle sono coltivate ricorrendo a sistemi che prevedano la realizzazione di settori o trincee; sono spaziate in modo da consentire il passaggio degli automezzi senza causare la frantumazione dei rifiuti contenenti fibre minerali artificiali. Entro la giornata di conferimento deve essere assicurata la ricopertura del rifiuto con materiale adeguato, avente consistenza plastica, in modo da adattarsi alla forma ed ai volumi dei materiali da ricoprire e da costituire un'adeguata protezione contro la dispersione di fibre. Nella definizione dell'uso dell'area dopo la chiusura devono essere prese misure adatte ad impedire il contatto tra rifiuti e persone. Tali rifiuti possono essere conferiti anche in discariche o celle dedicate per i rifiuti contenenti amianto;

b) i materiali non pericolosi a base di gesso. Tali rifiuti non devono essere depositati in aree destinate ai rifiuti non pericolosi biodegradabili. I rifiuti collocati in discarica insieme ai materiali a base di gesso devono avere una concentrazione in TOC non superiore al 5 per cento ed un valore di DOC non superiore al limite di cui alla tabella 5a dell'Allegato 4;

c) i materiali edili contenenti amianto legato in matrici cementizie o resinoidi in conformità con quanto stabilito nel decreto del Ministero dell'ambiente e della tutela del territorio 29 luglio 2004, n. 248, senza essere sottoposti a prove. Le discariche che ricevono tali materiali devono rispettare i requisiti indicati all'allegato 4, paragrafi 4 e 5. In questo caso le prescrizioni stabilite nell'allegato 1, punti 2.4.2 e 2.4.3 possono essere ridotte dall'autorità territorialmente competente.

(1) Articolo introdotto dall'art. 1, co. 1, lett. h), d.lgs. 3.9.2020, n. 121.
(2) Comma modificato dall'art. 51, co. 3 bis, d.l. 14.8.2020, n. 104, conv., con modif., dalla l. 13.10.2020, n. 126.

7 sexies. Sottocategorie di discariche per rifiuti non pericolosi [1].

1. Nel rispetto delle norme previste dal presente decreto le autorità territorialmente competenti possono autorizzare, anche per settori confinati, le seguenti sottocategorie di discariche per rifiuti non pericolosi:

a) discariche per rifiuti inorganici a basso contenuto organico o biodegradabile;
b) discariche per rifiuti in gran parte organici da suddividersi in discariche considerate bioreattori con recupero di biogas e discariche per rifiuti organici pretrattati;
c) discariche per rifiuti misti non pericolosi con elevato contenuto sia di rifiuti organici o biodegradabili che di rifiuti inorganici, con recupero di biogas.

2. I criteri di ammissibilità per le sottocategorie di discariche di cui al comma 1 sono individuati dalle autorità territorialmente competenti in sede di rilascio dell'autorizzazione.

I criteri sono stabiliti, caso per caso, in base alla tipologia di sottocategoria, tenendo conto delle caratteristiche dei rifiuti, della valutazione di rischio con riguardo alle emissioni della discarica e dell'idoneità del sito e prevedendo deroghe per specifici parametri, secondo le modalità di cui all'Allegato 7. Le autorizzazioni, motivando adeguatamente, ammettono nelle sottocategorie di discariche anche rifiuti caratterizzati da parametri DOC e TSD diversi da quelli della tabella 5 dell'Allegato 4, nei limiti indicati dalla procedura di valutazione del rischio di cui all'Allegato 7.

3. Le informazioni relative ai rifiuti che devono essere incluse nella domanda di autorizzazione per le sottocategorie di discarica per rifiuti non pericolosi sono riportate nell'Allegato 7.

4. Le autorità territorialmente competenti possono, altresì, autorizzare discariche monodedicate per rifiuti non pericolosi derivanti da operazioni di messa in sicurezza d'emergenza e da operazioni di bonifica dei siti inquinati ai sensi del Titolo V della Parte IV del decreto legislativo 3 aprile 2006, n. 152.

(1) Articolo introdotto dall'art. 1, co. 1, lett. h), d.lgs. 3.9.2020, n. 121.

7 septies. Discariche per rifiuti pericolosi [1].

1. Fatto salvo quanto previsto all'articolo 16-*ter*, nelle discariche per rifiuti pericolosi sono smaltiti i rifiuti pericolosi che hanno le caratteristiche individuate nella tabella 6-*bis* dell'Allegato 4 e che sottoposti a test di cessione di cui all'Allegato 6 presentano un eluato conforme alle concentrazioni fissate nella tabella 6 dell'Allegato 4. Ai fini della valutazione della capacità di neutralizzazione degli acidi i rifiuti sono sottoposti a test di cessione secondo i metodi CEN/TS 14997 o CEN/TS 14429. Le modalità operative e i criteri per effettuare le valutazioni sono definiti con decreto del Ministro dell'ambiente e della tutela del territorio e del mare approvato secondo il procedimento di cui all'articolo 16-*bis*.

2. Le analisi di controllo relative a PCB, diossine, furani e inquinanti organici diversi possono essere disposte, con oneri a carico del detentore dei rifiuti e del gestore della discarica, dall'autorità territorialmente competente qualora la provenienza del rifiuto determini il fondato sospetto di un eventuale superamento dei limiti.

3. Le autorità competenti possono autorizzare, all'interno di discariche per rifiuti pericolosi, caso per caso, previa valutazione del rischio, lotti identificati come sottocategorie di discariche per rifiuti non pericolosi di cui all'articolo 7-*sexies*, purché sia garantita all'ingresso al sito la separazione dei flussi di rifiuti non pericolosi da quelli pericolosi.

(1) Articolo introdotto dall'art. 1, co. 1, lett. h), d.lgs. 3.9.2020, n. 121.

7 octies. Criteri di ammissibilità in depositi sotterranei [1].

1. Sono ammessi in depositi sotterranei i rifiuti inerti, i rifiuti non pericolosi e i rifiuti pericolosi, ad esclusione di quelli indicati al comma 3.

2. Ai fini dell'ammissione dei rifiuti in depositi sotterranei, è effettuata da parte del richiedente, la valutazione della sicurezza conformemente a quanto stabilito al punto 3 dell'Allegato 1. I rifiuti sono ammessi in deposito sotterraneo solo se compatibili con tale valutazione.

3. Non possono essere collocati in depositi sotterranei i rifiuti che possono subire trasformazioni indesiderate di tipo fisico, chimico o biologico dopo il deposito. Fra questi sono compresi:

a) i rifiuti elencati all'articolo 6, comma 1;
b) i rifiuti e i loro contenitori, se suscettibili di reagire a contatto con l'acqua o con la roccia ospitante nelle condizioni previste per lo stoccaggio e subire quindi un cambiamento di volume, una generazione di sostanze o gas autoinfiammabili o tossici o esplosivi o qualunque altra reazione che possa rappresentare un rischio per la sicurezza operativa e per l'integrità della barriera;
c) i rifiuti biodegradabili;
d) i rifiuti dall'odore pungente;
e) i rifiuti che possono generare una miscela gas-aria tossica o esplosiva e, in particolare, i rifiuti che provocano concentrazioni di gas tossici per le pressioni parziali dei componenti e che in condizioni di saturazione in un contenitore formano concentrazioni superiori del 10 per cento alla concentrazione che corrisponde al limite inferiore di esplosività;
f) i rifiuti con un'insufficiente stabilità, tenuto conto delle condizioni geomeccaniche;
g) i rifiuti autoinfiammabili o soggetti a combustione spontanea nelle condizioni previste per lo stoccaggio, i prodotti gassosi, i rifiuti volatili, i rifiuti provenienti dalla raccolta sotto forma di miscele non identificate.

4. Ai fini dell'ammissione dei rifiuti in deposito sotterraneo, è effettuata, da parte del soggetto che richiede l'autorizzazione, la valutazione dei rischi specifici per il sito in cui avviene il deposito in questione, in conformità a quanto previsto al punto 3 dell'Allegato 1. Tale valutazione deve accertare che il livello di isolamento del deposito sotterraneo dalla biosfera è accettabile.

5. I rifiuti suscettibili di reagire nel caso di contatto reciproco devono essere definiti e classificati in gruppi di compatibilità e i differenti gruppi di compatibilità devono essere fisicamente separati nella fase di stoccaggio.

(1) Articolo introdotto dall'art. 1, co. 1, lett. h), d.lgs. 3.9.2020, n. 121.

8. Domanda di autorizzazione.

La domanda di autorizzazione per la costruzione e l'esercizio di una discarica è presentata ai sensi degli articoli 27 e 28 del decreto legislativo n. 22 del 1997, e successive modificazioni, completa di tutte le informazioni richieste dagli articoli medesimi e deve altresì contenere almeno i seguenti dati e informazioni:
a) l'identità del richiedente e del gestore, se sono diversi;
b) la descrizione dei tipi e dei quantitativi totali dei rifiuti da depositare, indicando il Codice dell'Elenco Europeo dei Rifiuti;
c) l'indicazione della capacità totale della discarica, accompagnata dalla indicazione del volume effettivamente utile per il conferimento dei rifiuti, nonché del volume dei materiali utilizzati per le coperture giornaliere (1);
d) la descrizione del sito, ivi comprese le caratteristiche idrogeologiche, geologiche e geotecniche, finalizzata alla identificazione della natura dei terreni e degli ammassi rocciosi presenti nell'area e dello schema di circolazione idrica del sottosuolo, corredata da un rilevamento geologico di dettaglio e da una dettagliata indagine stratigrafica, eseguita con prelievo di campioni e relative prove di laboratorio con riferimento al decreto 11 marzo 1988 del Ministro dei lavori pubblici, pubblicato nella Gazzetta Ufficiale n. 127 del 1 giugno 1988, nonché della valutazione di tutte le grandezze fisico-meccaniche che contribuiscono alla scelta della localizzazione dell'opera, alla sua progettazione e al suo esercizio come previsto dalle vigenti Norme Tecniche per le Costruzioni (2);
e) i metodi previsti per la prevenzione e la riduzione dell'inquinamento, con particolare riferimento alle acque superficiali, all'acqua di falda, al terreno di fondazione e all'aria (3);
f) la descrizione delle caratteristiche costruttive e di funzionamento dei sistemi, degli impianti e dei mezzi tecnici prescelti, in particolare per quanto riguarda i sistemi barriera, secondo quanto indicato nell'Allegato 1 (4);
f-*bis*) accorgimenti progettuali previsti per garantire la stabilità del manufatto e del terreno di fondazione con riferimento alle diverse fasi di vita dell'opera facendo riferimento agli stati limite ultimi e di esercizio previsti dalle vigenti norme tecniche per le costruzioni sia in campo statico che sismico. Nel caso di barriere composite, devono essere valutate le condizioni di stabilità lungo superfici di scorrimento che comprendano anche le interfacce tra i diversi materiali utilizzati (5);
g) il piano di gestione operativa della discarica, redatto secondo i criteri stabiliti dall'allegato 2, nel quale devono essere individuati i criteri e le misure tecniche adottate per la gestione della discarica e le modalità di chiusura della stessa;
h) il piano di gestione post-operativa della discarica, redatto secondo i criteri stabiliti dall'allegato 2, nel quale sono definiti i programmi di sorveglianza e controllo successivi alla chiusura;
i) il piano di sorveglianza e controllo, redatto secondo i criteri stabiliti dall'Allegato 2, nel quale devono essere indicate tutte le misure necessarie per prevenire rischi d'incidenti causati dal funzionamento della discarica e per limitarne le conseguenze, sia in fase operativa che post-operativa, con particolare riferimento alle precauzioni adottate a tutela delle acque dall'inquinamento provocato da infiltrazioni di percolato nel terreno, alle misure adottate al fine di evitare le emissioni fuggitive e diffuse di biogas e alle altre misure di prevenzione e protezione contro qualsiasi danno all'ambiente; i parametri da monitorare, la frequenza dei monitoraggi e la verifica delle attività di studio del sito da parte del richiedente sono indicati nella tabella 2, dell'allegato 2;
l) il piano di ripristino ambientale del sito a chiusura della discarica, redatto secondo i criteri stabiliti dal-

l'allegato 2, nonché le misure da adottare per la gestione delle non conformità nel quale devono essere previste le modalità egli obiettivi di recupero e sistemazione della discarica in relazione alla destinazione d'uso prevista dell'area stessa [6];

m) il piano economico-finanziario, redatto secondo i criteri stabiliti dall'Allegato 2 che preveda che tutti i costi derivanti dalla realizzazione dell'impianto e dall'esercizio della discarica, i costi connessi alla costituzione della garanzia finanziaria di cui all'articolo 14, i costi stimati di chiusura, nonché quelli di gestione post-operativa per un periodo di almeno trenta anni, siano coperti dal prezzo applicato dal gestore per lo smaltimento, tenuto conto della riduzione del rischio ambientale e dei costi di post-chiusura derivanti dalla adozione di procedure di registrazione ai sensi del regolamento (CE) n. 1221/2009 del Parlamento e del Consiglio del 25 novembre 2009 [7];

n) le informazioni relative alla valutazione di impatto ambientale, qualora la domanda di autorizzazione riguardi un'opera o un'attività sottoposta a tale procedura;

o) le indicazioni relative alle garanzie finanziarie del richiedente o a qualsiasi altra garanzia equivalente, ai sensi dell'articolo 14.

(1) Lettera sostituita dall'art. 1, co. 1, lett. i), n. 1), d.lgs. 3.9.2020, n. 121.
(2) Lettera sostituita dall'art. 1, co. 1, lett. i), n. 1), d.lgs. 3.9.2020, n. 121.
(3) Lettera sostituita dall'art. 1, co. 1, lett. i), n. 1), d.lgs. 3.9.2020, n. 121.
(4) Lettera sostituita dall'art. 1, co. 1, lett. i), n. 1), d.lgs. 3.9.2020, n. 121.
(5) Lettera introdotta dall'art. 1, co. 1, lett. i), n. 2), d.lgs. 3.9.2020, n. 121.
(6) Lettera modificata dall'art. 1, co. 1, lett. i), n. 3), d.lgs. 3.9.2020, n. 121.
(7) Lettera sostituita dall'art. 1, co. 1, lett. i), n. 4), d.lgs. 3.9.2020, n. 121.

16. Sanzioni.

1. Chiunque viola i divieti di cui all'articolo 7, commi 1, all'articolo 7-*quater* e all'articolo 7-*quinquies*, comma 1 è punito con la sanzione prevista dall'articolo 51, comma 3, del decreto legislativo n. 22 del 1997. La stessa sanzione si applica a chiunque viola le procedure di ammissione dei rifiuti in discarica di cui all'articolo II [1].

2. Chiunque, in violazione del divieto di cui all'articolo 7-*septies*, diluisce o miscela i rifiuti, al solo fine di renderli conformi ai criteri di ammissibilità [di cui all'articolo 5], è punito con la sanzione di cui all'articolo 51, comma 5, del decreto legislativo n. 22 del 1997 [2].

(1) Comma modificato dall'art. 1, co. 1, lett. p), n. 1), d.lgs. 3.9.2020, n. 121.
(2) Comma modificato dall'art. 1, co. 1, lett. p), n. 1), d.lgs. 3.9.2020, n. 121.

16 bis. Adeguamento della normativa tecnica [1].

1. Gli Allegati da 3 a 8, sono modificati con decreto del Ministro dell'ambiente e della tutela del territorio e del mare adottato ai sensi dell'articolo 17, comma 3, della legge 23 agosto 1988, n. 400, di concerto con il Ministro dello sviluppo economico e con il Ministro della salute, sentita la Conferenza permanente per i rapporti tra lo Stato, le Regioni e le Province autonome di Trento e Bolzano di cui al decreto legislativo 28 agosto 1997, n. 281.

2. Ai fini delle modifiche di cui al comma 1, il Ministero dell'ambiente e della tutela del territorio e del mare presenta una richiesta di istruttoria tecnica a ISPRA indicando un termine, non superiore a 120 giorni, entro il quale la richiesta deve essere evasa. Entro il termine indicato, ISPRA trasmette al Ministero dell'ambiente e della tutela del territorio e del mare una Relazione tecnico-scientifica. In caso di inutile decorrenza di detto termine, si procede ai sensi del comma 1.

(1) Articolo introdotto dall'art. 1, co. 1, lett. q), d.lgs. 3.9.2020, n. 121.

16 ter. Deroghe [1].

1. Sono ammessi valori limite più elevati per i parametri specifici fissati agli articoli 7-*quater*, 7-*quinquies*, 7-*septies* e 7-*octies* del presente decreto qualora:

a) sia effettuata una valutazione di rischio, secondo le modalità di cui all'Allegato 7, con particolare riguardo alle emissioni della discarica, che, tenuto conto dei limiti per i parametri specifici previsti dal presente decreto, dimostri che non esistono pericoli per l'ambiente in base alla valutazione dei rischi;

b) l'autorità territorialmente competente conceda un'autorizzazione presa, caso per caso, per rifiuti specifici per la singola discarica, tenendo conto delle caratteristiche della stessa discarica e delle zone limitrofe;

c) fino al 30 giugno 2022, i valori limite autorizzati per la specifica discarica non superino, per più del triplo, quelli specificati per la corrispondente categoria di discarica e, limitatamente al valore limite relativo al parametro TOC nelle discariche per rifiuti inerti, il valore limite autorizzato non superi, per più del doppio, quello specificato per la corrispondente categoria di discarica;

c-*bis*) a partire dal 1 luglio 2022 i valori limite autorizzati per la specifica discarica non superino, per più del doppio, quelli specificati per la corrispondente categoria di discarica e, limitatamente al valore limite relativo al parametro Toc nelle discariche per rifiuti inerti, il valore limite autorizzato non superi, per più del 50 per cento, quello specificato per la corrispondente categoria di discarica.

2. In presenza di concentrazioni elevate di metalli nel fondo naturale dei terreni circostanti la discarica, l'autorità territorialmente competente può stabilire limiti più elevati coerenti con tali concentrazioni.

3. Le disposizioni di cui al comma 1 non si applicano ai seguenti parametri:

a) carbonio organico disciolto (DOC) di cui alle tabelle 2, 5a e 6 dell'Allegato 4;

b) Btex e olio minerale di cui alla tabella 4 dell'allegato 4;

c) PCB di cui alla tabella 3 dell'Allegato 4;

d) carbonio organico totale (TOC) e PH nelle discariche per rifiuti non pericolosi che smaltiscono rifiuti pericolosi stabili e non reattivi;

e) carbonio organico totale (TOC) nelle discariche per rifiuti pericolosi.

4. Con cadenza triennale, il Ministero dell'ambiente e tutela del territorio e del mare, nell'ambito degli obblighi di relazione sull'attuazione della direttiva 1999/31/CE, previsti dall'articolo 15 della medesima direttiva, invia alla Commissione europea una relazione sul numero annuale di autorizzazioni concesse in virtù del presente articolo, sulla base delle informazioni ricevute dall'Istituto superiore per la protezione e la ricerca ambientale (Ispra), ai sensi dell'articolo 2, comma 1, lettera b), del decreto del Ministro dell'ambiente 4 agosto 1998, n. 372. La relazione è elaborata in base al questionario adottato con la decisione 2000/738/CE del 17 novembre 2000 della Commissione.

(1) Articolo introdotto dall'art. 1, co. 1, lett. q), d.lgs. 3.9.2020, n. 121.

17. Disposizioni transitorie e finali.

1. Le discariche già autorizzate alla data di entrata in vigore del presente decreto possono continuare a ricevere, fino al 31 dicembre 2006, i rifiuti per cui sono state autorizzate [(1)].

2. Fino al 31 dicembre 2006 è consentito lo smaltimento nelle nuove discariche, in osservanza delle condizioni e dei limiti di accettabilità previsti dalla deliberazione del Comitato interministeriale del 27 luglio 1984, pubblicata nel supplemento ordinario alla Gazzetta Ufficiale n. 253 del 13 settembre 1984, di cui all'articolo 6 decreto del Presidente della Repubblica 8 agosto 1994, e successive modificazioni, pubblicato nella Gazzetta Ufficiale n. 251 del 26 ottobre 1994, nonché dalle deliberazioni regionali connesse, relativamente:

a) nelle discariche per rifiuti inerti, ai rifiuti precedentemente avviati a discariche di II categoria, tipo A;
b) nelle discariche per rifiuti non pericolosi, ai rifiuti precedentemente avviati alle discariche di prima categoria e di II categoria, tipo B;
c) nelle discariche per rifiuti pericolosi, ai rifiuti precedentemente avviati alle discariche di II categoria tipo C e terza categoria [(2)].

3. Entro sei mesi dalla data di entrata in vigore del presente decreto il titolare dell'autorizzazione di cui al comma lo, su sua delega, il gestore della discarica, presenta all'autorità competente un piano di adeguamento della discarica alle previsioni di cui al presente decreto, incluse le garanzie finanziarie di cui all'articolo 14.

4. Con motivato provvedimento l'autorità competente approva il piano di cui al comma 3, autorizzando la prosecuzione dell'esercizio della discarica e fissando i lavori di adeguamento, le modalità di esecuzione e il termine finale per I 'ultimazione degli stessi, che non può in ogni caso essere successivo al 16 luglio 2009. Nel provvedimento l'autorità competente prevede anche l'inquadramento della discarica in una delle categorie di cui all'articolo 4. Le garanzie finanziarie prestate a favore dell'autorità competente concorrono alla prestazione della garanzia finanziaria.

4 bis. Il provvedimento con cui l'autorità competente approva i piani di adeguamento, presentati ai sensi del comma 3, per le discariche di rifiuti pericolosi e per quelle autorizzate dopo la data del 16 luglio 2001 e fino al 23 marzo 2003, deve fissare un termine per l'ultimazione dei lavori di adeguamento, che non può essere successivo al 1° ottobre 2008 [(3)].

4 ter. Nel caso in cui, per le discariche di cui al comma 1, il provvedimento di approvazione del piano di adeguamento di cui al comma 4, stabilisca un termine finale per l'ultimazione dei lavori di adeguamento successivo al 1° ottobre 2008, tale termine si intende anticipato al 1° ottobre 2008 [(4)].

5. In caso di mancata approvazione del piano di cui al comma 3, l'autorità competente prescrive modalità e tempi di chiusura della discarica, conformemente all'articolo 12, comma I, lettera c).

6. Sono abrogati:

a) il paragrafo 42 e le parti attinenti allo stoccaggio definitivo dei paragrafi 5 e 6 della citata deliberazione del Comitato interministeriale del 27 luglio 1984; ai fini di cui al comma 2, restano validi fino al 31 dicembre 2006 i valori limite e le condizioni di ammissibilità previsti dalla deliberazione [(5)];
b) il decreto del Ministro dell'ambiente 11 marzo 1998, n. 141;
c) l'articolo 5, commi 6 e 6-*bis*, e l'articolo 28, comma 2, del decreto legislativo n. 22 del 1997, e successive modificazioni;
d) l'articolo 6 del decreto del Presidente della Repubblica 8 agosto 1994 [(6)].

7. Le Regioni adeguano la loro normativa alla presente disciplina.

7 bis. I limiti di cui alla tabella 5, nota lettera h), dell'Allegato 4 si applicano, ai sensi dell'articolo 7-*quinquies*, comma 4, a partire dal 1 gennaio 2024 [(7)].

Il presente decreto, munito del sigillo dello Stato, sarà inserito nella Raccolta ufficiale degli atti normativi della Repubblica italiana [(8)].

(1) Comma modificato, prima, dall'art. 11, d.l. 30.6.2005, n. 115, e poi dall'art. 11 quaterdecies, co. 9, d.l. 30.9.2005, n. 203. Secondo quanto previsto dell'art. 1, co. 184, lett. c), l. 27.12.2006, n. 296, come modificato dall'art. 1, co. 166, l. 24.12.2007 n. 244, il termine qui previsto è fissato al 31.12.2008. Questa proroga non si applica alle discariche di II categoria, tipo A, ex "2A", e alle discariche per rifiuti inerti, cui si conferiscono materiali di matrice cementizia contenenti amianto.

(2) Comma modificato, prima, dall'art. 11, d.l. 30.6.2005, n. 115, e poi dall'art. 11 quaterdecies, co. 9, d.l. 30.9.2005, n. 203.
Secondo quanto previsto dall'art. 1, co. 184, lett. c), l. 27.12.2006, n. 296, come modificato dall'art. 1, co. 166, l. 24.12.2007 n. 244, il termine qui previsto è fissato al 31.12.2008. Questa proroga non si applica alle discariche di II categoria, tipo A, ex "2A", e alle discariche per rifiuti inerti, cui si conferiscono materiali di matrice cementizia contenenti amianto.

(3) Comma introdotto dall'art. 6, d.l. 8.4.2008, n. 59.

(4) Secondo quanto previsto dall'art. 1, co. 184, l. 27.12.2006, n. 296, come modificato dall'art. 1, co. 166, l. 24.12.2007, n. 244, il termine qui previsto è prorogato al 31.12.2008. Questa proroga non si applica alle discariche di II categoria, tipo A, ex "2A", e alle discariche per rifiuti inerti, cui si conferiscono materiali di matrice cementizia contenenti amianto.

(5) Secondo quanto previsto dall'art. 1, co. 184, l. 27.12.2006, n. 296,

come modificato dall'art. 1, co. 166, l. 24.12.2007, n. 244, il termine qui previsto è prorogato al 31.12.2008. Questa proroga non si applica alle discariche di II categoria, tipo A, ex "2A", e alle discariche per rifiuti inerti, cui si conferiscono materiali di matrice cementizia contenenti amianto.

(6) Secondo quanto previsto dall'art. 1, co. 184, l. 27.12.2006, n. 296, come modificato dall'art. 1, co. 166, l. 24.12.2007, n. 244, il termine qui previsto è prorogato al 31.12.2008. Questa proroga non si applica alle discariche di II categoria, tipo A, ex "2A", e alle discariche per rifiuti inerti, cui si conferiscono materiali di matrice cementizia contenenti amianto.

(7) Comma introdotto dall'art. 1, co. 1, lett. r), d.lgs. 3.9.2020, n. 121.

(8) Secondo quanto previsto dall'art. 1, co. 184, l. 27.12.2006, n. 296, come modificato dall'art. 1, co. 166, l. 24.12.2007 n. 244, il termine qui previsto è prorogato al 31.12.2008. Questa proroga non si applica alle discariche di II categoria, tipo A, ex "2A", e alle discariche per rifiuti inerti, cui si conferiscono materiali di matrice cementizia contenenti amianto.

8. D.L. 23 maggio 2008, n. 90, convertito, con modificazioni, con L. 14 luglio 2008, n. 123. – Misure straordinarie per fronteggiare l'emergenza nel settore dello smaltimento dei rifiuti nella regione Campania e ulteriori disposizioni di protezione civile (*artt. 2-3, 19*)

In Gazzetta Ufficiale 23 maggio 2008, n. 120

2. Attribuzioni del Sottosegretario di Stato.

1. Ai fini della soluzione dell'emergenza rifiuti nella regione Campania, il Sottosegretario di Stato, anche in deroga a specifiche disposizioni legislative e regolamentari in materia ambientale, paesaggistico-territoriale, di pianificazione del territorio e della difesa del suolo, nonché igienico-sanitaria, e fatto salvo l'obbligo di assicurare le misure indispensabili alla tutela della salute e dell'ambiente previste dal diritto comunitario, provvede, mediante procedure di affidamento coerenti con la somma urgenza o con la specificità delle prestazioni occorrenti, all'attivazione dei siti da destinare a discarica, così come individuati nell'articolo 9 (1).

1 bis. Il Capo del Dipartimento della protezione civile per lo svolgimento delle funzioni di Sottosegretario di Stato non percepisce ulteriori emolumenti (2).

2. Fermo restando quanto previsto dall'articolo 3, comma 2, del decreto-legge 9 ottobre 2006, n. 263, convertito, con modificazioni, dalla legge 6 dicembre 2006, n. 290, così come sostituito dall'articolo 2 del decreto-legge 11 maggio 2007, n. 61, convertito, con modificazioni, dalla legge 5 luglio 2007, n. 87, il Sottosegretario di Stato può altresì utilizzare le procedure di cui all'articolo 43 del testo unico delle disposizioni legislative e regolamentari in materia di espropriazione per pubblica utilità, di cui al decreto del Presidente della Repubblica 8 giugno 2001, n. 327, con previsione di indennizzo che tenga conto delle spese sostenute rivalutate a norma di legge, ovvero mediante procedure espropriative, per l'acquisizione di impianti, cave dismesse o abbandonate ed altri siti per lo stoccaggio o lo smaltimento di rifiuti, a valere sul fondo di cui all'articolo 17. Il Sottosegretario di Stato è altresì autorizzato a porre in essere, d'intesa con il Ministro dell'ambiente e della tutela del territorio e del mare, con le procedure sopra descritte, misure di recupero e riqualificazione ambientale nei limiti delle risorse del Fondo di cui all'articolo 17 (3).

3. Al fine di evitare interruzioni o turbamenti alla regolarità della complessiva azione di gestione dei rifiuti e della connessa realizzazione dei necessari interventi ed opere, ivi compresi i termovalorizzatori, le discariche di servizio, i siti di stoccaggio provvisorio e ogni altro impianto, il Sottosegretario di Stato può disporre l'acquisizione di ogni bene mobile funzionale al corretto espletamento delle attività di propria competenza, riconoscendo al proprietario gli indennizzi relativi alle spese sostenute rivalutate a norma di legge, a valere sul fondo di cui all'articolo 17.

4. I siti, le aree, le sedi degli uffici e gli impianti comunque connessi all'attività di gestione dei rifiuti costituiscono aree di interesse strategico nazionale, per le quali il Sottosegretario di Stato provvede ad individuare le occorrenti misure, anche di carattere straordinario, di salvaguardia e di tutela per assicurare l'assoluta protezione e l'efficace gestione (4).

5. Fatta salva l'ipotesi di più grave reato, chiunque si introduce abusivamente nelle aree di interesse strategico nazionale ovvero impedisce o rende più difficoltoso l'accesso autorizzato alle aree medesime è punito a norma dell'articolo 682 del codice penale.

6. I poteri di urgenza, previsti dalla normativa vigente in materia ambientale e di igiene pubblica comunque connessi alla gestione dei rifiuti della regione Campania, o comunque anche indirettamente interferenti sulla gestione stessa, sono esercitati dalle autorità competenti, d'intesa con il Sottosegretario di Stato.

7. Al fine di assicurare piena effettività agli interventi ed alle iniziative occorrenti per fronteggiare l'emergenza in atto nella regione Campania, il Sottosegretario di Stato è assistito dalla forza pubblica ed a tale fine le autorità di pubblica sicurezza e le altre autorità competenti garantiscono piena attuazione alle determinazioni del Sottosegretario medesimo. Il Sottosegretario di Stato richiede altresì l'impiego delle Forze armate per l'approntamento dei cantieri e dei siti, per la raccolta ed il trasporto dei rifiuti, nonché il concorso delle Forze armate stesse unitamente alle Forze di polizia, per la vigilanza e la protezione dei suddetti cantieri e siti.

7 bis. Senza compensi aggiuntivi rispetto a quelli previsti dalle vigenti ordinanze di protezione civile, il personale delle Forze armate impiegato per lo svolgimento delle attività di vigilanza e protezione, di cui al comma 7, nonché per il controllo della corretta gestione del ciclo dei rifiuti, agisce con le funzioni di agente di pubblica sicurezza e può procedere all'identificazione e all'immediata perquisizione sul posto di persone e mezzi di trasporto a norma dell'articolo 4 della legge 22 maggio 1975, n. 152, anche al fine di prevenire o impedire comportamenti che possono mettere in pericolo l'incolumità di persone o la sicurezza dei luoghi vigilati, con esclusione delle funzioni di polizia giudiziaria. Ai fini di identificazione, per completare gli accertamenti e per procedere a tutti gli atti di polizia giudiziaria, il personale delle Forze armate accompagna le persone indicate presso i più vicini uffici o comandi della Polizia di Stato o dell'Arma dei carabinieri. Nei confronti delle persone accompagnate si applicano le disposizioni dell'articolo 349 del codice di procedura penale [5].

8. Il Sottosegretario di Stato richiede alle autorità competenti, in termini di stretta funzionalità rispetto alle competenze di cui al presente articolo, l'adozione di ogni provvedimento necessario all'esercizio delle prerogative di pubblica sicurezza previste dal relativo testo unico di cui al regio decreto 18 giugno 1931, n. 773.

8 bis. Il rimborso degli oneri derivanti dal concorso reso dalle amministrazioni dello Stato per le finalità di cui al presente decreto è effettuato dal soggetto delegato mediante apposito versamento all'entrata del bilancio dello Stato, per la successiva riassegnazione allo stato di previsione dell'amministrazione interessata, nei limiti delle risorse di cui all'articolo 17 [6].

9. Fatta salva l'ipotesi di più grave reato, chiunque impedisce, ostacola o rende più difficoltosa la [complessiva] azione di gestione dei rifiuti è punito a norma dell'articolo 340 del codice penale [7].

10. Chiunque distrugge, deteriora o rende inservibili, in tutto o in parte, componenti impiantistiche e beni strumentali connessi con la gestione dei rifiuti, è punito ai sensi dell'articolo 635, secondo comma, del codice penale.

11. Il Sottosegretario di Stato, in ragione del fondato pericolo di interruzione, di ostacolo o di alterazione della regolare attività di gestione dei rifiuti, può disporre, con proprio provvedimento, la precettazione dei lavoratori a qualsiasi titolo impiegati nell'attività di gestione medesima, ai sensi dell'articolo 8 della legge 12 giugno 1990, n. 146, e successive modificazioni.

12. Nel caso di indisponibilità, anche temporanea, del servizio di raccolta e trasporto dei rifiuti derivante da qualsiasi causa, il Sottosegretario di Stato è autorizzato al ricorso ad interventi alternativi anche attraverso il diretto conferimento di incarichi ad altri soggetti idonei, a valere sulle risorse dei comuni interessati già destinate alla gestione dei rifiuti [8].

12 bis. Il Sottosegretario di Stato, sessanta giorni prima della cessazione dello stato di emergenza, presenta al Parlamento una relazione nella quale quantifica tutti gli oneri relativi agli interventi realizzati a carico delle risorse di cui all'articolo 17, indicando puntualmente e in modo motivato le esigenze in atto, le risorse disponibili e i soggetti pubblici e privati ai quali verranno affidati gli oneri della gestione ordinaria del ciclo dello smaltimento dei rifiuti della regione Campania [9].

(1) Comma modificato dalla l. 14.7.2008, n. 123, in sede di conversione.
(2) Comma introdotto dalla l. 14.7.2008, n. 123, in sede di conversione.
(3) Comma modificato, prima, dall'art. 4, co. 3, d.l. 17.6.2008, n. 107, e poi dalla l. 14.7.2008, n. 123, in sede di conversione, che ha contestualmente abrogato il d.l. 107/2008.
(4) Comma modificato dall'art. 2 bis, d.l. 6.11.2008, n. 172.
(5) Comma introdotto dalla l. 14.7.2008, n. 123, in sede di conversione.
(6) Comma introdotto dalla l. 14.7.2008, n. 123, in sede di conversione.
(7) Comma modificato dalla l. 14.7.2008, n. 123, in sede di conversione.
(8) Comma modificato dalla l. 14.7.2008, n. 123, in sede di conversione.
(9) Comma introdotto dalla l. 14.7.2008, n. 123, in sede di conversione.

3. Competenza dell'autorità giudiziaria nei procedimenti penali.

1. Nei procedimenti relativi ai reati, consumati o tentati, riferiti alla gestione dei rifiuti ed ai reati in materia ambientale nella regione Campania, nonché in quelli connessi a norma dell'articolo 12 del codice di procedura penale, attinenti alle attribuzioni del Sottosegretario di Stato, di cui all'articolo 2 del presente decreto, le funzioni di cui al comma 1, lettera a) dell'articolo 51 del codice di procedura penale sono attribuite al Procuratore della Repubblica presso il Tribunale di Napoli, il quale le esercita anche in deroga a quanto previsto dall'articolo 2 del decreto legislativo 20 febbraio 2006, n. 106, e successive modificazioni [1].

2. Nei procedimenti indicati al comma 1 le funzioni di giudice per le indagini preliminari e dell udienza preliminare sono esercitate da magistrati del Tribunale di Napoli. Sulle richieste di misure cautelari personali e reali decide lo stesso tribunale in composizione collegiale. Non si applicano le previsioni dell'articolo 321, comma 3-*bis*, del codice di procedura penale.

3. Nei procedimenti indicati nel comma 1 nei quali si ravvisa il coinvolgimento della criminalità organizzata, si applicano le disposizioni dell'articolo 371-*bis* del codice di procedura penale in materia di attività del Procuratore nazionale antimafia e antiterrorismo [2].

4. Nei casi previsti dal comma 1, se ne fa richiesta il Procuratore della Repubblica presso il Tribunale di Napoli, il Procuratore generale presso la Corte di appello di Napoli può, per giustificati motivi, disporre che le funzioni di pubblico ministero per il dibattimento siano esercitate presso il giudice competente da un magistrato designato dallo stesso Procuratore della Repubblica [3].

5. Le disposizioni dei commi 1 e 2 si applicano anche ai procedimenti in corso prima della data di entrata in vigore del presente decreto, per i quali non è stata esercitata l'azione penale. A cura del magistrato che procede, non oltre dieci giorni dalla medesima data, gli atti dei relativi procedimenti sono trasmessi al Procuratore della Repubblica o al giudice indicati nei commi 1 e 2.

6. Le misure cautelari eventualmente disposte prima della data di entrata in vigore del presente decreto, o convalidate da giudice diverso da quello indicato al comma 2, cessano di avere effetto se entro venti giorni dalla trasmissione degli atti il giudice competente non provvede a norma degli articoli 292, 317 e 321 del codice di procedura penale.

7. Il Ministro della giustizia, sentito per quanto di competenza il Consiglio superiore della magistratura, adotta le necessarie misure di redistribuzione dei magistrati in servizio e di riallocazione del personale amministrativo in servizio, ivi compreso quello in servizio presso i tribunali militari e la corte militare d'appello, d'intesa con il Ministro della difesa, al fine di potenziare gli uffici giudiziari di Napoli in funzione delle aumentate esigenze derivanti dall'applicazione del presente articolo. Agli oneri derivanti dal trattamento di trasferimento, ove spettante, si provvede a valere sulle risorse di cui all'articolo 17 [(4)].

8. Per tutta la durata dell'emergenza, le aree destinate a discarica ed a siti di stoccaggio di cui all'articolo 9, nonché quelle individuate con provvedimento del Sottosegretario di Stato, possono essere sottoposte a sequestro preventivo quando ricorrono gravi indizi di reato, sempreché il concreto pregiudizio alla salute e all'ambiente non sia altrimenti contenibile.

9. Le disposizioni del presente articolo cessano di avere efficacia al termine dello stato emergenziale in relazione al quale è emanato il presente decreto, salvo che per i fatti commessi durante lo stato emergenziale stesso.

(1) Comma modificato dalla l. 14.7.2008, n. 123, in sede di conversione.
(2) Comma modificato dall'art. 20, co. 4, d.l. 18 febbraio 2015, n. 7, conv., con modif., con l. 17.4.2015, n. 43.
(3) Comma modificato dalla l. 14.7.2008, n. 123, in sede di conversione.
(4) Comma modificato dalla l. 14.7.2008, n. 123, in sede di conversione.

19. Cessazione dello stato di emergenza nella regione Campania.

1. Lo stato di emergenza dichiarato nella regione Campania, ai sensi dell'articolo 5 della legge 24 febbraio 1992, n. 225, cessa il 31 dicembre 2009.

9. D.L. 6 novembre 2008, n. 172, convertito, con modificazioni, con L. 30 dicembre 2008, n. 210. – Misure straordinarie per fronteggiare l'emergenza nel settore dello smaltimento dei rifiuti nella regione Campania, nonché misure urgenti di tutela ambientale (*art. 6*)

In Gazzetta Ufficiale 6 novembre 2008, n. 260

6. Disciplina sanzionatoria.

1. Nei territori in cui vige lo stato di emergenza nel settore dello smaltimento dei rifiuti dichiarato ai sensi della legge 24 febbraio 1992, n. 225:

a) chiunque in modo incontrollato o presso siti non autorizzati abbandona, scarica, deposita sul suolo o nel sottosuolo o immette nelle acque superficiali o sotterranee ovvero incendia rifiuti pericolosi, speciali ovvero rifiuti ingombranti domestici e non, di volume pari ad almeno 0.5 metri cubi e con almeno due delle dimensioni di altezza, lunghezza o larghezza superiori a cinquanta centimetri, è punito con la reclusione fino a tre anni e sei mesi; se l'abbandono, lo sversamento, il deposito o l'immissione nelle acque superficiali o sotterranee riguarda rifiuti diversi, si applica la sanzione amministrativa pecuniaria da cento euro a seicento euro [(1)];

b) i titolari di imprese ed i responsabili di enti che abbandonano, scaricano o depositano sul suolo o nel sottosuolo in modo incontrollato e presso siti non autorizzati o incendiano i rifiuti, ovvero li immettono nelle acque superficiali o sotterranee, sono puniti con la reclusione da tre mesi a quattro anni se si tratta di *rifiuti non pericolosi* e con la reclusione da sei mesi a cinque anni se si tratta di rifiuti pericolosi [(2)];

c) se i fatti di cui alla lettera b) sono posti in essere con colpa, il responsabile è punito con l'arresto da un mese ad otto mesi se si tratta di rifiuti non pericolosi e con l'arresto da sei mesi a un anno se si tratta di rifiuti pericolosi;

d) chiunque effettua una attività di raccolta, trasporto, recupero, smaltimento, commercio ed intermediazione di rifiuti in mancanza dell'autorizzazione, iscrizione o comunicazione prescritte dalla normativa vigente è punito:
   1) con la pena della reclusione da sei mesi a quattro anni, nonché con la multa da diecimila euro a trentamila euro se si tratta di rifiuti non pericolosi;
   2) con la pena della reclusione da uno a sei anni e con la multa da quindicimila euro a cinquantamila euro se si tratta di rifiuti pericolosi;

e) chiunque realizza o gestisce una discarica non autorizzata è punito con la reclusione da un anno e sei mesi a cinque anni e con la multa da ventimila euro a sessantamila euro. Si applica la pena della reclusione da due a sette anni e della multa da cinquantamila euro a centomila euro se la discarica è destinata, anche in parte, allo smaltimento di rifiuti pericolosi; alla sentenza di condanna o alla sentenza pronunciata ai sensi dell'articolo 444 del codice di procedura penale consegue la confisca dell'area sulla quale è realizzata la discarica abusiva se di proprietà dell'autore del reato, fatti salvi gli obblighi di bonifica o di ripristino dello stato dei luoghi;

f) le pene di cui alle lettere b), c), d) ed e) sono ridotte della metà nelle ipotesi di inosservanza delle prescrizioni contenute o richiamate nelle autorizzazioni, nonché nelle ipotesi di carenza dei requisiti e delle condizioni richiesti per le iscrizioni o comunicazioni;

g) chiunque effettua attività di miscelazione di categorie diverse di rifiuti pericolosi di cui all'allegato G della parte IV del decreto legislativo 3 aprile 2006, n. 152, ovvero rifiuti pericolosi con rifiuti non pericolosi, è punito con la pena di cui alla lettera d), numero 2), o, se il fatto è commesso per colpa, con l'arresto da sei mesi a un anno;

h) chiunque effettua il deposito temporaneo presso il luogo di produzione di rifiuti sanitari pericolosi, con violazione delle disposizioni di cui al decreto del Presidente della Repubblica 15 luglio 2003, n. 254, è punito con la pena della reclusione da sei mesi a tre anni e con la multa da diecimila euro a quarantamila euro, ovvero con la pena dell'arresto da tre mesi a un anno se il fatto è commesso per colpa. Si applica la sanzione amministrativa pecuniaria da duemilaseicento euro a quindicimilacinquecento euro per i quantitativi non superiori a duecento litri o quantità equivalenti.

1 bis. Per tutte le fattispecie penali di cui al presente articolo, poste in essere con l'uso di un veicolo, si procede, nel corso delle indagini preliminari, al sequestro preventivo del medesimo veicolo. Alla sentenza di condanna consegue la confisca del veicolo [3].

(1) Lettera modificata dalla l. 30.12.2008, n. 210, in sede di conversione.
(2) Lettera modificata dalla l. 30.12.2008, n. 210, in sede di conversione.
(3) Comma introdotto dalla l. 30.12.2008, n. 210, in sede di conversione.

D. Beni culturali e paesaggio

10. L. 20 novembre 1971, n. 1062. – Norme penali sulla contraffazione od alterazione di opere d'arte (*artt. 8, 9*)

In Gazzetta Ufficiale 17 dicembre 1971, n. 318

8. – (*Omissis*) [1].

Nelle vendite alle aste dei corpi di reato, è fatto obbligo all'ufficio procedente di provvedere alle forme di pubblicità, alle annotazioni e alle dichiarazioni indicate nel primo comma e relative alla non autenticità delle opere ed oggetti confiscati.

(1) Comma abrogato dall'art. 166, d.lgs. 29.10.1999, n. 490.

9. – Nei procedimenti penali per i reati di cui ai precedenti articoli, fino a quando non sia istituito l'albo dei consulenti tecnici in materia di opere d'arte, il giudice deve avvalersi di periti indicati dal Ministro per la pubblica istruzione, il quale è tenuto a sentire, in relazione alla natura dell'opera o dell'oggetto di cui si assume la non autenticità, la designazione della competente sezione del Consiglio superiore delle belle arti [1].

Nei casi di opere d'arte moderna e contemporanea il giudice è tenuto altresì ad assumere come testimone l'autore a cui l'opera d'arte sia attribuita o di cui l'opera stessa rechi la firma.

(1) La Corte costituzionale, con sent. 14.4.1988, n. 440, ha dichiarato l'illegittimità costituzionale di questo comma, nella parte in cui adopera le parole "deve avvalersi", anziché le parole "può avvalersi".

11. D.Lgs. 22 gennaio 2004, n. 42. – Codice dei beni culturali e del paesaggio, ai sensi dell'articolo 10 della legge 6 luglio 2002, n. 137 (*art. 1; artt. 1-11, 91, 169-181 cod. beni culturali*) [1]

In Gazzetta Ufficiale 24 febbraio 2004, n. 45

(1) Così corretto con Comunicato 26.2.2004 in Gazz. Uff., 26.2.2004, n. 47.

1. – È approvato l'unito codice dei beni culturali e del paesaggio, composto di 184 articoli e dell'allegato A, vistato dal Ministro proponente.

Il presente decreto, munito del sigillo dello Stato, sarà inserito nella Raccolta ufficiale degli atti normativi della Repubblica italiana. È fatto obbligo a chiunque spetti di osservarlo e di farlo osservare.

Codice dei beni culturali e del paesaggio

1. Principi.

1. In attuazione dell'articolo 9 della Costituzione, la Repubblica tutela e valorizza il patrimonio culturale in coerenza con le attribuzioni di cui all'articolo 117 della Costituzione e secondo le disposizioni del presente codice.

2. La tutela e la valorizzazione del patrimonio culturale concorrono a preservare la memoria della comunità nazionale e del suo territorio e a promuovere lo sviluppo della cultura.

3. Lo Stato, le regioni, le città metropolitane, le province e i comuni assicurano e sostengono la conservazione del patrimonio culturale e ne favoriscono la pubblica fruizione e la valorizzazione.

4. Gli altri soggetti pubblici, nello svolgimento della loro attività, assicurano la conservazione e la pubblica fruizione del loro patrimonio culturale.

5. I privati proprietari, possessori o detentori di beni appartenenti al patrimonio culturale, ivi compresi gli enti ecclesiastici civilmente riconosciuti, sono tenuti a garantirne la conservazione [1].

6. Le attività concernenti la conservazione, la fruizione e la valorizzazione del patrimonio culturale indicate ai commi 3,4 e 5 sono svolte in conformità alla normativa di tutela.

(1) Comma modificato dall'art. 1, co. 1, lett. a), d.lgs. 26.3.2008, n. 62.

2. Patrimonio culturale.

1. Il patrimonio culturale è costituito dai beni culturali e dai beni paesaggistici.

2. Sono beni culturali le cose immobili e mobili che, ai sensi degli articoli 10 e11, presentano interesse artistico, storico, archeologico, etnoantropologico, archivistico e bibliografico e le altre cose individuate dalla legge o in base alla legge quali testimonianze aventi valore di civiltà.

3. Sono beni paesaggistici gli immobili e le aree indicati all'articolo 134, costituenti espressione dei valori storici, culturali, naturali, morfologici ed estetici del territorio, e gli altri beni individuati dalla legge o in base alla legge.

4. I beni del patrimonio culturale di appartenenza pubblica sono destinati alla fruizione della collettività, compatibilmente con le esigenze di uso istituzionale e sempre che non vi ostino ragioni di tutela.

3. Tutela del patrimonio culturale.

1. La tutela consiste nell'esercizio delle funzioni e nella disciplina delle attività dirette, sulla base di un'adeguata attività conoscitiva, ad individuare i beni costituenti il patrimonio culturale ed a garantirne la protezione e la conservazione per fini di pubblica fruizione.

2. L'esercizio delle funzioni di tutela si esplica anche attraverso provvedimenti volti a conformare e regolare diritti e comportamenti inerenti al patrimonio culturale. Le funzioni di tutela sono esercitate conformemente a criteri omogenei e priorità fissati dal Ministero della cultura [1].

(1) Comma modificato dall'art. 46, co. 5, lett. a), d.l. 24.2.2023, n. 13, conv., con modif., dalla l. 21.4.2023, n. 41.

4. Funzioni dello Stato in materia di tutela del patrimonio culturale.

1. *Al fine di garantire* l'esercizio unitario delle funzioni di tutela, ai sensi dell'articolo 118 della Costituzione, le funzioni stesse sono attribuite al Ministero per i beni e le attività culturali, di seguito denominato «Ministero», che le esercita direttamente o ne può conferire l'esercizio alle regioni, tramite forme di intesa e coordinamento ai sensi dell'articolo 5, commi 3 e 4. Sono fatte salve le funzioni già conferite alle regioni ai sensi del comma 6 del medesimo articolo 5 [1].

2. Il Ministero esercita le funzioni di tutela sui beni culturali di appartenenza statale anche se in consegna o in uso ad amministrazioni o soggetti diversi dal Ministero.

(1) Comma modificato art. 16, co. 1 sexies, lett. a), d.l. 19.6.2015, n. 78, conv., con modif., dalla l. 6.8.2015, n. 125.

5. Cooperazione delle regioni e degli altri enti pubblici territoriali in materia di tutela del patrimonio culturale.

1. Le regioni, nonché i comuni, le città metropolitane e le province, di seguito denominati «altri enti pubblici territoriali», cooperano con il Ministero nell'esercizio delle funzioni di tutela in conformità a quanto disposto dal Titolo I della Parte seconda del presente codice.

[**2.** Le funzioni di tutela previste dal presente codice che abbiano ad oggetto manoscritti, autografi, carteggi, incunaboli, raccolte librarie, nonché libri, stampe e incisioni, non appartenenti allo Stato, sono esercitate dalle regioni. Qualora l'interesse culturale delle predette cose sia stato riconosciuto con provvedimento ministeriale, l'esercizio delle potestà previste dall'articolo 128 compete al Ministero.] [1].

3. Sulla base di specifici accordi od intese e previo parere della Conferenza permanente per i rapporti tra lo Stato, le regioni e le province autonome di Trento e Bolzano, di seguito denominata "Conferenza Stato-regioni", le regioni possono esercitare le funzioni di tutela su manoscritti, autografi, carteggi, incunaboli, raccolte librarie, libri, stampe e incisioni, carte geografiche, spartiti musicali, fotografie, pellicole o altro materiale audiovisivo, con relativi negativi e matrici, non appartenenti allo, Stato [2].

4. Nelle forme previste dal comma 3 e sulla base dei principi di differenziazione ed adeguatezza, possono essere individuate ulteriori forme di coordinamento in materia di tutela con le regioni che ne facciano richiesta.

5. Gli accordi o le intese possono prevedere particolari forme di cooperazione con gli altri enti pubblici territoriali.

6. Le funzioni amministrative di tutela dei beni paesaggistici sono esercitate dallo Stato e dalle regioni secondo le disposizioni di cui alla Parte terza del presente codice, in modo che sia sempre assicurato un livello di governo unitario ed adeguato alle diverse finalità perseguite [3].

7. Relativamente alle funzioni esercitate dalle regioni ai sensi dei commi 3, 4, 5 e 6, il Ministero esercita le potestà di indirizzo e di vigilanza e il potere sostitutivo in caso di perdurante inerzia o inadempienza [4].

(1) Comma sostituito dall'art. 1, co. 1, lett. a), d.lgs. 24.3.2006, n. 156

e, poi, abrogato dall'art. 16, co. 1 sexies, lett. b), n. 1), d.l. 19.6.2015, n. 78, conv., con modif., dalla l. 6.8.2015, n. 125.

(2) Comma modificato dall'art. 1, co. 1, lett. b), d.lgs. 24.3.2006, n. 156 e, poi, dall'art. 16, co. 1 sexies, lett. b), n. 2), d.l. 19.6.2015, n. 78, conv., con modif., dalla l. 6.8.2015, n. 125.

(3) Comma modificato dall'art. 1, co. 1, lett. a), d.lgs. 24.3.2006, n. 157 e dall'art. 1, co. 1, lett. a), d.lgs. 26.3.2008, n. 63.

(4) Comma modificato dall'art. 1, co. 1, lett. b), d.lgs. 24.3.2006, n. 157 e, poi, dall'art. 16, co. 1 sexies, lett. b), n. 3), d.l. 19.6.2015, n. 78, conv., con modif., dalla l. 6.8.2015, n. 125.

6. Valorizzazione del patrimonio culturale.

1. La valorizzazione consiste nell'esercizio delle funzioni e nella disciplina delle attività dirette a promuovere la conoscenza del patrimonio culturale e ad assicurare le migliori condizioni di utilizzazione e fruizione pubblica del patrimonio stesso, anche da parte delle persone diversamente abili, al fine di promuovere lo sviluppo della cultura. Essa comprende anche la promozione ed il sostegno degli interventi di conservazione del patrimonio culturale. In riferimento al paesaggio, la valorizzazione comprende altresì la riqualificazione degli immobili e delle aree sottoposti a tutela compromessi o degradati, ovvero la realizzazione di nuovi valori paesaggistici coerenti ed integrati [(1)].

2. La valorizzazione è attuata in forme compatibili con la tutela e tali da non pregiudicarne le esigenze.

3. La Repubblica favorisce e sostiene la partecipazione dei soggetti privati, singoli o associati, alla valorizzazione del patrimonio culturale.

(1) Comma modificato dall'art. 1, co. 1, lett. b), d.lgs. 24.3.2006, n. 156, dall'art. 2, co. 1, d.lgs. 24.3.2006, n. 157, poi dall'art. 1, co. 1, lett. b), d.lgs. 26.3.2008, n. 62 e da ultimo dall'art. 1, co. 1, lett. b), d.lgs. 26.3.2008, n. 63.

7. Funzioni e compiti in materia di valorizzazione del patrimonio culturale.

1. Il presente codice fissa i principi fondamentali in materia di valorizzazione del patrimonio culturale. Nel rispetto di tali principi le regioni esercitano la propria potestà legislativa.

2. Il Ministero, le regioni e gli altri enti pubblici territoriali perseguono il coordinamento, l'armonizzazione e l'integrazione delle attività di valorizzazione dei beni pubblici.

7 bis. Espressioni di identità culturale collettiva [(1)].

1. Le espressioni di identità culturale collettiva contemplate dalle Convenzioni UNESCO per la salvaguardia del patrimonio culturale immateriale e per la protezione e la promozione delle diversità culturali, adottate a Parigi, rispettivamente, il 3 novembre 2003 ed il 20 ottobre 2005, sono assoggettabili alle disposizioni del presente codice qualora siano rappresentate da testimonianze materiali e sussistano i presupposti e le condizioni per l'applicabilità dell'articolo 10.

(1) Articolo introdotto dall'art. 1, co. 1, lett. c), d.lgs. 26.3.2008, n. 62.

8. Regioni e province ad autonomia speciale.

1. Nelle materie disciplinate dal presente codice restano ferme le potestà attribuite alle regioni a statuto speciale ed alle province autonome di Trento e Bolzano dagli statuti e dalle relative norme di attuazione.

9. Beni culturali di interesse religioso.

1. Per i beni culturali di interesse religioso appartenenti ad enti ed istituzioni della Chiesa cattolica o di altre confessioni religiose; il Ministero e, per quanto di competenza. le regioni provvedono, relativamente alle esigenze di culto, d'accordo con le rispettive autorità.

2. Si osservano, altresì, le disposizioni stabilite dalle intese concluse ai sensi dell'articolo 12 dell'Accordo di modificazione del Concordato lateranense firmato il 18 febbraio 1984, ratificato e reso esecutivo con legge 25 marzo 1985, n. 121, ovvero dalle leggi emanate sulla base delle intese sottoscritte con le confessioni religiose diverse dalla cattolica, ai sensi dell'articolo 8, comma 3, della Costituzione.

9 bis. Professionisti competenti ad eseguire interventi sui beni culturali [(1)].

1. In conformità a quanto disposto dagli articoli 4 e 7 e fatte salve le competenze degli operatori delle professioni già regolamentate, gli interventi operativi di tutela, protezione e conservazione dei beni culturali nonché quelli relativi alla valorizzazione e alla fruizione dei beni stessi, di cui ai titoli I e II della parte seconda del presente codice, sono affidati alla responsabilità e all'attuazione, secondo le rispettive competenze, di archeologi, archivisti, bibliotecari, demoetnoantropologi, antropologi fisici, restauratori di beni culturali e collaboratori restauratori di beni culturali, esperti di diagnostica e di scienze e tecnologia applicate ai beni culturali e storici dell'arte, in possesso di adeguata formazione ed esperienza professionale.

(1) Articolo introdotto dall'art. 1, co. 1, l. 22.7.2014 n. 110.

PARTE II
Beni culturali

TITOLO I
Tutela

Capo I
Oggetto della tutela

10. Beni culturali.

1. Sono beni culturali le cose immobili e mobili appartenenti allo Stato, alle regioni, agli altri enti pubblici territoriali, nonché ad ogni altro ente ed istituto pubblico e a persone giuridiche private senza fine di lucro, ivi compresi gli enti ecclesiastici civilmente riconosciuti, che presentano interesse artistico, storico, archeologico o etnoantropologico [(1)].

2. Sono inoltre beni culturali:

a) le raccolte di musei, pinacoteche, gallerie e altri luoghi espositivi dello Stato, delle regioni, degli altri enti pubblici territoriali nonché di ogni altro ente ed istituto pubblico;

b) gli archivi e i singoli documenti dello Stato, delle regioni, degli altri enti pubblici territoriali, nonché di ogni altro ente ed istituto pubblico;
c) le raccolte librarie delle biblioteche dello Stato, delle regioni, degli altri enti pubblici territoriali. nonché di ogni altro ente e istituto pubblico, ad eccezione delle raccolte che assolvono alle funzioni delle biblioteche indicate all'articolo 47, comma 2, del decreto del Presidente della Repubblica 24 luglio 1977, n. 616 [, e di quelle ad esse assimilabili] (2).

3. Sono altresì beni culturali, quando sia intervenuta la dichiarazione prevista dall'articolo 13:
a) le cose immobili e mobili che presentano interesse artistico, storico, archeologico o etnoantropologico particolarmente importante, appartenenti a soggetti diversi da quelli indicati al comma 1;
b) gli archivi e i singoli documenti, appartenenti a privati, che rivestono interesse storico particolarmente importante;
c) le raccolte librarie, appartenenti a privati, di eccezionale interesse culturale;
d) le cose immobili e mobili, a chiunque appartenenti, che rivestono un interesse particolarmente importante a causa del loro riferimento con la storia politica, militare, della letteratura, dell'arte, della scienza, della tecnica, dell'industria e della cultura in genere, ovvero quali testimonianze dell'identità e della storia delle istituzioni pubbliche, collettive o religiose. Se le cose rivestono altresì un valore testimoniale o esprimono un collegamento identitario o civico di significato distintivo eccezionale, il provvedimento di cui all'articolo 13 può comprendere, anche su istanza di uno o più comuni o della regione, la dichiarazione di monumento nazionale (3);
d-*bis*) le cose, a chiunque appartenenti, che presentano un interesse artistico, storico, archeologico o etnoantropologico eccezionale per l'integrità e la completezza del patrimonio culturale della Nazione (4).
e) le collezioni o serie di oggetti, a chiunque appartenenti, che non siano ricomprese fra quelle indicate al comma 2 e che, per tradizione, fama e particolari caratteristiche ambientali, ovvero per rilevanza artistica, storica, archeologica, numismatica o etnoantropologica, rivestano come complesso un eccezionale interesse [artistico o storico] (5).

4. Sono comprese tra le cose indicate al comma 1 e al comma 3, lettera
a) le cose che interessano la paleontologia, la preistoria e le primitive civiltà;
b) le cose di interesse numismatico che, in rapporto all'epoca, alle tecniche e ai materiali di produzione, nonché al contesto di riferimento, abbiano carattere di rarità o di pregio [, anche storico] (6).
c) i manoscritti, gli autografi i carteggi, gli incunaboli, nonché i libri, le stampe e le incisioni, con relative matrici, aventi carattere di rarità e di pregio;
d) le carte geografiche e gli spartiti musicali aventi carattere di rarità e di pregio;
e) le fotografie, con relativi negativi e matrici, le pellicole cinematografiche ed i supporti audiovisivi in genere, aventi carattere di rarità e di pregio;
f) le ville, i parchi e i giardini che abbiano interesse artistico o storico;
g) le pubbliche piazze, vie, strade e altri spazi aperti urbani di interesse artistico o storico;
h) i siti minerari di interesse storico od etnoantropologico;
i) le navi e i galleggianti aventi interesse artistico, storico od etnoantropologico;
l) le architetture rurali aventi interesse storico od etnoantropologico quali testimonianze dell'economia rurale tradizionale (7).

5. Salvo quanto disposto dagli articoli 64 e 178, non sono soggette alla disciplina del presente titolo le cose indicate al comma 1 e al comma 3, lettere a) ed e), che siano opera di autore vivente o la cui esecuzione non risalga ad oltre settanta anni, nonché le cose indicate al comma 3, lettera d-*bis*), che siano opera di autore vivente o la cui esecuzione non risalga ad oltre cinquanta anni (8).

(1) Comma modificato dall'art. 2, co. 1, lett. a), n. 1), d.lgs. 26.3.2008, n. 62.
(2) Lettera modificata dall'art. 2, co. 1, lett. a), n. 1), d.lgs. 24.3.2006, n. 156 e poi dall'art. 2, co. 1, lett. a), n. 2), d.lgs. 26.3.2008, n. 62.
(3) Lettera modificata dall'art. 2, co. 1, lett. a), n. 3), d.lgs. 26.3.2008, n. 62 e poi dall'art. 6, co. 1, l. 12.10.2017, n. 153.
(4) Lettera introdotta dall'art. 1, co. 175, lett. a), n. 1), l. 4.8.2017, n. 124.
(5) Lettera modificata dall'art. 2, co. 1, lett. a), n. 2), d.lgs. 24.3.2006, n. 156 e poi dall'art. 2, co. 1, lett. a), n. 4), d.lgs. 26.3.2008, n. 62.
(6) Lettera modificata dall'art. 2, co. 1, lett. a), n. 3), d.lgs. 24.3.2006, n. 156 e poi dall'art. 2, co. 1, lett. a), n. 5), d.lgs. 26.3.2008, n. 62.
(7) Lettera modificata dall'art. 2, co. 1, lett. a), n. 4), d.lgs. 24.3.2006, n. 156.
(8) Comma sostituito dall'art. 4, co. 16, lett. a), d.l. 13.5.2011, n. 70, conv., con modif., dalla l. 12.7.2011, n. 106 e poi sostituito dall'art. 1, co. 175, co. 1, lett. a), n. 2), l. 4.8.2017, n. 124.

11. Cose oggetto di specifiche disposizioni di tutela (1).

1. Sono assoggettate alle disposizioni espressamente richiamate le seguenti tipologie di cose (2):
a) gli affreschi, gli stemmi i graffiti, le lapidi le iscrizioni, i tabernacoli ed altri elementi decorativi di edifici, esposti o non alla pubblica vista, di cui all'articolo 50, comma 1 (3);
b) gli studi d'artista, di cui all'articolo 51;
c) le aree pubbliche di cui all'articolo 52;
d) le opere di pittura, di scultura, di grafica e qualsiasi oggetto d'arte di autore vivente o la cui esecuzione non risalga ad oltre settanta anni, a termini degli articoli 64 e 65, comma 4 (4);
e) le opere dell'architettura contemporanea di particolare valore artistico, a termini dell'articolo 37 (5);
f) le fotografie, con relativi negativi e matrici, gli esemplari di opere cinematografiche, audiovisive o di sequenze di immagini in movimento, le documentazioni di manifestazioni, sonore o verbali comunque realizzate, la cui produzione risalga ad oltre venticinque ami, a termini dell'articolo 65, comma 3, lettera c) (6);

g) i mezzi di trasporto aventi più di settantacinque anni, a termini degli articoli 65, comma 3, lettera c), e 67, comma 2 (7);
h) i beni e gli strumenti di interesse per la storia della scienza e della tecnica aventi più di cinquanta anni, a termini dell'articolo 65, comma 3, lettera c) (8);
i) le vestigia individuate dalla vigente normativa in materia di tutela del patrimonio storico della Prima guerra mondiale, di cui all'articolo 50, comma 2.

1 bis. Per le cose di cui al comma 1, resta ferma l'applicabilità delle disposizioni di cui agli articoli 12 e 13, qualora sussistano i presupposti e le condizioni stabiliti dall'articolo 10 (9).

(1) Rubrica modificata dall'art. 2, co. 1, lett. b), n. 1), d.lgs. 26.3.2008, n. 62.
(2) Alinea sostituito dall'art. 2, co. 1, lett. b), n. 2), d.lgs. 26.3.2008, n. 62.
(3) Lettera modificata dall'art. 2, co. 1, lett. b), d.lgs. 24.3.2006, n. 156.
(4) Lettera modificata dall'art. 2, co. 1, lett. b), n. 3), d.lgs. 26.3.2008, n. 62 e poi modificata dall'art. 1, co. 175, lett. b), l. 4.8.2017, n. 124.
(5) Lettera modificata dall'art. 2, co. 1, lett. b), n. 4), d.lgs. 26.3.2008, n. 62.
(6) Lettera modificata dall'art. 2, co. 1, lett. b), n. 5), d.lgs. 26.3.2008, n. 62.
(7) Lettera modificata dall'art. 2, co. 1, lett. b), n. 6), d.lgs. 26.3.2008, n. 62.
(8) Lettera modificata dall'art. 2, co. 1, lett. b), n. 7), d.lgs. 26.3.2008, n. 62.
(9) Comma introdotto dall'art. 2, co. 1, lett. b), n. 8), d.lgs. 26.3.2008, n. 62.

91. Appartenenza e qualificazione delle cose ritrovate.

1. Le cose indicate nell'articolo 10, da chiunque e in qualunque modo ritrovate nel sottosuolo o sui fondali marini, appartengono allo Stato e, a seconda che siano immobili o mobili, fanno parte del demanio o del patrimonio indisponibile, ai sensi degli articoli 822 e 826 del codice civile.

2. Qualora si proceda per conto dello Stato, delle regioni, degli altri enti pubblici territoriali o di altro ente o istituto pubblico alla demolizione di un immobile, tra i materiali di risulta che per contratto siano stati riservati all'impresa di demolizione non sono comprese le cose rinvenienti dall'abbattimento che abbiano l'interesse di cui all'articolo 10, comma 3, lettera a). È nullo ogni patto contrario.

TITOLO II
Sanzioni penali

Capo I
Sanzioni relative alla Parte seconda

169. Opere illecite.

1. È punito con l'arresto da sei mesi ad un anno e con l'ammenda da euro 775 a euro 38.734,50:
a) chiunque senza autorizzazione demolisce, rimuove, modifica, restaura ovvero esegue opere di qualunque genere sui beni culturali indicati nell'articolo 10;
b) chiunque, senza l'autorizzazione del soprintendente, procede al distacco di affreschi, stemmi, graffiti, iscrizioni, tabernacoli ed altri ornamenti di edifici, esposti o non alla pubblica vista, anche se non vi sia stata la dichiarazione prevista dall'articolo 13;
c) chiunque esegue, in casi di assoluta urgenza, lavori provvisori indispensabili per evitare danni notevoli ai beni indicati nell'articolo 10, senza darne immediata comunicazione alla soprintendenza ovvero senza inviare, nel più breve tempo, i progetti dei lavori definitivi per l'autorizzazione.

2. La stessa pena prevista dal comma I si applica in caso di inosservanza dell'ordine di sospensione dei lavori impartito dal soprintendente ai sensi dell'articolo 28.

170. Uso illecito (1).

[**1.** È punito con l'arresto da sei mesi ad un anno e con l'ammenda da euro 775 a euro 38.734,50 chiunque destina i beni culturali indicati nell'articolo 10 ad uso incompatibile con il loro carattere storico od artistico o pregiudizievole per la loro conservazione o integrità.].

(1) Articolo abrogato dall'art. 5, co. 2, lett. b), l. 9.3.2022, n. 22.

171. Collocazione e rimozione illecita.

1. È punito con l'arresto da sei mesi ad un anno e con l'ammenda da euro 775 a euro 38.734,50 chiunque omette di fissare al luogo di loro destinazione, nel modo indicato dal soprintendente, beni culturali appartenenti ai soggetti di cui all'articolo 10, comma 1.

2. Alla stessa pena soggiace il detentore che omette di dare notizia alla competente soprintendenza dello spostamento di beni culturali, dipendente dal mutamento di dimora, ovvero non osserva le prescrizioni date dalla soprintendenza affinché i beni medesimi non subiscano danno dal trasporto.

172. Inosservanza delle prescrizioni di tutela indiretta.

1. È punito con l'arresto da sei mesi ad un anno e con l'ammenda da euro 775 a euro 38.734, 50 chiunque non osserva le prescrizioni date dal Ministero ai sensi dell'articolo 45, comma 1.

2. L'inosservanza delle misure cautelari contenute nell'atto di cui all'articolo 46, comma 4, è punita ai sensi dell'articolo 180.

173. Violazioni in materia di alienazione (1).

[**1.** È punito con la reclusione fino ad un anno e la multa da euro 1.549,50 a euro 77.469:
a) chiunque, senza la prescritta autorizzazione aliena i beni culturali indicati negli articoli 55 e 56;
b) chiunque, essendovi tenuto, non presenta, nel termine indicato all'articolo 59, comma 2, la denuncia degli atti di trasferimento della proprietà o della detenzione di beni culturali;
c) l'alienante di un bene culturale soggetto a prelazione che effettua la consegna della cosa in pendenza del termine previsto dall'articolo 61, comma 1.] (2)

(1) Articolo abrogato dall'art. 5, co. 2, lett. b), l. 9.3.2022, n. 22.
(2) Lettera modificata dall'art. 3, co. 1, lett. b), d.lgs. 24.3.2006, n. 156.

174. Uscita o esportazione illecite (1).

[**1.** Chiunque trasferisce all'estero cose di interesse artistico, storico, archeologico, etnoantropologico, bibliografico, documentale o archivistico, nonché quelle indicate all'articolo 11, comma 1, lettere f), g) e h), senza attestato di libera circolazione o licenza di esportazione, è punito con la reclusione da uno a quattro anni o con la multa da euro 258 a euro 5.165.

2. La pena prevista al comma 1 si applica, altresì, nei confronti di chiunque non fa rientrare nel territorio nazionale, alla scadenza del termine, beni culturali per i quali sia stata autorizzata l'uscita o l'esportazione temporanee.

3. Il giudice dispone la confisca delle cose, salvo che queste appartengano a persona estranea al reato. La confisca ha luogo in conformità delle nome della legge doganale relative alle cose oggetto di contrabbando.

4. Se il fatto è commesso da chi esercita attività di vendita al pubblico o di esposizione a fine di commercio di oggetti di interesse culturale, alla sentenza di condanna consegue l'interdizione ai sensi dell'articolo 30 del codice penale.].

(1) Articolo abrogato dall'art. 5, co. 2, lett. b), l. 9.3.2022, n. 22.

175. Violazioni in materia di ricerche archeologiche.

1. È punito con l'arresto fino ad un anno e l'ammenda da euro 310 a euro 3.099:

a) chiunque esegue ricerche archeologiche o, in genere, opere per il ritrovamento di cose indicate all'articolo 10 senza concessione, ovvero non osserva le prescrizioni date dall'amministrazione;

b) chiunque, essendovi tenuto, non denuncia nel termine prescritto dall'articolo 90, comma 1, le cose indicate nell'articolo 10 rinvenute fortuitamente o non provvede alla loro conservazione temporanea.

176. Impossessamento illecito di beni culturali appartenenti allo Stato [1]**.**

[**1.** Chiunque si impossessa di beni culturali indicati nell'articolo 10 appartenenti allo Stato ai sensi dell'articolo 91 è punito con la reclusione fino a tre anni e con la multa da euro 31 a euro 516,50.

2. La pena è della reclusione da uno a sei anni e della multa da euro 103 a euro 1.033 se il fatto è commesso da chi abbia ottenuto la concessione di ricerca prevista dall'articolo 89.]

(1) Articolo abrogato dall'art. 5, co. 2, lett. b), l. 9.3.2022, n. 22.

177. Collaborazione per il recupero di beni culturali [1]**.**

[**1.** La pena applicabile per i reati previsti dagli articoli 174 e 176 è ridotta da uno a due terzi qualora il colpevole fornisca una collaborazione decisiva o comunque di notevole rilevanza per il recupero dei beni illecitamente sottratti o trasferiti all'estero.]

(1) Articolo abrogato dall'art. 5, co. 2, lett. b), l. 9.3.2022, n. 22.

178. Contraffazione di opere d'arte [1]**.**

[**1.** È punito con la reclusione da tre mesi fino a quattro anni e con la multa da euro 103 a euro 3.099:

a) *chiunque, al fine di trarne profitto*, contraffà, altera o riproduce un'opera di pittura, scultura o grafica, ovvero un oggetto di antichità o di interesse storico od archeologico;

b) chiunque, anche senza aver concorso nella contraffazione, alterazione o riproduzione, pone in commercio, o detiene per fame commercio, o introduce a questo fine nel territorio dello Stato, o comunque pone in circolazione, come autentici, esemplari contraffatti, alterati o riprodotti di opere di pittura, scultura, grafica o di oggetti di antichità, o di oggetti di interesse storico od archeologico;

c) chiunque, conoscendone la falsità, autentica opere od oggetti, indicati alle lettere a) e b), contraffatti, alterati o riprodotti;

d) chiunque mediante altre dichiarazioni, penne, pubblicazioni, apposizione di timbri od etichette o con qualsiasi altro mezzo accredita o contribuisce ad accreditare, conoscendone la falsità, come autentici opere od oggetti indicati alle lettere a) e b) contraffatti, alterati o riprodotti.

2. Se i fatti sono commessi nell'esercizio di un'attività commerciale la pena è aumentata e alla sentenza di condanna consegue l'interdizione a norma dell'articolo 30 del codice penale.

3. La sentenza di condanna per i reati previsti dal comma 1 è pubblicata su tre quotidiani con diffusione nazionale designati dal giudice ed editi in tre diverse località. Si applica l'articolo 36, comma 3, del codice penale.

4. È sempre ordinata la confisca degli esemplari contraffatti, alterati o riprodotti delle opere o degli oggetti indicati nel comma 1, salvo che si tratti di cose appartenenti a persone estranee al reato. Delle cose confiscate vietata, senza limiti di tempo, la vendita nelle aste dei corpi di reato.].

(1) Articolo abrogato dall'art. 5, co. 2, lett. b), l. 9.3.2022, n. 22.

179. Casi di non punibilità [1]**.**

[**1.** Le disposizioni dell'articolo 178 non si applicano a chi riproduce, detiene, pone in vendita o altrimenti diffonde copie di opere di pittura, di scultura o di grafica, ovvero copie di oggetti di antichità o di interesse storico od archeologico, dichiarate espressamente non autentiche all'atto della esposizione o della vendita, mediante annotazione scritta sull'opera o sull'oggetto o, quando ciò non sia possibile per la natura o le dimensioni della copia o dell'imitazione, mediante dichiarazione rilasciata all'atto della esposizione o della vendita. Non si applicano del pari ai restauri artistici che non abbiano ricostruito in modo determinante l'opera originale [2].]

(1) Articolo abrogato dall'art. 5, co. 2, lett. b), l. 9.3.2022, n. 22.
(2) Comma modificato dall'art. 3, co. 1, lett. c), d.lgs. 24.3.2006, n. 156.

180. Inosservanza dei provvedimenti amministrativi.

1. Salvo che il fatto non costituisca più grave reato, chiunque non ottempera ad un ordine impartito dall'autorità preposta alla tutela dei beni culturali in conformità del presente Titolo è punito con le pene previste dall'articolo 650 del codice penale.

Capo II
Sanzioni relative alla Parte terza

181. Opere eseguite in assenza di autorizzazione o in difformità da essa.

1. Chiunque, senza la prescritta autorizzazione o in difformità di essa, esegue lavori di qualsiasi genere su beni paesaggistici è punito con le pene previste dall'articolo 44, lettera c), del decreto del Presidente della Repubblica 6 giugno 2001, n. 380 (1).

1 bis. La pena è della reclusione da uno a quattro anni qualora i lavori di cui al comma 1:

a) ricadano su immobili od aree che, [ai sensi dell'articolo 136,] per le loro caratteristiche paesaggistiche siano stati dichiarati di notevole interesse pubblico con apposito provvedimento emanato in epoca antecedente alla realizzazione dei lavori (2);

b) ricadano su immobili od aree tutelati per legge ai sensi dell'articolo 142 ed abbiano comportato un aumento dei manufatti superiore al trenta per cento della volumetria della costruzione originaria o, in alternativa, un ampliamento della medesima superiore a settecentocinquanta metri cubi, ovvero ancora abbiano comportato una nuova costruzione con una volumetria superiore ai mille metri cubi (3) (4).

1 ter. Ferma restando l'applicazione delle sanzioni amministrative [ripristinatorie o] pecuniarie di cui all'articolo 167, qualora l'autorità amministrativa competente accerti la compatibilità paesaggistica secondo le procedure di cui al comma 1-*quater*, la disposizione di cui al comma 1 non si applica (5):

a) per i lavori, realizzati in assenza o difformità dall'autorizzazione paesaggistica, che non abbiano determinato creazione di superfici utili o volumi ovvero aumento di quelli legittimamente realizzati;

b) per l'impiego di materiali in difformità dall'autorizzazione paesaggistica;

c) per i lavori configurabili quali interventi di manutenzione ordinaria o straordinaria ai sensi dell'articolo 3 del decreto del Presidente della Repubblica 6 giugno 2001, n. 380 (6).

1 quater. Il proprietario, possessore o detentore a qualsiasi titolo dell'immobile o dell'area interessati dagli interventi di cui al comma 1-*ter* presenta apposita domanda all'autorità preposta alla gestione del vincolo ai fini dell'accertamento della compatibilità paesaggistica degli interventi medesimi. L'autorità competente si pronuncia sulla domanda entro il termine perentorio di centottanta giorni, previo parere vincolante della soprintendenza da rendersi entro il termine perentorio di novanta giorni (7).

1 quinquies. La rimessione in pristino delle aree o degli immobili soggetti a vincoli paesaggistici da parte del trasgressore, prima che venga disposta d'ufficio dall'autorità amministrativa, e comunque prima che intervenga la condanna, estingue il reato di cui al comma 1 (8).

2. Con la sentenza di condanna viene ordinata la rimessione in pristino dello stato dei luoghi a spese del condannato. Copia della sentenza è trasmessa alla regione ed al comune nel cui territorio è stata commessa la violazione.

(1) Comma modificato dall'art. 3, co. 1, lett. b), d.lgs. 26.3.2008, n. 63.
(2) Lettera modificata dall'art. 28, co. 1, lett. a), d.lgs. 24.3.2006, n. 157.
(3) Comma introdotto dall'art. 1, co. 36, lett. c), l. 15.12.2004, n. 308.
(4) La Corte costituzionale, con sent. 23.3.2016, n. 56 (in *Gazz. Uff.*, 30.3.2016, n. 13), ha dichiarato l'illegittimità costituzionale di questo comma, nella parte in cui prevede «: *a) ricadano su immobili od aree che, per le loro caratteristiche paesaggistiche siano stati dichiarati di notevole interesse pubblico con apposito provvedimento emanato in epoca antecedente alla realizzazione dei lavori; b) ricadano su immobili od aree tutelati per legge ai sensi dell'art. 142 ed*».
(5) Lettera modificata dall'art. 28, co. 1, lett. b), d.lgs. 24.3.2006, n. 157.
(6) Comma introdotto dall'art. 1, co. 36, lett. c), l. 15.12.2004, n. 308.
(7) Comma introdotto dall'art. 1, co. 36, lett. c), l. 15.12.2004, n. 308.
(8) Comma introdotto dall'art. 1, co. 36, lett. c), l. 15.12.2004, n. 308.

12. L. 16 aprile 2009, n. 45. – Ratifica ed esecuzione del II Protocollo relativo alla Convenzione dell'Aja del 1954 per la protezione dei beni culturali in caso di conflitto armato, fatto a L'Aja il 26 marzo 1999, nonché norme di adeguamento dell'ordinamento interno (*artt. 1-15*)

In Gazzetta Ufficiale 8 maggio 2009, n. 105

1. Autorizzazione alla ratifica.

1. Il Presidente della Repubblica è autorizzato a ratificare il II Protocollo relativo alla Convenzione de L'Aja del 1954 per la protezione dei beni culturali in caso di conflitto armato, fatto a L'Aja il 26 marzo 1999.

2. Ordine di esecuzione.

1. Piena ed intera esecuzione è data al Protocollo di cui all'articolo 1, a decorrere dalla data della sua entrata in vigore, in conformità a quanto disposto dall'articolo 43 del Protocollo stesso.

3. Definizioni.

1. Ai fini della presente legge si intende per:

a) «Convenzione», la Convenzione per la protezione dei beni culturali in caso di conflitto armato, firmata a L'Aja il 14 maggio 1954, ratificata ai sensi della legge 7 febbraio 1958, n. 279;

b) «Protocollo», il II Protocollo per la protezione dei beni culturali in caso di conflitto armato, firmato a L'Aja il 26 marzo 1999, di cui la presente legge autorizza la ratifica;
c) «illecitamente», in violazione del diritto nazionale del territorio occupato o del diritto internazionale;
d) «beni culturali», i beni culturali di cui all'articolo 1 della Convenzione, ovunque essi si trovino;
e) «protezione rafforzata», il sistema di protezione stabilito dagli articoli 10 e 11 del Protocollo.

4. Salvaguardia dei beni culturali.

1. Ai fini dell'adozione delle misure propedeutiche di salvaguardia dei beni culturali ai sensi e per gli effetti stabiliti dall'articolo 5 del Protocollo, si applicano:
a) le norme riguardanti l'obbligo di catalogazione dei beni culturali previsto dalle disposizioni in materia di tutela dei beni culturali e del paesaggio;
b) le norme tecniche dettate dalla disciplina legislativa e regolamentare in materia di sicurezza e di prevenzione degli incendi;
c) le disposizioni regolamentari di organizzazione del Ministero per i beni e le attività culturali che individuano gerarchicamente e territorialmente le strutture competenti in materia di protezione del patrimonio culturale nazionale, nell'ambito delle cui attribuzioni sono da intendere comprese le attività di salvaguardia dei beni culturali in caso di conflitto armato;
d) le disposizioni legislative, regolamentari e amministrative che individuano enti e strutture cui sono attribuite competenze in materia di sicurezza e tutela del patrimonio culturale.

5. Criteri per l'applicazione dell'articolo 10 del Protocollo.

1. Nell'ambito dei beni appartenenti al patrimonio culturale nazionale, sottoposti alle misure di tutela previste dal codice dei beni culturali e del paesaggio, di cui al decreto legislativo 22 gennaio 2004, n. 42, il Ministero per i beni e le attività culturali individua i beni, di proprietà pubblica e privata, in possesso dei requisiti di cui all'articolo 10 del Protocollo da inserire nella lista indicata all'articolo 11, paragrafo 1, del Protocollo, in quanto meritevoli di tutela rafforzata in virtù della loro massima importanza per l'umanità, sentito il Ministero della difesa in ordine al requisito di cui all'articolo 10, lettera c), del Protocollo.

6. Ambito di applicazione.

1. Le disposizioni penali della presente legge si applicano a chiunque commette il fatto in danno di beni situati nel territorio dello Stato nel corso di un conflitto armato o di missioni internazionali.

2. Le disposizioni penali della presente legge si applicano altresì quando nel corso di un conflitto armato o di missioni internazionali:
a) il fatto è commesso dal cittadino italiano in danno di beni situati in territorio estero;
b) il fatto è commesso in danno di beni situati in territorio estero dallo straniero, qualora lo stesso si trovi nel territorio dello Stato.

7. Attacco e distruzione di beni culturali.

1. Chiunque attacca un bene culturale protetto dalla Convenzione è punito con la reclusione da quattro a dodici anni.

2. Se il fatto previsto dal comma 1 è commesso su un bene culturale sottoposto a protezione rafforzata, la pena è della reclusione da cinque a quindici anni.

3. Le pene stabilite dai commi 1 e 2 sono aumentate se al fatto consegue il danneggiamento, il deterioramento o la distruzione del bene.

8. Utilizzo illecito di un bene culturale protetto.

1. Chiunque utilizza un bene culturale protetto dalla Convenzione ovvero la zona circostante a sostegno di un'azione militare è punito con la reclusione da uno a cinque anni.

2. Se il fatto previsto dal comma 1 è commesso su un bene culturale sottoposto a protezione rafforzata, la pena è della reclusione da due a sette anni.

3. Le pene stabilite dai commi 1 e 2 sono aumentate se al fatto consegue il danneggiamento, il deterioramento o la distruzione del bene.

9. Devastazione e saccheggio di beni culturali protetti.

1. Chiunque commette fatti di devastazione ai danni di beni culturali protetti dalla Convenzione o dal Protocollo, è punito con la reclusione da otto a quindici anni.

2. Le pene stabilite dal comma 1 si applicano anche a chiunque saccheggia beni culturali protetti dalla Convenzione o dal Protocollo.

10. Impossessamento illecito e danneggiamento di un bene culturale protetto.

1. Chiunque illecitamente si impossessa di un bene culturale protetto dalla Convenzione, ovvero, avendone a qualunque titolo la disponibilità, se ne appropria, è punito con la reclusione da uno a cinque anni.

2. Chiunque illecitamente distrugge, disperde, deteriora o rende in tutto o in parte inservibile un bene culturale protetto dalla Convenzione, è punito con la reclusione da due a otto anni.

3. Se i fatti previsti dai commi 1 e 2 sono commessi su un bene culturale sottoposto a protezione rafforzata, la pena è, rispettivamente, della reclusione da due a otto anni o da quattro a dieci anni.

11. Esportazione e trasferimento illecito di beni culturali protetti.

1. Salvo che il fatto costituisca più grave reato, chiunque esporta, rimuove o trasferisce illecitamente la proprietà di beni protetti dalla Convenzione o dal Protocollo è punito con la reclusione da due a otto anni, ovvero da quattro a dieci anni se il bene culturale è sottoposto a protezione rafforzata.

2. La pena stabilita dal comma 1 è aumentata se al fatto consegue la distruzione del bene.

12. Alterazione o modificazione d'uso di beni culturali protetti.

1. Salvo che il fatto costituisca più grave reato, chiunque altera o modifica arbitrariamente l'uso di un bene protetto dalla Convenzione ovvero illecitamente effettua scavi archeologici, è punito con la reclusione da uno a tre anni.

2. Se il fatto previsto dal comma 1 è commesso su un bene culturale sottoposto a protezione rafforzata, la pena è della reclusione da due a sette anni.

3. La pena stabilita dai commi 1 e 2 è aumentata se al fatto consegue il danneggiamento, il deterioramento o la distruzione del bene.

13. Causa di esclusione della punibilità.

1. Non è punibile chi commette i fatti di cui agli articoli 7 e 8 per esservi costretto da una necessità militare imperativa ai sensi dell'articolo 6 del Protocollo.

14. Reati militari, giurisdizione e competenza.

1. I reati di cui agli articoli 7, 8, 9, 10, 11 e 12 sono reati militari. Si applica l'articolo 27, primo comma, del codice penale militare di pace.

2. Nei casi in cui i reati di cui al comma 1 sono commessi all'estero e la giurisdizione è attribuita all'autorità giudiziaria militare, è competente il tribunale militare di Roma.

3. Nei casi in cui i reati di cui al comma 1 sono commessi all'estero e la giurisdizione è attribuita all'autorità giudiziaria ordinaria, è competente il tribunale di Roma.

15. Norma di coordinamento.

1. Le disposizioni della presente legge si osservano anche quando è disposta l'applicazione del codice penale militare di guerra.

13. L. 23 ottobre 2009, n. 157. – Ratifica ed esecuzione della Convenzione sulla protezione del patrimonio culturale subacqueo, con Allegato, adottata a Parigi il 2 novembre 2001, e norme di adeguamento dell'ordinamento interno (*artt. 5-6, 10*)

Convenzione (*artt. 1, 10, 13*)

In Gazzetta Ufficiale 10 novembre 2009, n. 262

5. Denuncia di ritrovamento e richiesta di autorizzazione.

1. Ai sensi degli articoli 9, paragrafo 1, lettera (a), e 10, paragrafo 2, della Convenzione, chiunque ritrova oggetti ascrivibili al patrimonio culturale subacqueo ai sensi dell'articolo 1 della medesima Convenzione, localizzati nelle zone di protezione ecologica o sulla piattaforma continentale italiane, come delimitate dalla legge e dagli accordi internazionali di delimitazione, deve denunciare entro tre giorni. anche mediante comunicazione trasmessa per via radio o con mezzi elettronici, l'avvenuto ritrovamento all'Autorità marittima più vicina. Chiunque intende impegnarsi in interventi sul patrimonio culturale subacqueo situato nelle predette aree, presenta al Ministero per i beni e le attività culturali, per il tramite della medesima Autorità marittima, un'apposita richiesta di autorizzazione ai sensi della Regola 9 di cui all'Allegato alla Convenzione, accompagnata dalla descrizione del progetto, ai sensi della Regola 10 di cui al medesimo Allegato.

2. L'Autorità marittima trasmette senza indugio le denunce o le richieste di autorizzazione di cui al comma 1 ad essa pervenute al Ministero per i beni e le attività culturali, che rilascia o nega l'autorizzazione di cui all'articolo 10 della Convenzione entro il termine di sessanta giorni dalla richiesta. L'Autorità marittima trasmette copia delle denunce e delle richieste di autorizzazione anche al Ministero degli affari esteri e, se esse riguardano navi di Stato a da guerra, anche al Ministero della difesa.

3. Ai sensi dell'articolo 9, paragrafo 1, lettera (b), della Convenzione, i cittadini italiani o il comandante di una nave battente bandiera italiana che ritrovano oggetti ascrivibili al patrimonio culturale subacqueo, localizzati nella zona economica esclusiva o sulla piattaforma continentale di un altro Stato parte della medesima Convenzione, o che intendono impegnarsi in interventi sul patrimonio culturale subacqueo ivi localizzati, devono farne denuncia alla competente Autorità consolare italiana, rispettivamente, entro tre giorni dal ritrovamento, anche mediante comunicazione trasmessa per via radio o con mezzi elettronici, o almeno tre mesi prima dell'inizio delle attività.

4. L'Autorità consolare trasmette, nel più breve tempo possibile, le informazioni ricevute ai sensi del comma 3 all'Autorità competente dello Stato nella cui zona economica esclusiva o sulla cui piattaforma continentale è avvenuto il ritrovamento o sono programmate le attività, nonché al Ministero degli affari esteri italiano.

5. Quando la piattaforma continentale italiana si sovrappone con la piattaforma continentale di un altro Stato e non è ancora intervenuto un accordo di delimitazione, i commi 1 e 3 si applicano soltanto ai ritrovamenti e alle attività localizzati, rispettivamente, entro e oltre la linea mediana di cui all'articolo 1, comma 3, della legge 8 febbraio 2006, n. 61.

6. Quando il ritrovamento è effettuato da una nave militare italiana, le informazioni previste dal presente articolo sono fornite tenuto conto della necessità di non compromettere le capacità operative della nave ovvero lo svolgimento di operazioni che sono o che possono essere affidate alla nave stessa.

7. Ai sensi dell'articolo 9, paragrafo 3, della Convenzione, il Ministero degli affari esteri notifica le informazioni ricevute ai sensi dei commi 2 e 4 del presente articolo al Direttore generale dell'UNESCO e comunica allo Stato parte nella cui zona economica esclusiva o sulla cui piattaforma continentale si trova il patrimonio culturale subacqueo la dichiarazione prevista dall'articolo 9, paragrafo 5, della citata Convenzione.

8. Nelle consultazioni previste dall'articolo 10, paragrafo 3, della Convenzione, l'Italia è rappresentata dal Ministero degli affari esteri, in raccordo con le altre amministrazioni interessate, in particolare il Ministero per i beni e le attività culturali e, se il bene in questione è una nave di Stato o da guerra, il Ministero della difesa.

6. Dichiarazione e notificazione del patrimonio culturale subacqueo nell'Area internazionale dei fondi marini e nel relativo sottosuolo.

1. Ai sensi dell'articolo 11, paragrafo 1, della Convenzione, i cittadini italiani o il comandante di una nave battente bandiera italiana che ritrovano oggetti ascrivibili al patrimonio culturale subacqueo localizzati nell'Area internazionale dei fondi marini o nel relativo sottosuolo o che intendono impegnarsi in interventi sul patrimonio culturale subacqueo ivi localizzato devono farne denuncia al Ministero degli affari esteri, rispettivamente, entro tre giorni dal ritrovamento, anche mediante comunicazione trasmessa per via radio o con mezzi elettronici, o almeno tre mesi prima dell'inizio delle attività. Il Ministero degli affari esteri trasmette, nel più breve tempo possibile, tali informazioni al Ministero per i beni e le attività culturali e, se il bene in questione è una nave di Stato o da guerra, al Ministero della difesa e provvede alle notifiche previste dal citato articolo 11, paragrafo 2, della Convenzione.

2. Nelle consultazioni previste dall'articolo 12, paragrafo 2, della Convenzione, l'Italia è rappresentata dal Ministero degli affari esteri, in raccordo con le altre amministrazioni interessate, in particolare il Ministero per i beni e le attività culturali e, se il bene in questione è una nave di Stato o da guerra, il Ministero della difesa.

10. Sanzioni.

1. Chiunque non denuncia all'Autorità indicata nell'articolo 5, comma 1, il ritrovamento di oggetti ascrivibili al patrimonio culturale subacqueo, situati nelle zone di protezione ecologica o sulla piattaforma continentale italiane, è punito con l'arresto fino a un anno e con l'ammenda da euro 310 a euro 3.099.

2. Il cittadino italiano o il comandante di una nave battente bandiera italiana, che non denuncia alle Autorità indicate nell'articolo 5, comma 3, e nell'articolo 6, comma 1, il ritrovamento di oggetti ascrivibili al patrimonio culturale subacqueo, situati nella zona economica esclusiva a sulla piattaforma continentale di un altra Stato parte della Convenzione o nell'Area internazionale dei fondi marini o nel relativo sottosuolo, è punito con l'arresto fino a un anno e con l'ammenda da euro 310 a curo 3.099.

3. In luogo delle pene previste nei commi 1 e 2, si applica la sanzione amministrativa pecuniaria da euro 250 a euro 2.500 nel caso in cui la denuncia sia presentata dopo il termine di tre giorni stabilito, rispettivamente, negli articoli 5, comma 1, primo periodo, e comma 3, e 6, comma 1,

4. Il cittadino italiano o il comandante di una nave battente bandiera italiana che, senza averne fatto preventiva denuncia all'Autorità indicata nell'articolo 5, comma 3, o nell'articolo 6, comma 1, effettua un intervento sul patrimonio culturale subacqueo situato, rispettivamente, nella zona economica esclusiva o sulla piattaforma continentale di un altro Stato parte della Convenzione o nell'Area internazionale dei fondi marini o nel relativo sottosuolo, è punito con l'arresto fino a un anno e con l'ammenda da euro 310 a euro 3.099.

5. Chiunque effettua un intervento sul patrimonio culturale subacqueo situato nelle zone di protezione ecologica a sulla piattaforma continentale italiane, senza avere ottenuto l'autorizzazione del Ministero per i beni e le attività culturali, è punito con l'arresto fino a un anno e con l'ammenda da euro 310 a euro 3.099. La stessa pena si applica a chiunque non osserva la descrizione del progetto approvata nel provvedimento di autorizzazione. Le disposizioni del presente comma non si applicano nel caso in cui, ai sensi dell'articolo 10, paragrafo 5, lettera (b), della Convenzione, si sia convenuto che l'autorizzazione all'intervento non sia rilasciata dall'Italia.

6. Chiunque effettua un intervento sul patrimonio culturale subacqueo situato nella zona economica esclusiva o sulla piattaforma continentale di un altro Stato parte della Convenzione o nell'Area internazionale dei fondi marini o nel relativo sottosuolo, dopo la denuncia, ma prima del rilascio del provvedimento di autorizzazione, è punito, qualora, ai sensi degli articoli 10, paragrafo 5, lettera (b), o 12, paragrafo 4, lettera (b), della Convenzione, si sia convenuto che l'Italia è competente al rilascio del medesimo, con l'arresto fino a un anno e con l'ammenda da euro 310 a euro 3.099. La stessa pena si applica a chiunque non osserva la descrizione del progetto approvata nel provvedimento di autorizzazione.

7. Chiunque introduce o commercia nel territorio della Stato beni del patrimonio culturale subacqueo recuperati mediante un intervento non autorizzato a norma della Convenzione è punito con la reclusione fino a due anni e con la multa da euro 50 a euro 500.

8. Restano ferme, in quanto applicabili, le sanzioni penali e amministrative previste dal citato codice di cui al decreto legislativo 22 gennaio 2004, n. 42.

Convenzione – articoli estratti

1. Definizioni.

Ai fini della presente Convenzione:

1. a) Per «patrimonio culturale subacqueo» s'intendono tutte le tracce di esistenza umana che presentano un carattere culturale, storico o archeologico e che sono sommerse, parzialmente o totalmente, periodicamente o in permanenza, da almeno 100 anni, e in particolare:

i) i siti, le strutture, gli edifici, gli oggetti e i resti umani, nonché il loro contesto archeologico e naturale;

ii) le navi, gli aeromobili, gli altri veicoli o qualunque parte degli stessi, con il loro carico o altro contenuto, nonché il loro contesto archeologico e naturale; e

iii) gli oggetti di carattere preistorico.

b) Gli oleodotti e i cavi posizionati sui fondi marini non sono considerati come facenti parte del patrimonio culturale subacqueo.

c) Gli impianti diversi dagli oleodotti o dai cavi posizionati sui fondi marini ed ancora in uso non sono considerati come facenti parte del patrimonio culturale subacqueo.

2. a) Per «Stati contraenti», s'intendono gli Stati che hanno consentito a essere vincolati dalla presente Convenzione e nei cui confronti quest'ultima è in vigore.

b) La presente Convenzione si applica mutatis mutandis ai territori di cui all'articolo 26 paragrafo 2 lettera b che divengono parti della presente Convenzione, conformemente alle condizioni definite in questo paragrafo che concernono ciascuno di essi; in questa misura l'espressione «Stati contraenti» s'intende riferita a questi territori.

3. Per «UNESCO» s'intende l'Organizzazione delle Nazioni Unite per l'educazione, la scienza e la cultura.

4. Per «Direttore generale» s'intende il Direttore generale dell'UNESCO.

5. Per «Area» s'intendono i fondi marini e il loro sottosuolo al di là dei limiti della giurisdizione nazionale.

6. Per «intervento sul patrimonio culturale subacqueo» s'intende un'attività avente principalmente come oggetto il patrimonio culturale subacqueo e che è suscettibile di pregiudicare materialmente questo patrimonio o di arrecargli qualsiasi altro danno, direttamente o indirettamente.

7. Per «intervento avente un impatto fortuito sul patrimonio culturale subacqueo» s'intende un'attività la quale pur non avendo come oggetto, principalmente o parzialmente, il patrimonio culturale subacqueo, è suscettibile di pregiudicare materialmente questo patrimonio o di arrecargli qualsiasi altro danno.

8. Per «navi e aeromobili di Stato» s'intendono le navi da guerra e altre navi o aeromobili che appartenevano a uno Stato o operavano sotto il suo controllo e che erano esclusivamente utilizzati, all'epoca in cui affondarono, per scopi di servizio pubblico non commerciale, che sono identificati come tali e che corrispondono alla definizione di patrimonio culturale subacqueo.

9. Per «Regole» s'intendono le Regole relative agli interventi sui beni culturali subacquei quali menzionate all'articolo 33 della presente Convenzione.

10. Protezione del patrimonio culturale subacqueo nella zona economica esclusiva e sulla piattaforma continentale.

1. Un'autorizzazione per un intervento sul patrimonio culturale subacqueo situato nella zona economica esclusiva o sulla piattaforma continentale degli Stati contraenti può essere rilasciata solo in conformità alle disposizioni del presente articolo.

2. Uno Stato contraente nella cui zona economica esclusiva o sulla cui piattaforma continentale si trova il patrimonio culturale subacqueo ha il diritto di vietare o di autorizzare qualsiasi intervento su tale patrimonio per impedire che sia arrecato pregiudizio ai suoi diritti sovrani o alla sua giurisdizione, come riconosciuti dal diritto internazionale, ivi compresa la Convenzione delle Nazioni Unite sul diritto del mare.

3. Nel caso di scoperta di patrimonio culturale subacqueo o qualora si preveda un intervento sul patrimonio culturale subacqueo nella zona economica esclusiva o sulla piattaforma continentale di uno Stato contraente, tale Stato contraente:

a) consulta tutti gli altri Stati contraenti che hanno manifestato il loro interesse ai sensi dell'articolo 9 paragrafo 5, sul modo migliore di proteggere il patrimonio culturale subacqueo;

b) coordina queste consultazioni in qualità di «Stato coordinatore» salvo se dichiara espressamente che non desidera farlo, nel qual caso gli Stati contraenti che hanno manifestato il proprio interesse ai sensi dell'articolo 9 paragrafo 5 nominano uno Stato coordinatore.

4. Fatti salvi gli obblighi di tutti gli Stati contraenti di proteggere il patrimonio culturale subacqueo mediante l'adozione di tutte le misure opportune conformi al diritto internazionale che mirano a impedire qualsiasi pericolo immediato per il patrimonio culturale subacqueo, in particolare il saccheggio, lo Stato coordinatore può prendere tutte le misure appropriate e/o concedere tutte le autorizzazioni necessarie conformemente alla presente Convenzione e, se del caso, prima di qualsiasi consultazione, al fine d'impedire qualsiasi immediato pericolo per il patrimonio culturale subacqueo per via dell'attività umana, o per qualsiasi altra causa, in particolare il saccheggio. Nell'adottare queste misure può essere sollecitata l'assistenza di altri Stati contraenti.

5. Lo Stato coordinatore:

a) attua le misure di protezione convenute dagli Stati che partecipano alla consultazione, ivi compreso lo Stato coordinatore, salvo se gli Stati partecipanti alla consultazione, ivi compreso lo Stato coordinatore, convengono che queste misure saranno attuate da un altro Stato contraente;

b) rilascia tutte le autorizzazioni necessarie in riferimento alle misure convenute conformemente alle Regole, a meno che gli Stati che partecipano alla consultazione, ivi compreso lo Stato coordinatore, convengano che tali autorizzazioni saranno rilasciate da un altro Stato contraente;
c) può svolgere qualsiasi necessaria ricerca preliminare sul patrimonio culturale subacqueo e rilasciare tutte le autorizzazioni necessarie a tale scopo, e trasmette tempestivamente i risultati di tali ricerche al Direttore generale, il quale senza indugio mette queste informazioni a disposizione degli altri Stati contraenti.

6. Quando coordina le consultazioni, adotta misure, svolge qualsiasi ricerca preliminare e/o rilascia autorizzazioni ai sensi del presente articolo, lo Stato coordinatore agisce a nome di tutti gli Stati contraenti, e non nel suo interesse specifico. Questa azione non può di per sé essere invocata per rivendicare un qualsiasi diritto preferenziale o giurisdizionale non sancito dal diritto internazionale, in particolare dalla Convenzione delle Nazioni Unite sul diritto del mare.

7. Fatte salve le disposizioni dei paragrafi 2 e 4 del presente articolo, nessun intervento può essere effettuato su una nave o su un aeromobile di Stato senza l'accordo dello Stato di bandiera e la collaborazione dello Stato coordinatore.

13. Immunità sovrana.

Le navi da guerra e altre navi governative o aeromobili militari che godono di un'immunità sovrana, che operano con fini non commerciali nel normale corso delle loro operazioni e che non partecipano a interventi sul patrimonio culturale subacqueo, non sono tenute a dichiarare le scoperte del patrimonio culturale subacqueo conformemente agli articoli 9-12 della presente Convenzione. Tuttavia, nell'adottare misure adeguate che non nuocciano né alle operazioni né alle capacità operative delle loro navi da guerra e di altre navi governative o aeromobili militari che godono di un'immunità sovrana e che operano con fini non commerciali, gli Stati contraenti si accertano che queste navi e aeromobili si adeguino, per quanto possibile e ragionevole, alle disposizioni degli articoli 9-12 della presente Convenzione.

AMNISTIA E INDULTO

1. D.P.R. 16 dicembre 1986, n. 865. – Concessione di amnistia e di indulto

In Gazzetta Ufficiale 16 dicembre 1986, n. 291

1. Amnistia.

1. È concessa amnistia:
a) per ogni reato non finanziario per il quale è stabilita una pena detentiva non superiore nel massimo a tre anni, ovvero una pena pecuniaria, sola o congiunta a detta pena;
b) per ogni reato non finanziario per il quale è stabilita una pena detentiva non superiore nel massimo a quattro anni, ovvero una pena pecuniaria, sola o congiunta a detta pena, se commesso dal minore degli anni diciotto o da chi, al momento dell'entrata in vigore del presente decreto, ha superato gli anni sessantacinque;
c) per i reati previsti dall'art. 57 del codice penale commessi dal direttore o dal vicedirettore responsabile, quando sia noto l'autore della pubblicazione;
d) per il reato previsto dall'art. 491 in relazione agli articoli 476 e 482 del codice penale, salvo che il fatto riguardi un testamento olografo;
e) per i reati di cui all'art. 7 in relazione agli articoli 1, 2 e 4 della legge 2 ottobre 1967, n. 895 (disposizioni per il controllo delle armi), come modificata dalla legge 14 ottobre 1974, n. 497, quando ricorra l'attenuante di cui all'art. 5 della predetta legge;
f) per il reato di cui al comma terzo dell'art. 23 della legge 18 aprile 1975, n. 110 (norme integrative della disciplina vigente per il controllo delle armi, delle munizioni e degli esplosivi), quando concerna armi la cui detenzione l'imputato o il condannato aveva denunciato all'autorità di pubblica sicurezza, nonché per il reato di cui al comma decimo dell'art. 10 della citata legge, limitatamente alla sua applicazione alle fattispecie di cui ai commi sesto e ottavo dello stesso art. 10, allorché il fatto, per la sua qualità e il numero limitato delle armi, debba ritenersi di lieve entità;
g) per i reati previsti dagli articoli 337 e 610 del codice penale e dall'art. 1 del decreto legislativo 22 gennaio 1948, n. 66, commessi a causa e in occasione di manifestazioni sindacali o in conseguenza di situazioni di gravi disagi dovuti a disfunzioni di pubblici servizi o a problemi abitativi anche se i suddetti reati sono aggravati dal numero o dalla riunione delle persone e dalle circostanze di cui all'art. 61 del codice penale, fatta esclusione per quella prevista dal n. 1, nonché da quella di cui all'art. 112, n. 2, del codice penale, sempre che non ricorrano altre aggravanti e il fatto non abbia cagionato ad altri lesioni personali o la morte;
h) per ogni reato commesso da minore degli anni diciotto quando il giudice ritiene che possa essere concesso il perdono giudiziale ai sensi dell'art. 19

del regio decreto-legge 20 luglio 1934, n. 1404, convertito, con modificazioni, dalla legge 27 maggio 1935, n. 835, come sostituito da ultimo dall'art. 112 della legge 24 novembre 1981, n. 689;

i) per i reati per i quali è stata pronunciata sentenza estintiva del reato per intervenuta applicazione della sanzione sostitutiva a norma dell'art. 77 della legge 24 novembre 1981, n. 689.

2. Esclusioni oggettive dall'amnistia.

1. L'amnistia non si applica:

a) ai delitti previsti dai seguenti articoli del codice penale:

1) 316 (peculato mediante profitto dell'errore altrui);
2) 318 (corruzione per un atto d'ufficio);
3) 319, comma quarto (corruzione per un atto contrario ai doveri d'ufficio);
4) 320 (corruzione di persona incaricata di un pubblico servizio), in relazione ai fatti previsti negli articoli 318, comma primo, e 319, comma quarto;
5) 321 (pene per il corruttore);
6) 355 (inadempimento di contratti di pubbliche forniture), salvo che si tratti di fatto commesso per colpa;
7) 371 (falso giuramento della parte);
8) 372 (falsa testimonianza), quando la deposizione verte su fatti relativi all'esercizio di pubbliche funzioni espletate dal testimone;
9) 385 (evasione), limitatamente alle ipotesi previste nel comma secondo;
10) 391 (procurata inosservanza di misure di sicurezza detentive), limitatamente alle ipotesi previste nel comma primo;
11) 443 (commercio o somministrazione di medicinali guasti);
12) 444 (commercio di sostanze alimentari nocive);
13) 445 (somministrazione di medicinali in modo pericoloso per la salute pubblica);
14) 501 (rialzo e ribasso fraudolento di prezzi sul pubblico mercato o nelle borse di commercio);
15) 501 *bis* (manovre speculative su merci);
16) 590, commi secondo e terzo (lesioni personali colpose), limitatamente ai fatti commessi con violazione delle norme per la prevenzione degli infortuni sul lavoro o relative all'igiene del lavoro, che abbiano determinato le conseguenze previste dal primo comma, n. 2, o dal secondo comma dell'art. 583 del codice penale;
17) 595, comma terzo, quando l'offesa consiste nell'attribuzione di un fatto determinato ed è commessa con mezzo di diffusione radiofonica o televisiva;
18) 644 (usura);

b) al delitto previsto dall'art. 218 del codice penale militare di pace (peculato militare mediante profitto dell'errore altrui);

c) ai reati previsti:

1) dalla legge 17 agosto 1942, n. 1150 (legge urbanistica), dalla legge 28 gennaio 1977, n. 10 (norme per la edificabilità dei suoli), e dalla legge 28 febbraio 1985, n. 47 (norme in materia di controllo dell'attività urbanistico-edilizia, sanzioni, recupero e sanatoria delle opere edilizie);
2) dagli articoli 9, 10, 14, 15, 18 e 20 della legge 13 luglio 1966, n. 615 (provvedimenti contro l'inquinamento atmosferico), e dagli articoli 21, 22 e 24 *bis* della legge 10 maggio 1976, n. 319 (norme per la tutela delle acque dall'inquinamento), salvo che il reato consista nella mancata presentazione della domanda di autorizzazione o di rinnovo di cui all'art. 15, comma secondo, della stessa legge;
3) dall'art. 9, commi sesto e settimo, della legge 16 aprile 1973, n. 171 (interventi per la salvaguardia di Venezia), così come sostituiti dall'art. 1 *ter* del decreto-legge 10 agosto 1976, n. 544, convertito, con modificazioni, dalla legge 8 ottobre 1976, n. 690, salvo che si tratti di inquinamento organico di lieve entità provocato dalla lavorazione non industriale di prodotti ittici;
4) dagli articoli 24, 25, primo e terzo comma, 26, 27, 29 e 32 del decreto del Presidente della Repubblica 10 settembre 1982, n. 915 (norme in materia di smaltimento dei rifiuti);
5) dall'art. 2 della legge 26 aprile 1983, n. 136 (biodegradabilità dei detergenti sintetici) e dall'art. 14 del decreto-legge 25 novembre 1985 n. 667 (provvedimenti urgenti per il contenimento dei fenomeni di eutrofizzazione), convertito, con modificazioni, dalla legge 24 gennaio 1986, n. 7;
6) dagli articoli 17 e 20 della legge 31 dicembre 1982, n. 979 (disposizioni per la difesa del mare);
7) dall'art. 3 della legge 18 aprile 1975, n. 110 (alterazione di armi);
8) dall'art. 1 *bis* del decreto-legge 4 marzo 1976, n. 31 (disposizioni penali in materia di infrazioni valutarie), convertito, con modificazioni, dalla legge 30 aprile 1976, n. 159, inserito dall'art. 2 della legge 23 dicembre 1976, n. 863.

2. Quando vi è stata condanna ai sensi dell'art. 81 del codice penale, ove necessario, il giudice, con l'osservanza delle forme previste per gli incidenti di esecuzione, applica l'amnistia secondo le disposizioni del presente decreto, determinando le pene corrispondenti ai reati estinti.

3. Computo della pena per l'applicazione dell'amnistia.

1. Ai fini del computo della pena per l'applicazione dell'amnistia:

a) si ha riguardo alla pena stabilita per ciascun reato consumato o tentato;

b) non si tiene conto dell'aumento di pena derivante dalla continuazione e dalla recidiva, anche se per quest'ultima la legge stabilisce una pena di specie diversa;

c) si tiene conto dell'aumento di pena derivante dalle circostanze aggravanti per le quali la legge stabilisce una pena di specie diversa o dalle circostanze ad effetto speciale. Si tiene conto della circostanza aggravante prevista dall'art. 61, n. 7, del codice penale. Non si tiene conto delle altre circostanze aggravanti;
d) si tiene conto della circostanza attenuante di cui all'art. 98 del codice penale, nonché, nei reati contro il patrimonio, delle circostanze attenuanti di cui ai numeri 4 e 6 dell'art. 62 del codice penale. Quando le predette circostanze attenuanti concorrono con circostanze aggravanti di qualsiasi specie, si tiene conto soltanto delle prime, salvo che concorrano le circostanze di cui agli articoli 583 e 625, numeri 1 e 4, seconda parte, del codice penale, nel qual caso si tiene conto soltanto di queste ultime. Ai fini dell'applicazione dell'amnistia la sussistenza delle predette circostanze è accertata anche dal giudice istruttore o dal pretore nel corso dell'istruzione, nonché dal giudice in camera di consiglio nella fase degli atti preliminari al giudizio, ai sensi dell'art. 21 del codice di procedura penale;
e) in nessun altro caso si tiene conto delle circostanze attenuanti o della loro prevalenza o equivalenza rispetto alle circostanze aggravanti;
f) si tiene conto delle circostanze attenuanti previste dall'art. 48 del codice penale militare di pace quando siano prevalenti o equivalenti, ai sensi dell'art. 69 del codice penale, rispetto ad ogni tipo di circostanza aggravante.

4. Condizioni soggettive per l'applicabilità dell'amnistia.

1. L'amnistia non si applica:
a) ai delinquenti abituali o professionali, sempre che la dichiarazione di abitualità o professionalità non sia estinta o revocata, e a coloro i quali alla data di entrata in vigore del presente decreto si trovano sottoposti alle misure di prevenzione del divieto o dell'obbligo di soggiorno, disposte con provvedimento definitivo ai sensi delle leggi 27 dicembre 1956, n. 1423, e 31 maggio 1965, n. 575, come modificate dalla legge 13 settembre 1982, n. 646;
b) a coloro i quali nei dieci anni anteriori alla data di entrata in vigore del presente decreto hanno riportato una o più condanne a pena detentiva complessiva superiore a tre anni per delitti non colposi o, se si tratta di persone di età superiore a sessantacinque anni, a pena detentiva complessiva superiore a quattro anni per delitti non colposi.

2. Nella valutazione dei precedenti penali non si tiene conto:
a) delle condanne per le quali è intervenuta riabilitazione, anche successivamente alla data di entrata in vigore del presente decreto, sempre che le condizioni per la riabilitazione preesistano a detta data;
b) dei reati estinti alla data di entrata in vigore del presente decreto per il decorso dei termini della sospensione condizionale della pena a norma dell'art. 167 del codice penale;
c) dei reati estinguibili per effetto della presente o di precedenti amnistie.

3. Nell'applicazione dell'amnistia alle contravvenzioni non si tiene conto delle esclusioni previste dal comma 1.

5. Rinunciabilità dell'amnistia.

1. L'amnistia non si applica qualora l'imputato, prima che sia pronunciata sentenza di non doversi procedere per estinzione del reato per amnistia, faccia espressa dichiarazione di non volerne usufruire.

6. Indulto.

1. È concesso indulto nella misura non superiore a due anni per le pene detentive e non superiore a lire dieci milioni per le pene pecuniarie, sole o congiunte alle pene detentive.

2. L'indulto non può essere superiore ad un anno per la reclusione e a lire cinque milioni per la multa in relazione alle pene inflitte per i reati previsti dagli articoli: 624, aggravato ai sensi dei numeri 1 e 4 dell'art. 625; 628, commi primo e secondo; 629, comma primo, del codice penale. L'indulto si applica nella stessa misura alle pene temporanee inflitte per il reato previsto dall'art. 575 del codice penale, anche se aggravato, quando comunque ricorra una delle attenuanti di cui all'art. 62, numeri 1 e 2, o all'art. 89 (vizio parziale di mente) del codice penale, nonché per i reati di omicidio volontario previsti dal secondo comma dell'art. 186 e dal secondo comma dell'art. 195 del codice penale militare di pace, anche se aggravati, quando comunque ricorra l'attenuante di cui all'art. 198 del codice penale militare di pace o quella di cui all'art. 62, n. 1, del codice penale.

3. Nei casi previsti dai commi 1 e 2, l'indulto è ridotto alla metà nei confronti di coloro che si trovano nelle condizioni previste dall'art. 4, comma 1, lettera b), e di coloro che per le medesime condanne hanno usufruito o possono usufruire di precedenti indulti; è ridotto ad un quarto quando concorrono entrambe le cause di riduzione. Nella valutazione dei precedenti penali di cui alla richiamata lettera b) del comma 1 dell'art. 4, non si tiene conto delle condanne alle quali deve essere applicato il presente indulto.

4. La misura dell'indulto è di tre anni per coloro che alla data di entrata in vigore del presente decreto hanno compiuto il sessantacinquesimo anno di età o che sono affetti da invalidità permanente non inferiore al 71 per cento, secondo la tabella prevista dal decreto ministeriale 25 luglio 1980, pubblicato nella Gazzetta Ufficiale n. 282 del 14 ottobre 1980, in esecuzione della legge 11 febbraio 1980, n. 18.

5. Quando l'indulto estingue la pena inflitta per uno dei delitti previsti dall'art. 8 della legge 15 dicembre 1972, n. 772, come sostituito dall'art. 2 della legge 24 dicembre 1974, n. 695, agli effetti del comma terzo del citato art. 8 la pena condonata è equiparata a quella espiata.

7. Esclusioni soggettive dall'indulto.

1. L'indulto non si applica ai delinquenti abituali o professionali, sempre che la dichiarazione di abitualità o professionalità non sia estinta o revocata, ed a coloro i quali, alla data di entrata in vigore del presente decreto, si trovano sottoposti alle misure di prevenzione del divieto o dell'obbligo di soggiorno, disposte con provvedimento definitivo ai sensi delle leggi 27 dicembre 1956, n. 1423, e 31 maggio 1965, n. 575, come modificate dalla legge 13 settembre 1982, n. 646.

8. Esclusioni oggettive dall'indulto.

1. L'indulto non si applica alle pene:

a) per i delitti previsti dai seguenti articoli del codice penale:
1) 253 (distruzione o sabotaggio di opere militari);
2) 270, commi primo e secondo (associazioni sovversive);
3) 270 *bis*, comma primo (associazioni con finalità di terrorismo e di eversione dell'ordine democratico);
4) 276 (attentato contro il Presidente della Repubblica);
5) 280 (attentato per finalità terroristiche o di eversione);
6) 283 (attentato contro la Costituzione dello Stato);
7) 284 (insurrezione armata contro i poteri dello Stato);
8) 285 (devastazione, saccheggio e strage);
9) 286 (guerra civile);
10) 289 (attentato contro organi costituzionali e contro le assemblee regionali);
11) 289 *bis*, commi primo, secondo e terzo (sequestro di persona a scopo di terrorismo o di eversione);
12) 306 (banda armata);
13) 314 (peculato);
14) 315 (malversazione a danno di privati);
15) 317 (concussione);
16) 319, commi primo, secondo e terzo, e, in relazione ai fatti ivi previsti, 320 e 321 (corruzione per un atto contrario ai doveri d'ufficio);
17) 385 (evasione), se l'evasione è aggravata dalla violenza o minaccia commesse con armi o da più persone riunite;
18) 416 *bis* (associazione di tipo mafioso);
19) 420 (attentato a impianti di pubblica utilità);
20) 422 (strage);
21) 428 (naufragio, sommersione o disastro aviatorio);
22) 429, comma secondo (danneggiamento seguito da naufragio);
23) 430 (disastro ferroviario);
24) 431 (pericolo di disastro ferroviario causato da danneggiamento);
25) 432, commi primo e terzo (attentati alla sicurezza dei trasporti);
26) 433, comma terzo (attentati alla sicurezza degli impianti di energia elettrica e del gas, ovvero delle pubbliche comunicazioni);
27) 434 (crollo di costruzioni o altri disastri dolosi);
28) 438 (epidemia);
29) 439 (avvelenamento di acque o di sostanze alimentari);
30) 440 (adulterazione e contraffazione di sostanze alimentari);
31) 441 (adulterazione e contraffazione di altre cose in danno della pubblica salute);
32) 442 (commercio di sostanze alimentari contraffatte o adulterate);
33) 519 (violenza carnale);
34) 521 (atti di libidine violenti);
35) 575 (omicidio), salvo quanto disposto dal comma 2 dell'art. 6 del presente decreto;
36) 628, comma terzo (rapina aggravata);
37) 629, comma secondo (estorsione aggravata);
38) 630, commi primo, secondo e terzo (sequestro di persona a scopo di estorsione);
39) 648 *bis* (sostituzione di denaro o valori provenienti da rapina aggravata, estorsione aggravata o sequestro di persona a scopo di estorsione);

b) per i delitti previsti dai seguenti articoli del codice penale militare di pace:
1) 167, comma primo (distruzione o sabotaggio di opere militari);
2) 186 (insubordinazione con violenza), relativamente ai casi in cui la violenza consiste nell'omicidio volontario, salvo quanto disposto dal comma 2 dell'art. 6 del presente decreto;
3) 195 (violenza contro un inferiore, relativamente ai casi in cui la violenza consiste nell'omicidio volontario, salvo quanto disposto dal comma 2 dell'art. 6 del presente decreto;
4) 215 (peculato militare);
5) 216 (malversazione a danno di militari);
6) 217 (peculato e malversazione del portalettere);

c) per i delitti previsti dai seguenti articoli:
1) 3 della legge 9 dicembre 1941, n. 1383 recante disposizioni penali per i militari del Corpo della guardia di finanza;
2) 2 della legge 20 giugno 1952, n. 645, sostituito dall'art. 8 della legge 22 maggio 1975, n. 152, concernente la riorganizzazione del disciolto partito fascista;
3) 71, se aggravato ai sensi del secondo comma dell'art. 74, e 75 della legge 22 dicembre 1975, n. 685, concernente la disciplina degli stupefacenti e delle sostanze psicotrope;
4) 1 del decreto-legge 4 marzo 1976, n. 31, convertito, con modificazioni, dalla legge 30 aprile 1976, n. 159, sostituito dall'art. 2 della legge 23 dicembre 1976, n. 863, contenente disposizioni penali in materia di infrazioni valutarie, quando ricorre l'aggravante di cui al comma quinto del predetto art. 1;
5) 2, comma primo, della legge 25 gennaio 1982, n. 17, concernente l'attuazione dell'art. 18 della Costituzione in materia di associazioni segrete;

d) per i reati finanziari;

e) per i delitti concernenti le armi da guerra, le armi tipo guerra e le materie esplodenti, gli ordigni esplosivi o incendiari di cui all'art. 1 della legge 18 aprile 1975, n. 110.

2. Quando vi è stata condanna ai sensi dell'art. 81 del codice penale, ove necessario, il giudice, con l'osservanza delle forme previste per gli incidenti di esecuzione, applica l'indulto I secondo le disposizioni del presente decreto, determinando la quantità di pena condonata.

9. Indulto per le pene accessorie.

1. È concesso indulto, per intero, per le pene accessorie temporanee quando conseguano a condanne per le quali è applicato, anche solo in parte, indulto.

10. Indulto condizionato.

1. Fuori dai casi previsti dagli articoli 6, 7 e 8, è concesso indulto in misura non superiore a due anni per le pene inflitte per i reati contro il patrimonio, o che comunque offendono il patrimonio, esclusi il sequestro di persona a scopo di estorsione, l'estorsione e la rapina aggravata dall'uso di armi, a condizione che il condannato provi:

a) di essere stato tossicodipendente al momento del fatto;

b) di avere commesso il fatto a causa della sua condizione di tossicodipendente;

c) di non essere tossicodipendente al momento della presentazione dell'istanza per l'applicazione dell'indulto.

2. Nelle ipotesi di cui al comma 1, il giudice applica l'indulto con l'osservanza delle forme previste per gli incidenti di esecuzione.

11. Revoca dell'indulto.

1. Il beneficio dell'indulto è revocato se chi ne ha usufruito commette, entro cinque anni dalla data di entrata in vigore del presente decreto, un delitto non colposo per il quale riporti condanna a pena detentiva non inferiore ad un anno.

12. Termine di efficacia dell'amnistia e dell'indulto.

1. L'amnistia e l'indulto hanno efficacia per i reati commessi fino a tutto il giorno 8 giugno 1986.

13. Entrata in vigore.

1. Il presente decreto entra in vigore il giorno stesso della sua pubblicazione nella Gazzetta Ufficiale della Repubblica italiana.

2. D.P.R. 12 aprile 1990, n. 75. – Concessione di amnistia

In Gazzetta Ufficiale 12 aprile 1990, n. 86

1. Amnistia.

1. È concessa amnistia:

a) per ogni reato non finanziario per il quale è stabilita una pena detentiva non superiore nel massimo a quattro anni, ovvero una pena pecuniaria, sola o congiunta a detta pena;

b) per i reati previsti dall'articolo 57 del codice penale commessi dal direttore o dal vicedirettore responsabile, quando è noto l'autore della pubblicazione;

c) per i delitti previsti dai seguenti articoli del codice penale:

1) 336, comma primo (violenza o minaccia a un pubblico ufficiale) e 337 (resistenza a un pubblico ufficiale), sempre che non ricorra taluna delle ipotesi previste dall'articolo 339 del codice penale o il fatto non abbia cagionato lesioni personali gravi o gravissime ovvero la morte;

2) 588, comma secondo (rissa), sempre che dal fatto non siano derivate lesioni personali gravi o gravissime ovvero la morte;

3) 614, comma quarto (violazione di domicilio), limitatamente all'ipotesi in cui il fatto è stato commesso con violenza sulle cose;

4) 640, comma secondo (truffa), sempre che non ricorra la circostanza aggravante prevista dall'articolo 61, n. 7, del codice penale [(1)];

d) per i reati di cui all'articolo 7 in relazione agli articoli 1, 2 e 4 della legge 2 ottobre 1967, n. 895 (disposizioni per il controllo delle armi), come modificata dalla legge 14 ottobre 1974, n. 497, quando ricorre l'attenuante di cui all'articolo 5 della predetta legge;

e) per il reato di cui al comma terzo dell'articolo 23 della legge 18 aprile 1975, n. 110 (norme integrative della disciplina vigente per il controllo delle armi, delle munizioni e degli esplosivi), quando concerne armi la cui detenzione l'imputato o il condannato aveva denunciato all'autorità di pubblica sicurezza;

f) per il reato previsto dall'articolo 1 del decreto legislativo 22 gennaio 1948, n. 66, commesso a causa o in occasione di manifestazioni sindacali o in conseguenza di situazioni di gravi disagi dovuti a disfunzioni di pubblici servizi o problemi abitativi, anche se il suddetto reato è aggravato dal numero o dalla riunione delle persone e dalle circostanze di cui all'art. 61 del codice penale, fatta esclusione per quella prevista dal numero 1, nonché da quelli di cui all'art. 112, n. 2, del codice penale, sempre che non ricorrano altre aggravanti e il fatto non abbia cagionato ad altri lesioni personali o la morte;

g) per ogni reato commesso da minore degli anni diciotto, quando il giudice ritiene che possa essere concesso il perdono giudiziale ai sensi dell'articolo 19 del R.D. 20 luglio 1934, n. 1404, convertito, con modificazioni, dalla L. 27 maggio 1935, n. 835, come sostituito da ultimo dall'art. 112 della L. 24 novembre 1981, n. 689, ma non si applicano le disposizioni dei commi terzo e quarto dell'art. 169 del codice penale;

h) per i reati relativi a violazioni delle norme concernenti il monopolio dei tabacchi e le imposte di fabbricazione sugli apparecchi di accensione, limitatamente alla vendita al pubblico e all'acquisto e alla detenzione di quantitativi di detti prodotti destinati alla vendita al pubblico direttamente da parte dell'agente;

i) per i reati di cui al secondo capoverso dell'art. 9 dell'Allegato C al R.D.L. 16 gennaio 1936, n. 54, convertito, con modificazioni, dalla L. 4 giugno 1936, n. 1334, ed all'art. 20 del testo unico delle disposizioni di carattere legislativo concernenti l'imposta sul consumo del gas e dell'energia elettrica approvato con D.M. 8 luglio 1924, e successive modificazioni, limitatamente all'evasione dell'imposta erariale sull'energia elettrica.

2. A seguito dell'applicazione dell'amnistia ad uno dei delitti previsti dall'art. 8 della L. 15 dicembre 1972, n. 772, l'imputato o il condannato è esonerato dalla prestazione del servizio di leva.

3. Non si applica l'ultimo comma dell'articolo 151 del codice penale.

(1) La Corte costituzionale, con sentenza 25 luglio 1997, n. 272, ha dichiarato l'illegittimità costituzionale di questo numero, nella parte in cui non prevede l'applicazione dell'amnistia per il delitto di truffa militare aggravata, previsto e punito dall'art. 234, secondo comma, del codice penale militare di pace, sempre che non ricorra la circostanza aggravante prevista dall'art. 61, n. 7, del codice penale.

2. Amnistia per i reati minori in materia tributaria concernenti enti non commerciali e condizioni per la concessione dell'amnistia per taluni reati tributari.

1. È concessa amnistia per i reati di cui all'articolo 1 del decreto-legge 10 luglio 1982, n. 429, convertito, con modificazioni, dalla legge 7 agosto 1982, n. 516, commessi fino a tutto il giorno 28 luglio 1989 in relazione ad attività commerciali svolte da enti pubblici e privati diversi dalle società che non hanno per oggetto esclusivo o principale l'esercizio di attività commerciali di cui alle lettere c) e d) dell'articolo 87, comma 1, del testo unico delle imposte sui redditi approvato con decreto del Presidente della Repubblica 22 dicembre 1986, n. 917.

2. È concessa altresì amnistia per i reati previsti dal secondo comma dell'articolo 2 del decreto-legge 10 luglio 1982, n. 429, convertito, con modificazioni, dalla legge 7 agosto 1982, n. 516, se il versamento delle ritenute è stato effettuato entro il termine previsto per la presentazione della dichiarazione annuale del sostituto di imposta.

3. In conseguenza della errata indicazione del termine del 31 novembre 1989 per la presentazione dell'istanza di definizione ad ogni effetto amministrativo e penale contenuto nel comma 1 dell'articolo 21 del decreto-legge 2 marzo 1989, n. 69, convertito, con modificazioni, dalla legge 27 aprile 1989, n. 154, si considerano regolarmente adempiuti gli adempimenti eseguiti entro il 31 dicembre 1989 [1].

(1) L'art. 1 del D.P.R. 24 luglio 1990, n. 203 ha integrato il presente articolo.

3. Esclusioni oggettive dall'amnistia.

1. L'amnistia non si applica:

a) ai reati commessi in occasione di calamità naturali approfittando delle condizioni determinate da tali eventi, ovvero in danno di persone danneggiate ovvero al fine di approfittare illecitamente di provvedimenti adottati dallo Stato o da altro ente pubblico per far fronte alla calamità, risarcirne i danni e portare sollievo alla popolazione ed all'economia dei luoghi colpiti dagli eventi;

b) ai reati commessi dai pubblici ufficiali contro la pubblica amministrazione previsti dal capo I del titolo II del libro secondo del codice penale ed ai reati di falsità in atti previsti dal capo III del titolo VII del libro secondo del codice penale, quando siano compiuti in relazione ad eventi di calamità naturali ovvero ai conseguenti interventi di ricostruzione e sviluppo dei territori colpiti;

c) ai reati previsti dai seguenti articoli del codice penale:
   1) 316 (peculato mediante profitto dell'errore altrui);
   2) 318 (corruzione per un atto d'ufficio);
   3) 319, comma quarto (corruzione per un atto contrario ai doveri d'ufficio);
   4) 320 (corruzione di persona incaricata di un pubblico servizio), in relazione ai fatti previsti negli articoli 318, comma primo, e 319, comma quarto;
   5) 321 (pene per il corruttore);
   6) 353 e 354 (turbata libertà degli incanti e astensione dagli incanti), quando siano compiuti in relazione ad eventi di calamità naturali ovvero ai conseguenti interventi di ricostruzione e sviluppo dei territori colpiti;
   7) 355 (inadempimento di contratti di pubbliche forniture), salvo che si tratti di fatto commesso per colpa;
   8) 371 (falso giuramento della parte);
   9) 372 (falsa testimonianza), quando la deposizione verte su fatti relativi all'esercizio di pubbliche funzioni espletate dal testimone;
   10) 378 (favoreggiamento personale), fuori delle ipotesi previste dal comma terzo, salvo che si tratti di fatto commesso in relazione a reati per i quali è concessa amnistia;
   11) 385 (evasione), limitatamente alle ipotesi previste dal comma secondo;
   12) 391 (procurata inosservanza di misure di sicurezza detentive), limitatamente alle ipotesi previste dal comma primo. Tale esclusione non si applica ai minori degli anni diciotto;
   13) 420 (attentato a impianti di pubblica utilità);
   14) 443 (commercio o somministrazione di medicinali guasti);
   15) 444 (commercio di sostanze alimentari nocive);
   16) 445 (somministrazione di medicinali in modo pericoloso per la salute pubblica);
   17) 452 (delitti colposi contro la salute pubblica), comma primo, n. 3, e comma secondo;

18) 471 (uso abusivo di sigilli e strumenti veri), quando sia compiuto in relazione ad eventi di calamità naturali ovvero ai conseguenti interventi di ricostruzione e sviluppo dei territori colpiti;
19) 478 (falsità materiale commessa dal pubblico ufficiale in copie autentiche di atti pubblici o privati e in attestati del contenuto di atti);
20) 501 (rialzo e ribasso fraudolento di prezzi sul pubblico mercato o nelle borse di commercio);
21) 501 *bis* (manovre speculative su merci);
22) 521 (atti di libidine violenti), in relazione all'articolo 520;
23) 590, commi secondo e terzo (lesioni personali colpose), limitatamente ai fatti commessi con violazione delle norme per la prevenzione degli infortuni sul lavoro o relative all'igiene del lavoro, che abbiano determinato le conseguenze previste dal comma primo, n. 2, o dal comma secondo dell'articolo 583 del codice penale;
24) 595, comma terzo (diffamazione), quando l'offesa consiste nell'attribuzione di un fatto determinato ed è commessa con mezzi di diffusione radiofonica o televisiva;
25) 610 (violenza privata), nelle ipotesi di cui al comma secondo;
26) 644 (usura);
27) 733 (danneggiamento al patrimonio archeologico, storico o artistico nazionale);
28) 734 (distruzione o deturpamento di bellezze naturali);

d) al delitto previsto dall'articolo 218 del codice penale militare di pace (peculato militare mediante profitto dell'errore altrui);
e) ai reati previsti:
1) dall'articolo 20, comma primo, lettere b) e c), della legge 28 febbraio 1985, n. 47 (norme in materia di controllo dell'attività urbanistico-edilizia, sanzioni, recupero e sanatoria delle opere abusive), come modificato dall'articolo 3 del decreto-legge 23 aprile 1985, n. 146, convertito, con modificazioni, dalla legge 21 giugno 1985, n. 298, salvo che si tratti di violazioni riguardanti un'area di piccola estensione, in assenza di opere edilizie, ovvero di violazioni che comportino limitata entità dei volumi illegittimamente realizzati o limitate modifiche dei volumi esistenti, e sempre che non siano violati i vincoli di cui all'articolo 33, comma primo, della predetta legge n. 47 del 1985 o il bene non sia assoggettato alla tutela indicata nel comma secondo del medesimo articolo;
2) dall'articolo 1 *sexies* del decreto-legge 27 giugno 1985, n. 312 (disposizioni urgenti per la tutela delle zone di particolare interesse ambientale), convertito, con modificazioni, dalla legge 8 agosto 1985, n. 431, salvo che sia conseguita in sanatoria l'autorizzazione da parte delle competenti autorità;
3) dagli articoli 21, 22, 23, comma secondo, e 24 *bis* della legge 10 maggio 1976, n. 319 (norme per la tutela delle acque dall'inquinamento), salvo che il fatto consista nella mancata presentazione della domanda di autorizzazione o di rinnovo di cui all'articolo 15, comma secondo, della stessa legge; dagli articoli 24, 25 e 26 del decreto del Presidente della Repubblica 24 maggio 1988, n. 203, e dall'articolo 15 del decreto del Presidente della Repubblica 24 maggio 1988, n. 217;
4) dall'articolo 9, commi sesto e settimo, della legge 16 aprile 1973, n. 171 (interventi per la salvaguardia di Venezia), come sostituiti dall'articolo 1 *ter* del decreto-legge 10 agosto 1976, n. 544, convertito, con modificazioni, dalla legge 8 ottobre 1976, n. 690;
5) dagli articoli 24, 25, 26, 27, 29, 31 e 32 del decreto del Presidente della Repubblica 10 settembre 1982, n. 915 (norme in materia di smaltimento dei rifiuti);
6) dall'articolo 2 della legge 26 aprile 1983, n. 136 (biodegradabilità dei detersivi sintetici);
7) dagli articoli 17 e 20 della legge 31 dicembre 1982, n. 979 (disposizioni per la difesa del mare);
8) [dall'articolo 21 del decreto del Presidente della Repubblica 17 maggio 1988, n. 175 (attuazione della direttiva CEE n. 82/501 relativa ai rischi di incidenti rilevanti connessi con determinate attività industriali)] (1);
9) dagli articoli 3 e 10, commi sesto, ottavo, nono e decimo, della legge 18 aprile 1975, n. 110 (norme integrative della disciplina vigente per il controllo delle armi, delle munizioni e degli esplosivi), salvo che il fatto, limitatamente alle ipotesi previste dai commi sesto e ottavo dello stesso articolo 10, debba ritenersi di lieve entità per la qualità e il numero limitato delle armi;
10) dagli articoli 10 *bis*, commi settimo e nono, quando si tratti di condotta dolosa, e 10 *quinquies*, comma primo, della legge 31 maggio 1965, n. 575 (disposizioni contro la mafia);
11) dall'articolo 21 del decreto del Presidente della Repubblica 24 maggio 1988, n. 236 (attuazione della direttiva CEE n. 80/778 concernente la qualità delle acque destinate al consumo umano);
12) dagli articoli 3 e 4 della legge 20 novembre 1971, n. 1062 (norme penali sulla contraffazione od alterazione di opere d'arte).

2. Quando vi è stata condanna ai sensi dell'articolo 81 del codice penale, ove necessario, il giudice dell'esecuzione applica l'amnistia secondo le disposizioni del decreto, determinando le pene corrispondenti ai reati estinti.

(1) Questo numero deve ritenersi soppresso dall'art. 30, d.lgs. 17.8.1999, n. 334.

4. Computo della pena per l'applicazione dell'amnistia.

1. Ai fini del computo della pena per l'applicazione dell'amnistia:

a) si ha riguardo alla pena stabilita per ciascun reato consumato o tentato;
b) non si tiene conto dell'aumento di pena derivante dalla continuazione e dalla recidiva, anche se per quest'ultima la legge stabilisce una pena di specie diversa;
c) si tiene conto dell'aumento di pena derivante dalle circostanze aggravanti per le quali la legge stabilisce una pena di specie diversa o dalle circostanze ad effetto speciale. Si tiene conto della circostanza aggravante prevista dall'articolo 61, n. 7, del codice penale. Non si tiene conto delle altre circostanze aggravanti;
d) si tiene conto della circostanza attenuante di cui all'articolo 98 del codice penale nonché, nei reati contro il patrimonio, delle circostanze attenuanti di cui ai numeri 4 e 6 dell'articolo 62 del codice penale. Quando le predette circostanze attenuanti concorrono con circostanze aggravanti di qualsiasi specie, si tiene conto soltanto delle prime, salvo che concorrano le circostanze di cui agli articoli 583 e 625, numeri 1 e 4, seconda parte, del codice penale, nel qual caso si tiene conto soltanto di queste ultime. Ai fini dell'applicazione dell'amnistia la sussistenza delle predette circostanze è accertata, dopo l'esercizio dell'azione penale, anche dal giudice per le indagini preliminari, nonché dal giudice in camera di consiglio nella fase degli atti preliminari al dibattimento ai sensi dell'articolo 469 del codice di procedura penale. Nei procedimenti indicati negli articoli 241 e 242 del decreto legislativo 28 luglio 1989 n. 271, la sussistenza delle predette circostanze è accertata dal giudice istruttore o dal pretore nel corso dell istruzione, ovvero dal giudice in camera di consiglio nella fase degli atti preliminari al giudizio ai sensi dell'articolo 421 del codice di procedura penale abrogato;
e) si tiene conto delle circostanze attenuanti previste dall'articolo 48 del codice penale militare di pace quando siano prevalenti o equivalenti, ai sensi dell'articolo 69 del codice penale, rispetto ad ogni tipo di circostanza aggravante.

5. Rinunciabilità dell'amnistia.

1. L'amnistia non si applica qualora l'imputato, prima che sia pronunciata sentenza di non luogo a procedere o di non doversi procedere per estinzione del reato per amnistia, faccia espressa dichiarazione di non volerne usufruire.

6. Termine di efficacia dell'amnistia.

1. L'amnistia ha efficacia per i reati commessi fino a tutto il giorno 24 ottobre 1989.

7. Entrata in vigore.

1. Il presente decreto entra in vigore il giorno stesso della sua pubblicazione nella Gazzetta Ufficiale della Repubblica italiana.

3. D.P.R. 22 dicembre 1990, n. 394. – Concessione di indulto

In Gazzetta Ufficiale 24 dicembre 1990, n. 299

1. – 1. È concesso indulto nella misura non superiore a due anni per le pene detentive e non superiore a lire dieci milioni per le pene pecuniarie, sole o congiunte alle pene detentive.

2. Non si applicano le esclusioni di cui all'ultimo comma dell'art. 151 del codice penale.

2. – 1. È concesso indulto, per intero, per le pene accessorie temporanee, conseguenti a condanne per le quali è applicato anche solo in parte, l'indulto.

3. – 1. L'indulto non si applica alle pene:
a) per i delitti previsti dai seguenti articoli del codice penale:
  1) 285 (devastazione, saccheggio e strage);
  2) 416 *bis* (associazione di tipo mafioso);
  3) 422 (strage);
  4) 630, commi primo, secondo e terzo (sequestro di persona a scopo di estorsione);
  5) 648 *bis* (riciclaggio), limitatamente all'ipotesi che la sostituzione riguardi denaro, beni o altre utilità provenienti dal delitto di sequestro di persona a scopo di estorsione o dai delitti concernenti la produzione o il traffico di sostanze stupefacenti o psicotrope;
b) per i delitti previsti dai seguenti articoli della legge 22 dicembre 1975, n. 685, recante disciplina degli stupefacenti e sostanze psicotrope, prevenzione, cura e riabilitazione dei relativi stati di tossicodipendenza, nel testo in vigore precedentemente alle modifiche di cui alla legge 26 giugno 1990, n. 162:
  1) 71, commi primo, secondo e terzo (attività illecite), ove applicate le circostanze aggravanti specifiche di cui all'art. 74;
  2) 75 (associazione per delinquere).

4. – 1. Il beneficio dell'indulto è revocato di diritto se chi ne ha usufruito commette, entro cinque anni dalla data di entrata in vigore del presente decreto, un delitto non colposo per il quale riporti condanna a pena detentiva non inferiore a due anni.

5. – 1. L'indulto ha efficacia per i reati commessi fino a tutto il giorno 24 ottobre 1989.

6. – 1. Il presente decreto entra in vigore il giorno stesso della sua pubblicazione nella Gazzetta Ufficiale della Repubblica italiana.

4. L. 1 agosto 2003, n. 207. – Sospensione condizionata dell'esecuzione della pena detentiva nel limite massimo di due anni

In Gazzetta Ufficiale 7 agosto 2003, n. 182

1. Sospensione condizionata dell'esecuzione della parte finale della pena detentiva.

1. Nei confronti del condannato che ha scontato almeno la metà della pena detentiva è sospesa per la parte residua la pena nel limite di due anni, salvo quanto previsto dai commi 2 e 3 (1).

2. La sospensione dell'esecuzione della pena può essere disposta una sola volta, tenendo conto della pena determinata ai sensi dell'articolo 663 del codice di procedura penale, decurtata della parte di pena per la quale è stato concesso il beneficio della liberazione anticipata ai sensi dell'articolo 54 della legge 26 luglio 1975, n. 354, e successive modificazioni.

3. La sospensione non si applica:

a) quando la pena è conseguente alla condanna per i reati indicati dal libro II, titolo XII, capo III, sezione I, e dagli articoli 609-*bis*, 609-*quater* e 609-octies del codice penale nonché dall'articolo 4-*bis* della legge 26 luglio 1975, n. 354, e successive modificazioni;

b) nei confronti di chi sia stato dichiarato delinquente abituale, professione o per tendenza, ai sensi degli articoli 102, 105 e 108 del codice penale;

c) nei confronti di chi sia stato sottoposto al regime di sorveglianza particolare, ai sensi dell'articolo 14bis della legge 26 luglio 1975, n. 354, salvo che sia stato accolto il reclamo previsto dall'articolo 14-*ter* della medesima legge;

d) quando la persona condannata è stata ammessa alle misure alternative alla detenzione (2);

e) quando vi sia stata rinuncia dell'interessato.

(1) La Corte costituzionale, con sent. 4.7.2006, n. 255, ha dichiarato l'illegittimità costituzionale di questo comma, nella parte in cui non prevede che il giudice di sorveglianza possa negare la sospensione condizionata dell'esecuzione della pena detentiva al condannato quando ritiene il beneficio non adeguato alle finalità previste dall'art. 27, terzo comma, della Costituzione.

(2) La Corte costituzionale, con sent. 15.7.2005, n. 278, ha dichiarato l'illegittimità costituzionale di questa lettera.

2. Applicazione e revoca della sospensione condizionata dell'esecuzione.

1. Il magistrato di sorveglianza provvede con ordinanza, su istanza dell'interessato o del suo difensore, sulla sospensione di cui all'articolo 1.

2. Si applicano le disposizioni dell'articolo 69-*bis*, commi 1, 3 e 4, della legge 26 luglio 1975, n. 354, e successive modificazioni.

3. Il magistrato di sorveglianza può chiedere alle autorità competenti tutti i documenti e le informazioni di cui abbia bisogno.

4. Dell'applicazione della misura di cui all'articolo 1 è data immediata comunicazione all'autorità di polizia competente, che vigila sull'osservanza delle prescrizioni di cui all'articolo 4 e fa rapporto al pubblico ministero di ogni infrazione.

5. La sospensione dell'esecuzione della pena può essere revocata se chi ne ha usufruito non ottempera, senza giustificato motivo, alle prescrizioni di cui all'articolo 4 o commette, entro cinque anni dalla sua applicazione, un delitto non colposo per il quale riporti una condanna a pena detentiva non inferiore a sei mesi.

6. Il tribunale di sorveglianza provvede sulla revoca della misura di cui all'articolo 1 ai sensi dell'articolo 678 del codice di procedura penale.

7. In caso di revoca il tribunale di sorveglianza determina la residua pena detentiva da eseguire, tenuto conto della durata delle limitazioni patite dal condannato e del suo comportamento durante il periodo di sospensione dell'esecuzione della pena.

8. Si osservano in quanto applicabili le disposizioni degli articoli 51-*bis* e 51-*ter* della legge 26 luglio 1975, n. 354, e successive modificazioni.

9. Trascorso il termine di cui al comma 5 la pena è estinta.

3. Stranieri.

1. Le disposizioni della presente legge non si applicano nei confronti dello straniero che si trova in talune delle situazioni indicate nell'articolo 13, comma 2, del testo unico delle disposizioni concernenti la disciplina dell'immigrazione e norme sulla condizione dello straniero, di cui al decreto legislativo 25 luglio 1998, n. 286.

4. Prescrizioni.

1. Con il provvedimento che dispone la sospensione dell'esecuzione della pena sono congiuntamente applicate, per il periodo corrispondente alla pena di cui è stata sospesa l'esecuzione, le seguenti prescrizioni:

a) il condannato deve presentarsi all'ufficio di polizia giudiziaria indicato dal magistrato di sorveglianza, il quale fissa i giorni e l'orario di presentazione tenendo conto delle condizioni di salute, dell'attività lavorativa e del luogo di dimora del condannato;

b) al condannato è imposto l'obbligo di non allontanarsi dal territorio del comune di dimora abituale o dove svolge la propria attività lavorativa. Se per la personalità del soggetto, o per le condizioni ambientali, la permanenza in tali luoghi non garantisce adeguatamente le esigenze di controllo o di sicurezza, l'obbligo di dimora può essere disposto nel territorio di un altro comune o frazione di esso, preferibilmente nella provincia e comunque nell'ambito della regione dove è ubicato il comune di abituale dimora. Si applicano, in quanto compatibili, i commi 1 e 2 dell'articolo 282-*bis* e i commi 3, 4, 5 e 6 dell'articolo 283 del codice di procedura penale.

2. Si osservano, in quanto applicabili, le disposizioni dei commi 5, 6, 7, 8, 9 e 10 dell'articolo 47 della legge 26 luglio 1975, n. 354.

3. Con il provvedimento che dispone la sospensione dell'esecuzione della pena, salvo specifica autorizzazione del magistrato di sorveglianza in relazione ad esigenze familiari o lavorative, è disposto, per il periodo corrispondente alla pena la cui esecuzione è stata sospesa, nei confronti del condannato il divieto di espatrio, con tutte le misure necessarie per impedire l'utilizzazione del passaporto e degli altri documenti validi per l'espatrio.

5. Applicazione dell'articolo 4 della legge n. 381 del 1991.

1. Ai fini dell'applicazione dell'articolo 4, comma 1, della legge 8 novembre 1991, n. 381, come modificato dall'articolo 1 della legge 22 giugno 2000, n. 193, la sospensione dell'esecuzione della pena, ai sensi della presente legge, si considera misura alternativa.

6. Relazione al Parlamento.

1. Ogni anno il Ministro della giustizia riferisce al Parlamento sullo stato di attuazione della presente legge.

7. Applicazione della legge.

1. Le disposizioni della presente legge si applicano nei confronti dei condannati in stato di detenzione ovvero in attesa di esecuzione della pena alla data di entrata in vigore della medesima.

La presente legge, munita del sigillo dello Stato, sarà inserita nella Raccolta ufficiale degli atti normativi della Repubblica italiana. È fatto obbligo a chiunque spetti di osservarla e di farla osservare come legge dello Stato.

5. L. 31 luglio 2006, n. 241. – Concessione di indulto

In Gazzetta Ufficiale 31 luglio 2006, n. 176

1. – **1.** È concesso indulto, per tutti i reati commessi fino a tutto il 2 maggio 2006, nella misura non superiore a tre anni per le pene detentive e non superiore a 10.000 euro per quelle pecuniarie sole o congiunte a pene detentive. Non si applicano le esclusioni di cui all'ultimo comma dell'articolo 151 del codice penale.

2. L'indulto non si applica:

a) per i delitti previsti dai seguenti articoli del codice penale:
   1) 270 (associazioni sovversive), primo comma;
   2) 270-*bis* (associazioni con finalità di terrorismo anche internazionale o di eversione dell'ordine democratico);
   3) 270-*quater* (arruolamento con finalità di terrorismo anche internazionale);
   4) 270-*quinquies* (addestramento ad attività con finalità di terrorismo anche internazionale);
   5) 280 (attentato per finalità terroristiche o di eversione);
   6) 280-*bis* (atto di terrorismo con ordigni micidiali o esplosivi);
   7) 285 (devastazione, saccheggio e strage);
   8) 289-*bis* (sequestro di persona a scopo di terrorismo o di eversione);
   9) 306 (banda armata);
   10) 416, sesto comma (associazione per delinquere finalizzata alla commissione dei delitti di cui agli articoli 600, 601 e 602 del codice penale);
   11) 416-*bis* (associazione di tipo mafioso);
   12) 422 (strage);
   13) 600 (riduzione o mantenimento in schiavitù o in servitù);
   14) 600-*bis* (prostituzione minorile);
   15) 600-*ter* (pornografia minorile), anche nell'ipotesi prevista dall'articolo 600-*quater*.1 del codice penale;
   16) 600-*quater* (detenzione di materiale pornografico), anche nell'ipotesi prevista dall'articolo 600-*quater*.1 del codice penale, sempre che il delitto sia aggravato ai sensi del secondo comma del medesimo articolo 600-*quater*;
   17) 600-*quinquies* (iniziative turistiche volte allo sfruttamento della prostituzione minorile);
   18) 601 (tratta di persone);
   19) 602 (acquisto e alienazione di schiavi);
   20) 609-*bis* (violenza sessuale);
   21) 609-*quater* (atti sessuali con minorenne);
   22) 609-*quinquies* (corruzione di minorenne);
   23) 609-octies (violenza sessuale di gruppo);
   24) 630 (sequestro di persona a scopo di estorsione), commi primo, secondo e terzo;
   25) 644 (usura);
   26) 648-*bis* (riciclaggio), limitatamente all'ipotesi che la sostituzione riguardi denaro, beni o altre utilità provenienti dal delitto di sequestro di persona a scopo di estorsione o dai delitti concernenti la produzione o il traffico di sostanze stupefacenti o psicotrope;

b) per i delitti riguardanti la produzione, il traffico e la detenzione illeciti di sostanze stupefacenti o psicotrope, di cui all'articolo 73 del testo unico delle leggi in materia di disciplina degli stupefacenti e sostanze psicotrope, prevenzione, cura e riabilitazione dei relativi stati di tossicodipendenza, di cui al decreto del Presidente della Repubblica 9 ottobre 1990, n. 309, e successive modificazioni, aggravati ai sensi dell'articolo 80, comma 1, lettera a), e comma 2, del medesimo testo unico, nonché per il delitto di associazione finalizzata al traffico illecito di sostanze stupefacenti o psicotrope di cui all'articolo 74 del citato testo unico, in tutte le ipotesi previste dai commi 1, 4 e 5 del medesimo articolo 74;

c) per i reati per i quali ricorre la circostanza aggravante di cui all'articolo 1 del decreto-legge 15 dicembre 1979, n. 625, convertito, con modificazioni, dalla legge 6 febbraio 1980, n. 15, e successive modificazioni;

d) per i reati per i quali ricorre la circostanza aggravante di cui all'articolo 7 del decreto-legge 13 maggio 1991, n. 152, convertito, con modificazioni, dalla legge 12 luglio 1991, n. 203, e successive modificazioni;

e) per i reati per i quali ricorre la circostanza aggravante di cui all'articolo 3 del decreto-legge 26 aprile 1993, n. 122, convertito, con modificazioni, dalla legge 25 giugno 1993, n. 205.

3. Il beneficio dell'indulto è revocato di diritto se chi ne ha usufruito commette, entro cinque anni dalla data di entrata in vigore della presente legge, un delitto non colposo per il quale riporti condanna a pena detentiva non inferiore a due anni.

4. La presente legge entra in vigore il giorno successivo a quello della sua pubblicazione nella Gazzetta Ufficiale.

La presente legge, munita del sigillo dello Stato, sarà inserita nella Raccolta ufficiale degli atti normativi della Repubblica italiana. È fatto obbligo a chiunque spetti di osservarla e di farla osservare come legge dello Stato.

ANIMALI E CACCIA

1. L. 11 febbraio 1992, n. 157. – Norme per la protezione della fauna selvatica omeoterma e per il prelievo venatorio (*artt. 1-5, 12-13, 18, 21, 27, 30-31*) (1) (2) (3)

In Gazzetta Ufficiale, 25 febbraio 1992, n. 46, S.O.

(1) Si avverte che il nome dei Ministri e dei Ministeri tiene conto delle modifiche (soppressioni e/o accorpamenti) intervenute negli ultimi anni.

(2) Le funzioni e i compiti svolti dal Ministro/Ministero delle risorse agricole, alimentari e forestali, già sostitutivo dell'abrogato Ministro/Ministero dell'agricoltura e delle foreste, sono ora esercitati dalle Regioni, direttamente o mediante delega agli enti locali, e dal Ministero delle politiche agricole e forestali (d.lgs. 4.6.1997, n. 143 e d.P.R. 13.9.1999).

(3) Le funzioni volte dall'Istituto nazionale per la fauna selvatica, soppresso dall'art. 28, co. 2, d.l. 25.6.2008, n. 112, conv., con modif., in l. 6.8.2008, n. 13, sono ora svolte Istituto Superiore per la Protezione e la Ricerca Ambientale (ISPRA).

1. Fauna selvatica.

1. La fauna selvatica è patrimonio indisponibile dello Stato ed è tutelata nell'interesse della comunità nazionale ed internazionale.

1 bis. Lo Stato, le regioni e le province autonome, senza nuovi o maggiori oneri per la finanza pubblica, adottano le misure necessarie per mantenere o adeguare le popolazioni di tutte le specie di uccelli di cui all'articolo 1 della direttiva 2009/147/CE del Parlamento europeo e del Consiglio, del 30 novembre 2009, ad un livello corrispondente alle esigenze ecologiche, scientifiche, turistiche e culturali, tenendo conto delle esigenze economiche e ricreative e facendo in modo che le misure adottate non provochino un deterioramento dello stato di conservazione degli uccelli e dei loro habitat, fatte salve le finalità di cui all'articolo 9, paragrafo 1, lettera a), primo e secondo trattino, della stessa direttiva [1].

2. L'esercizio dell'attività venatoria è consentito purché non contrasti con l'esigenza di conservazione della fauna selvatica e non arrechi danno effettivo alle produzioni agricole.

3. Le regioni a statuto ordinario provvedono ad emanare norme relative alla gestione ed alla tutela di tutte le specie della fauna selvatica in conformità alla presente legge, alle convenzioni internazionali ed alle direttive comunitarie. Le regioni a statuto speciale e le province autonome provvedono in base alle competenze esclusive nei limiti stabiliti dai rispettivi statuti. Le province attuano la disciplina regionale ai sensi dell'articolo 14, comma 1, lettera f), della legge 8 giugno 1990, n. 142.

4. Le direttive [79/409/CEE del Consiglio del 2 aprile 1979], 85/411/CEE della Commissione del 25 luglio 1985 e 91/244/CEE della Commissione del 6 marzo 1991, con i relativi allegati, concernenti la conservazione degli uccelli selvatici, sono integralmente recepite ed attuate nei modi e nei termini previsti dalla presente legge la quale costituisce inoltre attuazione della Convenzione di Parigi del 18 ottobre 1950, resa esecutiva con legge 24 novembre 1978, n. 812, e della Convenzione di Berna del 19 settembre 1979, resa esecutiva con legge 5 agosto 1981, n. 503 [2].

5. Le regioni e le province autonome in attuazione delle citate direttive [79/409/CEE], 85/411/CEE e 91/244/CEE provvedono ad istituire lungo le rotte di migrazione dell'avifauna, segnalate dall'Istituto nazionale per la fauna selvatica di cui all'articolo 7 entro quattro mesi dalla data di entrata in vigore della presente legge, zone di protezione finalizzate al mantenimento ed alla sistemazione, conforme alle esigenze ecologiche, degli habitat interni a tali zone e ad esse limitrofi, provvedono al ripristino dei biotopi distrutti e alla creazione dei biotopi, tenuto conto di quanto previsto dall'articolo 2, e in conformità agli articoli 3 e 4 della direttiva 2009/147/CE. [Tali attività concernono particolarmente e prioritariamente le specie di cui all'allegato I annesso alla citata direttiva 2009/147/CE, secondo i criteri ornitologici previsti all'articolo 4 della stessa direttiva.] In caso di inerzia delle regioni e delle province autonome per un anno dopo la segnalazione da parte dell'Istituto nazionale per la fauna selvatica, provvedono con controllo sostitutivo, d'intesa, il Ministro dell'agricoltura e delle foreste e il Ministro dell'ambiente (3).

5 bis. Le regioni e le province autonome adottano le misure di conservazione di cui agli articoli 4 e 6 del regolamento di cui al decreto del Presidente della Repubblica 8 settembre 1997, n. 357, e successive modificazioni, per quanto possibile, anche per gli habitat esterni alle zone di protezione speciale. Le regioni e le province autonome provvedono all'attuazione del presente comma nell'ambito delle risorse umane, finanziarie e strumentali disponibili a legislazione vigente e senza nuovi o maggiori oneri per la finanza pubblica (4).

6. Le regioni e le province autonome trasmettono annualmente al Ministro dell'agricoltura e delle foreste e al Ministro dell'ambiente una relazione sulle misure adottate ai sensi del comma 5 e sui loro effetti rilevabili.

7. Ai sensi dell'articolo 2 della legge 9 marzo 1989, n. 86, il Ministro per il coordinamento delle politiche comunitarie, di concerto con il Ministro dell'agricoltura e delle foreste e con il Ministro dell'ambiente, verifica, con la collaborazione delle regioni e delle province autonome e sentiti il Comitato tecnico faunistico-venatorio nazionale di cui all'articolo 8 e l'Istituto nazionale per la fauna selvatica, lo stato di conformità della presente legge e delle leggi regionali e provinciali in materia agli atti emanati dalle istituzioni delle Comunità europee volti alla conservazione della fauna selvatica.

7.1. Il Ministero dell'ambiente e della tutela del territorio e del mare trasmette periodicamente alla Commissione europea tutte le informazioni a questa utili sull'applicazione pratica della presente legge e delle altre norme vigenti in materia, limitatamente a quanto previsto dalla direttiva 2009/147/CE (5).

7 bis. Lo Stato incoraggia le ricerche, i monitoraggi e i lavori necessari per la protezione, la gestione e l'utilizzazione della popolazione di tutte le specie di uccelli di cui all'articolo 1 della citata direttiva 2009/147/ CE, con particolare attenzione agli argomenti elencati nell'allegato V annesso alla medesima direttiva. Il Ministro per le politiche europee, di concerto con i Ministri competenti, trasmette alla Commissione europea tutte le informazioni necessarie al coordinamento delle ricerche e dei lavori riguardanti la protezione, la gestione e l'utilizzazione delle specie di uccelli di cui al presente comma. Con decreto del Ministro dell'ambiente e della tutela del territorio e del mare e del Ministro delle politiche agricole alimentari e forestali, da emanare entro centottanta giorni dalla data di entrata in vigore della presente disposizione, sono stabilite le modalità di trasmissione e la tipologia delle informazioni che le regioni sono tenute a comunicare. All'attuazione del presente comma si provvede nell'ambito delle risorse umane, finanziarie e strumentali disponibili a legislazione vigente e senza nuovi o maggiori oneri per la finanza pubblica (6).

(1) Comma introdotto dall'art. 42, co. 1, l. 4.6.2010, n. 96 (l. comunitaria 2009).
(2) Il riferimento alla direttiva 79/409/CEE deve intendersi sostituito con quello alla direttiva 97/49/CE della Commissione del 29.7.1997 (art. 1, d.P.R. 1.12.2000, n. 425).
(3) Comma modificato dall'art. 42, co. 1, l. 4.6.2010, n. 96 (l. comunitaria 2009) e poi dall'art. 26, co. 1, lett. a), l. 6.8.2013, n. 97.
(4) Comma introdotto dall'art. 42, co. 1, l. 4.6.2010, n. 96 (l. comunitaria 2009).
(5) Comma introdotto dall'art. 26, co. 1, lett. b), l. 6.8.2013, n. 97.
(6) Comma introdotto dall'art. 42, co. 1, l. 4.6.2010, n. 96 (l. comunitaria 2009).

2. Oggetto della tutela.

1. Fanno parte della fauna selvatica oggetto della tutela della presente legge le specie di mammiferi e di uccelli dei quali esistono popolazioni viventi stabilmente o temporaneamente in stato di naturale libertà nel territorio nazionale. Sono particolarmente protette, anche sotto il profilo sanzionatorio, le seguenti specie:

a) mammiferi: lupo (Canis lupus), sciacallo dorato (Canis aureus), orso (Ursus arctos), martora (Martes martes), puzzola (Mustela putorius), lontra (Lutra lutra), gatto selvatico (Felis sylvestris), lince (Lyn lyn), foca monaca (Monachus monachus), tutte le specie di cetacei (Cetacea), cervo sardo (Cervus elaphus corsicanus), camoscio d'Abruzzo (Rupicapra pyrenaica);
b) uccelli: marangone minore (Phalacrocorax pygmeus), marangone dal ciuffo (Phalacrocorax aristotelis), tutte le specie di pellicani (Pelecanidae), tarabuso (Botaurus stellaris), tutte le specie di cicogne (Ciconiidae), spatola (Platalea leucorodia), mignattaio (Plegadis falcinellus), fenicottero (Phoenicopterus ruber), cigno reale (Cygnus olor), cigno selvatico (Cygnus cygnus), volpoca (Tadorna tadorna), fistione turco (Netta rufina), gobbo rugginoso (Oxyura leucocephala), tutte le specie di rapaci diurni (Accipitriformes e falconiformes), pollo sultano (Porphyrio porphyrio), otarda (Otis tarda), gallina prataiola (Tetrax tetrax), gru (Grus grus), piviere tortolino (Eudromias morinellus), avocetta (Recurvirostra avosetta), cavaliere d'Italia, (Himantopus himantopus), occhione (Burhinus oedicnemus), pernice di mare (Glareola pratincola), gabbiano corso (Larus audouinii), gabbiano corallino (Larus melanocephalus), gabbiano roseo

(Larus genei), sterna zampenere (Gelochelidon nilotica), sterna maggiore (Sterna caspia), tutte le specie di rapaci notturni (Strigiformes), ghiandaia marina (Coracias garrulus), tutte le specie di picchi (Picidae), gracchio corallino (Pyrrhocorax pyrrhocorax);

c) tutte le altre specie che direttive comunitarie o convenzioni internazionali o apposito decreto del Presidente del Consiglio dei ministri indicano come minacciate di estinzione.

2. Le norme della presente legge non si applicano alle talpe, ai ratti, ai topi propriamente detti, alle nutrie, alle arvicole. In ogni caso, per le specie alloctone, comprese quelle di cui al periodo precedente, con esclusione delle specie individuate dal decreto del Ministro dell'ambiente e della tutela del territorio e del mare 19 gennaio 2015, pubblicato nella Gazzetta Ufficiale n. 31 del 7 febbraio 2015, la gestione è finalizzata all'eradicazione o comunque al controllo delle popolazioni; gli interventi di controllo o eradicazione sono realizzati come disposto dall'articolo 19 [(1)].

[**2 bis.** Nel caso delle specie alloctone, con esclusione delle specie da individuare con decreto del Ministro dell'ambiente e della tutela del territorio e del mare, di concerto con il Ministro delle politiche agricole alimentari e forestali, sentito l'Istituto superiore per la protezione e la ricerca ambientale (ISPRA), la gestione di cui all'articolo 1, comma 3, è finalizzata [ove possibile] all'eradicazione o comunque al controllo delle popolazioni.] [(2)].

3. Il controllo del livello di popolazione degli uccelli negli aeroporti, ai fini della sicurezza aerea, è affidato al Ministro dei trasporti.

(1) Comma modificato dall'art. 11, co. 12 bis, d.l. 24.6.2014, n. 91, conv., con modif., dalla l. 11.8.2014, n. 116 e poi sostituito dall'art. 7, co. 5, lett. a), l. 28.12.2015, n. 221.

(2) Comma introdotto dall'art. 11, co. 12, d.l. 24.6.2014, n. 91, conv., con modif., dalla l. 11.8.2014, n. 116 e poi abrogato dall'art. 7, co. 5, lett. b), l. 28.12.2015, n. 221.

3. Divieto di uccellagione.

1. È vietata in tutto il territorio nazionale ogni forma di uccellagione e di cattura di uccelli e di mammiferi selvatici, nonché il prelievo di uova, nidi e piccoli nati.

4. Cattura temporanea e inanellamento.

1. Le regioni, su parere dell'Istituto nazionale per la fauna selvatica, possono autorizzare esclusivamente gli istituti scientifici delle università e del Consiglio nazionale delle ricerche e i musei di storia naturale ad effettuare, a scopo di studio e ricerca scientifica, la cattura e l'utilizzazione di mammiferi ed uccelli, nonché il prelievo di uova, nidi e piccoli nati.

2. L'attività di cattura temporanea per l'inanellamento degli uccelli a scopo scientifico è organizzata e coordinata sull'intero territorio nazionale dall'Istituto nazionale per la fauna selvatica; tale attività funge da schema nazionale di inanellamento in seno all'Unione europea per l'inanellamento (EURING). L'attività di inanellamento può essere svolta esclusivamente da titolari di specifica autorizzazione, rilasciata dalle regioni su parere dell'Istituto nazionale per la fauna selvatica; l'espressione di tale parere è subordinata alla partecipazione a specifici corsi di istruzione, organizzati dallo stesso Istituto, ed al superamento del relativo esame finale.

3. L'attività di cattura per l'inanellamento e per la cessione ai fini di richiamo può essere svolta esclusivamente con mezzi, impianti o metodi di cattura che non sono vietati ai sensi dell'allegato IV alla direttiva 2009/147/CE da impianti della cui autorizzazione siano titolari le province e che siano gestiti da personale qualificato e valutato idoneo dall'ISPRA. L'autorizzazione alla gestione di tali impianti è concessa dalle regioni su parere dell'Istituto superiore per la protezione e la ricerca ambientale, il quale svolge altresì compiti di controllo e di certificazione dell'attività svolta dagli impianti stessi e ne determina il periodo di attività [(1)].

4. La cattura per la cessione a fini di richiamo è consentita solo per esemplari appartenenti alle seguenti specie: allodola; cesena; tordo sassello; tordo bottaccio; merlo; pavoncella e colombaccio. Gli esemplari appartenenti ad altre specie eventualmente catturati devono essere inanellati ed immediatamente liberati. [(2)].

5. È fatto obbligo a chiunque abbatte, cattura o rinviene uccelli inanellati di darne notizia all'Istituto nazionale per la fauna selvatica o al comune nel cui territorio è avvenuto il fatto, il quale provvede ad informare il predetto Istituto.

6. Le regioni emanano norme in ordine al soccorso, alla detenzione temporanea e alla successiva liberazione di fauna selvatica in difficoltà.

(1) Comma sostituito dall'art. 16, co. 1, lett. a), d.l. 24.6.2014, n. 91, conv., con modif., dalla l. 11.8.2014, n. 116 e poi dall'art.21, co. 1, l. 29.7.2015, n. 115 (l. europea 2014).

(2) Comma sostituito dall'art. 34, l. 1.3.2002, n. 39.

5. Esercizio venatorio da appostamento fisso e richiami vivi.

1. Le regioni, su parere dell'Istituto nazionale per la fauna selvatica, emanano norme per regolamentare l'allevamento, la vendita e la detenzione di uccelli allevati appartenenti alle specie cacciabili, nonché il loro uso in funzione di richiami.

2. Le regioni emanano altresì norme relative alla costituzione e gestione del patrimonio di richiami vivi di cattura appartenenti alle specie di cui all'articolo 4, comma 4, consentendo, ad ogni cacciatore che eserciti l'attività venatoria ai sensi dell'articolo 12, comma 5, lettera b), la detenzione di un numero massimo di dieci unità per ogni specie, fino ad un massimo complessivo di quaranta unità. Per i cacciatori che esercitano l'attività venatoria da appostamento temporaneo con richiami vivi, il patrimonio di cui sopra non potrà superare il numero massimo complessivo di dieci unità.

3. Le regioni emanano norme per l'autorizzazione degli appostamenti fissi, che le province rilasciano in numero non superiore a quello rilasciato nell'annata venatoria 1989-1990.

3 bis. L'autorizzazione rilasciata ai sensi del comma

3 costituisce titolo abilitativo e condizione per la sistemazione del sito e l'istallazione degli appostamenti strettamente funzionali all'attività, che possono permanere fino a scadenza dell'autorizzazione stessa e che, fatte salve le preesistenze a norma delle leggi vigenti, non comportino alterazione permanente dello stato dei luoghi, abbiano natura precaria, siano realizzati in legno o con altri materiali leggeri o tradizionali della zona, o con strutture in ferro anche tubolari, o in prefabbricato quando interrati o immersi, siano privi di opere di fondazione e siano facilmente ed immediatamente rimuovibili alla scadenza dell'autorizzazione [(1)].

3 ter. Le regioni e le province autonome di Trento e di Bolzano definiscono con proprie norme le caratteristiche degli appostamenti nel rispetto del comma 3-*bis* [(2)].

4. L'autorizzazione di cui al comma 3 può essere richiesta da coloro che ne erano in possesso nell'annata venatoria 1989-1990. Ove si realizzi una possibile capienza, l'autorizzazione può essere richiesta dagli ultrasessantenni nel rispetto delle priorità definite dalle norme regionali.

5. Non sono considerati fissi ai sensi e per gli effetti di cui all'articolo 12, comma 5, gli appostamenti per la caccia agli ungulati e ai colombacci e gli appostamenti di cui all'articolo 14, comma 12.

6. L'accesso con armi proprie all'appostamento fisso con l'uso di richiami vivi è consentito unicamente a coloro che hanno optato per la forma di caccia di cui all'articolo 12, comma 5, lettera b). Oltre al titolare; possono accedere all'appostamento fisso le persone autorizzate dal titolare medesimo.

7. È vietato l'uso di richiami che non siano identificabili mediante anello inamovibile, numerato secondo le norme regionali che disciplinano anche la procedura in materia.

8. La sostituzione di un richiamo può avvenire soltanto dietro presentazione all'ente competente del richiamo morto da sostituire.

9. È vietata la vendita di uccelli di cattura utilizzabili come richiami vivi per l'attività venatoria.

(1) Comma introdotto dall'art. 7, co. 5, lett. c), l. 28.12.2015, n. 221.
(2) Comma introdotto dall'art. 7, co. 5, lett. c), l. 28.12.2015, n. 221.

12. Esercizio dell'attività venatoria.

1. L'attività venatoria si svolge per una concessione che lo Stato rilascia ai cittadini che la richiedano e che posseggano i requisiti previsti dalla presente legge.

2. Costituisce esercizio venatorio ogni atto diretto all'abbattimento o alla cattura di fauna selvatica mediante l'impiego dei mezzi di cui all'articolo 13.

3. È considerato altresì esercizio venatorio il vagare o il soffermarsi con i mezzi destinati a tale scopo o in attitudine di ricerca della fauna selvatica o di attesa della medesima per abbatterla.

4. Ogni altro modo di abbattimento è vietato, salvo che non avvenga per caso fortuito o per forza maggiore.

5. Fatto salvo l'esercizio venatorio con l'arco o con il falco, l'esercizio venatorio stesso può essere praticato in via esclusiva in una delle seguenti forme:
a) vagante in zona Alpi;
b) da appostamento fisso;
c) nell'insieme delle altre forme di attività venatoria consentite dalla presente legge e praticate nel rimanente territorio destinato all'attività venatoria programmata.

6. La fauna selvatica abbattuta durante l'esercizio venatorio nel rispetto delle disposizioni della presente legge appartiene a colui che l'ha cacciata.

7. Non costituisce esercizio venatorio il prelievo di fauna selvatica ai fini di impresa agricola di cui all'articolo 10, comma 8, lettera d).

8. L'attività venatoria può essere esercitata da chi abbia compiuto il diciottesimo anno di età e sia munito della licenza di porto di fucile per uso di caccia, di polizza assicurativa per la responsabilità civile verso terzi derivante dall'uso delle armi o degli arnesi utili all'attività venatoria, con massimale di lire un miliardo per ogni sinistro, di cui lire 750 milioni per ogni persona danneggiata e lire 250 milioni per danni ad animali ed a cose, nonché di polizza assicurativa per infortuni correlata all'esercizio dell'attività venatoria, con massimale di lire 100 milioni per morte o invalidità permanente.

9. Il Ministro dell'agricoltura e delle foreste, sentito il Comitato tecnico faunistico-venatorio nazionale, provvede ogni quattro anni, con proprio decreto, ad aggiornare i massimali suddetti.

10. In caso di sinistro colui che ha subito il danno può procedere ad azione diretta nei confronti della compagnia di assicurazione presso la quale colui che ha causato il danno ha contratto la relativa polizza.

11. La licenza di porto di fucile per uso di caccia ha validità su tutto il territorio nazionale e consente l'esercizio venatorio nel rispetto delle norme di cui alla presente legge e delle norme emanate dalle regioni.

12. Ai fini dell'esercizio dell'attività venatoria è altresì necessario il possesso di un apposito tesserino rilasciato dalla regione di residenza, ove sono indicate le specifiche norme inerenti il calendario regionale, nonché le forme di cui al comma 5 e gli ambiti territoriali di caccia ove è consentita l'attività venatoria. Per l'esercizio della caccia in regioni diverse da quella di residenza è necessario che, a cura di quest'ultima, vengano apposte sul predetto tesserino le indicazioni sopramenzionate.

12 bis. La fauna selvatica stanziale e migratoria abbattuta deve essere annotata sul tesserino venatorio di cui al comma 12 subito dopo l'abbattimento [(1)].

(1) Comma introdotto dall'art. 31, co. 1, l. 7.7.2016, n. 122.

13. Mezzi per l'esercizio dell'attività venatoria.

1. L'attività venatoria è consentita con l'uso del fucile con canna ad anima liscia fino a due colpi, a ripetizione e semiautomatico, con caricatore contenente non più di due cartucce, di calibro non superiore al 12, nonché con fucile con canna ad anima rigata a caricamento singolo manuale o a ripetizione semiautomatica di calibro non inferiore a millimetri 5,6 con bossolo a vuoto di altezza non inferiore a millimetri 40. I caricatori dei fucili ad anima rigata a ripetizione semiautomatica non possono contenere più di due cartucce durante l'esercizio dell'attività venatoria e possono contenere fino a cinque cartucce limitatamente all'esercizio della caccia al cinghiale (1).

2. È consentito, altresì, l'uso del fucile a due o tre canne (combinato), di cui una o due ad anima liscia di calibro non superiore al 12 ed una o due ad anima rigata di calibro non inferiore a millimetri 5,6, nonché l'uso dell'arco e del falco.

2 bis. In deroga a quanto previsto dai commi 1 e 2, e fermo restando il divieto assoluto di impiego di armi appartenenti alla categoria A, dell'allegato I alla direttiva 91/477/CEE del Consiglio, del 18 giugno 1991, l'attività venatoria non è consentita con l'uso del fucile rientrante fra le armi da fuoco semiautomatiche somiglianti ad un'arma da fuoco automatica di cui alla categoria B, punto 9, del medesimo allegato I, nonché con l'uso di armi e cartucce a percussione anulare di calibro non superiore a 6 millimetri Flobert (2).

3. I bossoli delle cartucce devono essere recuperati dal cacciatore e non lasciati sul luogo di caccia.

4. Nella zona faunistica delle Alpi è vietato l'uso del fucile con canna ad anima liscia a ripetizione semiautomatica salvo che il relativo caricatore sia adattato in modo da non contenere più di un colpo.

5. Sono vietati tutte le armi e tutti i mezzi per l'esercizio venatorio non esplicitamente ammessi dal presente articolo.

6. Il titolare della licenza di porto di fucile anche per uso di caccia è autorizzato, per l'esercizio venatorio, a portare, oltre alle armi consentite, gli utensili da punta e da taglio atti alle esigenze venatorie.

(1) Comma modificato dall'art. 16, co. 2, d.l. 24.6.2014, n. 91, conv., con modif., dalla l. 11.8.2014, n. 116.
(2) Comma introdotto dall'art. 3, co. 3 decies, d.l. 18.2. 2015, n. 7, conv., con modif., dalla l. 17.4.2015, n. 43 e successivamente sostituito, a decorrere dal 14.9.2018, dall'art. 6, co. 1, lett. a), d.lgs. 10.8. 2018, n. 104.

18. Specie cacciabili e periodi di attività venatoria.

1. Ai fini dell'esercizio venatorio è consentito abbattere esemplari di fauna selvatica appartenenti alle seguenti specie e per i periodi sottoindicati:

a) specie cacciabili dalla terza domenica di settembre al 31 dicembre: quaglia (Coturnix coturnix); tortora (Streptopeia turtur); merlo (Turdus merula); passero (Passer italiae); passera mattugia (Passer montanus); passera oltremontana (Passer domesticus); allodola (Alauda arvensis); colino della Virginia (Colinus virginianus); starna (Perdix perdix); pernice rossa (Alectoris rufa); pernice sarda (Alectoris barbara); lepre comune (Lepus europaeus); lepre sarda (Lepus capensis); coniglio selvatico (Oryctolagus cuniculus); minilepre (Silvilagus floridamus);
b) specie cacciabili dalla terza domenica di settembre al 31 gennaio: storno (Sturnus vulgaris); cesena (Turdus pilaris); tordo bottaccio (Turdus philomelos); tordo sassello (Turdus iliacus); fagiano (Phasianus colchicus); germano reale (Anas platyrhynchos); folaga (Fulica atra); gallinella d'acqua (Gallinula chloropus); alzavola (Anas crecca); canapiglia (Anas strepera); porciglione (Rallus aquaticus); fischione (Anas penelope); codone (Anas acuta); marzaiola (Anas querquedula); mestolone (Anas clypeata); moriglione (Aythya ferina); moretta (Aythya fuligula); beccaccino (Gallinago gallinago); colombaccio (Columba palumbus); frullino (Lymnocryptes minimus); [fringuello (Fringilla coelebs)] (1); [peppola (Fringilla montifringilla)] (1); combattente (Philomachus pugnax); beccaccia (Scolopax rusticola); taccola (Corvus monedula); corvo (Corvus frugilegus); cornacchia nera (Corvus corone); pavoncella (Vanellus vanellus); pittima reale (Limosa limosa); cornacchia grigia (Corvus corone cornix); ghiandaia (Garrulus glandarius); gazza (Pica pica); volpe (Vulpes vulpes);
c) specie cacciabili dal 1° ottobre al 30 novembre: pernice bianca (Lagopus mutus); fagiano di monte (Tetrao tetrix); francolino di monte (Bonasa bonasia); coturnice (Alectoris graeca); camoscio alpino (Rupicapra rupicapra); capriolo (Capreolus capreolus); cervo (Cervus elaphus); daino (Dama dama); muflone (Ovis musimon); con esclusione della popolazione sarda; lepre bianca (Lepus timidus);
d) specie cacciabili dal 1° ottobre al 31 dicembre o dal 1° novembre al 31 gennaio: cinghiale (Sus scrofa);
e) specie cacciabili dal 15 ottobre al 30 novembre limitatamente alla popolazione di Sicilia: Lepre italica (Lepus corsicanus) (2).

1 bis. L'esercizio venatorio è vietato, per ogni singola specie:

a) durante il ritorno al luogo di nidificazione;
b) durante il periodo della nidificazione e le fasi della riproduzione e della dipendenza degli uccelli (3).

2. I termini di cui al comma 1 possono essere modificati per determinate specie in relazione alle situazioni ambientali delle diverse realtà territoriali. Le regioni autorizzano le modifiche previo parere dell'Istituto nazionale per la fauna selvatica. I termini devono essere comunque contenuti tra il 1° settembre ed il 31 gennaio dell'anno nel rispetto dell'arco temporale massimo indicato al comma 1. L'autorizzazione regionale è condizionata alla preventiva predisposizione di adeguati piani faunistico-venatori. La stessa disciplina si applica anche per la caccia di selezione degli ungulati, sulla base di piani di abbattimento selettivi approvati dalle regioni; la caccia di selezione agli ungulati può essere autorizzata a far tempo dal 1° agosto nel rispetto dell'arco temporale di cui al comma 1. Ferme restando le disposizioni relative agli ungulati, le regioni possono posticipare, non oltre la prima decade di febbraio, i termini di cui al presente comma in relazione a specie determinate e allo scopo sono obbligate ad acquisire il preventivo parere espresso dall'Istituto superiore per la protezione e la ricerca ambientale (ISPRA), al quale devono uniformarsi. Tale parere deve essere reso, sentiti gli istituti regionali ove istituiti, entro trenta giorni dal ricevimento della richiesta [(3)] [(4)].

3. Con decreto del Presidente del Consiglio dei ministri, su proposta del Ministro dell'agricoltura e delle foreste, d'intesa con il Ministro dell'ambiente, vengono recepiti i nuovi elenchi delle specie di cui al comma 1, entro sessanta giorni dall'avvenuta approvazione comunitaria o dall'entrata in vigore delle convenzioni internazionali. Il Presidente del Consiglio dei ministri, su proposta del Ministro dell'agricoltura e delle foreste, d'intesa con il Ministro dell'ambiente, sentito l'Istituto nazionale per la fauna selvatica, dispone variazioni dell'elenco delle specie cacciabili in conformità alle vigenti direttive comunitarie e alle convenzioni internazionali sottoscritte, tenendo conto della consistenza delle singole specie sul territorio.

4. Le regioni, sentito l'Istituto nazionale per la fauna selvatica, pubblicano, entro e non oltre il 15 giugno, il calendario regionale e il regolamento relativi all'intera annata venatoria, nel rispetto di quanto stabilito ai commi 1, 2 e 3, e con l'indicazione del numero massimo di capi da abbattere in ciascuna giornata di attività venatoria.

5. Il numero delle giornate di caccia settimanali non può essere superiore a tre. Le regioni possono consentirne la libera scelta al cacciatore, escludendo i giorni di martedì e venerdì, nei quali l'esercizio dell'attività venatoria è in ogni caso sospeso.

6. Fermo restando il silenzio venatorio nei giorni di martedì e venerdì, le regioni, sentito l'Istituto nazionale per la fauna selvatica e tenuto conto delle consuetudini locali, possono, anche in deroga al comma 5, regolamentare diversamente l'esercizio venatorio da appostamento alla fauna selvatica migratoria nei periodi intercorrenti fra il 1° ottobre e il 30 novembre.

7. La caccia è consentita da un'ora prima del sorgere del sole fino al tramonto. La caccia di selezione agli ungulati è consentita fino ad un'ora dopo il tramonto.

8. Non è consentita la posta alla beccaccia né la caccia da appostamento, sotto qualsiasi forma, al beccaccino [(5)].

(1) Il D.P.C.M. 22.11.1993, ha escluso dall'elenco questa specie.
(2) Lettera introdotta dall'art. unico del D.P.C.M. 7.5.2003.
(3) Comma introdotto dall'art. 42, co. 2, l. 4.6.2010, n. 96 (l. comunitaria 2009).
(4) Comma modificato dall'art. 42, co. 2, l. 4.6.2010, n. 96 (l. comunitaria 2009).
(5) Questo art. è stato modificato dall'art. 9, d.l. 16.8.2006, n. 251, non convertito in legge nel termine di 60 giorni dalla sua pubblicazione.

21. Divieti.

1. È vietato a chiunque:

a) l'esercizio venatorio nei giardini, nei parchi pubblici e privati, nei parchi storici e archeologici e nei terreni adibiti ad attività sportive;
b) l'esercizio venatorio nei parchi nazionali, nei parchi naturali regionali e nelle riserve naturali conformemente alla legislazione nazionale in materia di parchi e riserve naturali. Nei parchi naturali regionali costituiti anteriormente alla data di entrata in vigore della legge 6 dicembre 1991, n. 394, le regioni adeguano la propria legislazione al disposto dell'articolo 22, comma 6, della predetta legge entro il 31 gennaio 1997, provvedendo nel frattempo all'eventuale riperimetrazione dei parchi naturali regionali anche ai fini dell'applicazione dell'articolo 32, comma 3, della legge medesima [(1)];
c) l'esercizio venatorio nelle oasi di protezione e nelle zone di ripopolamento e cattura, nei centri di riproduzione di fauna selvatica, nelle foreste demaniali ad eccezione di quelle che, secondo le disposizioni regionali, sentito il parere dell'Istituto nazionale per la fauna selvatica, non presentino condizioni favorevoli alla riproduzione ed alla sosta della fauna selvatica;
d) l'esercizio venatorio ove vi siano opere di difesa dello Stato ed ove il divieto sia richiesto a giudizio insindacabile dell'autorità militare, o dove esistano beni monumentali, purché dette zone siano delimitate da tabelle esenti da tasse indicanti il divieto;
e) l'esercizio venatorio nelle aie e nelle corti o altre pertinenze di fabbricati rurali; nelle zone comprese nel raggio di cento metri da immobili, fabbricati e stabili adibiti ad abitazione o a posto di lavoro e a distanza inferiore a cinquanta metri da vie di comunicazione ferroviaria e da strade carrozzabili, eccettuate le strade poderali ed interpoderali;
f) sparare da distanza inferiore a centocinquanta metri con uso di fucile da caccia con canna ad anima liscia, o da distanza corrispondente a meno di una volta e mezza la gittata massima in caso di uso di altre armi, in direzione di immobili, fabbricati e stabili adibiti ad abitazione o a posto di lavoro; di vie di comunicazione ferroviaria e di strade carrozzabili, eccettuate quelle poderali ed interpoderali; di funivie, filovie ed altri impianti di trasporto a sospensione; di stabbi, stazzi, recinti ed altre aree delimitate destinate al ricovero ed all'alimentazione del bestiame nel periodo di utilizzazione agro-silvo-pastorale;
g) il trasporto, all'interno dei centri abitati e delle altre zone ove è vietata l'attività venatoria, ovvero a bordo di veicoli di qualunque genere e comunque nei giorni non consentiti per l'esercizio venatorio dalla presente legge e dalle disposizioni regionali di armi da sparo per uso venatorio che non siano scariche e in custodia;
h) cacciare a rastrello in più di tre persone ovvero utilizzare, a scopo venatorio, scafandri o tute impermeabili da sommozzatore negli specchi o corsi d'acqua;
i) cacciare sparando da veicoli a motore o da natanti o da aeromobili;
l) cacciare a distanza inferiore a cento metri da macchine operatrici agricole in funzione;

m) cacciare su terreni coperti in tutto o nella maggior parte di neve, salvo che nella zona faunistica delle Alpi e per la attuazione della caccia di selezione agli ungulati, secondo le disposizioni emanante dalle regioni interessate [(2)];
n) cacciare negli stagni, nelle paludi e negli specchi d'acqua artificiali in tutto o nella maggior parte coperti da ghiaccio e su terreni allagati da piene di fiume;
o) prendere e detenere uova, nidi e piccoli nati di mammiferi e uccelli appartenenti alla fauna selvatica, salvo che nei casi previsti all'articolo 4, comma 1, o nelle zone di ripopolamento e cattura, nei centri di riproduzione di fauna selvatica e nelle oasi di protezione per sottrarli a sicura distruzione o morte, purché, in tale ultimo caso, se ne dia pronto avviso nelle ventiquattro ore successive alla competente amministrazione provinciale; distruggere o danneggiare deliberatamente nidi e uova, nonché disturbare deliberatamente le specie protette di uccelli, fatte salve le attività previste dalla presente legge [(3)];
p) usare richiami vivi, al di fuori dei casi previsti dall'articolo 5;
q) usare richiami vivi non provenienti da allevamento nella caccia agli acquatici;
r) usare a fini di richiamo uccelli vivi accecati o mutilati ovvero legati per le ali e richiami acustici a funzionamento meccanico, elettromagnetico o elettromeccanico, con o senza amplificazione del suono;
s) cacciare negli specchi d'acqua ove si esercita l'industria della pesca o dell'acquacoltura, nonché nei canali delle valli da pesca, quando il possessore le circondi con tabelle, esenti da tasse, indicanti il divieto di caccia;
t) commerciare fauna selvatica morta non proveniente da allevamenti per sagre e manifestazioni a carattere gastronomico;
u) usare munizione spezzata nella caccia agli ungulati; usare esche o bocconi avvelenati, vischio o altre sostanze adesive, trappole, reti, tagliole, lacci, archetti o congegni similari; fare impiego di civette; usare armi da sparo munite di silenziatore o impostate con scatto provocato dalla preda; fare impiego di balestre;
v) vendere a privati e detenere da parte di questi reti da uccellagione;
z) produrre, vendere e detenere trappole per la fauna selvatica;
   aa) l'esercizio in qualunque forma del tiro al volo su uccelli a partire dal 1° gennaio 1994, fatto salvo quanto previsto dall'articolo 10, comma 8, lettera e);
   bb) vendere, detenere per vendere, trasportare per vendere, acquistare uccelli vivi o morti, nonché loro parti o prodotti derivati facilmente riconoscibili, anche se importati dall'estero, appartenenti a tutte le specie di uccelli viventi naturalmente allo stato selvatico nel territorio europeo degli Stati membri dell'Unione europea, ad eccezione delle seguenti: germano reale (anas platyrhynchos); pernice rossa (alectoris rufa); pernice di Sardegna (alectoris barbara); starna (perdix perdix); fagiano (phasianus colchicus); colombaccio (columba palumbus) [(4)];
   cc) il commercio di esemplari vivi, non provenienti da allevamenti, di specie di uccelli viventi naturalmente allo stato selvatico nel territorio europeo degli Stati membri dell'Unione europea, anche se importati dall'estero [(5)];
   dd) rimuovere, danneggiare o comunque rendere inidonee al loro fine le tabelle legittimamente apposte ai sensi della presente legge o delle disposizioni regionali a specifici ambiti territoriali, ferma restando l'applicazione dell'articolo 635 del codice penale;
   ee) detenere, acquistare e vendere esemplari di fauna selvatica, ad eccezione dei capi utilizzati come richiami vivi nel rispetto delle modalità previste dalla presente legge e della fauna selvatica lecitamente abbattuta, la cui detenzione viene regolamentata dalle regioni anche con le norme sulla tassidermia;
   ff) l'uso dei segugi per la caccia al camoscio.

2. Se le regioni non provvedono entro il termine previsto dall'articolo 1, comma 5, ad istituire le zone di protezione lungo le rotte di migrazione dell'avifauna, il Ministro dell'agricoltura e delle foreste assegna alle regioni stesse novanta giorni per provvedere. Decorso inutilmente tale termine è vietato cacciare lungo le suddette rotte a meno di cinquecento metri dalla costa marina del continente e delle due isole maggiori; le regioni provvedono a delimitare tali aree con apposite tabelle esenti da tasse.

3. La caccia è vietata su tutti i valichi montani interessati dalle rotte di migrazione dell'avifauna, per una distanza di mille metri dagli stessi.

(1) Lettera modificata dall'art. 11 bis, d.l. 23.10.1996, n. 542, conv., con modif., dalla l. 20.12.1996, n. 639.
(2) Lettera modificata dall'art. 16, co. 3 bis, lett. b), d.l. 24.6.2014, n. 91, conv., con modif., dalla l. 11.8.2014, n. 116.
(3) Lettera modificata dall'art. 42, co. 5, l. 4.6.2010, n. 96 (l. comunitaria 2009).
(4) Lettera modificata dall'art. 42, co. 5, l. 4.6.2010, n. 96 (l. comunitaria 2009) e, poi, dall'art. 16, co. 3, lett. a), d.l. 24.6.2014, n. 91, conv., con modif., dalla l. 11.8.2014, n. 116.
(5) Lettera modificata dall'art. 16, co. 3, lett. b), d.l. 24.6.2014, n. 91, conv., con modif., dalla l. 11.8.2014, n. 116 e poi sostituita dall'art. 22, co. 1, l. 29.7.2015, n. 115 (l. europea 2014).

30. Sanzioni penali.

1. Per le violazioni delle disposizioni, della presente legge e delle leggi regionali si applicano le seguenti sanzioni:
a) l'arresto da tre mesi ad un anno o l'ammenda da lire 1.800.000 a lire 5.000.000 per chi esercita la caccia in periodo di divieto generale, intercorrente tra la data di chiusura e la data di apertura fissata dall'articolo 18;
b) l'arresto da due a otto mesi o l'ammenda da lire

1.500.000 a lire 4.000.000 per chi abbatte, cattura o detiene mammiferi o uccelli compresi nell'elenco di cui all'articolo 2;

c) l'arresto da tre mesi ad un anno e l'ammenda da lire 2.000.000 a lire 12.000.000 per chi abbatte, cattura o detiene esemplari di orso, stambecco, camoscio d'Abruzzo, muflone sardo;

c-bis) l'arresto da sei mesi a due anni e l'ammenda da euro 4.000 a euro 10.000 per chi abbatte, cattura o detiene esemplari di orso bruno marsicano (*Ursus arctos marsicanus*) (1);

d) l'arresto fino a sei mesi e l'ammenda da lire 900.000 a lire 3.000.000 per chi esercita la caccia nei parchi nazionali, nei parchi naturali regionali, nelle riserve naturali, nelle oasi di protezione, nelle zone di ripopolamento e cattura, nei parchi e giardini urbani, nei terreni adibiti ad attività sportive;

e) l'arresto fino ad un anno o l'ammenda da lire 1.500.000 a lire 4.000.000 per chi esercita l'uccellagione;

f) l'arresto fino a tre mesi o l'ammenda fino a lire 1.000.000 per chi esercita la caccia nei giorni di silenzio venatorio;

g) l'ammenda fino a lire 6.000.000 per chi abbatte, cattura o detiene esemplari appartenenti alla tipica fauna stanziale alpina, non contemplati nella lettera b), della quale sia vietato l'abbattimento;

h) l'ammenda fino a lire 3.000.000 per chi abbatte, cattura o detiene specie di mammiferi o uccelli nei cui confronti la caccia non è consentita o fringillidi in numero superiore a cinque o per chi esercita la caccia con mezzi vietati. La stessa pena si applica a chi esercita la caccia con l'ausilio di richiami vietati di cui all'articolo 21, comma 1, lettera r). Nel caso di tale infrazione si applica altresì la misura della confisca dei richiami;

i) l'arresto fino a tre mesi o l'ammenda fino a lire 4.000.000 per chi esercita la caccia sparando da autoveicoli, da natanti o da aeromobili;

l) l'arresto da due a sei mesi o l'ammenda da lire 1.000.000 a lire 4.000.000 per chi pone in commercio o detiene a tal fine fauna selvatica in violazione della presente legge. Se il fatto riguarda la fauna di cui alle lettere b), c) e g), le pene sono raddoppiate.

2. Per la violazione delle disposizioni della presente legge in materia di imbalsamazione e tassidermia si applicano le medesime sanzioni che sono comminate per l'abbattimento degli animali le cui spoglie sono oggetto del trattamento descritto. Le regioni possono prevedere i casi e le modalità di sospensione e revoca dell'autorizzazione all'esercizio dell'attività di tassidermia e imbalsamazione.

3. Nei casi di cui al comma 1 non si applicano gli articoli 624, 625 e 626 del codice penale. Salvo quanto espressamente previsto dalla presente legge, continuano ad applicarsi le disposizioni di legge e di regolamento in materia di armi.

4. Ai sensi dell'articolo 23 del testo unico delle leggi costituzionali concernenti lo statuto speciale per il Trentino-Alto Adige, approvato con decreto del Presidente della Repubblica 31 agosto 1972, n. 670 le sanzioni penali stabilite dal presente articolo si applicano alle corrispondenti fattispecie come disciplinate dalle leggi provinciali.

(1) Lettera introdotta dall'art. 6 bis, co. 1, d.l. 10.8.2023, n. 105, conv., con modif., dalla l. 9.10.2023, n. 137.

31. Sanzioni amministrative.

1. Per le violazioni delle disposizioni della presente legge e delle leggi regionali, salvo che il fatto sia previsto dalla legge come reato, si applicano le seguenti sanzioni amministrative:

a) sanzione amministrativa da lire 400.000 a lire 2.400.000 per chi esercita la caccia in una forma diversa da quella prescelta ai sensi dell'articolo 12, comma 5;

b) sanzione amministrativa da lire 200.000 a lire 1.200.000 per chi esercita la caccia senza avere stipulato la polizza di assicurazione; se la violazione è nuovamente commessa, la sanzione è da lire 400.000 a lire 2.400.000;

c) sanzione amministrativa da lire 300.000 a lire 1.800.000 per chi esercita la caccia senza aver effettuato il versamento delle tasse di concessione governativa o regionale; se la violazione è nuovamente commessa, la sanzione è da lire 500.000 a lire 3.000.000;

d) sanzione amministrativa da lire 300.000 a lire 1.800.000 per chi esercita senza autorizzazione la caccia all'interno delle aziende faunistico-venatorie, nei centri pubblici o privati di riproduzione e negli ambiti e comprensori destinati alla caccia programmata; se la violazione è nuovamente commessa, la sanzione è da lire 500.000 a lire 3.000.000; in caso di ulteriore violazione la sanzione è da lire 700.000 a lire 4.200.000. Le sanzioni previste dalla presente lettera sono ridotte di un terzo se il fatto è commesso mediante sconfinamento in un comprensorio o in un ambito territoriale di caccia viciniore a quello autorizzato;

e) sanzione amministrativa da lire 200.000 a lire 1.200.000 per chi esercita la caccia in zone di divieto non diversamente sanzionate; se la violazione è nuovamente commessa, la sanzione è da lire 500.000 a lire 3.000.000;

f) sanzione amministrativa da lire 200.000 a lire 1.200.000 per chi esercita la caccia in fondo chiuso, ovvero nel caso di violazione delle disposizioni emanate dalle regioni o dalle province autonome di Trento e di Bolzano per la protezione delle coltivazioni agricole; se la violazione è nuovamente commessa, la sanzione è da lire 500.000 a lire 3.000.000;

g) sanzione amministrativa da lire 200.000 a lire 1.200.000 per chi esercita la caccia in violazione degli orari consentiti o abbatte, cattura o detiene fringillidi in numero non superiore a cinque; se la violazione è nuovamente commessa, la sanzione è da lire 400.000 a lire 2.400.000;

h) sanzione amministrativa da lire 300.000 a lire 1.800.000

per chi si avvale di richiami non autorizzati, ovvero in violazione delle disposizioni emanate dalle regioni ai sensi dell'articolo 5, comma 1; se la violazione è nuovamente commessa, la sanzione è da lire 500.000 a lire 3.000.000;

i) sanzione amministrativa da lire 150.000 a lire 900.000 per chi non esegue le prescritte annotazioni sul tesserino regionale;

l) sanzione amministrativa da lire 150.000 a lire 900.000 per ciascun capo, per chi importa fauna selvatica senza l'autorizzazione di cui all'articolo 20, comma 2; alla violazione consegue la revoca di eventuali autorizzazioni rilasciate ai sensi dell'articolo 20 per altre introduzioni;

m) sanzione amministrativa da lire 50.000 a lire 300.000 per chi, pur essendone munito, non esibisce, se legittimamente richiesto, la licenza, la polizza di assicurazione o il tesserino regionale; la sanzione è applicata nel minimo se l'interessato esibisce il documento entro cinque giorni;

m-*bis*) sanzione amministrativa pecuniaria da euro 150 a euro 900 per chi non esegue sul tesserino regionale le annotazioni prescritte dal provvedimento di deroga di cui all'articolo 19-*bis* (1).

1 bis. Chiunque, nell'esercizio dell'attività di tiro, nel tempo e nel percorso necessario a recarvisi o a rientrare dopo aver svolto tale attività, detiene munizioni contenenti una concentrazione di piombo, espressa in metallo, uguale o superiore all'1 per cento in peso, all'interno di una zona umida o entro 100 metri dalla stessa è soggetto alla sanzione amministrativa pecuniaria da euro 20 a euro 300 (2).

1 ter. Ai fini dell'applicazione del comma 1-*bis*, sono qualificate zone umide le seguenti:

a) zone umide d'importanza internazionale riconosciute e inserite nell'elenco della Convenzione relativa alle zone umide d'importanza internazionale, soprattutto come habitat degli uccelli acquatici, firmata a Ramsar il 2 febbraio 1971, di cui al decreto del Presidente della Repubblica 13 marzo 1976, n. 448;

b) zone umide ricadenti nei siti di interesse comunitario (SIC) o in zone di protezione speciale (ZPS);

c) zone umide ricadenti all'interno di riserve naturali e oasi di protezione istituite a livello nazionale e regionale (3).

1 quater. La sanzione non si applica se il soggetto dimostra di detenere munizioni di piombo di cui al comma 1-*bis* al fine di svolgere attività diverse dall'attività di tiro (4).

2. Le leggi regionali prevedono sanzioni per gli abusi e l'uso improprio della tabellazione dei terreni.

3. Le regioni prevedono la sospensione dell'apposito tesserino di cui all'articolo 12, comma 12, per particolari infrazioni o violazioni delle norme regionali sull'esercizio venatorio.

4. Resta salva l'applicazione delle norme di legge e di regolamento per la disciplina delle armi e in materia fiscale e doganale.

5. Nei casi previsti dal presente articolo non si applicano gli articoli 624, 625 e 626 del codice penale.

6. Per quanto non altrimenti previsto dalla presente legge, si applicano le disposizioni della legge 24 novembre 1981, n. 689, e successive modificazioni.

(1) Lettera introdotta dall'art. 26, co. 3, l. 6.8.2013, n. 97.
(2) Comma introdotto dall'art. 11 ter, co. 1, d.l. 10.8.2023, n. 104, conv., con modif., dalla l. 9.10.2023, n. 136.
(3) Comma introdotto dall'art. 11 ter, co. 1, d.l. 10.8.2023, n. 104, conv., con modif., dalla l. 9.10.2023, n. 136.
(4) Comma introdotto dall'art. 11 ter, co. 1, d.l. 10.8.2023, n. 104, conv., con modif., dalla l. 9.10.2023, n. 136.

2. D.Lgs. 18 maggio 2001, n. 275. – Riordino del sistema sanzionatorio in materia di commercio di specie animali e vegetali protette, a norma dell'articolo 5 della legge 21 dicembre 1999, n. 526 (*art. 5*)

In Gazzetta Ufficiale 11 luglio 2001, n. 159

5. Nuove sanzioni penali in materia di importazione.

1. Chiunque, in violazione di quanto previsto dal Regolamento (CEE) n. 3254/91 del Consiglio, del 4 novembre 1991, e successive modificazioni e integrazioni, in relazione agli esemplari appartenenti alle specie di cui all'allegato I e successive modificazioni del predetto Regolamento, introduce nel territorio nazionale, senza la prescritta certificazione ovvero con certificazione non valida, pellicce animali o altre merci contenenti pellicce animali, elencate nell'allegato II e successive modificazioni del medesimo Regolamento, aventi come origine uno Stato previsto dall'allegato alla Decisione 98/596/CE della Commissione, del 14 ottobre 1998, e successive modificazioni, anche se riesportate da altro Stato, o introduce nel territorio nazionale pellicce animali o altre merci contenenti pellicce animali, elencate nel predetto allegato II e successive modificazioni, aventi come origine uno Stato non previsto nell'allegato alla Decisione 98/596/CE della Commissione, del 14 ottobre 1998, e successive modificazioni, è punito con l'ammenda da lire venti milioni a lire duecento milioni o con l'arresto fino ad un anno.

2. In caso di recidiva, si applica la sanzione dell'arresto da tre mesi a un anno e dell'ammenda da lire venti milioni a lire centocinquantamilioni. Qualora il reato suddetto viene commesso nell'esercizio di attività di impresa, alla condanna consegue la sospensione della licenza da un minimo di quattro mesi ad un massimo di dodici mesi.

3. In caso di violazione dei divieti di cui al comma 1 è disposta la confisca degli esemplari animali o dei prodotti da essi derivati, le cui spese di mantenimento sono a carico del soggetto destinatario del provvedimento di confisca.

4. A seguito della confisca si applicano le disposizioni di cui all'articolo 4, della legge 7 febbraio 1992, n. 150, modificata dal decreto-legge 12 gennaio 1993, n. 2, convertito, con modificazioni, dalla legge 13 marzo 1993, n. 59.

Il presente decreto, munito del sigillo dello Stato, sarà inserito nella Raccolta ufficiale degli atti normativi della Repubblica italiana. È fatto obbligo a chiunque spetti di osservarlo e di farlo osservare.

3. L. 20 luglio 2004, n. 189. – Disposizioni concernenti il divieto di maltrattamento degli animali, nonché di impiego degli stessi in combattimenti o competizioni non autorizzate

In Gazzetta Ufficiale 31 luglio 2004, n. 178

1. Modifiche al codice penale.

1. Dopo il titolo IX del libro II del codice penale è inserito il seguente:

"TITOLO IX bis
Dei delitti contro il sentimento per gli animali

Art. 544 *bis*. – (Uccisione di animali). – Chiunque, per crudeltà o senza necessità, cagiona la morte di un animale è punito con la reclusione da tre mesi a diciotto mesi.

Art. 544 *ter*. – (Maltrattamento di animali). – Chiunque, per crudeltà o senza necessità, cagiona una lesione ad un animale ovvero lo sottopone a sevizie o a comportamenti o a fatiche o a lavori insopportabili per le sue caratteristiche etologiche è punito con la reclusione da tre mesi a un anno o con la multa da 3.000 a 15.000 euro.

La stessa pena si applica a chiunque somministra agli animali sostanze stupefacenti o vietate ovvero li sottopone a trattamenti che procurano un danno alla salute degli stessi.

La pena è aumentata della metà se dai fatti di cui al primo comma deriva la morte dell'animale.

Art. 544 *quater*. – (Spettacoli o manifestazioni vietati). – Salvo che il fatto costituisca più grave reato, chiunque organizza o promuove spettacoli o manifestazioni che comportino sevizie o strazio per gli animali è punito con la reclusione da quattro mesi a due anni e con la multa da 3.000 a. 15.000 euro.

La pena è aumentata da un terzo alla metà se i fatti di cui al primo comma sono commessi in relazione all'esercizio di scommesse clandestine o al fine di trarne profitto per sé od altri ovvero se ne deriva la morte dell'animale.

Art. 544 *quinquies*. – (Divieto di combattimenti tra animali). – Chiunque promuove, organizza o dirige combattimenti o competizioni non autorizzate tra animali che possono metterne in pericolo l'integrità fisica è punito con la reclusione da uno a tre anni e con la multa da 50.000 a 160.000 euro.

La pena è aumentata da un terzo alla metà:

1) se le predette attività sono compiute in concorso con minorenni o da persone armate;
2) se le predette attività sono promosse utilizzando videoriproduzioni o materiale di qualsiasi tipo contenente scene o immagini dei combattimenti o delle competizioni;
3) se il colpevole cura la ripresa o la registrazione in qualsiasi forma dei combattimenti o delle competizioni.

Chiunque, fuori dei casi di concorso nel reato, allevando o addestrando animali li destina sotto qualsiasi forma e anche per il tramite di terzi alla loro partecipazione ai combattimenti di cui al primo comma è punito con la reclusione da tre mesi a due anni e con la multa da 5.000 a 30.000 euro. La stessa pena si applica anche ai proprietari o ai detentori degli animali impiegati nei combattimenti e nelle competizioni di cui al primo comma, se consenzienti.

Chiunque, anche se non presente sul luogo del reato, fuori dei casi di concorso nel medesimo, organizza o effettua scommesse sui combattimenti e sulle competizioni di cui al primo comma è punito con la reclusione da tre mesi a due anni e con la multa da 5.000 a 30.000 euro.

Art. 544 *sexies*. – (Confisca e pene accessorie). – Nel caso di condanna, o di applicazione della pena su richiesta delle parti a norma dell'articolo 444 del codice di procedura penale, per i delitti previsti dagli articoli 544-*ter*, 544-*quater* e 544-*quinquies*, è sempre ordinata la confisca dell'animale, salvo che appartenga a persona estranea al reato.

È altresì disposta la sospensione da tre mesi a tre anni dell'attività di trasporto, di commercio o di allevamento degli animali se la sentenza di condanna o di applicazione della pena su richiesta è pronunciata nei confronti di chi svolge le predette attività. In caso di recidiva è disposta l'interdizione dall'esercizio delle attività medesime".

2. All'articolo 638, primo comma, del codice penale,

dopo le parole: "è punito" sono inserite le seguenti: ", salvo che il fatto costituisca più grave reato".

3. L'articolo 727 del codice penale è sostituito dal seguente:

"Art. 727. – (Abbandono di animali). – Chiunque abbandona animali domestici o che abbiano acquisito abitudini della cattività è punito con l'arresto fino ad un anno o con l'ammenda da 1.000 a 10.000 euro.

Alla stessa pena soggiace chiunque detiene animali in condizioni incompatibili con la loro natura, e produttive di gravi sofferenze".

2. Divieto di utilizzo a fini commerciali [(1)].

1. È vietato utilizzare cani (Canis lupus familiaris) e gatti (felis silvestris) per la produzione o il confezionamento di pelli, pellicce, capi di abbigliamento e articoli di pelletteria costituiti od ottenuti, in tutto o in parte, dalle pelli o dalle pellicce dei medesimi, nonché commercializzare o introdurre le stesse nel territorio nazionale [(2)].

2. La violazione delle disposizioni di cui al comma 1 è punita con l'arresto da tre mesi ad un anno o con l'ammenda da 5.000 a 100.000 euro.

2 bis. Chiunque produce, commercializza, esporta o introduce nel territorio nazionale qualunque prodotto derivato dalla foca, in violazione dell'articolo 3 del regolamento (CE) n. 1007/2009 del Parlamento europeo e del Consiglio, del 16 settembre 2009, è punito con l'arresto da tre mesi a un anno o con l'ammenda da 5.000 a 100.000 euro [(3)].

3. Alla condanna, o all'applicazione della pena su richiesta delle parti a norma dell'articolo 444 del codice di procedura penale consegue in ogni caso la confisca e la distruzione del materiale di cui ai commi 1 e 2-*bis* [(4)].

3 bis. In caso di condanna o di applicazione della pena su richiesta delle parti a norma dell'articolo 444 del codice di procedura penale per i reati previsti dai commi 1 e 2-*bis*, il giudice con la sentenza o con il decreto penale di condanna applica la sanzione amministrativa accessoria della sospensione della licenza per un periodo da tre mesi ad un anno, e, in caso di reiterazione della violazione, la sanzione amministrativa accessoria del ritiro della stessa [(5)].

3 ter. Al fine dell'esecuzione delle sanzioni amministrative accessorie, la sentenza o il decreto penale di condanna divenuti irrevocabili sono trasmessi senza ritardo, a cura del cancelliere, all'autorità amministrativa competente per l'adozione dei conseguenti provvedimenti [(6)].

(1) Rubrica modificata dall'art. 49, l. 4.6.2010, n. 96 (legge comunitaria 2009).

(2) Comma modificato dall'art. 2, co. 1, d.lgs. 15.3.2010, n. 47.

(3) Comma introdotto dall'art. 49, l. 4.6.2010, n. 96 (legge comunitaria 2009).

(4) Comma modificato dall'art. 2, co. 2, d.lgs. 15.3.2010, n. 47 e dall'art. 49, l. 4.6.2010, n. 96 (legge comunitaria 2009).

(5) Comma introdotto dall'art. 49, l. 4.6.2010, n. 96 (legge comunitaria 2009).

(6) Comma introdotto dall'art. 49, l. 4.6.2010, n. 96 (legge comunitaria 2009).

3. Modifica alle disposizioni di coordinamento.

1. Dopo l'articolo 19-*bis* delle disposizioni di coordinamento e transitorie del codice penale sono inseriti i seguenti:

"Art. 19-*ter*. – (Leggi speciali in materia di animali). – Le disposizioni del titolo IX-*bis* del libro II del codice penale non si applicano ai casi previsti dalle leggi speciali in materia di caccia, di pesca, di allevamento, di trasporto, di macellazione degli animali, di sperimentazione scientifica sugli stessi, di attività circense, di giardini zoologici, nonché dalle altre leggi speciali in materia di animali. Le disposizioni del titolo IX-*bis* del libro II del codice penale non si applicano altresì alle manifestazioni storiche e culturali autorizzate dalla regione competente.

Art. 19-*quater*. – (Affidamento degli animali sequestrati o confiscati). – Gli animali oggetto di provvedimenti di sequestro o di confisca sono affidati ad associazioni o enti che ne facciano richiesta individuati con decreto del Ministro della salute, adottato di concerto con il Ministro dell'interno":

2. Il decreto di cui all'articolo 19-*quater* delle disposizioni di coordinamento e transitorie del codice penale è adottato entro tre mesi dalla data di entrata in vigore della presente legge.

4. Norme di coordinamento.

1. All'articolo 4 del decreto legislativo 27 gennaio 1992, n. 116, al comma 8, le parole: "ai sensi dell'articolo 727 del codice penale" sono sostituite dalle seguenti: "con la reclusione da tre mesi ad un anno o con la multa da 3.000 a 15.000 euro".

2. Il comma 5 dell'articolo 5 della legge 14 agosto 1991, n. 281, è abrogato.

3. Alla legge 12 giugno 1913, n. 611, sono apportate le seguenti modificazioni:

a) l'articolo 1 è abrogato;
b) all'articolo 2, lettera a), le parole: "dell'articolo 491 del codice penale" sono sostituite dalle seguenti: "del titolo IX-*bis* del libro II del codice penale e dell'articolo 727 del medesimo codice";
c) all'articolo 8, le parole: "dell'articolo 491" sono sostituite dalle seguenti: "dell'articolo 727".

5. Attività formative.

1. Lo Stato e le regioni possono promuovere di intesa, senza nuovi o maggiori oneri per la finanza pubblica, l'integrazione dei programmi didattici delle scuole e degli istituti di ogni ordine e grado, ai fini di una effettiva educazione degli alunni in materia di etologia comportamentale degli animali e del loro rispetto, anche mediante prove pratiche.

6. Vigilanza.

1. Al fine di prevenire e contrastare i reati previsti dalla presente legge, con decreto del Ministro dell'interno, sentiti il Ministro delle politiche agricole e forestali e il Ministro della salute, adottato entro tre mesi dalla data di entrata in vigore della presente legge, sono stabilite le modalità di coordinamento dell'attività della Polizia di Stato, dell'Arma dei carabinieri, del Corpo della guardia di finanza, del Corpo forestale dello Stato e dei. Corpi di polizia municipale e provinciale.

2. La vigilanza sul rispetto della presente legge e delle altre norme relative alla protezione degli animali è affidata anche, con riguardo agli animali di affezione, nei limiti dei compiti attribuiti dai rispettivi decreti prefettizi di nomina, ai sensi degli articoli 55 e 57 del codice di procedura penale, alle guardie particolari giurate delle associazioni protezionistiche e zoofile riconosciute.

3. Dall'attuazione del presente articolo non devono derivare nuovi o maggiori oneri per lo Stato e gli enti locali.

7. Diritti e facoltà degli enti.

1. Ai sensi dell'articolo 91del codice di procedura penale, le associazioni e gli enti di cui all'articolo 19-*quater* delle disposizioni di coordinamento e transitorie del codice penale perseguono finalità di tutela degli interessi lesi dai reati previsti dalla presente legge.

8. Destinazione delle sanzioni pecuniarie.

1. Le entrate derivanti dall'applicazione delle sanzioni pecuniarie previste dalla presente legge affluiscono all'entrata del bilancio dello Stato per essere riassegnate allo stato di previsione del Ministero della salute e sono destinate alle associazioni o agli enti di cui all'articolo 19-*quater* delle disposizioni di coordinamento e transitorie del codice penale.

2. Con il decreto di cui all'articolo 19-*quater* delle disposizioni di coordinamento e transitorie del codice penale, sono determinati i criteri di ripartizione delle entrate di cui al comma 1, tenendo conto in ogni caso del numero di animali affidati ad ogni ente o associazione.

3. Entro il 25 novembre di ogni anno il Ministro della salute definisce il programma degli interventi per l'attuazione della presente legge e per la ripartizione delle somme di cui al comma 1.

9. Entrata in vigore.

1. La presente legge entra in vigore il giorno successivo a quello della sua pubblicazione nella Gazzetta Ufficiale.

La presente legge, munita del sigillo dello Stato, sarà inserita nella Raccolta ufficiale degli atti normativi della Repubblica italiana. È fatto obbligo a chiunque spetti di osservarla e di farla osservare come legge dello Stato.

4. L. 4 novembre 2010, n. 201. – Ratifica ed esecuzione della Convenzione europea per la protezione degli animali da compagnia, fatta a Strasburgo il 13 novembre 1987, nonché norme di adeguamento dell'ordinamento interno (*artt. 4-8*)

In Gazzetta Ufficiale 3 dicembre 2010, n. 283

4. Traffico illecito di animali da compagnia.

1. Chiunque, al fine di procurare a sé o ad altri un profitto, reiteratamente o tramite attività organizzate, introduce nel territorio nazionale animali da compagnia di cui all'allegato I, parte A, del regolamento (CE) n. 998/2003 del Parlamento europeo e del Consiglio, del 26 maggio 2003, privi di sistemi per l'identificazione individuale e delle necessarie certificazioni sanitarie e non muniti, ove richiesto, di passaporto individuale, è punito con la reclusione da tre mesi a un anno e con la multa da euro 3.000 a euro 15.000.

2. La pena di cui al comma 1 si applica altresì a chiunque, al fine di procurare a sé o ad altri un profitto, trasporta, cede o riceve a qualunque titolo animali da compagnia di cui all'allegato I, parte A, del regolamento (CE) n. 998/2003 del Parlamento europeo e del Consiglio, del 26 maggio 2003, introdotti nel territorio nazionale in violazione del citato comma 1.

3. La pena è aumentata se gli animali di cui al comma 1 hanno un'età accertata inferiore a dodici settimane o se provengono da zone sottoposte a misure restrittive di polizia veterinaria adottate per contrastare la diffusione di malattie trasmissibili proprie della specie.

4. Nel caso di condanna o di applicazione della pena su richiesta delle parti ai sensi dell'articolo 444 del codice di procedura penale per i delitti previsti dai commi 1 e 2 del presente articolo, è sempre ordinata la confisca dell'animale, salvo che appartenga a persona estranea al reato. È altresì disposta la sospensione da tre mesi a tre anni dell'attività di trasporto, di commercio o di allevamento degli animali se la sentenza di condanna o di applicazione della pena su richiesta delle parti è pronunciata nei confronti di chi svolge le predette attività. In caso di recidiva è disposta l'interdizione dall'esercizio delle attività medesime.

5. Gli animali oggetto di provvedimento di sequestro o di confisca sono affidati alle associazioni o agli enti indicati nel decreto del Ministro della salute, adottato ai sensi dell'articolo 19-*quater* delle disposizioni di coordinamento e transitorie per il codice penale, di cui al regio decreto 28 maggio 1931, n. 601, che ne fanno richiesta, salvo che vi ostino esigenze processuali.

6. Gli animali acquisiti dallo Stato a seguito di provvedimento definitivo di confisca sono assegnati, a richiesta, alle associazioni o agli enti ai quali sono stati affidati ai sensi del comma 5.

7. Le entrate derivanti dall'applicazione delle sanzioni pecuniarie previste dalla presente legge affluiscono all'entrata del bilancio dello Stato per essere riassegnate allo stato di previsione del Ministero della salute e sono destinate alle associazioni o agli enti di cui al comma 5 del presente articolo, con le modalità di cui all'articolo 8 della legge 20 luglio 2004, n. 189.

5. Introduzione illecita di animali da compagnia.

1. Salvo che il fatto costituisca reato, chiunque introduce nel territorio nazionale animali da compagnia di cui all'allegato I, parte A, del regolamento (CE) n. 998/2003 del Parlamento europeo e del Consiglio, del 26 maggio 2003, privi di sistemi per l'identificazione individuale, è soggetto alla sanzione amministrativa del pagamento di una somma da euro 100 a euro 1.000 per ogni animale introdotto.

2. Salvo che il fatto costituisca reato, chiunque introduce nel territorio nazionale animali da compagnia di cui all'allegato I, parte A, del regolamento (CE) n. 998/2003 del Parlamento europeo e del Consiglio, del 26 maggio 2003, in violazione dei requisiti previsti dalla legislazione vigente, è soggetto alla sanzione amministrativa del pagamento di una somma da euro 500 a euro 1.000 per ogni animale introdotto. La sanzione non si applica se le violazioni sono regolarizzate nel rispetto di quanto disposto dalla legislazione vigente.

3. Salvo che il fatto costituisca reato, alla sanzione di cui al comma 2 è altresì soggetto chiunque trasporta o cede, a qualunque titolo, animali introdotti nel territorio nazionale in violazione di quanto previsto dai commi 1 e 2.

4. Si applica la sanzione amministrativa del pagamento di una somma da euro 1.000 a euro 2.000 per ogni animale introdotto se gli animali di cui ai commi 1, 2 e 3 hanno un'età accertata inferiore a dodici settimane o se provengono da zone sottoposte a misure restrittive di polizia veterinaria adottate per contrastare la diffusione di malattie trasmissibili proprie della specie.

6. Sanzioni amministrative accessorie

1. Il trasportatore o il titolare di un'azienda commerciale che, nel periodo di tre anni, commette tre violazioni delle disposizioni previste dall'articolo 5, accertate in modo definitivo, è soggetto alla sospensione dell'autorizzazione per l'esercizio dell'attività per un periodo da uno a tre mesi. Se il periodo intercorrente tra le due violazioni è inferiore a tre mesi, è applicata la durata massima della sospensione.

2. Il titolare di un'azienda commerciale che, nel periodo di tre anni, commette tre violazioni delle disposizioni previste dall'articolo 13-bis, comma 3, del decreto legislativo 30 gennaio 1993, n. 28, accertate in modo definitivo, è soggetto alla sospensione dell'autorizzazione per l'esercizio dell'attività per un periodo da uno a tre mesi. Se il periodo intercorrente tra le due violazioni è inferiore a tre mesi, è applicata la durata massima della sospensione.

3. Il trasportatore che, nel periodo di tre anni, commette cinque violazioni delle disposizioni previste dall'articolo 5 della presente legge, o il titolare di un'azienda commerciale che, nel periodo di tre anni, commette cinque violazioni delle disposizioni previste dal medesimo articolo 5 della presente legge o dall'articolo 13-bis, comma 3, del decreto legislativo 30 gennaio 1993, n. 28, accertate in modo definitivo, è soggetto alla revoca dell'autorizzazione per l'esercizio dell'attività.

4. Il trasportatore o il titolare di un'azienda commerciale nei cui confronti è stata disposta la revoca dell'autorizzazione, ai sensi del comma 3, non può conseguire un'altra autorizzazione per l'esercizio della medesima attività prima di dodici mesi.

5. I soggetti che hanno accertato una violazione che prevede l'applicazione della sospensione o della revoca dell'autorizzazione del trasportatore o del titolare di un'azienda commerciale trasmettono all'autorità che l'ha rilasciata copia del verbale di contestazione e ogni altro documento utile all'adozione dei provvedimenti di sospensione o di revoca.

7. Procedimento di applicazione delle sanzioni amministrative.

1. Ai fini dell'accertamento e dell'irrogazione delle sanzioni previste dalla presente legge si applicano le disposizioni della legge 24 novembre 1981, n. 689, in quanto compatibili.

2. Quando una violazione delle disposizioni previste dall'articolo 5 della presente legge è commessa utilizzando un veicolo immatricolato all'estero, si applicano le disposizioni dell'articolo 207 del codice della strada, di cui al decreto legislativo 30 aprile 1992, n. 285, e successive modificazioni.

3. Il veicolo sottoposto a fermo amministrativo ai sensi dell'articolo 207 del codice della strada, di cui al decreto legislativo 30 aprile 1992, n. 285, e successive modificazioni, è affidato in custodia, a spese del responsabile della violazione, ad uno dei soggetti indicati nell'articolo 214-bis del medesimo codice, di cui al decreto legislativo n. 285 del 1992, e successive modificazioni. Gli animali sono ricoverati, a spese del responsabile della violazione, in un luogo che garantisca la tutela del loro benessere nel rispetto delle norme vigenti in materia.

4. L'entità delle sanzioni amministrative previste dalla presente legge è aggiornata ogni due anni in misura pari all'intera variazione, accertata dall'Istituto nazionale di statistica, dell'indice dei prezzi al consumo per le famiglie di operai e impiegati verificatasi nei due anni precedenti. A questo fine, entro il 1° dicembre di ogni biennio, il Ministro della salute, di concerto con i Ministri dell'economia e delle finanze e della giustizia, fissa, seguendo il criterio di cui al periodo precedente, i nuovi limiti delle sanzioni amministrative pecuniarie, che si applicano dal 1° gennaio dell'anno successivo. Tali limiti possono superare quelli massimi indicati nella legge 24 novembre 1981, n. 689. La misura delle sanzioni amministrative pecuniarie, aggiornata ai sensi delle disposizioni del presente comma, è oggetto di arrotondamento all'unità di euro, per eccesso se la frazione decimale è pari o superiore a 50 centesimi di euro, ovvero per difetto se è inferiore a tale limite.

5. Le autorità competenti all'irrogazione delle sanzioni amministrative previste dalla presente legge sono il Ministero della salute, le regioni e province autonome di Trento e di Bolzano, negli ambiti di rispettiva competenza.

8. Entrata in vigore.

1. La presente legge entra in vigore il giorno successivo a quello della sua pubblicazione nella Gazzetta Ufficiale.

La presente legge, munita del sigillo dello Stato, sarà inserita nella Raccolta ufficiale degli atti normativi della Repubblica italiana. È fatto obbligo a chiunque spetti di osservarla e di farla osservare come legge dello Stato.

ARMI, MUNIZIONI ED ESPLOSIVI

1. L. 4 marzo 1958, n. 100. – Uso delle armi da parte dei militari e degli ufficiali ed agenti di polizia giudiziaria in servizio alla frontiera e in zona di vigilanza

In Gazzetta Ufficiale 7 marzo 1958, n. 58

1. – È vietato fare uso delle armi contro le persone da parte dei militari e degli ufficiali ed agenti di polizia giudiziaria in servizio di repressione del contrabbando in zona di vigilanza doganale, come determinata dalle vigenti disposizioni, fatta eccezione per i casi previsti dagli artt. 52, 53, primo comma, e 54 Codice penale e quando:
a) il contrabbandiere sia armato palesemente;
b) il contrabbando sia compiuto in tempo di notte;
c) i contrabbandieri agiscano raggruppati in non meno di tre persone.

2. – È vietato far uso delle armi, anche nelle ipotesi previste nelle lettere a), b) e c) dell'art. 1, quando il contrabbandiere si dà alla fuga ed abbandona il carico.

3. – L'uso delle armi non è vietato contro gli autoveicoli e gli altri mezzi di trasporto veloci quando i conducenti non ottemperino all'intimazione di fermo e i militari non abbiano la possibilità di raggiungerli.

4. – Nel caso di militari che operino non isolati in servizio, l'ordine di far fuoco deve essere dato dal militare che ha il comando.

5. – L'uso delle armi, nei casi in cui non è vietato a norma degli articoli precedenti, deve essere preceduto da intimazione a voce o col gesto e dalla esplosione di almeno due colpi in aria.

6. – L'uso delle armi non è vietato quando il contrabbando sia compiuto con imbarcazioni nella zona di vigilanza doganale marittima e i capitani non ottemperino alle intimazioni di fermo, date con l'esplosione di almeno tre colpi in aria e, di notte, con segnalazioni luminose.

7. – Sono abrogate le norme di cui al regio decreto 6 novembre 1930, n. 1643, ed al regio decreto 20 agosto 1923, n. 1876, che siano incompatibili con le disposizioni della presente legge.

2. L. 2 ottobre 1967, n. 895. – Disposizioni per il controllo delle armi [(1) (2)]

In Gazzetta Ufficiale 12 ottobre 1967, n. 255

(1) A partire dal 1.1.1999 ogni sanzione pecuniaria penale o amministrativa espressa in lire nel presente provvedimento si intende espressa anche in euro secondo il tasso di conversione irrevocabilmente fissato dal Trattato CE. A decorrere dal 1.1.2002 ogni sanzione penale o amministrativa espressa in lire nel presente provvedimento è tradotta in euro secondo il tasso di conversione irrevocabilmente fissato dal Trattato CE. Se da questa operazione deriva un risultato espresso anche in decimali, la cifra è arrotondata eliminando i decimali (art. 51, d.lgs. 24.12.1998, n. 213).
(2) L'art. 1, co. 1, d.lgs. 1.12.2009, n. 179, ha dichiarato indispensabile la permanenza in vigore della presente legge.

1. – Chiunque senza licenza dell'autorità fabbrica o introduce nello Stato o pone in vendita o cede a qualsiasi titolo armi da guerra o tipo guerra, o parti di esse, atte all'impiego, munizioni da guerra, esplosivi di ogni genere, aggressivi chimici o altri congegni micidiali, ovvero ne fa raccolta, è punito con la reclusione da tre a dodici anni e con la multa da 10.000 euro a 50.000 euro [(1) (2) (3)].

(1) Articolo sostituito dall'art. 9, l. 14.10.1974, n. 497.
(2) La sanzione è stata così modificata dall'art. 113, co. 4, l. 24.11.1981, n. 689. La sanzione è esclusa dalla depenalizzazione (art. 32, co. 2, l. n. 689/1981).
(3) Comma modificato, a decorrere dal 1.7.2011, dall'art. 4, co. 1, lett. a), d.lgs. 26.10.2010, n. 204.

2. – Chiunque illegalmente detiene a qualsiasi titolo le armi o parti di esse, le munizioni, gli esplosivi, gli aggressivi chimici e i congegni indicati nell'articolo precedente è punito con la reclusione da uno a otto anni e con la multa da 3.000 euro a 20.000 euro [(1) (2) (3)].

(1) Articolo così sostituito dall'art. 10, l. 14.10.1974, n. 497.
(2) La multa è stata così aumentata dall'art. 113, quarto comma, l.

24.11.1981, n. 689. La sanzione è esclusa dalla depenalizzazione dall'art. 32, secondo comma, della stessa l. 689/1981.
(3) Comma modificato, a decorrere dal 1.7.2011, dall'art. 4, co. 1, lett. b), d.lgs. 26.10.2010, n. 204.

2 bis [1]. – 1. Chiunque fuori dei casi consentiti da disposizioni di legge o di regolamento addestra taluno o fornisce istruzioni in qualsiasi forma, anche anonima, o per via telematica sulla preparazione o sull'uso di materiali esplosivi, di armi da guerra, di aggressivi chimici o di sostanze batteriologiche nocive o pericolose e di altri congegni micidiali è punito, salvo che il fatto costituisca più grave reato, con la reclusione da uno a sei anni.

(1) Articolo introdotto dall'art. 8 del d.l. 27.7.2005, n. 144, conv., con modif., dalla l. 31.7.2005, n. 155.

3. – Chiunque trasgredisce all'ordine, legalmente dato dall'autorità, di consegnare nei termini prescritti le armi o parti di esse, le munizioni, gli esplosivi, gli aggressivi chimici e i congegni indicati nell'articolo 1, da lui detenuti legittimamente sino al momento dell'emanazione dell'ordine, è punito con la reclusione da uno a otto anni e con e con la multa da 3.000 euro a 20.000 euro [1] [2] [3].

(1) Articolo sostituito dall'art. 11, l. 14.10.1974, n. 497.
(2) La multa è stata così aumentata dall'art. 113, co. 4, l. 24.11.1981, n. 689. La sanzione è esclusa dalla depenalizzazione dall'art. 32, co. 2, stessa l. n. 689/1981.
(3) Comma modificato, a decorrere dal 1.7.2011, dall'art. 4, co. 1, lett. c), d.lgs. 26.10.2010, n. 204.

4. – Chiunque illegalmente porta in luogo pubblico o aperto al pubblico le armi o parti di esse, le munizioni, gli esplosivi, gli aggressivi chimici e i congegni indicati nell'articolo 1, è punito con la reclusione da due a dieci anni e con e con la multa da 4.000 euro a 40.000 euro [1] [2].

Salvo che il porto d'arma costituisca elemento costitutivo o circostanza aggravante specifica per il reato commesso, la pena prevista dal primo comma è aumentata da un terzo alla metà:

a) quando il fatto è commesso da persone travisate o da più persone riunite;
b) quando il fatto è commesso nei luoghi di cui all'articolo 61, numero 11-*ter*), del codice penale;
c) quando il fatto è commesso nelle immediate vicinanze di istituti di credito, uffici postali o sportelli automatici adibiti al prelievo di denaro, parchi e giardini pubblici o aperti al pubblico, stazioni ferroviarie, anche metropolitane, e luoghi destinati alla sosta o alla fermata di mezzi di pubblico trasporto [3] [4].

(1) La multa è stata così aumentata dall'art. 113, co. 4, l. 24.11.1981, n. 689. La sanzione è esclusa dalla depenalizzazione dall'art. 32, co. 2, della stessa l. n. 689/1981.
(2) Comma modificato, a decorrere dal 1.7.2011, dall'art. 4, co. 1, lett. d), d.lgs. 26.10.2010, n. 204.
(3) Articolo sostituito dall'art. 12, l. 14.10.1974, n. 497.
(4) Comma sostituito dall'art. 3, co. 30, l. 15.7.2009, n. 94.

5. – Le pene stabilite negli articoli precedenti possono essere diminuite in misura non eccedente i due terzi quando per la quantità o per la qualità delle armi e delle loro parti, delle munizioni, esplosivi o aggressivi chimici, il fatto debba ritenersi di lieve entità. In ogni caso, la reclusione non può essere inferiore a sei mesi [1].

(1) Comma modificato, a decorrere dal 1.7.2011, dall'art. 4, co. 1, lett. e), d.lgs. 26.10.2010, n. 204.

6. – [Chiunque, al fine di incutere pubblico timore o di suscitare tumulto o pubblico disordine o di attentare alla sicurezza pubblica, fa esplodere colpi di arma da fuoco o fa scoppiare bombe o altri ordigni o materie esplodenti, è punito, se il fatto non costituisce più grave reato, con la reclusione da uno a otto anni. [1]]. [2].

(1) Articolo così sostituito dall'art. 13, l. 14.10.1974, n. 497.
(2) Articolo abrogato dal d.l. 15.9.2023, n. 123, conv., con modif., con l. 13.11.2023, n. 159.

7. – Le pene rispettivamente stabilite negli articoli precedenti sono ridotte di un terzo se i fatti ivi previsti si riferiscono alle armi comuni da sparo, o a parti di esse, atte all'impiego, di cui all'articolo 44 del regio decreto 6 maggio 1940, n. 635.

Le pene stabilite nel codice penale per le contravvenzioni alle norme concernenti le armi non contemplate dalla presente legge sono triplicate. In ogni caso l'arresto non può essere inferiore a tre mesi [1].

(1) Articolo così sostituito dall'art. 14, l. 14.10.1974, n. 497.

8. – Non è punibile chi, entro trenta giorni dall'entrata in vigore della presente legge e prima dell'accertamento del reato, consegna le armi o parti di esse, le munizioni, gli esplosivi e gli altri congegni micidiali illegalmente detenuti, indicati nel precedente art. 1 o nell'art. 695 del Codice penale.

9. – Per i reati previsti dalla presente legge si procede a giudizio direttissimo.

3. L. 23 dicembre 1974, n. 694. – Disciplina del porto delle armi a bordo degli aeromobili

In Gazzetta Ufficiale 31 dicembre 1974, n. 340

1. – Il passeggero in partenza dal territorio nazionale con aeromobile nazionale o straniero adibito al servizio di pubblico trasporto, il quale porti con sé, sulla persona o nel bagaglio, armi o munizioni, ha l'obbligo di farne denunzia prima dell'accettazione da parte del vettore e di consegnarle all'ufficio di polizia di frontiera aeroportuale, o, in mancanza, all'ufficio di polizia dell'aeroporto, anche se munito di porto d'armi o di licenza di esportazione.

L'ufficio di polizia di frontiera aeroportuale o l'ufficio di polizia dell'aeroporto provvede a far ispezionare le armi o le munizioni ed a consegnarle, d'intesa con il vettore, al comandante o ad altro membro dell'equipaggio da lui incaricato, che ne curano l'imbarco e la custodia nella stiva dell'aeromobile o in apposito contenitore.

Al termine del viaggio, il ritiro delle armi o delle munizioni, denunziate e consegnate ai sensi del precedente comma, deve essere richiesto dagli aventi diritto presso gli uffici di polizia predetti nello scalo nazionale di arrivo. Le armi o le munizioni sono trasportate negli stessi uffici a cura del vettore. Negli scali esteri, il ritiro delle armi o delle munizioni è soggetto all'osservanza delle disposizioni locali.

2. – Salve le disposizioni di cui al successivo articolo 3:

a) il passeggero proveniente dall'estero con aeromobile straniero – in transito su scalo nazionale – ha l'obbligo, anche se munito di porto o di licenza di trasporto di armi, di consegnare le armi o le munizioni che porti con sé, sulla persona o nel bagaglio a mano, e di denunziare quelle contenute nel bagaglio stivato, al comandante o ad altro membro dell'equipaggio da lui incaricato, quando la prosecuzione del viaggio debba avvenire con lo stesso aeromobile. Il comandante di questo ultimo, o il membro dell'equipaggio da lui incaricato, che abbiano avuto in consegna per la custodia armi o munizioni o che abbiano avuto denunzia o comunque notizia della loro esistenza a bordo, debbono darne immediata comunicazione agli uffici di polizia di cui al precedente articolo 1, ai quali spetta di impartire le disposizioni ritenute necessarie a norma di legge;

b) quando la prosecuzione del viaggio avvenga con aeromobile diverso da quello di arrivo, ovvero il viaggio venga interrotto o abbia termine, il passeggero proveniente dallo estero ha l'obbligo, anche se munito di porto d'armi o di licenza di importazione, di consegnare le armi o le munizioni che porti con sé, sulla persona o nel bagaglio a mano, e di denunziare quelle contenute nel bagaglio stivato al comandante dell'aeromobile di arrivo o ad altro membro dell'equipaggio da lui incaricato, che ne danno comunicazione agli uffici di cui al precedente articolo 1.

Le armi o le munizioni come sopra consegnate sono trasportate negli stessi uffici a cura del vettore per l'osservanza degli obblighi previsti nell'articolo 1 della presente legge.

3. – I passeggeri, all'atto dell'imbarco in territorio estero su aeromobile battente bandiera nazionale devono consegnare le armi o le munizioni che portano con sé, sulla persona o nel bagaglio, al comandante dell'aeromobile o ad altro membro dell'equipaggio da lui incaricato, che provvedono a custodirle nei modi previsti nell'articolo 1 della presente legge. Per il ritiro delle armi o delle munizioni si applicano le disposizioni di cui all'articolo 1 della presente legge.

4. – Gli obblighi di cui alla presente legge non si applicano agli ufficiali ed agenti di pubblica sicurezza contemplati nei commi primo e secondo dell'articolo 73 del regolamento di pubblica sicurezza approvato con regio decreto 6 maggio 1940, n. 635, nonché agli ufficiali, sottufficiali e militari delle forze armate dello Stato che viaggiano per ragioni di servizio, limitatamente alle armi previste dai rispettivi regolamenti militari.

Restano ferme le disposizioni del codice della navigazione in ordine ai poteri ed alle responsabilità del comandante dell'aeromobile.

5. – Agli effetti della presente legge, per armi si intendono quelle di cui all'articolo 30 del testo unico delle leggi di pubblica sicurezza, approvato con regio decreto 18 giugno 1931, n. 773.

6. – Il passeggero che non osservi le disposizioni della presente legge è punito con la reclusione fino a cinque anni e con la multa fino a euro 516 [(1)].

Il comandante dell'aeromobile o il membro dell'equipaggio, che non osservi le prescrizioni dell'articolo 2, è punito con la multa fino a euro 30 [(2)].

(1) La multa è stata così aumentata dall'art. 113, co. 4, l. 24.11.1981, n. 689. La sanzione è esclusa dalla depenalizzazione dall'art. 32, co. 2, della stessa l. n. 689/1981.

(2) La multa è stata così aumentata dall'art. 113, co. 4, l. 24.11.1981, n. 689. La sanzione è esclusa dalla depenalizzazione dall'art. 32, co. 2, della stessa l. n. 689/1981.

4. L. 18 aprile 1975, n. 110. – Norme integrative della disciplina vigente per il controllo delle armi, delle munizioni e degli esplosivi [(1)] (*artt. 1-4 bis, 10, 12, 15, 16-35*)

In Gazzetta Ufficiale 21 aprile 1975, n. 105

(1) Le prefetture sono trasformate in uffici territoriali del governo a decorrere dalla data di nomina del primo governo costituito a seguito delle prime elezioni politiche successive all'entrata in vigore del d.lgs. 30.7.1999, n. 300. Il prefetto preposto a questo ufficio nel capoluogo della Regione assume anche le funzioni di commissario del governo (art. 11, d.lgs. 300/1999).

1. Armi da guerra, armi tipo guerra e munizioni da guerra.

Agli effetti delle leggi penali, di quelle di pubblica sicurezza e delle altre disposizioni legislative o regolamentari in materia sono armi da guerra le armi di ogni specie che, per la loro spiccata potenzialità di offesa, sono o possono essere destinate al moderno armamento delle truppe nazionali o estere per l'impiego bellico, nonché le bombe di qualsiasi tipo o parti di esse, gli aggressivi chimici, biologici, radioattivi, i congegni bellici micidiali di qualunque natura, le bottiglie o gli involucri esplosivi o incendiari [(1)].

Fatto salvo quanto stabilito nel secondo comma dell'articolo 2, sono armi tipo guerra quelle che, pur non rientrando tra le armi da guerra, possono utilizzare lo stesso munizionamento delle armi da guerra o sono predisposte al funzionamento automatico per l'esecuzione del tiro a raffica o presentano caratteristiche balistiche o di impiego comuni con le armi da guerra. Agli effetti della legge penale sono, altresì, considerate armi tipo guerra le armi da fuoco camuffate di cui all'articolo 1-*bis*, comma 1, lettera c), del decreto legislativo 30 dicembre 1992, n. 527 [(2)].

Sono munizioni da guerra le cartucce e i relativi bossoli, i proiettili o parti di essi destinati al caricamento delle armi da guerra. Le munizioni di calibro 9x19 destinate alle Forze armate o ai Corpi armati dello Stato devono recare il marchio NATO o altra marcatura idonea a individuarne la specifica destinazione [(3)].

(1) Comma modificato dall'art. 1, d.l. 18.10.2001, n. 374, conv., con modif., in l. 15.12.2001, n. 438.

(2) Comma modificato, a decorrere dal 14.9.2018, dall'art. 5, co. 1, lett. a), d.lgs. 10.8.2018, n. 104.

(3) Comma modificato dall'art. 18, co. 1, lett. a), l. 23.12.2021, n. 238.

2. Armi e munizioni comuni da sparo.

Agli stessi effetti indicati nel primo comma del precedente art. 1 e salvo quanto disposto dal secondo comma dell'articolo stesso sono armi comuni da sparo:

a) i fucili anche semiautomatici con una o più canne ad anima liscia;

b) i fucili con due canne ad anima rigata, a caricamento successivo con azione manuale;

c) i fucili con due o tre canne miste, ad anime lisce o rigate, a caricamento successivo con azione manuale;

d) i fucili, le carabine ed i moschetti ad una canna ad anima rigata, anche se predisposti per il funzionamento semiautomatico;

e) i fucili e le carabine che impiegano munizioni a percussione anulare, purché non a funzionamento automatico;

f) le rivoltelle a rotazione;

g) le pistole a funzionamento semiautomatico;

h) le repliche di armi antiche ad avancarica di modelli anteriori al 1890, fatta eccezione per quelle a colpo singolo [(1)].

Sono altresì armi comuni da sparo i fucili e le carabine che, pur potendosi prestare all'utilizzazione del munizionamento da guerra, presentino specifiche caratteristiche per l'effettivo impiego per uso di caccia o sportivo, abbiano limitato volume di fuoco e siano destinate ad utilizzare munizioni di tipo diverso da quelle militari.

Salvo che siano destinate alle Forze armate o ai Corpi armati dello Stato, ovvero all'esportazione, non è consentita la fabbricazione, l'introduzione nel territorio dello Stato e la vendita di [armi da fuoco corte semiautomatiche o a ripetizione, che sono camerate per il munizionamento nel calibro 9x19 parabellum, nonché di] armi comuni da sparo, salvo quanto previsto per quelle per uso sportivo, per le armi antiche e per le repliche di armi antiche, con caricatori o serbatoi, fissi o amovibili, contenenti un numero superiore a 10 colpi per le armi lunghe ed un numero superiore a 20 colpi per le armi corte, nonché di tali caricatori e di ogni dispositivo progettato o adattato per attenuare il rumore causato da uno sparo. Per le repliche di armi antiche è ammesso un numero di colpi non superiore a 10. Nei casi consentiti è richiesta la licenza di cui all'articolo 31 del testo unico delle leggi di pubblica sicurezza, approvato con regio decreto 18 giugno 1931, n. 773 [(2)].

Sono infine considerate armi comuni da sparo quelle denominate "da bersaglio da sala", o ad emissione di gas, nonché le armi ad aria compressa o gas compressi, sia lunghe sia corte i cui proiettili erogano un'energia cinetica superiore a 7,5 joule, e gli strumenti lanciarazzi, salvo che si tratti di armi destinate alla pesca ovvero di armi e strumenti per i quali il Banco nazionale di prova escluda, in relazione alle rispettive caratteristiche, l'attitudine a recare offesa alla persona. Non sono armi gli strumenti ad aria compressa o gas compresso a canna liscia e a funzionamento non automatico, destinati al lancio di capsule sferiche marcatrici prive di sostanze o miscele classificate come pericolose dall'articolo 3 del regolamento n. 1272/2008/CE del Parlamento europeo e del Consiglio, del 16 dicembre 2008, che erogano una energia cinetica non superiore a 12,7 joule, purché di calibro non inferiore a 12,7 millimetri e non superiore a 17,27 millimetri. Il Banco nazionale di prova, a spese dell'interessato, procede a verifica di conformità dei prototipi dei medesimi strumenti. Gli strumenti che erogano una energia cinetica superiore a 7,5 joule possono essere utilizzati esclusivamente per attività agonistica. In caso di inosservanza delle disposizioni di cui al presente comma, si applica la sanzione amministrativa di cui all'articolo 17-bis, primo comma, del regio decreto 18 giugno 1931, n. 773. Con decreto del Ministro dell'interno sono definite le disposizioni per l'acquisto, la detenzione, il trasporto, il porto e l'utilizzo degli strumenti da impiegare per l'attività amatoriale e per quella agonistica [(3)].

Le munizioni a palla destinate alle armi da sparo comuni non possono comunque essere costituite con pallottole a nucleo perforante, traccianti, incendiarie, a carica esplosiva, ad espansione, autopropellenti, né possono essere tali da emettere sostanze stupefacenti, tossiche o corrosive, o capsule sferiche marcatrici, diverse da quelle consentite a norma del terzo comma ed eccettuate le cartucce che lanciano sostanze e strumenti narcotizzanti destinate a fini scientifici e di zoofilia per le quali venga rilasciata apposita licenza del questore [4].

Le disposizioni del testo unico delle leggi di pubblica sicurezza 18 giugno 1931, n. 773, del regio decreto 6 maggio 1940, n. 635, con le successive rispettive modificazioni, e della presente legge relative alla detenzione ed al porto delle armi non si applicano nei riguardi degli strumenti lanciarazzi e delle relative munizioni quando il loro impiego è previsto da disposizioni legislative o regolamentari ovvero quando sono comunque detenuti o portati per essere utilizzati come strumenti di segnalazione per soccorso, salvataggio o attività di protezione civile. Gli strumenti di cui al presente comma, se muniti di camera di cartuccia, devono essere conformi alle specifiche tecniche di cui all'allegato annesso alla direttiva di esecuzione (UE) n. 2019/69 della Commissione, del 16 gennaio 2019, che stabilisce le specifiche tecniche relative alle armi d'allarme o da segnalazione a norma della direttiva n. 91/477/CEE del Consiglio relativa al controllo dell'acquisizione e della detenzione di armi [5] [6].

(1) Lettera modificata dall'art. 11, co. 1, l. 21.12.1999, n. 526.

(2) Comma modificato dall'art. 5, co. 1, lett. a), d.lgs. 26.10.2010, n. 204, dall'art. 2, co. 1, lett. a), punto 1), d.lgs. 29.9.2013, n. 121, dall'art. 5, co. 1, lett. b), punto 1), d.lgs. 10.8.2018, n. 104 e successivamente dall'art. 18, co. 1, lett. b), l. 23.12.2021, n. 238.

(3) Comma sostituito dall'art. 1, co. 1, l. 21.2.1990, n. 36, modificato dall'art. 11, co. 2, l. 21.12.1999, n. 526, dall'art. 2, co. 1, lett. a), punto 2) e punto 3), d.lgs. 29.9.2013, n. 121 e successivamente dall'art. 5, co. 1, lett. b), punto 2), d.lgs. 10.8.2018, n. 104. Vedi art. 380, co. 2, lett. g), c.p.p.

(4) Comma modificato dall'art. 12, co. 3, d.l. 8.6.1992, n. 306, conv., con modif., dalla l. 7.8.1992, n. 356 e poi modificato dall'art. 2, co. 1, lett. a), punto 4), d.lgs. 29.9.2013, n. 121.

(5) Comma modificato dall'art. 1, co. 2, l. 21.2.1990, n. 36 e successivamente dall'art. 18, co. 1, lett. b), l. 23.12.2021, n. 238.

(6) Con l. 6.3.1987, n. 89, sono state approvate norme per l'accertamento medico dell'idoneità al porto delle armi e per l'utilizzazione di mezzi di segnalazione luminosi per il soccorso alpino. Con D.M. 15.9.1989, sono state dettate le condizioni e caratteristiche tecniche e strutturali degli strumenti lanciarazzi e relative munizioni da utilizzare nel soccorso alpino. Le pene previste da questo comma sono aumentate nella misura stabilita dall'art. 99, co. 3, c.p., se ricorrono le condizioni di cui all'art. 9, l. 31.5.1965, n. 575.

3. Alterazione di armi.

Chiunque, alterando in qualsiasi modo le caratteristiche meccaniche o le dimensioni di un'arma, ne aumenti la potenzialità di offesa, ovvero ne renda più agevole il porto, l'uso o l'occultamento, è punito con la reclusione da uno a tre anni e con la multa da lire 600.000 a lire 4.000.000 [1].

(1) La multa è stata così aumentata dall'art. 113, co. 4, l. 24.11.1981, n. 689. La sanzione è esclusa dalla depenalizzazione dall'art. 32, co. 2, della stessa l. n. 689/1981.

4. Porto di armi od oggetti atti ad offendere.

Salve le autorizzazioni previste dal terzo comma dell'art. 42 del testo unico delle leggi di pubblica sicurezza 18 giugno 1931, n. 773, e successive modificazioni, non possono essere portati, fuori della propria abitazione o delle appartenenze di essa, armi, mazze ferrate o bastoni ferrati, sfollagente, noccoliere storditori elettrici e altri apparecchi analoghi in grado di erogare una elettrocuzione [1].

Senza giustificato motivo, non possono portarsi, fuori della propria abitazione o delle appartenenze di essa, bastoni muniti di puntale acuminato, strumenti da punta o da taglio atti ad offendere, mazze, tubi catene, fionde, bulloni, sfere metalliche, nonché qualsiasi altro strumento non considerato espressamente come arma da punta o da taglio, chiaramente utilizzabile, per le circostanze di tempo e di luogo, per l'offesa alla persona, gli strumenti di cui all'articolo 5, quarto comma, nonché i puntatori laser o oggetti con funzione di puntatori laser, di classe pari o superiore a 3b, secondo le norme CEI EN 60825- 1, CEI EN 60825- 1/A11, CEI EN 60825- 4 [2].

Il contravventore è punito con l'arresto da uno a tre anni e con l'ammenda da 1.000 euro a 10.000 euro. Nei casi di lieve entità, riferibili al porto dei soli oggetti atti ad offendere, può essere irrogata la sola pena dell'ammenda. La pena è aumentata se il fatto avviene nel corso o in occasione di manifestazioni sportive [3].

È vietato portare armi nelle riunioni pubbliche anche alle persone munite di licenza. Il trasgressore è punito con l'arresto da due a quattro anni e con l'ammenda da 3.000 euro a 20.000 euro. La pena è dell'arresto da tre a sei anni e dell'ammenda da 5.000 euro a 20.000 euro quando il fatto è commesso da persona non munita di licenza [4].

Chiunque, all'infuori dei casi previsti nel comma precedente, porta in una riunione pubblica uno strumento ricompreso tra quelli indicati nel primo o nel secondo comma, è punito con l'arresto da uno a tre anni e con l'ammenda da 2.000 euro a 20.000 euro [5].

La pena prevista dal terzo comma è raddoppiata quando ricorre una delle circostanze previste dall'articolo 4, secondo comma, della legge 2 ottobre 1967, n. 895, salvo che l'uso costituisca elemento costitutivo o circostanza aggravante specifica per il reato commesso [6].

[Gli ufficiali ed agenti di polizia giudiziaria devono procedere all'arresto di chiunque sia colto in flagranza di trasgressione alle norme dei precedenti commi quarto e quinto.] [7]

Con la condanna deve essere disposta la confisca delle armi e degli altri oggetti atti ad offendere.

Sono abrogati l'art. 19 e il primo e secondo comma dell'art. 42 del testo unico delle leggi di pubblica sicurezza 18 giugno 1931, n. 773, e successive modificazioni.

Non sono considerate armi ai fini delle disposizioni penali di questo articolo le aste di bandiere, dei cartelli e degli striscioni usate nelle pubbliche manifestazioni e nei cortei, né gli altri oggetti simbolici usati nelle stesse circostanze, salvo che non vengano adoperati come oggetti contundenti.

(1) Comma modificato dall'art. 5, co. 1, lett. b), punto 1), d.lgs. 26.10.2010, n. 204.

(2) Comma modificato dall'art. 5, co. 1, lett. b), punto 2), d.lgs. 26.10.2010, n. 204.

(3) Comma modificato dall'art. 2, co. 1, d.l. 20.8.2001, n. 336, conv., con modif., dalla l. 19.10.2001, n. 377, dall'art. 5, co. 1, lett. b), punto 3), d.lgs. 26.10.2010, n. 204 e poi dall'art. 4, co. 1, lett. a), d.l. 15.9.2023, n. 123, conv., con modif., dalla l. 13.11.2023, n. 159.

(4) Comma modificato dall'art. 5, co. 1, lett. b), punto 4), d.lgs. 26.10.2010, n. 204 e poi dall'art. 4, co. 1, lett. a), d.l. 15.9.2023, n. 123, conv., con modif., dalla l. 13.11.2023, n. 159.

(5) Comma modificato dall'art. 5, co. 1, lett. b), punto 5), d.lgs. 26.10.2010, n. 204 e poi dall'art. 4, co. 1, lett. a), d.l. 15.9.2023, n. 123, conv., con modif., dalla l. 13.11.2023, n. 159.

(6) Comma sostituito dall'art. 3, co. 31, l. 15.7.2009, n. 94.

(7) Comma abrogato dall'art. 8, co. 1, d.l. 26.4.1993, n. 122, conv., con modif., dalla l. 25.6.1993, n. 205.

4 bis. Porto di armi per cui non è ammessa licenza [1].

1. Salvo che il fatto costituisca più grave reato, chiunque, fuori della propria abitazione o delle appartenenze di essa, porta un'arma per cui non è ammessa licenza è punito con la reclusione da uno a tre anni.

2. Salvo che il porto d'arma sia previsto come elemento costitutivo o circostanza aggravante specifica per il reato commesso, la pena prevista dal comma 1 è aumentata da un terzo alla metà quando il fatto è commesso:

a) da persone travisate o da più persone riunite;
b) nei luoghi di cui all'articolo 61, numero 11ter), del codice penale;
c) nelle immediate vicinanze di istituti di credito, uffici postali o sportelli automatici adibiti al prelievo di denaro, parchi e giardini pubblici o aperti al pubblico, stazioni ferroviarie, anche metropolitane, e luoghi destinati alla sosta o alla fermata di mezzi di pubblico trasporto;
d) in un luogo in cui vi sia concorso o adunanza di persone ovvero una riunione pubblica.

(1) Articolo introdotto dall'art. 4, co. 1 bis, d.l. 15.9.2023, n. 123, conv., con modif., dalla l. 13.11.2023, n. 159.

10. Divieto di detenzione e raccolta di armi da guerra. Collezione di armi comuni da sparo.

A decorrere dall'entrata in vigore della presente legge, non possono rilasciarsi licenze per la detenzione o la raccolta di armi da guerra, o tipo guerra, o di parti di esse, o di munizioni da guerra.

Le armi di cui sia stata autorizzata la detenzione o la raccolta ai sensi dell'art. 28 del T.U. delle leggi di pubblica sicurezza 18 giugno 1931, n. 773, anteriormente all'entrata in vigore della presente legge, possono essere trasferite soltanto per successione a causa di morte, per versamento ai competenti organi del Ministero della difesa, per cessione agli enti pubblici di cui al quinto comma ed ai soggetti muniti di autorizzazione per la fabbricazione di armi da guerra o tipo guerra o di munizioni da guerra ovvero per cessione, con l'osservanza delle norme vigenti per l'esportazione di tali armi, ad enti o persone residenti all'estero. L'erede, il privato o l'ente pubblico cui pervengono, in tutto o in parte, tali armi è tenuto a darne immediato avviso al Ministero dell'interno ed a chiedere il rilascio di apposita autorizzazione a conservarle. In quanto applicabili si osservano le disposizioni dei precedenti artt. 8 e 9.

Chiunque trasferisce le armi di cui all'articolo 28 del testo unico delle leggi di pubblica sicurezza per cause diverse da quelle indicate nel precedente comma è punito con la reclusione da due a sei anni e la multa da 2.000 euro a 20.000 euro [1] [2].

È punito con l'ammenda fino a 1.000 euro chiunque, essendone obbligato, omette di dare l'avviso previsto nel secondo comma del presente articolo [3] [4].

Salva la normativa concernente la dotazione di armi alle Forze armate ed ai Corpi armati dello Stato, è consentita la detenzione e la raccolta delle armi e dei materiali indicati nel primo comma allo Stato e, nell'ambito delle loro competenze, agli enti pubblici in relazione all'esercizio di attività di carattere storico o culturale nonché ai soggetti muniti di autorizzazioni per la fabbricazione di armi da guerra o tipo guerra o di munizioni da guerra per esigenze di studio, di esperimento, di collaudo.

La detenzione di armi comuni da sparo per fini diversi da quelli previsti dall'articolo 31 del testo unico delle leggi di pubblica sicurezza, approvato con R.D. 18 giugno 1931, n. 773, è consentita nel numero di tre per le armi comuni da sparo e di dodici per le armi di uso sportivo. Per le armi da caccia resta valido il disposto dell'articolo 37, comma 2, della legge 11 febbraio 1992, n. 157. La detenzione di armi comuni da sparo in misura superiore è subordinata al rilascio di apposita licenza di collezione da parte del questore, nel limite di un esemplare per ogni modello del catalogo nazionale; il limite di un esemplare per ogni modello non si applica ai fucili da caccia ad anima liscia ed alle repliche di armi ad avancarica [5].

Restano ferme le disposizioni del testo unico delle leggi di pubblica sicurezza 18 giugno 1931, n. 773, per le armi antiche. Sono armi antiche quelle ad avancarica e quelle fabbricate anteriormente al 1890. Per le armi antiche, artistiche o rare di importanza storica di modelli anteriori al 1890 sarà disposto un apposito regolamento da emanarsi di concerto tra il Ministro per l'interno e il Ministro per i beni culturali entro sei mesi dall'entrata in vigore della presente legge. Dette armi non si computano ai fini di cui al sesto comma.

La richiesta della licenza al questore deve essere effettuata da parte di coloro che già detengono armi comuni da sparo in quantità superiori a quelle indicate nel sesto comma entro il termine di centottanta giorni dall'entrata in vigore della presente legge.

Per la raccolta e la collezione di armi di qualsiasi tipo è esclusa la detenzione del relativo munizionamento. Il divieto non si applica alle raccolte per ragioni di commercio e di industria.

Fermo restando il divieto di cui al nono comma, il titolare di licenza di collezione, in possesso della capacità di cui all'articolo 8, può trasportare le armi presso poligoni o campi di tiro autorizzati per effettuare prove di funzionamento delle medesime armi. Ai fini del presente comma, la prova di funzionamento può essere effettuata, per ciascuna arma con cadenza non inferiore a sei mesi e consiste nello sparo di un numero di colpi non superiore a 62. Il munizionamento acquistato per l'effettuazione della prova di funzionamento deve essere consumato dal titolare della collezione entro ventiquattro ore dall'acquisto. Le violazioni alle disposizioni di cui al secondo e terzo periodo del presente comma sono punite con l'ammenda fino a 1.000 euro [6].

Chiunque non osserva gli obblighi o i divieti di cui al sesto, ottavo e nono comma è punito con la reclusione da uno a quattro anni e con la multa da 1.500 euro a 10.000 euro [7] [8].

(1) La multa è stata aumentata dall'art. 113, co. 4, l. 24.11.1981, n. 689. La sanzione è esclusa dalla depenalizzazione dall'art. 32, co. 2, della stessa l. n. 689/1981.
(2) Comma modificato, a decorrere dal 1.7.2011, dall'art. 5, co. 1, lett. e), n. 1), d.lgs. 26.10.2010, n. 204.
(3) L'ammenda è stata così aumentata dall'art. 113, co. 4, l. 24.11.1981, n. 689. La sanzione è esclusa dalla depenalizzazione dall'art. 32, co. 2, della stessa l. n. 689/1981.
(4) Comma modificato, a decorrere dal 1.7.2011, dall'art. 5, co. 1, lett. e), n. 2), d.lgs. 26.10.2010, n. 204.
(5) Comma modificato dall'art. 5, l. 16.7.1982, n. 452, dall'art. 12, d.l. 8.6.1992, n. 306, dall'art. 9, l. 19.12.1992, n. 489 e, infine, a decorrere dal 14.9.2018, dall'art. 5, co. 1, lett. c), d.lgs. 10.8.2018, n. 104.
(6) Comma introdotto, a decorrere dal 14.9.2018, dall'art. 5, co. 1, lett. c), d.lgs. 10.8.2018, n. 104.
(7) La multa è stata così aumentata dall'art. 113, co. 4, l. 24.11.1981, n. 689. La sanzione è esclusa dalla depenalizzazione dall'art. 32, co. 2, della stessa l. n. 689/1981.
(8) Comma modificato, a decorrere dal 1.7.2011, dall'art. 5, co. 1, lett. e), n. 3), d.lgs. 26.10.2010, n. 204.

12. Importazione definitiva di armi da sparo.

Chi, senza licenza per la fabbricazione ed il commercio di armi intende importare armi comuni da sparo in numero superiore a tre, nel corso dello stesso anno solare, oltre la licenza del questore di cui all'articolo 31 del testo unico delle leggi di pubblica sicurezza 18 giugno 1931, n. 773, deve munirsi di apposita licenza del prefetto della provincia in cui l'interessato ha la propria residenza anagrafica.

La richiesta intesa ad ottenere il rilascio delle licenze di importazione deve essere motivata.

Il rilascio delle licenze d'importazione è subordinato all'accertamento dell'esistenza, nei casi previsti, delle autorizzazioni di competenza di altre pubbliche amministrazioni.

Non può essere autorizzata l'importazione di armi comuni da sparo che non abbiano superato la verifica di cui all'articolo 23, comma 12-*sexiesdecies*, del decreto-legge 6 luglio 2012, n. 95, convertito, con modificazioni, dalla legge 7 agosto 2012, n. 135 [1].

Chiunque importa armi in numero superiore a tre senza munirsi della licenza di cui al primo comma è punito con la reclusione da uno a sei anni e con la multa da lire 400.000 a lire 3.000.000 [2].

(1) Comma sostituito dall'art. 2, co. 1, lett. c), d.lgs. 29.9.2013, n. 121.
(2) La multa è stata così aumentata dall'art. 113, co. 4, l. 24.11.1981, n. 689. La sanzione è esclusa dalla depenalizzazione in virtù dell'art. 32, co. 2, della stessa l. n. 689/1981.

15. Importazione temporanea di armi comuni da sparo.

I cittadini italiani residenti all'estero o dimoranti all'estero per ragioni di lavoro, ovvero gli stranieri non residenti in Italia, sono ammessi all'importazione temporanea di armi comuni da sparo, senza la licenza di cui all'articolo 31 del regio decreto 18 giugno 1931, n. 773, per finalità sportive o di caccia, provviste del numero di matricola, nonché di armi comuni da sparo per finalità commerciali ai soli fini espositivi durante fiere, esposizioni, mostre, o di valutazione e riparazione [1].

Con decreto del Ministro per l'interno, di concerto con i Ministri per gli affari esteri, per le finanze, per l'agricoltura e le foreste, per il commercio con l'estero e per il turismo e lo spettacolo, da pubblicarsi nella Gazzetta Ufficiale, sono determinate le modalità per l'introduzione, la detenzione, il porto e il trasporto all'interno dello Stato delle armi temporaneamente importate nonché il numero delle stesse.

Ai fini della presente legge si considera temporanea l'importazione per un periodo non eccedente i novanta giorni. Trascorso tale termine l'interessato è soggetto agli obblighi di cui al precedente articolo 12.

Chiunque non osserva le disposizioni del decreto ministeriale di cui al secondo comma è punito con la reclusione da sei mesi a un anno e con la multa da 4.000 euro a 30.000 euro [2] [3].

(1) Comma inizialmente modificato, a decorrere dal 1.7.2011, dall'art. 5, co. 1, lett. i), n. 1), d.lgs. 26.10.2010, n. 204, e poi sostituito dall'art. 2, co. 1, lett. e), d.lgs. 29.9.2013, n. 121.
(2) Comma modificato, a decorrere dal 1.7.2011, dall'art. 5, co. 1, lett. i), n. 2), d.lgs. 26.10.2010, n. 204.
(3) La multa è stata così aumentata dall'art. 113, co. 4, l. 24.11.1981, n. 689. La sanzione è esclusa dalla depenalizzazione dall'art. 32, co. 2, della stessa l. n. 689/1981.

16. Esportazione di armi.

Nelle operazioni concernenti le armi comuni da sparo di cui al precedente art. 2 dichiarate per l'esportazione, sono obbligatori la visita doganale e il riscontro della guardia di finanza.

Il rilascio della licenza di polizia, singola, multipla e globale, fatte salve le previsioni di cui all'articolo 1, comma 11, della legge 9 luglio 1990, n. 185, come modificata dal decreto legislativo 22.06.2012, n. 105, per l'esportazione di armi comuni da sparo di ogni tipo è subordinato all'applicazione del disposto dell'articolo 11 del regolamento (CE) n. 258/2012 [1].

[L'esportazione delle armi deve avvenire entro il termine di novanta giorni dal rilascio della licenza, salvo l'esistenza di giustificati motivi.] Il titolare della licenza di polizia deve esibire all'autorità che ha rilasciato la licenza la bolletta di esportazione, ovvero copia di essa autenticata o vistata dall'autorità medesima [2].

Il contravventore all'obbligo di cui al precedente comma è punito a norma dell'art. 17 del T.U. delle leggi di pubblica sicurezza 18 giugno 1931, n. 773, e successive modificazioni.

Con decreto del Ministro, per le finanze, di concerto col Ministro per l'interno, da pubblicarsi nella Gazzetta Ufficiale, sono determinate le modalità per assicurare l'effettiva uscita dal territorio dello Stato delle armi destinate all'esportazione, nonché quelle per disciplinare l'esportazione temporanea, da parte di persone residenti in Italia, di armi comuni da sparo per uso sportivo o di caccia, ovvero di armi comuni da sparo per finalità commerciali ai soli fini espositivi durante fiere, esposizioni, mostre, o di valutazione e riparazione (3).

Con decreto del Ministro per l'interno, sentito il Ministro per i beni culturali, da pubblicarsi nella Gazzetta Ufficiale, sono determinate le modalità relative alla temporanea esportazione di armi antiche, artistiche, rare o comunque aventi importanza storica ai fini di mostre e scambi culturali.

(1) Comma sostituito dall'art. 2, co. 1, lett. f), n. 1), d.lgs. 29.9.2013, n. 121.
(2) Comma modificato dall'art. 2, co. 1, lett. f), n. 2), d.lgs. 29.9.2013, n. 121.
(3) Comma modificato dall'art. 2, co. 1, lett. f), n. 3), d.lgs. 29.9.2013, n. 121.

17. Compravendita di armi comuni da sparo per corrispondenza o mediante contratto a distanza (1).

1. Ferme restando le vigenti disposizioni in materia di importazione, esportazione e trasferimenti intracomunitari di armi comuni da sparo, alle persone residenti nello Stato è consentita la compravendita di armi comuni da sparo commissionate per corrispondenza o acquistate in base a contratto a distanza, di cui all'articolo 45, comma 1, lettera g), del decreto legislativo 6 settembre 2005, n. 206, qualora l'acquirente sia autorizzato ad esercitare attività industriali o commerciali in materia di armi, ovvero, se privo delle predette autorizzazioni, provveda al ritiro dell'arma presso un titolare di licenza per il commercio di armi comuni da sparo o presso un intermediario di armi, muniti, rispettivamente, delle licenze di cui agli articoli 31 e 31-*bis* del regio decreto 18 giugno 1931, n. 773. Di ogni spedizione la ditta interessata deve dare comunicazione all'ufficio di pubblica sicurezza, o, in mancanza, al comando dei carabinieri del comune in cui risiede il destinatario.

2. I trasgressori sono puniti con la reclusione da uno a sei mesi e con la multa fino a euro 154.

(1) La multa era stata aumentata dall'art. 113, co. 4, l. 24.11.1981, n. 689. In base all'art. 24 c.p., l'entità della sanzione non può essere superiore a lire 10.000. La sanzione è esclusa dalla depenalizzazione in virtù dell'art. 32, co. 2, della stessa l. n. 689/1981. L'articolo è stato poi sostituito a decorrere dal 14.9.2018, dall'art. 5, co. 1, lett. f), d.lgs. 10.8.2018, n. 104.

18. Modalità per il trasporto di armi ed esplosivi.

Salvo che non sia disposto diversamente dalla relativa autorizzazione, il trasporto delle armi di cui agli articoli 1 e 2 o parti di esse deve essere effettuato esclusivamente a mezzo di pubblici servizi o di imprese di trasporto in possesso dei requisiti prescritti dalle vigenti disposizioni legislative o regolamentari, o di soggetti *dipendenti dalle aziende produttrici* o commerciali muniti di specifica autorizzazione del questore della provincia di residenza, in possesso dei requisiti di cui al precedente articolo 9.

Oltre a quanto stabilito in materia dal testo unico delle leggi di pubblica sicurezza 18 giugno 1931, n. 773, e dal regio decreto 6 maggio 1940, n. 635, con le successive rispettive modificazioni, le modalità per il trasporto, di armi o di parti di esse e di esplosivi di ogni genere, nonché per la spedizione, la ricezione, presa e resa a domicilio, sono determinate con decreto del Ministro per l'interno, da pubblicare nella Gazzetta Ufficiale, di concerto con i Ministri per la difesa, per le finanze, per i trasporti, per la marina mercantile e per le poste e le telecomunicazioni, nell'ambito delle rispettive competenze.

Chiunque non osserva le disposizioni del primo comma o quelle del decreto ministeriale di cui al precedente comma è punito con la reclusione da sei mesi a un anno e con la multa da lire 40.000 a lire 200.000 (1).

Le disposizioni del presente articolo non si applicano alle cartucce da caccia a pallini, a salve, da tiro e ad uso industriale ed alle polveri relative alle armi da caccia. Il rilascio ai commessi delle tessere di riconoscimento previste dall'articolo 52 del regolamento 6 maggio 1940, n. 635, per il recapito di armi nella provincia è attribuito alla competenza del questore, previo accertamento della sussistenza dei requisiti di cui al precedente art. 9.

(1) La multa è stata così aumentata dall'art. 113, co. 4, l. 24.11.1981, n. 689. La sanzione è esclusa dalla depenalizzazione dall'art. 32, co. 2, della stessa l. n. 689/1981.

19. Trasporto di parti di armi.

L'obbligo dell'avviso previsto rispettivamente dagli articoli 28 e 34 del testo unico delle leggi di pubblica sicurezza 18 giugno 1931, n. 773, deve essere osservato anche per il trasporto di singole parti di armi da guerra e tipo guerra nonché di canne, carcasse, carrelli, fusti, tamburi, e bascule di armi comuni (1).

Qualora il fatto non costituisca un più grave reato, il contravventore è punito con l'arresto non inferiore ad un mese e con l'ammenda da 250 euro a 1.000 euro se trattasi di parti di armi da guerra o tipo guerra; con l'arresto sino a tre mesi e con l'ammenda fino a 500 euro se trattasi di parti di armi comuni (2) (3).

Ai fini del presente articolo non sono da considerare parti di arma quelle ancora in uno stato di semilavorato. Per semilavorato deve intendersi quella parte di arma che, per poter essere assemblata sull'arma e garantirne il funzionamento, necessita di ulteriori lavorazioni meccaniche. Non sono da considerare lavorazioni meccaniche i trattamenti superficiali dei metalli (4).

(1) Comma modificato, a decorrere dal 1.7.2011, dall'art. 5, co. 1, lett. l), n. 1), d.lgs. 26.10.2010, n. 204.
(2) Comma modificato, a decorrere dal 1.7.2011, dall'art. 5, co. 1, lett. l), n. 2), d.lgs. 26.10.2010, n. 204.
(3) L'ammenda è stata così elevata dall'art. 113, co. 4, l. 24.11.1981, n. 689. La sanzione è esclusa dalla depenalizzazione dall'art. 32, co. 2, della stessa l. n. 689/1981.
(4) Comma introdotto, a decorrere dal 1.7.2011, dall'art. 5, co. 1, lett. l), n. 3), d.lgs. 26.10.2010, n. 204.

20. Custodia delle armi e degli esplosivi.

La custodia delle armi di cui ai precedenti articoli 1 e 2 e degli esplosivi deve essere assicurata con ogni diligenza nell'interesse della sicurezza pubblica. Chi esercita professionalmente attività in materia di armi o di esplosivi o è autorizzato alla raccolta o alla collezione di armi deve adottare e mantenere efficienti difese antifurto secondo le modalità prescritte dall'autorità di pubblica sicurezza.

Chiunque non osserva le prescrizioni di cui al precedente comma è punito, se il fatto non costituisce più grave reato, con l'arresto da uno a tre mesi o con l'ammenda fino a lire 1.000.000 (1).

Dello smarrimento o del furto di armi o di parti di esse o di esplosivi di qualunque natura deve essere fatta immediata denunzia all'ufficio locale di pubblica sicurezza o, se questo manchi, al più vicino comando dei carabinieri.

Il contravventore è punito con l'ammenda fino a lire 1.000.000 (2).

Chiunque rinvenga un'arma o parti di essa è tenuto ad effettuarne immediatamente il deposito presso l'ufficio locale di pubblica sicurezza o, in mancanza, presso il più vicino comando dei carabinieri che ne rilasciano apposita ricevuta.

Chiunque rinvenga esplosivi di qualunque natura o venga a conoscenza di depositi o di rinvenimenti di esplosivi è tenuto a darne immediata notizia all'ufficio locale di pubblica sicurezza o, in mancanza, al più vicino comando dei carabinieri.

Salva l'applicazione delle sanzioni previste dalle vigenti disposizioni in materia di detenzione e porto illegale di armi o di esplosivi di qualunque natura, il contravventore è punito con l'arresto fino a sei mesi e con l'ammenda fino a lire 400.000 (3).

Con uno o più decreti del Ministro dell'interno, da adottarsi entro sei mesi dalla data di entrata in vigore della presente disposizione sono determinate le modalità ed i termini di custodia delle armi e delle parti di cui al primo comma in relazione al numero di armi o parti di armi detenute, prevedendo anche sistemi di sicurezza elettronici o di difesa passiva, nonché le modalità ed i termini per assicurare, anche con modalità telematiche, la tracciabilità di tutte le armi, delle loro parti e delle munizioni, attraverso l'introduzione di meccanismi di semplificazione e snellimento degli adempimenti previsti (4).

(1) L'ammenda è stata così aumentata dall'art. 113, co. 4, l. 24.11.1981, n. 689. La sanzione è esclusa dalla depenalizzazione dall'art. 32, co. 2, della stessa l. n. 689/1981.

(2) L'ammenda è stata così aumentata dall'art. 113, co. 4, l. 24.11.1981, n. 689. La sanzione è esclusa dalla depenalizzazione dall'art. 32, co. 2, della stessa l. n. 689/1981.

(3) L'ammenda è stata così aumentata dall'art. 113, co. 4, l. 24.11.1981, n. 689. La sanzione è esclusa dalla depenalizzazione dall'art. 32, co. 2, della stessa l. n. 689/1981.

(4) Comma introdotto, a decorrere dal 1.7.2011, dall'art. 5, co. 1, lett. m), d.lgs. 26.10.2010, n. 204.

20 bis. Omessa custodia di armi.

Chiunque consegna a minori degli anni diciotto, che non siano in possesso della licenza dell'autorità, ovvero a persone anche parzialmente incapaci, a tossicodipendenti o a persone impedite nel maneggio, un'arma fra quelle indicate nel primo e secondo comma dell'articolo 2, munizioni o esplosivi diversi dai giocattoli pirici è punito, salvo che il fatto costituisca più grave reato, con l'arresto fino a due anni.

Chiunque trascura di adoperare, nella custodia delle armi, munizioni ed esplosivi di cui al comma 1 le cautele necessarie per impedire che alcuna delle persone indicate nel medesimo comma 1 giunga ad impossessarsene agevolmente, è punito con l'arresto fino ad un anno o con l'ammenda fino a lire due milioni.

Si applica la pena dell'ammenda da lire trecentomila a lire un milione quando il fatto di cui al primo comma è commesso:

a) nei luoghi predisposti per il tiro, sempre che non si tratti dell'esercizio consentito di attività sportiva;
b) nei luoghi in cui può svolgersi l'attività venatoria.

Quando i fatti di cui ai commi precedenti riguardano le armi, le munizioni o gli esplosivi indicati nell'articolo 1 o armi clandestine, la pena è della reclusione da uno a tre anni (1).

(1) Articolo introdotto dall'art. 9, d.l. 13.5.1991, n. 152, conv. in l. 12.7.1991, n. 203.

21. Distrazione o sottrazione di armi.

Chiunque distrae dalla prevista destinazione, sottrae o comunque detiene le armi di cui agli articoli 1 e 2 al fine di sovvertire l'ordinamento dello Stato ovvero di mettere in pericolo la vita delle persone o la sicurezza della collettività mediante la commissione di attentati o comunque di uno dei reati previsti dal capo I, titolo VI, del libro II del codice penale o dagli artt. 284, 285, 286 e 306 dello stesso codice, è punito con la reclusione da cinque a quindici anni.

22. Locazione e comodato di armi.

Non è consentita la locazione o il comodato delle armi di cui agli articoli 1 e 2, salvo che si tratti di armi per uso scenico, ovvero di armi destinate ad uso sportivo o di caccia, ovvero che il conduttore o accomodatario sia munito di autorizzazione per la fabbricazione di armi o munizioni ed il contratto avvenga per esigenze di studio, di esperimento, di collaudo. Per armi da fuoco per uso scenico si intendono le armi alle quali, con semplici accorgimenti tecnici, venga occlusa parzialmente la canna al solo scopo di impedire che possa espellere un proiettile ed il cui impiego avvenga costantemente sotto il controllo dell'armaiolo che le ha in carico. Le armi da fuoco per uso scenico sono sottoposte, a spese dell'interessato, a verifica del Banco nazionale di prova, che vi apporrà specifico punzone (1).

È punito con la reclusione da due ad otto anni e con la multa da 2.000 euro a 20.000 euro chiunque dà o riceve in locazione o comodato armi in violazione del divieto di cui al precedente comma (2) (3).

La pena è raddoppiata se l'attività di locazione o comodato delle armi risulta abituale.

(1) Comma modificato, a decorrere dal 1.7.2011, dall'art. 5, co. 1, lett. n), n. 1), d.lgs. 26.10.2010, n. 204 e dall'art. 2, co. 1, lett. g), d.lgs. 29.9.2013, n. 121.

(2) La multa è stata così aumentata dall'art. 113, co. 4, l. 24.11.1981, n. 689. La sanzione è esclusa dalla depenalizzazione dall'art. 32, co. 2, della stessa l. n. 689/1981.

(3) Comma modificato, a decorrere dal 1.7.2011, dall'art. 5, co. 1, lett. n), n. 2), d.lgs. 26.10.2010, n. 204.

23. Armi clandestine.

Sono considerate clandestine:

1) le armi comuni da sparo non catalogate ai sensi del precedente articolo 7, ovvero non sottoposte alla verifica di cui all'articolo 23, comma 12-sexiesdecies, del decreto-legge 6 luglio 2012, n. 95, convertito, con modificazioni, dalla legge 7 agosto 2012, n. 135 (1);
2) le armi comuni e le canne sprovviste dei numeri, dei contrassegni e delle sigle di cui al precedente articolo 11.

È punito con la reclusione da tre a dieci anni e e con la multa da 2.000 euro a 20.000 euro chiunque fabbrica, introduce nello Stato, esporta, commercia, pone in vendita o altrimenti cede armi o canne clandestine (2).

Chiunque detiene armi o canne clandestine è punito con la reclusione da uno a sei anni e con la multa da 1.000 euro a 15.000 euro (3).

Si applica la pena della reclusione da due a otto anni e con la multa da 2.000 euro a 20.000 euro a chiunque porta in luogo pubblico o aperto al pubblico armi o canne clandestine. La stessa pena si applica altresì a chiunque cancella, contraffà o altera i numeri di catalogo o di matricola e gli altri segni distintivi di cui all'articolo 11 (4).

Con la sentenza di condanna è ordinata la revoca delle autorizzazioni di polizia in materia di armi e la confisca delle stesse armi.

Non è punibile, ai sensi del presente articolo, per la mancanza dei segni d'identificazione prescritti per le armi comuni da sparo, chiunque ne effettua il trasporto per la presentazione del prototipo al Banco nazionale di prova ai fini della sottoposizione alla verifica di cui all'articolo 23, comma 12-sexiesdecies, del decreto-legge 6 luglio 2012, n. 95, convertito, con modificazioni, dalla legge 7 agosto 2012, n. 135, o l'importazione ai sensi dell'articolo 11 (5).

(1) Numero modificato dall'art. 2, co. 1, lett. h), n. 1), d.lgs. 29.9.2013, n. 121.

(2) Comma sostituito dall'art. 9, d.l. 13.5.1991, n. 152 e poi modificato, a decorrere dal 1.7.2011, dall'art. 5, co. 1, lett. o), n. 1), d.lgs. 26.10.2010, n. 204.

(3) Comma sostituito dall'art. 9, d.l. 13.5.1991, n. 152 e poi modificato, a decorrere dal 1.7.2011, dall'art. 5, co. 1, lett. o), n. 2), d.lgs. 26.10.2010, n. 204.

(4) Comma sostituito dall'art. 9, d.l. 13.5.1991, n. 152 e poi modificato, a decorrere dal 1.7.2011, dall'art. 5, co. 1, lett. o), n. 3), d.lgs. 26.10.2010, n. 204.

(5) Comma sostituito dall'art. 2, co. 1, lett. h), n. 2), d.lgs. 29.9.2013, n. 121.

24. Divieto di fabbricazione di esplosivi non riconosciuti.

Chiunque fabbrica un prodotto esplodente non riconosciuto o modifica o altera la composizione dei prodotti esplodenti riconosciuti e classificati a norma dell'art. 53 del testo unico delle leggi di pubblica sicurezza 18 giugno 1931, n. 773, è punito con la reclusione da sei mesi a tre anni e con la multa da lire 400.000 a lire 2.000.000 (1).

La sanzione di cui al comma precedente non si applica ai fabbricanti di prodotti esplodenti titolari di licenza rilasciata dal Ministero dell'interno per l'attività di ricerca, studio e sperimentazione condotta nel proprio stabilimento.

(1) La multa è stata così aumentata dall'art. 113, co. 4, l. 24.11.1981, n. 689. La sanzione è esclusa dalla depenalizzazione dall'art. 32, co. 2, della stessa l. n. 689/1981.

25. Registro delle operazioni giornaliere.

Chiunque, per l'esercizio della propria attività lavorativa, fa abituale impiego di esplosivi di qualsiasi genere deve tenere il registro delle operazioni giornaliere previsto dal primo comma dell'articolo 55 del testo unico delle leggi di pubblica sicurezza 18 giugno 1931, n. 773.

È punito con la reclusione da sei mesi a tre anni e con la multa da lire 400.000 a lire 4.000.000 (1) chi non osserva l'obbligo di cui al comma precedente.

Con la stessa pena sono punite le persone indicate nel primo comma del citato articolo 55 che non osservano l'obbligo di tenuta del registro.

Sono punite con l'arresto da venti giorni a tre mesi e con l'ammenda fino a lire 200.000 (2) le persone obbligate a tenere il predetto registro le quali rifiutano ingiustificatamente di esibire il registro stesso agli ufficiali ed agenti di pubblica sicurezza che ne facciano richiesta.

(1) La multa è stata così aumentata dall'art. 113, co. 4, l. 24.11.1981, n. 689. La sanzione è esclusa dalla depenalizzazione dall'art. 32, co. 2, della stessa l. n. 689/1981.

(2) L'ammenda è stata così aumentata dall'art. 113, co. 4, l. 24.11.1981, n. 689. La sanzione è esclusa dalla depenalizzazione dall'art. 32, co. 2, della stessa l. n. 689/1981.

26. Limiti alla detenzione senza denuncia di munizioni.

È soggetto all'obbligo della denuncia, stabilito dall'art. 38 del testo unico delle leggi di pubblica sicurezza 18 giugno 1931, n. 773, chi, in possesso di armi regolarmente denunziate, detiene munizioni per armi comuni da sparo eccedenti la dotazione di 1000 cartucce a pallini per fucili da caccia.

27. Requisiti soggettivi per le autorizzazioni in materia di esplosivi.

Il rilascio delle licenze di cui agli articoli 46 e 47 del testo unico delle leggi di pubblica sicurezza 18 giugno 1931, n. 773, è subordinato all'accertamento dei requisiti di cui al precedente art. 9.

28. Responsabilità nell'impiego di esplosivi.

I titolari delle licenze di deposito per il consumo permanente, temporaneo o giornaliero di esplosivi di ogni genere, a qualunque uso adibiti, di cui agli articoli 46 e 47 del testo unico delle leggi di pubblica sicurezza 18 giugno 1931, n. 773, e 100 e 101 del regio decreto 6 maggio 1940, n. 635, e successive modificazioni, devono seguire personalmente o esclusivamente a mezzo delle persone che li rappresentano a norma dell'art. 8 del citato testo unico le attività e le operazioni d'impiego e di utilizzo degli esplosivi medesimi.

Chiunque non osserva le disposizioni di cui al precedente comma è punito con la reclusione da tre mesi ad un anno e con la multa da lire 200.000 a lire 2.000.000 (1).

(1) La multa è stata così aumentata dall'art. 113, co. 4, l. 24.11.1981, n. 689. La sanzione è esclusa dalla depenalizzazione dall'art. 32, co. 2, della stessa l. n. 689/1981.

29. Distrazione o sottrazione di esplosivi.

Chiunque distrae dalla prevista destinazione, sottrae o comunque detiene esplosivi di ogni genere al fine di sovvertire l'ordinamento dello Stato ovvero di mettere in pericolo la vita delle persone o la sicurezza della collettività mediante la commissione di attentati o comunque di uno dei reati previsti dal capo I, titolo VI del libro II del codice penale o dagli articoli 284, 285, 286 e 306 dello stesso codice, è punito con la reclusione da cinque a quindici anni.

30. Armi, munizioni ed esplosivi delle Forze armate e dei Corpi dello Stato.

Le autorizzazioni previste dal testo unico delle leggi di pubblica sicurezza 18 giugno 1931, n. 773, dal regio decreto 6 maggio 1940, n. 635, e dalla presente legge, nonché gli adempimenti di cui agli articoli 28, terzo comma, e 34 del citato testo unico delle leggi di pubblica sicurezza non sono richiesti per le armi, o parti di esse, munizioni ed esplosivi appartenenti alle Forze armate ed ai Corpi armati dello Stato e per il personale delle Forze armate e dei Corpi armati dello Stato impiegato nell'esercizio delle funzioni e degli altri compiti di istituto.

Con decreto del Ministro per la difesa, da pubblicarsi nella Gazzetta Ufficiale, di concerto con il Ministro per l'interno, verranno specificati i documenti di accompagnamento necessari per il trasporto delle armi o di parti di esse, di munizioni e di esplosivi che non venga effettuato direttamente dalle Forze armate o dai Corpi armati dello Stato.

31. Vigilanza sulle attività di tiro a segno.

Ferme restando le disposizioni sul Tiro a segno nazionale contenute nel codice dell'ordinamento militare e nel testo unico delle disposizioni regolamentari in materia di ordinamento militare, i direttori e gli istruttori delle sezioni dell'Unione di tiro a segno nazionale devono munirsi di apposita licenza del prefetto, da rilasciarsi previo accertamento della capacità tecnica e dei requisiti di cui al precedente articolo 9 (1).

La capacità tecnica è presunta nei confronti di coloro che esercitano la propria attività in seno alle sezioni del tiro a segno all'entrata in vigore della presente legge.

I presidenti delle sezioni di tiro a segno sono obbligati a tenere costantemente aggiornati:

a) l'elenco degli iscritti con le relative generalità;
b) l'inventario delle armi in dotazione con la relativa descrizione per numero di matricola, tipo, calibro, fabbrica e nazionalità, con richiamo ai titoli che ne legittimano la provenienza, ai fini di cui all'ultimo comma dell'art. 38 del testo unico delle leggi di pubblica sicurezza 18 giugno 1931, n. 773;
c) il registro di carico e scarico per le munizioni, con l'indicazione dei nominativi degli utilizzatori
d) un registro sulle frequenze in cui devono giornalmente annotarsi le generalità di coloro che si esercitano al tiro, con l'indicazione delle armi da ciascuno impiegate nonché degli orari di inizio e di conclusione delle singole esercitazioni.

Gli atti di cui al precedente comma devono essere esibiti ad ogni richiesta degli ufficiali o agenti di pubblica sicurezza, i quali vi appongono la data e la firma ogni qualvolta procedono al loro esame.

I presidenti delle sezioni di tiro a segno sono responsabili dell'osservanza delle disposizioni del primo comma dell'articolo 20 della presente legge.

La vidimazione della carta di riconoscimento prevista dall'art. 76 del regio decreto 6 maggio 1940, n. 635, è attribuita all'autorità provinciale di pubblica sicurezza che vi procede secondo le competenze stabilite dagli articoli 42 e 44 del testo unico delle leggi di pubblica sicurezza, previo accertamento dei requisiti soggettivi prescritti per il rilascio delle licenze di porto d'armi.

Salvo che il fatto non costituisca più grave reato, il trasgressore degli obblighi di cui al presente articolo è punito con l'arresto da tre mesi a due anni o con l'ammenda da lire 400.000 a lire 2.000.000 (2) (3).

(1) Comma modificato dall'art. 2129, co. 1, d.lgs. 15.3.2010, n. 66.
(2) L'ammenda è stata così aumentata dall'art. 113, co. 4, l. 24.11.1981, n. 689. La sanzione è esclusa dalla depenalizzazione dall'art. 32, co. 2, della stessa l. n. 689/1981.
(3) Il rilascio dell'autorizzazione allo svolgimento dell'attività di direttore o istruttore di tiro è attualmente di competenza dei comuni (art. 163, d.lgs. 31.3.1998, n. 112).

32. Vigilanza sulle armi e munizioni raccolte nei musei.

Salva la normativa concernente le armi in dotazione alle Forze armate o ai Corpi armati dello Stato e fermo restando quanto stabilito nella legge 1° giugno 1939, n. 1089, sulle cose di interesse storico o artistico, i direttori dei musei di Stato, di altri enti pubblici o appartenenti ad enti morali, cui è affidata la custodia e la conservazione di raccolte di armi da guerra o tipo guerra o di parte di esse, di munizioni da guerra, di collezioni di armi comuni da sparo, di collezioni di armi artistiche, rare o antiche devono, entro tre mesi dall'entrata in vigore della presente legge, redigere l'inventario dei materiali custoditi su apposito registro ai sensi dell'art. 16, primo comma, del regio decreto 6 maggio 1940, n. 635.

Le persone di cui al primo comma sono altresì obbligate a curare il puntuale aggiornamento dell'inventario, comunicandone immediatamente le variazioni al questore.

Per la compilazione dell'inventario e delle variazioni si osservano le formalità di cui all'articolo 31, terzo comma, lettera b).

L'inventario ed i relativi aggiornamenti devono essere esibiti ad ogni richiesta degli ufficiali o agenti di pubblica sicurezza i quali vi appongono la data e la firma ogni qualvolta procedono al loro esame.

Le persone di cui al primo comma sono responsabili dell'osservanza delle disposizioni del primo comma dell'art. 20 della presente legge.

Salvo che il fatto non costituisca più grave reato, il trasgressore degli obblighi di cui al presente articolo è punito con l'arresto da tre mesi a due anni o con l'ammenda da lire 400.000 a lire 2.000.000 (1).

Ai musei indicati nel presente articolo non si applicano le disposizioni di cui al primo comma dell'articolo 28 del testo unico delle leggi di pubblica sicurezza 18 giugno 1931, n. 773.

Fermo restando il disposto dell'ultimo comma dell'articolo 37 del regio decreto 6 maggio 1940, n. 635, la licenza del Ministero dell'interno non è prescritta per la cessione di cimeli o armi da parte degli stessi musei.

Le armi antiche e artistiche comunque versate all'autorità di pubblica sicurezza o alle direzioni di artiglieria non potranno essere distrutte senza il preventivo consenso di un esperto nominato dal sovrintendente per le gallerie competente per territorio.

Le armi riconosciute di interesse storico e artistico saranno destinate alle raccolte pubbliche indicate dalla sovrintendenza delle gallerie competente per territorio.

Tale disciplina non si applica alle armi in dotazione ai Corpi armati dello Stato eventualmente destinate alla distruzione.

(1) L'ammenda è stata così aumentata dall'art. 113, co. 4, l. 24.11.1981, n. 689. La sanzione è esclusa dalla depenalizzazione dall'art. 32, co. 2, della stessa l. n. 689/1981.

33. Aste pubbliche (1).

1. È vietata la vendita, nelle pubbliche aste, delle armi indicate negli articoli 1 e 2.

2. Salvo che il fatto non costituisca più grave reato, il trasgressore dell'obbligo di cui al comma 1 è punito con l'arresto da tre mesi a tre anni e con l'ammenda da lire duecentomila a lire un milione.

(1) Articolo così sostituito dall'art. 10 bis, d.l. 13.5.1991, n. 152, conv. in l. 12.7.1991, n. 203.

34. Sanzioni penali.

Le pene stabilite dal codice penale e dal testo unico delle leggi di pubblica sicurezza 18 giugno 1931, n. 773, e successive modificazioni, per le contravvenzioni alle norme concernenti gli esplosivi sono triplicate.

In ogni caso l'arresto non può essere inferiore a tre mesi (1).

(1) Le sanzioni previste da questo art. non si applicano alle armi ad aria compressa o a gas compressi, sia lunghe sia corte, i cui proiettili erogano un'energia cinetica non superiore a 7,5 joule (art. 11, l. 21.12.1999, n. 526).

35. Giudizio direttissimo.

Per i reati previsti dalla presente legge, si procede in ogni caso con il giudizio direttissimo salvo che non siano necessarie speciali indagini. Per i reati connessi si procede, di regola, previa separazione dei giudizi.

5. L. 21 febbraio 1990, n. 36. – Nuove norme sulla detenzione delle armi, delle munizioni, degli esplosivi e dei congegni assimilati (1) (2) (*artt. 5, 7-10*)

In Gazzetta Ufficiale 28 febbraio 1990, n. 49

(1) Le prefetture sono trasformate in uffici territoriali del governo a decorrere dalla data di nomina del primo governo costituito a seguito delle prime elezioni politiche successive all'entrata in vigore d.lgs. 30.7.1999, n. 300. Il prefetto preposto a questo ufficio nel capoluogo della Regione assume anche le funzioni di commissario del governo (art. 11, d.lgs. n. 300/1999).

(2) I riferimenti al Ministro/Ministero di Grazia e Giustizia devono attualmente intendersi al Ministro/Ministero della Giustizia (d.P.R. 3.9.1999).

5. – 1. La detenzione, la collezione ed il trasporto di armi antiche inidonee a recare offesa per difetto ineliminabile della punta o del taglio, ovvero dei congegni di lancio o di sparo, sono consentiti senza licenza o autorizzazione.

7. – 1. Ai soli fini della difesa personale è consentito il porto d'armi senza la licenza di cui all'articolo 42 del testo unico delle leggi di pubblica sicurezza, approvato con regio decreto 18 giugno 1931, n. 773, oltre che alle persone contemplate dall'articolo 73 del regio decreto 6 maggio 1940, n. 635, recante regolamento di esecuzione del citato testo unico, ai magistrati dell'ordine giudiziario, anche se temporaneamente collocati fuori del ruolo organico, al personale dirigente e direttivo dell'Amministrazione penitenziaria (1).

2. Con decreto del Ministro dell'interno, da emanarsi di concerto con i Ministri della giustizia, della difesa, del tesoro e delle finanze, sono individuate le categorie di persone che, a causa della esposizione a rischio dipendente dall'attività svolta nell'ambito delle Amministrazioni della giustizia o della difesa, o nell'esercizio di compiti di pubblica sicurezza, sono esonerate dall'obbligo del pagamento della tassa di concessione governativa prevista per il rilascio della licenza di porto d'armi. Sono fatte salve le disposizioni vigenti in materia di dotazione e porto delle armi in servizio nonché di concessione gratuita della licenza.

3. Il decreto di cui al comma 2 stabilisce altresì le condizioni di applicabilità della medesima disciplina al personale cessato dal servizio.

(1) La disposizione contenuta in questo comma si applica anche ai magistrati amministrativi previsti dalla l. 27.4.1982, n. 186 ai magistrati della Corte dei conti (art. 21, l. 21.7.2000, n. 205).

8. – 1. Gli appartenenti agli organismi di informazione e di sicurezza di cui alla legge 24 ottobre 1977, n. 801, portano senza licenza le armi portatili di qualsiasi tipo di cui sono muniti secondo le disposizioni interne di servizio.

9. – 1. Il Ministro dell'interno o, su sua delega, il prefetto della provincia di confine può autorizzare personale appartenente alle forze di polizia o ai servizi di sicurezza di altro Stato, che sia al seguito di personalità dello Stato medesimo, ad introdurre e portare le armi di cui è dotato per fini di difesa.

2. L'autorizzazione è limitata al periodo di permanenza in Italia delle personalità accompagnate purché sussistano, tra i due Stati, condizioni di reciprocità.

2 bis. L'autorizzazione di cui al comma 1 può essere rilasciata altresì agli agenti di polizia dei Paesi appartenenti all'Unione europea e degli altri Paesi con i quali sono sottoscritti specifici accordi di collaborazione interfrontaliera per lo svolgimento di servizi congiunti con agenti delle Forze di polizia dello Stato [1].

2 ter. I soggetti autorizzati ai sensi del comma *2-bis* possono utilizzare le armi esclusivamente per legittima difesa [1].

2 quater. Per i danni causati dagli agenti di polizia di Paesi diversi da quelli di cui al comma *2-bis*, durante lo svolgimento dei servizi di cui al medesimo comma *2-bis*, si osservano, in quanto compatibili, le disposizioni dell'articolo 43 della Convenzione del 19 giugno 1990, di applicazione dell'Accordo di Schengen, resa esecutiva dalla legge 30 settembre 1993, n. 388 [1]

(1) Comma introdotto dall'art. 20 l. 31.10.2003, n. 306.

10. – 1. Coloro che illegalmente detengono armi di qualsiasi specie, comprese quelle da guerra o tipo guerra e quelle da punta e da taglio, o parti di esse, compresi i congegni necessari per il loro funzionamento, munizioni, esplosivi, ed altri congegni micidiali, non sono punibili qualora, prima dell'accertamento del reato e comunque non oltre centottanta giorni dalla data di entrata in vigore della presente legge, provvedano alla loro consegna all'ufficio di pubblica sicurezza o, in mancanza, alla stazione dei carabinieri competente per territorio, che ne rilascia ricevuta, ovvero, qualora si tratti di armi, munizioni ed esplosivi che possono essere legalmente detenuti, ottemperino all'obbligo di denuncia previsto dall'articolo 38 del testo unico delle leggi di pubblica sicurezza, approvato con regio decreto 18 giugno 1931, n. 773.

2. La denuncia è valida anche senza l'indicazione della provenienza.

6. L. 9 luglio 1990, n. 185. – Norme sul controllo dell'esportazione, importazione e transito dei materiali di armamento [1] [2] [3] *(artt. 1-4, 10 bis-27 bis)*

In Gazzetta Ufficiale 14 luglio 1990, n. 163

(1) Si avverte che il nome dei Ministri e dei Ministeri tiene conto delle modifiche (soppressioni e/o accorpamenti) intervenute negli ultimi anni.

(2) A partire dal 1.1.1999 ogni sanzione pecuniaria penale o amministrativa espressa in lire nel presente provvedimento si intende espressa anche in euro secondo il tasso di conversione irrevocabilmente fissato ai sensi del Trattato CE. A decorrere dal 1.1.2002 ogni sanzione penale o amministrativa espressa in lire nel presente provvedimento è tradotta in euro secondo il tasso di conversione irrevocabilmente fissato ai sensi del Trattato CE. Se da questa operazione deriva un risultato espresso anche in decimali, la cifra è arrotondata eliminando i decimali (art. 51, d.lgs. 24.12.1998, n. 213).

(3) Le prefetture sono trasformate in uffici territoriali del governo a decorrere dalla data di nomina del primo governo costituito a seguito delle prime elezioni politiche successive all'entrata in vigore d.lgs. 30.7.1999, n. 300. Il prefetto preposto a questo ufficio nel capoluogo della Regione assume anche le funzioni di commissario del governo (art. 11, d.lgs. 300/1999).

01. Definizioni [1].

1. Ai fini della presente legge si applicano le seguenti definizioni:

a) "prodotti per la difesa": i materiali di cui all'allegato alla direttiva 2009/43/CE e successive modificazioni;
b) "materiali d'armamento": i materiali di cui all'articolo 2, tra i quali sono compresi i prodotti per la difesa;
c) "trasferimento intracomunitario": qualsiasi trasmissione o spostamento di materiali d'armamento da un fornitore a un destinatario situato in un altro Stato membro dell'Unione europea;
d) "transito": sia il transito interno, vale a dire la circolazione di materiali d'armamento di origine comunitaria all'interno del territorio doganale della Comunità europea con attraversamento del territorio di uno Stato terzo, ovvero Stato non appartenente all'Unione europea, senza che muti la loro posizione doganale, sia il transito esterno, vale a dire la circolazione di materiali d'armamento di origine non comunitaria all'interno del territorio doganale della Comunità europea per essere destinati a uno Stato membro diverso da quello di entrata, o per essere esportati verso Stati terzi;
e) "trasbordo": lo spostamento (imbarco/sbarco) di materiali d'armamento da un mezzo di trasporto a un altro all'interno del territorio comunitario;
f) "importazione": l'operazione di movimentazione di materiali d'armamento da fornitori situati al di fuori

del territorio doganale della Comunità verso destinatari situati nel territorio nazionale.

In tale tipologia di operazione rientrano i seguenti regimi doganali:
- immissione in libera pratica e in consumo; deposito doganale;
- perfezionamento attivo; trasformazione sotto controllo doganale;
- ammissione temporanea; reimportazione, così come definite dal codice doganale comunitario;

g) "esportazione": l'operazione di movimentazione di materiali d'armamento da un fornitore stabilito nel territorio nazionale a uno o più destinatari stabiliti al di fuori del territorio doganale della Comunità. In tale tipologia di operazione rientrano i seguenti regimi doganali: esportazione definitiva; perfezionamento passivo; riesportazione; esportazione temporanea, così come definite dal codice doganale comunitario;

h) "trasferimento intangibile" di materiali d'armamento: la trasmissione di software o di tecnologia effettuata mediante mezzi elettronici, telefax, telefono, posta elettronica o qualunque altro mezzo, compresa la messa a disposizione in forma elettronica di tali software e tecnologie al di fuori del territorio nazionale;

i) "fornitore": la persona fisica o giuridica stabilita nella Comunità che è legalmente responsabile di un trasferimento;

l) "destinatario": la persona fisica o giuridica stabilita nella Comunità che è legalmente responsabile della ricezione di un trasferimento;

m) "autorizzazione al trasferimento intracomunitario": la licenza, rilasciata da un'autorità nazionale di uno Stato membro dell'Unione europea ai sensi della direttiva 2009/43/CE, che permette ai fornitori di trasferire materiali d'armamento a un destinatario situato in un altro Stato membro;

n) "autorizzazione all'esportazione": la licenza, rilasciata ai sensi della direttiva 2009/43/CE, a fornire materiali d'armamento a una persona fisica o giuridica stabilita in uno Stato non appartenente all'Unione europea;

o) "attraversamento intracomunitario": il trasporto di materiali d'armamento attraverso uno o più Stati membri diversi dallo Stato membro di origine e dallo Stato membro di destinazione;

p) "attività di intermediazione": attività poste in essere esclusivamente da soggetti iscritti al registro nazionale delle imprese di cui all'articolo 3 della presente legge che:
   1) negoziano o organizzano transazioni che possono comportare il trasferimento di beni figuranti nell'elenco comune dei materiali d'armamento da uno Stato membro o da uno Stato terzo verso un qualsiasi altro Stato;
   2) acquistano, vendono o dispongono il trasferimento di tali beni in loro possesso da uno Stato membro o terzo verso un qualsiasi altro Stato membro o terzo;

q) "delocalizzazione produttiva": il trasferimento da parte di una impresa nazionale di processi produttivi, ovvero di fasi di lavorazione, inerenti materiali d'armamento nel territorio di Paesi terzi.

(1) Articolo introdotto dall'art. 1, co. 1, lett. a), d.lgs. 22.6.2012, n. 105.

1. Controllo dello Stato.

1. L'esportazione, l'importazione, il transito, il trasferimento intracomunitario e l'intermediazione di materiale di armamento, nonché la cessione delle relative licenze di produzione e la delocalizzazione produttiva devono essere conformi alla politica estera e di difesa dell'Italia. Tali operazioni vengono regolamentate dallo Stato secondo i princìpi della Costituzione repubblicana che ripudia la guerra come mezzo di risoluzione delle controversie internazionali (1).

2. L'esportazione, l'importazione, il transito, il trasferimento intracomunitario e l'intermediazione dei materiali di armamento, di cui all'articolo 2, nonché la cessione delle relative licenze di produzione e la delocalizzazione produttiva, sono soggetti a autorizzazioni e controlli dello Stato (2).

3. Il Governo predispone misure idonee ad assecondare la graduale differenziazione produttiva e la conversione a fini civili delle industrie nel settore della difesa.

4. Le operazioni di esportazione, transito e intermediazione sono consentite solo se effettuate con governi esteri o con imprese autorizzate dal governo del paese destinatario. Le operazioni di trasferimento intracomunitario sono consentite con le modalità di cui al capo IV, sezione I (3).

5. L'esportazione, il transito, il trasferimento intracomunitario e l'intermediazione di materiali di armamento, nonché la cessione delle relative licenze di produzione e la delocalizzazione produttiva, sono vietati quando sono in contrasto con la Costituzione, con gli impegni internazionali dell'Italia, con gli accordi concernenti la non proliferazione e con i fondamentali interessi della sicurezza dello Stato, della lotta contro il terrorismo e del mantenimento di buone relazioni con altri Paesi, nonché quando mancano adeguate garanzie sulla definitiva destinazione dei materiali di armamento (4).

6. L'esportazione, il transito, il trasferimento intracomunitario e l'intermediazione di materiali di armamento sono altresì vietati (5):

a) verso i Paesi in stato di conflitto armato, in contrasto con i princìpi dell'articolo 51 della Carta delle Nazioni Unite, fatto salvo il rispetto degli obblighi internazionali dell'Italia o le diverse deliberazioni del Consiglio dei ministri, da adottare previo parere delle Camere;

b) verso Paesi la cui politica contrasti con i princìpi dell'articolo 11 della Costituzione;

c) verso i Paesi nei cui confronti sia stato dichiarato

l'embargo totale o parziale delle forniture belliche da parte delle Nazioni Unite o dell'Unione europea (UE) o da parte dell'Organizzazione per la sicurezza e la cooperazione in Europa (OSCE) (6);

d) verso i Paesi i cui governi sono responsabili di gravi violazioni delle convenzioni internazionali in materia di diritti umani, accertate dai competenti organi delle Nazioni Unite, dell'UE o del Consiglio d'Europa (7);

e) verso i Paesi che, ricevendo dall'Italia aiuti ai sensi della legge 26 febbraio 1987, n. 49, destinino al proprio bilancio militare risorse eccedenti le esigenze di difesa del paese; verso tali Paesi è sospesa la erogazione di aiuti ai sensi della stessa legge, ad eccezione degli aiuti alle popolazioni nei casi di disastri e calamità naturali.

7. Sono vietate la fabbricazione, l'importazione, l'esportazione, il transito, il trasferimento intracomunitario e l'intermediazione di mine terrestri anti-persona, di munizioni a grappolo di cui all'articolo 3, comma 1, della legge 14 giugno 2011, n. 95, di armi biologiche, chimiche e nucleari, nonché la ricerca preordinata alla loro produzione o la cessione della relativa tecnologia. Il divieto si applica anche agli strumenti e alle tecnologie specificamente progettate per la costruzione delle suddette armi nonché a quelle idonee alla manipolazione dell'uomo e della biosfera a fini militari (8).

7 bis. La cessione all'estero delle licenze di produzione e la delocalizzazione produttiva di materiali di armamento da parte di imprese iscritte al registro di cui all'articolo 3 sono vietate qualora concernenti Stati oggetto di divieto ai sensi del comma 6, in tutti i casi in cui mancano adeguate garanzie sulla definitiva destinazione dei relativi materiali prodotti nello Stato terzo, e inoltre, fatti salvi gli accordi specifici da Stato a Stato, quando hanno a oggetto informazioni classificate (9).

8. Le importazioni definitive o temporanee di materiale di armamento sono vietate, ad eccezione:

a) delle importazioni effettuate direttamente dall'Amministrazione dello Stato o per conto di questa per la realizzazione dei programmi di armamento ed equipaggiamento delle forze armate e di polizia, che possono essere consentite direttamente dalle dogane;

b) delle importazioni effettuate da soggetti iscritti al registro nazionale delle imprese di cui all'articolo 3, previa autorizzazione di cui all'articolo 13;

c) delle importazioni temporanee, effettuate da soggetti iscritti al registro nazionale delle imprese di cui all'articolo 3, per la revisione dei materiali d'armamento in precedenza esportati;

d) delle importazioni effettuate dagli enti pubblici, nell'ambito delle rispettive competenze, in relazione all'esercizio di attività di carattere storico o culturale, previe le autorizzazioni di polizia previste dall'articolo 8 della legge 18 aprile 1975, n. 110;

e) delle importazioni temporanee effettuate da imprese straniere per la partecipazione a fiere campionarie, mostre ed attività dimostrative, previa autorizzazione del Ministero dell'interno rilasciata a seguito di nulla osta del Ministero della difesa.

9. Sono escluse dalla disciplina della presente legge:

a) le esportazioni temporanee effettuate direttamente o per conto dell'Amministrazione dello Stato per la realizzazione di propri programmi di armamento ed equipaggiamento delle forze armate e di polizia;

b) le esportazioni o concessioni dirette e i trasferimenti intracomunitari da Stato a Stato, a fini di assistenza militare, in base ad accordi internazionali (10);

c) il transito di materiali di armamento e di equipaggiamento per i bisogni di forze dei Paesi alleati, secondo la definizione della Convenzione sullo statuto delle Forze della NATO, purché non siano invocate a qualsiasi titolo deroghe agli articoli VI, XI, XII, XIII e XIV della Convenzione tra gli Stati partecipanti al Trattato Nord Atlantico, ratificata con legge 30 novembre 1955, n. 1335.

10. Le esportazioni temporanee di cui al comma 9, lettera a), sono comunque vietate verso i Paesi di cui al comma 6 del presente articolo.

11. Sono escluse altresì dalla disciplina della presente legge le armi sportive e da caccia e relative munizioni; le cartucce per uso industriale e gli artifizi luminosi e fumogeni; le armi e munizioni comuni da sparo di cui all'articolo 2 della legge 18 aprile 1975, n. 110, nonché le armi corte da sparo purché non automatiche; le riproduzioni di armi antiche e gli esplosivi diversi da quelli ad uso militare. Le disposizioni del presente comma non si applicano quando i trasferimenti intracomunitari e le esportazioni dei predetti materiali sono destinati a enti governativi o Forze armate o di polizia (11).

11 bis. Le operazioni di cui al presente articolo sono effettuate nel rispetto dei principi di cui alle posizioni comuni 2003/468/PESC del Consiglio, del 23 giugno 2003, e 2008/944/PESC del Consiglio, dell'8 dicembre 2008 (12).

11 ter. La presente legge si applica alle esportazioni e ai trasferimenti intracomunitari anche quando realizzati attraverso trasferimenti intangibili (13).

11 quater. La Presidenza del Consiglio dei Ministri – Dipartimento informazioni per la sicurezza, in presenza di informazioni classificate:

a) esprime pareri vincolanti al rilascio delle autorizzazioni di cui agli articoli 9, 10-quater, 10-quinquies e 13;

b) autorizza le operazioni e le attività di cui agli articoli 16 e 21 (14).

(1) Comma modificato dall'art. 1, co. 1, lett. b), n. 1), d.lgs. 22.6.2012, n. 105.

(2) Comma sostituito dall'art. 1, co. 1, lett. b), n. 2), d.lgs. 22.6.2012, n. 105.

(3) Comma modificato dall'art. 1, co. 1, lett. b), n. 3), d.lgs. 22.6.2012, n. 105.

(4) Comma sostituito dall'art. 1, co. 1, lett. b), n. 4), d.lgs. 22.6.2012, n. 105.

(5) Comma modificato dall'art. 1, co. 1, lett. b), n. 5), punto 5.1), d.lgs. 22.6.2012, n. 105.

(6) Lettera sostituita dall'art. 3, l. 17.6.2003, n. 148 e poi modificata dall'art. 1, co. 1, lett. b), n. 5), punto 5.2), d.lgs. 22.6.2012, n. 105.

(7) Lettera sostituita dall'art. 3, l. 17.6.2003, n. 148.

(8) Comma modificato dall'art. 1, co. 1, lett. b), n. 6), d.lgs. 22.6.2012, n. 105.
(9) Comma introdotto dall'art. 1, co. 1, lett. b), n. 7), d.lgs. 22.6.2012, n. 105.
(10) Lettera modificata dall'art. 1, co. 1, lett. b), n. 8), d.lgs. 22.6.2012, n. 105.
(11) Comma modificato dall'art. 1, co. 1, lett. b), n. 9), d.lgs. 22.6.2012, n. 105.
(12) Comma aggiunto dall'art. 1, co. 1, lett. b), n. 10), d.lgs. 22.6.2012, n. 105.
(13) Comma aggiunto dall'art. 1, co. 1, lett. b), n. 10), d.lgs. 22.6.2012, n. 105.
(14) Comma aggiunto dall'art. 1, co. 1, lett. b), n. 10), d.lgs. 22.6.2012, n. 105.

2. Materiali di armamento.

1. Ai fini della presente legge, sono materiali di armamento quei materiali che, per requisiti o caratteristiche, tecnico-costruttive e di progettazione, sono tali da considerarsi costruiti per un prevalente uso militare o di corpi armati o di polizia.

2. I materiali di armamento di cui al comma 1 sono classificati nelle seguenti categorie:
a) armi nucleari, biologiche e chimiche;
b) armi da fuoco automatiche e relativo munizionamento;
c) armi ed armamento di medio e grosso calibro e relativo munizionamento come specificato nell'elenco di cui al comma 3;
d) bombe, torpedini, mine, razzi, missili e siluri;
e) carri e veicoli appositamente costruiti per uso militare;
f) navi e relativi equipaggiamenti appositamente costruiti per uso militare;
g) aeromobili ed elicotteri e relativi equipaggiamenti appositamente costruiti per uso militare;
h) polveri, esplosivi, propellenti, ad eccezione di quelli destinati alle armi di cui al comma 11 dell'articolo 1;
i) sistemi o apparati elettronici, elettro-ottici e fotografici appositamente costruiti per uso militare;
l) materiali speciali blindati appositamente costruiti per uso militare;
m) materiali specifici per l'addestramento militare;
n) macchine, apparecchiature ed attrezzature costruite per la fabbricazione, il collaudo ed il controllo delle armi e delle munizioni;
o) equipaggiamenti speciali appositamente costruiti per uso militare.

3. L'elenco dei materiali di armamento, da comprendere nelle categorie di cui al comma 2 è individuato anche con riferimento ai prodotti per la difesa di cui all'allegato alla direttiva 2009/43/CE, e successive modificazioni. L'individuazione di nuove categorie e l'aggiornamento dell'elenco dei materiali di armamento, ove resi necessari da disposizioni comunitarie, sono disposti con decreto del Ministro della difesa, di concerto con i Ministri degli affari esteri, dell'interno, dell'economia e delle finanze e dello sviluppo economico, avuto riguardo all'evoluzione della produzione industriale, a quella tecnologica, nonché agli accordi internazionali cui l'Italia aderisce [1].

4. Ai fini della presente legge sono considerati materiali di armamento:
a) ai soli fini dell'esportazione e dei trasferimenti verso altri Stati dell'Unione europea, le parti di ricambio e quei componenti specifici dei materiali di cui al comma 2, identificati nell'elenco di cui al comma 3 [2];
b) limitatamente alle operazioni di esportazione, trasferimento verso altri Stati dell'Unione europea e transito, i disegni, gli schemi ed ogni tipo ulteriore di documentazione e d'informazione necessari alla fabbricazione, utilizzo e manutenzione dei materiali di cui al comma 2 [3].

5. La presente legge si applica anche alla concessione di licenze per la fabbricazione fuori del territorio nazionale dei materiali di cui al comma 2 e alla lettera a) del comma 4.

6. La prestazione di servizi per l'addestramento e per la manutenzione, da effettuarsi in Italia o all'estero, quando non sia già stata autorizzata contestualmente al trasferimento di materiali di armamento, è soggetta esclusivamente al nulla osta del Ministro della difesa, sentiti i Ministri degli affari esteri e dell'interno, entro trenta giorni dalla data dell'istanza, purché costituisca prosecuzione di un rapporto legittimamente autorizzato [4].

7. La trasformazione o l'adattamento di mezzi e materiali per uso civile forniti dal nostro Paese o di proprietà del committente, sia in Italia sia all'estero, che comportino, per l'intervento di imprese italiane, variazioni operative a fini bellici del mezzo o del materiale, sono autorizzati secondo le disposizioni della presente legge.

(1) Comma sostituito dall'art. 1, co. 1, lett. c), n. 1), d.lgs. 22.6.2012, n. 105.
(2) Lettera modificata dall'art. 1, co. 1, lett. c), n. 2), d.lgs. 22.6.2012, n. 105.
(3) Lettera modificata dall'art. 1, co. 1, lett. c), n. 2), d.lgs. 22.6.2012, n. 105.
(4) Comma modificato dall'art. 1, co. 1, lett. c), n. 3), d.lgs. 22.6.2012, n. 105.

3. Registro nazionale delle imprese.

1. Il registro nazionale delle imprese è disciplinato dall'articolo 44 del codice dell'ordinamento militare, di cui al decreto legislativo 15.03.2010, n. 66 [1].

(1) Articolo prima sostituito dall'art. 2120, co. 1, lett. a), d.lgs. 15.3.2010, n. 66 e poi abrogato dall'art. 2268, co. 1, d.lgs. 15.3.2010, n. 66. L'art. 1, co. 1, lett. d), d.lgs. 22.6.2012, n. 105, infine, ha così sostituito il co. 1 di questo articolo.

4. Iscrizione al registro nazionale delle imprese [1].

1. Le modalità per l'iscrizione al registro nazionale delle imprese e il funzionamento della Commissione per la tenuta dello stesso sono disciplinati dagli articoli da 123 a 130 del testo unico delle disposizioni regolamentari in materia di ordinamento militare, di cui al decreto del Presidente della Repubblica 15.03.2010, n. 90.

(1) Articolo prima sostituito dall'art. 2120, co. 1, lett. b), d.lgs. 15.3.2010, n. 66 e poi abrogato dall'art. 2268, co. 1, d.lgs. 15.3.2010, n. 66. L'art. 1, co. 1, lett. e), d.lgs. 22.6.2012, n. 105, infine, ha così sostituito il co. 1 di questo articolo.

10 bis. Autorizzazioni ai trasferimenti intracomunitari [1].

1. Il trasferimento di materiali d'armamento, ivi inclusi componenti e parti di ricambio, a destinatari stabiliti nella Comunità può essere effettuato solo dai soggetti iscritti nel registro di cui all'articolo 3 ed è soggetto ad autorizzazione preventiva. Per l'ingresso nel territorio dello Stato, o per il suo attraversamento, di materiali d'armamento il cui trasferimento è stato autorizzato da altro Stato membro, non è richiesta altra autorizzazione, fatta salva l'applicazione delle disposizioni necessarie a garantire la tutela della pubblica sicurezza o dell'ordine pubblico.

2. I fornitori che effettuano trasferimenti intracomunitari di materiali d'armamento utilizzano autorizzazioni di trasferimento generali, globali o individuali. Per la successiva esportazione verso destinatari situati in Stati terzi possono essere apposti divieti, vincoli o condizioni, e possono essere richieste garanzie circa l'impiego dei materiali, ivi incluse certificazioni di utilizzazione finale.

3. Tranne i casi in cui il loro trasferimento può costituire grave pregiudizio per la sicurezza nazionale, non può essere sottoposta a vincoli o divieti l'esportazione di componenti e parti di ricambio se il destinatario fornisce una dichiarazione d'uso nella quale si attesta che i materiali sono o saranno integrati nei propri prodotti e, pertanto, non possono essere successivamente trasferiti o esportati come tali se non a fini di manutenzione o riparazione.

4. L'autorizzazione preventiva è richiesta, altresì, per l'intermediazione intracomunitaria, consistente nella negoziazione o organizzazione di transazioni dirette all'acquisto, alla vendita o alla fornitura di materiali di armamento da parte di soggetti iscritti al registro di cui all'articolo 3.

5. Resta ferma l'applicabilità delle norme che disciplinano il trasferimento di materiali di armamento classificati.

6. Il regolamento di esecuzione della presente legge definisce i requisiti e le condizioni di utilizzabilità delle autorizzazioni di cui alla presente sezione. Il medesimo regolamento disciplina le modalità della tenuta del registro dei trasferimenti di cui all'articolo 10-*septies* nonché quelle della sua verifica, e definisce altresì gli obblighi informativi cui è subordinata l'utilizzazione dell'autorizzazione di trasferimento.

(1) Articolo introdotto dall'art. 4, co. 1, lett. b), d.lgs. 22.6.2012, n. 105.

10 ter. Autorizzazione generale di trasferimento [1].

1. Il Ministero degli affari esteri approva con decreto le autorizzazioni generali di trasferimento tra Stati appartenenti all'Unione europea che autorizzano direttamente i fornitori stabiliti nel territorio nazionale, che rispettano i termini e le condizioni indicati nella autorizzazione medesima, a effettuare trasferimenti di materiali d'armamento specificati nella autorizzazione stessa a una o più categorie di destinatari situati in un altro Stato membro.

2. I soggetti iscritti al registro di cui all'articolo 3 devono comunicare al Ministero degli affari esteri e al Ministero della difesa la volontà di utilizzare una autorizzazione generale per la prima volta almeno trenta giorni prima dell'effettivo utilizzo.

3. Le autorizzazioni generali di trasferimento sono pubblicate quando:

a) il destinatario fa parte delle forze armate di uno Stato membro ovvero è un'amministrazione aggiudicatrice nel settore della difesa che effettua acquisti ad uso esclusivo delle Forze armate di uno Stato membro;
b) il destinatario è un'impresa certificata ai sensi dell'articolo 10-sexies;
c) il trasferimento è effettuato per dimostrazioni, valutazioni ed esposizioni;
d) il trasferimento è effettuato per operazioni di manutenzione e riparazione, se il destinatario è il fornitore originario dei prodotti per la difesa.

4. Le autorizzazioni generali di trasferimento possono essere pubblicate:

a) per il trasferimento effettuato verso altri Stati membri o imprese autorizzate che partecipano a programmi di cooperazione intergovernativa concernente lo sviluppo, la produzione e l'uso di uno o più materiali di armamento, quando il trasferimento è necessario alla loro esecuzione;
b) per operazioni di supporto logistico, manutenzione, fornitura di parti di ricambio e assistenza tecnica per le forze armate di uno Stato membro.

5. Le autorizzazioni generali non possono avere ad oggetto materiali o categorie di materiali di armamento classificati.

(1) Articolo introdotto dall'art. 4, co. 1, lett. b), d.lgs. 22.6.2012, n. 105.

10 quater. Autorizzazione globale di trasferimento [1].

1. Il Ministero degli affari esteri rilascia l'autorizzazione globale di trasferimento su richiesta del singolo fornitore per il trasferimento di specifici materiali di armamento, senza limitazioni di quantità e valore, a destinatari autorizzati situati in uno o più altri Stati membri.

2. L'autorizzazione globale di trasferimento può essere rilasciata anche per consentire i trasferimenti inerenti programmi di equipaggiamento delle Forze armate o di polizia nazionali.

3. L'autorizzazione globale di trasferimento è rilasciata per un periodo di tre anni che può essere rinnovato.

4. Le imprese munite della certificazione di cui all'articolo 10-*sexies* non hanno l'obbligo di fornire la documentazione di cui all'articolo 20, comma 1, lettera b).

5. Le imprese non munite di certificazione utilizzano le autorizzazioni globali alle condizioni stabilite all'articolo 20.

(1) Articolo introdotto dall'art. 4, co. 1, lett. b), d.lgs. 22.6.2012, n. 105.

10 quinquies. Autorizzazione individuale di trasferimento [1]**.**

1. Il Ministero degli affari esteri rilascia l'autorizzazione individuale, su richiesta del singolo fornitore, per il trasferimento di una specifica quantità e per uno specifico valore di determinati materiali di armamento a uno specifico destinatario in una o più spedizioni, quando:

a) la domanda di autorizzazione è limitata a un solo trasferimento;

b) è necessario per la tutela degli interessi essenziali della sicurezza o dell'ordine pubblico;

c) è necessario per il rispetto degli obblighi e degli impegni internazionali;

d) sussistono serie ragioni per ritenere che il fornitore non sarà in grado di rispettare tutti i termini e le condizioni necessarie per il rilascio di una autorizzazione globale di trasferimento.

2. Le imprese munite della certificazione di cui all'articolo 10-*sexies* non hanno l'obbligo di fornire la documentazione di cui all'articolo 20, comma 1, lettera b).

3. Le imprese non munite di certificazione utilizzano le autorizzazioni individuali alle condizioni stabilite all'articolo 20.

(1) Articolo introdotto dall'art. 4, co. 1, lett. b), d.lgs. 22.6.2012, n. 105.

10 sexies. Certificazione delle imprese [1]**.**

1. La certificazione stabilisce l'affidabilità dell'impresa destinataria, in particolare per quanto concerne la sua capacità di rispettare le restrizioni all'esportazione dei materiali di armamento ricevuti da un altro Stato membro usufruendo di una autorizzazione generale di trasferimento.

2. L'affidabilità deve essere valutata sulla base dei seguenti criteri:

a) l'esperienza comprovata in attività inerenti la difesa, tenendo conto in particolare del livello di osservanza dell'impresa delle restrizioni all'esportazione, di eventuali decisioni giudiziarie in materia, dell'autorizzazione a produrre o a commercializzare materiali di armamento e dell'impiego di personale dirigente con esperienza;

b) l'attività industriale pertinente nel settore dei materiali di armamento all'interno della Comunità, e in particolare la capacità di integrazione di sistemi o sottosistemi;

c) la nomina di un dirigente di alto livello quale soggetto esclusivamente e personalmente responsabile dei trasferimenti e delle esportazioni;

d) l'impegno scritto dell'impresa, sottoscritto dal dirigente di cui alla lettera c), di adottare tutte le misure necessarie per rispettare e far rispettare tutte le condizioni particolari relative all'utilizzo finale e all'esportazione di ciascuno dei componenti o dei prodotti ricevuti;

e) l'impegno scritto dell'impresa, sottoscritto dal dirigente di cui alla lettera c), di fornire con la dovuta diligenza all'ente che rilascia la certificazione, su sua richiesta, informazioni dettagliate circa gli utilizzatori finali o l'impiego finale di tutti i prodotti esportati, trasferiti o ricevuti dall'impresa stessa usufruendo di una autorizzazione di trasferimento da un altro Stato membro;

f) la descrizione, controfirmata dal dirigente di cui alla lettera c), del programma interno di conformità o del sistema di gestione dei trasferimenti e delle esportazioni messo in atto nell'impresa. Tale descrizione precisa le risorse organizzative, umane e tecniche destinate alla gestione dei trasferimenti e delle esportazioni, la catena delle responsabilità nella struttura dell'impresa, le procedure di controllo interno, le misure di sensibilizzazione e di formazione del personale, le disposizioni in fatto di sicurezza fisica e tecnica, la tenuta dei registri e la tracciabilità dei trasferimenti e delle esportazioni.

3. Le imprese iscritte al registro di cui all'articolo 3 richiedono la certificazione al Ministero degli affari esteri, che la rilascia, tramite l'UAMA, d'intesa con il Ministero della difesa, nel termine di trenta giorni dal ricevimento dell'istanza.

4. Il certificato contiene le seguenti informazioni:

a) l'autorità competente che rilascia il certificato;

b) il nome e l'indirizzo del destinatario;

c) una dichiarazione di conformità del destinatario ai criteri di cui al comma 2;

d) la data di rilascio e la durata di validità del certificato.

5. La certificazione ha una durata di 3 anni.

6. Nei casi di cui all'art 10-*quater*, le imprese iscritte al registro di cui all'articolo 3 richiedono la certificazione al Ministero degli affari esteri, che la rilascia, tramite l'UAMA, d'intesa con il Ministero della difesa, nel termine di trenta giorni dal ricevimento dell'istanza, secondo i criteri di cui al comma 2 del presente articolo.

7. Il Ministero degli affari esteri può adottare le opportune misure, che possono consistere anche nella revoca del certificato, d'intesa con il Ministero della difesa, qualora sia constatato che l'impresa titolare di un certificato non risponde più ai criteri di cui al comma 2 e alle condizioni previste dal certificato. In caso di revoca, il Ministero degli affari esteri informa la Commissione europea e gli altri Stati membri della propria decisione.

8. È riconosciuta la validità delle certificazioni rilasciate da altro Stato membro.

9. Il Ministero degli affari esteri pubblica e aggiorna regolarmente l'elenco delle imprese nazionali certificate e lo comunica alla Commissione europea, al Parlamento europeo e agli altri Stati membri.

(1) Articolo introdotto dall'art. 4, co. 1, lett. b), d.lgs. 22.6.2012, n. 105.

10 septies. Obblighi dei fornitori [1]**.**

1. I fornitori dei materiali di armamento sono tenuti a informare i destinatari circa i termini e le condizioni eventualmente apposti all'autorizzazione di trasferimento, comprese le limitazioni, relativi all'impiego finale o all'esportazione dei prodotti.

2. È fatto obbligo ai fornitori di tenere un registro dettagliato e completo dei trasferimenti, unitamente ai documenti commerciali dai quali devono risultare le seguenti informazioni:

a) descrizione del materiale di armamento e suo riferimento in conformità all'elenco di cui all'articolo 2, comma 3;
b) quantità e valore del materiale di armamento;
c) date del trasferimento;
d) nome e indirizzo del fornitore e del destinatario;
e) impiego finale e utilizzatore finale del materiale di armamento, se noti;
f) prova che il destinatario dei materiali di armamento in questione è stato informato della restrizione all'esportazione cui è soggetta l'autorizzazione di trasferimento.

3. Il registro di cui al comma 2 deve essere conservato dal fornitore per un periodo di almeno cinque anni a decorrere dall'ultima registrazione. Esso deve essere messo a disposizione, su richiesta, delle competenti autorità dello Stato membro dal cui territorio i materiali sono stati trasferiti.

(1) Articolo introdotto dall'art. 4, co. 1, lett. b), d.lgs. 22.6.2012, n. 105.

10 octies. Procedure doganali [1].

1. L'esportatore, nell'espletare le formalità richieste per l'esportazione di materiali di armamento presso l'ufficio dell'Agenzia delle dogane competente a trattare la dichiarazione di esportazione, deve dimostrare di aver ottenuto le necessarie licenze di esportazione.

2. Fatto salvo quanto disposto dal regolamento (CEE) n. 2913/92, che istituisce un codice doganale comunitario, l'ufficio dell'Agenzia delle dogane competente può anche, per un periodo non superiore a trenta giorni lavorativi, sospendere l'operazione di esportazione dal territorio nazionale dei materiali di armamento ricevuti da un altro Stato membro usufruendo di una autorizzazione di trasferimento e incorporati in un altro prodotto per la difesa o, se necessario, impedire in altro modo che essi escano dal territorio della Comunità quando ritiene che:

a) informazioni pertinenti non sono state prese in considerazione all'atto del rilascio dell'autorizzazione di esportazione;
b) le circostanze sono sostanzialmente cambiate dal rilascio dell'autorizzazione di esportazione.

(1) Articolo introdotto dall'art. 4, co. 1, lett. b), d.lgs. 22.6.2012, n. 105.

Sezione II
Operazioni per i paesi non appartenenti all'unione europea [1]

11. Domanda di autorizzazione.

1. Per i materiali assoggettati alle disposizioni della presente legge la domanda di autorizzazione per l'esportazione, l'importazione, l'intermediazione, le cessioni di licenza di produzione, la delocalizzazione produttiva, i trasferimenti intangibili di software e di tecnologia, nonché il transito, deve essere presentata al Ministero degli affari esteri che ne dà notizia al Ministero della difesa e al Ministero del commercio con l'estero. Tale domanda dovrà essere sottoscritta dal legale rappresentante o da suo delegato allo scopo designato [1].

2. Nella domanda devono essere indicati:

a) tipo e quantità del materiale di armamento oggetto dell'operazione. Se trattasi di parti di ricambio dovranno essere indicati i tipi e le categorie dei materiali identificati ai quali esse appartengono [2];
b) l'ammontare del contratto e l'indicazione dei termini finali di consegna, anche frazionata, previsti dal contratto medesimo, nonché le condizioni per la disponibilità alla consegna di ricambi, per la prestazione di servizi di manutenzione o per la cessione di altri servizi di assistenza;
c) l'ammontare di eventuali compensi di intermediazione nonché la dichiarazione di cui agli articoli 12 e 20 del decreto del Presidente della Repubblica 29 settembre 1987, n. 454;
d) il Paese di destinazione finale del materiale ovvero eventuali Paesi, enti, imprese e soggetti di destinazione intermedia o finale ai sensi del comma 3, lettera c);
e) l'identificazione del destinatario (autorità governativa, ente pubblico o impresa autorizzata);
f) eventuali obblighi economici verso lo Stato per diritti di proprietà e di brevetto e simili;
g) eventuali impegni per compensazioni industriali;
h) eventuali affidamenti da parte di Amministrazioni dello Stato per la esecuzione della operazione pattuita.

3. Alla domanda di autorizzazione all'esportazione devono essere acclusi:

a) copia dell'autorizzazione a trattare o del nulla osta, ove previsti;
b) copia del contratto o del subcontratto di fornitura o acquisto o trasporto per la parte inerente alle condizioni commerciali e finanziarie dell'operazione; se il contratto è scritto in lingua straniera, la copia deve essere corredata dalla traduzione in lingua italiana;
c) 1) un certificato d'importazione rilasciato dalle autorità governative del Paese destinatario, per i Paesi che partecipano con l'Italia ad accordi di controllo reciproco sulle esportazioni di materiali di armamento;
2) per tutti gli altri Paesi, un "certificato di uso finale" rilasciato dalle autorità governative del Paese destinatario, attestante che il materiale viene importato per proprio uso e che non verrà riesportato senza la preventiva autorizzazione delle autorità italiane preposte a tale compito.

4. Il certificato di uso finale deve essere autenticato dalle autorità diplomatiche o consolari italiane accreditate presso il Paese che lo ha rilasciato.

5. La documentazione di cui al presente articolo non è richiesta per le operazioni previste all'articolo 9, commi 4 e 5.

5 bis. Alla domanda di licenza globale di progetto di cui all'articolo 13, comma 1, deve essere acclusa copia dell'autorizzazione a trattare, fatta eccezione per i programmi di cui all'articolo 9, comma 7-*bis*, e devono essere indicati:

a) la descrizione del programma congiunto, con indicazione del tipo di materiale di armamento che si prevede di produrre;
b) le imprese dei Paesi di destinazione o di provenienza del materiale ove già individuate nell'ambito del programma congiunto. Laddove esse non siano ancora individuate, la loro identificazione successiva va comunicata al Ministero degli affari esteri entro novanta giorni dall'individuazione;
c) l'identificazione dei destinatari (autorità governative, enti pubblici o privati autorizzati) nell'ambito del programma congiunto. Tale identificazione non è richiesta per le operazioni previste dall'articolo 9, commi 4 e 5 [3].

5 ter. Nei casi in cui la domanda di autorizzazione all'esportazione ha ad oggetto prodotti ricevuti da altro Stato membro dell'Unione europea usufruendo di una autorizzazione di trasferimento e soggetti a limitazioni all'esportazione, il richiedente deve dichiarare di essersi attenuto a tali limitazioni e di aver ottenuto, se previsto, il consenso dello Stato di origine [4].

(1) Comma modificato dall'art. 4, co. 1, lett. d), n. 1), d.lgs. 22.6.2012, n. 105.
(2) Lettera modificata dall'art. 4, co. 1, lett. d), n. 2), d.lgs. 22.6.2012, n. 105.
(3) Comma introdotto dall'art. 6, l. 17.6.2003, n. 148.
(4) Comma introdotto dall'art. 4, co. 1, lett. d), n. 3), d.lgs. 22.6.2012, n. 105.

12. Attività istruttoria.

1. Il Ministero degli affari esteri effettua l'istruttoria per il rilascio dell'autorizzazione di cui all'articolo 13. A tal fine accertata la completezza della documentazione prodotta, la trasmette al Comitato di cui all'articolo 7, salvo i casi previsti all'articolo 9, commi 4 e 5.

2. Il Comitato, accertata la coerenza delle finalità dichiarate dell'operazione con le norme della presente legge nonché con le direttive formulate dal CISD ai sensi dell'articolo 6, esprime il proprio parere al Ministro degli affari esteri.

3. Il Ministro degli affari esteri, per operazioni che ritiene di particolare rilevanza politica può richiedere un ulteriore esame da parte del CISD [1].

(1) Il CISD è stato soppresso dall'art. 1, l. 24.12.1993, n. 537.

13. Autorizzazione.

1. Il Ministro degli affari esteri, sentito il Comitato di cui all'articolo 7, autorizza, con licenza individuale, *entro sessanta giorni dalla data di presentazione della* domanda di autorizzazione di cui all'articolo 11, l'intermediazione, la delocalizzazione produttiva, e i trasferimenti intangibili di software e di tecnologia, nonché di concerto con il Ministro delle finanze, l'esportazione e l'importazione, definitive o temporanee, il transito dei materiali di armamento, la cessione all'estero delle licenze industriali di produzione dello stesso materiale e la riesportazione da parte dei Paesi importatori. L'eventuale rifiuto dell'autorizzazione dovrà essere motivato. L'autorizzazione può assumere anche la forma di licenza globale di progetto, rilasciata a singolo operatore, quando riguarda esportazioni, importazioni o transiti di materiali di armamento da effettuare nel quadro di programmi congiunti intergovernativi o industriali di ricerca, sviluppo, produzione di materiali di armamento svolti con imprese di Paesi membri dell'UE o della NATO con i quali l'Italia abbia sottoscritto specifici accordi che garantiscano, in materia di trasferimento e di esportazione di materiali di armamento, il controllo delle operazioni secondo i principi ispiratori della presente legge. Tali accordi devono inoltre prevedere disposizioni analoghe a quelle di cui all'articolo 13 dell'Accordo quadro tra la Repubblica francese, la Repubblica federale di Germania, la Repubblica italiana, il Regno di Spagna, il Regno di Svezia e il Regno Unito della Gran Bretagna e dell'Irlanda del Nord relativo alle misure per facilitare la ristrutturazione e le attività dell'industria europea per la difesa, fatto a Farnborough il 27 luglio 2000. Con la stessa licenza globale di progetto può, inoltre, essere autorizzata la fornitura di materiali di armamento, sviluppati o prodotti sulla base di programmi congiunti, ai suddetti Paesi per uso militare nazionale [1].

2. L'autorizzazione di cui al comma 1 è rilasciata dal Ministro degli affari esteri senza il previo parere del Comitato di cui all'articolo 7 per le operazioni:

a) previste dall'articolo 9, comma 4;
b) che hanno avuto il nulla osta alle trattative contrattuali di cui all'articolo 9, comma 5.

3. Della autorizzazione va data notizia alle Amministrazioni interessate.

[**4.** Decorsi 60 giorni dalla data di presentazione della domanda di autorizzazione di cui all'art. 11, senza che sia stata rilasciata la prevista autorizzazione o comunicata al richiedente alcuna decisione, l'impresa interessata potrà rivolgersi al CISD che procede alla decisione definitiva.] [2]

5. L'autorizzazione non può essere rilasciata in caso di domande incomplete ovvero mancanti della documentazione di cui all'articolo 11, comma 2 e comma 3. A tali fini il Ministero degli affari esteri richiede all'interessato gli elementi o la documentazione riscontrati carenti o incompleti rispetto a quanto previsto dalla presente legge.

6. Per l'ottenimento delle autorizzazioni per le operazioni di esportazione di componenti specifici e parti di ricambio di materiali di armamento, deve essere prodotto il certificato di importazione, rilasciato dalle autorità governative del Paese primo importatore ad una propria impresa, sempre che questa sia debitamente autorizzata dal proprio governo a produrre e commercializzare materiali di armamento, salva la facoltà di richiedere per quei Paesi che non rilasciano un certificato di importazione, il certificato di uso finale o documentazione equipollente.

(1) Comma prima modificato dall'art. 7 della l. 17.6.2003, n. 148 e poi dall'art. 4, co. 1, lett. e), nn. 1) e 2), d.lgs. 22.6.2012, n. 105.
(2) Comma abrogato dall'art. 13, d.P.R. 20.4.1994, n. 373.

14. Termine per le operazioni.

1. Le operazioni previste nella presente legge debbono essere effettuate entro i termini indicati nelle relative autorizzazioni. I termini possono essere prorogati per periodi non superiori a 24 mesi, su motivata domanda da presentare non oltre la scadenza, dal Ministro degli affari esteri sentito il comitato di cui all'articolo 7, ad eccezione dei casi previsti dall'articolo 9, commi 4 e 5, ovvero in caso di licenza globale di progetto [1].

2. Copia delle autorizzazioni e delle proroghe immediatamente inviata alle Amministrazioni rappresentate nel Comitato di cui all'articolo 7.

3. L'autorizzazione, fatta eccezione per la licenza globale di progetto che è rilasciata per un periodo massimo di tre anni ed è prorogabile, non può essere rilasciata per un periodo di validità inferiore a quello previsto per l'esecuzione del contratto, eventualmente prorogabile in relazione all'effettivo andamento delle consegne e delle restanti operazioni contrattuali. Nel caso in cui non siano previsti termini di esecuzione del contratto, l'autorizzazione dovrà avere una validità di almeno 18 mesi eventualmente prorogabile [1].

(1) Comma così modificato dall'art. 8, l. 17.6.2003, n. 148.

Sezione III
Disposizioni comuni [1]

15. Sospensione o revoca delle autorizzazioni.

1. Le autorizzazioni di cui agli articoli 9, 10-*bis* e 13 sono soggette a sospensione o revoca quando vengano a cessare le condizioni prescritte per il rilascio [1].

1 bis. Il Ministero degli affari esteri può provvisoriamente sospendere, previa verifica con lo Stato membro, gli effetti della autorizzazione generale nei riguardi di un destinatario situato in altro Stato membro che non rispetta le condizioni allegate alla autorizzazione generale medesima, nonché per la tutela degli interessi essenziali di sicurezza nazionale, per motivi di ordine pubblico o di pubblica sicurezza, informando gli altri Stati membri e la Commissione delle ragioni della misura di salvaguardia accettata.

La sospensione può essere revocata quando vengono meno le ragioni che l'hanno determinata [2].

2. La sospensione o revoca delle autorizzazioni di cui all'articolo 9 sono disposte con decreto del Ministro della difesa d'intesa con il Ministro degli affari esteri.

3. La sospensione o revoca delle autorizzazioni di cui agli articoli 10-*bis* e 13 sono disposte con decreto del Ministro degli affari esteri sentito il CISD [3]

4. Le decisioni di cui ai commi 2 e 3 vengono comunicate al Comitato consultivo di cui all'articolo 7.

5. La copertura assicurativa prevista dalla legge 24 maggio 1977, n. 227, è estesa ai casi di revoca, sospensione o mancata proroga delle autorizzazioni di cui agli articoli 10-*bis* e 13 non imputabili alla volontà dell'operatore [4].

6. La revoca o la sospensione delle autorizzazioni di cui agli articoli 10-*bis* e 13, o il loro mancato rinnovo o proroga nel corso della esecuzione di un contratto, si devono intendere, ai sensi dell'articolo 14, numero 6, della legge 24 maggio 1977, n. 227, come cause non dipendenti da inadempienze contrattuali dell'operatore nazionale agli effetti dell'escussione di fidejussioni e della mancata o ritardata restituzione di cauzioni, depositi o anticipazioni prestati o costituiti per i motivi indicati alla lettera m) dell'articolo 15 della suddetta legge [5].

7. In casi eccezionali il CISD può temporaneamente vietare l'esportazione anche delle armi di cui all'articolo 1, comma 11, verso quei Paesi, di cui fornirà elenco al Ministero degli affari esteri, per i quali avrà ritenuto opportuno adottare misure cautelative.

8. Il divieto sarà rimosso dallo stesso CISD solo quando saranno cessate le cause che lo hanno determinato [6].

(1) Comma modificato dall'art. 4, co. 1, lett. g), n. 1), d.lgs. 22.6.2012, n. 105.
(2) Comma introdotto dall'art. 4, co. 1, lett. g), n. 2), d.lgs. 22.6.2012, n. 105.
(3) Comma modificato dall'art. 4, co. 1, lett. g), n. 3), d.lgs. 22.6.2012, n. 105.
(4) Comma modificato dall'art. 4, co. 1, lett. g), n. 4), d.lgs. 22.6.2012, n. 105.
(5) Comma modificato dall'art. 4, co. 1, lett. g), n. 5), d.lgs. 22.6.2012, n. 105.
(6) Il CISD è stato soppresso dall'art. 1, l. 24.12.1993, n. 537

16. Transito e introduzione nel territorio dello Stato dei materiali di armamento soggetti alle disposizioni di pubblica sicurezza.

1. Le disposizioni della presente legge non si applicano ai casi di attraversamento nel territorio dello Stato dei materiali di armamento di cui all'articolo 2, oggetto di transazioni commerciali all'estero da parte di soggetti residenti in Stati terzi [1].

2. In tali casi, nonché in ogni altro caso di introduzione nel territorio dello Stato dei materiali di armamento di cui al comma 1 che non debbono varcare a qualsiasi titolo la linea doganale e che sono destinati ad altri paesi, si applicano, sempreché i materiali stessi siano iscritti a manifesto, esclusivamente le disposizioni dei commi terzo e quarto dell'articolo 28 del testo unico delle leggi di pubblica sicurezza approvato con R.D. 18 giugno 1931, n. 773, e dell'articolo 40 del relativo regolamento di esecuzione, approvato con R.D. 6 maggio 1940, n. 635.

2 bis. Le operazioni di attraversamento del territorio

nazionale di materiali di armamento, oggetto di transazione da parte di imprese di altri Stati membri, sono sottoposte alle disposizioni di pubblica sicurezza, di cui ai commi 3 e 4 dell'articolo 28 del testo unico delle leggi di pubblica sicurezza, approvato con regio decreto 18 giugno 1931, n. 773, e dell'articolo 40 del relativo regolamento di esecuzione, approvato con regio decreto 6 maggio 1940, n. 635 (2).

3. Tali disposizioni, con esclusione dell'articolo 40 del regolamento succitato, si applicano altresì per le armi che facciano parte delle dotazioni di bordo risultanti dai documenti ufficiali.

4. Il prefetto può negare l'autorizzazione per l'introduzione nel territorio dello Stato dei materiali e delle armi suddetti per motivi di ordine pubblico o di pubblica sicurezza dandone tempestiva notizia ai Ministeri degli affari esteri e della difesa, ovvero, sentiti i Ministeri predetti, per ragioni inerenti alla sicurezza dello Stato.

(1) Comma modificato dall'art. 4, co. 1, lett. h), n. 1), d.lgs. 22.6.2012, n. 105.
(2) Comma introdotto dall'art. 4, co. 1, lett. h), n. 2), d.lgs. 22.6.2012, n. 105.

Capo V
Obblighi delle imprese

17. Contributo per l'iscrizione nel registro nazionale (1) (2).

[**1.** Il contributo per l'iscrizione nel registro nazionale è disciplinato dal codice dell'ordinamento militare.]

(1) Articolo sostituito dall'art. 2120, co. 1, lett. c), d.lgs. 15.3.2010, n. 66.
(2) Articolo abrogato dall'art. 2268, co. 1, d.lgs. 15.3.2010, n. 66.

17 bis. Oneri posti a carico dei soggetti interessati (1).

Gli oneri relativi alle autorizzazioni per le forniture, alle certificazioni e ai controlli da eseguire, ai fini dell'attuazione delle disposizioni di cui alla presente legge, sono posti a carico dei soggetti interessati secondo tariffe determinate sulla base del costo effettivo del servizio, quando ciò non risulta in contrasto con la disciplina comunitaria. Le tariffe di cui al presente articolo sono determinate con decreto del Ministro degli affari esteri, di concerto con il Ministro dell'economia e delle finanze. Gli introiti derivanti dal pagamento delle tariffe determinate ai sensi del presente articolo sono versati all'entrata del bilancio dello Stato per essere successivamente riassegnati, nei limiti previsti dalla legislazione vigente, all'autorità nazionale competente che rilascia autorizzazioni e certificazioni e alle amministrazioni coinvolte in materia di certificazioni e controlli, secondo l'attività svolta.

(1) Articolo introdotto dall'art. 5, co. 1, lett. a), d.lgs. 22.6.2012, n. 105.

18. Lista dei materiali.

1. Le imprese esportatrici e che effettuano operazioni di trasferimento intracomunitario verso altri Stati membri relative ai materiali di armamento indicati nella presente legge, entro 120 giorni dalla data di entrata in vigore del decreto di cui all'articolo 2, comma 3, sono tenute a trasmettere alla commissione di cui all'articolo 4, con le modalità previste dal regolamento di attuazione, la lista dei materiali di armamento oggetto di esportazione e di operazioni di trasferimento intracomunitario verso altri Stati membri, con l'indicazione, per ognuno di essi, dell'eventuale classifica di segretezza precedentemente apposta dal Ministero della difesa. Allo stesso Ministero sono altresì comunicati, con gli stessi criteri e modalità, gli eventuali aggiornamenti della lista (1).

(1) Comma sostituito dall'art. 5, co. 1, lett. b), d.lgs. 22.6.2012, n. 105.

19. Comunicazioni relative a vettori e spedizionieri.

1. Per le operazioni che prevedono a carico dell'esportatore la spedizione e la consegna a destino del materiale di armamento è fatto obbligo agli esportatori di acquisire da vettori e spedizionieri ogni utile indicazione sulle modalità di trasporto e sull'itinerario relativo, nonché sulle eventuali variazioni che siano intervenute in corso di trasporto. I relativi documenti dovranno essere conservati agli atti dell'esportatore per il termine di dieci anni.

2. Per le operazioni che prevedono la consegna "franco fabbrica" o "franco punto di partenza", gli esportatori sono obbligati a comunicare contestualmente alle Amministrazioni degli affari esteri, della difesa, dell'interno e delle finanze, la data e le modalità della consegna fornendo ogni utile indicazione sullo spedizioniere o vettore incaricato dell'operazione (1).

3. Tale comunicazione dovrà essere effettuata, da parte del legale rappresentante o da suo delegato, preventivamente e comunque non oltre il termine di tre giorni dalla data della ricezione del relativo avviso di ritiro da parte del destinatario o del vettore da questi incaricato.

4. Le disposizioni di cui al presente articolo non si applicano alle esportazioni effettuate per conto dell'Amministrazione dello Stato.

(1) Comma così modificato dall'art. 9, l. 17.6.2003, n. 148.

20. Utilizzo delle autorizzazioni.

1. L'impresa autorizzata all'esportazione, all'intermediazione, alla cessione di licenze produttive, alla delocalizzazione produttiva, ai trasferimenti intangibili di software e di tecnologia, o al transito di materiali di armamento è tenuta, ad eccezione delle operazioni effettuate per conto dello Stato ovvero in caso di licenza globale di progetto (1):

a) a comunicare tempestivamente al Ministero degli affari esteri la conclusione, anche se parziale, delle operazioni autorizzate;
b) ad inviare entro 180 giorni dalla conclusione delle operazioni di esportazione e transito al Ministero degli affari esteri: il formulario di verifica ovvero la dichiarazione di trasporto e transito (DTTI) ovvero la bolletta doganale di entrata nel Paese di destina-

zione finale ovvero la documentazione di presa in consegna da parte dell'ente importatore, ovvero documentazione equipollente rilasciata dall'autorità governativa locale (2).

1 bis. Le imprese utilizzatrici di autorizzazioni globali e individuali che non hanno ottenuto la certificazione di cui all'articolo 10-*sexies*, sono assoggettate alla disciplina di cui al comma 1 (3).

2. La proroga di ulteriori 90 giorni può essere concessa dal Ministro degli affari esteri, previo parere del Comitato consultivo di cui all'articolo 7, sulla base di motivata e documentata richiesta dell'operatore, da presentarsi almeno 30 giorni prima della scadenza del termine originario.

3. Nel caso in cui l'esportatore italiano dichiari l'impossibilità per giustificati motivi di ottenere dalle autorità estere la documentazione di cui al comma 1, lettera b), il Comitato di cui all'articolo 7 esprime parere in ordine ai motivi di giustificazione addotti. Fino a che il Comitato di cui all'articolo 7 non esprimerà parere in merito ai motivi di giustificazione addotti, non potranno essere accordate proroghe all'autorizzazione.

4. In caso di ritardata presentazione della documentazione di cui al comma 1 e sinché il ritardo perduri, salvo il caso di giustificazione di cui al comma 3, non possono essere accordate proroghe alle autorizzazioni cui si riferisce la commissione.

4 bis. In caso di spedizione in utilizzo di licenza globale di progetto, l'impresa è tenuta a conservare per cinque anni la documentazione relativa ai materiali forniti, utile ad attestare l'arrivo a destinazione dei materiali stessi. Ai fini della presente legge tale documentazione dovrà essere esibita su richiesta del Ministero degli affari esteri (4).

4 ter. In caso di spedizione in utilizzo di autorizzazione generale, globale e individuale di trasferimento, di autorizzazione all'intermediazione, di cessione di licenze produttive, di trasferimento intangibile di software e di tecnologia e di delocalizzazione produttiva, l'impresa è tenuta a conservare per cinque anni la documentazione relativa ai materiali forniti, utile ad attestare l'arrivo a destinazione dei materiali stessi. Ai fini della presente legge, tale documentazione deve essere esibita su richiesta del Ministero degli affari esteri. L'impresa che utilizza l'autorizzazione generale di trasferimento e globale di trasferimento comunica con cadenza semestrale i dati delle operazioni effettuate (5).

(1) Alinea prima modificato dall'art. 10 della l. 17.6.2003, n. 148 e poi dall'art. 5, co. 1, lett. c), n. 1), punto 1.1), d.lgs. 22.6.2012, n. 105.
(2) Lettera modificata dall'art. 5, co. 1, lett. c), n. 1), punto 1.2), d.lgs. 22.6.2012, n. 105.
(3) Comma introdotto dall'art. 5, co. 1, lett. c), n. 2), d.lgs. 22.6.2012, n. 105.
(4) Comma introdotto dall'art. 10, l. 17.6.2003, n. 148.
(5) Comma introdotto dall'art. 5, co. 1, lett. c), n. 3), d.lgs. 22.6.2012, n. 105.

20 bis. Attività di controllo (1).

1. L'attività di controllo, riferita alla fase preliminare e successiva all'esportazione dei materiali d'armamento, effettuata anche attraverso verifiche e ispezioni, nonché quella relativa alla certificazione, è svolta dal Ministero degli affari esteri, fatte salve le attribuzioni e le competenze degli organi preposti alla tutela dell'ordine e sicurezza pubblica e al controllo doganale, fiscale e valutario, i quali comunque comunicano direttamente al Ministero degli affari esteri ogni notizia rilevante agli effetti della presente legge.

2. Il Ministero degli affari esteri svolge l'attività di controllo, di concerto con il Ministero della difesa, e, per gli aspetti connessi alla trattazione delle informazioni classificate, con la Presidenza del Consiglio dei Ministri – Dipartimento informazioni per la sicurezza.

3. Il Ministero degli affari esteri nello svolgimento dell'attività di controllo può avvalersi della collaborazione degli organi preposti di cui al comma 1, secondo le modalità da definire nel regolamento di esecuzione.

4. Il Ministero degli affari esteri disciplina con propri atti d'indirizzo, d'intesa con le Amministrazioni interessate, le modalità attuative dell'attività di controllo.

(1) Articolo introdotto dall'art. 5, co. 1, lett. d), d.lgs. 22.6.2012, n. 105.

20 ter. Poteri di vigilanza (1).

1. Il Ministero degli affari esteri, allo scopo di verificare il rispetto dei divieti normativi e delle prescrizioni amministrative, nonché la conformità alle condizioni indicate nel certificato e con i criteri definiti all'articolo 10-*sexies*, effettua delle visite presso le aziende iscritte al registro di cui all'articolo 3, inviando gli ispettori designati, i quali possono:

a) accedere a tutti i locali pertinenti;
b) esaminare e acquisire copie di registri, dati regolamenti interni e altri materiali relativi ai prodotti esportati, trasferiti o ricevuti in base a una autorizzazione di trasferimento di un altro Stato membro.

(1) Articolo introdotto dall'art. 5, co. 1, lett. d), d.lgs. 22.6.2012, n. 105.

21. Seminari, soggiorni di studio e visite.

1. La Presidenza del Consiglio dei ministri, sentito il Ministro della difesa, su richiesta dell'impresa interessata, può autorizzare seminari, soggiorni di studio e visite di cittadini italiani e stranieri in Italia che abbiano ad oggetto materie attinenti a prodotti coperti da classifica di segretezza.

22. Divieti a conferire cariche.

1. I dipendenti pubblici civili e militari, preposti a qualsiasi titolo all'esercizio di funzioni amministrative connesse all'applicazione della presente legge nei due anni precedenti alla cessazione del rapporto di pubblico impiego non possono, per un periodo di tre anni successivo alla cessazione del rapporto stesso, a qualunque causa dovuta, far parte di consigli di amministrazione, assumere cariche di presidente, vice presidente, amministratore delegato, consigliere delegato, amministratore unico, e direttore generale nonché assumere incarichi di consulenza, fatti salvi quelli di carattere specificamente tecnico-operativo, relativi a progettazioni o collaudi, in imprese operanti nel settore degli armamenti.

2. Le imprese che violano la disposizione del comma 1 sono sospese per due anni dal registro nazionale di cui all'articolo 3.

Capo VI
Sanzioni

23. Falsità nella documentazione.

1. Chiunque, in una documentazione prodotta ai sensi della presente legge, fornisce con dolo indicazioni non veritiere, inerenti al rilascio dell'autorizzazione prevista agli articoli 10-*bis* e 13 o per il relativo rinnovo, è punito, nel caso abbia conseguito l'autorizzazione, con la reclusione da 2 a 6 anni ovvero con la multa da un decimo a tre decimi del valore del contratto [(1) (2)].

2. Se le indicazioni non veritiere sono determinanti per l'ottenimento della iscrizione nel registro nazionale di cui all'articolo 3, ovvero del nulla osta previsto dall'articolo 9, comma 5, si applica, salvo che il caso non costituisca reato più grave, la pena della multa da euro 25.822 a euro 154.937 [(3)].

(1) La sanzione è esclusa dalla depenalizzazione dal co. 2 dell'art. 32, l. 24.11.1981, n. 689.
(2) Comma modificato dall'art. 6, co. 1, lett. a), d.lgs. 22.6.2012, n. 105.
(3) L'entità minima della multa è stata così aumentata dall'art. 15, l. 27.2.1992, n. 222. La sanzione è esclusa dalla depenalizzazione dal co. 2 dell'art. 32, l. 24.11.1981, n. 689.

24. Inosservanza delle prescrizioni amministrative.

1. Chiunque effettui esportazioni, trasferimenti intracomunitari, transito, intermediazione, cessione delle licenze di produzione, delocalizzazione produttiva di materiali di armamento e trasferimenti intangibili di software e di tecnologia, in violazione delle condizioni di consegna alla destinazione indicata nella richiesta di autorizzazione di cui all'articolo 13, ovvero delle condizioni o limitazioni apposte alle autorizzazioni di cui all'articolo 10-*bis*, salvo che il fatto costituisca più grave reato, è punito con la reclusione fino a cinque anni, ovvero con la multa da due a cinque decimi del valore dei contratti [(1) (2)].

(1) L'art. 15, l. 27.2.1992, n. 222, ha fissato in euro 25.822 l'entità minima della sanzione, che è esclusa dalla depenalizzazione in virtù del co. 2 dell'art. 32, l. 24.11.1981, n. 689.
(2) Comma modificato dall'art. 6, co. 1, lett. b), n. 1), d.lgs. 22.6.2012, n. 105.

25. Mancanza dell'autorizzazione.

1. Salvo che il fatto costituisca più grave reato, colui che senza l'autorizzazione di cui agli articoli 10-*bis* e 13 effettua esportazione, importazione, trasferimenti intracomunitari, transito, intermediazione, cessione delle licenze di produzione e delocalizzazione produttiva di materiali di armamento, nonché trasferimenti intangibili di software e di tecnologia, contemplati nei decreti di cui all'articolo 2, comma 3, è punito con la reclusione da tre a dodici anni ovvero con la multa da euro 25.822 a euro 258.228 [(1) (2)].

2. Chiunque ponga in essere trattative in violazione di quanto disposto all'articolo 9, è punito con la reclusione fino a quattro anni ovvero con la multa da euro 25.822 a euro 258.228 [(3)].

3. Sono confiscati quei materiali di armamento che, individuati dagli organi preposti come destinati all'esportazione e al trasferimento intracomunitario verso altri Stati membri, non risultino accompagnati dalle prescritte autorizzazioni [(4)].

(1) L'entità minima della multa è stata così aumentato dall'art. 15, l. 27.2.1992, n. 222. La sanzione è esclusa dalla depenalizzazione in virtù del co. 2 dell'art. 32, l. 24.11.1981, n. 689.
(2) Comma modificato dall'art. 6, co. 1, lett. c), n. 1), d.lgs. 22.6.2012, n. 105.
(3) L'entità minima della multa è stata così elevata dall'art. 15, l. 27.2.1992, n. 222. La sanzione è esclusa dalla depenalizzazione in virtù del co. 2 dell'art. 32, l. 24.11.1981, n. 689.
(4) Comma modificato dall'art. 6, co. 1, lett. c), n. 2), d.lgs. 22.6.2012, n. 105.

25 bis. Sanzioni amministrative [(1)].

1. Salvo che il fatto costituisca reato, è punito con la sanzione amministrativa del pagamento di una somma da euro 5.000 a euro 20.000 il fornitore che ometta di comunicare ai destinatari le informazioni di cui all'articolo 10-*septies*, comma 1.

2. Salvo che il fatto costituisca reato, per l'irregolare o la mancata tenuta del registro dei trasferimenti di cui all'articolo 10-*septies*, comma 2, si applica la sanzione amministrativa del pagamento di una somma da euro 5.000 a euro 20.000. La stessa sanzione si applica in caso di mancata osservanza degli obblighi di cui all'articolo 10-*septies*, comma 3.

3. In caso di reiterazione delle violazioni di cui ai commi 1 e 2, al fornitore si applica altresì la sanzione amministrativa della sospensione per due anni dal registro di cui all'articolo 3.

4. Salvo che il fatto costituisca reato, è punito con la sanzione amministrativa del pagamento di una somma da euro 150 a euro 1500 il soggetto, iscritto al registro di cui all'articolo 3, che non invia al Ministero degli affari esteri la documentazione di cui all'articolo 20 entro centottanta giorni dalla conclusione delle operazioni, secondo le modalità definite nel regolamento, fatte salve le cause di giustificazione di cui all'articolo 20, comma 3.

5. Il Ministero degli affari esteri, di concerto con il Ministero della difesa e sentite le altre amministrazioni nel quadro delle attività del Comitato consultivo di cui all'articolo 7, provvede all'irrogazione delle sanzioni di cui ai commi 1, 2 e 4. All'irrogazione della sanzione di cui al comma 3 si provvede con decreto del Ministro della difesa, secondo le modalità di cui all'articolo 44, comma 8, del decreto legislativo 15 marzo 2010, n. 66. Per quanto non previsto nel presente articolo si applicano le disposizioni di cui alla legge 24 novembre 1981, n. 689, e successive modificazioni.

(1) Articolo introdotto dall'art. 6, co. 1, lett. d), d.lgs. 22.6.2012, n. 105.

26. Obbligo di comunicazione da parte dell'autorità giudiziaria.

1. L'autorità giudiziaria che procede per i reati previsti dagli articoli 23, 24 e 25 ne dà comunicazione immediata al Ministro degli affari esteri e al Ministro della difesa ai fini dell'adozione dei provvedimenti di rispettiva competenza.

27. Norme sull'attività bancaria (1).

1. Tutte le transazioni bancarie concernenti le operazioni disciplinate dalla presente legge devono essere comunicate entro trenta giorni dalla loro effettuazione al Ministero dell'economia e delle finanze.

2. Salvo che il fatto costituisca reato, la violazione delle disposizioni di cui al comma 1 è punita con una sanzione amministrativa pecuniaria da euro 5.000 a euro 25.000.

3. Per l'accertamento delle violazioni e per l'irrogazione delle sanzioni, si applicano le disposizioni del titolo II, capi I e II, del testo unico delle norme di legge in materia valutaria, di cui al decreto del Presidente della Repubblica 31 marzo 1988, n. 148 e successive modificazioni, fatta eccezione per le disposizioni dell'articolo 30 del citato testo. I provvedimenti di irrogazione delle sanzioni di cui al presente comma sono emessi senza acquisire il parere della Commissione consultiva prevista dall'articolo 32 del citato testo unico delle norme di legge in materia valutaria.

4. La relazione al Parlamento di cui all'articolo 5 deve contenere un capitolo sull'attività degli istituti di credito operanti nel territorio italiano concernente le operazioni disciplinate dalla presente legge; a tal fine il Ministero dell'economia e delle finanze trasferisce al Ministero degli affari esteri i dati derivanti dalla sua attività di raccolta delle comunicazioni di cui al comma 1.

(1) Articolo sostituito dall'art. 6, co. 1, lett. e), d.lgs. 22.6.2012, n. 105.

27bis. Attività di finanziamento (1).

1. Al fine di contrastare il finanziamento al terrorismo internazionale e l'attività di Stati che minacciano la pace e la sicurezza internazionale in base alle risoluzioni delle Nazioni Unite o alle deliberazioni dell'Unione europea, è fatto obbligo agli istituti di credito e agli intermediari finanziari di comunicare, entro trenta giorni, al Ministero dell'economia e delle finanze ogni attività di finanziamento, anche estero su estero, connessa con le operazioni di cui alla presente legge.

2. Il Ministero dell'economia e delle finanze analizza le comunicazioni ricevute ed effettua i necessari approfondimenti, avvalendosi anche della collaborazione del Nucleo speciale di polizia valutaria della Guardia di finanza.

3. Il Ministero dell'economia e delle finanze comunica al Comitato di sicurezza finanziaria, ai sensi dell'articolo 3 del decreto legislativo 22 giugno 2007, n. 109, le attività di cui al comma 2.

4. Salvo che il fatto costituisca reato, la violazione della disposizione di cui al comma 1 è punita con una sanzione amministrativa pecuniaria del pagamento di una somma da euro 10.000 a euro 100.000.

5. Per l'accertamento delle violazioni della disposizione di cui al comma 1 e per l'irrogazione delle sanzioni, si applicano le disposizioni del titolo II, capi I e II, del testo unico delle norme di legge in materia valutaria, di cui al decreto del Presidente della Repubblica 31 marzo 1988, n. 148 e successive modificazioni, fatta eccezione per le disposizioni dell'articolo 30 del citato testo unico. I provvedimenti di irrogazione delle sanzioni di cui al presente comma sono emessi senza acquisire il parere della Commissione consultiva prevista dall'articolo 32 del citato testo unico delle norme di legge in materia valutaria.».

(1) Articolo introdotto dall'art. 6, co. 1, lett. f), d.lgs. 22.6.2012, n. 105.

7 D.L. 8 giugno 1992, n. 306, convertito, con modificazioni, in L. 7 agosto 1992, n. 356. – Modifiche urgenti al nuovo codice di procedura penale e provvedimenti di contrasto alla criminalità mafiosa (*artt. 12-12 bis*)

In Gazzetta Ufficiale 8 giugno 1992, n. 133

Capo II
Disposizioni in materia di armi, di stupefacenti e di riciclaggio (1)

(1) Rubrica modificata dall'articolo unico della l. 7.8.1992, n. 356, in sede di conversione.

12. Disposizioni in materia di armi.

1. Nel permesso di porto d'armi e nel nulla osta all'acquisto di cui all'articolo 55, terzo comma, del testo unico delle leggi di pubblica sicurezza approvato con regio decreto 18 giugno 1931, n. 773, è indicato il numero massimo di munizioni di cui è consentito l'acquisto nel periodo di validità del titolo. La misura ha durata annuale ed è rinnovabile. Non sono computate le munizioni acquistate presso i poligoni delle sezioni dell'Unione italiana tiro a segno, immediatamente utilizzate negli stessi poligoni (1).

2. Con decreto del Ministro dell'interno, sono determinate le modalità per l'attuazione della disposizione del comma 1.

3. Al quarto comma dell'art. 2 della legge 18 aprile 1975, n. 110, le parole "a carica esplosiva, autopropellenti" sono sostituite dalle seguenti: "a carica esplosiva, ad espansione, autopropellenti".

4. Dopo il secondo comma dell'art. 35 del testo unico delle leggi di pubblica sicurezza, approvato con regio decreto 18 giugno 1931, n. 773, è inserito il seguente:

"I commercianti di armi devono altresì comunicare mensilmente all'ufficio di polizia competente per territorio le generalità delle persone e delle ditte che hanno acquistato o venduto loro le armi, la specie e la quantità delle armi vendute o acquistate e gli estremi dei titoli abilitativi all'acquisto esibiti dagli interessati." [2].

5. Al secondo comma dell'art. 35 del testo unico delle leggi di pubblica sicurezza, approvato con regio decreto 18 giugno 1931, n. 773, è aggiunto il seguente periodo: "e deve essere conservato per un periodo di cinque anni anche dopo la cessazione dell'attività".

6. Al primo comma dell'art. 55 del testo unico delle leggi di pubblica sicurezza, approvato con regio decreto 18 giugno 1931, n. 773, è aggiunto, in fine, il seguente periodo: "I rivenditori di materie esplodenti devono altresì comunicare mensilmente all'ufficio di polizia competente per territorio le generalità delle persone e delle ditte che hanno acquistato munizioni ed esplosivi, la specie, i contrassegni e la quantità delle munizioni e degli esplosivi venduti e gli estremi dei titoli abilitativi all'acquisto esibiti dagli interessati [2].

[**7.** Il comma 2 dell'art. 37 della legge 11 febbraio 1992, n. 157, è abrogato.] [3]

8. Il primo periodo del sesto comma dell'art. 10 della legge 18 aprile 1975, n. 110, è sostituito dal seguente: "La detenzione di armi comuni da sparo per fini diversi da quelli previsti dall'art. 31 del testo unico delle leggi di pubblica sicurezza, approvato con regio decreto 18 giugno 1931, n. 773, è consentita nel numero di tre per le armi comuni da sparo, [di otto per le armi da caccia di cui all'art. 13, commi 1 e 2, della legge 11 febbraio 1992, n. 157, e di sei per le armi per uso sportivo]." [4]

[**9.** Coloro che detengono legittimamente armi da caccia in numero superiore a quello consentito ai sensi dell'art. 10, sesto comma, della legge 18 aprile 1975, n. 110, per averle acquistate a norma del comma 2 dell'art. 37 della legge 11 febbraio 1992, n. 157, prima della data di entrata in vigore del presente decreto, sono tenuti a cedere le armi in eccesso a soggetti legittimati ad acquistarle, ovvero a consegnarle all'ufficio di pubblica sicurezza o alla stazione dei carabinieri competente per territorio nel termine di 90 giorni dalla data di entrata in vigore della legge di conversione del presente decreto, salvi i casi in cui venga rilasciata apposita licenza di collezione.] [5]

[**10.** Chiunque non osserva le disposizioni del comma 9 è punito con le sanzioni previste dall'ultimo comma dell'art. 10 della legge 18 aprile 1975, n. 110.] [6]

11. Le disposizioni dei commi 4 e 6 hanno effetto a decorrere dal primo giorno del mese successivo alla data di entrata in vigore della legge di conversione del presente decreto. Con decreto del Ministro dell'interno, di concerto con il Ministro di grazia e giustizia e con il Ministro dell'industria, del commercio e dell'artigianato, possono essere stabilite modalità di comunicazione attraverso consegna di supporto magnetico mobile o di trasmissione per via telematica [7].

(1) Comma modificato dall'art. unico l. 7.8.1992, n. 356, in sede di conversione e poi sostituito, a decorrere dal 14.9.2018, dall'art. 7, co. 1, d.lgs. 10.8.2018, n. 104.
(2) Comma sostituito dall'art. unico l. 7.8.1992, n. 356, in sede di conversione.
(3) Comma soppresso dall'art. unico l. 7.8.1992, n. 356, in sede di conversione.
(4) Comma modificato dall'art. unico l. 7.8.1992, n. 356, in sede di conversione.
(5) Comma soppresso dall'art. unico l. 7.8.1992, n. 356, in sede di conversione.
(6) Comma soppresso dall'art. unico l. 7.8.1992, n. 356, in sede di conversione.
(7) Comma sostituito dall'art. unico l. 7.8.1992, n. 356, in sede di conversione.

12 bis. Giudizio direttissimo [1].

1. Per i reati concernenti le armi e gli esplosivi il pubblico ministero procede al giudizio direttissimo anche fuori dei casi previsti dagli articoli 449 e 558 del codice di procedura penale, salvo che siano necessarie speciali indagini [2].

(1) Articolo introdotto dall'art. unico l. 7.8.1992, n. 356, in sede di conversione.
(2) Comma modificato dall'art. 51, co. 2, l. 16.12.1999, n. 479.

8. D.Lgs. 30 dicembre 1992, n. 527. – Attuazione della direttiva 91/477/CEE relativa al controllo dell'acquisizione e della detenzione di armi

In Gazzetta Ufficiale 11 gennaio 1993, n. 7, S.O.

1. – **1.** Il presente decreto costituisce attuazione della direttiva 91/477/CEE, relativa al controllo dell'acquisizione e della detenzione di armi.

2. Le disposizioni del presente decreto si applicano alle armi da fuoco della categoria A della direttiva, limitatamente ai casi in cui la detenzione e il porto sono consentiti nel territorio dello Stato, nonché alle armi da fuoco delle categorie B e C della medesima direttiva [1].

(1) Articolo modificato, a decorrere dal 1.7.2011, dall'art. 2, co. 1, lett. a), d.lgs. 26.10.2010, n. 204 e successivamente sostituito, a decorrere dal 14.9.2018, dall'art. 2, co. 1, lett. a), d.lgs. 10.8.2018, n. 104.

1 bis. – **1.** Ai fini del presente decreto, si intende per:

a) "arma da fuoco", qualsiasi arma portatile a canna che espelle, è progettata per espellere o può essere trasformata al fine di espellere un colpo, una pallottola o un proiettile mediante l'azione di un propellente combustibile, ad eccezione degli oggetti di cui al punto III dell'allegato I della direttiva 91/477/CEE, e successive modificazioni. Si considera, altresì, "arma da fuoco" qualsiasi oggetto idoneo a essere trasformato al fine di espellere un colpo, una pallottola o un proiettile mediante l'azione di un propellente combustibile se:

1) ha l'aspetto di un'arma da fuoco e,
2) come risultato delle sue caratteristiche di fabbricazione o del materiale a tal fine utilizzato, può essere così trasformato;

b) "parte", ciascuna delle seguenti componenti essenziali: la canna, il telaio, il fusto, comprese le parti sia superiore sia inferiore (upper receiver e lower receiver), nonché, in relazione alle modalità di funzionamento, il carrello, il tamburo, l'otturatore o il blocco di culatta che, in quanto oggetti distinti, rientrano nella categoria in cui è stata classificata l'arma da fuoco sulla quale sono installati o sono destinati ad essere installati;
c) "armi da fuoco camuffate": le armi fabbricate o trasformate in modo da assumere le caratteristiche esteriori di un altro oggetto;
d) "munizione", l'insieme della cartuccia o dei suoi componenti, compresi i bossoli, gli inneschi, la polvere da sparo, le pallottole o i proiettili, utilizzati in un'arma da fuoco a condizione che tali componenti siano soggetti ad autorizzazione;
e) "tracciabilità", il controllo sistematico dei passaggi di proprietà dal fabbricante all'acquirente, o, laddove consentito, della disponibilità delle armi da fuoco e delle loro parti e munizioni, per finalità di prevenzione e repressione dei reati in materia, nonché per finalità di analisi dei relativi fenomeni criminali;
f) "intermediario", qualsiasi persona fisica o giuridica, diversa dall'armaiolo e dai soggetti che esercitano la sola attività di trasporto, che svolge, pur senza avere la materiale disponibilità di armi da fuoco, loro parti o munizioni, un'attività professionale consistente integralmente o in parte:
   1) nella negoziazione o organizzazione di transazioni dirette all'acquisto, alla vendita o alla fornitura di armi da fuoco, loro parti o munizioni;
   2) nell'organizzazione del trasferimento di armi da fuoco, loro parti o munizioni all'interno del territorio nazionale o di altro Stato membro, dallo Stato italiano ad altro Stato anche terzo e viceversa o fra uno Stato membro e un altro Stato anche terzo e viceversa;
g) "armaiolo", qualsiasi persona fisica o giuridica che esercita un'attività professionale consistente integralmente o in parte in una o più attività fra le seguenti:
   1) fabbricazione, commercio, scambio, assemblaggio, locazione, riparazione, disattivazione, modifica o trasformazione di armi da fuoco o loro parti;
   2) fabbricazione, commercio, scambio, modifica o trasformazione di munizioni [1].

(1) Articolo introdotto, a decorrere dal 1°.7.2011, dall'art. 2, co. 1, lett. b), d.lgs. 26.10.2010, n. 204, e successivamente sostituito, a decorrere dal 14.9.2018, dall'art. 2, co. 1, lett. b), d.lgs. 10.8.2018, n. 104.

2. - 1. La carta europea d'arma da fuoco, conforme al modello comunitario, contiene i dati identificativi delle armi, comprese quelle da caccia o di uso sportivo, di cui è richiesta l'iscrizione, nonché gli estremi del permesso di porto d'armi ovvero della autorizzazione al trasporto dell'arma per uso sportivo, della denuncia di detenzione e delle autorizzazioni al trasferimento delle armi iscritte in uno Stato membro delle Comunità europee.

2. Possono chiedere il rilascio della carta europea d'arma da fuoco le persone residenti o i cittadini dell'Unione europea domiciliati nel territorio dello Stato in possesso di licenza di porto d'armi e che detengono una o più armi da fuoco denunciate a norma dell'articolo 38 del testo unico delle leggi di pubblica sicurezza, approvato con regio decreto 18 giugno 1931, n. 773 [1].

3. La domanda è presentata al questore della provincia di residenza o, per i cittadini dell'Unione europea, al questore della provincia di domicilio e deve contenere oltre alle generalità dell'interessato, i dati identificativi dell'arma o delle armi che si intendono iscrivere. Alla domanda devono essere allegate le autorizzazioni o licenze da iscrivere nella carta o copia autentica delle stesse e, in ogni caso, della denuncia di detenzione [2].

4. La carta europea d'arma da fuoco è rilasciata per la durata di validità del permesso di porto d'arma o della autorizzazione al trasporto di armi per uso sportivo, e comunque per un periodo non superiore al quinquennio.

5. Con le disposizioni di esecuzione del presente decreto legislativo sono stabilite l'ammontare del costo della carta e le modalità di versamento all'atto del rilascio.

(1) Comma sostituito, a decorrere dal 1.7.2011, dall'art. 2, co. 1, lett. c), n. 1), d.lgs. 26.10.2010, n. 204.
(2) Comma modificato, a decorrere dal 1.7.2011, dall'art. 2, co. 1, lett. c), n. 2), d.lgs. 26.10.2010, n. 204.

3. - 1. Il titolare della carta europea d'arma da fuoco è tenuto:

a) a fare immediata denuncia all'ufficio di polizia del luogo in cui si trova dello smarrimento o furto del documento;
b) a richiedere all'autorità di pubblica sicurezza, senza ritardo e non oltre le 48 ore dal fatto, l'aggiornamento della carta europea d'arma da fuoco, in caso di furto, smarrimento o cessione dell'arma iscritta nella carta ed a consegnare alla medesima autorità la carta stessa in caso di furto, smarrimento o cessione dell'unica arma iscritta;
c) a consegnare la carta all'organo che procede, alla notifica di provvedimenti di revoca o di ritiro del permesso, autorizzazione o licenza iscritti nella carta stessa;
d) a esibire la carta ad ogni richiesta degli ufficiali ed agenti di pubblica sicurezza.

2. Chi viola le disposizioni di cui alla lettera c) del comma 1, è punito, salvo che il fatto costituisca più grave reato, con la reclusione da tre mesi a due anni.

4. - 1. Salvo quanto previsto dagli articoli 8 e 9, il titolare della carta europea d'arma da fuoco, residente o domiciliato nel territorio dello Stato, può essere autorizzato a trasferire in uno o più Stati membri delle Comunità europee, o attraverso uno o più di essi, l'arma o le armi da fuoco iscritte nella predetta carta, con il preventivo accordo della Autorità nazionale dei predetti Stati.

2. L'autorizzazione è rilasciata dal questore della provincia di residenza o di domicilio quando sussistono le condizioni e i requisiti richiesti per il rilascio della licenza di esportazione ed è iscritta nella carta europea d'arma da fuoco. Essa è valida per la durata del viaggio.

5. – 1. Salvo quanto previsto dagli articoli 8 e 9, gli stranieri residenti in uno Stato membro delle Comunità europee, in possesso della carta europea d'arma da fuoco, rilasciata dall'autorità dello Stato di residenza, possono portare o trasportare in Italia o attraverso il territorio italiano l'arma o le armi iscritte nella predetta carta a condizione che sulla medesima carta siano riportati gli estremi dell'autorizzazione recante l'accordo preventivo dell'Autorità italiana.

2. L'autorizzazione di cui al comma 1 è emessa dal Capo della Polizia – Direttore generale della pubblica sicurezza quando sussistono i presupposti, le condizioni ed i requisiti previsti dalle disposizioni vigenti in Italia per il rilascio del permesso di porto d'arma, ad esclusione della residenza.

3. Se l'autorizzazione si riferisce al trasporto di armi di uso sportivo, essa è sottoposta alle condizioni e requisiti richiesti per tale attività.

6. – 1. I cittadini di uno Stato membro delle Comunità europee possono conseguire nel territorio dello Stato autorizzazioni, nulla osta, licenze e ogni altro titolo autorizzatorio in materia di armi alle condizioni previste per i cittadini italiani. Le relative domande sono inoltrate alle autorità competenti del luogo di residenza o di domicilio.

2. Il rilascio, a favore della persona residente in uno Stato membro delle Comunità europee, del nulla osta all'acquisto di armi di cui all'art. 35, terzo comma, del testo unico delle leggi di pubblica sicurezza, è subordinato al preventivo accordo della competente Autorità nazionale dello Stato di residenza quando si tratta di armi per le quali la legislazione dello Stato medesimo prevede l'autorizzazione preventiva all'acquisto.

3. Delle autorizzazioni, nulla osta, licenze e di ogni altro titolo autorizzatorio in materia di armi rilasciato a norma dei commi 1 e 2 è data comunicazione alle autorità nazionali dello Stato di residenza secondo le modalità e le procedure stabilite con le disposizioni di esecuzione del presente decreto legislativo.

7. – 1. Ai fini del preventivo accordo richiesto alle Autorità nazionali italiane per l'autorizzazione, da parte delle competenti autorità di altro Stato membro delle Comunità europee, all'acquisto di armi nel territorio di tale Stato, il questore della provincia di residenza della persona interessata all'acquisto rilascia apposito nulla osta, quando sussistono i presupposti, le condizioni ed i requisiti richiesti per il rilascio del nulla osta previsto dall'art. 35 del testo unico delle leggi di pubblica sicurezza.

8. – 1. Il rilascio della licenza prevista dall'art. 31 del testo unico delle leggi di pubblica sicurezza, per il trasferimento di armi da fuoco verso uno Stato membro delle Comunità europee, è subordinato alla preventiva autorizzazione della competente autorità nazionale dello Stato di residenza, di transito e di destinazione, laddove richiesta.

2. Nella domanda per il rilascio della licenza di cui al comma 1, oltre ai dati richiesti dall'art. 46 del regolamento per l'esecuzione del testo unico delle leggi di pubblica sicurezza, approvato con regio decreto 6 maggio 1940, n. 635, devono indicarsi:

a) il nome e l'indirizzo del venditore o cedente e dell'acquirente o cessionario oppure, eventualmente, del proprietario;
b) l'indirizzo del luogo in cui verranno spedite o trasportate le armi;
c) il numero di armi che fanno parte della spedizione o del trasporto;
d) i dati che consentono l'identificazione di ciascuna arma ed inoltre l'indicazione che l'arma da fuoco ha formato oggetto di un controllo in base alle disposizioni della convenzione del 1° luglio 1969 relativa al reciproco riconoscimento delle punzonature di prova delle armi da fuoco portatili;
e) il mezzo di trasferimento;
f) la data di partenza e la data prevista per l'arrivo.

3. Le informazioni di cui al comma 2, lettere e) ed f) non devono essere fornite in caso di trasferimento tra armaioli.

4. La licenza deve contenere tutte le indicazioni di cui al comma 2, deve accompagnare le armi fino a destinazione e deve essere esibita ad ogni richiesta delle autorità degli Stati membri.

9. – 1. Gli stranieri residenti in uno Stato membro delle Comunità europee in possesso delle prescritte autorizzazioni per l'esercizio della caccia e quelli che esercitano il tiro sportivo, in possesso della carta europea d'arma da fuoco, possono trasferire e trasportare nel territorio dello Stato o attraverso di esso e ritrasferire, senza altra licenza o autorizzazione, le armi da caccia o per uso sportivo iscritte nella predetta carta, per l'esercizio delle attività venatorie o sportive. Restano fermi i limiti numerici previsti dalle vigenti disposizioni di legge o di regolamento.

2. Le persone residenti nello Stato, in possesso delle prescritte autorizzazioni per l'esercizio della caccia, e quelle che esercitano il tiro sportivo, in possesso della carta europea d'arma da fuoco, possono trasferire in altro Stato membro delle Comunità europee e ritrasferire senza altra licenza o autorizzazione, le armi da caccia o sportive iscritte nella predetta carta, per l'esercizio delle attività venatorie o sportive.

3. I motivi del viaggio, di cui ai commi 1 e 2, devono essere dimostrati ad ogni richiesta degli ufficiali ed agenti di pubblica sicurezza.

4. Con le disposizioni di esecuzione del presente decreto legislativo sono apportate le modifiche occorrenti al decreto ministeriale del 5 giugno 1978 e al decreto ministeriale del 24 novembre 1978 rispettivamente previsti dagli articoli 15, secondo comma, e 16, quarto comma, della legge del 18 aprile 1975, n. 110.

9. L. 18 novembre 1995, n. 496. – Ratifica ed esecuzione della convenzione sulla proibizione dello sviluppo, produzione, immagazzinaggio ed uso di armi chimiche e sulla loro distruzione, con annessi, fatta a Parigi il 13 gennaio 1993 [(1)] *(artt. 1-3, 8, 10-13)*

In Gazzetta Ufficiale 25 novembre 1995, n. 276, S.O.

(1) A partire dal 1.1.1999 ogni sanzione pecuniaria penale o amministrativa espressa in lire nel presente provvedimento si intende espressa anche in euro secondo il tasso di conversione irrevocabilmente fissato ai sensi del Trattato CE. A decorrere dal 1.1.2002 ogni sanzione penale o amministrativa espressa in lire nel presente provvedimento è tradotta in euro secondo il tasso di conversione irrevocabilmente fissato ai sensi del Trattato CE. Se da questa operazione deriva un risultato espresso anche in decimali, la cifra è arrotondata eliminando i decimali (art. 51, d.lgs. 24.12.1998, n. 213).

1. – **1.** Il Presidente della Repubblica è autorizzato a ratificare la Convenzione sulla proibizione dello sviluppo, produzione, immagazzinaggio ed uso di armi chimiche e sulla loro distruzione, con annessi, fatta a Parigi il 13 gennaio 1993.

2. – **1.** Piena ed intera esecuzione è data alla Convenzione di cui all'articolo 1 a decorrere dalla sua entrata in vigore in conformità a quanto disposto dall'articolo XXI della Convenzione stessa.

3. – **1.** Sono vietati la produzione, la cessione o la ricezione a qualsiasi titolo, l'acquisto, l'importazione, l'esportazione, il transito, la detenzione e l'uso – salvo nei casi di cui al comma 2 – dei composti chimici elencati nella tabella 1 dell'annesso sui composti chimici della Convenzione, nonché di ogni altro composto che possa essere utilizzato esclusivamente a scopo di fabbricazione di armi chimiche.

2. Le attività che si svolgono sul territorio nazionale e quelle di trasferimento nei confronti degli Stati parte, consentite ai sensi della parte IV dell'annesso sulle verifiche, sono soggette ad autorizzazione, rispettivamente, del Ministero dello sviluppo economico e del Ministero degli affari esteri e della cooperazione internazionale [(1)].

3. Il Ministero dello sviluppo economico rilascia, nell'ambito delle proprie competenze, le predette autorizzazioni previo espletamento dell'istruttoria su conforme parere del comitato consultivo di cui all'articolo 5 [(2)].

4. Il Ministero degli affari esteri e della cooperazione internazionale rilascia le prescritte autorizzazioni, previo parere del comitato di cui all'articolo 5 del decreto legislativo 15 dicembre 2017, n. 221, e successive modificazioni, con le modalità e nelle forme ivi stabilite. A tali fini il comitato, quando è chiamato ad esprimere il proprio parere su domande di autorizzazione presentate ai sensi della presente legge, può avvalersi di esperti in materia di difesa, sanità e ricerca [(3)].

(1) Comma modificato dall'art. 2, co. 14, lett. a), d.l. 21.9.2019, n. 104, conv., con modif., l. 18.11.2019, n. 132.
(2) Comma modificato dall'art. 2, co. 14, lett. b), d.l. 21.9.2019, n. 104, conv., con modif., l. 18.11.2019, n. 132.
(3) Comma sostituito dall'art. 2, co. 14, lett. c), d.l. 21.9.2019, n. 104, conv., con modif., l. 18.11.2019, n. 132.

8. – **1.** Le persone fisiche, gli enti o le società titolari di un immobile o di un'area sottoposta ad ispezione sono tenuti a consentire l'accesso del nucleo ispettivo o del nucleo di scorta nei luoghi da ispezionare in esecuzione degli obblighi previsti dalla Convenzione, nonché ad agevolare la conduzione dell'ispezione e a fornire, su richiesta tutte le informazioni che si rendano necessarie per il buon esito dell'ispezione stessa. All'osservanza dei medesimi obblighi sono tenuti i menzionati soggetti in caso di verifiche ed ispezioni disposte dall'Autorità nazionale [(1)].

1 bis. Le Amministrazioni interessate possono stipulare convenzioni con laboratori di analisi per l'esame dei campioni prelevati nel corso delle ispezioni, previo accertamento della loro conformità alle norme UNIEN di riferimento alla serie 45.000 [(2)].

(1) Comma così modificato dall'art. 5, l. 4.4.1997, n. 93.
(2) Comma introdotto dall'art. 5, l. 4.4.1997, n. 93.

10. – **1.** Chiunque produce, cede o riceve a qualsiasi titolo, importa, esporta, fa transitare nel territorio dello Stato, detiene o comunque usa i composti chimici di cui alla tabella 1 allegata alla Convenzione, in violazione del divieto di cui all'articolo 3, comma 1, o senza l'autorizzazione di cui al medesimo articolo 3, comma 2, è punito con la reclusione da quattro a dodici anni e con la multa da 100 a 500 milioni di lire.

2. Chiunque esporta i composti chimici di cui alle tabelle 2 e 3 allegate alla Convenzione senza l'autorizzazione di cui all'articolo 4 è punito con la reclusione da due a sei anni e con la multa da 50 a 250 milioni di lire [(1)].

3. Fermo restando quanto disposto dai commi 1 e 2 del presente articolo, si applicano, in quanto compatibili, le disposizioni di cui alla legge 2 ottobre 1967, n. 895, alla legge 18 aprile 1975, n. 110, alla legge 9 luglio 1990, n. 185, e alla legge 27 febbraio 1992, n. 222 [(2)].

(1) Comma così modificato dall'art. 7, l. 4.4.1997, n. 93.
(2) Comma così sostituito dall'art. 7, l. 4.4.1997, n. 93.

11. – **1.** Chiunque omette o fornisce in modo non veritiero le informazioni di cui all'articolo 6 è punito con l'arresto da uno a tre anni, salvo che il fatto costituisca più grave reato.

1 bis. Chiunque contravviene all'obbligo della regolare tenuta del registro di cui all'articolo 6, comma 4, è punito con l'arresto fino ad un anno o con l'ammenda fino a lire 30 milioni, salvo che il fatto costituisca più grave reato [(1)].

(1) Comma introdotto dall'art. 7, l. 4.4.1997, n. 93.

12. – **1.** Chiunque impedisce l'esecuzione della ispezione di cui all'articolo 8 o comunque ne ostacola l'effettuazione è punito con la reclusione da due a cinque anni.

2. Nel caso di cui al comma 1 del presente articolo, gli ufficiali o gli agenti di polizia giudiziaria che compongono la scorta del nucleo ispettivo presentano immediatamente un rapporto al procuratore della Repubblica presso il tribunale competente per territorio, il quale, ascoltati i soggetti che si siano opposti all'ispezione, ne dispone l'esecuzione coatta entro 48 ore.

13. – **1.** È punito con le sanzioni di cui all'articolo 10 il cittadino italiano che commette all'estero una delle violazioni ivi previste.

10. L. 4 aprile 1997, n. 93. – Norme di attuazione e modifiche della L. 18 novembre 1995, n. 496, concernente la convenzione sulla proibizione dello sviluppo, produzione, immagazzinaggio ed uso di armi chimiche e sulla loro distruzione, con annessi, adottata a Parigi il 13 gennaio 1993 (*artt. 1, 3, 8-9*)

In Gazzetta Ufficiale 7 aprile 1997, n. 80

1. – 1. Agli effetti delle disposizioni che seguono:
a) per "legge" si intende la legge 18 novembre 1995, n. 496;
b) per "convenzione" si intende la convenzione sulla proibizione dello sviluppo, produzione, immagazzinaggio ed uso di armi chimiche e sulla loro distruzione, con annessi, fatta a Parigi il 13 gennaio 1993.

3. – 1. Il comitato previsto dall'articolo 5 della legge e i tre esperti di cui esso si avvale sono nominati con decreto del Ministro dell'industria, del commercio e dell'artigianato. Con decreto dello stesso Ministro, di concerto con il Ministro del tesoro, è determinato l'importo dei gettoni di presenza dei predetti esperti.

8. – 1. Entro novanta giorni dalla data di entrata in vigore della presente legge, con decreto del Presidente della Repubblica, su proposta del Ministro degli affari esteri, di concerto con i Ministri dell'interno, del tesoro, della difesa, dell'industria, del commercio e dell'artigianato, del commercio con l'estero, della sanità, della pubblica istruzione e dell'università e della ricerca scientifica e tecnologica, è emanato ai sensi dell'articolo 17, comma 1, della legge 23 agosto 1988, n. 400 il regolamento di esecuzione della legge come modificata dalla presente legge.

9. – **1.** Per l'espletamento delle attività preparatorie e degli adempimenti previsti dalla convenzione ratificata in forza della legge, è autorizzata la spesa di lire 6.915 milioni nell'anno 1997 e di lire 4.390 milioni annui a decorrere dall'anno 1998.

2. All'onere derivante dall'applicazione del comma 1, pari a lire 6.915 milioni per l'anno 1997 e a lire 4.390 milioni annui a decorrere dal 1998, si provvede mediante corrispondente riduzione dello stanziamento iscritto, ai fini del bilancio triennale 1997-1999, al capitolo 6856 dello stato di previsione del Ministero del tesoro per l'anno 1997, allo scopo parzialmente utilizzando l'accantonamento relativo al Ministero degli affari esteri.

3. Il Ministro del tesoro è autorizzato ad apportare, con propri decreti, le occorrenti variazioni di bilancio.

11. L. 29 ottobre 1997, n. 374. – Norme per la messa al bando delle mine antipersona (1)

In Gazzetta Ufficiale 3 novembre, n. 256

(1) A partire dal 1.1.1999 ogni sanzione pecuniaria penale o amministrativa espressa in lire nel presente provvedimento si intende espressa anche in euro secondo il tasso di conversione irrevocabilmente fissato ai sensi del Trattato CE. A decorrere dal 1.1.2002 ogni sanzione penale o amministrativa espressa in lire nel presente provvedimento è tradotta in euro secondo il tasso di conversione irrevocabilmente fissato ai sensi del Trattato CE. Se da questa operazione deriva un risultato espresso anche in decimali, la cifra è arrotondata eliminando i decimali (art. 51, d.lgs. 24.12.1998, n. 213).

1. Finalità.

1. È vietato l'uso a qualsiasi titolo di ogni tipo di mina antipersona, fatto salvo l'utilizzo, a fini esclusivi di addestramento per operazioni di sminamento e di ricerca di nuove tecnologie a scopo di sminamento e di distruzione delle mine, del quantitativo previsto dall'articolo 5, comma 1 (1).

2. Sono vietate la ricerca tecnologica, la fabbricazione, la vendita, la cessione a qualsiasi titolo, l'esportazione, l'importazione, la detenzione delle mine antipersona di qualunque natura o composizione, o di parti di esse.

3. Sono vietate l'utilizzazione e la cessione, a qualsiasi titolo, dei diritti di brevetto per la fabbricazione, in Italia o all'estero, direttamente o indirettamente, delle mine antipersona o di parti di esse, e l'utilizzazione e la cessione, a qualsiasi titolo, di tecnologie idonee alla fabbricazione di mine antipersona o di parti di esse.

3 bis. I divieti di cui alla presente legge non si applicano alle attrezzature per la rimozione delle mine ed alle informazioni tecnologiche connesse a scopi umanitari, nonché all'importazione di mine antipersona funzionale esclusivamente alla distruzione delle mine stesse [2].

(1) Comma così modificato dall'art. 3, l. 26.3.1999, n. 106.
(2) Comma introdotto dall'art. 3, l. 26.3.1999, n. 106.

2. Definizione.

1. Si definisce mina antipersona ogni dispositivo od ordigno dislocabile sopra, sotto, all'interno o accanto ad una qualsiasi superficie e congegnato o adattabile mediante specifiche predisposizioni in modo tale da esplodere, causare un'esplosione o rilasciare sostanze incapacitanti come conseguenza della presenza, della prossimità o del contatto di una persona.

3. Obblighi a carico dei detentori di mine antipersona.

1. Entro il termine di centoventi giorni dalla data di entrata in vigore della presente legge, le aziende italiane produttrici di mine antipersona e loro componenti, e chiunque detenga a qualsiasi titolo mine antipersona o parti di esse, devono effettuare denuncia delle mine antipersona e loro componenti di cui sono in possesso ai comandi territoriali dell'Arma dei carabinieri e provvedere entro i successivi novanta giorni a consegnarle al Ministero della difesa, ai sensi della legislazione vigente, in punti di raccolta all'uopo designati e resi noti dagli stessi comandi territoriali.

4. Obblighi di chi dispone di diritti di brevetto o di tecnologie idonee alla fabbricazione di mine antipersona.

1. Chiunque dispone, a qualsiasi titolo, di diritti di brevetto o di tecnologie idonee alla fabbricazione di mine antipersona o di parti di esse deve farne denuncia al Ministero dell'industria, del commercio e dell'artigianato entro sessanta giorni dalla data di entrata in vigore della presente legge.

5. Distruzione delle scorte.

1. Le competenze del Ministero della difesa in materia di distruzione delle scorte sono disciplinate dal codice dell'ordinamento militare [1].

[**2.** Entro lo stesso termine di cui al comma 1, il Ministero della difesa provvederà altresì a distruggere le mine antipersona consegnate dalle aziende produttrici e dagli altri detentori, ai sensi dell'articolo 3.] [2]

[**3.** All'onere derivante dall'attuazione dei commi 1 e 2, valutato in lire 10 miliardi annue per ciascuno degli anni 1998 e 1999, si provvede mediante utilizzo delle proiezioni per gli anni 1998 e 1999 dello stanziamento iscritto, ai fini del bilancio triennale 1997-1999, al capitolo 6856 dello stato di previsione del Ministero del tesoro per l'anno 1997, allo scopo parzialmente utilizzando l'accantonamento relativo alla Presidenza del Consiglio dei Ministri. Il Ministro del tesoro è autorizzato ad apportare, con propri decreti, le occorrenti variazioni di bilancio.] [3]

(1) Comma inizialmente modificato dall'art. 4, l. 26.3.1999, n. 106 e successivamente sostituito dall'art. 2117, co. 1, lett. a), d.lgs. 15.3.2010, n. 66.
(2) Comma abrogato dall'art. 2117, co. 1, lett. b), d.lgs. 15.3.2010, n. 66. Successivamente l'abrogazione è stata ribadita dall'art. 2268, co. 1, del medesimo d.lgs. 15.3.2010, n. 66.
(3) Comma abrogato dall'art. 2268, co. 1, d.lgs. 15.3.2010, n. 66.

6. Decreto ministeriale [1].

[**1.** Entro sei mesi dalla data di entrata in vigore della presente legge, il Ministro della difesa, di concerto con i Ministri degli affari esteri e dell'industria, del commercio e dell'artigianato, emana un decreto contenente la disciplina della distruzione delle scorte di mine antipersona con modalità che tengano presenti anche le esigenze di tutela ambientale. Con lo stesso decreto sarà individuato l'ufficio competente nell'ambito dell'amministrazione del Ministero della difesa e sarà istituito e disciplinato un registro nel quale dovranno essere riportati i quantitativi ed i tipi di mine antipersona in possesso delle Forze armate, nonché di quelle consegnate ai sensi dell'articolo 3 e le date e le modalità della loro distruzione; nello stesso registro dovranno essere altresì annotate le denunce fatte ai sensi dell'articolo 4. Lo schema del decreto è sottoposto alle competenti commissioni parlamentari, che esprimono il parere entro venti giorni. Il decreto è pubblicato nella Gazzetta Ufficiale.]

(1) Articolo abrogato dall'art. 2268, co. 1, d.lgs. 15.3.2010, n. 66.

7. Sanzioni.

1. Chiunque usa, fatte salve le disposizioni di cui al comma 1 dell'articolo 5, fabbrica, vende, cede a qualsiasi titolo, esporta, importa, detiene mine antipersona o parti di esse, ovvero utilizza o cede, direttamente o indirettamente, diritti di brevetto o tecnologie per la fabbricazione, in Italia o all'estero, di mine antipersona o di parti di esse, è punito con la reclusione da tre a dodici anni e con la multa da euro 258.228 a euro 516.456.

2. Chiunque non adempia gli obblighi previsti dagli articoli 3 e 4 è punito con la reclusione da tre a sei anni e con la multa da euro 103.291 a euro 258.228, nonché con la pena accessoria dell'incapacità di contrattare con la pubblica amministrazione per un periodo da cinque a dieci anni.

3. Le sanzioni previste dai commi 1 e 2 sono diminuite fino alla metà se il fatto per cui si procede è di particolare tenuità.

8. Attività in favore delle vittime di mine antipersona.

1. (*Omissis*) [1].

(1) Aggiunge la lett. m bis) all'art. 2, co. 3, l. 26.12.1987, n. 49.

9. Competenze dei Ministri e relazione al Parlamento [1].

[**1.** I Ministri degli affari esteri, della difesa e dell'industria, del commercio e dell'artigianato provvedono, in coordinamento tra loro, all'attuazione della presente legge, compresa la distruzione delle mine antipersona ed in particolare dell'arsenale in dotazione alle Forze armate di cui agli articoli 3 e 5.

2. I Ministri di cui al comma 1 presentano semestralmente alle competenti commissioni parlamentari una relazione sullo stato di attuazione della presente legge. Nell'ambito di tale relazione, il Ministro della difesa riferisce secondo quanto stabilito dall'articolo 12 del codice dell'ordinamento militare [2].]

(1) Articolo abrogato dall'art. 2268, co. 1, d.lgs. 15.3.2010, n. 66.
(2) Comma sostituito dall'art. 2117, co. 1, lett. c), d.lgs. 15.3.2010, n. 66.

10. Non apponibilità del segreto di Stato e del segreto militare.

1. Alla materia disciplinata dalla presente legge non si applicano le norme sul segreto di Stato, di cui alla legge 24 ottobre 1977, n. 801, e agli articoli 202 e 256 del codice di procedura penale; né le norme sul segreto militare di cui al regio decreto 11 luglio 1941, n. 1161.

12. L. 20 dicembre 2000, n. 420. – Adesione della Repubblica italiana alla Convenzione sul contrassegno degli esplosivi plastici e in foglie ai fini del rilevamento, con annesso, fatta a Montreal il 1 marzo 1991

In Gazzetta Ufficiale 19 gennaio 2001 n. 15

1. – 1. Il Presidente della Repubblica è autorizzato a ratificare l'adesione della Repubblica italiana alla Convenzione sul contrassegno degli esplosivi plastici e in foglie ai fini del rilevamento, con annesso, fatta a Montreal il 1° marzo 1991.

2 – 1. Piena ed intera esecuzione è data alla Convenzione di cui all'articolo 1, a decorrere dalla data della sua entrata in vigore, in conformità a quanto disposto dall'articolo XIII, paragrafo 3, della Convenzione stessa.

3. – 1. Sono vietati la fabbricazione, l'introduzione nello Stato, la messa in vendita, la cessione a qualsiasi titolo, la detenzione, il trasporto o comunque l'uso degli esplosivi non contrassegnati secondo le modalità previste dall'articolo I, paragrafo 3, della Convenzione.

2. Sono consentite la detenzione e la utilizzazione degli esplosivi al plastico non dotati di contrassegno soltanto per le finalità di cui all'annesso tecnico, 1ª Parte, paragrafo II, della Convenzione.

4. – 1. Chiunque detiene, alla data di entrata in vigore della presente legge, esplosivi non contrassegnati è tenuto a farne denuncia entro trenta giorni all'ufficio locale di pubblica sicurezza o, in mancanza, al più vicino Comando dei carabinieri.

2. L'obbligo di cui al comma 1 non si applica alle Forze armate ed ai Corpi armati dello Stato, ma le stesse Amministrazioni devono redigere un elenco dei materiali tenuti in deposito che incorporano esplosivi non contrassegnati.

3. Con decreto del Ministro dell'interno, di concerto con il Ministro della difesa, da adottare entro sei mesi dalla data di entrata in vigore della presente legge, sono determinate le modalità necessarie perché gli esplosivi di cui ai commi 1 e 2 siano distrutti o resi definitivamente innocui ovvero contrassegnati entro un termine non superiore a quello previsto dall'articolo IV, paragrafi 2 e 3, della Convenzione di cui all'articolo 1.

5. – 1. Alle violazioni delle disposizioni di cui all'articolo 3, comma 1, si applicano le sanzioni di cui alla legge 2 ottobre 1967, n. 895, come modificata dalla legge 14 ottobre 1974, n. 497.

2. La violazione dell'obbligo di denuncia di cui all'articolo 4, comma 1, è punita con la sanzione di cui all'articolo 20, settimo comma, della legge 18 aprile 1975, n. 110.

3. In relazione alle violazioni delle disposizioni di cui agli articoli 3, comma 1, e 4, comma 1, è sempre ordinata la confisca dell'esplosivo non contrassegnato, ai sensi dell'articolo 6 della legge 22 maggio 1975, n. 152, anche in caso di applicazione della pena su richiesta, a norma dell'articolo 444 del codice di procedura penale.

13. D.Lgs. 25 gennaio 2010, n. 8. – Attuazione della direttiva 2008/43/CE, relativa all'istituzione, a norma della direttiva 93/15/CEE, di un sistema di identificazione e tracciabilità degli esplosivi per uso civile (*artt. 1-4*)

In Gazzetta Ufficiale 10 febbraio 2010, n. 33

Capo I
Disposizioni Generali

1. Oggetto e campo di applicazione.

1. Il presente decreto istituisce un sistema armonizzato di identificazione univoca e di tracciabilità degli esplosivi per uso civile.

2. Ai fini del presente decreto si intendono per «esplosivi»: gli oggetti esplodenti elencati nell'allegato I al decreto legislativo 2 gennaio 1997, n. 7, e per «testo unico delle leggi di pubblica sicurezza»: il regio decreto 18 giugno 1931, n. 773, recante il testo unico delle leggi di pubblica sicurezza.

3. Le disposizioni del presente decreto non si applicano:

a) agli esplosivi e alle munizioni destinati ad essere utilizzati dalle Forze armate e di polizia, compresi quelli destinati ad essere direttamente utilizzati dagli stabilimenti militari dell'Agenzia industrie difesa

(A.I.D.) per finalità militari, ferme restando le disposizioni in materia di riconoscimento e classificazione di tali prodotti previste dall'articolo 53 del testo unico delle leggi di pubblica sicurezza e dalle relative norme di attuazione;

b) agli articoli pirotecnici, ovvero ai manufatti classificati nella IV e V categoria dell'allegato A al regolamento di esecuzione del testo unico delle leggi di pubblica sicurezza, approvato con regio decreto 6 maggio 1940, n. 635, e successive modificazioni, qualificati come tali dall'allegato I alla direttiva 2004/57/CE ovvero in attuazione dell'allegato II alla medesima direttiva;

c) alle munizioni per uso civile;

d) agli esplosivi trasportati e consegnati alla rinfusa o in autopompe, sempre che siano destinati ad essere scaricati direttamente nel fornello di mina;

e) agli esplosivi fabbricati nel sito destinato al loro brillamento e posti a dimora immediatamente dopo la produzione;

e-*bis*) alle micce consistenti in dispositivi di accensione non detonanti a forma di cordoncino [(1)];

e-*ter*) alle micce di sicurezza, costituite da un'anima di polvere nera a grana fine avvolta da una o più guaine protettive mediante un involucro tessile flessibile e che una volta accese bruciano a una velocità predeterminata senza alcun effetto esplosivo esterno [(2)];

e-*quater*) agli inneschi a percussione, costituiti da una capsula di metallo o di plastica contenenti una piccola quantità di un miscuglio esplosivo primario facilmente acceso per l'effetto di un urto e che servono da elementi di innesco nelle armi di piccolo calibro o negli inneschi a percussione per le cariche propulsive [(3)].

4. Per gli esplosivi di cui alle lettere d), ed e) del comma 3, continuano ad applicarsi le disposizioni di cui all'articolo 8 del decreto-legge 27 luglio 2005, n. 144, convertito, con modificazioni, dalla legge 31 luglio 2005, n. 155, e quelle adottate in attuazione del medesimo articolo, fermo restando il divieto di immissione sul territorio nazionale ed impiego da parte di soggetti diversi da quelli individuati dalle predette disposizioni.

(1) Lettera introdotta dall'art. 29, co. 1, lett. a), l. 6.8.2013, n. 97.
(2) Lettera introdotta dall'art. 29, co. 1, lett. a), l. 6.8.2013, n. 97.
(3) Lettera introdotta dall'art. 29, co. 1, lett. a), l. 6.8.2013, n. 97.

Capo II
Disposizioni particolari riguardanti l'identificazione del prodotto

2. Identificazione univoca.

1. Le imprese operanti nel settore degli esplosivi, di seguito denominate: «imprese», che fabbricano o importano esplosivi oppure assemblano detonatori, procedono alla marcatura degli esplosivi e di ogni confezione elementare mediante un'identificazione univoca.

L'identificazione univoca, conforme al modello di cui all'allegato 1, si compone inderogabilmente degli elementi in questo descritti ed è apposta stabilmente sul prodotto in forma indelebile ed in modo tale che risulti chiaramente leggibile.

2. Il titolare di una delle licenze di cui agli articoli 46 e 47 del testo unico delle leggi di pubblica sicurezza, che intenda immettere nel territorio nazionale esplosivi civili prodotti, trasferiti da altro paese dell'Unione europea o altrimenti importati, ovvero intenda trasferire in altro Paese dell'Unione europea ovvero esportare gli stessi prodotti, deve richiedere preventivamente al Ministero dell'interno l'attribuzione di un codice identificativo dello stabilimento e notificare gli estremi di quelli dei predetti prodotti, secondo le modalità definite con il decreto di cui al comma 5 [(1)].

3. La disposizione di cui al comma 1 non si applica in caso di esplosivo fabbricato nel territorio nazionale a fini di esportazione verso Paesi non aderenti all Unione europea, quando l'esplosivo è contrassegnato con un identificativo conforme alle prescrizioni del Paese importatore, che ne consente ugualmente la tracciabilità, fermo restando in ogni caso l'obbligo di etichettatura, di cui alle disposizioni impartite dal Ministero dell'interno, in attuazione di quanto previsto dall'articolo 53 del testo unico delle leggi di pubblica sicurezza ovvero in attuazione della direttiva 2004/57/CE, anche al fine di garantire la sicurezza e la prevenzione degli incidenti nei depositi ed il controllo della filiera commerciale sul territorio nazionale.

4. Nel caso in cui l'esplosivo è sottoposto a successivi processi di fabbricazione, il fabbricante che utilizza un esplosivo fabbricato da terzi è esentato dalla marcatura mediante nuova identificazione univoca, salvo che quella originale, per deterioramento od altra causa, abbia perso una delle caratteristiche delle diverse tipologie di etichette di cui al comma 1, ovvero la stessa, per le caratteristiche del nuovo manufatto, non risulti più visibile all'esterno del prodotto finito.

5. Il Ministero dell'interno, quale autorità nazionale competente, con decreto dirigenziale, assegna ad ogni sito di fabbricazione, italiano o di nazionalità di uno Stato membro che insista sul territorio nazionale per diritto di stabilimento, un apposito codice identificativo di tre cifre. L'assegnazione del codice identificativo per il sito di fabbricazione è richiesta altresì dal fabbricante stabilitosi in Italia, anche nel caso in cui il sito di fabbricazione sia ubicato al di fuori dell'Unione europea, ovvero dall'importatore nel caso di siti di fabbricazione e di fabbricanti ubicati o stabiliti al di fuori dell'Unione europea, fermo restando quanto previsto dagli articoli 46 e 47 del testo unico delle leggi di pubblica sicurezza [(2)].

6. Fermo restando quanto previsto dal comma 2, l'identificazione univoca di cui al comma 1, è costituita:

a) per gli esplosivi in cartuccia e per quelli in sacchi, da un'etichetta adesiva, ovvero da una stampigliatura effettuata direttamente su ogni singola cartuccia o singolo sacco. Su ciascuna confezione di cartucce è sempre apposta un'etichetta parallela, contenente tutti gli elementi che realizzano l'identificazione univoca. Le imprese possono altresì utilizzare una piastrina elettronica di materiale inerte e passivo, da apporre su ogni cartuccia o sacco e, per uniformità a quanto disposto in precedenza, una targhetta elettronica parallela da applicare su ogni confezione di cartucce;

b) per gli esplosivi bicomponenti, limitati ad uso militare, da un'etichetta adesiva oppure, da una stampigliatura effettuata direttamente su ogni confezione elementare contenente i due componenti, fermo restando quanto previsto dall'articolo 8 del decreto-legge 27 luglio 2005, n. 144, convertito, con modificazioni, dalla legge 31 luglio 2005, n. 155, e dalle disposizioni adottate in attuazione del medesimo articolo;

c) per i detonatori comuni, da un'etichetta adesiva, oppure da una stampigliatura effettuata direttamente sul bossoletto di contenimento. Un'etichetta parallela è sempre apposta su ciascuna confezione di detonatori. Le imprese possono altresì utilizzare una piastrina elettronica di materiale inerte e passivo, da apporre su ogni detonatore, nonché una analoga targhetta elettronica che replichi riassuntivamente i dati dei detonatori contenuti nell'unità di vendita, da applicare su ogni confezione di detonatori [(3)];

d) per i detonatori elettrici, non elettrici ed elettronici, da un'etichetta adesiva apposta sui fili o sul tubo oppure da un'etichetta adesiva o da un'indicazione a stampa o stampigliatura apposte direttamente sul bossoletto di contenimento. Un'etichetta parallela è apposta su ciascuna confezione di detonatori. Le imprese possono altresì utilizzare una piastrina elettronica di materiale inerte e passivo da apporre su ogni detonatore e una targhetta elettronica parallela da applicare su ogni confezione di detonatori.
Per i detonatori a bassa e media intensità, riservati all'uso delle Forze armate e di polizia dello Stato, ovvero dei soggetti autorizzati ai sensi dall'articolo 8 del decreto-legge 27 luglio 2005, n. 144, convertito, con modificazioni, dalla legge 31 luglio 2005, n. 155, e dalle disposizioni adottate in attuazione del medesimo articolo, resta fermo quanto previsto dalle predette disposizioni in materia di speciale etichettatura;

e) per gli inneschi, diversi da quelli di cui all'articolo 1, comma 3, lettera e-quater), da un'etichetta adesiva oppure dalla stampa direttamente su ogni innesco o carica di rinforzo. Un'etichetta parallela è apposta su ciascuna confezione di inneschi o cariche di rinforzo. Le imprese possono altresì utilizzare una piastrina elettronica di materiale inerte e passivo da apporre su ogni innesco o carica di rinforzo e una targhetta elettronica parallela da applicare su ogni confezione di inneschi o cariche di rinforzo [(4)];

f) per le micce detonanti, da un'etichetta adesiva oppure dalla stampa apposta direttamente sulla bobina. L'identificazione univoca è apposta tramite marcatura *a intervalli di cinque metri sull'involucro* esterno della miccia detonante [o di sicurezza] o sullo strato interno estruso in plastica posto immediatamente al di sotto della fibra esterna della miccia detonante [o di sicurezza]. Un'etichetta parallela è apposta su ciascuna confezione di micce detonanti [o di sicurezza]. Le imprese possono altresì utilizzare una piastrina elettronica di materiale inerte e passivo da inserire all'interno della miccia e una targhetta elettronica parallela da applicare su ogni confezione di micce detonanti [o di sicurezza] [(5)];

g) per i bidoni ed i fusti contenenti esplosivi, l'identificazione univoca è costituita da un'etichetta adesiva oppure è stampata direttamente sul bidone o sul fusto contenente esplosivi. Le imprese possono altresì utilizzare una piastrina elettronica di materiale inerte e passivo da applicare su ogni bidone e fusto.

7. Le imprese, possono altresì apporre sulle confezioni di esplosivi destinati ai rivenditori, ad uso dei clienti, copie adesive rimovibili dell'etichetta originale, riferibile all'unità minima di vendita. Per prevenire abusi, dette copie devono riportare chiaramente l'indicazione che si tratta di copie dell'originale e devono possedere caratteristiche tali da non poter essere ulteriormente utilizzate dopo la prima apposizione.

8. Il Ministero dell'interno adotta, senza nuovi o maggiori oneri per il bilancio dello Stato, tutti i provvedimenti, anche con mezzi adeguati di pubblicità, necessari a richiamare l'attenzione dei distributori che riconfezionano gli esplosivi e degli utilizzatori sulla necessità che l'esplosivo e le confezioni elementari rechino sempre l'identificazione univoca di cui al comma 1.

(1) Comma modificato dall'art. 29, co. 1, lett. b), n. 1), l. 6.8.2013, n. 97.
(2) Comma modificato dall'art. 29, co. 1, lett. b), n. 2), l. 6.8.2013, n. 97.
(3) Lettera modificata dall'art. 29, co. 1, lett. b), n. 3.1), l. 6.8.2013, n. 97.
(4) Lettera modificata dall'art. 29, co. 1, lett. b), n. 3.2), l. 6.8.2013, n. 97.
(5) Lettera modificata dall'art. 29, co. 1, lett. b), n. 3.3), l. 6.8.2013, n. 97.

Capo III
Disposizioni riguardanti la raccolta e l'archiviazione dei dati

3. Sistema informatico di raccolta dei dati.

1. Le imprese possono utilizzare, per gli esplosivi per uso civile, il sistema informatico di raccolta dei dati del Ministero dell'interno, di seguito denominato: «G.E.A.», che consente la loro identificazione univoca, di cui alle disposizioni dei capi I e II, e la loro tracciabilità lungo tutta la catena della fornitura e durante l'intero ciclo di vita dell'esplosivo, con la possibilità di pronta ed affidabile identificazione di coloro che ne hanno avuto il possesso [(1)].

2. Ogni impresa istituisce un sistema di raccolta dei dati per gli esplosivi per uso civile, che comprende la loro identificazione univoca lungo tutta la catena della fornitura e durante l'intero ciclo di vita dell'esplosivo, ovvero può consorziarsi con altre imprese al fine di istituire e condividere un sistema di raccolta automatizzato dei dati relativi alle operazioni di carico e di scarico degli esplosivi che consenta la loro pronta tracciabilità, secondo quanto previsto dal comma 1. Agli oneri per il collegamento al sistema G.E.A. provvedono le imprese consorziate [2].

3. Il sistema G.E.A. è realizzato con modalità che assicurano alle imprese la possibilità di riversare, anche mediante i propri sistemi informatici, i dati necessari per consentire al Ministero dell'interno di rintracciare in modo affidabile ed in tempo reale gli esplosivi civili dalle stesse imprese comunque detenuti o immessi sul mercato, identificandone i detentori primari ed i successivi senza soluzione di continuità, sino ai detentori in atto.

4. Le imprese che utilizzano il sistema G.E.A., ai sensi del comma 1, assumono a loro carico le spese di funzionamento del sistema in proporzione all'entità dell'effettivo utilizzo del servizio offerto dal medesimo sistema. La ripartizione dei conseguenti oneri verrà definita nel decreto di cui all'articolo 5.

5. I dati riversati in tempo reale nel sistema G.E.A., compresi quelli relativi all'identificazione univoca, di cui alle disposizioni dei Capi I e II, sono comunque conservati dalle imprese per un periodo minimo di 10 anni, decorrenti dal giorno in cui è effettuata la consegna o dalla fine del ciclo di vita dell'esplosivo, qualora nota, anche nel caso in cui sia cessata l'attività d'impresa. È fatto obbligo alle imprese di provvedere alla verifica periodica del sistema di raccolta dei dati per assicurare la sua efficacia e la qualità dei dati registrati, nonché di proteggere i dati raccolti dal danneggiamento e dalla distruzione accidentali o dolosi [3].

6. È fatto obbligo alle imprese di provvedere alla tenuta di un registro, anche in modalità informatizzata, relativo a tutte le movimentazioni degli esplosivi di cui al comma 2. Il registro cartaceo, in bollo e vidimato in ciascuna pagina dalla questura competente per territorio, è conforme al modello unico predisposto dal Ministero dell'interno ed è tenuto secondo le modalità di cui al decreto previsto dall'articolo 5.

7. Nel caso di cessazione di attività, le imprese sono tenute a consegnare tutti i registri alla questura competente, per la loro conservazione.

8. Relativamente agli esplosivi fabbricati o importati anteriormente alla data del 5 aprile 2015, le imprese conservano i registri secondo le disposizioni previste dalla normativa vigente e secondo le modalità previste dal decreto di cui all'articolo 5 [4].

9. Fermo restando quanto previsto dai commi 1 e 2, è fatto altresì obbligo alle imprese di comunicare al Ministero dell'interno ed alle questure che ne facciano richiesta, tutte le informazioni commerciali relative alla provenienza e alla localizzazione di ogni esplosivo durante il suo intero ciclo di vita e lungo tutta la catena della fornitura. A tale fine esse forniscono alle predette autorità, anche attraverso l'utilizzo del sistema G.E.A., il nominativo ed il recapito di una persona che possa rilasciare le informazioni di interesse al di fuori del normale orario di lavoro.

10. Resta fermo l'obbligo, prima della chiusura giornaliera dell'attività, di stampare le operazioni effettuate per l'apposizione del prescritto bollo.

(1) Comma modificato dall'art. 29, co. 1, lett. c), n. 1), l. 6.8.2013, n. 97 e poi dall'art. 3, co. 3 ter, lett. a), d.l. 18.2.2015 n. 7, conv., con modif., dalla l. 17.4.2015, n. 43.

(2) Comma modificato dall'art. 29, co. 1, lett. c), n. 2), l. 6.8.2013, n. 97 e poi dall'art. 3, co. 3 ter, lett. b), d.l. 18.2.2015 n. 7, conv., con modif., dalla l. 17.4.2015, n. 43.

(3) Comma modificato dall'art. 3, co. 3 ter, lett. c), d.l. 18.2.2015 n. 7, conv., con modif., dalla l. 17.4.2015, n. 43.

(4) Comma modificato dall'art. 29, co. 1, lett. c), n. 3), l. 6.8.2013, n. 97.

Capo IV
Disposizioni finali

4. Disciplina sanzionatoria.

1. Salvo che il fatto costituisca più grave reato, chiunque introduce nel territorio nazionale ovvero detiene oggetti esplodenti di cui al decreto legislativo 2 gennaio 1997, n. 7, senza avere provveduto agli adempimenti preliminari di etichettatura previsti dalle leggi e dai regolamenti per l'identificazione univoca, la tracciabilità e la sicurezza dei depositi e del trasporto, è punito con l'arresto da venti giorni a tre mesi e con l'ammenda da 20.000 a 200.000 euro.

2. All'articolo 53, primo comma, del testo unico delle leggi di pubblica sicurezza, dopo le parole: «commissione tecnica» sono aggiunte le seguenti: «, nonché oggetti esplodenti di cui al decreto legislativo 2 gennaio 1997, n. 7, privi, in tutto o in parte, dei sistemi per garantire la completa identificazione e la tracciabilità, oltre che la sicurezza dei depositi, previsti dalla vigente normativa».

3. Si applica la sanzione amministrativa da euro 2.000 a euro 10.000 per le seguenti violazioni:

a) incompleta etichettatura di cui all'articolo 2;
b) mancata trasmissione in tempo reale dei dati nel sistema G.E.A. del Ministero dell'interno, ai sensi dell'articolo 3, comma 1, ovvero mancata attivazione del sistema informatico di cui al comma 2 del medesimo articolo;
c) mancata verifica periodica trimestrale del sistema informatico dell'impresa nonché mancata adozione delle misure volte ad evitare il danneggiamento o la distruzione accidentale o dolosa dei dati relativi all'identificazione univoca degli esplosivi per uso civile [1];
d) omessa o incompleta comunicazione, a richiesta del Ministero dell'interno, dei dati necessari per l'identificazione degli esplosivi, dei siti di produzione e deposito degli stessi, delle persone che ne vengono in possesso, del loro tracciamento, in relazione agli acquisiti ed alle vendite effettuate, comprese le informazioni commerciali connesse alle operazioni;
e) mancata indicazione ed aggiornamento dei recapiti delle persone tenute, al di fuori del normale orario di lavoro, ad essere reperibili per comunicare le informazioni relative alla provenienza ed alla localizzazione degli esplosivi commercializzati o comunque detenuti, limitatamente al soggetto cedente ed al cessionario.

4. Nei casi più gravi o in caso di recidiva delle violazioni di cui al comma 3, può essere, altresì, disposta la revoca o la sospensione dell'autorizzazione di polizia, ai sensi dell'articolo 10 del testo unico delle leggi di pubblica sicurezza.

(1) Lettera modificata dall'art. 37, co. 3, d.lgs. 19.5.2016, n. 81.

14. D.Lgs. 26 ottobre 2010, n. 204. – Attuazione della direttiva 2008/51/CE, che modifica la direttiva 91/477/CEE relativa al controllo dell'acquisizione e della detenzione di armi (*artt. 1, 6, 8*)

In Gazzetta Ufficiale 10 dicembre 2010, n. 288

1. Oggetto e campo di applicazione.

1. Il presente decreto legislativo integra la disciplina relativa al controllo dell'acquisizione e della detenzione di armi.

6. Disposizioni transitorie e finali.

1. Con decreto del Presidente della Repubblica è emanato, ai sensi dell'articolo 17, comma 1, della legge 23 agosto 1988, n. 400, su proposta del Ministero dell'Interno, di concerto con i Ministri della giustizia, dell'economia e delle finanze, della difesa, dello sviluppo economico, del lavoro e delle politiche sociali, entro dodici mesi dalla data di entrata in vigore del presente decreto, un regolamento per la modifica del regio decreto 6 maggio 1940, n. 635, e successive modificazioni, in attuazione di quanto previsto dal presente decreto, nel rispetto dei principi di semplificazione dei procedimenti amministrativi e di riduzione dei termini per la conclusione degli stessi, anche con riferimento alla comunicazione dell'avviso di trasporto previsto dall'articolo 34 del testo unico delle leggi di pubblica sicurezza approvato con regio decreto 18 giugno 1931, n. 773, da effettuarsi anche attraverso mezzi informatici o telematici.

2. Con decreto del Ministro della salute, di concerto con il Ministro dell'interno, da adottarsi entro 180 giorni dalla data di entrata in vigore del presente decreto, sono disciplinate le modalità di accertamento dei requisiti psico-fisici per l'idoneità all'acquisizione, alla detenzione ed al conseguimento di qualunque licenza di porto delle armi, nonché al rilascio del nulla osta di cui all'articolo 35, comma 7, del testo unico delle leggi di pubblica sicurezza approvato con regio decreto 18 giugno 1931, n. 773, come modificato dall'articolo 3, comma 1, lettera d), del presente decreto, prevedendo anche una specifica disciplina transitoria per coloro che alla data di entrata in vigore del decreto già detengono armi. Con il medesimo decreto, sentito il Garante per la protezione dei dati personali, sono, altresì, definite le modalità dello scambio protetto dei dati informatizzati tra il Servizio sanitario nazionale e gli uffici delle Forze dell'ordine nei procedimenti finalizzati all'acquisizione, alla detenzione ed al conseguimento di qualunque licenza di porto delle armi (1).

2 bis. Con il decreto di cui al comma 2 sono altresì stabilite le modalità informatiche e telematiche con le quali il sindaco, in qualità di autorità sanitaria, comunica agli uffici e comandi delle Forze di polizia l'adozione di misure o trattamenti sanitari obbligatori connessi a patologie che possono determinare il venire meno dei requisiti psico-fisici per l'idoneità all'acquisizione, alla detenzione e al rilascio di qualsiasi licenza di porto di armi, nonché al rilascio del nulla osta di cui all'articolo 35, comma 7, del testo unico delle leggi di pubblica sicurezza, di cui al regio decreto 18 giugno 1931, n. 773, come da ultimo sostituito dall'articolo 3, comma 1, lettera d), del presente decreto (2).

[**3.** Con decreto del Ministro dell'interno, da adottarsi entro 12 mesi dalla data in vigore del presente decreto, sono disciplinate le modalità di funzionamento e di utilizzazione del sistema informatico di raccolta dei dati relativi alle armi ed alle munizioni in relazione alla tracciabilità delle stesse.] (3)

4. Dalla data di entrata in vigore del presente decreto e fino alla data di entrata in vigore dei provvedimenti di attuazione di cui al comma 2, nonché agli articoli [35, comma 1,] 42, quarto comma, 55 e 57 del regio decreto 18 giugno 1931, n. 773, come modificati dall'articolo 3 del presente decreto, continuano ad applicarsi le disposizioni vigenti in materia (4).

5. Alle armi di cui alla categoria A, B, C e D dell'allegato I della direttiva 91/477/CEE, e successive modificazioni, continuano ad applicarsi le disposizioni vigenti relative, rispettivamente, alle armi da guerra, tipo guerra o a spiccata capacità offensiva, nonché ai materiali di armamento ed a quelle comuni, alle armi sportive e alle armi da caccia.

6. Per armi da caccia di cui al comma 1 dell'articolo 13 della legge 11 febbraio 1992, n. 157, s'intendono, tra i fucili ad anima rigata, le carabine con canna ad anima rigata a caricamento singolo manuale o a ripetizione semiautomatica, qualora siano in essi camerabili cartucce in calibro 5,6 millimetri con bossolo a vuoto di altezza uguale o superiore a millimetri 40, nonché i fucili e le carabine ad anima rigata dalle medesime caratteristiche tecnico-funzionali che utilizzano cartucce di calibro superiore a millimetri 5,6, anche se il bossolo a vuoto è di altezza inferiore a millimetri 40.

7. Per i fucili da caccia in grado di camerare le cartucce per pistola o rivoltella, si applica il limite detentivo di 200 cartucce cariche, di cui all'articolo 97 del regolamento di esecuzione al testo unico delle leggi di pubblica sicurezza approvato con regio decreto 6 maggio 1940, n. 635, e successive modificazioni.

(1) Comma modificato dall'art. 39 quater, co. 1, lett. a), d.l. 31.5.2021, conv., con modif., dalla l. 29.7.2021, n. 108.

(2) Comma introdotto dall'art. 39 quater, co. 1, lett. b), d.l. 31.5.2021, conv., con modif., dalla l. 29.7.2021, n. 108.

(3) Comma abrogato a decorrere dal 14.9.2018, dall'art. 14, co. 1, lett. b), n. 1), d.lgs. 10.8.2018, n. 104.

(4) Comma sostituito dall'art. 4, co. 1, d.lgs. 29.9.2013, n. 121 e poi modificato a decorrere dal 14.9.2018, dall'art. 14, co. 1, lett. b), n. 2), d.lgs. 10.8.2018, n. 104.

8. Entrata in vigore

1. Le disposizioni del presente decreto entrano in vigore il 1° luglio 2011.

Il presente decreto, munito del sigillo dello Stato, sarà inserito nella Raccolta ufficiale degli atti normativi della Repubblica italiana. È fatto obbligo a chiunque spetti di osservarlo e di farlo osservare.

15. L. 14 giugno 2011, n. 95. – Ratifica ed esecuzione della Convenzione di Oslo sulla messa al bando delle munizioni a grappolo, fatta a Dublino il 30 maggio 2008, nonché norme di adeguamento dell'ordinamento interno (*artt. 3, 7*)

In Gazzetta Ufficiale 4 luglio 2011, n. 153

3. Stoccaggio e distruzione delle scorte.

1. Il Ministero della difesa provvede alla distruzione delle munizioni a grappolo, comprese le submunizioni esplosive, di cui all'articolo 2, paragrafo 2, della Convenzione, in dotazione alle Forze armate.

2. Lo stoccaggio e la distruzione delle munizioni e delle submunizioni di cui al comma 1 sono effettuati secondo le modalità previste dall'articolo 3, paragrafi 1 e 2, della Convenzione.

3. Si procede alla distruzione di munizioni e submunizioni di cui al comma 1, fatta eccezione per una quantità limitata e comunque non superiore alle mille unità, esclusivamente destinata agli scopi consentiti dall'articolo 3, paragrafo 6, della Convenzione, rinnovabile tramite trasferimento da altro Stato parte, ai sensi dell'articolo 3, paragrafo 7, della Convenzione.

7. Sanzioni.

1. Chiunque impiega, fatte salve le disposizioni di cui all'articolo 3, comma 3, sviluppa, produce, acquisisce in qualsiasi modo, stocca, conserva o trasferisce, direttamente o indirettamente, munizioni a grappolo o parti di esse, ovvero assiste anche finanziariamente, incoraggia o induce altri ad impegnarsi in tali attività, è punito con la reclusione da tre a dodici anni e con la multa da euro 258.228 a euro 516.456.

2. La sanzione prevista dal comma 1 è diminuita fino alla metà se il fatto per cui si procede è di particolare tenuità.

16. D.Lgs. 19 maggio 2016, n. 81. – Attuazione della direttiva 2014/28/UE concernente l'armonizzazione delle legislazioni degli Stati membri relative alla messa a disposizione sul mercato e al controllo degli esplosivi per uso civile (*artt. 4, 6, 9, 16, 17, 22, 37*)

In Gazzetta Ufficiale 25 maggio 2016, n. 121, S.O.

4. Obblighi dei fabbricanti.

1. All'atto dell'immissione dei loro esplosivi sul mercato o del loro utilizzo per i propri scopi, i fabbricanti assicurano che siano stati progettati e fabbricati conformemente ai requisiti essenziali di sicurezza di cui all'Allegato II.

2. I fabbricanti preparano la documentazione tecnica di cui all'Allegato III e fanno eseguire la procedura di valutazione della conformità di cui all'articolo 19. Qualora la conformità di un esplosivo alle prescrizioni applicabili sia stata dimostrata da tale procedura, i fabbricanti redigono una dichiarazione di conformità UE e appongono la marcatura CE.

3. I fabbricanti conservano la documentazione tecnica e la dichiarazione di conformità UE per un periodo di dieci anni dalla data in cui l'esplosivo è stato immesso sul mercato.

4. I fabbricanti garantiscono che siano predisposte le procedure necessarie affinché la produzione in serie continui a essere conforme al presente decreto. Si tiene debitamente conto delle modifiche della progettazione o delle caratteristiche dell'esplosivo, nonché delle modifiche delle norme armonizzate o delle altre specifiche tecniche con riferimento alle quali è dichiarata la conformità dell'esplosivo.

5. I fabbricanti garantiscono che gli esplosivi che hanno immesso sul mercato rechino l'identificazione univoca a norma del sistema di identificazione e di tracciabilità degli esplosivi di cui all'articolo 16.

6. Per gli esplosivi che non rientrano nel sistema di cui al comma 5, i fabbricanti:

a) garantiscono che gli esplosivi che hanno immesso sul mercato rechino un numero di tipo, di lotto o di serie o un altro elemento che ne consenta l'identificazione oppure, quando la dimensione ridotta, la forma o la progettazione dell'esplosivo non lo consentono, che le informazioni richieste siano apposte sull'imballaggio o su un documento di accompagnamento dell'esplosivo;

b) indicano sull'esplosivo il loro nome, la loro denominazione commerciale registrata o il loro marchio registrato e l'indirizzo postale al quale possono essere contattati oppure, ove ciò non sia possibile, sull'imballaggio o in un documento di accompagnamento dell'esplosivo. L'indirizzo indica un unico punto in cui il fabbricante può essere contattato. Le informazioni relative al contatto sono in lingua italiana.

7. I fabbricanti garantiscono che l'esplosivo che hanno immesso sul mercato sia accompagnato da istruzioni e informazioni sulla sicurezza in lingua italiana. Tali istruzioni e informazioni sulla sicurezza, al pari di qualunque etichettatura, devono essere chiare, comprensibili e intelligibili.

8. I fabbricanti che ritengono o hanno motivo di ritenere che un esplosivo da essi immesso sul mercato non sia conforme al presente decreto prendono immediatamente le misure correttive necessarie per rendere conforme tale esplosivo, per ritirarlo o richiamarlo, a seconda dei casi. Inoltre, qualora l'esplosivo presenti un rischio, i fabbricanti ne informano immediatamente i Ministeri dell'interno e dello sviluppo economico, nonché le autorità nazionali competenti degli Stati membri in cui hanno messo a disposizione sul mercato l'esplosivo, indicando in particolare i dettagli relativi alla non conformità e qualsiasi misura correttiva presa.

9. I fabbricanti, a seguito di ordine di esibizione degli organi di polizia incaricati dall'autorità di sorveglianza del mercato, forniscono in lingua italiana tutte le informazioni e la documentazione, in formato cartaceo o elettronico, necessarie per dimostrare la conformità dell'esplosivo al presente decreto. I fabbricanti cooperano con tali organi o autorità, su loro ordine, a qualsiasi azione intrapresa per eliminare i rischi presentati dagli esplosivi da essi immessi sul mercato.

6. Obblighi degli importatori.

1. Gli importatori immettono sul mercato solo esplosivi conformi.

2. Prima di immettere un esplosivo sul mercato, gli importatori assicurano che il fabbricante abbia eseguito l'appropriata procedura di valutazione della conformità di cui all'articolo 19. Essi assicurano che il fabbricante abbia preparato la documentazione tecnica, che la marcatura CE sia apposta sull'esplosivo, che quest'ultimo sia accompagnato dai documenti prescritti, e che il fabbricante abbia rispettato le prescrizioni di cui all'articolo 4, commi 5 e 6. L'importatore, se ritiene o ha motivo di ritenere che un esplosivo non sia conforme ai requisiti essenziali di sicurezza di cui all'Allegato II, non immette l'esplosivo sul mercato fino a quando non sia stato reso conforme. Inoltre, quando l'esplosivo presenta un rischio, l'importatore ne informa il fabbricante e le autorità di sorveglianza del mercato.

3. Gli importatori indicano sull'esplosivo, in lingua italiana, il loro nome, la loro denominazione commerciale registrata o il loro marchio registrato e l'indirizzo postale al quale possono essere contattati oppure, ove ciò non sia possibile, sull'imballaggio o in un documento di accompagnamento dell'esplosivo. Le informazioni relative al contatto sono in lingua italiana.

4. Gli importatori garantiscono che l'esplosivo sia accompagnato da istruzioni e informazioni sulla sicurezza in lingua italiana.

5. Gli importatori garantiscono che, mentre l'esplosivo è sotto la loro responsabilità, le condizioni di immagazzinamento o di trasporto di quest'ultimo non mettano a rischio la sua conformità ai requisiti essenziali di sicurezza di cui all'Allegato II.

6. Gli importatori che ritengono o hanno motivo di ritenere che un esplosivo da essi immesso sul mercato non sia conforme al presente decreto prendono immediatamente le misure correttive necessarie per rendere conforme tale esplosivo, per ritirarlo o richiamarlo, a seconda dei casi. Inoltre, qualora l'esplosivo presenti un rischio, gli importatori ne informano immediatamente i Ministeri dell'interno e dello sviluppo economico, nonché le autorità nazionali competenti degli Stati membri in cui hanno messo a disposizione sul mercato l'esplosivo, indicando in particolare i dettagli relativi alla non conformità e qualsiasi misura correttiva presa.

7. Per un periodo di dieci anni dalla data in cui l'esplosivo è stato immesso sul mercato, gli importatori mantengono la dichiarazione di conformità UE a disposizione degli organi di polizia o delle autorità di sorveglianza del mercato; garantiscono inoltre che, su richiesta, la documentazione tecnica sarà messa a disposizione di tali organi o autorità.

8. Gli importatori, a seguito di ordine di esibizione degli organi di polizia incaricati dall'autorità di sorveglianza del mercato, forniscono in lingua italiana tutte le informazioni e la documentazione, in formato cartaceo o elettronico, necessarie per dimostrare la conformità dell'esplosivo al presente decreto. Gli importatori cooperano con tali organi o autorità, su loro richiesta, a qualsiasi azione intrapresa per eliminare i rischi presentati dagli esplosivi da essi immessi sul mercato.

9. Identificazione degli operatori economici.

1. Per gli esplosivi non inclusi nel sistema di cui all'articolo 16, gli operatori economici indicano alle autorità di sorveglianza che ne facciano richiesta:

a) qualsiasi operatore economico che abbia fornito loro esplosivi;

b) qualsiasi operatore economico cui abbiano fornito esplosivi.

2. Gli operatori economici devono essere in grado di presentare le informazioni di cui al comma 1 per dieci anni dal momento in cui siano stati loro forniti esplosivi e per un periodo di dieci anni dal momento in cui essi abbiano fornito esplosivi.

16. Identificazione e tracciabilità degli esplosivi.

1. L'identificazione univoca e la tracciabilità degli

esplosivi per uso civile è disciplinata dalle disposizioni del decreto legislativo 25 gennaio 2010, n. 8, recante attuazione della direttiva 2008/43/CE, relativa all'istituzione, a norma della direttiva 93/15/CEE, di un sistema di identificazione e tracciabilità degli esplosivi per uso civile, e successive modificazioni.

2. Il sistema di identificazione e tracciabilità degli esplosivi per uso civile contiene anche i dati che si riferiscono al all'identificazione univoca dell'esplosivo, ivi comprese l'ubicazione durante il periodo in cui l'esplosivo è in possesso degli operatori economici e l'identità di questi ultimi.

3. I dati relativi all'identificazione univoca sono periodicamente testati e protetti dal danneggiamento o dalla distruzione accidentali o dolosi. Tali dati sono conservati per dieci anni a decorrere dalla data in cui ha avuto luogo l'operazione o, se gli esplosivi sono stati utilizzati o smaltiti, per un periodo di dieci anni a decorrere dalla data in cui sono stati utilizzati o smaltiti, anche se l'operatore economico ha cessato la propria attività. Essi sono prontamente messi a disposizione su richiesta delle autorità competenti.

4. All'articolo 55, terzo comma, secondo periodo del testo unico delle leggi di pubblica sicurezza approvato con regio decreto 18 giugno 1931, n. 773, le parole: "50 anni" sono sostituite dalle seguenti: "10 anni".

17. Licenza o autorizzazione.

1. Per poter fabbricare, immagazzinare, utilizzare, importare, esportare, trasferire o commerciare esplosivi, gli operatori economici devono essere muniti di apposita licenza o di autorizzazione, secondo quanto previsto dalle vigenti disposizioni di pubblica sicurezza.

2. Fermo quanto previsto dall'articolo 27 del decreto del Presidente della Repubblica 19 marzo 1956, n. 302, le disposizioni di cui al comma 1 non si applicano ai dipendenti di un operatore economico in possesso di una licenza o di un'autorizzazione.

22. Regole e condizioni per l'apposizione della marcatura CE.

1. La marcatura CE è apposta in modo visibile, leggibile e indelebile sugli esplosivi. Qualora non sia possibile o la natura dell'esplosivo non lo consenta, essa è apposta sul suo imballaggio e sui documenti di accompagnamento.

2. La marcatura CE è apposta sull'esplosivo prima della sua immissione sul mercato.

3. La marcatura CE è seguita dal numero di identificazione dell'organismo notificato, qualora tale organismo intervenga nella fase di controllo della produzione. Il numero di identificazione dell'organismo notificato è apposto dall'organismo stesso o, in base alle sue istruzioni, dal fabbricante o dal suo rappresentante autorizzato.

4. La marcatura CE e, se del caso, il numero di identificazione dell'organismo notificato possono essere seguiti da qualsiasi altro marchio che indichi un rischio o un impiego particolare.

5. In caso di esplosivi fabbricati per uso proprio e utilizzati direttamente dal fabbricante o da un suo dipendente sul luogo dell'esplosione, la marcatura CE è apposta sui documenti di accompagnamento.

6. È vietato apporre sugli esplosivi marchi o iscrizioni ingannevoli o comunque tali da ridurre la visibilità, la riconoscibilità o la leggibilità della marcatura CE di conformità e del numero di identificazione dell'organismo notificato.

37. Disciplina sanzionatoria.

1. Salvo che il fatto costituisca più grave reato, la violazione dell'obbligo di conservazione dei dati di cui agli articoli 4, comma 3, 6, comma 7, 9, comma 2, e 16, comma 3, è punita con l'arresto da venti giorni a tre mesi e con l'ammenda fino a euro 103.

2. Salvo che il fatto costituisca reato, la violazione dell'obbligo di informazione di cui agli articoli 4, comma 8, 6, commi 2 e 6, 7, commi 2 e 4, è soggetta alla sanzione amministrativa da 1.000 euro a 5.000 euro.

3. All'articolo 4, comma 3, lettera c), del decreto legislativo 25 gennaio 2010, n. 8, dopo le parole: "sistema informatico dell'impresa" sono aggiunte le seguenti: "nonché mancata adozione delle misure volte ad evitare il danneggiamento o la distruzione accidentale o dolosa dei dati relativi all'identificazione univoca degli esplosivi per uso civile".

4. Le licenze di polizia per la produzione, commercio, importazione ed esportazione degli esplosivi di cui al presente decreto, nonché l'autorizzazione per lo svolgimento delle procedure di valutazione della conformità degli esplosivi di cui all'articolo 23, comma 1, non possono essere concesse, o se concesse, non possono essere rinnovate, al soggetto privo dei requisiti di cui all'articolo 43 del testo unico delle leggi di pubblica sicurezza, approvato con regio decreto 18 giugno 1931, n. 773.

5. Per le violazioni di cui al presente articolo, nei confronti dei titolari delle licenze di polizia di cui al comma 4, nonché dei titolari delle licenze di polizia per il trasporto, deposito, detenzione, impiego e smaltimento degli esplosivi di cui al presente decreto, può essere disposta la sospensione dell'autorizzazione di polizia, ai sensi dell'articolo 10 del Testo unico delle leggi di pubblica sicurezza approvato con regio decreto 18 giugno 1931, n. 773. Nelle ipotesi più gravi o in caso di recidiva, può essere, altresì, disposto il provvedimento di revoca.

6. Salvo che il fatto costituisca reato, i provvedimenti di cui al comma 5 si applicano anche nei confronti di chiunque detiene, per la sua immissione sul mercato, un esplosivo, ovvero, se previsto, la sua confezione minima di vendita, che non recano comunque:

a) la marcatura «CE del tipo» ovvero gli estremi del riconoscimento ai sensi dell'articolo 53 del testo unico delle leggi di pubblica sicurezza, approvato con regio decreto 18 giugno 1931, n. 773;
b) gli estremi del provvedimento di classificazione del Ministero dell'interno, ove previsto;

c) le complete istruzioni per l'uso, le avvertenze e le indicazioni per il trasporto in sicurezza, nonché la data di scadenza, se prevista, e l'anno di produzione, scritte in italiano, con caratteri chiari e facilmente leggibili;
d) le precise ed univoche indicazioni su elementi essenziali per l'individuazione del fabbricante, dell'importatore, del distributore e per tracciare l'esplosivo.

7. Salvo che il fatto costituisca più grave reato, La violazione dei divieti di cui al comma 6 dell'articolo 22 equivale alla mancata apposizione dei marchi o delle iscrizioni ed è punita con l'arresto da venti giorni a tre mesi e con l'ammenda da 20.000 euro a 200.000 euro.

8. Salvo quanto previsto dal presente decreto e dalle relative disposizioni di attuazione restano ferme le vigenti disposizioni penali e di pubblica sicurezza.

9. La violazione delle disposizioni del presente decreto, da parte degli operatori economici, per le quali non è stabilita una pena o una sanzione amministrativa è punita con l'arresto fino a tre mesi o con l'ammenda fino a 206 euro.

17. D.Lgs. 10 agosto 2018, n. 104. – Attuazione della direttiva (UE) 2017/853 del Parlamento europeo e del Consiglio, del 17 maggio 2017, che modifica la direttiva 91/477/CEE del Consiglio, relativa al controllo dell'acquisizione e della detenzione di armi (*art. 11*)

In Gazzetta Ufficiale 8 settembre 2018, n. 209

11. Norme di semplificazione in materia di tracciabilità delle armi e delle munizioni.

1. Al fine di assicurare standard uniformi degli strumenti di controllo delle armi da fuoco e delle munizioni e garantire lo scambio di dati con gli altri Stati membri dell'Unione europea, è istituito presso il Dipartimento della Pubblica Sicurezza, un sistema informatico dedicato per la tracciabilità delle armi e delle munizioni.

2. Il sistema di cui al comma 1 contiene le seguenti informazioni:
a) per le armi da fuoco il tipo, la marca, il modello, il calibro, il numero di catalogo se presente, la classificazione secondo la normativa europea se presente, il numero di matricola di ciascuna arma e la marcatura apposta sul telaio o sul fusto quale marcatura unica ai sensi dell'articolo 11 della legge 18 aprile 1975, n.110, nonché il numero di matricola o la marcatura unica applicata alle loro parti, nel caso in cui questa differisca dalla marcatura apposta sul telaio o sul fusto di ciascuna arma da fuoco. Il sistema contiene, altresì, i dati identificativi dei fornitori, degli acquirenti, dei detentori dell'arma, ivi compresi quelli riguardanti la sede legale qualora tali soggetti esercitino attività d'impresa, l'indicazione delle operazioni aventi ad oggetto ogni arma e la data in cui sono state effettuate, il relativo prezzo, nonché gli estremi del titolo abilitativo all'acquisto e, nel caso di persona fisica diversa dall'imprenditore, il luogo di residenza. Nel sistema sono, inoltre, inseriti i dati relativi a qualsiasi operazione consistente in una trasformazione o modifica irreversibile dell'arma da fuoco che determini un cambiamento della categoria o della sottocategoria di cui all'allegato I alla direttiva 91/477/CEE del Consiglio, del 18 giugno 1991, *incluse la disattivazione o la distruzione* certificate e la data in cui sono avvenute tali operazioni;
b) per le munizioni, le informazioni previste dall'articolo 55, primo comma, del regio decreto 18 giugno 1931, n. 773 e i dati di cui all'articolo 3, comma 2, lettere a), b) e c), della legge 6 dicembre 1993, n. 509;
c) per le armi diverse dalle armi da fuoco, le informazioni previste dall'articolo 35 del regio decreto 18 giugno 1931, n. 773 e dall'articolo 54, primo comma, del regio decreto 6 maggio 1940, n. 635, ivi compresi i dati relativi alle armi a modesta capacità offensiva.

3. I soggetti tenuti alla conservazione dei registri di cui all'articolo 35 e, limitatamente alle munizioni, all'articolo 55 del testo unico delle leggi di pubblica sicurezza, di cui al regio decreto 18 giugno 1931, n. 773, provvedono ad immettere i dati relativi alle operazioni eseguite, secondo le modalità stabilite con i provvedimenti di cui al comma 6. L'inserimento dei dati nel sistema di cui al comma 1 costituisce valida modalità di assolvimento degli obblighi di cui all'articolo 35 e, limitatamente alle munizioni all'articolo 55 del testo unico delle leggi di pubblica sicurezza, di cui al regio decreto 18 giugno 1931, n. 773.

4. I dati concernenti le operazioni relative alle armi compiute dagli acquirenti e detentori diversi dai soggetti di cui al comma 3, sono inseriti dall'ufficio locale di pubblica sicurezza o, quando questo manchi, dal locale comando dell'Arma dei Carabinieri ovvero dalla Questura competente per territorio in caso di trasmissione della denuncia per via telematica.

5. Il sistema informatico è consultabile dal personale delle Forze di polizia di cui all'articolo 16, primo comma, della legge 1° aprile 1981, n.121, nonché dal personale dell'Amministrazione civile dell'interno in servizio presso le Prefetture – Uffici Territoriali del Governo, le Questure e gli uffici locali di pubblica sicurezza, per le finalità di controllo della circolazione delle armi e delle munizioni, nonché per la prevenzione e repressione dei reati commessi a mezzo di essi.

6. Con decreto del Ministro dell'interno adottato ai sensi dell'articolo 17, comma 3, della legge 23 agosto 1988, n. 400, di concerto con il Ministro dell'economia e delle finanze, sentiti il Ministero della difesa e il Garante per la protezione dei dati personali, sono disciplinate, in conformità alle vigenti disposizioni in materia di tutela dei dati personali in ambito giudiziario e per finalità di polizia, le modalità:

a) di funzionamento del sistema informatico;
b) di trasmissione e conservazione dei dati previsti dall'articolo 35 e, limitatamente alle munizioni, dall'articolo 55 del testo unico delle leggi di pubblica sicurezza, di cui al regio decreto 18 giugno 1931, n. 773;
c) di autenticazione, autorizzazione e registrazione degli accessi e delle operazioni effettuate sul sistema;
d) di collegamento, ai fini di consultazione e riscontro dei dati, con il Centro elaborazione dati di cui all'articolo 8 della legge 1° aprile 1981, n. 121;
e) di verifica della qualità e protezione dal danneggiamento e dalla distruzione accidentale o dolosa dei dati registrati e la loro sicura conservazione;
f) di trasmissione delle informazioni qualora il sistema informatico di cui al comma 1 non sia in grado di funzionare regolarmente a causa di eventi eccezionali.

7. Gli oneri derivanti dall'attuazione del presente articolo sono pari a euro 500.000 per l'anno 2018 e ad euro 1.000.000 per l'anno 2019, per l'istituzione del sistema informatico, e ad euro 300.000 annui a decorrere dall'anno 2020, per le attività di gestione e manutenzione del sistema.

ASSOCIAZIONI VIETATE

1. L. 3 dicembre 1947, n. 1546. – Norme per la repressione dell'attività fascista e dell'attività diretta alla restaurazione dell'istituto monarchico

In Gazzetta Ufficiale 17 gennaio 1948, n. 13

1. – Chiunque promuove la ricostituzione del disciolto partito fascista, sotto qualunque forma di partito o di movimento che, per l'organizzazione militare o paramilitare o per l'esaltazione o l'uso di mezzi violenti di lotta, persegua finalità proprie del disciolto partito fascista, è punito con la reclusione da due a venti anni e con la confisca dei beni.

Chiunque vi partecipa è punito con la reclusione sino a tre anni [(1)].

(1) L'art. 1, co. 1, d.lgs. 1.12.2009, n. 179, ha dichiarato indispensabile la permanenza in vigore di questa legge.

2. – Chiunque promuove un movimento o costituisce un partito diretto alla restaurazione, con mezzi violenti, dell'istituto monarchico, ovvero ne agevola la costituzione è punito con la reclusione da uno a quindici anni.

Chiunque vi partecipa è punito con la reclusione sino a due anni [(1)].

(1) L'art. 1, co. 1, d.lgs. 1.12.2009, n. 179, ha dichiarato indispensabile la permanenza in vigore di questa legge.

3. – Chiunque svolge attività fascista o attività diretta alla restaurazione dell'istituto monarchico, impedendo od ostacolando con atti di violenza o di minaccia o con inganno l'esercizio dei diritti civili o politici dei cittadini, è punito, qualora il fatto non costituisca reato più grave, con la reclusione da uno a dieci anni [(1)].

(1) L'art. 1, co. 1, d.lgs. 1.12.2009, n. 179, ha dichiarato indispensabile la permanenza in vigore di questa legge.

4. – Chiunque, al fine di svolgere alcune delle attività prevedute negli articoli precedenti, promuove, forma, dirige o sovvenziona una banda armata di tre o più persone, è punito, per ciò solo, con la reclusione da dieci a trenta anni e con la confisca dei beni.

Chiunque partecipa alla banda armata è punito, per ciò solo, con la reclusione da tre a quindici anni [(1)].

(1) L'art. 1, co. 1, d.lgs. 1.12.2009, n. 179, ha dichiarato indispensabile la permanenza in vigore di questa legge.

5. – Nella ipotesi di concorso del delitto preveduto nell'art. 4 con alcuno dei delitti preveduti negli artt. 1, 2 e 3, quando si tratta di fatti che per la loro gravità sono tali da potere provocare o alimentare la guerra civile, i promotori o i capi possono essere puniti con la reclusione non inferiore ad anni ventuno e, nei casi più gravi, con la pena dell'ergastolo e con la confisca dei beni [(1)].

(1) L'art. 1, co. 1, d.lgs. 1.12.2009, n. 179, ha dichiarato indispensabile la permanenza in vigore di questa legge.

6. – Chiunque, per mezzo della stampa o in altro modo, pubblicamente istiga a commettere alcuno dei delitti preveduti negli articoli precedenti, è punito con la reclusione da uno a otto anni [(1)].

(1) L'art. 1, co. 1, d.lgs. 1.12.2009, n. 179, ha dichiarato indispensabile la permanenza in vigore di questa legge.

7. – Chiunque esalta pubblicamente con i mezzi indicati nell'articolo precedente le persone e le ideologie proprie del fascismo o compie pubblicamente manifestazioni di carattere fascista, è punito con la reclusione da sei mesi a tre anni [(1)].

(1) L'art. 1, co. 1, d.lgs. 1.12.2009, n. 179, ha dichiarato indispensabile la permanenza in vigore di questa legge.

8. – Chiunque con i mezzi indicati nell'art. 6 fa propaganda per la restaurazione violenta della dinastia Sabauda è punito con la reclusione da sei mesi a due anni [1].

(1) L'art. 1, co. 1, d.lgs. 1.12.2009, n. 179, ha dichiarato indispensabile la permanenza in vigore di questa legge.

9. – Per i delitti preveduti negli articoli precedenti si procede con istruzione sommaria e, quando è possibile, con giudizio direttissimo [1].

(1) L'art. 1, co. 1, d.lgs. 1.12.2009, n. 179, ha dichiarato indispensabile la permanenza in vigore di questa legge.

10. – Nei casi previsti dall'art. 1, con la sentenza di condanna si ordina lo scioglimento dell'organizzazione [1].

(1) L'art. 1, co. 1, d.lgs. 1.12.2009, n. 179, ha dichiarato indispensabile la permanenza in vigore di questa legge.

11. – La presente legge cesserà di aver vigore non appena saranno state rivedute le disposizioni relative alla stessa materia del codice penale, ed in ogni caso non oltre il 31 dicembre 1952 [1] [2].

(1) L'art. 10, l. 20.12.1952, n. 645, contenente le norme di attuazione della XII disposizione transitoria e finale (comma primo) della Costituzione, ha così previsto: "Sono abrogate le disposizioni della l. 3.12.1947, n. 1546, concernenti la repressione dell'attività fascista, in quanto incompatibili con la presente legge. La presente legge e le norme della l. 3.12.1947, n. 1546, non abrogate, cesseranno di aver vigore appena che saranno rivedute le disposizioni relative alla stessa materia dal codice penale".
(2) L'art. 1, co. 1, d.lgs. 1.12.2009, n. 179, ha dichiarato indispensabile la permanenza in vigore di questa legge.

12. – La presente legge entra in vigore nel giorno successivo a quello della sua pubblicazione nella Gazzetta Ufficiale [1].

(1) L'art. 1, co. 1, d.lgs. 1.12.2009, n. 179, ha dichiarato indispensabile la permanenza in vigore di questa legge.

2. L. 20 giugno 1952, n. 645. – Norme di attuazione della XII disposizione transitoria e finale (comma primo) della Costituzione

In Gazzetta Ufficiale 23 giugno 1952, n. 143

1. Riorganizzazione del disciolto partito fascista.

Ai fini della XII disposizione transitoria e finale (comma primo) della Costituzione, si ha riorganizzazione del disciolto partito fascista quando una associazione, un movimento o comunque un gruppo di persone non inferiore a cinque persegue finalità antidemocratiche proprie del partito fascista, esaltando, minacciando o usando la violenza quale metodo di lotta politica o propugnando la soppressione delle libertà garantite dalla Costituzione o denigrando la democrazia, le sue istituzioni e i valori della Resistenza, o svolgendo propaganda razzista, ovvero rivolge la sua attività alla esaltazione di esponenti, principi, fatti e metodi propri del predetto partito o compie manifestazioni esteriori di carattere fascista [1].

(1) Articolo così sostituito dall'art. 7, l. 22.5.1975, n. 152.

2. Sanzioni penali.

Chiunque promuove, organizza o dirige le associazioni, i movimenti o i gruppi indicati nell'articolo 1, è punito con la reclusione da cinque a dodici anni e con la multa da 2.000.000 a 20.000.000 di lire [1] [2].

Chiunque partecipa a tali associazioni, movimenti o gruppi è punito con la reclusione da due a cinque anni e con la multa da 1.000.000 a 10.000.000 di lire [3] [4].

Se l'associazione, il movimento o il gruppo assume in tutto o in parte il carattere di organizzazione armata o paramilitare, ovvero fa uso della violenza, le pene indicate nei commi precedenti sono raddoppiate [5].

L'organizzazione si considera armata se i promotori e i partecipanti hanno comunque la disponibilità di *armi o esplosivi ovunque custoditi* [6].

Fermo il disposto dell'art. 29, comma primo, del codice penale, la condanna dei promotori, degli organizzatori o dei dirigenti importa in ogni caso la privazione dei diritti e degli uffici indicati nell'art. 28, comma secondo, numeri 1 e 2, del codice penale per un periodo di cinque anni. La condanna dei partecipanti importa per lo stesso periodo di cinque anni la privazione dei diritti previsti dall'art. 28, comma secondo, n. 1, del codice penale.

(1) Comma sostituito dall'art. 8, l. 22.5.1975, n. 152. Si avverte che i primi quattro commi sostituiscono gli originari primi tre.
(2) La multa è stata così elevata dall'art. 113, co. 4, l. 24.11.1981, n. 689. La sanzione è esclusa dalla depenalizzazione dall'art. 32, co. 2, della stessa l. n. 689/1981.
(3) Comma sostituito dall'art. 8, l. 22.5.1975, n. 152. Si avverte che i primi quattro commi sostituiscono gli originari primi tre.
(4) La multa è stata così elevata dall'art. 113, co. 4, l. 24.11.1981, n. 689. La sanzione è esclusa dalla depenalizzazione dall'art. 32, co. 2, della stessa l. n. 689/1981.
(5) Comma sostituito dall'art. 8, l. 22.5.1975, n. 152. Si avverte che i primi quattro commi sostituiscono gli originari primi tre.
(6) Comma introdotto dall'art. 8, l. 22.5.1975, n. 152. Si avverte che i primi quattro commi sostituiscono gli originari primi tre.

3. Scioglimento e confisca dei beni.

Qualora con sentenza risulti accertata la riorganizzazione del disciolto partito fascista, il Ministro per l'interno, sentito il Consiglio dei Ministri, ordina lo scioglimento e la confisca dei beni dell'associazione, del movimento o del gruppo [1].

Nei casi straordinari di necessità e di urgenza, il Governo, sempre che ricorra taluna delle ipotesi previste nell'art. 1, adotta il provvedimento di scioglimento e di confisca dei beni mediante decreto-legge ai sensi del secondo comma dell'art. 77 della Costituzione.

(1) Comma così sostituito dall'art. 9, l. 22.5.1975, n. 152.

4. Apologia del fascismo.

Chiunque fa propaganda per la costituzione di una associazione, di un movimento o di un gruppo avente le caratteristiche e perseguente le finalità indicate nell'articolo 1 è punto con la reclusione da sei mesi a due anni e con la multa da lire 400.000 a lire 1.000.000 (1).

Alla stessa pena di cui al primo comma soggiace chi pubblicamente esalta esponenti, princìpi, fatti o metodi del fascismo, oppure le sue finalità antidemocratiche. Se il fatto riguarda idee o metodi razzisti, la pena è della reclusione da uno a tre anni e della multa da uno a due milioni (2).

La pena è della reclusione da due a cinque anni e della multa da 1.000.000 a 4.000.000 di lire se alcuno dei fatti previsti nei commi precedenti è commesso con il mezzo della stampa (1).

La condanna comporta la privazione dei diritti previsti nell'articolo 28, comma secondo, numeri 1 e 2, del c.p., per un periodo di cinque anni (3).

(1) La multa è stata così aumentata dall'art. 113, co. 4, l. 24.11.1981, n. 689. La sanzione è esclusa dalla depenalizzazione dall'art. 32, co. 2, della stessa l. n. 689/1981.
(2) Comma così sostituito dall'art. 4, d.l. 26.4.1993, n. 122, conv. in l. 25.12.1993, n. 205.
(3) Articolo così sostituito dall'art. 10, l. 22.5.1975, n. 152.

5. Manifestazioni fasciste.

Chiunque, partecipando a pubbliche riunioni, compie manifestazioni usuali del disciolto partito fascista ovvero di organizzazioni naziste è punito con la pena della reclusione sino a tre anni e con la multa da 400.000 a 1.000.000 di lire (1).

Il giudice, nel pronunciare la condanna, può disporre la privazione dei diritti previsti nell'articolo 28, comma secondo, numeri 1 e 2, del codice penale per un periodo di cinque anni (2).

(1) La multa è stata così aumentata dall'art. 113, co. 4, l. 24.11.1981, n. 689. La sanzione è esclusa dalla depenalizzazione dall'art. 32, co. 2, della stessa l. n. 689/1981.
(2) Articolo così sostituito dall'art. 11, l. 22.5.1975, n. 152.

5 bis. – Per i reati previsti dall'articolo 2 della presente legge è obbligatoria l'emissione del mandato di cattura (1).

(1) Articolo introdotto dall'art. 12, l. 22.5.1975, n. 152.

6. Aggravamento di pene.

Le pene sono aumentate quando i colpevoli abbiano ricoperto una delle cariche indicate dall'art. 1 della legge 23 dicembre 1947, n. 1453, o risultino condannati per collaborazionismo ancorché amnistiati.

Le pene sono altresì aumentate per coloro che abbiano comunque finanziato, per i fatti preveduti come reati negli articoli precedenti, l'associazione, il movimento, il gruppo o la stampa (1).

(1) Comma così sostituito dall'art. 13, l. 22.5.1975, n. 152.

7. Competenza e procedimenti.

La cognizione dei delitti preveduti dalla presente legge appartiene al tribunale.

Per i delitti stessi si procede sempre con istruzione sommaria, salvo che ricorrano le condizioni per procedere a giudizio direttissimo ai sensi dell'art. 502 del Codice di procedura penale. In questo caso il termine di cinque giorni indicato nello stesso articolo è elevato a quindici giorni.

8. Provvedimenti cautelari in materia di stampa.

Anche prima dell'inizio dell'azione penale, l'autorità giudiziaria può disporre il sequestro dei giornali, delle pubblicazioni o degli stampati nella ipotesi del delitto preveduto dall'art. 4 della presente legge.

Nel caso previsto dal precedente comma, quando vi sia assoluta urgenza e non sia possibile il tempestivo intervento dell'autorità giudiziaria, il sequestro dei giornali e delle altre pubblicazioni periodiche può essere eseguito dagli ufficiali di polizia giudiziaria, che debbono immediatamente, e non mai oltre ventiquattro ore, farne denuncia all'autorità giudiziaria. Se questa non lo convalida nelle ventiquattro ore successive, il sequestro si intende revocato e privo di ogni effetto.

Nella sentenza di condanna il giudice dispone la cessazione dell'efficacia della registrazione, stabilita dall'art. 5, L. 8 febbraio 1948, n. 47, per un periodo da tre mesi a un anno e, in caso di recidiva, da sei mesi a tre anni.

9. Pubblicazioni sull'attività antidemocratica del fascismo.

La Presidenza del Consiglio bandisce concorsi per la compilazione di cronache dell'azione fascista, sui temi e secondo le norme stabilite da una Commissione di dieci membri, nominati dai Presidenti delle due Camere, presieduta dal Ministro per la pubblica istruzione, allo scopo di far conoscere in forma obbiettiva ai cittadini e particolarmente ai giovani delle scuole, per i quali dovranno compilarsi apposite pubblicazioni da adottare per l'insegnamento, l'attività antidemocratica del fascismo. La spesa per i premi dei concorsi, per la stampa e la diffusione è a carico dei capitoli degli stati di previsione della spesa per acquisto e stampa di pubblicazioni della Presidenza del Consiglio e del Ministero della pubblica istruzione.

10. Norme di coordinamento e finali.

Le disposizioni della presente legge si applicano senza pregiudizio delle maggiori pene previste dal codice penale.

Sono abrogate le disposizioni della L. 3 dicembre 1947, n. 1546, concernenti la repressione dell'attività fascista, in quanto incompatibili con la presente legge.

La presente legge e le norme della L. 3 dicembre 1947, n. 1546, non abrogate, cesseranno di aver vigore appena che saranno state rivedute le disposizioni relative alla stessa materia del Codice penale.

CIRCOLAZIONE STRADALE E FERROVIARIA

1. D.Lgs. 30 aprile 1992, n. 285. – Nuovo codice della strada (*artt. 9-9 ter, 116, 186-187, 189*)

In Gazzetta Ufficiale 18 maggio 1992, n. 114, S.O.

9. Competizioni sportive su strada [1].

1. Sulle strade ed aree pubbliche sono vietate le competizioni sportive con veicoli o animali e quelle atletiche, salvo autorizzazione. L'autorizzazione è rilasciata dal comune in cui devono avere luogo le gare atletiche e ciclistiche e quelle con animali o con veicoli a trazione animale. Essa è rilasciata dalla regione e dalle province autonome di Trento e di Bolzano per le gare atletiche, ciclistiche e per le gare con animali o con veicoli a trazione animale che interessano più comuni. Per le gare atletiche, ciclistiche e quelle con animali o con veicoli a trazione animale che interessano il territorio di più regioni, l'autorizzazione è rilasciata dalla regione o dalla provincia autonoma del luogo di partenza, d'intesa con le altre regioni interessate, che devono rilasciare il nulla osta entro il termine di venti giorni antecedenti alla data di effettuazione della gara Per le gare con veicoli a motore l'autorizzazione è rilasciata, sentite le federazioni nazionali sportive competenti e dandone tempestiva informazione all'autorità di pubblica sicurezza: dalla regione e dalle province autonome di Trento e di Bolzano per le strade che costituiscono la rete di interesse nazionale; dalla regione per le strade regionali; dalle province per le strade provinciali; dai comuni per le strade comunali. Nelle autorizzazioni sono precisate le prescrizioni alle quali le gare sono subordinate [2].

2. Le autorizzazioni di cui al comma 1 devono essere richieste dai promotori almeno quindici giorni prima della manifestazione per quelle di competenza del sindaco e almeno trenta giorni prima per le altre e possono essere concesse previo nulla osta dell'ente proprietario della strada [3].

3. Per le autorizzazioni relative alle competizioni motoristiche i promotori devono richiedere il nulla osta per la loro effettuazione al Ministero delle infrastrutture e dei trasporti, allegando il preventivo parere del C.O.N.I. Per consentire la formulazione del programma delle competizioni da svolgere nel corso dell'anno, qualora venga riconosciuto il carattere sportivo delle stesse e non si creino gravi limitazioni al servizio di trasporto pubblico, nonché al traffico ordinario, i promotori devono avanzare le loro richieste entro il trentuno dicembre dell'anno precedente. Il preventivo parere del C.O.N.I. non è richiesto per le manifestazioni di regolarità a cui partecipano i veicoli di cui all'articolo 60, purché la velocità imposta sia per tutto il percorso inferiore a 40 km/h e la manifestazione sia organizzata in conformità alle norme tecnico sportive della federazione di competenza [4].

4. L'autorizzazione per l'effettuazione delle competizioni previste dal programma di cui al comma 3 deve essere richiesta, almeno trenta giorni prima della data fissata per la competizione, ed è subordinata al rispetto delle norme tecnicosportive e di sicurezza vigenti e all'esito favorevole del collaudo del percorso di gara e delle attrezzature relative, effettuato da un tecnico dell'ente proprietario della strada, assistito dai rappresentanti dei Ministeri dell'interno, delle infrastrutture e dei trasporti, unitamente ai rappresentanti degli organi sportivi competenti e dei promotori. Tale collaudo può essere omesso quando, anziché di gare di velocità, si tratti di gare di regolarità per le quali non sia ammessa una velocità media eccedente 50 km/h sulle tratte da svolgersi sulle strade aperte al traffico e 80 km/h sulle tratte da svolgersi sulle strade chiuse al traffico; il collaudo stesso è sempre necessario per le tratte in cui siano consentite velocità superiori ai detti limiti [5].

4 bis. Fermo restando quanto disposto dall'articolo 193, i veicoli che partecipano alle competizioni motoristiche sportive di cui al presente articolo possono circolare, limitatamente agli spostamenti all'interno del percorso della competizione e per il tempo strettamente necessario per gli stessi, in deroga alle disposizioni di cui all'articolo 78 [6].

5. Nei casi in cui, per motivate necessità, si debba inserire una competizione non prevista nel programma, i promotori, prima di chiedere l'autorizzazione di cui al comma 4, devono richiedere al Ministero delle infrastrutture e dei trasporti il nulla osta di cui al comma 3 almeno sessanta giorni prima della competizione. L'autorità competente può concedere l'autorizzazione a spostare la data di effettuazione indicata nel programma quando gli organi sportivi competenti lo richiedano per motivate necessità, dandone comunicazione al Ministero delle infrastrutture e dei trasporti [7].

6. Per tutte le competizioni sportive su strada, l'autorizzazione è altresì subordinata alla stipula, da parte dei promotori, di un contratto di assicurazione per la responsabilità civile di cui all'articolo 124 del codice delle assicurazioni private di cui al decreto legislativo 7 settembre 2005, n. 209. L'assicurazione deve coprire altresì la responsabilità dell'organizzazione degli altri obbligati per i danni comunque causati alle strade e alle relative attrezzature. I limiti di garanzia sono previsti dalla normativa vigente [8].

6 bis. Quando la sicurezza della circolazione lo renda necessario, nel provvedimento di autorizzazione di competizioni ciclistiche su strada, può essere imposta la scorta da parte di uno degli organi di cui all'articolo 12, comma 1, ovvero, in loro vece o in loro ausilio, di una scorta tecnica effettuata da persone munite di apposita abilitazione. Qualora sia prescritta la scorta di polizia, l'organo adito può autorizzare gli organizzatori ad avvalersi, in sua vece o in suo ausilio, della scorta tecnica effettuata a cura di personale abilitato, fissandone le modalità ed imponendo le relative prescrizioni [(9)].

6 ter. Con disciplinare tecnico, approvato con provvedimento dirigenziale del Ministero delle infrastrutture e dei trasporti, di concerto con il Ministero dell'interno, sono stabiliti i requisiti e le modalità di abilitazione delle persone autorizzate ad eseguire la scorta tecnica ai sensi del comma 6-*bis*, i dispositivi e le caratteristiche dei veicoli adibiti al servizio di scorta nonché le relative modalità di svolgimento. L'abilitazione è rilasciata dal Ministero dell'interno [(10)].

6 quater. Per le competizioni ciclistiche o podistiche, ovvero con altri veicoli non a motore o con pattini, che si svolgono all'interno del territorio comunale, o di comuni limitrofi, tra i quali vi sia preventivo accordo, la scorta può essere effettuata dalla polizia municipale coadiuvata, se necessario, da scorta tecnica con personale abilitato ai sensi del comma 6-*ter* [(11)].

7. Al termine di ogni competizione il prefetto comunica tempestivamente al Ministero delle infrastrutture e dei trasporti, ai fini della predisposizione del programma per l'anno successivo, le risultanze della competizione precisando le eventuali inadempienze rispetto alla autorizzazione e l'eventuale verificarsi di inconvenienti o incidenti [(12)].

7 bis. Salvo che, per particolari esigenze connesse all'andamento plano-altimetrico del percorso, ovvero al numero dei partecipanti, sia necessaria la chiusura della strada, la validità dell'autorizzazione è subordinata, ove necessario, all'esistenza di un provvedimento di sospensione temporanea della circolazione in occasione del transito dei partecipanti ai sensi dell'articolo 6, comma 1, ovvero, se trattasi di centro abitato, dell'articolo 7, comma 1 [(13)].

8. Fuori dei casi previsti dal comma 8-*bis*, chiunque organizza una competizione sportiva indicata nel presente articolo senza esserne autorizzato nei modi previsti è soggetto alla sanzione amministrativa del pagamento di una somma da Euro 173 a Euro 694 se si tratta di competizione sportiva atletica, ciclistica o con animali, ovvero di una somma da Euro 866 a Euro 3.464 se si tratta di competizione sportiva con veicoli a motore. In ogni caso l'autorità amministrativa dispone l'immediato divieto di effettuare la competizione, secondo le norme di cui al capo I, sezione II, del titolo VI [(14)] [(15)].

[**8 bis.** Chiunque organizza una competizione sportiva in velocità con veicoli a motore indicata nel presente articolo senza esserne autorizzato nei modi previsti è punito con l'arresto da uno ad otto mesi e con l'ammenda da euro cinquecento ad euro cinquemila. Alla stessa pena soggiace chiunque, a qualsiasi titolo, partecipa alla competizione non autorizzata. All'accertamento del reato consegue la sanzione amministrativa accessoria della sospensione della patente da due a sei mesi ai sensi del capo II, sezione II, del titolo VI. In ogni caso l'autorità amministrativa dispone l'immediato divieto di effettuare la competizione, secondo le norme di cui al capo I, sezione II, del titolo VI. Con la sentenza di condanna è sempre disposta la confisca dei veicoli dei partecipanti] [(16)].

9. Chiunque non ottemperi agli obblighi, divieti o limitazioni a cui il presente articolo subordina l'effettuazione di una competizione sportiva, e risultanti dalla relativa autorizzazione, è soggetto alla sanzione amministrativa del pagamento di una somma da Euro 87 a Euro 344, se si tratta di competizione sportiva atletica, ciclistica o con animali, ovvero di una somma da Euro 173 a Euro 694 se si tratta di competizione sportiva con veicoli a motore [(17)].

(1) A norma dell'art. 163, d.lgs. 31.3.1998, n. 112 il rilascio dell'autorizzazione per l'espletamento di gare con autoveicoli, motoveicoli o ciclomotori su strade ordinarie di interesse esclusivamente comunale, sovracomunale ed esclusivamente provinciale è ora di competenza dei comuni.
(2) Comma sostituito dall'art. 2, d.lgs. 15.1.2002, n. 9, con la decorrenza indicata dall'art. 1, d.l.20.6.2002, n. 121, e poi modificato dall'art. 1, co. 607, l. 30.12.2020, 178.
(3) Comma modificato dall'art. 2, d.lgs. 15.1.2002, n. 9, con la decorrenza indicata dall'art. 1, d.l. 20.6.2002, n. 121.
(4) Comma sostituito dall'art. 2, d.lgs. 15.1.2002, n. 9, con la decorrenza indicata dall'art. 1, d.l. 20.6.2002, n. 121.
(5) Comma modificato dall'art. 2, d.lgs. 15.1.2002, n. 9, con la decorrenza indicata dall'art. 1, d.l. 20.6.2002, n. 121.
(6) Comma introdotto dall'art. 3, co. 1, l. 29.7.2010, n. 120.
(7) Comma sostituito dall'art. 2, d.lgs. 15.1.2002, n. 9, con la decorrenza indicata dall'art. 1, d.l. 20.6.2002, n. 121.
(8) Comma modificato dall'art. 2, d.lgs. 15.1.2002, n. 9, con la decorrenza indicata dall'art. 1 del d.l. 20.6.2002, n. 121 e successivamente dall'art. 1, co. 1, lett. a), d.lgs. 22.11.2023, n. 184.
(9) Comma introdotto dall'art. 2, d.lgs. 15.1.2002, n. 9, con la decorrenza indicata dall'art. 1, d.l. 20.6.2002, n. 121.
(10) Comma introdotto dall'art. 2, d.lgs. 15.1.2002, n. 9, con la decorrenza indicata dall'art. 1, d.l. 20.6.2002, n. 121.
(11) Comma introdotto dall'art. 2, d.lgs. 15.1.2002, n. 9, con la decorrenza indicata dall'art. 1, d.l. 20.6.2002, n. 121.
(12) A norma dell'art. 17, d.lgs. 15.1.2002, n. 9 la denominazione del Ministero è così modificata.
(13) Comma introdotto dall'art. 2, d.lgs. 15.1.2002, n. 9, con la decorrenza indicata dall'art. 1, d.l. 20.6.2002, n. 121.
(14) Comma sostituito dall'art. 2, d.lgs. 15.1.2002, n. 9, con la decorrenza indicata dall'art. 1, d.l. 20.6.2002, n. 121.
(15) Sanzione aggiornata dal d.m. 4.1.1995, dal d.m. 20.12.1996, dal d.m. 22.12.1998, dal d.m. 29.12.2000, dal d.m. 24.12.2002, dal d.m. 22.12.2004, dal d.m. 29.12.2006, dal d.m. 17.12.2008 dal d.m. 22.12.2010, dal d.m. 19.12.2012 dal d.m. 16.12.2014 dal d.m. 20.12.2016, dal d.m. 27.12.2018 e dal d.m. 31.12.2020, come previsto dall'art. 195 di questo decreto.
(16) Comma introdotto dall'art. 2, d.lgs. 15.1.2002, n. 9, con la decorrenza indicata dall'art. 1, d.l.20.6.2002, n. 121, e poi abrogato dall'art. 03, d.l. del 27.6.2003, n. 151.
(17) Sanzione aggiornata dal d.m. 4.1.1995, dal d.m. 20.12.1996, dal d.m. 22.12.1998, dal d.m. 29.12.2000, dal d.m. 24.12.2002, dal d.m. 22.12.2004, dal d.m. 29.12.2006, dal d.m. 17.12.2008, dal d.m. 22.12.2010, dal d.m. 19.12.2012, dal d.m. 16.12.2014, dal d.m. 20.12.2016. A norma del d.m. 20.12.2016, la sanzione da Euro 85 a Euro 338 resta invariata. Poi aggiornata dal d.m. 27.12.2018 e dal d.m. 31.12.2020, come previsto dall'art. 195 di questo decreto.

9 bis. Organizzazione di competizioni non autorizzate in velocità con veicoli a motore e partecipazione alle gare [1].

1. Salvo che il fatto costituisca più grave reato, chiunque organizza, promuove, dirige o comunque agevola una competizione sportiva in velocità con veicoli a motore senza esserne autorizzato ai sensi dell'articolo 9 è punito con la reclusione da uno a tre anni e con la multa da euro 25.000 a euro 100.000. La stessa pena si applica a chiunque prende parte alla competizione non autorizzata.

2. Se dallo svolgimento della competizione deriva, comunque, la morte di una o più persone, si applica la pena della reclusione da sei a dodici anni; se ne deriva una lesione personale la pena è della reclusione da tre a sei anni.

3. Le pene indicate ai commi 1 e 2 sono aumentate fino ad un anno se le manifestazioni sono organizzate a fine di lucro o al fine di esercitare o di consentire scommesse clandestine, ovvero se alla competizione partecipano minori di anni diciotto.

4. Chiunque effettua scommesse sulle gare di cui al comma 1 è punito con la reclusione da tre mesi ad un anno e con la multa da euro 5.000 a euro 25.000.

5. Nei confronti di coloro che hanno preso parte alla competizione, all'accertamento del reato consegue la sanzione amministrativa accessoria della sospensione della patente da uno a tre anni ai sensi del capo II, sezione II, del titolo VI. La patente è sempre revocata se dallo svolgimento della competizione sono derivate lesioni personali gravi o gravissime o la morte di una o più persone. Con la sentenza di condanna è sempre disposta la confisca dei veicoli dei partecipanti, salvo che appartengano a persona estranea al reato, e che questa non li abbia affidati a questo scopo.

6. In ogni caso l'autorità amministrativa dispone l'immediato divieto di effettuare la competizione, secondo le norme di cui al capo I, sezione II, del titolo VI.

(1) Articolo introdotto dall'art. 03, d.l. 27.6.2003, n. 151, convertito, con modificazioni, dalla l. 1.8.2003, n. 214.

9 ter. Divieto di gareggiare in velocità con veicoli a motore [1].

1. Fuori dei casi previsti dall'articolo 9-*bis*, chiunque gareggia in velocità con veicoli a motore è punito con la reclusione da sei mesi ad un anno e con la multa da euro 5.000 a euro 20.000.

2. Se dallo svolgimento della competizione deriva, comunque, la morte di una o più persone, si applica la pena della reclusione da sei a dieci anni; se ne deriva una lesione personale la pena è della reclusione da due a cinque anni.

3. All'accertamento del reato consegue la sanzione amministrativa accessoria della sospensione della patente da uno a tre anni ai sensi del capo II, sezione II, del titolo VI. La patente è sempre revocata se dallo svolgimento della competizione sono derivate lesioni personali gravi o gravissime o la morte di una o più persone. Con la sentenza di condanna è sempre disposta la confisca dei veicoli dei partecipanti, salvo che appartengano a persona estranea al reato e che questa non li abbia affidati a questo scopo.

(1) Articolo introdotto dall'art. 03, d.l. 27.6.2003, n. 151, conv., con modif., dalla l. 1.8.2003, n. 214.

116. Patente e abilitazioni professionali per la guida di veicoli a motore [1].

1. Non si possono guidare ciclomotori, motocicli, tricicli, quadricicli e autoveicoli senza aver conseguito la patente di guida ed, ove richieste, le abilitazioni professionali. Tali documenti sono rilasciati dal competente ufficio del Dipartimento per i trasporti, la navigazione e i sistemi informativi e statistici a soggetti che hanno la residenza in Italia ai sensi dell'articolo 118-*bis*.

2. Per sostenere gli esami di idoneità per la patente di guida occorre presentare apposita domanda al competente ufficio del Dipartimento per i trasporti, la navigazione ed i sistemi informativi e statistici ed essere in possesso dei requisiti fisici e psichici prescritti. Il Ministero delle infrastrutture e dei trasporti, con decreti dirigenziali, stabilisce il procedimento per il rilascio, l'aggiornamento e il duplicato, attraverso il proprio sistema informatico, delle patenti di guida e delle abilitazioni professionali, con l'obiettivo della massima semplificazione amministrativa, anche con il coinvolgimento dei medici di cui all'articolo 119, dei comuni, delle autoscuole di cui all'articolo 123 e dei soggetti di cui alla legge 8 agosto 1991, n. 264.

3. La patente di guida, conforme al modello UE, si distingue nelle seguenti categorie ed abilita alla guida dei veicoli per ciascuna di esse indicati [2]:

a) AM:
   1) ciclomotori a due ruote (categoria L1e) con velocità massima di costruzione non superiore a 45 km/h, la cui cilindrata è inferiore o uguale a 50 cm^3 se a combustione interna, oppure la cui potenza nominale continua massima è inferiore o uguale a 4 kW per i motori elettrici;
   2) veicoli a tre ruote (categoria L2e) aventi una velocità massima per costruzione non superiore a 45 km/h e caratterizzati da un motore, la cui cilindrata è inferiore o uguale a 50 cm^3 se ad accensione comandata, oppure la cui potenza massima netta è inferiore o uguale a 4 kW per gli altri motori a combustione interna, oppure la cui potenza nominale continua massima è inferiore o uguale a 4kW per i motori elettrici;
   3) quadricicli leggeri la cui massa a vuoto è inferiore o pari a 350 kg (categoria L6e), esclusa la massa delle batterie per i veicoli elettrici, la cui velocità massima per costruzione è inferiore o uguale a 45 km/h e la cui cilindrata del motore è inferiore o pari a 50 cm^3 per i motori ad accensione comandata; o la cui potenza massima netta è inferiore o uguale a 4 kW per gli altri motori, a combustione

interna; o la cui potenza nominale continua massima è inferiore o uguale a 4 kW per i motori elettrici;

b) A1:

1) motocicli di cilindrata massima di 125 cm^3, di potenza massima di 11 kW e con un rapporto potenza/peso non superiore a 0,1 kW/kg;

2) tricicli di potenza non superiore a 15 kW;

c) A2: motocicli di potenza non superiore a 35 kW con un rapporto potenza/peso non superiore a 0,2 kW/kg e che non siano derivati da una versione che sviluppa oltre il doppio della potenza massima;

d) A:

1) motocicli, ossia veicoli a due ruote, senza carrozzetta (categoria L3e) o con carrozzetta (categoria L4e), muniti di un motore con cilindrata superiore a 50 cm^3 se a combustione interna e/o aventi una velocità massima per costruzione superiore a 45 km/h;

2) tricicli di potenza superiore a 15 kW, fermo restando quanto previsto dall'articolo 115, comma 1, lettera e), numero 1);

e) B1: quadricicli diversi da quelli di cui alla lettera a), numero 3), la cui massa a vuoto è inferiore o pari a 400 kg (categoria L7e) (550 kg per i veicoli destinati al trasporto di merci), esclusa la massa delle batterie per i veicoli elettrici, e la cui potenza massima netta del motore è inferiore o uguale a 15 kW. Tali veicoli sono considerati come tricicli e sono conformi alle prescrizioni tecniche applicabili ai tricicli della categoria L5e salvo altrimenti disposto da specifiche disposizioni comunitarie;

f) B: autoveicoli la cui massa massima autorizzata non supera 3500 kg e progettati e costruiti per il trasporto di non più di otto persone oltre al conducente; ai veicoli di questa categoria può essere agganciato un rimorchio avente una massa massima autorizzata non superiore a 750 kg. Agli autoveicoli di questa categoria può essere agganciato un rimorchio la cui massa massima autorizzata superi 750 kg, purché la massa massima autorizzata di tale combinazione non superi 4250 kg. Qualora tale combinazione superi 3500 chilogrammi, è richiesto il superamento di una prova di capacità e comportamento su veicolo specifico. In caso di esito positivo, è rilasciata una patente di guida che, con un apposito codice comunitario, indica che il titolare può condurre tali complessi di veicoli;

g) BE: complessi di veicoli composti di una motrice della categoria B e di un rimorchio o semirimorchio: questi ultimi devono avere massa massima autorizzata non superiore a 3500 kg;

h) C1: autoveicoli diversi da quelli delle categorie D1 o D la cui massa massima autorizzata è superiore a 3500 kg, ma non superiore a 7500 kg, progettati e costruiti per il trasporto di non più di otto passeggeri, oltre al conducente; agli autoveicoli di questa categoria può essere agganciato un rimorchio la cui massa massima autorizzata non sia superiore a 750 kg;

i) C1E:

1) complessi di veicoli composti di una motrice rientrante nella categoria C1 e di un rimorchio o di un semirimorchio la cui massa massima autorizzata è superiore a 750 kg, sempre che la massa autorizzata del complesso non superi 12000 kg;

2) complessi di veicoli composti di una motrice rientrante nella categoria B e di un rimorchio o di un semirimorchio la cui massa autorizzata è superiore a 3500 kg, sempre che la massa autorizzata del complesso non superi 12000 kg;

l) C: autoveicoli diversi da quelli delle categorie D1 o D la cui massa massima autorizzata è superiore a 3500 kg e progettati e costruiti per il trasporto di non più di otto passeggeri, oltre al conducente; agli autoveicoli di questa categoria può essere agganciato un rimorchio la cui massa massima autorizzata non superi 750 kg;

m) CE: complessi di veicoli composti di una motrice rientrante nella categoria C e di un rimorchio o di un semirimorchio la cui massa massima autorizzata superi 750 kg;

n) D1: autoveicoli progettati e costruiti per il trasporto di non più di 16 persone, oltre al conducente, e aventi una lunghezza massima di 8 metri; agli autoveicoli di questa categoria può essere agganciato un rimorchio la cui massa massima autorizzata non superi 750 kg;

o) D1E: complessi di veicoli composti da una motrice rientrante nella categoria D1 e da un rimorchio la cui massa massima autorizzata è superiore a 750 kg;

p) D: autoveicoli progettati e costruiti per il trasporto di più di otto persone oltre al conducente; a tali autoveicoli può essere agganciato un rimorchio la cui massa massima autorizzata non superi 750 kg;

q) DE: complessi di veicoli composti da una motrice rientrante nella categoria D e da un rimorchio la cui massa massima autorizzata supera 750 kg [(3) (4)].

4. I mutilati ed i minorati fisici, anche se affetti da più minorazioni, possono conseguire la patente speciale delle categorie AM, A1, A2, A, B1, B, C1, C, D1 e D, anche se alla guida di veicoli trainanti un rimorchio [la cui massa massima autorizzata non superi 750 kg]. Le suddette patenti possono essere limitate alla guida di veicoli di particolari tipi e caratteristiche, e possono indicare determinate prescrizioni in relazione all'esito degli accertamenti di cui all'articolo 119, comma 4. Le limitazioni devono essere riportate sulla patente utilizzando i codici comunitari armonizzati, ovvero i codici nazionali stabiliti dal Dipartimento per i trasporti, la navigazione e i sistemi informativi e statistici. Ai titolari di patente B speciale è vietata la guida di autoambulanze [(5)].

5. La patente di guida conseguita sostenendo la prova pratica su veicolo munito di cambio di velocità automatico consente di condurre solo veicoli muniti di tale tipo di cambio. Per veicolo dotato di cambio automatico si intende un veicolo nel quale non è presente il pedale della frizione o la leva manuale per la frizione, per le categorie A, A2 o A1 [(6)].

6. La validità della patente può essere estesa dal competente ufficio del Dipartimento per i trasporti, la navigazione ed i sistemi informativi e statistici, previo accertamento dei requisiti fisici e psichici ed esame, a categorie di patente diversa da quella posseduta.

7. Si può essere titolari di un'unica patente di guida rilasciata da uno Stato membro dell'Unione europea o dello Spazio economico europeo.

8. Ai fini del servizio di noleggio con conducente per trasporto di persone, di cui all'articolo 85, comma 2, lettere a), b) c) e d), e di servizio di piazza con autovetture con conducente, di cui all'articolo 86, i conducenti, di età non inferiore a ventuno anni, conseguono un certificato di abilitazione professionale di tipo KA, se per la guida del veicolo adibito ai predetti servizi è richiesta la patente di guida di categoria A1, A2 o A, ovvero di tipo KB, se per la guida del veicolo adibito ai predetti servizi è richiesta la patente di guida di categoria B1 o B.

9. I certificati di abilitazione professionale di cui al comma 8 sono rilasciati dal competente ufficio del Dipartimento per i trasporti, la navigazione ed i sistemi informativi e statistici, sulla base dei requisiti, delle modalità e dei programmi di esame stabiliti nel regolamento. Ai fini del conseguimento del certificato di abilitazione professionale di tipo KA è necessario che il conducente abbia la patente di categoria A1, A2 o A; ai fini del conseguimento del certificato di abilitazione professionale di tipo KB è necessario che il conducente abbia almeno la patente di categoria B1.

10. I mutilati ed i minorati fisici, qualora in possesso almeno delle patenti speciali corrispondenti a quelle richieste dal comma 9, possono conseguire i certificati di abilitazione professionale di tipo KA e KB, previa verifica della sussistenza dei requisiti di idoneità fisica e psichica da parte della commissione medica locale, di cui all'articolo 119, comma 4, sulla base delle indicazioni alla stessa fornite dal comitato tecnico, ai sensi dell'articolo 119, comma 10.

11. Quando richiesto dalle disposizioni comunitarie, come recepite nell'ordinamento interno, i conducenti titolari di patente di guida di categoria C1 o C, anche speciale, ovvero C1E o CE, conseguono la carta di qualificazione del conducente per il trasporto di cose ed i conducenti titolari di patente di guida di categoria D1, D1E, D e DE conseguono la carta di qualificazione del conducente per il trasporto di persone. Quest'ultima è sempre richiesta nel caso di trasporto di scolari.

12. Nei casi previsti dagli accordi internazionali cui l'Italia abbia aderito, per la guida di veicoli adibiti a *determinati trasporti professionali*, i titolari di patente di guida valida per la prescritta categoria devono inoltre conseguire il relativo certificato di abilitazione, idoneità, capacità o formazione professionale, rilasciato dal competente ufficio del Dipartimento per i trasporti, la navigazione ed i sistemi informativi e statistici. Tali certificati non possono essere rilasciati ai mutilati e ai minorati fisici.

13. L'annotazione del trasferimento di residenza da uno ad un altro comune o il cambiamento di abitazione nell'ambito dello stesso comune, viene effettuata dal competente ufficio centrale del Dipartimento per i trasporti, la navigazione e i sistemi informativi e statistici che aggiorna il dato nell'anagrafe nazionale degli abilitati alla guida. A tale fine, i comuni trasmettono al suddetto ufficio, per via telematica o su supporto magnetico secondo i tracciati record prescritti dal Dipartimento per i trasporti, la navigazione e i sistemi informativi e statistici, notizia dell'avvenuto trasferimento di residenza, nel termine di un mese decorrente dalla data di registrazione della variazione anagrafica [(7)].

14. Chiunque, avendo la materiale disponibilità di un veicolo, lo affida o ne consente la guida a persona che non abbia conseguito la corrispondente patente di guida, o altra abilitazione prevista ai commi 8, 10, 11 e 12, se prescritta, è soggetto alla sanzione amministrativa del pagamento di una somma da 397 euro a 1.592 euro [(8)] [(9)].

15. Chiunque conduce veicoli senza aver conseguito la corrispondente patente di guida è punito con l'ammenda da 2.257 euro a 9.032 euro; la stessa sanzione si applica ai conducenti che guidano senza patente perché revocata o non rinnovata per mancanza dei requisiti fisici e psichici. Nell'ipotesi di recidiva nel biennio si applica altresì la pena dell'arresto fino ad un anno. Per le violazioni di cui al presente comma è competente il tribunale in composizione monocratica [(10)].

15 bis. Il titolare di patente di guida di categoria A1 che guida veicoli per i quali è richiesta la patente di categoria A2, il titolare di patente di guida di categoria A1 o A2 che guida veicoli per i quali è richiesta la patente di categoria A, ovvero titolare di patente di guida di categoria B1, C1 o D1 che guida veicoli per i quali è richiesta rispettivamente la patente di categoria B, C o D, è soggetto alla sanzione amministrativa del pagamento di una somma da 1.021 euro a 4.084 euro. Si applica la sanzione accessoria della sospensione della patente di guida posseduta da quattro a otto mesi, secondo le norme del capo I, sezione II, del titolo VI [(11)] [(12)].

16. Fermo restando quando previsto da specifiche disposizioni, chiunque guida veicoli essendo munito della patente di guida ma non di altra abilitazione di cui ai commi 8, 10, 11 e 12, quando prescritta, è soggetto alla sanzione amministrativa del pagamento di una somma da 408 euro a 1.634 euro [(13)].

17. Alle violazioni di cui al comma 15 consegue la sanzione accessoria del fermo amministrativo del veicolo per un periodo di tre mesi, o in caso di recidiva delle violazioni, la sanzione accessoria della confisca amministrativa del veicolo. Quando non è possibile disporre il fermo amministrativo o la confisca del veicolo, si applica la sanzione accessoria della sospensione della patente di guida eventualmente posseduta per un periodo da tre a dodici mesi. Si osservano le norme di cui al capo II, sezione II, del titolo VI.

18. Le violazioni delle disposizioni di cui al comma 16 importano la sanzione accessoria del fermo amministrativo del veicolo per giorni sessanta, secondo le norme del capo I, sezione II, del titolo VI [14].

(1) Articolo modificato dall'art. 57, co. 1, lett. a), b), c), d), f) e g), d.lgs. 10.9.1993, n. 360; dall'art. 3, co. 1, 2, 3, 4 e 8, e dall'art. 15, co. 1, d.P.R. 19.4.1994, n. 575, con la decorrenza indicata dall'art. 2, co. 2, d.l. 25.11.1995, n. 501; dal d.m. 4.1.1995; dall'art. 9, co. 1, d.l. 1.4.1995, n. 98; dall'art. 5, co. 1, lett. a) e b), d.l. 28.6.1995, n. 251, conv., con modif., dalla l. 3.8.1995, n. 351; dal d.m. 20.12.1996; dall'art. 17, co. 25 e 26, l. 27.12.1997, n. 449; dall'art. 19, co. 1, lett. a) e b), d.lgs. 30.12.1999, n. 507; dall'art. 6, co. 1, lett. a), b), c), d), e), f), g), h) e i), dall'art. 17, co. 1, lett. a), n) e o), e dall'art. 18, co. 3, d.lgs. 15.1.2002, n. 9; dal d.m. 24.12.2002; dall'art. 2, co. 1, lett. 0a), a), b) e b-bis), e dall'art. 7, co. 2 e 5, d.l. 27.6.2003, n. 151, conv., con modif., dalla l. 1.8.2003, n. 214; dal d.m. 22.12.2004; dall'art. 5, co. 1, lett. a), b), c) e d), d.l. 30.6.2005, n. 115, conv., con modif., dalla l. 17.8.2006, n. 168; dall'art. 14, co. 2, d.lgs. 21.11.2005, n. 286; dal d.m. 29.12.2006; dall'art. 1, co. 1, d.l. 3.8.2007, n. 117, conv., con modif., dalla l. 2.10.2007, n. 160; dall'art. 22 bis, co. 1, d.l. 31.12.2007, n. 248, conv., con modif., dalla l. 28.2.2008, n. 31; dal d.m. 17.12.2008; dall'art. 3, co. 49, l. 15.7.2009, n. 94; dall'art. 17, co. 1, lett. a), b) e c), l. 29.7.2010, n. 120, con la decorrenza indicata al comma 2 del medesimo art. 17 della l. n. 120/2010, come modificato dall'art. 1, co. 1, d.l. 29.12.2010, n. 225, conv., con modif., dalla l. 26.2.2011, n. 10; dall'art. 51, co. 1, lett. c), l. 29.7.2010, n. 120; dal d.m. 22.12.2010; dal d.m. 19.12.2012. Da ultimo, il presente art. è stato sostituito dall'art. 3, co. 1, d.lgs. 18.4.2011, n. 59. Per una proroga delle prove di verifica delle capacità e dei comportamenti per il conseguimento delle abilitazioni di guida di cui al presente art. vedi l'art. 13, co. 6 bis, d.l. 31.12.2020, n. 183 convertito, con modificazioni, dalla l. 26.2.2021, n. 21 come modificato dall'art. 10, co. 6 ter, d.l. 29.12.2022. n.198, conv., con modif., dalla l. 24.2.2023, n. 14 e da ultimo modificato dall'art. 8, co. 6 ter, d.l. 30.12.2023, n. 215, conv., con modif., dalla l. 23.2.2024, n. 18.

(2) Alinea modificato dall'art. 3, co. 1, d.lgs. 18.4.2011, n. 59, come modificato dall'art. 2, co. 1, lett. a), d.lgs. 16.1.2013, n. 2.

(3) Comma modificato dall'art. 57, co. 1, lett. a), d.lgs. 10.9.1993, n. 360, e poi sostituito dall'art. 3, co. 1, d.lgs. 18.4.2011, n. 59.

(4) A norma dell'art. 4, co. 3, d.l. 30.12.2013, n. 150, conv., con modif., dalla l. 27.2.2014, n. 15, l'entrata in vigore delle lett. a), b), c), d), e), h), i), n) ed o) di questo comma è prorogata al 31.12.2014; per un'ulteriore proroga al 30.6.2015 dell'entrata in vigore delle disposizioni di cui al presente comma, lett. a), b), c), d), e), h), i), n) ed o) v. l'art. 8, co. 6, d.l. 31.12.2014, n. 192, conv., con modif., dalla l. 27.2.2015, n. 11.

(5) Comma modificato dall'art. 11, co. 2, lett. b), l. 29.7.2015, n. 115 (l. europea 2014).

(6) Comma modificato dall'art. 3, co. 1, d.lgs. 18.4.2011, n. 59, come modificato dall'art. 2, co. 1, lett. a), d.lgs. 16.1.2013, n. 2.

(7) Comma modificato dall'art. 3, co. 1, d.lgs. 18.4.2011, n. 59, come modificato dall'art. 2, co. 1, lett. b), d.lgs. 16.1.2013, n. 2.

(8) Comma modificato dall'art. 3, co. 1, d.lgs. 18.4.2011, n. 59, come modificato dall'art. 2, co. 1, lett. c), d.lgs. 16.1.2013, n. 2.

(9) Sanzione aggiornata dal d.m. 20.12.2016 e dal d.m. 27.12.2018 e dal d.m. 31.12.2020, come previsto dall'art. 195 di questo decreto.

(10) L'art. 1, co. 1, d.lgs. 15.1.2016, n. 8 prevede che siano depenalizzate tutte le violazioni per le quali è prevista la sola pena della multa o dell'ammenda e, pertanto, soggette alla sanzione amministrativa del pagamento di una somma di denaro.

(11) Comma introdotto dall'art. 3, co. 1, d.lgs. 18.4.2011, n. 59, come modificato dall'art. 2, co. 1, lett. d), d.lgs. 16.1.2013, n. 2

(12) Sanzione aggiornata dal d.m. 20.12.2016, dal d.m. 27.12.2018 e dal d.m. 31.12.2020, come previsto dall'art. 195 di questo decreto.

(13) Sanzione aggiornata dal d.m. 20.12.2016, dal d.m. 27.12.2018 e dal d.m. 31.12.2020, come previsto dall'art. 195 di questo decreto.

(14) Le sanzioni qui previste sono escluse dall'aggiornamento previsto dal d.m. 16.12.2014, secondo quanto stabilito dall'art. 1 co. 2, del medesimo decreto.

186. Guida sotto l'influenza dell'alcool [1] [2].

1. È vietato guidare in stato di ebbrezza in conseguenza dell'uso di bevande alcoliche. Per l'irrogazione della pena è competente il tribunale.

2. Chiunque guida in stato di ebbrezza è punito, ove il fatto non costituisca più grave reato:

a) con la sanzione amministrativa del pagamento di una somma da euro 543 a euro 2.170, qualora sia stato accertato un valore corrispondente ad un tasso alcolemico superiore a 0,5 e non superiore a 0,8 grammi per litro (g/l). All'accertamento della violazione consegue la sanzione amministrativa accessoria della sospensione della patente di guida da tre a sei mesi [3] [4];

b) con l'ammenda da euro 800 a euro 3.200 e l'arresto fino a sei mesi, qualora sia stato accertato un valore corrispondente ad un tasso alcolemico superiore a 0,8 e non superiore a 1,5 grammi per litro (g/l). All'accertamento del reato consegue in ogni caso la sanzione amministrativa accessoria della sospensione della patente di guida da sei mesi ad un anno [5];

c) con l'ammenda da euro 1.500 a euro 6.000, l'arresto da sei mesi ad un anno, qualora sia stato accertato un valore corrispondente ad un tasso alcolemico superiore a 1,5 grammi per litro (g/l). All'accertamento del reato consegue in ogni caso la sanzione amministrativa accessoria della sospensione della patente di guida da uno a due anni. Se il veicolo appartiene a persona estranea al reato, la durata della sospensione della patente di guida è raddoppiata. La patente di guida è sempre revocata, ai sensi del capo II, sezione II, del titolo VI, in caso di recidiva nel biennio. Con la sentenza di condanna ovvero di applicazione della pena su richiesta delle parti, anche se è stata applicata la sospensione condizionale della pena, è sempre disposta la confisca del veicolo con il quale è stato commesso il reato, salvo che il veicolo stesso appartenga a persona estranea al reato. Ai fini del sequestro si applicano le disposizioni di cui all'articolo 224-*ter* [6] [7] [8].

2 bis. Se il conducente in stato di ebbrezza provoca un incidente stradale, le sanzioni di cui al comma 2 del presente articolo e al comma 3 dell'articolo 186-*bis* sono raddoppiate ed è disposto il fermo amministrativo del veicolo per centottanta giorni, salvo che il veicolo appartenga a persona estranea all'illecito. Qualora per il conducente che provochi un incidente stradale sia stato accertato un valore corrispondente ad un tasso alcolemico superiore a 1,5 grammi per litro (g/l), fatto salvo quanto previsto dal quinto e sesto periodo della lettera c) del comma 2 del presente articolo, la patente di guida è sempre revocata ai sensi del capo II, sezione II, del titolo VI. È fatta salva in ogni caso l'applicazione dell'articolo 222 (9).

2 ter. Competente a giudicare dei reati di cui al presente articolo è il tribunale in composizione monocratica (10).

2 quater. Le disposizioni relative alle sanzioni accessorie di cui ai commi 2 e 2-*bis* si applicano anche in caso di applicazione della pena su richiesta delle parti (11).

2 quinquies. Salvo che non sia disposto il sequestro ai sensi del comma 2, il veicolo, qualora non possa essere guidato da altra persona idonea, può essere fatto trasportare fino al luogo indicato dall'interessato o fino alla più vicina autorimessa e lasciato in consegna al proprietario o al gestore di essa con le normali garanzie per la custodia. Le spese per il recupero ed il trasporto sono interamente a carico del trasgressore (12).

2 sexies. L'ammenda prevista dal comma 2 è aumentata da un terzo alla metà quando il reato è commesso dopo le ore 22 e prima delle ore 7 (13).

2 septies. Le circostanze attenuanti concorrenti con l'aggravante di cui al comma 2-*sexies* non possono essere ritenute equivalenti o prevalenti rispetto a questa. Le diminuzioni di pena si operano sulla quantità della stessa risultante dall'aumento conseguente alla predetta aggravante (14).

2 octies. Una quota pari al venti per cento dell'ammenda irrogata con la sentenza di condanna che ha ritenuto sussistente l'aggravante di cui al comma 2-*sexies* è destinata ad alimentare il Fondo contro l'incidentalità notturna di cui all'articolo 6-*bis* del decreto-legge 3 agosto 2007, n. 117, convertito, con modificazioni, dalla legge 2 ottobre 2007, n. 160, e successive modificazioni (15).

3. Al fine di acquisire elementi utili per motivare l'obbligo di sottoposizione agli accertamenti di cui al comma 4, gli organi di Polizia stradale di cui all'articolo 12, commi 1 e 2, secondo le direttive fornite dal Ministero dell'interno, nel rispetto della riservatezza personale e senza pregiudizio per l'integrità fisica, possono sottoporre i conducenti ad accertamenti qualitativi non invasivi o a prove, anche attraverso apparecchi portatili.

4. Quando gli accertamenti qualitativi di cui al comma 3 hanno dato esito positivo, in ogni caso d'incidente ovvero quando si abbia altrimenti motivo di ritenere che il conducente del veicolo si trovi in stato di alterazione psicofisica derivante dall'influenza dell'alcool, gli organi di Polizia stradale di cui all'articolo 12, commi 1 e 2, anche accompagnandolo presso il più vicino ufficio o comando, hanno la facoltà di effettuare l'accertamento con strumenti e procedure determinati dal regolamento.

5. Per i conducenti coinvolti in incidenti stradali e sottoposti alle cure mediche, l'accertamento del tasso alcoolemico viene effettuato, su richiesta degli organi di Polizia stradale di cui all'articolo 12, commi 1 e 2, da parte delle strutture sanitarie di base o di quelle accreditate o comunque a tali fini equiparate. Le strutture sanitarie rilasciano agli organi di Polizia stradale la relativa certificazione, estesa alla prognosi delle lesioni accertate, assicurando il rispetto della riservatezza dei dati in base alle vigenti disposizioni di legge. Copia della certificazione di cui al periodo precedente deve essere tempestivamente trasmessa, a cura dell'organo di polizia che ha proceduto agli accertamenti, al prefetto del luogo della commessa violazione per gli eventuali provvedimenti di competenza. Si applicano le disposizioni del comma 5-*bis* dell'articolo 187 (16).

6. Qualora dall'accertamento di cui ai commi 4 o 5 risulti un valore corrispondente ad un tasso alcoolemico superiore a 0,5 grammi per litro (g/l), l'interessato è considerato in stato di ebbrezza ai fini dell'applicazione delle sanzioni di cui al comma 2.

7. Salvo che il fatto costituisca più grave reato, in caso di rifiuto dell'accertamento di cui ai commi 3, 4 o 5, il conducente è punito con le pene di cui al comma 2, lettera c). La condanna per il reato di cui al periodo che precede comporta la sanzione amministrativa accessoria della sospensione della patente di guida per un periodo da sei mesi a due anni e della confisca del veicolo con le stesse modalità e procedure previste dal comma 2, lettera c), salvo che il veicolo appartenga a persona estranea alla violazione. Con l'ordinanza con la quale è disposta la sospensione della patente, il prefetto ordina che il conducente si sottoponga a visita medica secondo le disposizioni del comma 8. Se il fatto è commesso da soggetto già condannato nei due anni precedenti per il medesimo reato, è sempre disposta la sanzione amministrativa accessoria della revoca della patente di guida ai sensi del capo I, sezione II, del titolo VI (17).

8. Con l'ordinanza con la quale viene disposta la sospensione della patente ai sensi dei commi 2 e 2-*bis*, il prefetto ordina che il conducente si sottoponga a visita medica ai sensi dell'articolo 119, comma 4, che deve avvenire nel termine di sessanta giorni. Qualora il conducente non vi si sottoponga entro il termine fissato, il prefetto può disporre, in via cautelare, la sospensione della patente di guida fino all'esito della visita medica (18).

9. Qualora dall'accertamento di cui ai commi 4 e 5 risulti un valore corrispondente ad un tasso alcolemico superiore a 1,5 grammi per litro, ferma restando l'applicazione delle sanzioni di cui ai commi 2 e 2-*bis*, il prefetto, in via cautelare, dispone la sospensione della patente fino all'esito della visita medica di cui al comma 8 (19).

9 bis. Al di fuori dei casi previsti dal comma 2-*bis* del presente articolo, la pena detentiva e pecuniaria può essere sostituita, anche con il decreto penale di condanna, se non vi è opposizione da parte dell'imputato, con quella del lavoro di pubblica utilità di cui all'articolo 54 del decreto legislativo n. 274 del 2000, secondo le modalità ivi previste e consistente nella prestazione di un'attività non retribuita a favore della collettività da svolgere, in via prioritaria, nel campo della sicurezza e dell'educazione stradale presso lo Stato, le regioni, le province, i comuni o presso enti o organizzazioni di assistenza sociale e di volontariato, o presso i centri specializzati di lotta alle dipendenze. Con il decreto penale o con la sentenza il giudice incarica l'ufficio locale di esecuzione penale ovvero gli organi di cui all'articolo 59 del decreto legislativo n. 274 del 2000 di verificare l'effettivo svolgimento del lavoro di pubblica utilità. In deroga a quanto previsto dall'articolo 54 del decreto legislativo n. 274 del 2000, il lavoro di pubblica utilità ha una durata corrispondente a quella della sanzione detentiva irrogata e della conversione della pena pecuniaria ragguagliando 250 euro ad un giorno di lavoro di pubblica utilità. In caso di svolgimento positivo del lavoro di pubblica utilità, il giudice fissa una nuova udienza e dichiara estinto il reato, dispone la riduzione alla metà della sanzione della sospensione della patente e revoca la confisca del veicolo sequestrato. La decisione è ricorribile in cassazione. Il ricorso non sospende l'esecuzione a meno che il giudice che ha emesso la decisione disponga diversamente. In caso di violazione degli obblighi connessi allo svolgimento del lavoro di pubblica utilità, il giudice che procede o il giudice dell'esecuzione, a richiesta del pubblico ministero o di ufficio, con le formalità di cui all'articolo 666 del codice di procedura penale, tenuto conto dei motivi, della entità e delle circostanze della violazione, dispone la revoca della pena sostitutiva con ripristino di quella sostituita e della sanzione amministrativa della sospensione della patente e della confisca. Il lavoro di pubblica utilità può sostituire la pena per non più di una volta [20].

(1) Articolo modificato dall'art. 6, co. 1, lett. b), l. 30.3.2001, n. 125; art. 3, co. 1, d.l. 20.6.2002, n. 121, conv., con modif., dalla l. 1.8.2002, n. 168; dall'art. 13, co. 1, lett. a), b), c), d) e e), d.lgs. 15.1.2002, n. 9 e, infine, sostituito dall'art. 5, co. 1, d.l. 27.6.2003, n. 151, conv., con modif., dalla l. 1.8.2003, n. 214.

(2) A norma dell'art. 6 bis, co. 2, d.l. 3.8.2007, n. 117, conv., con modif., dalla l. 2.10.2007, n. 160, chiunque, dopo le ore 20 e prima delle ore 7, viola il presente art., è punito con la sanzione amministrativa aggiuntiva di euro 200, che vengono destinati al Fondo contro l'incidentalità notturna.

(3) Lettera modificata dall'art. 33, co. 1, lett. a), punto 1), l. 29.7.2010, n. 120.

(4) Sanzione aggiornata dal d.m. 19.12.2012; dal d.m. 16.12.2014, dal d.m. 20.12.2016; dal d.m. 27.12.2018 e dal d.m. 31.12.2020, come previsto dall'art. 195 di questo decreto.

(5) Lettera modificata dall'art. 4, co. 1, lett. a), d.l. 23.5.2008, n. 92, conv., con modif., dalla l. 24.7.2008, n. 125.

(6) Lettera modificata dall'art. 4, co. 1, lett. b), d.l. 23.5.2008, n. 92, conv., con modif., dalla l. 24.7.2008, n. 125; dall'art. 3, co. 45, l. 15.7.2009, n. 94 e, poi, dall'art. 33, co. 1, lett. a), punto 2), l. 29.7.2010, n. 120.

(7) Comma sostituito dall'art. 5, co. 1, lett. a), d.l. 3.8.2007, n. 117, conv., con modif., dalla l. 2.10.2007, n.160.

(8) La Corte costituzionale, con sentenza 4.6.2010, n. 196, ha dichiarato l'illegittimità costituzionale della presente lettera, limitatamente alle parole «*ai sensi dell'art. 240, secondo comma, del codice penale*».

(9) Comma introdotto dall'art. 5, co. 1, lett. a), d.l. 3.8.2007, n. 117, conv., con modif., dalla l. 2.10.2007, n.160 per effetto della sostituzione dell'originario comma 2; poi, sostituito dall'art. 4, co. 1, lett. 2-*bis*), d.l. 23.5.2008, n. 92, conv., con modif., dalla l. 24.7.2008, n. 125 e, infine, dall'art. 33, co. 1, lett. b), l. 29.7.2010, n. 120.

(10) Comma introdotto dall'art. 5, co. 1, lett. a), d.l. 3.8.2007, n. 117, conv., con modif., dalla l. 2.10.2007, n. 160 per effetto della sostituzione dell'originario comma 2.

(11) Comma introdotto dall'art. 5, co. 1, lett. a), d.l. 3.8.2007, n. 117, conv., con modif., dalla l. 2.10.2007, n. 160 per effetto della sostituzione dell'originario comma 2.

(12) Comma introdotto dall'art. 4, co. 1, lett. c), d.l. 23.5.2008, n. 92, conv., con modif., dalla l. 24.7.2008, n. 125.

(13) Comma introdotto dall'art. 3, co. 55, lett. a), l. 15.7.2009, n. 94.

(14) Comma introdotto dall'art. 3, co. 55, lett. a), l. 15.7.2009, n. 94.

(15) Comma introdotto dall'art. 3, co. 55, lett. a), l. 15.7.2009, n. 94.

(16) Comma modificato dall'art. 5, co. 1, lett. b), d.l. 3.8.2007, n. 117, conv., con modif., dalla l. 2.10.2007, n. 160 e, poi, dall'art. 33, co. 1, lett. c), l. 29.7.2010, n. 120.

(17) Comma modificato dall'art. 5, co. 1, lett. c), d.l. 3.8.2007, n. 117, conv., con modif., dalla l. 2.10.2007, n. 160 e, poi, dall'art. 4, co. 1, lett. d) e) e f), d.l. 23.5.2008, n. 92, conv., con modif., dalla l. 24.7.2008, n. 125.

(18) Comma modificato dall'art. 5, co. 1, lett. d), d.l. 3.8.2007, n. 117, conv., con modif., dalla l. 2.10.2007, n. 160.

(19) Comma sostituito dall'art. 5, co. 1, lett. e), d.l. 3.8.2007, n. 117, conv., con modif., dalla l. 2.10.2007, n. 160.

(20) Comma introdotto dall'art. 33, co. 1, lett. d), l. 29.7.2010, n. 120.

186 bis. Guida sotto l'influenza dell'alcool per conducenti di età inferiore a ventuno anni, per i neopatentati e per chi esercita professionalmente l'attività di trasporto di persone o di cose [1].

1. È vietato guidare dopo aver assunto bevande alcoliche e sotto l'influenza di queste per:

a) i conducenti di età inferiore a ventuno anni e i conducenti nei primi tre anni dal conseguimento della patente di guida di categoria B;

b) i conducenti che esercitano l'attività di trasporto di persone, di cui agli articoli 85, 86 e 87;

c) i conducenti che esercitano l'attività di trasporto di cose, di cui agli articoli 88, 89 e 90;

d) i conducenti di autoveicoli di massa complessiva a pieno carico superiore a 3,5 t, di autoveicoli trainanti un rimorchio che comporti una massa complessiva totale a pieno carico dei due veicoli superiore a 3,5 t, di autobus e di altri autoveicoli destinati al trasporto di persone il cui numero di posti a sedere escluso quello del conducente, è superiore a otto, nonché di autoarticolati e di autosnodati.

2. I conducenti di cui al comma 1 che guidino dopo aver assunto bevande alcoliche e sotto l'influenza di queste sono puniti con la sanzione amministrativa del pagamento di una somma da euro 168 a euro 678, qualora sia stato accertato un valore corrispondente ad un tasso alcolemico superiore a O (zero) e non superiore a 0,5 grammi per litro (g/l). Nel caso in cui il conducente, nelle condizioni di cui al periodo precedente, provochi un incidente, le sanzioni di cui al medesimo periodo sono raddoppiate [2].

3. Per i conducenti di cui al comma 1 del presente articolo, ove incorrano negli illeciti di cui all'articolo 186, comma 2, lettera a), le sanzioni ivi previste sono aumentate di un terzo; ove incorrano negli illeciti di cui all'articolo 186, comma 2, lettere b) e c), le sanzioni ivi previste sono aumentate da un terzo alla metà.

4. Le circostanze attenuanti concorrenti con le aggravanti di cui al comma 3 non possono essere ritenute equivalenti o prevalenti rispetto a queste. Le diminuzioni di pena si operano sulla quantità della stessa risultante dall'aumento conseguente alla predetta aggravante.

5. La patente di guida è sempre revocata, ai sensi del capo II, sezione II, del titolo VI, qualora sia stato accertato un valore corrispondente ad un tasso alcolemico superiore a 1,5 grammi per litro (g/l) per i conducenti di cui alla lettera d) del comma 1, ovvero in caso di recidiva nel triennio per gli altri conducenti di cui al medesimo comma. È fatta salva l'applicazione delle disposizioni di cui al quinto e al sesto periodo della lettera c) del comma 2 dell'articolo 186.

6. Si applicano le disposizioni di cui ai commi da 3 a 6, 8 e 9 dell'articolo 186. Salvo che il fatto costituisca più grave reato, in caso di rifiuto dell'accertamento di cui ai commi 3, 4 o 5 dell'articolo 186, il conducente è punito con le pene previste dal comma 2, lettera c), del medesimo articolo, aumentate da un terzo alla metà. La condanna per il reato di cui al periodo precedente comporta la sanzione amministrativa accessoria della sospensione della patente di guida per un periodo da sei mesi a due anni e della confisca del veicolo con le stesse modalità e procedure previste dal citato articolo 186, comma 2, lettera c), salvo che il veicolo appartenga a persona estranea al reato. Se il veicolo appartiene a persona estranea al reato, la durata della sospensione della patente di guida è raddoppiata. Con l'ordinanza con la quale è disposta la sospensione della patente di guida, il prefetto ordina che il conducente si sottoponga a visita medica secondo le disposizioni del comma 8 del citato articolo 186. Se il fatto è commesso da soggetto già condannato nei due anni precedenti per il medesimo reato, è sempre disposta la sanzione amministrativa accessoria della revoca della patente di guida ai sensi del capo II, sezione II, del titolo VI.

7. Il conducente di età inferiore a diciotto anni, per il quale sia stato accertato un valore corrispondente ad un tasso alcolemico superiore a O (zero) e non superiore a 0,5 grammi per litro (g/1), non può conseguire la patente di guida di categoria B prima del compimento del diciannovesimo anno di età. Il conducente di età inferiore a diciotto anni, per il quale sia stato accertato un valore corrispondente ad un tasso alcolemico superiore a 0,5 grammi per litro (g/l), non può conseguire la patente di guida di categoria B prima del compimento del ventunesimo anno di età».Il conducente di età inferiore a diciotto anni, per il quale sia stato accertatoun valore corrispondente ad un tasso alcolemico superiore a 0,5 grammi per litro (g/l), non può conseguire la patente di guida di categoria B prima del compimento del ventunesimo anno di età.

(1) Articolo introdotto dall'art. 33, co. 2, l. 29.7.2010, n. 120.
(2) Sanzione aggiornata dal d.m. 19.12.2012; dal d.m. 16.12.2014, dal d.m. 20.12.2016; dal d.m. 27.12.2018 e dal d.m. 31.12.2020, come previsto dall'art. 195 di questo decreto.

187. Guida in stato di alterazione psico-fisica per uso di sostanze stupefacenti [1].

1. Chiunque guida in stato di alterazione psico-fisica dopo aver assunto sostanze stupefacenti o psicotrope è punito con l'ammenda da euro 1.500 a euro 6.000 e l'arresto da sei mesi ad un anno. All'accertamento del reato consegue in ogni caso la sanzione amministrativa accessoria della sospensione della patente di guida da uno a due anni. Se il veicolo appartiene a persona estranea al reato, la durata della sospensione della patente è raddoppiata. Per i conducenti di cui al comma 1 dell'articolo 186-*bis*, le sanzioni di cui al primo e al secondo periodo del presente comma sono aumentate da un terzo alla metà. Si applicano le disposizioni del comma 4 dell'articolo 186-*bis*. La patente di guida è sempre revocata, ai sensi del capo II, sezione II, del titolo VI, quando il reato è commesso da uno dei conducenti di cui alla lettera d) del citato comma 1 dell'articolo 186-*bis*, ovvero in caso di recidiva nel triennio. Con la sentenza di condanna ovvero di applicazione della pena a richiesta delle parti, anche se è stata applicata la sospensione condizionale della pena, è sempre disposta la confisca del veicolo con il quale è stato commesso il reato, salvo che il veicolo stesso appartenga a persona estranea al reato. Ai fini del sequestro si applicano le disposizioni di cui all'articolo 224-*ter* [2].

1 bis. Se il conducente in stato di alterazione psicofisica dopo aver assunto sostanze stupefacenti o psicotrope provoca un incidente stradale, le pene di cui al comma 1 sono raddoppiate ed e, fatto salvo quanto previsto dal settimo e dall'ottavo periodo del comma 1, la patente di guida è sempre revocata ai sensi del capo H, sezione H, del titolo VI. È fatta salva in ogni caso l'applicazione dell'articolo 222 [3].

1 ter. Competente a giudicare dei reati di cui al presente articolo è il tribunale in composizione monocratica. Si applicano le disposizioni dell'articolo 186, comma 2-*quater* [4].

1 quater. L'ammenda prevista dal comma 1 è aumentata da un terzo alla metà quando il reato è commesso dopo le ore 22 e prima delle ore 7. Si applicano le disposizioni di cui all'articolo 186, commi 2-*septies* e 2-*octies* [5].

2. Al fine di acquisire elementi utili per motivare l'obbligo di sottoposizione agli accertamenti di cui al comma 3, gli organi di Polizia stradale di cui all'articolo 12, commi 1 e 2, secondo le direttive fornite dal Ministero dell'interno, nel rispetto della riservatezza personale e senza pregiudizio per l'integrità fisica, possono sottoporre i conducenti ad accertamenti qualitativi non invasivi o a prove, anche attraverso apparecchi portatili.

2 bis. Quando gli accertamenti di cui al comma 2 forniscono esito positivo ovvero quando si ha altrimenti ragionevole motivo di ritenere che il conducente del veicolo si trovi sotto l'effetto conseguente all'uso di sostanze stupefacenti o psicotrope, i conducenti, nel rispetto della riservatezza personale e senza pregiudizio per l'integrità fisica, possono essere sottoposti ad accertamenti clinico-tossicologici e strumentali ovvero analitici su campioni di mucosa del cavo orale prelevati a cura di personale sanitario ausiliario delle forze di polizia. Con decreto del Ministro delle infrastrutture e dei trasporti, di concerto con i Ministri dell'interno, della giustizia e della salute, sentiti la Presidenza del Consiglio dei ministri – Dipartimento per le politiche antidroga e il Consiglio superiore di sanità, da adottare entro sessanta giorni dalla data di entrata in vigore della presente disposizione, sono stabilite le modalità, senza nuovi o maggiori oneri a carico del bilancio dello Stato, di effettuazione degli accertamenti di cui al periodo precedente e le caratteristiche degli strumenti da impiegare negli accertamenti medesimi. Ove necessario a garantire la neutralità finanziaria di cui al precedente periodo, il medesimo decreto può prevedere che gli accertamenti di cui al presente comma siano effettuati, anziché su campioni di mucosa del cavo orale, su campioni di fluido del cavo orale [(6)].

3. Nei casi previsti dal comma 2-*bis*, qualora non sia possibile effettuare il prelievo a cura del personale sanitario ausiliario delle forze di polizia ovvero qualora il conducente rifiuti di sottoporsi a tale prelievo, gli agenti di polizia stradale di cui all'articolo 12, commi 1 e 2, fatti salvi gli ulteriori obblighi previsti dalla legge, accompagnano il conducente presso strutture sanitarie fisse o mobili afferenti ai suddetti organi di polizia stradale ovvero presso le strutture sanitarie pubbliche o presso quelle accreditate o comunque a tali fini equiparate, per il prelievo di campioni di liquidi biologici ai fini dell'effettuazione degli esami necessari ad accertare la presenza di sostanze stupefacenti o psicotrope. Le medesime disposizioni si applicano in caso di incidenti, compatibilmente con le attività di rilevamento e di soccorso [(7)].

4. Le strutture sanitarie di cui al comma 3, su richiesta degli organi di Polizia stradale di cui all'articolo 12, commi 1 e 2, effettuano altresì gli accertamenti sui conducenti coinvolti in incidenti stradali e sottoposti alle cure mediche, ai fini indicati dal comma 3; essi possono contestualmente riguardare anche il tasso alcoolemico previsto nell'articolo 186.

5. Le strutture sanitarie rilasciano agli organi di Polizia stradale la relativa certificazione, estesa alla prognosi delle lesioni accertate, assicurando il rispetto della riservatezza dei dati in base alle vigenti disposizioni di legge. [I fondi necessari per l'espletamento degli accertamenti conseguenti ad incidenti stradali sono reperiti nell'ambito dei fondi destinati al Piano nazionale della sicurezza stradale di cui all'articolo 32 della legge 17 maggio 1999, n. 144.] Copia del referto sanitario positivo deve essere tempestivamente trasmessa, a cura dell'organo di Polizia che ha proceduto agli accertamenti, al prefetto del luogo della commessa violazione per gli eventuali provvedimenti di competenza [(8)].

5 bis. Qualora l'esito degli accertamenti di cui ai commi 3, 4 e 5 non sia immediatamente disponibile e gli accertamenti di cui al comma 2 abbiano dato esito positivo, se ricorrono fondati motivi per ritenere che il conducente si trovi in stato di alterazione psico-fisica dopo l'assunzione di sostanze stupefacenti o psicotrope, gli organi di polizia stradale possono disporre il ritiro della patente di guida fino all'esito degli accertamenti e, comunque, per un periodo non superiore a dieci giorni. Si applicano le disposizioni dell'articolo 216 in quanto compatibili. La patente ritirata è depositata presso l'ufficio o il comando da cui dipende l'organo accertatore [(9)].

6. Il prefetto, sulla base dell'esito degli accertamenti analitici di cui al comma 2-*bis*, ovvero della certificazione rilasciata dai centri di cui al comma 3, ordina che il conducente si sottoponga a visita medica ai sensi dell'articolo 119 e dispone la sospensione, in via cautelare, della patente fino all'esito dell'esame di revisione che deve avvenire nel termine e con le modalità indicate dal regolamento [(10)].

[**7.** Chiunque guida in condizioni di alterazione fisica e psichica correlata con l'uso di sostanze stupefacenti o psicotrope, ove il fatto non costituisca più grave reato, è punito con le sanzioni dell'articolo 186, comma 2. Si applicano le disposizioni del comma 2, ultimo periodo, dell'articolo 186.] [(11)]

8. Salvo che il fatto costituisca reato, in caso di rifiuto dell'accertamento di cui ai commi 2, 2-*bis*, 3 o 4, il conducente è soggetto alle sanzioni di cui all'articolo 186, comma 7. Con l'ordinanza con la quale è disposta la sospensione della patente, il prefetto ordina che il conducente si sottoponga a visita medica ai sensi dell'articolo 119 [(12)].

8 bis. Al di fuori dei casi previsti dal comma 1-*bis* del presente articolo, la pena detentiva e pecuniaria può essere sostituita, anche con il decreto penale di condanna, se non vi è opposizione da parte dell'imputato, con quella del lavoro di pubblica utilità di cui all'articolo 54 del decreto legislativo 28 agosto 2000, n. 274, secondo le modalità ivi previste e consistente nella prestazione di un'attività non retribuita a favore della collettività da svolgere, in via prioritaria, nel campo della sicurezza e dell'educazione stradale presso lo Stato, le regioni, le province, i comuni o presso enti o organizzazioni di assistenza sociale e di volontariato, nonché nella partecipazione ad un programma terapeutico e socio-riabilitativo del soggetto tossicodipendente come definito ai sensi degli articoli 121 e 122 del testo unico di cui al decreto del Presidente della Repubblica 9 ottobre 1990, n. 309. Con il decreto penale o con la sentenza il giudice incarica l'ufficio locale di esecuzione penale ovvero gli organi di cui all'articolo 59 del decreto legislativo n. 274 del 2000 di verificare l'effettivo svolgimento del lavoro di pubblica utilità. In deroga a quanto previsto dall'articolo 54 del decreto legislativo n. 274 del 2000, il lavoro di pubblica utilità ha una durata corrispondente a quella della sanzione detentiva irrogata e della conversione della pena pecuniaria ragguagliando 250 euro ad un giorno di lavoro di pubblica utilità. In caso di svolgimento positivo del lavoro di pubblica utilità, il giudice fissa una nuova udienza e dichiara estinto il reato, dispone la riduzione alla metà della sanzione della sospensione della patente e revoca la confisca del veicolo sequestrato. La decisione è ricorribile in cassazione. Il ricorso non sospende l'esecuzione a meno che il giudice che ha emesso la decisione disponga diversamente. In caso di violazione degli obblighi connessi allo svolgimento del lavoro di pubblica utilità, il giudice che procede o il giudice dell'esecuzione, a richiesta del pubblico ministero o di ufficio, con le formalità di cui all'articolo 666 del codice di procedura penale, tenuto conto dei motivi, della entità e delle circostanze della violazione, dispone la revoca della pena sostitutiva con ripristino di quella sostituita e della sanzione amministrativa della sospensione della patente e della confisca. Il lavoro di pubblica utilità può sostituire la pena per non più di una volta [13].

(1) Articolo modificato dall'art. 99, co. 1, lett. a), b) c) e d), d.lgs. 10.9.1993, n. 360; dall'art. 14, co. 1, d.lgs. 15.1.2002, n. 9 e, infine, sostituito dall'art. 6, co. 1, d.l. 27.6.2003, n. 151, conv., con modif. dalla l. 1.8.2003, n. 214.
(2) Comma sostituito dall'art. 5, co. 2, lett. a), d.l. 3.8.2007, n. 117, conv., con modif., dalla l. 2.10.2007, n. 160; poi modificato dall'art. 4, co. 2, lett. a) e b), d.l. 23.5.2008, n. 92, conv., con modif., dalla l. 24.7.2008, n. 125; dall'art. 3, co. 46, l. 15.7.2009, n. 94 e, infine, dall'art. 33, co. 3, lett. a), l. 29.7.2010, n. 120.
(3) Comma introdotto dall'art. 5, co. 2, lett. a), d.l. 3.8.2007, n. 117, conv., con modif., dalla l. 2.10.2007, n. 160; poi modificato dall'art. 4, co. 2 bis, d.l. 23.5.2008, n. 92, conv., con modif., dalla l. 24.7.2008, n. 125 e, infine, dall'art. 33, co. 3, lett. b), l. 29.7.2010, n. 120.
(4) Comma introdotto dall'art. 5, co. 2, lett. a), d.l. 3.8.2007, n. 117, conv., con modif., dalla l. 2.10.2007, n. 160.
(5) Comma introdotto dall'art. 3, co. 55, lett. b), l. 15.7.2009, n. 94.
(6) Comma introdotto dall'art. 33, co. 3, lett. c), l. 29.7.2010, n. 120.
(7) Comma sostituito dall'art. 33, co. 3, lett. d), l. 29.7.2010, n. 120.
(8) Comma modificato dall'art. 33, co. 3, lett. e), l. 29.7.2010, n. 120.
(9) Comma introdotto dall'art. 5, co. 2, lett. b), d.l. 3.8.2007, n. 117, conv., con modif., dalla l. 2.10.2007, n. 160.
(10) Comma modificato dall'art. 33, co. 3, lett. f), l. 29.7.2010, n. 120.
(11) Comma abrogato dall'art. 5, co. 2, lett. c), d.l. 3.8.2007, n. 117, conv., con modif., dalla l. 2.10.2007, n. 160.
(12) Comma sostituito dall'art. 5, co. 2, lett. d), d.l. 3.8.2007, n. 117, conv., con modif., dalla l. 2.10.2007, n. 160 e, poi, modificato dall'art. 33, co. 3, lett. g), l. 29.7.2010, n. 120.
(13) Comma introdotto dall'art. 33, co. 3, lett. h), l. 29.7.2010, n. 120.

189. Comportamento in caso di incidente.

1. L'utente della strada, in caso di incidente comunque ricollegabile al suo comportamento, ha l'obbligo di fermarsi e di prestare l'assistenza occorrente a coloro che, eventualmente, abbiano subito danno alla persona.

2. Le persone coinvolte in un incidente devono porre in atto ogni misura idonea a salvaguardare la sicurezza della circolazione e, compatibilmente con tale esigenza adoperarsi affinché non venga modificato lo stato dei luoghi e disperse le tracce utili per l'accertamento delle responsabilità.

3. Ove dall'incidente siano derivati danni alle sole cose, i conducenti e ogni altro utente della strada coinvolto devono inoltre, ove possibile, evitare intralcio alla circolazione, secondo le disposizioni dell'art. 161. Gli agenti in servizio di polizia stradale, in tali casi, dispongono l'immediata rimozione di ogni intralcio alla circolazione, salva soltanto l'esecuzione, con assoluta urgenza, degli eventuali rilievi necessari per appurare le modalità dell'incidente.

4. In ogni caso i conducenti devono, altresì, fornire le proprie generalità, nonché le altre informazioni utili, anche ai fini risarcitori, alle persone danneggiate o, se queste non sono presenti, comunicare loro nei modi possibili gli elementi sopraindicati.

5. Chiunque, nelle condizioni di cui al comma 1, non ottempera all'obbligo di fermarsi in caso di incidente, con danno alle sole cose, è soggetto alla sanzione amministrativa del pagamento di una somma da Euro 302 a Euro 1.208. In tale caso, se dal fatto deriva un grave danno ai veicoli coinvolti tale da determinare l'applicazione della revisione di cui all'articolo 80, comma 7, si applica la sanzione amministrativa accessoria della sospensione della patente di guida da quindici giorni a due mesi, ai sensi del capo I, sezione II, del titolo VI [1][2].

6. Chiunque, nelle condizioni di cui comma 1, in caso di incidente con danno alle persone, non ottempera all'obbligo di fermarsi, è punito con la reclusione da sei mesi a tre anni. Si applica la sanzione amministrativa accessoria della sospensione della patente di guida da uno a tre anni, ai sensi del capo II, sezione II, del titolo VI. Nei casi di cui al presente comma sono applicabili le misure previste dagli articoli 281, 282, 283 e 284 del codice di procedura penale, anche al di fuori dei limiti previsti dall'articolo 280 del medesimo codice, ed è possibile procedere all'arresto, ai sensi dell'articolo 381 del codice di procedura penale, anche al di fuori dei limiti di pena ivi previsti [3].

7. Chiunque, nelle condizioni di cui al comma 1, non ottempera all'obbligo di prestare l'assistenza occorrente alle persone ferite, è punito con la reclusione un anno a tre anni. Si applica la sanzione amministrativa accessoria della sospensione della patente di guida per un periodo non inferiore ad un anno e sei mesi e non superiore a cinque anni, ai sensi del capo II, sezione II, del titolo VI [4].

8. Il conducente che si fermi e, occorrendo, presti assistenza a coloro che hanno subito danni alla persona, mettendosi immediatamente a disposizione degli organi di polizia giudiziaria, quando dall'incidente derivi il delitto di lesioni personali colpose, non è soggetto all'arresto stabilito per il caso di flagranza di reato [5].

8 bis. Nei confronti del conducente che, entro le ventiquattro ore successive al fatto di cui al comma 6, si mette a disposizione degli organi di polizia giudiziaria, non si applicano le disposizioni di cui al terzo periodo del comma 6 [(6)].

9. Chiunque non ottempera alle disposizioni di cui ai commi 2, 3 e 4 è soggetto alla sanzione amministrativa del pagamento di una somma da Euro 87 ad Euro 344 [(7)].

9 bis. L'utente della strada, in caso di incidente comunque ricollegabile al suo comportamento, da cui derivi danno a uno o più animali d'affezione, da reddito o protetti, ha l'obbligo di fermarsi e di porre in atto ogni misura idonea ad assicurare un tempestivo intervento di soccorso agli animali che abbiano subito il danno. Chiunque non ottempera agli obblighi di cui al periodo precedente è punito con la sanzione amministrativa del pagamento di una somma da € 421 a € 1.691. Le persone coinvolte in un incidente con danno a uno o più animali d'affezione, da reddito o protetti devono porre in atto ogni misura idonea ad assicurare un tempestivo intervento di soccorso. Chiunque non ottempera all'obbligo di cui al periodo precedente è soggetto alla sanzione amministrativa del pagamento di una somma da € 85 a € 337 [(8)(9)].

(1) Sanzione aggiornata dal d.m. 4.1.1995; dal d.m. 20.12.1996; dal d.m. 22.12.1998; dal d.m. 29.12.2000; dal d.m. 29.12.2006; dal d.m. 17.12.2008; dal d.m. 22.12.2010; dal d.m. 19.12.2012, dal d.m. 16.12.2014, dal d.m. 20.12.2016 e dal d.m. 27.12.2018 e dal d.m. 31.12.2020, come previsto dall'art. 195 di questo decreto.
(2) Comma sostituito dall'art. 1, co. 1, lett. a), l. 9.4.2003, n. 72.
(3) Comma sostituito dall'art. 1, co. 1, lett. b), l. 9.4.2003, n. 72 e, poi, modificato dall'art. 4, co. 3, lett. a), d.l. 23.5.2008, n. 92, conv., con modif., dalla l. 24.7.2008, n. 125.
(4) Comma sostituito dall'art. 1, co. 1, lett. c), l. 9.4.2003, n. 72 e, poi, modificato dall'art. 4, co. 3, lett. b), d.l. 23.5.2008, n. 92, conv., con modif., dalla l. 24.7.2008, n. 125.
(5) Comma sostituito dall'art. 1, co. 6, lett. a), l. 23.3.2016, n. 41.
(6) Comma introdotto dall'art. 1, co. 1, lett. d), l. 9.4.2003, n. 72.
(7) Sanzione aggiornata dal d.m. 4.1.1995; dal d.m. 20.12.1996; dal d.m. 22.12.1998; dal d.m. 29.12.2000; dal d.m. 22.12.2004; dal d.m. 29.12.2006; dal d.m. 17.12.2008 dal d.m. 22.12.2010; dal d.m. 19.12.2012 e dal d.m. 16.12.2014, come previsto dall'art. 195 di questo decreto. A norma del d.m. 20.12.2016, la sanzione di cui al presente comma resta invariata, a decorrere dal 1.1.2017. Sanzione poi aggiornata dal d.m. 27.12.2018 e dal d.m. 31.12.2020, come previsto dall'art. 195 di questo decreto.
(8) Comma introdotto dall'art. 31, co. 2, l. 29.7.2010, n. 120.
(9) Sanzione aggiornata dal d.m. 19.12.2012; dal d.m. 16.12.2014; dal d.m. 20.12.2016; dal d.m. 27.12.2018 e, infine, dal d.m. 31.12.2020, come previsto dall'art. 195 di questo decreto.

CONSENSO INFORMATO E DISPOSIZIONI ANTICIPATE DI TRATTAMENTO

1. L. 22 dicembre 2017, n. 219. – Norme in materia di consenso informato e di disposizioni anticipate di trattamento

In Gazzetta Ufficiale 16 gennaio 2018, n. 12

1. Consenso informato.

1. La presente legge, nel rispetto dei principi di cui agli articoli 2, 13 e 32 della Costituzione e degli articoli 1, 2 e 3 della Carta dei diritti fondamentali dell'Unione europea, tutela il diritto alla vita, alla salute, alla dignità e all'autodeterminazione della persona e stabilisce che nessun trattamento sanitario può essere iniziato o proseguito se privo del consenso libero e informato della persona interessata, tranne che nei casi espressamente previsti dalla legge.

2. È promossa e valorizzata la relazione di cura e di fiducia tra paziente e medico che si basa sul consenso informato nel quale si incontrano l'autonomia decisionale del paziente e la competenza, l'autonomia professionale e la responsabilità del medico.
Contribuiscono alla relazione di cura, in base alle rispettive competenze, gli esercenti una professione sanitaria che compongono l'equipe sanitaria. In tale relazione sono coinvolti, se il paziente lo desidera, anche i suoi familiari o la parte dell'unione civile o il convivente ovvero una persona di fiducia del paziente medesimo.

3. Ogni persona ha il diritto di conoscere le proprie condizioni di salute e di essere informata in modo completo, aggiornato e a lei comprensibile riguardo alla diagnosi, alla prognosi, ai benefici e ai rischi degli accertamenti diagnostici e dei trattamenti sanitari indicati, nonché riguardo alle possibili alternative e alle conseguenze dell'eventuale rifiuto del trattamento sanitario e dell'accertamento diagnostico o della rinuncia ai medesimi. Può rifiutare in tutto o in parte di ricevere le informazioni ovvero indicare i familiari o una persona di sua fiducia incaricati di riceverle e di esprimere il consenso in sua vece se il paziente lo vuole. Il rifiuto o la rinuncia alle informazioni e l'eventuale indicazione di un incaricato sono registrati nella cartella clinica e nel fascicolo sanitario elettronico.

4. Il consenso informato, acquisito nei modi e con gli strumenti più consoni alle condizioni del paziente, è documentato in forma scritta o attraverso videoregistrazioni o, per la persona con disabilità, attraverso dispositivi che le consentano di comunicare.
Il consenso informato, in qualunque forma espresso, è inserito nella cartella clinica e nel fascicolo sanitario elettronico.

5. Ogni persona capace di agire ha il diritto di rifiutare, in tutto o in parte, con le stesse forme di cui al comma 4, qualsiasi accertamento diagnostico o trattamento sanitario indicato dal medico per la sua patologia o singoli atti del trattamento stesso. Ha, inoltre, il diritto di revocare in qualsiasi momento, con le stesse forme di cui al comma 4, il consenso prestato, anche quando la revoca comporti l'interruzione del trattamento. Ai fini della presente legge, sono considerati trattamenti sanitari la nutrizione artificiale e l'idratazione artificiale, in quanto somministrazione, su prescrizione medica, di nutrienti mediante dispositivi medici.
Qualora il paziente esprima la rinuncia o il rifiuto di trattamenti sanitari necessari alla propria sopravvivenza, il medico prospetta al paziente e, se questi acconsente, ai suoi familiari, le conseguenze di tale decisione e le possibili alternative e promuove ogni azione di sostegno al paziente medesimo, anche avvalendosi dei servizi di assistenza psicologica. Ferma restando la possibilità per il paziente di modificare la propria volontà, l'accettazione, la revoca e il rifiuto sono annotati nella cartella clinica e nel fascicolo sanitario elettronico.

6. Il medico è tenuto a rispettare la volontà espressa dal paziente di rifiutare il trattamento sanitario o di rinunciare al medesimo e, in conseguenza di ciò, è esente da responsabilità civile o penale. Il paziente non può esigere trattamenti sanitari contrari a norme di legge, alla deontologia professionale o alle buone pratiche clinico-assistenziali; a fronte di tali richieste, il medico non ha obblighi professionali.

7. Nelle situazioni di emergenza o di urgenza il medico e i componenti dell'equipe sanitaria assicurano le cure necessarie, nel rispetto della volontà del paziente ove le sue condizioni cliniche e le circostanze consentano di recepirla.

8. Il tempo della comunicazione tra medico e paziente costituisce tempo di cura.

9. Ogni struttura sanitaria pubblica o privata garantisce con proprie modalità organizzative la piena e corretta attuazione dei principi di cui alla presente legge, assicurando l'informazione necessaria ai pazienti e l'adeguata formazione del personale.

10. La formazione iniziale e continua dei medici e degli altri esercenti le professioni sanitarie comprende la formazione in materia di relazione e di comunicazione con il paziente, di terapia del dolore e di cure palliative.

11. È fatta salva l'applicazione delle norme speciali che disciplinano l'acquisizione del consenso informato per determinati atti o trattamenti sanitari.

2. Terapia del dolore, divieto di ostinazione irragionevole nelle cure e dignità nella fase finale della vita.

1. Il medico, avvalendosi di mezzi appropriati allo stato del paziente, deve adoperarsi per alleviarne le sofferenze, anche in caso di rifiuto o di revoca del consenso al trattamento sanitario indicato dal medico. A tal fine, è sempre garantita un'appropriata terapia del dolore, con il coinvolgimento del medico di medicina generale e l'erogazione delle cure palliative di cui alla legge 15 marzo 2010, n. 38.

2. Nei casi di paziente con prognosi infausta a breve termine o di imminenza di morte, il medico deve astenersi da ogni ostinazione irragionevole nella somministrazione delle cure e dal ricorso a trattamenti inutili o sproporzionati. In presenza di sofferenze refrattarie ai trattamenti sanitari, il medico può ricorrere alla sedazione palliativa profonda continua in associazione con la terapia del dolore, con il consenso del paziente.

3. Il ricorso alla sedazione palliativa profonda continua o il rifiuto della stessa sono motivati e sono annotati nella cartella clinica e nel fascicolo sanitario elettronico.

3. Minori e incapaci.

1. La persona minore di età o incapace ha diritto alla valorizzazione delle proprie capacità di comprensione e di decisione, nel rispetto dei diritti di cui all'articolo 1, comma 1.
Deve ricevere informazioni sulle scelte relative alla propria salute in modo consono alle sue capacità per essere messa nelle condizioni di esprimere la sua volontà.

2. Il consenso informato al trattamento sanitario del minore è espresso o rifiutato dagli esercenti la responsabilità genitoriale o dal tutore tenendo conto della volontà della persona minore, in relazione alla sua età e al suo grado di maturità, e avendo come scopo la tutela della salute psicofisica e della vita del minore nel pieno rispetto della sua dignità.

3. Il consenso informato della persona interdetta ai sensi dell'articolo 414 del codice civile è espresso o rifiutato dal tutore, sentito l'interdetto ove possibile, avendo come scopo la tutela della salute psicofisica e della vita della persona nel pieno rispetto della sua dignità.

4. Il consenso informato della persona inabilitata è espresso dalla medesima persona inabilitata. Nel caso in cui sia stato nominato un amministratore di sostegno la cui nomina preveda l'assistenza necessaria o la rappresentanza esclusiva in ambito sanitario, il consenso informato è espresso o rifiutato anche dall'amministratore di sostegno ovvero solo da quest'ultimo, tenendo conto della volontà del beneficiario, in relazione al suo grado di capacità di intendere e di volere.

5. Nel caso in cui il rappresentante legale della persona interdetta o inabilitata oppure l'amministratore di sostegno, in assenza delle disposizioni anticipate di trattamento (DAT) di cui all'articolo 4, o il rappresentante legale della persona minore rifiuti le cure proposte e il medico ritenga invece che queste siano appropriate e necessarie, la decisione è rimessa al giudice tutelare su ricorso del rappresentante legale della persona interessata o dei soggetti di cui agli articoli 406 e seguenti del codice civile o del medico o del rappresentante legale della struttura sanitaria.

4. Disposizioni anticipate di trattamento.

1. Ogni persona maggiorenne e capace di intendere

e di volere, in previsione di un'eventuale futura incapacità di autodeterminarsi e dopo avere acquisito adeguate informazioni mediche sulle conseguenze delle sue scelte, può, attraverso le DAT, esprimere le proprie volontà in materia di trattamenti sanitari, nonché il consenso o il rifiuto rispetto ad accertamenti diagnostici o scelte terapeutiche e a singoli trattamenti sanitari. Indica altresì una persona di sua fiducia, di seguito denominata «fiduciario», che ne faccia le veci e la rappresenti nelle relazioni con il medico e con le strutture sanitarie.

2. Il fiduciario deve essere una persona maggiorenne e capace di intendere e di volere. L'accettazione della nomina da parte del fiduciario avviene attraverso la sottoscrizione delle DAT o con atto successivo, che è allegato alle DAT. Al fiduciario è rilasciata una copia delle DAT. Il fiduciario può rinunciare alla nomina con atto scritto, che è comunicato al disponente.

3. L'incarico del fiduciario può essere revocato dal disponente in qualsiasi momento, con le stesse modalità previste per la nomina e senza obbligo di motivazione.

4. Nel caso in cui le DAT non contengano l'indicazione del fiduciario o questi vi abbia rinunciato o sia deceduto o sia divenuto incapace, le DAT mantengono efficacia in merito alle volontà del disponente. In caso di necessità, il giudice tutelare provvede alla nomina di un amministratore di sostegno, ai sensi del capo I del titolo XII del libro I del codice civile.

5. Fermo restando quanto previsto dal comma 6 dell'articolo 1, il medico è tenuto al rispetto delle DAT, le quali possono essere disattese, in tutto o in parte, dal medico stesso, in accordo con il fiduciario, qualora esse appaiano palesemente incongrue o non corrispondenti alla condizione clinica attuale del paziente ovvero sussistano terapie non prevedibili all'atto della sottoscrizione, capaci di offrire concrete possibilità di miglioramento delle condizioni di vita. Nel caso di conflitto tra il fiduciario e il medico, si procede ai sensi del comma 5, dell'articolo 3.

6. Le DAT devono essere redatte per atto pubblico o per scrittura privata autenticata ovvero per scrittura privata consegnata personalmente dal disponente presso l'ufficio dello stato civile del comune di residenza del disponente medesimo, che provvede all'annotazione in apposito registro, ove istituito, oppure presso le strutture sanitarie, qualora ricorrano i presupposti di cui al comma 7. Sono esenti dall'obbligo di registrazione, dall'imposta di bollo e da qualsiasi altro tributo, imposta, diritto e tassa. Nel caso in cui le condizioni fisiche del paziente non lo consentano, le DAT possono essere espresse attraverso videoregistrazione o dispositivi che consentano alla persona con disabilità di comunicare. Con le medesime forme esse sono rinnovabili, modificabili e revocabili in ogni momento. Nei casi in cui ragioni di emergenza e urgenza impedissero di procedere alla revoca delle DAT con le forme previste dai periodi precedenti, queste possono essere revocate con dichiarazione verbale raccolta o videoregistrata da un medico, con l'assistenza di due testimoni.

7. Le regioni che adottano modalità telematiche di gestione della cartella clinica o il fascicolo sanitario elettronico o altre modalità informatiche di gestione dei dati del singolo iscritto al Servizio sanitario nazionale possono, con proprio atto, regolamentare la raccolta di copia delle DAT, compresa l'indicazione del fiduciario, e il loro inserimento nella banca dati, lasciando comunque al firmatario la libertà di scegliere se darne copia o indicare dove esse siano reperibili.

8. Entro sessanta giorni dalla data di entrata in vigore della presente legge, il Ministero della salute, le regioni e le aziende sanitarie provvedono a informare della possibilità di redigere le DAT in base alla presente legge, anche attraverso i rispettivi siti internet.

5. Pianificazione condivisa delle cure.

1. Nella relazione tra paziente e medico di cui all'articolo 1, comma 2, rispetto all'evolversi delle conseguenze di una patologia cronica e invalidante o caratterizzata da inarrestabile evoluzione con prognosi infausta, può essere realizzata una pianificazione delle cure condivisa tra il paziente e il medico, alla quale il medico e l'equipe sanitaria sono tenuti ad attenersi qualora il paziente venga a trovarsi nella condizione di non poter esprimere il proprio consenso o in una condizione di incapacità.

2. Il paziente e, con il suo consenso, i suoi familiari o la parte dell'unione civile o il convivente ovvero una persona di sua fiducia sono adeguatamente informati, ai sensi dell'articolo 1, comma 3, in particolare sul possibile evolversi della patologia in atto, su quanto il paziente può realisticamente attendersi in termini di qualità della vita, sulle possibilità cliniche di intervenire e sulle cure palliative.

3. Il paziente esprime il proprio consenso rispetto a quanto proposto dal medico ai sensi del comma 2 e i propri intendimenti per il futuro, compresa l'eventuale indicazione di un fiduciario.

4. Il consenso del paziente e l'eventuale indicazione di un fiduciario, di cui al comma 3, sono espressi in forma scritta ovvero, nel caso in cui le condizioni fisiche del paziente non lo consentano, attraverso video-registrazione o dispositivi che consentano alla persona con disabilità di comunicare, e sono inseriti nella cartella clinica e nel fascicolo sanitario elettronico. La pianificazione delle cure può essere aggiornata al progressivo evolversi della malattia, su richiesta del paziente o su suggerimento del medico.

5. Per quanto riguarda gli aspetti non espressamente disciplinati dal presente articolo si applicano le disposizioni dell'articolo 4.

6. Norma transitoria.

1. Ai documenti atti ad esprimere le volontà del disponente in merito ai trattamenti sanitari, depositati presso il comune di residenza o presso un notaio prima della data di entrata in vigore della presente legge, si applicano le disposizioni della medesima legge.

7. Clausola di invarianza finanziaria.

1. Le amministrazioni pubbliche interessate provvedono all'attuazione delle disposizioni della presente legge nell'ambito delle risorse umane, strumentali e finanziarie disponibili a legislazione vigente e, comunque, senza nuovi o maggiori oneri per la finanza pubblica.

8. Relazione alle Camere.

1. Il Ministro della salute trasmette alle Camere, entro il 30 aprile di ogni anno, a decorrere dall'anno successivo a quello in corso alla data di entrata in vigore della presente legge, una relazione sull'applicazione della legge stessa. Le regioni sono tenute a fornire le informazioni necessarie entro il mese di febbraio di ciascun anno, sulla base di questionari predisposti dal Ministero della salute.

La presente legge, munita del sigillo dello Stato, sarà inserita nella Raccolta ufficiale degli atti normativi della Repubblica italiana. È fatto obbligo a chiunque spetti di osservarla e di farla osservare come legge dello Stato.

CONSUMATORI (DIRITTO PENALE DEI)

1. L. 17 agosto 2005, n. 173. – Disciplina della vendita diretta a domicilio e tutela del consumatore dalle forme di vendita piramidali (*artt. 5-7*)

In Gazzetta Ufficiale 2 settembre 2005, n. 204

5. Divieto delle forme di vendita piramidali e di giochi o catene.

1. Sono vietate la promozione e la realizzazione di attività e di strutture di vendita nelle quali l'incentivo economico primario dei componenti la struttura si fonda sul mero reclutamento di nuovi soggetti piuttosto che sulla loro capacità di vendere o promuovere la vendita di beni o servizi determinati direttamente o attraverso altri componenti la struttura [(1)].

2. È vietata, altresì, la promozione o l'organizzazione di tutte quelle operazioni, quali giochi, piani di sviluppo, "catene di Sant'Antonio", che configurano la possibilità di guadagno attraverso il puro e semplice reclutamento di altre persone e in cui il diritto a reclutare si trasferisce all'infinito previo il pagamento di un corrispettivo.

(1) Comma parzialmente abrogato dall'art. 5, d.lgs. 2.8.2007, n. 146.

6. Elementi presuntivi.

1. Costituisce elemento presuntivo della sussistenza di una operazione o di una struttura di vendita vietate ai sensi dell'articolo 5 la ricorrenza di una delle seguenti circostanze:

a) l'eventuale obbligo del soggetto reclutato di acquistare dall'impresa organizzatrice, ovvero da altro componente la struttura, una rilevante quantità di prodotti senza diritto di restituzione o rifusione del prezzo relativamente ai beni ancora vendibili, in misura non inferiore al 90 per cento del costo originario, nel caso di mancata o parzialmente mancata vendita al pubblico;

b) l'eventuale obbligo del soggetto reclutato di corrispondere, all'atto del reclutamento e comunque quale condizione per la permanenza nell'organizzazione, all'impresa organizzatrice o ad altro componente la struttura, una somma di denaro o titoli di credito o altri valori mobiliari e benefici finanziari in genere di rilevante entità e in assenza di una reale controprestazione;

c) l'eventuale obbligo del soggetto reclutato di acquistare, dall'impresa organizzatrice o da altro componente la struttura, materiali, beni o servizi, ivi compresi materiali didattici e corsi di formazione, non strettamente inerenti e necessari alla attività commerciale in questione e comunque non proporzionati al volume dell'attività svolta.

7. Sanzioni [(1)].

1. Salvo che il fatto costituisca più grave reato, chiunque promuove o realizza le attività o le strutture di vendita o le operazioni di cui all'articolo 5, anche promuovendo iniziative di carattere collettivo o inducendo uno o più soggetti ad aderire, associarsi o affiliarsi alle organizzazioni od operazioni di cui al medesimo articolo, è punito con l'arresto da sei mesi ad un anno o con l'ammenda da 100.000 euro a 600.000 euro.

2. Per le violazioni di cui al comma 1 si applica la sanzione accessoria della pubblicazione del provvedimento con le modalità di cui all'articolo 36 del codice penale e della sua comunicazione alle associazioni dei consumatori e degli utenti rappresentative a livello nazionale.

3. All'impresa che non rispetti le disposizioni di cui all'articolo 4, commi 2, 3, 5, 6 e 9, si applica una sanzione amministrativa pecuniaria da 1.500 euro a 5.000 euro.

La presente legge, munita del sigillo dello Stato, sarà inserita nella Raccolta ufficiale degli atti normativi della Repubblica italiana. È fatto obbligo a chiunque spetti di osservarla e di farla osservare come legge dello Stato.

(1) Comma parzialmente abrogato dall'art. 5, d.lgs. 2.8.2007, n. 146.

2. D.Lgs. 6 settembre 2005, n. 206. – Codice del consumo, a norma dell'articolo 7 della legge 29 luglio 2003, n. 229 (*artt. 11, 12, 44-67, 69-81 bis, 104, 107, 112*) (1)

In Gazzetta Ufficiale 8 ottobre 2005, n. 235, S.O.

(1) I riferimenti al Ministro/Ministero delle attività produttive devono attualmente intendersi al Ministro/Ministero dello sviluppo economico (art. 20, d.lgs. 221/2007).

11. Divieti di commercializzazione.

1. È vietato il commercio sul territorio nazionale di qualsiasi prodotto o confezione di prodotto che non riporti, in forme chiaramente visibili e leggibili, le indicazioni di cui agli articoli 6, 7 e 9 del presente capo.

12. Sanzioni.

1. Fatto salvo quanto previsto nella parte IV, titolo II, e salvo che il fatto costituisca reato, per quanto attiene alle responsabilità del produttore, ai contravventori al divieto di cui all'articolo 11 si applica una sanzione amministrativa da 516 euro a 25.823 euro. La misura della sanzione è determinata, in ogni singolo caso, facendo riferimento al prezzo di listino di ciascun prodotto ed al numero delle unità poste in vendita.

2. Le sanzioni sono applicate ai sensi della legge 24 novembre 1981, n. 689. Fermo restando quanto previsto in ordine ai poteri di accertamento degli ufficiali e degli agenti di polizia giudiziaria dall'articolo 13 della predetta legge 24 novembre 1981, n. 689, all'accertamento delle violazioni provvedono d'ufficio o su denunzia, gli organi di polizia amministrativa. Il rapporto previsto dall'articolo 17 della legge 24 novembre 1981, n. 689, è presentato all'ufficio della camera di commercio, industria, artigianato e agricoltura della provincia in cui vi è la residenza o la sede legale del professionista.

TITOLO III
Modalità contrattuali

44. Contratti negoziati nei locali commerciali. Rinvio.

1. Ove non diversamente disciplinato dal presente codice, per la disciplina del settore del commercio si fa rinvio al decreto legislativo 31 marzo 1998, n. 114, recante riforma della disciplina relativa al settore del commercio, a norma dell'articolo 4, comma 4, della legge 15 marzo 1997, n. 59.

Capo I
Dei diritti dei consumatori nei contratti (1)

45. Definizioni (1).

1. Ai fini delle Sezioni da I a IV del presente capo, si intende per:

a) "consumatore": la persona fisica, di cui all'articolo 3, comma 1, lettera a);

b) "professionista": il soggetto, di cui all'articolo 3, comma 1, lettera c);

c) "beni":

1) qualsiasi bene mobile materiale anche da assemblare, l'acqua, il gas e l'energia elettrica quando sono confezionati per la vendita in un volume delimitato o in quantità determinata;

2) qualsiasi bene mobile materiale che incorpora, o è interconnesso con, un contenuto digitale o un servizio digitale in modo tale che la mancanza di detto contenuto digitale o servizio digitale impedirebbe lo svolgimento delle funzioni proprie del bene, anche denominati "beni con elementi digitali");

3) gli animali vivi (2);

d) "beni prodotti secondo le indicazioni del consumatore": qualsiasi bene non prefabbricato prodotto in base a una scelta o decisione individuale del consumatore;

d-*bis*) "dato personale": dato personale quale definito dall'articolo 4, punto 1), del regolamento (UE) 2016/679 del Parlamento europeo e del Consiglio, del 27 aprile 2016 (3);

e) "contratto di vendita": qualsiasi contratto in base al quale il professionista trasferisce o si impegna a trasferire la proprietà di beni al consumatore, inclusi i contratti che hanno come oggetto sia beni che servizi (4);

f) "contratto di servizi": qualsiasi contratto diverso da un contratto di vendita in base al quale il professionista fornisce o si impegna a fornire un servizio, compreso un servizio digitale, al consumatore (5);

g) "contratto a distanza": qualsiasi contratto concluso tra il professionista e il consumatore nel quadro di un regime organizzato di vendita o di prestazione di servizi a distanza senza la presenza fisica e simultanea del professionista e del consumatore, mediante l'uso esclusivo di uno o più mezzi di comunicazione a distanza fino alla conclusione del contratto, compresa la conclusione del contratto stesso;

h) "contratto negoziato fuori dei locali commerciali": qualsiasi contratto tra il professionista e il consumatore:

1) concluso alla presenza fisica e simultanea del professionista e del consumatore, in un luogo diverso dai locali del professionista;

2) per cui è stata fatta un'offerta da parte del consumatore, nelle stesse circostanze di cui al numero 1;

3) concluso nei locali del professionista o mediante qualsiasi mezzo di comunicazione a distanza immediatamente dopo che il consumatore è stato avvicinato personalmente e singolarmente in un luogo diverso dai locali del professionista, alla

presenza fisica e simultanea del professionista e del consumatore; oppure;
4) concluso durante un viaggio promozionale organizzato dal professionista e avente lo scopo o l'effetto di promuovere e vendere beni o servizi al consumatore;

i) "locali commerciali":
1) qualsiasi locale immobile adibito alla vendita al dettaglio in cui il professionista esercita la sua attività su base permanente; oppure;
2) qualsiasi locale mobile adibito alla vendita al dettaglio in cui il professionista esercita la propria attività a carattere abituale;

l) "supporto durevole": ogni strumento che permetta al consumatore o al professionista di conservare le informazioni che gli sono personalmente indirizzate in modo da potervi accedere in futuro per un periodo di tempo adeguato alle finalità cui esse sono destinate e che permetta la riproduzione identica delle informazioni memorizzate;

m) "contenuto digitale": i dati prodotti e forniti in formato digitale;

n) "servizio finanziario": qualsiasi servizio di natura bancaria, creditizia, assicurativa, servizi pensionistici individuali, di investimento o di pagamento;

o) "asta pubblica": metodo di vendita in cui beni o servizi sono offerti dal professionista ai consumatori che partecipano o cui è data la possibilità di partecipare all'asta di persona, mediante una trasparente procedura competitiva di offerte gestita da una casa d'aste e in cui l'aggiudicatario è vincolato all'acquisto dei beni o servizi;

p) "garanzia": qualsiasi impegno di un professionista o di un produttore (il "garante"), assunto nei confronti del consumatore, in aggiunta agli obblighi di legge in merito alla garanzia di conformità, di rimborsare il prezzo pagato, sostituire, riparare, o intervenire altrimenti sul bene, qualora esso non corrisponda alle caratteristiche, o a qualsiasi altro requisito non relativo alla conformità, enunciati nella dichiarazione di garanzia o nella relativa pubblicità disponibile al momento o prima della conclusione del contratto;

q) "contratto accessorio": un contratto mediante il quale il consumatore acquista beni o servizi connessi a un contratto a distanza o negoziato fuori dei locali commerciali e in cui tali beni o servizi sono forniti dal professionista o da un terzo in base ad un accordo tra il terzo e il professionista;

q-*bis*) "servizio digitale":
1) un servizio che consente al consumatore di creare, trasformare, archiviare i dati o di accedervi in formato digitale;

oppure
2) un servizio che consente la condivisione di dati in formato digitale, caricati o creati dal consumatore e da altri utenti di tale servizio, o qualsiasi altra interazione con tali dati [6];

q-*ter*) "mercato online": un servizio che utilizza un software, compresi siti web, parte di siti web o un'applicazione, gestito da o per conto del professionista, che permette ai consumatori di concludere contratti a distanza con altri professionisti o consumatori [7];

q-*quater*) "fornitore di mercato online": qualsiasi professionista che fornisce un mercato online ai consumatori [8];

q-*quinquies*) "compatibilità": la capacità del contenuto digitale o del servizio digitale di funzionare con hardware o software con cui sono normalmente utilizzati contenuti digitali o servizi digitali dello stesso tipo, senza che sia necessario convertire il contenuto digitale o il servizio digitale [9];

q-*sexies*) "funzionalità": la capacità del contenuto digitale o del servizio digitale di svolgere tutte le sue funzioni in considerazione del suo scopo [10];

q-*septies*) "interoperabilità": la capacità del contenuto digitale o del servizio digitale di funzionare con hardware o software diversi da quelli con cui sono normalmente utilizzati i contenuti digitali o i servizi digitali dello stesso tipo [11].

(1) Articolo sostituito dall'art. 1, co. 1, d.lgs. 21.2.2014, n. 21, con la decorrenza di cui all'art. 2, co. 1, d.lgs. n. 21/2014.
(2) Lettera sostituita dall'art. 1, co. 9, lett. a), d.lgs. 7.3.2023, n. 26.
(3) Lettera introdotta dall'art. 1, co. 9, lett. b), d.lgs. 7.3.2023, n. 26.
(4) Lettera sostituita dall'art. 1, co. 9, lett. c), d.lgs. 7.3.2023, n. 26.
(5) Lettera sostituita dall'art. 1, co. 9, lett. d), d.lgs. 7.3.2023, n. 26.
(6) Lettera introdotta dall'art. 1, co. 9, lett. e), d.lgs. 7.3.2023, n. 26.
(7) Lettera introdotta dall'art. 1, co. 9, lett. e), d.lgs. 7.3.2023, n. 26.
(8) Lettera introdotta dall'art. 1, co. 9, lett. e), d.lgs. 7.3.2023, n. 26.
(9) Lettera introdotta dall'art.1, co. 9, lett. e), d.lgs. 7.3.2023, n. 26.
(10) Lettera introdotta dall'art. 1, co. 9, lett. e), d.lgs. 7.3.2023, n. 26.
(11) Lettera introdotta dall'art. 1, co. 9, lett. e), d.lgs. 7.3.2023, n. 26.

46. Ambito di applicazione [1].

1. Le disposizioni delle sezioni da I a IV del presente capo si applicano, alle condizioni e nella misura stabilita in tali disposizioni, a qualsiasi contratto concluso tra un professionista e un consumatore di cui quest'ultimo paga o si impegna a pagare il prezzo. Si applicano ai contratti per la fornitura di acqua, gas, elettricità o teleriscaldamento, anche da parte di prestatori pubblici, nella misura in cui detti prodotti di base sono forniti su base contrattuale [2].

1 bis. Ferma la disciplina dettata dal regolamento (UE) 2016/679 del Parlamento europeo e del Consiglio, del 27 aprile 2016, e dal decreto legislativo 30 giugno 2003, n. 196, le disposizioni delle sezioni da I a IV del presente capo si applicano anche se il professionista fornisce o si impegna a fornire un contenuto digitale mediante un supporto non materiale o un servizio digitale al consumatore e il consumatore fornisce o si impegna a fornire dati personali al professionista, tranne i casi in cui i dati personali forniti dal consumatore siano trattati dal professionista esclusivamente ai fini della fornitura del contenuto digitale su supporto non materiale o del servizio digitale a norma delle predette disposizioni o per consentire l'assolvimento degli obblighi di legge cui il professionista è soggetto, e questi non tratti tali dati per nessun altro scopo [3].

2. In caso di conflitto tra le disposizioni delle Sezioni da I a IV del presente Capo e una disposizione di un atto dell'Unione europea che disciplina settori specifici, quest'ultima e le relative norme nazionali di recepimento prevalgono e si applicano a tali settori specifici.

3. Le disposizioni delle Sezioni da I a IV del presente Capo non impediscono ai professionisti di offrire ai consumatori condizioni contrattuali più favorevoli rispetto alla tutela prevista da tali disposizioni.

(1) Articolo sostituito dall'art. 1, co. 1, d.lgs. 21.2.2014, n. 21, con la decorrenza di cui all'art. 2, co. 1, d.lgs. n. 21/2014
(2) Comma sostituito dall'art. 1, co. 10, lett. a), d.lgs. 7.3.2023, n. 26.
(3) Comma introdotto dall'art. 1, co. 10, lett. b), d.lgs. 7.3.2023, n. 26.

47. Esclusioni [1].

1 **1.** Le disposizioni delle Sezioni da I a IV del presente Capo non si applicano ai contratti:

a) per i servizi sociali, compresi gli alloggi popolari, l'assistenza all'infanzia e il sostegno alle famiglie e alle persone temporaneamente o permanentemente in stato di bisogno, ivi compresa l'assistenza a lungo termine;
b) di assistenza sanitaria, per i servizi prestati da professionisti sanitari a pazienti, al fine di valutare, mantenere o ristabilire il loro stato di salute, ivi compresa la prescrizione, la somministrazione e la fornitura di medicinali e dispositivi medici, sia essa fornita o meno attraverso le strutture di assistenza sanitaria;
c) di attività di azzardo che implicano una posta di valore pecuniario in giochi di fortuna, comprese le lotterie, i giochi d'azzardo nei casinò e le scommesse;
d) di servizi finanziari;
e) aventi ad oggetto la creazione di beni immobili o la costituzione o il trasferimento di diritti su beni immobili;
f) per la costruzione di nuovi edifici, la trasformazione sostanziale di edifici esistenti e per la locazione di alloggi a scopo residenziale;
g) che rientrano nell'ambito di applicazione della disciplina concernente i contratti del turismo organizzato, di cui al Capo I del Titolo VI dell'Allegato 1 al decreto legislativo 23 maggio 2011, n. 79 [2];
h) che rientrano nell'ambito di applicazione della disciplina concernente la tutela dei consumatori per quanto riguarda taluni aspetti dei contratti di multiproprietà, dei contratti relativi ai prodotti per le vacanze di lungo termine e dei contratti di rivendita e di scambio, di cui agli articoli da 69 a 81-*bis* del presente Codice;
i) stipulati con l'intervento di un pubblico ufficiale, tenuto per legge all'indipendenza e all'imparzialità, il quale deve garantire, fornendo un'informazione giuridica completa, che il consumatore concluda il contratto soltanto sulla base di una decisione giuridica ponderata e con conoscenza della sua rilevanza giuridica;
l) di fornitura di alimenti, bevande o altri beni destinati al consumo corrente nella famiglia e fisicamente forniti da un professionista in giri frequenti e regolari al domicilio, alla residenza o al posto di lavoro del consumatore;
m) di servizi di trasporto passeggeri, fatti salvi l'articolo 51, comma 2, e gli articoli 62, 64 e 65 [3];
n) conclusi tramite distributori automatici o locali commerciali automatizzati;
o) conclusi con operatori delle telecomunicazioni impiegando telefoni pubblici a pagamento per il loro utilizzo o conclusi per l'utilizzo di un solo collegamento tramite telefono, Internet o fax, stabilito dal consumatore;
o-*bis*) relativi ai beni oggetto di vendita forzata o comunque venduti secondo altre modalità dalle autorità giudiziarie [4].

2. Le disposizioni delle Sezioni da I a IV del presente Capo non si applicano ai contratti negoziati fuori dei locali commerciali in base ai quali il corrispettivo che il consumatore deve pagare non è superiore a 50 euro. Tuttavia, si applicano le disposizioni del presente Capo nel caso di più contratti stipulati contestualmente tra le medesime parti, qualora l'entità del corrispettivo globale che il consumatore deve pagare, indipendentemente dall'importo dei singoli contratti, superi l'importo di 50 euro.

(1) Articolo sostituito dall'art. 1, co. 1, d.lgs. 21.2.2014, n. 21, con la decorrenza di cui all'art. 2, co. 1, d.lgs. n. 21/2014.
(2) Lettera sostituita, a decorrere dal 1.7.2018, dall'art. 2, co. 1, d.lgs. 21.5.2018, n. 62.
(3) Lettera sostituita dall'art. 1, co. 11, lett. a), d.lgs. 7.3.2023, n. 26 e successivamente modificata dall'art. 1, co. 5, d.l. 10.8.2023, n. 104, non ancora convertito in legge, la modifica non è stata confermata in sede di conversione del d.l. 104/2023 citato.
(4) Lettera introdotta dall'art. 1, co. 11, lett. b), d.lgs. 7.3.2023, n. 26.

Sezione I
Informazioni precontrattuali per i consumatori nei contratti diversi dai contratti a distanza o negoziati fuori dei locali commerciali

48. Obblighi d'informazione nei contratti diversi dai contratti a distanza o negoziati fuori dei locali commerciali [1].

1. Prima che il consumatore sia vincolato da un contratto diverso da un contratto a distanza o negoziato fuori dei locali commerciali o da una corrispondente offerta, il professionista fornisce al consumatore le seguenti informazioni in modo chiaro e comprensibile, qualora esse non siano già apparenti dal contesto:

a) le caratteristiche principali dei beni o servizi, nella misura adeguata al supporto e ai beni o servizi;
b) l'identità del professionista, l'indirizzo geografico in cui è stabilito e il numero di telefono e, ove questa informazione sia pertinente, l'indirizzo geografico e l'identità del professionista per conto del quale egli agisce;
c) il prezzo totale dei beni o servizi comprensivo delle

imposte o, se la natura dei beni o dei servizi comporta l'impossibilità di calcolare ragionevolmente il prezzo in anticipo, le modalità di calcolo del prezzo e, se applicabili, tutte le spese aggiuntive di spedizione, consegna o postali oppure, qualora tali spese non possano ragionevolmente essere calcolate in anticipo, l'indicazione che tali spese potranno essere addebitate al consumatore;

d) se applicabili, le modalità di pagamento, consegna ed esecuzione, la data entro la quale il professionista si impegna a consegnare i beni o a prestare il servizio e il trattamento dei reclami da parte del professionista;

e) oltre a un richiamo dell'esistenza della garanzia legale di conformità per i beni, il contenuto digitale e i servizi digitali, l'esistenza e le condizioni del servizio postvendita e delle garanzie convenzionali, se applicabili [2];

f) la durata del contratto, se applicabile, o, se il contratto è a tempo indeterminato o è un contratto a rinnovo automatico, le condizioni di risoluzione del contratto;

g) se applicabile, la funzionalità dei beni con elementi digitali, del contenuto digitale e dei servizi digitali, comprese le misure applicabili di protezione tecnica [3];

h) qualsiasi compatibilità e interoperabilità pertinente dei beni con elementi digitali, del contenuto digitale e dei servizi digitali, di cui il professionista sia a conoscenza o di cui ci si può ragionevolmente attendere che sia venuto a conoscenza, se applicabili [4].

2. Gli obblighi di informazione precontrattuali, di cui al comma 1, si applicano anche ai contratti per la fornitura di acqua, gas o elettricità, quando non sono messi in vendita in un volume limitato o in quantità determinata, di teleriscaldamento o di contenuto digitale non fornito su un supporto materiale.

3. Gli obblighi di informazione precontrattuali, di cui al comma 1, non si applicano ai contratti che implicano transazioni quotidiane e che sono eseguiti immediatamente al momento della loro conclusione.

4. È fatta salva la possibilità di prevedere o mantenere obblighi aggiuntivi di informazione precontrattuale per i contratti ai quali si applica il presente articolo.

5. Sono fatte salve le disposizioni di cui agli articoli da 6 a 12 del presente Codice.

(1) Articolo sostituito dall'art. 1, co. 1, d.lgs. 21.2.2014, n. 21, con la decorrenza di cui all'art. 2, co. 1, d.lgs. n. 21/2014.
(2) Lettera sostituita dall'art. 1, co. 12, lett. a), d.lgs. 7.3.2023, n. 26.
(3) Lettera sostituita dall'art. 1, co. 12, lett. b), d.lgs. 7.3.2023, n. 26.
(4) Lettera sostituita dall'art. 1, co. 12, lett. c), d.lgs. 7.3.2023, n. 26.

Sezione II
Informazioni precontrattuali per il consumatore e diritto di recesso nei contratti a distanza e nei contratti negoziati fuori dei locali commerciali [1]

(1) Rubrica sostituita dall'art. 1, co. 1, d.lgs. 21.2.2014, n. 21, con la decorrenza di cui all'art. 2, co. 1, d.lgs. n. 21/2014.

49. Norme applicabili [1].

1 **1.** Prima che il consumatore sia vincolato da un contratto a distanza o negoziato fuori dei locali commerciali o da una corrispondente offerta, il professionista fornisce al consumatore le informazioni seguenti, in maniera chiara e comprensibile:

a) le caratteristiche principali dei beni o servizi, nella misura adeguata al supporto e ai beni o servizi;

b) l'identità del professionista;

c) l'indirizzo geografico dove il professionista è stabilito, il suo numero di telefono e il suo indirizzo elettronico. Inoltre, se il professionista fornisce qualsiasi altro mezzo di comunicazione elettronica che garantisca al consumatore di poter intrattenere con lui una corrispondenza scritta, che rechi la data e l'orario dei relativi messaggi, su un supporto durevole, il professionista deve fornire anche le informazioni relative a tale altro mezzo. Tutti questi mezzi di comunicazione forniti dal professionista devono consentire al consumatore di contattarlo rapidamente e di comunicare efficacemente con lui. Ove applicabile, il professionista fornisce anche l'indirizzo geografico e l'identità del professionista per conto del quale agisce [2];

d) se diverso dall'indirizzo fornito in conformità della lettera c), l'indirizzo geografico della sede del professionista a cui il consumatore può indirizzare eventuali reclami e, se applicabile, quello del professionista per conto del quale agisce;

e) il prezzo totale dei beni o dei servizi comprensivo delle imposte o, se la natura dei beni o servizi comporta l'impossibilità di calcolare ragionevolmente il prezzo in anticipo, le modalità di calcolo del prezzo e, se del caso, tutte le spese aggiuntive di spedizione, consegna o postali e ogni altro costo oppure, qualora tali spese non possano ragionevolmente essere calcolate in anticipo, l'indicazione che tali spese potranno essere addebitate al consumatore; nel caso di un contratto a tempo indeterminato o di un contratto comprendente un abbonamento, il prezzo totale include i costi totali per periodo di fatturazione; quando tali contratti prevedono l'addebitamento di una tariffa fissa, il prezzo totale equivale anche ai costi mensili totali; se i costi totali non possono essere ragionevolmente calcolati in anticipo, devono essere fornite le modalità di calcolo del prezzo;

e-*bis*) se applicabile, l'informazione che il prezzo è stato personalizzato sulla base di un processo decisionale automatizzato, ferme le garanzie di cui all'articolo 22 del regolamento (UE) 2016/679 del Parlamento europeo e del Consiglio, del 27 aprile 2016 [3];

f) il costo dell'utilizzo del mezzo di comunicazione a distanza per la conclusione del contratto quando tale costo è calcolato su una base diversa dalla tariffa di base;

g) le modalità di pagamento, consegna ed esecuzione, la data entro la quale il professionista si impegna a consegnare i beni o a prestare i servizi e, se del caso, il trattamento dei reclami da parte del professionista;

h) in caso di sussistenza di un diritto di recesso, le condizioni, i termini e le procedure per esercitare tale diritto conformemente all'articolo 54, comma 1, nonché' il modulo tipo di recesso di cui all'allegato I, parte B;

i) se applicabile, l'informazione che il consumatore dovrà sostenere il costo della restituzione dei beni in caso di recesso e in caso di contratti a distanza qualora i beni per loro natura non possano essere normalmente restituiti a mezzo posta;

l) che, se il consumatore esercita il diritto di recesso dopo aver presentato una richiesta ai sensi dell'articolo 50, comma 3, o dell'articolo 51, comma 8, egli è responsabile del pagamento al professionista di costi ragionevoli, ai sensi dell'articolo 57, comma 3;

m) se non è previsto un diritto di recesso ai sensi dell'articolo 59, l'informazione che il consumatore non beneficerà di un diritto di recesso o, se del caso, le circostanze in cui il consumatore perde il diritto di recesso;

n) un promemoria dell'esistenza della garanzia legale di conformità per i beni, il contenuto digitale e i servizi digitali [(4)];

o) se applicabili, l'esistenza e le condizioni dell'assistenza postvendita al consumatore, dei servizi postvendita e delle garanzie commerciali;

p) l'esistenza di codici di condotta pertinenti, come definiti all'articolo 18, comma 1, lettera f), del presente Codice, e come possa esserne ottenuta copia, se del caso;

q) la durata del contratto, se applicabile, o, se il contratto è a tempo indeterminato o è un contratto a rinnovo automatico, le condizioni per recedere dal contratto;

r) se applicabile, la durata minima degli obblighi del consumatore a norma del contratto;

s) se applicabili, l'esistenza e le condizioni di depositi o altre garanzie finanziarie che il consumatore è tenuto a pagare o fornire su richiesta del professionista;

t) se applicabile, la funzionalità dei beni con elementi digitali, del contenuto digitale e dei servizi digitali, comprese le misure applicabili di protezione tecnica [(5)];

u) qualsiasi compatibilità e interoperabilità pertinente dei beni con elementi digitali, del contenuto digitale e dei servizi digitali, di cui il professionista sia a conoscenza o di cui ci si può ragionevolmente attendere che sia venuto a conoscenza, se applicabile [(6)];

v) se applicabile, la possibilità di servirsi di un meccanismo extra-giudiziale di reclamo e ricorso cui il professionista è soggetto e le condizioni per avervi accesso.

2. Gli obblighi di informazione precontrattuali, di cui al comma 1, si applicano anche ai contratti per la fornitura di acqua, gas o elettricità, quando non sono messi in vendita in un volume limitato o in quantità determinata, di teleriscaldamento o di contenuto digitale non fornito su un supporto materiale.

3. Nel caso di un'asta pubblica, le informazioni di cui al comma 1, lettere b), c) e d), possono essere sostituite dai corrispondenti dati della casa d'aste.

4. Le informazioni di cui al comma 1, lettere h), i) e l), possono essere fornite mediante le istruzioni tipo sul recesso di cui all'allegato I, parte A. Il professionista ha adempiuto agli obblighi di informazione di cui al comma 1, lettere h), i) e l), se ha presentato dette istruzioni al consumatore, debitamente compilate. I riferimenti al periodo di recesso di quattordici giorni nelle istruzioni tipo sul recesso di cui all'allegato I, parte A, sono sostituiti da riferimenti a un periodo di recesso di trenta giorni nei casi di cui all'articolo 52, comma 1-*bis* [(7)].

5. Le informazioni di cui al comma 1 formano parte integrante del contratto a distanza o del contratto negoziato fuori dei locali commerciali e non possono essere modificate se non con accordo espresso delle parti.

6. Se il professionista non adempie agli obblighi di informazione sulle spese aggiuntive o gli altri costi di cui al comma 1, lettera e), o sui costi della restituzione dei beni di cui al comma 1, lettera i), il consumatore non deve sostenere tali spese o costi aggiuntivi.

7. Nel caso di utilizzazione di tecniche che consentono una comunicazione individuale, le informazioni di cui al comma 1 sono fornite, ove il consumatore lo richieda, in lingua italiana.

8. Gli obblighi di informazione stabiliti nella presente sezione si aggiungono agli obblighi di informazione contenuti nel decreto legislativo 26 marzo 2010, n. 59, e successive modificazioni, e nel decreto legislativo 9 aprile 2003, n. 70, e successive modificazioni e non ostano ad obblighi di informazione aggiuntivi previsti in conformità a tali disposizioni.

9. Fatto salvo quanto previsto dal comma 8, in caso di conflitto tra una disposizione del decreto legislativo 26 marzo 2010, n. 59, e successive modificazioni, e del decreto legislativo 9 aprile 2003, n. 70, e successive modificazioni, sul contenuto e le modalità di rilascio delle informazioni e una disposizione della presente sezione, prevale quest'ultima.

10. L'onere della prova relativo all'adempimento degli obblighi di informazione di cui alla presente sezione incombe sul professionista.

(1) Articolo sostituito dall'art. 1, co. 1, d.lgs. 21.2.2014, n. 21, con la decorrenza di cui all'art. 2, co. 1, d.lgs. n. 21/2014.
(2) Lettera sostituita dall'art. 1, co. 13, lett. a), n. 1), d.lgs. 7.3.2023, n. 26.
(3) Lettera introdotta dall'art. 1, co. 13, lett. a), n. 2), d.lgs. 7.3.2023, n. 26.
(4) Lettera sostituita dall'art. 1, co. 13, lett. a), n. 3), d.lgs. 7.3.2023, n. 26.
(5) Lettera sostituita dall'art. 1, co. 13, lett. a), n. 4), d.lgs. 7.3.2023, n. 26.
(6) Lettera sostituita dall'art. 1, co. 13, lett. a), n. 5), d.lgs. 7.3.2023, n. 26.
(7) Comma modificato dall'art. 1, co. 13, lett. b), d.lgs. 7.3.2023, n. 26.

50. Requisiti formali per i contratti negoziati fuori dei locali commerciali [1].

1. Per quanto riguarda i contratti negoziati fuori dei locali commerciali il professionista fornisce al consumatore le informazioni di cui all'articolo 49, comma 1, su supporto cartaceo o, se il consumatore è d'accordo, su un altro mezzo durevole. Dette informazioni devono essere leggibili e presentate in un linguaggio semplice e comprensibile.

2. Il professionista fornisce al consumatore una copia del contratto firmato o la conferma del contratto su supporto cartaceo o, se il consumatore è d'accordo, su un altro mezzo durevole, compresa, se del caso, la conferma del previo consenso espresso e dell'accettazione del consumatore in conformità all'articolo 59, comma 1, lettera o).

3. Se un consumatore vuole che la prestazione dei servizi ovvero la fornitura di acqua, gas o elettricità, quando non sono messi in vendita in un volume limitato o in quantità determinata, o di teleriscaldamento inizi durante il periodo di recesso previsto all'articolo 52, comma 2, e il contratto impone al consumatore l'obbligo di pagare, il professionista esige che il consumatore ne faccia esplicita richiesta su un supporto durevole e chiede inoltre al consumatore di riconoscere che, una volta che il contratto sarà stato interamente eseguito dal professionista, il consumatore non avrà più il diritto di recesso [2].

4. Per i contratti negoziati fuori dei locali commerciali in cui il consumatore ha chiesto espressamente i servizi del professionista ai fini dell'effettuazione di lavori di riparazione o manutenzione e in virtù dei quali il professionista e il consumatore adempiono immediatamente ai propri obblighi contrattuali e l'importo a carico del consumatore non supera i 200 euro:

a) il professionista fornisce al consumatore, prima che questi sia vincolato dal contratto, le informazioni di cui all'articolo 49, comma 1, lettere b) e c), e le informazioni concernenti il prezzo o le modalità di calcolo del prezzo, accompagnate da una stima del prezzo totale, su supporto cartaceo o, se il consumatore è d'accordo, su un altro mezzo durevole. Il professionista fornisce le informazioni di cui all'articolo 49, comma 1, lettere a), h) ed m), ma può scegliere di non fornirle su formato cartaceo o su un altro mezzo durevole se il consumatore ha espressamente acconsentito;

b) la conferma del contratto fornita conformemente al comma 2 del presente articolo contiene tutte le informazioni di cui all'articolo 49, comma 1.

(1) Articolo sostituito dall'art. 1, co. 1, d.lgs. 21.12.2014, n. 21, con la decorrenza di cui all'art. 2, co. 1, d.lgs. n. 21/2014.

(2) Comma sostituito dall'art. 1, co. 15, d.lgs. 7.3.2023, n. 26.

51. Requisiti formali per i contratti a distanza a [1].

1. Per quanto riguarda i contratti a distanza il professionista fornisce o mette a disposizione del consumatore le informazioni di cui all'articolo 49, comma 1, in modo appropriato al mezzo di comunicazione a distanza impiegato in un linguaggio semplice e comprensibile. Nella misura in cui dette informazioni sono presentate su un supporto durevole, esse devono essere leggibili.

2. Se un contratto a distanza che deve essere concluso con mezzi elettronici impone al consumatore l'obbligo di pagare, il professionista gli comunica in modo chiaro ed evidente le informazioni di cui all'articolo 49, comma 1, lettere a), e), q) ed r), direttamente prima che il consumatore inoltri l'ordine. Il professionista garantisce che, al momento di inoltrare l'ordine, il consumatore riconosca espressamente che l'ordine implica l'obbligo di pagare. Se l'inoltro dell'ordine implica di azionare un pulsante o una funzione analoga, il pulsante o la funzione analoga riportano in modo facilmente leggibile soltanto le parole "ordine con obbligo di pagare" o una formulazione corrispondente inequivocabile indicante che l'inoltro dell'ordine implica l'obbligo di pagare il professionista. Se il professionista non osserva il presente comma, il consumatore non è vincolato dal contratto o dall'ordine.

3. I siti di commercio elettronico indicano in modo chiaro e leggibile, al più tardi all'inizio del processo di ordinazione, se si applicano restrizioni relative alla consegna e quali mezzi di pagamento sono accettati.

4. Se il contratto è concluso mediante un mezzo di comunicazione a distanza che consente uno spazio o un tempo limitato per comunicare le informazioni, il professionista fornisce, su o mediante quello specifico mezzo e prima della conclusione del contratto, almeno le informazioni precontrattuali riguardanti le caratteristiche principali dei beni o servizi, l'identità del professionista, il prezzo totale, il diritto di recesso, la durata del contratto e, nel caso di contratti a tempo indeterminato, le condizioni di risoluzione del contratto, come indicato rispettivamente all'articolo 49, comma 1, lettere a), b), e), h) e q), eccetto il modulo di recesso tipo figurante all'allegato I, parte B, di cui alla lettera h). Le altre informazioni di cui all'articolo 49, comma 1, compreso il modello del modulo di recesso, sono fornite dal professionista in un modo appropriato conformemente al comma 1 del presente articolo [2].

5. Fatto salvo il comma 4, se il professionista telefona al consumatore al fine di concludere un contratto a distanza, all'inizio della conversazione con il consumatore egli deve rivelare la sua identità e, ove applicabile, l'identità della persona per conto della quale effettua la telefonata, nonché' lo scopo commerciale della chiamata e l'informativa di cui all'articolo 10 del decreto del Presidente della Repubblica 7 settembre 2010, n. 178.

6. Quando un contratto a distanza deve essere concluso per telefono, il professionista deve confermare l'offerta al consumatore, il quale è vincolato solo dopo aver firmato l'offerta o dopo averla accettata per iscritto; in tali casi il documento informatico può essere sottoscritto con firma elettronica ai sensi dell'articolo 21 del decreto legislativo 7 marzo 2005, n. 82, e successive modificazioni. Dette conferme possono essere effettuate, se il consumatore acconsente, anche su un supporto durevole. In ogni caso il consenso non è valido se il consumatore non ha preliminarmente confermato la ricezione del documento contenente tutte le condizioni contrattuali, trasmesse su supporto cartaceo o altro supporto durevole disponibile e accessibile [3].

7. Il professionista fornisce al consumatore la conferma del contratto concluso su un mezzo durevole, entro un termine ragionevole dopo la conclusione del contratto a distanza e al più tardi al momento della consegna dei beni oppure prima che l'esecuzione del servizio abbia inizio. Tale conferma comprende:

a) tutte le informazioni di cui all'articolo 49, comma 1, a meno che il professionista non abbia già fornito l'informazione al consumatore su un mezzo durevole prima della conclusione del contratto a distanza; e
b) se del caso, la conferma del previo consenso espresso e dell'accettazione del consumatore conformemente all'articolo 59, lettera o).

8. Se un consumatore vuole che la prestazione dei servizi ovvero la fornitura di acqua, gas o elettricità, quando non sono messi in vendita in un volume limitato o in quantità determinata, o di teleriscaldamento inizi durante il periodo di recesso previsto all'articolo 52, comma 2, e il contratto impone al consumatore l'obbligo di pagare, il professionista esige che il consumatore ne faccia richiesta esplicita e chiede inoltre al consumatore di riconoscere che, una volta che il contratto sarà stato interamente eseguito dal professionista, il consumatore non avrà più il diritto di recesso [4].

9. Il presente articolo lascia impregiudicate le disposizioni relative alla conclusione di contratti elettronici e all'inoltro di ordini per via elettronica conformemente agli articoli 12, commi 2 e 3, e 13 del decreto legislativo 9 aprile 2003, n. 70, e successive modificazioni.

(1) Articolo modificato dall'art. 7, co. 1, d.lgs. 23.10.2007, n. 221 e, successivamente sostituito dall'art. 1, co. 1, d.lgs. 21.2.2014, n. 21 con la decorrenza di cui all'art. 2, co. 1, d.lgs. n. 21/2014.
(2) Comma sostituito dall'art. 1, co. 16, lett. a), d.lgs. 7.3.2023, n. 26.
(3) Comma modificato dall'art. 9, co. 2, l. 30.12.2023, n. 214.
(4) Comma sostituito dall'art. 1, co. 16, lett. b), d.lgs. 7.3.2023, n. 26.

52. Diritto di recesso [1].

1. Fatte salve le eccezioni di cui all'articolo 59, il consumatore dispone di un periodo di quattordici giorni per recedere da un contratto a distanza o negoziato fuori dei locali commerciali senza dover fornire alcuna motivazione e senza dover sostenere costi diversi da quelli previsti all'articolo 56, comma 2, e all'articolo 57.

1 bis. Il periodo di recesso di quattordici giorni di cui al comma 1 è prolungato a trenta giorni, per i contratti conclusi nel contesto di visite non richieste di un professionista presso l'abitazione di un consumatore oppure di escursioni organizzate da un professionista con lo scopo o con l'effetto di promuovere o vendere prodotti ai consumatori. La disposizione di cui al presente comma non si applica ai contratti conclusi nel contesto di visite domiciliari da parte di un professionista, richieste da un consumatore e non organizzate dal medesimo in forma collettiva [2].

2. Fatto salvo l'articolo 53, il periodo di recesso di cui al comma 1 del presente articolo termina dopo quattordici giorni, o, nei casi di cui al comma 1-*bis*, dopo trenta giorni a decorrere [3]:

a) nel caso dei contratti di servizi, dal giorno della conclusione del contratto;
b) nel caso di contratti di vendita, dal giorno in cui il consumatore o un terzo, diverso dal vettore e designato dal consumatore, acquisisce il possesso fisico dei beni o:
   1) nel caso di beni multipli ordinati dal consumatore mediante un solo ordine e consegnati separatamente, dal giorno in cui il consumatore o un terzo, diverso dal vettore e designato dal consumatore, acquisisce il possesso fisico dell'ultimo bene;
   2) nel caso di consegna di un bene costituito da lotti o pezzi multipli, dal giorno in cui il consumatore o un terzo, diverso dal vettore e designato dal consumatore, acquisisce il possesso fisico dell'ultimo lotto o pezzo;
   3) nel caso di contratti per la consegna periodica di beni durante un determinato periodo di tempo, dal giorno in cui il consumatore o un terzo, diverso dal vettore e designato dal consumatore, acquisisce il possesso fisico del primo bene;
c) nel caso di contratti per la fornitura di acqua, gas o elettricità, quando non sono messi in vendita in un volume limitato o in quantità determinata, di teleriscaldamento o di contenuto digitale non fornito su un supporto materiale, dal giorno della conclusione del contratto.

3. Le parti del contratto possono adempiere ai loro obblighi contrattuali durante il periodo di recesso. Tuttavia, nel caso di contratti negoziati fuori dei locali commerciali, il professionista non può accettare, a titolo di corrispettivo, effetti cambiari che abbiano una scadenza inferiore a quindici giorni dalla conclusione del contratto per i contratti di servizi o dall'acquisizione del possesso fisico dei beni per i contratti di vendita e non può presentarli allo sconto prima di tale termine.

3 bis. Nel caso di cui al comma 1-*bis*, il professionista non può accettare, a titolo di corrispettivo, effetti cambiari che abbiano una scadenza inferiore a trentuno giorni dalla conclusione del contratto per i contratti di servizi o all'acquisizione del possesso fisico dei beni per i contratti di vendita e non può presentarli allo sconto prima di tale termine [4].

(1) Articolo sostituito dall'art. 1, co. 1, d.lgs. 21.2.2014, n. 21, con la decorrenza di cui all'art. 2, co. 1, d.lgs. n. 21/2014.
(2) Comma introdotto dall'art. 1, co. 17, lett. a), d.lgs. 7.3.2023, n. 26.
(3) Alinea sostituito dall'art. 1, co. 17, lett. b), d.lgs. 7.3.2023 n. 26.
(4) Comma introdotto dall'art. 1, co. 17, lett. c), d.lgs. 7.3.2023, n. 26.

53. Non adempimento dell'obbligo d'informazione sul diritto di recesso [1].

1. Se in violazione dell'articolo 49, comma 1, lettera h), il professionista non fornisce al consumatore le informazioni sul diritto di recesso, il periodo di recesso termina dodici mesi dopo la fine del periodo di recesso iniziale, come determinato a norma dell'articolo 52, comma 2.

2. Se il professionista fornisce al consumatore le informazioni di cui al comma 1 entro dodici mesi dalla data di cui all'articolo 52, comma 2, il periodo di recesso termina quattordici giorni dopo il giorno in cui il consumatore riceve le informazioni.

(1) Articolo sostituito dall'art. 1, co. 1, d.lgs. 21.2.2014, n. 21, con la decorrenza di cui all'art. 2, co. 1, d.lgs. n. 21/2014.

54. Esercizio del diritto di recesso [1].

1. Prima della scadenza del periodo di recesso, il consumatore informa il professionista della sua decisione di esercitare il diritto di recesso dal contratto. A tal fine il consumatore può:

a) utilizzare il modulo tipo di recesso di cui all'allegato I, parte B; oppure

b) presentare una qualsiasi altra dichiarazione esplicita della sua decisione di recedere dal contratto.

2. Il consumatore ha esercitato il proprio diritto di recesso entro il periodo di recesso di cui all'articolo 52, comma 2, e all'articolo 53 se la comunicazione relativa all'esercizio del diritto di recesso è inviata dal consumatore prima della scadenza del periodo di recesso.

3. Il professionista, oltre alle possibilità di cui al comma 1, può offrire al consumatore l'opzione di compilare e inviare elettronicamente il modulo di recesso tipo riportato all'allegato I, parte B, o una qualsiasi altra dichiarazione esplicita sul sito web del professionista. In tali casi il professionista comunica senza indugio al consumatore una conferma di ricevimento, su un supporto durevole, del recesso esercitato.

4. L'onere della prova relativa all'esercizio del diritto di recesso conformemente al presente articolo incombe sul consumatore.

(1) Articolo sostituito dall'art. 1, co. 1, d.lgs. 21.2.2014, n. 21, con la decorrenza di cui all'art. 2, co. 1, d.lgs. n. 21/2014.

55. Effetti del recesso [1].

1. L'esercizio del diritto di recesso pone termine agli obblighi delle parti:

a) di eseguire il contratto a distanza o negoziato fuori dei locali commerciali; oppure

b) di concludere un contratto a distanza o negoziato fuori dei locali commerciali nei casi in cui un'offerta sia stata fatta dal consumatore.

(1) Articolo sostituito dall'art. 1, co. 1, d.lgs. 21.2.2014, n. 21, con la decorrenza di cui all'art. 2, co. 1, d.lgs. n. 21/2014.

56. Obblighi del professionista nel caso di recesso [1].

1. Il professionista rimborsa tutti i pagamenti ricevuti dal consumatore, eventualmente comprensivi delle spese di consegna, senza indebito ritardo e comunque entro quattordici giorni dal giorno in cui è informato della decisione del consumatore di recedere dal contratto ai sensi dell'articolo 54. Il professionista esegue il rimborso di cui al primo periodo utilizzando lo stesso mezzo di pagamento usato dal consumatore per la transazione iniziale, salvo che il consumatore abbia espressamente convenuto altrimenti e a condizione che questi non debba sostenere alcun costo quale conseguenza del rimborso. Nell'ipotesi in cui il pagamento sia stato effettuato per mezzo di effetti cambiari, qualora questi non siano stati ancora presentati all'incasso, deve procedersi alla loro restituzione. È nulla qualsiasi clausola che preveda limitazioni al rimborso nei confronti del consumatore delle somme versate in conseguenza dell'esercizio del diritto di recesso.

2. Fatto salvo il comma 1, il professionista non è tenuto a rimborsare i costi supplementari, qualora il consumatore abbia scelto espressamente un tipo di consegna diversa dal tipo meno costoso di consegna offerto dal professionista.

3. Salvo che il professionista abbia offerto di ritirare egli stesso i beni, con riguardo ai contratti di vendita, il professionista può trattenere il rimborso finché non abbia ricevuto i beni oppure finché il consumatore non abbia dimostrato di aver rispedito i beni, a seconda di quale situazione si verifichi per prima.

3 bis. Per quanto riguarda i dati personali del consumatore, il professionista rispetta gli obblighi applicabili a norma del regolamento (UE) 2016/679 del Parlamento europeo e del Consiglio, del 27 aprile 2016 [2].

3 ter. Il professionista si astiene dall'utilizzare qualsiasi contenuto, diverso dai dati personali, che è stato fornito o creato dal consumatore durante l'utilizzo del contenuto digitale o del servizio digitale fornito dal professionista, salvo quando tale contenuto:

a) è privo di utilità al di fuori del contesto del contenuto digitale o del servizio digitale fornito dal professionista;

b) riguarda unicamente l'attività del consumatore durante l'utilizzo del contenuto digitale o del servizio digitale fornito dal professionista;

c) è stato aggregato dal professionista ad altri dati e non può essere disaggregato o può esserlo soltanto con sforzi sproporzionati;

d) è stato generato congiuntamente dal consumatore e da altre persone, e se altri consumatori possono continuare a farne uso [3].

3 quater. Fatta eccezione per le situazioni di cui al comma 3-*ter*, lettera a), b) o c), il professionista, su richiesta del consumatore, mette a disposizione di questi qualsiasi contenuto, diverso dai dati personali, fornito o creato dal consumatore durante l'utilizzo del contenuto digitale o del servizio digitale fornito dal professionista [4].

3 quinquies. Il consumatore ha il diritto di recuperare dal professionista tali contenuti digitali gratuitamente e senza impedimenti, entro un lasso di tempo ragionevole e in un formato di uso comune e leggibile da dispositivo automatico [5].

3 sexies. In caso di recesso dal contratto, il professionista può impedire qualsiasi ulteriore utilizzo del contenuto digitale o del servizio digitale da parte del consumatore, in particolare rendendogli inaccessibile tale contenuto o servizio digitale o disattivando il suo account utente, fatto salvo quanto previsto al comma 3-*quater* [6].

(1) Articolo sostituito dall'art. 1, co. 1, d.lgs. 21.2.2014, n. 21, con la decorrenza di cui all'art. 2, co. 1, d.lgs. n. 21/2014.
(2) Comma introdotto dall'art. 1, co. 19, d.lgs. 7.3.2023, n. 26.
(3) Comma introdotto dall'art. 1, co. 19, d.lgs. 7.3.2023, n. 26.
(4) Comma introdotto dall'art. 1, co. 19, d.lgs. 7.3.2023, n. 26.
(5) Comma introdotto dall'art. 1, co. 19, d.lgs. 7.3.2023, n. 26.
(6) Comma introdotto dall'art. 1, co. 19, d.lgs. 7.3.2023, n. 26.

57. Obblighi del consumatore nel caso di recesso [1].

1. A meno che il professionista abbia offerto di ritirare egli stesso i beni, il consumatore restituisce i beni o li consegna al professionista o a un terzo autorizzato dal professionista a ricevere i beni, senza indebito ritardo e in ogni caso entro quattordici giorni dalla data in cui ha comunicato al professionista la sua decisione di recedere dal contratto ai sensi dell'articolo 54. Il termine è rispettato se il consumatore rispedisce i beni prima della scadenza del periodo di quattordici giorni. Il consumatore sostiene solo il costo diretto della restituzione dei beni, purché il professionista non abbia concordato di sostenerlo o abbia omesso di informare il consumatore che tale costo è a carico del consumatore. Nel caso di contratti negoziati fuori dei locali commerciali in cui i beni sono stati consegnati al domicilio del consumatore al momento della conclusione del contratto, il professionista ritira i beni a sue spese qualora i beni, per loro natura, non possano essere normalmente restituiti a mezzo posta.

2. Il consumatore è responsabile unicamente della diminuzione del valore dei beni risultante da una manipolazione dei beni diversa da quella necessaria per stabilire la natura, le caratteristiche e il funzionamento dei beni. Il consumatore non è in alcun caso responsabile per la diminuzione del valore dei beni se il professionista ha omesso di informare il consumatore del suo diritto di recesso a norma dell'articolo 49, comma 1, lettera h).

2 bis. In caso di recesso dal contratto, il consumatore si astiene dall'utilizzare il contenuto digitale o il servizio digitale e dal metterlo a disposizione di terzi [2].

3. Qualora un consumatore eserciti il diritto di recesso dopo aver presentato una richiesta in conformità dell'articolo 50, comma 3, o dell'articolo 51, comma 8, il consumatore versa al professionista un importo proporzionale a quanto è stato fornito fino al momento in cui il consumatore ha informato il professionista dell'esercizio del diritto di recesso, rispetto a tutte le prestazioni previste dal contratto. L'importo proporzionale che il consumatore deve pagare al professionista è calcolato sulla base del prezzo totale concordato nel contratto. Se detto prezzo totale è eccessivo, l'importo proporzionale è calcolato sulla base del valore di mercato di quanto è stato fornito.

4. Il consumatore non sostiene alcun costo per:

a) la prestazione di servizi o la fornitura di acqua, gas o elettricità, quando non sono messi in vendita in un volume limitato o in quantità determinata, o di teleriscaldamento, in tutto o in parte, durante il periodo di recesso quando:
   1) il professionista ha omesso di fornire informazioni in conformità all'articolo 49, comma 1, lettere h) ed l); oppure
   2) il consumatore non ha espressamente chiesto che la prestazione iniziasse durante il periodo di recesso in conformità all'articolo 50, comma 3, e dell'articolo 51, comma 8; oppure
b) la fornitura, in tutto o in parte, del contenuto digitale che non è fornito su un supporto materiale quando:
   1) il consumatore non ha dato il suo previo consenso espresso circa l'inizio della prestazione prima della fine del periodo di quattordici o trenta giorni di cui all'articolo 52 [3];
   2) il consumatore non ha riconosciuto di perdere il diritto di recesso quando ha espresso il suo consenso; oppure;
   3) il professionista ha omesso di fornire la conferma conformemente all'articolo 50, comma 2, o all'articolo 51, comma 7.

5. Fatto salvo quanto previsto nell'articolo 56, comma 2, e nel presente articolo, l'esercizio del diritto di recesso non comporta alcuna responsabilità per il consumatore.

(1) Articolo sostituito dall'art. 2, co. 1, d.lgs. 2.8.2007, n. 146, successivamente modificato dall'art. 8, co. 1, d.lgs. 23.10.2007, n. 221 e, da ultimo, sostituito dall'art. 1, co. 1, d.lgs. 21.2.2014, n. 21, con la decorrenza di cui all'art. 2, co. 1, d.lgs. n. 21/2014.
(2) Comma introdotto all'art. 1, co. 20, lett. a), d.lgs. 7.3.2023, n. 26.
(3) Numero sostituito all'art. 1, co. 20, lett. b), d.lgs. 7.3.2023, n. 26.

58. Effetti dell'esercizio del diritto di recesso sui contratti accessori [1].

1. Fatto salvo quanto previsto dal decreto legislativo 13 agosto 2010, n. 141, e successive modificazioni, in materia di contratti di credito ai consumatori, se il consumatore esercita il suo diritto di recesso da un contratto a distanza o concluso fuori dei locali commerciali a norma degli articoli da 52 a 57, eventuali contratti accessori sono risolti di diritto, senza costi per il consumatore, ad eccezione di quelli previsti dall'articolo 56, comma 2, e dall'articolo 57.

(1) Articolo modificato dall'art. 19 bis, co. 1, d.l. 30.12. 2005, n. 273, conv., con modif., dalla l. 23.2.2006, n. 51; dall'art. 20 bis, co. 4, d.l. 25.9.2009, n. 135, conv., con modif., dalla l. 20.11.2009, n. 166 e, infine, sostituito dall'art. 1, co. 1, d.lgs. 21.2.2014, n 21 con la decorrenza di cui all'art. 2, co. 1, d.lgs. n. 21/2014.

59. Eccezioni al diritto di recesso [1].

1. Il diritto di recesso di cui agli articoli da 52 a 58 per i contratti a distanza e i contratti negoziati fuori dei locali commerciali è escluso relativamente a:

a) i contratti di servizi dopo la completa prestazione del servizio ma, se il contratto impone al consumatore l'obbligo di pagare, solo se l'esecuzione è iniziata con il previo consenso espresso del consumatore e l'accettazione del fatto che perderà il proprio diritto di recesso a seguito della completa esecuzione del contratto da parte del professionista [(2)];
b) la fornitura di beni o servizi il cui prezzo è legato a fluttuazioni nel mercato finanziario che il professionista non è in grado di controllare e che possono verificarsi durante il periodo di recesso;
c) la fornitura di beni confezionati su misura o chiaramente personalizzati;
d) la fornitura di beni che rischiano di deteriorarsi o scadere rapidamente;
e) la fornitura di beni sigillati che non si prestano ad essere restituiti per motivi igienici o connessi alla protezione della salute e sono stati aperti dopo la consegna;
f) la fornitura di beni che, dopo la consegna, risultano, per loro natura, inscindibilmente mescolati con altri beni;
g) la fornitura di bevande alcoliche, il cui prezzo sia stato concordato al momento della conclusione del contratto di vendita, la cui consegna possa avvenire solo dopo trenta giorni e il cui valore effettivo dipenda da fluttuazioni sul mercato che non possono essere controllate dal professionista;
h) i contratti in cui il consumatore ha specificamente richiesto una visita da parte del professionista ai fini dell'effettuazione di lavori urgenti di riparazione o manutenzione. Se, in occasione di tale visita, il professionista fornisce servizi oltre a quelli specificamente richiesti dal consumatore o beni diversi dai pezzi di ricambio necessari per effettuare la manutenzione o le riparazioni, il diritto di recesso si applica a tali servizi o beni supplementari;
i) la fornitura di registrazioni audio o video sigillate o di software informatici sigillati che sono stati aperti dopo la consegna;
l) la fornitura di giornali, periodici e riviste ad eccezione dei contratti di abbonamento per la fornitura di tali pubblicazioni;
m) i contratti conclusi in occasione di un'asta pubblica;
n) la fornitura di alloggi per fini non residenziali, il trasporto di beni, i servizi di noleggio di autovetture, i servizi di catering o i servizi riguardanti le attività del tempo libero qualora il contratto preveda una data o un periodo di esecuzione specifici;
o) i contratti per la fornitura di contenuto digitale mediante un supporto non materiale se l'esecuzione è iniziata e, se il contratto impone al consumatore l'obbligo di pagare, qualora:
   1) il consumatore abbia dato il suo previo consenso espresso a iniziare la prestazione durante il periodo di diritto di recesso;
   2) il consumatore abbia riconosciuto di perdere così il proprio diritto di recesso;
   3) il professionista abbia fornito la conferma conformemente all'articolo 50, comma 2, o all'articolo 51, comma 7 [(3)].

1 bis. Le eccezioni al diritto di recesso di cui al comma 1, lettere a), b), c) ed e), non si applicano ai contratti conclusi nel contesto di visite non richieste di un professionista presso l'abitazione di un consumatore oppure di escursioni organizzate da un professionista con lo scopo o con l'effetto di promuovere o vendere prodotti ai consumatori [(4)].

1 ter. Nei contratti di servizio che impongono al consumatore l'obbligo di pagare quando il consumatore abbia specificamente richiesto una visita da parte del professionista ai fini dell'effettuazione di lavori di riparazione, il consumatore perde il diritto di recesso dopo che il servizio è stato interamente prestato, purché l'esecuzione abbia avuto inizio con il previo consenso espresso del consumatore medesimo [(5)].

(1) Articolo sostituito dall'art. 1, co. 1, d.lgs. 21.2.2014, n. 21, con la decorrenza di cui all'art. 2, co. 1, d.lgs. n. 21/2014.
(2) Lettera sostituita dall'art. 1, co. 21, lett. a), n. 1), d.lgs. 7.3.2023, n. 26.
(3) Lettera sostituita dall'art. 1, co. 21, lett. a), n. 2), d.lgs. 7.3.2023, n. 26.
(4) Comma introdotto dall'art. 1, co. 21, lett. b), d.lgs. 7.3.2023, n. 26.
(5) Comma introdotto dall'art. 1, co. 21, lett. b), d.lgs. 7.3.2023, n. 26.

Sezione III
Altri diritti del consumatore [(1)]

60. Ambito di applicazione [(1)].

1. Gli articoli 61 e 63 si applicano ai contratti di vendita. Detti articoli non si applicano ai contratti per la fornitura di acqua, gas o elettricità, quando non sono messi in vendita in un volume limitato o in quantità determinata, di teleriscaldamento o di contenuto digitale non fornito su un supporto materiale.

2. Gli articoli 62, 64 e 65 si applicano ai contratti di vendita, ai contratti di servizio e ai contratti di fornitura di acqua, gas, elettricità, teleriscaldamento o contenuto digitale.

(1) Articolo sostituito dall'art. 1, co. 1, d.lgs. 21.2.2014, n. 21, con la decorrenza di cui all'art. 2, co. 1, d.lgs. n. 21/2014.

61. Consegna [(1)].

1. Salva diversa pattuizione delle parti del contratto di vendita, il professionista è obbligato a consegnare i beni al consumatore senza ritardo ingiustificato e al più tardi entro trenta giorni dalla data di conclusione del contratto.

2. L'obbligazione di consegna è adempiuta mediante il trasferimento della disponibilità materiale o comunque del controllo dei beni al consumatore.

3. Se il professionista non adempie all'obbligo di consegna dei beni entro il termine pattuito ovvero entro il termine di cui al comma 1, il consumatore lo invita ad effettuare la consegna entro un termine supplementare appropriato alle circostanze. Se il termine supplementare così concesso scade senza che i beni gli siano stati consegnati, il consumatore è legittimato a risolvere il contratto, salvo il diritto al risarcimento dei danni.

4. Il consumatore non è gravato dall'onere di concedere al professionista il termine supplementare di cui al comma 3 se:

a) il professionista si è espressamente rifiutato di consegnare i beni, ovvero;

b) se il rispetto del termine pattuito dalle parti per la consegna del bene deve considerarsi essenziale, tenuto conto di tutte le circostanze che hanno accompagnato la conclusione del contratto, ovvero;

c) se il consumatore ha informato il professionista, prima della conclusione del contratto, che la consegna entro o ad una data determinata è essenziale.

5. Nei casi previsti dal comma 4, se non riceve in consegna il bene entro il termine pattuito con il professionista ovvero entro il termine di cui al comma 1, il consumatore è legittimato a risolvere immediatamente il contratto, salvo il diritto al risarcimento dei danni.

6. Nel caso di risoluzione posta in essere dal consumatore a norma dei commi 3 e 5, il professionista è tenuto a rimborsargli senza indebito ritardo tutte le somme versate in esecuzione del contratto.

7. È fatta salva la possibilità per il consumatore di far valere i diritti di cui al Capo XIV del Titolo II del Libro IV del codice civile.

(1) Articolo sostituito dall'art. 1, co. 1, d.lgs. 21.2.2014, n. 21, con la decorrenza di cui all'art. 2, co. 1, d.lgs. n. 21/2014.

62. Tariffe per l'utilizzo di mezzi di pagamento (1).

1. Ai sensi dell'articolo 3, comma 4, del decreto legislativo 27 gennaio 2010, n. 11, i professionisti non possono imporre ai consumatori, in relazione all'uso di determinati strumenti di pagamento, spese per l'uso di detti strumenti, ovvero nei casi espressamente stabiliti, tariffe che superino quelle sostenute dal professionista.

2. L'istituto di emissione della carta di pagamento riaccredita al consumatore i pagamenti in caso di addebitamento eccedente rispetto al prezzo pattuito ovvero in caso di uso fraudolento della propria carta di pagamento da parte del professionista o di un terzo. L'istituto di emissione della carta di pagamento ha diritto di addebitare al professionista le somme riaccreditate al consumatore.

(1) Articolo modificato dall'art. 44, co. 10, d.l. 30.12. 2008, n. 207, conv., con modif., dalla l. 27.2.2009, n. 14 e, poi, dall'art. 1, co. 1, d.lgs. 21.2.2014, n. 21, con la decorrenza di cui all'art. 2, co. 1, d.lgs. n. 21/2014.

63. Passaggio del rischio (1).

1. Nei contratti che pongono a carico del professionista l'obbligo di provvedere alla spedizione dei beni il rischio della perdita o del danneggiamento dei beni, per causa non imputabile al venditore, si trasferisce al consumatore soltanto nel momento in cui quest'ultimo, o un terzo da lui designato e diverso dal vettore, entra materialmente in possesso dei beni.

2. Tuttavia, il rischio si trasferisce al consumatore già nel momento della consegna del bene al vettore qualora quest'ultimo sia stato scelto dal consumatore e tale scelta non sia stata proposta dal professionista, fatti salvi i diritti del consumatore nei confronti del vettore.

(1) Articolo sostituito dall'art. 1, co. 1, d.lgs. 21.2.2014, n. 21, con la decorrenza di cui all'art. 2, co. 1, d.lgs. n. 21/2014.

64. Comunicazione telefonica (1).

1. Qualora il professionista utilizza una linea telefonica allo scopo di essere contattato dal consumatore per telefono in merito al contratto concluso, il consumatore non è tenuto a pagare più della tariffa di base quando contatta il professionista, fermo restando il diritto dei fornitori dei servizi di comunicazione elettronica di applicare una tariffa per dette telefonate.

(1) Articolo sostituito dall'art. 1, co. 1, d.lgs. 21.2.2014, n. 21, con la decorrenza di cui all'art. 2, co. 1, d.lgs. n. 21/2014.

65. Pagamenti supplementari (1).

1. Prima che il consumatore sia vincolato dal contratto o dall'offerta, il professionista chiede il consenso espresso del consumatore per qualsiasi pagamento supplementare oltre alla remunerazione concordata per l'obbligo contrattuale principale del professionista. Se il professionista non ottiene il consenso espresso del consumatore ma l'ha dedotto utilizzando opzioni prestabilite che il consumatore deve rifiutare per evitare il pagamento supplementare, il consumatore ha diritto al rimborso di tale pagamento.

(1) Articolo sostituito dall'art. 1, co. 1, d.lgs. 21.2.2014, n. 21, con la decorrenza di cui all'art. 2, co. 1, d.lgs. n. 21/2014.

65 bis. Contratti di servizi a tacito rinnovo (1).

1. Nei contratti di servizi stipulati a tempo determinato con clausola di rinnovo automatico, il professionista, trenta giorni prima della scadenza del contratto, è tenuto ad avvisare il consumatore della data entro cui può inviare formale disdetta. La comunicazione di cui al primo periodo è inviata per iscritto, tramite sms o altra modalità telematica indicata dal consumatore, e la sua mancanza consente al consumatore, sino alla successiva scadenza del contratto, di recedere in qualsiasi momento senza spese.

(1) Articolo introdotto dall'art. 14, co. 1, l. 30.12.2023, n.214.

Sezione IV
Disposizioni generali

66. Tutela amministrativa e giurisdizionale (1).

1. Al fine di garantire il rispetto delle disposizioni contenute nelle Sezioni da I a IV del presente Capo da parte degli operatori, trovano applicazione le disposizioni di cui agli articoli 27, 139, 140, 140-*bis*, 141 e 144 del presente Codice.

2. L'Autorità Garante della Concorrenza e del Mercato, d'ufficio o su istanza di ogni soggetto o organizzazione che ne abbia interesse, accerta le violazioni delle norme di cui alle Sezioni da I a IV del presente Capo nonché' dell'articolo 141-*sexies*, commi 1, 2 e 3, ne inibisce la continuazione e ne elimina gli effetti [2].

3. In materia di accertamento e sanzione delle violazioni, si applica l'articolo 27, commi da 2 a 15, del presente Codice.

4. L'Autorità Garante della Concorrenza e del Mercato svolge le funzioni di autorità competente ai sensi dell'articolo 3, numero 6), del regolamento (UE) 2017/2394 del Parlamento europeo e del Consiglio, del 12 dicembre 2017, nelle materie di cui alle Sezioni da I a IV del presente Capo [3].

5. È comunque fatta salva la giurisdizione del giudice ordinario. È altresì fatta salva la possibilità di promuovere la risoluzione extragiudiziale delle controversie inerenti al rapporto di consumo, nelle materie di cui alle sezioni da I a IV del presente capo, mediante il ricorso alle procedure di cui alla parte V, titolo II-*bis*, del presente codice [4].

(1) Articolo sostituito dall'art. 1, co. 1, d.lgs. 21.12.2014, n. 21, con la decorrenza di cui all'art. 2, co. 1, d.lgs. n. 21/2014.
(2) Comma modificato dall'art. 1, co. 6, d.lgs. 6.8.2015, n. 130.
(3) Comma modificato dall'art. 37, co. 1, lett. c), l. 23.12.2021, n. 238.
(4) Comma sostituito dall'art. 1, co. 7, d.lgs. 6.8.2015, n. 130.

66 bis. Foro competente [1].

1. Per le controversie civili inerenti all'applicazione delle Sezioni da I a IV del presente capo la competenza territoriale inderogabile è del giudice del luogo di residenza o di domicilio del consumatore, se ubicati nel territorio dello Stato.

(1) Articolo introdotto dall'art. 1, co. 1, d.lgs. 21.2.2014, n. 21, con la decorrenza di cui all'art. 2, co. 1, d.lgs. n. 21/2014.

66 ter. Carattere imperativo [1].

1. Se il diritto applicabile al contratto è quello di uno Stato membro dell'Unione europea, i consumatori residenti in Italia non possono rinunciare ai diritti conferiti loro dalle disposizioni delle Sezioni da I a IV del presente Capo.

2. Eventuali clausole contrattuali che escludano o limitino, direttamente o indirettamente, i diritti derivanti dalle disposizioni delle Sezioni da I a IV del presente Capo, non vincolano il consumatore.

(1) Articolo introdotto dall'art. 1, co. 1, d.lgs. 21.2.2014, n. 21, con la decorrenza di cui all'art. 2, co. 1, d.lgs. n. 21/2014.

66 quater. Informazione e ricorso extragiudiziale [1].

1. Le comunicazioni e i documenti relativi ai contratti negoziati fuori dai locali commerciali e ai contratti a distanza, ivi compresi i moduli, i formulari, le note d'ordine, la pubblicità o le comunicazioni sui siti Internet, devono contenere un riferimento al presente Capo.

2. L'operatore può adottare appositi codici di condotta, secondo le modalità di cui all'articolo 27-*bis*.

3. Per la risoluzione delle controversie sorte dall'esatta applicazione dei contratti disciplinati dalle disposizioni delle sezioni da I a IV del presente capo è possibile ricorrere alle procedure di risoluzione extragiudiziale delle controversie, di cui alla parte V, titolo II-*bis*, del presente codice [2].

(1) Articolo introdotto dall'art. 1, co. 1, d.lgs. 21.2.2014, n. 21, con la decorrenza di cui all'art. 2, co. 1, d.lgs. n. 21/2014.
(2) Comma modificato dall'art. 1, co. 8, d.lgs. 6.8.2015, n. 130. A norma dell'art. 2, co. 1, d.lgs. n. 130/2015, le presenti disposizioni si applicano a decorrere dal 9.1.2016.

66 quinquies. Fornitura non richiesta [1].

1. Il consumatore è esonerato dall'obbligo di fornire qualsiasi prestazione corrispettiva in caso di fornitura non richiesta di beni, acqua, gas, elettricità, teleriscaldamento o contenuto digitale o di prestazione non richiesta di servizi, vietate dall'articolo 20, comma 5, e dall'articolo 26, comma 1, lettera f), del presente Codice. In tali casi, l'assenza di una risposta da parte del consumatore in seguito a tale fornitura non richiesta non costituisce consenso.

2. Salvo consenso del consumatore, da esprimersi prima o al momento della conclusione del contratto, il professionista non può adempiere eseguendo una fornitura diversa da quella pattuita, anche se di valore e qualità equivalenti o superiori.

(1) Articolo introdotto dall'art. 1, co. 1, d.lgs. 21.2.2014, n. 21, con la decorrenza di cui all'art. 2, co. 1, d.lgs. n. 21/2014.

67. Tutela in base ad altre disposizioni [1].

1. Le disposizioni delle Sezioni da I a IV del presente Capo non escludono né limitano i diritti che sono attribuiti al consumatore da altre norme dell'ordinamento giuridico di fonte comunitaria o adottate in conformità a norme comunitarie.

2. Per quanto non previsto dalle Sezioni da I a IV del presente Capo, si applicano le disposizioni del codice civile in tema di validità, formazione o efficacia dei contratti.

3. Ai contratti di cui alla sezione III del presente Capo si applicano altresì le disposizioni di cui agli articoli 18, 19 e 20 del decreto legislativo 31 marzo 1998, n. 114, e successive modificazioni, recante riforma della disciplina relativa al settore del commercio, a norma dell'articolo 4, comma 4, della legge 15 marzo 1997, n 59.

(1) Articolo modificato dall'art. 22, co. 1, lett. a), l. 7.7.2009, n. 88 (l. comunitaria 2008); dall'art. 2, d.lgs. 13.8.2010, n. 141 e, infine, sostituito dall'art. 1, co. 1, d.lgs. 21.2.2014, n. 21, con la decorrenza di cui all'art. 2, co. 1, d.lgs. n. 21/2014.

TITOLO IV
Disposizioni relative a singoli contratti [1]

Capo I
Contratti di multiproprietà, contratti relativi ai prodotti per le vacanze di lungo termine, contratti di rivendita e di scambio

69. Definizioni [1].

1. Ai fini del presente capo, si intende per:

a) "contratto di multiproprietà": un contratto di durata superiore a un anno tramite il quale un consumatore acquisisce a titolo oneroso il diritto di godimento su uno o più alloggi per il pernottamento per più di un periodo di occupazione;

b) "contratto relativo a un prodotto per le vacanze di lungo termine": un contratto di durata superiore a un anno ai sensi del quale un consumatore acquisisce a titolo oneroso essenzialmente il diritto di ottenere sconti o altri vantaggi relativamente ad un alloggio, separatamente o unitamente al viaggio o ad altri servizi;

c) "contratto di rivendita": un contratto ai sensi del quale un operatore assiste a titolo oneroso un consumatore nella vendita o nell'acquisto di una multiproprietà o di un prodotto per le vacanze di lungo termine;

d) "contratto di scambio": un contratto ai sensi del quale un consumatore partecipa a titolo oneroso a un sistema di scambio che gli consente l'accesso all'alloggio per il pernottamento o ad altri servizi in cambio della concessione ad altri dell'accesso temporaneo ai vantaggi che risultano dai diritti derivanti dal suo contratto di multiproprietà;

e) "operatore": il "professionista", di cui all'articolo 3, comma 1, lettera c);

f) "consumatore": la persona fisica, di cui all'articolo 3, comma 1, lettera a);

g) "contratto accessorio": un contratto ai sensi del quale il consumatore acquista servizi connessi a un contratto di multiproprietà o a un contratto relativo a un prodotto per le vacanze di lungo termine e forniti dall'operatore o da un terzo sulla base di un accordo tra il terzo e l'operatore;

h) "supporto durevole": qualsiasi strumento che permetta al consumatore o all'operatore di memorizzare informazioni a lui personalmente dirette in modo che possano essere utilizzate per riferimento futuro per un periodo di tempo adeguato ai fini cui sono destinate le informazioni e che consenta la riproduzione immutata delle informazioni memorizzate;

i) "codice di condotta": un accordo o un insieme di regole che definisce il comportamento degli operatori che si impegnano a rispettare tale codice in relazione a una o più pratiche commerciali o ad uno o più settori d'attività specifici;

l) "responsabile del codice": qualsiasi soggetto, compresi un operatore o un gruppo di operatori, responsabile dell'elaborazione e della revisione di un codice di condotta o del controllo dell'osservanza del codice da parte di coloro che si sono impegnati a rispettarlo.

2. Nel calcolo della durata di un contratto di multiproprietà o di un contratto relativo a un prodotto per le vacanze di lungo termine, quale definito al comma 1, rispettivamente alle lettere a) e b), si tiene conto di qualunque disposizione del contratto che ne consenta il rinnovo tacito o la proroga.

(1) Articolo sostituito dall'art. 2, co. 1, d.lgs. 23.5.2011, n. 79.

70. Pubblicità [1].

1. Se un contratto di multiproprietà, un contratto relativo a un prodotto per le vacanze di lungo termine o un contratto di rivendita o di scambio viene offerto al consumatore in persona nell'ambito di una promozione o di un'iniziativa di vendita, l'operatore indica chiaramente nell'invito lo scopo commerciale e la natura dell'evento. Le informazioni di cui all'articolo 71, comma 1, sono a disposizione del consumatore in qualsiasi momento durante l'evento.

2. È fatto obbligo all'operatore di specificare in ogni pubblicità la possibilità di ottenere le informazioni di cui all'articolo 71, comma 1, e di indicare le modalità sul come ottenerle.

3. Una multiproprietà o un prodotto per le vacanze di lungo termine non sono commercializzati o venduti come investimenti.

(1) Articolo sostituito dall'art. 2, co. 1, d.lgs. 23.5.2011, n. 79.

71. Informazioni precontrattuali [1].

1. In tempo utile prima che il consumatore sia vincolato da un contratto o da un'offerta, l'operatore fornisce al consumatore, in maniera chiara e comprensibile, informazioni accurate e sufficienti, secondo le seguenti modalità:

a) nel caso di un contratto di multiproprietà, tramite il formulario informativo di cui all'allegato II-*bis* e le informazioni elencate nella parte 3 di detto formulario;

b) nel caso di un contratto relativo a un prodotto per le vacanze di lungo termine, tramite il formulario informativo di cui all'allegato II-*ter* e le informazioni elencate nella parte 3 di detto formulario;

c) nel caso di un contratto di rivendita, tramite il formulario informativo di cui all'allegato II-*quater* e le informazioni elencate nella parte 3 di detto formulario;

d) nel caso di un contratto di scambio, tramite il formulario informativo di cui all'allegato II-*quinquies* e le informazioni elencate nella parte 3 di detto formulario.

2. Le informazioni di cui al comma 1 sono fornite a titolo gratuito dall'operatore su carta o altro supporto durevole facilmente accessibile al consumatore.

3. Le informazioni di cui al comma 1, sono redatte nella lingua italiana e in una delle lingue dello Stato dell'Unione europea in cui il consumatore risiede oppure di cui è cittadino, a scelta di quest'ultimo, purché si tratti di una lingua ufficiale della Unione europea.

(1) Articolo sostituito dall'art. 2, co. 1, d.lgs. 23.5.2011, n. 79.

72. Requisiti del contratto [1].

1. Il contratto deve essere redatto per iscritto, a pena di nullità, su carta o altro supporto durevole, nella lingua italiana e in una delle lingue dello Stato dell'Unione europea in cui il consumatore risiede oppure di cui è cittadino, a sua scelta, purché si tratti di una lingua ufficiale della Unione europea.

2. Nel caso di un contratto di multiproprietà relativo a un bene immobile specifico, è fatto obbligo all'operatore di fornire al consumatore anche una traduzione conforme del contratto nella lingua dello Stato dell'Unione europea in cui è situato l'immobile.

3. In ogni caso, per qualsiasi tipo di contratto disciplinato dal presente Capo, all'operatore che svolge la propria attività di vendita nel territorio nazionale è fatto obbligo di fornire al consumatore il relativo contratto anche nella lingua italiana.

4. Le informazioni di cui all'articolo 71, comma 1, costituiscono parte integrante e sostanziale del contratto e non possono essere modificate salvo qualora vi sia l'accordo esplicito delle parti oppure qualora le modifiche siano causate da circostanze eccezionali e imprevedibili, indipendenti dalla volontà dell'operatore, le cui conseguenze non avrebbero potuto essere evitate neanche con la dovuta diligenza. Tali modifiche, indicate espressamente nel contratto, sono comunicate al consumatore su carta o altro supporto durevole a lui facilmente accessibile, prima della conclusione del contratto.

5. Il contratto contiene, oltre alle informazioni di cui all'articolo 71, comma 1, i seguenti ulteriori elementi:
a) l'identità, il luogo di residenza e la firma di ciascuna delle parti;
b) la data e il luogo di conclusione del contratto.

6. Prima della conclusione del contratto l'operatore informa il consumatore sulle clausole contrattuali concernenti l'esistenza del diritto di recesso, la durata del periodo di recesso di cui all'articolo 73 e il divieto di versare acconti durante il periodo di recesso di cui all'articolo 76, le quali devono essere sottoscritte separatamente dal consumatore. Il contratto include un formulario separato di recesso, come riportato nell'allegato II-*sexies*, inteso ad agevolare l'esercizio del diritto di recesso in conformità all'articolo 73.

7. Il consumatore riceve una copia o più copie del contratto all'atto della sua conclusione.

(1) Articolo sostituito dall'art. 2, co. 1, d.lgs. 23.5.2011, n. 79.

72 bis. Obbligo di fideiussione per i contratti di multiproprietà (1).

1. L'operatore non avente la forma giuridica di società di capitali ovvero con un capitale sociale versato inferiore a 5.500.000 euro e non avente sede legale e sedi secondarie nel territorio dello Stato è obbligato a prestare idonea fideiussione bancaria o assicurativa a garanzia della corretta esecuzione del contratto.

2. L'operatore è in ogni caso obbligato a prestare fideiussione bancaria o assicurativa allorquando l'alloggio oggetto del contratto di multiproprietà sia in corso di costruzione, a garanzia dell'ultimazione dei lavori.

3. Delle fideiussioni deve farsi espressa menzione nel contratto di multiproprietà a pena di nullità.

4. Le garanzie di cui ai commi 1 e 2 non possono imporre al consumatore la preventiva esclusione dell'operatore.

(1) Articolo introdotto dall'art. 2, co. 1, d.lgs. 23.5.2011, n. 79.

73. Diritto di recesso (1).

1. Al consumatore è concesso un periodo di quattordici giorni, naturali e consecutivi, per recedere, senza specificare il motivo, dal contratto di multiproprietà, dal contratto relativo a prodotti per le vacanze di lungo termine, dal contratto di rivendita e di scambio.

2. Il periodo di recesso si calcola:
a) dal giorno della conclusione del contratto definitivo o del contratto preliminare;
b) dal giorno in cui il consumatore riceve il contratto definitivo o il contratto preliminare, se posteriore alla data di cui alla lettera a).

3. Il periodo di recesso scade:
a) dopo un anno e quattordici giorni a decorrere dalla data di cui al comma 2 del presente articolo se il formulario di recesso separato previsto all'articolo 72, comma 4, non è stato compilato dall'operatore e consegnato al consumatore per iscritto, su carta o altro supporto durevole;
b) dopo tre mesi e quattordici giorni a partire dalla data di cui al comma 2 del presente articolo se le informazioni di cui all'articolo 71, comma 1, incluso il formulario informativo applicabile di cui agli allegati da III a VI, non sono state fornite al consumatore per iscritto, su carta o altro supporto durevole.

4. Se il formulario separato di recesso previsto all'articolo 72, comma 4, è stato compilato dall'operatore e consegnato al consumatore per iscritto, su carta o altro supporto durevole, entro un anno dalla data di cui al comma 2 del presente articolo, il periodo di recesso inizia a decorrere dal giorno in cui il consumatore riceve tale formulario. Analogamente, se le informazioni di cui all'articolo 71, comma 1, incluso il formulario informativo applicabile di cui agli allegati da III a VI, sono state fornite al consumatore per iscritto, su carta o altro supporto durevole, entro tre mesi dal giorno di cui al comma 2 del presente articolo, il periodo di recesso inizia a decorrere dal giorno in cui il consumatore riceve tali informazioni.

5. Nel caso in cui il contratto di scambio sia offerto al consumatore contestualmente al contratto di multiproprietà, ai due contratti si applica un unico periodo di recesso conformemente al comma 1. Il periodo di recesso per i due contratti è calcolato secondo le disposizioni del comma 2.

(1) Articolo sostituito dall'art. 2, co. 1, d.lgs. 23.5.2011, n. 79.

74. Modalità di esercizio ed effetti del diritto di recesso (1).

1. Il diritto di recesso da parte del consumatore si esercita dandone comunicazione scritta, su carta o altro supporto durevole che assicuri la prova della spedizione anteriore alla scadenza del periodo di recesso, alla persona indicata nel contratto o, in mancanza, all'operatore.

2. All'uopo, il consumatore può utilizzare il formulario di recesso di cui all'allegato VII fornito dall'operatore a norma dell'articolo 72, comma 4.

3. L'esercizio del diritto di recesso da parte del consumatore, nei modi indicati al comma 1, pone fine all'obbligo delle parti di eseguire il contratto.

4. Il consumatore che esercita il diritto di recesso, non sostiene alcuna spesa, non è tenuto a pagare alcuna penalità, né è debitore del valore corrispondente all'eventuale servizio reso prima del recesso.

(1) Articolo sostituito dall'art. 2, co. 1, d.lgs. 23.5.2011, n. 79.

75. Acconti (1).

1. Per i contratti di multiproprietà, relativi a prodotti per le vacanze di lungo termine e di scambio è vietato qualunque versamento di danaro a titolo di acconto, prestazione di garanzie, l'accantonamento di denaro sotto forma di deposito bancario, il riconoscimento esplicito di debito od ogni altro onere da parte di un consumatore a favore dell'operatore o di un terzo prima della fine del periodo di recesso in conformità dell'articolo 73.

2. Per i contratti di rivendita è vietata qualunque forma di versamento di denaro a titolo di acconto, prestazione di garanzie, l'accantonamento di denaro sotto forma di deposito bancario, il riconoscimento esplicito del debito od ogni altro onere da parte di un consumatore a favore dell'operatore o di un terzo prima che la vendita abbia effettivamente luogo o che sia posta fine in altro modo al contratto di rivendita.

(1) Articolo sostituito dall'art. 2, co. 1, d.lgs. 23.5.2011, n. 79.

76. Disposizioni specifiche concernenti i contratti relativi a prodotti per le vacanze di lungo termine (1).

1. Per i contratti relativi a prodotti per le vacanze di lungo termine, il pagamento è effettuato secondo scadenze periodiche. È vietato qualsiasi pagamento del prezzo specificato nel contratto che non sia conforme al piano di pagamento periodico concordato. I pagamenti, comprese le quote di affiliazione, sono ripartiti in rate annuali, ciascuna di pari valore, fermo restando gli adeguamenti riferiti ai sistemi di indicizzazione previsti dalla legge. L'operatore invia una richiesta scritta di pagamento, su carta o altro supporto durevole, almeno quattordici giorni, naturali e consecutivi, prima di ciascuna data di esigibilità.

2. Fatto salvo quanto previsto dall'articolo 73, a partire dal secondo pagamento rateale, il consumatore può porre fine al contratto senza incorrere in penali dando preavviso all'operatore entro quattordici giorni, naturali e consecutivi, dalla ricezione della richiesta di pagamento per ciascuna rata.

(1) Articolo sostituito dall'art. 2, co. 1, d.lgs. 23.5.2011, n. 79.

77. Risoluzione dei contratti accessori (1).

1. L'esercizio da parte del consumatore del diritto di recesso dal contratto di multiproprietà o dal contratto relativo a un prodotto per le vacanze di lungo termine comporta automaticamente e senza alcuna spesa per il consumatore la risoluzione di tutti i contratti di scambio ad esso accessori e di qualsiasi altro contratto accessorio.

2. Fatto salvo quanto previsto dagli articoli 125-*ter* e 125-*quinquies* del decreto legislativo 1° settembre 1993, n. 385, in materia di contratti di credito ai consumatori, se il prezzo è interamente o parzialmente coperto da un credito concesso al consumatore dall'operatore o da un terzo in base a un accordo fra il terzo e l'operatore, il contratto di credito è risolto senza costi per il consumatore qualora il consumatore eserciti il diritto di recesso dal contratto di multiproprietà, dal contratto relativo a prodotti per le vacanze di lungo termine, o dal contratto di rivendita o di scambio.

(1) Articolo sostituito dall'art. 2, co. 1, d.lgs. 23.5.2011, n. 79.

78. Carattere imperativo delle disposizioni e applicazione in casi internazionali (1).

1. Sono nulle le clausole contrattuali o i patti aggiunti di rinuncia del consumatore ai diritti previsti dal presente capo o di limitazione delle responsabilità previste a carico dell'operatore.

2. Per le controversie derivanti dall'applicazione del presente capo, la competenza territoriale inderogabile è del giudice del luogo di residenza o di domicilio del consumatore, se ubicati nel territorio dello Stato.

3. Ove le parti abbiano scelto di applicare ai contratti di cui al presente capo, una legislazione diversa da quella italiana, al consumatore devono comunque essere riconosciute le condizioni di tutela previste dal presente capo.

4. Ove la legge applicabile sia quella di un paese extracomunitario, i consumatori non possono essere privati della tutela garantita dal presente codice, nel caso di:

a) uno qualsiasi dei beni immobili interessati è situato sul territorio nazionale o di uno Stato dell'Unione europea;

b) nel caso di un contratto non direttamente collegato a beni immobili, l'operatore svolga attività commerciali o professionali in Italia o in uno Stato dell'Unione europea o diriga tali attività, con qualsiasi mezzo, verso l'Italia o uno Stato dell'Unione europea e il contratto rientri nell'ambito di dette attività.

(1) Articolo sostituito dall'art. 2, co. 1, d.lgs. 23.5.2011, n. 79.

79. Tutela amministrativa e giurisdizionale (1).

1. Al fine di garantire il rispetto delle disposizioni contenute nel presente capo da parte degli operatori, i consumatori possono utilizzare gli strumenti specifici di cui agli articoli 27, 139,140 e 140-*bis* del presente Codice.

2. È comunque fatta salva la giurisdizione del giudice ordinario.

(1) Articolo sostituito dall'art. 2, co. 1, d.lgs. 23.5.2011, n. 79.

80. Informazioni per i consumatori e ricorso extragiudiziale (1).

1. L'operatore può adottare appositi codici di condotta, secondo le modalità di cui all'articolo 27-*bis*.

2. Per la risoluzione delle controversie sorte dall'esatta applicazione dei contratti disciplinati dal presente capo è possibile ricorrere alle procedure di mediazione, di cui al decreto legislativo 4 marzo 2010, n. 28. È fatta salva la possibilità di utilizzare le procedure di negoziazione volontaria e paritetica previste dall'articolo 2, comma 2, dello stesso decreto legislativo 4 marzo 2010, n. 28.

(1) Articolo sostituito dall'art. 2, co. 1, d.lgs. 23.5.2011, n. 79.

81. Sanzioni [1].

1. Salvo che il fatto costituisca reato, l'operatore che contravviene alle norme di cui agli articoli 70, commi 1 e 2, 71, 72, 72-*bis*, 75, 76 e 77, è punito, per ogni singola violazione, con la sanzione amministrativa pecuniaria da 1.000 euro a 5.000 euro.

2. Si applica la sanzione amministrativa accessoria della sospensione dall'esercizio dell'attività da 30 giorni a sei mesi all'operatore che abbia commesso una ripetuta violazione delle disposizioni di cui al comma 1.

3. Ai fini dell'accertamento dell'infrazione e dell'applicazione della sanzione, si applica l'articolo 66 [2].

(1) Articolo sostituito dall'art. 2, co. 1, d.lgs. 23.5.2011, n. 79.
(2) Comma modificato dall'art. 1, co. 4, d.lgs. 21.2.2014, n. 21, con la decorrenza di cui all'art. 2, co. 1, d.lgs. n. 21/2014.

81 bis. Tutela in base ad altre disposizioni [1].

1. Le disposizioni del presente capo non escludono, né limitano i diritti che sono attribuiti al consumatore da altre norme dell'ordinamento giuridico.

2. Per quanto non previsto dal presente capo, si applicano le disposizioni del codice civile in tema di contratti.

(1) Articolo introdotto dall'art. 2, co. 1, d.lgs. 23.5.2011, n. 79.

104. Obblighi del produttore e del distributore.

1. Il produttore immette sul mercato solo prodotti sicuri.

2. Il produttore fornisce al consumatore tutte le informazioni utili alla valutazione e alla prevenzione dei rischi derivanti dall'uso normale o ragionevolmente prevedibile del prodotto, se non sono immediatamente percettibili senza adeguate avvertenze, e alla prevenzione contro detti rischi. La presenza di tali avvertenze non esenta, comunque, dal rispetto degli altri obblighi previsti nel presente titolo.

3. Il produttore adotta misure proporzionate in funzione delle caratteristiche del prodotto fornito per consentire al consumatore di essere informato sui rischi connessi al suo uso e per intraprendere le iniziative opportune per evitare tali rischi, compresi il ritiro del prodotto dal mercato, il richiamo e l'informazione appropriata ed efficace dei consumatori.

4. Le misure di cui al comma 3 comprendono:
a) l'indicazione in base al prodotto o al suo imballaggio, dell'identità e degli estremi del produttore; il riferimento al tipo di prodotto o, eventualmente, alla partita di prodotti di cui fa parte, salva l'omissione di tale indicazione nei casi in cui sia giustificata;
b) *i controlli a campione sui prodotti* commercializzati, l'esame dei reclami e, se del caso, la tenuta di un registro degli stessi, nonché l'informazione ai distributori in merito a tale sorveglianza.

5. Le misure di ritiro, di richiamo e di informazione al consumatore, previste al comma 3, hanno luogo su base volontaria o su richiesta delle competenti autorità a norma dell'articolo 107. Il richiamo interviene quando altre azioni non siano sufficienti a prevenire i rischi del caso, ovvero quando i produttori lo ritengano necessario o vi siano tenuti in seguito a provvedimenti dell'autorità competente.

6. Il distributore deve agire con diligenza nell'esercizio della sua attività per contribuire a garantire l'immissione sul mercato di prodotti sicuri; in particolare è tenuto:
a) a non fornire prodotti di cui conosce o avrebbe dovuto conoscere la pericolosità in base alle informazioni in suo possesso e nella sua qualità di operatore professionale;
b) a partecipare al controllo di sicurezza del prodotto immesso sul mercato, trasmettendo le informazioni concernenti i rischi del prodotto al produttore e alle autorità competenti per le azioni di rispettiva competenza;
c) a collaborare alle azioni intraprese di cui alla lettera b), conservando e fornendo la documentazione idonea a rintracciare l'origine dei prodotti per un periodo di dieci anni dalla data di cessione al consumatore finale.

7. Qualora i produttori e i distributori sappiano o debbano sapere, sulla base delle informazioni in loro possesso e in quanto operatori professionali, che un prodotto da loro immesso sul mercato o altrimenti fornito al consumatore presenta per il consumatore stesso rischi incompatibili con l'obbligo generale di sicurezza, informano immediatamente le amministrazioni competenti, di cui all'articolo 106, comma 1, precisando le azioni intraprese per prevenire i rischi per i consumatori.

8. In caso di rischio grave, le informazioni da fornire comprendono almeno:
a) elementi specifici che consentano una precisa identificazione del prodotto o del lotto di prodotti in questione;
b) una descrizione completa del rischio presentato dai prodotti interessati;
c) tutte le informazioni disponibili che consentono di rintracciare il prodotto;
d) una descrizione dei provvedimenti adottati per prevenire i rischi per i consumatori.

9. Nei limiti delle rispettive attività, produttori e distributori collaborano con le Autorità competenti, ove richiesto dalle medesime, in ordine alle azioni intraprese per evitare i rischi presentati dai prodotti che essi forniscono o hanno fornito.

107. Controlli.

1. Le amministrazioni di cui all'articolo 106, comma 1, controllano che i prodotti immessi sul mercato siano sicuri. Il Ministero dello sviluppo economico comunica alla Commissione europea l'elenco delle amministrazioni di cui al periodo che precede, nonché degli uffici e degli organi di cui esse si avvalgono, aggiornato annualmente su indicazione delle amministrazioni stesse [(1)].

2. Le amministrazioni di cui all'articolo 106 possono adottare tra l'altro le misure seguenti:

a) per qualsiasi prodotto:
   1) disporre, anche dopo che un prodotto è stato immesso sul mercato come prodotto sicuro, adeguate verifiche delle sue caratteristiche di sicurezza fino allo stadio dell'utilizzo o del consumo, anche procedendo ad ispezioni presso gli stabilimenti di produzione e di confezionamento, presso i magazzini di stoccaggio e presso i magazzini di vendita;
   2) esigere tutte le informazioni necessarie dalle parti interessate;
   3) prelevare campioni di prodotti per sottoporli a prove ed analisi volte ad accertare la sicurezza, redigendone processo verbale di cui deve essere rilasciata copia agli interessati;

b) per qualsiasi prodotto che possa presentare rischi in determinate condizioni:
   1) richiedere l'apposizione sul prodotto, in lingua italiana, di adeguate avvertenze sui rischi che esso può presentare, redatte in modo chiaro e facilmente comprensibile;
   2) sottoporne l'immissione sul mercato a condizioni preventive, in modo da renderlo sicuro;

c) per qualsiasi prodotto che possa presentare rischi per determinati soggetti:
   1) disporre che tali soggetti siano avvertiti tempestivamente ed in una forma adeguata di tale rischio, anche mediante la pubblicazione di avvisi specifici;

d) per qualsiasi prodotto che può essere pericoloso:
   1) vietare, per il tempo necessario allo svolgimento dei controlli, delle verifiche o degli accertamenti sulla sicurezza del prodotto, di fornirlo, di proporne la fornitura o di esporlo;
   2) disporre, entro un termine perentorio, l'adeguamento del prodotto o di un lotto di prodotti già commercializzati agli obblighi di sicurezza previsti dal presente titolo, qualora non vi sia un rischio imminente per la salute e l'incolumità pubblica;

e) per qualsiasi prodotto pericoloso:
   1) vietarne l'immissione sul mercato e adottare le misure necessarie a garantire l'osservanza del divieto;

f) per qualsiasi prodotto pericoloso già immesso sul mercato rispetto al quale l'azione già intrapresa dai produttori e dai distributori sia insoddisfacente o insufficiente:

1) ordinare o organizzare il suo ritiro effettivo e immediato e l'informazione dei consumatori circa i rischi da esso presentati. I costi relativi sono posti a carico del produttore e, ove ciò non sia in tutto o in parte possibile, a carico del distributore;

2) ordinare o coordinare o, se del caso, organizzare con i produttori e i distributori, il suo richiamo anche dai consumatori e la sua distruzione in condizioni opportune. I costi relativi sono posti a carico dei produttori e dei distributori.

3. Nel caso di prodotti che presentano un rischio grave le amministrazioni di cui all'articolo 106 intraprendono le azioni necessarie per applicare, con la dovuta celerità, opportune misure analoghe a quelle previste al comma 2, lettere da b) a f), tenendo conto delle linee-guida che riguardano la gestione del RAPEX di cui all'allegato II.

4. Le amministrazioni competenti quando adottano misure analoghe a quelle di cui al comma 2 ed in particolare a quelle di cui alle lettere d), e) e f), tenendo conto del principio di precauzione, agiscono nel rispetto del Trattato istitutivo della Comunità europea, in particolare degli articoli 28 e 30, per attuarle in modo proporzionato alla gravità del rischio.

5. Le amministrazioni competenti, nell'ambito delle misure adottate sulla base del principio di precauzione e, senza maggiori oneri per la finanza pubblica, incoraggiano e favoriscono l'azione volontaria dei produttori e dei distributori di adeguamento agli obblighi imposti dal presente titolo, anche mediante l'eventuale elaborazione di codici di buona condotta ed accordi con le categorie di settore.

6. Per le finalità di cui al presente titolo e senza oneri aggiuntivi per la finanza pubblica, le amministrazioni di cui all'articolo 106, comma 1, si avvalgono della collaborazione dell'Agenzia delle dogane e della Guardia di finanza, le quali hanno accesso al sistema di scambio rapido delle informazioni gestite dal sistema RAPEX, di cui all'allegato II, ed agiscono secondo le norme e le facoltà ad esse attribuite dall'ordinamento.

7. Le misure di cui al presente articolo possono riguardare, rispettivamente:

a) il produttore;
b) il distributore, e, in particolare, il responsabile della prima immissione in commercio;
c) qualsiasi altro detentore del prodotto, qualora ciò sia necessario al fine di collaborare alle azioni intraprese per evitare i rischi derivanti dal prodotto stesso.

8. Per armonizzare l'attività di controllo derivante dal presente titolo con quella attuata per i prodotti per i quali gli obblighi di sicurezza sono disciplinati dalla normativa antincendio, il Ministero dell'interno si avvale, per gli aspetti di coordinamento, del proprio Dipartimento dei vigili del fuoco, del soccorso pubblico e della difesa civile-direzione centrale per la prevenzione e la sicurezza tecnica del Corpo nazionale dei vigili del fuoco nonché degli organi periferici del Corpo nazionale dei vigili del fuoco per gli interventi sul territorio, nell'ambito delle dotazioni organiche esistenti e, comunque, senza oneri aggiuntivi a carico del bilancio dello Stato.

9. Il Ministero della salute, ai fini degli adempimenti comunitari derivanti dalle norme sulla sicurezza dei prodotti e dal presente titolo, si avvale anche dei propri uffici di sanità marittima, aerea e di frontiera nell'ambito delle dotazioni organiche esistenti e, comunque, senza oneri aggiuntivi a carico del bilancio dello Stato.

10. Fatti salvi gli obblighi previsti dalla normativa vigente, i soggetti di cui al comma 1 sono tenuti a non divulgare le informazioni acquisite che, per loro natura, sono coperte dal segreto professionale, a meno che la loro divulgazione sia necessaria alla tutela della salute o della pubblica o privata incolumità.

(1) Comma modificato dall'art. 1, co. 5, d.lgs. 6.8.2015, n. 130.

112. Sanzioni.

1. Salvo che il fatto costituisca più grave reato, il produttore o il distributore che immette sul mercato prodotti pericolosi in violazione del divieto di cui all'articolo 107, comma 2, lettera e), è punito con l'arresto da sei mesi ad un anno e con l'ammenda da 10.000 euro a 50.000 euro.

2. Salvo che il fatto costituisca più grave reato, il produttore che immette sul mercato prodotti pericolosi, è punito con l'arresto fino ad un anno e con l'ammenda da 10.000 euro a 50.000 euro.

3. Salvo che il fatto costituisca più grave reato, il produttore o il distributore che non ottempera ai provvedimenti emanati a norma dell'articolo 107, comma 2, lettere b), numeri 1) e 2), c) e d), numeri 1) e 2), è punito con l'ammenda da 10.000 euro a 25.000 euro.

4. Il produttore o il distributore che non assicura la dovuta collaborazione ai fini dello svolgimento delle attività di cui all'articolo 107, comma 2, lettera a), è soggetto alla sanzione amministrativa da 2.500 euro a 40.000 euro.

5. Salvo che il fatto costituisca reato, il produttore che violi le disposizioni di cui all'articolo 104, commi 2, 3, 5, 7, 8 e 9, ed il distributore che violi le disposizioni di cui al medesimo art. 104, commi 6, 7, 8 e 9, sono soggetti ad una sanzione amministrativa compresa fra 1.500 euro e 30.000 euro.

CONTRABBANDO E TABACCHI

1. L. 17 luglio 1942, n. 907. – Legge sul monopolio dei tabacchi (*artt. 64-68, 71-76, 79-101, 105-114*) (1)

In Gazzetta Ufficiale 25 agosto 1942, n. 199

(1) Secondo quanto previsto dall'art. 1, co. 1, d.l. 30.11.1970, n. 870, convertito in l. 27.1.1971, n. 3, il monopolio della coltivazione, dell'importazione e della vendita dei tabacchi greggi di cui alla presente legge, è abolito.
(2) L'art. 1, co. 1, d.lgs. 1.12.2009, n. 179, ha dichiarato indispensabile la permanenza in vigore della presente legge.

TITOLO III
Dei reati

Capo I
Del contrabbando

Sezione I
Dei casi di contrabbando

64. Produzione, preparazione e vendita di tabacchi, di prodotti derivati e succedanei del tabacco (1).

Commette contrabbando:

1) (*Omissis*) (2);
2) chiunque, senza autorizzazione dell'amministrazione dei monopoli, semina ovvero trapianta, coltiva, cura od allestisce tabacco (3);
3) chiunque fabbrica o prepara tabacco, od ogni altra sostanza atta a surrogare l'uso del tabacco da fiuto o da fumo.
   La preparazione di sigarette con tabacchi provenienti dal monopolio costituisce contrabbando solo quando sia fatta a fine di commercio;
4) chiunque, senza autorizzazione dell'amministrazione *dei monopoli, fabbrica* o prepara prodotti derivati del tabacco;
5) chiunque vende, tabacchi e residui di tabacchi lavorati non provenienti dal monopolio ovvero vende prodotti derivati dal tabacco non provenienti dal monopolio o da ditte da esso autorizzate (3);
6) chiunque vende succedanei di tabacco (4).

(1) Rubrica così modificata dall'art. 2, d.l. 18.12.1972, n. 787, convertito in l. 16.2.1973, n. 10.
(2) Numero abrogato dall'art. 3, d.l. 30.11.1970, n. 870, convertito in l. 27.1.1971, n. 3.
(3) Numero così modificato dall'art. 2, d.l. 18.12.1972, n. 787, convertito in l. 16.2.1973, n. 10.
(4) L'art. 1, co. 1, d.lgs. 1.12.2009, n. 179, ha dichiarato indispensabile la permanenza in vigore di questo articolo.

65. Introduzione di tabacchi (1).

Commette contrabbando chiunque, contro i divieti stabiliti da questa legge o senza l'osservanza delle condizioni da essa prescritte, introduce nel territorio [del Regno] (2), soggette a monopolio, tabacchi, succedanei o prodotti derivati del tabacco (3).

(1) Rubrica così modificata dall'art. 2, d.l. 18.12.1972, n. 787, convertito in l. 16.2.1973, n. 10.
(2) Dello Stato.
(3) Articolo così modificato dall'art. 2, d.l. 18.12.1972, n. 787, convertito in l. 16.2.1973, n. 10. L'art. 1, co. 1, d.lgs. 1.12.2009, n. 179, ha, poi, dichiarato indispensabile la permanenza in vigore di questo articolo.

66. Trasporto, deposito e detenzione di tabacchi [1].

Commette contrabbando:

1) (*Omissis*) [2];
2) (*Omissis*) [2];
3) chiunque illegittimamente trasporta, ha in deposito o detiene tabacchi lavorati, i quali o sull'involucro esterno o sul condizionamento o sui singoli pezzi rechino la leggenda "esportazione" o il bollo "per provvista di bordo";
4) chiunque illegittimamente detiene ovvero a scopo di lucro vende, pone in vendita o comunque cede tabacchi il cui uso è destinato a determinate categorie di persone;
5) chiunque, senza la bolletta di pagamento dei diritti dovuti, trasporta, ha in deposito o detiene tabacchi di origine estera che non siano stati venduti dal Monopolio o sali importati a norma dell'art. 10 [3].

(1) Rubrica così modificata dall'art. 3, d.l. 30.11.1970, n. 870, convertito in l. 27.1.1971, n. 3.
(2) Numero abrogato dall'art. 3, d.l. 30.11.1970, n. 870, convertito in l. 27.1.1971, n. 3.
(3) L'art. 1, co. 1, d.lgs. 1.12.2009, n. 179, ha dichiarato indispensabile la permanenza in vigore del presente articolo.

67. Esportazione di sale dalla Sicilia e dalla Sardegna.

(*Omissis*) [1].

(1) Articolo abrogato dall'art. 2, d.l. 18.12.1972, n. 787, convertito in l. 16.2.1973, n. 10. L'art. 1, co. 1, d.lgs. 1.12.2009, n. 179, ha, poi, dichiarato indispensabile la permanenza in vigore del presente articolo.

68. Contrabbando nei depositi franchi e nei punti franchi.

Commette contrabbando chiunque introduce tabacchi nei depositi franchi ovvero, fuori dei casi preveduti dall'art. 56, lavora o manipola tabacchi in foglia nei punti franchi [1].

(1) Articolo così modificato dall'art. 2, d.l. 18.12.1972, n. 787, convertito in l. 16.2.1973, n. 10. L'art. 1, co. 1, d.lgs. 1.12.2009, n. 179, ha, poi, dichiarato indispensabile la permanenza in vigore di questo articolo.

71. Alterazione o mescolanza di generi di monopolio.

Commette contrabbando il ricevitore, il magazziniere, la persona autorizzata alla vendita al pubblico dei generi di monopolio, il conduttore o l'appaltatore di trasporti, il quale altera i generi di monopolio o ne mescola le qualità ovvero vende i generi alterati o mescolati [1].

(1) L'art. 1, co. 1, d.lgs. 1.12.2009, n. 179, ha dichiarato indispensabile la permanenza in vigore di questo articolo.

72. Detenzione di meccanismi ed utensili preordinati alla lavorazione del tabacco.

È colpevole di contrabbando chiunque, senza l'autorizzazione dell'amministrazione dei monopoli, detiene meccanismi o utensili, che avuto riguardo alla persona del colpevole, al modo come gli oggetti sono rinvenuti o alle altre circostanze del fatto, debbono ritenersi preordinati alla lavorazione del tabacco [1].

(1) L'art. 1, co. 1, d.lgs. 1.12.2009, n. 179, ha dichiarato indispensabile la permanenza in vigore di questo articolo.

73. Altri casi di contrabbando.

Commette contrabbando chiunque, fuori dei casi preveduti negli articoli precedenti, sottrae in qualsiasi modo tabacchi al pagamento del diritto di monopolio ovvero del prezzo dovuto all'amministrazione dei monopoli [1].

(1) Articolo così modificato dall'art. 2, d.l. 18.12.1972, n. 787 convertito in l. 16.2.1973, n. 10. L'art. 1, co. 1, d.lgs. 1.12.2009, n. 179, ha, poi, dichiarato indispensabile la permanenza in vigore di questo articolo.

74. Equiparazione del delitto tentato a quello consumato.

Per il tentativo di contrabbando si applica la stessa pena stabilita per il reato consumato [1].

(1) L'art. 1, co. 1, d.lgs. 1.12.2009, n. 179, ha dichiarato indispensabile la permanenza in vigore di questo articolo.

Sezione II
Delle pene per il contrabbando

75. Multa proporzionale.

Fuori dei casi preveduti negli artt. 76, 77 e 79, il colpevole di contrabbando è punito:

1) (*Omissis*) [1];
2) con la multa di lire 12.500 a lire 25.000 quando il contrabbando ha per oggetto tabacco lavorato di qualunque specie e questo non supera il chilogramma: se lo supera, la pena è aumentata da lire 5.000 a lire 20.000 per ogni chilogramma in più [2];
3) (*Omissis*) [3].

La multa stabilita nel numero 2° è ridotta alla metà quando si tratta di prodotti derivati del tabacco o di succedanei del tabacco [4].

(1) Numero abrogato dall'art. 3, d.l. 30.11.1970, n. 870, convertito in l. 27.1.1971, n. 3.
(2) Importi quintuplicati secondo quanto previsto dall'art. 113, l. 24.11.1981, n. 689.
(3) Numero abrogato dall'art. 2, d.l. 18.12.1972, n. 787, convertito in l. 16.2.1973, n. 10.
(4) Articolo così sostituito dal d.lgs.lt. 24.4.1946, n. 401. L'art. 1, co. 1, d.lgs. 1.12.2009, n. 179, ha, poi, dichiarato indispensabile la permanenza in vigore di questo articolo.

76. Pena per l'alterazione e mescolanza dei generi di monopolio.

Nel caso di contrabbando preveduto nell'art. 71 il colpevole è punito con la multa da lire 25.000 a lire 125.000, senza pregiudizio delle pene stabilite da altre leggi [1].

(1) Articolo così sostituito dal d.lgs.lt. 24.4.1946, n. 401 e multa quintuplicata secondo quanto previsto dall'art. 113, l. 24.11.1981, n. 689. L'art. 1, co. 1, d.lgs. 1.12.2009, n. 179, ha, poi, dichiarato indispensabile la permanenza in vigore di questo articolo.

79. Pene per la detenzione di meccanismi ed utensili.

Chiunque detiene meccanismi o utensili che a termini dell'art. 72 debbono ritenersi preordinati alla lavorazione dei tabacchi è punito con la multa da lire 30.000 a lire 500.000 [1] [2].

(1) Multe quintuplicate secondo quanto previsto dall'art. 113, l. 24.11.1981, n. 689.
(2) L'art. 1, co. 1, d.lgs. 1.12.2009, n. 179, ha dichiarato indispensabile la permanenza in vigore di questo articolo.

80. Circostanze aggravanti del contrabbando.

Per i delitti di contrabbando la multa è aumentata da un terzo alla metà quando per commettere il contrabbando il colpevole:

1) sottopone i tabacchi a manipolazioni artificiose ovvero usa altri mezzi fraudolenti;
2) adopera mezzi di trasporto appartenenti a persona estranea al reato [1].

(1) L'art. 1, co. 1, d.lgs. 1.12.2009, n. 179, ha dichiarato indispensabile la permanenza in vigore di questo articolo.

81. Altre circostanze aggravanti.

Alla multa è aggiunta la reclusione da sei mesi a tre anni:

1) quando, nel commettere il reato o immediatamente dopo, il colpevole sia sorpreso a mano armata;
2) quando, nel commettere il reato o immediatamente dopo, tre o più persone colpevoli di contrabbando siano sorprese insieme riunite e in condizioni tali da frapporre ostacolo agli organi di polizia;
3) quando il fatto sia connesso con altro delitto contro la fede pubblica o contro la pubblica amministrazione;
4) quando il colpevole sia un associato per commettere delitti di contrabbando e il delitto commesso sia fra quelli per cui l'associazione è stata costituita [1].

(1) L'art. 1, co. 1, d.lgs. 1.12.2009, n. 179, ha dichiarato indispensabile la permanenza in vigore di questo articolo.

82. Recidiva nel contrabbando.

È punito, oltre che con la pena della multa, con la reclusione fino a sei mesi, colui che, dopo essere stato condannato per delitto di contrabbando preveduto da questa legge o da altra legge speciale, commette un altro delitto di contrabbando per il quale questa legge stabilisce la sola multa.

Se il recidivo in delitto di contrabbando preveduto da questa legge o da altra legge speciale commette un altro delitto di contrabbando, per il quale questa legge stabilisce la sola multa, la pena della reclusione comminata nella precedente disposizione è aumentata dalla metà ai due terzi.

In ogni altro caso la recidiva nel contrabbando è regolata dal Codice penale [1].

(1) L'art. 1, co. 1, d.lgs. 1.12.2009, n. 179, ha dichiarato indispensabile la permanenza in vigore di questo articolo.

Sezione III
Delle misure di sicurezza

83. Contrabbando abituale.

È dichiarato delinquente abituale in contrabbando chi riporta condanna per delitto di contrabbando preveduto da questa legge, dopo essere stato condannato per tre delitti di contrabbando preveduti da questa o da altra legge speciale, commessi entro dieci anni e non contestualmente, quando per alcuno di tali delitti sia *stata applicata la pena della reclusione* ovvero quando l'ammontare complessivo delle pene della multa per essi applicate non sia inferiore a lire 20.000 [1].

(1) L'art. 1, co. 1, d.lgs. 1.12.2009, n. 179, ha dichiarato indispensabile la permanenza in vigore di questo articolo.

84. Contrabbando professionale.

Chi, dopo aver riportato quattro condanne per delitto di contrabbando preveduto da questa legge o da altra legge speciale, riporta condanna per un altro delitto di contrabbando preveduto da questa legge è dichiarato delinquente professionale in contrabbando, qualora, avuto riguardo alla condotta e al genere di vita del colpevole ed alle altre circostanze indicate nel capoverso dell'articolo 133 del Codice penale, debba ritenersi che egli viva abitualmente, anche in parte soltanto, dei proventi del reato [1].

(1) L'art. 1, co. 1, d.lgs. 1.12.2009, n. 179, ha dichiarato indispensabile la permanenza in vigore di questo articolo.

85. Contrabbando abituale o professionale secondo il Codice penale.

Gli effetti della dichiarazione di abitualità e di professionalità nel contrabbando sono regolati dall'art. 109 del Codice penale.

Le disposizioni dei due articoli precedenti non pregiudicano l'applicazione degli artt. 102 e 105 del Codice penale, quando ricorrano le condizioni ivi prevedute [1].

(1) L'art. 1, co. 1, d.lgs. 1.12.2009, n. 179, ha dichiarato indispensabile la permanenza in vigore di questo articolo.

86. Libertà vigilata.

Quando per il delitto di contrabbando sia applicata la pena della reclusione superiore ad un anno è sempre ordinata la sottoposizione del condannato a libertà vigilata.

Ad assicurare l'esecuzione di tale misura concorre la Guardia di finanza [1].

(1) L'art. 1, co. 1, d.lgs. 1.12.2009, n. 179, ha dichiarato indispensabile la permanenza in vigore di questo articolo.

87. Delle misure di sicurezza patrimoniali: confisca.

Per i delitti preveduti in questo Capo è sempre ordinata la confisca delle cose che servirono o furono destinate a commettere il reato e delle cose che ne sono l'oggetto ovvero il prodotto o il profitto [1].

Se si tratta di mezzi di trasporto appartenenti a persona estranea al reato si applicano le disposizioni dell'art. 240 del Codice penale [2].

(1) La Corte costituzionale, con sentenza 17.7.1974, n. 229, ha dichiarato l'illegittimità costituzionale di questo comma, nella parte in cui, quanto alle cose che servirono o furono destinate a commettere il reato, impone la confisca anche nella ipotesi di appartenenza di esse a persone estranee al reato alle quali non sia imputabile un difetto di vigilanza.

(2) L'art. 1, co. 1, d.lgs. 1.12.2009, n. 179, ha dichiarato indispensabile la permanenza in vigore di questo articolo.

Capo II
Delle contravvenzioni

88. Attingimento di acque salse.

Asportazione di sabbia, di terre salifere, di acqua di mare. Chiunque, senza autorizzazione dell'amministrazione dei monopoli, attinge acqua dalle sorgenti o polle salse, è punito con l'ammenda da lire 7.500 a lire 30.000.

È punito con la stessa pena chiunque asporta acqua dal mare o sabbie marine o terre salifere senza l'osservanza delle norme stabilite nel regolamento [1].

(1) Articolo così sostituito dal d.lgs.lt. 24.4.1946, n. 401. L'art. 1, co. 1, d.lgs. 1.12.2009, n. 179, ha, poi, dichiarato indispensabile la permanenza in vigore di questo articolo.

89. Bagnatura dei generi di monopolio.

Il ricevitore, il magazziniere, la persona autorizzata alla vendita al pubblico dei generi di monopolio, il conduttore o l'appaltatore di trasporti, il quale sottopone a bagnatura il sale o il tabacco è punito con l'ammenda da lire 30.000 a lire 300.000, senza pregiudizio delle pene stabilite da altre leggi [1].

(1) Articolo così sostituito dal d.lgs.lt. 24.4.1946, n. 401. Se si tratta di tabacco l'ammenda va decuplicata a norma dell'art. 9, l. 3.1.1951, n. 27. L'art. 1, co. 1, d.lgs. 1.12.2009, n. 179, ha, poi, dichiarato indispensabile la permanenza in vigore di questo articolo.

90. Mancanza di sale nei trasporti marittimi.

Nei trasporti marittimi di sale eseguiti a norma degli artt. 37 e 38 se all'arrivo della nave si riscontra che le stive non si trovano in condizioni di perfetta chiusura o si constata effrazione od alterazione dei piombi o suggelli, il comandante della nave è punito per ogni chilogrammo di sale mancante, oltre il calo del 2 per cento, con l'ammenda non inferiore all'ammontare del prezzo di vendita al pubblico e non superiore al triplo dell'ammontare stesso [1].

(1) L'art. 1, co. 1, d.lgs. 1.12.2009, n. 179, ha dichiarato indispensabile la permanenza in vigore di questo articolo.

91. Mancanza di sale nei magazzini doganali di proprietà privata.

Quando nel sale custodito in magazzini doganali di proprietà privata, si accerta una mancanza che superi il calo del 2 per cento, il concessionario del magazzino è punito, per ogni chilogrammo di sale mancante, oltre il detto calo, con l'ammenda non inferiore all'ammontare del prezzo di vendita al pubblico del sale custodito e non superiore al doppio dell'ammontare stesso [1].

(1) L'art. 1, co. 1, d.lgs. 1.12.2009, n. 179, ha dichiarato indispensabile la permanenza in vigore di questo articolo.

92. Mancanza di tabacco in confronto delle quantità indicate nel manifesto.

Il comandante della nave con carico di tabacco, qualora si trovi differenza in più o in meno nel numero dei colli di tabacco, in confronto del manifesto, è punito con l'ammenda da lire 100.000 a lire 250.000 se trattasi di tabacco lavorato [1].

Agli effetti della determinazione della ammenda, il peso dei colli mancanti è calcolato in relazione al peso massimo degli altri colli di tabacco componenti il carico, quando non se ne possa stabilire il peso effettivo [2].

(1) Comma così modificato dall'art. 3, d.l. 30.11.1970, n. 870, convertito in l. 27.1.1971, n. 3.

(2) Articolo così sostituito dal d.lgs.lt. 24.4.1946, n. 401. La sanzione pecuniaria è stata, poi, così aumentata dall'art. 9, l. 3.1.1951, n. 27. L'art. 1, co. 1, d.lgs. 1.12.2009, n. 179, ha, infine, dichiarato indispensabile la permanenza in vigore di questo articolo.

93. Differenza di peso o di qualità nella dichiarazione di tabacco.

Chiunque dichiara, per l'introduzione di tabacchi nel territorio del Regno soggetto a monopolio, una quantità minore di quella accertata nella visita, è punito, se la differenza oltrepassa il 5 per cento del peso dichiarato, con l'ammenda da lire 100.000 a lire 150.000 se si tratta di tabacco lavorato [1].

Chiunque dichiara una qualità di tabacchi lavorati diversa da quella presentata è punito con la pena dell'ammenda da lire 25.000 a lire 200.000 per ogni chilogrammo di tabacco diversamente dichiarato [2].

(1) Comma così modificato dall'art. 3, d.l. 30.11.1970, n. 870, convertito in l. 27.1.1971, n. 3.

(2) Articolo così sostituito dal d.lgs.lt. 24.4.1946, n. 401. La sanzione pecuniaria è stata, poi, così aumentata dall'art. 9, l. 3.1.1951, n. 27. L'art. 1, co. 1, d.lgs. 1.12.2009, n. 179, ha, infine, dichiarato indispensabile la permanenza in vigore di questo articolo.

94. Omessa dichiarazione di tabacchi lavorati da parte di viaggiatori.

Il viaggiatore, il quale omette di dichiarare alla dogana i tabacchi lavorati, che importa per suo uso personale, è punito coll'ammenda da lire 12.500 a lire 100.000, qualora la quantità importata non sia superiore a un chilogrammo.

Questa disposizione non si applica quando la quantità importata non supera i trenta grammi [1].

(1) Articolo così sostituito dal d.lgs.lt. 24.4.1946, n. 401. La sanzione pecuniaria è stata, poi, così aumentata dall'art. 9, l. 3.1.1951, n. 27. L'art. 1, co. 1, d.lgs. 1.12.2009, n. 179, ha, infine, dichiarato indispensabile la permanenza in vigore di questo articolo.

95. Trasporto di sale e tabacco in transito.

Qualora nei trasporti di sali o di tabacchi in transito, autorizzato a norma degli artt. 32 e 61, si verifichino le ipotesi prevedute nell'articolo 120 della legge doganale 25 settembre 1940, n. 1424, lo speditore è punito con l'ammenda da lire 4.000 a lire 15.000 al quintale, se si tratta di sale; da lire 2.500 a lire 50.000 per chilogrammo se si tratta di prodotti derivati del tabacco; da lire 5000 a lire 100.000 al chilogrammo, se si tratta di tabacco lavorato. In ogni caso la pena dell'ammenda non può essere inferiore a lire 4.000 [1].

Qualora si verifichino le ipotesi prevedute nell'art. 121 della predetta legge, lo speditore è punito con l'ammenda da lire 3.000 a lire 25.000 al quintale, se si tratta di sale; da lire 50.000 a lire 150.000 a chilogrammo, se si tratta di prodotti derivati del tabacco; da lire 70.000 a lire 300.000 a chilogrammo, se si tratta di tabacco lavorato [1] [2].

(1) Comma così modificato dall'art. 3, d.l. 30.11.1970, n. 870, convertito in l. 27.1.1971, n. 3.

(2) Articolo così sostituito dal d.lgs. c.p.s. 23.8.1946, n. 110. Per quanto riguarda il tabacco, le sanzioni sono state poi decuplicate dall'art. 9, l. 3.1.1951, n. 27. L'art. 1, co. 1, d.lgs. 1.12.2009, n. 179, ha, infine, dichiarato indispensabile la permanenza in vigore di questo articolo.

96. Vendita di generi di monopolio senza autorizzazione ad acquisto da persone non autorizzate alla vendita.

Chiunque, senza autorizzazione dell'amministrazione dei monopoli, vende o pone in vendita generi di monopolio è punito con l'ammenda da lire 1.500 a lire 7.500, se trattasi di sali; da lire 5.000 a lire 25.000 se trattasi di tabacchi [(1)].

Chiunque acquista generi di monopolio da persona non autorizzata alla vendita è punito con l'ammenda da lire 1.000 a lire 5.000 [(2)].

(1) A norma dell'art. 2 d.lgs. 7.5.1948, n. 726, come modificato dall'art. 113, l. 24.11.1981, n. 689, nel caso previsto dal presente comma la pena è dell'arresto fino ad un anno e dell'ammenda fino a l. 25000 se trattasi di tabacchi.

(2) Articolo così sostituito dal d.lgs.lt. 24.4.1946, n. 401. Per quanto riguarda i tabacchi, le sanzioni vanno decuplicate. L'art. 1, co. 1, d.lgs. 1.12.2009, n. 179, ha, poi, dichiarato indispensabile la permanenza in vigore di questo articolo.

97. Fabbricazione non autorizzata di tabacchi lavorati nei territori non soggetti a monopolio.

Chiunque, senza l'autorizzazione prescritta dall'art. 47, fabbrica, nei territori [del Regno] [(1)] non soggetti a monopolio, tabacchi lavorati, è punito con l'ammenda da lire 25.000 a lire 250.000.

Accertata la contravvenzione, si procede alla chiusura della fabbrica, con l'intervento di un ufficiale di polizia tributaria [(2)].

(1) Dello Stato.

(2) L'art. 1, co. 1, d.lgs. 1.12.2009, n. 179, ha dichiarato indispensabile la permanenza in vigore di questo articolo.

98. Fabbricazione, importazione e vendita nei territori non soggetti a monopolio di tabacchi similari a quelli del monopolio.

Chiunque nei territori non soggetti a monopolio fabbrica, importa o vende tabacchi similari a quelli del monopolio, in violazione della disposizione dello articolo 47, è punito con l'ammenda da lire 25.000 a lire 250.000.

Accertata la contravvenzione l'amministrazione dei monopoli ordina la sospensione della fabbricazione dei prodotti ritenuti similari.

Divenuto definitivo ai sensi dell'art. 47 il provvedimento sulla dichiarazione di similarità, la amministrazione può ordinare la chiusura della fabbrica, lo scondizionamento, il disfacimento e la costruzione dei prodotti [(1)].

(1) L'art. 1, co. 1, d.lgs. 1.12.2009, n. 179, ha dichiarato indispensabile la permanenza in vigore di questo articolo.

99. Inosservanza di prescrizioni stabilite a tutela del monopolio del sale.

È punito con l'ammenda da lire 4.000 a lire 30.000 chiunque viola le norme di questa legge, stabilite:

1) per la produzione, la fabbricazione e la preparazione dei sali, nei casi in cui queste operazioni siano state autorizzate dall'amministrazione;
2) per l'introduzione, ad uso delle industrie, dei sali dalle isole italiane escluse dal monopolio;
3) per l'introduzione e il deposito dei sali nei punti franchi;
4) (*Omissis*) [(1)];
5) (*Omissis*) [(2)] [(3)].

(1) Numero abrogato dall'art. 2, d.l. 18.12.1972, n. 787, convertito in l. 16.2.1973, n. 10.

(2) Numero abrogato dall'art. 4, l. 6.10.1978, n. 636.

(3) L'art. 1, co. 1, d.lgs. 1.12.2009, n. 179, ha dichiarato indispensabile la permanenza in vigore di questo articolo.

100. Inosservanza di prescrizioni stabilite a tutela del monopolio dei tabacchi.

È punito con l'ammenda da lire 30.000 a lire 500.000 chiunque viola le norme di questa legge, stabilite:

1) per l'introduzione o il deposito dei tabacchi nei punti franchi;
2) (*Omissis*) [(1)];
3) per la costruzione di meccanismi e utensili preordinati alla lavorazione del tabacco;
4) per il trasporto, il deposito o la detenzione dei tabacchi lavorati nei casi preveduti nell'art. 57 [(2)].

(1) Numero abrogato dall'art. 3, d.l. 30.11.1970, n. 870, convertito in l. 27.1.1971, n. 3.

(2) Articolo così sostituito dal d.lgs.lgt. 24.4.1946, n. 401. L'art. 1, co. 1, d.lgs. 1.12.2009, n. 179, ha, poi, dichiarato indispensabile la permanenza in vigore di questo articolo.

101. Violazioni per cui non è stabilita una speciale pena.

Per qualunque violazione delle norme di questa legge per la quale nella legge stessa non è stabilita la pena si applica l'ammenda da lire 5.000 a lire 15.000 [(1)].

(1) Articolo così sostituito dal d.lgs.lt. 24.4.1946, n. 401. Se la violazione riguarda il tabacco, le sanzioni vanno decuplicate ai sensi dell'art. 9, l. 3.1.1951, n. 27. L'art. 1, co. 1, d.lgs. 1.12.2009, n. 179, ha, poi, dichiarato indispensabile la permanenza in vigore di questo articolo.

105. Obbligazione civile in dipendenza di delitti di contrabbando.

Quando il delitto di contrabbando sia commesso sulle navi, sugli aeromobili, sui veicoli di qualsiasi genere, nelle stazioni, sui treni, negli stabilimenti industriali e commerciali, negli esercizi pubblici o in altri luoghi aperti al pubblico, il comandante della nave o dell'aeromobile, il vettore, il capostazione, il capotreno, l'ente o la persona da cui dipende il servizio o lo stabilimento, l'esercente o il proprietario, sono rispettivamente tenuti al pagamento di una somma pari all'ammontare della multa inflitta, se il condannato sia persona da essi dipendente o sottoposta alla loro autorità, direzione o vigilanza e risulti insolvibile.

Le persone e gli enti suddetti sono inoltre solidalmente responsabili coi condannati per il pagamento dei diritti dovuti.

Le precedenti disposizioni non si applicano:

1) quando il condannato sia persona dipendente dallo Stato, da una Provincia o da un Comune, o sia sottoposto alla loro autorità, direzione o vigilanza;
2) ai soprastanti all'esercizio di trasporti per i delitti di contrabbando commessi dai viaggiatori [(1)].

(1) L'art. 1, co. 1, d.lgs. 1.12.2009, n. 179, ha dichiarato indispensabile la permanenza in vigore di questo articolo.

106. Solidarietà di enti e privati. Conversione della pena.

Per il pagamento della somma indicata nell'articolo precedente sono obbligati solidalmente il comandante della nave con l'armatore, il comandante dell'aeromobile con la società di navigazione o col proprietario dell'apparecchio, il capostazione e il capotreno, per le linee gestite dall'industria privata, con la società concessionaria.

Qualora anche le persone e gli enti menzionati in questo articolo e nel precedente quali obbligati civilmente per il pagamento della multa risultino insolvibili, si procede contro il condannato alla conversione della pena della multa in quella della reclusione, secondo le norme del Codice penale.

Si osservano, in quanto siano applicabili, le disposizioni della L. 7 gennaio 1929, n. 4, e quelle del Codice di procedura penale relativa alla citazione ed all'intervento delle persone o degli enti civilmente obbligati per le ammende inflitte a persone dipendenti [(1)].

(1) L'articolo 1, co. 1, d.lgs. 1.12.2009, n. 179, ha dichiarato indispensabile la permanenza in vigore del presente articolo.

107. Obbligazione civile in dipendenza di contravvenzioni.

Ai fini dell'applicazione dell'articolo 9 della L. 7 gennaio 1929, n. 4, le persone rivestite dell'autorità o incaricate della direzione o vigilanza sono tenute a far osservare dai loro dipendenti le disposizioni di questa legge per la cui violazione è stabilita la pena dell'ammenda [(1)].

(1) L'art. 1, co. 1, d.lgs. 1.12.2009, n. 179, ha dichiarato indispensabile la permanenza in vigore di questo articolo.

108. Casi di arresto.

Oltre a quanto è disposto dal Codice di procedura penale sulla libertà personale, l'imputato di un reato preveduto in questa legge è arrestato quando non è nota la sua identità, ovvero quando si tratta di straniero che non dà idonea cauzione o malleveria per il pagamento delle multe o delle ammende [(1)].

La liberazione non può essere ordinata fino a che la identità personale dell'imputato non è stata accertata o, trattandosi di straniero, fino a che questi non ha prestato la cauzione o la malleveria. Tuttavia la detenzione del colpevole non può superare il massimo della pena stabilita dalla legge se si tratta di delitto o di tre mesi se si tratta di contravvenzione. Quando debba essere scarcerato ne è dato avviso all'autorità di pubblica sicurezza [(2)].

I provvedimenti relativi alla liberazione dello arrestato spettano al Procuratore [del Re Imperatore] [(3)] presso il Tribunale nella cui circoscrizione il reato è stato accertato, se alla scarcerazione non debba provvedere altra autorità giudiziaria a norma del Codice di procedura penale.

L'amministrazione dei monopoli, le dogane e l'Intendente di finanza hanno l'obbligo di comunicare d'urgenza al procuratore del Re Imperatore qualsiasi circostanza o qualsiasi atto o provvedimento che possa influire sullo stato di detenzione dell'imputato [(4)].

(1) La Corte costituzionale, con sent. 18.7.1983, n. 215, ha dichiarato l'illegittimità costituzionale di questo comma, limitatamente alle parole "ovvero quando si tratta di straniero che non dà idonea cauzione o malleveria per il pagamento delle multe o delle ammende"

(2) La Corte costituzionale, con sent. 18.7.1983, n. 215, ha dichiarato l'illegittimità costituzionale di questo comma, limitatamente alle parole "o, trattandosi di straniero, fino a che questi non ha presentato la cauzione o la malleveria".

(3) Della Repubblica.

(4) L'art. 1, co. 1, d.lgs. 1.12.2009, n. 179, ha dichiarato indispensabile la permanenza in vigore di questo articolo.

109. Trasporto restituzione o vendita delle cose sequestrate.

A cura degli ufficiali o degli agenti della polizia tributaria, i generi, gli attrezzi, gli utensili o i meccanismi, i mezzi di trasporto ed in generale le cose che sono il prodotto del reato o che con questo hanno in qualsiasi modo relazione sono portati per la custodia al più vicino deposito generi di monopolio o alla più vicina dogana.

Quando in prossimità del luogo dove è stato accertato il reato non vi è un deposito o un ufficio di dogana, gli oggetti sopra indicati sono portati al più vicino magazzino di vendita di generi di monopolio.

Se vi è pericolo di deperimento o la custodia è difficile o dispendiosa, il deposito o la dogana può procedere, previa autorizzazione del giudice competente a conoscere del reato, alla vendita in via amministrativa, per incanto, delle cose sequestrate, eccettuati i surrogati del tabacco e gli utensili e i meccanismi preordinati alla lavorazione del tabacco.

In ogni caso i generi di monopolio debbono essere inviati, a cura del deposito ovvero della dogana alla più vicina manifattura dei tabacchi. Essi si considerano soggetti a deperimento e sono devoluti all'Amministrazione dei monopoli, previo accreditamento del prezzo a favore degli aventi diritto secondo le norme da stabilire nel regolamento.

È data facoltà all'Amministrazione dei monopoli di alienare a trattativa privata, per il consumo fuori della linea doganale, i generi alla stessa devoluti ai sensi del precedente comma.

Anche i mezzi di trasporto saranno venduti dai predetti organi mediante pubblica gara e con accreditamento del prezzo a favore degli aventi diritto previo nulla osta del giudice competente. Il nulla osta potrà essere negato soltanto se il mantenimento del sequestro sia strettamente necessario ai fini dell'accertamento del reato.

Tra gli aventi diritto di cui al precedente comma sono compresi l'Amministrazione dei monopoli, ove venga pronunciata confisca, fino al reintegro degli oneri sostenuti per il trasporto e la custodia, e successivamente i creditori privilegiati estranei al reato, qualora si tratti di autoveicolo gravato da privilegi iscritti anteriormente al sequestro, fino all'ammontare del credito accertato dal giudice competente. Detti privilegi si estinguono per effetto del trasferimento e la loro cancellazione è ordinata giudizialmente.

Per la restituzione delle cose sequestrate si applicano le norme del codice di procedura penale.

I mezzi di trasporto con caratteristiche particolarmente adatte al contrabbando debbono essere ridotti in modo da non più prestarsi alla frode.

In ogni caso l'Amministrazione dei monopoli non è responsabile delle avarie e dei deperimenti naturali delle cose custodite a norma delle disposizioni precedenti, né dei casi di forza maggiore [1].

(1) Articolo così sostituito dall'art. unico, l. 21.7.1978, n. 415. L'art. 1, co. 1, d.lgs. 1.12.2009, n. 179, ha, poi, dichiarato indispensabile la permanenza in vigore di questo articolo.

110. Estinzione dei delitti di contrabbando punibili con la sola multa.

Per i delitti di contrabbando punibili con la sola pena della multa l'amministrazione dei monopoli può consentire che il colpevole effettui il pagamento di una somma da determinare dai propri organi, entro i limiti minimo e massimo stabiliti dalla legge.

Nell'esercizio della facoltà consentita dalla disposizione precedente l'amministrazione ha riguardo all'entità del fatto e alla personalità del colpevole.

Il pagamento della somma anzidetta estingue il reato, ma non impedisce la applicazione della confisca la quale è disposta con provvedimento dell'amministrazione dei monopoli.

Per i delitti di contrabbando aventi per oggetto generi di monopolio di provenienza estera si osservano le disposizioni dell'art. 141 della legge doganale 25 settembre 1940, n. 1424 [1].

(1) L'art. 1, co. 1, d.lgs. 1.12.2009, n. 179, ha dichiarato indispensabile la permanenza in vigore di questo articolo.

111. Invio dei processi verbali all'amministrazione dei monopoli.

Per l'applicazione delle norme contenute nel precedente articolo, il processo verbale, è trasmesso, a cura del pubblico ufficiale che lo ha redatto, all'amministrazione dei monopoli. Questa, qualora ritenga che può ammettersi il pagamento, prefigge al denunciato un termine perentorio, non inferiore a trenta giorni, né superiore a sessanta, entro il quale il pagamento deve essere effettuato. Trascorso tale termine senza che il pagamento sia stato eseguito, l'amministrazione dei monopoli invia il processo verbale all'intendente di finanza il quale, entro trenta giorni dal ricevimento, lo trasmette al Procuratore [del Re] [1] con le osservazioni che ritiene opportune [1] [2].

(1) Della Repubblica.
(2) L'art. 1, co. 1, d.lgs. 1.12.2009, n. 179, ha dichiarato indispensabile la permanenza in vigore di questo articolo.

112. Riscossione delle multe, delle ammende e delle spese. Vendita delle cose confiscate e sequestrate.

Gli stessi contabili provvedono altresì alla vendita all'incanto delle cose confiscate, osservate le norme del regolamento. [1]

Gli altri oggetti che, dopo la chiusura del procedimento, devono restare sequestrati a garanzia del pagamento dei diritti di monopolio, delle multe, delle ammende e delle spese, sono venduti all'incanto dagli organi dell'amministrazione indicati nel comma precedente.

Gli oggetti predetti sono restituiti agli aventi diritto qualora prima della vendita sia effettuato il pagamento dei diritti, delle pene e delle spese [2].

(1) Comma modificato dall'art. 299, d.P.R. 30.5.2002, n. 115, a decorrere dal 1.7.2002.
(2) L'art. 1, co. 1, d.lgs. 1.12.2009, n. 179, ha dichiarato indispensabile la permanenza in vigore di questo articolo.

113. Ripartizione delle multe e delle ammende.

Per la ripartizione dei proventi delle multe e delle ammende si osservano le disposizioni della legge doganale [1].

(1) L'art. 1, co. 1, d.lgs. 1.12.2009, n. 179, ha dichiarato indispensabile la permanenza in vigore di questo articolo.

114. Deroga legislativa espressa.

Le disposizioni degli artt. 74, 82, 83, 84, 86 e 87 sono stabilite in deroga, rispettivamente, agli artt. 56, 99, 102, 105, 229, n. 1, e 240 del Codice penale.

Gli artt. 105 e 106 sono stabiliti in deroga agli artt. 196 e 197 del Codice penale e degli artt. 9 e 10 della L. 7 gennaio 1929, n. 4: l'art. 113 in deroga agli artt. 24 e 26 del Codice penale.

La sanzione preveduta nell'art. 102 è stabilita in aggiunta a quelle indicate negli artt. 3, 5 e 6 della L. 7 gennaio 1929, n. 4 [1].

(1) L'art. 1, co. 1, d.lgs. 1.12.2009, n. 179, ha dichiarato indispensabile la permanenza in vigore di questo articolo.

2. L. 3 gennaio 1951, n. 27. – Modificazioni alla legge 17 luglio 1942, n. 907, sul monopolio dei [sali e] tabacchi (*artt. 1-9*) (1) (2)

In Gazzetta Ufficiale 2 febbraio 1951, n. 27

(1) A partire dal 1.1.1999 ogni sanzione pecuniaria penale o amministrativa espressa in lire nel presente provvedimento si intende espressa anche in euro secondo il tasso di conversione irrevocabilmente fissato dal Trattato CE. A decorrere dal 1.1.2002 ogni sanzione penale o amministrativa espressa in lire nel presente provvedimento è tradotta in euro secondo il tasso di conversione irrevocabilmente fissato dal Trattato CE. Se da questa operazione deriva un risultato espresso anche in decimali, la cifra è arrotondata eliminando i decimali (art. 51, d.lgs. 24.12.1998, n. 213).
(2) L'art. 1, co. 1, d.lgs. 1.12.2009, n. 179, ha dichiarato indispensabile la permanenza in vigore di questo decreto, limitatamente agli artt. 1, co. 1, n. 1, 2 e 3; 2-4; 5, co. 1, co. 2, n. 1; 6-13.

Capo I
Pene per il contrabbando

1. Multa per la fabbricazione, preparazione, vendita, introduzione, trasporto, deposito, detenzione, esportazione, lavorazione e alterazione del tabacco.

Nei casi di contrabbando di tabacco preveduti dagli artt. 64, nn. 3 e 5; 65; 66; 67, n. 1; 68; 71 e 73 della L. 17 luglio 1942, n. 907, il colpevole è punito:

1) con la multa da lire 150.000 a lire 450.000 per ogni chilogrammo, quando il contrabbando ha per oggetto tabacco lavorato di qualunque specie (1) (2);

2) (*Omissis*) (3).

La multa è ridotta da un terzo alla metà quando la quantità del tabacco oggetto del contrabbando non supera i grammi cinquecento (4).

Agli effetti di questo articolo si considera tabacco lavorato anche il tabacco greggio che sia stato sottoposto a trinciatura o a qualsiasi altra lavorazione o manipolazione (5).

3) (*Omissis*) (6).

(1) Importi quintuplicati secondo quanto previsto dall'art. 113, l. 24.11.1981, n. 689.
(2) L'art. 1, co. 1, d.lgs. 1.12.2009, n. 179, ha dichiarato indispensabile la permanenza in vigore del presente numero.
(3) Numero abrogato dall'art. 3, d.l. 30.11.1970, n. 870, convertito in l. 27.1.1971, n. 3.
(4) L'art. 1, co. 1, d.lgs. 1.12.2009, n. 179, ha dichiarato indispensabile la permanenza in vigore di questo comma.
(5) L'art. 1, co. 1, d.lgs. 1.12.2009, n. 179, ha dichiarato indispensabile la permanenza in vigore di questo comma.
(6) Comma abrogato dall'art. 8, l. 10.12.1975, n. 724.

2. Multa per la fabbricazione o preparazione di prodotti derivati dal tabacco e per la vendita di succedanei del tabacco.

Nei casi preveduti dall'art. 64, nn. 4 e 6, della L. 17 luglio 1942, n. 907, il colpevole è punito con la multa da lire 75.000 a lire 225.000 per ogni chilogrammo di genere oggetto del contrabbando (1) (2).

(1) Importi quintuplicati secondo quanto previsto dall'art. 113, l. 24.11.1981, n. 689.
(2) L'art. 1, co. 1, d.lgs. 1.12.2009, n. 179, ha dichiarato indispensabile la permanenza in vigore di questo articolo.

3. Multa per la detenzione di meccanismi preordinati alla fabbricazione dei manufatti di tabacco.

È decuplicata la multa stabilita dall'art. 79 della legge 17 luglio 1942, n. 907, e successivamente aumentata a norma del decreto legislativo luogotenenziale 24 aprile 1946, n. 401 (1) (2).

(1) Articolo sostituito dall'art. 3, d.l. 30.11.1970, n. 870, come modificato dalla l. 27.7.1971, n. 3, in sede di conversione.
(2) L'art. 1, co. 1, d.lgs. 1.12.2009, n. 179, ha dichiarato indispensabile la permanenza in vigore di questo articolo.

4. Reclusione e multa in rapporto alla entità del reato.

Il colpevole è punito con la reclusione fino a due anni e con la multa stabilita dai precedenti articoli, quando, nei casi di contrabbando preveduti dall'art. 1, la quantità del tabacco supera i chilogrammi 15 (1) (2).

(1) Articolo così modificato dall'art. 3, d.l. 30.11.1970, n. 870, convertito in l. 27.7.1971, n. 3.
(2) L'art. 1, co. 1, d.lgs. 1.12.2009, n. 179, ha dichiarato indispensabile la permanenza in vigore di questo articolo.

5. Obbligo del pagamento dei diritti di monopolio.

Salvo il caso in cui il tabacco oggetto del contrabbando sia stato sequestrato, o le piante siano state distrutte a norma dell'art. 78 della L. 17 luglio 1942, n. 907, il pagamento della multa non esime il colpevole dall'obbligo del pagamento dei diritti di monopolio (1).

Questi sono commisurati:

1) se trattasi di tabacco lavorato, al prezzo di tariffa per il pubblico, dedotto l'aggio di rivendita, del corrispondente tipo di prodotto, o prodotto similare, messo in vendita dall'amministrazione (2);

2) (*Omissis*) (3) (4).

(1) L'art. 1, co. 1, d.lgs. 1.12.2009, n. 179, ha dichiarato indispensabile la permanenza in vigore di questo comma.
(2) L'art. 1, co. 1, d.lgs. 1.12.2009, n. 179, ha dichiarato indispensabile la permanenza in vigore del presente numero.
(3) Numero abrogato dall'art. 3, d.l. 30.11.1970, n. 870, convertito in l. 27.7.1971, n. 3.
(4) L'art. 1, co. 1, d.lgs. 1.12.2009, n. 179, ha dichiarato indispensabile la permanenza in vigore della presente legge.

6. Contrabbando aggravato.

Nelle ipotesi previste dall'art. 81 della L. 17 luglio 1942, n. 907, qualora il contrabbando abbia per oggetto tabacco, e questo non superi i chilogrammi 15, il colpevole è punito con la reclusione fino a due anni e con la multa stabilita dai precedenti articoli.

La pena della reclusione è da tre mesi a quattro anni se la quantità del tabacco è superiore ai chilogrammi 15 oltre la multa (1).

(1) L'art. 1, co. 1, d.lgs. 1.12.2009, n. 179, ha dichiarato indispensabile la permanenza in vigore di questo articolo.

7. Recidiva in contrabbando.

Nei casi preveduti dall'art. 82 della L. 17 luglio 1942, n. 907, le pene stabilite dalla presente legge sono aumentate a norma del Codice penale [1].

(1) L'art. 1, co. 1, d.lgs. 1.12.2009, n. 179, ha dichiarato indispensabile la permanenza in vigore di questo articolo.

Capo II
Pene per le contravvenzioni

8. Arresto e ammenda in rapporto alla entità del reato, per la vendita di tabacco senza autorizzazione od acquisto da persone non autorizzate alla vendita.

Il colpevole del reato previsto dall'art. 96, primo comma, della L. 17 luglio 1942, n. 907, quando abbia per oggetto tabacco, è punito con l'ammenda da lire 50.000 a lire 125.000 [1].

È punito con l'ammenda da lire 10.000 a lire 25.000 il colpevole del reato previsto dal secondo comma del medesimo articolo, sempreché abbia per oggetto il tabacco [1].

L'ammenda è ridotta da un terzo alla metà quando, nel caso preveduto dal primo capoverso di questo articolo, la quantità del tabacco non supera i grammi 250, e nel caso del secondo capoverso non supera i grammi 500.

Qualora la quantità del tabacco venduto o posto in vendita sia superiore a chilogrammi 5 e quella del tabacco acquistato sia superiore a chilogrammi 10, il colpevole è punito con l'arresto fino a un anno e con l'ammenda rispettivamente indicata nel primo e secondo comma del presente articolo [2].

(1) Importi quintuplicati secondo quanto previsto dall'art. 113, l. 24.11.1981, n. 689.
(2) L'art. 1, co. 1, d.lgs. 1.12.2009, n. 179, ha dichiarato indispensabile la permanenza in vigore di questo articolo.

9. Ammenda per le altre contravvenzioni.

Le ammende stabilite dagli artt. 89, 92, 93, 94, 95, 97, 98, 100 e 101 della L. 17 luglio 1942, n. 907, aumentate a norma del D.Lgs.Lgt. 24 aprile 1946, n. 401, e del D.Lgs.CPS 23 agosto 1946, n. 110, sono decuplicate se il reato riguarda tabacco [1].

(1) L'art. 1, co. 1, d.lgs. 1.12.2009, n. 179, ha dichiarato indispensabile la permanenza in vigore di questo articolo.

3. D.P.R. 23 gennaio 1973, n. 43. – Approvazione del testo unico delle disposizioni legislative in materia doganale *(artt. 282-301, 334)* [1] [2] [3] [4] [5] [6]

In Gazzetta Ufficiale 28 marzo 1973, n. 80, S.O.

(1) Il riferimento all'"Intendente/Intendenza di finanza" è da intendersi fatto al/alla "Direttore/Direzione regionale delle entrate".
(2) L'art. 26, co. 1, d.lgs. 18.12.1997, n. 472, rubricato "abolizione della soprattassa e della pena pecuniaria", ha previsto che: «*1. Il riferimento alla soprattassa e alla pena pecuniaria, nonché ad ogni altra sanzione amministrativa, ancorché diversamente denominata, contenuto nelle leggi vigenti, è sostituito con il riferimento alla sanzione pecuniaria, di uguale importo.*
2. I riferimenti contenuti nelle singole leggi di imposta a disposizioni abrogate si intendono effettuati agli istituti e alle previsioni corrispondenti risultanti dal presente decreto.
3. Salvo diversa espressa previsione, i procedimenti di irrogazione delle sanzioni disciplinati nel presente decreto si applicano all'irrogazione di tutte le sanzioni tributarie non penali.».
(3) Con d.lgs. 31.3.1998, n. 143 sono state dettate norme di riordino del commercio con l'estero in attuazione delle disposizioni di cui all'art. 4, co. 4, lett. c), e dell'art. 11, l. 15.3.1997, n. 59.
(4) A partire dal 1.1.1999 ogni sanzione pecuniaria penale o amministrativa espressa in lire nel presente provvedimento si intende espressa anche in euro secondo il tasso di conversione irrevocabilmente fissato dal Trattato CE. A decorrere dal 1.1.2002 ogni sanzione penale o amministrativa espressa in lire nel presente provvedimento è tradotta in euro secondo il tasso di conversione irrevocabilmente fissato dal Trattato CE. Se da questa operazione deriva un risultato espresso anche in decimali, la cifra è arrotondata eliminando i decimali (art. 51, d.lgs. 24.12.1998, n. 213).
(5) A decorrere dalla data di nomina del primo governo costituito a seguito delle prime elezioni politiche successive all'entrata in vigore del d.lgs. 30.7.1999, n. 300, le prefetture sono trasformate in uffici territoriali del governo; il prefetto preposto a tale ufficio nel capoluogo della regione assume anche le funzioni di commissario del governo (art. 11, d.lgs. n. 300/1999).
(6) I riferimenti al Ministro/Ministero di Grazia e Giustizia devono attualmente intendersi al Ministro/Ministero della giustizia (d.P.R. 13.9.1999).

Titolo VII
Violazioni doganali

Capo I
Contrabbando

282. Contrabbando nel movimento delle merci attraverso i confini di terra e gli spazi doganali.

È punito con la multa non minore di due e non maggiore di dieci volte i diritti di confine dovuti chiunque:

a) introduce merci estere attraverso il confine di terra in violazione delle prescrizioni, divieti e limitazioni stabiliti a norma dell'articolo 16;
b) scarica o deposita merci estere nello spazio intermedio tra la frontiera e la più vicina dogana;
c) è sorpreso con merci estere nascoste sulla persona o nei bagagli o nei colli o nelle suppellettili o fra merci di altro genere od in qualunque mezzo di trasporto, per sottrarle alla visita doganale;
d) asporta merci dagli spazi doganali senza aver pagato i diritti dovuti o senza averne garantito il pagamento, salvo quanto previsto nell'art. 90;

e) porta fuori del territorio doganale, nelle condizioni prevedute nelle lettere precedenti, merci nazionali o nazionalizzate soggette a diritti di confine;
f) detiene merci estere, quando ricorrano le circostanze prevedute nel secondo comma dell'articolo 25 per il delitto di contrabbando [1].

(1) Secondo quanto previsto dall'art. 1, co. 1, d.lgs. 15.1.2016, n. 8, sono depenalizzate tutte le violazioni per le quali è prevista la sola pena della multa o dell'ammenda e, pertanto, soggette alla sanzione amministrativa del pagamento di una somma di denaro.

283. Contrabbando nel movimento delle merci nei laghi di confine.

È punito con la multa non minore di due e non maggiore di dieci volte i diritti di confine dovuti il capitano:
a) che introduce attraverso il lago Maggiore o il lago di Lugano nei bacini di Porlezza, merci estere senza presentarle ad una delle dogane nazionali più vicine al confine, salva l'eccezione preveduta nel terzo comma dell'articolo 102;
b) che, senza il permesso della dogana, trasportando merci estere con navi nei tratti del lago di Lugano in cui non sono dogane, rasenta le sponde nazionali opposte a quelle estere o getta l'ancora o sta alla cappa ovvero comunque si mette in comunicazione con il territorio doganale dello Stato, in modo che sia agevole lo sbarco o l'imbarco delle merci stesse, salvo casi di forza maggiore.

Con la stessa pena è punito chiunque nasconde nella nave merci estere allo scopo di sottrarle alla visita doganale [1].

(1) Secondo quanto previsto dall'art. 1, co. 1, d.lgs. 15.1.2016, n. 8, sono depenalizzate tutte le violazioni per le quali è prevista la sola pena della multa o dell'ammenda e, pertanto, soggette alla sanzione amministrativa del pagamento di una somma di denaro.

284. Contrabbando nel movimento marittimo delle merci.

È punito con la multa non minore di due e non maggiore di dieci volte i diritti di confine dovuti il capitano:
a) che, senza il permesso della dogana, trasportando merci estere con navi, rasenta il lido del mare o getta l'ancora o sta alla cappa in prossimità del lido stesso salvo casi di forza maggiore;
b che, trasportando merci estere, approda in luoghi dove non sono dogane, ovvero sbarca o trasborda le merci stesse in violazione delle prescrizioni, divieti e limitazioni stabiliti a norma dell'art. 16, salvi i casi di forza maggiore;
c) che trasporta senza manifesto merci estere con nave di stazza netta non superiore a duecento tonnellate, nei casi in cui il manifesto è prescritto;
d) che al momento della partenza della nave non ha a bordo le merci estere o le merci nazionali in esportazione con restituzione di diritti che vi si dovrebbero trovare secondo il manifesto e gli altri documenti doganali;
e) che trasporta merci estere da una dogana all'altra, con nave di stazza netta non superiore a cinquanta tonnellate, senza la relativa bolletta di cauzione;
f) che ha imbarcato merci estere in uscita dal territorio doganale su nave di stazza non superiore a cinquanta tonnellate, salvo quanto previsto nell'art. 254 per l'imbarco di provviste di bordo.

Con la stessa pena è punito chiunque nasconde nella nave merci estere allo scopo di sottrarle alla visita doganale [1].

(1) Secondo quanto previsto dall'art. 1, co. 1, d.lgs. 15.1.2016, n. 8, sono depenalizzate tutte le violazioni per le quali è prevista la sola pena della multa o dell'ammenda e, pertanto, soggette alla sanzione amministrativa del pagamento di una somma di denaro.

285. Contrabbando nel movimento delle merci per via aerea.

È punito con la multa non minore di due e non maggiore di dieci volte i diritti di confine dovuti il comandante di aeromobile:
a) che trasporta merci estere nel territorio dello Stato senza essere munito del manifesto, quando questo è prescritto;
b) che al momento della partenza dell'aeromobile non ha a bordo le merci estere, le quali vi si dovrebbero trovare secondo il manifesto e gli altri documenti doganali;
c) che asporta merci dai luoghi di approdo dell'aeromobile senza il compimento delle prescritte operazioni doganali;
d) che, atterrando fuori di un aeroporto doganale, omette di denunciare, entro il più breve termine, l'atterraggio alle Autorità indicate dall'art. 114. In tali casi è considerato introdotto in contrabbando nel territorio doganale, oltre il carico, anche l'aeromobile.

Con la stessa pena è punito chiunque da un aeromobile in volo getta nel territorio doganale merci estere, ovvero le nasconde nell'aeromobile stesso al o scopo di sottrarle alla visita doganale.

Le pene sopraindicate si applicano indipendentemente da quelle comminate per il medesimo fatto dalle leggi speciali sulla navigazione aerea, in quanto non riguardino la materia doganale [1].

(1) Secondo quanto previsto dall'art. 1, co. 1, d.lgs. 15.1.2016, n. 8, sono depenalizzate tutte le violazioni per le quali è prevista la sola pena della multa o dell'ammenda e, pertanto, soggette alla sanzione amministrativa del pagamento di una somma di denaro. Per l'ammontare della sanzione amministrativa vedi, in particolare, l'art. 1, co. 6, d.lgs. 15.1.2016, n. 8. In caso di reiterazione specifica di una delle violazioni di seguito indicate per la qualificazione di recidiva quale reiterazione dell'illecito depenalizzato vedi, inoltre, l'art. 5, co. 1, di questo decreto.

286. Contrabbando nelle zone extra-doganali.

È punito con la multa non minore di due e non maggiore di dieci volte i diritti di confine dovuti chiunque nei territori extra doganali indicati nell'art. 2, costituisce depositi non permessi di merci estere soggette a diritti di confine, o li costituisce in misura superiore a quella consentita [1].

(1) Secondo quanto previsto dall'art. 1, co. 1, d.lgs. 15.1.2016, n. 8,

sono depenalizzate tutte le violazioni per le quali è prevista la sola pena della multa o dell'ammenda e, pertanto, soggette alla sanzione amministrativa del pagamento di una somma di denaro.

287. Contrabbando per indebito uso di merci importate con agevolazioni doganali.

È punito con la multa non minore di due e non maggiore di dieci volte i diritti di confine dovuti chiunque dà, in tutto o in parte, a merci estere importate in franchigia e con riduzione dei diritti stessi una destinazione od un uso diverso da quello per il quale fu concessa la franchigia o la riduzione, salvo quanto previsto nell'art. 140 (1).

(1) Secondo quanto previsto dall'art. 1, co. 1, d.lgs. 15.1.2016, n. 8, sono depenalizzate tutte le violazioni per le quali è prevista la sola pena della multa o dell'ammenda e, pertanto, soggette alla sanzione amministrativa del pagamento di una somma di denaro. Per l'ammontare della sanzione amministrativa vedi, in particolare, l'art. 1, co. 6, d.lgs. 15.1.2016, n. 8. In caso di reiterazione specifica di una delle violazioni di seguito indicate per la qualificazione di recidiva quale reiterazione dell'illecito depenalizzato vedi, inoltre, l'art. 5, co. 1, di questo decreto.

288. Contrabbando nei depositi doganali.

Il concessionario di un magazzino doganale di proprietà privata, che vi detiene merci estere per le quali non vi è stata la prescritta dichiarazione d'introduzione o che non risultano assunte in carico nei registri di deposito, è punito con la multa non minore di due e non maggiore di dieci volte i diritti di confine dovuti (1).

(1) Secondo quanto previsto dall'art. 1, co. 1, d.lgs. 15.1.2016, n. 8, sono depenalizzate tutte le violazioni per le quali è prevista la sola pena della multa o dell'ammenda e, pertanto, soggette alla sanzione amministrativa del pagamento di una somma di denaro.

289. Contrabbando nel cabotaggio e nella circolazione.

È punito con la multa non minore di due e non maggiore di dieci volte i diritti di confine dovuti chiunque introduce nello Stato merci estere in sostituzione di merci nazionali o nazionalizzate spedite in cabotaggio od in circolazione (1).

(1) Secondo quanto previsto dall'art. 1, co. 1, d.lgs. 15.1.2016, n. 8, sono depenalizzate tutte le violazioni per le quali è prevista la sola pena della multa o dell'ammenda e, pertanto, soggette alla sanzione amministrativa del pagamento di una somma di denaro.

290. Contrabbando nell'esportazione di merci ammesse a restituzione di diritti.

Chiunque usa mezzi fraudolenti allo scopo di ottenere indebita restituzione di diritti stabiliti per l'importazione delle materie prime impiegate nella fabbricazione di merci nazionali che si esportano, è punito con la multa non minore di due volte l'ammontare dei diritti che indebitamente ha riscosso o tentava di riscuotere, e non maggiore del decuplo di essi (1).

(1) Secondo quanto previsto dall'art. 1, co. 1, d.lgs. 15.1.2016, n. 8, sono depenalizzate tutte le violazioni per le quali è prevista la sola pena della multa o dell'ammenda e, pertanto, soggette alla sanzione amministrativa del pagamento di una somma di denaro.

291. Contrabbando nell'importazione od esportazione temporanea.

Chiunque nelle operazioni di importazione o di esportazione temporanea o nelle operazioni di riesportazione e di reimportazione, allo scopo di sottrarre merci al pagamento di diritti che sarebbero dovuti, sottopone le merci stesse a manipolazioni artificiose ovvero usa altri mezzi fraudolenti, è punito con la multa non minore di due e non maggiore di dieci volte l'ammontare dei diritti evasi o che tentava di evadere (1).

(1) Secondo quanto previsto dall'art. 1, co. 1, d.lgs. 15.1.2016, n. 8, sono depenalizzate tutte le violazioni per le quali è prevista la sola pena della multa o dell'ammenda e, pertanto, soggette alla sanzione amministrativa del pagamento di una somma di denaro.

291 bis. Contrabbando di tabacchi lavorati esteri.

1. Chiunque introduce, vende, trasporta, acquista o detiene nel territorio dello Stato un quantitativo di tabacco lavorato estero di contrabbando superiore a dieci chilogrammi convenzionali è punito con la multa di lire diecimila per ogni grammo convenzionale di prodotto, come definito dall'articolo 9 della legge 7 marzo 1985, n.76, e con la reclusione da due a cinque anni.

2. I fatti previsti dal comma 1, quando hanno ad oggetto un quantitativo di tabacco lavorato estero fino a dieci chilogrammi convenzionali, sono puniti con la multa di lire diecimila per ogni grammo convenzionale di prodotto e comunque in misura non inferiore a lire 1 milione (1).

(1) Articolo introdotto dall'art. 1, co. 1, lett. a), l. 19.3.2001, n. 92.

291 ter. Circostanze aggravanti del delitto di contrabbando di tabacchi lavorati esteri.

1. Se i fatti previsti dall'articolo 291-*bis* sono commessi adoperando mezzi di trasporto appartenenti a persone estranee al reato, la pena è aumentata.

2. Nelle ipotesi previste dall'articolo 291-*bis*, si applica la multa di lire cinquantamila per ogni grammo convenzionale di prodotto e la reclusione da tre a sette anni, quando:

a) nel commettere il reato o nei comportamenti diretti ad assicurare il prezzo, il prodotto, il profitto o l'impunità del reato, il colpevole faccia uso delle armi o si accerti averle possedute nell'esecuzione del reato;

b) nel commettere il reato o immediatamente dopo l'autore è sorpreso insieme a due o più persone in condizioni tali da frapporre ostacolo agli organi di polizia;

c) il fatto è connesso con altro reato contro la fede pubblica o contro la pubblica amministrazione;

d) nel commettere il reato l'autore ha utilizzato mezzi di trasporto, che, rispetto alle caratteristiche omologate, presentano alterazioni o modifiche idonee ad ostacolare l'intervento degli organi di polizia ovvero a provocare pericolo per la pubblica incolumità;

e) nel commettere il reato l'autore ha utilizzato società di persone o di capitali ovvero si è avvalso di disponibilità finanziarie in qualsiasi modo costituite in Stati che non hanno ratificato la Convenzione sul riciclaggio, la ricerca, il sequestro e la confisca dei proventi di reato, fatta a Strasburgo l'8 novembre 1990, ratificata e resa esecutiva ai sensi della legge 9 agosto

1993, n. 328, e che comunque non hanno stipulato e ratificato convenzioni di assistenza giudiziaria con l'Italia aventi ad oggetto il delitto di contrabbando.

3. La circostanza attenuante prevista dall'articolo 62-*bis* del codice penale, se concorre con le circostanze aggravanti di cui alle lettere a) e d) del comma 2 del presente articolo, non può essere ritenuta equivalente o prevalente rispetto a esse e la diminuzione di pena si opera sulla quantità di pena risultante dall'aumento conseguente alle predette aggravanti [1].

(1) Articolo introdotto dall'art. 1, co. 1, lett. a), l. 19.3.2001, n. 92.

291 quater. Associazione per delinquere finalizzata al contrabbando di tabacchi lavorati esteri.

1. Quando tre o più persone si associano allo scopo di commettere più delitti tra quelli previsti dall'articolo 291-*bis*, coloro che promuovono, costituiscono, dirigono, organizzano o finanziano l'associazione sono puniti, per ciò solo, con la reclusione da tre a otto anni.

2. Chi partecipa all'associazione è punito con la reclusione da un anno a sei anni.

3. La pena è aumentata se il numero degli associati è di dieci o più.

4. Se l'associazione è armata ovvero se ricorrono le circostanze previste dalle lettere d) od e) del comma 2 dell'articolo 291-*ter*, si applica la pena della reclusione da cinque a quindici anni nei casi previsti dal comma 1 del presente articolo, e da quattro a dieci anni nei casi previsti dal comma 2. L'associazione si considera armata quando i partecipanti hanno la disponibilità, per il conseguimento delle finalità dell'associazione, di armi o materie esplodenti, anche se occultate o tenute in luogo di deposito.

5. Le pene previste dagli articoli 291-*bis*, 291-*ter* e dal presente articolo sono diminuite da un terzo alla metà nei confronti dell'imputato che, dissociandosi dagli altri, si adopera per evitare che l'attività delittuosa sia portata ad ulteriori conseguenze anche aiutando concretamente l'autorità di polizia o l'autorità giudiziaria nella raccolta di elementi decisivi per la ricostruzione dei fatti e per l'individuazione o la cattura degli autori del reato o per la individuazione di risorse rilevanti per la commissione dei delitti [1].

(1) Articolo introdotto dall'art. 1, co. 1, lett. a), l. 19.3.2001, n. 92.

292. Altri casi di contrabbando.

Chiunque, fuori dei casi preveduti negli articoli precedenti, sottrae merci al pagamento dei diritti di confine dovuti, è punito con la multa non minore di due e non maggiore di dieci volte i diritti medesimi [1].

(1) Secondo quanto previsto dall'art. 1, co. 1, d.lgs. 15.1.2016, n. 8, sono depenalizzate tutte le violazioni per le quali è prevista la sola pena della multa o dell'ammenda e, pertanto, soggette alla sanzione amministrativa del pagamento di una somma di denaro.

293. Equiparazione del delitto tentato a quello consumato.

Per il tentativo di contrabbando si applica la stessa pena stabilita per il reato consumato.

294. Pena per il contrabbando in caso di mancato o incompleto accertamento dell'oggetto del reato.

Nei casi di contrabbando, qualora per fatto del colpevole non siasi potuto accertare, in tutto o in parte, la qualità, la quantità e il valore della merce, in luogo della pena proporzionale si applica la multa fino a lire 1.000.000 [1] [2].

In ogni caso, la pena non può essere inferiore al doppio dei diritti dovuti sulla quantità di merce che sia stato possibile accertare.

(1) La misura della multa è stata elevata dall'art. 113, co. 4, l. 24.11.1981, n. 689. La sanzione è esclusa dalla depenalizzazione, secondo quanto disposto dall'art. 32, co. 1, in relazione all'art. 39, co. 1, l. 689/1981. Per effetto dell'art. 24 c.p. l'entità della sanzione non può essere inferiore a lire 10.000.

(2) Secondo quanto previsto dall'art. 1, co. 1, d.lgs. 15.1.2016, n. 8, sono depenalizzate tutte le violazioni per le quali è prevista la sola pena della multa o dell'ammenda e, pertanto, soggette alla sanzione amministrativa del pagamento di una somma di denaro.

295. Circostanze aggravanti del contrabbando

Per i delitti preveduti negli articoli precedenti, è punito con la multa non minore di cinque e non maggiore di dieci volte i diritti di confine dovuti chiunque, per commettere il contrabbando, adopera mezzi di trasporto appartenenti a persona estranea al reato.

Per gli stessi delitti, alla multa è aggiunta la reclusione da tre a cinque anni:

a) quando nel commettere il reato, o immediatamente dopo nella zona di vigilanza, il colpevole sia sorpreso a mano armata;

b) quando nel commettere il reato, o immediatamente dopo nella zona di vigilanza, tre o più persone colpevoli di contrabbando siano sorprese insieme riunite e in condizioni tali da frapporre ostacolo agli organi di polizia;

c) quando il fatto sia connesso con altro delitto contro la fede pubblica o contro la pubblica amministrazione;

d) quando il colpevole sia un associato per commettere delitti di contrabbando e il delitto commesso sia tra quelli per cui l'associazione è stata costituita

d-*bis*) quando l'ammontare dei diritti di confine dovuti è superiore a centomila euro [1].

Per gli stessi delitti, alla multa è aggiunta la reclusione fino a tre anni quando l'ammontare dei diritti di confine dovuti è maggiore di cinquantamila euro e non superiore a centomila euro [2].

(1) Lettera introdotta dall'art. 3, co. 1, lett. a), d.lgs. 14.7.2020, n. 75.

(2) Comma introdotto dall'art. 7, co. 1, l. 29.9.2000, n. 300 e poi sostituito dall'art. 3, co. 1, lett. b), d.lgs. 14.7.2020, n. 75.

295 bis. Sanzioni amministrative per le violazioni di lieve entità [1].

Nei casi previsti dagli articoli 282, 283, 284, 285, 286, 287, 288, 289, 290, 291, 292 e 294, se l'ammontare dei diritti di confine dovuti non supera lire sette milioni settecentoquarantacinquemila e non ricorrono le circostanze indicate dall'articolo 295, secondo comma, si applica, in luogo della pena stabilita dai medesimi articoli, la sanzione amministrativa pecuniaria non minore di due e non maggiore di dieci volte i diritti di confine dovuti. Nei casi previsti dall'articolo 294, la sanzione non può essere comunque inferiore a lire un milione [(2)].

La sanzione può essere aumentata fino alla metà se ricorre la circostanza indicata dall'articolo 295, primo comma.

Le disposizioni degli articoli 301, 301-*bis* e 333 si osservano anche con riguardo alle violazioni previste dal presente articolo. I provvedimenti per i quali, in base alle medesime disposizioni, è competente l'autorità giudiziaria sono adottati dal capo della dogana nella cui circoscrizione la violazione è stata accertata.

Nei casi in cui le violazioni previste dagli articoli indicati nel primo comma conservano rilevanza penale sebbene l'ammontare dei diritti di confine dovuti non superi lire sette milioni settecentoquarantacinquemila, per la presenza delle circostanze aggravanti indicate dell'articolo 295, secondo comma, queste ultime restano soggette al giudizio di equivalenza o di prevalenza con eventuali circostanze attenuanti a norma dell'articolo 69 del codice penale [(3)].

Le disposizioni del presente articolo non si applicano ai fatti di contrabbando relativi a tabacchi lavorati esteri.

(1) Articolo introdotto dall'art. 25, co. 1, d.lgs. 30.12.1999, n. 507.
(2) Comma modificato dall'art. 8, co. 1, l. 29.9.2000, n. 300.
(3) Comma modificato dall'art. 8, co. 1, l. 29.9.2000, n. 300.

296. Recidiva nel contrabbando.

Colui, che dopo essere stato condannato per delitto di contrabbando preveduto dal presente testo unico o da altra legge fiscale, commette un altro delitto di contrabbando per il quale la legge stabilisce la sola multa, è punito, oltre che con la pena della multa, con la reclusione fino ad un anno.

Se il recidivo in un delitto di contrabbando preveduto dal presente testo unico o da altra legge fiscale commette un altro delitto di contrabbando per il quale la legge stabilisce la sola multa, la pena della reclusione comminata nella precedente disposizione è aumentata dalla metà a due terzi.

Quando non occorrono le circostanze prevedute in questo articolo, la recidiva nel contrabbando è regolata dal codice penale.

297. Contrabbando abituale.

È dichiarato delinquente abituale in contrabbando chi riporta condanna per delitto di contrabbando, dopo essere stato condannato per tre contrabbandi preveduti dal presente testo unico o da altra legge fiscale, commessi entro dieci anni e non contestualmente, e relativi a violazioni per le quali i diritti sottratti o che si tentava di sottrarre non siano inferiori complessivamente a lire ventitré milioni duecentotrentacinquemila [(1)].

(1) Comma modificato dall'art. 26, co. 1, d.lgs. 30.12.1999, n. 507 e poi dall'art. 9, co. 1, l. 29.9.2000, n. 300.

298. Contrabbando professionale.

Chi, dopo aver riportato quattro condanne per delitto di contrabbando preveduto dal presente testo unico o da altra legge fiscale, riporta condanna per un altro delitto di contrabbando, è dichiarato delinquente professionale in contrabbando, qualora, avuto riguardo alla condotta ed al genere di vita del colpevole ed alle altre circostanze indicate nel capoverso dell'articolo 133 del codice penale, debba ritenersi che egli viva abitualmente, anche in parte soltanto, dei proventi del reato.

299. Contrabbando abituale o professionale secondo il codice penale.

Gli effetti della dichiarazione di abitualità e di professionalità nel contrabbando sono regolati dall'art. 109 del codice penale.

Le disposizioni dei due articoli precedenti non pregiudicano l'applicazione degli articoli 102 e 105 del codice penale, quando ricorrono le condizioni ivi prevedute.

300. Delle misure di sicurezza personali non detentive. Libertà vigilata.

Quando per il delitto di contrabbando sia applicata la pena della reclusione superiore ad un anno, è sempre ordinata la sottoposizione del condannato alla libertà vigilata.

Ad assicurare l'esecuzione di tale misura concorre la guardia di finanza.

301. Delle misure di sicurezza patrimoniali. Confisca [(1)].

1. Nei casi di contrabbando è sempre ordinata la confisca delle cose che servirono o furono destinate a commettere il reato e delle cose che ne sono l'oggetto ovvero il prodotto o il profitto. Quando non è possibile procedere alla confisca delle cose di cui al periodo precedente, è ordinata la confisca di somme di danaro, beni e altre utilità per un valore equivalente, di cui il condannato ha la disponibilità, anche per interposta persona [(2)(3)].

2. Sono in ogni caso soggetti a confisca i mezzi di trasporto a chiunque appartenenti che risultino adatti allo stivaggio fraudolento di merci ovvero contengano accorgimenti idonei a maggiorarne la capacità di carico o l'autonomia in difformità delle caratteristiche costruttive omologate o che siano impiegati in violazione alle norme concernenti la circolazione o la navigazione e la sicurezza in mare.

3. Si applicano le disposizioni dell'articolo 240 del codice penale se si tratta di mezzo di trasporto appartenente a persona estranea al reato qualora questa dimostri di non averne potuto prevedere l'illecito impiego anche occasionale e di non essere incorsa in un difetto di vigilanza.

4. Nel caso di vendita all'asta di mezzi di trasporto confiscati per il delitto di contrabbando, qualora l'aggiudicazione non abbia luogo al primo incanto, l'asta non può essere ripetuta e i mezzi esecutati vengono acquisiti al patrimonio dello Stato.

5. Le disposizioni del presente articolo si osservano anche nel caso di applicazione della pena su richiesta a norma del titolo II del libro VI del codice di procedura penale.

5 bis. Nei casi di condanna o di applicazione della pena su richiesta a norma dell'articolo 444 del codice di procedura penale, per taluno dei delitti previsti dall'articolo 295, secondo comma, si applica l'articolo 240-*bis* del codice penale [(4)].

(1) La Corte Costituzionale, con sent. 21.12.1976, n. 259 e con sent. 9.7.1974, n. 229, aveva dichiarato l'illegittimità costituzionale di questo articolo. L'art. è stato poi sostituito dall'art. 11, co. 19, l. 30.12.1991, n. 413.

(2) Comma modificato dall'art. 2, co. 1, d.lgs. 4.10.2022, n. 156.

(3) La Corte costituzionale, con sent. 10.1.1997, n. 1, ha dichiarato l'illegittimità costituzionale di questo comma, nella parte in cui non consente alle persone estranee al reato di provare di avere acquistato la proprietà delle cose ignorando senza colpa l'illecita immissione di esse sul mercato.

(4) Comma introdotto dall'art. 6, co. 6, d.lgs. 1.3.2018, n. 21.

301 bis. Destinazione di beni sequestrati o confiscati a seguito di operazioni anticontrabbando.

1. I beni mobili compresi quelli iscritti in pubblici registri, le navi, le imbarcazioni, i natanti e gli aeromobili sequestrati nel corso di operazioni di polizia giudiziaria anticontrabbando, sono affidati dall'autorità giudiziaria in custodia giudiziale agli organi di polizia che ne facciano richiesta per l'impiego in attività di polizia, ovvero possono essere affidati ad altri organi dello Stato o ad altri enti pubblici non economici, per finalità di giustizia, di protezione civile o di tutela ambientale [(2)].

2. Gli oneri relativi alla gestione dei beni e all'assicurazione obbligatoria dei veicoli, dei natanti e degli aeromobili sono a carico dell'ufficio o comando usuario.

3. Nel caso in cui non vi sia alcuna istanza di affidamento in custodia giudiziale ai sensi del comma 1, i beni sequestrati sono ceduti ai fini della loro distruzione [mediante distruzione], sulla base di apposite convenzioni. In caso di distruzione, la cancellazione dei veicoli dai pubblici registri è eseguita in esenzione da qualsiasi tributo o diritto, su richiesta dell'Amministrazione finanziaria. L'ispettorato compartimentale dei Monopoli di Stato e il ricevitore capo della dogana, competenti per territorio, possono stipulare convenzioni per la distruzione, in deroga alle norme sulla contabilità generale dello Stato, direttamente con una o più ditte del settore [(3)].

4. L'ispettorato compartimentale dei Monopoli di Stato o il ricevitore capo della dogana, prima di procedere all'affidamento in custodia giudiziale o alla distruzione dei beni mobili di cui ai commi 1 e 3, devono chiedere preventiva autorizzazione all'organo dell'autorità giudiziaria competente per il procedimento, che provvede entro trenta giorni dal ricevimento della richiesta [(4)].

5. Nel caso di dissequestro dei beni di cui al comma 1, per i quali si sia proceduto alla distruzione, all'avente diritto è corrisposta una indennità sulla base delle quotazioni di mercato espresse in pubblicazioni specializzate, tenuto conto dello stato del bene al momento del sequestro [(5)].

6. I beni mobili di cui al comma 1, acquisiti dallo Stato a seguito di provvedimento definitivo di confisca, sono assegnati, a richiesta, agli organi o enti che ne hanno avuto l'uso. Qualora tali enti od organi non presentino richiesta di assegnazione i beni sono distrutti ai sensi del comma 3.

7. Sono abrogati i commi 5, 6 e 7 dell'articolo 4 del decreto legislativo 9 novembre 1990, n. 375.

8. Con decreto del Ministro delle finanze, di concerto con il Ministro della giustizia, emanato ai sensi dell'articolo 17, comma 3, della legge 23 agosto 1988, n. 400, sono dettate le disposizioni di attuazione del presente articolo.

(1) Articolo introdotto dall'art. 6, co. 3 bis, d.l. 30.12.1991, n. 417 e successivamente sostituito dall'art. 1, co. 1, lett. b), l. 19.3.200[illegible], n. 92.

(2) Comma modificato dall'art. 61, co. 26, d.l. 25.6.2008, n. 12.

(3) Comma modificato dall'art. 1, co. 2, d.l. 4.4.2002, n. 51.

(4) Comma modificato dall'art. 1, co. 2, d.l. 4.4.2002, n. 51.

(5) Comma modificato dall'art. 1, co. 2, d.l. 4.42002, n. 51.

334. Estinzione dei delitti di contrabbando punibili con la sola multa.

Per i delitti di contrabbando punibili con la sola pena della multa, l'amministrazione doganale può consentire che il colpevole effettui il pagamento, oltre che nel tributo dovuto, di una somma non inferiore al doppio e non superiore al decuplo del tributo stesso da determinarsi dall'amministrazione medesima.

Il pagamento della somma anzidetta e del tributo estingue il reato.

L'estinzione del reato non impedisce l'applicazione della confisca, la quale è disposta con provvedimento dell'amministrazione doganale.

4. L. 18 gennaio 1994, n. 50. – Modifiche alla disciplina concernente la repressione del contrabbando dei tabacchi lavorati (*artt. 3, 5*)

In Gazzetta Ufficiale 26 gennaio 1994, n. 20

3. – 1. Nei confronti dei soggetti sorpresi alla guida di mezzi terrestri o navali in flagranza del reato di cui all'articolo 291-*bis* del testo unico delle disposizioni legislative in materia doganale, approvato con decreto del Presidente della Repubblica 23 gennaio 1973, n. 43, e successive modificazioni, la competente autorità dispone la sospensione dei documenti di guida relativi agli stessi mezzi per un periodo non inferiore a un mese e non superiore a cinque mesi.

2. Ove al momento della commissione del reato di cui

al comma 1 non sia possibile procedere al ritiro dei documenti di guida, la sospensione è disposta per un periodo non inferiore a un anno e non superiore a due anni.

3. Qualora i soggetti denunciati siano condannati con sentenza passata in giudicato, i documenti di guida sono revocati in via definitiva [(1)].

(1) Articolo così sostituito dall'art. 7, l. 19.3.2001, n. 92.

5. – 1. Ove all'interno di esercizi commerciali o di esercizi pubblici sia contestata nei confronti dei titolari o di loro coadiuvanti o dipendenti la detenzione o la cessione di tabacchi lavorati in violazione delle disposizioni del citato testo unico approvato con decreto del presidente della Repubblica n. 43 del 1973, e successive modificazioni, o di altre leggi speciali in materia, ovvero la cessione abusiva di tabacchi lavorati in violazione della legge 22 dicembre 1957, n. 1293, e successive modificazioni, in aggiunta alle specifiche sanzioni previste è disposta, dal Ministro delle finanze o per sua delega, la chiusura dell'esercizio ovvero la sospensione della licenza o dell'autorizzazione dell'esercizio per un periodo non inferiore a cinque giorni e non superiore ad un mese [(1)].

2. Nel caso di successiva violazione, la chiusura o la sospensione è disposta per un periodo non inferiore ad un mese e non superiore a due mesi.

3. Ove la contestazione di cui al comma 1 avvenga più di due volte, può essere disposta la chiusura definitiva dell'esercizio.

4. Contro i provvedimenti di cui ai commi 1, 2 e 3 è ammesso ricorso amministrativo.

4 bis. L'inosservanza dei provvedimenti di sospensione della licenza o dell'autorizzazione all'esercizio o di chiusura, previsti ai commi 1, 2 e 3, è punita con la sanzione amministrativa pecuniaria da venti milioni a cento milioni di lire [(2)].

(1) Comma così modificato dall'art. 7, l. 19.3.2001, n. 92.
(2) Comma introdotto dall'art. 7, l. 19.3.2001, n. 92.

5. L. 19 marzo 2001, n. 92. – Modifiche alla normativa concernente la repressione del contrabbando di tabacchi lavorati (*artt. 2-3*)

In Gazzetta Ufficiale 4 aprile 2001, n. 79

2. Estinzione dei reati di contrabbando di tabacchi lavorati.

1. Per i reati di contrabbando aventi ad oggetto quantitativi di tabacchi lavorati non superiori a 10 chilogrammi convenzionali, punibili con la sola pena della multa, il trasgressore può estinguere il reato effettuando il pagamento di una somma pari ad un decimo della multa applicabile, con un minimo di lire cinquecentomila.

2. Della facoltà di avvalersi della definizione in via amministrativa viene dato avviso al trasgressore con la notifica del primo atto di polizia giudiziaria redatto per l'accertamento del reato.

3. Il versamento della somma di cui al comma 1 deve essere effettuato entro trenta giorni dalla notifica di cui al comma 2, presso l'ispettorato compartimentale dei Monopoli di Stato, ovvero presso il ricevitore capo della dogana competente per territorio, a seconda che l'accertamento venga effettuato al di fuori o all'interno degli spazi doganali. Ove il pagamento non sia effettuato direttamente, il trasgressore provvederà ad inviare copia della ricevuta dell'avvenuto pagamento all'ufficio competente entro i dieci giorni successivi al termine ultimo per il versamento, che è di sessanta giorni. Fino alla scadenza dei termini di cui al presente comma, il procedimento penale rimane sospeso.

4. Il pagamento della somma di cui al comma 1 estingue il reato. Resta salvo l'obbligo del pagamento dei diritti doganali dovuti ai sensi dell'articolo 338 del *testo unico delle disposizioni legislative in materia doganale*, approvato con decreto del Presidente della Repubblica 23 gennaio 1973, n. 43, e successive modificazioni.

5. Il processo verbale, se riguarda violazioni per le quali può avere luogo la definizione in via amministrativa, è trasmesso, a cura dell'organo verbalizzante, oltre che all'autorità giudiziaria competente, all'ispettorato compartimentale dei Monopoli di Stato o al ricevitore capo della dogana, competenti alla gestione del contesto.

6. L'ufficio dell'Amministrazione finanziaria competente per la gestione del contesto, qualora il trasgressore non si avvalga della definizione in via amministrativa, invia il processo verbale all'autorità giudiziaria competente, secondo le norme del codice di procedura penale.

7. Nei casi di contrabbando di tabacchi lavorati è disposta sempre la confisca amministrativa dei prodotti con provvedimento dell'ufficio competente alla definizione del contesto.

8. Sono abrogati gli articoli 1 e 2 del decreto legislativo 9 novembre 1990, n. 375.

3. Custodia di tabacchi lavorati sequestrati.

1. Salvo il compimento delle operazioni previste dall'articolo 6, comma 2, del decreto-legge 30 dicembre 1991, n. 417, convertito, con modificazioni, dalla legge 6 febbraio 1992, n. 66, come sostituito dall'articolo 7 della presente legge, quando il decreto di sequestro o di convalida del sequestro di tabacchi lavorati emesso dall'autorità giudiziaria non è più assoggettabile a riesame, l'autorità giudiziaria ordina la distruzione del tabacco lavorato sequestrato e dispone il prelievo di uno o più campioni, determinandone l'entità, con l'osservanza delle formalità di cui all'articolo 364 del codice di procedura penale. La competente autorità giudiziaria può autorizzare la consegna di un campione ai produttori nazionali ed esteri.

1 bis. Al fine del contenimento dei costi necessari al mantenimento dei reperti, l'amministrazione competente alla custodia dei tabacchi lavorati, decorso un anno dal momento del sequestro, procede alla distruzione dei prodotti, previa campionatura da effettuare secondo modalità definite con decreto del Ministero dell'economia e delle finanze, di concerto con il Ministero della giustizia, da emanare entro tre mesi dalla data di entrata in vigore della presente norma [(1)].

2. Sono abrogate le disposizioni di cui all'articolo 47-*bis* del decreto-legge 23 febbraio 1995, n. 41, convertito, con modificazioni, dalla legge 22 marzo 1995, n. 85.

(1) Comma introdotto dall'art. 1, co. 4 bis, d.l. 3.10.2006, n. 262.

CONTRAFFAZIONE

1. L. 23 luglio 2009, n. 99. – Disposizioni per lo sviluppo e l'internazionalizzazione delle imprese, nonché in materia di energia (*artt. 16, 17, comma 3*)

In Gazzetta Ufficiale 31 luglio 2009, n. 176, S.O.

16. Destinazione di beni sequestrati o confiscati nel corso di operazioni di polizia giudiziaria per la repressione di reati di cui agli articoli 473, 474, 517 ter e 517 quater del codice penale.

1. I beni mobili iscritti in pubblici registri, le navi, le imbarcazioni, i natanti e gli aeromobili sequestrati nel corso di operazioni di polizia giudiziaria per la repressione di reati di cui agli articoli 473, 474, 517-*ter* e 517-*quater* del codice penale sono affidati dall'autorità giudiziaria in custodia giudiziale agli organi di polizia che ne facciano richiesta per essere utilizzati in attività di polizia ovvero possono essere affidati ad altri organi dello Stato o ad altri enti pubblici non economici, per finalità di giustizia, di protezione civile o di tutela ambientale.

2. Gli oneri relativi alla gestione dei beni e all'assicurazione obbligatoria dei veicoli, dei natanti e degli aeromobili sono a carico dell'ufficio o comando usuario.

3. Nel caso in cui non vi sia alcuna istanza di affidamento in custodia giudiziale ai sensi del comma 1, l'autorità giudiziaria competente dispone la distruzione dei beni sequestrati secondo le modalità indicate all'articolo 83 delle norme di attuazione, di coordinamento e transitorie del codice di procedura penale, di cui al decreto legislativo 28 luglio 1989, n. 271. In caso di distruzione, la cancellazione dei veicoli dai pubblici registri è eseguita in esenzione da qualsiasi tributo o diritto.

4. I beni mobili di cui al comma 1, acquisiti dallo Stato a seguito di provvedimento definitivo di confisca, sono assegnati, a richiesta, agli organi o enti che ne hanno avuto l'uso. Qualora tali enti od organi non presentino richiesta di assegnazione, i beni sono distrutti ai sensi del comma 3.

5. Per quanto non disposto dai commi 1, 2, 3 e 4 si applicano, in quanto compatibili, le disposizioni dell'articolo 301-*bis* del testo unico delle disposizioni legislative in materia doganale, di cui al decreto del Presidente della Repubblica 25 gennaio 1973, n. 43.

17. Contrasto della contraffazione.

3. Fermo restando quanto previsto dall'articolo 1, comma 7, del decreto-legge 14 marzo 2005, n. 35, convertito, con modificazioni, dalla legge 14 maggio 2005, n. 80, come modificato, da ultimo, dal comma 2 del presente articolo, e salvo che il fatto costituisca reato, è prevista la confisca amministrativa dei locali ove vengono prodotti, depositati, detenuti per la vendita o venduti i materiali contraffatti, salvaguardando il diritto del proprietario in buona fede.

2. D.L. 25 settembre 2009, n. 135, convertito, con modificazioni, con L. 20 novembre 2009, n. 166. – Disposizioni urgenti per l'attuazione di obblighi comunitari e per l'esecuzione di sentenze della Corte di giustizia delle Comunità europee (*art. 16*)

In Gazzetta Ufficiale 25 settembre 2009, n. 223

16. Made in Italy e prodotti interamente italiani.

1. Si intende realizzato interamente in Italia il prodotto o la merce, classificabile come made in Italy ai sensi della normativa vigente, e per il quale il disegno, la progettazione, la lavorazione ed il confezionamento sono compiuti esclusivamente sul territorio italiano.

2. Con uno o più decreti del Ministro dello sviluppo economico, di concerto con i Ministri delle politiche agricole alimentari e forestali, per le politiche europee e per la semplificazione normativa, possono essere definite le modalità di applicazione del comma 1.

3. Ai fini dell'applicazione del comma 4, per uso dell'indicazione di vendita o del marchio si intende la utilizzazione a fini di comunicazione commerciale ovvero l'apposizione degli stessi sul prodotto o sulla confezione di vendita o sulla merce dalla presentazione in dogana per l'immissione in consumo o in libera pratica e fino alla vendita al dettaglio.

4. Chiunque fa uso di un'indicazione di vendita che presenti il prodotto come interamente realizzato in Italia, quale «100% made in Italy», «100% Italia», «tutto italiano», in qualunque lingua espressa, o altra che sia analogamente idonea ad ingenerare nel consumatore la convinzione della realizzazione interamente in Italia del prodotto, ovvero segni o figure che inducano la medesima fallace convinzione, al di fuori dei presupposti previsti nei commi 1 e 2, è punito, ferme restando le diverse sanzioni applicabili sulla base della normativa vigente, con le pene previste dall'articolo 517 del codice penale, aumentate di un terzo.

5. All'articolo 4, comma 49, della legge 24 dicembre 2003, n. 350, dopo le parole: «pratiche commerciali ingannevoli» sono inserite le seguenti: «, fatto salvo quanto previsto dal comma 49-*bis*,».

6. Dopo il comma 49 dell'articolo 4 della legge 24 dicembre 2003, n. 350, sono aggiunti i seguenti:
"49-*bis* – Costituisce fallace indicazione l'uso del marchio, da parte del titolare o del licenziatario, con modalità tali da indurre il consumatore a ritenere che il prodotto o la merce sia di origine italiana ai sensi della normativa europea sull'origine, senza che gli stessi siano accompagnati da indicazioni precise ed evidenti sull'origine o provenienza estera o comunque sufficienti ad evitare qualsiasi fraintendimento del consumatore sull'effettiva origine del prodotto, ovvero senza essere accompagnati da attestazione, resa da parte del titolare o del licenziatario del marchio, circa le informazioni che, a sua cura, verranno rese in fase di commercializzazione sulla effettiva origine estera del prodotto. Il contravventore è punito con la sanzione amministrativa pecuniaria da euro 10.000 ad euro 250.000.
49-*ter*. È sempre disposta la confisca amministrativa del prodotto o della merce di cui al comma 49-*bis*, salvo che le indicazioni ivi previste siano apposte, a cura e spese del titolare o del licenziatario responsabile dell'illecito, sul prodotto o sulla confezione o sui documenti di corredo per il consumatore.».

7. Le disposizioni di cui ai commi 5 e 6 si applicano decorsi quarantacinque giorni dalla data di entrata in vigore del presente decreto.

8. L'articolo 17, comma 4, della legge 23 luglio 2009, n. 99, è abrogato.

8 bis. Al fine di consentire una maggiore competitività dei prodotti agro-alimentari italiani e sostenere il made in Italy, dopo il comma 2 dell'articolo 1 del decreto legislativo 19 novembre 2004, n. 297, sono inseriti i seguenti:
"2-*bis*. Non si realizza la fattispecie sanzionabile ai sensi del comma 2 nel caso in cui il soggetto immesso nel sistema di controllo sia stato autorizzato alla smarchiatura ai sensi del regolamento emanato, previa approvazione del Ministero delle politiche agricole alimentari e forestali, dal Consorzio di tutela ovvero, in mancanza del provvedimento di riconoscimento del Consorzio, dal Ministero delle politiche agricole alimentari e forestali e non abbia usufruito, per il prodotto smarchiato, di contributi pubblici. Con apposito decreto del Ministro delle politiche agricole alimentari e forestali sono individuate le condizioni e le modalità legate all'attività di smarchiatura.
2-*ter*. L'autorizzazione alla smarchiatura del prodotto deve essere comunicata dal soggetto interessato all'organismo di controllo e non esonera dagli obblighi pecuniari nei confronti del Consorzio di tutela e della struttura di controllo" (1).

(1) Comma introdotto dall'art. 1, l. 20.11.2009, n. 166, in sede di conversione.

CORTE COSTITUZIONALE

1. L. cost. 9 febbraio 1948, n. 1. – Norme sui giudizi di legittimità costituzionale e sulle garanzie d'indipendenza della Corte costituzionale

In Gazzetta Ufficiale 20 febbraio 1948, n. 43

1. – La questione d'illegittimità costituzionale di una legge o di un atto avente forza di legge della Repubblica, rilevata d'ufficio o sollevata da una delle parti nel corso di un giudizio e non ritenuta dal giudice manifestamente infondata, è rimessa alla Corte costituzionale per la sua decisione.

2. – Quando una Regione ritenga che una legge od atto avente forza di legge della Repubblica invada la sfera della competenza ad essa assegnata dalla Costituzione, può, con deliberazione della Giunta regionale, promuovere l'azione di legittimità costituzionale davanti alla Corte, nel termine di 30 giorni dalla pubblicazione della legge o dell'atto avente forza di legge.

Una legge d'una Regione può essere impugnata per illegittimità costituzionale, oltre che nei casi e con le forme del precedente articolo e dell'art. 127 della Costituzione, anche da un'altra Regione, che ritenga lesa da tale legge la propria competenza. L'azione è proposta su deliberazione della Giunta regionale, entro 60 giorni dalla pubblicazione della legge.

3. – (*Omissis*) [(1)].

I giudici della Corte costituzionale non possono essere rimossi, né sospesi dal loro ufficio se non con decisione della Corte, per sopravvenuta incapacità fisica o civile o per gravi mancanze nell'esercizio delle loro funzioni.

Finché durano in carica, i giudici della Corte costituzionale godono della immunità accordata nel secondo comma dell'art. 68 della Costituzione ai membri delle due Camere. L'autorizzazione ivi prevista è data dalla Corte costituzionale.

(1) Comma abrogato dall'art. 7, l. cost. 22.11.1967, n. 2.

4. – La presente legge costituzionale entra in vigore il giorno successivo a quello della sua pubblicazione nella Gazzetta Ufficiale della Repubblica.

2. L. cost. 11 marzo 1953, n. 1. – Norme integrative della Costituzione concernenti la Corte costituzionale

In Gazzetta Ufficiale 14 marzo 1953, n. 62

1. – La Corte costituzionale esercita le sue funzioni nelle forme, nei limiti ed alle condizioni di cui alla Carta costituzionale, alla legge costituzionale 9 febbraio 1948, n. 1, ed alla legge ordinaria emanata per la prima attuazione delle predette norme costituzionali.

2. – Spetta alla Corte costituzionale giudicare se le richieste di referendum abrogativo presentate a norma dell'art. 75 della Costituzione siano ammissibili ai sensi del secondo comma dell'articolo stesso.

Le modalità di tale giudizio saranno stabilite dalla legge che disciplinerà lo svolgimento del referendum popolare.

3. (*Omissis*) [(1)].

(1) Articolo abrogato dall'art. 7, l. cost. 22.11.1967, n. 2.

4. (*Omissis*) [(1)].

(1) Articolo abrogato dall'art. 7, l. cost. 22.11.1967, n. 2.

5. – I giudici della Corte costituzionale non sono sindacabili, né possono essere perseguiti per le opinioni espresse e i voti dati nell'esercizio delle loro funzioni.

6. – I giudici della Corte costituzionale hanno una retribuzione mensile che non può essere inferiore a quella del più alto magistrato della giurisdizione ordinaria ed è determinata con legge.

7. – I giudici della Corte costituzionale possono essere rimossi o sospesi dal loro ufficio a norma dell'art. 2 [(1)] della legge costituzionale 9 febbraio 1948, n. 1, solo in seguito a deliberazione della Corte presa a maggioranza di due terzi dei componenti che partecipano all'adunanza.

(1) *Rectius*: art. 3.

8. – Il giudice della Corte costituzionale che per sei mesi non eserciti le sue funzioni decade dalla carica.

9. – Il presidente della Corte, quando lo ritenga necessario, può con provvedimento motivato ridurre fino alla metà i termini dei procedimenti.

10. (*Omissis*) [(1)].

(1) Articolo abrogato dall'art. 7, l. cost. 22.11.1967, n. 2.

11. – Le disposizioni degli artt. 5 e 6 si applicano anche ai cittadini eletti dal Parlamento ai sensi dell'ultimo comma dell'art. 135 della Costituzione, limitatamente al periodo in cui esercitano le loro funzioni presso la Corte.

12. – **1.** La deliberazione sulla messa in istato di accusa del Presidente della Repubblica per i reati di alto tradimento e di attentato alla Costituzione è adottata dal Parlamento in seduta comune su relazione di un Comitato formato dai componenti della Giunta del Senato della Repubblica e da quelli della Giunta della Camera dei deputati competenti per le autorizzazioni a procedere in base ai rispettivi Regolamenti.

2. Il Comitato di cui al comma 1 è presieduto dal Presidente della Giunta del Senato della Repubblica o dal Presidente della Giunta della Camera dei deputati, che si alternano per ciascuna legislatura.

3. Le disposizioni di cui al comma 1 si applicano anche alle ipotesi di concorso del Presidente del Consiglio dei Ministri, di Ministri nonché di altri soggetti nei reati previsti dall'articolo 90 della Costituzione.

4. Quando sia deliberata la messa in stato di accusa del Presidente della Repubblica, la Corte costituzionale può disporre la sospensione della carica [(1)].

(1) Articolo così sostituito dalla l. cost. 16.1.1989, n. 1.

13. – Il Parlamento in seduta comune, nel porre in istato di accusa il Presidente della Repubblica, il Presidente del Consiglio dei Ministri o i Ministri, elegge, anche tra i suoi componenti, uno o più commissari per sostenere l'accusa.

I commissari esercitano davanti alla Corte le funzioni di pubblico ministero e hanno facoltà di assistere a tutti gli atti istruttori.

14. – L'atto di accusa contro il Presidente del Consiglio dei Ministri o i Ministri implica di pieno diritto la sospensione dalla carica.

15. – Per i reati di attentato alla Costituzione e di alto tradimento commessi dal Presidente della Repubblica, la Corte costituzionale, nel pronunciare sentenza di condanna, determina le sanzioni penali nei limiti del massimo di pena previsto dalle leggi vigenti al momento del fatto, nonché le sanzioni costituzionali, amministrative e civili adeguate al fatto.

Le norme contenute nelle leggi penali relative alla sussistenza del reato, alla punibilità ed alla perseguibilità sono applicabili nei giudizi di accusa nei confronti del Presidente del Consiglio dei Ministri e dei Ministri, ma la Corte può aumentare la pena fino a un terzo anche oltre la misura stabilita, in caso di circostanze che rivelino l'eccezionale gravità del reato. La Corte può infliggere, altresì, le sanzioni costituzionali e amministrative adeguate al fatto.

Disposizione transitoria. La prima elezione della Commissione preveduta dall'art. 12 avrà luogo entro due mesi dall'entrata in vigore della presente legge.

3. L. 11 marzo 1953, n. 87. – Norme sulla costituzione e sul funzionamento della Corte costituzionale (1) (2)

In Gazzetta Ufficiale 14 marzo 1953, n. 62

(1) I riferimenti al Ministro/Ministero del tesoro e di Ministro/Ministero del bilancio e della programmazione economica, devono attualmente intendersi Ministro/Ministero del tesoro, del bilancio e della programmazione economica (art. 7, l. 3.4.1997, n. 94).

(2) I riferimenti al Ministro/Ministero di Grazia e Giustizia devono attualmente intendersi al Ministro/Ministero della giustizia (d.P.R. 13.9.1999).

Titolo I
Costituzione della Corte

1. – La Corte costituzionale è composta di quindici giudici nominati, in ordine successivo, cinque dalle supreme magistrature ordinaria e amministrativa, cinque dal Parlamento in seduta comune, cinque dal Presidente della Repubblica.

2. – I giudici della Corte la cui nomina spetta alle supreme magistrature ordinaria ed amministrativa, sono eletti:

a) tre da un collegio del quale fanno parte il presidente della Corte di cassazione, che lo presiede, il procuratore generale, i presidenti di sezione, gli avvocati generali, i consiglieri e i sostituti procuratori generali della Cassazione;
b) uno da un collegio del quale fanno parte il Presidente del Consiglio di Stato, che lo presiede, i presidenti di sezione ed i consiglieri del Consiglio di Stato;
c) uno da un collegio del quale fanno parte il presidente della Corte dei conti che lo presiede, i presidenti di sezione, i consiglieri, il procuratore generale ed i viceprocuratori generali della Corte dei conti.

I componenti di ciascun collegio possono votare per un numero di candidati pari a quello dei giudici che il collegio deve eleggere. Si considerano non iscritti i nomi eccedenti tale numero.

I nomi degli eletti vengono immediatamente comunicati, dal presidente di ciascun collegio, al Presidente della Corte costituzionale, ai Presidenti delle due Camere del Parlamento ed al Presidente della Repubblica.

3. – [I giudici che nomina il Parlamento sono eletti da questo in seduta comune delle due Camere, a scrutinio segreto e con maggioranza di tre quinti dell'Assemblea.] (1)

[Per gli scrutini successivi al secondo è sufficiente la maggioranza dei tre quinti dei votanti.] (2)

Dopo ogni scrutinio saranno gradualmente proclamati eletti coloro che avranno riportato la maggioranza preveduta, rispettivamente, nei commi precedenti.

I nomi dei giudici eletti dal Parlamento vengono immediatamente comunicati dal Presidente della Camera dei deputati al Presidente della Repubblica e al Presidente della Corte costituzionale.

(1) Comma abrogato dall'art. 7, l. cost. 22.11.1967, n. 2.
(2) Comma abrogato dall'art. 7, l. cost. 22.11.1967, n. 2.

4. – I giudici della Corte costituzionale, la cui nomina spetta al Presidente della Repubblica, sono nominati con suo decreto.

Il decreto è controfirmato dal Presidente del Consiglio dei Ministri.

5. – I giudici della Corte, prima di assumere le funzioni, prestano giuramento di osservare la Costituzione e le leggi, nelle mani del Presidente della Repubblica, alla presenza dei Presidenti delle due Camere del Parlamento.

6. – La Corte elegge a maggioranza dei suoi componenti il Presidente. Nel caso che nessuno riporti la maggioranza si procede ad una nuova votazione e, dopo di questa, eventualmente, alla votazione di ballottaggio tra i candidati che hanno ottenuto il maggior numero di voti e si proclama eletto chi abbia riportato la maggioranza.

In caso di parità è proclamato eletto il più anziano di carica e, in mancanza, il più anziano di età.

Della nomina è data immediata comunicazione dallo stesso Presidente eletto al Presidente della Repubblica, ai Presidenti delle due Camere del Parlamento ed al Presidente del Consiglio dei Ministri.

[Il Presidente rimane in carica quattro anni ed è rieleggibile.] (1)

Il Presidente, subito dopo l'insediamento nella carica, designa un giudice destinato a sostituirlo per il tempo necessario in caso di impedimento.

(1) Comma abrogato dall'art. 7, l. cost. 22.11.1967, n. 2.

7. – I giudici della Corte costituzionale non possono assumere o conservare altri uffici o impieghi pubblici o privati, né esercitare attività professionali, commerciali o industriali, funzioni di amministratore, o sindaco in società che abbiano fine di lucro.

Durante il periodo di appartenenza alla Corte costituzionale i giudici che siano magistrati in attività di servizio, o professori universitari, non potranno continuare nell'esercizio delle loro funzioni.

Essi saranno collocati fuori ruolo per tutto il periodo in cui restano in carica e fino a quando non raggiungano i limiti di età per essere collocati a riposo.

All'atto della cessazione dalla carica di giudici della Corte costituzionale i professori universitari ordinari vengono riammessi in ruolo in soprannumero, nella sede già occupata. Entro tre mesi dalla avvenuta riammissione in ruolo universitario possono, tuttavia, essere chiamati in soprannumero da altra Facoltà della medesima o di altra sede. In ogni caso le Facoltà possono chiedere, con il consenso degli interessati, che i professori stessi siano assegnati ad insegnamento di materia diversa ai sensi dell'art. 93, terzo e quarto comma, del testo unico sull'istruzione superiore approvato con regio decreto 31 agosto 1933, n. 1592. In tal caso il Ministero della pubblica istruzione è tenuto a sentire la sezione prima del Consiglio superiore della pubblica istruzione [1].

I giudici della Corte costituzionale non possono far parte di commissioni giudicatrici di concorso, né ricoprire cariche universitarie e non possono essere Candidati in elezioni amministrative o politiche.

(1) Comma così sostituito dall'art. 27, l. 18.3.1958, n. 311.

8. – I giudici della Corte non possono svolgere attività inerente ad una associazione o partito politico.

9. – Le domande dell'autorità competente per sottoporre a procedimento penale o procedere all'arresto di un giudice della Corte costituzionale sono trasmesse alla Corte stessa per il tramite del Ministero della giustizia.

10. – La Corte, con il solo intervento dei giudici ordinari, pronuncia la decadenza dei cittadini eletti dal Parlamento ai sensi dell'ultimo comma dell'art. 135 della Costituzione qualora gli stessi, dopo la loro elezione, vengano a perdere i requisiti per l'eleggibilità o si rendano incompatibili.

La decisione della Corte è comunicata ai Presidenti delle due Camere del Parlamento per la sostituzione.

11. – Tutti i provvedimenti che la Corte adotta nei confronti dei giudici ordinari e dei giudici aggregati sono deliberati in Camera di consiglio ed a maggioranza dei suoi componenti. Essi devono essere motivati e sono resi pubblici nei modi disposti dall'art. 19.

12. – I giudici della Corte costituzionale hanno tutti egualmente una retribuzione corrispondente al più elevato livello tabellare che sia stato raggiunto dal magistrato della giurisdizione ordinaria investito delle più alte funzioni, aumentato della metà. Al Presidente è inoltre attribuita una indennità di rappresentanza pari ad un quinto della retribuzione [1].

Tale trattamento sostituisce ed assorbe quello che ciascuno, nella sua qualità di funzionario di Stato o di altro ente pubblico, in servizio o a riposo, aveva prima della nomina a giudice della Corte.

Ai giudici eletti a norma dell'ultimo comma dell'art. 135 della Costituzione è assegnata una indennità giornaliera di presenza pari ad un trentesimo della retribuzione mensile spettante ai giudici ordinari.

(1) Comma sostituito dall'art. 37, l. 27.12.2002, n. 289.

13. – La Corte può disporre l'audizione di testimoni e, anche in deroga ai divieti stabiliti da altre leggi, il richiamo di atti o documenti.

14. – La Corte può disciplinare l'esercizio delle sue funzioni con regolamento approvato a maggioranza dei suoi componenti. Il regolamento è pubblicato nella Gazzetta Ufficiale.

La Corte, nei limiti di un fondo stanziato a tale scopo con legge del Parlamento, provvede alla gestione delle spese, dei servizi e degli uffici, e stabilisce, in apposita pianta organica, il numero, la qualità e gli assegni, nonché le attribuzioni, i diritti ed i doveri dei funzionari addetti a ciascun ufficio.

La Corte è competente in via esclusiva a giudicare sui ricorsi dei suoi dipendenti.

Nell'ambito dei propri ordinamenti la Corte determinerà, tenendo presenti le norme vigenti per le Amministrazioni dello Stato, la composizione del Gabinetto del Presidente e delle Segreterie dei giudici, ai quali potrà essere addetto anche personale appartenente alle Amministrazioni dello Stato [1].

(1) Articolo così sostituito dall'art. 4, l. 18.3.1958, n. 265.

TITOLO II
Funzionamento della Corte

Capo I
Norme generali di procedura

15. – Le udienze della Corte costituzionale sono pubbliche, ma il Presidente può disporre che si svolgano a porte chiuse quando la pubblicità può nuocere alla sicurezza dello Stato o all'ordine pubblico o alla morale, ovvero quando avvengono, da parte del pubblico, manifestazioni che possano turbare la serenità.

16. – I membri della Corte hanno obbligo di intervenire alle udienze quando non siano legittimamente impediti.

La Corte funziona con l'intervento di almeno undici giudici.

Le decisioni sono deliberate in camera di consiglio dai giudici presenti a tutte le udienze in cui si è svolto il giudizio e vengono prese con la maggioranza assoluta dei votanti. Nel caso di parità di voto prevale quello del Presidente, salvo quanto è stabilito nel secondo comma dell'art. 49.

17. – Il cancelliere assiste alle sedute della Corte e stende il processo verbale sotto la direzione del Presidente.

Il processo verbale è sottoscritto da chi presiede la udienza e dal cancelliere; di esso non si dà lettura, salvo espressa istanza di parte.

18. – La corte giudica in via definitiva con sentenza. Tutti gli altri provvedimenti di sua competenza sono adottati con ordinanza.

I provvedimenti del Presidente sono adottati con decreto.

Le sentenze sono pronunciate in nome del popolo italiano e debbono contenere, oltre alla indicazione dei motivi di fatto e di diritto, il dispositivo, la data della decisione e la sottoscrizione dei giudici e del cancelliere.

Le ordinanze sono succintamente motivate.

19. – Le decisioni della Corte costituzionale sono depositate nella Cancelleria della Corte e chiunque può prenderne visione ed ottenerne copia.

20. – Nei procedimenti dinanzi alla Corte costituzionale la rappresentanza e la difesa delle parti può essere affidata soltanto ad avvocati abilitati al patrocinio innanzi alla Corte di cassazione.

Gli organi dello Stato e delle Regioni hanno diritto di intervenire in giudizio.

Il Governo, anche quando intervenga nella persona del Presidente del Consiglio dei ministri o di un Ministro a ciò delegato, è rappresentato e difeso dall'Avvocato generale dello Stato o da un suo sostituto.

21. – Gli atti del procedimento davanti alla Corte costituzionale sono esenti da tasse di ogni specie.

22. – Nel procedimento davanti alla Corte costituzionale, salvo che per i giudizi sulle accuse di cui agli artt. 43 e seguenti, si osservano, in quanto applicabili, anche le norme del regolamento per la procedura innanzi al Consiglio di Stato in sede giurisdizionale.

Norme integrative possono essere stabilite dalla Corte nel suo regolamento [(1)].

(1) Per l'attuazione del processo costituzionale telematico, art. 1 Deliberazione Corte costituzionale 28.10.2021.

Capo II
Questioni di legittimità costituzionale

23. – Nel corso di un giudizio dinanzi ad una autorità giurisdizionale una delle parti o il Pubblico Ministero possono sollevare questione di legittimità costituzionale mediante apposita istanza, indicando:

a) le disposizioni della legge o dell'atto avente forza di legge dello Stato o di una Regione, viziate da illegittimità costituzionale;

b) le disposizioni della Costituzione o delle leggi costituzionali, che si assumono violate.

L'autorità giurisdizionale, qualora il giudizio non possa essere definito indipendentemente dalla risoluzione della questione di legittimità costituzionale o non ritenga che la questione sollevata sia manifestamente infondata, emette ordinanza con la quale, riferiti i termini ed i motivi della istanza con cui fu sollevata la questione, dispone l'immediata trasmissione degli atti alla Corte costituzionale e sospende il giudizio in corso.

La questione di legittimità costituzionale può essere sollevata, di ufficio, dall'autorità giurisdizionale davanti alla quale verte il giudizio con ordinanza contenente le indicazioni previste alle lettere a) e b) del primo comma e le disposizioni di cui al comma precedente.

L'autorità giurisdizionale ordina che a cura della Cancelleria l'ordinanza di trasmissione degli atti alla Corte costituzionale sia notificata, quando non se ne sia data lettura nel pubblico dibattimento, alle parti in causa ed al Pubblico Ministero quando il suo intervento sia obbligatorio, nonché al Presidente del Consiglio dei ministri od al Presidente della Giunta regionale a seconda che sia in questione una legge o un atto avente forza di legge dello Stato o di una Regione. L'ordinanza viene comunicata dal cancelliere anche ai Presidenti delle due Camere del Parlamento o al Presidente del Consiglio regionale interessato.

24. – L'ordinanza che respinga la eccezione di illegittimità costituzionale per manifesta irrilevanza o infondatezza, deve essere adeguatamente motivata.

L'eccezione può essere riproposta all'inizio di ogni grado ulteriore del processo.

25. – Il Presidente della Corte costituzionale, appena è pervenuta alla Corte l'ordinanza con la quale l'autorità giurisdizionale promuove il giudizio di legittimità costituzionale, ne dispone la pubblicazione nella Gazzetta Ufficiale e, quando occorra, nel "Bollettino Ufficiale" delle Regioni interessate.

Entro venti giorni dall'avvenuta notificazione della ordinanza, ai sensi dell'art. 23, le parti possono esaminare gli atti depositati nella Cancelleria e presentare le loro deduzioni.

Entro lo stesso termine, il Presidente del Consiglio dei ministri ed il Presidente della Giunta regionale possono intervenire in giudizio e presentare le loro deduzioni.

26. – Trascorso il termine indicato nell'articolo precedente il Presidente della Corte nomina un giudice per la istruzione e la relazione e convoca entro i successivi venti giorni la Corte per la discussione.

Qualora non si costituisca alcuna parte o in caso di manifesta infondatezza la Corte può decidere in camera di consiglio.

Le sentenze devono essere depositate in Cancelleria nel termine di venti giorni dalla decisione.

27. – La Corte costituzionale, quando accoglie una istanza o un ricorso relativo a questioni di legittimità costituzionale di una legge o di un atto avente forza di legge, dichiara, nei limiti dell'impugnazione, quali sono le disposizioni legislative illegittime. Essa dichiara altresì, quali sono le altre disposizioni legislative, la cui illegittimità deriva come conseguenza dalla decisione adottata.

28. – Il controllo di legittimità della Corte costituzionale su una legge o un atto avente forza di legge esclude ogni valutazione di natura politica e ogni sindacato sull'uso del potere discrezionale del Parlamento.

29. – La sentenza con la quale la Corte si pronunzia sulla questione di illegittimità costituzionale di una legge o di un atto avente forza di legge o l'ordinanza con la quale è dichiarata la manifesta infondatezza dell'eccezione di incostituzionalità, vengono trasmesse, entro due giorni dal loro deposito in Cancelleria, unitamente agli atti, all'autorità giurisdizionale, che ha promosso il giudizio, a cura del cancelliere della Corte.

30. – La sentenza che dichiara l'illegittimità costituzionale di una legge o di un atto avente forza di legge dello Stato o di una Regione, entro due giorni dal suo deposito in Cancelleria, è trasmessa, di ufficio, al Ministro della giustizia od al Presidente della Giunta regionale affinché si proceda immediatamente e, comunque, non oltre il decimo giorno, alla pubblicazione del dispositivo della decisione nelle medesime forme stabilite per la pubblicazione dell'atto dichiarato costituzionalmente illegittimo.

La sentenza, entro due giorni dalla data del deposito viene, altresì, comunicata alle Camere e ai Consigli regionali interessati, affinché, ove lo ritengano necessario adottino i provvedimenti di loro competenza.

Le norme dichiarate incostituzionali non possono avere applicazione dal giorno successivo alla pubblicazione della decisione.

Quando in applicazione della norma dichiarata incostituzionale è stata pronunciata sentenza irrevocabile di condanna, ne cessano la esecuzione e tutti gli effetti penali [1].

(1) La Corte costituzionale, con sent. 16.4.2021, n. 68, ha dichiarato l'illegittimità costituzionale di questo comma, in quanto interpretato nel senso che la disposizione non si applica in relazione alla sanzione amministrativa accessoria della revoca della patente di guida, disposta con sentenza irrevocabile ai sensi dell'art. 222, co. 2, d.lgs. 30.4.1992, n. 285 (Nuovo codice della strada).

31. – **1.** La questione di legittimità costituzionale di uno statuto regionale può, a norma del secondo comma dell'articolo 123 della Costituzione, essere promossa entro il termine di trenta giorni dalla pubblicazione.

2. Ferma restando la particolare forma di controllo delle leggi prevista dallo statuto speciale della Regione siciliana, il Governo, quando ritenga che una legge regionale ecceda la competenza della Regione, può promuovere, ai sensi dell'articolo 127, primo comma, della Costituzione, la questione di legittimità costituzionale della legge regionale dinanzi alla Corte costituzionale entro sessanta giorni dalla pubblicazione [1].

3. La questione di legittimità costituzionale è sollevata, previa deliberazione del Consiglio dei ministri, anche su proposta della Conferenza Stato-Città e autonomie locali, dal Presidente del Consiglio dei ministri mediante ricorso diretto alla Corte costituzionale e notificato, entro i termini previsti dal presente articolo, al Presidente della Giunta regionale.

4. Il ricorso deve essere depositato nella cancelleria della Corte costituzionale entro il termine di dieci giorni dalla notificazione [2].

(1) La Corte costituzionale, con sent. 13.11.2014, n. 255, ha dichiarato l'illegittimità costituzionale del presente comma limitatamente alle parole «*Ferma restando la particolare forma di controllo delle leggi prevista dallo statuto speciale della Regione siciliana,*».

(2) Articolo sostituito dall'art. 9, l. 5.6.2003, n. 131.

32. – La questione della legittimità costituzionale di una legge o di un atto avente forza di legge dello Stato può essere promossa dalla Regione che ritiene dalla legge o dall'atto invasa la sfera della competenza assegnata alla Regione stessa dalla Costituzione e da leggi costituzionali.

La questione di legittimità costituzionale, previa deliberazione della Giunta regionale, anche su proposta del Consiglio delle autonomie locali, è promossa dal Presidente della Giunta mediante ricorso diretto alla Corte costituzionale e notificato al Presidente del Consiglio dei ministri entro il termine di sessanta giorni dalla pubblicazione della legge o dell'atto impugnati [1].

Si applica l'ultimo comma dell'articolo precedente.

(1) Comma sostituito dall'art. 9, l. 5.6.2003, n. 131.

33. – La questione di legittimità costituzionale di una legge o di un atto avente forza di legge di una Regione può essere, a norma dell'articolo 127, secondo comma, della Costituzione, promossa da un'altra Regione che ritenga da quella legge invasa la sfera della sua competenza [1].

La questione, previa deliberazione della Giunta regionale, è promossa dal Presidente della Giunta mediante ricorso diretto alla Corte costituzionale e notificato, entro il termine di sessanta giorni dalla pubblicazione della legge, al Presidente della Giunta della Regione di cui si impugna la legge ed al Presidente del Consiglio dei ministri.

Il ricorso deve essere depositato nella Cancelleria

della Corte costituzionale entro il termine di dieci giorni dall'ultima notificazione.

(1) Comma così modificato dall'art. 9, l. 5.6.2003, n. 131.

34. – I ricorsi che promuovono le questioni di legittimità costituzionale, a norma degli artt. 31, 32 e 33 devono contenere le indicazioni di cui al primo comma dell'art. 23.

Si osservano, per quanto applicabili, le disposizioni contenute negli artt. 23, 25 e 26.

35. – **1.** Quando è promossa una questione di legittimità costituzionale ai sensi degli articoli 31, 32 e 33, la Corte costituzionale fissa l'udienza di discussione del ricorso entro novanta giorni dal deposito dello stesso. Qualora la Corte ritenga che l'esecuzione dell'atto impugnato o di parti di esso possa comportare il rischio di un irreparabile pregiudizio all'interesse pubblico o all'ordinamento giuridico della Repubblica, ovvero il rischio di un pregiudizio grave ed irreparabile per i diritti dei cittadini, trascorso il termine di cui all'articolo 25, d'ufficio può adottare i provvedimenti di cui all'articolo 40. In tal caso l'udienza di discussione è fissata entro i successivi trenta giorni e il dispositivo della sentenza è depositato entro quindici giorni dall'udienza di discussione[1].

(1) Articolo sostituito dall'art. 9, l. 5.6.2003, n. 131.

36. – Le disposizioni del presente capo, come pure quelle dell'art. 20, si osservano anche, per quanto applicabili nei casi di impugnazione previsti dagli artt. 82 e 83 della legge costituzionale 28 febbraio 1948, n. 5, concernente lo Statuto speciale per il Trentino-Alto Adige.

Quanto vi è disposto riguardo alla Regione ed ai suoi organi, vale analogamente per la Provincia ed i suoi organi quando sia interessata una delle due Province nella Regione.

Capo III
Conflitti di attribuzione

Sezione I
Dei conflitti di attribuzione tra poteri dello Stato

37. – Il conflitto tra poteri dello Stato è risoluto dalla Corte costituzionale se insorge tra organi competenti a dichiarare definitivamente la volontà del potere cui appartengono e per la delimitazione della sfera di attribuzioni determinata per i vari poteri da norme costituzionali.

Restano ferme le norme vigenti per le questioni di giurisdizione.

La Corte decide con ordinanza in camera di consiglio sulla ammissibilità del ricorso.

Se la Corte ritiene che esiste la materia di un conflitto la cui risoluzione spetti alla sua competenza dichiara ammissibile il ricorso e ne dispone la notifica agli organi interessati.

Si osservano in quanto applicabili le disposizioni degli artt. 23, 25 e 26.

Salvo il caso previsto nell'ultimo comma dell'art. 20, gli organi interessati, quando non compaiano personalmente, possono essere difesi e rappresentati da liberi professionisti abilitati al patrocinio davanti alle giurisdizioni superiori.

38. – La Corte costituzionale risolve il conflitto sottoposto al suo esame dichiarando il potere al quale spettano le attribuzioni in contestazione e, ove sia stato emanato un atto viziato da incompetenza, lo annulla.

Sezione II
Dei conflitti di attribuzione fra Stato e Regioni e fra Regioni

39. – Se la Regione invade con un suo atto la sfera di competenza assegnata dalla Costituzione allo Stato ovvero ad un'altra Regione, lo Stato o la Regione rispettivamente interessata possono proporre ricorso alla Corte costituzionale per il regolamento di competenza. Del pari può produrre ricorso la Regione la cui sfera di competenza costituzionale sia invasa da un atto dello Stato[1].

Il termine per produrre ricorso è di sessanta giorni a decorrere dalla notificazione o pubblicazione ovvero dall'avvenuta conoscenza dell'atto impugnato.

Il ricorso è proposto per lo Stato dal Presidente del Consiglio dei ministri o da un Ministro da lui delegato e per la Regione dal Presidente della Giunta regionale in seguito a deliberazione della Giunta stessa.

Il ricorso per regolamento di competenza deve indicare come sorge il conflitto di attribuzione e specificare l'atto dal quale sarebbe stata invasa la sfera di competenza, nonché le disposizioni della Costituzione e delle leggi costituzionali che si ritengono violate.

(1) La Corte costituzionale, con sent. 15.12.1967, n. 154, ha stabilito che il termine per produrre ricorso per conflitto di attribuzione, decorre dalla comunicazione o conoscenza della richiesta governativa di riesame di una legge regionale.

40. – L'esecuzione degli atti che hanno dato luogo al conflitto di attribuzione fra Stato e Regione ovvero fra Regioni può essere in pendenza del giudizio, sospesa per gravi ragioni, con ordinanza motivata, dalla Corte.

41. – Si osservano per i ricorsi per regolamento di competenza indicati nei precedenti articoli le disposizioni degli artt. 23, 25, 26 e 38, in quanto applicabili.

42. – Le disposizioni di questa sezione che riguardano la Regione ed i suoi organi si osservano anche, in quanto applicabili, per le due Province della Regione Trentino-Alto Adige.

Capo IV
Giudizi sulle accuse contro il Presidente della Repubblica, il Presidente del Consiglio dei Ministri ed i Ministri [1]

(1) Capo abrogato dall'art. 35, l. 25.1.1962, n. 20.

43. – [La deliberazione con la quale il Parlamento mette in stato d'accusa il Presidente della Repubblica, il Presidente del Consiglio dei Ministri, o i Ministri, è presa a norma dell'art. 90 della Costituzione e a scrutinio segreto.

L'atto di accusa deve contenere l'indicazione degli addebiti e delle prove su cui l'accusa si fonda.

Il Presidente della Camera dei deputati, entro due giorni dalla deliberazione del Parlamento, trasmette l'atto di accusa al Presidente della Corte costituzionale.

Il Presidente della Corte dispone che entro due giorni dalla ricezione dell'atto esso sia notificato all'accusato.

La Corte può conoscere per connessione i reati non compresi nell'atto di accusa da chiunque commessi, salva la facoltà di ordinare la separazione dei procedimenti.] (1)

(1) Articolo abrogato dall'art. 35, l. 25.1.1962, n. 20.

44. – *Omissis* (1).

(1) Articolo abrogato dall'art. 35, l. 25.1.1962, n. 20.

45. – [Il Presidente della Corte costituzionale nomina un giudice per la istruzione e per la relazione; provvede, altresì, alla nomina del difensore di ufficio ove l'imputato non abbia un difensore di fiducia.

Quando è in stato di accusa il Presidente della Repubblica, all'interrogatorio e all'istruzione provvede il Presidente della Corte costituzionale.] (1)

(1) Articolo abrogato dall'art. 35, l. 25.1.1962, n. 20.

46. – [Chiusa l'istruttoria, il Presidente fissa nel termine non inferiore a venti giorni la data del dibattimento e dispone che per quella data siano convocati i giudici ordinari aggregati e ordina che il decreto sia notificato all'accusato e al suo difensore.] (1)

(1) Articolo abrogato dall'art. 35, l. 25.1.1962, n. 20.

47. – [I giudici aggregati prestano, nelle mani del Presidente della Corte costituzionale, giuramento con la formula prescritta dall'art. 5.

Il giuramento non è ripetuto se sia stato già prestato in occasione di un precedente giudizio.

Prima dell'inizio delle formalità di apertura del dibattimento i giudici ordinari ed aggregati possono presentare istanza motivata con la quale chiedono di astenersi dal giudizio e possono essere ricusati con istanza motivata dell'accusato o del suo difensore ovvero dei commissari nominati dal Parlamento per sostenere la accusa.

La Corte decide immediatamente sulla richiesta di astensione o sulla ricusazione senza l'intervento dei giudici, cui la astensione o la ricusazione si riferiscono.] (1)

(1) Articolo abrogato dall'art. 35, l. 25.1.1962, n. 20.

48. – [Ai giudizi di accusa contro il Presidente della Repubblica, il Presidente del Consiglio dei Ministri ed i Ministri partecipano tutti i giudici della Corte, ordinari e aggregati, che non siano legittimamente impediti.

Il collegio giudicante deve, in ogni caso, essere costituito da almeno ventuno giudici, dei quali i giudici aggregati devono essere in maggioranza.

Il giudice, che non sia intervenuto ad una udienza, non può partecipare alle udienze successive.

Chiuso il dibattimento, la Corte si riunisce in Camera di consiglio senza interruzione con la presenza dei giudici ordinari ed aggregati presenti a tutte le udienze in cui si è svolto il giudizio.] (1)

(1) Articolo abrogato dall'art. 35, l. 25.1.1962, n. 20.

49. – [Il Presidente formula separatamente per ogni accusato e per ogni capo d'imputazione le questioni di fatto e di diritto; dopo che queste sono state discusse e votate, formula, ove ne sia il caso, le questioni sulla applicazione della pena; le mette in discussione e le fa votare. Nelle votazioni, il Presidente raccoglie i voti cominciando dal giudice meno anziano e vota per ultimo. Nessuno dei votanti può esprimere per iscritto i motivi del proprio voto. Non sono ammesse astensioni dal voto.

In caso di parità di voti prevale l'opinione più favorevole all'accusato.

Il dispositivo della sentenza è letto dal Presidente in pubblica udienza.

La sentenza è depositata in cancelleria ed è trasmessa al Ministero di grazia e giustizia per la pubblicazione nella Gazzetta Ufficiale della Repubblica.] (1)

(1) Articolo abrogato dall'art. 35, l. 25.1.1962, n. 20.

50. – [La sentenza è irrevocabile, ma può essere sottoposta a revisione con ordinanza della Corte se dopo la condanna sopravvengono o si scoprono nuovi fatti o nuovi elementi di prove che rendono evidente che il fatto non sussiste o che il condannato non lo ha commesso.] (1)

(1) Articolo abrogato dall'art. 35, l. 25.1.1962, n. 20.

51. – *Omissis* (1).

(1) Articolo abrogato dall'art. 35, l. 25.1.1962, n. 20.

52. – [L'azione civile derivante dal fatto che forma oggetto del giudizio di accusa è esercitata davanti all'autorità giudiziaria ordinaria dopo la definizione del giudizio dinanzi alla Corte costituzionale.] (1)

(1) Articolo abrogato dall'art. 35, l. 25.1.1962, n. 20.

53. – [Nei giudizi di accusa contro il Presidente della Repubblica, il Presidente del Consiglio dei Ministri ed i Ministri si osservano, in quanto non è diversamente disposto, le norme dei Codici penale e di procedura penale.] (1)

(1) Articolo abrogato dall'art. 35, l. 25.1.1962, n. 20.

4. L. 25 gennaio 1962, n. 20. – Norme sui procedimenti e giudizi di accusa *(artt. 17-35)* (1)

In Gazzetta Ufficiale 13 febbraio 1962, n. 39

(1) L'art. 1, co. 1, d.lgs. 1.12.2009, n. 179, ha ritenuto indispensabile la permanenza in vigore della presente legge, limitatamente agli articoli da 17 a 35.

17. Deliberazione di messa in stato d'accusa.

La deliberazione di messa in stato d'accusa, prevista dall'art. 12 della L. cost. 11 marzo 1953, n. 1, è adottata dal Parlamento a norma dell'art. 90 della Costituzione e a scrutinio segreto.

L'atto di accusa deve contenere l'indicazione degli addebiti e delle prove su cui l'accusa si fonda.

Il Presidente della Camera dei deputati, entro due giorni dalla deliberazione del Parlamento, trasmette l'atto di accusa al Presidente della Corte Costituzionale.

Il Presidente della Corte dispone che entro due giorni dalla ricezione dell'atto esso sia notificato all'accusato (1).

(1) L'art. 1, co. 1, d.lgs. 1.12.2009, n. 179, ha dichiarato indispensabile la permanenza in vigore di questo articolo.

18. Costituzione del Collegio d'accusa. Commissari delegati.

Quando i commissari eletti dal Parlamento per sostenere l'accusa a norma dell'art. 13 della legge costituzionale 11 marzo 1953, n. 1, sono più di due, essi, subito dopo la loro elezione, si costituiscono in Collegio di accusa eleggendo fra loro il presidente.

Il Collegio di accusa può nominare tra i suoi componenti uno o più commissari delegati a prendere la parola nel dibattimento e a formulare le richieste secondo l'atto d'accusa e le deliberazioni del Collegio stesso (1).

(1) L'art. 1, co. 1, d.lgs. 1.12.2009, n. 179, ha dichiarato indispensabile la permanenza in vigore di questo articolo.

19. Sostituzione dei commissari d'accusa. Sospensione del giudizio.

Nel caso di cessazione dall'ufficio o di impedimento di tutti i commissari d'accusa, il giudizio innanzi alla Corte Costituzionale è sospeso sin quanto il Parlamento non abbia provveduto alla loro sostituzione.

Il Parlamento è riunito per provvedervi entro dieci giorni (1).

(1) L'art. 1, co. 1, d.lgs. 1.12.2009, n. 179, ha dichiarato indispensabile la permanenza in vigore di questo articolo.

20. Cessazione dall'incarico dei commissari di accusa.

I commissari d'accusa cessano dall'incarico col deposito della sentenza in cancelleria (1).

(1) L'art. 1, co. 1, d.lgs. 1.12.2009, n. 179, ha dichiarato indispensabile la permanenza in vigore di questo articolo.

21. Sorteggio e giuramento dei giudici aggregati.

La Corte Costituzionale, ricevuto l'atto di accusa, procede, in pubblica udienza e con la partecipazione dei commissari d'accusa, al sorteggio dei giudici aggregati previsto dall'art. 10 della legge costituzionale 11 marzo 1953, n. 1.

I giudici sorteggiati prestano giuramento nelle mani del Presidente della Corte Costituzionale secondo la formula prescritta dall'art. 5 della legge 11 marzo 1953, n. 87.

Il giuramento non è ripetuto se è già stato prestato in occasione di un precedente giudizio (1).

(1) L'art. 1, co. 1, d.lgs. 1.12.2009, n. 179, ha dichiarato indispensabile la permanenza in vigore di questo articolo.

22. Compimento degli atti di indagine.

Il Presidente della Corte Costituzionale provvede, direttamente ovvero delegando giudici della Corte, al compimento degli atti di indagine necessari, ivi compreso l'interrogatorio dell'imputato, nonché alla relazione; se l'imputato non ha un difensore di fiducia provvede altresì alla nomina di un difensore di ufficio (1) (2).

(1) Articolo sostituito dall'art. 13, l. 5.6.1989, n. 219.

(2) L'art. 1, co. 1, d.lgs. 1.12.2009, n. 179, ha dichiarato indispensabile la permanenza in vigore di questo articolo.

23. Poteri della Corte Costituzionale.

La Corte può, anche d'ufficio, adottare i provvedimenti, cautelari e coercitivi, personali o reali, che ritiene opportuni. Può altresì revocare o modificare i provvedimenti cautelari e coercitivi deliberati dal comitato di cui all'art. 12 della legge cost. 11 marzo 1953, n. 1, come modificato dall'art. 3 della L. 16 gennaio 1989, n. 1 (1) (2).

(1) Articolo sostituito dall'art. 14, l. 5.6.1989, n. 219.

(2) L'art. 1, co. 1, d.lgs. 1.12.2009, n. 179, ha dichiarato indispensabile la permanenza in vigore di questo articolo.

24. Fissazione della data del dibattimento.

Chiusa l'istruzione, il Presidente fissa nel termine non inferiore a venti giorni la data del dibattimento e dispone che per quella data siano convocati i giudici ordinari e aggregati. Il decreto è notificato all'accusato e al suo difensore (1).

(1) L'art. 1, co. 1, d.lgs. 1.12.2009, n. 179, ha dichiarato indispensabile la permanenza in vigore di questo articolo.

25. Astensione e ricusazione dei giudici.

Prima dell'inizio delle formalità di apertura del dibattimento i giudici ordinari ed aggregati possono presentare istanza motivata con la quale chiedono di astenersi dal giudizio e possono essere ricusati con istanza motivata dell'accusato o del suo difensore ovvero dei commissari d'accusa.

La Corte decide immediatamente sulla richiesta di astensione o sulla ricusazione senza l'intervento dei giudici ai quali l'astensione o la ricusazione si riferisce (1).

(1) L'art. 1, co. 1, d.lgs. 1.12.2009, n. 179, ha dichiarato indispensabile la permanenza in vigore di questo articolo.

26. Composizione del Collegio giudicante.

Ai giudizi di accusa partecipano tutti i giudici della

Corte, ordinari e aggregati, che non siano legittimamente impediti.

Il Collegio giudicante deve, in ogni caso, essere costituito da almeno ventuno giudici, dei quali i giudici aggregati devono essere in maggioranza.

Il giudice che non sia intervenuto ad una udienza non può partecipare alle udienze successive.

Chiuso il dibattimento, la Corte si riunisce in Camera di consiglio, senza interruzione con la presenza dei giudici ordinari ed aggregati intervenuti a tutte le udienze in cui si è svolto il giudizio.

I giudici ordinari e aggregati che costituiscono il Collegio giudicante continuano a farne parte sino all'esaurimento del giudizio, anche se sia sopravvenuta la scadenza del loro incarico [1].

(1) L'art. 1, co. 1, d.lgs. 1.12.2009, n. 179, ha dichiarato indispensabile la permanenza in vigore di questo articolo.

27. Relazione tra il giudizio innanzi alla Corte Costituzionale e l'atto di accusa.

La Corte Costituzionale può conoscere soltanto i reati compresi nell'atto d'accusa.

La Corte può altresì conoscere per connessione, se lo ritiene necessario, di reati che siano aggravati ai sensi dell'art. 61, numero 2), del codice penale con riferimento ad uno dei reati previsti dall'art. 90 della Costituzione. In tal caso, se per i suddetti reati sia già in corso procedimento penale innanzi all'autorità giudiziaria ordinaria o militare, la Corte richiede la trasmissione degli atti relativi, che deve essere disposta senza ritardo dall'autorità giudiziaria [1].

Può altresì dichiarare la connessione per un reato previsto dall'art. 90 della Costituzione non compreso nell'atto di accusa, dandone comunicazione al Presidente della Camera dei deputati. In tal caso il giudizio innanzi alla Corte Costituzionale è sospeso sino alla definizione davanti al Parlamento del procedimento per il reato connesso [2].

Può tuttavia in ogni momento ordinare la separazione dei procedimenti qualora lo ritenga conveniente.

Ai procedimenti per reati connessi si applicano le disposizioni dell'articolo 1 [3] [4].

(1) Comma sostituito dall'art. 15, l. 5.6.1989, n. 219.
(2) Comma modificato dall'art. 15, l. 5.6.1989, n. 219.
(3) Comma abrogato dall'art. 15, l. 5.6.1989, n. 219, successivamente, l'art. 1, co. 1, d.lgs. 1.12.2009, n. 179, ha dichiarato indispensabile la permanenza in vigore del presente comma.
(4) L'art. 1, co. 1, d.lgs. 1.12.2009, n. 179, ha dichiarato indispensabile la permanenza in vigore di questo articolo.

28. Deliberazione e pubblicazione della sentenza.

Il Presidente formula separatamente per ogni accusato e per ogni capo d'imputazione le questioni di fatto e di diritto; dopo che queste sono state discusse e votate, formula, ove ne sia il caso, le questioni sull'applicazione della pena; le mette in discussione e le fa votare. Nelle votazioni, il Presidente raccoglie i voti cominciando dal giudice meno anziano e vota per ultimo. Nessuno dei votanti può esprimere per iscritto i motivi del proprio voto. Non sono ammesse astensioni dal voto.

In caso di parità di voti prevale l'opinione più favorevole all'accusato.

Il dispositivo della sentenza è letto dal Presidente in pubblica udienza.

La sentenza è depositata in cancelleria ed è trasmessa al Ministro per la grazia e giustizia per la pubblicazione nella Gazzetta Ufficiale della Repubblica [1].

(1) L'art. 1, co. 1, d.lgs. 1.12.2009, n. 179, ha dichiarato indispensabile la permanenza in vigore di questo articolo.

29. Irrevocabilità e revisione della sentenza.

La sentenza è irrevocabile, ma può essere sottoposta a revisione con ordinanza della Corte Costituzionale se, dopo la condanna, sopravvengono o si scoprono nuovi fatti o nuovi elementi di prova, i quali, soli o uniti a quelli già esaminati nel procedimento, rendono evidente che il fatto non sussiste ovvero che il condannato non lo ha commesso.

Il potere di chiedere la revisione attribuito al pubblico ministero dal codice di procedura penale è esercitato dal comitato di cui all'art. 12 della L. cost. 11 marzo 1953, n. 1, come modificato dall'art. 3 della L. cost. 16 gennaio 1989, n. 1 [1].

L'ordinanza che ammette la revisione è comunicata al Presidente della Camera dei deputati. Questi convoca il Parlamento in seduta comune per l'elezione dei commissari d'accusa [2].

(1) Comma sostituito dall'art. 16, l. 5.6.1989, n. 219.
(2) L'art. 1, co. 1, d.lgs. 1.12.2009, n. 179, ha dichiarato indispensabile la permanenza in vigore di questo articolo.

30. Giudizi civili o amministrativi.

1. Il giudizio civile o amministrativo per le restituzioni e per il risarcimento del danno può essere iniziato o proseguito contro il colpevole di uno dei reati indicati nell'articolo 90 della Costituzione solo se la Corte costituzionale non ha applicato sanzioni restitutorie o risarcitorie ai sensi del primo comma dell'art. 15 della L. cost. 11 marzo 1953, n. 1 [1] [2].

(1) Articolo sostituito dall'art. 17, l. 5.6.1989, n. 219.
(2) L'art. 1, co. 1, d.lgs. 1.12.2009, n. 179, ha dichiarato indispensabile la permanenza in vigore di questo articolo.

31. Poteri nell'esecuzione penale.

I poteri previsti dall'art. 144 del codice penale sono esercitati dal primo presidente della Corte d'appello di Roma. Quelli attribuiti dal codice penale e dal codice di procedura penale al pubblico ministero nell'esecuzione penale sono esercitati dal procuratore generale presso la Corte stessa [1].

(1) L'art. 1, co. 1, d.lgs. 1.12.2009, n. 179, ha dichiarato indispensabile la permanenza in vigore di questo articolo.

32. Amnistia ed indulto – Riabilitazione.

La Corte applica l'amnistia e l'indulto e decide sulle domande di riabilitazione relative a sentenze di condanna da essa pronunciate [1].

(1) L'art. 1, co. 1, d.lgs. 1.12.2009, n. 179, ha dichiarato indispensabile la permanenza in vigore di questo articolo.

33. Composizione del Collegio per l'istanza di revisione, per l'applicazione dell'amnistia e dell'indulto e per la riabilitazione.

La Corte costituzionale giudica sulle istanze di revisione e provvede all'applicazione dell'amnistia o dell'indulto e alla riabilitazione nella composizione prevista per i giudizi di accusa.

Il sorteggio dei giudici aggregati è fatto dalla Corte in pubblica udienza con la partecipazione di un delegato della Commissione inquirente.

Ai provvedimenti di cui al primo comma si applica la disposizione dell'ultimo comma dell'art. 28 (1).

(1) L'art. 1, co. 1, d.lgs. 1.12.2009, n. 179, ha dichiarato indispensabile la permanenza in vigore di questo articolo.

34. Applicabilità dei codici penale e di procedura penale.

Nel procedimento d'accusa e nel giudizio previsti dalla presente legge si osservano, in quanto applicabili e salvo che non sia diversamente disposto, le norme dei codici penali e di procedura penale (1).

(1) L'art. 1, co. 1, d.lgs. 1.12.2009, n. 179, ha dichiarato indispensabile la permanenza in vigore di questo articolo.

35. Abrogazione di norme precedenti.

È abrogato il capo IV del titolo II della legge 11 marzo 1953, n. 87 (1).

(1) L'art. 1, co. 1, d.lgs. 1.12.2009, n. 179, ha dichiarato indispensabile la permanenza in vigore di questo articolo.

5. Delib. Senato della Repubblica 7 giugno 1989 e della Camera dei deputati 28 giugno 1989. Regolamento parlamentare per i procedimenti di accusa

TITOLO I
Degli organi del procedimento d'accusa

Capo I
Dei giudici aggregati della Corte costituzionale

1. Formazione dell'elenco.

1. L'elenco previsto dall'art. 135 della Costituzione è costituito di quarantacinque persone aventi i requisiti per l'eleggibilità a senatore.

2. L'elenco è formato ogni nove anni, mediante elezione, dal Parlamento in seduta comune, osservando le modalità stabilite per l'elezione dei giudici ordinari della Corte costituzionale.

3. Con le stesse modalità il Parlamento provvede ad elezioni suppletive qualora per sopravvenute vacanze l'elenco si riduca a meno di trentasei persone.

4. I nomi degli eletti sono immediatamente comunicati dal Presidente della Camera dei deputati al Presidente della Repubblica e al Presidente della Corte costituzionale.

Capo II
Del Comitato parlamentare per i procedimenti di accusa

2. Ufficio di Presidenza del Comitato.

1. L'ufficio di Presidenza del Comitato di cui all'articolo 12 della legge costituzionale 11 marzo 1953, n. 1, come sostituito dall'articolo 3 della legge costituzionale 16 gennaio 1989, n. 1, è costituito dall'Ufficio di Presidenza della Giunta delle elezioni e delle immunità parlamentari del Senato della Repubblica o dall'Ufficio di Presidenza della giunta per le autorizzazioni a procedere della Camera dei deputati, che si alternano per ciascuna legislatura.

3. Astensione e sostituzione dei componenti del Comitato.

1. I componenti del Comitato di cui all'articolo 2 non possono essere ricusati. Essi hanno tuttavia facoltà di astenersi, con il consenso del Presidente della Camera dei deputati, nei casi in cui il codice di procedura penale ammette la ricusazione del giudice o quando esistono gravi ragioni di convenienza.

2. Nel caso di legittimo impedimento a partecipare alla seduta, il Presidente del Comitato ammette la sostituzione del componente impedito a norma del comma 3.

3. I componenti del Comitato astenutisi a norma del comma 1 e quelli legittimamente impediti a partecipare alla seduta sono sostituiti immediatamente da senatori e da deputati appartenenti al medesimo gruppo parlamentare, tratti dagli elenchi di cui al comma 4.

4. Ai fini delle sostituzioni di cui al comma 3, all'inizio di ogni legislatura il Presidente del Senato della Repubblica e il Presidente della Camera dei deputati formano rispettivamente un elenco di senatori e un elenco di deputati, aventi consistenza numerica pari a quella delle giunte competenti per le autorizzazioni a procedere in base ai rispettivi regolamenti.

4. Validità delle deliberazioni. Divieto di astensione dal voto.

1. Le deliberazioni del Comitato, di cui all'articolo 2 non sono valide se non è presente la maggioranza dei suoi componenti.

2. I componenti del Comitato non possono astenersi dal voto.

5. Segretezza e pubblicità delle sedute.

1. Le sedute del Comitato, di cui all'articolo 2 sono ordinariamente segrete. Il Comitato può tuttavia deliberare, di volta in volta, di rendere pubbliche intere sedute e parti di esse, avvalendosi dei mezzi di pubblicità previsti dal regolamento della Camera alla quale appartiene il parlamentare che lo presiede.

Capo III
Dei commissari di accusa

6. Numero ed elezione dei commissari di accusa.

1. Il Parlamento, deliberata la messa in stato di accusa, determina il numero dei commissari di accusa previsti dall'art. 13 della legge costituzionale 11 marzo 1953, n. 1, e provvede alla loro elezione con votazione a scrutinio segreto.

2. Ogni membro del Parlamento vota per un numero di persone pari a quello dei commissari da eleggere. Si intendono nominati coloro che ottengono il maggior numero di voti.

3. I commissari di accusa possono rifiutare la nomina dandone comunicazione al Presidente della Camera dei deputati entro tre giorni dalla nomina stessa. Decorso tale termine non possono dare le dimissioni.

7. Sostituzione.

1. Non si fa luogo alla sostituzione dei commissari di accusa sempre che ne rimanga in carica almeno uno.

2. Nel caso di rifiuto della nomina o di impedimento di tutti i commissari, il parlamento è riunito in seduta comune entro dieci giorni per provvedere alla loro sostituzione.

TITOLO II
Del procedimento innanzi al Parlamento

Capo I
Dei poteri del Comitato

8. Inizio del procedimento d'accusa.

1. Il Comitato di cui all'articolo 2 inizia il procedimento per la messa in stato di accusa, ai sensi dell'art. 90 della Costituzione, in seguito ad indagini promosse d'ufficio ovvero a rapporto, referto o denuncia ad esso trasmessi a norma dell'articolo 9.

9. Trasmissione al Comitato dei rapporti, dei referti e delle denunce. Indagini promosse d'ufficio.

1. Il presidente della camera dei deputati trasmette al Comitato di cui all'articolo 2 i rapporti, i referti e le denunce concernenti i reati previsti dall'articolo 90 della Costituzione, dandone comunicazione al Presidente del Senato della Repubblica.

2. Nel caso di indagini promosse d'ufficio dal Comitato il Presidente della Camera dà notizia al Presidente del Senato della comunicazione pervenutagli da parte del Comitato medesimo.

3. Il Comitato può chiedere ai Presidenti delle due Camere di dare notizia alle rispettive Assemblee delle trasmissioni e comunicazioni previste dai commi 1 e 2.

10. Convocazione del Comitato. Promuovimento d'ufficio delle indagini.

1. Il Comitato di cui all'articolo 2 è convocato dal suo presidente entro dieci giorni dal ricevimento degli atti trasmessi a norma del comma 1 dell'articolo 9.

2. Il comitato può deliberare il promuovimento d'ufficio delle indagini, su proposta anche di un solo componente.

3. Il Presidente convoca il comitato per la deliberazione di cui al comma 2 entro dieci giorni dal ricevimento della proposta.

11. Dichiarazione di incompetenza. Archiviazione.

1. Le ordinanze con le quali il comitato di cui all'articolo 2 dichiara la propria incompetenza perché il reato è diverso da quelli previsti dall'articolo 90 della Costituzione ovvero delibera l'archiviazione degli atti del procedimento sono trasmesse, entro dieci giorni dalla loro adozione, ai Presidenti delle due Camere, i quali ne danno comunicazione alle rispettive Assemblee.

2. Entro dieci giorni dalla comunicazione di cui al comma 1 un quarto dei componenti del Parlamento in seduta comune può chiedere che il Comitato presenti la relazione al Parlamento medesimo. La richiesta è presentata in forma scritta al Presidente della Camera di appartenenza dei richiedenti, il quale verifica l'autenticità delle sottoscrizioni.

3. Il Presidente del Senato della Repubblica trasmette immediatamente al Presidente della Camera dei deputati le richieste a lui presentate.

4. I Presidenti delle due Camere comunicano alle rispettive Assemblee la intervenuta definitività delle dichiarazioni di incompetenza e delle deliberazioni di archiviazione in ordine alle quali non sia stata presentata la richiesta di cui al comma 2 da parte del prescritto numero di componenti del Parlamento in seduta comune.

5. Oltre che alle due Assemblee da parte dei rispettivi Presidenti, l'avvenuta presentazione della richiesta di cui al comma 2 da parte del prescritto numero di componenti del Parlamento in seduta comune è comunicata dal Presidente della Camera dei deputati al Comitato, il quale deve presentare la relazione entro un mese da tale comunicazione.

12. Relazione del Comitato.

1. La relazione del Comitato di cui all'articolo 2 al Parlamento in seduta comune deve contenere l'enunciazione del fatto, l'indicazione delle indagini esperite, le conclusioni.

2. Se la relazione propone la messa in stato di accusa, le conclusioni devono riportare l'indicazione degli addebiti con le relative ipotesi di reato e degli elementi su cui la proposta è basata.

3. Il Comitato nomina uno o più relatori per sostenere la discussione dinanzi al Parlamento.

4. La relazione è presentata ai Presidenti delle due Camere ed è stampata e distribuita secondo le disposizioni del regolamento della Camera dei deputati. Possono essere presentate relazioni di minoranza.

13. Commissioni parlamentari di inchiesta.

1. Le Commissioni parlamentari di inchiesta nominate da una o da entrambe le Camere, anche con legge, per gli stessi fatti che formano oggetto di indagine da parte del Comitato di cui all'articolo 2 o per fatti ad essi connessi, debbono sospendere la propria attività con riferimento ai fatti medesimi e trasmettere gli atti al Comitato non appena ricevano dallo stesso comunicazione dell'inizio delle indagini.

2. Se il Parlamento in seduta comune delibera la messa in stato di accusa, la Commissione parlamentare di inchiesta non può più procedere limitatamente ai fatti per i quali è stata deliberata la messa in stato d'accusa.

3. In tutti gli altri casi la Commissione parlamentare d'inchiesta riprende la sua attività, ma è vincolata ai fatti accertati e alle decisioni prese dal Comitato o dal Parlamento.

14. Integrazione del presente regolamento.

1. Per quanto non stabilito dal presente regolamento, il Comitato, di cui all'articolo 2 osserva nei propri lavori, nella misura in cui sono applicabili, le disposizioni del regolamento della Camera alla quale appartiene il parlamentare che lo presiede.

Capo II
Della messa in stato di accusa

15. Convocazione del Parlamento in seduta comune.

1. Il Presidente della Camera dei deputati, sentito il Presidente del Senato della Repubblica, emette l'atto di convocazione del Parlamento in seduta comune entro trenta giorni dalla data della presentazione della relazione da parte del Comitato di cui all'articolo 2 ovvero, nel caso di mancata o tardiva presentazione della relazione, entro trenta giorni dalla scadenza dei termini per il compimento delle indagini o del termine di cui al comma 5 dell'articolo 11.

2. La seduta comune deve avere luogo entro trenta giorni dalla emissione dell'atto di convocazione.

16. Discussione.

La discussione inizia con la relazione del Comitato di cui all'articolo 2 seguita dagli interventi degli eventuali relatori di minoranza.

2. Salvo che non sia diversamente stabilito si osservano, in quanto applicabili, le disposizioni del regolamento della Camera dei deputati.

17. Supplemento di indagini.

1. Qualora il Parlamento abbia deliberato il compimento di un supplemento di indagini, il Comitato di cui all'articolo 2, adempiuto l'incarico, presenta una relazione suppletiva scritta.

18. Deliberazioni del Parlamento in seduta comune.

1. Prima dell'inizio della discussione generale e fino alla conclusione degli interventi del relatore e degli eventuali relatori di minoranza almeno quaranta componenti del Parlamento in seduta comune possono presentare ordini del giorno intesi a formulare proposte in difformità dalle conclusioni del Comitato di cui all'articolo 2.

2. Sulle conclusioni del Comitato e sugli ordini del giorno di cui al comma 1 non è consentita la presentazione di emendamenti.

3. Qualora non siano stati presentati ordini del giorno ai sensi del comma 1 e il Comitato abbia proposto che si deliberi l'archiviazione ovvero che si dichiari non doversi procedere, il Parlamento prende atto delle conclusioni del Comitato.

4. Qualora, in difetto della presentazione di ordini del giorno ai sensi del comma 1, sia stata respinta la proposta formulata dal Comitato di deliberare il compimento di ulteriori indagini intese a stabilire se la competenza in ordine ai fatti per i quali si procede appartenga al Parlamento, si fa luogo a votazione sulla competenza del Parlamento. Ove tale competenza risulti affermata ed altresì nel caso che, sempre in difetto della presentazione di ordini del giorno e comunque in mancanza di altre proposte, sia stata respinta la proposta di dichiarare l'incompetenza del Parlamento o quella di disporre un supplemento di indagini ai fini della decisione sulla messa in stato di accusa, il Presidente sospende la seduta per consentire al Comitato di formulare ulteriori conclusioni.

5. Qualora siano stati presentati ordini del giorno ai sensi del comma 1, sono messe in votazione per prime le proposte di dichiarare l'incompetenza del Parlamento, salvo che non vi siano proposte di deliberare il compimento di ulteriori indagini intese a stabilire se la competenza in ordine ai fatti per i quali si procede appartenga al Parlamento stesso. Sono quindi messe in votazione le proposte di disporre un supplemento di indagini ai fini della decisione sulla messa in stato di accusa. Nel caso di reiezione delle proposte concernenti la competenza e di quelle intese a disporre un supplemento di indagini ai fini della decisione sulla messa in stato di accusa, non si fa luogo a votazione sulle proposte di dichiarare non doversi procedere e su quelle di deliberare l'archiviazione, le quali si intendono nell'ordine approvate se non siano state formulate altre proposte. Ove siano formulate proposte di deliberare la messa in stato di accusa, sono infine messe in votazione tali proposte, intendendosi la loro reiezione come deliberazione di non doversi procedere.

6. Le votazioni hanno luogo a scrutinio segreto e possono essere disposte per parti separate.

7. La deliberazione di messa in stato di accusa è adottata a maggioranza assoluta dei componenti del Parlamento.

19. Trasmissione dell'atto d'accusa alla Corte costituzionale.

1. Il Presidente della Camera dei deputati, entro due giorni dalla deliberazione del Parlamento, trasmette l'atto di accusa al Presidente della Corte costituzionale, unitamente

alla relazione del Comitato di cui all'articolo 2, alle eventuali relazioni di minoranza e agli atti e documenti del procedimento. Comunica altresì il nome dei commissari d'accusa e del Presidente del Collegio di accusa previsto dall'articolo 18 della legge 25 gennaio 1962, n. 20.

20. Divieto di rinvii.

1. Quando il Parlamento è riunito in seduta comune per un procedimento di accusa non sono ammessi rinvii, ma soltanto brevi sospensioni della seduta disposte insindacabilmente dal Presidente.

COSMETICI

1. D.Lgs. 4 dicembre 2015, n. 204. – Disciplina sanzionatoria per la violazione del regolamento (CE) n. 1223/2009 sui prodotti cosmetici

In Gazzetta Ufficiale 22 dicembre 2015, n. 297

1. Campo di applicazione.

1. Il presente decreto reca la disciplina sanzionatoria per la violazione delle disposizioni di cui al regolamento (CE) n. 1223/2009 del Parlamento europeo e del Consiglio, del 30 novembre 2009, sui prodotti cosmetici di seguito denominato regolamento.

2. Definizioni.

1. Ai fini dell'attuazione del presente decreto si applicano le definizioni di cui all'articolo 2 del regolamento.

2. L'autorità competente di cui all'articolo 34 del regolamento è il Ministero della salute, ai sensi dell'articolo 16 della legge 6 agosto 2013, n. 97.

3. Violazione degli obblighi derivanti dall'articolo 3 del regolamento in materia di sicurezza dei prodotti cosmetici.

1. Chiunque produce, detiene per il commercio o pone in commercio prodotti cosmetici che, nelle condizioni d'uso normali o ragionevolmente prevedibili, possono essere dannosi per la salute umana, tenuto conto di quanto stabilito dall'articolo 3 del regolamento, è punito con la reclusione da uno a cinque anni e con la multa non inferiore ad euro 1.000.

2. Se il fatto è commesso per colpa, le pene di cui al presente articolo sono ridotte da un terzo a un sesto.

4. Violazione degli obblighi derivanti dall'articolo 5, paragrafi 2 e 3, del regolamento in materia di obblighi delle persone responsabili.

1. La persona responsabile di cui all'articolo 4 del regolamento che, essendo venuta a conoscenza di uno o più fatti specifici dai quali si desume che un prodotto che essa ha immesso sul mercato non è conforme al regolamento e non adotta immediatamente le misure correttive necessarie per rendere conforme tale prodotto, ritirarlo o richiamarlo, o che non fornisce le informazioni previste dall'articolo 5, paragrafo 2, secondo comma, del regolamento, è punita con l'ammenda da euro 10.000 ad euro 25.000.

2. La persona responsabile di cui all'articolo 4 del regolamento, che non ottempera agli obblighi di cui all'articolo 5, paragrafo 3, del regolamento, è punita con l'ammenda da euro 10.000 ad euro 25.000.

5. Violazione degli obblighi derivanti dall'articolo 6 del regolamento in materia di obblighi dei distributori.

1. Il distributore che non effettua le verifiche di cui all'articolo 6, paragrafo 2, del regolamento, è punito con l'ammenda da euro 3.000 ad euro 30.000. Alla stessa pena soggiace il distributore che, essendo venuto a conoscenza di uno o più fatti specifici dai quali si desume il verificarsi di una delle circostanze indicate dall'articolo 6, paragrafo 3, primo comma, del regolamento, non ottempera agli obblighi ivi previsti, nonché il distributore che non ottempera agli obblighi previsti dal paragrafo 3, secondo comma, e dai paragrafi 4 e 5 del medesimo articolo.

6. Violazione degli obblighi derivanti dall'articolo 7 del regolamento in materia di obblighi di identificazione nella catena di fornitura.

1. La persona responsabile di cui all'articolo 4 del regolamento o il distributore che non risponde alle richieste di identificazione di cui all'articolo 7 del regolamento, è soggetta alla sanzione amministrativa pecuniaria da euro 10.000 ad euro 25.000.

7. Violazione degli obblighi derivanti dall'articolo 8 del regolamento in materia di buone pratiche di fabbricazione.

1. Salvo che il fatto costituisca reato, chiunque contravviene alle disposizioni di cui all'articolo 8 del regolamento, è soggetto alla sanzione amministrativa pecuniaria da euro 1.000 ad euro 6.000.

8. Violazione degli obblighi derivanti dagli articoli 10 e 11 del regolamento in materia di valutazione della sicurezza e documentazione informativa sul prodotto.

1. La persona responsabile di cui all'articolo 4 del regolamento che immette sul mercato prodotti cosmetici non sottoposti alla valutazione di sicurezza, o per i quali non è stata elaborata una relazione sulla sicurezza dei prodotti cosmetici ai sensi dell'allegato I del regolamento, è punita con l'ammenda da euro 10.000 a euro 100.000. Alla stessa pena soggiace la persona responsabile quando viola le disposizioni di cui all'articolo 11 del regolamento o qualora la valutazione della sicurezza del prodotto cosmetico non rispetta le condizioni di cui all'articolo 10 del regolamento.

9. Violazione degli obblighi derivanti dall'articolo 13 del regolamento in materia di notifica.

1. È soggetta alla sanzione amministrativa del pagamento di una somma da euro 1.000 ad euro 6.000 la persona responsabile di cui all'articolo 4 del regolamento che, prima di immettere sul mercato il prodotto cosmetico, non effettua la notifica secondo le modalità di cui all'articolo 13, paragrafo 1, del regolamento ovvero non ottempera all'obbligo di comunicazione di cui all'articolo 13, paragrafo 2, del regolamento.

2. Sono soggetti alla medesima sanzione amministrativa di cui al comma 1 il distributore che non ottempera all'obbligo di trasmissione di cui all'articolo 13, paragrafo 3, del regolamento nonché il distributore e la persona responsabile che contravvengono agli obblighi di comunicazione loro rispettivamente imposti dall'articolo 13, paragrafo 4, del regolamento o agli obblighi di aggiornamento di cui all'articolo 13, paragrafo 7, del regolamento.

10. Violazione degli obblighi derivanti dagli articoli 14 e 15 del regolamento in materia di restrizioni applicabili alle sostanze elencate negli allegati del regolamento e alle sostanze classificate come sostanze CMR.

1. Salvo che i fatti costituiscano i più gravi reati previsti dall'articolo 3, chiunque impiega nella fabbricazione di prodotti cosmetici le sostanze di cui all'allegato II del regolamento è punito con la reclusione da sei mesi a due anni e con la multa da euro 2.000 a euro 15.000, o, se il fatto è commesso per colpa, con l'arresto da tre mesi ad un anno o con l'ammenda da euro 1.000 ad euro 10.000.

2. Salvo che i fatti costituiscano i più gravi reati previsti dall'articolo 3, chiunque impiega nella fabbricazione di prodotti cosmetici sostanze comprese negli allegati III, IV, V e VI del regolamento senza osservare i limiti e le condizioni specificate nei medesimi allegati è punito con la reclusione da un mese ad un anno e con la multa da euro 500 a euro 5.000. Se il fatto è commesso per colpa si applica l'arresto fino a sei mesi o l'ammenda da euro 250 ad euro 2.500.

3. Salvo che i fatti costituiscano i più gravi reati previsti dall'articolo 3, chiunque viola le disposizioni di cui all'articolo 15 del regolamento, in materia di sostanze classificate come sostanze CMR, è punito con la reclusione da sei mesi a due anni e con la multa da euro 2.000 ad euro 15.000, o, se il fatto è commesso per colpa, con l'arresto da tre mesi ad un anno o con l'ammenda da euro 1.000 ad euro 10.000.

11. Violazione degli obblighi derivanti dall'articolo 16 in materia di nanomateriali.

1. La persona responsabile di cui all'articolo 4 del regolamento che non provvede alla notifica prevista dall'articolo 16, comma 3, del regolamento è soggetto alla sanzione amministrativa pecuniaria da euro 1.000 ad euro 6.000.

12. Violazione degli obblighi derivanti dall'articolo 18 in materia di sperimentazione animale.

1. Salvo che il fatto costituisca più grave reato, chiunque immette sul mercato prodotti cosmetici in violazione dei divieti di cui all'articolo 18, paragrafo 1, lettere a) e b) del regolamento è punito con l'arresto da un mese ad un anno e con l'ammenda da euro 500 ad euro 5.000.

2. Salvo che il fatto costituisca più grave reato, chiunque realizza sperimentazioni animali in violazione dei divieti di cui all'articolo 18, paragrafo 1, lettere c) e d), del regolamento è punito con l'arresto da uno a sei mesi e con l'ammenda da euro 500 ad euro 5.000.

13. Violazione degli obblighi derivanti dagli articoli 19 e 20 in materia di etichettatura e dichiarazioni relative al prodotto.

1. La persona responsabile di cui all'articolo 4 del regolamento che immette sul mercato un prodotto cosmetico con etichettatura non conforme alle disposizioni dell'articolo 19 e dell'articolo 20, paragrafo 3, del regolamento è soggetta alla sanzione amministrativa pecuniaria da euro 500 ad euro 4.000.

2. Salvo che il fatto costituisca reato, la persona responsabile di cui all'articolo 4 del regolamento che impiega nell'etichettatura, nella presentazione sul mercato o nella pubblicità dei prodotti cosmetici diciture, denominazioni, marchi, immagini o altri segni figurativi che attribuiscano ai prodotti stessi caratteristiche o funzioni che non possiedono, è soggetta alla sanzione amministrativa pecuniaria da euro 500 ad euro 5.000.

2 bis. Al fine di garantire la sicurezza dei prodotti cosmetici offerti a distanza al pubblico mediante i servizi della società dell'informazione, di cui all'articolo 2, comma 1, lettera a), del decreto legislativo 9 aprile 2003, n. 70, il Ministero della salute è l'autorità alla quale compete emanare disposizioni per impedire l'accesso agli indirizzi internet corrispondenti ai siti web individuati come promotori di pratiche illegali da parte degli utenti mediante richieste di connessione alla rete internet provenienti dal territorio italiano, ai sensi degli articoli 14, comma 3, 15, comma 2, e 16, comma 3, del medesimo decreto legislativo n. 70 del 2003 [(1)].

2 ter. Il Ministero della salute indice periodicamente la conferenza di servizi di cui all'articolo 14, comma 1, della legge 7 agosto 1990, n. 241, per l'esame dei casi segnalati o riscontrati nella sorveglianza effettuata d'intesa con il Comando dei carabinieri per la tutela della salute, finalizzata all'identificazione delle violazioni alla disciplina sulla vendita a distanza dei prodotti cosmetici al pubblico mediante i servizi della società dell'informazione. Alla conferenza di servizi partecipano, come amministrazioni interessate, il Ministero dello sviluppo economico e il Comando dei carabinieri per la tutela della salute e, come osservatori, l'Autorità garante della concorrenza e del mercato e l'Autorità per le garanzie nelle comunicazioni [2].

2 quater. Il Ministero della salute, anche a seguito dell'istruttoria della conferenza di servizi di cui al comma 2-*ter*, dispone con provvedimento motivato, in via d'urgenza, la cessazione di pratiche commerciali consistenti nell'offerta, attraverso i mezzi della società dell'informazione, di prodotti cosmetici non conformi ai requisiti previsti dal regolamento (CE) n. 1223/2009 del Parlamento europeo e del Consiglio, del 30 novembre 2009 [3].

2 quinquies. I provvedimenti di cui ai commi 2-*bis* e 2-*quater* sono eseguiti dal Comando dei carabinieri per la tutela della salute. I medesimi provvedimenti sono pubblicati in apposita sottosezione afferente alla sezione "Amministrazione trasparente" del sito internet istituzionale del Ministero della salute [4].

2 sexies. In caso di mancata ottemperanza ai provvedimenti di cui ai commi 2-*bis* e 2-*quater* entro il termine indicato nei medesimi provvedimenti, si applica una sanzione amministrativa pecuniaria da euro 20.000 a euro 250.000 [5].

(1) Comma introdotto dall'art. 31, co. 1, lett. a), l. 23.12.2021, n. 238.
(2) Comma introdotto dall'art. 31, co. 1, lett. a), l. 23.12.2021, n. 238.
(3) Comma introdotto dall'art. 31, co. 1, lett. a), l. 23.12.2021, n. 238.
(4) Comma introdotto dall'art. 31, co. 1, lett. a), l. 23.12.2021, n. 238.
(5) Comma introdotto dall'art. 31, co. 1, lett. a), l. 23.12.2021, n. 238.

14. Violazione dell'obbligo derivante dall'articolo 21 in materia di accesso del pubblico alle informazioni.

1. La persona responsabile di cui all'articolo 4 del regolamento che non garantisce l'accesso del pubblico, con mezzi idonei, alle informazioni di cui all'articolo 21 del regolamento è soggetta alla sanzione amministrativa pecuniaria da euro 1.000 ad euro 6.000.

15. Violazione degli obblighi derivanti dagli articoli 23 e 24 in materia di informazioni da rendere alle autorità competenti.

1. Salvo che il fatto costituisca reato, la persona responsabile di cui all'articolo 4 del regolamento e i distributori che non ottemperano all'obbligo di informazione di cui all'articolo 23, paragrafo 1, del regolamento sono soggetti alla sanzione amministrativa pecuniaria da euro 500 ad euro 5.000.

2. La persona responsabile di cui all'articolo 4 del regolamento che non ottempera alla richiesta da parte delle autorità competenti di produrre, ai sensi dell'articolo 24 del regolamento, l'elenco di tutti i prodotti cosmetici contenenti sostanze sulle quali sorgano seri dubbi in merito alla sicurezza, è soggetta alla sanzione amministrativa pecuniaria da euro 500 ad euro 5.000.

16. Violazione degli obblighi derivanti dagli articoli 25 e 26 in materia di non conformità.

1. Salvo che il fatto costituisca reato, la persona responsabile di cui all'articolo 4 del regolamento o il distributore che non adotta provvedimenti richiesti dall'autorità competente ai sensi degli articoli 25 e 26 del regolamento o adotta misure non sufficienti a rendere il prodotto cosmetico conforme alle disposizioni del regolamento, ovvero non adotta dette misure entro i termini stabiliti dall'autorità, è soggetta alla sanzione amministrativa pecuniaria da euro 10.000 ad euro 25.000.

17. Applicazione delle sanzioni.

1. Le sanzioni previste dal presente decreto non si applicano al commerciante che detiene, pone in vendita o comunque distribuisce per il consumo prodotti cosmetici in confezioni originali, qualora la mancata rispondenza alle prescrizioni della legge stessa riguardi i requisiti intrinseci o la composizione dei prodotti o le condizioni interne dei recipienti e sempre che il commerciante non sia a conoscenza della violazione e la confezione non presenti segni di alterazione.

18. Applicazione sanzioni amministrative.

1. All'applicazione delle sanzioni amministrative previste dal presente decreto provvede l'organo regionale territorialmente competente con le modalità di cui alla legge 24 novembre 1981, n. 689, e successive modificazioni.

1 bis. Qualora dall'analisi di campioni risulti un illecito amministrativo, si applicano le disposizioni dell'articolo 15 della legge 24 novembre 1981, n. 689. L'Istituto superiore di sanità è l'autorità competente ad effettuare le analisi di revisione [1].

1 ter. In caso di pagamento della sanzione in misura ridotta ai sensi dell'articolo 16 della legge 24 novembre 1981, n. 689, competente a ricevere il pagamento medesimo è l'organo regionale di cui al comma 1 del presente articolo [2].

(1) Comma introdotto dall'art. 31, co. 1, lett. b), l. 23.12.2021, n. 238.
(2) Comma introdotto dall'art. 31, co. 1, lett. b), l. 23.12.2021, n. 238.

19. Abrogazioni.

1. È abrogata la legge 11 ottobre 1986, n. 713, e successive modificazioni. Nelle more dell'adozione del decreto di cui all'articolo 16, comma 5, della legge 6 agosto 2013, n. 97, continuano ad applicarsi le disposizioni contenute nell'articolo 11, commi da 1 a 6, 9-*bis* e 9-*ter*, della citata legge n. 713 del 1986.

20. Clausola di invarianza finanziaria.

1. Dall'attuazione del presente decreto non devono derivare nuovi o maggiori oneri a carico della finanza pubblica.

2. Le amministrazioni pubbliche interessate svolgono le attività previste dal presente decreto con le risorse umane, strumentali e finanziarie disponibili a legislazione vigente.

Il presente decreto, munito del sigillo dello Stato, sarà inserito nella Raccolta ufficiale degli atti normativi della Repubblica italiana. È fatto obbligo a chiunque spetti di osservarlo e di farlo osservare.

COVID-19

1. D.L. 17 marzo 2020, n. 18, convertito, con modificazioni, con L. 24 aprile 2020, n. 27. – Misure di potenziamento del Servizio sanitario nazionale e di sostegno economico per famiglie, lavoratori e imprese connesse all'emergenza epidemiologica da COVID-19 (*artt. 17 bis, 83, 127*)

In Gazzetta Ufficiale 17 marzo 2020, n. 70

17 bis. Disposizioni sul trattamento dei dati personali nel contesto emergenziale [(1)].

1. Fino al termine dello stato di emergenza deliberato dal Consiglio dei ministri in data 31 gennaio 2020, per motivi di interesse pubblico nel settore della sanità pubblica e, in particolare, per garantire la protezione dall'emergenza sanitaria a carattere transfrontaliero determinata dalla diffusione del COVID-19 mediante adeguate misure di profilassi, nonché per assicurare la diagnosi e l'assistenza sanitaria dei contagiati ovvero la gestione emergenziale del Servizio sanitario nazionale, nel rispetto dell'articolo 9, paragrafo 2, lettere g), h), e i), e dell'articolo 10 del regolamento (UE) 2016/679 del Parlamento europeo e del Consiglio, del 27 aprile 2016, nonché dell'articolo 2-*sexies*, comma 2, lettere t) e u), del codice di cui al decreto legislativo 30 giugno 2003, n. 196, i soggetti operanti nel Servizio nazionale della protezione civile, di cui agli articoli 4 e 13 del codice di cui al decreto legislativo 2 gennaio 2018, n. 1, e i soggetti attuatori di cui all'articolo 1 dell'ordinanza del Capo del Dipartimento della protezione civile n. 630 del 3 febbraio 2020, nonché gli uffici del Ministero della salute e dell'Istituto superiore di sanità, le strutture pubbliche e private che operano nell'ambito del Servizio sanitario nazionale e i soggetti deputati a monitorare e a garantire l'esecuzione delle misure disposte ai sensi dell'articolo 2 del decreto-legge 25 marzo 2020, n. 19, anche allo scopo di assicurare la più efficace gestione dei flussi e dell'interscambio di dati personali, possono effettuare trattamenti, ivi inclusa la comunicazione tra loro, dei dati personali, anche relativi agli articoli 9 e 10 del regolamento (UE) 2016/679, che risultino necessari all'espletamento delle funzioni ad essi attribuite nell'ambito dell'emergenza determinata dal diffondersi del COVID-19 [(2)].

2. La comunicazione dei dati personali a soggetti pubblici e privati, diversi da quelli di cui al comma 1, nonché la diffusione dei dati personali diversi da quelli di cui agli articoli 9 e 10 del citato regolamento (UE) 2016/679, sono effettuate nei casi in cui risultino indispensabili ai fini dello svolgimento delle attività connesse alla gestione dell'emergenza sanitaria in atto.

3. I trattamenti di dati personali di cui ai commi 1 e 2 sono effettuati nel rispetto dei principi di cui all'articolo 5 del citato regolamento (UE) 2016/679, adottando misure appropriate a tutela dei diritti e delle libertà degli interessati.

4. Avuto riguardo alla necessità di contemperare le esigenze di gestione dell'emergenza sanitaria in atto con quella afferente alla salvaguardia della riservatezza degli interessati, i soggetti di cui al comma 1 possono conferire le autorizzazioni di cui all'articolo 2-*quaterdecies* del codice di cui al decreto legislativo 30 giugno 2003, n. 196, con modalità semplificate, anche oralmente.

5. Nel contesto emergenziale in atto, ai sensi dell'articolo 23, paragrafo 1, lettera e), del citato regolamento (UE) 2016/679, fermo restando quanto disposto dall'articolo 82 del codice di cui al decreto legislativo 30 giugno 2003, n. 196, i soggetti di cui al comma 1 del presente articolo possono omettere l'informativa di cui all'articolo 13 del medesimo regolamento o fornire un'informativa semplificata, previa comunicazione orale agli interessati dalla limitazione.

6. Al termine dello stato di emergenza di cui alla delibera del Consiglio dei ministri del 31 gennaio 2020, i soggetti di cui al comma 1 adottano misure idonee a ricondurre i trattamenti di dati personali effettuati nel contesto dell'emergenza all'ambito delle ordinarie competenze e delle regole che disciplinano i trattamenti di dati personali [(3)].

(1) Articolo introdotto dall'art. 1, co. 1, l. 24.6.2020, n. 27, in sede di conversione.

(2) Secondo quanto previsto dall'art. 1, co. 3, d.l. 30.7.2020, n. 83, conv., con modif., in l. 25.9.2020, n. 124, come modificato dall'art. 1, co. 3, d.l. 7.10.2020, n. 125, conv., con modif., in l. 27.11.2020, n. 159, i termini qui previsti sono prorogati al 31.12.2020. Secondo quanto previsto dall'art. 19, co. 1, d.l. 31.12.2020, n. 183, conv., con modif., in l. 26.2.2021, n. 21, i termini qui previsti sono prorogati fino alla data di cessazione dello stato di emergenza epidemiologica da COVID-19 e comunque non oltre il 30.4.2021, e le relative disposizioni vengono attuate nei limiti delle risorse disponibili autorizzate a legislazione vigente. L'art. 11, co. 1, d.l. 22.4.2021, n. 52, conv., con modif., con l. 17.6.2021, n. 87, i termini previsti dalle disposizioni legislative di cui al presente comma, sono prorogati al 31.7.2021 e poi ulteriormente prorogati al 31.12.2021, a norma dell'art. 6, co. 1 del d.l. 23.7.2021, n. 105, conv., con modif., dalla l. 16.9.2021, n. 126. Si è poi registrata un'ulteriore proroga fino al 31.3.2022, secondo quanto previsto dall'art. 16, co. 1, d.l. 24.12.2021, n. 221, conv., con modif., con l. 18.2.2022, n. 11. L'art. 10, co. 1, d.l. 24.3.2022, n. 24, conv., con modif., con l. 19.5.2022, n. 52 ha infine previsto che i termini previsti dal presente comma sono prorogati fino al 31.12.2022.

(3) Secondo quanto previsto dall'art. 1, co. 3, d.l. 30.7.2020, n. 83, conv., con modif., in l. 25.9.2020, n. 124, come modificato dall'art. 1, co. 3, d.l. 7.10.2020, n. 125, conv., con modif., in l. 27.11.2020, n. 159, i termini qui previsti sono prorogati al 31.12.2020. Secondo quanto previsto dall'art. 19, co. 1, d.l. 31.12.2020, n. 183, conv., con modif., in l. 26.2.2021, n. 21, i termini qui previsti sono prorogati fino alla data di cessazione dello stato di emergenza epidemiologica da COVID-19 e comunque non oltre il 30.4.2021, e le relative disposizioni vengono attuate nei limiti delle risorse disponibili autorizzate a legislazione vigente. L'art. 11, co. 1, d.l. 22.4.2021, n. 52, conv., con modif., con l. 17.6.2021, n. 87, i termini previsti dalle

disposizioni legislative di cui al presente comma, sono prorogati al 31.7.2021 e poi ulteriormente prorogati al 31.12.2021, a norma dell'art. 6, co. 1 del d.l. 23.7.2021, n. 105, conv., con modif., dalla l. 16.9.2021, n. 126. Si è poi registrata un'ulteriore proroga fino al 31.3.2022, secondo quanto previsto dall'art. 16, co. 1, d.l. 24.12.2021, n. 221, conv., con modif., con l. 18.2.2022, n. 11. L'art. 10, co. 1, d.l. 24.3.2022, n. 24, conv., con modif., con l. 19.5.2022, n. 52 ha infine previsto che i termini previsti dal presente comma sono prorogati fino al 31.12.2022.

83. Nuove misure urgenti per contrastare l'emergenza epidemiologica da COVID-19 e contenerne gli effetti in materia di giustizia civile, penale, tributaria e militare.

1. Dal 9 marzo 2020 al 15 aprile 2020 le udienze dei procedimenti civili e penali pendenti presso tutti gli uffici giudiziari sono rinviate d'ufficio a data successiva al 15 aprile 2020 (1).

2. Dal 9 marzo 2020 al 15 aprile 2020 è sospeso il decorso dei termini per il compimento di qualsiasi atto dei procedimenti civili e penali. Si intendono pertanto sospesi, per la stessa durata, i termini stabiliti per la fase delle indagini preliminari, per l'adozione di provvedimenti giudiziari e per il deposito della loro motivazione, per la proposizione degli atti introduttivi del giudizio e dei procedimenti esecutivi, per le impugnazioni e, in genere, tutti i termini procedurali. Ove il decorso del termine abbia inizio durante il periodo di sospensione, l'inizio stesso è differito alla fine di detto periodo. Quando il termine è computato a ritroso e ricade in tutto o in parte nel periodo di sospensione, è differita l'udienza o l'attività da cui decorre il termine in modo da consentirne il rispetto. Si intendono altresì sospesi, per la stessa durata indicata nel primo periodo, i termini per la notifica del ricorso in primo grado innanzi alle Commissioni tributarie e il termine di cui all'articolo 17-*bis*, comma 2 del decreto legislativo 31 dicembre 1992 n. 546. Per il periodo compreso tra il 9 marzo 2020 e l'11 maggio 2020 si considera sospeso il decorso del termine di cui all'articolo 124 del codice penale (2).

3. Le disposizioni di cui ai commi 1 e 2 non operano nei seguenti casi:

a) cause di competenza del tribunale per i minorenni relative alle dichiarazioni di adottabilità, ai minori stranieri non accompagnati e ai minori allontanati dalla famiglia quando dal ritardo può derivare un grave pregiudizio e, in genere, procedimenti in cui è urgente e indifferibile la tutela di diritti fondamentali della persona; cause relative ai diritti delle persone minorenni, al diritto all'assegno di mantenimento, agli alimenti e all'assegno divorzile o ad obbligazioni alimentari derivanti da rapporti di famiglia, di parentela, di matrimonio o di affinità, nei soli casi in cui vi sia pregiudizio per la tutela di bisogni essenziali; procedimenti cautelari aventi ad oggetto la tutela di diritti fondamentali della persona; procedimenti per l'adozione di provvedimenti in materia di tutela, di amministrazione di sostegno, di interdizione e di inabilitazione nei soli casi in cui viene dedotta una motivata situazione di indifferibilità incompatibile anche con l'adozione di provvedimenti provvisori e sempre che l'esame diretto della persona del beneficiario, dell'interdicendo e dell'inabilitando non risulti incompatibile con le sue condizioni di età e salute; procedimenti di cui all'articolo 35 della legge 23 dicembre 1978, n. 833; procedimenti di cui all'articolo 12 della legge 22 maggio 1978, n. 194; procedimenti per l'adozione di ordini di protezione contro gli abusi familiari; procedimenti di convalida dell'espulsione, allontanamento e trattenimento di cittadini di paesi terzi e dell'Unione europea; procedimenti di cui agli articoli 283,351 e 373 del codice di procedura civile, procedimenti elettorali di cui agli articoli 22,23 e 24 del decreto legislativo 1° settembre 2011, n. 150 e, in genere, tutti i procedimenti la cui ritardata trattazione può produrre grave pregiudizio alle parti. In quest'ultimo caso, la dichiarazione di urgenza è fatta dal capo dell'ufficio giudiziario o dal suo delegato in calce alla citazione o al ricorso, con decreto non impugnabile e, per le cause già iniziate, con provvedimento del giudice istruttore o del presidente del collegio, egualmente non impugnabile (3);
b) procedimenti di convalida dell'arresto o del fermo o dell'ordine di allontanamento immediato dalla casa familiare, procedimenti nei quali nel periodo di sospensione o nei sei mesi successivi scadono i termini di cui all'articolo 304, comma 6, del codice di procedura penale, procedimenti per la consegna di un imputato o di un condannato all'estero ai sensi della legge 22 aprile 2005, n. 69, procedimenti di estradizione per l'estero di cui al capo I del titolo II del libro XI del codice di procedura penale, procedimenti in cui sono applicate misure di sicurezza detentive o è pendente la richiesta di applicazione di misure di sicurezza detentive e, quando i detenuti, gli imputati, i proposti o i loro difensori espressamente richiedono che si proceda, altresì i seguenti:
   1) procedimenti a carico di persone detenute, salvo i casi di sospensione cautelativa delle misure alternative, ai sensi dell'articolo 51-*ter* della legge 26 luglio 1975, n. 354;
   2) procedimenti in cui sono applicate misure cautelari o di sicurezza;
   3) procedimenti per l'applicazione di misure di prevenzione o nei quali sono disposte misure di prevenzione (4);
c) procedimenti che presentano carattere di urgenza, per la necessità di assumere prove indifferibili, nei casi di cui all'articolo 392 del codice di procedura penale. La dichiarazione di urgenza è fatta dal giudice o dal presidente del collegio, su richiesta di parte, con provvedimento motivato e non impugnabile.

3 bis. La richiesta che si proceda da parte di detenuti, imputati o proposti a norma del comma 3, lettera b), alinea, per i procedimenti pendenti dinanzi alla Corte di cassazione, può essere avanzata solo a mezzo del difensore che li rappresenta dinanzi alla Corte. Nei procedimenti pendenti dinanzi alla Corte di cassazione e pervenuti alla cancelleria della Corte nel periodo dal 9 marzo al 30 giugno il decorso del termine di prescrizione è sospeso sino alla data dell'udienza fissata per la trattazione e, in ogni caso, non oltre il 31 dicembre 2020 [(5)].

4. Nei procedimenti penali in cui opera la sospensione dei termini ai sensi del comma 2 sono altresì sospesi, per lo stesso periodo, il corso della prescrizione e i termini di cui agli articoli 303 e 308 del codice di procedura penale.

5. Nel periodo di sospensione dei termini e limitatamente all'attività giudiziaria non sospesa, i capi degli uffici giudiziari possono adottare le misure di cui al comma 7, lettere da a) a f) e h).

6. Per contrastare l'emergenza epidemiologica da COVID-19 e contenerne gli effetti negativi sullo svolgimento dell'attività giudiziaria, per il periodo compreso tra il 12 maggio e il 30 giugno 2020 i capi degli uffici giudiziari, sentiti l'autorità sanitaria regionale, per il tramite del Presidente della Giunta della Regione, e il Consiglio dell'ordine degli avvocati, adottano le misure organizzative, anche relative alla trattazione degli affari giudiziari, necessarie per consentire il rispetto delle indicazioni igienico-sanitarie fornite dal Ministero della salute, anche d'intesa con le Regioni, dal Dipartimento della funzione pubblica della Presidenza del Consiglio dei ministri, dal Ministero della giustizia e delle prescrizioni adottate in materia con decreti del Presidente del Consiglio dei ministri, al fine di evitare assembramenti all'interno dell'ufficio giudiziario e contatti ravvicinati tra le persone. Per gli uffici diversi dalla Corte suprema di cassazione e dalla Procura generale presso la Corte di cassazione, le misure sono adottate d'intesa con il Presidente della Corte d'appello e con il Procuratore generale della Repubblica presso la Corte d'appello dei rispettivi distretti [(6)].

7. Per assicurare le finalità di cui al comma 6, i capi degli uffici giudiziari possono adottare le seguenti misure:

a) la limitazione dell'accesso del pubblico agli uffici giudiziari, garantendo comunque l'accesso alle persone che debbono svolgervi attività urgenti;
b) la limitazione, sentito il dirigente amministrativo, dell'orario di apertura al pubblico degli uffici anche in deroga a quanto disposto dall'articolo 162 della legge 23 ottobre 1960, n. 1196 ovvero, in via residuale e solo per gli uffici che non erogano servizi urgenti, la chiusura al pubblico;
c) la regolamentazione dell'accesso ai servizi, previa prenotazione, anche tramite mezzi di comunicazione telefonica o telematica, curando che la convocazione degli utenti sia scaglionata per orari fissi, nonché l'adozione di ogni misura ritenuta necessaria per evitare forme di assembramento;
d) *l'adozione di linee guida vincolanti* per la fissazione e la trattazione delle udienze;
e) la celebrazione a porte chiuse, ai sensi dell'articolo 472, comma 3, del codice di procedura penale, di tutte le udienze penali pubbliche o di singole udienze e, ai sensi dell'articolo 128 del codice di procedura civile, delle udienze civili pubbliche;
f) la previsione dello svolgimento delle udienze civili che non richiedono la presenza di soggetti diversi dai difensori, dalle parti e dagli ausiliari del giudice, anche se finalizzate all'assunzione di informazioni presso la pubblica amministrazione, mediante collegamenti da remoto individuati e regolati con provvedimento del Direttore generale dei sistemi informativi e automatizzati del Ministero della giustizia. Lo svolgimento dell'udienza deve in ogni caso avvenire con modalità idonee a salvaguardare il contraddittorio e l'effettiva partecipazione delle parti; il luogo posto nell'ufficio giudiziario da cui il magistrato si collega con gli avvocati, le parti ed il personale addetto è considerato aula d'udienza a tutti gli effetti di legge. Prima dell'udienza il giudice fa comunicare ai procuratori delle parti e al pubblico ministero, se è prevista la sua partecipazione, giorno, ora e modalità di collegamento. All'udienza il giudice dà atto a verbale delle modalità con cui si accerta dell'identità dei soggetti partecipanti e, ove trattasi di parti, della loro libera volontà. Di tutte le ulteriori operazioni è dato atto nel processo verbale [(7)];
g) la previsione del rinvio delle udienze a data successiva al 30 giugno nei procedimenti civili e penali, con le eccezioni indicate al comma 3;
h) lo svolgimento delle udienze civili che non richiedono la presenza di soggetti diversi dai difensori delle parti mediante lo scambio e il deposito in telematico di note scritte contenenti le sole istanze e conclusioni, e la successiva adozione fuori udienza del provvedimento del giudice;
h-*bis*) lo svolgimento dell'attività degli ausiliari del giudice con collegamenti da remoto tali da salvaguardare il contraddittorio e l'effettiva partecipazione delle parti [(8)].

7 bis. Fermo quanto disposto per gli incontri tra genitori e figli in spazio neutro, ovvero alla presenza di operatori del servizio socio-assistenziale, disposti con provvedimento giudiziale fino al 31 maggio 2020, dopo tale data è ripristinata la continuità degli incontri protetti tra genitori e figli già autorizzata dal tribunale per i minorenni per tutti i servizi residenziali, non residenziali e semiresidenziali per i minorenni, nonché negli spazi neutri, favorendo le condizioni che consentono le misure di distanziamento sociale. La sospensione degli incontri, nel caso in cui non sia possibile assicurare i collegamenti da remoto, può protrarsi esclusivamente in caso di taluno dei delitti di cui alla legge 19 luglio 2019, n. 69 [(9)].

8. Per il periodo di efficacia dei provvedimenti di cui al comma 7 che precludano la presentazione della domanda giudiziale è sospesa la decorrenza dei termini di prescrizione e decadenza dei diritti che possono essere esercitati esclusivamente mediante il compimento delle attività precluse dai provvedimenti medesimi [10].

9. Nei procedimenti penali il corso della prescrizione e i termini di cui agli articoli 303, 308, 309, comma 9, 311, commi 5 e 5-*bis*, e 324, comma 7, del codice di procedura penale e agli articoli 24, comma 2, e 27, comma 6, del decreto legislativo 6 settembre 2011, n. 159 rimangono sospesi per il tempo in cui il procedimento è rinviato ai sensi del comma 7, lettera g), e, in ogni caso, non oltre il 30 giugno 2020 [11].

10. Ai fini del computo di cui all'articolo 2 della legge 24 marzo 2001, n. 89, nei procedimenti rinviati a norma del presente articolo non si tiene conto del periodo compreso tra l'8 marzo e il 30 giugno 2020.

11. Dal 9 marzo 2020 al 30 giugno 2020, negli uffici che hanno la disponibilità del servizio di deposito telematico anche gli atti e documenti di cui all'articolo 16-*bis*, comma 1-*bis*, del decreto legge 18 ottobre 2012, n. 179, convertito, con modificazioni, in legge 17 dicembre 2012, n. 221, sono depositati esclusivamente con le modalità previste dal comma 1 del medesimo articolo. Gli obblighi di pagamento del contributo unificato di cui all'articolo 14 del decreto del Presidente della Repubblica 30 maggio 2002, n. 115, nonché l'anticipazione forfettaria di cui all'articolo 30 del medesimo decreto, connessi al deposito degli atti con le modalità previste dal periodo precedente, sono assolti con sistemi telematici di pagamento anche tramite la piattaforma tecnologica di cui all'articolo 5, comma 2, del decreto legislativo 7 marzo 2005, n. 82 [12].

11.1. Dal 9 marzo 2020 al 31 luglio 2020, nei procedimenti civili, contenziosi o di volontaria giurisdizione innanzi al tribunale e alla corte di appello, il deposito degli atti del magistrato ha luogo esclusivamente con modalità telematiche, nel rispetto della normativa anche regolamentare concernente la sottoscrizione, la trasmissione e la ricezione dei documenti informatici. È comunque consentito il deposito degli atti di cui al periodo precedente con modalità non telematiche quando i sistemi informatici del dominio giustizia non sono funzionanti [13].

11 bis. Nei procedimenti civili innanzi alla Corte di cassazione, sino al 30 giugno 2020, il deposito degli atti e dei documenti da parte degli avvocati può avvenire in modalità telematica nel rispetto della normativa anche regolamentare concernente la sottoscrizione, la trasmissione e la ricezione dei documenti informatici. L'attivazione del servizio è preceduta da un provvedimento del direttore generale dei sistemi informativi e automatizzati del Ministero della giustizia che accerta l'installazione e l'idoneità delle attrezzature informatiche, unitamente alla funzionalità dei servizi di comunicazione dei documenti informatici. Gli obblighi di pagamento del contributo unificato di cui all'articolo 14 del testo unico di cui al decreto del Presidente della Repubblica 30 maggio 2002, n. 115, nonché l'anticipazione forfettaria di cui all'articolo 30 del medesimo decreto, connessi al deposito telematico degli atti di costituzione in giudizio presso la Corte di cassazione, sono assolti con sistemi telematici di pagamento anche tramite la piattaforma tecnologica di cui all'articolo 5, comma 2, del codice di cui al decreto legislativo 7 marzo 2005, n. 82 [14].

12. Ferma l'applicazione dell'articolo 472, comma 3, del codice di procedura penale, dal 9 marzo 2020 al 30 giugno 2020, la partecipazione a qualsiasi udienza delle persone detenute, internate o in stato di custodia cautelare è assicurata, ove possibile, mediante videoconferenze o con collegamenti da remoto individuati e regolati con provvedimento del Direttore generale dei sistemi informativi e automatizzati del Ministero della giustizia, applicate, in quanto compatibili, le disposizioni di cui ai commi 3, 4 e 5 dell'articolo 146-*bis* delle norme di attuazione, di coordinamento e transitorie del codice di procedura penale, di cui al decreto legislativo 28 luglio 1989, n. 271 [15].

12 bis. Fermo quanto previsto dal comma 12, dal 9 marzo 2020 al 30 giugno 2020 le udienze penali che non richiedono la partecipazione di soggetti diversi dal pubblico ministero, dalle parti private e dai rispettivi difensori, dagli ausiliari del giudice, da ufficiali o agenti di polizia giudiziaria, da interpreti, consulenti o periti possono essere tenute mediante collegamenti da remoto individuati e regolati con provvedimento del direttore generale dei sistemi informativi e automatizzati del Ministero della giustizia. Lo svolgimento dell'udienza avviene con modalità idonee a salvaguardare il contraddittorio e l'effettiva partecipazione delle parti. Prima dell'udienza il giudice fa comunicare ai difensori delle parti, al pubblico ministero e agli altri soggetti di cui è prevista la partecipazione giorno, ora e modalità del collegamento. I difensori attestano l'identità dei soggetti assistiti, i quali, se liberi o sottoposti a misure cautelari diverse dalla custodia in carcere, partecipano all'udienza solo dalla medesima postazione da cui si collega il difensore. In caso di custodia dell'arrestato o del fermato in uno dei luoghi indicati dall'articolo 284, comma 1, del codice di procedura penale, la persona arrestata o fermata e il difensore possono partecipare all'udienza di convalida da remoto anche dal più vicino ufficio della polizia giudiziaria attrezzato per la videoconferenza, quando disponibile. In tal caso, l'identità della persona arrestata o formata è accertata dall'ufficiale di polizia giudiziaria presente. L'ausiliario del giudice partecipa all'udienza dall'ufficio giudiziario e dà atto nel verbale d'udienza delle modalità di collegamento da remoto utilizzate, delle modalità con cui si accerta l'identità dei soggetti partecipanti e di tutte le ulteriori operazioni, nonché dell'impossibilità dei soggetti non presenti fisicamente di sottoscrivere il verbale, ai sensi dell'articolo 137, comma 2, del codice di procedura penale, o di vistarlo, ai sensi dell'articolo 483, comma 1, del codice di procedura penale. Fermo quanto previsto dal comma 12, le disposizioni di cui al presente comma non si applicano, salvo che le parti vi acconsentano, alle udienze di discussione finale, in pubblica udienza o in camera di consiglio e a quelle nelle quali devono essere esaminati testimoni, parti, consulenti o periti [16].

12 ter. A decorrere dalla data di entrata in vigore della legge di conversione del presente decreto e sino al 30 giugno 2020, per la decisione sui ricorsi proposti per la trattazione a norma degli articoli 127 e 614 del codice di procedura penale la Corte di cassazione procede in Camera di consiglio senza l'intervento del procuratore generale e dei difensori delle altre parti, salvo che una delle parti private o il procuratore generale faccia richiesta di discussione orale. Entro il quindicesimo giorno precedente l'udienza, il procuratore generale formula le sue richieste con atto spedito alla cancelleria della Corte a mezzo di posta elettronica certificata. La cancelleria provvede immediatamente a inviare, con lo stesso mezzo, l'atto contenente le richieste ai difensori delle altre parti che, entro il quinto giorno antecedente l'udienza, possono presentare con atto scritto, inviato alla cancelleria della corte a mezzo di posta elettronica certificata, le conclusioni. Alla deliberazione si procede anche con le modalità di cui al comma 12-*quinquies*; non si applica l'articolo 615, comma 3, del codice di procedura penale e il dispositivo è comunicato alle parti. La richiesta di discussione orale è formulata per iscritto dal procuratore generale o dal difensore [del ricorrente] abilitato a norma dell'articolo 613 del codice di procedura penale entro il termine perentorio di venticinque giorni liberi prima dell'udienza e presentata, a mezzo di posta elettronica certificata, alla cancelleria. Le udienze fissate in data anteriore al venticinquesimo giorno successivo alla data di entrata in vigore della legge di conversione del presente decreto sono rinviate in modo da consentire il rispetto del termine previsto per la richiesta di discussione orale. Se la richiesta è formulata dal difensore del ricorrente, i termini di prescrizione e di custodia cautelare sono sospesi per il tempo in cui il procedimento è rinviato [17].

12 quater. Dal 9 marzo 2020 al 30 giugno, nel corso delle indagini preliminari il pubblico ministero e il giudice possono avvalersi di collegamenti da remoto, individuati e regolati con provvedimento del direttore generale dei sistemi informativi e automatizzati del Ministero della giustizia, per compiere atti che richiedono la partecipazione della persona sottoposta alle indagini, della persona offesa, del difensore, di consulenti, di esperti o di altre persone, nei casi in cui la presenza fisica di costoro non può essere assicurata senza mettere a rischio le esigenze di contenimento della diffusione del virus COVID-19. La partecipazione delle persone detenute, internate o in stato di custodia cautelare è assicurata con le modalità di cui al comma 12. Le persone chiamate a partecipare all'atto sono tempestivamente invitate a presentarsi presso il più vicino ufficio di polizia giudiziaria, che abbia in dotazione strumenti idonei ad assicurare il collegamento da remoto. Presso tale ufficio le persone partecipano al compimento dell'atto in presenza di un ufficiale o agente di polizia giudiziaria, che procede alla loro identificazione. Il compimento dell'atto avviene con modalità idonee a salvaguardarne, ove necessario, la segretezza e ad assicurare la possibilità per la persona sottoposta alle indagini di consultarsi riservatamente con il proprio difensore. Il difensore partecipa da remoto mediante collegamento dallo studio legale, salvo che decida di essere presente nel luogo ove si trova il suo assistito. Il pubblico ufficiale che redige il verbale dà atto nello stesso delle modalità di collegamento da remoto utilizzate, delle modalità con cui si accerta l'identità dei soggetti partecipanti e di tutte le ulteriori operazioni, nonché dell'impossibilità dei soggetti non presenti fisicamente di sottoscrivere il verbale, ai sensi dell'articolo 137, comma 2, del codice di procedura penale [18].

12 quater.1 – Sino al 31 luglio 2020, con uno o più decreti del Ministro della giustizia non aventi natura regolamentare, presso ciascun ufficio del pubblico ministero che ne faccia richiesta a norma del terzo periodo, è autorizzato il deposito con modalità telematica di memorie, documenti, richieste e istanze indicate dall'articolo 415-*bis*, comma 3, del codice di procedura penale, secondo le disposizioni stabilite con provvedimento del Direttore generale dei sistemi informativi e automatizzati del Ministero della giustizia, anche in deroga alle previsioni del decreto emanato ai sensi dell'articolo 4, comma 1, del decreto-legge 29 dicembre 2009, n. 193, convertito, con modificazioni, in legge 22 febbraio 2010, n. 24. Il deposito degli atti si intende eseguito al momento del rilascio della ricevuta di accettazione da parte dei sistemi ministeriali, secondo le modalità stabilite dal provvedimento direttoriale di cui al primo periodo. I decreti di cui al primo periodo sono adottati su richiesta degli uffici del pubblico ministero, previo accertamento da parte del Direttore generale dei sistemi informativi e automatizzati del Ministero della giustizia della funzionalità dei servizi di comunicazione dei documenti informatici [19].

12 quater.2 – Sino al 31 luglio 2020, con uno o più decreti del Ministro della giustizia non aventi natura regolamentare, presso ciascun ufficio del pubblico ministero che ne faccia richiesta a norma del terzo periodo, gli ufficiali e agenti di polizia giudiziaria sono autorizzati a comunicare agli uffici del pubblico ministero atti e documenti in modalità telematica, secondo le disposizioni stabilite con provvedimento del Direttore generale dei sistemi informativi e automatizzati del Ministero della giustizia, anche in deroga alle previsioni del decreto emanato ai sensi dell'articolo 4, comma 1, del decreto-legge 29 dicembre 2009, n. 193, convertito, con modificazioni, in legge 22 febbraio 2010, n. 24. La comunicazione di cui al periodo che precede si intende eseguita al momento del rilascio della ricevuta di accettazione da parte dei sistemi ministeriali, secondo le modalità stabilite dal provvedimento direttoriale di cui al periodo che precede. I decreti di cui al primo periodo sono adottati su richiesta degli uffici del pubblico ministero, previo accertamento da parte del Direttore generale dei sistemi informativi e automatizzati del Ministero della giustizia della funzionalità dei servizi di comunicazione dei documenti informatici [(20)].

12 quinquies. Dal 9 marzo 2020 al 30 giugno 2020, nei procedimenti civili e penali non sospesi, le deliberazioni collegiali in camera dì consiglio possono essere assunte mediante collegamenti da remoto individuati e regolati con provvedimento del direttore generale dei sistemi informativi e automatizzati del Ministero della giustizia. Il luogo da cui si collegano i magistrati è considerato Camera di consiglio a tutti gli effetti di legge. Nei procedimenti penali, dopo la deliberazione, il presidente del collegio o il componente del collegio da lui delegato sottoscrive il dispositivo della sentenza o l'ordinanza e il provvedimento è depositato in cancelleria ai fini dell'inserimento nel fascicolo il prima possibile e, in ogni caso, immediatamente dopo la cessazione dell'emergenza sanitaria. Nei procedimenti penali, le disposizioni di cui al presente comma non si applicano alle deliberazioni conseguenti alle udienze di discussione finale, in pubblica udienza o in camera di consiglio, svolte senza il ricorso a collegamento da remoto [(21)].

13. Le comunicazioni e le notificazioni relative agli avvisi e ai provvedimenti adottati nei procedimenti penali ai sensi del presente articolo, nonché dell'articolo 10 del decreto-legge 2 marzo 2020, n. 9, sono effettuate attraverso il Sistema di notificazioni e comunicazioni telematiche penali ai sensi dell'articolo 16 del decreto-legge 18 ottobre 2012, n. 179, convertito, con modificazioni, in legge 17 dicembre 2012, n. 221, o attraverso sistemi telematici individuati e regolati con provvedimento del Direttore generale dei sistemi informativi e automatizzati del Ministero della giustizia.

14. Le comunicazioni e le notificazioni degli avvisi e dei provvedimenti indicati al comma 13 agli imputati e alle altre parti sono eseguite mediante invio all'indirizzo di posta elettronica certificata di sistema del difensore di fiducia, ferme restando le notifiche che per legge si effettuano presso il difensore d'ufficio.

15. Tutti gli uffici giudiziari sono autorizzati all'utilizzo del Sistema di notificazioni e comunicazioni telematiche penali per le comunicazioni e le notificazioni di avvisi e provvedimenti indicati ai commi 13 e 14, senza necessità di ulteriore verifica o accertamento di cui all'articolo 16, comma 10, del decreto-legge 18 ottobre 2012, n. 179, convertito, con modificazioni, in legge 17 dicembre 2012, n. 221.

16. Negli istituti penitenziari e negli istituti penali per minorenni, a decorrere dal 9 marzo 2020 e sino alla data del 22 marzo 2020, i colloqui con i congiunti o con altre persone cui hanno diritto i condannati, gli internati e gli imputati a norma degli articoli 18 della legge 26 luglio 1975, n. 354, 37 del decreto del Presidente della Repubblica 30 giugno 2000, n. 230, e 19 del decreto legislativo 2 ottobre 2018, n. 121, sono svolti a distanza, mediante, ove possibile, apparecchiature e collegamenti di cui dispone l'amministrazione penitenziaria e minorile o mediante corrispondenza telefonica, che può essere autorizzata oltre i limiti di cui all'articolo 39, comma 2, del predetto decreto del Presidente della Repubblica n. 230 del 2000 e all'articolo 19, comma 1, del decreto legislativo n. 121 del 2018.

17. Tenuto conto delle evidenze rappresentate dall'autorità sanitaria, la magistratura di sorveglianza può sospendere, nel periodo compreso tra il 9 marzo 2020 ed il 31 maggio 2020, la concessione dei permessi premio di cui all'articolo 30-*ter* della legge 26 luglio 1975, n. 354, e del regime di semilibertà ai sensi dell'articolo 48 della medesima legge e del decreto legislativo 2 ottobre 2018, n. 121 [(22)].

18. Le sessioni delle Corti di assise e delle Corti di assise di appello di cui all'articolo 7 della legge 10 aprile 1951, n. 287, in corso alla data di entrata in vigore del presente decreto, sono prorogate fino alla data del 30 giugno 2020.

19. In deroga al disposto dell'articolo 1, comma 1, del decreto legislativo 28 febbraio 2008, n. 35, per l'anno 2020 le elezioni per il rinnovo dei componenti del consiglio giudiziario e del consiglio direttivo della Corte di cassazione si svolgono la prima domenica e il lunedì successivo del mese di ottobre.

20. Dal 9 marzo 2020 al 11 maggio 2020 sono altresì sospesi i termini per lo svolgimento di qualunque attività nei procedimenti di mediazione ai sensi del decreto legislativo 4 marzo 2010, n. 28, nei procedimenti di negoziazione assistita ai sensi del decreto-legge 12 settembre 2014, n. 132, convertito, con modificazioni, in legge 10 novembre 2014, n. 162, nonché in tutti i procedimenti di risoluzione stragiudiziale delle controversie regolati dalle disposizioni vigenti, quando i predetti procedimenti siano stati introdotti o risultino già pendenti a far data dal 9 marzo fino al 11 maggio 2020. Sono conseguentemente sospesi i termini di durata massima dei medesimi procedimenti [(23)].

20 bis. Nel periodo dal 9 marzo al 30 giugno 2020, gli incontri di mediazione in ogni caso possono svolgersi in via telematica con il preventivo consenso di tutte le parti coinvolte nel procedimento. Anche successivamente a tale periodo gli incontri potranno essere svolti, con il preventivo consenso di tutte le parti coinvolte nel procedimento, in via telematica, ai sensi dell'articolo 3, comma 4, del decreto legislativo 4 marzo 2010, n. 28, mediante sistemi di videoconferenza. In caso di procedura telematica l'avvocato, che sottoscrive con firma digitale, può dichiarare autografa la sottoscrizione del proprio cliente collegato da remoto ed apposta in calce al verbale ed all'accordo di conciliazione. Il verbale relativo al procedimento di mediazione svoltosi in modalità telematica è sottoscritto dal mediatore e dagli avvocati delle parti con firma digitale ai fini dell'esecutività dell'accordo prevista dall'articolo 12 del decreto legislativo 4 marzo 2010, n. 28. Il mediatore, apposta la propria sottoscrizione digitale, trasmette tramite posta elettronica certificata agli avvocati delle parti l'accordo così formato. In tali casi l'istanza di notificazione dell'accordo di mediazione può essere trasmessa all'ufficiale giudiziario mediante l'invio di un messaggio di posta elettronica certificata. L'ufficiale giudiziario estrae dall'allegato del messaggio di posta elettronica ricevuto le copie analogiche necessarie ed esegue la notificazione ai sensi degli articoli 137 e seguenti del codice di procedura civile, mediante consegna di copia analogica dell'atto da lui dichiarata conforme all'originale ai sensi dell'articolo 23, comma 1, del codice dell'amministrazione digitale, di cui al decreto legislativo 7 marzo 2005, n. 82 (24).

[**20 ter.** Fino alla cessazione delle misure di distanziamento previste dalla legislazione emergenziale in materia di prevenzione del contagio da COVID-19, nei procedimenti civili la sottoscrizione della procura alle liti può essere apposta dalla parte anche su un documento analogico trasmesso al difensore, anche in copia informatica per immagine, unitamente a copia di un documento di identità in corso di validità, anche a mezzo di strumenti di comunicazione elettronica. In tal caso, l'avvocato certifica l'autografia mediante la sola apposizione della propria firma digitale sulla copia informatica della procura. La procura si considera apposta in calce, ai sensi dell'articolo 83 del codice di procedura civile, se è congiunta all'atto cui si riferisce mediante gli strumenti informatici individuati con decreto del Ministero della giustizia]. (25)

21. Le disposizioni del presente articolo, in quanto compatibili, si applicano altresì ai procedimenti relativi alle giurisdizioni speciali non contemplate dal presente decreto-legge, agli arbitrati rituali, alle commissioni tributarie e alla magistratura militare (26).

[**22.** Sono abrogati gli articoli 1 e 2 del decreto-legge 8 marzo 2020, n. 11.] (27)

(1) Secondo quanto previsto dall'art. 36, co. 1, d.l. 8.4.2020, n. 23, conv., con modif., in l. 5.6.2020, n. 40, il termine del 15.4.2020 qui previsto è prorogato all'11.5.2020.

(2) Secondo quanto previsto dall'art. 36, co. 1, d.l. 8.4.2020, n. 23, conv., con modif., in l. 5.6.2020, n. 40, il termine del 15.4.2020 qui previsto è prorogato all'11.5.2020. Comma poi modificato dall'art. 221, co. 1, d.l. 19.5.2020, n. 34, conv., con modif., in l. 17.7.2020, n. 77.

(3) Lettera modificata dall'art. 1, co. 1, l. 24.6.2020, n. 27, in sede di conversione e poi dall'art. 3, co. 1, lett. a), n. 1), d.l. 30.4.2020, n. 28, conv., con modif., in l. 25.6.2020, n. 70.

(4) Lettera modificata dall'art. 1, co. 1, l. 24.6.2020, n. 27, in sede di conversione e poi dall'art. 3, co. 1, lett. a), n. 2), d.l. 30.4.2020, n. 28, conv., con modif., in l. 25.6.2020, n. 70.

(5) Comma introdotto dall'art. 1, co. 1, l. 24.6.2020, n. 27, in sede di conversione.

(6) Secondo quanto previsto dall'art. 36, co. 1, d.l. 8.4.2020, n. 23, conv., con modif., in l. 5.6.2020, n. 40, il termine iniziale del periodo previsto dal comma è fissato al 12.5.2020. Comma poi modificato dall'art. 3, co. 1, lett. b) e b-bis), d.l. 30.4.2020, n. 28, conv., con modif., in l. 25.6.2020, n. 70.

(7) Lettera modificata dall'art. 1, co. 1, l. 24.6.2020, n. 27, in sede di conversione, e poi dall'art. 3, co. 1, lett. c), d.l. 30.4.2020, n. 28, conv., con modif., in l. 25.6.2020, n. 70.

(8) Lettera introdotta dall'art. 1, co. 1, l. 24.6.2020, n. 27, in sede di conversione.

(9) Comma introdotto dall'art. 1, co. 1, l. 24.6.2020, n. 27, in sede di conversione, e poi sostituito dall'art. 3, co. 1, lett. c-bis), d.l. 30.4.2020, n. 28, conv., con modif., in l. 25.6.2020, n. 70.

(10) Comma modificato dall'art. 1, co. 1, l. 24.6.2020, n. 27, in sede di conversione.

(11) Comma modificato dall'art. 1, co. 1, l. 24.6.2020, n. 27, in sede di conversione.

(12) Comma modificato dall'art. 1, co. 1, l. 24.6.2020, n. 27, in sede di conversione.

(13) Comma introdotto dall'art. 3, co. 1, lett. c ter), d.l. 30.4.2020, n. 28, conv., con modif., in l. 25.6.2020, n. 70.

(14) Comma introdotto dall'art. 1, co. 1, l. 24.6.2020, n. 27, in sede di conversione.

(15) Comma modificato dall'art. 1, co. 1, l. 24.6.2020, n. 27, in sede di conversione.

(16) Comma introdotto dall'art. 1, co. 1, l. 24.6.2020, n. 27, in sede di conversione e poi modificato dall'art. 3, co. 1, lett. d), d.l. 30.4.2020, n. 28, conv., con modif., in l. 25.6.2020, n. 70.

(17) Comma introdotto dall'art. 1, co. 1, l. 24.6.2020, n. 27, in sede di conversione e poi modificato dall'art. 3, co. 1, lett. e), d.l. 30.4.2020, n. 28, conv., con modif., in l. 25.6.2020, n. 70.

(18) Comma introdotto dall'art. 1, co. 1, l. 24.6.2020, n. 27, in sede di conversione.

(19) Comma introdotto dall'art. 3, co. 1, lett. f), d.l. 30.4.2020, n. 28, conv., con modif., in l. 25.6.2020, n. 70.

(20) Comma introdotto dall'art. 3, co. 1, lett. f), d.l. 30.4.2020, n. 28, conv., con modif., in l. 25.6.2020, n. 70.

(21) Comma introdotto dall'art. 1, co. 1, l. 24.6.2020, n. 27, in sede di conversione e poi modificato dall'art. 3, co. 1, lett. g), d.l. 30.4.2020, n. 28, conv., con modif., in l. 25.6.2020, n. 70.

(22) Comma modificato dall'art. 1, co. 1, l. 24.6.2020, n. 27, in sede di conversione.

(23) Comma sostituito dall'art. 1, co. 1, l. 24.6.2020, n. 27, in sede di conversione e poi modificato dall'art. 3, co. 1, lett. h), d.l. 30.4.2020, n. 28, conv., con modif., in l. 25.6.2020, n. 70.

(24) Comma introdotto dall'art. 1, co. 1, l. 24.6.2020, n. 27, in sede di conversione e poi modificato dall'art. 3, co. 1, lett. h bis), d.l. 30.4.2020, n. 28, conv., con modif., in l. 25.6.2020, n. 70.

(25) Comma introdotto dall'art. 1, co. 1, l. 24.6.2020, n. 27, in sede di conversione, e poi abrogato dall'art. 66-bis, co. 12, d.l. 31.5.2021, n. 77, conv., con modif., dalla l. 29.7.2021, n. 108.

(26) Comma modificato dall'art. 1, co. 1, l. 24.6.2020, n. 27, in sede di conversione.

(27) Comma soppresso dall'art. 1, co. 1, l. 24.6.2020, n. 27, in sede di conversione.

2. D.L. 25 marzo 2020, n. 19, convertito, con modificazioni, con L. 22 maggio 2020, n. 35. – Misure urgenti per fronteggiare l'emergenza epidemiologica da COVID-19 [1]

In Gazzetta Ufficiale 25 marzo 2020, n. 79

(1) A norma dell'art. 1 bis, co. 1, d.l. 30.7.2020, n. 83, conv., con modif., in l. 25.9.2020, n. 124, le disposizioni di questo decreto, si applicano nei limiti della loro compatibilità, con quanto stabilito dal d.l. 16.5.2020, n. 33, conv., con modif., in l. 14.7.2020, n. 74.

1. Misure urgenti per evitare la diffusione del COVID-19.

1. Per contenere e contrastare i rischi sanitari derivanti dalla diffusione del virus COVID-19, su specifiche parti del territorio nazionale ovvero, occorrendo, sulla totalità di esso, possono essere adottate, secondo quanto previsto dal presente decreto, una o più misure tra quelle di cui al comma 2, per periodi predeterminati, ciascuno di durata non superiore a cinquanta giorni, reiterabili e modificabili anche più volte fino al 31 marzo 2022, termine dello stato di emergenza [dichiarato con delibera del Consiglio dei ministri del 31 gennaio 2020, pubblicata nella Gazzetta Ufficiale n. 26 del 1° febbraio 2020], e con possibilità di modularne l'applicazione in aumento ovvero in diminuzione secondo l'andamento epidemiologico del predetto virus [1].

2. Ai sensi e per le finalità di cui al comma 1, possono essere adottate, secondo principi di adeguatezza e proporzionalità al rischio effettivamente presente su specifiche parti del territorio nazionale ovvero sulla totalità di esso, una o più tra le seguenti misure:

a) limitazione della circolazione delle persone, anche prevedendo limitazioni alla possibilità di allontanarsi dalla propria residenza, domicilio o dimora se non per spostamenti individuali limitati nel tempo e nello spazio o motivati da esigenze lavorative, da situazioni di necessità o urgenza, da motivi di salute o da altre specifiche ragioni. Ai soggetti con disabilità motorie o con disturbi dello spettro autistico, con disabilità intellettiva o sensoriale o con problematiche psichiatriche e comportamentali con necessità di supporto, certificate ai sensi della legge 5 febbraio 1992, n. 104, è consentito uscire dall'ambiente domestico con un accompagnatore qualora ciò sia necessario al benessere psico-fisico della persona e purché siano pienamente rispettate le condizioni di sicurezza sanitaria [2];

b) chiusura al pubblico di strade urbane, parchi, aree da gioco, ville e giardini pubblici o altri spazi pubblici [3];

c) limitazioni o divieto di allontanamento e di ingresso in territori comunali, provinciali o regionali, nonché rispetto al territorio nazionale;

d) applicazione della misura della quarantena precauzionale ai soggetti che hanno avuto contatti stretti con casi confermati di malattia infettiva diffusiva o che entrano nel territorio nazionale da aree [,] ubicate al di fuori del territorio italiano [4] [5];

e) divieto assoluto di allontanarsi dalla propria abitazione o dimora per le persone sottoposte alla misura della quarantena, applicata dal sindaco quale autorità sanitaria locale, perché risultate positive al virus [6];

[f) limitazione o divieto delle riunioni o degli assembramenti in luoghi pubblici o aperti al pubblico;] [7]

g) limitazione o sospensione di manifestazioni o iniziative di qualsiasi natura, di eventi e di ogni altra forma di riunione o di assembramento in luogo pubblico o privato, anche di carattere culturale ludico, sportivo, ricreativo e religioso [8];

h) sospensione delle cerimonie civili e religiose, limitazione dell'ingresso nei luoghi destinati al culto;

h-*bis*) adozione di protocolli sanitari, d'intesa con la Chiesa cattolica e con le confessioni religiose diverse dalla cattolica, per la definizione delle misure necessarie ai fini dello svolgimento delle funzioni religiose in condizioni di sicurezza [9];

i) chiusura di cinema, teatri, sale da concerto sale da ballo, discoteche, sale giochi, sale scommesse e sale bingo, centri culturali, centri sociali e centri ricreativi o altri analoghi luoghi di aggregazione [10];

l) sospensione dei congressi, ad eccezione di quelli inerenti alle attività medico-scientifiche e di educazione continua in medicina (ECM) di ogni tipo di [riunione o] evento sociale e di ogni altra attività convegnistica o congressuale, salva la possibilità di svolgimento a distanza [11];

m) limitazione o sospensione di eventi e competizioni sportive di ogni ordine e disciplina in luoghi pubblici o privati, ivi compresa la possibilità di disporre la chiusura temporanea di palestre, centri termali, centri sportivi, piscine, centri natatori e impianti sportivi, anche se privati, nonché di disciplinare le modalità di svolgimento degli allenamenti sportivi all'interno degli stessi luoghi [12];

n) limitazione o sospensione delle attività ludiche, ricreative, sportive e motorie svolte all'aperto o in luoghi aperti al pubblico, garantendo comunque la possibilità di svolgere individualmente, ovvero con un accompagnatore per i minori o le persone non completamente autosufficienti, attività sportiva o attività motoria, purché nel rispetto della distanza di sicurezza interpersonale di almeno due metri per l'attività sportiva e di almeno un metro per le attività motorie, ludiche e ricreative [13];

o) possibilità di disporre o di demandare alle competenti autorità statali e regionali la limitazione, la riduzione o la sospensione di servizi di trasporto di persone e di merci, automobilistico, ferroviario, aereo, marittimo, nelle acque interne, anche non di linea, nonché di trasporto pubblico locale; in ogni caso, la prosecuzione del servizio di trasporto delle persone è consentita solo se il gestore predispone le condizioni per garantire il rispetto di una distanza di sicurezza interpersonale predeterminata e adeguata a prevenire o ridurre il rischio di contagio [14];

p) sospensione dei servizi educativi per l'infanzia di cui all'articolo 2 del decreto legislativo 13 aprile 2017, n. 65, e delle attività didattiche delle scuole di ogni ordine e grado, nonché delle istituzioni di formazione superiore, comprese le università e le istituzioni di alta formazione artistica, musicale e coreutica, di corsi professionali, master, corsi per le professioni sanitarie e università per anziani, nonché dei corsi professionali e delle attività formative svolti da altri enti pubblici, anche territoriali e locali, e da soggetti privati, o di altri analoghi corsi, attività formative o prove di esame, ferma la possibilità del loro svolgimento di attività in modalità a distanza [15];

q) sospensione dei viaggi d'istruzione, delle iniziative di scambio o gemellaggio, delle visite guidate e delle uscite didattiche comunque denominate, programmate dalle istituzioni scolastiche di ogni ordine e grado sia sul territorio nazionale sia all'estero;

r) limitazione o sospensione dei servizi di apertura al pubblico o chiusura dei musei e degli altri istituti e luoghi della cultura di cui all'articolo 101 del codice dei beni culturali e del paesaggio, di cui al decreto legislativo 22 gennaio 2004, n. 42, nonché dell'efficacia delle disposizioni regolamentari sull'accesso libero o gratuito a tali istituti e luoghi;

s) limitazione della presenza fisica dei dipendenti negli uffici delle amministrazioni pubbliche, fatte comunque salve le attività indifferibili e l'erogazione dei servizi essenziali prioritariamente mediante il ricorso a modalità di lavoro agile;

t) limitazione o sospensione delle procedure concorsuali e selettive, ad esclusione dei concorsi per il personale sanitario e socio-sanitario, finalizzate all'assunzione di personale presso datori di lavoro pubblici e privati, con possibilità di esclusione dei casi in cui la valutazione dei candidati è effettuata esclusivamente su basi curriculari ovvero con modalità a distanza, fatte salve l'adozione degli atti di avvio di dette procedure entro i termini fissati dalla legge, la conclusione delle procedure per le quali risulti già ultimata la valutazione dei candidati e la possibilità di svolgimento dei procedimenti per il conferimento di specifici incarichi [16];

u) limitazione o sospensione delle attività commerciali di vendita al dettaglio o all'ingrosso, a eccezione di quelle necessarie per assicurare la reperibilità dei generi agricoli, alimentari e di prima necessità da *espletare con modalità idonee* ad evitare assembramenti di persone, con obbligo a carico del gestore di predisporre le condizioni per garantire il rispetto di una distanza di sicurezza interpersonale predeterminata e adeguata a prevenire o ridurre il rischio di contagio [17];

v) limitazione o sospensione delle attività di somministrazione al pubblico di bevande e alimenti, nonché di consumo sul posto di alimenti e bevande, compresi bar e ristoranti, ad esclusione delle mense e del catering continuativo su base contrattuale, a condizione che sia garantita la distanza di sicurezza interpersonale di almeno un metro, e della ristorazione con consegna a domicilio ovvero con asporto, nel rispetto delle norme igienico-sanitarie previste per le attività sia di confezionamento che di trasporto, con l'obbligo di rispettare la distanza di sicurezza interpersonale di almeno un metro, con il divieto di consumare i prodotti all'interno dei locali e con il divieto di sostare nelle immediate vicinanze degli stessi [18];

z) limitazione o sospensione di altre attività d'impresa o professionali, anche ove comportanti l'esercizio di pubbliche funzioni, nonché di lavoro autonomo, con possibilità di esclusione dei servizi di pubblica necessità previa assunzione di protocolli di sicurezza anti-contagio e, laddove non sia possibile rispettare la distanza di sicurezza interpersonale predeterminata e adeguata a prevenire o ridurre il rischio di contagio come principale misura di contenimento, con adozione di adeguati strumenti di protezione individuale;

aa) limitazione o sospensione di fiere e mercati, a eccezione di quelli necessari per assicurare la reperibilità dei generi agricoli, alimentari e di prima necessità [19];

bb) specifici divieti o limitazioni per gli accompagnatori dei pazienti nelle sale di attesa dei dipartimenti di emergenza-urgenza e accettazione e dei reparti di pronto soccorso (DEA/PS) [20];

cc) divieto o limitazione dell'accesso di parenti e visitatori in strutture di ospitalità e lungodegenza, residenze sanitarie assistite (RSA), hospice, strutture riabilitative, strutture residenziali per persone con disabilità o per anziani, autosufficienti e no, nonché istituti penitenziari e istituti penitenziari per minori; sospensione dei servizi nelle strutture semiresidenziali e residenziali per minori e per persone con disabilità o non autosufficienti, per persone con disturbi mentali e per persone con dipendenza patologica; sono in ogni caso garantiti gli incontri tra genitori e figli autorizzati dall'autorità giudiziaria, nel rispetto delle prescrizioni sanitarie o, ove non possibile, in collegamento da remoto [21];

dd) obblighi di comunicazione al servizio sanitario nazionale nei confronti di coloro che sono transitati e hanno sostato in zone a rischio epidemiologico come identificate dall'Organizzazione mondiale della sanità o dal Ministro della salute;

ee) adozione di misure di informazione e di prevenzione rispetto al rischio epidemiologico;

ff) predisposizione di modalità di lavoro agile, anche in deroga alla disciplina vigente;

gg) previsione che le attività consentite si svolgano previa assunzione da parte del titolare o del gestore di misure idonee a evitare assembramenti di persone, con obbligo di predisporre le condizioni per garantire il rispetto della distanza di sicurezza interpersonale predeterminata e adeguata a prevenire o ridurre il rischio di contagio; per i servizi di pubblica necessità, laddove non sia possibile rispettare tale distanza interpersonale, previsione di protocolli di sicurezza anti-contagio, con adozione di strumenti di protezione individuale;

hh) eventuale previsione di esclusioni dalle limitazioni alle attività economiche di cui al presente comma, con verifica caso per caso affidata a autorità pubbliche specificamente individuate.

hh-*bis*) obbligo di avere sempre con sé dispositivi di protezione delle vie respiratorie, con possibilità di prevederne l'obbligatorietà dell'utilizzo nei luoghi al chiuso diversi dalle abitazioni private e in tutti i luoghi all'aperto a eccezione dei casi in cui, per le caratteristiche dei luoghi o per le circostanze di fatto, sia garantita in modo continuativo la condizione di isolamento rispetto a persone non conviventi, e comunque con salvezza dei protocolli e delle linee guida anti-contagio previsti per le attività economiche, produttive, amministrative e sociali, nonché delle linee guida per il consumo di cibi e bevande, restando esclusi da detti obblighi:

1) i soggetti che stanno svolgendo attività sportiva;
2) i bambini di età inferiore ai sei anni;
3) i soggetti con patologie o disabilità incompatibili con l'uso della mascherina, nonché coloro che per interagire con i predetti versino nella stessa incompatibilità [22].

3. Per la durata dell'emergenza di cui al comma 1, può essere imposto lo svolgimento delle attività non oggetto di sospensione in conseguenza dell'applicazione di misure di cui al presente articolo, ove ciò sia assolutamente necessario per assicurarne l'effettività e la pubblica utilità, con provvedimento del prefetto, assunto dopo avere sentito, senza formalità, le parti sociali interessate [23].

(1) Comma modificato dall'art. 1, co. 1, l. 22.5.2020, n. 35, in sede di conversione, successivamente dall'art. 1, co. 1, lett. a) e b), d.l. 30.7.2020, n. 83, conv., con modif., con l. 25.9.2020, n. 124, dall'art. 1, co. 1, lett. a), d.l. 7.10.2020, n. 125, conv., con modif., con l. 27.11.2020, n. 159; dall'art. 1, co. 1, d.l. 2.12.2020, n. 158, che è stato sua volta abrogato dall'art. 1, co. 2, l. 29.1.2021, n. 6, ulteriormente modificato dall'art. 1, co. 1, d.l. 14.1.2021, n. 2, conv., con modif., con l. 12.3.2021, n. 29, dall'art. 1, co. 3 bis, d.l. 18.12.2020, n. 172, conv., con modif., con l. 29.1.2021, n. 6, dall'art. 10, co. 1, d.l. 22.4.2021, n. 52, conv., con modif., con l. 17.6.2021, n. 87 e dall'art. 2, co. 1, d.l. 23.7.2021, n. 105, conv., con modif., con l. 16.9.2021, n. 126. Questo comma, infine, è stato modificato dall'art. 2, co. 1, d.l. 24.12.2021, n. 221, conv., con modif., con l. 18.2.2022, n. 11.

(2) Lettera modificata dall'art. 1, co. 1, l. 22.5.2020, n. 35, in sede di conversione.

(3) Lettera modificata dall'art. 1, co. 1, l. 22.5.2020, n. 35, in sede di conversione.

(4) Secondo quanto previsto dall'art. 14, co. 1, d.l. 17.3.2020, n. 18, conv., con modif., in l. 24.6.2020, n. 27, la misura qui prevista non si applica agli operatori sanitari, agli operatori dei servizi pubblici essenziali e ai dipendenti delle imprese che operano nell'ambito della produzione e dispensazione dei farmaci, dei dispositivi medici e diagnostici nonché delle relative attività di ricerca e della filiera integrata per i subfornitori.

(5) Lettera modificata dall'art. 1, co. 1, l. 22.5.2020, n. 35, in sede di conversione.

(6) Lettera modificata dall'art. 1, co. 1, l. 22.5.2020, n. 35, in sede di conversione.

(7) Lettera soppressa dall'art. 1, co. 1, l. 22.5.2020, n. 35, in sede di conversione.

(8) Lettera modificata dall'art. 1, co. 1, l. 22.5.2020, n. 35, in sede di conversione.

(9) Lettera introdotta dall'art. 1, co. 1, l. 22.5.2020, n. 35, in sede di conversione.

(10) Lettera modificata dall'art. 1, co. 1, l. 22.5.2020, n. 35, in sede di conversione.

(11) Lettera modificata dall'art. 1, co. 1, l. 22.5.2020, n. 35, in sede di conversione e poi dall'art. 1, co. 1 bis, d.l. 30.7.2020, n. 83, conv., con modif., in l. 25.9.2020, n. 124.

(12) Lettera modificata dall'art. 1, co. 1, l. 22.5.2020, n. 35, in sede di conversione.

(13) Lettera modificata dall'art. 1, co. 1, l. 22.5.2020, n. 35, in sede di conversione.

(14) Lettera modificata dall'art. 1, co. 1, l. 22.5.2020, n. 35, in sede di conversione.

(15) Lettera modificata dall'art. 1, co. 1, l. 22.5.2020, n. 35, in sede di conversione.

(16) Lettera modificata dall'art. 1, co. 1, l. 22.5.2020, n. 35, in sede di conversione.

(17) Lettera modificata dall'art. 1, co. 1, l. 22.5.2020, n. 35, in sede di conversione.

(18) Lettera modificata dall'art. 1, co. 1, l. 22.5.2020, n. 35, in sede di conversione.

(19) Lettera modificata dall'art. 1, co. 1, l. 22.5.2020, n. 35, in sede di conversione.

(20) Lettera modificata dall'art. 1, co. 1, l. 22.5.2020, n. 35, in sede di conversione.

(21) Lettera sostituita dall'art. 1, co. 1, l. 22.5.2020, n. 35, in sede di conversione.

(22) Lettera introdotta dall'art. 1, co. 1, lett. b), d.l. 7.10.2020, n. 125, conv., con modif., dalla l. 27.11.2020, n. 159.

(23) Comma modificato dall'art. 1, co. 1, l. 22.5.2020, n. 35, in sede di conversione.

1 bis. Deroghe straordinarie in materia di ripresa di attività di raccolta [1].

1. In ragione delle necessità di approvvigionamento alimentare, in tutto il territorio nazionale sono consentite, limitatamente al territorio del comune di residenza o di dimora e nel rispetto della normativa vigente, le attività di raccolta a mano di prodotti agricoli e selvatici non legnosi, purché siano svolte individualmente.

(1) Articolo introdotto dall'art. 1, co. 1, l. 22.5.2020, n. 35, in sede di conversione.

2. Attuazione delle misure di contenimento [1].

1. Le misure di cui all'articolo 1 sono adottate con uno o più decreti del Presidente del Consiglio dei ministri, su proposta del Ministro della salute, sentiti il Ministro dell'interno, il Ministro della difesa, il Ministro dell'economia e delle finanze e gli altri ministri competenti per materia, nonché i presidenti delle regioni interessate, nel caso in cui riguardino esclusivamente una regione o alcune specifiche regioni, ovvero il Presidente della Conferenza delle regioni e delle province autonome, nel caso in cui riguardino l'intero territorio nazionale. I decreti di cui al presente comma possono essere altresì adottati su proposta dei presidenti delle regioni interessate, nel caso in cui riguardino esclusivamente una regione o alcune specifiche regioni, ovvero del Presidente della Conferenza delle regioni e delle province autonome, nel caso in cui riguardino l'intero territorio nazionale, sentiti il Ministro della salute, il Ministro dell'interno, il Ministro della difesa, il Ministro dell'economia e delle finanze e gli altri ministri competenti per materia. Il Presidente del Consiglio dei ministri o un Ministro da lui delegato illustra preventivamente alle Camere il contenuto dei provvedimenti da adottare ai sensi del presente comma, al fine di tenere conto degli eventuali indirizzi dalle stesse formulati; ove ciò non sia possibile, per ragioni di urgenza connesse alla natura delle misure da adottare, riferisce alle Camere ai sensi del comma 5, secondo periodo. Per i profili tecnico-scientifici e le valutazioni di adeguatezza e proporzionalità, i provvedimenti di cui al presente comma sono adottati sentito, di norma, il Comitato tecnico-scientifico di cui all'ordinanza del Capo del dipartimento della Protezione civile 3 febbraio 2020, n. 630, pubblicata nella Gazzetta Ufficiale n. 32 dell'8 febbraio 2020 [(2)].

2. Nelle more dell'adozione dei decreti del Presidente del Consiglio dei ministri di cui al comma 1 e con efficacia limitata fino a tale momento, in casi di estrema necessità e urgenza per situazioni sopravvenute le misure di cui all'articolo 1 possono essere adottate dal Ministro della salute ai sensi dell'articolo 32 della legge 23 dicembre 1978, n. 833.

3. Sono fatti salvi gli effetti prodotti e gli atti adottati sulla base dei decreti e delle ordinanze emanati ai sensi del decreto-legge 23 febbraio 2020, n. 6, convertito, con modificazioni, in legge 5 marzo 2020, n. 13, ovvero ai sensi dell'articolo 32 della legge 23 dicembre 1978, n. 833. Continuano ad applicarsi nei termini originariamente previsti le misure già adottate con i decreti del Presidente del Consiglio dei ministri adottati in data 8 marzo 2020, 9 marzo 2020, 11 marzo 2020 e 22 marzo 2020, pubblicati rispettivamente nella Gazzetta Ufficiale n. 59 dell'8 marzo 2020, n. 62 del 9 marzo 2020, n. 64 dell'11 marzo 2020 e n. 76 del 22 marzo 2020, come ancora vigenti alla data di entrata in vigore del presente decreto. Le altre misure [,] ancora vigenti alla stessa data continuano ad applicarsi nel limite di ulteriori dieci giorni [(3)].

4. Per gli atti adottati ai sensi del presente decreto i termini per il controllo preventivo della Corte dei conti, di cui all'articolo 27, comma 1, della legge 24 novembre 2000, n. 340, sono dimezzati. In ogni caso i provvedimenti adottati in attuazione del presente decreto, durante lo svolgimento della fase del controllo preventivo della Corte dei conti, sono provvisoriamente efficaci, esecutori ed esecutivi, a norma degli articoli 21-*bis*, 21-*ter* e 21-*quater* della legge 7 agosto 1990, n. 241.

5. I provvedimenti emanati in attuazione del presente articolo sono pubblicati nella Gazzetta Ufficiale della Repubblica italiana e comunicati alle Camere entro il giorno successivo alla loro pubblicazione. Il Presidente del Consiglio dei ministri o un Ministro da lui delegato riferisce ogni quindici giorni alle Camere sulle misure adottate ai sensi del presente decreto.

(1) A norma dell'art. 1, co. 1, d.l. 16.5.2020, n. 33, conv., con modif., in l. 14.7.2020, n. 74, a decorrere dal 18.5.2020, cessano di avere effetto tutte le misure limitative della circolazione all'interno del territorio regionale qui previste.
(2) Comma modificato dall'art. 1, co. 1, l. 22.5.2020, n. 35, in sede di conversione.
(3) Comma modificato dall'art. 1, co. 1, l. 22.5.2020, n. 35, in sede di conversione.

3. Misure urgenti di carattere regionale o infraregionale [(1)].

1. Nelle more dell'adozione dei decreti del Presidente del Consiglio dei ministri di cui all'articolo 2, comma 1, e con efficacia limitata fino a tale momento, le regioni, in relazione a specifiche situazioni sopravvenute di aggravamento del rischio sanitario verificatesi nel loro territorio o in una parte di esso, possono introdurre misure ulteriormente restrittive rispetto a quelle attualmente vigenti, tra quelle di cui all'articolo 1, comma 2, esclusivamente nell'ambito delle attività di loro competenza e senza incisione delle attività produttive e di quelle di rilevanza strategica per l'economia nazionale [(2)].

[**2.** I Sindaci non possono adottare, a pena di inefficacia, ordinanze contingibili e urgenti dirette a fronteggiare l'emergenza in contrasto con le misure statali e regionali, né eccedendo i limiti di oggetto cui al comma 1.] [(3)]

3. Le disposizioni di cui al presente articolo si applicano altresì agli atti posti in essere per ragioni di sanità in forza di poteri attribuiti da ogni disposizione di legge previgente.

(1) Secondo quanto previsto dall'art. 1, co. 1, d.l. 16.5.2020, n. 33, conv., con modif., in l. 14.7.2020, n. 74, a decorrere dal 18.5.2020, cessano di avere effetto tutte le misure limitative della circolazione all'interno del territorio regionale qui previste.
(2) Comma modificato dall'art. 1, co. 1, l. 22.5.2020, n. 35, in sede di conversione.
(3) Comma modificato dall'art. 1, co. 1, l. 22.5.2020, n. 35, in sede di conversione e poi abrogato dall'art. 18, co. 1, d.l. 16.7.2020, n. 76, conv., con modif., in l. 11.9.2020, n. 120.

4. Sanzioni e controlli.

1. Salvo che il fatto costituisca reato, il mancato rispetto delle misure di contenimento di cui all'articolo 1, comma 2, individuate e applicate con i provvedimenti adottati ai sensi dell'articolo 2, commi 1 e 2, ovvero dell'articolo 3, è punito con la sanzione amministrativa del pagamento di una somma da euro 400 a euro 1.000 e non si applicano le sanzioni contravvenzionali previste dall'articolo 650 del codice penale o da ogni altra disposizione di legge attributiva di poteri per ragioni di sanità, di cui all'articolo 3, comma 3. Se il mancato rispetto delle predette misure avviene mediante l'utilizzo di un veicolo la sanzione prevista dal primo periodo è aumentata fino a un terzo [(1)].

2. Nei casi di cui all'articolo 1, comma 2, lettere i), m), p), u), v), z) e aa), si applica altresì la sanzione amministrativa accessoria della chiusura dell'esercizio o dell'attività da 5 a 30 giorni.

3. Si applicano, per quanto non stabilito dal presente articolo, le disposizioni delle sezioni I e II del capo I della legge 24 novembre 1981, n. 689, in quanto compatibili. Per il pagamento in misura ridotta si applica l'articolo 202, commi 1, 2 e 2.1, del codice della strada, di cui al decreto legislativo 30 aprile 1992, n. 285. Le sanzioni per le violazioni delle misure di cui all'articolo 2, commi 1 e 2, sono irrogate dal Prefetto. Le sanzioni per le violazioni delle misure di cui all'articolo 3 sono irrogate dalle autorità che le hanno disposte. Ai relativi procedimenti si applica l'articolo 103 del decreto-legge 17 marzo 2020, n. 18, convertito, con modificazioni, in legge 24 aprile 2020, n. 27 (2).

4. All'atto dell'accertamento delle violazioni di cui al comma 2, ove necessario per impedire la prosecuzione o la reiterazione della violazione, l'organo accertatore può disporre la chiusura provvisoria dell'attività o dell'esercizio per una durata non superiore a 5 giorni. Il periodo di chiusura provvisoria è scomputato dalla corrispondente sanzione accessoria definitivamente irrogata, in sede di sua esecuzione (3).

5. In caso di reiterata violazione della disposizione di cui al comma 1, la sanzione amministrativa è raddoppiata e quella accessoria è applicata nella misura massima (4).

6. Salvo che il fatto costituisca violazione dell'articolo 452 del codice penale o comunque più grave reato, la violazione della misura di cui all'articolo 1, comma 2, lettera e), è punita ai sensi dell'articolo 260 del regio decreto 27 luglio 1934, n. 1265, Testo unico delle leggi sanitarie, come modificato dal comma 7.

7. Al primo comma dell'articolo 260 del regio decreto 27 luglio 1934, n. 1265, Testo unico delle leggi sanitarie, le parole «con l'arresto fino a sei mesi e con l'ammenda da lire 40.000 a lire 800.000» sono sostituite dalle seguenti: «con l'arresto da 3 mesi a 18 mesi e con l'ammenda da euro 500 ad euro 5.000» (5).

8. Le disposizioni del presente articolo che sostituiscono sanzioni penali con sanzioni amministrative si applicano anche alle violazioni commesse anteriormente alla data di entrata in vigore del presente decreto, ma in tali casi le sanzioni amministrative sono applicate nella misura minima ridotta alla metà. Si applicano in quanto compatibili le disposizioni degli articoli 101 e 102 del decreto legislativo 30 dicembre 1999, n. 507.

9. Il Prefetto, informando preventivamente il Ministro dell'interno, assicura l'esecuzione delle misure avvalendosi delle Forze di polizia, del personale dei corpi di polizia municipale munito della qualifica di agente di pubblica sicurezza e, ove occorra, delle Forze armate, sentiti i competenti comandi territoriali. Al personale delle Forze armate impiegato, previo provvedimento del Prefetto competente, per assicurare l'esecuzione delle misure di contenimento di cui agli articoli 1 e 2 è attribuita la qualifica di agente di pubblica sicurezza. Il prefetto assicura l'esecuzione delle misure di contenimento nei luoghi di lavoro avvalendosi anche del personale ispettivo dell'azienda sanitaria locale competente per territorio e dell'Ispettorato nazionale del lavoro limitatamente alle sue competenze in materia di salute e di sicurezza nei luoghi di lavoro (6).

(1) Comma modificato dall'art. 1, co. 1, l. 22.5.2020, n. 35, in sede di conversione.
(2) Comma modificato dall'art. 1, co. 1, l. 22.5.2020, n. 35, in sede di conversione.
(3) Comma modificato dall'art. 1, co. 1, l. 22.5.2020, n. 35, in sede di conversione.
(4) Comma sostituito dall'art. 1, co. 1, l. 22.5.2020, n. 35, in sede di conversione.
(5) Comma modificato dall'art. 1, co. 1, l. 22.5.2020, n. 35, in sede di conversione.
(6) Comma modificato dall'art. 1, co. 1, l. 22.5.2020, n. 35, in sede di conversione.

4 bis. Proroga dei piani terapeutici (1).

1. I piani terapeutici che comprendono la fornitura di protesi, ortesi, ausili e dispositivi necessari per la prevenzione, la correzione o la compensazione di menomazioni o disabilità, per il potenziamento delle abilità nonché per la promozione dell'autonomia dell'assistito, in scadenza durante lo stato di emergenza deliberato dal Consiglio dei ministri in data 31 gennaio 2020, sono prorogati per ulteriori novanta giorni. I nuovi piani terapeutici sono autorizzati in base a protocolli e procedure semplificati stabiliti dalle regioni.

(1) Articolo introdotto dall'art. 1, co. 1 l. 22.5.2020, n. 35, in sede di conversione.

5. Disposizioni finali.

1. Sono abrogati:

a) il decreto-legge 23 febbraio 2020, n. 6, convertito, con modificazioni, in legge 5 marzo 2020, n. 13, ad eccezione degli articoli 3, comma 6-*bis*, e 4;
b) l'articolo 35 del decreto-legge 2 marzo 2020, n. 9.

2. Le disposizioni del presente decreto si applicano alle Regioni a statuto speciale e alle Province autonome di Trento e di Bolzano compatibilmente con i rispettivi statuti e le relative norme di attuazione.

3. Dall'attuazione del presente decreto non devono derivare nuovi o maggiori oneri a carico della finanza pubblica. Le amministrazioni interessate provvedono alle attività previste dal medesimo decreto mediante l'utilizzo delle risorse umane, strumentali e finanziarie disponibili a legislazione vigente (1).

(1) Comma sostituito dall'art. 1, co. 1, l. 22.5.2020, n. 35, in sede di conversione.

6. Entrata in vigore.

1. Il presente decreto entra in vigore il giorno successivo a quello della sua pubblicazione nella Gazzetta Ufficiale della Repubblica italiana e sarà presentato alle Camere per la conversione in legge.

Il presente decreto, munito del sigillo dello Stato, sarà inserito nella Raccolta ufficiale degli atti normativi della Repubblica italiana. È fatto obbligo a chiunque spetti di osservarlo e di farlo osservare.

3. L. 14 agosto 2020, n. 113. – Disposizioni in materia di sicurezza per gli esercenti le professioni sanitarie e socio-sanitarie nell'esercizio delle loro funzioni (*art. 9*)

In Gazzetta Ufficiale 9 settembre 2020, n. 224

9. Sanzione amministrativa.

1. Salvo che il fatto costituisca reato, chiunque tenga condotte violente, ingiuriose, offensive o moleste nei confronti di personale esercente una professione sanitaria o socio-sanitaria o di chiunque svolga attività ausiliarie di cura, assistenza sanitaria o soccorso funzionali allo svolgimento di dette professioni presso strutture sanitarie e socio-sanitarie pubbliche o private è soggetto alla sanzione amministrativa del pagamento di una somma da euro 500 a euro 5.000.

4. D.L. 1 aprile 2021, n. 44 convertito, con modificazioni, con L. 28 maggio 2021, n. 76. – Misure urgenti per il contenimento dell'epidemia da COVID-19, in materia di vaccinazioni anti SARS-CoV-2, di giustizia e di concorsi pubblici (*artt. 3, 3 bis*)

In Gazzetta Ufficiale, 1 aprile 2021, n. 79

3. Responsabilità penale da somministrazione del vaccino anti SARS-CoV-2.

Per i fatti di cui agli articoli 589 e 590 del codice penale verificatisi a causa della somministrazione di un vaccino per la prevenzione delle infezioni da SARS-CoV-2, effettuata nel corso della campagna vaccinale straordinaria in attuazione del piano di cu all'articolo 1, comma 457, della legge 30 dicembre 2020, n. 178, la punibilità è esclusa quando l'uso del vaccino è conforme alle indicazioni contenute nel provvedimento di autorizzazione all'immissione in commercio emesso dalle competenti autorità e alle circolari pubblicate nel sito internet istituzionale del Ministero della salute relative alle attività di vaccinazione

3 bis. Responsabilità colposa per morte o lesioni personali in ambito sanitario durante lo stato di emergenza epidemiologica da COVID-19 (1).

1. Durante lo stato di emergenza epidemiologica da COVID-19, dichiarato con delibera del Consiglio dei ministri del 31 gennaio 2020, e successive proroghe, i fatti di cui agli articoli 589 e 590 del codice penale, commessi nell'esercizio di una professione sanitaria e che trovano causa nella situazione di emergenza, sono punibili solo nei casi di colpa grave.

2. Ai fini della valutazione del grado della colpa, il giudice tiene conto, tra i fattori che ne possono escludere la gravità, della limitatezza delle conoscenze scientifiche al momento del fatto sulle patologie da SARS-CoV-2 e sulle terapie appropriate, nonché della scarsità delle risorse umane e materiali concretamente disponibili in relazione al numero dei casi da trattare, oltre che del minor grado di esperienza e conoscenze tecniche possedute dal personale non specializzato impiegato per far fronte all'emergenza.

(1) Articolo introdotto dalla l. 28.5.2021, n. 76, in sede di conversione del presente decreto.

5. D.L. 22 aprile 2021, n. 52, convertito con modificazioni dalla L. 17 giugno 2021, n. 87. – Misure urgenti per la graduale ripresa delle attività economiche e sociali nel rispetto delle esigenze di contenimento della diffusione dell'epidemia da COVID-19 (*artt. 9, 12*)

In Gazzetta Ufficiale 22 aprile 2021, n. 96

9. Certificazioni verdi COVID-19.

1. Ai fini della normativa emergenziale connessa al rischio sanitario della diffusione degli agenti virali da COVID-19, valgono le seguenti definizioni (1):

a) *certificazioni verdi COVID-19*: le certificazioni comprovanti lo stato di avvenuta vaccinazione contro il SARS-CoV-2 o guarigione dall'infezione da SARS-CoV-2, ovvero l'effettuazione di un test antigenico rapido o molecolare, quest'ultimo anche su campione salivare e nel rispetto dei criteri stabiliti con circolare del Ministero della salute, con esito negativo al virus SARS-CoV-2 (2);

a-*bis*) certificazione verde COVID-19 da vaccinazione, guarigione o test, cosiddetto green pass base: una delle certificazioni di cui al comma 2 [3];

a-*ter*) certificazione verde COVID-19 da vaccinazione o guarigione, cosiddetto green pass rafforzato: una delle certificazioni comprovanti lo stato di avvenuta vaccinazione per la prevenzione delle infezioni da SARS-CoV-2, di cui al comma 2, lettera a), ovvero l'avvenuta guarigione dalla predetta infezione, di cui al comma 2, lettere b) e c-*bis*) [4];

b) vaccinazione: le vaccinazioni anti-SARS-CoV-2 e le vaccinazioni somministrate dalle autorità sanitarie nazionali competenti e riconosciute come equivalenti con circolare del Ministero della salute, effettuate nell'ambito del Piano strategico nazionale dei vaccini per la prevenzione delle infezioni da SARS-CoV-2 e le vaccinazioni riconosciute come equivalenti con circolare del Ministero della salute, somministrate dalle autorità sanitarie competenti per territorio [5];

c) test molecolare: test molecolare di amplificazione dell'acido nucleico (NAAT), quali le tecniche di reazione a catena della polimerasi-trascrittasi inversa (RT-PCR), amplificazione isotermica mediata da loop (LAMP) e amplificazione mediata da trascrizione (TMA), utilizzato per rilevare la presenza dell'acido ribonucleico (RNA) del SARS-CoV-2, riconosciuto dall'autorità sanitaria ed effettuato da operatori sanitari o da altri soggetti reputati idonei dal Ministero della salute [6];

d) test antigenico rapido: test basato sull'individuazione di proteine virali (antigeni) mediante immunodosaggio a flusso laterale, riconosciuto dall'autorità sanitaria ed effettuato da operatori sanitari o da altri soggetti reputati idonei dal Ministero della salute [7] [8];

e) Piattaforma nazionale digital green certificate (Piattaforma nazionale-DGC) per l'emissione e validazione delle certificazioni verdi COVID-19: sistema informativo nazionale per il rilascio, la verifica e l'accettazione di certificazioni COVID-19 interoperabili a livello nazionale ed europeo realizzato, attraverso l'infrastruttura del Sistema Tessera Sanitaria, dalla società di cui all'articolo 83, comma 15, del decreto-legge 25 giugno 2008, n. 112, convertito, con modificazioni, dalla legge 6 agosto 2008, n. 133, e gestito dalla stessa società per conto del Ministero della salute, titolare del trattamento dei dati raccolti e generati dalla medesima piattaforma [9].

2. Le certificazioni verdi COVID-19 attestano una delle seguenti condizioni [10]:

a) avvenuta vaccinazione anti-SARS-CoV-2, al termine del ciclo vaccinale primario o della somministrazione o a seguito della somministrazione della relativa dose di richiamo [11];

b) avvenuta guarigione da COVID-19, con contestuale cessazione dell'isolamento prescritto in seguito ad infezione da SARS-CoV-2, disposta in ottemperanza ai criteri stabiliti con le circolari del Ministero della salute;

c) effettuazione di test antigenico rapido o molecolare, quest'ultimo anche su campione salivare e nel rispetto dei criteri stabiliti con circolare del Ministero della salute, con esito negativo al virus SARS-CoV-2 [12];

c-*bis*) avvenuta guarigione da COVID-19 dopo la somministrazione della prima dose di vaccino o al termine del ciclo vaccinale primario o della somministrazione o a seguito della somministrazione della relativa dose di richiamo [13].

3. La certificazione verde COVID-19 rilasciata sulla base della condizione prevista dal comma 2, lettera a), ha una validità di sei mesi a far data dal completamento del ciclo vaccinale primario ed è rilasciata automaticamente all'interessato, in formato cartaceo o digitale, dalla struttura sanitaria ovvero dall'esercente la professione sanitaria che effettua la vaccinazione e contestualmente alla stessa, al termine del predetto ciclo [, e reca indicazione del numero di dosi somministrate rispetto al numero di dosi previste per l'interessato]. In caso di somministrazione della dose di richiamo successivo al ciclo vaccinale primario, la certificazione verde COVID-19 ha validità a far data dalla medesima somministrazione senza necessità di ulteriori dosi di richiamo. La certificazione verde COVID-19 di cui al primo periodo è rilasciata anche contestualmente alla somministrazione della prima dose di vaccino e ha validità dal quindicesimo giorno successivo alla somministrazione fino alla data prevista per il completamento del ciclo vaccinale, la quale deve essere indicata nella certificazione all'atto del rilascio. La certificazione verde COVID-19 di cui al primo periodo è rilasciata altresì contestualmente all'avvenuta somministrazione di una sola dose di un vaccino dopo una precedente infezione da SARS-CoV-2, nei termini stabiliti con circolare del Ministero della salute, e ha validità dalla medesima somministrazione. Contestualmente al rilascio, la predetta struttura sanitaria, ovvero il predetto esercente la professione sanitaria, anche per il tramite dei sistemi informativi regionali, provvede a rendere disponibile detta certificazione nel fascicolo sanitario elettronico dell'interessato. La certificazione di cui al presente comma cessa di avere validità qualora, nel periodo di vigenza della stessa, l'interessato sia identificato come caso accertato positivo al SARS-CoV-2 [14] [15].

4. La certificazione verde COVID-19 rilasciata sulla base della condizione prevista dal comma 2, lettera b), ha una validità di sei mesi a far data dall'avvenuta guarigione di cui al comma 2, lettera b), ed è rilasciata, su richiesta dell'interessato, in formato cartaceo o digitale, dalla struttura presso la quale è avvenuto il ricovero del paziente affetto da COVID-19, ovvero, per i pazienti non ricoverati, dai medici di medicina generale e dai pediatri di libera scelta nonché dal dipartimento di prevenzione dell'azienda sanitaria locale territorialmente competente, ed è resa disponibile nel fascicolo sanitario elettronico dell'interessato. La certificazione di cui al presente comma cessa di avere validità qualora, nel periodo di vigenza semestrale, l'interessato venga identificato come caso accertato positivo al SARS-CoV-2. Le certificazioni di guarigione rilasciate precedentemente alla data di entrata in vigore del presente decreto sono valide per sei mesi a decorrere dalla data indicata nella certificazione, salvo che il soggetto venga nuovamente identificato come caso accertato positivo al SARS-CoV-2 [16].

4 bis. A coloro che sono stati identificati come casi accertati positivi al SARS-CoV-2 oltre il quattordicesimo giorno dalla somministrazione della prima dose di un vaccino con schedula vaccinale a due dosi è rilasciata, altresì, la certificazione verde COVID-19 di cui al comma 2, lettera c-*bis*), che ha validità di sei mesi a decorrere dall'avvenuta guarigione. A coloro che sono stati identificati come casi accertati positivi al SARS-CoV-2 a seguito del ciclo vaccinale primario, che comprende anche la somministrazione di vaccini con schedula vaccinale a una dose, o della somministrazione della relativa dose di richiamo è rilasciata, altresì, la certificazione verde COVID-19 di cui al comma 2, lettera c-*bis*), che ha validità a decorrere dall'avvenuta guarigione senza necessità di ulteriori dosi di richiamo [17].

5. La certificazione verde COVID-19 rilasciata sulla base della condizione prevista dal comma 2, lettera c), ha una validità di quarantotto ore dall'esecuzione del test antigenico rapido e di settantadue ore dall'esecuzione del test molecolare ed è prodotta, su richiesta dell'interessato, in formato cartaceo o digitale, dalle strutture sanitarie pubbliche, da quelle private autorizzate o accreditate e dalle farmacie che svolgono i test di cui al comma 1, lettere c) e d), ovvero dai medici di medicina generale o pediatri di libera scelta [18].

6. Nelle more dell'adozione del decreto di cui al comma 10, le certificazioni verdi COVID-19 rilasciate ai sensi del comma 2 riportano i dati indicati nelle analoghe certificazioni rilasciate secondo le indicazioni dei diversi servizi sanitari regionali [19].

6 bis. L'interessato ha diritto di chiedere il rilascio di una nuova certificazione verde COVID-19 se i dati personali riportati nella certificazione non sono, o non sono più, esatti o aggiornati, ovvero se la certificazione non è più a sua disposizione [20].

6 ter. Le informazioni contenute nelle certificazioni verdi COVID-19 di cui al comma 2, comprese le informazioni in formato digitale, sono accessibili alle persone con disabilità e sono riportate, in formato leggibile, in italiano e in inglese [21].

7. Coloro che abbiano già completato il ciclo di vaccinazione alla data di entrata in vigore del presente decreto, possono richiedere la certificazione verde COVID-19 alla struttura che ha erogato il trattamento sanitario ovvero alla Regione o alla Provincia autonoma in cui ha sede la struttura stessa.

8. Le certificazioni verdi COVID-19 rilasciate in conformità al diritto vigente negli Stati membri dell'Unione europea sono riconosciute come equivalenti a quelle disciplinate dal presente articolo e valide ai fini del presente decreto se conformi ai criteri definiti con circolare del Ministero della salute. Le certificazioni rilasciate in uno Stato terzo a seguito di una vaccinazione riconosciuta nell'Unione europea e validate da uno Stato membro dell'Unione sono riconosciute come equivalenti a quelle disciplinate dal presente articolo e valide ai fini del presente decreto se conformi ai criteri definiti con circolare del Ministero della salute [22].

8 bis. Per garantire che le famiglie in viaggio negli Stati membri dell'Unione europea restino unite, i minori che accompagnano il genitore o i genitori non sono tenuti a sottoporsi a quarantena o ad autoisolamento per motivi di viaggio se tale obbligo non è imposto al genitore o ai genitori perché in possesso di un certificato di vaccinazione o di un certificato di guarigione. L'obbligo di sottoporsi a test per l'infezione da SARS-CoV-2 per motivi di viaggio non si applica ai bambini di età inferiore a sei anni [23].

9. Le disposizioni dei commi da 1 a 8 continuano ad applicarsi ove compatibili con i regolamenti (UE) 2021/953 e 2021/954 del Parlamento europeo e del Consiglio del 14 giugno 2021 [24].

9 bis. Ai soggetti provenienti da uno Stato estero in possesso di un certificato, rilasciato dalle competenti autorità sanitarie estere, di avvenuta guarigione o di avvenuta vaccinazione anti SARS-CoV-2 con un vaccino autorizzato o riconosciuto come equivalente in Italia, nel caso in cui siano trascorsi più di sei mesi dal completamento del ciclo vaccinale primario anti SARS-CoV-2 o dall'avvenuta guarigione dal COVID-19, è consentito l'accesso ai servizi e alle attività per i quali nel territorio nazionale sussiste l'obbligo di possedere una delle certificazioni verdi COVID-19 da vaccinazione o guarigione, di cui al comma 2, lettere a), b) e c-*bis*), cosiddetto green pass rafforzato, previa effettuazione di test antigenico rapido o molecolare con esito negativo al virus SARS-CoV-2, di cui al comma 2, lettera c), avente validità di quarantotto ore dall'esecuzione, se antigenico rapido, o di settantadue ore, se molecolare. L'effettuazione del test di cui al primo periodo non è obbligatoria in caso di avvenuta guarigione successiva al completamento del ciclo vaccinale primario. Nel caso di vaccinazioni con vaccini non autorizzati o non riconosciuti come equivalenti in Italia, l'accesso ai servizi e alle attività di cui al primo periodo è consentito in ogni caso previa effettuazione di test antigenico rapido o molecolare con esito negativo al virus SARS-CoV-2, di cui al comma 2, lettera c), avente validità di quarantotto ore dall'esecuzione, se antigenico rapido, o di settantadue ore, se molecolare [25].

9 ter. I titolari o i gestori dei servizi e delle attività di cui al comma 9-*bis* sono tenuti a verificare che l'accesso ai predetti servizi e attività avvenga nel rispetto delle prescrizioni di cui al medesimo comma 9-*bis*. Le verifiche delle certificazioni verdi COVID-19 sono effettuate anche con le modalità indicate dal decreto del Presidente del Consiglio dei ministri adottato ai sensi del comma 10. Nelle more della modifica del menzionato decreto del Presidente del Consiglio dei ministri sono autorizzati gli interventi di adeguamento necessari a consentire le verifiche [26].

10. Con decreto del Presidente del Consiglio dei ministri, adottato di concerto con i Ministri della salute, per l'innovazione tecnologica e la transizione digitale e dell'economia e delle finanze, sentito il Garante per la protezione dei dati personali, sono individuate le specifiche tecniche per assicurare l'interoperabilità tra le certificazioni verdi COVID-19 e la Piattaforma nazionale –DGC, nonché tra questa e le analoghe piattaforme istituite negli altri Stati membri dell'Unione europea, tramite il Gateway europeo. Con il medesimo decreto sono indicati i dati trattati dalla piattaforma e quelli da riportare nelle certificazioni verdi COVID-19, le modalità di aggiornamento delle certificazioni, le caratteristiche e le modalità di funzionamento della Piattaforma nazionale –DCG, la struttura dell'identificativo univoco delle certificazioni verdi COVID-19 e del codice a barre interoperabile che consente di verificare l'autenticità, la validità e l'integrità delle stesse, l'indicazione dei soggetti deputati al controllo delle certificazioni, i tempi di conservazione dei dati raccolti ai fini dell'emissione delle certificazioni, e le misure per assicurare la protezione dei dati personali contenuti nelle certificazioni. [Nelle more dell'adozione del predetto decreto,] Per le finalità d'uso previste per le certificazioni verdi COVID-19 sono validi i documenti rilasciati a decorrere dalla data di entrata in vigore del presente decreto, ai sensi dei commi 3, 4 e 5, dalle strutture sanitarie pubbliche e private, dalle farmacie, dai laboratori di analisi, dai medici di medicina generale e dai pediatri di libera scelta che attestano o refertano una delle condizioni di cui al comma 2, lettere a), b) e c) [27] [28].

10 bis. Le certificazioni verdi COVID-19 possono essere utilizzate esclusivamente ai fini di cui agli articoli 2, comma 1, 2-*bis*, comma 1, 2-*quater*, 5 [, 8-*bis*, comma 2,], 9-*bis*, 9-*bis*.1, 9-*quinquies*, 9-*sexies* e 9-*septies* del presente decreto, nonché all'articolo 1-*bis* del decreto-legge 1° aprile 2021, n. 44, convertito, con modificazioni, dalla legge 28 maggio 2021, n. 76. Ogni diverso o nuovo utilizzo delle certificazioni verdi COVID-19 è disposto esclusivamente con legge dello Stato [29].

11. Dal presente articolo non devono derivare nuovi o maggiori oneri per la finanza pubblica e le amministrazioni interessate provvedono alla relativa attuazione nei limiti delle risorse disponibili a legislazione vigente.

(1) Alinea sostituito dall'art. 3 bis, co. 1, lett. a), d.l. 24.12.2021, n. 221, conv., con modif., con l. 18.2.2022, n. 11.

(2) Lettera modificata dall'art. 4, co. 1, lett. e), n. 01), d.l. 23.7.2021, n. 105, conv., con modif., con l. 16.9.2021, n. 126.

(3) Lettera introdotta dall'art. 3 bis, co. 1, lett. b), d.l. 24.12.2021, n. 221, conv., con modif., dalla l. 18.2.2022, n. 11.

(4) Lettera introdotta dall'art. 3 bis, co. 1, lett. b), d.l. 24.12.2021, n. 221, conv., con modif., dalla l. 18.2.2022, n. 11.

(5) Lettera modificata dall'art. 5 bis, d.l. 6.8.2021, n. 111, conv., con modif., dalla l. 24.9.2021, n. 133.

(6) Lettera modificata dall'art. 1, co. 1, l. 17.6.2021, n. 87, in sede di conversione.

(7) Lettera modificata dall'art. 1, co. 1, l. 17.6.2021, n. 87, in sede di conversione.

(8) In riferimento al prezzo calmierato di test antigenici rapidi per la rilevazione di antigene SARS-CoV-2 di cui alla presente lettera vedi l'art. 5, co. 1, 1 bis, e 1 ter del d.l. 23.7.2021, n. 105, conv., con modif., dalla l. 16.9.2021 n. 126 come modificato dall'art. 4, co. 1, lett. a), d.l. 21.9.2021, n. 127, conv., con modif., con l. 19.11.2021, n. 165.

(9) Lettera modificata dall'art. 1, co. 1, con l. 17.6.2021, n. 87, in sede di conversione.

(10) Alinea modificato dall'art. 1, co. 1, con l. 17.6.2021, n. 87, in sede di conversione.

(11) Lettera modificata, a decorrere dal 15.12.2021, dall'art. 3, co. 1, lett. a), n. 1), d.l. 26.11.2021, n. 172, conv., con modif., con l. 21.1.2022, n. 3.

(12) Lettera modificata dall'art. 4, co. 1, lett. e), n. 02), d.l. 23.7.2021, n. 105, conv., con modif., con l. 16.9.2021, n. 126.

(13) Lettera introdotta dall'art. 5, co. 1, lett. b), d.l. 21.9.2021, n. 127, conv., con modif., con l. 19.11.2021, n. 165e successivamente modificata, a decorrere dal 15.12.2021, dall'art. 3, co. 1, lett a), n. 2), d.l. 26.11.2021, n. 172, conv., con modif., con l. 21.1.2022 n. 3.

(14) Comma modificato dall'art. 1, co. 1, l. 17.6.2021, n. 87, in sede di conversione, dall'art. 4, co. 1, lett. e), n. 1), d.l. 23.7.2021, n. 105, conv., con modif., dalla l. 16.9.2021, n. 126, dall'art. 5, co. 1, lett. c), d.l. 21.9.2021, n. 127, conv., con modif., con l. 19.11.2021, n. 165 e successivamente, a decorrere dal 15.12.2021, dall'art. 3, co. 1, lett. b), n. 1), d.l. 26.11.2021, n. 172, conv., con modif., con l. 21.1.2022, n. 3. Questo comma, infine, è stato modificato dall'art. 3, co. 1, lett. a), d.l. 24.12.2021, n. 221, conv., con modif., dalla l. 18.2.2022, n. 11, dall'art. 1, co. 1, lett. a), d.l. 4.2.2022, n. 5 e dall'art. 2 bis, co. 1, lett. a), d.l. 7.1.2022, n. 1, conv., con modif., con l. 4.3.2022, n. 18. Il d.l. n. 5/2022 citato è stato abrogato dall'art. 1, co. 2 della legge 4.3.2022, n. 18.

(15) Secondo quanto previsto dall'art. 14, d.l. 18.5.2021, n. 65, la certificazione verde COVID-19, rilasciata ai sensi del presente comma, ha validità di nove mesi dalla data del completamento del ciclo vaccinale ed è rilasciata anche contestualmente alla somministrazione della prima dose di vaccino e ha validità dal quindicesimo giorno successivo alla somministrazione fino alla data prevista per il completamento del ciclo vaccinale. Il d.l. n. 65/2021 è stato abrogato dall'art. 1, co. 2, l. 17.6.2021, n. 87.

(16) Comma modificato dall'art. 1, co. 1, l. 17.6.2021, n. 87, in sede di conversione.

(17) Comma introdotto dall'art. 5, co. 1, lett. d), d.l. 21.9.2021, n. 127, conv., con modif., dalla l. 19.11.2021, n. 165 e successivamente modificato, a decorrere dal 15.12.2021, dall'art. 3, co. 1, lett. c), d.l. 26.11.2021, n. 172, conv., con modif., con l. 21.1.2022, n. 3. Da ultimo il presente comma è stato modificato dall'art. 3, co. 1, lett. b), d.l. 24.12.2021, n. 221, conv., con modif., dalla l. 18.2.2022, n. 11 e infine sostituito dall'art. 1, co. 1, lett. b), d.l. 4.2.2022, n. 5 e dall'art. 2-bis, co. 1, lett. a), d.l. 7.1.2022, n. 1, conv., con modif., dalla l. 4.3.2022, n. 18. Il d.l. 5/2022 citato è stato abrogato dall'art. 1, co. 2 l. 4.3.2022, n. 18. Il presente comma è stato ulteriormente modificato dall'art. 7-bis, co. 1, d.l. 24.3.2022, n. 24, conv., con modif., dalla l. 19.5.2022, n. 52.

(18) Comma modificato dall'art. 1, co. 1, l. 17.6.2021, n. 87, in sede di conversione e successivamente dall'art. 1, co. 1, d.l. 6.3.2021, n. 111, conv., con modif., dalla l. 24.9.2021, n. 133.

(19) Comma sostituito dall'art. 1, co. 1, l. 17.6.2021, n. 87, in sede di conversione.

(20) Comma introdotto dall'art. 1, co. 1, l. 17.6.2021, n. 87, in sede di conversione.

(21) Comma introdotto dall'art. 1, co. 1, l. 17.6.2021, n. 87, in sede di conversione.

(22) Comma modificato dall'art. 1, co. 1, l. 17.6.2021, n. 87, in sede di conversione.

(23) Comma introdotto dall'art. 34, co. 9 bis, lett. b), d.l. 25.5.2021, n. 73, conv., con modif., dalla legge 23.7.2021, n. 106.

(24) Comma modificato dall'art. 1, co. 1, l. 17.6.2021, n. 87, in sede di conversione e successivamente sostituito dall'art. 4, co. 1, lett. e), n. 2), d.l. 23.7.2021, n. 105, conv., con modif., l. 16.9.2021, n. 126.
(25) Comma introdotto dall'art. 3, co. 1, lett. a), d.l. 4.2.2022, n. 5, e dall'art. 2 quater, co. 1, lett. a), d.l. 7.1.2022, n. 1, conv., con modif., dalla l. 4.3.2022, n. 18. Il d.l. n. 5/2022 citato è stato abrogato dall'art. 1, co. 2, l. 4.3.2022, n. 18.
(26) Comma introdotto dall'art. 3, co. 1, lett. a), d.l. 4.2.2022, n. 5, e dall'art. 2-quater, co. 1, lett. a), d.l. 7.1.2022, n. 1, conv., con modif., l. 4.3.2022, n. 18. Il d.l. n. 5/2022 citato è stato abrogato dall'art. 1, co. 2 l. 4.3.2022, n. 18.
(27) Comma modificato dall'art. 1, co. 1, l. 17.6.2021, n. 87, in sede di conversione e poi dall'art. 4, co. 1, lett. e), n. 3), d.l. 23.7.2021, n. 105, conv., con modif., l. 16.9.2021, n. 126.
(28) Le disposizioni attuative sono contenute D.P.C.M. 17.6.2021.
(29) Comma introdotto dall'art. 1, co. 1, l. 17.6.2021, n. 87, in sede di conversione; successivamente sostituito dall'art. 3, co. 2, d.l. 23.7.2021, n. 105, conv., con modif., dalla l. 16.9.2021, n. 126; modificato dall'art. 9, co. 1, d.l. 21.9.2021, n. 127, conv., con modif., l. 19.11.2021, n. 165 e, da ultimo, modificato dall'art. 5 bis, co. 2, lett. c), d.l. 24.12.2021, n. 221, conv., con modif., l. 18.2.2022, n. 11.

13. Sanzioni.

1. La violazione delle disposizioni di cui agli articoli 9, commi 9-*bis* e 9-*ter*, 9-*bis*, 9-*bis*.1 [, 10-*ter*, comma 2,] e 10-*quater*, nonché delle ordinanze di cui all'articolo 10-*bis*, comma 1, lettera b), è sanzionata ai sensi dell'articolo 4 del decreto-legge 25 marzo 2020, n. 19, convertito, con modificazioni, dalla legge 22 maggio 2020, n. 35. Dopo due violazioni delle disposizioni di cui al comma 9-*ter* dell'articolo 9, al comma 4 dell'articolo 9-*bis*, al comma 3 dell'articolo 9-*bis*.1 e al comma 7 [,] dell'articolo 10-*quater*, commesse in giornate diverse, si applica, a partire dalla terza violazione, la sanzione amministrativa accessoria della chiusura dell'esercizio o dell'attività da uno a dieci giorni. Dopo una violazione delle disposizioni di cui all'articolo 9-*bis*.1, comma 1, lettere f) e g), in relazione al possesso di una delle certificazioni verdi COVID-19 da vaccinazione o guarigione, cosiddetto green pass rafforzato, si applica, a partire dalla seconda violazione, commessa in giornata diversa, la sanzione amministrativa accessoria della chiusura da uno a dieci giorni [(1)(2)].

2. Alle condotte previste dagli articoli 476, 477, 479, 480, 481, 482 e 489 del codice penale, anche se relative ai documenti informatici di cui all'articolo 491-*bis* del medesimo codice, aventi ad oggetto le certificazioni verdi di COVID-19 in formato digitale o analogico, si applicano le pene stabilite nei detti articoli [(3)].

2 bis. Salvo che il fatto costituisca reato punibile ai sensi dell'articolo 452 del codice penale o comunque più grave reato, la violazione della misura di cui all'articolo 10-*ter*, comma 1, è punita ai sensi dell'articolo 260 del regio decreto 27 luglio 1934, n. 1265 [(4)].

(1) Comma modificato dall'art. 1, co. 1, l. 17.6.2021, n. 87, in sede di conversione e successivamente dall'art. 4, co. 1, lett. f), n. 1), d.l. 23.7.2021, n. 105, conv., con modif., l. 16.9.2021, n. 126 e dall'art. 1, co. 1, lett. b), d.l. 8.10.2021, n. 139, conv., con modif., dalla l. 3.12.2021, n. 205, con applicazione a decorrere dall'11.10.2021. Da ultimo, modificato dall'art. 3, co. 1, lett. b), d.l. 4.2.2022, n. 5, dall'art. 5 bis, co. 2, lett. d), nn. 1), 2) e 3), d.l. 24.12.2021, n. 221, conv., con modif., l. 18.2.2022, n. 11 e da ultimo dall'art. 2 quater, co. 1, lett. b), d.l. 7.1.2022, n. 1, conv., con modif., l. 4.3.2022, n. 18. Il d.l. n. 5/2022 citato è stato abrogato dall'art. 1, co. 2 della legge 4.3.2022, n. 18. Da ultimo sostituito, a decorrere dal 1.4.2022, dall'art. 11, co. 1, lett. a), d.l. 24.3.2022, n. 24, conv., con modif., dalla l. 19.5.2022, n. 52.
(2) Comma ulteriormente modificato dall'art. 9, co. 1, lett. b), d.l. 10.8.2023, n. 105, conv., con modif., l. 9.8.2023, n. 137.
(3) Comma modificato dall'art. 1, co. 1, l. 17.6.2021, n. 87, in sede di conversione e successivamente dall'art. 4, co. 1, lett. f), n. 2), d.l. 23.7.2021, n. 105, conv., con modif., l. 16.9.2021, n. 126.
(4) Comma introdotto, a decorrere dal 1.4.2022, dall'art. 11, co. 1, lett. b), d.l. 24.3.2022, n. 24, conv., con modif., l. 19.5.2022, n. 52.

6. D.L. 30 dicembre 2023, n. 215, convertito con modificazioni dalla L. 23 febbraio 2024, n. 18. – Disposizioni urgenti in materia di termini normativi (Milleproroghe 2024) (*art. 4, proroga dello "scudo penale" Covid-19*)

In Gazzetta Ufficiale 30 dicembre 2023, n. 303

4. Proroga di termini in materia di salute.

8 septies. La limitazione della punibilità ai soli casi di colpa grave prevista, per la durata dello stato di emergenza epidemiologica da COVID-19, dall'articolo 3-*bis* del decreto-legge 1° aprile 2021, n. 44, convertito, con modificazioni, dalla legge 28 maggio 2021, n. 76, si applica altresì ai fatti di cui agli articoli 589 e 590 del codice penale commessi fino al 31 dicembre 2024 nell'esercizio di una professione sanitaria in situazioni di grave carenza di personale sanitario [(1)].

8 octies. Ai fini di cui al comma 8-*septies*, si tiene conto delle condizioni di lavoro dell'esercente la professione sanitaria, dell'entità delle risorse umane, materiali e finanziarie concretamente disponibili in relazione al numero dei casi da trattare, del contesto organizzativo in cui i fatti sono commessi nonché del minor grado di esperienza e conoscenze tecniche possedute dal personale non specializzato [(2)].

(1) Comma introdotto dall'art. 1, co. 1, l. 23.2.2024, n. 18, in sede di conversione del presente decreto.
(2) Comma introdotto dall'art. 1, co. 1, l. 23.2.2024, n. 18, in sede di conversione del presente decreto.

CRIMINALITÀ INFORMATICA

1. L. 18 marzo 2008, n. 48. – Ratifica ed esecuzione della Convenzione del Consiglio d'Europa sulla criminalità informatica, fatta a Budapest il 23 novembre 2001, e norme di adeguamento dell'ordinamento interno (*artt. 1-2*). Convenzione (*artt. 1-13, 22*)

In Gazzetta Ufficiale 4 aprile 2008, n. 80, S.O.

Capo I
Ratifica ed esecuzione

1. Autorizzazione alla ratifica.

1. Il Presidente della Repubblica è autorizzato a ratificare la Convenzione del Consiglio d'Europa sulla criminalità informatica, fatta a Budapest il 23 novembre 2001, di seguito denominata «Convenzione».

2. Ordine di esecuzione.

1. Piena e intera esecuzione è data alla Convenzione, a decorrere dalla data della sua entrata in vigore in conformità a quanto disposto dall'articolo 36 della Convenzione stessa.

CONVENZIONE

CAPITOLO I
Uso dei termini

1. Definizioni.

Ai fini della presente Convenzione:

a. "*sistema informatico*" indica qualsiasi apparecchiatura o gruppo di apparecchiature interconnesse o collegate, una o più delle quali, in base ad un programma, compiono l'elaborazione automatica di dati;

b. "*dati informatici*" indica qualunque presentazione di fatti, informazioni o concetti in forma suscettibile di essere utilizzata in un sistema computerizzato, incluso un programma in grado di consentire ad un sistema computerizzato di svolgere una funzione;

c. "*service provider*" (fornitore di servizi), indica:
  1. qualunque entità pubblica o privata che fornisce agli utenti dei propri servizi la possibilità di comunicare attraverso un sistema informatico;
  2. qualunque altra entità che processa o archivia dati informatici per conto di tale servizio di comunicazione o per utenti di tale servizio;

d. "*trasmissione di dati*" indica qualsiasi informazione computerizzata relativa ad una comunicazione attraverso un sistema informatico che costituisce una parte nella catena di comunicazione, indicando l'origine della comunicazione, la destinazione, il percorso, il tempo, la data, la grandezza, la durata o il tipo del servizio.

CAPITOLO II
Provvedimenti da adottare a livello nazionale

Sezione I
Diritto penale sostanziale

TITOLO I
Reati contro la riservatezza, l'integrità e la disponibilità dei dati e dei sistemi informatici

2. Accesso Illegale ad un sistema informatico.

Ogni Parte deve adottare le misure legislative e di altra natura che dovessero essere necessarie per sanzionare come reato in base alla propria legge nazionale l'accesso all'intero sistema informatico o a parte di esso senza autorizzazione.

Una Parte può richiedere che il reato venga commesso violando misure di sicurezza con l'intenzione di ottenere informazioni all'interno di un computer o con altro intento illegale o in relazione ad un sistema informatico che è connesso ad un altro sistema informatico.

3. Intercettazione abusiva.

Ogni Parte deve adottare le misure legislative e di altra natura che dovessero essere necessarie per definire come reato in base alla propria legge nazionale l'intercettazione senza autorizzazione, fatta con strumenti tecnici, di trasmissioni non pubbliche di dati informatici a, da o all'interno di un sistema informatico, incluse le emissioni elettromagnetiche da un sistema informatico che ha tali dati informatici. Una Parte può richiedere che il reato venga commesso con intento illegale o in relazione ad un sistema informatico che è connesso ad un altro sistema informatico.

4. Attentato all'integrità dei dati.

1. Ogni Parte deve adottare le misure legislative e di altra natura che dovessero essere necessarie per definire come reato in base alla propria legge nazionale il danneggiamento, la cancellazione, il deterioramento, la modifica o la soppressione di dati informatici senza autorizzazione.

2. Ogni Parte può riservarsi il diritto di richiedere che la condotta descritta nel paragrafo 1. sia di grave danno.

5. Attentato all'integrità di in un sistema.

Ogni Parte deve adottare le misure legislative e di altra natura che dovessero essere necessarie per definire come reato in base alla propria legge nazionale il serio impedimento, senza alcun diritto, del funzionamento di un sistema informatico tramite l'introduzione, la trasmissione, il danneggiamento, la cancellazione, il deterioramento, l'alterazione o la soppressione di dati informatici.

6. Abuso di apparecchiature.

1. Ogni Parte deve adottare le misure legislative e di altra natura che dovessero essere necessarie per definire come reato in base alla propria legge nazionale, se commessi intenzionalmente e senza autorizzazione:

a. la fabbricazione, la vendita, l'approvvigionamento per l'uso, l'importazione, la distribuzione o l'utilizzabilità in altro modo di:
   1. un'apparecchiatura, incluso un programma per computer, destinato o utilizzato principalmente al fine di commettere un qualsiasi reato in base agli articoli da 2 a 5 di cui sopra;
   2. una *password* di un computer, un codice d'accesso, o informazioni simili con le quali l'intero sistema informatico o una sua parte sono accessibili, con l'intento di commettere qualsiasi reato in base agli articoli da 2 a 5 di cui sopra;

b. il possesso di uno elemento di cui ai sopra citati paragrafi a. 1. o 2., con l'intento di utilizzarlo allo scopo di commettere qualche reato in base agli articoli da 2 a 5. Una Parte può richiedere per legge che vi sia il possesso di un certo numero di tali elementi perché vi sia una responsabilità penale.

2. Questo articolo non va interpretato nel senso di prevedere una responsabilità penale laddove la produzione, la vendita, l'approvvigionamento per l'uso, l'importazione, la distribuzione o l'utilizzazione in altro modo o il possesso di cui al paragrafo 1. di questo articolo, non avvenga allo scopo di commettere un reato in base agli articoli da 2 a 5 di questa Convenzione, come anche per il collaudo autorizzato o la protezione di un sistema informatico.

3. Ogni Parte può riservarsi il diritto di non applicare il paragrafo 1. di questo articolo, purché tale riserva non concerna la vendita, la distribuzione o l'utilizzazione in altro modo degli elementi riferiti al paragrafo 1 a. 2. di questo articolo.

TITOLO II
Reati informatici

7. Falsificazione informatica.

Ogni Parte deve adottare le misure legislative ed di altra natura che dovessero essere necessarie per definire come reato in base alla propria legge nazionale, se commessi intenzionalmente e senza alcun diritto, l'introduzione, l'alterazione, il possesso o la soppressione di dati informatici derivanti da dati non autentici con l'intento che essi siano presi in considerazione o utilizzati con fini legali come se fossero autentici, senza avere riguardo al fatto che i dati siano o meno direttamente leggibili o intelligibili. Una Parte può richiedere che il reato venga commesso fraudolentemente, o con un intento illegale paragonabile, perché vi sia una responsabilità penale.

8. Frode informatica.

Ogni Parte deve adottare le misure legislative e di altra natura che dovessero essere necessarie per definire come reato in base alla propria legge nazionale, se commesso intenzionalmente e senza alcun diritto, il cagionare un danno patrimoniale ad altra persona:

a. con ogni introduzione, alterazione, cancellazione o soppressione di dati informatici;

b. con ogni interferenza nel funzionamento di un sistema informatico, con l'intento fraudolento o illegale di procurare, senza alcun diritto, un beneficio economico per se stesso o altri.

TITOLO II
Reati relativi ai contenuti

9. Reati relativi alla pornografia infantile.

1. Ogni Parte deve adottare le misure legislative e di altra natura che dovessero essere necessarie per definire come reato in base alla propria legge nazionale, se commesse intenzionalmente e senza alcun diritto:

a. la produzione di pornografia infantile allo scopo della sua diffusione attraverso un sistema informatico;

b. l'offerta o la messa a disposizione di pornografia infantile attraverso un sistema informatico;

c. la distribuzione o la trasmissione di pornografia infantile attraverso un sistema informatico;

d. il procurare pornografia infantile attraverso un sistema informatico per se stessi o altri;

e. il possesso di pornografia infantile attraverso un sistema informatico o uno strumento di archiviazione di dati informatici.

2. Ai fini del Paragrafo 1. di cui sopra, l'espressione "pornografia infantile" include il materiale pornografico che raffigura:

a. un minore coinvolto in un comportamento sessuale esplicito;

b. un soggetto che sembra essere un minore coinvolto in un comportamento sessuale esplicito;

c. immagini realistiche raffiguranti un minore coinvolto in un comportamento sessuale esplicito.

3. Ai fini del Paragrafo 2. di cui sopra, il termine "minore" include tutte le persone sotto i 18 anni di età. Una Parte può comunque richiedere un'età minore, che non potrà essere inferiore ai 16 anni.

4. Ogni Parte può riservarsi il diritto di non applicare in tutto o in parte il paragrafo 1., sottoparagrafi d. ed e., e 2, sottoparagrafi b. e c.

TITOLO IV
Reati contro la proprietà intellettuale e diritti collegati

10. Reati contro la proprietà intellettuale e diritti collegati.

1. Ogni Parte deve adottare le misure legislative ed

di altra natura che dovessero essere necessarie per definire come reato in base alla propria legge nazionale la violazione della proprietà intellettuale, come definita in base alla legge di quella Parte, tenendo fede agli obblighi che ha assunto in base al *Paris Act* del 24 luglio 1971 che ha modificato la Convenzione di Berna sulla protezione delle opere letterarie e artistiche, l'Accordo sugli aspetti commerciali dei diritti sulla proprietà intellettuale e il Trattato OMPI sulla proprietà intellettuale, con l'eccezione di tutti i diritti morali conferiti da queste convenzioni, se tali atti sono commessi deliberatamente, su scala commerciale e attraverso l'utilizzo di un sistema informatico.

2. Ogni Parte deve adottare le misure legislative ed di altra natura che dovessero essere necessarie per definire come reato in base alla propria legge nazionale la violazione di diritti connessi come definiti dalla legge di quello Stato Parte, tenendo fede agli obblighi che ha assunto in base alla Convenzione Internazionale per la protezione degli artisti, interpreti ed esecutori, produttori di fonogrammi e organismi di radiodiffusione (Convenzione di Roma), all'Accordo sugli aspetti commerciali dei diritti sulla proprietà intellettuale e il Trattato OMPI sull'interpretazione e l'esecuzione e i fonogrammi, con l'eccezione di tutti i diritti morali conferiti da queste convenzioni, se tali atti sono commessi deliberatamente, su scala commerciale e attraverso l'utilizzo di un sistema informatico.

3. Una Parte può riservarsi il diritto di non imporre la responsabilità penale in base ai paragrafi 1. e 2. di questo articolo in determinate circostanze, a condizione che altri rimedi efficaci siano disponibili e che tale riserva non deroghi agli obblighi internazionalmente assunti da questa Parte in applicazione degli strumenti internazionali menzionati nei paragrafi 1. e 2. di questo articolo.

TITOLO V
Altre forme responsabilità e sanzioni

11. Tentativo e complicità.

1. Ogni Parte deve adottare le misure legislative e di altra natura che dovessero essere necessarie per definire come reato in base alla propria legge nazionale, ogni complicità quando sia commessa intenzionalmente in vista della perpetrazione di un'infrazione di cui agli articoli da 2 a 10 della presente Convenzione, con l'intento che tale reato venga commesso.

2. Ogni Parte deve adottare le misure legislative e di altra natura che dovessero essere necessarie per definire come reato in base alla propria legge nazionale, se commesso volontariamente, il tentativo di commettere ogni tipo di reato in base agli articoli da 3 a 5, 7,8,9.1 a. e c. della presente Convenzione.

3. Ogni parte può riservarsi il diritto di non applicare, in tutto o in parte, il paragrafo 2 di questo articolo.

12. Responsabilità delle Persone Giuridiche.

1. Ogni Parte deve adottare le misure legislative e di altra natura che dovessero essere necessarie affinché le persone giuridiche possano essere ritenute responsabili di un reato in base a questa Convenzione commesso per loro conto da una persona fisica che agisca sia individualmente che come membro di un organo di una persona giuridica che eserciti un potere di direzione al suo interno, nei termini che seguono:
1. un potere di rappresentanza della persona giuridica;
2. un'autorità per assumere decisioni nel nome della persona giuridica;
3. un'autorità per esercitare un controllo all interno della persona giuridica.

2. In aggiunta ai casi già previsti nel paragrafo 1. di questo articolo, ogni Parte deve adottare le misure necessarie affinché una persona giuridica possa essere ritenuta responsabile se la mancanza di sorveglianza o controllo di una persona fisica di cui al paragrafo 1. ha reso possibile la commissione di reati previsti al paragrafo 1. per conto della persona giuridica da parte di una persona fisica che agisca sotto la sua autorità.

3. Secondo i principi giuridici della Parte, la responsabilità delle persone giuridiche può essere penale, civile o amministrativa.

4. Questa responsabilità è stabilita senza pregiudizio per la responsabilità penale delle persone fisiche che hanno commesso il reato.

13. Sanzioni e Strumenti.

1. Ogni Parte deve adottare le misure legislative e di altra natura che dovessero essere necessarie affinché i reati previsti in applicazione degli articoli da 2 a 11 possano essere puniti con sanzioni effettive, proporzionate e dissuasive, che includano la privazione della libertà.

2. Ogni parte deve assicurarsi che le persone giuridiche ritenute responsabili in base all'articolo 12 siano assoggettate a sanzioni penali o non penali effettive, proporzionate e dissuasive o ad altre misure, incluse sanzioni pecuniarie.

Sezione III
Competenza

22. Competenza.

1. Ogni Parte deve adottare le misure legislative e di altra natura che dovessero essere necessarie per stabilire la propria competenza per tutti i reati previsti in conformità agli articoli da 2 a 11 della presente Convenzione, quando i reati siano commessi:
a. nel proprio territorio;
b. a bordo di una nave battente bandiera della Parte;
c. a bordo di un aeromobile immatricolato presso quella Parte;
d. da un proprio cittadino, se l'infrazione è penalmente punibile la dove è stata commessa o se l'infrazione non rientra nella competenza territoriale di alcuno Stato.

2. Ogni Parte può riservarsi il diritto di non applicare o di applicare solo in condizioni o casi specifici le regole di competenza definite ai paragrafi 1.b-1.d del presente articolo o in una parte qualunque di essi.

3. Ogni Parte deve adottare le misure che dovessero essere necessarie per stabilire la propria competenza in ordine alle infrazioni di cui all'articolo 24, paragrafo 1 della presente Convenzione, nel caso in cui l'autore presunto dell'infrazione si trovi nel proprio territorio e non è estradabile verso un'altra Parte solo in virtù della sua nazionalità, dopo una richiesta di estradizione.

4. La presente Convenzione non esclude alcuna competenza penale esercitata da una Parte in base al proprio diritto interno.

5. Quando più di una Parte rivendica la propria competenza per una presunta infrazione prevista dalla presente Convenzione, le Parti coinvolte si consultano, laddove sia opportuno, al fine di stabilire la competenza più appropriata per esercitare l'azione penale.

CRIMINALITÀ ORGANIZZATA E TRANSNAZIONALE

A. Mafia e crimine organizzato

1. L. 19 marzo 1990, n. 55. – Nuove disposizioni per la prevenzione della delinquenza di tipo mafioso e di altre gravi forme di manifestazione di pericolosità sociale (*artt. 26-28*) (1) (2)

In Gazzetta Ufficiale 23 marzo 1990, n. 69

(1) Le prefetture sono trasformate in uffici territoriali del governo a decorrere dalla data nomina del primo governo costituito a seguito delle prime elezioni politiche successive all'entrata in vigore del d.lgs. 30.7.1999, n. 300. Il prefetto preposto a tale ufficio nel capoluogo della regione assume anche le funzioni di commissario del governo (art. 11, d.lgs. n. 300/1999).

(2) I riferimenti al Ministro/Ministero di Grazia e Giustizia devono attualmente intendersi al Ministro/Ministero della giustizia (d.P.R. 13.9.1999).

26. – **1.** Quando i fatti previsti dagli articoli 648, 648-*bis* e 648-*ter* del codice penale sono commessi nell'esercizio di attività bancaria, professionale o di cambio-valuta ovvero di altra attività soggetta ad autorizzazione, licenza, iscrizione in appositi albi o registri o ad altro titolo abilitante, si applicano le misure disciplinari ovvero i provvedimenti di sospensione o di revoca del titolo abilitante previsti dai rispettivi ordinamenti.

1 bis. Le disposizioni del comma 1 si applicano anche quando l'attività illecita integri i delitti previsti dall'articolo 270-*bis* del codice penale in relazione alle condotte di finanziamento del terrorismo, anche internazionale (1).

(1) Comma introdotto dall'art. 5, co. 1, l. 14.1.2003, n. 7.

27. – **1.** Oltre a quanto previsto dall'articolo 4 della legge 22 maggio 1975, n. 152, e dalle disposizioni in materia di produzione e traffico illecito degli stupefacenti e delle sostanze psicotrope, gli ufficiali ed agenti di polizia giudiziaria, nel corso di operazioni di polizia per la prevenzione e la repressione del delitto previsto dall'articolo 416-*bis* del codice penale e di quelli commessi in relazione ad esso, nonché dei delitti previsti dagli articoli 648-*bis* e 648-*ter* dello stesso codice e di quelli indicati nei medesimi articoli, possono procedere in ogni luogo al controllo e all'ispezione dei mezzi di trasporto, dei bagagli e degli effetti personali quando hanno fondato motivo di ritenere che possono essere rinvenuti denaro o valori costituenti il prezzo della liberazione della persona sequestrata, o provenienti dai delitti predetti, nonché armi, munizioni o esplosivi. Dell'esito dei controlli e delle ispezioni è redatto processo verbale in appositi moduli, trasmessi entro quarantotto ore al procuratore della Repubblica, il quale, se ne ricorrono i presupposti, li convalida entro le successive quarantotto ore.

2. Nelle medesime circostanze, in casi eccezionali di necessità ed urgenza che non consentono un tempestivo provvedimento dell'autorità giudiziaria, gli ufficiali di polizia giudiziaria possono altresì procedere a perquisizioni, dandone notizia, senza ritardo, e comunque entro quarantotto ore, al procuratore della Repubblica il quale, se ne ricorrono i presupposti, le convalida entro le successive quarantotto ore.

28. – **1.** Nelle società fiduciarie e di revisione ed in quelle di gestione dei fondi comuni di investimento, le cariche comunque denominate di amministratore, di direttore generale, di dirigente munito di rappresentanza e di sindaco non possono essere rivestite da coloro che non sono in possesso dei requisiti di cui alla lettera c) del quarto comma dell'articolo 1, L. 23 marzo 1983, n. 77, e degli ulteriori requisiti morali e professionali richiesti dalle disposizioni vigenti, nonché da coloro che sono stati sottoposti alle misure di prevenzione disposte ai sensi della L. 27 dicembre 1956, n. 1423, o della legge 31 maggio 1965, n. 575, così come successivamente modificate e integrate, salvi gli effetti della riabilitazione. Per le società che svolgono le attività di raccolta del risparmio fra il pubblico sotto ogni forma e di esercizio del credito continuano ad applicarsi le disposizioni del D.P.R. 27 giugno 1985, n. 350.

2. La mancanza dei requisiti di cui al comma 1 comporta il diniego della autorizzazione amministrativa per lo svolgimento delle attività di cui allo stesso comma.

3. Fermo restando il disposto del comma 4 dell'articolo 10 della legge 31 maggio 1965, n. 575, come modificato dalla presente legge, quando si tratti di società già autorizzate, il difetto dei requisiti di cui al comma 1 determina la decadenza degli interessati dalle cariche ivi previste. Salvo che la legge non disponga altrimenti, la decadenza è dichiarata entro trenta giorni dal consiglio di amministrazione della società, ovvero dall'organo, comunque denominato, titolare di funzione equivalente. Nel caso che non si sia proceduto nel termine predetto, la decadenza è pronunciata dall'organo pubblico che esercita la vigilanza o, in mancanza, che rilascia l'autorizzazione.

4. L'applicazione provvisoria della misura interdittiva, prevista dal comma 3 dell'articolo 10 della legge 31 maggio 1965, n. 575, comporta la sospensione delle cariche di cui al comma 1; la sospensione è disposta dagli organi di cui al comma 3.

5. Con decreto del Presidente della Repubblica da emanarsi, su proposta del Presidente del Consiglio dei ministri, previa deliberazione del Consiglio dei ministri, entro centoventi giorni dalla data di entrata in vigore della presente legge, sono stabilite le disposizioni di attuazione del presente articolo e di coordinamento con le leggi speciali.

2. D.L. 13 maggio 1991, n. 152, convertito, con modificazioni, con L. 12 luglio 1991, n. 203. – Provvedimenti urgenti in tema di lotta alla criminalità organizzata e di trasparenza e buon andamento dell'attività amministrativa *(artt. 2-3, 12-13)*

In Gazzetta Ufficiale 13 maggio 1991, n. 110

2. – 1. I condannati per i delitti indicati nei commi 1, 1-*ter* e 1-*quater* dell'articolo 4-*bis* della legge 26 luglio 1975, n. 354, possono essere ammessi alla liberazione condizionale solo se ricorrono le condizioni indicate nello stesso articolo 4-*bis* per la concessione dei benefici. Si osservano le disposizioni dei commi 2, 2-*bis* e 3 dell'articolo 4-*bis* della legge n. 354 del 1975 [(1)].

2. Fermi restando gli ulteriori requisiti e gli altri limiti di pena previsti dall'articolo 176 del codice penale e fatto salvo quanto stabilito dall'articolo 8 della legge 29 maggio 1982, n. 304, i soggetti di cui al comma 1 non possono comunque essere ammessi alla liberazione condizionale se non hanno scontato almeno due terzi della pena temporanea o almeno trenta anni di pena, quando vi è stata condanna all'ergastolo per taluno dei delitti indicati nel comma 1 dell'articolo 4-*bis* della legge 26 luglio 1975, n. 354. In tal caso, la pena dell'ergastolo rimane estinta e le misure di sicurezza personali ordinate dal giudice con la sentenza di condanna o con provvedimento successivo sono revocate, ai sensi dell'articolo 177, secondo comma, del codice penale, decorsi dieci anni dalla data del provvedimento di liberazione condizionale e la libertà vigilata, disposta ai sensi dell'articolo 230, primo comma, numero 2, del codice penale, comporta sempre per il condannato il divieto di incontrare o mantenere comunque contatti con soggetti condannati per i reati di cui all'articolo 51, commi 3-*bis* e 3-*quater*, del codice di procedura penale o sottoposti a misura di prevenzione ai sensi delle lettere a), b), d), e), f) e g) del comma 1 dell'articolo 4 del codice delle leggi antimafia e delle misure di prevenzione di cui al decreto legislativo 6 settembre 2011, n. 159, o condannati per alcuno dei reati indicati nelle citate lettere [(2)].

3. La disposizione del comma 2 non si applica alle persone indicate nell'art. 58-*ter* della legge 26 luglio 1975, n. 354.

(1) La Corte costituzionale, con sent. 22.2.1995, n. 68, ha dichiarato l'illegittimità costituzionale di questo comma nella parte in cui non prevede che i condannati per i delitti indicati nel comma 1 dell'art. 4 bis, l. 26.7.1975, n. 354, possano essere ammessi alla liberazione condizionale anche nel caso in cui l'integrale accertamento dei fatti e della responsabilità operato con sentenza irrevocabile renda impossibile un'utile collaborazione con la giustizia, sempre che siano stati acquisiti elementi tali da escludere l'attualità di collegamenti con la criminalità organizzata. Questo comma è stato poi modificato dall'art. 2, co. 28, l. 15.7.2009, n. 94 e da ultimo sostituito dall'art. 2, co. 1, lett. a), d.l. 31.10.2022, n. 162, conv., con modif., l. 30.12.2022, n. 199.

(2) Comma sostituito dall'art. 2, co. 1, lett. b), d.l. 31.10.2022, n. 162, conv., con modif., dalla l. 30.12.2022, n. 199.

3. – 1. È consentito l'arresto anche fuori dei casi di flagranza della persona che ha posto in essere una condotta punibile a norma dell'art. 385 del codice penale. Nell'udienza di convalida il giudice, se ne ricorrono i presupposti, dispone l'applicazione di una delle misure coercitive previste dalla legge anche al di fuori dei limiti previsti dall'art. 280 del codice di procedura penale.

COORDINAMENTO DEI SERVIZI DI POLIZIA GIUDIZIARIA

12. – 1. Per assicurare il collegamento delle attività investigative relative a delitti di criminalità organizzata, le amministrazioni interessate provvedono a costituire servizi centrali e interprovinciali della Polizia di Stato, dell'Arma dei carabinieri e del Corpo della guardia di finanza [(1)].

2. In determinate regioni e per particolari esigenze, i servizi prestati dal comma 1 possono essere costituiti in servizi interforze. Alla costituzione e alla organizzazione dei servizi interforze provvede con decreto il Ministro dell'interno, di concerto con i Ministri di grazia e giustizia, della difesa e delle finanze, assicurando la pari valorizzazione delle forze di polizia che vi partecipano.

3. A fini informativi, investigativi e operativi, i servizi indicati nei commi 1 e 2 si coordinano fra loro, nonché, se necessario, con gli altri organi o servizi di polizia giudiziaria previsti dalla legge e con gli organi di polizia esteri eventualmente interessati.

4. Quando procede a indagini per delitti di criminalità organizzata, il pubblico ministero di avvale di regola, congiuntamente, dei servizi di polizia giudiziaria della Polizia di Stato, dell'Arma dei carabinieri e, se richiesto dalla specificità degli accertamenti, del Corpo della guardia di finanza, ai quali, a norma dei commi 1 e 2, è attribuito il compito di svolgere indagini relative a tali delitti.

5. Il pubblico ministero impartisce le opportune direttive per l'effettivo coordinamento investigativo e operativo tra i diversi organismi di polizia giudiziaria.

6. Al secondo comma dell'art. 13 della legge 1° aprile 1981, n. 121, è aggiunto, in fine, il seguente periodo: "Assicura unità di indirizzo e coordinamento dei compiti e delle attività degli ufficiali ed agenti di pubblica sicurezza nella provincia, promuovendo le misure occorrenti".

7. Al secondo comma dell'art. 18 della legge 1° aprile 1981, n. 121, è aggiunto, in fine, il seguente periodo: "Del Comitato fa parte anche il direttore generale dell'Amministrazione penitenziaria.".

8. Entro tre mesi dalla data di entrata in vigore della legge di conversione del presente decreto, il Ministro dell'interno emana direttive per la realizzazione a livello provinciale, nell'ambito delle potestà attribuite al prefetto a norma del comma 6, di piani coordinati di controllo del territorio da attuarsi a cura dei competenti uffici della Polizia di Stato e dei comandi provinciali dell'Arma dei carabinieri e della Guardia di finanza, ai quali possono partecipare, previa richiesta al sindaco, contingenti dei corpi o servizi di polizia municipale.

(1) Comma modificato dall'art. unico, l. 12.7.1991, n. 203, in sede di conversione.

Capo VII
Modifiche alla disciplina delle intercettazioni di conversazioni o comunicazioni

13. – 1. In deroga a quanto disposto dall'art. 267 del codice di procedura penale, l'autorizzazione a disporre le operazioni previste dall'art. 266 dello stesso codice è data, con decreto motivato, quando l'intercettazione è necessaria per lo svolgimento delle indagini in relazione ad un delitto di criminalità organizzata o di minaccia col mezzo del telefono in ordine ai quali sussistano sufficienti indizi. Nella valutazione dei sufficienti indizi si applica l'articolo 203 del codice di procedura penale. Quando si tratta di intercettazione di comunicazioni tra presenti disposta in un procedimento relativo a un delitto di criminalità organizzata e che avvenga nei luoghi indicati dall'articolo 614 del codice penale, l'intercettazione è consentita anche se non vi è motivo di ritenere che nei luoghi predetti si stia svolgendo l'attività criminosa [1].

2. Nei casi di cui al comma 1, la durata delle operazioni non può superare i quaranta giorni, ma può essere prorogata dal giudice con decreto motivato per periodi successivi di venti giorni, qualora permangano i presupposti indicati nel comma 1. Nei casi di urgenza, alla proroga provvede direttamente il pubblico ministero; in tal caso si osservano le disposizioni del comma 2 dell'art. 267 del codice di procedura penale.

3. Negli stessi casi di cui al comma 1 il pubblico ministero e l'ufficiale di polizia giudiziaria possono farsi coadiuvare da agenti di polizia giudiziaria [2] [3].

(1) Comma modificato dall'art. 3 bis, co. 1, d.l. 8.6.1992, n. 306, come modificato dalla l. 7.8.1992, n. 356, in sede di conversione e poi dall'art. 23, co. 1, l. 1.3.2001, n. 63.

(2) Articolo sostituito dall'art. unico, l. 12.7.1991, n. 203, in sede di conversione.

(3) Secondo quanto previsto dall'art. 1, co. 1, d.l. 10.8.2023, n. 105, conv., con modif., con l. 9.10.2023, n. 137, le disposizioni di cui al presente art. si applicano anche nei procedimenti per i delitti, consumati o tentati, previsti dagli artt. 452 quaterdecies e 630 c.p., ovvero commessi con finalità di terrorismo o avvalendosi delle condizioni previste dall'art. 416 bis c.p. o al fine di agevolare l'attività delle associazioni previste dallo stesso articolo.

3. D.L. 8 giugno 1992, n. 306, convertito, con modificazioni, con L. 7 agosto 1992, n. 356. – Modifiche urgenti al nuovo codice di procedura penale e provvedimenti di contrasto alla criminalità mafiosa (*artt. 12 quinquies-12 sexies*)

In Gazzetta Ufficiale 8 giugno 1992, n. 133

12 quinquies. Trasferimento fraudolento di valori [1] [2].

[**1.** Salvo che il fatto costituisca più grave reato, chiunque attribuisce fittiziamente ad altri la titolarità o disponibilità di denaro, beni o altre utilità al fine di eludere le disposizioni di legge in materia di misure di prevenzione patrimoniali o di contrabbando, ovvero di agevolare la commissione di uno dei delitti di cui agli articoli 648, 648-*bis* e 648-*ter* del codice penale, è punito con la reclusione da due a sei anni.] [3]

2. Fuori dei casi previsti dal comma 1 e dagli articoli 648, 648-*bis* e 648-*ter* del codice penale, coloro nei cui confronti pende procedimento penale per uno dei delitti previsti dai predetti articoli o dei delitti in materia di contrabbando, o per delitti commessi avvalendosi delle condizioni previste dall'art. 416-*bis* del codice penale ovvero al fine di agevolare l'attività delle associazioni previste dallo stesso articolo, nonché per i delitti di cui agli articoli 416-*bis*, 629, 630, 644 e 644-*bis* del codice penale e agli articoli 73 e 74 del testo unico delle leggi in materia di disciplina degli stupefacenti e sostanze psicotrope, prevenzione, cura e riabilitazione dei relativi stati di tossicodipendenza approvato con decreto del Presidente della Repubblica 9 ottobre 1990, n. 309, ovvero nei cui confronti è in corso di applicazione o comunque si procede per l'applicazione di una misura di prevenzione personale, i quali, anche per interposta persona fisica o giuiridica, risultino essere titolari o avere la disponibilità a qualsiasi titolo di denaro, beni o altre utilità di valore sproporzionato al proprio reddito, dichiarato ai fini delle imposte sul reddito, o alla propria attività economica, e dei quali non possano giustificare la legittima provenienza, sono puniti con la reclusione da due a cinque anni e il denaro, beni o altre utilità sono confiscati [4] [5].

(1) Articolo introdotto dall'art. 1, co. 1, l. 7.8.1992, n. 356.
(2) Rubrica sostituita dall'art. 11, co. 1, d.l. 20.6.1994, n. 399, conv., con modif., dalla l. 8.8.1994, n. 501.
(3) Comma abrogato dall'art. 7, co. 1, lett. t), d.lgs. 1.3.2018, n. 21.
(4) Comma modificato dall'art. 1, co. 1, d.l. 17.8.1993, n. 369, conv., con modif., dalla l. 15.11.1993, n. 461.
(5) La Corte costituzionale, con sent. 9.2.1994, n. 48, ha dichiarato l'illegittimità costituzionale del presente comma.

12 sexies. Ipotesi particolari di confisca [1].

[**1.** Nei casi di condanna o di applicazione della pena su richiesta a norma dell'articolo 444 del codice di procedura penale, per taluno dei delitti previsti dall'articolo 51, comma 3-*bis*, del codice di procedura penale, dagli articoli 314, 316, 316-*bis*, 316-*ter*, 317, 318, 319, 319-*ter*, 319-*quater*, 320, 322, 322-*bis*, 325, 416, realizzato allo scopo di commettere delitti previsti dagli articoli 453, 454, 455, 460, 461, 517-*ter* e 517-*quater*, nonché dagli articoli 452-*quater*, 452-*octies*, primo comma, 600-*bis*, primo comma, 600-*ter*, primo e secondo comma, 600-*quater*.1, relativamente alla condotta di produzione o commercio di materiale pornografico, 600-*quinquies*, 603-*bis*, 629, 644, 644-*bis*, 648, esclusa la fattispecie di cui al secondo comma, 648-*bis*, 648-*ter* e 648-*ter*.1 del codice penale, dall'articolo 2635 del codice civile, dall'articolo 55, comma 5, del decreto legislativo 21 novembre 2007, n. 231, dall'articolo 295, secondo comma, del testo unico delle disposizioni legislative in materia doganale, di cui al decreto del Presidente della Repubblica 23 gennaio 1973, n. 43, dall'articolo 12-*quinquies*, comma 1, del presente decreto, dall'articolo 73, esclusa la fattispecie di cui al comma 5, del testo unico delle leggi in materia di disciplina degli stupefacenti e sostanze psicotrope, prevenzione, cura e riabilitazione dei relativi stati di tossicodipendenza, di cui al decreto del Presidente della Repubblica 9 ottobre 1990, n. 309, e successive modificazioni, o per taluno dei delitti commessi per finalità di terrorismo, anche internazionale, o di eversione dell'ordine costituzionale, è sempre disposta la confisca del denaro, dei beni o delle altre utilità di cui il condannato non può giustificare la provenienza e di cui, anche per interposta persona fisica o giuridica, risulta essere titolare o avere la disponibilità a qualsiasi titolo in valore sproporzionato al proprio reddito, dichiarato ai fini delle imposte sul reddito, o alla propria attività economica. In ogni caso il condannato non può giustificare la legittima provenienza dei beni sul presupposto che il denaro utilizzato per acquistarli sia provento o reimpiego dell'evasione fiscale, salvo che l'obbligazione tributaria sia stata estinta mediante adempimento nelle forme di legge. La confisca ai sensi delle disposizioni che precedono è ordinata in caso di condanna o di applicazione della pena su richiesta per i reati di cui agli articoli 617-*quinquies*, 617-*sexies*, 635-*bis*, 635-*ter*, 635-*quater*, 635-*quinquies* del codice penale quando le condotte ivi descritte riguardano tre o più sistemi.] [2]

[**2.** Le disposizioni del comma 1 si applicano anche nei casi di condanna o di applicazione della pena su richiesta a norma dell'art. 444 del codice di procedura penale, per un delitto commesso avvalendosi delle condizioni previste dall'art. 416-*bis* del codice penale ovvero al fine di agevolare l'attività delle associazioni previste dallo stesso articolo, nonché a chi è stato condannato per un delitto in materia di contrabbando nei casi di cui all'art. 295, secondo comma, del testo unico approvato con decreto del Presidente della Repubblica 23 gennaio 1973, n. 43.] [3]

[**2 bis.** In caso di confisca di beni per uno dei delitti previsti dagli articoli 314, 316, 316-*bis*, 316-*ter*, 317, 318, 319, 319-*ter*, 319-*quater*, 320, 322, 322-*bis* e 325 del codice penale, si applicano le disposizioni degli articoli 2– *novies*, 2-*decies* e 2-*undecies* della legge 31 maggio 1965, n. 575, e successive modificazioni.] [4]

[**2 ter.** Nei casi previsti dal comma 1, quando non è possibile procedere alla confisca del denaro, dei beni e delle altre utilità di cui allo stesso comma, il giudice ordina la confisca di altre somme di denaro, di beni e altre utilità di legittima provenienza per un valore equivalente, delle quali il reo ha la disponibilità, anche per interposta persona.] [5]

[**2 quater.** Le disposizioni del comma 2-*bis* si applicano anche nel caso di condanna e di applicazione della pena su richiesta a norma dell'articolo 444 del codice di procedura penale per taluno dei delitti previsti dagli articoli 629, 630, 648, esclusa la fattispecie di cui al secondo comma, 648-*bis* e 648-*ter* del codice penale, nonché dall'articolo 12-*quinquies* del presente decreto e dagli articoli 73, esclusa la fattispecie di cui al comma 5, e 74 del testo unico delle leggi in materia di disciplina degli stupefacenti e sostanze psicotrope, prevenzione, cura e riabilitazione dei relativi stati di tossicodipendenza, di cui al decreto del Presidente della Repubblica 9 ottobre 1990, n. 309.] (6)

[**3.** Fermo quanto previsto dagli articoli 100 e 101 del testo unico delle leggi in materia di disciplina degli stupefacenti e sostanze psicotrope, prevenzione, cura e riabilitazione dei relativi stati di tossicodipendenza, approvato con decreto del Presidente della Repubblica 9 ottobre 1990, n. 309, per la gestione e la destinazione dei beni confiscati a norma dei commi 1 e 2 si osservano, in quanto compatibili, le disposizioni contenute nel decreto-legge 14 giugno 1989, n. 230, convertito, con modificazioni, dalla legge 4 agosto 1989, n. 282. Il giudice, con la sentenza di condanna o con quella prevista dall'art. 444, comma 2, del codice di procedura penale, nomina un amministratore con il compito di provvedere alla custodia, alla conservazione e all'amministrazione dei beni confiscati. Non possono essere nominate amministratori le persone nei cui confronti il provvedimento è stato disposto, il coniuge, i parenti, gli affini e le persone con essi conviventi, né le persone condannate ad una pena che importi l'interdizione, anche temporanea, dai pubblici uffici o coloro cui sia stata irrogata una misura di prevenzione.] (7)

[**4.** Se, nel corso del procedimento, l'autorità giudiziaria, in applicazione dell'art. 321, comma 2, del codice di procedura penale, dispone il sequestro preventivo delle cose di cui è prevista la confisca a norma dei commi 1 e 2, le disposizioni in materia di nomina dell'amministratore di cui al secondo periodo del comma 3 si applicano anche al custode delle cose predette.] (8)

[**4 bis.** Le disposizioni in materia di amministrazione e destinazione dei beni sequestrati e confiscati nonché quelle in materia di tutela dei terzi e di esecuzione del sequestro previste dal codice di cui al decreto legislativo 6 settembre 2011, n. 159, si applicano ai casi di sequestro e confisca previsti dai commi 1 e 2-*ter* del presente articolo, nonché agli altri casi di sequestro e confisca di beni adottati nei procedimenti relativi ai delitti di cui all'articolo 51, comma 3-*bis*, del codice di procedura penale. In tali casi l'Agenzia nazionale per l'amministrazione e la destinazione dei beni sequestrati e confiscati alla criminalità organizzata coadiuva l'autorità giudiziaria nell'amministrazione e nella custodia dei beni sequestrati, fino al provvedimento di confisca emesso dalla corte di appello nei procedimenti penali e, successivamente a tale provvedimento, amministra i beni medesimi secondo le modalità previste dal citato codice di cui al decreto legislativo n. 159 del 2011. Restano comunque salvi i diritti della persona offesa dal reato alle restituzioni e al risarcimento del danno.] (9)

4 ter. Con separati decreti, il Ministro dell'interno, di concerto con il Ministro della giustizia, sentiti gli altri Ministri interessati, stabilisce anche la quota dei beni sequestrati e confiscati a norma dell'articolo 240-*bis* del codice penale da destinarsi per l'attuazione delle speciali misure di protezione previste dal decreto-legge 15 gennaio 1991, n. 8, convertito, con modificazioni, dalla legge 15 marzo 1991, n. 82, e successive modificazioni, e per le elargizioni previste dalla legge 20 ottobre 1990, n. 302, recante norme a favore delle vittime del terrorismo e della criminalità organizzata. Nei decreti il Ministro stabilisce anche che, a favore delle vittime, possa essere costituito un Fondo di solidarietà per le ipotesi in cui la persona offesa non abbia potuto ottenere in tutto o in parte le restituzioni o il risarcimento dei danni conseguenti al reato (10).

4 quater. Il Consiglio di Stato esprime il proprio parere sugli schemi di regolamento di cui al comma 4-*ter* entro trenta giorni dalla richiesta, decorsi i quali il regolamento può comunque essere adottato (11).

[**4 quinquies.** Nel processo di cognizione devono essere citati i terzi titolari di diritti reali o personali di godimento sui beni in stato di sequestro, di cui l'imputato risulti avere la disponibilità a qualsiasi titolo.] (12)

[**4 sexies.** Competente a emettere i provvedimenti previsti dai commi 1 e 2-*ter*, dopo l'irrevocabilità della sentenza, è il giudice di cui all'articolo 666, commi 1, 2 e 3, del codice di procedura penale. Il giudice, sulla richiesta di sequestro e contestuale confisca proposta dal pubblico ministero, provvede nelle forme previste dall'articolo 667, comma 4, del codice di procedura penale. L'opposizione è proposta, a pena di decadenza, entro trenta giorni dalla comunicazione o notificazione del decreto.] (13)

[**4 septies.** Le disposizioni di cui ai commi precedenti, ad eccezione del comma 2-*ter*, si applicano quando, pronunziata sentenza di condanna in uno dei gradi di giudizio, il giudice di appello o la Corte di cassazione dichiarano estinto il reato per prescrizione o per amnistia, decidendo sull'impugnazione ai soli effetti della confisca, previo accertamento della responsabilità dell'imputato.] (14)

[**4 octies.** In caso di morte del soggetto nei cui confronti è stata disposta la confisca con sentenza di condanna passata in giudicato, il relativo procedimento inizia o prosegue, a norma dell'articolo 666 del codice di procedura penale, nei confronti degli eredi o comunque degli aventi causa.] (15)

[**4 novies.** L'autorità giudiziaria competente ad amministrare i beni sequestrati è il giudice che ha disposto il sequestro ovvero, se organo collegiale, il giudice delegato nominato dal collegio stesso. L'opposizione ai provvedimenti adottati, ove consentita, è presentata, nelle forme dell'articolo 666 del codice di procedura penale, allo stesso giudice ovvero, nel caso di provvedimento del giudice delegato, al collegio.] (16)

(1) Articolo introdotto dall'art. 2, co. 1, d.l. 20.6.1994, n. 399, come modificato dalla l. 8.8.1994, n. 501, in sede di conversione.

(2) Comma modificato dall'art. 24, co. 1, lett. a), l. 13.2.2001, n. 45, dall'art. 7, co. 3, l. 11.8.2003, n. 228, dall'art. 1, co. 220, lett. a), l. 27.12.2006, n. 296, dall'art. 15, co. 3, l. 23.7.2009, n. 99, dall'art. 8, co. 1, l. 1°.10.2012, n. 172, dall'art. 1, co. 80, lett. a), l. 6.11.2012, n. 190, dall'art. 1, co. 4, l. 22.5.2015, n. 68, dall'art. 5, co. 1, l. 29.10.2016, n. 199 e dall'art. 5, co. 1, d.lgs. 29.10.2016, n. 202,

sostituito dall'art. 31, co. 1, lett. a), l. 17.10.2017, n. 161 e dall'art. 13 ter, co. 1, d.l. 16.10.2017, n. 148, conv., con modif., dalla l. 4.12.2017, n. 172 e, infine, abrogato dall'art. 7, co. 1, lett. l), d.lgs. 1.3.2018, n. 21. Vedi l'art. 240 bis c.p.

(3) Comma abrogato dall'art. 31, co. 1, lett. b), l. 17.10.2017, n. 161.

(4) Comma introdotto dall'art. 1, co. 220, lett. b), l. 27.12.2006, n. 296, poi modificato dall'art. 1, co. 80, lett. b), l. 6.11.2012, n. 190 e, infine, abrogato dall'art. 31, co. 1, lett. b), l. 17.10.2017, n. 161.

(5) Comma introdotto dall'art. 10 bis, d.l. 23.5.2008 n. 92, poi sostituito dall'art. 2, co. 7, lett. a), l. 15.7.2009, n. 94, modificato dall'art. 31, co. 1, lett. c), l. 17.10.2017, n. 161 e, infine, abrogato dall'art. 7, co. 1, lett. l), d.lgs. 1.3.2018, n. 21. Vedi l'art. 240 bis c.p.

(6) Comma introdotto dall'art. 10 bis, d.l. 23.5.2008, n. 92 e poi abrogato dall'art. 31, co. 1, lett. d), l. 17.10.2017, n. 161.

(7) Comma abrogato dall'art. 31, co. 1, lett. d), l. 17.10.2017, n. 161.

(8) Comma abrogato dall'art. 31, co. 1, lett. d), l. 17.10.2017, n. 161.

(9) Comma introdotto dall'art. 24, co. 1, lett. b), l. 13.2.2001, n. 45, modificato dall'art. 2, co. 7, lett. b), l. 15.7.2009, n. 94, sostituito dall'art. 5, co. 2, d.l. 4.2.2010, n. 4, dall'art. 1, co. 190, l. 24.12.2012, n. 228 e dall'art. 31, co. 1, lett. e), l. 17.10.2017, n. 161 e, infine, abrogato dall'art. 7, co. 1, lett. l), d.lgs. 1.3.2018, n. 21.

(10) Comma introdotto dall'art. 24, co. 1, lett. b), l. 13.2.2001, n. 45 e poi modificato dall'art. 6, co. 2, d.lgs. 1.3.2018, n. 21.

(11) Comma introdotto dall'art. 24, co. 1, lett. b), l. 13.2.2001 n. 45.

(12) Comma introdotto dall'art. 31, co. 1, lett. f), l. 17.10.2017, n. 161 e poi abrogato dall'art. 7, co. 1, lett. l), d.lgs. 1.3.2018, n. 21.

(13) Comma introdotto dall'art. 31, co. 1, lett. f), l. 17.10.2017, n. 161 e poi abrogato dall'art. 7, co. 1, lett. l), d.lgs. 1.3.2018, n. 21.

(14) Comma introdotto dall'art. 31, co. 1, lett. f), l. 17.10.2017, n. 161 e poi abrogato dall'art. 7, co. 1, lett. l), d.lgs. 1.3.2018, n. 21.

(15) Comma introdotto dall'art. 31, co. 1, lett. f), l. 17.10.2017, n. 161 e poi abrogato dall'art. 7, co. 1, lett. l), d.lgs. 1.3.2018, n. 21.

(16) Comma introdotto dall'art. 31, co. 1, lett. f), l. 17.10.2017, n. 161 e poi abrogato dall'art. 7, co. 1, lett. l), d.lgs. 1.3.2018, n. 21.

4. L. 16 marzo 2006, n. 146. – Ratifica ed esecuzione della Convenzione e dei Protocolli delle Nazioni Unite contro il crimine organizzato transnazionale, adottati dall'Assemblea generale il 15 novembre 2000 ed il 31 maggio 2001 (1)

In Gazzetta Ufficiale 11 aprile 2006, n. 85, S.O.

(1) Come previsto dal Comunicato 20.1.2007, posto che si sono verificate le condizioni di cui all'art. 17, co. 2 della Convenzione e 18, co. 2, del Protocollo, l'Atto internazionale di cui alla presente legge è entrato in vigore sul piano internazionale il 1.9.2006.

1. Autorizzazione alla ratifica.

1. Il Presidente della Repubblica è autorizzato a ratificare la Convenzione ed i Protocolli delle Nazioni Unite contro il crimine organizzato transnazionale, adottati dall'Assemblea generale il 15 novembre 2000 ed il 31 maggio 2001.

2. Ordine di esecuzione.

1. Piena ed intera esecuzione è data alla Convenzione ed ai Protocolli di cui all'articolo 1, di seguito denominati rispettivamente: «Convenzione» e «Protocolli», a decorrere dalla data della loro rispettiva entrata in vigore.

3. Definizione di reato transnazionale.

1. Ai fini della presente legge si considera reato transnazionale il reato punito con la pena della reclusione non inferiore nel massimo a quattro anni, qualora sia coinvolto un gruppo criminale organizzato, nonché:

a) sia commesso in più di uno Stato;

b) ovvero sia commesso in uno Stato, ma una parte sostanziale della sua preparazione, pianificazione, direzione o controllo avvenga in un altro Stato;

c) ovvero sia commesso in uno Stato, ma in esso sia implicato un gruppo criminale organizzato impegnato in attività criminali in più di uno Stato;

d) ovvero sia commesso in uno Stato ma abbia effetti sostanziali in un altro Stato.

4. Circostanza aggravante.

[**1.** Per i reati puniti con la pena della reclusione non inferiore nel massimo a quattro anni nella commissione dei quali abbia dato il suo contributo un gruppo criminale organizzato impegnato in attività criminali in più di uno Stato la pena è aumentata da un terzo alla metà.

2. Si applica altresì il comma 2 dell'articolo 7 del decreto-legge 13 maggio 1991, n. 152, convertito, con modificazioni, dalla legge 12 luglio 1991, n. 203, e successive modificazioni.] (1)

(1) Articolo abrogato dall'art. 1, co. 7, lett. p), d.lgs. 1.3.2018, n. 21. Vedi l'art. 61 bis c.p.

5. Autorità centrale ed autorità di riferimento.

1. L'autorità centrale ai sensi dell'articolo 18, paragrafo 13, della Convenzione, è il Ministro della giustizia.

2. Con decreto del Presidente del Consiglio dei ministri, adottato entro centoventi giorni dalla data di entrata in vigore della presente legge, sono individuate le autorità di riferimento per le attività previste dalla Convenzione e dai Protocolli.

6. Informazione al Parlamento sulla cooperazione.

1. Con cadenza annuale il Ministro della giustizia informa le Camere sullo stato di attuazione delle previsioni dell'articolo 16 della Convenzione, in merito alla collaborazione tra Stati Parte in materia di estradizione.

2. Con cadenza annuale il Ministro della giustizia informa le Camere sullo stato di attuazione delle previsioni dell'articolo 18 della Convenzione, in merito alla collaborazione tra Stati Parte in materia di assistenza giudiziaria.

7. Trasferimento dei procedimenti penali.

1. Il trasferimento dei procedimenti penali previsto dall'articolo 21 della Convenzione avviene esclusivamente nelle forme e nei limiti degli Accordi internazionali. Tali Accordi sono ratificati previa autorizzazione data con legge.

2. Con cadenza annuale il Ministro della giustizia informa le Camere sullo stato di attuazione delle previsioni dell'articolo 21 della Convenzione, in merito al quadro complessivo degli Accordi di trasferimento raggiunti con gli altri Stati Parte, al numero dei procedimenti penali effettivamente trasferiti e ad eventuali problemi applicativi.

8. Informazione al Parlamento sulla cooperazione di polizia.

1. Con cadenza annuale il Ministro dell'interno informa le Camere sullo stato di attuazione delle previsioni dell'articolo 27 della Convenzione, con specifico riferimento alle azioni intraprese sulla base di tale disposizione ed al quadro delle intese o accordi conclusi ai sensi del paragrafo 2 del medesimo articolo.

9. Operazioni sotto copertura.

1. Fermo quanto disposto dall'articolo 51 del codice penale, non sono punibili:

a) gli ufficiali di polizia giudiziaria della Polizia di Stato, dell'Arma dei carabinieri e del Corpo della guardia di finanza, appartenenti alle strutture specializzate o alla Direzione investigativa antimafia, nei limiti delle proprie competenze, i quali, nel corso di specifiche operazioni di polizia e, comunque, al solo fine di acquisire elementi di prova in ordine ai delitti previsti dagli articoli 317, 318, 319, 319-*bis*, 319-*ter*, 319-*quater*, primo comma, 320, 321, 322, 322-*bis*, 346-*bis*, 353, 353-*bis*, 452-*quaterdecies*, 453, 454, 455, 460, 461, 473, 474, 517-*quater*, 629, 630, 644, 648-*bis* e 648-*ter*, nonché nel libro secondo, titolo XII, capo III, sezione I, del codice penale, ai delitti concernenti armi, munizioni, esplosivi, ai delitti previsti dall'articolo 12, commi 1, 3, 3-*bis* e 3-*ter*, del testo unico delle disposizioni concernenti la disciplina dell'immigrazione e norme sulla condizione dello straniero, di cui al decreto legislativo 25 luglio 1998, n. 286, nonché ai delitti previsti dal testo unico delle leggi in materia di disciplina degli stupefacenti e sostanze psicotrope, prevenzione, cura e riabilitazione dei relativi stati di tossicodipendenza, di cui al decreto del Presidente della Repubblica 9 ottobre 1990, n. 309, e dall'articolo 3 della legge 20 febbraio 1958, n. 75, anche per interposta persona, danno rifugio o comunque prestano assistenza agli associati, acquistano, ricevono, sostituiscono od occultano denaro o altra utilità, armi, documenti, sostanze stupefacenti o psicotrope, beni ovvero cose che sono oggetto, prodotto, profitto, prezzo o mezzo per commettere il reato o ne accettano l'offerta o la promessa o altrimenti ostacolano l'individuazione della loro provenienza o ne consentono l'impiego ovvero corrispondono denaro o altra utilità in esecuzione di un accordo illecito già concluso da altri, promettono o danno denaro o altra utilità richiesti da un pubblico ufficiale o da un incaricato di un pubblico servizio o sollecitati come prezzo della mediazione illecita verso un pubblico ufficiale o un incaricato di un pubblico servizio o per remunerarlo o compiono attività prodromiche e strumentali [(1)];

b) gli ufficiali di polizia giudiziaria appartenenti agli organismi investigativi della Polizia di Stato e dell'Arma dei carabinieri specializzati nell'attività di contrasto al terrorismo e all'eversione e del Corpo della guardia di finanza competenti nelle attività di contrasto al finanziamento del terrorismo, i quali, nel corso di specifiche operazioni di polizia e, comunque, al solo fine di acquisire elementi di prova in ordine ai delitti commessi con finalità di terrorismo o di eversione, anche per interposta persona, compiono le attività di cui alla lettera a) [(2)].

1 bis. La causa di giustificazione di cui al comma 1 si applica agli ufficiali e agenti di polizia giudiziaria e agli ausiliari che operano sotto copertura quando le attività sono condotte in attuazione di operazioni autorizzate e documentate ai sensi del presente articolo. La disposizione di cui al precedente periodo si applica anche alle interposte persone che compiono gli atti di cui al comma 1 [(3)].

2. Negli stessi casi previsti dal comma 1, gli ufficiali e gli agenti di polizia giudiziaria possono utilizzare documenti, identità o indicazioni di copertura, rilasciati dagli organismi competenti secondo le modalità stabilite dal decreto di cui al comma 5, anche per attivare o entrare in contatto con soggetti e siti nelle reti di comunicazione, informandone il pubblico ministero al più presto e comunque entro le quarantotto ore dall'inizio delle attività [(4)].

3. L'esecuzione delle operazioni di cui ai commi 1 e 2 è disposta dagli organi di vertice ovvero, per loro delega, dai rispettivi responsabili di livello almeno provinciale, secondo l'appartenenza del personale di polizia giudiziaria impiegato, d'intesa con la Direzione centrale dell'immigrazione e della polizia delle frontiere per i delitti previsti dall'articolo 12, commi 1, 3, 3-*bis* e 3-*ter*, del testo unico di cui al decreto legislativo 25 luglio 1998, n. 286, e successive modificazioni. L'esecuzione delle operazioni di cui ai commi 1 e 2 in relazione ai delitti previsti dal testo unico di cui al decreto del Presidente della Repubblica 9 ottobre 1990, n. 309, di seguito denominate "attività antidroga", è specificatamente disposta dalla Direzione centrale per i servizi antidroga o, sempre d'intesa con questa, dagli organi di vertice ovvero, per loro delega, dai rispettivi responsabili di livello almeno provinciale, secondo l'appartenenza del personale di polizia giudiziaria impiegato [(5)].

4. L'organo che dispone l'esecuzione delle operazioni di cui ai commi 1 e 2 deve dare preventiva comunicazione all'autorità giudiziaria competente per le indagini. Dell'esecuzione delle attività antidroga è data immediata e dettagliata comunicazione alla Direzione centrale per i servizi antidroga e al pubblico ministero competente per le indagini. Se necessario o se richiesto dal pubblico ministero e, per le attività antidroga, anche dalla Direzione centrale per i servizi antidroga, è indicato il nominativo dell'ufficiale di polizia giudiziaria responsabile dell'operazione, nonché quelli degli eventuali ausiliari e interposte persone impiegati. Il pubblico ministero deve comunque essere informato senza ritardo, a cura del medesimo organo, nel corso dell'operazione, delle modalità e dei soggetti che vi partecipano, nonché dei risultati della stessa [6].

5. Per l'esecuzione delle operazioni di cui ai commi 1 e 2, gli ufficiali di polizia giudiziaria possono avvalersi di agenti di polizia giudiziaria, di ausiliari e di interposte persone, ai quali si estende la causa di non punibilità prevista per i medesimi casi. Per l'esecuzione delle operazioni può essere autorizzata l'utilizzazione temporanea di beni mobili ed immobili, di documenti di copertura, l'attivazione di siti nelle reti, la realizzazione e la gestione di aree di comunicazione o scambio su reti o sistemi informatici, secondo le modalità stabilite con decreto del Ministro dell'interno, di concerto con il Ministro della giustizia e con gli altri Ministri interessati. Con il medesimo decreto sono stabilite altresì le forme e le modalità per il coordinamento, anche in ambito internazionale, a fini informativi e operativi tra gli organismi investigativi [7].

6. Quando è necessario per acquisire rilevanti elementi probatori ovvero per l'individuazione o la cattura dei responsabili dei delitti previsti dal comma 1, per i delitti di cui al decreto del Presidente della Repubblica 9 ottobre 1990, n. 309, limitatamente ai casi previsti agli articoli 70, commi 4, 6 e 10, 73 e 74, gli ufficiali di polizia giudiziaria, nell'ambito delle rispettive attribuzioni, e le autorità doganali, limitatamente ai citati articoli 70, commi 4, 6 e 10, 73 e 74 del testo unico di cui al decreto del Presidente della Repubblica n. 309 del 1990, e successive modificazioni, possono omettere o ritardare gli atti di propria competenza, dandone immediato avviso, anche oralmente, al pubblico ministero, che può disporre diversamente, e trasmettendo allo stesso pubblico ministeromotivato rapporto entro le successive quarantotto ore. Per le attività antidroga, il medesimo immediato avviso deve pervenire alla Direzione centrale per i servizi antidroga per il necessario coordinamento anche in ambito internazionale [8].

6 bis. Quando è necessario per acquisire rilevanti elementi probatori, ovvero per l'individuazione o la cattura dei responsabili dei delitti di cui all'articolo 630 del codice penale, il pubblico ministero può richiedere che sia autorizzata la disposizione di beni, denaro o altra utilità per l'esecuzione di operazioni controllate per il pagamento del riscatto, indicandone le modalità. Il giudice provvede con decreto motivato [9].

7. Per gli stessi motivi di cui al comma 6, il pubblico ministero può, con decreto motivato, ritardare l'esecuzione dei provvedimenti che applicano una misura cautelare, del fermo dell'indiziato di delitto, dell'ordine di esecuzione di pene detentive o del sequestro. Nei casi di urgenza, il ritardo dell'esecuzione dei predetti provvedimenti può essere disposto anche oralmente, ma il relativo decreto deve essere emesso entro le successive quarantotto ore. Il pubblico ministero impartisce alla polizia giudiziaria le disposizioni necessarie al controllo degli sviluppi dell'attività criminosa, comunicando i provvedimenti adottati all'autorità giudiziaria competente per il luogo in cui l'operazione deve concludersi ovvero attraverso il quale si prevede sia effettuato il transito in uscita dal territorio dello Stato ovvero in entrata nel territorio dello Stato delle cose che sono oggetto, prodotto, profitto o mezzo per commettere i delitti nonché delle sostanze stupefacenti o psicotrope e di quelle di cui all'articolo 70 del testo unico di cui al decreto del Presidente della Repubblica 9 ottobre 1990, n. 309, e successive modificazioni [10].

8. Le comunicazioni di cui ai commi 4, 6 e 6-*bis* e i provvedimenti adottati dal pubblico ministero ai sensi del comma 7 sono senza ritardo trasmessi, a cura del medesimo pubblico ministero, al procuratore generale presso la corte d'appello. Per i delitti indicati all'articolo 51, comma 3-*bis*, del codice di procedura penale, la comunicazione è trasmessa al procuratore nazionale antimafia e antiterrorismo [11].

9. L'autorità giudiziaria può affidare il materiale o i beni sequestrati in custodia giudiziale, con facoltà d'uso, agli organi di polizia giudiziaria che ne facciano richiesta per l'impiego nelle attività di contrasto di cui al presente articolo ovvero per lo svolgimento dei compiti d'istituto [12].

9 bis. I beni informatici o telematici confiscati in quanto utilizzati per la commissione dei delitti di cui al libro II, titolo XII, capo III, sezione I, del codice penale sono assegnati agli organi di polizia giudiziaria che ne abbiano avuto l'uso ai sensi del comma 9 [13].

10. Chiunque indebitamente rivela ovvero divulga i nomi degli ufficiali o agenti di polizia giudiziaria che effettuano le operazioni di cui al presente articolo è punito, salvo che il fatto costituisca più grave reato, con la reclusione da due a sei anni [14].

11. Sono abrogati:

a) l'articolo 10 del decreto-legge 31 dicembre 1991, n. 419, convertito, con modificazioni, dalla legge 18 febbraio 1992, n. 172, e successive modificazioni;
b) l'articolo 12-*quater* del decreto-legge 8 giugno 1992, n. 306, convertito, con modificazioni, dalla legge 7 agosto 1992, n. 356;
c) l'articolo 12, comma 3-*septies*, del testo unico di cui al decreto legislativo 25 luglio 1998, n. 286;
d) l'articolo 14, comma 4, della legge 3 agosto 1998, n. 269;
e) l'articolo 4 del decreto-legge 18 ottobre 2001, n. 374, convertito, con modificazioni, dalla legge 15 dicembre 2001, n. 438;
f) l'articolo 10 della legge 11 agosto 2003, n. 228.
f-*bis*) l'articolo 7 del decreto-legge 15 gennaio 1991, n.

8, convertito, con modificazioni, dalla legge 15 marzo 1991, n. 82, e successive modificazioni [15].

(1) Lettera modificata dall'art. 17, co. 1, l. 23.7.2009, n. 99 e poi sostituita dall'art. 8, co. 1, lett. a), punto 1), l. 13.8.2010, n. 136. La presente lettera è stata modificata dall'art. 1, co. 3, d.lgs. 21.6.2016, n. 125, poi sostituita dall'art. 1, co. 8, l. 9.1.2019, n. 3 e, infine, modificata dall'art. 55, co. 1, l. 27.12.2023, n. 206.
(2) Lettera modificata dall'art. 8, co. 1, lett. a), punto 2), l. 13.8.2010, n. 136.
(3) Comma introdotto dall'art. 8, co. 1, lett. b), l. 13.8.2010, n. 136.
(4) Comma modificato dall'art. 8, co. 1, lett. c), l. 13.8.2010, n. 136.
(5) Comma sostituito dall'art. 8, co. 1, lett. d), l. 13.8.2010, n. 136.
(6) Comma sostituito dall'art. 8, co. 1, lett. e), l. 13.8.2010, n. 136.
(7) Comma modificato dall'art. 8, co. 1, lett. f), l. 13.8.2010, n. 136.
(8) Comma sostituito dall'art. 8, co. 1, lett. g), l. 13.8.2010, n. 136 e poi modificato dall'art. 2, co. 1, d.lgs. 24.3.2011, n. 50.
(9) Comma introdotto dall'art. 8, co. 1, lett. h), l. 13.8.2010, n. 136.
(10) Comma modificato dall'art. 8, co. 1, lett. i), l. 13.8.2010, n. 136.
(11) Comma sostituito dall'art. 8, co. 1, lett. l), l. 13.8.2010, n. 136 e poi modificato dall'art. 20, co. 4, d.l. 18.2.2015, n. 7, conv., con modif., dalla l. 17.4.2015, n. 43.
(12) Comma modificato dall'art. 8, co. 1, lett. m), l. 13.8.2010, n. 136.
(13) Comma introdotto dall'art. 3, co. 1, l. 15.2.2012, n. 12.
(14) Comma sostituito dall'art. 8, co. 1, lett. n), l. 13.8.2010, n. 136.
(15) Lettera introdotta dall'art. 8, co. 1, lett. o), l. 13.8.2010, n. 136.

10. Responsabilità amministrativa degli enti.

1. In relazione alla responsabilità amministrativa degli enti per i reati previsti dall'articolo 3, si applicano le disposizioni di cui ai commi seguenti.

2. Nel caso di commissione dei delitti previsti dagli articoli 416 e 416-*bis* del codice penale, dall'articolo 291-*quater* del testo unico di cui al decreto del Presidente della Repubblica 23 gennaio 1973, n. 43, e dall'articolo 74 del testo unico di cui al decreto del Presidente della Repubblica 9 ottobre 1990, n. 309, si applica all'ente la sanzione amministrativa pecuniaria da quattrocento a mille quote.

3. Nei casi di condanna per uno dei delitti indicati nel comma 2, si applicano all'ente le sanzioni interdittive previste dall'articolo 9, comma 2, del decreto legislativo 8 giugno 2001, n. 231, per una durata non inferiore ad un anno.

4. Se l'ente o una sua unità organizzativa viene stabilmente utilizzato allo scopo unico o prevalente di consentire o agevolare la commissione dei reati indicati nel comma 2, si applica all'ente la sanzione amministrativa dell'interdizione definitiva dall'esercizio dell'attività ai sensi dell'articolo 16, comma 3, del decreto legislativo 8 giugno 2001, n. 231.

[**5.** Nel caso di reati concernenti il riciclaggio, per i delitti di cui agli articoli 648-*bis* e 648-*ter* del codice penale, si applica all'ente la sanzione amministrativa pecuniaria da duecento a ottocento quote] [1].

[**6.** Nei casi di condanna per i reati di cui al comma 5 del presente articolo si applicano all'ente le sanzioni interdittive previste dall'articolo 9, comma 2, del decreto legislativo 8 giugno 2001, n. 231, per una durata non superiore a due anni] [2].

7. Nel caso di reati concernenti il traffico di migranti, *per i delitti di cui all'articolo 12*, commi 3, 3-*bis*, 3-*ter* e 5, del testo unico di cui al decreto legislativo 25 luglio 1998, n. 286, e successive modificazioni, si applica all'ente la sanzione amministrativa pecuniaria da duecento a mille quote.

8. Nei casi di condanna per i reati di cui al comma 7 del presente articolo si applicano all'ente le sanzioni interdittive previste dall'articolo 9, comma 2, del decreto legislativo 8 giugno 2001, n. 231, per una durata non superiore a due anni.

9. Nel caso di reati concernenti intralcio alla giustizia, per i delitti di cui agli articoli 377-*bis* e 378 del codice penale, si applica all'ente la sanzione amministrativa pecuniaria fino a cinquecento quote.

10. Agli illeciti amministrativi previsti dal presente articolo si applicano le disposizioni di cui al decreto legislativo 8 giugno 2001, n. 231.

(1) Comma abrogato dall'art. 64, d.lgs. 21.11.2007, n. 231. Vedi ora l'art. 73, co. 1, lett. f), d.lgs. 21.11.2007, n. 231.
(2) Comma abrogato dall'art. 64, d.lgs. 21.11.2007, n. 231. Vedi ora l'art. 73, co. 1, lett. f), d.lgs. 21.11.2007, n. 231.

11. Ipotesi speciali di confisca obbligatoria.

1. Per i reati di cui all'articolo 3 della presente legge, qualora la confisca delle cose che costituiscono il prodotto, il profitto o il prezzo del reato non sia possibile, il giudice ordina la confisca di somme di denaro, beni od altre utilità di cui il reo ha la disponibilità, anche per interposta persona fisica o giuridica, per un valore corrispondente a tale prodotto, profitto o prezzo. In caso di usura è comunque ordinata la confisca di un importo pari al valore degli interessi o degli altri vantaggi o compensi usurari. In tali casi, il giudice, con la sentenza di condanna, determina le somme di danaro o individua i beni o le utilità assoggettati a confisca di valore corrispondente al prodotto, al profitto o al prezzo del reato.

12. Attività di indagine a fini di confisca.

1. In relazione ai reati di cui all'articolo 3 della presente legge, il pubblico ministero può compiere, nel termine e ai fini di cui all'articolo 430 del codice di procedura penale, ogni attività di indagine che si rende necessaria circa i beni, il denaro o le altre utilità soggette a confisca a norma dell'articolo 11 della presente legge e dell'articolo 12-*sexies* del decreto-legge 8 giugno 1992, n. 306, convertito, con modificazioni, dalla legge 7 agosto 1992, n. 356, e successive modificazioni.

13. Attribuzione di competenze al procuratore.

1. In relazione ai reati di cui all'articolo 3 della presente legge sono attribuite anche al procuratore distrettuale antimafia le competenze attribuite al procuratore della Repubblica e al questore dall'articolo 2-*bis*, commi 1, 4 e 6, dall'articolo 2-*ter*, commi secondo, sesto e settimo, dall'articolo 3-*bis*, settimo comma, dall'articolo 3-*quater*, commi 1 e 5 e dall'articolo 10-*quater*, secondo comma, della legge 31 maggio 1965, n. 575.

14. Modifica dell'articolo 377 del codice penale.

1. La rubrica dell'articolo 377 del codice penale è sostituita dalla seguente: «(Intralcio alla giustizia)».

2. Dopo il secondo comma dell'articolo 377 del codice penale sono inseriti i seguenti:
«Chiunque usa violenza o minaccia ai fini indicati al primo comma, soggiace, qualora il fine non sia conseguito, alle pene stabilite in ordine ai reati di cui al medesimo primo comma, diminuite in misura non eccedente un terzo.
Le pene previste ai commi primo e terzo sono aumentate se concorrono le condizioni di cui all'articolo 339».

3. All'articolo 7, primo comma, della legge 31 maggio 1965, n. 575, dopo la parola: «353,» sono inserite le seguenti: «377, terzo comma,».

15. Interventi in materia di armi da fuoco.

1. Al secondo comma dell'articolo 35 del testo unico delle leggi di pubblica sicurezza, di cui al regio decreto 18 giugno 1931, n. 773, e successive modificazioni, la parola: «cinque» è sostituita dalla seguente: «dieci».

2. Al primo comma dell'articolo 11 della legge 18 aprile 1975, n. 110, dopo la parola: «matricola», sono inserite le seguenti: «, nonché l'indicazione del luogo di produzione e della sigla della Repubblica italiana o di altro Paese, nel caso di importazione dell'arma da Paese esterno all'Unione europea».

16. Entrata in vigore.

1. La presente legge entra in vigore il giorno successivo a quello della sua pubblicazione nella Gazzetta Ufficiale.

La presente legge, munita del sigillo dello Stato, sarà inserita nella Raccolta ufficiale degli atti normativi della Repubblica italiana. È fatto obbligo a chiunque spetti di osservarla e di farla osservare come legge dello Stato.

CONVENZIONE

1. Scopo.

Lo scopo della presente Convenzione è di promuovere la cooperazione per prevenire e combattere il crimine transnazionale organizzato in maniera più efficace.

2. Terminologia.

Ai fini della presente Convenzione:

a) "Gruppo criminale organizzato" indica un gruppo strutturato, esistente per un periodo di tempo, composto da tre o più persone che agiscono di concerto al fine di commettere uno o più reati gravi o reati stabiliti dalla presente Convenzione, al fine di ottenere, direttamente o indirettamente, un vantaggio finanziario o un altro vantaggio materiale;

b) "Reato grave" indica la condotta che costituisce un reato sanzionabile con una pena privativa della libertà di almeno quattro anni nel massimo o con una pena più elevata;

c) "Gruppo strutturato" s'intende un gruppo che non si è costituito fortuitamente per la commissione estemporanea di un reato e che non deve necessariamente prevedere ruoli formalmente definiti per i suoi membri, continuità nella composizione o una struttura articolata;

d) "Beni" indicano ogni tipo di averi, corporali ed incorporali, mobili o immobili, tangibili o intangibili, nonché atti giuridici o documenti attestanti la proprietà di, o interessi in, tali averi;

e) "Provento del reato" indica qualunque bene derivato e ottenuto, direttamente o indirettamente, attraverso la commissione di un reato;

f) "Congelamento o sequestro" indicano l'interdizione temporanea del trasferimento della conversione, cessione o movimento dei beni, o la custodia o il controllo temporanei dei beni conformemente ad un provvedimento emesso da un tribunale o altra autorità competente;

g) "Confisca", che include – laddove applicabile – l'ipotesi di espropriazione, indica la definitiva ablazione di beni a seguito di decisione del tribunale o di altra autorità competente;

h) "Reato presupposto "indica qualunque reato a seguito del quale è generato un profitto passibile di divenire l'oggetto di un reato di cui all'art. 6 della presente Convenzione;

i) "Consegna controllata" indica la tecnica che consente il passaggio di carichi illeciti o sospetti fuori dal, attraverso il o nel territorio di uno o più Stati, con la conoscenza e sotto il controllo delle competenti autorità, al fine di indagare su un reato e di identificare le persone coinvolte nella commissione dello stesso;

j) "Organizzazione regionale d'integrazione economica " indica una organizzazione costituita da Stati sovrani di una data regione, a cui i suoi Stati membri hanno trasferito la competenza in relazione a questioni disciplinate dalla presente Convenzione e che è stata debitamente autorizzata, in conformità alle sue procedure interne, a firmare, ratificare, accettare, approvare o aderire ad essa; i riferimenti a " Stati Parte" nella presente Convenzione si applicano a tali organizzazioni nei limiti della loro competenza.

3. Ambito di applicazione.

1. La presente Convenzione si applica, salvo disposizione contraria, alla prevenzione, investigazione ed all'esercizio dell'azione penale per:

a) I reati stabiliti ai sensi degli articoli 5,6, 8 e 23 della presente Convenzione; e

b) I reati gravi, come da art. 2 della presente Convenzione; laddove i reati sono di natura transnazionale e vedono coinvolto un gruppo criminale organizzato.

2. Ai fini del paragrafo 1 del presente articolo, un reato è di natura transnazionale se:

a) è commesso in più di uno Stato;

b) è commesso in uno Stato, ma una parte sostanziale della sua preparazione, pianificazione, direzione o controllo avviene in un altro Stato;

c) è commesso in uno Stato, ma in esso è implicato un gruppo criminale organizzato impegnato in attività criminali in più di uno Stato; o

d) è commesso in uno Stato ma ha effetti sostanziali in un altro Stato.

4. Tutela della sovranità.

1. Gli Stati Parti adempiono agli obblighi di cui alla presente Convenzione coerentemente con i principi dell'uguaglianza sovrana, dell'integrità territoriale e del non intervento negli affari interni di altri Stati.

2. Nulla nella presente Convenzione legittima uno Stato Parte ad intraprendere nel territorio di un altro Stato l'esercizio della giurisdizione e di funzioni che sono riservate esclusivamente alle autorità di quell'altro Stato dal suo diritto interno.

5. Penalizzazione della partecipazione.

1. Ciascuno Stato Parte adotta le misure legislative e di altra natura necessarie a conferire il carattere di reato, laddove commesso intenzionalmente:

a) ad una o a entrambi delle seguenti condotte quali reati distinti da quelli che comportano il tentativo o la consumazione di un'attività criminale:
   (i) l'accordarsi con una o più persone per commettere un reato grave, per un fine concernente direttamente o indirettamente il raggiungimento di un vantaggio economico o altro vantaggio materiale, e, laddove richiesto dalla legislazione interna, riguardante un atto commesso da uno dei partecipanti in virtù di questa intesa o che coinvolge un gruppo criminale organizzato;
   (ii) la condotta di una persona che, consapevole dello scopo e dell'attività criminale in generale di un gruppo criminale organizzato o della sua intenzione di commettere il reato in questione; partecipa attivamente
      a. alle attività criminali del gruppo criminale organizzato;
      b. ad altre attività del gruppo criminale organizzato, consapevole che la sua partecipazione contribuirà al raggiungimento del suddetto scopo criminoso;

b) all'organizzare, dirigere, facilitare, incoraggiare, favorire o consigliare la perpetrazione di un reato grave che coinvolge un gruppo criminale organizzato.

2. La conoscenza, l'intenzione, lo scopo, l'obiettivo o l'accordo di cui al paragrafo 1 del presente articolo, possono essere dedotti da circostanze obiettive basate sui fatti.

3. Gli Stati Parti il cui diritto interno subordina la constatazione dei reati enunciati al paragrafo 1(a) (i) del presente articolo al fatto che sia coinvolto un gruppo criminale organizzato, si accertano che il loro diritto interno copra tutti i reati gravi commessi da gruppi criminali organizzati. Tali Stati Parte, nonché gli Stati Parte il cui diritto interno subordina la constatazione dei reati enunciati al paragrafo 1 a) (i) del presente articolo alla perpetrazione di un atto ai sensi dell'accordo, informano di ciò il Segretario Generale delle Nazioni Unite al momento della firma o del deposito del loro strumento di ratifica, accettazione o approvazione della presente Convenzione, o dell'adesione alla stessa.

6. Penalizzazione del riciclaggio dei proventi di reato.

1. Ogni Stato Parte adotterà, in conformità ai principi fondamentali della sua legislazione interna, le misure legislative e di altra natura, necessarie a conferire il carattere di reato, se commessi intenzionalmente:

a) (i) alla trasformazione o al trasferimento di beni, pur sapendo che tali beni costituiscono proventi di reato, al fine di occultare o dissimulare l'illecita origine di tali beni o di aiutare qualsiasi persona coinvolta nella perpetrazione del reato presupposto a sfuggire alle conseguenze giuridiche della sua azione;
   (ii) all'occultamento o alla dissimulazione della vera natura, fonte, ubicazione, cessione, movimento o proprietà di beni o di diritti su questi beni, sapendo che tali beni sono provento di reato;

b) e, fatti salvi i concetti fondamentali del suo ordinamento giuridico:
   (i) all'acquisizione, possesso, o utilizzo di beni, il cui possessore, detentore o utilizzatore è a conoscenza, nel momento in cui li riceve, che essi sono provento di reato;
   (ii) alla partecipazione ad uno dei reati stabiliti nel presente articolo, o ad ogni altra associazione, intesa, tentativo o complicità mediante la fornitura di assistenza, aiuto o consulenza in vista della sua perpetrazione.

2. Ai fini dell'attuazione o applicazione del paragrafo 1 del presente articolo:

a) Ogni Stato Parte cerca di applicare il paragrafo 1 del presente articolo alla più vasta gamma di reati presupposti;

b) Ogni Stato Parte include nella categoria di reati presupposti tutti i reati gravi come definiti all'articolo 2 della presente Convenzione ed i reati determinati conformemente agli articoli 5,8 e 23 della presente Convenzione. Nel caso di Stati Parte la cui legislazione contiene una elencazione di reati presupposti specifici, essi includono, per lo meno, una gamma completa di reati connessi a gruppi criminali organizzati;

c) Ai fini del paragrafo b), i reati presupposti comprendono reati commessi sia all'interno che all'esterno della giurisdizione dello Stato Parte in questione. Tuttavia, i reati commessi fuori dal territorio sotto la giurisdizione di uno Stato Parte sono reati presupposti solo quando il relativo comportamento costituisce reato ai sensi del diritto interno dello Stato dove è commesso, e sarebbe reato in forza del diritto interno dello Stato Parte che applica il presente articolo se fosse stato commesso sul suo territorio;

d) Ogni Stato Parte fornisce al Segretario Generale delle Nazioni Unite copia delle sue leggi che danno efficacia al presente articolo, nonché di ogni successiva modifica apportata a tali leggi, o una descrizione di esse;

e) Se richiesto dai principi fondamentali del diritto interno di uno Stato Parte, può essere disposto che i reati di cui al paragrafo 1 del presente articolo non si applichino alle persone che hanno commesso il reato presupposto;

f) La conoscenza, l'intenzione o la motivazione, in quanto elementi costitutivi di un reato enunciato al paragrafo 1 del presente articolo possono essere dedotte da circostanze obiettive basate sui fatti.

7. Misure per combattere il riciclaggio di denaro.

1. Ogni Stato Parte:

a) istituisce un sistema interno completo di regolamentazione e di controllo delle banche e degli istituti finanziari non bancari e, se del caso, di altri enti particolarmente esposti al riciclaggio di denaro, per quanto di sua competenza, al fine di prevenire ed individuare ogni forma di riciclaggio di denaro, il quale sistema pone l'accento sulle esigenze in materia di identificazione dei clienti, registrazione delle operazioni e dichiarazione di transazioni sospette;

b) fatti salvi gli articoli 18 e 27 della presente Convenzione, si accerta che le autorità amministrative, di regolamentazione e di applicazione delle leggi e le altre autorità incaricate della lotta contro il riciclaggio di denaro (comprese, ove previsto dal diritto interno, le autorità giudiziarie) siano in grado di cooperare e scambiare informazioni a livello nazionale ed internazionale, alle condizioni previste dal suo diritto interno, e, a tal fine prevede la creazione di un servizio di informazioni finanziarie che funga da centro nazionale per la raccolta, l'analisi e la diffusione di informazioni riguardanti potenziali operazioni di riciclaggio di denaro.

2. Gli Stati Parte prevedono l'attuazione di misure effettive per rilevare e controllare il movimento transfrontaliero di denaro in contante et di titoli negoziabili, rispettando le garanzie che assicurano una corretta utilizzazione delle informazioni, senza ostacolare in alcun modo la circolazione di capitali lecitivi. In particolare, potrà essere stabilito l'obbligo, per i privati e le imprese, di segnalare i trasferimenti oltre frontiera di rilevanti somme in denaro contante e di titoli negoziabili.

3. Nell'istituire un sistema interno di regolamentazione e di controllo ai sensi del presente articolo, e fatto salvo ogni altro articolo della presente Convenzione, gli Stati Parte sono invitati ad utilizzare come lineeguida le iniziative pertinenti adottate dalle organizzazioni regionali, internazionali e multilaterali per lottare contro il riciclaggio di denaro.

4. Gli Stati Parte cercano di sviluppare e promuovere la cooperazione globale regionale, sub-regionale e bilaterale fra le autorità giudiziarie, gli organi incaricati dell'applicazione delle leggi e le autorità di regolamentazione finanziaria al fine di contrastare il riciclaggio di denaro.

8. Penalizzazione della corruzione.

1. Ciascuno Stato Parte adotterà le misure legislative e di altra natura necessarie a conferire carattere di reato ai seguenti atti, quando essi sono commessi intenzionalmente:

a) promettere, offrire o assicurare ad un pubblico ufficiale, direttamente o indirettamente, un vantaggio indebito per sé stesso o per altra persona o entità, affinché compia, o si astenga dal compiere un atto nell'esercizio delle sue funzioni ufficiali;

b) sollecitare o accettare, da parte di un pubblico ufficiale, direttamente o indirettamente, un vantaggio indebito per sé stesso o per altra persona o entità, affinché compia, o si astenga dal compiere un atto nell'esercizio delle sue funzioni ufficiali.

2. Ogni Stato Parte prende in considerazione l'adozione di misure legislative e di altre necessarie a conferire il carattere di reato agli atti di cui al paragrafo 1 del presente articolo, che coinvolgono un pubblico ufficiale straniero o un funzionario internazionale. Allo stesso modo, ciascuno Stato Parte prevede di conferire il carattere di reato ad altre forme di corruzione.

3. Ciascuno Stato Parte adotta altresì le misure necessarie a conferire il carattere di reato al fatto di rendersi complice di un reato stabilito in conformità al presente articolo.

4. Ai fini del paragrafo 1 del presente articolo e dell'articolo 9 della presente Convenzione, "pubblico ufficiale" indica un pubblico ufficiale o una persona che fornisce un servizio pubblico, nel modo in questa denominazione è definita nel diritto interno ed applicata nel diritto penale dello Stato Parte in cui la persona in questione esercita tale funzione.

9. Misure contro la corruzione.

1. Oltre alle misure di cui all'articolo 8 della presente Convenzione, ogni Stato Parte adotta, come opportuno e conformemente al suo ordinamento giuridico, misure effettive a carattere legislativo, amministrativo o di altra natura per promuovere l'integrità e prevenire, individuare e sanzionare la corruzione dei pubblici ufficiali.

2. Ogni Stato Parte adotta misure per accertarsi che le sue autorità operino efficacemente in materia di prevenzione, individuazione e repressione della corruzione dei pubblici ufficiali, e conferisce a tali autorità un'indipendenza sufficiente a scoraggiare l'esercizio d'influenza impropria sulle loro azioni.

10. Responsabilità delle persone giuridiche.

1. Ogni Stato Parte adotta le misure necessarie, conformemente ai suoi principi giuridici, per determinare la responsabilità delle persone giuridiche che partecipano a reati gravi implicanti un gruppo criminale organizzato, e che commettono i reati di cui agli articoli 5, 6, 8 e 23 della presente Convenzione.

2. Fatti salvi i principi giuridici dello Stato Parte, la responsabilità delle persone giuridiche può essere penale, civile o amministrativa.

3. Tale responsabilità non pregiudica la responsabilità penale delle persone fisiche che hanno commesso i reati.

4. Ciascuno Stato Parte si accerta, in particolare, che le persone giuridiche ritenute responsabili ai sensi del presente articolo siano soggette a sanzioni efficaci, proporzionate e deterrenti, di natura penale o non penale, comprese le sanzioni pecuniarie.

11. Azione penale, sentenza e sanzioni.

1. Ciascuno Stato Parte rende la perpetrazione di un reato stabilito ai sensi degli articoli 5, 6, 8 e 23 della presente Convenzione passibile di sanzioni che tengono conto della gravità di detto reato.

2. Ciascuno Stato Parte si adopera affinché qualsiasi potere giudiziario discrezionale-conferito dal suo diritto interno e inerente ai procedimenti giudiziari intentati contro individui che hanno commesso reati previsti nella presente Convenzione-sia esercitato in modo da ottimizzare l'efficacia delle misure d'individuazione e di repressione di tali reati, tenendo in debito conto la necessità di esercitare un effetto deterrente per quanto concerne la loro perpetrazione.

3. Nel caso dei reati di cui agli articoli 5, 6, 8 e 23 della presente Convenzione, ciascuno Stato Parte adotta misure adeguate in conformità al suo diritto interno e tenendo in debito conto i diritti della difesa, per cercare di assicurare che le condizioni alle quali sono subordinate le decisioni sul rilascio in attesa della sentenza o in pendenza della procedura di appello tengano conto della necessità di assicurare la presenza del convenuto nel corso di un'ulteriore procedura penale.

4. Ciascuno Stato Parte si accerta che i suoi tribunali o altre autorità competenti tengano a mente la gravità dei reati di cui nella presente Convenzione, quando prendono in considerazione l'eventualità di una liberazione anticipata o condizionale di persone riconosciute colpevoli di tali reati.

5. Se del caso, ogni Stato Parte determina, nell'ambito del suo diritto interno, un periodo di prescrizione prolungato nel corso del quale sia possibile intentare procedimenti per i reati di cui nella presente Convenzione, tale periodo potendo essere ulteriormente prolungato qualora il presunto colpevole si sia sottratto alla giustizia.

6. Nulla di quanto contenuto nella presente Convenzione pregiudica il principio in base al quale la definizione dei reati determinati ai sensi della presente Convenzione, nonché dei mezzi giuridici di difesa applicabili e di altri principi giuridici che disciplinano la legalità delle incriminazioni è di esclusiva competenza del diritto interno di uno Stato Parte, e secondo il quale tali reati sono perseguiti e puniti in conformità al diritto di tale Stato Parte.

12. Confisca e sequestro.

1. Gli Stati Parti adottano, nella più ampia misura possibile nell'ambito dei loro ordinamenti giuridici interni, le misure necessarie a consentire la confisca i:

a) dei proventi di reato derivanti da reati determinati dalla presente Convenzione, o di beni il cui valore corrisponde a quello di tali proventi;
b) dei beni, attrezzature o altri strumenti utilizzati o destinati ad essere utilizzati per la perpetrazione dei reati di cui alla presente Convenzione.

2. Gli Stati Parti adottano le misure necessarie per consentire l'individuazione, la localizzazione, il blocco, o il sequestro di qualsiasi elemento di cui al paragrafo 1 del presente articolo ai fini di un'eventuale confisca.

3. Se il provento di reato è stato trasformato o convertito, in tutto o in parte, in altri beni, tali beni possono essere oggetto delle misure di cui al presente articolo, in luogo; del provento.

4. Se il provento di reato è stato confuso con beni lecitamente acquisiti, tali beni fatto salvo qualsiasi potere di blocco o di sequestro, possono essere confiscati fino a concorrenza del valore preventivato del provento di reato.

5. I redditi o altri vantaggi derivati dai proventi di reato, dai beni in cui il provento di reato è stato trasformato o convertito o da beni con i quali il provento di reato è stato confuso, possono anche essere oggetto delle misure di cui al presente articolo, allo stesso modo e nella stessa misura del provento di reato.

6. Ai fini del presente articolo e dell'articolo 13, ogni Stato Parte conferisce autorità ai suoi tribunali o altri organi competenti al fine di ordinare che documenti bancari, finanziari o commerciali siano esibiti o sequestrati. Gli Stati Parte non possono invocare il segreto bancario per rifiutare di eseguire quanto disposto dal presente paragrafo.

7. Gli Stati Parte possono considerare la possibilità di esigere che l'autore di un reato stabilisca l'origine lecita dei presunti proventi di reato o di altri beni passibili di confisca, nella misura in cui tale esigenza è compatibile con i principi del loro diritto interno e con la natura della procedura giudiziaria e di altri procedimenti.

8. L'interpretazione delle disposizioni del presente articolo non deve ledere i diritti dei terzi in buona fede.

9. Nulla di quanto contenuto nel presente articolo pregiudica il principio secondo il quale le misure che vi sono contenute sono definite ed attuate conformemente alle disposizioni del diritto interno di ogni Stato Parte.

13. Cooperazione internazionale ai fini della confisca.

1. Per quanto possibile nell'ambito del suo ordinamento giuridico nazionale, uno Stato Parte che ha ricevuto da un altro Stato Parte avente giurisdizione su un reato di cui nella presente Convenzione, una richiesta di confisca di proventi del crimine, di beni, attrezzature o altri strumenti di cui all'articolo 12, paragrafo 1 della presente Convenzione, situati nel suo territorio:

a) trasmette la richiesta alle sue autorità competenti al fine di ottenere un provvedimento di confisca e, se tale provvedimento è accordato, vi dà esecuzione; oppure
b) trasmette alle sue autorità competenti, affinché sia eseguito nella misura richiesta, un ordine di confisca emesso da un tribunale situato sul territorio dello Sta-

to Parte richiedente in conformità all'art. 12, paragrafo I della presente Convenzione, nella misura in cui riguarda il provento del reato, beni, attrezzature o altri strumenti di cui all'articolo 12, paragrafo 1, situati sul territorio dello Stato Parte richiesto.

2. A seguito di richiesta da parte diun altro Stato Parte che ha giurisdizione relativamente ad un reato di cui alla presente Convenzione, lo Stato Parte richiesto adotta misure per individuare, localizzare, bloccare o sequestrare i proventi di reato, i beni, le attrezzature o altri strumenti di cui all'articolo 12, paragrafo 1 della presente Convenzione ai fini di un'eventuale confisca da decretarsi sia dallo Stato Parte richiedente, sia ai sensi di una richiesta formulata secondo il paragrafo 1 del presente articolo, dallo Stato Parte richiesto.

3. Le disposizioni dell'articolo 18 della presente Convenzione sono applicabili, mutatis mutandis, al presente articolo. Oltre alle informazioni specificate all'articolo 18, paragrafo 15, le richieste effettuate ai sensi del presente articolo contengono:

a) nel caso di una richiesta relativa al paragrafo 1 a) del presente articolo, una descrizione dei beni da confiscare ed un esposto dei fatti sui quali si basa lo Stato Parte richiedente, e che consentono allo Stato Parte richiesto di far pronunciare un provvedimento di confisca ai sensi del suo diritto interno;
b) nel caso di una richiesta di competenza del paragrafo 1 b) del presente articolo, una copia legalmente ammissibile di un provvedimento di confisca emesso dallo Stato Parte richiedente e sul quale si basa la richiesta; una esposizione dei fatti e informazioni indicanti entro quali limiti si richiede di eseguire il provvedimento;
c) nel caso di una richiesta di competenza del paragrafo 2 del presente articolo, una dichiarazione dei fatti sui quali si basa lo Stato Parte richiedente ed una descrizione delle misure richieste.

4. I provvedimenti o le azioni di cui ai paragrafi 1 e 2 del presente articolo sono presi dallo Stato Parte richiesto, in conformità al suo diritto interno e secondo le relative disposizioni e le norme procedurali o i trattati, accordi o intese bilaterali o multilaterale, che lo vincolano allo Stato Parte richiedente.

5. Ciascuno Stato Parte fornisce copie delle sue leggi e regolamenti che danno efficacia al presente articolo, e delle successive modifiche a tali leggi e regolamenti o una loro descrizione al Segretario Generale delle Nazioni Unite.

6. Qualora uno Stato Parte decida di subordinare l'adozione delle misure di cui ai paragrafi 1 e 2 del presente articolo all'esistenza di un trattato in materia, lo Stato Parte considera la presente Convenzione come base convenzionale necessaria e sufficiente.

7. La cooperazione ai sensi del presente articolo può essere rifiutata da uno Stato Parte se il reato cui fa riferimento la richiesta non è un reato di cui alla presente Convenzione.

8. L'interpretazione delle disposizioni del presente articolo non deve ledere i diritti dei terzi in buona fede.

9. Gli Stati Parte prendono in considerazione la conclusione di trattati, accordi o intese bilaterali o multilaterali intesi a rafforzare l'efficacia della cooperazione internazionale intrapresa ai sensi del presente articolo.

14. Destinazione dei beni o proventi di reato confiscati.

1. Uno Stato Parte che confisca proventi di reato o beni i sensi dell'art. 12 o art. 13, paragrafo 1, della presente Convenzione ne dispone conformemente al suo diritto interno e alle sue procedure amministrative.

2. Quando agiscono su richiesta da parte di un altro Stato Parte conformemente all'art. 13 della presente Convenzione, gli Stati Parte prendono in considerazione a titolo prioritario nei limiti consentiti dal diritto interno e se vi è richiesta in tal senso, la restituzione dei beni o proventi di reato confiscati allo Stato Parte richiedente, affinché questo possa risarcire le vittime del reato o restituire detti beni o proventi di reato ai loro legittimi proprietari.

3. Quando uno Stato Parte agisce su richiesta di un altro Stato Parte ai sensi degli articoli 12 e 13 della presente Convenzione, esso può prendere in speciale considerazione di concludere accordi o intese che prevedono:

a) di versare il valore di tali proventi di reato, o i beni o i fondi derivanti dalla loro vendita, o una parte di essi, sul conto istituito in applicazione dell'art. 30, paragrafo 2 c) della presente Convenzione ed agli organismi intergovernativi specializzati nella lotta alla criminalità organizzata;
b) di spartire con altri Stati Parte, sistematicamente o caso per caso, tali proventi di reato o beni, o fondi derivanti dalla loro vendita, conformemente al suo diritto interno o procedure amministrative.

15. Giurisdizione.

1. Ogni Stato Parte adotta le misure necessarie per determinare la sua giurisdizione relativamente ai reati di cui agli articoli 5,6 8 e 23 della presente Convenzione, quando:

a) Il reato è stato commesso sul suo territorio; oppure
b) Il reato è stato commesso a bordo di una nave che batte la sua bandiera, o di un velivolo immatricolato conformemente al suo diritto interno al momento della perpetrazione del reato.

2. Fatto salvo quanto disposto dall'articolo 4 della presente Convenzione, uno Stato Parte può altresì dichiarare la sua giurisdizione in relazione a tali reati quando:

a) il reato è stato commesso ai danni di un suo cittadino;
b) il reato è stato commesso da uno dei suoi cittadini o da una persona aploide che risiede stabilmente sul suo territorio; oppure
c) Il reato è:
   (i) Uno fra quelli stabiliti ai sensi dell'articolo 5, paragrafo 1, della presente Convenzione ed è stato

commesso al di fuori del suo territorio in vista di commettere un grave reato sul suo territorio;

(ii) Uno fra quelli stabiliti ai sensi dell'articolo 6, paragrafo 1, b) (ii), della presente Convenzione ed è commesso al di fuori del suo territorio in vista di commettere un reato stabilito ai sensi dell'articolo 6, paragrafo 1 a) (i) o (ii) o b) (i) della presente Convenzione sul suo territorio.

3. Ai fini dell'articolo 16, paragrafo 10 della presente Convenzione, ogni Stato Parte adotta le misure necessarie per stabilire la sua giurisdizione in relazione ai reati di cui alla presente Convenzione, quando il presunto autore si trova sul suo territorio e non viene estradato per il solo motivo che è un suo cittadino.

4. Ogni Stato Parte può altresì adottare misure necessarie per stabilire la sua giurisdizione riguardo ai reati di cui alla presente Convenzione quando il presunto autore si trova sul suo territorio ed esso non lo estrada.

5. Se uno Stato Parte che esercita la sua giurisdizione ai sensi del paragrafo 1 o 2 del presente articolo è stato informato, o è venuto a conoscenza in altro modo, che uno o più Stati Parte stanno conducendo un'indagine, un'azione penale o un procedimento giudiziario in relazione alla stessa condotta, le competenti autorità di quegli Stati Parti si consultano, laddove opportuno, al fine di coordinare le loro azioni.

6. Senza pregiudizio per le norme del diritto internazionale generale, la presente Convenzione non esclude l'esercizio di qualsiasi giurisdizione penale determinata da uno Stato Parte conformemente al suo diritto interno.

16. Estradizione.

1. Il presente articolo si applica ai reati previsti dalla presente Convenzione o nei casi in cui il reato di cui all'articolo 3, paragrafo 1 a) o b) implichi il coinvolgimento di un gruppo criminale organizzato, e la persona oggetto della richiesta di estradizione si trovi nello Stato Parte richiesto, a condizione che il reato per il quale si richiede l'estradizione sia punibile ai sensi della legge interna sia dello Stato Parte richiedente che dello Stato Parte richiesto.

2. Se la richiesta di estradizione riguarda diversi singoli reati gravi, alcuni dei quali non sono previsti dal presente articolo, lo Stato Parte richiesto può applicare il presente articolo anche a detti reati.

3. I reati contemplati dal presente articolo devono essere considerati come reati per i quali si può chiedere l'estradizione ai sensi dei trattati di estradizione vigenti tra gli Stati Parte. Gli Stati Parte s'impegnano ad inserire tali reati come reati per i quali si può chiedere l'estradizione in tutti i trattati di estradizione che dovessero essere conclusi tra loro.

4. Se uno Stato Parte che subordina l'estradizione all'esistenza di un trattato riceve una richiesta di estradizione da un altro Stato Parte con il quale non esiste alcun trattato di estradizione, esso può considerare la presente Convenzione quale fondamento giuridico per l'estradizione in relazione ai reati previsti dal presente articolo.

5. Gli Stati Parte che subordinano l'estradizione all'esistenza di un trattato devono:

a) al momento del deposito del loro strumento di ratifica, accettazione, approvazione o adesione alla Convenzione, informare il Segretario Generale delle Nazioni Unite circa la loro disponibilità ad accettare la Convenzione come fondamento giuridico per la cooperazione in materia di estradizione con altri Stati Parte della Convenzione; e (b) nel caso in cui non accettino la Convenzione come fondamento giuridico per la cooperazione in materia di estradizione, tentare eventualmente, di concludere trattati in materia di estradizione con altri Stati Parte della Convenzione ai fini dell'attuazione del presente articolo.

6. Gli Stati Parte che non subordinano l'estradizione all'esistenza di un trattato devono riconoscere i reati previsti al presente articolo come reati reciprocamente estradabili.

7. L'estradizione è soggetta alle condizioni previste dalla legge interna dello Stato Parte richiesto o dai trattati di estradizione applicabili, che comprendono, tra l'altro, le condizioni relative ai requisiti minimi di pena previsti per l'estradizione e i motivi in base alle quali lo Stato Parte richiesto può rifiutare l'estradizione.

8. Gli Stati Parti si adoperano, fatto salvo quanto previsto dalle proprie leggi interne, per accelerare le procedure di estradizione e semplificare i relativi requisiti probatori per i reati cui si applica il presente articolo.

9. Fatte salve le disposizioni delle rispettive leggi interne e dei rispettivi trattati di estradizione, lo Stato Parte richiesto può, a condizione che le circostanze lo richiedano e ve ne sia l'urgenza, nonché su richiesta dello Stato Parte richiedente, porre in stato di custodia la persona di cui si chiede l'estradizione e che si trova sul proprio territorio, oppure adottare le misure più idonee ad assicurare la sua presenza durante il procedimento di estradizione.

10. Uno Stato Parte sul cui territorio viene scoperto un presunto colpevole, nel caso in cui non proceda all'estradizione per un reato previsto dal presente articolo solo per il motivo che detta persona è un suo cittadino, è obbligato, su richiesta dello Stato Parte che richiede l'estradizione, a trasmettere senza indugio il caso alle proprie autorità competenti per procedere penalmente. Dette autorità dovranno decidere e condurre il procedimento con le stesse modalità con cui viene trattato qualsiasi altro grave reato dalla legge interna dello Stato Parte. Gli Stati Parti in questione collaborano, in particolare per ciò che riguarda gli aspetti procedurali e probatori al fine di assicurare l'efficienza dell'azione penale.

11. Quando uno Stato Parte è autorizzato, ai sensi della propria legge, ad estradare o altrimenti consegnare un proprio cittadino solamente a condizione che esso venga restituito allo Stato Parte per scontare l'eventuale condanna inflitta a seguito di un processo o procedimento per il quale è stata richiesta l'estradizione o la consegna della persona, e detto Stato Parte e lo Stato Parte che richiede l'estradizione della persona in questione concordano con questa opzione e con gli altri termini che essi riterranno opportuni, tale estradizione o consegna condizionata è sufficiente a liberare dall'obbligo stabilito al paragrafo 10 del presente articolo.

12. Qualora l'estradizione richiesta per l'esecuzione di una condanna, venisse rifiutata perché la persona interessata è cittadino dello Stato Parte richiesto, la Parte richiesta può, nel caso in cui il proprio ordinamento interno lo preveda e in conformità ai requisiti di detto ordinamento, su richiesta della Parte richiedente, prendere in considerazione l'esecuzione della condanna, o il residuo della stessa, imposta ai sensi dell'ordinamento dello Stato Parte nel cui territorio si trovi detta persona.

13. Alla persona contro la quale si procede penalmente per i reati previsti dal presente articolo è garantito un giusto ed equo trattamento durante tutte le fasi del procedimento, ivi compreso godimento di tutti i diritti e delle garanzie fornite dalla legislazione interna dello Stato Parte nel cui territorio si trovi detta persona.

14. Nulla della presente Convenzione deve essere interpretato come imposizione dell'obbligo di estradare se lo Stato Parte richiesto ha fondati motivi di ritenere che la richiesta sia stata fatta al fine di perseguire o punire una persona a causa del suo sesso, razza, religione, nazionalità, origine etnica o idee politiche e che l'accettazione della richiesta possa essere pregiudizievole alla posizione di detta persona a causa di uno qualunque dei motivi specificati.

15. Gli Stati Parti non possono rifiutare una richiesta di estradizione esclusivamente in considerazione del fatto che il reato implichi anche questioni di materia fiscale.

16. Prima di rifiutare una richiesta di estradizione, lo Stato Parte richiesto, se opportuno, si consulta con lo Stato Parte richiedente in modo da fornirgli ogni possibilità di presentare le proprie opinioni e di fornire informazioni relative alle sue affermazioni.

17. Gli Stati Parti devono cercare di concludere accordi o intese bilaterali e multilaterali allo scopo di accrescere l'efficacia dell'estradizione.

17. Trasferimento delle persone condannate.

Gli Stati Parti possono prendere in considerazione la stipula di accordi o di intese bilaterali o multilaterali sul trasferimento nel loro territorio delle persone condannate alla reclusione o ad altre forme di privazione della libertà personale per i reati previsti dalla presente Convenzione allo scopo di permettere a queste persone di scontarvi il residuo della pena.

18. Assistenza giudiziaria reciproca.

1. Gli Stati Parti si concedono reciprocamente la più ampia assistenza giudiziaria in materia di indagini, azione penale e procedimenti giudiziari per i reati previsti dalla presente Convenzione così come previsto all'articolo 3, ed estendono reciprocamente analoga assistenza nel caso in cui lo Stato Parte richiedente abbia fondati motivi di sospettare che il reato di cui all'articolo 3, paragrafo 1 (a) o (b) sia di natura transnazionale, comprese le ipotesi in cui le vittime, i testimoni, i proventi, gli strumenti o le prove relativi a tali reati si trovino nello Stato Parte richiesto e che nel reato sia coinvolto un gruppo criminale organizzato.

2. L'assistenza giudiziaria reciproca è concessa nel modo più ampio possibile in base alle relative leggi, trattati, accordi e intese dello Stato Parte richiedente in relazione alle indagini, azioni penali e procedimenti giudiziari per i reati di cui si possa ritenere responsabile una persona giuridica secondo quanto previsto dall'articolo 10 della presente Convenzione nello Stato Parte richiedente.

3. L'assistenza giudiziaria reciproca che deve essere concessa conformemente al presente articolo può essere richiesta per i seguenti motivi:

a) Acquisire prove o dichiarazioni di persone;
b) notificare documenti di natura giudiziaria;
c) eseguire perquisizioni e sequestri e sequestro conservativo;
d) esaminare oggetti e luoghi;
e) fornire informazioni, prove documentali e perizie tecniche;
f) fornire originali o copie conformi dei relativi documenti e verbali, compresi i verbali governativi, bancari, finanziari, societari o aziendali;
g) identificare o rintracciare proventi di reato, proprietà, strumenti o altro, ai fini probatori;
h) facilitare la comparsa volontaria di persone nello Stato Parte richiedente;
i) ogni altro tipo di assistenza non prevista dalla legge dello Stato Parte richiesto.

4. Fatto salvo il proprio diritto interno le competenti autorità dello Stato Parte possono, senza una precedente richiesta, trasmettere informazioni in materia penale ad una autorità competente di un altro Stato Parte qualora ritengano che detto informazioni possano essere utili all'autorità ad intraprendere o a concludere con successo inchieste o procedimenti penali o possano dar luogo ad una richiesta formulata da quest'ultimo Stato Parte ai sensi della presente Convenzione.

5. La trasmissione di informazioni in conformità al paragrafo 4 del presente articolo deve essere effettuata senza recare pregiudizio alle indagini ed ai procedimenti penali nello Stato dell'Autorità competente che fornisce le informazioni. L'Autorità competente che riceve le informazioni si conforma alla richiesta che dette informazioni restino riservate, anche se temporaneamente, o con limitazioni al loro uso. Tuttavia, ciò non preclude allo Stato Parte ricevente di divulgare nel corso di un procedimento, le informazioni che possano discolpare un accusato. In tal caso, lo Stato Parte ricevente notifica lo Stato Parte trasmittente prima della loro divulgazione e, se richiesto, si consulta con lo Stato Parte trasmittente. Nel caso in cui non fosse possibile eccezionalmente, notificarlo in anticipo, lo Stato Parte ricevente comunica immediatamente allo Stato Parte trasmittente la divulgazione delle informazioni.

6. Le norme del presente articolo non pregiudicano gli obblighi previsti da altri trattati bilaterali o multilaterali che regolano o regoleranno, in tutto o in parte, l'assistenza giudiziaria reciproca.

7. I commi da 9 a 29 del presente articolo si applicano alle richieste effettuate ai sensi del presente articolo se gli Stati Parte in questione non sono vincolati da un trattato di reciproca assistenza giudiziaria. Se tali Stati Parte sono vincolati da un tale trattato, si applicano le disposizioni corrispondenti di tale trattato, a meno che gli Stati Parte non accettino di applicare i cammi da 9 a 29 del presente articolo. Gli Stati Parte sono fortemente incoraggiati ad applicare questi commi nel caso in cui facilitino la cooperazione.

8. Gli Stati Parti non possono rifiutarsi di fornire l'assistenza iudiziaria reciproca prevista dal presente articolo sulla base del segreto bancario.

9. Gli Stati Parti possono rifiutare di fornire l'assistenza giudiziaria reciproca prevista dal presente articolo in base all'assenza della doppia incriminazione. Tuttavia, Io Stato Parte richiesto può, se lo ritiene opportuno, fornire assistenza nella misura che esso decide in via discrezionale, a prescindere dal fatto che la condotta costituisca un reato secondo la legge dello Stato Parte richiesto.

10. Una persona che si trovi in stato detentivo o che stia scontando una condanna nel territorio di uno Stato Parte, la cui presenza è richiesta in un altro Stato Parte per motivi d'identificazione, testimonianza o per fornire assistenza nell'acquisizione di prove necessarie ad indagini, azioni penali o procedimenti penali per reati previsti dalla presente Convenzione, può essere trasferita qualora sussistano le seguenti condizioni:

a) La persona concede liberamente il proprio consenso informato;
b) Le Autorità competenti di entrambi gli Stati Parte sono d'accordo, in base alle condizioni che gli Stati Parte ritengano appropriate.

11. Ai fini del paragrafo 10 del presente articolo:

a) Lo Stato Parte presso il quale viene trasferita la persona ha l'autorità e l'obbligo di tenere la persona trasferita in stato di custodia, salvo diversamente richiesto o autorizzato dallo Stato Parte dal quale la persona è stata trasferita;
b) Lo Stato Parte presso il quale viene trasferita la persona, deve attuare senza indugio l'obbligo di riconsegnare la persona alla custodia dello Stato Parte dal quale è stata trasferita, così come concordato precedentemente, o come altrimenti concordato dalle Autorità competenti di entrambi gli Stati Parte;
c) Lo Stato Parte presso il quale viene trasferita la persona, non deve esigere dallo Stato Parte dal quale è stata trasferita la persona, di avviare la procedura di estradizione per la riconsegna della persona in questione;
d) la persona trasferita ha diritto al conteggio della parte di pena espiata nel Paese dal quale è stata trasferita e per il tempo trascorso in stato di custodia nello Stato Parte nel quale è stata trasferita.

12. A meno che lo Stato Parte dal quale una persona deve essere trasferita ai sensi dei commi 10 e 11 del presente articolo acconsenta, detta persona, qualunque sia la sua nazionalità, non può essere incriminata, detenuta, punita o sottoposta a nessun'altra restrizione della libertà personale nel territorio dello Stato nel quale la persona è trasferita per atti, omissioni o condanne precedenti alla sua partenza dal territorio dello Stato dal quale detta persona è stata trasferita.

13. Ciascuno Stato Parte designa un'autorità centrale con il compito e la facoltà di ricevere richieste di assistenza giudiziaria ed eseguirle o trasmetterle alle autorità competenti per esecuzione.
Laddove in uno Stato Parte vi sia un territorio o una regione a statuto speciale con un sistema distinto per l'assistenza giudiziaria, può designare un'autorità centrale distinta con le medesime funzioni per quella regione o territorio. Le autorità centrali garantiscono l'esecuzione o la trasmissione rapida e corretta delle richieste ricevute. Allorché l'autorità centrale trasmette per esecuzione la richiesta all'autorità competente, sollecita la rapida e corretta esecuzione della stessa da parte di detta Autorità competente, Al Segretario Generale delle Nazioni Unite viene data comunicazione dall'autorità centrale designata a tal fine, nel momento in cui gli Stati Parte depositano il proprio strumento di ratifica, accettazione, approvazione o adesione alla presente Convenzione. Le richieste di assistenza giudiziaria reciproca e le comunicazioni ad esse relative vanno trasmesse alle autorità centrali designate dagli Stati Parte. Questa condizione non pregiudica il diritto degli Stati Parte di chiedere che tali richieste e comunicazioni siano loro indirizzate per mezzo di canali diplomatici e, in casi urgenti e su accordo degli Stati Parte, se possibile, attraverso l'Organizzazione di Polizia Criminale Internazionale.

14. Le richieste vanno formulate per iscritto o, laddove possibile, con un mezzo atto a produrre una trascrizione scritta in una lingua accettata dallo Stato Parte richiesto, con modalità tali da permettere a detto Stato Parte di accertarne l'autenticità. Al Segretario Generale delle Nazioni Unite viene data comunicazione della lingua o lingue accettate da ciascuno Stato Parte al momento in cui deposita il proprio strumento di ratifica, accettazione, approvazione o adesione alla presente Convenzione. In casi urgenti e su accordo degli Stati Parte le richieste possono essere formulate verbalmente ma debbono essere immediatamente confermate per iscritto.

15. La richiesta di reciproca assistenza giudiziaria deve contenere:
a) l'autorità che formula la richiesta;
b) l'oggetto e la natura dell'indagine, dell'azione penale o del procedimento giudiziario cui la richiesta si riferisce e il nome e le funzioni dell'autorità che conduce tali indagini, azione penale o procedimento giudiziario;
c) una breve esposizione dei fatti rilevanti, tranne che nelle richieste che hanno come scopo la notifica di atti giudiziari;
d) una descrizione del tipo di assistenza richiesta e specificazioni di eventuali particolari procedure che lo Stato Parte richiedente desidera siano seguite;
e) laddove possibile, l'identità delle persone coinvolte, il luogo in cui trovano e la loro nazionalità;
f) lo scopo per cui si richiedono le prove, le informazioni o le azioni.

16. Lo Stato Parte richiesto può chiedere informazioni supplementari quando ciò sembri necessario per l'esecuzione della richiesta conformemente al diritto interno o possa agevolare tale esecuzione.

17. La richiesta viene eseguita in conformità al diritto interno dello Stato Parte richiesto e, nella misura in cui non è contraria al diritto interno dello Stato Parte richiesto e, laddove possibile, in conformità alle procedure specificate nella richiesta.

18. Ogni qualvolta ciò è possibile e compatibile coi principi fondamentali del diritto interno, quando un individuo si trova nel territorio di uno Stato Parte e deve essere ascoltato in qualità di testimone o esperto dalle autorità giudiziarie di un altro Stato Parte, il primo Stato Parte può, su richiesta del secondo, consentire che tale audizione avvenga per mezzo di una videoconferenza se non è possibile o auspicabile per l'individuo in questione comparire di persona nel territorio dello Stato Parte richiedente. Gli Stati Parti possono accordarsi perché l'audizione sia condotta da un'autorità giudiziaria dello Stato Parte richiedente alla presenza di un'autorità giudiziaria dello Stato Parte richiesto.

19. Lo Stato Parte richiedente non può trasmettere né utilizzare informazioni o prove fornite dallo Stato Parte richiesto, per indagini, azioni penali o procedimenti giudiziari, diversi da quelli indicati nella richiesta senza il consenso preventivo dello Stato Parte richiesto. Questo paragrafo non vieta in alcun modo allo Stato Parte richiedente di rivelare in un proprio procedimento informazioni o prove che discolpano un accusato. In tal caso, lo Stato Parte richiedente, prima della rivelazione, informa lo Stato Parte richiesto e, su richiesta, si consulta con quest'ultimo. Se, in casi eccezionali, è impossibile dare comunicazione anticipata, lo Stato Parte richiedente informa senza indugio lo Stato Parte richiesto della rivelazione.

20. Lo Stato Parte richiedente può chiedere allo Stato Parte richiesto di serbare la riservatezza sui fatti e sulla materia della richiesta, salvo quanto necessario all'esecuzione della medesima. Se lo Stato Parte richiesto non può ottemperare alla richiesta di riservatezza ne informa prontamente lo Stato Parte richiedente ne informa prontamente lo Stato Parte richiedente.

21. L'assistenza giudiziaria reciproca può essere rifiutata:
a) se la richiesta non è formulata in conformità alle disposizioni del presente articolo;
b) se lo Stato Parte valuta che l'esecuzione della richiesta può recare pregiudizio alla propria sovranità, sicurezza, ordine pubblico o altri interessi fondamentali;
c) se, in relazione a reati similari, il diritto interno vieta alle autorità dello Stato Parte richiesto di eseguire le azioni richieste qualora tali reati siano oggetto d'indagini, azioni penali o procedimenti giudiziari nell'ambito delle competenze di tali autorità;
d) se la richiesta è contraria all'ordinamento giuridico relativo all'assistenza giudiziaria reciproca dello Stato Parte richiesto.

22. Gli Stati Parte non possono respingere una richiesta di assistenza giudiziaria reciproca solo a motivo del fatto che si ritiene che il reato riguardi anche questioni fiscali.

23. Il rifiuto di prestare assistenza giudiziaria reciproca deve essere motivato.

24. Lo Stato Parte richiesto dà esecuzione alla richiesta di assistenza giudiziaria reciproca non appena possibile e tiene nel massimo conto possibile le eventuali scadenze proposte dallo Stato Parte richiedente, delle quali dà ragione, preferibilmente nella richiesta. Lo Stato Parte richiesto risponde alle ragionevoli richieste di informazioni dello Stato Parte richiedente sui progressi della propria richiesta. Lo Stato Parte richiedente informa prontamente lo Stato Parte richiesto quando l'assistenza non è più necessaria.

25. L'assistenza giudiziaria reciproca può essere differita dallo Stato Parte richiesto a motivo del fatto che interferirebbe con un'indagine, azione penale o procedimento giudiziario in corso.

26. Prima di respingere una richiesta in conformità al paragrafo 21 del presente articolo o di differirne l'esecuzione ai sensi del paragrafo 25 del presente articolo, lo Stato Parte richiesto si consulta con lo Stato Parte richiedente per valutare se l'assistenza può essere concessa nei termini e alle condizioni dal primo ritenute necessarie. Se lo Stato Parte richiedente accetta l'assistenza a tali condizioni, è tenuto ad ottemperarvi.

27. Senza pregiudizio all'applicazione del paragrafo 12 del presente articolo, il testimone, l'esperto o altra persona i quali, su richiesta dello Stato Parte richiedente, acconsentono a fornire prove in un procedimento o a collaborare ad un'indagine, azione penale o procedimento giudiziario nel territorio dello Stato Parte richiedente, non possono essere perseguiti, detenuti, puniti, né sottoposti a qualsiasi altra restrizione della propria libertà personale in quel territorio per fatti, omissioni o condanne antecedenti alla partenza dal territorio dello Stato Parte richiedente. Tale salvacondotto spira quando il testimone, l'esperto, o altra persona, avendo avuto la possibilità di andarsene per un periodo di quindici giorni consecutivi o per un periodo concordato tra gli Stati Parti a decorrere dalla data in cui è stato ufficialmente informato che la sua presenza non è più richiesta dalle autorità giudiziarie, malgrado ciò rimane volontariamente nel territorio dello Stato Parte richiedente o vi ritorna di sua libera volontà dopo averlo lasciato.

28. Le spese ordinarie di esecuzione della richiesta sono a carico dello Stato Parte richiesto salvo diverso accordo tra gli Stati Parti in questione. Se per soddisfare la richiesta, è o sarà necessario sostenere spese considerevoli o straordinarie, gli Stati Parte si consultano per decidere i termini e le condizioni di esecuzione della richiesta, nonché il modo in cui la spesa verrà sostenuta.

29. Lo Stato Parte richiesto:

a) fornisce allo Stato Parte richiedente copie di atti pubblici, documenti o informazioni in proprio possesso che secondo il diritto interno sono a disposizione del pubblico in generale;

b) può, a discrezione, fornire allo Stato Parte richiedente in tutto, in parte o alle condizioni ritenute necessarie copie di atti, documenti o informazioni in proprio possesso che secondo il diritto interno non sono a disposizione del pubblico in generale;

30. Gli Stati Parte, laddove necessario, valutano l'eventualità di stringere accordi o intese bilaterali o multilaterali atti a dare seguito pratico o maggiore efficacia alle disposizioni del presente articolo.

19. Indagini comuni.

Gli Stati Parti valutano l'opportunità di stringere accordi o intese bilaterali o multilaterali per mezzo dei quali, rispetto a questioni oggetto d'indagini, azioni penali o procedimenti giudiziari in uno o più Stati, le autorità competenti interessate possono istituire organi investigativi comuni. In mancanza di tali accordi o intese, si possono intraprendere indagini comuni sulla base di accordi caso per caso. Gli Stati Parti coinvolti assicurano il pieno rispetto della sovranità dello Stato Parte nel cui territorio tale indagine ha luogo.

20. Tecniche speciali d'investigazione.

1. Se consentito dai principi fondamentali dell'ordinamento giuridico interno, ciascuno Stato Parte, nella misura delle proprie possibilità ed alle condizioni stabilite dal proprio diritto interno, adotta le misure necessarie a consentire l'appropriato impiego della consegna controllata, e, laddove ritenuto opportuno, l'impiego di altre tecniche speciali d'investigazione, quali la sorveglianza elettronica o di altro tipo e le operazioni sotto copertura da parte delle autorità competenti sul suo territorio allo scopo di combattere efficacemente la criminalità organizzata.

2. Allo scopo d'indagare i reati di cui alla presente Convenzione, si incoraggiano gli Stati Parti a stringere, laddove necessario, gli opportuni accordi o intese bilaterali o multilaterali per l'impiego di dette tecniche speciali di investigazione nel contesto della cooperazione internazionale. Tali accordi o intese vengono conclusi e attuati in piena ottemperanza osservanza del principio di sovrana uguaglianza degli Stati e vengono attuati in stretta conformità ai termini di tali accordi o intese.

3. In mancanza degli accordi o intese di cui al paragrafo 2 del presente articolo, le decisioni sull'impiego di tecniche speciali di investigazione a livello internazionale vengono prese caso per caso e, se necessario, possono tenere in considerazione le disposizioni e le intese di carattere economico riguardanti l'esercizio della giurisdizione da parte degli Stati Parte interessati.

4. La decisione d'impiegare la consegna controllata a livello internazionale, su consenso degli Stati Parte interessati, può includere metodi che permettono di intercettare la merce lasciandola proseguire integra oppure asportandola o sostituendola in tutto o in parte.

21. Trasferimento dei procedimenti penali.

Ciascuno Stato Parte valuta la possibilità di trasferire ad un altro i procedimenti relativi al perseguimento di reati compresi nella presente Convenzione nei casi in cui tale trasferimento è ritenuto nell'interesse della corretta amministrazione della giustizia, in particolare nei casi in cui sono coinvolte più giurisdizioni, al fine di concentrare l'accusa.

22. Istituzione del casellario penale.

Ciascuno Stato Parte può adottare misure legislative o di altro tipo necessarie a prendere in considerazione, nei termini e per gli scopi che ritiene adeguati, ogni precedente condanna di un presunto colpevole, comminata in un altro Stato, al fine di utilizzare le relative informazioni in procedimenti penali avviati per un reato trattato dalla presente Convenzione.

23. Penalizzazione dell'intralcio alla giustizia.

Ciascuno Stato Parte adotta misure legislative o di altra natura che possono essere necessarie a conferire il carattere di reato, quando commesso intenzionalmente:

a) all'uso della forza fisica, minacce o intimidazioni o alla promessa, offerta o concessione di vantaggi considerevoli per indurre falsa testimonianza o per interferire in deposizioni testimoniali o nella produzione di prove nel corso di processi relativi alla commissione di reati di cui alla presente Convenzione;

b) all'uso della forza fisica, minacce o intimidazioni per interferire con l'esercizio di doveri d'ufficio da parte di un magistrato o di un appartenente alle forze di polizia in relazione alla commissione di reati di cui alla presente Convenzione. Nulla in questo sub-paragrafo pregiudica il diritto degli Stati Parte di avere una legislazione che protegga altre categorie di pubblici ufficiali.

24. Protezione dei testimoni.

1. Ciascuno Stato Parte adotta misure adeguate nell'ambito dei propri mezzi, per garantire efficaci forme di protezione da potenziali ritorsioni o intimidazioni dei testimoni che depongono in processi penali in relazione ai reati di cui alla presente Convenzione e, qualora necessario, dei loro familiari e delle altre persone ad essi vicine.

2. Le misure previste al paragrafo 1 del presente articolo possono includere, tra le altre, fatti salvi i diritti dell'imputato, compreso il diritto al giusto processo:

a) l'istituzione di procedure per la protezione fisica di tali persone quali, nella misura necessaria ed attuabile il trasferimento di domicilio e permettendo, laddove possibile, il divieto o la limitazione di accesso alle informazioni concernenti l'identità e la dislocazione di tali persone;

b) l'adozione di norme relative alle prove onde permettere che le deposizioni siano rese in maniera tale da assicurare l'incolumità del testimone anche attraverso l'uso di mezzi tecnologici di comunicazione, come collegamenti video ed altri strumenti adeguati.

3. Gli Stati Parte valutano la possibilità di stipulare accordi o intese con altri Stati per il trasferimento del domicilio delle persone di cui al paragrafo 1 del presente articolo.

4. Le disposizioni del presente articolo si applicano anche alle vittime in quanto testimoni.

25. Assistenza alle vittime e loro protezione.

1. Ciascuno Stato Parte adotta le misure appropriate nell'ambito dei propri mezzi per fornire assistenza e protezione alle vittime dei reati previsti dalla presente Convenzione, in particolare nei casi di minaccia, ritorsione o intimidazione.

2. Ciascuno Stato Parte stabilisce procedure adeguate per consentire il diritto all'indennizzo ed al risarcimento delle vittime dei reati trattati nella presente Convenzione.

3. Ciascuno Stato Parte, nel rispetto delle proprie leggi nazionali, consente che siano esposti gli interessi e le opinioni delle vittime e siano considerati in una fase adeguata dei procedimenti penali contro gli imputati in modo tale da non pregiudicare i diritti della difesa.

26. Misure per rafforzare la cooperazione con le autorità giudiziarie.

1. Ciascuno Stato Parte prende adeguate misure per incoraggiare persone che partecipino o che abbiano partecipato a gruppi criminali organizzati:

a) a fornire alle autorità competenti informazioni utili per scopi investigativi e probatori su questioni quali:
   (i) l'identità, natura, composizione, struttura, collocazione e attività di gruppi criminali organizzati;
   (ii) i collegamenti, compresi quelli internazionali, con altri gruppi criminali organizzati;
   (iii) i reati che i gruppi criminali organizzati abbiano commesso o intendano commettere;

b) a fornire alle autorità competenti un aiuto concreto ed effettivo che possa contribuire a privare i gruppi criminali organizzati delle loro risorse o dei proventi di reato.

2. Ciascuno Stato Parte valuta a possibilità, in casi specifici, di attenuare la pena prevista per un imputato che fornisca una cooperazione sostanziale nelle indagini o nel perseguimento penale di un reato trattato dalla presente Convenzione.

3. Ciascuno Stato Parte valuta la possibilità, nel rispetto dei principi fondamentali delle proprie legislazioni nazionali, di garantire l'immunità dall'azione penale a chiunque fornisca una collaborazione sostanziale nelle indagini o determini il perseguimento di un reato trattato dalla presente Convenzione.

4. La protezione di tali persone si attua secondo quanto previsto dall'articolo 24 della presente Convenzione.

5. Laddove una persona di cui al paragrafo 1 del presente articolo che si trova in uno Stato Parte possa fornire una collaborazione sostanziale alle autorità competenti in un altro Stato Parte, gli Stati Parti interessati potranno prendere in considerazione la possibilità di stipulare accordi o intese, nel rispetto delle proprie leggi nazionali, in relazione alla possibilità, per l'altro Stato Parte, di disporre il trattamento descritto nei commi 2 e 3 del presente articolo.

27. Cooperazione di polizia.

1. Gli Stati Parte collaborano strettamente fra di loro, coerentemente con i rispettivi ordinamenti giuridici ed amministrativi nazionali, per rafforzare l'efficacia dell'azione delle strutture preposte al contrasto dei reati di cui alla presente Convenzione. Ciascuno Stato Parte adotta, in particolare, misure effettive:

a) per rafforzare e, laddove necessario, istituire canali di comunicazione tra le rispettive autorità, istituzioni e servizi competenti al fine di rendere più semplice il sicuro e rapido scambio d'informazioni riguardanti tutti gli aspetti dei reati di cui alla presente Convenzione, compresi, se gli Stati Parte interessati lo ritengono opportuno, i collegamenti con altre attività criminali;

b) per cooperare con altri Stati Parte nella conduzione d'indagini relative ai reati trattati dalla presente Convenzione e riguardanti:
   (i) l'identità, collocazione e attività di persone sospette di partecipazione in detti reati o la localizzazione di altre persone coinvolte;
   (ii) i movimenti di proventi del reato o beni derivanti dalla commissione di tali reati;
   (iii) i movimenti di beni, attrezzature o altri mezzi utilizzati o che ci si propone di utilizzare per la commissione di tali reati;

c) per fornire, ove opportuno, i necessari strumenti o quantitativi di sostanze per fini investigativi o di analisi;

d) per facilitare l'effettivo coordinamento tra le proprie autorità, istituzioni e servizi competenti e per promuovere lo scambio del personale e degli esperti, compreso, nel rispetto delle intese e degli accordi bilaterali fra gli Stati Parte interessati, il dislocamento di ufficiali di collegamento;
e) per lo scambio di informazioni con altri Stati Parte sui ezzi specifici e i metodi usati dai gruppi criminali organizzati, compresi, ove possibile, itinerari e veicoli e l'utilizzo di false identità, documenti falsi o alterati o altri mezzi atti a nascondere la natura delle attività illecite;
f) per scambiare le informazioni e coordinare le misure amministrative e d'altro genere adottate opportunamente allo scopo di individuare precocemente i reati previsti dalla presente Convenzione.

2. Allo scopo di dare attuazione alla presente Convenzione, gli Stati Parte valutano l'opportunità di concludere intese o accordi bilaterali o multilaterali per la diretta collaborazione tra le proprie istituzioni preposte alla lotta al crimine e, laddove tali intese o accordi siano già esistenti, l'opportunità di emendarli. In mancanza di tali accordi o intese fra gli Stati Parte interessati, le Parti possono considerare la presente Convenzione come base per la reciproca cooperazione di polizia in relazione ai reati trattati dalla Convenzione stessa. Qualora opportuno, le Parti utilizzano pienamente gli accordi e le intese, nonché le organizzazioni regionali o internazionali per incrementare la cooperazione tra le proprie strutture di polizia.

3. Gli Stati Parti si sforzano di cooperare con i propri mezzi per fronteggiare il crimine organizzato transnazionale perpetrato attraverso l'uso della moderna tecnologia.

28. Raccolta, scambio ed analisi delle di informazioni.

1. Ciascuno Stato Parte considera l'analisi, con la consulenza della comunità accademica e scientifica, di tendenze della criminalità organizzata nel proprio territorio, circostanze in cui essa opera, così come i gruppi professionali e le tecnologie utilizzate.

2. Gli Stati Parte considerano la possibilità di sviluppare e condividere tra di loro e attraverso organizzazioni regionali e internazionali, le conoscenze analitiche riguardanti le attività della criminalità organizzata. A tal fine, si dovrebbero sviluppare ed applicare in modo adeguato definizioni, standard e metodologie comuni.

3. Ciascuno Stato Parte considera la possibilità di monitorare le proprie politiche e misure attuate per combattere la criminalità organizzata e di valutare la loro efficacia ed applicabilità.

29. Formazione e assistenza tecnica.

1. Ciascuno Stato Parte avvia, sviluppa o migliora, nella maniera necessaria, specifici programmi di formazione del proprio personale investigativo e giudiziario, inclusi pubblici ministeri, magistrati impegnati nelle indagini e personale delle dogane, nonché altri funzionari incaricati della prevenzione, identificazione e repressione dei reati di cui alla presente Convenzione. Tali programmi possono includere assegnazioni provvisorie e scambi di personale e riguardare, in particolare e nei limiti consentiti dalle leggi nazionali, quanto segue:
a) metodi usati nella prevenzione, identificazione e controllo dei reati di cui alla presente Convenzione;
b) itinerari e tecniche utilizzati da persone sospettate di essere implicate in reati di cui alla presente Convenzione, anche negli Stati di transito, ed adeguate contromisure;
c) monitoraggio dei movimenti del contrabbando;
d) individuazione e monitoraggio dei movimenti dei proventi di reato, beni, attrezzature ed altri strumenti e metodi utilizzati per il trasferimento, l'occultamento e la contraffazione di tali proventi, beni, attrezzature ed altri strumenti, nonché dei metodi usati per combattere il riciclaggio di denaro ed altri reati finanziari;
e) raccolta delle prove;
f) tecniche di controllo delle zone di libero scambio e di porto franco;
g) aggiornate attrezzature e tecniche d'indagine, inclusa la sorveglianza elettronica, le consegne controllate e le operazioni sotto copertura;
h) metodi utilizzati nella lotta alla criminalità transnazionale organizzata che richiedono l'uso dì computer, di reti di telecomunicazioni o altre forme di tecnologia moderna;
i) metodi utilizzati per la protezione delle vittime e dei testimoni.

2. Gli Stati Parte si assistono vicendevolmente nel progettare o attuare la ricerca ed i programmi di formazione finalizzati a condividere la competenza nelle aree a cui si fa riferimento al paragrafo 1 del presente articolo, ed a tal fine, se del caso, utilizzano congressi e seminari regionali ed internazionali per promuovere la cooperazione e stimolare la discussione su problemi di reciproco interesse, inclusi i problemi e le necessità speciali degli Stati di transito.

3. Gli Stati Parti promuovono la formazione e l'assistenza tecnica che agevolano l'estradizione e l'assistenza giudiziaria reciproca.
Tale formazione e assistenza tecnica possono includere la formazione linguistica, l'assegnazione provvisoria e lo scambio del personale presso le autorità centrali o negli organismi responsabili.

4. Nel caso di esistenti accordi o intese bilaterali o multilaterali, gli Stati Parte intensificano, nella misura necessaria, gli sforzi per aumentare al massimo le attività operative e la formazione nell'ambito delle organizzazioni internazionali e regionali e di altri pertinenti accordi o intese bilaterali o multilaterali.

30. Altre misure: attuazione della Convenzione per mezzo.

1. Gli Stati Parti adottano misure tendenti, per quanto possibile, all'attuazione ottimale della presente Convenzione per mezzo della cooperazione internazionale, prendendo in considerazione gli effetti negativi della criminalità organizzata sulla società in generale ed in particolare sullo sviluppo sostenibile.

2. Gli Stati Parte compiono sforzi concreti, per quanto possibile, e in coordinamento fra loro, così come insieme alle organizzazioni internazionali e regionali:

a) per accrescere la loro cooperazione a vari livelli con i Paesi in via di sviluppo, in modo da rafforzare la capacità di questi ultimi di prevenire e di combattere la criminalità organizzata transnazionale;

b) per accrescere l'assistenza finanziaria e materiale in modo da sostenere gli sforzi dei Paesi in via di sviluppo nell'efficace lotta alla criminalità organizzata transnazionale e per aiutarli a attuare con successo la presente Convenzione;

c) per fornire assistenza tecnica ai paesi in via di sviluppo ed ai paesi con economia in via di transizione in modo da aiutarli a far fronte alle loro necessità per l'attuazione della presente Convenzione. A tal fine, gli Stati Parte si sforzano di versare dei contributi volontari adeguati e regolari su un conto specificatamente designato a tale scopo in uno strumento finanziario delle Nazioni Unite. Gli Stati Parte potranno anche prendere in particolare considerazione, in conformità alla legislazione interna ed alle disposizioni della presente Convenzione, l'ipotesi di versare sul suddetto conto una percentuale del denaro o una percentuale del corrispondente valore dei proventi di reati o dei proventi di proprietà confiscate ai sensi delle disposizioni della presente Convenzione;

d) per incoraggiare e convincere altri Stati ed istituti finanziari, per quanto appropriato, ad unirsi a loro negli sforzi cui si fa riferimento in quest'articolo, in particolare fornendo più programmi di formazione professionale e moderne attrezzature ai Paesi in via di sviluppo al fine di assisterli nel raggiungimento degli obiettivi della presente Convenzione.

3. Queste misure sono, per quanto possibile, senza pregiudizio riguardo agli obblighi esistenti di assistenza verso l'estero o riguardo ad altre intese di cooperazione finanziaria a livello bilaterale, regionale o internazionale.

4. Gli Stati Parti possono concludere accordi o intese bilaterali o multilaterali sull'assistenza materiale e logistica, prendendo in considerazione le intese finanziarie necessarie ad attuare la cooperazione internazionale prevista dalla presente Convenzione affinché essa sia efficace nella prevenzione, identificazione e contrasto al crimine organizzato transnazionale.

31. Prevenzione.

1. Gli Stati Parte si sforzano di sviluppare e valutare i progetti nazionali e di stabilire e promuovere le migliori prassi e politiche finalizzate alla prevenzione della criminalità transnazionale organizzata.

2. Gli Stati Parte s'impegnano, con idonee misure legislative, amministrative o di altra natura e in conformità ai principi fondamentali della propria legislazione interna, a ridurre le occasioni presenti o future che i gruppi criminali organizzati hanno di partecipare a mercati leciti con i proventi del reato. Tali misure dovrebbero riguardare in particolare:

a) il rafforzamento della cooperazione fra gli organi investigativi o i pubblici ministeri, ed i competenti enti privati, inclusa l'industria;

b) la promozione dello sviluppo dei criteri e dei procedimenti designati per salvaguardare l'integrità del pubblico e dei competenti enti privati, come pure i codici di comportamento per le professioni interessate, e in particolare per gli avvocati, i pubblici notai, i consulenti fiscali ed i contabili;

c) la prevenzione dell'abuso da parte di gruppi criminali organizzati di gare di appalto pubbliche e la concessione di sovvenzioni e di autorizzazioni da parte di pubbliche autorità per lo svolgimento dell'attività commerciale;

d) la prevenzione dell'abuso di persone giuridiche da parte di gruppi criminali organizzati; tali misure potrebbero includere:

(i) l'istituzione di pubblici registri relativi alle persone giuridiche e fisiche coinvolte nella costituzione, nella gestione e nel finanziamento delle persone giuridiche;

(ii) l'introduzione della possibilità, con provvedimento del Tribunale o con qualsiasi mezzo idoneo, di interdire alle persone dichiarate colpevoli dei reati previsti dalla presente Convenzione, l'esercizio, per un determinato periodo di tempo, della carica di responsabile di persone giuridiche rientranti nell'ambito della propria giurisdizione;

(iii) l'istituzione di registri nazionali delle persone interdette dall'esercizio della funzione di responsabile di persone giuridiche; e

(iv) lo scambio di informazioni contenute nei registri a cui si fa riferimento ai punti (d) (i) e (iii) del presente paragrafo con le competenti autorità degli altri Stati Parte.

3. Gli Stati Parte si sforzano di promuovere la reintegrazione nella società delle persone dichiarate colpevoli di reati previsti dalla presente Convenzione.

4. Gli Stati Parte si sforzano di valutare periodicamente gli strumenti legali del caso e le prassi amministrative esistenti al fine di individuare la loro vulnerabilità all'abuso da parte di gruppi criminali organizzati.

5. Gli Stati Parti s'impegnano a promuovere la consapevolezza da parte del pubblico dell'esistenza, cause e gravità della minaccia rappresentata dalla criminalità transnazionale organizzata. Se del caso si possono diffondere informazioni tramite i mass-media, incluse misure atte a promuovere la partecipazione pubblica alla prevenzione ed alla lotta contro tale criminalità.

6. Ciascuno Stato Parte informa il Segretario Generale delle Nazioni Unite circa il nome e l'indirizzo dell'autorità o delle autorità che possono assistere altri Stati Parte nello sviluppare misure atte a prevenire la criminalità transnazionale organizzata.

7. Gli Stati Parte, come opportuno, collaboreranno reciprocamente e con le rilevanti organizzazioni internazionali e organizzazioni regionali, nel promuovere e sviluppare le misure di cui nel presente articolo. Ciò include la partecipazione a progetti internazionali volti a prevenire il crimine transnazionale organizzato, ad esempio alleviando le circostanze che rendono gruppi socialmente emarginati vulnerabili all'azione della criminalità transnazionale organizzata.

32. Conferenza delle Parti alla Convenzione.

1. Con la presente viene istituita una Conferenza delle Parti aderenti alla Convenzione ne di migliorare la capacità degli Stati Parte di combattere la criminalità transnazionale organizzata e di promuovere e valutare l'attuazione della presente Convenzione.

2. Il Segretario Generale delle Nazioni Unite convoca la Conferenza delle Parti non oltre un anno dall'entrata in vigore della presente Convenzione. La Conferenza delle Parti adotta le regole di procedura e le norme che regolano le attività descritte nei commi 3 e 4 del presente articolo (incluse le norme concernenti il pagamento delle spese sostenute nello svolgimento di tali attivita).

3. La Conferenza delle Parti stabilisce i meccanismi per raggiungere gli obiettivi di cui al paragrafo 1 del presente articolo, compreso:

a) agevolare le attività degli Stati Parte ai sensi degli articoli 29, 30 e 31 della presente Convenzione, incoraggiando inoltre la mobilizzazione di contributi volontari;
b) agevolare lo scambio d'informazioni fra gli Stati Parte riguardo ai modelli ed alle tendenze della criminalità transnazionale organizzata ed alle prassi coronate da successo per combatterla;
c) cooperare con le competenti organizzazioni internazionali e regionali e con le organizzazioni non governative;
d) rivedere periodicamente l'attuazione della presente Convenzione;
e) avanzare raccomandazioni per migliorare la presente Convenzione e la sua attuazione.

4. Ai fini di quanto previsto dai commi 3(d) e (e) di questo articolo, la Conferenza delle Parti acquisisce la necessaria conoscenza delle misure adottate dagli Stati Parte nell'attuazione della presente Convenzione e delle difficoltà da essi incontrate, sia tramite le informazioni fornite dagli Stati stessi che tramite i meccanismi supplementari di revisione, secondo quanto stabilito dalla Conferenza delle Parti.

5. Ciascuno Stato Parte fornisce alla Conferenza delle Parti le informazioni sui propri programmi, piani e prassi, come pure le misure legislative e amministrative adottate per attuare la presente Convenzione, come richiesto dalla Conferenza delle Parti.

33. Segretariato.

1. Il Segretario Generale delle Nazioni Unite fornisce i necessari servizi di segretariato alla Conferenza delle Parti aderenti alla Convenzione.

2. Il Segretariato:

a) assiste la Conferenza delle Parti nello svolgimento delle attività descritte all'articolo 32 della presente Convenzione, stringe le intese e fornisce i servizi necessari alle sedute della Conferenza delle Parti;
b) a richiesta, assiste gli Stati Parte nel fornire informazioni alla Conferenza delle Parti come previsto dall'articolo 32, paragrafo 5, della presente Convenzione; e
c) assicura il necessario coordinamento con i segretariati delle competenti organizzazioni regionali ed internazionali.

34. Attuazione della Convenzione.

1. Ciascuno Stato. Parte adotta, conformemente ai principi fondamentali della propria legislazione interna, le misure necessarie, incluse quelle legislative ed amministrative, dirette a garantire l'attuazione dei propri obblighi secondo la presente Convenzione.

2. I reati previsti dagli articoli 5,6,8 e 23 della presente Convenzione vengono inseriti nella legislazione interna di ciascuno Stato Parte indipendentemente dalla natura transnazionale o del coinvolgimento di un gruppo criminale organizzato, ai sensi del paragrafo 1 dell'articolo 3 della presente Convenzione, tranne che nella misura in cui l'articolo 5 della presente Convenzione richiede il coinvolgimento di un gruppo criminale organizzato.

3. Ciascuno Stato Parte può adottare misure più rigide o severe di quelle previste dalla presente Convenzione per prevenire e combattere la criminalità organizzata transnazionale.

35. Soluzione delle controversie.

1. Gli Stati Parte s'impegnano a comporre le controversie relative all'interpretazione o all'applicazione della presente Convenzione tramite negoziato.

2. Qualsiasi controversia fra due o più Stati Parte riguardo all'interpretazione o all'applicazione della presente Convenzione, che non possa essere composta tramite negoziato entro un arco di tempo ragionevole, a richiesta di uno di quegli Stati, sarà demandata ad arbitrato. Se dopo sei mesi dalla data della richiesta d'arbitrato, quegli Stati Parte non sono in grado di accordarsi sull'organizzazione dell'arbitrato, ognuno di essi può rimettere la controversia alla Corte Internazionale di Giustizia tramite richiesta, in conformità allo Statuto della Corte.

3. Ciascuno Stato Parte, al momento della firma, ratifica, accettazione o approvazione o adesione alla presente Convenzione, può dichiarare di non considerarsi vincolato dal paragrafo 2 di questo articolo. Gli altri Stati Parte non sono vincolati dal paragrafo 2 di questo articolo nei confronti di ciascuno Stato Parte che abbia fatto tale riserva.

4. Ogni Stato Parte che abbia fatto una riserva conformemente al paragrafo 3 di questo articolo può in qualsiasi momento revocare la riserva mediante notifica al Segretario Generale delle Nazioni Unite.

36. Firma, ratifica, accettazione, approvazione ed adesione.

1. La presente Convenzione è aperta alla firma di tutti gli Stati dal 12 al 15 dicembre 2000 a Palermo, Italia, ed in seguito presso la Sede delle Nazioni Unite a New York fino al 12 dicembre 2002.

2. La presente Convenzione è aperta anche alla firma delle organizzazioni regionali d'integrazione economica, a condizione che almeno uno Stato membro di tale organizzazione abbia firmato questa Convenzione in conformità al paragrafo 1 di questo articolo.

3. La presente Convenzione è soggetta a ratifica, accettazione o approvazione. Gli strumenti di ratifica, accettazione o approvazione devono essere depositati presso il Segretario Generale delle Nazioni Unite. Un'organizzazione regionale d'integrazione economica può depositare il suo strumento di ratifica, di accettazione o di approvazione, se almeno uno dei suoi Stati membri lo ha fatto. In quello strumento di ratifica, accettazione o approvazione, tale organizzazione deve dichiarare l'ambito della sua competenza con riferimento alle materie regolamentate dalla presente Convenzione.

Tale organizzazione inoltre informerà il depositario di ogni rilevante modifica della portata della sua competenza.

4. La presente Convenzione è aperta all'adesione di ogni Stato o, organizzazione regionale d'integrazione economica di cui almeno uno Stato membro sia Parte di questa Convenzione. Gli strumenti di adesione devono essere depositati presso il Segretario Generale delle Nazioni Unite. Un'organizzazione regionale d'integrazione economica al momento della sua adesione deve dichiarare l'ambito della sua competenza con riferimento alle materie regolamentate da questa Convenzione. Tele organizzazione deve anche informare il depositario di qualsiasi modifica rilevante dell'ambito della sua competenza.

37. Relazione con i Protocolli.

1. Alla presente Convenzione possono essere aggiunti uno o più protocolli.

2. Al fine di divenire Parte di un protocollo, uno Stato o un'organizzazione regionale d'integrazione economica deve essere anche Parte della presente Convenzione.

3. Uno Stato Parte della presente Convenzione non è vincolato da un protocollo, a meno che non diventi Parte del protocollo in conformità con le relative disposizioni.

4. Ciascun protocollo aggiuntivo di questa Convenzione deve essere interpretato, unitamente a questa Convenzione, tenendo in considerazione gli scopi di quel protocollo.

38. Entrata in vigore.

1. La presente Convenzione entra in vigore il novantesimo giorno dopo il deposito del quarantesimo strumento di ratifica, accettazione, approvazione o adesione. Ai fini del presente paragrafo, nessun strumento depositato da un'organizzazione regionale d'integrazione economica è considerato supplementare agli strumenti depositati da Stati membri di tale organizzazione.

2. Nei confronti di ciascuno Stato o organizzazione regionale d'integrazione economica che ratifichi, accetti, approvi o aderisca alla presente Convenzione dopo il deposito del quarantesimo strumento di detto atto, tale Convenzione entra in vigore il trentesimo giorno dalla data di deposito, da parte di detto Stato o organizzazione, del rispettivo strumento.

39. Modifica.

1. Trascorso il termine di cinque anni dall'entrata in vigore della presente Convenzione, ciascuno Stato Parte ha la facoltà di proporre una modifica e di presentarla presso il Segretario Generale delle Nazioni Unite, il quale comunicherà quindi agli Stati Parte e alla Conferenza delle Parti aderenti alla Convenzione la modifica proposta, al fine del suo esame e della rispettiva decisione. La Conferenza delle Parti compirà ogni sforzo per raggiungere un accordo su ciascuna modifica. Nel caso in cui sia stato esaurito ogni tentativo in tal senso senza essere pervenuti ad un accordo, l'adozione della modifica, quale ultima risorsa, richiede un voto di maggioranza di due terzi degli Stati Parte presenti e votanti nella riunione della Conferenza delle Parti.

2. Nell'ambito delle questioni di loro competenza, le organizzazioni regionali d'integrazione economica esercitano il loro diritto di voto previsto dal presente articolo con un numero di voti pari a quello dei loro Stati Membri che sono Parte della presente Convenzione. Le predette organizzazioni non esercitano il diritto di voto, qualora ad esercitarlo siano i loro Stati Membri e viceversa.

3. Una modifica adottata in conformità al paragrafo 1 del presente articolo è soggetta a ratifica, accettazione o approvazione da parte degli Stati Parte.

4. Una modifica adottata in conformità al paragrafo 1 del presente articolo entrerà in vigore, in relazione ad uno Stato Parte, novanta giorni dopo la data del deposito presso il Segretario Generale delle Nazioni Unite dello strumento di ratifica, accettazione o approvazione di tale modifica.

5. Nel momento della sua entrata in vigore, la modifica sarà vincolante per quegli Stati Parte che hanno manifestato il proprio consenso ad essere sottoposti al vincolo alla stessa. Gli altri Stati Parte restano vincolati dalle disposizioni della presente Convenzione e di ogni modifica anteriore ratificata, accettata o approvata dagli stessi.

40. Denuncia.

1. Ciascun Stato Parte può denunciare la presente Convenzione indirizzando una notifica scritta al Segretario Generale delle Nazioni Unite. Tale denuncia sarà operante un anno dopo la data di ricezione della sua notifica da parte del Segretario Generale.

2. Un'organizzazione regionale d'integrazione economicamica cessa di essere Parte della presente Convenzione nel momento in cui tutti i suoi Stati membri l'hanno denunciata.

3. La denuncia della presente Convenzione in virtù del paragrafo 1 del presente articolo comporta inoltre la denuncia di ogni protocollo aggiuntivo.

41. Depositario e lingue.

1. Il Segretario Generale delle Nazioni Unite è nominato depositario della presente Convenzione.

2. L'originale della presente Convenzione, i cui testi in lingua araba, cinese, francese, inglese, russa e spagnola fanno ugualmente fede, viene depositato presso il Segretario Generale delle Nazioni Unite.

3. In fede di che, i sottoscritti plenipotenziari, all'uopo debitamente autorizzati dai rispettivi Governi, hanno sottoscritto la presente Convenzione.

5. Decisione quadro del Consiglio UE 24 ottobre 2008, n. 2008/841/GAI, relativa alla lotta contro la criminalità organizzata

In Gazzetta Ufficiale U.E. 11 novembre 2008, n. 300

1. Definizioni.

Ai fini della presente decisione quadro:

1) per «organizzazione criminale» si intende un'associazione strutturata di più di due persone, stabilita da tempo, che agisce in modo concertato allo scopo di commettere reati punibili con una pena privativa della libertà o con una misura di sicurezza privativa della libertà non inferiore a quattro anni o con una pena più grave per ricavarne, direttamente o indirettamente, un vantaggio finanziario o un altro vantaggio materiale;
2) per «associazione strutturata» si intende un'associazione che non si è costituita fortuitamente per la commissione estemporanea di un reato e che non deve necessariamente prevedere ruoli formalmente definiti per i suoi membri, continuità nella composizione o una struttura articolata.

2. Reati relativi alla partecipazione ad un'organizzazione criminale.

Ciascuno Stato membro adotta le misure necessarie per far sì che sia considerato reato uno dei seguenti tipi di comportamento connessi ad un'organizzazione criminale o entrambi:

a) il comportamento di una persona che, intenzionalmente ed essendo a conoscenza dello scopo e dell'attività generale dell'organizzazione criminale o dell'intenzione di quest'ultima di commettere i reati in questione, partecipi attivamente alle attività criminali dell'organizzazione, ivi compresi la fornitura di informazioni o mezzi materiali, il reclutamento di nuovi membri nonché qualsiasi forma di finanziamento delle sue attività, essendo inoltre consapevole che la sua partecipazione contribuirà alla realizzazione delle attività criminali di tale organizzazione;
b) il comportamento di una persona consistente in un'intesa con una o più altre persone per porre in essere un'attività che, se attuata, comporterebbe la commissione di reati di cui all'articolo 1, anche se la persona in questione non partecipa all'esecuzione materiale dell'attività.

3. Pene.

1. Ciascuno Stato membro adotta le misure necessarie per far sì che:

a) il reato di cui all'articolo 2, lettera a), sia passibile di una pena privativa della libertà di durata massima compresa tra due e cinque anni; o
b) il reato di cui all'articolo 2, lettera b), sia passibile di una pena privativa della libertà di durata massima pari a quella prevista per il reato a cui è finalizzata l'intesa o compresa tra due e cinque anni.

2. Ciascuno Stato membro adotta le misure necessarie affinché il fatto che i reati di cui all'articolo 2, quali determinati da tale Stato membro, siano stati commessi nell'ambito di un'organizzazione criminale possa essere considerato una circostanza aggravante.

4. Circostanze particolari.

Ciascuno Stato membro può adottare le misure necessarie per far sì che le pene di cui all'articolo 3 possano essere ridotte o che l'autore del reato possa essere esentato dalla pena se, ad esempio:

a) rinuncia alle sue attività criminali; e
b) fornisce alle autorità amministrative o giudiziarie informazioni che esse non avrebbero potuto ottenere diversamente e che sono loro utili per:
   i) prevenire, porre termine o attenuare gli effetti del reato;
   ii) identificare o consegnare alla giustizia gli altri autori del reato;
   iii) acquisire elementi di prova;
   iv) privare l'organizzazione criminale di risorse illecite o dei profitti ricavati dalle sue attività criminali; o
   v) prevenire la commissione di altri reati di cui all'articolo 2.

5. Responsabilità delle persone giuridiche.

1. Ciascuno Stato membro adotta le misure necessarie affinché le persone giuridiche possano essere dichiarate responsabili dei reati di cui all'articolo 2 commessi a loro beneficio da qualsiasi persona, che agisca a titolo individuale o in quanto membro di un organo

della persona giuridica, la quale detenga una posizione preminente in seno alla persona giuridica stessa, basata:
a) sul potere di rappresentanza di detta persona giuridica;
b) sul potere di prendere decisioni per conto della persona giuridica; o
c) sull'esercizio di poteri di controllo in seno a tale persona giuridica.

2. Gli Stati membri adottano inoltre le misure necessarie affinché le persone giuridiche possano essere dichiarate responsabili qualora la mancata sorveglianza o il mancato controllo da parte di una persona di cui al paragrafo 1 abbia reso possibile la commissione, da parte di una persona soggetta alla sua autorità, di uno dei reati di cui all'articolo 2 a beneficio della persona giuridica.

3. La responsabilità delle persone giuridiche ai sensi dei paragrafi 1 e 2 lascia impregiudicata la possibilità di avviare procedimenti penali contro le persone fisiche che siano autori o complici di uno dei reati di cui all'articolo 2.

4. Ai sensi della presente decisione quadro, per «persona giuridica» s'intende qualsiasi entità dotata di personalità giuridica in forza del diritto applicabile, ad eccezione degli Stati o delle istituzioni pubbliche nell'esercizio dei pubblici poteri e delle organizzazioni internazionali pubbliche.

6. Pene applicabili alle persone giuridiche.

1. Ciascuno Stato membro adotta le misure necessarie affinché la persona giuridica dichiarata responsabile ai sensi dell'articolo 5, paragrafo 1, sia passibile di pene effettive, proporzionate e dissuasive, comprendenti sanzioni pecuniarie di natura penale o non penale ed eventualmente altre pene, ad esempio:
a) l'esclusione dal godimento di un beneficio o aiuto pubblico;
b) il divieto temporaneo o permanente di esercitare attività commerciali;
c) l'assoggettamento a sorveglianza giudiziaria;
d) lo scioglimento giudiziario;
e) la chiusura temporanea o permanente delle sedi che sono state utilizzate per commettere il reato.

2. Ciascuno Stato membro adotta le misure necessarie affinché la persona giuridica dichiarata responsabile ai sensi dell'articolo 5, paragrafo 2, sia passibile di pene o misure effettive, proporzionate e dissuasive.

7. Competenza giurisdizionale e coordinamento dell'azione penale.

1. Ciascuno Stato membro si adopera per far sì che la propria competenza giurisdizionale copra almeno i casi in cui i reati di cui all'articolo 2:
a) sono stati commessi interamente o parzialmente nel suo territorio, indipendentemente dal luogo in cui l'organizzazione criminale è stabilita o esercita le sue attività criminali;
b) sono stati commessi da un suo cittadino; oppure
c) sono stati commessi a beneficio di una persona giuridica stabilita nel territorio di tale Stato membro.

Uno Stato membro può decidere di non applicare o di applicare solo in situazioni o circostanze specifiche le regole di giurisdizione di cui alle lettere b) e c), laddove il reato di cui all'articolo 2 sia commesso al di fuori del suo territorio.

2. Se un reato di cui all'articolo 2 rientra nella giurisdizione di più Stati membri, ciascuno dei quali è legittimato ad esercitare l'azione penale in relazione ai medesimi fatti, gli Stati membri in questione collaborano per stabilire quale di essi perseguirà gli autori del reato al fine di accentrare, se possibile, l'azione penale in un unico Stato membro. A tale scopo gli Stati membri possono avvalersi dell'Eurojust o di qualsiasi altro organo o struttura istituiti in seno all'Unione europea per agevolare la cooperazione tra le rispettive autorità giudiziarie, nonché coordinare le loro azioni. Si tiene conto in particolare dei seguenti fattori:
a) lo Stato membro nel cui territorio sono stati commessi i fatti;
b) lo Stato membro di cui l'autore del reato ha la nazionalità o nel quale è residente;
c) lo Stato membro di origine delle vittime;
d) lo Stato membro nel cui territorio è stato trovato l'autore del reato.

3. Uno Stato membro che in base al suo ordinamento giuridico non estrada o non consegna ancora i suoi cittadini adotta le misure necessarie a stabilire la propria competenza giurisdizionale e, laddove opportuno, ad avviare l'azione penale nei confronti del reato di cui all'articolo 2, qualora sia commesso da uno dei suoi cittadini al di fuori del suo territorio.

4. Il presente articolo non esclude l'esercizio della giurisdizione penale secondo quanto previsto da uno Stato membro conformemente al diritto nazionale.

8. Assenza di obbligo di querela o denuncia della vittima.

Ciascuno Stato membro si adopera affinché le indagini e le azioni penali relative ai reati di cui all'articolo 2 non dipendano da una querela o denuncia della vittima del reato, almeno per quanto riguarda i fatti commessi nel territorio dello Stato membro stesso.

9. Abrogazione di disposizioni esistenti.

L'azione comune 98/733/GAI è abrogata.

I riferimenti alla partecipazione a un'organizzazione criminale ai sensi dell'azione comune 98/733/GAI negli atti adottati in applicazione del titolo VI del trattato sull'Unione europea e del trattato che istituisce la Comunità europea si intendono come riferimenti alla partecipazione a un'organizzazione criminale ai sensi della presente decisione quadro.

10. Attuazione e relazioni.

1. Gli Stati membri adottano le misure necessarie per conformarsi alla presente decisione quadro entro l'11 maggio 2010.

2. Gli Stati membri trasmettono entro l'11 maggio 2010 al segretariato generale del Consiglio e alla Commissione il testo delle disposizioni inerenti al recepimento nella legislazione nazionale degli obblighi imposti dalla presente decisione quadro. Sulla base di una relazione redatta a partire da tali informazioni e di una relazione scritta della Commissione, il Consiglio esamina entro l'11 novembre 2012 in quale misura gli Stati membri si siano conformati alla presente decisione quadro.

11. Applicazione territoriale.

La presente decisione quadro si applica a Gibilterra.

12. Entrata in vigore.

La presente decisione quadro entra in vigore il giorno della pubblicazione nella Gazzetta ufficiale dell'Unione europea.

6. L. 30 giugno 2009, n. 85. – Adesione della Repubblica italiana al Trattato concluso il 27 maggio 2005 tra il Regno del Belgio, la Repubblica federale di Germania, il Regno di Spagna, la Repubblica francese, il Granducato di Lussemburgo, il Regno dei Paesi Bassi e la Repubblica d'Austria, relativo all'approfondimento della cooperazione transfrontaliera, in particolare allo scopo di contrastare il terrorismo, la criminalità transfrontaliera e la migrazione illegale (Trattato di Prum). Istituzione della banca dati nazionale del DNA e del laboratorio centrale per la banca dati nazionale del DNA. Delega al Governo per l'istituzione dei ruoli tecnici del Corpo di polizia penitenziaria. Modifiche al codice di procedura penale in materia di accertamenti tecnici idonei ad incidere sulla libertà personale (*artt. 1-23*)

In Gazzetta Ufficiale 13 luglio 2009, n. 160, S.O.

Capo I
Disposizioni generali

1. Autorizzazione all'adesione.

1. Il Presidente della Repubblica è autorizzato ad aderire al Trattato concluso il 27 maggio 2005 tra il Regno del Belgio, la Repubblica federale di Germania, il Regno di Spagna, la Repubblica francese, il Granducato di Lussemburgo, il Regno dei Paesi Bassi e la Repubblica d'Austria, relativo all'approfondimento della cooperazione transfrontaliera, in particolare allo scopo di contrastare il terrorismo, la criminalità transfrontaliera e la migrazione illegale (Trattato di Prum), di seguito denominato «Trattato».

2. Ordine di esecuzione.

1. Piena ed intera esecuzione è data al Trattato, a decorrere dal novantesimo giorno successivo al deposito dello strumento di adesione, in conformità a quanto disposto dall'articolo 51, paragrafo 3, dello stesso Trattato.

3. Autorità di riferimento per le attività previste dal Trattato.

1. Le autorità di riferimento per le attività previste dai Trattato sono individuate con uno o più decreti del Ministro dell'interno e del Ministro della giustizia.

4. Risarcimento del danno.

1. Fermo restando quanto previsto dall'articolo 30 del Trattato, quando agenti di una Parte contraente operano nel territorio nazionale, lo Stato italiano provvede al risarcimento dei danni causati dal personale straniero limitatamente a quelli derivanti dallo svolgimento delle attività svolte conformemente al medesimo Trattato.

Capo II
Istituzione della banca dati nazionale del DNA e del laboratorio centrale per la banca dati nazionale del DNA

5. Istituzione della banca dati nazionale del DNA e del laboratorio centrale per la banca dati nazionale del DNA.

1. Al fine di facilitare l'identificazione degli autori dei delitti, presso il Ministero dell'interno, Dipartimento della pubblica sicurezza, è istituita la banca dati nazionale del DNA.

2. Presso il Ministero della giustizia, Dipartimento dell'amministrazione penitenziaria, è istituito il laboratorio centrale per la banca dati nazionale del DNA.

6. Definizioni.

1. Ai fini della presente legge si intendono per:

a) «DNA»: acido desossiribonucleico, depositario della informazione genetica, sotto forma di una sequenza lineare di nucleotidi, portatore dell'informazione ereditaria;

b) «profilo del DNA»: sequenza alfa numerica ricavata dai DNA e caratterizzante ogni singolo individuo;

c) «campione biologico»: quantità di sostanza biologica prelevata sulla persona sottoposta a tipizzazione del profilo del DNA;
d) «reperto biologico»: materiale biologico acquisito sulla scena di un delitto o comunque su cose pertinenti al reato;
e) «trattamento»: qualunque operazione o complesso di operazioni effettuate anche senza l'ausilio di strumenti elettronici, concernenti la raccolta, la registrazione, l'organizzazione, la conservazione, la consultazione, l'elaborazione, la modificazione, la selezione, la tipizzazione, il raffronto, l'utilizzo, l'interconnessione, il blocco, la comunicazione, la diffusione, la cancellazione e la distruzione di dati;
f) «accesso»: consultazione, anche informatica, dei dati e delle informazioni contenute nella banca dati;
g) «dati identificativi»: dati personali che permettono l'identificazione diretta dell'interessato;
h) «tipizzazione»: complesso delle operazioni tecniche di laboratorio che conducono alla produzione del profilo del DNA.

7. Attività della banca dati nazionale del DNA.

1. La banca dati nazionale del DNA provvede alle seguenti attività:
a) raccolta del profilo del DNA dei soggetti di cui all'articolo 9, commi 1 e 2;
b) raccolta dei profili del DNA relativi a reperti biologici acquisiti nel corso di procedimenti penali;
c) raccolta dei profili del DNA di persone scomparse o loro consanguinei, di cadaveri e resti cadaverici non identificati;
d) raffronto dei profili del DNA a fini di identificazione.

8. Attività del laboratorio centrale per la banca dati nazionale del DNA.

1. Il laboratorio centrale per la banca dati nazionale del DNA provvede alle seguenti attività:
a) tipizzazione del profilo del DNA dei soggetti di cui all'articolo 9, commi 1 e 2;
b) conservazione dei campioni biologici dai quali sono tipizzati i profili del DNA.

9. Prelievo di campione biologici e tipizzazione del profilo del DNA.

1. Ai fini dell'inserimento del profilo del DNA nella banca dati nazionale del DNA, sono sottoposti a prelievo di campioni biologici:
a) i soggetti ai quali sia applicata la misura della custodia cautelare in carcere o quella degli arresti domiciliari;
b) i soggetti arrestati in flagranza di reato o sottoposti a fermo di indiziato di delitto;
c) i soggetti detenuti o internati a seguito di sentenza irrevocabile, per un delitto non colposo;
d) i soggetti nei confronti dei quali sia applicata una misura alternativa alla detenzione a seguito di sentenza irrevocabile, per un delitto non colposo;
e) i soggetti ai quali sia applicata, in via provvisoria o definitiva, una misura di sicurezza detentiva.

2. Il prelievo di cui al comma 1 può essere effettuato esclusivamente se si procede nei confronti dei soggetti di cui al comma 1 per delitti, non colposi, per i quali è consentito l'arresto facoltativo in flagranza. Il prelievo non può essere effettuato se si procede per i seguenti reati:
a) reati di cui al libro II titolo III, capo I, tranne quelli di cui agli articoli 368, 371-*bis*, 371-*ter*, 372, 374 aggravato ai sensi dell'articolo 375, 378 e 379, e capo II, tranne quello di cui all'articolo 390, del codice penale;
b) reati di cui al libro II, titolo VII capo I, tranne quelli di cui all'articolo 453, e capo II, del codice penale;
c) reati di cui al libro II titolo VIII, capo I tranne quelli di cui all'articolo 499, e capo II, tranne quello di cui all'articolo 513-*bis*, del codice penale;
d) reati di cui al libro II, titolo XI, capo I, del codice penale;
e) reati di cui al regio decreto 16 marzo 1942, n 267;
f) reati previsti dal codice civile;
g) reati in materia tributaria;
h) reati previsti dal testo unico delle disposizioni in materia di intermediazione finanziaria, di cui al decreto legislativo 24 febbraio 1998, n. 58.

3. Nel caso di arresto in flagranza di reato o di fermo di indiziato di delitto, il prelievo è effettuato dopo la convalida da parte del giudice.

4. I soggetti indicati al comma 1 sono sottoposti a prelievo di campioni di mucosa del cavo orale a cura del personale specificamente addestrato delle Forze di polizia o di personale sanitario ausiliario di polizia giudiziaria.

5. Le operazioni sono eseguite nel rispetto della dignità, del decoro e della riservatezza di chi vi è sottoposto. Delle operazioni di prelievo è redatto verbale.

6. Il campione prelevato è immediatamente inviato, a cura del personale procedente, al laboratorio centrale di cui all'articolo 5, comma 2, per la tipizzazione del relativo profilo e la successiva trasmissione alla banca dati del DNA.

10. Profili del DNA tipizzati da reperti biologici acquisiti nel corso di procedimenti penali.

1. Se, nel corso del procedimento penale, a cura dei laboratori delle Forze di polizia o di altre istituzioni di elevata specializzazione, sono tipizzati profili del DNA da reperti biologici a mezzo di accertamento tecnico, consulenza tecnica o perizia, l'autorità giudiziaria procedente dispone la trasmissione degli stessi alla banca dati nazionale del DNA, per la raccolta e i confronti.

2. Se non sono state effettuate le analisi di cui al comma 1, dopo il passaggio in giudicato della sentenza, ovvero in seguito all'emanazione del decreto di archiviazione, il pubblico ministero competente ai sensi dell'articolo 655, comma 1, del codice di procedura penale può chiedere al giudice dell'esecuzione di ordinare la trasmissione dei reperti ad un laboratorio delle Forze di polizia ovvero di due istituzioni di elevata specializzazione per la tipizzazione dei profili e la successiva trasmissione degli stessi alla banca dati nazionale del DNA.

11. Metodologia di analisi di reperti e campioni biologici ai fini della tipizzazione del profilo da inserire nella banca dati nazionale del DNA.

1. L'analisi del campione e del reperto biologico ai fini della tipizzazione del profilo del DNA, destinato all'inserimento nella banca dati nazionale del DNA, è eseguita sulla base dei parametri riconosciuti a livello internazionale e indicati dall'European Network of Forensic Science Institutes (ENFSI), in modo da assicurare l'uniformità degli stessi.

2. I profili del DNA possono essere inseriti nella banca dati nazionale del DNA solo se tipizzati in laboratori certificati a norma ISO/IEC.

3. I sistemi di analisi sono applicati esclusivamente alle sequenze del DNA che non consentono la identificazione delle patologie da cui può essere affetto l'interessato.

12. Trattamento e accesso ai dati; tracciabilità dei campioni.

1. I profili del DNA e i relativi campioni non contengono le informazioni che consentono l'identificazione diretta del soggetto cui sono riferiti.

2. L'accesso ai dati contenuti nella banca dati nazionale del DNA è consentito alla polizia giudiziaria e all'autorità giudiziaria esclusivamente per fini di identificazione personale, nonché per le finalità di collaborazione internazionale di polizia. L'accesso ai dati contenuti nel laboratorio centrale per la banca dati nazionale del DNA è consentito ai medesimi soggetti e per le medesime finalità, previa autorizzazione dell'autorità giudiziaria.

3. Il trattamento e l'accesso ai dati contenuti nella banca dati nazionale del DNA e nel laboratorio centrale per la banca dati nazionale del DNA sono effettuati con modalità tali da assicurare l'identificazione dell'operatore e la registrazione di ogni attività. È altresì assicurata la registrazione di ogni attività concernente i campioni.

4. Il trattamento e l'accesso ai dati contenuti nella banca dati nazionale del DNA e nel laboratorio centrale per la banca dati nazionale del DNA sono riservati al personale espressamente autorizzato.

5. Il personale addetto alla banca dati nazionale del DNA e al laboratorio centrale per la banca dati nazionale del DNA è tenuto al segreto per gli atti, i dati e le informazioni di cui sia venuto a conoscenza a causa o nell'esercizio delle proprie funzioni.

13. Cancellazione dei dati e distruzione dei campioni biologici.

1. A seguito di assoluzione con sentenza definitiva perché il fatto non sussiste, perché l'imputato non lo ha commesso, perché il fatto non costituisce reato o perché il fatto non è previsto dalla legge come reato, è disposta d'ufficio la cancellazione dei profili del DNA acquisiti ai sensi dell'articolo 9 e la distruzione dei relativi campioni biologici.

2. A seguito di identificazione di cadavere o di resti cadaverici, nonché del ritrovamento di persona scomparsa, è disposta d'ufficio la cancellazione dei profili del DNA acquisiti ai sensi dell'articolo 7, comma 1, lettera c), e la distruzione dei relativi campioni biologici.

3. Quando le operazioni di prelievo sono state compiute in violazione delle disposizioni previste dall'articolo 9, si procede d'ufficio alla cancellazione del profilo del DNA e alla distruzione del relativo campione biologico.

4. In ogni altro caso, il profilo del DNA resta inserito nella banca dati nazionale del DNA per i tempi stabiliti nel regolamento d'attuazione, d'intesa con il Garante per la protezione dei dati personali, e comunque non oltre quaranta anni dall'ultima circostanza che ne ha determinato l'inserimento, e il campione biologico è conservato per i tempi stabiliti nel regolamento di attuazione, d'intesa con il Garante per la protezione dei dati personali, e comunque non oltre venti anni dall'ultima circostanza che ne ha determinato il prelievo.

14. Sanzioni.

1. Il pubblico ufficiale che comunica o fa uso di dati ed informazioni in violazione delle disposizioni di cui al presente capo, o al di fuori dei fini previsti dallo stesso capo, è punito, salvo che il fatto costituisca più grave reato, con la reclusione da uno a tre anni.

2. Se il fatto è commesso per colpa, la pena è della reclusione fino a sei mesi.

15. Istituzioni di garanzia.

1. Il controllo sulla banca dati nazionale del DNA è esercitato dal Garante per la protezione dei dati personali, nei modi previsti dalla legge e dai regolamenti vigenti.

2. Il Comitato nazionale per la biosicurezza, le biotecnologie e le scienze della vita (CNBBSV) garantisce l'osservanza dei criteri e delle norme tecniche per il funzionamento del laboratorio centrale per la banca dati nazionale del DNA ed esegue, sentito il Garante per la protezione dei dati personali, verifiche presso il medesimo laboratorio centrale e i laboratori che lo alimentano, formulando suggerimenti circa i compiti svolti, le procedure adottate, i criteri di sicurezza e le garanzie previste, nonché ogni altro aspetto ritenuto utile per il miglioramento del servizio.

3. il Garante per la protezione dei dati personali e il CNBBSV provvedono all'espletamento dei compiti di cui ai commi 1 e 2 nell'ambito delle risorse umane, strumentali e finanziane già in dotazione agli stessi.

16. Regolamenti di attuazione.

1. Con uno o più regolamenti adottati, entro quattro mesi dalla data di entrata in vigore della presente legge, ai sensi dell'articolo 17, comma 2, della legge 23 agosto

1988, n. 400, su proposta del Ministro della giustizia, del Ministro dell'interno e del Ministro del lavoro, della salute e delle politiche sociali, di concerto con il Ministro della difesa, con il Ministro dell'economia e delle finanze e con il Ministro delle politiche agricole alimentari e forestali, sentiti il Garante per la protezione dei dati personali e il CNBBSV, sono disciplinati, in conformità ai principi e ai criteri direttivi della presente legge:

a) il funzionamento e l'organizzazione della banca dati nazionale del DNA e del laboratorio centrale per la banca dati nazionale del DNA, le modalità di trattamento e di accesso per via informatica e telematica ai dati in essi raccolti, nonché le modalità di comunicazione dei dati e delle informazioni richieste;
b) le tecniche e le modalità di analisi e conservazione dei campioni biologici, nonché, nel rispetto delle disposizioni di cui all'articolo 13, comma 4, i tempi di conservazione dei campioni biologici e dei profili del DNA;
c) le attribuzioni del responsabile della banca dati nazionale del DNA e del responsabile del laboratorio centrale per la banca dati nazionale del DNA, nonche le competenze tecnico-professionali del personale ad essa addetto;
d) le modalità e i termini di esercizio dei poteri conferiti dall'articolo 15 al CNBBSV;
e) le modalità di cancellazione dei profili del DNA e di distruzione dei relativi campioni biologici nei casi previsti dall'articolo 13;
f) i criteri e le procedure da seguire per la cancellazione dei profili del DNA e la distruzione dei relativi campioni biologici, anche a seguito di riscontro positivo tra i profili del DNA oggetto di verifica, al fine di evitare la conservazione, nella banca dati e nel laboratorio centrale, di più profili del DNA e più campioni biologici relativi al medesimo soggetto.

2. Gli schemi dei regolamenti di cui al comma 1 sono trasmessi alle Camere, ai fini dell'espressione dei pareri da parte delle Commissioni competenti per materia. I pareri sono resi entro il termine di quindici giorni dalla data di trasmissione, decorso il quale i regolamenti sono adottati anche in mancanza dei pareri. Qualora detto termine venga a scadere nei quindici giorni antecedenti allo spirare del termine previsto dall'alinea del comma 1 o successivamente, la scadenza di quest'ultimo è prorogata di trenta giorni.

17. Norme transitorie.

1. I profili del DNA ricavati da reperti acquisiti nel corso di procedimenti penali anteriormente alla data di entrata in vigore della presente legge, previo nulla osta dell'autorità giudiziaria, sono trasferiti dalle Forze di polizia alla banca dati nazionale del DNA entro il 31 dicembre 2021 (1).

2. Il prelievo di campione biologico nei confronti dei soggetti di cui all'articolo 9, già detenuti o internati alla data di entrata in vigore della presente legge, è effettuato a cura della polizia penitenziaria entro il termine di un anno.

3. Fino all'istituzione e al funzionamento del laboratorio centrale per la banca dati nazionale del DNA, e comunque entro un anno dalla data di entrata in vigore della presente legge, il Dipartimento dell'amministrazione penitenziaria può stipulare, nei limiti delle risorse assegnate dall'articolo 32, convenzioni non rinnovabili, e di durata tale da non superare il termine di tre anni a decorrere dalla data di entrata in vigore della presente legge, con i seguenti soggetti:

a) istituzioni di elevata specializzazione, per l'esecuzione, anche presso laboratori esterni che rispondano ai requisiti di cui all'articolo 11, delle attività di cui all'articolo 8, comma 1, lettera a);
b) singole Forze di polizia, per lo svolgimento di specifici programmi di formazione ed addestramento.

(1) Comma modificato dall'art. 1, co. 1123, lett. f), l. 27.12.2017, n. 205; poi dall'art. 1, co. 1140, lett. a), l. 30.12.2018, n. 145, dall'art. 9, co. 2, d.l. 30.12.2019, n. 162, conv., con modif., dalla l. 28.2.2020, n. 8 e, infine, dall'art. 9, co. 1, d.l. 31.12.2020, n. 183, conv., con modif., dalla l. 26.2.2021, n. 21.

18. Istituzione dei ruoli tecnici del Corpo di polizia penitenziaria.

1. Il Governo è delegato ad adottare, entro un anno dalla data di entrata in vigore della presente legge, uno o più decreti legislativi per provvedere alla integrazione dell'ordinamento del personale del Corpo di polizia penitenziaria mediante l'istituzione di ruoli tecnici nei quali inquadrare il personale da impiegare nelle attività del laboratorio centrale di cui all'articolo 5 comma 2. I decreti legislativi previsti dal presente comma sono adottati su proposta del Ministro della giustizia, di concerto con il Ministro dell'economia e delle finanze e con il Ministro per la pubblica amministrazione e l'innovazione.
Gli schemi dei decreti legislativi sono trasmessi al Parlamento, ai fini dell'espressione dei pareri da parte delle Commissioni competenti per materia e per le conseguenze di carattere finanziario che sono resi entro il termine di trenta giorni dalla data di trasmissione decorso il quale i decreti sono adottati anche in mancanza dei pareri. Qualora detto termine venga a scadere nei trenta giorni antecedenti allo spirare del termine previsto dal primo periodo del presente comma o successivamente, la scadenza di quest'ultimo è prorogata di sessanta giorni.

2. Nell'esercizio della delega di cui al comma 1, il Governo si attiene ai seguenti principi e criteri direttivi:

a) suddivisione del personale che svolge attività tecnico-scientifica o tecnica anche di carattere esecutivo, attinente ai servizi di polizia penitenziaria in ruoli da determinare in relazione alle funzioni attribuite e ai contenuti di professionalità richiesti; determinazione delle qualifiche e delle corrispondenti funzioni;
b) suddivisione del personale che esplica mansioni di carattere professionale, per il cui esercizio è richiesta l'iscrizione in appositi albi, in ruoli da determinare

in relazione alle funzioni attribuite e ai contenuti di professionalità richiesti; determinazione delle qualifiche e delle conispondenti funzioni;

c) previsione che l'accesso alle qualifiche iniziali di ciascun ruolo e il relativo avanzamento in carriera avvengano mediante le medesime procedure previste per i corrispondenti ruoli tecnici o similari della Polizia di Stato;

d) disciplina dello stato giuridico del personale, e in particolare del comando presso altre amministrazioni, dell'aspettativa, del collocamento a disposizione, delle incompatibilità, dei rapporti informativi e dei congedi, secondo criteri che tengano conto delle specifiche esigenze dei servizi di polizia e della necessità che la suddetta disciplina non preveda trattamenti di stato inferiori rispetto a quelli degli altri dipendenti civili dello Stato;

e) attribuzione, ove occorra e limitatamente alle funzioni esercitate delle qualità di agente e ufficiale di polizia giudiziaria e di pubblica sicurezza al personale che svolge attività tecnico-scientifica e che esplica mansioni di carattere professionale in relazione al molo di appartenenza.

19. Informazione al Parlamento sulle attività della banca dati nazionale del DNA e del laboratorio centrale per la medesima banca dati.

1. I Ministri dell'interno e della giustizia informano il Parlamento, con cadenza annuale, in ordine alle attività svolte, nel periodo di riferimento, rispettivamente dalla banca dati nazionale del DNA e dal laboratorio centrale per la medesima banca dati, nonché in ordine allo stato di attuazione delle norme previste dal presente capo per le parti di rispettiva competenza.

Capo III
Scambio di informazioni e altre forme di cooperazione

20. Scambio informativo dei dati del DNA e di dati personali.

1. Le disposizioni di cui agli articoli da 2 a 7 del Trattato, concernenti lo scambio informativo dei profili del DNA, e quelle contenenti lo scambio informativo dei dati dattiloscopici, di quelli contenuti nei registri di immatricolazione dei veicoli, nonché di quelli relativi alle manifestazioni sportive, di cui agli articoli 8, 9, 12 e 15 del Trattato, si applicano conformemente al codice in materia di protezione dei dati personali, di cui al decreto legislativo 30 giugno 2003, n. 196, e successive modificazioni.

21. Utilizzo di guardie armate a bordo degli aeromobili.

1. Ai fini dell'applicazione dell'articolo 17 del Trattato, entro sessanta giorni dalla data di entrata in vigore della presente legge, le competenti autorità nazionali propongono alle competenti autorità delle Parti contraenti e degli altri Stati che hanno aderito al Trattato la stipula di un accordo separato, ai sensi del citato articolo 17, paragrafo 5, anche al fine di integrare le informazioni di cui all'allegato 1 dello stesso Trattato.

2. L'autorizzazione generale di porto d'armi d'ordinanza e di munizioni, di cui all'articolo 18, paragrafo 1, del Trattato, consente il trasporto sul territorio nazionale delle relative armi dall'uscita dall'aeromobile fino al luogo di deposito nelle zone di sicurezza, di cui al medesimo articolo 18, paragrafo 2.

22. Status e poteri dei componenti di operazioni comuni.

1. Ai fini dell'attuazione dell'articolo 24 del Trattato, gli appartenenti agli organi di polizia degli altri Stati contraenti che partecipano sul territorio nazionale ad operazioni comuni, distaccati dalle autorità rispettivamente competenti, possono svolgere le funzioni previste dall'atto costitutivo delle unità miste, sottoscritto dall'autorità di pubblica sicurezza individuata ai sensi dell'articolo 3 della presente legge, nei limiti consentiti dalle disposizioni di legge o di regolamento in vigore nel territorio dello Stato. Agli stessi soggetti, nei medesimi limiti, sono attribuite le funzioni di agente di pubblica sicurezza e di agente di polizia giudiziaria.

2. Salvo che sia diversamente stabilito dall'atto costitutivo, il porto nel territorio dello Stato delle armi e delle attrezzature di cui all'articolo 28 del Trattato è autorizzato ai sensi dell'articolo 9 della legge 21 febbraio 1990, n. 36, e successive modificazioni.

23. Poteri in caso di interventi d'urgenza sul territorio nazionale.

1. Ai fini dell'attuazione dell'articolo 25 del Trattato:

a) la facoltà d'intervento ivi prevista si intende riferita alle situazioni di emergenza in cui un eventuale ritardo rischia di favorire il verificarsi dell'evento dannoso;

b) gli appartenenti agli organi di polizia dello Stato contraente confinante possono utilizzare solo per legittima difesa le medesime armi previste per gli appartenenti alle unità miste di cui all'articolo 22 della presente legge.

2. Nel caso in cui la misura provvisoria del fermo di una persona è disposta, ai sensi dell'articolo 25, paragrafo 1, del Trattato, dagli appartenenti agli organi di polizia dello Stato contraente confinante, si applicano le disposizioni di cui all'articolo 5 della legge 30 settembre 1993, n. 388.

B. Misure patrimoniali

7. D.Lgs. 6 settembre 2011, n. 159. – Codice delle leggi antimafia e delle misure di prevenzione, nonché nuove disposizioni in materia di documentazione antimafia, a norma degli articoli 1 e 2 della legge 13 agosto 2010, n. 136 *(artt. 1-34 ter, 45-49, 52, 66-81)*

In Gazzetta Ufficiale 28 settembre 2011, n. 226, S.O.

LIBRO I
Le misure di prevenzione

TITOLO I
Le misure di prevenzione personali

Capo I
Le misure di prevenzione personali applicate dal questore

1. Soggetti destinatari.

1. I provvedimenti previsti dal presente capo si applicano a:

a) coloro che debbano ritenersi, sulla base di elementi di fatto, abitualmente dediti a traffici delittuosi;
b) coloro che per la condotta ed il tenore di vita debba ritenersi, sulla base di elementi di fatto, che vivono abitualmente, anche in parte, con i proventi di attività delittuose;
c) coloro che per il loro comportamento debba ritenersi, sulla base di elementi di fatto, comprese le reiterate violazioni del foglio di via obbligatorio di cui all'articolo 2, nonché dei divieti di frequentazione di determinati luoghi previsti dalla vigente normativa che sono dediti alla commissione di reati che offendono o mettono in pericolo l'integrità fisica o morale dei minorenni, la sanità, la sicurezza o la tranquillità pubblica [(1)].

(1) Lettera modificata dall'art. 15, co. 1, lett. a), d.l. 20.2.2017, n. 14, conv., con modif., dalla l. 18.4.2017, n. 48.

2. Foglio di via obbligatorio.

1. Qualora le persone indicate nell'articolo 1 siano pericolose per la sicurezza pubblica e si trovino in un comune diverso dai luoghi di residenza o di dimora abituale, il questore, con provvedimento motivato, può ordinare loro di lasciare il territorio del medesimo comune entro un termine non superiore a quarantotto ore, inibendo di farvi ritorno, senza preventiva autorizzazione, per un periodo non inferiore a sei mesi e non superiore a quattro anni. Il provvedimento è efficace nella sola parte in cui dispone il divieto di ritorno nel comune, nel caso in cui, al momento della notifica, l'interessato abbia già lasciato il territorio del comune dal quale il questore ha disposto l'allontanamento [(1)].

(1) Comma sostituito dall'art. 3, co. 2, lett. a), d.l. 15.9.2023, n. 123, conv., con modif., con l. 13.11.2023, n. 159.

3. Avviso orale.

1. Il questore nella cui provincia la persona dimora può avvisare oralmente i soggetti di cui all'articolo 1 che esistono indizi a loro carico, indicando i motivi che li giustificano.

2. Il questore invita la persona a tenere una condotta conforme alla legge e redige il processo verbale dell'avviso al solo fine di dare allo stesso data certa.

3. La persona alla quale è stato fatto l'avviso può in qualsiasi momento chiederne la revoca al questore che provvede nei sessanta giorni successivi. Decorso detto termine senza che il questore abbia provveduto, la richiesta si intende accettata. Entro sessanta giorni dalla comunicazione del provvedimento di rigetto è ammesso ricorso gerarchico al prefetto.

3 bis. L'avviso orale può essere rivolto anche ai soggetti minori di diciotto anni che hanno compiuto il quattordicesimo anno di età. Ai fini dell'avviso orale, il questore convoca il minore, unitamente ad almeno un genitore o ad altra persona esercente la responsabilità genitoriale. Il provvedimento è comunicato al procuratore della Repubblica presso il tribunale per i minorenni del luogo di residenza del minore. Gli effetti dell'avviso orale di cui al presente comma cessano comunque al compimento della maggiore età [(1)].

4. Con l'avviso orale il questore, quando ricorrono le condizioni di cui ai commi 1 e 3-*bis*, può imporre alle persone che risultino definitivamente condannate per delitti non colposi il divieto di possedere o utilizzare, in tutto o in parte, qualsiasi apparato di comunicazione radiotrasmittente, radar e visori notturni, indumenti e accessori per la protezione balistica individuale, mezzi di trasporto blindati o modificati al fine di aumentarne la potenza o la capacità offensiva, ovvero comunque predisposti al fine di sottrarsi ai controlli di polizia, armi a modesta capacità offensiva, riproduzioni di armi di qualsiasi tipo, compresi i giocattoli riproducenti armi, altre armi o strumenti, in libera vendita, in grado di nebulizzare liquidi o miscele irritanti non idonei ad arrecare offesa alle persone, prodotti pirotecnici di qualsiasi tipo, nonché sostanze infiammabili e altri mezzi comunque idonei a provocare lo sprigionarsi delle fiamme, nonché programmi informatici ed altri strumenti di cifratura o crittazione di conversazioni e messaggi [(2)] [(3)].

5. Il questore può, altresì, imporre il divieto di cui al comma 4 ai soggetti sottoposti alla misura della sorveglianza speciale, quando la persona risulti definitivamente condannata per delitto non colposo.

6. Il divieto di cui ai commi 4 e 5 adottato nei confronti di un maggiorenne è opponibile davanti al tribunale in composizione monocratica. Il divieto di cui al comma 4 adottato nei confronti di un minorenne è opponibile davanti al tribunale per i minorenni [4].

6 bis. Nei casi di cui ai commi 1 e 3-*bis*, se il soggetto al quale è notificato l'avviso orale risulta condannato, anche con sentenza non definitiva, per uno o più delitti contro la persona o il patrimonio ovvero inerenti alle armi o alle sostanze stupefacenti, il questore può proporre al tribunale per i minorenni l'applicazione del divieto di utilizzare, in tutto o in parte, piattaforme o servizi informatici e telematici specificamente indicati nonché del divieto di possedere o di utilizzare telefoni cellulari, altri dispositivi per le comunicazioni dati e voce o qualsiasi altro apparato di comunicazione radiotrasmittente, quando il suo utilizzo è servito per la realizzazione o la divulgazione delle condotte che hanno determinato l'avviso orale. Alla persona avvisata oralmente viene notificata la proposta di cui al periodo precedente e data notizia della facoltà di presentare, personalmente o a mezzo di difensore, memorie o deduzioni al giudice competente per l'applicazione del divieto [5].

6 ter. Il giudice, sentito il pubblico ministero, provvede, con decreto motivato, entro trenta giorni dal deposito della proposta di cui al comma 6-*bis*. Il divieto è disposto per una durata non superiore a due anni, con l'individuazione di modalità applicative compatibili con le esigenze di salute, famiglia, lavoro o studio del destinatario del provvedimento. In caso di rigetto della proposta di cui al comma 6-*bis*, è fatto comunque salvo l'avviso orale emesso dal questore [6].

6 quater. Contro il decreto di cui al comma 6-*ter* è proponibile ricorso per cassazione. Il ricorso non sospende l'esecuzione del decreto [7].

(1) Comma introdotto dall'art. 5, co. 1, lett. a), punto 1), d.l. 15.9.2023, n. 123, conv., con modif., con l. 13.11.2023, n. 159.

(2) La Corte Costituzionale, con sent. 12.1.2023, n. 2 ha dichiarato l'illegittimità costituzionale nella parte in cui include i telefoni cellulari tra gli apparati di comunicazione radiotrasmittente di cui il questore può vietare, in tutto o in parte, il possesso o l'utilizzo.

(3) Comma modificato dall'art. 5, co. 1, lett. a), punto 2), d.l. 15.9.2023, n. 123, conv., con modif., con l. 13.11.2023, n. 159.

(4) Comma sostituito dall'art. 5, co. 1, lett. a), punto 2 bis), d.l. 15.9.2023, n. 123, conv., con modif., con l. 13.11.2023, n. 159.

(5) Comma introdotto dall'art. 5, co. 1, lett. a), punto 3), d.l. 15.9.2023, n. 123, conv., con modif., con l. 13.11.2023, n. 159.

(6) Comma introdotto dall'art. 5, co. 1, lett. a), punto 3), d.l. 15.9.2023, n. 123, conv., con modif., con l. 13.11.2023, n. 159.

(7) Comma introdotto dall'art. 5, co. 1, lett. a), punto 3), d.l. 15.9.2023, n. 123, conv., con modif., con l. 13.11.2023, n. 159.

Capo II
Le misure di prevenzione personali applicate dall'autorità giudiziaria

Sezione I
Il procedimento applicativo

4. Soggetti destinatari.

1. I provvedimenti previsti dal presente capo si applicano:

a) agli indiziati di appartenere alle associazioni di cui all'articolo 416-*bis* c.p.;

b) ai soggetti indiziati di uno dei reati previsti dall'articolo 51, comma 3-*bis*, del codice di procedura penale ovvero del delitto di cui all'articolo 12-*quinquies*, comma 1, del decreto-legge 8 giugno 1992, n. 306, convertito, con modificazioni, dalla legge 7 agosto 1992, n. 356, o del delitto di cui all'articolo 418 del codice penale [1];

c) ai soggetti di cui all'articolo 1 [2];

d) agli indiziati di uno dei reati previsti dall'articolo 51, comma 3-*quater*, del codice di procedura penale e a coloro che, operanti in gruppi o isolatamente, pongano in essere atti preparatori, obiettivamente rilevanti, ovvero esecutivi diretti a sovvertire l'ordinamento dello Stato, con la commissione di uno dei reati previsti dal capo I del titolo VI del libro II del codice penale o dagli articoli 284, 285, 286, 306, 438, 439, 605 e 630 dello stesso codice, nonché alla commissione dei reati con finalità di terrorismo anche internazionale ovvero a prendere parte ad un conflitto in territorio estero a sostegno di un'organizzazione che persegue le finalità terroristiche di cui all'articolo 270-*sexies* del codice penale [3];

e) a coloro che abbiano fatto parte di associazioni politiche disciolte ai sensi della legge 20 giugno 1952, n. 645, e nei confronti dei quali debba ritenersi, per il comportamento successivo, che continuino a svolgere una attività analoga a quella precedente;

f) a coloro che compiano atti preparatori, obiettivamente rilevanti, ovvero esecutivi diretti alla ricostituzione del partito fascista ai sensi dell'articolo 1 della legge n. 645 del 1952, in particolare con l'esaltazione o la pratica della violenza [4];

g) fuori dei casi indicati nelle lettere d), e) ed f), siano stati condannati per il delitto di cui all'articolo 421-*bis* del codice penale o per uno dei delitti previsti nella legge 2 ottobre 1967, n. 895, e negli articoli 8 e seguenti della legge 14 ottobre 1974, n. 497, e successive modificazioni, quando debba ritenersi, per il loro comportamento successivo, che siano proclivi a commettere un reato della stessa specie col fine indicato alla lettera d) [5];

h) agli istigatori, ai mandanti e ai finanziatori dei reati indicati nelle lettere precedenti. È finanziatore colui il quale fornisce somme di denaro o altri beni, conoscendo lo scopo cui sono destinati;

i) alle persone indiziate di avere agevolato gruppi o persone che hanno preso parte attiva, in più occasioni, alle manifestazioni di violenza di cui all'articolo 6 della legge 13 dicembre 1989, n. 401, nonché alle persone che, per il loro comportamento, debba ritenersi, anche sulla base della partecipazione in più occasioni alle medesime manifestazioni, ovvero della reiterata applicazione nei loro confronti del divieto previsto dallo stesso articolo, che sono dediti alla commissione di reati che mettono in pericolo l'ordine e la sicurezza pubblica, ovvero l'incolumità delle persone in occasione o a causa dello svolgimento di manifestazioni sportive [6];

i-*bis*) ai soggetti indiziati del delitto di cui all'articolo 640-*bis* o del delitto di cui all'articolo 416 del codice penale, finalizzato alla commissione di taluno dei delitti di cui agli articoli 314, primo comma, 316, 316-*bis*, 316-*ter*, 317, 318, 319, 319-*ter*, 319-*quater*, 320, 321, 322 e 322-*bis* del medesimo codice [7];

i-*ter*) ai soggetti indiziati dei delitti di cui agli articoli 572 e 612-bis del codice penale o dei delitti, consumati o tentati, di cui agli articoli 575, 583, nelle ipotesi aggravate ai sensi dell'articolo 577, primo comma, numero 1, e secondo comma, 583-*quinquies* e 609-*bis* del medesimo codice [8] [9].

(1) Lettera modificata dall'art. 1, co. 1, lett. a), l. 17.10.2017, n. 161.
(2) La Corte costituzionale, con sent. 27.2.2019, n. 24, ha dichiarato l'illegittimità costituzionale della presente lettera nella parte in cui stabilisce che i provvedimenti previsti dal capo II si applichino anche ai soggetti indicati nell'art. 1, lett. a).
(3) Comma modificato art. 4, co. 1, lett. a), d.l. 18.2.2015 n. 7, conv., con modif., dalla l. 17.4.2015, n. 43 e poi sostituito dall'art. 1, co. 1, lett. b), l. 17.10.2017, n. 161.
(4) Lettera modificata dall'art. 1, co. 1, lett. c), l. 17.10.2017, n. 161.
(5) Lettera modificata dall'art. 4, co. 2 sexies, d.l. 15.9.2023, n. 123, conv., con modif., con l. 13.11.2023, n. 159.
(6) Comma modificato dall'art. 4, co. 2, d.l. 22.8.2014 n. 119, conv., con modif., dalla l. 17.10.2014 n.146.
(7) Lettera introdotta dall'art. 1, co. 1, lett. d), l. 17.10.2017, n. 161.
(8) Lettera introdotta dall'art. 1, co. 1, lett. d), l. 17.10.2017, n. 161 e poi modificato dall'art. 9, co. 4, l. 19.7.2019, n. 69.
(9) Questo comma era stato modificato dall'art. 5, co. 2, d.l. 31.10.2022, n. 162, ma la legge di conversione non ha confermato la modifica.

5. Titolarità della proposta. Competenza.

1. Nei confronti delle persone indicate all'articolo 4 possono essere proposte dal questore, dal procuratore nazionale antimafia e antiterrorismo, dal procuratore della Repubblica presso il tribunale del capoluogo di distretto ove dimora la persona e dal direttore della Direzione investigativa antimafia le misure di prevenzione della sorveglianza speciale di pubblica sicurezza e dell'obbligo di soggiorno nel comune di residenza o di dimora abituale [1].

2. Nei casi previsti dall'articolo 4, comma 1, lettere c), i), i-*bis*) e i-*ter*), le funzioni e le competenze spettanti al procuratore della Repubblica presso il tribunale del capoluogo del distretto sono attribuite anche al procuratore della Repubblica presso il tribunale nel cui circondario dimora la persona previo coordinamento con il procuratore della Repubblica presso il tribunale del capoluogo del distretto; nei medesimi casi, nelle udienze relative ai procedimenti per l'applicazione delle misure di prevenzione le funzioni di pubblico ministero possono essere esercitate anche dal procuratore della Repubblica presso il tribunale competente [2].

3. Salvo quanto previsto al comma 2, nelle udienze relative ai procedimenti per l'applicazione delle misure di prevenzione richieste ai sensi del presente decreto, le funzioni di pubblico ministero sono esercitate dal procuratore della Repubblica di cui al comma 1.

4. La proposta di cui al comma 1 deve essere depositata presso la cancelleria delle sezioni o dei collegi del tribunale del capoluogo del distretto, nel territorio del quale la persona dimora, previsti dal comma 2-*sexies* dell'articolo 7-*bis* dell'ordinamento giudiziario, di cui al regio decreto 30 gennaio 1941, n. 12. Limitatamente ai tribunali di Trapani e Santa Maria Capua Vetere, la proposta di cui al comma 1 è depositata presso la cancelleria delle sezioni o dei collegi specializzati in materia di misure di prevenzione ivi istituiti ai sensi del citato comma 2-*sexies*, ove la persona dimori nel territorio, rispettivamente, delle province di Trapani e di Caserta [3].

(1) Comma modificato dall'art. 20, co. 4, d.l. 18.2.2015, n. 7, conv., con modif., dalla l. 17.4.2015, n. 43.
(2) Comma modificato dall'art. 2, co. 1, lett. a), l. 17.10.2017, n. 161.
(3) Comma sostituito dall'art. 2, co. 1, lett. b), l. 17.10.2017, n. 161 e poi modificato dall'art. 1, co. 458, l. 27.12.2017, n. 205.

6. Tipologia delle misure e loro presupposti.

1. Alle persone indicate nell'articolo 4, quando siano pericolose per la sicurezza pubblica, può essere applicata, nei modi stabiliti negli articoli seguenti, la misura di prevenzione della sorveglianza speciale di pubblica sicurezza.

2. Salvi i casi di cui all'articolo 4, comma 1, lettere a) e b), alla sorveglianza speciale può essere aggiunto, ove le circostanze del caso lo richiedano, il divieto di soggiorno in uno o più comuni, diversi da quelli di residenza o di dimora abituale, o in una o più regioni [1].

3. Nei casi in cui le altre misure di prevenzione non sono ritenute idonee alla tutela della sicurezza pubblica può essere imposto l'obbligo di soggiorno nel comune di residenza o di dimora abituale.

3 bis. Ai fini della tutela della sicurezza pubblica, gli obblighi e le prescrizioni inerenti alla sorveglianza speciale possono essere disposti, con il consenso dell'interessato ed accertata la relativa fattibilità tecnica, anche con le modalità di controllo previste all'articolo 275-*bis* del codice di procedura penale [2].

3 ter. Quando la sorveglianza speciale è applicata ai soggetti indiziati dei delitti di cui all'articolo 4, comma 1, lettera i-*ter*), gli obblighi e le prescrizioni di cui al comma 3-*bis* sono disposti, con il consenso dell interessato e accertata la relativa fattibilità tecnica, con le particolari modalità di controllo previste dall'articolo 275-*bis* del codice di procedura penale. Qualora l'interessato neghi il consenso all'adozione delle modalità di controllo anzidette, la durata della misura non può essere inferiore a tre anni e il tribunale prescrive all'interessato di presentarsi all'autorità di pubblica sicurezza preposta alla sorveglianza nei giorni e negli orari indicati, con cadenza almeno bisettimanale, per tutta la durata della sorveglianza speciale di pubblica sicurezza, e impone, salva diversa valutazione, il divieto o l'obbligo di soggiorno ai sensi dei commi 2 e 3 del presente articolo. In caso di manomissione dei mezzi elettronici e degli altri strumenti tecnici di controllo di cui all'articolo 275-*bis* del codice di procedura penale, la durata della sorveglianza speciale, applicata con le modalità di controllo di cui al secondo periodo, non può essere inferiore a quattro anni. Qualora l'organo delegato per l'esecuzione accerti la non fattibilità tecnica dell'applicazione delle predette modalità di controllo, il tribunale prescrive all'interessato di presentarsi all'autorità di pubblica sicurezza preposta alla sorveglianza nei giorni e negli orari indicati, con cadenza almeno bisettimanale, per tutta la durata della sorveglianza speciale di pubblica sicurezza, e impone, salva diversa valutazione, il divieto o l'obbligo di soggiorno ai sensi dei commi 2 e 3 del presente articolo [3].

(1) Comma sostituito dall'art. 2, co. 2, l. 17.10.2017, n. 161.
(2) Comma introdotto dall'art. 15, co. 1, lett. b), d.l. 20.2.2017, n. 14, conv., con modif., dalla l. 18.4.2017, n. 48 e poi modificato dall'art. 2, co. 1, lett. b), n. 1), l. 24.11.2023, n. 168.
(3) Comma introdotto dall'aer. 2, co. 1, lett. b), n. 2), l. 24.11.2023, n. 168.

7. Procedimento applicativo.

1. Il tribunale provvede, con decreto motivato, entro trenta giorni dal deposito della proposta. L'udienza si svolge senza la presenza del pubblico. Il presidente dispone che il procedimento si svolga in pubblica udienza quando l'interessato ne faccia richiesta. [1]

2. Il presidente fissa la data dell'udienza e ne fa dare avviso alle parti, alle altre persone interessate e ai difensori. L'avviso è comunicato o notificato almeno dieci giorni prima della data predetta e contiene la concisa esposizione dei contenuti della proposta. Se l'interessato è privo di difensore, l'avviso è dato a quello di ufficio [2].

3. Fino a cinque giorni prima dell'udienza possono essere presentate memorie in cancelleria.

4. L'udienza si svolge con la partecipazione necessaria del difensore e del pubblico ministero. Gli altri destinatari dell'avviso sono sentiti se compaiono. Se l'interessato è detenuto o internato in luogo posto fuori della circoscrizione del giudice e ne fa tempestiva richiesta, la partecipazione all'udienza è assicurata a distanza mediante collegamento audiovisivo ai sensi dell'articolo 146-*bis*, commi 3, 4, 5, 6 e 7, delle norme di attuazione, di coordinamento e transitorie del codice di procedura penale, di cui al decreto legislativo 28 luglio 1989, n. 271, salvo che il collegio ritenga necessaria la presenza della parte. Il presidente dispone altresì la traduzione dell'interessato detenuto o internato in caso di indisponibilità di mezzi tecnici idonei [3].

4 bis. Il tribunale, dopo l'accertamento della regolare costituzione delle parti, ammette le prove rilevanti, escludendo quelle vietate dalla legge o superflue [4].

5. L'udienza è rinviata se sussiste un legittimo impedimento dell'interessato che ha chiesto di essere sentito personalmente e che non sia detenuto o internato in luogo diverso da quello in cui ha sede il giudice. L'udienza è rinviata anche se sussiste un legittimo impedimento del difensore [5].

6. Ove l'interessato non intervenga e occorra la sua presenza per essere sentito, il presidente lo invita a comparire, avvisandolo che avrà la facoltà di non rispondere [6].

7. Le disposizioni dei commi 2, 4, primo, secondo e terzo periodo, e 5, sono previste a pena di nullità.

8. Qualora il tribunale debba sentire soggetti informati su fatti rilevanti per il procedimento, il presidente del collegio può disporre l'esame a distanza nei casi e nei modi indicati all'articolo 147-*bis*, comma 2, delle norme di attuazione, di coordinamento e transitorie del codice di procedura penale, di cui al decreto legislativo 28 luglio 1989, n. 271 [7] [8].

9. Per quanto non espressamente previsto dal presente decreto, si applicano, in quanto compatibili, le disposizioni contenute nell'articolo 666 del codice di procedura penale.

10. Le comunicazioni di cui al presente titolo possono essere effettuate con le modalità previste dal decreto legislativo 7 marzo 2005, n. 82.

10 bis. Le questioni concernenti la competenza per territorio devono essere rilevate o eccepite, a pena di decadenza, alla prima udienza e comunque subito dopo l'accertamento della regolare costituzione delle parti e il tribunale le decide immediatamente [9].

10 ter. Il tribunale, se ritiene la propria incompetenza, la dichiara con decreto e ordina la trasmissione degli atti al procuratore della Repubblica presso il tribunale competente; la declaratoria di incompetenza non produce l'inefficacia degli elementi già acquisiti. Le disposizioni del comma 10-*bis* si applicano anche qualora la proposta sia stata avanzata da soggetti non legittimati ai sensi dell'articolo 5 [10].

10 quater. Quando il tribunale dispone ai sensi del comma 10-*ter*, il sequestro perde efficacia se, entro venti giorni dal deposito del provvedimento che pronuncia l'incompetenza, il tribunale competente non provvede ai sensi dell'articolo 20. Il termine previsto dall'articolo 24, comma 2, decorre nuovamente dalla data del decreto di sequestro emesso dal tribunale competente [11].

10 quinquies. Il decreto di accoglimento, anche parziale, della proposta pone a carico del proposto il pagamento delle spese processuali [12].

10 sexies. Il decreto del tribunale è depositato in cancelleria entro quindici giorni dalla conclusione dell'udienza [13].

10 septies. Quando la stesura della motivazione è particolarmente complessa, il tribunale, se ritiene di non poter depositare il decreto nel termine previsto dal comma 10-*sexies*, dopo le conclusioni delle parti, può indicare un termine più lungo, comunque non superiore a novanta giorni [14].

10 octies. Al decreto del tribunale si applicano le disposizioni di cui all'articolo 154 delle norme di attuazione, di coordinamento e transitorie del codice di procedura penale, di cui al decreto legislativo 28 luglio 1989, n. 271 [15].

(1) Comma sostituito dall'art. 2, co. 3, lett. a), l. 17.10.2017, n. 161.
(2) Comma sostituito dall'art. 2, co. 3, lett. a), l. 17.10.2017, n. 161.
(3) Comma sostituito dall'art. 2, co. 3, lett. b), l. 17.10.2017, n. 161.
(4) Comma introdotto dall'art. 2, co. 3, lett. b), l. 17.10.2017, n. 161.
(5) Comma modificato dall'art. 2, co. 3, lett. c), l. 17.10.2017, n. 161.

(6) Comma sostituito dall'art. 2, co. 3, lett. d), l. 17.10.2017, n. 161.
(7) Secondo quanto previsto dall'art. 1, co. 80, l. 23.6.2017, n. 103, questo comma è sostituito dal seguente: «*8. Per l'esame dei testimoni si applicano le disposizioni degli articoli 146-bis e 147-bis delle norme di attuazione, di coordinamento e transitorie del codice di procedura penale*». Il co. 81 della l. n. 103/217 ha previsto che tale disposizione acquista efficacia decorso un anno dalla pubblicazione della l. 103/2017 nella Gazzetta Ufficiale. L'art. 2, co. 2, d.l. 25.7.2018, n. 91, conv., con modif., in l. 21.9.2018, n. 108, ha poi previsto che l'efficacia delle disposizioni di cui all'art. 1, co. 80, l. 23.6.2017, n. 103, è sospesa dal 26.7.2018 fino al 15.2.2019.
(8) Comma sostituito dall'art. 2, co. 3, lett. e), l. 17.10.2017, n. 161.
(9) Comma introdotto dall'art. 2, co. 3, lett. f), l. 17.10.2017, n. 161.
(10) Comma introdotto dall'art. 2, co. 3, lett. f), l. 17.10.2017, n. 161.
(11) Comma introdotto dall'art. 2, co. 3, lett. f), l. 17.10.2017, n. 161.
(12) Comma introdotto dall'art. 2, co. 3, lett. f), l. 17.10.2017, n. 161.
(13) Comma introdotto dall'art. 2, co. 3, lett. f), l. 17.10.2017, n. 161.
(14) Comma introdotto dall'art. 2, co. 3, lett. f), l. 17.10.2017, n. 161.
(15) Comma introdotto dall'art. 2, co. 3, lett. f), l. 17.10.2017, n. 161.

8. Decisione.

1. Il provvedimento del tribunale stabilisce la durata della misura di prevenzione che non può essere inferiore ad un anno né superiore a cinque.

2. Qualora il tribunale disponga l'applicazione di una delle misure di prevenzione di cui all'articolo 6, nel provvedimento sono determinate le prescrizioni che la persona sottoposta a tale misura deve osservare.

3. A tale scopo, qualora la misura applicata sia quella della sorveglianza speciale di pubblica sicurezza e si tratti di persona indiziata di vivere con il provento di reati, il tribunale prescrive di darsi, entro un congruo termine, alla ricerca di un lavoro, di fissare la propria dimora, di farla conoscere nel termine stesso all'autorità di pubblica sicurezza e di non allontanarsene senza preventivo avviso all'autorità medesima.

4. In ogni caso, prescrive di vivere onestamente, di rispettare le leggi, e di non allontanarsi dalla dimora senza preventivo avviso all'autorità locale di pubblica sicurezza; prescrive, altresì, di non associarsi abitualmente alle persone che hanno subito condanne e sono sottoposte a misure di prevenzione o di sicurezza, di non accedere agli esercizi pubblici e ai locali di pubblico trattenimento, anche in determinate fasce orarie, di non rincasare la sera più tardi e di non uscire la mattina più presto di una data ora e senza comprovata necessità e, comunque, senza averne data tempestiva notizia all'autorità locale di pubblica sicurezza, di non detenere e non portare armi, di non partecipare a pubbliche riunioni [(1)].

5. Inoltre, può imporre tutte le prescrizioni che ravvisi necessarie, avuto riguardo alle esigenze di difesa sociale, e, in particolare, il divieto di soggiorno in uno o più comuni o in una o più regioni, ovvero, con riferimento ai soggetti di cui all'articolo 1, comma 1, lettera c), il divieto di avvicinarsi a determinati luoghi, frequentati abitualmente dalle persone cui occorre prestare protezione o da minori. Con riferimento ai soggetti di cui all'articolo 4, comma 1, lettera i-*ter*), il tribunale impone il divieto di avvicinarsi a determinati luoghi, frequentati abitualmente dalle persone cui occorre prestare protezione, e l'obbligo di mantenere una determinata distanza, non inferiore a cinquecento metri, da tali luoghi e da tali persone. Quando la frequentazione dei luoghi di cui al periodo precedente sia necessaria per motivi di lavoro o per altre comprovate esigenze, il tribunale prescrive le relative modalità e può imporre ulteriori limitazioni [(2)].

6. Qualora sia applicata la misura dell'obbligo di soggiorno nel comune di residenza o di dimora abituale o del divieto di soggiorno, può essere inoltre prescritto:

1) di non andare lontano dall'abitazione scelta senza preventivo avviso all'autorità preposta alla sorveglianza;
2) di presentarsi all'autorità di pubblica sicurezza preposta alla sorveglianza nei giorni indicati ed a ogni chiamata di essa.

7. Alle persone di cui al comma 6 è consegnata una carta di permanenza da portare con sé e da esibire ad ogni richiesta degli ufficiali ed agenti di pubblica sicurezza.

8. Il provvedimento è comunicato al procuratore della Repubblica, al procuratore generale presso la Corte di appello ed all'interessato e al suo difensore [(3)].

(1) Comma modificato dall'art. 21, co. 1 quater, d.l. 4.10.2018, n. 113, conv., con modif., dalla l. 1.12.2018, n. 132.
(2) Comma modificato dall'art. 6, co. 1, l. 1°.10.2012, n. 172 e poi sostituito dall'art. 2, co. 4, lett. a), l. 17.10.2017, n. 161 e, infine, modificato dall'art. 2, co. 1, lett. c), l. 24.11.2023, n. 168.
(3) Comma modificato dall'art. 2, co. 4, lett. b), l. 17.10.2017, n. 161 e poi dall'art. 9, co. 5, l. 19.7.2019, n. 69.

9. Provvedimenti d'urgenza.

1. Se la proposta riguarda la misura della sorveglianza speciale con l'obbligo o il divieto di soggiorno, il presidente del tribunale, con decreto, nella pendenza del procedimento di cui all'articolo 7, può disporre il temporaneo ritiro del passaporto e la sospensione della validità ai fini dell'espatrio di ogni altro documento equipollente.

2. Nel caso in cui sussistano motivi di particolare gravità, può altresì disporre che alla persona denunciata sia imposto, in via provvisoria, l'obbligo o il divieto di soggiorno fino a quando non sia divenuta esecutiva la misura di prevenzione. Se la proposta della sorveglianza speciale riguarda i soggetti indiziati dei delitti di cui all'articolo 4, comma 1, lettera i-*ter*), e sussistono motivi di particolare gravità, il presidente del tribunale, con decreto, nella pendenza del procedimento di cui all'articolo 7, può disporre la temporanea applicazione, con le particolari modalità di controllo previste dall'articolo 275-*bis* del codice di procedura penale, previo accertamento della relativa fattibilità tecnica, del divieto di avvicinarsi alle persone cui occorre prestare protezione o a determinati luoghi da esse abitualmente frequentati e dell'obbligo di mantenere una determinata distanza, non inferiore a cinquecento metri, da tali luoghi e da tali persone, fino a quando non sia divenuta esecutiva la misura di prevenzione della sorveglianza speciale. Qualora l'interessato neghi il consenso all'adozione delle modalità di controllo anzidette o l'organo delegato per l'esecuzione accerti la non fattibilità tecnica delle citate modalità di controllo, il presidente del tribunale impone all'interessato, in via provvisoria, di presentarsi all'autorità di pubblica sicurezza preposta alla sorveglianza nei giorni e negli orari indicati, con cadenza almeno bisettimanale, fino a quando non sia divenuta esecutiva la misura di prevenzione. Quando la frequentazione dei luoghi di cui al secondo periodo sia necessaria per motivi di lavoro o per altre comprovate esigenze, il presidente del tribunale prescrive le relative modalità e può imporre ulteriori limitazioni [(1)].

2 bis. Nei casi di necessità e urgenza, il Questore, all'atto della presentazione della proposta di applicazione delle misure di prevenzione della sorveglianza speciale e dell'obbligo di soggiorno nel comune di residenza o di dimora abituale nei confronti delle persone di cui all'articolo 4, comma 1, lettera d), può disporre il temporaneo ritiro del passaporto e la sospensione della validità ai fini dell'espatrio di ogni altro documento equipollente. Il temporaneo ritiro del passaporto e la sospensione della validità ai fini dell'espatrio di ogni altro documento equipollente sono comunicati immediatamente al procuratore della Repubblica presso il tribunale del capoluogo del distretto ove dimora la persona, il quale, se non ritiene di disporne la cessazione, ne richiede la convalida, entro quarantotto ore, al presidente del tribunale del capoluogo della provincia in cui la persona dimora che provvede nelle successive quarantotto ore con le modalità di cui al comma 1. Il ritiro del passaporto e la sospensione della validità ai fini dell'espatrio di ogni altro documento equipollente cessano di avere effetto se la convalida non interviene nelle novantasei ore successive alla loro adozione [(2)].

(1) Comma modificato dall'art. 2, co. 1, lett. d), l. 24.11.2023, n. 168.
(2) Comma introdotto dall'art. 4, co. 1, lett. b), d.l. 18.2.2015 n. 7, conv., con modif., con l. 17.4.2015, n. 43.

Sezione II
Le impugnazioni

10. Impugnazioni.

1. Il procuratore della Repubblica, il procuratore generale presso la corte di appello e l'interessato e il suo difensore hanno facoltà di proporre ricorso alla corte d'appello, anche per il merito [(1)].

1 bis. Il procuratore della Repubblica, senza ritardo, trasmette il proprio fascicolo al procuratore generale presso la corte di appello competente per il giudizio di secondo grado. Al termine del procedimento di primo grado, il procuratore della Repubblica forma un fascicolo nel quale vengono raccolti tutti gli elementi investigativi e probatori eventualmente sopravvenuti dopo la decisione del tribunale. Gli atti inseriti nel predetto fascicolo sono portati immediatamente a conoscenza delle parti, mediante deposito nella segreteria del procuratore generale [(2)].

2. Il ricorso non ha effetto sospensivo e deve essere proposto entro dieci giorni dalla comunicazione del provvedimento. La corte d'appello provvede, con decreto motivato, entro trenta giorni dalla proposizione del ricorso. L'udienza si svolge senza la presenza del pubblico. Il presidente dispone che il procedimento si svolga in pubblica udienza quando l'interessato ne faccia richiesta.

2 bis. La corte di appello annulla il decreto di primo grado qualora riconosca che il tribunale era incompetente territorialmente e l'incompetenza sia stata riproposta nei motivi di impugnazione e ordina la trasmissione degli atti al procuratore della Repubblica competente; la declaratoria di incompetenza non produce l'inefficacia degli elementi già acquisiti. Si applica l'articolo 7, comma 10-*quater*, primo periodo [(3)].

2 ter. Le disposizioni del comma 2-*bis* si applicano anche qualora la proposta sia stata avanzata da soggetti non legittimati ai sensi dell'articolo 5 e l'eccezione sia stata riproposta nei motivi di impugnazione [(4)].

2 quater. In caso di conferma del decreto impugnato, la corte di appello pone a carico della parte privata che ha proposto l'impugnazione il pagamento delle spese processuali [(5)].

3. Avverso il decreto della corte d'appello, è ammesso ricorso in cassazione per violazione di legge, da parte del pubblico ministero e dell'interessato e del suo difensore, entro dieci giorni. La Corte di cassazione provvede, in camera di consiglio, entro trenta giorni dal ricorso. Il ricorso non ha effetto sospensivo [(6)].

3 bis. In caso di ricorso per cassazione si applicano le disposizioni dei commi 2-*bis* e 2-*ter*, ove ricorrano le ipotesi ivi previste [(7)].

4. Salvo quando è stabilito nel presente decreto, per la proposizione e la decisione dei ricorsi, si osservano in quanto applicabili, le norme del codice di procedura penale riguardanti la proposizione e la decisione dei ricorsi relativi all'applicazione delle misure di sicurezza.

(1) Comma modificato dall'art. 3, co. 1, lett. a), l. 17.10.2017, n. 161.
(2) Comma introdotto dall'art. 3, co. 1, lett. b), l. 17.10.2017, n. 161.
(3) Comma introdotto dall'art. 3, co. 1, lett. c), l. 17.10.2017, n. 161.
(4) Comma introdotto dall'art. 3, co. 1, lett. c), l. 17.10.2017, n. 161.
(5) Comma introdotto dall'art. 24, co. 1, lett. a), d.l. 4.10.2018, n. 113, conv., con modif., dalla l. 1.12.2018, n. 132.
(6) Comma modificato dall'art. 3, co. 1, lett. d), l. 17.10.2017, n. 161.
(7) Comma introdotto dall'art. 3, co. 1, lett. e), l. 17.10.2017, n. 161.

Sezione III
L'esecuzione

11. Esecuzione.

1. Il provvedimento di applicazione delle misure di prevenzione è comunicato al questore per l'esecuzione.

2. Il provvedimento stesso, su istanza dell'interessato e sentita l'autorità di pubblica sicurezza che lo propose, può essere revocato o modificato dall'organo dal quale fu emanato, quando sia cessata o mutata la causa che lo ha determinato. Il provvedimento può essere altresì modificato, anche per l'applicazione del divieto o dell'obbligo di soggiorno, su richiesta dell'autorità proponente, quando ricorrono gravi esigenze di ordine e sicurezza pubblica o quando la persona sottoposta alla sorveglianza speciale abbia ripetutamente violato gli obblighi inerenti alla misura.

3. Il ricorso contro il provvedimento di revoca o di modifica non ha effetto sospensivo.

4. Nel caso di modificazione del provvedimento o di taluna delle prescrizioni per gravi esigenze di ordine e sicurezza pubblica, ovvero per violazione degli obblighi inerenti alla sorveglianza speciale, il presidente del tribunale può, nella pendenza del procedimento, disporre con decreto l'applicazione provvisoria della misura, delle prescrizioni o degli obblighi richiesti con la proposta.

12. Autorizzazione ad allontanarsi dal comune di residenza o dimora abituale.

1. Quando ricorrono gravi e comprovati motivi di salute, le persone sottoposte all'obbligo di soggiorno possono essere autorizzate a recarsi in un luogo determinato fuori del comune di residenza o di dimora abituale, ai fini degli accertamenti sanitari e delle cure indispensabili, allontanandosi per un periodo non superiore ai dieci giorni, oltre al tempo necessario per il viaggio. L'autorizzazione può essere concessa, nel medesimo limite temporale, anche quando ricorrono gravi e comprovati motivi di famiglia che rendano assolutamente necessario ed urgente l'allontanamento dal luogo di soggiorno coatto.

2. La domanda dell'interessato deve essere proposta al presidente del tribunale competente ai sensi dell'articolo 5.

3. Il tribunale, dopo aver accertato la veridicità delle circostanze allegate dall'interessato, provvede in camera di consiglio con decreto motivato.

4. Nei casi di assoluta urgenza la richiesta può essere presentata al presidente del tribunale competente ai sensi dell'articolo 5, il quale può autorizzare il richiedente ad allontanarsi per un periodo non superiore a tre giorni, oltre al tempo necessario per il viaggio.

5. Il decreto previsto dai commi 3 e 4 è comunicato al procuratore della Repubblica ed all'interessato che possono proporre ricorso per cassazione per violazione di legge. Il ricorso non ha effetto sospensivo.

6. Del decreto è altresì data notizia all'autorità di pubblica sicurezza che esercita la vigilanza sul soggiornante obbligato, la quale provvede ad informare quella del luogo dove l'interessato deve recarsi e a disporre le modalità e l'itinerario del viaggio.

13. Rapporti della sorveglianza speciale con le misure di sicurezza e la libertà vigilata.

1. Quando sia stata applicata una misura di sicurezza detentiva o la libertà vigilata, durante la loro esecuzione non si può far luogo alla sorveglianza speciale; se questa sia stata pronunciata, ne cessano gli effetti.

14. Decorrenza e cessazione della sorveglianza speciale.

1. La sorveglianza speciale comincia a decorrere dal giorno in cui il decreto è comunicato all'interessato e cessa di diritto allo scadere del termine nel decreto stesso stabilito, se il sorvegliato speciale non abbia, nel frattempo, commesso un reato.

2. Se nel corso del termine stabilito il sorvegliato commette un reato per il quale riporti successivamente condanna e la sorveglianza speciale non debba cessare, il tribunale verifica d'ufficio se la commissione di tale reato possa costituire indice della persistente pericolosità dell'agente; in tale caso il termine ricomincia a decorrere dal giorno nel quale è scontata la pena.

2 bis. L'esecuzione della sorveglianza speciale resta sospesa durante il tempo in cui l'interessato è sottoposto alla misura della custodia cautelare. In tal caso, salvo quanto stabilito dal comma 2, il termine di durata della misura di prevenzione continua a decorrere dal giorno nel quale è cessata la misura cautelare, con redazione di verbale di sottoposizione agli obblighi (1).

2 ter. L'esecuzione della sorveglianza speciale resta sospesa durante il tempo in cui l'interessato è sottoposto a detenzione per espiazione di pena. Dopo la cessazione dello stato di detenzione, se esso si è protratto per almeno due anni, il tribunale verifica, anche d'ufficio, sentito il pubblico ministero che ha esercitato le relative funzioni nel corso della trattazione camerale, la persistenza della pericolosità sociale dell'interessato, assumendo le necessarie informazioni presso l'amministrazione penitenziaria e l'autorità di pubblica sicurezza, nonché presso gli organi di polizia giudiziaria. Al relativo procedimento si applica, in quanto compatibile, il disposto dell'articolo 7. Se persiste la pericolosità sociale, il tribunale emette decreto con cui ordina l'esecuzione della misura di prevenzione, il cui termine di durata continua a decorrere dal giorno in cui il decreto stesso è comunicato all'interessato, salvo quanto stabilito dal comma 2 del presente articolo. Se invece la pericolosità sociale è cessata, il tribunale emette decreto con cui revoca il provvedimento di applicazione della misura di prevenzione (2).

(1) Comma introdotto dall'art. 4, co. 1, l. 17.10.2017, n. 161.
(2) Comma introdotto dall'art. 4, co. 1, l. 17.10.2017, n. 161.

15. Rapporti dell'obbligo di soggiorno con la detenzione, le misure di sicurezza e la libertà vigilata (1).

1. Il tempo trascorso in custodia cautelare seguita da condanna o in espiazione di pena detentiva, anche se per effetto di conversione di pena pecuniaria, non è computato nella durata dell'obbligo del soggiorno.

2. L'obbligo del soggiorno cessa di diritto se la persona obbligata è sottoposta a misura di sicurezza detentiva. Se alla persona obbligata a soggiornare è applicata la libertà vigilata, la persona stessa vi è sottoposta dopo la cessazione dell'obbligo del soggiorno.

(1) La Corte costituzionale, con sentenza 6.12.2013, n. 291, ha dichiarato, in applicazione dell'art. 27, l. 11.3.1953, n. 87, l'illegittimità costituzionale del presente art., nella parte in cui non prevede che, nel caso in cui l'esecuzione di una misura di prevenzione personale resti sospesa a causa dello stato di detenzione per espiazione di pena della persona ad essa sottoposta, l'organo che ha adottato il provvedimento di applicazione debba valutare, anche d'ufficio, la persistenza della pericolosità sociale dell'interessato nel momento dell'esecuzione della misura.

TITOLO II
Le misure di prevenzione patrimoniali

Capo I
Il procedimento applicativo

16. Soggetti destinatari [(1)].

1. Le disposizioni contenute nel presente titolo si applicano:

a) ai soggetti di cui all'articolo 4;

b) alle persone fisiche e giuridiche segnalate al Comitato per le sanzioni delle Nazioni Unite, o ad altro organismo internazionale competente per disporre il congelamento di fondi o di risorse economiche, quando vi sono fondati elementi per ritenere che i fondi o le risorse possano essere dispersi, occultati o utilizzati per il finanziamento di organizzazioni o attività terroristiche, anche internazionali.

2. Nei confronti dei soggetti di cui all'articolo 4, comma 1, lettera i), la misura di prevenzione patrimoniale della confisca può essere applicata relativamente ai beni, nella disponibilità dei medesimi soggetti, che possono agevolare, in qualsiasi modo, le attività di chi prende parte attiva a fatti di violenza in occasione o a causa di manifestazioni sportive. Il sequestro effettuato nel corso di operazioni di polizia dirette alla prevenzione delle predette manifestazioni di violenza è convalidato a norma dell'articolo 22, comma 2.

(1) La Corte costituzionale, con sent. 27.2.2019, n. 24, ha dichiarato l'illegittimità costituzionale del presente art. nella parte in cui stabilisce che le misure di prevenzione del sequestro e della confisca, disciplinate dagli artt. 20 e 24, si applichino anche ai soggetti indicati nell'art. 1, co. 1, lett. a).

17. Titolarità della proposta.

1. Nei confronti delle persone indicate all'articolo 16 possono essere proposte dal procuratore della Repubblica presso il tribunale del capoluogo del distretto ove dimora la persona, dal procuratore nazionale antimafia e antiterrorismo, dal questore o dal direttore della Direzione investigativa antimafia le misure di prevenzione patrimoniali di cui al presente titolo. [(1)]

2. Nei casi previsti dall'articolo 4, comma 1, lettere c), i), i-*bis*) e i-*ter*), le funzioni e le competenze spettanti al procuratore della Repubblica presso il tribunale del capoluogo del distretto sono attribuite anche al procuratore della Repubblica presso il tribunale nel cui circondario dimora la persona, previo coordinamento con il procuratore della Repubblica presso il tribunale del capoluogo del distretto. Nei medesimi casi, nelle udienze relative ai procedimenti per l'applicazione delle misure di prevenzione, le funzioni di pubblico ministero possono essere esercitate anche dal procuratore della Repubblica presso il tribunale competente [(2)].

3. Salvo quanto previsto al comma 2, nelle udienze relative ai procedimenti per l'applicazione delle misure di prevenzione richieste ai sensi del presente decreto, le funzioni di pubblico ministero sono esercitate dal procuratore della Repubblica di cui al comma 1.

3 bis. Il procuratore della Repubblica presso il tribunale del capoluogo del distretto, attraverso il raccordo informativo con il questore e con il direttore della Direzione investigativa antimafia relativamente alle misure di prevenzione di cui al presente titolo, cura che non si arrechi pregiudizio alle attività di indagine condotte anche in altri procedimenti. A tal fine, il questore territorialmente competente e il direttore della Direzione investigativa antimafia sono tenuti a:

a) dare immediata comunicazione dei nominativi delle persone fisiche e giuridiche nei cui confronti sono disposti gli accertamenti personali o patrimoniali previsti dall'articolo 19;

b) tenere costantemente aggiornato e informato il procuratore della Repubblica presso il tribunale del capoluogo del distretto sullo svolgimento delle indagini;

c) dare comunicazione sintetica per iscritto della proposta al procuratore della Repubblica presso il tribunale del capoluogo del distretto almeno dieci giorni prima della sua presentazione al tribunale. Il procuratore nei dieci giorni successivi comunica all'autorità proponente l'eventuale sussistenza di pregiudizi per le indagini preliminari in corso. In tali casi, il procuratore concorda con l'autorità proponente modalità per la presentazione congiunta della proposta [(3)];

[d) trasmettere al procuratore della Repubblica presso il tribunale del capoluogo del distretto, ove ritengano che non sussistano i presupposti per l'esercizio dell'azione di prevenzione, provvedimento motivato entro dieci giorni dall'adozione dello stesso [(4)].] [(5)]

(1) Comma modificato dall'art. 4, co. 1, lett. b bis), d.l. 18.2.2015 n. 7, conv., con modif., dalla l. 17.4.2015, n. 43 e poi sostituito dall'art. 5, co. 1, lett. a), l. 17.10.2017, n. 161.
(2) Comma sostituito dall'art. 5, co. 1, lett. b), l. 17.10.2017, n. 161.
(3) Lettera modificata dall'art. 24, co. 1, lett. b), n. 1), d.l. 4.10.2018, n. 113, conv., con modif., dalla l. 1.12.2018, n. 132.
(4) Comma introdotto dall'art. 5, co. 1, lett. c), l. 17.10.2017, n. 161.
(5) Lettera abrogata dall'art. 24, co. 1, lett. b), n. 2), d.l. 4.10.2018, n. 113, conv., con modif., dalla l. 1.12.2018, n. 132.

18. Applicazione delle misure di prevenzione patrimoniali. Morte del proposto.

1. Le misure di prevenzione personali e patrimoniali possono essere richieste e applicate disgiuntamente e, per le misure di prevenzione patrimoniali, indipendentemente dalla pericolosità sociale del soggetto proposto per la loro applicazione al momento della richiesta della misura di prevenzione.

2. Le misure di prevenzione patrimoniali possono essere disposte anche in caso di morte del soggetto proposto per la loro applicazione. In tal caso il procedimento prosegue nei confronti degli eredi o comunque degli aventi causa.

3. Il procedimento di prevenzione patrimoniale può essere iniziato anche in caso di morte del soggetto nei confronti del quale potrebbe essere disposta la confisca; in tal caso la richiesta di applicazione della misura di prevenzione può essere proposta nei riguardi dei successori a titolo universale o particolare entro il termine di cinque anni dal decesso.

4. Il procedimento di prevenzione patrimoniale può essere iniziato o proseguito anche in caso di assenza, residenza o dimora all'estero della persona alla quale potrebbe applicarsi la misura di prevenzione, su proposta dei soggetti di cui all'articolo 17 competenti per il luogo di ultima dimora dell'interessato, relativamente ai beni che si ha motivo di ritenere che siano il frutto di attività illecite o ne costituiscano il reimpiego.

5. Agli stessi fini il procedimento può essere iniziato o proseguito allorché la persona è sottoposta ad una misura di sicurezza detentiva o alla libertà vigilata.

19. Indagini patrimoniali.

1. I soggetti di cui all'articolo 17, commi 1 e 2, procedono, anche a mezzo della guardia di finanza o della polizia giudiziaria, ad indagini sul tenore di vita, sulle disponibilità finanziarie e sul patrimonio dei soggetti indicati all'articolo 16 nei cui confronti possa essere proposta la misura di prevenzione della sorveglianza speciale della pubblica sicurezza con o senza divieto od obbligo di soggiorno, nonché, avvalendosi della guardia di finanza o della polizia giudiziaria, ad indagini sull'attività economica facente capo agli stessi soggetti allo scopo anche di individuare le fonti di reddito.

2. I soggetti di cui al comma 1 accertano, in particolare, se dette persone siano titolari di licenze, di autorizzazioni, di concessioni o di abilitazioni all'esercizio di attività imprenditoriali e commerciali, comprese le iscrizioni ad albi professionali e pubblici registri, se beneficiano di contributi, finanziamenti o mutui agevolati ed altre erogazioni dello stesso tipo, comunque denominate, concesse o erogate da parte dello Stato, degli enti pubblici o dell'Unione europea.

3. Le indagini sono effettuate anche nei confronti del coniuge, dei figli e di coloro che nell'ultimo quinquennio hanno convissuto con i soggetti indicati al comma 1 nonché nei confronti delle persone fisiche o giuridiche, società, consorzi od associazioni, del cui patrimonio i soggetti medesimi risultano poter disporre in tutto o in parte, direttamente o indirettamente.

4. I soggetti di cui all'articolo 17, commi 1 e 2, possono richiedere, direttamente o a mezzo di ufficiali o agenti di polizia giudiziaria, ad ogni ufficio della pubblica amministrazione, ad ogni ente creditizio nonché alle imprese, società ed enti di ogni tipo informazioni e copia della documentazione ritenuta utile ai fini delle indagini nei confronti dei soggetti di cui ai commi 1, 2 e 3. Possono altresì accedere, senza nuovi o maggiori oneri, al Sistema per l'interscambio di flussi dati (SID) dell'Agenzia delle entrate e richiedere quanto ritenuto utile ai fini delle indagini. Previa autorizzazione del procuratore della Repubblica o del giudice procedente, gli ufficiali di polizia giudiziaria possono procedere al sequestro della documentazione di cui al primo periodo con le modalità di cui agli articoli 253, 254, e 255 del codice di procedura penale [(1)].

5. Nel corso del procedimento per l'applicazione di una delle misure di prevenzione iniziato nei confronti delle persone indicate nell'articolo 16, il tribunale, ove necessario, può procedere ad ulteriori indagini oltre quelle già compiute a norma dei commi che precedono.

(1) Comma modificato dall'art. 5, co. 2, l. 17.10.2017, n. 161 e, poi, dall'art. 24, co. 1, lett. c), d.l. 4.10.2018, n. 113, conv., con modif., dalla l. 1.12.2018, n. 132.

20. Sequestro [(1)].

1. Il tribunale, anche d'ufficio, con decreto motivato, ordina il sequestro dei beni dei quali la persona nei cui confronti è stata presentata la proposta risulta poter disporre, direttamente o indirettamente, quando il loro valore risulta sproporzionato al reddito dichiarato o all'attività economica svolta ovvero quando, sulla base di sufficienti indizi, si ha motivo di ritenere che gli stessi siano il frutto di attività illecite o ne costituiscano il reimpiego, ovvero dispone le misure di cui agli articoli 34 e 34-*bis* ove ricorrano i presupposti ivi previsti. Il tribunale, quando dispone il sequestro di partecipazioni sociali totalitarie, ordina il sequestro dei relativi beni costituiti in azienda ai sensi degli articoli 2555 e seguenti del codice civile, anche al fine di consentire gli adempimenti previsti dall'articolo 104 delle norme di attuazione, di coordinamento e transitorie del codice di procedura penale, di cui al decreto legislativo 28 luglio 1989, n. 271. In ogni caso il sequestro avente ad oggetto partecipazioni sociali totalitarie si estende di diritto a tutti i beni costituiti in azienda ai sensi degli articoli 2555 e seguenti del codice civile. Nel decreto di sequestro avente ad oggetto partecipazioni sociali il tribunale indica in modo specifico i conti correnti e i beni costituiti in azienda ai sensi degli articoli 2555 e seguenti del codice civile ai quali si estende il sequestro.

2. Prima di ordinare il sequestro o disporre le misure di cui agli articoli 34 e 34-*bis* e di fissare l'udienza, il tribunale restituisce gli atti all'organo proponente quando ritiene che le indagini non siano complete e indica gli ulteriori accertamenti patrimoniali indispensabili per valutare la sussistenza dei presupposti di cui al comma 1 per l'applicazione del sequestro o delle misure di cui agli articoli 34 e 34-*bis*.

3. Il sequestro è revocato dal tribunale quando risulta che esso ha per oggetto beni di legittima provenienza o dei quali l'indiziato non poteva disporre direttamente o indirettamente o in ogni altro caso in cui è respinta la proposta di applicazione della misura di prevenzione patrimoniale. Il tribunale ordina le trascrizioni e le annotazioni consequenziali nei pubblici registri, nei libri sociali e nel registro delle imprese.

4. L'eventuale revoca del provvedimento non preclude l'utilizzazione ai fini fiscali degli elementi acquisiti nel corso degli accertamenti svolti ai sensi dell'articolo 19.

5. Il decreto di sequestro e il provvedimento di revoca, anche parziale, del sequestro sono comunicati, anche in via telematica, all'Agenzia di cui all'articolo 110 subito dopo la loro esecuzione.

(1) Articolo sostituito dall'art. 5, co. 4, l. 17.10.2017, n. 161.

21. Esecuzione del sequestro.

1. Il sequestro è eseguito con le modalità previste dall'articolo 104 del decreto legislativo 28 luglio 1989, n. 271. La polizia giudiziaria, eseguite le formalità ivi previste, procede all'apprensione materiale dei beni e all'immissione dell'amministratore giudiziario nel possesso degli stessi, anche se gravati da diritti reali o personali di godimento, con l'assistenza, ove ritenuto opportuno, dell'ufficiale giudiziario [(1)].

2. Il giudice delegato alla procedura ai sensi dell'articolo 35, comma 1, sentito l'amministratore giudiziario, valutate le circostanze, ordina lo sgombero degli immobili occupati senza titolo ovvero sulla scorta di titolo privo di data certa anteriore al sequestro, mediante l'ausilio della forza pubblica [(2)].

3. Il rimborso delle spese postali e dell'indennità di trasferta spettante all'ufficiale giudiziario è regolato dalla legge 7 febbraio 1979, n. 59.

(1) Comma modificato dall'art. 5, co. 5, lett. a), l. 17.10.2017, n. 161.
(2) Comma sostituito dall'art. 5, co. 5, lett. b), l. 17.10.2017, n. 161.

22. Provvedimenti d'urgenza.

1. Quando vi sia concreto pericolo che i beni di cui si prevede debba essere disposta la confisca vengano dispersi, sottratti od alienati, i soggetti di cui all'articolo 17, commi 1 e 2 possono, unitamente alla proposta, richiedere al presidente del tribunale competente per l'applicazione della misura di prevenzione di disporre anticipatamente il sequestro dei beni prima della fissazione dell'udienza. Il presidente del tribunale provvede con decreto motivato entro cinque giorni dalla richiesta. Il sequestro eventualmente disposto perde efficacia se non convalidato dal tribunale entro trenta giorni dalla proposta.

2. Nel corso del procedimento, a richiesta dei soggetti di cui al comma 1 o degli organi incaricati di svolgere ulteriori indagini a norma dell'articolo 19, comma 5, nei casi di particolare urgenza il sequestro è disposto dal presidente del tribunale con decreto motivato e perde efficacia se non è convalidato dal tribunale nei trenta giorni successivi. Analogamente si procede se, nel corso del procedimento, anche su segnalazione dell'amministratore giudiziario, emerge l'esistenza di altri beni che potrebbero formare oggetto di confisca [(1)].

2 bis. Ai fini del computo del termine per la convalida si tiene conto delle cause di sospensione previste dall'articolo 24, comma 2 [(2)].

(1) Comma modificato dall'art. 5, co. 6, lett. a), l. 17.10.2017, n. 161.
(2) Comma introdotto dall'art. 5, co. 6, lett. b), l. 17.10.2017, n. 161.

23. Procedimento applicativo.

1. Salvo che sia diversamente disposto, al procedimento per l'applicazione di una misura di prevenzione patrimoniale si applicano, in quanto compatibili, le disposizioni dettate dal titolo I, capo II, sezione I.

2. I terzi che risultino proprietari o comproprietari dei beni sequestrati, nei trenta giorni successivi all'esecuzione del sequestro, sono chiamati dal tribunale ad intervenire nel procedimento con decreto motivato che contiene la fissazione dell'udienza in camera di consiglio.

3. All'udienza gli interessati possono svolgere le loro deduzioni con l'assistenza di un difensore, nonché chiedere l'acquisizione di ogni elemento utile ai fini della decisione sulla confisca. Se non ricorre l'ipotesi di cui all'articolo 24 il tribunale ordina la restituzione dei beni ai proprietari.

4. Il comma 2 si applica anche nei confronti dei terzi che vantano diritti reali o personali di godimento nonché diritti reali di garanzia sui beni in sequestro. Se non ricorre l'ipotesi di cui all'articolo 26, per la liquidazione dei relativi diritti si applicano le disposizioni di cui al titolo IV del presente libro [(1)].

(1) Comma sostituito dall'art. 5, co. 7, l. 17.10.2017, n. 161.

24. Confisca.

1. Il tribunale dispone la confisca dei beni sequestrati di cui la persona nei cui confronti è instaurato il procedimento non possa giustificare la legittima provenienza e di cui, anche per interposta persona fisica o giuridica, risulti essere titolare o avere la disponibilità a qualsiasi titolo in valore sproporzionato al proprio reddito, dichiarato ai fini delle imposte sul reddito, o alla propria attività economica, nonché dei beni che risultino essere frutto di attività illecite o ne costituiscano il reimpiego. In ogni caso il proposto non può giustificare la legittima provenienza dei beni adducendo che il denaro utilizzato per acquistarli sia provento o reimpiego dell'evasione fiscale. Se il tribunale non dispone la confisca, può applicare anche d'ufficio le misure di cui agli articoli 34 e 34-*bis* ove ricorrano i presupposti ivi previsti [(1)].

1 bis. Il tribunale, quando dispone la confisca di partecipazioni sociali totalitarie, ordina la confisca anche dei relativi beni costituiti in azienda ai sensi degli articoli 2555 e seguenti del codice civile. Nel decreto di confisca avente ad oggetto partecipazioni sociali il tribunale indica in modo specifico i conti correnti e i beni costituiti in azienda ai sensi degli articoli 2555 e seguenti del codice civile ai quali si estende la confisca [(2)].

2. Il provvedimento di sequestro perde efficacia se il tribunale non deposita il decreto che pronuncia la confisca entro un anno e sei mesi dalla data di immissione in possesso dei beni da parte dell'amministratore giudiziario. Nel caso di indagini complesse o compendi patrimoniali rilevanti, il termine di cui al primo periodo può essere prorogato con decreto motivato del tribunale per sei mesi. Ai fini del computo dei termini suddetti, si tiene conto delle cause di sospensione dei termini di durata della custodia cautelare, previste dal codice di procedura penale, in quanto compatibili; il termine resta sospeso per un tempo non superiore a novanta giorni ove sia necessario procedere all'espletamento di accertamenti peritali sui beni dei quali la persona nei cui confronti è iniziato il procedimento risulta poter disporre, direttamente o indirettamente. Il termine resta altresì sospeso per il tempo necessario per la decisione definitiva sull'istanza di ricusazione presentata dal difensore e per il tempo decorrente dalla morte del proposto, intervenuta durante il procedimento, fino all'identificazione e alla citazione dei soggetti previsti dall'articolo 18, comma 2, nonché durante la pendenza dei termini previsti dai commi 10-*sexies*, 10-*septies* e 10-*octies* dell'articolo 7 [(3)].

2 bis. Con il provvedimento di revoca o di annullamento definitivi del decreto di confisca è ordinata la cancellazione di tutte le trascrizioni e le annotazioni [(4)].

3. Il sequestro e la confisca possono essere adottati, su richiesta dei soggetti di cui all'articolo 17, commi 1 e 2, quando ne ricorrano le condizioni, anche dopo l'applicazione di una misura di prevenzione personale. Sulla richiesta provvede lo stesso tribunale che ha disposto la misura di prevenzione personale, con le forme previste per il relativo procedimento e rispettando le disposizioni del presente titolo.

(1) Comma sostituito dall'art. 5, co. 8, lett. a), l. 17.10.2017, n. 161.
(2) Comma introdotto dall'art. 5, co. 8, lett. a), l. 17.10.2017, n. 161.
(3) Comma sostituito dall'art. 1, co. 189, lett. a), l. 24.12.2012, n. 228 e poi dall'art. 5, co. 8, lett. b), l. 17.10.2017, n. 161.
(4) Comma introdotto dall'art. 5, co. 8, lett. b), l. 17.10.2017, n. 161.

25. Sequestro e confisca per equivalente [(1)].

1. Dopo la presentazione della proposta, se non è possibile procedere al sequestro dei beni di cui all'articolo 20, comma 1, perché il proposto non ne ha la disponibilità, diretta o indiretta, anche ove trasferiti legittimamente in qualunque epoca a terzi in buona fede, il sequestro e la confisca hanno ad oggetto altri beni di valore equivalente e di legittima provenienza dei quali il proposto ha la disponibilità, anche per interposta persona.

2. Nei casi di cui all'articolo 18, commi 2 e 3, si procede con le modalità di cui al comma 1 del presente articolo nei riguardi dei soggetti nei cui confronti prosegue o inizia il procedimento con riferimento a beni di legittima provenienza loro pervenuti dal proposto.

(1) Articolo sostituito dall'art. 5, co. 9, lett. a), l. 17.10.2017, n. 161.

26. Intestazione fittizia.

1. Quando accerta che taluni beni sono stati fittiziamente intestati o trasferiti a terzi, con il decreto che dispone la confisca il giudice dichiara la nullità dei relativi atti di disposizione.

2. Ai fini di cui al comma 1, fino a prova contraria si presumono fittizi:

a) i trasferimenti e le intestazioni, anche a titolo oneroso, effettuati nei due anni antecedenti la proposta della misura di prevenzione nei confronti dell'ascendente, del discendente, del coniuge o della persona stabilmente convivente, nonché dei parenti entro il sesto grado e degli affini entro il quarto grado;

b) i trasferimenti e le intestazioni, a titolo gratuito o fiduciario, effettuati nei due anni antecedenti la proposta della misura di prevenzione.

Capo II
Le impugnazioni

27. Comunicazioni e impugnazioni.

1. I provvedimenti con i quali il tribunale dispone la confisca dei beni sequestrati, l'applicazione, il diniego o la revoca del sequestro, il rigetto della richiesta di confisca anche qualora non sia stato precedentemente disposto il sequestro ovvero la restituzione della cauzione o la liberazione delle garanzie o la confisca della cauzione o l'esecuzione sui beni costituiti in garanzia sono comunicati senza indugio al procuratore generale presso la corte di appello, al procuratore della Repubblica e agli interessati [(1)].

2. Per le impugnazioni contro detti provvedimenti si applicano le disposizioni previste dall'articolo 10. I provvedimenti che dispongono la confisca dei beni sequestrati, la confisca della cauzione o l'esecuzione sui beni costituiti in garanzia diventano esecutivi con la definitività delle relative pronunce.

3. I provvedimenti del tribunale che dispongono la revoca del sequestro divengono esecutivi dieci giorni dopo la comunicazione alle parti, salvo che il pubblico ministero, entro tale termine, ne chieda la sospensione alla corte di appello. In tal caso, se la corte entro dieci giorni dalla sua presentazione non accoglie la richiesta, il provvedimento diventa esecutivo; altrimenti la esecutività resta sospesa fino a quando nel procedimento di prevenzione sia intervenuta pronuncia definitiva in ordine al sequestro. Il provvedimento che, accogliendo la richiesta del pubblico ministero, sospende l'esecutività può essere in ogni momento revocato dal giudice che procede.

3 bis. I provvedimenti della corte di appello che, in riforma del decreto di confisca emesso dal tribunale, dispongono la revoca del sequestro divengono esecutivi dieci giorni dopo la comunicazione alle parti, salvo che il procuratore generale, entro tale termine, ne chieda la sospensione alla medesima corte di appello. In tal caso, se la corte entro dieci giorni dalla sua presentazione non accoglie la richiesta, il provvedimento diventa esecutivo; altrimenti l'esecutività resta sospesa fino a quando nel procedimento di prevenzione sia intervenuta pronuncia definitiva [(2)].

4. In caso di impugnazione, il cancelliere presso il giudice investito del gravame dà immediata notizia al tribunale che ha emesso il provvedimento della definitività della pronuncia.

5. Dopo l'esercizio dell'azione di prevenzione, e comunque quando il pubblico ministero lo autorizza, gli esiti delle indagini patrimoniali sono trasmessi al competente nucleo di polizia tributaria della Guardia di Finanza a fini fiscali.

6. In caso di appello, il provvedimento di confisca perde efficacia se la corte d'appello non si pronuncia entro un anno e sei mesi dal deposito del ricorso. Si applica l'articolo 24, comma 2.

6 bis. Nel caso di annullamento del decreto di confisca con rinvio al tribunale, anche ove disposto ai sensi dei commi 2-*bis* e 3-*bis* dell'articolo 10, il termine previsto dal comma 2 dell'articolo 24 decorre nuovamente dalla ricezione degli atti presso la cancelleria del tribunale stesso [(3)].

(1) Comma sostituito dall'art. 6, co. 1, lett. a), l. 17.10.2017, n. 161.
(2) Comma introdotto dall'art. 6, co. 1, lett. b), l. 17.10.2017, n. 161.
(3) Comma introdotto dall'art. 6, co. 1, lett. b), l. 17.10.2017, n. 161.

Capo III
La revocazione della confisca

28. Revocazione della confisca.

1. La revocazione della decisione definitiva sulla confisca di prevenzione può essere richiesta, nelle forme previste dagli articoli 630 e seguenti del codice di procedura penale, in quanto compatibili, alla corte di appello individuata secondo i criteri di cui all'articolo 11 dello stesso codice [(1)]:

a) in caso di scoperta di prove nuove decisive, sopravvenute alla conclusione del procedimento;
b) quando i fatti accertati con sentenze penali definitive, sopravvenute o conosciute in epoca successiva alla conclusione del procedimento di prevenzione, escludano in modo assoluto l'esistenza dei presupposti di applicazione della confisca;
c) quando la decisione sulla confisca sia stata motivata, unicamente o in modo determinante, sulla base di atti riconosciuti falsi, di falsità nel giudizio ovvero di un fatto previsto dalla legge come reato.

2. In ogni caso, la revocazione può essere richiesta solo al fine di dimostrare il difetto originario dei presupposti per l'applicazione della misura.

3. La richiesta di revocazione è proposta, a pena di inammissibilità, entro sei mesi dalla data in cui si verifica uno dei casi di cui al comma 1, salvo che l'interessato dimostri di non averne avuto conoscenza per causa a lui non imputabile.

4. Quando accoglie la richiesta di revocazione, la corte di appello provvede, ove del caso, ai sensi dell'articolo 46 [(2)].

(1) Alinea sostituito dall'art. 7, co. 1, lett. a), l. 17.10.2017, n. 161.
(2) Comma sostituito dall'art. 7, co. 1, lett. b), l. 17.10.2017, n. 161.

Capo IV
Rapporti con i procedimenti penali

29. Indipendenza dall'esercizio dell'azione penale.

1. L'azione di prevenzione può essere esercitata anche indipendentemente dall'esercizio dell'azione penale.

30. Rapporti con sequestro e confisca disposti in seno a procedimenti penali.

1. Il sequestro e la confisca di prevenzione possono essere disposti anche in relazione a beni già sottoposti a sequestro in un procedimento penale. In tal caso la custodia giudiziale dei beni sequestrati nel processo penale viene affidata all'amministratore giudiziario, il quale provvede alla gestione dei beni stessi ai sensi del titolo III. Questi comunica al giudice del procedimento penale, previa autorizzazione del tribunale che ha disposto la misura di prevenzione, copia delle relazioni periodiche. In caso di revoca del sequestro o della confisca di prevenzione, il giudice del procedimento penale provvede alla nomina di un nuovo custode, salvo che ritenga di confermare quello già nominato nel procedimento di prevenzione. Nel caso previsto dall'articolo 104-*bis* disp. att. c.p.p., l'amministratore giudiziario nominato nel procedimento penale prosegue la propria attività nel procedimento di prevenzione, salvo che il tribunale, con decreto motivato e sentita l'Agenzia nazionale per l'amministrazione e la destinazione dei beni sequestrati e confiscati alla criminalità organizzata, di seguito denominata «Agenzia», non provveda alla sua revoca e sostituzione [(1)].

2. Nel caso previsto dal comma 1, primo periodo, se la confisca definitiva di prevenzione interviene prima della sentenza irrevocabile di condanna che dispone la confisca dei medesimi beni in sede penale, si procede in ogni caso alla gestione, vendita, assegnazione o destinazione ai sensi del titolo III. Il giudice, ove successivamente disponga la confisca in sede penale, dichiara la stessa già eseguita in sede di prevenzione.

3. Se la sentenza irrevocabile di condanna che dispone la confisca interviene prima della confisca definitiva di prevenzione, il tribunale, ove abbia disposto il sequestro e sia ancora in corso il procedimento di prevenzione, dichiara, con decreto, che la stessa è stata già eseguita in sede penale [(2)].

4. Nei casi previsti dai commi 2 e 3, in ogni caso la successiva confisca viene trascritta, iscritta o annotata ai sensi dell'articolo 21.

5. Le disposizioni di cui ai commi 1 e 2 si applicano anche nel caso in cui il sequestro disposto nel corso di un giudizio penale sopravvenga al sequestro o alla confisca di prevenzione.

(1) Comma modificato dall'art. 8, co. 1, lett. a), l. 17.10.2017, n. 161.
(2) Comma modificato dall'art. 8, co. 1, lett. a), l. 17.10.2017, n. 161.

Capo V
Le misure di prevenzione patrimoniali diverse dalla confisca

31. Cauzione. Garanzie reali.

1. Il tribunale, con l'applicazione della misura di prevenzione, dispone che la persona sottoposta a tale misura versi presso la cassa delle ammende una somma, a titolo di cauzione, di entità che, tenuto conto anche delle sue condizioni economiche e dei provvedimenti adottati a norma dell'articolo 22, costituisca un'efficace remora alla violazione delle prescrizioni imposte.

2. Fuori dei casi previsti dall'articolo 9, il tribunale può imporre alla persona denunciata, in via provvisoria e qualora ne ravvisi l'opportunità, le prescrizioni previste dall'articolo 8, commi 3 e 4. Con il provvedimento, il tribunale può imporre la cauzione di cui al comma 1.

3. Il deposito può essere sostituito, su istanza dell'interessato, dalla presentazione di idonee garanzie reali. Il tribunale provvede circa i modi di custodia dei beni dati in pegno e dispone, riguardo ai beni immobili, che il decreto con il quale accogliendo l'istanza dell'interessato è disposta l'ipoteca legale sia trascritto presso l'ufficio delle conservatorie dei registri immobiliari del luogo in cui i beni medesimi si trovano. Le spese relative alle garanzie reali previste dal presente comma sono anticipate dall'interessato secondo le modalità stabilite dal tribunale. Il tribunale può disporre, in relazione alle condizioni economiche della persona sottoposta alla misura di prevenzione, che la cauzione sia pagata in rate mensili [(1)].

4. Quando sia cessata l'esecuzione della misura di prevenzione o sia rigettata la proposta, il tribunale dispone con decreto la restituzione del deposito o la liberazione della garanzia.

5. Le misure patrimoniali cautelari previste dal presente articolo mantengono la loro efficacia per tutta la durata della misura di prevenzione e non possono essere revocate, neppure in parte, se non per comprovate gravi necessità personali o familiari.

(1) Comma modificato dall'art. 9, co. 1, l. 17.10.2017, n. 161.

32. Confisca della cauzione.

1. In caso di violazione degli obblighi o dei divieti derivanti dall'applicazione della misura di prevenzione, il tribunale dispone la confisca della cauzione oppure che si proceda ad esecuzione sui beni costituiti in garanzia, sino a concorrenza dell'ammontare della cauzione. Per l'esecuzione, a cura del cancelliere, si osservano le disposizioni dei primi due titoli del libro terzo del codice di procedura civile in quanto applicabili, ed escluse, riguardo ai beni costituiti in garanzia, le formalità del pignoramento.

2. Qualora, emesso il provvedimento di cui al comma 1, permangano le condizioni che giustificarono la cauzione, il tribunale, su richiesta del procuratore della Repubblica o del questore e con le forme previste per il procedimento di prevenzione, dispone che la cauzione sia rinnovata, anche per somma superiore a quella originaria.

3. Le spese relative all'esecuzione prevista dal comma 1 sono anticipate dallo Stato.

33. L'amministrazione giudiziaria dei beni personali.

1. Nei confronti dei soggetti indicati nell'articolo 4, comma 1, lettere c), d), e), f), g) ed h) il tribunale può aggiungere ad una delle misure di prevenzione previste dall'articolo 6, quella dell'amministrazione giudiziaria dei beni personali, esclusi quelli destinati all'attività professionale o produttiva, quando ricorrono sufficienti indizi che la libera disponibilità dei medesimi agevoli comunque la condotta, il comportamento o l'attività socialmente pericolosa.

2. Il tribunale può applicare soltanto l'amministrazione giudiziaria se ritiene che essa sia sufficiente ai fini della tutela della collettività.

3. L'amministrazione giudiziaria può essere imposta per un periodo non eccedente i 5 anni. Alla scadenza può essere rinnovata se permangono le condizioni in base alle quali è stata applicata.

4. Con il provvedimento con cui applica l'amministrazione giudiziaria dei beni il giudice nomina l'amministratore giudiziario di cui all'articolo 35.

34. L'amministrazione giudiziaria dei beni connessi ad attività economiche e delle aziende [(1)].

1. Quando, a seguito degli accertamenti di cui all'articolo 19 o di quelli compiuti per verificare i pericoli di infiltrazione mafiosa, previsti dall'articolo 92, ovvero di quelli compiuti ai sensi dell'articolo 213 del codice dei contratti pubblici, di cui al decreto legislativo 18 aprile 2016, n. 50, dall'Autorità nazionale anticorruzione, sussistono sufficienti indizi per ritenere che il libero esercizio di determinate attività economiche, comprese quelle di carattere imprenditoriale, sia direttamente o indirettamente sottoposto alle condizioni di intimidazione o di assoggettamento previste dall'articolo 416-*bis* del codice penale o possa comunque agevolare l'attività di persone nei confronti delle quali è stata proposta o applicata una delle misure di prevenzione personale o patrimoniale previste dagli articoli 6 e 24 del presente decreto, ovvero di persone sottoposte a procedimento penale per taluno dei delitti di cui all'articolo 4, comma 1, lettere a), b) e i-*bis*), del presente decreto, ovvero per i delitti di cui agli articoli 603-*bis*, 629, 644, 648-*bis* e 648-*ter* del codice penale, e non ricorrono i presupposti per l'applicazione delle misure di prevenzione patrimoniali di cui al capo I del presente titolo, il tribunale competente per l'applicazione delle misure di prevenzione nei confronti delle persone sopraindicate dispone l'amministrazione giudiziaria delle aziende o dei beni utilizzabili, direttamente o indirettamente, per lo svolgimento delle predette attività economiche, su proposta dei soggetti di cui al comma 1 dell'articolo 17 del presente decreto.

2. L'amministrazione giudiziaria dei beni è adottata per un periodo non superiore a un anno e può essere prorogata di ulteriori sei mesi per un periodo comunque non superiore complessivamente a due anni, a richiesta del pubblico ministero o d'ufficio, a seguito di relazione dell'amministratore giudiziario che evidenzi la necessità di completare il programma di sostegno e di aiuto alle imprese amministrate e la rimozione delle situazioni di fatto e di diritto che avevano determinato la misura.

3. Con il provvedimento di cui al comma 1, il tribunale nomina il giudice delegato e l'amministratore giudiziario, il quale esercita tutte le facoltà spettanti ai titolari dei diritti sui beni e sulle aziende oggetto della misura. Nel caso di imprese esercitate in forma societaria, l'amministratore giudiziario può esercitare i poteri spettanti agli organi di amministrazione e agli altri organi sociali secondo le modalità stabilite dal tribunale, tenuto conto delle esigenze di prosecuzione dell'attività d'impresa, senza percepire ulteriori emolumenti.

4. Il provvedimento di cui al comma 1 è eseguito sui beni aziendali con l'immissione dell'amministratore nel possesso e con l'iscrizione nel registro tenuto dalla camera di commercio, industria, artigianato e agricoltura nel quale è iscritta l'impresa. Qualora oggetto della misura siano beni immobili o altri beni soggetti a iscrizione in pubblici registri, il provvedimento di cui al comma 1 deve essere trascritto nei medesimi pubblici registri.

5. L'amministratore giudiziario adempie agli obblighi di relazione e segnalazione di cui all'articolo 36, comma 2, anche nei confronti del pubblico ministero. Si applicano, in quanto compatibili, le disposizioni di cui ai capi I e II del titolo III del presente libro.

6. Entro la data di scadenza dell'amministrazione giudiziaria dei beni o del sequestro di cui al comma 7, il tribunale, qualora non disponga il rinnovo del provvedimento, delibera in camera di consiglio la revoca della misura disposta ed eventualmente la contestuale applicazione del controllo giudiziario di cui all'articolo 34-*bis*, ovvero la confisca dei beni che si ha motivo di ritenere che siano il frutto di attività illecite o ne costituiscano il reimpiego. Alla camera di consiglio partecipano il giudice delegato e il pubblico ministero. Al procedimento si applicano, in quanto compatibili, le disposizioni previste dal titolo I, capo II, sezione I, del presente libro. Per le impugnazioni contro i provvedimenti di revoca con controllo giudiziario e di confisca si applicano le disposizioni previste dall'articolo 27.

7. Quando vi sia concreto pericolo che i beni sottoposti al provvedimento di cui al comma 1 vengano dispersi, sottratti o alienati, nei casi in cui si ha motivo di ritenere che i beni siano frutto di attività illecite o ne costituiscano l'impiego, i soggetti di cui all'articolo 17 possono richiedere al tribunale di disporne il sequestro, osservate, in quanto applicabili, le disposizioni previste dal presente titolo. Il sequestro è disposto sino alla scadenza del termine stabilito a norma del comma 2.

(1) Articolo modificato dall'art. 5, co. 1, lett. a), d.lgs. 13.10.2014, n. 153 e poi sostituito dall'art. 10, co. 1, l. 17.10.2017, n. 161.

34 bis. Controllo giudiziario delle aziende (1).

1. Quando l'agevolazione prevista dal comma 1 dell'articolo 34 risulta occasionale, il tribunale dispone, anche d'ufficio, il controllo giudiziario delle attività economiche e delle aziende di cui al medesimo comma 1, se sussistono circostanze di fatto da cui si possa desumere il pericolo concreto di infiltrazioni mafiose idonee a condizionarne l'attività. Nel caso in cui risultino applicate le misure previste dall'articolo 94-*bis*, il tribunale valuta se adottare in loro sostituzione il provvedimento di cui al comma 2 lettera b) (2).

2. Il controllo giudiziario è adottato dal tribunale per un periodo non inferiore a un anno e non superiore a tre anni. Con il provvedimento che lo dispone, il tribunale può:

a) imporre nei confronti di chi ha la proprietà, l'uso o l'amministrazione dei beni e delle aziende di cui al comma 1 l'obbligo di comunicare al questore e al nucleo di polizia tributaria del luogo di dimora abituale, ovvero del luogo in cui si trovano i beni se si tratta di residenti all'estero, ovvero della sede legale se si tratta di un'impresa, gli atti di disposizione, di acquisto o di pagamento effettuati, gli atti di pagamento ricevuti, gli incarichi professionali, di amministrazione o di gestione fiduciaria ricevuti e gli altri atti o contratti indicati dal tribunale, di valore non inferiore a euro 7.000 o del valore superiore stabilito dal tribunale in relazione al reddito della persona o al patrimonio e al volume d'affari dell'impresa. Tale obbligo deve essere assolto entro dieci giorni dal compimento dell'atto e comunque entro il 31 gennaio di ogni anno per gli atti posti in essere nell'anno precedente;

b) nominare un giudice delegato e un amministratore giudiziario, il quale riferisce periodicamente, almeno bimestralmente, gli esiti dell'attività di controllo al giudice delegato e al pubblico ministero.

3. Con il provvedimento di cui alla lettera b) del comma 2, il tribunale stabilisce i compiti dell'amministratore giudiziario finalizzati alle attività di controllo e può imporre l'obbligo:

a) di non cambiare la sede, la denominazione e la ragione sociale, l'oggetto sociale e la composizione degli organi di amministrazione, direzione e vigilanza e di non compiere fusioni o altre trasformazioni, senza l'autorizzazione da parte del giudice delegato;

b) di adempiere ai doveri informativi di cui alla lettera a) del comma 2 nei confronti dell'amministratore giudiziario;

c) di informare preventivamente l'amministratore giudiziario circa eventuali forme di finanziamento della società da parte dei soci o di terzi;

d) di adottare ed efficacemente attuare misure organizzative, anche ai sensi degli articoli 6, 7 e 24-*ter* del decreto legislativo 8 giugno 2001, n. 231, e successive modificazioni;

e) di assumere qualsiasi altra iniziativa finalizzata a prevenire specificamente il rischio di tentativi di infiltrazione o condizionamento mafiosi.

4. Per verificare il corretto adempimento degli obblighi di cui al comma 3, il tribunale può autorizzare gli ufficiali e gli agenti di polizia giudiziaria ad accedere presso gli uffici dell'impresa nonché presso uffici pubblici, studi professionali, società, banche e intermediari mobiliari al fine di acquisire informazioni e copia della documentazione ritenute utili. Nel caso in cui venga accertata la violazione di una o più prescrizioni ovvero ricorrano i presupposti di cui al comma 1 dell'articolo 34, il tribunale può disporre l'amministrazione giudiziaria dell'impresa.

5. Il titolare dell'attività economica sottoposta al controllo giudiziario può proporre istanza di revoca. In tal caso il tribunale fissa l'udienza entro dieci giorni dal deposito dell'istanza e provvede nelle forme di cui all'articolo 127 del codice di procedura penale. All'udienza partecipano il giudice delegato, il pubblico ministero e, ove nominato, l'amministratore giudiziario.

6. Le imprese destinatarie di informazione antimafia interdittiva ai sensi dell'articolo 84, comma 4, che abbiano proposto l'impugnazione del relativo provvedimento del prefetto, possono richiedere al tribunale competente per le misure di prevenzione l'applicazione del controllo giudiziario di cui alla lettera b) del comma 2 del presente articolo. Il tribunale, sentiti il procuratore distrettuale competente, il prefetto che ha adottato l'informazione antimafia interdittiva nonché gli altri soggetti interessati, nelle forme di cui all'articolo 127 del codice di procedura penale, accoglie la richiesta, ove ne ricorrano i presupposti; successivamente, anche sulla base della relazione dell'amministratore giudiziario, può revocare il controllo giudiziario e, ove ne ricorrano i presupposti, disporre altre misure di prevenzione patrimoniali (3).

7. Il provvedimento che dispone l'amministrazione giudiziaria prevista dall'articolo 34 o il controllo giudiziario ai sensi del presente articolo sospende il termine di cui all'articolo 92, comma 2, nonché gli effetti di cui all'articolo 94. Lo stesso provvedimento è comunicato dalla cancelleria del tribunale al prefetto della provincia in cui ha sede legale l'impresa, ai fini dell'aggiornamento della banca dati nazionale unica della documentazione antimafia di cui all'articolo 96, ed è valutato anche ai fini dell'applicazione delle misure di cui all'articolo 94-*bis* nei successivi cinque anni (4).

(1) Articolo introdotto dall'art. 11, co. 1, l. 17.10.2017, n. 161.
(2) Comma modificato dall'art. 47, co. 1, lett. a), d.l. 6.11.2021, n. 152, conv., con modif., con l. 29.12.2021, n. 233.
(3) Comma modificato dall'art. 47, co. 1, lett. b), d.l. 6.11.2021, n. 152, conv., con modif., con l. 29.12.2021, n. 233.
(4) Comma sostituito dall'art. 47, co. 1, lett. c), d.l. 6.11.2021, n. 152, conv., con modif., con l. 29.12.2021, n. 233.

Capo V bis
Trattazione prioritaria del procedimento (1)

34 ter. Trattazione prioritaria dei procedimenti di prevenzione patrimoniale (1).

1. È assicurata la priorità assoluta nella trattazione dei procedimenti previsti dagli articoli 16 e seguenti del presente decreto.

2. I dirigenti degli uffici giudicanti e requirenti adottano i provvedimenti organizzativi necessari per assicurare la trattazione e la definizione prioritaria dei procedimenti di cui al comma 1 e il rispetto dei termini previsti. I provvedimenti sono tempestivamente comunicati al consiglio giudiziario e al Consiglio superiore della magistratura. Il dirigente dell'ufficio comunica, sulla base delle indicazioni del Consiglio superiore della magistratura, con cadenza annuale, a tale organo e al Ministero della giustizia i dati sulla durata dei relativi procedimenti. Il Consiglio superiore della magistratura e il Ministero della giustizia valutano gli effetti dei provvedimenti adottati dai dirigenti degli uffici sulla trattazione prioritaria, sulla durata e sul rispetto dei termini dei procedimenti indicati al comma 1. In sede di comunicazioni sull'amministrazione della giustizia, ai sensi dell'articolo 86 dell'ordinamento giudiziario, di cui al regio decreto 30 gennaio 1941, n. 12, e successive modificazioni, il Ministro della giustizia riferisce alle Camere in merito alla trattazione dei procedimenti di cui al comma 1 del presente articolo

(1) Articolo aggiunto dall'art. 12, co. 1, l. 17.10.2017, n. 161.

Capo III
La destinazione dei beni confiscati

45. Confisca definitiva. Devoluzione allo Stato.

1. A seguito della confisca definitiva di prevenzione i beni sono acquisiti al patrimonio dello Stato liberi da oneri e pesi. La tutela dei diritti dei terzi è garantita entro i limiti e nelle forme di cui al titolo IV.

2. Il provvedimento definitivo di confisca è comunicato, dalla cancelleria dell'ufficio giudiziario che ha emesso il provvedimento, all'Agenzia, nonché al prefetto e all'ufficio dell'Agenzia del demanio competenti per territorio in relazione al luogo ove si trovano i beni o ha sede l'azienda confiscata.

45 bis. Liberazione degli immobili e delle aziende (1).

1. L'Agenzia, ricevuta la comunicazione del provvedimento definitivo di confisca, qualora l'immobile risulti ancora occupato, con provvedimento revocabile in ogni momento, può differire l'esecuzione dello sgombero o dell'allontanamento nel caso previsto dall'articolo 40, comma 3-*ter*, ovvero qualora lo ritenga opportuno in vista dei provvedimenti di destinazione da adottare.

(1) Articolo introdotto dall'art. 18, co. 1, l. 17.10.2017, n. 16[illegible].

46. Restituzione per equivalente.

1. La restituzione dei beni confiscati, ad eccezione dei beni culturali di cui all'articolo 10, comma 3, del codice dei beni culturali e del paesaggio, di cui al decreto legislativo 22 gennaio 2004, n. 42, e successive modificazioni, e degli immobili e delle aree dichiarati di notevole interesse pubblico ai sensi degli articoli 136 e seguenti del medesimo codice, e successive modificazioni, nell'ambito delle risorse disponibili a legislazione vigente, può avvenire anche per equivalente, al netto delle migliorie, quando i beni medesimi sono stati assegnati per finalità istituzionali o sociali, per fini di giustizia o di ordine pubblico o di protezione civile di cui alle lettere a), b) e c) dell'articolo 48, comma 3, del presente decreto e la restituzione possa pregiudicare l'interesse pubblico. In tal caso l'interessato nei cui confronti venga a qualunque titolo dichiarato il diritto alla restituzione del bene ha diritto alla restituzione di una somma equivalente al valore del bene confiscato come risultante dal rendiconto di gestione, al netto delle migliorie, rivalutato sulla base del tasso di inflazione annua. In caso di beni immobili, si tiene conto dell'eventuale rivalutazione delle rendite catastali [(1)].

2. Il comma 1 si applica altresì quando il bene sia stato venduto [(2)].

3. Nei casi di cui ai commi 1 e 2, il tribunale determina il valore del bene e ordina il pagamento della somma, ponendola a carico:

a) del Fondo Unico Giustizia, nel caso in cui il bene sia stato venduto;

b) dell'amministrazione assegnataria, in tutti gli altri casi.

(1) Comma sostituito dall'art. 18, co. 2, l. 17.10.2017, n. 161.

(2) Comma sostituito dall'art. 18, co. 2, l. 17.10.2017, n. 161.

47. Procedimento di destinazione.

1. La destinazione dei beni immobili e dei beni aziendali è effettuata con delibera del Consiglio direttivo dell'Agenzia, sulla base della stima del valore risultante dalla relazione di cui all'articolo 36, e da altri atti giudiziari, salvo che sia ritenuta necessaria dall'Agenzia una nuova stima.

2. L'Agenzia provvede all'adozione del provvedimento di destinazione entro novanta giorni dal ricevimento della comunicazione di cui all'articolo 45, comma 2, prorogabili di ulteriori novanta giorni in caso di operazioni particolarmente complesse. Nel caso di applicazione delle disposizioni di cui al titolo IV, il provvedimento di destinazione è adottato entro trenta giorni dalla comunicazione del progetto di pagamento effettuata ai sensi dell'articolo 61, comma 4. Anche prima dell'adozione del provvedimento di destinazione, per la tutela dei beni confiscati si applica il secondo comma dell'articolo 823 del codice civile [(1)].

(1) Comma sostituito dall'art. 18, co. 3, lett. a), l. 17.10.2017, n. 161.

48. Destinazione dei beni e delle somme.

1. L'Agenzia versa al Fondo unico giustizia:

a) le somme di denaro confiscate che non debbano essere utilizzate per la gestione di altri beni confiscati o che non debbano essere utilizzate per il risarcimento delle vittime dei reati di tipo mafioso;

b) le somme ricavate dalla vendita, anche mediante trattativa privata, dei beni mobili, anche registrati, confiscati, compresi i titoli e le partecipazioni societarie, al netto del ricavato della vendita dei beni finalizzata al risarcimento delle vittime dei reati di tipo mafioso. [Se la procedura di vendita è antieconomica l'Agenzia dispone la cessione gratuita o la distruzione del bene;] La vendita delle partecipazioni societarie maggioritarie o totalitarie è consentita esclusivamente se la società è priva di beni costituiti in azienda ai sensi degli articoli 2555 e seguenti del codice civile o di beni immobili e, comunque, dopo aver assunto le determinazioni previste dai commi seguenti. In ogni caso la vendita delle partecipazioni societarie viene effettuata con modalità tali da garantire la tutela dei livelli occupazionali preesistenti [(1)];

c) le somme derivanti dal recupero dei crediti personali. Se la procedura di recupero è antieconomica, ovvero, dopo accertamenti sulla solvibilità del debitore svolti anche attraverso gli organi di polizia, il debitore risulti insolvibile, il credito è annullato con provvedimento del direttore dell'Agenzia.

1 *bis*. L'Agenzia versa il 3 per cento del totale delle somme di cui al comma 1 al fondo integrativo statale per la concessione di borse di studio, di cui all'articolo 18 del decreto legislativo 29 marzo 2012, n. 68 [(2)].

2. La disposizione del comma 1 non si applica alle somme di denaro e ai proventi derivanti o comunque connessi ai beni aziendali confiscati.

3. I beni immobili sono:

a) mantenuti al patrimonio dello Stato per finalità di giustizia, di ordine pubblico e di protezione civile e, ove idonei, anche per altri usi governativi o pubblici connessi allo svolgimento delle attività istituzionali di amministrazioni statali, agenzie fiscali, università statali, enti pubblici e istituzioni culturali di rilevante interesse, salvo che si debba procedere alla vendita degli stessi finalizzata al risarcimento delle vittime dei reati di tipo mafioso;

b) mantenuti nel patrimonio dello Stato e, previa autorizzazione del Ministro dell'interno, utilizzati dall'Agenzia per finalità economiche [(3)];

c) trasferiti per finalità istituzionali o sociali ovvero economiche, con vincolo di reimpiego dei proventi per finalità sociali, in via prioritaria, al patrimonio indisponibile del comune ove l'immobile è sito, ovvero al patrimonio indisponibile della provincia, della città metropolitana o della regione. Gli enti territoriali provvedono a formare un apposito elenco dei beni confiscati ad essi trasferiti, che viene periodicamente aggiornato con cadenza mensile. L'elenco, reso pubblico nel sito internet istituzionale dell'ente, deve contenere i dati concernenti la consistenza, la destinazione e l'utilizzazione dei beni nonché, in caso di assegnazione a terzi, i dati identificativi del concessionario e gli estremi, l'oggetto e la durata dell'atto di concessione. La mancata pubblicazione comporta responsabilità dirigenziale ai sensi dell'articolo 46 del decreto legislativo 14 marzo 2013, n. 33. Gli enti territoriali, anche consorziandosi o attraverso associazioni, possono amministrare direttamente il bene o, sulla base di apposita convenzione, assegnarlo in concessione, a titolo gratuito e nel rispetto dei principi di trasparenza, adeguata pubblicità e parità di trattamento, a comunità, anche giovanili, ad enti, ad associazioni maggiormente rappresentative degli enti locali, ad organizzazioni di volontariato di cui alla legge 11 agosto 1991, n. 266, a cooperative sociali di cui alla legge 8 novembre 1991, n. 381, o a comunità terapeutiche e centri di recupero e cura di tossicodipendenti di cui al testo unico delle leggi in materia di disciplina degli stupefacenti e sostanze psicotrope, prevenzione, cura e riabilitazione dei relativi stati di tossicodipendenza, di cui al decreto del Presidente della Repubblica 9 ottobre 1990, n. 309, nonché alle associazioni di protezione ambientale riconosciute ai sensi dell'articolo 13 della legge 8 luglio 1986, n. 349, e successive modificazioni, ad altre tipologie di cooperative purché a mutualità prevalente, fermo restando il requisito della mancanza dello scopo di lucro, e agli operatori dell'agricoltura sociale riconosciuti ai sensi delle disposizioni vigenti nonché agli Enti parco nazionali e regionali. La convenzione disciplina la durata, l'uso del bene, le modalità di controllo sulla sua utilizzazione, le cause di risoluzione del rapporto e le modalità del rinnovo. I beni non assegnati a seguito di procedure di evidenza pubblica possono essere utilizzati dagli enti territoriali per finalità di lucro e i relativi proventi devono essere reimpiegati esclusivamente per finalità sociali ovvero per il sostenimento delle spese di manutenzione straordinaria inerenti ai beni confiscati utilizzati per le medesime finalità. Se entro due anni l'ente territoriale non ha provveduto all'assegnazione o all'utilizzazione del bene, l'Agenzia dispone la revoca del trasferimento ovvero la nomina di un commissario con poteri sostitutivi. Alla scadenza di un anno il sindaco invia al Direttore dell'Agenzia una relazione sullo stato della procedura. La destinazione, l'assegnazione e l'utilizzazione dei beni, nonché il reimpiego per finalità sociali dei proventi derivanti dall'utilizzazione per finalità economiche, sono soggetti a pubblicità nei siti internet dell'Agenzia e dell'ente utilizzatore o assegnatario, ai sensi del decreto legislativo 14 marzo 2013, n. 33. L'Agenzia revoca la destinazione del bene qualora l'ente destinatario ovvero il soggetto assegnatario non trasmettano i dati nel termine richiesto [(4)];

c-*bis*) assegnati, a titolo gratuito, direttamente dall'Agenzia agli enti o alle associazioni indicati alla lettera c), in deroga a quanto previsto dall'articolo 2 della legge 23 dicembre 2009, n. 191, sulla base di apposita convenzione nel rispetto dei principi di trasparenza, adeguata pubblicità e parità di trattamento, ove risulti evidente la loro destinazione sociale secondo criteri stabiliti dal Consiglio direttivo dell'Agenzia [(5)];

d) trasferiti prioritariamente al patrimonio indisponibile dell'ente locale o della regione ove l'immobile è sito, se confiscati per il reato di cui all'articolo 74 del citato testo unico approvato con decreto del Presidente della Repubblica 9 ottobre 1990, n. 309, qualora richiesti per le finalità di cui all'articolo 129 dello stesso decreto del Presidente della Repubblica. Se entro un anno l'ente territoriale destinatario non ha provveduto alla destinazione del bene, l'Agenzia dispone la revoca del trasferimento ovvero la nomina di un commissario con poteri sostitutivi [(6)] [(7)].

4. I proventi derivanti dall'utilizzo dei beni di cui al comma 3, lettera b), affluiscono, al netto delle spese di conservazione ed amministrazione, al Fondo unico giustizia, per essere versati all'apposito capitolo di entrata del bilancio dello Stato e riassegnati allo stato di previsione del Ministero dell'interno al fine di assicurare il potenziamento dell'Agenzia, nonché, per una quota non superiore al 30 per cento, per incrementare i fondi per la contrattazione integrativa anche allo scopo di valorizzare l'apporto del personale dirigenziale e non dirigenziale al potenziamento dell'efficacia ed efficienza dell'azione dell'Agenzia. La misura della quota annua destinata all'incremento dei fondi per la contrattazione integrativa viene definita con decreto del Ministro dell'interno di concerto con il Ministro dell'economia e delle finanze su proposta dell'Agenzia e l'incremento non può essere superiore al 15 per cento della componente variabile della retribuzione accessoria in godimento da parte del predetto personale [(8)].

4 bis. Fermi restando i vincoli connessi al trasferimento nel patrimonio indisponibile dell'ente destinatario, nell'ambito delle finalità istituzionali di cui al comma 3, lettera c), rientra l'impiego degli immobili, tramite procedure ad evidenza pubblica, per incrementare l'offerta di alloggi da cedere in locazione a soggetti in particolare condizione di disagio economico e sociale anche qualora l'ente territoriale ne affidi la gestione all'ente pubblico a ciò preposto [(9)].

5. I beni di cui al comma 3, di cui non sia possibile effettuare la destinazione o il trasferimento per le finalità di pubblico interesse ivi contemplate, sono destinati con provvedimento dell'Agenzia alla vendita, osservate, in quanto compatibili, le disposizioni del codice di procedura civile. Qualora l'immobile si trovi nelle condizioni previste per il rilascio del permesso di costruire in sanatoria, l'acquirente dovrà presentare la relativa domanda entro centoventi giorni dal perfezionamento dell'atto di vendita. L'avviso di vendita è pubblicato nel sito internet dell'Agenzia e dell'avvenuta pubblicazione è data notizia nel sito internet dell'Agenzia del demanio. La vendita è effettuata per un corrispettivo non inferiore a quello determinato dalla stima formulata ai sensi dell'articolo 47. Qualora, entro novanta giorni dalla data di pubblicazione dell'avviso di vendita, non pervengano proposte di acquisto per il corrispettivo indicato al precedente periodo, il prezzo minimo della vendita non può, comunque, essere determinato in misura inferiore all'80 per cento del valore della suddetta stima. Fatto salvo il disposto dei commi 6 e 7 del presente articolo, la vendita è effettuata al miglior offerente, con esclusione del proposto o di colui che risultava proprietario all'atto dell'adozione della misura penale o di prevenzione, se diverso dal proposto, di soggetti condannati, anche in primo grado, o sottoposti ad indagini connesse o pertinenti al reato di associazione mafiosa o a quello di cui all'articolo 416-*bis*.1 del codice penale, nonché dei relativi coniugi o parti dell'unione civile, parenti e affini entro il terzo grado, nonché persone con essi conviventi. L'Agenzia acquisisce, con le modalità di cui agli articoli 90 e seguenti, l'informazione antimafia, riferita all'acquirente e agli altri soggetti allo stesso riconducibili, indicati al presente comma, affinché i beni non siano acquistati, anche per interposta persona, da soggetti esclusi ai sensi del periodo che precede, o comunque riconducibili alla criminalità organizzata, ovvero utilizzando proventi di natura illecita. Si applica, in quanto compatibile, il comma 15. I beni immobili acquistati non possono essere alienati, nemmeno parzialmente, per cinque anni dalla data di trascrizione del contratto di vendita e quelli diversi dai fabbricati sono assoggettati alla stessa disciplina prevista per questi ultimi dall'articolo 12 del decreto-legge 21 marzo 1978, n. 59, convertito, con modificazioni, dalla legge 18 maggio 1978, n. 191. I beni immobili di valore superiore a 400.000 euro sono alienati secondo le procedure previste dalle norme di contabilità dello Stato [10].

6. Possono esercitare la prelazione all'acquisto:

a) cooperative edilizie costituite da personale delle Forze armate o delle Forze di polizia;
b) gli enti pubblici aventi, tra le altre finalità istituzionali, anche quella dell'investimento nel settore immobiliare;
c) le associazioni di categoria che assicurano, nello specifico progetto, maggiori garanzie e utilità per il perseguimento dell'interesse pubblico;
d) le fondazioni bancarie;
e) gli enti territoriali [11].

7. La prelazione deve essere esercitata, a pena di decadenza, nei termini stabiliti dall'avviso pubblico di cui al comma 5, salvo recesso qualora la migliore offerta pervenuta non sia ritenuta di interesse [12].

7 bis. Nell'ambito delle risorse disponibili a legislazione vigente, i beni mobili di terzi rinvenuti in immobili confiscati, qualora non vengano ritirati dal proprietario nel termine di trenta giorni dalla notificazione dell'invito al ritiro da parte dell'Agenzia, sono alienati a cura della stessa Agenzia anche a mezzo dell'istituto vendite giudiziarie, previa delibera del Consiglio direttivo, mediante pubblicazione per quindici giorni consecutivi del relativo avviso di vendita nel proprio sito internet. Ai fini della destinazione dei proventi derivanti dalla vendita dei beni mobili, si applicano le disposizioni di cui al comma 9. Non si procede alla vendita dei beni che, entro dieci giorni dalla diffusione nel sito informatico, siano richiesti dalle amministrazioni statali o dagli enti territoriali come individuati dal presente articolo. In tale caso, l'Agenzia provvede alla loro assegnazione a titolo gratuito ed alla consegna all'amministrazione richiedente, mediante sottoscrizione di apposito verbale. Al secondo esperimento negativo della procedura di vendita, l'Agenzia può procedere all'assegnazione dei beni a titolo gratuito ai soggetti previsti dal comma 3, lettera c), *o in via residuale alla loro distruzione* [13].

7 ter. Per la destinazione ai sensi del comma 3 dei beni indivisi, oggetto di provvedimento di confisca, l'Agenzia o il partecipante alla comunione promuove incidente di esecuzione ai sensi dell'articolo 666 del codice di procedura penale. Il tribunale, disposti i necessari accertamenti tecnici, adotta gli opportuni provvedimenti per ottenere la divisione del bene. Qualora il bene risulti indivisibile, i partecipanti in buona fede possono chiedere l'assegnazione dell'immobile oggetto di divisione, previa corresponsione del conguaglio dovuto in favore degli aventi diritto, in conformità al valore determinato dal perito nominato dal tribunale. Quando l'assegnazione è richiesta da più partecipanti alla comunione, si fa luogo alla stessa in favore del partecipante titolare della quota maggiore o anche in favore di più partecipanti, se questi la chiedono congiuntamente. Se non è chiesta l'assegnazione, si fa luogo alla vendita, a cura dell'Agenzia e osservate, in quanto compatibili, le disposizioni del codice di procedura civile o, in alternativa, all'acquisizione del bene per intero al patrimonio dello Stato per le destinazioni di cui al comma 3, e gli altri partecipanti alla comunione hanno diritto alla corresponsione di una somma equivalente al valore determinato dal perito nominato dal tribunale, con salvezza dei diritti dei creditori iscritti e dei cessionari. In caso di acquisizione del bene al patrimonio dello Stato, il tribunale ordina il pagamento delle somme, ponendole a carico del Fondo Unico Giustizia. Qualora il partecipante alla comunione non dimostri la propria buona fede, la relativa quota viene acquisita a titolo gratuito al patrimonio dello Stato ai sensi del primo comma dell'articolo 45 [14].

7 quater. Le modalità di attuazione della disposizione di cui al comma 7-*ter*, ai sensi della quale, in caso di acquisizione del bene al patrimonio dello Stato, il tribunale ordina il pagamento delle somme, ponendole a carico del Fondo unico giustizia, sono stabilite con decreto del Ministro dell'economia e delle finanze, di concerto con il Ministro della giustizia [15].

8. I beni aziendali sono mantenuti al patrimonio dello Stato e destinati, con provvedimento dell'Agenzia che ne disciplina le modalità operative:

a) all'affitto, quando vi siano fondate prospettive di continuazione o di ripresa dell'attività produttiva, a titolo oneroso, a società e ad imprese pubbliche o private, ovvero in comodato, senza oneri a carico dello Stato, a cooperative di lavoratori dipendenti dell'impresa confiscata. Nella scelta dell'affittuario o del comodatario sono privilegiate le soluzioni che garantiscono il mantenimento dei livelli occupazionali. I beni non possono essere destinati all'affitto e al comodato alle cooperative di lavoratori dipendenti dell'impresa confiscata se taluno dei relativi soci è parente, coniuge, affine o convivente con il destinatario della confisca, ovvero nel caso in cui nei suoi confronti sia stato adottato taluno dei provvedimenti indicati nell'articolo 15, commi 1 e 2, della legge 19 marzo 1990, n. 55 [16];
b) alla vendita, per un corrispettivo non inferiore a quello

determinato dalla stima eseguita dall'Agenzia, a soggetti che ne abbiano fatto richiesta, qualora vi sia una maggiore utilità per l'interesse pubblico o qualora la vendita medesima sia finalizzata al risarcimento delle vittime dei reati di tipo mafioso. Nel caso di vendita disposta alla scadenza del contratto di affitto dei beni, l'affittuario può esercitare il diritto di prelazione entro trenta giorni dalla comunicazione della vendita del bene da parte dell'Agenzia;

c) alla liquidazione, qualora vi sia una maggiore utilità per l'interesse pubblico o qualora la liquidazione medesima sia finalizzata al risarcimento delle vittime dei reati di tipo mafioso, con le medesime modalità di cui alla lettera b).

8 bis. I beni aziendali di cui al comma 8, ove si tratti di immobili facenti capo a società immobiliari, possono essere altresì trasferiti, per le finalità istituzionali o sociali di cui al comma 3, lettere c) e d), in via prioritaria al patrimonio del comune ove il bene è sito, ovvero al patrimonio della provincia o della regione, qualora tale destinazione non pregiudichi la prosecuzione dell'attività d'impresa o i diritti dei creditori dell'impresa stessa. Con decreto del Ministro dell'economia e delle finanze, di concerto con i Ministri dell'interno e della giustizia, sono determinate le modalità attuative della disposizione di cui al precedente periodo in modo da assicurare un utilizzo efficiente dei suddetti beni senza pregiudizio per le finalità cui sono destinati i relativi proventi e senza nuovi o maggiori oneri per la finanza pubblica. Il trasferimento di cui al primo periodo è disposto, conformemente al decreto di cui al secondo periodo, con apposita delibera dell'Agenzia [17].

8 ter. Le aziende sono mantenute al patrimonio dello Stato e destinate, senza che ne derivino nuovi o maggiori oneri per la finanza pubblica, con provvedimento dell'Agenzia che ne disciplina le modalità operative, al trasferimento per finalità istituzionali agli enti o alle associazioni individuati, quali assegnatari in concessione, dal comma 3, lettera c), con le modalità ivi previste, qualora si ravvisi un prevalente interesse pubblico, anche con riferimento all'opportunità della prosecuzione dell'attività da parte dei soggetti indicati [18].

9. I proventi derivanti dall'affitto, dalla vendita o dalla liquidazione dei beni di cui al comma 8 affluiscono, al netto delle spese sostenute, al Fondo unico giustizia per essere versati all'apposito capitolo di entrata del bilancio dello Stato e riassegnati per le finalità previste dall'articolo 2, comma 7, del decreto-legge 16 settembre 2008, n. 143, convertito dalla legge 13 novembre 2008, n. 181.

10. Il 90 per cento delle somme ricavate dalla vendita di cui al comma 5, al netto delle spese per la gestione e la vendita degli stessi, affluiscono al Fondo Unico Giustizia per essere riassegnate, previo versamento all'entrata del bilancio dello Stato, nella misura del quaranta per cento al Ministero dell'interno, per la tutela della sicurezza pubblica e per il soccorso pubblico, nella misura del quaranta per cento al Ministero della giustizia, per assicurare il funzionamento ed il potenziamento degli uffici giudiziari e degli altri servizi istituzionali, e, nella misura del venti per cento all'Agenzia, per assicurare lo sviluppo delle proprie attività istituzionali, in coerenza con gli obiettivi di stabilità della finanza pubblica [19].

10 bis. Il 10 per cento delle somme ricavate dalla vendita di cui al comma 5 confluisce in un fondo, istituito presso il Ministero dell'interno, per le spese di manutenzione ordinaria e straordinaria dei beni di cui al comma 3, lettera c) [20].

11. Nella scelta del cessionario o dell'affittuario dei beni aziendali l'Agenzia procede mediante licitazione privata ovvero, qualora ragioni di necessità o di convenienza, specificatamente indicate e motivate, lo richiedano, mediante trattativa privata. Sui relativi contratti è richiesto il parere di organi consultivi solo per importi eccedenti euro 1.032.913,80 nel caso di licitazione privata euro 516.456,90 nel caso di trattativa privata.

12. I beni mobili, anche iscritti in pubblici registri, possono essere utilizzati dall'Agenzia per l'impiego in attività istituzionali ovvero destinati ad altri organi dello Stato, agli enti territoriali o ai soggetti previsti dal comma 3, lettera c) [21].

12 bis. Sono destinati in via prioritaria al Corpo nazionale dei vigili del fuoco autocarri, mezzi d'opera, macchine operatrici, carrelli elevatori e ogni altro mezzo per uso speciale, funzionali alle esigenze del soccorso pubblico [22].

12 ter. I beni mobili, anche iscritti in pubblici registri, non destinati ai sensi dei commi 12 e 12-*bis*, possono essere destinati alla vendita, con divieto di ulteriore cessione per un periodo non inferiore a un anno, nel rispetto di quanto previsto dal comma 5, sesto periodo, ovvero distrutti [23].

13. I provvedimenti emanati ai sensi dell'articolo 47 e dei commi 3 e 8 del presente articolo sono immediatamente esecutivi. La notifica del provvedimento di destinazione dei beni immobili agli enti di cui al comma 3, lettere c), primo periodo, e d), perfeziona il trasferimento del bene al patrimonio indisponibile dell'ente destinatario, che ne effettua la trascrizione entro i successivi dieci giorni [24].

14. I trasferimenti e le cessioni di cui al presente articolo, disposti a titolo gratuito, sono esenti da qualsiasi imposta.

15. Quando risulti che i beni confiscati dopo l'assegnazione o la destinazione sono rientrati, anche per interposta persona, nella disponibilità o sotto il controllo del soggetto sottoposto al provvedimento di confisca, si può disporre la revoca dell'assegnazione o della destinazione da parte dello stesso organo che ha disposto il relativo provvedimento.

15 bis. L'Agenzia, con delibera del Consiglio direttivo e sentito il Comitato consultivo di indirizzo, può altresì disporre il trasferimento dei medesimi beni al patrimonio degli enti territoriali che ne facciano richiesta, qualora si tratti di beni che gli enti territoriali medesimi già utilizzano a qualsiasi titolo per finalità istituzionali. La delibera del Consiglio direttivo è adottata fatti salvi i diritti dei creditori dell'azienda confiscata [25].

15 ter. Per la destinazione dei beni immobili confiscati già facenti parte del patrimonio aziendale di società le cui partecipazioni sociali siano state confiscate in via totalitaria o siano comunque tali da assicurare il controllo della società, si applicano le disposizioni di cui al comma 3. L'Agenzia, con delibera del Consiglio direttivo, può dichiarare, tuttavia, la natura aziendale dei predetti immobili, ordinando al conservatore dei registri immobiliari la cancellazione di tutte le trascrizioni pregiudizievoli al fine di assicurare l'intestazione del bene in capo alla medesima società. In caso di vendita di beni aziendali, si applicano le disposizioni di cui al comma 5 [26].

15 quater. I beni di cui al comma 5 che rimangono invenduti, decorsi tre anni dall'avvio della relativa procedura, sono mantenuti al patrimonio dello Stato con provvedimento dell'Agenzia. La relativa gestione è affidata all'Agenzia del demanio [27].

15 quinquies. In caso di revoca della destinazione, il bene rientra nella disponibilità dell'Agenzia, che ne verifica, entro sessanta giorni, la possibilità di destinazione secondo la procedura ordinaria. Qualora tale verifica dia esito negativo, il bene è mantenuto al patrimonio dello Stato con provvedimento dell'Agenzia stessa. La relativa gestione è affidata all'Agenzia del demanio. L'Agenzia del demanio provvede alla regolarizzazione del bene confiscato avvalendosi della facoltà prevista dall'articolo 51, comma 3-*ter*, nonché alla rifunzionalizzazione e valorizzazione dello stesso, mediante l'utilizzo delle risorse ad essa attribuite per gli interventi su beni appartenenti al patrimonio dello Stato, anche per la successiva assegnazione, a titolo gratuito, agli enti e ai soggetti di cui al comma 3, lettera c), del presente articolo per le finalità ivi previste [28].

(1) Lettera modificata dall'art. 1, co. 189, lett. c), n. 1), l. 24.12.2012, n. 228 e poi dall'art. 18, co. 4, lett. a), l. 17.10.2017, n. 161.
(2) Comma introdotto dall'art. 2, co. 2 quater, d.l. 12.9.2013, n. 104, conv., con modif., dalla l. 8.11.2013, n. 128.
(3) Lettera sostituita dall'art. 18, co. 4, lett. b), l. 17.10.2017, n. 161 e poi modificata dall'art. 36, co. 3, lett. a), n. 1), d.l. 4.10.2018, n. 113, conv., con modif., dalla l. 1.12.2018, n. 132.
(4) Lettera modificata dall'art. 6, co. 4, l. 18.8.2015, n. 141 e poi dall'art. 18, co. 4, lett. b), l. 17.10.2017, n. 161 e dall'art. 36, co. 3, lett. a), n. 2), d.l. 4.10.2018, n. 113, conv., con modif., dalla l. 1.12.2018, n. 132 e e poi dall'art. 60 bis, co. 1, lett. a), d.l. 31.5.2021, n. 77, conv., con modif., dalla l. 29.7.2021, n. 108.
(5) Lettera introdotta dall'art. 18, co. 4, lett. b), l. 17.10.2017, n. 161.
(6) Lettera sostituita dall'art. 36, co. 3, lett. a), n. 2), d.l. 4.10.2018, n. 113, conv., con modif., dalla l. 1.12.2018, n. 132.
(7) Per la riassegnazione di somme per gli anni 2013, 2014 e 2015 al Piano di Azione Coesione, con particolare riferimento ai beni immobili confiscati di cui al presente comma vedi l'art. 3, co. 1, d.l. 28.6.2013, n. 76, conv., con modif., dalla l. 9.8.2013, n. 99.
(8) Comma modificato dall'art. 36, co. 3, lett. b), d.l. 4.10.2018, n. 113, conv., con modif., dalla l. 1.12.2018, n. 132.
(9) Comma introdotto dall'art. 36, co. 3, lett. c), d.l. 4.10.2018, n. 113, conv., con modif., dalla l. 1.12.2018, n. 132.
(10) Comma sostituito dall'art. 36, co. 3, lett. d), d.l. 4.10.2018, n. 113, conv., con modif., dalla l. 1.12.2018, n. 132.
(11) Comma sostituito dall'art. 36, co. 3, lett. d), d.l. 4.10.2018, n. 113, conv., con modif., dalla l. 1.12.2018, n. 132.
(12) Comma sostituito dall'art. 36, co. 3, lett. d), d.l. 4.10.2018, n. 113, conv., con modif., dalla l. 1.12.2018, n. 132.
(13) Comma introdotto dall'art. 18, co. 4, lett. c), l. 17.10.2017, n. 161.
(14) Comma introdotto dall'art. 36, co. 3, lett. e), d.l. 4.10.2018, n. 113, conv., con modif., dalla l. 1.12.2018, n. 132.
(15) Comma introdotto dall'art. 36, co. 3, lett. e), d.l. 4.10.2018, n. 113, conv., con modif., dalla l. 1.12.2018, n. 132.
(16) Lettera modificata dall'art. 18, co. 4, lett. d), l. 17.10.2017, n. 161.
(17) Comma introdotto dall'art. 7 septies, co. 1, lett. a), d.l. 24.12.2016, n. 243, conv., con modif., dalla l. 27.2.2017, n. 18.
(18) Comma introdotto dall'art. 18, co. 4, lett. e), l. 17.10.2017, n. 161.
(19) Comma sostituito dall'art. 36, co. 3, lett. f), d.l. 4.10.2018, n. 113, conv., con modif., dalla l. 1.12.2018, n. 132.
(20) Comma sostituito dall'art. 36, co. 3, lett. f bis), d.l. 4.10.2018, n. 113, conv., con modif., dalla l. 1.12.2018, n. 132.
(21) Comma sostituito dall'art. 1, co. 189, lett. c), n. 2), l. 24.12.2012, n. 228 e poi modificato dall'art. 18, co. 4, lett. f), l. 17.10.2017, n. 161.
(22) Comma introdotto dall'art. 11, co. 4 ter, d.l. 14.8.2013, n. 93, conv., con modif., dalla l. 15.10.2013, n. 119.
(23) Comma introdotto dall'art. 36, co. 3, lett. g), d.l. 4.10.2018, n. 113, conv., con modif., dalla l. 1.12.2018, n. 132.
(24) Comma modificato dall'art. 60 bis, co. 1, lett. b), d.l. 31.5.2021, n. 77, conv., con modif., dalla l. 29.7.2021, n. 108.
(25) Comma introdotto dall'art. 18, co. 4, lett. g), l. 17.10.2017, n. 161.
(26) Comma introdotto dall'art. 18, co. 4, lett. g), l. 17.10.2017, n. 161.
(27) Comma introdotto dall'art. 36, co. 3, lett. g), d.l. 4.10.2018, n. 113, conv., con modif., dalla l. 1.12.2018, n. 132.
(28) Comma introdotto dall'art. 60 bis, co. 1, lett. c), d.l. 31.5.2021, n. 77, conv., con modif., dalla l. 29.7.2021, n. 108.

49. Regolamento.

1. Con decreto del Ministro della giustizia, di concerto con i Ministri dell'economia e delle finanze, dell'interno e della difesa, è adottato, ai sensi dell'articolo 17, comma 3, della legge 23 agosto 1988, n. 400, un regolamento per disciplinare la raccolta dei dati relativi ai beni sequestrati o confiscati, dei dati concernenti lo stato del procedimento per il sequestro o la confisca e dei dati concernenti la consistenza, la destinazione e la utilizzazione dei beni sequestrati e confiscati, nonché la trasmissione dei medesimi dati all'Agenzia. Il Governo trasmette ogni sei mesi al Parlamento una relazione concernente i dati suddetti.

2. Il Consiglio di Stato esprime il proprio parere sullo schema di regolamento di cui al comma 1 entro trenta giorni dalla richiesta, decorsi i quali il regolamento può comunque essere adottato.

3. Le disposizioni di cui agli articoli 45, 47, 48, nonché di cui al presente articolo si applicano anche ai beni per i quali non siano state esaurite le procedure di liquidazione o non sia stato emanato il provvedimento di cui al comma 1 del citato articolo 47.

TITOLO IV
La tutela dei terzi e i rapporti con le procedure concorsuali

Capo I
Disposizioni generali

52. Diritti dei terzi.

1. La confisca non pregiudica i diritti di credito dei

terzi che risultano da atti aventi data certa anteriore al sequestro, nonché i diritti reali di garanzia costituiti in epoca anteriore al sequestro, ove ricorrano le seguenti condizioni:

a) che il proposto non disponga di altri beni sui quali esercitare la garanzia patrimoniale idonea al soddisfacimento del credito, salvo che per i crediti assistiti da cause legittime di prelazione su beni sequestrati [(1)];
b) che il credito non sia strumentale all'attività illecita o a quella che ne costituisce il frutto o il reimpiego, sempre che il creditore dimostri la buona fede e l'inconsapevole affidamento [(2)];
c) nel caso di promessa di pagamento o di ricognizione di debito, che sia provato il rapporto fondamentale;
d) nel caso di titoli di credito, che il portatore provi il rapporto fondamentale e quello che ne legittima il possesso.

2. I crediti di cui al comma 1 devono essere accertati secondo le disposizioni contenute negli articoli 57, 58 e 59 e concorrono al riparto sul valore dei beni o dei compendi aziendali ai quali si riferiscono in base alle risultanze della contabilità separata di cui all'articolo 37, comma 5 [(3)].

2 bis. Gli interessi convenzionali, moratori e a qualunque altro titolo dovuti sui crediti di cui al comma 1 sono riconosciuti, nel loro complesso, nella misura massima comunque non superiore al tasso calcolato e pubblicato dalla Banca d'Italia sulla base di un paniere composto dai buoni del tesoro poliennali quotati sul mercato obbligazionario telematico (RENDISTATO) [(4)].

3. Nella valutazione della buona fede, il tribunale tiene conto delle condizioni delle parti, dei rapporti personali e patrimoniali tra le stesse e del tipo di attività svolta dal creditore, anche con riferimento al ramo di attività, alla sussistenza di particolari obblighi di diligenza nella fase precontrattuale nonché, in caso di enti, alle dimensioni degli stessi.

3 bis. Il decreto con cui sia stata rigettata definitivamente la domanda di ammissione del credito, presentata ai sensi dell'articolo 58, comma 2, in ragione del mancato riconoscimento della buona fede nella concessione del credito, proposta da soggetto sottoposto alla vigilanza della Banca d'Italia, è comunicato a quest'ultima ai sensi dell'articolo 9 del decreto legislativo 21 novembre 2007, n. 231, e successive modificazioni [(5)].

4. La confisca definitiva di un bene determina lo scioglimento dei contratti aventi ad oggetto un diritto personale di godimento o un diritto reale di garanzia, nonché l'estinzione dei diritti reali di godimento sui beni stessi [(6)].

5. Ai titolari dei diritti di cui al comma 4, spetta in prededuzione un equo indennizzo commisurato alla durata residua del contratto o alla durata del diritto reale. Se il diritto reale si estingue con la morte del titolare, la durata residua del diritto è calcolata alla stregua della durata media della vita determinata sulla base di parametri statistici. Le modalità di calcolo dell'indennizzo sono stabilite con decreto da emanarsi dal Ministro dell'economia e delle finanze e del Ministro della giustizia entro centoottanta giorni dall'entrata in vigore del presente decreto.

6. Se sono confiscati beni di cui viene dichiarata l'intestazione o il trasferimento fittizio, i creditori del proposto sono preferiti ai creditori chirografari in buona fede dell'intestatario fittizio, se il loro credito è anteriore all'atto di intestazione fittizia.

[**7.** In caso di confisca di beni in comunione, se il bene è indivisibile, ai partecipanti in buona fede è concesso diritto di prelazione per l'acquisto della quota confiscata al valore di mercato, salvo che sussista la possibilità che il bene, in ragione del livello di infiltrazione criminale, possa tornare anche per interposta persona nella disponibilità del sottoposto, di taluna delle associazioni di cui all'articolo 416-*bis* c.p., o dei suoi appartenenti. Si applicano le disposizioni di cui all'articolo 48, comma 5, sesto e settimo periodo.] [(7)]

[**8.** Se i soggetti di cui al comma 7 non esercitano il diritto di prelazione o non si possa procedere alla vendita, il bene può essere acquisito per intero al patrimonio dello Stato al fine di soddisfare un concreto interesse pubblico e i partecipanti hanno diritto alla corresponsione di una somma equivalente al valore attuale della propria quota di proprietà, nell'ambito delle risorse disponibili a legislazione vigente.] [(8)]

9. Per i beni appartenenti al demanio culturale, ai sensi degli articoli 53 e seguenti del decreto legislativo 22 gennaio 2004, n. 42, la vendita non può essere disposta senza previa autorizzazione del Ministero per i beni e le attività culturali.

(1) Lettera sostituita dall'art. 20, co. 1, lett. a), l. 17.10.2017, n. 161.
(2) Lettera sostituita dall'art. 20, co. 1, lett. a), l. 17.10.2017, n. 161.
(3) Comma sostituito dall'art. 20, co. 1, lett. b), l. 17.10.2017, n. 161.
(4) Comma introdotto dall'art. 1, co. 443, lett. a), l. 27.12.2013, n. 147.
(5) Comma introdotto dall'art. 20, co. 1, lett. c), l. 17.10.2017, n. 161.
(6) Comma sostituito dall'art. 20, co. 1, lett. d), l. 17.10.2017, n. 161.
(7) Comma abrogato dall'art. 38, co. 3, d.l. 4.10.2018, n. 113, conv., con modif., dalla l. 1.12.2018, n. 132.
(8) Comma abrogato dall'art. 38, co. 3, d.l. 4.10.2018, n. 113, conv., con modif., dalla l. 1.12.2018, n. 132.

TITOLO V
Effetti, sanzioni e disposizioni finali

Capo I
Effetti delle misure di prevenzione

66. Principi generali.

1. L'applicazione delle misure di prevenzione di cui al libro I, titolo I, importa gli effetti previsti dal presente capo, nonché gli effetti dalla legge espressamente indicati.

2. L'applicazione delle misure di prevenzione di cui al libro I, titolo II, importa gli effetti dalla legge espressamente indicati.

67. Effetti delle misure di prevenzione.

1. Le persone alle quali sia stata applicata con prov-

vedimento definitivo una delle misure di prevenzione previste dal libro I, titolo I, capo II non possono ottenere:
a) licenze o autorizzazioni di polizia e di commercio;
b) concessioni di acque pubbliche e diritti ad esse inerenti nonché concessioni di beni demaniali allorché siano richieste per l'esercizio di attività imprenditoriali;
c) concessioni di costruzione e gestione di opere riguardanti la pubblica amministrazione e concessioni di servizi pubblici;
d) iscrizioni negli elenchi di appaltatori o di fornitori di opere, beni e servizi riguardanti la pubblica amministrazione, nei registri della camera di commercio per l'esercizio del commercio all'ingrosso e nei registri di commissionari astatori presso i mercati annonari all'ingrosso;
e) attestazioni di qualificazione per eseguire lavori pubblici;
f) altre iscrizioni o provvedimenti a contenuto autorizzatorio, concessorio, o abilitativo per lo svolgimento di attività imprenditoriali, comunque denominati;
g) contributi, finanziamenti o mutui agevolati ed altre erogazioni dello stesso tipo, comunque denominate, concessi o erogati da parte dello Stato, di altri enti pubblici o delle Comunità europee, per lo svolgimento di attività imprenditoriali;
h) licenze per detenzione e porto d'armi, fabbricazione, deposito, vendita e trasporto di materie esplodenti.

2. Il provvedimento definitivo di applicazione della misura di prevenzione determina la decadenza di diritto dalle licenze, autorizzazioni, concessioni, iscrizioni, attestazioni, abilitazioni ed erogazioni di cui al comma 1, nonché il divieto di concludere contratti pubblici di lavori, servizi e forniture, di cottimo fiduciario e relativi subappalti e subcontratti, compresi i cottimi di qualsiasi tipo, i noli a caldo e le forniture con posa in opera. Le licenze, le autorizzazioni e le concessioni sono ritirate e le iscrizioni sono cancellate ed è disposta la decadenza delle attestazioni a cura degli organi competenti.

3. Nel corso del procedimento di prevenzione, il tribunale, se sussistono motivi di particolare gravità, può disporre in via provvisoria i divieti di cui ai commi 1 e 2 e sospendere l'efficacia delle iscrizioni, delle erogazioni e degli altri provvedimenti ed atti di cui ai medesimi commi. Il provvedimento del tribunale può essere in qualunque momento revocato dal giudice procedente e perde efficacia se non è confermato con il decreto che applica la misura di prevenzione.

4. Il tribunale, salvo quanto previsto all'articolo 68, dispone che i divieti e le decadenze previsti dai commi 1 e 2 operino anche nei confronti di chiunque conviva con la persona sottoposta alla misura di prevenzione nonché nei confronti di imprese, associazioni, società e consorzi di cui la persona sottoposta a misura di prevenzione sia amministratore o determini in qualsiasi modo scelte e indirizzi. In tal caso i divieti sono efficaci per un periodo di cinque anni.

5. Per le licenze ed autorizzazioni di polizia, ad eccezione di quelle relative alle armi, munizioni ed esplosivi, e per gli altri provvedimenti di cui al comma 1 le decadenze e i divieti previsti dal presente articolo possono essere esclusi dal giudice nel caso in cui per effetto degli stessi verrebbero a mancare i mezzi di sostentamento all'interessato e alla famiglia.

6. Salvo che si tratti di provvedimenti di rinnovo, attuativi o comunque conseguenti a provvedimenti già disposti, ovvero di contratti derivati da altri già stipulati dalla pubblica amministrazione, le licenze, le autorizzazioni, le concessioni, le erogazioni, le abilitazioni e le iscrizioni indicate nel comma 1 non possono essere rilasciate o consentite e la conclusione dei contratti o subcontratti indicati nel comma 2 non può essere consentita a favore di persone nei cui confronti è in corso il procedimento di prevenzione senza che sia data preventiva comunicazione al giudice competente, il quale può disporre, ricorrendone i presupposti, i divieti e le sospensioni previsti a norma del comma 3. A tal fine, i relativi procedimenti amministrativi restano sospesi fino a quando il giudice non provvede e, comunque, per un periodo non superiore a venti giorni dalla data in cui la pubblica amministrazione ha proceduto alla comunicazione.

7. Dal termine stabilito per la presentazione delle liste e dei candidati e fino alla chiusura delle operazioni di voto, alle persone sottoposte, in forza di provvedimenti definitivi, alla misura della sorveglianza speciale di pubblica sicurezza è fatto divieto di svolgere le attività di propaganda elettorale previste dalla legge 4 aprile 1956, n. 212, in favore o in pregiudizio di candidati partecipanti a qualsiasi tipo di competizione elettorale.

8. Le disposizioni dei commi 1, 2 e 4 si applicano anche nei confronti delle persone condannate con sentenza definitiva o, ancorché non definitiva, confermata in grado di appello, per uno dei delitti di cui all'articolo 51, comma 3-*bis*, del codice di procedura penale nonché per i reati di cui all'articolo 640, secondo comma, n. 1), del codice penale, commesso a danno dello Stato o di un altro ente pubblico, e all'articolo 640-*bis* del codice penale [(1)].

(1) Comma modificato dall'art. 24, co. 1, lett. d), d.l. 4.10.2018, n. 113, conv., con modif., dalla l. 1.12.2018, n. 132. La Corte costituzionale, con sent. 30.7.2021, n. 178, ha poi dichiarato l'illegittimità costituzionale dell'art. 24, co. 1, lett. d), d.l. 113/2018, limitatamente alle parole «*e all'art. 640-bis del codice penale*». Ha dichiarato, inoltre, in via consequenziale, l'illegittimità costituzionale della medesima lettera, limitatamente alle parole «*nonché per i reati di cui all'art. 640, secondo comma, n. 1), del codice penale, commesso a danno dello Stato o di un altro ente pubblico*».

68. Divieti e decadenze nei confronti dei conviventi.

1. Il tribunale, prima di adottare alcuno dei provvedimenti di cui al comma 4 dell'articolo 67, chiama, con decreto motivato, ad intervenire nel procedimento le parti interessate, le quali possono, anche con l'assistenza di un difensore, svolgere in camera di consiglio le loro deduzioni e chiedere l'acquisizione di ogni elemento utile ai fini della decisione. Ai fini dei relativi accertamenti si applicano le disposizioni dell'articolo 19.

2. I provvedimenti previsti dal comma 4 dell'articolo 67 possono essere adottati, su richiesta del procuratore della Repubblica di cui all'articolo 17, commi 1 e 2, del direttore della Direzione investigativa antimafia, o del questore, quando ne ricorrano le condizioni, anche dopo l'applicazione della misura di prevenzione. Sulla richiesta provvede lo stesso tribunale che ha disposto la misura di prevenzione, con le forme previste per il relativo procedimento e rispettando la disposizione di cui al precedente comma.

3. Si applicano le disposizioni di cui all'articolo 27, commi 1 e 2.

69. Elenco generale degli enti e delle amministrazioni.

1. Con decreto del Presidente del Consiglio dei Ministri, d'intesa con tutti i Ministri interessati, è costituito un elenco generale degli enti e delle amministrazioni legittimati a disporre le licenze, le concessioni e le iscrizioni e le attestazioni, nonché le autorizzazioni, le abilitazioni e le erogazioni indicate nell'articolo 67, comma 1. Con le stesse modalità saranno effettuati gli aggiornamenti eventualmente necessari.

2. Le cancellerie dei tribunali, delle corti d'appello e della Corte di cassazione debbono comunicare alla questura nella cui circoscrizione hanno sede, non oltre i cinque giorni dal deposito o, nel caso di atto impugnabile, non oltre i cinque giorni dalla scadenza del termine per l'impugnazione, copia dei provvedimenti emanati ai sensi degli articoli 7 e 10, nonché dei provvedimenti di cui ai commi 3, 4, 5 e 7 dell'articolo 67, e all'articolo 68, comma 2. Nella comunicazione deve essere specificato se il provvedimento sia divenuto definitivo.

3. I procuratori della Repubblica, nel presentare al tribunale le proposte per l'applicazione di una delle misure di prevenzione, provvedono a darne contestuale comunicazione, in copia, alla questura nella cui circoscrizione ha sede il tribunale stesso.

4. I questori dispongono l'immediata immissione nel centro elaborazione dati di cui all'articolo 8 della legge 1° aprile 1981, n. 121, sia delle comunicazioni previste nei commi 2 e 3, sia delle proposte che essi stessi abbiano presentato per l'applicazione di una delle misure di prevenzione indicate nel capoverso che precede. Le informazioni predette sono contestualmente trasmesse alle prefetture attraverso i terminali installati nei rispettivi centri telecomunicazione.

5. Le prefetture comunicano tempestivamente agli organi ed enti indicati dal decreto del Presidente del Consiglio dei ministri di cui al comma 1 e dai successivi decreti di aggiornamento, che abbiano sede nelle rispettive province, i provvedimenti esecutivi concernenti i divieti, le decadenze e le sospensioni previste nell'articolo 67. Per i provvedimenti di cui al comma 5 dell'articolo 67 la comunicazione, su motivata richiesta dell'interessato, può essere inviata anche ad organi o enti specificamente indicati nella medesima.

6. Ai fini dell'applicazione delle norme in materia di qualificazione degli esecutori dei lavori pubblici, la comunicazione va, comunque, fatta dalla prefettura di Roma al Ministero delle infrastrutture e dei trasporti e all'Autorità per la vigilanza sui contratti pubblici di lavori, servizi e forniture, entro e non oltre cinque giorni dalla ricezione del dato; dell'informativa debbono costituire oggetto anche le proposte indicate nei commi 3 e 4.

Capo II
La riabilitazione

70. Riabilitazione.

1. Dopo tre anni dalla cessazione della misura di prevenzione personale, l'interessato può chiedere la riabilitazione. La riabilitazione è concessa, se il soggetto ha dato prova costante ed effettiva di buona condotta, dalla corte di appello nel cui distretto ha sede l'autorità giudiziaria che dispone l'applicazione della misura di prevenzione o dell'ultima misura di prevenzione.

2. La riabilitazione comporta la cessazione di tutti gli effetti pregiudizievoli riconnessi allo stato di persona sottoposta a misure di prevenzione nonché la cessazione dei divieti previsti dall'articolo 67.

3. Si osservano, in quanto compatibili, le disposizioni del codice di procedura penale riguardanti la riabilitazione.

4. Quando è stata applicata una misura di prevenzione personale nei confronti dei soggetti di cui all'articolo 4, comma 1, lettera a) e b), la riabilitazione può essere richiesta dopo cinque anni dalla cessazione della misura di prevenzione personale.

Capo III
Le sanzioni

71. Circostanza aggravante.

1. Le pene stabilite per i delitti previsti dagli articoli 270-*bis*, 270-*ter*, 270-*quater*, 270-*quater*.1, 270-*quinquies*, 314, 316, 316-*bis*, 316-*ter*, 317, 318, 319, 319-*ter*, 319-*quater*, 320, 321, 322, 322-*bis*, 336, 338, 353, 377, terzo comma, 378, 379, 416, 416-*bis*, 416-*ter*, 418, 424, 435, 513-*bis*, 575, 600, 601, 602, 605, 610, 611, 612, 628, 629, 630, 632, 633, 634, 635, 636, 637, 638, 640-*bis*, 648-*bis*, 648-*ter*, del codice penale, nonché per nonché per i delitti di cui all'articolo 4-*bis* della legge 18 aprile 1975, n. 110, e per quelli commessi con le finalità di terrorismo di cui all'articolo 270-*sexies* del codice penale, sono aumentate da un terzo alla metà e quelle stabilite per le contravvenzioni di cui agli articoli 695, primo comma, 696, 697, 698, 699 del codice penale sono aumentate nella misura di cui al secondo comma dell'articolo 99 del codice penale se il fatto è commesso da persona sottoposta con provvedimento definitivo ad una misura di prevenzione personale durante il periodo previsto di applicazione e sino a tre anni dal momento in cui ne è cessata l'esecuzione [(1)].

2. In ogni caso si procede d'ufficio e quando i delitti di cui al comma 1, per i quali è consentito l'arresto in flagranza, sono commessi da persone sottoposte alla misura di prevenzione, la polizia giudiziaria può procedere all'arresto anche fuori dei casi di flagranza.

3. Alla pena è aggiunta una misura di sicurezza detentiva.

(1) Comma modificato dall'art. 4, co. 1, lett. c), nn. 1) e 2), d.l. 18.2.2015, n. 7, conv., con modif., dalla l. 17.4.2015, n. 43 e poi dall'art. 23, co. 1, l. 17.10.2017, n. 161 e infine modificato dall'art. 4, co. 2 ter, d.l. 15.9.2023, n. 123, conv., con modif., dalla l. 13.11.2023, n. 159.

72. Reati concernenti le armi e gli esplosivi.

1. Le pene stabilite per i reati concernenti le armi alterate nonché le armi e le munizioni di cui all'articolo 1 della legge 18 aprile 1975, n. 110, sono triplicate e quelle stabilite per i reati concernenti le armi e le munizioni di cui all'articolo 2, commi primo e secondo, della stessa legge sono aumentate nella misura in cui al terzo comma dell'articolo 99 del codice penale, se i fatti sono commessi da persona sottoposta con provvedimento definitivo ad una misura di prevenzione personale durante il periodo previsto di applicazione e sino a tre anni dal momento in cui ne è cessata l'esecuzione.

73. Violazioni al codice della strada.

1. Nel caso di guida di un autoveicolo o motoveicolo, senza patente, o dopo che la patente sia stata negata, sospesa o revocata, la pena è dell'arresto da sei mesi a tre anni, qualora si tratti di persona già sottoposta, con provvedimento definitivo, a una misura di prevenzione personale.

74. Reati del pubblico ufficiale.

1. Il pubblico amministratore, il funzionario o il dipendente che, intervenuta la decadenza o la sospensione di cui all'articolo 67, non dispone, entro trenta giorni dalla comunicazione, il ritiro delle licenze, autorizzazioni, abilitazioni o la cessazione delle erogazioni o concessioni ovvero la cancellazione dagli elenchi, è punito con la reclusione da due a quattro anni.

2. Le stesse pene si applicano in caso di rilascio di licenze, concessioni, autorizzazioni o abilitazioni ovvero di iscrizioni e di attestazioni di qualificazione nonché di concessione di erogazioni in violazione delle disposizioni di cui all'articolo 67.

3. Il pubblico amministratore, il funzionario o il dipendente dello Stato o di altro ente pubblico ovvero il concessionario di opere e di servizi pubblici nonché il contraente generale che consente alla conclusione di contratti o subcontratti in violazione dei divieti previsti dall'articolo 67, è punito con la reclusione da due a quattro anni.

4. Se il fatto di cui ai commi 1, 2 e 3 è commesso per colpa, la pena è della reclusione da tre mesi ad un anno.

75. Violazione degli obblighi inerenti alla sorveglianza speciale.

1. Il contravventore agli obblighi inerenti alla sorveglianza speciale è punito con l'arresto da tre mesi ad un anno [1].

2. Se l'inosservanza riguarda gli obblighi e le prescrizioni inerenti alla sorveglianza speciale con l'obbligo o il divieto di soggiorno, si applica la pena della reclusione da uno a cinque anni ed è consentito l'arresto anche fuori dei casi di flagranza [2].

3. Nell'ipotesi indicata nel comma 2 gli ufficiali ed agenti di polizia giudiziaria possono procedere all'arresto anche fuori dei casi di flagranza.

4. Salvo quanto è prescritto da altre disposizioni di legge, il sorvegliato speciale che, per un reato commesso dopo il decreto di sorveglianza speciale, abbia riportato condanna a pena detentiva non inferiore a sei mesi, può essere sottoposto a libertà vigilata per un tempo non inferiore a due anni.

(1) La Corte costituzionale, con sent. 27.2.2019, n. 25, ha dichiarato, in via consequenziale, ai sensi dell'art. 27, l. 11.3.1953, n. 87, l'illegittimità costituzionale del presente comma, nella parte in cui prevede come reato contravvenzionale la violazione degli obblighi inerenti alla misura della sorveglianza speciale senza obbligo o divieto di soggiorno ove consistente nell'inosservanza delle prescrizioni di "vivere onestamente" e di "rispettare le leggi".

(2) La Corte costituzionale, con sent. 27.2.2019, n. 25, ha dichiarato l'illegittimità costituzionale del presente comma, nella parte in cui prevede come delitto la violazione degli obblighi e delle prescrizioni inerenti la misura della sorveglianza speciale con obbligo o divieto di soggiorno ove consistente nell'inosservanza delle prescrizioni di "vivere onestamente" e di "rispettare le leggi".

75 bis. Violazione delle misure imposte con provvedimenti d'urgenza.

1. Il contravventore al divieto di espatrio conseguente all'applicazione delle misure di cui ai commi 1 e 2-*bis* dell'articolo 9 è punito con la reclusione da uno a cinque anni.

1 bis. Il contravventore ai divieti, agli obblighi e alle prescrizioni conseguenti all'applicazione delle misure di cui all'articolo 9, comma 2, è punito con la reclusione da uno a cinque anni; l'arresto è consentito anche fuori dei casi di flagranza [2].

2. All'articolo 13, comma 2, del testo unico delle disposizioni concernenti la disciplina dell'immigrazione e norme sulla condizione dello straniero di cui al decreto legislativo 25 luglio 1998, n. 286, la lettera c) è sostituita dalla seguente:
«c) appartiene a taluna delle categorie indicate negli articoli 1, 4 e 16, del decreto legislativo 6 settembre 2011, n. 159;».

3. All'articolo 226, comma 3, del decreto legislativo 28 luglio 1989, n. 271, dopo il primo periodo è aggiunto il seguente: «Il predetto termine è di dieci giorni se sussistono esigenze di traduzione delle comunicazioni o conversazioni.».

(1) Articolo introdotto art. 4, co. 1, lett. d), d.l. 18.2.2015 n. 7, conv., con modif., dalla l. 17.4.2015, n. 43.

(2) Comma introdotto dall'art. 2, co. 1, lett. e), l. 24.11.2023, n. 168.

76. Altre sanzioni penali.

1. La persona che, avendo ottenuto l'autorizzazione di cui all'articolo 12, non rientri nel termine stabilito nel comune di soggiorno obbligato, o non osservi le prescrizioni fissate per il viaggio, ovvero si allontani dal comune ove ha chiesto di recarsi, è punita con la reclusione da due a cinque anni; è consentito l'arresto anche fuori dei casi di flagranza.

2. Chiunque violi il divieto di cui all'articolo 3, commi 4 e 5 e 6-*bis*, è punito con la reclusione da uno a tre anni e con la multa da euro 1.549 a euro 5.164. Gli strumenti, gli apparati, i mezzi e i programmi posseduti o utilizzati sono confiscati ed assegnati alle Forze di polizia, se ne fanno richiesta, per essere impiegati nei compiti di istituto [(1)].

3. Il contravventore alle disposizioni di cui all'articolo 2, è punito con la reclusione da sei a diciotto mesi e con la multa fino a 10.000 euro. [Nella sentenza di condanna viene disposto che, scontata la pena, il contravventore sia tradotto al luogo del rimpatrio] [(2)].

4. Chi non ottempera, nel termine fissato dal tribunale, all'ordine di deposito della cauzione di cui all'articolo 31, ovvero omette di offrire le garanzie sostitutive di cui al comma 3 della medesima disposizione, è punito con la pena dell'arresto da sei mesi a due anni.

5. La persona a cui è stata applicata l'amministrazione giudiziaria dei beni personali, la quale con qualsiasi mezzo, anche simulato, elude o tenta di eludere l'esecuzione del provvedimento è punita con la reclusione da tre a cinque anni. La stessa pena si applica a chiunque anche fuori dei casi di concorso nel reato, aiuta la persona indicata a sottrarsi all'esecuzione del provvedimento. Per il reato di cui al comma precedente si procede in ogni caso con giudizio direttissimo.

6. Chi omette di adempiere ai doveri informativi di cui alla lettera a) del comma 2 dell'articolo 34-*bis* nei confronti dell'amministratore giudiziario è punito con la reclusione da uno a quattro anni. Alla condanna consegue la confisca dei beni acquistati e dei pagamenti ricevuti per i quali è stata omessa la comunicazione [(3)].

7. Chiunque, essendovi tenuto, omette di comunicare entro i termini stabiliti dalla legge le variazioni patrimoniali indicate nell'articolo 80 è punito con la reclusione da due a sei anni e con la multa da euro 10.329 a euro 20.658. Alla condanna segue la confisca dei beni a qualunque titolo acquistati nonché del corrispettivo dei beni a qualunque titolo alienati. Nei casi in cui non sia possibile procedere alla confisca dei beni acquistati ovvero del corrispettivo dei beni alienati, il giudice ordina la confisca, per un valore equivalente, di somme di denaro, beni o altre utilità dei quali i soggetti di cui all'articolo 80, comma 1, hanno la disponibilità.

8. Salvo che il fatto costituisca più grave reato, il contravventore al divieto di cui all'articolo 67, comma 7 è punito con la reclusione da uno a sei anni. La stessa pena si applica al candidato che, avendo diretta conoscenza della condizione di sottoposto in via definitiva alla misura della sorveglianza speciale di pubblica sicurezza, richiede al medesimo di svolgere le attività di propaganda elettorale previste all'articolo 67, comma 7 e se ne avvale concretamente. L'esistenza del fatto deve risultare anche da prove diverse dalle dichiarazioni del soggetto sottoposto alla misura di prevenzione [(4)].

9. La condanna alla pena della reclusione, anche se conseguente all'applicazione della pena su richiesta delle parti a norma dell'articolo 444 del codice di procedura penale, per il delitto previsto dal comma 8, comporta l'interdizione dai pubblici uffici per la durata della pena detentiva. A tal fine la cancelleria del giudice che ha pronunciato la sentenza trasmette copia dell'estratto esecutivo, chiusa in piego sigillato, all'organo o all'ente di appartenenza per l'adozione degli atti di competenza. Nel caso in cui il condannato sia un membro del Parlamento, la Camera di appartenenza adotta le conseguenti determinazioni secondo le norme del proprio regolamento. Dall'interdizione dai pubblici uffici consegue l'ineleggibilità del condannato per la stessa durata della pena detentiva. La sospensione condizionale della pena non ha effetto ai fini dell'interdizione dai pubblici uffici.

(1) Comma modificato dall'art. 5, co. 1, lett. b), d.l. 15.9.2023, n. 123, conv., con modif., con l. 13.11.2023, n. 159.
(2) Comma modificato dall'art. 3, co. 2, lett. b), d.l. 15.9.2023, n. 123, conv., con modif., con l. 13.11.2023, n. 159.
(3) Comma sostituito dall'art. 24, co. 1, l. 17.10.2017, n. 161.
(4) Comma modificato dall'art. 24, co. 2, l. 17.10.2017, n. 161.

Capo IV
Disposizioni finali

77. Fermo di indiziato di delitto.

1. Nei confronti dei soggetti di cui all'articolo 4 e di coloro che risultino gravemente indiziati di un delitto commesso in occasione o a causa di manifestazioni sportive il fermo di indiziato di delitto è consentito anche al di fuori dei limiti di cui all'articolo 384 del codice di procedura penale, purché si tratti di reato per il quale è consentito l'arresto facoltativo in flagranza ai sensi dell'articolo 381 del medesimo codice [(1)].

(1) Comma modificato dall'art. 14, co. 1, d.l. 14.6.2019, n. 53, conv., con modif., dalla l. 8.8.2019, n. 77.

78. Intercettazioni telefoniche.

1. Il procuratore della Repubblica del luogo dove le operazioni debbono essere eseguite, può autorizzare gli ufficiali di polizia giudiziaria ad intercettare comunicazioni o conversazioni telefoniche o telegrafiche o quelle indicate nell'articolo 623-*bis* del codice penale, quando lo ritenga necessario al fine di controllare che i soggetti nei cui confronti sia stata applicata una delle misure di prevenzione di cui al libro I, titolo I, capo II non continuino a porre in essere attività o comportamenti analoghi a quelli che hanno dato luogo all'applicazione della misura di prevenzione.

2. Si osservano, in quanto compatibili, le modalità previste dall'articolo 268 del codice di procedura penale.

3. Gli elementi acquisiti attraverso le intercettazioni possono essere utilizzati esclusivamente per la prosecuzione delle indagini e sono privi di ogni valore ai fini processuali.

4. Le registrazioni debbono essere trasmesse al procuratore della Repubblica che ha autorizzato le operazioni, il quale dispone la distruzione delle registrazioni stesse e di ogni loro trascrizione, sia pure parziale.

79. Verifiche fiscali, economiche e patrimoniali a carico di soggetti sottoposti a misure di prevenzione.

1. Salvo quanto previsto dagli articoli 25 e 26 della legge 13 settembre 1982, n. 646, a carico delle persone nei cui confronti sia stata disposta, con provvedimento anche non definitivo, una misura di prevenzione, il nucleo di polizia tributaria del Corpo della guardia di finanza, competente in relazione al luogo di dimora abituale del soggetto, può procedere alla verifica della relativa posizione fiscale, economica e patrimoniale ai fini dell'accertamento di illeciti valutari e societari e comunque in materia economica e finanziaria, anche allo scopo di verificare l'osservanza della disciplina dei divieti autorizzatori, concessori o abilitativi di cui all'articolo 67.

2. Le indagini di cui al comma 1 sono effettuate anche nei confronti dei soggetti di cui all'articolo 19, comma 3, e all'articolo 67, comma 4. Nei casi in cui il domicilio fiscale, il luogo di effettivo esercizio dell'attività, ovvero il luogo di dimora abituale dei soggetti da sottoporre a verifica sia diverso da quello delle persone di cui al comma 1, il nucleo di polizia tributaria può delegare l'esecuzione degli accertamenti di cui al presente comma ai reparti del Corpo della guardia di finanza competenti per territorio.

3. Copia del provvedimento di applicazione della misura di prevenzione è trasmessa, a cura della cancelleria competente, al nucleo di polizia tributaria indicato al comma 1.

4. Per l'espletamento delle indagini di cui al presente articolo, i militari del Corpo della guardia di finanza, oltre ai poteri e alle facoltà previsti dall'articolo 2 del decreto legislativo 19 marzo 2001, n. 68, si avvalgono dei poteri di cui all'articolo 19, comma 4, nonché dei poteri attribuiti agli appartenenti al nucleo speciale di polizia valutaria ai sensi del decreto legislativo 21 novembre 2007, n. 231.

5. La revoca del provvedimento con il quale è stata disposta una misura di prevenzione non preclude l'utilizzazione ai fini fiscali degli elementi acquisiti nel corso degli accertamenti svolti ai sensi del comma 1.

6. Ai fini dell'accertamento delle imposte sui redditi e dell'imposta sul valore aggiunto, ai dati, alle notizie e ai documenti acquisiti ai sensi del comma 4 si applicano le disposizioni di cui all'articolo 51, secondo comma, numero 2), secondo periodo, del decreto del Presidente della Repubblica 26 ottobre 1972, n. 633, e successive modificazioni, e all'articolo 32, primo comma, numero 2), secondo periodo, del decreto del Presidente della Repubblica 29 settembre 1973, n. 600, e successive modificazioni.

7. Tutti gli elementi acquisiti in occasione delle indagini di cui al presente articolo, e comunque le variazioni patrimoniali superiori a euro 10.329,14 intervenute negli ultimi tre anni, con riguardo sia ai conferenti sia ai beneficiari, devono essere comunicati anche ai sensi dell'articolo 6 della legge 1° aprile 1981, n. 121.

80. Obbligo di comunicazione.

1. Salvo quanto previsto dall'articolo 30 della legge 13 settembre 1982, n. 646, le persone già sottoposte, con provvedimento definitivo, ad una misura di prevenzione, sono tenute a comunicare per dieci anni, ed entro trenta giorni dal fatto, al nucleo di polizia tributaria del luogo di dimora abituale, tutte le variazioni nell'entità e nella composizione del patrimonio concernenti elementi di valore non inferiore ad euro 10.329,14. Entro il 31 gennaio di ciascun anno, i soggetti di cui al periodo precedente sono altresì tenuti a comunicare le variazioni intervenute nell'anno precedente, quando concernono complessivamente elementi di valore non inferiore ad euro 10.329,14. Sono esclusi i beni destinati al soddisfacimento dei bisogni quotidiani.

2. Il termine di dieci anni decorre dalla data del decreto ovvero dalla data della sentenza definitiva di condanna.

3. Gli obblighi previsti nel comma 1 cessano quando la misura di prevenzione è a qualunque titolo revocata.

81. Registro delle misure di prevenzione.

1. Presso le segreterie delle procure della Repubblica e presso le cancellerie dei tribunali sono istituiti appositi registri, anche informatici, per le annotazioni relative ai procedimenti di prevenzione. Nei registri viene curata l'immediata annotazione nominativa delle persone fisiche e giuridiche nei cui confronti sono disposti gli accertamenti personali o patrimoniali da parte dei soggetti titolari del potere di proposta. Il questore territorialmente competente e il direttore della Direzione investigativa antimafia provvedono a dare immediata comunicazione alla procura della Repubblica competente per territorio della proposta di misura personale e patrimoniale da presentare al tribunale competente. Le modalità di tenuta, i tipi dei registri, le annotazioni che vi devono essere operate, sono fissati con decreto del Ministro della giustizia.

2. Non possono essere rilasciate a privati certificazioni relative alle annotazioni operate nei registri.

3. I provvedimenti definitivi con i quali l'autorità giudiziaria applica misure di prevenzione o concede la riabilitazione di cui all'articolo 70, sono iscritti nel casellario giudiziale secondo le modalità e con le forme stabilite per le condanne penali. Nei certificati rilasciati a richiesta di privati non è fatta menzione delle suddette iscrizioni. I provvedimenti di riabilitazione sono altresì comunicati alla questura competente con l'osservanza delle disposizioni di cui all'articolo 69.

8. D.Lgs. 7 agosto 2015, n. 137. – Attuazione della decisione quadro 2006/783/GAI relativa all'applicazione del principio del reciproco riconoscimento delle decisioni di confisca (*artt. 1-7, 9*)

In Gazzetta Ufficiale 2 settembre 2015, n. 203

CAPITOLO I

Capo I
Disposizioni generali

1. Disposizioni di principio e definizioni.

1. Il presente decreto attua la decisione quadro 2006/783/GAI relativa all'applicazione del principio del reciproco riconoscimento delle decisioni di confisca, nel rispetto dei principi e criteri direttivi stabiliti dall'articolo 9 della legge 7 ottobre 2014, n. 154, e nei limiti in cui l'applicazione delle misure di cooperazione di cui alla decisione quadro non sia incompatibile con i principi dell'ordinamento costituzionale in tema di diritti fondamentali, nonché in tema di diritti di libertà e di giusto processo.

2. Le decisioni di confisca emesse dalle autorità competenti di un altro Stato membro dell'Unione europea sono eseguite sul territorio dello Stato alle condizioni e nei limiti stabiliti dagli articoli che seguono.

3. Ai fini del presente decreto si intendono per:

a) decisione quadro: la decisione quadro 2006/783/GAI relativa all'applicazione del principio del reciproco riconoscimento delle decisioni di confisca;

b) Stato di emissione: lo Stato membro dell'Unione europea nel quale un'autorità giudiziaria ha adottato una decisione di confisca nell'ambito di un procedimento penale;

c) Stato di esecuzione: lo Stato membro dell'Unione europea al quale è trasmessa una decisione di confisca a fini di esecuzione;

d) decisione di confisca: un provvedimento emesso da un'autorità giudiziaria nell'ambito di un procedimento penale, che consiste nel privare definitivamente di un bene un soggetto, inclusi i provvedimenti di confisca disposti ai sensi dell'articolo 12-*sexies* del decreto-legge 8 giugno 1992, n. 306, convertito, con modificazioni, dalla legge 7 agosto 1992, n. 356, e quelli disposti ai sensi degli articoli 24 e 34 del codice delle leggi antimafia e delle misure di prevenzione, di cui al decreto legislativo 6 settembre 2011, n. 159, e successive modificazioni;

e) bene: ogni bene mobile o immobile, materiale o immateriale, nonché gli atti o i documenti che attestano un titolo o un diritto su tale bene e che costituiscano il prodotto di uno dei reati di cui all'articolo 3 o siano l'equivalente, in tutto o in parte, del valore di tale prodotto ovvero costituiscono il corpo o il provento del reato o siano comunque suscettibili di confisca secondo la legge dello Stato di emissione;

f) provento: ogni vantaggio economico derivante da un reato;

g) strumento: qualsiasi bene utilizzato, in qualsiasi modo, in tutto o in parte, per commettere uno o più reati;

h) beni culturali appartenenti al patrimonio nazionale: quelli definiti come tali dal decreto legislativo 22 gennaio 2004, n. 42, recante il Codice dei beni culturali e del paesaggio ai sensi dell'articolo 10 della legge 6 luglio 2002, n. 137, e successive modificazioni;

i) certificato: il certificato redatto e compilato in conformità al modello allegato al presente decreto legislativo.

4. La decisione di confisca emessa in altro Stato membro, se ha ad oggetto i beni indicati nell'articolo 2, lettera d), punti iii) e iv), della decisione quadro, è eseguita nei casi e con i limiti previsti dalle leggi dello Stato. Quando ha ad oggetto somme di denaro, beni o altre utilità di cui una persona abbia la disponibilità, anche per interposta persona, per un valore equivalente, al prodotto, profitto o prezzo del reato, può essere eseguita, previo accordo con l'autorità competente dello Stato di emissione, su qualsiasi altro bene di cui la persona disponga.

2. Autorità competenti.

1. Sono autorità competenti, in relazione a quanto previsto dall'articolo 3 della decisione quadro, il Ministro della giustizia e le autorità giudiziarie, secondo le attribuzioni di cui al presente decreto.

2. Il Ministro della giustizia è competente alla trasmissione e alla ricezione della decisione di confisca, del certificato e della corrispondenza ufficiale ad essi relativa; cura altresì la trasmissione e la ricezione delle informazioni ai sensi dell'articolo 22 della decisione quadro.

3. La decisione di confisca da eseguire sul territorio dello Stato e il certificato ad essa relativo sono trasmessi alla Corte di appello territorialmente competente, o direttamente o per il tramite del Ministro della giustizia, che provvede all'adempimento senza indugio. Nel certificato, tradotto in lingua italiana e sottoscritto dall'autorità giudiziaria di emissione, si attesta che le informazioni in esso contenute sono esatte. L'autorità giudiziaria italiana può richiedere, ove necessario, la trasmissione dei predetti atti in originale.

4. La decisione di confisca da eseguire sul territorio di altro Stato membro e il certificato ad essa relativo sono trasmessi dall'autorità di cui all'articolo 10 alla competente autorità dello Stato di esecuzione, o direttamente o per il tramite del Ministro della giustizia, che provvede all'adempimento senza indugio. Nel certificato, tradotto nella lingua dello Stato di esecuzione e sottoscritto dall'autorità di cui all'articolo 10, si attesta che le informazioni in esso contenute sono esatte. Se richiesto, l'autorità giudiziaria trasmette i predetti atti in originale.

5. Nei casi di trasmissione diretta, l'autorità giudiziaria interessata provvede a dare informazione al Ministro della giustizia delle decisioni di confisca ricevute e trasmesse per l'esecuzione, anche a fini statistici.

CAPITOLO II

Capo II
Esecuzione in Italia delle decisioni di confisca emesse in altri Stati membri

3. Esecuzione delle decisioni di confisca emesse in altri Stati membri.

1. La decisione di confisca adottata in altro Stato membro può essere trasmessa per l'esecuzione, corredata del relativo certificato, in Italia, se ivi siano ubicati i beni oggetto della decisione di confisca, se la persona fisica o giuridica contro la quale è stata emessa la decisione ivi disponga di beni o di un reddito, qualora la decisione di confisca concerna una somma di denaro, ovvero se la persona fisica contro la quale è stata emessa la decisione di confisca risieda abitualmente in Italia o, nel caso di una persona giuridica, abbia in Italia la propria sede sociale.

2. È consentita l'esecuzione delle decisioni di confisca disposte per taluno dei seguenti reati, quando nello Stato di emissione è prevista una pena detentiva non inferiore nel massimo a tre anni, senza verifica della doppia incriminabilità:

a) associazione per delinquere;
b) terrorismo;
c) tratta di esseri umani;
d) sfruttamento sessuale dei bambini e pornografia infantile;
e) traffico illecito di stupefacenti e sostanze psicotrope;
f) traffico illecito di armi, munizioni ed esplosivi;
g) corruzione;
h) frode, compresa la frode che lede gli interessi finanziari delle Comunità europee ai sensi della Convenzione del 26 luglio 1995, relativa alla tutela degli interessi finanziari delle Comunità europee;
i) riciclaggio;
l) falsificazione e contraffazione di monete;
m) criminalità informatica;
n) criminalità ambientale, compreso il traffico illecito di specie animali protette e il traffico illecito di specie e di essenze vegetali protette;
o) favoreggiamento dell'ingresso e del soggiorno illegali di cittadini non appartenenti a Stati membri dell'Unione europea;
p) omicidio volontario, lesioni personali gravi;
q) traffico illecito di organi e tessuti umani;
r) sequestro di persona;
s) razzismo e xenofobia;
t) furti organizzati o con l'uso di armi;
u) traffico illecito di beni culturali, compresi gli oggetti d'antiquariato e le opere d'arte;
v) truffa;
z) estorsione;
aa) contraffazione e pirateria in materia di prodotti;
bb) falsificazione di atti amministrativi e traffico di documenti falsi;
cc) falsificazione di mezzi di pagamento;
dd) traffico illecito di sostanze ormonali ed altri fattori di crescita;
ee) traffico illecito di materie nucleari e radioattive;
ff) traffico di veicoli rubati;
gg) violenza sessuale;
hh) incendio;
ii) reati che rientrano nella competenza giurisdizionale della Corte penale internazionale;
ll) dirottamento di nave o aeromobile;
mm) sabotaggio.

3. Al di fuori dei casi di cui al comma 2, il riconoscimento delle decisioni di confisca è consentito solamente se i fatti sono previsti come reato dalla legge italiana, salvo quanto previsto dall'articolo 6, comma 1, lettera c).

4. Garanzia giurisdizionale.

1. Sulla richiesta di esecuzione è competente a provvedere la corte di appello del luogo dove si trova il bene e, quando si tratta di un credito, del luogo dove si trova il debitore. Se i luoghi di cui al primo periodo non sono noti, è competente la corte di appello del luogo dove la persona nei cui confronti è stata emessa la decisione di confisca risiede o, nel caso di persona giuridica, dove ha la sede sociale. Quando la decisione di confisca riguarda beni situati in distretti diversi o crediti esigibili presso debitori situati in distretti diversi, è competente la corte di appello del distretto dove si trova il maggior numero di beni o di debitori ovvero, a parità di numero, del distretto dove si trova il bene di maggior valore o il debitore della somma più elevata [(1)].

2. Se la competenza non può essere determinata ai sensi del comma 1, è competente la Corte di appello di Roma.

3. L'autorità giudiziaria, che rileva la propria incompetenza, trasmette senza ritardo gli atti alla Corte di appello territorialmente competente e ne informa senza indugio l'autorità di emissione e il Ministro della giustizia.

(1) Comma sostituito dall'art. 5, co. 1, lett. a), d.lgs. 7.12.2023, n. 203.

5. Procedimento per il riconoscimento e l'esecuzione della decisione di confisca.

1. Fuori dei casi di cui all'articolo 7, il presidente della corte di appello fissa la data dell'udienza in camera di consiglio per la decisione non oltre venti giorni dalla ricezione del certificato e del provvedimento di confisca. L'avviso della data di udienza è comunicato al procuratore generale e all'autorità di emissione ed è notificato alla persona nei cui confronti il provvedimento di confisca è stato emesso, al suo difensore e a coloro che, sulla base degli atti, risultano essere titolari di diritti reali sul bene oggetto della confisca. Quando il provvedimento di confisca ha ad oggetto un bene culturale appartenente al patrimonio culturale nazionale, l'avviso è altresì notificato al Ministero della cultura. Si osservano le forme previste dall'articolo 127 del codice di procedura penale. La corte di appello decide sulla richiesta di riconoscimento ed esecuzione con sentenza depositata nei quindici giorni successivi all'udienza e, in ogni caso, non oltre il termine di quarantacinque giorni dalla ricezione della decisione di confisca e del certificato ad essa relativo [(1)].

1 bis. Contro la sentenza di cui al comma 1 è ammesso ricorso per cassazione per violazione di legge. Il ricorso è presentato, a pena di inammissibilità, presso la cancelleria della corte di appello entro dieci giorni dalla comunicazione o notificazione dell'avviso di deposito. Entro i cinque giorni successivi alla proposizione del ricorso, la cancelleria della corte di appello trasmette gli atti alla Corte di cassazione che, nei trenta giorni successivi, decide in camera di consiglio con le forme previste dall'articolo 611 del codice di procedura penale. Copia del provvedimento è trasmessa al Ministero della giustizia. In caso di annullamento con rinvio, la corte di appello decide entro venti giorni dalla ricezione degli atti, informando senza indugio della decisione l'autorità competente dello Stato di emissione [(2)].

2. La sentenza irrevocabile di riconoscimento del provvedimento di confisca è immediatamente trasmessa per l'esecuzione al procuratore generale presso la corte d'appello [(3)].

3. La confisca è eseguita secondo la legge italiana, con le seguenti modalità:

a) sui beni mobili e sui crediti, secondo le forme prescritte dal codice di procedura civile per il pignoramento presso il debitore o presso i terzi, in quanto applicabili;
b) sui beni immobili o mobili registrati, con la trascrizione del provvedimento presso i competenti uffici;
c) sui beni aziendali organizzati per l'esercizio di un'impresa, oltre che con le modalità previste per i singoli beni, con l'immissione in possesso dell'amministratore nominato dall'autorità giudiziaria che ha disposto la confisca o, in mancanza, nominato dalla Corte di appello, e con l'iscrizione del provvedimento nel registro delle imprese presso il quale è iscritta l'impresa;
d) sulle azioni e sulle quote sociali, con l'annotazione nei libri sociali e con l'iscrizione nel registro delle imprese;
e) sugli strumenti finanziari dematerializzati, compresi i titoli di debito pubblico, con la registrazione nell'apposito conto tenuto dall'intermediario ai sensi dell'articolo 15 del testo unico delle disposizioni legislative e regolamentari in materia di debito pubblico, di cui al decreto del Presidente della Repubblica 30 dicembre 2003, n. 398. Si applica l'articolo 10, comma 3, del decreto legislativo 21 maggio 2004, n. 170, e successive modificazioni.

4. Dell'avvenuta esecuzione è dato immediato avviso all'autorità di emissione.

5. In sede di esecuzione l'autorità incaricata procede all'apprensione materiale del bene avvalendosi, ove necessario, dell'ausilio della forza pubblica.

6. Se la decisione di confisca ha ad oggetto una somma di denaro, la Corte di appello, ove necessario, converte in euro l'importo da confiscare, applicando il tasso di cambio in vigore nel momento in cui la decisione di confisca è stata emessa.

7. In caso di sopravvenuta carenza di esecutività della decisione di confisca, l'autorità giudiziaria cessa l'esecuzione, dandone comunicazione all'autorità di emissione e al Ministro della giustizia.

8. L'autorità giudiziaria italiana informa senza indugio il Ministro della giustizia, che ne informa immediatamente lo Stato di emissione, di qualsiasi decisione o misura che faccia venire meno la decisione di confisca o la privi del suo carattere esecutivo, della esistenza di un rischio di un'esecuzione superiore all'importo massimo, della esecuzione parziale della decisione di confisca, dell'avvenuto pagamento di una somma di denaro da parte dell'interessato.

9. Se l'esecuzione comporta spese da ritenersi ingenti o eccezionali, l'autorità giudiziaria ne richiede alla competente autorità dello Stato di emissione il riparto in misura congrua.

(1) Comma sostituito dall'art. 5, co. 1, lett. b), d.lgs. 7.12.2023, n. 203.
(2) Comma introdotto dall'art. 5, co. 1, lett. b), d.lgs. 7.12.2023, n. 203.
(3) Comma sostituito dall'art. 5, co. 1, lett. b), d.lgs. 7.12.2023, n. 203.

6. Motivi di rifiuto.

1. La Corte di appello può rifiutare il riconoscimento e l'esecuzione della decisione di confisca nei seguenti casi:

a) quando il certificato non è stato trasmesso ovvero è incompleto o non corrisponde manifestamente alla decisione di confisca;
b) quando una decisione di confisca risulta essere già stata emessa, in via definitiva, per gli stessi fatti e nei confronti della stessa persona da uno degli Stati membri dell'Unione europea;
c) quando la decisione di confisca riguarda fatti che per l'ordinamento interno non costituiscono reato, secondo quanto previsto dall'articolo 3, comma 3, del presente decreto. Tuttavia, in materia di tasse o di imposte, di dogana e di cambio, il riconoscimento della decisione di confisca non può essere rifiutato in base al fatto che l'ordinamento interno non impone lo stesso tipo di tasse o di imposte o non contiene lo stesso tipo di disciplina in materia di tasse o

di imposte, di dogana e di cambio della legislazione dello Stato di emissione;

d) quando la persona nei cui confronti deve essere eseguita una decisione di confisca gode di immunità riconosciute dallo Stato italiano che limitano l'esercizio o il proseguimento dell'azione penale;

e) quando dal certificato risulta che l'interessato non è comparso personalmente e non è stato rappresentato da un difensore o soggetto equiparato nel procedimento che si è concluso con la decisione di confisca, salvo il caso in cui dal certificato risulti che l'interessato ha tempestivamente ricevuto, personalmente o attraverso il difensore o soggetto equiparato, notizia del procedimento e del fatto che la decisione avrebbe potuto essere presa in sua assenza o, dopo essere stato informato della possibilità di riesame della decisione, ha comunque dichiarato di non opporsi alla decisione di confisca né ha richiesto un nuovo procedimento;

f) quando i diritti delle parti interessate, compresi i terzi in buona fede, rendono impossibile l'esecuzione della decisione di confisca, secondo la legge dello Stato italiano;

g) quando la decisione di confisca riguarda reati che dalla legge italiana sono considerati commessi in tutto o in parte sul territorio dello Stato;

h) quando la decisione di confisca riguarda reati commessi al di fuori del territorio dello Stato di emissione e per i quali non si applicano gli articoli 7 e seguenti del codice penale;

i) quando la decisione di confisca, ordinata ai sensi delle disposizioni relative ai poteri estesi di confisca di cui all'articolo 2, lettera d), punto iv), della decisione quadro, provenga da uno Stato di emissione che non preveda, a condizione di reciprocità, il riconoscimento e l'esecuzione della decisione di confisca dell'autorità italiana ordinata anch'essa ai sensi delle disposizioni sui poteri estesi di confisca.

2. Nei casi previsti dal comma 1, prima di rifiutare il riconoscimento la Corte di appello deve consultare l'autorità di emissione, anche tramite la Rete giudiziaria europea o il Ministro della giustizia.

3. Il rifiuto del riconoscimento della decisione di confisca è comunicato senza indugio allo Stato di emissione. Nel caso previsto dal comma 1, lettera a), la Corte di appello può imporre all'autorità di emissione un termine entro il quale il certificato deve essere prodotto.

4. In ogni caso, la Corte di appello procede al riconoscimento nei limiti di cui all'articolo 1, comma 4.

5. Quando l'esecuzione della decisione di confisca è impossibile perché il bene da confiscare è già stato confiscato o è scomparso o distrutto, ovvero non si trova nel luogo indicato nel certificato o la sua ubicazione non sia indicata con precisione, la Corte di appello ne dà comunicazione senza indugio allo Stato di emissione.

7. Rinvio dell'esecuzione.

1. La Corte di appello, con decreto motivato adottato senza formalità, può disporre il rinvio dell'esecuzione, contestualmente imponendo le necessarie misure, secondo la legge italiana, per assicurare che i beni e le somme di denaro restino disponibili per l'esecuzione della decisione di confisca, quando:

a) la decisione di confisca concerne una somma di denaro, qualora ritenga, anche sulla base delle informazioni trasmesse dall'autorità competente dello Stato di emissione, che il valore risultante dalla sua esecuzione possa superare l'importo specificato nella decisione suddetta a causa dell'esecuzione simultanea della stessa in più di uno Stato membro;

b) è stato proposto ricorso per cassazione ai sensi dell'articolo 8 e fino alla decisione definitiva;

c) l'esecuzione della decisione di confisca può pregiudicare un procedimento penale in corso, e comunque per un periodo massimo di sei mesi;

d) il bene è oggetto di un procedimento di confisca nazionale, anche di prevenzione.

2. Il decreto di rinvio dell'esecuzione è comunicato senza indugio allo Stato di emissione.

3. Cessata la ragione del rinvio, la Corte di appello provvede con le formalità dell'articolo 5 e adotta, senza indugio, le misure necessarie per l'esecuzione della decisione di confisca dandone informazione all'autorità di emissione con qualsiasi mezzo atto a produrre una traccia scritta.

9. Concorso di decisioni [di confisca] (1).

1. Quando sono stati riconosciuti una decisione di confisca e un provvedimento di sequestro contro la stessa persona e per i medesimi beni, se la persona non dispone di mezzi sufficienti per consentire l'esecuzione di entrambi, è eseguita la decisione di confisca. Quando concorrono uno o più provvedimenti di sequestro e più provvedimenti di confisca, ovvero quando concorrono più provvedimenti di confisca, la corte di appello competente a individuare il provvedimento di confisca da eseguire è determinata sulla base dei criteri di cui all'articolo 4, comma 1. La corte provvede tenuto conto della gravità del reato, del luogo di commissione del medesimo e delle date delle rispettive decisioni, dando comunicazione senza indugio della decisione allo Stato di emissione (2).

(1) Rubrica modificata dall'art. 5, co. 1, lett. d), d.lgs. 7.12.2023, n. 203.

(2) Comma modificato dall'art. 5, co. 1, lett. d), d.lgs. 7.12.2023, n. 203.

C. Collaboratori di giustizia, pentiti e dissociati (fenomeno mafioso ed eversivo)

9. L. 29 maggio 1982, n. 304. – Misure per la difesa dell'ordinamento costituzionale (1) (2) (3)

In Gazzetta Ufficiale 2 giugno 1982, n. 149

(1) L'art. 26, co. 1, d.lgs. 18.12.1997, n. 472, rubricato "abolizione della soprattassa e della pena pecuniaria", ha previsto che: «*1. Il riferimento alla soprattassa e alla pena pecuniaria, nonché ad ogni altra sanzione amministrativa, ancorché diversamente denominata, contenuto nelle leggi vigenti, è sostituito con il riferimento alla sanzione pecuniaria, di uguale importo.*
2. I riferimenti contenuti nelle singole leggi di imposta a disposizioni abrogate si intendono effettuati agli istituti e alle previsioni corrispondenti risultanti dal presente decreto.
3. Salvo diversa espressa previsione, i procedimenti di irrogazione delle sanzioni disciplinati nel presente decreto si applicano all'irrogazione di tutte le sanzioni tributarie non penali.».
(2) A partire dal 1.1.1999 ogni sanzione pecuniaria penale o amministrativa espressa in lire nel presente provvedimento si intende espressa anche in euro secondo il tasso di conversione irrevocabilmente fissato dal Trattato CE. A decorrere dal 1.1.2002 ogni sanzione penale o amministrativa espressa in lire nel presente provvedimento è tradotta in euro secondo il tasso di conversione irrevocabilmente fissato dal Trattato CE. Se da questa operazione deriva un risultato espresso anche in decimali, la cifra è arrotondata eliminando i decimali (art. 51, d.lgs. 24.12.1998, n. 213).
(3) I riferimenti al Ministro/Ministero di Grazia e Giustizia devono attualmente intendersi al Ministro/Ministero della giustizia (d.P.R. 13.9.1999).

1. Casi di non punibilità.

Non sono punibili coloro che, dopo aver commesso, per finalità di terrorismo o di eversione dell'ordinamento costituzionale, uno o più fra i reati previsti dagli articoli 270, 270-*bis*, 304, 305 e 306 del codice penale e, salvo quanto previsto dal terzo comma del presente articolo e dal secondo comma dell'articolo 5, non avendo concorso alla commissione di alcun reato connesso all'accordo, all'associazione o alla banda, prima della sentenza definitiva di condanna concernente i medesimi reati:

a) disciolgono o, comunque, determinano lo scioglimento dell'associazione o della banda;
b) recedono dall'accordo, si ritirano dall'associazione o dalla banda, ovvero si consegnano senza opporre resistenza o abbandonando le armi e forniscono in tutti i casi ogni informazione sulla struttura e sull'organizzazione della associazione o della banda.

Non sono parimenti punibili coloro i quali impediscono comunque che sia compiuta l'esecuzione dei reati per cui l'associazione o la banda è stata formata.

Non sono altresì punibili:

a) sussistendo le condizioni di cui al primo comma, coloro che hanno commesso i reati connessi concernenti armi, munizioni od esplosivi, fatta eccezione per le ipotesi di importazione, esportazione, rapina e furto, i reati di cui ai capi II, III e IV del titolo VII del libro II del codice penale, i reati di cui agli articoli 303 e 414 del codice penale, nonché il reato di cui all'articolo 648 del codice penale avente per oggetto armi, munizioni, esplosivi, documenti;
b) coloro che hanno commesso uno dei reati previsti dagli articoli 307, 378 e 379 del codice penale nei confronti di persona imputata di uno dei delitti indicati nel primo comma, se forniscono completa informazione sul favoreggiamento commesso.

La non punibilità è dichiarata con sentenza del giudice del dibattimento, previo accertamento della non equivocità ed attualità della condotta di cui al primo e al secondo comma.

Nei confronti di chi, avendo commesso uno dei reati previsti nel primo e nel terzo comma, prima che a suo carico sia stato emesso ordine o mandato di cattura o sia stato comunque iniziato procedimento penale, si presenti spontaneamente all'autorità di polizia o all autorità giudiziaria e tenga uno dei comportamenti previsti dal primo e dal secondo comma, l'ordine o il mandato di cattura non deve essere emesso, ma possono essere imposti obblighi o divieti previsti dalla legge e ritenuti necessari per assicurare il controllo della condotta, la disponibilità alle richieste dell'autorità giudiziaria e la presenza al dibattimento. Se è violato anche uno solo degli obblighi o dei divieti, il pubblico ministero o il giudice emette l'ordine o il mandato di cattura.

Non si applicano gli articoli 308 e 309 del codice penale.

2. Attenuante per i reati per finalità di terrorismo e di eversione in caso di dissociazione.

Salvo quanto disposto dall'articolo 289-*bis* del codice penale, la pena dell'ergastolo è sostituita da quella della reclusione da quindici a ventuno anni e le altre pene sono diminuite di un terzo, ma non possono superare, in ogni caso, in quindici anni per gli imputati di uno o più reati commessi per finalità di terrorismo o di eversione dell'ordinamento costituzionale i quali, tenendo, prima della sentenza definitiva di condanna, uno dei comportamenti previsti dall'articolo 1 commi primo e secondo, rendano, in qualsiasi fase o grado del processo, piena confessione di tutti i reati commessi e si siano adoperati o si adoperino efficacemente durante il processo per elidere o attenuare le conseguenze dannose o pericolose del reato o per impedire la commissione di reati connessi a norma del numero 2 dell'articolo 61 del codice penale.

Quando ricorrono le circostanze di cui al precedente comma non si applica l'aggravante di cui all'articolo 1 del decreto-legge 15 dicembre 1979, n. 625, convertito in legge, con modificazioni, dalla legge 6 febbraio 1980, n. 15.

3. Attenuanti per reati commessi per finalità di terrorismo o di eversione in caso di collaborazione.

Salvo quanto disposto dall'articolo 289-*bis* del codice penale, per i reati commessi per finalità di terrorismo o di eversione dell'ordinamento costituzionale la pena dell'ergastolo è sostituita da quella della reclusione da dieci a dodici anni e le altre pene sono diminuite della metà, ma non possono superare, in ogni caso, i dieci anni, nei confronti dell'imputato che, prima della sentenza definitiva di condanna, tiene uno dei comportamenti previsti dall'articolo 1, primo e secondo comma, rende piena confessione di tutti i reati commessi e aiuta l'autorità di polizia o l'autorità giudiziaria nella raccolta di prove decisive per la individuazione o la cattura di uno o più autori di reati commessi per la medesima finalità ovvero fornisce comunque elementi di prova rilevanti per l'esatta ricostruzione del fatto e la scoperta degli autori di esso.

Quando i comportamenti previsti dal comma precedente sono di eccezionale rilevanza, le pene sopraindicate sono ridotte fino ad un terzo.

Quando ricorrono le circostanze di cui ai precedenti commi non si applicano gli articoli 1 e 4 del decreto-legge 15 dicembre 1979, n. 625, convertito in legge, con modificazioni, dalla legge 6 febbraio 1980, n. 15.

4. Concorso di pene.

Quando contro la stessa persona sono state pronunciate più sentenze di condanna per reati diversi, per ciascuno dei quali siano state applicate le disposizioni degli articoli 2 e 3, non si applica l'articolo 80 del codice penale e la pena da irrogare si determina aggiungendo alla pena più grave una pena pari alla quinta parte di ciascuna delle pene inflitte per gli altri reati fino ad un massimo complessivo di sedici anni nel caso in cui per tutti i reati è stata applicata una delle attenuanti previste dall'articolo 3 e di ventidue anni negli altri casi.

Per le pene accessorie si applica l'articolo 79 del codice penale.

Se le condanne sono state pronunciate da giudici diversi, provvede il pubblico ministero presso il giudice che ha pronunciato la condanna più grave o, in casi di pari gravità, presso il giudice che ha pronunciato l'ultima condanna.

Si applicano il secondo, il terzo e quarto comma dell'articolo 582 del codice di procedura penale.

5. Tentativo e delitti di attentato.

Per i delitti commessi per finalità di terrorismo o di eversione dell'ordinamento costituzionale non è punibile colui che, avendo compiuto atti idonei diretti in modo non equivoco a commettere il delitto, volontariamente impedisce l'evento e fornisce comunque elementi di prova rilevanti per l'esatta ricostruzione del fatto e per la individuazione degli eventuali concorrenti.

Se il colpevole di uno dei delitti previsti dagli articoli 241, 276, 280, 283, 284, 285, 286, 289 e 295 del codice penale coopera efficacemente ad impedire l'evento cui gli atti da lui commessi sono diretti soggiace soltanto alla pena per gli atti compiuti, qualora questi costituiscano per sé un reato diverso.

Quando il giudice fondatamente ritiene che ai sensi dei precedenti commi può essere dichiarata la non punibilità, non deve essere emesso l'ordine o il mandato di cattura nei confronti di chi si presenta spontaneamente all'autorità di polizia o all'autorità giudiziaria e può essere concessa la libertà provvisoria, anche in istruttoria. In entrambi i casi possono essere imposti gli obblighi o i divieti di cui al penultimo comma dell'articolo 1.

Non si applica l'articolo 5 del decreto-legge 15 dicembre 1979, n. 625, convertito in legge, con modificazioni, dalla legge 6 febbraio 1980, n. 15.

6. Libertà provvisoria.

Fuori dei casi previsti dall'articolo 8 del decreto-legge 15 dicembre 1979, n. 625, convertito in legge, con modificazioni, dalla legge 6 febbraio 1980, n. 15, all'imputato di reato commesso per finalità di terrorismo o di eversione dell'ordinamento costituzionale al quale è stata riconosciuta l'attenuante di cui al secondo comma dell'articolo 3 può essere concessa la libertà provvisoria con la sentenza di primo grado o anche successivamente quando, tenuto conto della sua personalità, anche desunta dalle modalità della condotta, nonché dal comportamento processuale, il giudice possa fondatamente ritenere che si asterrà dal commettere reati che pongano in pericolo le esigenze di tutela della collettività.

L'imputato che ha ottenuto la libertà provvisoria ai sensi del comma precedente può ottenere lo stesso beneficio in relazione ad altri reati per i quali sia pendente separato procedimento. Se è stata già emessa sentenza di condanna, la libertà provvisoria può essere concessa solo se l'imputato tiene uno dei comportamenti previsti dall'articolo 3. Sulla concessione della libertà provvisoria decide il giudice competente per il procedimento.

Agli imputati dei reati indicati nell'articolo 1, la libertà provvisoria può essere concessa anche in istruttoria, quando il giudice, tenuto conto del comportamento processuale comprovante l'avvenuta dissociazione, ritenga fondatamente che possa essere dichiarata la non punibilità alle condizioni stabilite nel detto articolo.

7. Sospensione condizionale della pena.

Nei casi previsti dagli articoli 2 e 3, fermo restando quanto disposto dagli articoli 164, primo, secondo e terzo comma, 165, 166 e 168 del codice penale, il giudice, nel pronunciare sentenza di condanna a pena detentiva non superiore a quattro anni e sei mesi, se il reato è stato commesso dal minore degli anni diciotto, a quattro anni, se il reato è stato commesso da persona in età inferiore ad anni ventuno o superiore ad anni settanta, ed a tre anni e sei mesi in ogni altro caso ovvero a pena pecuniaria che, sola o congiunta alle dette pene detentive e convertita a norma di legge, priverebbe della libertà personale per un tempo non superiore a quello sopra rispettivamente indicato, può ordinare che l'esecuzione della pena rimanga sospesa per il termine di dieci anni se la condanna è per delitto e di cinque anni se la condanna è per contravvenzione.

La sospensione condizionale può essere concessa una seconda volta purché la pena da infliggere, cumulata con quella irrogata nella condanna precedente, non superi i limiti indicati nel primo comma.

8. Liberazione condizionale.

In deroga alle disposizioni dell'articolo 176 del codice penale, il condannato a pena detentiva per uno o più reati per i quali gli sia stata riconosciuta una delle circostanze attenuanti previste dagli articoli 2 e 3, che durante l'esecuzione della pena abbia tenuto un comportamento tale da far ritenere sicuro il suo ravvedimento, può essere ammesso alla liberazione condizionale se ha scontato metà della pena inflittagli.

La disposizione di cui al comma precedente si applica anche se la condanna è intervenuta prima dell'entrata in vigore della presente legge e il condannato ha tenuto uno dei comportamenti previsti dall'articolo 3.

Per la concessione della liberazione condizionale di cui ai precedenti commi è competente la corte d'appello nel cui distretto è compreso il giudice che ha pronunciato l'ultima sentenza di condanna.

9. Revoca della liberazione condizionale.

La liberazione condizionale prevista dall'articolo precedente è revocata in ogni tempo se la persona liberata commette successivamente un delitto non colposo per il quale la legge prevede la pena della reclusione superiore nel massimo ai quattro anni ovvero se risulti che la liberazione condizionale è stata ottenuta a mezzo di dichiarazioni di cui sia stata giudizialmente accertata falsità.

10. Decadenza dei benefici.

Quando risulta che le cause di non punibilità previste dagli articoli 1 e 5 e le attenuanti previste dagli articoli 2 e 3 sono state applicate per effetto di false o reticenti dichiarazioni è ammessa la revisione della sentenza a domanda del procuratore generale presso la corte di appello nel cui distretto la sentenza stessa è stata pronunciata, o del procuratore generale presso la Corte di cassazione, d'ufficio o su richiesta del Ministro della giustizia

Il giudice può infliggere una pena più grave per specie o quantità e revocare i benefici concessi.

Si osservano, in quanto applicabili, le disposizioni previste dal capo III del titolo III del libro III del codice di procedura penale.

Quando le circostanze di cui al primo comma emergono prima che la sentenza sia divenuta irrevocabile, gli atti vengono trasmessi al pubblico ministero presso il giudice di primo grado, per la rinnovazione del giudizio.

11. Disposizione interpretativa.

All'espressione "eversione dell'ordine democratico" usata nelle disposizioni di legge precedenti alla presente, corrisponde, per ogni effetto giuridico, la espressione "eversione dell'ordinamento costituzionale".

12. Limiti di applicabilità.

Le disposizioni degli articoli 1, 2, 3, 4, 5, 6, 7 e 10 si applicano solo a reati che siano stati commessi o la cui permanenza sia iniziata entro il 31 gennaio 1982, purché i comportamenti cui è condizionata la loro applicazione vengano tenuti entro centoventi giorni dall'entrata in vigore della presente legge (1).

(1) Il termine di 120 giorni è stato prorogato di altri 120 giorni dal d.l. 1°.10.1982, n. 695, conv. in l. 29.11.1982, n. 882.

13. – La presente legge entra in vigore il giorno successivo a quello della sua pubblicazione nella Gazzetta Ufficiale.

10. L. 18 febbraio 1987, n. 34. – Misure a favore di chi si dissocia dal terrorismo

In Gazzetta Ufficiale 21 febbraio 1987, n. 43

1. Condotte di dissociazione.

1. Agli effetti della presente legge si considera condotta di dissociazione dal terrorismo il comportamento di chi, imputato o condannato per reati aventi finalità di terrorismo o di eversione dell'ordinamento costituzionale, ha definitivamente abbandonato l'organizzazione o il movimento terroristico o eversivo cui ha appartenuto, tenendo congiuntamente le seguenti condotte: ammissione delle attività effettivamente svolte, comportamenti oggettivamente ed univocamente incompatibili con il permanere del vincolo associativo, ripudio della violenza come metodo di lotta politica.

2. Commutazione e diminuzioni di pena.

1. La pena per i delitti di terrorismo o di eversione dell'ordinamento costituzionale è così commutata o diminuita nei confronti di chi, entro la data di entrata in vigore della presente legge, si è dissociato ai sensi dell'articolo 1:

a) alla pena dell'ergastolo è sostituita quella della reclusione per trenta anni;
b) fuori del caso di cui alla lettera a), le altre pene sono diminuite: di un quarto se la condanna concerne, da soli o insieme ad altri reati, i delitti di omicidio volontario consumato o tentato o di lesioni personali

volontarie gravissime; della metà se la condanna concerne soltanto delitti di carattere associativo o di accordo, delitti di porto e detenzione di armi ed esplosivi, delitti di falsità e di favoreggiamento personale o reale, delitti di apologia e istigazione di cui agli articoli 302, 303, 414 e 415 del codice penale anche in concorso tra di loro; di un terzo in ogni altro caso.

2. Nessun beneficio di cui al comma 1 è applicabile quando la condanna concerne anche i delitti di strage di cui agli articoli 285 e 422 del codice penale.

3. La commutazione e le diminuzioni di pena indicate nel comma 1 si applicano alla pena che dovrebbe essere inflitta tenendo conto delle circostanze aggravanti e attenuanti, del concorso formale e della continuazione: esse sono escluse dalla comparazione di cui all'articolo 69 del codice penale e sono valutate per ultime. La commutazione e le diminuzioni sono applicate dal giudice del dibattimento. La Corte di cassazione provvede ai sensi del terzo comma dell'articolo 538 del codice di procedura penale.

3. Commutazione e diminuzioni di pena nel caso di condanna definitiva.

1. Le pene inflitte per uno o più reati commessi per finalità di terrorismo o di eversione dell'ordinamento costituzionale con sentenza divenuta definitiva prima dell'entrata in vigore della presente legge sono commutate o diminuite, secondo quanto previsto dall'articolo 2, nei confronti di chi, prima o anche dopo la condanna, purché entro la data di entrata in vigore della presente legge, si è dissociato ai sensi dell'articolo 1.

2. Il provvedimento è preso con ordinanza del giudice degli incidenti di esecuzione, con il procedimento di cui agli articoli 628 e seguenti del codice di procedura penale.

4. Dichiarazione di dissociazione successiva all'entrata in vigore della legge.

1. Se l'imputato o il condannato intendono rendere dichiarazioni ai sensi e per gli effetti dell'articolo 1, ovvero integrare quelle già rese, possono chiedere di esercitare tale facoltà entro trenta giorni dall'entrata in vigore della presente legge. La richiesta va rivolta al pubblico ministero presso l'ufficio giudiziario davanti al quale è pendente il processo, ovvero al pubblico ministero presso il giudice competente per l'incidente di esecuzione.

2. Il pubblico ministero, raccolte senza ritardo le dichiarazioni suddette, le trasmette immediatamente al giudice competente.

3. Il giudice competente a pronunciarsi, ai sensi degli articoli 2 e 3, in ordine alla sussistenza della dissociazione, acquisisce, relativamente ad ogni singolo procedimento sottoposto al suo esame, tutti gli elementi necessari per la decisione.

5. Revoca.

1. La commutazione e le diminuzioni di pena applicate in base agli articoli 2 e 3 sono revocate se chi ne ha beneficiato commette un nuovo delitto di terrorismo o di eversione dell'ordinamento costituzionale o comunque tiene comportamenti inequivocabilmente incompatibili con la precedente dissociazione.

2. Alla revoca provvede in ogni stato e grado il giudice competente per il giudizio ovvero il giudice degli incidenti di esecuzione con il procedimento di cui agli articoli 628 e seguenti del codice di procedura penale.

6. Libertà provvisoria.

1. A coloro che hanno tenuto le condotte previste all'articolo 1 e relativamente ai delitti punibili con la pena della reclusione non superiore nel massimo a dieci anni, può essere concessa la libertà provvisoria.

7. Cumulo.

1. Quando contro la stessa persona sono state pronunciate più sentenze di condanna per reati di terrorismo o di eversione dell'ordinamento costituzionale, a ciascuna delle quali è stata applicata una delle diminuzioni di pena di cui agli articoli 2 e 3 della presente legge, la pena complessiva da espiare non può eccedere anni ventidue e mesi sei per la reclusione e anni quattro per l'arresto. La pena così determinata deve essere considerata pena unica ai fini dell'eventuale provvedimento di cui agli articoli 80 del codice penale e 582 del codice di procedura penale [(1)].

(1) La Corte costituzionale, con sent. 13.7.1989, n. 396, ha dichiarato l'illegittimità costituzionale del combinato disposto degli artt. 7 e 8, secondo comma, nella parte in cui esclude che il cumulo delle pene previsto dal primo di tali articoli possa essere applicato anche nei confronti di una o più sentenze di condanna pronunciate contro la stessa persona ai sensi degli artt. 2 e 3, l. 29.5.1982, n. 304.

8. Applicabilità delle norme.

1. Le disposizioni della presente legge si applicano solo ai delitti che sono stati commessi, o la cui permanenza è cessata, entro il 31 dicembre 1983.

2. Le disposizioni della presente legge non si applicano nei confronti di chi ha usufruito o può usufruire dei benefici previsti dall'articolo 4 del decreto-legge 15 dicembre 1979, n. 625, convertito, con modificazioni, dalla legge 6 febbraio 1980, n. 15, e dagli articoli 2 e 3 della legge 29 maggio 1982, n. 304 [(1)].

(1) La Corte costituzionale, con sent. 13.7.1989, n. 396, ha dichiarato l'illegittimità costituzionale del combinato disposto degli artt. 7 e 8, co. 2, nella parte in cui esclude che il cumulo delle pene previsto dal primo di tali articoli possa essere applicato anche nei confronti di una o più sentenze di condanna pronunciate contro la stessa persona ai sensi degli artt. 2 e 3 l. 29.5.1982, n. 304.

11. D.L. 15 gennaio 1991, n. 8, convertito, con modificazioni, con L. 15 marzo 1991, n. 82. – Nuove norme in materia di sequestri di persona a scopo di estorsione e per la protezione dei testimoni di giustizia, nonché per la protezione e il trattamento sanzionatorio di coloro che collaborano con la giustizia [1]

In Gazzetta Ufficiale 15 gennaio 1991, n. 12

(1) Titolo sostituito dall'art. 1, l. 13.2.2001, n. 45.

Capo I
Nuove norme in materia di sequestri di persona a scopo di estorsione

1. Sequestro dei beni utilizzabili per far conseguire il prezzo del riscatto [1]**.**

1. Quando si procede per il delitto di sequestro di persona a scopo di estorsione, il pubblico ministero richiede ed il giudice dispone il sequestro dei beni appartenenti alla persona sequestrata, al coniuge e ai parenti e affini conviventi. Il pubblico ministero può altresì richiedere ed il giudice può disporre il sequestro dei beni appartenenti ad altre persone quando vi è fondato motivo di ritenere che tali beni possano essere utilizzati, direttamente o indirettamente, per far conseguire agli autori del delitto il prezzo della liberazione della vittima.

2. Si osservano le disposizioni relative al sequestro preventivo. Il sequestro ha la durata massima di un anno, ma, prima della scadenza, può essere rinnovato se permangono i fondati motivi di cui al comma 1. In ogni caso, il sequestro è revocato, su istanza di un interessato o del pubblico ministero, quando risulti cessata la permanenza del reato [2].

3. Il sequestro dei beni non comporta limitazioni ai poteri di amministrazione e di gestione, ai diritti di godimento dei beni medesimi e non incide sui rapporti giuridici preesistenti. In caso di necessità o quando ne sia fatta richiesta per motivi familiari, professionali, economici o imprenditoriali, il giudice, sentito il pubblico ministero, può autorizzare atti di disposizione aventi ad oggetto beni sottoposti al sequestro.

4. Le disposizioni dell'art. 379 del codice penale si applicano nei confronti di chi, al di fuori delle ipotesi previste ai commi 1 e 2 dell'art. 7 e di concorso nel delitto di sequestro di persona a scopo di estorsione, si adopera, con qualsiasi mezzo, al fine di far conseguire agli autori del delitto medesimo il prezzo della liberazione della vittima [3].

4 bis. Non è punibile chi ha posto in essere la condotta indicata nel comma 4 in favore del prossimo congiunto [4].

5. Sono utili i negozi giuridici posti in essere al fine di far conseguire agli autori del delitto di sequestro di persona a scopo di estorsione il prezzo della liberazione della vittima [5].

(1) Rubrica aggiunta dall'art. 20, co. 1, lett. a), l. 13.2.2001, n. 45.

(2) Comma modificato dall'art. 1, l. 15.3.1991, n. 82, in sede di conversione.

(3) Comma sostituito dall'art. 1, l. 15.3.1991, n. 82, in sede di conversione.

(4) Comma introdotto dall'art. 1, l. 15.3.1991, n. 82, in sede di conversione.

(5) Comma sostituito dall'art. 1, l. 15.3.1991, n. 82, in sede di conversione.

2. Nullità dei contratti di assicurazione [1]**.**

1. Chiunque, cittadino italiano, stipula anche all'estero contratti di assicurazione aventi ad oggetto la copertura del rischio, nel territorio dello Stato, rappresentato dal pagamento del prezzo del riscatto in caso di sequestro di persona a scopo di estorsione, proprio o di altre persone, è punito con la reclusione da uno a tre anni [2].

2. I contratti di assicurazione aventi ad oggetto, sotto qualsiasi forma, il rischio del sequestro di persona a scopo di estorsione sono nulli.

(1) Rubrica aggiunta dall'art. 20, co. 1, lett. b), l. 13.2.2001, n. 45.

(2) Comma sostituito dall'art. 1, l. 15.3.1991, n. 82, in sede di conversione.

3. Omessa denuncia [1]**.**

1. Chiunque, essendo a conoscenza di atti o fatti concernenti il delitto, anche tentato, di sequestro di persona a scopo di estorsione o di circostanze relative alla richiesta o al pagamento del prezzo della liberazione della persona sequestrata, ovvero di altre circostanze utili per l'individuazione o la cattura dei colpevoli o per la liberazione del sequestrato, omette o ritarda di riferirne all'autorità di cui all'art. 361 del codice penale è punito con la reclusione fino a tre anni.

2. Non è punibile chi ha posto in essere le condotte indicate al comma 1 in favore del prossimo congiunto.

(1) Rubrica aggiunta dall'art. 20, co. 1, lett. c), l. 13.2.2001, n. 45.

4. Comunicazioni al Governatore della Banca d'Italia [1]**.**

1. L'autorità giudiziaria, quando ha fondato motivo di ritenere che la sostituzione o l'impiego di denaro, beni o altre utilità di cui agli articoli 648-*bis* e 648-*ter* del codice penale siano avvenuti attraverso operazioni bancarie, ne dà comunicazione al Governatore della Banca d'Italia per gli atti di sua competenza. Le notizie comunicate sono coperte dal segreto di ufficio. La comunicazione può essere ritardata quando può derivarne pregiudizio alle indagini.

2. Il Governatore dà comunicazione all'autorità giudiziaria delle iniziative assunte e dei provvedimenti adottati.

(1) Rubrica aggiunta dall'art. 20, co. 1, lett. d), l. 13.2.2001, n. 45.

Articolo 5

[1. Per i delitti di sequestro di persona le circostanze attenuanti, diverse da quelle previste dal comma quarto dell'art. 289-*bis* e dai commi quarto e quinto dell'art. 630 del codice penale, non possono essere ritenute equivalenti o prevalenti rispetto alle circostanze aggravanti previste dall'art. 630, comma secondo, dall'art. 289-*bis*, comma secondo, dall'art. 61, n. 4 e n. 5 quando il fatto è stato commesso in danno di minore ovvero di persona che si trova in condizioni di salute gravi o ha oltrepassato i sessantacinque anni di età, nonché dal citato art. 61, n. 8 e n. 11, del codice penale. Le eventuali diminuzioni di pena si operano sulla quantità di pena risultante dall'aumento conseguente alle predette aggravanti.] (1)

(1) Articolo soppresso dall'art. 1, l. 15.3.1991, n. 82, in sede di conversione.

6. Attenuante speciale in caso di collaborazione (1).

1. Nei casi di cui al comma quarto dell'art. 289-*bis* e ai commi quarto e quinto dell'art. 630 del codice penale, se il contributo fornito dal concorrente del reato dissociatosi dagli altri è di eccezionale rilevanza, anche con riguardo alla durata del sequestro e alla incolumità della persona sequestrata, le pene ivi previste possono essere ulteriormente diminuite in misura non eccedente un terzo.

(1) Rubrica aggiunta dall'art. 20, co. 1, lett. e), l. 13 febbraio 2001, n. 45.

7. Disposizioni processuali (1).

[1. Quando è necessario per acquisire rilevanti elementi probatori, ovvero per la individuazione o cattura dei responsabili del delitto di sequestro di persona a scopo di estorsione, il pubblico ministero può richiedere che venga autorizzata la disposizione di beni, denaro o altra utilità per l'esecuzione di operazioni controllate di pagamento del riscatto, indicandone le modalità. Il giudice provvede con decreto motivato.

2. L'autorizzazione a disporre di beni, denaro o altra utilità può essere comunque richiesta dal pubblico ministero per i sequestri di persona a scopo di estorsione in corso alla data di entrata in vigore del presente decreto.

3. Ai medesimi fini di cui al comma 1 il pubblico ministero può, con decreto motivato, ritardare l'esecuzione o disporre che sia ritardata l'esecuzione dei provvedimenti che applicano una misura cautelare, dell'arresto, del fermo dell'indiziato di delitto o del sequestro. Nei casi d'urgenza il ritardo dell'esecuzione dei predetti provvedimenti può essere disposto anche oralmente, ma il relativo decreto deve essere emesso entro le successive quarantotto ore.] (2)

(1) Rubrica aggiunta dall'art. 20, co. 1, lett. f), l. 13.2.2001, n. 45.
(2) Articolo soppresso dall'art. 9, co. 11, lett. f bis), l. 16.3.2006, n. 146.

8. Nuclei di polizia interforze (1).

1. I servizi centrali e interprovinciali della Polizia di Stato, dell'Arma dei carabinieri e del Corpo della guardia di finanza, ai quali sono attribuiti i compiti di collegamento delle attività investigative relative ai delitti di criminalità organizzata, assicurano altresì il collegamento interforze delle attività relative alla prevenzione e repressione dei delitti di sequestro di persona a scopo di estorsione.

2. Per le esigenze connesse alle indagini di polizia giudiziaria concernenti delitti di sequestro di persona a scopo di estorsione sono costituiti appositi nuclei interforze, cui si applicano le disposizioni dell'art. 12, commi 4 e 5, del decreto-legge 12 gennaio 1991, n. 5.

(1) Rubrica aggiunta dall'art. 20, co. 1, lett. g), l. 13.2.2001, n. 45.

Capo II
Nuove norme per la protezione di coloro che collaborano con la giustizia

9. Condizioni di applicabilità delle speciali misure di protezione (1).

1. Alle persone che tengono le condotte o che si trovano nelle condizioni previste dai commi 2 e 5 possono essere applicate, secondo le disposizioni del presente Capo, speciali misure di protezione idonee ad assicurarne l'incolumità provvedendo, ove necessario, anche alla loro assistenza.

2. Le speciali misure di protezione sono applicate quando risulta la inadeguatezza delle ordinarie misure di tutela adottabili direttamente dalle autorità di pubblica sicurezza o, se si tratta di persone detenute o internate, dal Ministero della giustizia – Dipartimento dell'amministrazione penitenziaria e risulta altresì che le persone nei cui confronti esse sono proposte versano in grave e attuale pericolo per effetto di talune delle condotte di collaborazione aventi le caratteristiche indicate nel comma 3 e tenute relativamente a delitti commessi per finalità di terrorismo o di eversione dell'ordine costituzionale ovvero ricompresi fra quelli di cui all'articolo 51, comma 3-*bis*, del codice di procedura penale e agli articoli 600-*bis*, 600-*ter*, 600-*quater*, anche se relativi al materiale pornografico di cui all'articolo 600-*quater*.1, e 600-*quinquies* del codice penale (2).

3. Ai fini dell'applicazione delle speciali misure di protezione, assumono rilievo la collaborazione o le dichiarazioni rese nel corso di un procedimento penale. La collaborazione e le dichiarazioni predette devono avere carattere di intrinseca attendibilità. Devono altresì avere carattere di novità o di completezza o per altri elementi devono apparire di notevole importanza per lo sviluppo delle indagini o ai fini del giudizio ovvero per le attività di investigazione sulle connotazioni strutturali, le dotazioni di armi, esplosivi o beni, le articolazioni e i collegamenti interni o internazionali delle organizzazioni criminali di tipo mafioso o terroristico-eversivo o sugli obiettivi, le finalità e le modalità operative di dette organizzazioni.

4. Se le speciali misure di protezione indicate nell'articolo 13, comma 4, non risultano adeguate alla gravità ed attualità del pericolo, esse possono essere applicate anche mediante la definizione di uno speciale programma di protezione i cui contenuti sono indicati nell'articolo 13, comma 5..

5. Le speciali misure di protezione di cui al comma 4 possono essere applicate anche a coloro che convivono stabilmente con le persone indicate nel comma 2 nonché, in presenza di specifiche situazioni, anche a coloro che risultino esposti a grave, attuale e concreto pericolo a causa delle relazioni intrattenute con le medesime persone. Il solo rapporto di parentela, affinità o coniugio, non determina, in difetto di stabile coabitazione, l'applicazione delle misure.

6. Nella determinazione delle situazioni di pericolo si tiene conto, oltre che dello spessore delle condotte di collaborazione o della rilevanza e qualità delle dichiarazioni rese, anche delle caratteristiche di reazione del gruppo criminale in relazione al quale la collaborazione o le dichiarazioni sono rese, valutate con specifico riferimento alla forza di intimidazione di cui il gruppo è localmente in grado di valersi".

(1) Articolo modificato dall'art. 1, l. 15.3.1991, n. 82, in sede di conversione e, poi, sostituito dall'art. 2, l. 13.2.2001, n. 45.

(2) Comma modificato dall'art. 11, co. 1, l. 11.8.2003, n. 228 e poi dall'art. 16, co. 2, l. 6.2.2006, n. 38.

10. Commissione centrale per la definizione e applicazione delle speciali misure di protezione [1].

[**1.** Nei casi in cui le misure di tutela adottabili, ai sensi delle norme già in vigore, direttamente dall'Alto commissario per il coordinamento della lotta contro la delinquenza di tipo mafioso, dall'autorità di pubblica sicurezza o, se si tratta di persona detenuta, dal Ministero di grazia e giustizia – Dipartimento dell'Amministrazione penitenziaria, non sono ritenute adeguate al fine di assicurare l'incolumità dei soggetti elencati nell'art. 9 e il pericolo derivi dagli elementi forniti o che essi possono fornire per lo sviluppo delle indagini o per il giudizio, può essere definito uno speciale programma di protezione, comprendente, se necessario, anche misure di assistenza [2].] [3]

2. Con decreto del Ministro dell'interno, di concerto con il Ministro della giustizia, sentiti i Ministri interessati, è istituita una commissione centrale per la definizione e applicazione delle speciali misure di protezione [4].

2 bis. La commissione centrale è composta da un Sottosegretario di Stato per l'interno, che la presiede, da un avvocato dello Stato, da due magistrati e da cinque funzionari e ufficiali. I componenti della commissione diversi dal presidente e dall'avvocato dello Stato sono preferibilmente scelti tra coloro che hanno maturato specifiche esperienze nel settore e che sono in possesso di cognizioni relative alle attuali tendenze della criminalità organizzata, ma che non sono addetti a uffici che svolgono attività di investigazione o di indagine preliminare sui fatti o procedimenti relativi alla criminalità organizzata di tipo mafioso o terroristico-eversivo. Uno dei componenti, designato a seguito di apposita delibera della commissione, assume le funzioni di vicepresidente. La commissione centrale, presieduta dal vicepresidente, opera anche in caso di dimissioni o di decadenza del presidente [5].

2 ter. Sono coperti dal segreto di ufficio, oltre alla proposta di cui all'articolo 11, tutti gli atti e i provvedimenti comunque pervenuti alla commissione centrale, gli atti e i provvedimenti della commissione stessa, salvi gli estratti essenziali e le attività svolte per l'attuazione delle misure di protezione. Agli atti e ai provvedimenti della commissione, salvi gli estratti essenziali che devono essere comunicati a organi diversi da quelli preposti all'attuazione delle speciali misure di protezione, si applicano altresì le norme per la tenuta e la circolazione degli atti classificati, con classifica di segretezza adeguata al contenuto di ciascun atto [6].

2 quater. Per lo svolgimento dei compiti di segreteria e di istruttoria, la commissione centrale si avvale di una segreteria costituita secondo le modalità e con la dotazione di personale e di mezzi stabilite con regolamento adottato ai sensi dell'articolo 17, comma 3, della legge 23 agosto 1988, n. 400, dal Ministro dell interno, di concerto con il Ministro della giustizia, sentita la commissione centrale stessa, previo parere delle Commissioni parlamentari competenti, che si esprimono entro trenta giorni. Per lo svolgimento dei compiti di istruttoria, la commissione può avvalersi anche del Servizio centrale di protezione di cui all'articolo 14 [7].

2 quinquies. La tutela avverso i provvedimenti della commissione centrale con cui vengono applicate, modificate o revocate le speciali misure di protezione anche se di tipo urgente o provvisorio a norma dell'articolo 13, comma 1, è disciplinata dal codice del processo amministrativo [8] [9].

[**2 sexies.** Nei confronti dei provvedimenti della commissione centrale con cui vengono modificate o revocate le speciali misure di protezione anche se di tipo urgente o provvisorio a norma dell'articolo 13, comma 1, l'ordinanza di sospensione cautelare emessa ai sensi dell'articolo 21 della legge 6 dicembre 1971, n. 1034, e successive modificazioni, o dell'articolo 36 del regio decreto 17 agosto 1907, n. 642, ha efficacia non superiore a sei mesi. Con l'ordinanza il giudice fissa, anche d'ufficio, l'udienza per la discussione di merito del ricorso che deve avvenire entro i quattro mesi successivi; il dispositivo della sentenza è pubblicato entro sette giorni dalla data dell'udienza con deposito in cancelleria. I termini processuali sono ridotti alla metà [10].] [11]

[**2 septies.** Nel termine entro il quale può essere proposto il ricorso giurisdizionale e in pendenza della decisione relativa all'eventuale richiesta di sospensione ai sensi dell'articolo 21 della legge 6 dicembre 1971, n. 1034, e successive modificazioni, o dell'articolo 36 del regolamento di cui al regio decreto 17 agosto 1907, n. 642, il provvedimento di cui al comma 2-*sexies* rimane sospeso [12].] [13]

[**2 octies.** I magistrati componenti della commissione centrale non possono esercitare funzioni giudicanti nei procedimenti cui partecipano a qualsiasi titolo i soggetti nei cui confronti la commissione, con la loro partecipazione, ha deliberato sull'applicazione della misura di protezione [14].] [15]

2 nonies. Con decreto del Ministro dell'interno, di concerto con il Ministro dell'economia e delle finanze, vengono stabilite le modalità di corresponsione dei gettoni di presenza ai componenti della commissione centrale ed al personale chiamato a partecipare con compiti di segreteria e di istruttoria alle riunioni della medesima commissione. All'onere derivante dall'attuazione del presente comma, determinato nella misura massima di 42.000 euro per l'anno 2002 e di 100.000 euro annui a decorrere dall'anno 2003, si provvede mediante corrispondente riduzione dello stanziamento iscritto, ai fini del bilancio triennale 2002-2004, nell'ambito dell'unità previsionale di base di parte corrente "Fondo speciale" dello stato di previsione del Ministero dell'economia e delle finanze per l'anno 2002, allo scopo parzialmente utilizzando l'accantonamento relativo al medesimo Ministero [16].

[**3.** Le misure di protezione e di assistenza a favore delle persone ammesse allo speciale programma di cui al comma 1, nonché i criteri di formulazione del programma medesimo e le modalità di attuazione, sono stabilite con decreto del Ministro dell'interno, di concerto con il Ministro di grazia e giustizia, sentiti il Comitato nazionale dell'ordine e della sicurezza pubblica e la Commissione centrale di cui al comma 2. Non si applica l'art. 17 della legge 23 agosto 1988, n. 400.] [17] [18]

(1) Rubrica aggiunta dall'art. 3, co. 1, lett. a), l. 13.2.2001, n. 45.
(2) Comma modificato dall'art. 1, l. 15.3.1991, n. 82, in sede di conversione.
(3) Comma abrogato dall'art. 3, co. 1, lett. b), l. 13.2.2001, n. 45.
(4) Comma modificato dall'art. 1, l. 15.3.1991, n. 82, in sede di conversione e poi sostituito dall'art. 3, co. 1, lett. c), l. 13.2.2001, n. 45.
(5) Comma introdotto dall'art. 3, co. 1, lett. d), l. 13.2.2001, n. 45 e poi sostituito dall'art. 9, co. 1, lett. a), l. 11.1.2018, n. 6.
(6) Comma introdotto dall'art. 3, co. 1, lett. d), l. 13.2.2001, n. 45.
(7) Comma introdotto dall'art. 3, co. 1, lett. d), l. 13.2.2001, n. 45 e poi modificato dall'art. 9, co. 1, lett. b), l. 11.1.2018, n. 6.
(8) Comma introdotto dall'art. 3, co. 1, lett. d), l. 13.2.2001, n. 45.
(9) Comma sostituito dall'art. 3, co. 4, dell'Allegato 4 al d.lgs. 2.7.2010, n. 104.
(10) Comma introdotto dall'art. 3, co. 1, lett. d), l. 13.2.2001, n. 45.
(11) Comma abrogato dall'art. 4, co. 1, punto 15), dell'Allegato 4 al d.lgs. 2.7.2010, n. 104.
(12) Comma introdotto dall'art. 3, co. 1, lett. d), l. 13.2.2001, n. 45 e poi sostituito dall'art. 14, co. 1, l. 13.8.2010, n. 136.
(13) Comma abrogato dall'art. 4, co. 1, punto 15), dell'Allegato 4 al d.lgs. 2.7.2010, n. 104.
(14) Comma introdotto dall'art. 3, co. 1, lett. d), l. 13.2.2001, n. 45.
(15) Comma abrogato dall'art. 4, co. 1, punto 15), dell'Allegato 4 al d.lgs. 2.7.2010, n. 104.
(16) Comma introdotto dall'art. 13, co. 1, l. 16.1.2003, n. 3.
(17) Comma abrogato dall'art. 3, co. 1, lett. e), l. 13.2.2001, n. 45.
(18) Secondo quanto previsto dall'art. 2, co. 5 terdecies d.l. 29.12.2010, n. 225, conv., con modif., dalla l. 26.2.2011, n. 10, la durata dell'organo di cui al presente art. è prorogata ogni tre anni, senza nuovi o maggiori oneri per il bilancio dello Stato.

11. Proposta di ammissione [1].

1. L'ammissione alle speciali misure di protezione, oltre che i contenuti e la durata di esse, sono di volta in volta deliberati dalla commissione centrale di cui all'articolo 10, comma 2, su proposta formulata dal procuratore della Repubblica il cui ufficio procede o ha proceduto sui fatti indicati nelle dichiarazioni rese dalla persona che si assume sottoposta a grave e attuale pericolo. Allorché sui fatti procede o ha proceduto la Direzione distrettuale antimafia e a essa non è preposto il procuratore distrettuale, ma un suo delegato, la proposta è formulata da quest'ultimo.

2. Quando le dichiarazioni indicate nel comma 1 attengono a procedimenti per taluno dei delitti previsti dall'articolo 51, commi 3-*bis* e 3-*quater*, del codice di procedura penale, in relazione ai quali risulta che più uffici del pubblico ministero procedono a indagini collegate a norma dell'articolo 371 dello stesso codice, la proposta è formulata da uno degli uffici procedenti d'intesa con gli altri e comunicata al procuratore nazionale antimafia e antiterrorismo; nel caso di mancata intesa il procuratore nazionale antimafia e antiterrorismo risolve il contrasto. [La proposta è formulata d'intesa con i procuratori generali presso le corti di appello interessati, a norma dell'articolo 118-*bis* delle norme di attuazione, di coordinamento e transitorie del codice di procedura penale, approvate con decreto legislativo 28 luglio 1989, n. 271, quando la situazione delineata nel periodo precedente riguarda procedimenti relativi a delitti commessi per finalità di terrorismo o di eversione dell'ordine costituzionale.] [2]

3. La proposta può essere formulata anche dal Capo della polizia-direttore generale della pubblica sicurezza previa acquisizione del parere del procuratore della Repubblica che, se ne ricorrono le condizioni, è formulato d'intesa con le altre autorità legittimate a norma del comma 2.

4. Quando non ricorrono le ipotesi indicate nel comma 2, l'autorità che formula la proposta può comunque richiedere il parere del procuratore nazionale antimafia e antiterrorismo nonché dei procuratori generali presso le corti di appello interessati allorché ritiene che le notizie, le informazioni e i dati attinenti alla criminalità organizzata di cui il procuratore nazionale antimafia e antiterrorismo o i procuratori generali dispongono per l'esercizio delle loro funzioni, a norma dell'articolo 371-*bis* del codice di procedura penale e del citato articolo 118-*bis* delle relative norme di attuazione, di coordinamento e transitorie, possano essere utili per la deliberazione della commissione centrale [3].

5. Anche per il tramite del suo presidente, la commissione centrale può esercitare sia la facoltà indicata nel comma 4 sia quella di richiedere il parere del procuratore nazionale antimafia e antiterrorismo o dei procuratori generali presso le corti di appello interessati quando ritiene che la proposta doveva essere formulata dal procuratore della Repubblica d'intesa con altre procure e risulta che ciò non è avvenuto. In tale ultima ipotesi e sempreché ritengano ricorrere le condizioni indicate nel comma 2, il procuratore nazionale antimafia e antiterrorismo e i procuratori generali, oltre a rendere il parere, danno comunicazione dei motivi che hanno originato la richiesta al procuratore generale presso la Corte di cassazione (4).

6. Nelle ipotesi di cui ai commi 2, 3, 4 e 5, il procuratore nazionale antimafia e antiterrorismo e i procuratori generali presso le corti di appello interessati possono acquisire copie di atti nonché notizie o informazioni dalle autorità giudiziarie che procedono a indagini o a giudizi connessi o collegati alle medesime condotte di collaborazione (5).

7. La proposta per l'ammissione alle speciali misure di protezione contiene le notizie e gli elementi utili alla valutazione sulla gravità e attualità del pericolo cui le persone indicate nell'articolo 9 sono o possono essere esposte per effetto della scelta di collaborare con la giustizia compiuta da chi ha reso le dichiarazioni. Nella proposta sono elencate le eventuali misure di tutela adottate o fatte adottare e sono evidenziati i motivi per i quali le stesse non appaiono adeguate.

8. Nell'ipotesi prevista dall'articolo 9, comma 3, la proposta del procuratore della Repubblica, ovvero il parere dello stesso procuratore quando la proposta è effettuata dal Capo della polizia – direttore generale della pubblica sicurezza, deve fare riferimento specifico alle caratteristiche del contributo offerto dalle dichiarazioni".

(1) Articolo modificato dall'art. 1, l. 15.3.1991, n. 82, in sede di conversione e, poi, sostituito dall'art. 4, l. 13.2.2001, n. 45.
(2) Comma modificato dall'art. 6 bis, co. 1, lett. a), n. 1), d.l. 18.2.2015 n. 7, conv., con modif., dalla l. 17.4.2015, n. 43.
(3) Comma modificato dall'art. 6 bis, co. 1, lett. a), n. 2), d.l. 18.2.2015 n. 7, conv., con modif., dalla l. 17.4.2015, n. 43.
(4) Comma modificato dall'art. 6 bis, co. 1, lett. a), n. 3), d.l. 18.2.2015 n. 7, conv., con modif., dalla l. 17.4.2015, n. 43.
(5) Comma modificato dall'art. 6 bis, co. 1, lett. a), n. 3), d.l. 18.2.2015 n. 7, conv., con modif., dalla l. 17.4.2015, n. 43.

12. Assunzione degli impegni (1).

1. Le persone nei cui confronti è stata avanzata proposta di ammissione alle speciali misure di protezione devono rilasciare all'autorità proponente completa e documentata attestazione riguardante il proprio stato civile, di famiglia e patrimoniale, gli obblighi a loro carico derivanti dalla legge, da pronunce dell'autorità o da negozi giuridici, i procedimenti penali, civili e amministrativi pendenti, i titoli di studio e professionali, le autorizzazioni, le licenze, le concessioni e ogni altro titolo abilitativo di cui siano titolari. Le predette persone devono, altresì, designare un proprio rappresentante generale o rappresentanti speciali per gli atti da compiersi (2).

2. Le speciali misure di protezione sono sottoscritte dagli interessati, i quali si impegnano personalmente a:

a) osservare le norme di sicurezza prescritte e collaborare attivamente all'esecuzione delle misure;
b) sottoporsi a interrogatori, a esame o ad altro atto di indagine ivi compreso quello che prevede la redazione del verbale illustrativo dei contenuti della collaborazione;
c) adempiere agli obblighi previsti dalla legge e dalle obbligazioni contratte;
d) non rilasciare a soggetti diversi dalla autorità giudiziaria, dalle forze di polizia e dal proprio difensore dichiarazioni concernenti fatti comunque di interesse per i procedimenti in relazione ai quali hanno prestato o prestano la loro collaborazione ed a non incontrare né a contattare, con qualunque mezzo o tramite, alcuna persona dedita al crimine, né, salvo autorizzazione dell'autorità giudiziaria quando ricorrano gravi esigenze inerenti alla vita familiare, alcuna delle persone che collaborano con la giustizia;
e) specificare dettagliatamente tutti i beni posseduti o controllati, direttamente o per interposta persona, e le altre utilità delle quali dispongono direttamente o indirettamente, nonché, immediatamente dopo l'ammissione alle speciali misure di protezione, versare il danaro frutto di attività illecite. L'autorità giudiziaria provvede all'immediato sequestro del danaro e dei beni ed utilità predetti (3).

[**3.** La previsione di cui alla lettera e) del comma 2 non si applica ai soggetti indicati nel comma 2 dell'articolo 16-*quater*.] (4)

3 bis. All'atto della sottoscrizione delle speciali misure di protezione l'interessato elegge il proprio domicilio nel luogo in cui ha sede la commissione centrale di cui all'articolo 10, comma 2 (5).

(1) Rubrica aggiunta dall'art. 5, co. 1, lett. a), l. 13.2.2001, n. 45.
(2) Comma modificato dall'art. 5, co. 1, lett. b), l. 13.2.2001, n. 45.
(3) Comma modificato dall'art. 1, l. 15.3.1991, n. 82, in sede di conversione, dall'art. 13, co. 3, d.l. 8.6.1992, n. 306, convertito in l. 7.8.1992, n. 356 e, infine, sostituito dall'art. 5, co. 1, lett. c), l. 13.2.2001, n. 45.
(4) Comma introdotto dall'art. 13, co. 4, d.l. 8.6.1992, n. 306, convertito in l. 7.8.1992, n. 356, poi, sostituito dall'art. 5, co. 1, lett. c), l. 13.2.2001, n. 45 e, infine, abrogato dall'art. 20, co. 1, l. 11.1.2018, n. 6.
(5) Comma introdotto dall'art. 5, co. 1, lett. c), l. 13.2.2001, n. 45.

13. Contenuti delle speciali misure di protezione e adozione di provvedimenti provvisori (1).

1. Sulla proposta di ammissione alle speciali misure di protezione, la commissione centrale di cui all'articolo 10, comma 2, delibera a maggioranza dei suoi componenti, purché siano presenti alla seduta almeno cinque di questi. In caso di parità prevale il voto del presidente. Quando risultano situazioni di particolare gravità e vi è richiesta dell'autorità legittimata a formulare la proposta la commissione delibera, anche senza formalità e comunque entro la prima seduta successiva alla richiesta, un piano provvisorio di protezione dopo aver acquisito, ove necessario, informazioni dal Servizio centrale di protezione di cui all'articolo 14 o per il tramite di esso. La richiesta contiene, oltre agli elementi di cui all'articolo 11, comma 7, la indicazione quantomeno sommaria dei fatti sui quali il soggetto interessato ha manifestato la volontà di collaborare e dei motivi per i quali la collaborazione è ritenuta attendibile e di notevole importanza; specifica inoltre le circostanze da cui risultano la particolare gravità del pericolo e l'urgenza di provvedere. Il provvedimento con il quale la commissione delibera il piano provvisorio di protezione cessa di avere effetto se, decorsi centottanta giorni, l'autorità legittimata a formulare la proposta di cui all'articolo 11 non ha provveduto a trasmetterla e la commissione non ha deliberato sull'applicazione delle speciali misure di protezione osservando le ordinarie forme e modalità del procedimento. Il presidente della commissione può disporre la prosecuzione del piano provvisorio di protezione per il tempo strettamente necessario a consentire l'esame della proposta da parte della commissione medesima. Quando sussistono situazioni di eccezionale urgenza che non consentono di attendere la deliberazione della commissione e fino a che tale deliberazione non interviene, su motivata richiesta della competente autorità provinciale di pubblica sicurezza, il Capo della polizia – direttore generale della pubblica sicurezza può autorizzare detta autorità ad avvalersi degli specifici stanziamenti previsti dall'articolo 17 specificandone contenuti e destinazione. Allo scopo, l'autorità provinciale di pubblica sicurezza può avvalersi del Servizio centrale di protezione. Nei casi in cui è applicato il piano provvisorio di protezione, il presidente della commissione può richiedere al Servizio centrale di protezione una relazione riguardante la idoneità dei soggetti a sottostare agli impegni indicati nell'articolo 12 (2).

2. Per stabilire se sia necessario applicare taluna delle misure di protezione e, in caso positivo, per individuare quale di esse sia idonea in concreto, la commissione centrale può acquisire specifiche e dettagliate indicazioni sulle misure di prevenzione o di tutela già adottate o adottabili dall'autorità di pubblica sicurezza, dall'Amministrazione penitenziaria o da altri organi, nonché ogni ulteriore elemento eventualmente occorrente per definire la gravità e l'attualità del pericolo in relazione alle caratteristiche delle condotte di collaborazione.

3. Esclusivamente al fine di valutare la sussistenza dei presupposti per l'applicazione delle speciali misure di protezione, la commissione centrale può procedere anche all'audizione delle autorità che hanno formulato la proposta o il parere e di altri organi giudiziari, investigativi e di sicurezza; può inoltre utilizzare gli atti trasmessi dall'autorità giudiziaria ai sensi dell'articolo 118 del codice di procedura penale.

4. Il contenuto del piano provvisorio di protezione previsto dal comma 1 e delle speciali misure di protezione che la commissione centrale può applicare nei casi in cui non provvede mediante la definizione di uno speciale programma è stabilito nei decreti previsti dall'articolo 17-*bis*, comma 1. Il contenuto delle speciali misure di protezione può essere rappresentato, in particolare, oltre che dalla predisposizione di misure di tutela da eseguire a cura degli organi di polizia territorialmente competenti, dalla predisposizione di accorgimenti tecnici di sicurezza, dall'adozione delle misure necessarie per i trasferimenti in comuni diversi da quelli di residenza, dalla previsione di interventi contingenti finalizzati ad agevolare il reinserimento sociale nonché dal ricorso, nel rispetto delle norme dell'ordinamento penitenziario, a modalità particolari di custodia in istituti ovvero di esecuzione di traduzioni e piantonamenti.

5. Se, ricorrendone le condizioni, la commissione centrale delibera la applicazione delle misure di protezione mediante la definizione di uno speciale programma, questo è formulato secondo criteri che tengono specifico conto delle situazioni concretamente prospettate e può comprendere, oltre alle misure richiamate nel comma 4, il trasferimento delle persone non detenute in luoghi protetti, speciali modalità di tenuta della documentazione e delle comunicazioni al servizio informatico, misure di assistenza personale ed economica, cambiamento delle generalità a norma del decreto legislativo 29 marzo 1993, n. 119, e successive modificazioni, misure atte a favorire il reinserimento sociale del collaboratore e delle altre persone sottoposte a protezione oltre che misure straordinarie eventualmente necessarie.

6. Le misure di assistenza economica indicate nel comma 5 comprendono, in specie, sempreché a tutte o ad alcune non possa direttamente provvedere il soggetto sottoposto al programma di protezione, la sistemazione alloggiativa e le spese per i trasferimenti, le spese per esigenze sanitarie quando non sia possibile avvalersi delle strutture pubbliche ordinarie, l'assistenza legale e l'assegno di mantenimento nel caso di impossibilità di svolgere attività lavorativa. La misura dell'assegno di mantenimento e delle integrazioni per le persone a carico prive di capacità lavorativa è definita dalla commissione centrale e non può superare un ammontare di cinque volte l'assegno sociale di cui all'articolo 3, commi 6 e 7, della legge 8 agosto 1995, n. 335. L'assegno di mantenimento può essere annualmente modificato in misura pari alle variazioni dell'indice dei prezzi al consumo per le famiglie di operai ed impiegati rilevate dall'ISTAT. L'assegno di mantenimento può essere integrato dalla commissione con provvedimento motivato solo quando ricorrono particolari circostanze influenti sulle esigenze di mantenimento in stretta connessione con quelle di tutela del soggetto sottoposto al programma di protezione, eventualmente sentiti l'autorità che ha formulato la proposta, il procuratore nazionale antimafia o i procuratori generali interessati a norma dell'articolo 11. Il provvedimento è acquisito dal giudice del dibattimento su richiesta della difesa dei soggetti a cui carico sono utilizzate le dichiarazioni del collaboratore. Lo stesso giudice, sempre su richiesta della difesa dei soggetti di cui al periodo precedente, acquisisce l'indicazione dell'importo dettagliato delle spese sostenute per la persona sottoposta al programma di protezione. [Le spese di assistenza legale sono liquidate dal giudice previo parere del Consiglio dell'ordine degli avvocati presso cui il difensore è iscritto.] (3)

7. Nella relazione prevista dall'articolo 16, il Ministro dell'interno indica il numero complessivo dei soggetti e l'ammontare complessivo delle spese sostenute nel semestre per l'assistenza economica dei soggetti sottoposti a programma di protezione e, garantendo la riservatezza dei singoli soggetti interessati, specifica anche l'ammontare delle integrazioni dell'assegno di mantenimento eventualmente intervenute e le esigenze che le hanno motivate.

8. Ai fini del reinserimento sociale dei collaboratori e delle altre persone sottoposte a protezione, è garantita la conservazione del posto di lavoro ovvero il trasferimento ad altra sede o ufficio secondo le forme e le modalità che, assicurando la riservatezza e l'anonimato dell'interessato, sono specificate in apposito decreto emanato dal Ministro dell'interno, di concerto con il Ministro della giustizia, sentiti gli altri Ministri interessati. Analogamente si provvede per la definizione di specifiche misure di assistenza e di reinserimento sociale destinate ai minori compresi nelle speciali misure di protezione.

9. L'autorità giudiziaria può autorizzare con provvedimento motivato i soggetti di cui al comma 2 dell'articolo 16-*quater* ad incontrarsi tra loro quando ricorrono apprezzabili esigenze inerenti alla vita familiare.

10. Al fine di garantire la sicurezza, la riservatezza e il reinserimento sociale delle persone sottoposte a speciale programma di protezione a norma del comma 5 e che non sono detenute o internate è consentita l'utilizzazione di un documento di copertura.

11. L'autorizzazione al rilascio del documento di copertura indicato nel comma 10 è data dal Servizio centrale di protezione di cui all'articolo 14 il quale chiede alle autorità competenti al rilascio, che non possono opporre rifiuto, di predisporre il documento e di procedere alle registrazioni previste dalla legge e agli ulteriori adempimenti eventualmente necessari. Si applicano le previsioni in tema di esonero da responsabilità di cui all'articolo 5 del decreto legislativo 29 marzo 1993, n. 119. Presso il Servizio centrale di protezione è tenuto un registro riservato attestante i tempi, le procedure e i motivi dell'autorizzazione al rilascio del documento.

12. Quando ricorrono particolari motivi di sicurezza, il procuratore della Repubblica o il giudice possono autorizzare il soggetto interrogato o esaminato a eleggere domicilio presso persona di fiducia o presso un ufficio di polizia, ai fini delle necessarie comunicazioni o notificazioni.

13. Quando la proposta o la richiesta per l'ammissione a speciali forme di protezione è formulata nei confronti di soggetti detenuti o internati, il Dipartimento dell'amministrazione penitenziaria provvede ad assegnare i soggetti medesimi a istituti o sezioni di istituto che garantiscano le specifiche esigenze di sicurezza. Allo stesso modo il Dipartimento provvede in vista della formulazione della proposta e su richiesta del procuratore della Repubblica che ha raccolto o si appresta a raccogliere le dichiarazioni di collaborazione o il verbale illustrativo dei contenuti della collaborazione previsto dall'articolo 16-*quater*.

14. Nei casi indicati nel comma 13, la custodia è assicurata garantendo la riservatezza dell'interessato anche con le specifiche modalità di cui al decreto previsto dall'articolo 17-*bis*, comma 2, e procurando che lo stesso sia sottoposto a misure di trattamento penitenziario, specie organizzative, dirette ad impedirne l'incontro con altre persone che già risultano collaborare con la giustizia e dirette ad assicurare che la genuinità delle dichiarazioni non possa essere compromessa. è fatto divieto, durante la redazione dei verbali e comunque almeno fino alla redazione del verbale illustrativo dei contenuti della collaborazione, di sottoporre la persona che rende le dichiarazioni ai colloqui investigativi di cui all'articolo 18-*bis*, commi 1 e 5, della legge 26 luglio 1975, n. 354, e successive modificazioni. è fatto altresì divieto, alla persona medesima e per lo stesso periodo, di avere corrispondenza epistolare, telegrafica o telefonica, nonché di incontrare altre persone che collaborano con la giustizia, salvo autorizzazione dell'autorità giudiziaria per finalità connesse ad esigenze di protezione ovvero quando ricorrano gravi esigenze relative alla vita familiare.

15. L'inosservanza delle prescrizioni di cui al comma 14 comporta l'inutilizzabilità in dibattimento, salvi i casi di irripetibilità dell'atto, delle dichiarazioni rese al pubblico ministero e alla polizia giudiziaria successivamente alla data in cui si è verificata la violazione.

(1) Articolo sostituito dall'art. 6, l. 13.2.2001, n. 45.
(2) Comma modificato dall'art. 18, co. 2, l. 11.1.2018, n. 6.
(3) Comma modificato dall'art. 299, co. 1, d.lgs. 30.5.2002, n. 113.

13 bis. – 1. Per gravi e urgenti motivi di sicurezza, il procuratore generale della Repubblica presso la Corte di appello nel cui distretto ha sede l'istituto penitenziario, può autorizzare, su richiesta del Capo della polizia, che ne informa il Ministro dell'interno, che le persone detenute per espiazione della pena o internate per l'esecuzione di una misura di sicurezza siano custodite in luoghi diversi dagli istituti penitenziari, per il tempo strettamente necessario alla definizione dello speciale programma di protezione. Negli stessi casi, il procuratore generale nel cui distretto la persona è ristretta ovvero ha la residenza o il domicilio può autorizzare specifiche modalità esecutive delle misure alternative alla detenzione diverse dalla liberazione anticipata.

2. Le autorizzazioni previste dal comma 1 possono essere date anche prima dell'inizio della esecuzione della pena o della misura di sicurezza, dal procuratore generale della Repubblica presso la corte di appello nel cui distretto la persona da ammettere allo speciale programma di protezione ha la residenza o il domicilio.

3. Quando si tratta di persone detenute o internate per taluno dei reati indicati nell'art. 51 comma 3-*bis*, del codice di procedura penale, i provvedimenti previsti dai commi 1 e 2 sono adottati dal procuratore generale d'intesa con il procuratore nazionale antimafia (1).] (2)

(1) Articolo introdotto dall'art. 13, co. 1, d.l. 8.6.1992, n. 306, conv., con modif., dalla l. 7.8.1992, n. 356.
(2) Articolo abrogato dall'art. 7, co. 1, l. 13.2.2001, n. 45.

13 ter. – [1. Nei confronti delle persone ammesse a speciale programma di protezione l'assegnazione al lavoro all'esterno, la concessione dei permessi premio e l'ammissione alle misure alternative alla detenzione previste dalcapo VI della legge 26 luglio 1975, n. 354, sono disposte sentita l'autorità che ha deliberato il programma, la quale provvede ad acquisire informazioni dal pubblico ministero presso il giudice competente per i reati in ordine ai quali è stata prestata la collaborazione.

2. Nei casi di cui al comma 1, il provvedimento può essere adottato anche in deroga alle vigenti disposizioni, ivi comprese quelle relative ai limiti di pena di cui agliarticoli 21, 30-*ter*, 47, 47-*ter* e 50. Il provvedimento è specificamente motivato nei casi in cui l'autorità indicata nel comma 1 ha espresso avviso sfavorevole.

3. Per i provvedimenti di cui ai commi 1 e 2, la competenza appartiene al tribunale o al magistrato di sorveglianza del luogo in cui la persona ammessa allo speciale programma di protezione ha il domicilio.

4. Con decreto del Ministro di grazia e giustizia, di concerto con il Ministro dell'interno, sono stabilite le modalità attuative delle disposizioni dell'ordinamento penitenziario applicabili alle persone ammesse o da ammettere allo speciale programma di protezione (1).] (2)

(1) Articolo introdotto dall'art. 13, co. 1, d.l. 8.6.1992, n. 306, conv., con modif., dalla l. 7.8.1992, n. 356.
(2) Articolo abrogato dall'art. 7, l. 13.2.2001, n. 45.

13 quater. Revoca e modifica delle speciali misure di protezione (1).

1. Le speciali misure di protezione sono a termine e, anche se di tipo urgente o provvisorio a norma dell'articolo 13, comma 1, possono essere revocate o modificate in relazione all'attualità del pericolo, alla sua gravità e alla idoneità delle misure adottate, nonché in relazione alla condotta delle persone interessate e alla osservanza degli impegni assunti a norma di legge.

2. Costituiscono fatti che comportano la revoca delle speciali misure di protezione l'inosservanza degli impegni assunti a norma dell'articolo 12, comma 2, lettere b) ed e), nonché la commissione di delitti indicativi del reinserimento del soggetto nel circuito criminale. Costituiscono fatti valutabili ai fini della revoca o della modifica delle speciali misure di protezione l'inosservanza degli altri impegni assunti a norma dell'articolo 12, la commissione di reati indicativi del mutamento o della cessazione del pericolo conseguente alla collaborazione, la rinuncia espressa alle misure, il rifiuto di accettare l'offerta di adeguate opportunità di lavoro o di impresa, il ritorno non autorizzato nei luoghi dai quali si è stati trasferiti, nonché ogni azione che comporti la rivelazione o la divulgazione dell'identità assunta, del luogo di residenza e delle altre misure applicate. Nella valutazione ai fini della revoca o della modifica delle speciali misure di protezione, specie quando non applicate mediante la definizione di uno speciale programma, si tiene particolare conto del tempo trascorso dall'inizio della collaborazione oltre che della fase e del grado in cui si trovano i procedimenti penali nei quali le dichiarazioni sono state rese e delle situazioni di pericolo di cui al comma 6 dell'articolo 9.

3. Nel provvedimento con il quale ammette il soggetto alle speciali misure di protezione, la commissione centrale indica il termine, non superiore a cinque anni e non inferiore a sei mesi, entro il quale deve comunque procedersi alle verifiche sulla modifica o sulla revoca. Se il termine non è indicato, esso è di un anno dalla data del provvedimento.

4. La commissione centrale è comunque tenuta alle verifiche indicate nel comma 3 ogni volta che ne faccia motivata richiesta l'autorità che ha formulato la proposta.

5. La modifica o la revoca delle speciali misure di protezione non produce effetti sulla applicabilità delle disposizioni dell'articolo 147-*bis* delle norme di attuazione, di coordinamento e transitorie del codice di procedura penale, approvate con decreto legislativo 28 luglio 1989, n. 271.

(1) Articolo introdotto dall'art. 8, l. 13.2.2001, n. 45.

14. Servizio centrale di protezione (1).

1. Alla attuazione e alla specificazione delle modalità esecutive del programma speciale di protezione deliberato dalla commissione centrale provvede il Servizio centrale di protezione istituito, nell'ambito del Dipartimento della pubblica sicurezza, con decreto del Ministro dell'interno, di concerto con il Ministro dell'economia e delle finanze che ne stabilisce la dotazione di personale e di mezzi, anche in deroga alle norme vigenti, sentite le amministrazioni interessate. Il Servizio centrale di protezione è articolato in almeno due divisioni dotate di personale e strutture differenti e autonome, in modo da assicurare la trattazione separata delle posizioni dei collaboratori di giustizia e dei testimoni di giustizia. [Il Capo della polizia-direttore generale della pubblica sicurezza coordina i rapporti tra prefetti e tra autorità di sicurezza nell'attuazione degli altri tipi di speciali misure di protezione, indicate nei decreti di cui all'articolo 17-*bis*, comma 1, la cui determinazione spetta al prefetto del luogo di residenza attuale del collaboratore, anche mediante impieghi finanziari non ordinari autorizzati, a norma dell'articolo 17, dallo stesso Capo della polizia – direttore generale della pubblica sicurezza] (2).

1 bis. All'attuazione del presente articolo si provvede nei limiti delle risorse umane, strumentali e finanziarie disponibili a legislazione vigente (3).

[**2.** Nei casi in cui la proposta di ammissione al programma, in relazione a fatti concernenti la criminalità mafiosa, sia stata formulata dall'Alto commissario, l'attuazione è affidata ad apposito ufficio posto alle sue dirette dipendenze (4).] (5)

(1) Rubrica sostituita dall'art. 9, co. 1, lett. a), l. 13.2.2001, n. 45.

(2) Comma sostituito dall'art. 9, co. 1, lett. b), l. 13.2.2001, n. 45, poi modificato dall'art. 14, co. 2, l. 11.1.2018, n. 6 e, infine, modificato dall'art. 32-quinques, co. 1, lett. a), d.l. 4.10.2018, n. 113, conv., con modif., dalla l. 1.12.2018, n. 132.

(3) Comma introdotto dall'art. 32-quinques, co. 1, lett. b), d.l. 4.10.2018, n. 113, conv., con modif., dalla l. 1.12.2018, n. 132.

(4) Comma modificato dall'art. 1, l. 15.3.1991, n. 82, in sede di conversione.

(5) Comma abrogato dall'art. 9, co. 1, lett. c), l. 13.2.2001, n. 45.

15. Cambiamento delle generalità. Rinvio [1].

1. Nell'ambito dello speciale programma di protezione può essere autorizzato, con decreto del Ministro dell'interno, di concerto con il Ministro della giustizia, il cambiamento delle generalità, garantendone la riservatezza anche in atti della pubblica amministrazione.

2. All'attuazione del disposto del comma 1 si provvede a norma del decreto legislativo 29 marzo 1993, n. 119, e successive modificazioni.

(1) Articolo modificato dall'art. 1, l. 15.3.1991, n. 82, in sede di conversione, dall'art. 1, co. 2, lett. a) e b), l. 7.8.1992, n. 356 e, infine, sostituito dall'art. 10 l. 13.2.2001, n. 45.

16. Relazione del Ministro dell'interno [1].

1. Il Ministro dell'interno riferisce semestralmente con relazione al Parlamento sulle misure speciali di protezione, sulla loro efficacia e sulle modalità generali di applicazione, senza riferimenti nominativi [2].

(1) Rubrica sostituita dall'art. 11, co. 1, lett. a), l. 13.2.2001, n. 45.

(2) Articolo sostituito dall'art. 1, l. 15.3.1991, n. 82, in sede di conversione e, poi, modificato dall'art. 11, co. 1, lett. b), l. 13.2.2001, n. 45.

Capo II bis
[Norme per la protezione dei testimoni di giustizia [1].]

16 bis. Applicazione delle speciali misure di protezione ai testimoni di giustizia [1].

[**1.** Le speciali misure di protezione di cui agli articoli 9 e 13, comma 5, se ne ricorrono i presupposti, si applicano a coloro che assumono rispetto al fatto o ai fatti delittuosi in ordine ai quali rendono le dichiarazioni esclusivamente la qualità di persona offesa dal reato, ovvero di persona informata sui fatti o di testimone, purché nei loro confronti non sia stata disposta una misura di prevenzione, ovvero non sia in corso un procedimento di applicazione della stessa, ai sensi della legge 31 maggio 1965, n. 575. Tali soggetti sono, ai fini del presente decreto, denominati "testimoni di giustizia".

2. Le dichiarazioni rese dai testimoni di giustizia possono anche non avere le caratteristiche di cui all'articolo 9, comma 3, salvo avere carattere di attendibilità, e riferirsi a delitti diversi da quelli indicati nel comma 2 dello stesso articolo.

3. Le speciali misure di protezione si applicano, se ritenute necessarie, a coloro che coabitano o convivono stabilmente con le persone indicate nel comma 1, nonché, ricorrendone le condizioni, a chi risulti esposto a grave, attuale e concreto pericolo a causa delle relazioni trattenute con le medesime persone.]

(1) Articolo e Capo introdotti dall'art. 12 l. 13.2.2001, n. 45 e poi abrogati dall'art. 20, co. 1, l. 11.1.2018, n. 6.

16 ter. Contenuto delle speciali misure di protezione [1].

[**1.** I testimoni di giustizia cui è applicato lo speciale programma di protezione hanno diritto:

a) a misure di protezione fino alla effettiva cessazione del pericolo per sé e per i familiari;

b) a misure di assistenza, anche oltre la cessazione della protezione, volte a garantire un tenore di vita personale e familiare non inferiore a quello esistente prima dell'avvio del programma, fino a quando non riacquistano la possibilità di godere di un reddito proprio;

c) alla capitalizzazione del costo dell'assistenza, in alternativa alla stessa;

d) se dipendenti pubblici, al mantenimento del posto di lavoro, in aspettativa retribuita, presso l'amministrazione dello Stato al cui ruolo appartengono, in attesa della definitiva sistemazione anche presso altra amministrazione dello Stato;

e) alla corresponsione di una somma a titolo di mancato guadagno, concordata con la commissione, derivante dalla cessazione dell'attività lavorativa propria e dei familiari nella località di provenienza sempre che non abbiano ricevuto un risarcimento al medesimo titolo, ai sensi della legge 23 febbraio 1999, n. 44. Si applicano, in quanto compatibili, le disposizioni dell'articolo 13 della legge 23 febbraio 1999, n. 44, e il Dipartimento della pubblica sicurezza del Ministero dell'interno è surrogato, quanto alle somme corrisposte al testimone di giustizia a titolo di mancato guadagno, nei diritti verso i responsabili dei danni. Le somme recuperate sono versate all'entrata del bilancio dello Stato per essere riassegnate allo stato di previsione del Ministero dell'interno in deroga all'articolo 2, commi 615, 616 e 617, della legge 24 dicembre 2007, n. 244 [2];

e-*bis*) ad accedere, anche se non più sottoposti allo speciale programma di protezione, a un programma di assunzione in una pubblica amministrazione, con qualifica e funzioni corrispondenti al titolo di studio ed alle professionalità possedute, fatte salve quelle che richiedono il possesso di specifici requisiti [3];

f) a mutui agevolati volti al completo reinserimento proprio e dei familiari nella vita economica e sociale.

2. Le misure previste sono mantenute fino alla effettiva cessazione del rischio, indipendentemente dallo stato e dal grado in cui si trova il procedimento penale in relazione al quale i soggetti destinatari delle misure hanno reso dichiarazioni.

2 bis. Alle assunzioni di cui al comma 1, lettera e-*bis*), si provvede per chiamata diretta nominativa, nell'ambito dei rapporti di lavoro di cui all'articolo 2, commi 2 e 3, del decreto legislativo 30 marzo 2001, n.

165, e successive modificazioni, nei limiti dei posti vacanti nelle piante organiche delle Amministrazioni interessate e nel rispetto delle disposizioni limitative in materia di assunzioni, sulla base delle intese conseguite fra il Ministero dell'interno e le Amministrazioni interessate. A tal fine, si applica ai testimoni di giustizia il diritto al collocamento obbligatorio con precedenza previsto dall'articolo 1, comma 2, della legge 23 novembre 1998 n. 407, in materia di vittime del terrorismo e della criminalità organizzata. Con decreto del Ministro dell'interno, emanato ai sensi dell'articolo 17-*bis*, di concerto con il Ministro per la pubblica amministrazione, sentita la commissione centrale di cui all'articolo 10, comma 2, sono stabilite le relative modalità di attuazione, anche al fine di garantire la sicurezza delle persone interessate. Con il medesimo decreto sono espressamente stabiliti i criteri di riconoscimento del diritto ai soggetti non più sottoposti allo speciale programma di protezione, anche in relazione alla qualità ed entità economica dei benefici già riconosciuti e alle cause e modalità della revoca del programma di protezione [(4)].

3. Se lo speciale programma di protezione include il definitivo trasferimento in altra località, il testimone di giustizia ha diritto ad ottenere l'acquisizione dei beni immobili dei quali è proprietario al patrimonio dello Stato, dietro corresponsione dell'equivalente in denaro a prezzo di mercato. Il trasferimento degli immobili è curato da un amministratore, nominato dal direttore della sezione per i testimoni di giustizia del Servizio centrale di protezione tra avvocati o dottori commercialisti iscritti nei rispettivi albi professionali, di comprovata esperienza.] [(5)]

(1) Articolo introdotto dall'art. 12 l. 13.2.2001, n. 45.
(2) Lettera modificata dall'art. 14, co. 2, l. 13.8.2010, n. 136.
(3) Lettera introdotta dall'art. 7, co. 1, lett. a), d.l. 31.8.2013, n. 101, conv., con modif., dalla l. 30.10.2013, n. 125.
(4) Comma introdotto dall'art. 7, co. 1, lett. b), d.l. 31.8.2013, n. 101, conv., con modif., dalla l. 30.10.2013, n. 125.
(5) Articolo abrogato dall'art. 20, co. 1, l. 11.1.2018, n. 6.

Capo II ter
Nuove norme per il trattamento sanzionatorio di coloro che collaborano con la giustizia [(1)]

16 quater. Verbale illustrativo dei contenuti della collaborazione [(1)].

1. Ai fini della concessione delle speciali misure di protezione di cui al Capo II, nonché per gli effetti di cui agli articoli 16-*quinquies* e 16-nonies, la persona che ha manifestato la volontà di collaborare rende al procuratore della Repubblica, entro il termine di centottanta giorni dalla suddetta manifestazione di volontà, tutte le notizie in suo possesso utili alla ricostruzione dei fatti e delle circostanze sui quali è interrogato nonché degli altri fatti di maggiore gravità ed allarme sociale di cui è a conoscenza oltre che alla individuazione e alla cattura dei loro autori ed altresì le informazioni necessarie perché possa procedersi alla individuazione, al sequestro e alla confisca del denaro, dei beni e di ogni altra utilità dei quali essa stessa o, con riferimento ai dati a sua conoscenza, altri appartenenti a gruppi criminali dispongono direttamente o indirettamente.

2. Le informazioni di cui al comma 1 relative alla individuazione del denaro, dei beni e delle altre utilità non sono richieste quando la volontà di collaborare è stata manifestata dai testimoni di giustizia.

3. Le dichiarazioni rese ai sensi dei commi 1 e 2 sono documentate in un verbale denominato "verbale illustrativo dei contenuti della collaborazione", redatto secondo le modalità previste dall'articolo 141-*bis* del codice di procedura penale, che è inserito, per intero, in apposito fascicolo tenuto dal procuratore della Repubblica cui le dichiarazioni sono state rese e, per estratto, nel fascicolo previsto dall'articolo 416, comma 2, del codice di procedura penale relativo al procedimento cui le dichiarazioni rispettivamente e direttamente si riferiscono. Il verbale è segreto fino a quando sono segreti gli estratti indicati nel precedente periodo. Di esso è vietata la pubblicazione a norma dell'articolo 114 del codice di procedura penale.

4. Nel verbale illustrativo dei contenuti della collaborazione, la persona che rende le dichiarazioni attesta, fra l'altro, di non essere in possesso di notizie e informazioni processualmente utilizzabili su altri fatti o situazioni, anche non connessi o collegati a quelli riferiti, di particolare gravità o comunque tali da evidenziare la pericolosità sociale di singoli soggetti o di gruppi criminali.

5. Nel verbale illustrativo dei contenuti della collaborazione la persona indica i colloqui investigativi eventualmente intrattenuti.

6. Le notizie e le informazioni di cui ai commi 1 e 4 sono quelle processualmente utilizzabili che, a norma dell'articolo 194 del codice di procedura penale, possono costituire oggetto della testimonianza. Da esse, in particolare, sono escluse le notizie e le informazioni che il soggetto ha desunto da voci correnti o da situazioni a queste assimilabili.

7. Le speciali misure di protezione di cui ai Capi II e II-*bis* non possono essere concesse, e se concesse devono essere revocate, qualora, entro il termine di cui al comma 1, la persona cui esse si riferiscono non renda le dichiarazioni previste nei commi 1, 2 e 4 e queste non siano documentate nel verbale illustrativo dei contenuti della collaborazione.

8. La disposizione del comma 7 si applica anche nel caso in cui risulti non veritiera l'attestazione di cui al comma 4.

9. Le dichiarazioni di cui ai commi 1 e 4 rese al pubblico ministero o alla polizia giudiziaria oltre il termine previsto dallo stesso comma 1 non possono essere valutate ai fini della prova dei fatti in esse affermati contro le persone diverse dal dichiarante, salvo i casi di irripetibilità.

(1) Articolo e Capo introdotti dall'art. 14 l. 13.2.2001, n. 45.

16 quinquies. Attenuanti in caso di collaborazione (1).

1. Le circostanze attenuanti che il codice penale e le disposizioni speciali prevedono in materia di collaborazione, relativa ai delitti di cui all'articolo 9, comma 2, possono essere concesse soltanto a coloro che, entro il termine di cui al comma 1 dell'articolo 16-*quater*, hanno sottoscritto il verbale illustrativo dei contenuti della collaborazione previsto dal medesimo articolo 16-*quater*.

2. Il giudice, anche d'ufficio, accerta l'avvenuta redazione del verbale illustrativo dei contenuti della collaborazione entro il termine prescritto.

3. Se la collaborazione si manifesta nel corso del dibattimento, il giudice può concedere le circostanze attenuanti di cui al comma 1 anche in mancanza del verbale illustrativo dei contenuti della collaborazione, ferma restando la necessità di procedere alla sua redazione entro il termine prescritto per gli effetti di cui agli articoli 16-*quater* e 16-*nonies*.

(1) Articolo aggiunto dall'art. 14, l. 13.2.2001, n. 45.

16 sexies. Acquisizione del verbale illustrativo dei contenuti della collaborazione nonché di copie per estratto dei registri in materia di colloqui investigativi in caso di interrogatorio o esame del collaboratore (1).

1. Quando si deve procedere all'interrogatorio o all'esame del collaboratore quale testimone o persona imputata in un procedimento connesso o di un reato collegato a quello per cui si procede nel caso previsto dall'articolo 371, comma 2, lettera b), del codice di procedura penale il giudice, su richiesta di parte, dispone che sia acquisito al fascicolo del pubblico ministero il verbale illustrativo dei contenuti della collaborazione di cui all'articolo 16-*quater* limitatamente alle parti di esso che concernono la responsabilità degli imputati nel procedimento.

2. Nell'ipotesi di cui al comma 1 il giudice, a richiesta di parte, dispone altresì l'acquisizione di copia per estratto del registro tenuto dal direttore del carcere in cui sono annotati il nominativo del detenuto o internato, il nominativo di chi ha svolto il colloquio a fini investigativi, la data e l'ora di inizio e di fine dello stesso, nonché di copia per estratto del registro di cui al comma 3 dell'articolo 18-*bis* della legge 26 luglio 1975, n. 354, e successive modificazioni, per la parte relativa ai colloqui a fini investigativi intervenuti con il collaboratore.

(1) Articolo introdotto dall'art. 14, l. 13.2.2001, n. 45.

16 septies. Restituzione nel termine e revisione delle sentenze (1).

1. Il procuratore generale presso la corte d'appello nel cui distretto la sentenza è stata pronunciata deve richiedere la revisione della sentenza quando le circostanze attenuanti che il codice penale o le disposizioni speciali prevedono in materia di collaborazione relativa ai delitti di cui all'articolo 9, comma 2, sono state applicate per effetto di dichiarazioni false o reticenti, ovvero quando chi ha beneficiato delle circostanze attenuanti predette commette, entro dieci anni dal passaggio in giudicato della sentenza, un delitto per il quale l'arresto in flagranza è obbligatorio.

2. La revisione è ammessa quando ricorrono i presupposti di cui al comma 1 e se il delitto ivi previsto è indicativo della permanenza del soggetto nel circuito criminale.

3. Quando chi ha beneficiato delle circostanze attenuanti di cui al comma 1 ha ottenuto anche taluno dei benefici penitenziari previsti dall'articolo 16-*nonies*, il procuratore generale che richiede la revisione della sentenza informa della richiesta il tribunale di sorveglianza ed il magistrato di sorveglianza competenti ai fini dei provvedimenti previsti dal comma 7 del medesimo articolo 16-*nonies*.

4. Nel giudizio di revisione si osservano, in quanto applicabili, le disposizioni del titolo IV del libro IX del codice di procedura penale. In caso di accoglimento della richiesta di revisione, il giudice riforma la sentenza di condanna e determina la nuova misura della pena.

5. Nel corso del giudizio di revisione il giudice, su richiesta del pubblico ministero, può disporre l'applicazione delle misure cautelari previste dalla legge.

6. Quando le situazioni indicate nel comma 1 emergono prima che la sentenza sia divenuta irrevocabile, gli atti da cui risultano le predette situazioni sono trasmessi al pubblico ministero presso il giudice che ha pronunciato la sentenza ovvero, se gli atti del procedimento sono già stati trasmessi al giudice dell'impugnazione, al pubblico ministero presso il giudice che deve decidere sull'impugnazione. Se si tratta di sentenza pronunciata in grado di appello, gli atti sono in ogni caso trasmessi al pubblico ministero presso la corte d'appello che ha pronunciato la sentenza. Il pubblico ministero, entro trenta giorni dal ricevimento degli atti, può chiedere, a norma dell'articolo 175 del codice di procedura penale, la restituzione nel termine per proporre impugnazione limitatamente al punto della decisione relativo alla applicazione delle circostanze attenuanti indicate nel comma 1.

7. Le pene previste per il reato di calunnia sono aumentate da un terzo alla metà quando risulta che il colpevole ha commesso il fatto allo scopo di usufruire delle circostanze attenuanti di cui al comma 1 o dei benefici penitenziari o delle misure di tutela o speciali di protezione previsti dall'articolo 16-nonies e dal Capo II. L'aumento è dalla metà ai due terzi se uno dei benefici è stato conseguito.

(1) Articolo introdotto dall'art. 14, l. 13.2.2001, n. 45.

16 octies. Revoca o sostituzione della custodia cautelare per effetto della collaborazione (1).

1. La misura della custodia cautelare non può essere revocata o sostituita con altra misura meno grave per il solo fatto che la persona nei cui confronti è stata disposta tiene o ha tenuto taluna delle condotte di collaborazione che consentono la concessione delle circostanze attenuanti previste dal codice penale o da disposizioni speciali. In tali casi, alla revoca o alla sostituzione può procedersi solo se, nell'ambito degli accertamenti condotti in ordine alla sussistenza delle esigenze cautelari, il giudice che procede, sentiti il procuratore nazionale antimafia e antiterrorismo e i procuratori generali presso le corti di appello interessati, non ha acquisito elementi dai quali si desuma l'attualità dei collegamenti con la criminalità organizzata di tipo mafioso o terroristico-eversivo e ha accertato che il collaboratore, ove soggetto a speciali misure di protezione, ha rispettato gli impegni assunti a norma dell'articolo 12 [(2)].

(1) Articolo introdotto dall'art. 14, l. 13.2.2001, n. 45.
(2) Comma modificato dall'art. 6 bis, co. 1, lett. b), d.l. 18.2.2015 n. 7, conv., con modif., dalla l. 17.4.2015, n. 43.

16 nonies. Benefici penitenziari [(1)].

1. Nei confronti delle persone condannate per un delitto commesso per finalità di terrorismo o di eversione dell'ordinamento costituzionale o per uno dei delitti di cui all'articolo 51, comma 3-*bis*, del codice di procedura penale, che abbiano prestato, anche dopo la condanna, taluna delle condotte di collaborazione che consentono la concessione delle circostanze attenuanti previste dal codice penale o da disposizioni speciali, la liberazione condizionale, la concessione dei permessi premio e l'ammissione alla misura della detenzione domiciliare prevista dall'articolo 47-*ter* della legge 26 luglio 1975, n. 354, e successive modificazioni, sono disposte su proposta ovvero sentito il procuratore nazionale antimafia e antiterrorismo [(2)].

2. Nella proposta o nel parere il procuratore nazionale antimafia e antiterrorismo fornisce ogni utile informazione sulle caratteristiche della collaborazione prestata. Su richiesta del tribunale o del magistrato di sorveglianza, allega alla proposta o al parere copia del verbale illustrativo dei contenuti della collaborazione e, se si tratta di persona sottoposta a speciali misure di protezione, il relativo provvedimento di applicazione [(3)].

3. La proposta o il parere indicati nel comma 2 contengono inoltre la valutazione della condotta e della pericolosità sociale del condannato e precisano in specie se questi si è mai rifiutato di sottoporsi a interrogatorio o a esame o ad altro atto di indagine nel corso dei procedimenti penali in cui ha prestato la sua collaborazione. Precisano inoltre gli altri elementi rilevanti ai fini dell'accertamento del ravvedimento anche con riferimento alla attualità dei collegamenti con la criminalità organizzata o eversiva.

4. Acquisiti la proposta o il parere indicati nei commi 2 e 3, il tribunale o il magistrato di sorveglianza, se ritiene che sussistano i presupposti di cui al comma 1, avuto riguardo all'importanza della collaborazione e sempre che sussista il ravvedimento e non vi siano elementi tali da far ritenere la sussistenza di collegamenti con la criminalità organizzata o eversiva, adotta il provvedimento indicato nel comma 1 anche in deroga alle vigenti disposizioni, ivi comprese quelle relative ai limiti di pena di cui all'articolo 176 del codice penale e agli articoli 30-*ter* e 47-*ter* della legge 26 luglio 1975, n. 354, e successive modificazioni. Il provvedimento è specificamente motivato nei casi in cui le autorità indicate nel comma 2 del presente articolo hanno espresso parere sfavorevole. I provvedimenti che derogano ai limiti di pena possono essere adottati soltanto se, entro il termine prescritto dall'articolo 16-*quater* è stato redatto il verbale illustrativo dei contenuti della collaborazione previsto dal medesimo articolo 16-*quater* e, salvo che non si tratti di permesso premio, soltanto dopo la espiazione di almeno un quarto della pena inflitta ovvero, se si tratta di condannato all'ergastolo, dopo l'espiazione di almeno dieci anni di pena.

5. Se la collaborazione prestata dopo la condanna riguarda fatti diversi da quelli per i quali è intervenuta la condanna stessa, i benefici di cui al comma 1 possono essere concessi in deroga alle disposizioni vigenti solo dopo l'emissione della sentenza di primo grado concernente i fatti oggetto della collaborazione che ne confermi i requisiti di cui all'articolo 9, comma 3.

6. Le modalità di attuazione dei provvedimenti indicati nel comma 4 sono stabilite sentiti gli organi che provvedono alla tutela o alla protezione dei soggetti interessati e possono essere tali organi a provvedere alle notifiche, alle comunicazioni e alla esecuzione delle disposizioni del tribunale o del magistrato di sorveglianza.

7. La modifica o la revoca dei provvedimenti è disposta d'ufficio ovvero su proposta o parere delle autorità indicate nel comma 2. Nei casi di urgenza, il magistrato di sorveglianza può disporre con decreto motivato la sospensione cautelativa dei provvedimenti. La sospensione cessa di avere efficacia se, trattandosi di provvedimento di competenza del tribunale di sorveglianza, questo non interviene entro sessanta giorni dalla ricezione degli atti. Ai fini della modifica, della revoca o della sospensione cautelativa dei provvedimenti assumono specifico rilievo quelle condotte tenute dal soggetto interessato che, a norma degli articoli 13-*quater* e 16-*septies*, possono comportare la modifica o la revoca delle speciali misure di protezione ovvero la revisione delle sentenze che hanno concesso taluna delle attenuanti in materia di collaborazione.

8. Quando i provvedimenti di liberazione condizionale, di assegnazione al lavoro all'esterno, di concessione dei permessi premio e di ammissione a taluna delle misure alternative alla detenzione previste dal Titolo I, Capo VI, della legge 26 luglio 1975, n. 354, e successive modificazioni, sono adottati nei confronti di persona sottoposta a speciali misure di protezione, la competenza appartiene al tribunale o al magistrato di sorveglianza del luogo in cui la persona medesima ha eletto il domicilio a norma dell'articolo 12, comma 3-*bis*, del presente decreto.

8 bis. Le disposizioni del presente articolo si applicano in quanto compatibili anche nei confronti delle persone condannate per uno dei delitti previsti dal libro II, titolo XII, capo III, sezione I, del codice penale che abbiano prestato, anche dopo la condanna, condotte di collaborazione aventi i requisiti previsti dall'articolo 9, comma 3 [(4)].

(1) Articolo introdotto dall'art. 14, l. 13.2.2001, n. 45.
(2) Comma modificato dall'art. 6 bis, co. 1, lett. c), n. 1), d.l. 18.2.2015 n. 7, conv., con modif., dalla l. 17.4.2015, n. 43.
(3) Comma modificato dall'art. 6 bis, co. 1, lett. c), n. 2), d.l. 18.2.2015 n. 7, conv., con modif., dalla l. 17.4.2015, n. 43.
(4) Comma introdotto dall'art. 11, co. 2, l. 11.8.2003, n. 228.

Capo II quater
Disposizioni finali e transitorie

17. Oneri finanziari [(1)].

1. All'onere derivante dall'applicazione dei Capi II e II-*bis*, valutato in lire 10.250 milioni annue a decorrere dal 1991, si provvede mediante corrispondente riduzione dello stanziamento iscritto, ai fini del bilancio triennale 1991-1993, al capitolo 6856 dello stato di previsione del Ministero del tesoro per l'anno 1991, all'uopo utilizzando l'accantonamento "Ulteriori misure contro la criminalità organizzata" [(2)].

2. Il Ministro del tesoro è autorizzato ad apportare, con propri decreti, le occorrenti variazioni di bilancio.

3. La spesa di cui al comma 1 sarà iscritta nello stato di previsione del Ministero dell'interno in ragione di lire 6.250 milioni sotto la rubrica "Sicurezza pubblica" e di lire 4.000 milioni sotto la rubrica "Alto commissario per il coordinamento della lotta alla delinquenza di tipo mafioso".

4. Gli interventi finanziari di cui ai Capi II e II-*bis* sono di natura riservata e non soggetti a rendicontazione; il Capo della polizia – direttore generale della pubblica sicurezza e l'Alto commissario, al termine di ciascun anno finanziario, sono tenuti a presentare una relazione sui criteri e sulle modalità di utilizzo dei relativi fondi al Ministro dell'interno, il quale autorizza la distruzione della relazione medesima. A tali interventi finanziari non si applicano le norme vigenti in materia di tracciabilità dei pagamenti e di fatturazione elettronica [(3)].

(1) Rubrica aggiunta dall'art. 18, co. 1, lett. a), l. 13.2.2001, n. 45.
(2) Comma modificato dall'art. 18, co. 1, lett. b), l. 13.2.2001, n. 45.
(3) Comma modificato dall'art. 18, co. 1, lett. b), l. 13.2.2001, n. 45 e poi dall'art. 19, co. 1, l. 11.1.2018, n. 6.

17 bis. Previsione di norme di attuazione [(1)].

1. Con uno o più decreti del Ministro dell'interno, emanati di concerto con il Ministro della giustizia, sentiti il Comitato nazionale dell'ordine e della sicurezza pubblica e la commissione centrale di cui all articolo 10, comma 2, sono precisati i contenuti e le modalità di attuazione delle speciali misure di protezione definite e applicate anche in via provvisoria dalla commissione centrale nonché i criteri che la medesima applica nelle fasi di istruttoria, formulazione e attuazione delle misure predette.

2. Con decreto del Ministro della giustizia, emanato di concerto con il Ministro dell'interno, sono stabiliti i presupposti e le modalità di applicazione delle norme sul trattamento penitenziario, previste dal Titolo I della legge 26 luglio 1975, n. 354, e successive modificazioni, e dal Titolo I del relativo regolamento di esecuzione, approvato con decreto del Presidente della Repubblica 29 aprile 1976, n. 431, e successive modificazioni, alle persone ammesse alle misure speciali di protezione e a quelle che risultano tenere o aver tenuto condotte di collaborazione previste dal codice penale o da disposizioni speciali relativamente ai delitti di cui all'articolo 9, comma 2.

3. Con decreti del Ministro dell'interno, emanati di concerto con i Ministri delle finanze, del tesoro, del bilancio e della programmazione economica, della giustizia e della difesa, sono adottate le norme regolamentari per disciplinare le modalità per il versamento e il trasferimento del denaro, dei beni e delle altre utilità di cui all'impegno assunto dal collaboratore a norma dell'articolo 12, comma 2, lettera e), del presente decreto, nonché le norme regolamentari per disciplinare, secondo le previsioni dell'articolo 12-*sexies*, commi 4-*bis* e 4-*ter*, del decreto-legge 8 giugno 1992, n. 306, convertito, con modificazioni, dalla legge 7 agosto 1992, n. 356, e successive modificazioni, le modalità di destinazione del denaro, nonché di vendita e destinazione dei beni e delle altre utilità.

4. I decreti previsti dai commi 1, 2 e 3, nonché quello previsto dall'articolo 13, comma 8, sono emanati ai sensi dell'articolo 17 della legge 23 agosto 1988, n. 400.

5. Il Consiglio di Stato esprime il proprio parere sugli schemi dei regolamenti di cui ai commi 1, 2 e 3 entro trenta giorni dalla richiesta, decorsi i quali il regolamento può comunque essere adottato.

(1) Articolo introdotto dall'art. 19, co. 1, l. 13.2.2001, n. 45.

18. Entrata in vigore [(1)].

1. Il presente decreto entra in vigore il giorno successivo a quello della sua pubblicazione nella Gazzetta Ufficiale della Repubblica italiana e sarà presentato alle Camere per la conversione in legge.

(1) Rubrica aggiunta dall'art. 20, co. 1, lett. h), l. 13.2.2001, n. 45.

12. L. 11 gennaio 2018, n. 6. – Disposizioni per la protezione dei testimoni di giustizia

In Gazzetta Ufficiale 6 febbraio 2018, n. 30

Capo I
Condizioni di applicabilità delle speciali misure di protezione per i testimoni di giustizia

1. Ambito di applicazione.

1. Ai testimoni di giustizia sono applicate, salvo dissenso, le speciali misure di protezione previste dal capo II.

2. Le speciali misure di protezione sono altresì applicate, se ritenute necessarie, salvo dissenso, anche ai soggetti che risultano esposti a grave, attuale e concreto pericolo a causa del rapporto di stabile convivenza o delle relazioni intrattenute con i testimoni di giustizia. I soggetti di cui al presente comma sono denominati «altri protetti».

2. Definizione di testimone di giustizia.

1. È testimone di giustizia colui che:

a) rende, nell'ambito di un procedimento penale, dichiarazioni di fondata attendibilità intrinseca, rilevanti per le indagini o per il giudizio;

b) assume, rispetto al fatto delittuoso oggetto delle sue dichiarazioni, la qualità di persona offesa dal reato ovvero di persona informata sui fatti o di testimone;

c) non ha riportato condanne per delitti non colposi connessi a quelli per cui si procede e non ha rivolto a proprio profitto l'essere venuto in relazione con il contesto delittuoso su cui rende le dichiarazioni. Non escludono la qualità di testimone di giustizia i comportamenti posti in essere in ragione dell'assoggettamento verso i singoli o le associazioni criminali oggetto delle dichiarazioni, né i meri rapporti di parentela, di affinità o di coniugio con indagati o imputati per il delitto per cui si procede o per delitti ad esso connessi;

d) non è o non è stato sottoposto a misura di prevenzione né è sottoposto a un procedimento in corso nei suoi confronti per l'applicazione della stessa, ai sensi del codice delle leggi antimafia e delle misure di prevenzione, di cui al decreto legislativo 6 settembre 2011, n. 159, da cui si desumano la persistente attualità della sua pericolosità sociale e la ragionevole probabilità che possa commettere delitti di grave allarme sociale;

e) si trova in una situazione di grave, concreto e attuale pericolo, rispetto alla quale risulti l'assoluta inadeguatezza delle ordinarie misure di tutela adottabili direttamente dalle autorità di pubblica sicurezza, valutata tenendo conto di ogni utile elemento e in particolare della rilevanza e della qualità delle dichiarazioni rese, della natura del reato, dello stato e del grado del procedimento, nonché delle caratteristiche di reazione dei singoli o dei gruppi criminali oggetto delle dichiarazioni.

Capo II
Speciali misure di protezione per i testimoni di giustizia e per gli altri protetti

3. Tipologia delle misure.

1. Le speciali misure di protezione per i testimoni di giustizia possono consistere in misure di tutela, misure di sostegno economico, misure di reinserimento sociale e lavorativo, il cui contenuto è ulteriormente specificato nei regolamenti di cui all'articolo 26.

2. Per i minori compresi nelle speciali misure di protezione si applicano, altresì, le disposizioni dei regolamenti di cui all'articolo 26.

4. Criteri di scelta delle misure di protezione.

1. Le speciali misure di protezione da applicare sono individuate, caso per caso, secondo la situazione di pericolo e la condizione personale, familiare, sociale ed economica dei testimoni di giustizia e degli altri protetti e non possono comportare alcuna perdita né limitazione dei diritti goduti, se non per situazioni temporanee ed eccezionali dettate dalla necessità di salvaguardare l'incolumità personale.

2. Devono essere di norma garantite la permanenza nella località di origine e la prosecuzione delle attività ivi svolte. Le misure del trasferimento nella località protetta, dell'uso di documenti di copertura e del cambiamento di generalità sono adottate eccezionalmente, quando le altre forme di tutela risultano assolutamente inadeguate rispetto alla gravità e all'attualità del pericolo, e devono comunque tendere a riprodurre le precedenti condizioni di vita, tenuto conto delle valutazioni espresse dalle competenti autorità giudiziarie e di pubblica sicurezza.

3. In ogni caso, al testimone di giustizia e agli altri protetti è assicurata un'esistenza dignitosa.

5. Misure di tutela.

1. Al fine di assicurare l'incolumità dei testimoni di giustizia e degli altri protetti e la sicurezza dei loro beni, sono applicate speciali misure di tutela che, secondo la gravità e l'attualità del pericolo, possono prevedere:

a) la predisposizione di misure di vigilanza e protezione;

b) la predisposizione di accorgimenti tecnici di sicurezza per le abitazioni, per gli immobili e per le aziende di pertinenza dei protetti;

c) l'adozione delle misure necessarie per gli spostamenti nello stesso comune e in comuni diversi da quello di residenza;

d) il trasferimento in luoghi protetti;
e) speciali modalità di tenuta della documentazione e delle comunicazioni al servizio informatico;
f) l'utilizzazione di documenti di copertura;
g) il cambiamento delle generalità ai sensi del decreto legislativo 29 marzo 1993, n. 119, autorizzato con decreto del Ministro dell'interno, di concerto con il Ministro della giustizia, garantendone la riservatezza anche in atti della pubblica amministrazione;
h) ogni altra misura straordinaria, anche di carattere economico, eventualmente necessaria, nel rispetto delle direttive generali impartite dal Capo della polizia – Direttore generale della pubblica sicurezza.

6. Misure di sostegno economico.

1. Al fine di assicurare ai testimoni di giustizia e agli altri protetti una condizione economica equivalente a quella preesistente, sono applicate speciali misure di sostegno che prevedono:

a) il pagamento delle spese non continuative o periodiche che il testimone di giustizia o gli altri protetti sostengono esclusivamente in conseguenza dell'applicazione delle speciali misure di protezione;
b) la corresponsione di un assegno periodico in caso di impossibilità di svolgere attività lavorativa o di percepire i precedenti proventi a causa dell'adozione delle misure di tutela o per effetto delle dichiarazioni rese. La misura dell'assegno e delle integrazioni per le persone a carico prive di capacità lavorativa è definita tenendo conto delle entrate e del godimento di beni pregressi, determinati attraverso il reddito e il patrimonio risultanti all'Agenzia delle entrate per l'ultimo triennio ed escluse le perdite cagionate dai fatti di reato oggetto delle dichiarazioni. L'assegno deve essere rideterminato o revocato qualora il testimone di giustizia o gli altri protetti riacquisiscano la capacità economica, anche parziale, in base all'entità di quanto autonomamente percepito; deve essere annualmente modificato in misura pari alle variazioni dell'indice dei prezzi al consumo per le famiglie di operai e impiegati rilevate dall'Istituto nazionale di statistica; può essere integrato, con provvedimento motivato, quando ricorrono particolari circostanze influenti sulle esigenze di mantenimento in stretta connessione con quelle di tutela;
c) la sistemazione alloggiativa, nei limiti delle risorse disponibili a legislazione vigente e, comunque, senza nuovi o maggiori oneri a carico della finanza pubblica, qualora il testimone di giustizia o gli altri protetti siano trasferiti in una località diversa da quella di dimora, ovvero, a causa delle speciali misure di protezione o delle dichiarazioni rese, non possano usufruire della propria abitazione. L'alloggio deve essere idoneo a garantire la sicurezza e la dignità dei testimoni di giustizia e degli altri protetti e deve possibilmente corrispondere alla categoria catastale di quello di dimora abituale, sia per destinazione, sia per dimensioni. Il testimone di giustizia, su sua richiesta, può risiedere, anche unitamente al nucleo familiare, presso strutture comunitarie accreditate secondo i criteri stabiliti dai regolamenti di cui all'articolo 26 presso le quali possa svolgere attività lavorativa o di volontariato;
d) il pagamento delle spese per esigenze sanitarie quando non sia possibile avvalersi delle strutture del Servizio sanitario nazionale;
e) l'assistenza legale per i procedimenti in cui il testimone di giustizia rende dichiarazioni, esercita i diritti e le facoltà riconosciutigli dalla legge in qualità di persona offesa o si costituisce parte civile; si applicano le norme del testo unico delle disposizioni legislative e regolamentari in materia di spese di giustizia, di cui al decreto del Presidente della Repubblica 30 maggio 2002, n. 115, con conseguente iscrizione delle relative spese nello stato di previsione del Ministero della giustizia. Il Ministro dell'economia e delle finanze è autorizzato ad apportare, con propri decreti, le occorrenti variazioni di bilancio;
f) un indennizzo forfetario e onnicomprensivo, nei limiti delle risorse disponibili a legislazione vigente, determinato secondo criteri oggettivi stabiliti dai regolamenti di cui all'articolo 26, a titolo di ristoro per il pregiudizio subito a causa della testimonianza resa in ragione della quale è stata disposta l'applicazione delle speciali misure di protezione, salvo che il testimone di giustizia o gli altri protetti intendano, in alternativa, procedere per il riconoscimento di eventuali danni biologici o esistenziali;
g) la corresponsione di una somma a titolo di mancato guadagno derivante dalla cessazione dell'attività lavorativa del testimone di giustizia e degli altri protetti nella località di provenienza, sempre che non abbiano ricevuto un risarcimento al medesimo titolo, ai sensi della legge 23 febbraio 1999, n. 44. Si applicano, in quanto compatibili, le disposizioni dell'articolo 13 della citata legge n. 44 del 1999. Il Dipartimento della pubblica sicurezza del Ministero dell'interno è surrogato, quanto alle somme corrisposte al testimone di giustizia a titolo di mancato guadagno, nei diritti verso i responsabili dei danni. Le somme recuperate sono versate all'entrata del bilancio dello Stato per essere riassegnate allo stato di previsione del Ministero dell'interno in deroga all'articolo 2, commi 615, 616 e 617, della legge 24 dicembre 2007, n. 244;
h) l'acquisizione al patrimonio dello Stato, dietro corresponsione dell'equivalente in denaro secondo il valore di mercato, dei beni immobili di proprietà del testimone di giustizia e degli altri protetti, se le speciali misure di tutela prevedono il loro definitivo trasferimento in un'altra località e se la vendita nel libero mercato non è risultata possibile.

7. Misure di reinserimento sociale e lavorativo.

1. Al fine di assicurare ai testimoni di giustizia e agli altri protetti l'immediato reinserimento sociale e lavorativo, sono applicate speciali misure che prevedono:

a) la conservazione del posto di lavoro o il trasferimento presso altre amministrazioni o sedi, qualora i testimoni di giustizia o gli altri protetti, per ragioni di sicurezza, non possano continuare a svolgere la loro originaria attività lavorativa, secondo quanto previsto dai regolamenti di cui all'articolo 26;

b) la tempestiva individuazione e lo svolgimento, dopo il trasferimento nella località protetta, di attività, anche lavorative non retribuite, volte allo sviluppo della persona umana e alla partecipazione sociale, secondo le inclinazioni di ciascuno;

c) il sostegno alle imprese dei protetti che abbiano subito o che possano concretamente subire nocumento a causa delle loro dichiarazioni o dell'applicazione delle speciali misure di tutela, secondo quanto stabilito dai regolamenti di cui all'articolo 26. Sono applicabili a tal fine, ove compatibili, anche le disposizioni relative alle aziende confiscate alla criminalità organizzata previste dal codice di cui al decreto legislativo 6 settembre 2011, n. 159;

d) l'eventuale assegnazione in uso di beni nella disponibilità dell'Agenzia nazionale per l'amministrazione e la destinazione dei beni sequestrati e confiscati alla criminalità organizzata;

e) l'accesso a mutui agevolati, volti al reinserimento nella vita economica e sociale, sulla base di convenzioni stipulate tra il Ministero dell'interno e gli istituti di credito;

f) il reperimento di un posto di lavoro, ancorché temporaneo, equivalente per posizione e mansione a quello precedentemente svolto, se i testimoni di giustizia o gli altri protetti hanno perso l'occupazione lavorativa o non possono più svolgerla a causa delle loro dichiarazioni o dell'applicazione delle speciali misure di protezione, fatte salve le esigenze di sicurezza connesse all'applicazione della misura del trasferimento in un luogo protetto;

g) la capitalizzazione del costo dell'assegno periodico di cui all'articolo 6, comma 1, lettera b), in alternativa allo stesso, qualora i testimoni di giustizia o gli altri protetti non abbiano riacquistato l'autonomia lavorativa o il godimento di un reddito proprio, equivalenti a quelli pregressi. La capitalizzazione è quantificata ai sensi dei regolamenti di cui all'articolo 26 ed è elevabile fino a un terzo se è assolutamente necessario al fine di realizzare l'autonomia reddituale del testimone di giustizia o degli altri protetti. La capitalizzazione può essere corrisposta sulla base di un concreto progetto di reinserimento lavorativo, previa valutazione sulla sua attuabilità in relazione alle condizioni contingenti di mercato, alle capacità del singolo e alla situazione di pericolo, con un'erogazione graduale commisurata alla progressiva realizzazione del progetto. La capitalizzazione può essere altresì corrisposta, qualora il destinatario non sia in grado di svolgere attività lavorativa o lo richieda, attraverso piani di investimento o di erogazioni rateali che ne assicurino la sussistenza;

h) l'accesso del testimone di giustizia, in alternativa alla capitalizzazione e qualora non abbia altrimenti riacquistato l'autonomia economica, a un programma di assunzione in una pubblica amministrazione, con qualifica e con funzioni corrispondenti al titolo di studio e alle professionalità possedute, fatte salve quelle che richiedono il possesso di specifici requisiti. Alle assunzioni si provvede per chiamata diretta nominativa, nell'ambito dei rapporti di lavoro di cui all'articolo 2, commi 2 e 3, del decreto legislativo 30 marzo 2001, n. 165, nei limiti dei posti vacanti nelle piante organiche e nel rispetto delle disposizioni limitative in materia di assunzioni, sulla base delle intese conseguite tra il Ministero dell'interno e le amministrazioni interessate. A tale fine si applica ai testimoni di giustizia il diritto al collocamento obbligatorio con precedenza previsto dall'articolo 1, comma 2, della legge 23 novembre 1998, n. 407, in materia di vittime del terrorismo e della criminalità organizzata. Al programma di assunzione possono accedere anche i testimoni di giustizia non più sottoposti allo speciale programma di protezione e alle speciali misure di protezione ai sensi del decreto-legge 15 gennaio 1991, n. 8, convertito, con modificazioni, dalla legge 15 marzo 1991, n. 82, ovvero quelli che, prima della data di entrata in vigore della legge 13 febbraio 2001, n. 45, erano ammessi alle speciali misure o allo speciale programma di protezione deliberati dalla commissione centrale di cui all'articolo 10 del citato decreto-legge n. 8 del 1991, di seguito denominata «commissione centrale», e possedevano i requisiti di cui all'articolo 16-*bis* del medesimo decreto-legge n. 8 del 1991. Per il coniuge e i figli ovvero, in subordine, per i fratelli dei testimoni di giustizia, stabilmente conviventi, a carico e ammessi alle speciali misure di protezione, è consentita l'assunzione esclusivamente in via sostitutiva dell'avente diritto a titolo principale, che non abbia esercitato il diritto al collocamento obbligatorio. Le modalità di attuazione, al fine, altresì, di garantire la sicurezza dei testimoni di giustizia e la loro formazione propedeutica all'assunzione e di stabilire i criteri per il riconoscimento del diritto anche in relazione alla qualità e all'entità economica dei benefici già riconosciuti e alle cause e modalità dell'eventuale revoca del programma di protezione, sono stabilite dai regolamenti di cui all'articolo 26;

i) misure straordinarie eventualmente necessarie, atte a favorire il reinserimento sociale e lavorativo dei testimoni di giustizia e degli altri protetti.

8. Durata delle speciali misure di protezione.

1. La commissione centrale fissa il termine, non superiore a sei anni, di durata delle speciali misure di protezione, entro il quale si deve comunque procedere alle verifiche sull'attualità e gravità del pericolo e sull'idoneità delle misure adottate. La commissione centrale effettua le verifiche di cui al periodo precedente e assicura, ove necessario, le speciali misure di protezione oltre il termine di durata di cui al medesimo periodo quando ne faccia motivata richiesta l'autorità che ha formulato la proposta.

2. Le misure di tutela di cui all'articolo 5 sono mantenute fino alla cessazione del pericolo attuale, grave e concreto e, ove possibile, sono gradualmente affievolite. Nel caso in cui, al termine delle speciali misure di protezione, il testimone di giustizia e gli altri protetti non abbiano riacquistato l'autonomia lavorativa o il godimento di un reddito proprio, si procede ai sensi dell'articolo 7, comma 1, lettera g) o lettera h).

9. Composizione della commissione centrale e della segreteria.

1. All'articolo 10 del decreto-legge 15 gennaio 1991, n. 8, convertito, con modificazioni, dalla legge 15 marzo 1991, n. 82, sono apportate le seguenti modificazioni:

a) il comma 2-*bis* è sostituito dal seguente:
«2-*bis*. La commissione centrale è composta da un Sottosegretario di Stato per l'interno, che la presiede, da un avvocato dello Stato, da due magistrati e da cinque funzionari e ufficiali. I componenti della commissione diversi dal presidente e dall'avvocato dello Stato sono preferibilmente scelti tra coloro che hanno maturato specifiche esperienze nel settore e che sono in possesso di cognizioni relative alle attuali tendenze della criminalità organizzata, ma che non sono addetti a uffici che svolgono attività di investigazione o di indagine preliminare sui fatti o procedimenti relativi alla criminalità organizzata di tipo mafioso o terroristico-eversivo. Uno dei componenti, designato a seguito di apposita delibera della commissione, assume le funzioni di vicepresidente. La commissione centrale, presieduta dal vicepresidente, opera anche in caso di dimissioni o di decadenza del presidente»;

b) al comma 2-*quater*, il primo periodo è sostituito dal seguente: «Per lo svolgimento dei compiti di segreteria e di istruttoria, la commissione centrale si avvale di una segreteria costituita secondo le modalità e con la dotazione di personale e di mezzi stabilite con regolamento adottato ai sensi dell'articolo 17, comma 3, della legge 23 agosto 1988, n. 400, dal Ministro dell'interno, di concerto con il Ministro della giustizia, sentita la commissione centrale stessa, previo parere delle Commissioni parlamentari competenti, che si esprimono entro trenta giorni».

2. Dall'attuazione delle disposizioni di cui al presente articolo non devono derivare nuovi o maggiori oneri per la finanza pubblica.

Capo III
Procedimento di applicazione, modifica, proroga e revoca delle speciali misure di protezione

10. Rinvio.

1. Per la proposta, i relativi pareri, l'applicazione, la modifica, la proroga e la revoca delle speciali misure di protezione, per l'attuazione dei programmi di protezione e per quanto non espressamente disciplinato dalla presente legge si applicano, ove compatibili, le disposizioni degli articoli 10,11 e 13, commi 1, 2, 3 e 12 del decreto-legge 15 gennaio 1991, n. 8, convertito, con modificazioni, dalla legge 15 marzo 1991, n. 82.

2. Per le finalità di cui al comma 1 del presente articolo, nonché per quelle di cui agli articoli 3, comma 2, 7, comma 1, lettere a), g) e h), e 18, si applicano in via transitoria, fino alla data di entrata in vigore delle pertinenti disposizioni regolamentari adottate ai sensi dell'articolo 26, le disposizioni dei decreti ministeriali attuativi emanati ai sensi dell'articolo 17-*bis* del decreto-legge 15 gennaio 1991, n. 8, convertito, con modificazioni, dalla legge 15 marzo 1991, n. 82, nonché del regolamento di cui al decreto del Ministro dell'interno 18 dicembre 2014, n. 204.

11. Proposta di ammissione alle speciali misure di protezione.

1. Nella proposta di ammissione alle speciali misure di protezione l'autorità proponente indica, oltre quanto previsto dall'articolo 13 del decreto-legge 15 gennaio 1991, n. 8, convertito, con modificazioni, dalla legge 15 marzo 1991, n. 82, e dai relativi decreti attuativi, anche la sussistenza dei requisiti stabiliti dall'articolo 2 della presente legge.

2. La proposta di cui al comma 1 del presente articolo è trasmessa alla commissione centrale, che richiede il parere, in caso di delitti di cui all'articolo 51 commi 3-*bis*, 3-*ter* e 3-*quater*, del codice di procedura penale, al Procuratore nazionale antimafia e antiterrorismo. La commissione richiede altresì al Servizio centrale di protezione e al prefetto competente per il luogo di dimora di colui che rende le dichiarazioni le informazioni nella loro rispettiva disponibilità, anche con riferimento a quanto previsto dall'articolo 2, comma 1, lettera e), della presente legge.

3. Nel caso in cui la proposta di cui al comma 1 riguardi soggetti di minore età in condizioni di disagio familiare o sociale, essa è altresì trasmessa al tribunale per i minorenni territorialmente competente per l'adozione di eventuali determinazioni di sua competenza.

12. Piano provvisorio per la protezione.

1. La commissione centrale, se ne ricorrono le condizioni, delibera, senza formalità, senza indugio e, comunque, entro la prima seduta successiva alla proposta, un piano provvisorio di misure di protezione, assicurando agli interessati le speciali misure di protezione e condizioni di vita congrue rispetto alle precedenti.

2. Nel piano provvisorio di protezione, opera il referente del testimone di giustizia individuato secondo quanto previsto all'articolo 16.

3. Il referente informa immediatamente il testimone di giustizia e gli altri protetti sul contenuto delle misure applicate e di quelle applicabili, nonché sui diritti e sui doveri derivanti dalla condizione di persona protetta. Gli interessati rilasciano all'autorità proponente, tramite il referente, completa e documentata attestazione sul proprio stato civile, di famiglia e patrimoniale, sulle loro obbligazioni, su procedimenti penali, civili e amministrativi pendenti, sui titoli di studio e professionali e su ogni titolo abilitativo di cui siano titolari. Entro trenta giorni dalla deliberazione del piano provvisorio, il referente trasmette alla commissione centrale le informazioni sulle condizioni personali, familiari e patrimoniali degli interessati e chiede, se questi vi abbiano consentito o ne abbiano fatto richiesta, che la stessa commissione provveda alla nomina di una figura professionale idonea a offrire loro immediato e diretto sostegno psicologico.

4. Il piano provvisorio cessa di avere effetto se, decorsi novanta giorni dalla sua deliberazione, l'autorità che ha formulato la proposta non richiede l'applicazione del programma definitivo con le modalità previste dall'articolo 11 e non è stata deliberata la sua applicazione. Il presidente della commissione centrale può disporre la prosecuzione del piano provvisorio di protezione per il tempo strettamente necessario a consentire l'esame della proposta da parte della commissione medesima.

5. Il termine previsto dal comma 4 è prorogabile fino a centottanta giorni con provvedimento motivato dell'autorità legittimata a formulare la proposta, comunicato alla commissione centrale.

13. Programma definitivo per la protezione.

1. La commissione centrale, previa acquisizione dei pareri previsti dall'articolo 11 e di ogni altro parere o informazione che ritenga utile, delibera, nelle forme ordinarie del procedimento e se ne ricorrono i presupposti, il programma definitivo di applicazione delle speciali misure di protezione.

2. Il programma definitivo è accettato e sottoscritto dagli interessati i quali, contestualmente, assumono l'impegno di riferire tempestivamente all'autorità giudiziaria quanto a loro conoscenza sui fatti di rilievo penale, di non rilasciare dichiarazioni su tali fatti a soggetti diversi dall'autorità giudiziaria, dalle forze di polizia e dal proprio difensore, di osservare le norme di sicurezza prescritte, di non rivelare o divulgare in qualsiasi modo elementi idonei a svelare la propria identità o il luogo di residenza qualora siano state applicate le misure di tutela di cui all'articolo 5, comma 1, lettere d), f) e g), di non rientrare senza autorizzazione nei luoghi dai quali sono stati trasferiti e, comunque, di collaborare attivamente all'esecuzione delle misure, ed eleggono il proprio domicilio nel luogo in cui ha sede la commissione centrale.

3. Il programma di protezione può essere modificato o revocato in ogni momento dalla commissione centrale, d'ufficio o su richiesta dell'autorità che ha formulato la proposta o di quella preposta all'attuazione delle misure speciali di protezione, in relazione all'attualità, alla concretezza e alla gravità del pericolo, all'idoneità delle misure adottate, alle esigenze degli interessati, all'osservanza degli impegni da loro assunti, alla rinuncia espressa alle misure, al rifiuto di accettare l'offerta di adeguate opportunità di lavoro o di impresa. La commissione centrale provvede entro venti giorni dalla richiesta, previa acquisizione dei pareri previsti dal comma 1 e, in ogni caso, dell'autorità giudiziaria qualora essa non abbia richiesto la modifica o la revoca del programma, nonché, se ne ricorrono le condizioni, del Procuratore nazionale antimafia e antiterrorismo.

4. Ogni sei mesi dall'inizio dell'applicazione del programma definitivo, la commissione centrale procede alla sua verifica.

5. La modifica o la revoca del programma definitivo non produce effetto sull'applicabilità delle disposizioni dell'articolo 147-*bis* delle norme di attuazione, di coordinamento e transitorie del codice di procedura penale, di cui al decreto legislativo 28 luglio 1989, n. 271, come modificato, da ultimo, dall'articolo 24 della presente legge.

14. Specificazione e attuazione delle speciali misure di tutela.

1. All'attuazione e alla specificazione delle modalità esecutive del piano provvisorio e del programma definitivo di protezione deliberati dalla commissione centrale provvede il Servizio centrale di protezione di cui all'articolo 14, comma 1, del decreto-legge 15 gennaio 1991, n. 8, convertito, con modificazioni, dalla legge 15 marzo 1991, n. 82. Nell'ambito della sezione per i testimoni di giustizia, di cui al medesimo articolo 14, comma 1, del citato decreto-legge n. 8 del 1991, convertito, con modificazioni, dalla legge n. 82 del 1991, è individuato il referente di cui all'articolo 16 della presente legge. Il Capo della polizia – Direttore generale della pubblica sicurezza coordina i rapporti tra i prefetti e tra le autorità di pubblica sicurezza nell'attuazione degli altri tipi di speciali misure di tutela, indicate nell'articolo 5, la cui determinazione spetta al prefetto del luogo di residenza attuale del testimone, anche mediante impieghi finanziari non ordinari autorizzati dallo stesso Capo della polizia – Direttore generale della pubblica sicurezza, a norma dell'articolo 17, comma 4, del decreto-legge n. 8 del 1991, convertito, con modificazioni, dalla legge n. 82 del 1991.

2. All'articolo 14, comma 1, del decreto-legge 15 gennaio 1991, n. 8, convertito, con modificazioni, dalla legge 15 marzo 1991, n. 82, il terzo periodo è soppresso.

3. All'attuazione delle disposizioni del presente articolo si provvede nei limiti delle risorse umane, strumentali e finanziarie disponibili a legislazione vigente e, comunque, senza nuovi o maggiori oneri per la finanza pubblica.

15. Norma in materia di collaboratori di giustizia.

1. Le disposizioni di cui all'articolo 14, comma 1, terzo periodo, si applicano anche in materia di collaboratori di giustizia di cui al decreto-legge 15 gennaio 1991, n. 8, convertito, con modificazioni, dalla legge 15 marzo 1991, n. 82.

16. Referente del testimone di giustizia.

1. Il testimone di giustizia, insieme con il relativo nucleo degli altri protetti, ha diritto di avvalersi di un referente specializzato del Servizio centrale di protezione che mantenga un rapporto costante, diretto e personale con gli interessati per tutta la durata delle misure speciali.

2. Il referente deve:

a) informare regolarmente il testimone di giustizia e gli altri protetti sulle misure speciali applicate, sulle loro conseguenze, sulle loro possibili modifiche, sulla loro attuazione, nonché sui diritti, patrimoniali e non patrimoniali, interessati dal programma di protezione;

b) individuare e quantificare il patrimonio, attivo e passivo, e le obbligazioni del testimone di giustizia e degli altri protetti;

c) informare periodicamente la commissione centrale sull'andamento del programma di protezione, sull'eventuale necessità di adeguarlo alle sopravvenute esigenze dell'interessato, nonché sulla condotta e sull'osservanza degli impegni assunti;

d) assistere gli interessati, con il loro consenso, nella gestione del patrimonio e dei beni aziendali, delle situazioni creditorie e debitorie e di ogni altro interesse patrimoniale del testimone di giustizia e degli altri protetti se questi non possono provvedervi a causa delle dichiarazioni rese o dell'applicazione del programma di protezione;

e) assistere gli interessati nella presentazione dei progetti di reinserimento sociale e lavorativo e verificare la loro concreta realizzazione;

f) assistere gli interessati nella presentazione dei progetti di capitalizzazione, nella concreta realizzazione e nella rendicontazione periodica alla commissione centrale dell'utilizzazione delle somme attribuite ai sensi dell'articolo 7, comma 1, lettera g);

g) collaborare tempestivamente per assicurare l'esercizio di diritti che potrebbero subire limitazione dall'applicazione delle speciali misure di protezione.

3. La titolarità delle decisioni di cui al comma 2 resta attribuita al testimone di giustizia e agli altri protetti.

4. L'assistenza del referente si protrae per la durata del programma di protezione e, comunque, finché il testimone di giustizia e gli altri protetti riacquistano la propria autonomia economica.

17. Audizione dei testimoni di giustizia e degli altri protetti.

1. Gli interessati, in qualunque momento, anche nel corso dell'esecuzione del piano provvisorio di protezione, possono chiedere alla commissione centrale o al Servizio centrale di protezione di essere sentiti personalmente. Si procede entro trenta giorni dalla richiesta attraverso l'audizione da parte della commissione centrale o del Servizio centrale di protezione.

18. Misure urgenti.

1. Quando risultano situazioni di particolari gravità e urgenza che non consentono di attendere la deliberazione della commissione centrale e fino a che tale deliberazione non interviene, si applicano le disposizioni previste dall'articolo 13, comma 1, sesto e settimo periodo, del decreto-legge 15 gennaio 1991, n. 8, convertito, con modificazioni, dalla legge 15 marzo 1991, n. 82, e dai regolamenti di cui all'articolo 26 della presente legge.

2. Dopo il settimo periodo del comma 1 dell'articolo 13 del decreto-legge 15 gennaio 1991, n. 8, convertito, con modificazioni, dalla legge 15 marzo 1991, n. 82, è inserito il seguente: «Allo scopo, l'autorità provinciale di pubblica sicurezza può avvalersi del Servizio centrale di protezione».

19. Interventi finanziari.

1. Al comma 4 dell'articolo 17 del decreto-legge 15 gennaio 1991, n. 8, convertito, con modificazioni, dalla legge 15 marzo 1991, n. 82, è aggiunto, in fine, il seguente periodo: «A tali interventi finanziari non si applicano le norme vigenti in materia di tracciabilità dei pagamenti e di fatturazione elettronica».

Capo IV
Disposizioni finali e transitorie

20. Abrogazione.

1. Il comma 3 dell'articolo 12 e il capo II-*bis* del decreto-legge 15 gennaio 1991, n. 8, convertito, con modificazioni, dalla legge 15 marzo 1991, n. 82, sono abrogati.

21. Modifica all'articolo 392 del codice di procedura penale.

1. Alla lettera d) del comma 1 dell'articolo 392 del codice di procedura penale sono aggiunte, in fine, le seguenti parole: «e all'esame dei testimoni di giustizia».

22. Aggravanti per il reato di calunnia.

1. Le pene previste per il reato di calunnia di cui

all'articolo 368 del codice penale sono aumentate da un terzo alla metà quando il colpevole ha commesso il fatto allo scopo di usufruire o di continuare ad usufruire delle speciali misure di protezione previste dalla presente legge. L'aumento è dalla metà ai due terzi se uno dei benefici è stato conseguito.

23. Norme transitorie.

1. È testimone di giustizia ai sensi della presente legge anche colui che, alla data di entrata in vigore della medesima, è sottoposto al programma o alle speciali misure di protezione ai sensi del capo II-*bis* del decreto-legge 15 gennaio 1991, n. 8, convertito, con modificazioni, dalla legge 15 marzo 1991, n. 82.

24. Modifica all'articolo 147 bis delle norme di attuazione del codice di procedura penale.

1. Dopo la lettera a) del comma 3 dell'articolo 147-*bis* delle norme di attuazione, di coordinamento e transitorie del codice di procedura penale, di cui al decreto legislativo 28 luglio 1989, n. 271, è inserita la seguente:

«a-*bis*) quando l'esame o altro atto istruttorio è disposto nei confronti di persone ammesse al piano provvisorio o al programma definitivo per la protezione dei testimoni di giustizia».

25. Istituzione di un'apposita sezione del sito internet del Ministero dell'interno per i testimoni di giustizia.

1. È istituita, nell'ambito del sito internet istituzionale del Ministero dell'interno, un'apposita sezione, con le modalità stabilite dai regolamenti di cui all'articolo 26, di facile accesso e debitamente segnalata nella pagina iniziale del sito, contenente le informazioni, in forma chiara e facilmente intellegibile, sull'applicazione dei programmi di protezione per i testimoni di giustizia nonché sui relativi diritti e doveri.

26. Regolamenti di attuazione.

1. Con uno o più regolamenti adottati ai sensi dell'articolo 17, comma 3, della legge 23 agosto 1988, n. 400, dal Ministro dell'interno, di concerto con il Ministro della giustizia, sentita la commissione centrale, previo parere delle Commissioni parlamentari competenti, che si esprimono entro trenta giorni, sono stabilite le disposizioni per l'attuazione della presente legge.

2. In riferimento all'attuazione delle disposizioni di cui all'articolo 3, comma 2, il regolamento relativo è adottato con decreto del Ministro dell'interno, di concerto con il Ministro della giustizia e con il Ministro del lavoro e delle politiche sociali.

3. In riferimento all'attuazione delle disposizioni di cui all'articolo 6, comma 1, i regolamenti relativi sono predisposti previo parere dell'Agenzia delle entrate.

27. Relazione del Ministro dell'interno.

1. Il Ministro dell'interno riferisce semestralmente con relazione alle Camere sulle speciali misure di protezione per i testimoni di giustizia, sulla loro efficacia e sulle modalità generali di applicazione, senza riferimenti nominativi.

2. Nella relazione di cui al comma 1, il Ministro dell'interno indica il numero complessivo dei testimoni di giustizia e degli altri protetti e l'ammontare complessivo delle spese sostenute nel semestre per l'assistenza economica relativa alle speciali misure di protezione e, garantendo la riservatezza degli interessati, specifica anche l'ammontare delle elargizioni straordinarie concesse e le esigenze che le hanno motivate, nonché eventuali esigenze strumentali od operative connesse alla funzionalità e all'efficienza del Servizio centrale di protezione e dei relativi nuclei operativi territoriali.

28. Clausola di invarianza finanziaria.

1. Dall'attuazione della presente legge non devono derivare nuovi o maggiori oneri a carico della finanza pubblica. Le amministrazioni interessate provvedono agli adempimenti previsti dalla presente legge con l'utilizzo delle risorse umane, strumentali e finanziarie disponibili a legislazione vigente.

La presente legge, munita del sigillo dello Stato, sarà inserita nella Raccolta ufficiale degli atti normativi della Repubblica italiana. È fatto obbligo a chiunque spetti di osservarla e di farla osservare come legge dello Stato.

DEPENALIZZAZIONE (SANZIONI SOSTITUTIVE, ILLECITO AMMINISTRATIVO E SANZIONI PECUNIARIE CIVILI)

1. L. 24 novembre 1981, n. 689. – Modifiche al sistema penale (1) (2) (3) (4) (5)

In Gazzetta Ufficiale 30 novembre 1981, n. 329

(1) L'art. 26, co. 1, d.lgs. 18.12.1997, n. 472, rubricato "abolizione della soprattassa e della pena pecuniaria", ha previsto che: «*1. Il riferimento alla soprattassa e alla pena pecuniaria, nonché ad ogni altra sanzione amministrativa, ancorché diversamente denominata, contenuto nelle leggi vigenti, è sostituito con il riferimento alla sanzione pecuniaria, di uguale importo.*
2. I riferimenti contenuti nelle singole leggi di imposta a disposizioni abrogate si intendono effettuati agli istituti e alle previsioni corrispondenti risultanti dal presente decreto.
3. Salvo diversa espressa previsione, i procedimenti di irrogazione delle sanzioni disciplinati nel presente decreto si applicano all'irrogazione di tutte le sanzioni tributarie non penali.».

(2) A partire dal 1.1.1999 ogni sanzione pecuniaria penale o amministrativa espressa in lire nel presente provvedimento si intende espressa anche in euro secondo il tasso di conversione irrevocabilmente fissato dal Trattato CE. A decorrere dal 1.1.2002 ogni sanzione penale o amministrativa espressa in lire nel presente provvedimento è tradotta in euro secondo il tasso di conversione irrevocabilmente fissato dal Trattato CE. Se da questa operazione deriva un risultato espresso anche in decimali, la cifra è arrotondata eliminando i decimali (art. 51, d.lgs. 24.12.1998, n. 213).

(3) Il d.lgs. 19.2.1998, n. 51 ha soppresso l'ufficio del pretore e, fuori dai casi espressamente previsti da questo decreto, le relative competenze sono da intendersi trasferite al tribunale ordinario. Lo stesso decreto ha soppresso l'ufficio del pubblico ministero presso la pretura circondariale e ha provveduto a trasferirne le relative funzioni all'ufficio del pubblico ministero presso il tribunale ordinario. Qualora il presente provvedimento attribuisca, inoltre, funzioni amministrative alternativamente al pretore e ad organi della P.A., le attribuzioni pretorili si intendono soppresse. Sono altresì soppresse le funzioni amministrative di altre autorità giurisdizionali, eccezion fatta per il giudice di pace, se attribuite in via alternativa tanto al pretore che ad organi della P.A. Il potere del pretore di rendere esecutivi atti emanati da autorità amministrative è soppresso e gli atti sono esecutivi di diritto. Infine, qualora il presente provvedimento preveda l'obbligo di determinati soggetti di rendere giuramento innanzi al pretore per l'esercizio di attività, questo si intende reso innanzi al sindaco o ad un suo delegato.

(4) Le prefetture sono trasformate in uffici territoriali del governo a decorrere dalla data nomina del primo governo costituito a seguito delle prime elezioni politiche successive all'entrata in vigore del d.lgs. 30.7.1999, n. 300.

(5) I riferimenti al Ministro/Ministero di Grazia e Giustizia devono attualmente intendersi al Ministro/Ministero della giustizia (d.P.R. 13.9.1999).

Capo I
Le sanzioni amministrative

Sezione I
Principi generali

1. Principio di legalità.

Nessuno può essere assoggettato a sanzioni amministrative se non in forza di una legge che sia entrata in vigore prima della commissione della violazione.

Le leggi che prevedono sanzioni amministrative si applicano soltanto nei casi e per i tempi in esse considerati.

2. Capacità di intendere e di volere.

Non può essere assoggettato a sanzione amministrativa, chi al momento in cui ha commesso il fatto, non aveva compiuto i diciotto anni o non aveva, in base ai criteri indicati nel codice penale, la capacità di intendere e di volere, salvo che lo stato di incapacità non derivi da sua colpa o sia stato da lui preordinato.

Fuori dei casi previsti dall'ultima parte del precedente comma, della violazione risponde chi era tenuto alla sorveglianza dell'incapace, salvo che provi di non aver potuto impedire il fatto.

3. Elemento soggettivo.

Nelle violazioni cui è applicabile una sanzione amministrativa ciascuno è responsabile della propria azione od omissione, cosciente e volontaria, sia essa dolosa o colposa.

Nel caso in cui la violazione è commessa per errore sul fatto, l'agente non è responsabile quando l'errore non è determinato da sua colpa.

4. Cause di esclusione della responsabilità.

Non risponde delle violazioni amministrative chi ha commesso il fatto nell'adempimento di un dovere o nell'esercizio di una facoltà legittima ovvero in stato di necessità o di legittima difesa.

Se la violazione è commessa per ordine dell'autorità, della stessa risponde il pubblico ufficiale che ha dato l'ordine.

I comuni, le province, le comunità montane e i loro consorzi, le istituzioni pubbliche di assistenza e beneficenza (IPAB), gli enti non commerciali senza scopo di lucro che svolgono attività socio-assistenziale e le istituzioni sanitarie operanti nel Servizio sanitario nazionale ed i loro amministratori non rispondono delle sanzioni amministrative e civili che riguardano l'assunzione di lavoratori, le assicurazioni obbligatorie e gli ulteriori adempimenti, relativi a prestazioni lavorative stipulate nella forma del contratto d'opera e successivamente riconosciute come rapporti di lavoro subordinato, purché esaurite alla data del 31 dicembre 1997 (1).

(1) Comma introdotto dall'art. 31, co. 36, l. 23.12.1998, n. 448.

5. Concorso di persone.

Quando più persone concorrono in una violazione amministrativa, ciascuna di esse soggiace alla sanzione per questa disposta, salvo che sia diversamente stabilito dalla legge.

6. Solidarietà.

Il proprietario della cosa che servi o fu destinata a commettere la violazione o, in sua vece, l'usufruttuario o, se trattasi di bene immobile, il titolare di un diritto personale di godimento, è obbligato in solido con l'autore della violazione al pagamento della somma da questo dovuta se non prova che la cosa è stata utilizzata contro la sua volontà.

Se la violazione è commessa da persona capace di intendere e di volere ma soggetta all'altrui autorità, direzione o vigilanza, la persona rivestita dell'autorità o incaricata della direzione o della vigilanza è obbligata in solido con l'autore della violazione al pagamento della somma da questo dovuta, salvo che provi di non aver potuto, impedire il fatto.

Se la violazione è commessa dal rappresentante o dal dipendente di una persona giuridica o di un ente privo di personalità giuridica o, comunque, di un imprenditore nell'esercizio delle proprie funzioni o incombenze, la persona giuridica o l'ente o l'imprenditore è obbligato in solido con l'autore della violazione al pagamento della somma da questo dovuta.

Nei casi previsti dai commi precedenti chi ha pagato ha diritto di regresso per l'intero nei confronti dell'autore della violazione.

7. Non trasmissibilità dell'obbligazione.

La obbligazione di pagare la somma dovuta per la violazione non si trasmette agli eredi.

8. Più violazioni di disposizioni che prevedono sanzioni amministrative.

Salvo che sia diversamente stabilito dalla legge, chi con una azione od omissione viola diverse disposizioni che prevedono, sanzioni amministrative o commette più violazioni della stessa disposizione, soggiace alla sanzione prevista per la violazione più grave, aumentata sino al triplo.

Alla stessa sanzione prevista dal precedente comma soggiace anche chi con più azioni od omissioni, esecutive di un medesimo disegno posto in essere in violazione di norme che stabiliscono sanzioni amministrative, commette, anche in tempi diversi, più violazioni della stessa o di diverse norme di legge in materia di previdenza ed assistenza obbligatorie [1].

La disposizione di cui al precedente comma si applica anche alle violazioni commesse anteriormente all'entrata in vigore della legge di conversione del d.l. 2 dicembre 1985, n. 688, per le quali non sia già intervenuta sentenza passata in giudicato [2].

(1) Comma introdotto dall'art. 1 *sexies*, d.l. 2.12.1985, n. 688.
(2) Comma introdotto dall'art. 1 *sexies*, d.l. 2.12.1985, n. 688.

8 bis. Reiterazione delle violazioni [1].

Salvo quanto previsto da speciali disposizioni di legge, si ha reiterazione quando, nei cinque anni successivi alla commissione di una violazione amministrativa, accertata con provvedimento esecutivo, lo stesso soggetto commette un'altra violazione della stessa indole. Si ha reiterazione anche quando più violazioni della stessa indole commesse nel quinquennio sono accertate con unico provvedimento esecutivo.

Si considerano della stessa indole le violazioni della medesima disposizione e quelle di disposizioni diverse che, per la natura dei fatti che le costituiscono o per le modalità della condotta, presentano una sostanziale omogeneità o caratteri fondamentali comuni.

La reiterazione è specifica se è violata la medesima disposizione.

Le violazioni amministrative successive alla prima non sono valutate, ai fini della reiterazione, quando sono commesse in tempi ravvicinati e riconducibili ad una programmazione unitaria.

La reiterazione determina gli effetti che la legge espressamente stabilisce. Essa non opera nel caso di pagamento in misura ridotta.

Gli effetti conseguenti alla reiterazione possono essere sospesi fino a quando il provvedimento che accerta la violazione precedentemente commessa sia divenuto definitivo. La sospensione è disposta dall'autorità amministrativa competente, o in caso di opposizione dal giudice, quando possa derivare grave danno.

Gli effetti della reiterazione cessano di diritto, in ogni caso, se il provvedimento che accerta la precedente violazione è annullato.

(1) Articolo introdotto dall'art. 94, d.lgs. 30.12.1999, n. 507.

9. Principio di specialità.

Quando uno stesso fatto è punito da una disposizione penale e da una disposizione che prevede una sanzione amministrativa, ovvero da una pluralità di disposizioni che prevedono sanzioni amministrative, si applica la disposizione speciale.

Tuttavia quando uno stesso fatto è punito da una disposizione penale e da una disposizione regionale o delle province autonome di Trento e di Bolzano che preveda una sanzione amministrativa, si applica in ogni caso la disposizione penale, salvo che quest'ultima sia applicabile solo in mancanza di altre disposizioni penali.

Ai fatti puniti dagli articoli 5, 6 e 12 della legge 30 aprile 1962, n. 283, e successive modificazioni ed integrazioni, si applicano soltanto le disposizioni penali, anche quando i fatti stessi sono puniti con sanzioni amministrative previste da disposizioni speciali in materia di produzione, commercio e igiene degli alimenti e delle bevande [1].

(1) Comma sostituito dall'art. 95, d.lgs. 30.12.1999, n. 507.

10. Sanzione amministrativa pecuniaria e rapporto tra limite minimo e limite massimo.

La sanzione amministrativa pecuniaria consiste nel pagamento di una somma non inferiore a euro 10 e non superiore a euro 15.000. Le sanzioni proporzionali non hanno limite massimo [1].

Fuori dei casi espressamente stabiliti dalla legge, il limite massimo della sanzione amministrativa pecuniaria non può, per ciascuna violazione superare il decuplo del minimo.

(1) Comma modificato prima dall'art. 96, d.lgs. 30.12.1999, n. 507 e poi dall'art. 3, co. 63, l. 15.7.2009, n. 94.

11. Criteri per l'applicazione delle sanzioni amministrative pecuniarie.

Nella determinazione della sanzione amministrativa pecuniaria fissata dalla legge tra un limite minimo ed un limite massimo e nell'applicazione delle sanzioni accessorie facoltative, si ha riguardo alla gravità della violazione, all'opera svolta dall'agente per l'eliminazione o attenuazione delle conseguenze della violazione, nonché alla personalità dello stesso e alle sue condizioni economiche.

12. Ambito di applicazione.

Le disposizioni di questo Capo si osservano, in quanto applicabili e salvo che non sia diversamente stabilito, per tutte le violazioni per le quali è prevista la sanzione amministrativa del pagamento di una somma di denaro, anche quando questa sanzione non è prevista in sostituzione di una sanzione penale. Non si applicano alle violazioni disciplinari.

Sezione II
Applicazione

13. Atti di accertamento.

Gli organi addetti al controllo sull'osservanza delle disposizioni per la cui violazione è prevista la sanzione amministrativa del pagamento di una somma di denaro possono, per l'accertamento delle violazioni di rispettiva competenza, assumere informazioni e procedere a ispezioni di cose e di luoghi diversi dalla privata dimora, a rilievi segnaletici, descrittivi e fotografici e ad ogni altra operazione tecnica.

Possono altresì procedere al sequestro cautelare delle cose che possono formare oggetto di confisca amministrativa, nei modi e con i limiti con cui il codice di procedura penale consente il sequestro alla polizia giudiziaria.

È sempre disposto il sequestro del veicolo a motore o del natante posto in circolazione senza essere coperto dall'assicurazione obbligatoria e del veicolo posto in circolazione senza che per lo stesso sia stato rilasciato il documento di circolazione.

All'accertamento delle violazioni punite con la sanzione amministrativa del pagamento di una somma di denaro possono procedere anche gli ufficiali e gli agenti di polizia giudiziaria, i quali, oltre che esercitare i poteri indicati nei precedenti commi, possono procedere, quando non sia possibile acquisire altrimenti gli elementi di prova, a perquisizioni in luoghi diversi dalla privata dimora, previa autorizzazione motivata del pretore del luogo ove le perquisizioni stesse dovranno essere effettuate. Si applicano le disposizioni del primo comma dell'articolo 333 e del primo e secondo comma dell'articolo 334 del codice di procedura penale.

È fatto salvo l'esercizio degli specifici poteri di accertamento previsti dalle leggi vigenti.

14. Contestazione e notificazione.

La violazione, quando è possibile, deve essere contestata immediatamente tanto al trasgressore quanto alla persona che sia obbligata in solido al pagamento della somma dovuta per la violazione stessa.

Se non è avvenuta la contestazione immediata per tutte o per alcune delle persone indicate nel comma precedente, gli estremi della violazione debbono essere notificati agli interessati residenti nel territorio della Repubblica entro il termine di novanta giorni e a quelli residenti all'estero entro il termine di trecentosessanta giorni dall'accertamento.

Quando gli atti relativi alla violazione sono trasmessi all'autorità competente con provvedimento dell'autorità giudiziaria, i termini di cui al comma precedente decorrono dalla data della ricezione.

Per la forma della contestazione immediata o della notificazione si applicano le disposizioni previste dalle leggi vigenti. In ogni caso la notificazione può essere effettuata, con le modalità previste dal codice di procedura civile, anche da un funzionario dell'amministrazione che ha accertato la violazione. Quando la notificazione non può essere eseguita in mani proprie del destinatario, si osservano le modalità previste dall articolo 137 terzo comma, del medesimo codice [(1)].

Per i residenti all'estero, qualora la residenza, la dimora o il domicilio non siano noti, la notifica non è obbligatoria e resta salva la facoltà del pagamento in misura ridotta sino alla scadenza del termine previsto nel secondo comma dell'articolo 22 per il giudizio di opposizione.

L'obbligazione di pagare la somma dovuta per la violazione si estingue per la persona nei cui confronti è stata omessa la notificazione nel termine prescritto [(2)]

(1) Comma modificato dall'art. 174, co. 11, d.lgs. 30.6.2003, n. 196. L'art. 174, d.lgs. n. 196/2003, è stato abrogato dall'art. 27 co. 1, lett. c), n. 3), d.lgs. 10.8.2018, n. 101.

(2) A norma dell'art. 103, co. 6 bis, d.l. 17.3.2020, n. 18, conv., con modif., dalla l. 24.4.2020, n. 27, il termine di cui al presente art., è sospeso dal 23.2.2020 al 31.5.2020.

15. Accertamenti mediante analisi di campioni [(1)].

Se per l'accertamento della violazione sono compiute analisi di campioni, il dirigente del laboratorio deve comunicare all'interessato, a mezzo di lettera raccomandata con avviso di ricevimento, l'esito dell'analisi.

L'interessato può chiedere la revisione dell'analisi con la partecipazione di un proprio consulente tecnico. La richiesta è presentata con istanza scritta all'organo che ha prelevato i campioni da analizzare, nel termine di 15 giorni dalla comunicazione dell'esito della prima analisi, che deve essere allegato all'istanza medesima.

Delle operazioni di revisione dell'analisi è data comunicazione all'interessato almeno dieci giorni prima del loro inizio.

I risultati della revisione dell'analisi sono comunicati all'interessato a mezzo di lettera raccomandata con avviso di ricevimento, a cura del dirigente del laboratorio che ha eseguito la revisione dell'analisi.

Le comunicazioni di cui al primo e al quarto comma equivalgono alla contestazione di cui al primo comma dell'articolo 14 ed il termine per il pagamento in misura ridotta di cui all'articolo 16 decorre dalla comunicazione dell'esito della prima analisi o, quando è stata chiesta la revisione dell'analisi, dalla comunicazione dell'esito della stessa.

Ove non sia possibile effettuare la comunicazione all'interessato nelle forme di cui al primo e al quarto comma, si applicano le disposizioni dell'articolo 14.

Con il decreto o con la legge regionale indicati nell'ultimo comma dell'art. 17 sarà altresì fissata la somma di denaro che il richiedente la revisione dell'analisi è tenuto a versare e potranno essere indicati, anche a modifica delle vigenti disposizioni di legge, gli istituti incaricati della stessa analisi.

(1) L'importo da versare per ogni richiesta di revisione di analisi alla competente tesoreria provinciale dello Stato è stato elevato a lire 80.500 dall'articolo unico, d.m. 1.8.1984; a lire 89.000 dall'articolo unico, d.m. 30.3.1985; a lire 96.700 dall'articolo unico, d.m. 30.6.1986; a lire 102.600 dall'articolo unico, d.m. 10.7.1987; a lire 107.300 dall'articolo unico, d.m. 1.9.1988; a lire 112.700 dall'articolo unico, d.m. 6.6.1989; a lire 120.200 dall'articolo unico, d.m. 26.5.1990; a lire 127.530 dall'articolo unico, d.m. 6.8.1991; a lire 135.690 dall'articolo unico, d.m. 18.6.1992; a lire 143.020 dall'articolo unico, d.m. 4.11.1993; a lire 149.030 dall'articolo unico, d.m. 20.12.1994; a lire 154.840 dall'articolo unico, d.m. 16.4.1996; a lire 163.200 dall'articolo unico, d.m. 16.5.1997; a lire 169.600 dall'articolo unico, d.m. 23.1.1998; a lire 175.600 dall'articolo unico, d.m. 17.4.2000; a lire 178.400 dall'articolo unico, d.m. 13.3.2001; a euro 94,53 dall'articolo unico, d.m. 4.3.2002; a euro 97,08 dall'articolo unico, d.m. 31.3.2003; a euro 99,40 dall'articolo unico, d.m. 27.2.2004; a euro 101,88 dall'articolo unico, d.m. 16.3.2005; a euro 103,92 dall'articolo unico, d.m. 28.2.2006; a euro 105,69 dall'articolo unico, d.m. 26.1.2007; a euro 107,80 dall'articolo unico, d.m. 7.2.2008; a 109,63 dall'articolo unico, d.m. 23.12.2008; a 113,14 dall'articolo unico, d.m. 16.12.2009; a 113,93 dall'articolo unico, d.m. 15.12.2010; a euro 115,75 dall'articolo unico, d.m. 16.12.2011: a euro 118,88 dall'articolo unico, d.m. 20.12.2012, a euro 122,45 dall'articolo unico, d.m. 18.12.2013; a euro 123,80 dall'articolo unico, d.m. 22.12.2014; a euro 124,05 dall'articolo unico, d.m. 15.12.2015; a euro 123, 93 dall'articolo unico, d.m. 7.12.2016; a euro 123,81 dall'articolo unico, d.m. 13.12.2017 e infine a euro 125,17 dall'articolo unico, d.m. 24.12.2018.

16. Pagamento in misura ridotta.

È ammesso il pagamento di una somma in misura ridotta pari alla terza parte del massimo della sanzione prevista per la violazione commessa o, se più favorevole e qualora sia stabilito il minimo della sanzione edittale, pari al doppio del relativo importo, oltre alle spese del procedimento, entro il termine di sessanta giorni dalla contestazione immediata o, se questa non vi è stata, dalla notificazione degli estremi della violazione [1].

Per le violazioni ai regolamenti ed alle ordinanze comunali e provinciali, la Giunta comunale o provinciale, all'interno del limite edittale minimo e massimo della sanzione prevista, può stabilire un diverso importo del pagamento in misura ridotta, in deroga alle disposizioni del primo comma [2].

Il pagamento in misura ridotta è ammesso anche nei casi in cui le norme antecedenti all'entrata in vigore della presente legge non consentivano l'oblazione.

(1) Comma modificato dall'art. 52, co. 1, d.lgs. 24.6.1998, n. 213.

(2) Comma abrogato per la parte relativa al testo unico delle norme sulla circolazione stradale, approvato con decreto del Presidente della Repubblica 15.6.1959, n. 393, dall'art. 231, co. 1, d.lgs. 30.4.1992, n. 285. Questo comma è stato poi sostituito dall'art. 6 bis, d.l. 23.5.2008, n. 92.

17. Obbligo del rapporto.

Qualora non sia stato effettuato il pagamento in misura ridotta, il funzionario o l'agente che ha accertato la violazione, salvo che ricorra l'ipotesi prevista nell'art. 24, deve presentare rapporto, con la prova delle eseguite contestazioni o notificazioni, all'ufficio periferico cui sono demandati attribuzioni e compiti del Ministero nella cui competenza rientra la materia alla quale si riferisce la violazione o, in mancanza, al prefetto.

Deve essere presentato al prefetto il rapporto relativo alle violazioni previste dal testo unico delle norme sulla circolazione stradale, approvato con D.P.R. 15 giugno 1959, n. 393, dal testo unico per la tutela delle strade, approvato con R.D. 8 dicembre 1933, n. 1740, e dalla L. 20 giugno 1935, n. 1349, sui servizi di trasporto merci.

Nelle materie di competenza delle regioni e negli altri casi, per le funzioni amministrative ad esse delegate, il rapporto è presentato all'ufficio regionale competente.

Per le violazioni dei regolamenti provinciali e comunali il rapporto è presentato, rispettivamente, al presidente della giunta provinciale o al sindaco.

L'ufficio territorialmente competente è quello del luogo in cui è stata commessa la violazione.

Il funzionario o l'agente che ha proceduto al sequestro previsto dall'articolo 13 deve immediatamente informare l'autorità amministrativa competente a norma dei precedenti commi, inviandole il processo verbale di sequestro.

Con decreto del Presidente della Repubblica, su proposta del Presidente del Consiglio dei ministri, da emanare entro centottanta giorni dalla pubblicazione della presente legge, in sostituzione del D.P.R. 13 maggio 1976, n. 407, saranno indicati gli uffici periferici dei singoli Ministeri, previsti nel primo comma, anche per i casi in cui leggi precedenti abbiano regolato diversamente la competenza.

Con il decreto indicato nel comma precedente saranno stabilite le modalità relative alla esecuzione del sequestro previsto dall'articolo 13, al trasporto ed alla consegna delle cose sequestrate, alla custodia ed alla eventuale alienazione o distruzione delle stesse; sarà altresì stabilita la destinazione delle cose confiscate. Le regioni, per le materie di loro competenza, provvederanno con legge nel termine previsto dal comma precedente.

18. Ordinanza-ingiunzione [1].

Entro il termine di trenta giorni dalla data della contestazione o notificazione della violazione, gli interessati possono far pervenire all'autorità competente a ricevere il rapporto a norma dell'articolo 17 scritti difensivi e documenti e possono chiedere di essere sentiti dalla medesima autorità.

L'autorità competente, sentiti gli interessati, ove questi ne abbiano fatto richiesta, ed esaminati i documenti inviati e gli argomenti esposti negli scritti difensivi, se ritiene fondato l'accertamento, determina, con ordinanza motivata, la somma dovuta per la violazione e ne ingiunge il pagamento, insieme con le spese, all'autore della violazione ed alle persone che vi sono obbligate solidalmente; altrimenti emette ordinanza motivata di archiviazione degli atti comunicandola integralmente all'organo che ha redatto il rapporto.

Con l'ordinanza-ingiunzione deve essere disposta la restituzione, previo pagamento delle spese di custodia, delle cose sequestrate, che non siano confiscate con lo stesso provvedimento. La restituzione delle cose sequestrate è altresì disposta con l'ordinanza di archiviazione, quando non ne sia obbligatoria la confisca.

Il pagamento è effettuato all'ufficio del registro o al diverso ufficio indicato nella ordinanza-ingiunzione, entro il termine di trenta giorni dalla notificazione di detto provvedimento, eseguita nelle forme previste dall'articolo 14; del pagamento è data comunicazione, entro il trentesimo giorno, a cura dell'ufficio che lo ha ricevuto, all'autorità che ha emesso l'ordinanza.

Il termine per il pagamento è di sessanta giorni se l'interessato risiede all'estero.

La notificazione dell'ordinanza-ingiunzione può essere eseguita dall'ufficio che adotta l'atto, secondo le modalità di cui alla legge 20 novembre 1982, n. 890 (2).

L'ordinanza-ingiunzione costituisce titolo esecutivo. Tuttavia l'ordinanza che dispone la confisca diventa esecutiva dopo il decorso del termine per proporre opposizione, o, nel caso in cui l'opposizione è proposta, con il passaggio in giudicato della sentenza con la quale si rigetta l'opposizione, o quando l'ordinanza con la quale viene dichiarata inammissibile l'opposizione o convalidato il provvedimento opposto diviene inoppugnabile o è dichiarato inammissibile il ricorso proposto avverso la stessa.

(1) A norma dell'art. 1, co. 1288, l. 27.12.2006, n. 296 le ordinanze-ingiunzioni emesse a norma del presente articolo, in applicazione dell'art. 1, co. 333, l. 23.12.2005, n. 266, sono inefficaci.

(2) Comma introdotto dall'art. 10, l. 3.8.1999, n. 265.

19. Sequestro.

Quando si è proceduto a sequestro, gli interessati possono, anche immediatamente, proporre opposizione all'autorità indicata nel primo comma dell'articolo 18, con atto esente da bollo. Sull'opposizione la decisione è adottata con ordinanza motivata emessa entro il decimo giorno successivo alla sua proposizione. Se non è rigettata entro questo termine, l'opposizione si intende accolta.

Anche prima che sia concluso il procedimento amministrativo, l'autorità competente può disporre la restituzione della cosa sequestrata, previo pagamento delle spese di custodia, a chi prova di averne diritto e ne fa istanza, salvo che si tratti di cose soggette a confisca obbligatoria.

Quando l'opposizione al sequestro è stata rigettata, il sequestro cessa di avere efficacia se non è emessa ordinanza-ingiunzione di pagamento o se non è disposta la confisca entro due mesi dal giorno in cui è pervenuto il rapporto e, comunque, entro sei mesi dal giorno in cui è avvenuto il sequestro.

20. Sanzioni amministrative accessorie.

L'autorità amministrativa con l'ordinanza-ingiunzione o il giudice penale con la sentenza di condanna nel caso previsto dall'articolo 24, può applicare, come sanzioni amministrative, quelle previste dalle leggi vigenti, per le singole violazioni, come sanzioni penali accessorie, quando esse consistono nella privazione o sospensione di facoltà, e diritti derivanti da provvedimenti dell'amministrazione.

Le sanzioni amministrative accessorie non sono applicabili fino a che è pendente il giudizio di opposizione contro il provvedimento di condanna o, nel caso di connessione di cui all'articolo 24, fino a che il provvedimento stesso non sia divenuto esecutivo.

Le autorità stesse possono disporre la confisca amministrativa delle cose che servirono o furono destinate a commettere la violazione e debbono disporre la confisca delle cose che ne sono il prodotto, sempre che le cose suddette appartengano a una delle persone cui è ingiunto il pagamento.

In presenza di violazioni gravi o reiterate, in materia di tutela del lavoro, di igiene sui luoghi di lavoro e di prevenzione degli infortuni sul lavoro, è sempre disposta la confisca amministrativa delle cose che servirono o furono destinate a commettere la violazione e delle cose che ne sono il prodotto, anche se non venga emessa l'ordinanza – ingiunzione di pagamento. La disposizione non si applica se la cosa appartiene a persona estranea alla violazione amministrativa ovvero quando in relazione ad essa è consentita la messa a norma e quest'ultima risulta effettuata secondo le disposizioni vigenti (1).

È sempre disposta la confisca amministrativa delle cose, la fabbricazione, l'uso, il porto, la detenzione o l'alienazione delle quali costituisce violazione amministrativa, anche se non venga emessa l'ordinanza-ingiunzione di pagamento.

La disposizione indicata nel comma precedente non si applica se la cosa appartiene a persona estranea alla violazione amministrativa e la fabbricazione, l'uso, il porto, la detenzione o l'alienazione possono essere consentiti mediante autorizzazione amministrativa

(1) Comma introdotto dall'art. 9, co. 1, d.l. 12.11.2010, n. 137.

21. Casi speciali di sanzioni amministrative accessorie.

Quando è accertata la violazione del primo comma dell'articolo 32 della legge 24 dicembre 1969, n. 990, è sempre disposta la confisca del veicolo a motore o del natante che appartiene alla persona a cui è ingiunto il pagamento, se entro il termine fissato con l'ordinanza-ingiunzione non viene pagato, oltre alla sanzione pecuniaria applicata, anche il premio di assicurazione per almeno sei mesi.

Nel caso in cui sia proposta opposizione ovvero l'ordinanza-ingiunzione, il termine di cui al primo comma decorre dal passaggio in giudicato della sentenza con la quale si rigetta l'opposizione ovvero dal momento in cui diventa inoppugnabile l'ordinanza con la quale viene dichiarata inammissibile l'opposizione o convalidato il provvedimento opposto ovvero viene dichiarato inammissibile il ricorso proposto avverso la stessa.

Quando è accertata la violazione dell'ottavo comma dell'articolo 58 del testo unico delle norme sulla circolazione stradale, approvato con D.P.R. 15 giugno 1959, n. 393, è sempre disposta la confisca del veicolo [1].

Quando è accertata la violazione del secondo comma dell'articolo 14 della legge 30 aprile 1962, n. 283, è sempre disposta la sospensione della licenza per un periodo non superiore a dieci giorni.

(1) La Corte costituzionale, con sent. 27.10.1994, n. 371, ha dichiarato l'illegittimità costituzionale di questo comma, nella parte in cui prevede la confisca del veicolo privo della carta di circolazione, anche se già immatricolato.

22. Opposizione all'ordinanza-ingiunzione [1] [2].

Salvo quanto previsto dall'articolo 133 del decreto legislativo 2 luglio 2010, n. 104, e da altre disposizioni di legge, contro l'ordinanza-ingiunzione di pagamento e contro l'ordinanza che dispone la sola confisca gli interessati possono proporre opposizione dinanzi all'autorità giudiziaria ordinaria. L'opposizione è regolata dall'articolo 6 del decreto legislativo 1° settembre 2011, n. 150 [3].

[Il termine è di sessanta giorni se l'interessato risiede all'estero.] [4]

[L'opposizione si propone mediante ricorso, al quale è allegata l'ordinanza notificata.] [5]

[Il ricorso deve contenere altresì, quando l'opponente non abbia indicato un suo procuratore, la dichiarazione di residenza o la elezione di domicilio nel comune dove ha sede il giudice adito.] [6] [7]

[Se manca l'indicazione del procuratore oppure la dichiarazione di residenza o la elezione di domicilio, le notificazioni al ricorrente vengono eseguite mediante deposito in cancelleria [8] [9].] [10]

[Quando è stato nominato un procuratore, le notificazioni e le comunicazioni nel corso del procedimento sono effettuate nei suoi confronti secondo le modalità stabilite dal codice di procedura civile.] [11]

[L'opposizione non sospende l'esecuzione del provvedimento, salvo che il giudice, concorrendo gravi motivi, disponga diversamente con ordinanza inoppugnabile.] [12]

(1) La Corte costituzionale, con sent. 10.3.2004, n. 98, ha dichiarato l'illegittimità costituzionale di questo articolo, nella parte in cui non consente l'utilizzo del servizio postale per la proposizione dell'opposizione.

(2) La Corte costituzionale, con sent. 5.2.1992, n. 62, ha dichiarato l'illegittimità costituzionale di questo articolo, nella parte in cui non consente ai cittadini italiani appartenenti alla minoranza linguistica slovena nel processo di opposizione ad ordinanze-ingiunzioni applicative di sanzioni amministrative davanti al pretore avente competenza su un territorio dove sia insediata la predetta minoranza, di usare, su loro richiesta, la lingua materna nei propri atti, usufruendo per questi della traduzione nella lingua italiana, nonché di ricevere tradotti nella propria lingua gli atti dell'autorità giudiziaria e le risposte della controparte.

(3) Comma modificato dall'art. 97, co. 1, lett. a), d.lgs. 30.12.1999, n. 507 e successivamente sostituito dall'art. 34, co. 1, lett. a), d.lgs. 1.9.2011, n. 150.

(4) Comma abrogato dall'art. 34, co. 1, lett. a), d.lgs. 1.9.2011, n. 150.

(5) Comma abrogato dall'art. 34, co. 1, lett. a), d.lgs. 1.9.2011, n. 150.

(6) Comma modificato dall'art. 97, co. 1, lett. b), d.lgs. 30.12.1999, n. 507 e successivamente abrogato dall'art. 34, co. 1, lett. a), d.lgs. 1.9.2011, n. 150.

(7) La Corte costituzionale, con sent. 15.12.2010, n. 365, ha dichiarato l'illegittimità costituzionale di questo comma, nella parte in cui non prevede, a richiesta dell'opponente, che abbia dichiarato la residenza o eletto domicilio in un comune diverso da quello dove ha sede il giudice adito, modi di notificazione ammessi a questo fine dalle norme statali vigenti, alternativi al deposito presso la cancelleria.

(8) Per la deroga alle disposizioni di cui al presente comma, vedi l'art. 6, co. 5, l. 13.8.2010, n. 136, come modificato dall'art. 7, co. 1, lett. b), d.l. 13.11.2010, n. 187.

(9) La Corte costituzionale, con sent. 15.12.2010, n. 365, ha dichiarato l'illegittimità costituzionale di questo comma, nella parte in cui non prevede, a richiesta dell'opponente, che abbia dichiarato la residenza o eletto domicilio in un comune diverso da quello dove ha sede il giudice adito, modi di notificazione ammessi a questo fine dalle norme statali vigenti, alternativi al deposito presso la cancelleria.

(10) Comma abrogato dall'art. 34, co. 1, lett. a), d.lgs. 1.9.2011, n. 150.

(11) Comma abrogato dall'art. 34, co. 1, lett. a), d.lgs. 1.9.2011, n. 150.

(12) Comma modificato dall'art. 97, co. 1, lett. b), d.lgs. 30.12.1999, n. 507 e poi abrogato dall'art. 34, co. 1, lett. a), d.lgs. 1.9.2011, n. 150.

22 bis. Competenza per il giudizio di opposizione [1].

[Salvo quanto previsto dai commi seguenti, l'opposizione di cui all'articolo 22 si propone davanti al giudice di pace.

L'opposizione si propone davanti al tribunale quando la sanzione è stata applicata per una violazione concernente disposizioni in materia:

a) di tutela del lavoro, di igiene sui luoghi di lavoro e di prevenzione degli infortuni sul lavoro;

b) di previdenza e assistenza obbligatoria;

c) urbanistica ed edilizia;

d) di tutela dell'ambiente dall'inquinamento, della flora, della fauna e delle aree protette;

e) di igiene degli alimenti e delle bevande;

f) di società e di intermediari finanziari;

g) tributaria e valutaria;

g-bis) antiriciclaggio [1].

L'opposizione si propone altresì davanti al tribunale:

a) se per la violazione è prevista una sanzione pecuniaria superiore nel massimo a euro 15.493;

b) quando, essendo la violazione punita con sanzione pecuniaria proporzionale senza previsione di un limite massimo, è stata applicata una sanzione superiore a euro 15.493;

c) quando è stata applicata una sanzione di natura diversa da quella pecuniaria, sola o congiunta a quest'ultima, fatta eccezione per le violazioni previste dal regio decreto 21 dicembre 1933, n. 1736, dalla legge 15 dicembre 1990, n. 386 e dal decreto legislativo 30 aprile 1992, n. 285.

Restano salve le competenze stabilite da diverse disposizioni di legge [2].] [3]

(1) Articolo introdotto dall'art. 98, co. 1, d.lgs. 30.12.1999, n. 507.
(2) Lettera introdotta dall'art. 66, co. 8, d.lgs. 21.11.2007, n. 231.
(3) Articolo abrogato dall'art. 34, co. 1, lett. c), d.lgs. 1.9.2011 n. 150.

23. Giudizio di opposizione [1].

[Il giudice, se il ricorso è proposto oltre il termine previsto dal primo comma dell'art. 22, ne dichiara l'inammissibilità con ordinanza ricorribile per cassazione.

Se il ricorso è tempestivamente proposto, il giudice fissa l'udienza di comparizione con decreto, steso in calce al ricorso, ordinando all'autorità che ha emesso il provvedimento impugnato di depositare in cancelleria, dieci giorni prima della udienza fissata, copia del rapporto con gli atti relativi all'accertamento, nonché alla contestazione o notificazione della violazione. Il ricorso ed il decreto sono notificati, a cura della cancelleria, all'opponente o, nel caso sia stato indicato, al suo procuratore, e all'autorità che ha emesso l'ordinanza. La prova scritta della conoscenza del ricorso e del decreto equivale alla notifica degli stessi [2].

Tra il giorno della notificazione e l'udienza di comparizione devono intercorrere i termini previsti dall'art. 163-*bis.* del codice di procedura civile [3].

L'opponente e l'autorità che ha emesso l'ordinanza possono stare in giudizio personalmente; l'autorità che ha emesso l'ordinanza può avvalersi anche di funzionari appositamente delegati.

Se alla prima udienza l'opponente o il suo procuratore non si presentano senza addurre alcun legittimo impedimento, il giudice, con ordinanza appellabile, convalida il provvedimento opposto, ponendo a carico dell'opponente anche le spese successive all'opposizione [4].

Nel corso del giudizio il giudice dispone, anche d'ufficio, i mezzi di prova che ritiene necessari e può disporre la citazione di testimoni anche senza la formulazione di capitoli.

Appena terminata l'istruttoria il giudice invita le parti a precisare le conclusioni ed a procedere nella stessa udienza alla discussione della causa, pronunciando subito dopo la sentenza mediante lettura del dispositivo. Tuttavia, dopo la precisazione delle conclusioni, il giudice, se necessario, concede alle parti un termine non superiore a dieci giorni per il deposito di note difensive e rinvia la causa alla udienza immediatamente successiva alla scadenza del termine per la discussione e la pronuncia della sentenza.

Il giudice può anche redigere e leggere, unitamente al dispositivo, la motivazione della sentenza, che è subito dopo depositata in cancelleria.

A tutte le notificazioni e comunicazioni occorrenti si provvede d'ufficio.

Gli atti del processo e la decisione sono esenti da ogni tassa e imposta.

Con la sentenza il giudice può rigettare l'opposizione, ponendo a carico dell'opponente le spese di procedimento o accoglierla, annullando in tutto o in parte l'ordinanza o modificandola anche limitatamente all'entità della sanzione dovuta. Nel giudizio di opposizione davanti al giudice di pace non si applica l'art. 113, secondo comma, del codice di procedura civile [5].

Il giudice accoglie l'opposizione quando non vi sono prove sufficienti della responsabilità dell'opponente.

[La sentenza è inappellabile ma è ricorribile per cassazione] [6] [7].] [8]

(1) La Corte costituzionale, con sent. 5.2.1992, n. 62, ha dichiarato l'illegittimità costituzionale del presente art. nella parte in cui non consente ai cittadini italiani appartenenti alla minoranza linguistica slovena nel processo di opposizione ad ordinanze-ingiunzioni applicative di sanzioni amministrative davanti al pretore avente competenza su un territorio dove sia insediata la predetta minoranza, di usare, su loro richiesta, la lingua materna nei propri atti, usufruendo per questi della traduzione nella lingua italiana, nonché di ricevere tradotti nella propria lingua gli atti dell'autorità giudiziaria e le risposte della controparte.
(2) Comma modificato dall'art. 56, co. 1, l. 18.6.2009, n. 69.
(3) Comma sostituito dall'art. 99, co. 1, lett. b), d.lgs. 30.12.1999, n. 507.
(4) La Corte costituzionale, con sent. 28.11.1990, n. 534, ha dichiarato l'illegittimità costituzionale di questo comma, nella parte in cui prevede che il pretore convalidi il provvedimento opposto in caso di mancata presentazione dell'opponente o del suo procuratore alla prima udienza senza addurre alcun legittimo impedimento, anche quando l'illegittimità del provvedimento risulti dalla documentazione allegata dall'opponente. Successivamente la stessa Corte costituzionale, con sent. 11.12.1995, n. 507, ha dichiarato l'illegittimità costituzionale di questo comma, nella parte in cui prevede che il pretore convalidi il provvedimento opposto in caso di mancata presentazione dell'opponente o del suo procuratore alla prima udienza senza addurre alcun legittimo impedimento, anche quando l'amministrazione irrogante abbia omesso il deposito dei documenti di cui al secondo comma dello stesso art. 23. Da ultimo il presente comma è stato modificato dall'art. 26, co. 1, lett. a), d.lgs. 2.2.2006, n. 40.
(5) Comma modificato dall'art. 99, co. 1, lett. c), d.lgs. 30.12.1999, n. 507.
(6) Comma abrogato dall'art. 26, co. 1, lett. b), d.lgs. 2.2.2006, n. 40.
(7) Articolo modificato dall'art. 99, co. 1, lett. a), d.lgs. 30.12.1999, n. 507, che ha sostituito la parola "pretore", con la parola "giudice".
(8) Articolo abrogato dall'art. 34, co. 1, lett. c), d.lgs. 1.9.2011, n. 150.

24. Connessione obiettiva con un reato.

Qualora l'esistenza di un reato dipenda dall'accertamento di una violazione non costituente reato, e per questa non sia stato effettuato il pagamento in misura ridotta, il giudice penale competente a conoscere del reato è pure competente a decidere sulla predetta violazione e ad applicare con la sentenza di condanna la sanzione stabilita dalla legge per la violazione stessa.

Se ricorre l'ipotesi prevista dal precedente comma, il rapporto di cui all'articolo 17 è trasmesso, anche senza che si sia proceduto alla notificazione prevista dal secondo comma dell'articolo 14, alla autorità giudiziaria competente per il reato, la quale, quando invia la comunicazione giudiziaria, dispone la notifica degli estremi della violazione amministrativa agli obbligati per i quali essa non è avvenuta. Dalla notifica decorre il termine per il pagamento in misura ridotta.

Se l'autorità giudiziaria non procede ad istruzione, il pagamento in misura ridotta può essere effettuato prima dell'apertura del dibattimento.

La persona obbligata in solido con l'autore della violazione deve essere citata nella istruzione o nel giudizio penale su richiesta del pubblico ministero. Il pretore ne dispone di ufficio la citazione. Alla predetta persona, per la difesa dei propri interessi, spettano i diritti e le garanzie riconosciuti all'imputato, esclusa la nomina del difensore d'ufficio.

Il pretore quando provvede con decreto penale, con lo stesso decreto applica, nei confronti dei responsabili, la sanzione stabilita dalla legge per la violazione.

La competenza del giudice penale in ordine alla violazione non costituente reato cessa se il procedimento penale si chiude per estinzione del reato e per difetto di una condizione di procedibilità.

25. Impugnabilità del provvedimento del giudice penale.

La sentenza del giudice penale, relativamente al capo che, ai sensi dell'articolo precedente, decide sulla violazione non costituente reato, è impugnabile, oltre che dall'imputato e dal pubblico ministero, anche dalla persona che sia stata solidalmente condannata al pagamento della somma dovuta per la violazione.

Avverso il decreto penale, relativamente al capo che dichiara la responsabilità per la predetta violazione, può proporre opposizione anche la persona indicata nel comma precedente.

Si osservano, in quanto applicabili, le disposizioni del codice di procedura penale concernenti l'impugnazione per i soli interessi civili.

26. Pagamento rateale della sanzione pecuniaria.

L'autorità giudiziaria o amministrativa che ha applicato la sanzione pecuniaria può disporre, su richiesta dell'interessato che si trovi in condizioni economiche disagiate, che la sanzione medesima venga pagata in rate mensili da tre a trenta; ciascuna rata non può essere inferiore a euro 15. In ogni momento il debito può essere estinto mediante un unico pagamento.

Decorso inutilmente, anche per una sola rata, il termine fissato dall'autorità giudiziaria o amministrativa, l'obbligato è tenuto al pagamento del residuo ammontare della sanzione in un'unica soluzione.

27. Esecuzione forzata.

Salvo quanto disposto nell'ultimo comma dell'articolo 22, decorso inutilmente il termine fissato per il pagamento, l'autorità che ha emesso l'ordinanza-ingiunzione procede alla riscossione delle somme dovute in base alle norme previste per la esazione delle imposte dirette, trasmettendo il ruolo all'intendenza di finanza che lo dà in carico all'esattore per la riscossione in unica soluzione, senza l'obbligo del non riscosso come riscosso.

È competente l'intendenza di finanza del luogo ove ha sede l'autorità che ha emesso l'ordinanza-ingiunzione.

Gli esattori, dopo aver trattenuto l'aggio nella misura ridotta del 50 per cento rispetto a quella ordinaria e comunque non superiore al 2 per cento delle somme riscosse, effettuano il versamento delle somme medesime ai destinatari dei proventi.

Le regioni possono avvalersi anche delle procedure previste per la riscossione delle proprie entrate.

Se la somma è dovuta in virtù di una sentenza o di un decreto penale di condanna ai sensi dell'articolo 24, si procede alla riscossione con l'osservanza delle norme sul recupero delle spese processuali.

Salvo quanto previsto nell'articolo 26, in caso di ritardo nel pagamento la somma dovuta è maggiorata di un decimo per ogni semestre a decorrere da quello in cui la sanzione è divenuta esigibile e fino a quello in cui il ruolo è trasmesso all'esattore. La maggiorazione assorbe gli interessi eventualmente previsti dalle disposizioni vigenti.

Le disposizioni relative alla competenza dell'esattore si applicano fino alla riforma del sistema di riscossione delle imposte dirette.

28. Prescrizione (1)**.**

Il diritto a riscuotere le somme dovute per le violazioni indicate dalla presente legge si prescrive nel termine di cinque anni dal giorno in cui è stata commessa la violazione.

L'interruzione della prescrizione è regolata dalle norme del codice civile.

(1) Secondo quanto previsto dall'art. 103, co. 6 bis, d.l. 17.3.2020, n. 18, conv., con modif., dalla l. 24.4.2020, n. 27, il termine di prescrizione qui previsto, relativo ai provvedimenti ingiuntivi emessi in materia di lavoro e legislazione sociale, è sospeso dal 23.2.2020 al 31.5.2020 e riprende a decorrere dalla fine del periodo di sospensione. Ove il decorso abbia inizio durante il periodo di sospensione, l'inizio stesso è differito alla fine del periodo.

29. Devoluzione dei proventi.

I proventi delle sanzioni sono devoluti agli enti a cui era attribuito, secondo le leggi anteriori, l'ammontare della multa o dell'ammenda.

Il provento delle sanzioni per le violazioni previste dalla legge 20 giugno 1935, n. 1349, sui servizi di trasporto merci, è devoluto allo Stato.

Nei casi previsti dal terzo comma dell'articolo 17 i proventi spettano alle regioni.

Continuano ad applicarsi, se previsti, i criteri di ripartizione attualmente vigenti. Sono tuttavia escluse dalla ripartizione le autorità competenti ad emanare l'ordinanza-ingiunzione di pagamento e la quota loro spettante è ripartita tra gli altri aventi diritto, nella proporzione attribuita a ciascuno di essi.

30. Valutazione delle violazioni in materia di circolazione stradale.

Agli effetti della sospensione e della revoca della patente di guida e del documento di circolazione, si tiene conto anche delle violazioni non costituenti reato previste, rispettivamente, dalle norme del testo unico sulla circolazione stradale, approvato con decreto del Presidente della Repubblica 15 giugno 1959, n. 393, e dalle norme della legge 20 giugno 1935, n. 1349, sui servizi di trasporto merci.

Per le stesse violazioni, il prefetto dispone la sospensione della patente di guida o del documento di circolazione, quando ne ricorrono le condizioni, anche se è avvenuto il pagamento in misura ridotta. Il provvedimento di sospensione è revocato, qualora l'autorità giudiziaria, pronunziando ai sensi degli articoli 23, 24 e 25, abbia escluso la responsabilità per la violazione.

Nei casi sopra previsti e in ogni altro caso di revoca o sospensione del documento di circolazione da parte del prefetto o di altra autorità, il provvedimento è immediatamente comunicato al competente ufficio provinciale della motorizzazione civile [1].

(1) Gli uffici della motorizzazione civile sono stati soppressi dall'art. 106, d.lgs. 31.3.1998, n. 112, di conferimento di funzioni e compiti amministrativi alle regioni ed agli enti locali.

31. Provvedimenti dell'autorità regionale.

I provvedimenti emessi dall'autorità regionale per l'applicazione della sanzione amministrativa del pagamento di una somma di danaro non sono soggetti al controllo della Commissione prevista dall'articolo 41 della legge 10 febbraio 1953, n. 62.

L'opposizione contro l'ordinanza-ingiunzione è regolata dagli articoli 22 e 23.

Sezione III
Depenalizzazione di delitti e contravvenzioni

32. Sostituzione della sanzione amministrativa pecuniaria alla multa o alla ammenda.

Non costituiscono reato e sono soggette alla sanzione amministrativa del pagamento di una somma di denaro tutte le violazioni per le quali è prevista la sola pena della multa o dell'ammenda, salvo quanto disposto, per le violazioni finanziarie, dell'articolo 39.

La disposizione del precedente comma non si applica ai reati in esso previsti che, nelle ipotesi aggravate, siano punibili con pena detentiva, anche se alternativa a quella pecuniaria.

La disposizione del primo comma non si applica, infine, ai delitti in esso previsti che siano punibili a querela.

33. Altri casi di depenalizzazione.

Non costituiscono reato e sono soggette alla sanzione amministrativa del pagamento di una somma di denaro le contravvenzioni previste:

a) dagli articoli 669, 672, 687, 693 e 694 del codice penale;

b) dagli articoli 121 e 124 del testo unico delle leggi di pubblica sicurezza, approvato con regio decreto 18 giugno 1931, n. 773, nella parte non abrogata dall'articolo 14 della legge 19 maggio 1976, n. 398 [1];

c) dagli articoli 121, 180, 181 e 186 del regolamento di pubblica sicurezza, approvato con regio decreto 6 maggio 1940, n. 635;

d) dagli articoli 8, 58, comma ottavo, 72, 83, comma sesto, 88, comma sesto, del testo unico delle norme sulla circolazione stradale, approvato con decreto del Presidente della Repubblica 15 giugno 1959, n. 393, come modificati dalle leggi 14 febbraio 1974, n. 62, e 14 agosto 1974, n. 394, nonché dal decreto-legge 11 agosto 1975, n. 367, convertito, con modificazioni nella legge 10 ottobre 1975, n. 486;

e) dal primo comma dell'articolo 32 della legge 24 dicembre 1969, n. 990, sull'assicurazione obbligatoria della responsabilità civile derivante dalla circolazione dei veicoli a motore e dei natanti.

(1) Le violazioni qui previste sono state depenalizzate dal d.lgs. 13.7.1994, n. 480.

34. Esclusione della depenalizzazione.

La disposizione del primo comma dell'articolo 32 non si applica ai reati previsti:

a) dal codice penale, salvo quanto disposto dall articolo 33, lettera a);

b) dall'articolo 19, secondo comma, della legge 22 maggio 1978, n. 194, sulla interruzione volontaria della gravidanza;

c) da disposizioni di legge concernenti le armi, le munizioni e gli esplosivi;

d) dall'articolo 221 del testo unico delle leggi sanitarie, approvato con regio decreto 27 luglio 1934, n. 1265;

e) dalla legge 30 aprile 1962, n. 283, modificata con legge 26 febbraio 1963, n. 441, sulla disciplina igienica degli alimenti, salvo che per le contravvenzioni previste dagli articoli 8 e 14 della stessa legge 30 aprile 1962, n. 283;

f) dalla legge 29 marzo 1951, n. 327, sulla disciplina degli alimenti per la prima infanzia e dei prodotti dietetici;

g) dalla legge 10 maggio 1976, n. 319, sulla tutela delle acque dall'inquinamento;

h) dalla legge 13 luglio 1966, n. 615, concernente provvedimenti contro l'inquinamento atmosferico;

i) dalla legge 31 dicembre 1962, n. 1860, e dal decreto del Presidente della Repubblica 13 febbraio 1964, n. 185, relativi all'impiego pacifico dell'energia nucleare;

l) dalle leggi in materia urbanistica ed edilizia;

m) dalle leggi relative ai rapporti di lavoro, anche per quanto riguarda l'assunzione dei lavoratori e le assicurazioni sociali, salvo quanto previsto dal successivo articolo 35;

n) dalle leggi relative alla prevenzione degli infortuni sul lavoro ed all'igiene del lavoro;

o) dall'articolo 108 del decreto del Presidente della Repubblica 30 marzo 1957, n. 361, e dall'articolo 89 del decreto del Presidente della Repubblica 16 maggio 1960, n. 570, in materia elettorale [1].

(1) Ai sensi dell'art. 15, l. 24.11.1999, n. 468, al giudice di pace è devoluta la competenza per i reati che non rientrano in taluna delle materie indicate nel presente art. ovvero nell'ambito delle violazioni finanziarie.

35. Violazioni in materia di previdenza ed assistenza obbligatorie.

Non costituiscono reato e sono soggette alla sanzione amministrativa del pagamento di una somma di denaro tutte le violazioni previste dalle leggi in materia di previdenza ed assistenza obbligatorie, punite con la sola ammenda.

Per le violazioni consistenti nell'omissione totale o parziale del versamento di contributi e premi, l'ordinanza-ingiunzione è emessa, ai sensi dell'articolo 18, dagli enti ed istituti gestori delle forme di previdenza ed assistenza obbligatorie, che con lo stesso provvedimento ingiungono ai debitori anche il pagamento dei contributi e dei premi non versati e delle somme aggiuntive previste dalle leggi vigenti a titolo di sanzione civile.

Per le altre violazioni, quando viene accertato che da esse deriva l'omesso o parziale versamento di contributi e premi, la relativa sanzione amministrativa è applicata con la medesima ordinanza e dagli stessi enti ed istituti di cui al comma precedente.

Avverso l'ordinanza-ingiunzione può essere proposta, nel termine previsto dall'articolo 22, opposizione davanti al pretore in funzione di giudice del lavoro. Si applicano i commi terzo e settimo dell'articolo 22 e il quarto comma dell'articolo 23 ed il giudizio di opposizione è regolato ai sensi degli articoli 442 e seguenti del codice di procedura civile.

Si osservano, in ogni caso, gli articoli 13, 14, 20, 24, 25, 26, 27, 28, 29 e 38 in quanto applicabili [(1)].

L'ordinanza-ingiunzione emanata ai sensi del secondo comma costituisce titolo per iscrivere ipoteca legale sui beni del debitore, nei casi in cui essa è consentita, quando la opposizione non è stata proposta ovvero è stata dichiarata inammissibile o rigettata. In pendenza del giudizio di opposizione la iscrizione dell'ipoteca è autorizzata dal pretore se vi è pericolo nel ritardo.

Per le violazioni previste dal primo comma che non consistono nell'omesso o parziale versamento di contributi e premi e che non sono allo stesso connesse a norma del terzo comma si osservano le disposizioni delle sezioni I e II di questo Capo, in quanto applicabili.

La disposizione del primo comma non si applica alle violazioni previste dagli articoli 53, 54, 139, 157, 175 e 246 del testo unico delle disposizioni per l'assicurazione obbligatoria contro gli infortuni sul lavoro e le malattie professionali, approvato con decreto del Presidente della Repubblica 30 giugno 1965, n. 1124.

[Per la riscossione delle somme dovute ai sensi del presente articolo, nonché per la riscossione dei contributi e dei premi non versati e delle relative somme aggiuntive di cui alle leggi in materia di previdenza ed assistenza obbligatorie, gli enti ed istituti gestori delle forme di previdenza ed assistenza obbligatorie, osservate in ogni caso le forme previste dal primo comma dell'art. 18, possono avvalersi, ove opportuno, del procedimento ingiuntivo di cui agli articoli 633 e seguenti del codice di procedura civile.] [(2)]

(1) *Comma modificato dall'art. 27, co. 2, d.lgs. 26.2.1999, n. 46.*
(2) Comma abrogato dall'art. 37, d.lgs. 26.2.1999, n. 46.

36. Omissione o ritardo nel versamento di contributi e premi in materia di previdenza ed assistenza obbligatorie.

La sanzione amministrativa per l'omissione totale o parziale del versamento di contributi e premi in materia assistenziale e previdenziale non si applica se il pagamento delle somme dovute avviene entro trenta giorni dalla scadenza ovvero se, entro lo stesso termine, il datore di lavoro presenta domanda di dilazione all'ente o istituto di cui al secondo comma dell'articolo precedente. Tuttavia, quando è stata presentata domanda di dilazione, la sanzione amministrativa si applica se il datore di lavoro:

a) omette anche un solo versamento alla scadenza fissata dall'ente o istituto;

b) non provvede al pagamento delle somme dovute entro venti giorni dalla comunicazione del rigetto della domanda di dilazione.

Per gli effetti previsti dalla lettera b) del precedente comma la mancata comunicazione dell'accoglimento della domanda di dilazione entro novanta giorni dalla sua presentazione equivale a rigetto della medesima.

37. Omissione o falsità di registrazione o denuncia obbligatoria [(1)].

1. Salvo che il fatto costituisca più grave reato, il datore di lavoro che, al fine di non versare in tutto o in parte contributi e premi previsti dalle leggi sulla previdenza e assistenza obbligatorie, omette una o più registrazioni o denunce obbligatorie, ovvero esegue una o più denunce obbligatorie in tutto o in parte non conformi al vero, è punito con la reclusione fino a due anni quando dal fatto deriva l'omesso versamento di contributi e premi previsti dalle leggi sulla previdenza e assistenza obbligatorie per un importo mensile non inferiore al maggiore importo fra cinque milioni mensili e il cinquanta per cento dei contributi complessivamente dovuti.

2. Fermo restando l'obbligo dell'organo di vigilanza di riferire al pubblico ministero la notizia di reato, qualora l'evasione accertata formi oggetto di ricorso amministrativo o giudiziario il procedimento penale è sospeso dal momento dell'iscrizione della notizia di reato nel registro di cui all'articolo 335 del codice di procedura penale, fino al momento della decisione dell'organo amministrativo o giudiziario di primo grado.

3. La regolarizzazione dell'inadempienza accertata, anche attraverso dilazione, estingue il reato.

4. Entro novanta giorni l'ente impositore è tenuto a dare comunicazione all'autorità giudiziaria dell'avvenuta regolarizzazione o dell'esito del ricorso amministrativo o giudiziario.

(1) Articolo sostituito dall'art. 116, co. 19, l. 23.12.2000, n. 388.

38. Entità della somma dovuta.

La somma dovuta ai sensi del primo comma dell'articolo 32 è pari all'ammontare della multa o dell'ammenda stabilita dalle disposizioni che prevedono le singole violazioni.

La somma dovuta come sanzione amministrativa è da euro 10 a euro 258 per la violazione dell'articolo 669 del codice penale e da euro 25 a euro 258 per la violazione dell'articolo 672 del codice penale.

[La somma dovuta è da lire duecentomila a lire due milioni per la violazione degli articoli 121 e 124 del testo unico delle leggi di pubblica sicurezza, da lire centomila a lire un milione per la violazione degli articoli 121, 180, 181 e 186 del regolamento di pubblica sicurezza.] (1)

La somma dovuta è da lire duecentomila a lire due milioni per la violazione degli articoli 8, 58, comma ottavo, 72 e 83, comma sesto, da lire centomila a lire cinquecentomila per la violazione dell'art. 88, comma sesto, del testo unico delle norme sulla circolazione stradale (2).

La somma dovuta è da euro 51 a euro 516 per la violazione dell'art. 8, Legge 30 aprile 1962, n. 283, e da euro 25 a euro 103 per la violazione dell'ultimo comma dell'articolo 14 della stessa legge.

La somma dovuta è da euro 258 a euro 1.549 per la violazione del primo comma dell'articolo 32 della legge 24 dicembre 1969, n. 990.

(1) Comma abrogato dall'art. 13, d.lgs. 13.7.1994, n. 480.
(2) Comma da ritenersi abrogato a seguito dell'abrogazione del testo unico delle norme sulla circolazione stradale disposta dall'art. 231, d.lgs. 30.4.1992, n. 285 (nuovo codice della strada).

39. Violazioni finanziarie.

Non costituiscono reato e sono soggette alla sanzione amministrativa del pagamento di una somma di denaro le violazioni previste da leggi in materia finanziaria punite solo con la multa o con l'ammenda (1).

Se le leggi in materie finanziarie prevedono, oltre all'ammenda o alla multa, una pena pecuniaria, l'ammontare di quest'ultima si aggiunge alla somma prevista nel comma precedente e la sanzione viene unificata a tutti gli effetti (2).

[Alle violazioni previste nel primo comma si applicano le disposizioni della legge 7 gennaio 1929, n. 4, e successive modificazioni, salvo che sia diversamente disposto da leggi speciali.] (3)

[In deroga a quanto previsto dall'art. 15 della legge 7 gennaio 1929, n. 4, per le violazioni alle leggi in materia di dogane e di imposte di fabbricazione è consentito al trasgressore di estinguere l'obbligazione mediante il pagamento, entro trenta giorni dalla contestazione, presso l'ufficio incaricato della contabilità relativa alla violazione, dell'ammontare del tributo e di una somma pari ad un sesto del massimo della sanzione pecuniaria, o, se più favorevole, al limite minimo della sanzione medesima.] (4)

[In caso di mancato pagamento della sanzione pecuniaria nel termine prescritto, l'ufficio finanziario incaricato della contabilità relativa alla violazione procede alla riscossione della somma dovuti mediante esecuzione forzata, con l'osservanza delle norme del testo unico sulla riscossione delle entrate patrimoniali dello Stato, approvato con regio decreto 14 aprile 1910, n. 639.] (5)

Alle violazioni finanziarie, comprese quelle originariamente punite con la pena pecuniaria, si applicano, altresì, gli articoli [27, penultimo comma,] 29 e 38, primo comma (6).

(1) Comma modificato dall'art. 2, co. 1, lett. a), l. 28.12.1993, n. 562.
(2) Comma modificato dall'art. 2, co. 1, lett. b), l. 28.12.1993, n. 562.
(3) Comma abrogato dall'art. 29, co. 1, lett. c), d.lgs. 18.12.1997, n. 472.
(4) Comma abrogato dall'art. 29, co. 1, lett. c), d.lgs. 18.12.1997, n. 472.
(5) Comma abrogato dall'art. 29, co. 1, lett. c), d.lgs. 18.12.1997, n. 472.
(6) Comma modificato dall'art. 29, co. 1, lett. c), d.lgs. 18.12.1997, n. 472.

Sezione IV
Disposizioni transitorie e finali

40. Violazioni commesse anteriormente alla legge di depenalizzazione.

Le disposizioni di questo Capo si applicano anche alle violazioni commesse anteriormente all'entrata in vigore della presente legge che le ha depenalizzate, quando il relativo procedimento penale non sia stato definito.

41. Norme processuali transitorie.

L'autorità giudiziaria, in relazione ai procedimenti penali per le violazioni non costituenti più reato, pendenti alla data di entrata in vigore della presente legge, se non deve pronunciare decreto di archiviazione o sentenza di proscioglimento, dispone la trasmissione degli atti all'autorità competente. Da tale momento decorre il termine di cui al secondo comma dell'articolo 14 per la notifica delle violazioni, quando essa non è prevista dalle leggi vigenti.

Le multe e le ammende inflitte con sentenze divenute irrevocabili o con decreti divenuti esecutivi alla data di entrata in vigore della presente legge sono riscosse, insieme con le spese del procedimento, con l'osservanza delle norme sull'esecuzione delle pene pecuniarie.

Restano salve le pene accessorie e la confisca, nei casi in cui le stesse sono applicabili a norma dell'articolo 20. Restano salvi, altresì, i provvedimenti adottati in ordine alla patente di guida ed al documento di circolazione, ai sensi del testo unico delle norme sulla circolazione stradale, approvato con decreto del Presidente della Repubblica 15 giugno 1959, n. 393, e della legge 20 giugno 1935, n. 1349, sui servizi di trasporto merci. Per ogni altro effetto si applica il secondo comma dell'articolo 2 del codice penale.

42. Disposizioni abrogate.

Sono abrogati la legge 3 maggio 1967, n. 317, gli articoli 4 e 5 della legge 9 ottobre 1967, n. 950, gli articoli 14 e 15 del decreto del Presidente della Repubblica 29 dicembre 1969, n. 1228, l'articolo 13 della legge 29 ottobre 1971, n. 889, la legge 24 dicembre 1975, n. 706, nonché ogni altra disposizione incompatibile con la presente legge.

43. Entrata in vigore.

Le norme di questo Capo entrano in vigore il centottantesimo giorno dalla data della pubblicazione della presente legge nella Gazzetta Ufficiale della Repubblica italiana.

Capo II
Aggravamento di pene e nuove disposizioni penali

44. Pubblicazione di discussioni o deliberazioni segrete delle Camere.

L'art. 683 del codice penale è sostituito dal seguente: "Art. 683. – (Pubblicazione delle discussioni o delle deliberazioni segrete di una delle Camere). – Chiunque, senza autorizzazione, pubblica col mezzo della stampa o con un altro dei mezzi indicati nell'art. 662, anche per riassunto, il contenuto delle discussioni o delle deliberazioni segrete del Senato o della Camera dei deputati è punito, qualora il fatto non costituisca un più grave reato, con l'arresto fino a trenta giorni o con l'ammenda da lire duecentomila a cinquecentomila".

45. Pubblicazione arbitraria di atti di un procedimento penale.

L'art. 684 del codice penale è sostituito dal seguente: "Art. 684. – (Pubblicazione arbitraria di atti di un provvedimento penale). – Chiunque pubblica, in tutto o in parte, anche per riassunto o a guisa d'informazione, atti o documenti di un procedimento penale, di cui sia vietata per legge la pubblicazione, è punito con l'arresto fino a trenta giorni o con l'ammenda da lire centomila a cinquecentomila".

46. Indebita pubblicazione di notizie concernenti un procedimento penale.

L'art. 685 del codice penale è sostituito dal seguente: "Art. 685. – (Indebita pubblicazione di notizie concernenti un procedimento penale). – Chiunque pubblica i nomi dei giudici con l'indicazione dei voti individuali che ad essi si attribuiscono nelle deliberazioni prese in un procedimento penale, è punito con l'arresto fino a quindici giorni o con l'ammenda da lire cinquantamila a duecentomila".

47. Modifica all'articolo 697 del codice penale in materia di denuncia di armi all'autorità.

Il secondo comma dell'art. 697 del codice penale è sostituito dal seguente:
"Chiunque, avendo notizia che in un luogo da lui abitato si trovano armi o munizioni, omette di farne denuncia all'autorità, è punito con l'arresto fino a due mesi o con l'ammenda fino a lire cinquecentomila".

48. Omessa trasmissione dell'elenco dei protesti cambiari.

L'art. 235 del regio decreto 16 marzo 1942, n. 267, modificato per effetto della legge 24 dicembre 1975, n. 706, è sostituito dal seguente:

"Art. 235. – (Omessa trasmissione dell'elenco dei protesti cambiari). – Il pubblico ufficiale abilitato a levare protesti cambiari che, senza giustificato motivo, omette di inviare nel termine prescritto al presidente del tribunale gli elenchi dei protesti cambiari per mancato pagamento, o invia elenchi incompleti, è punito con l'ammenda fino a lire cinquecentomila.

La stessa pena si applica al procuratore del registro che nel termine prescritto non trasmette l'elenco delle dichiarazioni di rifiuto di pagamento a norma dell'art. 13, secondo comma, o trasmette un elenco incompleto".

49. Modifica dell'articolo 3 delle disposizioni relative al mercato mobiliare ed al trattamento fiscale dei titoli azionari.

L'ultimo comma dell'art. 3 del decreto-legge 8 aprile 1974, n. 95, convertito con modificazioni nella legge 7 giugno 1974, n. 216, modificato per effetto della legge 24 dicembre 1975, n. 706, è sostituito dal seguente:
"Gli amministratori, i sindaci o revisori e i direttori generali di società o enti che non ottemperano alle richieste, non si uniformano alle prescrizioni della Commissione o comunque ostacolano l'esercizio delle sue funzioni sono puniti con l'arresto fino a tre mesi o con l'ammenda da lire 2 milioni a lire 40 milioni".

50. Modifica dell'articolo 5 delle disposizioni relative al mercato mobiliare ed al trattamento fiscale dei titoli azionari.

Il sesto comma dell'art. 5 del decreto-legge 8 aprile 1974, n. 95, convertito con modificazioni nella legge 7 giugno 1974, n. 216, modificato per effetto della legge 24 dicembre 1975, n. 706, è sostituito dal seguente:
"Gli amministratori delle società sono puniti con l'arresto fino a tre mesi o con l'ammenda da lire 2 milioni a lire 20 milioni ove omettano le comunicazioni previste dal presente articolo; ove le eseguano con un ritardo non superiore a trenta giorni sono puniti con l'ammenda da lire 1 milione a lire 20 milioni; ove eseguano comunicazioni false sono puniti con l'arresto fino a tre anni, salvo che il fatto non costituisca reato più grave. Per la violazione dell'obbligo di alienazione delle azioni o quote eccedenti si applicano le pene stabilite nel secondo comma dell'art. 2630 del codice civile".

51. Modifica dell'articolo 17 delle disposizioni relative al mercato mobiliare ed al trattamento fiscale dei titoli azionari.

L'ultimo comma dell'art. 17 del decreto-legge 8 aprile 1974, n. 95, convertito con modificazioni nella legge 7 giugno 1974, n. 216, modificato per effetto della legge 24 dicembre 1975, n. 706, è sostituito dal seguente:
"I soggetti indicati nel primo comma che non eseguano le dichiarazioni e comunicazioni prescritte dal presente articolo nei termini ivi stabiliti sono puniti con l'arresto fino a tre mesi o con l'ammenda da lire 2 milioni a lire 40 milioni; ove le eseguano con un ritardo non superiore a trenta giorni sono puniti con l'ammenda da lire 1 milione a lire 20 milioni; ove eseguano dichiarazioni e comunicazioni false sono puniti con l'arresto fino a tre anni".

52. Modifica dell'articolo 18 delle disposizioni relative al mercato mobiliare ed al trattamento fiscale dei titoli azionari.

L'ultimo comma dell'art. 18 del decreto-legge 8 aprile 1974, n. 95, convertito con modificazioni nella legge 7 giugno 1974, n. 216, modificato per effetto della legge 24 dicembre 1975, n. 706, è sostituito dal seguente: "L'omissione della comunicazione alla Commissione o la inosservanza delle prescrizioni da essa stabilite sono punite con l'ammenda da lire 4 milioni a lire 40 milioni".

Capo III
Sanzioni sostitutive delle pene detentive brevi [1]

(1) Le sanzioni sostitutive previste in questo Capo non si applicano ai reati di competenza del giudice di pace (art. 62, d.lgs. 28.8.2000, n. 274).

Sezione I
Applicazione delle sanzioni sostitutive

53. Sostituzione delle pene detentive brevi [1] [2].

Il giudice, nel pronunciare sentenza di condanna o di applicazione della pena su richiesta delle parti ai sensi dell'articolo 444 del codice di procedura penale, quando ritiene di dover determinare la durata della pena detentiva entro il limite di quattro anni, può sostituire tale pena con quella della semilibertà o della detenzione domiciliare; quando ritiene di doverla determinare entro il limite di tre anni, può sostituirla anche con il lavoro di pubblica utilità; quando ritiene di doverla determinare entro il limite di un anno, può sostituirla altresì con la pena pecuniaria della specie corrispondente, determinata ai sensi dell'articolo 56-*quater*.

Con il decreto penale di condanna, il giudice, su richiesta dell'indagato o del condannato, può sostituire la pena detentiva determinata entro il limite di un anno, oltre che con la pena pecuniaria, con il lavoro di pubblica utilità. Si applicano le disposizioni dei commi 1-*bis* e 1-*ter* dell'articolo 459 del codice di procedura penale.

Ai fini della determinazione dei limiti di pena detentiva entro i quali possono essere applicate pene sostitutive, si tiene conto della pena aumentata ai sensi dell'articolo 81 del codice penale.

(1) Articolo modificato dall'art. 5, co. 1, d.l. 14.6.1993, n. 187, dall'art. 4, co. 1, lett. a), l. 12.6.2003, n. 134 e successivamente sostituito dall'art. 71, co. 1, lett. a), d.lgs. 10.10.2022, n. 150 a decorrere dal 30.12.2022.

(2) La Corte costituzionale, con sent. 15.6.1995, n. 284, aveva dichiarato l'illegittimità costituzionale di questo articolo, nella parte in cui non prevedeva l'applicabilità delle sanzioni sostitutive delle pene detentive brevi ai reati militari, secondo i principi di cui in motivazione. La medesima Corte, con sent. 1°.2.2022, n. 28, aveva altresì dichiarato l'illegittimità costituzionale del co. 2 del presente articolo nella parte in cui prevedeva che «*(i)l valore giornaliero non può essere inferiore alla somma indicata dall'art. 135 del codice penale e non può superare di dieci volte tale ammontare*», anziché «*(i)l valore giornaliero non può essere inferiore a 75 euro e non può superare di dieci volte la somma indicata dall'art. 135 del codice penale*».

54. Applicabilità delle pene sostitutive.

[La pena detentiva può essere sostituita con le pene indicate nell'articolo precedente quando si tratta di reati di competenza del pretore, anche se giudicati, per effetto della connessione, da un giudice superiore o commessi da persone minori degli anni diciotto.] [1]

(1) Articolo abrogato dall'art. 5, co. 1 *bis*, d.l. 14.6.1993, n. 187.

55. Semilibertà sostitutiva [1].

La semilibertà sostitutiva comporta l'obbligo di trascorrere almeno otto ore al giorno in un istituto di pena e di svolgere, per la restante parte del giorno, attività di lavoro, di studio, di formazione professionale o comunque utili alla rieducazione ed al reinserimento sociale, secondo il programma di trattamento predisposto e approvato ai sensi dei commi seguenti.

I condannati alla semilibertà sostitutiva sono assegnati in appositi istituti o nelle apposite sezioni autonome di istituti ordinari, di cui al secondo comma dell'articolo 48 della legge 26 luglio 1975, n. 354, situati nel comune di residenza, di domicilio, di lavoro o di studio del condannato o in un comune vicino. Durante il periodo di permanenza negli istituti o nelle sezioni indicate nel primo periodo, il condannato è sottoposto alle norme della legge 26 luglio 1975, n. 354, e del decreto del Presidente della Repubblica 30 giugno 2000, n. 230, in quanto compatibili. Nei casi di cui all'articolo 66, il direttore riferisce al magistrato di sorveglianza e all'ufficio di esecuzione penale esterna.

Il semilibero è sottoposto a un programma di trattamento predisposto dall'ufficio di esecuzione penale esterna ed approvato dal giudice, nel quale sono indicate le ore da trascorrere in istituto e le attività da svolgere all'esterno.

L'ufficio di esecuzione penale esterna è incaricato della vigilanza e dell'assistenza del condannato in libertà, secondo le modalità previste dall'articolo 118 del decreto del Presidente della Repubblica 30 giugno 2000, n. 230.

Si applicano, in quanto compatibili, le disposizioni previste dall'articolo 101, commi 1, 2 e da 5 a 9 del decreto del Presidente della Repubblica 30 giugno 2000, n. 230. Al condannato alla pena sostitutiva della semilibertà non si applica l'articolo 120 del decreto legislativo 30 aprile 1992, n. 285.

(1) Articolo sostituito dall'art. 71, co. 1, lett. b), d.lgs. 10.10.2022, n. 150 a decorrere dal 30.12.2022.

56. Detenzione domiciliare sostitutiva [1].

La detenzione domiciliare sostitutiva comporta l'obbligo di rimanere nella propria abitazione o in altro luogo di privata dimora ovvero in luogo pubblico o privato di cura, assistenza o accoglienza ovvero in comunità o in case famiglia protette, per non meno di dodici ore al giorno, avuto riguardo a comprovate esigenze familiari, di studio, di formazione professionale, di lavoro o di salute del condannato. In ogni caso, il condannato può lasciare il domicilio per almeno quattro ore al giorno, anche non continuative, per provvedere alle sue indispensabili esigenze di vita e di salute, secondo quanto stabilito dal giudice.

Il giudice dispone la detenzione domiciliare sostitutiva tenendo conto anche del programma di trattamento elaborato dall'ufficio di esecuzione penale esterna, che prende in carico il condannato e che riferisce periodicamente sulla sua condotta e sul percorso di reinserimento sociale.

Il luogo di esecuzione della pena deve assicurare le esigenze di tutela della persona offesa dal reato e non può essere un immobile occupato abusivamente. Se il condannato non ha la disponibilità di un domicilio idoneo, l'ufficio di esecuzione penale esterna predispone il programma di trattamento, individuando soluzioni abitative anche comunitarie adeguate alla detenzione domiciliare.

Il giudice, se lo ritiene necessario per prevenire il pericolo di commissione di altri reati o per tutelare la persona offesa, può prescrivere procedure di controllo mediante mezzi elettronici o altri strumenti tecnici, conformi alle caratteristiche funzionali e operative degli apparati di cui le Forze di polizia abbiano l'effettiva disponibilità. La temporanea indisponibilità di tali mezzi non può ritardare l'inizio della esecuzione della detenzione domiciliare. Si applicano, in quanto compatibili, le disposizioni di cui all'articolo 275-*bis*, commi 2 e 3, del codice di procedura penale.

Si applica, in quanto compatibile, l'articolo 100 del decreto del Presidente della Repubblica 30 giugno 2000, n. 230. Al condannato alla pena sostitutiva della detenzione domiciliare non si applica l'articolo 120 del decreto legislativo 30 aprile 1992, n. 285.

(1) Articolo modificato dall'art. 4 vicies bis del d.l. 30.12.2005, n. 272, conv., con modif., dalla l. 21.2.2006, n. 49 e poi sostituito dall'art. 71, co. 1, lett. c), d.lgs. 10.10.2022, n. 150 a decorrere dal 30.12.2022.

56 bis. Lavoro di pubblica utilità sostitutivo [1].

Il lavoro di pubblica utilità consiste nella prestazione di attività non retribuita in favore della collettività da svolgere presso lo Stato, le Regioni, le Province, le Città metropolitane, i Comuni o presso enti o organizzazioni di assistenza sociale e di volontariato.

L'attività viene svolta di regola nell'ambito della regione in cui risiede il condannato e comporta la prestazione di non meno di sei ore e non più di quindici ore di lavoro settimanale da svolgere con modalità e tempi che non pregiudichino le esigenze di lavoro, di studio, di famiglia e di salute del condannato. Tuttavia, se il condannato lo richiede, il giudice può ammetterlo a svolgere il lavoro di pubblica utilità per un tempo superiore. La durata giornaliera della prestazione non può comunque oltrepassare le otto ore.

Ai fini del computo della pena, un giorno di lavoro di pubblica utilità consiste nella prestazione di due ore di lavoro.

Fermo quanto previsto dal presente articolo, le modalità di svolgimento del lavoro di pubblica utilità sono determinate con decreto del Ministro della giustizia, d'intesa con la Conferenza unificata di cui all'articolo 8 del decreto legislativo 28 agosto 1997, n. 281.

In caso di decreto penale di condanna o di sentenza di applicazione della pena ai sensi dell'articolo 444 del codice di procedura penale, il positivo svolgimento del lavoro di pubblica utilità, se accompagnato dal risarcimento del danno o dalla eliminazione delle conseguenze dannose del reato, ove possibili, comporta la revoca della confisca eventualmente disposta, salvi i casi di confisca obbligatoria, anche per equivalente, del prezzo, del profitto o del prodotto del reato ovvero delle cose la cui fabbricazione, uso e porto, detenzione o alienazione costituiscano reato.

Al condannato alla pena sostitutiva del lavoro di pubblica utilità non si applica l'articolo 120 del decreto legislativo 30 aprile 1992, n. 285.

(1) Articolo introdotto dall'art. 71, co. 1, lett. d), d.lgs. 10.10.2022, n. 150 a decorrere dal 30.12.2022.

56 ter. Prescrizioni comuni [1].

La semilibertà, la detenzione domiciliare e il lavoro di pubblica utilità comportano, in ogni caso, le seguenti prescrizioni:

1) il divieto di detenere e portare a qualsiasi titolo armi, munizioni ed esplosivi, anche se è stata concessa la relativa autorizzazione di polizia;
2) il divieto di frequentare abitualmente, senza giustificato motivo, pregiudicati o persone sottoposte a misure di sicurezza, a misure di prevenzione o comunque persone che espongano concretamente il condannato al rischio di commissione di reati, salvo si tratti di familiari o di altre persone conviventi stabilmente;
3) l'obbligo di permanere nell'ambito territoriale, di regola regionale, stabilito nel provvedimento che applica o dà esecuzione alla pena sostitutiva;
4) il ritiro del passaporto e la sospensione della validità ai fini dell'espatrio di ogni altro documento equipollente;
5) l'obbligo di conservare, di portare con sé e di presentare ad ogni richiesta degli organi di polizia il provvedimento che applica o dà esecuzione alla pena sostitutiva e l'eventuale provvedimento di modifica delle modalità di esecuzione della pena, adottato a norma dell'articolo 64.

Al fine di prevenire la commissione di ulteriori reati, il giudice può altresì prescrivere il divieto di avvicinamento ai luoghi frequentati dalla persona offesa. Si applica l'articolo 282-*ter* del codice di procedura penale, in quanto compatibile.

(1) Articolo introdotto dall'art. 71, co. 1, lett. d), d.lgs. 10.10.2022, n. 150 a decorrere dal 30.12.2022.

56 quater. Pena pecuniaria sostitutiva [1].

Per determinare l'ammontare della pena pecuniaria sostitutiva il giudice individua il valore giornaliero al quale può essere assoggettato l'imputato e lo moltiplica per i giorni di pena detentiva. Il valore giornaliero non può essere inferiore a 5 euro e superiore a 2.500 euro e corrisponde alla quota di reddito giornaliero che può essere impiegata per il pagamento della pena pecuniaria, tenendo conto delle complessive condizioni economiche, patrimoniali e di vita dell'imputato e del suo nucleo familiare.

Alla sostituzione della pena detentiva con la pena pecuniaria si applica l'articolo 133-*ter* del codice penale.

(1) Articolo introdotto dall'art. 71, co. 1, lett. d), d.lgs. 10.10.2022, n. 150 a decorrere dal 30.12.2022.

57. Durata ed effetti delle pene sostitutive e criteri di ragguaglio [(1)].

La durata della semilibertà sostitutiva e della detenzione domiciliare sostitutiva è pari a quella della pena detentiva sostituita. La durata del lavoro di pubblica utilità corrisponde a quella della pena detentiva sostituita ed è determinata sulla base dei criteri di cui all'articolo 56-*bis*. Per ogni effetto giuridico, la semilibertà sostitutiva, la detenzione domiciliare sostitutiva e il lavoro di pubblica utilità sostitutivo si considerano come pena detentiva della specie corrispondente a quella della pena sostituita ed un giorno di pena detentiva equivale a un giorno di semilibertà sostitutiva, di detenzione domiciliare sostitutiva o di lavoro di pubblica utilità sostitutivo.

La pena pecuniaria si considera sempre come tale, anche se sostitutiva della pena detentiva.

(1) Articolo sostituito dall'art. 71, co. 1, lett. e), d.lgs. 10.10.2022, n. 150 a decorrere dal 30.12.2022.

58. Potere discrezionale del giudice nell'applicazione e nella scelta delle pene sostitutive [(1)].

Il giudice, nei limiti fissati dalla legge e tenuto conto dei criteri indicati nell'articolo 133 del codice penale, se non ordina la sospensione condizionale della pena, può applicare le pene sostitutive della pena detentiva quando risultano più idonee alla rieducazione del condannato e quando, anche attraverso opportune prescrizioni, assicurano la prevenzione del pericolo di commissione di altri reati. La pena detentiva non può essere sostituita quando sussistono fondati motivi per ritenere che le prescrizioni non saranno adempiute dal condannato.

Tra le pene sostitutive il giudice sceglie quella più idonea alla rieducazione e al reinserimento sociale del condannato con il minor sacrificio della libertà personale, indicando i motivi che giustificano l'applicazione della pena sostitutiva e la scelta del tipo.

Le pene sostitutive della semilibertà, della detenzione domiciliare e del lavoro di pubblica utilità possono essere applicate solo con il consenso dell'imputato, espresso personalmente o a mezzo di procuratore speciale [(2)].

Quando applica la semilibertà o la detenzione domiciliare, il giudice deve indicare le specifiche ragioni per cui ritiene inidonei nel caso concreto il lavoro di pubblica utilità o la pena pecuniaria.

In ogni caso, nella scelta tra la semilibertà, la detenzione domiciliare o il lavoro di pubblica utilità, il giudice tiene conto delle condizioni legate all'età, alla salute fisica o psichica, alla maternità, o alla paternità nei casi di cui all'articolo 47-*quinquies*, comma 7, della legge 26 luglio 1975, n. 354, fermo quanto previsto dall'articolo 69, terzo e quarto comma. Il giudice tiene altresì conto delle condizioni di disturbo da uso di sostanze stupefacenti, psicotrope o alcoliche ovvero da gioco d'azzardo, certificate dai servizi pubblici o privati autorizzati indicati all'articolo 94, comma 1, del decreto del Presidente della Repubblica 9 ottobre 1990, n. 309, nonché delle condizioni di persona affetta da AIDS conclamata o da grave deficienza immunitaria, certificate dai servizi indicati dall'articolo 47-*quater*, comma 2, della legge 26 luglio 1975, n. 354.

(1) Articolo sostituito dall'art. 71, co. 1, lett. f), d.lgs. 10.10.2022, n. 150 a decorrere dal 30.12.2022.

(2) Comma introdotto dall'art. 5, co. 1, lett. a), d.lgs. 19.3.2024, n. 31.

59. Condizioni soggettive per la sostituzione della pena detentiva [(1) (2)].

La pena detentiva non può essere sostituita:

a) nei confronti di chi ha commesso il reato per cui si procede entro tre anni dalla revoca della semilibertà, della detenzione domiciliare o del lavoro di pubblica utilità ai sensi dell'articolo 66, ovvero nei confronti di chi ha commesso un delitto non colposo durante l'esecuzione delle medesime pene sostitutive; è fatta comunque salva la possibilità di applicare una pena sostitutiva di specie più grave di quella revocata;

b) con la pena pecuniaria, nei confronti di chi, nei cinque anni precedenti, è stato condannato a pena pecuniaria, anche sostitutiva, e non l'ha pagata, salvi i casi di conversione per insolvibilità ai sensi degli articoli 71 e 103;

c) nei confronti dell'imputato a cui deve essere applicata una misura di sicurezza personale, salvo i casi di parziale incapacità di intendere e di volere;

d) nei confronti dell'imputato di uno dei reati di cui all'articolo 4-*bis* della legge 26 luglio 1975, n. 354, salvo che sia stata riconosciuta la circostanza attenuante di cui all'articolo 323-*bis*, secondo comma, del codice penale.

Le disposizioni del presente articolo non si applicano agli imputati minorenni.

(1) Articolo modificato dall'art. 4 della l. 12.6.2003, n. 134. Secondo quanto previsto dall'art. 5 della l. n. 134/2003 le modifiche si applicano anche ai procedimenti in corso. Da ultimo, questo articolo è stato così sostituito dall'art. 71, co. 1, lett. g), d.lgs. 10.10.2022, n. 150 a decorrere dal 30.12.2022.

(2) La Corte costituzionale, con sent. 12.2.1998, n. 16, aveva dichiarato l'illegittimità costituzionale di questo articolo, nella parte in cui non escludeva che le condizioni soggettive in esso prevedute per l'applicazione delle sanzioni sostitutive si estendano agli imputati minorenni.

60. Esclusioni oggettive [(1) (2)].

[Le pene sostitutive non si applicano ai reati previsti dai seguenti articoli del codice penale:

318 (corruzione per un atto d'ufficio);

319 (corruzione per un atto contrario ai doveri d'ufficio);

320 (corruzione di persona incaricata di un pubblico servizio);

321 (pene per il corruttore);
322 (istigazione alla corruzione);
355 (inadempimento di contratti di pubbliche forniture), salvo che si tratti di fatto commesso per colpa;
371 (falso giuramento della parte);
372 (falsa testimonianza);
373 (falsa perizia o interpretazione);
385 (evasione);
391, primo comma (procurata inosservanza dolosa di misure di sicurezza detentive);
443 (commercio o somministrazione di medicinali guasti);
444 (commercio di sostanze alimentari nocive);
445 (somministrazione di medicinali in modo pericoloso per la salute pubblica);
452 (delitti colposi contro la salute pubblica);
501 (rialzo e ribasso fraudolento di prezzi sul pubblico mercato o nelle borse di commercio);
501-*bis* (manovre speculative su merci);
590, secondo e terzo comma (lesioni personali colpose), limitatamente ai fatti commessi con violazione delle norme per la prevenzione degli infortuni sul lavoro o relative all'igiene del lavoro, che abbiano determinato le conseguenze previste dal primo comma, n. 2, o dal secondo comma dell'art. 583 del codice penale;
644 (usura).

Le pene sostitutive non si applicano, altresì, ai reati previsti dagli articoli 9, 10, 14, 15, 18 e 20 della legge 13 luglio 1966, n. 615 (provvedimenti contro l'inquinamento atmosferico) e dagli articoli 21 e 22 della legge 10 maggio 1976, n. 319 (norme per la tutela delle acque dall'inquinamento) [(3)].

Le pene sostitutive non si applicano ai reati previsti dalle leggi relative alla prevenzione degli infortuni sul lavoro e all'igiene del lavoro, nonché dalle leggi in materia edilizia ed urbanistica e in materia di armi da sparo, munizioni ed esplosivi, quando per detti reati la pena detentiva non è alternativa a quella pecuniaria.] [(4)]

(1) La Corte costituzionale, con sent. 5.5.1993, n. 249, ha dichiarato l'illegittimità costituzionale di questo articolo, nella parte in cui stabilisce che le pene sostitutive non si applicano al reato previsto dall'art. 590, co. 2 e 3, c.p., limitatamente ai fatti commessi con violazione delle norme per la prevenzione degli infortuni sul lavoro o relative all'igiene del lavoro, che abbiano determinato le conseguenze previste dal co. 1, n. 2, o dal co. 2 dell'art. 583 c.p. Successivamente la stessa Corte, con sent. 24.3.1997, n. 78, ha dichiarato l'illegittimità costituzionale di questo articolo, nella parte in cui esclude che le sanzioni sostitutive si applichino ai reati previsti dall'art. 452, co. 2, c.p.

(2) La Corte costituzionale, con sent. 7.7.1998, n. 291, ha dichiarato l'illegittimità costituzionale del presente art. nella parte in cui esclude che le sanzioni sostitutive si applichino al reato di cui all'art. 444 c.p.

(3) La Corte costituzionale, con sent. 20.6.1994, n. 254, ha dichiarato l'illegittimità costituzionale di questo comma, nella parte in cui esclude che le pene sostitutive si applichino ai reati previsti dagli artt. 21 e 22 della l. 10.5.1976, n. 319 (norme per la tutela delle acque dall'inquinamento).

(4) Articolo abrogato dall'art. 4 della l. 12.6.2003, n. 134. A norma dell'art. 5 della medesima l. n. 134/2003 le modifiche si applicano anche ai procedimenti in corso.

61. Condanna a pena sostitutiva [(1)].

Nel dispositivo della sentenza di condanna, della sentenza di applicazione della pena e del decreto penale, il giudice indica la specie e la durata della pena detentiva sostituita e la specie, la durata ovvero l'ammontare della pena sostitutiva.

(1) Articolo sostituito dall'art. 71, co. 1, lett. h), d.lgs. 10.10.2022, n. 150 a decorrere dal 30.12.2022.

61 bis. Esclusione della sospensione condizionale della pena [(1)].

Le disposizioni di cui agli articoli 163 e seguenti del codice penale, relative alla sospensione condizionale della pena, non si applicano alle pene sostitutive previste dal presente Capo.

(1) Articolo introdotto dall'art. 71, co. 1, lett. i), d.lgs. 10.10.2022, n. 150 a decorrere dal 30.12.2022.

62. Esecuzione della semilibertà e della detenzione domiciliare sostitutive [(1)].

Quando deve essere eseguita una sentenza di condanna a pena sostitutiva della semilibertà o della detenzione domiciliare, il pubblico ministero trasmette la sentenza al magistrato di sorveglianza del luogo di domicilio del condannato. Il provvedimento di esecuzione è notificato altresì al difensore nominato per la fase dell'esecuzione o, in difetto, al difensore della fase del giudizio. Il magistrato di sorveglianza procede a norma dell'articolo 678, comma 1-*bis*, del codice di procedura penale e, previa verifica dell'attualità delle prescrizioni, entro il quarantacinquesimo giorno dalla ricezione della sentenza provvede con ordinanza con cui conferma e, ove necessario, modifica le modalità di esecuzione e le prescrizioni della pena. L'ordinanza è immediatamente trasmessa per l'esecuzione all'ufficio di pubblica sicurezza del comune in cui il condannato è domiciliato ovvero, in mancanza di questo, al comando dell'Arma dei carabinieri territorialmente competente. L'ordinanza è trasmessa anche all'ufficio di esecuzione penale esterna e, nel caso di semilibertà, al direttore dell'istituto penitenziario cui il condannato è stato assegnato.

Appena ricevuta l'ordinanza prevista al secondo comma, l'organo di polizia ne consegna copia al condannato ingiungendogli di attenersi alle prescrizioni in essa contenute e di presentarsi immediatamente all'ufficio di esecuzione penale esterna. Provvede altresì al ritiro e alla custodia delle armi, munizioni ed esplosivi e del passaporto ed alla apposizione sui documenti equipollenti dell'annotazione "documento non valido per l'espatrio", limitatamente alla durata della pena.

Se il condannato è detenuto o internato, l'ordinanza del magistrato di sorveglianza è trasmessa anche al direttore dell'istituto penitenziario, il quale deve informare anticipatamente l'organo di polizia della dimissione del condannato. La pena sostitutiva inizia a decorrere dal giorno successivo a quello della dimissione.

Cessata l'esecuzione della pena, le cose ritirate e custodite ai sensi del terzo comma sono restituite a cura dello stesso organo di polizia; vengono inoltre annullate le annotazioni effettuate ai sensi dello stesso terzo comma. Di tutti gli adempimenti espletati è redatto processo verbale ed è data notizia al questore e agli altri uffici interessati, nonché al direttore dell'istituto presso cui si trova il condannato alla semilibertà.

(1) Articolo sostituito dall'art. 71, co. 1, lett. l), d.lgs. 10.10.2022, n. 150 a decorrere dal 30.12.2022.

63. Esecuzione del lavoro di pubblica utilità sostitutivo [1].

La sentenza penale irrevocabile o il decreto penale esecutivo che applicano il lavoro di pubblica utilità sono immediatamente trasmessi per estratto a cura della cancelleria all'ufficio di pubblica sicurezza o, in mancanza di questo, al comando dell'Arma dei carabinieri competenti in relazione al comune in cui il condannato risiede, nonché all'ufficio di esecuzione penale esterna che deve prendere in carico il condannato. La sentenza penale irrevocabile o il decreto penale esecutivo sono altresì trasmessi al pubblico ministero per gli adempimenti di cui all'articolo 70.

Appena ricevuto il provvedimento di cui al primo comma, l'organo di polizia ne consegna copia al condannato ingiungendogli di attenersi alle prescrizioni in esso contenute e di presentarsi immediatamente all'ufficio di esecuzione penale esterna. Qualora il condannato sia detenuto o internato, copia del provvedimento è comunicata altresì al direttore dell'istituto, il quale informa anticipatamente l'organo di polizia e l'ufficio di esecuzione penale esterna della dimissione del condannato. Immediatamente dopo la dimissione, il condannato si presenta all'ufficio di esecuzione penale esterna per l'esecuzione del lavoro di pubblica utilità.

Con la sentenza o con il decreto penale, il giudice incarica l'ufficio di esecuzione penale esterna e gli organi di polizia indicati al primo comma di verificare l'effettivo svolgimento del lavoro di pubblica utilità. L'ufficio di esecuzione penale esterna riferisce periodicamente al giudice che ha applicato la pena sulla condotta del condannato e sul percorso di reinserimento sociale.

Al termine del lavoro di pubblica utilità, l'ufficio di esecuzione penale esterna riferisce al giudice che, fuori dai casi previsti dall'articolo 66, dichiara eseguita la pena ed estinto ogni altro effetto penale, ad eccezione delle pene accessorie perpetue, e dispone la revoca della confisca nei casi di cui all'articolo 56-*bis*, quinto comma.

(1) Articolo sostituito dall'art. 71, co. 1, lett. m), d.lgs. 10.10.2022, n. 150 a decorrere dal 30.12.2022.

64. Modifica delle modalità di esecuzione delle pene sostitutive [1].

Le prescrizioni imposte con l'ordinanza prevista dall'articolo 62, su istanza del condannato da inoltrare tramite l'ufficio di esecuzione penale esterna, possono essere modificate per comprovati motivi dal magistrato di sorveglianza, che procede nelle forme dell'articolo 678, comma 1-*bis*, del codice di procedura penale.

Le prescrizioni imposte con la sentenza che applica il lavoro di pubblica utilità, su istanza del condannato da inoltrare tramite l'ufficio di esecuzione penale esterna, possono essere modificate per comprovati motivi dal giudice che ha applicato la pena sostitutiva, il quale provvede a norma dell'articolo 667, comma 4, del codice di procedura penale.

I provvedimenti di cui al primo e al secondo comma sono immediatamente trasmessi all'ufficio di esecuzione penale esterna, all'organo di polizia o al direttore dell'istituto competenti per il controllo sull'adempimento delle prescrizioni.

Non possono essere modificate le prescrizioni di cui all'articolo 56-*ter*, primo comma, numeri 1, 2, 4 e 5.

(1) Articolo sostituito dall'art. 71, co. 1, lett. n), d.lgs. 10.10.2022, n. 150 a decorrere dal 30.12.2022.

65. Controllo sull'adempimento delle prescrizioni [imposte con la sentenza di condanna] [1].

L'ufficio di pubblica sicurezza del luogo in cui il condannato sconta le pene sostitutive della semilibertà, della detenzione domiciliare o del lavoro di pubblica utilità ovvero, in mancanza di questo, il comando dell'Arma dei carabinieri territorialmente competente, e il nucleo di Polizia penitenziaria presso l'ufficio di esecuzione penale esterna verificano periodicamente che il condannato adempia alle prescrizioni impostegli e tengono un registro nominativo ed un fascicolo per ogni condannato sottoposto a controllo [2].

Nel fascicolo individuale sono custodite la sentenza di condanna che applica il lavoro di pubblica utilità sostitutivo ovvero l'ordinanza del magistrato di sorveglianza con le eventuali successive modifiche della semilibertà sostitutiva o della detenzione domiciliare sostitutiva, copia della corrispondenza con l'autorità giudiziaria e con le altre autorità, una cartella biografica in cui sono riassunte le condanne riportate e ogni altro documento relativo all'esecuzione della pena. Si applicano al condannato alla semilibertà le norme di cui all'articolo 26 del decreto del Presidente della Repubblica 30 giugno 2000, n. 230 [3].

Il controllo sull'osservanza dell'obbligo prescritto dal primo comma dell'articolo 55 viene effettuato dal direttore dell'istituto [o della sezione ivi indicata] [4].

(1) Rubrica modificata dall'art. 71, co. 1, lett. o), n. 4), d.lgs. 10.10.2022, n. 150 a decorrere dal 30.12.2022.
(2) Comma modificato dall'art. 71, co. 1, lett. o), n. 1), d.lgs. 10.10.2022, n. 150 a decorrere dal 30.12.2022.
(3) Comma modificato dall'art. 71, co. 1, lett. o), n. 2), d.lgs. 10.10.2022, n. 150 a decorrere dal 30.12.2022.
(3) Comma modificato dall'art. 71, co. 1, lett. o), n. 3), d.lgs. 10.10.2022, n. 150 a decorrere dal 30.12.2022.

66. Revoca per inosservanza delle prescrizioni [1].

Salvo quanto previsto dall'articolo 71 per la pena pecuniaria, la mancata esecuzione della pena sostitutiva, ovvero la violazione grave o reiterata degli obblighi e delle prescrizioni ad essa inerenti, ne determina la revoca e la parte residua si converte nella pena detentiva sostituita ovvero in altra pena sostitutiva più grave.

Gli ufficiali e gli agenti della polizia giudiziaria, il direttore dell'istituto a cui il condannato è assegnato o il direttore dell'ufficio di esecuzione penale esterna informano, senza indugio, il giudice che ha applicato il lavoro di pubblica utilità, ovvero il magistrato di sorveglianza che ha emesso l'ordinanza prevista dall'articolo 62, di ogni violazione degli adempimenti sui quali gli organi medesimi esercitano i rispettivi controlli.

Il magistrato di sorveglianza compie, ove occorra, sommari accertamenti e, qualora ritenga doversi disporre la revoca della semilibertà o della detenzione domiciliare e la conversione previste dal primo comma, procede a norma dell'articolo 666 del codice di procedura penale. Allo stesso modo procede il giudice che ha applicato il lavoro di pubblica utilità.

(1) Articolo sostituito dall'art. 71, co. 1, lett. p), d.lgs. 10.10.2022, n. 150 a decorrere dal 30.12.2022.

67. Inapplicabilità delle misure alternative alla detenzione [1][2].

Salvo quanto previsto dall'articolo 47, comma 3-*ter*, della legge 26 luglio 1975, n. 354, le misure alternative alla detenzione di cui al capo VI del titolo I della medesima legge n. 354 del 1975, non si applicano al condannato in espiazione di pena sostitutiva.

Salvo che si tratti di minori di età al momento della condanna, le misure di cui al primo comma non si applicano altresì, prima dell'avvenuta espiazione di metà della pena residua, al condannato in espiazione di pena detentiva per conversione effettuata ai sensi dell'articolo 66 o del quarto comma dell'articolo 72.

(1) Articolo sostituito dall'art. 71, co. 1, lett. q), d.lgs. 10.10.2022, n. 150, a decorrere dal 30.12.2022. Per il testo vigente fino a tale data, vedi testo storico.

(2) La Corte costituzionale, con sent. 22.4.1997, n. 109, ha dichiarato l'illegittimità costituzionale di questo articolo, nella parte in cui si applica ai condannati minori di età al momento della condanna.

68. Sospensione dell'esecuzione delle pene sostitutive [1].

L'esecuzione della semilibertà sostitutiva, della detenzione domiciliare sostitutiva o del lavoro di pubblica utilità sostitutivo è sospesa in caso di notifica di un ordine di carcerazione o di consegna; l'esecuzione è altresì sospesa in caso di arresto o di fermo del condannato o di applicazione, anche provvisoria, di una misura di sicurezza detentiva.

L'ordine di esecuzione della semilibertà sostitutiva, della detenzione domiciliare sostitutiva o del lavoro di pubblica utilità sostitutivo emesso nei confronti dell'imputato detenuto o internato non sospende l'esecuzione di pene detentive o l'esecuzione, anche provvisoria, di misure di sicurezza detentive, né il corso della custodia cautelare.

Nei casi previsti dal primo comma, il giudice ovvero il magistrato di sorveglianza determinano la durata residua della pena sostitutiva e trasmettono il provvedimento al direttore dell'istituto in cui si trova il condannato; questi informa anticipatamente l'organo di polizia della data in cui riprenderà l'esecuzione della pena sostitutiva.

La pena sostitutiva riprende a decorrere dal giorno successivo a quello della cessazione della esecuzione della pena detentiva ovvero dal secondo giorno successivo, in relazione alle necessità di viaggio e alle condizioni dei trasporti.

(1) Articolo sostituito dall'art. 71, co. 1, lett. r), d.lgs. 10.10.2022, n. 150 a decorrere dal 30.12.2022.

69. Licenze ai condannati alla semilibertà e alla detenzione domiciliare. Sospensione e rinvio delle pene sostitutive [1].

Per giustificati motivi, attinenti alla salute, al lavoro, allo studio, alla formazione, alla famiglia o alle relazioni affettive, al condannato alla pena sostitutiva della semilibertà o della detenzione domiciliare possono essere concesse licenze per la durata necessaria e comunque non superiore nel complesso a quarantacinque giorni all'anno. Si applica il terzo comma dell'articolo 52 della legge 26 luglio 1975, n. 354. Al condannato che, allo scadere della licenza o dopo la revoca di essa, non rientra in istituto o nel luogo indicato nell'articolo 56, primo comma, è applicabile l'articolo 66, primo comma.

Per gli stessi giustificati motivi di cui al primo comma ovvero per cause riconducibili all'attività dei soggetti di cui all'articolo 56-*bis*, la pena sostitutiva del lavoro di pubblica utilità può essere sospesa per un periodo non superiore nel complesso a quarantacinque giorni all'anno. Al condannato che, allo scadere della sospensione, non si presenta al lavoro è applicabile l'articolo 66 secondo comma.

Per il rinvio dell'esecuzione della pena sostitutiva della semilibertà o della detenzione domiciliare nei casi di cui agli articoli 146 e 147 del codice penale si applica l'articolo 684 del codice di procedura penale. Al condannato alla semilibertà può essere applicata la pena sostitutiva della detenzione domiciliare, ove compatibile. In tal caso, l'esecuzione della pena prosegue durante la detenzione domiciliare.

Quando le condizioni di cui agli articoli 146 e 147 del codice penale non sono compatibili con la prosecuzione della prestazione lavorativa, il giudice che ha applicato il lavoro di pubblica utilità, nelle forme previste di cui all'articolo 666 del codice di procedura penale, dispone il rinvio dell'esecuzione della pena.

Nelle medesime forme di cui al terzo e al quarto comma si provvede quando occorre disporre la proroga del termine del rinvio dell'esecuzione.

(1) Articolo sostituito dall'art. 71, co. 1, lett. s), d.lgs. 10.10.2022, n. 150 a decorrere dal 30.12.2022.

70. Esecuzione di pene sostitutive concorrenti [1].

Quando contro la stessa persona sono state pronunziate, per più reati, una o più sentenze di condanna alla Quando contro la stessa persona sono state pronunciate, per più reati, una o più sentenze o decreti penali di condanna a pena sostitutiva, si osservano, in quanto compatibili, le disposizioni degli articoli da 71 a 80 del codice penale.

Se più reati importano pene sostitutive, anche di specie diversa, e il cumulo delle pene detentive sostituite non eccede complessivamente la durata di quattro anni, si applicano le singole pene sostitutive distintamente, anche oltre i limiti di cui all'articolo 53 per la pena pecuniaria e per il lavoro di pubblica utilità.

Se il cumulo delle pene detentive sostituite eccede complessivamente la durata di quattro anni, si applica per intero la pena sostituita, salvo che la pena residua da eseguire sia pari o inferiore ad anni quattro.

Le pene sostitutive sono sempre eseguite dopo le pene detentive e, nell'ordine, si eseguono la semilibertà, la detenzione domiciliare ed il lavoro di pubblica utilità.

Per l'esecuzione delle pene sostitutive concorrenti si applica, in quanto compatibile, l'articolo 663 del codice di procedura penale.

È tuttavia fatta salva, limitatamente all'esecuzione del lavoro di pubblica utilità, anche concorrente con pene sostitutive di specie diversa, la competenza del giudice che ha applicato tale pena.

(1) Articolo sostituito dall'art. 71, co. 1, lett. t), d.lgs. 10.10.2022, n. 150 a decorrere dal 30.12.2022.

71. Esecuzione della pena pecuniaria sostitutiva. Revoca e conversione per mancato pagamento [1].

Alla pena pecuniaria sostitutiva della pena detentiva si applicano le disposizioni dell'articolo 660 del codice di procedura penale.

Il mancato pagamento della pena pecuniaria sostitutiva, entro il termine di cui all'articolo 660 del codice di procedura penale indicato nell'ordine di esecuzione, ne comporta la revoca e la conversione nella semilibertà sostitutiva o nella detenzione domiciliare sostitutiva. Si applica l'articolo 58. Se è stato disposto il pagamento rateale, il mancato pagamento di una rata, alla scadenza stabilita, comporta la revoca della pena pecuniaria sostitutiva e la conversione ha luogo per la parte residua.

Quando le condizioni economiche e patrimoniali del condannato al momento dell'esecuzione rendono impossibile il pagamento entro il termine indicato nell'ordine di esecuzione, la pena pecuniaria sostitutiva è revocata e convertita nel lavoro di pubblica utilità sostitutivo o, se il condannato si oppone, nella detenzione domiciliare sostitutiva. Si applicano le disposizioni del terzo periodo del secondo comma.

(1) Articolo sostituito dall'art. 71, co. 1, lett. u), d.lgs. 10.10.2022, n. 150 a decorrere dal 30.12.2022. Salvo che risultino più favorevoli al condannato, le disposizioni in materia di conversione delle pene pecuniarie qui previste si applicano ai reati commessi dopo la sua entrata in vigore.

72. Ipotesi di responsabilità penale e revoca [1].

Il condannato alla pena sostitutiva della semilibertà o della detenzione domiciliare che per più di dodici ore, senza giustificato motivo, rimane assente dall'istituto di pena ovvero si allontana da uno dei luoghi indicati nell'articolo 56 è punito ai sensi del primo comma dell'articolo 385 del codice penale. Si applica la disposizione del quarto comma dell'articolo 385 del codice penale.

Il condannato alla pena sostitutiva del lavoro di pubblica utilità che, senza giustificato motivo, non si reca nel luogo in cui deve svolgere il lavoro ovvero lo abbandona è punito ai sensi dell'articolo 56 del decreto legislativo 28 agosto 2000, n. 274.

La condanna a uno dei delitti di cui ai commi primo e secondo importa la revoca della pena sostitutiva, salvo che il fatto sia di lieve entità.

La condanna a pena detentiva per un delitto non colposo commesso dopo l'applicazione ovvero durante l'esecuzione di una pena sostitutiva, diversa dalla pena pecuniaria, ne determina la revoca e la conversione per la parte residua nella pena detentiva sostituita, quando la condotta tenuta appare incompatibile con la prosecuzione della pena sostitutiva, tenuto conto dei criteri di cui all'articolo 58 [2].

La cancelleria del giudice che ha pronunciato la sentenza di cui al quarto comma informa senza indugio il magistrato di sorveglianza competente per la detenzione domiciliare sostitutiva o per la semilibertà sostitutiva, ovvero il giudice che ha applicato il lavoro di pubblica utilità sostitutivo.

(1) Articolo sostituito dall'art. 71, co. 1, lett. v), d.lgs. 10.10.2022, n. 150 a decorrere dal 30.12.2022.

(2) Comma modificato dall'art. 5, co. 1, lett. b), d.lgs. 19.3.2024, n. 31.

73. Iscrizioni nel casellario giudiziale.

[Nei casi previsti dall'art. 604 del codice di procedura penale i decreti e le sentenze di condanna alle pene sostitutive sono iscritti nel casellario giudiziale, anche con l'indicazione della pena sostitutiva.

Nel casellario giudiziale sono altresì iscritte le ordinanze previste dall'art. 66, ultimo comma, e dall art. 108, ultimo comma.] [1]

(1) Articolo abrogato dall'art. 52 del d.P.R. 14.11.2002, n. 313 con effetto a decorrere dalla data prevista dall'art. 55 del d.P.R. n. 313/2002.

74. Iscrizione nel casellario giudiziale.

Dopo l'articolo 58 della legge 26 luglio 1975, n. 354, è inserito il seguente:

"Art. 58-*bis*.– (Iscrizione nel casellario giudiziale). – Nel casellario giudiziale sono iscritti i provvedimenti della sezione di sorveglianza relativi alla irrogazione e alla revoca delle misure alternative alla pena detentiva".

75. Disposizioni relative ai minorenni [1].

Le disposizioni del presente Capo si applicano anche, in quanto compatibili, agli imputati minorenni. Si applica l'articolo 30 del decreto del Presidente della Repubblica 22 settembre 1988, n. 448.

(1) Articolo sostituito dall'art. 71, co. 1, lett. z), d.lgs. 10.10.2022, n. 150 a decorrere dal 30.12.2022.

75 bis. Disposizioni relative ai reati militari [1].

Le disposizioni del presente Capo si applicano, in quanto compatibili, ai reati militari quando le prescrizioni risultano in concreto compatibili con la posizione soggettiva del condannato.

(1) Articolo introdotto dall'art. 71, co. 1, lett. aa), d.lgs. 10.10.2022, n. 150 a decorrere dal 30.12.2022.

76. Norme applicabili [1].

Alle pene sostitutive previste dal presente Capo si applicano, in quanto compatibili, gli articoli 47, comma 12-*bis*, 51-*bis*, 51-*quater* e 53-*bis* della legge 26 luglio 1975, n. 354.

(1) Articolo sostituito dall'art. 71, co. 1, lett. bb), d.lgs. 10.10.2022, n. 150 a decorrere dal 30.12.2022.

Sezione II
Applicazione di sanzioni sostitutive su richiesta dell'imputato

77. Ambito e modalità d'applicazione.

[Nel corso dell'istruzione e fino a quando non sono compiute per la prima volta le formalità di apertura del dibattimento, il giudice, quando ritiene, in seguito all'esame degli atti e agli accertamenti eventualmente disposti, che sussistono elementi per applicare per il reato per cui procede la sanzione sostitutiva della libertà controllata o della pena pecuniaria può disporre con sentenza, su richiesta dell'imputato e con il parere favorevole del pubblico ministero, l'applicazione della sanzione sostitutiva, con esclusione di ogni pena accessoria e misura di sicurezza, ad eccezione della confisca nei casi previsti dal secondo comma dell'art. 240 del codice penale. In tal caso, con la stessa sentenza, dichiara estinto il reato per intervenuta applicazione della sanzione sostitutiva su richiesta dell'imputato.

Nella determinazione e nell'applicazione della sanzione sostitutiva si osservano le disposizioni della sezione I di questo capo.

La sentenza produce i soli effetti espressamente previsti nella presente sezione. Contro la sentenza è ammesso soltanto ricorso per cassazione.] [1]

(1) Articolo abrogato dall'art. 234, d.lgs. 28.7.1989, n. 271.

78. Competenza.

[Sulla richiesta formulata dall'imputato prima dell'emissione del decreto di citazione a giudizio, della richiesta di citazione a giudizio o dell'ordinanza di rinvio a giudizio, provvede il pretore per i procedimenti dinanzi a lui pendenti ed il giudice istruttore negli altri casi; il parere del pubblico ministero è espresso dal procuratore della Repubblica. Se la richiesta è formulata in un momento successivo, provvede il giudice del dibattimento ed il parere è espresso dal pubblico ministero di udienza.] [1]

(1) Articolo abrogato dall'art. 234, d.lgs. 28.7.1989, n. 271.

79. Applicazione nell'ulteriore corso del procedimento.

[Il giudice può procedere ai sensi dell'art. 77 in ogni stato e grado del procedimento, quando l'imputato ha formulato la richiesta di cui allo stesso articolo nel termine ivi previsto.] [1]

(1) Articolo abrogato dall'art. 234, d.lgs. 28.7.1989, n. 271.

80. Esclusioni soggettive [1].

[Il provvedimento di cui all'art. 77 non può essere emesso nei confronti di chi in precedenza ne ha già beneficiato o nei confronti di chi ha riportato condanna a pena detentiva.] [2]

(1) La Corte costituzionale, sent. 16.7.1987, n. 267, ha dichiarato l'illegittimità costituzionale del presente art. nella parte in cui esclude la reiterabilità del provvedimento previsto dall'art. 77 della stessa legge quando l'imputato debba rispondere di reati che si legano con il vincolo della continuazione a quelli per i quali egli già ha beneficiato del provvedimento.

(2) Articolo abrogato dall'art. 234, d.lgs. 28.7.1989, n. 271.

81. Iscrizione nel casellario giudiziale.

[La sentenza pronunciata a norma dell'art. 77 è iscritta nel casellario giudiziale per i soli effetti di cui all'articolo precedente.] [1]

(1) Articolo abrogato dall'art. 52 del d.P.R. 14.11.2002, n. 313, con effetto a decorrere dalla data prevista dall'art. 55 del d.P.R. n. 313/2002 medesimo

82. Esecuzione delle sanzioni sostitutive.

Per l'esecuzione delle sanzioni sostitutive si applicano le disposizioni della Sezione I di questo Capo.

83. Violazione degli obblighi.

Colui il quale viola, in tutto o in parte, gli obblighi impostigli con la sentenza pronunciata a norma dell'articolo 77 è punito con la reclusione da sei mesi a tre anni.

In caso di condanna la pena non può essere sostituita a norma di questo Capo.

84. Comunicazione all'imputato.

Quando per il reato per il quale si procede è ammessa l'oblazione o può trovare applicazione la disposizione prevista dall'articolo 77 ne va fatta menzione nella comunicazione giudiziaria.

85. Entrata in vigore.

Le disposizioni contenute nella presente Sezione si applicano anche ai reati commessi prima dell'entrata in vigore della presente legge.

Capo IV
Estensione della perseguibilità a querela

86. Nuovo testo degli articoli 334 e 335 del codice penale.

Gli articoli 334 e 335 del codice penale sono sostituiti dai seguenti:

Art. 334. – (Sottrazione o danneggiamento di cose sottoposte a sequestro disposto nel corso di procedimento penale o dall'autorità amministrativa). – Chiunque sottrae, sopprime, distrugge, disperde o deteriora una cosa sottoposta a sequestro disposto nel corso di un procedimento penale o dall'autorità amministrativa e affidata alla sua custodia, al solo scopo di favorire il proprietario di essa, è punito con la reclusione da sei mesi a tre anni e con la multa da lire centomila a un milione.

Si applicano la reclusione da tre mesi a due anni e la multa da lire sessantamila a lire seicentomila se la sottrazione, la soppressione, la distruzione, la dispersione o il deterioramento sono commessi dal proprietario della

cosa, affidata alla sua custodia.
La pena è della reclusione da un mese ad un anno e della multa fino a lire seicentomila, se il fatto è commesso dal proprietario della cosa medesima non affidata alla sua custodia".
Art. 335. – (Violazione colposa di doveri inerenti alla custodia di cose sottoposte a sequestro disposto nel corso di un provvedimento penale o dall'autorità amministrativa). – Chiunque, avendo in custodia una cosa sottoposta a sequestro disposto nel corso di un procedimento penale o dall'autorità amministrativa, per colpa ne cagiona la distruzione o la dispersione, ovvero ne agevola la sottrazione o la soppressione, è punito con la reclusione fino a sei mesi o con la multa fino a lire seicentomila".

87. Sottrazione, distruzione o danneggiamento di cose sottoposte a pignoramento, sequestro giudiziario o conservativo.

Il terzo comma dell'art. 388 del codice penale è sostituito dai seguenti commi:
"Chiunque sottrae, sopprime, distrugge, disperde o deteriora una cosa di sua proprietà sottoposta a pignoramento ovvero a sequestro giudiziario o conservativo è punito con la reclusione fino a un anno e con la multa fino a lire seicentomila.
Si applicano la reclusione da due mesi a due anni e la multa da lire sessantamila a lire seicentomila se il fatto è commesso dal proprietario su una cosa affidata alla sua custodia e la reclusione da quattro mesi a tre anni e la multa da lire centomila a un milione se il fatto è commesso dal custode al solo scopo di favorire il proprietario della cosa.
Il custode di una cosa sottoposta a pignoramento ovvero a sequestro giudiziario o conservativo che indebitamente rifiuta, omette o ritarda un atto dell'ufficio è punito con la reclusione fino ad un anno o con la multa fino a un milione.
Il colpevole è punito a querela della persona offesa".

88. Violazione colposa dei doveri inerenti alla custodia di cose sottoposte a pignoramento o sequestro giudiziario o conservativo.

Dopo l'art. 388 del codice penale è inserito il seguente:
"Art. 388-*bis*. – (Violazione colposa dei doveri inerenti alla custodia di cose sottoposte a pignoramento ovvero a sequestro giudiziario o conservativo). – Chiunque, avendo in custodia una cosa sottoposta a pignoramento ovvero a sequestro giudiziario o conservativo, per colpa ne cagiona la distruzione o la dispersione, ovvero ne agevola la soppressione o la sottrazione, è punito, a querela della persona offesa, con la reclusione fino a sei mesi o con la multa fino a lire seicentomila".

89. Casi di perseguibilità a querela.

Dopo l'art. 493 del codice penale è inserito il seguente:
"Art. 493-*bis*. – (Casi di perseguibilità a querela). – I delitti previsti dagli articoli 485 e 486 e quelli previsti dagli articoli 488, 489 e 490, quando concernono una scrittura privata, sono punibili a querela della persona offesa. Si procede d'ufficio, se i fatti previsti dagli articoli di cui al precedente comma riguardano un testamento olografo".

90. Modifica dell'articolo 570 del codice penale e in materia di violazione degli obblighi di assistenza familiare.

All'art. 570 del codice penale dopo il secondo comma è inserito il seguente:
"Il delitto è punibile a querela della persona offesa salvo nei casi previsti dal n. 1 e, quando il reato è commesso nei confronti dei minori, dal n. 2 del precedente comma".

91. Modifica dell'articolo 582 del codice penale e in materia di lesione personale.

Il secondo comma dell'art. 582 del codice penale è sostituito dal seguente:
"Se la malattia ha una durata non superiore ai venti giorni e non concorre alcuna delle circostanze aggravanti previste negli articoli 583 e 585, ad eccezione di quelle indicate nel n. 1 e nell'ultima parte dell art. 577, il delitto è punibile querela della persona offesa".

92. Modifica dell'articolo 590 del codice penale in materia di lesioni personali colpose.

L'ultimo comma dell'art. 590 del codice penale è sostituito dal seguente:
"Il delitto è punibile a querela della persona offesa, salvo nei casi previsti nel primo e secondo capoverso, limitatamente ai fatti commessi con violazione delle norme per la prevenzione degli infortuni sul lavoro o relative all'igiene del lavoro o che abbiano determinato una malattia professionale".

93. Modifica dell'articolo 627 del codice penale in materia di sottrazione di cose comuni.

Il primo comma dell'art. 627 del codice penale è sostituito dal seguente:
"Il comproprietario, socio o coerede che, per procurare a sé o ad altri un profitto, si impossessa della cosa comune, sottraendola a chi la detiene è punito a querela della persona offesa, con la reclusione fino a due anni o con la multa da lire quarantamila a quattrocentomila.

94. Usurpazione.

L'art. 631 del codice penale è sostituito dal seguente:
"Chiunque, per appropriarsi, in tutto o in parte, dell'altrui cosa immobile, ne rimuove o altera i termini è punito, a querela della persona offesa, con la reclusione fino a tre anni e con la multa fino a lire quattrocentomila".

95. Deviazione di acque e modificazione dello stato dei luoghi.

L'art. 632 del codice penale è sostituito dal seguente:
"Art. 632. – (Deviazione di acque e modificazione dello stato dei luoghi). – Chiunque, per procurare a sé o ad

altri un ingiusto profitto, devia acque, ovvero immuta nell'altrui proprietà lo stato dei luoghi, è punito, a querela della persona offesa, con la reclusione fino a tre anni e con la multa fino a lire quattrocentomila".

96. Modifica dell'articolo 636 del codice penale in materia di introduzione o abbandono di animali nel fondo altrui e pascolo abusivo.

Nell'art. 636 del codice penale è aggiunto in fine il seguente comma:
"Il delitto è punibile a querela della persona offesa".

97. Casi di esclusione della perseguibilità a querela.

Dopo l'art. 639 del codice penale è inserito il seguente:
Art. 639-*bis*. – (Casi di esecuzione della perseguibilità a querela). – Nei casi previsti dagli articoli 631, 632, 633 e 636 si procede d'ufficio se si tratta di acque, terreni, fondi o edifici pubblici o destinati ad uso pubblico".

98. Modifica dell'articolo 640 del codice penale in materia di truffa.

Nell'art. 640 del codice penale è aggiunto in fine il seguente comma:
"Il delitto è punibile a querela della persona offesa, salvo che ricorra taluna delle circostanze previste dal capoverso precedente o un'altra circostanza aggravante".

99. Norma transitoria.

Per i reati perseguibili a querela ai sensi delle disposizioni precedenti, commessi prima del giorno dell'entrata in vigore della presente legge, il termine per presentare la querela decorre dal giorno suddetto, se la persona offesa ha avuto in precedenza notizie del fatto costituente reato.

Se è pendente il procedimento, il giudice informa la persona offesa dal reato della facoltà di esercitare il diritto di querela e il termine decorre dal giorno in cui la persona offesa è stata informata.

Capo V
Disposizioni in materia di pene pecuniarie

100. Condizioni economiche del reo; valutazione agli effetti della pena pecuniaria – Pagamento rateale della multa o della ammenda.

Dopo l'art. 133 del codice penale sono inseriti i seguenti:
"Art. 133-*bis*. – (Condizioni economiche del reo; valutazione agli effetti della pena pecuniaria). – Nella determinazione dell'ammontare della multa o dell'ammenda il giudice deve tenere conto, oltre che dei criteri indicati dall'articolo precedente anche delle condizioni economiche del reo.
Il giudice può aumentare la multa o l'ammenda stabilite dalla legge sino al triplo o diminuirle sino ad un terzo quando, per le condizioni economiche del reo, ritenga che la misura massima sia inefficace ovvero che la misura minima sia eccessivamente gravosa".

"Art. 133-*ter*. – (Pagamento rateale della multa o dell'ammenda). – Il giudice, con la sentenza di condanna o con il decreto penale, può disporre, in relazione alle condizioni economiche del condannato, che la multa o l'ammenda venga pagata in rate mensili da tre a trenta. Ciascuna rata tuttavia non può essere inferiore a lire trentamila. In ogni momento il condannato può estinguere la pena mediante un unico pagamento".

101. Nuovo testo degli articoli 24, 26, 66, 78, 135 e 136 del codice penale.

Gli articoli 24, 26, 66, 78, 135, 136 del codice penale sono sostituiti dai seguenti:
"Art. 24. – (Multa). La pena della multa consiste nel pagamento allo Stato di una somma non inferiore a lire diecimila, né superiore a dieci milioni.
Per i delitti determinati da motivi di lucro, se la legge stabilisce soltanto la pena della reclusione, il giudice può aggiungere la multa da lire diecimila a lire quattro milioni".
Art. 26. – (Ammenda). – La pena dell'ammenda consiste nel pagamento allo Stato di una somma non inferiore a lire quattromila né superiore a lire due milioni".
Art. 66. – (Limiti degli aumenti di pena nel caso di concorso di più circostanze aggravanti). – Se concorrono più circostanze aggravanti, la pena da applicare per effetto degli aumenti non può superare il triplo del massimo stabilito dalla legge per il reato, salvo che si tratti delle circostanze indicate nel secondo capoverso dell'art. 63, né comunque eccedere;
1) gli anni trenta, se si tratta della reclusione;
2) gli anni cinque, se si tratta dell'arresto;
3) e, rispettivamente, lire venti milioni o quattro milioni, se si tratta della multa o dell'ammenda; ovvero, rispettivamente, lire sessanta milioni o dodici milioni se il giudice si avvale della facoltà di aumento indicata nel capoverso dell'art 133-*bis*".
Art. 78. – (Limiti degli aumenti delle pene principali). – Nel caso di concorso di reati preveduto dall'art. 73, la pena da applicare a norma dello stesso articolo non può essere superiore al quintuplo della più grave fra le pene concorrenti, né comunque eccedere:
1) trenta anni per la reclusione;
2) sei anni per l'arresto;
3) lire trenta milioni per la multa e sei milioni per l'ammenda; ovvero lire centoventicinque milioni per la multa e venticinque milioni per l'ammenda, se il giudice si vale della facoltà di aumento indicata nel capoverso dell'art. 133-*bis*.
Nel caso di concorso di reati preveduto dall'art. 74, la durata delle pene da applicare a norma dell'articolo stesso non può superare gli anni trenta. La parte della pena eccedente tale limite è detratta in ogni caso dall'arresto".
Art. 135. – (Ragguaglio fra pene pecuniarie e pene detentive). – Quando, per qualsiasi effetto giuridico, si deve eseguire un ragguaglio fra pene pecuniarie e pene

detentive, il computo ha luogo calcolando venticinquemila lire, o frazione di venticinquemila lire, di pena pecuniaria per un giorno di pena detentiva".
Art. 136. – (Modalità di conversione di pene pecuniarie). – Le pene della multa e dell'ammenda, non eseguite per insolvibilità del condannato, si convertono a norma di legge".

102. Conversione delle pene pecuniarie principali per mancato pagamento [(1)].

Il mancato pagamento della multa o dell'ammenda entro il termine di cui all'articolo 660 del codice di procedura penale indicato nell'ordine di esecuzione ne comporta la conversione nella semilibertà sostitutiva.

Il ragguaglio si esegue a norma dell'articolo 135 del codice penale. In ogni caso la semilibertà sostitutiva non può avere durata superiore a quattro anni, se la pena convertita è quella della multa, e durata superiore a due anni, se la pena convertita è quella dell'ammenda.

Se è stato disposto il pagamento rateale, ai sensi dell'articolo 133-*ter* del codice penale, la conversione ha luogo per la parte residua della pena pecuniaria.

Il condannato può sempre far cessare l'esecuzione della semilibertà pagando la multa o l'ammenda, dedotta la somma corrispondente alla durata della pena da conversione espiata; a tal fine, può essere ammesso al pagamento rateale, ai sensi dell'articolo 133-*ter* del codice penale.

(1) Articolo sostituito dall'art. 71, co. 1, lett. dd), d.lgs. 10.10.2022, n. 150 a decorrere dal 30.12.2022. Salvo che risultino più favorevoli al condannato, le disposizioni in materia di conversione delle pene pecuniarie qui previste si applicano ai reati commessi dopo la sua entrata in vigore.

103. Mancato pagamento della pena pecuniaria per insolvibilità del condannato [(1)].

Quando le condizioni economiche e patrimoniali del condannato al momento dell'esecuzione rendono impossibile il pagamento della multa o dell'ammenda entro il termine di cui all'articolo 660 del codice di procedura penale indicato nell'ordine di esecuzione, la pena pecuniaria è convertita nel lavoro di pubblica utilità sostitutivo ovvero, se il condannato si oppone, nella detenzione domiciliare sostitutiva.

Il ragguaglio si esegue in ogni caso a norma dell'articolo 135 del codice penale e un giorno di lavoro di pubblica utilità sostitutivo consiste nella prestazione di due ore di lavoro. In ogni caso il lavoro di pubblica utilità sostitutivo e la detenzione domiciliare sostitutiva non possono avere durata superiore a due anni, se la pena convertita è la multa, e durata superiore a un anno, se la pena convertita è l'ammenda.

Se è stato disposto il pagamento rateale, ai sensi dell'articolo 133-*ter* del codice penale, la conversione ha luogo per la parte residua della pena pecuniaria.

Il condannato può in ogni caso far cessare l'esecuzione del lavoro di pubblica utilità sostitutiva o della detenzione domiciliare sostitutiva pagando la multa o l'ammenda, dedotta la somma corrispondente alla durata della pena da conversione espiata. A tal fine può essere ammesso al pagamento rateale, ai sensi dell'articolo 133-*ter* del codice penale.

(1) Articolo sostituito dall'art. 71, co. 1, lett. ee), d.lgs. 10.10.2022, n. 150 a decorrere dal 30.12.2022. Salvo che risultino più favorevoli al condannato, le disposizioni in materia di conversione delle pene pecuniarie qui previste si applicano ai reati commessi dopo la sua entrata in vigore.

103 bis. Inapplicabilità delle misure alternative alla detenzione [(1)].

Le misure alternative alla detenzione, di cui al Capo VI del Titolo I della legge 26 luglio 1975 n. 354, non si applicano al condannato alla semilibertà sostitutiva o alla detenzione domiciliare sostitutiva derivanti da conversione della pena pecuniaria ai sensi del presente Capo.

(1) Articolo introdotto dall'art. 71, co. 1, lett. ff), d.lgs. 10.10.2022, n. 150 a decorrere dal 30.12.2022. Salvo che risultino più favorevoli al condannato, le disposizioni in materia di conversione delle pene pecuniarie qui previste si applicano ai reati commessi dopo la sua entrata in vigore.

103 ter. Disposizioni applicabili [(1)].

Alla semilibertà sostitutiva, alla detenzione domiciliare sostitutiva e al lavoro di pubblica utilità sostitutivo, quali pene da conversione della multa e dell'ammenda ai sensi del presente Capo, si applicano, in quanto compatibili e non espressamente derogate, le disposizioni del Capo III della presente legge e le ulteriori disposizioni di legge, ovunque previste, che si riferiscono alle corrispondenti pene sostitutive.

(1) Articolo introdotto dall'art. 71, co. 1, lett. ff), d.lgs. 10.10.2022, n. 150 a decorrere dal 30.12.2022. Salvo che risultino più favorevoli al condannato, le disposizioni in materia di conversione delle pene pecuniarie qui previste si applicano ai reati commessi dopo la sua entrata in vigore.

103 quater. Disposizioni relative ai minorenni [(1)].

La pena pecuniaria, anche sostitutiva, applicata per un reato commesso da persona minore di età, in caso di mancato pagamento si converte nel lavoro di pubblica utilità sostitutivo, se vi è il consenso del minore non più soggetto ad obbligo di istruzione. In caso contrario, si converte nella detenzione domiciliare sostitutiva.

La durata della pena da conversione non può superare un anno, se la pena convertita è la multa, ovvero sei mesi, se la pena convertita è l'ammenda. Tuttavia, in caso di insolvibilità del condannato la durata massima della pena da conversione non può superare sei mesi, se la pena convertita è la multa, ovvero tre mesi, se la pena convertita è l'ammenda.

Si applicano, in quanto compatibili, gli articoli 71, 102 e 103, nonché l'articolo 103-*ter*. Si applica altresì, in quanto compatibile, l'articolo 660 del codice di procedura penale. Non si applica l'articolo 103-*bis* e il minore, nel corso dell'esecuzione della detenzione domiciliare sostitutiva, può essere affidato in prova al servizio sociale ai sensi dell'articolo 5 del decreto legislativo 2 ottobre 2018, n. 121.

(1) Articolo introdotto dall'art. 71, co. 1, lett. ff), d.lgs. 10.10.2022, n. 150 a decorrere dal 30.12.2022. Salvo che risultino più favorevoli al condannato, le disposizioni in materia di conversione delle pene pecuniarie qui previste si applicano ai reati commessi dopo la sua entrata in vigore.

104. Nuovo testo degli articoli 163, 175 e 237 del codice penale.

Gli articoli 163, 175 e 237 del codice penale sono sostituiti dai seguenti:

"Art. 163. – (Sospensione condizionale della pena). – Nel pronunciare sentenza di condanna alla reclusione o all'arresto per un tempo non superiore a due anni, ovvero a pena pecuniaria che, sola o congiunta alla pena detentiva e ragguagliata a norma dell'art. 135, sia equivalente ad una pena privativa della libertà personale per un tempo non superiore, nel complesso, a due anni, il giudice può ordinare che l'esecuzione della pena rimanga sospesa per il termine di cinque anni se la condanna è per delitto e di due anni se la condanna è per contravvenzione.

Se il reato è stato commesso da un minore degli anni diciotto, la sospensione può essere ordinata quando si infligga una pena restrittiva della libertà personale non superiore a tre anni, ovvero una pena pecuniaria che, sola o congiunta alla pena detentiva e ragguagliata a norma dell'art. 135, sia equivalente ad una pena privativa della libertà personale per un tempo non superiore, nel complesso, a tre anni.

Se il reato è stato commesso da persona di età superiore agli anni diciotto ma inferiore agli anni ventuno o da chi ha compiuto gli anni settanta, la sospensione può essere ordinata quando si infligga una pena restrittiva della libertà personale non superiore a due anni e sei mesi ovvero una pena pecuniaria che, sola o congiunta alla pena detentiva e ragguagliata a norma dell'art. 135, sia equivalente ad una pena privativa della libertà personale per un tempo non superiore, nel complesso, a due anni e sei mesi".

"Art. 175. – (Non menzione della condanna nel certificato del casellario giudiziale). – Se, con una prima condanna, è inflitta una pena detentiva non superiore a due anni, ovvero una pena pecuniaria non superiore a un milione, il giudice, avuto riguardo alle circostanze indicate nell'art. 133, può ordinare in sentenza che non sia fatta menzione della condanna nel certificato del casellario giudiziale, spedito a richiesta di privati, non per ragione di diritto elettorale.

La non menzione della condanna può essere altresì concessa quando è inflitta congiuntamente una pena detentiva non superiore a due anni ed una pena pecuniaria che, ragguagliata a norma dell'art. 135 e cumulata alla pena detentiva, priverebbe complessivamente il condannato della libertà personale per un tempo non superiore a trenta mesi.

Se il condannato commette successivamente un delitto, l'ordine di non fare menzione della condanna precedente è revocato.

Le disposizioni di questo articolo non si applicano quando alla condanna conseguono pene accessorie".

"Art. 237. – (Cauzione di buona condotta). –La cauzione di buona condotta è data mediante il deposito, presso la Cassa delle ammende, di una somma non inferiore a lire duecentomila, né superiore a lire quattro milioni.

In luogo del deposito, è ammessa la prestazione di una garanzia mediante ipoteca o anche mediante fideiussione solidale.

La durata della misura di sicurezza non può essere inferiore a un anno, né superiore a cinque, e decorre dal giorno in cui la cauzione fu prestata".

105. Lavoro sostitutivo (1).

[Il lavoro sostitutivo consiste nella prestazione di un'attività non retribuita, a favore della collettività, da svolgere presso lo Stato, le regioni, le province, i comuni, o presso enti, organizzazioni o corpi di assistenza, di istruzione, di protezione civile e di tutela dell'ambiente naturale o di incremento del patrimonio forestale, previa stipulazione, ove occorra, di speciali convenzioni da parte del Ministero della giustizia, che può delegare il magistrato di sorveglianza.

Tale attività si svolge nell'ambito della provincia in cui il condannato ha la residenza, per una giornata lavorativa per settimana, salvo che il condannato chieda di essere ammesso ad una maggiore frequenza settimanale.]

(1) Articolo abrogato, a decorrere dal 1°.11.2022, dall'art. 98, co. 1, lett. c), d.lgs. 10.10.2022, n. 150. Salvo che risultino più favorevoli al condannato, le disposizioni in materia di conversione delle pene pecuniarie qui previste si applicano ai reati commessi dopo la sua entrata in vigore.

106. Esecuzione di pene pecuniarie (1).

[L'art. 586 del codice di procedura penale è sostituito dal seguente:

"Art. 586. – (Esecuzione di pene pecuniarie). – Le condanne a pene pecuniarie sono eseguite nei modi stabiliti dalle leggi e dai regolamenti.

Per l'esecuzione delle pene pecuniarie pagabili ratealmente si osservano le disposizioni vigenti, in quanto applicabili, ma l'avviso di pagamento e il precetto debbono indicare l'importo e la scadenza delle singole rate.

Per le garanzie di esecuzione si osservano gli articoli 616, 617 e 618.

Se si tratta di pena pecuniaria applicata con decreto di condanna emesso dal pretore, assieme al decreto è notificato il precetto con cui si ingiunge di pagare la multa o l'ammenda inflitta e le spese del procedimento entro i cinque giorni successivi alla scadenza del termine per proporre opposizione; ovvero, limitatamente alle pene pecuniarie per le quali sia stato disposto il pagamento rateale entro i cinque giorni successivi alla scadenza di ogni singola rata, sempre che l'opposizione stessa non sia stata proposta.

Quando sia decorso inutilmente il tempo fissato nel

precetto per il pagamento della pena rateale, il pubblico ministero o il pretore ordina la conversione della pena pecuniaria per la parte corrispondente.
Quando sono accertate la mancanza di pagamento della pena pecuniaria e l'insolvibilità del condannato e, se ne è il caso, della persona civilmente obbligata per l'ammenda, il pubblico ministero o il pretore ordina la conversione della pena pecuniaria.
Se l'interessato dichiara di opporsi al provvedimento del pubblico ministero o del pretore, si applica il secondo capoverso dell'art. 582 senza effetto sospensivo".]

(1) Articolo abrogato, a decorrere dal 1°.11.2022, dall'art. 98, co. 1, lett. c), d.lgs. 10.10.2022, n. 150. Salvo che risultino più favorevoli al condannato, le disposizioni in materia di conversione delle pene pecuniarie qui previste si applicano ai reati commessi dopo la sua entrata in vigore.

107. Esecuzione delle pene conseguenti alla conversione della multa o dell'ammenda (1)**.**

Per l'esecuzione della semilibertà sostitutiva, della detenzione domiciliare sostitutiva e del lavoro di pubblica utilità sostitutivo, quali pene conseguenti alla conversione della multa o dell'ammenda, si applicano gli articoli 62, 63, 64, 65, 68 e 69. Competente è il magistrato di sorveglianza, che provvede ai sensi dell'articolo 678, comma 1-*bis*, del codice di procedura penale.

(1) Articolo sostituito dall'art. 71, co. 1, lett. gg), d.lgs. 10.10.2022, n. 150 a decorrere dal 30.12.2022. Salvo che risultino più favorevoli al condannato, le disposizioni in materia di conversione delle pene pecuniarie qui previste si applicano ai reati commessi dopo la sua entrata in vigore.

108. Inosservanza delle prescrizioni inerenti alle pene conseguenti alla conversione della multa o della ammenda (1)**.**

La mancata esecuzione delle pene conseguenti alla conversione della pena pecuniaria, anche sostitutiva di una pena detentiva, ovvero la violazione grave o reiterata degli obblighi e delle prescrizioni ad esse inerenti, ne comporta la revoca e la parte residua si converte in uguale periodo di reclusione o di arresto, a seconda della specie della pena pecuniaria originariamente inflitta. La detenzione domiciliare e il lavoro di pubblica utilità, tuttavia, possono essere convertiti in altra pena sostitutiva più grave. Competente per la conversione è il magistrato di sorveglianza, che provvede ai sensi dell'articolo 678, comma 1-*bis*, del codice di procedura penale.

Si applicano, in quanto compatibili, il secondo e il terzo comma dell'articolo 66.

Si applicano le disposizioni di cui al primo e al secondo comma dell'articolo 72.

(1) Articolo sostituito dall'art. 71, co. 1, lett. hh), d.lgs. 10.10.2022, n. 150 a decorrere dal 30.12.2022. Salvo che risultino più favorevoli al condannato, le disposizioni in materia di conversione delle pene pecuniarie qui previste si applicano ai reati commessi dopo la sua entrata in vigore.

109. Mancata esecuzione dolosa di sanzioni pecuniarie.

Dopo l'art. 388-*bis* del codice penale è inserito il seguente:
"Art. 388-*ter*. – (Mancata esecuzione dolosa di sanzioni pecuniarie). – Chiunque, per sottrarsi all'esecuzione di una multa o di una ammenda o di una sanzione amministrativa pecuniaria, compie, sui propri o sugli altrui beni, atti simulati o fraudolenti, o commette allo stesso scopo altri fatti fraudolenti, è punito, qualora non ottemperi nei termini all'ingiunzione di pagamento contenuta nel precetto, con la reclusione da sei mesi a tre anni".

110. Abrogazione di norma.

È abrogato l'art. 49 della legge 26 luglio 1975, n. 354.

111. Disposizioni transitorie.

Le norme sulla conversione delle pene pecuniarie si applicano ai reati commessi successivamente all'entrata in vigore della presente legge.

In deroga a quanto disposto dall'articolo 172 del codice penale, la pena della multa inflitta, anche congiuntamente a quella della reclusione, per reati commessi prima della entrata in vigore della presente legge, si estingue col decorso del termine di dieci anni dalla data di entrata in vigore della presente legge; tuttavia, se la sentenza di condanna è divenuta irrevocabile successivamente alla data di entrata in vigore della presente legge, la pena della multa si estingue col decorso di dieci anni dal passaggio in giudicato della sentenza.

112. Perdono giudiziale.

L'art. 19 del regio decreto-legge 20 luglio 1934, n. 1404, convertito, con modificazioni, nella legge 27 maggio 1935, n. 835, è sostituito dal seguente:
"Art. 19. – (Perdono giudiziale). – Se per il reato commesso da minore degli anni diciotto il tribunale per i minorenni ritiene che si possa applicare una pena restrittiva della libertà personale non superiore a due anni, ovvero una pena pecuniaria non superiore a lire tre milioni, anche se congiunta a detta pena, può applicare il perdono giudiziale, sia quando provvede a norma dell'art. 14 sia nel giudizio".

113. Aumento delle pene pecuniarie.

Le pene pecuniarie comminate per i reati previsti dal codice penale o dalle leggi speciali, nonché le sanzioni pecuniarie comminate per le infrazioni previste dal codice di procedura penale, aumentate per effetto della legge 12 luglio 1961, n. 603, sono moltiplicate per cinque.

Sono altresì moltiplicate per cinque le pene pecuniarie comminate per reati previsti da leggi entrate in vigore dopo il 21 ottobre 1947 e prima della legge 12 luglio 1961, n. 603.

Le pene pecuniarie comminate per reati previsti da leggi entrate in vigore dopo la legge 12 luglio 1961, n. 603, e fino al 31 dicembre 1970 sono moltiplicate per tre.

Quelle comminate per reati previsti da leggi entrate in vigore dopo il 31 dicembre 1970 e fino al 31 dicembre 1975, ad eccezione delle leggi in materia di imposte dirette e di tasse ed imposte indirette sugli affari, sono moltiplicate per due.

Quando, tenuto conto degli aumenti previsti nei

commi precedenti, la legge stabilisce la pena dell'ammenda inferiore nel minimo a euro 2 o nel massimo a euro 5, i limiti edittali sono elevati rispettivamente a euro 5 e a euro 12 (1).

(1) A norma dell'art. 3, co. 61, l. 15.7.2009, n. 94, la pena dell'ammenda consiste nel pagamento di una somma non inferiore a 20 euro e non superiore a euro 10.000.

114. Aumento delle sanzioni amministrative pecuniarie (1)**.**

Le disposizioni dell'articolo precedente si applicano a tutte le sanzioni amministrative pecuniarie originariamente previste come sanzioni penali.

Le altre sanzioni amministrative pecuniarie inferiori nel minimo a euro 20 o nel massimo a euro 50 sono elevate, rispettivamente, a euro 20 e a euro 50 (2).

Le disposizioni dei precedenti commi si applicano anche alle violazioni finanziarie.

(1) Per l'interpretazione delle disposizioni di cui al presente art., vedi l'art. 20, co. 3, l. 24.3.1989, n. 122.
(2) Comma modificato dall'art. 3, co. 64, l. 15.7.2009, n. 94.

115. Pene proporzionali.

Le disposizioni degli articoli 113 e 114 non si applicano alle pene e sanzioni amministrative pecuniarie quando l'ammontare delle stesse o della pena base che viene assunta per la loro determinazione non è fissato direttamente dalla legge ma è diversamente stabilito.

116. Nuovo testo degli articoli 196 e 197 del codice penale.

Gli articoli 196 e 197 del codice penale sono sostituiti dai seguenti:

"Art. 196. – (Obbligazione civile per le multe e le ammende inflitte a persona dipendente). – Nei reati commessi da chi è soggetto all'altrui autorità, direzione o vigilanza, la persona rivestita dell'autorità, o incaricata della direzione o vigilanza, è obbligata, in caso di insolvibilità del condannato, al pagamento di una somma pari all'ammontare della multa o dell'ammenda inflitta al colpevole, se si tratta di violazioni di disposizioni che essa era tenuta a far osservare e delle quali non debba rispondere penalmente.

Qualora la persona preposta risulti insolvibile, si applicano al condannato le disposizioni dell'art. 136".

"Art. 197. – (Obbligazione civile delle persone giuridiche per il pagamento delle multe e delle ammende). – Gli enti forniti di personalità giuridica, eccettuati lo Stato, le regioni, le provincie ed i comuni, qualora sia pronunciata condanna per reato contro chi ne abbia la rappresentanza, o l'amministrazione, o sia con essi in rapporto di dipendenza, e si tratti di reato che costituisca violazione degli obblighi inerenti alla qualità rivestita dal colpevole, ovvero sia commesso nell'interesse della persona giuridica, sono obbligati al pagamento, in caso di insolvibilità del condannato, di una somma pari all'ammontare della multa o dell'ammenda inflitta.

Se tale obbligazione non può essere adempiuta, si applicano al condannato le disposizioni dell'art. 136".

117. Persona civilmente obbligata per l'ammenda e per la multa.

Tutte le disposizioni processuali relative alla persona civilmente obbligata per l'ammenda si intendono riferite anche alla persona civilmente obbligata per la multa.

Capo VI
Disposizioni in materia di pene accessorie, prescrizione, oblazione, sospensione condizionale della pena e confisca

118. Modifiche dell'articolo 19 del codice penale, in materia di pene accessorie – Specie.

I primi due commi dell'art. 19 del codice penale sono sostituiti dai seguenti:

"Le pene accessorie per i delitti sono:
1) l'interdizione dai pubblici uffici;
2) l'interdizione da una professione o da un'arte;
3) l'interdizione legale;
4) l'interdizione dagli uffici direttivi delle persone giuridiche e delle imprese;
5) l'incapacità di contrattare con la pubblica amministrazione;
6) la decadenza o la sospensione dall'esercizio della potestà dei genitori.

Le pene accessorie per le contravvenzioni sono:
1) la sospensione dall'esercizio di una professione o di un'arte;
2) la sospensione dagli uffici direttivi delle persone giuridiche e delle imprese".

119. Modifiche dell'articolo 32 del codice penale in materia di interdizione legale.

Il secondo ed il terzo comma dell'art. 32 del codice penale sono sostituiti dai seguenti:

"La condanna all'ergastolo importa anche la decadenza dalla potestà dei genitori.

Il condannato alla reclusione per un tempo non inferiore a cinque anni è, durante la pena, in stato d'interdizione legale; la condanna produce altresì, durante la pena, la sospensione dall'esercizio della potestà dei genitori, salvo che il giudice disponga altrimenti".

120. Nuove norme in materia di interdizione temporanea dagli uffici direttivi delle persone giuridiche e delle imprese e di incapacità di contrattare con la pubblica amministrazione.

Dopo l'art. 32 del codice penale sono inseriti i seguenti articoli:

"Art. 32-*bis*.– (Interdizione temporanea dagli uffici direttivi delle persone giuridiche e delle imprese). – L'interdizione dagli uffici direttivi delle persone giuridiche e delle imprese priva il condannato della capacità di esercitare, durante l'interdizione, l'ufficio di amministratore, sindaco, liquidatore e direttore generale, nonché ogni altro ufficio con potere di rappresentanza della persona giuridica o dell'imprenditore.

Essa consegue ad ogni condanna alla reclusione non

inferiore a sei mesi per delitti commessi con abuso dei poteri o violazione dei doveri inerenti all'ufficio".

"Art. 32-*ter*. – (Incapacità di contrattare con la pubblica amministrazione). – L'incapacità di contrattare con la pubblica amministrazione importa il divieto di concludere contratti con la pubblica amministrazione, salvo che per ottenere le prestazioni di un pubblico servizio.

Essa non può avere durata inferiore ad un anno né superiore a tre anni".

"Art. 32-*quater*. – (Casi nei quali alla condanna consegue la incapacità di contrattare con la pubblica amministrazione). – Ogni condanna per i delitti previsti dagli articoli 317, 318, 319, 320, 321, 353, 355, 356, 416, 437, 501, 501-*bis*, 640, n. 1 del capoverso, commessi a causa o in occasione dell'esercizio di un'attività imprenditoriale, importa l'incapacità di contrattare con la pubblica amministrazione".

121. Modifica dell'articolo 33 del codice penale in materia di condanna per delitto colposo.

Il primo comma dell'art. 33 del codice penale è sostituito dal seguente:

"Le disposizioni dell'art. 29 e del secondo capoverso dell'art. 32 non si applicano nel caso di condanna per delitto colposo".

122. Decadenza dalla potestà dei genitori e sospensione dal suo esercizio.

L'art. 34 del codice penale è sostituito dal seguente:

"Art. 34. – (Decadenza dalla potestà dei genitori e sospensione dall'esercizio di essa). – La legge determina i casi nei quali la condanna importa la decadenza dalla potestà dei genitori.

La condanna per delitti commessi con abuso della potestà dei genitori importa la sospensione dall'esercizio di essa per un periodo di tempo pari al doppio della pena inflitta.

La decadenza dalla potestà dei genitori importa anche la privazione di ogni diritto che al genitore spetti sui beni del figlio in forza della potestà di cui al titolo IX del libro I del codice civile.

La sospensione dall'esercizio della potestà dei genitori importa anche l'incapacità di esercitare, durante la sospensione, qualsiasi diritto che al genitore spetti sui beni del figlio in base alle norme del titolo IX del libro I del codice civile".

123. Sospensione dall'esercizio degli uffici direttivi delle persone giuridiche e delle imprese.

Dopo l'art. 35 del codice penale è inserito il seguente:

"Art. 35-*bis*. – (Sospensione dall'esercizio degli uffici direttivi delle persone giuridiche e delle imprese). – La sospensione dall'esercizio degli uffici direttivi delle persone giuridiche e delle imprese priva il condannato della capacità di esercitare, durante la sospensione, l'ufficio di amministratore, sindaco, liquidatore e direttore generale, nonché ogni altro ufficio con potere di rappresentanza della persona giuridica o dell'imprenditore.

Essa non può avere una durata inferiore a quindici giorni né superiore a due anni e consegue ad ogni condanna all'arresto per contravvenzioni commesse con abuso dei poteri o violazione dei doveri inerenti all'ufficio".

124. Applicazione provvisoria di pene accessorie.

L'art. 140 del codice penale è sostituito dal seguente:

"Art. 140. – (Applicazione provvisoria di pene accessorie). – Il giudice, durante la istruzione, nei procedimenti per reati per i quali, in caso di condanna, può essere applicata una pena accessoria, può disporne in via provvisoria l'applicazione quando sussistano specifiche, inderogabili esigenze istruttorie o sia necessario impedire che il reato venga portato a conseguenze ulteriori.

L'interdizione dai pubblici uffici può essere applicata provvisoriamente solo nei procedimenti per reati commessi con abuso dei poteri o con violazione dei doveri inerenti a una pubblica funzione o ad un pubblico servizio o a taluno degli uffici indicati nel n. 3 del capoverso dell'art. 28.

La sospensione provvisoria non si applica agli uffici elettivi ricoperti per diretta investitura popolare.

La pena accessoria provvisoriamente applicata non può avere durata superiore alla metà della durata massima prevista dalla legge ed è computata nella durata della pena accessoria conseguente alla condanna".

125. Modifica dell'articolo 157 del codice penale in materia di prescrizione e tempo necessario a prescrivere.

Il n. 6 del primo comma dell'art. 157 del codice penale è sostituito dal seguente:

"6) in due anni, se si tratta di contravvenzione per cui la legge stabilisce la pena dell'ammenda".

126. Oblazione nelle contravvenzioni punite con pene alternative.

Dopo l'art. 162 del codice penale è inserito il seguente:

"Art. 162-*bis*. – (Oblazione nelle contravvenzioni punite con pene alternative). – Nelle contravvenzioni per le quali la legge stabilisce la pena alternativa dell'arresto o dell'ammenda, il contravventore può essere ammesso a pagare, prima dell'apertura del dibattimento, ovvero prima del decreto di condanna, una somma corrispondente alla metà del massimo dell'ammenda stabilita dalla legge per la contravvenzione commessa oltre le spese del procedimento.

Con la domanda di oblazione il contravventore deve depositare la somma corrispondente alla metà del massimo dell'ammenda.

L'oblazione non è ammessa quando ricorrono i casi previsti dal terzo capoverso dell'art. 99, dall'art. 104 o dall'art. 105, né quando permangono conseguenze dannose o pericolose del reato eliminabili da parte del contravventore.

In ogni altro caso il giudice può respingere con ordi-

nanza la domanda di oblazione, avuto riguardo alla gravità del fatto.
La domanda può essere riproposta sino all'inizio della discussione finale del dibattimento di primo grado.
Il pagamento delle somme indicate nella prima parte del presente articolo estingue il reato".

127. Applicazione di norme.
Le disposizioni dell'art. 162-*bis* del codice penale si applicano anche ai reati indicati nelle lettere f), h), i), n) del primo comma dell'art. 34.

128. Obblighi del condannato.
L'art. 165 del codice penale è sostituito dal seguente:
"Art. 165. – (Obblighi del condannato). – La sospensione condizionale della pena può essere subordinata all'adempimento dell'obbligo delle restituzioni, al pagamento della somma liquidata a titolo di risarcimento del danno o provvisoriamente assegnata sull'ammontare di esso e alla pubblicazione della sentenza a titolo di riparazione del danno; può altresì essere subordinata, salvo che la legge disponga altrimenti, all'eliminazione delle conseguenze dannose o pericolose del reato, secondo le modalità indicate dal giudice nella sentenza di condanna.
La sospensione condizionale della pena, quando è concessa a persona che ne ha già usufruito, deve essere subordinata all'adempimento di uno degli obblighi previsti nel comma precedente, salvo che ciò sia impossibile.
Il giudice nella sentenza stabilisce il termine entro il quale gli obblighi devono essere adempiuti".

129. Inosservanza di pene accessorie.
L'art. 389 del codice penale è sostituito dal seguente:
"Art. 389. – (Inosservanza di pene accessorie). – Chiunque, avendo riportato una condanna da cui consegue una pena accessoria, trasgredisce agli obblighi o ai divieti inerenti a tale pena, è punito con la reclusione da due a sei mesi.
La stessa pena si applica a chi trasgredisce agli obblighi o ai divieti inerenti ad una pena accessoria provvisoriamente applicata".

130. Modifiche dell'articolo 200 del codice di procedura penale in materia di impugnazione di ordinanze emesse in giudizio.
Dopo il primo comma dell'art. 200 del codice di procedura penale è inserito il seguente:
"L'impugnazione dell'ordinanza che decide sulla domanda di oblazione può essere proposta soltanto con l'impugnazione contro la sentenza".

131. Applicazione provvisoria di pene accessorie o di misure di sicurezza.
L'art. 301 del codice di procedura penale è sostituito dal seguente:
"Art. 301. – (Applicazione provvisoria di pene accessorie o di misure di sicurezza). – L'applicazione provvisoria delle pene accessorie, nei casi consentiti dalla legge, è disposta dal giudice, anche d'ufficio, con decreto motivato, in qualunque stato dell'istruzione, dopo l'interrogatorio dell'imputato o, se questo non è possibile, dopo la emissione di un mandato. Il decreto è immediatamente comunicato al pubblico ministero per l'esecuzione.
Le stesse disposizioni si osservano per l'applicazione provvisoria delle misure di sicurezza.
Contro il provvedimento del giudice istruttore che dispone l'applicazione provvisoria della pena accessoria o della misura di sicurezza o che non accoglie la richiesta del pubblico ministero, il procuratore della Repubblica, il procuratore generale e l'imputato possono proporre appello dinanzi alla sezione istruttoria della corte di appello.
Contro il provvedimento emesso dalla sezione istruttoria può essere proposto ricorso per cassazione.
L'impugnazione non sospende l'esecuzione del provvedimento".

132. Modificazioni dell'articolo 400 del codice di procedura penale in materia di provvedimenti per l'applicazione provvisoria di pene accessorie o di misure di sicurezza.
Dopo l'ultimo comma dell'art. 400 del codice di procedura penale sono aggiunti i seguenti commi:
"Si applicano le disposizioni previste dal terzo, quarto ed ultimo comma dell'art. 301; contro il provvedimento emesso dal pretore l'appello è proposto dinanzi al giudice istruttore; contro la decisione emessa dal giudice istruttore in grado di appello può essere proposto ricorso per cassazione.
L'impugnazione non sospende l'esecuzione del provvedimento".

133. Esecuzione provvisoria di misure di sicurezza.
L'art. 485 del codice di procedura penale è sostituito dal seguente:
"Art. 485. – (Esecuzione provvisoria di misure di sicurezza). – Il giudice, quando abbia disposto una misura di sicurezza, può, nei casi consentiti dall'art. 206 del codice penale, ordinarne con la sentenza la provvisoria esecuzione.
La sentenza è impugnabile anche per il capo che dispone l'esecuzione provvisoria della misura di sicurezza; ma l'impugnazione non ne sospende l'esecuzione".

134. Appello contro sentenze del pretore.
L'art. 512 del codice di procedura penale è sostituito dal seguente:
"Art. 512. (Appello contro sentenze del pretore). – Contro le sentenze del pretore possono appellare al tribunale:
1) l'imputato nel caso di condanna per delitto o per contravvenzione punita con pena alternativa o per la quale non è ammessa la oblazione ovvero quando è stato dichiarato contravventore abituale o professionale;
2) l'imputato nel caso di proscioglimento da delitto o da

contravvenzione per la quale la legge stabilisce la pena dell'arresto, qualora il proscioglimento sia pronunciato per estinzione del reato a seguito di giudizio di comparizione tra circostanze o per insufficienza di prove o per concessione del perdono giudiziale ovvero perché si tratta di persona non imputabile o di persona non punibile perché il fatto non costituisce reato, se è stata applicata o può, con provvedimento successivo, essere applicata una misura di sicurezza;
3) il rappresentante del pubblico ministero nel dibattimento davanti al pretore e il procuratore della Repubblica nel caso di proscioglimento, se l'imputazione riguardava un delitto o una contravvenzione punibile con l'arresto; e nel caso di condanna per delitto ovvero per contravvenzione punita con pena alternativa o per la quale non è ammessa l'oblazione".

135. Appello contro sentenze del tribunale e della corte d'assise.

L'art. 513 del codice di procedura penale è sostituito dal seguente:
"Art. 513. – (Appello contro sentenze del tribunale e della corte di assise). – Contro le sentenze del tribunale e della corte di assise possono appellare, rispettivamente, alla corte di appello e alla corte di assise di appello, salvo che la legge disponga altrimenti:
1) l'imputato nel caso di condanna per delitto o per contravvenzione punita con pena alternativa o per la quale non è ammessa la oblazione ovvero quando è stato dichiarato contravventore abituale o professionale;
2) l'imputato nel caso di proscioglimento da delitto o da contravvenzione per la quale la legge stabilisce la pena dell'arresto, qualora il proscioglimento sia pronunziato per estinzione del reato a seguito di giudizio di comparazione tra circostanze o per insufficienza di prove o per perdono giudiziale ovvero perché si tratta di persona non imputabile o di persona non punibile perché il fatto non costituisce reato, se è stata applicata o può, con provvedimento successivo, essere applicata una misura di sicurezza;
3) il procuratore della Repubblica e il procuratore generale presso la corte di appello nel caso di proscioglimento, se la imputazione riguardava un delitto o una contravvenzione punibile con l'arresto, e nel caso di condanna per delitto ovvero per contravvenzione punita con pena alternativa o per la quale non è ammessa la oblazione".

136. Modifiche dell'articolo 522 del codice di procedura penale in materia di questioni di nullità.

All'art. 522 del codice di procedura penale è aggiunto in fine il seguente comma:
"Quando il giudice di primo grado ha respinto la domanda di oblazione, il giudice di appello, se riconosce erronea tale decisione, accoglie la domanda e sospende il dibattimento fissando un termine massimo non superiore a dieci giorni per il pagamento delle somme dovute. Se il pagamento avviene nel termine, il giudice di appello pronuncia sentenza di proscioglimento".

137. Modifiche dell'articolo 604 del codice di procedura penale in materia di provvedimenti da iscrivere nel casellario.

Nell'art. 604 del codice di procedura penale, al capoverso del n. 1, dopo le parole: "Non sono iscritti nel casellario giudiziale: le sentenze e i decreti di condanna concernenti contravvenzioni per le quali è ammessa la definizione in via amministrativa o l'oblazione, salvo che", sono inserite le seguenti: "si tratti di contravvenzioni punite con la pena alternativa dell'arresto o dell'ammenda o che".

138. Modifiche alle disposizioni di attuazione, di coordinamento e transitorie del codice di procedura penale.

Dopo l'art. 48 delle disposizioni di attuazione del codice di procedura penale, approvate con regio decreto 28 maggio 1931, n. 602, sono inseriti i seguenti articoli:
"Art. 48-*bis*. – Quando sono state sequestrate cose che possono essere restituite previa esecuzione di specifiche prescrizioni, il giudice, se l'interessato consente, ne ordina la restituzione impartendo le prescrizioni del caso ed imponendo una idonea cauzione o malleveria a garanzia della esecuzione delle prescrizioni nel termine stabilito.
Scaduto il termine, se le prescrizioni non sono adempiute, il giudice provvede ai sensi dell'ultimo capoverso dell'art. 345 del codice di procedura penale".
"Art. 48-*ter*. – Nei casi previsti dall'ultimo capoverso dell'art. 345 e dal primo capoverso dell'art. 625 del codice di procedura penale, il giudice, prima di ordinare la vendita o la distruzione delle cose sequestrate, dispone, osservate le formalità di cui agli articoli 304-*bis* e 304-*ter* del codice di procedura penale, il prelievo di campioni, quando ciò è possibile ed utile per l'ulteriore corso del procedimento".

139. Modifica dell'articolo 116 delle norme sugli assegni bancari, circolari e su titoli speciali dell'istituto di emissione, e dei Banchi di Napoli e di Sicilia.

Nell'art. 116 del regio decreto 21 dicembre 1933, n. 1736, dopo il primo comma è inserito il seguente:
"Nei casi più gravi la condanna per uno dei delitti previsti nei numeri 1 e 2 del comma precedente importa, indipendentemente dall'applicazione dell'art. 69 del codice penale, la pubblicazione della sentenza di condanna e il divieto di emettere assegni bancari o postali per un periodo da uno a tre anni".

140. Disposizioni aggiuntive alle norme in materia di assegni bancari, circolari e su titoli speciali dell'istituto di emissione, e dei Banchi di Napoli e di Sicilia.

Dopo l'art. 116 del regio decreto 21 dicembre 1933, n. 1736, è inserito il seguente:
"Art. 116-*bis*. – Chiunque, avendo riportato la pena accessoria prevista dall'articolo precedente, trasgredisce

agli obblighi ad essa inerenti è punito, per il solo fatto dell'emissione dell'assegno, ai sensi dell'art. 389 del codice penale.
Si applica la reclusione da sei mesi a due anni e la multa da lire centomila a lire due milioni, a chi, violando il divieto di emettere assegni bancari e postali, commette uno dei delitti previsti dai numeri 1 e 2 del primo comma dell'articolo precedente.
La condanna importa la pubblicazione della sentenza e il divieto di emettere assegni bancari e postali per la durata di due anni".

141. Ulteriori disposizioni aggiuntive alle norme in materia di assegni bancari, circolari e su titoli speciali dell'istituto di emissione, e dei Banchi di Napoli, e di Sicilia.

Dopo l'art. 123 del regio decreto 21 dicembre 1933, n. 1736, sono inseriti i seguenti articoli:
"Art. 124. – All'atto del rilascio di moduli di assegno bancario o postale il dipendente responsabile fa sottoscrivere al richiedente una dichiarazione dalla quale risulta che lo stesso non è interdetto dall'emissione di assegni bancari o postali.
Il richiedente che dichiara il falso è punito con la reclusione da sei mesi a due anni".
"Art. 125. – Il dipendente che consegna moduli di assegno bancario o postale senza farsi rilasciare la dichiarazione prevista nell'articolo precedente è punito, salvo che il fatto costituisca un più grave reato, con l'arresto da due a sei mesi o con l'ammenda da lire duecentomila a lire cinquecentomila.
Il dipendente che consegna moduli di assegno bancario o postale a chi abbia dichiarato di essere stato interdetto dalla emissione di assegni bancari o postali, è punito, salvo che il fatto costituisca più grave reato, con la reclusione da sei mesi a due anni".

142. Modifiche nel testo unico delle norme sulla circolazione stradale.

Dopo l'art. 80 del testo unico delle norme sulla circolazione stradale, approvato con decreto del Presidente della Repubblica 15 giugno 1959, n. 393, modificato dall'art. 2 della legge 14 febbraio 1974, n. 62, sono inseriti i seguenti articoli:
"Art. 80-*bis*. – (Confisca e sequestro del veicolo). – Con la sentenza di condanna per i reati previsti dal dodicesimo al quattordicesimo comma dell'articolo precedente il giudice ordina la confisca del veicolo, salvo che esso appartenga a persona estranea al reato.
L'autorità giudiziaria competente e, in caso di flagranza, anche gli ufficiali e gli agenti di polizia giudiziaria devono procedere al sequestro del veicolo, osservando le norme sulla istruzione formale".
"Art. 80-*ter*. – (Pena accessoria). – Con la sentenza di condanna per il reato previsto dal dodicesimo comma dell'art. 80 il giudice, quando non sia possibile ordinare la confisca del veicolo, dispone la sospensione della patente di guida del condannato per la stessa durata della pena principale".

143. Disposizioni aggiuntive alla legge sulla disciplina degli stupefacenti e sostanze psicotrope.

Dopo l'art. 80 della legge 22 dicembre 1975, n. 685, è inserito il seguente:
"Art. 80-*bis*. – (Destinazione delle sostanze confiscate dal giudice e confiscabili dal Ministro della sanita). – Le sostanze confiscate e quelle da confiscare in base all'articolo precedente sono immediatamente versate al Ministero della sanità".

144. Modifica alla legge recante norme per la tutela delle acque dall'inquinamento.

Al terzo comma dell'art. 21 della legge 10 maggio 1976, n. 319, è aggiunto in fine il seguente periodo: "La condanna importa la incapacità di contrattare con la pubblica amministrazione".

145. Norma aggiuntiva alla legge recante disposizioni penali in materia di infrazioni valutarie.

[Al quarto comma dell'art. 1 del decreto-legge 4 marzo 1976, n. 31, convertito, con modificazioni, nella legge 30 aprile 1976, n. 159, è aggiunto in fine il seguente periodo: "La condanna importa l'incapacità di contrattare con la pubblica amministrazione.] (1)

(1) Articolo abrogato, con decorrenza dal 1.1.1989, dall'art. 42 del d.P.R. 31.3.1988, n. 148.

146. Norma di coordinamento.

Ogni qualvolta nel codice penale o in altre leggi ricorre l'espressione "patria potestà" la medesima è sostituita dalla espressione "potestà dei genitori".

147. Modifica dell'articolo 2638 del codice civile in materia di accettazione di retribuzione non dovuta da parte di amministratore giudiziario o commissario governativo.

Il secondo comma dell'art. 2638 del codice civile è sostituito dal seguente:
"Nei casi più gravi può inoltre essere disposta l'interdizione dagli uffici direttivi delle persone giuridiche e delle imprese".

148. Disposizioni abrogative e di coordinamento.

L'art. 2641 del codice civile è abrogato.

Quando nelle leggi speciali è richiamato l'art. 2641 del codice civile tale richiamo si intende operato all'art. 32-*bis* del codice penale.

2. L. 28 dicembre 1993, n. 561. – Trasformazione di reati minori in illeciti amministrativi *(artt. 1-2, 4)*

In Gazzetta Ufficiale 31 dicembre 1993, n. 306

1. Casi di trasformazione di reati minori in illeciti amministrativi.

1. Non costituiscono reato e sono soggette alla sanzione amministrativa del pagamento di una somma di denaro le violazioni previste dalle seguenti disposizioni:

a) articolo 10 del regio decreto-legge 15 marzo 1927, n. 436, convertito dalla legge 19 febbraio 1928, n. 510, e successive modificazioni, in materia di privilegi nella compravendita di autoveicoli;

b) articolo 114 del regio decreto-legge 19 ottobre 1938, n. 1933, convertito, con modificazioni, dalla legge 5 giugno 1939, n. 973, e successive modificazioni, in materia di operazioni di lotteria o di sorte in genere;

c) articolo 235 delle disposizioni approvate con regio decreto 16 marzo 1942, n. 267, e successive modificazioni, in materia di elenchi di protesti cambiari;

d) articoli 53 e 54 del decreto del Presidente della Repubblica 30 giugno 1965, n. 1124, e successive modificazioni, in materia di denuncia di infortuni;

e) articolo 8 del decreto-legge 20 aprile 1971, n. 163, convertito, con modificazioni, dalla legge 18 giugno 1971, n. 376, e successive modificazioni, in materia di regime fiscale degli apparecchi di accensione;

f) articolo 8 del decreto del Presidente della Repubblica 1° ottobre 1971, n. 1198, in materia di regime fiscale degli accendigas per uso domestico;

g) articolo 195, comma 2, del testo unico approvato con decreto del Presidente della Repubblica 29 marzo 1973, n. 156, e successive modificazioni, limitatamente agli impianti radioelettrici soggetti ad autorizzazione;

h) articoli 19, terzo comma, 26 e 30 del decreto del Presidente della Repubblica 11 luglio 1980, n. 753, in materia di trasporti ferroviari;

i) articolo 11, terzo comma, della legge 24 ottobre 1942, n. 1415, e successive modificazioni, in materia di ascensori e montacarichi;

l) articoli 13, secondo comma, e 17 del decreto-legge 5 maggio 1957, n. 271, convertito, con modificazioni, dalla legge 2 luglio 1957, n. 474, in materia di oli minerali;

[*m)* articoli 5-*quinquies*, primo comma, e 17, ultimo comma, del decreto-legge 8 aprile 1974, n. 95, convertito, con modificazioni, dalla legge 7 giugno 1974, n. 216 e successive modificazioni, in materia di mercato mobiliare, limitatamente ai fatti di tardiva dichiarazione o comunicazione eseguite con un ritardo non superiore a trenta giorni; articoli 18 e 18– *ter* del medesimo decreto-legge.] (1)

(1) Lettera abrogata dall'art. 214, co. 1, lett. gg), d.lgs. 24.2.1998, n. 58, nel testo sostituito dall'art. 15 l., n. 205.

2. Entità della somma dovuta.

1. La somma dovuta come sanzione amministrativa per le violazioni indicate nell'articolo 1, comma 1, è così determinata:

a) da lire un milione a lire sei milioni per le violazioni di cui alla lettera l);

b) da lire cinquecentomila a lire tre milioni per le violazioni indicate nelle lettere a), c), d) ed h) e per quelle di cui all'articolo 114, secondo e quarto comma, del regio decreto-legge 19 ottobre 1938, n. 1933, convertito, con modificazioni, dalla legge 5 giugno 1939, n. 973, e successive modificazioni;

c) da lire duecentomila a lire un milione duecentomila per le violazioni di cui alla lettera i) e per quelle di cui all'articolo 114, terzo e quinto comma, del regio decreto-legge 19 ottobre 1938, n. 1933, convertito, con modificazioni, dalla legge 5 giugno 1939, n. 973, e successive modificazioni;

d) in misura pari alla sanzione amministrativa stabilita dal comma 1 dell'articolo 195 del testo unico approvato con decreto del Presidente della Repubblica 29 marzo 1973 n. 156, e successive modificazioni, elevata del triplo quanto all'ammontare minimo, per le violazioni previste dal comma 2 del medesimo articolo;

e) in misura pari alla multa stabilita per le violazioni di cui alle lettere e) ed f);

[*f)* in misura pari all'ammenda rispettivamente stabilita dalle disposizioni di cui agli articoli 5-*quinquies*, primo comma, terzo periodo, 17, ultimo comma, secondo periodo, 18 e 18-*ter*, del decreto-legge 8 aprile 1974, n. 95, convertito, con modificazioni, dalla legge 7 giugno 1974, n. 216 e successive modificazioni, per le violazioni di cui alla lettera m).] (1)

(1) Lettera abrogata dall'art. 214, co. 1, lett. gg), d.lgs. 24.2.1998, n. 58, nel testo sostituito dall'art. 15 l., n. 205.

4. Disposizioni finali e transitorie.

1. Le disposizioni di cui agli articoli 1, 2 e 3 della presente legge si applicano anche alle violazioni commesse anteriormente alla data della sua entrata in vigore quando il procedimento penale non sia stato definito con sentenza passata in giudicato o con decreto irrevocabile.

2. Per quanto non espressamente previsto nella presente legge si applicano le disposizioni della legge 24 novembre 1981, n. 689, e successive modificazioni, in quanto compatibili.

3. Con decreto del Presidente della Repubblica, su proposta del Presidente del Consiglio dei ministri, da emanare entro centottanta giorni dalla data di entrata in vigore della presente legge, sono indicati gli uffici periferici ai quali deve essere inviato il rapporto di cui all'articolo 17 della legge 24 novembre 1981, n. 689[1].

(1) Per il regolamento di attuazione di questo comma, cfr. d.P.R. 30.12.1995, n. 582.

3. L. 25 giugno 1999, n. 205. – Delega al Governo per la depenalizzazione dei reati minori e modifiche al sistema penale e tributario *(artt. 1-10, 16-17, 19-20)*

In Gazzetta Ufficiale 28 giugno 1999, n. 149

1. Delega.

1. Il Governo è delegato ad adottare, entro sei mesi dalla data di entrata in vigore della presente legge, un decreto legislativo per la trasformazione da illecito penale in illecito amministrativo e per la riforma della disciplina sanzionatoria nelle materie indicate negli articoli 3, 4, 5, 6, 7 e 8, e per attribuire al giudice di pace, nel rispetto dei principi e criteri direttivi previsti dall'articolo 2, la competenza in materia di opposizione all'ordinanza-ingiunzione, di cui agli articoli 22, 23 e 24 della legge 24 novembre 1981, n. 689.

2. Competenza del giudice di pace.

1. L'attribuzione al giudice di pace della competenza di cui all'articolo 1 è esclusa per le opposizioni nelle materie, da elencare tassativamente nel decreto legislativo, che comportano una particolare difficoltà di accertamento o coinvolgono rilevanti interessi collettivi nonché per quelle per le quali sono previste sanzioni di notevole entità.

3. Disciplina degli alimenti.

1. La riforma della disciplina sanzionatoria in materia di produzione, commercializzazione e igiene degli alimenti e delle bevande, nonché di tutela della denominazione di origine dei medesimi è ispirata ai seguenti principi e criteri direttivi:

a) trasformare in violazioni amministrative i reati previsti da leggi speciali, prevedendo una sanzione amministrativa pecuniaria non superiore a lire duecento milioni, graduata in rapporto alla gravità degli illeciti, e prevedendo altresì, a titolo di sanzioni accessorie, in caso di reiterazione specifica delle violazioni, la chiusura temporanea dello stabilimento o dell'esercizio, la sospensione per un periodo fino a tre mesi o la revoca della relativa licenza in relazione alla gravità dei fatti;

b) mantenere le sanzioni penali per le violazioni di cui agli articoli 5, 6 e 12, limitatamente, quanto a quest'ultima ipotesi, all'introduzione nel territorio della Repubblica di sostanze destinate al commercio, della legge 30 aprile 1962, n. 283, prevedendo l'alternatività delle pene dell'arresto e dell'ammenda, graduate in rapporto alla gravità degli illeciti, anche in deroga al principio di specialità di cui all'articolo 9 della legge 24 novembre 1981, n. 689;

c) prevedere la chiusura dello stabilimento o dell'esercizio nonché la revoca della relativa licenza, in relazione ai singoli illeciti amministrativi ovvero alle violazioni cui alla lettera b), oltre che nel caso di reiterazione anche non specifica di queste ultime, per i fatti di maggiore gravità dai quali derivi pericolo per la salute;

d) prevedere specifiche circostanze aggravanti per le fattispecie di cui agli articoli 515, 516 e 517 del codice penale, con riferimento alle condotte che siano altresì lesive dell'interesse protetto dal riconoscimento della denominazione di origine o dall'individuazione delle relative caratteristiche;

e) fatto salvo quanto stabilito dal primo comma dell'articolo 15 della legge 30 aprile 1962, n. 283, prevedere la chiusura obbligatoria dello stabilimento e dell'esercizio nei casi di insussistenza dei requisiti igienico-sanitari previsti per il rilascio della autorizzazione all'esercizio stesso, fermo restando quanto disposto dalla lettera c) del presente comma e salva la possibilità di revoca immediata qualora la situazione sia compiutamente regolarizzata;

f) prevedere la trasformazione in sanzioni amministrative accessorie delle pene accessorie già previste per i reati depenalizzati, introducendo, con riferimento alla gravità della violazione, nuove sanzioni accessorie idonee a prevenire violazioni della normativa nelle materie indicate nel presente articolo.

4. Disciplina della navigazione.

1. La riforma del sistema sanzionatorio in materia di disciplina della navigazione è ispirata ai seguenti principi e criteri direttivi:

a) trasformare in illeciti amministrativi le contravvenzioni contenute nel codice della navigazione, escluse quelle previste dagli articoli 1161 (abusiva occupazione di spazio demaniale e inosservanza di limiti alla proprietà privata), 1176 (inosservanza del divieto di mediazione) e 1177 (aggravanti) nonché dal Capo VI del titolo III del Libro I della Parte III (contravvenzioni concernenti le disposizioni sulla sicurezza della navigazione), prevedendo una sanzione amministrativa pecuniaria non superiore a lire sessanta milioni, graduata in rapporto alla gravità degli illeciti;

b) prevedere la trasformazione in sanzioni amministrative accessorie delle pene accessorie già previste per le contravvenzioni trasformate in illeciti amministrativi ai sensi della lettera a).

5. Circolazione stradale ed autotrasporto.

1. La riforma del sistema sanzionatorio penale in materia di disciplina della circolazione stradale e dell'autotrasporto di cose è ispirata ai seguenti principi e criteri direttivi:

a) trasformare in violazioni amministrative, prevedendo una sanzione amministrativa pecuniaria non inferiore a lire un milione e cinquecentomila e non superiore a lire diciotto milioni, graduata in relazione alla gravità dell'illecito, i reati di cui al decreto legislativo 30 aprile 1992, n. 285, ad eccezione degli articoli 100, comma 14, 186, 187 e 189;

b) trasformare in violazioni amministrative, prevedendo una sanzione amministrativa pecuniaria non inferiore a lire due milioni e non superiore a lire venti milioni, graduata in relazione alla gravità dell'illecito, i reati di cui all'articolo 1, primo comma, del decreto legislativo 22 gennaio 1948, n. 66, ad eccezione dell'abbandono o del deposito di congegni o altri oggetti in strada ferrata;

c) trasformare in violazioni amministrative, prevedendo una sanzione amministrativa pecuniaria non inferiore a lire tre milioni e non superiore a lire trenta milioni, graduata in relazione alla gravità e all'eventuale reiterazione dell'illecito, i reati previsti dagli articoli 26 e 46 della legge 6 giugno 1974, n. 298;

d) prevedere per le violazioni di cui alle lettere a) e c) del presente comma e per quella prevista dall'articolo 126, comma 7, del citato decreto legislativo n. 285 del 1992, a titolo di sanzione amministrativa accessoria, il sequestro del mezzo per un periodo non superiore a tre mesi, nonché, in caso di reiterazione delle condotte, la confisca del mezzo;

e) prevedere l'inserimento nell'anagrafe di cui all'articolo 226 del citato decreto legislativo n. 285 del 1992 delle notizie inerenti alle violazioni previste dal medesimo decreto legislativo e dalla legge 6 giugno 1974, n. 298, e che comportano l'applicazione di sanzioni accessorie.

6. Leggi finanziarie, tributarie e concernenti i mercati finanziari e mobiliari.

1. La riforma della disciplina sanzionatoria per le violazioni di leggi finanziarie e tributarie è ispirata ai seguenti principi e criteri direttivi:

a) sostituire con sanzioni amministrative proporzionate all'entità dei tributi evasi, alla reiterazione delle condotte ed alla gravità delle violazioni le sanzioni penali previste dagli articoli 282, 283, 284, 285, 286, 287, 288, 289, 290, 291, 292, 294, 295, primo comma, e 296 del Testo unico delle disposizioni legislative in materia doganale, approvato con decreto del Presidente della Repubblica 23 gennaio 1973, n. 43, limitatamente ai casi in cui l'ammontare dei diritti di confine non superi lire sette milioni; i poteri di sequestro e di confisca delle cose indicate nell'articolo 301 del medesimo Testo unico sono attribuiti all'autorità amministrativa;

b) sostituire con sanzioni amministrative proporzionate all'entità dei tributi evasi ed alla gravità delle violazioni le sanzioni penali previste dall'articolo 2, comma 26, del decreto legge 19 dicembre 1984, n. 853, convertito, con modificazioni, dalla legge 17 febbraio 1985, n. 17;

c) prevedere eventuali sanzioni accessorie alle predette sanzioni amministrative;

d) prevedere l'abolizione del principio di ultrattività delle norme penali tributarie.

2. Il comma 1 non si applica alle violazioni in materia di contrabbando di tabacchi lavorati esteri.

3. La riforma del sistema sanzionatorio nelle materie concernenti gli intermediari, i mercati finanziari e mobiliari, le società e gli enti emittenti strumenti finanziari sui mercati regolamentati e gli aspetti comunque connessi è ispirata ai seguenti principi e criteri direttivi:

a) trasformare in illeciti amministrativi i reati puniti con la sola multa ovvero con le pene, sole, alternative o congiunte, dell'arresto e dell'ammenda, fatta eccezione per le condotte volte ad ostacolare l'attività delle autorità di vigilanza o consistenti nella produzione di documentazione non veritiera ovvero che offendono in maniera rilevante il bene tutelato

b) prevedere, per le violazioni depenalizzate, sanzioni amministrative pecuniarie fino ad un ammontare massimo di lire trecento milioni, nonché eventuali sanzioni amministrative accessorie idonee a prevenire nuove violazioni;

c) prevedere, nell'ambito delle violazioni amministrative, sanzioni omogenee per condotte di pari offensività, a tal fine eventualmente adeguando anche quelle già stabilite da norme vigenti;

d) prevedere che l'applicazione delle sanzioni amministrative abbia luogo, su proposta delle autorità di vigilanza secondo le rispettive competenze, con decreto motivato del ministro del Tesoro, del bilancio e della programmazione economica soggetto a reclamo davanti alla corte d'appello del luogo in cui ha sede la società o l'ente cui appartiene l'autore della violazione ovvero, nei casi in cui tale criterio non sia applicabile, del luogo in cui la violazione è stata commessa.

7. Trasformazione di reati in illeciti amministrativi.

1. La riforma della disciplina sanzionatoria nelle materie di cui al presente articolo è ispirata ai seguenti principi e criteri direttivi:

a) trasformare in illeciti amministrativi le contravvenzioni di cui agli articoli 666 e 686 del codice penale, prevedendo sanzioni amministrative pecuniarie non inferiori a lire cinquantamila e non superiori a lire cinque milioni graduate in relazione alla gravità degli illeciti;

b) trasformare in illecito amministrativo la contravvenzione prevista dall'articolo 705 del codice penale, prevedendo una sanzione amministrativa pecuniaria non superiore a lire cinque milioni, graduata in relazione alla gravità dell'illecito e all'eventuale reiterazione della condotta;

c) trasformare in illeciti amministrativi i reati di cui agli articoli 345, 350, 352, 465, 466, 498, 527, secondo comma, 654, 663, 663-*bis*, 664, 675, 676, limitatamente alle ipotesi di cui al primo comma, 677, limitatamente alle ipotesi di cui al primo e al secondo comma, 688, primo comma, 692, primo comma, 724 e 725 del codice penale, prevedendo sanzioni amministrative pecuniarie non inferiori a lire centomila e non superiori a lire due milioni graduate in relazione alla gravità degli illeciti;

d) trasformare in illeciti amministrativi, prevedendo sanzioni amministrative pecuniarie non inferiori a lire duecentomila e non superiori a lire cinque milioni, i reati previsti:

1) dall'articolo 2 della legge 2 agosto 1897, n. 378;
2) dagli articoli 15, 23 e 24 del regolamento per la repressione dell'abigeato e del pascolo abusivo in Sardegna, approvato con Regio decreto 14 luglio 1898, n. 404;
3) dall'articolo 142 del Regio decreto 8 maggio 1904, n. 368;
4) dall'articolo 1 della legge 30 giugno 1912, n. 740;
5) dagli articoli 54 e 55 del Testo unico approvato con Regio decreto 11 luglio 1913, n. 959;
6) dall'articolo 13 del decreto legge luogotenenziale 18 gennaio 1917, n. 148;
7) dall'articolo 4 della legge 19 aprile 1925, n. 475;
8) dagli articoli 19 e 20 del Regio decreto legge 9 luglio 1926, n. 1331, convertito, con modificazioni, dalla legge 16 giugno 1927, n. 1132;
9) dall'articolo 11 del Regio decreto legge 14 novembre 1926, n. 1923, convertito dalla legge 7 luglio 1927, n. 1495;
10) dall'articolo 20 del Testo unico approvato con Regio decreto 3 marzo 1934, n. 383;
11) dall'articolo 24 della legge 26 aprile 1934, n. 653, in quanto riferibili a disposizioni non abrogate;
12) dall'articolo 221 del Testo unico delle leggi sanitarie, approvato con Regio decreto 27 luglio 1934, n. 1265;
13) dagli articoli 115 e 116 del Regio decreto legge 4 ottobre 1935, n. 1827, convertito, con modificazioni, dalla legge 6 aprile 1936, n. 1155;
14) dall'articolo 116 del Regio decreto legge 19 ottobre 1938, n. 1933, convertito, con modificazioni, dalla legge 5 giugno 1939, n. 973;
15) dall'articolo 76 del Testo unico approvato con Regio decreto 5 giugno 1939, n. 1016;
16) dall'articolo 3 della legge 22 giugno 1939, n. 1239;
17) dall'articolo 32 della legge 10 giugno 1940, n. 653;
18) dall'articolo 6 della legge 27 maggio 1949, n. 260;
19) dall'articolo 23 della legge 4 aprile 1952, n. 218;
20) dall'articolo 9 della legge 17 maggio 1952, n. 619;
21) dagli articoli 23 e 29 della legge 19 gennaio 1955, n. 25;
22) dall'articolo 82 del Testo unico approvato con decreto del Presidente della Repubblica 30 maggio 1955, n. 797;
23) dall'articolo 14 della legge 14 febbraio 1958, n. 138;
24) dall'articolo 12 della legge 21 marzo 1958, n. 326;
25) dall'articolo 4 della legge 29 novembre 1961, n. 1325, in quanto riferibili a disposizioni non abrogate;
26) dall'articolo 15 della legge 21 aprile 1962, n. 161;
27) dall'articolo 26 della legge 9 gennaio 1963, n. 9;
28) dagli articoli 54 e 55 del Testo unico approvato con decreto del Presidente della Repubblica 20 marzo 1967, n. 223;
29) dall'articolo 40 del decreto del Presidente della Repubblica 27 aprile 1968, n. 488;
30) dall'articolo 14 della legge 29 ottobre 1971, n. 889;
31) dall'articolo 36 del decreto del Presidente della Repubblica 26 ottobre 1972, n. 640;
32) dall'articolo 11 della legge 2 febbraio 1973, n. 7;
33) dall'articolo 5 della legge 25 febbraio 1987, n. 67;

e) trasformare in illeciti amministrativi le contravvenzioni di cui ai numeri 1) e 2) del primo comma dell'articolo 5 della legge 20 febbraio 1958, n. 75, prevedendo una sanzione amministrativa pecuniaria fino a lire duecentomila;

f) trasformare in illeciti amministrativi i reati previsti dagli articoli 6 e 15 del decreto legislativo 30 dicembre 1992, n. 541, e dall'articolo 201 del Testo unico delle leggi sanitarie, approvato con Regio decreto 27 luglio 1934, n. 1265, prevedendo una sanzione amministrativa pecuniaria non inferiore a lire cinque milioni;

g) prevedere nelle ipotesi di cui alle lettere a), b) e d) eventuali sanzioni amministrative accessorie.

8. Assegni bancari e postali.

1. La riforma della disciplina sanzionatoria relativa agli assegni bancari e postali è ispirata ai seguenti principi e criteri direttivi:

a) trasformare in violazioni amministrative i reati di emissione di assegno senza autorizzazione e senza provvista previsti dagli articoli 1 e 2 della legge 15 dicembre 1990, n. 386, prevedendo una sanzione amministrativa pecuniaria non inferiore a lire trecentomila e non superiore a lire ventiquattro milioni, graduata in relazione alla gravità dell'illecito e all'importo dell'assegno, escludendo il pagamento in misura ridotta ai sensi dell'articolo 16 della legge 24 novembre 1981, n. 689;

b) prevedere, per le violazioni depenalizzate ai sensi

della lettera a), sanzioni amministrative accessorie, tra cui il divieto di emettere assegni bancari e postali per un periodo da due a cinque anni nonché, nei casi più gravi, il divieto temporaneo di esercitare attività professionali od imprenditoriali e di assumere uffici direttivi delle persone giuridiche e delle imprese;

c) mantenere la sanzione penale per la violazione dei divieti di cui alla lettera b), prevedendo la pena della reclusione da sei mesi a tre anni e, a titolo di pene accessorie, la pubblicazione della sentenza e il divieto di emettere assegni bancari e postali per un periodo non inferiore a due anni;

d) modificare la disciplina della revoca dell'autorizzazione ad emettere assegni di cui all'articolo 9 della legge 15 dicembre 1990, n. 386, prevedendo l'obbligo di revoca, ovvero il divieto di autorizzazione, anche nei confronti di altre banche, anche sulla base degli accertamenti effettuati per il tramite dell'archivio di cui alla lettera e);

e) prevedere l'istituzione presso la Banca d'Italia di un apposito archivio informatizzato, in cui vengono inseriti, con le occorrenti informazioni, i nominativi di coloro che hanno emesso assegni senza autorizzazione o senza provvista ovvero ai quali è stata revocata l'autorizzazione all'utilizzo di carte di pagamento, nonché l'indicazione di assegni o carte di pagamento di cui sia stato denunciato il furto o lo smarrimento;

f) prevedere la responsabilità solidale della banca trattaria, qualora la stessa abbia autorizzato il rilascio di libretto di assegni a chiunque risulti segnalato per l'emissione di assegno a vuoto presso l'archivio di cui alla lettera e);

g) riformulare gli articoli 124 e 125 del Regio decreto 21 dicembre 1933, n. 1736, coordinandoli con la nuova disciplina dei divieti e delle revoche, mantenendo la pena della reclusione per l'illecito rilascio di moduli di assegno bancario o postale, da determinare in misura non superiore a due anni.

9. Reati in materia di imposte sui redditi e sul valore aggiunto [1].

1. Il Governo è delegato ad emanare, entro otto mesi dalla data di entrata in vigore della presente legge, un decreto legislativo recante la nuova disciplina dei reati in materia di imposte sui redditi e sul valore aggiunto, procedendo all'abrogazione del titolo I del decreto legge 10 luglio 1982, n. 429, convertito, con modificazioni, dalla legge 7 agosto 1982, n. 516, e delle altre norme vigenti incompatibili con la nuova disciplina.

2. Il decreto legislativo sarà informato ai seguenti principi e criteri direttivi:

a) prevedere un ristretto numero di fattispecie, di natura esclusivamente delittuosa, punite con pena detentiva compresa tra sei mesi e sei anni con esclusione del ricorso a circostanze aggravanti ad effetto speciale, caratterizzate da rilevante offensività per gli interessi dell'erario e dal fine di evasione o di conseguimento di indebiti rimborsi di imposta, aventi ad oggetto:

1) le dichiarazioni annuali fraudolente fondate su documentazione falsa ovvero su altri artifici idonei a fornire una falsa rappresentazione contabile;
2) l'emissione di documenti falsi diretti a consentire a terzi la realizzazione dei fatti indicati nel numero 1);
3) l'omessa presentazione delle dichiarazioni annuali e le dichiarazioni annuali infedeli;
4) la sottrazione al pagamento o alla riscossione coattiva delle imposte mediante compimento di atti fraudolenti sui propri beni o altre condotte fraudolente;
5) l'occultamento o la distruzione di documenti contabili;

b) prevedere, salvo che per le fattispecie concernenti l'emissione o l'utilizzazione di documentazione falsa e l'occultamento o la distruzione di documenti contabili, soglie di punibilità idonee a limitare l'intervento penale ai soli illeciti economicamente significativi;

c) prevedere che le soglie di cui alla lettera b) siano articolate in modo da:

1) escludere l'intervento penale al di sotto di una determinata entità di evasione, indipendentemente dai valori dichiarati;
2) comportare l'intervento penale soltanto quando il rapporto tra l'entità dei componenti reddituali o del volume di affari evasi e l'entità dei componenti reddituali o del volume d'affari dichiarati sia superiore ad un determinato valore;
3) comportare, in ogni caso, l'intervento penale quando l'entità dei componenti reddituali o del volume di affari evasi raggiunga, indipendentemente dal superamento della soglia proporzionale, un determinato ammontare in termini assoluti;
4) prevedere nelle ipotesi di omessa dichiarazione una soglia minima di punibilità inferiore a quella prevista per i casi di infedeltà;

d) prevedere sanzioni accessorie adeguate e proporzionate alla gravità delle diverse fattispecie, desunta in particolare dalle caratteristiche della condotta e della sua offensività per gli interessi dell'erario;

e) prevedere meccanismi premiali idonei a favorire il risarcimento del danno;

f) prevedere la non punibilità di chi si sia uniformato al parere del comitato consultivo per l'applicazione delle norme antielusive, istituito ai sensi dell'articolo 21 della legge 30 dicembre 1991, n. 413;

g) uniformare la disciplina della prescrizione dei reati a quella generale, salvo le deroghe rese opportune dalla particolarità della materia penale tributaria;

h) individuare la competenza territoriale sulla base del luogo in cui il reato è stato commesso, ovvero, ove ciò non fosse possibile, del luogo in cui il reato è stato accertato;

i) prevedere l'applicazione della sola disposizione speciale quando uno stesso fatto è punito da una disposizione penale e da una disposizione che prevede una sanzione amministrativa;

l) coordinare le nuove disposizioni con il sistema sanzionatorio amministrativo, in modo da assicurare risposte punitive coerenti e concretamente dissuasive.

(1) Per l'attuazione di questo art. vedi il d.lgs. 10.3.2000, n. 74.

10. Sanzioni alternative alla detenzione.

1. Il Governo è delegato ad adottare, entro otto mesi dalla data di entrata in vigore della presente legge, un decreto legislativo in materia di sanzioni alternative alla detenzione, secondo i seguenti principi e criteri direttivi:

a) per i reati di cui al libro terzo del codice penale nonché per le altre contravvenzioni previste da leggi speciali, non trasformare in illeciti amministrativi ai sensi della presente legge, previsione di sanzioni alternative alla detenzione o sostitutive della medesima detenzione, quali la prestazione di attività non retribuita a favore della collettività o di altre forme di lavoro sostitutivo, l'obbligo di permanenza in casa o misure prescrittive specifiche;

b) individuazione dei diversi tipi di sanzioni di cui alla lettera a) in relazione alle diverse fattispecie di reato, con attribuzione al giudice del potere di scegliere la sanzione alternativa applicabile e di individuare obblighi specifici per il condannato relativi all'applicazione della stessa;

c) previsione di uno specifico delitto punito con pena detentiva fino ad un anno non sostituibile in caso di inosservanza o di violazione reiterata degli obblighi connessi alle sanzioni alternative alla detenzione.

16. Disposizioni finali.

1. In sede di emanazione dei decreti legislativi di cui agli articoli 1, 9 e 10, il Governo è altresì delegato:

a) ad adeguare l'importo minimo di cui all'articolo 10 della legge 24 novembre 1981, n. 689, prevedendone l'aumento ed a prescrivere eventuali limitazioni alla facoltà di pagamento in misura ridotta, in ragione della gravità dell'illecito;

b) ad emanare le norme di attuazione delle disposizioni contenute nella presente legge, le norme di coordinamento con tutte le altre leggi dello Stato, nonché le norme di carattere transitorio;

c) ad individuare l'autorità competente ad irrogare le sanzioni amministrative inerenti agli illeciti depenalizzati, tenendo conto della natura delle violazioni e delle attribuzioni delle amministrazioni interessate.

17. Esercizio delle deleghe.

1. Gli schemi dei decreti legislativi di cui agli articoli 1, 9 e 10 sono trasmessi alla Camera dei deputati ed al Senato della Repubblica almeno sessanta giorni prima della scadenza prevista per l'esercizio delle deleghe. Decorsi trenta giorni dalla data di trasmissione senza che le competenti Commissioni permanenti abbiano espresso il loro parere, i decreti possono essere adottati.

19. Disposizioni transitorie in materia di perseguibilità a querela.

1. Per i reati perseguibili a querela, ai sensi delle disposizioni della presente legge o dei decreti legislativi da esse previsti, commessi prima della data di entrata in vigore della presente legge o dei citati decreti legislativi, il termine per presentare la querela decorre dalla data predetta, se la persona ha avuto in precedenza notizia del fatto costituente reato.

2. Se è pendente il relativo procedimento, il giudice informa la persona offesa dal reato della facoltà di esercitare il diritto di querela e il termine decorre dal giorno in cui la persona offesa è stata informata.

20. Riferimenti a provvedimenti normativi.

1. I riferimenti a provvedimenti normativi contenuti nella presente legge e nei decreti legislativi da essa previsti sono estesi ai successivi provvedimenti di modificazione.

4. D.Lgs. 30 dicembre 1999, n. 507. – Depenalizzazione dei reati minori e riforma del sistema sanzionatorio, ai sensi dell'articolo 1 della legge 25 giugno 1999, n. 205 *(artt. 1-4, 7-8, 16, 93, 100-105)*

In Gazzetta Ufficiale 31 dicembre 1999, n. 306

TITOLO I
Riforma del sistema sanzionatorio in materia di alimenti

Capo I
Trasformazione dei reati in illeciti amministrativi

1. Depenalizzazione.

1. Sono trasformate in illeciti amministrativi, soggetti alle sanzioni stabilite dagli articoli 2 e 3, le violazioni previste come reato dalle leggi comprese nell'elenco allegato al presente decreto legislativo e da ogni altra disposizione in materia di produzione, commercio e igiene degli alimenti e delle bevande, nonché di tutela della denominazione di origine dei medesimi, fatta eccezione per i reati previsti dal codice penale e dagli articoli 5, 6 e 12 della legge 30 aprile 1962, n. 283, e successive modificazioni ed integrazioni.

2. Sanzioni amministrative pecuniarie.

1. Le violazioni indicate dall'articolo 1 sono soggette alla sanzione amministrativa del pagamento di una somma di denaro, il cui ammontare, salvo quanto previsto dal comma 2, è così determinato:

a) se la violazione è punita con la sola pena della multa o dell'ammenda, la somma dovuta è pari all'ammontare della pena pecuniaria stabilita per violazione stessa, e comunque non inferiore a lire cinquecentomila;

b) se la violazione è punita con la pena della reclusione o dell'arresto alternativa a quella della multa o dell'ammenda, è dovuta una somma da lire quindici milioni a novanta milioni quando la pena detentiva è inferiore nel massimo ad un anno, e da lire venti milioni a centoventi milioni negli altri casi;

c) se la violazione è punita con la pena della reclusione o dell'arresto sola o congiunta con la pena della multa o dell'ammenda, è dovuta una somma da lire venti milioni a centoventi milioni quando la pena detentiva è inferiore nel massimo ad un anno, e da lire trenta milioni a centottanta milioni negli altri casi.

2. Se per la violazione è prevista una pena pecuniaria proporzionale, con o senza la fissazione di limiti minimi e massimi, la somma dovuta è pari:

a) all'ammontare della multa o dell'ammenda, ove prevista in via esclusiva;

b) all'ammontare della multa o dell'ammenda, aumentato di un terzo, ove prevista in via alternativa alla reclusione o all'arresto;

c) al doppio dell'ammontare della multa o dell'ammenda, ove prevista congiuntamente alla reclusione o all'arresto.

3. Sanzioni amministrative accessorie.

1. Le pene accessorie previste per le violazioni indicate dall'articolo 1 sono trasformate in sanzioni amministrative accessorie e continuano ad applicarsi nei casi e nei modi stabiliti dalle disposizioni che le prevedono. Se l'applicabilità delle pene accessorie è prevista per i casi di recidiva, le sanzioni amministrative accessorie si applicano nei casi di reiterazione delle violazioni nei sensi stabiliti dall'articolo 8-*bis* della legge 24 novembre 1981, n. 689, introdotto dall'articolo 94 del presente decreto legislativo.

2. Salvo quanto disposto dal comma 1, l'autorità amministrativa con l'ordinanza-ingiunzione o il giudice con la sentenza di condanna nel caso previsto dall'articolo 24 della legge 24 novembre 1981, n. 689 può applicare per le violazioni indicate dall'articolo 1, tenuto conto della natura e della gravità dei fatti, le seguenti sanzioni amministrative accessorie:

a) nel caso di reiterazione specifica delle violazioni, la chiusura dello stabilimento o dell'esercizio da un minimo di cinque giorni ad un massimo di tre mesi, ovvero la sospensione fino ad un massimo di tre mesi o la revoca della licenza, dell'autorizzazione o dell'analogo provvedimento amministrativo che consente l'esercizio dell'attività;

b) per i fatti di particolare gravità dai quali sia derivato pericolo per la salute, la chiusura definitiva dello stabilimento o dell'esercizio e la revoca della licenza, dell'autorizzazione o dell'analogo provvedimento amministrativo che consente l'esercizio dell'attività.

3. Nei casi in cui possono essere applicate sanzioni amministrative accessorie a norma dei commi 1 e 2 non è ammesso il pagamento in misura ridotta ai sensi dell'articolo 16 della legge 24 novembre 1981, n. 689.

4. Autorità competente.

1. Salvo quanto previsto dal comma 2, le sanzioni amministrative per le violazioni depenalizzate a norma dell'articolo 1 sono applicate dalle autorità amministrative competenti ad irrogare le altre sanzioni amministrative già previste dalle leggi che contemplano le violazioni stesse.

2. Per le violazioni previste dalla legge 4 novembre 1951, n. 1316, dalla legge 7 dicembre 1951, n. 1559, dalla legge 23 dicembre 1956, n. 1526, dalla legge 24 luglio 1962, n. 1104, dalla legge 9 ottobre 1980, n. 659, dalla legge 4 novembre 1981, n. 628, dalla legge 2 agosto 1982, n. 527 e dalla legge 12 gennaio 1990, n. 1[illegible], le sanzioni amministrative sono applicate, secondo le rispettive attribuzioni, dal Ministero delle politiche agricole e forestali, dal Ministero dell'industria, del commercio e dell'artigianato, dalle regioni e dalle province autonome.

7. Affissione e pubblicazione del provvedimento che applica sanzioni amministrative.

1. Quando è applicata una sanzione amministrativa pecuniaria non inferiore a quindici milioni di lire per una violazione in materia di produzione, commercio e igiene degli alimenti e delle bevande, o di tutela della denominazione di origine dei medesimi, l'autorità amministrativa con l'ordinanza-ingiunzione o il giudice con la sentenza di condanna nel caso previsto dall'articolo 24 della legge 24 novembre 1981, n. 689 può disporre, tenuto conto della natura e della gravità del fatto, l'affissione o la pubblicazione del provvedimento che accerta la violazione a spese del soggetto cui la sanzione è applicata.

2. L'affissione ha ad oggetto un estratto del provvedimento contenente la sintetica indicazione dell'illecito commesso, del suo autore e della sanzione applicata. L'autorità amministrativa o il giudice stabilisce i luoghi, le modalità e la durata, comunque non superiore a quattro mesi, dell'affissione, in modo tale da assicurare un'agevole conoscibilità del provvedimento da parte del pubblico.

3. L'autorità che ha emesso l'ordinanza-ingiunzione cura l'esecuzione dell'affissione, avvalendosi ove occorra degli organi di polizia municipale. Se l'affissione è disposta dal giudice penale, l'esecuzione è affidata all'organo che ha accertato la violazione.

4. La pubblicazione del provvedimento è eseguita

con le modalità previste dall'articolo 36 del codice penale, in quanto applicabile.

8. Chiusura dello stabilimento o dell'esercizio per mancanza dei requisiti igienico-sanitari.

1. Gli organi della pubblica amministrazione incaricati della vigilanza sull'osservanza delle disposizioni in materia di produzione, commercio ed igiene degli alimenti e delle bevande dispongono la chiusura dello stabilimento o dell'esercizio nei casi di insussistenza dei requisiti igienico-sanitari necessari ai fini del rilascio dell'autorizzazione sanitaria.

2. Il provvedimento è immediatamente revocato se la situazione viene regolarizzata.

3. Restano ferme le disposizioni previste dall'articolo 3 del presente decreto, dall'articolo 517-*bis* del codice penale, dall'articolo 12-*bis* e dal primo comma dell'articolo 15 della legge 30 aprile 1962, n. 283.

16. Autorità competenti all'applicazione delle sanzioni amministrative.

1. Le autorità competenti ad applicare le sanzioni amministrative previste dal presente titolo sono, secondo le rispettive attribuzioni, il Ministero dei trasporti e della navigazione, l'Ente nazionale per l'aviazione civile, le regioni e le province autonome.

93. Autorità competenti.

1. Le autorità competenti ad applicare le sanzioni amministrative per le violazioni depenalizzate a norma del presente capo sono le seguenti:

a) Ministero dell'interno: articoli 15, 23 e 24 del regio decreto 14 luglio 1898, n. 404; articolo 1 della legge 30 giugno 1912, n. 740; articolo 13 del decreto-legge luogotenenziale 18 gennaio 1917, n. 148; articolo 4 della legge 19 aprile 1925, n. 475; articolo 20 del regio decreto 3 marzo 1934, n. 383; articolo 5 della legge 20 febbraio 1958, n. 75; articolo 15 della legge 21 aprile 1962, n. 161; articoli 54 e 55 del decreto del Presidente della Repubblica 20 marzo 1967, n. 223; articolo 11 della legge 2 febbraio 1973, n. 7; articolo 5 della legge 25 febbraio 1987, n. 67;

b) Ministero del lavoro: articolo 24 della legge 26 aprile 1934, n. 653; articolo 3 della legge 22 giugno 1939, n. 1239; articolo 6 della legge 27 maggio 1949, n. 260; articoli 23 e 29 della legge 19 gennaio 1955, n. 25; articolo 14 della legge 14 febbraio 1958, n. 138; articolo 4 della legge 29 novembre 1961, n. 1325;

c) Ministero della sanità: articolo 201 del regio decreto 27 luglio 1934, n. 1265; articoli 6 e 15 del decreto legislativo 30 dicembre 1992, n. 541;

d) Ministero del commercio con l'estero: articolo 11 del regio decreto-legge 14 novembre 1926, n. 1923, convertito dalla legge 7 luglio 1927, n. 1495;

e) Ministero delle finanze: articolo 36 del decreto del Presidente della Repubblica 26 ottobre 1972, n. 640;

f) Ministero dei beni culturali: articolo 9 della legge 17 maggio 1952, n. 619;

g) Ministero dell'industria, del commercio e dell'artigianato: articoli 19 e 20 del regio decreto-legge 9 luglio 1926, n. 1331, convertito, con modificazioni, dalla legge 16 giugno 1927, n. 1132; articolo 116 del regio decreto-legge 19 ottobre 1938, n. 1933, convertito, con modificazioni, dalla legge 5 giugno 1939, n. 973;

h) enti ed istituti gestori delle forme di previdenza e assistenza obbligatorie: articoli 115 e 116 del regio decreto-legge 4 ottobre 1935, n. 1827, convertito, con modificazioni, dalla legge 6 aprile 1936, n. 1155 (1); articolo 32 della legge 10 giugno 1940, n. 653; articolo 23 della legge 4 aprile 1952, n. 218; articolo 82 del decreto del Presidente della Repubblica 30 maggio 1955, n. 797; articolo 26 della legge 9 gennaio 1963, n. 9; articolo 40 del decreto del Presidente della Repubblica 27 aprile 1968, n. 488; articolo 14 della legge 29 ottobre 1971, n. 889;

i) regioni: articolo 142 del regio decreto 8 maggio 1904, n. 368; articoli 54 e 55 del regio decreto 11 luglio 1913, n. 959; articolo 12 della legge 21 marzo 1958, n. 326;

l) sindaco: articolo 221 del regio decreto 27 luglio 1934, n. 1265.

(1) Così corretto con Comunicato 28.1.2000.

100. Applicabilità delle sanzioni amministrative alle violazioni anteriormente commesse.

1. Le disposizioni del presente decreto legislativo che sostituiscono sanzioni penali con sanzioni amministrative si applicano anche alle violazioni commesse anteriormente alla data di entrata in vigore del decreto stesso, sempre che il procedimento penale non sia stato definito con sentenza o con decreto divenuti irrevocabili.

2. A tali violazioni non si applicano, tuttavia, le sanzioni amministrative accessorie introdotte dal presente decreto legislativo, salvo che le stesse sostituiscano corrispondenti pene accessorie.

101. Procedimenti definiti con sentenza irrevocabile.

1. Se i procedimenti penali per le violazioni depenalizzate dal presente decreto legislativo sono stati definiti, prima della sua entrata in vigore, con sentenza di condanna o decreto irrevocabili, il giudice dell'esecuzione revoca la sentenza o il decreto, salvo quanto previsto dai commi 2 e 3, dichiarando che il fatto non è previsto dalla legge come reato e adotta i provvedimenti conseguenti. Il giudice dell'esecuzione provvede con l'osservanza delle disposizioni dell'articolo 667, comma 4, del codice di procedura penale.

[**2.** Le multe e le ammende inflitte con le sentenze o i decreti indicati nel comma 1 sono riscosse, insieme alle spese del procedimento, con l'osservanza delle norme sull'esecuzione delle pene pecuniarie.] (1)

3. Restano salve la confisca nonché le pene accessorie, nei casi in cui queste ultime sono applicabili alle violazioni depenalizzate come sanzioni amministrative.

(1) La Corte costituzionale, con sent. 31.5.2001, n. 169, ha dichiarato l'illegittimità costituzionale di questo comma.

102. Trasmissione degli atti all'autorità amministrativa e procedimento sanzionatorio.

1. Nei casi previsti dall'articolo 100, comma 1, l'autorità giudiziaria entro novanta giorni dalla data di entrata in vigore del presente decreto legislativo, dispone la trasmissione all'autorità amministrativa competente degli atti dei procedimenti penali relativi ai reati trasformati in illeciti amministrativi, salvo che il reato risulti prescritto o estinto per altra causa alla medesima data.

2. Se l'azione penale non è stata ancora esercitata, la trasmissione degli atti è disposta direttamente dal pubblico ministero, che, in caso di procedimento già iscritto, annota la trasmissione nel registro delle notizie di reato. Se il reato risulta estinto per qualunque causa, il pubblico ministero richiede l'archiviazione a norma del codice di procedura penale; la richiesta ed il decreto del giudice che la accoglie possono avere ad oggetto anche elenchi cumulativi di procedimenti.

3. Se l'azione penale è stata esercitata, il giudice, ove l'imputato o il pubblico ministero non si oppongano, pronuncia, in camera di consiglio, sentenza inappellabile di assoluzione o di non luogo a procedere perché il fatto non è previsto dalla legge come reato, disponendo la trasmissione degli atti a norma del comma 1.

4. L'autorità amministrativa notifica gli estremi della violazione agli interessati residenti nel territorio della Repubblica entro il termine di novanta giorni e a quelli residenti all'estero entro il termine di trecentosessanta giorni dalla ricezione degli atti.

5. Entro il termine di sessanta giorni dalla notificazione degli estremi della violazione, l'interessato è ammesso al pagamento in misura ridotta a norma dell'articolo 16 della legge 24 novembre 1981, n. 689, ovvero, se si tratta di violazione al codice della strada o in materia finanziaria, dell'articolo 202, commi 1 e 2, del decreto legislativo 30 aprile 1992, n. 285 o dell'articolo 16, comma 3, del decreto legislativo 18 dicembre 1997, n. 472. Il pagamento in misura ridotta è ammesso anche in deroga ad eventuali esclusioni o limitazioni previste dalla legge.

6. Il pagamento determina l'estinzione del procedimento.

7. Si applicano, per quanto non stabilito dal presente articolo, le disposizioni delle sezioni I e II del capo I della legge 24 novembre 1981, n. 689, in quanto compatibili.

8. Nei casi previsti dal presente articolo la prescrizione della sanzione o del diritto alla riscossione delle somme dovute a titolo di sanzione amministrativa non determina responsabilità contabile.

103. Uffici competenti a ricevere il rapporto.

1. I ministeri e gli enti competenti ad applicare le sanzioni amministrative per le violazioni depenalizzate dal presente decreto legislativo indicano gli uffici, anche periferici, ai quali deve essere inviato il rapporto di cui all'articolo 17 della legge 24 novembre 1981, n. 689.

2. Per i ministeri l'individuazione ha luogo con decreto del Ministro adottato entro trenta giorni dall'entrata in vigore del presente decreto legislativo e pubblicato nella Gazzetta Ufficiale della Repubblica.

104. Disposizioni concernenti le competenze delle regioni e degli enti locali.

1. Per le funzioni ed i compiti conferiti dai decreti legislativi emanati in attuazione della legge 15 marzo 1997, n. 59, la competenza ad applicare le sanzioni amministrative per le violazioni depenalizzate dal presente decreto legislativo spetta alle regioni ed agli enti locali a decorrere dalla data di effettivo trasferimento delle risorse a norma dell'articolo 7 della medesima legge n. 59 del 1997.

2. Le regioni a statuto speciale e le province autonome di Trento e Bolzano sono competenti ad applicare, secondo i rispettivi ordinamenti, le sanzioni amministrative relative alle funzioni loro attribuite.

105. Entrata in vigore delle disposizioni collegate all'archivio informatico degli assegni e delle carte di pagamento irregolari.

1. Le disposizioni degli articoli 34, 35 e 37, comma 2, entrano in vigore decorsi centocinquanta giorni dalla pubblicazione nella Gazzetta Ufficiale della Repubblica del regolamento previsto dall'articolo 36, comma 2.

2. Con riguardo alle convenzioni di assegno in corso alla data di entrata in vigore delle disposizioni indicate nel comma 1, il cliente dichiara alla banca o all'ufficio postale, entro trenta giorni da tale data, il domicilio eletto ai fini delle comunicazioni previste dall'articolo 9-*bis* della legge 15 dicembre 1990, n. 386, introdotto dall'articolo 34 del presente decreto legislativo. La dichiarazione ha luogo nelle forme previste dall'articolo 9-*ter*, comma 2, della medesima legge n. 386 del 1990. In mancanza della dichiarazione, le predette comunicazioni si effettuano presso la residenza dichiarata o il domicilio eletto dal cliente all'atto della conclusione della convenzione di assegno.

5. L. 28 aprile 2014, n. 67. – Deleghe al Governo in materia di pene detentive non carcerarie e di riforma del sistema sanzionatorio. Disposizioni in materia di sospensione del procedimento con messa alla prova e nei confronti degli irreperibili

In Gazzetta Ufficiale 2 maggio 2014, n. 100

Capo I
Deleghe al Governo

1. Delega al Governo in materia di pene detentive non carcerarie.

1. Il Governo è delegato ad adottare uno o più decreti legislativi per la riforma del sistema delle pene, con le modalità e nei termini previsti dai commi 2 e 3 e nel rispetto dei seguenti principi e criteri direttivi:

a) prevedere che le pene principali siano l'ergastolo, la reclusione, la reclusione domiciliare e l'arresto domiciliare, la multa e l'ammenda; prevedere che la reclusione e l'arresto domiciliari si espiano presso l'abitazione del condannato o altro luogo pubblico o privato di cura, assistenza e accoglienza, di seguito denominato «domicilio», con durata continuativa o per singoli giorni della settimana o per fasce orarie;

b) per i reati per i quali è prevista la pena dell'arresto o della reclusione non superiore nel massimo a tre anni, secondo quanto disposto dall'articolo 278 del codice di procedura penale, prevedere che la pena sia quella della reclusione domiciliare o dell'arresto domiciliare;

c) per i delitti per i quali è prevista la pena della reclusione tra i tre e i cinque anni, secondo quanto disposto dall'articolo 278 del codice di procedura penale, prevedere che il giudice, tenuto conto dei criteri indicati dall'articolo 133 del codice penale, possa applicare la reclusione domiciliare;

d) prevedere che, nei casi indicati nelle lettere b) e c), il giudice possa prescrivere l'utilizzo delle particolari modalità di controllo di cui all'articolo 275-*bis* del codice di procedura penale;

e) prevedere che le disposizioni di cui alle lettere b) e c) non si applichino nei casi previsti dagli articoli 102, 103, 105 e 108 del codice penale;

f) prevedere che il giudice sostituisca le pene previste nelle lettere b) e c) con le pene della reclusione o dell'arresto in carcere, qualora non risulti disponibile un domicilio idoneo ad assicurare la custodia del condannato ovvero quando il comportamento del condannato, per la violazione delle prescrizioni dettate o per la commissione di ulteriore reato, risulti incompatibile con la prosecuzione delle stesse, anche sulla base delle esigenze di tutela della persona offesa dal reato;

g) prevedere che, per la determinazione della pena agli effetti dell'applicazione della reclusione e dell'arresto domiciliare, si applichino, in ogni caso, i criteri di cui all'articolo 278 del codice di procedura penale;

h) prevedere l'applicazione delle disposizioni di cui all'articolo 385 del codice penale nei casi di allontanamento non autorizzato del condannato dal luogo in cui sono in corso di esecuzione le pene previste dalle lettere b) e c);

i) prevedere, altresì, che per i reati di cui alle lettere b) e c) il giudice, sentiti l'imputato e il pubblico ministero, possa applicare anche la sanzione del lavoro di pubblica utilità, con le modalità di cui alla lettera l);

l) prevedere che il lavoro di pubblica utilità non possa essere inferiore a dieci giorni e consista nella prestazione di attività non retribuita in favore della collettività da svolgere presso lo Stato, le regioni, le province, i comuni o presso enti o organizzazioni di assistenza sociale e di volontariato; prevedere che la prestazione debba essere svolta con modalità e tempi che non pregiudichino le esigenze di lavoro, di studio, di famiglia e di salute del condannato; prevedere che la durata giornaliera della prestazione non possa comunque superare le otto ore;

m) escludere la punibilità di condotte sanzionate con la sola pena pecuniaria o con pene detentive non superiori nel massimo a cinque anni, quando risulti la particolare tenuità dell'offesa e la non abitualità del comportamento, senza pregiudizio per l'esercizio dell'azione civile per il risarcimento del danno e adeguando la relativa normativa processuale penale;

n) provvedere al coordinamento delle nuove norme in materia di pene detentive non carcerarie sia con quelle di cui alla legge 24 novembre 1981, n. 689, sia con quelle di cui alla legge 26 novembre 2010, n. 199, sia con la disciplina dettata dal testo unico di cui al decreto del Presidente della Repubblica 14 novembre 2002, n. 313, sia con quelle di cui alla legge 26 luglio 1975, n. 354, tenendo conto della necessità di razionalizzare e di graduare il sistema delle pene, delle sanzioni sostitutive e delle misure alternative applicabili in concreto dal giudice di primo grado.

2. I decreti legislativi previsti dal comma 1 sono adottati entro il termine di otto mesi dalla data di entrata in vigore della presente legge su proposta del Ministro della giustizia, di concerto con il Ministro dell'economia e delle finanze. Gli schemi dei decreti legislativi, a seguito di deliberazione preliminare del Consiglio dei ministri, sono trasmessi alle Camere, corredati di relazione tecnica, per l'espressione dei pareri da parte delle Commissioni parlamentari competenti per materia e per i profili finanziari, che sono resi entro il termine di trenta giorni dalla data di trasmissione, decorso il quale i decreti possono essere emanati anche in mancanza dei predetti pareri. Qualora tale termine venga a scadere nei trenta giorni antecedenti allo spirare del termine previsto dal primo periodo o successivamente, la scadenza di quest'ultimo è prorogata di sessanta giorni. Nella redazione dei decreti legislativi di cui al presente comma il Governo tiene conto delle eventuali modificazioni della normativa vigente comunque intervenute fino al momento dell'esercizio della delega. I predetti decreti legislativi contengono, altresì, le disposizioni necessarie al coordinamento con le altre norme legislative vigenti nella stessa materia.

3. Entro diciotto mesi dalla data di entrata in vigore dell'ultimo dei decreti legislativi di cui al presente articolo possono essere emanati uno o più decreti legislativi correttivi e integrativi, con il rispetto del procedimento di cui al comma 2 nonché dei principi e criteri direttivi di cui al comma 1.

4. Dall'attuazione della delega di cui al presente articolo non devono derivare nuovi o maggiori oneri a carico della finanza pubblica.

5. Le amministrazioni pubbliche interessate provvedono ai compiti derivanti dall'attuazione della delega con le risorse umane, strumentali e finanziarie disponibili a legislazione vigente.

2. Delega al Governo per la riforma della disciplina sanzionatoria.

1. Il Governo è delegato ad adottare, entro i termini e con le procedure di cui ai commi 4 e 5, uno o più decreti legislativi per la riforma della disciplina sanzionatoria dei reati e per la contestuale introduzione di sanzioni amministrative e civili, in ordine alle fattispecie e secondo i principi e criteri direttivi specificati nei commi 2 e 3.

2. La riforma della disciplina sanzionatoria nelle fattispecie di cui al presente comma è ispirata ai seguenti principi e criteri direttivi:

a) trasformare in illeciti amministrativi tutti i reati per i quali è prevista la sola pena della multa o dell'ammenda, ad eccezione delle seguenti materie:
1) edilizia e urbanistica;
2) ambiente, territorio e paesaggio;
3) alimenti e bevande;
4) salute e sicurezza nei luoghi di lavoro;
5) sicurezza pubblica;
6) giochi d'azzardo e scommesse;
7) armi ed esplosivi;
8) elezioni e finanziamento ai partiti;
9) proprietà intellettuale e industriale;

b) trasformare in illeciti amministrativi i seguenti reati previsti dal codice penale:
1) i delitti previsti dagli articoli 527, primo comma, e 528, limitatamente alle ipotesi di cui al primo e al secondo comma;
2) le contravvenzioni previste dagli articoli 652, 659, 661, 668 e 726;

c) trasformare in illecito amministrativo il reato di cui all'articolo 2, comma 1-*bis*, del decreto-legge 12 settembre 1983, n. 463, convertito, con modificazioni, dalla legge 11 novembre 1983, n. 638, purché l'omesso versamento non ecceda il limite complessivo di 10.000 euro annui e preservando comunque il principio per cui il datore di lavoro non risponde a titolo di illecito amministrativo, se provvede al versamento entro il termine di tre mesi dalla contestazione o dalla notifica dell'avvenuto accertamento della violazione;

d) trasformare in illeciti amministrativi le contravvenzioni punite con la pena alternativa dell'arresto o dell'ammenda, previste dalle seguenti disposizioni di legge:
1) articolo 11, primo comma, della legge 8 gennaio 1931, n. 234;
2) articolo 171-*quater* della legge 22 aprile 1941, n. 633;
3) articolo 3 del decreto legislativo luogotenenziale 10 agosto 1945, n. 506;
4) articolo 15, secondo comma, della legge 28 novembre 1965, n. 1329;
5) articolo 16, quarto comma, del decreto-legge 26 ottobre 1970, n. 745, convertito, con modificazioni, dalla legge 18 dicembre 1970, n. 1034;
6) articolo 28, comma 2, del testo unico in materia di disciplina degli stupefacenti e sostanze psicotrope, prevenzione, cura e riabilitazione dei relativi stati di tossicodipendenza, di cui al decreto del Presidente della Repubblica 9 ottobre 1990, n. 309;

e) prevedere, per i reati trasformati in illeciti amministrativi, sanzioni adeguate e proporzionate alla gravità della violazione, alla reiterazione dell'illecito, all'opera svolta dall'agente per l'eliminazione o attenuazione delle sue conseguenze, nonché alla personalità dello stesso e alle sue condizioni economiche; prevedere come sanzione principale il pagamento di una somma compresa tra un minimo di euro 5.000 ed un massimo di euro 50.000; prevedere, nelle ipotesi di cui alle lettere b) e d), l'applicazione di eventuali sanzioni amministrative accessorie consistenti nella sospensione di facoltà e diritti derivanti da provvedimenti dell'amministrazione;

f) indicare, per i reati trasformati in illeciti amministrativi, quale sia l'autorità competente ad irrogare le sanzioni di cui alla lettera e), nel rispetto dei criteri di riparto indicati nell'articolo 17 della legge 24 novembre 1981, n. 689;

g) prevedere, per i casi in cui venga irrogata la sola sanzione pecuniaria, la possibilità di estinguere il procedimento mediante il pagamento, anche rateizzato, di un importo pari alla metà della stessa [1].

3. La riforma della disciplina sanzionatoria nelle fattispecie di cui al presente comma è ispirata ai seguenti principi e criteri direttivi:

a) abrogare i reati previsti dalle seguenti disposizioni del codice penale:

1) delitti di cui al libro secondo, titolo VII, capo III, limitatamente alle condotte relative a scritture private, ad esclusione delle fattispecie previste all'articolo 491;
2) articolo 594;
3) articolo 627;
4) articoli 631, 632 e 633, primo comma, escluse le ipotesi di cui all'articolo 639-*bis*;
5) articolo 635, primo comma;
6) articolo 647;

b) abrogare, trasformandolo in illecito amministrativo, il reato previsto dall'articolo 10-*bis* del testo unico delle disposizioni concernenti la disciplina dell'immigrazione e norme sulla condizione dello straniero, di cui al decreto legislativo 25 luglio 1998, n. 286, conservando rilievo penale alle condotte di violazione dei provvedimenti amministrativi adottati in materia;

c) fermo il diritto al risarcimento del danno, istituire adeguate sanzioni pecuniarie civili in relazione ai reati di cui alla lettera a);

d) prevedere una sanzione pecuniaria civile che, fermo restando il suo carattere aggiuntivo rispetto al diritto al risarcimento del danno dell'offeso, indichi tassativamente:
1) le condotte alle quali si applica;
2) l'importo minimo e massimo della sanzione;
3) l'autorità competente ad irrogarla;

e) prevedere che le sanzioni pecuniarie civili relative alle condotte di cui alla lettera a) siano proporzionate alla gravità della violazione, alla reiterazione dell'illecito, all'arricchimento del soggetto responsabile, all'opera svolta dall'agente per l'eliminazione o attenuazione delle sue conseguenze, nonché alla personalità dello stesso e alle sue condizioni economiche.

4. I decreti legislativi previsti dal comma 1 sono adottati entro il termine di diciotto mesi dalla data di entrata in vigore della presente legge su proposta del Ministro della giustizia, di concerto con il Ministro dell'economia e delle finanze. Gli schemi dei decreti legislativi sono trasmessi alle Camere, corredati di relazione tecnica, ai fini dell'espressione dei pareri da parte delle Commissioni competenti per materia e per i profili finanziari, che sono resi entro il termine di trenta giorni dalla data di trasmissione, decorso il quale i decreti sono emanati anche in mancanza dei predetti pareri. Qualora tale termine venga a scadere nei trenta giorni antecedenti allo spirare del termine previsto dal primo periodo o successivamente, la scadenza di quest'ultimo è prorogata di sessanta giorni. Nella predisposizione dei decreti legislativi il Governo tiene conto delle eventuali modificazioni della normativa vigente comunque intervenute fino al momento dell'esercizio della delega. I decreti legislativi di cui al comma 1 contengono, altresì, le disposizioni necessarie al coordinamento con le altre norme legislative vigenti nella stessa materia.

5. Entro diciotto mesi dalla data di entrata in vigore dell'ultimo dei decreti legislativi di cui al presente articolo, possono essere emanati uno o più decreti correttivi ed integrativi, nel rispetto della procedura di cui al comma 4 nonché dei principi e criteri direttivi di cui al presente articolo.

(1) Per le disposizioni in materia di depenalizzazione, di cui al presente comma, vedi il d.lgs. 15.1.2016, n. 8.

Capo II
Sospensione del procedimento con messa alla prova

3. Modifiche al codice penale in materia di sospensione del procedimento con messa alla prova.

1. Dopo l'articolo 168 del codice penale sono inseriti i seguenti:

«Art. 168-*bis* (Sospensione del procedimento con messa alla prova dell'imputato). – Nei procedimenti per reati puniti con la sola pena edittale pecuniaria o con la pena edittale detentiva non superiore nel massimo a quattro anni, sola, congiunta o alternativa alla pena pecuniaria, nonché per i delitti indicati dal comma 2 dell'articolo 550 del codice di procedura penale, l'imputato può chiedere la sospensione del processo con messa alla prova.

La messa alla prova comporta la prestazione di condotte volte all'eliminazione delle conseguenze dannose o pericolose derivanti dal reato, nonché, ove possibile, il risarcimento del danno dallo stesso cagionato. Comporta altresì l'affidamento dell'imputato al servizio sociale, per lo svolgimento di un programma che può implicare, tra l'altro, attività di volontariato di rilievo sociale, ovvero l'osservanza di prescrizioni relative ai rapporti con il servizio sociale o con una struttura sanitaria, alla dimora, alla libertà di movimento, al divieto di frequentare determinati locali.

La concessione della messa alla prova è inoltre subordinata alla prestazione di lavoro di pubblica utilità. Il lavoro di pubblica utilità consiste in una prestazione non retribuita, affidata tenendo conto anche delle specifiche professionalità ed attitudini lavorative dell'imputato, di durata non inferiore a dieci giorni, anche non continuativi, in favore della collettività, da svolgere presso lo Stato, le regioni, le province, i comuni, le aziende sanitarie o presso enti o organizzazioni, anche internazionali, che operano in Italia, di assistenza sociale, sanitaria e di volontariato. La prestazione è svolta con modalità che non pregiudichino le esigenze di lavoro, di studio, di famiglia e di salute dell'imputato e la sua durata giornaliera non può superare le otto ore.

La sospensione del procedimento con messa alla prova dell'imputato non può essere concessa più di una volta.

La sospensione del procedimento con messa alla prova non si applica nei casi previsti dagli articoli 102, 103, 104, 105 e 108.

Art. 168-*ter* (Effetti della sospensione del procedimento con messa alla prova). – Durante il periodo di sospensione del procedimento con messa alla prova il corso della prescrizione del reato è sospeso. Non si applicano le disposizioni del primo comma dell'articolo 161.

L'esito positivo della prova estingue il reato per cui si procede. L'estinzione del reato non pregiudica l'applicazione delle sanzioni amministrative accessorie, ove previste dalla legge.
Art. 168-*quater* (Revoca della sospensione del procedimento con messa alla prova). – La sospensione del procedimento con messa alla prova è revocata:
1) in caso di grave o reiterata trasgressione al programma di trattamento o alle prescrizioni imposte, ovvero di rifiuto alla prestazione del lavoro di pubblica utilità;
2) in caso di commissione, durante il periodo di prova, di un nuovo delitto non colposo ovvero di un reato della stessa indole rispetto a quello per cui si procede».

4. Modifiche al codice di procedura penale in materia di sospensione del procedimento con messa alla prova.
1. Al codice di procedura penale sono apportate le seguenti modificazioni:
a) nel libro sesto, dopo il titolo V è aggiunto il seguente:
«Titolo V-*bis*
Sospensione del procedimento con messa alla prova
Art. 464-*bis* (Sospensione del procedimento con messa alla prova). – 1. Nei casi previsti dall'articolo 168-*bis* del codice penale l'imputato può formulare richiesta di sospensione del procedimento con messa alla prova.
2. La richiesta può essere proposta, oralmente o per iscritto, fino a che non siano formulate le conclusioni a norma degli articoli 421 e 422 o fino alla dichiarazione di apertura del dibattimento di primo grado nel giudizio direttissimo e nel procedimento di citazione diretta a giudizio. Se è stato notificato il decreto di giudizio immediato, la richiesta è formulata entro il termine e con le forme stabiliti dall'articolo 458, comma 1. Nel procedimento per decreto, la richiesta è presentata con l'atto di opposizione.
3. La volontà dell'imputato è espressa personalmente o per mezzo di procuratore speciale e la sottoscrizione è autenticata nelle forme previste dall'articolo 583, comma 3.
4. All'istanza è allegato un programma di trattamento, elaborato d'intesa con l'ufficio di esecuzione penale esterna, ovvero, nel caso in cui non sia stata possibile l'elaborazione, la richiesta di elaborazione del predetto programma. Il programma in ogni caso prevede:
a) le modalità di coinvolgimento dell'imputato, nonché del suo nucleo familiare e del suo ambiente di vita nel processo di reinserimento sociale, ove ciò risulti necessario e possibile;
b) le prescrizioni comportamentali e gli altri impegni specifici che l'imputato assume anche al fine di elidere o di attenuare le conseguenze del reato, considerando a tal fine il risarcimento del danno, le condotte riparatorie e le restituzioni, nonché le prescrizioni attinenti al lavoro di pubblica utilità ovvero all'attività di volontariato di rilievo sociale;
c) le condotte volte a promuovere, ove possibile, la mediazione con la persona offesa.
5. Al fine di decidere sulla concessione, nonché ai fini della determinazione degli obblighi e delle prescrizioni cui eventualmente subordinarla, il giudice può acquisire, tramite la polizia giudiziaria, i servizi sociali o altri enti pubblici, tutte le ulteriori informazioni ritenute necessarie in relazione alle condizioni di vita personale, familiare, sociale ed economica dell'imputato. Tali informazioni devono essere portate tempestivamente a conoscenza del pubblico ministero e del difensore dell'imputato.
Art. 464-*ter* (Richiesta di sospensione del procedimento con messa alla prova nel corso delle indagini preliminari). – 1. Nel corso delle indagini preliminari, il giudice, se è presentata una richiesta di sospensione del procedimento con messa alla prova, trasmette gli atti al pubblico ministero affinché esprima il consenso o il dissenso nel termine di cinque giorni.
2. Se il pubblico ministero presta il consenso, il giudice provvede ai sensi dell'articolo 464-*quater*.
3. Il consenso del pubblico ministero deve risultare da atto scritto e sinteticamente motivato, unitamente alla formulazione dell'imputazione.
4. Il pubblico ministero, in caso di dissenso, deve enunciarne le ragioni. In caso di rigetto, l'imputato può rinnovare la richiesta prima dell'apertura del dibattimento di primo grado e il giudice, se ritiene la richiesta fondata, provvede ai sensi dell'articolo 464-*quater*.
Art. 464-*quater* (Provvedimento del giudice ed effetti della pronuncia). – 1. Il giudice, se non deve pronunciare sentenza di proscioglimento a norma dell'articolo 129, decide con ordinanza nel corso della stessa udienza, sentite le parti nonché la persona offesa, oppure in apposita udienza in camera di consiglio, della cui fissazione è dato contestuale avviso alle parti e alla persona offesa. Si applica l'articolo 127.
2. Il giudice, se ritiene opportuno verificare la volontarietà della richiesta, dispone la comparizione dell'imputato.
3. La sospensione del procedimento con messa alla prova è disposta quando il giudice, in base ai parametri di cui all'articolo 133 del codice penale, reputa idoneo il programma di trattamento presentato e ritiene che l'imputato si asterrà dal commettere ulteriori reati. A tal fine, il giudice valuta anche che il domicilio indicato nel programma dell'imputato sia tale da assicurare le esigenze di tutela della persona offesa dal reato.
4. Il giudice, anche sulla base delle informazioni acquisite ai sensi del comma 5 dell'articolo 464-*bis*, e ai fini di cui al comma 3 del presente articolo può integrare o modificare il programma di trattamento, con il consenso dell'imputato.
5. Il procedimento non può essere sospeso per un periodo:
a) superiore a due anni quando si procede per reati per i quali è prevista una pena detentiva, sola, congiunta o alternativa alla pena pecuniaria;
b) superiore a un anno quando si procede per reati per i quali è prevista la sola pena pecuniaria.

6. I termini di cui al comma 5 decorrono dalla sottoscrizione del verbale di messa alla prova dell'imputato.
7. Contro l'ordinanza che decide sull'istanza di messa alla prova possono ricorrere per cassazione l'imputato e il pubblico ministero, anche su istanza della persona offesa. La persona offesa può impugnare autonomamente per omesso avviso dell'udienza o perché, pur essendo comparsa, non è stata sentita ai sensi del comma 1. L'impugnazione non sospende il procedimento.
8. Nel caso di sospensione del procedimento con messa alla prova non si applica l'articolo 75, comma 3.
9. In caso di reiezione dell'istanza, questa può essere riproposta nel giudizio, prima della dichiarazione di apertura del dibattimento.
Art. 464-*quinquies* (Esecuzione dell'ordinanza di sospensione del procedimento con messa alla prova). – 1. Nell'ordinanza che dispone la sospensione del procedimento con messa alla prova, il giudice stabilisce il termine entro il quale le prescrizioni e gli obblighi relativi alle condotte riparatorie o risarcitorie imposti devono essere adempiuti; tale termine può essere prorogato, su istanza dell'imputato, non più di una volta e solo per gravi motivi. Il giudice può altresì, con il consenso della persona offesa, autorizzare il pagamento rateale delle somme eventualmente dovute a titolo di risarcimento del danno.
2. L'ordinanza è immediatamente trasmessa all'ufficio di esecuzione penale esterna che deve prendere in carico l'imputato.
3. Durante la sospensione del procedimento con messa alla prova, il giudice, sentiti l'imputato e il pubblico ministero, può modificare con ordinanza le prescrizioni originarie, ferma restando la congruità delle nuove prescrizioni rispetto alle finalità della messa alla prova.
Art. 464-*sexies* (Acquisizione di prove durante la sospensione del procedimento con messa alla prova). – 1. Durante la sospensione del procedimento con messa alla prova il giudice, con le modalità stabilite per il dibattimento, acquisisce, a richiesta di parte, le prove non rinviabili e quelle che possono condurre al proscioglimento dell'imputato.
Art. 464-*septies* (Esito della messa alla prova). – 1. Decorso il periodo di sospensione del procedimento con messa alla prova, il giudice dichiara con sentenza estinto il reato se, tenuto conto del comportamento dell'imputato e del rispetto delle prescrizioni stabilite, ritiene che la prova abbia avuto esito positivo. A tale fine acquisisce la relazione conclusiva dell'ufficio di esecuzione penale esterna che ha preso in carico l'imputato e fissa l'udienza per la valutazione dandone avviso alle parti e alla persona offesa.
2. In caso di esito negativo della prova, il giudice dispone con ordinanza che il processo riprenda il suo corso.
Art. 464-*octies* (Revoca dell'ordinanza). – 1. La revoca dell'ordinanza di sospensione del procedimento con messa alla prova è disposta anche d'ufficio dal giudice con ordinanza.
2. Al fine di cui al comma 1 del presente articolo il giudice fissa l'udienza ai sensi dell'articolo 127 per la valutazione dei presupposti della revoca, dandone avviso alle parti e alla persona offesa almeno dieci giorni prima.
3. L'ordinanza di revoca è ricorribile per cassazione per violazione di legge.
4. Quando l'ordinanza di revoca è divenuta definitiva, il procedimento riprende il suo corso dal momento in cui era rimasto sospeso e cessa l'esecuzione delle prescrizioni e degli obblighi imposti.
Art. 464-*novies* (Divieto di riproposizione della richiesta di messa alla prova). – 1. Nei casi di cui all'articolo 464-*septies*, comma 2, ovvero di revoca dell'ordinanza di sospensione del procedimento con messa alla prova, l'istanza non può essere riproposta»;
b) dopo l'articolo 657 è inserito il seguente:
«Art. 657-*bis* (Computo del periodo di messa alla prova dell'imputato in caso di revoca). – 1. In caso di revoca o di esito negativo della messa alla prova, il pubblico ministero, nel determinare la pena da eseguire, detrae un periodo corrispondente a quello della prova eseguita. Ai fini della detrazione, tre giorni di prova sono equiparati a un giorno di reclusione o di arresto, ovvero a 250 euro di multa o di ammenda».

5. Introduzione del capo X-bis del titolo I delle norme di attuazione, di coordinamento e transitorie del codice di procedura penale.

1. Dopo il capo X del titolo I delle norme di attuazione, di coordinamento e transitorie del codice di procedura penale, di cui al decreto legislativo 28 luglio 1989, n. 271, è inserito il seguente:

«Capo X-*bis*

Disposizioni in materia di messa alla prova

Art. 141-*bis* (Avviso del pubblico ministero per la richiesta di ammissione alla messa alla prova). – 1. Il pubblico ministero, anche prima di esercitare l'azione penale, può avvisare l'interessato, ove ne ricorrano i presupposti, che ha la facoltà di chiedere di essere ammesso alla prova, ai sensi dell'articolo 168-*bis* del codice penale, e che l'esito positivo della prova estingue il reato.
Art. 141-*ter* (Attività dei servizi sociali nei confronti degli adulti ammessi alla prova). – 1. Le funzioni dei servizi sociali per la messa alla prova, disposta ai sensi dell'articolo 168-*bis* del codice penale, sono svolte dagli uffici locali di esecuzione penale esterna, nei modi e con i compiti previsti dall'articolo 72 della legge 26 luglio 1975, n. 354, e successive modificazioni.
2. Ai fini del comma 1, l'imputato rivolge richiesta all'ufficio locale di esecuzione penale esterna competente affinché predisponga un programma di trattamento. L'imputato deposita gli atti rilevanti del procedimento penale nonché le osservazioni e le proposte che ritenga di fare.
3. L'ufficio di cui al comma 2, all'esito di un'apposita indagine socio-familiare, redige il programma di trattamento, acquisendo su tale programma il consenso del-

l'imputato e l'adesione dell'ente o del soggetto presso il quale l'imputato è chiamato a svolgere le proprie prestazioni. L'ufficio trasmette quindi al giudice il programma accompagnandolo con l'indagine socio-familiare e con le considerazioni che lo sostengono. Nell'indagine e nelle considerazioni, l'ufficio riferisce specificamente sulle possibilità economiche dell'imputato, sulla capacità e sulla possibilità di svolgere attività riparatorie nonché sulla possibilità di svolgimento di attività di mediazione, anche avvalendosi a tal fine di centri o strutture pubbliche o private presenti sul territorio.

4. Quando è disposta la sospensione del procedimento con messa alla prova dell'imputato, l'ufficio di cui al comma 2 informa il giudice, con la cadenza stabilita nel provvedimento di ammissione e comunque non superiore a tre mesi, dell'attività svolta e del comportamento dell'imputato, proponendo, ove necessario, modifiche al programma di trattamento, eventuali abbreviazioni di esso ovvero, in caso di grave o reiterata trasgressione, la revoca del provvedimento di sospensione.

5. Alla scadenza del periodo di prova, l'ufficio di cui al comma 2 trasmette al giudice una relazione dettagliata sul decorso e sull'esito della prova medesima.

6. Le relazioni periodiche e quella finale dell'ufficio di cui al comma 2 del presente articolo sono depositate in cancelleria non meno di dieci giorni prima dell'udienza di cui all'articolo 464-*septies* del codice, con facoltà per le parti di prenderne visione ed estrarne copia».

6. Modifica al testo unico delle disposizioni legislative e regolamentari in materia di casellario giudiziale, di anagrafe delle sanzioni amministrative dipendenti da reato e dei relativi carichi pendenti, di cui al decreto del Presidente della Repubblica 14 novembre 2002, n. 313, in materia di messa alla prova.

1. All'articolo 3 (L), comma 1, del testo unico delle disposizioni legislative e regolamentari in materia di casellario giudiziale, di anagrafe delle sanzioni amministrative dipendenti da reato e dei relativi carichi pendenti, di cui al decreto del Presidente della Repubblica 14 novembre 2002, n. 313, dopo la lettera i) è inserita la seguente:

«i-*bis*) l'ordinanza che ai sensi dell'articolo 464-*quater* del codice di procedura penale dispone la sospensione del procedimento con messa alla prova».

7. Disposizioni in materia di pianta organica degli uffici locali di esecuzione penale esterna del Dipartimento per la giustizia minorile e di comunità del Ministero della giustizia [(1)]**.**

1. Qualora, in relazione alle esigenze di attuazione del presente capo e del decreto legislativo attuativo della legge 27 settembre 2021, n. 134, si renda necessario procedere all'adeguamento numerico e professionale della pianta organica degli uffici di esecuzione penale esterna del Dipartimento per la giustizia minorile e di comunità del Ministero della giustizia, il Ministro della giustizia riferisce tempestivamente alle competenti Commissioni parlamentari in merito alle modalità con cui si provvederà al predetto adeguamento, previo stanziamento delle occorrenti risorse finanziarie da effettuare con apposito provvedimento legislativo [(2)].

2. Entro il 31 maggio di ciascun anno, il Ministro della giustizia riferisce alle competenti Commissioni parlamentari in merito all'attuazione delle disposizioni in materia di messa alla prova e di pene sostitutive delle pene detentive, nonché sullo stato generale dell'esecuzione penale esterna [(3)].

(1) Rubrica così sostituita dall'art. 75, co. 1, lett. c), d.lgs. 10.10.2022, n. 150.

(2) Comma così modificato dall'art. 75, co. 1, lett. a), d.lgs. 10.10.2022, n. 150.

(3) Comma così modificato dall'art. 75, co. 1, lett. b), d.lgs. 10.10.2022, n. 150.

8. Regolamento del Ministro della giustizia per disciplinare le convenzioni in materia di lavoro di pubblica utilità conseguente alla messa alla prova dell'imputato.

1. Ai sensi dell'articolo 17, comma 3, della legge 23 agosto 1988, n. 400, il Ministro della giustizia, entro tre mesi dalla data di entrata in vigore della presente legge, adotta un regolamento allo scopo di disciplinare le convenzioni che il Ministero della giustizia o, su delega di quest'ultimo, il presidente del tribunale, può stipulare con gli enti o le organizzazioni di cui al terzo comma dell'articolo 168-*bis* del codice penale, introdotto dall'articolo 3, comma 1, della presente legge. I testi delle convenzioni sono pubblicati nel sito internet del Ministero della giustizia e raggruppati per distretto di corte di appello.

Capo III
Sospensione del procedimento nei confronti degli irreperibili

9. Modifiche al codice di procedura penale in materia di udienza preliminare.

1. Al comma 1 dell'articolo 419 del codice di procedura penale, le parole: «non comparendo sarà giudicato in contumacia» sono sostituite dalle seguenti: «, qualora non compaia, si applicheranno le disposizioni di cui agli articoli 420-*bis*, 420-*ter*, 420-*quater* e 420-*quinquies*».

2. L'articolo 420-*bis* del codice di procedura penale è sostituito dal seguente:

«Art. 420-*bis* (Assenza dell'imputato). – 1. Se l'imputato, libero o detenuto, non è presente all'udienza e, anche se impedito, ha espressamente rinunciato ad assistervi, il giudice procede in sua assenza.

2. Salvo quanto previsto dall'articolo 420-*ter*, il giudice procede altresì in assenza dell'imputato che nel corso del procedimento abbia dichiarato o eletto domicilio ovvero sia stato arrestato, fermato o sottoposto a misura cautelare ovvero abbia nominato un difensore di fiducia, nonché nel caso in cui l'imputato assente abbia ricevuto personalmente la notificazione dell'avviso dell'udienza ovvero risulti comunque con certezza che lo stesso è a conoscenza del procedimento o si è volontariamente

sottratto alla conoscenza del procedimento o di atti del medesimo.
3. Nei casi di cui ai commi 1 e 2, l'imputato è rappresentato dal difensore. È altresì rappresentato dal difensore ed è considerato presente l'imputato che, dopo essere comparso, si allontana dall'aula di udienza o che, presente ad una udienza, non compare ad udienze successive.
4. L'ordinanza che dispone di procedere in assenza dell'imputato è revocata anche d'ufficio se, prima della decisione, l'imputato compare. Se l'imputato fornisce la prova che l'assenza è stata dovuta ad una incolpevole mancata conoscenza della celebrazione del processo, il giudice rinvia l'udienza e l'imputato può chiedere l'acquisizione di atti e documenti ai sensi dell'articolo 421, comma 3. Nel corso del giudizio di primo grado, l'imputato ha diritto di formulare richiesta di prove ai sensi dell'articolo 493. Ferma restando in ogni caso la validità degli atti regolarmente compiuti in precedenza, l'imputato può altresì chiedere la rinnovazione di prove già assunte. Nello stesso modo si procede se l'imputato dimostra che versava nell'assoluta impossibilità di comparire per caso fortuito, forza maggiore o altro legittimo impedimento e che la prova dell'impedimento è pervenuta con ritardo senza sua colpa.
5. Il giudice revoca altresì l'ordinanza e procede a norma dell'articolo 420-*quater* se risulta che il procedimento, per l'assenza dell'imputato, doveva essere sospeso ai sensi delle disposizioni di tale articolo».

3. L'articolo 420-*quater* del codice di procedura penale è sostituito dal seguente:
«Art. 420-*quater* (Sospensione del processo per assenza dell'imputato). – 1. Fuori dei casi previsti dagli articoli 420-*bis* e 420-*ter* e fuori delle ipotesi di nullità della notificazione, se l'imputato non è presente il giudice rinvia l'udienza e dispone che l'avviso sia notificato all'imputato personalmente ad opera della polizia giudiziaria.
2. Quando la notificazione ai sensi del comma 1 non risulta possibile, e sempre che non debba essere pronunciata sentenza a norma dell'articolo 129, il giudice dispone con ordinanza la sospensione del processo nei confronti dell'imputato assente. Si applica l'articolo 18, comma 1, lettera b). Non si applica l'articolo 75, comma 3.
3. Durante la sospensione del processo, il giudice, con le modalità stabilite per il dibattimento, acquisisce, a richiesta di parte, le prove non rinviabili».

4. L'articolo 420-*quinquies* del codice di procedura penale è sostituito dal seguente:
«Art. 420-*quinquies* (Nuove ricerche dell'imputato e revoca della sospensione del processo). – 1. Alla scadenza di un anno dalla pronuncia dell'ordinanza di cui al comma 2 dell'articolo 420-*quater*, o anche prima quando ne ravvisi l'esigenza, il giudice dispone nuove ricerche dell'imputato per la notifica dell'avviso. Analogamente provvede a ogni successiva scadenza annuale, qualora il procedimento non abbia ripreso il suo corso.
2. Il giudice revoca l'ordinanza di sospensione del processo:
a) se le ricerche di cui al comma 1 hanno avuto esito positivo;
b) se l'imputato ha nel frattempo nominato un difensore di fiducia;
c) in ogni altro caso in cui vi sia la prova certa che l'imputato è a conoscenza del procedimento avviato nei suoi confronti;
d) se deve essere pronunciata sentenza a norma dell'articolo 129.
3. Con l'ordinanza di revoca della sospensione del processo, il giudice fissa la data per la nuova udienza, disponendo che l'avviso sia notificato all'imputato e al suo difensore, alle altre parti private e alla persona offesa, nonché comunicato al pubblico ministero.
4. All'udienza di cui al comma 3 l'imputato può formulare richiesta ai sensi degli articoli 438 e 444».

10. Disposizioni in materia di dibattimento.

1. L'articolo 489 del codice di procedura penale è sostituito dal seguente:
«Art. 489 (Dichiarazioni dell'imputato contro il quale si è proceduto in assenza nell'udienza preliminare). – 1. L'imputato contro il quale si è proceduto in assenza nel corso dell'udienza preliminare può chiedere di rendere le dichiarazioni previste dall'articolo 494.
2. Se l'imputato fornisce la prova che l'assenza nel corso dell'udienza preliminare è riconducibile alle situazioni previste dall'articolo 420-*bis*, comma 4, è rimesso nel termine per formulare le richieste di cui agli articoli 438 e 444».

2. All'articolo 490 del codice di procedura penale, le parole: «o contumace», ovunque ricorrono, sono soppresse.

3. All'articolo 513, comma 1, del codice di procedura penale, le parole: «contumace o» sono soppresse.

4. All'articolo 520 del codice di procedura penale, le parole: «contumace o», ovunque ricorrono, sono soppresse.

5. All'articolo 548, comma 3, del codice di procedura penale, le parole: «notificato all'imputato contumace e» sono soppresse.

11. Disposizioni in materia di impugnazioni e di restituzione nel termine.

1. Alla lettera d) del comma 2 dell'articolo 585 del codice di procedura penale, le parole: «la notificazione o» e le parole: «per l'imputato contumace e» sono soppresse.

2. Il comma 4 dell'articolo 603 del codice di procedura penale è abrogato.

3. All'articolo 604 del codice di procedura penale, dopo il comma 5 è inserito il seguente:
«5-*bis*. Nei casi in cui si sia proceduto in assenza dell'imputato, se vi è la prova che si sarebbe dovuto provvedere ai sensi dell'articolo 420-*ter* o dell'articolo 420-*quater*, il giudice di appello dichiara la nullità della sentenza e

dispone il rinvio degli atti al giudice di primo grado. Il giudice di appello annulla altresì la sentenza e dispone la restituzione degli atti al giudice di primo grado qualora l'imputato provi che l'assenza è stata dovuta ad una incolpevole mancata conoscenza della celebrazione del processo di primo grado. Si applica l'articolo 489, comma 2».

4. All'articolo 623, comma 1, del codice di procedura penale, la lettera b) è sostituita dalla seguente:
«b) se è annullata una sentenza di condanna nei casi previsti dall'articolo 604, commi 1, 4 e 5-*bis*, la Corte di cassazione dispone che gli atti siano trasmessi al giudice di primo grado».

5. Dopo l'articolo 625-*bis* del codice di procedura penale è inserito il seguente:
«Art. 625-*ter* (Rescissione del giudicato). – 1. Il condannato o il sottoposto a misura di sicurezza con sentenza passata in giudicato, nei cui confronti si sia proceduto in assenza per tutta la durata del processo, può chiedere la rescissione del giudicato qualora provi che l'assenza è stata dovuta ad una incolpevole mancata conoscenza della celebrazione del processo.
2. La richiesta è presentata, a pena di inammissibilità, personalmente dall'interessato o da un difensore munito di procura speciale autenticata nelle forme dell'articolo 583, comma 3, entro trenta giorni dal momento dell'avvenuta conoscenza del procedimento.
3. Se accoglie la richiesta, la Corte di cassazione revoca la sentenza e dispone la trasmissione degli atti al giudice di primo grado. Si applica l'articolo 489, comma 2».

6. Il comma 2 dell'articolo 175 del codice di procedura penale è sostituito dal seguente:
«2. L'imputato condannato con decreto penale, che non ha avuto tempestivamente effettiva conoscenza del provvedimento, è restituito, a sua richiesta, nel termine per proporre opposizione, salvo che vi abbia volontariamente rinunciato».

12. Modifiche al codice penale in materia di prescrizione del reato.

1. Al primo comma dell'articolo 159 del codice penale, dopo il numero 3) è aggiunto il seguente:
«3-*bis*) sospensione del procedimento penale ai sensi dell'articolo 420-*quater* del codice di procedura penale».

2. Dopo il terzo comma dell'articolo 159 del codice penale, è aggiunto il seguente:
«Nel caso di sospensione del procedimento ai sensi dell'articolo 420-*quater* del codice di procedura penale, la durata della sospensione della prescrizione del reato non può superare i termini previsti dal secondo comma dell'articolo 161 del presente codice».

13. Modalità e termini di comunicazione e gestione dei dati relativi all'assenza dell'imputato.

1. Con decreto del Ministro della giustizia, di concerto con il Ministro dell'interno, da adottare entro sessanta giorni dalla data di entrata in vigore della presente legge, sono stabiliti le modalità e i termini secondo i quali devono essere comunicati e gestiti i dati relativi all'ordinanza di sospensione del processo per assenza dell'imputato, al decreto di citazione in giudizio del medesimo e alle successive informazioni all'autorità giudiziaria.

14. Modifica alle norme di attuazione, di coordinamento e transitorie del codice di procedura penale, di cui al decreto legislativo 28 luglio 1989, n. 271.

1. Dopo l'articolo 143 delle norme di attuazione, di coordinamento e transitorie del codice di procedura penale, di cui al decreto legislativo 28 luglio 1989 n. 271, è inserito il seguente:
«Art. 143-*bis* (Adempimenti in caso di sospensione del processo per assenza dell'imputato). – 1. Quando il giudice dispone la sospensione ai sensi dell'articolo 420-*quater* del codice, la relativa ordinanza e il decreto di fissazione dell'udienza preliminare ovvero il decreto che dispone il giudizio o il decreto di citazione a giudizio sono trasmessi alla locale sezione di polizia giudiziaria, per l'inserimento nel Centro elaborazione dati, di cui all'articolo 8 della legge 1° aprile 1981, n. 121, e successive modificazioni».

15. Modifiche al testo unico delle disposizioni legislative e regolamentari in materia di casellario giudiziale, di anagrafe delle sanzioni amministrative dipendenti da reato e dei relativi carichi pendenti, di cui al decreto del Presidente della Repubblica 14 novembre 2002, n. 313.

1. Al testo unico delle disposizioni legislative e regolamentari in materia di casellario giudiziale, di anagrafe delle sanzioni amministrative dipendenti da reato e dei relativi carichi pendenti, di cui al decreto del Presidente della Repubblica 14 novembre 2002, n. 313, sono apportate le seguenti modificazioni:

a) all'articolo 3 (L), comma 1, dopo la lettera i-*bis*), introdotta dall'art. 6 della presente legge, è inserita la seguente:
«i-*ter*) i provvedimenti con cui il giudice dispone la sospensione del procedimento ai sensi dell'articolo 420-*quater* del codice di procedura penale»;
b) all'articolo 5 (L), comma 2, dopo la lettera l) è aggiunta la seguente:
«l-*bis*) ai provvedimenti con cui il giudice dispone la sospensione del procedimento ai sensi dell'articolo 420-*quater* del codice di procedura penale, quando il provvedimento è revocato».

15 bis. Norme transitorie [1].

1. Le disposizioni di cui al presente capo si applicano ai procedimenti in corso alla data di entrata in vigore della presente legge, a condizione che nei medesimi procedimenti non sia stato pronunciato il dispositivo della sentenza di primo grado.

2. In deroga a quanto previsto dal comma 1, le disposizioni vigenti prima della data di entrata in vigore della presente legge continuano ad applicarsi ai procedimenti in corso alla data di entrata in vigore della presente legge quando l'imputato è stato dichiarato contumace e non è stato emesso il decreto di irreperibilità.

(1) Articolo introdotto dall'art. 1, l. 11.8.2014, n. 118.

Capo IV
Disposizioni comuni

16. Clausola di invarianza finanziaria.

1. Le amministrazioni interessate provvedono all'attuazione di ciascuno degli articoli da 2 a 15 nell'ambito delle risorse umane, strumentali e finanziarie disponibili a legislazione vigente e, comunque, senza nuovi o maggiori oneri per la finanza pubblica.

La presente legge, munita del sigillo dello Stato, sarà inserita nella Raccolta ufficiale degli atti normativi della Repubblica italiana. È fatto obbligo a chiunque spetti di osservarla e di farla osservare come legge dello Stato.

6. D.Lgs. 15 gennaio 2016, n. 7. – Disposizioni in materia di abrogazione di reati e introduzione di illeciti con sanzioni pecuniarie civili, a norma dell'articolo 2, comma 3, della legge 28 aprile 2014, n. 67

In Gazzetta Ufficiale 22 gennaio 2016, n. 17

Capo I
Abrogazione di reati e modifiche al codice penale

1. Abrogazione di reati.

1. Sono abrogati i seguenti articoli del codice penale:

a) 485;
b) 486;
c) 594;
d) 627;
e) 647.

2. Modifiche al codice penale.

1. Al regio decreto 19 ottobre 1930, n. 1398, sono apportate le seguenti modificazioni:

a) l'articolo 488 è sostituito dal seguente: «488. Altre falsità in foglio firmato in bianco. Applicabilità delle disposizioni sulle falsità materiali. – Ai casi di falsità su un foglio firmato in bianco diversi da quelli preveduti dall'articolo 487 si applicano le disposizioni sulle falsità materiali in atti pubblici.»;

b) all'articolo 489, il secondo comma è abrogato;

c) all'articolo 490:

1) il primo comma è sostituito dal seguente: «Chiunque, in tutto o in parte, distrugge, sopprime od occulta un atto pubblico vero o, al fine di recare a sé o ad altri un vantaggio o di recare ad altri un danno, distrugge, sopprime od occulta un testamento olografo, una cambiale o un altro titolo di credito trasmissibile per girata o al portatore veri, soggiace rispettivamente alle pene stabilite negli articoli 476, 477 e 482, secondo le distinzioni in essi contenute»;

2) il secondo comma è abrogato;

d) l'articolo 491 è sostituito dal seguente: «491. Falsità in testamento olografo, cambiale o titoli di credito. – Se alcuna delle falsità prevedute dagli articoli precedenti riguarda un testamento olografo, ovvero una cambiale o un altro titolo di credito trasmissibile per girata o al portatore e il fatto è commesso al fine di recare a sé o ad altri un vantaggio o di recare ad altri un danno, si applicano le pene rispettivamente stabilite nella prima parte dell'articolo 476 e nell'articolo 482.

Nel caso di contraffazione o alterazione degli atti di cui al primo comma, chi ne fa uso, senza essere concorso nella falsità, soggiace alla pena stabilita nell'articolo 489 per l'uso di atto pubblico falso»;

e) l'articolo 491-*bis* è sostituito dal seguente: «491-*bis*. Documenti informatici. – Se alcuna delle falsità previste dal presente capo riguarda un documento informatico pubblico avente efficacia probatoria, si applicano le disposizioni del capo stesso concernenti gli atti pubblici»;

f) l'articolo 493-*bis* è sostituito dal seguente: «493-*bis*. Casi di perseguibilità a querela. – I delitti previsti dagli articoli 490 e 491, quando concernono una cambiale o un titolo di credito trasmissibile per girata o al portatore, sono punibili a querela della persona offesa.

Si procede d'ufficio, se i fatti previsti dagli articoli di cui al precedente comma riguardano un testamento olografo»;

g) all'articolo 596:

1) al comma primo, le parole «dei delitti preveduti dai due articoli precedenti» sono sostituite dalle seguenti: «dal delitto previsto dall'articolo precedente»;

2) al comma quarto, le parole «applicabili le disposizioni dell'articolo 594, primo comma, ovvero dell'articolo 595, primo comma» sono sostituite dalle seguenti: «applicabile la disposizione dell'articolo 595, primo comma»;

h) all'articolo 597, comma primo, le parole «I delitti preveduti dagli articoli 594 e 595 sono punibili» sono sostituite dalle seguenti: «Il delitto previsto dall'articolo 595 è punibile»;

i) all'articolo 599:

1) la rubrica è sostituita dalla seguente: «Provocazione»;

2) i commi primo e terzo sono abrogati;

3) nel secondo comma, le parole «dagli articoli 594 e» sono sostituite dalle seguenti: «dall'articolo»;

l) l'articolo 635 è sostituito dal seguente: «635. Danneggiamento. – Chiunque distrugge, disperde, deteriora o rende, in tutto o in parte, inservibili cose mobili o immobili altrui con violenza alla persona o con minaccia ovvero in occasione di manifestazioni che si svolgono in luogo pubblico o aperto al pubblico o del delitto previsto dall'articolo 331, è punito con la reclusione da sei mesi a tre anni.

Alla stessa pena soggiace chiunque distrugge, disperde, deteriora o rende, in tutto o in parte, inservibili le seguenti cose altrui:

1. edifici pubblici o destinati a uso pubblico o all'esercizio di un culto o cose di interesse storico o artistico ovunque siano ubicate o immobili compresi nel perimetro dei centri storici, ovvero immobili i cui lavori di costruzione, di ristrutturazione, di recupero o di risanamento sono in corso o risultano ultimati o altre delle cose indicate nel numero 7) dell'articolo 625;
2. opere destinate all'irrigazione;
3. piantate di viti, di alberi o arbusti fruttiferi, o boschi, selve o foreste, ovvero vivai forestali destinati al rimboschimento;
4. attrezzature e impianti sportivi al fine di impedire o interrompere lo svolgimento di manifestazioni sportive.

Per i reati di cui al primo e al secondo comma, la sospensione condizionale della pena è subordinata all'eliminazione delle conseguenze dannose o pericolose del reato, ovvero, se il condannato non si oppone, alla prestazione di attività non retribuita a favore della collettività per un tempo determinato, comunque non superiore alla durata della pena sospesa, secondo le modalità indicate dal giudice nella sentenza di condanna»;

m) l'articolo 635-*bis*, secondo comma, è sostituito dal seguente: «Se il fatto è commesso con violenza alla persona o con minaccia ovvero con abuso della qualità di operatore del sistema, la pena è della reclusione da uno a quattro anni»;

n) l'articolo 635-*ter*, terzo comma, è sostituito dal seguente: «Se il fatto è commesso con violenza alla persona o con minaccia ovvero con abuso della qualità di operatore del sistema, la pena è aumentata»;

o) l'articolo 635-*quater*, secondo comma, è sostituito dal seguente: «Se il fatto è commesso con violenza alla persona o con minaccia ovvero con abuso della qualità di operatore del sistema, la pena è aumentata»;

p) l'articolo 635-quinques terzo comma, è sostituito dal seguente: «Se il fatto è commesso con violenza alla persona o con minaccia ovvero con abuso della qualità di operatore del sistema, la pena è aumentata».

Capo II
Illeciti sottoposti a sanzioni pecuniarie civili

3. Responsabilità civile per gli illeciti sottoposti a sanzioni pecuniarie.

1. I fatti previsti dall'articolo seguente, se dolosi, obbligano, oltre che alle restituzioni e al risarcimento del danno secondo le leggi civili, anche al pagamento della sanzione pecuniaria civile ivi stabilita.

2. Si osserva la disposizione di cui all'articolo 2947, primo comma, del codice civile.

4. Illeciti civili sottoposti a sanzioni pecuniarie.

1. Soggiace alla sanzione pecuniaria civile da euro cento a euro ottomila:

a) chi offende l'onore o il decoro di una persona presente, ovvero mediante comunicazione telegrafica, telefonica, informatica o telematica, o con scritti o disegni, diretti alla persona offesa;

b) il comproprietario, socio o coerede che, per procurare a sé o ad altri un profitto, s'impossessa della cosa comune, sottraendola a chi la detiene, salvo che il fatto sia commesso su cose fungibili e il valore di esse non ecceda la quota spettante al suo autore;

c) chi distrugge, disperde, deteriora o rende, in tutto o in parte, inservibili cose mobili o immobili altrui, al di fuori dei casi di cui agli articoli 635, 635-*bis*, 635-*ter*, 635-*quater* e 635-*quinquies* del codice penale;

d) chi, avendo trovato denaro o cose da altri smarrite, se ne appropria, senza osservare le prescrizioni della legge civile sull'acquisto della proprietà di cose trovate;

e) chi, avendo trovato un tesoro, si appropria, in tutto o in parte, della quota dovuta al proprietario del fondo;

f) chi si appropria di cose delle quali sia venuto in possesso per errore altrui o per caso fortuito.

2. Nel caso di cui alla lettera a) del primo comma, se le offese sono reciproche, il giudice può non applicare la sanzione pecuniaria civile ad uno o ad entrambi gli offensori.

3. Non è sanzionabile chi ha commesso il fatto previsto dal primo comma, lettera a), del presente articolo, nello stato d'ira determinato da un fatto ingiusto altrui, e subito dopo di esso.

4. Soggiace alla sanzione pecuniaria civile da euro duecento a euro dodicimila:

a) chi, facendo uso o lasciando che altri faccia uso di una scrittura privata da lui falsamente formata o da lui alterata, arreca ad altri un danno. Si considerano alterazioni anche le aggiunte falsamente apposte a una scrittura vera, dopo che questa fu definitivamente formata;

b) chi, abusando di un foglio firmato in bianco, del quale abbia il possesso per un titolo che importi l'obbligo o la facoltà di riempirlo, vi scrive o fa scrivere un atto privato produttivo di effetti giuridici, diverso da quello a cui era obbligato o autorizzato, se dal fatto di farne uso o di lasciare che se ne faccia uso, deriva un danno ad altri;

c) chi, limitatamente alle scritture private, commettendo falsità su un foglio firmato in bianco diverse da quelle previste dalla lettera b), arreca ad altri un danno;

d) chi, senza essere concorso nella falsità, facendo uso di una scrittura privata falsa, arreca ad altri un danno;

e) chi, distruggendo, sopprimendo od occultando in tutto o in parte una scrittura privata vera, arreca ad altri un danno;

f) chi commette il fatto di cui al comma 1, lettera a), del presente articolo, nel caso in cui l'offesa consista nell'attribuzione di un fatto determinato o sia commessa in presenza di più persone.

5. Le disposizioni di cui alle lettere a), b), c), d) ed e) del comma 4, si applicano anche nel caso in cui le falsità ivi previste riguardino un documento informatico privato avente efficacia probatoria.

6. Agli effetti delle disposizioni di cui al comma 4, lettere a), b), c), d) ed e) del presente articolo, nella denominazione di «scritture private» sono compresi gli atti originali e le copie autentiche di essi, quando a norma di legge tengano luogo degli originali mancanti.

7. Nei casi di cui al comma 4, lettere b) e c) del presente articolo, si considera firmato in bianco il foglio in cui il sottoscrittore abbia lasciato bianco un qualsiasi spazio destinato a essere riempito.

8. Le disposizioni di cui ai commi 2 e 3 del presente articolo si applicano anche nel caso di cui al comma 4, lettera f), del medesimo articolo.

5. Criteri di commisurazione delle sanzioni pecuniarie.

1. L'importo della sanzione pecuniaria civile è determinato dal giudice tenuto conto dei seguenti criteri:

a) gravità della violazione;
b) reiterazione dell'illecito;
c) arricchimento del soggetto responsabile;
d) opera svolta dall'agente per l'eliminazione o attenuazione delle conseguenze dell'illecito;
e) personalità dell'agente;
f) condizioni economiche dell'agente.

6. Reiterazione dell'illecito.

1. Si ha reiterazione nel caso in cui l'illecito sottoposto a sanzione pecuniaria civile sia compiuto entro quattro anni dalla commissione, da parte dello stesso soggetto, di un'altra violazione sottoposta a sanzione pecuniaria civile, che sia della stessa indole e che sia stata accertata con provvedimento esecutivo.

2. Ai fini della presente legge, si considerano della stessa indole le violazioni della medesima disposizione e quelle di disposizioni diverse che, per la natura dei fatti che le costituiscono o per le modalità della condotta, presentano una sostanziale omogeneità o caratteri fondamentali comuni.

7. Concorso di persone.

1. Quando più persone concorrono in un illecito di cui al presente capo, ciascuna di esse soggiace alla sanzione pecuniaria civile per esso stabilita.

8. Procedimento.

1. Le sanzioni pecuniarie civili sono applicate dal giudice competente a conoscere dell'azione di risarcimento del danno.

2. Il giudice decide sull'applicazione della sanzione civile pecuniaria al termine del giudizio, qualora accolga la domanda di risarcimento proposta dalla persona offesa.

3. La sanzione pecuniaria civile non può essere applicata quando l'atto introduttivo del giudizio è stato notificato nelle forme di cui all'articolo 143 del codice di procedura civile, salvo che la controparte si sia costituita in giudizio o risulti con certezza che abbia avuto comunque conoscenza del processo.

4. Al procedimento, anche ai fini dell'irrogazione della sanzione pecuniaria civile, si applicano le disposizioni del codice di procedura civile, in quanto compatibili con le norme del presente capo.

9. Pagamento della sanzione.

1. L'importo dovuto a titolo di sanzione pecuniaria civile è recuperato secondo le disposizioni stabilite dalla parte VII del testo unico delle disposizioni legislative e regolamentari in materia di spese di giustizia, di cui al decreto del Presidente della Repubblica 30 maggio 2002, n. 115 [(1)].

2. Il giudice può disporre, in relazione alle condizioni economiche del condannato, che il pagamento della sanzione pecuniaria civile sia effettuato in rate mensili da due a otto. Ciascuna rata non può essere inferiore ad euro cinquanta.

3. Decorso inutilmente, anche per una sola rata, il termine fissato per il pagamento, l'ammontare residuo della sanzione è dovuto in un'unica soluzione.

4. Il condannato può estinguere la sanzione civile pecuniaria in ogni momento, mediante un unico pagamento.

5. Per il pagamento della sanzione pecuniaria civile non è ammessa alcuna forma di copertura assicurativa.

6. L'obbligo di pagare la sanzione pecuniaria civile non si trasmette agli eredi.

(1) Comma sostituito dall'art. 1, co. 351, lett. a), l. 11.12.2016, n. 232.

10. Destinazione del provento della sanzione.

1. Il provento della sanzione pecuniaria civile è versato all'entrata del bilancio dello Stato per essere riassegnato al pertinente capitolo di spesa dello stato di previsione del Ministero dell'interno riguardante il Fondo di rotazione per la solidarietà alle vittime dei reati di tipo mafioso, delle richieste estorsive, dell'usura e dei reati intenzionali violenti, per le finalità di cui all'articolo 11 della legge 7 luglio 2016, n. 122 [(1)].

(1) Comma modificato dall'art. 1, co. 351, lett. b), l. 11.12.2016, n. 232.

11. Registro informatizzato dei provvedimenti in materia di sanzioni pecuniarie.

1. Con apposito decreto del Ministro della giustizia sono adottate le disposizioni relative alla tenuta di un registro, in forma automatizzata, in cui sono iscritti i provvedimenti di applicazione delle sanzioni pecuniarie civili, per gli effetti di cui all'articolo 6.

12. Disposizioni transitorie.

1. Le disposizioni relative alle sanzioni pecuniarie civili del presente decreto si applicano anche ai fatti commessi anteriormente alla data di entrata in vigore dello stesso, salvo che il procedimento penale sia stato definito con sentenza o con decreto divenuti irrevocabili.

2. Se i procedimenti penali per i reati abrogati dal presente decreto sono stati definiti, prima della sua entrata in vigore, con sentenza di condanna o decreto irrevocabili, il giudice dell'esecuzione revoca la sentenza o il decreto, dichiarando che il fatto non è previsto dalla legge come reato e adotta i provvedimenti conseguenti. Il giudice dell'esecuzione provvede con l'osservanza delle disposizioni dell'articolo 667, comma 4, del codice di procedura penale.

13. Disposizioni finanziarie.

1. Con riferimento alle minori entrate derivanti dalle disposizioni di cui agli articoli 1, 2 e 12, valutate in euro 129.873,00 per l'anno 2016 e in euro 86.582,00 annui a decorrere dall'anno 2017, si provvede con quota parte dei risparmi derivanti dall'attuazione degli articoli 1 e 2.

Il presente decreto, munito del sigillo dello Stato, sarà inserito nella Raccolta ufficiale degli atti normativi della Repubblica Italiana. È fatto obbligo a chiunque spetti di osservarlo e di farlo osservare.

7. D.Lgs. 15 gennaio 2016, n. 8. – Disposizioni in materia di depenalizzazione, a norma dell'articolo 2, comma 2, della legge 28 aprile 2014, n. 67

In Gazzetta Ufficiale 22 gennaio 2016, n. 17

1. Depenalizzazione di reati puniti con la sola pena pecuniaria ed esclusioni.

1. Non costituiscono reato e sono soggette alla sanzione amministrativa del pagamento di una somma di denaro tutte le violazioni per le quali è prevista la sola pena della multa o dell'ammenda.

2. La disposizione del comma 1 si applica anche ai reati in esso previsti che, nelle ipotesi aggravate, sono puniti con la pena detentiva, sola, alternativa o congiunta a quella pecuniaria. In tal caso, le ipotesi aggravate sono da ritenersi fattispecie autonome di reato.

3. La disposizione del comma 1 non si applica ai reati previsti dal codice penale, fatto salvo quanto previsto dall'articolo 2, comma 6, e a quelli compresi nell'elenco allegato al presente decreto.

4. La disposizione del comma 1 non si applica ai reati di cui al decreto legislativo 25 luglio 1998, n. 286, nonché ai reati di cui al decreto del Presidente della Repubblica 23 gennaio 1973, n. 43, quando l'ammontare dei diritti di confine dovuti è superiore a euro diecimila (1).

5. La sanzione amministrativa pecuniaria, di cui al primo comma, è così determinata:

a) da euro 5.000 a euro 10.000 per i reati puniti con la multa o l'ammenda non superiore nel massimo a euro 5.000;
b) da euro 5.000 a euro 30.000 per i reati puniti con la multa o l'ammenda non superiore nel massimo a euro 20.000;
c) da euro 10.000 a euro 50.000 per i reati puniti con la multa o l'ammenda superiore nel massimo a euro 20.000.

6. Se per le violazioni previste dal comma 1 è prevista una pena pecuniaria proporzionale, anche senza la determinazione dei limiti minimi o massimi, la somma dovuta è pari all'ammontare della multa o dell'ammenda, ma non può, in ogni caso, essere inferiore a euro 5.000 né superiore a euro 50.000.

(1) Comma modificato dall'art. 4, co. 1, d.lgs. 14.7.2020, n. 75.

2. Depenalizzazione di reati del codice penale.

1. All'articolo 527 del codice penale sono apportate le seguenti modificazioni:

a) nel primo comma, le parole «è punito con la reclusione da tre mesi a tre anni» sono sostituite dalle seguenti: «è soggetto alla sanzione amministrativa pecuniaria da euro 5.000 a euro 30.000»;
b) nel secondo comma, le parole «La pena è aumentata da un terzo alla metà» sono sostituite dalle seguenti: «Si applica la pena della reclusione da quattro mesi a quattro anni e sei mesi».

2. All'articolo 528 del codice penale sono apportate le seguenti modificazioni:

a) nel primo comma, le parole «è punito con la reclusione da tre mesi a tre anni e con la multa non inferiore a euro 103» sono sostituite dalle seguenti: «è soggetto alla sanzione amministrativa pecuniaria da euro 10.000 a euro 50.000»;
b) nel secondo comma, le parole «Alla stessa pena» sono sostituite dalle seguenti: «Alla stessa sanzione»;
c) nel terzo comma, le parole «Tale pena si applica inoltre» sono sostituite dalle seguenti: «Si applicano la reclusione da tre mesi a tre anni e la multa non inferiore a euro 103».

3. All'articolo 652 del codice penale sono apportate le seguenti modificazioni:

a) nel primo comma, le parole «è punito con l'arresto fino a tre mesi o con l'ammenda fino a euro 309» sono sostituite dalle seguenti: «è soggetto alla sanzione amministrativa pecuniaria da euro 5.000 a euro 15.000»;
b) nel secondo comma, le parole «è punito con l'arresto

da uno a sei mesi ovvero con l'ammenda da euro 30 a euro 619» sono sostituite dalle seguenti: «è soggetto alla sanzione amministrativa pecuniaria da euro 6.000 a euro 18.000».

4. All'articolo 661 del codice penale, le parole «è punito» sono sostituite con le seguenti: «è soggetto» e le parole «con l'arresto fino a tre mesi o con l'ammenda fino a euro 1.032» sono sostituite dalle seguenti: «alla sanzione amministrativa pecuniaria da euro 5.000 a euro 15.000».

5. All'articolo 668 del codice penale sono apportate le seguenti modificazioni:

a) nel primo comma, le parole «è punito con l'arresto fino a sei mesi o con l'ammenda fino a euro 309» sono sostituite dalle seguenti: «è soggetto alla sanzione amministrativa pecuniaria da euro 5.000 a euro 15.000»;

b) nel secondo comma, le parole «Alla stessa pena» sono sostituite dalle seguenti: «Alla stessa sanzione»;

c) nel terzo comma, le parole «la pena pecuniaria e la pena detentiva sono applicate congiuntamente» sono sostituite dalle seguenti: «si applica la sanzione amministrativa pecuniaria da euro 10.000 a euro 30.000».

6. L'articolo 726 del codice penale è sostituito dal seguente: «Chiunque, in un luogo pubblico o aperto o esposto al pubblico, compie atti contrari alla pubblica decenza è soggetto alla sanzione amministrativa pecuniaria da euro 5.000 a euro 10.000».

3. Altri casi di depenalizzazione.

1. Alla legge 8 gennaio 1931, n. 234, sono apportate le seguenti modificazioni:

a) all'articolo 8, primo comma, in fine, dopo la parola «reato» sono aggiunte le seguenti: «, o delle sanzioni amministrative pecuniarie, qualora si tratti di illeciti amministrativi»;

b) all'articolo 11:

1) al primo comma, le parole «reato più grave, con una ammenda da lire 40.000 a lire 400.000 o con l'arresto fino a due anni» sono sostituite dalle seguenti: «reato, con la sanzione amministrativa pecuniaria da euro 10.000 a euro 50.000»;

2) il secondo comma è sostituito dal seguente: «Chiunque commette la violazione indicata nel primo comma, dopo avere commesso la stessa violazione accertata con provvedimento esecutivo, è punito con l'arresto fino a tre anni o con l'ammenda da euro 30 a euro 309»;

3) al terzo comma dell'articolo 11, le parole «Si fa luogo alla confisca, a termini del Codice di procedura penale» sono sostituite dalle seguenti: «Si fa luogo a confisca amministrativa»;

c) l'articolo 12 è abrogato.

2. Alla legge 22 aprile 1941, n. 633, sono apportate le seguenti modificazioni:

a) all'articolo 171-*quater*, primo comma, le parole «più grave reato, è punito con l'arresto sino ad un anno o con l'ammenda da lire un milione a lire dieci milioni» sono sostituite dalle seguenti: «reato, è soggetto alla sanzione amministrativa pecuniaria da euro 5.000 a euro 30.000»;

b) all'articolo 171-*sexies*, comma 2, le parole «e 171-*ter* e 171-*quater*» sono sostituite dalle seguenti: «171-*ter* e l'illecito amministrativo di cui all'articolo 171-*quater*».

3. All'articolo 3 del decreto legislativo luogotenenziale 10 agosto 1945, n. 506, sono apportate le seguenti modificazioni:

a) le parole «è punito con l'arresto non inferiore nel minimo a sei mesi o con l'ammenda non inferiore a lire 2.000.000» sono sostituite dalle seguenti: «è soggetto alla sanzione amministrativa pecuniaria da euro 10.000 a euro 50.000»;

b) le parole «la pena è dell'arresto non inferiore a tre mesi o dell'ammenda non inferiore a lire 1.000.000» sono sostituite dalle seguenti: «si applica la sanzione amministrativa pecuniaria da euro 10.000 a euro 30.000».

4. All'articolo 15 della legge 28 novembre 1965, n. 1329, secondo comma, le parole «è punito con la pena dell'ammenda da lire 150.000 a lire 600.000 o con l'arresto fino a tre mesi» sono sostituite dalle seguenti: «è soggetto alla sanzione amministrativa pecuniaria da euro 5.000 a euro 15.000».

5. L'articolo 16, quarto comma, del decreto-legge 26 ottobre 1970, n. 745, convertito, con modificazioni, dalla legge 18 dicembre 1970, n. 1034, è sostituito dal seguente: «All'installazione o all'esercizio di impianti in mancanza di concessione si applica la sanzione amministrativa pecuniaria da euro 10.000 a euro 50.000».

6. L'articolo 2, comma 1-*bis*, del decreto-legge 12 settembre 1983, n. 463, convertito, con modificazioni, dalla legge 11 novembre 1983, n. 638, è sostituito dal seguente:

«1-*bis*. L'omesso versamento delle ritenute di cui al comma 1, per un importo superiore a euro 10.000 annui, è punito con la reclusione fino a tre anni e con la multa fino a euro 1.032. Se l'importo omesso non è superiore a euro 10.000 annui, si applica la sanzione amministrativa pecuniaria da euro 10.000 a euro 50.000. Il datore di lavoro non è punibile, né assoggettabile alla sanzione amministrativa, quando provvede al versamento delle ritenute entro tre mesi dalla contestazione o dalla notifica dell'avvenuto accertamento della violazione».

7. All'articolo 28, comma 2, del decreto del Presidente della Repubblica 9 ottobre 1990, n. 309, le parole «è punito, salvo che il fatto costituisca reato più grave, con l'arresto sino ad un anno o con l'ammenda da lire un milione a lire quattro milioni» sono sostituite dalle seguenti: «è soggetto, salvo che il fatto costituisca reato, alla sanzione amministrativa pecuniaria da euro 5.000 a euro 30.000».

4. Sanzioni amministrative accessorie.

1. In caso di reiterazione specifica di una delle violazioni di seguito indicate, l'autorità amministrativa com-

petente, con l'ordinanza ingiunzione, applica la sanzione amministrativa accessoria della sospensione della concessione, della licenza, dell'autorizzazione o di altro provvedimento amministrativo che consente l'esercizio dell'attività da un minimo di dieci giorni a un massimo di tre mesi:
a) articolo 668 del codice penale;
b) articolo 171-*quater* della legge 22 aprile 1941, n. 633;
c) articolo 28, comma 2, del decreto del Presidente della Repubblica 9 ottobre 1990, n. 309.

2. Allo stesso modo provvede il giudice con la sentenza di condanna qualora sia competente, ai sensi dell'articolo 24 della legge 24 novembre 1981, n. 689, a decidere su una delle violazioni indicate nel comma 1.

3. Per gli illeciti amministrativi di cui al comma 1, in caso di reiterazione specifica, non è ammesso il pagamento in misura ridotta ai sensi dell'articolo 16 della legge 24 novembre 1981, n. 689.

5. Disposizione di coordinamento.

1. Quando i reati trasformati in illeciti amministrativi ai sensi del presente decreto prevedono ipotesi aggravate fondate sulla recidiva ed escluse dalla depenalizzazione, per recidiva è da intendersi la reiterazione dell'illecito depenalizzato.

6. Disposizioni applicabili.

1. Nel procedimento per l'applicazione delle sanzioni amministrative previste dal presente decreto si osservano, in quanto applicabili, le disposizioni delle sezioni I e II del capo I della legge 24 novembre 1981, n. 689.

7. Autorità competente.

1. Per le violazioni di cui all'articolo 1, sono competenti a ricevere il rapporto e ad applicare le sanzioni amministrative le autorità amministrative competenti ad irrogare le altre sanzioni amministrative già previste dalle leggi che contemplano le violazioni stesse; nel caso di mancata previsione, è competente l'autorità individuata a norma dell'articolo 17 della legge 24 novembre 1981, n. 689.

2. Per le violazioni di cui all'articolo 2, è competente a ricevere il rapporto e ad irrogare le sanzioni amministrative il prefetto.

3. Per le violazioni di cui all'articolo 3, sono competenti a ricevere il rapporto e ad irrogare le sanzioni amministrative:
a) le autorità competenti ad irrogare le sanzioni amministrative già indicate nella legge 22 aprile 1941, n. 633, nel decreto-legge 12 settembre 1983, n. 463, convertito, con modificazioni, dalla legge 11 novembre 1983, n. 638, e nel decreto del Presidente della Repubblica 9 ottobre 1990, n. 309;
b) il Ministero dello sviluppo economico in relazione all'articolo 11 della legge 8 gennaio 1931, n. 234;
c) l'autorità comunale competente al rilascio dell'autorizzazione all'installazione o all'esercizio di impianti di distribuzione di carburante di cui all'articolo 1 del decreto legislativo 11 febbraio 1998, n. 32;
d) il prefetto con riguardo alle restanti leggi indicate all'articolo 3.

8. Applicabilità delle sanzioni amministrative alle violazioni anteriormente commesse.

1. Le disposizioni del presente decreto che sostituiscono sanzioni penali con sanzioni amministrative si applicano anche alle violazioni commesse anteriormente alla data di entrata in vigore del decreto stesso sempre che il procedimento penale non sia stato definito con sentenza o con decreto divenuti irrevocabili.

2. Se i procedimenti penali per i reati depenalizzati dal presente decreto sono stati definiti, prima della sua entrata in vigore, con sentenza di condanna o decreto irrevocabili, il giudice dell'esecuzione revoca la sentenza o il decreto, dichiarando che il fatto non è previsto dalla legge come reato e adotta i provvedimenti conseguenti. Il giudice dell'esecuzione provvede con l'osservanza delle disposizioni dell'articolo 667, comma 4, del codice di procedura penale.

3. Ai fatti commessi prima della data di entrata in vigore del presente decreto non può essere applicata una sanzione amministrativa pecuniaria per un importo superiore al massimo della pena originariamente inflitta per il reato, tenuto conto del criterio di ragguaglio di cui all'articolo 135 del codice penale. A tali fatti non si applicano le sanzioni amministrative accessorie introdotte dal presente decreto, salvo che le stesse sostituiscano corrispondenti pene accessorie.

9. Trasmissione degli atti all'autorità amministrativa.

1. Nei casi previsti dall'articolo 8, comma 1, l'autorità giudiziaria, entro novanta giorni dalla data di entrata in vigore del presente decreto, dispone la trasmissione all'autorità amministrativa competente degli atti dei procedimenti penali relativi ai reati trasformati in illeciti amministrativi, salvo che il reato risulti prescritto o estinto per altra causa alla medesima data.

2. Se l'azione penale non è stata ancora esercitata, la trasmissione degli atti è disposta direttamente dal pubblico ministero che, in caso di procedimento già iscritto, annota la trasmissione nel registro delle notizie di reato. Se il reato risulta estinto per qualsiasi causa, il pubblico ministero richiede l'archiviazione a norma del codice di procedura penale; la richiesta ed il decreto del giudice che la accoglie possono avere ad oggetto anche elenchi cumulativi di procedimenti.

3. Se l'azione penale è stata esercitata, il giudice pronuncia, ai sensi dell'articolo 129 del codice di procedura penale, sentenza inappellabile perché il fatto non è previsto dalla legge come reato, disponendo la trasmissione degli atti a norma del comma 1. Quando è stata pronunciata sentenza di condanna, il giudice dell'impugnazione, nel dichiarare che il fatto non è previsto dalla legge come reato, decide sull'impugnazione ai soli effetti delle disposizioni e dei capi della sentenza che concernono gli interessi civili.

4. L'autorità amministrativa notifica gli estremi della

violazione agli interessati residenti nel territorio della Repubblica entro il termine di novanta giorni e a quelli residenti all'estero entro il termine di trecentosettanta giorni dalla ricezione degli atti.

5. Entro sessanta giorni dalla notificazione degli estremi della violazione l'interessato è ammesso al pagamento in misura ridotta, pari alla metà della sanzione, oltre alle spese del procedimento. Si applicano, in quanto compatibili, le disposizioni di cui all'articolo 16 della legge 24 novembre 1981, n. 689.

6. Il pagamento determina l'estinzione del procedimento.

10. Disposizioni finanziarie.

1. Le amministrazioni interessate provvedono agli adempimenti previsti dal presente decreto, senza nuovi o maggiori oneri a carico della finanza pubblica, con le risorse umane, strumentali e finanziarie disponibili a legislazione vigente.

Il presente decreto, munito del sigillo dello Stato, sarà inserito nella Raccolta ufficiale degli atti normativi della Repubblica Italiana. È fatto obbligo a chiunque spetti di osservarlo e di farlo osservare.

DIRITTO D'AUTORE

1. L. 22 aprile 1941, n. 633. – Protezione del diritto d'autore e di altri diritti connessi al suo esercizio (*artt. 171-174 quinquies*)

In Gazzetta Ufficiale 16 luglio 1941, n. 166

Capo III
Difese e sanzioni giudiziarie

Sezione II
Difese e sanzioni penali

171. – Salvo quanto previsto dall'art. 171-*bis* e dall'articolo 171-*ter*, è punito con la multa da lire 100.000 a lire 4.000.000 chiunque, senza averne diritto, a qualsiasi scopo e in qualsiasi forma [1] [2]:

a) riproduce, trascrive, recita in pubblico, diffonde, vende o mette in vendita o pone altrimenti in commercio un'opera altrui o ne rivela il contenuto prima che sia reso pubblico, o introduce e mette in circolazione nel regno esemplari prodotti all'estero contrariamente alla legge italiana;

a-*bis*) mette a disposizione del pubblico, immettendola in un sistema di reti telematiche, mediante connessioni di qualsiasi genere, un'opera dell'ingegno protetta, o parte di essa [3];

b) rappresenta, esegue o recita in pubblico o diffonde con o senza variazioni od aggiunte, un'opera altrui adatta a pubblico spettacolo od una composizione musicale. La rappresentazione o esecuzione comprende la proiezione pubblica dell'opera cinematografica, l'esecuzione in pubblico delle composizioni musicali inserite nelle opere cinematografiche e la radiodiffusione mediante altoparlante in pubblico;

c) compie i fatti indicati nelle precedenti lettere mediante una delle forme di elaborazione previste da questa legge;

d) riproduce un numero di esemplari o esegue o rappresenta un numero di esecuzioni o di rappresentazioni maggiore di quello che aveva il diritto rispettivamente di riprodurre o di rappresentare;

[e) riproduce con qualsiasi processo di duplicazione dischi o altri apparecchi analoghi o li smercia, ovvero introduce nel territorio dello Stato le riproduzioni così fatte all'estero [4];] [5]

f) in violazione dell'art. 79 ritrasmette su filo o per radio o registra in dischi fonografici o altri apparecchi analoghi le trasmissioni o ritrasmissioni radiofoniche o smercia i dischi fonografici o altri apparecchi indebitamente registrati.

Chiunque commette la violazione di cui al primo comma, lettera a-*bis*), è ammesso a pagare, prima dell'apertura del dibattimento, ovvero prima dell'emissione del decreto penale di condanna, una somma corrispondente alla metà del massimo della pena stabilita dal primo comma per il reato commesso, oltre le spese del procedimento. Il pagamento estingue il reato [6]

La pena è della reclusione fino ad un anno o della multa non inferiore a lire 1.000.000 se i reati di cui sopra sono commessi sopra un'opera altrui non destinata alla pubblicazione, ovvero con usurpazione della paternità dell'opera, ovvero con deformazione, mutilazione o altra modificazione dell'opera medesima, qualora ne risulti offesa all'onore od alla reputazione dell'autore [7].

La violazione delle disposizioni di cui al terzo ed al quarto comma dell'articolo 68 comporta la sospensione della attività di fotocopia, xerocopia o analogo sistema di riproduzione da sei mesi ad un anno nonché la sanzione amministrativa pecuniaria da due a dieci milioni di lire [8] [9].

(1) A norma dell'art. 3, l. 12.7.1961, n. 603 gli importi qui previsti sono stati aumentati di 40 volte e, poi, di cinque volte a norma dell'art. 113, co. 1, l. 24.11.1981, n. 689.
(2) Alinea modificato dall'art. 9, d.lgs. 29.12.1992, n. 518.
(3) Lettera introdotta dall'art. 3, co. 3 *ter*, d.l. 31.1.2005, n. 7.
(4) Lettera sostituita dall'art. 3, l. 5.5.1976, n. 404.
(5) Lettera abrogata dall'art. 3, l. 29.7.1981, n. 406.
(6) Comma introdotto dall'art. 3, co. 3 *quater*, d.l. 31.1.2005, n. 7.
(7) A norma dell'art. 3, l. 12.7.1961, n. 603 gli importi qui previsti sono

stati aumentati di 40 volta e, poi, di cinque volte a norma dell'art. 113, co. 1, l. 24.11.1981, n. 689.
(8) Comma introdotto dall'art. 2, co. 4, l. 18.8.2000, n. 248.
(9) L'art. 1, co. 1, d.lgs. 1.12.2009, n. 179, ha dichiarato indispensabile la permanenza in vigore di questo articolo.

171 bis. – **1.** Chiunque abusivamente duplica, per trarne profitto, programmi per elaboratore o ai medesimi fini importa, distribuisce, vende, detiene a scopo commerciale o imprenditoriale o concede in locazione programmi contenuti in supporti non contrassegnati dalla Società italiana degli autori ed editori (SIAE), è soggetto alla pena della reclusione da sei mesi a tre anni e della multa da lire cinque milioni a lire trenta milioni. La stessa pena si applica se il fatto concerne qualsiasi mezzo inteso unicamente a consentire o facilitare la rimozione arbitraria o l'elusione funzionale di dispositivi applicati a protezione di un programma per elaboratori. La pena non è inferiore nel minimo a due anni di reclusione e la multa a lire trenta milioni se il fatto è di rilevante gravità.

2. Chiunque, al fine di trarne profitto, su supporti non contrassegnati SIAE riproduce, trasferisce su altro supporto, distribuisce, comunica, presenta o dimostra in pubblico il contenuto di una banca di dati in violazione delle disposizioni di cui agli articoli 64-*quinquies* e 64-*sexies*, ovvero esegue l'estrazione o il reimpiego della banca di dati in violazione delle disposizioni di cui agli articoli 102-*bis* e 102-*ter*, ovvero distribuisce, vende o concede in locazione una banca di dati, è soggetto alla pena della reclusione da sei mesi a tre anni e della multa da lire cinque milioni a lire trenta milioni. La pena non è inferiore nel minimo a due anni di reclusione e la multa a lire trenta milioni se il fatto è di rilevante gravità [(1) (2)].

(1) Articolo sostituito dall'art. 13 l. 18.8.2000, n. 248.
(2) L'art. 1, co. 1, d.lgs. 1.12.2009, n. 179, ha dichiarato indispensabile la permanenza in vigore di questo articolo.

171 ter. – **1.** È punito, se il fatto è commesso per uso non personale, con la reclusione da sei mesi a tre anni e con la multa da cinque a trenta milioni di lire chiunque a fini di lucro [(1)]:

a) abusivamente duplica, riproduce, trasmette o diffonde in pubblico con qualsiasi procedimento, in tutto o in parte, un'opera dell'ingegno destinata al circuito televisivo, cinematografico, della vendita o del noleggio, dischi, nastri o supporti analoghi ovvero ogni altro supporto contenente fonogrammi o videogrammi di opere musicali, cinematografiche o audiovisive assimilate o sequenze di immagini in movimento;

b) abusivamente riproduce, trasmette o diffonde in pubblico, con qualsiasi procedimento, opere o parti di opere letterarie, drammatiche, scientifiche o didattiche, musicali o drammatico-musicali, ovvero multimediali, anche se inserite in opere collettive o composite o banche dati;

c) pur non avendo concorso alla duplicazione o riproduzione, introduce nel territorio dello Stato, detiene per la vendita o la distribuzione, distribuisce, pone in commercio, concede in noleggio o comunque cede a qualsiasi titolo, proietta in pubblico, trasmette a mezzo della televisione con qualsiasi procedimento, trasmette a mezzo della radio, fa ascoltare in pubblico le duplicazioni o riproduzioni abusive di cui alle lettere a) e b);

d) detiene per la vendita o la distribuzione, pone in commercio, vende, noleggia, cede a qualsiasi titolo, proietta in pubblico, trasmette a mezzo della radio o della televisione con qualsiasi procedimento videocassette, musicassette, qualsiasi supporto contenente fonogrammi o videogrammi di opere musicali, cinematografiche o audiovisive o sequenze di immagini in movimento, od altro supporto per il quale è prescritta, ai sensi della presente legge, l'apposizione di contrassegno da parte della Società italiana degli autori ed editori (S.I.A.E.), privi del contrassegno medesimo o dotati di contrassegno contraffatto o alterato [(2)];

e) in assenza di accordo con il legittimo distributore, ritrasmette o diffonde con qualsiasi mezzo un servizio criptato ricevuto per mezzo di apparati o parti di apparati atti alla decodificazione di trasmissioni ad accesso condizionato;

f) introduce nel territorio dello Stato, detiene per la vendita o la distribuzione, distribuisce, vende, concede in noleggio, cede a qualsiasi titolo, promuove commercialmente, installa dispositivi o elementi di decodificazione speciale che consentono l'accesso ad un servizio criptato senza il pagamento del canone dovuto;

f-*bis*) fabbrica, importa, distribuisce, vende, noleggia, cede a qualsiasi titolo, pubblicizza per la vendita o il noleggio, o detiene per scopi commerciali, attrezzature, prodotti o componenti ovvero presta servizi che abbiano la prevalente finalità o l'uso commerciale di eludere efficaci misure tecnologiche di cui all'art. 102-*quater* ovvero siano principalmente progettati, prodotti, adattati o realizzati con la finalità di rendere possibile o facilitare l'elusione di predette misure. Fra le misure tecnologiche sono comprese quelle applicate, o che residuano, a seguito della rimozione delle misure medesime conseguentemente a iniziativa volontaria dei titolari dei diritti o ad accordi tra questi ultimi e i beneficiari di eccezioni, ovvero a seguito di esecuzione di provvedimenti dell'autorità amministrativa o giurisdizionale [(3)];

h) abusivamente rimuove o altera le informazioni elettroniche di cui all'articolo 102-*quinquies*, ovvero distribuisce, importa a fini di distribuzione, diffonde per radio o per televisione, comunica o mette a disposizione del pubblico opere o altri materiali protetti dai quali siano state rimosse o alterate le informazioni elettroniche stesse [(4)];

h-*bis*) abusivamente, anche con le modalità indicate al comma 1 dell'articolo 85-*bis* del testo unico delle leggi di pubblica sicurezza, di cui al regio decreto 18 giugno 1931, n. 773, esegue la fissazione su supporto digitale, audio, video o audiovideo, in tutto o in parte, di un'opera cinematografica, audiovisiva o editoriale ovvero effettua la riproduzione, l'esecuzione o la comunicazione al pubblico della fissazione abusivamente eseguita (5).

2. È punito con la reclusione da uno a quattro anni e con la multa da cinque a trenta milioni di lire chiunque:

a) riproduce, duplica, trasmette o diffonde abusivamente, vende o pone altrimenti in commercio, cede a qualsiasi titolo o importa abusivamente oltre cinquanta copie o esemplari di opere tutelate dal diritto d'autore e da diritti connessi;

a-*bis*) in violazione dell'articolo 16, a fini di lucro, comunica al pubblico immettendola in un sistema di reti telematiche, mediante concessioni di qualsiasi genere, un'opera dell'ingegno protetta dal diritto d'autore, o parte di essa (6);

b) esercitando in forma imprenditoriale attività di riproduzione, distribuzione, vendita o commercializzazione, importazione di opere tutelate dal diritto d'autore e da diritti connessi, si rende colpevole dei fatti previsti dal comma l;

c) promuove o organizza le attività illecite di cui al comma 1.

3. La pena è diminuita se il fatto è di particolare tenuità.

4. La condanna per uno dei reati previsti nel comma 1 comporta:

a) l'applicazione delle pene accessorie di cui agli articoli 30 e 32-*bis* del codice penale;

b) la pubblicazione della sentenza ai sensi dell'articolo 36 del codice penale (7);

c) la sospensione per un periodo di un anno della concessione o autorizzazione di diffusione radiotelevisiva per l'esercizio dell'attività produttiva o commerciale.

5. Gli importi derivanti dall'applicazione delle sanzioni pecuniarie previste dai precedenti commi sono versati all'Ente nazionale di previdenza ed assistenza per i pittori e scultori, musicisti, scrittori ed autori drammatici (8) (9).

(1) Alinea modificato dall'art. 1, d.l. 22.3.2004, n. 72 e poi dall'art. 3, co. 3 *quinquies*, d.l. 31.1.2005, n. 7.
(2) Lettera sostituita dall'art. 26, co. 1, d.lgs. 9.4.2003, n. 68.
(3) Lettera introdotta dall'art. 26, co. 2, d.lgs. 9.4.2003, n. 68.
(4) Lettera introdotta dall'art. 26, co. 2, d.lgs. 9.4.2003, n. 68.
(5) Lettera introdotta dall'art. 3, co. 1, l. 14.7.2023, n. 93.
(6) Lettera introdotta dall'art. 1, co. 3, d.l. 22.3.2004, n. 72 e poi modificata dall'art. 3, co. 3 *quinquies*, d.l. 31.1.2005, n. 7.
(7) Lettera sostituita dall'art. 2, co. 217, l. 23.12.2009, n. 191.
(8) Articolo introdotto dall'art. 17, d.lgs. 16.11.1994, n. 685, poi, modificato dall'art. 1, d.lgs. 15.3.1996, n. 204 e, infine, sostituito dall'art. 14 l. 18.8.2000, n. 248.
(9) L'art. 1, co. 1, d.lgs. 1.12.2009, n. 179, ha dichiarato indispensabile la permanenza in vigore di questo articolo.

171 quater. – **1.** Salvo che il fatto costituisca reato, è soggetto alla sanzione amministrativa pecuniaria da euro 5.000 a euro 30.000 chiunque, abusivamente ed a fini di lucro:

a) concede in noleggio o comunque concede in uso a qualunque titolo, originali, copie o supporti lecitamente ottenuti di opere tutelate dal diritto di autore;

b) esegue la fissazione su supporto audio, video o audiovideo delle prestazioni artistiche di cui all'art. 80 (1) (2) (3).

(1) Articolo introdotto dall'art. 18, d.lgs. 16.11.1994, n. 685.
(2) L'art. 1, co. 1, d.lgs. 1.12.2009, n. 179, ha dichiarato indispensabile la permanenza in vigore di questo articolo.
(3) Comma modificato dall'art. 3, co. 2, lett. a), d.lgs. 15.1.2016, n. 8.

171 quinquies. – **1.** Ai fini delle disposizioni di cui alla presente legge è equiparata alla concessione in noleggio la vendita con patto di riscatto ovvero sotto condizione risolutiva quando sia previsto che nel caso di riscatto o di avveramento della condizione il venditore restituisca una somma comunque inferiore a quella pagata oppure quando sia previsto da parte dell'acquirente, al momento della consegna, il pagamento di una somma a titolo di acconto o ad altro titolo comunque inferiore al prezzo di vendita (1) (2).

(1) Articolo introdotto dall'art. 15, l. 18.8.2000, n. 248.
(2) L'art. 1, co. 1, d.lgs. 1.12.2009, n. 179, ha dichiarato indispensabile la permanenza in vigore di questo articolo.

171 sexies. – **1.** Quando il materiale sequestrato è, per entità, di difficile custodia, l'autorità giudiziaria può ordinarne la distruzione, osservate le disposizioni di cui all'articolo 83 delle norme di attuazione, di coordinamento e transitorie del codice di procedura penale, approvate con decreto legislativo 28 luglio 1989, n. 271.

2. È sempre ordinata la confisca degli strumenti e dei materiali serviti o destinati a commettere i reati di cui agli articoli 171-*bis*, 171-*ter* e l'illecito amministrativo di cui all'articolo 171-*quater* nonché delle videocassette, degli altri supporti audiovisivi o fonografici o informatici o multimediali abusivamente duplicati, riprodotti, ceduti, commerciati, detenuti o introdotti sul territorio nazionale, ovvero non provvisti di contrassegno SIAE, ove richiesto, o provvisti di contrassegno SIAE contraffatto o alterato, o destinato ad opera diversa. La confisca è ordinata anche nel caso di applicazione della pena su richiesta delle parti a norma dell'articolo 444 del codice di procedura penale (1).

3. Le disposizioni di cui ai precedenti commi si applicano anche se i beni appartengono ad un soggetto giuridico diverso, nel cui interesse abbia agito uno dei partecipanti al reato (2) (3).

(1) Comma modificato dall'art. 3, co. 2, lett. b), d.lgs. 15.1.2016, n. 8.
(2) Articolo introdotto dall'art. 17, l. 18.8.2000, n. 248.
(3) L'art. 1, co. 1, d.lgs. 1.12.2009, n. 179, ha dichiarato indispensabile la permanenza in vigore di questo articolo.

171 septies. – **1.** La pena di cui all'articolo 171-*ter*, comma 1, si applica anche:

a) ai produttori o importatori dei supporti non soggetti al contrassegno di cui all'articolo 181-*bis*, i quali non comunicano alla SIAE entro trenta giorni dalla data di immissione in commercio sul territorio nazionale o di importazione i dati necessari alla univoca identificazione dei supporti medesimi;

b) salvo che il fatto non costituisca più grave reato, a chiunque dichiari falsamente l'avvenuto assolvimento degli obblighi di cui all'articolo 181-*bis*, comma 2, della presente legge [1] [2].

(1) Articolo introdotto dall'art. 17, l. 18.8.2000, n. 248.

(2) L'art. 1, co. 1, d.lgs. 1.12.2009, n. 179, ha dichiarato indispensabile la permanenza in vigore di questo articolo.

171 octies. – 1. Qualora il fatto non costituisca più grave reato, è punito con la reclusione da sei mesi a tre anni e con la multa da lire cinque milioni a lire cinquanta milioni chiunque a fini fraudolenti produce, pone in vendita, importa, promuove, installa, modifica, utilizza per uso pubblico e privato apparati o parti di apparati atti alla decodificazione di trasmissioni audiovisive ad accesso condizionato effettuate via etere, via satellite, via cavo, in forma sia analogica sia digitale. Si intendono ad accesso condizionato tutti i segnali audiovisivi trasmessi da emittenti italiane o estere in forma tale da rendere gli stessi visibili esclusivamente a gruppi chiusi di utenti selezionati dal soggetto che effettua l'emissione del segnale, indipendentemente dalla imposizione di un canone per la fruizione di tale servizio.

2. La pena non è inferiore a due anni di reclusione e la multa a lire trenta milioni se il fatto è di rilevante gravità [1] [2] [3].

(1) Articolo introdotto dall'art. 17, l. 18.8.2000, n. 248.

(2) La Corte costituzionale, con sent. 29.12.2004, n. 426, ha dichiarato l'illegittimità costituzionale di questo art., nella parte in cui, limitatamente ai fatti commessi dall'entrata in vigore del presente art. fino all'entrata in vigore l. 7.2.2003, n. 22 (Modifica al decreto legislativo 15.11.2000, n. 373, in tema di tutela del diritto d'autore), punisce con sanzione penale, anziché con la sanzione amministrativa prevista dall'art. 6, d.lgs. 15.11.2000, n. 373 (Attuazione della direttiva 98/84/CE sulla tutela dei servizi ad accesso condizionato e dei servizi di accesso condizionato), l'utilizzazione per uso privato di apparati o parti di apparati atti alla decodificazione di trasmissioni audiovisive ad accesso condizionato effettuate via etere, via satellite, via cavo, in forma sia analogica sia digitale.

(3) L'art. 1, co. 1, d.lgs. 1.12.2009, n. 179, ha dichiarato indispensabile la permanenza in vigore di questo articolo.

171 octies-1 [1]**. – 1.** Chiunque si rifiuti senza giustificato motivo di rispondere alle domande del giudice ai sensi dell'articolo 156-*ter* ovvero fornisce allo stesso false informazioni è punito con le pene previste dall'articolo 372 del codice penale, ridotte della metà [2].

(1) Articolo introdotto dall'art. 13, d.lgs. 16.3.2006, n. 140.

(2) L'art. 1, co. 1, d.lgs. 1.12.2009, n. 179, ha dichiarato indispensabile la permanenza in vigore di questo articolo.

171 novies. – 1. La pena principale per i reati di cui agli articoli 171-*bis*, 171-*ter* e 171-*quater* è diminuita da un terzo alla metà e non si applicano le pene accessorie a colui che, prima che la violazione gli sia stata specificatamente contestata in un atto dell'autorità giudiziaria, la denuncia spontaneamente o, fornendo tutte le informazioni in suo possesso, consente l'individuazione del promotore o organizzatore dell'attività illecita di cui agli articoli 171-*ter* e 171-*quater*, di altro duplicatore o di altro distributore, ovvero il sequestro di notevoli quantità di supporti audiovisivi e fonografici o di strumenti o materiali serviti o destinati alla commissione dei reati.

2. Le disposizioni del presente articolo non si applicano al promotore o organizzatore delle attività illecite previste dall'articolo 171-*bis*, comma 1, e dall articolo 171-*ter*, comma 1 [1] [2].

(1) Articolo introdotto dall'art. 17, l. 18.8.2000, n. 248.

(2) L'art. 1, co. 1, d.lgs. 1.12.2009, n. 179, ha dichiarato indispensabile la permanenza in vigore di questo articolo.

172. – 1. Se i fatti preveduti nell'articolo 171 sono commessi per colpa la pena è della sanzione amministrativa fino a 1.032,00 euro.

2. Con la stessa pena è punito chiunque esercita l'attività di intermediario in violazione del disposto degli articoli 180 e 183.

3. La violazione delle disposizioni di cui al comma 2 dell'articolo 152 e all'articolo 153 comporta la sospensione dell'attività professionale o commerciale da sei mesi ad un anno, nonché la sanzione amministrativa da 1.034,00 euro a 5.165,00 euro [1] [2] [3] [4].

(1) Gli importi qui previsti sono stati sestuplicati dall'art. 1, d.lgs. C.P.S. 5.10.1947, n. 1208. Sono stati, poi, moltiplicati per quaranta dall'art. 3, co. 1, l. 12.7.1961, n. 603, e, infine, sono stati moltiplicati per cinque, dall'art. 113, co. 1, l. 24.11.1981, n. 689.

(2) Articolo modificato dall'art. 3, l. 22.5.1993, n. 159, dall'art. 19, d.lgs. 16.11.1994, n. 685 ed infine così sostituito dall'art. 14, d.lgs. 13.2.2006, n. 118.

(3) A norma dell'art. 32 l. 24.11.1981, n. 689, la pena dell'ammenda è stata sostituita dalla sanzione amministrativa.

(4) L'art. 1, co. 1, d.lgs. 1.12.2009, n. 179, ha dichiarato indispensabile la permanenza in vigore di questo articolo.

173. – Le sanzioni previste negli articoli precedenti si applicano quando il fatto non costituisce reato più grave previsto dal codice penale o da altre leggi [1].

(1) L'art. 1, co. 1, d.lgs. 1.12.2009, n. 179, ha dichiarato indispensabile la permanenza in vigore di questo articolo.

174. – Nei giudizi penali regolati da questa sezione la persona offesa, costituitasi parte civile, può sempre chiedere al giudice penale l'applicazione dei provvedimenti e delle sanzioni previsti dagli artt. 159 e 160 [1].

(1) L'art. 1, co. 1, d.lgs. 1.12.2009, n. 179, ha dichiarato indispensabile la permanenza in vigore di questo articolo.

174 bis. – 1. Ferme le sanzioni penali applicabili, la violazione delle disposizioni previste nella presente sezione è punita con la sanzione amministrativa pecuniaria pari al doppio del prezzo di mercato dell'opera o del supporto oggetto della violazione, in misura comunque non inferiore a euro 103,00. Se il prezzo non è facilmente determinabile, la violazione è punita con la sanzione amministrativa da euro 103,00 a euro 1032,00. La sanzione amministrativa si applica nella misura stabilita per ogni violazione e per ogni esemplare abusivamente duplicato o riprodotto [1] [2].

(1) Articolo sostituito dall'art. 27, d.lgs. 9.4.2003, n. 68.
(2) L'art. 1, co. 1, d.lgs. 1.12.2009, n. 179, ha dichiarato indispensabile la permanenza in vigore di questo articolo.

174 ter. – **1.** Chiunque abusivamente utilizza, anche via etere o via cavo, duplica, mette a disposizione, riproduce, in tutto o in parte, con qualsiasi procedimento, anche avvalendosi di strumenti atti ad eludere le misure tecnologiche di protezione, opere o materiali protetti, oppure acquista o noleggia supporti o servizi audiovisivi, fonografici, informatici o multimediali non conformi alle prescrizioni della presente legge, ovvero attrezzature, prodotti o componenti atti ad eludere misure di protezione tecnologiche è punito, purché il fatto non concorra con i reati di cui agli articoli 171, 171-*bis*, 171-*ter*, 171– *quater*, 171-*quinquies*, 171-*septies* e 171-*octies*, con la sanzione amministrativa pecuniaria di euro 154 e con le sanzioni accessorie della confisca del materiale e della pubblicazione del provvedimento su un giornale quotidiano a diffusione nazionale (1).

2. In caso di recidiva o di fatto grave per la quantità delle violazioni o delle copie acquistate o noleggiate o per la quantità di opere o materiali protetti resi potenzialmente accessibili in maniera abusiva attraverso gli strumenti di cui al comma 1, la sanzione amministrativa è aumentata sino ad euro 5.000 ed il fatto è punito con la confisca degli strumenti e del materiale, con la pubblicazione del provvedimento su due o più giornali quotidiani a diffusione nazionale o su uno o più periodici specializzati nel settore dello spettacolo e, se si tratta di attività imprenditoriale, con la revoca della concessione o dell'autorizzazione di diffusione radiotelevisiva o dell'autorizzazione per l'esercizio dell'attività produttiva o commerciale (2) (3) (4).

(1) Comma modificato dall'art. 3, co. 3, lett. a), l. 14.7.2023, n. 93.
(2) Comma modificato dall'art. 3, co. 3, lett. b), l. 14.7.2023, n. 93.
(3) Articolo inserito dall'art. 28 del d.lgs. 9.4.2003, n. 68.
(4) L'art. 1, co. 1, d.lgs. 1°.12.2009, n. 179, ha dichiarato indispensabile la permanenza in vigore del presente articolo.

174 quater. – **1.** I proventi derivanti dalle sanzioni amministrative, applicati ai sensi degli articoli 174-*bis* e 174-*ter*, affluiscono all'entrata del bilancio dello Stato per essere riassegnati, con decreto del Ministro dell'economia e delle finanze:

a) in misura pari al cinquanta per cento ad un Fondo iscritto allo stato di previsione del Ministero della giustizia destinato al potenziamento delle strutture e degli strumenti impiegati nella prevenzione e nell'accertamento dei reati previsti dalla presente legge. Il Fondo è istituito con decreto adottato dal Ministro della giustizia, di concerto con il Ministro dell'interno, ai sensi dell'articolo 17, comma 3, della legge 23 agosto1988, n. 400;
b) nella restante misura, ad apposito capitolo dello stato di previsione del Ministero dell'economia e delle finanze per la promozione delle campagne informative di cui al comma 3-*bis* dell'articolo 26 della legge 23 agosto1988, n. 400, e successive modificazioni (1) (2).

(1) Articolo introdotto dall'art. 29, d.lgs. 9.4.2003, n. 68.
(2) L'art. 1, co. 1, d.lgs. 1.12.2009, n. 179, ha dichiarato indispensabile la permanenza in vigore di questo articolo.

174 quinquies. – **1.** Quando esercita l'azione penale per tal uno dei reati non colposi previsti dalla presente sezione commessi nell'ambito di un esercizio commerciale o di un'attività soggetta ad autorizzazione, il pubblico ministero ne dà comunicazione al questore, indicando gli elementi utili per l'adozione del provvedimento di cui al comma 2.

2. Valutati gli elementi indicati nella comunicazione di cui al comma 1, il questore, sentiti gi interessati, può disporre, con provvedimento motivato, la sospensione dell'esercizio o dell'attività per un periodo non inferiore a quindici giorni e non superiore a tre mesi, senza pregiudizio del sequestro penale eventualmente adottato.

3. In caso di condanna per taluno dei reati di cui al comma 1, è sempre disposta, a titolo di sanzione amministrativa accessoria, la cessazione temporanea dell'esercizio o dell'attività per un periodo da tre mesi ad un anno, computata la durata della sospensione disposta a norma del comma 2. Si applica l'articolo 24 della legge 24novembre1981, n. 689. In caso di recidiva specifica è disposta la revoca della licenza di esercizio o dell'autorizzazione allo svolgimento dell'attività.

4. Le disposizioni di cui al presente articolo si applicano anche nei confronti degli stabilimenti di sviluppo e di stampa, di sincronizzazione e postproduzione, nonché di masterizzazione, tipografia e che comunque esercitino attività di produzione industriale connesse alla realizzazione dei supporti contraffatti e nei confronti dei centri di emissione o ricezione di programmi televisivi. Le agevolazioni di cui all'art. 45 della legge 4 novembre 1965, n. 1213, e successive modificazioni, sono sospese in caso di esercizio dell'azione penale; se vi è condanna, sono revocate e non possono essere nuovamente concesse per almeno un biennio (1) (2).

(1) Articolo introdotto dall'art. 30, d.lgs. 9.4.2003, n. 68.
(2) L'art. 1, co. 1, d.lgs. 1.12.2009, n. 179, ha dichiarato indispensabile la permanenza in vigore di questo articolo.

2. L. 18 agosto 2000, n. 248. – Nuove norme di tutela del diritto di autore (*art. 19*)

In Gazzetta Ufficiale 4 settembre 2000, n. 206

Capo II
Disposizioni penali

19. – **1.** Presso la Presidenza del Consiglio dei Ministri è istituito il Comitato per la tutela della proprietà intellettuale, di seguito denominato "Comitato".

2. Il Comitato è composto dal Sottosegretario di Stato alla Presidenza del Consiglio dei Ministri avente delega, che lo presiede, e da quattro esperti di riconosciuta competenza di cui uno indicato dall'Autorità per le garanzie nelle comunicazioni e uno dalla Società italiana degli autori ed editori (SIAE), nominati con decreto del Presidente del Consiglio dei Ministri. Gli esperti, il cui mandato è a titolo gratuito, restano in carica per due anni e possono essere confermati una sola volta.

3. Il Comitato è organo di consulenza tecnica e documentale della Presidenza del Consiglio dei Ministri e, in tale veste, può elaborare proposte per rendere più efficace l'attività di contrasto delle attività illecite lesive della proprietà intellettuale.

4. Ai fini dell'esercizio dei propri compiti, il Comitato può richiedere copie di atti e informazioni utili alle pubbliche amministrazioni, alle imprese e alle associazioni di categoria, che le forniscono, salvo che siano coperti dal segreto industriale ed aziendale; può richiedere, altresì, all'autorità giudiziaria il rilascio di copie, estratti o certificati, che sono rilasciati, senza spese, ai sensi e nei limiti dell'art. 116 del codice di procedura penale.

5. Gli atti e le informazioni acquisiti ai sensi del comma 4 sono coperti dal segreto d'ufficio. I dati possono essere elaborati in forma anonima per mezzo di un apposito sistema informatico e telematico.

6. Fermo restando l'obbligo di denuncia di reato, il Comitato segnala all'autorità giudiziaria e agli organi che svolgono funzioni di vigilanza in materia i fatti e le circostanze comunque utili ai fini dell'attività di prevenzione e di repressione degli illeciti.

7. L'Ufficio per il diritto d'autore e la promozione delle attività culturali provvede alle funzioni di assistenza tecnico-amministrativa e di segreteria del Comitato, avvalendosi del servizio per l'antipirateria. L'istituzione e il funzionamento del Comitato non comportano oneri finanziari aggiuntivi a carico del bilancio dello Stato.

DIRITTO PENALE INTERNAZIONALE

A. Convenzioni internazionali

1. L. 16 maggio 1977, n. 305. – Ratifica ed esecuzione della Convenzione europea sulla validità internazionale dei giudizi repressivi, adottata a L'Aja il 28 maggio 1970

In Gazzetta Ufficiale 16 giugno 1977, n. 163

1. – Il Presidente della Repubblica è autorizzato a ratificare la convenzione europea sulla validità internazionale dei giudizi repressivi, adottata a l'Aja il 28 maggio 1970.

2. – Piena ed intera esecuzione è data alla convenzione di cui all'articolo precedente a decorrere dalla sua entrata in vigore in conformità all'articolo 58 della convenzione medesima.

PARTE I
Definizioni

1. – Ai fini della presente Convenzione:

a) "sentenza penale europea" significa qualsiasi decisione definitiva pronunciata da un Tribunale penale di uno Stato Contraente a seguito di un procedimento penale;

b) "reato" comprende, oltre agli atti contemplati dal codice penale, quelli considerati ai sensi delle disposizioni legali elencate nell'Allegato II alla presente Convenzione, a condizione che, qualora tali disposizioni attribuiscono la competenza ad un'autorità amministrativa, alla persona interessata venga data l'opportunità di sottoporre il caso al giudizio di un tribunale;

c) "condanna" significa l'imposizione di una pena;

d) "pena" significa qualsiasi pena o altro provvedimento espressamente imposto ad una persona, a seguito di un reato, in una sentenza penale europea o in un'ordinanza penale;

e) "decadenza" significa qualsiasi privazione o sospensione di un diritto, ogni interdizione o incapacità;

f) "condanna in contumacia" significa qualsiasi decisione considerata come tale ai sensi del paragrafo 2 dell'articolo 21;

g) "ordinanza penale" significa una qualsiasi delle decisioni pronunciate in un altro Stato Contraente ed elencate nell'Allegato III alla presente Convenzione.

PARTE II
Esecuzione delle sentenze penali europee

Sezione 1
Disposizioni generali

2. – A) CONDIZIONI GENERALI DI ESECUZIONE.

La presente parte si applica a:

a) pene che comportano la privazione della libertà;

b) ammende o confische;

c) decadenza di diritti.

3. – A) CONDIZIONI GENERALI DI ESECUZIONE.

1. Uno Stato Contraente avrà – in quei casi e a quelle condizioni stabilite nella presente Convenzione – la competenza di applicare una pena imposta in un altro Stato Contraente e che sia applicabile in quest'ultimo.

2. Questa competenza può essere esercitata solo su richiesta da parte dell'altro Stato Contraente.

4. – A) CONDIZIONI GENERALI DI ESECUZIONE.

1. Un altro Stato Contraente non applicherà la pena salvo nel caso in cui, ai sensi della sua legislazione, l'atto, a seguito del quale è stata imposta la pena, sia considerato un reato, se commesso sul suo territorio, e la persona, cui è stata imposta la pena, sia soggetta a pena se l'atto fosse stato commesso sul suo territorio.

2. Qualora la sentenza si riferisca a due o più reati, non tutti in grado di soddisfare i requisiti di cui al paragrafo 1, lo Stato che emana la sentenza dovrà specificare quali pene si applicano a reati che soddisfino tali requisiti.

5. – A) CONDIZIONI GENERALI DI ESECUZIONE.

Lo Stato che emana la sentenza può chiedere ad un altro Stato Contraente di applicare la pena solo se una, o più delle seguenti condizioni sono soddisfatte:

a) se la persona condannata ha la sua residenza abituale nell'altro Stato;

b) se l'applicazione della pena nell'altro Stato è suscettibile di migliorare le prospettive di riabilitazione sociale della persona condannata;

c) se, nel caso di pena privativa della libertà, la pena possa essere applicata a seguito dell'applicazione di un'altra pena privativa della libertà che la persona condannata subisce o deve subire nell'altro Stato;

d) se l'altro Stato è lo Stato di origine della persona condannata e si è dichiarato disposto ad assumersi la responsabilità dell'esecuzione di tale pena;

e) se esso ritiene di non poter esso stesso procedere all'esecuzione della pena, anche ricorrendo alla estradizione, e che lo possa l'altro Stato.

6. – A) CONDIZIONI GENERALI DI ESECUZIONE.

L'esecuzione richiesta, in conformità alle disposizioni che precedono, non può essere rifiutata, in parte o interamente, salvo nel caso in cui:

a) l'esecuzione sia contraria ai principi fondamentali del sistema giuridico dello Stato richiesto;

b) lo Stato richiesto consideri il reato per il quale è stata pronunciata la condanna come avente natura politica o puramente militare;

c) lo Stato richiesto ritenga vi siano fondati motivi per credere che la condanna sia stata provocata o aggravata da considerazioni di razza, religione, nazionalità o di opinioni politiche;

d) l'esecuzione sia contraria agli impegni internazionali dello Stato richiesto;

e) l'atto sia già oggetto di procedimento nello stato richiesto o se lo Stato richiesto decide di istruire un processo per lo stesso atto;

f) le autorità competenti dello Stato richiesto abbiano deciso di non avviare il procedimento per lo stesso atto, o di annullarlo se è già in corso;

g) l'atto sia stato commesso al di fuori del territorio dello Stato richiedente;

h) lo Stato richiesto non sia in grado di eseguire la condanna;

i) la richiesta si basi sull'articolo 5 e) e non soddisfi nessuna delle altre condizioni specificate in quell'articolo;

j) lo Stato richiesto ritenga che lo Stato richiedente sia in grado di eseguire esso stesso la condanna;

k) l'età della persona condannata, al tempo del reato, sia stata tale da non permetterne il processo nello Stato richiesto;

l) la pena non possa essere applicata perché, ai sensi della legislazione dello Stato richiesto, caduta in prescrizione;

m) nel caso e nella misura in cui tale condanna imponga una decadenza di diritti.

7. – A) CONDIZIONI GENERALI DI ESECUZIONE.

Una richiesta di esecuzione non verrà eseguita, qualora la sua esecuzione fosse contraria ai principi riconosciuti nelle disposizioni della sezione 1 della Parte III della presente Convenzione.

8. – B) EFFETTI DEL TRASFERIMENTO DELL'ESECUZIONE.

Ai fini dell'articolo 6, paragrafo 1 e della riserva citata nel punto c) dell'Allegato 1 alla presente Convenzione, qualsiasi atto che interrompa o sospenda la prescrizione, attuato in modo valido dalle autorità dello Stato che ha emanato la sentenza, sarà considerato dallo Stato richiesto come se avesse prodotto lo stesso effetto ai fini del computo della prescrizione secondo le proprie leggi.

9. – B) EFFETTI DEL TRASFERIMENTO DELL'ESECUZIONE.

1. Una persona condannata, detenuta nello Stato

richiedente, che sia stata trasferita nello Stato richiesto al fine dell'esecuzione della condanna non sarà processata, condannata o detenuta allo scopo di eseguire una condanna o un ordine di detenzione relativi a qualsiasi reato commesso precedentemente al suo trasferimento, se non per il reato per il quale è stata imposta la condanna da eseguirsi, né può, per qualsiasi altro motivo, subire le limitazioni della sua libertà personale, salvo che nei seguenti casi:

a) se lo Stato che lo ha trasferito vi consente. Una richiesta di consenso dovrà essere all'uopo presentata, corredata di tutti i documenti pertinenti e di un verbale processuale di qualsiasi dichiarazione resa dalla persona detenuta riguardo al reato in questione. Il consenso verrà dato quando il reato per cui è richiesto è di per sé soggetto ad estradizione ai sensi della legislazione dello Stato che richiede l'esecuzione o quando l'estradizione sarebbe esclusa solo a motivo della consistenza della pena;
b) se la persona condannata, avendo avuto la possibilità di lasciare il territorio dello Stato in cui è stata trasferita, non lo abbia fatto entro 45 giorni dalla fine della sua detenzione, o se ha fatto ritorno in quel territorio dopo averlo lasciato.

2. Lo Stato richiesto dell'esecuzione della condanna, può, tuttavia, adottare qualsiasi misura necessaria per trasferire la persona dal suo territorio, o qualsiasi misura necessaria in base alle sue leggi, ivi incluso un processo in contumacia, per evitare qualsiasi effetto legale di prescrizione.

10. – B) EFFETTI DEL TRASFERIMENTO DELL'ESECUZIONE.

1. L'esecuzione sarà regolata dalle leggi dello Stato richiesto e tale Stato sarà competente a prendere tutte le decisioni adeguate, quali quelle relative alla libertà condizionale.

2. Soltanto lo Stato richiedente avrà il diritto di decidere in merito a qualsiasi domanda di revisione della condanna.

3. Entrambi gli Stati possono esercitare il diritto di amnistia o di grazia.

11. – B) EFFETTI DEL TRASFERIMENTO DELL'ESECUZIONE.

1. Dal momento in cui lo Stato che ha emanato la sentenza ne ha chiesto l'esecuzione non può più dare avvio, esso stesso, all'esecuzione della condanna che sia oggetto di tale richiesta. Lo Stato che ha emanato la sentenza può, tuttavia, dare avvio all'esecuzione di una condanna che comporti la privazione della libertà, qualora la persona condannata sia già detenuta nel territorio di tale Stato al momento della presentazione della richiesta.

2. Il diritto di esecuzione verrà riattribuito allo Stato richiedente:

a) se esso ritira la sua richiesta prima che lo Stato richiesto lo abbia informato circa la sua intenzione di intraprendere una azione relativamente alla richiesta;
b) lo Stato richiesto notifica un rifiuto di dar corso alla richiesta;
c) se lo Stato richiesto rinuncia espressamente al suo diritto di dare esecuzione. Tale rinuncia sarà possibile solo se entrambi gli Stati interessati ne convengono, o se non è più possibile l'esecuzione nello Stato richiesto. In quest'ultimo caso, una rinuncia fatta dallo Stato richiesto sarà vincolante.

12. – B) EFFETTI DEL TRASFERIMENTO DELL'ESECUZIONE.

1. Le competenti autorità dello Stato richiesto cesseranno l'esecuzione non appena vengano a conoscenza di qualsiasi grazia, amnistia o domanda di revisione della sentenza, o di qualsiasi altra decisione in forza di cui la pena cessa di essere eseguibile. Lo stesso dicasi rispetto all'esecuzione di una ammenda quando la persona condannata l'abbia pagata all'autorità competente dello Stato richiedente.

2. Lo Stato richiedente dovrà, senza indugio, informare lo Stato richiesto circa qualsiasi decisione o atto procedurale adottati nel suo territorio che provochino la decadenza dell'esecuzione in conformità con quanto previsto al paragrafo che precede.

13. – C) DISPOSIZIONI VARIE.

1. Il transito attraverso il territorio di uno Stato Contraente di una persona detenuta, che debba essere trasferita in un terzo Stato Contraente in applicazione alla presente Convenzione, verrà concesso su richiesta dello Stato in cui la persona è detenuta. Lo Stato di transito può chiedere che gli venga fornito qualsiasi documento appropriato prima di prendere una decisione in merito alla richiesta. La persona che dovrà essere trasferita resterà in custodia nel territorio dello Stato di transito, salvo che lo Stato da cui viene trasferita non ne richieda il rilascio.

2. Ad eccezione dei casi in cui il trasferimento viene richiesto in base all'articolo 34, qualsiasi Stato Contraente può rifiutare il transito:

a) in base ai motivi citati all'articolo 6 b) e c);
b) in base al fatto che la persona di cui trattasi è un suo cittadino.

3. Se si ricorre al trasporto aereo, si applicheranno le seguenti disposizioni:

a) ove non sia previsto un atterraggio, lo Stato da cui la persona deve essere trasferita può notificare allo Stato, il cui territorio verrà sorvolato, che la persona di cui trattasi viene trasferita in applicazione della presente Convenzione. Nel caso di un atterraggio imprevisto, tale notifica avrà l'effetto di una richiesta di arresto provvisorio come disposto nell'articolo 32, paragrafo 2, e dovrà essere presentata una richiesta formale di transito;
b) ove sia previsto un atterraggio, verrà presentata una richiesta formale di transito.

14. – C) DISPOSIZIONI VARIE.

Gli Stati Contraenti rinunceranno a chiedersi

reciprocamente il rimborso di qualsiasi spesa derivante dall'applicazione della presente Convenzione.

Sezione 2
Richieste di esecuzione

15. – **1.** Tutte le richieste specificate nella presente Convenzione dovranno essere presentate per iscritto. Queste, e tutte le comunicazioni necessarie per l'applicazione della presente Convenzione, dovranno essere inviate o da parte del Ministero della Giustizia dello Stato richiedente al Ministero della Giustizia dello Stato richiesto; oppure, ove gli Stati Contraenti lo concordino, direttamente da parte delle autorità dello Stato richiedente alle autorità dello Stato richiesto. Esse saranno restituite attraverso lo stesso canale.

2. Nei casi urgenti, le richieste e le comunicazioni possono essere inviate attraverso l'Organizzazione Internazionale di Polizia Criminale (INTERPOL).

3. Qualsiasi Stato Contraente, può, con una dichiarazione indirizzata al Segretario Generale del Consiglio d'Europa, notificare la sua intenzione di adottare altre regole rispetto alle comunicazioni di cui al paragrafo 1 del presente articolo.

16. – La richiesta di esecuzione sarà corredata dell'originale, o di copia autenticata, della decisione di cui viene chiesta l'esecuzione e di tutti gli altri documenti necessari. L'originale, o la copia autenticata, di tutto o parte del fascicolo processuale verrà inviata allo Stato richiesto, su sua domanda. L'autorità competente dello Stato richiedente dovrà certificare la pena eseguibile.

17. – Qualora lo Stato richiesto consideri che le informazioni fornitegli dallo Stato richiedente non siano adeguate per permettergli di applicare la presente Convenzione, esso richiederà le ulteriori informazioni necessarie. Esso può anche fissare un termine per il ricevimento di tali informazioni.

18. – **1.** Le autorità dello Stato richiesto informeranno senza indugio le autorità dello Stato richiedente di aver dato corso alla richiesta di esecuzione.

2. Le autorità dello Stato richiesto dovranno, qualora fosse opportuno, trasmettere a quelle dello Stato richiedente un documento che certifichi che la pena è stata eseguita.

19. – **1.** Subordinatamente a quanto disposto al paragrafo 2 del presente articolo, non verrà richiesta alcuna traduzione delle richieste né dei documenti che le accompagnino.

2. Qualsiasi Stato Contraente può, al momento della firma o del deposito dei suoi strumenti di ratifica, accettazione o adesione, per mezzo di una dichiarazione indirizzata al Segretario Generale del Consiglio d'Europa, riservarsi il diritto di chiedere che le richieste e i documenti ad esse inerenti siano accompagnati da una traduzione nella sua propria lingua o in una delle lingue ufficiali del Consiglio d'Europa, o in quella lingua che esso stesso indicherà. Gli altri Stati Contraenti possono invocare la reciprocità.

3. Il presente articolo non comporterà alcun pregiudizio alle disposizioni concernenti la traduzione delle richieste e dei documenti ad esse inerenti che possono essere contenute in accordi o intese attualmente in vigore o che possano essere conclusi tra due o più Stati Contraenti.

20. – Le prove e i documenti trasmessi, in applicazione della presente Convenzione, non hanno bisogno di essere autenticati.

Sezione 3
Condanne in contumacia e ordinanze penali

21. – **1.** Salvo che sia diversamente disposto nella presente Convenzione, l'esecuzione di condanne in contumacia e di ordinanze penali sarà soggetta alle stesse norme di esecuzione delle altre sentenze.

2. Salvo per quanto disposto al paragrafo 3, una condanna in contumacia, ai fini della presente Convenzione, significa qualsiasi sentenza emanata da un tribunale in uno degli Stati Contraenti a seguito di un procedimento penale durante le cui udienze la persona condannata non era presente.

3. Senza alcun pregiudizio per quanto disposto agli articoli 25, paragrafo 2, 26 paragrafo 2 e 29, le seguenti sentenze verranno considerate emanate avendo ascoltato l'imputato;

a) qualsiasi condanna in contumacia e qualsiasi ordinanza penale che siano state confermate o pronunciate nello Stato che ha emanato la sentenza a seguito dell'opposizione della persona condannata;
b) qualsiasi condanna in contumacia emessa in appello, a condizione che l'appello contro la sentenza del tribunale di prima istanza sia stato presentato dalla persona condannata.

22. – Ogni condanna in contumacia e ogni ordinanza penale che non siano ancora stati oggetto di appello o d'opposizione possono, non appena siano state pronunciate, essere trasmesse allo Stato richiesto al fine di notifica ed eventuale esecuzione.

23. – **1.** Qualora lo Stato richiesto ritenga opportuno intraprendere un'azione in merito alla richiesta per eseguire una ordinanza in contumacia o un'ordinanza penale, occorrerà notificare personalmente la persona condannata della decisione pronunciata nello Stato richiedente.

2. L'atto di notifica della persona condannata dovrà anche contenere le seguenti informazioni:

a) che è stata presentata una richiesta di esecuzione in conformità alla presente Convenzione;
b) che la sola strada cui potrà far ricorso è un'opposizione, come previsto all'articolo 24 della presente Convenzione;

c) che l'opposizione deve essere inoltrata a quell'autorità che sarà specificata, e che tale opposizione, al fine di poter essere accettata, dovrà conformarsi alle disposizioni dell'articolo 24 della presente Convenzione, e che la persona condannata può chiedere di essere ascoltata dalle autorità dello Stato che ha emanato la sentenza;

d) che, ove non venisse inoltrata alcuna opposizione entro i termini stabiliti, la sentenza, al fine della completa applicazione della presente Convenzione, verrà considerata come emanata dopo aver ascoltato l'imputato.

3. Una copia della notifica dovrà essere inviata immediatamente all'autorità che ne ha richiesto l'esecuzione.

24. – **1.** Dopo che sia stata notificata la denuncia, in conformità all'articolo 23, la sola strada cui potrà far ricorso la persona condannata sarà l'opposizione. Tale opposizione verrà esaminata, a scelta della persona condannata, o dal tribunale competente nello Stato richiedente o da quello nello Stato richiesto. Qualora la persona condannata non esprima alcuna scelta, l'opposizione verrà esaminata dal tribunale competente nello Stato richiesto.

2. Per i casi specificati al paragrafo precedente, l'opposizione verrà accolta, se inoltrata all'autorità competente dello Stato richiesto, entro 30 giorni dalla data in cui è stata redatta la notifica. Questo periodo verrà calcolato in conformità alle pertinenti norme della legislazione dello Stato richiesto. L'autorità competente di tale Stato dovrà notificare senza indugi all'autorità che ha presentato la richiesta di esecuzione.

25. – **1.** Se l'opposizione è esaminata nello Stato richiedente, la persona verrà chiamata a comparire in tale Stato nel nuovo dibattimento del caso. Il mandato di comparizione dovrà esserle recapitato almeno 21 giorni prima della data della nuova udienza. Tale periodo può essere ridotto con consenso della persona condannata. Il nuovo dibattimento verrà tenuto presso il tribunale competente nello Stato richiedente e in conformità alla procedura di tale Stato.

2. Se la persona condannata non dovesse comparire o non fosse rappresentata, in conformità con le leggi dello Stato richiedente, il tribunale dichiarerà l'opposizione nulla e priva di effetti e la sua decisione sarà comunicata all'autorità competente dello Stato richiesto. La stessa procedura verrà seguita nel caso in cui il tribunale respingesse l'opposizione. In entrambi i casi, la condanna in contumacia e l'ordinanza penale verranno considerate, ai fini della completa applicazione della presente Convenzione, come emanate dopo aver ascoltato l'imputato.

3. Se la persona condannata compare di persona o è rappresentata, conformemente alle leggi dello Stato richiedente, e se l'opposizione viene accolta, la richiesta di esecuzione verrà considerata nulla e priva di effetti.

26. – **1.** Se l'opposizione è esaminata nello Stato richiesto, la persona condannata verrà chiamata a comparire in quello Stato nel nuovo dibattimento del caso Il mandato di comparizione dovrà esserle recapitato personalmente almeno 21 giorni prima della data dell'udienza. Questo termine può essere ridotto con il consenso, della persona condannata. Il nuovo dibattimento verrà tenuto dinanzi al tribunale competente nello Stato richiesto, e in conformità alla procedura di tale Stato.

2. Se la persona condannata non dovesse comparire o non fosse rappresentata, in conformità con le leggi dello Stato richiesto, il tribunale dichiarerà l'opposizione nulla e priva di effetti. In tale caso, e se il tribunale respingesse l'opposizione, la condanna in contumacia e l'ordinanza penale verranno considerate, ai fini della completa applicazione della presente Convenzione, come emanate dopo aver ascoltato l'imputato.

3. Se la persona condannata compare di persona o è rappresentata, conformemente alle leggi dello Stato richiesto, e se l'opposizione viene accolta, l'atto verrà giudicato come se fosse stato commesso in tale Stato. Tuttavia qualora l'azione penale fosse caduta in prescrizione, non sarà possibile esaminare il caso. La sentenza pronunciata nello Stato richiedente verrà considerata nulla e priva di effetto.

4. Qualsiasi azione al fine di intentare un processo o di istruirlo, intrapresa nello Stato che ha emanato la sentenza, in conformità alle sue leggi e regolamenti, avrà lo stesso valore nello Stato richiesto come se fosse stata intrapresa dalle autorità di tale Stato, a condizione che l'assimilazione non attribuisca a tali azioni una forza probante superiore a quella che terrà nello Stato richiedente.

27. – Al fine dell'inoltro di un'opposizione e della susseguente procedura, la persona condannata in contumacia o con una ordinanza penale avrà diritto all'assistenza legale nei casi e alle condizioni prescritti dalla legge dello Stato richiesto e, ove opportuno, da quelle dello Stato richiedente.

28. – Ogni decisione giudiziaria emanata ai sensi dell'articolo 26, paragrafo 3 e la relativa esecuzione sarà regolata esclusivamente dalle leggi dello Stato richiesto.

29. – Se la persona condannata in contumacia o con una ordinanza penale non fa opposizione, la decisione, ai fini della completa applicazione della presente Convenzione, verrà ritenuta essere stata emanata avendo ascoltato l'imputato.

30. – Le disposizioni delle legislazioni nazionali saranno applicabili in materia di ristabilimento nella situazione antecedente, se la persona condannata, per motivi indipendenti dalla sua volontà, ha mancato di rispettare le scadenze fissate negli articoli 24, 25 e 26 o di comparire personalmente all'udienza fissata per il nuovo esame del caso.

Sezione 4
Norme transitorie

31. – Qualora la persona condannata si trovi nello Stato richiedente dopo il ricevimento della notifica dell'accettazione della sua richiesta di esecuzione di una condanna che comporti la privazione della libertà, tale Stato può, ove lo ritenga necessario al fine di assicurare l'esecuzione, arrestarla in vista del suo trasferimento ai sensi delle disposizioni dell'articolo 43.

32. – **1.** Quando lo Stato richiedente ha chiesto la esecuzione, lo Stato richiesto può arrestare la persona condannata:

a) se, in conformità alle leggi dello Stato richiesto, il reato è tale da autorizzare la detenzione preventiva; e
b) se sussiste il pericolo di latitanza o, nel caso di una condanna in contumacia, il pericolo di occultamento di prove.

2. Quando lo Stato richiedente annuncia la sua intenzione di chiedere l'esecuzione, lo Stato richiesto può, su domanda dello Stato richiedente, procedere all'arresto della persona condannata, a condizione che siano soddisfatti i requisiti di cui ai commi a) e b) del paragrafo precedente. La suddetta domanda dovrà dichiarare il reato che ha implicato la condanna e il tempo e luogo della sua perpetrazione, e dovrà contenere una descrizione la più accurata possibile della persona condannata. Dovrà inoltre contenere una breve dichiarazione dei fatti sui quali si basa la condanna.

33. – **1.** La persona condannata sarà trattenuta in custodia, in conformità alle leggi dello Stato richiesto; le leggi di tale Stato detteranno anche le condizioni in base alle quali la persona potrà essere posta in libertà.

2. La persona detenuta dovrà in ogni caso essere rimessa in libertà:

a) dopo un periodo di detenzione pari a quello inflitto con la condanna;
b) se è stato arrestato conformemente all'articolo 32, paragrafo 2, e lo Stato richiesto non ha ricevuto, entro 18 giorni dalla data dell'arresto, la richiesta corredata dei documenti specificati all'articolo 16.

34. – **1.** Una persona detenuta nello Stato richiesto, in conformità all'articolo 32, e che sia convocata a comparire dinanzi al tribunale competente nello Stato richiedente conformemente all'articolo 25 e seguito dell'opposizione che questa ha inoltrato, verrà trasferita a tale scopo nel territorio dello Stato richiedente.

2. Dopo il trasferimento, tale persona non verrà detenuta dallo Stato richiedente se si soddisfa la condizione posta all'articolo 33, paragrafo 2 a), o se lo Stato richiedente non chiede l'esecuzione di una nuova condanna la persona trasferita sarà prontamente rinviata nello Stato richiesto, salvo che sia rimessa in libertà.

35. – **1.** Una persona citata a comparire dinanzi a un tribunale competente dello Stato richiedente a seguito dell'opposizione da questa inoltrata non verrà perseguita, condannata o detenuta in vista dell'esecuzione di una condanna o ordine di detenzione né subirà limitazioni alla sua libertà per qualsiasi altro motivo relativamente a qualsiasi atto o reato che sia avvenuto prima della sua partenza dal territorio dello Stato richiesto e che non sia specificata nel mandato di comparizione, salvo che la persona non vi consenta espressamente per iscritto. Nel caso citato all'articolo 34, paragrafo 1, una copia della dichiarazione di consenso dovrà essere inviata allo Stato da cui è stata trasferita.

2. Gli effetti previsti al paragrafo precedente cesseranno qualora la persona citata a comparire, avendo avuto la possibilità di farlo, non abbia lasciato il territorio dello Stato richiedente entro 15 giorni successivi alla data della decisione emanata a conclusione dell'udienza per la quale era stato citato a comparire, o qualora la persona ritorni in quel territorio dopo averlo lasciato senza che sia stata nuovamente citata a comparire.

36. – **1.** Se lo Stato richiedente ha chiesto l'esecuzione di una confisca di proprietà, lo Stato richiesto può procedere alla confisca temporanea della proprietà in oggetto, a condizione che le sue leggi prevedano la confisca per atti simili.

2. La confisca verrà effettuata in conformità alle leggi dello Stato richiesto che determinerà anche le condizioni nelle quali la confisca potrà essere rimessa.

Sezione 5
Esecuzione delle pene

37. – **A) CLAUSOLE GENERALI.**

Una pena inflitta nello Stato richiedente non sarà eseguita nello Stato richiesto salvo che in virtù di una decisione del tribunale dello Stato richiesto. Ciascuno Stato Contraente può, tuttavia, attribuire ad altre autorità il potere di prendere tali decisioni se la pena da eseguirsi è costituita solo da un'ammenda o una confisca e se tali decisioni sono suscettibili di appello a un tribunale.

38. – **A) CLAUSOLE GENERALI.**

Il caso dovrà essere portato dinanzi al tribunale o all'autorità che ne abbia i poteri ai sensi dell'articolo 37, se lo Stato richiesto ritiene opportuno intraprendere un'azione in merito alla richiesta di esecuzione.

39. – **A) CLAUSOLE GENERALI.**

1. Prima che un tribunale emetta una decisione circa una richiesta di esecuzione, la persona condannata dovrà avere la possibilità di dichiarare i suoi punti di vista. Dietro domanda, egli sarà ascoltato dal tribunale o per il tramite di lettere rogatorie o di persona. Una udienza di persona deve essere concessa in base ad espressa richiesta in tal senso presentata dall'imputato.

2. Il tribunale può, tuttavia, decidere circa l'accettazione della richiesta di esecuzione in assenza di una persona condannata che abbia richiesto di essere ascoltata personalmente ove questi sia detenuto nello Stato richiedente. In questo caso, qualsiasi decisione relativa alla sostituzione della pena, ai sensi dell'articolo 44, sarà aggiornata finché, a seguito del trasferimento della persona condannata nello Stato richiesto, questa non abbia avuto la possibilità di comparire dinanzi al tribunale.

40. – A) CLAUSOLE GENERALI.

1. Il tribunale o, nei casi previsti all'articolo 37, l'autorità cui lo stesso articolo 37 ha conferito i poteri, che trattino il caso dovranno accertare:

a) che la pena della quale è richiesta l'esecuzione sia stata imposta attraverso una sentenza penale europea;
b) che siano soddisfatti i requisiti dell'articolo 4;
c) che la condizione prevista all'articolo 6 a) non si verifichi o non precluda l'esecuzione;
d) che l'esecuzione non sia preclusa in base all'articolo 7;
e) che nel caso di una condanna in contumacia o di un'ordinanza penale, i requisiti della sezione 3 della presente Parte siano soddisfatti.

2. Ogni Stato Contraente può assegnare al tribunale, o all'autorità che ne abbia i poteri ai sensi dell'articolo 37, il compito di esaminare altre condizioni per l'esecuzione prevista dalla presente Convenzione.

41. – A) CLAUSOLE GENERALI.

Sarà possibile il ricorso in appello contro le decisioni giudiziarie emesse in applicazione della presente sezione al fine dell'esecuzione richiesta e contro quelle prese in sede di appello sulle decisioni da parte delle autorità amministrative di cui all'articolo 37.

42. – A) CLAUSOLE GENERALI.

Lo Stato richiesto è vincolato alla constatazione dei fatti nella misura in cui essi sono dichiarati nella decisione o nella misura in cui quest'ultima si basi implicitamente su di essi.

43. – B) CLAUSOLE SPECIFICAMENTE RELATIVE ALL'ESECUZIONE DI PENE CHE COMPORTINO LA PRIVAZIONE DELLA LIBERTÀ.

Qualora la persona condannata sia detenuta nello Stato richiedente essa dovrà, salvo diversamente previsto dalle leggi di tale Stato essere trasferita nello Stato richiesto, non appena lo Stato richiedente abbia ricevuto notifica di accettazione della richiesta di esecuzione.

44. – B) CLAUSOLE SPECIFICAMENTE RELATIVE ALL'ESECUZIONE DI PENE CHE COMPORTINO LA PRIVAZIONE DELLA LIBERTÀ.

1. Se la richiesta di esecuzione viene accettata, il tribunale deve sostituire la pena comportante la privazione della libertà imposta nello Stato richiedente con la pena prescritta dalle proprie leggi relativamente allo stesso reato. Questa pena può, subordinatamente alle limitazioni previste al paragrafo 2, essere di natura o durata diverse da quelle imposte nello Stato richiedente. Qualora quest'ultima pena fosse inferiore al minimo che può essere imposto ai sensi delle leggi dello Stato richiesto, il tribunale non sarà vincolato da tale minimo e imporrà una pena corrispondente a quella imposta nello Stato richiedente.

2. Nel determinare la pena, il tribunale non dovrà aggravare la situazione penale della persona condannata quale risulta dalla decisione emanata nello Stato richiedente.

3. Qualsiasi parte della pena imposta nello Stato richiedente e qualsiasi periodo di detenzione provvisoria subiti dalla persona condannata a seguito della sentenza, verranno dedotti integralmente. Lo stesso dicasi rispetto a qualsiasi periodo durante il quale la persona condannata ha subito la detenzione preventiva nello Stato richiedente, prima di subire la condanna nella misura in cui le leggi di tale Stato la abbiano prevista.

4. Qualsiasi Stato Contraente può, in qualsiasi momento, depositare presso il Segretario Generale del Consiglio d'Europa una dichiarazione che gli conferisca, in conformità alla presente Convenzione, il diritto di eseguire una pena che comporti la privazione della libertà della stessa natura di quella imposta nello Stato richiedente, anche se la durata di tale pena eccede il massimo previsto dalle sue leggi nazionali relativamente ad una pena della stessa natura. Ciò nonostante, questa regola verrà applicata solo nei casi in cui le leggi nazionali di questo Stato permettano riguardo allo stesso reato l'imposizione di una pena di almeno la stessa durata di quella imposta nello Stato richiedente ma che sia di natura più severa. La pena imposta ai sensi del presente paragrafo può, se la sua durata e i suoi scopi lo richiedono, essere eseguita in un penitenziario destinato all'esecuzione di pene di altra natura.

45. – C) CLAUSOLE SPECIFICATAMENTE RELATIVE ALL'ESECUZIONE DI AMMENDE E CONFISCHE.

1. Se la richiesta di esecuzione di un'ammenda o di una confisca di una somma di denaro viene accettata, il tribunale o l'autorità cui sono stati conferiti i poteri in base all'articolo 37, convertiranno l'ammontare in questione nella valuta dello Stato richiesto, al tasso di cambio vigente al momento in cui viene presa la decisione. Fisserà, pertanto, l'ammontare dell'ammenda o della somma da confiscare, che tuttavia non dovrà superare l'ammontare massimo fissato dalle sue proprie leggi relativamente allo stesso reato; o, in mancanza di tale massimo, non dovrà superare l'ammontare massimo ordinariamente imposto nello Stato richiesto riguardo a un reato simile.

2. Tuttavia, il tribunale o l'autorità, cui sono stati conferiti i poteri in base all'articolo 37, può mantenere fino all'ammontare imposto nello Stato richiedente la condanna a una ammenda o alla confisca qualora una tale pena non sia prevista dalle leggi dello Stato richiesto per lo stesso reato, ma ne siano previste di più severe. Lo stesso dicasi se la pena imposta nello Stato richiedente superi il massimo stabilito dalle leggi dello Stato richiesto per lo stesso reato, ma tali leggi permettano l'imposizione di pene più severe.

3. Qualsiasi facilitazione rispetto al tempo di pagamento o al pagamento rateale, concessa nello Stato richiedente verrà rispettata nello Stato richiesto.

46. – C) CLAUSOLE SPECIFICATAMENTE RELATIVE ALL'ESECUZIONE DI AMMENDE E CONFISCHE.

1. Qualora la richiesta di esecuzione riguardi la confisca di un oggetto specifico, il tribunale o l'autorità, cui sono stati conferiti i poteri in base all'articolo 37, può ordinare la confisca di tale oggetto solo se tale confisca è autorizzata dalle leggi dello Stato richiesto relativamente allo stesso reato.

2. Tuttavia, il tribunale o l'autorità, cui sono stati conferiti i poteri in base all'articolo 37, può mantenere la confisca ordinata nello Stato richiedente, nel caso in cui tale pena non sia prevista dalle leggi dello Stato richiedente ma esse permettano l'imposizione di pene più severe.

47. – C) CLAUSOLE SPECIFICATAMENTE RELATIVE ALL'ESECUZIONE DI AMMENDE E CONFISCHE.

1. Il ricavato delle ammende e delle confische verrà pagato al Tesoro dello Stato richiesto senza pregiudizio di qualsiasi diritto di terze parti.

2. La proprietà confiscata che sia di particolare interesse può essere rimessa allo Stato richiedente, dietro sua domanda.

48. – C) CLAUSOLE SPECIFICATAMENTE RELATIVE ALL'ESECUZIONE DI AMMENDE E CONFISCHE.

Se un'ammenda non può essere riscossa, un tribunale dello Stato richiesto può imporre una pena alternativa che comporti la privazione della libertà, se le leggi di entrambi gli Stati la prevedono per tali casi, a meno che lo Stato richiedente non abbia limitato la sua richiesta alla sola riscossione dell'ammenda. Se il tribunale decide di imporre una pena alternativa che comporti la privazione della libertà, si applicheranno le seguenti disposizioni:

a) se la conversione dell'ammenda in una pena che comporti la privazione della libertà sia già prevista o nella sentenza pronunciata nello Stato richiedente o direttamente dalle leggi di tale Stato, il tribunale dello Stato richiesto determinerà la natura e la durata di tale pena, in conformità alle norme fissate dalle proprie leggi. Se la pena che comporta la privazione della libertà già prevista nello Stato richiedente è inferiore al minimo che può essere imposto ai sensi delle leggi dello Stato, il tribunale non sarà vincolato a tale minimo e imporrà una pena corrispondente alla pena prescritta nello Stato richiedente. Nel determinare la pena il tribunale non dovrà aggravare la situazione penale della persona condannata, come risulta dalla decisione emanata nello Stato richiedente;
b) in tutti gli altri casi, il tribunale dello Stato richiesto convertirà l'ammenda in conformità alle proprie leggi, osservando i limiti prescritti dalle leggi dello Stato richiedente.

49. – D) CLAUSOLE SPECIFICAMENTE RELATIVE ALLA ESECUZIONE DI DECADENZE.

1. Qualora venga inoltrata una richiesta di esecuzione di una decadenza, tale decadenza imposta nello Stato richiedente può essere posta in atto nello Stato richiesto solo se la legge di quest'ultimo Stato permette la decadenza per il reato in questione.

2. Il tribunale investito del caso valuterà la opportunità di eseguire la decadenza nel territorio del proprio Stato.

50. – D) CLAUSOLE SPECIFICAMENTE RELATIVE ALLA ESECUZIONE DI DECADENZE.

1. Se il tribunale ordina l'esecuzione della decadenza, esso ne determinerà la durata, entro i limiti prescritti dalle proprie leggi, ma non potrà superare i limiti fissati nella sentenza imposta nello Stato richiedente.

2. Il tribunale può ordinare che la decadenza venga eseguita rispetto solo ad alcuni dei diritti la cui perdita o sospensione è stata pronunciata.

51. – D) CLAUSOLE SPECIFICAMENTE RELATIVE ALLA ESECUZIONE DI DECADENZE.

L'articolo 11 non si applicherà alla decadenza.

52. – D) CLAUSOLE SPECIFICAMENTE RELATIVE ALLA ESECUZIONE DI DECADENZE.

Lo Stato richiesto avrà il diritto di conferire alla persona condannata i diritti di cui è stata privata, in conformità ad una decisione adottata in applicazione della presente sezione.

PARTE III
Effetti internazionali delle sentenze penali europee

Sezione 1
Ne bis in idem

53. – 1. Una persona nei cui confronti è stata emanata una sentenza penale europea non può per quello stesso atto né essere perseguita né condannata né soggetta a esecuzione di una pena in un altro Stato Contraente:

a) se è stata assolta;
b) se la pena imposta:
   i) è stata completamente eseguita o è in fase di esecuzione, o
   ii) è stata interamente, o rispetto alla parte non eseguita, soggetta a grazia o amnistia;
   iii) non può essere eseguita a causa della prescrizione;
c) se il tribunale ha contestato la colpevolezza della persona senza imporre una pena.

2. Ciononostante, uno Stato Contraente, salvo che non abbia esso stesso richiesto il procedimento, non sarà obbligato a riconoscere l'effetto di "ne *bis* in idem" se l'atto che ha dato luogo al giudizio era diretto contro una persona o un'istituzione o qualsiasi bene avente carattere pubblico in tale Stato, o se il soggetto del giudizio aveva esso stesso un carattere pubblico in tale Stato.

3. Inoltre, qualsiasi Stato Contraente ove l'atto è stato commesso, o considerato come tale conformemente alle leggi di tale Stato, non sarà obbligato a riconoscere l'effetto di ne *bis* in idem", a meno che tale Stato non abbia esso stesso richiesto il procedimento.

54. – Se viene istituito un nuovo procedimento a carico

di una persona che in un altro Stato Contraente è stata condannata per lo stesso atto, in tal caso qualsiasi periodo di privazione della libertà derivante dalla sentenza eseguita verrà dedotto dalla pena che possa essere imposta.

55. – La presente sezione non impedirà l'applicazione di più ampie disposizioni interne relative all'effetto di "ne *bis* in idem," collegati a giudizi penali pronunciati all'estero.

Sezione 2
Considerazione di precedenti

56. – Ciascuno Stato Contraente adotterà le misure legislative che riterrà appropriate per permettere ai suoi tribunali, al momento di emanare una sentenza, di prendere in considerazione qualsiasi precedente sentenza penale europea per un altro reato, avendo udito l'imputato, al fine di aggiungere a tale sentenza tutti o alcuni degli effetti che le proprie leggi prevedono per sentenze emanate nel proprio territorio. Esso determinerà le condizioni in cui tale sentenza viene presa in considerazione.

57. – Ciascun Stato Contraente adotterà le misure legislative in considerazione di qualsiasi sentenza penale europea, emanata avendo udito l'imputato, in modo da permettere l'applicazione di tutta o parte di una decadenza che le sue leggi prevedono per le sentenze emanate nel proprio territorio. Esso determinerà le condizioni in cui tale sentenza viene presa in considerazione.

PARTE IV
Disposizioni finali

58. – **1.** La presente Convenzione sarà aperta alla firma degli Stati Membri rappresentati nel Comitato dei Ministri del Consiglio d'Europa. Sarà soggetta a ratifica o accettazione. Gli strumenti di ratifica o di accettazione saranno depositati presso il Segretario Generale del Consiglio d'Europa.

2. La Convenzione entrerà in vigore tre mesi dopo la data del deposito del terzo strumento di ratifica o di accettazione.

3. Per quanto riguarda uno Stato firmatario che depositi la ratifica o l'accettazione in un secondo tempo, la Convenzione entrerà in vigore tre mesi dopo la data del deposito dei suoi strumenti di ratifica o di accettazione.

59. – **1.** Dopo l'entrata in vigore della presente Convenzione, il Comitato dei Ministri del Consiglio d'Europa può invitare qualsiasi Stato non membro ad accedervi, a condizione che la risoluzione contenente tale invito riceva il consenso unanime dei membri del Consiglio che hanno ratificato la Convenzione.

60. – **1.** Qualsiasi Stato Contraente può, al momento della firma o del deposito dei suoi strumenti di ratifica, accettazione o adesione, specificare il territorio o i territori cui si applicherà la presente Convenzione.

2. Qualsiasi Stato Contraente può, al momento del deposito dei suoi strumenti di ratifica, accettazione o adesione o in qualsiasi data successiva per mezzo di una dichiarazione indirizzata al Segretario Generale del Consiglio d'Europa, estendere la presente Convenzione a qualsiasi altro territorio o territori specificati nella dichiarazione e per le cui relazioni internazionali esso sia responsabile o in nome del quale sia autorizzato a assumere impegni.

3. Ogni dichiarazione fatta in virtù del paragrafo precedente può, rispetto a qualsiasi territorio menzionato in tale dichiarazione, essere ritirata conformemente alla procedura fissata all'articolo 66 della presente Convenzione.

61. – **1.** Qualsiasi Stato Contraente può, al momento della firma del deposito dei suoi strumenti di ratifica, accettazione o adesione, dichiarare che si avvale di una o più delle riserve previste nell'Allegato I alla presente Convenzione.

2. Qualsiasi Stato contraente può interamente o parzialmente ritirare una riserva che abbia formulato in virtù del paragrafo precedente per mezzo di una dichiarazione indirizzata al Segretario Generale del Consiglio d'Europa che avrà effetto a partire dalla data del suo ricevimento.

3. Uno Stato Contraente che abbia formulato una riserva riguardo a una qualsiasi delle disposizioni della presente Convenzione non può pretendere l'applicazione di tale disposizione da parte di nessun altro Stato; esso può, tuttavia, se la sua riserva è parziale o condizionale, pretendere l'applicazione di tale disposizione nella misura in cui l'abbia esso stesso accettata.

62. – **1.** Qualsiasi Stato Contraente può in qualsiasi momento, con una dichiarazione indirizzata al Segretario Generale del Consiglio d'Europa, indicare le disposizioni legali da includersi negli Allegati II o III della presente Convenzione.

2. Qualsiasi modifica delle disposizioni nazionali elencate negli Allegati II o III sarà notificata al Segretario Generale del Consiglio di Europa, ove tale modifica renda inesatte le informazioni contenute in tali Allegati.

3. Qualsiasi modifica apportata agli Allegati II o III in applicazione del paragrafo precedente avrà effetto in ciascun Stato Contraente un mese dopo la data della loro modifica da parte del Segretario Generale del Consiglio d'Europa.

63. – **1.** Ciascuno Stato Contraente, al momento del deposito dei suoi strumenti di ratifica, accettazione o adesione, dovrà fornire al Segretario Generale del Consiglio d'Europa le pertinenti informazioni relative alle pene applicabili in tale Stato e la loro esecuzione, ai fini dell'applicazione della presente Convenzione.

2. Qualsiasi modifica successiva, che renda inesatte le informazioni fornite conformemente al paragrafo che precede, verrà anche notificata al Segretario Generale del Consiglio d'Europa.

64. – **1.** La presente Convenzione non pregiudica né i diritti e gli impegni derivanti da trattati di estradizione e Convenzioni internazionali multilaterali riguardanti questioni speciali, né disposizioni riguardanti le materie oggetto della presente Convenzione e che sono contenute in altre Convenzioni esistenti tra Stati Contraenti.

2. Gli Stati Contraenti non possono concludere tra loro accordi bilaterali o multilaterali sulle materie oggetto della presente Convenzione, salvo che al fine di completarne le sue disposizioni o di facilitare l'applicazione dei principi ivi contenuti.

3. Tuttavia, qualora due o più Stati Contraenti avessero già stabilito le loro relazioni in materia sulla base di una legislazione uniforme, o istituito un loro speciale sistema, o qualora le facessero in futuro, essi avranno il diritto di regolare tali relazioni conformemente a essi, nonostante le disposizioni della presente Convenzione.

4. Gli Stati Contraenti che cessino di applicare le disposizioni della presente Convenzione alle loro relazioni reciproche su questa materia ne notificheranno il Segretario Generale del Consiglio d'Europa.

65. – Il Comitato Europeo per i problemi del crimine del Consiglio d'Europa verrà tenuto informato circa l'applicazione della presente Convenzione e farà tutto quanto sia necessario per facilitare l'amichevole soluzione di qualsiasi difficoltà che possa derivare dalla sua esecuzione.

66. – **1.** La presente Convenzione resterà in vigore indefinitamente.

2. Qualsiasi Stato Contraente può, per quanto lo concerne, denunciare la presente Convenzione per mezzo di una notifica indirizzata al Segretario Generale del Consiglio d'Europa.

3. Tale denuncia avrà effetto sei mesi dopo la data di ricevimento di tale notifica da parte del Segretario Generale.

67. – Il Segretario Generale del Consiglio d'Europa notificherà agli Stati membri rappresentanti nel Comitato dei Ministri del Consiglio e a qualsiasi Stato che abbia aderito alla presente Convenzione:

a) ogni firma;
b) ogni deposito di strumenti di ratifica, accettazione o adesione;
c) ogni data di entrata in vigore della presente Convenzione, conformemente all'articolo 58 di essa;
d) ogni dichiarazione ricevuta in applicazione dell'articolo 19, paragrafo 2;
e) ogni dichiarazione ricevuta in applicazione dell'articolo 44, paragrafo 4;
f) ogni dichiarazione ricevuta in applicazione dell'articolo 60;
g) ogni riserva formulata in applicazione dell'articolo 61, paragrafo 1, e il ritiro di tale riserva;
h) ogni dichiarazione ricevuta in applicazione dell'articolo 62, paragrafo l; e ogni successiva notifica ricevuta in applicazione di detto articolo, paragrafo 2;
i) ogni informazione ricevuta in applicazione dell'articolo 63, paragrafo 1, e successiva notifica ricevuta in applicazione di tale articolo, paragrafo 2;
j) ogni notifica riguardante accordi bilaterali o multilaterali conclusi in applicazione dell'articolo 64, paragrafo 2, o riguardante una legislazione uniforme introdotta in applicazione dell'articolo 64, paragrafo 3;
k) ogni notifica ricevuta in applicazione dell'articolo 66 e la data in cui la denuncia avrà effetto.

68. – La presente Convenzione e le dichiarazioni e notifiche autorizzate in base alla suddetta si applicheranno solo all'esecuzione di decisioni emanate dopo l'entrata in vigore della Convenzione tra gli Stati Contraenti interessati.

In fede di ciò, i sottoscritti, debitamente autorizzati a farlo, hanno firmato la presente Convenzione.

Fatto a l'Aja, questo 28 giorno di maggio 1970, nella lingua inglese e francese, entrambi i testi facenti ugualmente fede, in un unico esemplare che resterà depositato negli archivi del Consiglio d'Europa. Il Segretario Generale del Consiglio d'Europa ne trasmetterà copia certificata a ciascuno degli Stati firmatari e aderenti.

2. L. 26 novembre 1985, n. 718. – Ratifica ed esecuzione della Convenzione internazionale contro la cattura degli ostaggi, aperta alla firma a New York il 18 dicembre 1979

In Gazzetta Ufficiale 12 dicembre 1985, n. 292

1. – Il Presidente della Repubblica è autorizzato a ratificare la convenzione internazionale contro la cattura degli ostaggi, aperta alla firma a New York il 18 dicembre 1979.

2. – Piena ed intera esecuzione è data alla convenzione di cui all'articolo precedente a decorrere dalla sua entrata in vigore in conformità all'articolo 18 della convenzione stessa.

3. – [Chiunque, fuori dei casi indicati negli articoli 289-*bis* e 630 del codice penale, sequestra una persona o la tiene in suo potere minacciando di ucciderla, di ferirla o di continuare a tenerla sequestrata al fine di costringere un terzo, sia questi uno Stato, una organizzazione internazionale tra più governi, una persona fisica o giuridica od una collettività di persone fisiche, a compiere un qualsiasi atto o ad astenersene, subordinando la liberazione della persona sequestrata a tale azione od omissione, è punito con la reclusione da venticinque a trenta anni.

Si applicano i commi secondo, terzo, quarto e quinto dell'articolo 289– *bis* del codice penale.

Se il fatto è di lieve entità si applicano le pene previste dall'articolo 605 del codice penale aumentate dalla metà a due terzi.] (1)

(1) Articolo abrogato dall'art. 7, co. 1, lett. g), d.lgs. 1.3.2018, n. 21. Vedi l'art. 289 *ter* c.p.

4. (1) – [Salvo quanto disposto negli articoli da 6 a 11 del codice penale, è punito secondo la legge italiana, a richiesta del Ministro della giustizia:

a) il cittadino che commette all'estero il reato previsto dall'articolo 3;
b) lo straniero che commette all'estero il reato previsto dall'articolo 3 al fine di costringere un organo dello Stato a compiere un qualsiasi atto o ad astenersene;
c) lo straniero che commette all'estero il reato previsto dall'articolo 3, quando si trovi sul territorio dello Stato e non ne sia disposta la estradizione.]

(1) Articolo abrogato dall'art. 7, co. 1, lett. g), d.lgs. 1.3.2018, n. 21. Vedi l'art. 289 *ter* c.p.

5. – L'autorità giudiziaria trasmette senza ritardo al Ministero della giustizia le informazioni necessarie per provvedere alle comunicazioni previste negli articoli 6, paragrafi 2 e 6, e 7 della convenzione.

1. – **1.** Commette un reato di cattura di ostaggi ai sensi della presente Convenzione chiunque catturi una persona (chiamata qui di seguito "ostaggio"), o la detenga e minacci di ucciderla, ferirla o di continuare a detenerla per costringere una terza parte, cioè uno Stato, una organizzazione internazionale intergovernativa, una persona fisica o giuridica o un gruppo di persone, a compiere un atto qualunque o ad astenersene quale condizione esplicita o implicita per la liberazione dell'ostaggio.

2. Commette ugualmente un reato ai fini della presente Convenzione chiunque:

a) tenti di commettere un atto di cattura di ostaggi, o
b) si renda complice di una persona che commette o tenta di commettere un atto di cattura di ostaggi.

2. – Ciascuno Stato parte renderà punibili i reati previsti dall'articolo 1 con pene adeguate che tengano conto della natura grave di detti reati.

3. – **1.** Lo Stato parte, sul territorio del quale l'autore del reato detiene l'ostaggio adotterà tutti i provvedimenti che riterrà opportuni per migliorare le condizioni dell'ostaggio, in particolare per assicurare la sua liberazione e, se del caso, facilitare la sua partenza, dopo la sua liberazione.2. Se un qualsiasi oggetto, che l'autore del reato ha ottenuto a seguito della cattura di ostaggi, viene in possesso di uno Stato parte, quest'ultimo lo dovrà restituire al più presto all'ostaggio o alla terza parte, di cui all'articolo 1, secondo il caso, o alle loro autorità competenti.

4. – [Gli Stati parti collaboreranno alla prevenzione dei reati previsti all'articolo 1, in particolare:

a) adottando tutte le misure possibili per impedire i preparativi, nei loro rispettivi territori, di detti reati destinati ad essere commessi all'interno o al di fuori del loro territorio, ivi compresi i provvedimenti intesi a vietare, nel loro territorio, le attività illegali di persone, gruppi ed organizzazioni che incoraggino, fomentino o commettano atti di cattura di ostaggi;
b) scambiandosi informazioni e coordinando l'adozione di provvedimenti amministrativi e di altre misure, se del caso, per prevenire la perpetrazione di detti reati.] (1)

(1) Articolo abrogato dall'art. 7, co. 1, lett. g), d.lgs. 1.3.2018, n. 21.

5. – **1.** Ciascuno Stato parte adotterà i provvedimenti necessari a stabilire la propria giurisdizione riguardo ai reati previsti dall'articolo 1 che vengono commessi:

a) nel suo territorio o a bordo di una nave o di un aeromobile immatricolato in detto Stato;
b) da un qualunque suo cittadino o, se detto Stato lo ritiene opportuno, dagli apolidi che hanno la loro residenza abituale nel suo territorio;
c) al fine di costringere detto Stato a compiere o ad astenersi dal compiere un qualunque atto; oppure
d) contro un ostaggio che è cittadino di detto Stato, qualora quest'ultimo lo ritenga opportuno.

2. Ciascuno Stato parte adotterà altresì i provvedimenti necessari per stabilire la propria giurisdizione riguardo ai reati di cui all'articolo 1, nel caso in cui il presunto autore del reato si trovi sul suo territorio e nel caso in cui lo Stato non lo estradi in uno degli Stati di cui al paragrafo 1 del presente articolo.

3. La presente Convenzione non esclude una giurisdizione penale esercitata conformemente alla legislazione interna.

6. – **1.** Qualora le circostanze lo giustifichino, ciascuno Stato parte, sul cui territorio si trova il presunto autore del reato, dovrà, in conformità alla propria legislazione, detenere detta persona o adottare ogni altra misura necessaria per sorvegliare detta persona per tutto il periodo necessario ad avviare un procedimento penale o di estradizione. Detto Stato parte dovrà procedere al più presto a delle indagini preliminari al fine di stabilire i fatti.

2. La detenzione o le altre misure di cui al paragrafo 1 del presente articolo verranno immediatamente notificate direttamente o tramite il Segretario generale dell'organizzazione delle Nazioni Unite:

a) allo Stato dove è stato commesso il reato;
b) allo Stato che è stato oggetto della costrizione o del tentativo di costrizione;

c) allo Stato di cui la persona fisica o giuridica, che è stata oggetto della costrizione o del tentativo di costrizione, è cittadino;
d) allo Stato di cui l'ostaggio è cittadino o sul territorio del quale ha la sua residenza abituale;
e) allo Stato di cui l'autore presunto del reato ha la cittadinanza o, se quest'ultimo è apolide, allo Stato sul cui territorio ha la sua residenza abituale;
f) all'organizzazione internazionale intergovernativa che è stata oggetto della costrizione o del tentativo di costrizione;
g) a tutti gli altri Stati interessati.

3. Ogni persona nei confronti della quale vengono adottate le misure di cui al paragrafo 1 del presente articolo ha diritto:
a) di comunicare al più presto con il più vicino rappresentante competente dello Stato di cui è cittadino o che è comunque autorizzato a stabilire detto contatto, o, se si tratta di un apolide, dello Stato sul territorio del quale ha la sua residenza abituale;
b) di ricevere la visita di un rappresentante di detto Stato.

4. I diritti, di cui al paragrafo 3 del presente articolo, dovranno essere esercitati in conformità alle leggi e regolamenti dello Stato sul cui territorio si trova il presunto autore del reato; resta inteso tuttavia che dette leggi e regolamenti devono permettere la piena realizzazione degli obiettivi per i quali vengono accordati i diritti di cui al paragrafo 3 del presente articolo.

5. Le disposizioni dei paragrafi 3 e 4 del presente articolo non pregiudicheranno il diritto di ciascuno Stato parte, che abbia rivendicato la sua giurisdizione in conformità al paragrafo 1 b) dell'articolo 5, di invitare il Comitato internazionale della Croce rossa a mettersi in contatto e a visitare il presunto autore del reato.

6. Lo Stato che effettua l'inchiesta preliminare prevista al paragrafo 1 del presente articolo dovrà comunicare immediatamente le conclusioni di detta inchiesta agli Stati o all'organizzazione di cui al paragrafo 2 del presente articolo ed informarli se intende esercitare la propria giurisdizione.

7. – Lo Stato parte, ove il presunto autore del reato viene sottoposto a giudizio, dovrà comunicare, in conformità alla propria legislazione, il risultato finale del procedimento giudiziario al Segretario generale dell'Organizzazione delle Nazioni Unite che provvederà ad informarne gli altri Stati interessati e le organizzazioni internazionali intergovernative interessate.

8. – **1.** Lo Stato parte, sul territorio del quale viene scoperto il presunto autore del reato, se non provvede ad estradarlo, sarà obbligato a sottoporre il caso, senza alcuna eccezione, sia che il reato sia stato commesso sul suo territorio, oppure no, alle proprie autorità competenti perché esercitino l'azione penale secondo la procedura conforme alla legislazione di detto Stato. Dette autorità prenderanno la loro decisione alle stesse condizioni che per qualunque altro reato di diritto comune di natura grave, ai sensi della legislazione di detto Stato.

2. Qualunque persona contro la quale viene iniziato un procedimento per uno dei reati di cui all'articolo 1 godrà di un trattamento equo in tutte le fasi del processo, ivi compreso il godimento di tutti i diritti e garanzie previsti dalla legislazione dello Stato sul territorio del quale essa si trova.

9. – **1.** Una domanda di estradizione, relativa ad un presunto autore di reato, presentata in virtù della presente Convenzione, non verrà accolta se lo Stato parte richiesto ha valide ragioni di ritenere che:
a) la domanda di estradizione relativa ad un reato previsto dall'articolo 1 sia stata presentata al fine di perseguire o di punire una persona in ragione della sua razza, religione, nazionalità, origine etnica o opinioni politiche; o
b) possa essere arrecato pregiudizio alla posizione di detta persona:
   i) per una qualunque delle ragioni previste dal comma a) del presente paragrafo, o
   ii) in quanto le autorità competenti dello Stato, che ha diritto ad esercitare i diritti di protezione, non può comunicare con detta persona. 2. Per quanto riguarda i reati definiti nella presente Convenzione, le disposizioni di tutti i trattati ed accordi di estradizione applicabili tra gli Stati parti vengono modificate tra detti Stati parti nella misura in cui dette disposizioni sono incompatibili con la presente Convenzione.

10. – **1.** I reati di cui all'articolo 1 saranno considerati inclusi come reati soggetti ad estradizione in ogni trattato di estradizione concluso tra gli Stati parti. Gli Stati parti si impegneranno ad includere detti reati come reati soggetti ad estradizione in ogni trattato di estradizione che concluderanno tra loro.

2. Se uno Stato parte, che subordina l'estradizione all'esistenza di un trattato, riceve una richiesta di estradizione da un altro Stato parte con il quale non è vincolato da un trattato di estradizione, lo Stato richiesto ha la facoltà di considerare la presente Convenzione come base giuridica per l'estradizione per quanto riguarda i reati previsti dall'articolo 1. L'estradizione sarà subordinata alle altre condizioni previste dalla legislazione dello Stato richiesto.

3. Gli Stati parti che non subordinano l'estradizione alla esistenza di un trattato considereranno i reati di cui all'articolo 1 come reati soggetti ad estradizione tra loro alle condizioni previste dalla legislazione dello Stato richiesto.

4. Ai fini dell'estradizione, i reati, di cui all'articolo 1, verranno considerati tra gli Stati parti come se fossero stati commessi non solo nel luogo della loro perpetrazione, ma anche sul territorio degli Stati che devono stabilire la loro giurisdizione in virtù del paragrafo 1 dell'articolo 5.

11. – **1.** Gli Stati parti si presteranno l'un l'altro la massima assistenza giudiziaria su qualunque procedimento penale relativo ai reati previsti dall'articolo 1 e si scambieranno ogni elemento di prova a loro disposizione necessario al procedimento. 2. Le disposizioni del paragrafo 1 del presente articolo non pregiudicheranno gli obblighi relativi alla reciproca assistenza giudiziaria contemplati da ogni altro trattato.

12. – Nella misura in cui le Convenzioni di Ginevra del 1949 per la protezione delle vittime della guerra o i Protocolli addizionali possono applicarsi a un atto di cattura di ostaggi e nella misura in cui gli Stati parti alla presente Convenzione sono tenuti, in virtù di dette Convenzioni, a perseguire o a consegnare l'autore della cattura di ostaggi, la presente Convenzione non verrà applicata ad un atto di cattura di ostaggi commesso durante conflitti armati, come definiti nelle Convenzioni di Ginevra del 1949 e nei relativi Protocolli, ivi compresi i conflitti armati, di cui al paragrafo 4 dell'articolo 1 del Protocollo addizionale I del 1977, nei quali i popoli lottano contro il dominio coloniale, l'occupazione straniera e i regimi razzisti, nell'esercizio del diritto dei popoli all'autodeterminazione, affermato dalla Carta delle Nazioni Unite e dalla Dichiarazione relativa ai principi del diritto internazionale concernenti le relazioni amichevoli e la cooperazione tra gli Stati conformemente alla Carta delle Nazioni Unite.

13. – La presente Convenzione non potrà essere applicata se il reato viene commesso sul territorio di un solo Stato, l'ostaggio e l'autore presunto del reato sono cittadini di detto Stato e l'autore presunto del reato viene scoperto nel territorio di detto Stato.

14. – Nessuna disposizione della presente Convenzione potrà essere interpretata come legittimante la violazione dell'integrità territoriale o dell'indipendenza politica di uno Stato in contrasto con la Carta delle Nazioni Unite.

15. – Le disposizioni della presente Convenzione non pregiudicheranno l'applicazione dei trattati sull'asilo politico, in vigore alla data di adozione della presente Convenzione, per quanto riguarda gli Stati parti di detti trattati; tuttavia uno Stato parte della presente Convenzione non potrà invocare detti trattati nei confronti di un altro Stato parte alla presente Convenzione che non è parte di detti trattati.

16. – **1.** Ogni controversia tra due o più Stati parti relativa all'interpretazione o all'applicazione della presente Convenzione che non viene risolta per via di negoziato, viene sottoposta ad arbitrato a richiesta di uno degli Stati. Se, durante i sei mesi che seguono la richiesta di arbitrato, le Parti non riescono a mettersi d'accordo sull'organizzazione dell'arbitrato, una qualunque delle parti può deferire la controversia alla Corte Internazionale di Giustizia, depositando una istanza in conformità allo Statuto della Corte.

2. Ciascuno Stato potrà, al momento della firma, ratifica o adesione alla presente Convenzione, dichiarare che non si considera vincolato dalle disposizioni del paragrafo 1 del presente articolo. Gli altri Stati parti non saranno vincolati da dette disposizioni nei confronti dello Stato parte che avrà formulato tale riserva.

3. Ogni Stato parte che avrà formulato una riserva in conformità alle disposizioni del paragrafo 2 del presente articolo potrà ritirare tale riserva in qualunque momento inviando una notifica al Segretario generale delle Nazioni Unite.

17. – **1.** La presente Convenzione è aperta alla firma di tutti gli Stati, fino al 31 dicembre 1980, presso la Sede dell'Organizzazione delle Nazioni Unite a New York.

2. La presente Convenzione sarà ratificata. Gli strumenti di ratifica verranno depositati presso il Segretario generale dell'Organizzazione delle Nazioni Unite.

3. La presente Convenzione è aperta all'adesione di tutti gli Stati. Gli strumenti di adesione verranno depositati presso il Segretario generale delle Nazioni Unite.

18. – **1.** La presente Convenzione entrerà in vigore il trentesimo giorno dopo il deposito del ventiduesimo strumento di ratifica o di adesione presso il Segretario generale delle Nazioni Unite.

2. Per ogni Stato che ratificherà la Convenzione o vi aderirà dopo il deposito del ventiduesimo strumento di ratifica o di adesione, la Convenzione entrerà in vigore il trentesimo giorno dopo il deposito da parte di detto Stato del suo strumento di ratifica o di adesione.

19. – **1.** Ogni Stato parte potrà denunciare la presente Convenzione mediante notifica scritta indirizzata al Segretario generale delle Nazioni Unite.

2. La denuncia avrà effetto un anno dopo la data in cui la notifica sarà stata ricevuta dal Segretario generale delle Nazioni Unite.

20. – L'originale della presente Convenzione, i cui testi arabo, cinese, francese, inglese, russo e spagnolo fanno ugualmente fede, verrà depositato presso il Segretario generale delle Nazioni Unite, che ne invierà copia certificata conforme a tutti gli Stati.

In fede di che i sottoscritti, debitamente autorizzati a questo scopo dai loro rispettivi Governi, hanno firmato la presente Convenzione, che è stata aperta alla firma a New York il 18 dicembre 1979.

3. L. 25 luglio 1988, n. 334. – Ratifica ed esecuzione della convenzione sul trasferimento delle persone condannate, adottata a Strasburgo il 21 marzo 1983

In Gazzetta Ufficiale 11 agosto 1988, n. 188

1. – **1.** Il Presidente della Repubblica è autorizzato a ratificare la convenzione sul trasferimento delle persone condannate, adottata a Strasburgo il 21 marzo 1983.

2. – **1.** Piena ed intera esecuzione è data alla convenzione di cui all'articolo 1 a decorrere dalla sua entrata in vigore in conformità a quanto disposto dall'articolo 18 della convenzione stessa.

3. – **1.** Ai sensi dell'articolo 3, paragrafo 3, della convenzione è esclusa l'applicazione della procedura prevista nell'articolo 9, paragrafo 1, lettera b), della convenzione stessa.

4. – **1.** All'onere derivante dall'attuazione della presente legge, pari a lire 160 milioni per ciascuno degli anni 1988, 1989 e 1990, si provvede mediante corrispondente riduzione dello stanziamento iscritto, ai fini del bilancio triennale 1988-1990, al capitolo 6856 dello stato di previsione del Ministero del tesoro per l'anno 1988, all'uopo parzialmente utilizzando lo specifico accantonamento "Abrogazione della ritenuta dei tre decimi della mercede dei detenuti. Interventi per i detenuti tossicodipendenti. Revisione della normativa concernente i custodi di beni sequestrati per misure antimafia. Ratifica delle convenzioni per la esecuzione delle sentenze penali straniere e per il trasferimento delle persone condannate. Riforma del sistema della giustizia minorile".

2. Il Ministro del tesoro è autorizzato ad apportare, con propri decreti, le occorrenti variazioni di bilancio.

5. – 1. La presente legge entra in vigore il giorno successivo a quello della sua pubblicazione nella Gazzetta Ufficiale.

1. Definizioni.

Ai fini della presente Convenzione:

a) "condanna", significa qualsiasi pena o misura privativa della libertà, di durata limitata o illimitata, inflitta dal giudice a seguito della commissione di un reato;

b) "sentenza", significa una decisione o un ordine del giudice con il quale venga inflitta una condanna;

c) "Stato di condanna", significa lo Stato in cui è stata inflitta la condanna alla persona che può essere o è già stata trasferita;

d) "Stato di esecuzione" significa lo Stato in cui la persona condannata può essere, o è già stata trasferita, per scontare la pena.

2. Principi generali.

1. Le Parti si impegnano a prestarsi reciprocamente la più ampia cooperazione possibile in materia di trasferimento delle persone condannate conformemente alle disposizioni della presente Convenzione.

2. Una persona condannata nel territorio di una Parte può, conformemente alle disposizioni della presente Convenzione, essere trasferita nel territorio di un'altra Parte per scontare la pena inflittale. A tal fine essa può manifestare, presso lo Stato di condanna, o presso lo Stato di esecuzione, il desiderio di essere trasferita in applicazione della presente Convenzione.

3. Il trasferimento può essere richiesto o dallo Stato di condanna, o dallo Stato di esecuzione.

3. Condizioni per il trasferimento.

1. Una persona condannata può essere trasferita in applicazione della presente Convenzione se ricorrono le seguenti condizioni:

a) la persona condannata è cittadino dello Stato di esecuzione;

b) la sentenza è definitiva;

c) la durata della pena che la persona condannata deve ancora scontare è di almeno sei mesi alla data di ricevimento della richiesta di trasferimento, o indeterminata;

d) la persona condannata – o, allorquando in considerazione della sua età o delle sue condizioni fisiche o mentali uno dei due Stati lo ritenga necessario, il suo rappresentante legale – acconsente al trasferimento;

e) gli atti o le omissioni per i quali è stata inflitta la condanna costituiscano reato ai sensi della legge dello Stato di esecuzione o costituirebbero reato se fossero commessi sul suo territorio; e

f) lo Stato di condanna e lo Stato di esecuzione sono d'accordo sul trasferimento.

2. In casi eccezionali, le Parti possono concordare il trasferimento anche se la durata della pena che la persona condannata deve ancora scontare è inferiore a quella prevista al paragrafo 1, lettera c) .

3. Ogni Stato può, al momento della firma o del deposito dello strumento di ratifica, di accettazione, di approvazione o di adesione, per mezzo di una dichiarazione indirizzata al Segretario Generale del Consiglio d'Europa, indicare che intende escludere l'applicazione di una delle procedure previste all'articolo 9, paragrafo 1, lettere a) e b) nelle sue relazioni con le altre Parti.

4. Ogni Stato può, in qualsiasi momento, per mezzo di una dichiarazione indirizzata al Segretario Generale del Consiglio d'Europa, definire, per quanto lo riguarda, il termine "cittadino" ai fini della presente Convenzione.

4. Obbligo di fornire informazioni.

1. Ogni persona condannata alla quale può essere applicata la presente Convenzione deve essere informata dallo Stato di condanna del contenuto della presente Convenzione.

2. Se la persona condannata ha espresso allo Stato di condanna il desiderio di venire trasferita in applicazione della presente Convenzione, questo Stato deve informare lo Stato di esecuzione il più presto possibile dopo che la sentenza è divenuta definitiva.

3. Le informazioni devono comprendere:

a) il nome, la data ed il luogo di nascita della persona condannata;
b) se del caso, il suo indirizzo nello Stato di esecuzione;
c) una esposizione dei fatti sui quali si basa la condanna;
d) la natura, la durata e la data dell'inizio della condanna.

4. Se la persona condannata ha espresso allo Stato di esecuzione il desiderio di essere trasferita in applicazione della presente Convenzione, lo Stato di condanna comunica le informazioni di cui al precedente paragrafo 3 allo Stato di esecuzione, se questo le richiede.

5. La persona condannata deve essere informata per iscritto di ogni azione intrapresa dallo Stato di condanna o dallo Stato di esecuzione in applicazione dei paragrafi precedenti, così come di ogni decisione presa da uno dei due Stati in merito ad una richiesta di trasferimento.

5. Domande e risposte.

1. Le domande e le risposte devono essere formulate per iscritto.

2. Le domande devono essere indirizzate dal Ministero della giustizia dello Stato richiedente al Ministero della giustizia dello Stato richiesto. Le risposte devono essere comunicate attraverso gli stessi canali.

3. Ogni Parte può, con una dichiarazione indirizzata al Segretario Generale del Consiglio d'Europa, indicare che utilizzerà altri canali di comunicazione.

4. Lo Stato richiesto deve, nel minor tempo possibile, informare lo Stato richiedente della sua decisione se accettare o no il trasferimento richiesto.

6. Documentazione da allegare.

1. Lo Stato di esecuzione deve, a richiesta dello Stato di condanna, fornire a quest'ultimo:

a) un documento o una dichiarazione da cui risulti che la persona condannata è suo cittadino;
b) una copia delle disposizioni di legge dello Stato di esecuzione da cui risulti che gli atti o le omissioni per i quali è stata inflitta la condanna nello Stato di condanna costituiscono reato ai sensi della legge dello Stato di esecuzione o costituirebbero reato se fossero commessi sul suo territorio;
c) una dichiarazione contenente le informazioni previste all'art. 9, paragrafo 2.

2. In caso di richiesta di trasferimento, lo Stato di condanna deve fornire i seguenti documenti allo Stato di esecuzione, salvo che l'uno o l'altro dei due Stati abbia già comunicato che non darà il suo consenso per il trasferimento:

a) una copia autenticata della sentenza e delle disposizioni di legge su cui è fondata;
b) una dichiarazione che indichi il periodo di pena già scontata, incluse tutte le informazioni relative alla custodia cautelare, al condono di pena o a qualsiasi altro elemento relativo all'esecuzione della condanna;
c) una dichiarazione da cui risulti il consenso al trasferimento ai sensi dell'articolo 3, paragrafo 1 lettera d); e
d) quando sarà il caso, ogni rapporto medico o sociale sulla persona condannata, ogni informazione sul trattamento nello Stato di condanna ed ogni raccomandazione per la prosecuzione del trattamento nello Stato di esecuzione.

3. Ciascuno Stato può chiedere di ricevere uno qualunque dei documenti o dichiarazioni di cui ai precedenti paragrafi 1 e 2 prima di fare una richiesta di trasferimento o di prendere la decisione di accettare o rifiutare il trasferimento.

7. Consenso e verifica.

1. Lo Stato di condanna garantirà che la persona che deve dare il consenso al trasferimento ai sensi dell'articolo 3, paragrafo 1, lettera d), lo faccia volontariamente e con la piena consapevolezza delle conseguenze giuridiche che ne derivano. La procedura da seguire a tale scopo sarà regolata dalla legge dello Stato di condanna.

2. Lo Stato di condanna deve dare allo Stato di esecuzione la possibilità di verificare, per il tramite di un console o di un altro funzionario designato d'accordo con lo Stato di esecuzione, che il consenso è stato prestato conformemente a quanto previsto al precedente paragrafo 1.

8. Effetti del trasferimento per lo Stato di condanna.

1. La presa in carico della persona condannata da parte delle autorità dello Stato di esecuzione ha l'effetto di sospendere l'esecuzione della pena nello Stato di condanna.

2. Lo Stato di condanna non può più eseguire la pena se lo Stato di esecuzione considera che l'esecuzione della pena è stata completata.

9. Effetti del trasferimento per lo Stato di esecuzione.

1. Le autorità competenti dello Stato di esecuzione devono:

a) continuare l'esecuzione della condanna immediatamente o sulla base di una decisione giudiziaria o amministrativa, alle condizioni previste dall'articolo 10; o
b) convertire, per mezzo di una procedura giudiziaria o amministrativa, la condanna in una decisione di detto Stato, sostituendo in tal modo la pena inflitta nello Stato di condanna con una sanzione prevista dalla legge dello Stato di esecuzione per lo stesso reato, alle condizioni previste all'articolo 11.

2. Lo Stato di esecuzione deve, se richiesto, indicare allo Stato di condanna, prima del trasferimento della persona condannata, quale delle procedure intende seguire.

3. L'esecuzione della condanna è regolata dalla legge dello Stato di esecuzione e questo Stato è l'unico competente a prendere ogni decisione al riguardo.

4. Ogni Stato che, secondo la propria legge nazionale, non può ricorrere ad una delle procedure di cui al paragrafo 1 per eseguire le misure imposte nel territorio di un'altra Parte nei confronti di persone che, in ragione del loro stato mentale, sono state dichiarate non imputabili della commissione di un reato, e che è disposto a prendersi carico di tali persone per la prosecuzione del trattamento può, con una dichiarazione indirizzata al Segretario Generale del Consiglio d'Europa, indicare le procedure che seguirà in questi casi.

10. Continuazione dell'esecuzione.

1. In caso di continuazione dell'esecuzione, lo Stato di esecuzione è vincolato alla natura giuridica e alla durata della sanzione così come stabilite dallo Stato di condanna.

2. Tuttavia, se la natura o la durata della sanzione sono incompatibili con la legge dello Stato di esecuzione, o se la sua legge lo esige, questo Stato può, per mezzo di una decisione giudiziaria o amministrativa, adattare la sanzione alla pena o misura prevista dalla propria legge interna per lo stesso tipo di reato. La natura di tale pena o misura deve corrispondere, per quanto possibile, a quella inflitta con la condanna da eseguirsi. Essa non può essere più grave, per natura o durata, della sanzione imposta nello Stato di condanna, né eccedere il massimo previsto dalla legge dello Stato di esecuzione.

11. Conversione della condanna.

1. In caso di conversione della condanna si applica la procedura prevista dalla legge dello Stato di esecuzione. All'atto della conversione, l'autorità competente:

a) è vincolata alla constatazione dei fatti così come figurano esplicitamente o implicitamente nella sentenza pronunciata nello Stato di condanna;
b) non può convertire una sanzione privativa della libertà in una sanzione pecuniaria;
c) deve dedurre integralmente il periodo di privazione di libertà espiato dalla persona condannata; e
d) non deve aggravare la posizione penale della persona condannata e non è vincolata dal minimo della pena eventualmente previsto dalla legge dello Stato di esecuzione per il reato o i reati commessi.

2. Se la procedura di conversione ha luogo dopo il trasferimento della persona condannata, lo Stato di esecuzione deve tenere in custodia questa persona o adottare altre misure idonee ad assicurare la sua presenza nello Stato di esecuzione fino al termine della procedura stessa.

12. Grazia, amnistia, commutazione.

Ciascuna Parte può accordare la grazia, l'amnistia o la commutazione della condanna conformemente alla propria Costituzione o ad altre leggi.

13. Revisione della sentenza.

Soltanto lo Stato di condanna ha diritto di decidere sulle domande di revisione della sentenza.

14. Cessazione dell'esecuzione.

Lo Stato di esecuzione deve cessare l'esecuzione della pena non appena è informato dallo Stato di condanna di qualsiasi decisione o misura in forza della quale la pena cessa di essere eseguibile.

15. Informazioni concernenti l'esecuzione.

Lo Stato di esecuzione fornisce informazioni allo Stato di condanna sull'esecuzione della pena:

a) allorché consideri terminata l'esecuzione della pena;
b) se la persona condannata evade prima che l'esecuzione della pena sia terminata; o
c) se lo Stato di condanna richiede un rapporto speciale.

16. Transito.

1. Una Parte deve, ai sensi della propria legge, accogliere una richiesta di transito sul suo territorio di una persona condannata, se tale richiesta viene fatta da un'altra Parte che abbia concordato con un'altra Parte o con uno Stato terzo il trasferimento della persona condannata per o dal suo territorio.

2. Una Parte può rifiutarsi di accordare il transito:

a) se la persona condannata è un suo cittadino, ovvero
b) se il fatto che ha dato luogo alla condanna non costituisce reato ai sensi della sua legge.

3. Le richieste di transito e le risposte debbono essere comunicate attraverso i canali menzionati all'articolo 5, paragrafi 2 e 3.

4. Una Parte può accogliere una richiesta, formulata da uno Stato terzo, di transito sul proprio territorio di una persona condannata, se quello Stato ha concordato con un'altra Parte il trasferimento per o dal suo territorio.

5. La Parte alla quale è richiesto il transito può tenere la persona condannata in custodia per il tempo strettamente necessario al transito attraverso il suo territorio.

6. La Parte richiesta di accordare il transito può essere invitata a dare assicurazioni che la persona condannata non sarà perseguita, né detenuta, salvo quanto previsto al paragrafo precedente, né sottoposta ad alcuna altra restrizione della sua libertà personale sul territorio dello Stato di transito per reati commessi o condanne inflitte anteriormente alla sua partenza dal territorio dello Stato di condanna.

7. Non è necessaria alcuna richiesta di transito se viene utilizzata la via aerea sopra il territorio di una Parte e non è previsto alcun atterraggio. Tuttavia, ogni Stato può, con una dichiarazione indirizzata al Segretario Generale del Consiglio d'Europa al momento della firma o del deposito dello strumento di ratifica, di accettazione, di approvazione o di adesione, richiedere che gli venga data comunicazione di ogni transito al di sopra del suo territorio.

17. Lingue e spese.

1. Le informazioni ai sensi dell'articolo 4, paragrafi da 2 a 4, debbono essere fornite nella lingua della Parte cui sono indirizzate o in una delle lingue ufficiali del Consiglio d'Europa.

2. Salvo quanto previsto al seguente paragrafo 3, non è necessaria alcuna traduzione delle domande di trasferimento o dei documenti allegati.

3. Ogni Stato può, al momento della firma o del deposito dello strumento di ratifica, di accettazione, di approvazione o di adesione, con una dichiarazione indirizzata al Segretario Generale del Consiglio d'Europa, richiedere che le domande di trasferimento e i documenti allegati siano accompagnati da una traduzione nella propria lingua o in una delle lingue ufficiali del Consiglio d'Europa o in quella fra queste lingue che indicherà. In tale occasione può dichiarare che è disposto ad accettare traduzioni in qualsiasi altra lingua oltre alla lingua ufficiale, o alle lingue ufficiali, del Consiglio d'Europa.

4. Salvo l'eccezione prevista all'articolo 6, paragrafo 2, lettera a), i documenti trasmessi in applicazione alla presente Convenzione non devono essere autenticati.

5. I costi derivanti dall'applicazione della presente Convenzione sono a carico dello Stato di esecuzione, tranne le spese verificatesi esclusivamente sul territorio dello Stato di condanna.

18. Firma ed entrata in vigore.

1. La presente Convenzione è aperta alla firma degli Stati membri del Consiglio d'Europa e degli Stati non membri che hanno partecipato alla sua elaborazione. Essa è sottoposta a ratifica, accettazione o approvazione. Gli strumenti di ratifica, di accettazione o di approvazione saranno depositati presso il Segretario Generale del Consiglio d'Europa.

2. La presente Convenzione entrerà in vigore il primo giorno del mese successivo alla scadenza di un periodo di tre mesi decorrente dalla data in cui tre Stati membri del Consiglio d'Europa hanno espresso il loro consenso ad essere parti della Convenzione, conformemente a quanto previsto al paragrafo 1.

3. Per ogni Stato firmatario che successivamente esprimerà il suo assenso ad essere parte della Convenzione, essa entrerà in vigore il primo giorno del mese successivo lo scadere di un periodo di tre mesi decorrente dalla data del deposito dello strumento di ratifica, di accettazione o di approvazione.

19. Adesione degli Stati non membri.

1. Dopo l'entrata in vigore della presente Convenzione, il Comitato dei Ministri del Consiglio d'Europa, dopo aver consultato gli Stati contraenti, potrà invitare ogni Stato non membro del Consiglio e non menzionato all'articolo 18, paragrafo 1, ad aderire alla presente Convenzione, mediante una decisione presa con la maggioranza prevista dall'articolo 20, lettera d), dello Statuto del Consiglio d'Europa, con voto unanime dei rappresentanti degli Stati contraenti aventi diritto di sedere nel Comitato.

2. Nei confronti di ogni Stato aderente, la Convenzione entrerà in vigore il primo giorno del mese successivo allo scadere di un periodo di tre mesi decorrente dalla data del deposito dello strumento di adesione presso il Segretario Generale del Consiglio d'Europa.

20. Applicazione territoriale.

1. Ogni Stato può, al momento della firma o al momento del deposito dello strumento di ratifica, di accettazione, di approvazione o di adesione, designare il o i territori ai quali applicherà la presente Convenzione.

2. Ogni Stato può, in qualsiasi momento successivo, mediante una dichiarazione indirizzata al Segretario Generale del Consiglio d'Europa, estendere l'applicazione della presente Convenzione a qualsiasi altro territorio indicato nella dichiarazione. Rispetto a detto territorio, la Convenzione entrerà in vigore il primo giorno del mese successivo allo scadere di un periodo di tre mesi decorrente dalla data di ricevimento della dichiarazione da parte del Segretario Generale.

3. Ogni dichiarazione fatta in applicazione dei due paragrafi precedenti potrà essere ritirata, con riguardo a qualsiasi territorio indicato nella dichiarazione, mediante notifica indirizzata al Segretario generale. Il ritiro avrà efficacia il primo giorno del mese successivo allo scadere di un periodo di tre mesi decorrente dalla data del ricevimento della notifica da parte del Segretario generale.

21. Applicazione nel tempo.

La presente Convenzione sarà applicabile alla esecuzione di condanne pronunciate sia prima che dopo la sua entrata in vigore.

22. Relazioni con altre convenzioni ed accordi.

1. La presente Convenzione non pregiudica i diritti e gli obblighi derivanti da trattati di estradizione ed alti trattati di cooperazione internazionale in materia penale che prevedono il trasferimento 0di persone detenute allo scopo di confronti o testimonianze.

2. Due o più Parti che abbiano già concluso, o concludano in futuro, un accordo o un trattato sul trasferimento delle persone condannate, ovvero che abbiano regolato, o regolino in futuro, in un altro modo le loro relazioni in questo campo, avranno la facoltà di applicare detto accordo o trattato o intesa al posto della presente Convenzione.

3. La presente Convenzione non pregiudica il diritto degli Stati che sono Parti della Convenzione europea sulla validità internazionale dei giudizi repressivi di concludere tra loro accordi bilaterali o multilaterali relativi a materie regolate da quella Convenzione e diretti a completare le disposizioni o facilitare l'applicazione dei principi in essa contenuti.

4. Se una domanda di trasferimento rientra nell'ambito di applicazione della presente Convenzione e della Convenzione europea sulla validità internazionale dei giudizi repressivi o di un altro accordo o trattato relativo al trasferimento delle persone condannate, lo Stato richiedente deve, quando formula la domanda, precisare sulla base di quale strumento essa viene formulata.

23. Composizione amichevole.

Il Comitato europeo per i problemi criminali del Consiglio d'Europa sarà informato della applicazione della presente Convenzione e farà quanto necessario per facilitare la composizione amichevole di ogni difficoltà che può nascere per la sua applicazione.

24. Denuncia.

1. Ogni Parte può in qualsiasi momento denunciare la presente Convenzione, con una notifica indirizzata al Segretario Generale del Consiglio d'Europa.

2. La denuncia ha effetto dal primo giorno del mese successivo allo scadere di un periodo di tre mesi decorrente dalla data di ricevimento della notifica da parte del Segretario Generale.

3. La presente Convenzione, tuttavia, continuerà ad applicarsi per l'esecuzione di condanne relative a persone che sono state trasferite in applicazione della Convenzione prima della data in cui la denuncia ha effetto.

25. Notifiche.

Il Segretario Generale del Consiglio d'Europa notificherà agli Stati membri del Consiglio d'Europa, agli Stati non membri che hanno partecipato all'elaborazione della presente Convenzione, così come ad ogni Stato che vi abbia aderito:

a) tutte le firme;
b) il deposito di tutti gli strumenti di ratifica, di accettazione, di approvazione o di adesione;
c) tutte le date di entrata in vigore della presente Convenzione conformemente all'articolo 18,, paragrafi 2 e 3, all'articolo 19, paragrafo 2, ed all'articolo 20, paragrafi 2 e 3;
d) ogni altro atto, dichiarazione, notifica o comunicazione relativi alla presente Convenzione.

In fede di che, i sottoscritti, debitamente autorizzati a tale scopo, hanno firmato la presente Convenzione.

Fatta a Strasburgo il 21 marzo 1983, in francese e in inglese, i due testi facenti ugualmente fede, in un solo esemplare che sarà depositato negli archivi del Consiglio d'Europa. Il Segretario Generale del Consiglio d'Europa trasmetterà copia autentica a ciascuno Stato membro del Consiglio d'Europa, agli Stati non membri che hanno partecipato all'elaborazione della presente Convenzione e ad ogni altro Stato invitato ad aderirvi.

4. L. 27 dicembre 1988, n. 565. – Ratifica ed esecuzione dell'accordo relativo all'applicazione tra gli Stati membri delle Comunità europee della convenzione del Consiglio d'Europa sul trasferimento delle persone condannate, firmato a Bruxelles il 25 maggio 1987

In Gazzetta Ufficiale 16 gennaio 1989, n. 12

1. – **1.** Il Presidente della Repubblica è autorizzato a ratificare l'accordo relativo all'applicazione tra gli Stati membri delle Comunità europee della convenzione del Consiglio d'Europa sul trasferimento delle persone condannate, firmato a Bruxelles il 25 maggio 1987.

2. – **1.** Piena ed intera esecuzione è data all'accordo di cui all'articolo 1 a decorrere dalla sua entrata in vigore in conformità a quanto disposto dall'articolo 4 dell'accordo stesso.

3. – **1.** Ai sensi dell'articolo 3, paragrafo 2, dell'accordo e dell'articolo 3, paragrafo 3, della convenzione sul trasferimento delle persone condannate, adottata a Strasburgo il 21 marzo 1983, è esclusa l'applicazione della procedura prevista nell'articolo 9, paragrafo 1, lettera b), della convenzione suddetta.

4. – **1.** La presente legge entra in vigore il giorno successivo a quello della sua pubblicazione nella Gazzetta Ufficiale .

1. – **1.** Nelle relazioni tra gli Stati membri, che hanno ratificato la convenzione sul trasferimento, detta convenzione sarà completata dalle disposizioni del presente accordo.

2. Nelle relazioni tra gli Stati membri, uno dei quali almeno non abbia ratificato la convenzione sul trasferimento, saranno applicabili le disposizioni di detta convenzione, come completate dalle disposizioni del presente accordo.

2. – Ai fini dell'applicazione dell'articolo 3, paragrafo 1, lettera b) della convenzione sul trasferimento, ogni Stato membro assimilerà ai propri cittadini i cittadini di qualsiasi altro Stato membro il trasferimento dei quali appaia opportuno e nell'interesse della persona considerata, tenuto conto della sua residenza abituale e regolare sul territorio di detto Stato.

3. – **1.** Le dichiarazioni formulate in applicazione della convenzione sul trasferimento non hanno effetto nei confronti degli Stati membri parti al presente accordo.

2. Ciascuno Stato membro può, nelle sue relazioni con gli Stati membri parti al presente accordo, formulare, rinnovare o modificare qualsiasi dichiarazione prevista dalla convenzione sul trasferimento, nel qual caso esso dovrà trasmetterla al Ministero degli Affari esteri del Belgio.

4. – **1.** Il presente accordo è aperto alla firma degli Stati membri. Esso sarà sottoposto a ratifica, accettazione o approvazione. Gli strumenti di ratifica, di accettazione o di approvazione saranno depositati presso il Ministero degli Affari esteri del Belgio.

2. L'accordo entrerà in vigore 90 giorni dopo la data del deposito degli strumenti di ratifica, di accettazione o di approvazione, da parte di tutti gli Stati che sono membri delle Comunità europee alla data dell'apertura alla firma.

3. Fino all'entrata in vigore del presente accordo ciascuno Stato può, al momento del deposito del proprio strumento di ratifica, di accettazione o di approvazione o in qualsiasi momento successivo, dichiarare che il presente accordo gli è applicabile, nelle sue relazioni con gli Stati che abbiano fatto la medesima dichiarazione, 90 giorni dopo la data del deposito.

4. Uno Stato che non abbia fatto la suddetta dichiarazione può applicare l'accordo con altri Stati contraenti in base ad accordi bilaterali.

5. Il Ministero degli Affari esteri del Belgio notifica a tutti gli Stati membri ogni firma, deposito di strumenti o dichiarazione.

5. – **1.** Il presente accordo è aperto all'adesione di ogni Stato che diventi membro delle Comunità europee. Gli strumenti di adesione saranno depositati presso il Ministero degli Affari esteri del Belgio.

2. Il presente accordo entrerà in vigore nei confronti di ogni Stato che vi aderisca 90 giorni dopo la data del deposito dello strumento di adesione di detto Stato.

Il Ministero degli Affari esteri del Belgio ne rimetterà copia certificata conforme al Governo di ogni Stato membro.

5. L. 2 gennaio 1989, n. 7. – Ratifica ed esecuzione della convenzione europea per la prevenzione della tortura e delle pene o trattamenti inumani o degradanti, con annesso, adottata a Strasburgo il 26 novembre 1987

In Gazzetta Ufficiale 16 gennaio 1989, n. 12

1. – **1.** Il Presidente della Repubblica è autorizzato a ratificare la convenzione europea per la prevenzione della tortura e delle pene o trattamenti inumani o degradanti, con annesso, adottata a Strasburgo il 26 novembre 1987.

2. – **1.** Piena ed intera esecuzione è data alla convenzione di cui all'articolo 1 a decorrere dalla sua entrata in vigore in conformità a quanto disposto dall'articolo 19 della convenzione stessa.

3. – **1.** La presente legge entra in vigore il giorno successivo a quello della sua pubblicazione nella Gazzetta Ufficiale.

CAPITOLO I

1. – È istituito un Comitato europeo per la prevenzione della tortura e delle pene o trattamenti inumani o degradanti (qui di seguito denominato: "il Comitato"). Il Comitato esamina, per mezzo di sopralluoghi, il trattamento delle persone private di libertà allo scopo di rafforzare, se necessario, la loro protezione dalla tortura e dalle pene o trattamenti inumani o degradanti.

2. – Ciascuna Parte autorizza il sopralluogo, in conformità con la presente Convenzione, in ogni luogo dipendente dalla propria giurisdizione nel quale vi siano persone private di libertà da una Autorità pubblica.

3. – Il Comitato e le Autorità nazionali competenti della Parte interessata cooperano in vista dell'applicazione della presente Convenzione.

CAPITOLO II

4. – **1.** Il Comitato si compone di un numero di membri eguale a quello delle Parti.

2. I membri del Comitato sono scelti tra persone di alta moralità, note per la loro competenza in materia di diritti dell'uomo o in possesso di esperienza professionale nei campi di applicazione della presente Convenzione.

3. Il Comitato non può comprendere più di un cittadino dello stesso Stato.

4. I membri partecipano a titolo individuale, sono indipendenti ed imparziali nell'esercizio del loro mandato e si rendono disponibili in modo da svolgere le loro funzioni in maniera effettiva.

5. – **1.** I membri del Comitato sono eletti dal Comitato dei Ministri del Consiglio d'Europa a maggioranza assoluta dei voti su una lista di nomi elaborata dall'Ufficio di Presidenza dell'Assemblea Consultiva del Consiglio d'Europa; la delegazione nazionale all'Assemblea Consultiva di ciascuna Parte presenta tre candidati almeno due dei quali sono della sua nazionalità.

2. La stessa procedura è seguita per provvedere ai seggi divenuti vacanti.

3. I membri del Comitato sono eletti per un periodo di quattro anni. Essi sono rieleggibili una sola volta. Tuttavia, per quanto concerne i membri designati alla prima elezione, le funzioni di tre membri scadranno al termine di un periodo di due anni. I membri le cui funzioni scadono al termine del periodo iniziale di due anni sono estratti a sorte dal Segretario Generale del Consiglio d'Europa immediatamente dopo l'espletamento della prima elezione.

6. – **1.** Il Comitato si riunisce a porte chiuse. Il quorum è costituito dalla maggioranza dei suoi membri. Le decisioni del Comitato sono prese a maggioranza dei membri presenti, fatte salve le disposizioni dell'articolo 10, paragrafo 2.

2. Il Comitato stabilisce il proprio regolamento interno.

3. Il Segretario del Comitato è assicurato dal Segretario Generale del Consiglio d'Europa.

CAPITOLO III

7. – **1.** Il Comitato organizza i sopralluoghi nei luoghi di cui all'art. 2. Oltre a visite periodiche, il Comitato può organizzare ogni altro sopralluogo che sia a suo giudizio richiesto dalle circostanze.

2. I sopralluoghi sono di norma effettuati da almeno due membri del Comitato con l'assistenza, qualora sia ritenuta necessaria, di esperti e di interpreti.

8. – **1.** Il Comitato notifica al governo della Parte interessata il suo intento di procedere ad un sopralluogo. A seguito di tale notifica il Comitato è abilitato a visitare in qualsiasi momento, i luoghi di cui all'articolo 2.

2. Una Parte deve fornire al Comitato le seguenti agevolazioni per l'adempimento del suo incarico:

a) accesso al proprio territorio e facoltà di circolarvi senza limitazioni di sorta;
b) tutte le informazioni relative ai luoghi in cui si trovano persone private di libertà;
c) la possibilità di recarsi a suo piacimento in qualsiasi luogo in cui vi siano persone private di libertà, compreso il diritto di circolare senza intralci all'interno di detti luoghi;
d) ogni altra informazione di cui la Parte dispone e che è necessaria al Comitato per lo adempimento del suo incarico. Nel ricercare tali informazioni, il Comitato tiene conto delle norme di diritto e di deontologia professionale applicabili a livello nazionale.

3. Il Comitato può intrattenersi senza testimoni con le persone private di libertà.

4. Il Comitato può entrare liberamente in contatto con qualsiasi persona che ritenga possa fornirgli informazioni utili.

5. Se del caso, il Comitato comunica immediatamente le sue osservazioni alle Autorità competenti della Parte interessata.

9. – **1.** In circostanze eccezionali, le Autorità competenti della Parte interessata possono far conoscere al Comitato le loro obiezioni al sopralluogo nel momento prospettato dal Comitato o nel luogo specifico che il Comitato è intenzionato a visitare. Tali obiezioni possono essere formulate solo per motivi di difesa nazionale o di sicurezza pubblica o a causa di gravi disordini nei luoghi nei quali vi siano persone private di libertà, dello stato di salute di una persona o di un interrogatorio urgente nell'ambito di un'inchiesta in corso, connessa ad una infrazione penale grave.

2. A seguito di tali obiezioni, il Comitato e la Parte si consultano immediatamente per chiarire re la situazione e giungere ad un accordo riguardo alle misure che consentiranno al Comitato di esercitare le sue funzioni il più rapidamente possibile. Tali misure possono includere il trasferimento in altro luogo di qualsiasi persona il Comitato abbia intenzione di visitare.

In attesa che si possa procedere al sopralluogo, la Parte fornisce al Comitato informazioni su ogni persona interessata.

10. – **1.** Dopo ogni sopralluogo, il Comitato elabora un rapporto sui fatti constatati in tale occasione, tenendo conto di ogni osservazione eventualmente presentata dalla Parte interessata. Esso trasmette a quest'ultima il suo rapporto inclusivo delle raccomandazioni che ritiene necessarie. Il Comitato può addivenire a consultazioni con la Parte al fine di suggerire, se del caso, dei miglioramenti per la protezione delle persone private di libertà.

2. Se la Parte non coopera o rifiuta di migliorare la situazione in base alle raccomandazioni del Comitato, esso può decidere a maggioranza di due terzi dei suoi membri, dopo che la Parte abbia avuto la possibilità di fornire spiegazioni, di effettuare una dichiarazione pubblica a tale proposito.

11. – **1.** Le informazioni raccolte dal Comitato in occasione di una visita, il suo rapporto e le sue consultazioni con la Parte interessata sono riservate.

2. Il Comitato pubblica il suo rapporto ed ogni commento della Parte interessata, qualora quest'ultima lo richieda.

3. Ciò nonostante, nessun dato di natura personale deve essere reso pubblico senza il consenso esplicito della persona interessata.

12. – Ogni anno, il Comitato sottopone al Comitato dei Ministri, tenendo conto dei principi di riservatezza di cui all'articolo 11, un rapporto generale sulle sue attività. Tale rapporto è trasmesso all'Assemblea Consultiva e reso pubblico.

13. – I membri del Comitato, gli esperti e le altre persone che lo assistono sono sottoposti, durante il loro mandato e successivamente alla sua scadenza, all'obbligo di tenere segreti i fatti o le informazioni di cui sono venuti a conoscenza nell'adempimento delle loro funzioni.

14. – **1.** I nomi delle persone che assistono il Comitato sono indicati nella notifica effettuata a termini dell'articolo 8 paragrafo 1.

2. Gli esperti operano sotto le istruzioni e la responsabilità del Comitato. Essi devono possedere la competenza e l'esperienza specifiche delle materie per le quali trova applicazione la presente Convenzione e sono vincolati dagli stessi obblighi d'indipendenza, d'imparzialità e di disponibilità di quelli dei membri del Comitato.

3. Una Parte può, in via eccezionale, dichiarare che un esperto o altra persona che assiste il Comitato non può essere ammessa a partecipare al sopralluogo in un luogo che dipende dalla sua giurisdizione.

CAPITOLO IV

15. – Ciascuna Parte comunica al Comitato il nominativo e l'indirizzo dell'Autorità competente a ricevere le notifiche indirizzate al suo Governo, nonché quelli di ogni agente di collegamento da essa eventualmente designato.

16. – Il Comitato, i suoi membri e gli esperti di cui all'articolo 7, paragrafo 2, godono dei privilegi ed immunità previsti nell'annesso alla presente Convenzione.

17. – **1.** La presente Convenzione non porta pregiudizio alle norme di diritto interno o agli accordi internazionali che garantiscono una maggiore protezione alle persone private di libertà.

2. Nessuna disposizione della presente Convenzione può essere interpretata come una limitazione o una deroga alle competenze degli organi della Convenzione europea dei Diritti dell'Uomo o agli obblighi assunti dalle Parti in virtù della presente Convenzione.

3. Il Comitato non effettuerà sopralluoghi nei luoghi che sono visitati effettivamente e regolarmente da rappresentanti o delegati di Potenze vigilanti o del Comitato internazionale della Croce Rossa a termini delle Convenzioni di Ginevra del 12 agosto 1949 e loro Protocolli aggiuntivi dell'8 giugno 1977.

CAPITOLO V

18. – La presente Convenzione è aperta alla firma degli Stati membri del Consiglio d'Europa. Essa sarà sottoposta a ratifica, accettazione o approvazione. Gli strumenti di ratifica, di accettazione o di approvazione saranno depositati presso il Segretario Generale del Consiglio d'Europa.

19. – **1.** La presente Convenzione entrerà in vigore il primo giorno del mese successivo allo scadere di un periodo di tre mesi a partire dalla data alla quale sette Stati membri del Consiglio d'Europa avranno espresso il loro consenso ad essere vincolati dalla Convenzione in conformità con quanto disposto all'articolo 18.

2. Per ogni Stato membro che esprima successivamente il proprio consenso ad essere vincolato dalla Convenzione, essa entrerà in vigore il primo giorno del mese successivo allo scadere di un periodo di tre mesi a partire dalla data di deposito dello strumento di ratifica, di accettazione o di approvazione.

20. – **1.** Ogni Stato può, al momento della firma o del deposito del suo strumento di ratifica, di accettazione o di approvazione, indicare il territorio o i territori per i quali troverà applicazione la presente Convenzione.

2. Ogni Stato può, in qualsiasi altro successivo momento, mediante dichiarazione indirizzata al Segretario Generale del Consiglio d'Europa, estendere l'applicazione della presente Convenzione ad ogni altro territorio indicato nella dichiarazione. La Convenzione entrerà in vigore nei confronti di tale territorio il primo giorno del mese successivo allo scadere di un periodo di tre mesi a decorrere dalla data di ricezione, da parte del Segretario Generale, di detta dichiarazione.

3. Ogni dichiarazione effettuata a termini dei due paragrafi precedenti potrà essere ritirata per quanto concerne ogni territorio indicato in detta dichiarazione, mediante notifica indirizzata al Segretario Generale. Il ritiro avrà effetto il primo giorno del mese successivo allo scadere di un periodo di tre mesi a decorrere dalla data di ricezione, da parte del Segretario Generale, di detta notifica.

21. – Non è ammessa alcuna riserva alle disposizioni della presente Convenzione.

22. – **1.** Ogni Parte può in ogni tempo denunciare la presente Convenzione mediante notifica indirizzata al Segretario Generale del Consiglio d'Europa.

2. La denuncia avrà effetto il primo giorno del mese successivo allo scadere di un periodo di dodici mesi a decorrere dalla data di ricezione, da parte del Segretario Generale, della notifica.

23. – Il Segretario Generale del Consiglio d'Europa notificherà agli Stati membri del Consiglio d'Europa:

a) ogni firma;
b) il deposito di ogni strumento di ratifica, di accettazione o di approvazione;
c) la data di entrata in vigore della presente Convenzione in conformità con gli artt. 19 e 20 della Convenzione stessa;
d) ogni altro atto, notifica o comunicazione relativa alla presente Convenzione, ad eccezione delle misure previste negli artt. 8 e 10.

6. L. 1 ottobre 2012, n. 172. – Ratifica ed esecuzione della Convenzione del Consiglio d'Europa per la protezione dei minori contro lo sfruttamento e l'abuso sessuale, fatta a Lanzarote il 25 ottobre 2007, nonché norme di adeguamento dell'ordinamento interno

In Gazzetta Ufficiale 8 ottobre 2012, n. 235

Capo I
Ratifica ed esecuzione

1. Autorizzazione alla ratifica.

1. Il Presidente della Repubblica è autorizzato a ratificare la Convenzione del Consiglio d'Europa per la protezione dei minori contro lo sfruttamento e l'abuso sessuale, fatta a Lanzarote il 25 ottobre 2007, di seguito denominata «Convenzione».

2. Ordine di esecuzione.

1. Piena ed intera esecuzione è data alla Convenzione, a decorrere dalla data della sua entrata in vigore, in conformità a quanto disposto dall'articolo 45 della Convenzione stessa.

3. Autorità nazionale.

1. In relazione alle disposizioni previste dall'articolo 37, paragrafo 2, della Convenzione, l'Italia designa come autorità nazionale responsabile al fine della registrazione e conservazione dei dati nazionali sui condannati per reati sessuali il Ministero dell'interno.

2. Le attività di registrazione e di conservazione dei dati di cui al comma 1 sono svolte in conformità al Trattato concluso il 27 maggio 2005 tra il Regno del Belgio, la Repubblica federale di Germania, il Regno di Spagna, la Repubblica francese, il Granducato di Lussemburgo, il Regno dei Paesi Bassi e la Repubblica d'Austria, relativo all'approfondimento della cooperazione transfrontaliera, in particolare allo scopo di contrastare il terrorismo, la criminalità transfrontaliera e la migrazione illegale (Trattato di Prüm), reso esecutivo dalla legge 30 giugno 2009, n. 85, e alle relative disposizioni di attuazione.

Capo II
Disposizioni di adeguamento dell'ordinamento interno

4. Modifiche al codice penale.

1. Al codice penale sono apportate le seguenti modificazioni:

a) all'articolo 157, sesto comma, è aggiunto, in fine, il seguente periodo: «I termini di cui ai commi che precedono sono altresì raddoppiati per il reato di cui all'articolo 572 e per i reati di cui alla sezione I del capo III del titolo XII del libro II e di cui agli articoli 609-*bis*, 609-*quater*, 609-*quinquies* e 609-*octies*, salvo che risulti la sussistenza delle circostanze attenuanti contemplate dal terzo comma dell'articolo 609-*bis* ovvero dal quarto comma dell'articolo 609-*quater*»;

b) dopo l'articolo 414 è inserito il seguente:

«Art. 414-*bis*

(Istigazione a pratiche di pedofilia e di pedopornografia). –

Salvo che il fatto costituisca più grave reato, chiunque, con qualsiasi mezzo e con qualsiasi forma di espressione, pubblicamente istiga a commettere, in danno di minorenni, uno o più delitti previsti dagli articoli 600-*bis*, 600-*ter* e 600-*quater*, anche se relativi al materiale pornografico di cui all'articolo 600-*quater*.1, 600-*quinquies*, 609-*bis*, 609-*quater* e 609-*quinquies* è punito con la reclusione da un anno e sei mesi a cinque anni.

Alla stessa pena soggiace anche chi pubblicamente fa l'apologia di uno o più delitti previsti dal primo comma.

Non possono essere invocate, a propria scusa, ragioni o finalità di carattere artistico, letterario, storico o di costume»;

c) all'articolo 416 è aggiunto, in fine, il seguente comma: «Se l'associazione è diretta a commettere taluno dei delitti previsti dagli articoli 600-*bis*, 600-*ter*, 600-*quater*, 600-*quater*.1, 600-*quinquies*, 609-*bis*, quando il fatto è commesso in danno di un minore di anni diciotto, 609-*quater*, 609-*quinquies*, 609-*octies*, quando il fatto è commesso in danno di un minore di anni diciotto, e 609-*undecies*, si applica la reclusione da quattro a otto anni nei casi previsti dal primo comma e la reclusione da due a sei anni nei casi previsti dal secondo comma»;

d) l'articolo 572 è sostituito dal seguente:

«Art. 572

(Maltrattamenti contro familiari e conviventi). –

Chiunque, fuori dei casi indicati nell'articolo precedente, maltratta una persona della famiglia o comunque convivente, o una persona sottoposta alla sua autorità o a lui affidata per ragioni di educazione, istruzione, cura, vigilanza o custodia, o per l'esercizio di una professione o di un'arte, è punito con la reclusione da due a sei anni.

La pena è aumentata se il fatto è commesso in danno di persona minore degli anni quattordici.

Se dal fatto deriva una lesione personale grave, si applica la reclusione da quattro a nove anni; se ne deriva una lesione gravissima, la reclusione da sette a quindici anni; se ne deriva la morte, la reclusione da dodici a ventiquattro anni»;

e) all'articolo 576:

1) al primo comma, alinea, le parole: «la pena di morte» sono sostituite dalle seguenti: «la pena dell'ergastolo»;

2) il numero 5) del primo comma è sostituito dal seguente:

«5) in occasione della commissione di taluno dei delitti

previsti dagli articoli 572, 600-*bis*, 600-*ter*, 609-*bis*, 609-*quater* e 609-*octies*»;

3) nella rubrica, le parole: «Pena di morte» sono sostituite dalla seguente: «Ergastolo»;

f) all'articolo 583-*bis*, dopo il terzo comma, è inserito il seguente:

«La condanna ovvero l'applicazione della pena su richiesta delle parti a norma dell'articolo 444 del codice di procedura penale per il reato di cui al presente articolo comporta, qualora il fatto sia commesso dal genitore o dal tutore, rispettivamente:

1) la decadenza dall'esercizio della potestà del genitore;

2) l'interdizione perpetua da qualsiasi ufficio attinente alla tutela, alla curatela e all'amministrazione di sostegno»;

g) l'articolo 600-*bis* è sostituito dal seguente:

«Art. 600-*bis*

(Prostituzione minorile). –

È punito con la reclusione da sei a dodici anni e con la multa da euro 15.000 a euro 150.000 chiunque:

1) recluta o induce alla prostituzione una persona di età inferiore agli anni diciotto;

2) favorisce, sfrutta, gestisce, organizza o controlla la prostituzione di una persona di età inferiore agli anni diciotto, ovvero altrimenti ne trae profitto.

Salvo che il fatto costituisca più grave reato, chiunque compie atti sessuali con un minore di età compresa tra i quattordici e i diciotto anni, in cambio di un corrispettivo in denaro o altra utilità, anche solo promessi, è punito con la reclusione da uno a sei anni e con la multa da euro 1.500 a euro 6.000»;

h) all'articolo 600-*ter*:

1) il primo comma è sostituito dal seguente:

«È punito con la reclusione da sei a dodici anni e con la multa da euro 24.000 a euro 240.000 chiunque:

1) utilizzando minori di anni diciotto, realizza esibizioni o spettacoli pornografici ovvero produce materiale pornografico;

2) recluta o induce minori di anni diciotto a partecipare a esibizioni o spettacoli pornografici ovvero dai suddetti spettacoli trae altrimenti profitto»;

2) sono aggiunti, in fine, i seguenti commi:

«Salvo che il fatto costituisca più grave reato, chiunque assiste a esibizioni o spettacoli pornografici in cui siano coinvolti minori di anni diciotto è punito con la reclusione fino a tre anni e con la multa da euro 1.500 a euro 6.000.

Ai fini di cui al presente articolo per pornografia minorile si intende ogni rappresentazione, con qualunque mezzo, di un minore degli anni diciotto coinvolto in attività sessuali esplicite, reali o simulate, o qualunque rappresentazione degli organi sessuali di un minore di anni diciotto per scopi sessuali»;

i) l'articolo 600-*sexies* è abrogato;

l) l'articolo 600-*septies* è sostituito dal seguente:

«Art. 600-*septies*

(Confisca). –

Nel caso di condanna, o di applicazione della pena su richiesta delle parti a norma dell'articolo 444 del codice di procedura penale, per i delitti previsti dalla presente sezione, nonché dagli articoli 609-*bis*, quando il fatto è commesso in danno di un minore di anni diciotto o il reato è aggravato dalle circostanze di cui all'articolo 609-*ter*, primo comma, numeri 1), 5) e 5-*bis*), 609-*quater*, 609-*quinquies*, 609-*octies*, quando il fatto è commesso in danno di un minore di anni diciotto o il reato è aggravato dalle circostanze di cui all'articolo 609-*ter*, primo comma, numeri 1), 5) e 5-*bis*), e 609-*undecies*, è sempre ordinata, salvi i diritti della persona offesa alle restituzioni e al risarcimento dei danni, la confisca dei beni che costituiscono il prodotto, il profitto o il prezzo del reato. Ove essa non sia possibile, il giudice dispone la confisca di beni di valore equivalente a quelli che costituiscono il prodotto, il profitto o il prezzo del reato e di cui il condannato abbia, anche indirettamente o per interposta persona, la disponibilità. Si applica il terzo comma dell'articolo 322-*ter*»;

m) dopo l'articolo 600-*septies* sono inseriti i seguenti:

«Art. 600-*septies*.1

(Circostanza attenuante). –

La pena per i delitti di cui alla presente sezione è diminuita da un terzo fino alla metà nei confronti del concorrente che si adopera per evitare che l'attività delittuosa sia portata a conseguenze ulteriori, ovvero aiuta concretamente l'autorità di polizia o l'autorità giudiziaria nella raccolta di prove decisive per l'individuazione o la cattura dei concorrenti».

«Art. 600-*septies*.2

(Pene accessorie). –

Alla condanna o all'applicazione della pena su richiesta delle parti a norma dell'articolo 444 del codice di procedura penale per i delitti previsti dalla presente sezione e per il delitto di cui all'articolo 414-*bis* del presente codice conseguono:

1) la perdita della potestà genitoriale, quando la qualità di genitore è prevista quale circostanza aggravante del reato;

2) l'interdizione perpetua da qualsiasi ufficio attinente alla tutela, alla curatela o all'amministrazione di sostegno;

3) la perdita del diritto agli alimenti e l'esclusione dalla successione della persona offesa;

4) l'interdizione temporanea dai pubblici uffici; l'interdizione dai pubblici uffici per la durata di anni cinque in seguito alla condanna alla reclusione da tre a cinque anni, ferma restando, comunque, l'applicazione dell'articolo 29, primo comma, quanto all'interdizione perpetua.

La condanna o l'applicazione della pena su richiesta delle parti a norma dell'articolo 444 del codice di procedura penale per uno dei delitti previsti dalla presente sezione e per il delitto di cui all'articolo 414-*bis* del presente codice, quando commessi in danno di minori, comporta in ogni caso l'interdizione perpetua da qualunque incarico nelle scuole di ogni ordine e grado, nonché da ogni ufficio o servizio in istituzioni o strutture pubbliche o private frequentate abitualmente da minori. In ogni caso è disposta la chiusura degli esercizi la cui attività risulta finalizzata ai delitti previsti dalla presente sezione, nonché la revoca della licenza di esercizio o della concessione o dell'autorizzazione per le emittenti radiotelevisive»;

n) l'articolo 602-*bis* è abrogato;

o) all'articolo 602-*ter*, dopo il secondo comma, sono aggiunti i seguenti:

«Nei casi previsti dagli articoli 600-*bis*, primo comma, e 600-*ter*, la pena è aumentata da un terzo alla metà se il fatto è commesso con violenza o minaccia.

Nei casi previsti dagli articoli 600-*bis*, primo e secondo comma, 600-*ter*, primo comma, e 600-*quinquies*, la pena è aumentata da un terzo alla metà se il fatto è commesso approfittando della situazione di necessità del minore.

Nei casi previsti dagli articoli 600-*bis*, primo e secondo comma, 600-*ter* e 600-*quinquies*, nonché dagli articoli 600, 601 e 602, la pena è aumentata dalla metà ai due terzi se il fatto è commesso in danno di un minore degli anni sedici.

Nei casi previsti dagli articoli 600-*bis*, primo comma, e 600-*ter*, nonché, se il fatto è commesso in danno di un minore degli anni diciotto, dagli articoli 600, 601 e 602, la pena è aumentata dalla metà ai due terzi se il fatto è commesso da un ascendente, dal genitore adottivo, o dal loro coniuge o convivente, dal coniuge o da affini entro il secondo grado, da parenti fino al quarto grado collaterale, dal tutore o da persona a cui il minore è stato affidato per ragioni di cura, educazione, istruzione, vigilanza, custodia, lavoro, ovvero da pubblici ufficiali o incaricati di pubblico servizio nell'esercizio delle loro funzioni ovvero ancora se è commesso in danno di un minore in stato di infermità o minorazione psichica, naturale o provocata.

Nei casi previsti dagli articoli 600-*bis*, primo comma, e 600-*ter*, nonché dagli articoli 600, 601 e 602, la pena è aumentata dalla metà ai due terzi se il fatto è commesso mediante somministrazione di sostanze alcoliche, narcotiche, stupefacenti o comunque pregiudizievoli per la salute fisica o psichica del minore, ovvero se è commesso nei confronti di tre o più persone.

Le circostanze attenuanti, diverse da quelle previste dagli articoli 98 e 114, concorrenti con le circostanze aggravanti di cui alla presente sezione, non possono essere ritenute equivalenti o prevalenti rispetto a queste e le diminuzioni di pena si operano sulla quantità della stessa risultante dall'aumento conseguente alle predette aggravanti»;

p) dopo l'articolo 602-*ter*, è inserito il seguente:

«Art. 602-*quater*

(Ignoranza dell'età della persona offesa). –

Quando i delitti previsti dalla presente sezione sono commessi in danno di un minore degli anni diciotto, il colpevole non può invocare a propria scusa l'ignoranza dell'età della persona offesa, salvo che si tratti di ignoranza inevitabile»;

q) all'articolo 604, le parole: «e 609-*quinquies*» sono sostituite dalle seguenti: «, 609-*quinquies*, 609-*octies* e 609-*undecies*»;

r) all'articolo 609-*quater*:

1) il secondo comma è sostituito dal seguente:

«Fuori dei casi previsti dall'articolo 609-*bis*, l'ascendente, il genitore, anche adottivo, o il di lui convivente, il tutore, ovvero altra persona cui, per ragioni di cura, di educazione, di istruzione, di vigilanza o di custodia, il minore è affidato, o che abbia con quest'ultimo una relazione di convivenza, che, con l'abuso dei poteri connessi alla sua posizione, compie atti sessuali con persona minore che ha compiuto gli anni sedici, è punito con la reclusione da tre a sei anni»;

2) al quarto comma, le parole: «fino a due terzi» sono sostituite dalle seguenti: «in misura non eccedente i due terzi»;

s) l'articolo 609-*quinquies* è sostituito dal seguente:

«Art. 609-*quinquies*

(Corruzione di minorenne). –

Chiunque compie atti sessuali in presenza di persona minore di anni quattordici, al fine di farla assistere, è punito con la reclusione da uno a cinque anni.

Salvo che il fatto costituisca più grave reato, alla stessa pena di cui al primo comma soggiace chiunque fa assistere una persona minore di anni quattordici al compimento di atti sessuali, ovvero mostra alla medesima materiale pornografico, al fine di indurla a compiere o a subire atti sessuali.

La pena è aumentata fino alla metà quando il colpevole sia l'ascendente, il genitore, anche adottivo, o il di lui convivente, il tutore, ovvero altra persona cui, per ragioni di cura, di educazione, di istruzione, di vigilanza o di custodia, il minore è affidato, o che abbia con quest'ultimo una relazione di stabile convivenza»;

t) l'articolo 609-*sexies* è sostituito dal seguente:

«Art. 609-*sexies*

(Ignoranza dell'età della persona offesa). –

Quando i delitti previsti negli articoli 609-*bis*, 609-*ter*, 609-*quater*, 609-*octies* e 609-*undecies* sono commessi in danno di un minore degli anni diciotto, e quando è commesso il delitto di cui all'articolo 609-*quinquies*, il colpevole non può invocare a propria scusa l'ignoranza dell'età della persona offesa, salvo che si tratti di ignoranza inevitabile»;

u) all'articolo 609-nonies:

1) il primo comma è sostituito dal seguente:

«La condanna o l'applicazione della pena su richiesta delle parti ai sensi dell'articolo 444 del codice di procedura penale per alcuno dei delitti previsti dagli articoli 609-*bis*, 609-*ter*, 609-*quater*, 609-*quinquies*, 609-*octies* e 609-*undecies* comporta:

1) la perdita della potestà del genitore, quando la qualità di genitore è elemento costitutivo o circostanza aggravante del reato;

2) l'interdizione perpetua da qualsiasi ufficio atti-

nente alla tutela, alla curatela e all'amministrazione di sostegno;
3) la perdita del diritto agli alimenti e l'esclusione dalla successione della persona offesa;
4) l'interdizione temporanea dai pubblici uffici; l'interdizione dai pubblici uffici per la durata di anni cinque in seguito alla condanna alla reclusione da tre a cinque anni, ferma restando, comunque, l'applicazione dell'articolo 29, primo comma, quanto all'interdizione perpetua;
5) la sospensione dall'esercizio di una professione o di un'arte»;
2) al secondo comma, le parole: «e 609-*octies*» sono sostituite dalle seguenti: «, 609-*octies* e 609-*undecies*»;
3) dopo il secondo comma sono aggiunti i seguenti:
«La condanna per i delitti previsti dall'articolo 600-*bis*, secondo comma, dall'articolo 609-*bis*, nelle ipotesi aggravate di cui all'articolo 609-*ter*, dagli articoli 609-*quater*, 609-*quinquies* e 609-*octies*, nelle ipotesi aggravate di cui al terzo comma del medesimo articolo, comporta, dopo l'esecuzione della pena e per una durata minima di un anno, l'applicazione delle seguenti misure di sicurezza personali:
1) l'eventuale imposizione di restrizione dei movimenti e della libera circolazione, nonché il divieto di avvicinarsi a luoghi frequentati abitualmente da minori;
2) il divieto di svolgere lavori che prevedano un contatto abituale con minori;
3) l'obbligo di tenere informati gli organi di polizia sulla propria residenza e sugli eventuali spostamenti.
Chiunque viola le disposizioni previste dal terzo comma è soggetto alla pena della reclusione fino a tre anni»;

v) all'articolo 609-*decies*:
1) il primo comma è sostituito dal seguente:
«Quando si procede per taluno dei delitti previsti dagli articoli 600, 600-*bis*, 600-*ter*, 600-*quinquies*, 601, 602, 609-*bis*, 609-*ter*, 609-*quinquies*, 609-*octies* e 609-*undecies* commessi in danno di minorenni, ovvero per il delitto previsto dall'articolo 609-*quater*, il procuratore della Repubblica ne dà notizia al tribunale per i minorenni»;
2) il secondo comma è sostituito dal seguente:
«Nei casi previsti dal primo comma, l'assistenza affettiva e psicologica della persona offesa minorenne è assicurata, in ogni stato e grado del procedimento, dalla presenza dei genitori o di altre persone idonee indicate dal minorenne, nonché di gruppi, fondazioni, associazioni od organizzazioni non governative di comprovata esperienza nel settore dell'assistenza e del supporto alle vittime dei reati di cui al primo comma e iscritti in apposito elenco dei soggetti legittimati a tale scopo, con il consenso del minorenne, e ammessi dall'autorità giudiziaria che procede»;

z) nella sezione II del capo III del titolo XII del libro II, dopo l'articolo 609-*decies* è aggiunto il seguente:

«Art. 609-*undecies*
(Adescamento di minorenni). –
Chiunque, allo scopo di commettere i reati di cui agli articoli 600, 600-*bis*, 600-*ter* e 600-*quater*, anche se relativi al materiale pornografico di cui all'articolo 600-*quater*.1, 600-*quinquies*, 609-*bis*, 609-*quater*, 609-*quinquies* e 609-*octies*, adesca un minore di anni sedici, è punito, se il fatto non costituisce più grave reato, con la reclusione da uno a tre anni. Per adescamento si intende qualsiasi atto volto a carpire la fiducia del minore attraverso artifici, lusinghe o minacce posti in essere anche mediante l'utilizzo della rete internet o di altre reti o mezzi di comunicazione».

5. Modifiche al codice di procedura penale.

1. Al codice di procedura penale sono apportate le seguenti modificazioni:

a) all'articolo 51:
1) al comma 3-*bis*, le parole: «416, sesto comma,» sono sostituite dalle seguenti: «416, sesto e settimo comma,»;
2) al comma 3-*quinquies*, le parole: «600-*bis*, 600-*ter*, 600-*quater*, 600-*quater*.1, 600-*quinquies*» sono sostituite dalle seguenti: «414-*bis*, 600-*bis*, 600-*ter*, 600-*quater*, 600-*quater*.1, 600-*quinquies*, 609-*undecies*»;

b) al comma 6 dell'articolo 282-*bis*, dopo la parola: «571,» è inserita la seguente: «600,» e dopo la parola: «600-*quater*,» sono inserite le seguenti: «600-*septies*.1, 600-*septies*.2, 601, 602,»;

c) all'articolo 351 è aggiunto, in fine, il seguente comma:
«1-*ter*. Nei procedimenti per i delitti previsti dagli articoli 600, 600-*bis*, 600-*ter*, 600-*quater*, 600-*quater*.1, 600-*quinquies*, 601, 602, 609-*bis*, 609-*quater*, 609-*quinquies*, 609-*octies* e 609-*undecies* del codice penale, la polizia giudiziaria, quando deve assumere sommarie informazioni da persone minori, si avvale dell'ausilio di un esperto in psicologia o in psichiatria infantile, nominato dal pubblico ministero»;

d) all'articolo 362 è aggiunto, in fine, il seguente comma:
«1-*bis*. Nei procedimenti per i delitti di cui all'articolo 351, comma 1-*ter*, il pubblico ministero, quando deve assumere informazioni da persone minori, si avvale dell'ausilio di un esperto in psicologia o in psichiatria infantile»;

e) al comma 2 dell'articolo 380, dopo la lettera d-*bis*) è inserita la seguente:
«d-*ter*) delitto di atti sessuali con minorenne di cui all'articolo 609-*quater*, primo e secondo comma, del codice penale»;

f) dopo il comma 5 dell'articolo 391-*bis* è inserito il seguente:
«5-*bis*. Nei procedimenti per i delitti di cui all'articolo 351, comma 1-*ter*, il difensore, quando assume informazioni da persone minori, si avvale dell'ausilio di un esperto in psicologia o in psichiatria infantile»;

g) all'articolo 392, il comma 1-*bis* è sostituito dal seguente:

«1-*bis*. Nei procedimenti per i delitti di cui agli articoli 572, 600, 600-*bis*, 600-*ter* e 600-*quater*, anche se relativi al materiale pornografico di cui all'articolo 600-*quater*.1, 600-*quinquies*, 601, 602, 609-*bis*, 609-*quater*, 609-*quinquies*, 609-*octies*, 609-*undecies* e 612-*bis* del codice penale il pubblico ministero, anche su richiesta della persona offesa, o la persona sottoposta alle indagini possono chiedere che si proceda con incidente probatorio all'assunzione della testimonianza di persona minorenne ovvero della persona offesa maggiorenne, anche al di fuori delle ipotesi previste dal comma 1»;

h) al comma 5-*bis* dell'articolo 398, dopo la parola: «609-*octies*» è inserita la seguente: «, 609-*undecies*»;
i) all'articolo 407, comma 2, lettera a), al numero 7-*bis*), le parole: «600-*bis*, comma 1, 600-*ter*, comma 1,» sono sostituite dalle seguenti: «600-*bis*, primo comma, 600-*ter*, primo e secondo comma»;
l) al comma 1-*bis* dell'articolo 444, le parole: «600-*bis*, primo e terzo comma,» sono sostituite dalla seguente: «600-*bis*,».

6. Modifica al codice di cui al decreto legislativo 6 settembre 2011, n. 159, in materia di divieto di avvicinamento ai luoghi frequentati abitualmente da minori.

1. Al comma 5 dell'articolo 8 del codice delle leggi antimafia e delle misure di prevenzione, di cui al decreto legislativo 6 settembre 2011, n. 159, sono aggiunte, in fine, le seguenti parole:
«, ovvero, con riferimento ai soggetti di cui all'articolo 1, lettera c), il divieto di avvicinarsi a determinati luoghi, frequentati abitualmente da minori».

7. Modifiche alla legge 26 luglio 1975, n. 354, in materia di concessione di benefici ai detenuti per reati in danno di minori.

1. Al comma 1-*quater* dell'articolo 4-*bis* della legge 26 luglio 1975, n. 354, e successive modificazioni, dopo le parole: «di cui agli articoli» sono inserite le seguenti: «600-*bis*, 600-*ter*, 600-*quater*, 600-*quinquies*,» e le parole: «e 609-*octies*» sono sostituite dalle seguenti: «, 609-*quinquies*, 609-*octies* e 609-*undecies*».

2. All'articolo 4-*bis* della legge 26 luglio 1975, n. 354, e successive modificazioni, dopo il comma 1-*quater* è inserito il seguente:
«1-*quinquies*. Salvo quanto previsto dal comma 1, ai fini della concessione dei benefici ai detenuti e internati per i delitti di cui agli articoli 600-*bis*, 600-*ter*, anche se relativo al materiale pornografico di cui all'articolo 600-*quater*.1, 600-*quinquies*, 609-*quater*, 609-*quinquies* e 609-*undecies* del codice penale, nonché agli articoli 609-*bis* e 609-*octies* del medesimo codice, se commessi in danno di persona minorenne, il magistrato di sorveglianza o il tribunale di sorveglianza valuta la positiva partecipazione al programma di riabilitazione specifica di cui all'articolo 13-*bis* della presente legge».

3. Dopo l'articolo 13 della legge 26 luglio 1975, n. 354, è inserito il seguente:

«Art. 13-*bis*
(Trattamento psicologico per i condannati per reati sessuali in danno di minori). –

1. Le persone condannate per i delitti di cui agli articoli 600-*bis*, 600-*ter*, anche se relativo al materiale pornografico di cui all'articolo 600-*quater*.1, 600-*quinquies*, 609-*quater*, 609-*quinquies* e 609-*undecies* del codice penale, nonché agli articoli 609-*bis* e 609-*octies* del medesimo codice, se commessi in danno di persona minorenne, possono sottoporsi a un trattamento psicologico con finalità di recupero e di sostegno.
La partecipazione a tale trattamento è valutata ai sensi dell'articolo 4-*bis*, comma 1-*quinquies*, della presente legge ai fini della concessione dei benefici previsti dalla medesima disposizione».

8. Confisca.

1. All'articolo 12-*sexies*, comma 1, del decreto-legge 8 giugno 1992, n. 306, convertito, con modificazioni, dalla legge 7 agosto 1992, n. 356, e successive modificazioni, dopo la parola: «600,» sono inserite le seguenti: «600-*bis*, primo comma, 600-*ter*, primo e secondo comma, 600-*quater*.1, relativamente alla condotta di produzione o commercio di materiale pornografico, 600-*quinquies*,».

9. Disposizioni in materia di gratuito patrocinio.

1. All'articolo 76 del testo unico delle disposizioni legislative e regolamentari in materia di spese di giustizia, di cui al decreto del Presidente della Repubblica 30 maggio 2002, n. 115, il comma 4-*ter* è sostituito dal seguente:
«4-*ter*. La persona offesa dai reati di cui agli articoli 609-*bis*, 609-*quater* e 609-*octies*, nonché, ove commessi in danno di minori, dai reati di cui agli articoli 600, 600-*bis*, 600-*ter*, 600-*quinquies*, 601, 602, 609-*quinquies* e 609-*undecies* del codice penale, può essere ammessa al patrocinio anche in deroga ai limiti di reddito previsti dal presente decreto».

10. Clausola di invarianza.

1. Dall'attuazione della presente legge non derivano nuovi o maggiori oneri a carico della finanza pubblica.
La presente legge, munita del sigillo dello Stato, sarà inserita nella Raccolta ufficiale degli atti normativi della Repubblica italiana. È fatto obbligo a chiunque spetti di osservarla e di farla osservare come legge dello Stato.

CAPITOLO I
Oggetto, principio di non discriminazione e definizioni

1. Oggetto.

1. Gli obiettivi di questa Convenzione sono:
a. prevenire e combattere lo sfruttamento e gli abusi sessuali riguardanti i bambini;
b. proteggere i diritti dei bambini vittime di sfruttamento e abusi sessuali;
c. promuovere la cooperazione nazionale ed

internazionale contro lo sfruttamento e l'abuso sessuale dei bambini.

2. Onde assicurare l'efficace applicazione delle sue disposizioni ad opera delle Parti, la presente Convenzione istituisce un meccanismo di monitoraggio specifico.

2. Principio di non discriminazione.

L'applicazione della presente Convenzione ad opera delle Parti, in particolare l'applicazione delle misure di protezione dei diritti delle vittime, sarà assicurata senza alcuna discriminazione, che sia in particolare basata sul sesso, razza, colore, lingua, religione, opinioni politiche o di altro genere, origine nazionale o sociale, l'appartenenza a una minoranza nazionale, la condizione economica, la nascita, l'orientamento sessuale, lo stato di salute, la diversa abilità o qualsiasi altra condizione.

3. Definizioni.

Ai fini della presente Convenzione:

a. il termine "bambino" indica ogni persona di età inferiore ai diciotto anni;
b. l'espressione "sfruttamento e abusi sessuali riferiti a bambini" include comportamenti di cui agli articoli dal 18 al 23 della presente Convenzione;
c. il termine "vittima" designa ogni bambino vittima di sfruttamento o abusi sessuali.

CAPITOLO II
Misure preventive

4. Principi.

Le Parti adotteranno le misure legislative o di altro genere necessarie a prevenire tutte le forme di sfruttamento e abuso sessuale riferiti a bambini e per proteggere questi ultimi.

5. Reclutamento, formazione e sensibilizzazione delle persone che lavorano a contatto con i bambini.

1. Le Parti adotteranno le misure legislative o di altro genere necessarie a promuovere la consapevolezza nei confronti della protezione e dei diritti del bambino da parte delle persone che hanno regolari contatti con i bambini nei settori dell'istruzione, della salute, della protezione sociale, della giustizia, delle forze dell'ordine, così come nelle aree che riguardano le attività sportive, culturali e del tempo libero.

2. Le Parti adotteranno le misure legislative o di altro genere affinché le persone citate nel paragrafo 1 abbiano un'adeguata conoscenza dello sfruttamento e degli abusi sessuali relativi ai bambini, dei mezzi per riconoscerli e della possibilità prevista all'articolo 12, paragrafo 1.

3. Le Parti adotteranno le necessarie misure legislative o di altro genere, in conformità con la legislazione interna, affinché le condizioni di accesso alle professioni il cui esercizio comporti contatti regolari con i bambini, consentano di assicurarsi che i candidati a dette professioni non abbiano subito condanne per atti di sfruttamento o di abusi sessuali relativi a bambini.

6. Istruzione dei bambini.

Le Parti adotteranno le necessarie misure legislative o di altro genere, affinché i bambini, durante l'istruzione primaria e secondaria, ricevano informazioni sui rischi di sfruttamento e di abusi sessuali, così come sui mezzi per difendersi, adattate alla loro fase evolutiva. Questa informazione, fornita, quando opportuno, in collaborazione con i genitori, deve essere iscritta in un contesto più ampio di informazione sulla sessualità e porre particolare attenzione alle situazioni di rischio, specialmente quelle derivanti dall'utilizzo delle nuove tecnologie della informazione e della comunicazione.

7. Programmi o misure di intervento preventivo.

Le Parti vigileranno affinché persone che temano di poter commettere qualcuno dei reati previsti dalla Convenzione possano avere accesso, ove necessario, a programmi o misure di intervento efficaci rivolte a valutare e prevenire i rischi di passaggio all'atto.

8. Misure nei confronti del pubblico.

1. Le Parti promuoveranno o condurranno campagne di sensibilizzazione che informino il pubblico sul fenomeno dello sfruttamento e degli abusi sessuali a danno dei bambini e sulle misure di prevenzione che possono essere adottate.

2. Le Parti adotteranno le necessarie misure legislative o di altro genere, per prevenire o proibire la diffusione di materiale che pubblicizzi i reati definiti in conformità con la presente Convenzione.

9. Partecipazione dei bambini, del settore privato, dei media e della società civile.

1. Le Parti incoraggeranno la partecipazione dei bambini, in accordo con le loro fasi di sviluppo, all'elaborazione ed all'attuazione delle politiche, programmi pubblici o altre iniziative concernenti la lotta allo sfruttamento ed agli abusi sessuali riguardanti i bambini.

2. Le Parti incoraggeranno il settore privato, in particolare il settore delle tecnologie della comunicazione e dell'informazione, l'industria del turismo e viaggi, nonché i settori bancari e finanziari, così come la società civile, a partecipare all'elaborazione ed attuazione delle politiche di prevenzione dello sfruttamento e degli abusi sessuali riguardanti i bambini e ad applicare norme interne di autoregolamentazione o coregolamentazione.

3. Le Parti incoraggeranno i media a fornire adeguate informazioni circa tutti gli aspetti dello sfruttamento e degli abusi sessuali relativi ai minori, nel rispetto dell'indipendenza dei media e della libertà di stampa.

4. Le Parti incoraggeranno il finanziamento, anche, ove necessario, attraverso la creazione di fondi, di progetti e programmi assunti dalla società civile allo scopo di prevenire e proteggere i bambini dallo sfruttamento e dagli abusi sessuali.

CAPITOLO III
Autorità specializzate e organismi di coordinamento

10. Misure nazionali di coordinamento e di collaborazione.

1. Le Parti adotteranno le misure necessarie ad assicurare il coordinamento a livello nazionale o locale tra i diversi organismi responsabili della protezione dei bambini, la prevenzione e la lotta allo sfruttamento ed abusi sessuali sui minori, in particolare il settore dell'educazione, della salute, dei servizi sociali, delle forze dell'ordine e delle autorità giudiziarie.

2. Le Parti adotteranno le misure legislative o di altro genere, necessarie per istituire o designare:

a. istituzioni nazionali o locali indipendenti competenti per la promozione e la protezione dei diritti del bambino, assicurando che esse siano dotate di risorse e di responsabilità specifiche;
b. meccanismi per la raccolta di dati o punti di informazione a livello nazionale o locale e in collaborazione con la società civile, che consentano, nel rispetto delle esigenze legate alla protezione dei dati personali, l'osservazione e la valutazione dei fenomeni di sfruttamento e di abusi sessuali a danno dei bambini.

3. Le Parti incoraggeranno la collaborazione fra i poteri pubblici competenti, la società civile ed il settore privato al fine di meglio prevenire e combattere lo sfruttamento e gli abusi sessuali a danno dei bambini.

CAPITOLO IV
Misure di protezione ed assistenza alle vittime

11. Principi.

1. Le Parti adotteranno programmi sociali efficaci e creeranno strutture pluridisciplinari atte a fornire il necessario supporto alle vittime, i loro parenti prossimi ed a coloro ai quali queste sono affidate.

2. Le Parti adotteranno le necessarie misure legislative o di altro genere per assicurare che quando l'età della vittima sia incerta e ci siano ragioni per credere che la vittima sia un bambino, le misure di protezione e assistenza previste per i bambini siano accordate in attesa di verificarne e determinarne l'età.

12. Segnalazione di sospetti di sfruttamento o di abusi sessuali.

1. Le Parti adotteranno le necessarie misure legislative o di altro genere per assicurare che le norme sulla riservatezza imposte dalla legislazione interna a determinati professionisti chiamati a lavorare a contatto con dei bambini non costituisca un ostacolo alla possibilità, per questi professionisti, di segnalare ai servizi incaricati della protezione dell'infanzia ogni situazione di un bambino nei confronti del quale essi abbiano motivi ragionevoli per ritenere che egli sia vittima di sfruttamento o di abusi sessuali.

2. Le Parti adotteranno le necessarie misure legislative o di altro genere per incoraggiare ogni persona che sia a conoscenza o che sospetti, in buona fede, fatti di sfruttamento o di abusi sessuali a danno di bambini, a segnalarli ai servizi competenti.

13. Servizi di assistenza.

Le Parti adotteranno le necessarie misure legislative o di altro genere per incoraggiare e sostenere l'attivazione di servizi di comunicazione, quali linee telefoniche o internet, che consentano di fornire consigli a chi chiama, anche a titolo confidenziale e nel rispetto del loro anonimato.

14. Assistenza alle vittime.

1. Le Parti adotteranno le necessarie misure legislative o di altro genere per assistere, a breve e lungo termine le vittime al fine di assicurare la loro guarigione fisica e psico-sociale. Le misure adottate in applicazione del presente paragrafo dovranno tenere in debito conto il punto di vista, i bisogni e le preoccupazioni del bambino.

2. Le Parti adotteranno le misure, in accordo con la propria legislazione interna, per cooperare con le organizzazioni non governative, con altre organizzazioni competenti o altri elementi della società civile impegnati nell'assistenza alle vittime.

3. Qualora i genitori o le persone alle quali è affidato il bambino siano coinvolti nei fatti di sfruttamento o abusi sessuali contro di lui commessi, le procedure di intervento messe in atto in applicazione del paragrafo 1 dell'articolo 11, comportano:

- La possibilità di allontanare il presunto reo dei fatti;
- La possibilità di allontanare la vittima dal suo contesto familiare. Le modalità e la durata di tale allontanamento sono determinate in conformità all'interesse superiore del bambino.

4. Le Parti adotteranno le necessarie misure legislative o di altro genere affinché le persone vicine alle vittime possano beneficiare, ove necessario, di assistenza terapeutica, in particolare di sostegno psicologico d'urgenza.

CAPITOLO V
Programmi o misure di intervento

15. Principi generali.

1. Le Parti prevederanno, in conformità alla propria legislazione interna, programmi o misure di intervento efficaci per le persone indicate nell'articolo 16, paragrafi 1 e 2, onde prevenire e minimizzare i rischi di recidive dei reati a carattere sessuale a danno dei bambini. Tali programmi o misure dovranno essere accessibili in ogni momento della procedura, in ambiente carcerario o all'esterno, secondo le condizioni definite dalla legislazione interna.

2. Le Parti prevederanno o promuoveranno, in conformità alla propria legislazione interna, lo sviluppo di partenariati o altre forme di cooperazione tra le autorità competenti, in particolare servizi di assistenza sanitaria, servizi sociali, autorità giudiziarie e altri organismi incaricati del monitoraggio delle persone indicate dall'articolo 16, paragrafi 1 e 2.

3. Le Parti provvederanno, in conformità alla propria legislazione interna, ad effettuare una valutazione della pericolosità e dei rischi di eventuale recidiva dei reati definiti in conformità alla presente Convenzione, da parte delle persone indicate dall'articolo 16, paragrafi 1 e 2, allo scopo di individuare appropriati programmi o misure.

4. Le Parti provvederanno, in conformità alla propria legislazione interna, ad effettuare una valutazione dell'efficacia dei programmi e delle misure di intervento mese in atto.

16. Destinatari dei programmi e delle misure di intervento.

1. Le Parti provvederanno, in conformità alla propria legislazione interna, a che le persone perseguite per uno dei reati configurati in conformità alla presente Convenzione abbiano accesso ai programmi o alle misure menzionati all'articolo 15 paragrafo 1, in condizioni che non siano né pregiudizievoli né contrarie ai diritti alla difesa e alle esigenze di un processo equo e imparziale, e in particolare nel rispetto delle regole che governano il principio della presunzione di innocenza.

2. Le Parti provvederanno, in conformità alla propria legislazione interna, a che le persone condannate per i reati definiti in conformità alla presente Convenzione possano accedere ai programmi o misure menzionati all'articolo 15 paragrafo 1.

3. Le Parti provvederanno, in conformità alla propria legislazione interna, a che programmi o misure di intervento vengano messe in atto o adattate per corrispondere ai bisogni connessi allo sviluppo dei bambini che abbiano commesso reati di natura sessuale, inclusi coloro che sono al di sotto dell'età della responsabilità penale, allo scopo di trattare i loro problemi di condotta sessuale.

17. Informazione e consenso.

1. Le Parti provvederanno, in conformità alla propria legislazione interna, a che le persone indicate dall'articolo 16 nei confronti delle quali sono proposti programmi o misure di intervento, siano pienamente informate di tale proposta e acconsentano al programma o alla misura con piena consapevolezza.

2. Le Parti provvederanno, in conformità alla propria legislazione interna, a che le persone cui sono proposti programmi o misure di intervento possano rifiutarle e, in caso di persone condannate, che esse vengano informate sulle eventuali conseguenze che potrebbero collegarsi al loro rifiuto.

CAPITOLO VI
Diritto penale materiale

18. Abusi sessuali.

1. Le Parti adotteranno le necessarie misure legislative o di altro genere per assicurare che siano considerati reati penali i seguenti comportamenti intenzionali:

a. praticare attività sessuali con un bambino che, in conformità alle relative disposizioni pertinenti al diritto nazionale, non abbia raggiunto l'età legale per praticare attività sessuali;
b. praticare attività sessuali con un bambino:
   - facendo uso di costrizione, della forza, o di minacce; o
   - abusando di una riconosciuta posizione di fiducia, di autorità o di influenza sul bambino, inclusi i casi in cui ciò avvenga in famiglia; o
   - abusando di una situazione di particolare vulnerabilità del bambino, segnatamente a causa di disabilità fisica o mentale o di una situazione di dipendenza.

2. Per l'applicazione del paragrafo 1, le Parti determineranno l'età al di sotto della quale non sia consentito praticare attività sessuali con un bambino.

3. Le disposizioni del paragrafo 1.a, non si riferiscono alle attività sessuali consentite tra minori.

19. Reati relativi alla prostituzione infantile.

1. Le Parti adotteranno le necessarie misure legislative o di altro genere per configurare quale reato penale i seguenti comportamenti intenzionali:

a. reclutare un bambino perché si dia alla prostituzione o favorire la partecipazione di un bambino alla prostituzione;
b. costringere un bambino a darsi alla prostituzione o trarne profitto o comunque sfruttare un bambino per tali propositi;
c. ricorrere alla prostituzione di un bambino.

2. Ai fini del presente articolo, l'espressione "prostituzione infantile" definisce il fatto di utilizzare un bambino per attività sessuali dove il denaro o altre forme di remunerazione o corrispettivo siano dati o promessi come pagamento, a prescindere dal fatto che tale pagamento, promessa o corrispettivo sia fatto al bambino o a una terza persona.

20. Reati relativi alla pornografia infantile.

1. Le Parti adotteranno le necessarie misure legislative o di altro genere per assicurare che vengano considerati reati penali i seguenti comportamenti intenzionali tenuti senza averne diritto:

a. la produzione di pornografia infantile;
b. offrire o rendere disponibile pornografia infantile;
c. diffondere o trasmettere pornografia infantile;
d. procurarsi o procurare ad altri pornografia infantile;
e. il possesso di pornografia infantile;
f. accedere consapevolmente e attraverso tecnologie di comunicazione e di informazione a pornografia infantile.

2. Ai fini del presente articolo, l'espressione "pornografia infantile" definisce ogni tipo di materiale che rappresenta visivamente un bambino che si da ad un comportamento sessualmente esplicito, reale o simulato, o qualsiasi rappresentazione degli organi sessuali di un bambino per scopi essenzialmente sessuali.

3. Le Parti potranno riservarsi il diritto di non applicare, in toto o in parte, il paragrafo 1. a e e alla produzione ed al possesso:
- di materiale pornografico costituito esclusivamente di rappresentazioni simulate o immagini realistiche di bambino non esistente;
- di materiale pornografico che coinvolge minori che abbiano raggiunto l'età fissata in applicazione all'articolo 18, paragrafo 2, quando tali immagini sono prodotte o possedute dagli stessi, con il loro consenso ed esclusivamente per loro uso privato.

4. Le Parti potranno riservarsi il diritto di non applicare, in toto o in parte, il paragrafo 1. f.

21. Reati relativi alla partecipazione di un bambino a spettacoli pornografici.

1. Le Parti adotteranno le necessarie misure legislative o di altro genere per assicurare che i seguenti comportamenti intenzionali vengano considerati reati penali:
a. reclutare un bambino affinché partecipi a spettacoli pornografici o favorire la partecipazione di un bambino a tali spettacoli;
b. costringere un bambino a partecipare a spettacoli pornografici o trarne profitto o comunque sfruttare un bambino a tali fini;
c. assistere con cognizione di causa a spettacoli pornografici che includano la partecipazione di bambini.

2. Le Parti potranno riservarsi il diritto di limitare l'applicazione del paragrafo 1.c ai casi in cui bambini siano stati reclutati o costretti conformemente al paragrafo 1. a. o b.

22. Corruzione di bambini.

Le Parti adotteranno le misure necessarie legislative o di altro genere al fine di considerare reato penale il fatto intenzionale di far assistere, a fini sessuali, un bambino che non abbia raggiunto l'età fissata in applicazione dell'articolo 18, paragrafo 2, anche senza che egli partecipi ad abusi sessuali o ad attività sessuali.

23. Adescamento di bambini a scopi sessuali.

Le Parti adotteranno le necessarie misure legislative o di altro genere al fine di considerare reato penale il fatto che un adulto proponga intenzionalmente, per mezzo delle tecnologie di comunicazione e di informazione, un incontro ad un bambino che non abbia raggiunto l'età del fissata in applicazione dell'articolo 18, paragrafo 2, allo scopo di commettere, in tale incontro, un reato stabilito in conformità agli articoli 18, paragrafo 1.a, o 20, paragrafo 1.a, qualora tale proposta sia seguita da atti materiali riconducibili a detto incontro.

24. Favoreggiamento e tentativo.

1. Le Parti adotteranno le necessarie misure necessarie legislative o di altro genere al fine di considerare reato penale ogni complicità, qualora intenzionale, allo scopo di perpetrare uno dei reati stabiliti in conformità alla presente Convenzione.

2. Le Parti adotteranno le necessarie misure necessarie legislative o di altro genere al fine di considerare reato penale ogni tentativo intenzionale di commettere uno dei reati stabiliti in conformità alla presente Convenzione.

3. Le Parti potranno riservarsi il diritto di non applicare, in toto o in parte, il paragrafo 2 ai reati stabiliti dall'articolo 20, paragrafo 1.b ed f, dall'articolo 2. 1.c, dall'articolo 22 e dall'articolo 23.

25. Giurisdizione.

1. Le Parti adotteranno le necessarie misure necessarie legislative o di altro genere per assicurare la propria giurisdizione a perseguire ogni reato stabilito in conformità alla presente Convenzione quando il reato sia commesso:
a. sul proprio territorio;
b. a bordo di nave battente bandiera di detta Parte; o
c. a bordo di aeromobile immatricolato secondo la legge di detta Parte;
d. da parte di propri cittadini; o
e. da parte di una persona che abbia la sua residenza abituale sul territorio di detta Parte.

2. Le Parti si adopereranno ad adottare le necessarie misure necessarie legislative o di altro genere per sancire la propria giurisdizione circa ogni reato penale stabilito in conformità alla presente Convenzione quando il reato sia commesso contro uno dei suoi cittadini residenti all'estero o contro persone che abbiano la propria residenza abituale sul suo territorio.

3. Le Parti potranno, al momento della firma o della notifica del proprio strumento di ratifica, accettazione, approvazione o adesione, per mezzo di una dichiarazione indirizzata al Segretario Generale del Consiglio d'Europa, precisare che si riservano il diritto di non applicare o applicare solo in casi specifici condizioni le norme di giurisdizione stabilite nel paragrafo 1.e del presente articolo.

4. Onde perseguire i reati stabiliti in conformità agli articoli 18, 19, 20 paragrafo 1. a, e 21, paragrafi 1. a e b, della presente Convenzione, ciascuna delle Parti adotterà le necessarie misure legislative o di altro genere affinché l'affermazione della propria giurisdizione per quanto attiene al punto d del paragrafo 1 non venga subordinato alla condizione che i fatti siano ugualmente perseguibili nel luogo ove sono stati commessi.

5. Ciascuna delle Parti, al momento della firma o della notifica del proprio strumento di ratifica, d'accettazione, d'approvazione o di adesione, in virtù di una comunicazione indirizzata al Segretario Generale del Consiglio d'Europa, potrà precisare che si riserva il diritto di limitare l'applicazione del paragrafo 4 del presente articolo, per quanto attiene ai reati stabiliti in conformità all'articolo 18, paragrafi 1. b, secondo e terzo trattino nei casi in cui propri cittadini abbiano la loro residenza abituale sul proprio territorio.

6. Onde perseguire i reati stabiliti in conformità agli articoli 18, 19, 20 paragrafo 1. a, e 21, paragrafi 1. a e b, della presente Convenzione, ciascuna delle Parti adotterà le necessarie misure legislative o di altro genere affinché l'affermazione della propria giurisdizione circa i punti d e e del paragrafo 1 non sia subordinata alla condizione che il procedimento legale sia preceduto da una querela della vittima o da una denuncia dello Stato ove i fatti sono stati commessi.

7. Ciascuna delle Parti adotterà le necessarie misure legislative o di altro genere per sancire la propria competenza circa tutti i reati stabiliti in conformità alla presente Convenzione, qualora l'autore presunto sia presente sul proprio territorio e non possa essere estradato verso l'altra Parte in ragione della sua nazionalità.

8. Qualora più Parti rivendichino la propria giurisdizione circa un presunto reato contemplato dalla presente Convenzione, le Parti coinvolte, ove opportuno, si accorderanno per determinare ove sia meglio esercitare il procedimento.

26. Responsabilità delle persone giuridiche.

1. Ciascuna Parte adotterà le necessarie misure legislative o di altro genere affinché le persone giuridiche possano essere considerate responsabili dei reati stabiliti in conformità alla presente Convenzione, qualora vengano commessi a proprio vantaggio da ogni persona fisica sia che agisca individualmente sia in quanto membro di un organo della persona giuridica, sia che eserciti all'interno una posizione direttiva, basata su:
- un potere di rappresentanza della persona giuridica;
- un'autorità per prendere decisioni per conto della persona giuridica;
- un'autorità per esercitare controllo all'interno della persona giuridica.

2. In aggiunta ai casi già previsti dal paragrafo 1, Ciascuna Parte adotterà le necessarie misure legislative o di altro genere affinché per assicurare che le persone giuridiche possano essere considerate responsabili quando la mancanza di supervisione o di controllo da parte di una persona fisica citata al paragrafo 1 possa aver reso possibile la commissione di un reato stabilito in conformità alla presente Convenzione per conto della persona giuridica da una persona che agisca sotto la sua autorità.

3. In osservanza dei principi giuridici della Parte, la responsabilità di una persona giuridica può essere penale, civile o amministrativa.

4. Detta responsabilità è definita senza pregiudizio della responsabilità penale delle persone fisiche che abbiano commesso il reato.

27. Sanzioni e provvedimenti.

1. Ciascuna Parte adotterà i necessari provvedimenti legislativi o di altro genere affinché i reati stabiliti in conformità della presente Convenzione siano passibili di sanzioni efficaci, proporzionate e dissuasive, tenuto conto della loro gravità. Queste sanzioni dovranno includere pene consistenti nella privazione della libertà che possano dar luogo all'estradizione.

2. Ciascuna Parte adotterà i necessari provvedimenti legislativi o di altro genere affinché le persone giuridiche dichiarate responsabili in applicazione dell'articolo 26, siano passibili di sanzioni efficaci, proporzionate e dissuasive, che includano ammende penali e non ed eventualmente altri provvedimenti quali in particolare:
- provvedimenti di esclusione dal titolo di beneficio di o di aiuto a carattere pubblico;
- provvedimenti di temporanea o permanente interdizione dell'esercizio di un'attività commerciale;
- collocamento sotto sorveglianza giudiziaria;
- provvedimenti giudiziari di liquidazione.

3. Ciascuna Parte adotterà i necessari provvedimenti legislativi o di altro genere per:

a. permettere il sequestro e la confisca di:
   - beni, documenti e altri mezzi materiali utilizzati per commettere uno dei reati in conformità alla presente Convenzione o che ne lo abbiano facilitato la commissione;
   - i prodotti derivati da tali reati o dei beni il cui valore corrisponda a questi prodotti;

b. consentire la chiusura temporanea definitiva di ogni struttura utilizzata per perpetrare uno dei reati stabiliti in conformità alla presente Convenzione, senza pregiudizio dei diritti di terzi in buona fede, o vietare all'autore di questi reati, a titolo temporaneo o definitivo, l'esercizio dell'attività, professionale o volontaria, che comporti un contatto con bambini nel corso della quale tali reati siano stati commessi.

4. Ciascuna Parte potrà adottare altri provvedimenti in relazione ai rei, come il ritiro dei diritti parentali, il monitoraggio o la sorveglianza delle persone condannate.

5. Ciascuna Parte potrà decidere che i prodotti del crimine o i beni confiscati in conformità al presente articolo possano venire allocati ad un fondo speciale per finanziare programmi di prevenzione e di assistenza alle vittime di in dei reati delineati in conformità alla presente Convenzione.

28. Circostanze aggravanti.

Ciascuna Parte adotterà i necessari provvedimenti legislativi o di altro genere per assicurare che le seguenti circostanze, nel caso in cui non rappresentino già elementi costitutivi di reato, in accordo con la legislazione interna, possano essere considerate come circostanze aggravanti nella determinazione delle pene relative ai reati stabiliti in conformità alla presente Convenzione:

a. qualora il reato abbia recato grave danno alla salute fisica o mentale della vittima;

b. qualora il reato sia preceduto o accompagnato da atti di tortura o da violenze gravi;

c. qualora il reato sia stato commesso contro una vittima particolarmente vulnerabile;

d. qualora il reato sia stato commesso da un membro della famiglia, una persona che abiti con il bambino o una persona che abbia abusato della sua autorità;

e. qualora il reato sia stato commesso da più persone agenti congiuntamente;

f. qualora il reato sia stato commesso nell'ambito di un'organizzazione criminale;
g. qualora il reo sia stato già condannato per fatti della stessa natura.

29. Precedenti condanne.
Ciascuna Parte adotterà i necessari provvedimenti legislativi o di altro genere per prevedere la possibilità di tenere, nell'ambito della valutazione della pena, nella dovuta considerazione le condanne definitive pronunciate da altra Parte per reati stabiliti in conformità della presente Convenzione.

CAPITOLO VII
Indagini, procedimenti e diritto procedurale

30. Principi.
1. Ciascuna Parte adotterà i necessari provvedimenti legislativi o di altro genere affinché le indagini e procedure penali avvengano nell'interesse superiore e nel rispetto dei diritti del bambino.
2. Ciascuna Parte dovrà adottare un approccio protettivo nei confronti delle vittime, assicurando che le indagini ed i procedimenti penali non aggravino il trauma subito dal bambino e che la risposta penale del sistema giuridico si accompagni all'assistenza, qualora opportuno.
3. Ciascuna Parte dovrà assicurare che le indagini e i procedimenti penali siano effettuati con precedenza e siano condotti senza ingiustificato ritardo.
4. Ciascuna Parte dovrà assicurare che i provvedimenti adottati in conformità al presente capitolo non pregiudichino i diritti alla difesa e l'esigenza di un processo equo ed imparziale, in conformità all'articolo 6 della Convenzione sulla salvaguardia dei Diritti dell'Uomo e delle Libertà Fondamentali.
5. Ciascuna Parte adotterà i necessari provvedimenti legislativi o di altro genere, in conformità ai principi fondamentali della propria legislazione interna per:
- assicurare indagini e procedimenti efficaci dei reati stabiliti in conformità alla presente Convenzione, consentendo, ove appropriato, la possibilità di condurre indagini sotto copertura;
- consentire alle unità o servizi di indagine di identificare le vittime dei reati stabiliti in conformità all'articolo 20, in particolare mediante l'analisi dei materiali di pornografia infantile, quali le fotografie, le registrazioni audiovisive accessibili, diffuse o trasmesse per mezzo delle tecnologie di comunicazione e di informazione.

31. Provvedimenti generali di protezione.
1. Ciascuna Parte adotterà i necessari provvedimenti legislativi o di altro genere per proteggere i diritti e gli interessi delle vittime, in particolare in qualità di testimoni, in tutti gli stadi delle indagini e procedimenti penali, in particolare:
a *tenendole informate sui propri diritti e sui servizi a* loro disposizione e, a meno che non vogliano ricevere tali informazioni, sui seguiti della loro denuncia, dei capi d'accusa, e in generale dell'andamento delle indagini o del procedimento e del loro ruolo in tale ambito, così come decisione assunta;
b assicurando, almeno nei casi in cui le vittime e le loro famiglie si trovino in una situazione di pericolo, che possano essere informate, se necessario, di qualsivoglia rimessa in libertà temporanea o definitiva della persona perseguita o condannata;
c facendo sì che le vittime, conformemente alle norme di procedura della legislazione interna, possano venire ascoltate, e che possano fornire elementi di prova, nonché scegliere i modi secondo i quali le loro opinioni, i loro bisogni e le loro preoccupazioni siano presentati ed esaminati direttamente o attraverso un intermediario;
d provvedendo loro un'assistenza appropriata affinché i loro diritti e i loro interessi siano debitamente presentati e tenuti in conto;
e proteggendo la loro vita privata, la loro identità e la loro immagine, prendendo misure conformi alla legislazione interna per prevenire la diffusione pubblica di qualunque informazione possa condurre alla loro identificazione;
f assicurando che esse, così come le loro famiglie e i testimoni a carico siano al riparo da intimidazioni, ritorsioni e nuovi abusi;
g assicurando che le vittime ed i rei non siano a contatto diretto all'interno dei locali dei servizi di indagine e dei locali giudiziari, a meno che le autorità competenti non decidano diversamente, nell'interesse superiore del bambino o per le esigenze dell'indagine o del procedimento.

2. Ciascuna Parte assicurerà che le vittime abbiano accesso, dal primo contatto con le autorità competenti, alle informazioni sui relativi procedimenti giudiziari e amministrativi.
3. Ciascuna Parte assicurerà che le vittime abbiano accesso, a titolo gratuito, qualora giustificato, all'assistenza legale nel momento in cui sono possa ricoprire il ruolo di parte nel procedimento penale.
4. Ciascuna Parte assicurerà all'autorità giudiziaria la possibilità di nominare un rappresentante speciale per la vittima quando, in virtù della legislazione interna, questa possa ricoprire il ruolo di parte nella procedura giudiziaria e coloro che ne abbiano la responsabilità parentale si vedano privati della facoltà di rappresentarla in tale contesto a seguito di un conflitto di interessi con la stessa.
5. Ciascuna Parte assicurerà attraverso provvedimenti legislativi o di altra natura e in conformità alla legislazione interna, la possibilità a gruppi, fondazioni, associazioni o organizzazioni governative e non governative, di assistere e/o sostenere le vittime, che lo consentano, nel corso dei procedimenti penali che riguardano i reati stabiliti nella presente Convenzione.
6. Ciascuna Parte vigilerà affinché le informazioni date

alle vittime, in conformità alle disposizioni del presente articolo, siano adatte alla loro età e al loro grado di maturità, fornite in un linguaggio per loro comprensibile.

32. Avvio dei procedimenti.

Ciascuna Parte adotterà i necessari provvedimenti legislativi o di altro genere per assicurare che le indagini o i seguiti relativi ai reati stabiliti in conformità alla presente Convenzione non siano subordinati alla dichiarazione o all'accusa proveniente da una vittima e che il procedimento continui anche nel caso in cui la vittima ritratti.

33. Prescrizione.

Ciascuna Parte adotterà i necessari provvedimenti legislativi o di altro genere affinché i termini di prescrizione per dare inizio ai procedimenti riguardo ai reati stabiliti in conformità alla agli articoli 18, 19 paragrafo 1.a e b, e 21, paragrafo 1.a e b vengano dilatati per una durata sufficiente a consentire l'avvio efficiente dei seguiti dopo che la vittima abbia raggiunto la maggiore età e che siano proporzionati alla gravità del reato in questione.

34. Indagini.

1. Ciascuna Parte adotterà i necessari provvedimenti affinché le persone, le unità o i servizi incaricati delle indagini siano specializzati nella lotta contro lo sfruttamento e gli abusi sessuali relativi ai bambini, o che ie persone siano formate a questo scopo. Detti servizi o unità dovranno disporre di adeguate risorse finanziarie.

2. Ciascuna Parte adotterà i necessari provvedimenti legislativi o di altro genere affinché l'incertezza sull'età reale della vittima non pregiudichi l'avvio di un'inchiesta penale.

35. Colloqui con il bambino.

1. Ciascuna Parte adotterà i necessari provvedimenti legislativi o di altro genere affinché:

a. i colloqui con il bambino abbiano luogo senza alcun ritardo ingiustificato dopo che i fatti siano stati segnalati alle autorità competenti;
b. i colloqui con il bambino abbiano luogo, ove opportuno, presso locali concepiti o adattati a tale scopo;
c. i colloqui con il bambino vengano condotti da professionisti addestrati a questo scopo;
d. nel limite del possibile e, ove opportuno, il bambino sia sempre sentito dalle stesse persone;
e. il numero dei colloqui sia limitato al minimo strettamente necessario al corso del procedimento penale;
f. il bambino possa essere accompagnato dal suo rappresentante legale, o, in caso, da maggiorenne di sua scelta, salvo decisione contraria, motivata e assunta nei riguardi di tale persona.

2. Ciascuna Parte adotterà i necessari provvedimenti legislativi o di altro genere affinché i colloqui con la vittima, o ove opportuno, con un bambino testimone dei fatti, possano essere oggetto di registrazioni audiovisive e che tali registrazioni possano essere accettate come prova durante il procedimento penale, in accordo con le norme previste dalla legislazione interna.

3. Quando l'età della vittima sia incerta e ci siano ragionevoli motivi di ritenere che questa sia un bambino, le misure previste ai paragrafi 1 e 2 devono essere applicate nell'attesa che l'età venga verificata e determinata.

36. Procedimenti giudiziari.

1. Ciascuna Parte adotterà i necessari provvedimenti legislativi o di altro genere, affinché nel rispetto delle regole che governano l'autonomia delle professioni giudiziarie, venga resa possibile la formazione in materia di diritti del bambino, di sfruttamento e di abusi sessuali relativi ai bambini, a vantaggio degli attori dei procedimenti giudiziari, in particolare i giudici, i procuratori e gli avvocati.

2. Ciascuna Parte adotterà i necessari provvedimenti legislativi o di altro genere affinché, nell'ambito delle norme previste dalla legislazione interna:

a. il giudice possa ordinare che l'udienza avvenga a porte chiuse;
b. la vittima possa venire ascoltata in udienza senza esservi presente, specie mediante il ricorso di appropriate tecnologie di comunicazione.

CAPITOLO VIII
Registrazione e conservazione di dati

37. Registrazione e conservazione dei dati nazionali sui condannati per i reati sessuali.

1. Ai fini della prevenzione e della repressione dei reati stabiliti in conformità alla presente Convenzione, Ciascuna Parte assumerà le necessarie misure legislative o di altro genere per registrare e conservare, in conformità alle disposizioni relative alla protezione dei dati a carattere personale e ad altre norme e garanzie appropriate, quali quelle previste dalla legislazione interna relative all'identità così come al profilo genetico (DNA) delle persone condannate per i reati stabiliti in conformità alla presente Convenzione.

2. Ciascuna Parte, al momento della firma o della notifica dei propri strumenti di ratifica, di accettazione, di approvazione o di adesione, comunicherà al Segretario Generale del Consiglio d'Europa i nomi e l'indirizzo della sola autorità nazionale responsabile ai fini del paragrafo 1.

3. Ciascuna Parte adotterà le necessarie misure legislative o di altro genere affinché le informazioni previste al paragrafo 1 possano venire trasmesse all'autorità competente di un'altra Parte, in conformità alle condizioni stabilite dalla propria legislazione interna e dagli strumenti internazionali pertinenti

CAPITOLO IX
Cooperazione internazionale

38. Principi generali e misure di cooperazione internazionale.

1. Le Parti coopereranno in conformità alle disposizioni della presente Convenzione, in applicazione degli strumenti internazionali e regionali pertinenti che siano applicabili, degli accordi basati su legislazioni uniformi o reciproche e sulla legislazione interna, nella misura più estesa possibile, al fine di:

a. prevenire e combattere lo sfruttamento e gli abusi sessuali relativi ai bambini;
b. proteggere ed assistere le vittime;
c. condurre indagini o procedimenti concernenti reati stabiliti in conformità alla presente Convenzione.

2. Ciascuna Parte adotterà i necessari provvedimenti legislativi o di altro genere affinché le vittime di un reato stabilito in conformità alla presente Convenzione e perpetrato sul territorio di una Parte diversa da quella nella quale esse risiedono, possano sporgere denuncia presso le autorità competenti dello loro Stato di residenza.

3. Se una Parte che subordina la mutua assistenza giudiziaria in materia penale o l'estradizione all'esistenza di un trattato, riceve la richiesta di collaborazione in materia legale o l'estradizione da una Parte con la quale essa non ha concluso un siffatto trattato, essa può considerare la presente Convenzione quale base legale per la mutua assistenza giudiziaria in materia penale o per l'estradizione rispetto ai reati stabiliti in conformità alla presente Convenzione.

4. Ciascuna Parte dovrà impegnarsi ad integrare, ove necessario, la prevenzione e la lotta allo sfruttamento e agli abusi sessuali dei bambini nei programmi di assistenza allo sviluppo condotti a beneficio di Stati terzi.

CAPITOLO X
Meccanismo di monitoraggio

39. Comitato delle Parti.

1. Il Comitato delle Parti è composto dai rappresentanti delle Parti aderenti alla Convenzione.

2. Il Comitato delle Parti viene convocato dal Segretario Generale del Consiglio d'Europa. La prima riunione dovrà tenersi entro un anno dall'entrata in vigore della presente Convenzione a seguito della ratifica del decimo firmatario. In seguito, detto Comitato si riunirà a richiesta di almeno un terzo delle Parti o del Segretario Generale.

3. Il Comitato delle Parti adotta il proprio regolamento interno.

40. Altri rappresentanti.

1. L'Assemblea Parlamentare del Consiglio d'Europa, il Commissario ai Diritti dell'Uomo, il Comitato Europeo per i problemi criminali (CDPC) così come altri comitati intergovernativi pertinenti del Consiglio d'Europa, che designino ciascuno un rappresentante presso il Comitato delle Parti.

2. Il Comitato dei Ministri ha facoltà di invitare altri organi del Consiglio d'Europa a designare un rappresentante presso il Comitato delle Parti, dopo averlo consultato.

3. Rappresentanti della società civile, in particolare delle organizzazioni non governative, possono venire ammessi, in qualità di osservatori, al Comitato delle Parti, secondo la procedura stabilita darle relative norme del Consiglio d'Europa.

4. I rappresentanti designati in virtù dei sopra citati paragrafi da 1 a 3, partecipano alle riunioni del Comitato delle Parti senza diritto di voto.

41. Funzioni del Comitato delle Parti.

1. Il Comitato delle Parti è incaricato di vigilare sulla attuazione della presente Convenzione. Le norme di procedura del Comitato delle Parti determinano le modalità della procedura di valutazione sull'attuazione della presente Convenzione.

2. Il Comitato delle Parti è incaricato di favorire la raccolta, l'analisi e lo scambio di informazioni, di esperienze e buone pratiche fra gli Stati alfine di potenziare la loro capacità di prevenire e combattere lo sfruttamento e gli abusi sessuali relativi ai minori.

3. Il Comitato delle Parti è altresì incaricato, laddove opportuno di:

a. favorire l'utilizzo effettivo e l'attuazione della presente Convenzione, inclusa l'individuazione di ogni problema in materia, così come gli effetti di qualsivoglia dichiarazione o riserva fatta in conformità della presente Convenzione;
b. esprimere pareri su ogni questione relativa all'applicazione della presente Convenzione e favorire lo scambio di informazioni e favorire lo scambio sugli sviluppi giuridici, politici o tecnici significativi.

4. Il Comitato delle Parti, nell'esercizio delle proprie funzioni derivanti dal presente articolo, è assistito dal Segretariato del Consiglio d'Europa.

5. Il Comitato Europeo per i problemi del Crimine (CDPC) è periodicamente tenuto al corrente delle attività previste dai 1, 2 e 3 del presente articolo.

CAPITOLO XI
Relazioni con altri strumenti internazionali

42. Relazione con la Convenzione delle Nazioni Unite relativa ai diritti del bambino e suo Protocollo facoltativo concernente il traffico di bambini, la prostituzione dei bambini e la pornografia infantile.

La presente Convenzione non incide sui diritti ed obblighi derivanti dalle disposizioni della Convenzione delle Nazioni Unite relativa ai diritti del bambino ed il suo Protocollo facoltativo relativo ai traffico di bambini, la prostituzione di minori e la pornografia infantile; essa si prefigge di rafforzare la protezione avviata da tali strumenti e di potenziare e completare le norme da questi enunciate.

43. Relazioni con altri strumenti internazionali.

1. La presente Convenzione non incide sui diritti ed obblighi derivanti dalle disposizioni di altri dispositivi ai quali aderiscono o aderiranno le Parti di questa Convenzione, dispositivi che contengano disposizioni aderenti alla materia trattata dalla presente Convenzione ed assicurino la più ampia protezione ed assistenza ai minori vittime di sfruttamento o di abusi sessuali.

2. Le Parti della Convenzione hanno facoltà di concludere fra di loro accordi bilaterali o multilaterali inerenti alle questioni regolate dalla presente Convenzione, al fine di perfezionare o rafforzare le disposizioni della presente o per favorire l'applicazione dei principi da questa sanciti.

3. Le Parti che sono membri dell'Unione Europea applicano, nell'ambito delle reciproche relazioni, le norme della Comunità e dell'Unione Europea nella misura in cui siano in essere norme della Comunità o dell'Unione Europea che si riferiscano a tale particolare materia e si applichino, nel caso di specie, senza pregiudizio dell'oggetto e dello scopo della presente Convenzione e senza pregiudizio della sua applicazione in toto nei confronti delle altre Parti.

CAPITOLO XII
Emendamenti alla Convenzione

44. Emendamenti.

1. Ogni emendamento alla presente Convenzione proposto da una Parte dovrà venire comunicato al Segretario Generale del Consiglio d'Europa e, per il tramite di quest'ultimo, venire inoltrato agli Stai Membri del Consiglio d'Europa, ad ogni altro stato firmatario, ad ogni Stato Parte, alla Comunità Europea, ad ogni Stato invitato a firmare la presente Convenzione, in conformità all'Art. 45, paragrafo 1, nonché ad ogni Stato invitato ad aderire alla presente Convenzione, in conformità all'Art. 46 paragrafo 1.

2. Ogni emendamento proposto da una parte va comunicato al Comitato Europeo per i Problemi del Crimine (CDPC), che sottopone al Comitato dei Ministri il proprio parere sul detto emendamento.

3. Il Comitato dei Ministri esamina l'emendamento proposto ed il parere sottoposto dal CDPC e, previa consultazione con gli Stati non aderenti alla presente Convenzione, può approvare l'emendamento.

4. Il testo di qualsivoglia emendamento approvato dal Comitato dei Ministri, in conformità al paragrafo 3 del presente articolo, verrà comunicato alle Parti in vista della sua approvazione.

5. Qualsivoglia emendamento approvato in conformità al paragrafo 3 del presente articolo, entrerà in vigore il primo giorno del mese successivo alla scadenza di un periodo di un mese dalla data in cui tutte le Parti abbiano informato il Segretario Generale della loro accettazione.

CAPITOLO XIII
Clausole finali

45. Firma ed entrata in vigore.

1. La presente Convenzione è aperta alla firma degli Stati Membri del Consiglio d'Europa, degli Stati non membri che abbiano partecipato alla sua elaborazione, così come della Comunità Europea.

2. La presente Convenzione verrà sottoposta a ratifica, accettazione o approvazione. Gli strumenti di ratifica, di accettazione o di approvazione verranno depositati presso il Segretario Generale del Consiglio d'Europa.

3. La presente Convenzione entrerà in vigore il primo giorno del mese successivo alla scadenza di un periodo di tre mesi seguenti la data in cui 5 firmatari, dei quali almeno 3 Stati Membri del Consiglio d'Europa abbiano espresso il loro accordo ad essere vincolati alla Convenzione, in conformità alle disposizioni del paragrafo precedente.

4. Qualora uno Stato contemplato nel paragrafo 1 o la Comunità Europea esprimano successivamente il proprio accordo ad essere vincolati dalla Convenzione, quest'ultima entrerà in vigore il primo giorno del mese successivo alla scadenza di un periodo di tre mesi seguenti la data della notifica dello strumento di ratifica, d'accettazione o dell'approvazione (1).

(1) A norma dell'art. unico, Comunicato 9.8.2013, la Convenzione del Consiglio d'Europa per la protezione dei bambini contro lo sfruttamento e gli abusi sessuali, fatta a Lanzarote il 25.10.2007, è entrata in vigore sul piano internazionale il 1.5.2013.

46. Adesione alla Convenzione.

1. Dopo l'entrata in vigore della presente Convenzione, il Comitato dei Ministri del Consiglio d'Europa potrà, previa consultazione delle Parti della Convenzione ed averne ottenuto il consenso unanime, invitare qualsiasi Stato non membro del Consiglio d'Europa e che non abbia partecipato all'elaborazione della Convenzione ad aderire alla presente Convenzione in virtù di una decisione assunta a maggioranza, prevista nell'Art. 20 dello Statuto del Consiglio d'Europa ed all'unanimità dei voti dei rappresentanti degli Stati contraenti aventi diritto di seggio presso il Comitato dei Ministri.

2. Per tutti gli Stati aderenti, la Convenzione entrerà in vigore il primo giorno del mese successivo alla scadenza di un periodo di tre mesi seguenti la data della notifica dello strumento di adesione presso il Segretario Generale del Consiglio d'Europa.

47. Applicazione territoriale.

1. Tutti gli Stati aderenti o la Comunità Europea possono, al momento della firma o al momento della notifica del proprio strumento di ratifica, di accettazione, di approvazione o di adesione, indicare il territorio ove la presente Convenzione verrà applicata.

2. Tutte le Parti potranno in qualsiasi momento successivo, per mezzo di una dichiarazione indirizzata al Segretario Generale del Consiglio d'Europa, estendere l'applicazione della presente Convenzione ad ogni altro territorio indicato nella detta dichiarazione, territorio delle cui relazioni internazionali è responsabile ed è autorizzata ad assumere impegni a suo nome. La Convenzione entrerà in vigore, per quanto attiene a questo territorio, il primo giorno del mese successivo alla scadenza di un periodo di tre mesi seguenti la data di ricezione della dichiarazione da parte del Segretario Generale.

3. Qualsivoglia dichiarazione fatta in virtù dei due paragrafi precedenti potrà, per quanto attiene tutti i territori indicati da questa dichiarazione, venire ritirata mediante notifica indirizzata al Segretario Generale del Consiglio d'Europa. Detto ritiro avrà effetto il primo giorno del mese successivo alla scadenza di un periodo di tre mesi seguenti la data di ricezione della notifica da parte del Segretario Generale.

48. Riserve.

Non è ammessa alcuna riserva alle disposizioni della presente Convenzione, eccetto che a quelle espressamente previste. Ogni riserva può venire ritirata in qualsiasi momento.

49. Denuncia.

1. Ognuna delle Parti ha facoltà, in qualsiasi momento, di denunciare la presente Convenzione inviandone notifica al Segretario Generale del Consiglio d'Europa.

2. Detta denuncia avrà effetto il primo giorno del mese successivo alla scadenza di un periodo di tre mesi seguenti la data di ricezione della notifica da parte del Segretario Generale.

50. Notifica.

Il Segretario Generale del Consiglio d'Europa notificherà agli Stati membri del Consiglio d'Europa, a tutti gli Stati firmatari, a tutti gli Stati Parte, alla Comunità Europea, a tutti gli Stati invitati a firmare la presente Convenzione, in conformità alle disposizioni dell'articolo 45, nonché a tutti gli Stati invitati ad aderire alla Convenzione, in conformità alle disposizioni dell'articolo 46:

a. ciascuna firma;
b. il deposito di ciascuno strumento di ratifica, di accettazione, di approvazione o di adesione;
c. ciascuna data di entrata in vigore della presente Convenzione, in conformità agli articoli 45 e 46;
d. ciascun emendamento adottato in conformità all'articolo 44, così come la data di entrata in vigore di detto emendamento;
e. ciascuna riserva in virtù dell'articolo 48;
f. ogni denuncia fatta in virtù delle disposizioni dell'articolo 49;
g. ogni altro atto, notifica o comunicazione attinente alla presente Convenzione.

In fede di che, i sottoscritti, debitamente autorizzati a quest'effetto, hanno firmato la presente Convenzione.

Fatto a Lanzarote lì 25 ottobre 2007, nelle lingue francese ed inglese, entrambi i testi facenti ugualmente fede, in un solo esemplare che verrà depositato presso gli archivi del Consiglio d'Europa. Il Segretario Generale del Consiglio d'Europa ne invierà copia conforme a ciascuno degli Stati Membri del Consiglio d'Europa, agli Stati non membri che abbiano partecipato alla elaborazione della presente Convenzione, alla Comunità Europea e ad ogni altro Stato invitato ad aderire alla presente Convenzione.

7. L. 9 novembre 2012, n. 195. – Ratifica ed esecuzione del Protocollo opzionale alla Convenzione delle Nazioni Unite contro la tortura e altri trattamenti o pene crudeli, inumani o degradanti, fatto a New York il 18 dicembre 2002

In Gazzetta Ufficiale 19 novembre 2012, n. 270

1. Autorizzazione alla ratifica.

1. Il Presidente della Repubblica è autorizzato a ratificare il Protocollo opzionale alla Convenzione delle Nazioni Unite contro la tortura e altri trattamenti o pene crudeli, inumani o degradanti, fatto a New York il 18 dicembre 2002.

2. Ordine di esecuzione.

1. Piena ed intera esecuzione è data al Protocollo di cui all'articolo 1, a decorrere dalla data della sua entrata in vigore, in conformità a quanto previsto dall'articolo 28 del Protocollo stesso.

3. Clausola di neutralità finanziaria.

1. Le spese connesse all'istituzione e al funzionamento del Sottocomitato sulla prevenzione, di cui agli articoli 5 e seguenti del Protocollo, sono poste interamente a carico delle Nazioni Unite, senza nuovi o maggiori oneri per la finanza pubblica.

2. I componenti del Sottocomitato, di cui agli articoli 5 e seguenti del Protocollo, non ricevono alcun compenso, indennità, rimborso spese o emolumento, comunque denominati, a carico della finanza pubblica.

3. Il meccanismo nazionale di prevenzione, di cui agli articoli 17 e seguenti del Protocollo, è costituito e mantenuto senza nuovi o maggiori oneri per la finanza pubblica e con l'utilizzo delle risorse umane, finanziarie e strumentali disponibili a legislazione vigente.

4. Entrata in vigore.

1. La presente legge entra in vigore il giorno successivo a quello della sua pubblicazione nella Gazzetta Ufficiale.

La presente legge, munita del sigillo dello Stato, sarà inserita nella Raccolta ufficiale degli atti normativi della Repubblica italiana. È fatto obbligo a chiunque spetti di osservarla e di farla osservare come legge dello Stato.

Articolo Unico.
Testo in lingua straniera *omissis*.

Parte I
Principi generali

1. – Lo scopo del presente Protocollo è l'istituzione di un sistema di visite regolari svolte da organismi indipendenti nazionali e internazionali nei luoghi in cui le persone sono private della libertà, al fine di prevenire la tortura e le altre pene o trattamenti crudeli, inumani o degradanti.

2. – **1.** È istituito un Sottocomitato sulla prevenzione della tortura e delle altre pene o trattamenti crudeli, inumani o degradanti (d'ora innanzi: "il Sottocomitato sulla prevenzione") in seno al Comitato contro la tortura per svolgere le funzioni definite nel presente Protocollo.

2. Il Sottocomitato sulla prevenzione svolge la sua attività nel quadro della Carta delle Nazioni Unite e guidato dai fini e dai principi in essa contenuti, nonché dalle norme delle Nazioni Unite concernenti il trattamento delle persone private della libertà.

3. Il Sottocomitato sulla prevenzione è guidato altresì dai principi di riservatezza, imparzialità, non selettività, universalità e obiettività.

4. Il Sottocomitato sulla prevenzione e gli Stati Parti cooperano per l'attuazione del presente Protocollo.

3. – Ciascuno Stato Parte istituirà, nominerà e manterrà operativo a livello nazionale uno o più organismi con poteri di visita per la prevenzione della tortura e delle altre pene o trattamenti crudeli, inumani o degradanti (d'ora innanzi: "meccanismi nazionali di prevenzione").

4. – **1.** Ciascuno Stato Parte, in accordo con il presente Protocollo, autorizza le visite da parte degli organismi di cui ai precedenti artt. 2 e 3 in tutti i luoghi posti sotto la sua giurisdizione e il suo controllo in cui delle persone sono o possono essere private della libertà, in virtù di un ordine dell'autorità pubblica oppure nel quadro di indagini da essa condotte o con il consenso o l'acquiescenza di una pubblica autorità (d'ora innanzi: "luoghi di detenzione"). Tali visite saranno condotte allo scopo di rafforzare, laddove necessario, la protezione delle suddette persone contro la tortura e le altre pene o trattamenti crudeli, inumani o degradanti.

2. Ai fini del presente Protocollo, per privazione della libertà si intende ogni forma di detenzione o imprigionamento o collocazione di una persona in un luogo sotto custodia che non le sia consentito lasciare volontariamente, su ordine di un'autorità giudiziaria, amministrativa o di altro tipo.

Parte II
Il Sottocomitato sulla prevenzione

5. – **1.** Il Sottocomitato sulla prevenzione è formato da dieci membri.

Dopo la cinquantesima ratifica o adesione al presente Protocollo, il numero dei membri del Sottocomitato sarà portato a 25.

2. I membri del Sottocomitato sulla prevenzione sono scelti tra persone di alta levatura morale, comprovata esperienza professionale nel campo dell'amministrazione della giustizia, particolarmente in diritto penale, amministrazione penitenziaria o di polizia, o negli altri ambiti connessi al trattamento delle persone private della libertà.

3. Nella composizione del Sottocomitato sulla prevenzione è prestata dovuta attenzione ad un'equa distribuzione geografica e alla rappresentazione delle diverse tradizioni culturali e dei diversi sistemi giuridici degli Stati Parti.

4. Tra i componenti del Sottocomitato sulla prevenzione dovrà anche esserci una bilanciata rappresentanza di genere, secondo i principi dì eguaglianza e non discriminazione.

5. Non ci può essere più di un componente del Sottocomitato sulla prevenzione cittadino dello stesso Stato.

6. I membri del Sottocomitato sulla prevenzione svolgono le loro funzioni a titolo personale, sono indipendenti e imparziali e disposti ad operare secondo efficienza.

6. – **1.** Ciascuno Stato Parte può nominare, ai sensi del paragrafo 2

del presente articolo, fino a due candidati in possesso delle qualità e dei requisiti di cui all'art. 5. Nel presentare le candidature verranno fornite informazioni dettagliate circa le qualifiche dei candidati.

2.

a) I candidati saranno cittadini di Stati Parti del presente Protocollo;
b) se vengono avanzate due candidature, almeno una delle persone nominate deve essere cittadino dello Stato Parte che li nomina;
c) non possono essere nominati come candidati due persone dello stesso Stato Parte;
d) prima di nominare un cittadino di un altro Stato Parte, uno Stato Parte deve cercare e ottenere il consenso di quello Stato.

3. Almeno cinque mesi prima della data della riunione degli Stati Parti durante la quale si terranno le elezioni dei membri del Sottocomitato sulla prevenzione, il Segretario generale delle Nazioni Unite invierà una lettera agli Stati Parti invitandoli a sottoporre le candidature entro tre mesi. Il Segretario generale sottopone la lista, in ordine alfabetico, di tutte le persone nominate, indicando gli Stati Parti che hanno proposto le candidature.

7. – **1.** I membri del Sottocomitato sulla prevenzione sono eletti nel modo seguente:

a) Considerazione prioritaria è data al rispetto dei requisiti e ai criteri di cui al precedente art. 5;
b) la prima elezione si terrà entro sci mesi dall'entrata in vigore del presente Protocollo;

c) gli Stati Parti eleggono i membri del Sottocomitato sulla prevenzione a scrutinio segreto;
d) le elezioni dei membri del Sottocomitato sulla prevenzione si terranno ogni due anni alla riunione degli Stati Parti convenuta dal Segretario generale delle Nazioni Unite. A tali riunioni il quorum richiesto è rappresentato dai due terzi degli Stati Parti; saranno elette le persone che avranno ottenuto il maggior numero di voti e la maggioranza assoluta dei rappresentanti degli Stati Parti presenti e votanti.

2. Se nel corso delle elezioni due cittadini di uno Stato Parte risultano suscettibili di fare parte del Sottocomitato sulla prevenzione, sarà membro del Sottocomitato sulla prevenzione quello dei due che avrà ricevuto il maggior numero di voti. Se i voti sono alla pari si seguirà la seguente procedura:
a) se solo uno dei candidati è stato nominato dallo Stato Parte di cui è cittadino, costui o costei entrerà a far parte del Sottocomitato contro la prevenzione;
b) se entrambi i candidati sono stati nominati dagli Stati Parti di cui hanno la cittadinanza, si svolgerà una votazione separata a scrutinio segreto che determinerà quale dei due candidati diventerà membro del Sottocomitato sulla prevenzione;
c) se nessuno dei candidati è stato nominato dallo Stato Parte di cui egli o ella è cittadino, sarà svolta una votazione separata a scrutinio segreto per determinare quale candidato entrerà a comporre il Sottocomitato sulla prevenzione.

8. – Se un membro del Sottocomitato sulla prevenzione è deceduto o dà le dimissioni o per qualunque altra causa non può più svolgere le sue funzioni, lo Stato Parte che lo aveva candidato nominerà un'altra persona in possesso delle qualifiche e dei requisiti di eleggibilità di cui all'art. 5, tenendo in considerazione la necessità di mantenere un equilibrio tra le varie materie rappresentate nel Sottocomitato sulla prevenzione. Tale persona resterà in carica fino alla successiva riunione degli Stati Parti, con l'approvazione della maggioranza degli Stati Parti. Tale approvazione sarà considerata data salvo che la metà o più degli Stati Parti risponda negativamente entro sei settimane dal momento in cui sono informati dal Segretario generale delle Nazioni Unite della proposta di nomina.

9. – I membri del Sottocomitato sulla prevenzione sono eletti per un mandato di quattro anni. Potranno essere rieletti per una volta, se ricandidati. Per metà dei membri eletti alla prima votazione il termine scadrà alla fine del secondo anno; immediatamente dopo la prima elezione i nomi dei membri il cui termine scade anticipatamente saranno estratti a sorte dal Presidente della riunione di cui all'art. 7.1 d).

10. – **1.** Il Sottocomitato sulla prevenzione elegge i propri funzionari per un mandato di due anni. Essi possono essere rieletti.

2. Il Sottocomitato sulla prevenzione adotta il proprio regolamento di procedura. Esso contiene, tra l'altro, le seguenti norme:
a) il Sottocomitato sulla prevenzione funzionerà con un quorum rappresentato dalla metà dei suoi componenti;
b) le decisioni del Sottocomitato sulla prevenzione saranno prese con la maggioranza dei voti dei suoi membri;
c) il Sottocomitato sulla prevenzione tiene le sue riunioni in camera di consiglio.

3. Il Segretario generale della Nazioni Unite convoca la prima riunione del Sottocomitato sulla prevenzione. Dopo tale prima riunione il Sottocomitato sulla prevenzione si riunirà con la scadenza stabilita dal regolamento di procedura. Il Sottocomitato sulla prevenzione e il Comitato contro la tortura si riuniscono in contemporanea almeno una volta l'anno.

Parte III
Funzioni del Sottocomitato sulla prevenzione

11. – Il Sottocomitato sulla prevenzione ha il compito di:
a) visitare i luoghi descritti all'art. 4 e formulare raccomandazioni agli Stati Parti in merito alla protezione delle persone private della libertà nei confronti della tortura e delle altre pene o trattamenti crudeli, inumani o degradanti;
b) rispetto ai meccanismi nazionali di prevenzione esso ha il compito di:
   i) consigliare e assistere gli Stati Parti, se necessario, nella fase della loro costituzione;
   ii) mantenere contatti diretti e, se necessario, confidenziali, con i meccanismi nazionali di prevenzione e offrire loro formazione e assistenza tecnica allo scopo di rafforzare le loro capacità;
   iii) consigliare e assistere i meccanismi nazionali di prevenzione nel valutare le esigenze e i mezzi necessari a rafforzare la protezione delle persone private della libertà rispetto alla tortura e alle altre pene o trattamenti crudeli, inumani o degradanti;
   iv) rivolgere raccomandazioni e osservazioni agli Stati Parti al fine di rafforzare le capacità e le funzioni dei meccanismi nazionali di prevenzione della tortura e delle altre pene o trattamenti crudeli, inumani o degradanti;
   v) cooperare per la prevenzione della tortura in generale con gli organi e i meccanismi pertinenti delle Nazioni Unite, nonché con le istituzioni o organizzazioni internazionali, regionali e nazionali che lavorano per il rafforzamento della protezione di ogni persona contro la tortura e le altre pene o trattamenti crudeli, inumani o degradanti.

12. – Per consentire al Sottocomitato sulla prevenzione di svolgere il proprio mandato come previsto all'art. 11, gli Stati Parti si impegnano a:
a) ricevere il Sottocomitato sulla prevenzione nei loro

territori e garantirgli l'accesso ai luoghi di detenzione, come definiti all'art. 4 del presente Protocollo;

b) fornire ogni informazione rilevante che il Sottocomitato sulla prevenzione dovesse richiedere per valutare le necessità e i provvedimenti da adottare per rafforzare la protezione delle persone private della libertà rispetto alla tortura e alle altre pene o trattamenti crudeli, inumani o degradanti;

c) incoraggiare e favorire contatti tra il Sottocomitato sulla prevenzione e i meccanismi nazionali di prevenzione;

d) prendere in esame le raccomandazioni del Sottocomitato sulla prevenzione e entrare in dialogo con esso circa le possibili misure di attuazione.

13. – **1.** Il Sottocomitato sulla prevenzione stabilirà, inizialmente sulla base di un sorteggio, un programma di visite regolari agli Stati Parti al fine di adempiere al suo mandato, come stabilito all'art. 11.

2. Dopo debite consultazioni, il Sottocomitato sulla prevenzione notifica agli Stati Parti il proprio programma, affinché essi possano, senza ritardo, prendere le necessarie misure pratiche perché la visita possa avere luogo.

3. Le visite sono condotte da almeno due membri del Sottocomitato sulla prevenzione. I membri del Sottocomitato sulla prevenzione possono essere accompagnati, se del caso, da esperti di provata esperienza professionale e competenti nelle materie di cui tratta il presente Protocollo; tali esperti sono tratti da un albo predisposto sulla base di proposte avanzate dagli Stati Parti, dall'Ufficio dell'Alto Commissario delle Nazioni Unite per i diritti umani e dal Centro delle Nazioni Unite per la prevenzione del crimine internazionale. Nel predisporre l'albo, gli Stati Parti interessati propongono non più di cinque esperti nazionali. Lo Stato Parte in questione può opporsi all'inclusione nella visita di uno specifico esperto, nel qual caso il Sottocomitato sulla prevenzione ne proporrà un altro.

4. Se il Sottocomitato sulla prevenzione lo ritiene opportuno, esso può proporre una breve visita di verifica (follow-up) dopo una visita regolare.

14. – **1.** Allo scopo di permettere al Sottocomitato sulla prevenzione di adempiere al proprio mandato, gli Stati Parti del presente Protocollo si impegnano ad assicurargli:

a) accesso illimitato ad ogni informazione circa il numero di persone private della libertà nei luoghi di detenzione come definiti dall'art. 4, nonché sul numero di tali luoghi e sulla loro dislocazione;

b) accesso illimitato ad ogni informazione circa il trattamento di tali persone e circa le loro condizioni di detenzione;

c) salvo quanto stabilito al successivo paragrafo 2, accesso illimitato a tutti i luoghi di detenzione, alle loro strutture e servizi annessi;

d) la possibilità di avere colloqui riservati con le persone private della libertà, senza testimoni, direttamente o tramite un interprete se ritenuto necessario, nonché con qualunque altra persona che il Sottocomitato sulla prevenzione ritenga possa fornire informazioni rilevanti;

e) la libertà di scegliere i luoghi che intende visitare e le persone con cui avere un colloquio.

2. Possono essere formulate obiezioni alla visita in un particolare luogo di detenzione solo sulla base di ragioni impellenti e cogenti riguardanti la difesa nazionale, la sicurezza pubblica, il verificarsi di un disastro naturale o di gravi disordini nel luogo oggetto della visita che impediscano temporaneamente di compiere la visita stessa. L'esistenza di uno stato di emergenza dichiarato dallo Stato Parte non può in quanto tale essere invocata dallo Stato stesso come una ragione per fare obiezione alla visita.

15. – Nessuna autorità o funzionario pubblico può ordinare, applicare, permettere o tollerare una sanzione contro una persona o un'organizzazione per aver comunicato al Sottocomitato sulla prevenzione o ai suoi delegati qualunque informazione, vera o falsa; tale individuo o organizzazione non subirà alcun altro tipo di pregiudizio.

16. – **1.** Il Sottocomitato sulla prevenzione trasmette le proprie raccomandazioni e osservazioni per via confidenziale allo Stato Parte e, se del caso, ai meccanismi nazionali di prevenzione.

2. Il Sottocomitato sulla prevenzione pubblica il suo rapporto, insieme con eventuali commenti dello Stato Parte interessato, ogni qual volta ciò gli sia richiesto dallo Stato Parte. Se lo Stato Parte rende pubblico parte del rapporto, il Sottocomitato sulla prevenzione ha facoltà di pubblicarlo in tutto o in parte. Tuttavia, nessun dato personale dovrà essere reso pubblico senza l'espresso consenso della persona interessata.

3. Il Sottocomitato sulla prevenzione presenta al Comitato contro la tortura un rapporto annuale, pubblico, sulle proprie attività.

4. Se lo Stato Parte rifiuta di cooperare con il Sottocomitato sulla prevenzione, come disposto dagli artt. 12 e 14, o rifiuta di prendere misure per migliorare la situazione alla luce delle raccomandazioni del Sottocomitato sulla prevenzione, il Comitato contro la tortura può, su richiesta del Sottocomitato sulla prevenzione, decidere, a maggioranza dei suoi membri e dopo che allo Stato Parte è data la possibilità di far conoscere la propria posizione, di emettere una dichiarazione pubblica sulla questione o di pubblicare il rapporto del Sottocomitato sulla prevenzione.

Parte IV
Meccanismi nazionali di prevenzione

17. – Ciascuno Stato Parte mantiene, costituisce o crea, al massimo entro un anno dall'entrata in vigore del presente Protocollo o dal momento della sua ratifica o adesione, uno o più meccanismi nazionali indipendenti di prevenzione della tortura a livello interno. Possono essere qualificati quali meccanismi nazionali di prevenzione ai fini del presente Protocollo anche organismi istituiti a livello locale, purché rispondano ai requisiti fissati dal presente Protocollo.

18. – **1.** Gli Stati Parti garantiscono l'indipendenza funzionale dei meccanismi nazionali di prevenzione, nonché l'indipendenza del personale di cui essi si avvalgono.

2. Gli Stati Parti adottano i provvedimenti necessari per assicurare che gli esperti che compongono i meccanismi nazionali di prevenzione abbiano le competenze e le conoscenze professionali richieste. Essi dovranno sforzarsi di raggiungere un equilibrio tra i generi e fare in modo che vi siano rappresentate adeguatamente le minoranze etniche e gli altri gruppi minoritari presenti nel paese.

3. Gli Stati Parti si impegnano a mettere a disposizione dei meccanismi nazionali di prevenzione le risorse necessarie al loro funzionamento.

4. Nell'istituire i meccanismi nazionali di prevenzione, gli Stati Parti terranno in debita considerazione i Principi relativi allo status delle istituzioni nazionali per i diritti umani.

19. – Ai meccanismi nazionali di prevenzione saranno garantiti almeno i seguenti poteri:

a) sottoporre a regolare esame il trattamento di cui sono oggetto le persone private della libertà nei luoghi di detenzione, come definiti al precedente art. 4, allo scopo di rafforzare, se necessario, la protezione loro prestata verso la tortura e le altre pene o trattamenti crudeli, inumani o degradanti;

b) formulare raccomandazioni alle autorità competenti al fine di migliorare il trattamento e le condizioni in cui versano e persone private della libertà e di prevenire la tortura e le altre pene o trattamenti crudeli, inumani o degradanti, tenendo nella dovuta considerazione le norme in materia adottate dalle Nazioni Unite;

c) sottoporre proposte e osservazioni relativamente alla legislazione in vigore e ai progetti di legge.

20. – Allo scopo di mettere i meccanismi nazionali di prevenzione in condizione di espletare il loro mandato, gli Stati Parti del presente Protocollo si impegnano a garantire loro:

a) accesso ad ogni informazione circa il numero di persone private della libertà nei luoghi di detenzione come definiti dall'art. 4, nonché sul numero di tali luoghi e sulla loro dislocazione;

b) accesso ad ogni informazione circa il trattamento di tali persone e circa le loro condizioni di detenzione;

c) accesso a tutti i luoghi di detenzione e alle relative installazioni e attrezzature;

d) la possibilità di avere colloqui riservati con le persone private della libertà, senza testimoni, direttamente o tramite un interprete se ritenuto necessario, nonché con qualunque altra persona che i meccanismi nazionali di prevenzione ritengano possa fornire informazioni rilevanti;

e) la libertà di scegliere i luoghi che intendono visitare e le persone con cui avere un colloquio;

f) il diritto ad avere contatti con il Sottocomitato sulla prevenzione, di trasmettergli informazioni e di avere incontri con esso.

21. – **1.** Nessuna autorità o funzionario pubblico può ordinare, applicare, permettere o tollerare una sanzione contro una persona o un'organizzazione per aver comunicato ai meccanismi nazionali di prevenzione qualunque informazione, vera o falsa; tale individuo o organizzazione non subirà alcun altro tipo di pregiudizio.

2. Le informazioni riservate raccolte dai meccanismi nazionali di prevenzione sono protette. Nessun dato personale può essere reso pubblico senza il consenso espresso dell'interessato.

22. – Le autorità competenti dello Stato Parte esaminano le raccomandazioni dei meccanismi nazionali di prevenzione e entrano in dialogo con loro circa le possibili misure di attuazione.

23. – Gli Stati Parti del presente Protocollo si impegnano a pubblicare e a diffondere i rapporti annuali elaborati dai meccanismi nazionali di prevenzione.

Parte V
Dichiarazione

24. – **1.** Alla ratifica, gli Stati Parti possono avanzare una dichiarazione per posporre l'attuazione degli obblighi derivanti dalle Parti III o IV del presente Protocollo.

2. La dilazione non potrà essere superiore a tre anni. Sulla base di adeguate rappresentazioni avanzate dallo Stato Parte e previa consultazione con il Sottocomitato sulla prevenzione, il Comitato contro la tortura può estendere tale periodo di altri due anni.

Parte VI
Disposizioni finanziarie

25. – **1.** Le spese affrontate dal Sottocomitato sulla prevenzione per la operatività del presente Protocollo sono a carico delle Nazioni Unite.

2. Il Segretario generale delle Nazioni Unite metterà a disposizione il personale e le strutture necessarie per consentire al Sottocomitato sulla prevenzione di svolgere con effettività le funzioni attribuitele dal presente Protocollo.

26. – **1.** È costituito un fondo speciale, nel rispetto delle procedure in materia di competenza dell'Assemblea Generale, da gestire secondo i regolamenti finanziari e le norme delle Nazioni Unite, allo scopo di sostenere l'attuazione delle raccomandazioni adottate dal Sottocomitato sulla prevenzione a seguito della visita effettuata presso uno Stato Parte, nonché per realizzare programmi formativi rivolti ai meccanismi nazionali di prevenzione.

2. Il fondo speciale può essere finanziato attraverso contributi volontari forniti da governi, organizzazioni intergovernative e non-governative e altri enti pubblici o privati.

Parte VII
Disposizioni finali

27. – **1.** Il presente Protocollo è aperto alla firma di ogni Stato che ha firmato la Convenzione.

2. Il presente Protocollo è soggetto a ratifica da parte di ogni Stato che abbia ratificato o aderito alla Convenzione. Lo strumento di ratifica è depositato presso il Segretario generale delle Nazioni Unite.

3. Il presente Protocollo è aperto all'adesione da parte di ogni Stato che abbia ratificato o aderito alla Convenzione.

4. L'adesione ha effetto con il deposito dello strumento di adesione presso il Segretario generale delle Nazioni Unite.

5. Il Segretario generale delle Nazioni Unite deve informare tutti gli Stati che hanno firmato il presente Protocollo o che vi hanno aderito del deposito di ciascuno strumento di ratifica o di adesione.

28. – **1.** Il presente Protocollo entrerà in vigore il trentesimo giorno successivo alla data di deposito presso il Segretario generale delle Nazioni Unite del ventesimo strumento di ratifica o adesione.

2. Per ciascuno Stato che ratifica il presente Protocollo o che vi aderisce dopo il deposito presso il Segretario generale delle Nazioni Unite del ventesimo strumento di ratifica o di adesione, il presente Protocollo entrerà in vigore il trentesimo giorno successivo a quello in cui è avvenuto il deposito del suo strumento di ratifica o di adesione [1].

(1) A norma del Comunicato 9.8.2013 il Protocollo opzionale alla Convenzione delle Nazioni Unite contro la tortura ed altri trattamenti o pene crudeli, inumani e degradanti fatto a New York il 18.12.2002, è entrato in vigore sul piano internazionale il 3.5.2013.

29. – Le disposizioni del presente Protocollo si estendono all'intero territorio di uno Stato federale, senza alcuna limitazione o eccezione.

30. – Al presente Protocollo non sono ammesse riserve.

31. – Le disposizioni del presente Protocollo non pregiudicano gli obblighi degli Stati Parti ai sensi di Convenzioni regionali istitutive di un sistema di visita nei luoghi di detenzione. Il Sottocomitato sulla prevenzione e gli organismi istituiti sulla base di tali Convenzioni regionali sono invitati a consultarsi reciprocamente e a cooperare allo scopo di evitare le duplicazioni e promuovere in modo efficace gli obiettivi del presente Protocollo.

32. – Le disposizioni del presente Protocollo non producono effetti sugli obblighi degli Stati Parti delle quattro Convenzioni di Ginevra del 12 agosto 1949 e dei relativi Protocolli addizionali dell'8 giugno 1977, né pregiudicano la possibilità di cui ogni Stato Parte può avvalersi di autorizzare il Comitato internazionale della Croce Rossa a visitare luoghi di detenzione in situazioni non regolate dal diritto internazionale umanitario.

33. – **1.** Ogni Stato Parte può denunciare il presente Protocollo in qualsiasi momento con una notificazione scritta indirizzata al Segretario generale delle Nazioni Unite. Quest'ultimo deve informarne gli altri Stati Parti del presente Protocollo e della Convenzione. La denuncia produce i suoi effetti dopo un anno dalla data di ricezione della notifica da parte del Segretario generale.

2. La denuncia non produce l'effetto di liberare lo Stato Parte dagli obblighi derivanti dal presente Protocollo relativi ad atti o situazioni che si siano verificati precedentemente alla data in cui la denuncia è divenuta effettiva, o relativamente ad azioni che il Sottocomitato sulla prevenzione ha deciso o può decidere di intraprendere nei confronti dello Stato in questione; la denuncia inoltre non pregiudica in nessun modo la continuazione della considerazione di questioni sottoposte al Sottocomitato sulla prevenzione precedentemente alla data in cui la denuncia produce effetti.

3. Successivamente alla data in cui la denuncia da parte di uno Stato Parte è divenuta effettiva, il Sottocomitato sulla prevenzione non prenderà in esame alcuna nuova questione riguardante quello Stato.

34. – **1.** Ogni Stato Parte al presente Protocollo potrà proporre un emendamento e depositare la sua proposta presso il Segretario generale delle Nazioni Unite. Il Segretario generale comunicherà la proposta di emendamento agli Stati Parti del presente Protocollo domandando loro di fargli conoscere se sono favorevoli alla organizzazione di una conferenza di Stati Parti in vista dell'esame della proposta e della sua messa ai voti. Se, nei quattro mesi successivi alla data di tale comunicazione, almeno un terzo degli Stati Parti si pronuncia a favore dello svolgimento di detta conferenza, il Segretario generale organizzerà la conferenza sotto gli auspici delle Nazioni Unite.

Ogni emendamento adottato dalla maggioranza dei due terzi degli Stati Parti presenti e votanti alla conferenza sarà sottoposto dal Segretario generale all'accettazione di tutti gli Stati Parti.

2. Un emendamento adottato in base alle disposizioni del paragrafo 1 del presente articolo entrerà in vigore allorché i due terzi degli Stati Parti al presente Protocollo lo avranno accettato, in conformità alla procedura prevista dalle loro rispettive costituzioni.

3. Quando gli emendamenti entreranno in vigore, essi saranno cogenti per gli Stati Parti che li abbiano accettati, gli altri Stati Parti rimanendo vincolati dalle disposizioni del presente Protocollo e da ogni emendamento anteriore che avranno accettato.

35. – I membri del Sottocomitato sulla prevenzione e i

componenti dei meccanismi nazionali di prevenzione godono dei privilegi ed immunità necessarie per l'esercizio indipendente delle loro funzioni. I membri del Sottocomitato sulla prevenzione godranno dei privilegi e immunità di cui all'art. 22 della Convenzione sui privilegi e immunità delle Nazioni Unite del 13 febbraio 1946, secondo quanto previsto dall'art. 23 di detta Convenzione.

36. – Allorché conducono una visita in uno Stato Parte, i membri del Sottocomitato sulla prevenzione, senza pregiudizio delle norme e delle finalità del presente Protocollo, nonché dei privilegi ed immunità di cui godono, sono tenuti a:

a) rispettare le leggi e i regolamenti dello Stato in cui si svolge la visita;
b) astenersi da ogni azione o attività incompatibile con il carattere imparziale e la natura internazionale delle loro funzioni.

37. – **1.** Il presente Protocollo, i cui testi arabo, cinese, francese, inglese, russo e spagnolo fanno ugualmente fede, sarà depositato presso il Segretario generale delle Nazioni Unite.

2. Il Segretario generale delle Nazioni Unite provvederà a trasmettere a tutti gli Stati una copia autenticata conforme del presente Protocollo.

8. D.Lgs. 5 aprile 2017, n. 52. – Norme di attuazione della Convenzione relativa all'assistenza giudiziaria in materia penale tra gli Stati membri dell'Unione europea, fatta a Bruxelles il 29 maggio 2000

In Gazzetta Ufficiale 27 aprile 2017, n. 97

TITOLO I
Disposizioni generali

1. Oggetto.

1. Il presente decreto reca disposizioni per la compiuta attuazione della Convenzione relativa all'assistenza giudiziaria in materia penale tra gli Stati membri dell'Unione europea, fatta a Bruxelles il 29 maggio 2000.

2. Definizioni.

1. Ai fini del presente decreto, si intende per:

a) «convenzione»: la convenzione relativa all'assistenza giudiziaria in materia penale tra gli Stati membri dell'Unione europea, fatta a Bruxelles il 29 maggio 2000;
b) «autorità competente di altro Stato Parte»: l'autorità che, secondo l'ordinamento dello Stato nei cui confronti sia in vigore la convenzione, è competente a dare assistenza ad una richiesta proveniente dall'autorità giudiziaria o dal Ministro della giustizia;
c) «autorità richiedente»: l'autorità competente, secondo l'ordinamento dello Stato Parte, a richiedere assistenza all'autorità giudiziaria o al Ministro della giustizia.

3. Richiesta di assistenza nei procedimenti per l'applicazione di sanzioni amministrative.

1. Gli organi addetti al controllo sull'osservanza delle disposizioni per la cui violazione è prevista una sanzione amministrativa possono richiedere, per il tramite del Ministro della giustizia, alla autorità competente di altro Stato Parte il compimento degli atti di accertamento di cui all'articolo 13 della legge 24 novembre 1981, n. 689. Con la richiesta sono trasmessi gli atti del procedimento a tal fine necessari.

2. Il Ministro della giustizia dà corso alla richiesta se ritiene che essa non comprometta la sovranità, la sicurezza o altri interessi essenziali dello Stato.

4. Richiesta di altro Stato Parte nei procedimenti per l'applicazione di sanzioni amministrative.

1. Il Ministro della giustizia, ricevuta la richiesta dell'autorità competente di altro Stato Parte per il compimento di atti di accertamento nell'ambito di un procedimento amministrativo, ne dispone la trasmissione al prefetto del luogo in cui devono essere compiuti gli atti richiesti, ovvero, quando tale luogo non è individuabile, al prefetto di Roma, sempre che:

a) contro la decisione dell'autorità amministrativa sia ammesso ricorso dinnanzi all'autorità giudiziaria;
b) l'esecuzione degli atti richiesti non comprometta la sovranità, la sicurezza o altri interessi essenziali dello Stato.

2. Il prefetto si avvale, per l'esecuzione della richiesta, degli organi delle singole amministrazioni pubbliche, che secondo l'ordinamento interno hanno compiti di accertamento delle violazioni per cui è prevista una sanzione amministrativa. Si applicano le disposizioni di cui alla legge 24 novembre 1981, n. 689.

5. Richiesta di assistenza per le notificazioni a mezzo posta.

1. Le notificazioni di atti di un procedimento penale o amministrativo, quando il destinatario risiede o dimora abitualmente in altro Stato Parte, sono effettuate a mezzo del servizio postale o, quando possibile, a mezzo della posta elettronica certificata.

2. L'autorità che procede fa richiesta di assistenza alla autorità competente di altro Stato Parte affinché provveda alle necessarie ricerche del destinatario o alla notificazione con modalità diverse, quando la notificazione a mezzo del servizio postale non risulta possibile, perché l'indirizzo non è conosciuto o è incerto, ovvero è inidonea ad assicurare la prova della conoscenza dell'atto.

3. L'atto da notificare è tradotto nella lingua o in una delle lingue dello Stato Parte, quando l'autorità che procede ha motivo di ritenere che il destinatario non conosce la lingua italiana.

4. Se l'autorità che procede ha motivo di ritenere che il destinatario non conosce neanche la lingua o le lingue dello Stato Parte, cura la traduzione nella lingua che risulta essere dallo stesso conosciuta.

6. Assistenza all'autorità di uno Stato Parte per le notificazioni.

1. Sulla richiesta di assistenza relativa alla notificazione degli atti di un procedimento penale o amministrativo provvede il procuratore della Repubblica presso il Tribunale del capoluogo del distretto in cui la notificazione deve essere effettuata.

2. Il procuratore della Repubblica cura che l'atto sia tradotto, quando ricorrono i casi di cui all'articolo 143 del codice di procedura penale o vi è richiesta in tal senso dell'autorità richiedente dello Stato Parte. Provvede inoltre a dare avviso al destinatario che ha facoltà di richiedere informazioni circa il procedimento all'autorità che ha fatto richiesta di assistenza per la notificazione.

7. Modalità di trasmissione della richiesta di assistenza.

1. Le richieste di assistenza sono trasmesse dall'autorità giudiziaria direttamente all'autorità competente dello Stato Parte unitamente alle indicazioni relative alle forme e ai modi previsti dalla legge per l'assunzione dell'atto richiesto. Copia della richiesta è trasmessa al Ministro della giustizia.

2. La trasmissione può essere effettuata con qualsiasi mezzo idoneo a garantire l'autenticità della documentazione e della provenienza, anche con l'ausilio, se necessario, del Ministero della giustizia.

3. Le richieste di assistenza dirette alle autorità del Regno Unito e dell'Irlanda, fin quando i predetti Stati non si avvalgano delle facoltà di trasmissione diretta ai sensi del paragrafo 1 dell'articolo 6 della convenzione, sono trasmesse per il tramite del Ministero della giustizia.

8. Esecuzione della richiesta di assistenza di uno Stato Parte per attività probatoria.

1. Sulle richieste di assistenza giudiziaria provvede con decreto motivato e senza ritardo il procuratore della Repubblica presso il tribunale del capoluogo del distretto nel quale devono essere compiuti gli atti richiesti. Copia della richiesta di assistenza è trasmessa dal procuratore della Repubblica al Ministro della giustizia.

2. Quando l'autorità richiedente chiede che l'atto sia compiuto dal giudice o quando l'atto richiesto deve essere compiuto, in attuazione dei principi fondamentali dell'ordinamento giuridico italiano, dal giudice, il procuratore della Repubblica presenta la richiesta al giudice per le indagini preliminari. Il giudice provvede senza ritardo.

3. Quando la richiesta di assistenza ha ad oggetto atti che devono essere eseguiti in più distretti, all'esecuzione provvede il procuratore della Repubblica del distretto nel quale deve compiersi il maggior numero di atti, ovvero se di eguale numero, quello nel cui distretto deve compiersi l'atto di maggior importanza investigativa.

Se il procuratore della Repubblica che ha ricevuto la richiesta di assistenza ritiene che l'esecuzione spetti ad altro ufficio del pubblico ministero, trasmette ad esso immediatamente gli atti, dando comunicazione all'autorità richiedente; in caso di contrasto si applicano gli articoli 54,54-*bis* e 54-*ter* del codice di procedura penale. Nel caso di più richieste di assistenza, tra loro collegate, all'esecuzione provvede il procuratore della Repubblica individuato in relazione alla prima richiesta.

4. Per l'esecuzione si osservano le forme espressamente indicate dall'autorità richiedente, sempre che non siano contrarie ai principi dell'ordinamento giuridico dello Stato.

5. Quando l'atto oggetto della richiesta di assistenza non può essere compiuto alle condizioni ivi indicate perché contrarie ai principi fondamentali dell'ordinamento giuridico italiano il procuratore della Repubblica ne informa prontamente l'autorità richiedente, indicando le condizioni alle quali la richiesta può essere accolta.

6. Il procuratore della Repubblica dà altresì comunicazione all'autorità richiedente di ogni ritardo nell'esecuzione e delle ragioni che impediscono di rispettare il termine indicato dalla richiesta di assistenza, in particolare quando dall'esecuzione può derivare pregiudizio alle indagini preliminari o a un processo già in corso.

9. Scambio spontaneo di informazioni.

1. È consentito, nell'ambito di un procedimento penale o di un procedimento amministrativo, lo scambio diretto e spontaneo di informazioni utili e di atti con l'autorità competente di altro Stato Parte.

2. Le informazioni e gli atti ricevuti sono utilizzabili nel rispetto dei limiti indicati dall'autorità competente dello Stato Parte.

3. Resta fermo quanto disposto dall'articolo 78 delle norme di attuazione, di coordinamento e transitorie del codice di procedura penale, approvate con decreto legislativo 28 luglio 1989, n. 271.

TITOLO II
Forme specifiche di assistenza giudiziaria

10. Richiesta di uno Stato Parte di restituzione all'avente diritto di beni provenienti da reato.

1. Fuori dei casi previsti dagli articoli 75 e seguenti del decreto legislativo 22 gennaio 2004, n. 42, il procuratore della Repubblica provvede sulla richiesta di sequestro di cose da restituire all'avente diritto provenienti dall'autorità dello Stato Parte.

2. La richiesta di consegna è accolta quando non vi è dubbio sull'appartenenza delle cose e quando non è necessario mantenere il sequestro a fini di prova o di confisca.

11. Trasferimento temporaneo in territorio nazionale di persona detenuta.

1. Quando per l'esecuzione di una richiesta di assistenza a fini di acquisizione probatoria è necessaria la presenza di una persona, detenuta nello Stato Parte richiedente, questa, se presta consenso, può essere temporaneamente trasferita in territorio nazionale su iniziativa dell'autorità richiedente.

2. Il Ministro della giustizia, ricevuta la richiesta di trasferimento temporaneo, la trasmette al procuratore della Repubblica a cui spetta l'esecuzione della richiesta di assistenza, se ritiene che l'esecuzione non comprometta la sovranità, la sicurezza o altri interessi essenziali dello Stato.

3. Il procuratore della Repubblica concorda con l'autorità richiedente le modalità del trasferimento temporaneo e il termine di rientro nello Stato richiedente. Dispone quindi che la persona temporaneamente trasferita sia custodita, per la durata del trasferimento temporaneo, nella casa circondariale del luogo di esecuzione della richiesta.

4. Il procuratore della Repubblica dà esecuzione al trasferimento temporaneo a condizione che l'autorità richiedente trasmetta copia della dichiarazione di consenso della persona detenuta.

5. La persona detenuta, temporaneamente trasferita, non può essere sottoposta a restrizione della libertà personale in esecuzione di una pena o misura di sicurezza né assoggettata ad altra misura restrittiva della libertà personale per un fatto anteriore e diverso da quello per il quale il trasferimento temporaneo è stato disposto, salvo che la persona, avendone avuta la possibilità, non abbia lasciato il territorio dello Stato trascorsi quindici giorni da quando la sua presenza non era più richiesta ovvero che, dopo averlo lasciato, vi abbia fatto volontariamente ritorno.

12. Trasferimento temporaneo in uno Stato Parte di persona detenuta in Italia.

1. L'autorità giudiziaria, con la richiesta di assistenza per il compimento di atti di acquisizione probatoria nel territorio di altro Stato Parte, può concordare con l'autorità competente di detto Stato il temporaneo trasferimento della persona detenuta o internata in Italia, a condizione che presti consenso, quando la presenza sia necessaria al compimento dell'atto oggetto della richiesta di assistenza.

2. Il Ministro della giustizia trasmette la richiesta di trasferimento temporaneo all'autorità competente dello Stato Parte se ritiene che essa non comprometta la sovranità, la sicurezza o altri interessi essenziali dello Stato.

3. L'autorità giudiziaria, in accordo con l'autorità competente dello Stato Parte, definisce le modalità del trasferimento e fissa, nel rispetto dei termini massimi di custodia cautelare o del termine di cessazione della pena in esecuzione, il termine di rientro in Italia.

4. Il trasferimento temporaneo è disposto su autorizzazione del giudice che procede, individuato ai sensi dell'articolo 279 del codice di procedura penale. Quando il soggetto detenuto è un condannato o un internato, l'autorizzazione è richiesta al magistrato di sorveglianza.

5. Il consenso al trasferimento deve risultare da atto scritto ed è validamente prestato a condizione che la persona detenuta abbia avuto la concreta possibilità di conferire con il difensore.

6. Il periodo di detenzione trascorso all'estero è computato a ogni effetto nella durata della custodia cautelare.

7. Nel caso di detenuto in espiazione della pena il periodo di detenzione trascorso all'estero si considera trascorso in Italia.

13. Audizione mediante videoconferenza richiesta da uno Stato Parte.

1. L'esecuzione della richiesta di audizione mediante videoconferenza della persona sottoposta ad indagini, dell'imputato, del testimone, del consulente tecnico o del perito ha luogo previo accordo con l'autorità richiedente circa le modalità dell'audizione, anche con riguardo alle misure relative alla protezione della persona da ascoltare. È assicurata, nei casi previsti dalla legge, la nomina di un interprete. Alla richiesta di assunzione delle dichiarazioni della persona sottoposta alle indagini o dell'imputato si dà corso soltanto se questi vi consentono.

2. Il procuratore della Repubblica o il giudice, ciascuno nell'ambito delle rispettive attribuzioni, provvedono a:

a) identificare la persona da ascoltare;
b) notificare l'ora e il luogo dell'audizione;
c) citare il testimone, il consulente tecnico o il perito;
d) invitare la persona sottoposta alle indagini o l'imputato a comparire con le modalità stabilite dal codice di procedura penale e ad informarlo dei diritti e delle facoltà a lui riconosciute dall'ordinamento dello Stato Parte ed espressamente indicati dall'autorità richiedente.

3. L'audizione è condotta direttamente dall'autorità richiedente o, secondo il proprio ordinamento giuridico, sotto la sua direzione.

Al testimone è comunque assicurata la facoltà di astensione nei casi previsti dalla legge italiana.

4. Il verbale dell'audizione è trasmesso all'autorità richiedente dello Stato Parte.

5. Si applicano le norme di cui agli articoli 366,367,368,369,371-*bis*, 372 e 373 del codice penale per i fatti commessi nel corso dell'audizione in videoconferenza.

14. Richiesta di audizione mediante videoconferenza in uno Stato Parte.

1. L'autorità giudiziaria procedente richiede l'audizione a distanza del testimone, del perito, del consulente tecnico e della persona informata dei fatti, direttamente all'autorità competente di altro Stato Parte.

2. La richiesta può essere proposta:

a) quando il soggetto di cui al comma 1 si trova nel territorio dello Stato Parte e ricorrono giustificati motivi che rendono non opportuna la sua presenza nel territorio nazionale, oppure quando è, a qualsiasi titolo, detenuto nello Stato Parte;
b) nei casi previsti dall'articolo 147-*bis* delle norme di attuazione, di coordinamento e transitorie del codice di procedura penale, approvate con decreto legislativo 28 luglio 1989, n. 271.

15. Audizione dei testimoni e dei periti mediante conferenza telefonica richiesta da uno Stato Parte.

1. Nei casi di cui all'articolo 13, su conforme richiesta dell'autorità dello Stato Parte, all'audizione del testimone, del consulente tecnico o del perito può procedersi mediante conferenza telefonica. Si osservano, in tal caso, le modalità stabilite dall'articolo 13, in quanto compatibili.

2. I verbali di dichiarazioni acquisite con le modalità di cui al comma 1 non possono essere utilizzati dall'autorità giudiziaria italiana.

3. La richiesta può essere accolta se il testimone, il consulente tecnico o il perito prestano il consenso alla conferenza telefonica.

16. Ritardo o omissione degli atti di sequestro, arresto e fermo e attività di indagine sotto copertura.

1. Le consegne sorvegliate di cui all'articolo 12 della convenzione e le operazioni di infiltrazione di cui all'articolo 14 della convenzione sono regolate dall'articolo 9 della legge 16 marzo 2006, n.146.

17. Responsabilità penale e civile del funzionario dello Stato Parte.

1. Il funzionario dello Stato Parte che partecipa nel territorio dello Stato alle attività di cui all'articolo 16 assume, agli effetti della legge penale, la qualifica di pubblico ufficiale e nei suoi confronti si applica la speciale causa di non punibilità di cui all'articolo 9 della legge 16 marzo 2006, n. 146.

2. Lo Stato provvede al risarcimento dei danni causati a terzi dai funzionari di altro Stato Parte che partecipano alle attività nel territorio nazionale salvo il diritto di rivalsa nei confronti dello Stato Parte.

18. Squadre investigative comuni.

1. La costituzione di squadre investigative nell'ambito dei rapporti di cooperazione disciplinati dalla convenzione è regolata dal decreto legislativo 15 febbraio 2016, n. 34, e successive modificazioni.

TITOLO III
Intercettazioni di conversazioni o comunicazioni

19. Esecuzione della richiesta di assistenza tecnica mediante ordine all'operatore di rete.

1. Il procuratore della Repubblica, quando è richiesta l'assistenza tecnica alle operazioni di intercettazioni che si svolgono nel territorio dello Stato Parte richiedente o nel territorio di altro Stato Parte e la trasmissione immediata dei flussi comunicativi, verifica che l'autorità richiedente abbia indicato:
a) l'autorità che procede;
b) l'esistenza del titolo che dispone o autorizza lo svolgimento delle operazioni di intercettazione con l'indicazione del reato per il quale si procede;
c) i dati tecnici necessari allo svolgimento delle operazioni;
d) la durata dell'intercettazione.

2. Si dà esecuzione alla richiesta con l'ordine all'operatore di rete di cui all'articolo 96 del decreto legislativo 1° agosto 2003, n. 259, di prestare l'assistenza tecnica necessaria. All'operatore di rete è trasmessa copia del provvedimento con cui l'autorità richiedente ha disposto le operazioni di intercettazione.

20. Esecuzione della richiesta di assistenza tecnica previo controllo del giudice.

1. Quando la richiesta ha ad oggetto l'assistenza in relazione ad operazioni di intercettazione nei confronti di persona che si trova nel territorio dello Stato, il procuratore della Repubblica chiede al giudice per le indagini preliminari l'autorizzazione all'esecuzione della richiesta di assistenza. Il giudice verifica che l'autorità richiedente abbia comunicato le informazioni di cui al comma 1 dell'articolo 22, unitamente alla descrizione sommaria del fatto per cui si procede, e che l'intercettazione sia disposta per un reato corrispondente ad uno o più tra quelli per i quali, secondo l'ordinamento interno, l'intercettazione è consentita. Nei casi di urgenza, il procuratore della Repubblica provvede alla richiesta di assistenza con decreto motivato, che va comunicato immediatamente e comunque non oltre le ventiquattro ore al giudice per le indagini preliminari, il quale, entro quarantotto ore dal provvedimento, decide sulla convalida con decreto motivato.

2. Il procuratore della Repubblica, previa consultazione con l'autorità richiedente, provvede all'esecuzione con la trasmissione immediata dei flussi comunicativi o con la successiva trasmissione delle registrazioni.

3. In deroga a quanto previsto dal comma 2, il procuratore della Repubblica, quando sono acquisite comunicazioni di servizio di appartenenti al Dipartimento delle informazioni per la sicurezza o ai servizi di informazione per la sicurezza, provvede agli adempimenti di cui all'articolo 270-*bis* del codice di procedura penale prima di trasmettere all'autorità richiedente i risultati delle operazioni di intercettazione.

4. Il procuratore della Repubblica procede con le modalità di cui al comma 1 quando la richiesta ha ad oggetto l'assistenza tecnica per lo svolgimento delle operazioni di intercettazione, registrazione e successiva trasmissione dei risultati. In tal caso, all'esito delle operazioni, sono trasmessi, ove richiesto, i verbali delle operazioni di intercettazione.

21. Intercettazione disposta ed eseguita da uno Stato Parte nel territorio dello Stato.

1. Quando l'autorità competente dello Stato Parte ha

disposto, senza richiesta di assistenza tecnica, l'intercettazione di un dispositivo in uso a persona che si trova nel territorio dello Stato, il procuratore della Repubblica, ricevuta notificazione dell'avvio delle operazioni, la trasmette al giudice per le indagini preliminari.

2. Il giudice per le indagini preliminari ordina, con decreto, l'esecuzione o la prosecuzione delle operazioni, ovvero, fermo quanto previsto dall'articolo 20, paragrafo 4, della convenzione, l'immediata cessazione, se le intercettazioni sono state disposte in riferimento a un reato per il quale, secondo l'ordinamento interno, esse non sono consentite.

3. Il procuratore della Repubblica senza ritardo dà comunicazione all'autorità competente dello Stato Parte dei provvedimenti adottati dal giudice per le indagini preliminari.

22. Richiesta di assistenza a uno Stato Parte per le operazioni di intercettazione.

1. Quando è necessario per ragioni d'ordine tecnico, il pubblico ministero fa richiesta all'autorità competente dello Stato Parte per ottenere assistenza allo svolgimento delle operazioni di intercettazione. A tal fine trasmette, unitamente alla richiesta di assistenza, indicazioni relative:

a) all'autorità giudiziaria che procede;
b) all'esistenza del titolo che dispone o autorizza lo svolgimento delle operazioni di intercettazione con l'indicazione del reato per il quale si procede;
c) ai dati tecnici necessari allo svolgimento delle operazioni;
d) alla durata dell'intercettazione.

23. Notifica a uno Stato Parte delle operazioni di intercettazione.

1. Il pubblico ministero, quando ha notizia che il dispositivo controllato si trova in territorio di altro Stato Parte, dà esecuzione al decreto e ne informa l'autorità competente di quello Stato.

2. A tal fine trasmette copia del provvedimento di intercettazione e comunica:

a) l'autorità giudiziaria che ha disposto l'intercettazione;
b) il titolo di reato per il quale si procede;
c) ogni informazione utile ai fini dell'identificazione della persona che ha in uso il dispositivo controllato;
d) la durata prevista dell'intercettazione.

3. Agli adempimenti di cui al comma 2 il pubblico ministero provvede immediatamente quando acquisisce notizia, durante lo svolgimento delle operazioni di intercettazione, che il dispositivo controllato si trova nel territorio di altro Stato Parte.

4. Il pubblico ministero dispone l'immediata cessazione delle operazioni di intercettazione quando l'autorità competente dello Stato Parte dà comunicazione che non possono essere proseguite.

5. L'utilizzazione dei risultati delle intercettazioni, nei casi di cui al comma 4, è regolata secondo quanto previsto dall'articolo 20, paragrafo 4, della convenzione.

TITOLO IV
Disposizioni finali

24. Protezione dei dati personali.

1. Il trattamento dei dati personali è soggetto alle disposizioni contenute nel decreto legislativo 30 giugno 2003, n. 196, e successive modificazioni.

25. Clausola di invarianza finanziaria.

1. Dall'attuazione delle disposizioni di cui al presente decreto non devono derivare nuovi o maggiori oneri per la finanza pubblica.

Le amministrazioni interessate provvedono agli adempimenti previsti dal presente decreto con le risorse umane, finanziarie e strumentali disponibili a legislazione vigente.

26. Entrata in vigore.

1. Il presente decreto ha effetto dalla data dell'entrata in vigore per l'Italia della Convenzione di cui all'articolo 1, conformemente all'articolo 27 della Convenzione medesima. Della data di entrata in vigore per l'Italia è dato avviso nella Gazzetta Ufficiale [(1)].

Il presente decreto munito del sigillo dello Stato, sarà inserito nella Raccolta Ufficiale degli atti normativi della Repubblica italiana. È fatto obbligo a chiunque spetti di osservarlo e di farlo osservare.

(1) A norma del Comunicato 28.2.2018, la Convenzione di cui al presente comma, è entrata in vigore per l'Italia a far data dal 22.2.2018.

B. Corte penale internazionale

9. L. 19 luglio 1999, n. 232. – Ratifica ed esecuzione dello statuto istitutivo della Corte penale internazionale, con atto finale ed allegati, adottato dalla Conferenza diplomatica delle Nazioni Unite a Roma, il 17 luglio 1998. Delega al Governo per l'attuazione dello statuto medesimo (Statuto istitutivo della Corte penale internazionale – c.d. Statuto di Roma)

In Gazzetta Ufficiale 19 luglio 1999, n. 135

CAPITOLO I
Istituzione della Corte

1. La Corte.

È istituita una Corte penale internazionale ("la Corte") in quanto istituzione permanente che può esercitare il suo potere giurisdizionale sulle persone fisiche per i più gravi crimini di portata internazionale, ai sensi del presente Statuto. Essa è complementare alle giurisdizioni penali nazionali. La sua giurisdizione ed il suo funzionamento sono regolati dalle norme del presente Statuto.

2. Rapporti della Corte con le Nazioni Unite.

La Corte instaura rapporti con le Nazioni Unite attraverso un accordo che dovrà essere approvato dall'Assemblea degli Stati Parti al presente Statuto e successivamente concluso dal Presidente della Corte a nome di quest'ultima.

3. Sede della Corte.

1. La sede della Corte è all'Aia, nei Paesi-Bassi ("Stato ospitante").

2. La Corte e lo Stato ospitante stabiliscono un accordo di sede che sarà in seguito approvato dall'Assemblea degli Stati Parte, successivamente concluso dal Presidente della Corte a nome di quest'ultima.

3. Quando lo ritiene opportuno, la Corte può riunirsi in qualsiasi altro luogo, secondo le norme del presente Statuto.

4. Status giuridico e poteri della Corte.

1. La Corte possiede personalità giuridica internazionale. Essa ha anche la capacità giuridica necessaria per l'esercizio delle sue funzioni ed il conseguimento dei suoi obiettivi.

2. La Corte può esercitare le proprie funzioni ed i propri poteri, quali preveduti nel presente Statuto, sul territorio di qualsiasi Stato Parte e, mediante una convenzione a tal fine, sul territorio di ogni altro Stato.

CAPITOLO II
Giurisdizione, procedibilità e normativa applicabile

5. Crimini di competenza della Corte.

1. La competenza della Corte è limitata ai crimini più gravi, motivo di allarme per l'intera comunità internazionale. La Corte ha competenza, in forza del presente Statuto, per i crimini seguenti:

a) crimine di genocidio;
b) crimini contro l'umanità;
c) crimini di guerra;
d) crimine di aggressione.

2. La Corte eserciterà il proprio potere giurisdizionale sul crimine di aggressione successivamente all'adozione, in conformità agli articoli 121 e 123, della disposizione che definirà tale crimine e stabilirà le condizioni alle quali la Corte potrà esercitare il proprio potere giurisdizionale su tale crimine. Tale norma dovrà essere compatibile con le disposizioni in materia della Carta delle Nazioni Unite.

6. Crimine di genocidio.

Ai fini del presente Statuto, per crimine di genocidio s'intende uno dei seguenti atti commessi nell'intento di distruggere, in tutto o in parte, un gruppo nazionale, etnico, razziale o religioso, e precisamente:

a) uccidere membri del gruppo;
b) cagionare gravi lesioni all'integrità fisica o psichica di persone appartenenti al gruppo;
c) sottoporre deliberatamente persone appartenenti al gruppo a condizioni di vita tali da comportare la distruzione fisica, totale o parziale, del gruppo stesso;
d) imporre misure volte ad impedire le nascite in seno al gruppo;
e) trasferire con la forza bambini appartenenti al gruppo ad un gruppo diverso;

7. Crimini contro l'umanità.

1. Ai fini del presente Statuto, per crimine contro l'umanità s'intente uno degli atti di seguito elencati, se commesso nell'ambito di un esteso o sistematico attacco contro popolazioni civili, e con la consapevolezza dell'attacco:

a) omicidio;
b) sterminio;
e) riduzione in schiavitù;
d) deportazione o trasferimento forzato della popolazione;
e) imprigionamento o altre gravi forme di privazione della libertà personale in violazione di norme fondamentali di diritto internazionale;
f) tortura;
g) stupro, schiavitù sessuale, prostituzione forzata, gravidanza forzata, sterilizzazione forzata e altre forme di violenza sessuale di analoga gravità;

h) persecuzione contro un gruppo o una collettività dotati di propria identità, inspirata da ragioni di ordine politico, razziale, nazionale, etnico, culturale, religioso o di genere sessuale ai sensi del paragrafo 3, o da altre ragioni universalmente riconosciute come non permissibili ai sensi del diritto internazionale, collegate ad atti preveduti dalle disposizioni del presente paragrafo o a crimini di competenza della Corte;
i) sparizione forzata delle persone;
j) apartheid;
k) altri atti inumani di analogo carattere diretti a provocare intenzionalmente grandi sofferenze o gravi danni all'integrità fisica o alla salute fisica o mentale.

2. Agli effetti del paragrafo 1:

a) si intende per "attacco diretto contro popolazioni civili" condotte che implicano la reiterata commissione di taluno degli atti preveduti al paragrafo 1 contro popolazioni civili, in attuazione o in esecuzione del disegno politico di uno Stato o di una organizzazione diretto a realizzare l'attacco;

b) per "sterminio" s'intende, in modo particolare, il sottoporre intenzionalmente le persone a condizioni di vita dirette a cagionare la distruzione di parte della popolazione, quali impedire l'accesso al vitto ed alle medicine;

c) per "riduzione in schiavitù" s'intende l'esercizio su una persona di uno o dell'insieme dei poteri inerenti al diritto di proprietà, anche nel corso del traffico di persone, in particolare di donne e bambini a fini di sfruttamento sessuale;

d) per "deportazione o trasferimento forzato della popolazione" s'intende la rimozione delle persone, per mezzo di espulsione o con altri mezzi coercitivi, dalla regione nella quale le stesse si trovano legittimamente, in assenza di ragione prevedute dal diritto internazionale che lo consentano;

e) per "tortura" s'intende l'infliggere intenzionalmente gravi dolori o sofferenze, fisiche o mentali, ad una persona di cui si abbia la custodia o il controllo; in tale termine non rientrano i dolori o le sofferenze derivanti esclusivamente da sanzioni legittime, che siano inscindibilmente connessi a tali sanzioni o dalle stesse incidentalmente occasionati;

f) per "gravidanza forzata" s'intende la detenzione illegale di una donna resa gravida con la forza, nell'intento di modificare la composizione etnica di una popolazione o di commettere altre gravi violazioni del diritto internazionale. La presente definizione non può essere in alcun modo interpretata in maniera tale da pregiudicare l'applicazione delle normative nazionali in materia di interruzione della gravidanza;

g) per "persecuzione" s'intende la intenzionale e grave privazione dei diritti fondamentali in violazione del diritto internazionale, per ragioni connesse all'identità del gruppo o della collettività;

h) per "apartheid" s'intendono gli atti inumani di carattere analogo a quelli indicati nelle disposizioni del paragrafo 1, commessi nel contesto di un regime istituzionalizzato di oppressione sistematica e di dominazione da parte di un gruppo razziale su altro o altri gruppi razziali ed al fine di perpetuare tale regime;

i) per "sparizione forzata delle persone" s'intende l'arresto, la detenzione o il rapimento delle persone da parte o con l'autorizzazione, il supporto o l'acquiescenza di uno Stato o organizzazione politica, che in seguito rifiutino di riconoscere la privazione della libertà o di dare informazioni sulla sorte di tali persone o sul luogo ove le stesse si trovano, nell'intento di sottrarle alla protezione della legge per un prolungato periodo di tempo.

3. Agli effetti del presente Statuto con il termine "genere sessuale" si fa riferimento ai due sessi, maschile e femminile nel contesto sociale. Tale termine non implica alcun altro significato di quello sopra menzionato.

8. Crimini di guerra.

1. La Corte ha competenza a giudicare sui crimini di guerra, in particolare quando commessi come parte di un piano o di un disegno politico, o come parte di una serie di crimini analoghi commessi su larga scala.

2. Agli effetti dello Statuto, si intende per "crimini di guerra":

a) gravi violazioni della Convenzione di Ginevra del 12 agosto 1949, vale a dire uno dei seguenti atti posti in essere contro persone o beni protetti dalle norme delle Convenzioni di Ginevra:
   i) omicidio volontario;
   ii) tortura o trattamenti inumani, compresi gli esperimenti biologici;
   iii) cagionare volontariamente grandi sofferenze o gravi lesioni all'integrità fisica o alla salute;
   iv) distruzione ed appropriazione di beni, non giustificate da necessità militari e compiute su larga scala illegalmente ed arbitrariamente;
   v) costringere un prigioniero di guerra o altra persona protetta a prestare servizio nelle forze armate di una potenza nemica;
   vi) privare volontariamente un prigioniero di guerra o altra persona protetta del suo diritto ad un equo e regolare processo;
   vii) deportazione, trasferimento o detenzione illegale;
   viii) cattura di ostaggi.

b) Altre gravi violazioni delle leggi e degli usi applicabili, all'interno del quadro consolidato del diritto internazionale, nei conflitti armati internazionali, vale a dire uno dei seguenti atti:
   i) dirigere deliberatamente attacchi contro popolazione civili in quanto tali o contro civili che non prendano direttamente parte alle ostilità;
   ii) dirigere deliberatamente attacchi contro proprietà civili, e cioè proprietà che non siano obiettivi militari;

iii) dirigere deliberatamente attacchi contro personale, installazioni, materiale, unità o veicoli utilizzati nell'ambito di una missione di soccorso umanitario o di mantenimento della pace in conformità della Carta delle Nazioni Unite, nella misura in cui gli stessi abbiano diritto alla protezione accordata ai civili ed alle proprietà civili prevedute dal diritto internazionale dei conflitti armati;

iv) lanciare deliberatamente attacchi nella consapevolezza che gli stessi avranno come conseguenza la perdita di vite umane tra la popolazione civile, e lesioni a civili o danni a proprietà civili ovvero danni diffusi, duraturi e gravi all'ambiente naturale che siano manifestamente eccessivi rispetto all'insieme dei concreti e diretti vantaggi militari previsti;

v) attaccare o bombardare con qualsiasi mezzo, città, villaggi, abitazioni o costruzioni che non siano difesi, e che non costituiscano obiettivi militari;

vi) uccidere o ferire combattenti che, avendo deposto le armi o non avendo ulteriori mezzi di difesa, si siano arresi senza condizioni;

vii) fare uso improprio della bandiera bianca, della bandiera o delle insegne militari e dell'uniforme del nemico o delle Nazioni Unite nonché degli emblemi distintivi della Convenzione di Ginevra, cagionando in tal modo la perdita di vite umane o gravi lesioni personali;

viii) il trasferimento, diretto o indiretto, ad opera della potenza occupante, di parte della propria popolazione civile nei territori occupati o la deportazione o il trasferimento di tutta o di parte della popolazione del territorio occupato all'interno o all'esterno di tale territorio;

ix) dirigere intenzionalmente attacchi contro edifici dedicati al culto, all'educazione, all'arte, alla scienza o a scopi umanitari, a monumenti storici, a ospedali e luoghi dove sono riuniti i malati ed i feriti, purché tali edifici non siano utilizzati per fini militari;

x) assoggettare coloro che si trovano in potere del nemico a mutilazioni fisiche o ad esperimenti medici o scientifici di qualsiasi tipo, non giustificati da trattamenti medici delle persone coinvolte né compiuti nel loro interesse, che cagionano la morte di tali persone o ne danneggiano gravemente la salute;

xi) uccidere o ferire a tradimento individui appartenenti alla nazione o all'esercito nemico;

xii) dichiarare che nessuno avrà salva la vita;

xiii) distruggere o confiscare beni del nemico, a meno che la confisca o la distruzione non siano imperativamente richieste dalle necessità della guerra;

xiv) dichiarare aboliti, sospesi od improcedibili in giudizio diritti ed azioni dei cittadini della nazione nemica;

xv) costringere i cittadini della nazione nemica, anche se al servizio del belligerante prima dell'inizio della guerra, a prendere parte ad operazioni di guerra dirette contro il proprio paese;

xvi) saccheggiare città o località, ancorché prese d'assalto;

xvii) utilizzare veleno o armi velenose;

xviii) utilizzare gas asfissianti, tossici o altri gas simili e tutti i liquidi, materiali e strumenti analoghi;

xix) utilizzare proiettili che si espandono o si appiattiscono facilmente all'interno del corpo umano, quali i proiettili con l'involucro duro che non ricopre interamente la parte centrale o quelli perforati ad intaglio;

xx) utilizzare armi, proiettili, materiali e metodi di combattimento con caratteristiche tali da cagionare lesioni superflue o sofferenze non necessarie, o che colpiscano per loro natura in modo indiscriminato in violazione del diritto internazionale dei conflitti armati, a condizione che tali mezzi siano oggetto di un divieto d'uso generalizzato e rientrino tra quelli elencati in un allegato al annesso al presente Statuto, a mezzo di un emendamento adottato in conformità delle disposizioni in materia contenute negli articoli 121 e 123;

xxi) violare la dignità della persona, in particolare utilizzando trattamenti umilianti e degradanti;

xxii) stuprare, ridurre in schiavitù sessuale, costringere alla prostituzione o alla gravidanza, imporre la sterilizzazione e commettere qualsiasi altra forma di violenza sessuale costituente violazione grave delle Convenzioni di Ginevra;

xxiii) utilizzare la presenza di un civile o di altra persona protetta per evitare che taluni siti, zone o forze militari divengano il bersaglio di operazioni militari;

xxiv) dirigere intenzionalmente attacchi contro edifici, materiali, personale ed unità e mezzi di trasporto sanitari che usino, in conformità con il diritto internazionale gli emblemi distintivi preveduti dalle Convenzioni di Ginevra;

xxv) affamare intenzionalmente, come metodo di guerra, i civili privandoli dei beni indispensabili alla loro sopravvivenza, ed in particolare impedire volontariamente l'arrivo dei soccorsi preveduti dalle Convenzioni di Ginevra;

xxvi) reclutare o arruolare fanciulli di età inferiore ai quindici anni nelle forze armate nazionali o farli partecipare attivamente alle ostilità.

c) In ipotesi di conflitto armato non di carattere internazionale, gravi violazioni dell'art. 3 comune alle quattro Convenzioni di Ginevra del 12 agosto 1949, vale a dire uno degli atti di seguito enumerati, commessi contro coloro che non partecipano direttamente alle ostilità, ivi compresi i membri delle Forze Armate che hanno deposto le armi e coloro persone che non sono in grado di combattere per malattia, ferite, stato di detenzione o per qualsiasi altra causa:

i) atti di violenza contro la vita e l'integrità della persona, in particolare tutte le forme di omicidio, le mutilazioni, i trattamenti crudeli e la tortura;
ii) violare la dignità personale, in particolare trattamenti umilianti e degradanti;
iii) prendere ostaggi;
iv) emettere sentenze ed eseguirle senza un preventivo giudizio, svolto avanti un tribunale regolarmente costituito che offre tutte le garanzie giudiziarie generalmente riconosciute come indispensabili.

d) Il capoverso c) del paragrafo 2 si applica ai conflitti armati non di carattere internazionale e non si applica quindi a situazioni interne di disordine e tensione quali sommosse o atti di violenza sporadici o isolati di natura analoga.

e) Altre gravi violazioni gravi delle leggi e degli usi applicabili, all'interno del quadro consolidato del diritto internazionale, nei conflitti armati non di carattere internazionale, vale a dire uno dei seguenti atti:
i) dirigere deliberatamente attacchi contro popolazioni civili in quanto tali o contro civili che non prendano direttamente parte alle ostilità;
ii) dirigere intenzionalmente attacchi contro edifici, materiali, personale ed unità e mezzi di trasporto sanitari, che usino in conformità con il diritto internazionale gli emblemi distintivi preveduti dalle Convenzioni di Ginevra;
iii) dirigere deliberatamente attacchi contro personale, istallazioni, materiale, unità o veicoli utilizzati nell'ambito di una missione di soccorso umanitario o di mantenimento della pace in conformità della Carta delle Nazioni Unite, nella misura in cui gli stessi abbiano diritto alla protezione accordata ai civili ed alle proprietà civili prevedute dal diritto internazionale dei conflitti armati;
iv) dirigere intenzionalmente attacchi contro edifici dedicati al culto, all'educazione, all'arte, alla scienza o a scopi umanitari, monumenti storici, ospedali e luoghi dove sono riuniti i malati ed i feriti, purché tali edifici non siano utilizzati per fini militari;
v) saccheggiare città o località, ancorché prese d'assalto;
vi) stuprare, ridurre in schiavitù sessuale, costringere alla prostituzione o alla gravidanza, imporre la sterilizzazione e commettere qualsiasi altra forma di violenza sessuale costituente violazione grave delle Convenzioni di Ginevra;
vii) reclutare o arruolare fanciulli di età inferiore ai quindici anni nelle forze armate nazionali o farli partecipare attivamente alle ostilità;
viii) disporre un diverso dislocamento della popolazione civile per ragioni correlate al conflitto, se non lo richiedano la sicurezza dei civili coinvolti o inderogabili ragioni militari;
ix) uccidere o ferire a tradimento un combattente avversario;
x) dichiarare che nessuno avrà salva la vita;
xi) assoggettare coloro che si trovano in potere dell'avversario a mutilazioni fisiche o ad esperimenti medici o scientifici di qualsiasi tipo, non giustificati da trattamenti medici delle persone interessate né compiuti nel loro interesse, che cagionano la morte di tali persone o ne danneggiano gravemente la salute;
xii) distruggere o confiscare beni dell'avversario, a meno che la confisca o la distruzione non siano imperativamente richieste dalle necessità del conflitto.

f) Il capoverso e) del paragrafo 2 si applica ai conflitti armati non di carattere internazionale e pertanto non si applica alle situazioni di tensione e di disordine interne, quali sommosse o atti di violenza isolati e sporadici ed altri atti analoghi. Si applica ai conflitti armati che si verificano nel territorio di uno Stato ove si svolga un prolungato conflitto armato tra le forze armate governative e gruppi armati organizzati, o tra tali gruppi.

3. Nulla di quanto contenuto nelle disposizioni del paragrafo 2, capoversi c) e d) può avere incidenza sulle responsabilità dei governi di mantenere o ristabilire l'ordine pubblico all'interno dello Stato o di difendere l'unità e l'integrità territoriale dello Stato con ogni mezzo legittimo.

9. Elementi costitutivi dei crimini.

1. Gli elementi costitutivi dei crimini sono di ausilio per la Corte nell'interpretazione e nell'applicazione degli articoli 6, 7 ed 8 del presente Statuto, che devono essere adottati dall'Assemblea degli Stati Parte a maggioranza di due terzi dei membri.

2. Modifiche agli elementi costitutivi dei crimini possono essere proposte da:
a) uno Stato Parte;
b) i giudici, con decisione a maggioranza assoluta;
c) il Procuratore.

Le modifiche sono approvate dall'Assemblea degli Stati Parte a maggioranza di due terzi dei membri.

3. Gli elementi costitutivi dei crimini e le modifiche allo stesso devono essere compatibili con il presente Statuto.

10. – Nessuna disposizione del presente capitolo può essere interpretata nel senso di limitare o pregiudicare in qualsiasi modo, per effetti diversi da quelli del presente Statuto, le norme del diritto internazionale esistenti o in formazione.

11. Competenza *ratione temporis.*

1. La Corte ha competenza solo sui crimini di sua competenza, commessi dopo l'entrata in vigore del presente Statuto.

2. Quando uno Stato diviene Parte al presente Statuto successivamente alla sua l'entrata in vigore, la Corte può esercitare il proprio potere giurisdizionale solo sui crimini commessi dopo l'entrata in vigore del presente

Statuto nei confronti di tale Stato, a meno che lo Stato stesso abbia reso una dichiarazione ai sensi dell'art. 12, paragrafo 3.

12. – **1.** Lo Stato che diviene parte del presente Statuto accetta con tale atto la competenza della Corte sui crimini di cui all'art. 5.

2. Nell'ipotesi preveduta dall'art. 13, lettere a) o c) la Corte può esercitare il proprio potere giurisdizionale se uno dei seguenti Stati, o entrambi, sono Parti del presente Statuto o hanno accettato la competenza della Corte in conformità delle disposizioni del paragrafo 3:

a) lo Stato nel cui territorio hanno avuto luogo l'atto o l'omissione in oggetto o, se il crimine è stato commesso a bordo di una nave o di un aeromobile, lo Stato della bandiera o di immatricolazione di tale nave o aeromobile;
b) lo Stato del quale la persona accusata ha la nazionalità.

3. Se è necessaria, a norma delle disposizioni del paragrafo 2, l'accettazione di uno Stato non Parte del presente Statuto, tale Stato può, con dichiarazione depositata in Cancelleria, accettare la competenza della Corte sul crimine di cui trattasi. Lo Stato accettante Corte coopera con la Corte senza ritardo e senza eccezioni, in conformità al capitolo IX.

13. Condizioni di procedibilità.

La Corte può esercitare il proprio potere giurisdizionale su uno dei crimini di cui all'art. 5, secondo le disposizioni del presente Statuto, se:

a) uno Stato Parte, in conformità dell'art. 14, segnala al Procuratore una situazione nella quale uno o più di tali crimini appaiono essere stati commessi;
b) il Consiglio di Sicurezza, nell'ambito delle azioni prevedute dal capitolo VII della Carta delle Nazioni Unite, segnala al Procuratore una situazione nella quale uno o più di tali crimini appaiono essere stati commessi; oppure
c) il Procuratore ha aperto un'indagine su uno o più di tali crimini, in forza dell'art. 15.

14. Segnalazione di una situazione ad opera di uno Stato Parte.

1. Uno Stato Parte può segnalare al Procuratore una situazione nella quale uno o più crimini di competenza della Corte appaiono essere stati commessi, richiedendo al Procuratore di effettuare indagini su questa situazione al fine di determinare se una o più persone particolari debbano essere accusate di tali crimini.

2. Lo Stato che sottopone il caso, indica per quanto possibile le circostanze rilevanti e presenta la documentazione di supporto di cui dispone.

15. Il Procuratore.

1. Il Procuratore può iniziare le indagini di propria iniziativa sulla base di informazioni relative ai crimini di competenza della Corte.

2. Il Procuratore valuta la serietà delle informazioni ricevute. A tal fine può richiedere ulteriori informazioni agli Stati, agli organi delle Nazioni Unite, alle organizzazioni intergovernative e non governative o alle altre fonti affidabili che gli appaiono appropriate, e può ricevere deposizioni scritte o orali presso la sede della Corte.

3. Se il Procuratore conclude che vi sono elementi che giustificano l'inizio delle indagini, presenta alla Camera Preliminare una richiesta di autorizzazione alle indagini, unitamente ad ogni elemento di supporto raccolto. Le vittime possono essere rappresentate di fronte alla Camera Preliminare, in conformità al Regolamento di Procedura e di Prova.

4. Se la Camera Preliminare dopo aver esaminato la richiesta e gli elementi giustificativi che l'accompagnano, ritiene che l'inizio delle indagini è giustificato e che il caso appare ricadere nella competenza della Corte, essa dà la sua autorizzazione senza pregiudizio per le successive decisioni della Corte in materia di competenza e di procedibilità.

5. Una risposta negativa della Camera Preliminare non vieta al Procuratore di presentare una successiva richiesta fondata su fatti o elementi di prova nuovi, riferiti alla stessa situazione.

6. Se dopo la valutazione preliminare di cui ai paragrafi 1 e 2, il Procuratore conclude che le informazioni fornite non giustificano l'inizio delle indagini ne informa coloro che le hanno fornite. Ciò non preclude al Procuratore la possibilità la facoltà di prendere in esame, alla luce di fatti o elementi di prova nuovi, ulteriori informazioni a lui eventualmente sottoposte relative alla stessa situazione.

16. Sospensione delle indagini o dell'esercizio dell'azione penale.

Nessuna indagine e nessun procedimento per ale possono essere iniziati o proseguiti ai sensi del presente Statuto per il periodo di dodici mesi successivo alla data in cui il Consiglio di Sicurezza, con risoluzione adottata ai sensi del Capitolo VIII della Carta delle Nazioni Unite, ne abbia fatto richiesta alla Corte; tale richiesta può essere rinnovata dal Consiglio con le stesse modalità.

17. Questioni relative alla procedibilità.

1. Con riferimento al decimo comma del preambolo ed all'articolo primo del presente Statuto, la Corte dichiara improcedibile il caso se:

a) sullo stesso sono in corso di svolgimento indagini o procedimenti penali condotti da uno Stato che ha su di esso giurisdizione, a meno che tale Stato non intenda iniziare le indagini ovvero non abbia la capacità di svolgerle correttamente o di intentare un procedimento;
b) lo stesso è stato oggetto di indagini condotte da uno Stato che ha su di esso giurisdizione e tale Stato ha deciso di non procedere nei confronti della persona interessata, a meno che la decisione non costituisca il risultato del rifiuto o dell'incapacità dello Stato di procedere correttamente;

c) la persona interessata è già stata giudicata per la condotta oggetto della denunzia e non e non può essere giudicata dalla Corte a norma dell'art. 20, paragrafo 3;
d) il fatto non è di gravità sufficiente da giustificare ulteriori azioni da parte della Corte.

2. Al fine di decidere se ricorre in specifiche fattispecie il difetto di volontà dello Stato, la Corte valuta se, avuto riguardo alle garanzie giudiziarie riconosciute dal diritto internazionale sussistono una o più delle seguenti circostanze:
a) il procedimento è o è stato condotto, ovvero la decisione dello Stato è stata adottata, nell'intento di proteggere la persona interessata dalla responsabilità penale per i crimini di competenza della Corte indicati nell'art. 5;
b) il procedimento ha subito un ritardo ingiustificato che, date le circostanze, è incompatibile con il fine di assicurare la persona interessata alla giustizia;
c) il procedimento non è stato, o non è condotto in modo indipendente o imparziale, ed è stato, o è condotto in modo tale da essere – date le circostanze – incompatibile con il fine di assicurare la persona interessata alla giustizia.

3. Al fine di decidere se ricorre in specifiche fattispecie l'incapacità dello Stato, la Corte valuta se, a causa di un totale o sostanziale collasso ovvero della indisponibilità del proprio sistema giudiziario interno, lo Stato non abbia la capacità di ottenere la presenza dell'imputato o le prove e testimonianze necessarie, ovvero sia in qualunque altro modo incapace a svolgere il procedimento instaurato.

18. Decisione preliminare in ordine alla procedibilità.

1. Quando alla Corte è stata segnalata una situazione ai sensi dell'art. 13, capoverso a) ed il Procuratore ha determinato che vi sono elementi che giustificano l'inizio delle indagini ovvero quanto il Procuratore inizia le indagini sulla base degli articoli 13, lettera c) e 15, lo stesso procuratore ne dà notifica a tutti gli Stati Parte ed a quegli Stati i che, in considerazione delle informazioni disponibili, sarebbero ordinariamente forniti di giurisdizione sui crimini in oggetto. Il Procuratore può informare a tali Stati in via riservata, e, se lo ritiene necessario per la protezione delle persone, per prevenire la distruzione delle prove o per impedire che le persone si rendano latitanti, può limitare l'ampiezza delle informazioni fornite agli Stati.

2. Entro un mese dalla ricezione di tale notifica, lo Stato può informare la Corte del fatto che sta conducendo o che ha condotto indagini su propri cittadini o su altri soggetti rientranti nella propria giurisdizione in relazione ad atti criminali che possono essere costitutivi dei crimini indicati nell'art. 5 e che sono in rapporto con le informazioni notificate agli Stati. Su richiesta di tale Stato, il Procuratore sospende le proprie indagini in favore di quelle condotte dallo Stato, a meno che la Camera Preliminare, su richiesta del Procuratore, non decida di autorizzare le indagini.

3. La sospensione delle indagini del Procuratore in favore di quelle condotte dallo Stato può essere riesaminata dal Procuratore stesso trascorsi sei mesi dalla data della sua adozione, o in qualunque momento, qualora si sia verificato un rilevante mutamento delle circostanze per motivi attinenti al rifiuto o all'incapacità dello Stato di condurre le indagini.

4. Lo Stato interessato o il Procuratore possono proporre impugnazione avanti la Camera d'appello contro la decisione adottata dalla Camera Preliminare, in conformità dell'art. 82, paragrafo 2. L'appello può essere trattato con procedura d'urgenza.

5. Quando ha sospeso le indagini come previsto al paragrafo 2, il Procuratore può richiedere che lo Stato interessato lo informi periodicamente dei progressi delle proprie indagini e di ogni procedimento penale che ne sia derivato. Lo Stato Parte risponde a tali richieste senza indebito ritardo.

6. Durante l'attesa di una decisione della Camera Preliminare o in qualsiasi momento quando le indagini sono sospese ai sensi del presente articolo, il Procuratore può, eccezionalmente richiedere alla Camera Preliminare l'autorizzazione a compiere gli atti di indagine necessari allo scopo di preservare le prove, qualora si presenti una opportunità irripetibile di raccogliere importanti d'elementi di prova o sussista un rilevante rischio che tali elementi di prova possano successivamente non essere disponibili.

7. Lo Stato che ha proposto impugnazione ai sensi del presente articolo contro una decisione della Camera Preliminare, può eccepire l'improcedibilità del caso ai sensi dell'art. 19, sulla base di ulteriori fatti significativi o di un rilevante mutamento delle circostanze.

19. Questioni pregiudiziali sulla competenza della Corte e la procedibilità del caso.

1. La Corte accerta la propria competenza su qualsiasi caso portato dinanzi ad essa.
La Corte può d'ufficio pronunziarsi sulla procedibilità del caso in conformità all'art. 17.

2. Eccezioni in ordine alla procedibilità del caso, fondate sui motivi indicati nell'art. 17, ovvero eccezioni in ordine alla competenza della Corte possono essere proposte da:
a) l'imputato o colui nei confronti del quale è stato emesso ai sensi dell'art. 58 un mandato d'arresto o di comparizione;
b) lo Stato che ha giurisdizione riguardo al crimine in esame, per via del fatto che su tale caso sta conducendo o ha già condotto indagini o procedimenti penali; o
c) lo Stato del quale sia richiesta, ai sensi dell'art. 12, l'accettazione della competenza.

3. Il Procuratore può richiedere alla Corte di pronunziarsi sulla questione di competenza o di procedibilità. Nei procedimenti relativi alla competenza o alla procedibilità, anche coloro che hanno segnalato la situazione ai sensi dell'art. 13 e le vittime del crimine possono presentare osservazioni alla Corte.

4. L'improcedibilità di un caso o l'incompetenza della Corte possono essere eccepite per una sola volta dalle persone o dagli Stati indicati nelle disposizioni del paragrafo 2. L'eccezione deve essere proposta prima o nel momento iniziale del processo. In circostanze eccezionali, la Corte può autorizzare che l'eccezione sia proposta più di una volta o in momento successivo alla fase di apertura del processo. Le eccezioni di improcedibilità proposte nella fase di apertura del processo o successivamente con l'autorizzazione della Corte possono essere fondate esclusivamente sull'art. 17, paragrafo 1, lettera c).

5. Gli Stati indicati alle disposizioni del paragrafo 2, capoversi b) e c) devono proporre l'eccezione il prima possibile.

6. Prima della conferma delle imputazioni, le eccezioni sulla procedibilità del caso e sulla competenza della Corte devono essere proposte alla Camera Preliminare. Dopo la convalida delle imputazioni, le stesse devono essere proposte alla Camera di primo grado. Le decisioni sulla competenza o la procedibilità possono essere impugnati avanti la Camera d'Appello in conformità all'art. 82.

7. Se lo Stato di cui al paragrafo 2, capoversi b) o c) propone un'eccezione, il Procuratore sospende le indagine sino a che la Corte non abbia adottato una decisione in conformità dell'art. 17.

8. Pendente la decisione della Corte, il Procuratore può richiedere alla stessa l'autorizzazione:

a) a compiere gli atti di indagine necessari indicati nell'art. 18 paragrafo 6;
b) ad assumere dichiarazioni o deposizioni o testimonianze da testimoni, o a completare la raccolta e l'esame degli elementi di prova che abbiano avuto inizio prima della proposizione dell'eccezione; e
c) ad impedire, in cooperazione con gli Stati interessati, che coloro nei cui confronti il Procuratore ha già richiesto un mandato d'arresto ai sensi dell'art. 58 si rendano latitanti.

9. La proposizione dell'eccezione non incide sulla validità degli atti compiuti in precedenza dal Procuratore, o degli ordini o dei mandati emessi in precedenza dalla Corte.

10. Se la Corte ha dichiarato l'improcedibilità del caso ai sensi dell'art. 17, il Procuratore può avanzare richiesta per la revisione della decisione qualora accerti pienamente il verificarsi di fatti nuovi che abbiano fatto venire meno le ragioni sulle quali si fondava la precedente dichiarazione di improcedibilità del caso adottata ai sensi dell'art. 17.

11. Se il Procuratore, con riferimento a quanto indicato nell'art. 17, sospende le indagini può richiedere che lo Stato interessato lo informi sullo svolgimento della procedura. Tali notizie devono essere, a richiesta dello Stato in oggetto, tenute riservate. Se successivamente il Procuratore decide di procedere alle indagini deve darne formale notizia allo Stato la cui procedura era all'origine della sospensione.

20. *Ne bis in idem.*

1. Se non diversamente preveduto dal presente Statuto, nessuno può essere giudicato dalla Corte per atti costitutivi di crimini per i quali è stato precedentemente condannato o assolto dalla Corte stessa.

2. Nessuno può essere giudicato da una diversa giurisdizione per un crimine indicato nell'art. 5 per il quale è già stato condannato o assolto dalla Corte.

3. Chiunque sia stato precedentemente giudicato da una diversa giurisdizione per condotte punibili anche ai sensi degli articoli 6, 7, e 8, può essere giudicato dalla Corte solo se il procedimento di fronte all'altra giurisdizione:

a) mirava a sottrarre la persona interessata alla sua responsabilità penale per crimini di competenza della Corte; o
b) in ogni caso non era stato condotto in modo indipendente ed imparziale, nel rispetto delle garanzie previste dal diritto internazionale, ma invece era stato condotto in modo da essere incompatibile, date le circostanze, con il fine di assicurare la persona interessata alla giustizia.

21. Normativa applicabile.

1. La Corte applica:

a) in primo luogo, il presente Statuto ed il Regolamento di procedura e di prova;
b) in secondo luogo, ove occorra, i trattati applicabili ed i princìpi e le regole di diritto internazionale, ivi compresi i princìpi consolidati del diritto internazionale dei conflitti armati;
c) in mancanza, i princìpi generali di diritto ricavati dalla Corte in base alla normativa interna dei sistemi giuridici del mondo, compresa, ove occorra, la normativa interna degli Stati che avrebbero avuto giurisdizione sul crimine, purché tali princìpi non siano in contrasto con il presente Statuto, con il diritto internazionale e con le norme ed i criteri internazionalmente riconosciuti.

2. La Corte può applicare i princìpi di diritto e le norme giuridiche quali risultano dall'interpretazione fornitane nelle proprie precedenti decisioni.

3. L'applicazione e l'interpretazione del diritto ai sensi del presente articolo devono essere compatibili con i diritti dell'uomo internazionalmente riconosciuti e devono essere effettuate senza alcuna discriminazione fondata su ragioni quali il genere sessuale come definito nell'art. 7, paragrafo 3, l'età, la razza, il colore, la lingua, la religione o il credo, le opinioni politiche o le altre opinioni, la nazionalità, l'origine etnica o sociale, le condizioni economiche, la nascita o le altre condizioni personali.

CAPITOLO III
Principi generali del diritto penale

22. *Nullum crimine sine lege.*

1. Una persona è penalmente responsabile in forza

del presente Statuto solo se la sua condotta, nel momento in cui viene realizzata, costituisce un crimine di competenza della Corte.

2. La definizione dei crimini è interpretata tassativamente e non può essere estesa per analogia. Nel dubbio, deve essere interpretata a favore della persona che è oggetto di un'inchiesta, di azioni giudiziarie o di una condanna.

3. Il presente articolo non impedisce che un comportamento sia qualificato come crimine secondo il diritto internazionale, indipendentemente dal presente Statuto.

23. ***Nulla poena sine lege.***

Una persona che è stata condannata dalla Corte può essere punita solo in conformità alle disposizioni del presente Statuto.

24. Non retroattività *ratione personae.*

1. Nessuno è penalmente responsabile in forza del presente Statuto per un comportamento precedente all'entrata in vigore dello Statuto.

Se il diritto applicabile ad un caso è modificato prima della sentenza definitiva, alla persona che è oggetto d'inchiesta, di un procedimento giudiziario o di una condanna sarà applicato il diritto più favorevole.

25. Responsabilità penale individuale.

1. La Corte è competente per le persone fisiche in conformità al presente Statuto.

2. Chiunque commette un reato sottoposto alla giurisdizione della Corte è individualmente responsabile e può essere punito secondo il presente Statuto.

3. In conformità del presente Statuto, una persona è penalmente responsabile e può essere punita per un reato di competenza della Corte:

a) quando commette tale reato a titolo individuale o insieme ad un un'altra persona o tramite un'altra persona, a prescindere se quest'ultima è o meno penalmente responsabile;
b) quando ordina, sollecita o incoraggia la perpetrazione di tale reato, nella misura in cui vi è perpetrazione o tentativo di perpetrazione di reato;
c) quando, in vista di agevolare la perpetrazione di tale reato, essa fornisce il suo aiuto, la sua partecipazione o ogni altra forma di assistenza alla perpetrazione o al tentativo di perpetrazione di tale reato, ivi compresi i mezzi per farlo;
d) contribuisce in ogni altra maniera alla perpetrazione o al tentativo di perpetrazione di tale reato da parte di un gruppo di persone che agiscono di comune accordo. Tale contributo deve essere intenzionale e, a seconda dei casi:
   i) mirare a facilitare l'attività criminale o il progetto criminale del gruppo, nella misura in cui tale attività o progetto comportano l'esecuzione di un delitto sottoposto alla giurisdizione della Corte; oppure
   ii) essere fornito in piena consapevolezza dell'intento del gruppo di commettere il reato.
e) Trattandosi di un crimine di genocidio, incita direttamente e pubblicamente altrui a commetterlo;
f) tenta di commettere il reato mediante atti che per via del loro carattere sostanziale rappresentano un inizio di esecuzione, senza tuttavia portare a termine il reato per via di circostanze indipendenti dalla sua volontà. Tuttavia la persona che desiste dallo sforzo volto a commettere il reato o ne impedisce in qualche modo l'espletamento, non può essere punita in forza del presente Statuto per il suo tentativo, qualora abbia completamente e volontariamente desistito dal suo progetto criminale.

4. Nessuna disposizione del presente Statuto relativa alla responsabilità penale degli individui pregiudica la responsabilità degli Stati nel diritto internazionale.

26. Esclusione di giurisdizione per persone di età inferiore a 18 anni.

La Corte non ha competenza nei confronti di una persona minore di 18 anni al momento della pretesa perpetrazione di un crimine.

27. Irrilevanza della qualifica ufficiale.

1. Il presente Statuto si applica a tutti in modo uguale senza qualsivoglia distinzione basata sulla qualifica ufficiale. In modo particolare la qualifica ufficiale di Capo di Stato o di governo, di membro di un governo o di un parlamento, di rappresentante eletto o di agente di uno Stato non esonera in alcun caso una persona dalla sua responsabilità penale per quanto concerne il presente Statuto e non costituisce in quanto tale motivo di riduzione della pena.

2. Le immunità o regole di procedura speciale eventualmente inerenti alla qualifica ufficiale di una persona in forza del diritto interno o del diritto internazionale non vietano alla Corte di esercitare la sua competenza nei confronti di questa persona.

28. Responsabilità dei capi militari e di altri superiori gerarchici.

Oltre agli altri motivi di responsabilità penale secondo il presente Statuto per reati di competenza della Corte:

1. Un comandante militare o persona facente effettivamente funzione di comandante militare è penalmente responsabile dei crimini di competenza della Corte commessi da forze poste sotto il suo effettivo comando o controllo o sotto la sua effettiva autorità e controllo, a seconda dei casi, quando non abbia esercitato un opportuno controllo su queste forze nei seguenti casi:

a) questo capo militare o persona sapeva o, date le circostanze, avrebbe dovuto sapere che le forze commettevano o stavano per commettere tali crimini; e
b) questo capo militare o persona non ha preso tutte le misure necessarie e ragionevoli in suo potere per impedire o reprimere l'esecuzione o per sottoporre la questione alle autorità competenti a fini d'inchiesta e di azioni giudiziarie.

2. Per quanto concerne le relazioni fra superiore gerarchico e sottoposti, non descritte alla lettera a), il superiore gerarchico è penalmente responsabile per i reati di competenza della Corte commessi da sottoposti sotto la sua effettiva autorità o controllo, qualora egli non abbia esercitato un opportuno controllo su tali sottoposti nelle seguenti circostanze:

a) essendo a conoscenza, o trascurando deliberatamente di tenere conto di informazioni che indicavano chiaramente che tali subordinati commettevano o stavano per commettere tali crimini;
b) i crimini erano inerenti ad attività sotto la sua effettiva autorità e responsabilità;
c) non ha preso tutte le misure necessarie e ragionevoli in suo potere per impedirne o reprimerne l'esecuzione o per sottoporre la questione alle autorità competenti ai fini d'inchiesta e di esercizio dell'azione penale.

29. Imprescrittibilità.

I crimini di competenza della Corte non sono soggetti ad alcun termine di prescrizione.

30. Elementi psicologici.

1. Salvo diversa disposizione, una persona non è penalmente responsabile e può essere punita per un crimine di competenza della Corte solo se l'elemento materiale è accompagnato da intenzione e consapevolezza.

2. Ai sensi del presente articolo, vi è intenzione quando:

a) trattandosi di un comportamento, una persona intende adottare tale comportamento;
b) trattandosi di una conseguenza, una persona intende causare tale conseguenza o è consapevole che quest'ultima avverrà nel corso normale degli eventi.

3. Vi è consapevolezza ai sensi del presente articolo quando una persona è cosciente dell'esistenza di una determinata circostanza o che una conseguenza avverrà nel corso normale degli eventi. "Intenzionalmente" e "con cognizione di causa" vanno interpretati di conseguenza.

31. Motivi di esclusione dalle responsabilità penali.

1. Oltre agli altri motivi di esclusione della responsabilità penale previsti dal presente Statuto, una persona non è penalmente responsabile se al momento del suo comportamento:

a) essa soffriva di una malattia o deficienza mentale che le precludeva la facoltà di comprendere il carattere delittuoso o la natura del suo comportamento, o di controllarlo per renderlo conforme alle norme di legge;
b) era in uno stato d'intossicazione che le precludeva la facoltà di comprendere il carattere delittuoso o la natura del suo comportamento, o di controllarlo per renderlo conforme alle norme di legge; a meno che non si fosse volontariamente intossicata pur sapendo, come risulta dalle circostanze, che per via della sua intossicazione, essa avrebbe con ogni probabilità adottato un comportamento costituente un crimine di competenza della Corte e non abbia tenuto conto di tale probabilità;
c) essa ha agito in modo ragionevole per difendere sé stessa, per difendere un'altra persona o, in caso di crimini di guerra, per difendere beni essenziali alla propria sopravvivenza o a quella di terzi, o essenziali per l'adempimento di una missione militare contro un ricorso imminente ed illecito alla forza, proporzionalmente all'ampiezza del pericolo da essa incorsa o dall'altra persona o dai beni protetti. Il fatto che la persona abbia partecipato ad un'operazione difensiva svolta da forze armate non costituisce di per sé motivo di esonero dalla responsabilità penale a titolo del presente capoverso.
d) Il comportamento qualificato come sottoposto alla giurisdizione della Corte è stato adottato sotto una coercizione risultante da una minaccia di morte imminente o da un grave pericolo continuo o imminente per l'integrità di tale persona o di un'altra persona e la persona ha agito spinta dal bisogno ed in modo ragionevole per allontanare tale minaccia, a patto che non abbia inteso causare un danno maggiore di quello che cercava di evitare. Tale minaccia può essere stata:
   i) sia esercitata da altre persone, o
   ii) costituita da altre circostanze indipendenti dalla sua volontà.

2. La Corte si pronuncia sul fatto di sapere se i motivi di esclusione dalla responsabilità penale previsti nel presente Statuto sono applicabili al caso di cui è investita.

3. Durante il processo la Corte può tenere conto di un motivo di esonero diverso da quelli previsti al paragrafo 1, se tale motivo discende dal diritto applicabile enunciato all'art. 21. Le procedure di esame di tale motivo di esclusione sono previste nelle Regole Procedurali e di Ammissibilità delle Prove.

32. Errore di fatto o di diritto.

1. Un errore di fatto è motivo di esclusione dalla responsabilità penale solo se annulla l'elemento psicologico del reato.

2. Un errore di diritto concernente la questione di sapere se un determinato tipo di comportamento costituisce un reato possibile della giurisdizione della Corte non è motivo di esclusione dalla responsabilità penale. Tuttavia, un errore di diritto può essere motivo di esclusione dalla responsabilità penale quando annulla l'elemento psicologico del reato, o sulla base di quanto previsto dall'art. 33.

33. Ordini del superiore gerarchico e ordine di legge.

1. Il fatto che un reato passibile di giurisdizione della Corte sia stato commesso da una persona in esecuzione di un ordine di un governo o di un superiore militare o civile non esonera tale persona dalla sua responsabilità penale, salvo se:

a) la persona aveva l'obbligo legale di ubbidire agli ordini del governo o del superiore in questione;

b) la persona non sapeva che l'ordine era illegale;
c) l'ordine non era manifestamente illegale.

2. Ai fini del presente articolo, gli ordini di commettere un genocidio o crimini contro l'umanità sono manifestamente illegali.

CAPITOLO IV
Composizione ed amministrazione della Corte

34. Organi della Corte.

Gli organi della Corte sono i seguenti:
a) Presidenza;
b) Sezione degli appelli, Sezione di primo grado e Sezione preliminare;
c) Ufficio del Procuratore;
d) Cancelleria.

35. Esercizio delle funzioni da parte dei giudici.

1. Tutti i giudici sono eletti come membri a tempo pieno della Corte e sono disponibili per esercitare le loro funzioni a tempo pieno non appena ha inizio il loro mandato.

2. I giudici che compongono la Presidenza esercitano le loro funzioni a tempo pieno dal momento in cui sono eletti.

3. La Presidenza può, in funzione del carico di lavoro della Corte ed in consultazione con gli altri giudici decidere periodicamente in che misura questi ultimi sono tenuti ad esercitare le loro funzioni a tempo pieno. Le decisioni adottate a tale riguardo non pregiudicano le disposizioni dell'art. 40.

4. Le intese finanziarie concernenti i giudici che non sono tenuti ad esercitare le loro funzioni a tempo pieno sono stabilite secondo l'art. 49.

36. Qualificazioni, candidatura ed elezione dei giudici.

1. Subordinatamente alle disposizioni del paragrafo 2, la Corte si compone di 18 giudici.

2. a) La Presidenza, agente in nome della Corte, può proporre di aumentare il numero dei giudici fissato al paragrafo 1, motivando debitamente la sua proposta. Questa è comunicata senza indugio a tutte le parti dall'ufficio di Cancelleria.
b) Successivamente la proposta è esaminata in una riunione dell'Assemblea degli Stati Parti, convocata conformemente all'art. 112. Essa è considerata adottata se è approvata in questa riunione a maggioranza di due terzi dei membri dell'Assemblea degli Stati Parte. Essa entra in vigore alla data stabilita dall'Assemblea degli Stati Parti.
c) i) Quando una proposta di aumentare il numero dei giudici è stata adottata secondo il capoverso b), l'elezione dei giudici supplementari avviene alla successiva riunione dell'Assemblea degli Stati Parti secondo i paragrafi 3 a 8 e l'art. 37, paragrafo 2;
ii) Quando una proposta di aumentare il numero dei giudici è stata adottata ed è divenuta effettiva secondo i capoversi b) e c) sotto-capoverso i), la Presidenza può proporre in qualsiasi momento in seguito, qualora il carico di lavoro della Corte lo giustifichi, di ridurre il numero dei giudici purché tale numero non scenda al di sotto di quello stabilito al paragrafo 1. La proposta è esaminata secondo la procedura stabilita ai capoversi a) e b). Se è adottata, il numero dei giudici diminuisce gradualmente mano a mano che il mandato dei giudici in esercizio giunge a scadenza, fino a quando non venga raggiunto il numero richiesto,

3. a) I giudici sono selezionati fra persone che godono di un'elevata considerazione morale, conosciute per la loro imparzialità ed integrità e che presentano tutti i requisiti richiesti nei loro rispettivi Stati per l'esercizio delle massime cariche giudiziarie.
b) Ogni candidato ad un seggio alla Corte deve:
i) avere una competenza riconosciuta in diritto e procedura penale, nonché la necessaria esperienza di processo penale, sia in qualità di giudice, di procuratore, di avvocato o in ogni altra qualità analoga; oppure
ii) avere una competenza riconosciuta in settori pertinenti del diritto internazionale, come il diritto internazionale umanitario ed i diritti dell'uomo, nonché una vasta esperienza in una professione giuridica particolarmente significativa ai fini dell'attività giudiziaria della Corte;
c) ogni candidato ad un seggio alla Corte deve avere un'ottima conoscenza ed una pratica corrente di almeno una delle lingue di lavoro della Corte.

4. a) I candidati ad un seggio alla Corte possono essere presentati da ogni Stato Parte al presente Statuto
i) secondo la procedura di presentazione di candidature alle massime cariche giudiziarie nello Stato in questione; oppure
ii) secondo la procedura di presentazione di candidature alla Corte Internazionale di Giustizia prevista nello Statuto di quest'ultima.

Le candidature sono accompagnate da una dichiarazione dettagliata che dimostra che il candidato presenta i requisiti previsti al paragrafo 3.
b) Ciascuno Stato Parte può presentare la candidatura di una persona per una determinata elezione. Tale persona non deve necessariamente averne la nazionalità, ma in ogni caso deve essere in possesso di quella di uno Stato Parte.
c) L'Assemblea degli Stati Parti può decidere di costituire, come opportuno, una commissione consultiva per l'esame delle candidature. La composizione od il mandato di tale Commissione sono definite dall'Assemblea degli Stati Parti.

5. Ai fini dell'elezione, vengono predisposte due liste di candidati:

La lista A, contenente i nomi dei candidati in possesso dei requisiti di cui al paragrafo 3, capoverso b), sotto-capoverso i);

La lista B, contenente i nomi dei candidati in possesso dei requisiti di cui al paragrafo 3, capoverso b), sotto-capoverso ii).

Ogni candidato in possesso delle competenze richieste per figurare sulle due liste può scegliere quella su cui presentarsi. Alla prima elezione, almeno nove giudici saranno eletti fra i candidati della lista A ed almeno cinque giudici fra quelli della lista B. Le elezioni successive saranno organizzate in modo da mantenere una proporzione analoga fra i giudici qualificati eletti fra i candidati delle due liste.

6. a) I giudici sono eletti a scrutinio segreto in una riunione dell'Assemblea degli Stati Parti convocata a tal fine in forza dell'art. 112. Subordinatamente al paragrafo 7 sono eletti i 18 candidati che hanno ottenuto il maggior numero di voti e la maggioranza di due terzi degli Stati Parti presenti e votanti.

b) Se rimangono seggi da destinare alla fine del primo turno di scrutinio si procederà a scrutini ulteriori secondo la procedura stabilita al capoverso a) fino a quando i rimanenti seggi siano stati ricoperti.

7. La Corte non può annoverare più di un cittadino dello stesso Stato. A tale riguardo una persona che può essere considerata come cittadina di più di uno Stato sarà considerata cittadino dello Stato in cui esercita abitualmente i suoi diritti civili e politici.

8. a) Nella scelta dei giudici gli Stati Parti tengono conto della necessità di assicurare nella composizione della Corte:

i) la rappresentanza dei principali ordinamenti giuridici del mondo;

ii) un'equa rappresentanza geografica;

iii) un'equa rappresentanza di uomini e donne.

b) Gli Stati Parti tengono altresì conto del bisogno di assicurare la presenza di giudici specializzati in talune questioni, in modo particolare per le questioni relative alla violenza contro donne o bambini.

9. a) Subordinatamente al capoverso b), i giudici sono eletti per un mandato di nove anni e, fatto salvo il capoverso c) e l'art. 37, paragrafo 2, essi non sono rieleggibili.

b) Nella prima elezione, un terzo dei giudici eletti designati mediante sorteggio, sono nominati per un mandato di tre anni; un terzo dei giudici eletti designati mediante sorteggio sono nominati per un mandato di sei anni; gli altri giudici sono nominati per un mandato di nove anni.

c) Un giudice nominato per un mandato di tre anni in applicazione del sotto-paragrafo b) è rieleggibile per un mandato completo.

10. Nonostante le disposizioni del paragrafo 9, un giudice applicato alla Camera di primo grado o alla Camera d'Appello secondo l'art. 39, che ha iniziato dinanzi a questa Sezione la trattazione di una causa di primo grado o d'appello rimane in funzione fino a quando la causa non è risolta.

37. Seggi vacanti.

1. I seggi divenuti vacanti sono ricoperti mediante elezione in conformità all'art. 36.

2. Un giudice eletto ad un seggio divenuto vacante completa il mandato del suo predecessore; se la durata del mandato da portare a termine è inferiore o pari a tre anni, egli è rieleggibile per un intero mandato secondo l'art. 36.

38. Presidenza.

1. Il Presidente ed il Primo e Secondo Vicepresidente sono eletti a maggioranza assoluta dei giudici. Essi sono eletti per tre anni o fino alla scadenza del loro mandato di giudice se quest'ultimo termina prima di tre anni. Sono rieleggibili una sola volta.

2. Il Primo Vicepresidente sostituisce il Presidente quando quest'ultimo è impedito o ricusato. Il Secondo Vicepresidente sostituisce il Presidente quando quest'ultimo ed il Primo Vicepresidente sono entrambi impediti o ricusati.

3. Il Presidente, il Primo Vicepresidente ed il Secondo Vicepresidente compongono la Presidenza la quale è incaricata: a) di una corretta amministrazione della Corte, ad eccezione dell'ufficio del Procuratore; e b) delle altre funzioni conferitele secondo il presente Statuto.

4. Nell'esercizio delle competenze di cui al paragrafo 3, capoverso a), la Presidenza agisce di comune accordo con il Procuratore, al quale chiede il suo consenso per tutte le questioni d'interesse comune.

39. Sezioni.

1. Il prima possibile dopo l'elezione dei giudici, la Corte si organizza in sezioni come previsto dall'art. 34, paragrafo b). La Sezione degli appelli è composta dal Presidente e da altri quattro giudici; la Sezione di primo grado e la Sezione preliminare sono ciascuna composte da almeno sei giudici. L'applicazione dei giudici alle Sezioni è fondata sulla natura delle funzioni attribuite a ciascuna di esse e sulle competenze ed esperienza dei giudici eletti alla Corte, in modo tale che ciascuna sezione includa in misura adeguata membri con competenze specializzate in diritto e procedura penale, ed in diritto internazionale. La Sezione preliminare e la Sezione di primo grado sono composte in prevalenza da giudici aventi esperienza in materia di procedimenti penali.

2. a) Le funzioni giudiziarie della Corte sono esercitate in ciascuna sezione dalle Camere.

b) i) La Camera di appello è composta da tutti i giudici della sezione degli appelli.

ii) Le funzioni della Camera di primo grado sono esercitate da tre giudici della Sezione di primo grado.

iii) Le funzioni della Camera preliminare sono esercitate sia da tre giudici della Sezione preliminare, sia da un solo giudice di tale Sezione secondo le Regole Procedurali e di Ammissibilità delle Prove.

c) Nessuna disposizione del presente paragrafo vieta la costituzione concomitante di più di una camera di primo grado o camera preliminare quando il carico di lavoro della Corte lo esiga.

3. a) I giudici applicati alla Sezione preliminare ed alla Sezione di primo grado vi siedono per tre anni; essi continuano a sedervi oltre questo termine fino alla soluzione di qualsiasi caso da essi trattato in tali sezioni.

b) I giudici applicati alla Sezione degli appelli vi siedono per tutta la durata del loro mandato.

4. I giudici applicati alla Sezione degli appelli siedono esclusivamente in questa Sezione. Tuttavia, nessuna disposizione del presente articolo vieta l'applicazione provvisoria di giudici della Sezione di primo grado alla Sezione preliminare o viceversa, se la Presidenza ritiene che ciò è necessario in considerazione del carico di lavoro della Corte, rimanendo inteso che un giudice che ha partecipato alla fase preliminare di una questione non è in alcun caso autorizzato a sedere nella Camera di primo grado investita della stessa questione.

40. Indipendenza dei giudici.

1. I giudici esercitano le loro funzioni in completa indipendenza.

2. I giudici non esercitano alcuna attività che potrebbe essere incompatibile con le loro funzioni giudiziarie o far dubitare della loro indipendenza.

3. I giudici tenuti ad esercitare le loro funzioni a tempo pieno presso la sede della Corte non devono esercitare alcuna altra attività di carattere professionale.

4. Ogni questione che potrebbe sorgere a proposito dei paragrafi 2 e 3 è decisa a maggioranza assoluta dei giudici. Quando una questione concerne un giudice, tale giudice non parteciperà all'adozione della decisione.

41. Esonero e ricusazione dei giudici.

1. La Presidenza può esonerare un giudice, a sua richiesta, dalle funzioni che gli sono attribuite in forza del presente Statuto secondo il Regolamento di procedura e di prova.

2. a) Un giudice non può partecipare alla soluzione di qualsiasi causa in cui la sua imparzialità potrebbe ragionevolmente essere messa in dubbio per qualsivoglia ragione. Un giudice può essere ricusato per un determinato caso, secondo il presente paragrafo, in modo particolare se è già intervenuto in precedenza, a qualsiasi titolo, nella stessa questione dinanzi alla Corte o in una causa penale connessa, a livello nazionale, in cui la persona che è ora oggetto di inchiesta o di azione giudiziaria era implicata. Un giudice può altresì essere ricusato per altri motivi previsti dal Regolamento di procedura e di prova.

b) Il procuratore o la persona oggetto di un'inchiesta o di azioni giudiziarie può chiedere la ricusazione di un giudice in forza del presente paragrafo.

c) Ogni questione relativa alla ricusazione di un giudice è decisa a maggioranza assoluta dei giudici. Il giudice di cui si domanda la ricusazione, può presentare le sue osservazioni in merito, ma non partecipa alla decisione.

42. Ufficio del Procuratore.

1. L'Ufficio del Procuratore opera indipendentemente in quanto organo distinto nell'ambito della Corte. Esso è incaricato di ricevere le comunicazioni ed ogni informazione debitamente valutata relativa ai reati di competenza della Corte, di esaminarle, di condurre le inchieste e di sostenere l'accusa dinanzi alla Corte. I membri di questo Ufficio non sollecitano né agiscono su istruzioni provenienti da fonti esterne.

2. L'Ufficio è diretto dal Procuratore. Quest'ultimo ha piena autorità per quanto concerne la gestione amministrativa dell'Ufficio ivi compreso il personale, le installazioni ed altre risorse. Il Procuratore è assistito da uno o più Vice-Procuratori, abilitati ad effettuare tutti gli atti richiesti dal Procuratore secondo il presente Statuto. Il Procuratore ed i Vice-Procuratori sono di nazionalità diverse. Essi esercitano le loro funzioni a tempo pieno.

3. Il Procuratore ed i Vice-Procuratori devono godere di un'elevata considerazione morale ed avere solide competenze ed una vasta esperienza pratica in materia di azioni giudiziarie o di processi in affari penali. Essi debbono avere un'ottima conoscenza e pratica corrente di almeno una delle lingue di lavoro della Corte.

4. Il Procuratore è eletto a scrutinio segreto dall'Assemblea degli Stati Parti ed a maggioranza assoluta dei suoi membri. I Vice-Procuratori sono eletti allo stesso modo da una lista di candidati presentata dal Procuratore. Il Procuratore presenta tre candidati per ciascun incarico di Vice-Procuratore da ricoprire. Salvo se viene deciso un mandato più breve, al momento della loro elezione il Procuratore ed i Vice-Procuratori esercitano le loro funzioni per nove anni e non sono rieleggibili.

5. Né il Procuratore né i Vice-Procuratori esercitano attività che rischiano di essere incompatibili con le loro funzioni in materia di azioni giudiziarie o di far dubitare della loro indipendenza. Essi non esercitano alcuna altra attività di carattere professionale.

6. La Presidenza può esonerare il Procuratore o un Vice-Procuratore, a sua richiesta, dalle sue funzioni in un determinato caso.

7. Né il Procuratore né i Vice-Procuratori possono partecipare alla soluzione di una questione in cui la loro imparzialità potrebbe ragionevolmente essere contestata per un motivo qualsiasi. Essi possono essere ricusati nell'ambito di una causa, secondo il presente paragrafo, se in precedenza erano già intervenuti a qualsiasi titolo in tale causa dinanzi alla Corte o in una causa penale connessa a livello nazionale, nella quale la persona oggetto d'inchiesta o di azioni giudiziarie era implicata.

8. Ogni questione relativa alla ricusazione del Procuratore o di un Vice-Procuratore è decisa dalla Camera di appello.

a) La persona oggetto di un'inchiesta o di azioni giudiziarie può in qualsiasi momento chiedere la ricusazione del Procuratore o di un Vice-Procuratore per i motivi enunciati nel presente articolo.

b) Il Procuratore o il Vice-Procuratore interessato, a seconda dei casi può presentare le sue osservazioni in merito.

9. Il Procuratore nomina consiglieri che sono specialisti in diritto per talune questioni, in modo particolare violenze sessuali, violenze per motivazioni sessiste e violenze contro bambini.

43. Ufficio di Cancelleria.

1. L'Ufficio di Cancelleria è responsabile degli aspetti non giudiziari dell'amministrazione e dei servizi della Corte, fatte salve le funzioni e le competenze del Procuratore definite all'art. 42.

2. L'Ufficio di Cancelleria è diretto dal Cancelliere che è il principale funzionario amministrativo della Corte. Il Cancelliere esercita le sue funzioni sotto l'autorità del Presidente della Corte.

3. Il Cancelliere ed il Vice-Cancelliere devono essere persone di comprovata moralità e di vasta competenza, con un'ottima conoscenza ed una pratica corrente di almeno una delle lingue di lavoro della Corte.

4. I giudici eleggono il Cancelliere a maggioranza assoluta e a scrutinio segreto, in considerazione di eventuali raccomandazioni dell'Assemblea degli Stati Parti. Ove necessario, essi eleggono allo stesso modo un Vice-Cancelliere su raccomandazione del Cancelliere.

5. Il Cancelliere è eletto per cinque anni, è rieleggibile una volta ed esercita le sue funzioni a tempo pieno. Il Vice-Cancelliere è eletto per cinque anni o per un mandato più breve, secondo quanto può essere deciso a maggioranza assoluta dei giudici; esso è chiamato ad esercitare le sue funzioni secondo le esigenze del servizio.

6. Il Cancelliere istituisce nell'ambito dell'Ufficio di cancelleria, una Divisione di assistenza per le vittime ed i testimoni. Tale Divisione è incaricata, in consultazione con l'ufficio del Procuratore, di consigliare e di aiutare in ogni altro modo appropriato i testimoni le vittime che compaiono dinanzi alla Corte e le altre persone che potrebbero essere messe in pericolo dalle deposizioni di tali testimoni, nonché di prevedere le misure e disposizioni da prendere per garantire la loro protezione e sicurezza. Il personale della Divisione include specialisti dell'aiuto alle vittime di traumi, in modo particolare traumi susseguenti a violenze sessuali.

44. Il personale.

1. Il procuratore ed il Cancelliere nominato il personale qualificato necessario nei loro rispettivi servizi compresi, per quanto riguarda il Procuratore, gli inquirenti.

2. Nel reclutare il personale, il Procuratore ed il Cancelliere provvedono ad assicurarsi i servizi di persone presentando al più alto grado competenza, integrità ed efficienza, tenuto conto, mutatis mutandis, dei criteri enunciati all'art. 36, paragrafo 8.

3. Il Cancelliere, di comune accordo con la Presidenza ed il Procuratore, propone lo Statuto del personale con le norme per la nomina, la remunerazione e la cessazione dalle funzioni. Lo Statuto del personale è approvato dall'Assemblea degli Stati Parti.

4. La Corte può, in circostanze eccezionali, impiegare del personale messo gratuitamente a disposizione da Stati Parti, organizzazioni intergovernative o organizzazioni non governative, per aiutare qualsiasi organo della Corte nei suoi lavori. Il Procuratore può accettare questa offerta per quanto riguarda l'Ufficio del Procuratore. Tali persone messe gratuitamente a disposizione sono impiegate in conformità alle direttive che saranno stabilite dall'Assemblea degli Stati Parti.

45. Impegno solenne.

Prima di entrare in funzione secondo il presente Statuto, i giudici, il Procuratore i Vice-Procuratori, il Cancelliere ed il Vice-Cancelliere assumono, in sessione pubblica, l'impegno solenne di esercitare le loro competenze in completa imparzialità e coscienza.

46. Perdita di funzioni.

1. Un giudice, il Procuratore, un Vice-Procuratore il Cancelliere o il Vice Cancelliere è sollevato dalle sue funzioni in base ad una decisione adottata secondo il paragrafo 2, nei casi in cui:

a) venga accertato che ha commesso un errore grave o un'inadempienza grave ai doveri che gli sono imposti dal presente Statuto come previsto nelle Regole Procedurali e di Ammissibilità delle Prove, oppure
b) lo stesso si trova nell'incapacità di esercitare le sue funzioni come definite dal presente Statuto.

2. La decisione relativa alla perdita di funzioni di un giudice, del Procuratore, di un ViceProcuratore in applicazione del paragrafo 1 è adottata dall'Assemblea degli Stati Parti a scrutinio segreto:

a) nel caso di un giudice, a maggioranza di due terzi degli Stati Parti su raccomandazione adottata a maggioranza di due terzi degli altri giudici;
b) nel caso del Procuratore, a maggioranza assoluta degli Stati Parti,
c) nel caso di un Vice-Procuratore, a maggioranza assoluta degli Stati Parti su raccomandazione del Procuratore.

3. La decisione relativa alla perdita di funzione del Cancelliere o del Vice-Cancelliere è adottata a maggioranza assoluta dei giudici.

4. Un giudice, un Procuratore, un Vice-procuratore, un Cancelliere o Vice-Cancelliere il cui comportamento o attitudine ad esercitare le funzioni previste dal presente Statuto sono contestati in forza del presente articolo ha ogni facoltà di produrre e ricevere elementi di prova e di far valere i suoi argomenti secondo il Regolamento di procedura e di prova. Non è prevista in altro modo la sua partecipazione all'esame della questione.

47. Misure disciplinari.

Un giudice, un Procuratore, un Vice-Procuratore, un Cancelliere o un Vice-Cancelliere che abbia commesso una colpa di gravità minore di quella menzionata all'art. 46, paragrafo 1, è oggetto di misure disciplinari secondo le Regole Procedurali e di Ammissibilità delle Prove.

48. Privilegi ed immunità.

1. La Corte gode suo territorio di ciascuno Stato Parte dei privilegi e delle immunità necessari per l'adempimento del suo mandato.

2. I giudici, il Procuratore, i Vice-Procuratori ed il Cancelliere beneficiano nell'esercizio delle loro funzioni e relativamente a tali funzioni dei privilegi ed immunità concessi ai capi delle missioni diplomatiche. Dopo la scadenza del loro mandato essi continuano a beneficiare dell'immunità da qualsiasi giurisdizione per parole, scritti ed atti inerenti all'esercizio delle loro funzioni ufficiali.

3. Il Vice-Cancelliere, il personale dell'ufficio del Procuratore ed il personale dell'Ufficio di Cancelleria godono dei privilegi, immunità ed agevolazioni necessarie per l'esercizio delle loro funzioni in conformità all'accordo sui privilegi e le immunità della Corte.

4. Gli avvocati, esperti, testimoni o altre persone la cui presenza è richiesta presso la sede della Corte beneficiano del trattamento necessario per il buon funzionamento della Corte secondo l'accordo sui privilegi e le immunità della Corte.

5. I privilegi e le immunità possono essere aboliti:
a) nel caso di un giudice o di un Procuratore, mediante decisione presa a maggioranza assoluta dei giudici;
b) nel caso del Cancelliere, dalla Presidenza;
c) nel caso dei Vice-Procuratori e del personale dell'ufficio del Procuratore, dal Procuratore;
d) nel caso del Vice-Cancelliere e del personale dell'Ufficio di Cancelleria, dal Cancelliere.

49. Retribuzioni, indennità e rimborso spese.

I giudici, il Procuratore, i Vice-Procuratori, il Cancelliere ed il Vice-Cancelliere percepiscono le retribuzioni, indennità e rimborsi stabilite dall'Assemblea degli Stati Parti. Tali retribuzioni ed indennità non saranno ridotte nel corso del mandato.

50. Lingue ufficiali e lingue di lavoro.

1. Le lingue ufficiali della Corte sono l'inglese, l'arabo, il cinese, lo spagnolo, il francese ed il russo. Le decisioni della Corte nonché altre decisioni che risolvono questioni fondamentali sottoposte alla Corte sono pubblicate nelle lingue ufficiali. La Presidenza determina, secondo i criteri stabiliti dal Regolamento di procedura e di prova, quali decisioni possono essere considerate ai fini del presente paragrafo come risolutive di questioni fondamentali.

2. Le lingue di lavoro della Corte sono l'inglese ed il francese. Il Regolamento di procedura e di prova definisce i casi in cui altre lingue ufficiali possono essere utilizzate come lingue di lavoro.

3. Su richiesta di ogni parte ad una procedura, o di ogni Stato autorizzato ad intervenire in una procedura la Corte autorizza l'impiego, per tale Parte o Stato, di una lingua diversa dall'inglese o dal francese qualora lo ritenga giustificato.

51. Regole Procedurali e di Ammissibilità delle Prove.

1. Le Regole Procedurali e di Ammissibilità delle Prove entrano in vigore al momento della loro adozione *da parte dell'Assemblea di Stati Parti* a maggioranza di due terzi dei suoi membri.

2. Possono essere proposti emendamenti alle Regole Procedurali e di Ammissibilità delle Prove da parte di:
a) ogni Stato Parte,
b) i giudici agenti a maggioranza assoluta,
c) il Procuratore.

Tali emendamenti entrano in vigore al momento della loro adozione a maggioranza di due terzi dei membri dell'Assemblea degli Stati Parti.

3. Dopo l'adozione delle Regole Procedurali e di Ammissibilità delle Prove, nei casi di emergenza in cui una determinata situazione sottoposta alla Corte non è prevista da dette Regole i giudici possono a maggioranza di due terzi stabilire regole provvisorie che si applicheranno fino a quando l'Assemblea degli Stati Parti nella sua riunione ordinaria o straordinaria successiva non le adotti, le modifichi o le respinga.

4. Le Regole Procedurali e di Ammissibilità delle Prove, le relative modifiche e le regole provvisorie sono conformi alle norme del presente Statuto. Gli emendamenti alle Regole Procedurali e di Ammissibilità delle Prove, nonché le regole provvisorie non si applicano retroattivamente a scapito della persona oggetto di un'inchiesta di azioni giudiziarie o di condanna.

5. In caso di conflitto tra lo Statuto ed il regolamento di procedura e di prova, prevale lo Statuto.

52. Regolamento della Corte.

1. I giudici adottano a maggioranza assoluta, secondo il presente Statuto ed il Regolamento di procedura e di prova, il Regolamento della Corte necessario per garantire il funzionamento quotidiano della stessa. Questo regolamento deve essere compatibile con lo Statuto e con le Regole Procedurali e di Ammissibilità delle Prove.

2. Il Procuratore ed il Cancelliere sono consultati per l'elaborazione del Regolamento della Corte e di ogni emendamento relativo.

3. Il Regolamento della Corte ed ogni emendamento relativo acquisiscono effetto sin dal momento della loro adozione, a meno che i giudici non decidano diversamente. Immediatamente dopo essere stati adottati, essi saranno comunicati agli Stati Parti, per osservazioni. Essi rimangono in vigore se la maggioranza degli Stati Parti non formula obiezioni al riguardo entro sei mesi.

CAPITOLO V
Indagini ed esercizio dell'azione penale

53. Apertura di un'indagine.

1. Il Procuratore, dopo aver valutato le informazioni sottoposte alla sua conoscenza, apre un'inchiesta a meno che non determini la mancanza di un ragionevole fondamento per un'azione giudiziaria in forza del presente Statuto. Per decidere di aprire un'inchiesta, il Procuratore esamina:
a) se le informazioni in suo possesso lasciano supporre che un reato di competenza della Corte è stato o sta per essere commesso;
b) se il caso è o sarebbe procedibile secondo l'art. 17;

c) se, in considerazione della gravità del reato e degli interessi delle vittime, vi sono motivi gravi di ritenere che un'inchiesta non favorirebbe gli interessi della giustizia.

Se determina che non vi sono motivi gravi per un'azione giudiziaria e che la sua determinazione è unicamente fondata sul capoverso c), il Procuratore ne informa la Camera preliminare.

2. Se, successivamente all'inchiesta, il Procuratore conclude che non vi sono motivi sufficienti per intentare un'azione giudiziaria:

a) in quanto manca una base sufficiente di fatto o di diritto per chiedere un mandato d'arresto o una citazione di comparizione in applicazione dell'art. 58;
b) in quanto il caso è improcedibile in forza dell'art. 17; oppure
c) in quanto un'azione giudiziaria non sarebbe nell'interesse della giustizia in considerazione di tutte le circostanze, ivi compresa la gravità del reato, gli interessi delle vittime, l'età o la deficienza del presunto autore ed il suo ruolo nel reato allegato,

egli informa della sua conclusione e delle ragioni che l'hanno motivata la Camera preliminare e lo Stato che ha adito secondo l'art. 14, oppure il Consiglio di sicurezza in un caso di cui all'art. 13, paragrafo b).

3. a) Su richiesta dello Stato che l'ha adita secondo l'art. 14 (o del Consiglio di sicurezza se si tratta di un caso di cui all'art. 13, paragrafo b) la Camera preliminare può prendere in esame la decisione di non intentare un'azione giudiziaria adottata dal Procuratore in attuazione dei paragrafi 1 o 2, e chiedere al Procuratore di riconsiderarla.

b) Inoltre la Camera preliminare può, di sua iniziativa, esaminare la decisione del Procuratore di non intentare un'azione giudiziaria qualora tale decisione sia esclusivamente fondata sulle considerazioni di cui al paragrafo 1, capoverso c) e al paragrafo 2, capoverso c). In tal caso, la decisione del Procuratore ha effetto solo se convalidata dalla Camera di primo grado.

4. Il Procuratore può in ogni momento riconsiderare la sua decisione di aprire o meno un'inchiesta o d'intentare o meno un'azione giudiziaria sulla base di nuovi fatti o informazioni.

54. Doveri e poteri del Procuratore in materia d'inchieste.

1. Il Procuratore:

a) per determinare la verità, estende l'inchiesta a tutti i fatti ed elementi probatori eventualmente utili per determinare se vi è responsabilità penale secondo il presente Statuto, e, ciò facendo indaga sia a carico che a discarico;
b) adotta le misure atte a garantire l'efficacia delle inchieste e delle azioni giudiziarie vertenti su reati di competenza della Corte, tenendo conto degli interessi e della situazione personale delle vittime e dei testimoni, ivi compreso la loro età, sesso e stato di salute, nonché della natura del reato, in modo particolare se quest'ultimo comporta violenze sessuali, violenze con motivazione sessista quali definite all'art. 7 par. 3 o violenze commesse contro bambini;
c) rispetta pienamente i diritti delle persone enunciate nel presente Statuto.

2. Il Procuratore può effettuare inchieste sul territorio di uno Stato:

a) in conformità alle disposizioni del capitolo IX; oppure
b) con l'autorizzazione della Camera preliminare in forza dell'art. 57, paragrafo 3, capoverso d).

3. Il Procuratore può:

a) raccogliere ed esaminare elementi probatori;
b) convocare ed interrogare persone indagate, vittime e testimoni;
c) chiedere la cooperazione di qualsiasi Stato o organizzazione, o organo governativo in conformità alle loro competenze o al loro rispettivo mandato;
d) concludere ogni intesa o accordo che non sia contrario alle disposizioni del presente Statuto e che può essere necessario per facilitare la cooperazione di uno Stato, di un'organizzazione intergovernativa o di una persona;
e) impegnarsi a non divulgare, in nessuna fase della procedura, i documenti o informazioni che il Procuratore ha ottenuto in via confidenziale al solo scopo di ottenere nuovi elementi di prova, a meno che l'informatore non consenta alla loro divulgazione; e
f) prendere o chiedere che siano prese misure atte a garantire la confidenzialità delle informazioni raccolte, la protezione delle persone o la preservazione degli elementi probatori.

55. Diritti delle persone durante l'indagine.

1. Nell'ambito di un'inchiesta aperta in applicazione del presente Statuto una persona:

a) non è obbligata a testimoniare contro di sé, né a dichiararsi colpevole;
b) non è sottoposta ad alcuna forma di coercizione, costrizione o minaccia né a tortura o altra forma di pena o di trattamento crudele, inumano o degradante;
c) beneficia a titolo gratuito, se non è interrogata in una lingua che comprende e parla senza difficoltà, dell'assistenza di un'interprete competente e di tutte le traduzioni rese necessarie da esigenze di equità e
d) non può essere arrestata o detenuta arbitrariamente, non può essere privata di libertà se non per i motivi previsti e secondo le procedure stabilite nel presente Statuto.

2. Qualora vi sia motivo ti ritenere che una persona abbia commesso un reato sottoposto alla giurisdizione della Corte e che questa persona deve essere interrogata sia dal Procuratore sia dalle autorità nazionali in forza di una domanda fatta in applicazione delle disposizioni del capitolo IX del presente Statuto, questa persona ha inoltre i seguenti diritti, di cui è informata prima di essere interrogata:

a) essere informata, prima di essere interrogata, che vi è motivo di ritenere che essa ha commesso un reato rientrante nella giurisdizione della Corte;
b) rimanere in silenzio, senza che di questo silenzio si tenga conto per determinare la sua colpevolezza o innocenza;
c) essere assistita da un difensore di sua scelta oppure, se ne è sprovvista, da un difensore assegnato d'ufficio ogni qualvolta gli interessi della giustizia lo esigano, senza dovere in questo caso pagare una retribuzione qualora non ne abbia i mezzi;
d) essere interrogata in presenza del suo avvocato, a meno che non abbia rinunciato al suo diritto ad essere assistita da un avvocato.

56. Ruolo della Camera preliminare in relazione ad un'opportunità d'indagine irripetibile.

1. a) Se il Procuratore considera che un'inchiesta costituisce un'occasione unica, che non si presenterà più in seguito, di raccogliere una testimonianza o una deposizione, o di esaminare, raccogliere o verificare elementi probatori ai fini di un processo, egli ne avvisa la Camera preliminare.
b) La Camera preliminare può in tal caso, su richiesta del Procuratore, prendere tutte le misure necessarie per garantire l'efficacia e l'integrità della procedura ed in modo particolare proteggere i diritti della difesa.
c) Salvo diversa ordinanza della Camera preliminare, il Procuratore fornirà le informazioni del caso alla persona che è stata arrestata o che è comparsa in base ad una citazione rilasciata nell'ambito dell'inchiesta di cui al capoverso a), affinché tale persona possa essere ascoltata sulla questione.

2. Le misure di cui al paragrafo 1, capoverso b) possono consistere nel:
a) effettuare raccomandazioni o promulgare ordinanze relative alla conduzione della procedura;
b) ordinare che sia stilato un processo-verbale della procedura;
c) nominare un esperto;
d) autorizzare l'avvocato di una persona arrestata o comparsa davanti alla Corte in base ad una citazione, a partecipare alla procedura oppure, se l'arresto o la comparizione non hanno ancora avuto luogo o l'avvocato non è ancora stato prescelto, designare un avvocato che rappresenterà gli interessi della difesa;
e) incaricare uno dei suoi membri o se del caso uno dei giudici disponibili della Corte di formulare raccomandazioni o promulgare ordinanze a sua discrezione relativamente alla raccolta e preservazione degli elementi probatori, o agli interrogatori;
f) prendere ogni altra misura necessaria per raccogliere o preservare gli elementi di prova;

3. a) Quando il Procuratore non ha chiesto le misure di cui al presente articolo ma la Camera preliminare è d'avviso che tali misure sono necessarie per preservare elementi di prova che ritiene essenziali per la difesa nel corso del processo, essa consulta il Procuratore per sapere se quest'ultimo aveva buone ragioni per non chiedere tali misure. Se, a seguito della consultazione la Camera conclude che il fatto di non aver richiesto tali misure non è giustificato essa può prendere misure di sua iniziativa.
b) Il procuratore può impugnare la decisione della Camera preliminare di agire di propria iniziativa in forza del presente paragrafo. L'appello è trattato con procedura d'urgenza.

4. L'ammissibilità degli elementi di prova preservati o raccolti ai fini del processo, in attuazione del presente articolo, o la loro registrazione, è regolata dall'art. 69, il loro valore essendo quello attribuito alle stesse dalla Camera di primo grado.

57. Funzioni e poteri della Camera preliminare.

1. A meno che il presente Statuto non disponga diversamente, la Camera preliminare esercita le sue funzioni secondo le disposizioni del presente articolo.

2. a) Le decisioni rese dalla Camera preliminare in forza degli articoli 15, 18, 19, 54 par. 2, 61 par. 7, e 72, sono prese a maggioranza dei giudici che la compongono.
b) In tutti gli altri casi, un solo giudice della Camera preliminare può esercitare le funzioni previste dal presente Statuto, salvo diversa disposizione delle Regole Procedurali e di Ammissibilità delle Prove o salvo decisione opposta della Camera preliminare presa a maggioranza.

3. Oltre alle altre funzioni che le sono conferite in forza del presente Statuto, la Camera dei giudizi preliminari può:
a) su richiesta del Procuratore, promulgare ordinanze e decretare i mandati eventualmente necessari ai fini di un'inchiesta;
b) su richiesta di una persona arrestata o comparsa in base ad una citazione secondo l'art. 58, pronunciare ogni ordinanza comprese le misure di cui all'art. 56 o sollecitare ogni partecipazione a titolo del capitolo IX eventualmente necessaria per aiutare la parte a predisporre la sua difesa;
c) ove necessario, garantire la protezione e la riservatezza della vittima e dei testimoni, la preservazione delle prove, la protezione delle persone arrestate o comparse a seguito di una citazione, nonché la protezione delle informazioni relative alla sicurezza nazionale;
d) autorizzare il Procuratore a prendere alcune misure in materia d'inchiesta sul territorio di uno Stato Parte senza essersi assicurato la cooperazione di questo Stato in applicazione del capitolo IX, nel caso in cui, pur tenendo conto per quanto possibile delle opinioni di questo Stato, la Camera preliminare abbia determinato, nel caso di specie, che tale Stato è manifestamente incapace di dar seguito ad una richiesta di

cooperazione, nessuna autorità, o componente competente del suo ordinamento giudiziario nazionale essendo disponibile per dar seguito alla richiesta di cooperazione secondo il capitolo IX;

e) quando un mandato d'arresto o citazione di comparizione è stato rilasciato in forza dell'art. 58, sollecitare la cooperazione degli Stati in forza dell'art. 93, paragrafo 1 capoverso j), tenendo debitamente conto della consistenza degli elementi probatori e dei diritti delle parti interessate, come previsto nel presente Statuto e nelle Regole Procedurali e di Ammissibilità delle Prove, per prendere misure cautelari a fini di confisca, soprattutto nell'interesse superiore delle vittime.

58. Rilascio da parte della Camera preliminare di un mandato d'arresto o di un ordine di comparizione.

1. In qualsiasi momento dopo l'apertura di un'inchiesta, la Camera preliminare, su richiesta del Procuratore, emette un mandato d'arresto contro una persona se, dopo aver esaminato la richiesta e gli elementi probatori, o altre informazioni fornite dal procuratore, essa è convinta:

a) che vi sono fondati motivi di ritenere che tale persona ha commesso un reato di competenza della Corte; e

b) che l'arresto di tale persona sembra necessario per garantire:

i) la comparizione della persona al processo;

ii) che la persona non ostacoli o metta a repentaglio le indagini o il procedimento dinanzi alla Corte, oppure

iii) se del caso, impedire che la persona continui in quel crimine o in un crimine connesso che ricade sotto la giurisdizione della Corte o che avviene nelle stesse circostanze.

2. La richiesta del procuratore contiene i seguenti elementi:

a) il nome della persona in questione ed ogni altro elemento d'identificazione utile;

b) un riferimento preciso al reato di competenza della Corte che si presuppone la persona abbia commesso;

c) un breve esposto dei fatti che si presume costituiscano il reato in oggetto;

d) un prospetto degli elementi di prova e di ogni altra informazione che forniscono motivi ragionevoli di ritenere che la persona ha commesso tale reato; e

e) i motivi per i quali il Procuratore giudica necessario procedere all'arresto di tale persona.

3. Il mandato d'arresto contiene i seguenti elementi:

a) il nome della persona in oggetto ed ogni altro elemento utile d'identificazione;

b) un preciso riferimento al reato di competenza della Corte che giustifica l'arresto; e

c) un breve esposto dei fatti che si presume costituiscano il reato in oggetto;

4. Il mandato d'arresto rimane in vigore fino a quando la Corte non abbia deciso diversamente.

5. Sulla base del mandato d'arresto, la Corte può chiedere la detenzione provvisoria o l'arresto e la consegna della persona secondo il capitolo IX.

6. Il procuratore può chiedere alla Camera preliminare di modificare il mandato d'arresto riqualificando i reati che vi sono menzionati o aggiungendo nuovi reati. La Camera preliminare modifica il mandato d'arresto quando ha motivi ragionevoli di ritenere che la persona ha commesso i reati riqualificati o nuovi reati.

7. Il Procuratore può chiedere alla Camera preliminare di rilasciare una citazione di comparizione in luogo di un mandato d'arresto. Se la Camera preliminare è convinta che vi sono fondati motivi di ritenere che la persona ha commesso il reato di cui è imputata, e che una citazione di comparizione è sufficiente a garantire che si presenterà dinanzi alla Corte, essa rilascia la citazione con o senza condizioni restrittive di libertà (diverse dalla detenzione) se la legislazione nazionale lo prevede. La citazione contiene i seguenti elementi:

a) il nome della persona in oggetto ed ogni altro elemento utile d'identificazione;

b) la data di comparizione;

c) un preciso riferimento al reato di competenza della Corte che si presume la persona abbia commesso; e

d) un breve esposto dei fatti che si presume costituiscano reato.

La citazione è notificata alla persona.

59. Procedura di arresto nello Stato di detenzione preventiva.

1. Lo Stato Parte che ha ricevuto una richiesta di fermo, o di arresto e di consegna prende immediatamente provvedimenti per fare arrestare la persona di cui trattasi, secondo la sua legislazione e le disposizioni del capitolo IX del presente Statuto.

2. Ogni persona arrestata è senza indugio deferita all'autorità giudiziaria competente dello Stato di detenzione, che accerta, secondo la legislazione di tale Stato:

a) che il mandato concerne effettivamente tale persona;

b) che questa persona è stata arrestata secondo una procedura regolare;

c) che i suoi diritti sono stati rispettati.

3. La persona arrestata ha diritto di chiedere all'autorità competente dello Stato di detenzione preventiva la libertà provvisoria, in attesa di essere consegnata.

4. Nel pronunciarsi su questa domanda, l'autorità competente dello Stato di detenzione preventiva esamina se, in considerazione della gravità dei reati allegati, sussistano circostanze urgenti ed eccezionali tali da giustificare la libertà provvisoria e se sussistono le garanzie che permettono allo Stato di detenzione di adempiere al suo obbligo di consegnare la persona alla Corte. L'autorità competente dello Stato di detenzione non è abilitata a verificare se il mandato d'arresto è stato regolarmente rilasciato secondo i capoversi a) e b) del paragrafo 1 dell'art. 58.

5. La Camera preliminare è informata di qualsiasi richiesta di libertà provvisoria e formula raccomandazioni all'autorità competente dello Stato di detenzione. Prima di pronunciare la sua decisione, quest'ultima tiene pienamente conto di tali raccomandazioni, comprese, se del caso, quelle vertenti sulle misure atte ad impedire l'evasione della persona.

6. Se è concessa la libertà provvisoria, la Camera preliminare può chiedere rapporti periodici sul regime di libertà provvisoria.

7. Dopo l'ordine di consegna da parte dello Stato di detenzione, la persona è al più presto consegnata alla Corte.

60. Procedura iniziale dinanzi alla Corte.

1. Non appena la persona è consegnata alla Corte o compare dinanzi ad essa volontariamente, o in base ad una citazione, la Camera dei giudizi preliminari accerta che essa sia stata informata dei reati di cui è accusata e dei diritti che le sono riconosciuti dal presente Statuto, compreso il diritto di chiedere la libertà provvisoria in attesa di essere giudicata.

2. Una persona colpita da un mandato d'arresto può chiedere la libertà provvisoria in attesa di essere giudicata. Se la Camera preliminare accerta la sussistenza delle condizioni enunciate all'art. 58, paragrafo 1, la persona è mantenuta in detenzione. Diversamente la Camera preliminare dispone la libertà provvisoria con o senza condizioni.

3. La Camera preliminare riesamina periodicamente la sua decisione relativa alla libertà provvisoria o al mantenimento in detenzione. Essa può farlo in qualsiasi momento su richiesta del procuratore o della persona. Essa può inoltre modificare la sua decisione relativa alla detenzione, alla libertà provvisoria o alle condizioni di quest'ultima, se giudica che l'andamento della situazione lo giustifica.

4. La Camera preliminare si accerta che la detenzione prima del processo non si prolunghi in modo eccessivo a causa di un ritardo ingiustificabile imputabile al Procuratore. Se tale ritardo avviene la Corte esamina la possibilità di concedere la libertà provvisoria con o senza condizioni.

5. Se del caso la Camera preliminare emette un mandato d'arresto per garantire la comparizione di una persona posta in libertà.

61. Convalida delle accuse prima del processo.

1. Fatto salvo il paragrafo 2, entro un termine ragionevole dopo la consegna della persona alla Corte o la sua comparizione volontaria, la Camera preliminare tiene un'udienza per convalidare le accuse sulle quali il Procuratore intende basarsi per chiedere il rinvio a giudizio. L'udienza si svolge in presenza del Procuratore e della persona oggetto d'inchiesta o azione giudiziaria, nonché dell'avvocato di quest'ultima.

2. La Camera preliminare, su richiesta del Procuratore o di sua iniziativa, può tenere un'udienza in assenza della persona accusata per convalidare le accuse sulle quali il Procuratore intende basarsi per chiedere il rinvio a giudizio, allorché la persona:

a) ha rinunciato al suo diritto di essere presente; oppure

b) si è data alla fuga o è introvabile, e tutto quanto era ragionevolmente possibile fare è stato fatto per garantire la sua comparizione ed informarla delle accuse a carico contro di essa e della prossima tenuta di un'udienza per convalidare tali accuse.

In questo caso la persona è rappresentata da un avvocato se la Camera di giudizio preliminare decide che ciò è nell'interesse della giustizia.

3. In un ragionevole periodo di tempo prima dell'udienza, la persona:

a) riceve una notifica scritta delle imputazioni sulle quali il Procuratore intende basarsi per chiedere il rinvio a giudizio; e

b) è informata degli elementi probatori sui quali il Procuratore intende basarsi in udienza.

La Camera preliminare go emettere ordinanze concernenti la comunicazione di informazioni ai fini dell'udienza.

4. Prima dell'udienza, il procuratore può proseguire l'inchiesta e può modificare o ritirare talune imputazioni. La persona in questione riceve notifica di qualsiasi emendamento o ritiro delle accuse entro un ragionevole periodo di tempo prima dell'udienza. In caso di ritiro delle accuse il Procuratore informa la Camera preliminare dei motivi di tale ritiro.

5. All'udienza, il Procuratore sostiene ciascuna delle accuse con elementi probatori sufficienti a comprovare l'esistenza di motivi validi per ritenere che la persona ha commesso il reato di cui è imputata. Il Procuratore può basarsi su elementi probatori quali documenti o brevi resoconti, e non è tenuto a far comparire i testimoni che devono fornire una deposizione al processo.

6. All'udienza la persona può:

a) contestare le accuse;

b) contestare gli elementi di prova prodotti dal procuratore; e

c) presentare elementi di prova.

7. Al termine dell'udienza, la Camera preliminare determina se esistono prove sufficienti che forniscono motivi validi per ritenere che la persona ha commesso ciascuno dei reati di cui è accusata. In base alla sua determinazione, la Camera preliminare:

a) convalida le accuse per le quali ha concluso che sussistono prove sufficienti, e rinvia la persona dinanzi ad una Camera di primo grado perché vi sia giudicata sulla base delle accuse convalidate,

b) rifiuta di convalidare le accuse per le quali ha concluso che non vi sono prove sufficienti;

c) rinvia l'udienza e chiede al Procuratore di considerare:

i) di fornire elementi di prova supplementari, o di procedere a nuove inchieste relativamente ad una particolare accusa; oppure

ii) di modificare un'accusa se gli elementi probatori prodotti sembrano indicare che è stato commesso un altro tipo di reato, passibile della giurisdizione della Corte.

8. Anche se la Camera preliminare rifiuta di convalidare un'imputazione, nulla vieta al Procuratore di richiederne nuovamente la convalida, se fornisce elementi probatori supplementari a sostegno della sua domanda.

9. Dopo la convalida delle accuse e prima che il processo abbia inizio, il Procuratore può modificare le accuse con l'autorizzazione della Camera preliminare e dopo che l'imputato ne sia stato informato. Se il procuratore intende aggiungere capi d'imputazione supplementari o sostituire le accuse con altre più gravi, un'udienza dovrà essere tenuta in conformità al presente articolo per convalidare le nuove accuse. Dopo l'inizio del processo, il Procuratore può ritirare le accuse con l'autorizzazione della Camera preliminare.

10. Ogni mandato già rilasciato cessa di avere effetto per qualsiasi accusa non convalidata dalla Camera preliminare, o ritirata dal Procuratore.

11. Dopo che le accuse sono state convalidate in conformità al presente articolo, la Presidenza istituisce una Camera di primo grado la quale, subordinatamente al paragrafo 8 dell'art. 64, s'incarica della successiva fase procedurale e può esercitare ogni funzione di competenza della Camera preliminare, che risulti appropriata nella fattispecie.

CAPITOLO VI
Il processo

62. Luogo del processo.

Se non diversamente stabilito, il luogo del processo è la sede della Corte.

63. Processo in presenza dell'imputato.

1. L'imputato è presente nel corso del processo.

2. Qualora l'imputato, presente dinanzi alla Corte, disturbi in modo persistente lo svolgimento del processo, la Camera di primo grado può ordinare che sia espulso dall'aula dell'udienza, e decidere che segua il processo e fornisca istruzioni al suo legale dall'esterno dell'aula, se del caso usando mezzi tecnologici di comunicazione. Tali provvedimenti verranno adottati solo in circostanze eccezionali, dopo che altre alternative ragionevoli si saranno dimostrate inadeguate, e solo per la durata strettamente necessaria.

64. Funzioni e poteri della Camera di primo grado.

1. Le funzioni ed i poteri della Camera di primo grado delineate nel presente articolo saranno esercitate in conformità con il presente Statuto e con le Regole Procedurali e di Ammissibilità delle Prove.

2. La Camera di primo grado garantirà che il processo sia equo e celere, e che si svolga nel pieno rispetto dei diritti dell'imputato ed avendo il debito riguardo per la protezione delle vittime e dei testimoni.

3. Nel momento in cui un caso verrà sottoposto a processo in conformità del presente Statuto, la Camera di primo grado incaricata del caso:

a) conferisce con le parti e adotta le procedure necessarie a facilitare lo svolgimento equo e celere dei procedimenti;

b) decide la lingua o le lingue da usare durante il processo;

c) ferme restando tutte le altre disposizioni del presente Statuto, provvede a divulgare i documenti e le informazioni precedentemente non divulgati, con sufficiente anticipo rispetto all'inizio del processo, al fine di consentire un'adeguata preparazione dello stesso.

4. La Camera di primo grado, qualora necessario per il suo efficace ed equo funzionamento, può rinviare le questioni preliminari alla Camera preliminare, o in caso di necessità, ad un altro giudice disponibile di quest'ultima.

5. Previa notifica alle parti, la Camera preliminare, qualora opportuno, può ordinare di unire o separare i capi d'accusa a carico di più di un imputato.

6. Nell'espletare le sue funzioni precedentemente al processo o nel corso dello stesso, la Camera di primo grado, qualora necessario, può:

a) esercitare le funzioni della Camera preliminare di cui all'art. 61, paragrafo 11;

b) chiedere la comparizione e la testimonianza dei testi e la produzione di documenti e di altre prove avvalendosi, ove necessario, dell'assistenza degli Stati, come previsto nel presente Statuto;

c) provvedere a proteggere le informazioni riservate;

d) ordinare che vengano prodotti elementi di prova, oltre a quelli già raccolti precedentemente al processo o presentati dalle parti durante il processo;

e) provvedere a proteggere gli imputati, i testimoni e le vittime;

f) deliberare su qualunque altra questione pertinente.

7. Il processo è pubblico. Tuttavia, la Camera di primo grado può stabilire che, in determinate circostanze, alcune udienze si svolgano a porte chiuse, ai fini indicati all'art. 68, ovvero per proteggere informazioni riservate o delicate che vengono fornite nelle deposizioni.

8. *a*) All'inizio del processo, la Camera di primo grado fa dare lettura all'imputato delle accuse convalidate in precedenza dalla Camera preliminare. La Camera di primo grado verifica che l'imputato comprenda la natura delle imputazioni e gli concede la possibilità di ammettere la propria colpevolezza, in conformità con l'art. 65, o di dichiararsi innocente.

b) Durante il processo, il giudice che presiede può impartire istruzioni su come condurre i lavori, anche al fine di garantirne l'equo ed imparziale svolgimento. Ferme restando eventuali direttive del presidente, le parti possono presentare elementi di prova, come previsto dalle disposizioni del presente Statuto.

9. La Camera di primo grado, su richiesta di una parte o d'ufficio, ha fra l'altro, facoltà di:

a) decidere sull'ammissibilità o la rilevanza delle prove;

b) adottare tutti i provvedimenti necessari per mantenere l'ordine durante l'udienza.

10. La Camera di primo grado si assicura che vengano redatti e conservati a cura del Cancelliere i verbali integrali del processo, riflettenti in modo accurato i lavori.

65. Procedure in caso di ammissione di colpevolezza.

1. Nel caso in cui l'imputato ammetta la sua colpevolezza, in conformità con l'art. 64, paragrafo 8 (a), la Camera di primo grado deciderà se:

a) l'imputato comprende la natura e le conseguenze dell'ammissione di colpevolezza;
b) l'ammissione sia resa volontariamente dall'imputato dopo essersi sufficientemente consultato con il proprio difensore;
c) l'ammissione di colpevolezza sia avvalorata dagli elementi del caso, contenuti:
  i) nelle accuse formulate dal Procuratore ed ammessi dall'imputato;
  ii) nel materiale prodotto dal Procuratore a supporto delle accuse, ed accettato dall'imputato;
  iii) in qualunque altra prova, quale le deposizioni di testimoni prodotte dal Procuratore o dall'imputato.

2. Quando la Camera di primo grado avrà verificato le questioni di cui al paragrafo 1 e considera che l'ammissione di colpevolezza, insieme con qualsiasi altra prova aggiuntiva prodotta, costituisce gli elementi costitutivi del crimine a cui si riferisce l'ammissione di colpevolezza, può riconoscere l'imputato colpevole per tale crimine.

3. Nel caso in cui la Camera di primo grado non sia convinta che sussistono le condizioni i di cui al paragrafo 1, essa considera che l'ammissione di colpa non è stata resa, nel qual caso ordina che il processo continui seguendo le procedure processuali ordinarie previste dal presente Statuto e può rinviare il caso ad un'altra Camera di primo grado.

4. Nel caso in cui la Camera di primo grado ritenga che, nell'interesse della giustizia, ed in particolare nell'interesse delle vittime, sia necessaria un'esposizione più completa degli fatti, la Camera di primo grado può:

a) chiedere al Procuratore di produrre ulteriori elementi di prova, comprese le deposizioni di testimoni; oppure
b) ordinare che il processo continui seguendo le procedure ordinarie previste dal presente Statuto, nel qual caso riterrà la dichiarazione di colpevolezza non avvenuta e potrà rinviare il caso ad un'altra Camera di primo grado.

5. Le consultazioni fra il Procuratore e la difesa su eventuali modifiche dei capi d'accusa, sull'ammissione di colpevolezza o la pena da pronunziare non saranno vincolanti per la Corte.

66. *Presunzione d'innocenza.*

1. Chiunque è presunto innocente fino a quando la sua colpevolezza non sia dimostrata dinanzi alla Corte, in conformità con la legislazione applicabile.

2. Al Procuratore spetta l'onere di provare la colpevolezza dell'imputato.

3. Per condannare l'imputato, la Corte deve accertare la colpevolezza dell'imputato al di là di ogni ragionevole dubbio.

67. Diritti dell'imputato.

1. Nell'accertamento delle accuse, l'imputato ha diritto ad una pubblica ed equa udienza condotta in modo imparziale, tenendo conto delle disposizioni del presente Statuto e ha diritto almeno alle seguenti garanzie minime, in piena uguaglianza:

a) essere informato prontamente e dettagliatamente dei motivi e del contenuto delle accuse, in una lingua che l'imputato comprende e parla correttamente;
b) avere il tempo e le facilitazioni adeguate per preparare la sua difesa e comunicare liberamente e riservatamente con il legale di sua scelta;
c) essere giudicato senza indebito ritardo;
d) fermo restando l'art. 63, paragrafo 2, essere presente al processo, condurre la difesa personalmente o attraverso il suo legale di fiducia, essere informato, nel caso in cui non disponga di un difensore, del suo diritto di averne uno e, ogni qualvolta l'interesse della giustizia lo richieda, vedersi assegnare d'ufficio un difensore dalla Corte senza oneri economici se non ha i mezzi per rimunerarlo;
e) esaminare, o fare esaminare i testimoni a carico ed ottenere la presenza e l'esame dei testimoni a discarico alle stesse condizioni di quelli a carico. L'imputato ha inoltre diritto di far valere mezzi di difesa e di presentare altri elementi di prova ammissibili ai sensi del presente Statuto;
f) avere gratuitamente l'assistenza di un interprete qualificato e delle traduzioni necessarie per soddisfare i requisiti di equità, se non è in grado di comprendere perfettamente o di parlare la lingua utilizzata in una delle udienze della Corte o in un documento presentato alla Corte;
g) non essere costretto a testimoniare contro se stesso o a confessare la propria colpevolezza, e rimanere in silenzio, senza che il silenzio venga valutato nel determinare la colpevolezza o l'innocenza;
h) senza dover prestare giuramento, fare una dichiarazione scritta o orale in propria difesa;
i) non subire l'imposizione dell'inversione dell'onere della prova o dell'onere della confutazione della prova.

2. In aggiunta ad ogni altra comunicazione prevista dal presente Statuto, il Procuratore, non appena possibile, porta a conoscenza della difesa gli elementi di prova in suo possesso o a sua disposizione, che egli ritiene dimostrino o tendano a dimostrare l'innocenza dell'imputato, o ad attenuare la sua colpevolezza, o che siano tali da compromettere la credibilità degli elementi di prova a carico. In caso di dubbio sull'applicazione del presente paragrafo, decide la Corte.

68. Protezione delle vittime e dei testimoni e loro partecipazione al processo.

1. La Corte adotta provvedimenti atti a proteggere la sicurezza, il benessere fisico e psicologico, la dignità e la riservatezza delle vittime e dei testimoni. Nel fare ciò, la Corte terrà conto di tutti i fattori rilevanti compresi l'età, il sesso come definito all'art. 2, paragrafo 3, la salute, e la natura del reato, in particolare, ma non esclusivamente, quando il crimine comporta violenza sessuale o sessista ai sensi dell'art. 7, paragrafo 3, o violenza contro i bambini. Il Procuratore adotterà tali provvedimenti in particolare durante l'indagine e nel corso dell'azione penale. Detti provvedimenti non pregiudicheranno, né saranno contrari ai diritti della difesa e alle esigenze di un processo equo e imparziale.

2. Come eccezione al principio della pubblicità dei dibattimenti di cui all'art. 67, le Camere della Corte, per proteggere le vittime ed i testimoni o un imputato, possono svolgere una parte qualsiasi dei procedimenti a porte chiuse, ovvero consentire che le deposizioni siano rese con mezzi elettronici o con altri mezzi speciali. In particolare, tali misure saranno applicate nel caso di vittime di violenza sessuale o di bambini che sono vittime o testimoni, tranne nei casi in cui la Corte decida diversamente, tenuto conto di tutte le circostanze, ed in particolare delle opinioni della vittima o del testimone.

3. Nel caso in cui siano coinvolti interessi personali delle vittime, la Corte consente che siano manifestate ed esaminate le loro opinioni e preoccupazioni in una fase dei lavori che la Corte considererà appropriata ed in modo da non pregiudicare né contrastare i diritti dell'imputato ed un processo equo e imparziale. Tali opinioni e preoccupazioni possono essere presentate dal rappresentante legale delle vittime, quando la Corte lo ritenga opportuno, in base alle Regole Procedurali e di Ammissibilità delle Prove.

4. La Divisione per le Vittime ed i Testimoni può consigliare il Procuratore e la Corte su opportuni provvedimenti protettivi, disposizioni in materia di sicurezza, consulenza ed assistenza, come previsto all'art. 43, paragrafo 6.

5. Nel caso in cui la divulgazione di elementi di prova e di informazioni ai sensi del presente Statuto, possa mettere gravemente in pericolo la sicurezza di un testimone o di componenti della sua famiglia, il Procuratore, in qualsiasi procedura intrapresa prima dell'inizio del processo, può astenersi dal divulgare tali elementi di prova o informazioni, presentandone una sintesi. Tali provvedimenti saranno attuati in modo da non pregiudicare né contrastare i diritti dell'imputato e le esigenze di un processo equo e imparziale.

6. Gli Stati possono chiedere l'adozione delle misure di protezione necessarie per i loro funzionari o agenti e per la protezione di informazioni riservate o delicate.

69. Prove.

1. Prima di testimoniare, ogni teste, in conformità con le Regole Procedurali e di Ammissibilità delle Prove, si impegna a dire tutta la verità.

2. La testimonianza di un teste in udienza sarà resa di persona, fatte salve le misure enunciate all'art. 68 o nelle Regole Procedurali e di Ammissibilità delle Prove. La Corte può altresì autorizzare un teste a fornire una deposizione orale o una registrazione con l'ausilio di tecnologia video o audio, ed a presentare documenti o trascrizioni scritte, fermo restando il presente Statuto ed in conformità con le Regole Procedurali e di Ammissibilità delle Prove. Tali provvedimenti non pregiudicheranno, né contrasteranno con i diritti della difesa.

3. Le parti potranno presentare elementi di prova rilevanti per il caso, in conformità con l'art. 64. La Corte ha facoltà di chiedere che vengano presentate tutti gli elementi di prova che riterrà necessari per stabilire la verità.

4. La Corte può pronunciarsi sulla rilevanza e l'ammissibilità di ogni elemento di prova, in conformità con il Regolamento di procedura e di prova, in considerazione, fra l'altro, del valore probante dell'elemento di prova e se essa possa compromettere lo svolgimento di un processo equo o l'equa valutazione della testimonianza di un teste.

5. La Corte rispetta le regole sulla riservatezza previste nelle Regole Procedurali e di Ammissibilità delle Prove.

6. La Corte non richiede la prova dei fatti notori, ma può farne oggetto di constatazione giudiziale.

7. Gli elementi di prova ottenuti in violazione del presente Statuto o dei diritti dell'uomo internazionalmente riconosciuti non sono ammissibili nel caso in cui:

a) la violazione metta seriamente in dubbio la credibilità degli elementi di prova; oppure

b) l'ammissione della prova comprometterebbe e pregiudicherebbe gravemente l'integrità del procedimento.

8. Nel decidere sulla rilevanza o l'ammissibilità degli elementi di prova raccolti da uno Stato, la Corte non si pronuncia sull'applicazione della legislazione nazionale di questo Stato.

70. Reati contro l'amministrazione della giustizia.

1. La Corte eserciterà la propria giurisdizione sui seguenti reati commessi ai danni della amministrazione della giustizia se sono perpetrati intenzionalmente:

a) fornire falsa testimonianza malgrado l'obbligo assunto di dire la verità in applicazione dell'art. 69, paragrafo 1;

b) presentare elementi di prova che le parti conoscono essere falsi o falsificati;

c) subornare testi, ostacolare o intralciare la libera presenza o testimonianza di un teste, attuare misure di ritorsione nei confronti di un teste per la sua testimonianza, o distruggere o falsificare elementi di prova o intralciare la raccolta di tali elementi;

d) ostacolare, intimidire o corrompere un funzionario della Corte allo scopo di obbligarlo o persuaderlo a non ottemperare, o ad ottemperare impropriamente ai suoi obblighi;
e) attuare misure di ritorsione nei confronti di un funzionario della Corte per il dovere espletato da questi o da un altro funzionario;
f) sollecitare o accettare retribuzioni illecite in qualità di funzionario o agente della Corte, in relazione alle proprie mansioni ufficiali.

2. I princìpi e le procedure che disciplinano l'esercizio della giurisdizione della Corte sulle violazioni di cui al presente articolo saranno quelli previsti nelle Regole Procedurali e di Ammissibilità delle Prove. Per fornire cooperazione internazionale alla Corte in relazione ai procedimenti di cui al presente articolo ci si atterrà alla legislazione interna dello Stato a cui ci si rivolge.

3. In caso di condanna, la Corte può comminare una pena detentiva non superiore a cinque anni o un'ammenda, in conformità con le Regole procedurali e di Ammissibilità delle Prove, oppure entrambe.

4. *a)* Gli Stati Parte estendono le norme del loro diritto penale che sanzionano i reati contro l'integrità dei propri procedimenti investigativi e giudiziari ai reati contro l'amministrazione della giustizia indicati nel presente articolo commessi nel proprio territorio o da loro cittadini;
b) su richiesta della Corte, ogni qualvolta lo riterrà opportuno lo Stato Parte sottoporrà il caso alle sue autorità competenti ai fini del procedimento. Dette autorità competenti tratteranno tali casi con diligenza e mobiliteranno risorse sufficienti perché si possano svolgere con efficienza.

71. Sanzioni per comportamento scorretto dinanzi alla Corte.

1. La Corte può sanzionare le persone che, dinanzi alla stessa, assumono comportamenti scorretti anche disturbando i lavori o rifiutando deliberatamente di osservarne gli ordini, con provvedimenti amministrativi diversi dalla detenzione, quali ad esempio l'allontanamento temporaneo o definitivo dall'aula, un'ammenda o altri provvedimenti analoghi previsti nelle Regole Procedurali e di Ammissibilità delle Prove.

2. Il regime delle sanzioni indicate al paragrafo 1 è stabilito nelle Regole Procedurali e di Ammissibilità delle Prove.

72. Protezione delle informazioni attinenti la sicurezza nazionale.

1. Il presente articolo si applica in tutti i casi in cui, rivelando informazioni o documenti di uno Stato, a parere di tale Stato, si pregiudicherebbero i suoi interessi di sicurezza nazionale. Tali casi comprendono quelli che rientrano nell'ambito dell'art. 56, paragrafi 2 e 3, dell'art. 61 paragrafo 3, dell'art. 64 paragrafo 3, dell'art. 67, paragrafo 2, dell'art. 68 paragrafo 6, dell'art. 87 paragrafo 6, e dell'art. 93, nonché i casi che potrebbero presentarsi in qualunque altra fase del procedimento nel quale tale divulgazione di notizie può venire in rilievo.

2. Il presente articolo si applicherà altresì nei casi in cui una persona, a cui è stato chiesto di fornire informazioni o elementi di prova, si è rifiutata di farlo, o ha rinviato la questione allo Stato, affermando che la divulgazione avrebbe pregiudicato gli interessi di sicurezza nazionale di uno Stato e lo Stato in questione confermi che, a suo parere, la divulgazione pregiudicherebbe i suoi interessi attinenti la sicurezza nazionale.

3. Nulla nel presente articolo compromette i requisiti di riservatezza applicabili ai sensi dell'art. 54, paragrafo 3 e) ed f), ovvero l'applicazione dell'art. 73.

4. Qualora uno Stato venga a sapere che le informazioni o i documenti di Stato stanno per essere o potrebbero essere divulgati in qualunque fase dei procedimenti, e ritenga che la loro rivelazione comprometterebbe i suoi interessi di sicurezza nazionale, tale Stato avrà il diritto di intervenire perché la questione venga risolta in conformità con il presente articolo.

5. Qualora, a parere di uno Stato, divulgare informazioni comprometterebbe i suoi interessi di sicurezza nazionale, lo Stato adotterà tutti i Provvedimenti del caso, agendo di concerto con il Procuratore, la difesa, la Camera preliminare o la Camera di primo grado, a seconda dei casi, per cercare di risolvere la questione in maniera cooperativa. Tali provvedimenti possono comprendere:
a) la modifica o il chiarimento della richiesta;
b) una decisione della Corte in merito alla pertinenza delle informazioni o delle prove richieste, ovvero una decisione relativa alla possibilità di ottenere la prova, sebbene pertinente, da fonte diversa dallo Stato a cui è stata richiesta;
c) ricevere le informazioni o le prove da una fonte diversa o in forma diversa;
d) un accordo sulle condizioni alle quali potrebbe essere fornita assistenza, compresi fra l'altro, presentazione di sintesi o redazioni rettificate, limiti alla divulgazione, uso di procedimenti a porte chiuse o ex parte, o applicazione di altre misure di protezione autorizza dallo Statuto o dal Regolamento della Corte.

6. Quando saranno stati adottati tutti i ragionevoli provvedimenti per risolvere la questione in maniera cooperativa, e lo Stato ritenga che non vi siano modi o condizioni alle quali le informazioni o i documenti potrebbero essere presentati o divulgati senza compromettere i suoi interessi di sicurezza nazionale, esso ne informerà il Procuratore o la Corte indicando i motivi specifici della sua decisione, a meno che la descrizione stessa dei suoi motivi non pregiudichi necessariamente gli interessi di sicurezza nazionale dello Stato.

7. In seguito, se la Corte decide che gli elementi di prova sono rilevanti e necessari per stabilire la colpevolezza o l'innocenza dell'imputato, la Corte può agire come segue:
a) Se la divulgazione di informazioni o del documenti è sollecitata nell'ambito di una richiesta di cooperazio-

ne secondo il capitolo IX, o nelle circostanze descritte al paragrafo 2, e lo Stato abbia invocato le motivazioni di rifiuto di cui all'art. 93, paragrafo 4:

i) la Corte, prima di giungere alle conclusioni di cui al paragrafo 7 a) ii), può chiedere ulteriori consultazioni onde esaminare le considerazioni dello Stato, che possono comprendere, ove necessario, udienze a porte chiuse ed ex parte, se lo Stato lo richiede;

ii) qualora la Corte concluda che, adducendo le motivazioni di rifiuto di cui all'art. 93, paragrafo 4, nella fattispecie lo Stato a cui è stata rivolta la richiesta non stia agendo in ottemperanza degli obblighi che gli incombono in forza dello Statuto, la Corte può rinviare la questione, in conformità con l'art. 87, paragrafo 7, specificando i motivi in base ai quali è giunta a tale conclusione;

iii) la Corte può trarre nel giudicare l'imputato tutte le conclusioni che ritiene appropriate nella fattispecie, circa l'esistenza o l'inesistenza del fatto;

b) in tutte le altre circostanze:

i) ordinare la divulgazione; oppure

ii) diversamente, trarre ogni conclusione che ritenga appropriata nella fattispecie, nel giudicare l'imputato, circa l'esistenza o l'inesistenza di un fatto.

73. Informazioni o documenti provenienti da terzi.

Qualora la Corte chieda ad uno Stato Parte di produrre un documento o informazioni in sua custodia, in suo possesso o sotto il suo controllo, ad esso rivelati da uno Stato, un'organizzazione intergovernativa o un'organizzazione internazionale in maniera riservata, lo Stato Parte cercherà di ottenere dalla fonte il consenso a divulgare tale documento o informazione. Qualora la fonte sia uno Stato Parte, questo acconsentirà alla divulgazione del documento o dell'informazione, oppure si impegnerà a risolvere la questione della sua divulgazione con la Corte, ferme restando le disposizioni dell'art. 72. Nel caso in cui la fonte non sia uno Stato Parte e neghi il consenso alla divulgazione, lo Stato a cui è stata rivolta la richiesta informerà la Corte di non essere in grado di presentare il documento o l'informazione, a causa di un obbligo pregresso di riservatezza assunto con la fonte.

74. Requisiti per la sentenza.

1. Tutti i giudici della Camera di primo grado saranno presenti in ogni fase del processo e nel corso delle delibere. La Presidenza, caso per caso, può designare, in base alla disponibilità, uno o più giudici supplenti che dovranno essere presenti in ogni fase del processo e sostituire un membro della Camera di primo grado nel caso in cui questi non possa più presenziare.

2. La decisione della Camera di primo grado sarà adottata in base alle sue valutazioni delle prove ed a tutto il procedimento. La decisione non andrà al di là dei fatti e delle circostanze descritte nei capi d'accusa e relativi emendamenti. La Corte può basare la sua decisione solo sulle prove ad essa presentate e discusse al processo.

3. I giudici si sforzano di esprimere una decisione all'unanimità, in mancanza della quale la decisione sarà presa dalla maggioranza dei giudici.

4. Le delibere della Camera di primo grado rimarranno riservate.

5. La decisione sarà messa per iscritto e conterrà un rendiconto completo e ragionato delle risultanze della Camera di primo grado sulle prove e le conclusioni. La Camera di primo grado emanerà una sola sentenza. Nel caso in cui non vi sia unanimità, la sentenza della Camera di primo grado conterrà i parerei della maggioranza e quelli della minoranza. La sentenza o una sintesi della stessa sarà letta in pubblica udienza.

75. Riparazioni a favore delle vittime.

1. La Corte stabilisce i princìpi applicabili a forme di riparazione come la restituzione, l'indennizzo o la riabilitazione da concedere alle riparazioni alle vittime o ai loro aventi diritto. Su tale base la Corte, può, su richiesta o di sua spontanea volontà in circostanze eccezionali, determinare nella sua decisione l'entità e la portata di ogni danno, perdita o pregiudizio cagionato alle vittime o ai loro aventi diritto, indicando i princìpi che guidano la sua decisione.

2. La Corte può emanare contro una persona condannata un'ordinanza che indica la riparazione dovuta alle vittime o ai loro aventi diritto. Tale riparazione può avere forma, in modo particolare, di restituzione, d'indennizzo o di riabilitazione. Se del caso, la Corte può decidere che l'indennizzo concesso a titolo di riparazione sia versato tramite il Fondo di garanzia di cui all'art. 79.

3. Prima di emanare un ordine ai sensi del presente articolo, la Corte può sollecitare e terrà conto delle osservazioni della persona condannata, delle vittime, delle altre persone interessate o degli Stati interessati, e delle osservazioni formulate a nome di tali persone o dei loro aventi diritto.

4. Nell'esercizio dei poteri che gli sono conferiti dal presente articolo, dopo che una persona è stata condannata per un reato che rientra nella giurisdizione della Corte, quest'ultima può stabilire se, per dare effetto ad un ordine che può emanare ai sensi del presente articolo, sia necessario ricorrere ai provvedimenti di cui all'art. 93, paragrafo 1.

5. Gli Stati Parte fanno applicare le decisioni ai sensi del presente articolo come se le disposizioni dell'art. 109 fossero applicabili al presente articolo.

6. Nulla nel presente articolo sarà interpretato come lesivo dei diritti che la legislazione nazionale o internazionale riconoscono alle vittime.

76. Condanne.

1. In caso di verdetto di condanna, la Camera di primo grado stabilisce la pena da applicare in considerazione delle conclusioni e degli elementi di prova rilevanti presentati al processo.

2. Fatti salvi i casi in cui si applica l'art. 65, e prima della fine del processo, la Camera di primo grado può tenere d'ufficio, e su richiesta del Procuratore o dell'imputato, un'ulteriore udienza per prendere conoscenza di ogni nuova conclusione e di ogni nuovo elemento di prova rilevante ai fini della definizione della pena, in conformità con le Regole Procedurali e di Ammissibilità delle Prove.

3. Nei casi in cui si applica il paragrafo 2, la Camera di primo grado ascolta le osservazioni previste all'art. 75 nel corso dell'udienza supplementare di cui al paragrafo 2 e, ove necessario, nel corso di una nuova udienza.

4. La sentenza è pronunziata in udienza pubblica e, ove possibile, in presenza dell'imputato.

CAPITOLO VII
Pene

77. Pene applicabili.

1. Fatto salvo l'art. 110, la Corte può pronunciare contro una persona dichiarata colpevole dei reati di cui all'art. 5 del presente Statuto, una delle seguenti pene:

a) reclusione per un periodo di tempo determinato non superiore nel massimo a 30 anni;

b) ergastolo, se giustificato dall'estrema gravità del crimine e dalla situazione personale del condannato.

2. Alla pena della reclusione la Corte può aggiungere:

a) un'ammenda fissata secondo i criteri previsti dalle Regole Procedurali e di Ammissibilità delle Prove;

b) la confisca di profitti, beni ed averi ricavati direttamente o indirettamente dal crimine fatti salvi i diritti di terzi in buona fede.

78. Determinazione della pena.

1. Nel determinare la pena, la Corte tiene conto, secondo le Regole Procedurali e di Ammissibilità delle Prove, di elementi quali la gravità del reato e la situazione personale del condannato.

2. Nel pronunziare una pena di reclusione, la Corte detrae il tempo trascorso, su suo ordine, in detenzione. La Corte può inoltre detrarre in ogni altro periodo trascorso in detenzione per condotte collegate al crimine.

3. Se una persona è riconosciuta colpevole di più reati, la Corte quantifica sia la pena per ciascun reato che quella cumulativa, specificando la durata totale dell'imprigionamento. Tale durata non può essere inferiore a quella della pena più alta applicata per un singolo crimine e non può superare i 30 anni di reclusione o l'ergastolo previsto all'art. 77, paragrafo 1, capoverso b).

79. Fondo di garanzia per le vittime.

1. è istituito, con decisione dell'Assemblea degli Stati Parte, un Fondo a beneficio delle vittime dei reati di competenza della Corte e delle loro famiglie.

2. La Corte può ordinare che il ricavato delle ammende e dei beni confiscati sia versato al Fondo.

3. Il Fondo è gestito in conformità ai criteri stabiliti dall'Assemblea degli Stati Parte.

80. Autonomia dell'applicazione delle pene ad opera degli Stati e della legislazione nazionale.

Nessuna disposizione del presente capitolo vieta l'applicazione ad opera degli Stati di pene previste dal loro diritto interno, nell'applicazione della normativa di Stati che non prevedono le pene stabilite nel presente capitolo.

CAPITOLO VIII
Appello e revisione

81. Appello contro la sentenza di condanna o la determinazione della pena.

1. Può essere proposto appello, secondo le Regole Procedurali e di Ammissibilità delle Prove, contro una decisione resa in forza dell'art. 74, secodo le seguenti modalità:

a) il Procuratore può proporre appello per uno dei seguenti motivi:
   i) vizio di procedura;
   ii) errore di fatto;
   iii) errore di diritto.

b) La persona dichiarata colpevole o il Procuratore a nome di questa persona, possono proporre appello per uno dei seguenti motivi:
   i) vizio di procedura;
   ii) errore di fatto;
   iii) errore di diritto.
   iv) qualunque altro motivo che pregiudica l'equità o la regolarità della procedura o della decisione.

2. *a)* Il Procuratore o il condannato possono, secondo le Regole Procedurali e di Ammissibilità delle Prove, impugnare la pena pronunziata, per via di mancanza di proporzione fra la stessa ed il crimine;

b) Se, in occasione dell'appello proposto contro la pena pronunciata, la Corte ritiene che esistono motivi tali da giustificare l'annullamento, in tutto o in parte, della decisione sulla colpevolezza, essa può invitare il procuratore o il condannato ad invocare i motivi enunciati all'art. 82, paragrafo 1, capoversi a) o b) e pronunziarsi sulla decisione sulla colpevolezza secondo l'art. 83.

c) La stessa procedura si applica se, in occasione di un appello concernente unicamente la decisione sulla colpevolezza, la Corte giudica che vi sono motivi che giustificano una riduzione della pena in forza del paragrafo 2, capoverso a).

3. a) A meno che la Camera di primo grado non decida diversamente, la persona riconosciuta colpevole rimane in stato di detenzione durante la procedura di appello.

b) Se la durata della detenzione supera la durata della pena pronunciata, la persona riconosciuta colpevole è rimessa in libertà; tuttavia, se anche il Procuratore propone appello, la liberazione può essere subordinata alle condizioni enunciate al capoverso c) seguente;

c) in caso di assoluzione, l'accusato è immediatamente rimesso in libertà, fatte salve tuttavia le seguenti condizioni:

i) in circostanze eccezionale valutati tra l'altro il rischio di evasione, la gravità del reato e la probabilità di successo dell'appello, la Camera di primo grado su richiesta del Procuratore può ordinare che l'imputato rimanga in detenzione durante la procedura di appello;

ii) contro un'ordinanza della Camera di primo grado preveduta dal capoverso i) può essere proposto appello secondo le Regole Procedurali e di Ammissibilità delle Prove.

4. Subordinatamente alle disposizioni del paragrafo 3, capoversi a) e b) l'esecuzione della decisione sulla colpevolezza o della sentenza è sospesa durante il periodo utile per proporre appello e durante il corso del giudizio di appello.

82. Appello contro altre decisioni.

1. Ciascuna Parte può proporre appello contro una delle seguenti decisioni, secondo le Regole Procedurali e di Ammissibilità delle prove:

a) decisione sulla competenza o la procedibilità;

b) ordinanza che concede o nega la liberazione della persona oggetto d'inchiesta o di azioni giudiziarie;

c) decisione della Camera preliminare di agire di sua iniziativa in forza dell'art. 56, paragrafo 3;

d) decisione che solleva una questione di natura tale da incidere in maniera significativa sullo svolgimento equo e rapido della procedura o sull'esito del processo e la cui soluzione immediata potrebbe secondo il parere della Camera preliminare o della Camera di primo grado far progredire notevolmente la procedura.

2. Una decisione della Camera preliminare, fondata sull'art. 57, paragrafo 3, d) può essere impugnata dallo Stato interessato o dal Procuratore con l'autorizzazione della Camera preliminari. L'appello in questione sarà trattato mediante una procedura d'urgenza.

3. L'appello ha effetto sospensivo solo se la Camera lo ordina, sulla base di una domanda presentata secondo le Regole Procedurali e di Ammissibilità delle Prove.

4. Il rappresentante legale delle vittime, la persona condannata o il proprietario in buona fede di un bene pregiudicato da un'ordinanza emessa in forza dell'art. 73, possono presentare appello contro tale ordinanza, come previsto nelle Regole Procedurali di Ammissibilità delle Prove.

83. Procedura d'appello.

1. Ai fini delle procedure previste all'art. 81 e nel presente articolo, la Camera d'appello ha tutti i poteri della Camera di primo grado.

2. Se la Camera d'appello conclude che la procedura oggetto di appello è affetta da vizi tali da pregiudicare la regolarità della decisione o della condanna, o che la decisione o la condanna oggetto di appello sono gravemente viziate da un errore di fatto o di diritto essa può:

a) annullare o modificare la decisione o la condanna; oppure

b) ordinare un nuovo processo dinanzi una altra Camera di primo grado.

A tal fine, la Camera d'appello può rinviare una questione di fatto dinanzi alla Camera di primo grado inizialmente adita affinché quest'ultima decida la questione e le faccia rapporto, oppure può essa stessa chiedere elementi di prova per essere in grado di decidere. Quando la sola persona condannata, o il Procuratore a suo nome, hanno presentato appello contro la decisione o la condanna, quest'ultima non può essere modificata a scapito della persona condannata.

3. Se, nell'ambito di un appello contro una condanna, la Camera d'appello constata che la pena è sproporzionata rispetto al crimine, essa può modificarla secondo il capitolo VII.

4. La sentenza della Camera d'appello è adottata a maggioranza dei giudici e pronunciata in udienza pubblica. La sentenza è motivata. Se non vi è unanimità, la sentenza deve contenere i pareri della maggioranza e della minoranza, ma un giudice può far valere un'opinione individuale o un'opinione dissidente su una questione di diritto.

5. La Camera di appello può pronunciare la sua sentenza in assenza della persona prosciolta o condannata.

84. Revisione della condanna o della pena.

1. La persona dichiarata colpevole oppure, se è deceduta, il coniuge, i figli, i genitori o ogni persona vivente al momento del suo decesso, che essa ha espressamente designato per iscritto a tal fine, o il Procuratore a nome di questa persona, possono adire la Camera d appello con una domanda di revisione della decisione definitiva sulla colpevolezza o la pena per i seguenti motivi:

a) è emerso un fatto nuovo che:

i) non era conosciuto al momento del processo, senza che ciò possa essere imputato, in tutto o in parte, al ricorrente; e

ii) se fosse stato constatato al momento del processo avrebbe probabilmente comportato un diverso verdetto;

b) risulta che un elemento probatorio decisivo stabilito durante il processo e sulla base del quale si è stabilita la colpevolezza era falso, contraffatto o falsificato;

c) uno o più giudici che hanno concorso alla decisione sulla colpevolezza o che hanno convalidato le imputazioni hanno commesso nel caso in oggetto un atto costituente errore grave o inadempimento ai loro doveri, di gravità sufficiente da far sì che siano esonerati dalle loro funzioni in attuazione dell'art. 46.

2. La Camera d'appello respinge la domanda se la ritiene infondata. Se giudica che la domanda si basa su validi motivi essa può, a seconda di come convenga:

a) convocare nuovamente la Camera di primo grado che ha pronunciato la sentenza iniziale;

b) istituire una nuova Camera di primo grado;

c) rimanere investita del caso,

in vista di determinare, dopo aver inteso le parti secondo le modalità previste nelle Regole Procedurali e di Ammissibilità delle Prove, se la sentenza debba essere riveduta.

85. Risarcimento alle persone arrestate o condannate.

1. Chiunque sia stato vittima di un arresto o di una detenzione illegale ha diritto a riparazione.

2. Se una condanna definitiva è in seguito annullata in quanto un fatto nuovo, o recentemente rivelato, dimostra che è stato commesso un errore giudiziario, la persona che ha subito una pena in ragione di detta condanna è indennizzata in conformità alle leggi, a meno che non sia provato che il non aver rivelato il fatto in tempo utile è imputabile alla stessa persona, in tutto o in parte.

3. In circostanze eccezionali, qualora la Corte scopra sulla base di elementi affidabili che è stato commesso un errore giudiziario grave e manifesto essa può, a sua discrezione concedere un risarcimento secondo i criteri enunciati nelle Regole Procedurali e di Ammissibilità delle Prove, ad una persona che era stata liberata a seguito di un proscioglimento definitivo o in quanto il procedimento giudiziario aveva cessato per via di questo fatto.

86. Obbligo generale di cooperare.

Secondo le disposizioni del presente Statuto gli Stati Parti cooperano pienamente con la Corte nelle inchieste ed azioni giudiziarie che la stessa svolge per reati di sua competenza.

87. Richieste di cooperazione: disposizioni generali.

1. *a)* La Corte è abilitata a rivolgere richieste di cooperazione agli Stati Parti. Tali richieste sono trasmesse per via diplomatica o mediante ogni altro canale appropriato che ciascuno Stato Parte può scegliere al momento della ratifica, accettazione o approvazione del presente Statuto o dell'adesione allo stesso.

Ogni ulteriore modifica di tale scelta deve essere effettuata da ciascun Stato Parte in conformità al Regolamento di procedura e di prova.

b) Se del caso, e fatte salve le disposizioni del capoverso a), le richieste possono altresì essere trasmesse attraverso l'Organizzazione internazionale di polizia criminale (INTERPOL) o ogni organizzazione regionale competente.

2. Le richieste di cooperazione ed i documenti giustificativi afferenti sono sia redatti in una lingua ufficiale dello Stato richiesto, o accompagnati da una traduzione in detta lingua, sia redatte in una delle lingue di lavoro della Corte o accompagnate da una traduzione in questa lingua a seconda della scelta fatta dallo Stato richiesto al momento della ratifica accettazione o approvazione del presente Statuto o dell'adesione allo stesso.

Ogni ulteriore modifica di tale scelta sarà effettuata *in conformità delle Regole Procedurali* e di Ammissibilità delle Prove.

3. Lo Stato richiesto rispetta il carattere riservato delle richieste di cooperazione e dei documenti a sostegno della richiesta, salvo nella misura in cui la loro divulgazione è necessaria per dar seguito alla richiesta.

4. Per quanto concerne le richieste di assistenza presentate ai sensi del capitolo IX, soprattutto in materia di protezione delle informazioni, la Corte può prendere i provvedimenti necessari per garantire la sicurezza ed il benessere fisico o psicologico delle vittime dei potenziali testimoni e dei loro familiari. La Corte può chiedere che ogni informazione fornita a titolo del presente capitolo sia comunicata ed elaborata in modo tale da preservare la sicurezza ed il benessere fisico o psicologico delle vittime, dei potenziali testimoni e dei loro familiari.

5. La Corte può invitare ogni Stato non parte del presente Statuto a prestare assistenza a titolo del presente capitolo sulla base di un'intesa ad hoc o di un accordo concluso con tale Stato o su ogni altra base appropriata.

Se, avendo concluso con la Corte un'intesa ad hoc o un accordo, lo Stato non Parte al presente Statuto non fornisce la partecipazione che gli viene richiesta in forza di tale intesa o accordo, la Corte può informarne l'Assemblea degli Stati Parti, o il Consiglio di Sicurezza se è stata adita da quest'ultimo.

6. La Corte può chiedere informazioni o documenti ad ogni organizzazione intergovernativa. Essa può inoltre sollecitare altre forme di cooperazione e di assistenza di cui abbia convenuto con tale organizzazione e che sono conformi alle competenze o al mandato di quest'ultima.

7. Se uno Stato Parte non aderisce ad una richiesta di cooperazione della Corte, diversamente da come previsto dal presente Statuto, impedendole in tal modo di esercitare le sue funzioni ed i suoi poteri in forza del presente Statuto, la Corte può prenderne atto ed investire del caso l'Assemblea degli Stati Parti, o il Consiglio di sicurezza se è stata adita da quest'ultimo.

88. Procedure disponibili secondo la legislazione nazionale.

Gli Stati Parti si adoperano per predisporre nel loro ordinamento nazionale, procedure appropriate per realizzare tutte le forme di cooperazione indicate nel presente capitolo.

89. Consegna di determinate persone alla Corte.

1. La Corte può presentare a qualsiasi Stato nel cui territorio è suscettibile di trovarsi la persona ricercata, una richiesta di arresto e consegna, unitamente alla documentazione giustificativa indicata all'art. 91, e potrà richiedere cooperazione di questo Stato per l'arresto e la consegna di tale persona. Gli Stati Parti rispondono ad ogni richiesta di arresto e di consegna secondo le disposizioni del presente capitolo e le procedure previste dalla loro legislazione nazionale.

2. Se la persona di cui si sollecita la consegna ricorre dinanzi ad una giurisdizione nazionale mediante un'impugnazione fondata sul principio non *bis* in idem, come previsto all'art. 20. Lo Stato richiesto consulta immediatamente la Corte per sapere se vi è stata nella fattispecie una decisione sull'ammissibilità. Se è stato deciso che il caso era ammissibile, lo Stato richiesto dà seguito alla domanda. Se la decisione sull'ammissibilità è pendente, lo Stato richiesto può rinviare l'esecuzione della domanda fino a quando la Corte non abbia deliberato.

3. a) Gli Stati Parti autorizzano il trasporto attraverso il loro territorio, conformemente alle procedure previste dalla loro legislazione nazionale, di ogni persona trasferita alla Corte da un altro Stato, salvo nel caso in cui il transito attraverso il loro territorio ritarderebbe la consegna.

b) Una richiesta di transito è trasmessa dalla Corte secondo l'art. 87. Essa contiene:
- i) i dati segnaletici della persona trasportata;
- ii) un breve esposto dei fatti e della loro qualificazione giuridica;
- iii) il mandato d'arresto e l'ordinanza di consegna;

c) la persona trasportata è in stato di detenzione durante il transito.

d) Non è necessaria alcuna autorizzazione se la persona è trasportata per via aerea e se nessun atterraggio è previsto sul territorio dello Stato di transito.

e) Se un atterraggio imprevisto ha luogo sul territorio dello Stato di transito quest'ultimo può esigere dalla Corte la presentazione di una domanda di transito nelle forme stabilite al capoverso b). Lo Stato di transito pone la persona trasportata in detenzione, in pendenza di tale domanda e dell'effettivo passaggio in transito. Tuttavia la detenzione ai sensi del presente capoverso non può prolungarsi oltre 96 ore dopo l'atterraggio imprevisto se la domanda non è stata ricevuta nel frattempo.

4. Se la persona reclamata è oggetto di un'azione giudiziaria o sconta una pena nello Stato richiesto per un reato diverso da quello per il quale si richiede la sua consegna alla Corte lo Stato richiesto che ha deciso di aderire alla domanda si consulta con la Corte.

90. Richieste concorrenti.

1. Se uno Stato Parte riceve dalla Corte, secondo l'art. 89, una richiesta di consegna e peraltro riceve da un altro Stato una richiesta di estradizione della stessa persona per lo stesso comportamento che costituisce la base del reato per il quale la Corte domanda la consegna della persona, tale Stato ne informa la Corte e lo Stato richiedente.

2. Se lo Stato richiedente è uno Stato Parte, lo Stato richiesto dà la precedenza alla domanda della Corte:

a) se la Corte ha deciso, in applicazione degli articoli 18 e 19, che il caso oggetto della richiesta di consegna è ammissibile, in considerazione dell'inchiesta svolta o di un'azione giudiziaria intentata dallo Stato richiedente, rispetto alla domanda di estradizione di quest'ultimo, oppure

b) se la Corte non ha preso la decisione di cui al capoverso a), a seguito della notifica dello Stato richiesto di cui al paragrafo 1.

3. Quando la Corte non ha preso la decisione di cui al paragrafo 2 capoverso a), lo Stato richiesto può, se lo desidera, incominciare ad istruire la richiesta di estradizione dello Stato richiesto in attesa che la Corte si pronunci come previsto al capoverso b). Esso non estrada la persona fino a quando la Corte non ha giudicato che il caso non è ammissibile. La Corte si pronuncia con giudizio direttissimo.

4. Se lo Stato richiedente è uno Stato non Parte al presente Statuto lo Stato richiesto, se non è tenuto, per via di un obbligo internazionale ad estradare l interessato verso lo Stato richiedente dà la precedenza alla richiesta di consegna della Corte se quest'ultima ha giudicato che il caso era ammissibile.

5. Quando un caso di competenza del paragrafo 4 non è stato giudicato ammissibile dalla Corte, lo Stato richiesto può, se lo desidera, incominciare ad istruire la richiesta di estradizione dello Stato richiedente.

6. Nei casi in cui si applica il paragrafo 4, ed a meno che lo Stato richiesto non sia tenuto, per via di un obbligo internazionale, ad estradare la persona verso lo Stato non parte richiedente, lo Stato richiesto decide se sia il caso di consegnare la persona alla Corte o di estradarla verso lo Stato richiedente. Nella sua decisione, lo Stato richiesto tiene conto di tutte le considerazioni rilevanti, in modo particolare:

a) dell'ordine cronologico delle richieste;

b) degli interessi dello Stato richiedente, in modo particolare, se del caso, del fatto che il reato è stato commesso sul suo territorio e della nazionalità delle vittime e della persona reclamata;

c) della possibilità che lo Stato richiedente proceda in un secondo tempo a consegnare la persona alla Corte.

7. Se uno Stato Parte riceve dalla Corte una richiesta di consegna di una persona e riceve peraltro da un altro Stato una richiesta di estradizione della stessa persona per lo stesso comportamento diverso da quello che costituisce il reato per il quale la Corte domanda la consegna della persona:

a) lo Stato richiesto dà la precedenza alla domanda della Corte, se non è tenuto, per via di un obbligo internazionale, ad estradare l'interessato verso lo Stato richiedente;

b) se è tenuto, per via di un obbligo internazionale, ad estradare la persona verso lo Stato richiedente, lo Stato richiesto decide sia di consegnarla alla Corte sia di estradarla verso lo Stato richiedente. Nella sua decisione, esso tiene conto di tutte le considerazioni pertinenti, in modo particolare quelle enunciate al paragrafo 6, pur concedendo una particolare attenzione alla natura ed alla relativa gravità del comportamento in causa.

8. Se, a seguito di una notifica ricevuta in applicazione del presente articolo, la Corte ha giudicato un caso come inammissibile e l'estradizione verso lo Stato richiedente è ulteriormente rifiutata, lo Stato richiesto notifica la decisione della Corte.

91. Contenuto della richiesta di arresto e di consegna.

1. Una richiesta di arresto e di consegna deve esser effettuata per iscritto. In caso di emergenza essa può essere effettuata con ogni mezzo che lasci un'impronta scritta, a condizione di essere convalidata secondo le modalità previste all'art. 87, paragrafo 1, capoverso a).

2. Se la domanda concerne l'arresto e la consegna di una persona oggetto di un mandato d'arresto rilasciato dalla Camera di giudizio preliminare in forza dell'art. 58, essa deve contenere o essere accompagnata da un fascicolo contenente i seguenti documenti giustificativi:

a) dati segnaletici della persona ricercata, sufficienti ad identificarla e le informazioni relative al luogo dove probabilmente si trova;

b) una copia del mandato d'arresto;

c) i documenti, dichiarazioni ed informazioni che possono essere pretesi nello Stato richiesto per procedere alla consegna; tuttavia le esigenze dello Stato richiesto non devono essere più onerose in questo caso rispetto alle richieste d'estradizione presentate in applicazione di trattati o di intese concluse fra lo Stato richiesto ed altri Stati e dovrebbero anzi, se possibile, esserlo di meno, in considerazione del carattere particolare della Corte.

3. Se la richiesta concerne l'arresto e la consegna di una persona che è già stata riconosciuta colpevole, essa contiene o è accompagnata da un fascicolo contenente i seguenti documenti giustificativi:

a) una copia di qualsiasi mandato d'arresto relativo a tale persona;

b) una copia della sentenza;

c) informazioni attestanti che la persona ricercata è effettivamente quella indicata nella sentenza;

d) se la persona ricercata è stata condannata ad una pena, una copia della condanna assieme a, nel caso di una pena di detenzione, l'indicazione della parte di pena che e già stata scontata e della parte che resta da scontare.

4. Su richiesta della Corte, uno Stato Parte intrattiene con quest'ultima, sia in generale, sia a proposito di una particolare questione, consultazioni sulle condizioni previste dalla sua legislazione interna che potrebbero applicarsi secondo il paragrafo 2, capoverso c). Nell'ambito di tali consultazioni lo Stato Parte informa la Corte delle particolari esigenze della sua legislazione.

92. Fermo.

1. In caso di emergenza, la Corte può chiedere il fermo della persona ricercata in attesa che siano presentate la richiesta di consegna ed i documenti giustificativi di cui all'art. 91.

2. La richiesta di fermo può essere effettuata con ogni mezzo che lascia un'impronta scritta e deve contenere:

a) i dati segnaletici della persona ricercata, sufficienti ad identificarla e le informazioni relative al luogo dove probabilmente si trova;

b) un breve esposto dei reati per i quali la persona è ricercata e dei fatti che sarebbero costitutivi di tali reati, ivi compreso, se possibile, la data ed il luogo dove sarebbero avvenuti;

c) una dichiarazione attestante l'esistenza, a carico della persona ricercata, di un mandato d'arresto o di un verdetto di colpevolezza;

d) una dichiarazione indicante che farà seguito una richiesta di consegna della persona ricercata.

3. Una persona in stato di fermo può essere rimessa in libertà se lo Stato richiesto non ha ricevuto la richiesta di consegna ed i documenti giustificativi di cui all'art. 91 nel termine stabilito dalle Regole Procedurali e di Ammissibilità delle Prove. Tuttavia questa persona può consentire ad essere consegnata prima della scadenza di detto termine se la legislazione dello Stato richiesto lo consente. In questo caso, lo Stato richiesto procede al più presto a consegnarla alla Corte.

4. La rimessa in libertà della persona ricercata prevista al paragrafo 3 non pregiudica il suo successivo arresto e la sua consegna, se la richiesta di consegna accompagnata dai documenti giustificativi viene presentata in seguito.

93. Altre forme di cooperazione.

1. Gli Stati Parti ricevono secondo le disposizioni del presente capitolo e le procure previste dalla loro legislazione nazionale, le richieste di assistenza della Corte connesse ad un'inchiesta o azione giudiziaria, e concernenti:

a) l'identificazione di una persona, il luogo dove si trova o la localizzazione dei beni;

b) la raccolta di elementi di prova comprese le deposizioni fatte sotto giuramento e la produzione di elementi probatori comprese le perizie ed i rapporti di cui la Corte necessita;

c) l'interrogatorio di persone che sono oggetto di un'inchiesta o di azioni giudiziarie;

d) il significato di documenti, compresi gli atti di procedura;

e) le misure atte a facilitare la comparizione volontaria dinanzi alla Corte di persone che depositano in quanto testimoni o esperti;

f) il trasferimento temporaneo di persone in forza del paragrafo 7;

g) l'esame di località o di siti, in modo particolare la riesumazione e l'esame di cadaveri sotterrati in fosse comuni;

h) l'esecuzione di perquisizioni e confische;

i) la trasmissione di fascicoli e documenti compresi i fascicoli ed i documenti ufficiali;

j) la protezione di vittime e di testimoni e la preservazione di elementi di prova;

k) l'identificazione, la localizzazione, il congelamento o la confisca del prodotto di reati di beni, averi e strumenti connessi ai reati, per eventualmente confiscarli, fatti salvi i diritti di terzi in buona fede;

l) ogni altra forma di assistenza non vietata dalla legislazione dello Stato richiesto volta ad agevolare l'inchiesta e l'azione giudiziaria relative ai reati di competenza della Corte.

2. La Corte è abilitata a garantire ad un teste o esperto che compare in sua presenza, che non sarà né perseguito, né detenuto, né da essa sottoposto a qualsiasi restrizione della sua libertà personale per un atto od omissione precedenti alla sua partenza dallo Stato richiesto.

3. Se l'esecuzione di una particolare misura di assistenza descritta in una richiesta presentata in forza del paragrafo 1 è vietata nello Stato richiesto in forza di un principio giuridico fondamentale di applicazione generale, lo Stato richiesto intraprende senza indugio consultazioni con la Corte per tentare di risolvere la questione. Durante tali consultazioni, si esamina se l'assistenza può essere fornita in altro modo o accompagnata da determinate condizioni. Se la questione non è risolta all'esito delle consultazioni la Corte modifica la domanda.

4. In conformità con l'art. 72, uno Stato parte può respingere totalmente o parzialmente una richiesta di assistenza solo se tale richiesta verte sulla produzione di documenti o la divulgazione di elementi probatori relativi alla sua sicurezza o difesa nazionale.

5. Prima di respingere una richiesta di assistenza di cui al paragrafo 1 [(1)], lo Stato richiesto determina se l'assistenza può essere fornita a determinate condizioni o potrebbe essere fornita in seguito, o in forma diversa, rimanendo inteso che se la Corte o il Procuratore accettano queste condizioni, essi saranno tenuti ad osservarle.

6. Lo Stato richiesto che respinge una richiesta di assistenza fa conoscere senza indugio le sue ragioni alla Corte o al Procuratore.

7. *a*) La Corte può chiedere il trasferimento temporaneo di una persona detenuta a fini d'identificazione o per ottenere una testimonianza o altre forme di assistenza. Tale persona può essere trasferita se sono soddisfatte le seguenti condizioni:

i) la persona acconsente, liberamente e con cognizione di causa, ad essere trasferita; e

ii) lo Stato richiesto acconsente al trasferimento subordinatamente alle condizioni eventualmente concordate tra detto Stato e la Corte.

b) La persona trasferita continua ad essere sotto controllo cautelare. Dopo che la finalità del trasferimento è stata conseguita, la Corte rinvia senza indugio questa persona nello Stato richiesto.

8. *a*) La Corte preserva il carattere confidenziale dei documenti e delle informazioni raccolte salvo nella misura necessaria all'inchiesta ed alle procedure descritte nella richiesta.

b) Lo Stato richiesto può se del caso comunicare documenti o informazioni al Procuratore a titolo confidenziale. Il Procuratore può utilizzarli solo per raccogliere nuovi elementi probatori.

c) Lo Stato richiesto può, sia d'ufficio sia su richiesta del Procuratore autorizzato, acconsentire in un secondo tempo alla divulgazione di tali documenti o informazioni. Questi possono in tal caso esser utilizzati come mezzo di prova secondo le disposizioni dei capitoli V e VI e delle Regole Procedurali e di Ammissibilità delle Prove.

9. *a*) i) Se uno Stato Parte riceve dalla Corte e da un altro Stato, a seguito di un obbligo internazionale, richieste concorrenti aventi un oggetto diverso dalla consegna o estradizione, esso farà il possibile, in consultazione con la Corte e questo altro Stato, per dar seguito alle due richieste, se del caso differendo l'una o l'altra o assoggettandola a condizioni.

ii) In mancanza di quanto sopra, la concorrenza delle richieste è risolta secondo i princìpi stabiliti all'art. 90.

b) Tuttavia, quando la richiesta della Corte concerne informazioni, beni o persone sotto il controllo di uno Stato terzo o di un'organizzazione internazionale in virtù di un accordo internazionale, lo Stato richiesto ne informa la Corte e quest'ultima indirizza la sua domanda allo Stato terzo o all'Organizzazione internazionale.

10. *a*) Se riceve una richiesta in tal senso, la Corte può cooperare con lo Stato Parte che svolge un'inchiesta o un processo vertente su un comportamento che costituisce reato sottoposto alla giurisdizione della Corte, o un reato grave secondo il diritto interno di tale Stato e prestargli assistenza.

b) i) L'assistenza comprende, tra l'altro:

1) la trasmissione di deposizioni, documenti ed altri elementi di prova raccolti nel corso di un'inchiesta o processo svolti dalla Corte; e

2) l'interrogatorio di ogni persona detenuta per ordine della Corte;

ii) Nel caso di cui al sotto-capoverso b), i) 1:

1) la trasmissione di documenti ed altri elementi di prova ottenuti con l'assistenza di uno Stato esige il consenso di detto Stato;

2) la trasmissione di deposizioni, documenti ed altri elementi probatori forniti da un teste o da un esperto avviene secondo le disposizioni dell'art. 68.

c) La Corte può, alle condizioni enunciate al presente paragrafo, dar seguito ad una richiesta di assistenza emanante da uno Stato che non è parte al presente Statuto.

94. Differimento della messa in opera di una richiesta per via di inchieste o procedimenti giudiziari in corso.

1. Se l'esecuzione immediata di una richiesta può nuocere al corretto svolgimento dell'inchiesta o dei procedimenti giudiziari in corso, in caso diverso da quello cui si riferisca la domanda, lo Stato richiesto può ritardare l'esecuzione della richiesta per un periodo di tempo stabilito di comune accordo con la Corte. Tuttavia il rinvio non dovrà prolungarsi oltre quanto sia necessario per portare a termine l'inchiesta o i procedimenti giudiziari in oggetto nello Stato richiesto. Prima di decidere di ritardare l'esecuzione della richiesta, lo Stato richiesto considera se l'assistenza può essere fornita immediatamente a determinate condizioni.

2. Se viene presa la decisione di soprassedere all'esecuzione della richiesta in applicazione del paragrafo 1, il Procuratore può tuttavia chiedere l'adozione di provvedimenti per preservare gli elementi di prova, come previsto all'art. 93, paragrafo 1, capoverso j).

95. Differimento dell'esecuzione di una richiesta per via di un'eccezione d'inammissibilità.

Fatto salvo l'art. 53, paragrafo 2, se la Corte esamina un'eccezione d'inammissibilità in applicazione degli articoli 18 e 19, lo Stato richiesto può soprassedere all'esecuzione di una richiesta presentata in forza del presente capitolo fino a quando la Corte non abbia specificatamente ordinato che il Procuratore può continuare a raccogliere elementi di prova in applicazione degli articoli 18 e 19.

96. Contenuto di una richiesta vertente su altre forme di cooperazione previste dall'art. 93.

1. Una domanda vertente su altre forme di cooperazione di cui all'art. 93 deve essere effettuata per iscritto. In caso di emergenza, essa può essere effettuata con ogni altro mezzo che lascia un'impronta scritta, a condizione di essere convalidata secondo modalità indicate all'art. 87, paragrafo 1 a).

2. La richiesta contiene o è accompagnata, se del caso, da un fascicolo contenente i seguenti elementi:

a) un breve esposto dell'oggetto della richiesta e della natura dell'assistenza richiesta comprese le basi giuridiche ed i motivi della richiesta;

b) informazioni il più dettagliate possibile sulla persona o il luogo che devono essere individuati o localizzati in modo che l'assistenza possa essere fornita;

c) un breve esposto dei fatti essenziali che giustificano la domanda;

d) l'esposto dei motivi e la spiegazione dettagliata delle procedure o condizioni da rispettare;

e) ogni informazione che può essere pretesa dalla legislazione dello Stato richiesto per dar seguito alla richiesta;

f) ogni altra informazione utile affinché l'assistenza richiesta possa essere fornita.

3. Se la Corte lo domanda, uno Stato Parte intrattiene con essa, sia in generale sia a proposito di una particolare questione, consultazioni sulle condizioni previste dalla sua legislazione che potrebbero applicarsi come previsto al paragrafo 2, capoverso e) nell'ambito di tali consultazioni lo Stato parte informa la Corte di particolari esigenze della sua legislazione.

4. Le disposizioni del presente articolo si applicano altresì, se del caso, ad una richiesta d'assistenza indirizzata alla Corte.

97. Consultazioni.

Quando uno Stato Parte, investito di una richiesta ai sensi del presente capitolo, constata che la stessa solleva difficoltà che potrebbero intralciarne o impedirne l'esecuzione, esso consulta senza indugio la Corte per risolvere il problema. Tali difficoltà potrebbero, in modo particolare, essere le seguenti:

a) le informazioni non sono sufficienti per dar seguito alla richiesta;

b) nel caso di una richiesta di consegna, la persona reclamata rimane introvabile malgrado ogni sforzo dispiegato, oppure l'inchiesta svolta ha permesso di determinare che la persona che si trova nello Stato di detenzione non è manifestamente quella indicata dal mandato;

c) il fatto che lo Stato richiesto sarebbe costretto, per dar seguito alla richiesta nella forma in cui si trova, di infrangere un obbligo convenzionale che già ha nei confronti di un altro Stato.

98. Cooperazione in relazione a rinuncia ad immunità e consenso alla consegna.

1. La Corte non può presentare una richiesta di assistenza che costringerebbe lo Stato richiesto ad agire in modo incompatibile con gli obblighi che le incombono in diritto internazionale in materia d'immunità degli Stati o d'immunità diplomatica di una persona o di beni di uno Stato terzo a meno di ottenere preliminarmente la cooperazione di tale Stato terzo in vista dell'abolizione dell'immunità.

2. La Corte non può presentare una richiesta di consegna che costringerebbe lo Stato richiesto ad agire in modo incompatibile con gli obblighi che gli incombono in forza di accordi internazionali secondo i quali il consenso dello Stato d'invio è necessario per poter consegnare alla Corte una persona dipendente da detto Stato, a meno che la Corte non sia in grado di ottenere preliminarmente la cooperazione dello Stato d'invio ed il suo consenso alla consegna.

99. Seguito dato alle richieste presentate a titolo degli articoli 93 e 96.

1. Lo Stato richiesto dà seguito alle richieste di assistenza secondo la procedura prevista dalla sua legislazione e, a meno che tale legislazione non lo vieti, nel modo indicato nella richiesta. In particolare, esso applica la procedura indicata nella richiesta o autorizza le persone che vi sono designate ad essere presenti ed a partecipare alla messa in opera della richiesta.

2. Se la richiesta è urgente i documenti o elementi probatori prodotti in risposta alla richiesta sono a domanda della Corte inviati con urgenza.

3. Le risposte dello Stato richiesto sono comunicate nella loro lingua e forma originali.

4. Fatti salvi gli altri articoli del presente capitolo, qualora ciò sia necessario per eseguire efficacemente una richiesta alla quale può essere dato seguito senza dover ricorrere a misure di costrizione, in modo particolare quando si tratta di sentire una persona o di raccogliere la sua deposizione a titolo volontario, anche senza che le autorità dello Stato richiesto siano presenti, se ciò è determinante per una efficace esecuzione della richiesta, o d'ispezionare un sito pubblico o altro luogo pubblico senza modificarlo, il Procuratore può attuare l'oggetto della domanda direttamente sul territorio dello Stato secondo le seguenti modalità:

a) quando lo Stato richiesto è lo Stato sul cui territorio si presume che il reato sia stato commesso e vi è stata una decisione sull'ammissibilità in conformità agli articoli 18 o 19, il Procuratore può mettere direttamente in opera la richiesta dopo aver avuto con lo Stato richiesto le consultazioni più ampie possibili;

b) negli altri casi, il Procuratore può eseguire la richiesta, previa consultazione con lo Stato Parte richiesto ed in considerazione di condizioni o ragionevoli preoccupazioni che tale Stato può aver fatto valere. Se lo Stato richiesto accerta che l'esecuzione di una richiesta ai sensi del presente sotto-paragrafo presenta difficoltà, esso consulta immediatamente la Corte per porvi rimedio.

5. Le disposizioni che autorizzano la persona sentita o interrogata dalla Corte ai sensi dell'art. 72, ad invocare le limitazioni previste, al fine d'impedire la divulgazione d'informazioni confidenziali connesse alla difesa o alla sicurezza nazionale, si applicano altresì all'esecuzione delle richieste di assistenza ai sensi del presente articolo.

100. Spese.

1. Le spese ordinarie afferenti alla messa in opera delle richieste sul territorio dello Stato richiesto sono a carico di detto Stato ad eccezione delle seguenti spese, che sono a carico della Corte:

a) spese connesse ai viaggi ed alla protezione dei testimoni e degli esperti o al trasferimento in forza dell'art. 93, di persone detenute;

b) spese di traduzione, d'interpretazione e di trascrizione;

c) spese di viaggio e di soggiorno dei giudici, del Procuratore, dei Vice-Procuratori, dell'Ufficio del Cancelliere, del Vice-Cancelliere e dei membri del personale di tutti gli organi della Corte;

d) costo di ogni perizia o rapporto chiesto dalla Corte;

e) spese connesse al trasporto di una persona consegnata da uno Stato di detenzione;

f) previa consultazione, tutte le spese straordinarie che la messa in opera di una richiesta può comportare.

2. Le disposizioni del paragrafo 1 si applicano, se del caso, alle richieste indirizzate alla Corte dagli Stati Parti. In questo caso, la Corte si assume a carico le spese ordinarie di messa in opera.

101. Regola della specialità.

1. Una persona consegnata alla Corte in applicazione del presente statuto non può essere perseguita, punita o detenuta in ragione di comportamenti precedenti alla sua consegna, a meno che questi ultimi non costituiscano la base dei reati per i quali la persona è stata consegnata.

2. La Corte può sollecitare allo Stato che le ha consegnato una persona, una deroga alle condizioni di cui al paragrafo 1. Essa fornisce se del caso, informazioni supplementari secondo l'art. 91. Gli Stati Parti sono abilitati a concedere una deroga alla Corte e non devono lesinare sforzi a tal fine.

102. Uso dei termini.

Ai fini del presente Statuto:

a) "consegna" significa per uno Stato il fatto di consegnare una persona alla Corte in applicazione del presente Statuto;

b) "estradizione" significa per uno Stato consegnare una persona ad un altro Stato in applicazione di un trattato, di una convenzione o della sua legislazione nazionale.

CAPITOLO X
Esecuzione

103. Ruolo degli Stati nell'esecuzione delle pene detentive.

1. *a)* Le pene detentive sono scontate in uno Stato designato dalla Corte, da una lista di Stati che hanno informato la Corte della loro disponibilità a ricevere persone condannate.

b) Nel dichiarare la propria disponibilità a ricevere persone condannate, uno Stato può annettere alla sua accettazione condizioni che devono essere approvate dalla Corte ed essere conformi alle disposizioni del presente capitolo.

c) Lo Stato designato in un determinato caso fa sapere rapidamente alla Corte se accetta o meno la designazione.

2. *a)* Lo Stato incaricato dell'esecuzione avverte la Corte di ogni circostanza, ivi compresa la realizzazione di ogni condizione concordata in applicazione del paragrafo 1, suscettibile di modificare sensibilmente le condizioni o la durata della detenzione. La Corte deve essere avvisata con un anticipo di almeno 45 giorni di ogni circostanza di questo tipo, conosciuta o prevedibile. Durante questo periodo di tempo, lo Stato incaricato dell'esecuzione non prende alcuna misura che potrebbe essere contraria alle disposizioni dell'art. 110.

b) Se la Corte non può accettare le circostanze di cui al capoverso a), essa ne informa lo Stato incaricato dell'esecuzione e procede in conformità all'art. 104, paragrafo 1.

3. Quando esercita il suo potere di designazione secondo il paragrafo 1, la Corte può tener conto:

a) del principio secondo il quale gli Stati parti devono condividere la responsabilità dell'esecuzione delle pene detentive secondo i princìpi di equa ripartizione enunciati nelle Regole Procedurali e di Ammissibilità delle Prove;

b) delle regole convenzionali del diritto internazionale

generalmente accettate che disciplinano il trattamento dei detenuti;

c) delle opinioni della persona condannata;

d) della nazionalità della persona condannata; e

e) di ogni altro fattore relativo alle circostanze del reato, alla situazione della persona condannata o all'esecuzione effettiva della pena che possono guidare la scelta dello Stato incaricato.

4. Se nessuno Stato è designato come previsto al paragrafo 1, la pena detentiva è scontata in un istituto penitenziario messo a disposizione dallo Stato ospitante, in condizioni definite nell'accordo di sede di cui all'art. 3, paragrafo 2. In questo caso, le spese relative all'esecuzione della pena sono a carico della Corte.

104. Modifica della designazione dello Stato incaricato dell'esecuzione.

1. La Corte può decidere in qualsiasi momento di trasferire il condannato nella prigione di un altro Stato.

2. La persona condannata può in qualsiasi momento chiedere alla Corte di essere trasferita fuori dallo Stato incaricato dell'esecuzione.

105. Esecuzione della pena.

1. Fatte salve le condizioni che uno Stato avrà potuto stabilire secondo l'art. 103 paragrafo 1, capoverso b), la pena detentiva è vincolante per tutti gli Stati Parte che non possono in alcun caso modificarla.

2. La Corte ha solo il diritto di pronunziarsi su una richiesta di revisione della sua decisione di colpevolezza o sulla pena. Lo Stato incaricato dell'esecuzione non impedisce al condannato di presentare tale domanda.

106. Controllo dell'esecuzione della pena e condizioni di detenzione.

1. L'esecuzione di una pena di reclusione è soggetta al controllo della Corte. Essa è conforme alle regole convenzionali internazionali ampiamente accettate che regolano il trattamento dei detenuti.

2. Le condizioni di detenzione sono disciplinate dalla legislazione dello Stato incaricato dell'esecuzione. Esse sono conformi alle regole convenzionali internazionali ampiamente accettate che disciplinano il trattamento dei detenuti. In nessun caso possono essere più o meno favorevoli di quelle che lo Stato incaricato dell'esecuzione applica ai condannati detenuti per crimini simili.

3. Le comunicazioni fra i condannati e la Corte sono riservate e senza impedimenti.

107. Trasferimento del condannato che ha terminato di scontare la pena.

1. Dopo avere scontato la pena, una persona che non è cittadina dello Stato incaricato dell'esecuzione può essere trasferita secondo la legislazione dello Stato incaricato dell'esecuzione, in uno Stato che è tenuto ad accoglierla, o in altro Stato che accetta di accoglierla, tenendo conto di qualsiasi desiderio espresso dalla persona di essere trasferita in detto Stato, salvo se lo Stato incaricato dell'esecuzione autorizza tale persona a rimanere sul suo territorio.

2. Le spese afferenti al trasferimento del condannato in un altro Stato in applicazione del paragrafo 1 sono a carico della Corte se nessuno Stato le prende a carico.

3. Subordinatamente alle disposizioni dell'art. 108, lo Stato di detenzione può altresì, in applicazione della sua legislazione, estradare o consegnare in altra maniera la persona allo Stato che ha chiesto la sua estradizione, o la sua consegna, a fini di giudizio o di esecuzione di una pena.

108. Limiti in materia di procedimenti giudiziari o di condanne per altre infrazioni.

1. Il condannato detenuto dallo Stato incaricato dell'esecuzione non può essere né perseguito, né condannato o estradato verso uno Stato terzo per un comportamento anteriore al suo trasferimento nello Stato incaricato dell'esecuzione, salvo se la Corte ha approvato tale azione giudiziaria, condanna o estradizione a richiesta dello Stato incaricato dell'esecuzione.

2. La Corte delibera sulla questione dopo aver sentito il condannato.

3. Il paragrafo 1 cessa di applicarsi se il condannato risiede volontariamente per più di 30 giorni sul territorio dello Stato incaricato dell'esecuzione dopo aver scontato la totalità della pena pronunciata dalla Corte o ritorna sul territorio dello Stato dopo averlo lasciato.

109. Pagamento di sanzioni pecuniarie ed esecuzione di misure di confisca.

1. Gli Stati Parti fanno eseguire le sanzioni pecuniarie e le misure di confisca ordinate dalla Corte in forza del capitolo VII, fatti salvi i diritti dei terzi in buona fede e secondo la procedura prevista dalla loro legislazione interna.

2. Se uno Stato Parte non è in grado di attuare l'ordinanza di confisca, dovrà prendere misure per ricuperare il valore del prodotto, dei beni o degli averi di cui la Corte ha ordinato la confisca, fatti salvi i diritti dei terzi in buona fede.

3. I beni o i proventi della vendita di beni immobiliari o, se del caso, di altri beni ottenuti da uno Stato parte in esecuzione di una sentenza della Corte, sono trasferiti alla Corte.

110. Esame da parte della Corte della questione di una riduzione di pena.

1. Lo Stato incaricato dell'esecuzione non può liberare la persona detenuta prima della espiazione della pena pronunciata dalla Corte.

2. La Corte ha solo il diritto di decidere una riduzione di pena. Essa si pronuncia dopo aver sentito la persona.

3. Se la persona ha scontato i due terzi della pena, o venticinque anni di reclusione nel caso di una condanna all'ergastolo, la Corte riesamina la pena per decidere se sia il caso di ridurla. La Corte non procede a questo riesame prima di detto termine.

4. Al momento del riesame di cui al paragrafo 3, la Corte può ridurre la pena qualora essa constati che una o più delle seguenti condizioni sono realizzate:

a) La persona ha, sin dall'inizio ed in modo costante, manifestato la sua volontà di cooperare con la Corte nelle sue inchieste e durante il procedimento;

b) la persona ha facilitato spontaneamente l'esecuzione di decisioni ed ordinanze della Corte in altri casi, in modo particolare aiutandola a localizzare e fornendo assistenza per i beni oggetto di decisioni che ne ordinano la confisca, per il pagamento di una sanzione pecuniaria o di un risarcimento che possono essere utilizzati a vantaggio delle vittime; oppure

c) altri fattori previsti nelle Regole Procedurali e di Ammissibilità delle Prove attestano un cambiamento di circostanze evidente, con conseguenze degne di nota e tali da giustificare la riduzione della pena.

5. Se, in occasione del suo riesame di cui al paragrafo 3 la Corte decide che non è il caso di ridurre la pena, essa in seguito rivedrà la questione della riduzione di pena negli intervalli previsti nel Regolamento di procedura e di prova, ed applicando i criteri che vi sono enunciati.

111. Evasione.

Se una persona condannata evade dal luogo di detenzione e fugge dallo Stato incaricato dell'esecuzione della pena, tale Stato può, dopo aver consultato la Corte, chiedere allo Stato in cui la persona si trova, la consegna di tale persona in applicazione di accordi bilaterali o multilaterali in vigore, oppure chiedere alla Corte di sollecitare la consegna di detta persona secondo il capitolo IX. Quando la Corte sollecita la consegna di una persona, può ordinare che sia consegnata allo Stato nel quale scontava la pena o altro Stato da essa designato.

CAPITOLO XI
Assemblea degli Stati Parte

112. Assemblea degli Stati Parti.

1. è istituita un'Assemblea di Stati Parti del presente Statuto. Ciascuno Stato Parte dispone di un rappresentante che può essere assistito da supplenti e consiglieri. Gli altri Stati che hanno firmato lo Statuto o l'Atto finale possono partecipare all'Assemblea a titolo di osservatori.

2. L'Assemblea:

a) esamina ed adotta, se del caso, le raccomandazioni della Commissione preparatoria;

b) impartisce alla Presidenza, al Procuratore ed al Cancelliere orientamenti generali per l'amministrazione della Corte;

c) esamina i rapporti e le attività dell'Ufficio di Presidenza istituito in forza del paragrafo 3 e prende provvedimenti appropriati;

d) esamina ed approva il bilancio preventivo della Corte;

e) decide in conformità con l'art. 36 se sia opportuno modificare, se del caso, il numero dei giudici;

f) esamina in conformità con l'art. 87, paragrafi 5 e 7 ogni questione relativa alla mancanza di cooperazione;

g) espleta ogni altra funzione compatibile con le disposizioni del presente Statuto e con le Regole Procedurali e di Ammissibilità delle Prove.

3. a) L'Assemblea avrà un Ufficio di Presidenza composto da un presidente, due vicepresidenti e 18 membri da essa eletti con mandati triennali;

b) L'Ufficio di Presidenza avrà carattere rappresentativo, in considerazione, fra l'altro, di un'equa distribuzione geografica e di un'adeguata rappresentanza dei principali ordinamenti giuridici del mondo;

c) L'Ufficio di Presidenza si riunisce ogni qualvolta sia necessario, ma almeno una volta l'anno. Esso assiste l'Assemblea nell'espletamento delle sue responsabilità.

4. L'Assemblea può istituire tutti gli organi sussidiari che giudica necessari, ivi compreso un organo di sovraintendenza per l'ispezione, la valutazione e l'investigazione della Corte, al fine di migliorare la sua efficienza ed il suo rendimento.

5. Il presidente della Corte, il Procuratore ed il Segretario o loro rappresentanti possono partecipare, come opportuno, alle riunioni dell'Assemblea e dell'Ufficio di Presidenza.

6. L'Assemblea si riunisce una volta l'anno e, se le circostanze lo esigono tiene sessioni straordinarie, presso la sede della Corte o presso la sede principale delle Nazioni Unite. Salvo se diversamente specificato nel presente Statuto, le sessioni straordinarie possono essere convocate dall'Ufficio di Presidenza d'ufficio o a domanda di un terzo degli Stati Parti.

7. Ciascuno Stato Parte dispone di un voto. Ogni sforzo dovrà essere fatto per pervenire a decisioni mediante consenso nell'Assemblea e nell'Ufficio di Presidenza. Se non si raggiunge il consenso, e salvo se diversamente stabilito nello Statuto:

a) le decisioni su questioni di merito devono essere approvate da una maggioranza di due terzi dei presenti e votanti a condizione che una maggioranza assoluta di Stati Parti costituisca il quorum per la votazione;

b) le decisioni su questioni di procedura devono essere adottate mediante una maggioranza semplice degli Stati Parti presenti e votanti.

8. Uno Stato Parte, che è in ritardo con il pagamento dei suoi contributi finanziari alle spese della Corte non dispone di voto in Assemblea e nell'Ufficio di Presidenza, se l'ammontare dei suoi versamenti non pagati è pari o superiore all'ammontare dei contributi dovuti dallo stesso per i due anni precedenti. Tuttavia, l'Assemblea può autorizzare tale Stato Parte a votare in Assemblea e nell'Ufficio di Presidenza quando accerti che l'inadempienza di pagamento è dovuta a condizioni che non dipendono dal controllo dello Stato Parte.

9. L'Assemblea adotta le sue regole di procedura.

10. Le lingue ufficiali e di lavoro dell'Assemblea sono quelle dell'Assemblea Generale delle Nazioni Unite.

CAPITOLO XII
Finanziamento

113. Disposizioni finanziarie.

Salvo diversa disposizione formale, tutte le questioni finanziarie relative alla Corte ed alle riunioni dell'Assemblea degli Stati Parti ivi compreso l'Ufficio di Presidenza e gli organi sussidiari della stessa sono disciplinate dal presente Statuto, dal Regolamento finanziario e dalle Regole di gestione finanziaria adottate dall'Assemblea degli Stati Parti.

114. Pagamento delle spese.

Le spese della Corte e dell'Assemblea degli Stati Parti nonché dell'Ufficio di Presidenza e degli organi sussidiari della stessa, sono pagate mediante le risorse finanziarie della Corte.

115. Risorse finanziarie della Corte e dell'Assemblea degli Stati Parti.

Le risorse finanziarie della Corte e dell'Assemblea degli Stati Parti includendo l'Ufficio di Presidenza e gli organi sussidiari, provengono, secondo quanto previsto nel bilancio preventivo deciso dall'Assemblea degli Stati Parti, dalle seguenti fonti:

a) contributi degli Stati Parti;

b) risorse finanziarie fornite dell'Organizzazione delle Nazioni Unite subordinatamente all'approvazione dell'Assemblea generale, in modo particolare per quanto concerne le spese effettuate per le rimessioni decise dal Consiglio di sicurezza.

116. Contributi volontari.

Fermo restando l'art. 115, la Corte può ricevere ed utilizzare a titolo di risorse supplementari, i contributi volontari di Governi, Organizzazioni internazionali, privati, società ed altri enti, secondo i criteri stabiliti in materia dall'Assemblea degli Stati Parti.

117. Calcolo dei contributi.

I contributi degli Stati Parti sono calcolati sulla base di un tariffario per le rispettive quote, stabilito di comune accordo, basato sul tariffario adottato dall'Organizzazione delle Nazioni Unite per il suo bilancio preventivo ordinario, ed adeguato in conformità ai princìpi di quest'ultimo tariffario si fonda.

118. Revisione annuale dei conti.

I registri, i libri ed i conti della Corte, compresi i suoi stati patrimoniali annuali, sono oggetto ogni anno di un controllo da parte di un revisore dei conti indipendente.

CAPITOLO XIII
Clausole finali

119. Soluzione delle controversie.

1. Ogni controversia relativa alle funzioni giudiziarie della Corte è risolta mediante una decisione della Corte.

2. Ogni altra controversia fra due o più Stati Parti relativa all'interpretazione o applicazione del presente Statuto che non è risolta per via negoziale entro tre mesi dopo il suo inizio, è rinviata all'Assemblea degli Stati Parti. L'Assemblea può adoperarsi per risolvere essa stessa la controversia, oppure formulare raccomandazioni su altri mezzi processuali per risolverla, ivi compreso mediante il deferimento alla Corte internazionale di giustizia in conformità allo Statuto di quest'ultima.

120. Riserve.

Nessuna riserva può essere apportata al presente Statuto.

121. Emendamenti.

1. Alla scadenza di un periodo di sette anni a decorrere dalla data di entrata in vigore del presente Statuto, ogni Stato Parte potrà esprimere proposte di emendamento allo stesso. Il testo di ogni proposta di emendamento è sottoposto al Segretario generale dell'Organizzazione delle Nazioni Unite che lo comunica senza indugio a tutti gli Stati Parti.

2. Non prima di tre mesi dopo la data di tale comunicazione, la successiva Assemblea di Stati Parti decide, a maggioranza dei presenti e votanti, se ricevere o meno la proposta. L'Assemblea può trattare tale proposta direttamente o convocare una Conferenza di revisione se la questione in oggetto lo giustifica.

3. L'adozione di un emendamento, in una riunione dell'Assemblea degli Stati Parti o ad una Conferenza di revisione esige, qualora non sia possibile pervenire ad un consenso, una maggioranza di due terzi di Stati Parti.

4. Subordinatamente alle disposizioni del paragrafo 5, un emendamento entra in vigore nei confronti di tutti gli Stati Parti un anno dopo che sette ottavi di tali Stati hanno depositato i loro strumenti di ratifica o di accettazione presso il Segretario generale dell'Organizzazione delle Nazioni Unite.

5. Un emendamento all'art. 5 dello Statuto entra in vigore nei confronti degli Stati Parti che lo hanno accettato un anno dopo il deposito dei loro strumenti di ratifica o di accettazione. Nel caso di uno Stato Parte che non ha accettato l'emendamento, la Corte non esercita la sua competenza per un reato oggetto di un emendamento, se tale reato è stato commesso da cittadini di tale Stato Parte, o sul territorio dello stesso.

6. Se un emendamento è stato accettato da sette ottavi degli Stati Parti in conformità al paragrafo 4, ogni Stato Parte che non ha accettato l'emendamento può recedere dallo Statuto con effetto immediato, nonostante il paragrafo 1 dell'articolo 127, ma subordinatamente alle disposizioni del paragrafo 2 dell'art. 127, dando notifica del suo recesso non più tardi di un anno dopo l'entrata in vigore di tale emendamento.

7. Il Segretario Generale dell'Organizzazione delle Nazioni Unite comunica a tutti gli Stati Parti gli emendamenti adottati in una riunione dell'Assemblea degli Stati Parti o ad una Conferenza di revisione.

122. Emendamenti alle disposizioni di carattere istituzionale.

1. Ogni Stato Parte può proporre, in qualsiasi momento, nonostante la norma del paragrafo 1 dell'art. 121, emendamenti alle disposizioni dello Statuto di carattere esclusivamente istituzionale, vale a dire gli articoli 35, 36 paragrafi 8 e 9, 37, 38, 39 paragrafi 1 (prime due frasi), 2 e 4, 42 paragrafi 4 a 9, 43 paragrafi 2 e 3, 44, 46, 47 e 49. Il testo di ogni proposta di emendamento sarà sottoposto al Segretario Generale delle Nazioni Unite o ad ogni altra persona designata dall'Assemblea degli Stati Parti, che lo farà rapidamente circolare a tutti gli Stati Parti e ad altri partecipanti all'Assemblea.

2. Gli emendamenti presentati in attuazione del presente articolo, per i quali non è possibile pervenire ad un consenso, sono adottati dall'Assemblea degli Stati Parti o da una Conferenza di revisione a maggioranza di due terzi degli Stati Parti. Tali emendamenti entrano in vigore nei confronti di tutti gli Stati Parti, sei mesi dopo la loro adozione da parte dell'Assemblea o della Conferenza, a seconda dei casi.

123. Revisione dello Statuto.

1. Sette anni dopo l'entrata in vigore del presente Statuto, il Segretario generale dell'Organizzazione delle Nazioni Unite convocherà una Conferenza di revisione per esaminare ogni emendamento al presente Statuto. L'esame potrà concernere in modo particolare, senza tuttavia che ciò sia limitativo, la lista dei reati di cui all'art. 5. La Conferenza sarà aperta a coloro che partecipano all'Assemblea degli Stati Parti, alle stesse condizioni.

2. In qualsiasi momento successivo, su richiesta di uno Stato Parte ed ai fini enunciati al paragrafo 1, il Segretario Generale delle Nazioni Unite, con l'approvazione della maggioranza degli Stati Parti convocherà una Conferenza di revisione.

3. L'adozione e l'entrata in vigore di ogni emendamento al presente Statuto, esaminato ad una Conferenza di revisione, sono regolate dalle disposizioni dell'art. 121, paragrafi 3 a 7.

124. Disposizione transitoria.

Nonostante le disposizioni dell'art. 12, paragrafo 1, uno Stato che diviene parte al presente Statuto può, nei sette anni successivi all'entrata in vigore dello Statuto nei suoi confronti, dichiarare di non accettare la competenza della Corte per quanto riguarda la categoria di reati di cui all'art. 8 quando sia allegato che un reato è stato commesso sul suo territorio o da suoi cittadini. Tale dichiarazione può essere ritirata in qualsiasi momento. Le disposizioni del presente articolo saranno riesaminate nella Conferenza di revisione prevista all'art. 123, paragrafo 1.

125. Firma, ratifica, accettazione, approvazione o adesione.

1. Il presente Stato sarà aperto alla firma degli Stati, in Roma, presso la sede dell'Organizzazione delle Nazioni Unite per l'Alimentazione e l'Agricoltura, il 17 luglio 1998. Successivamente a tale data, rimarrà aperto alla firma in Roma presso il Ministero degli affari esteri della Repubblica italiana fino al 17 ottobre 1998. Dopo tale data, lo Statuto rimarrà aperto alla firma in New York, presso la sede delle Nazioni Unite, fino al 31 dicembre 2000.

2. Il presente Statuto è sottoposto alla ratifica, accettazione o approvazione degli Stati firmatari. Gli strumenti di ratifica, accettazione o approvazione saranno depositati presso il Segretario Generale dell'Organizzazione delle Nazioni Unite.

3. Il presente Statuto sarà aperto all'adesione di tutti gli Stati. Gli strumenti di adesione saranno depositati presso il Segretario generale dell'Organizzazione delle Nazioni Unite.

126. Entrata in vigore.

1. Il presente Statuto entra in vigore il primo giorno del mese dopo il sessantesimo giorno successivo alla data di deposito del sessantesimo strumento di ratifica, di accettazione, di approvazione o di adesione presso il Segretario generale dell'Organizzazione delle Nazioni Unite.

2. Nei confronti di ciascun Stato che ratifica accetta o approva lo Statuto o vi aderisce dopo il deposito del sessantesimo strumento di ratifica, di accettazione, di approvazione o di adesione lo Statuto entra in vigore il primo giorno del mese dopo il sessantesimo giorno successivo al deposito da parte di questo Stato del suo strumento di ratifica accettazione, approvazione o adesione.

127. Recesso.

1. Ogni Stato Parte, può, mediante notifica scritta indirizzata al Segretario generale delle Nazioni Unite recedere dal presente Statuto. Il recesso ha effetto un anno dopo la data in cui la notifica è stata ricevuta, a meno che la notifica non specifichi una data posteriore.

2. Il recesso di uno Stato non lo esonera dagli obblighi posti a suo carico tal presente Statuto quando ne era parte, compresi tutti gli obblighi finanziari derivanti, né pregiudica ogni cooperazione concordata con la Corte in occasione di inchieste e procedure penali alle quali lo Stato che recede aveva il dovere di cooperare, ed iniziate prima della data in cui il recesso è divenuto effettivo; tale recesso non impedisce neppure di continuare ad esaminare qualsiasi questione di cui la Corte era già investita prima della data in cui il recesso è divenuto effettivo.

128. Testi autentici.

L'originale del presente Statuto il cui testi in arabo, cinese, francese, inglese, russo e spagnolo fanno ugualmente fede, sarà depositato presso il Segretario Generale dell'Organizzazione delle Nazioni Unite che ne farà avere una copia certificata conforme a tutti gli Stati.

In fede di che, i sottoscritti a tal fine debitamente autorizzati dai loro rispettivi governi hanno firmato il presente Statuto.

Fatto a Roma, il diciassette luglio millenovecentonovantotto.

C. Genocidio e crimini contro l'umanità

10. L. cost. 21 giugno 1967, n. 1. – Estradizione per i delitti di genocidio

In Gazzetta Ufficiale 3 luglio 1967, n. 164

Articolo Unico.

L'ultimo comma dell'art. 10 e l'ultimo comma dell'art. 26 della Costituzione non si applicano ai delitti di genocidio.

11. L. 9 ottobre 1967, n. 962. – Prevenzione e repressione del delitto di genocidio [1]

In Gazzetta Ufficiale 31 ottobre 1967, n. 272

(1) L'art. 1, co. 1, d.lgs. 1.12.2009, n. 179, ha dichiarato indispensabile la permanenza in vigore della presente legge.

1. Atti diretti a commettere genocidio.

Chiunque, al fine di distruggere in tutto o in parte un gruppo nazionale, etnico, razziale o religioso come tale, commette atti diretti a cagionare lesioni personali gravi a persone appartenenti al gruppo, è punito con la reclusione da dieci a diciotto anni.

Chiunque, al fine di distruggere in tutto o in parte un gruppo nazionale, etnico, razziale o religioso come tale, commette atti diretti a cagionare la morte o lesioni personali gravissime a persone appartenenti al gruppo, è punito con la reclusione da ventiquattro a trenta anni. La stessa pena si applica a chi, allo stesso fine, sottopone persone appartenenti al gruppo a condizioni di vita tali da determinare la distruzione fisica, totale o parziale del gruppo stesso [1].

(1) L'art. 1, co. 1, d.lgs. 1.12.2009, n. 179, ha dichiarato indispensabile la permanenza in vigore di questo articolo.

2. Deportazione a fine di genocidio.

Chi, al fine indicato nel precedente articolo, deporta persone appartenenti ad un gruppo nazionale, etnico, razziale o religioso, è punito con la reclusione da quindici a ventiquattro anni [1].

(1) L'art. 1, co. 1, d.lgs. 1.12.2009, n. 179, ha dichiarato indispensabile la permanenza in vigore di questo articolo.

3. Circostanza aggravante.

Se da alcuno dei fatti preveduti negli articoli precedenti, deriva la morte di una o più persone, si applica la pena dell'ergastolo [1].

(1) L'art. 1, co. 1, d.lgs. 1.12.2009, n. 179, ha dichiarato indispensabile la permanenza in vigore di questo articolo.

4. Atti diretti a commettere genocidio mediante limitazione delle nascite.

Chiunque impone o attua misure tendenti ad impedire o a limitare le nascite in seno ad un gruppo nazionale etnico, razziale o religioso, allo scopo di distruggere in tutto o in parte il gruppo stesso, è punito con la reclusione da dodici a ventuno anni [1].

(1) L'art. 1, co. 1, d.lgs. 1.12.2009, n. 179, ha dichiarato indispensabile la permanenza in vigore di questo articolo.

5. Atti diretti a commettere genocidio mediante sottrazione di minori.

Chiunque, al fine indicato nell'articolo precedente, sottrae minori degli anni quattordici appartenenti ad un gruppo nazionale, etnico, razziale o religioso, per trasferirli ad un gruppo diverso, è punito con la reclusione da dodici a ventuno anni [1].

(1) L'art. 1, co. 1, d.lgs. 1.12.2009, n. 179, ha dichiarato indispensabile la permanenza in vigore di questo articolo.

6. Imposizione di marchi o segni distintivi.

Chiunque costringe persone appartenenti ad un gruppo nazionale etnico, razziale o religioso, a portare marchi o segni distintivi indicanti la appartenenza al gruppo stesso è punito, per ciò solo, con la reclusione da quattro a dieci anni.

Ove il fatto sia stato commesso al fine di predisporre la distruzione totale o parziale del gruppo, si applica la reclusione da dodici a ventuno anni [1].

(1) L'art. 1, co. 1, d.lgs. 1.12.2009, n. 179, ha dichiarato indispensabile la permanenza in vigore di questo articolo.

7. Accordo per commettere genocidio.

Qualora più persone si accordino allo scopo di commettere uno dei delitti preveduti negli articoli da 1 a 5 e nel secondo comma dell'articolo 6 della presente legge, e il delitto non è commesso, ciascuna di esse è punibile, per il solo fatto dell'accordo, con la reclusione da uno a sei anni.

Qualora più persone si accordino allo scopo di commettere il delitto preveduto nel primo comma dell'articolo 6 della presente legge, e il delitto non è commesso, ciascuna di esse è punibile, per il solo fatto dell'accordo, con la reclusione da tre mesi a un anno.

Per i promotori la pena è aumentata [1].

(1) L'art. 1, co. 1, d.lgs. 1.12.2009, n. 179, ha dichiarato indispensabile la permanenza in vigore di questo articolo.

8. Pubblica istigazione e apologia.

Chiunque pubblicamente istiga a commettere alcuno dei delitti preveduti negli articoli da 1 a 5, è punito, per il solo fatto della istigazione, con la reclusione da tre a dodici anni.

La stessa pena si applica a chiunque pubblicamente fa l'apologia di alcuno dei delitti preveduti nel comma precedente [1].

(1) L'art. 1, co. 1, d.lgs. 1.12.2009, n. 179, ha dichiarato indispensabile la permanenza in vigore di questo articolo.

9. Competenza per materia.

La cognizione dei delitti, consumati o tentati, previsti nella presente legge appartiene alla Corte d'assise [1].

(1) L'art. 1, co. 1, d.lgs. 1.12.2009, n. 179, ha dichiarato indispensabile la permanenza in vigore di questo articolo.

12. L. 2 gennaio 1989, n. 7. – Ratifica ed esecuzione della Convenzione europea per la prevenzione della tortura e delle pene o trattamenti inumani o degradanti, con annesso, adottata a Strasburgo il 26 novembre 1987. Convenzione

In Gazzetta Ufficiale 16 gennaio 1989, n. 12

1. – 1. Il Presidente della Repubblica è autorizzato a ratificare la convenzione europea per la prevenzione della tortura e delle pene o trattamenti inumani o degradanti, con annesso, adottata a Strasburgo il 26 novembre 1987.

2. – 1. Piena ed intera esecuzione è data alla convenzione di cui all'articolo 1 a decorrere dalla sua entrata in vigore in conformità a quanto disposto dall'articolo 19 della convenzione stessa.

3. – 1. La presente legge entra in vigore il giorno successivo a quello della sua pubblicazione nella Gazzetta Ufficiale.

CAPITOLO I

1. – È istituito un Comitato europeo per la prevenzione della tortura e delle pene o trattamenti inumani o degradanti (qui di seguito denominato: "il Comitato"). Il Comitato esamina, per mezzo di sopralluoghi, il trattamento delle persone private di libertà allo scopo di rafforzare, se necessario, la loro protezione dalla tortura e dalle pene o trattamenti inumani o degradanti.

2. – Ciascuna Parte autorizza il sopralluogo, in conformità con la presente Convenzione, in ogni luogo dipendente dalla propria giurisdizione nel quale vi siano persone private di libertà da una Autorità pubblica.

3. – Il Comitato e le Autorità nazionali competenti della Parte interessata cooperano in vista dell'applicazione della presente Convenzione.

CAPITOLO II

4. – 1. Il Comitato si compone di un numero di membri eguale a quello delle Parti.

2. I membri del Comitato sono scelti tra persone di alta moralità, note per la loro competenza in materia di diritti dell'uomo o in possesso di esperienza professionale nei campi di applicazione della presente Convenzione.

3. Il Comitato non può comprendere più di un cittadino dello stesso Stato.

4. I membri partecipano a titolo individuale, sono indipendenti ed imparziali nell'esercizio del loro mandato e si rendono disponibili in modo da svolgere le loro funzioni in maniera effettiva.

5. – 1. I membri del Comitato sono eletti dal Comitato dei Ministri del Consiglio d'Europa a maggioranza assoluta dei voti su una lista di nomi elaborata dall'Ufficio di Presidenza dell'Assemblea Consultiva del Consiglio d'Europa; la delegazione nazionale all'Assemblea Consultiva di ciascuna Parte presenta tre candidati almeno due dei quali sono della sua nazionalità.

2. La stessa procedura è seguita per provvedere ai seggi divenuti vacanti.

3. I membri del Comitato sono eletti per un periodo di quattro anni. Essi sono rieleggibili una sola volta. Tuttavia, per quanto concerne i membri designati alla prima elezione, le funzioni di tre membri scadranno al termine di un periodo di due anni. I membri le cui funzioni scadono al termine del periodo iniziale di due anni sono estratti a sorte dal Segretario Generale del Consiglio d'Europa immediatamente dopo l'espletamento della prima elezione.

6. – 1. Il Comitato si riunisce a porte chiuse. Il quorum è costituito dalla maggioranza dei suoi membri. Le decisioni del Comitato sono prese a maggioranza dei membri presenti, fatte salve le disposizioni dell'articolo 10, paragrafo 2.

2. Il Comitato stabilisce il proprio regolamento interno.

3. Il Segretario del Comitato è assicurato dal Segretario Generale del Consiglio d'Europa.

CAPITOLO III

7. – 1. Il Comitato organizza i sopralluoghi nei luoghi di cui all'art. 2. Oltre a visite periodiche, il Comitato può organizzare ogni altro sopralluogo che sia a suo giudizio richiesto dalle circostanze.

2. I sopralluoghi sono di norma effettuati da almeno due membri del Comitato con l'assistenza, qualora sia ritenuta necessaria, di esperti e di interpreti.

8. – 1. Il Comitato notifica al governo della Parte interessata il suo intento di procedere ad un sopralluogo. A seguito di tale notifica il Comitato è abilitato a visitare in qualsiasi momento, i luoghi di cui all'articolo 2.

2. Una Parte deve fornire al Comitato le seguenti agevolazioni per l'adempimento del suo incarico:

a) accesso al proprio territorio e facoltà di circolarvi senza limitazioni di sorta;

b) tutte le informazioni relative ai luoghi in cui si trovano persone private di libertà;
c) la possibilità di recarsi a suo piacimento in qualsiasi luogo in cui vi siano persone private di libertà, compreso il diritto di circolare senza intralci all'interno di detti luoghi;
d) ogni altra informazione di cui la Parte dispone e che è necessaria al Comitato per lo adempimento del suo incarico. Nel ricercare tali informazioni, il Comitato tiene conto delle norme di diritto e di deontologia professionale applicabili a livello nazionale.

3. Il Comitato può intrattenersi senza testimoni con le persone private di libertà.

4. Il Comitato può entrare liberamente in contatto con qualsiasi persona che ritenga possa fornirgli informazioni utili.

5. Se del caso, il Comitato comunica immediatamente le sue osservazioni alle Autorità competenti della Parte interessata.

9. – 1. In circostanze eccezionali, le Autorità competenti della Parte interessata possono far conoscere al Comitato le loro obiezioni al sopralluogo nel momento prospettato dal Comitato o nel luogo specifico che il Comitato è intenzionato a visitare. Tali obiezioni possono essere formulate solo per motivi di difesa nazionale o di sicurezza pubblica o a causa di gravi disordini nei luoghi nei quali vi siano persone private di libertà, dello stato di salute di una persona o di un interrogatorio urgente nell'ambito di un'inchiesta in corso, connessa ad una infrazione penale grave.

2. A seguito di tali obiezioni, il Comitato e la Parte si consultano immediatamente per chiarire re la situazione e giungere ad un accordo riguardo alle misure che consentiranno al Comitato di esercitare le sue funzioni il più rapidamente possibile. Tali misure possono includere il trasferimento in altro luogo di qualsiasi persona il Comitato abbia intenzione di visitare.
In attesa che si possa procedere al sopralluogo, la Parte fornisce al Comitato informazioni su ogni persona interessata.

10. – 1. Dopo ogni sopralluogo, il Comitato elabora un rapporto sui fatti constatati in tale occasione, tenendo conto di ogni osservazione eventualmente presentata dalla Parte interessata. Esso trasmette a quest'ultima il suo rapporto inclusivo delle raccomandazioni che ritiene necessarie. Il Comitato può addivenire a consultazioni con la Parte al fine di suggerire, se del caso, dei miglioramenti per la protezione delle persone private di libertà.

2. Se la Parte non coopera o rifiuta di migliorare la situazione in base alle raccomandazioni del Comitato, esso può decidere a maggioranza di due terzi dei suoi membri, dopo che la Parte abbia avuto la possibilità di fornire spiegazioni, di effettuare una dichiarazione pubblica a tale proposito.

11. – 1. Le informazioni raccolte dal Comitato in occasione di una visita, il suo rapporto e le sue consultazioni con la Parte interessata sono riservate.

2. Il Comitato pubblica il suo rapporto ed ogni commento della Parte interessata, qualora quest'ultima lo richieda.

3. Ciò nonostante, nessun dato di natura personale deve essere reso pubblico senza il consenso esplicito della persona interessata.

12. – Ogni anno, il Comitato sottopone al Comitato dei Ministri, tenendo conto dei principi di riservatezza di cui all'articolo 11, un rapporto generale sulle sue attività. Tale rapporto è trasmesso all'Assemblea Consultiva e reso pubblico.

13. – I membri del Comitato, gli esperti e le altre persone che lo assistono sono sottoposti, durante il loro mandato e successivamente alla sua scadenza, all'obbligo di tenere segreti i fatti o le informazioni di cui sono venuti a conoscenza nell'adempimento delle loro funzioni.

14. – 1. I nomi delle persone che assistono il Comitato sono indicati nella notifica effettuata a termini dell'articolo 8 paragrafo 1.

2. Gli esperti operano sotto le istruzioni e la responsabilità del Comitato. Essi devono possedere la competenza e l'esperienza specifiche delle materie per le quali trova applicazione la presente Convenzione e sono vincolati dagli stessi obblighi d'indipendenza, d'imparzialità e di disponibilità di quelli dei membri del Comitato.

3. Una Parte può, in via eccezionale, dichiarare che un esperto o altra persona che assiste il Comitato non può essere ammessa a partecipare al sopralluogo in un luogo che dipende dalla sua giurisdizione.

CAPITOLO IV

15. – Ciascuna Parte comunica al Comitato il nominativo e l'indirizzo dell'Autorità competente a ricevere le notifiche indirizzate al suo Governo, nonché quelli di ogni agente di collegamento da essa eventualmente designato.

16. – Il Comitato, i suoi membri e gli esperti di cui all'articolo 7, paragrafo 2, godono dei privilegi ed immunità previsti nell'annesso alla presente Convenzione.

17. – 1. La presente Convenzione non porta pregiudizio alle norme di diritto interno o agli accordi internazionali che garantiscono una maggiore protezione alle persone private di libertà.

2. Nessuna disposizione della presente Convenzione può essere interpretata come una limitazione o una deroga alle competenze degli organi della Convenzione europea dei Diritti dell'Uomo o agli obblighi assunti dalle Parti in virtù della presente Convenzione.

3. Il Comitato non effettuerà sopralluoghi nei luoghi che sono visitati effettivamente e regolarmente da rappresentanti o delegati di Potenze vigilanti o del Comitato internazionale della Croce Rossa a termini delle Convenzioni di Ginevra del 12 agosto 1949 e loro Protocolli aggiuntivi dell'8 giugno 1977.

CAPITOLO V

18. – La presente Convenzione è aperta alla firma degli Stati membri del Consiglio d'Europa. Essa sarà sottoposta a ratifica, accettazione o approvazione. Gli strumenti di ratifica, di accettazione o di approvazione saranno depositati presso il Segretario Generale del Consiglio d'Europa.

19. – **1.** La presente Convenzione entrerà in vigore il primo giorno del mese successivo allo scadere di un periodo di tre mesi a partire dalla data alla quale sette Stati membri del Consiglio d'Europa avranno espresso il loro consenso ad essere vincolati dalla Convenzione in conformità con quanto disposto all'articolo 18.

2. Per ogni Stato membro che esprima successivamente il proprio consenso ad essere vincolato dalla Convenzione, essa entrerà in vigore il primo giorno del mese successivo allo scadere di un periodo di tre mesi a partire dalla data di deposito dello strumento di ratifica, di accettazione o di approvazione.

20. – **1.** Ogni Stato può, al momento della firma o del deposito del suo strumento di ratifica, di accettazione o di approvazione, indicare il territorio o i territori per i quali troverà applicazione la presente Convenzione.

2. Ogni Stato può, in qualsiasi altro successivo momento, mediante dichiarazione indirizzata al Segretario Generale del Consiglio d'Europa, estendere l'applicazione della presente Convenzione ad ogni altro territorio indicato nella dichiarazione. La Convenzione entrerà in vigore nei confronti di tale territorio il primo giorno del mese successivo allo scadere di un periodo di tre mesi a decorrere dalla data di ricezione, da parte del Segretario Generale, di detta dichiarazione.

3. Ogni dichiarazione effettuata a termini dei due paragrafi precedenti potrà essere ritirata per quanto concerne ogni territorio indicato in detta dichiarazione, mediante notifica indirizzata al Segretario Generale. Il ritiro avrà effetto il primo giorno del mese successivo allo scadere di un periodo di tre mesi a decorrere dalla data di ricezione, da parte del Segretario Generale, di detta notifica.

21. – Non è ammessa alcuna riserva alle disposizioni della presente Convenzione.

22. – **1.** Ogni Parte può in ogni tempo denunciare la presente Convenzione mediante notifica indirizzata al Segretario Generale del Consiglio d'Europa.

2. La denuncia avrà effetto il primo giorno del mese successivo allo scadere di un periodo di dodici mesi a decorrere dalla data di ricezione, da parte del Segretario Generale, della notifica.

23. – Il Segretario Generale del Consiglio d'Europa notificherà agli Stati membri del Consiglio d'Europa:

a) ogni firma;

b) il deposito di ogni strumento di ratifica, di accettazione o di approvazione;

c) la data di entrata in vigore della presente Convenzione in conformità con gli artt. 19 e 20 della Convenzione stessa;

d) ogni altro atto, notifica o comunicazione relativa alla presente Convenzione, ad eccezione delle misure previste negli artt. 8 e 10.

DISCRIMINAZIONE RAZZIALE, ETNICA E RELIGIOSA

1. L. 13 ottobre 1975, n. 654. – Ratifica ed esecuzione della Convenzione internazionale sull'eliminazione di tutte le forme di discriminazione razziale, aperta alla firma a New York il 7 marzo 1966 *(artt. 1-3)*. Convenzione *(artt. 1-7)*

In Gazzetta Ufficiale 23 dicembre 1975, n. 337

1. – Il Presidente della Repubblica è autorizzato a ratificare la convenzione internazionale sull'eliminazione di tutte le forme di discriminazione razziale, aperta alla firma a New York il 7 marzo 1966.

2. – Piena ed intera esecuzione è data alla convenzione di cui all'articolo precedente a decorrere dalla sua entrata in vigore in conformità all'art. 19 della convenzione stessa.

3 (1). – [1. Salvo che il fatto costituisca più grave reato, anche ai fini dell'attuazione della disposizione dell'articolo 4 della convenzione, è punito:

a) con la reclusione fino ad un anno e sei mesi o con la multa fino a 6.000 euro chi propaganda idee fondate sulla superiorità o sull'odio razziale o etnico, ovvero istiga a commettere o commette atti di discriminazione per motivi razziali, etnici, nazionali o religiosi (2);

b) con la reclusione da sei mesi a quattro anni chi, in qualsiasi modo, istiga a commettere o commette violenza o atti di provocazione alla violenza per motivi razziali, etnici, nazionali o religiosi [3];

2. (*Omissis*) [4].

3. È vietata ogni organizzazione, associazione, movimento o gruppo avente tra i propri scopi l'incitamento alla discriminazione o alla violenza per motivi razziali, etnici, nazionali o religiosi. Chi partecipa a tali organizzazioni, associazioni, movimenti o gruppi, o presta assistenza alla loro attività, è punito, per il solo fatto della partecipazione o dell'assistenza, con la reclusione da sei mesi a quattro anni. Coloro che promuovono o dirigono tali organizzazioni, associazioni, movimenti o gruppi sono puniti, per ciò solo, con la reclusione da uno a sei anni.

3 bis. Si applica la pena della reclusione da due a sei anni se la propaganda ovvero l'istigazione e l'incitamento, commessi in modo che derivi concreto pericolo di diffusione, si fondano in tutto o in parte sulla negazione, sulla minimizzazione in modo grave o sull'apologia della Shoah o dei crimini di genocidio, dei crimini contro l'umanità e dei crimini di guerra, come definiti dagli articoli 6, 7 e 8 dello statuto della Corte penale internazionale, ratificato ai sensi della legge 12 luglio 1999, n. 232 [5].] [6]

(1) Articolo così sostituito dall'art. 1, d.l. 26.4.1993, n. 122, conv., con modif., dalla l. 25.6.1993, n. 205.
(2) Lettera così sostituita dall'art. 13, l. 24.2.2006, n. 85.
(3) Lettera così modificata dall'art. 13, l. 24.2.2006, n. 855.
(4) Comma abrogato dall'art. 1, d.l. 26.4.1993, n. 122, conv., con modif., dalla l. 25.6.1993, n. 205.
(5) Comma introdotto dall'art. 1, co. 1, l. 16.6.2016, n. 115 e poi modificato dall'art. 5, co. 1, l. 20.11.2017, n. 167 (l. europea 2017).
(6) Articolo abrogato dall'art. 7, co. 1, lett. c), d.lgs. 1.3.2018, n. 21. Vedi l'art. 604 *bis* c.p.

Convenzione internazionale sull'eliminazione di ogni forma di discriminazione razziale Conclusa a New York il 21 dicembre 1965 Approvata dall'Assemblea federale il 9 marzo 1993 Istrumento di adesione depositato dalla Svizzera il 29 novembre 1994 Entrata in vigore per la Svizzera il 29 dicembre 1994

1. – 1. Nella presente Convenzione, l'espressione «discriminazione razziale» sta ad indicare ogni distinzione, esclusione, restrizione o preferenza basata sulla razza, il colore, l'ascendenza o l'origine nazionale o etnica, che abbia lo scopo o l'effetto di distruggere o di compromettere il riconoscimento, il godimento o l'esercizio, in condizioni di parità, dei diritti dell'uomo e delle libertà fondamentali in campo politico, economico, sociale e culturale o in ogni altro settore della vita pubblica.

2. La presente Convenzione non si applica alle distinzioni, esclusioni, restrizioni o trattamenti preferenziali stabiliti da uno Stato parte della Convenzione a seconda che si tratti dei propri cittadini o dei non-cittadini.

3. Nessuna disposizione della presente Convenzione può essere interpretata come contrastante con le disposizioni legislative degli Stati parti della Convenzione e che si riferiscono alla nazionalità, alla cittadinanza o alla naturalizzazione, a condizione che tali disposizioni non siano discriminatorie nei confronti di una particolare nazionalità.

4. Le speciali misure adottate al solo scopo di assicurare convenientemente il progresso di alcuni gruppi razziali od etnici o di individui cui occorra la protezione necessaria per permettere loro il godimento e l'esercizio dei diritti dell'uomo e delle libertà fondamentali in condizioni di eguaglianza non sono considerate misure di discriminazione razziale, a condizione tuttavia che tali misure non abbiano come risultato la conservazione di diritti distinti per speciali gruppi razziali e che non vengano tenute in vigore una volta che siano raggiunti gli obiettivi che si erano prefisse.

2. – 1. Gli Stati contraenti condannano la discriminazione razziale e si impegnano a continuare, con tutti i mezzi adeguati e senza indugio, una politica tendente ad eliminare ogni forma di discriminazione razziale ed a favorire l'intesa tra tutte le razze, e, a tale scopo:

a) ogni Stato contraente si impegna a non porre in opera atti o pratiche di discriminazione razziale verso individui, gruppi di individui od istituzioni ed a fare in modo che tutte le pubbliche attività e le pubbliche istituzioni, nazionali e locali, si uniformino a tale obbligo;

b) ogni Stato contraente si impegna a non incoraggiare, difendere ed appoggiare la discriminazione razziale praticata da qualsiasi individuo od organizzazione;

c) ogni Stato contraente deve adottare delle efficaci misure per rivedere le politiche governative nazionali e locali e per modificare, abrogare o annullare ogni legge ed ogni disposizione regolamentare che abbia il risultato di creare la discriminazione o perpetuarla ove esista;

d) ogni Stato contraente deve, se le circostanze lo richiedono, vietare e por fine con tutti i mezzi più opportuni, provvedimenti legislativi compresi, alla discriminazione razziale praticata da singoli individui, gruppi od organizzazioni;

e) ogni Stato contraente s'impegna, ove occorra, a favorire le organizzazioni ed i movimenti integrazionisti multirazziali e gli altri mezzi ad eliminare le barriere che esistono tra le razze, nonché a scoraggiare quanto tende a rafforzare la separazione razziale.

2. Gli Stati contraenti, se le circostanze lo richiederanno, adotteranno delle speciali e concrete misure in campo sociale, economico, culturale o altro, allo scopo di assicurare nel modo dovuto, lo sviluppo o la protezione di alcuni gruppi razziali o di individui appartenenti a tali gruppi per garantire loro, in condizioni di parità, il pieno esercizio dei diritti dell'uomo e delle libertà fondamentali. Tali misure non potranno avere, in alcun caso, il risultato di mante nere i diritti disuguali o distinti per speciali gruppi razziali, una volta che siano stati raggiunti gli obiettivi che si erano prefissi.

3. – Gli Stati contraenti condannano in particolar modo la segregazione razziale e l'«apartheid» e si impegnano a prevenire, vietare ed eliminare sui territori sottoposti alla loro giurisdizione, tutte le pratiche di tale natura. Art. 4 Gli Stati contraenti condannano ogni propaganda ed ogni organizzazione che s'ispiri a concetti ed a teorie basate sulla superiorità di una razza o di un gruppo di individui di un certo colore o di una certa origine etnica, o che pretendano di giustificare o di incoraggiare ogni forma di odio e di discriminazione razziale, e si impegnano ad adottare immediatamente misure efficaci per eliminare ogni incitamento ad una tale discriminazione od ogni atto discriminatorio, tenendo conto, a tale scopo, dei principi formulati nella Dichiarazione universale dei diritti dell'uomo e dei diritti chiaramente enunciati nell'articolo 5 della presente Convenzione, ed in particolare:

a) a dichiarare crimini punibili dalla legge, ogni diffusione di idee basate sulla superiorità o sull'odio razziale, ogni incitamento alla discriminazione razziale, nonché ogni atto di violenza, od incitamento a tali atti diretti contro ogni razza o gruppo di individui di colore diverso o di diversa origine etnica, come ogni aiuto apportato ad attività razzistiche, compreso il loro finanziamento;

b) a dichiarare illegali ed a vietare le organizzazioni e le attività di propaganda organizzate ed ogni altro tipo di attività di propaganda che incitino alla discriminazione razziale e che l'incoraggino, nonché a dichiarare reato punibile dalla legge la partecipazione a tali organizzazioni od a tali attività;c) a non permettere né alle pubbliche autorità, né alle pubbliche istituzioni, nazionali o locali, l'incitamento o l'incoraggiamento alla discriminazione razziale.

5. – In base agli obblighi fondamentali di cui all'articolo 2 della presente Convenzione, gli Stati contraenti si impegnano a vietare e ad eliminare la discriminazione razziale in tutte le sue forme ed a garantire a ciascuno il diritto all'eguaglianza dinanzi alla legge senza distinzione di razza, colore od origine nazionale o etnica, nel pieno godimento dei seguenti diritti:

a) diritto ad un eguale trattamento avanti i tribunali ed a ogni altro organo che amministri la giustizia;

b) diritto alla sicurezza personale ed alla protezione dello Stato contro le violenze o le sevizie da parte sia di funzionari governativi, sia di ogni individuo, gruppo od istituzione;

c) diritti politici, ed in particolare il diritto di partecipare alle elezioni, di votare e di presentarsi candidato in base al sistema del suffragio universale ed eguale per tutti, il diritto di partecipare al governo ed alla direzione degli affari pubblici, a tutti i livelli, nonché il diritto di accedere, a condizioni di parità, alle cariche pubbliche;

d) altri diritti civili quali:

i) il diritto di circolare liberamente e di scegliere la propria residenza all'interno dello Stato,
ii) il diritto di lasciare qualsiasi Paese, compreso il proprio, e di tornare nel proprio Paese,
iii) il diritto alla nazionalità,
iv) il diritto a contrarre matrimonio ed alla scelta del proprio coniuge,
v) il diritto alla proprietà di qualsiasi individuo, sia in quanto singolo sia in società con altri,
vi) il diritto all'eredità,
vii) il diritto alla libertà di pensiero, di coscienza e di religione,
viii) il diritto alla libertà di opinione e di espressione,
ix) il diritto alla libertà di riunione e di pacifica associazione;

e) i diritti economici, sociali e culturali, ed in particolare:

i) i diritti al lavoro, alla libera scelta del proprio lavoro, a condizioni di lavoro eque e soddisfacenti, alla protezione dalla disoccupazione, ad un salario uguale a parità di lavoro uguale, ad una remunerazione equa e soddisfacente,
ii) il diritto di fondare dei sindacati e di iscriversi a sindacati,
iii) il diritto all'alloggio,
iv) il diritto alla sanità, alle cure mediche, alla previdenza sociale ed ai servizi sociali,
v) il diritto all'educazione ed alla formazione professionale,
vi) il diritto di partecipare in condizioni di parità alle attività culturali;

f) il diritto di accesso a tutti i luoghi e servizi destinati ad uso pubblico, quali i mezzi di trasporto, gli alberghi, i ristoranti, i caffè, gli spettacoli ed i parchi.

6. – Gli Stati contraenti garantiranno ad ogni individuo sottoposto alla propria giurisdizione una protezione ed un mezzo di gravame effettivi davanti ai tribunali nazionali ed agli altri organismi dello Stato competenti, per tutti gli atti di discriminazione razziale che, contrariamente alla presente Convenzione, ne violerebbero i diritti individuali e le libertà fondamentali nonché il diritto di chiedere a tali tribunali soddisfazione o una giusta ed adeguata riparazione per qualsiasi danno di cui potrebbe essere stata vittima a seguito di una tale discriminazione.

7. – Gli Stati contraenti si impegnano ad adottare immediate ed efficaci misure, in particolare nei campi dell'insegnamento, dell'educazione, della cultura e dell'informazione, per lottare contro i pregiudizi che portano alla discriminazione razziale e a favorire la comprensione, la tolleranza e l'amicizia tra le Nazioni ed i gruppi razziali ed etnici, nonché a promuovere gli scopi ed i principi dello Statuto delle Nazioni Unite, della Dichiarazione universale dei diritti dell'uomo, della Dichiarazione delle Nazioni Unite sull'eliminazione di tutte le forme di discriminazione razziale e della presente Convenzione.

2. D.L. 26 aprile 1993, n. 122, convertito, con modificazioni, con L. 25 giugno 1993, n. 205. – Misure urgenti in materia di discriminazione razziale, etnica e religiosa *(artt. 1-3)*

In Gazzetta Ufficiale 27 aprile 1993, n. 97

1. Discriminazione, odio e violenza per motivi razziali, etnici, nazionali o religiosi.

1. L'art. 3 della legge 13 ottobre 1975, n. 654, è sostituito dal seguente:

"1. Salvo che il fatto costituisca più grave reato, anche ai fini dell'attuazione della disposizione dell'art. 4 della convenzione, è punito:

a) con la reclusione sino a tre anni chi diffonde in qualsiasi modo idee fondate sulla superiorità o sull'odio razziale o etnico, ovvero incita a commettere o commette atti di discriminazione per motivi razziali, etnici, nazionali o religiosi;

b) con la reclusione da sei mesi a quattro anni chi, in qualsiasi modo, incita a commettere o commette violenza o atti di provocazione alla violenza per motivi razziali, etnici, nazionali o religiosi [(1)].

[2 La pena di cui al comma 1 è aumentata se il fatto è commesso col mezzo della stampa o con altro mezzo di propaganda, ovvero in pubbliche riunioni.] [(2)]

3. È vietata ogni organizzazione, associazione, movimento o gruppo avente tra i propri scopi l'incitamento alla discriminazione o alla violenza per motivi razziali, etnici, nazionali o religiosi. Chi partecipa a tali organizzazioni, associazioni, movimenti o gruppi, o presta assistenza alla loro attività, è punito, per il solo fatto della partecipazione o dell'assistenza, con la reclusione da sei mesi a quattro anni. Coloro che promuovono o dirigono tali organizzazioni, associazioni, movimenti o gruppi sono puniti, per ciò solo, con la reclusione da uno a sei anni" [(3)].

1 bis. Con la sentenza di condanna per uno dei reati previsti dall'art. 3 della legge 13 ottobre 1975, n. 654, o per uno dei reati previsti dalla legge 9 ottobre 1967, n. 962, il tribunale può altresì disporre una o più delle seguenti sanzioni accessorie:

a) obbligo di prestare un'attività non retribuita a favore della collettività per finalità sociali o di pubblica utilità, secondo le modalità stabilite ai sensi del comma 1-*ter*;

b) obbligo di rientrare nella propria abitazione o in altro luogo di privata dimora entro un'ora determinata e di non uscirne prima di altra ora prefissata, per un periodo non superiore ad un anno;

c) sospensione della patente di guida, del passaporto e di documenti di identificazione validi per l'espatrio per un periodo non superiore ad un anno, nonché divieto di detenzione di armi proprie di ogni genere;

d) divieto di partecipare, in qualsiasi forma, ad attività di propaganda elettorale per le elezioni politiche o amministrative successive alla condanna, e comunque per un periodo non inferiore a tre anni [(4)].

1 ter. Entro trenta giorni dalla data di entrata in vigore della legge di conversione del presente decreto, il Ministro di grazia e giustizia determina, con proprio decreto, le modalità di svolgimento dell'attività non retribuita a favore della collettività di cui al comma 1-*bis*, lettera a) [(4)].

1 quater. L'attività non retribuita a favore della collettività, da svolgersi al termine dell'espiazione della pena detentiva per un periodo massimo di dodici settimane, deve essere determinata dal giudice con modalità tali da non pregiudicare le esigenze lavorative, di studio o di reinserimento sociale del condannato [(4)].

1 quinquies. Possono costituire oggetto dell'attività non retribuita a favore della collettività: la prestazione di attività lavorativa per opere di bonifica e restauro degli edifici danneggiati, con scritte, emblemi o simboli propri o usuali delle organizzazioni, associazioni, movimenti o gruppi di cui al comma 3 dell'art. 3 della legge 13 ottobre 1975, n. 654; lo svolgimento di lavoro a favore di organizzazioni di assistenza sociale e di volontariato, quali quelle operanti nei confronti delle persone handicappate, dei tossicodipendenti, degli anziani o degli extracomunitari; la prestazione di lavoro per finalità di protezione civile, di tutela del patrimonio ambientale e culturale, e per altre finalità pubbliche individuate con il decreto di cui al comma 1-*ter* [(4)].

1 sexies. L'attività può essere svolta nell'ambito e a favore di strutture pubbliche o di enti ed organizzazioni privati [(4)].

(1) Capoverso sostituito dall'art. 1, l. 25.6.1993, n. 205, in sede di conversione.

(2) Capoverso soppresso dall'art. 1, l. 25.6.1993, n. 205, in sede di conversione.

(3) Capoverso sostituito dall'art. 1, l. 25.6.1993, n. 205, in sede di conversione.

(4) Comma introdotto dall'art. 1, l. 25.6.1993, n. 205, in sede di conversione.

2. Disposizioni di prevenzione.

1. Chiunque, in pubbliche riunioni, compia manifestazioni esteriori od ostenti emblemi o simboli propri o usuali delle organizzazioni, associazioni, movimenti o gruppi di cui all'art. 3 della legge 13 ottobre 1975, n. 654, è punito con la pena della reclusione fino a tre anni e con la multa da lire duecentomila a lire cinquecentomila [(1)].

2. È vietato l'accesso ai luoghi dove si svolgono competizioni agonistiche alle persone che vi si recano con emblemi o simboli di cui al comma 1. Il contravventore è punito con l'arresto da tre mesi ad un anno [(1)].

3. Nel caso di persone denunciate o condannate per uno dei reati previsti dall'art. 3 della legge 13 ottobre 1975, n. 654, per uno dei reati previsti dalla legge 9 ottobre 1967, n. 962, o per un reato aggravato ai sensi dell'art. 3 del presente decreto, nonché di persone sottoposte a misure di prevenzione perché ritenute dedite alla commissione di reati che offendono o mettono in pericolo la sicurezza o la tranquillità pubblica, ovvero per i motivi di cui all'art. 18, primo comma, n. 2-*bis*), della legge 2 maggio 1975, n. 152, si applica la disposizione di cui all'art. 6 della legge 13 dicembre 1989, n. 401, e il divieto di accesso conserva efficacia per un periodo di cinque anni, salvo che venga emesso provvedimento di archiviazione, sentenza di non luogo a procedere o di proscioglimento o provvedimento di revoca della misura di prevenzione, ovvero se è concessa la riabilitazione ai sensi dell'art. 178 del codice penale o dell'art. 15 della legge 3 agosto 1988, n. 327 (2).

(1) Comma sostituito dall'art. 1, l. 25.6.1993, n. 205, in sede di conversione.
(2) Comma modificato dall'art. 1, l. 25.6.1993, n. 205, in sede di conversione.

3. Circostanza aggravante.

[**1.** Per i reati punibili con pena diversa da quella dell'ergastolo commessi per finalità di discriminazione o di odio etnico, nazionale, razziale o religioso, ovvero al fine di agevolare l'attività di organizzazioni, associazioni, movimenti o gruppi che hanno tra i loro scopi le medesime finalità, la pena è aumentata fino alla metà (1).

2. Le circostanze attenuanti, diverse da quella prevista dall'art. 98 del codice penale, concorrenti con l'aggravante di cui al comma 1, non possono essere ritenute equivalenti o prevalenti rispetto a questa e le diminuzioni di pena si operano sulla quantità di pena risultante dall'aumento conseguente alla predetta aggravante.] (2)

(1) Comma modificato dall'art. 1, l. 25.6.1993, n. 205, in sede di conversione.
(2) Articolo abrogato dall'art. 7, co. 1, lett. d), d.lgs. 1.3.2018, n. 21. Vedi l'art. 604 *ter* c.p.

3. D.Lgs. 9 luglio 2003, n. 215. – Attuazione della direttiva 2000/43/CE per la parità di trattamento tra le persone indipendentemente dalla razza e dall'origine etnica *(artt. 1-6)*

In Gazzetta Ufficiale 12 agosto 2003, n. 186

1. Oggetto.

1. Il presente decreto reca le disposizioni relative all'attuazione della parità di trattamento tra le persone indipendentemente dalla razza e dall'origine etnica, disponendo le misure necessarie affinché le differenze di razza o di origine etnica non siano causa di discriminazione, anche in un'ottica che tenga conto del diverso impatto che le stesse forme di discriminazione possono avere su donne e uomini, nonché dell'esistenza di forme di razzismo a carattere culturale e religioso.

2. Nozione di discriminazione.

1. Ai fini del presente decreto, per principio di parità di trattamento si intende l'assenza di qualsiasi discriminazione diretta o indiretta a causa della razza o dell'origine etnica. Tale principio comporta che non sia praticata alcuna discriminazione diretta o indiretta, così come di seguito definite:

a) discriminazione diretta quando, per la razza o l'origine etnica, una persona è trattata meno favorevolmente di quanto sia, sia stata o sarebbe trattata un'altra in situazione analoga;

b) discriminazione indiretta quando una disposizione, un criterio, una prassi, un atto, un patto o un comportamento apparentemente neutri possono mettere le persone di una determinata razza od origine etnica in una posizione di particolare svantaggio rispetto ad altre persone.

2. È fatto salvo il disposto dell'articolo 43, commi 1 e 2, del testo unico delle disposizioni concernenti la disciplina dell'immigrazione e norme sulla condizione dello straniero, approvato con decreto legislativo 25 luglio 1998, n. 286, di seguito denominato: «testo unico».

3. Sono, altresì, considerate come discriminazioni, ai sensi del comma 1, anche le molestie ovvero quei comportamenti indesiderati, posti in essere per motivi di razza o di origine etnica, aventi lo scopo o l'effetto di violare la dignità di una persona e di creare un clima intimidatorio, ostile, degradante, umiliante od offensivo (1).

4. L'ordine di discriminare persone a causa della razza o dell'origine etnica è considerato una discriminazione ai sensi del comma 1.

(1) Comma modificato dall'art. 8 *sexies*, co. 1, lett. a), d.l. 8.4.2008, n. 59, conv., con modif., dalla l. 6.6.2008, n. 101.

3. Ambito di applicazione.

1. Il principio di parità di trattamento senza distinzione di razza ed origine etnica si applica a tutte le persone sia nel settore pubblico che privato ed è suscettibile di tutela giurisdizionale, secondo le forme previste dall'articolo 4, con specifico riferimento alle seguenti aree:

a) accesso all'occupazione e al lavoro, sia autonomo che dipendente, compresi i criteri di selezione e le condizioni di assunzione;

b) occupazione e condizioni di lavoro, compresi gli avanzamenti di carriera, la retribuzione e le condizioni del licenziamento;

c) accesso a tutti i tipi e livelli di orientamento e

formazione professionale, perfezionamento e riqualificazione professionale, inclusi i tirocini professionali;

d) affiliazione e attività nell'ambito di organizzazioni di lavoratori, di datori di lavoro o di altre organizzazioni professionali e prestazioni erogate dalle medesime organizzazioni;

e) protezione sociale, inclusa la sicurezza sociale;

f) assistenza sanitaria;

g) prestazioni sociali;

h) istruzione;

i) accesso a beni e servizi, incluso l'alloggio.

2. Il presente decreto legislativo non riguarda le differenze di trattamento basate sulla nazionalità e non pregiudica le disposizioni nazionali e le condizioni relative all'ingresso, al soggiorno, all'accesso all'occupazione, all'assistenza e alla previdenza dei cittadini dei Paesi terzi e degli apolidi nel territorio dello Stato, né qualsiasi trattamento, adottato in base alla legge, derivante dalla condizione giuridica dei predetti soggetti.

3. Nel rispetto dei principi di proporzionalità e ragionevolezza, nell'ambito del rapporto di lavoro o dell'esercizio dell'attività di impresa, non costituiscono atti di discriminazione ai sensi dell'articolo 2 quelle differenze di trattamento dovute a caratteristiche connesse alla razza o all'origine etnica di una persona, qualora, per la natura di un'attività lavorativa o per il contesto in cui essa viene espletata, si tratti di caratteristiche che costituiscono un requisito essenziale e determinante ai fini dello svolgimento dell'attività medesima.

4. Non costituiscono, comunque, atti di discriminazione ai sensi dell'articolo 2 quelle differenze di trattamento che, pur risultando indirettamente discriminatorie, siano giustificate oggettivamente da finalità legittime perseguite attraverso mezzi appropriati e necessari.

4. Tutela giurisdizionale dei diritti.

1. I giudizi civili avverso gli atti e i comportamenti di cui all'articolo 2 sono regolati dall'articolo 28 del decreto legislativo 1° settembre 2011, n.150. In caso di accertamento di atti o comportamenti discriminatori, come definiti dall'articolo 2 del presente decreto, si applica, altresì, l'articolo 44, comma 11, del decreto legislativo 25 luglio 1998, n. 286 (1).

2. Chi intende agire in giudizio per il riconoscimento della sussistenza di una delle discriminazioni di cui all'articolo 2 e non ritiene di avvalersi delle procedure di conciliazione previste dai contratti collettivi, può promuovere il tentativo di conciliazione ai sensi dell'articolo 410 del codice di procedura civile o, nell'ipotesi di rapporti di lavoro con le amministrazioni pubbliche, ai sensi dell'articolo 66 del decreto legislativo 30 marzo 2001, n. 165, anche tramite le associazioni di cui all'articolo 5, comma 1.

[**3.** Quando il ricorrente fornisce elementi di fatto, desunti anche da dati di carattere statistico, idonei a fondare, *in termini precisi e concordanti*, la presunzione dell'esistenza di atti, patti o comportamenti discriminatori, spetta al convenuto l'onere di provare l'insussistenza della discriminazione.] (2)

[**4.** Con il provvedimento che accoglie il ricorso il giudice, oltre a provvedere, se richiesto, al risarcimento del danno anche non patrimoniale, ordina la cessazione del comportamento, della condotta o dell'atto discriminatorio, ove ancora sussistente, nonché la rimozione degli effetti. Al fine di impedirne la ripetizione, il giudice può ordinare, entro il termine fissato nel provvedimento, un piano di rimozione delle discriminazioni accertate.] (3)

[**5.** Il giudice tiene conto, ai fini della liquidazione del danno di cui al comma 4, che l'atto o il comportamento discriminatorio costituiscono ritorsione ad una precedente azione giudiziale ovvero ingiusta reazione ad una precedente attività del soggetto leso volta ad ottenere il rispetto del principio della parità di trattamento.] (4)

[**6.** Il giudice può ordinare la pubblicazione del provvedimento di cui ai commi 4 e 5, a spese del convenuto, per una sola volta su un quotidiano di tiratura nazionale.] (5)

7. Resta salva la giurisdizione del giudice amministrativo per il personale di cui all'articolo 3, comma 1, del decreto legislativo 30 marzo 2001, n. 165.

(1) Comma modificato dall'art. 8 *sexies*, co. 1, lett. b), n. 1), d.l. 8.4.2008, n. 59, conv., con modif., dalla l. 6.6.2008, n. 101 e poi sostituito dall'art. 34, co. 33, lett. a), d.lgs. 1.9.2011, n. 150.

(2) Comma sostituito dall'art. 8 *sexies*, co. 1, lett. b), n. 2), d.l. 8.4.2008, n. 59, conv., con modif., dalla l. 6.6.2008, n. 101 e poi abrogato dall'art. 34, co. 33, lett. b), d.lgs. 1.9.2011, n. 150.

(3) Comma abrogato dall'art. 34, co. 33, lett. b), d.lgs. 1.9.2011, n. 150.

(4) Comma abrogato dall'art. 34, co. 33, lett. b), d.lgs. 1.9.2011, n. 150.

(5) Comma modificato dall'art. 1, co. 1, d.lgs. 2.8.2004, n. 256 e, poi, abrogato dall'art. 34, co. 33, lett. b), d.lgs. 1.9.2011, n. 150.

4 bis. Protezione delle vittime.

1. La tutela giurisdizionale di cui all'articolo 4 si applica altresì nei casi di comportamenti, trattamenti o altre conseguenze pregiudizievoli posti in essere o determinate, nei confronti della persona lesa da una discriminazione diretta o indiretta o di qualunque altra persona, quale reazione ad una qualsiasi attività diretta ad ottenere la parità di trattamento (1).

(1) Articolo introdotto dall'art. 8 *sexies*, co. 1, lett. c), d.l. 8.4.2008, n. 59, conv., con modif., dalla l. 6.6.2008, n. 101.

5. Legittimazione ad agire.

1. Sono legittimati ad agire ai sensi degli articoli 4 e 4-*bis*, in forza di delega, rilasciata, a pena di nullità, per atto pubblico o scrittura privata autenticata, in nome e per conto o a sostegno del soggetto passivo della discriminazione, le associazioni e gli enti inseriti in un apposito elenco approvato con decreto del Ministro del lavoro e delle politiche sociali e del Ministro per le pari opportunità ed individuati sulla base delle finalità programmatiche e della continuità dell'azione (1).

2. Nell'elenco di cui al comma 1 possono essere inseriti le associazioni e gli enti iscritti nel registro di cui all'articolo 52, comma 1, lettera a), del decreto del Presidente della Repubblica 31 agosto 1999, n. 394, nonché le associazioni e gli enti iscritti nel registro di cui all'articolo 6.

3. Le associazioni e gli enti inseriti nell'elenco di cui al comma 1 sono, altresì, legittimati ad agire ai sensi degli articoli 4 e 4-*bis* nei casi di discriminazione collettiva qualora non siano individuabili in modo diretto e immediato le persone lese dalla discriminazione [(2)].

(1) Comma modificato dall'art. 8 *sexies*, co. 1, lett. d), n. 1), d.l. 8.4.2008, n. 59, conv., con modif., dalla l. 6.6.2008, n. 101.
(2) Comma modificato dall'art. 8 *sexies*, co. 1, lett. d), n. 2), d.l. 8.4.2008, n. 59, conv., con modif., dalla l. 6.6.2008, n. 101.

6. Registro delle associazioni e degli enti che svolgono attività nel campo della lotta alle discriminazioni.

1. Presso la Presidenza del Consiglio dei Ministri – Dipartimento per le pari opportunità è istituito il registro delle associazioni e degli enti che svolgono attività nel campo della lotta alle discriminazioni e della promozione della parità di trattamento.

2. L'iscrizione nel registro è subordinata al possesso dei seguenti requisiti:

a) avvenuta costituzione, per atto pubblico o per scrittura privata autenticata, da almeno un anno e possesso di uno statuto che sancisca un ordinamento a base democratica e preveda come scopo esclusivo o preminente il contrasto ai fenomeni di discriminazione e la promozione della parità di trattamento, senza fine di lucro;

b) tenuta di un elenco degli iscritti, aggiornato annualmente con l'indicazione delle quote versate direttamente all'associazione per gli scopi statutari;

c) elaborazione di un bilancio annuale delle entrate e delle uscite con indicazione delle quote versate dagli associati e tenuta dei libri contabili, conformemente alle norme vigenti in materia di contabilità delle associazioni non riconosciute;

d) svolgimento di un'attività continuativa nell'anno precedente;

e) non avere i suoi rappresentanti legali subito alcuna condanna, passata in giudicato, in relazione all'attività dell'associazione medesima, e non rivestire i medesimi rappresentanti la qualifica di imprenditori o di amministratori di imprese di produzione e servizi in qualsiasi forma costituite, per gli stessi settori in cui opera l'associazione.

3. La Presidenza del Consiglio dei Ministri –Dipartimento per le pari opportunità provvede annualmente all'aggiornamento del registro.

4. Decisione quadro del Consiglio UE 28 novembre 2008, n. 2008/913/GAI, sulla lotta contro talune forme ed espressioni di razzismo e xenofobia mediante il diritto penale

In Gazzetta Ufficiale U.E. 6 dicembre 2008, n. 328

1. Reati di stampo razzista o xenofobo.

1. Ciascuno Stato membro adotta le misure necessarie affinché i seguenti comportamenti intenzionali siano resi punibili:

a) l'istigazione pubblica alla violenza o all'odio nei confronti di un gruppo di persone, o di un suo membro, definito in riferimento alla razza, al colore, alla religione, all'ascendenza o all'origine nazionale o etnica;

b) la perpetrazione di uno degli atti di cui alla lettera a) mediante la diffusione e la distribuzione pubblica di scritti, immagini o altro materiale;

c) l'apologia, la negazione o la minimizzazione grossolana dei crimini di genocidio, dei crimini contro l'umanità e dei crimini di guerra, quali definiti agli articoli 6, 7 e 8 dello statuto della Corte penale internazionale, dirette pubblicamente contro un gruppo di persone, o un membro di tale gruppo, definito in riferimento alla razza, al colore, alla religione, all'ascendenza o all'origine nazionale o etnica, quando i comportamenti siano posti in essere in modo atto a istigare alla violenza o all'odio nei confronti di tale gruppo o di un suo membro;

d) l'apologia, la negazione o la minimizzazione grossolana dei crimini definiti all'articolo 6 dello statuto del Tribunale militare internazionale, allegato all'accordo di Londra dell'8 agosto 1945, dirette pubblicamente contro un gruppo di persone, o un membro di tale gruppo, definito in riferimento alla razza, al colore, alla religione, all'ascendenza o all'origine nazionale o etnica, quando i comportamenti siano posti in essere in modo atto a istigare alla violenza o all'odio nei confronti di tale gruppo o di un suo membro.

2. Ai fini del paragrafo 1, gli Stati membri possono decidere di rendere punibili soltanto i comportamenti atti a turbare l'ordine pubblico o che sono minacciosi, offensivi o ingiuriosi.

3. Ai fini del paragrafo 1, il riferimento alla religione è diretto a comprendere almeno i comportamenti usati come pretesto per compiere atti contro un gruppo di persone, o un membro di tale gruppo, definito in riferimento alla razza, al colore, all'ascendenza o all'origine nazionale o etnica.

4. All'atto dell'adozione della presente decisione quadro o in un momento successivo, uno Stato membro può fare una dichiarazione secondo cui renderà punibili la negazione o la minimizzazione grossolana dei crimini di cui al paragrafo 1, lettere c) e/o d), solo qualora tali crimini siano stati accertati da una decisione passata in giudicato di un organo giurisdizionale nazionale di detto Stato membro e/o di un tribunale internazionale, oppure esclusivamente da una decisione passata in giudicato di un tribunale internazionale.

2. Istigazione e complicità.
1. Ciascuno Stato membro adotta le misure necessarie affinché sia resa punibile l'istigazione ai comportamenti di cui all'articolo 1, paragrafo 1, lettere c) e d).
2. Ciascuno Stato membro adotta le misure necessarie affinché sia resa punibile la complicità nel porre in essere i comportamenti di cui all'articolo 1.

3. Sanzioni penali.
1. Ciascuno Stato membro adotta le misure necessarie affinché i comportamenti di cui agli articoli 1 e 2 siano resi punibili con sanzioni penali efficaci, proporzionate e dissuasive.
2. Ciascuno Stato membro adotta le misure necessarie affinché i comportamenti di cui all'articolo 1 siano resi punibili con sanzioni penali che prevedono la reclusione per una durata massima compresa almeno tra uno e tre anni.

4. Motivazione razzista e xenofoba.
Per i reati diversi da quelli di cui agli articoli 1 e 2, gli Stati membri adottano le misure necessarie affinché la motivazione razzista e xenofoba sia considerata una circostanza aggravante o, in alternativa, affinché tale motivazione possa essere presa in considerazione dal giudice all'atto della determinazione della pena.

5. Responsabilità delle persone giuridiche.
1. Ciascuno Stato membro prende le misure necessarie affinché le persone giuridiche possano essere ritenute responsabili dei comportamenti di cui agli articoli 1 e 2 posti in essere a loro vantaggio da qualsiasi soggetto che agisca a titolo individuale o in quanto parte di un organo della persona giuridica e abbia una posizione direttiva in seno alla persona giuridica, in base:
a) alla legittimazione a rappresentare la persona giuridica;
b) alla capacità di prendere decisioni per conto della persona giuridica;
c) alla capacità di esercitare la vigilanza in seno alla persona giuridica.
2. A prescindere dai casi di cui al paragrafo 1 del presente articolo, ciascuno Stato membro prende le misure necessarie affinché una persona giuridica possa essere ritenuta responsabile qualora l'omessa direzione o vigilanza da parte di un soggetto di cui al paragrafo 1 del presente articolo abbia reso possibile uno dei comportamenti di cui agli articoli 1 e 2 a vantaggio della persona giuridica in questione, a opera di una persona soggetta alla sua autorità.
3. La responsabilità della persona giuridica ai sensi dei paragrafi 1 e 2 del presente articolo non esclude azioni penali nei confronti delle persone fisiche che siano autori o complici di uno dei comportamenti di cui agli articoli 1 e 2.
4. Per «persona giuridica» s'intende qualsiasi entità che abbia tale status in forza del diritto nazionale applicabile, a eccezione degli Stati o di altri organismi pubblici nell'esercizio dell'autorità statale e delle organizzazioni internazionali pubbliche.

6. Sanzioni nei confronti di persone giuridiche.
1. Ciascuno Stato membro prende le misure necessarie affinché una persona giuridica ritenuta responsabile ai sensi dell'articolo 5, paragrafo 1, sia passibile di sanzioni efficaci, proporzionate e dissuasive, comprese ammende penali o non ed eventuali altre sanzioni quali:
a) esclusione dal beneficio di agevolazioni o sovvenzioni pubbliche;
b) interdizione temporanea o permanente dall'esercizio di un'attività commerciale;
c) collocamento sotto sorveglianza giudiziaria;
d) provvedimento di liquidazione giudiziaria.
2. Gli Stati membri prendono le misure necessarie affinché una persona giuridica ritenuta responsabile ai sensi dell'articolo 5, paragrafo 2, sia passibile di sanzioni o misure efficaci, proporzionate e dissuasive.

7. Norme costituzionali e principi fondamentali.
1. L'obbligo di rispettare i diritti fondamentali e i fondamentali principi giuridici sanciti dall'articolo 6 del trattato sull'Unione europea, tra cui la libertà di espressione e di associazione, non è modificato per effetto della presente decisione quadro.
2. La presente decisione quadro non ha l'effetto di imporre agli Stati membri di prendere misure che siano in contrasto con i principi fondamentali riguardanti la libertà di associazione e la libertà di espressione, in particolare la libertà di stampa e la libertà di espressione in altri mezzi di comunicazione, quali risultano dalle tradizioni costituzionali o dalle norme che disciplinano i diritti e le responsabilità della stampa o di altri mezzi di comunicazione, nonché le relative garanzie procedurali, quando tali norme riguardano la determinazione o la limitazione della responsabilità.

8. Avvio delle indagini o dell'azione penale.
Ciascuno Stato membro adotta le misure necessarie affinché le indagini sui comportamenti di cui agli articoli 1 e 2 o la relativa azione penale non siano subordinate a una denuncia o un'accusa a opera della vittima del comportamento, quanto meno nei casi più gravi, qualora il comportamento sia stato posto in essere sul suo territorio.

9. Competenza giurisdizionale.
1. Ciascuno Stato membro adotta le misure necessarie per stabilire la propria competenza giurisdizionale in relazione ai comportamenti di cui agli articoli 1 e 2 qualora essi siano stati posti in essere:
a) interamente o in parte sul suo territorio; o
b) da uno dei suoi cittadini; o
c) a vantaggio di una persona giuridica avente la sede sociale sul suo territorio.

2. Nello stabilire la propria competenza giurisdizionale ai sensi del paragrafo 1, lettera a), ciascuno Stato membro adotta le misure necessarie per garantire che essa si estenda ai casi in cui il comportamento è posto in essere mediante un sistema di informazione e:

a) l'autore pone in essere il comportamento allorché è fisicamente presente sul suo territorio, a prescindere dal fatto che il comportamento implichi o no l'uso di materiale ospitato su un sistema di informazione situato sul suo territorio;

b) il comportamento implica l'uso di materiale ospitato su un sistema di informazione situato sul suo territorio, a prescindere dal fatto che l'autore ponga in essere o no il comportamento allorché è fisicamente presente sul suo territorio.

3. Uno Stato membro può decidere di non applicare o di applicare solo in casi o circostanze specifici la regola sulla competenza giurisdizionale di cui al paragrafo 1, lettere b) e c).

10. Attuazione e riesame.

1. Gli Stati membri adottano le misure necessarie per conformarsi alle disposizioni della presente decisione quadro anteriormente al 28 novembre 2010.

2. Entro tale data gli Stati membri trasmettono al segretariato generale del Consiglio e alla Commissione il testo delle disposizioni inerenti al recepimento nella legislazione nazionale degli obblighi imposti dalla presente decisione quadro. Sulla base di una relazione redatta a partire da tali informazioni dal Consiglio e di una relazione scritta della Commissione, il Consiglio esamina, entro il 28 novembre 2013, in quale misura gli Stati membri si siano conformati alla presente decisione quadro.

3. Anteriormente al 28 novembre 2013, il Consiglio riesamina la presente decisione quadro. In preparazione di tale riesame, il Consiglio chiede agli Stati membri se abbiano incontrato difficoltà nell'ambito della cooperazione giudiziaria riguardo ai comportamenti di cui all'articolo 1, paragrafo 1. Il Consiglio può inoltre chiedere all'Eurojust di riferire in una relazione se le differenze tra le legislazioni nazionali abbiano dato luogo a problemi nella cooperazione giudiziaria tra gli Stati membri in tale settore.

11. Abrogazione dell'azione comune 96/443/GAI.

L'azione comune 96/443/GAI è abrogata.

12. Applicazione territoriale.

La presente decisione quadro si applica a Gibilterra.

13. Entrata in vigore.

La presente decisione quadro entra in vigore il giorno della pubblicazione nella Gazzetta ufficiale dell'Unione europea.

ECONOMIA (DIRITTO PENALE DELLA)

A. Banca

1. L. 15 dicembre 1990, n. 386. – Nuova disciplina sanzionatoria degli assegni bancari (*artt. 1-9, 11, 12*)

In Gazzetta Ufficiale 20 dicembre 1990, n. 296

1. Emissione di assegno senza autorizzazione.

1. Chiunque emette un assegno bancario o postale senza l'autorizzazione del trattario è punito con la sanzione amministrativa del pagamento di una somma da lire due milioni a lire dodici milioni.

2. Se l'importo dell'assegno è superiore a lire venti milioni o nel caso di reiterazione delle violazioni, si applica la sanzione amministrativa pecuniaria da lire quattro milioni a lire ventiquattro milioni.

3. Nei casi previsti dai commi 1 e 2 non è ammesso il pagamento in misura ridotta ai sensi dell'articolo 16 della legge 24 novembre 1981, n. 689 (1).

(1) Articolo così sostituito dall'art. 28, d.lgs. 30.12.1999, n. 507.

2. Emissione di assegno senza provvista.

1. Fuori dei casi previsti dall'articolo 1, chiunque emette un assegno bancario o postale che, presentato in tempo utile, non viene pagato in tutto o in parte per difetto di provvista è punito con la sanzione amministrativa pecuniaria da lire un milione a lire sei milioni.

2. Se l'importo dell'assegno è superiore a lire venti milioni o nel caso di reiterazione delle violazioni, si applica la sanzione amministrativa pecuniaria da lire due milioni a lire dodici milioni.

3. Nei casi previsti dai commi 1 e 2 non è ammesso il pagamento in misura ridotta ai sensi dell'articolo 16 della legge 24 novembre 1981, n. 689 (1).

(1) Articolo così sostituito dall'art. 29, d.lgs. 30.12.1999, n. 507.

3. Clausola penale.

1. Nei casi previsti dall'articolo 2 il mancato pagamento, anche solo parziale, dell'assegno bancario presentato in tempo utile obbliga l'emittente a corrispondere al prenditore o al giratario che agisce nei suoi confronti per il pagamento del titolo una penale pari al dieci per cento della somma dovuta e non pagata.

2. L'assegno bancario ha gli effetti di titolo esecutivo anche per la somma rappresentante la penale.

4. Autorità competente.

1. Per l'applicazione delle sanzioni previste dagli articoli 1 e 2 e delle conseguenti sanzioni amministrative accessorie è competente il prefetto del luogo di pagamento dell'assegno (1).

(1) Articolo così sostituito dall'art. 30, d.lgs. 30.12.1999, n. 507.

5. Sanzioni amministrative accessorie.

1. La violazione dell'articolo 1 comporta il divieto di emettere assegni bancari e postali. La stessa sanzione amministrativa accessoria si applica in caso di violazione dell'articolo 2, quando l'importo dell'assegno, ovvero di più assegni emessi in tempi ravvicinati e sulla base di una programmazione unitaria, è superiore a lire cinque milioni.

2. Se l'importo dell'assegno o di più assegni emessi in tempi ravvicinati e sulla base di una programmazione unitaria è superiore a lire cento milioni, ovvero risulta che il traente, nei cinque anni precedenti, ha commesso due o più violazioni delle disposizioni previste dagli articoli 1 e 2 per un importo superiore complessivamente a lire venti milioni, accertate con provvedimento esecutivo, l'emissione di assegno senza autorizzazione o senza provvista comporta anche l'applicazione di una o più delle seguenti sanzioni amministrative accessorie:

a) interdizione dall'esercizio di un'attività professionale o imprenditoriale;
b) interdizione dall'esercizio degli uffici direttivi delle persone giuridiche e delle imprese;
c) incapacità di contrattare con la pubblica amministrazione (1).

(1) Articolo così sostituito dall'art. 31, d.lgs. 30.12.1999, n. 507.

5 bis. Effetti e durata delle sanzioni amministrative accessorie.

1. L'interdizione dall'esercizio di un'attività professionale o imprenditoriale priva, temporaneamente, il soggetto della capacità di esercitare una professione, industria o un commercio, per i quali è richiesto uno speciale permesso o una speciale abilitazione, autorizzazione o licenza dell'autorità.

2. L'interdizione dall'esercizio degli uffici direttivi delle persone giuridiche e delle imprese importa l'incapacità del soggetto di esercitare l'ufficio di amministratore, sindaco, liquidatore e direttore generale, nonché ogni altro ufficio con potere di rappresentanza della persona giuridica o dell'imprenditore.

3. L'incapacità di contrattare con la pubblica amministrazione importa il divieto di concludere contratti con la pubblica amministrazione, salvo che per ottenere le prestazioni di un pubblico servizio.

4. Le sanzioni amministrative accessorie previste dai commi 1, 2 e 3 non possono avere una durata inferiore a due mesi, né superiore a due anni. Il divieto di emettere assegni bancari e postali non può avere una durata inferiore a due anni, né superiore a cinque anni.

5. Il prefetto, nel determinare il numero e la durata delle sanzioni amministrative accessorie da applicare, tiene conto della gravità dell'illecito e dell'importo dell'assegno o degli assegni emessi (1).

(1) Articolo introdotto dall'art. 31, d.lgs. 30.12.1999, n. 507.

6. Rilascio di assegni e responsabilità del dipendente dell'istituto trattario.

1. Il primo comma dell'art. 124 delle disposizioni approvate con regio decreto 21 dicembre 1933, n. 1736, introdotto dall'art. 141 della legge 24 novembre 1981, n. 689, è sostituito dal seguente: "All'atto del rilascio di moduli di assegno bancario o postale il dipendente responsabile fa sottoscrivere al richiedente una dichiarazione dalla quale risulta che lo stesso non è interdetto dall'emissione di assegni bancari e postali e non ha riportato, nel semestre precedente, sentenza penale di condanna non definitiva o decreto penale di condanna anche non esecutivo per i reati di emissione di assegno senza autorizzazione o senza provvista".

2. Il secondo comma dell'art. 125 delle disposizioni approvate con regio decreto 21 dicembre 1933, n. 17366, introdotto dall'art. 141 della legge 24 novembre 1981, n. 689, è sostituito dal seguente: "Il dipendente che consegna moduli di assegno bancario o postale a chi abbia dichiarato di essere stato interdetto dall'emissione di assegni bancari e postali o di aver riportato, nel semestre precedente, sentenza penale di condanna non definitiva o decreto penale di condanna anche non esecutivo per i reati di emissione di assegno senza autorizzazione o senza provvista, è punito, salvo che il fatto costituisca più grave reato, con la reclusione da sei mesi a due anni".

7. Inosservanza delle sanzioni amministrative accessorie.

1. Ferma restando l'applicabilità delle sanzioni amministrative di cui agli articoli 1 e 2, chiunque trasgredisce ai divieti conseguenti alle sanzioni amministrative accessorie di cui all'articolo 5 ed al comma 2 del presente articolo è punito con la reclusione da sei mesi a tre anni.

2. La condanna per il reato di cui al comma 1 importa la pubblicazione della sentenza e il divieto di emettere assegni bancari e postali per un periodo non inferiore a due anni, né superiore a cinque anni [1].

(1) Articolo così sostituito dall'art. 32, d.lgs. 30.12.1999, n. 507.

8. Pagamento dell'assegno emesso senza provvista dopo la scadenza del termine di presentazione [1].

1. Nei casi previsti dall'articolo 2, le sanzioni amministrative non si applicano se il traente, entro sessanta giorni dalla data di scadenza del termine di presentazione del titolo, effettua il pagamento dell'assegno, degli interessi, della penale e delle eventuali spese per il protesto o per la constatazione equivalente.

2. Il pagamento può essere effettuato nelle mani del portatore del titolo o presso lo stabilimento trattario mediante deposito vincolato al portatore del titolo, ovvero presso il pubblico ufficiale che ha levato il protesto o ha effettuato la constatazione equivalente.

3. La prova dell'avvenuto pagamento deve essere fornita dal traente allo stabilimento trattario o, in caso di levata del protesto o di rilascio della constatazione equivalente, al pubblico ufficiale tenuto alla presentazione del rapporto mediante quietanza del portatore con firma autenticata ovvero, in caso di pagamento a mezzo di deposito vincolato, mediante attestazione della banca comprovante il versamento dell'importo dovuto.

3 bis. L'autenticazione di cui al comma 3 del presente articolo è effettuata ai sensi dell'articolo 21, comma 2, del testo unico di cui al decreto del Presidente della Repubblica 28 dicembre 2000, n. 445. L'autenticazione deve essere rilasciata gratuitamente, tranne i previsti diritti, nella stessa data della richiesta, salvo motivato diniego [2].

4. Il procedimento per l'applicazione delle sanzioni amministrative non può essere iniziato prima che sia decorso il termine per il pagamento indicato nel comma 1.

(1) Articolo così sostituito dall'art. 33, d.lgs. 30.12.1999, n. 507.
(2) Comma introdotto dall'art. 8, co. 7, lett. f *bis*), d.l. 13.5.2011, n. 70.

8 bis. Procedimento per l'applicazione delle sanzioni amministrative [1].

1. Nei casi previsti dall'articolo 1, se viene levato il protesto o effettuata la constatazione equivalente, il pubblico ufficiale trasmette il rapporto di accertamento della violazione al prefetto territorialmente competente. Nei casi in cui non si leva il protesto o non si effettua la constatazione equivalente, il prefetto viene direttamente informato dal trattario.

2. Nei casi previsti dall'articolo 2, il trattario dà comunicazione del mancato pagamento al pubblico ufficiale che deve levare il protesto o effettuare la constatazione equivalente; il pubblico ufficiale, se non è stato effettuato il pagamento dell'assegno nel termine previsto dall'articolo 8, trasmette il rapporto di accertamento della violazione al prefetto territorialmente competente. Nei casi in cui non si leva il protesto o non si effettua la constatazione equivalente, il trattario, decorso inutilmente il termine previsto dall'articolo 8, informa direttamente il prefetto territorialmente competente.

3. Entro novanta giorni dalla ricezione del rapporto o dell'informativa il prefetto notifica all'interessato gli estremi della violazione a norma dell'articolo 14 della legge 24 novembre 1981, n. 689. Se l'interessato risiede all'estero il termine per la notifica è di trecentosessanta giorni.

4. L'interessato, entro trenta giorni dalla notifica, può presentare scritti difensivi e documenti.

5. Il prefetto, dopo aver valutato le deduzioni presentate, determina, con ordinanza motivata, la somma dovuta per la violazione e ne ingiunge il pagamento, insieme con le spese, ovvero emette ordinanza motivata di archiviazione degli atti.

6. Si applicano, per quanto non previsto dal presente articolo, le disposizioni delle sezioni I e II del capo I della legge 24 novembre 1981, n. 689 e successive modificazioni, in quanto compatibili.

(1) Articolo introdotto dall'art. 33, d.lgs. 30.12.1999, n. 507

9. Revoca delle autorizzazioni [1].

1. In caso di mancato pagamento, in tutto o in parte, di un assegno per mancanza di autorizzazione o di provvista, il trattario iscrive il nominativo del traente nell'archivio previsto dall'articolo 10-*bis*.

2. L'iscrizione è effettuata:

a) nel caso di mancanza di autorizzazione, entro il ventesimo giorno dalla presentazione al pagamento del titolo;

b) nel caso di difetto di provvista, quando è decorso il termine stabilito dall'articolo 8 senza che il traente abbia fornito la prova dell'avvenuto pagamento, salvo quanto previsto dall'articolo 9– *bis*, comma 3.

3. L'iscrizione nell'archivio determina la revoca di ogni autorizzazione ad emettere assegni. Una nuova autorizzazione non può essere data prima che sia trascorso il termine di sei mesi dall'iscrizione del nominativo nell'archivio.

4. La revoca comporta il divieto, della durata di sei mesi, per qualunque banca e ufficio postale di stipulare nuove convenzioni di assegno con il traente e di pagare gli assegni tratti dal medesimo dopo l'iscrizione nell'archivio, anche se emessi nei limiti della provvista [(1)].

(1) Articolo così sostituito dall'art. 34, d.lgs. 30.12.1999, n. 507 a decorrere dal centocinquantesimo giorno dalla pubblicazione in Gazzetta Ufficiale del regolamento previsto dall'art. 36, co. 2, d.lgs. n. 507/1999, cit.

11. Disposizioni transitorie.

1. Non si procede per i reati previsti dall'articolo 2, commessi prima della data di entrata in vigore della presente legge, se l'imputato effettua, entro novanta giorni dalla data suddetta, il pagamento dell'assegno, degli interessi, della penale e delle spese per il protesto o per la constatazione equivalente, nei modi indicati nel secondo periodo del comma 1 dell'articolo 8. La prova dell'avvenuto pagamento deve essere fornita in sede penale mediante quietanza del portatore con firma autenticata o attestazione del pubblico ufficiale che ha ricevuto il pagamento ovvero attestazione dell'azienda di credito comprovante l'effettuazione del deposito vincolato [(1)].

2. I procedimenti penali relativi ai reati indicati nel comma 1 sono sospesi per il periodo di novanta giorni decorrente dalla data di entrata in vigore della presente legge.

(1) La Corte costituzionale, con sentenza 23.11.1993, n. 407, ha dichiarato l'illegittimità costituzionale di questo comma, nella parte in cui prevede che "la prova dell'avvenuto pagamento deve essere fornita in sede penale mediante quietanza del portatore con firma autenticata o attestazione del pubblico ufficiale che ha ricevuto il pagamento ovvero attestazione dell'azienda di credito comprovante l'effettuazione del deposito vincolato".

12. Disposizioni abrogate.

1. Sono abrogati gli articoli 116 e 116-*bis* delle disposizioni approvate con regio decreto 21 dicembre 1933, n. 1736, e successive modificazioni e integrazioni. È altresì abrogato il secondo comma dell'articolo 139 del testo unico approvato con decreto del Presidente della Repubblica 29 marzo 1973, n. 156.

2. D.Lgs. 1 settembre 1993, n. 385. – Testo unico delle leggi in materia bancaria e creditizia (*artt. 10-11, 106-107, 111-112, 114 bis-114 undecies, 130-140 bis*) [(1)]

In Gazzetta Ufficiale 30 settembre 1993, n. 230

(1) Secondo quanto previsto dall'art. 1, d.lgs. 6.2.2004, n. 37 i riferimenti al «*Ministro del tesoro*» e al «*Ministro del tesoro, del bilancio e della programmazione economica*» sono da intendersi al «*Ministro dell'economia e delle finanze*». Allo stesso modo, i riferimenti al «*Ministero del tesoro*» e «*Ministero del tesoro, del bilancio e della programmazione economica*» sono da intendersi al «*Ministero dell'economia e delle finanze*».

TITOLO II
Banche

Capo I
Nozione di attività bancaria e di raccolta del risparmio

10. Attività bancaria.

1. La raccolta di risparmio tra il pubblico e l'esercizio del credito costituiscono l'attività bancaria. Essa ha carattere d'impresa.

2. L'esercizio dell'attività bancaria è riservato alle banche.

3. Le banche esercitano, oltre all'attività bancaria, ogni altra attività finanziaria, secondo la disciplina propria di ciascuna, nonché attività connesse o strumentali. Sono salve le riserve di attività previste dalla legge.

11. Raccolta del risparmio.

1. Ai fini del presente decreto legislativo è raccolta del risparmio l'acquisizione di fondi con obbligo di rimborso, sia sotto forma di depositi sia sotto altra forma.

2. La raccolta del risparmio tra il pubblico è vietata ai soggetti diversi dalle banche [(1)].

2 bis. Non costituisce raccolta del risparmio tra il pubblico la ricezione di fondi connessa all'emissione di moneta elettronica [(2)].

2 ter. Non costituisce raccolta del risparmio tra il pubblico la ricezione di fondi da inserire in conti di pagamento utilizzati esclusivamente per la prestazione di servizi di pagamento [(3)].

3. Il CICR stabilisce limiti e criteri, anche con riguardo all'attività ed alla forma giuridica del soggetto che acquisisce fondi, in base ai quali non costituisce raccolta del risparmio tra il pubblico quella effettuata presso specifiche categorie individuate in ragione di rapporti societari o di lavoro [(4)].

4. Il divieto di raccolta del risparmio tra il pubblico non si applica:

a) agli Stati comunitari, agli organismi internazionali ai quali aderiscono uno o più Stati comunitari, agli enti pubblici territoriali ai quali la raccolta del risparmio è consentita in base agli ordinamenti nazionali degli Stati comunitari;
b) agli Stati terzi ed ai soggetti esteri abilitati da speciali disposizioni del diritto italiano (5);
c) alle società, per la raccolta effettuata ai sensi del codice civile mediante obbligazioni, titoli di debito od altri strumenti finanziari;
d) alle altre ipotesi di raccolta espressamente consentite dalla legge, nel rispetto del principio di tutela del risparmio (6).

4 bis. Il CICR determina i criteri per l'individuazione degli strumenti finanziari, comunque denominati, la cui emissione costituisce raccolta del risparmio (7).

4 ter. Se non disciplinati dalla legge, il CICR fissa limiti all'emissione e, su proposta formulata dalla Banca d'Italia sentita la CONSOB, può determinare durata e taglio degli strumenti finanziari, diversi dalle obbligazioni, utilizzati per la raccolta tra il pubblico (8).

4 quater. Il CICR, a fini di tutela della riserva dell'attività bancaria, stabilisce criteri e limiti, anche in deroga a quanto previsto dal codice civile, per la raccolta effettuata dai soggetti che esercitano nei confronti del pubblico attività di concessione di finanziamenti sotto qualsiasi forma (9).

4 quinquies. A fini di tutela del risparmio, gli investitori professionali, che ai sensi del codice civile rispondono della solvenza della società per le obbligazioni, i titoli di debito e gli altri strumenti finanziari emessi dalla stessa, devono rispettare idonei requisiti patrimoniali stabiliti dalle competenti autorità di vigilanza (10).

5. Nei casi previsti dal comma 4, lettere c) e d), sono comunque precluse la raccolta di fondi a vista ed ogni forma di raccolta collegata all'emissione od alla gestione di mezzi di pagamento a spendibilità generalizzata (11).

(1) Secondo quanto previsto dall'art. 58, co. 1, l. 23.12.1998, n. 448, il divieto qui disposto non si applica alle società cooperative per la raccolta effettuata mediante titoli obbligazionari.
(2) Comma introdotto dall'art. 55, l. 1.3.2002, n. 39 (l. comunitaria).
(3) Comma introdotto dall'art. 35, co. 4, d.lgs. 27.1.2010, n. 11
(4) Comma sostituito dall'art. 9.2, d.lgs. 17.1.2003, n. 6, nel testo introdotto dall'art. 2, d.lgs. 6.2.2004, n. 37.
(5) Comma modificato dall'art. 1, co. 4, d.lgs. 16.11.2015, n. 181.
(6) Comma modificato dall'art. 64, d.lgs. 23.7.1996, n. 415, dall'art. 2, d.lgs. 4.8.1999, n. 342, e poi sostituito dall'art. 9.2, d.lgs. 17.1.2003, n. 6, nel testo introdotto dall'art. 2, d.lgs. 6.2.2004, n. 37.
(7) Comma introdotto dall'art. 64, d.lgs. 23.7.1996, n. 415, modificato dall'art. 2, d.lgs. 4.8.1999, n. 342, e poi sostituito dall'art. 9.2, d.lgs. 17.1.2003, n. 6, nel testo introdotto dall'art. 2, d.lgs. 6.2.2004, n. 37.
(8) Comma introdotto dall'art. 9.2, d.lgs. 17.1.2003, n. 6, nel testo introdotto dall'art. 2, d.lgs. 6.2.2004, n. 37.
(9) Comma introdotto dall'art. 9.2, d.lgs. 17.1.2003, n. 6, nel testo introdotto dall'art. 2, d.lgs. 6.2.2004, n. 37.
(10) Comma introdotto dall'art. 9.2, d.lgs. 17.1.2003, n. 6, nel testo introdotto dall'art. 2, d.lgs. 6.2.2004, n. 37.
(11) Comma sostituito dall'art. 64, d.lgs. 23.7.1996, n. 415, dall'art. 2, d.lgs. 4.8.1999, n. 342, e poi sostituito dall'art. 9.2, d.lgs. 17.1.2003, n. 6, nel testo introdotto dall'art. 2, d.lgs. 6.2.2004, n. 37.

TITOLO V
Soggetti operanti nel settore finanziario (1)

(1) Titolo sostituito dall'art. 7, co. 1, d.lgs. 13.8.2010, n. 141.

106. Albo degli intermediari finanziari (1).

1. L'esercizio nei confronti del pubblico dell'attività di concessione di finanziamenti sotto qualsiasi forma è riservato agli intermediari finanziari autorizzati, iscritti in un apposito albo tenuto dalla Banca d'Italia.

2. Oltre alle attività di cui al comma 1 gli intermediari finanziari possono:
a) emettere moneta elettronica e prestare servizi di pagamento a condizione che siano a ciò autorizzati ai sensi dell'articolo 114-*quinquies*, comma 4, e iscritti nel relativo albo, oppure prestare solo servizi di pagamento a condizione che siano a ciò autorizzati ai sensi dell'articolo 114-*novies*, comma 4, e iscritti nel relativo albo;
b) prestare servizi di investimento se autorizzati ai sensi dell'articolo 18, comma 3, del decreto legislativo 24 febbraio 1998, n. 58;
c) esercitare le altre attività a loro eventualmente consentite dalla legge nonché attività connesse o strumentali, nel rispetto delle disposizioni dettate dalla Banca d'Italia (2).

3. Il Ministro dell'economia e delle finanze, sentita la Banca d'Italia, specifica il contenuto delle attività indicate nel comma 1, nonché in quali circostanze ricorra l'esercizio nei confronti del pubblico.

(1) Articolo modificato dall'art. 20, co. 1, 2 e 3, d.lgs. 4.8.1999, n. 342, dall'art. 9.34, d.lgs. 17.1.2003, n. 6, nel testo introdotto dagli artt. 1 e 2, d.lgs. 6.2.2004, n. 37; dall'art. 35, co. 5, d.lgs. 27.1.2010, n. 11 e, infine, sostituito dall'art. 7, co. 1, d.lgs. 13.8.2010, n. 141.
(2) Comma sostituito dall'art. 2, co. 2, d.lgs. 16.4.2012, n. 45

107. Autorizzazione (1).

1. La Banca d'Italia autorizza gli intermediari finanziari ad esercitare la propria attività al ricorrere delle seguenti condizioni:
a) sia adottata la forma di società per azioni, in accomandita per azioni, a responsabilità limitata o cooperativa (2);
b) la sede legale e la direzione generale siano situate nel territorio della Repubblica;
c) il capitale versato sia di ammontare non inferiore a quello determinato dalla Banca d'Italia anche in relazione al tipo di operatività;
d) venga presentato un programma concernente l'attività iniziale e la struttura organizzativa, unitamente all'atto costitutivo e allo statuto;
e) sussistano i presupposti per il rilascio dell'autorizzazione prevista dall'articolo 19 per i titolari delle partecipazioni ivi indicate (3);
e-*bis*) i soggetti che svolgono funzioni di amministrazione, direzione e controllo siano idonei, secondo quanto previsto ai sensi dell'articolo 110 (4);
f) non sussistano, tra gli intermediari finanziari o i soggetti del gruppo di appartenenza e altri soggetti,

stretti legami che ostacolino l'effettivo esercizio delle funzioni di vigilanza;

g) l'oggetto sociale sia limitato alle sole attività di cui ai commi 1 e 2 dell'articolo 106.

2. La Banca d'Italia nega l'autorizzazione quando dalla verifica delle condizioni indicate nel comma 1 non risulti garantita la sana e prudente gestione.

3. La Banca d'Italia disciplina la procedura di autorizzazione, i casi di revoca, nonché di decadenza, quando l'intermediario autorizzato non abbia iniziato l'esercizio dell'attività, e detta disposizioni attuative del presente articolo.

(1) Articolo modificato dall'art. 64, co. 19, lett. a), d.lgs. 23.7.1996, n. 415; dall'art. 211, co. 2, d.lgs. 24.2.1998, n. 58; dall'art. 21, co. 1, d.lgs. 4.8.1999, n. 342; dall'art. 1, d.lgs. 6.2.2004, n. 37; dall'art. 9, co. 1, d.lgs. 9.7.2004, n. 197; dall'art. 1, co. 1, lett. m), nn. 1), 2) e 3), d.l. 27.12.2006, n. 297, conv., con modif., in l. 23.2.2007, n. 15; dall'art. 35, co. 6, d.lgs. 27.1.2010, n. 11 e, infine, sostituito dall'art. 7, co. 1, d.lgs. 13.8.2010, n. 141.

(2) Lettera modificata dall'art. 7, co. 1, d.lgs. 13.8.2010, n. 141, come modificato dall'art. 3, co. 1, lett. a), d.lgs. 19.9.2012, n. 169.

(3) Lettera sostituita dall'art. 7, co. 1, d.lgs. 13.8.2010, n. 141, come modificato dall'art. 3, co. 1, lett. b), d.lgs. 19.9.2012, n. 169 e poi dall'art. 1, co. 34, lett. a), d.lgs. 12.5.2015, n. 72.

(4) Lettera introdotta dall'art. 1, co. 34, lett. b), d.lgs. 12.5.2015, n. 72.

111. Microcredito [(1)].

1. In deroga all'articolo 106, comma 1, i soggetti iscritti in un apposito elenco, [tenuto dall'organismo indicato all'articolo 113,] possono concedere finanziamenti a persone fisiche o società di persone o società a responsabilità limitata semplificata di cui all'articolo 2463-*bis* codice civile o associazioni o società cooperative, per l'avvio o l'esercizio di attività di lavoro autonomo o di microimpresa, a condizione che i finanziamenti concessi abbiano le seguenti caratteristiche [(2)]:

a) siano di ammontare non superiore a euro 75.000,00 e non siano assistiti da garanzie reali [(3)];

[b) siano finalizzati all'avvio o allo sviluppo di iniziative imprenditoriali o all'inserimento nel mercato del lavoro;] [(4)]

c) siano accompagnati dalla prestazione di servizi ausiliari di assistenza e monitoraggio dei soggetti finanziati.

1 bis. I soggetti iscritti nell'apposito elenco di cui al comma 1 possono concedere finanziamenti a società a responsabilità limitata senza le limitazioni indicate nel comma 1, lettera a), e comunque per un importo non superiore ad euro 100.000,00 [(5)].

2. L'iscrizione nell'elenco di cui al comma 1 è subordinata al ricorrere delle seguenti condizioni:

a) forma di società per azioni, in accomandita per azioni, a responsabilità limitata e cooperativa [(6)];

b) capitale versato di ammontare non inferiore a quello stabilito ai sensi del comma 5;

c) requisiti di onorabilità dei soci di controllo o rilevanti, nonché di onorabilità e professionalità degli esponenti aziendali, ai sensi del comma 5;

d) oggetto sociale limitato alle sole attività di cui al comma 1, nonché alle attività accessorie e strumentali;

e) presentazione di un programma di attività.

3. I soggetti di cui al comma 1 possono erogare in via non prevalente finanziamenti anche a favore di persone fisiche in condizioni di particolare vulnerabilità economica o sociale, purché i finanziamenti concessi siano di importo massimo di euro 10.000, non siano assistiti da garanzie reali, siano accompagnati dalla prestazione di servizi ausiliari di bilancio familiare, abbiano lo scopo di consentire l'inclusione sociale e finanziaria del beneficiario e siano prestati a condizioni più favorevoli di quelle prevalenti sul mercato [(7)].

3 bis. Nel caso di esercizio dell'attività di cui al comma 3, questa attività e quella di cui al comma 1 devono essere esercitate congiuntamente [(8)].

4. In deroga all'articolo 106, comma 1, i soggetti giuridici senza fini di lucro, in possesso delle caratteristiche individuate ai sensi del comma 5 nonché dei requisiti previsti dal comma 2, lettera c), possono svolgere l'attività indicata al comma 3, a tassi adeguati a consentire il mero recupero delle spese sostenute dal creditore [(9)].

5. Il Ministro dell'economia e delle finanze, sentita la Banca d'Italia, emana disposizioni attuative del presente articolo, anche disciplinando:

a) requisiti concernenti i beneficiari e le forme tecniche dei finanziamenti, prevedendo comunque una durata dei finanziamenti fino a quindici anni [(10)];

b) limiti oggettivi, riferiti al volume delle attività, alle condizioni economiche applicate e all'ammontare massimo dei singoli finanziamenti, anche modificando i limiti stabiliti dal comma 1, lettera a) e dal comma 3, escludendo comunque alcun tipo di limitazione riguardante i ricavi, il livello di indebitamento e l'attivo patrimoniale [(11)];

c) le caratteristiche dei soggetti che beneficiano della deroga prevista dal comma 4;

d) le informazioni da fornire alla clientela.

5 bis. L'utilizzo del sostantivo microcredito è subordinato alla concessione di finanziamenti secondo le caratteristiche di cui ai commi 1 e 3 [(12)].

(1) Articolo inizialmente modificato dall'art. 64, d.lgs. 23.7.1996, n. 415, dall'art. 211, d.lgs. 24.2.1998, n. 58, dall'art. 22, d.lgs. 4.8.1999, n. 342, dall'art. 9.38, d.lgs. 17.1.2003, n. 6, nel testo introdotto dall'art. 2, d.lgs. 6.2.2004, n. 37 e poi sostituito dall'art. 7, co. 1, d.lgs. 13.8.2010, n. 141.

(2) Alinea modificato dall'art. 7, co. 1, d.lgs. 13.8.2010, n. 141, come modificato dall'art. 3, co. 1, lett. e), d.lgs. 19.9.2012, n. 169.

(3) Lettera modificata dall'art. 49, co. 5, d.l. 17.3.2020, n. 18, conv., con modif., dalla l. 24.4.2020, n. 27, e poi dall'art. 13, co. 9, d.l. 8.4.2020, n. 23, conv., con modif., dalla l. 5.6.2020, n. 40. Il medesimo art. 13, d.l. n. 23/2020, al co. 12, ha inoltre abrogato l'art. 49, d.l. n. 18/2020. Successivamente modificata dall'art. 1, co. 914, lett. a), l. 30.12.2021, n. 234.

(4) Lettera abrogata dall'art. 1, co. 914, lett. b), l. 30.12.2021, n. 234.

(5) Comma introdotto dall'art. 1, co. 914, lett. c), l. 30.12.2021, n. 234.

(6) Lettera modificata dall'art. 7, co. 1, d.lgs. 13.8.2010, n. 141, come modificato dall'art. 3, co. 1, lett. f), d.lgs. 19.9.2012, n. 169.

(7) Comma modificato dall'art. 7, co. 1, d.lgs. 13.8.2010, n. 141, come modificato dall'art. 16, co. 1, lett. b), d.lgs. 14.12.2010, n. 218.

(8) Comma introdotto dall'art. 7, co. 1, d.lgs. 13.8.2010, n. 141, come modificato dall'art. 3, co. 1, lett. g), d.lgs. 19.9.2012, n. 169.
(9) Comma sostituito dall'art. 7, co. 1, d.lgs. 13.8.2010, n. 141, come modificato dall'art. 3, co. 1, lett. h), d.lgs. 19.9.2012, n. 169.
(10) Lettera modificata dall'art. 1, co. 914, lett. d), l. 30.12.2021, n. 234.
(11) Lettera modificata dall'art. 1, co. 914, lett. e), l. 30.12.2021, n. 234.
(12) Comma introdotto dall'art. 7, co. 1, d.lgs. 13.8.2010, n. 141, come modificato dall'art. 3, co. 1, lett. i), d.lgs. 19.9.2012, n. 169.

111 bis. Finanza etica e sostenibile [1].

1. Sono operatori bancari di finanza etica e sostenibile le banche che conformano la propria attività ai seguenti princìpi:
a) valutano i finanziamenti erogati a persone giuridiche secondo standard di rating etico internazionalmente riconosciuti, con particolare attenzione all'impatto sociale e ambientale;
b) danno evidenza pubblica, almeno annualmente, anche via web, dei finanziamenti erogati di cui alla lettera a), tenuto conto delle vigenti normative a tutela della riservatezza dei dati personali;
c) devolvono almeno il 20 per cento del proprio portafoglio di crediti a organizzazioni senza scopo di lucro o a imprese sociali con personalità giuridica, come definite dalla normativa vigente;
d) non distribuiscono profitti e li reinvestono nella propria attività;
e) adottano un sistema di governance e un modello organizzativo a forte orientamento democratico e partecipativo, caratterizzato da un azionariato diffuso;
f) adottano politiche retributive tese a contenere al massimo la differenza tra la remunerazione maggiore e quella media della banca, il cui rapporto comunque non può superare il valore di 5.

2. Non concorre a formare il reddito imponibile ai sensi dell'articolo 81 del testo unico delle imposte sui redditi, di cui al decreto del Presidente della Repubblica 22 dicembre 1986, n. 917, degli operatori bancari di finanza etica e sostenibile una quota pari al 75 per cento delle somme destinate a incremento del capitale proprio.

3. Il Ministro dell'economia e delle finanze, sentita la Banca d'Italia, stabilisce, con proprio decreto, le norme di attuazione delle disposizioni del presente articolo, dalle quali non possono derivare oneri a carico della finanza pubblica superiori a 1 milione di euro in ragione annua a decorrere dall'anno 2017.

4. L'agevolazione di cui al presente articolo è riconosciuta nel rispetto dei limiti di cui al regolamento (UE) n. 1407/2013 della Commissione, del 18 dicembre 2013, relativo all'applicazione degli articoli 107 e 108 del Trattato sul funzionamento dell'Unione europea agli aiuti "de minimis".

(1) Articolo introdotto dall'art. 1, co. 51, l. 11.12.2016, n. 232.

112. Altri soggetti operanti nell'attività di concessione di finanziamenti [1].

1. I confidi, anche di secondo grado, sono iscritti in un elenco tenuto dall'Organismo previsto dall'articolo 112-*bis* ed esercitano in via esclusiva l'attività di garanzia collettiva dei fidi e i servizi a essa connessi o strumentali, nel rispetto delle disposizioni dettate dal Ministro dell'economia e delle finanze e delle riserve di attività previste dalla legge. I confidi di cui al presente articolo possono detenere partecipazioni nei soggetti di cui all'articolo 111 [2].

1 bis. I confidi tenuti ad iscriversi nell'albo di cui all'articolo 106 sono esclusi dall'obbligo di iscrizione nell'elenco tenuto dall'Organismo previsto all'articolo 112-*bis* [3].

2. L'iscrizione è subordinata al ricorrere delle condizioni di forma giuridica, di capitale sociale o fondo consortile, patrimoniali, di oggetto sociale e di assetto proprietario individuate dall'articolo 13 del decreto-legge 30 settembre 2003, n. 269, convertito, con modificazioni, dalla legge 24 novembre 2003, n. 326, nonché al possesso da parte di coloro che detengono partecipazioni e dei soggetti che svolgono funzioni di amministrazione, direzione e controllo dei requisiti di onorabilità stabiliti ai sensi degli articoli 25, comma 2, lettera a), e 26, comma 3, lettera a). La sede legale e quella amministrativa devono essere situate nel territorio della Repubblica [4].

3. Il Ministro dell'economia e delle finanze, sentita la Banca d'Italia, determina i criteri oggettivi, riferibili al volume di attività finanziaria in base ai quali sono individuati i confidi che sono tenuti a chiedere l'autorizzazione per l'iscrizione nell'albo previsto dall'articolo 106. La Banca d'Italia stabilisce, con proprio provvedimento, gli elementi da prendere in considerazione per il calcolo del volume di attività finanziaria. In deroga all'articolo 106, per l'iscrizione nell'albo i confidi possono adottare la forma di società consortile a responsabilità limitata.

4. I confidi iscritti nell'albo esercitano in via prevalente l'attività di garanzia collettiva dei fidi.

5. I confidi iscritti nell'albo possono svolgere, prevalentemente nei confronti delle imprese consorziate o socie, le seguenti attività:
a) prestazione di garanzie a favore dell'amministrazione finanziaria dello Stato, al fine dell'esecuzione dei rimborsi di imposte alle imprese consorziate o socie;
b) gestione, ai sensi dell'articolo 47, comma 2, di fondi pubblici di agevolazione;
c) stipula, ai sensi dell'articolo 47, comma 3, di contratti con le banche assegnatarie di fondi pubblici di garanzia per disciplinare i rapporti con le imprese consorziate o socie, al fine di facilitarne la fruizione.

6. Fermo restando l'esercizio prevalente dell'attività di garanzia, i confidi iscritti nell'albo possono concedere altre forme di finanziamento sotto qualsiasi forma, ai sensi dell'articolo 106, comma 1 [5].

7. I soggetti diversi dalle banche, già operanti alla data di entrata in vigore della presente disposizione i quali, senza fine di lucro, raccolgono tradizionalmente in ambito locale somme di modesto ammontare ed erogano piccoli prestiti possono continuare a svolgere la propria attività, in considerazione del carattere marginale della stessa, nel rispetto delle modalità operative e dei limiti quantitativi determinati dal CICR. Possono inoltre continuare a svolgere la propria attività, senza obbligo di iscrizione nell'albo di cui all'articolo 106, gli enti e le società cooperative costituiti entro il 1° gennaio 1993 tra i dipendenti di una medesima amministrazione pubblica, già iscritti nell'elenco generale di cui all'articolo 106 del decreto legislativo 1° settembre 1993, n. 385, vigente alla data del 4 settembre 2010, ove si verifichino le condizioni di cui all'articolo 2 del decreto del Ministro del tesoro del 29 marzo 1995. In attesa di un riordino complessivo degli strumenti di intermediazione finanziaria, e comunque non oltre il 31 dicembre 2018, possono continuare a svolgere la propria attività, senza obbligo di iscrizione nell'albo di cui all'articolo 106, le società cooperative di cui al capo I del titolo VI del libro quinto del codice civile, esistenti alla data del 1° gennaio 1996 e le cui azioni non siano negoziate in mercati regolamentati, che concedono finanziamenti sotto qualsiasi forma esclusivamente nei confronti dei propri soci, a condizione che [6]:

a) non raccolgano risparmio sotto qualsivoglia forma tecnica;
b) il volume complessivo dei finanziamenti a favore dei soci non sia superiore a quindici milioni di euro;
c) l'importo unitario del finanziamento sia di ammontare non superiore a 20.000 euro;
d) i finanziamenti siano concessi a condizioni più favorevoli di quelli presenti sul mercato [7].

8. Le agenzie di prestito su pegno previste dall'articolo 115 del reale decreto 18 giugno 1931, n. 773, sono sottoposte alle disposizioni dell'articolo 106. La Banca d'Italia può dettare disposizioni per escludere l'applicazione alle agenzie di prestito su pegno di alcune disposizioni previste dal presente titolo.

(1) Articolo inizialmente modificato dall'art. 9.39, d.lgs. 17.1.2003, n. 6, nel testo introdotto dall'art. 2, d.lgs. 6.2.2004, n. 37 e poi sostituito dall'art. 7, co. 1, d.lgs. 13.8.2010, n. 141.
(2) Comma modificato dall'art. 13 *ter*, co. 1, d.l. 8.4.2020, n. 23, conv., con modif., in l. 5.6.2020, n. 40.
(3) Comma introdotto dall'art. 7, co. 1, d.lgs. 13.8.2010, n. 141, come modificato dall'art. 3, co. 1, lett. l), d.lgs. 19.9.2012, n. 169.
(4) Comma sostituito dall'art. 1, co. 38, d.lgs. 12.5.2015, n. 72.
(5) Comma sostituito dall'art. 31 *bis*, co. 1, d.l. 19.5.2020, n. 34, conv., con modif., in l. 17.7.2020, n. 77.
(6) Secondo quanto previsto dall'art. 1, co. 69, l. 30.12.2018, n. 145, per le società di cui all'ultimo periodo di questo alinea, le disposizioni continuano ad applicarsi fino al 31.12.2023; l'art. 3, co. 8, d.l. 30.12.2023, n. 215, conv., con modif., dalla l. 23.2.2024, n. 18, ha disposto che le previsioni contenute all'ultimo periodo di questo comma continuano ad applicarsi fino al 31.12.2024.
(7) Comma sostituito dall'art. 7, co. 1, d.lgs. 13.8.2010, n. 141, come modificato dall'art. 3, co. 1, lett. m), d.lgs. 19.9.2012, n. 169, poi modificato dall'art. 56 *quinquies*, co. 1, d.l. 21.6.2013, n. 69, conv., con modif., in l. 9.8.2013, n. 98 e dall'art. 1, co. 176, l. 27.12.2013, n. 147, come modificato dall'art. 10, co. 4 *bis*, d.l. 31.12.2014, n. 192, conv., con modif., in l. 27.2.2015, n. 11.

TITOLO V *bis*
Moneta elettronica e istituti di moneta elettronica [1]

(1) Titolo inserito dall'art. 55, l. 1.3.2002, n. 39 (l. comunitaria) e poi sostituito dall'art. 1, co. 3, d.lgs. 16.4.2012, n. 45.

114 bis. Emissione di moneta elettronica [1].

1. L'emissione di moneta elettronica è riservata alle banche e agli istituti di moneta elettronica.

2. Possono emettere moneta elettronica, nel rispetto delle disposizioni ad essi applicabili, la Banca centrale europea, le banche centrali comunitarie, lo Stato italiano e gli altri Stati comunitari, le pubbliche amministrazioni statali, regionali e locali, nonché Poste Italiane.

3. L'emittente di moneta elettronica non concede interessi o qualsiasi altro beneficio commisurato alla giacenza della moneta elettronica.

(1) Articolo introdotto dall'art. 55, l. 1.3.2002, n. 39 (l. comunitaria) e poi sostituito dall'art. 1, co. 3, d.lgs. 16.4.2012, n. 45.

114 bis.1. Distribuzione della moneta elettronica [1].

1. Le banche e gli istituti di moneta elettronica possono avvalersi di soggetti convenzionati che agiscano in loro nome per la distribuzione e il rimborso della moneta elettronica.

2. Le banche aventi sede legale in uno Stato terzo possono avvalersi di soggetti convenzionati per la distribuzione e il rimborso della moneta elettronica in Italia, a condizione che stabiliscano una succursale, autorizzata dalla Banca d'Italia secondo quanto previsto dall'articolo 14, comma 4.

(1) Articolo introdotto dall'art. 1, co. 2, d.lgs. 15.12.2017, n. 218.

114 ter. Rimborso della moneta elettronica [1].

1. L'emittente di moneta elettronica rimborsa, su richiesta del detentore, la moneta elettronica in ogni momento e al valore nominale, secondo le modalità e le condizioni indicate nel contratto di emissione in conformità dell'articolo 126-*novies*. Il diritto al rimborso si estingue per prescrizione nei termini ordinari di cui all'articolo 2946 del codice civile.

2. Il detentore può chiedere il rimborso:

a) prima della scadenza del contratto, nella misura richiesta;
b) alla scadenza del contratto o successivamente:
   1) per il valore monetario totale della moneta elettronica detenuta;
   2) nella misura richiesta, se l'emittente è un istituto di moneta elettronica autorizzato ai sensi dell'articolo 114-*quinquies*, comma 4, e i fondi di pertinenza del medesimo detentore possono essere impiegati per finalità diverse dall'utilizzo di moneta elettronica, senza che sia predeterminata la quota utilizzabile come moneta elettronica.

3. I soggetti, diversi da un consumatore, che accettino in pagamento moneta elettronica possono regolare in via contrattuale con l'emittente di moneta elettronica il diritto al rimborso loro spettante nei suoi confronti, anche in deroga al comma 2.

(1) Articolo introdotto dall'art. 55, co. 1, lett. c), l. 1.3.2002, n. 39 (l. comunitaria), modificato dall'art. 1, co. 1, lett. o), d.lgs. 27.1.2010, n. 21 e, infine, sostituito dall'art. 1, co. 3, d.lgs. 16.4.2012, n. 45.

114 quater. Istituti di moneta elettronica [1].

1. La Banca d'Italia iscrive in un apposito albo gli

istituti di moneta elettronica autorizzati in Italia; sono altresì iscritte le succursali di istituti di moneta elettronica italiani stabilite in uno Stato comunitario diverso dall'Italia [(2)].

1 bis. La Banca d'Italia comunica senza indugio all'ABE le informazioni iscritte nell'albo e ogni relativa modifica, nonché, in caso di revoca dell'autorizzazione o dell'esenzione concessa ai sensi dell'articolo 114-*quinquies*.4, le ragioni che la hanno determinata [(3)].

2. Gli istituti di moneta elettronica trasformano immediatamente in moneta elettronica i fondi ricevuti dal richiedente [; per la distribuzione e il rimborso della moneta elettronica possono avvalersi di persone fisiche o giuridiche che agiscano in loro nome] [(4)].

3. Gli istituti di moneta elettronica possono:

a) prestare servizi di pagamento e le relative attività accessorie ai sensi dell'articolo 114-*octies* senza necessità di apposita autorizzazione ai sensi dell'articolo 114-*novies*;

b) prestare servizi operativi e accessori strettamente connessi all'emissione di moneta elettronica.

(1) Articolo introdotto dall'art. 55, co. 1, lett. c), l. 1.3.2002, n. 39 (l. comunitaria), modificato dall'art. 1, co. 1, lett. p), d.lgs. 27.1.2010, n. 21, dall'art. 35, co. 7, d.lgs. 27.1.2010, n. 11 e, infine, sostituito dall'art. 1, co. 3, d.lgs. 16.4.2012, n. 45.

(2) Comma modificato dall'art. 1, co. 50, d.lgs. 16.11.2015, n. 181, dall'art. 1, co. 3, lett. a), d.lgs. 15.12.2017, n. 218e poi dall'art. 1, co. 1, lett. a), d.lgs. 8.4.2020, n. 36.

(3) Comma introdotto dall'art. 1, co. 3, lett. b), d.lgs. 15.12.2017, n. 218.

(4) Comma modificato dall'art. 1, co. 3, lett. c), d.lgs. 15.12.2017, n. 218.

114 quinquies. Autorizzazione e operatività transfrontaliera [(1)].

1. La Banca d'Italia autorizza gli istituti di moneta elettronica quando ricorrono le seguenti condizioni:

a) sia adottata la forma di società per azioni, di società in accomandita per azioni, di società a responsabilità limitata o di società cooperativa;

b) la sede legale e la direzione generale siano situate nel territorio della Repubblica ove è svolta almeno una parte dell'attività soggetta ad autorizzazione [(2)];

c) il capitale versato sia di ammontare non inferiore a quello determinato dalla Banca d'Italia;

d) venga presentato un programma concernente l'attività iniziale e la struttura organizzativa, unitamente all'atto costitutivo e allo statuto;

e) sussistano i presupposti per il rilascio dell'autorizzazione prevista dall'articolo 19 per i titolari delle partecipazioni ivi indicate [(3)];

e-*bis*) i soggetti che svolgono funzioni di amministrazione, direzione e controllo siano idonei, secondo quanto previsto ai sensi dell'articolo 114-*quinquies*.3 [(4)];

f) non sussistano, tra gli istituti di moneta elettronica o i soggetti del gruppo di appartenenza e altri soggetti, stretti legami che ostacolino l'effettivo esercizio delle funzioni di vigilanza.

1 bis. Fermo restando quanto previsto dal comma 1, agli istituti di moneta elettronica che intendono prestare il servizio di disposizione di ordini di pagamento si applica l'articolo 114-*novies*, comma 1-*bis* [(5)].

2. La Banca d'Italia nega l'autorizzazione quando dalla verifica delle condizioni indicate nel comma 1 non risulti garantita la sana e prudente gestione ovvero il regolare funzionamento del sistema dei pagamenti.

3. La Banca d'Italia disciplina la procedura di autorizzazione, i casi di revoca e le ipotesi di decadenza quando l'istituto autorizzato non abbia iniziato l'esercizio dell'attività.

4. La Banca d'Italia autorizza all'emissione di moneta elettronica soggetti che esercitino anche altre attività imprenditoriali quando:

a) ricorrano le condizioni indicate al comma 1, ad eccezione del possesso dei requisiti di professionalità degli esponenti aziendali;

b) per l'attività di emissione di moneta elettronica, la prestazione dei servizi di pagamento e per le relative attività accessorie e strumentali sia costituito un unico patrimonio destinato con le modalità e agli effetti stabiliti dagli articoli 114-*quinquies*.1, comma 5, e 114-*terdecies*;

c) siano individuati uno o più soggetti responsabili del patrimonio di cui alla lettera b); ad essi si applica l'articolo 26, comma 3, lettere a) e b) [(6)].

5. Se lo svolgimento delle attività imprenditoriali di cui al comma 4 rischia di danneggiare la solidità finanziaria dell'istituto di moneta elettronica o l'esercizio effettivo della vigilanza, la Banca d'Italia può imporre la costituzione di una società che svolga esclusivamente l'attività di emissione di moneta elettronica.

6. Gli istituti di moneta elettronica italiani possono operare:

a) in un altro Stato comunitario, anche senza stabilirvi succursali, nel rispetto delle procedure fissate dalla Banca d'Italia [(7)];

b) in uno Stato terzo, anche senza stabilirvi succursali, previa autorizzazione della Banca d'Italia [(8)].

7. Gli istituti di moneta elettronica con sede legale in un altro Stato comunitario [, che intendono operare in Italia,] possono operare nel territorio della Repubblica anche senza stabilirvi succursali dopo che la Banca d'Italia sia stata informata dall'autorità competente dello Stato di origine [(9)].

8. Gli istituti di moneta elettronica con sede legale in uno Stato terzo possono operare nel territorio della Repubblica a condizione che stabiliscano una succursale in Italia autorizzata dalla Banca d'Italia ai sensi del presente articolo in presenza di condizioni corrispondenti a quelle del comma 1, lettere c), d), e) ed f). L'autorizzazione è rilasciata, sentito il Ministero degli affari esteri, tenendo anche conto della condizione di reciprocità [(10)].

9. La Banca d'Italia detta disposizioni attuative del presente articolo.

(1) Articolo introdotto dall'art. 55, l. 1.3.2002, n. 39 (l. comunitaria) e poi sostituito dall'art. 1, co. 3, d.lgs. 16.4.2012, n. 45.

(2) Lettera modificata dall'art. 1, co. 4, lett. a), d.lgs. 15.12.2017, n. 218.

(3) Lettera sostituita dall'art. 1, co. 39, lett. a), d.lgs. 12.5.2015, n. 72.
(4) Lettera introdotta dall'art. 1, co. 39, lett. b), d.lgs. 12.5.2015, n. 72.
(5) Comma introdotto dall'art. 1, co. 4, lett. b), d.lgs. 15.12.2017, n. 218.
(6) Lettera sostituita dall'art. 1, co. 39, lett. c), d.lgs. 12.5.2015, n. 72.
(7) Lettera modificata dall'art. 1, co. 4, lett. c), d.lgs. 15.12.2017, n. 218.
(8) Lettera modificata dall'art. 1, co. 51, lett. a), d.lgs. 16.11.2015, n. 181.
(9) Comma modificato dall'art. 1, co. 4, lett. d), d.lgs. 15.12.2017, n. 218.
(10) Comma modificato dall'art. 1, co. 51, lett. b), d.lgs. 16.11.2015, n. 181 e poi sostituito dall'art. 1, co. 4, lett. e), d.lgs. 15.12.2017, n. 218.

114 quinquies.1. Forme di tutela e patrimonio destinato [1].

1. Gli istituti di moneta elettronica registrano per ciascun cliente in poste del passivo, nel rispetto delle modalità stabilite dalla Banca d'Italia, le somme di denaro ricevute dalla clientela per l'emissione di moneta elettronica.

2. Le somme di cui al comma 1 sono investite, nel rispetto delle modalità stabilite dalla Banca d'Italia, in attività che costituiscono patrimonio distinto a tutti gli effetti da quello dell'istituto di moneta elettronica. Su tale patrimonio distinto non sono ammesse azioni dei creditori dell'istituto di moneta elettronica o nell'interesse degli stessi, né quelle dei creditori dell'eventuale soggetto presso il quale le somme di denaro sono depositate. Le azioni dei creditori dei singoli clienti degli istituti di moneta elettronica sono ammesse nel limite di quanto registrato ai sensi del comma 1. Se le somme di denaro ricevute per l'emissione di moneta elettronica sono depositate presso terzi non operano le compensazioni legale e giudiziale e non può essere pattuita la compensazione convenzionale rispetto ai crediti vantati dal depositario nei confronti dell'istituto di moneta elettronica.

3. Ai fini dell'applicazione della disciplina della liquidazione coatta amministrativa all'istituto di moneta elettronica, i detentori di moneta elettronica sono equiparati ai clienti aventi diritto alla restituzione di strumenti finanziari.

4. Per la prestazione dei servizi di pagamento da parte degli istituti di moneta elettronica si applica l'articolo 114-*duodecies*.

5. Gli istituti di moneta elettronica che svolgano anche altre attività imprenditoriali diverse dall'emissione di moneta elettronica e dalla prestazione dei servizi di pagamento, autorizzati ai sensi dell'articolo 114-*quinquies*, comma 4, costituiscono un patrimonio destinato unico per l'emissione di moneta elettronica, la prestazione dei servizi di pagamento e per le relative attività accessorie e strumentali. A tale patrimonio destinato si applica l'articolo 114-*terdecies*, anche con riferimento all'emissione di moneta elettronica.

(1) Articolo introdotto dall'art. 1, co. 3, d.lgs. 16.4.2012, n. 45.

114 quinquies.2. Vigilanza [1].

1. Gli istituti di moneta elettronica inviano alla Banca d'Italia, con le modalità e nei termini da essa stabiliti, le segnalazioni periodiche nonché ogni altro dato e documento richiesto. Essi trasmettono anche i bilanci con le modalità e nei termini stabiliti dalla Banca d'Italia.

1 bis. La Banca d'Italia può chiedere informazioni al personale degli istituti di moneta elettronica, anche per il tramite di questi ultimi [2].

1 ter. Gli obblighi previsti dal comma 1 si applicano anche ai soggetti ai quali gli istituti di moneta elettronica abbiano esternalizzato funzioni aziendali essenziali o importanti e al loro personale [3].

2. La Banca d'Italia emana disposizioni di carattere generale aventi a oggetto: il governo societario, l'adeguatezza patrimoniale, il contenimento del rischio nelle sue diverse configurazioni, l'organizzazione amministrativa e contabile, nonché i controlli interni e i sistemi di remunerazione e incentivazione.

3. La Banca d'Italia può:

a) convocare gli amministratori, i sindaci e i dirigenti degli istituti di moneta elettronica per esaminare la situazione degli stessi;

b) ordinare la convocazione degli organi collegiali degli istituti di moneta elettronica, fissandone l'ordine del giorno, e proporre l'assunzione di determinate decisioni;

c) procedere direttamente alla convocazione degli organi collegiali degli istituti di moneta elettronica quando gli organi competenti non abbiano ottemperato a quanto previsto dalla lettera b);

d) adottare per le materie indicate nel comma 2, ove la situazione lo richieda, provvedimenti specifici nei confronti di singoli istituti di moneta elettronica riguardanti anche la restrizione delle attività o della struttura territoriale, il divieto di effettuare determinate operazioni anche di natura societaria e di distribuire utili o altri elementi del patrimonio nonché, con riferimento a strumenti finanziari computabili nel patrimonio a fini di vigilanza, il divieto di pagare interessi;

d-*bis*) disporre, qualora la loro permanenza in carica sia di pregiudizio per la sana e prudente gestione dell'istituto di moneta elettronica, la rimozione dalla carica di uno o più esponenti; la rimozione non è disposta ove ricorrano gli estremi per pronunciare la decadenza ai sensi dell'articolo 26, salvo che sussista urgenza di provvedere [4].

3-*bis*. La Banca d'Italia può altresì convocare gli amministratori, i sindaci, i dirigenti dei soggetti ai quali siano state esternalizzate funzioni aziendali essenziali o importanti [5].

4. La Banca d'Italia può effettuare ispezioni presso gli istituti di moneta elettronica, i loro agenti o i soggetti a cui sono esternalizzate funzioni aziendali essenziali o importanti e richiedere a essi l'esibizione di documenti e gli atti che ritenga necessari. La Banca d'Italia notifica all'autorità competente dello Stato ospitante l'intenzione di effettuare ispezioni su succursali, agenti o soggetti a cui sono esternalizzate funzioni aziendali essenziali o importanti di istituti di moneta elettronica italiani operanti nel territorio di quest'ultimo ovvero richiede alle autorità competenti del medesimo Stato di effettuare tali accertamenti [6].

5. Le autorità competenti dello Stato di origine, dopo aver informato la Banca d'Italia, possono ispezionare, anche tramite persone da esse incaricate, succursali, agenti o soggetti a cui sono esternalizzate funzioni aziendali essenziali o importanti di istituti di moneta elettronica comunitari che operano nel territorio della Repubblica. Se le autorità competenti dello Stato di origine lo richiedono, la Banca d'Italia può procedere direttamente agli accertamenti [7].

6. Nei confronti degli istituti di moneta elettronica che svolgano anche altre attività imprenditoriali diverse dall'emissione di moneta elettronica e dalla prestazione dei servizi di pagamento, autorizzati ai sensi dell'articolo 114-*quinquies*, comma 2, la Banca d'Italia esercita i poteri di vigilanza indicati nel presente articolo sull'attività di emissione di moneta elettronica, prestazione dei servizi di pagamento e sulle attività connesse e strumentali, avendo a riferimento anche il responsabile della gestione dell'attività e il patrimonio destinato.

6 bis. Quando risulta la violazione, da parte di istituti di moneta elettronica comunitari che operano nel territorio della Repubblica, degli obblighi derivanti dalle disposizioni del presente Titolo, del Titolo VI e del decreto legislativo 27 gennaio 2010, n. 11, la Banca d'Italia ne dà comunicazione all'autorità dello Stato di origine affinché quest'ultima adotti i provvedimenti necessari a porre termine alle irregolarità [8].

6 ter. Quando mancano o risultano inadeguati i provvedimenti dell'autorità dello Stato di origine, quando le irregolarità commesse possono pregiudicare interessi generali ovvero nei casi di urgenza per la tutela delle ragioni degli utenti, dei risparmiatori e degli altri soggetti ai quali sono prestati i servizi, la Banca d'Italia può adottare in via provvisoria le misure necessarie, comprese l'imposizione del divieto di intraprendere nuove operazioni e la chiusura della succursale, dandone comunicazione all'autorità dello Stato di origine [9].

(1) Articolo introdotto dall'art. 1, co. 3, d.lgs. 16.4.2012, n. 45.
(2) Comma introdotto dall'art. 1, co. 40, lett. a), d.lgs. 12.5.2015, n. 72.
(3) Comma introdotto dall'art. 1, co. 40, lett. a), d.lgs. 12.5.2015, n. 72.
(4) Lettera introdotta dall'art. 1, co. 40, lett. b), d.lgs. 12.5.2015, n. 72.
(5) Comma introdotto dall'art. 1, co. 40, lett. c), d.lgs. 12.5.2015, n. 72.
(6) Comma sostituito dall'art. 1, co. 40, lett. d), d.lgs. 12.5.2015, n. 72 e poi dall'art. 1, co. 5, lett. a), d.lgs. 15.12.2017, n. 218.
(7) Comma sostituito dall'art. 1, co. 40, lett. e), d.lgs. 12.5.2015, n. 72 e poi dall'art. 1, co. 5, lett. a), d.lgs. 15.12.2017, n. 218.
(8) Comma introdotto dall'art. 1, co. 40, lett. f), d.lgs. 12.5.2015, n. 72 e poi sostituito dall'art. 1, co. 5, lett. b), d.lgs. 15.12.2017, n. 218.
(9) Comma introdotto dall'art. 1, co. 40, lett. f), d.lgs. 12.5.2015, n. 72 e poi sostituito dall'art. 1, co. 5, lett. b), d.lgs. 15.12.2017, n. 218.

114 quinquies.3. Rinvio [1].

1. Agli istituti di moneta elettronica si applicano, in quanto compatibili, le disposizioni contenute negli articoli 19, 20, 21, 22, 22-*bis*, 23, 24, 52, 139 e 140 nonché nel titolo VI. I provvedimenti previsti nell'articolo 19 sono adottati dalla Banca d'Italia. Agli emittenti che agiscono in veste di pubblica autorità si applicano solo gli articoli 114-*ter* e 126-*novies* nonché, relativamente a queste disposizioni, gli articoli 39 e 40 del decreto legislativo 27 gennaio 2010, n. 11 [2].

1 bis. Ai soggetti che svolgono funzioni di amministrazione, direzione e controllo presso istituti di moneta elettronica si applica l'articolo 26, ad eccezione del comma 3, lettere c) ed e); il decreto di cui all'articolo 26 può prevedere l'applicazione dei criteri di competenza definiti ai sensi del medesimo articolo, comma 3, lettera c), avuto riguardo alla complessità operativa, dimensionale e organizzativa degli istituti, nonché alla natura specifica dell'attività svolta [3].

1 ter. Ai titolari delle partecipazioni indicate all'articolo 19 in istituti di moneta elettronica si applica l'articolo 25, ad eccezione del comma 2, lettera b); il decreto di cui all'articolo 25 può prevedere l'applicazione dei criteri di competenza definiti ai sensi del medesimo articolo, comma 2, lettera b), avuto riguardo alla complessità operativa, dimensionale e organizzativa degli istituti, nonché alla natura specifica dell'attività svolta [4].

2. Agli istituti di moneta elettronica che non esercitano attività imprenditoriali diverse dall'emissione di moneta elettronica o dalla prestazione di servizi di pagamento, si applicano altresì gli articoli 78, 82, 113-*bis* e 113-*ter* [5].

3. La Banca d'Italia può dettare disposizioni attuative ai fini dell'applicazione delle norme di cui al presente articolo.

(1) Articolo introdotto dall'art. 1, co. 3, d.lgs. 16.4.2012, n. 45.
(2) Comma sostituito dall'art. 1, co. 41, lett. a), d.lgs. 12.5.2015, n, 72 e poi modificato dall'art. 1, co. 22, d.lgs. 14.11.2016, n. 223 e poi dall'art. 1, co. 57, d.lgs. 8.11.2021, n. 182.
(3) Comma introdotto dall'art. 1, co. 41, lett. b), d.lgs. 12.5.2015, n, 72.
(4) Comma introdotto dall'art. 1, co. 41, lett. b), d.lgs. 12.5.2015, n, 72.
(5) Comma sostituito dall'art. 1, co. 41, lett. c), d.lgs. 12.5.2015, n, 72.

114 quinquies.4. Deroghe [1].

1. La Banca d'Italia può esentare gli istituti di moneta elettronica dall'applicazione di disposizioni previste dal presente titolo, quando ricorrono congiuntamente le seguenti condizioni:

a) le attività complessive generano una moneta elettronica media in circolazione non superiore al limite stabilito dalla Banca d'Italia in base al piano aziendale dell'istituto di moneta elettronica; tale limite in ogni caso non supera i 5 milioni di euro;
b) coloro che svolgono funzioni di amministrazione, direzione e controllo nell'istituto di moneta elettronica non hanno subito condanne per riciclaggio di denaro o finanziamento del terrorismo o altri reati finanziari.

2. La Banca d'Italia può prevedere limiti di avvaloramento degli strumenti di moneta elettronica emessi dagli istituti di cui al comma 1.

3. Gli istituti di moneta elettronica esentati ai sensi del comma 1 non beneficiano delle disposizioni per il mutuo riconoscimento.

4. La Banca d'Italia stabilisce le procedure che i soggetti di cui al comma 1 seguono per comunicare ogni variazione delle condizioni di cui al comma 1 nonché le modalità con le quali devono essere comunicati i volumi operativi di cui al comma 1, lettera a).

5. Gli istituti di moneta elettronica esentati ai sensi del comma 1 possono prestare servizi di pagamento soltanto ove ricorrano le condizioni previste dall'articolo 114-*sexiesdecies*.

(1) Articolo introdotto dall'art. 1, co. 3, d.lgs. 16.4.2012, n. 45.

TITOLO V ter
Istituti di pagamento [1]

114 sexies. Servizi di pagamento [1].

1. La prestazione di servizi di pagamento è riservata alle banche, agli istituti di moneta elettronica e agli istituti di pagamento. Possono prestare servizi di pagamento, nel rispetto delle disposizioni ad essi applicabili, la Banca centrale europea, le banche centrali comunitarie, lo Stato italiano e gli altri Stati comunitari, le pubbliche amministrazioni statali, regionali e locali, nonché Poste Italiane.

(1) Articolo introdotto dall'art. 33, co. 1, d.lgs. 27.1.2010, n. 11.

114 septies. Albo degli istituti di pagamento [1].

1. La Banca d'Italia iscrive in un apposito albo, consultabile pubblicamente, accessibile sul sito internet ed aggiornato periodicamente, gli istituti di pagamento autorizzati in Italia, con indicazione della tipologia di servizi che sono autorizzati a prestare e i relativi agenti; sono iscritte altresì le succursali di istituti di pagamento italiani stabilite in uno Stato comunitario diverso dall'Italia. Per i prestatori dei servizi di disposizione di ordini di pagamento, l'albo riporta anche i dati identificativi della polizza assicurativa o della analoga garanzia di cui al comma 1-*bis* dell'articolo 114-*novies* [2].

1 bis. La Banca d'Italia comunica senza indugio all'ABE le informazioni iscritte nell'albo e ogni relativa modifica, nonché, in caso di revoca dell'autorizzazione o dell'esenzione concessa ai sensi dell'articolo 114-*sexiesdecies*, le ragioni che le hanno determinate [3].

2. Gli istituti di pagamento indicano negli atti e nella corrispondenza l'iscrizione nell'albo.

2 bis. I soggetti che prestano esclusivamente il servizio di informazione sui conti sono iscritti in una sezione speciale dell'albo di cui al comma 1, se ricorrono le condizioni previste dall'articolo 114-*novies*, comma 1, lettere a), b), d), e-*bis*) e f) e se hanno stipulato una polizza di assicurazione della responsabilità civile o analoga garanzia per i danni arrecati al prestatore di servizi di pagamento di radicamento del conto o all'utente dei servizi di pagamento. I dati identificativi della polizza assicurativa o della analoga garanzia di cui al presente comma sono altresì pubblicati nell'albo di cui al comma 1 [4].

2 ter. Le informazioni rese ai sensi dell'articolo 2, comma 4-*bis*, del decreto legislativo 27 gennaio 2010, n. 11, sono pubblicate in un'appendice dell'albo previsto al comma 1, secondo le modalità stabilite dalla Banca d'Italia [5].

[3. Per la prestazione dei servizi di pagamento in Italia gli istituti di pagamento possono avvalersi soltanto degli agenti in attività finanziaria, di cui al decreto legislativo 25 settembre 1999, n. 374, nonché degli altri soggetti autorizzati alla prestazione di servizi di pagamento di cui all'articolo 114-*sexies*.] [6]

(1) Articolo introdotto dall'art. 33, co. 1, d.lgs. 27.1.2010, n. 11.
(2) Comma sostituito dall'art. 1, co. 6, lett. a), d.lgs. 15.12.2017, n. 218.
(3) Comma introdotto dall'art. 1, co. 6, lett. b), d.lgs. 15.12.2017, n. 218.
(4) Comma introdotto dall'art. 1, co. 6, lett. c), d.lgs. 15.12.2017, n. 218.
(5) Comma introdotto dall'art. 1, co. 6, lett. c), d.lgs. 15.12.2017, n. 218.
(6) Comma abrogato dall'art. 28, co. 4, d.lgs. 13.8.2010, n. 141.

114 octies. Attività accessorie esercitabili [1].

1. Gli istituti di pagamento possono esercitare le seguenti attività accessorie alla prestazione di servizi di pagamento:

a) concedere crediti in stretta relazione ai servizi di pagamento prestati e nei limiti e con le modalità stabilite dalla Banca d'Italia;
b) prestare servizi operativi o strettamente connessi, come la prestazione di garanzie per l'esecuzione di operazioni di pagamento, servizi di cambio, attività di custodia e registrazione e trattamento di dati;
c) gestire sistemi di pagamento.

2. La Banca d'Italia detta specifiche disposizioni per la concessione di credito collegata all'emissione o alla gestione di carte di credito.

(1) Articolo introdotto dall'art. 33, co. 1, d.lgs. 27.1.2010, n. 11.

114 novies. Autorizzazione [1].

1. La Banca d'Italia autorizza gli istituti di pagamento quando ricorrano le seguenti condizioni:

a) sia adottata la forma di società per azioni, di società in accomandita per azioni, di società a responsabilità limitata o di società cooperativa [2];
b) la sede legale e la direzione generale siano situate nel territorio della Repubblica ove è svolta almeno una parte dell'attività avente a oggetto servizi di pagamento [3];
c) il capitale versato sia di ammontare non inferiore a quello determinato dalla Banca d'Italia [4];
d) venga presentato un programma concernente l'attività iniziale e la struttura organizzativa, unitamente all'atto costitutivo e allo statuto;
e) sussistano i presupposti per il rilascio dell'autorizzazione prevista dall'articolo 19 per i titolari delle partecipazioni ivi indicate [5];
e-*bis*) i soggetti che svolgono funzioni di amministrazione, direzione e controllo siano idonei, secondo quanto previsto ai sensi dell'articolo 114-*undecies* [6];
f) non sussistano, tra gli istituti di pagamento o i soggetti del gruppo di appartenenza e altri soggetti, stretti legami che ostacolino l'effettivo esercizio delle funzioni di vigilanza.

1 bis. Fermo restando quanto previsto dal comma 1, la Banca d'Italia autorizza gli istituti di pagamento alla prestazione del servizio di disposizione di ordini di pagamento a condizione che abbiano stipulato una polizza di assicurazione della responsabilità civile o analoga forma di garanzia per i danni arrecati nell'esercizio dell'attività derivanti da condotte proprie o di terzi (7).

2. La Banca d'Italia nega l'autorizzazione quando dalla verifica delle condizioni indicate nel comma 1 non risulti garantita la sana e prudente gestione ovvero il regolare funzionamento del sistema dei pagamenti.

3. La Banca d'Italia disciplina la procedura di autorizzazione i criteri di valutazione delle condizioni del comma 1, i casi di revoca e le ipotesi di decadenza quando l'istituto autorizzato non abbia iniziato l'esercizio dell'attività (8).

4. La Banca d'Italia, autorizza alla prestazione di servizi di pagamento soggetti che esercitino altre attività imprenditoriali quando:

a) ricorrano le condizioni indicate al comma 1, ad eccezione del possesso dei requisiti di professionalità degli esponenti aziendali;

b) per la prestazione dei servizi di pagamento e per le relative attività accessorie e strumentali sia costituito un patrimonio destinato con le modalità e agli effetti stabiliti dall'articolo 114-*terdecies*;

c) siano individuati uno o più soggetti responsabili del patrimonio di cui alla lettera b); ad essi si applica l'articolo 26, limitatamente ai requisiti di onorabilità e professionalità (9).

5. Se lo svolgimento delle altre attività imprenditoriali rischia di danneggiare la solidità finanziaria dell'istituto di pagamento o l'esercizio effettivo della vigilanza, la Banca d'Italia può imporre la costituzione di una società che svolga esclusivamente l'attività di prestazione dei servizi di pagamento (10).

5-*bis*. La Banca d'Italia detta disposizioni attuative del presente articolo (11).

(1) Articolo introdotto dall'art. 33, co. 1, d.lgs. 27.1.2010, n. 11.
(2) Lettera sostituita dall'art. 4, co. 1, d.lgs. 29.12.2011, n. 230.
(3) Lettera modificata dall'art. 1, co. 7, lett. a), d.lgs. 15.12.2017, n. 218.
(4) Lettera sostituita dall'art. 4, co. 1, d.lgs. 29.12.2011, n. 230.
(5) Lettera sostituita dall'art. 4, co. 1, d.lgs. 29.12.2011, n. 230 e poi dall'art. 1, co. 42, lett. a), d.lgs. 12.5.2015, n. 72.
(6) Lettera introdotta dall'art. 1, co. 42, lett. b), d.lgs. 12.5.2015, n. 72.
(7) Comma introdotto dall'art. 1, co. 7, lett. b), d.lgs. 15.12.2017, n. 218.
(8) Comma modificato dall'art. 1, co. 7, lett. c), d.lgs. 15.12.2017, n. 218.
(9) Comma sostituito dall'art. 4, co. 2, d.lgs. 29.12.2011, n. 230.
(10) Comma sostituito dall'art. 4, co. 3, d.lgs. 29.12.2011, n. 230.
(11) Comma introdotto dall'art. 4, co. 4, d.lgs. 29.12.2011, n. 230.

114 decies. Operatività transfrontaliera (1).

1. Gli istituti di pagamento italiani possono stabilire succursali nel territorio della Repubblica e degli altri Stati comunitari nel rispetto delle procedure fissate dalla Banca d'Italia.

2. Gli istituti di pagamento comunitari possono stabilire succursali nel territorio della Repubblica. Il primo insediamento è preceduto da una comunicazione alla Banca d'Italia da parte dell'autorità competente dello Stato di origine (2).

3. Gli istituti di pagamento italiani possono prestare i servizi di pagamento in un altro Stato comunitario senza stabilirvi succursali, nel rispetto delle procedure fissate dalla Banca d'Italia (3).

4. Gli istituti di pagamento comunitari possono prestare i servizi di pagamento nel territorio della Repubblica senza stabilirvi succursali dopo che la Banca d'Italia sia stata informata dall'autorità competente dello Stato di origine (4).

4-*bis*. Gli istituti di pagamento comunitari, che ai sensi dei commi 2 e 4 prestano servizi di pagamento in Italia, concedono credito collegato all'emissione o alla gestione di carte di credito nel rispetto delle condizioni stabilite dalla Banca d'Italia. Quando queste ultime non ricorrono, l'esercizio di tale attività è subordinato al rilascio dell'autorizzazione; si applica, in quanto compatibile, l'articolo 114-*novies* (5).

5. Gli istituti di pagamento italiani possono stabilire succursali o prestare servizi di pagamento in uno Stato terzo senza stabilirvi succursali previa autorizzazione della Banca d'Italia (6).

6. Questo art. si applica anche nel caso di operatività transfrontaliera mediante l'impiego di agenti.

(1) Articolo introdotto dall'art. 33, co. 1, d.lgs. 27.1.2010, n. 11.
(2) Comma modificato dall'art. 1, co. 8, lett. a), d.lgs. 15.12.2017, n. 218.
(3) Comma sostituito dall'art. 1, co. 8, lett. b), d.lgs. 15.12.2017, n. 218.
(4) Comma modificato dall'art. 1, co. 8, lett. c), d.lgs. 15.12.2017, n. 218.
(5) Comma introdotto dall'art. 2, co. 1, d.lgs. 29.12.2011, n. 230 e poi modificato dall'art. 1, co. 8, lett. c), d.lgs. 15.12.2017, n. 218.
(6) Comma modificato dall'art. 1, co. 52, d.lgs. 16.11.2015, n. 181.

114 undecies. Rinvio (1).

1. Agli istituti di pagamento si applicano, in quanto compatibili, le disposizioni contenute negli articoli 19, 20, 21, 22, 22-*bis*, 23, 24, 52, 139 e 140 nonché nel titolo VI. I provvedimenti previsti nell'articolo 19 sono adottati dalla Banca d'Italia (2).

1 bis. Ai soggetti che svolgono funzioni di amministrazione, direzione e controllo presso istituti di pagamento si applica l'articolo 26, ad eccezione del comma 3, lettere c) ed e); il decreto di cui all'articolo 26 può prevedere l'applicazione dei criteri di competenza definiti ai sensi del medesimo articolo, comma 3, lettera c), avuto riguardo alla complessità operativa, dimensionale e organizzativa degli istituti, nonché alla natura specifica dell'attività svolta (3).

1 ter. Ai titolari delle partecipazioni indicate all'articolo 19 in istituti di pagamento si applica l'articolo 25, ad eccezione del comma 2, lettera b); il decreto di cui all'articolo 25 può prevedere l'applicazione dei criteri di competenza definiti ai sensi del medesimo articolo, comma 2, lettera b), avuto riguardo alla complessità operativa, dimensionale e organizzativa degli istituti, nonché alla natura specifica dell'attività svolta (4).

2. Agli istituti di pagamento che non esercitino attività imprenditoriali diverse dalla prestazione dei servizi di pagamento ai sensi dell'articolo 114-*novies*, comma 4, si applicano altresì gli articoli 78, 82, 113-*bis* e 113-*ter*, ad eccezione del comma 7, [114-*quinquies*.2, commi 6-*bis* e 6-*ter*] (5).

2 bis. Agli istituti di pagamento si applica l'articolo 114-*quinquies*.2, commi 6-*bis* e 6-*ter* (6).

3. La Banca d'Italia può dettare disposizioni attuative ai fini dell'applicazione delle norme di cui al presente articolo.

(1) Articolo introdotto dall'art. 33, co. 1, d.lgs. 27.1.2010, n. 11 e, poi, sostituito dall'art. 4, co. 5, d.lgs. 29.12.2011, n. 230.
(2) Comma, prima sostituito dall'art. 1, co. 43, lett. a), d.lgs. 12.5.2015, n. 72, poi modificato dall'art. 1, co. 16, d.lgs. 14.11.2016 n. 223 1, co. 23, d.lgs. 14.11.2016 n. 223, e, infine, così nuovamente modificato dall'art. 1, co. 59, d.lgs. 8.11.2021, n. 182.
(3) Comma introdotto dall'art. 1, co. 43, lett. b), d.lgs. 12.5.2015, n. 72.
(4) Comma introdotto dall'art. 1, co. 43, lett. b), d.lgs. 12.5.2015, n. 72.
(5) Comma sostituito dall'art. 1, co. 43, lett. c), d.lgs. 12.5.2015, n. 72 e, infine, così modificato dall'art. 1, co. 9, lett. a), d.lgs. 15.12.2017, n. 218.
(6) Comma introdotto dall'art. 1, co. 9, lett. b), d.lgs. 15.12.2017, n. 218.

TITOLO VIII
Sanzioni (1)

(1) Secondo quanto previsto dall'art. 39, co. 1, l. 28.12.2005, n. 262, le pene previste da questo decreto sono raddoppiate entro i limiti posti per ciascun tipo di pena dal Libro I, Titolo II, Capo II, del codice penale.

Capo I
Abusivismo bancario e finanziario (1)

(1) Il Capo I originario è stato soppresso e la Sezione I previgente (Abusivismo bancario e finanziario) è stata trasformata in Capo I dall'art. 64 d.lgs. 23.7.1996, n. 415.

130. Abusiva attività di raccolta del risparmio (1).

1. Chiunque svolge l'attività di raccolta del risparmio tra il pubblico in violazione dell'art. 11 è punito con l'arresto da sei mesi a tre anni e con l'ammenda da lire venticinque milioni a lire cento milioni.

(1) Secondo quanto previsto dall'art. 39, co. 1, l. 28.12.2005, n. 262, le pene previste da questo decreto sono raddoppiate entro i limiti posti per ciascun tipo di pena dal Libro I, Titolo II, Capo II, del codice penale.

131. Abusiva attività bancaria (1).

1. Chiunque svolge l'attività di raccolta del risparmio tra il pubblico in violazione dell'art. 11 ed esercita il credito è punito con la reclusione da sei mesi a quattro anni e con la multa da lire quattro milioni a lire venti milioni.

(1) Secondo quanto previsto dall'art. 39, co. 1, l. 28.12.2005, n. 262 le pene previste da questo decreto sono raddoppiate entro i limiti posti per ciascun tipo di pena dal Libro I, Titolo II, Capo II, del codice penale.

131 bis. Abusiva emissione di moneta elettronica (1) (2).

1. Chiunque emette moneta elettronica in violazione della riserva prevista dall'articolo 114-*bis* senza essere iscritto nell'albo previsto dall'articolo 13 o in quello previsto dall'articolo 114-*bis*, comma 2, è punito con la reclusione da sei mesi a quattro anni e con la multa da 2.066 euro a 10.329 euro (3).

(1) Articolo introdotto dall'art. 55, l. 1.3.2002, n. 39 (l. comunitaria).
(2) Secondo quanto previsto dall'art. 39, co. 1, l. 28.12.2005, n. 262 le pene previste da questo decreto sono raddoppiate entro i limiti posti per ciascun tipo di pena dal Libro I, Titolo II, Capo II, del codice penale.
(3) Comma modificato dall'art. 2, co. 3, d.lgs. 16.4.2012, n. 45.

131 ter. Abusiva attività di prestazione di servizi di pagamento (1).

1. Chiunque presta servizi di pagamento in violazione della riserva prevista dall'articolo 114-*sexies* senza essere autorizzato ai sensi dell'articolo 114-*novies* è punito con la reclusione da sei mesi a quattro anni e con la multa da 2.066 euro a 10.329 euro (2).

(1) Articolo introdotto dall'art. 35, co. 11, d.lgs. 27.1.2010, n. 11
(2) Comma modificato dall'art. 2, co. 4, d.lgs. 16.4.2012, n. 45.

132. Abusiva attività finanziaria (1).

1. Chiunque svolge, nei confronti del pubblico una o più attività finanziarie previste dall'articolo 106, comma 1, in assenza dell'autorizzazione di cui all'articolo 107 o dell'iscrizione di cui all'articolo 111 ovvero dell'articolo 112, è punito con la reclusione da sei mesi a quattro anni e con la multa da euro 2.065 ad euro 10.329.

(1) Articolo modificato dall'art. 5, co. 1, l. 7.3.1996, n. 108, e, poi, sostituito dall'art. 64, co. 23, d.lgs. 23.7.1996, n. 415, in seguito modificato dall'art. 28, d.lgs. 4.8.1999, n. 342 e dall'art. 38, l. 28.12.2005, n. 262 e, infine, sostituito dall'art. 8, co. 2, d.lgs. 13.8.2010, n. 141.

132 bis. Denunzia al pubblico ministero ed al tribunale (1).

1. Se vi è fondato sospetto che una società svolga attività di raccolta del risparmio, attività bancaria, attività di emissione di moneta elettronica, prestazione di servizi di pagamento o attività finanziaria in violazione degli articoli 130, 131, 131-*bis*, 131-*ter* e 132, la Banca d'Italia o l'UIC possono denunziare i fatti al pubblico ministero ai fini dell'adozione dei provvedimenti previsti dall'articolo 2409 del codice civile, ovvero possono richiedere al tribunale l'adozione dei medesimi provvedimenti. Le spese per l'ispezione sono a carico della società (2).

(1) Articolo introdotto dall'art. 29, d.lgs. 4.8.1999, n. 342, sostituito dall'art. 55, l. 1.3.2002, n. 39 (l. comunitaria), e poi dall'art. 9.42, d.lgs. 17.1.2003, n. 6, nel testo introdotto dall'art. 2, d.lgs. 6.2.2004, n. 37.
(2) Comma modificato dall'art. 35, co. 12, d.lgs. 27.1.2010, n. 11.

133. Abuso di denominazione (1).

1. L'uso, nella denominazione o in qualsivoglia segno distintivo o comunicazione rivolta al pubblico, delle parole "banca", "banco", "credito", "risparmio" ovvero di altre parole o locuzioni, anche in lingua straniera, idonee a trarre in inganno sulla legittimazione allo svolgimento dell'attività bancaria è vietato a soggetti diversi dalle banche.

1 bis. L'uso, nella denominazione o in qualsivoglia segno distintivo o comunicazione rivolta al pubblico, dell'espressione "moneta elettronica" ovvero di altre parole o locuzioni, anche in lingua straniera, idonee a trarre in inganno sulla legittimazione allo svolgimento dell'attività di emissione di moneta elettronica è vietato a soggetti diversi dagli istituti di moneta elettronica e dalle banche (2).

1 ter. L'uso, nella denominazione o in qualsivoglia segno distintivo o comunicazione rivolta al pubblico, dell'espressione «istituto di pagamento» ovvero di altre parole o locuzioni, anche in lingua straniera, idonee a trarre in inganno sulla legittimazione allo svolgimento dell'attività di prestazione di servizi di pagamento è vietato a soggetti diversi dagli istituti di pagamento (3).

1 quater. L'uso, nella denominazione o in qualsivoglia segno distintivo o comunicazione rivolta al pubblico, della parola "finanziaria" ovvero di altre parole o locuzioni, anche in lingua straniera, idonee a trarre in inganno sulla legittimazione allo svolgimento dell'attività finanziaria loro riservata è vietato ai soggetti diversi dagli intermediari finanziari di cui all'articolo 106 [4].

2. La Banca d'Italia determina in via generale le ipotesi in cui, per l'esistenza di controlli amministrativi o in base a elementi di fatto, le parole o le locuzioni indicate nei commi 1, 1-*bis*, 1-*ter* e 1-*quater* possono essere utilizzate da soggetti diversi dalle banche, dagli istituti di moneta elettronica, dagli istituti di pagamento e dagli intermediari finanziari [5].

3. Chiunque contravviene al disposto dei commi 1, 1-*bis*, 1-*ter* e 1-*quater* è punito con la sanzione amministrativa pecuniaria da 5.000 a 5 milioni di euro. Se la violazione è commessa da una società o un ente, è applicata la sanzione amministrativa pecuniaria da euro 30.000 fino al 10 per cento del fatturato. Le stesse sanzioni si applicano a chi, attraverso informazioni e comunicazioni in qualsiasi forma, induce in altri il falso convincimento di essere sottoposto alla vigilanza della Banca d'Italia ai sensi dell'articolo 108 o di essere abilitato all'esercizio delle attività di cui all'articolo 111 [6] [7].

3 bis. Si applica l'articolo 144, comma 9 [8].

(1) Rubrica sostituita dall'art. 55, l. 1.3.2002, n. 39 (l. comunitaria).
(2) Comma introdotto dall'art. 55, l. 1.3.2002, n. 39 (l. comunitaria).
(3) Comma introdotto dall'art. 35, co. 13, d.lgs. 27.1.2010, n. 11.
(4) Comma introdotto dall'art. 8, co. 3, lett. a), d.lgs. 13.8.2010, n. 141
(5) Comma modificato dall'art. 55, l. 1.3.2002, n. 39 (l. comunitaria), sostituito dall'art. 35, co. 14, d.lgs. 27.1.2010, n. 11 poi sostituito dall'art. art. 8, co. 3, lett. a) *bis*, d.lgs. 13.8.2010, n. 141, come modificato dall'art. 5, co. 1, d.lgs. 14.12.2010, n. 218.
(6) Comma modificato dall'art. 64, d.lgs. 23.7.1996, n. 415, dall'art. 30, d.lgs. 4.8.1999, n. 342, dall'art. 35, co. 15, d.lgs. 27.1.2010, n. 11 e dall'art. 8, co. 3, lett. b) e c), d.lgs. 13.8.2010, n. 141. Infine sostituito dall'art. 1, co. 47, lett. a), d.lgs. 12.5.2015, n. 72.
(7) La misura della sanzione amministrativa pecuniaria qui prevista era stata così elevata ai sensi di quanto disposto dall'art. 39, co. 3, l. 28.12.2005, n. 262.
(8) Comma introdotto dall'art. 1, co. 47, lett. b), d.lgs. 12.5.2015, n. 72.

Capo II
Attività di vigilanza [1]

(1) La Sezione II previgente è stata trasformata in Capo II dall'art. 64 d.lgs. 23.7.1996, n. 415.

134. Tutela dell'attività di vigilanza bancaria e finanziaria.

[1. Chi svolge funzioni di amministrazione, direzione e controllo presso banche, intermediari finanziari e soggetti inclusi nell'ambito della vigilanza consolidata ed espone, nelle comunicazioni alla Banca d'Italia, fatti non rispondenti al vero sulle condizioni economiche delle banche, degli intermediari finanziari o dei citati soggetti o nasconde, in tutto o in parte, fatti concernenti le condizioni stesse al fine di ostacolare l'esercizio delle funzioni di vigilanza, è punito, sempre che il fatto non costituisca reato più grave, con la reclusione da uno a cinque anni e con la multa da lire due milioni a lire venti milioni.

2. Fuori dei casi previsti dal comma 1, chi svolge funzioni di amministrazione, direzione e controllo presso banche, intermediari finanziari, soggetti inclusi nell'ambito della vigilanza consolidata ovvero presso altre società comunque sottoposte alla vigilanza della Banca d'Italia e ne ostacola le funzioni di vigilanza è punito con l'arresto fino a un anno e con l'ammenda da lire venticinque milioni a lire cento milioni.] [1]

(1) Articolo abrogato dall'art. 8, d.lgs. 11.4.2002, n. 61.

Capo III
Banche e gruppi bancari [1]

(1) La Sezione III previgente è stata trasformata in Capo III dall'art. 64 d.lgs. 23.7.1996, n. 415.

135. Reati societari [1].

1. Le disposizioni contenute nel titolo XI del libro V del codice civile si applicano a chi svolge funzioni di amministrazione, direzione e controllo presso banche, anche se non costituite in forma societaria.

(1) Articolo sostituito dall'art. 9.43, d.lgs. 17.1.2003, n. 6, nel testo introdotto dall'art. 2, d.lgs. 6.2.2004, n. 37.

136. Obbligazioni degli esponenti bancari.

1. Chi svolge funzioni di amministrazione, direzione e controllo presso una banca non può contrarre obbligazioni di qualsiasi natura o compiere atti di compravendita, direttamente od indirettamente, con la banca che amministra, dirige o controlla, se non previa deliberazione dell'organo di amministrazione presa all'unanimità con l'esclusione del voto dell'esponente interessato e col voto favorevole di tutti i componenti dell'organo di controllo, fermi restando gli obblighi previsti dal codice civile in materia di interessi degli amministratori e di operazioni con parti correlate. È facoltà del consiglio di amministrazione delegare l'approvazione delle operazioni di cui ai periodi precedenti nel rispetto delle modalità ivi previste [1].

[**2.** Le medesime disposizioni si applicano anche a chi svolge funzioni di amministrazione, direzione e controllo, presso una banca o società facenti parte di un gruppo bancario, per le obbligazioni e per gli atti indicati nel comma 1 posti in essere con la società medesima o per le operazioni di finanziamento poste in essere con altra società o con altra banca del gruppo. In tali casi l'obbligazione o l'atto sono deliberati, con le modalità previste dal comma 1, dagli organi della società o banca contraente e con l'assenso della capogruppo.] [2]

[**2 bis.** Per l'applicazione dei commi 1 e 2 rilevano anche le obbligazioni intercorrenti con società controllate dai soggetti di cui ai medesimi commi o presso le quali gli stessi soggetti svolgono funzioni di amministrazione, direzione o controllo, nonché con le società da queste controllate o che le controllano. Il presente comma non si applica alle obbligazioni contratte tra società appartenenti al medesimo gruppo bancario ovvero tra banche per le operazioni sul mercato interbancario [3].] [4]

3. L'inosservanza delle disposizioni del comma 1 è punita con la reclusione da uno a tre anni e con la multa da 206 a 2.066 euro [5].

(1) Comma sostituito dall'art. 9.44, d.lgs. 17.1.2003, n. 6, nel testo introdotto dall'art. 2, d.lgs. 6.2.2004, n. 37; poi modificato dall'art. 1, co. 8, d.lgs. 29.12.2006 n. 303 e, infine modificato dall'art. 24 *ter*, co. 1, lett. a), d.l. 18.10.2012, n. 179 e dall'art. 1, co. 48, lett. a), d.lgs. 12.5.2015, n. 72.

(2) Comma abrogato dall'art. 24 *ter*, co. 1, lett. b), d.l. 18.10.2012, n. 179.

(3) Comma introdotto dall'art. 8, l. 28.12.2005, n. 262, con la decorrenza indicata dall'art. 34 *quater*, d.l. 10.1.2006, n. 4, e poi modificato dall'art. 1, co. 8, d.lgs. 29.12.2006 n. 303.

(4) Comma abrogato dall'art. 24 *ter*, co. 1, lett. b), d.l. 18.10.2012, n. 179.

(5) Comma sostituito dall'art. 9.44, d.lgs. 17.1.2003, n. 6, nel testo introdotto dall'art. 2, d.lgs. 6.2.2004, n. 37, e poi modificato dall'art. 8, l. 28.12.2005, n. 262, con la decorrenza indicata dall'art. 34 *quater*, d.l. 10.1.2006, n. 4. Secondo quanto previsto dall'art. 39, co. 1, l. 28.12.2005, n. 262 le pene previste da questo decreto sono raddoppiate entro i limiti posti per ciascun tipo di pena dal Libro I, Titolo II, Capo II, del codice penale. Infine sostituito dall'dall'art. 1, co. 48, lett. b), d.lgs. 12.5.2015, n. 72.

137. Mendacio e falso interno [bancario] (1).

[**1.** Salvo che il fatto costituisca reato più grave, chi, al fine di ottenere concessioni di credito per sé o per le aziende che amministra, o di mutare le condizioni alle quali il credito venne prima concesso, fornisce dolosamente a una banca notizie o dati falsi sulla costituzione o sulla situazione economica, patrimoniale e finanziaria delle aziende comunque interessate alla concessione del credito, è punito con la reclusione fino a un anno e con la multa fino a lire dieci milioni.] (2)

1 bis. Salvo che il fatto costituisca reato più grave, chi, al fine di ottenere concessioni di credito per sé o per le aziende che amministra, o di mutare le condizioni alle quali il credito venne prima concesso, fornisce dolosamente ad una banca notizie o dati falsi sulla costituzione o sulla situazione economica, patrimoniale o finanziaria delle aziende comunque interessate alla concessione del credito, è punito con la reclusione fino a un anno e con la multa fino ad euro 10.000. Nel caso in cui le notizie o i dati falsi siano forniti ad un intermediario finanziario, si applica la pena dell'arresto fino a un anno o dell'ammenda fino ad euro 10.000 (3).

2. Salvo che il fatto costituisca reato più grave, chi svolge funzioni di amministrazione o di direzione presso una banca o un intermediario finanziario, nonché i dipendenti di banche o intermediari finanziari che, al fine di concedere o far concedere credito ovvero di mutare le condizioni alle quali il credito venne prima concesso ovvero di evitare la revoca del credito concesso, consapevolmente omettono di segnalare dati o notizie di cui sono a conoscenza o utilizzano nella fase istruttoria notizie o dati falsi sulla costituzione o sulla situazione economica, patrimoniale e finanziaria del richiedente il fido, sono puniti con l'arresto da sei mesi a tre anni e con l'ammenda fino a lire venti milioni (4) (5).

(1) Rubrica modificata dall'art. 8, co. 4, lett. a), d.lgs. 13.8.2010, n. 141

(2) Comma abrogato dall'art. 8, d.lgs. 11.4.2002, n. 61.

(3) Comma introdotto dall'art. 33, l. 28.12.2005, n. 262 e poi modificato dall'art. 8, co. 4, lett. b), d.lgs. 13.8.2010, n. 141.

(4) Secondo quanto previsto dall'art. 39, co. 1, l. 28.12.2005, n. 262 le pene previste da questo decreto sono raddoppiate entro i limiti posti per ciascun tipo di pena dal Libro I, Titolo II, Capo II, del codice penale.

(5) Comma modificato dall'art. 8, co. 5, d.lgs. 13.8.2010, n. 141

138. Aggiotaggio bancario.

[1. Chiunque divulga, in qualunque forma, notizie false, esagerate o tendenziose riguardanti banche o gruppi bancari, atte a turbare i mercati finanziari o a indurre il panico nei depositanti, o comunque a menomare la fiducia del pubblico, è punito con le pene stabilite dall'art. 501 del codice penale. Restano fermi l'art. 501 del codice penale, l'art. 2628 del codice civile e l'art. 181 del decreto legislativo 24 febbraio 1998, n. 58.] (1)

(1) Articolo modificato dall'art. 31, d.lgs. 4.8.1999, n. 342 e poi abrogato dall'art. 8, d.lgs. 11.4.2002, n. 61.

Capo IV
Partecipazioni (1)

(1) Rubrica modificata dall'art. 64 d.lgs. 23.7.1996, n. 415 e poi sostituita dal d.lgs. 17.1.2003, n. 6.

139. Partecipazioni in banche, in società finanziarie e società di partecipazione finanziaria mista capogruppo e in intermediari finanziari (1) (2).

1. L'omissione delle domande di autorizzazione previste dall'articolo 19, la violazione degli obblighi di comunicazione previsti dall'articolo 20, commi 2 e 2-*bis*, nonché la violazione delle disposizioni dell'articolo 24, commi 1 e 3, dell'articolo 25, comma 3, sono punite con la sanzione amministrativa pecuniaria da 5.000 a 5 milioni di euro. Se la violazione è commessa da una società o un ente, è applicata la sanzione amministrativa pecuniaria da euro 30.000 fino al 10 per cento del fatturato (3).

1 bis. Le medesime sanzioni si applicano alla violazione delle norme di cui al comma 1, in quanto richiamate dall'articolo 110 (4).

2. Salvo che il fatto costituisca reato più grave, chiunque nelle domande di autorizzazione previste dall'articolo 19 o nelle comunicazioni previste dall'articolo 20, comma 2, anche in quanto richiamati dall'articolo 110 fornisce false indicazioni è punito con l'arresto fino a tre anni (5).

3. La sanzione amministrativa pecuniaria prevista dal comma 1 e la pena prevista dal comma 2 si applicano per le medesime violazioni in materia di partecipazioni nelle società di partecipazione finanziaria e nelle società di partecipazione finanziaria mista autorizzate ad assumere la qualifica di capogruppo ai sensi dell'articolo 60-*bis*. La sanzione amministrativa prevista dal comma 1 si applica per le medesime violazioni in materia di partecipazioni nelle società di partecipazione finanziaria e nelle società di partecipazione finanziaria mista autorizzate ai sensi degli articoli 69.1 e 69.2 (6).

3-*bis*. Si applica l'articolo 144, comma 9 (7).

(1) Rubrica sostituita dall'art. 9.46, d.lgs. 17.1.2003, n. 6, nel testo introdotto dall'art. 2, d.lgs. 6.2.2004, n. 37, modificata dall'art. 2, co. 9, lett. a), d.lgs. 4.3.2014 n. 53 e poi sostituita dall'art. 1, co. 60, lett. a), d.lgs. 8.11.2021, n. 182.

(2) Articolo sostituito dall'art. 64, co. 27, d.lgs. 23.7.1996, n. 415.

(3) Comma modificato dall'art. 1, co. 60, lett. b), d.lgs. 8.11.2021, n. 182.

(4) Comma introdotto dall'art. 8, co. 6, d.lgs. 13.8.2010, n. 141 e poi sostituito dall'art. 1, co. 49, lett. b), d.lgs. 12.5.2015, n. 72.

(5) Comma modificato dall'art. 8, co. 7, d.lgs. 13.8.2010, n. 141.

(6) Comma sostituito dall'art. 9.46, d.lgs. 17.1.2003, n. 6, nel testo

introdotto dall'art. 2, d.lgs. 6.2.2004, n. 37. Successivamente, il presente comma è stato modificato dall'art. 2, co. 9, lett. b), d.lgs. 4.3.2014 n. 53e poi sostituito dall'art. 1, co. 60, lett. c), d.lgs. 8.11.2021, n. 182.

(7) Comma introdotto dall'art. 1, co. 49, lett. c), d.lgs. 12.5.2015, n. 72.

140. Comunicazioni relative alle partecipazioni in banche, in società appartenenti ad un gruppo bancario, in società di partecipazione finanziaria e società di partecipazione finanziaria mista ed in intermediari finanziari [(1) (2)].

1. L'omissione delle comunicazioni previste dagli articoli 20, commi 1, 3, primo periodo, e 4, 21, commi 1, 2, 3 e 4, 63 è punita con la sanzione amministrativa pecuniaria da 5.000 a 5 milioni di euro. Se la violazione è commessa da una società o un ente, è applicata la sanzione amministrativa pecuniaria da euro 30.000 fino al 10 per cento del fatturato [(3)].

1 bis. Le medesime sanzioni si applicano per l'omissione delle comunicazioni di cui alle norme indicate nel comma 1, in quanto richiamate dall'articolo 110 [(4)].

2. Salvo che il fatto costituisca reato più grave, chiunque nelle comunicazioni indicate nel comma 1 e nel comma 1-*bis* fornisce indicazioni false è punito con l'arresto fino a tre anni [(5)].

2 bis. Si applica l'articolo 144, comma 9 [(6)].

(1) Rubrica sostituita dall'art. 9.47, d.lgs. 17.1.2003, n. 6, nel testo introdotto dall'art. 2, d.lgs. 6.2.2004, n. 37. Rubrica da ultimo sostituita dall'art. 1, co. 61, d.lgs. 8.11.2021, n. 182.

(2) Articolo sostituito dall'art. 64, d.lgs. 23.7.1996, n. 415.

(3) Comma sostituito dall'art. 32, d.lgs. 4.8.1999, n. 342. L'importo della sanzione qui previsto è stato così elevato ai sensi di quanto disposto dall'art. 39, co. 3, l. 28.12.2005, n. 262. Successivamente, il presente comma è stato modificato dall'art. 8, co. 8, d.lgs. 13.8.2010, n. 141 e infine sostituito dall'art. 1, co. 50, lett. a), d.lgs. 12.5.2015, n. 72.

(4) Comma introdotto dall'art. 8, co. 8, d.lgs. 13.8.2010, n. 141, come modificato dall'art. 5, co. 2, d.lgs. 14.12.2010, n. 218 e poi sostituito dall'art. 1, co. 50, lett. b), d.lgs. 12.5.2015, n. 72.

(5) Comma modificato dall'art. 8, co. 9, d.lgs. 13.8.2010, n. 141.

(6) Comma introdotto dall'art. 1, co. 50, lett. c), d.lgs. 12.5.2015, n. 72.

Capo IV bis
Agenti in attività finanziaria e mediatori creditizi [(1)]

(1) Capo introdotto dall'art. 25, co. 1, d.lgs. 13.8.2010, n. 141.

140 bis. Esercizio abusivo dell'attività [(1)].

1. Chiunque esercita professionalmente nei confronti del pubblico l'attività di agente in attività finanziaria senza essere iscritto nell'elenco di cui all'articolo 128-*quater*, comma 2, è punito con la reclusione da 6 mesi a 4 anni e con la multa da euro 2.065 a euro 10.329.

2. Chiunque esercita professionalmente nei confronti del pubblico l'attività di mediatore creditizio senza essere iscritto nell'elenco di cui all'articolo 128-*sexies*, comma 2, è punito con la reclusione da 6 mesi a 4 anni e con la multa da euro 2.065 a euro 10.329

(1) Articolo introdotto dall'art. 25, co. 1, d.lgs. 13.8.2010, n. 141.

B. Enti

3. L. 29 settembre 2000, n. 300. – Ratifica ed esecuzione dei seguenti Atti internazionali elaborati in base all'articolo K. 3 del Trattato dell'Unione europea: Convenzione sulla tutela degli interessi finanziari delle Comunità europee, fatta a Bruxelles il 26 luglio 1995, del suo primo Protocollo fatto a Dublino il 27 settembre 1996, del Protocollo concernente l'interpretazione in via pregiudiziale, da parte della Corte di Giustizia delle Comunità europee di detta Convenzione, con annessa dichiarazione, fatto a Bruxelles il 29 novembre 1996, nonché della Convenzione relativa alla lotta contro la corruzione nella quale sono coinvolti funzionari delle Comunità europee o degli Stati membri dell'Unione europea, fatta a Bruxelles il 26 maggio 1997 e della Convenzione OCSE sulla lotta alla corruzione di pubblici ufficiali stranieri nelle operazioni economiche internazionali, con annesso, fatta a Parigi il 17 dicembre 1997. Delega al Governo per la disciplina della responsabilità amministrativa delle persone giuridiche e degli enti privi di personalità giuridica (*art. 11*)

In Gazzetta Ufficiale 25 ottobre 2000, n. 176

11. Delega al Governo per la disciplina della responsabilità amministrativa delle persone giuridiche e degli enti privi di personalità giuridica.

1. Il Governo della Repubblica è delegato ad emanare, entro otto mesi dalla data di entrata in vigore della presente legge, un decreto legislativo avente ad oggetto la disciplina della responsabilità amministrativa delle persone giuridiche e delle società, associazioni od

enti privi di personalità giuridica che non svolgono funzioni di rilievo costituzionale, con l'osservanza dei seguenti princìpi e criteri direttivi:

a) prevedere la responsabilità in relazione alla commissione dei reati di cui agli articoli 316-*bis*, 316-*ter*, 317, 318, 319, 319-*bis*, 319-*ter*, 320, 321, 322, 322-*bis*, 640, secondo comma, n. 1, 640-*bis* e 640-*ter*, secondo comma, con esclusione dell'ipotesi in cui il fatto è commesso con abuso della qualità di operatore del sistema, del codice penale;

b) prevedere la responsabilità in relazione alla commissione dei reati relativi alla tutela dell'incolumità pubblica previsti dal titolo sesto del libro secondo del codice penale;

c) prevedere la responsabilità in relazione alla commissione dei reati previsti dagli articoli 589 e 590 del codice penale che siano stati commessi con violazione delle norme per la prevenzione degli infortuni sul lavoro o relative alla tutela dell'igiene e della salute sul lavoro;

d) prevedere la responsabilità in relazione alla commissione dei reati in materia di tutela dell'ambiente e del territorio, che siano punibili con pena detentiva non inferiore nel massimo ad un anno anche se alternativa alla pena pecuniaria, previsti dalla legge 31 dicembre 1962, n. 1860, dalla legge 14 luglio 1965, n. 963, dalla legge 31 dicembre 1982, n. 979, dalla legge 28 febbraio 1985, n. 47 e successive modificazioni, dal decreto-legge 27 giugno 1985, n. 312, convertito, con modificazioni, dalla legge 8 agosto 1985, n. 431, dal decreto del Presidente della Repubblica 24 maggio 1988, n. 203, dalla legge 6 dicembre 1991, n. 394, dal decreto legislativo 27 gennaio 1992, n. 95, dal decreto legislativo 27 gennaio 1992, n. 99, dal decreto legislativo 17 marzo 1995, n. 230, dal decreto legislativo 5 febbraio 1997, n. 22 e successive modificazioni, dal decreto legislativo 11 maggio 1999, n. 152, dal decreto legislativo 17 agosto 1999, n. 334, dal decreto legislativo 4 agosto 1999, n. 372, e dal testo unico delle disposizioni legislative in materia di beni culturali e ambientali, approvato con decreto legislativo 29 ottobre 1999, n. 490;

e) prevedere che i soggetti di cui all'alinea del presente comma sono responsabili in relazione ai reati commessi, a loro vantaggio o nel loro interesse, da chi svolge funzioni di rappresentanza o di amministrazione o di direzione, ovvero da chi esercita, anche di fatto, poteri di gestione e di controllo ovvero ancora da chi è sottoposto alla direzione o alla vigilanza delle persone fisiche menzionate, quando la commissione del reato è stata resa possibile dall'inosservanza degli obblighi connessi a tali funzioni; prevedere l'esclusione della responsabilità dei soggetti di cui all'alinea del presente comma nei casi in cui l'autore abbia commesso il reato nell'esclusivo interesse proprio o di terzi;

f) prevedere sanzioni amministrative effettive, proporzionate e dissuasive nei confronti dei soggetti indicati nell'alinea del presente comma;

g) prevedere una sanzione amministrativa pecuniaria non inferiore a lire cinquanta milioni e non superiore a lire tre miliardi stabilendo che, ai fini della determinazione in concreto della sanzione, si tenga conto anche dell'ammontare dei proventi del reato e delle condizioni economiche e patrimoniali dell'ente, prevedendo altresì che, nei casi di particolare tenuità del fatto, la sanzione da applicare non sia inferiore a lire venti milioni e non sia superiore a lire duecento milioni; prevedere inoltre l'esclusione del pagamento in misura ridotta;

h) prevedere che gli enti rispondono del pagamento della sanzione pecuniaria entro i limiti del fondo comune o del patrimonio sociale;

i) prevedere la confisca del profitto o del prezzo del reato, anche nella forma per equivalente;

l) prevedere, nei casi di particolare gravità, l'applicazione di una o più delle seguenti sanzioni in aggiunta alle sanzioni pecuniarie:
   1) chiusura anche temporanea dello stabilimento o della sede commerciale;
   2) sospensione o revoca delle autorizzazioni, licenze o concessioni funzionali alla commissione dell'illecito;
   3) interdizione anche temporanea dall'esercizio dell'attività ed eventuale nomina di altro soggetto per l'esercizio vicario della medesima quando la prosecuzione dell'attività è necessaria per evitare pregiudizi ai terzi;
   4) divieto anche temporaneo di contrattare con la pubblica amministrazione;
   5) esclusione temporanea da agevolazioni, finanziamenti, contributi o sussidi, ed eventuale revoca di quelli già concessi;
   6) divieto anche temporaneo di pubblicizzare beni e servizi;
   7) pubblicazione della sentenza;

m) prevedere che le sanzioni amministrative di cui alle lettere g), i) e l) si applicano soltanto nei casi e per i tempi espressamente considerati e in relazione ai reati di cui alle lettere a), b), c) e d) commessi successivamente alla data di entrata in vigore del decreto legislativo previsto dal presente articolo;

n) prevedere che la sanzione amministrativa pecuniaria di cui alla lettera g) è diminuita da un terzo alla metà ed escludere l'applicabilità di una o più delle sanzioni di cui alla lettera l) in conseguenza dell'adozione da parte dei soggetti di cui all'alinea del presente comma di comportamenti idonei ad assicurare un'efficace riparazione o reintegrazione rispetto all'offesa realizzata;

o) prevedere che le sanzioni di cui alla lettera l) sono applicabili anche in sede cautelare, con adeguata tipizzazione dei requisiti richiesti;

p) prevedere, nel caso di violazione degli obblighi e dei

divieti inerenti alle sanzioni di cui alla lettera l), la pena della reclusione da sei mesi a tre anni nei confronti della persona fisica responsabile della violazione, e prevedere inoltre l'applicazione delle sanzioni di cui alle lettere g) e i) e, nei casi più gravi, l'applicazione di una o più delle sanzioni di cui alla lettera l) diverse da quelle già irrogate, nei confronti dell'ente nell'interesse o a vantaggio del quale è stata commessa la violazione; prevedere altresì che le disposizioni di cui alla presente lettera si applicano anche nell'ipotesi in cui le sanzioni di cui alla lettera l) sono state applicate in sede cautelare ai sensi della lettera o);

q) prevedere che le sanzioni amministrative a carico degli enti sono applicate dal giudice competente a conoscere del reato e che per il procedimento di accertamento della responsabilità si applicano, in quanto compatibili, le disposizioni del codice di procedura penale, assicurando l'effettiva partecipazione e difesa degli enti nelle diverse fasi del procedimento penale;

r) prevedere che le sanzioni amministrative di cui alle lettere g), i) e l) si prescrivono decorsi cinque anni dalla consumazione dei reati indicati nelle lettere a), b), c) e d) e che l'interruzione della prescrizione è regolata dalle norme del codice civile;

s) prevedere l'istituzione, senza nuovi o maggiori oneri a carico del bilancio dello Stato, di un'Anagrafe nazionale delle sanzioni amministrative irrogate nei confronti dei soggetti di cui all'alinea del presente comma;

t) prevedere, salvo che gli stessi siano stati consenzienti ovvero abbiano svolto, anche indirettamente o di fatto, funzioni di gestione, di controllo o di amministrazione, che sia assicurato il diritto dell'azionista, del socio o dell'associato ai soggetti di cui all'alinea del presente comma, nei confronti dei quali sia accertata la responsabilità amministrativa con riferimento a quanto previsto nelle lettere da a) a q), di recedere dalla società o dall'associazione o dall'ente, con particolari modalità di liquidazione della quota posseduta, ferma restando l'azione di risarcimento di cui alle lettere v) e z); disciplinare i termini e le forme con cui tale diritto può essere esercitato e prevedere che la liquidazione della quota sia fatta in base al suo valore al momento del recesso determinato a norma degli articoli 2289, secondo comma, e 2437 del codice civile; prevedere altresì che la liquidazione della quota possa aver luogo anche con onere a carico dei predetti soggetti, e prevedere che in tal caso il recedente, ove non ricorra l'ipotesi prevista dalla lettera l), n. 3), debba richiedere al Presidente del tribunale del luogo in cui i soggetti hanno la sede legale la nomina di un curatore speciale cui devono essere delegati tutti i poteri gestionali comunque inerenti alle attività necessarie per la liquidazione della quota, compresa la capacità di stare in giudizio; agli oneri per la finanza pubblica derivanti dall'attuazione della presente lettera si provvede mediante gli ordinari stanziamenti di bilancio per liti ed arbitraggi previsti nello stato di previsione del Ministero della giustizia;

u) prevedere che l'azione sociale di responsabilità nei confronti degli amministratori delle persone giuridiche e delle società, di cui sia stata accertata la responsabilità amministrativa con riferimento a quanto previsto nelle lettere da a) a q), sia deliberata dall'assemblea con voto favorevole di almeno un ventesimo del capitale sociale nel caso in cui questo sia inferiore a lire cinquecento milioni e di almeno un quarantesimo negli altri casi; disciplinare coerentemente le ipotesi di rinuncia o di transazione dell'azione sociale di responsabilità;

v) prevedere che il riconoscimento del danno a seguito dell'azione di risarcimento spettante al singolo socio o al terzo nei confronti degli amministratori dei soggetti di cui all'alinea del presente comma, di cui sia stata accertata la responsabilità amministrativa con riferimento a quanto previsto nelle lettere da a) a q), non sia vincolato dalla dimostrazione della sussistenza di nesso di causalità diretto tra il fatto che ha determinato l'accertamento della responsabilità del soggetto ed il danno subito; prevedere che la disposizione non operi nel caso in cui il reato è stato commesso da chi è sottoposto alla direzione o alla vigilanza di chi svolge funzioni di rappresentanza o di amministrazione o di direzione, ovvero esercita, anche di fatto, poteri di gestione e di controllo quando la commissione del reato è stata resa possibile dall'inosservanza degli obblighi connessi a tali funzioni;

z) prevedere che le disposizioni di cui alla lettera v) si applicano anche nell'ipotesi in cui l'azione di risarcimento del danno è proposta contro l'azionista, il socio o l'associato ai soggetti di cui all'alinea del presente comma che sia stato consenziente o abbia svolto, anche indirettamente o di fatto, funzioni di gestione, di controllo o di amministrazione, anteriormente alla commissione del fatto che ha determinato l'accertamento della responsabilità dell'ente.

2. Ai fini del comma 1, per "persone giuridiche" si intendono gli enti forniti di personalità giuridica, eccettuati lo Stato e gli altri enti pubblici che esercitano pubblici poteri.

3. Il Governo è altresì delegato ad emanare, con il decreto legislativo di cui al comma 1, le norme di coordinamento con tutte le altre leggi dello Stato, nonché le norme di carattere transitorio.

4. D.Lgs. 8 giugno 2001, n. 231. – Disciplina della responsabilità amministrativa delle persone giuridiche, delle società e delle associazioni anche prive di personalità giuridica, a norma dell'articolo 11 della legge 29 settembre 2000, n. 300

In Gazzetta Ufficiale 19 giugno 2001, n. 140

Capo I
Responsabilità amministrativa dell'ente

Sezione I
Principi generali e criteri di attribuzione della responsabilità amministrativa

1. Soggetti.

1. Il presente decreto legislativo disciplina la responsabilità degli enti per gli illeciti amministrativi dipendenti da reato.

2. Le disposizioni in esso previste si applicano agli enti forniti di personalità giuridica e alle società e associazioni anche prive di personalità giuridica.

3. Non si applicano allo Stato, agli enti pubblici territoriali, agli altri enti pubblici non economici nonché agli enti che svolgono funzioni di rilievo costituzionale.

2. Principio di legalità.

1. L'ente non può essere ritenuto responsabile per un fatto costituente reato se la sua responsabilità amministrativa in relazione a quel reato e le relative sanzioni non sono espressamente previste da una legge entrata in vigore prima della commissione del fatto.

3. Successione di leggi.

1. L'ente non può essere ritenuto responsabile per un fatto che secondo una legge posteriore non costituisce più reato o in relazione al quale non è più prevista la responsabilità amministrativa dell'ente, e, se vi è stata condanna, ne cessano l'esecuzione e gli effetti giuridici.

2. Se la legge del tempo in cui è stato commesso l'illecito e le successive sono diverse, si applica quella le cui disposizioni sono più favorevoli, salvo che sia intervenuta pronuncia irrevocabile.

3. Le disposizioni dei commi 1 e 2 non si applicano se si tratta di leggi eccezionali o temporanee.

4. Reati commessi all'estero.

1. Nei casi e alle condizioni previsti dagli articoli 7, 8, 9 e 10 del codice penale, gli enti aventi nel territorio dello Stato la sede principale rispondono anche in relazione ai reati commessi all'estero, purché nei loro confronti non proceda lo Stato del luogo in cui è stato commesso il fatto.

2. Nei casi in cui la legge prevede che il colpevole sia punito a richiesta del Ministro della giustizia, si procede contro l'ente solo se la richiesta è formulata anche nei confronti di quest'ultimo.

5. Responsabilità dell'ente.

1. L'ente è responsabile per i reati commessi nel suo interesse o a suo vantaggio:

a) da persone che rivestono funzioni di rappresentanza, di amministrazione o di direzione dell'ente o di una sua unità organizzativa dotata di autonomia finanziaria e funzionale nonché da persone che esercitano, anche di fatto, la gestione e il controllo dello stesso;
b) da persone sottoposte alla direzione o alla vigilanza di uno dei soggetti di cui alla lettera a).

2. L'ente non risponde se le persone indicate nel comma 1 hanno agito nell'interesse esclusivo proprio o di terzi.

6. Soggetti in posizione apicale e modelli di organizzazione dell'ente.

1. Se il reato è stato commesso dalle persone indicate nell'articolo 5, comma 1, lettera a), l'ente non risponde se prova che:

a) l'organo dirigente ha adottato ed efficacemente attuato, prima della commissione del fatto, modelli di organizzazione e di gestione idonei a prevenire reati della specie di quello verificatosi;
b) il compito di vigilare sul funzionamento e l'osservanza dei modelli di curare il loro aggiornamento è stato affidato a un organismo dell'ente dotato di autonomi poteri di iniziativa e di controllo;
c) le persone hanno commesso il reato eludendo fraudolentemente i modelli di organizzazione e di gestione;
d) non vi è stata omessa o insufficiente vigilanza da parte dell'organismo di cui alla lettera b).

2. In relazione all'estensione dei poteri delegati e al rischio di commissione dei reati, i modelli di cui alla lettera a), del comma 1, devono rispondere alle seguenti esigenze:

a) individuare le attività nel cui ambito possono essere commessi reati;
b) prevedere specifici protocolli diretti a programmare la formazione e l'attuazione delle decisioni dell'ente in relazione ai reati da prevenire;
c) individuare modalità di gestione delle risorse finanziarie idonee ad impedire la commissione dei reati;
d) prevedere obblighi di informazione nei confronti dell'organismo deputato a vigilare sul funzionamento e l'osservanza dei modelli;
e) introdurre un sistema disciplinare idoneo a sanzionare il mancato rispetto delle misure indicate nel modello.

2 bis. I modelli di cui al comma 1, lettera a), prevedono, ai sensi del decreto legislativo attuativo della direttiva (UE) 2019/1937 del Parlamento europeo e del

Consiglio del 23 ottobre 2019, i canali di segnalazione interna, il divieto di ritorsione e il sistema disciplinare, adottato ai sensi del comma 2, lettera e) (1).

[**2 ter.** L'adozione di misure discriminatorie nei confronti dei soggetti che effettuano le segnalazioni di cui al comma 2-*bis* può essere denunciata all'Ispettorato nazionale del lavoro, per i provvedimenti di propria competenza, oltre che dal segnalante, anche dall'organizzazione sindacale indicata dal medesimo] (2).

[**2 quater.** Il licenziamento ritorsivo o discriminatorio del soggetto segnalante è nullo. Sono altresì nulli il mutamento di mansioni ai sensi dell'articolo 2103 del codice civile, nonché qualsiasi altra misura ritorsiva o discriminatoria adottata nei confronti del segnalante. È onere del datore di lavoro, in caso di controversie legate all'irrogazione di sanzioni disciplinari, o a demansionamenti, licenziamenti, trasferimenti, o sottoposizione del segnalante ad altra misura organizzativa avente effetti negativi, diretti o indiretti, sulle condizioni di lavoro, successivi alla presentazione della segnalazione, dimostrare che tali misure sono fondate su ragioni estranee alla segnalazione stessa] (3).

3. I modelli di organizzazione e di gestione possono essere adottati, garantendo le esigenze di cui al comma 2, sulla base di codici di comportamento redatti dalle associazioni rappresentative degli enti, comunicati al Ministero della giustizia che, di concerto con i Ministeri competenti, può formulare, entro trenta giorni, osservazioni sulla idoneità dei modelli a prevenire i reati.

4. Negli enti di piccole dimensioni i compiti indicati nella lettera b), del comma 1, possono essere svolti direttamente dall'organo dirigente.

4 bis. Nelle società di capitali il collegio sindacale, il consiglio di sorveglianza e il comitato per il controllo della gestione possono svolgere le funzioni dell'organismo di vigilanza di cui al comma 1, lettera b) (4).

5. È comunque disposta la confisca del profitto che l'ente ha tratto dal reato, anche nella forma per equivalente.

(1) Comma introdotto dall'art. 2, l. 30.11.2017, n. 179 successivamente sostituito dall'art. 24, co. 5, d.lgs. 10.3.2023, n. 24.

(2) Comma introdotto dall'art. 2, l. 30.11.2017, n. 179 successivamente abrogato dall'art. 23, co. 1, lett. a), d.lgs. 10.3.2023, n. 24, con effetto a decorrere dal 15.7.2023, come disposto dall'art. 24, co. 1, del medesimo d.lgs. n. 24/2023.

(3) Comma introdotto dall'art. 2, l. 30.11.2017, n. 179, successivamente abrogato dall'art. 23, co. 1, lett. a), d.lgs. 10.3.2023, n. 24, con effetto a decorrere dal 15.7.2023, come disposto dall'art. 24, co. 1, del medesimo d.lgs. n. 24/2023.

(5) Comma introdotto dall'art. 14, co. 12, l. 12.11.2011, n. 183, a decorrere dal 1°.1.2012, ai sensi dell'art. 36, co. 1, della medesima l. n. 183/2011.

7. Soggetti sottoposti all'altrui direzione e modelli di organizzazione dell'ente.

1. Nel caso previsto dall'articolo 5, comma 1, lettera b), l'ente è responsabile se la commissione del reato è stata resa possibile dall'inosservanza degli obblighi di direzione o vigilanza.

2. In ogni caso, è esclusa l'inosservanza degli obblighi di direzione o vigilanza se l'ente, prima della commissione del reato, ha adottato ed efficacemente attuato un modello di organizzazione, gestione e controllo idoneo a prevenire reati della specie di quello verificatosi.

3. Il modello prevede, in relazione alla natura e alla dimensione dell'organizzazione nonché al tipo di attività svolta, misure idonee a garantire lo svolgimento dell'attività nel rispetto della legge e a scoprire ed eliminare tempestivamente situazioni di rischio.

4. L'efficace attuazione del modello richiede:

a) una verifica periodica e l'eventuale modifica dello stesso quando sono scoperte significative violazioni delle prescrizioni ovvero quando intervengono mutamenti nell'organizzazione o nell'attività;

b) un sistema disciplinare idoneo a sanzionare il mancato rispetto delle misure indicate nel modello.

8. Autonomia delle responsabilità dell'ente.

1. La responsabilità dell'ente sussiste anche quando:

a) l'autore del reato non è stato identificato o non è imputabile;

b) il reato si estingue per una causa diversa dall'amnistia.

2. Salvo che la legge disponga diversamente, non si procede nei confronti dell'ente quando è concessa amnistia per un reato in relazione al quale è prevista la sua responsabilità e l'imputato ha rinunciato alla sua applicazione.

3. L'ente può rinunciare all'amnistia.

Sezione II
Sanzioni in generale

9. Sanzioni amministrative.

1. Le sanzioni per gli illeciti amministrativi dipendenti da reato sono:

a) la sanzione pecuniaria;

b) le sanzioni interdittive;

c) la confisca;

d) la pubblicazione della sentenza.

2. Le sanzioni interdittive sono:

a) l'interdizione dall'esercizio dell'attività;

b) la sospensione o la revoca delle autorizzazioni, licenze o concessioni funzionali alla commissione dell'illecito;

c) il divieto di contrattare con la pubblica amministrazione, salvo che per ottenere le prestazioni di un pubblico servizio;

d) l'esclusione da agevolazioni, finanziamenti, contributi o sussidi e l'eventuale revoca di quelli già concessi;

e) il divieto di pubblicizzare beni o servizi.

10. Sanzione amministrativa pecuniaria.

1. Per l'illecito amministrativo dipendente da reato si applica sempre la sanzione pecuniaria.

2. La sanzione pecuniaria viene applicata per quote in un numero non inferiore a cento né superiore a mille.

3. L'importo di una quota va da un minimo di lire cinquecentomila ad un massimo di lire tre milioni.

4. Non è ammesso il pagamento in misura ridotta.

11. Criteri di commisurazione della sanzione pecuniaria.

1. Nella commisurazione della sanzione pecuniaria il giudice determina il numero delle quote tenendo conto della gravità del fatto, del grado della responsabilità dell'ente nonché dell'attività svolta per eliminare o attenuare le conseguenze del fatto e per prevenire la commissione di ulteriori illeciti.

2. L'importo della quota è fissato sulla base delle condizioni economiche e patrimoniali dell'ente allo scopo di assicurare l'efficacia della sanzione.

3. Nei casi previsti dall'articolo 12, comma 1, l'importo della quota è sempre di lire duecentomila.

12. Casi di riduzione della sanzione pecuniaria.

1. La sanzione pecuniaria è ridotta della metà e non può comunque essere superiore a lire duecento milioni se:

a) l'autore del reato ha commesso il fatto nel prevalente interesse proprio o di terzi e l'ente non ne ha ricavato vantaggio o ne ha ricavato un vantaggio minimo;

b) il danno patrimoniale cagionato è di particolare tenuità.

2. La sanzione è ridotta da un terzo alla metà se, prima della dichiarazione di apertura del dibattimento di primo grado:

a) l'ente ha risarcito integralmente il danno e ha eliminato le conseguenze dannose o pericolose del reato ovvero si è comunque efficacemente adoperato in tal senso;

b) è stato adottato e reso operativo un modello organizzativo idoneo a prevenire reati della specie di quello verificatosi.

3. Nel caso in cui concorrono entrambe le condizioni previste dalle lettere del precedente comma, la sanzione è ridotta dalla metà ai due terzi.

4. In ogni caso, la sanzione pecuniaria non può essere inferiore a lire venti milioni.

13. Sanzioni interdittive.

1. Le sanzioni interdittive si applicano in relazione ai reati per i quali sono espressamente previste, quando ricorre almeno una delle seguenti condizioni:

a) l'ente ha tratto dal reato un profitto di rilevante entità e il reato è stato commesso da soggetti in posizione apicale ovvero da soggetti sottoposti all'altrui direzione quando, in questo caso, la commissione del reato è stata determinata o agevolata da gravi carenze organizzative;

b) in caso di reiterazione degli illeciti.

2. Fermo restando quanto previsto dall'articolo 25, comma 5, le sanzioni interdittive hanno una durata non inferiore a tre mesi e non superiore a due anni [1].

3. Le sanzioni interdittive non si applicano nei casi previsti dall'articolo 12, comma 1.

(1) Comma modificato dall'art. 1, co. 9, lett. a), l. 9.1.2019, n. 3.

14. Criteri di scelta delle sanzioni interdittive.

1. Le sanzioni interdittive hanno ad oggetto la specifica attività alla quale si riferisce l'illecito dell'ente. Il giudice ne determina il tipo e la durata sulla base dei criteri indicati nell'articolo 11, tenendo conto dell'idoneità delle singole sanzioni a prevenire illeciti del tipo di quello commesso.

2. Il divieto di contrattare con la pubblica amministrazione può anche essere limitato a determinati tipi di contratto o a determinate amministrazioni. L'interdizione dall'esercizio di un'attività comporta la sospensione ovvero la revoca delle autorizzazioni, licenze o concessioni funzionali allo svolgimento dell'attività.

3. Se necessario, le sanzioni interdittive possono essere applicate congiuntamente.

4. L'interdizione dall'esercizio dell'attività si applica soltanto quando l'irrogazione di altre sanzioni interdittive risulta inadeguata.

15. Commissario giudiziale.

1. Se sussistono i presupposti per l'applicazione di una sanzione interdittiva che determina l'interruzione dell'attività dell'ente, il giudice, in luogo dell'applicazione della sanzione, dispone la prosecuzione dell'attività dell'ente da parte di un commissario per un periodo pari alla durata della pena interdittiva che sarebbe stata applicata, quando ricorre almeno una delle seguenti condizioni:

a) l'ente svolge un pubblico servizio o un servizio di pubblica necessità la cui interruzione può provocare un grave pregiudizio alla collettività;

b) l'interruzione dell'attività dell'ente può provocare, tenuto conto delle sue dimensioni e delle condizioni economiche del territorio in cui è situato, rilevanti ripercussioni sull'occupazione;

b-*bis*) l'attività è svolta in stabilimenti industriali o parti di essi dichiarati di interesse strategico nazionale ai sensi dell'articolo 1 del decreto-legge 3 dicembre 2012, n. 207, convertito, con modificazioni, dalla legge 24 dicembre 2012, n. 231. In caso di imprese che dopo il verificarsi dei reati che danno luogo all'applicazione della sanzione sono state ammesse all'amministrazione straordinaria, anche in via temporanea ai sensi dell'articolo 1 del decreto-legge 5 dicembre 2022, n. 187, la prosecuzione dell'attività è affidata al commissario già nominato nell'ambito della procedura di amministrazione straordinaria [1].

2. Con la sentenza che dispone la prosecuzione dell'attività, il giudice indica i compiti ed i poteri del commissario, tenendo conto della specifica attività in cui è stato posto in essere l'illecito da parte dell'ente.

3. Nell'ambito dei compiti e dei poteri indicati dal giudice, il commissario cura l'adozione e l'efficace attuazione dei modelli di organizzazione e di controllo idonei a prevenire reati della specie di quello verificatosi. Non può compiere atti di straordinaria amministrazione senza autorizzazione del giudice.

4. Il profitto derivante dalla prosecuzione dell'attività viene confiscato.

5. La prosecuzione dell'attività da parte del commissario non può essere disposta quando l'interruzione dell'attività consegue all'applicazione in via definitiva di una sanzione interdittiva.

(1) Lettera introdotta dall'art. 5, co. 1, lett. a), d.l. 5.1.2023, n. 2, conv., con modif., dalla l. 3.3.2023, n. 17.

16. Sanzioni interdittive applicate in via definitiva.

1. Può essere disposta l'interdizione definitiva dall'esercizio dell'attività se l'ente ha tratto dal reato un profitto di rilevante entità ed è già stato condannato, almeno tre volte negli ultimi sette anni, alla interdizione temporanea dall'esercizio dell'attività.

2. Il giudice può applicare all'ente, in via definitiva, la sanzione del divieto di contrattare con la pubblica amministrazione ovvero del divieto di pubblicizzare beni o servizi quando è già stato condannato alla stessa sanzione almeno tre volte negli ultimi sette anni.

3. Se l'ente o una sua unità organizzativa viene stabilmente utilizzato allo scopo unico o prevalente di consentire o agevolare la commissione di reati in relazione ai quali è prevista la sua responsabilità è sempre disposta l'interdizione definitiva dall'esercizio dell'attività e non si applicano le disposizioni previste dall'articolo 17.

17. Riparazione delle conseguenze del reato.

1. Ferma l'applicazione delle sanzioni pecuniarie, le sanzioni interdittive non si applicano quando, prima della dichiarazione di apertura del dibattimento di primo grado, concorrono le seguenti condizioni:

a) l'ente ha risarcito integralmente il danno e ha eliminato le conseguenze dannose o pericolose del reato ovvero si è comunque efficacemente adoperato in tal senso;

b) l'ente ha eliminato le carenze organizzative che hanno determinato il reato mediante l'adozione e l'attuazione di modelli organizzativi idonei a prevenire reati della specie di quello verificatosi;

c) l'ente ha messo a disposizione il profitto conseguito ai fini della confisca.

1 bis. In ogni caso, le sanzioni interdittive non possono essere applicate quando pregiudicano la continuità dell'attività svolta in stabilimenti industriali o parti di essi dichiarati di interesse strategico nazionale ai sensi dell'articolo 1 del decreto-legge 3 dicembre 2012, n. 207, convertito, con modificazioni, dalla legge 24 dicembre 2012, n. 231, se l'ente ha eliminato le carenze organizzative che hanno determinato il reato mediante l'adozione e l'attuazione di modelli organizzativi idonei a prevenire reati della specie di quello verificatosi. Il modello organizzativo si considera sempre idoneo a prevenire reati della specie di quello verificatosi quando nell'ambito della procedura di riconoscimento dell'interesse strategico nazionale sono stati adottati provvedimenti diretti a realizzare, anche attraverso l'adozione di modelli organizzativi, il necessario bilanciamento tra le esigenze di continuità dell'attività produttiva e di salvaguardia dell'occupazione e la tutela della sicurezza sul luogo di lavoro, della salute, dell'ambiente e degli altri eventuali beni giuridici lesi dagli illeciti commessi (1).

(1) Comma introdotto dall'art. 5, co. 1, lett. b), d.l. 5.1.2023, n. 2, conv., con modif., dalla l. 3.3.2023, n. 17.

18. Pubblicazione della sentenza di condanna.

1. La pubblicazione della sentenza di condanna può essere disposta quando nei confronti dell'ente viene applicata una sanzione interdittiva.

2. La pubblicazione della sentenza avviene ai sensi dell'articolo 36 del codice penale nonché mediante affissione nel comune ove l'ente ha la sede principale (1).

3. La pubblicazione della sentenza è eseguita, a cura della cancelleria del giudice, a spese dell'ente.

(1) Comma sostituito, a decorrere dal 1.1.2010, dall'art. 2, co. 218, l. 23.12.2009, n. 191.

19. Confisca.

1. Nei confronti dell'ente è sempre disposta, con la sentenza di condanna, la confisca del prezzo o del profitto del reato, salvo che per la parte che può essere restituita al danneggiato. Sono fatti salvi i diritti acquisiti dai terzi in buona fede.

2. Quando non è possibile eseguire la confisca a norma del comma 1, la stessa può avere ad oggetto somme di denaro, beni o altre utilità di valore equivalente al prezzo o al profitto del reato.

2 bis. Quando la confisca abbia ad oggetto stabilimenti industriali o parti di essi che siano stati dichiarati di interesse strategico nazionale ai sensi dell'articolo 1 del decreto-legge 3 dicembre 2012, n. 207, convertito, con modificazioni, dalla legge 24 dicembre 2012, n. 231, ovvero impianti o infrastrutture necessari ad assicurarne la continuità produttiva, si applica l'articolo 104-*bis*, commi 1-*septies*, 1-*octies*, 1-*novies* e 1-*decies*, delle norme di attuazione, di coordinamento e transitorie del codice di procedura penale, di cui al decreto legislativo 28 luglio 1989, n. 271 (1).

(1) Comma introdotto dall'art. 9 *bis*, co. 3, lett. a), d.l. 13.6.2023, n. 69, conv., con modif., dalla l. 10.8.2023, n. 103.

20. Reiterazione.

1. Si ha reiterazione quando l'ente, già condannato in via definitiva almeno una volta per un illecito dipendente da reato, ne commette un altro nei cinque anni successivi alla condanna definitiva.

21. Pluralità di illeciti.

1. Quando l'ente è responsabile in relazione ad una pluralità di reati commessi con una unica azione od omissione ovvero commessi nello svolgimento di una medesima attività e prima che per uno di essi sia stata pronunciata sentenza anche non definitiva, si applica la sanzione pecuniaria prevista per l'illecito più grave aumentata fino al triplo. Per effetto di detto aumento, l'ammontare della sanzione pecuniaria non può comunque essere superiore alla somma delle sanzioni applicabili per ciascun illecito.

2. Nei casi previsti dal comma 1, quando in relazione a uno o più degli illeciti ricorrono le condizioni per l'applicazione delle sanzioni interdittive, si applica quella prevista per l'illecito più grave.

22. Prescrizione.

1. Le sanzioni amministrative si prescrivono nel termine di cinque anni dalla data di consumazione del reato.

2. Interrompono la prescrizione la richiesta di applicazione di misure cautelari interdittive e la contestazione dell'illecito amministrativo a norma dell'articolo 59.

3. Per effetto della interruzione inizia un nuovo periodo di prescrizione.

4. Se l'interruzione è avvenuta mediante la contestazione dell'illecito amministrativo dipendente da reato, la prescrizione non corre fino al momento in cui passa in giudicato la sentenza che definisce il giudizio.

23. Inosservanza delle sanzioni interdittive.

1. Chiunque, nello svolgimento dell'attività dell'ente a cui è stata applicata una sanzione o una misura cautelare interdittiva trasgredisce agli obblighi o ai divieti inerenti a tali sanzioni o misure, è punito con la reclusione da sei mesi a tre anni.

2. Nel caso di cui al comma 1, nei confronti dell'ente nell'interesse o a vantaggio del quale il reato è stato commesso, si applica la sanzione amministrativa pecuniaria da duecento e seicento quote e la confisca del profitto, a norma dell'articolo 19.

3. Se dal reato di cui al comma 1, l'ente ha tratto un profitto rilevante, si applicano le sanzioni interdittive, anche diverse da quelle in precedenza irrogate.

Sezione III
Responsabilità amministrativa da reato (1)

(1) Rubrica sostituita dall'art. 3, d.lgs. 11.4.2002, n. 61.

24. Indebita percezione di erogazioni, truffa in danno dello Stato, di un ente pubblico o dell'Unione europea o per il conseguimento di erogazioni pubbliche, frode informatica in danno dello Stato o di un ente pubblico e frode nelle pubbliche forniture (1).

1. In relazione alla commissione dei delitti di cui agli articoli 316-*bis*, 316-*ter*, 353, 353-*bis*, 356, 640, comma 2, n. 1, 640-*bis* e 640-*ter* se commesso in danno dello Stato o di altro ente pubblico o dell'Unione europea, del codice penale, si applica all'ente la sanzione pecuniaria fino a cinquecento quote (2).

2. Se, in seguito alla commissione dei delitti di cui al comma 1, l'ente ha conseguito un profitto di rilevante entità o è derivato un danno di particolare gravità; si applica la sanzione pecuniaria da duecento a seicento quote.

2 bis. Si applicano all'ente le sanzioni previste ai commi precedenti in relazione alla commissione del delitto di cui all'articolo 2 della legge 23 dicembre 1986, n. 898 (3).

3. Nei casi previsti dai commi precedenti, si applicano le sanzioni interdittive previste dall'articolo 9, comma 2, lettere c), d) ed e).

(1) Rubrica sostituita dall'art. 5, co. 1, lett. a), n. 1), d.lgs. 14.7.2020, n. 75.

(2) Comma modificato dall'art. 5, co. 1, lett. a), n. 2), d.lgs. 14.7.2020, n. 75 e poi dall'art. 6 *ter*, co. 2, lett. a), d.l. 10.8.2023, n. 105, conv., con modif., dalla l. 9.10.2023, n. 137.

(3) Comma introdotto dall'art. 5, co. 1, lett. a), n. 3), d.lgs. 14.7.2020, n. 75.

24 bis. Delitti informatici e trattamento illecito di dati (1).

1. In relazione alla commissione dei delitti di cui agli articoli 615-*ter*, 617-*quater*, 617-*quinquies*, 635-*bis*, 635-*ter*, 635-*quater* e 635-*quinquies* del codice penale, si applica all'ente la sanzione pecuniaria da cento a cinquecento quote.

2. In relazione alla commissione dei delitti di cui agli articoli 615-*quater* e 615-*quinquies* del codice penale, si applica all'ente la sanzione pecuniaria sino a trecento quote.

3. In relazione alla commissione dei delitti di cui agli articoli 491-*bis* e 640-*quinquies* del codice penale, salvo quanto previsto dall'articolo 24 del presente decreto per i casi di frode informatica in danno dello Stato o di altro ente pubblico, e dei delitti di cui all'articolo 1, comma 11, del decreto-legge 21 settembre 2019, n. 105, si applica all'ente la sanzione pecuniaria sino a quattrocento quote (2).

4. Nei casi di condanna per uno dei delitti indicati nel comma 1 si applicano le sanzioni interdittive previste dall'articolo 9, comma 2, lettere a), b) ed e). Nei casi di condanna per uno dei delitti indicati nel comma 2 si applicano le sanzioni interdittive previste dall'articolo 9, comma 2, lettere b) ed e). Nei casi di condanna per uno dei delitti indicati nel comma 3 si applicano le sanzioni interdittive previste dall'articolo 9, comma 2, lettere c), d) ed e).

(1) Articolo introdotto dall'art. 7, l. 18.3.2008, n. 48.

(2) Comma modificato dall'art. 1, co. 11 *bis*, d.l. 21.9.2019, n. 105, conv., con modif., in l. 18.11.2019, n. 133.

24 ter. Delitti di criminalità organizzata (1).

1. In relazione alla commissione di taluno dei delitti di cui agli articoli 416, sesto comma, 416-*bis*, 416-*ter* e 630 del codice penale, ai delitti commessi avvalendosi delle condizioni previste dal predetto articolo 416-*bis* ovvero al fine di agevolare l'attività delle associazioni previste dallo stesso articolo, nonché ai delitti previsti dall'articolo 74 del testo unico di cui al decreto del Presidente della Repubblica 9 ottobre 1990, n. 309, si applica la sanzione pecuniaria da quattrocento a mille quote.

2. In relazione alla commissione di taluno dei delitti di cui all'articolo 416 del codice penale, ad esclusione del sesto comma, ovvero di cui all'articolo 407, comma 2, lettera a), numero 5), del codice di procedura penale, si applica la sanzione pecuniaria da trecento a ottocento quote.

3. Nei casi di condanna per uno dei delitti indicati nei commi 1 e 2, si applicano le sanzioni interdittive previste dall'articolo 9, comma 2, per una durata non inferiore ad un anno.

4. Se l'ente o una sua unità organizzativa viene stabilmente utilizzato allo scopo unico o prevalente di consentire o agevolare la commissione dei reati indicati nei commi 1 e 2, si applica la sanzione dell'interdizione definitiva dall'esercizio dell'attività ai sensi dell'articolo 16, comma 3.

(1) Articolo introdotto dall'art. 2, co. 29, l. 15.7.2009, n. 94.

25. Peculato, concussione, induzione indebita a dare o promettere utilità, corruzione e abuso d'ufficio [(1)].

1. In relazione alla commissione dei delitti di cui agli articoli 318, 321, 322, commi primo e terzo, e 346-*bis* del codice penale, si applica la sanzione pecuniaria fino a duecento quote. La medesima sanzione si applica, quando il fatto offende gli interessi finanziari dell'Unione europea, in relazione alla commissione dei delitti di cui agli articoli 314, primo comma, 316 e 323 del codice penale [(2)].

2. In relazione alla commissione dei delitti di cui agli articoli 319, 319-*ter*, comma 1, 321, 322, commi 2 e 4, del codice penale, si applica all'ente la sanzione pecuniaria da duecento a seicento quote.

3. In relazione alla commissione dei delitti di cui agli articoli 317, 319, aggravato ai sensi dell'articolo 319-*bis* quando dal fatto l'ente ha conseguito un profitto di rilevante entità, 319-*ter*, comma 2, 319-*quater* e 321 del codice penale, si applica all'ente la sanzione pecuniaria da trecento a ottocento quote [(3)].

4. Le sanzioni pecuniarie previste per i delitti di cui ai commi da 1 a 3, si applicano all'ente anche quando tali delitti sono stati commessi dalle persone indicate negli articoli 320 e 322-*bis*.

5. Nei casi di condanna per uno dei delitti indicati nei commi 2 e 3, si applicano le sanzioni interdittive previste dall'articolo 9, comma 2, per una durata non inferiore a quattro anni e non superiore a sette anni, se il reato è stato commesso da uno dei soggetti di cui all'articolo 5, comma 1, lettera a), e per una durata non inferiore a due anni e non superiore a quattro, se il reato è stato commesso da uno dei soggetti di cui all'articolo 5, comma 1, lettera b) [(4)].

5 bis. Se prima della sentenza di primo grado l'ente si è efficacemente adoperato per evitare che l'attività delittuosa sia portata a conseguenze ulteriori, per assicurare le prove dei reati e per l'individuazione dei responsabili ovvero per il sequestro delle somme o altre utilità trasferite e ha eliminato le carenze organizzative che hanno determinato il reato mediante l'adozione e l'attuazione di modelli organizzativi idonei a prevenire reati della specie di quello verificatosi, le sanzioni interdittive hanno la durata stabilita dall'articolo 13, comma 2 [(5)].

(1) Rubrica modificata dall'art. 1, co. 77, lett. a), n. 1), l. 6.11.2012, n. 190e poi sostituita dall'art. 5, co. 1, lett. b), n. 1), d.lgs. 14.7.2020, n. 75.

(2) Comma sostituito dall'art. 1, co. 9, lett. b), n. 1), l. 9.1.2019, n. 3 e poi modificato dall'art. 5, co. 1, lett. b), n. 1), d.lgs. 14.7.2020, n. 75.

(3) Comma modificato dall'art. 1, co. 77, lett. a), n. 2), l. 6.11.2012, n. 190.

(4) Comma sostituito dall'art. 1, co. 9, lett. b), n. 2), l. 9.1.2019, n. 3.

(5) Comma introdotto dall'art. 1, co. 9, lett. b), n. 3), l. 9.1.2019, n. 3.

25 bis. Falsità in monete, in carte di pubblico credito, in valori di bollo e in strumenti o segni di riconoscimento [(1)] [(2)].

1. In relazione alla commissione dei delitti previsti dal codice penale in materia di falsità in monete, in carte di pubblico credito, in valori di bollo e in strumenti o segni di riconoscimento, si applicano all'ente le seguenti sanzioni pecuniarie [(3)]:

a) per il delitto di cui all'articolo 453 la sanzione pecuniaria da trecento a ottocento quote;

b) per i delitti di cui agli articoli 454, 460 e 461 la sanzione pecuniaria fino a cinquecento quote;

c) per il delitto di cui all'articolo 455 le sanzioni pecuniarie stabilite dalla lettera a), in relazione all'articolo 453, e dalla lettera b), in relazione all'articolo 454, ridotte da un terzo alla metà;

d) per i delitti di cui agli articoli 457 e 464, secondo comma, le sanzioni pecuniarie fino a duecento quote;

e) per il delitto di cui all'articolo 459 le sanzioni pecuniarie previste dalle lettere a), c) e d) ridotte di un terzo;

f) per il delitto di cui all'articolo 464, primo comma, la sanzione pecuniaria fino a trecento quote;

f-*bis*) per i delitti di cui agli articoli 473 e 474, la sanzione pecuniaria fino a cinquecento quote [(4)].

2. Nei casi di condanna per uno dei delitti di cui agli articoli 453, 454, 455, 459, 460, 461, 473 e 474 del codice penale, si applicano all'ente le sanzioni interdittive previste dall'articolo 9, comma 2, per una durata non superiore ad un anno [(5)].

(1) Articolo introdotto dall'art. 6, d.l. 25.9.2001, n. 350.

(2) Rubrica sostituita dall'art. 17, co. 7, lett. a), n. 4), l. 23.7.2009, n. 99.

(3) Alinea modificato dall'art. 17, co. 7, lett. a), n. 1), l. 23.7.2009, n. 99.

(4) Lettera introdotta dall'art. 17, co. 7, lett. a), n. 2), l. 23.7.2009, n. 99.

(5) Comma modificato dall'art. 17, co. 7, lett. a), n. 3), l. 23.7.2009, n. 99.

25 bis. Delitti contro l'industria e il commercio [(1)].

1. In relazione alla commissione dei delitti contro l'industria e il commercio previsti dal codice penale, si applicano all'ente le seguenti sanzioni pecuniarie:

a) per i delitti di cui agli articoli 513, 515, 516, 517, 517-*ter* e 517-*quater* la sanzione pecuniaria fino a cinquecento quote;

b) per i delitti di cui agli articoli 513-*bis* e 514 la sanzione pecuniaria fino a ottocento quote.

2. Nel caso di condanna per i delitti di cui alla lettera b) del comma 1 si applicano all'ente le sanzioni interdittive previste dall'articolo 9, comma 2.

(1) Articolo introdotto dall'art. 17, co. 7, lett. b), l. 23.7.2009, n. 99

25 ter. Reati societari [(1)] [(2)].

1. In relazione ai reati in materia societaria previsti dal codice civile o da altre leggi speciali, si applicano all'ente le seguenti sanzioni pecuniarie [(3)]:

a) per il delitto di false comunicazioni sociali previsto dall'articolo 2621 del codice civile, la sanzione pecuniaria da duecento a quattrocento quote [(4)];

a-*bis*) per il delitto di false comunicazioni sociali previsto dall'articolo 2621-*bis* del codice civile, la sanzione pecuniaria da cento a duecento quote [(5)];

b) per il delitto di false comunicazioni sociali previsto dall'articolo 2622 del codice civile, la sanzione pecuniaria da quattrocento a seicento quote [(6)];

[c) per il delitto di false comunicazioni sociali in danno dei soci o dei creditori, previsto dall'articolo 2622, terzo comma, del codice civile, la sanzione pecuniaria da duecento a quattrocento quote;] [(7)]

d) per la contravvenzione di falso in prospetto, prevista dall'articolo 2623, primo comma, del codice civile, la sanzione pecuniaria da duecento a duecentosessanta quote [(8)];

e) per il delitto di falso in prospetto, previsto dall'articolo 2623, secondo comma, del codice civile, la sanzione pecuniaria da da quattrocento a seicentosessanta quote [(9)];

f) per la contravvenzione di falsità nelle relazioni o nelle comunicazioni delle società di revisione, prevista dall'articolo 2624, primo comma, del codice civile, la sanzione pecuniaria da duecento a duecentosessanta [(10)];

g) per il delitto di falsità nelle relazioni o nelle comunicazioni delle società di revisione, previsto dall'articolo 2624, secondo comma, del codice civile, la sanzione pecuniaria da quattrocento a ottocento quote [(11)];

h) per il delitto di impedito controllo, previsto dall'articolo 2625, secondo comma, del codice civile, la sanzione pecuniaria da duecento a trecentosessanta quote [(12)];

i) per il delitto di formazione fittizia del capitale, previsto dall'articolo 2632 del codice civile, la sanzione pecuniaria da duecento a trecentosessanta quote [(13)];

l) per il delitto di indebita restituzione dei conferimenti, previsto dall'articolo 2626 del codice civile, la sanzione pecuniaria da duecento a trecentosessanta quote [(14)];

m) per la contravvenzione di illegale ripartizione degli utili e delle riserve, prevista dall'articolo 2627 del codice civile, la sanzione pecuniaria da duecento a duecentosessanta quote [(15)];

n) per il delitto di illecite operazioni sulle azioni o quote sociali o della società controllante, previsto dall'articolo 2628 del codice civile, la sanzione pecuniaria da duecento a trecentosessanta quote [(16)];

o) per il delitto di operazioni in pregiudizio dei creditori, previsto dall'articolo 2629 del codice civile, la sanzione pecuniaria da trecento a seicentosessanta quote [(17)];

p) per il delitto di indebita ripartizione dei beni sociali da parte dei liquidatori, previsto dall'articolo 2633 del codice civile, la sanzione pecuniaria da trecento a seicentosessanta quote [(18)];

q) per il delitto di illecita influenza sull'assemblea, previsto dall'articolo 2636 del codice civile, la sanzione pecuniaria da trecento a seicentosessanta quote [(19)];

r) per il delitto di aggiotaggio, previsto dall'articolo 2637 del codice civile e per il delitto di omessa comunicazione del conflitto d'interessi previsto dall'articolo 2629-*bis* del codice civile, la sanzione pecuniaria da quattrocento a mille quote [(20)];

s) per i delitti di ostacolo all'esercizio delle funzioni delle autorità pubbliche di vigilanza, previsti dall'articolo 2638, primo e secondo comma, del codice civile, la sanzione pecuniaria da quattrocento a ottocento quote [(21)];

s-*bis*) per il delitto di corruzione tra privati, nei casi previsti dal terzo comma dell'articolo 2635 del codice civile, la sanzione pecuniaria da quattrocento a seicento quote e, nei casi di istigazione di cui al primo comma dell'articolo 2635-*bis* del codice civile, la sanzione pecuniaria da duecento a quattrocento quote. Si applicano altresì le sanzioni interdittive previste dall'articolo 9, comma 2 [(22)];

s-*ter*) per il delitto di false o omesse dichiarazioni per il rilascio del certificato preliminare previsto dalla normativa attuativa della direttiva (UE) 2019/2121, del Parlamento europeo e del Consiglio, del 27 novembre 2019, la sanzione pecuniaria da centocinquanta a trecento quote [(23)].

3. Se, in seguito alla commissione dei reati di cui al comma 1, l'ente ha conseguito un profitto di rilevante entità, la sanzione pecuniaria è aumentata di un terzo.

(1) Articolo introdotto dall'art. 3, d.lgs. 11.4.2002, n. 61. Questo articolo è stato pubblicato privo di secondo comma in Gazzetta Ufficiale.
(2) Secondo quanto previsto dall'art. 39, co. 5, l. 28.12.2005, n. 262, le pene pecuniarie previste da questo art. sono raddoppiate.
(3) Alinea sostituito dall'art. 12, co. 1, lett. a), l. 27.5.2015, n. 69 e poi modificato dall'art. 55, co. 1, lett. a), d.lgs. 2.3.2023, n. 19.
(4) Lettera sostituita dall'art. 12, co. 1, lett. b), l. 27.5.2015, n. 69.
(5) Lettera introdotta dall'art. 12, co. 1, lett. c), l. 27.5.2015, n. 69.
(6) Lettera sostituita dall'art. 12, co. 1, lett. d), l. 27.5.2015, n. 69.
(7) Lettera abrogata dall'art. 12, co. 1, lett. e), l. 27.5.2015, n. 69.
(8) Lettera modificata dall'art. 39, co. 5, l. 28.12.2005, n. 262.
(9) Lettera modificata dall'art. 39, co. 5, l. 28.12.2005, n. 262.
(10) Lettera modificata dall'art. 39, co. 5, l. 28.12.2005, n. 262.
(11) Lettera modificata dall'art. 39, co. 5, l. 28.12.2005, n. 262.
(12) Lettera modificata dall'art. 39, co. 5, l. 28.12.2005, n. 262.
(13) Lettera modificata dall'art. 39, co. 5, l. 28.12.2005, n. 262.
(14) Lettera modificata dall'art. 39, co. 5, l. 28.12.2005, n. 262.
(15) Lettera modificata dall'art. 39, co. 5, l. 28.12.2005, n. 262.
(16) Lettera modificata dall'art. 39, co. 5, l. 28.12.2005, n. 262.
(17) Lettera modificata dall'art. 39, co. 5, l. 28.12.2005, n. 262.
(18) Lettera modificata dall'art. 39, co. 5, l. 28.12.2005, n. 262.
(19) Lettera modificata dall'art. 39, co. 5, l. 28.12.2005, n. 262.
(20) Lettera modificata dall'art. 31, l. 28.12.2005, n. 262 e dall'art. 39, co. 5, l. 28.12.2005, n. 262.
(21) Lettera modificata dall'art. 39, co. 5, l. 28.12.2005, n. 262.
(22) Lettera introdotta dall'art. 1, co. 77, lett. b), l. 6.11.2012, n. 190 e poi sostituita dall'art. 6, co. 1, d.lgs. 15.3.2017, n. 38.
(23) Lettera introdotta dall'art. 55, co. 1, lett. c), d.lgs. 2.3.2023, n. 19.

25 quater. Delitti con finalità di terrorismo o di eversione dell'ordine democratico [(1)].

1. In relazione alla commissione dei delitti aventi

finalità di terrorismo o di eversione dell'ordine democratico, previsti dal codice penale e dalle leggi speciali, si applicano all'ente le seguenti sanzioni pecuniarie:
a) se il delitto è punito con la pena della reclusione inferiore a dieci anni, la sanzione pecuniaria da duecento a settecento quote;
b) se il delitto è punito con la pena della reclusione non inferiore a dieci anni o con l'ergastolo, la sanzione pecuniaria da quattrocento a mille quote.

2. Nei casi di condanna per uno dei delitti indicati nel comma 1, si applicano le sanzioni interdittive previste dall'articolo 9, comma 2, per una durata non inferiore ad un anno.

3. Se l'ente o una sua unità organizzativa viene stabilmente utilizzato allo scopo unico o prevalente di consentire o agevolare la commissione dei reati indicati nel comma 1, si applica la sanzione dell'interdizione definitiva dall'esercizio dell'attività ai sensi dell'articolo 16, comma 3.

4. Le disposizioni dei commi 1, 2 e 3 si applicano altresì in relazione alla commissione di delitti, diversi da quelli indicati nel comma 1, che siano comunque stati posti in essere in violazione di quanto previsto dall'articolo 2 della Convenzione internazionale per la repressione del finanziamento del terrorismo fatta a New York il 9 dicembre 1999.

(1) Articolo introdotto dall'art. 3, l. 14.1.2003, n. 7.

25 quater.1 Pratiche di mutilazione degli organi genitali femminili [1].

1. In relazione alla commissione dei delitti di cui all'articolo 583-*bis* del codice penale si applicano all'ente, nella cui struttura è commesso il delitto, la sanzione pecuniaria da 300 a 700 quote e le sanzioni interdittive previste dall'articolo 9, comma 2, per una durata non inferiore ad un anno. Nel caso in cui si tratti di un ente privato accreditato è altresì revocato l'accreditamento.

2. Se l'ente o una sua unità organizzativa viene stabilmente utilizzato allo scopo unico o prevalente di consentire o agevolare la commissione dei delitti indicati al comma 1, si applica la sanzione dell'interdizione definitiva dall'esercizio dell'attività ai sensi dell'articolo 16, comma 3.

(1) Articolo introdotto dall'art. 3, l. 9.1.2006, n. 7.

25 quinquies. Delitti contro la personalità individuale [1].

1. In relazione alla commissione dei delitti previsti dalla sezione I del capo III del titolo XII del libro II del codice penale si applicano all'ente le seguenti sanzioni pecuniarie:
a) per i delitti di cui agli articoli 600, 601, 602 e 603-*bis*, la sanzione pecuniaria da quattrocento a mille quote [2];
b) per i delitti di cui agli articoli 600-*bis*, primo comma, 600-*ter*, primo e secondo comma, anche se relativi al materiale pornografico di cui all'articolo 600-*quater*.1, e 600-*quinquies*, la sanzione pecuniaria da trecento a ottocento quote [3];
c) per i delitti di cui agli articoli 600-*bis*, secondo comma, 600-*ter*, terzo e quarto comma, e 600-*quater*, anche se relativi al materiale pornografico di cui all'articolo 600-*quater*.1, nonché per il delitto di cui all'articolo 609-*undecies* la sanzione pecuniaria da duecento a settecento quote [4].

2. Nei casi di condanna per uno dei delitti indicati nel comma 1, lettere a) e b), si applicano le sanzioni interdittive previste dall'articolo 9, comma 2, per una durata non inferiore ad un anno.

3. Se l'ente o una sua unità organizzativa viene stabilmente utilizzato allo scopo unico o prevalente di consentire o agevolare la commissione dei reati indicati nel comma 1, si applica la sanzione dell'interdizione definitiva dall'esercizio dell'attività ai sensi dell'articolo 16, comma 3.

(1) Articolo introdotto dall'art. 5, l. 11.8.2003, n. 228.
(2) Lettera modificata dall'art. 6, co. 1, l. 29.10.2016, n. 199
(3) Lettera modificata dall'art. 10, l. 6.2.2006, n. 38.
(4) Lettera modificata dall'art. 10, l. 6.2.2006, n. 38 e poi dall'art. 3, co. 1, d.lgs. 4.3.2014, n. 39.

25 sexies. Abusi di mercato [1].

1. In relazione ai reati di abuso di informazioni privilegiate e di manipolazione del mercato previsti dalla parte V, titolo I-*bis*, capo II, del testo unico di cui al decreto legislativo 24 febbraio 1998, n. 58, si applica all'ente la sanzione pecuniaria da quattrocento a mille quote.

2. Se, in seguito alla commissione dei reati di cui al comma 1, il prodotto o il profitto conseguito dall'ente è di rilevante entità, la sanzione è aumentata fino a dieci volte tale prodotto o profitto.

(1) Articolo introdotto dall'art. 9, co. 3, l. 18.4.2005, n. 62.

25 septies. Omicidio colposo o lesioni gravi o gravissime commesse con violazione delle norme sulla tutela della salute e sicurezza sul lavoro [1].

1. In relazione al delitto di cui all'articolo 589 del codice penale, commesso con violazione dell'articolo 55, comma 2, del decreto legislativo attuativo della delega di cui alla legge 3 agosto 2007, n. 123, in materia di salute e sicurezza sul lavoro, si applica una sanzione pecuniaria in misura pari a 1.000 quote. Nel caso di condanna per il delitto di cui al precedente periodo si applicano le sanzioni interdittive di cui all'articolo 9, comma 2 per una durata non inferiore a tre mesi e non superiore ad un anno.

2. Salvo quanto previsto dal comma 1, in relazione al delitto di cui all'articolo 589 del codice penale, commesso con violazione delle norme sulla tutela della salute e sicurezza sul lavoro, si applica una sanzione pecuniaria in misura non inferiore a 250 quote e non superiore a 500 quote. Nel caso di condanna per il delitto di cui al precedente periodo si applicano le sanzioni interdittive di cui all'articolo 9, comma 2, per una durata non inferiore a tre mesi e non superiore ad un anno.

3. In relazione al delitto di cui all'articolo 590, terzo comma, del codice penale, commesso con violazione delle norme sulla tutela della salute e sicurezza sul lavoro, si applica una sanzione pecuniaria in misura non superiore a 250 quote. Nel caso di condanna per il delitto di cui al precedente periodo si applicano le sanzioni interdittive di cui all'articolo 9, comma 2, per una durata non superiore a sei mesi.

(1) Articolo introdotto dall'art. 9, l. 3.8.2007, n. 123 e poi sostituito dall'art. 300, d.lgs. 9.4.2008, n. 81.

25 octies. Ricettazione, riciclaggio e impiego di denaro, beni o utilità di provenienza illecita, nonché autoriciclaggio [1].

1. In relazione ai reati di cui agli articoli 648, 648-*bis*, 648-*ter* e 648-*ter*.1 del codice penale, si applica all'ente la sanzione pecuniaria da 200 a 800 quote. Nel caso in cui il denaro, i beni o le altre utilità provengono da delitto per il quale è stabilita la pena della reclusione superiore nel massimo a cinque anni si applica la sanzione pecuniaria da 400 a 1000 quote.

2. Nei casi di condanna per uno dei delitti di cui al comma 1 si applicano all'ente le sanzioni interdittive previste dall'articolo 9, comma 2, per una durata non superiore a due anni.

3. In relazione agli illeciti di cui ai commi 1 e 2, il Ministero della giustizia, sentito il parere dell'UIF, formula le osservazioni di cui all'articolo 6 del decreto legislativo 8 giugno 2001, n. 231.

(1) Articolo introdotto dall'art. 63, d.lgs. 21.11.2007, n. 231, poi modificato dall'art. 3, co. 5, lett. b), l. 15.12.2014, n. 186 e infine sostituito dall'art. 72, co. 3, d.lgs. 21.11.2007, n. 231, come modificato dall'art. 5, co. 1, d.lgs. 25.5.2017, n. 90.

25 octies.1. Delitti in materia di strumenti di pagamento diversi dai contanti e trasferimento fraudolento di valori [1] [2].

1. In relazione alla commissione dei delitti previsti dal codice penale in materia di strumenti di pagamento diversi dai contanti, si applicano all'ente le seguenti sanzioni pecuniarie:

a) per il delitto di cui all'articolo 493-*ter*, la sanzione pecuniaria da 300 a 800 quote;

b) per il delitto di cui all'articolo 493-*quater* e per il delitto di cui all'articolo 640-*ter*, nell'ipotesi aggravata dalla realizzazione di un trasferimento di denaro, di valore monetario o di valuta virtuale, la sanzione pecuniaria sino a 500 quote.

2. Salvo che il fatto integri altro illecito amministrativo sanzionato più gravemente, in relazione alla commissione di ogni altro delitto contro la fede pubblica, contro il patrimonio o che comunque offende il patrimonio previsto dal codice penale, quando ha ad oggetto strumenti di pagamento diversi dai contanti, si applicano all'ente le seguenti sanzioni pecuniarie:

a) se il delitto è punito con la pena della reclusione inferiore ai dieci anni, la sanzione pecuniaria sino a 500 quote;

b) se il delitto è punito con la pena non inferiore ai dieci anni di reclusione, la sanzione pecuniaria da 300 a 800 quote.

2 bis. In relazione alla commissione del delitto di cui all'articolo 512-*bis* del codice penale, si applica all'ente la sanzione pecuniaria da 250 a 600 quote [3].

3. Nei casi di condanna per uno dei delitti di cui ai commi 1, 2 e 2-*bis* si applicano all'ente le sanzioni interdittive previste dall'articolo 9, comma 2 [4].

(1) Articolo introdotto dall'art. 3, co. 1, d.lgs. 8.11.2021, n. 184.
(2) Rubrica modificata dall'art. 6 *ter*, co. 2, lett. b), n. 3), d.l. 10.8.2023, n. 105, conv., con modif., dalla l. 9.10.2023, n. 137.
(3) Comma introdotto dall'art. 6 *ter*, co. 2, lett. b), n. 1), d.l. 10.8.2023, n. 105, conv., con modif., dalla l. 9.10.2023, n. 137.
(4) Comma modificato dall'art. 6 *ter*, co. 2, lett. b), n. 2), d.l. 10.8.2023, n. 105, conv., con modif., dalla l. 9.10.2023, n. 137.

25 novies. Delitti in materia di violazione del diritto d'autore [1].

1. In relazione alla commissione dei delitti previsti dagli articoli 171, primo comma, lettera abis), e terzo comma, 171-*bis*, 171-*ter*, 171-*septies* e 171-*octies* della legge 22 aprile 1941, n. 633, si applica all'ente la sanzione pecuniaria fino a cinquecento quote.

2. Nel caso di condanna per i delitti di cui al comma 1 si applicano all'ente le sanzioni interdittive previste dall'articolo 9, comma 2, per una durata non superiore ad un anno. Resta fermo quanto previsto dall'articolo 174-*quinquies* della citata legge n. 633 del 1941.

(1) Articolo introdotto dall'art. 15, co. 7, lett. c), l. 23.7.2009, n. 99

25 decies. Induzione a non rendere dichiarazioni o a rendere dichiarazioni mendaci all'autorità giudiziaria [1].

1. In relazione alla commissione del delitto di cui all'articolo 377-*bis* del codice penale, si applica all'ente la sanzione pecuniaria fino a cinquecento quote.

(1) Articolo introdotto dall'art. 4, co. 1, l. 3.8.2009, n. 116, come sostituito dall'art. 2, d.lgs. 7.7.2011, n. 121.

25 undecies. Reati ambientali [1].

1. In relazione alla commissione dei reati previsti dal codice penale, si applicano all'ente le seguenti sanzioni pecuniarie:

a) per la violazione dell'articolo 452-*bis*, la sanzione pecuniaria da duecentocinquanta a seicento quote [2];

b) per la violazione dell'articolo 452-*quater*, la sanzione pecuniaria da quattrocento a ottocento quote [3];

c) per la violazione dell'articolo 452-*quinquies*, la sanzione pecuniaria da duecento a cinquecento quote [4];

d) per i delitti associativi aggravati ai sensi dell'articolo 452-*octies*, la sanzione pecuniaria da trecento a mille quote [5];

e) per il delitto di traffico e abbandono di materiale ad alta radioattività ai sensi dell'articolo 452-*sexies*, la sanzione pecuniaria da duecentocinquanta a seicento quote [6];

f) per la violazione dell'articolo 727-*bis*, la sanzione pecuniaria fino a duecentocinquanta quote [7];

g) per la violazione dell'articolo 733-*bis*, la sanzione pecuniaria da centocinquanta a duecentocinquanta quote[(8)].

1 bis. Nei casi di condanna per i delitti indicati al comma 1, lettere a) e b), del presente articolo, si applicano, oltre alle sanzioni pecuniarie ivi previste, le sanzioni interdittive previste dall'articolo 9, per un periodo non superiore a un anno per il delitto di cui alla citata lettera a)[(9)].

2. In relazione alla commissione dei reati previsti dal decreto legislativo 3 aprile 2006, n. 152, si applicano all'ente le seguenti sanzioni pecuniarie:

a) per i reati di cui all'articolo 137:
   1) per la violazione dei commi 3, 5, primo periodo, e 13, la sanzione pecuniaria da centocinquanta a duecentocinquanta quote;
   2) per la violazione dei commi 2, 5, secondo periodo, e 11, la sanzione pecuniaria da duecento a trecento quote;

b) per i reati di cui all'articolo 256:
   1) per la violazione dei commi 1, lettera a), e 6, primo periodo, la sanzione pecuniaria fino a duecentocinquanta quote;
   2) per la violazione dei commi 1, lettera b), 3, primo periodo, e 5, la sanzione pecuniaria da centocinquanta a duecentocinquanta quote;
   3) per la violazione del comma 3, secondo periodo, la sanzione pecuniaria da duecento a trecento quote;

c) per i reati di cui all'articolo 257:
   1) per la violazione del comma 1, la sanzione pecuniaria fino a duecentocinquanta quote;
   2) per la violazione del comma 2, la sanzione pecuniaria da centocinquanta a duecentocinquanta quote;

d) per la violazione dell'articolo 258, comma 4, secondo periodo, la sanzione pecuniaria da centocinquanta a duecentocinquanta quote;

e) per la violazione dell'articolo 259, comma 1, la sanzione pecuniaria da centocinquanta a duecentocinquanta quote;

f) per il delitto di cui all'articolo 260, la sanzione pecuniaria da trecento a cinquecento quote, nel caso previsto dal comma 1 e da quattrocento a ottocento quote nel caso previsto dal comma 2;

g) per la violazione dell'articolo 260-*bis*, la sanzione pecuniaria da centocinquanta a duecentocinquanta quote nel caso previsto dai commi 6, 7, secondo e terzo periodo, e 8, primo periodo, e la sanzione pecuniaria da duecento a trecento quote nel caso previsto dal comma 8, secondo periodo;

h) per la violazione dell'articolo 279, comma 5, la sanzione pecuniaria fino a duecentocinquanta quote.

3. In relazione alla commissione dei reati previsti dalla legge 7 febbraio 1992, n. 150, si applicano all'ente le seguenti sanzioni pecuniarie:

a) per la violazione degli articoli 1, comma 1, 2, commi 1 e 2, e 6, comma 4, la sanzione pecuniaria fino a duecentocinquanta quote;

b) per la violazione dell'articolo 1, comma 2, la sanzione pecuniaria da centocinquanta a duecentocinquanta quote;

c) per i reati del codice penale richiamati dall'articolo 3-*bis*, comma 1, della medesima legge n. 150 del 1992, rispettivamente:
   1) la sanzione pecuniaria fino a duecentocinquanta quote, in caso di commissione di reati per cui è prevista la pena non superiore nel massimo ad un anno di reclusione;
   2) la sanzione pecuniaria da centocinquanta a duecentocinquanta quote, in caso di commissione di reati per cui è prevista la pena non superiore nel massimo a due anni di reclusione;
   3) la sanzione pecuniaria da duecento a trecento quote, in caso di commissione di reati per cui è prevista la pena non superiore nel massimo a tre anni di reclusione;
   4) la sanzione pecuniaria da trecento a cinquecento quote, in caso di commissione di reati per cui è prevista la pena superiore nel massimo a tre anni di reclusione.

4. In relazione alla commissione dei reati previsti dall'articolo 3, comma 6, della legge 28 dicembre 1993, n. 549, si applica all'ente la sanzione pecuniaria da centocinquanta a duecentocinquanta quote.

5. In relazione alla commissione dei reati previsti dal decreto legislativo 6 novembre 2007, n. 202, si applicano all'ente le seguenti sanzioni pecuniarie:

a) per il reato di cui all'articolo 9, comma 1, la sanzione pecuniaria fino a duecentocinquanta quote;

b) per i reati di cui agli articoli 8, comma 1, e 9, comma 2, la sanzione pecuniaria da centocinquanta a duecentocinquanta quote;

c) per il reato di cui all'articolo 8, comma 2, la sanzione pecuniaria da duecento a trecento quote.

6. Le sanzioni previste dal comma 2, lettera b), sono ridotte della metà nel caso di commissione del reato previsto dall'articolo 256, comma 4, del decreto legislativo 3 aprile 2006, n. 152.

7. Nei casi di condanna per i delitti indicati al comma 2, lettere a), n. 2), b), n. 3), e f), e al comma 5, lettere b) e c), si applicano le sanzioni interdittive previste dall'articolo 9, comma 2, del decreto legislativo 8 giugno 2001, n. 231, per una durata non superiore a sei mesi.

8. Se l'ente o una sua unità organizzativa vengono stabilmente utilizzati allo scopo unico o prevalente di consentire o agevolare la commissione dei reati di cui all'articolo 260 del decreto legislativo 3 aprile 2006, n. 152, e all'articolo 8 del decreto legislativo 6 novembre 2007, n. 202, si applica la sanzione dell'interdizione definitiva dall'esercizio dell'attività ai sensi dell'art. 16, comma 3, del decreto legislativo 8 giugno 2001 n. 231.

(1) Articolo introdotto dall'art. 2, co. 2, d.lgs. 7.7.2011, n. 121.
(2) Lettera sostituita dall'art. 1, co. 8, lett. a), l. 22.5.2015, n. 68.

(3) Lettera sostituita dall'art. 1, co. 8, lett. a), l. 22.5.2015, n. 68.
(4) Lettera introdotta per effetto della sostituzione disposta dall'art. 1, co. 8, lett. a), l. 22.5.2015, n. 68.
(5) Lettera introdotta per effetto della sostituzione disposta dall'art. 1, co. 8, lett. a), l. 22.5.2015, n. 68.
(6) Lettera introdotta per effetto della sostituzione disposta dall'art. 1, co. 8, lett. a), l. 22.5.2015, n. 68.
(7) Lettera introdotta per effetto della sostituzione disposta dall'art. 1, co. 8, lett. a), l. 22.5.2015, n. 68.
(8) Lettera introdotta per effetto della sostituzione disposta dall'art. 1, co. 8, lett. a), l. 22.5.2015, n. 68.
(9) Comma introdotto dall'art. 1, co. 8, lett. b), l. 22.5.2015, n. 68.

25 duodecies. Impiego di cittadini di paesi terzi il cui soggiorno è irregolare [1].

1. In relazione alla commissione del delitto di cui all'articolo 22, comma 12-*bis*, del decreto legislativo 25 luglio 1998, n. 286, si applica all'ente la sanzione pecuniaria da 100 a 200 quote, entro il limite di 150.000 euro.

1 bis. In relazione alla commissione dei delitti di cui all'articolo 12, commi 3, 3-*bis* e 3-*ter*, del testo unico di cui al decreto legislativo 25 luglio 1998, n. 286, e successive modificazioni, si applica all'ente la sanzione pecuniaria da quattrocento a mille quote [2].

1 ter. In relazione alla commissione dei delitti di cui all'articolo 12, comma 5, del testo unico di cui al decreto legislativo 25 luglio 1998, n. 286, e successive modificazioni, si applica all'ente la sanzione pecuniaria da cento a duecento quote [3].

1 quater. Nei casi di condanna per i delitti di cui ai commi 1-*bis* e 1-*ter* del presente articolo, si applicano le sanzioni interdittive previste dall'articolo 9, comma 2, per una durata non inferiore a un anno [4].

(1) Articolo introdotto dall'art. 2, co. 1, d.lgs. 16.7.2012, n. 109.
(2) Comma introdotto dall'art. 30, co. 4, l. 17.10.2017, n. 161.
(3) Comma introdotto dall'art. 30, co. 4, l. 17.10.2017, n. 161.
(4) Comma introdotto dall'art. 30, co. 4, l. 17.10.2017, n. 161.

25 terdecies. Razzismo e xenofobia [1].

1. In relazione alla commissione dei delitti di cui all'articolo 3, comma 3-*bis*, della legge 13 ottobre 1975, n. 654, si applica all'ente la sanzione pecuniaria da duecento a ottocento quote.

2. Nei casi di condanna per i delitti di cui al comma 1 si applicano all'ente le sanzioni interdittive previste dall'articolo 9, comma 2, per una durata non inferiore a un anno.

3. Se l'ente o una sua unità organizzativa è stabilmente utilizzato allo scopo unico o prevalente di consentire o agevolare la commissione dei delitti indicati nel comma 1, si applica la sanzione dell'interdizione definitiva dall'esercizio dell'attività ai sensi dell'articolo 16, comma 3.

(1) Articolo introdotto dall'art. 5, co. 2, l. 20.11.2017, n. 167 (l. europea 2017).

25 quaterdecies. Frode in competizioni sportive, esercizio abusivo di gioco o di scommessa e giochi d'azzardo esercitati a mezzo di apparecchi vietati [1].

1. In relazione alla commissione dei reati di cui agli articoli 1 e 4 della legge 13 dicembre 1989, n. 401, si applicano all'ente le seguenti sanzioni pecuniarie:

a) per i delitti, la sanzione pecuniaria fino a cinquecento quote;
b) per le contravvenzioni, la sanzione pecuniaria fino a duecentosessanta quote.

2. Nei casi di condanna per uno dei delitti indicati nel comma 1, lettera a), del presente articolo, si applicano le sanzioni interdittive previste dall'articolo 9, comma 2, per una durata non inferiore a un anno.

(1) Articolo introdotto dall'art. 5, co. 1, l. 3.5.2019, n. 39.

25 quinquiesdecies. Reati tributari [1].

1. In relazione alla commissione dei delitti previsti dal decreto legislativo 10 marzo 2000, n. 74, si applicano all'ente le seguenti sanzioni pecuniarie:

a) per il delitto di dichiarazione fraudolenta mediante uso di fatture o altri documenti per operazioni inesistenti previsto dall'articolo 2, comma 1, la sanzione pecuniaria fino a cinquecento quote;
b) per il delitto di dichiarazione fraudolenta mediante uso di fatture o altri documenti per operazioni inesistenti, previsto dall'articolo 2, comma 2-*bis*, la sanzione pecuniaria fino a quattrocento quote;
c) per il delitto di dichiarazione fraudolenta mediante altri artifici, previsto dall'articolo 3, la sanzione pecuniaria fino a cinquecento quote;
d) per il delitto di emissione di fatture o altri documenti per operazioni inesistenti, previsto dall'articolo 8, comma 1, la sanzione pecuniaria fino a cinquecento quote;
e) per il delitto di emissione di fatture o altri documenti per operazioni inesistenti, previsto dall'articolo 8, comma 2-*bis*, la sanzione pecuniaria fino a quattrocento quote;
f) per il delitto di occultamento o distruzione di documenti contabili, previsto dall'articolo 10, la sanzione pecuniaria fino a quattrocento quote;
g) per il delitto di sottrazione fraudolenta al pagamento di imposte, previsto dall'articolo 11, la sanzione pecuniaria fino a quattrocento quote.

1 bis. In relazione alla commissione dei delitti previsti dal decreto legislativo 10 marzo 2000, n. 74, quando sono commessi al fine di evadere l'imposta sul valore aggiunto nell'ambito di sistemi fraudolenti transfrontalieri connessi al territorio di almeno un altro Stato membro dell'Unione europea, da cui consegua o possa conseguire un danno complessivo pari o superiore dieci milioni di euro, si applicano all'ente le seguenti sanzioni pecuniarie [2]:

a) per il delitto di dichiarazione infedele previsto dall'articolo 4, la sanzione pecuniaria fino a trecento quote;
b) per il delitto di omessa dichiarazione previsto dall'articolo 5, la sanzione pecuniaria fino a quattrocento quote;
c) per il delitto di indebita compensazione previsto dall'articolo 10-*quater*, la sanzione pecuniaria fino a quattrocento quote [3].

2. Se, in seguito alla commissione dei delitti indicati ai commi 1 e 1-*bis*, l'ente ha conseguito un profitto di rilevante entità, la sanzione pecuniaria è aumentata di un terzo [(4)].

3. Nei casi previsti dai commi 1, 1-*bis* e 2, si applicano le sanzioni interdittive di cui all'articolo 9, comma 2, lettere c), d) ed e) [(5)].

(1) Articolo introdotto dall'art. 39, co. 2, d.l. 26.10.2019, n. 124, conv., con modif., in l. 19.12.2019, n. 157.
(2) Alinea modificato dall'art. 5, co. 1, d.lgs. 4.10.2022, n. 156.
(3) Comma introdotto dall'art. 5, co. 1, lett. c), n. 1), d.lgs. 14.7.2020, n. 75.
(4) Comma modificato dall'art. 5, co. 1, lett. c), n. 2), d.lgs. 14.7.2020, n. 75.
(5) Comma modificato dall'art. 5, co. 1, lett. c), n. 3), d.lgs. 14.7.2020, n. 75.

25 sexiesdecies. Contrabbando [(1)].

1. In relazione alla commissione dei reati previsti dal decreto del Presidente della Repubblica 23 gennaio 1973, n. 43, si applica all'ente la sanzione pecuniaria fino a duecento quote.

2. Quando i diritti di confine dovuti superano centomila euro si applica all'ente la sanzione pecuniaria fino a quattrocento quote.

3. Nei casi previsti dai commi 1 e 2 si applicano all'ente le sanzioni interdittive previste dall'articolo 9, comma 2, lettere c), d) ed e).

(1) Articolo introdotto dall'art. 5, co. 1, lett. d), d.lgs. 14.7.2020, n. 75.

25 septiesdecies. Delitti contro il patrimonio culturale [(1)].

1. In relazione alla commissione del delitto previsto dall'articolo 518-*novies* del codice penale, si applica all'ente la sanzione pecuniaria da cento a quattrocento quote.

2. In relazione alla commissione dei delitti previsti dagli articoli 518-*ter*, 518-*decies* e 518-*undecies* del codice penale, si applica all'ente la sanzione pecuniaria da duecento a cinquecento quote.

3. In relazione alla commissione dei delitti previsti dagli articoli 518-*duodecies* e 518-*quaterdecies* del codice penale, si applica all'ente la sanzione pecuniaria da trecento a settecento quote.

4. In relazione alla commissione dei delitti previsti dagli articoli 518-*bis*, 518-*quater* e 518-*octies* del codice penale, si applica all'ente la sanzione pecuniaria da quattrocento a novecento quote.

5. Nel caso di condanna per i delitti di cui ai commi da 1 a 4, si applicano all'ente le sanzioni interdittive previste dall'articolo 9, comma 2, per una durata non superiore a due anni.

(1) Articolo introdotto dall'art. 3, co. 1, l. 9.3.2022, n. 22.

25 octiesdecies. Riciclaggio di beni culturali e devastazione e saccheggio di beni culturali e paesaggistici [(1)].

1. In relazione alla commissione dei delitti previsti dagli articoli 518-*sexies* e 518-*terdecies* del codice penale, si applica all'ente la sanzione pecuniaria da cinquecento a mille quote.

2. Se l'ente o una sua unità organizzativa viene stabilmente utilizzato allo scopo unico o prevalente di consentire o agevolare la commissione dei delitti indicati al comma 1, si applica la sanzione dell'interdizione definitiva dall'esercizio dell'attività ai sensi dell'articolo 16, comma 3.

(1) Articolo introdotto dall'art. 3, co. 1, l. 9.3.2022, n. 22.

26. Delitti tentati.

1. Le sanzioni pecuniarie e interdittive sono ridotte da un terzo alla metà in relazione alla commissione, nelle forme del tentativo, dei delitti indicati nel presente capo del decreto.

2. L'ente non risponde quando volontariamente impedisce il compimento dell'azione o la realizzazione dell'evento.

Capo II
Responsabilità patrimoniale e vicende modificative dell'ente

Sezione I
Responsabilità patrimoniale dell'ente

27. Responsabilità patrimoniale dell'ente.

1. Dell'obbligazione per il pagamento della sanzione pecuniaria risponde soltanto l'ente con il suo patrimonio o con il fondo comune.

2. I crediti dello Stato derivanti degli illeciti amministrativi dell'ente relativi a reati hanno privilegio secondo le disposizioni del codice di procedura penale sui crediti dipendenti da reato. A tale fine, la sanzione pecuniaria si intende equiparata alla pena pecuniaria.

Sezione II
Vicende modificative dell'ente

28. Trasformazione dell'ente.

1. Nel caso di trasformazione dell'ente, resta ferma la responsabilità per i reati commessi anteriormente alla data in cui la trasformazione ha avuto effetto.

29. Fusione dell'ente.

1. Nel caso di fusione, anche per incorporazione, l'ente che ne risulta risponde dei reati dei quali erano responsabili gli enti partecipanti alla fusione.

30. Scissione dell'ente.

1. Nel caso di scissione parziale, resta ferma la responsabilità dell'ente scisso per i reati commessi anteriormente alla data in cui la scissione ha avuto effetto, salvo quanto previsto dal comma 3.

2. Gli enti beneficiari della scissione, sia totale che parziale, sono solidalmente obbligati al pagamento delle sanzioni pecuniarie dovute dall'ente scisso per i reati commessi anteriormente alla data dalla quale la scissione ha avuto effetto. L'obbligo è limitato al valore effettivo del patrimonio netto trasferito al singolo ente, salvo che si tratti di ente al quale è stato trasferito, anche in parte il ramo di attività nell'ambito del quale è stato commesso il reato.

3. Le sanzioni interdittive relative ai reati indicati nel comma 2, si applicano agli enti cui è rimasto o è stato trasferito, anche in parte, il ramo di attività nell'ambito del quale il reato è stato commesso.

31. Determinazione delle sanzioni nel caso di fusione o scissione.

1. Se la fusione o la scissione è avvenuta prima della conclusione del giudizio, il giudice, nella commisurazione della sanzione pecuniaria a norma dell'articolo 11, comma 2, tiene conto delle condizioni economiche e patrimoniali dell'ente originariamente responsabile.

2. Salvo quanto previsto dall'articolo 17, l'ente risultante dalla fusione e l'ente al quale, nel caso di scissione, è applicabile la sanzione interdittiva possono chiedere al giudice la sostituzione della medesima con la sanzione pecuniaria, qualora, a seguito della fusione o della scissione, si sia realizzata la condizione prevista dalla lettera b) del comma 1 dell'articolo 17, e ricorrano le ulteriori condizioni di cui alle lettere a) e c) del medesimo articolo.

3. Se accoglie la richiesta, il giudice, nel pronunciare sentenza di condanna, sostituisce la sanzione interdittiva con una sanzione pecuniaria di ammontare pari da una a due volte quello della sanzione pecuniaria inflitta all'ente in relazione al medesimo reato.

4. Resta salva la facoltà dell'ente, anche nei casi di fusione o scissione successiva alla conclusione del giudizio, di chiedere la conversione della sanzione interdittiva in sanzione pecuniaria.

32. Rilevanza della fusione o della scissione ai fini della reiterazione.

1. Nei casi di responsabilità dell'ente risultante dalla fusione o beneficiario della scissione per reati commessi successivamente alla data dalla quale la fusione o la scissione ha avuto effetto, il giudice può ritenere la reiterazione, a norma dell'articolo 20, anche in rapporto a condanne pronunciate nei confronti degli enti partecipanti alla fusione o dell'ente scisso per reati commessi anteriormente a tale data.

2. A tale fine, il giudice tiene conto della natura delle violazioni e dell'attività nell'ambito della quale sono state commesse nonché delle caratteristiche della fusione o della scissione.

3. Rispetto agli enti beneficiari della scissione, la reiterazione può essere ritenuta, a norma dei commi 1 e 2, solo se ad essi è stato trasferito, anche in parte, il ramo di attività nell'ambito del quale è stato commesso il reato per cui è stata pronunciata condanna nei confronti dell'ente scisso.

33. Cessione di azienda.

1. Nel caso di cessione dell'azienda nella cui attività è stato commesso il reato, il cessionario è solidalmente obbligato, salvo il beneficio della preventiva escussione dell'ente cedente e nei limiti del valore dell'azienda, al pagamento della sanzione pecuniaria.

2. L'obbligazione del cessionario è limitata alle sanzioni pecuniarie che risultano dai libri contabili obbligatori, ovvero dovute per illeciti amministrativi dei quali egli era comunque a conoscenza.

3. Le disposizioni del presente articolo si applicano anche nel caso di conferimento di azienda.

Capo III
Procedimento di accertamento e di applicazione delle sanzioni amministrative

Sezione I
Disposizioni generali

34. Disposizioni processuali applicabili.

1. Per il procedimento relativo agli illeciti amministrativi dipendenti da reato, si osservano le norme di questo capo nonché, in quanto compatibili, le disposizioni del codice di procedura penale e del decreto legislativo 28 luglio 1989, n. 271.

35. Estensione della disciplina relativa all'imputato.

1. All'ente si applicano le disposizioni processuali relative all'imputato, in quanto compatibili.

Sezione II
Soggetti, giurisdizione e competenza

36. Attribuzioni del giudice penale.

1. La competenza a conoscere gli illeciti amministrativi dell'ente appartiene al giudice penale competente per i reati dai quali gli stessi dipendono.

2. Per il procedimento di accertamento dell'illecito amministrativo dell'ente si osservano le disposizioni sulla composizione del tribunale e le disposizioni processuali collegate relative ai reati dai quali l'illecito amministrativo dipende.

37. Casi di improcedibilità.

1. Non si procede all'accertamento dell'illecito amministrativo dell'ente quando l'azione penale non può essere iniziata o proseguita nei confronti dell'autore del reato per la mancanza di una condizione di procedibilità.

38. Riunione e separazione dei procedimenti.

1. Il procedimento per l'illecito amministrativo dell'ente è riunito al procedimento penale instaurato nei confronti dell'autore del reato da cui l'illecito dipende.

2. Si procede separatamente per l'illecito amministrativo dell'ente soltanto quando:

a) è stata ordinata la sospensione del procedimento ai sensi dell'articolo 71 del codice di procedura penale;
b) il procedimento è stato definito con il giudizio abbreviato o con l'applicazione della pena ai sensi dell'articolo 444 del codice di procedura penale, ovvero è stato emesso il decreto penale di condanna;
c) l'osservanza delle disposizioni processuali lo rende necessario.

39. Rappresentanza dell'ente.

1. L'ente partecipa al procedimento penale con il proprio rappresentante legale, salvo che questi sia imputato del reato da cui dipende l'illecito amministrativo.

2. L'ente che intende partecipare al procedimento si costituisce depositando nella cancelleria dell'autorità giudiziaria procedente una dichiarazione contenente a pena di inammissibilità:

a) la denominazione dell'ente e le generalità del suo legale rappresentante;
b) il nome ed il cognome del difensore e l'indicazione della procura;
c) la sottoscrizione del difensore;
d) la dichiarazione o l'elezione di domicilio.

3. La procura, conferita nelle forme previste dall'articolo 100, comma 1, del codice di procedura penale, è depositata nella segreteria del pubblico ministero o nella cancelleria del giudice ovvero è presentata in udienza unitamente alla dichiarazione di cui al comma 2.

4. Quando non compare il legale rappresentante, l'ente costituito è rappresentato dal difensore.

40. Difensore di ufficio.

1. L'ente che non ha nominato un difensore di fiducia o ne è rimasto privo è assistito da un difensore di ufficio.

41. Contumacia dell'ente.

1. L'ente che non si costituisce nel processo è dichiarato contumace.

42. Vicende modificative dell'ente nel corso del processo.

1. Nel caso di trasformazione, di fusione o di scissione dell'ente originariamente responsabile, il procedimento prosegue nei confronti degli enti risultanti da tali vicende modificative o beneficiari della scissione, che partecipano al processo, nello stato in cui lo stesso si trova, depositando la dichiarazione di cui all'articolo 39, comma 2.

43. Notificazioni all'ente.

1. Per la prima notificazione all'ente si osservano le disposizioni dell'articolo 154, comma 3, del codice di procedura penale.

2. Sono comunque valide le notificazioni eseguite mediante consegna al legale rappresentante, anche se imputato del reato da cui dipende l'illecito amministrativo.

3. Se l'ente ha dichiarato o eletto domicilio nella dichiarazione di cui all'articolo 39 o in altro atto comunicato all'autorità giudiziaria, le notificazioni sono eseguite ai sensi dell'articolo 161 del codice di procedura penale.

4. Se non è possibile eseguire le notificazioni nei modi previsti dai commi precedenti, l'autorità giudiziaria dispone nuove ricerche. Qualora le ricerche non diano esito positivo, il giudice, su richiesta del pubblico ministero, sospende il procedimento.

Sezione III
Prove

44. Incompatibilità con l'ufficio di testimone.

1. Non può essere assunta come testimone:

a) la persona imputata del reato da cui dipende l'illecito amministrativo;
b) la persona che rappresenta l'ente indicata nella dichiarazione di cui all'articolo 39, comma 2, e che rivestiva tale funzione anche al momento della commissione del reato.

2. Nel caso di incompatibilità la persona che rappresenta l'ente può essere interrogata ed esaminata nelle forme, con i limiti e con gli effetti previsti per l'interrogatorio e per l'esame della persona imputata in un procedimento connesso.

Sezione IV
Misure cautelari

45. Applicazione delle misure cautelari.

1. Quando sussistono gravi indizi per ritenere la sussistenza della responsabilità dell'ente per un illecito amministrativo dipendente da reato e vi sono fondati e specifici elementi che fanno ritenere concreto il pericolo che vengano commessi illeciti della stessa indole di quello per cui si procede, il pubblico ministero può richiedere l'applicazione quale misura cautelare di una delle sanzioni interdittive previste dall'articolo 9, comma 2, presentando al giudice gli elementi su cui la richiesta si fonda, compresi quelli a favore dell'ente e le eventuali deduzioni e memorie difensive già depositate.

2. Sulla richiesta il giudice provvede con ordinanza, in cui indica anche le modalità applicative della misura. Si osservano le disposizioni dell'articolo 292 del codice di procedura penale.

3. In luogo della misura cautelare interdittiva, il giudice può nominare un commissario giudiziale a norma dell'articolo 15 per un periodo pari alla durata della misura che sarebbe stata applicata. La nomina del commissario di cui al primo periodo è sempre disposta, in luogo della misura cautelare interdittiva, quando la misura possa pregiudicare la continuità dell'attività svolta in stabilimenti industriali o parti di essi dichiarati di interesse strategico nazionale ai sensi dell'articolo 1 del decreto-legge 3 dicembre 2012, n. 207, convertito, con modificazioni, dalla legge 24 dicembre 2012, n. 231 [(1)].

(1) Comma modificato dall'art. 5, co. 1, lett. c), d.l. 5.1.2023, n. 2, conv., con modif., dalla l. 3.3.2023, n. 17.

46. Criteri di scelta delle misure.

1. Nel disporre le misure cautelari, il giudice tiene conto della specifica idoneità di ciascuna in relazione alla natura e al grado delle esigenze cautelari da soddisfare nel caso concreto.

2. Ogni misura cautelare deve essere proporzionata all'entità del fatto e alla sanzione che si ritiene possa essere applicata all'ente.

3. L'interdizione dall'esercizio dell'attività può essere disposta in via cautelare soltanto quando ogni altra misura risulti inadeguata.

4. Le misure cautelari non possono essere applicate congiuntamente.

47. Giudice competente e procedimento di applicazione.

1. Sull'applicazione e sulla revoca delle misure cautelari nonché sulle modifiche delle loro modalità esecutive, provvede il giudice che procede. Nel corso delle indagini provvede il giudice per le indagini preliminari. Si applicano altresì le disposizioni di cui all'articolo 91 del decreto legislativo 28 luglio 1989, n. 271.

2. Se la richiesta di applicazione della misura cautelare è presentata fuori udienza, il giudice fissa la data dell'udienza e ne fa dare avviso al pubblico ministero, all'ente e ai difensori. L'ente e i difensori sono altresì avvisati che, presso la cancelleria del giudice, possono esaminare la richiesta dal pubblico ministero e gli elementi sui quali la stessa si fonda.

3. Nell'udienza prevista dal comma 2, si osservano le forme dell'articolo 127, commi 1, 2, 3, 4, 5, 6 e 10, del codice di procedura penale; i termini previsti ai commi 1 e 2 del medesimo articolo sono ridotti rispettivamente a cinque e a tre giorni. Tra il deposito della richiesta e la data dell'udienza non può intercorrere un termine superiore a quindici giorni.

48. Adempimenti esecutivi.

1. L'ordinanza che dispone l'applicazione di una misura cautelare è notificata all'ente a cura del pubblico ministero.

49. Sospensione delle misure cautelari.

1. Le misure cautelari possono essere sospese se l'ente chiede di poter realizzare gli adempimenti cui la legge condiziona l'esclusione di sanzioni interdittive a norma dell'articolo 17. In tal caso, il giudice, sentito il pubblico ministero, se ritiene di accogliere la richiesta, determina una somma di denaro a titolo di cauzione, dispone la sospensione della misura e indica il termine per la realizzazione delle condotte riparatorie di cui al medesimo articolo 17.

2. La cauzione consiste nel deposito presso la Cassa delle ammende di una somma di denaro che non può comunque essere inferiore alla metà della sanzione pecuniaria minima prevista per l'illecito per cui si procede. In luogo del deposito, è ammessa la prestazione di una garanzia mediante ipoteca o fideiussione solidale.

3. Nel caso di mancata, incompleta o inefficace esecuzione delle attività nel termine fissato, la misura cautelare viene ripristinata e la somma depositata o per la quale è stata data garanzia è devoluta alla Cassa delle ammende.

4. Se si realizzano le condizioni di cui all'articolo 17 il giudice revoca la misura cautelare e ordina la restituzione della somma depositata o la cancellazione dell'ipoteca; la fideiussione prestata si estingue.

50. Revoca e sostituzione delle misure cautelari.

1. Le misure cautelari sono revocate anche d'ufficio quando risultano mancanti, anche per fatti sopravvenuti, le condizioni di applicabilità previste dall'articolo 45 ovvero quando ricorrono le ipotesi previste dall'articolo 17.

2. Quando le esigenze cautelari risultano attenuate ovvero la misura applicata non appare piu proporzionata all'entità del fatto o alla sanzione che si ritiene possa essere applicata in via definitiva, il giudice, su richiesta del pubblico ministero o dell'ente, sostituisce la misura con un'altra meno grave ovvero ne dispone l'applicazione con modalità meno gravose, anche stabilendo una minore durata.

51. Durata massima delle misure cautelari.

1. Nel disporre le misure cautelari il giudice ne determina la durata, che non può superare un anno [(1)].

2. Dopo la sentenza di condanna di primo grado, la durata della misura cautelare può avere la stessa durata della corrispondente sanzione applicata con la medesima sentenza. In ogni caso, la durata della misura cautelare non può superare un anno e quattro mesi [(2)].

3. Il termine di durata delle misure cautelari decorre dalla data della notifica dell'ordinanza.

4. La durata delle misure cautelari è computata nella durata delle sanzioni applicate in via definitiva.

(1) Comma modificato dall'art. 1, co. 9, lett. c), n. 1), l. 9.1.2019, n. 3.
(2) Comma modificato dall'art. 1, co. 9, lett. c), n. 1), l. 9.1.2019, n. 3.

52. Impugnazione dei provvedimenti che applicano le misure cautelari.

1. Il pubblico ministero e l'ente, per mezzo del suo difensore, possono proporre appello contro tutti i provvedimenti in materia di misure cautelari, indicandone contestualmente i motivi. Si osservano le disposizioni di cui all'articolo 322-*bis*, commi 1-*bis* e 2, del codice di procedura penale.

2. Contro il provvedimento emesso a norma del comma 1, il pubblico ministero e l'ente, per mezzo del suo difensore, possono proporre ricorso per cassazione per violazione di legge. Si osservano le disposizioni di cui all'articolo 325 del codice di procedura penale.

53. Sequestro preventivo.

1. Il giudice può disporre il sequestro delle cose di cui è consentita la confisca a norma dell'articolo 19. Si osservano le disposizioni di cui agli articoli 321, commi 3, 3-*bis* e 3-*ter*, 322, 322-*bis* e 323 del codice di procedura penale, in quanto applicabili.

1 bis. Ove il sequestro, eseguito ai fini della confisca per equivalente prevista dal comma 2 dell'articolo 19, abbia ad oggetto società, aziende ovvero beni, ivi compresi i titoli, nonché quote azionarie o liquidità anche se in deposito, il custode amministratore giudiziario ne consente l'utilizzo e la gestione agli organi societari esclusivamente al fine di garantire la continuità e lo sviluppo aziendali, esercitando i poteri di vigilanza e riferendone all'autorità giudiziaria. In caso di violazione della predetta finalità l'autorità giudiziaria adotta i provvedimenti conseguenti e può nominare un amministratore nell'esercizio dei poteri di azionista. Con la nomina si intendono eseguiti gli adempimenti di cui all'articolo 104 delle norme di attuazione, di coordinamento e transitorie del codice di procedura penale, di cui al decreto legislativo 28 luglio 1989, n. 271. In caso di sequestro in danno di società che gestiscono stabilimenti di interesse strategico nazionale e di loro controllate, si applicano le disposizioni di cui al decreto-legge 4 giugno 2013, n. 61, convertito, con modificazioni, dalla legge 3 agosto 2013, n. 89 (1).

1 ter. Quando il sequestro abbia ad oggetto stabilimenti industriali o parti di essi che siano stati dichiarati di interesse strategico nazionale ai sensi dell'articolo 1 del decreto-legge 3 dicembre 2012, n. 207, convertito, con modificazioni, dalla legge 24 dicembre 2012, n. 231, [o loro parti,] ovvero impianti o infrastrutture necessari ad assicurarne la continuità produttiva, si applica l'articolo 104-*bis*, commi 1-*bis*.1, 1-*bis*.2, 1-*septies*, 1-*octies*, 1-*novies* e 1-*decies*, delle norme di attuazione, di coordinamento e transitorie del codice di procedura penale, di cui al decreto legislativo 28 luglio 1989, n. 271 (2).

(1) Comma introdotto dall'art. 12, co. 5 *bis*, d.l. 31.8.2013, n, 101, conv., con modif., in l. 30.10.2013, n. 125.

(2) Comma introdotto dall'art. 5, co. 1, lett. d), d.l. 5.1.2023, n. 2, conv., con modif., dalla l. 3.3.2023, n. 17 e poi modificato dall'art. 9 *bis*, co. 3, lett. b), d.l. 13.6.2023, n. 69, conv., con modif., dalla l. 10.8.2023, n. 103.

54. Sequestro conservativo.

1. Se vi è fondata ragione di ritenere che manchino o si disperdano le garanzie per il pagamento della sanzione pecuniaria, delle spese del procedimento e di ogni altra somma dovuta all'erario dello Stato, il pubblico ministero, in ogni stato e grado del processo di merito, chiede il sequestro conservativo dei beni mobili e immobili dell'ente o delle somme o cose allo stesso dovute. Si osservano le disposizioni di cui agli articoli 316, comma 4, 317, 318, 319 e 320 del codice di procedura penale, in quanto applicabili.

Sezione V
Indagini preliminari e udienza preliminare

55. Annotazione dell'illecito amministrativo.

1. Il pubblico ministero che acquisisce la notizia dell'illecito amministrativo dipendente da reato commesso dall'ente annota immediatamente, nel registro di cui all'articolo 335 del codice di procedura penale, gli elementi identificativi dell'ente unitamente, ove possibile, alle generalità del suo legale rappresentante nonché il reato da cui dipende l'illecito.

2. L'annotazione di cui al comma 1 è comunicata all'ente o al suo difensore che ne faccia richiesta negli stessi limiti in cui è consentita la comunicazione delle iscrizioni della notizia di reato alla persona alla quale il reato è attribuito.

56. Termine per l'accertamento dell'illecito amministrativo nelle indagini preliminari.

1. Il pubblico ministero procede all'accertamento dell'illecito amministrativo negli stessi termini previsti per le indagini preliminari relative al reato da cui dipende l'illecito stesso.

2. Il termine per l'accertamento dell'illecito amministrativo a carico dell'ente decorre dalla annotazione prevista dall'articolo 55.

57. Informazione di garanzia.

1. L'informazione di garanzia inviata all'ente deve contenere l'invito a dichiarare ovvero eleggere domicilio per le notificazioni nonché l'avvertimento che per partecipare al procedimento deve depositare la dichiarazione di cui all'articolo 39, comma 2.

58. Archiviazione.

1. Se non procede alla contestazione dell'illecito amministrativo a norma dell'articolo 59, il pubblico ministero emette decreto motivato di archiviazione degli atti, comunicandolo al procuratore generale presso la corte d'appello. Il procuratore generale può svolgere gli accertamenti indispensabili e, qualora ritenga ne ricorrano le condizioni, contesta all'ente le violazioni amministrative conseguenti al reato entro sei mesi dalla comunicazione.

59. Contestazione dell'illecito amministrativo.

1. Quando non dispone l'archiviazione, il pubblico ministero contesta all'ente l'illecito amministrativo dipendente dal reato. La contestazione dell'illecito è contenuta in uno degli atti indicati dall'articolo 407-*bis*, comma 1, del codice di procedura penale (1).

2. La contestazione contiene gli elementi identificativi dell'ente, l'enunciazione, in forma chiara e precisa, del fatto che può comportare l'applicazione delle sanzioni amministrative, con l'indicazione del reato da cui l'illecito dipende e dei relativi articoli di legge e delle fonti di prova.

(1) Comma modificato dall'art. 7, co. 1, lett. a), d.lgs. 19.3.2024, n. 31.

60. Decadenza dalla contestazione.

1. Non può procedersi alla contestazione di cui all'articolo 59 quando il reato da cui dipende l'illecito amministrativo dell'ente è estinto per prescrizione.

61. Provvedimenti emessi nell'udienza preliminare.

1. Il giudice dell'udienza preliminare pronuncia sentenza di non luogo a procedere nei casi di estinzione o di improcedibilità della sanzione amministrativa, ovvero quando l'illecito stesso non sussiste o gli elementi acquisiti non consentono di formulare una ragionevole previsione di condanna dell'ente. Si applicano le disposizioni dell'articolo 426 del codice di procedura penale (1).

2. Il decreto che, a seguito dell'udienza preliminare, dispone il giudizio nei confronti dell'ente, contiene, a pena di nullità, la contestazione dell'illecito amministrativo dipendente dal reato, con l'enunciazione, in forma chiara e precisa, del fatto che può comportare l'applicazione delle sanzioni e l'indicazione del reato da cui l'illecito dipende e dei relativi articoli di legge e delle fonti di prova nonché gli elementi identificativi dell'ente.

(1) Comma modificato dall'art. 7, co. 1, lett. a), d.lgs. 19.3.2024, n. 31.

Sezione VI
Procedimenti speciali

62. Giudizio abbreviato.

1. Per il giudizio abbreviato si osservano le disposizioni del titolo I del libro sesto del codice di procedura penale, in quanto applicabili.

2. Se manca l'udienza preliminare, si applicano, secondo i casi, le disposizioni degli articoli 555, comma 2, 557 e 558, comma 8.

3. La riduzione di cui all'articolo 442, comma 2, del codice di procedura penale è operata sulla durata della sanzione interdittiva e sull'ammontare della sanzione pecuniaria.

4. In ogni caso, il giudizio abbreviato non è ammesso quando per l'illecito amministrativo è prevista l'applicazione di una sanzione interdittiva in via definitiva.

63. Applicazione della sanzione su richiesta.

1. L'applicazione all'ente della sanzione su richiesta è ammessa se il giudizio nei confronti dell'imputato è definito ovvero definibile a norma dell'articolo 444 del codice di procedura penale nonché in tutti i casi in cui per l'illecito amministrativo è prevista la sola sanzione pecuniaria. Si osservano le disposizioni di cui al titolo II del libro sesto del codice di procedura penale, in quanto applicabili.

2. Nei casi in cui è applicabile la sanzione su richiesta, la riduzione di cui all'articolo 444, comma 1, del codice di procedura penale è operata sulla durata della sanzione interdittiva e sull'ammontare della sanzione pecuniaria.

3. Il giudice, se ritiene che debba essere applicata una sanzione interdittiva in via definitiva, rigetta la richiesta.

64. Procedimento per decreto.

1. Il pubblico ministero, quando ritiene che si debba applicare la sola sanzione pecuniaria, può presentare al giudice per le indagini preliminari, entro un anno dalla data dell'annotazione dell'illecito amministrativo nel registro di cui all'articolo 55 e previa trasmissione del fascicolo, richiesta motivata di emissione del decreto di applicazione della sanzione pecuniaria, indicandone la misura [(1)].

2. Il pubblico ministero può chiedere l'applicazione di una sanzione pecuniaria diminuita sino alla metà rispetto al minimo dell'importo applicabile.

3. Il giudice, quando non accoglie la richiesta, se non deve pronunciare sentenza di esclusione della responsabilità dell'ente, restituisce gli atti al pubblico ministero.

4. Si osservano le disposizioni del titolo V del libro sesto e dell'articolo 557 del codice di procedura penale, in quanto compatibili.

(1) Comma modificato dall'art. 68, co. 1, d.lgs. 10.10.2022, n. 150 a decorrere dal 30.12.2022.

Sezione VII
Giudizio

65. Termine per provvedere alla riparazione delle conseguenze del reato.

1. Prima dell'apertura del dibattimento di primo grado, il giudice può disporre la sospensione del processo se l'ente chiede di provvedere alle attività di cui all'articolo 17 e dimostra di essere stato nell'impossibilità di effettuarle prima. In tal caso, il giudice, se ritiene di accogliere la richiesta, determina una somma di denaro a titolo di cauzione. Si osservano le disposizioni di cui all'articolo 49.

66. Sentenza di esclusione della responsabilità dell'ente.

1. Se l'illecito amministrativo contestato all'ente non sussiste, il giudice lo dichiara con sentenza, indicandone la causa nel dispositivo. Allo stesso modo procede quando manca, è insufficiente o è contraddittoria la prova dell'illecito amministrativo.

67. Sentenza di non doversi procedere.

1. Il giudice pronuncia sentenza di non doversi procedere nei casi previsti dall'articolo 60 e quando la sanzione è estinta per prescrizione.

68. Provvedimenti sulle misure cautelari.

1. Quando pronuncia una delle sentenza di cui agli articoli 66 e 67, il giudice dichiara la cessazione delle misure cautelari eventualmente disposte.

69. Sentenza di condanna.

1. Se l'ente risulta responsabile dell'illecito amministrativo contestato il giudice applica le sanzioni previste dalla legge e lo condanna al pagamento delle spese processuali.

2. In caso di applicazione delle sanzioni interdittive la sentenza deve sempre indicare l'attività o le strutture oggetto della sanzione.

70. Sentenza in caso di vicende modificative dell'ente.

1. Nel caso di trasformazione, fusione o scissione dell'ente responsabile, il giudice dà atto nel dispositivo che la sentenza è pronunciata nei confronti degli enti risultanti dalla trasformazione o fusione ovvero beneficiari della scissione, indicando l'ente originariamente responsabile.

2. La sentenza pronunciata nei confronti dell'ente originariamente responsabile ha comunque effetto anche nei confronti degli enti indicati nel comma 1.

Sezione VIII
Impugnazioni

71. Impugnazioni delle sentenze relative alla responsabilità amministrativa dell'ente.

1. Contro la sentenza che applica sanzioni amministrative diverse da quelle interdittive l'ente può proporre impugnazione nei casi e nei modi stabiliti per l'imputato del reato dal quale dipende l'illecito amministrativo.

2. Contro la sentenza che applica una o più sanzioni

interdittive, l'ente può sempre proporre appello anche se questo non è ammesso per l'imputato del reato dal quale dipende l'illecito amministrativo.

3. Contro la sentenza che riguarda l'illecito amministrativo il pubblico ministero può proporre le stesse impugnazioni consentite per il reato da cui l'illecito amministrativo dipende.

72. Estensione delle impugnazioni.

1. Le impugnazioni proposte dall'imputato del reato da cui dipende l'illecito amministrativo e dall'ente, giovano, rispettivamente, all'ente e all'imputato, purché non fondate su motivi esclusivamente personali.

73. Revisione delle sentenze.

1. Alle sentenze pronunciate nei confronti dell'ente si applicano, in quanto compatibili, le disposizioni del titolo IV del libro nono del codice di procedura penale ad eccezione degli articoli 643, 644, 645, 646 e 647.

Sezione IX
Esecuzione

74. Giudice dell'esecuzione.

1. Competente a conoscere dell'esecuzione delle sanzioni amministrative dipendenti da reato è il giudice indicato nell'articolo 665 del codice di procedura penale.

2. Il giudice indicato nel comma 1 è pure competente per i provvedimenti relativi:

a) alla cessazione dell'esecuzione delle sanzioni nei casi previsti dall'articolo 3;
b) alla cessazione dell'esecuzione nei casi di estinzione del reato per amnistia;
c) alla determinazione della sanzione amministrativa applicabile nei casi previsti dall'articolo 21, commi 1 e 2;
d) alla confisca e alla restituzione delle cose sequestrate.

3. Nel procedimento di esecuzione si osservano le disposizioni di cui all'articolo 666 del codice di procedura penale, in quanto applicabili. Nei casi previsti dal comma 2, lettere b) e d) si osservano le disposizioni di cui all'articolo 667, comma 4, del codice di procedura penale.

4. Quando è applicata l'interdizione dall'esercizio dell'attività, il giudice, su richiesta dell'ente, può autorizzare il compimento di atti di gestione ordinaria che non comportino la prosecuzione dell'attività interdetta. Si osservano le disposizioni di cui all'articolo 667, comma 4, del codice di procedura penale.

75. Esecuzione delle sanzioni pecuniarie.

[**1.** Le condanne al pagamento delle sanzioni amministrative pecuniarie sono eseguite nei modi stabiliti per l'esecuzione delle pene pecuniarie.

2. Per il pagamento rateale, per la dilazione del pagamento e per la sospensione della riscossione delle sanzioni amministrative pecuniarie si osservano le disposizioni di cui agli articoli 19 e 19-*bis* del decreto del Presidente della Repubblica 29 settembre 1973, n. 602, come modificato dall'articolo 7 del decreto legislativo 26 febbraio 1999, n. 46.] (1)

(1) Articolo abrogato, a decorrere dal 1.7.2002, dall'art. 299, d.P.R. 30.5.2002, n. 115.

76. Pubblicazione della sentenza applicativa della condanna.

1. La pubblicazione della sentenza di condanna è eseguita a spese dell'ente nei cui confronti è stata applicata la sanzione. Si osservano le disposizioni di cui all'articolo 694, commi 2, 3 e 4, del codice di procedura penale.

77. Esecuzione delle sanzioni interdittive.

1. L'estratto della sentenza che ha disposto l'applicazione di una sanzione interdittiva è notificata all'ente a cura del pubblico ministero.

2. Ai fini della decorrenza del termine di durata delle sanzioni interdittive si ha riguardo alla data della notificazione.

78. Conversione delle sanzioni interdittive.

1. L'ente che ha posto in essere tardivamente le condotte di cui all'articolo 17, entro venti giorni dalla notifica dell'estratto della sentenza, può richiedere la conversione della sanzione amministrativa interdittiva in sanzione pecuniaria.

2. La richiesta è presentata al giudice dell'esecuzione e deve contenere la documentazione attestante l'avvenuta esecuzione degli adempimenti di cui all'articolo 17.

3. Entro dieci giorni dalla presentazione della richiesta, il giudice fissa l'udienza in camera di consiglio e ne fa dare avviso alle parti e ai difensori; se la richiesta non appare manifestamente infondata, il giudice può sospendere l'esecuzione della sanzione. La sospensione è disposta con decreto motivato revocabile.

4. Se accoglie la richiesta il giudice, con ordinanza, converte le sanzioni interdittive, determinando l'importo della sanzione pecuniaria in una somma non inferiore a quella già applicata in sentenza e non superiore al doppio della stessa. Nel determinare l'importo della somma il giudice tiene conto della gravità dell'illecito ritenuto in sentenza e delle ragioni che hanno determinato il tardivo adempimento delle condizioni di cui all'articolo 17.

79. Nomina del commissario giudiziale e confisca del profitto.

1. Quando deve essere eseguita la sentenza che dispone la prosecuzione dell'attività dell'ente ai sensi dell'articolo 15, la nomina del commissario giudiziale è richiesta dal pubblico ministero al giudice dell'esecuzione, il quale vi provvede senza formalità.

2. Il commissario riferisce ogni tre mesi al giudice dell'esecuzione e al pubblico ministero sull'andamento della gestione e, terminato l'incarico, trasmette al giudice una relazione sull'attività svolta nella quale rende conto della gestione, indicando altresì l'entità del profitto da sottoporre a confisca e le modalità con le quali sono stati attuati i modelli organizzativi.

3. Il giudice decide sulla confisca con le forme dell'articolo 667, comma 4, del codice di procedura penale.

4. Le spese relative all'attività svolta dal commissario e al suo compenso sono a carico dell'ente.

80. Anagrafe nazionale delle sanzioni amministrative.

[1. Presso il casellario giudiziale centrale è istituita l'anagrafe nazionale delle sanzioni amministrative di cui al capo II.

2. Nell'anagrafe sono iscritti, per estratto, le sentenze e i decreti che hanno applicato agli enti sanzioni amministrative dipendenti da reato appena divenuti irrevocabili nonché i provvedimenti emessi dagli organi giurisdizionali dell'esecuzione non più soggetti ad impugnazione che riguardano le sanzioni amministrative.

3. Le iscrizioni dell'anagrafe sono eliminate trascorsi cinque anni dal giorno in cui hanno avuto esecuzione se è stata applicata la sanzione pecuniaria o dieci anni se è stata applicata una sanzione diversa sempre che nei periodi indicati non è stato commesso un ulteriore illecito amministrativo.] (1)

(1) Articolo abrogato dall'art. 52, d.P.R. 14.11.2002, n. 313, con effetto a decorrere dalla data prevista dall'art. 55, d.P.R. 313/2002.

81. Certificati dell'anagrafe.

[1. Ogni organo avente giurisdizione, ai sensi del presente decreto legislativo, in ordine all'illecito amministrativo dipendente da reato ha diritto di ottenere, per ragioni di giustizia, il certificato di tutte le iscrizioni esistenti nei confronti dell'ente. Uguale diritto appartiene a tutte le pubbliche amministrazioni e agli enti incaricati di pubblici servizi quando il certificato è necessario per provvedere ad un atto delle loro funzioni, in relazione all'ente cui il certificato stesso si riferisce.

2. Il pubblico ministero può richiedere, per ragioni di giustizia, il predetto certificato dell'ente sottoposto a procedimento di accertamento della responsabilità amministrativa dipendente da reato.

3. L'ente al quale le iscrizioni si riferiscono ha diritto di ottenere il relativo certificato senza motivare la domanda.

4. Nel certificato di cui al comma 3 non sono riportate le iscrizioni relative alle sentenze di applicazione della sanzione su richiesta e ai decreti di applicazione della sanzione pecuniaria.] (1)

(1) Articolo abrogato dall'art. 52, d.P.R. 14.11.2002, n. 313, con effetto a decorrere dalla data prevista dall'art. 55, d.P.R. n. 313/2002.

82. Questioni concernenti le iscrizioni e i certificati.

[1. Sulle questioni relative alle iscrizioni e ai certificati dell'anagrafe è competente il tribunale di Roma, che decide in composizione monocratica osservando le disposizioni di cui all'articolo 78. Capo IV Disposizioni di attuazione e di coordinamento.] (1)

(1) Articolo abrogato dall'art. 52, d.P.R. 14.11.2002, n. 313, con effetto a decorrere dalla data prevista dall'art. 55, d.P.R. n. 313/2002.

Capo IV
Disposizioni di attuazione e di coordinamento

83. Concorso di sanzioni.

1. Nei confronti dell'ente si applicano soltanto le sanzioni interdittive stabilite nel presente decreto legislativo anche quando diverse disposizioni di legge prevedono, in conseguenza della sentenza di condanna per il reato, l'applicazione nei confronti dell'ente di sanzioni amministrative di contenuto identico o analogo.

2. Se, in conseguenza dell'illecito, all'ente è stata già applicata una sanzione amministrativa di contenuto identico o analogo a quella interdittiva prevista dal presente decreto legislativo, la durata della sanzione già sofferta è computata ai fini della determinazione della durata della sanzione amministrativa dipendente da reato.

84. Comunicazioni alle autorità di controllo o di vigilanza.

1. Il provvedimento che applica misure cautelari interdittive e la sentenza irrevocabile di condanna sono comunicati, a cura della cancelleria del giudice che li ha emessi, alle autorità che esercitano il controllo o la vigilanza sull'ente.

85. Disposizioni regolamentari.

1. Con regolamento emanato ai sensi dell'articolo 17, comma 3, della legge 23 agosto 1988, n. 400, entro sessanta giorni dalla data di pubblicazione del presente decreto legislativo, il Ministro della giustizia adotta le disposizioni regolamentari relative al procedimento di accertamento dell'illecito amministrativo che concernono:

a) le modalità di formazione e tenuta dei fascicoli degli uffici giudiziari;

[b) i compiti ed il funzionamento dell'Anagrafe nazionale;] (1)

c) le altre attività necessarie per l'attuazione del presente decreto legislativo.

2. Il parere del Consiglio di Stato sul regolamento previsto dal comma 1 è reso entro trenta giorni dalla richiesta.

Il presente decreto, munito del sigillo dello Stato, sarà inserito nella Raccolta ufficiale degli atti normativi della Repubblica italiana. È fatto obbligo a chiunque spetti di osservarlo e di farlo osservare.

(1) Lettera abrogata dall'art. 52, d.P.R. 14.11.2002, n. 313, con effetto a decorrere dalla data prevista dall'art. 55, d.P.R. n. 313/2002.

5. D.M. 26 giugno 2003, n. 201. – Regolamento recante disposizioni regolamentari relative al procedimento di accertamento dell'illecito amministrativo delle persone giuridiche, delle società e delle associazioni anche prive di personalità giuridica, ai sensi dell'articolo 85 del decreto legislativo 8 giugno 2001, n. 231

In Gazzetta Ufficiale 4 agosto 2003, n. 179

Capo I
Delle modalità di formazione e tenuta dei fascicoli

1. Norme applicabili.

1. Nella formazione e nella tenuta dei fascicoli relativi al procedimento di accertamento degli illeciti amministrativi dipendenti da reato e alla applicazione delle sanzioni amministrative, si osservano le disposizioni del capo III del decreto legislativo 8 giugno 2001, numero 231, nonché, in quanto compatibili, le disposizioni del codice di procedura penale, del decreto legislativo 28 luglio 1989, n. 271 e del regolamento per l'esecuzione del codice di procedura penale di cui al decreto ministeriale 30 settembre 1989, n. 334, fatto salvo quanto previsto dall'articolo seguente.

2. Modalità di formazione e tenuta dei fascicoli.

1. Nella formazione dei fascicoli, si osserva quanto disposto dall'articolo 3 del regolamento per l'esecuzione del codice di procedura penale; la copertina del fascicolo deve contenere, in luogo delle generalità della persona alla quale è attribuito il reato, gli elementi identificativi dell'ente cui è attribuito l'illecito amministrativo, unitamente, ove possibile, alle generalità del suo legale rappresentante, nonché l'indicazione del reato da cui dipende l'illecito amministrativo.

2. Nella formazione dei fascicoli relativi all'esecuzione, si osserva quanto disposto dall'articolo 29 del regolamento per l'esecuzione del codice di procedura penale; nel fascicolo è inserito, in luogo del certificato del casellario giudiziale riguardante il condannato, il certificato dell'Anagrafe delle sanzioni amministrative.

Capo II
Della tenuta dei registri

3. Norme applicabili.

1. Le annotazioni relative al procedimento di accertamento degli illeciti amministrativi dipendenti da reato e alla applicazione delle sanzioni amministrative sono compiute sugli ordinari registri obbligatori in materia penale, previsti dall'articolo 2 del regolamento per l'esecuzione del codice di procedura penale e conformi ai modelli approvati con il decreto ministeriale 30 settembre 1989, recante approvazione dei registri in materia penale, e successive modificazioni. Salve le disposizioni di cui all'articolo seguente, nella formazione e nella tenuta dei registri si osservano le norme del capo III del decreto legislativo 8 giugno 2001, n. 231, nonché, in quanto compatibili, le disposizioni del codice di procedura penale, del decreto legislativo 28 luglio 1989, n. 271 e del regolamento per l'esecuzione del codice di procedura penale.

4. Formazione e tenuta dei registri.

1. Le annotazioni relative al procedimento di accertamento degli illeciti amministrativi dipendenti da reato e alla applicazione delle sanzioni amministrative sono compiute apponendo, negli spazi dei registri obbligatori destinati alla qualificazione giuridica del fatto e all'imputazione, una sigla identificativa, che consenta di evidenziare la natura di procedimento per l'accertamento dell'illecito amministrativo dipendente da reato ai sensi del decreto legislativo n. 231 del 2001.

2. All'interno dei registri obbligatori le annotazioni relative alla contestazione di cui all'articolo 59 del decreto legislativo n. 231 del 2001 sono inserite negli spazi previsti per le annotazioni della data di esercizio dell'azione penale e della imputazione.

3. Negli spazi dei registri obbligatori destinati alle generalità della persona sottoposta alle indagini o dell'imputato, in luogo di queste, sono inseriti gli elementi identificativi dell'ente cui è attribuito l'illecito amministrativo, unitamente, ove possibile, alle generalità del suo legale rappresentante.

4. Qualora il pubblico ministero emetta decreto motivato di archiviazione degli atti ai sensi dell'articolo 58 del decreto legislativo, i relativi estremi sono inseriti nello spazio del registro generale delle notizie di reato destinato alla richiesta di archiviazione del pubblico ministero. Nel medesimo spazio è inserita l'annotazione relativa alla comunicazione del decreto di archiviazione al procuratore generale presso la corte d'appello.

5. Qualora il procuratore generale proceda alla contestazione dell'illecito amministrativo ai sensi dell'articolo 58 del decreto legislativo n. 231 del 2001, gli estremi del provvedimento sono inseriti nel registro delle indagini avocate.

Capo III
Del procedimento di controllo

5. Comunicazione dei codici di comportamento.

1. In attuazione dell'articolo 6, comma 3, del decreto legislativo n. 231 del 2001, le associazioni rappresentative degli enti, comunicano al Ministero della giustizia, presso la Direzione generale della giustizia penale, Ufficio I, i codici di comportamento contenenti indicazioni

specifiche (e concrete) di settore per l'adozione e per l'attuazione dei modelli di organizzazione e di gestione previsti dal medesimo articolo 6. L'invio dei codici di comportamento è accompagnato dallo statuto e dall'atto costitutivo dell'associazione; in difetto, ovvero quando dall'esame di tali atti risulti che il richiedente è privo di rappresentatività, l'Amministrazione arresta il procedimento di controllo alla fase preliminare, dandone comunicazione entro trenta giorni dalla data di ricezione dei codici.

6. Procedimento di esame dei codici.

1. Il Direttore generale della giustizia penale esamina i codici di comportamento sulla base dei criteri fissati all'articolo 6, comma 2, del decreto legislativo n. 231 del 2001.

2. Ai fini dell'esame dei codici, il Direttore generale della giustizia penale, nell'ambito degli ordinari stanziamenti di bilancio del Ministero della giustizia, può avvalersi della consulenza di esperti in materia di organizzazione aziendale, designati con decreto del capo del Dipartimento per gli affari di giustizia, tra soggetti i quali non abbiano rapporti di lavoro subordinato o autonomo, o di collaborazione anche temporanea, con le associazioni di categoria legittimate all'invio dei codici di comportamento.

7. Efficacia dei codici.

1. Il Direttore generale della giustizia penale, previo concerto con i Ministeri competenti, entro trenta giorni dalla data di ricevimento del codice di comportamento, comunica all'associazione eventuali osservazioni in merito alla idoneità dello stesso a fornire le indicazioni specifiche di settore per l'adozione e per l'attuazione dei modelli di organizzazione e di gestione finalizzati alla prevenzione dei reati indicati nel capo I, sezione III, del decreto legislativo n. 231/2001 e nelle altre disposizioni di legge dalle quali discenda la responsabilità amministrativa degli enti.

2. Qualora dopo la formulazione delle osservazioni l'associazione invii il codice di comportamento ai fini di un ulteriore esame, il termine di trenta giorni decorre dalla data della nuova comunicazione. In caso contrario, rimane impedita l'acquisizione di efficacia del codice.

3. Decorsi trenta giorni dalla data di ricevimento del codice di comportamento, senza che siano state formulate osservazioni, il codice di comportamento acquista efficacia.

8. Disposizioni transitorie.

1. Per i codici di comportamento inviati al Ministero della giustizia fino alla data di entrata in vigore del presente regolamento, il termine di trenta giorni di cui all'articolo 6, comma 3, del decreto legislativo n. 231 del 2001, decorre da tale data.

2. Ai fini del procedimento di controllo di cui agli articoli 5 e seguenti del presente regolamento, dopo l'entrata in vigore del decreto legislativo 17 gennaio 2003, n. 6, le associazioni possono comunicare nuovi codici, redatti tenendo conto delle intervenute modifiche relative alla configurazione delle società di capitali e cooperative, ove adottate dagli enti rappresentati.

Il presente decreto, munito del sigillo dello Stato, sarà inserito nella Raccolta ufficiale degli atti normativi della Repubblica italiana. È fatto obbligo a chiunque spetti di osservarlo e di farlo osservare.

C. Fallimento e crisi di impresa

6. R.D. 16 marzo 1942, n. 267. – Disciplina del fallimento, del concordato preventivo, dell'amministrazione controllata e della liquidazione coatta amministrativa (*artt. 47, 216-241*) (1) (2)

In Gazzetta Ufficiale 6 aprile 1942, n. 81, S.O.

(1) Secondo quanto previsto dall'art. 147, co. 2, d.lgs. 9.1.2006, n. 5 sono soppressi tutti i riferimenti all'amministrazione controllata contenuti in questo r.d.

(2) L'art. 1, co. 1, d.lgs. 1.12.2009, n. 179, ha dichiarato indispensabile la permanenza in vigore di questo decreto.

47. Alimenti al fallito e alla famiglia.

Se al fallito vengono a mancare i mezzi di sussistenza, il giudice delegato, sentiti il curatore ed il comitato dei creditori, può concedergli un sussidio a titolo di alimenti per lui e per la famiglia [1].

La casa di proprietà del fallito, nei limiti in cui è necessaria all'abitazione di lui e della sua famiglia, non può essere distratta da tale uso fino alla liquidazione delle attività.

(1) Comma modificato dall'art. 44, d.lgs. 9.1.2006, n. 5.

TITOLO VI
Disposizioni penali

Capo I
Reati commessi dal fallito

216. Bancarotta fraudolenta [1][2].

È punito con la reclusione da tre a dieci anni, se è dichiarato fallito, l'imprenditore che:

1) ha distratto, occultato, dissimulato, distrutto o

dissipato in tutto o in parte i suoi beni ovvero, allo scopo di recare pregiudizio ai creditori, ha esposto o riconosciuto passività inesistenti;

2) ha sottratto, distrutto o falsificato, in tutto o in parte, con lo scopo di procurare a sé o ad altri un ingiusto profitto o di recare pregiudizi ai creditori, i libri o le altre scritture contabili o li ha tenuti in guisa da non rendere possibile la ricostruzione del patrimonio o del movimento degli affari.

La stessa pena si applica all'imprenditore, dichiarato fallito, che, durante la procedura fallimentare, commette alcuno dei fatti preveduti dal n. 1 del comma precedente ovvero sottrae, distrugge o falsifica i libri o le altre scritture contabili.

È punito con la reclusione da uno a cinque anni il fallito che, prima o durante la procedura fallimentare, a scopo di favorire, a danno dei creditori, taluno di essi, esegue pagamenti o simula titoli di prelazione.

Salve le altre pene accessorie, di cui al capo III, titolo II, libro I del codice penale, la condanna per uno dei fatti previsti nel presente articolo importa per la durata di dieci anni l'inabilitazione all'esercizio di una impresa commerciale e l'incapacità per la stessa durata ad esercitare uffici direttivi presso qualsiasi impresa [3].

(1) La Corte costituzionale, con sentenza 25.9.2018, n. 222, ha dichiarato, tra l'altro, l'illegittimità costituzionale di questo comma, nella parte in cui dispone: «*la condanna per uno dei fatti previsti da questo articolo importa per la durata di dieci anni l'inabilitazione all'esercizio di una impresa commerciale e l'incapacità per la stessa durata ad esercitare uffici direttivi presso qualsiasi impresa*», anziché: «*la condanna per uno dei fatti previsti da questo articolo importa l'inabilitazione all'esercizio di una impresa commerciale e l'incapacità ad esercitare uffici direttivi presso qualsiasi impresa fino a dieci anni*».

(2) Secondo quanto previsto dall'art. 294, co. 2, d.lgs. 12.1.2019, n. 14, i rinvii a questo provvedimento, contenuti in leggi speciali in materia di liquidazione coatta amministrativa, si intendono effettuati alle disposizioni del d.lgs. n. 14/2019.

(3) Il reato previsto in questo articolo, consumato o tentato, è attribuito al tribunale in composizione collegiale, secondo quanto stabilito dall'art. 33 bis del codice di procedura penale, a decorrere dalla sua entrata in vigore.

217. Bancarotta semplice [1].

È punito con la reclusione da sei mesi a due anni, se è dichiarato fallito, l'imprenditore che, fuori dai casi preveduti nell'articolo precedente:

1) ha fatto spese personali o per la famiglia eccessive rispetto alla sua condizione economica;

2) ha consumato una notevole parte del suo patrimonio in operazioni di pura sorte o manifestamente imprudenti;

3) ha compiuto operazioni di grave imprudenza per ritardare il fallimento;

4) ha aggravato il proprio dissesto, astenendosi dal richiedere la dichiarazione del proprio fallimento o con altra grave colpa;

5) non ha soddisfatto le obbligazioni assunte in un precedente concordato preventivo o fallimentare.

La stessa pena si applica al fallito che, durante i tre anni antecedenti alla dichiarazione di fallimento ovvero dall'inizio dell'impresa, se questa ha avuto una minore durata, non ha tenuto i libri e le altre scritture contabili prescritti dalla legge o li ha tenuti in maniera irregolare o incompleta.

Salve le altre pene accessorie di cui al capo III, titolo II, libro I del codice penale, la condanna importa l'inabilitazione all'esercizio di un'impresa commerciale e l'incapacità ad esercitare uffici direttivi presso qualsiasi impresa fino a due anni.

(1) Secondo quanto previsto dall'art. 294, co. 2, d.lgs. 12.1.2019, n. 14, i rinvii a questo provvedimento, contenuti in leggi speciali in materia di liquidazione coatta amministrativa, si intendono effettuati alle disposizioni del d.lgs. n. 14/2019.

217 bis. Esenzioni dai reati di bancarotta [1] [2].

1. Le disposizioni di cui all'articolo 216, terzo comma, e 217 non si applicano ai pagamenti e alle operazioni compiuti in esecuzione di un concordato preventivo di cui all'articolo 160 o di un accordo di ristrutturazione dei debiti omologato ai sensi dell'articolo 182-*bis* o del piano di cui all'articolo 67, terzo comma, lettera d), ovvero di un accordo di composizione della crisi omologato ai sensi dell'articolo 12 della legge 27 gennaio 2012, n. 3, nonché ai pagamenti e alle operazioni di finanziamento autorizzati dal giudice a norma dell'articolo 182-*quinquies* e alle operazioni di finanziamento effettuate ai sensi dell'articolo 22-*quater*, comma 1, del decreto-legge 24 giugno 2014, n. 91, convertito, con modificazioni, dalla legge 11 agosto 2014, n. 116, nonché ai pagamenti ed alle operazioni compiuti, per le finalità di cui alla medesima disposizione, con impiego delle somme provenienti da tali finanziamenti [3].

(1) Articolo introdotto dall'art. 48, co. 2 *bis*, d.l. 31.5.2010, n. 78, conv., con modif., in l. 30.7.2010, n. 122.

(2) Comma modificato dall'art. 33, co. 1, lett. l *bis*), d.l. 22.6.2012, n. 83, conv., con modif., in l. 7.8.2012, n. 134. Questo comma è stato poi così modificato dall'art. 18, co. 2 *bis*, d.l. 18.10.2012, n. 179, conv., con modif., in l. 17.12.2012, n. 221 e dall'art. 2, co. 7, d.l. 5.1.2015, n. 1, conv., con modif., in l. 4.3.2015, n. 20.

(3) Secondo quanto previsto dall'art. 294, co. 2, d.lgs. 12.1.2019, n. 14, i rinvii al presente provvedimento contenuti in leggi speciali in materia di liquidazione coatta amministrativa si intendono effettuati alle disposizioni del d.lgs. n. 14/2019.

218. Ricorso abusivo al credito [1] [2].

1. Gli amministratori, i direttori generali, i liquidatori e gli imprenditori esercenti un'attività commerciale che ricorrono o continuano a ricorrere al credito, anche al di fuori dei casi di cui agli articoli precedenti, dissimulando il dissesto o lo stato d'insolvenza sono puniti con la reclusione da sei mesi a tre anni.

2. La pena è aumentata nel caso di società soggette alle disposizioni di cui al capo II, titolo III, parte IV, del testo unico delle disposizioni in materia di intermediazione finanziaria, di cui al decreto legislativo 24 febbraio 1998, n. 58, e successive modificazioni.

3. Salve le altre pene accessorie di cui al libro I, titolo II, capo III, del codice penale, la condanna importa l'inabilitazione all'esercizio di un'impresa commerciale e l'incapacità ad esercitare uffici direttivi presso qualsiasi impresa fino a tre anni.

(1) Articolo così sostituito dall'art. 32, co. 1, l. 28.12.2005, n. 262.

(2) Secondo quanto previsto dall'art. 294, co. 2, d.lgs. 12.1.2019, n. 14, i rinvii a questo provvedimento, contenuti in leggi speciali in materia di liquidazione coatta amministrativa, si intendono effettuati alle disposizioni del d.lgs. n. 14/2019.

219. Circostanze aggravanti e circostanza attenuante [(1)].

Nel caso in cui i fatti previsti negli artt. 216, 217 e 218 hanno cagionato un danno patrimoniale di rilevante gravità, le pene da essi stabilite sono aumentate fino alla metà.

Le pene stabilite negli articoli suddetti sono aumentate:

1) se il colpevole ha commesso più fatti tra quelli previsti in ciascuno degli articoli indicati;
2) se il colpevole per divieto di legge non poteva esercitare un'impresa commerciale.

Nel caso in cui i fatti indicati nel primo comma hanno cagionato un danno patrimoniale di speciale tenuità, le pene sono ridotte fino al terzo.

(1) Secondo quanto previsto dall'art. 294, co. 2, d.lgs. 12.1.2019, n. 14, i rinvii a questo provvedimento, contenuti in leggi speciali in materia di liquidazione coatta amministrativa, si intendono effettuati alle disposizioni del d.lgs. n. 14/2019.

220. Denuncia di creditori inesistenti e altre inosservanze da parte del fallito [(1)].

È punito con la reclusione da sei a diciotto mesi il fallito, il quale, fuori dei casi preveduti all'art. 216, nell'elenco nominativo dei suoi creditori denuncia creditori inesistenti od omette di dichiarare l'esistenza di altri beni da comprendere nell'inventario, ovvero non osserva gli obblighi imposti dagli art. 16, nn. 3 e 49.

Se il fatto è avvenuto per colpa, si applica la reclusione fino ad un anno.

(1) Secondo quanto previsto dall'art. 294, co. 2, d.lgs. 12.1.2019, n. 14, i rinvii a questo provvedimento, contenuti in leggi speciali in materia di liquidazione coatta amministrativa, si intendono effettuati alle disposizioni del d.lgs. n. 14/2019.

221. Fallimento con procedimento sommario [(1)].

Se al fallimento si applica il procedimento sommario le pene previste in questo capo sono ridotte fino al terzo.

(1) Secondo quanto previsto dall'art. 294, co. 2, d.lgs. 12.1.2019, n. 14, i rinvii a questo provvedimento, contenuti in leggi speciali in materia di liquidazione coatta amministrativa, si intendono effettuati alle disposizioni del d.lgs. n. 14/2019.

222. Fallimento delle società in nome collettivo e in accomandita semplice [(1)].

Nel fallimento delle società in nome collettivo e in accomandita semplice le disposizioni del presente capo si applicano ai fatti commessi dai soci illimitatamente responsabili.

(1) Secondo quanto previsto dall'art. 294, co. 2, d.lgs. 12.1.2019, n. 14, i rinvii a questo provvedimento, contenuti in leggi speciali in materia di liquidazione coatta amministrativa, si intendono effettuati alle disposizioni del d.lgs. n. 14/2019.

Capo II
Reati commessi da persone diverse dal fallito

223. Fatti di bancarotta fraudolenta [(1)(2)].

Si applicano le pene stabilite nell'art. 216 agli amministratori, ai direttori generali, ai sindaci e ai liquidatori di società dichiarate fallite, i quali hanno commesso alcuno dei fatti preveduti nel suddetto articolo.

Si applica alle persone suddette la pena prevista dal primo comma dell'art. 216, se:

1) hanno cagionato, o concorso a cagionare, il dissesto della società, commettendo alcuno dei fatti previsti dagli articoli 2621, 2622, 2626, 2627, 2628, 2629, 2632, 2633 e 2634 del codice civile;
2) hanno cagionato con dolo o per effetto di operazioni dolose il fallimento della società.

Si applica altresì in ogni caso la disposizione dell'ultimo comma dell'art. 216 [(3)].

(1) Numero così sostituito dall'art. 4, co. 1, d.lgs. 11.4.2002, n. 61, a decorrere dal giorno successivo a quello della sua pubblicazione nella Gazz. Uff., con le modalità previste dall'art. 5, dello stesso d.lgs. n. 61/2002.

(2) Secondo quanto previsto dall'art. 294, co. 2, d.lgs. 12.1.2019, n. 14, i rinvii a questo provvedimento, contenuti in leggi speciali in materia di liquidazione coatta amministrativa, si intendono effettuati alle disposizioni del d.lgs. n. 14/2019.

(3) I delitti previsti in questo art., consumati o tentati, sono attribuiti al tribunale in composizione collegiale, ai sensi dell'art. 33 bis del codice di procedura penale, a decorrere dalla sua entrata in vigore.

224. Fatti di bancarotta semplice [(1)].

Si applicano le pene stabilite nell'art. 217 agli amministratori, ai direttori generali, ai sindaci e ai liquidatori di società dichiarate fallite, i quali:

1) hanno commesso alcuno dei fatti preveduti nel suddetto articolo;
2) hanno concorso a cagionare od aggravare il dissesto della società con inosservanza degli obblighi ad essi imposti dalla legge.

(1) Secondo quanto previsto dall'art. 294, co. 2, d.lgs. 12.1.2019, n. 14, i rinvii a questo provvedimento, contenuti in leggi speciali in materia di liquidazione coatta amministrativa, si intendono effettuati alle disposizioni del d.lgs. n. 14/2019.

225. Ricorso abusivo al credito [(1)].

Si applicano le pene stabilite nell'art. 218 agli amministratori ed ai direttori generali di società dichiarate fallite, i quali hanno commesso il fatto in esso previsto.

(1) Secondo quanto previsto dall'art. 294, co. 2, d.lgs. 12.1.2019, n. 14, i rinvii a questo provvedimento, contenuti in leggi speciali in materia di liquidazione coatta amministrativa, si intendono effettuati alle disposizioni del d.lgs. n. 14/2019.

226. Denuncia di crediti inesistenti [(1)].

Si applicano le pene stabilite nell'art. 220 agli amministratori, ai direttori generali e ai liquidatori di società dichiarate fallite, che hanno commesso i fatti in esso indicati.

(1) Secondo quanto previsto dall'art. 294, co. 2, d.lgs. 12.1.2019, n. 14, i rinvii a questo provvedimento, contenuti in leggi speciali in materia di liquidazione coatta amministrativa, si intendono effettuati alle disposizioni del d.lgs. n. 14/2019.

227. Reati dell'institore [1].

All'institore dell'imprenditore, dichiarato fallito, il quale nella gestione affidatagli si è reso colpevole dei fatti preveduti negli artt. 216, 217, 218 e 220 si applicano le pene in questi stabilite.

(1) Secondo quanto previsto dall'art. 294, co. 2, d.lgs. 12.1.2019, n. 14, i rinvii a questo provvedimento, contenuti in leggi speciali in materia di liquidazione coatta amministrativa, si intendono effettuati alle disposizioni del d.lgs. n. 14/2019.

228. Interesse privato del curatore negli atti del fallimento [1][2].

Salvo che al fatto non siano applicabili gli artt. 315, 317, 318, 319, 321, 322 e 323 del codice penale, il curatore che prende interesse privato in qualsiasi atto del fallimento direttamente o per interposta persona o con atti simulati è punito con la reclusione da due a sei anni e con la multa non inferiore a euro 206 (lire 400.000) [3].

La condanna importa l'interdizione dai pubblici uffici.

(1) Importo così elevato dall'art. 113, l. 24.11.1981, n. 689. Precedentemente, l'originario importo di lire 2.00 (euro 1) era stato rideterminato in lire 80.00 (euro 41) dall'art. 3, l. 12.7.1961, n. 603.

(2) Secondo quanto previsto dall'art. 294, co. 2, d.lgs. 12.1.2019, n. 14, i rinvii a questo provvedimento, contenuti in leggi speciali in materia di liquidazione coatta amministrativa, si intendono effettuati alle disposizioni del d.lgs. n. 14/2019.

(3) Il reato previsto in questo articolo, consumato o tentato, è attribuito al tribunale in composizione collegiale, ai sensi dell'art. 33 *bis* del codice di procedura penale, a decorrere dalla sua entrata in vigore.

229. Accettazione di retribuzione non dovuta [1].

Il curatore del fallimento che riceve o pattuisce una retribuzione, in danaro o in altra forma, in aggiunta di quella liquidata in suo favore dal tribunale o dal giudice delegato, è punito con la reclusione da tre mesi a due anni e con la multa da euro 103 (lire 200.000) [2] a euro 516 (lire 1.000.000) [3].

Nei casi più gravi alla condanna può aggiungersi l'inabilitazione temporanea all'ufficio di amministratore per la durata non inferiore a due anni.

(1) Importo così elevato dall'art. 113, l. 24.11.1981, n. 689. Precedentemente, l'originario importo di lire 1.000 (euro 0,51) era stato rideterminato in lire 40.000 (euro 20) dall'art. 3, l. 12.7.1961, n. 603.

(2) Importo così elevato dall'art. 113, l. 24.11.1981, n. 689. Precedentemente, l'originario importo di lire 5.000 (euro 2) era stato rideterminato in lire 200.000 (euro 103) dall'art. 3, l. 12.7.1961, n. 603.

(3) Secondo quanto previsto dall'art. 294, co. 2, d.lgs. 12.1.2019, n. 14, i rinvii a questo provvedimento, contenuti in leggi speciali in materia di liquidazione coatta amministrativa, si intendono effettuati alle disposizioni del d.lgs. n. 14/2019.

230. Omessa consegna o deposito di cose del fallimento [1].

Il curatore che non ottempera all'ordine del giudice di consegnare o depositare somme o altra cosa del fallimento, ch'egli detiene a causa del suo ufficio, è punito con la reclusione fino a due anni e con la multa fino a euro 1.032 (lire 2.000.000) [2].

Se il fatto avviene per colpa, si applica la reclusione fino a sei mesi o la multa fino a euro 309 (lire 600.000) [3].

(1) Importo così elevato dall'art. 113, l. 24.11.1981, n. 689. Precedentemente, l'originario importo di lire 10.000 (euro 5) era stato rideterminato in lire 400.000 (euro 206) dall'art. 3, l. 12.7.1961, n. 603.

(2) Importo così elevato dall'art. 113, l. 24.11.1981, n. 689. Precedentemente, l'originario importo di lire 3.000 (euro 1) era stato rideterminato in lire 120.000 (euro 61) dall'art. 3, l. 12.7.1961, n. 603.

(3) Secondo quanto previsto dall'art. 294, co. 2, d.lgs. 12.1.2019, n. 14, i rinvii a questo provvedimento, contenuti in leggi speciali in materia di liquidazione coatta amministrativa, si intendono effettuati alle disposizioni del d.lgs. n. 14/2019.

231. Coadiutori del curatore [1].

Le disposizioni degli artt. 228, 229 e 230, si applicano anche alle persone che coadiuvano il curatore nell'amministrazione del fallimento.

(1) Secondo quanto previsto dall'art. 294, co. 2, d.lgs. 12.1.2019, n. 14, i rinvii a questo provvedimento, contenuti in leggi speciali in materia di liquidazione coatta amministrativa, si intendono effettuati alle disposizioni del d.lgs. n. 14/2019.

232. Domande di ammissione di crediti simulati o distrazioni senza concorso col fallito [1].

È punito con la reclusione da uno a cinque anni e con la multa da euro 51 (lire 100.000) [2] a euro 516 (lire 1.000.000) [3], chiunque, fuori dei casi di concorso di bancarotta, anche per interposta persona presenta domanda di ammissione al passivo del fallimento per un credito fraudolentemente simulato.

Se la domanda è ritirata prima della verificazione dello stato passivo, la pena è ridotta alla metà.

È punito con la reclusione da uno a cinque anni chiunque:

1) dopo la dichiarazione di fallimento, fuori dei casi di concorso in bancarotta o di favoreggiamento, sottrae, distrae, ricetta ovvero in pubbliche o private dichiarazioni dissimula beni del fallito;
2) essendo consapevole dello stato di dissesto dell'imprenditore distrae o ricetta merci o altri beni dello stesso o li acquista a prezzo notevolmente inferiore al valore corrente, se il fallimento si verifica.

La pena, nei casi previsti ai nn. 1 e 2, è aumentata se l'acquirente è un imprenditore che esercita un'attività commerciale.

(1) Importo così elevato dall'art. 113, l. 24.11.1981, n. 689. Precedentemente, l'originario importo di lire 500 (euro 0,25) era stato rideterminato in lire 20.000 (euro 10) dall'art. 3, l. 12.7.1961, n. 603.

(2) Importo così elevato dall'art. 113, l. 24.11.1981, n. 689. Precedentemente, l'originario importo di lire 5.000 (euro 2) era stato rideterminato in lire 200.000 (euro 103) dall'art. 3, l. 12.7.1961, n. 603.

(3) Secondo quanto previsto dall'art. 294, co. 2, d.lgs. 12.1.2019, n. 14, i rinvii a questo provvedimento, contenuti in leggi speciali in materia di liquidazione coatta amministrativa, si intendono effettuati alle disposizioni del d.lgs. n. 14/2019.

233. Mercato di voto [1].

Il creditore che stipula col fallito o con altri nell'interesse del fallito vantaggi a proprio favore per dare il suo voto nel concordato o nelle deliberazioni del comitato dei creditori, è punito con la reclusione da sei mesi a tre anni e con la multa non inferiore a euro 103 (lire 200.000) [2].

La somma o le cose ricevute dal creditore sono confiscate.

La stessa pena si applica al fallito e a chi ha contrattato col creditore nell'interesse del fallito.

(1) Importo così elevato dall'art. 113, l. 24.11.1981, n. 689. Precedentemente, l'originario importo di lire 1.000 (euro 0,51) era stato rideterminato in lire 40.000 (euro 20) dall'art. 3, l. 12.7.1961, n. 603.

(2) Secondo quanto previsto dall'art. 294, co. 2, d.lgs. 12.1.2019, n. 14, i rinvii a questo provvedimento, contenuti in leggi speciali in materia di liquidazione coatta amministrativa, si intendono effettuati alle disposizioni del d.lgs. n. 14/2019.

234. Esercizio abusivo di attività commerciale [1][2].

Chiunque esercita un'impresa commerciale, sebbene si trovi in stato di inabilitazione ad esercitarla per effetto di condanna penale, è punito con la reclusione fino a due anni e con la multa non inferiore a euro 103 (lire 200.000) [3].

(1) Importo così elevato dall'art. 113, l. 24.11.1981, n. 689. Precedentemente, l'originario importo di lire 1.000 (euro 0,51) era stato rideterminato in lire 40.000 (euro 20) dall'art. 3, l. 12.7.1961, n. 603.

(2) Secondo quanto previsto dall'art. 294, co. 2, d.lgs. 12.1.2019, n. 14, i rinvii a questo provvedimento, contenuti in leggi speciali in materia di liquidazione coatta amministrativa, si intendono effettuati alle disposizioni del d.lgs. n. 14/2019.

(3) Il reato previsto in questo art., consumato o tentato, è attribuito al tribunale in composizione collegiale, ai sensi dell'art. 33 *bis*, del codice di procedura penale, a decorrere dalla sua entrata in vigore.

235. Omessa trasmissione dell'elenco dei protesti cambiari [1] [2].

Il pubblico ufficiale abilitato a levare protesti cambiari che, senza giustificato motivo, omette di inviare nel termine prescritto al presidente del tribunale gli elenchi dei protesti cambiari per mancato pagamento, o invia elenchi incompleti, è punito con l'ammenda fino a euro 258 (lire 500.000) [3].

La stessa pena si applica al procuratore del registro che nel termine prescritto non trasmette l'elenco delle dichiarazioni di rifiuto di pagamento a norma dell'articolo 13, secondo comma, o trasmette un elenco incompleto.

(1) Articolo così sostituito dall'art. 48, l. 24.11.1981, n. 689.

(2) Le violazioni previste da questo art. sono state trasformate in illeciti amministrativi, soggetti alla sanzione amministrativa del pagamento di una somma di denaro, nella misura da lire cinquecentomila (euro 258) a lire tre milioni (euro 1.549), ai sensi del combinato disposto degli artt. 1 e 2, l. 28.12.1993, n. 561.

(3) Secondo quanto previsto dall'art. 294, co. 2, d.lgs. 12.1.2019, n. 14, i rinvii a questo provvedimento, contenuti in leggi speciali in materia di liquidazione coatta amministrativa, si intendono effettuati alle disposizioni del d.lgs. n. 14/2019.

Capo III
Disposizioni applicabili nel caso di concordato preventivo, accordi di ristrutturazione dei debiti, piani attestati e liquidazione coatta amministrativa [1]

236. Concordato preventivo e, accordo di ristrutturazione con intermediari finanziari, e convenzione di moratoria e amministrazione controllata [2] [3] [4].

È punito con la reclusione da uno a cinque anni l'imprenditore, che, al solo scopo di essere ammesso alla procedura di concordato preventivo o di ottenere l'omologazione di un accordo di ristrutturazione con intermediari finanziari o il consenso degli intermediari finanziari alla sottoscrizione della convenzione di moratoria di amministrazione controllata, siasi attribuito attività inesistenti, ovvero, per influire sulla formazione delle maggioranze, abbia simulato crediti in tutto o in parte inesistenti [5].

Nel caso di concordato preventivo o di amministrazione controllata [6], si applicano:

1) le disposizioni degli artt. 223 e 224 agli amministratori, direttori generali, sindaci e liquidatori di società;
2) la disposizione dell'art. 227 agli institori dell'imprenditore;
3) le disposizioni degli artt. 228 e 229 al commissario del concordato preventivo o dell'amministrazione controllata;
4) le disposizioni degli artt. 232 e 233 ai creditori.

Nel caso di accordi di ristrutturazione ad efficacia estesa o di convenzione di moratoria, nonché nel caso di omologazione di accordi di ristrutturazione ai sensi dell'articolo 182-*bis* quarto comma, terzo e quarto periodo, si applicano le disposizioni previste dal secondo comma, numeri 1), 2) e 4 [7].

(1) Rubrica così sostituita dall'art. 33, co. 1, lett. i), d.l. 22.6.2012, n. 83, conv., con modif., in l. 7.8.2012, n. 134. Il testo precedente così recava: "Disposizioni applicabili nel caso di concordato preventivo, di amministrazione controllata e di liquidazione coatta amministrativa".

(2) Secondo quanto previsto dall'art. 147, co. 2, d.lgs. 9.1.2006, n. 5, tutti i riferimenti all'amministrazione controllata sono soppressi, a decorrere dal 16.7.2006.

(3) Rubrica così modificata dall'art. 10, co. 1, lett. a), n. 1), d.l. 27.6.2015, n. 83, conv., con modif., in l. 6.8.2015, n. 132.

(4) Comma così modificato dall'art. 10, co. 1, lett. a), n. 2), d.l. 27.6.2015, n. 83, conv., con modif., in l. 6.8.2015, n. 132.

(5) Comma introdotto dall'art. 10, co. 1, lett. a), n. 3), d.l. 27.6.2015, n. 83, conv., con modif., in l. 6.8.2015, n. 132.

(6) Secondo quanto previsto dall'art. 294, co. 2, d.lgs. 12.1.2019, n. 14, i rinvii a questo provvedimento, contenuti in leggi speciali in materia di liquidazione coatta amministrativa, si intendono effettuati alle disposizioni del d.lgs. n. 14/2019.

(7) Comma introdotto dall'art. 10, co. 1, lett. a), n. 3), d.l. 27.6.2015, n. 83, conv., con modif., dalla l. 6.08.2015, n. 132 e poi sostituito dall'art. 1, co. 1, lett. b), d.l. 24.8.2021, n. 118, conv., con modif., dalla l. 21.10.2021, n. 147.

236 bis. Falso in attestazioni e relazioni [1] [2].

Il professionista che nelle relazioni o attestazioni di cui agli articoli 67, terzo comma, lettera d), 161, terzo comma, 182-*bis*, 182-*quinquies*, 182-*septies* e 186-*bis* espone informazioni false ovvero omette di riferire informazioni rilevanti, è punito con la reclusione da due a cinque anni e con la multa da 50.000 a 100.000 euro [3].

Se il fatto è commesso al fine di conseguire un ingiusto profitto per sé o per altri, la pena è aumentata.

Se dal fatto consegue un danno per i creditori la pena è aumentata fino alla metà.

(1) Articolo introdotto dall'art. 33, co. 1, lett. l), d.l. 22.6.2012, n. 83, conv., con modif., in l. 7.8.2012, n. 134.

(2) Comma così modificato dall'art. 10, co. 1, lett. b), d.l. 27.6.2015, n. 83, conv., con modif., in l. 6.8.2015, n. 132.

(3) Secondo quanto previsto dall'art. 294, co. 2, d.lgs. 12.1.2019, n. 14,

i rinvii a questo provvedimento, contenuti in leggi speciali in materia di liquidazione coatta amministrativa, si intendono effettuati alle disposizioni del d.lgs. n. 14/2019.

237. Liquidazione coatta amministrativa [(1) (2)].

L'accertamento giudiziale dello stato di insolvenza a norma degli articoli 195 e 202 è equiparato alla dichiarazione di fallimento ai fini dell'applicazione delle disposizioni del presente titolo.

Nel caso di liquidazione coatta amministrativa si applicano al commissario liquidatore le disposizioni degli articoli 228, 229 e 230.

Nel caso di risoluzione, si applicano al commissario speciale di cui all'articolo 37 del decreto di recepimento della direttiva 2014/59/UE e alle persone che lo coadiuvano nell'amministrazione della procedura le disposizioni degli articoli 228, 229 e 230 [(3)].

(1) Articolo così sostituito dall'art. 99, co. 2, d.lgs. 8.7.1999, n. 270.
(2) Comma introdotto dall'art. 100, co. 2, d.lgs. 16.11.2015, n. 180, a decorrere dal 16.11.2015.
(3) Secondo quanto previsto dall'art. 294, co. 2, d.lgs. 12.1.2019, n. 14, i rinvii a questo provvedimento, contenuti in leggi speciali in materia di liquidazione coatta amministrativa, si intendono effettuati alle disposizioni del d.lgs. n. 14/2019.

Capi IV
Disposizioni di procedura

238. Esercizio dell'azione penale per reati in materia di fallimento [(1)].

Per reati previsti negli artt. 216, 217, 223 e 224, l'azione penale è esercitata dopo la comunicazione della sentenza dichiarativa di fallimento di cui all'art. 17.

È iniziata anche prima del caso previsto dall'art. 7 e in ogni altro in cui concorrano gravi motivi e già esista o sia contemporaneamente presentata domanda per ottenere la dichiarazione suddetta.

(1) Secondo quanto previsto dall'art. 294, co. 2, d.lgs. 12.1.2019, n. 14, i rinvii a questo provvedimento, contenuti in leggi speciali in materia di liquidazione coatta amministrativa, si intendono effettuati alle disposizioni del d.lgs. n. 14/2019.

239. Mandato di cattura [(1)(2)]

[Per i reati preveduti negli articoli 216, 222, 223, 227 e 236, in rapporto all'art. 216, comma 1 e 2, e nel caso di inosservanza dell'ordine di cui all'art. 16, n. 3, è obbligatoria la spedizione del mandato di cattura.

Negli altri casi il mandato di cattura è facoltativo.]

(1) Articolo abrogato dall'art. unico, l. 18.11.1964, n. 1217.
(2) Secondo quanto previsto dall'art. 294, co. 2, d.lgs. 12.1.2019, n. 14, i rinvii a questo provvedimento, contenuti in leggi speciali in materia di liquidazione coatta amministrativa, si intendono effettuati alle disposizioni del d.lgs. n. 14/2019.

240. Costituzione di parte civile [(1)(2)]

1. Il curatore, il commissario giudiziale, il commissario liquidatore e il commissario speciale di cui all'articolo 37 del decreto di recepimento della direttiva 2014/59/UE possono costituirsi parte civile nel procedimento penale per i reati preveduti nel presente titolo, anche contro il fallito.

2. I creditori possono costituirsi parte civile nel procedimento penale per bancarotta fraudolenta quando manca la costituzione del curatore, del commissario giudiziale, del commissario liquidatore o del commissario speciale di cui all'articolo 37 del decreto di recepimento della direttiva 2014/59/UE o quando intendono far valere un titolo di azione propria personale.

(1) Articolo così sostituito dall'art. 100, co. 3, d.lgs. 16.11.2015, n. 180, a decorrere dal 16.11.2015.
(2) Secondo quanto previsto dall'art. 294, co. 2, d.lgs. 12.1.2019, n. 14, i rinvii a questo provvedimento, contenuti in leggi speciali in materia di liquidazione coatta amministrativa, si intendono effettuati alle disposizioni del d.lgs. n. 14/2019.

241. Riabilitazione [(1)].

La riabilitazione civile del fallito estingue il reato di bancarotta semplice. Se vi è condanna, ne fa cessare l'esecuzione e gli effetti.

(1) Secondo quanto previsto dall'art. 294, co. 2, d.lgs. 12.1.2019, n. 14, i rinvii a questo provvedimento, contenuti in leggi speciali in materia di liquidazione coatta amministrativa, si intendono effettuati alle disposizioni del d.lgs. n. 14/2019.

7. D.Lgs. 8 luglio 1999, n. 270. – Nuova disciplina dell'amministrazione straordinaria delle grandi imprese in stato di insolvenza, a norma dell'articolo 1 della legge 30 luglio 1998, n. 274 (*artt. 95-97*)

In Gazzetta Ufficiale 9 agosto 1999, n. 185

TITOLO VI
Disposizioni penali

95. *Applicabilità delle disposizioni penali della legge fallimentare.*

1. La dichiarazione dello stato di insolvenza a norma degli articoli 3 e 82 è equiparata alla dichiarazione di fallimento ai fini dell'applicazione delle disposizioni dei capi I, II e IV del titolo VI della legge fallimentare.

2. Ai fini dell'applicazione dell'articolo 220 della legge fallimentare, l'obbligo previsto dall'articolo 16, secondo comma, numero 3), della medesima legge si intende sostituito dall'obbligo previsto dall'articolo 8, comma 1, lettera c), del presente decreto.

96. Reati del commissario giudiziale e del commissario straordinario.

1. Si applicano al commissario giudiziale ed al commissario straordinario le disposizioni degli articoli 228, 229 e 230 della legge fallimentare.

2. Le stesse disposizioni si applicano, altresì, alle persone che coadiuvano il commissario giudiziale o il commissario straordinario nell'amministrazione della procedura.

97. Costituzione di parte civile.

1. La facoltà di costituzione di parte civile prevista dall'articolo 240, primo comma, della legge fallimentare è esercitata, dopo la dichiarazione dello stato di insolvenza, dal commissario giudiziale e, dopo l'apertura della procedura di amministrazione straordinaria, dal commissario straordinario.

8. L. 27 gennaio 2012, n. 3. – Disposizioni in materia di usura e di estorsione, nonché di composizione delle crisi da sovraindebitamento (*artt. 1-7, 15, 16*)

In Gazzetta Ufficiale 30 gennaio 2012, n. 24

Capo I
Modifiche alla legislazione vigente in materia di usura e di estorsione

1. Modifiche alla legge 7 marzo 1996, n. 108.

1. All'articolo 14 della legge 7 marzo 1996, n. 108, e successive modificazioni, sono apportate le seguenti modificazioni:

a) dopo il comma 2, sono inseriti i seguenti:

«2-*bis*. Fermo quanto previsto dal comma 7, l'erogazione dei mutui di cui al comma 2 è consentita anche in favore dell'imprenditore dichiarato fallito, previo provvedimento favorevole del giudice delegato al fallimento, a condizione che il medesimo non abbia riportato condanne definitive per i reati di cui al titolo VI del regio decreto 16 marzo 1942, n. 267, e successive modificazioni, ovvero per delitti contro la pubblica amministrazione, la fede pubblica, l'amministrazione della giustizia, il patrimonio, l'economia pubblica, l'industria e il commercio, a meno di intervenuta riabilitazione ai sensi degli articoli 178 e seguenti del codice penale. Avverso il provvedimento contrario del giudice delegato è ammesso reclamo al tribunale fallimentare, del quale non può far parte il giudice che ha emanato il provvedimento reclamato.

2-*ter*. Le somme erogate a titolo di mutuo ai sensi del comma 2-*bis* non sono imputabili alla massa fallimentare né alle attività sopravvenute dell'imprenditore fallito e sono vincolate, quanto a destinazione, esclusivamente all'utilizzo secondo le finalità di cui al comma 5»;

b) il comma 3 è sostituito dal seguente:

«3. Il mutuo può essere concesso, anche nel corso delle indagini preliminari, previo parere favorevole del pubblico ministero, sulla base di concreti elementi acquisiti nel corso delle indagini preliminari medesime»;

c) al comma 5, primo periodo, dopo la parola: «data» sono inserite le seguenti: «di presentazione della denuncia per il delitto di usura ovvero dalla data»;

d) il comma 7 è sostituito dal seguente:

«7. I mutui di cui al presente articolo non possono essere concessi a favore di soggetti condannati per il reato di usura, anche tentato, o per taluno dei reati consumati o tentati di cui agli articoli 380 e 407, comma 2, lettera a), del codice di procedura penale, ovvero sottoposti a misure di prevenzione personali o patrimoniali ovvero alla speciale misura di cui all'articolo 34 del codice delle leggi antimafia e delle misure di prevenzione, di cui al decreto legislativo 6 settembre 2011, n. 159. Nei confronti dei soggetti indagati o imputati per taluno di detti reati ovvero proposti per le suddette misure, la concessione del mutuo non può essere consentita e, ove sia stata disposta, è sospesa fino all'esito dei relativi procedimenti»;

e) al comma 9, la lettera a) è sostituita dalle seguenti:

«a) se il procedimento penale per il delitto di usura in relazione al quale il mutuo o la provvisionale sono stati concessi si conclude con provvedimento di archiviazione, salvo quanto previsto dalla lettera a-*bis*), ovvero con sentenza di non luogo a procedere, di proscioglimento o di assoluzione;

a-*bis*) quando il procedimento penale non possa ulteriormente proseguire per prescrizione del reato, per amnistia o per morte dell'imputato e il giudice debba emettere per tali motivi il provvedimento di archiviazione o la sentenza, in qualsiasi fase o grado del processo, ai sensi dell'articolo 129, comma 1, del codice di procedura penale, quando allo stato degli atti non esistano elementi documentati, univoci e concordanti in ordine all'esistenza del danno subito dalla vittima per effetto degli interessi o di altri vantaggi usurari».

2. All'articolo 15, comma 8, della citata legge n. 108 del 1996, le parole da: «rappresentanti» fino alla fine del comma sono sostituite dalle seguenti: «due rappresentanti del Ministero dell'economia e delle finanze, di cui uno con funzioni di presidente, da due rappresentanti del Ministero dell'interno, di cui uno nella persona del Commissario straordinario del Governo per il coordinamento delle iniziative anti-racket ed antiusura, da due rappresentanti del Ministero dello sviluppo economico e da due rappresentanti del Ministero del lavoro e delle politiche sociali. È previsto un supplente per ciascuno dei rappresentanti. I componenti effettivi e supplenti della commissione sono scelti tra i funzionari con qualifica non inferiore a dirigente di seconda fascia o equiparata.

La partecipazione alla commissione è a titolo gratuito. Le riunioni della commissione sono valide quando intervengono almeno cinque componenti, rappresentanti, comunque, le quattro amministrazioni interessate. Le deliberazioni sono adottate a maggioranza dei presenti e in caso di parità di voti prevale quello del presidente».

3. All'articolo 16, comma 9, della citata legge n. 108 del 1996, le parole da: «con l'arresto» fino alla fine del comma sono sostituite dalle seguenti: «con la reclusione da due a quattro anni».

4. All'articolo 17 della citata legge n. 108 del 1996, dopo il comma 6-*bis* è aggiunto il seguente:

«6-*ter*. Ove sussistano tutte le condizioni indicate nel comma 1, è consentita la presentazione di un'unica istanza di riabilitazione anche in riferimento a più protesti, purché compresi nello spazio temporale di un triennio».

2. Modifiche alla legge 23 febbraio 1999, n. 44.

1. Alla legge 23 febbraio 1999, n. 44, sono apportate le seguenti modificazioni:

a) all'articolo 3:

1) il comma 1 è sostituito dal seguente:

«1. L'elargizione è concessa agli esercenti un'attività imprenditoriale, commerciale, artigianale o comunque economica, ovvero una libera arte o professione, che subiscono un evento lesivo in conseguenza di delitti commessi allo scopo di costringerli ad aderire a richieste estorsive, avanzate anche successivamente ai fatti, o per ritorsione alla mancata adesione a tali richieste, ovvero in conseguenza di situazioni di intimidazione anche ambientale. Per evento lesivo si intende qualsiasi danno a beni mobili o immobili, ovvero lesioni personali, ovvero un danno sotto forma di mancato guadagno inerente all'attività esercitata»;

2) dopo il comma 1 sono inseriti i seguenti:

«1-*bis*. Fermo quanto previsto dall'articolo 4, l'elargizione è consentita anche in favore del soggetto dichiarato fallito, previo parere favorevole del giudice delegato al fallimento, a condizione che il medesimo soggetto non abbia riportato condanne per i reati di cui agli articoli 216 e 217 del regio decreto 16 marzo 1942, n. 267, ovvero per delitti contro il patrimonio, l'economia pubblica, l'industria e il commercio, a meno di intervenuta riabilitazione ai sensi degli articoli 178 e seguenti del codice penale, né sia indagato o imputato per gli stessi reati. In tale ultimo caso la concessione dell'elargizione non è consentita e, ove sia stata disposta, è sospesa fino all'esito dei relativi procedimenti.

1-*ter*. Le somme erogate a titolo di elargizione ai sensi del comma 1-*bis* non sono imputabili alla massa fallimentare né alle attività sopravvenute del soggetto fallito e sono vincolate, quanto a destinazione, esclusivamente all'utilizzo secondo le finalità di cui all'articolo 15. Il ricavato netto è per la metà acquisito dal curatore quale attivo sopravveniente del fallimento, e per la residua metà deve essere impiegato a fini produttivi e di investimento»;

b) dopo l'articolo 18-*bis* è inserito il seguente:

«Art. 18-*ter* (Sostegno degli enti locali alle attività economiche a fini antiestorsivi). – 1. Al fine di sostenere e incentivare la prevenzione e la tutela delle attività economiche dalle richieste estorsive, gli enti locali possono disporre, tramite appositi regolamenti, l'esonero, parziale o totale, dal pagamento o il rimborso, parziale o totale, del pagamento effettuato di tributi locali, tariffe locali e canoni locali, in favore dei soggetti di cui all'articolo 3, comma 1.

2. All'attuazione delle disposizioni di cui al comma 1 gli enti locali provvedono, nel rispetto degli obiettivi di finanza pubblica ad essi assegnati ai fini del patto di stabilità interno, a carico dei propri bilanci»;

c) all'articolo 19, comma 1, la lettera d) è sostituita dalla seguente:

«d) da tre membri delle associazioni od organizzazioni iscritte nell'elenco di cui all'articolo 13, comma 2. I membri sono nominati ogni due anni con decreto del Ministro dell'interno su designazione degli organismi nazionali associativi maggiormente rappresentativi.

Il Ministro dell'interno, su proposta del Commissario straordinario del Governo per il coordinamento delle iniziative anti-racket ed antiusura, determina con proprio decreto i criteri per l'individuazione della maggiore rappresentatività»;

d) all'articolo 20:

1) il comma 7 è sostituito dal seguente:

«7. Le sospensioni dei termini di cui ai commi 1, 3 e 4 e la proroga di cui al comma 2 hanno effetto a seguito del provvedimento favorevole del procuratore della Repubblica competente per le indagini in ordine ai delitti che hanno causato l'evento lesivo di cui all'articolo 3, comma 1. In presenza di più procedimenti penali che riguardano la medesima parte offesa, anche ai fini delle sospensioni e della proroga anzidette, è competente il procuratore della Repubblica del procedimento iniziato anteriormente»;

2) dopo il comma 7 sono aggiunti i seguenti:

«7-*bis*. Il prefetto, ricevuta la richiesta di elargizione di cui agli articoli 3, 5, 6 e 8, compila l'elenco delle procedure esecutive in corso a carico del richiedente e informa senza ritardo il procuratore della Repubblica competente, che trasmette il provvedimento al giudice, o ai giudici, dell'esecuzione entro sette giorni dalla comunicazione del prefetto.

7-*ter*. Nelle procedure esecutive riguardanti debiti nei confronti dell'erario, ovvero di enti previdenziali o assistenziali, non sono poste a carico dell'esecutato le sanzioni dalla data di inizio dell'evento lesivo, come definito dall'articolo 3, comma 1, fino al termine di scadenza delle sospensioni e della proroga di cui ai commi da 1 a 4 del presente articolo».

3. Modifica all'articolo 1, comma 881, della legge 27 dicembre 2006, n. 296.

1. All'articolo 1, comma 881, della legge 27 dicembre 2006, n. 296, sono aggiunte, in fine, le seguenti parole: «, fatta eccezione per i soggetti di cui all'articolo 2 del regolamento di cui al decreto del Presidente della Repubblica 11 giugno 1997, n. 315, per i quali permangono i vincoli di destinazione previsti dalla legge 7 marzo 1996, n. 108».

4. Modifiche all'articolo 629 del codice penale.

1. All'articolo 629 del codice penale sono apportate le seguenti modificazioni:

a) al primo comma, le parole: «con la multa da euro 516 a euro 2.065» sono sostituite dalle seguenti: «con la multa da euro 1.000 a euro 4.000»;

b) al secondo comma, le parole: «da euro 1.032 a euro 3.098» sono sostituite dalle seguenti: «da euro 5.000 a euro 15.000».

5. Modifica all'articolo 135 del decreto legislativo 12 aprile 2006, n. 163.

1. All'articolo 135, comma 1, del codice dei contratti pubblici relativi a lavori, servizi e forniture, di cui al decreto legislativo 12 aprile 2006, n. 163, dopo le parole: «passata in giudicato» sono inserite le seguenti: «per reati di usura, riciclaggio nonché».

Capo II
Procedimenti di composizione della crisi da sovraindebitamento e di liquidazione del patrimonio [1]

Sezione I
Procedure di composizione della crisi da sovraindebitamento [1]

(1) Sezione introdotta dall'art. 18, co. 1, lett. b), d.l. 18.10.2012, n. 179.

Paragrafo I

§ 1 Disposizioni generali

6. Finalità e definizioni [1].

1. Al fine di porre rimedio alle situazioni di sovraindebitamento non soggette né assoggettabili a procedure concorsuali diverse da quelle regolate dal presente capo, è consentito al debitore concludere un accordo con i creditori nell'ambito della procedura di composizione della crisi disciplinata dalla presente sezione. Con le medesime finalità, il consumatore può anche proporre un piano fondato sulle previsioni di cui all'articolo 7, comma 1, ed avente il contenuto di cui all'articolo 8 [2].

2. Ai fini del presente capo, si intende:

a) per "sovraindebitamento": la situazione di perdurante squilibrio tra le obbligazioni assunte e il patrimonio prontamente liquidabile per farvi fronte, che determina la rilevante difficoltà di adempiere le proprie obbligazioni, ovvero la definitiva incapacità di adempierle regolarmente;

b) per 'consumatorè: la persona fisica che agisce per scopi estranei all'attività imprenditoriale, commerciale, artigiana o professionale eventualmente svolta, anche se socio di una delle società appartenenti ad uno dei tipi regolati nei capi III, IV e VI del titolo V del libro quinto del codice civile, per i debiti estranei a quelli sociali [3] [4].

(1) Rubrica sostituita dall'art. 18, co. 1, lett. d), n. 1), d.l. 18.10.2012, n. 179.
(2) Comma modificato dall'art. 18, co. 1, lett. d), n. 2), lett. a), b), e c), d.l. 18.10.2012, n. 179.
(3) Comma sostituito dall'art. 18, co. 1, lett. d), n. 3), d.l. 18.10.2012, n. 179, come modificato dalla l. di conversione.
(4) Lettera sostituita dall'art. 4 *ter*, co. 1, lett. a), d.l. 28.10.2020, n. 137, convertito, con modificazioni dalla l. 18.12.2020, n. 176.

7. Presupposti di ammissibilità.

1. Il debitore in stato di sovraindebitamento può proporre ai creditori, con l'ausilio degli organismi di composizione della crisi di cui all'articolo 15 con sede nel circondario del tribunale competente ai sensi dell'articolo 9, comma 1, un accordo di ristrutturazione dei debiti e di soddisfazione dei crediti sulla base di un piano che, assicurato il regolare pagamento dei titolari di crediti impignorabili ai sensi dell'articolo 545 del codice di procedura civile e delle altre disposizioni contenute in leggi speciali, preveda scadenze e modalità di pagamento dei creditori, anche se suddivisi in classi, indichi le eventuali garanzie rilasciate per l'adempimento dei debiti e le modalità per l'eventuale liquidazione dei beni. È possibile prevedere che i crediti muniti di privilegio, pegno o ipoteca possono non essere soddisfatti integralmente, allorché ne sia assicurato il pagamento in misura non inferiore a quella realizzabile, in ragione della collocazione preferenziale sul ricavato in caso di liquidazione, avuto riguardo al valore di mercato attribuibile ai beni o ai diritti sui quali insiste la causa di prelazione, come attestato dagli organismi di composizione della crisi. [In ogni caso, con riguardo ai tributi costituenti risorse proprie dell'Unione europea, all'imposta sul valore aggiunto ed alle ritenute operate e non versate, il piano può prevedere esclusivamente la dilazione del pagamento.] Fermo restando quanto previsto dall'articolo 13, comma 1, il piano può anche prevedere l'affidamento del patrimonio del debitore ad un gestore per la liquidazione, la custodia e la distribuzione del ricavato ai creditori, da individuarsi in un professionista in possesso dei requisiti di cui all'articolo 28 del regio decreto 16 marzo 1942, n. 267. Il gestore è nominato dal giudice; si applicano gli articoli 35, comma 4-*bis*, 35.1 e 35.2 del decreto legislativo 6 settembre 2011, n. 159 [1] [2].

1-*bis*. Fermo il diritto di proporre ai creditori un accordo ai sensi del comma 1, il consumatore in stato di sovraindebitamento può proporre, con l'ausilio degli organismi di composizione della crisi di cui all'articolo 15 con sede nel circondario del tribunale competente ai sensi dell'articolo 9, comma 1, un piano contenente le previsioni di cui al comma 1 [3].

2. La proposta non è ammissibile quando il debitore, anche consumatore:

a) è soggetto a procedure concorsuali diverse da quelle regolate dal presente capo;
b) ha fatto ricorso, nei precedenti cinque anni, ai procedimenti di cui al presente capo;
c) ha subito, per cause a lui imputabili, uno dei provvedimenti di cui agli articoli 14 e 14-*bis*;
d) ha fornito documentazione che non consente di ricostruire compiutamente la sua situazione economica e patrimoniale [4];
d-*bis*) ha già beneficiato dell'esdebitazione per due volte [5];
d-*ter*) limitatamente al piano del consumatore, ha determinato la situazione di sovraindebitamento con colpa grave, malafede o frode [6];
d-*quater*) limitatamente all'accordo di composizione della crisi, risulta abbia commesso atti diretti a frodare le ragioni dei creditori [7].

2 bis. Ferma l'applicazione del comma 2, lettere b), c) e d), l'imprenditore agricolo in stato di sovraindebitamento può proporre ai creditori un accordo di composizione della crisi secondo le disposizioni della presente sezione [8].

2 ter. L'accordo di composizione della crisi della società produce i suoi effetti anche nei confronti dei soci illimitatamente responsabili [9].

(1) Comma sostituito dall'art. 18, co. 1, lett. e), n. 1), d.l. 18.10.2012, n. 179, come modificato dalla l. di conversione e poi modificato dall'art. 4, co. 1, lett. a), d.lgs. 18.5.2018, n. 54. Infine il presente comma è stato modificato dall'art. 4 *ter*, co. 1, lett. b), d.l. 28.10.2020, n. 137, convertito, con modificazioni dalla l. 18.12.2020, n. 176.
(2) La Corte costituzionale, con sentenza 29.11.2019, n. 245, ha dichiarato l'illegittimità costituzionale del terzo periodo di questo comma, limitatamente alle parole: «*all'imposta sul valore aggiunto*».
(3) Comma introdotto dall'art. 18, co. 1, lett. e), n. 2), d.l. 18.10.2012, n. 179.
(4) Comma sostituito dall'art. 18, co. 1, lett. e), n. 3), d.l. 18.10.2012, n. 179.
(5) Lettera introdotta dall'art. 4 *ter*, co. 1, lett. b), d.l. 28.10.2020, n. 137, convertito, con modificazioni dalla l. 18.12.2020, n. 176.
(6) Lettera introdotta dall'art. 4 *ter*, co. 1, lett. b), d.l. 28.10.2020, n. 137, convertito, con modificazioni dalla l. 18.12.2020, n. 176.
(7) Lettera introdotta dall'art. 4 *ter*, co. 1, lett. b), d.l. 28.10.2020, n. 137, convertito, con modificazioni dalla l. 18.12.2020, n. 176.
(8) Comma introdotto dall'art. 18, co. 1, lett. e), n. 4), d.l. 18.10.2012, n. 179.
(9) Comma introdotto dall'art. 4 *ter*, co. 1, lett. b), d.l. 28.10.2020, n. 137, convertito, con modificazioni dalla l. 18.12.2020, n. 176.

Sezione III
Disposizioni comuni [1]

(1) Sezione inserita dall'art. 18, co. 1, lett. t), d.l. 18.10.2012, n. 179.

15. Organismi di composizione della crisi [1].

1. Possono costituire organismi per la composizione delle crisi da sovraindebitamento enti pubblici dotati di requisiti di indipendenza e professionalità determinati con il regolamento di cui al comma 3. Gli organismi di conciliazione costituiti presso le camere di commercio, industria, artigianato e agricoltura ai sensi dell'articolo 2 della legge 29 dicembre 1993, n. 580, e successive modificazioni, il segretariato sociale costituito ai sensi dell'articolo 22, comma 4, lettera a), della legge 8 novembre 2000, n. 328, gli ordini professionali degli avvocati, dei commercialisti ed esperti contabili e dei notai sono iscritti di diritto, a semplice domanda, nel registro di cui al comma 2.

2. Gli organismi di cui al comma 1 sono iscritti in un apposito registro tenuto presso il Ministero della giustizia.

3. I requisiti di cui al comma 1 e le modalità di iscrizione nel registro di cui al comma 2, sono stabiliti con regolamento adottato dal Ministro della giustizia, di concerto con il Ministro dello sviluppo economico ed il Ministro dell'economia e delle finanze, ai sensi dell'articolo 17, comma 3, della legge 23 agosto 1988, n. 400, entro novanta giorni dalla data di entrata in vigore del presente decreto. Con lo stesso decreto sono disciplinate le condizioni per l'iscrizione, la formazione dell'elenco e la sua revisione, la sospensione e la cancellazione degli iscritti, nonché la determinazione dei compensi e dei rimborsi spese spettanti agli organismi a carico dei soggetti che ricorrono alla procedura.

4. Dalla costituzione e dal funzionamento degli organismi indicati al comma 1 non devono derivare nuovi o maggiori oneri a carico della finanza pubblica, e le attività degli stessi devono essere svolte nell'ambito delle risorse umane, strumentali e finanziarie disponibili a legislazione vigente.

5. L'organismo di composizione della crisi, oltre a quanto previsto dalle sezioni prima e seconda del presente capo, assume ogni iniziativa funzionale alla predisposizione del piano di ristrutturazione e all'esecuzione dello stesso.

6. Lo stesso organismo verifica la veridicità dei dati contenuti nella proposta e nei documenti allegati, attesta la fattibilità del piano ai sensi dell'articolo 9, comma 2.

7. L'organismo esegue le pubblicità ed effettua le comunicazioni disposte dal giudice nell'ambito dei procedimenti previsti dalle sezioni prima e seconda del presente capo. Le comunicazioni sono effettuate a mezzo posta elettronica certificata se il relativo indirizzo del destinatario risulta dal registro delle imprese ovvero dall'Indice nazionale degli indirizzi di posta elettronica certificata delle imprese e dei professionisti e, in ogni altro caso, a mezzo telefax o lettera raccomandata.

8. Quando il giudice lo dispone ai sensi degli articoli 13, comma 1, o 14-*quinquies*, comma 2, l'organismo svolge le funzioni di liquidatore stabilite con le disposizioni del presente capo. Ove designato ai sensi dell'articolo 7, comma 1, svolge le funzioni di gestore per la liquidazione.

9. I compiti e le funzioni attribuiti agli organismi di composizione della crisi possono essere svolti anche da un professionista o da una società tra professionisti in possesso dei requisiti di cui all'articolo 28 del regio decreto 16 marzo 1942, n. 267, e successive modificazioni, ovvero da un notaio, nominati dal presidente del tribunale o dal giudice da lui delegato. Fino all'entrata in vigore del regolamento di cui al comma 3, i compensi sono determinati secondo i parametri previsti per i commissari giudiziali nelle procedure di concordato preventivo, quanto alle attività di cui alla sezione prima del presente capo, e per i curatori fallimentari, quanto alle attività di cui alla sezione seconda del presente capo. I predetti compensi sono ridotti del quaranta per cento.

10. Per lo svolgimento dei compiti e delle attività previsti dal presente capo, il giudice e, previa autorizzazione di quest'ultimo, gli organismi di composizione della crisi possono accedere ai dati contenuti nell'anagrafe tributaria, compresa la sezione prevista dall'articolo 7, sesto comma, del decreto del Presidente della Repubblica 29 settembre 1973, n. 605, nei sistemi di informazioni creditizie, nelle centrali rischi e nelle altre banche dati pubbliche, ivi compreso l'archivio centrale informatizzato di cui all'articolo 30-*ter*, comma 2, del decreto legislativo 13 agosto 2010, n. 141, nel rispetto delle disposizioni contenute nel codice in materia di protezione dei dati personali, di cui al decreto legislativo 30 giugno 2003, n. 196, e del codice di deontologia e di buona condotta per i sistemi informativi gestiti da soggetti privati in tema di crediti al consumo, affidabilità e puntualità nei pagamenti, di cui alla deliberazione del Garante per la protezione dei dati personali 16 novembre 2004, n. 8, pubblicata nella Gazzetta Ufficiale n. 300 del 23 dicembre 2004.

11. I dati personali acquisiti a norma del presente articolo possono essere trattati e conservati per i soli fini e tempi della procedura e devono essere distrutti contestualmente alla sua conclusione o cessazione. Dell'avvenuta distruzione è data comunicazione al titolare dei suddetti dati, tramite lettera raccomandata con avviso di ricevimento o tramite posta elettronica certificata, non oltre quindici giorni dalla distruzione medesima.

(1) Articolo sostituito art. 18, co. 1, lett. t), d.l. 18.10.2012, n. 179.

16. Sanzioni [(1)].

1. Salvo che il fatto costituisca più grave reato, è punito con la reclusione da sei mesi a due anni e con la multa da 1.000 a 50.000 euro il debitore che:

a) al fine di ottenere l'accesso alla procedura di composizione della crisi di cui alla sezione prima del presente capo aumenta o diminuisce il passivo ovvero sottrae o dissimula una parte rilevante dell'attivo ovvero dolosamente simula attività inesistenti;
b) al fine di ottenere l'accesso alle procedure di cui alle sezioni prima e seconda del presente capo, produce documentazione contraffatta o alterata, ovvero sottrae, occulta o distrugge, in tutto o in parte, la documentazione relativa alla propria situazione debitoria ovvero la propria documentazione contabile;
c) omette l'indicazione di beni nell'inventario di cui all'articolo 14-*ter*, comma 3;
d) nel corso della procedura di cui alla sezione prima del presente capo, effettua pagamenti in violazione dell'accordo o del piano del consumatore;
e) dopo il deposito della proposta di accordo o di piano del consumatore, e per tutta la durata della procedura, aggrava la sua posizione debitoria;
f) intenzionalmente non rispetta i contenuti dell'accordo o del piano del consumatore.

2. Il componente dell'organismo di composizione della crisi, ovvero il professionista di cui all'articolo 15, comma 9, che rende false attestazioni in ordine alla veridicità dei dati contenuti nella proposta o nei documenti ad essa allegati, alla fattibilità del piano ai sensi dell'articolo 9, comma 2, ovvero nella relazione di cui agli articoli 9, comma 3-*bis*, 12, comma 1 e 14-*ter*, comma 3, è punito con la reclusione da uno a tre anni e con la multa da 1.000 a 50.000 euro.

3. La stessa pena di cui al comma 2 si applica al componente dell'organismo di composizione della crisi, ovvero al professionista di cui all'articolo 15, comma 9, che cagiona danno ai creditori omettendo o rifiutando senza giustificato motivo un atto del suo ufficio.

(1) Articolo sostituito art. 18, co. 1, lett. t), d.l. 18.10.2012, n. 179.

9. D.Lgs. 12 gennaio 2019, n. 14. – Codice della crisi d'impresa e dell'insolvenza in attuazione della legge 19 ottobre 2017, n. 155 (*artt. 1, 2, 25 bis, 317-347, 389-391*)

In Gazzetta Ufficiale 14 febbraio 2019, n. 38

PARTE PRIMA
Codice della crisi di impresa e dell'insolvenza

TITOLO I
Disposizioni generali

Capo I
Ambito di applicazione e definizioni

1. *Ambito di applicazione.*

1. Il presente codice disciplina le situazioni di crisi o insolvenza del debitore, sia esso consumatore o professionista, ovvero imprenditore che eserciti, anche non a fini di lucro, un'attività commerciale, artigiana o agricola, operando quale persona fisica, persona giuridica o altro ente collettivo, gruppo di imprese o società pubblica, con esclusione dello Stato e degli enti pubblici.

2. Sono fatte salve le disposizioni delle leggi speciali in materia di:

a) amministrazione straordinaria delle grandi imprese. Se la crisi o l'insolvenza di dette imprese non sono

disciplinate in via esclusiva, restano applicabili anche le procedure ordinarie regolate dal presente codice;
b) liquidazione coatta amministrativa ai sensi dell'articolo 293.

3. Sono fatte salve le disposizioni delle leggi speciali in materia di crisi di impresa delle società pubbliche.

4. Le disposizioni del presente codice in tema di liquidazione coatta amministrativa si applicano nelle regioni a statuto speciale e nelle province autonome di Trento e Bolzano compatibilmente con i rispettivi Statuti e le relative norme di attuazione, anche con riferimento alla legge costituzionale 18 ottobre 2001, n. 3.

2. Definizioni.

1. Ai fini del presente codice si intende per:

a) "crisi": lo stato del debitore che rende probabile l'insolvenza e che si manifesta con l'inadeguatezza dei flussi di cassa prospettici a far fronte alle obbligazioni nei successivi dodici mesi [(1)];
b) «insolvenza»: lo stato del debitore che si manifesta con inadempimenti od altri fatti esteriori, i quali dimostrino che il debitore non è più in grado di soddisfare regolarmente le proprie obbligazioni;
c) «sovraindebitamento»: lo stato di crisi o di insolvenza del consumatore, del professionista, dell'imprenditore minore, dell'imprenditore agricolo, delle start-up innovative di cui al decreto-legge 18 ottobre 2012, n. 179, convertito, con modificazioni, dalla legge 17 dicembre 2012, n. 221, e di ogni altro debitore non assoggettabile alla liquidazione giudiziale ovvero a liquidazione coatta amministrativa o ad altre procedure liquidatorie previste dal codice civile o da leggi speciali per il caso di crisi o insolvenza;
d) «impresa minore»: l'impresa che presenta congiuntamente i seguenti requisiti:
   1) un attivo patrimoniale di ammontare complessivo annuo non superiore ad euro trecentomila nei tre esercizi antecedenti la data di deposito della istanza di apertura della liquidazione giudiziale o dall'inizio dell'attività se di durata inferiore;
   2) ricavi, in qualunque modo essi risultino, per un ammontare complessivo annuo non superiore ad euro duecentomila nei tre esercizi antecedenti la data di deposito dell'istanza di apertura della liquidazione giudiziale o dall'inizio dell'attività se di durata inferiore;
   3) un ammontare di debiti anche non scaduti non superiore ad euro cinquecentomila; i predetti valori possono essere aggiornati ogni tre anni con decreto del Ministro della giustizia adottato a norma dell'articolo 348;
e) «consumatore»: la persona fisica che agisce per scopi estranei all'attività imprenditoriale, commerciale, artigiana o professionale eventualmente svolta, anche se socia di una delle società appartenenti ad uno dei tipi regolati nei capi III, IV e VI del titolo V del libro quinto del codice civile, per i debiti estranei a quelli sociali;
f) «società pubbliche»: le società a controllo pubblico, le società a partecipazione pubblica e le società in house di cui all'articolo 2, lettere m), n), o), del decreto legislativo 19 agosto 2016, n. 175;
[g) «grandi imprese»: le imprese che, ai sensi dell'articolo 3, paragrafo 4, della direttiva 2013/34/UE del Parlamento europeo e del Consiglio del 26 giugno 2013, alla data di chiusura del bilancio superano i limiti numerici di almeno due dei tre criteri seguenti:
   a) totale dello stato patrimoniale: venti milioni di euro;
   b) ricavi netti delle vendite e delle prestazioni: quaranta milioni di euro;
   c) numero medio dei dipendenti occupati durante l'esercizio: duecentocinquanta;] [(2)]
h) "gruppo di imprese": l'insieme delle società, delle imprese e degli enti, esclusi lo Stato e gli enti territoriali, che, ai sensi degli articoli 2497 e 2545-*septies* del codice civile, esercitano o sono sottoposti alla direzione e coordinamento di una società, di un ente o di una persona fisica; a tal fine si presume, salvo prova contraria, che l'attività di direzione e coordinamento delle società del gruppo sia esercitata dalla società o ente tenuto al consolidamento dei loro bilanci oppure dalla società o ente che le controlla, direttamente o indirettamente, anche nei casi di controllo congiunto; [(3)]
i) «gruppi di imprese di rilevante dimensione»: i gruppi di imprese composti da un'impresa madre e imprese figlie da includere nel bilancio consolidato, che rispettano i limiti numerici di cui all'articolo 3, paragrafi 6 e 7, della direttiva 2013/34/UE del Parlamento europeo e del Consiglio del 26 giugno 2013;
l) «parti correlate»: [per parti correlate ai fini del presente codice] si intendono quelle indicate come tali nel Regolamento della Consob in materia di operazioni con parti correlate [(4)];
m) «centro degli interessi principali del debitore» (COMI): il luogo in cui il debitore gestisce i suoi interessi in modo abituale e riconoscibile dai terzi;
m-*bis*) "strumenti di regolazione della crisi e dell'insolvenza": le misure, gli accordi e le procedure volti al risanamento dell'impresa attraverso la modifica della composizione, dello stato o della struttura delle sue attività e passività o del capitale, oppure volti alla liquidazione del patrimonio o delle attività che, a richiesta del debitore, possono essere preceduti dalla composizione negoziata della crisi [(5)];
n) «albo dei gestori della crisi e insolvenza delle imprese»: l'albo, istituito presso il Ministero della giustizia e disciplinato dall'articolo 356, dei soggetti che su incarico del giudice svolgono, anche in forma associata o societaria, funzioni di gestione, supervisione o controllo nell'ambito degli strumenti di regolazione della crisi e dell'insolvenza e delle procedure di insolvenza previsti dal presente codice; [(6)]
o) «professionista indipendente»: il professionista

incaricato dal debitore nell'ambito di uno degli strumenti di regolazione della crisi e dell'insolvenza che soddisfi congiuntamente i seguenti requisiti:

1) essere iscritto all'albo dei gestori della crisi e insolvenza delle imprese, nonché nel registro dei revisori legali;
2) essere in possesso dei requisiti previsti dall'articolo 2399 del codice civile;
3) non essere legato all'impresa o ad altre parti interessate all'operazione di regolazione della crisi da rapporti di natura personale o professionale; il professionista ed i soggetti con i quali è eventualmente unito in associazione professionale non devono aver prestato negli ultimi cinque anni attività di lavoro subordinato o autonomo in favore del debitore, né essere stati membri degli organi di amministrazione o controllo dell'impresa, né aver posseduto partecipazioni in essa; (7)

o-*bis*) "esperto": il soggetto terzo e indipendente, iscritto nell'elenco di cui all'articolo 13, comma 3 e nominato dalla commissione di cui al comma 6 del medesimo articolo 13, che facilita le trattative nell'ambito della composizione negoziata (8);

p) «misure protettive»: le misure temporanee richieste dal debitore per evitare che determinate azioni dei creditori possano pregiudicare, sin dalla fase delle trattative, il buon esito delle iniziative assunte per la regolazione della crisi o dell'insolvenza, anche prima dell'accesso a uno degli strumenti di regolazione della crisi e dell'insolvenza (9);

q) «misure cautelari»: i provvedimenti cautelari emessi dal giudice competente a tutela del patrimonio o dell'impresa del debitore, che appaiano secondo le circostanze più idonei ad assicurare provvisoriamente il buon esito delle trattative e gli effetti degli strumenti di regolazione della crisi e dell'insolvenza e delle procedure di insolvenza (10);

r) «classe di creditori»: insieme di creditori che hanno posizione giuridica e interessi economici omogenei;

s) «domicilio digitale»: il domicilio di cui all'articolo 1, comma 1, lettera n-*ter*) del decreto legislativo 7 marzo 2005, n. 82;

t) OCC: organismi di composizione delle crisi da sovraindebitamento disciplinati dal decreto del Ministro della giustizia del 24 settembre 2014, n. 202 e successive modificazioni, che svolgono i compiti di composizione assistita della crisi da sovraindebitamento previsti dal presente codice;

[u) OCRI: gli organismi di composizione della crisi d'impresa, disciplinati dal capo II del titolo II del presente codice, che hanno il compito di ricevere le segnalazioni di allerta e gestire il procedimento di allerta e, per le imprese diverse dalle imprese minori, il procedimento di composizione assistita della crisi] (11).

(1) Lettera precedentemente modificata dall'art. 1, co. 1, lett. a), d.lgs. *26.10.2020, n. 147. Successivamente la presente lettera è stata sostituita* dall'art. 1, co. 1, lett. a), d.lgs. 17.6.2022, n. 83. L'art. 1, co. 1, lett. a), d.lgs. n. 147/2020 è stato abrogato dall'art. 48, co. 1, lett. a), d.lgs. n. 83/2022.

(2) Lettera abrogata dall'art. 1, co. 1, lett. b), d.lgs. 17.6.2022, n. 83.

(3) Lettera modificata dall'art. 1, co. 1, lett. b), d.lgs. 26.10.2020, n. 147. Successivamente la presente lettera è stata sostituita dall'art. 1, co. 1, lett. c), d.lgs. 17.6.2022, n. 83. L'art. 1, co. 1, lett. b), d.lgs. n. 147/2020 è stato abrogato dall'art. 48, co. 1, lett. a), d.lgs. n. 83/2022.

(4) Lettera modificata dall'art. 1, co. 1, lett. c), d.lgs. 26.10.2020, n. 147.

(5) Lettera introdotta dall'art. 1, co. 1, lett. d), d.lgs. 17.6.2022, n. 83.

(6) Lettera modificata dall'art. 1, co. 1, lett. e), d.lgs. 17.6.2022, n. 83.

(7) Lettera modificata dall'art. 1, co. 1, lett. f), d.lgs. 17 giugno 2022, n. 83.

(8) Lettera introdotta dall'art. 1, co. 1, lett. g), d.lgs. 17.6.2022, n. 83.

(9) Lettera modificata dall'art. 1, co. 1, lett. d), d.lgs. 26.10.2020, n. 147 e dall'art. 1, co. 1, lett. h), d.lgs. 17.6.2022, n. 83.

(10) Lettera modificata dall'art. 1, co. 1, lett. i), d.lgs. 17 giugno 2022, n. 83.

(11) Lettera precedentemente modificata dall'art. 1, co. 1, lett. e), d.lgs. 26.10.2020, n. 147. Questa lettera è stata poi sostituita dall'art. 1, co. 1, lett. l), d.lgs. 17.6.2022, n. 83. L'art. 1, co. 1, lett. e), d.lgs. n. 147/2020 è stato abrogato dall'art. 48, co. 1, lett. a, d.lgs. n. 83/2022.

25 bis. Misure premiali.

1. Dall'accettazione dell'incarico da parte dell'esperto e sino alla conclusione delle trattative con una delle soluzioni previste dall'articolo 23, commi 1 e 2, lettera b), gli interessi che maturano sui debiti tributari dell'imprenditore sono ridotti alla misura legale.

2. Le sanzioni tributarie per le quali è prevista l'applicazione in misura ridotta in caso di pagamento entro un determinato termine dalla comunicazione dell'ufficio che le irroga, sono ridotte alla misura minima se il termine per il pagamento scade dopo la presentazione della istanza di cui all'articolo 17.

3. Le sanzioni e gli interessi sui debiti tributari sorti prima del deposito dell'istanza di cui all'articolo 17 e oggetto della composizione negoziata sono ridotti della metà nelle ipotesi previste dall'articolo 23, comma 2.

4. In caso di pubblicazione nel registro delle imprese del contratto di cui all'articolo 23, comma 1, lettera a), e dell'accordo di cui all'articolo 23, comma 1, lettera c), l'Agenzia delle entrate concede all'imprenditore che lo richiede, con istanza sottoscritta anche dall'esperto, un piano di rateazione fino ad un massimo di settantadue rate mensili delle somme dovute e non versate a titolo di imposte sul reddito, ritenute alla fonte operate in qualità di sostituto d'imposta, imposta sul valore aggiunto e imposta regionale sulle attività produttive non ancora iscritte a ruolo, e relativi accessori. Si applicano, in quanto compatibili, le disposizioni di cui all'articolo 19 del decreto del Presidente della Repubblica 29 settembre 1973, n. 602. La sottoscrizione dell'esperto costituisce prova dell'esistenza della temporanea situazione di obiettiva difficoltà. L'imprenditore decade automaticamente dal beneficio della rateazione anche in caso di successivo deposito di ricorso ai sensi dell'articolo 40 o in caso di apertura della procedura di liquidazione giudiziale o della liquidazione controllata o di accertamento dello stato di insolvenza oppure in caso di mancato pagamento anche di una sola rata alla sua scadenza.

5. Dalla pubblicazione nel registro delle imprese del contratto e dell'accordo di cui all'articolo 23, comma 1, lettere a) e c), o degli accordi di cui all'articolo 23, comma 2, lettera b), si applicano gli articoli 88, comma 4-*ter*, e 101, comma 5, del testo unico delle imposte sui redditi, di cui al decreto del Presidente della Repubblica 22 dicembre 1986, n. 917.

6. Nel caso di successiva apertura della procedura di liquidazione giudiziale o di liquidazione controllata o nel caso di accertamento dello stato di insolvenza, gli interessi e le sanzioni sono dovuti senza le riduzioni di cui ai commi 1 e 2.

(1) Articolo introdotto dall'art. 6, co. 1, d.lgs. 17.6.2022, n. 83.

TITOLO VIII
Liquidazione giudiziale e misure cautelari penali

317. Principio di prevalenza delle misure cautelari reali e tutela dei terzi.

1. Le condizioni e i criteri di prevalenza rispetto alla gestione concorsuale delle misure cautelari reali sulle cose indicate dall'articolo 142 sono regolate dalle disposizioni del Libro I, titolo IV del decreto legislativo 6 settembre 2011, n. 159, salvo quanto previsto dagli articoli 318, 319 e 320.

2. Per misure cautelari reali di cui al comma 1 si intendono i sequestri delle cose di cui è consentita la confisca disposti ai sensi dell'articolo 321, comma 2, del codice di procedura penale, la cui attuazione è disciplinata dall'articolo 104-*bis* delle norme di attuazione, di coordinamento e transitorie del codice di procedura penale.

318. Sequestro preventivo.

1. In pendenza della procedura di liquidazione giudiziale non può essere disposto sequestro preventivo ai sensi dell'articolo 321, comma 1, del codice di procedura penale sulle cose di cui all'articolo 142, sempre che la loro fabbricazione, uso, porto, detenzione e alienazione non costituisca reato e salvo che la fabbricazione, l'uso, il porto, la detenzione e l'alienazione possano essere consentiti mediante autorizzazione amministrativa.

2. Quando, disposto sequestro preventivo ai sensi dell'articolo 321, comma 1, del codice di procedura penale, è dichiarata l'apertura di liquidazione giudiziale sulle medesime cose, il giudice, a richiesta del curatore, revoca il decreto di sequestro e dispone la restituzione delle cose in suo favore.

3. Nel caso di cui al comma 2, il curatore comunica all'autorità giudiziaria che aveva disposto o richiesto il sequestro, la dichiarazione dello stato di insolvenza e di apertura della procedura della liquidazione giudiziale, il provvedimento di revoca o chiusura della liquidazione giudiziale, nonché l'elenco delle cose non liquidate e già sottoposte a sequestro. Il curatore provvede alla cancellazione delle iscrizioni e trascrizioni decorsi novanta giorni dalla comunicazione di cui al primo periodo.

4. Le disposizioni di cui ai commi 1 e 2 non si applicano quando sono sottoposte a sequestro preventivo le cose indicate all'articolo 146 e le cose non suscettibili di liquidazione, per disposizione di legge o per decisione degli organi della procedura.

319. Sequestro conservativo.

1. In pendenza della procedura di liquidazione giudiziale non può essere disposto sequestro conservativo ai sensi dell'articolo 316 del codice di procedura penale sulle cose di cui all'articolo 142.

2. Quando, disposto sequestro conservativo ai sensi dell'articolo 316 del codice di procedura penale, è dichiarata l'apertura di liquidazione giudiziale sulle medesime cose, si applica l'articolo 150 e il giudice, a richiesta del curatore, revoca il sequestro conservativo e dispone la restituzione delle cose in suo favore.

320. Legittimazione del curatore.

1. Contro il decreto di sequestro e le ordinanze in materia di sequestro il curatore può proporre richiesta di riesame e appello nei casi, nei termini e con le modalità previsti dal codice di procedura penale. Nei predetti termini e modalità il curatore è legittimato a proporre ricorso per cassazione.

321. Liquidazione coatta amministrativa e misure di prevenzione.

1. Le disposizioni che precedono si applicano in quanto compatibili alla liquidazione coatta amministrativa.

TITOLO IX
Disposizioni penali

Capo I
Reati commessi dall'imprenditore in liquidazione giudiziale

322. Bancarotta fraudolenta.

1. È punito con la reclusione da tre a dieci anni, se è dichiarato in liquidazione giudiziale, l'imprenditore che:

a) ha distratto, occultato, dissimulato, distrutto o dissipato in tutto o in parte i suoi beni ovvero, allo scopo di recare pregiudizio ai creditori, ha esposto o riconosciuto passività inesistenti;

b) ha sottratto, distrutto o falsificato, in tutto o in parte, con lo scopo di procurare a sé o ad altri un ingiusto profitto o di recare pregiudizi ai creditori, i libri o le altre scritture contabili o li ha tenuti in guisa da non rendere possibile la ricostruzione del patrimonio o del movimento degli affari.

2. La stessa pena si applica all'imprenditore, dichiarato in liquidazione giudiziale, che, durante la procedura, commette alcuno dei fatti preveduti dalla lettera a) del comma 1, ovvero sottrae, distrugge o falsifica i libri o le altre scritture contabili.

3. È punito con la reclusione da uno a cinque anni l'imprenditore in liquidazione giudiziale che, prima o durante la procedura, a scopo di favorire, a danno dei creditori, taluno di essi, esegue pagamenti o simula titoli di prelazione.

4. Salve le altre pene accessorie, di cui al capo III, titolo II, libro I del codice penale, la condanna per uno dei fatti previsti nel presente articolo importa l'inabilitazione all'esercizio di una impresa commerciale e l'incapacità ad esercitare uffici direttivi presso qualsiasi impresa fino a dieci anni.

323. Bancarotta semplice.

1. È punito con la reclusione da sei mesi a due anni, se è dichiarato in liquidazione giudiziale, l'imprenditore che, fuori dai casi preveduti nell'articolo precedente:

a) ha sostenuto spese personali o per la famiglia eccessive rispetto alla sua condizione economica;
b) ha consumato una notevole parte del suo patrimonio in operazioni di pura sorte o manifestamente imprudenti;
c) ha compiuto operazioni di grave imprudenza per ritardare l'apertura della liquidazione giudiziale;
d) ha aggravato il proprio dissesto, astenendosi dal richiedere la dichiarazione di apertura della propria liquidazione giudiziale o con altra grave colpa;
e) non ha soddisfatto le obbligazioni assunte in un precedente concordato preventivo o liquidatorio giudiziale.

2. La stessa pena si applica all'imprenditore in liquidazione giudiziale che, durante i tre anni antecedenti alla dichiarazione di liquidazione giudiziale ovvero dall'inizio dell'impresa, se questa ha avuto una minore durata, non ha tenuto i libri e le altre scritture contabili prescritti dalla legge o li ha tenuti in maniera irregolare o incompleta.

3. Salve le altre pene accessorie di cui al capo III, titolo II, libro I del codice penale, la condanna importa l'inabilitazione all'esercizio di un'impresa commerciale e l'incapacità ad esercitare uffici direttivi presso qualsiasi impresa fino a due anni.

324. Esenzioni dai reati di bancarotta.

1. Le disposizioni di cui agli articoli 322, comma 3 e 323 non si applicano ai pagamenti e alle operazioni computi in esecuzione di un concordato preventivo o di accordi di ristrutturazione dei debiti omologati o degli accordi in esecuzione del piano attestato ovvero del concordato minore omologato ai sensi dell'articolo 80, nonché ai pagamenti e alle operazioni di finanziamento autorizzati dal giudice a norma degli articoli 99, 100 e 101.

325. Ricorso abusivo al credito.

1. Gli amministratori, i direttori generali, i liquidatori e gli imprenditori esercenti un'attività commerciale che ricorrono o continuano a ricorrere al credito, anche al di fuori dei casi di cui agli articoli 322 e 323, dissimulando il dissesto o lo stato d'insolvenza sono puniti con la reclusione da sei mesi a tre anni.

2. La pena è aumentata nel caso di società soggette alle disposizioni di cui al capo II, titolo III, parte IV, del testo unico delle disposizioni in materia di intermediazione finanziaria, di cui al decreto legislativo 24 febbraio 1998, n. 58, e successive modificazioni.

3. Salve le altre pene accessorie di cui al libro I, titolo II, capo III, del codice penale, la condanna importa l'inabilitazione all'esercizio di un'impresa commerciale e l'incapacità ad esercitare uffici direttivi presso qualsiasi impresa fino a tre anni.

326. Circostanze aggravanti e circostanza attenuante.

1. Nel caso in cui i fatti previsti negli articoli 322, 323 e 325 hanno cagionato un danno patrimoniale di rilevante gravità, le pene da essi stabilite sono aumentate fino alla metà.

2. Le pene stabilite negli articoli suddetti sono aumentate:

a) se il colpevole ha commesso più fatti tra quelli previsti in ciascuno degli articoli indicati;
b) se il colpevole per divieto di legge non poteva esercitare un'impresa commerciale.

3. Nel caso in cui i fatti indicati nel comma 1 hanno cagionato un danno patrimoniale di speciale tenuità, le pene sono ridotte fino al terzo.

327. Denuncia di creditori inesistenti e altre inosservanze da parte dell'imprenditore in liquidazione giudiziale.

1. È punito con la reclusione da sei mesi a un anno e sei mesi l'imprenditore in liquidazione giudiziale, il quale, fuori dei casi preveduti all'articolo 322, nell'elenco nominativo dei suoi creditori denuncia creditori inesistenti od omette di dichiarare l'esistenza di altri beni da comprendere nell'inventario, ovvero non osserva gli obblighi imposti dagli articoli 49, comma 3, lettera c) e 149.

2. Se il fatto è avvenuto per colpa, si applica la reclusione fino ad un anno.

328. Liquidazione giudiziale delle società in nome collettivo e in accomandita semplice.

1.Nella liquidazione giudiziale delle società in nome collettivo e in accomandita semplice le disposizioni del presente capo si applicano ai fatti commessi dai soci illimitatamente responsabili.

Capo II
Reati commessi da persone diverse dall'imprenditore in liquidazione giudiziale

329. Fatti di bancarotta fraudolenta.

1. Si applicano le pene stabilite nell'articolo 322 agli amministratori, ai direttori generali, ai sindaci e ai liquidatori di società in liquidazione giudiziale, i quali hanno commesso alcuno dei fatti preveduti nel suddetto articolo.

2. Si applica alle persone suddette la pena prevista dall'articolo 322, comma 1, se:

a) hanno cagionato, o concorso a cagionare, il dissesto della società, commettendo alcuno dei fatti previsti dagli articoli 2621, 2622, 2626, 2627, 2628, 2629, 2632, 2633 e 2634 del codice civile;
b) hanno cagionato con dolo o per effetto di operazioni dolose il dissesto della società.

3. Si applica altresì in ogni caso la disposizione dell'articolo 322, comma 4.

330. Fatti di bancarotta semplice.

1. Si applicano le pene stabilite nell'articolo 323 agli amministratori, ai direttori generali, ai sindaci e ai liquidatori di società dichiarate in liquidazione giudiziale, i quali:

a) hanno commesso alcuno dei fatti preveduti nel suddetto articolo;

b) hanno concorso a cagionare od aggravare il dissesto della società con inosservanza degli obblighi ad essi imposti dalla legge.

331. Ricorso abusivo al credito.

1. Si applicano le pene stabilite nell'articolo 325 agli amministratori ed ai direttori generali di società sottoposte a liquidazione giudiziale, i quali hanno commesso il fatto in esso previsto.

332. Denuncia di crediti inesistenti.

1. Si applicano le pene stabilite nell'articolo 327 agli amministratori, ai direttori generali e ai liquidatori di società dichiarate in liquidazione giudiziale, che hanno commesso i fatti in esso indicati.

333. Reati dell'institore.

1. All'institore dell'imprenditore, dichiarato in liquidazione giudiziale, il quale nella gestione affidatagli si è reso colpevole dei fatti preveduti negli articoli 322, 323, 325 e 327 si applicano le pene in questi stabilite.

334. Interesse privato del curatore negli atti della liquidazione giudiziale.

1. Salvo che al fatto non siano applicabili gli articoli 315, 317, 318, 319, 321, 322 e 323 del codice penale, il curatore che prende interesse privato in qualsiasi atto della liquidazione giudiziale direttamente o per interposta persona o con atti simulati è punito con la reclusione da due a sei anni e con la multa non inferiore a euro 206.

2. La condanna importa l'interdizione dai pubblici uffici.

335. Accettazione di retribuzione non dovuta.

1. Il curatore della liquidazione giudiziale che riceve o pattuisce una retribuzione, in danaro o in altra forma, in aggiunta di quella liquidata in suo favore dal tribunale o dal giudice delegato, è punito con la reclusione da tre mesi a due anni e con la multa da euro 103 a euro 516.

2. Nei casi più gravi alla condanna può aggiungersi l'inabilitazione temporanea all'ufficio di amministratore per la durata non inferiore a due anni.

336. Omessa consegna o deposito di cose della liquidazione giudiziale.

1. Il curatore che non ottempera all'ordine del giudice di consegnare o depositare somme o altra cosa della liquidazione giudiziale, ch'egli detiene a causa del suo ufficio, è punito con la reclusione fino a due anni e con la multa fino a euro 1.032.

2. Se il fatto avviene per colpa, si applica la reclusione fino a sei mesi o la multa fino a euro 309.

337. Coadiutori del curatore.

1. Le disposizioni degli articoli 333, 334 e 335, si applicano anche alle persone che coadiuvano il curatore nell'amministrazione della liquidazione giudiziale.

338. Domande di ammissione di crediti simulati o distrazioni senza concorso con l'imprenditore in liquidazione giudiziale.

1. È punito con la reclusione da uno a cinque anni e con la multa da euro 51 a euro 516 chiunque, fuori dei casi di concorso in bancarotta, anche per interposta persona presenta domanda di ammissione al passivo della liquidazione giudiziale per un credito fraudolentemente simulato.

2. Se la domanda è ritirata prima della verificazione dello stato passivo, la pena è ridotta alla metà.

3. È punito con la reclusione da uno a cinque anni chiunque:

a) dopo l'apertura della procedura di liquidazione giudiziale, fuori dei casi di concorso in bancarotta o di favoreggiamento, sottrae, distrae, ricetta ovvero in pubbliche o private dichiarazioni dissimula beni del debitore assoggettato a liquidazione giudiziale;

b) essendo consapevole dello stato di dissesto dell'imprenditore distrae o ricetta merci o altri beni dello stesso o li acquista a prezzo notevolmente inferiore al valore corrente, se la apertura della liquidazione giudiziale si verifica.

4. La pena, nei casi previsti dalle lettere a) e b) del comma 3, è aumentata se l'acquirente è un imprenditore che esercita un'attività commerciale.

339. Mercato di voto.

1. Il creditore che stipula con l'imprenditore in liquidazione giudiziale o con altri nell'interesse del predetto vantaggi a proprio favore per dare il suo voto nel concordato o nelle deliberazioni del comitato dei creditori, è punito con la reclusione da sei mesi a tre anni e con la multa non inferiore a euro 103.

2. La somma o le cose ricevute dal creditore sono confiscate.

3. La stessa pena si applica all'imprenditore in liquidazione giudiziale e a chi ha contrattato col creditore nell'interesse dell'imprenditore in liquidazione giudiziale.

340. Esercizio abusivo di attività commerciale.

1. Chiunque esercita un'impresa commerciale, sebbene si trovi in stato di inabilitazione ad esercitarla per effetto di condanna penale, è punito con la reclusione fino a due anni e con la multa non inferiore a euro 103.

Capo III
Disposizioni applicabili nel caso di concordato preventivo, accordi di ristrutturazione dei debiti, piani attestati e liquidazione coatta amministrativa

341. Concordato preventivo e accordo di ristrutturazione con intermediari finanziari e convenzione di moratoria.

1. È punito con la reclusione da uno a cinque anni

l'imprenditore, che, al solo scopo di ottenere l'apertura della procedura di concordato preventivo o di ottenere l'omologazione di un accordo di ristrutturazione o il consenso alla sottoscrizione della convenzione di moratoria, si sia attribuito attività inesistenti, ovvero, per influire sulla formazione delle maggioranze, abbia simulato crediti in tutto o in parte inesistenti.

2. Nel caso di concordato preventivo si applicano:
a) le disposizioni degli articoli 329 e 330 agli amministratori, direttori generali, sindaci e liquidatori di società;
b) la disposizione dell'articolo 333 agli institori dell'imprenditore;
c) le disposizioni degli articoli 334 e 335 al commissario del concordato preventivo;
d) le disposizioni degli articoli 338 e 339 ai creditori.

3. Nel caso di accordi di ristrutturazione ad efficacia estesa o di convenzione di moratoria, nonché nel caso di omologa di accordi di ristrutturazione ai sensi dell'articolo 63, comma 2-*bis*, si applicano le disposizioni previste al comma 2, lettere a), b) e d) (1).

(1) Comma modificato dall'art. 39, co. 1, d.lgs. 17.6.2022, n. 83.

342. Falso in attestazioni e relazioni.

1. Il professionista che nelle relazioni o attestazioni di cui agli articoli 56 comma 4, 57, comma 4, 58 commi 1 e 2, 62, comma 2, lettera d), 87, comma 3, 88, commi 1 e 2, 90, comma 5, 100, commi 1 e 2, espone informazioni false ovvero omette di riferire informazioni rilevanti in ordine alla veridicità dei dati contenuti nel piano o nei documenti ad esso allegati, è punito con la reclusione da due a cinque anni e con la multa da 50.000 a 100.000 euro (1).

2. Se il fatto è commesso al fine di conseguire un ingiusto profitto per sé o per altri, la pena è aumentata.

3. Se dal fatto consegue un danno per i creditori la pena è aumentata fino alla metà.

(1) Comma modificato dall'art. 39, co. 2, d.lgs. 17.6.2022, n. 83.

343. Liquidazione coatta amministrativa (1).

1. L'accertamento giudiziario dello stato di insolvenza a norma degli articoli 297 e 298 è equiparato alla dichiarazione di apertura della liquidazione giudiziale ai fini dell'applicazione delle disposizioni del presente titolo.

2. Nel caso di liquidazione coatta amministrativa si applicano al commissario liquidatore le disposizioni degli articoli 334, 335 e 336.

3. Nel caso di risoluzione, le disposizioni degli articoli 334, 335 e 336 si applicano al commissario speciale di cui all'articolo 37 del decreto legislativo 16 novembre 2015, n. 180, agli amministratori straordinari di cui all'articolo 50 del regolamento (UE) 2021/23, agli amministratori temporanei di cui all'articolo 19 del regolamento (UE) 2021/23, nonché alle persone che li coadiuvano nell'amministrazione della procedura (2).

(1) Articolo sostituito dall'art. 34, co. 1, d.lgs. 26.10.2020, n. 147.
(2) Comma sostituito dall'art. 24, co. 1, lett. b), d.lgs. 6.12.2023, n. 224.

Capo IV
Reati commessi nelle procedure di composizione delle crisi da sovraindebitamento (1)

(1) Rubrica sostituita dall'art. 40, co. 1, d.lgs. 17.6.2022, n. 83.

344. Sanzioni per il debitore e per i componenti dell'organismo di composizione della crisi.

1. Salvo che il fatto costituisca più grave reato, è punito con la reclusione da sei mesi a due anni e con la multa da 1.000 a 50.000 euro il debitore che:
a) al fine di ottenere l'accesso alle procedure di composizione delle crisi da sovraindebitamento di cui alle sezioni II e III del capo II del titolo IV aumenta o diminuisce il passivo ovvero sottrae o dissimula una parte rilevante dell'attivo ovvero dolosamente simula attività inesistenti;
b) al fine di ottenere l'accesso alle procedure di cui alle sezioni II e III del capo II del titolo IV e di quelle di cui al capo IX del titolo V, produce documentazione contraffatta o alterata, ovvero sottrae, occulta o distrugge, in tutto o in parte, la documentazione relativa alla propria situazione debitoria ovvero la propria documentazione contabile;
c) nel corso delle procedure di cui alle sezioni II e III del capo II, effettua pagamenti in violazione del piano di ristrutturazione dei debiti o del concordato minore omologati;
d) dopo il deposito del piano di ristrutturazione dei debiti o della proposta di concordato minore, e per tutta la durata della procedura, aggrava la sua posizione debitoria;
e) intenzionalmente non rispetta i contenuti del piano di ristrutturazione dei debiti o del concordato minore.

2. Le pene previste dal comma 1 si applicano al debitore incapiente che, con la domanda di esdebitazione di cui all'articolo 283, produce documentazione contraffatta o alterata o sottrae, occulta o distrugge, in tutto o in parte, la documentazione relativa alla propria situazione debitoria ovvero la propria documentazione contabile ovvero omette, dopo il decreto di esdebitazione, la dichiarazione di cui al comma 7 del medesimo articolo 283, quando dovuta o in essa attesta falsamente fatti rilevanti.

3. Il componente dell'organismo di composizione della crisi che nella relazione di cui agli articoli 68, 76, 268 e 283 rende false attestazioni in ordine alla veridicità dei dati contenuti nella proposta di cui agli articoli 67 e 75, nella domanda di apertura della liquidazione controllata o nella domanda di esdebitazione di cui all'articolo 283, è punito con la reclusione da uno a tre anni e con la multa da 1.000 a 50.000 euro (1).

4. Le pene di cui al comma 2, si applicano al componente dell'organismo di composizione della crisi che cagiona danno ai creditori omettendo o rifiutando senza giustificato motivo un atto del suo ufficio.

(1) Per la sostituzione di questo comma, a decorrere dal 1.9.2021, cfr. art. 35, co. 1, d.lgs. 26.10.2020, n. 147.

345. Falso nelle attestazioni dei componenti dell'OCRI [(1)].

[**1.** Il componente dell'organismo di composizione della crisi di impresa che nell'attestazione di cui all'articolo 19, comma 3, espone informazioni false ovvero omette di riferire informazioni rilevanti in ordine alla veridicità dei dati contenuti nel piano o nei documenti ad esso allegati, è punito con la reclusione da due a cinque anni e con la multa da 50.000 a 100.000 euro.

2. Se il fatto è commesso al fine di conseguire un ingiusto profitto per sé o per altri, la pena è aumentata.

3. Se dal fatto consegue un danno per i creditori la pena è aumentata fino alla metà.]

(1) Articolo abrogato dall'art. 40, co. 2, d.lgs. 17.6.2022, n. 83.

Capo V
Disposizioni di procedura

346. Esercizio dell'azione penale per reati in materia di liquidazione giudiziale.

1. Per reati previsti negli articoli 322, 323, 329 e 330, l'azione penale è esercitata dopo la comunicazione della sentenza di apertura della liquidazione giudiziale di cui all'articolo 49.

2. È iniziata anche prima nel caso previsto dall'articolo 38 e in ogni altro in cui concorrano gravi motivi e già esista o sia contemporaneamente presentata domanda per ottenere la dichiarazione suddetta.

347. Costituzione di parte civile [(1)].

1. Il curatore, il liquidatore giudiziale, il commissario liquidatore, il commissario speciale di cui all'articolo 37 del decreto legislativo 16 novembre 2015, n. 180, l'amministratore straordinario di cui all'articolo 50 del regolamento (UE) 2021/23 e l'amministratore temporaneo di cui al regolamento (UE) 2021/23 possono costituirsi parte civile nel procedimento penale per i reati preveduti nel presente titolo, anche contro l'imprenditore in liquidazione giudiziale.

2. I creditori possono costituirsi parte civile nel procedimento penale per bancarotta fraudolenta quando manca la costituzione del curatore, del commissario liquidatore o del commissario speciale, quando non sia stato nominato il liquidatore giudiziale o quando intendono far valere un titolo di azione propria personale.

(1) Articolo sostituito dall'art. 24, co. 1, lett. c), d.lgs. 6.12.2023, n. 224.

PARTE QUARTA
Disposizioni finali e transitorie

389. Entrata in vigore.

1. Il presente decreto entra in vigore il 15 luglio 2022, salvo quanto previsto al comma 2 [(1)].

[**1 bis.** Il titolo II della Parte prima entra in vigore il 31 dicembre 2023 [(2)].]

2. Gli articoli 27, comma 1, 350, 356, 357, 359, 363, 364, 366, 375, 377, 378, 379, 385, 386, 387 e 388 entrano in vigore il trentesimo giorno successivo alla pubblicazione nella Gazzetta Ufficiale del presente decreto.

3. Le disposizioni di cui agli articoli 3 e 4 del decreto legislativo 20 giugno 2005, n. 122, come modificati dagli articoli 385 e 386 del presente codice, si applicano anche nelle more dell'adozione dei decreti di cui agli articoli 3, comma 7-*bis*, e 4, comma 1-*bis*, del predetto decreto legislativo e il contenuto della fideiussione e della polizza assicurativa è determinato dalle parti nel rispetto di quanto previsto dalle richiamate disposizioni. Fermo quanto previsto dal periodo precedente, le disposizioni di cui al decreto adottato ai sensi del predetto articolo 4, comma 1-*bis*, non si applicano agli immobili per i quali il titolo edilizio sia stato rilasciato prima della data di entrata in vigore del medesimo decreto [(3)].

(1) Comma sostituito dall'art. 5, co. 1, d.l. 8.4.2020, n. 23, conv., con modif., dalla l. 5.6.2020, n. 40 e poi dall'art. 1, co. 1, lett. a), d.l. 24.8.2021, n. 118, conv., con modif., dalla l. 21.10.2021, n. 147. Da ultimo modificato dall'art. 42, co. 1, lett. a), d.l. 30.4.2022, n. 36, conv., con modif., dalla l. 29.6.2022, n. 79.

(2) Comma introdotto dall'art. 1, co. 1, lett. b), d.l. 24.8.2021, n. 118, conv., con modif., dalla l. 21.10.2021, n. 147.Da ultimo abrogato dall'art. 42, co. 1, lett. b), d.l. 30.4.2022, n. 36, conv., con modif., dalla l. 29.6.2022, n. 79.

(3) Comma modificato dall'art. 12, co. 6 *bis*, d.l. 29.12.2022, n. 198, conv., con modif., dalla l. 24.2.2023, n. 14.

390. Disciplina transitoria.

1. I ricorsi per dichiarazione di fallimento e le proposte di concordato fallimentare, i ricorsi per l'omologazione degli accordi di ristrutturazione, per l'apertura del concordato preventivo, per l'accertamento dello stato di insolvenza delle imprese soggette a liquidazione coatta amministrativa e le domande di accesso alle procedure di composizione della crisi da sovraindebitamento depositati prima dell'entrata in vigore del presente decreto sono definiti secondo le disposizioni del regio decreto 16 marzo 1942, n. 267, nonché della legge 27 gennaio 2012, n. 3.

2. Le procedure di fallimento e le altre procedure di cui al comma 1, pendenti alla data di entrata in vigore del presente decreto, nonché le procedure aperte a seguito della definizione dei ricorsi e delle domande di cui al medesimo comma sono definite secondo le disposizioni del regio decreto 16 marzo 1942, n. 267 nonché della legge 27 gennaio 2012, n. 3.

3. Quando, in relazione alle procedure di cui ai commi 1 e 2, sono commessi i fatti puniti dalle disposizioni penali del titolo sesto del regio decreto 16 marzo 1942, n. 267, nonché della sezione terza del capo II della legge 27 gennaio 2012, n. 3, ai medesimi fatti si applicano le predette disposizioni.

391. Disposizioni finanziarie e finali.

1. Per l'attuazione delle disposizioni di cui al presente decreto legislativo si provvede nel limite delle risorse finanziarie, umane e strumentali disponibili a legislazione vigente, senza nuovi o maggiori oneri per la finanza pubblica.

2. L'attuazione delle disposizioni di cui all'articolo 27 avviene nei limiti della dotazione organica del personale amministrativo e di magistratura.

Il presente decreto, munito del sigillo dello Stato, sarà inserito nella Raccolta ufficiale degli atti normativi della Repubblica italiana. È fatto obbligo a chiunque spetti di osservarlo e di farlo osservare.

D. Finanza

10. L. 7 gennaio 1929, n. 4. – Norme generali per la repressione delle violazioni delle leggi finanziarie (*artt. 1-25, 30-54*) (1) (2) (3) (4)

In Gazzetta Ufficiale 14 gennaio 1929, n. 11

(1) L'entrata in vigore di questa l. è stata fissata al 1luglio 1931, secondo quanto disposto dell'art. unico del r.d. 18.6.1931, n. 806.

(2) L'art. 26, co. 1, d.lgs. 18.12.1997, n. 472, rubricato "abolizione della soprattassa e della pena pecuniaria", ha previsto che: «*1. Il riferimento alla soprattassa e alla pena pecuniaria, nonché ad ogni altra sanzione amministrativa, ancorché diversamente denominata, contenuto nelle leggi vigenti, è sostituito con il riferimento alla sanzione pecuniaria, di uguale importo.*

2. I riferimenti contenuti nelle singole leggi di imposta a disposizioni abrogate si intendono effettuati agli istituti e alle previsioni corrispondenti risultanti dal presente decreto.

3. Salvo diversa espressa previsione, i procedimenti di irrogazione delle sanzioni disciplinati nel presente decreto si applicano all'irrogazione di tutte le sanzioni tributarie non penali.».

(3) Il d.lgs. 19.2.1998, n. 51, ha soppresso l'ufficio del pretore e, fuori dai casi espressamente previsti da questo decreto, le relative competenze sono da intendersi trasferite al tribunale ordinario. Lo stesso decreto ha soppresso l'ufficio del pubblico ministero presso la pretura circondariale e ha provveduto a trasferirne le relative funzioni all'ufficio del pubblico ministero presso il tribunale ordinario. Inoltre, qualora questo provvedimento attribuisca funzioni amministrative alternativamente al pretore e ad organi della P.A., le attribuzioni pretorili si intendono soppresse; sono altresì soppresse le funzioni amministrative di altre autorità giurisdizionali, eccezion fatta per il giudice di pace, se attribuite in via alternativa tanto al pretore che ad organi della P.A.

(4) A partire dal 1.1.1999 ogni sanzione pecuniaria penale o amministrativa espressa in lire nel presente provvedimento si intende espressa anche in euro secondo il tasso di conversione irrevocabilmente fissato dal Trattato CE. A decorrere dal 1.1.2002 ogni sanzione penale o amministrativa espressa in lire nel presente provvedimento è tradotta in euro secondo il tasso di conversione irrevocabilmente fissato dal Trattato CE. Se da questa operazione deriva un risultato espresso anche in decimali, la cifra è arrotondata eliminando i decimali (art. 51, d.lgs. 24.12.1998, n. 213).

TITOLO I
Della repressione delle violazioni delle leggi finanziarie in generale

1. – [La presente legge stabilisce le disposizioni generali per la repressione delle violazioni delle leggi finanziarie, relative ai tributi dello Stato.

[Le disposizioni della presente legge, e in quanto questa non provveda, quelle del libro primo del codice penale, non possono essere abrogate o modificate da leggi posteriori concernenti i singoli tributi, se non per dichiarazione espressa del legislatore con specifico riferimento alle singole disposizioni abrogate o modificate.] (1) (2)

(1) Comma abrogato dall'art. 13, co. 1, d.l. 10.7.1982, n. 429, convertito in l. 7.8.1982, n. 516.

(2) Articolo abrogato dall'art. 29, co. 1, d.lgs. 18.12.1997, n. 472.

2. – [Costituisce delitto o contravvenzione la violazione di una norma contenuta nelle leggi finanziarie, per la quale è stabilita una delle pene prevedute dal codice penale per i delitti o, rispettivamente, per le contravvenzioni.] (1).

(1) Articolo abrogato dall'art. 29, co. 1, d.lgs. 18.12.1997, n. 472.

3. – [Le leggi finanziarie stabiliscono quando dalla violazione delle norme in esse contenute e che non costituisca reato, sorga per il trasgressore l'obbligazione al pagamento di una somma, a titolo di pena pecuniaria, a favore dello Stato.

L'obbligazione ha carattere civile.] (1)

(1) Articolo abrogato dall'art. 29, co. 1, d.lgs. 18.12.1997, n. 472.

4. – [La legge stabilisce il limite minimo e massimo entro il quale la pena pecuniaria può essere applicata.

Nell'applicazione si ha riguardo alla gravità della violazione e alla personalità di chi l'ha commessa.

La personalità del trasgressore è desunta dai precedenti penali e giudiziari e, in genere, dalla sua condotta.] (1)

(1) Articolo abrogato dall'art. 29, co. 1, d.lgs. 18.12.1997, n. 472.

5. – [Per le violazioni prevedute negli articoli 2 e 3 le leggi finanziarie possono stabilire, in aggiunta alle sanzioni ivi indicate, che il trasgressore sia obbligato al pagamento di una sopratassa a favore dello Stato.

La sopratassa è determinata dalla legge in una somma fissa, corrispondente all'ammontare del tributo ovvero ad una frazione o a un multiplo di esso.

L'obbligazione al pagamento della sopratassa ha carattere civile.] (1)

(1) Articolo abrogato dall'art. 29, co. 1, d.lgs. 18.12.1997, n. 472.

6. – [La chiusura di un pubblico esercizio o negozio ovvero di uno stabilimento commerciale o industriale può essere ordinata nei casi stabiliti dalle singole leggi.

La chiusura non può avere durata inferiore a tre giorni, né superiore ad un mese.] (1)

(1) Articolo abrogato dall'art. 29, co. 1, d.lgs. 18.12.1997, n. 472.

7. – [Il provvedimento di chiusura può essere revocato dall'intendente di finanza, su istanza del trasgressore. In tal caso, la revoca è subordinata al deposito di una somma, da determinarsi dall'intendente, a garanzia del pagamento, secondo i casi, dell'ammontare dell'ammenda, della multa, della pena pecuniaria, o della sopratassa, oltre che del tributo e delle spese.

Il provvedimento di chiusura è revocato d'ufficio, quando l'intendente di finanza ritenga cessati i motivi che lo determinarono.] (1)

(1) Articolo abrogato dall'art. 29, co. 1, d.lgs. 18.12.1997, n. 472.

8. – [Per ogni violazione della stessa disposizione di legge si applica la relativa sanzione.

Non di meno, nel caso di più violazioni commesse anche in tempi diversi in esecuzione della medesima risoluzione, la sanzione può essere applicata una sola volta, tenuto conto delle circostanze dei fatti e della personalità dell'autore delle violazioni.

In tal caso la sanzione è applicata in misura superiore a quella stabilita dalla legge per una sola violazione, purché non si superi la metà dell'ammontare complessivo delle pene, delle pene pecuniarie e delle sopratasse, che si sarebbero dovute applicare calcolando le singole violazioni.] [1]

(1) Articolo abrogato dall'art. 29, co. 1, d.lgs. 18.12.1997, n. 472.

9. – Per le violazioni delle leggi finanziarie che costituiscono contravvenzione, commesse da chi è soggetto all'altrui autorità, direzione o vigilanza, la persona rivestita dell'autorità o incaricata della direzione o vigilanza è obbligata, in caso di insolvibilità del condannato, al pagamento di una somma, pari all'ammontare dell'ammenda inflitta al colpevole, purché la violazione riguardi disposizioni che la detta persona era tenuta a fare osservare.

Le leggi concernenti i singoli tributi determinano quali siano le disposizioni, in esse stabilite, che la persona rivestita dell'autorità o incaricata della direzione o vigilanza è tenuta a fare osservare alla persona sottoposta.

Qualora anche la persona preposta risulti insolvibile, si procede contro il condannato alla conversione della pena dell'ammenda in quella dell'arresto, secondo le norme del Codice penale.

10. – Per le contravvenzioni relative ai tributi dovuti da enti forniti di personalità giuridica, eccettuati lo Stato, le province, i comuni e gli altri enti pubblici, qualora sia pronunciata condanna contro chi ne abbia la rappresentanza o sia con essi in rapporto di dipendenza, gli enti predetti sono obbligati, in caso di insolvibilità del condannato, al pagamento di una somma pari all'ammontare dell'ammenda inflitta.

11. – [Se la violazione della norma delle leggi finanziarie, per la quale, sia stabilita la pena pecuniaria o la sopratassa, sia imputabile a più persone, queste sono tenute in solido al pagamento della pena pecuniaria o della sopratassa.] [1]

(1) Articolo abrogato dall'art. 29, co. 1, d.lgs. 18.12.1997, n. 472.

12. – [Nei casi preveduti nella prima parte degli articoli 9 e 10, qualora per la violazione della legge finanziaria sia stabilita la sopratassa o la pena pecuniaria, la persona rivestita dell'autorità o incaricata della direzione o della vigilanza, ovvero l'ente, sono obbligati in solido con l'autore della violazione al pagamento della pena pecuniaria o della sopratassa.] [1]

(1) Articolo abrogato dall'art. 29, co. 1, d.lgs. 18.12.1997, n. 472.

13. – Per le contravvenzioni punibili con la sola pena dell'ammenda, non superiore nel massimo a lire 100.000 [1], il colpevole è ammesso a pagare, nell'atto della contestazione della contravvenzione, una somma a favore dello Stato pari complessivamente all'ammontare del tributo e della sopratassa e del sesto del massimo dell'ammenda stabilita dalla legge.

Il pagamento estingue il reato e non fa luogo alla compilazione del processo verbale della contravvenzione.

(1) La misura dell'ammenda è stata elevata dall'art. 1, d.lgs. Capo provvisorio dello Stato 5.10.1947, n. 1208, nonché dall'art. 113, co. 2, l. 24.11.1981, n. 689, e, infine, dall'art. 8, d.l. 30.9.1989, n. 332, convertito in l. 27.11.1989, n. 384.

14. – Per le contravvenzioni prevedute nell articolo precedente, quando il colpevole non abbia esercitato la facoltà ivi stabilita, e per ogni altra contravvenzione, per la quale la legge stabilisce soltanto la pena dell'ammenda, il colpevole è ammesso a fare domanda di oblazione.

La domanda di oblazione è irrevocabile e può essere fatta in qualunque stato del procedimento, ma prima che il decreto di condanna sia divenuto esecutivo e, quando sia stata fatta opposizione, prima dell'apertura del dibattimento innanzi l'autorità giudiziaria di primo grado [1].

La domanda di oblazione può essere respinta avuto riguardo alla particolare gravità del fatto o alla personalità del contravventore.

(1) La Corte costituzionale, con sentenza 3.4.1969, n. 60, ha dichiarato l'illegittimità costituzionale di questo comma, limitatamente alle parole "prima che il decreto di condanna sia divenuto esecutivo e quando sia stata fatta opposizione".

15. – [Per le violazioni delle norme delle leggi finanziarie, per cui sia stabilita la pena pecuniaria, è consentito al trasgressore di pagare, all'atto della contestazione della violazione, una somma pari al sesto del massimo della pena pecuniaria, oltre all'ammontare del tributo.

Il pagamento estingue l'obbligazione relativa alla pena pecuniaria nascente dalla violazione.] [1]

(1) Articolo abrogato dall'art. 29, co. 1, d.lgs. 18.12.1997, n. 472.

16. – Per le contravvenzioni prevedute dalle leggi finanziarie la prescrizione estingue il reato col decorso di anni tre.

17. – [Il diritto dello Stato alla riscossione della pena pecuniaria si prescrive col decorso di cinque anni dal giorno della commessa violazione.

Per la sopratassa il diritto dello Stato si estingue per prescrizione con il decorso del tempo stabilito per la prescrizione del tributo.] [1]

(1) Articolo abrogato dall'art. 29, co. 1, d.lgs. 18.12.1997, n 472.

18. – [Se il contravventore debba rispondere, oltre che della contravvenzione, del pagamento del tributo, l'autorità finanziaria può procedere alla riscossione del tributo medesimo, senza attendere l'esito del giudizio penale.] [1].

(1) Articolo abrogato dall'art. 29, co. 1, d.lgs. 18.12.1997, n. 472.

19. – [Il successore a qualsiasi titolo per atto tra vivi in una azienda commerciale o industriale è obbligato verso l'amministrazione finanziaria in solido col suo autore per il pagamento, oltre che del tributo, della sopratassa e della pena pecuniaria, che siano state applicate per violazioni delle norme concernenti i tributi relativi all'azienda per l'anno in cui ha luogo il trasferimento e per i due anni precedenti.

L'obbligazione del successore è limitata al debito per i tributi, sopratasse e pene pecuniarie risultanti, alla data del trasferimento, dagli atti dell'intendenza di finanza nella cui circoscrizione ha sede l'azienda.

A tal fine le intendenze sono tenute a rilasciare, su richiesta e a spese dell'interessato, un certificato sulla esistenza o meno di contestazioni in corso e di quelle già definite per le quali il debito non sia stato soddisfatto.

Il certificato stesso, se negativo, avrà pieno effetto di liberazione del cessionario da ogni responsabilità con il cedente.

La limitazione, di cui al primo capoverso, non ha luogo qualora il trasferimento sia fatto in frode dei diritti dell'amministrazione finanziaria. La frode si presume, salva prova in contrario, quando il trasferimento sia effettuato entro tre mesi dall'accertamento della violazione di una norma, per la quale la legge finanziaria stabilisca la pena pecuniaria superiore nel massimo a lire diecimila, accertamento risultante dagli atti dell'intendenza nella cui circoscrizione ha sede l'azienda.] (1)

(1) Articolo abrogato dall'art. 29, co. 1, d.lgs. 18.12.1997, n. 472.

20. – [Le disposizioni penali delle leggi finanziarie [e quelle che prevedono ogni altra violazione di dette leggi] si applicano ai fatti commessi quando tali disposizioni erano in vigore, ancorché le disposizioni medesime siano abrogate o modificate al tempo della loro applicazione.] (1)

(1) Articolo modificato dall'art. 29, co. 1, d.lgs. 18.12.1997, n. 472 e poi abrogato dall'art. 24, co. 1, d.lgs. 30.12.1999, n. 507.

TITOLO II
Delle norme di procedura

Capo I
Norme generali

21. – La cognizione dei reati preveduti dalle leggi finanziarie spetta:

1) al pretore quando si tratti di reati per i quali è stabilita la sola pena della multa o dell'ammenda;
2) al tribunale in altro caso (1).

Il tribunale è altresì competente a conoscere delle contravvenzioni indicate nel n. 1, quando, contro il decreto di condanna pronunciato dall'intendente, sia stata proposta opposizione.

La competenza per territorio è determinata dal luogo dove il reato è accertato (2).

[Per i reati previsti dalle leggi sui tributi diretti l'azione penale ha corso dopo che l'accertamento dell'imposta e della relativa sovrimposta è divenuto definitivo a norma delle leggi regolanti tale materia.] (3).

(1) *Comma sostituito dall'art. 10, l. 31.7.1984, n. 400.*

(2) La Corte costituzionale, con sentenza 12.5.1982, n. 88, ha dichiarato l'illegittimità costituzionale di questo comma, nella parte in cui prevede che l'accertamento dell'imposta e della relativa sovrimposta, divenuto definitivo in via amministrativa, faccia stato nei procedimenti penali per la cognizione dei reati preveduti dalle leggi tributarie in materia di imposte dirette.

(3) Comma abrogato dall'art. 13, co. 1, d.l. 10.7.1982, n. 429, convertito in l. 7.8.1982, n. 516.

22. – Qualora l'esistenza del reato dipenda dalla risoluzione di una controversia concernente il tributo, il tribunale, a cui spetta la cognizione del reato, decide altresì della controversia relativa al tributo, osservate le forme stabilite dal Codice di procedura penale e con la stessa sentenza con la quale definisce il giudizio penale.

Nel caso in cui il tribunale giudichi che il tributo non era dovuto ovvero era dovuto in misura inferiore a quella richiesta dall'autorità finanziaria, il contribuente, il quale abbia pagato il tributo, è ammesso a chiederne il rimborso totale o parziale.

23. – [Il giudice non può dichiarare, per effetto della disposizione del capoverso dell'art. 1, la inapplicabilità di norme penali contenute in leggi concernenti i singoli tributi, se prima non abbia promosso la decisione della Corte di cassazione. A tal uopo dispone con ordinanza, anche di ufficio, la sospensione del procedimento e la trasmissione degli atti alla Corte medesima. Questa delibera a Sezioni unite e la sentenza costituisce giudicato irrevocabile sul punto da essa deciso. Copia della sentenza è comunicata, a cura del Procuratore generale, al Ministro per la giustizia.] (1).

(1) Articolo abrogato dall'art. 13, co. 1, d.l. 10.7.1982, n. 429, convertito in l. 7.8.1982, n. 516

24. – Le violazioni delle norme contenute nelle leggi finanziarie sono constatate mediante processo verbale.

25. – Non si può procedere, tranne che nei casi indicati dalle singole leggi finanziarie, al sequestro dei libri prescritti dal Codice di commercio e di quelli altri che, secondo gli usi commerciali, servono all'esercizio del commercio o dell'industria.

La precedente disposizione non si applica alle violazioni delle leggi finanziarie che costituiscono delitto.

L'autorità procedente può in ogni caso far eseguire copia dei libri a spese del contribuente, ovvero apporre nelle parti, che interessano l'accertamento della violazione, la propria firma o sigla, munita della data e del bollo di ufficio; può altresì adottare le cautele atte ad impedire che i libri stessi siano alterati o sottratti.

Capo II
Della polizia tributaria

30. – L'accertamento delle violazioni delle disposizioni contenute nelle leggi finanziarie, le quali costituiscono reato, spetta:

1) agli ufficiali ed agli agenti della polizia tributaria;
2) agli ufficiali ed agenti della polizia giudiziaria ordinaria.

31. – **1.** Sono ufficiali della polizia tributaria gli ufficiali e il personale appartenente ai ruoli "ispettori" e "sovrintendenti" del Corpo della guardia di finanza (1).

2. Sono agenti della polizia tributaria gli appartenenti al ruolo "appuntati e finanzieri" della Guardia di finanza (2).

Qualora una legge finanziaria attribuisca l'accertamento di determinati reati a funzionari ed agenti dell'Amministrazione, questi funzionari ed agenti acquistano nei limiti del servizio a cui sono destinati e secondo le attribuzioni ad essi conferite dalla legge, la qualità di ufficiali e, rispettivamente, di agenti della polizia tributaria. A cura dell'Amministrazione dalla quale dipendono, la loro qualità è fatta constare a mezzo di una speciale tessera di riconoscimento.

(1) Comma sostituito dall'art. 74, d.lgs. 12.5.1995, n. 199.
(2) Comma sostituito dall'art. 74, d.lgs. 12.5.1995, n. 199.

32. – Gli ufficiali ed agenti della polizia giudiziaria ordinaria, i quali vengano a notizia di un reato pel cui accertamento la legge designa ufficiali ed agenti della polizia tributaria, debbono avvertire senza indugio tali ufficiali ed agenti e provvedere frattanto a che nulla sia mutato nello stato delle cose. Non di meno, qualora per circostanze di tempo e di luogo non sia possibile l'intervento immediato degli organi della polizia tributaria e vi sia fondata ragione di temere che le tracce del reato si alterino o si disperdano, gli ufficiali ed agenti della polizia giudiziaria ordinaria sono autorizzati a provvedere agli atti del loro ufficio fino a che non intervengano gli organi della polizia tributaria.

In ogni caso, gli ufficiali ed agenti della polizia giudiziaria ordinaria concorrono, quando ne siano richiesti, con gli ufficiali ed agenti della polizia tributaria nell'accertamento dei reati preveduti dalle leggi finanziarie.

33. – Oltre a quanto è stabilito dal Codice di procedura penale per gli ufficiali della polizia giudiziaria, è data facoltà agli ufficiali della polizia tributaria di procedere a perquisizione domiciliare, qualora abbiano notizia o fondato sospetto di violazioni delle leggi finanziarie costituenti reato.

Questa disposizione si applica esclusivamente alle violazioni di leggi concernenti i tributi doganali, la privativa dei sali e tabacchi, le imposte di fabbricazione sugli spiriti, zuccheri e polveri piriche e agli altri casi in cui sia espressamente stabilito dalle leggi speciali.

34. – Le violazioni delle norme contenute nelle leggi finanziarie, le quali non costituiscono reato, sono accertate dagli ufficiali e dagli agenti della polizia tributaria e dagli altri organi che siano indicati dalle singole leggi.

35. – Per assicurarsi dell'adempimento delle prescrizioni imposte dalle leggi o dai regolamenti in materia finanziaria, gli ufficiali o gli agenti della polizia tributaria hanno facoltà di accedere in qualunque ora negli esercizi pubblici e in ogni locale adibito ad un'azienda industriale o commerciale ed eseguirvi verificazioni e ricerche.

Capo III
Del decreto penale dell'intendente di finanza

36. – Per i reati di sua competenza l'intendente di finanza pronuncia la condanna con decreto motivato. Nei casi preveduti negli artt. 9 e 10 dichiara altresì la responsabilità delle persone o degli enti civilmente obbligati per il pagamento dell'ammenda.

Nell'esercizio della sua giurisdizione spettano all'intendente di finanza, i poteri che il Codice di procedura attribuisce al pretore, senza, tuttavia, l'osservanza del limite massimo della pena che il pretore può infliggere (1).

(1) La Corte costituzionale, con sentenza 3.4.1969, n. 60, ha dichiarato l'illegittimità costituzionale di questo articolo.

37. – Il decreto contiene:

1) le generalità dell'imputato, e, quando ne sia il caso, della persona o dell'ente civilmente obbligato al pagamento dell'ammenda;
2) la enunciazione del fatto, del titolo del reato e delle circostanze aggravanti o diminuenti;
3) la sommaria esposizione dei motivi di fatto e di diritto su cui è fondata la decisione;
4) il dispositivo con l'indicazione degli articoli della legge applicata;
5) la data e la sottoscrizione dell'intendente (1).

(1) La Corte costituzionale, con sentenza 3.4.1969, n. 60, ha dichiarato l'illegittimità costituzionale di questo articolo.

38. – Quando non sia fatta opposizione nel termine prescritto il decreto di condanna diviene esecutivo (1).

(1) La Corte costituzionale, con sentenza 3.4.1969, n. 60, ha dichiarato l'illegittimità costituzionale di questo articolo.

39. – Il decreto dell'intendente di finanza è notificato, nelle forme stabilite dal Codice di procedura penale, al condannato per mezzo di ufficiale giudiziario o dei messi esattoriali od anche del messo comunale o di un agente autorizzato degli uffici finanziari esecutivi.

La copia del decreto da notificare contiene il precetto all'imputato di pagare nel termine di giorni 15 dal giorno della notificazione l'ammontare dell'ammenda inflitta e delle spese, salvo che nello stesso termine egli non faccia opposizione al decreto.

Copia del decreto è inoltre notificata alle persone e agli enti, dei quali sia stata dichiarata la responsabilità civile per il pagamento dell'ammenda (1).

(1) La Corte costituzionale, con sentenza 3.4.1969, n. 60, ha dichiarato l'illegittimità costituzionale di questo articolo.

40. – Contro il decreto di condanna l'imputato può fare opposizione nel termine di giorni 15 della notificazione.

L'opposizione è proposta mediante dichiarazione contenente i motivi, ricevuta dall'intendente di finanza, che ha emesso il decreto, o da un funzionario da lui delegato, ovvero da un funzionario degli uffici finanziari del luogo di residenza dell'imputato.

L'opposizione deve essere proposta dall'imputato o da un suo procuratore munito di mandato generale o speciale. Possono altresì fare opposizione le persone e gli enti, dei quali sia stata dichiarata la responsabilità civile per il pagamento dell'ammenda.

La opposizione dell'imputato ha effetto estensivo alle dette persone ed enti e l'opposizione da questi prodotta ha effetto estensivo rispetto all'imputato.

Quando con uno stesso decreto siano condannate più persone concorrenti nello stesso reato, l'opposizione presentata da una di esse ha effetto estensivo alle altre, che non hanno fatto opposizione [1].

(1) La Corte costituzionale, con sentenza 3.4.1969, n. 60, ha dichiarato l'illegittimità costituzionale di questo articolo.

41. – L'ufficio finanziario, che abbia ricevuto la dichiarazione di opposizione, la trasmette immediatamente all'intendente di finanza che ha emesso il decreto).

Questi, entro dieci giorni dal ricevimento o dalla presentazione al proprio ufficio della dichiarazione di opposizione, trasmette gli atti al procuratore della Repubblica presso il tribunale competente [1].

L'intendente di finanza può chiedere che un funzionario di carriera amministrativa, da lui delegato, sia sentito nel dibattimento in ordine ai fatti che costituiscono la contravvenzione.

Il rappresentante dell'Amministrazione non presta giuramento.

(1) La Corte costituzionale, con sentenza 3.4.1969, n. 60, ha dichiarato l'illegittimità costituzionale di questo comma.

42. – Ordinato il dibattimento se l'opponente si presenta, il decreto di condanna è revocato di diritto, fermi rimanendo, peraltro, gli atti compiuti dall'intendente a garanzia della esecuzione per gli effetti civili [1].

(1) La Corte costituzionale, con sentenza 3.4.1969, n. 60 ha dichiarato l'illegittimità costituzionale di questo articolo.

43. – L'esecuzione del decreto di condanna è promossa dall'intendente di finanza.

In caso di insolvibilità del condannato e, ove del caso, delle persone o degli enti indicati negli artt. 9 e 10, la conversione della pena dell'ammenda in quella dell'arresto del contravventore è eseguita dal procuratore della Repubblica, su richiesta dell'intendente di finanza.

Dopo tale richiesta cessa la competenza dell'intendente di finanza per quanto concerne la esecuzione del decreto di condanna [1].

(1) La Corte costituzionale, con sentenza 3.4.1969, n. 60, ha dichiarato l'illegittimità costituzionale di questo articolo.

44. – In quanto non sia diversamente stabilito dalla presente legge, si applicano, per il procedimento penale innanzi all'intendente di finanza, le disposizioni del Codice di procedura penale, e il decreto di condanna pronunciato dall'intendente è equiparato, per ogni effetto, al decreto pronunciato dal pretore [1].

(1) La Corte costituzionale, con sentenza 3.4.1969, n. 60, ha dichiarato l'illegittimità costituzionale di questo articolo.

45. – La giurisdizione attribuita dalla presente legge all'intendente di finanza può essere esercitata anche da un funzionario di carriera amministrativa di grado non inferiore all'ottavo, che sia stato delegato con decreto dell'intendente.

La delegazione può essere concessa anche per singole categorie di tributi [1].

(1) La Corte costituzionale, con sentenza 3.4.1969, n. 60, ha dichiarato l'illegittimità costituzionale di questo articolo.

Capo IV
Della procedura per oblazione

46. – Sono competenti a provvedere sulla domanda di oblazione:

1) i capi degli uffici esecutivi incaricati della contabilità della contravvenzione se il massimo della pena dell'ammenda, stabilita dalla legge, non sia superiore a lire 100.000 [1];
2) l'intendente di finanza per ogni altra contravvenzione.

La domanda deve essere corredata della quietanza comprovante il pagamento del tributo e, ove del caso, da un certificato del cancelliere, che attesti l'ammontare delle spese del procedimento dinnanzi all'autorità giudiziaria ordinaria.

(1) La misura dell'ammenda è stata elevata dall'art. 1, d.lgs. Capo provvisorio dello Stato 5.10.1947, n. 1208, nonché dall'art. 113, co. 2, l. 24.11.1981, n. 689, e, infine, dall'art. 8, d.l. 30.9.1989, n. 332, convertito in l. 27.11.1989, n. 384.

47. – È in facoltà dell'autorità competente a provvedere sulla domanda di oblazione di prescrivere che l'istante depositi, a titolo di garanzia, una somma da determinarsi dalla stessa autorità in misura non superiore alla metà tra il minimo ed il massimo dell'ammenda stabilita dalla legge.

Qualora l'istante non esegua il deposito nel termine all'uopo stabilito, la domanda è respinta.

48. – L'autorità competente a provvedere sulla domanda per oblazione determina discrezionalmente la somma da pagare entro i limiti dell'ammenda, stabiliti dalla legge.

Avuto riguardo alle circostanze del fatto, la somma da pagare a titolo di oblazione può essere stabilita anche in misura inferiore al minimo.

Il pagamento dell'ammontare complessivo della detta somma, della sopratassa, del tributo, oltreché delle spese del procedimento innanzi all'intendente di finanza e innanzi all'autorità giudiziaria ordinaria, estingue il reato [1].

(1) La Corte costituzionale, con sentenza 3.4.1969, n. 60, ha dichiarato l'illegittimità costituzionale di questo comma, limitatamente alle parole "innanzi all'intendente di finanza".

49. – Fissata la somma da pagare a titolo di oblazione, il capo dell'ufficio esecutivo incaricato della contabilità della contravvenzione o l'intendente di finanza, secondo le rispettive attribuzioni, ne notifica l'ammontare all'imputato con precetto di pagare entro il termine di 15 giorni.

50. – Decorso il termine indicato nell'articolo precedente senza che il pagamento sia stato eseguito, si osservano le norme seguenti:

1) se la domanda di oblazione è presentata prima che sia emesso il decreto di condanna, l'intendente di finanza prosegue negli atti di sua competenza;
2) se la domanda è presentata dopo emesso il decreto di condanna e contro di questo sia stata proposta opposizione, l'intendente di finanza dà partecipazione del mancato pagamento al procuratore della Repubblica presso il tribunale competente per il giudizio;
3) se non è stata proposta opposizione, l'intendente di finanza promuove la esecuzione del decreto di condanna [(1)].

Nei casi suddetti, ovvero quando la domanda per oblazione non sia stata accolta, la somma depositata a norma dell'art. 47 rimane a garanzia del pagamento dell'ammenda a cui venga condannato l'imputato, oltreché del rimborso delle spese.

(1) La Corte costituzionale, con sentenza 3.4.1969, n. 60, ha dichiarato l'illegittimità costituzionale di questo comma, nelle parti in cui si prevedono la competenza dell'intendente a pronunziare decreto di condanna e le ipotesi della opposizione o della mancata opposizione, fermo restando l'obbligo dell'intendente di dare partecipazione al procuratore della Repubblica del mancato pagamento della somma dovuta a titolo di oblazione.

51. – Quando il pagamento della somma fissata per l'oblazione sia stato eseguito, l'intendente di finanza, nel caso indicato nel n. 2 del precedente articolo ne dà partecipazione al procuratore della Repubblica presso il tribunale competente per il giudizio [(1)].

La estinzione del reato è dichiarata con sentenza pronunciata in Camera di consiglio.

(1) La Corte costituzionale, con sentenza 3.4.1969, n. 60, ha dichiarato l'illegittimità costituzionale di questo comma, limitatamente al riferimento al n. 2.

52. – Dopo la scadenza del termine, stabilito dall'art. 49 per il pagamento, questo non può essere più eseguito, né è ammessa alcuna nuova domanda di oblazione.

53. – Il dibattimento è rimandato in seguito a presentazione di un certificato del capo dell'ufficio esecutivo incaricato della contabilità della contravvenzione, ovvero dell'intendente di finanza, che attesti l'avvenuta presentazione della domanda per oblazione.

54. – Quando del pagamento dell'ammenda siano civilmente responsabili le persone o gli enti indicati negli artt. 9 e 10, si osservano le seguenti disposizioni:
1) la domanda di oblazione può essere presentata dalle dette persone o enti, anche nel silenzio e contro la volontà dell'imputato;
2) quando la domanda sia presentata dall'imputato devono essere notificati di ufficio alle dette persone o enti sia la domanda sia il precetto di pagamento;
3) quando la domanda sia presentata dalle persone o dagli enti civilmente responsabili devono essere notificati di ufficio all'imputato sia la domanda stessa, sia il precetto di pagamento.

Nel caso indicato nel n. 2, la omissione della notificazione esonera le persone e gli enti ivi indicati dalla responsabilità per il pagamento della somma corrispondente all'ammontare dell'ammenda

11. D.Lgs. 24 febbraio 1998, n. 58. – Testo unico delle disposizioni in materia di intermediazione finanziaria (*artt. 166-173 bis, 180, 182-187 quaterdecies*) [(1)]

In Gazzetta Ufficiale 26 marzo 1998, n. 71

(1) Secondo quanto stabilito dall'art. 1, d.lgs. 6.2.2004, n. 37 le espressioni «*Ministro del tesoro*» e «*Ministro del tesoro, del bilancio e della programmazione economica*» sono da intendersi al «*Ministro dell'economia e delle finanze*». Allo stesso modo, i riferimenti al «*Ministero del tesoro*» e «*Ministero del tesoro, del bilancio e della programmazione economica*» sono da intendersi al «*Ministero dell'economia e delle finanze*».

PARTE V
Sanzioni

TITOLO I
Sanzioni penali [(1)]

(1) Secondo quanto previsto dall'art. 39, co. 1, l. 28.12.2005, n. 262 le pene previste da questo decreto sono raddoppiate entro i limiti posti per ciascun tipo di pena dal Libro I, Titolo II, Capo II, del codice penale.

Capo I
Intermediari e mercati

166. Abusivismo.

1. È punito con la reclusione da uno a otto anni e con la multa da euro quattromila a euro diecimila chiunque, senza esservi abilitato ai sensi del presente decreto [(1)]:
a) svolge servizi o attività di investimento o di gestione collettiva del risparmio [(2)];
b) offre in Italia quote o azioni di OICR;
c) offre fuori sede, ovvero promuove o colloca mediante tecniche di comunicazione a distanza, prodotti finanziari o strumenti finanziari o servizi o attività di investimento [(3) (4)];
c-*bis*) gestisce un APA o un ARM a cui si applicherebbe la deroga prevista dall'articolo 2, paragrafo 3, del regolamento (UE) n. 600/2014 e dai relativi atti delegati [(5)].

2. Con la stessa pena è punito chiunque esercita l'attività di consulente finanziario abilitato all'offerta fuori sede senza essere iscritto nell'albo indicato dall'articolo 31 [(6)].

2-*bis*. Con la stessa pena è punito chiunque esercita l'attività di controparte centrale di cui al regolamento (UE) n. 648/2012 del Parlamento europeo e del Consiglio, del 4 luglio 2012, senza aver ottenuto la preventiva autorizzazione ivi prevista [(7)].

3. Se vi è fondato sospetto che una società svolga servizi o attività di investimento o il servizio di gestione collettiva del risparmio o la gestione di un APA o di un ARM a cui si applicherebbe la deroga prevista dall'articolo 2, paragrafo 3, del regolamento (UE) n. 600/2014 e dai relativi atti delegati ovvero l'attività di cui al comma 2-*bis* senza esservi abilitata ai sensi del presente decreto, la Banca d'Italia o la Consob denunziano i fatti al pubblico ministero ai fini dell'adozione dei provvedimenti previsti dall'articolo 2409 del codice civile ovvero possono richiedere al tribunale l'adozione dei medesimi provvedimenti. Le spese per l'ispezione sono a carico della società [8].

(1) Alinea sostituito dall'art. 5, co. 1, lett. a), d.lgs. 3.8.2017, n. 129.
(2) Lettera modificata dall'art. 16, d.lgs. 17.9.2007, n. 164, con la decorrenza indicata nell'art. 19 dello stesso decreto.
(3) Lettera modificata dall'art. 16, d.lgs. 17.9.2007, n. 164, con la decorrenza indicata nell'art. 19 dello stesso decreto e poi modificata dall'art. 5, co. 1, lett. b), d.lgs. 3.8.2017, n. 129.
(4) Secondo quanto previsto dall'art. 39, co. 1, l. 28.12.2005, n. 262 le pene previste dal presente comma sono raddoppiate entro i limiti posti per ciascun tipo di pena dal Libro I, Titolo II, Capo II, del codice penale.
(5) Lettera introdotta dall'art. 5, co. 1, lett. b), d.lgs. 3.8.2017, n. 129. Da ultimo lettera sostituita dall'art. 50, co. 2, lett. i), n. 1), d.l. 17.5.2022, n. 50, conv., con modif., dalla l. 15.7.2022, n. 91.
(6) Secondo quanto previsto dall'art. 39, co. 1, l. 28.12.2005, n. 262 le pene previste dal presente comma sono raddoppiate entro i limiti posti per ciascun tipo di pena dal Libro I, Titolo II, Capo II, del codice penale. Comma successivamente modificato dall'art. 1, co. 39, l. 28.12.2015, n. 208.
(7) Comma introdotto dall'art. 33, co. 1, lett. p), n. 1), l. 6.8.2013, n. 97.
(8) Comma sostituito dall'art. 9.91, d.lgs. 17.1.2003, n. 6, nel testo introdotto dall'art. 3, d.lgs. 6.2.2004, n. 37. Questo comma, poi, è stato modificato dall'art. 16, d.lgs. 17.9.2007, n. 164, con la decorrenza indicata nell'art. 19 dello stesso decreto e, da ultimo, dall'art. 33, co. 1, lett. p), n. 2), l. 6.8.2013, n. 97. Il presente comma è stato ulteriormente modificato dall'art. 5, co. 1, lett. d), d.lgs. 3.8.2017, n. 129. Questo comma, infine, è stato così modificato dall'art. 50, co. 2, lett. i), n. 2), d.l. 17.5.2022, n. 50, conv., con modif., dalla l. 15.7.2022, n. 91.

167. Gestione infedele.

1. Salvo che il fatto costituisca reato più grave, chi, nella prestazione del servizio di gestione di portafogli [di investimento su base individuale] o del servizio di gestione collettiva del risparmio, in violazione delle disposizioni regolanti i conflitti di interesse, pone in essere operazioni che arrecano danno agli investitori, al fine di procurare a sé o ad altri un ingiusto profitto, è punito con l'arresto da 1 a tre anni e con l'ammenda da euro 5.164 (lire dieci milioni) a euro 103.291 (lire duecento milioni) [1] [2].

(1) Secondo quanto previsto dall'art. 39, co. 1, l. 28.12.2005, n. 262 le pene previste dal presente comma sono raddoppiate entro i limiti posti per ciascun tipo di pena dal Libro I, Titolo II, Capo II, del codice penale. Originariamente la pena era da sei mesi a tre anni.
(2) Comma modificato dall'art. 16, d.lgs. 17.9.2007, n. 164, con la decorrenza indicata nell'art. 19 dello stesso decreto.

168. Confusione di patrimoni.

1. Salvo che il fatto costituisca reato più grave, chi, nell'esercizio di servizi o attività di investimento o di gestione collettiva del risparmio, ovvero nella custodia degli strumenti finanziari e delle disponibilità liquide di un OICR, al fine di procurare a sé o ad altri un ingiusto profitto, viola le disposizioni concernenti la separazione patrimoniale arrecando danno agli investitori, è punito con l'arresto da uno a tre anni e con l'ammenda da euro 5.164 (lire dieci milioni) a euro 103.291 (lire duecento milioni) [1] [2].

(1) Secondo quanto previsto dall'art. 39, co. 1, l. 28.12.2005, n. 262 le pene previste dal presente comma sono raddoppiate entro i limiti posti per ciascun tipo di pena dal Libro I, Titolo II, Capo II, del codice penale. Originariamente la pena era da sei mesi a tre anni.
(2) Comma modificato dall'art. 16, d.lgs. 17.9.2007, n. 164, con la decorrenza indicata nell'art. 19 dello stesso decreto.

169. Partecipazioni al capitale.

1. Salvo che il fatto costituisca reato più grave, chiunque fornisce informazioni false nelle comunicazioni previste dagli articoli 15, commi 1 e 3, 64-*bis*, comma 2, o in quelle richieste ai sensi dell'articolo 17 del presente decreto, o in quelle previste dall'articolo 31, paragrafo 2, del regolamento (UE) n. 648/2012 e dall'articolo 27, paragrafo 7, secondo periodo, del regolamento (UE) n. 909/2014 è punito con l'arresto da un anno a tre anni e con l'ammenda da euro cinquemilacentosessantacinque a euro cinquantunomilaseicentoquarantasei [1].

(1) Secondo quanto previsto dall'art. 39, co. 1, l. 28.12.2005, n. 262 le pene previste dal presente comma sono raddoppiate entro i limiti posti per ciascun tipo di pena dal Libro I, Titolo II, Capo II, del codice penale. Successivamente questo comma è stato sostituito dall'art. 3, co. 1, d.lgs. 12.8.2016, n. 176 e dall'art. 5, co. 2, d.lgs. 3.8.2017, n. 129.

170. Gestione accentrata di strumenti finanziari.

1. Chiunque, nelle registrazioni o nelle certificazioni effettuate o rilasciate nell'ambito della gestione accentrata, attesta falsamente fatti, di cui la registrazione o la certificazione è destinata a provare la verità ovvero dà corso al trasferimento o alla consegna degli strumenti finanziari o al trasferimento dei relativi diritti senza aver ottenuto in restituzione le certificazioni, è punito con la reclusione da sei mesi a quattro anni [1].

(1) Secondo quanto previsto dall'art. 39, co. 1, l. 28.12.2005, n. 262 le pene previste dal presente comma sono raddoppiate entro i limiti posti per ciascun tipo di pena dal Libro I, Titolo II, Capo II, del codice penale. Originariamente la pena era da tre mesi a due anni.

170 bis. Ostacolo alle funzioni di vigilanza della Banca d'Italia e della Consob [1] [2].

1. Fuori dai casi previsti dall'articolo 2638 del codice civile, chiunque ostacola le funzioni di vigilanza attribuite alla Banca d'Italia e alla CONSOB è punito con la reclusione da un mese a quattro anni e con la multa da euro diecimila ad euro duecentomila [3] [4].

(1) Articolo introdotto dall'art. 9, co. 1, l. 18.4.2005, n. 62 (l. comunitaria 2004).
(2) Rubrica sostituita dall'art. 24, co. 1, lett. b), n. 1, d.l. 18.10.2012, n. 179.
(3) Secondo quanto previsto dall'art. 39, co. 1, l. 28.12.2005, n. 262 le pene previste da questo decreto sono raddoppiate entro i limiti posti per ciascun tipo di pena dal Libro I, Titolo II, Capo II, del codice penale. Originariamente la pena era fino a due anni.
(4) Comma modificato dall'art. 24, co. 1, lett. b), n. 2, d.l. 18.10.2012, n. 179.

171. Tutela dell'attività di vigilanza.

[1. Fuori dai casi previsti dall'art. 134, comma 1, del T.U. bancario, chi svolge funzioni di amministrazione, direzione e controllo presso soggetti abilitati allo svolgimento di servizi di investimento o di gestione collettiva del risparmio e, al fine di ostacolare l'esercizio delle funzioni di vigilanza, espone, nelle comunicazioni alla Banca d'Italia o alla CONSOB, fatti non rispondenti al vero sulle condizioni economiche di detti soggetti o sulle attività svolte per conto degli investitori, ovvero, allo stesso fine, nasconde, in tutto o in parte, fatti, che avrebbe dovuto comunicare, concernenti le condizioni o le attività stesse, è punito, sempre che il fatto non costituisca reato più grave, con la reclusione da uno a cinque anni e con la multa da lire due milioni a lire venti milioni.

2. Fuori dai casi previsti dal comma 1 e dall'art. 134 del T.U. bancario, chi esercita funzioni di amministrazione, direzione e controllo presso soggetti abilitati allo svolgimento di servizi di investimento o di gestione collettiva del risparmio e ostacola le funzioni di vigilanza attribuite alla Banca d'Italia o alla CONSOB è punito con l'arresto fino a un anno e con l'ammenda da lire venticinque milioni a lire cento milioni.

3. Le disposizioni previste dai commi 1 e 2 si applicano anche:

a) agli esperti indipendenti di cui la Banca d'Italia può richiedere l'intervento ai sensi dell'art. 6;
b) a chi svolge funzioni di amministrazione, direzione e controllo presso soggetti esteri abilitati all'offerta di quote o azioni di OICR ai sensi dell'art. 42;
c) a chi svolge funzioni di amministrazione, direzione o controllo presso le società di gestione indicate negli articoli 61 e 80;
d) agli organizzatori di scambi indicati negli articoli 78 e 79, agli operatori che effettuano tali scambi e agli emittenti indicati nell'art. 78;
e) ai promotori finanziari e agli agenti di cambio;
f) a chi svolge funzioni di amministrazione, direzione o controllo presso la società indicata nell'art. 69, comma 1;
g) ai soggetti che gestiscono i sistemi indicati negli articoli 68, 69, comma 2, e 70.] [1]

(1) Articolo abrogato dall'art. 8, d.lgs. 11.4.2002, n. 61.

Capo II
Emittenti

172. Irregolare acquisto di azioni.

1. Gli amministratori di società con azioni quotate o di società da queste controllate che acquistano azioni proprie o della società controllante in violazione delle disposizioni dell'articolo 132 sono puniti con la reclusione da uno a sei anni e con la multa da euro 412 a euro 2.064 [1].

2. La disposizione prevista dal comma 1 non si applica se l'acquisto è operato [sul mercato regolamentato] secondo modalità diverse da quelle stabilite dalla Consob con regolamento, ma comunque idonee ad assicurare la parità di trattamento tra gli azionisti [2].

2-bis. La disposizione prevista dal comma 1 si applica agli amministratori di società con azioni negoziate su un sistema multilaterale di negoziazione italiano [3].

(1) Secondo quanto previsto dall'art. 39, co. 1, l. 28.12.2005, n. 262 le pene previste da questo decreto sono raddoppiate entro i limiti posti per ciascun tipo di pena dal Libro I, Titolo II, Capo II, del codice penale. Originariamente la pena era da sei mesi a tre anni.
(2) Comma sostituito dall'art. 2, d.lgs. 29.11.2010, n. 224 e poi modificato dall'art. 4, co. 1, lett. a), d.lgs. 10.8.2018, n. 107.
(3) Comma introdotto dall'art. 4, co. 1, lett. b), d.lgs. 10.8.2018, n. 107.

173. Omessa alienazione di partecipazioni.

1. Gli amministratori di società con azioni quotate, o di società che partecipano al capitale di società con azioni quotate, i quali violano gli obblighi di alienazione delle partecipazioni previsti dagli articoli 110 e 121 sono puniti con la reclusione da un mese a due anni e con la multa da euro venticinquemila a euro duemilioni cinquecentomila [1] [2].

(1) Secondo quanto previsto dall'art. 39, co. 1, l. 28.12.2005, n. 262 le pene previste da questo decreto sono raddoppiate entro i limiti posti per ciascun tipo di pena dal Libro I, Titolo II, Capo II, del codice penale. Originariamente la pena era fino a un anno.
(2) Comma modificato dall'art. 5, d.lgs. 19.11.2007, n. 229.

173 bis. Falso in prospetto [1].

1. Chiunque, allo scopo di conseguire per sé o per altri un ingiusto profitto, nei prospetti richiesti per la offerta al pubblico di prodotti finanziari o l'ammissione alla quotazione nei mercati regolamentati, ovvero nei documenti da pubblicare in occasione delle offerte pubbliche di acquisto o di scambio, con l'intenzione di ingannare i destinatari del prospetto, espone false informazioni od occulta dati o notizie in modo idoneo a indurre in errore i suddetti destinatari, è punito con la reclusione da uno a cinque anni [2].

(1) Articolo introdotto dall'art. 34, co. 1, l. 28.12.2005, n. 262.
(2) Comma modificato dall'art. 4, co. 1, lett. c), d.lgs. 28.3.2007, n. 51.

TITOLO I bis
Abuso di mercato [1]

(1) Secondo quanto previsto dall'art. 9, co. 2, l. 18.4.2005, n. 62 (legge comunitaria 2004) questo Titolo sostituisce la ripartizione precedente del Capo IV del Titolo I della Parte V. Le disposizioni previste da questo Titolo si applicano anche alle violazioni commesse anteriormente alla data di entrata in vigore della l. n. 62/2005 che le ha depenalizzate, quando il procedimento penale non sia stato ancora definito. Per ogni altro effetto si applica l'art. 2 del codice penale.

Capo I
Disposizioni generali [1]

(1) Secondo quanto previsto dall'art. 9, co. 2, l. 18.4.2005, n. 62 (l. comunitaria 2004) il Titolo I *bis*, contenente il presente Capo, sostituisce la ripartizione precedente del Capo IV del Titolo I della Parte V.

180. Definizioni [1].

1. Ai fini del presente titolo si intendono per:

a) "strumenti finanziari":

1) gli strumenti finanziari di cui all'articolo 1, comma 2, ammessi alla negoziazione o per i quali è stata presentata una richiesta di ammissione alle negoziazioni in un mercato regolamentato italiano o di altro Paese dell'Unione europea [, nonché qualsiasi altro strumento ammesso o per il quale è stata presentata una richiesta di ammissione alle negoziazioni in un mercato regolamentato di un Paese dell'Unione europea]; (2)
2) gli strumenti finanziari di cui all'articolo 1, comma 2, ammessi alla negoziazione o per i quali è stata presentata una richiesta di ammissione alle negoziazioni in un sistema multilaterale di negoziazione italiano o di altro Paese dell'Unione europea (3) (4);
2-*bis*) gli strumenti finanziari negoziati su un sistema organizzato di negoziazione italiano o di altro Paese dell'Unione europea; (5)
2-*ter*) gli strumenti finanziari non contemplati dai precedenti numeri, il cui prezzo o valore dipende dal prezzo o dal valore di uno strumento finanziario ivi menzionato, ovvero ha un effetto su tale prezzo o valore, compresi, non in via esclusiva, i credit default swap e i contratti differenziali; (6)

b) "contratto a pronti su merci": un contratto a pronti su merci quale definito nell'articolo 3, paragrafo 1, punto 15), del regolamento (UE) n. 596/2014; (7)
b-*bis*) "programma di riacquisto di azioni proprie": la negoziazione di azioni proprie ai sensi dell'articolo 132; (8)
b-*ter*) "informazione privilegiata": l'informazione contemplata dall'articolo 7, paragrafi da 1 a 4, del regolamento (UE) n. 596/2014; (9)
b-*quater*) "indice di riferimento (benchmark)": l'indice di riferimento (benchmark), quale definito nell'articolo 3, paragrafo 1, punto 29), del regolamento (UE) n. 596/2014; (10)
c) "prassi di mercato ammessa": prassi ammessa dalla Consob conformemente all'articolo 13 del regolamento (UE) n. 596/2014 (11);
c-*bis*) "stabilizzazione": la stabilizzazione quale definita nell'articolo 3, paragrafo 2, lettera d), del regolamento (UE) n. 596/2014; (12)
c-*ter*) "emittente": l'emittente quale definito nell'articolo 3, paragrafo 1, punto 21), del regolamento (UE) n. 596/2014 (13)
d) "ente": uno dei soggetti indicati nell'articolo 1 del decreto legislativo 8 giugno 2001, n. 231.

(1) Articolo sostituito dall'art. 9, co. 2, lett. a), l. 18.4.2005, n. 62 (l. comunitaria 2004).
(2) Numero modificato dall'art. 4, co. 3, lett. a), d.lgs. 10.8.2018, n. 107
(3) Numero sostituito dall'art. 4, co. 3, lett. b), d.lgs. 10.8.2018, n. 107
(4) Lettera sostituita dall'art. 1, co. 13, d.lgs. 17.7.2009, n. 101.
(5) Numero inserito dall'art. 4, co. 3, lett. c), d.lgs. 10.8.2018, n. 107
(6) Numero inserito dall'art. 4, co. 3, lett. c), d.lgs. 10.8.2018, n. 107
(7) Lettera sostituita dall'art. 4, co. 3, lett. d), d.lgs. 10.8.2018, n. 107
(8) Lettera introdotta dall'art. 4, co. 3, lett. e), d.lgs. 10.8.2018, n. 107
(9) Lettera introdotta dall'art. 4, co. 3, lett. e), d.lgs. 10.8.2018, n. 107
(10) Lettera introdotta dall'art. 4, co. 3, lett. e), d.lgs. 10.8.2018, n. 107
(11) Lettera sostituita dall'art. 4, co. 3, lett. f), d.lgs. 10.8.2018, n. 107
(12) Lettera introdotta dall'art. 4, co. 3, lett. g), d.lgs. 10.8.2018, n. 107
(13) Lettera introdotta dall'art. 4, co. 3, lett. g), d.lgs. 10.8.2018, n. 107

182. Ambito di applicazione (1).

1. Le disposizioni degli articoli 184, 185, 187-*bis* e 187-*ter* si applicano ai fatti concernenti:
a) strumenti finanziari ammessi alla negoziazione o per i quali è stata presentata una richiesta di ammissione alla negoziazione in un mercato regolamentato italiano o di altro Paese dell'Unione europea;
b) strumenti finanziari ammessi alla negoziazione o per i quali è stata presentata una richiesta di ammissione alla negoziazione in un sistema multilaterale di negoziazione italiano o di altro Paese dell'Unione europea;
c) strumenti finanziari negoziati su un sistema organizzato di negoziazione;
d) strumenti finanziari non previsti dalle lettere a), b) e c), il cui prezzo o valore dipende dal prezzo o dal valore di uno strumento finanziario menzionato nelle stesse lettere ovvero ha un effetto su tale prezzo o valore, compresi, ma non in via esclusiva, i credit default swap e i contratti differenziali;
e) condotte od operazioni, comprese le offerte, relative alle aste su una piattaforma d'asta autorizzata, come un mercato regolamentato di quote di emissioni o di altri prodotti oggetto d'asta correlati, anche quando i prodotti oggetto d'asta non sono strumenti finanziari, ai sensi del regolamento (UE) n. 1031/2010 della Commissione, del 12 novembre 2010.

2. Le disposizioni degli articoli 185 e 187-*ter* si applicano altresì ai fatti concernenti:
a) i contratti a pronti su merci che non sono prodotti energetici all'ingrosso, idonei a provocare una sensibile alterazione del prezzo o del valore degli strumenti finanziari di cui all'articolo 180, comma 1, lettera a);
b) gli strumenti finanziari, compresi i contratti derivati o gli strumenti derivati per il trasferimento del rischio di credito, idonei a provocare una sensibile alterazione del prezzo o del valore di un contratto a pronti su merci, qualora il prezzo o il valore dipendano dal prezzo o dal valore di tali strumenti finanziari;
c) gli indici di riferimento (benchmark).

3. Le disposizioni del presente titolo si applicano a qualsiasi operazione, ordine o altra condotta relativi agli strumenti finanziari di cui ai commi 1 e 2, indipendentemente dal fatto che tale operazione, ordine o condotta avvenga in una sede di negoziazione.

4. I reati e gli illeciti previsti dal presente titolo sono sanzionati secondo la legge italiana, anche se commessi in territorio estero, quando attengono a strumenti finanziari ammessi o per i quali è stata presentata una richiesta di ammissione alla negoziazione in un mercato regolamentato italiano o in un sistema multilaterale di negoziazione italiano o a strumenti finanziari negoziati su un sistema organizzato di negoziazione italiano»;

(1) Articolo sostituito dall'art. 9, co. 2, l. 18.4.2005, n. 62 (l. comunitaria 2004), successivamente modificato dall'art. 1, co. 14 e 15, d.lgs. 17.7.2009, n. 101 e dall'art. 4, co. 5, lett. a) e b), d.lgs. 10.8.2018, n. 107 e da ultimo sostituito dall'art. 26, co. 1, lett. a), l. 23.12.2021, n. 238.

183. Esenzioni [1].

1. Le disposizioni di cui al presente titolo non si applicano:

a) alle operazioni, agli ordini o alle condotte previsti dall'articolo 6 del regolamento (UE) n. 596/2014, dai soggetti ivi indicati, nell'ambito della politica monetaria, della politica dei cambi o nella gestione del debito pubblico, nonché nell'ambito delle attività della politica climatica dell'Unione o nell'ambito della politica agricola comune o della politica comune della pesca dell'Unione;

b) alle negoziazioni di azioni proprie effettuate ai sensi dell'articolo 5 del regolamento (UE) n. 596/2014;

b-*bis*) alle negoziazioni di valori mobiliari o strumenti collegati di cui all'articolo 3, paragrafo 2, lettere a) e b), del regolamento (UE) n. 596/2014 del Parlamento europeo e del Consiglio, del 16 aprile 2014, per la stabilizzazione di valori mobiliari, quando tali negoziazioni sono effettuate conformemente all'articolo 5, paragrafi 4 e 5, del medesimo regolamento [2].

(1) Articolo sostituito dall'art. 9, co. 2, l. 18.4.2005, n. 62 (l. comunitaria 2004), poi modificato dall'art. 1, co. 16, d.lgs. 17.7.2009, n. 101 e infine sostituito dall'art. 4, co. 6, d.lgs. 10.8.2018, n. 107.

(2) Lettera introdotta dall'art. 26, co. 1, lett. b), l. 23.12.2021, n. 238.

Capo II
Sanzioni penali [1]

(1) Secondo quanto previsto dall'art. 9, co. 2, l. 18.4.2005, n. 62 (legge comunitaria 2004) il Titolo I *bis*, in cui è presente questo Capo, sostituisce la ripartizione precedente del Capo IV del Titolo I della Parte V.

184. Abuso o comunicazione illecita di informazioni privilegiate. Raccomandazione o induzione di altri alla commissione di abuso di informazioni privilegiate [1].

1. È punito con la reclusione da due a dodici anni e con la multa da euro ventimila a euro tre milioni chiunque, essendo in possesso di informazioni privilegiate in ragione della sua qualità di membro di organi di amministrazione, direzione o controllo dell'emittente, della partecipazione al capitale dell'emittente ovvero dell'esercizio di un'attività lavorativa, di una professione o di una funzione, anche pubblica, o di un ufficio:

a) acquista, vende o compie altre operazioni, direttamente o indirettamente, per conto proprio o per conto di terzi, su strumenti finanziari utilizzando le informazioni medesime;

b) comunica tali informazioni ad altri, al di fuori del normale esercizio del lavoro, della professione, della funzione o dell'ufficio o di un sondaggio di mercato effettuato ai sensi dell'articolo 11 del regolamento (UE) n. 596/2014 del Parlamento europeo e del Consiglio, del 16 aprile 2014;

c) raccomanda o induce altri, sulla base di tali informazioni, al compimento di taluna delle operazioni indicate nella lettera a).

2. La stessa pena di cui al comma 1 si applica a chiunque, essendo in possesso di informazioni privilegiate a motivo della preparazione o dell'esecuzione di attività delittuose, commette taluno dei fatti di cui al medesimo comma 1.

3. Fuori dei casi di concorso nei reati di cui ai commi 1 e 2, è punito con la reclusione da un anno e sei mesi a dieci anni e con la multa da euro ventimila a euro due milioni e cinquecentomila chiunque, essendo in possesso di informazioni privilegiate per ragioni diverse da quelle indicate ai commi 1 e 2 e conoscendo il carattere privilegiato di tali informazioni, commette taluno dei fatti di cui al comma 1.

4. Nei casi di cui ai commi 1, 2 e 3, la pena della multa può essere aumentata fino al triplo o fino al maggior importo di dieci volte il prodotto o il profitto conseguito dal reato quando, per la rilevante offensività del fatto, per le qualità personali del colpevole o per l'entità del prodotto o del profitto conseguito dal reato, essa appare inadeguata anche se applicata nel massimo.

5. Le disposizioni del presente articolo si applicano anche quando i fatti di cui ai commi 1, 2 e 3 riguardano condotte od operazioni, comprese le offerte, relative alle aste su una piattaforma d'asta autorizzata, come un mercato regolamentato di quote di emissioni o di altri prodotti oggetto d'asta correlati, anche quando i prodotti oggetto d'asta non sono strumenti finanziari, ai sensi del regolamento (UE) n. 1031/2010 della Commissione, del 12 novembre 2010».

(1) Articolo sostituito dall'art. 9, co. 2, l. 18.4.2005, n. 62 (l. comunitaria 2004) successivamente modificato dall'art. 39, co. 1, l. 28.12.2005, n. 262, dall'art. 1, co. 17, d.lgs. 17.7.2009, n. 101, dall'art. 4, co. 7, d.lgs. 10.8.2018, n. 107e da ultimo sostituito dall'art. 26, co. , lett. c), l. 23.12.2021, n. 238.

185. Manipolazione del mercato [1].

1. Chiunque diffonde notizie false o pone in essere operazioni simulate o altri artifizi concretamente idonei a provocare una sensibile alterazione del prezzo di strumenti finanziari, è punito con la reclusione da due a dodici anni e con la multa da euro ventimila a euro cinque milioni [2].

1 bis. Non è punibile chi ha commesso il fatto per il tramite di ordini di compravendita o operazioni effettuate per motivi legittimi e in conformità a prassi di mercato ammesse, ai sensi dell'articolo 13 del regolamento (UE) n. 596/2014 [3].

2. Il giudice può aumentare la multa fino al triplo o fino al maggiore importo di dieci volte il prodotto o il profitto conseguito dal reato quando, per la rilevante offensività del fatto, per le qualità personali del colpevole o per l'entità del prodotto o del profitto conseguito dal reato, essa appare inadeguata anche se applicata nel massimo.

[**2 bis.** Nel caso di operazioni relative agli strumenti finanziari di cui all'articolo 180, comma 1, lettera a), numeri 2), 2-*bis*) e 2-*ter*), limitatamente agli strumenti finanziari il cui prezzo o valore dipende dal prezzo o dal valore di uno strumento finanziario di cui ai numeri 2) e 2-*bis*) ovvero ha un effetto su tale prezzo o valore, o relative alle aste su una piattaforma d'asta autorizzata come un mercato regolamentato di quote di emissioni, la sanzione penale è quella dell'ammenda fino a euro centotremila e duecentonovantuno e dell'arresto fino a tre anni.] (4)

[**2 ter.** Le disposizioni del presente articolo si applicano anche:

a) ai fatti concernenti i contratti a pronti su merci che non sono prodotti energetici all'ingrosso, idonei a provocare una sensibile alterazione del prezzo o del valore degli strumenti finanziari di cui all'articolo 180, comma 1, lettera a);
b) ai fatti concernenti gli strumenti finanziari, compresi i contratti derivati o gli strumenti derivati per il trasferimento del rischio di credito, idonei a provocare una sensibile alterazione del prezzo o del valore di un contratto a pronti su merci, qualora il prezzo o il valore dipendano dal prezzo o dal valore di tali strumenti finanziari;
c) ai fatti concernenti gli indici di riferimento (benchmark).] (5)

(1) Articolo sostituito dall'art. 9, co. 2, l. 18.4.2005, n. 62 (l. comunitaria 2004).
(2) Secondo quanto previsto dall'art. 39, co. 1, l. 28.12.2005, n. 262 le pene previste da questo comma sono raddoppiate entro i limiti posti per ciascun tipo di pena dal Libro I, Titolo II, Capo II, del codice penale. Originariamente la pena era da uno a sei anni.
(3) Comma introdotto dall'art. 4, co. 8, lett. a), d.lgs. 10.8.2018, n. 107.
(4) Comma introdotto dall'art. 1, co. 18, d.lgs. 17.7.2009, n. 101, successivamente modificato dall'art. 4, co. 8, lett. b), d.lgs. 10.8.2018, n. 107 e da ultimo abrogato dall'art. 26, co. 1, lett. d), l. 23.12.2021, n. 238.
(5) Comma introdotto dall'art. 4, co. 8, lett. c), d.lgs. 10.8.2018, n. 107 e poi abrogato dall'art. 26, co. 1, lett. d), l. 23.12.2021, n. 238.

186. Pene accessorie (1).

1. La condanna per taluno dei delitti previsti dal presente capo importa l'applicazione delle pene accessorie previste dagli articoli 28, 30, 32-*bis* e 32-*ter* del codice penale per una durata non inferiore a sei mesi e non superiore a due anni, nonché la pubblicazione della sentenza su almeno due quotidiani, di cui uno economico, a diffusione nazionale.

(1) Articolo sostituito dall'art. 9, co. 2, l. 18.4.2005, n. 62 (l. comunitaria 2004).

187. Confisca (1).

1. In caso di condanna per uno dei reati previsti dal presente capo è sempre ordinata la confisca dei beni che ne costituiscono il profitto (2).

2. Qualora non sia possibile eseguire la confisca a norma del comma 1, la stessa può avere ad oggetto una somma di denaro o beni di valore equivalente.

3. Per quanto non stabilito nei commi 1 e 2 si applicano le disposizioni dell'articolo 240 del codice penale.

(1) Articolo sostituito dall'art. 9, co. 2, l. 18.4.2005, n. 62 (l. comunitaria 2004).
(2) Comma sostituito dall'art. 26, co. 1, lett. e), l. 23.12.2021, n. 238.

Capo III
Sanzioni amministrative (1)

(1) Secondo quanto previsto dall'art. 9, co. 2, l. 18.4.2005, n. 62 (legge comunitaria 2004) il Titolo I *bis*, in cui è presente questo Capo, sostituisce la ripartizione precedente del Capo IV del Titolo I della Parte V.

187 bis. Abuso e comunicazione illecita di informazioni privilegiate (1) (2).

1. Salve le sanzioni penali quando il fatto costituisce reato, è punito con la sanzione amministrativa pecuniaria da ventimila euro a cinque milioni di euro chiunque viola il divieto di abuso di informazioni privilegiate e di comunicazione illecita di informazioni privilegiate di cui all'articolo 14 del regolamento (UE) n. 596/2014 (3).

[**2.** La stessa sanzione di cui al comma 1 si applica a chiunque essendo in possesso di informazioni privilegiate a motivo della preparazione o esecuzione di attività delittuose compie taluna delle azioni di cui al medesimo comma 1.] (4)

[**3.** Ai fini del presente articolo per strumenti finanziari si intendono anche gli strumenti finanziari di cui all'articolo 1, comma 2, il cui valore dipende da uno strumento finanziario di cui all'articolo 180, comma 1, lettera a).] (5)

[**4.** La sanzione prevista al comma 1 si applica anche a chiunque, in possesso di informazioni privilegiate, conoscendo o potendo conoscere in base ad ordinaria diligenza il carattere privilegiato delle stesse, compie taluno dei fatti ivi descritti.] (6)

5. Le sanzioni amministrative pecuniarie previste dal presente articolo sono aumentate fino al triplo o fino al maggiore importo di dieci volte il profitto conseguito ovvero le perdite evitate per effetto dell'illecito quando, tenuto conto dei criteri elencati all'articolo 194-*bis* e della entità del prodotto o del profitto dell'illecito, esse appaiono inadeguate anche se applicate nel massimo (7).

6. Per le fattispecie previste dal presente articolo il tentativo è equiparato alla consumazione.

(1) Articolo introdotto dall'art. 7, d.lgs. 11.4.2002, n. 61 e, poi, sostituito dall'art. 9, co. 2, l. 18.4.2005, n. 62 (l. comunitaria 2004).
(2) Rubrica sostituita dall'art. 4, co. 9, lett. a), d.lgs. 10.8.2018, n. 107.
(3) Comma modificato dall'art. 39, co. 3, l. 28.12.2005, n. 262 e poi sostituito dall'art. 4, co. 9, lett. b), d.lgs. 10.8.2018, n. 107.
(4) Comma abrogato dall'art. 4, co. 9, lett. c), d.lgs. 10.8.2018, n. 107.
(5) Comma abrogato dall'art. 4, co. 9, lett. c), d.lgs. 10.8.2018, n. 107.
(6) Comma abrogato dall'art. 4, co. 9, lett. c), d.lgs. 10.8.2018, n. 107.
(7) Comma sostituito dall'art. 4, co. 9, lett. d), d.lgs. 10.8.2018, n. 107.

187 ter. Manipolazione del mercato (1).

1. Salve le sanzioni penali quando il fatto costituisce reato, è punito con la sanzione amministrativa pecuniaria da ventimila euro a cinque milioni di euro chiunque viola il divieto di manipolazione del mercato di cui all'articolo 15 del regolamento (UE) n. 596/2014 (2).

2. Si applica la disposizione dell'articolo 187-*bis*, comma 5 (3).

[**3.** Salve le sanzioni penali quando il fatto costituisce reato, è punito con la sanzione amministrativa pecuniaria di cui al comma 1 chiunque pone in essere:

a) operazioni od ordini di compravendita che forniscano o siano idonei a fornire indicazioni false o fuorvianti in merito all'offerta, alla domanda o al prezzo di strumenti finanziari;
b) operazioni od ordini di compravendita che consentono, tramite l'azione di una o di più persone che agiscono di concerto, di fissare il prezzo di mercato di uno o più strumenti finanziari ad un livello anomalo o artificiale;
c) operazioni od ordini di compravendita che utilizzano artifizi od ogni altro tipo di inganno o di espediente;
d) altri artifizi idonei a fornire indicazioni false o fuorvianti in merito all'offerta, alla domanda o al prezzo di strumenti finanziari.] (4)

4. Non può essere assoggettato a sanzione amministrativa ai sensi del presente articolo chi dimostri di avere agito per motivi legittimi e in conformità alle prassi di mercato ammesse nel mercato interessato (5).

[**5.** Le sanzioni amministrative pecuniarie previste dai commi precedenti sono aumentate fino al triplo o fino al maggiore importo di dieci volte il prodotto o il profitto conseguito dall'illecito quando, per le qualità personali del colpevole, per l'entità del prodotto o del profitto conseguito dall'illecito ovvero per gli effetti prodotti sul mercato, esse appaiono inadeguate anche se applicate nel massimo.] (6)

[**6.** Il Ministero dell'economia e delle finanze, sentita la CONSOB ovvero su proposta della medesima, può individuare, con proprio regolamento, in conformità alle disposizioni di attuazione della direttiva 2003/6/CE adottate dalla Commissione europea, secondo la procedura di cui all'articolo 17, paragrafo 2, della stessa direttiva, le fattispecie, anche ulteriori rispetto a quelle previste nei commi precedenti, rilevanti ai fini dell'applicazione del presente articolo.] (7)

[**7.** La CONSOB rende noti, con proprie disposizioni, gli elementi e le circostanze da prendere in considerazione per la valutazione dei comportamenti idonei a costituire manipolazioni di mercato, ai sensi della direttiva 2003/6/CE e delle disposizioni di attuazione della stessa] (8).

(1) Articolo introdotto dall'art. 9, co. 2, l. 18.4.2005, n. 62 (l. comunitaria 2004).
(2) Comma modificato dall'art. 39, co. 3, l. 28.12.2005, n. 262 e poi sostituito dall'art. 4, co. 10, lett. a), d.lgs. 10.8.2018, n. 107.
(3) Comma sostituito dall'art. 4, co. 10, lett. a), d.lgs. 10.8.2018, n. 107.
(4) Comma abrogato dall'art. 4, co. 10, lett. b), d.lgs. 10.8.2018, n. 107.
(5) Comma sostituito dall'art. 4, co. 10, lett. c), d.lgs. 10.8.2018, n. 107.
(6) Comma abrogato dall'art. 4, co. 10, lett. d), d.lgs. 10.8.2018, n. 107.
(7) Comma abrogato dall'art. 4, co. 10, lett. d), d.lgs. 10.8.2018, n. 107.
(8) Comma abrogato dall'art. 4, co. 10, lett. d), d.lgs. 10.8.2018, n. 107.

187 ter 1. Sanzioni relative alle violazioni delle disposizioni del regolamento (UE) n. 596/2014 del Parlamento europeo e del Consiglio, del 16 aprile 2014 (1).

1. Nei confronti di un ente o di una società, in caso di violazione degli obblighi previsti dall'articolo 16, paragrafi 1 e 2, dall'articolo 17, paragrafi 1, 2, 4, 5 e 8, del regolamento (UE) n. 596/2014, dagli atti delegati e dalle relative norme tecniche di regolamentazione e di attuazione, nonché dell'articolo 114, comma 3, del presente decreto, si applica una sanzione amministrativa pecuniaria da cinquemila euro fino a duemilionicinquecentomila euro, ovvero al due per cento del fatturato, quando tale importo è superiore a duemilionicinquecentomila euro e il fatturato è determinabile ai sensi dell'articolo 195, comma 1-*bis*.

2. Se le violazioni indicate dal comma 1 sono commesse da una persona fisica, si applica nei confronti di quest'ultima una sanzione amministrativa pecuniaria da cinquemila euro fino a un milione di euro.

3. Fermo quanto previsto dal comma 1, la sanzione indicata dal comma 2 si applica nei confronti degli esponenti aziendali e del personale della società o dell'ente responsabile della violazione, nei casi previsti dall'articolo 190-*bis*, comma 1, lettera a).

4. Nei confronti di un ente o di una società in caso di violazione degli obblighi previsti dall'articolo 18, paragrafi da 1 a 6, dall'articolo 19, paragrafi 1, 2, 3, 5, 6, 7 e 11, dall'articolo 20, paragrafo 1, del regolamento (UE) n. 596/2014, dagli atti delegati e dalle relative norme tecniche di regolamentazione e di attuazione, si applica una sanzione amministrativa pecuniaria da cinquemila euro fino a un milione di euro.

5. Se le violazioni indicate dal comma 4 sono commesse da una persona fisica, si applica nei confronti di quest'ultima una sanzione amministrativa pecuniaria da cinquemila euro fino a cinquecentomila euro.

6. Fermo quanto previsto dal comma 4, la sanzione indicata dal comma 5 si applica nei confronti degli esponenti aziendali e del personale della società o dell'ente responsabile della violazione, nei casi previsti dall'articolo 190-*bis*, comma 1, lettera a).

7. Se il vantaggio ottenuto dall'autore della violazione come conseguenza della violazione stessa è superiore ai limiti massimi indicati nel presente articolo, la sanzione amministrativa pecuniaria è elevata fino al triplo dell'ammontare del vantaggio ottenuto, purché tale ammontare sia determinabile.

8. La Consob, anche unitamente alle sanzioni amministrative pecuniarie previste dal presente articolo, può applicare una o più delle misure amministrative previste dall'articolo 30, paragrafo 2, lettere da a) a g), del regolamento (UE) n. 596/2014.

9. Quando le infrazioni sono connotate da scarsa offensività o pericolosità, in luogo delle sanzioni pecuniarie previste dal presente articolo, la Consob, ferma la facoltà di disporre la confisca di cui all'art. 187-*sexies*, può applicare una delle seguenti misure amministrative:
a) un ordine di eliminare le infrazioni contestate, con eventuale indicazione delle misure da adottare e del termine per l'adempimento, e di astenersi dal ripeterle;
b) una dichiarazione pubblica avente ad oggetto la violazione commessa e il soggetto responsabile, quando l'infrazione contestata è cessata.

10. L'inosservanza degli obblighi prescritti con le misure di cui all'articolo 30, paragrafo 2, del regolamento (UE) n. 596/2014, entro il termine stabilito, importa l'aumento fino ad un terzo della sanzione amministrativa pecuniaria irrogata ovvero l'applicazione della sanzione amministrativa pecuniaria prevista per la violazione originariamente contestata aumentata fino ad un terzo.

11. Alle sanzioni amministrative pecuniarie previste dal presente articolo non si applicano gli articoli 6, 10, 11 e 16 della legge 24 novembre 1981, n. 689.

(1) Articolo introdotto dall'art. 4, co. 11, d.lgs. 10.8.2018, n. 107.

187 quater. Sanzioni amministrative accessorie [1].

1. L'applicazione delle sanzioni amministrative pecuniarie previste dagli articoli 187-*bis* e 187-*ter* importa:

a) l'interdizione temporanea dallo svolgimento di funzioni di amministrazione, direzione e controllo presso soggetti autorizzati ai sensi del presente decreto, del decreto legislativo 1° settembre 1993, n. 385, del decreto legislativo 7 settembre 2005, n. 209, o presso fondi pensione;

b) l'interdizione temporanea dallo svolgimento di funzioni di amministrazione, direzione e controllo di società quotate e di società appartenenti al medesimo gruppo di società quotate;

c) la sospensione dal Registro, ai sensi dell'articolo 26, commi 1, lettera d), e 1-*bis*, del decreto legislativo 27 gennaio 2010, n. 39, del revisore legale, della società di revisione legale o del responsabile dell'incarico;

d) la sospensione dall'albo di cui all'articolo 31, comma 4, per i consulenti finanziari abilitati all'offerta fuori sede;

e) la perdita temporanea dei requisiti di onorabilità per i partecipanti al capitale dei soggetti indicati alla lettera a) [2].

1 bis. Fermo quanto previsto dal comma 1, la Consob, con il provvedimento di applicazione delle sanzioni amministrative pecuniarie previste dall'articolo 187-*ter*.1, può applicare le sanzioni amministrative accessorie indicate dal comma 1, lettere a) e b) [3].

2. Le sanzioni amministrative accessorie di cui ai commi 1 e 1-*bis* hanno una durata non inferiore a due mesi e non superiore a tre anni [4].

2 bis. Quando l'autore dell'illecito ha già commesso, due o più volte negli ultimi dieci anni, uno dei reati previsti nel Capo II ovvero una violazione, con dolo o colpa grave, delle disposizioni previste dagli articoli 187-*bis* e 187-*ter*, si applica la sanzione amministrativa accessoria dell'interdizione permanente dallo svolgimento delle funzioni di amministrazione, direzione e controllo all'interno dei soggetti indicati nel comma 1, lettere a) e b), nel caso in cui al medesimo soggetto sia stata già applicata l'interdizione per un periodo complessivo non inferiore a cinque anni [5].

3. Con il provvedimento di applicazione delle sanzioni amministrative pecuniarie previste dal presente capo la CONSOB, tenuto conto della gravità della violazione e del grado della colpa, può intimare ai soggetti abilitati, ai gestori del mercato, agli emittenti quotati e alle società di revisione di non avvalersi, nell'esercizio della propria attività e per un periodo non superiore a tre anni, dell'autore della violazione, e richiedere ai competenti ordini professionali la temporanea sospensione del soggetto iscritto all'ordine dall'esercizio dell'attività professionale, nonché applicare nei confronti dell'autore della violazione l'interdizione temporanea dalla conclusione di operazioni, ovvero alla immissione di ordini di compravendita in contropartita diretta di strumenti finanziari, per un periodo non superiore a tre anni [6].

(1) Articolo introdotto dall'art. 9, co. 2, l. 18.4.2005, n. 62 (l. comunitaria 2004).
(2) Comma modificato dall'art. 1, co. 39, l. 28.12.2015, n. 208 e poi sostituito dall'art. 4, co. 12, lett. a), d.lgs. 10.8.2018, n. 107.
(3) Comma introdotto dall'art. 4, co. 12, lett. b), d.lgs. 10.8.2018, n. 107.
(4) Comma sostituito dall'art. 4, co. 12, lett. c), d.lgs. 10.8.2018, n. 107.
(5) Comma introdotto dall'art. 4, co. 12, lett. d), d.lgs. 10.8.2018, n. 107.
(6) Comma modificato dall'art. 4, co. 12, lett. e) ed f), d.lgs. 10.8.2018, n. 107.

187 quinquies. Responsabilità dell'ente [1].

L'ente è punito con la sanzione amministrativa pecuniaria da ventimila euro fino a quindici milioni di euro, ovvero fino al quindici per cento del fatturato, quando tale importo è superiore a quindici milioni di euro e il fatturato è determinabile ai sensi dell'articolo 195, comma 1-*bis*, nel caso in cui sia commessa nel suo interesse o a suo vantaggio una violazione del divieto di cui all'articolo 14 o del divieto di cui all'articolo 15 del regolamento (UE) n. 596/2014: [2]

a) da persone che rivestono funzioni di rappresentanza, di amministrazione o di direzione dell'ente o di una sua unità organizzativa dotata di autonomia finanziaria o funzionale nonché da persone che esercitano, anche di fatto, la gestione e il controllo dello stesso;

b) da persone sottoposte alla direzione o alla vigilanza di uno dei soggetti di cui alla lettera a).

2. Se, in seguito alla commissione degli illeciti di cui al comma 1, il prodotto o il profitto conseguito dall'ente è di rilevante entità, la sanzione è aumentata fino a dieci volte tale prodotto o profitto.

3. L'ente non è responsabile se dimostra che le persone indicate nel comma 1 hanno agito esclusivamente nell'interesse proprio o di terzi.

4. In relazione agli illeciti di cui al comma 1 si applicano, in quanto compatibili, gli articoli 6, 7, 8 e 12 del decreto legislativo 8 giugno 2001, n. 231. Il Ministero della giustizia formula le osservazioni di cui all'articolo 6 del decreto legislativo 8 giugno 2001, n. 231, sentita la CONSOB, con riguardo agli illeciti previsti dal presente titolo.

(1) Articolo introdotto dall'art. 9, co. 2, l. 18.4.2005, n. 62 (l. comunitaria 2004).
(2) Alinea sostituito dall'art. 4, co. 13, d.lgs. 10.8.2018, n. 107.

187 sexies. Confisca [1].

1. L'applicazione delle sanzioni amministrative pecuniarie previste dal presente capo importa la confisca del prodotto o del profitto dell'illecito [2].

2. Qualora non sia possibile eseguire la confisca a norma del comma 1, la stessa può avere ad oggetto somme di denaro, beni o altre utilità di valore equivalente.

3. In nessun caso può essere disposta la confisca di beni che non appartengono ad una delle persone cui è applicata la sanzione amministrativa pecuniaria [3].

(1) Articolo introdotto dall'art. 9, co. 2, l. 18.4.2005, n. 62 (l. comunitaria 2004).

(2) Comma sostituito dall'art. 4, co. 14, d.lgs. 10.8.2018, n. 107.

(3) La Corte costituzionale, con sentenza 10.5.2019, n. 112, ha dichiarato, in via consequenziale, l'illegittimità costituzionale, di questo articolo, nella versione risultante dalle modifiche apportate dall'art. 4, co. 14, d.lgs. 10.8.2018, n. 107, nella parte in cui prevede la confisca obbligatoria, diretta o per equivalente, del prodotto dell'illecito, e non del solo profitto.

187 septies. Procedura sanzionatoria [1].

1. Le sanzioni amministrative previste dal presente capo sono applicate dalla Consob con provvedimento motivato, previa contestazione degli addebiti agli interessati, da effettuarsi entro centottanta giorni dall'accertamento ovvero entro trecentosessanta giorni se l'interessato risiede o ha la sede all'estero. I soggetti interessati possono, entro trenta giorni dalla contestazione, presentare deduzioni e chiedere un'audizione personale in sede di istruttoria, cui possono partecipare anche con l'assistenza di un avvocato [2].

2. Il procedimento sanzionatorio è retto dai principi del contraddittorio, della conoscenza degli atti istruttori, della verbalizzazione nonché della distinzione tra funzioni istruttorie e funzioni decisorie.

[**3.** Il provvedimento di applicazione delle sanzioni è pubblicato per estratto nel Bollettino della CONSOB. Avuto riguardo alla natura delle violazioni e degli interessi coinvolti, possono essere stabilite dalla CONSOB modalità ulteriori per dare pubblicità al provvedimento, ponendo le relative spese a carico dell'autore della violazione. La CONSOB, anche dietro richiesta degli interessati, può differire ovvero escludere, in tutto o in parte, la pubblicazione del provvedimento, quando da questa possa derivare grave pregiudizio alla integrità del mercato ovvero questa possa arrecare un danno sproporzionato alle parti coinvolte.] [3]

4. Avverso il provvedimento che applica la sanzione è ammesso ricorso alla corte d'appello nella cui circoscrizione è la sede legale o la residenza dell'opponente. Se l'opponente non ha la sede legale o la residenza nello Stato, è competente la corte d'appello del luogo in cui è stata commessa la violazione. Quando tali criteri non risultano applicabili, è competente la corte d'appello di Roma. Il ricorso è notificato, a pena di decadenza, all'Autorità che ha emesso il provvedimento nel termine di trenta giorni dalla comunicazione del provvedimento impugnato, ovvero sessanta giorni se il ricorrente risiede all'estero, ed è depositato in cancelleria, unitamente ai documenti offerti in comunicazione, nel termine perentorio di trenta giorni dalla notifica [4].

5. L'opposizione non sospende l'esecuzione del provvedimento. La corte d'appello, se ricorrono gravi motivi, può disporre la sospensione con ordinanza non impugnabile [5].

6. Il Presidente della corte d'appello designa il giudice relatore e fissa con decreto l'udienza pubblica per la discussione dell'opposizione. Il decreto è notificato alle parti a cura della cancelleria almeno sessanta giorni prima dell'udienza. L'Autorità deposita memorie e documenti nel termine di dieci giorni prima dell'udienza. Se alla prima udienza l'opponente non si presenta senza addurre alcun legittimo impedimento, il giudice con ordinanza ricorribile per Cassazione, dichiara il ricorso improcedibile, ponendo a carico dell'opponente le spese del procedimento [6].

6 bis. All'udienza la corte d'appello dispone, anche d'ufficio, i mezzi di prova che ritiene necessari, nonché l'audizione personale delle parti che ne abbiano fatto richiesta. Successivamente le parti procedono alla discussione orale della causa. La sentenza è depositata in cancelleria entro sessanta giorni. Quando almeno una delle parti manifesta l'interesse alla pubblicazione anticipata del dispositivo rispetto alla sentenza, il dispositivo è pubblicato mediante deposito in cancelleria non oltre sette giorni dall'udienza di discussione [7].

6 ter. Con la sentenza la corte d'appello può rigettare l'opposizione, ponendo a carico dell'opponente le spese del procedimento o accoglierla, annullando in tutto o in parte il provvedimento o riducendo l'ammontare o la durata della sanzione [8].

7. Copia della sentenza è trasmessa, a cura della cancelleria della corte d'appello, all'Autorità che ha emesso il provvedimento, anche ai fini della pubblicazione prevista dall'articolo 195-*bis* [9].

8. Alle sanzioni amministrative pecuniarie previste dal presente capo non si applica l'articolo 16 della legge 24 novembre 1981, n. 689 [10].

(1) Articolo introdotto dall'art. 9, co. 2, l. 18.4.2005, n. 62 (l comunitaria 2004).

(2) Comma modificato dall'art. 1, co. 19, d.lgs. 17.7.2009, n. 101 e poi sostituito dall'art. 5, co. 1, lett. a), d.lgs. 12.5.2015, n. 72.

(3) Comma abrogato dall'art. 5, co. 1, lett. b), d.lgs. 12.5.2015, n. 72.

(4) Comma abrogato, a decorrere dal 16.9.2010, dall'art. 4, co. 1, punto 19), dell'Allegato 4 al d.lgs. 2.7.2010, n. 104. Successivamente, la Corte costituzionale, con sentenza 27.6.2012, n. 162, ha dichiarato l'illegittimità costituzionale del punto 19) del co. 1 dell'art. 4 dell'Allegato 4 al d.lgs. 2.7.2010, n. 104. L'art. 3, co. 1, d.lgs. 14.9.2012, n. 160, ha poi soppresso il punto 19) del co. 1 dell'art. 4 dell'Allegato 4 al d.lgs. 2.7.2010, n. 104. Infine, la Corte costituzionale, con sentenza 15.4.2014, n. 94, ha dichiarato l'illegittimità costituzionale del n. 19) del co. 1 dell'art. 4 dell'Allegato 4 al d.lgs. 2.7.2010, n. 104, nella parte in cui abroga questo comma. Questo comma è stato poi sostituito dall'art. 5, co. 1, lett. c), d.lgs. 12.5.2015, n. 72

(5) Comma abrogato, a decorrere dal 16.9.2010, dall'art. 4, co. 1, punto 19), dell'Allegato 4 al d.lgs. 2.7.2010, n. 104. La Corte costituzionale, con sentenza 27.6.2012, n. 162, ha dichiarato l'illegittimità costituzionale del punto 19) del co. 1 dell'art. 4 dell'Allegato 4 al d.lgs. 2.7.2010, n. 104. L'art. 3, co. 1, d.lgs. 14.9.2012, n. 160, ha poi soppresso il punto 19) del co. 1 dell'art. 4 dell'Allegato 4 al d.lgs. 2.7.2010, n. 104. Infine, la Corte costituzionale, con sentenza 15.4.2014, n. 94, ha dichiarato l'illegittimità costituzionale del n. 19) del co. 1 dell'art. 4 dell'Allegato 4 al d.lgs. 2.7.2010, n. 104, nella

parte in cui abroga questo comma. Questo comma è stato poi modificato dall'art. 5, co. 1, lett. d), d.lgs. 12.5.2015, n. 72.

(6) Comma abrogato, a decorrere dal 16.9.2010, dall'art. 4, co. 1, punto 19), dell'Allegato 4 al d.lgs. 2.7.2010, n. 104. La Corte costituzionale, con sentenza 27.6.2012, n. 162, ha dichiarato l'illegittimità costituzionale del punto 19) del co. 1 dell'art. 4 dell'Allegato 4 al d.lgs. 2.7.2010, n. 104. L'art. 3, co. 1, d.lgs. 14.9.2012, n. 160, ha poi soppresso il punto 19) del co. 1 dell'art. 4 dell'Allegato 4 al d.lgs. 2.7.2010, n. 104. Infine, la Corte costituzionale, con sentenza 15.4.2014, n. 94, ha dichiarato l'illegittimità costituzionale del n. 19) del co. 1 dell'art. 4 dell'Allegato 4 al d.lgs. 2.7.2010, n. 104, nella parte in cui abroga questo comma. Questo comma è stato sostituito poi dall'art. 5, co. 1, lett. e), d.lgs. 12.5.2015, n. 72.

(7) Comma introdotto dall'art. 5, co. 1, lett. f), d.lgs. 12.5.2015, n. 72.

(8) Comma introdotto dall'art. 5, co. 1, lett. f), d.lgs. 12.5.2015, n. 72.

(9) Comma abrogato, a decorrere dal 16.9.2010, dall'art. 4, co. 1, punto 19), dell'Allegato 4 al d.lgs. 2.7.2010, n. 104. Successivamente, la Corte costituzionale, con sentenza 27.6.2012, n. 162, ha dichiarato l'illegittimità costituzionale del punto 19) del co. 1 dell'art. 4 dell'Allegato 4 al d.lgs. 2.7.2010, n. 104. L'art. 3, co. 1, d.lgs. 14.9.2012, n. 160, ha poi soppresso il punto 19) del co. 1 dell'art. 4 dell'Allegato 4 al d.lgs. 2.7.2010, n. 104. Infine, la Corte costituzionale, con sentenza 15.4.2014, n. 94, ha dichiarato l'illegittimità costituzionale del n. 19) del co. 1 dell'art. 4 dell'Allegato 4 al d.lgs. 2.7.2010, n. 104, nella parte in cui abroga questo comma. Questo comma è stato poi sostituito dall'art. 5, co. 1, lett. g), d.lgs. 12.5.2015, n. 72.

(10) Comma abrogato, a decorrere dal 16.9.2010, dall'art. 4, co. 1, punto 19), dell'Allegato 4 al d.lgs. 2.7.2010, n. 104. Successivamente, la Corte costituzionale, con sentenza 27.6.2012, n. 162, ha dichiarato l'illegittimità costituzionale del punto 19) del co. 1 dell'art. 4 dell'Allegato 4 al d.lgs. 2.7.2010, n. 104. L'art. 3, co. 1, d.lgs. 14.9.2012, n. 160, ha poi soppresso il punto 19) del co. 1 dell'art. 4 dell'Allegato 4 al d.lgs. 2.7.2010, n. 104. Infine, la Corte costituzionale, con sentenza 15.4.2014, n. 94, ha dichiarato l'illegittimità costituzionale del n. 19) del co. 1 dell'art. 4 dell'Allegato 4 al d.lgs. 2.7.2010, n. 104, nella parte in cui abroga questo comma.

Capo IV
Poteri della CONSOB [1]

(1) Secondo quanto previsto dall'art. 9, co. 2, l. 18.4.2005, n. 62 (legge comunitaria 2004) il Titolo I *bis*, in cui è presente questo Capo, sostituisce la ripartizione precedente del Capo IV del Titolo I della Parte V.

187 octies. Poteri della CONSOB [1].

1. La Consob è l'autorità nazionale competente ai sensi dell'articolo 22 del regolamento (UE) n. 596/2014, relativo agli abusi di mercato [2].

2. La CONSOB compie tutti gli atti necessari all'accertamento delle violazioni delle disposizioni contenute nel regolamento (UE) n. 596/2014 e nel presente titolo, utilizzando i poteri ad essa attribuiti dal presente decreto [3].

3. La CONSOB può nei confronti di chiunque possa essere informato sui fatti:

a) richiedere notizie, dati o documenti sotto qualsiasi forma stabilendo il termine per la relativa comunicazione;

b) richiedere le registrazioni esistenti relative a conversazioni telefoniche, a comunicazioni elettroniche e allo scambio di dati, stabilendo il termine per la relativa trasmissione; [4]

c) procedere ad audizione personale;

c-*bis*) in relazione a strumenti derivati su merci, richiedere dati sulle operazioni e accedere direttamente ai sistemi dei partecipanti al mercato; [5]

d) procedere al sequestro dei beni che possono formare oggetto di confisca ai sensi dell'articolo 187-*sexies*;

e) procedere ad ispezioni, anche mediante autorizzazione di revisori legali o società di revisione legale a procedere a verifiche o ispezioni per suo conto quando sussistono particolari necessità e non sia possibile provvedere con risorse proprie; il soggetto autorizzato a procedere alle predette verifiche ed ispezioni agisce in veste di pubblico ufficiale; [6]

f) procedere a perquisizioni nei modi previsti dall'articolo 33 del decreto del Presidente della Repubblica 29 settembre 1973, n. 600, e dall'articolo 52 del decreto del Presidente della Repubblica 26 ottobre 1972, n. 633.

4. La CONSOB può altresì:

a) avvalersi della collaborazione delle pubbliche amministrazioni, richiedendo la comunicazione di dati ed informazioni anche in deroga ai divieti di cui all'articolo 25, comma 1, del decreto legislativo 30 giugno 2003, n. 196, ed accedere al sistema informativo dell'anagrafe tributaria secondo le modalità previste dagli articoli 2 e 3, comma 1, del decreto legislativo 12 luglio 1991, n. 212;

a-*bis*) accedere direttamente, mediante apposita connessione telematica, ai dati contenuti negli elenchi di cui all'articolo 55, comma 7, del decreto legislativo 1° agosto 2003, n. 259; [7]

b) chiedere l'acquisizione presso il fornitore dei dati relativi al traffico di cui al decreto legislativo 30 giugno 2003, n. 196, o acquisire direttamente tali dati mediante connessione telematica; [8]

c) richiedere la comunicazione di dati personali anche in deroga ai divieti di cui all'articolo 25, comma 1, del decreto legislativo 30 giugno 2003, n. 196;

d) avvalersi, ove necessario, dei dati contenuti nell'anagrafe dei conti e dei depositi di cui all'articolo 20, comma 4, della legge 30 dicembre 1991, n. 413, secondo le modalità indicate dall'articolo 3, comma 4, lettera b), del decreto-legge 3 maggio 1991, n. 143, convertito, con modificazioni, dalla legge 5 luglio 1991, n. 197, nonché acquisire anche mediante accesso diretto i dati contenuti nell'archivio indicato all'articolo 13 del decreto-legge 15 dicembre 1979, n. 625, convertito, con modificazioni, dalla legge 6 febbraio 1980, n. 15;

e) accedere direttamente, mediante apposita connessione telematica, ai dati contenuti nella Centrale dei rischi della Banca d'Italia, di cui alla deliberazione del Comitato interministeriale per il credito e il risparmio del 29 marzo 1994, pubblicata nella Gazzetta Ufficiale n. 91 del 20 aprile 1994;

e-*bis*) avvalersi, ove necessario, anche mediante connessione telematica, dei dati contenuti nell'apposita sezione dell'anagrafe tributaria di cui all'articolo 7, sesto comma, del decreto del Presidente della Repubblica 29 settembre 1973, n. 605 [9].

5. I poteri di cui al comma 3, lettere d) e f), e al comma 4, lettera b), sono esercitati previa autorizzazione del procuratore della Repubblica. Detta autorizzazione è necessaria anche in caso di esercizio dei poteri di cui al comma 3, lettere b) ed e), e al comma 4, lettera c), nei confronti di soggetti diversi dai soggetti abilitati e dagli altri soggetti vigilati ai sensi del regolamento (UE) n. 596/2014 e del presente decreto (10).

6. Qualora sussistano elementi che facciano presumere l'esistenza di violazioni delle norme del regolamento (UE) n. 596/2014 e del presente titolo, la Consob può anche in via cautelare:

a) ordinare la cessazione temporanea o permanente di qualunque pratica o condotta;
b) salvo quanto previsto dall'articolo 114, comma 5, adottare tutte le misure necessarie a garantire che il pubblico sia correttamente informato con riguardo, tra l'altro, alla correzione di informazioni false o fuorvianti precedentemente divulgate, anche imponendo ai soggetti interessati di pubblicare una dichiarazione di rettifica (11).

7. È fatta salva l'applicazione delle disposizioni degli articoli 199, 200, 201, 202 e 203 del codice di procedura penale, in quanto compatibili.

8. Nei casi previsti dai commi 3, lettere c), d), e) e f), e 12 viene redatto processo verbale dei dati e delle informazioni acquisite o dei fatti accertati, dei sequestri eseguiti e delle dichiarazioni rese dagli interessati, i quali sono invitati a firmare il processo verbale e hanno diritto di averne copia.

9. Quando si è proceduto a sequestro ai sensi del comma 3, lettera d), gli interessati possono proporre opposizione alla CONSOB.

10. Sull'opposizione la decisione è adottata con provvedimento motivato emesso entro il trentesimo giorno successivo alla sua proposizione.

11. I valori sequestrati devono essere restituiti agli aventi diritto quando:

a) è deceduto l'autore della violazione;
b) viene provato che gli aventi diritto sono terzi estranei all'illecito;
c) l'atto di contestazione degli addebiti non è notificato nei termini prescritti dall'articolo 187-*septies*, comma 1; (12)
d) la sanzione amministrativa pecuniaria non è stata applicata entro il termine di due anni dall'accertamento della violazione.

12. Nell'esercizio dei poteri previsti dai commi 2, 3 e 4 la CONSOB può avvalersi della Guardia di finanza che esegue gli accertamenti richiesti agendo con i poteri di indagine ad essa attribuiti ai fini dell'accertamento dell'imposta sul valore aggiunto e delle imposte sui redditi.

13. Tutte le notizie, le informazioni e i dati acquisiti dalla Guardia di finanza nell'assolvimento dei compiti previsti dal comma 12 sono coperti dal segreto d'ufficio e vengono, senza indugio, comunicati esclusivamente alla CONSOB.

14. Il provvedimento della CONSOB che infligge la sanzione pecuniaria ha efficacia di titolo esecutivo. Decorso inutilmente il termine fissato per il pagamento, la CONSOB procede alla esazione delle somme dovute in base alle norme previste per la riscossione, mediante ruolo, delle entrate dello Stato, degli enti territoriali, degli enti pubblici e previdenziali.

15. Quando l'autore della violazione esercita un'attività professionale, il provvedimento che infligge la sanzione è trasmesso al competente ordine professionale.

(1) Articolo introdotto dall'art. 9, co. 2, l. 18.4.2005, n. 62 (l. comunitaria 2004).
(2) Comma sostituito dall'art. 4, co. 15, lett. a), d.lgs. 10.8.2018, n. 107.
(3) Comma modificato dall'art. 4, co. 15, lett. b), d.lgs. 10.8.2018, n. 107.
(4) Lettera sostituita dall'art. 4, co. 15, lett. c), d.lgs. 10.8.2018, n. 107.
(5) Lettera introdotta dall'art. 4, co. 15, lett. d), d.lgs. 10.8.2018, n. 107.
(6) Lettera modificata dall'art. 4, co. 15, lett. e), d.lgs. 10.8.2018, n. 107.
(7) Lettera introdotta dall'art. 4, co. 15, lett. f), d.lgs. 10.8.2018, n. 107.
(8) Lettera modificata dall'art. 4, co. 15, lett. g), d.lgs. 10.8.2018, n. 107.
(9) Lettera introdotta dall'art. 1, co. 20, d.lgs. 17.7.2009, n. 101.
(10) Comma modificato dall'art. 4, co. 15, lett. h), d.lgs. 10.8.2018, n. 107.
(11) Comma sostituito dall'art. 4, co. 15, lett. i), d.lgs. 10.8.2018, n. 107.
(12) Lettera modificata dall'art. 4, co. 15, lett. l), d.lgs. 10.8.2018, n. 107.

187 nonies. Operazioni sospette (1).

[1. I soggetti abilitati, gli agenti di cambio iscritti nel ruolo unico nazionale e le società di gestione del mercato devono segnalare senza indugio alla CONSOB le operazioni che, in base a ragionevoli motivi, possono ritenersi configurare una violazione delle disposizioni di cui al presente titolo. La CONSOB stabilisce, con regolamento, le categorie di soggetti tenuti a tale obbligo, gli elementi e le circostanze da prendere in considerazione per la valutazione dei comportamenti idonei a costituire operazioni sospette, nonché le modalità e i termini di tali segnalazioni.]

(1) Articolo introdotto dall'art. 9, co. 2, l. 18.4.2005, n. 62 (l comunitaria 2004) e poi abrogato dall'art. 4, co. 16, d.lgs. 10.8.2018, n. 107.

Capo V
Rapporti tra procedimenti (1)

(1) Secondo quanto previsto dall'art. 9, co. 2, l. 18.4.2005, n. 62 (l. comunitaria 2004) il Titolo I *bis*, in cui è presente questo Capo, sostituisce la ripartizione precedente del Capo IV del Titolo I della Parte V.

187 decies. Rapporti con la magistratura (1).

1. Quando ha notizia di uno dei reati previsti dal capo II il pubblico ministero ne informa senza ritardo il Presidente della CONSOB.

2. Il Presidente della CONSOB trasmette al pubblico ministero, con una relazione motivata, la documentazione raccolta nello svolgimento dell'attività di accertamento nel caso in cui emergano elementi che facciano presumere la esistenza di un reato. La trasmissione degli atti al pubblico ministero avviene al più tardi al termine dell'attività di accertamento delle violazioni delle disposizioni di cui al presente titolo, capo III.

3. La CONSOB e l'autorità giudiziaria collaborano tra loro, anche mediante scambio di informazioni, al fine di agevolare l'accertamento delle violazioni di cui al presente titolo anche quando queste non costituiscono reato. A tale fine la CONSOB può utilizzare i documenti, i dati e le notizie acquisiti dalla Guardia di finanza nei modi e con le forme previsti dall'articolo 63, primo comma, del decreto del Presidente della Repubblica 26 ottobre 1972, n. 633, e dall'articolo 33, terzo comma, del decreto del Presidente della Repubblica 29 settembre 1973, n. 600.

(1) Articolo introdotto dall'art. 9, co. 2, l. 18.4.2005, n. 62 (l. comunitaria 2004).

187 undecies. Facoltà della CONSOB nel procedimento penale [1].

1. Nei procedimenti per i reati previsti dagli articoli 184 e 185, la CONSOB esercita i diritti e le facoltà attribuiti dal codice di procedura penale agli enti e alle associazioni rappresentativi di interessi lesi dal reato.

2. La CONSOB può costituirsi parte civile e richiedere, a titolo di riparazione dei danni cagionati dal reato all'integrità del mercato, una somma determinata dal giudice, anche in via equitativa, tenendo comunque conto dell'offensività del fatto, delle qualità personali del colpevole e dell'entità del prodotto o del profitto conseguito dal reato.

(1) Articolo introdotto dall'art. 9, co. 2, l. 18.4.2005, n. 62 (l. comunitaria 2004).

187 duodecies. Rapporti tra procedimento penale e procedimento amministrativo e di opposizione [1].

1. Il procedimento amministrativo di accertamento e il procedimento di opposizione di cui all'articolo 187-*septies* non possono essere sospesi per la pendenza del procedimento penale avente ad oggetto i medesimi fatti o fatti dal cui accertamento dipende la relativa definizione.

(1) Articolo introdotto dall'art. 9, co. 2, l. 18.4.2005, n. 62 (l. comunitaria 2004).

187 terdecies. Applicazione ed esecuzione delle sanzioni penali ed amministrative [1].

1. Quando per lo stesso fatto è stata applicata, a carico del reo, dell'autore della violazione o dell'ente una sanzione amministrativa pecuniaria ai sensi dell'articolo 187-*septies* ovvero una sanzione penale o una sanzione amministrativa dipendente da reato:

a) l'autorità giudiziaria o la CONSOB tengono conto, al momento dell'irrogazione delle sanzioni di propria competenza, delle misure punitive già irrogate;

b) l'esazione della pena pecuniaria, della sanzione pecuniaria dipendente da reato ovvero della sanzione pecuniaria amministrativa è limitata alla parte eccedente quella riscossa, rispettivamente, dall'autorità amministrativa ovvero da quella giudiziaria.

(1) Articolo introdotto dall'art. 9, co. 2, l. 18.4.2005, n. 62 (l. comunitaria 2004), modificato dall'art. 3, co. 19, d.lgs. 29.12.2006, n. 303 e infine sostituito dall'art. 4, co. 17, d.lgs. 10.8.2018, n. 107.

187 quaterdecies. Procedure consultive [1].

1. La CONSOB definisce entro dodici mesi dalla data di entrata in vigore della presente disposizione, con proprio regolamento, le modalità e i tempi delle procedure consultive da attivare, mediante costituzione di un Comitato, con organismi rappresentativi dei consumatori e dei prestatori di servizi finanziari e degli altri soggetti vigilati, in occasione delle modifiche regolamentari in materia di abusi di mercato e in altre materie rientranti nelle proprie competenze istituzionali.

(1) Articolo introdotto dall'art. 9, co. 2, l. 18.4.2005, n. 62 (l. comunitaria 2004).

E. Riciclaggio

12. D.L. 28 giugno 1990, n. 167, convertito, con modificazioni, in L. 4 agosto 1990, n. 227. – Rilevazione a fini fiscali di taluni trasferimenti da e per l'estero di denaro, titoli e valori (*artt. 1-3, 4-5, 5 quater-9*)

In Gazzetta Ufficiale 30 giugno 1990, n. 151

1. Trasferimenti attraverso intermediari bancari e finanziari e altri operatori [1] [2].

1. Gli intermediari bancari e finanziari di cui all'articolo 3, comma 2, gli altri operatori finanziari di cui all'articolo 3, comma 3, lettere a) e d), e gli operatori non finanziari di cui all'articolo 3, comma 5,lettere i) e i-*bis*), del decreto legislativo 21 novembre 2007, n. 231, che intervengono, anche attraverso movimentazione di conti, nei trasferimenti da o verso l'estero di mezzi di pagamento di cui all'articolo 1, comma 2, lettera s), del medesimo decreto sono tenuti a trasmettere all'Agenzia delle entrate i dati di cui all'articolo 31, comma 2, del menzionato decreto relativi alle predette operazioni, effettuate anche in valuta virtuale ovvero in cripto-attività di cui all'articolo 67, comma 1, lettera c-*sexies*), del testo unico delle imposte sui redditi, di cui al decreto del Presidente della Repubblica 22 dicembre 1986, n. 917, di importo pari o superiore a 5.000 euro, limitatamente alle operazioni eseguite per conto o a favore di persone fisiche, enti non commerciali e di società semplici e associazioni equiparate ai sensi dell'articolo 5 del testo unico delle imposte sui redditi, di cui al decreto del Presidente della Repubblica 22 dicembre 1986, n. 917 [3].

2. I dati relativi ai trasferimenti e alle movimentazioni oggetto di rilevazione ai sensi del comma 1 sono trasmessi all'Agenzia delle entrate con modalità e termini stabiliti con provvedimento del direttore dell'Agenzia delle entrate, anche a disposizione della Guardia di finanza con procedure informatiche. Con il medesimo provvedimento, la trasmissione può essere limitata per specifiche categorie di operazioni o causali.

(1) Rubrica sostituita dall'art. 8, co. 7, lett. b), d.lgs. 25.5.2017, n. 90.
(2) Articolo modificato dall'art. unico della l. 4.8.1990, n. 227 in sede di conversione, dall'art. 10, co. 3, lett. a), d.l. 13.5.1991, n. 151, dall'art. 20, co. 3, lett. a), l. 30.12.1991, n. 413, dall'art. 11, co. 1, lett. a), d.lgs. 21.11.1997, n. 461, dall'art. 6, co. 3, d.l. 24.12.2002, n. 282, dall'art. 20, co. 3, l. 27.12.2002, n. 289 e, da ultimo, sostituito dall'art. 9, co. 1, lett. a), l. 6.8.2013, n. 97.
(3) Comma sostituito dall'art. 8, co. 7, lett. a), d.lgs. 25.5.2017, n. 90 e poi dall'art. 16, co. 1, d.l. 21.6.2022, n. 73, conv., con modif., dalla l. 4.8.2022, n. 122, con applicazione disposta dal medesimo art. 16, co. 2, d.l. n. 73/2022. Da ultimo modificato dall'art. 1, co. 129, lett. a), l. 29.12.2022, n. 197.

2. Trasferimenti attraverso non residenti [1].

1. Al fine di garantire la massima efficacia all'azione di controllo ai fini fiscali per la prevenzione e la repressione dei fenomeni di illecito trasferimento e detenzione di attività economiche e finanziarie all'estero, l'unità speciale costituita ai sensi dell'articolo 12, comma 3, del decreto-legge 1° luglio 2009, n. 78, convertito, con modificazioni, dalla legge 3 agosto 2009, n. 102, e i reparti speciali della Guardia di finanza, di cui all'articolo 6, comma 2, del regolamento di cui al decreto del Presidente della Repubblica 29 gennaio 1999, n. 34, possono richiedere, in deroga ad ogni vigente disposizione di legge, previa autorizzazione, rispettivamente, del direttore centrale accertamento dell'Agenzia delle entrate ovvero del Comandante generale della Guardia di finanza o autorità dallo stesso delegata:

a) agli intermediari bancari e finanziari di cui all'articolo 3, comma 2, agli altri operatori finanziari di cui all'articolo 3, comma 3, lettere a) e d), e agli operatori non finanziari di cui all'articolo 3, comma 5, lettere i) e i-*bis*), del decreto legislativo 21 novembre 2007, n. 231, e successive modificazioni, di fornire evidenza, entro i limiti di carattere oggettivo stabiliti dall'articolo 1, comma 1, del presente decreto, delle operazioni intercorse con l'estero anche per masse di contribuenti e con riferimento ad uno specifico periodo temporale [2];
b) ai soggetti di cui all'articolo 3, commi 2, 3, 4, 5 e 6, del decreto legislativo 21 novembre 2007, n. 231, e successive modificazioni, con riferimento a specifiche operazioni con l'estero o rapporti ad esse collegate, l'identità dei titolari effettivi rilevata in applicazione dei criteri di cui all'articolo 1, comma 2, lettera pp), e all'articolo 20 del medesimo decreto [3].

2. Con provvedimento congiunto del direttore dell'Agenzia delle entrate e del Comandante generale della Guardia di finanza sono stabiliti le modalità e i termini relativi alle richieste di cui al comma 1, lettere a) e b), al fine di assicurare il necessario coordinamento e di evitare duplicazioni.

(1) Articolo modificato dall'art. unico della l. 4.8.1990, n. 227, in sede di conversione, dall'art. 11, co. 1, lett. b), d.lgs. 21.11.1997, n. 461e, da ultimo, sostituito dall'art. 9, co. 1, lett. b), l. 6.8.2013, n. 97.
(2) Lettera sostituita dall'art. 8, co. 7, lett. c), d.lgs. 25.5.2017, n. 90.
(3) Lettera sostituita dall'art. 8, co. 7, lett. d), d.lgs. 25.5.2017, n. 90 e poi modificata dall'art. 1, co. 129, lett. b), l. 29.12.2022, n. 197.

3. Trasferimenti al seguito di denaro, titoli e valori mobiliari [1].

[1. I trasferimenti al seguito ovvero mediante plico postale o equivalente da e verso l'estero, da parte di residenti e non residenti, di denaro, titoli e valori mobiliari in lire o valute estere, di importo superiore a venti milioni di lire o al relativo controvalore, devono essere dichiarati all'Ufficio italiano dei cambi (UIC).

2. La dichiarazione, redatta in due esemplari e sottoscritta dal dichiarante, deve indicare:

a) le generalità complete e gli estremi del documento di riconoscimento del dichiarante, nonché, se si tratta di residente, il suo codice fiscale;
b) le generalità complete del soggetto per conto del quale il trasferimento è eventualmente effettuato, nonché, se si tratta di residente, il suo codice fiscale;
c) il denaro, i titoli o i valori mobiliari oggetto di trasferimento, con il relativo importo;
d) se il trasferimento è da o verso l'estero;
e) per i residenti, gli estremi della comunicazione effettuata all'UIC per finalità conoscitive e statistiche a norma dell'art. 21 del testo unico delle norme in materia valutaria approvato con decreto del Presidente della Repubblica 31 marzo 1988, n. 148;
f) la data.

3. Se si tratta di trasferimenti in cui intervengono, come mittenti o destinatari, banche residenti, effettuati da vettori specializzati, l'indicazione prevista dalla lettera c) del comma 2 può essere sostituita da una distinta dei valori trasferiti datata e sottoscritta dal mittente, che costituisce parte integrante della dichiarazione.

4. La dichiarazione è depositata:

a) per i passaggi extracomunitari, presso gli uffici doganali di confine al momento del passaggio;
b) per i passaggi intracomunitari, presso una banca, se la dichiarazione è resa in occasione di un'operazione effettuata presso la banca stessa, ovvero presso un ufficio doganale, un ufficio postale o un comando della Guardia di finanza, nelle quarantotto ore successive all'entrata o nelle quarantotto ore antecedenti l'uscita dal territorio dello Stato.

5. Per i trasferimenti da e verso l'estero mediante plico postale la dichiarazione è depositata presso l'ufficio postale all'atto della spedizione o nelle quarantotto ore successive al ricevimento.

6. Nel computo dei termini previsti dai commi 4, lettera b), e 5, non si tiene conto dei giorni festivi.

7. Il soggetto che riceve la dichiarazione, dopo aver identificato il dichiarante, restituisce al medesimo uno dei due esemplari munito di visto. Il dichiarante deve recare tale esemplare al seguito per i passagg extracomunitari in entrata e in uscita e per i passaggi intracomunitari in uscita. Le stesse disposizioni si applicano alla distinta prevista dal comma 3.]

(1) Articolo modificato dall'art. unico, l. 4.8.1990, n. 227, in sede di conversione, sostituito dall'art. 1, co. 1, d.lgs. 30.4.1997, n. 125 e poi abrogato dall'art. 13, co. 1, lett. a), d.lgs. 19.11.2008, n. 195.

4. Dichiarazione annuale per gli investimenti e le attività (1)**.**

1. Le persone fisiche, gli enti non commerciali e le società semplici ed equiparate ai sensi dell'articolo 5 del testo unico delle imposte sui redditi, di cui al decreto del Presidente della Repubblica 22 dicembre 1986, n. 917, residenti in Italia che, nel periodo d'imposta, detengono investimenti all'estero attività estere di natura finanziaria ovvero cripto– attività, suscettibili di produrre redditi imponibili in Italia, devono indicarli nella dichiarazione annuale dei redditi. Sono altresì tenuti agli obblighi di dichiarazione i soggetti indicati nel precedente periodo che, pur non essendo possessori diretti degli investimenti esteri delle attività estere di natura finanziaria e delle cripto-attività, siano titolari effettivi dell'investimento secondo quanto previsto dall'articolo 1, comma 2, lettera pp), e dall'articolo 20 del decreto legislativo 21 novembre 2007, n. 231, e successive modificazioni (2).

[**2.** I redditi derivanti dagli investimenti esteri e dalle attività di natura finanziaria sono in ogni caso assoggettati a ritenuta o ad imposta sostitutiva delle imposte sui redditi, secondo le norme vigenti, dagli intermediari residenti, di cui all'articolo 1, comma 1, ai quali gli investimenti e le attività sono affidate in gestione, custodia o amministrazione o nei casi in cui intervengano nella riscossione dei relativi flussi finanziari e dei redditi. La ritenuta trova altresì applicazione, con l'aliquota del 20 per cento e a titolo d'acconto, per i redditi di capitale indicati nell'articolo 44, comma 1, lettera a), del testo unico delle imposte sui redditi, di cui al decreto del Presidente della Repubblica 22 dicembre 1986, n. 917, derivanti da mutui, depositi e conti correnti, diversi da quelli bancari, nonché per i redditi di capitale indicati nel comma 1, lettere c), d) ed h), del citato articolo 44. Per i redditi diversi indicati nell'articolo 67 del medesimo testo unico, derivanti dagli investimenti esteri e dalle attività finanziarie di cui al primo periodo, che concorrono a formare il reddito complessivo del percipiente, gli intermediari residenti applicano una ritenuta a titolo d'acconto nella misura del 20 per cento sulla parte imponibile dei redditi corrisposti per il loro tramite. Nel caso in cui gli intermediari intervengano nella riscossione dei predetti redditi di capitale e redditi diversi, il contribuente è tenuto a fornire i dati utili ai fini della determinazione della base imponibile. In mancanza di tali informazioni la ritenuta o l'imposta sostitutiva è applicata sull'intero importo del flusso messo in pagamento.] (3)

3. Gli obblighi di indicazione nella dichiarazione dei redditi previsti nel comma 1 non sussistono per le attività finanziarie e patrimoniali affidate in gestione o in amministrazione agli intermediari residenti e per i contratti comunque conclusi attraverso il loro intervento, qualora i flussi finanziari e i redditi derivanti da tali attività e contratti siano stati assoggettati a ritenuta o imposta sostitutiva dagli intermediari stessi. Gli obblighi di indicazione nella dichiarazione dei redditi previsti nel comma 1 non sussistono altresì per i depositi e conti correnti bancari costituiti all'estero il cui valore massimo complessivo raggiunto nel corso del periodo d'imposta non sia superiore a 15.000 euro. Gli obblighi di indicazione nella dichiarazione dei redditi previsti nel comma 1 non sussistono altresì per gli immobili situati all'estero per i quali non siano intervenute variazioni nel corso del periodo d'imposta, fatti salvi i versamenti relativi all'imposta sul valore degli immobili situati all'estero, di cui al decreto-legge 6 dicembre 2011, n. 201, convertito, con modificazioni, dalla legge 22 dicembre 2011, n. 214 (4).

4. Con provvedimento del direttore dell'Agenzia delle entrate, è stabilito il contenuto della dichiarazione annuale prevista dal comma 1 nonché, annualmente, il controvalore in euro degli importi in valuta da dichiarare.

(1) Articolo modificato dall'art. 11, co. 1, lett. c), n. 1), d.lgs. 21.11.1997, n. 461, dall'art. 3, co. 1, d.lgs. 23.12.1999, n. 505, dall'art. 2, co. 16, d.l. 13.8.2011, n. 138, dall'art. 8, co. 16 *bis*, d.l. 2.3.2012, n. 16 e, da ultimo sostituito dall'art. 9, co. 1, lett. c), l. 6.8.2013, n. 97.

(2) Comma modificato dall'art. 8, co. 7, lett. e), d.lgs. 25.5.2017, n. 90 e poi dall'art. 1, co. 129, lett. c), l. 29.12.2022, n. 197.

(3) Comma abrogato dall'art. 4, co. 2, d.l. 24.4.2014, n. 66, conv., con modif., dalla l. 23.6.2014, n. 89.

(4) Comma modificato dall'art. 2, co. 4 *bis*, d.l. 28.1.2014, n. 4, conv., con modif., dalla l. 28.3.2014, n. 50; dall'art. 2, co. 1, l. 15.12.2014, n. 186 e poi dall'art. 7 *quater*, co. 23, d.l. 22.10.2016, n. 193, conv., con modif., dalla l. 1°.12.2016, n. 225.

5. Sanzioni.

1. Per la violazione degli obblighi di trasmissione all'Agenzia delle entrate previsti dall'articolo 1, posti a carico degli intermediari, si applica la sanzione amministrativa pecuniaria dal 10 al 25 per cento dell'importo dell'operazione non segnalata.

2. La violazione dell'obbligo di dichiarazione previsto nell'articolo 4, comma 1, è punita con la sanzione amministrativa pecuniaria dal 3 al 15 per cento dell'ammontare degli importi non dichiarati. La violazione di cui al periodo precedente relativa alla detenzione di investimenti all'estero ovvero di attività estere di natura finanziaria negli Stati o territori a regime fiscale privilegiato di cui al decreto del Ministro delle finanze 4 maggio 1999, pubblicato nella Gazzetta Ufficiale n. 107 del 10 maggio 1999, e al decreto del Ministro dell'economia e delle finanze 21 novembre 2001, pubblicato nella Gazzetta Ufficiale n. 273 del 23 novembre 2001, è punita con la sanzione amministrativa pecuniaria dal 6 al 30 per cento dell'ammontare degli importi non dichiarati. Nel caso in cui la dichiarazione prevista dall'articolo 4, comma 1, sia presentata entro novanta giorni dal termine, si applica la sanzione di euro 258 (1).

(1) Articolo modificato dall'art. 2, co. 1, lett. a), d.lgs. 30.4.1997, n. 125, dall'art. 19, co. 1, lett. a), d.l. 25.9.2001, n. 350, dall'art. 13 *bis*, co. 7,

lett. a), d.l. 1.7.2009, n. 78e, infine, sostituito dall'art. 9, co. 1, lett. d), l. 6.8.2013, n. 97.

5 quater. Collaborazione volontaria (1).

1. L'autore della violazione degli obblighi di dichiarazione di cui all'articolo 4, comma 1, commessa fino al 30 settembre 2014, può avvalersi della procedura di collaborazione volontaria di cui al presente articolo per l'emersione delle attività finanziarie e patrimoniali costituite o detenute fuori del territorio dello Stato, per la definizione delle sanzioni per le eventuali violazioni di tali obblighi e per la definizione dell'accertamento mediante adesione ai contenuti dell'invito al contraddittorio di cui alla lettera b) per le violazioni in materia di imposte sui redditi e relative addizionali, di imposte sostitutive, di imposta regionale sulle attività produttive e di imposta sul valore aggiunto, nonché per le eventuali violazioni relative alla dichiarazione dei sostituti d'imposta. A tal fine deve:

a) indicare spontaneamente all'Amministrazione finanziaria, mediante la presentazione di apposita richiesta, tutti gli investimenti e tutte le attività di natura finanziaria costituiti o detenuti all'estero, anche indirettamente o per interposta persona, fornendo i relativi documenti e le informazioni per la determinazione dei redditi che servirono per costituirli o acquistarli, nonché dei redditi che derivano dalla loro dismissione o utilizzazione a qualunque titolo, unitamente ai documenti e alle informazioni per la determinazione degli eventuali maggiori imponibili agli effetti delle imposte sui redditi e relative addizionali, delle imposte sostitutive, dell'imposta regionale sulle attività produttive, dei contributi previdenziali, dell'imposta sul valore aggiunto e delle ritenute, non connessi con le attività costituite o detenute all'estero, relativamente a tutti i periodi d'imposta per i quali, alla data di presentazione della richiesta, non sono scaduti i termini per l'accertamento o la contestazione della violazione degli obblighi di dichiarazione di cui all'articolo 4, comma 1;

b) versare le somme dovute in base all'invito di cui all'articolo 5, comma 1, del decreto legislativo 19 giugno 1997, n. 218, e successive modificazioni, entro il quindicesimo giorno antecedente la data fissata per la comparizione e secondo le ulteriori modalità indicate nel comma 1-*bis* del medesimo articolo per l'adesione ai contenuti dell'invito, ovvero le somme dovute in base all'accertamento con adesione entro venti giorni dalla redazione dell'atto, oltre alle somme dovute in base all'atto di contestazione o al provvedimento di irrogazione delle sanzioni per la violazione degli obblighi di dichiarazione di cui all'articolo 4, comma 1, del presente decreto entro il termine per la proposizione del ricorso, ai sensi dell'articolo 16 del decreto legislativo 18 dicembre 1997, n. 472, e successive modificazioni, senza avvalersi della compensazione prevista dall'articolo 17 del decreto legislativo 9 luglio 1997, n. 241, e successive modificazioni. Il versamento può essere eseguito in unica soluzione ovvero essere ripartito, su richiesta dell'autore della violazione, in tre rate mensili di pari importo. Il pagamento della prima rata deve essere effettuato nei termini e con le modalità di cui alla presente lettera. Il mancato pagamento di una delle rate comporta il venir meno degli effetti della procedura.

2. La collaborazione volontaria non è ammessa se la richiesta è presentata dopo che l'autore della violazione degli obblighi di dichiarazione di cui all'articolo 4, comma 1, abbia avuto formale conoscenza di accessi, ispezioni, verifiche o dell'inizio di qualunque attività di accertamento amministrativo o di procedimenti penali, per violazione di norme tributarie, relativi all'ambito oggettivo di applicazione della procedura di collaborazione volontaria indicato al comma 1 del presente articolo. La preclusione opera anche nelle ipotesi in cui la formale conoscenza delle circostanze di cui al primo periodo è stata acquisita da soggetti solidalmente obbligati in via tributaria o da soggetti concorrenti nel reato. La richiesta di accesso alla collaborazione volontaria rimane irrevocabile e non può essere presentata più di una volta, anche indirettamente o per interposta persona (2).

3. Entro trenta giorni dalla data di esecuzione dei versamenti indicati al comma 1, lettera b), l'Agenzia delle entrate comunica all'autorità giudiziaria competente la conclusione della procedura di collaborazione volontaria, per l'utilizzo dell'informazione ai fini di quanto stabilito all'articolo 5-*quinquies*, comma 1, lettere a) e b).

4. Ai soli fini della procedura di collaborazione volontaria, per la determinazione dei periodi d'imposta per i quali non sono scaduti i termini di accertamento e i termini di cui all'articolo 20 del decreto legislativo 18 dicembre 1997, n. 472, e successive modificazioni, non si applica il raddoppio dei termini di cui all'articolo 12, commi 2-*bis* e 2-*ter*, del decreto-legge 1° luglio 2009, n. 78, convertito, con modificazioni, dalla legge 3 agosto 2009, n. 102, qualora ricorrano congiuntamente le condizioni previste dall'articolo 5-*quinquies*, commi 4, primo periodo, lettera c), 5 e 7 del presente decreto (3).

5. La procedura di collaborazione volontaria può essere attivata fino al 30 novembre 2015. L'integrazione dell'istanza, i documenti e le informazioni di cui al comma 1, lettera a), possono essere presentati entro il 30 dicembre 2015. In deroga all'articolo 31 del decreto del Presidente della Repubblica 29 settembre 1973, n. 600, e all'articolo 40 del decreto del Presidente della Repubblica 26 ottobre 1972, n. 633, la competenza alla gestione delle istanze presentate, per la prima volta, a decorrere dal 10 novembre 2015 e all'emissione dei relativi atti, compresi quelli di accertamento e di contestazione delle violazioni, per tutte le annualità oggetto della procedura di collaborazione volontaria, è attribuita all'articolazione dell'Agenzia delle entrate individuata con provvedimento del direttore dell'Agenzia medesima, da emanare entro la data di entrata in vigore della presente disposizione. Per gli atti di cui al periodo precedente, impugnabili ai sensi del decreto legislativo 31 dicembre 1992, n. 546, si applicano le disposizioni in materia di competenza per territorio di cui all'articolo 4, comma 1, e in materia di legittimazione processuale dinanzi alle commissioni tributarie di cui all'articolo 10, comma 1, dello stesso decreto legislativo n. 546 del 1992, e successive modificazioni, previste per le articolazioni dell'Agenzia delle entrate ivi indicate. Al fine di assicurare la trattazione unitaria delle istanze e la data certa per la conclusione dell'intero procedimento i termini di decadenza per l'accertamento di cui all'articolo 43 del decreto del Presidente della Repubblica 29 settembre 1973, n. 600, e all'articolo 57 del decreto del Presidente della Repubblica 26 ottobre 1972, n. 633, nonché i termini di decadenza per la notifica dell'atto di contestazione ai sensi dell'articolo 20 del decreto legislativo 18 dicembre 1997, n. 472, che scadono a decorrere dal 31 dicembre 2015, limitatamente agli imponibili, alle imposte, alle ritenute, ai contributi, alle sanzioni e agli interessi relativi alla procedura di collaborazione volontaria e per tutte le annualità e le violazioni oggetto della procedura stessa, sono fissati, anche in deroga a quelli ordinari, al 31 dicembre 2016 [4].

6. Per i residenti nel comune di Campione d'Italia, già esonerati dalla compilazione del modulo RW in relazione alle disponibilità detenute presso istituti elvetici derivanti da redditi di lavoro, da trattamenti pensionistici nonché da altre attività lavorative svolte direttamente in Svizzera da soggetti residenti nel suddetto comune, il direttore dell'Agenzia delle entrate adotta, con proprio provvedimento, entro novanta giorni dalla data di entrata in vigore della presente disposizione, specifiche disposizioni relative agli imponibili riferibili alle attività costituite o detenute in Svizzera in considerazione della particolare collocazione geografica del comune medesimo.

(1) Articolo introdotto dall'art. 1, co. 1, l. 15.12.2014, n. 186.
(2) Comma modificato dall'art. 2, co. 1, lett. a), n. 1), d.l. 30.9.2015, n. 153, conv., con modif., in l. 20.11.2015, n. 187.
(3) Comma modificato dall'art. 10, co. 12 quaterdecies, d.l. 31.12.2014, n. 192, conv., con modif., in l. 27.2.2015, n. 11.
(4) Comma sostituito dall'art. 2, co. 1, lett. a), n. 2), d.l. 30.9.2015, n. 153, conv., con modif., in l. 20.11.2015, n. 187.

5 quinquies. Effetti della procedura di collaborazione volontaria [1].

1. Nei confronti di colui che presta la collaborazione volontaria ai sensi dell'articolo 5-*quater*:

a) è esclusa la punibilità per i delitti di cui agli articoli 2, 3, 4, 5, 10-*bis* e 10-*ter* del decreto legislativo 10 marzo 2000, n. 74, e successive modificazioni;

b) è altresì esclusa la punibilità delle condotte previste dagli articoli 648-*bis* e 648-*ter* del codice penale, commesse in relazione ai delitti di cui alla lettera a) del presente comma;

b-*bis*) si applicano le disposizioni in materia di prevenzione del riciclaggio e di finanziamento del terrorismo di cui al decreto legislativo 21 novembre 2007, n. 231, ad eccezione di quanto previsto dall'articolo 58, comma 6, del medesimo decreto [2].

2. Le disposizioni del comma 1 si applicano limitatamente alle condotte relative agli imponibili, alle imposte e alle ritenute oggetto della collaborazione volontaria.

3. Limitatamente alle attività oggetto di collaborazione volontaria, le condotte previste dall'articolo 648-*ter*.1 del codice penale non sono punibili se commesse in relazione ai delitti di cui al comma 1, lettera a), del presente articolo sino alla data del 30 novembre 2015, entro la quale può essere attivata la procedura di collaborazione volontaria,o sino alla data del 30 dicembre 2015 in presenza di integrazione dell'istanza o di presentazione dei documenti e delle informazioni di cui all'articolo 5-*quater*, comma 1, lettera a) [3].

4. Le sanzioni di cui all'articolo 5, comma 2, del presente decreto sono determinate, ai sensi dell'articolo 7, comma 4, del decreto legislativo 18 dicembre 1997, n. 472, in misura pari alla metà del minimo edittale: a) se le attività vengono trasferite in Italia o in Stati membri dell'Unione europea o in Stati aderenti all'Accordo sullo Spazio economico europeo che consentono un effettivo scambio di informazioni con l'Italia, inclusi nella lista di cui al decreto del Ministro delle finanze 4 settembre 1996, e successive modificazioni, pubblicato nella Gazzetta Ufficiale n. 220 del 19 settembre 1996; ovvero b) se le attività trasferite in Italia o nei predetti Stati erano o sono ivi detenute; ovvero c) se l'autore delle violazioni di cui all'articolo 5-*quater*, comma 1, fermo restando l'obbligo di eseguire gli adempimenti ivi previsti, rilascia all'intermediario finanziario estero presso cui le attività sono detenute l'autorizzazione a trasmettere alle autorità finanziarie italiane richiedenti tutti i dati concernenti le attività oggetto di collaborazione volontaria e allega copia di tale autorizzazione, controfirmata dall'intermediario finanziario estero, alla richiesta di collaborazione volontaria. Nei casi diversi da quelli di cui al primo periodo, la sanzione è determinata nella misura del minimo edittale, ridotto di un quarto. Nei confronti del contribuente che si avvale della procedura di collaborazione volontaria, la misura minima delle sanzioni per le violazioni in materia di imposte sui redditi e relative addizionali, di imposte sostitutive, di imposta regionale sulle attività produttive, di imposta sul valore aggiunto e di ritenute è fissata al minimo edittale, ridotto di un quarto.

5. Nei casi di cui alle lettere a), b) e c) del primo periodo del comma 4, qualora l'autore della violazione trasferisca, successivamente alla presentazione della richiesta, le attività oggetto di collaborazione volontaria presso un altro intermediario localizzato fuori dell'Italia o di uno degli Stati di cui alla citata lettera a), l'autore della violazione è obbligato a rilasciare, entro trenta giorni dalla data del trasferimento delle attività, l'autorizzazione di cui alla lettera c) del primo periodo del comma 4 all'intermediario presso cui le attività sono state trasferite e a trasmettere, entro sessanta giorni dalla data del trasferimento delle attività, tale autorizzazione alle autorità finanziarie italiane, pena l'applicazione di una sanzione pari alla metà della sanzione prevista dal primo periodo del comma 4.

6. Il procedimento di irrogazione delle sanzioni per la violazione degli obblighi di dichiarazione di cui all'articolo 4, comma 1, del presente decreto è definito ai sensi dell'articolo 16 del decreto legislativo 18 dicembre 1997, n. 472, e successive modificazioni. Il confronto previsto all'articolo 16, comma 3, del decreto legislativo n. 472 del 1997, e successive modificazioni, è operato tra il terzo della sanzione indicata nell'atto e il terzo della somma dei minimi edittali previsti per le violazioni più gravi o, se più favorevole, il terzo della somma delle sanzioni più gravi determinate ai sensi del comma 4, primo e secondo periodo, del presente articolo.

7. Ai soli fini della procedura di collaborazione volontaria, la misura della sanzione minima prevista per le violazioni dell'obbligo di dichiarazione di cui all'articolo 4, comma 1, indicata nell'articolo 5, comma 2, secondo periodo, nei casi di detenzione di investimenti all'estero ovvero di attività estere di natura finanziaria negli Stati o territori a regime fiscale privilegiato di cui al decreto del Ministro dell'economia e delle finanze 4 maggio 1999, pubblicato nella Gazzetta Ufficiale n. 107 del 10 maggio 1999, e al decreto del Ministro dell'economia e delle finanze 21 novembre 2001, pubblicato nella Gazzetta Ufficiale n. 273 del 23 novembre 2001, è fissata al 3 per cento dell'ammontare degli importi non dichiarati se le attività oggetto della collaborazione volontaria erano o sono detenute in Stati che stipulino con l'Italia, entro sessanta giorni dalla data di entrata in vigore della presente disposizione, accordi che consentano un effettivo scambio di informazioni ai sensi dell'articolo 26 del modello di Convenzione contro le doppie imposizioni predisposto dall'Organizzazione per la cooperazione e lo sviluppo economico, anche su elementi riconducibili al periodo intercorrente tra la data della stipulazione e quella di entrata in vigore dell'accordo. Al ricorrere della condizione di cui al primo periodo non si applica il raddoppio delle sanzioni di cui all'articolo 12, comma 2, secondo periodo, del decreto-legge 1° luglio 2009, n. 78, convertito, con modificazioni, dallalegge 3 agosto 2009, n. 102.

8. Su istanza del contribuente, da formulare nella richiesta di cui all'articolo 5-*quater*, comma 1, lettera a), l'ufficio, in luogo della determinazione analitica dei rendimenti, calcola gli stessi applicando la misura percentuale del 5 per cento al valore complessivo della loro consistenza alla fine dell'anno e determina l'ammontare corrispondente all'imposta da versare utilizzando l'aliquota del 27 per cento. Tale istanza può essere presentata solo nei casi in cui la media delle consistenze di tali attività finanziarie risultanti al termine di ciascun periodo d'imposta oggetto della collaborazione volontaria non ecceda il valore di 2 milioni di euro.

9. Ai soli fini della procedura di collaborazione volontaria, la disponibilità delle attività finanziarie e patrimoniali oggetto di emersione si considera, salva prova contraria, ripartita, per ciascun periodo d'imposta, in quote eguali tra tutti coloro che al termine degli stessi ne avevano la disponibilità.

10. Se il contribuente destinatario dell'invito di cui all'articolo 5, comma 1, del decreto legislativo 19 giugno 1997, n. 218, e successive modificazioni, o che abbia sottoscritto l'accertamento con adesione e destinatario dell'atto di contestazione non versa le somme dovute nei termini previsti dall'articolo 5-*quater*, comma 1, lettera b), la procedura di collaborazione volontaria non si perfeziona e non si producono gli effetti di cui ai commi 1, 4, 6 e 7 del presente articolo. L'Agenzia delle entrate notifica, anche in deroga ai termini di cui all'articolo 43 del decreto del Presidente della Repubblica 29 settembre 1973, n. 600, e successive modificazioni, all'articolo 57 del decreto del Presidente della Repubblica 26 ottobre 1972, n. 633, e successive modificazioni, e all'articolo 20, comma 1, del decreto legislativo 18 dicembre 1997, n. 472, e successive modificazioni, un avviso di accertamento e un nuovo atto di contestazione con la rideterminazione della sanzione entro il 31 dicembre dell'anno successivo a quello di notificazione dell'invito di cui al predetto articolo 5, comma 1, del decreto legislativo n. 218 del 1997, e successive modificazioni, o a quello di redazione dell'atto di adesione o di notificazione dell'atto di contestazione.

(1) Articolo introdotto dall'art. 1, co. 1, l. 15.12.2014, n. 186.
(2) Lettera introdotta dall'art. 2, co. 1, lett. b), n. 1), d.l. 30.9.2015, n. 153, conv., con modif., in l. 20.11.2015, n. 187.
(3) Comma modificato dall'art. 2, co. 1, lett. b), n. 2), d.l. 30.9.2015, n. 153, conv., con modif., in l. 20.11.2015, n. 187.

5 sexies. Ulteriori disposizioni in materia di collaborazione volontaria [1].

1. Le modalità di presentazione dell'istanza di collaborazione volontaria e di pagamento dei relativi debiti tributari, nonché ogni altra modalità applicativa della relativa procedura, sono disciplinate con provvedimento del direttore dell'Agenzia delle entrate da emanare entro trenta giorni dalla data di entrata in vigore della presente disposizione. L'Agenzia delle entrate e gli altri organi dell'Amministrazione finanziaria concordano condizioni e modalità per lo scambio dei dati relativi alle procedure avviate e concluse.

(1) Articolo introdotto dall'art. 1, co. 1, l. 15.12.2014, n. 186.

5 septies. Esibizione di atti falsi e comunicazione di dati non rispondenti al vero [1].

1. L'autore della violazione di cui all'articolo 4, comma 1, che, nell'ambito della procedura di collaborazione volontaria di cui all'articolo 5-*quater*, esibisce o trasmette atti o documenti falsi, in tutto o in parte, ovvero fornisce dati e notizie non rispondenti al vero è punito con la reclusione da un anno e sei mesi a sei anni.

2. L'autore della violazione di cui all'articolo 4, comma 1, deve rilasciare al professionista che lo assiste nell'ambito della procedura di collaborazione volontaria una dichiarazione sostitutiva di atto di notorietà con la quale attesta che gli atti o documenti consegnati per l'espletamento dell'incarico non sono falsi e che i dati e notizie forniti sono rispondenti al vero.

(1) Articolo introdotto dall'art. 1, co. 1, l. 15.12.2014, n. 186.

5 octies. Riapertura dei termini della collaborazione volontaria [1].

1. Dalla data di entrata in vigore del presente articolo sino al 31 luglio 2017 è possibile avvalersi della procedura di collaborazione volontaria di cui agli articoli da 5-*quater* a 5-*septies* a condizione che il soggetto che presenta l'istanza non l'abbia già presentata in precedenza, anche per interposta persona, e ferme restando le cause ostative previste dall'articolo 5-*quater*, comma 2. Resta impregiudicata la facoltà di presentare l'istanza se, in precedenza, è stata già presentata, entro il 30 novembre 2015, ai soli fini di cui all'articolo 1, commi da 2 a 5, della legge 15 dicembre 2014, n. 186. L'integrazione dell'istanza, i documenti e le informazioni di cui all'articolo 5-*quater*, comma 1, lettera a), possono essere presentati entro il 30 settembre 2017. Alle istanze presentate secondo le modalità stabilite con provvedimento del direttore dell'Agenzia delle entrate, si applicano gli articoli da 5-*quater* a 5-*septies* del presente decreto, l'articolo 1, commi da 2 a 5 della legge 15 dicembre 2014, n. 186, e successive modificazioni, e l'articolo 2, comma 2, lettere b) e b-*bis*) del decreto-legge 30 settembre 2015, n. 153, convertito, con modificazioni, dalla legge 20 novembre 2015, n. 187, in quanto compatibili e con le seguenti modificazioni [2]:

a) le violazioni sanabili sono quelle commesse fino al 30 settembre 2016;

a-*bis*) se alla formazione del reddito complessivo concorrono redditi prodotti all'estero di cui all'articolo 6, comma 1, lettere c) e d), del testo unico delle imposte sui redditi, di cui al decreto del Presidente della Repubblica 22 dicembre 1986, n. 917, non si applica l'articolo 165, comma 8, del medesimo testo unico [3];

b) anche in deroga all'articolo 3, comma 1, della legge 27 luglio 2000, n. 212, e successive modificazioni, i termini di cui all'articolo 43 del decreto del Presidente della Repubblica 29 settembre 1973, n. 600, e successive modificazioni, all'articolo 57 del decreto del Presidente della Repubblica 26 ottobre 1972, n. 633, e successive modificazioni, e all'articolo 20, comma 1, del decreto legislativo 18 dicembre 1997, n. 472, e successive modificazioni, che scadono a decorrere dal 1° gennaio 2015, sono fissati al 31 dicembre 2018 per le sole attività oggetto di collaborazione volontaria ai sensi del presente articolo, limitatamente agli imponibili, alle imposte, alle ritenute, ai contributi, alle sanzioni e agli interessi relativi alla procedura di collaborazione volontaria e per tutte le annualità e le violazioni oggetto della procedura stessa, e al 30 giugno 2017 per le istanze presentate per la prima volta ai sensi dell'articolo 5-*quater*, comma 5; non si applica l'ultimo periodo del comma 5 del predetto articolo 5-*quater*;

c) per le sole attività oggetto di collaborazione volontaria ai sensi del presente articolo, nonché per le imposte di cui all'articolo 19, commi 13 e 18, del decreto-legge 6 dicembre 2011, n. 201, convertito, con modificazioni, dalla legge 22 dicembre 2011, n. 214 gli interessati sono esonerati dalla presentazione delle dichiarazioni di cui all'articolo 4 del presente decreto per il 2016 e per la frazione del periodo d'imposta antecedente la data di presentazione dell'istanza, nonché, per quelle suscettibili di generare redditi soggetti a ritenuta alla fonte a titolo d'imposta o ad imposta sostitutiva delle imposte sui redditi, e per i redditi derivanti dall'investimento in azioni o quote di fondi comuni di investimento non conformi alla direttiva 2009/65/CE del Parlamento europeo e del Consiglio, del 13 luglio 2009, per i quali è versata l'IRPEF con l'aliquota massima oltre alla addizionale regionale e comunale, dalla indicazione dei redditi nella relativa dichiarazione, a condizione che le stesse informazioni siano analiticamente illustrate nella relazione di accompagnamento; in tal caso provvedono spontaneamente al versamento in unica soluzione, entro il 30 settembre 2017, di quanto dovuto a titolo di imposte, interessi e, ove applicabili, sanzioni ridotte corrispondenti alle misure stabilite dall'articolo 13 del decreto legislativo 18 dicembre 1997, n. 472, e successive modificazioni, per il 2016 e per la frazione del periodo d'imposta antecedente la data di presentazione dell'istanza [4];

d) limitatamente alle attività oggetto di collaborazione volontaria di cui al presente articolo, le condotte previste dall'articolo 648-*ter*.1 del codice penale non sono punibili se commesse in relazione ai delitti previsti dal presente decreto all'articolo 5-*quinquies*, comma 1, lettera a), sino alla data del versamento della prima o unica rata, secondo quanto previsto alle lettere e) e f);

e) gli autori delle violazioni possono provvedere spontaneamente al versamento in unica soluzione di quanto dovuto a titolo di imposte, ritenute, contributi, interessi e sanzioni in base all'istanza, entro il 30 settembre 2017, senza avvalersi della compensazione prevista dall'articolo 17 del decreto legislativo 9 luglio 1997, n. 241, e successive modificazioni; il versamento può essere ripartito in tre rate mensili di pari importo ed in tal caso il pagamento della prima rata deve essere effettuato entro il 30 settembre 2017. Il versamento delle somme dovute nei termini e con le modalità di cui al periodo precedente comporta i medesimi effetti degli articoli 5-*quater* e 5-*quinquies* del presente decreto anche per l'ammontare delle sanzioni da versare per le violazioni dell'obbligo di dichiarazione di cui all'articolo 4, comma 1 e per le violazioni in materia di imposte sui redditi e relative addizionali, imposte sostitutive, imposta regionale sulle attività produttive, imposta sul valore degli immobili all'estero, imposta sul valore delle attività finanziarie all'estero e imposta sul valore aggiunto, anche in deroga all'articolo 3 del decreto legislativo 18 dicembre 1997, n. 472. Ai fini della determinazione delle sanzioni dovute, si applicano le disposizioni dell'articolo 12, commi 1 e 5, del decreto legislativo 18 dicembre 1997, n. 472, per le violazioni di cui all'articolo 4, comma 1, del presente decreto e le disposizioni dell'articolo 12, comma 8, del medesimo decreto legislativo, per le violazioni in materia di imposte, nonché le riduzioni delle misure sanzionatorie previste dall'articolo 5, comma 1-*bis*, del decreto legislativo 19 giugno 1997, n. 218, nel testo vigente alla data del 30 dicembre 2014, e dall'articolo 16, comma 3, del decreto legislativo n. 472 del 1997. Gli effetti di cui agli articoli 5-*quater* e 5-*quinquies* del presente decreto decorrono dal momento del versamento di quanto dovuto in unica soluzione o della terza rata; in tali casi l'Agenzia delle entrate comunica l'avvenuto perfezionamento della procedura di collaborazione volontaria con le modalità di notifica tramite posta elettronica certificata previste nell'articolo 1, comma 133, della legge 28 dicembre 2015, n. 208;

f) se gli autori delle violazioni non provvedono spontaneamente al versamento delle somme dovute entro il termine di cui alla lettera e) o qualora il versamento delle somme dovute risulti insufficiente, l'Agenzia, ai soli fini della procedura di collaborazione volontaria di cui al presente articolo e limitatamente agli imponibili, alle imposte, alle ritenute, ai contributi, alle sanzioni e agli interessi relativi alla procedura e per tutte le annualità e le violazioni oggetto della stessa, può applicare, fino al 31 dicembre 2018, le disposizioni di cui all'articolo 5, commi da 1-*bis* a 1-*quinquies* del decreto legislativo 19 giugno 1997, n. 218, nel testo vigente alla data del 30 dicembre 2014 e l'autore della violazione può versare le somme dovute in base all'invito di cui all'articolo 5, comma 1, del decreto legislativo 19 giugno 1997, n. 218, e successive modificazioni, entro il quindicesimo giorno antecedente la data fissata per la comparizione, secondo le ulteriori modalità indicate nel comma 1-*bis* del medesimo articolo per l'adesione ai contenuti dell'invito, ovvero le somme dovute in base all'accertamento con adesione entro venti giorni dalla redazione dell'atto, oltre alle somme dovute in base all'atto di contestazione o al provvedimento di irrogazione delle sanzioni per la violazione degli obblighi di dichiarazione di cui all'articolo 4, comma 1, del presente decreto entro il termine per la proposizione del ricorso, ai sensi dell'articolo 16 del decreto legislativo 18 dicembre 1997, n. 472, e successive modificazioni, senza avvalersi della compensazione prevista dall'articolo 17 del decreto legislativo 9 luglio 1997, n. 241, e successive modificazioni. Il mancato pagamento di una delle rate comporta il venir meno degli effetti della procedura. Ai soli fini della procedura di collaborazione volontaria di cui al presente articolo, per tutti gli atti che per legge devono essere notificati al contribuente si applicano, in deroga ad ogni altra disposizione di legge, le modalità di notifica tramite posta elettronica certificata previste nell'articolo 1, comma 133, della legge 28 dicembre 2015, n. 208. Con esclusivo riguardo alla notifica tramite posta elettronica certificata effettuata ai sensi del periodo precedente, è esclusa la ripetizione delle spese di notifica prevista dall'articolo 4, secondo comma, della legge 10 maggio 1976, n. 249, e successive modificazioni;

g) nelle ipotesi di cui alla lettera f) del presente comma [(5)]:

1) se gli autori delle violazioni non provvedono spontaneamente al versamento delle somme dovute entro il termine del 30 settembre 2017, in deroga all'articolo 5-*quinquies*, comma 4, le sanzioni di cui all'articolo 5, comma 2, sono determinate in misura pari al 60 per cento del minimo edittale qualora ricorrano le ipotesi previste dalle lettere a), b) o c) del citato comma 4 dell'articolo 5-*quinquies* e sono determinate in misura pari al'85 per cento del minimo edittale negli altri casi; la medesima misura dell'85 per cento del minimo edittale si applica anche alle violazioni in materia di imposte sui redditi e relative addizionali, di imposte sostitutive, di imposta regionale sulle attività produttive, di imposta sul valore degli immobili all'estero, di imposta sul valore delle attività finanziarie all'estero, di imposta sul valore aggiunto e di ritenute;

2) se gli autori delle violazioni provvedono spontaneamente al versamento delle somme dovute in misura insufficiente: 1.1) per una frazione superiore al 10 per cento delle somme da versare se tali somme sono afferenti ai soli redditi soggetti a ritenuta alla fonte a titolo d'imposta o ad imposta sostitutiva delle imposte sui redditi e alle sanzioni, incluse quelle sulle attività suscettibili di generare tali redditi, o 1.2) per una frazione superiore al 30 per cento delle somme da versare negli altri casi, fermo restando il versamento effettuato, l'Agenzia, secondo le procedure previste dalla lettera f) del presente comma, provvede al recupero delle somme ancora dovute, calcolate ai sensi della lettera e), maggiorando le somme da versare del 10 per cento. L'importo delle somme da versare, calcolato a seguito della maggiorazione di cui al periodo precedente, compreso quanto già versato, non può essere comunque superiore a quello determinato ai sensi del numero 1) della presente lettera [(6)];

3) se gli autori delle violazioni provvedono spontaneamente al versamento delle somme dovute in misura insufficiente: 1.1) per una frazione inferiore o uguale al 10 per cento delle somme da versare se tali somme sono afferenti ai soli redditi soggetti a ritenuta alla

fonte a titolo d'imposta o ad imposta sostitutiva delle imposte sui redditi e alle sanzioni, incluse quelle sulle attività suscettibili di generare tali redditi, o 1.2) per una frazione inferiore o uguale al 30 per cento delle somme da versare negli altri casi, fermo restando il versamento effettuato, l'Agenzia, secondo le procedure previste dalla lettera f) del presente comma, provvede al recupero delle somme ancora dovute, calcolate ai sensi della lettera e), maggiorando le somme da versare del 3 per cento. L'importo delle somme da versare, calcolato a seguito della maggiorazione di cui al periodo precedente, compreso quanto già versato, non può essere comunque superiore a quello determinato ai sensi del numero 1) della presente lettera[(7)];

4) se gli autori delle violazioni provvedono spontaneamente al versamento delle somme dovute in misura superiore alle somme da versare, l'eccedenza può essere richiesta a rimborso o utilizzata in compensazione;

h) la misura della sanzione minima fissata dall'articolo 5-*quinquies*, comma 7, prevista per le violazioni dell'obbligo di dichiarazione di cui all'articolo 4, comma 1, indicata nell'articolo 5, comma 2, secondo periodo, nei casi di detenzione di investimenti all'estero ovvero di attività estere di natura finanziaria negli Stati o territori a regime fiscale privilegiato di cui al decreto del Ministro dell'economia e delle finanze 4 maggio 1999, pubblicato nella Gazzetta Ufficiale n. 107 del 10 maggio 1999, e al decreto del Ministro dell'economia e delle finanze 21 novembre 2001, pubblicato nella Gazzetta Ufficiale n. 273 del 23 novembre 2001, opera altresì se è entrato in vigore prima del presente articolo un accordo che consente un effettivo scambio di informazioni ai sensi dell'articolo 26 del modello di convenzione contro le doppie imposizioni predisposto dall'Organizzazione per la cooperazione e lo sviluppo economico (OCSE), ovvero se è entrato in vigore prima del presente articolo un accordo conforme al modello di accordo per lo scambio di informazioni elaborato nel 2002 dall'OCSE e denominato Tax Information Exchange Agreement (TIEA);

i) chiunque fraudolentemente si avvale della procedura di cui agli articoli da 5-*quater* a 5-*septies* [del decreto-legge 28 giugno 1990, n. 167, convertito, con modificazioni, dalla legge 4 agosto 1990, n. 227] al fine di far emergere attività finanziarie e patrimoniali o denaro contante provenienti da reati diversi da quelli di cui all'articolo 5-*quinquies*, comma 1, lettera a), è punito con la medesima sanzione prevista per il reato di cui all'articolo 5-*septies*. Resta ferma l'applicabilità degli articoli 648-*bis*, 648-*ter*, 648-*ter*. 1 del codice penale e dell'articolo 12-*quinquies* del decreto-legge 8 giugno 1992, n. 306, convertito, con modificazioni, dalla legge 7 agosto 1992, n. 356, e successive modificazioni.

2. Al ricorrere della condizione di cui al comma 1, lettera h), non si applica il raddoppio delle sanzioni di cui all'articolo 12, comma 2, secondo periodo, del decreto-legge 1° luglio 2009, n. 78, convertito, con modificazioni, dalla legge 3 agosto 2009, n. 102 e, se ricorrono congiuntamente anche le condizioni previste dall'articolo 5-*quinquies*, commi 4 e 5, del presente decreto, non opera il raddoppio dei termini di cui all'articolo 12, commi 2-*bis* e 2-*ter*, del decreto-legge 1° luglio 2009, n. 78, convertito, con modificazioni, dalla legge 3 agosto 2009, n. 102.

3. Possono avvalersi della procedura di collaborazione volontaria prevista dalle disposizioni di cui ai commi 1 e 2 per sanare le violazioni degli obblighi di dichiarazione ai fini delle imposte sui redditi e relative addizionali, delle imposte sostitutive delle imposte sui redditi, dell'imposta regionale sulle attività produttive e dell'imposta sul valore aggiunto, nonché le violazioni relative alla dichiarazione dei sostituti d'imposta, commesse sino al 30 settembre 2016, anche contribuenti diversi da quelli indicati nell'articolo 4, comma 1, del presente decreto e i contribuenti destinatari degli obblighi dichiarativi ivi previsti che vi abbiano adempiuto correttamente. Si applicano le disposizioni di cui all'articolo 1, commi da 2 a 5, della citata legge n. 186 del 2014 [, come modificata dal presente articolo]. Resta impregiudicata la facoltà di presentare l'istanza se, in precedenza, è stata già presentata, entro il 30 novembre 2015, ai soli fini di cui agli articoli da 5-*quater* a 5-*septies* del presente decreto. Se la collaborazione volontaria ha ad oggetto contanti o valori al portatore, si presume, salva prova contraria, che essi siano derivati da redditi conseguiti, in quote costanti, a seguito di violazione degli obblighi di dichiarazione ai fini delle imposte sui redditi e relative addizionali, delle imposte sostitutive delle imposte sui redditi, dell'imposta regionale sulle attività produttive e dell'imposta sul valore aggiunto, nonché di violazioni relative alla dichiarazione dei sostituti di imposta, commesse nell'anno 2015 e nei quattro periodi d'imposta precedenti, e i contribuenti:

a) rilasciano unitamente alla presentazione dell'istanza una dichiarazione in cui attestano che l'origine di tali valori non deriva da condotte costituenti reati diversi da quelli previsti dall'articolo 5-*quinquies*, comma 1, lettere a) e b) [, del decreto-legge 28 giugno 1990, n. 167, convertito, con modificazioni, dalla legge 4 agosto 1990, n. 227];

b) provvedono, entro la data di presentazione della relazione e dei documenti allegati, all'apertura e all'inventario in presenza di un notaio, che ne accerti il contenuto all'interno di un apposito verbale, di eventuali cassette di sicurezza nelle quali i valori oggetto di collaborazione volontaria sono custoditi;

c) provvedono, entro la data di presentazione della relazione e dei documenti allegati, al versamento dei contanti e al deposito dei valori al portatore presso intermediari finanziari, a ciò abilitati, in un rapporto vincolato fino alla conclusione della procedura. Per i professionisti e intermediari che assistono i contribuenti nell'ambito della procedura di collaborazione volontaria, restano fermi gli obblighi prescritti per finalità di prevenzione del riciclaggio e di finanziamento del terrorismo di cui al decreto legislativo 21 novembre 2007, n. 231 e successive modificazioni. A tal fine, in occasione degli adempimenti previsti per l'adeguata verifica della clientela, i contribuenti dichiarano modalità e circostanze di acquisizione dei contanti e valori al portatore oggetto della procedura.

(1) Articolo introdotto dall'art. 7, co. 1, d.l. 22.10.2016, n. 193, conv., con modif., in l. 1.12.2016, n. 225.

(2) Secondo quanto previsto dall'art. 1 del D.P.C.M. 28.7.2017, il termine del 31.7.2017 qui previsto, entro il quale è possibile avvalersi della riapertura della procedura di collaborazione volontaria, è prorogato al 30.9.2017.

(3) Lettera introdotta dall'art. 1 *ter*, co. 1, lett. a), d.l. 24.4.2017, n. 50, conv., con modif., dalla l. 21.6.2017, n. 96.

(4) Lettera modificata dall'art. 1 *ter*, co. 1, lett. b), d.l. 24.4.2017, n. 50, conv., con modif., dalla l. 21.6.2017, n. 96.

(4) Alinea modificato dall'art. 1 *ter*, co. 1, lett. c), punto 1), d.l. 24.4.2017, n. 50, conv., con modif., dalla l. 21.6.2017, n. 96.

(6) Numero modificato dall'art. 1 *ter*, co. 1, lett. c), punto 2), d.l. 24.4.2017, n. 50, conv., con modif., dalla l. 21.6.2017, n. 96.

(7) Numero modificato dall'art. 1 *ter*, co. 1, lett. c), punto 3), d.l. 24.4.2017, n. 50, conv., con modif., dalla l. 21.6.2017, n. 96.

6. Tassazione presuntiva.

1. Per i soggetti di cui all'articolo 4, comma 1, gli investimenti esteri e le attività estere di natura finanziaria, trasferiti o costituiti all'estero, senza che ne risultino dichiarati i redditi effettivi, si presumono, salvo prova contraria, fruttiferi in misura pari al tasso ufficiale di riferimento vigente in Italia nel relativo periodo d'imposta, a meno che, in sede di dichiarazione dei redditi, venga specificato che si tratta di redditi la cui percezione avviene in un successivo periodo d'imposta, o sia indicato che determinate attività non possono essere produttive di redditi. La prova delle predette condizioni deve essere fornita dal contribuente entro sessanta giorni dal ricevimento della espressa richiesta notificatagli dall'ufficio delle imposte [1].

(1) Articolo modificato dall'art. unico, l. 4.8.1990, n. 227, in sede di conversione e poi sostituito dall'art. 11, co. 1, lett. e), d.lgs. 21.11.1997, n. 461e, infine, dall'art. 9, co. 1, lett. e), l. 6.8.2013, n. 97.

7. Criteri e modalità di applicazione.

1. Con provvedimento del direttore dell'Agenzia delle entrate, sono stabilite particolari modalità per l'adempimento degli obblighi, nonché per la trasmissione delle evidenze di cui ai commi 1 e 2 dell'articolo 1 e degli altri dati e notizie di cui al presente decreto. Con gli stessi provvedimenti tali obblighi ed adempimenti possono essere limitati per specifiche categorie o causali e possono esserne variati gli importi [1].

1 bis. L'amministrazione finanziaria procede, anche sulla base di criteri selettivi adottati per i controlli annuali, a verifiche nei confronti delle persone fisiche, degli enti non commerciali e delle società semplici e associazioni equiparate ai sensi dell'art. 5 del testo unico delle imposte sui redditi, approvato con decreto del Presidente della Repubblica 22 dicembre 1986, n. 917 [2].

1 ter. Per l'inosservanza degli obblighi stabiliti dai decreti emanati ai sensi del comma 1, del presente articolo, si applicano le sanzioni di cui all'art. 13, comma 8, del decreto del Presidente della Repubblica 29 settembre 1973, n. 605 [3].

(1) Comma modificato dall'art. 10, co. 3, lett. b), d.l. 13.5.1991, n. 151, dall'art. 20, co. 3, lett. b), l. 30.12.1991, n. 413 e poi sostituito dall'art. 6, co. 5, d.l. 24.12.2002, n. 282 e dall'art. 20, co. 5, l. 27.12.2002, n. 289.

(2) Comma introdotto dall'art. unico, l. 4.8.1990, n. 227, in sede di conversione e poi sostituito dall'art. 11, co. 1, lett. f), d.lgs. 21.11.1997, n. 461.

(3) Comma introdotto dall'art. 10, co. 3, lett. c), d.l. 13.5.1991, n. 151 e poi sostituito dall'art. 11, co. 1, lett. f), d.lgs. 21.11.1997, n. 461.

8. Tassazione dei redditi di capitali prodotti all'estero.

[**1.** I redditi di capitale di fonte estera percepiti da soggetti nei cui confronti in Italia si applica, sui redditi della stessa natura, la ritenuta a titolo di imposta, sono assoggettati a tassazione separata con la stessa aliquota prevista a titolo di ritenuta di imposta. Il contribuente ha facoltà di non avvalersi della tassazione separata ed in tal caso compete il credito di imposta per i redditi prodotti all'estero. Tra i redditi di capitale di fonte estera sono ricompresi anche gli interessi, premi ed altri frutti delle obbligazioni e degli altri titoli di cui all'art. 31 del decreto del Presidente della Repubblica 29 settembre 1973, n. 601, e di quelli con regime fiscale equiparato, emessi all'estero a decorrere dal 10 settembre 1992, nonché gli interessi, premi ed altri frutti delle obbligazioni medesime e di quelle emesse da non residenti che vengono riconosciuti, sia in modo esplicito che implicito, nel corrispettivo di acquisto dei titoli stessi da soggetti non residenti [1].

2. Ai titoli esteri, ivi compresi quelli obbligazionari e similari, depositati presso i soggetti di cui all'art. 1, con l'incarico di amministrarli o di incassare in Italia i relativi redditi, continuano ad applicarsi le disposizioni di cui agli articoli 26, terzo comma, e 27, ultimo comma, del decreto del Presidente della Repubblica 29 settembre 1973, n. 600 e successive modificazioni ed integrazioni [2].

3. Per i titoli e certificati di cui all'art. 5 del decreto-legge 30 settembre 1983, n. 512, convertito, con modificazioni, dalla legge 25 novembre 1983, n. 649, emessi da soggetti non residenti nel territorio dello Stato e collocati nel territorio stesso, continuano ad applicarsi le disposizioni di cui all'art. 8 del medesimo decreto-legge.

[**3 bis.** I proventi derivanti da quote di fondi comuni di investimento mobiliare, diversi da quelli disciplinati dalla legge 23 marzo 1983, n. 77, e dai fondi esteri già autorizzati al collocamento nel territorio dello Stato di cui all'art. 11-*bis* del decreto-legge 30 settembre 1983, n. 512, convertito, con modificazioni, dalla legge 25 novembre 1983, n. 649, collocate all'estero sono assoggettate a tassazione separata ai sensi del comma 1 con l'aliquota del 12,5 per cento. Tale disposizione si applica, oltre che agli eventuali utili e proventi corrisposti in costanza della partecipazione al fondo, anche alle plusvalenze derivanti dalla cessione della quota di partecipazione.] [3]] [4]

(1) Comma modificato dall'art. 3, co. 2, d.l. 9.9.1992, n. 372.
(2) Comma modificato dall'art. unico, l. 4.8.1990, n. 227, in sede di conversione.
(3) Comma introdotto dall'art. unico, l. 4.8.1990, n. 227, in sede di conversione e poi abrogato dall'art. 10 *ter*, co. 7, l. 23.3.1983, n. 77, come modificato dall'art. 13, co. 2, d.lgs. 25.1.1992, n. 83.
(4) Articolo abrogato dall'art. 16, co. 1, lett. f), d.lgs. 21.11.1997, n. 461.

9. Entrata in vigore.

1. Il presente decreto entra in vigore il giorno stesso della sua pubblicazione nella Gazzetta Ufficiale della Repubblica italiana e sarà presentato alle Camere per la conversione in legge.

13. L. 9 agosto 1993, n. 328. – Ratifica ed esecuzione della Convenzione sul riciclaggio, la ricerca, il sequestro e la confisca dei proventi di reato, fatta a Strasburgo l'8 novembre 1990 (*artt. 1-22 Convenzione*)

In Gazzetta Ufficiale 28 agosto 1993, n. 202

CAPITOLO I
Definizioni

1. Definizioni.

Ai fini della presente Convenzione:

a) "provento" significa ogni vantaggio economico derivato da reati. Esso può consistere in qualsiasi bene, come definito nel sottoparagrafo b) del presente articolo;
b) "beni" comprende beni in qualsiasi modo descritti, materiali o immateriali, mobili o immobili, nonché documenti legali o strumenti comprovanti il diritto di proprietà o altri diritti sui predetti beni;
c) "strumenti" significa qualsiasi bene usato o destinato a essere usato, in qualsiasi modo, in tutto o in parte, per commettere uno o più reati;
d) "confisca" significa una sanzione o misura, ordinata da una autorità giudiziaria a seguito di un procedimento per uno o più reati, che consiste nel privare definitivamente di un bene;
e) "reato presupposto" significa qualsiasi reato in conseguenza del quale si formano dei proventi che possono diventare oggetto di uno dei reati definiti all'articolo 6 di questa Convenzione.

CAPITOLO II
Misure da adottare in ambito internazionale

2. Confisca.

1. Ciascuna Parte adotta tutte le misure legislative e di altra natura eventualmente necessarie per consentirle di procedere alla confisca di strumenti e di proventi, o di beni il cui valore corrisponda a tali proventi.

2. Ciascuna Parte, al momento della firma o all'atto del deposito del proprio strumento di ratifica, di accettazione, di approvazione o di adesione, può, con dichiarazione diretta al Segretario Generale del Consiglio d'Europa, dichiarare che il paragrafo 1 del presente articolo si applica soltanto ai reati o alle categorie di reati specificati nella predetta dichiarazione.

3. Indagini e misure provvisorie.

Ciascuna Parte adotta tutte le misure legislative e di altra natura eventualmente necessarie per consentirle di identificare e rintracciare beni che possano formare oggetto di confisca a norma dell'articolo 2, paragrafo 1, nonché di prevenire qualsiasi commercio, trasferimento o disposizione di tali beni.

4. Speciali poteri e tecniche di investigazione.

1. Ciascuna Parte adotta tutte le misure legislative o di altra natura eventualmente necessarie per conferire alle proprie autorità giudiziarie o alle altre competenti autorità il potere di ordinare che documenti bancari, finanziari o commerciali siano messi a disposizione o siano sottoposti a sequestro al fine di porre in essere gli atti di cui agli articoli 2 e 3. Ciascuna Parte non potrà rifiutarsi di agire a norma delle disposizioni del presente articolo opponendo il segreto bancario.

2. Ciascuna Parte studia l'adozione di tutte le misure legislative e di altra natura eventualmente necessarie per consentirle di impiegare speciali tecniche investigative che facilitino l'identificazione e il rintraccio di proventi, nonché la raccolta delle relative prove. Le predette tecniche possono comprendere provvedimenti di monitoraggio, osservazioni, intercettazioni di telecomunicazioni, accesso a sistemi computerizzati ed ordini di produrre determinati documenti.

5. Mezzi giuridici di tutela.

Ciascuna Parte adotta tutte le misure legislative o di altra natura eventualmente necessarie ad assicurare che coloro che siano interessati dalle misure di cui agli articoli 2 e 3 dispongano di effettivi mezzi giuridici a tutela dei propri diritti.

6. Reati di riciclaggio.

1. Ciascuna Parte adotta tutte le misure legislative o di altra natura eventualmente necessarie per prevedere come reato secondo la propria legge interna, quando il fatto è commesso intenzionalmente:

a) la conversione o il trasferimento di beni, sapendo che essi sono proventi, allo scopo di occultare o dissimulare l'illecita provenienza dei beni stessi o aiutare persone coinvolte nella commissione del reato presupposto a sottrarsi alle conseguenze giuridiche dei loro atti;

b) l'occultamento o la dissimulazione della natura, dell'origine, dell'ubicazione, di atti di disposizione o del movimento di beni, nonché dei diritti di proprietà e degli altri diritti ad essi relativi, sapendo che detti beni sono proventi;

e, salvi i suoi principi costituzionali ed i concetti fondamentali del suo ordinamento giuridico:

c) l'acquisizione, il possesso o l'uso di beni sapendo, nel momento in cui sono ricevuti, che essi sono proventi;

d) la partecipazione nella commissione di reati che sono stati previsti a norma del presente articolo, l'associazione o la cospirazione allo scopo di commettere tali reati, il tentativo di commetterli, nonché l'assistenza, la facilitazione, il favoreggiamento e la prestazione di consigli per la loro commissione.

2. Al fine dare attuazione o applicazione al paragrafo 1 del presente articolo:

a) è irrilevante il fatto che la Parte abbia o non abbia giurisdizione penale in relazione al reato presupposto;

b) può prevedersi che i reati di cui al predetto paragrafo non si applicano alle persone che hanno commesso il reato presupposto;

c) la consapevolezza, il dolo ed il fine, richiesti come elementi dei reati di cui al predetto paragrafo, possono essere dedotti da circostanze obiettive e di fatto.

3. Ciascuna Parte può adottare tutte le misure che ritiene necessarie per prevedere come reati, secondo la propria legge interna, i fatti di cui al paragrafo 1 del presente articolo, anche in uno o in tutti i seguenti casi:

a) quando l'autore avrebbe dovuto ritenere che i beni costituivano proventi;

b) quando l'autore ha agito al fine di profitto;

c) quando l'autore ha agito allo scopo di promuovere lo svolgimento di ulteriori attività criminali.

4. Ciascuna Parte, al momento della firma o all'atto del deposito del proprio strumento di ratifica, accettazione, approvazione o adesione, può, con dichiarazione diretta al Segretario Generale del Consiglio d'Europa, dichiarare che il paragrafo 1 del presente articolo si applica soltanto ai reati presupposti o alle categorie di tali reati specificati nella dichiarazione.

CAPITOLO III
Cooperazione internazionale

Sezione 1
Principi di cooperazione internazionale

7. Principi generali e misure per la cooperazione internazionale.

1. Le Parti cooperano fra di loro nella misura più ampia possibile ai fini delle indagini e dei procedimenti per la confisca di strumenti e di proventi.

2. Ciascuna Parte adotta tutte le misure legislative o di altra natura eventualmente necessarie per consentirle di eseguire, alle condizioni previste dal presente capitolo, le richieste:

a) di confisca di beni specifici costituenti provento o strumento, nonché di confisca di proventi consistente nell'imposizione dell'obbligo di pagare una somma di denaro pari al valore dei proventi;

b) di assistenza nelle indagini e di adozione di misure provvisorie ai fini dell'una o dell'altra forma di confisca di cui alla lettera a) che precede.

Sezione 2
Assistenza nelle indagini

8. Obbligo di prestare assistenza.

Le Parti, a richiesta, si prestano la più ampia assistenza possibile nella identificazione e nel rintraccio degli strumenti, dei proventi e degli altri beni suscettibili di confisca.

Rientrano nell'assistenza tutte le misure per acquisire e assicurare la prova dell'esistenza, della ubicazione, del movimento, della natura, dello stato giuridico e del valore dei beni sopra indicati.

9. Esecuzione dell'assistenza.

L'assistenza a norma dell'articolo 8 viene prestata nei modi consentiti dalla legge interna della Parte richiesta e in conformità con tale legge, e, nella misura con essa non compatibile, secondo le procedure specificate nella richiesta.

10. Informazioni spontanee.

Senza con ciò pregiudicare le proprie indagini o i propri procedimenti, ciascuna Parte, senza essere stata preventivamente richiesta, può trasmettere ad un'altra Parte informazioni su strumenti o su proventi se ritiene che la comunicazione di tali informazioni potrebbe aiutare la Parte ricevente ad iniziare o a svolgere indagini o procedimenti, ovvero potrebbe portare ad una richiesta di quest'ultima Parte ai sensi delle disposizioni del presente capitolo.

Sezione 3
Misure provvisorie

11. Obbligo di adottare misure provvisorie.

1. A richiesta di un'altra Parte che abbia istituito un procedimento penale o un procedimento per fini di confisca, ciascuna Parte adotta le necessarie misure provvisorie, come il congelamento o il sequestro, allo scopo di prevenire qualsiasi commercio, trasferimento o disposizione di beni che, in un momento successivo, potrebbero formare oggetto di richiesta di confisca o potrebbero servire a soddisfare tale richiesta.

2. La Parte che ha ricevuto una richiesta di confisca a norma dell'articolo 13, se richiesta, adotta le misure indicate nel paragrafo 1 del presente articolo relativamente ai beni che formino oggetto della richiesta o che potrebbero soddisfare la stessa.

12. Esecuzione delle misure provvisorie.

1. Le misure provvisorie di cui all'articolo 11 sono eseguite nei modi consentiti dalla legge interna della Parte richiesta e in conformità con tale legge, e, nella misura non incompatibile con essa, secondo le procedure specificate nella richiesta.

2. Prima di revocare qualsiasi misura provvisoria adottata a norma del presente articolo, in tutti i casi in cui ciò è possibile, la Parte richiesta dà alla Parte richiedente la possibilità di esporre i suoi motivi a favore del mantenimento della misura.

Sezione 4
Confisca

13. Obbligo di confisca.

1. La Parte che ha ricevuto da un'altra Parte richiesta di confisca di strumenti o di proventi situati sul proprio territorio:

a) esegue l'ordine di confisca emesso dall'autorità giudiziaria della Parte richiedente con riferimento a tali strumenti o proventi; oppure

b) sottopone la richiesta alle proprie competenti autorità allo scopo di ottenere un ordine di confisca e, se questo è ottenuto, lo esegue.

2. Ai fini dell'applicazione del paragrafo 1b) del presente articolo, ciascuna Parte è, quando ciò sia necessario, competente ad istituire procedimenti di confisca in base alla propria legge.

3. Le disposizioni del paragrafo 1 del presente articolo trovano applicazione anche in caso di confisca consistente nell'imporre l'obbligo di pagare una somma di denaro corrispondente al valore dei proventi, se i beni che possono essere oggetto dell'esecuzione della confisca si trovano nella Parte richiesta. In tali casi, quando l'esecuzione della confisca avviene a norma del paragrafo 1, la Parte richiesta, qualora non venga ottenuto il pagamento, soddisfa i propri diritti su qualsiasi bene disponibile a tale fine.

4. Se la richiesta di confisca riguarda un bene specifico, le Parti possono decidere che la Parte richiesta esegua la confisca in forma di imporre l'obbligo di pagamento di una somma di denaro corrispondente al valore del bene.

14. Esecuzione della confisca.

1. Le procedure per ottenere ed eseguire la confisca prevista dall'articolo 13 sono disciplinate dalla legge della Parte richiesta.

2. La Parte richiesta è vincolata dagli accertamenti relativi ai fatti nei limiti in cui essi siano stabiliti in una sentenza di condanna o in una decisione giudiziaria della Parte richiedente, o nei limiti in cui questa sentenza o decisione giudiziaria sia fondata su tali fatti.

3. Ciascuna Parte, al momento della firma o del deposito del proprio strumento di ratifica, accettazione, approvazione o adesione, può, mediante dichiarazione diretta al Segretario del Consiglio d'Europa, dichiarare che il paragrafo 2 del presente articolo trova applicazione soltanto subordinatamente ai propri principi costituzionali ed ai concetti fondamentali del proprio sistema giuridico.

4. Se la confisca consiste nell'imposizione dell'obbligo di pagare una somma di denaro, la competente autorità della Parte richiesta converte il relativo ammontare nella propria valuta al tasso di cambio in vigore nel momento in cui viene presa la decisione di eseguire la confisca.

5. Nel caso dell'articolo 13, paragrafo 1a), soltanto la Parte richiedente ha diritto di decidere su eventuali richieste di revisione dell'ordine di confisca.

15. Beni confiscati.

Dei beni confiscati dalla Parte richiesta dispone la stessa Parte richiesta secondo la propria legge interna, salvo contrario accordo delle Parti interessate.

16. Diritto di esecuzione e ammontare massimo della confisca.

1. La richiesta di confisca fatta a norma dell'articolo 13 non fa venir meno il diritto della Parte richiedente di eseguire essa stessa l'ordine di confisca.

2. Nulla della presente Convenzione può essere interpretato nel senso di consentire che il valore totale dell'oggetto della confisca superi l'ammontare della somma di denaro specificato nell'ordine di confisca. Qualora una delle Parti ritenga che quanto sopra possa verificarsi, le Parti interessate si consultano allo scopo di evitarlo.

17. Pene detentive in caso di inadempienza.

Se la Parte richiedente lo ha esplicitamente indicato nella richiesta, la Parte richiesta non può imporre pene detentive in caso di inadempienza, né altre misure restrittive della libertà personale, come risultato di una richiesta fatta ai sensi dell'articolo 13.

Sezione 5
Rifiuto e rinvio della cooperazione

18. Motivi di rifiuto.

1. La cooperazione ai sensi del presente capitolo può essere rifiutata se:

a) gli atti richiesti sarebbero contrari ai principi fondamentali del sistema giuridico della Parte richiesta; o

b) è probabile che l'esecuzione della richiesta sarebbe di pregiudizio per la sovranità, la sicurezza, l'ordine pubblico ed altri interessi essenziali della Parte richiesta; o

c) a giudizio della Parte richiesta, l'importanza del caso al quale la richiesta si riferisce non giustifica il compimento degli atti richiesti; o

d) il reato al quale si riferisce la richiesta è un reato di natura politica o fiscale; o

e) la Parte richiesta ritiene che il compimento degli atti richiesti sarebbe contrario al principio del ne *bis* in idem; o

f) il reato al quale la richiesta si riferisce non costituirebbe reato secondo la legge della Parte richiesta se esso fosse stato commesso nell'ambito della sua giurisdizione. Tuttavia, tale motivo di rifiuto è applicabile alla cooperazione prevista dalla Sezione 2 soltanto nei limiti in cui la assistenza richiesta comporti misure coercitive.

2. La cooperazione ai sensi della Sezione 2, nella misura in cui l'assistenza richiesta comporti misure coercitive, e ai sensi della Sezione 3 del presente capitolo può inoltre essere rifiutata se, qualora si trattasse di un caso nazionale simile, la legge interna della Parte richiesta non consentirebbe l'adozione delle misure richieste a fini di indagini o di procedimenti.

3. Quando la legge della Parte richiesta lo prevede, la cooperazione ai sensi della Sezione 2, nella misura in cui l'assistenza richiesta comporti misure coercitive, e ai sensi della Sezione 3 del presente capitolo può essere rifiutata, inoltre, se le misure richieste, o qualsiasi altra misura avente analoghi effetti, non sarebbero consentite dalla legge della Parte richiedente, oppure, per quanto riguarda le competenti autorità della Parte richiedente, se la richiesta non è autorizzata né da un giudice, né da altra autorità giudiziaria, compreso il pubblico ministero, che agisca in relazione ad un reato.

4. La cooperazione ai sensi della Sezione 4 del presente capitolo può inoltre essere rifiutata se:

a) la legge della Parte richiesta non prevede la confisca per il tipo di reato al quale la richiesta stessa si riferisce; o

b) senza pregiudizio per l'obbligo stabilito dall'articolo 13, paragrafo 3, essa sarebbe contraria ai principi dell'ordinamento interno della Parte richiesta relativi ai limiti della confisca determinati con riguardo al rapporto fra il reato e

i) il vantaggio economico che potrebbe essere considerato come suo provento; oppure

ii) i beni che potrebbero essere considerati come strumenti; o

c) secondo la legge della Parte richiesta, la confisca non può più essere ordinata o eseguita per scadenza di termini; o

d) la richiesta non si riferisce a una precedente sentenza di condanna o a una decisione di natura giudiziaria, o a una dichiarazione, contenuta in una tale decisione, che sono stati commessi uno o più reati, sulla base delle quali la confisca è stata ordinata o è richiesta; o

e) la confisca non è eseguibile nella Parte richiesta, o è ancora soggetta a mezzi ordinari di impugnazione; o

f) la richiesta si riferisce ad un ordine di confisca avente origine da una decisione presa in assenza della persona contro la quale il provvedimento stesso è stato emesso e, a giudizio della Parte richiesta, il procedimento condotto dalla Parte richiedente e che ha portato a tale decisione non ha rispettato i diritti minimi di difesa garantiti a favore di tutti coloro nei confronti dei quali una imputazione di reato è formulata.

5. Ai fini del paragrafo 4f) del presente articolo, la decisione non si considera presa in assenza se:

a) essa è stata confermata o presa dopo l'opposizione da parte della persona interessata; o

b) essa è stata presa in sede di appello e l'appello è stato interposto dalla persona interessata.

6. Nel valutare, ai fini del paragrafo 4f) del presente articolo, se i diritti minimi di difesa sono stati rispettati, la Parte richiesta tiene conto del fatto che la persona interessata abbia deliberatamente cercato di sottrarsi alla giustizia ovvero, che tale persona, avendo avuto la possibilità di ricorrere contro la decisione presa in sua assenza, ha scelto di non farlo. Lo stesso vale quando la persona interessata, avendo ritualmente ricevuto la notifica della citazione a comparire, abbia deciso di non comparire e di non chiedere un rinvio.

7. Una Parte non può invocare il segreto bancario quale motivo per rifiutarsi di cooperare a norma del presente capitolo. Se la propria legge interna così dispone, ciascuna Parte può richiedere che le richieste di cooperazione le quali comportino la rivelazione di segreti bancari venga autorizzata o da un giudice o da altra autorità giudiziaria, compreso il pubblico ministero, che agisca in relazione ad un reato.

8. Senza pregiudizio per il motivo di rifiuto previsto dal paragrafo 1a) del presente articolo:

a) il fatto che il soggetto nei confronti del quale si indaga o è stato emesso un ordine di confisca dalle autorità della Parte richiedente, sia una persona giuridica, non può essere invocato dalla Parte richiesta come impedimento a prestare qualsiasi cooperazione a norma del presente capitolo;

b) il fatto che una persona fisica contro la quale sia stato emesso ordine di confisca di proventi sia successivamente deceduta, o il fatto che una persona giuridica contro la quale sia stato emesso ordine di confisca di proventi sia stata successivamente sciolta, non può essere invocato come impedimento a rendere assistenza a norma dell'articolo 13, paragrafo 1a).

19. Rinvio.

La Parte richiesta può rinviare l'esecuzione della richiesta se i relativi atti pregiudicherebbero indagini o procedimenti in corso da parte delle proprie autorità.

20. Accoglimento parziale o condizionato della richiesta.

Prima di rifiutare o di rinviare la cooperazione ai sensi del presente capitolo, la Parte richiesta, valuta, se del caso dopo essersi consultata con la Parte richiedente, se la richiesta possa essere accolta parzialmente o a determinate condizioni da essa ritenute necessarie.

Sezione 6
Notificazioni e tutela dei diritti dei terzi

21. Notificazione di documenti.

1. Le Parti si prestano assistenza nella misura più

ampia possibile per quanto riguarda la notificazione di documenti giudiziari a persone interessate da misure provvisorie e da confisca.

2. Nulla del presente articolo può essere interpretato nel senso di interferire con:

a) la possibilità di trasmettere documenti giudiziari per posta, direttamente a persone all'estero;

b) la possibilità, per i funzionari giudiziari, i pubblici ufficiali e le altre competenti autorità della Parte di origine, di procedere alla notificazione di documenti giudiziari direttamente attraverso le autorità consolari della predetta Parte o attraverso i funzionari giudiziari, i pubblici ufficiali e le altre competenti autorità della Parte di destinazione; a meno che la Parte di destinazione non renda una dichiarazione in contrario al Segretario Generale del Consiglio d'Europa al momento della sottoscrizione o del deposito del proprio strumento di ratifica, accettazione, approvazione o adesione.

3. In caso di notifica di documenti giudiziari a persone all'estero, interessate da misure provvisorie o da ordini di confisca decisi nella Parte di origine, quest'ultima deve indicare i mezzi di impugnazione di cui, secondo la propria legge, le persone interessate possono avvalersi.

22. Riconoscimento delle decisioni straniere.

1. Nell'esaminare le richieste di cooperazione ai sensi delle Sezioni 3 e 4, la Parte richiesta riconosce qualsiasi decisione giudiziaria presa nella Parte richiedente per quanto riguarda i diritti rivendicati dai terzi.

2. Il riconoscimento può essere rifiutato se:

a) il terzo non ha avuto sufficiente possibilità di far valere i propri diritti; o

b) la decisione è incompatibile con altra decisione già presa nella Parte richiesta sullo stesso oggetto; o

c) essa è contraria all'ordine pubblico della Parte richiesta; o

d) la decisione è stata presa in violazione delle disposizioni della legge della Parte richiesta in materia di giurisdizione esclusiva.

14. D.Lgs. 26 maggio 1997, n. 153. – Integrazione dell'attuazione della direttiva 91/308/CEE in materia di riciclaggio dei capitali di provenienza illecita (*artt. 5, 6*)

In Gazzetta Ufficiale 13 giugno 1997, n. 136

5. – 1. Ai soggetti che svolgono, ai sensi dell'articolo 15, comma 1, lettera c), della legge 6 febbraio 1996, n. 52, le attività individuate nei decreti di cui al medesimo articolo, in quanto particolarmente suscettibili di utilizzazione a fini di riciclaggio per il fatto di realizzare l'accumulazione o il trasferimento di ingenti disponibilità economiche o finanziarie o di risultare comunque esposte a infiltrazioni da parte della criminalità organizzata è estesa, nei limiti di cui ai successivi commi, l'applicazione delle disposizioni del decreto-legge 3 maggio 1991, n. 143, convertito, con modificazioni, dalla legge 5 luglio 1991, n. 197.

2. Ai fini delle attività individuate ai sensi del comma 1 è istituito un elenco di operatori, suddiviso per categorie, tenuto dal Ministro del tesoro, che si avvale dell'Ufficio italiano dei cambi. Ove l'esercizio delle predette attività sia subordinato all'iscrizione in ruoli o albi tenuti da pubbliche autorità da ordini o da consigli professionali, tali ruoli o albi sostituiscono l'elenco di cui sopra tenuto dal Ministro del tesoro (1).

3. Chiunque esercita le attività individuate dai decreti legislativi emanati ai sensi dell'articolo 15, comma 1, lettera c), della legge 6 febbraio 1996, n. 52, senza essere iscritto nell'elenco di cui al comma 2, è punito con la reclusione da sei mesi a quattro anni e con la multa da lire quattro milioni a lire venti milioni (2).

(1) Per l'abrogazione di questo comma, cfr. l'art. 28, co. 1, lett. c), d.lgs. 13.8.2010, n. 141.

(2) Per l'abrogazione di questo comma, cfr. l'art. 28, co. 1, lett. c), d.lgs. 13.8.2010, n. 141.

6. – 1. Ai fini dell'applicazione delle disposizioni contenute nell'articolo 13 del decreto-legge 15 dicembre 1979, n. 625, convertito, con modificazioni, dalla legge 6 febbraio 1980, n. 15, come da ultimo sostituito dall'articolo 2 del decreto-legge 3 maggio 1991, n. 143, convertito, con modificazioni, dalla legge 5 luglio 1991, n. 197, il potere di identificazione da parte dell'autorità consolare italiana di soggetti operanti all'estero è riservata alle rappresentanze diplomatiche e consolari di prima categoria.

15. Decisione quadro del Consiglio UE 26 giugno 2001, n. 2001/500/GAI, concernente il riciclaggio di denaro, l'individuazione, il rintracciamento, il congelamento o sequestro e la confisca degli strumenti e dei proventi di reato

In Gazzetta Ufficiale delle Comunità europee 5 luglio 2001, n. L 182

1. Riserve alla convenzione del 1990.

Al fine di intensificare la lotta contro la criminalità organizzata, gli Stati membri adottano le misure necessarie per non formulare o non mantenere alcuna riserva sui seguenti articoli della convenzione del 1990:

a) articolo 2: se il reato è punibile con una pena privativa della libertà o con una misura di sicurezza privativa della libertà di durata massima superiore ad un anno.

Gli Stati membri possono tuttavia mantenere riserve riguardo all'articolo 2 della convenzione del 1990 per la confisca dei proventi di reati fiscali al solo fine di poter procedere alla confisca di detti proventi, sia in ambito nazionale sia nell'ambito della cooperazione internazionale, in virtù di strumenti di diritto nazionale, comunitario e internazionale relativi al ricupero dei crediti fiscali;

b) articolo 6: se si tratta di reati gravi. Tali reati includono in ogni caso i reati punibili con una pena privativa della libertà o con una misura di sicurezza privativa della libertà di durata massima superiore ad un anno ovvero, per gli Stati il cui ordinamento giuridico prevede una soglia minima per i reati, i reati punibili con una pena privativa della libertà o con una misura di sicurezza privativa della libertà di durata minima superiore a sei mesi.

2. Sanzioni.

Ciascuno Stato membro adotta le misure necessarie, in modo coerente con il proprio sistema di applicazione della legge, affinché le infrazioni di cui all'articolo 6, paragrafo 1, lettere a) e b), della convenzione del 1990, quali risultano dall'articolo 1, lettera b), della presente decisione quadro, siano passibili di pene privative della libertà la cui durata non può essere inferiore a quattro anni.

3. Pene sostitutive per il valore in causa.

Ciascuno Stato membro adotta le misure necessarie affinché la sua legislazione e le sue procedure in materia di confisca dei proventi di reato gli consentano anche, almeno nei casi in cui tali proventi non possono essere rintracciati, di confiscare beni per un valore corrispondente a quello di siffatti proventi, sia nei procedimenti nazionali sia in quelli avviati su richiesta di un altro Stato membro, comprese le richieste di confisca straniere. Gli Stati membri possono comunque escludere la confisca di beni per un valore corrispondente ai proventi di reato nei casi in cui tale valore sia inferiore a 4.000 EUR.

I termini "beni", "proventi" e "confisca" hanno un significato identico a quello di cui all'articolo 1 della convenzione del 1990.

4. Trattamento delle richieste di assistenza.

Gli Stati membri adottano le misure necessarie affinché tutte le richieste presentate dagli altri Stati membri per quanto concerne l'individuazione, il rintracciamento, il congelamento o sequestro e la confisca dei proventi di reato siano trattate con lo stesso grado di priorità accordato a tali misure nell'ambito delle procedure nazionali.

5. Abrogazione delle disposizioni esistenti.

L'articolo 1, l'articolo 3, l'articolo 5, paragrafo 1 e l'articolo 8, paragrafo 2, dell'azione comune 98/699/GAI sono abrogati.

6. Attuazione.

1. Gli Stati membri adottano le misure necessarie per conformarsi alle disposizioni della presente decisione quadro entro il 31 dicembre 2002.

2. Entro il 1° marzo 2003 gli Stati membri trasmettono al Segretariato generale del Consiglio e alla Commissione il testo delle disposizioni inerenti al recepimento nella legislazione nazionale degli obblighi loro imposti dalla presente decisione quadro e, se del caso, le comunicazioni fatte ai sensi dell'articolo 40, paragrafo 2, della convenzione del 1990. Entro il 31 dicembre 2003 il Consiglio esamina, sulla scorta di tali informazioni e di una relazione scritta della Commissione, in quale misura gli Stati membri abbiano adottato le misure necessarie per conformarsi alla presente decisione quadro.

7. Applicazione territoriale.

La presente decisione quadro si applica a Gibilterra non appena l'applicazione della convenzione del 1990 è estesa a Gibilterra.

8. Entrata in vigore.

La presente decisione quadro entra in vigore il giorno della pubblicazione nella Gazzetta ufficiale delle Comunità europee.

Fatto a Lussemburgo, addì 26 giugno 2001.

16. D.Lgs. 21 novembre 2007, n. 231. – Attuazione della direttiva 2005/60/CE concernente la prevenzione dell'utilizzo del sistema finanziario a scopo di riciclaggio dei proventi di attività criminose e di finanziamento del terrorismo nonché della direttiva 2006/70/CE che ne reca misure di esecuzione

In Gazzetta Ufficiale 14 dicembre 2007, n. 290

TITOLO I
Disposizioni di carattere generale1

Capo I
Ambito di applicazione [1]

(1) Capo sostituito dall'art. 1, co. 1, d.lgs. 25.5.2017, n. 90.

1. Definizioni [1]**.**

1. Nel presente decreto legislativo:

a) Autorità europea di vigilanza (Autorità bancaria europea) istituita dal regolamento (UE) n. 1093/2010 del Parlamento europeo e del Consiglio del 24 novembre 2010 [2];

b) CAP: indica il decreto legislativo 7 settembre 2005, n. 209, recante il codice delle assicurazioni private;

c) Codice dei contratti pubblici: indica il decreto legislativo 18 aprile 2016, n. 50, recante il codice dei contratti pubblici;

d) Codice in materia di protezione dei dati personali: indica il decreto legislativo 30 giugno 2003, n. 196;

e) CONSOB: indica la Commissione nazionale per le società e la borsa;

f) Comitato di sicurezza finanziaria: indica il Comitato di sicurezza finanziaria istituito, con decreto-legge 12 ottobre 2001, n. 369, convertito, con modificazioni, dalla legge 14 dicembre 2001, n. 431, e disciplinato con il decreto legislativo 22 giugno 2007, n. 109, in ottemperanza agli obblighi internazionali assunti dall'Italia nella strategia di contrasto al riciclaggio, al finanziamento del terrorismo e della proliferazione delle armi di distruzione di massa ed all'attività di Paesi che minacciano la pace e la sicurezza internazionale, anche al fine di dare attuazione alle misure di congelamento disposte dalle Nazioni unite e dall'Unione europea;

g) decreto relativo ai servizi di pagamento: indica il decreto legislativo 27 gennaio 2010, n. 11, recante attuazione della direttiva 2007/64/CE, relativa ai servizi di pagamento nel mercato interno, recante modifica delle direttive 97/7/CE, 2002/65/CE, 2005/60/CE, 2006/48/CE, e che abroga la direttiva 97/5/CE;

h) DIA: indica la Direzione investigativa antimafia;

i) DNA: indica la Direzione nazionale antimafia e antiterrorismo;

l) Direttiva: indica la direttiva (UE) 2015/849 del Parlamento europeo e del Consiglio del 20 maggio 2015 relativa alla prevenzione dell'uso del sistema finanziario a fini di riciclaggio o finanziamento del terrorismo, che modifica il regolamento (UE) n. 648/2012 del Parlamento europeo e del Consiglio e che abroga la direttiva 2005/60/CE del Parlamento europeo e del Consiglio e la direttiva 2006/70/CE della Commissione, come modificata dalla direttiva (UE) 2018/843, del Parlamento europeo e del Consiglio, del 30 maggio 2018 [3];

m) FIU: indica le Financial intelligence unit [di cui all'articolo 32 della direttiva] [4];

n) GAFI: indica il Gruppo di azione finanziaria internazionale;

o) IVASS: indica l'Istituto per la vigilanza sulle assicurazioni;

p) NSPV: indica il Nucleo speciale di polizia valutaria della Guardia di finanza;

q) OAM: indica l'Organismo per la gestione degli elenchi degli agenti in attività finanziaria e dei mediatori creditizi, ai sensi dell'articolo 128-*undecies* TUB;

r) OCF: indica l'organismo di vigilanza e tenuta dell'albo unico dei consulenti finanziari di cui all'articolo 1, comma 36 della legge 28 dicembre 2015, n. 208;

s) Stato membro: indica lo Stato appartenente all'Unione europea;

t) Stato terzo: indica lo Stato non appartenente all'Unione europea;

u) TUB: indica il testo unico delle leggi in materia bancaria e creditizia, di cui al decreto legislativo 1° settembre 1993, n. 385;

v) TUF: indica il testo unico in materia di intermediazione finanziaria, di cui al decreto legislativo 24 febbraio 1998, n. 58;

z) TULPS: indica il testo unico delle leggi di pubblica sicurezza, di cui al regio decreto 18 giugno 1931, n. 773;

aa) UIF: indica l'Unità di informazione finanziaria per l'Italia.

2. Nel presente decreto s'intendono per:

a) Amministrazioni e organismi interessati: le amministrazioni, ivi comprese le agenzie fiscali, titolari di poteri di controllo ovvero competenti al rilascio di concessioni, autorizzazioni, licenze o altri titoli abilitativi comunque denominati, nei confronti dei soggetti obbligati e gli organismi preposti alla vigilanza sul possesso dei requisiti di professionalità e onorabilità, prescritti dalla pertinente normativa di settore nei confronti dei predetti soggetti. Per le esclusive finalità di cui al presente decreto rientrano nella definizione di amministrazione interessata il Ministero dell'economia e delle finanze quale autorità preposta alla sorveglianza dei revisori legali e delle società di revisione legale senza incarichi di revisione legale su enti di interesse pubblico o su enti sottoposti a regime intermedio, il Ministero dello sviluppo economico quale autorità preposta alla sorveglianza delle società fiduciarie non iscritte nell'albo di cui all'articolo 106 TUB (5);

b) attività criminosa: la realizzazione o il coinvolgimento nella realizzazione di un delitto non colposo;

c) Autorità di vigilanza di settore: la Banca d'Italia, la CONSOB e l'IVASS in quanto autorità preposte alla vigilanza e al controllo degli intermediari bancari e finanziari, dei revisori legali e delle società di revisione legale con incarichi di revisione legale su enti di interesse pubblico e su enti sottoposti a regime intermedio e la Banca d'Italia nei confronti degli operatori non finanziari che esercitano le attività di custodia e trasporto di denaro contante e di titoli o valori a mezzo di guardie particolari giurate, in presenza della licenza di cui all'articolo 134 TULPS, limitatamente all'attività di trattamento delle banconote in euro, in presenza dell'iscrizione nell'elenco di cui all'articolo 8 del decreto-legge 25 settembre 2001 n. 350, convertito, con modificazioni, dalla legge 23 novembre 2001, n. 409;

d) banca di comodo: la banca o l'ente che svolge funzioni analoghe ad una banca che non ha una struttura organica e gestionale significativa nel paese in cui è stato costituito e autorizzato all'esercizio dell'attività né è parte di un gruppo finanziario soggetto a un'efficace vigilanza su base consolidata;

e) beneficiario della prestazione assicurativa:
   1. la persona fisica o l'entità diversa da una persona fisica che, sulla base della designazione effettuata dal contraente o dall'assicurato, ha diritto di percepire la prestazione assicurativa corrisposta dall'impresa di assicurazione;
   2. l'eventuale persona fisica o entità diversa da una persona fisica a favore della quale viene effettuato il pagamento su disposizione del beneficiario designato;

f) cliente: il soggetto che instaura rapporti continuativi, compie operazioni ovvero richiede o ottiene una prestazione professionale a seguito del conferimento di un incarico;

g) conti correnti di corrispondenza e rapporti ad essi assimilabili: conti tenuti dalle banche per il regolamento dei servizi interbancari e gli altri rapporti comunque denominati, intrattenuti tra enti creditizi e istituti finanziari, utilizzati per il regolamento di transazioni per conto dei clienti degli enti corrispondenti;

h) conferimento di un incarico: attribuzione di un mandato, esplicito o implicito, anche desumibile dalle caratteristiche dell'attività istituzionalmente svolta dai soggetti obbligati, diversi dagli intermediari bancari e finanziari e dagli altri operatori finanziari, al compimento di una prestazione professionale, indipendentemente dal versamento di un corrispettivo o dalle modalità e dalla tempistica di corresponsione del medesimo;

i) congelamento di fondi: il divieto, in virtù dei regolamenti comunitari e della normativa nazionale, di movimentazione, trasferimento, modifica, utilizzo o gestione dei fondi o di accesso ad essi, così da modificarne il volume, l'importo, la collocazione, la proprietà, il possesso, la natura, la destinazione o qualsiasi altro cambiamento che consente l'uso dei fondi, compresa la gestione di portafoglio;

l) congelamento di risorse economiche: il divieto, in virtù dei regolamenti comunitari e della normativa nazionale, di trasferimento, disposizione o, al fine di ottenere in qualsiasi modo fondi, beni o servizi, utilizzo delle risorse economiche, compresi, a titolo meramente esemplificativo, la vendita, la locazione, l'affitto o la costituzione di diritti reali di garanzia;

m) conti di passaggio: rapporti bancari di corrispondenza transfrontalieri, intrattenuti tra intermediari bancari e finanziari, utilizzati per effettuare operazioni in nome proprio e per conto della clientela;

n) dati identificativi: il nome e il cognome, il luogo e la data di nascita, la residenza anagrafica e il domicilio, ove diverso dalla residenza anagrafica, [gli estremi del documento di identificazione] e, ove assegnato, il codice fiscale o, nel caso di soggetti diversi da persona fisica, la denominazione, la sede legale e, ove assegnato, il codice fiscale (6);

o) denaro contante: le banconote e le monete metalliche, in euro o in valute estere, aventi corso legale;

p) esecutore: il soggetto delegato ad operare in nome e per conto del cliente o a cui siano comunque conferiti poteri di rappresentanza che gli consentano di operare in nome e per conto del cliente;

q) fondi: le attività ed utilità finanziarie di qualsiasi natura, inclusi i proventi da questi derivati, possedute, detenute o controllate, anche parzialmente, direttamente o indirettamente, ovvero per interposta persona fisica o giuridica da parte di soggetti designati, ovvero da parte di persone fisiche o giuridiche che agiscono per conto o sotto la direzione di questi ultimi, compresi a titolo meramente esemplificativo:
   1) i contanti, gli assegni, i crediti pecuniari, le cambiali, gli ordini di pagamento e altri strumenti di pagamento;
   2) i depositi presso enti finanziari o altri soggetti, i saldi sui conti, i crediti e le obbligazioni di qualsiasi natura;
   3) i titoli negoziabili a livello pubblico e privato nonché gli strumenti finanziari come definiti nell'articolo 1, comma 2, TUF;
   4) gli interessi, i dividendi o altri redditi ed incrementi di valore generati dalle attività;
   5) il credito, il diritto di compensazione, le garanzie di qualsiasi tipo, le cauzioni e gli altri impegni finanziari;
   6) le lettere di credito, le polizze di carico e gli altri titoli rappresentativi di merci;
   7) i documenti da cui risulti una partecipazione in fondi o risorse finanziarie;

8) tutti gli altri strumenti di finanziamento delle esportazioni;
9) le polizze assicurative concernenti i rami vita, di cui all'articolo 2, comma 1, CAP;

r) gruppo: il gruppo bancario di cui all'articolo 60 TUB e disposizioni applicative, il gruppo finanziario di cui all'articolo 109 TUB e disposizioni applicative, il gruppo di cui all'articolo 11 TUF e disposizioni applicative, il gruppo individuato ai sensi dell'articolo 1, comma 1, lettera r-*bis*) CAP e disposizioni applicative limitatamente alle società controllate di cui all'articolo 210-*ter*, commi 2 e 3, CAP, nonché le società collegate o controllate ai sensi dell'articolo 2359 del codice civile (7);

s) mezzi di pagamento: il denaro contante, gli assegni bancari e postali, gli assegni circolari e gli altri assegni a essi assimilabili o equiparabili, i vaglia postali, gli ordini di accreditamento o di pagamento, le carte di credito e le altre carte di pagamento, le polizze assicurative trasferibili, le polizze di pegno e ogni altro strumento a disposizione che permetta di trasferire, movimentare o acquisire, anche per via telematica, fondi, valori o disponibilità finanziarie;

t) operazione: l'attività consistente nella movimentazione, nel trasferimento o nella trasmissione di mezzi di pagamento o nel compimento di atti negoziali a contenuto patrimoniale; costituisce operazione anche la stipulazione di un atto negoziale, a contenuto patrimoniale, rientrante nell'esercizio dell'attività professionale o commerciale;

u) operazioni collegate: operazioni tra loro connesse per il perseguimento di un unico obiettivo di carattere giuridico patrimoniale;

v) operazione frazionata: un'operazione unitaria sotto il profilo del valore economico, di importo pari o superiore ai limiti stabiliti dal presente decreto, posta in essere attraverso più operazioni, singolarmente inferiori ai predetti limiti, effettuate in momenti diversi ed in un circoscritto periodo di tempo fissato in sette giorni, ferma restando la sussistenza dell'operazione frazionata quando ricorrano elementi per ritenerla tale;

z) operazione occasionale: un'operazione non riconducibile a un rapporto continuativo in essere; costituisce operazione occasionale anche la prestazione intellettuale o commerciale, ivi comprese quelle ad esecuzione istantanea, resa in favore del cliente;

aa) organismo di autoregolamentazione: l'ente esponenziale, rappresentativo di una categoria professionale, ivi comprese le sue articolazioni territoriali e i consigli di disciplina cui l'ordinamento vigente attribuisce poteri di regolamentazione, di controllo della categoria, di verifica del rispetto delle norme che disciplinano l'esercizio della professione e di irrogazione, attraverso gli organi all'uopo predisposti, delle sanzioni previste per la loro violazione;

bb) Paesi terzi ad alto rischio: Paesi non appartenenti all'Unione europea i cui ordinamenti presentano carenze strategiche nei rispettivi regimi nazionali di prevenzione del riciclaggio e del finanziamento del terrorismo, per come individuati dalla Commissione europea nell'esercizio dei poteri di cui agli articoli 9 e 64 della direttiva;

cc) personale: i dipendenti e coloro che comunque operano sulla base di rapporti che ne determinano l'inserimento nell'organizzazione del soggetto obbligato, anche in forma diversa dal rapporto di lavoro subordinato, ivi compresi i consulenti finanziari abilitati all'offerta fuori sede di cui all'articolo 31, comma 2, del TUF nonché i produttori diretti e i soggetti addetti all'intermediazione di cui all'articolo 109, comma 2, lettere c) ed e), CAP;

dd) persone politicamente esposte: le persone fisiche che occupano o hanno cessato di occupare da meno di un anno importanti cariche pubbliche, nonché i loro familiari e coloro che con i predetti soggetti intrattengono notoriamente stretti legami, come di seguito elencate:

1) sono persone fisiche che occupano o hanno occupato importanti cariche pubbliche coloro che ricoprono o hanno ricoperto la carica di:

1.1 Presidente della Repubblica, Presidente del Consiglio, Ministro, Vice-Ministro e Sottosegretario, Presidente di Regione, assessore regionale, Sindaco di capoluogo di provincia o città metropolitana, Sindaco di comune con popolazione non inferiore a 15.000 abitanti nonché cariche analoghe in Stati esteri;

1.2 deputato, senatore, parlamentare europeo, consigliere regionale nonché cariche analoghe in Stati esteri;

1.3 membro degli organi direttivi centrali di partiti politici;

1.4 giudice della Corte Costituzionale, magistrato della Corte di Cassazione o della Corte dei conti, consigliere di Stato e altri componenti del Consiglio di Giustizia Amministrativa per la Regione siciliana nonché cariche analoghe in Stati esteri;

1.5 membro degli organi direttivi delle banche centrali e delle autorità indipendenti;

1.6 ambasciatore, incaricato d'affari ovvero cariche equivalenti in Stati esteri, ufficiale di grado apicale delle forze armate ovvero cariche analoghe in Stati esteri;

1.7 componente degli organi di amministrazione, direzione o controllo delle imprese controllate, anche indirettamente, dallo Stato italiano o da uno Stato estero ovvero partecipate, in misura prevalente o totalitaria, dalle Regioni, da comuni capoluoghi di provincia e città metropolitane e da comuni con popolazione complessivamente non inferiore a 15.000 abitanti;

1.8 direttore generale di ASL e di azienda ospedaliera, di azienda ospedaliera universitaria e degli altri enti del servizio sanitario nazionale.

1.9 direttore, vicedirettore e membro dell'organo di gestione o soggetto svolgenti funzioni equivalenti in organizzazioni internazionali;

2) sono familiari di persone politicamente esposte: i genitori, il coniuge o la persona legata in unione civile o convivenza di fatto o istituti assimilabili alla persona politicamente esposta, i figli e i loro coniugi nonché le persone legate ai figli in unione civile o convivenza di fatto o istituti assimilabili;

3) sono soggetti con i quali le persone politicamente esposte intrattengono notoriamente stretti legami:

3.1. le persone fisiche che, ai sensi del presente decreto detengono, congiuntamente alla persona politicamente esposta, la titolarità effettiva di enti giuridici, trust e istituti giuridici affini ovvero che intrattengono con la persona politicamente esposta stretti rapporti d'affari [8];

3.2 le persone fisiche che detengono solo formalmente il controllo totalitario di un'entità notoriamente costituita, di fatto, nell'interesse e a beneficio di una persona politicamente esposta;

ee) prestatori di servizi relativi a società e trust: ogni persona fisica o giuridica che fornisce a terzi, a titolo professionale, uno dei seguenti servizi:

1) costituire società o altre persone giuridiche;

2) occupare la funzione di dirigente o di amministratore di una società, di socio di un'associazione o una funzione analoga nei confronti di altre persone giuridiche o provvedere affinché un'altra persona occupi tale funzione;

3) fornire una sede legale, un indirizzo commerciale, amministrativo o postale e altri servizi connessi a una società, un'associazione o qualsiasi altra entità giuridica;

4) svolgere la funzione di fiduciario in un trust espresso o in un istituto giuridico affine o provvedere affinché un'altra persona occupi tale funzione [9];

5) esercitare il ruolo d'azionista per conto di un'altra persona o provvedere affinché un'altra persona svolga tale funzione, purché non si tratti di una società ammessa alla quotazione su un mercato regolamentato e sottoposta a obblighi di comunicazione conformemente alla normativa dell'Unione europea o a norme internazionali equivalenti;

ff) prestatori di servizi relativi all'utilizzo di valuta virtuale: ogni persona fisica o giuridica che fornisce a terzi, a titolo professionale, anche online, servizi funzionali all'utilizzo, allo scambio, alla conservazione di valuta virtuale e alla loro conversione da ovvero in valute aventi corso legale o in rappresentazioni digitali di valore, ivi comprese quelle convertibili in altre valute virtuali nonché i servizi di emissione, offerta, trasferimento e compensazione e ogni altro servizio funzionale all'acquisizione, alla negoziazione o all'intermediazione nello scambio delle medesime valute [10];

ff-*bis*) prestatori di servizi di portafoglio digitale: ogni persona fisica o giuridica che fornisce, a terzi, a titolo professionale, anche online, servizi di salvaguardia di chiavi crittografiche private per conto dei propri clienti, al fine di detenere, memorizzare e trasferire valute virtuali [11];

gg) prestazione professionale: una prestazione intellettuale o commerciale resa in favore del cliente, a seguito del conferimento di un incarico, della quale si presume che abbia una certa durata;

hh) Pubbliche amministrazioni: le amministrazioni pubbliche di cui all'articolo 1, comma 2, del decreto legislativo 30 marzo 2001, n. 165, e successive modificazioni, gli enti pubblici nazionali, le società partecipate dalle amministrazioni pubbliche e dalle loro controllate, ai sensi dell'articolo 2359 del codice civile, limitatamente alla loro attività di pubblico interesse disciplinata dal diritto nazionale o dall'Unione europea nonché i soggetti preposti alla riscossione dei tributi nell'ambito della fiscalità nazionale o locale, quale che ne sia la forma giuridica;

ii) punto di contatto centrale: il soggetto o la struttura, stabilito nel territorio della Repubblica, designato dagli istituti di moneta elettronica, quali definiti all'articolo 2, primo paragrafo, punto 3), della direttiva 2009/110/CE, o dai prestatori di servizi di pagamento, quali definiti all'articolo 4, punto 11), della direttiva 2015/2366/CE, con sede legale e amministrazione centrale in altro Stato membro, che operano, senza succursale, sul territorio nazionale tramite i soggetti convenzionati e gli agenti di cui alla lettera nn);

ll) rapporto continuativo: un rapporto di durata, rientrante nell'esercizio dell'attività di istituto svolta dai soggetti obbligati, che non si esaurisce in un'unica operazione;

mm) risorse economiche: le attività di qualsiasi tipo, materiali o immateriali e i beni mobili o immobili, ivi compresi gli accessori, le pertinenze e i frutti, che non sono fondi ma che possono essere utilizzate per ottenere fondi, beni o servizi, possedute, detenute o controllate, anche parzialmente, direttamente o indirettamente, ovvero per interposta persona fisica o giuridica, da parte di soggetti designati, ovvero da parte di persone fisiche o giuridiche che agiscono per conto o sotto la direzione di questi ultimi;

nn) soggetti convenzionati e agenti: gli operatori convenzionati ovvero gli agenti, comunque denominati, diversi dagli agenti in attività finanziaria iscritti nell'elenco di cui all'articolo 128-*quater*, commi 2 e 6, TUB, di cui i prestatori di servizi di pagamento e gli istituti emittenti moneta elettronica, ivi compresi quelli aventi sede legale e amministrazione centrale in altro Stato membro, si avvalgono per l'esercizio della propria attività sul territorio della Repubblica italiana;

oo) soggetti designati: le persone fisiche, le persone

giuridiche, i gruppi e le entità designati come destinatari del congelamento sulla base dei regolamenti comunitari e della normativa nazionale;

pp) titolare effettivo: la persona fisica o le persone fisiche, diverse dal cliente, nell'interesse della quale o delle quali, in ultima istanza, il rapporto continuativo è istaurato, la prestazione professionale è resa o l'operazione è eseguita;

qq) valuta virtuale: la rappresentazione digitale di valore, non emessa né garantita da una banca centrale o da un'autorità pubblica, non necessariamente collegata a una valuta avente corso legale, utilizzata come mezzo di scambio per l'acquisto di beni e servizi o per finalità di investimento e trasferita, archiviata e negoziata elettronicamente [12].

3. Con specifico riferimento alle disposizioni di cui al Titolo IV del presente decreto, s'intendono per:

a) attività di gioco: l'attività svolta, su concessione dell'Agenzia dogane e monopoli dai prestatori di servizi di gioco, ad esclusione dei giochi numerici a quota fissa e a totalizzatore, delle lotterie ad estrazione istantanea e differita e dei concorsi pronostici su base sportiva ed ippica;

b) cliente: il soggetto che richiede, presso un prestatore di servizi di gioco, un'operazione di gioco;

c) concessionario di gioco: la persona giuridica di diritto pubblico o privato che offre, per conto dello Stato, servizi di gioco;

d) conto di gioco: il conto, intestato al cliente, aperto attraverso un concessionario di gioco autorizzato, sul quale sono registrate le operazioni di gioco effettuate su canale a distanza nonché le attività di ricarica e i prelievi;

e) contratto di conto di gioco: il contratto stipulato tra il cliente e il concessionario di gioco per l'apertura del conto di gioco e alla cui stipula è subordinata la partecipazione a distanza al gioco;

f) distributori: le imprese private che, su base convenzionale, svolgono per conto dei concessionari la gestione di qualsiasi attività di gioco;

g) esercenti: titolari degli esercizi pubblici in cui viene svolta l'attività di gioco;

h) operazione di gioco: un'operazione atta a consentire, attraverso i canali autorizzati, la partecipazione a uno dei giochi del portafoglio dell'Agenzia delle dogane e dei monopoli, a fronte del corrispettivo di una posta di gioco in denaro;

i) videolottery (VLT): l'apparecchio da intrattenimento, di cui all'articolo 110, comma 6 lettera b), TULPS, terminale di un sistema di gioco complesso la cui architettura è allocata presso il concessionario.

(1) Articolo modificato dall'art. 1, co. 1, lett. a), d.lgs. 25.9.2009, n. 151, dall'art. 7, co. 1, d.lgs. 30.7.2012, n. 130 e poi sostituito dall'art. 1, co. 1, d.lgs. 25.5.2017, n. 90.

(2) Lettera sostituita dall'art. 50, co. 1, lett. a), d.l. 17.5.2022, n. 50, conv., con modif., dalla l. 15.7.2022, n. 91.

(3) Lettera modificata dall'art. 1, co. 1, lett. a), d.lgs. 4.10.2019, n. 125.

(4) Lettera modificata dall'art. 1, co. 1, lett. a), d.lgs. 4.10.2019, n. 125.

(5) Lettera modificata dall'art. 1, co. 1, lett. b), d.lgs. 4.10.2019, n. 125.

(6) Lettera modificata dall'art. 27, co. 3, lett. a), d.l. 16.7.2020, n. 76, conv., con modif., dalla l. 11.9.2020, n. 120.

(7) Lettera modificata dall'art. 1, co. 1, lett. c), d.lgs. 4.10.2019, n. 125.

(8) Punto sostituito dall'art. 1, co. 1, lett. d), d.lgs. 4.10.2019, n. 125.

(9) Numero modificato dall'art. 1, co. 1, lett. e), d.lgs. 4.10.2019, n. 125.

(10) Lettera modificata dall'art. 1, co. 1, lett. f), d.lgs. 4.10.2019, n. 125.

(11) Lettera introdotta dall'art. 1, co. 1, lett. g), d.lgs. 4.10.2019, n. 125.

(12) Lettera modificata dall'art. 1, co. 1, lett. h), d.lgs. 4.10.2019, n. 125.

2. Finalità e principi [1].

1. Le disposizioni di cui al presente decreto si applicano a fini di prevenzione e contrasto dell'uso del sistema economico e finanziario a scopo di riciclaggio e finanziamento del terrorismo. Le eventuali limitazioni alle libertà sancite dal Trattato sul funzionamento dell'Unione europea, derivanti dall'applicazione delle disposizioni di cui al presente decreto, sono giustificate ai sensi degli articoli 45, paragrafo 3, e 52, paragrafo 1, del medesimo Trattato.

2. Per le finalità di cui al comma 1, il presente decreto detta misure volte a tutelare l'integrità del sistema economico e finanziario e la correttezza dei comportamenti degli operatori tenuti alla loro osservanza. Tali misure sono proporzionate al rischio in relazione al tipo di cliente, al rapporto continuativo, alla prestazione professionale, al prodotto o alla transazione e la loro applicazione tiene conto della peculiarità dell'attività, delle dimensioni e della complessità proprie dei soggetti obbligati che adempiono agli obblighi previsti a loro carico dal presente decreto tenendo conto dei dati e delle informazioni acquisiti o posseduti nell'esercizio della propria attività istituzionale o professionale.

3. L'azione di prevenzione è svolta in coordinamento con le attività di repressione dei reati di riciclaggio, di quelli ad esso presupposti e dei reati di finanziamento del terrorismo.

4. Ai fini di cui al comma 1, s'intende per riciclaggio:

a) la conversione o il trasferimento di beni, effettuati essendo a conoscenza che essi provengono da un'attività criminosa o da una partecipazione a tale attività, allo scopo di occultare o dissimulare l'origine illecita dei beni medesimi o di aiutare chiunque sia coinvolto in tale attività a sottrarsi alle conseguenze giuridiche delle proprie azioni;

b) l'occultamento o la dissimulazione della reale natura, provenienza, ubicazione, disposizione, movimento, proprietà dei beni o dei diritti sugli stessi, effettuati essendo a conoscenza che tali beni provengono da un'attività criminosa o da una partecipazione a tale attività;

c) l'acquisto, la detenzione o l'utilizzazione di beni essendo a conoscenza, al momento della loro ricezione, che tali beni provengono da un'attività criminosa o da una partecipazione a tale attività;

d) la partecipazione ad uno degli atti di cui alle lettere a), b) e c) l'associazione per commettere tale atto, il tentativo di perpetrarlo, il fatto di aiutare, istigare o consigliare qualcuno a commetterlo o il fatto di agevolarne l'esecuzione.

5. Il riciclaggio è considerato tale anche se le attività che hanno generato i beni da riciclare si sono svolte fuori dai confini nazionali. La conoscenza, l'intenzione o la finalità, che debbono costituire un elemento delle azioni di cui al comma 4 possono essere dedotte da circostanze di fatto obiettive.

6. Ai fini di cui al comma 1, s'intende per finanziamento del terrorismo qualsiasi attività diretta, con ogni mezzo, alla fornitura, alla raccolta, alla provvista, all'intermediazione, al deposito, alla custodia o all'erogazione, in qualunque modo realizzate, di fondi e risorse economiche, direttamente o indirettamente, in tutto o in parte, utilizzabili per il compimento di una o più condotte, con finalità di terrorismo secondo quanto previsto dalle leggi penali ciò indipendentemente dall'effettivo utilizzo dei fondi e delle risorse economiche per la commissione delle condotte anzidette.

6 bis. Il trattamento dei dati personali effettuato per le finalità di cui al comma 1 è considerato di interesse pubblico ai sensi del regolamento (UE) 2016/679 e del regolamento (UE) 2018/1725, del Parlamento europeo e del Consiglio e della relativa normativa nazionale di attuazione (2).

(1) Articolo sostituito dall'art. 1, co. 1, d.lgs. 25.5.2017, n. 90.
(2) Comma introdotto dall'art. 1, co. 1, lett. i), d.lgs. 4.10.2019, n. 125 e poi modificato dall'art. 50, co. 1, lett. b), d.l. 17.5.2022, n. 50, conv., con modif., dalla l. 15.7.2022, n. 91.

3. Soggetti obbligati (1).

1. Le disposizioni di cui al presente decreto si applicano alle categorie di soggetti individuati nel presente articolo, siano esse persone fisiche ovvero persone giuridiche.

2. Rientrano nella categoria degli intermediari bancari e finanziari:
a) le banche;
b) Poste italiane S.p.a.;
c) gli istituti di moneta elettronica come definiti dall'articolo 1, comma 2, lettera h-*bis*), TUB (IMEL);
d) gli istituti di pagamento come definiti dall'articolo 1, comma 2, lettera h-*sexies*), TUB (IP);
e) le società di intermediazione mobiliare, come definite dall'articolo 1, comma 1, lettera e), TUF (SIM);
f) le società di gestione del risparmio, come definite dall'articolo 1, comma 1, lettera o), TUF (SGR);
g) le società di investimento a capitale variabile, come definite dall'articolo 1, comma 1, lettera i), TUF (SICAV);
h) le società di investimento a capitale fisso, mobiliare e immobiliare, come definite dall'articolo 1, comma 1, lettera i-*bis*), TUF (SICAF);
i) gli agenti di cambio di cui all'articolo 201 TUF;
l) gli intermediari iscritti nell'albo previsto dall'articolo 106 TUB;
m) Cassa depositi e prestiti S.p.a.;
n) le imprese di assicurazione, che operano nei rami di cui all'articolo 2, comma 1, CAP;
o) gli intermediari assicurativi di cui all'articolo 109, comma 2, lettere a), b) e d), CAP, che operano nei rami di attività di cui all'articolo 2, comma 1, CAP;
p) i soggetti eroganti micro-credito, ai sensi dell'articolo 111 TUB;
q) i confidi e gli altri soggetti di cui all'articolo 112 TUB;
[r) i soggetti di cui all'articolo 2, comma 6, della legge 30 aprile 1999, n. 130, con riferimento alle operazioni di cartolarizzazione di crediti disciplinate dalla medesima legge;] (2)
s) le società fiduciarie iscritte nell'albo previsto ai sensi dell'articolo 106 TUB;
t) le succursali insediate di intermediari bancari e finanziari di cui al presente comma, aventi sede legale e amministrazione centrale in un altro Stato membro o in uno Stato terzo (3);
u) gli intermediari bancari e finanziari di cui al presente comma aventi sede legale e amministrazione centrale in un altro Stato membro, stabiliti senza succursale sul territorio della Repubblica italiana (4);
v) i consulenti finanziari di cui all'articolo 18-*bis* TUF e le società di consulenza finanziaria di cui all'articolo 18-*ter* TUF.

2 bis. Nelle operazioni di cartolarizzazione di crediti, gli intermediari bancari e finanziari di cui al comma 2, incaricati della riscossione dei crediti ceduti, dei servizi di cassa e di pagamento e delle verifiche di conformità provvedono all'adempimento degli obblighi di cui al presente decreto anche nei confronti dei debitori ceduti alle società per la cartolarizzazione dei crediti nonché dei sottoscrittori dei titoli emessi dalle medesime società (5).

3. Rientrano nella categoria di altri operatori finanziari:
a) le società fiduciarie, diverse da quelle iscritte nell'albo previsto ai sensi dell'articolo 106 TUB, di cui alla legge 23 novembre 1939, n. 1966;
b) i mediatori creditizi iscritti nell'elenco previsto dall'articolo 128-*sexies* TUB;
c) gli agenti in attività finanziaria iscritti nell'elenco previsto dall'articolo 128-*quater*, commi 2 e 6, TUB;
d) i soggetti che esercitano professionalmente l'attività di cambio valuta, consistente nella negoziazione a pronti di mezzi di pagamento in valuta, iscritti in un apposito registro tenuto dall'Organismo previsto dall'articolo 128-*undecies* TUB.

4. Rientrano nella categoria dei professionisti, nell'esercizio della professione in forma individuale, associata o societaria:
a) i soggetti iscritti nell'albo dei dottori commercialisti e degli esperti contabili e nell'albo dei consulenti del lavoro;
b) ogni altro soggetto che rende i servizi forniti da periti, consulenti e altri soggetti che svolgono in maniera professionale, anche nei confronti dei propri associati o iscritti, attività in materia di contabilità e tributi, ivi compresi associazioni di categoria di imprenditori e commercianti, CAF e patronati;

c) i notai e gli avvocati quando, in nome o per conto dei propri clienti, compiono qualsiasi operazione di natura finanziaria o immobiliare e quando assistono i propri clienti nella predisposizione o nella realizzazione di operazioni riguardanti:
   1) il trasferimento a qualsiasi titolo di diritti reali su beni immobili o attività economiche;
   2) la gestione di denaro, strumenti finanziari o altri beni;
   3) l'apertura o la gestione di conti bancari, libretti di deposito e conti di titoli;
   4) l'organizzazione degli apporti necessari alla costituzione, alla gestione o all'amministrazione di società;
   5) la costituzione, la gestione o l'amministrazione di società, enti, trust o soggetti giuridici analoghi;
d) i revisori legali e le società di revisione legale con incarichi di revisione legale su enti di interesse pubblico o su enti sottoposti a regimi intermedio;
e) i revisori legali e le società di revisione senza incarichi di revisione su enti di interesse pubblico o su enti sottoposti a regimi intermedio.

5. Rientrano nella categoria di altri operatori non finanziari:

[a) i prestatori di servizi relativi a società e trust, ove non obbligati in forza delle previsioni di cui ai commi 2 e 4, lettere a), b) e c), del presente articolo;] [6]

b) i soggetti che esercitano attività di commercio di cose antiche, i soggetti che esercitano il commercio di opere d'arte o che agiscono in qualità di intermediari nel commercio delle medesime opere, anche quando tale attività è effettuata da gallerie d'arte o case d'asta di cui all'articolo 115 TULPS qualora il valore dell'operazione, anche se frazionata o di operazioni collegate sia pari o superiore a 10.000 euro [7];
c) i soggetti che conservano o commerciano opere d'arte ovvero che agiscono da intermediari nel commercio delle stesse, qualora tale attività è effettuata all'interno di porti franchi e il valore dell'operazione, anche se frazionata, o di operazioni collegate sia pari o superiore a 10.000 euro [8];
d) gli operatori professionali in oro di cui alla legge 17 gennaio 2000, n. 7;
e) gli agenti in affari che svolgono attività in mediazione immobiliare in presenza dell'iscrizione al Registro delle imprese, ai sensi della legge 3 febbraio 1989, n. 39, anche quando agiscono in qualità di intermediari nella locazione di un bene immobile e, in tal caso, limitatamente alle sole operazioni per le quali il canone mensile è pari o superiore a 10.000 euro [9];
f) i soggetti che esercitano l'attività di custodia e trasporto di denaro contante e di titoli o valori a mezzo di guardie particolari giurate, in presenza della licenza di cui all'articolo 134 TULPS;
g) i soggetti che esercitano attività di mediazione civile, *ai sensi dell'articolo 60 della legge 18 giugno 2009, n. 69*;
h) i soggetti che svolgono attività di recupero stragiudiziale dei crediti per conto di terzi, in presenza della licenza di cui all'articolo 115 TULPS, fuori dall'ipotesi di cui all'articolo 128-*quaterdecies* TUB;
i) i prestatori di servizi relativi all'utilizzo di valuta virtuale[, limitatamente allo svolgimento dell'attività di conversione di valute virtuali da ovvero in valute aventi corso forzoso] [10].

i-*bis*) i prestatori di servizi di portafoglio digitale [11].

6. Rientrano nella categoria di prestatori di servizi di gioco:

a) gli operatori di gioco on line che offrono, attraverso la rete internet e altre reti telematiche o di telecomunicazione, giochi, con vincite in denaro, su concessione dell'Agenzia delle dogane e dei monopoli;
b) gli operatori di gioco su rete fisica che offrono, anche attraverso distributori ed esercenti, a qualsiasi titolo contrattualizzati, giochi, con vincite in denaro, su concessione dall'Agenzia delle dogane e dei monopoli;
c) i soggetti che gestiscono case da gioco, in presenza delle autorizzazioni concesse dalle leggi in vigore e del requisito di cui all'articolo 5, comma 3, del decreto-legge 30 dicembre 1997, n. 457, convertito, con modificazioni, dalla legge 27 febbraio 1998, n. 30.

6 bis. Rientrano tra i soggetti obbligati i prestatori di servizi relativi a società e trust di cui all'articolo 1, comma 2, lettera ee), del presente decreto, la cui attività è riservata ad operatori soggetti a regimi di licenza o registrazione nazionale [12].

7. Le disposizioni di cui al presente decreto si applicano anche alle succursali insediate nel territorio della Repubblica italiana dei soggetti obbligati di cui ai commi 3, 4, 5 e 6 del presente articolo, aventi sede legale e amministrazione centrale in uno Stato estero.

8. Alle società di gestione accentrata di strumenti finanziari, alle società di gestione dei mercati regolamentati di strumenti finanziari e ai soggetti che gestiscono strutture per la negoziazione di strumenti finanziari e di fondi interbancari, alle società di gestione dei servizi di liquidazione delle operazioni su strumenti finanziari e alle società di gestione dei sistemi di compensazione e garanzia delle operazioni in strumenti finanziari si applicano le disposizioni del presente decreto in materia di segnalazione di operazioni sospette e comunicazioni oggettive.

9. I soggetti obbligati assicurano che il trattamento dei dati acquisiti nell'adempimento degli obblighi di cui al presente decreto avvenga, per i soli scopi e per le attività da esso previsti e nel rispetto delle prescrizioni e delle garanzie stabilite dal Codice in materia di protezione dei dati personali.

9 bis. I soggetti obbligati assicurano che le proprie succursali stabilite in altro Stato membro rispettino le disposizioni nazionali di recepimento della normativa europea in materia di prevenzione del sistema finanziario per fini di riciclaggio e di finanziamento del terrorismo in vigore nel medesimo Stato membro [13].

(1) Articolo sostituito dall'art. 1, co. 1, d.lgs. 25.5.2017, n. 90.
(2) Lettera soppressa dall'art. 1, co. 1, lett. l), n. 1), d.lgs. 4.10.2019, n. 125.
(3) Lettera modificata dall'art. 1, co. 1, lett. l), n. 2), d.lgs. 4.10.2019, n. 125.
(4) Lettera modificata dall'art. 1, co. 1, lett. l), n. 3), d.lgs. 4.10.2019, n. 125.
(5) Comma introdotto dall'art. 1, co. 1, lett. m), d.lgs. 4.10.2019, n. 125.
(6) Lettera abrogata dall'art. 26 *bis*, co. 2, lett. a), d.l. 17.3.2023, n. 25, conv., con modif., dalla l. 10.5.2023, n. 52.
(7) Lettera sostituita dall'art. 1, co. 1, lett. n), n. 1), d.lgs. 4.10.2019, n. 125.
(8) Lettera sostituita dall'art. 1, co. 1, lett. n), n. 2), d.lgs. 4.10.2019, n. 125.
(9) Lettera modificata dall'art. 1, co. 1, lett. n), n. 3), d.lgs. 4.10.2019, n. 125.
(10) Lettera modificata dall'art. 1, co. 1, lett. n), n. 4), d.lgs. 4.10.2019, n. 125.
(11) Lettera introdotta dall'art. 1, co. 1, lett. n), n. 5), d.lgs. 4.10.2019, n. 125.
(12) Comma introdotto dall'art. 26 *bis*, co. 2, lett. b), d.l. 17.3.2023, n. 25, conv., con modif., dalla l. 10.5.2023, n. 52.
(13) Comma introdotto dall'art. 1, co. 1, lett. o), d.lgs. 4.10.2019, n. 125.

Capo II
Autorità, vigilanza e Pubbliche amministrazioni [1]

(1) Capo sostituito dall'art. 1, co. 1, d.lgs. 25.5.2017, n. 90.

4. Ministro dell'economia e delle finanze [1].

1. Il Ministro dell'economia e delle finanze è responsabile delle politiche di prevenzione dell'utilizzo del sistema finanziario e economico per fini di riciclaggio dei proventi di attività criminose e di finanziamento del terrorismo.

2. Per le finalità di cui al presente decreto, entro il 30 giugno di ogni anno, il Ministro dell'economia e delle finanze presenta al Parlamento la relazione sullo stato dell'azione di prevenzione del riciclaggio e del finanziamento del terrorismo, elaborata dal Comitato di sicurezza finanziaria ai sensi dell'articolo 5, comma 7. Alla relazione è allegato un rapporto predisposto dalla UIF sull'attività svolta dalla medesima nonché la relazione predisposta dalla Banca d'Italia in merito ai mezzi finanziari e alle risorse ad essa attribuite.

3. Il Ministro dell'economia e delle finanze, su proposta del Comitato di sicurezza finanziaria, stabilisce l'esenzione dall'osservanza degli obblighi di cui al presente decreto, di taluni soggetti che esercitano, in modo occasionale o su scala limitata, un'attività finanziaria che implichi scarsi rischi di riciclaggio o di finanziamento del terrorismo, assicurando che i relativi controlli siano basati sul rischio, in presenza di tutti i seguenti requisiti [2]:

a) l'attività finanziaria è limitata in termini assoluti, per tale intendendosi l'attività il cui fatturato complessivo non ecceda la soglia determinata dal Comitato di sicurezza finanziaria, anche sulla base della periodica analisi nazionale dei rischi di riciclaggio e di finanziamento del terrorismo;
b) l'attività finanziaria è limitata a livello di operazioni, per tale intendendosi un'attività che non ecceda una soglia massima per cliente e singola operazione, individuata, in funzione del tipo di attività finanziaria, dal Comitato di sicurezza finanziaria, anche sulla base della periodica analisi nazionale dei rischi di riciclaggio e di finanziamento del terrorismo;
c) l'attività finanziaria non è l'attività principale, per tale intendendosi l'attività il cui fatturato non ecceda la soglia del 5 percento del fatturato complessivo dei soggetti di cui al presente comma [3];
d) l'attività finanziaria è accessoria e direttamente collegata all'attività principale;
e) l'attività principale non è un'attività menzionata all'articolo 2, paragrafo 1, della direttiva, ad eccezione dell'attività di cui al medesimo paragrafo 1, punto 3), lettera e);
f) l'attività finanziaria è prestata soltanto ai clienti dell'attività principale e non è offerta al pubblico in generale.

4. Nell'esercizio delle competenze di prevenzione del finanziamento del terrorismo e nei confronti dell'attività di paesi che minacciano la pace e la sicurezza internazionale, il Ministro dell'economia e delle finanze, con le modalità e nei termini di cui al decreto legislativo 22 giugno 2007, n. 109, e successive modificazioni, su proposta del Comitato di sicurezza finanziaria, stabilisce con proprio decreto:

a) le misure di congelamento dei fondi e delle risorse economiche detenuti, anche per interposta persona, da soggetti designati e le eventuali esenzioni, secondo i criteri e le procedure stabiliti da risoluzioni del Consiglio di sicurezza delle Nazioni Unite o da un suo Comitato, nelle more dell'adozione delle relative deliberazioni dell'Unione europea;
b) la designazione, a livello nazionale, di persone fisiche, di persone giuridiche, gruppi o entità che pongono in essere o tentano di porre in essere una o più delle condotte con finalità di terrorismo secondo quanto previsto dalle leggi penali e le misure per il congelamento dei fondi e delle risorse economiche detenuti, dai medesimi, anche per interposta persona;
c) le misure di congelamento, a seguito di richiesta proveniente da uno Stato terzo, ai sensi della risoluzione n. 1373/2001 del Consiglio di sicurezza delle Nazioni Unite.

(1) Articolo sostituito dall'art. 1, co. 1, d.lgs. 25.5.2017, n. 90. Prima della modifica, questo articolo era contenuto all'interno del Capo I.
(2) Alinea modificato dall'art. 1, co. 2, lett. a), n. 1), d.lgs. 4.10.2019, n. 125.
(3) Lettera modificata dall'art. 1, co. 2, lett. a), n. 2), d.lgs. 4.10.2019, n. 125.

5. Ministero dell'economia e delle finanze e Comitato di sicurezza finanziaria [1].

1. Al fine di dare attuazione alle politiche di prevenzione dell'utilizzo del sistema finanziario e economico per fini di riciclaggio dei proventi di attività criminose e di finanziamento del terrorismo, il Ministero dell'economia e delle finanze promuove la collaborazione e il raccordo tra le autorità di cui all'articolo 21, comma 2, lettera a) e tra le amministrazioni e gli organismi interessati nonché tra i soggetti pubblici e il settore privato, anche tenuto conto degli standard internazionali adottati in materia, della analisi nazionale dei rischi di riciclaggio e di finanziamento del terrorismo elaborata dal Comitato di sicurezza finanziaria, nonché della valutazione effettuata dalla Commissione europea ai sensi dell'articolo 6 della direttiva.

2. Il Ministero dell'economia e delle finanze cura i rapporti con le istituzioni europee e gli organismi internazionali deputati all'elaborazione delle politiche e degli standard in materia di prevenzione dell'utilizzo del sistema finanziario e di quello economico per fini di riciclaggio e di finanziamento del terrorismo, assicurando gli adempimenti degli obblighi derivanti dalla partecipazione dell'Italia alle istituzioni e agli organismi anzidetti. Il Ministero cura altresì la pubblicazione della revisione consolidata dei dati statistici forniti ai sensi dell'articolo 14, comma 2, e ne assicura la trasmissione alla Commissione europea, ai sensi dell'articolo 44 della direttiva.

3. Fermi restando le attribuzioni e i poteri ispettivi e di controllo delle autorità di cui all'articolo 21, comma 2, lettera a), ai sensi del presente decreto, il Ministero dell'economia e delle finanze, effettua proprie ispezioni, presso i soggetti obbligati, al fine di acquisire elementi utili allo svolgimento dei procedimenti rientranti nelle proprie competenze istituzionali in materia di prevenzione del riciclaggio e del finanziamento del terrorismo. Nell'ambito dell'ispezione, gli ispettori chiedono o rilevano ogni notizia o risultanza esistente presso i soggetti ispezionati.

4. Il Ministero dell'economia e delle finanze esercita il potere sanzionatorio, secondo i termini e le procedure di cui al Titolo V del presente decreto.

5. Il Comitato di sicurezza finanziaria esercita i poteri e le funzioni previsti dal decreto legislativo 22 giugno 2007, n. 109, e successive modificazioni, recante misure per prevenire, contrastare e reprimere il finanziamento del terrorismo e l'attività dei Paesi che minacciano la pace e la sicurezza internazionale, elabora le strategie di prevenzione del riciclaggio e di finanziamento del terrorismo e coordina le misure di contenimento del relativo rischio da parte delle autorità di cui all'articolo 21, comma 2, lettera a). Il decreto 22 giugno 2007, n. 109 e successive modificazioni disciplina il funzionamento del Comitato di sicurezza finanziaria nello svolgimento dei propri compiti e delle proprie funzioni.

6. Il Comitato di sicurezza finanziaria:

a) elabora l'analisi nazionale dei rischi di riciclaggio e di finanziamento del terrorismo di cui all'articolo 14;
b) propone al Ministro dell'economia e delle finanze le misure nazionali di designazione e congelamento dei fondi e delle risorse economiche detenuti, anche per interposta persona, da persone fisiche, persone giuridiche, gruppi o entità che commettono, o tentano di commettere, atti di terrorismo, ai fini dell'adozione dei decreti di cui all'articolo 4, comma 4;
c) propone al Ministro dell'economia e delle finanze l'esenzione di taluni soggetti dall'osservanza degli obblighi di cui al presente decreto, al ricorrere dei presupposti di cui all'articolo 4, comma 3;
d) formula i pareri e le proposte previsti dal presente decreto e fornisce consulenza al Ministro dell'economia e delle finanze in materia di prevenzione del riciclaggio e di finanziamento del terrorismo.

7. Il Comitato di sicurezza finanziaria, entro il 30 maggio di ogni anno, presenta al Ministro dell'economia e delle finanze, per il successivo inoltro al Parlamento, la relazione contenente la valutazione dell'attività di prevenzione del riciclaggio e del finanziamento del terrorismo, dei relativi risultati e delle proposte dirette a renderla più efficace. A tal fine, la UIF, le autorità di vigilanza di settore, le amministrazioni e organismi interessati, gli organismi di autoregolamentazione, la Guardia di finanza e la Direzione investigativa antimafia forniscono, entro il 30 marzo di ogni anno, i dati statistici e le informazioni sulle attività rispettivamente svolte, nell'anno solare precedente, nell'ambito delle funzioni di vigilanza, supervisione e controllo. In particolare, è compito dell'UIF indicare, quanto meno, il numero di segnalazioni di operazioni sospette ricevute e il seguito dato a tali segnalazioni nonché i dati riguardanti il numero di richieste internazionali di informazioni effettuate, ricevute e rifiutate dalla UIF e di quelle evase, parzialmente o totalmente, disaggregati per paese di controparte; è compito della Guardia di finanza e della Direzione investigativa antimafia indicare, quanto meno, il numero di casi e delle persone investigati; è compito del Ministero della giustizia indicare, quanto meno, il numero di persone indagate o sottoposte a procedimento di prevenzione, di persone condannate per reati di riciclaggio, di autoriciclaggio o di finanziamento del terrorismo e gli importi e la tipologia dei beni sequestrati e confiscati nell'ambito dei relativi procedimenti; è compito del Ministero dell'economia e delle finanze fornire i dati relativi ai congelamenti disposti ai sensi del decreto legislativo 22 giugno 2007, n. 109 [(2)].

(1) Articolo modificato dall'art. 2, co. 1, d.lgs. 25.9.2009, n. 151 e poi sostituito dall'art. 1, co. 1, d.lgs. 25.5.2017, n. 90.

(2) Comma modificato dall'art. 1, co. 2, lett. b), d.lgs. 4.10.2019, n. 125.

6. Unità d'informazione finanziaria [(1)].

1. L'Unità di informazione finanziaria per l'Italia (UIF), istituita presso la Banca d'Italia, è autonoma e operativamente indipendente. In attuazione di tale principio, la Banca d'Italia ne disciplina con regolamento l'organizzazione e il funzionamento, ivi compresa la riservatezza delle informazioni acquisite, attribuendole i mezzi finanziari e le risorse idonei ad assicurare l'efficace perseguimento dei suoi fini istituzionali. Alla UIF e al personale addetto si applica l'articolo 24, comma 6-*bis*, della legge 28 dicembre 2005, n. 262.

2. Il Direttore della UIF, al quale compete in autonomia la responsabilità della gestione, è nominato con provvedimento del Direttorio della Banca d'Italia, su proposta del Governatore della Banca d'Italia, tra persone dotate di adeguati requisiti di onorabilità, professionalità e conoscenza del sistema finanziario. Il mandato ha la durata di cinque anni ed è rinnovabile una sola volta.

3. Per l'efficace svolgimento dei compiti fissati dalla legge e dagli obblighi internazionali, presso la UIF è costituito un Comitato di esperti, del quale fanno parte il Direttore e quattro membri, dotati di adeguati requisiti di onorabilità e professionalità. I componenti del Comitato sono nominati, nel rispetto del principio dell'equilibrio di genere, con decreto del Ministro dell'economia e delle finanze, sentito il Governatore della Banca d'Italia, e restano in carica tre anni, rinnovabili per altri tre. La partecipazione al Comitato non dà luogo a compensi. Il Comitato è convocato dal Direttore della UIF con cadenza almeno semestrale e svolge funzioni di consulenza e ausilio a supporto dell'azione della UIF. Il Comitato cura, altresì, la redazione di un parere sull'azione dell'UIF, che forma parte integrante della documentazione trasmessa al Parlamento ai sensi del comma 8.

4. La UIF esercita le seguenti funzioni:

a) riceve le segnalazioni di operazioni sospette e ne effettua l'analisi finanziaria;

b) analizza i flussi finanziari, al fine di individuare e prevenire fenomeni di riciclaggio di denaro e di finanziamento del terrorismo;

c) può sospendere, per un massimo di cinque giorni lavorativi, operazioni sospette, anche su richiesta del Nucleo speciale di polizia valutaria della Guardia di finanza, della Direzione investigativa antimafia e dell'autorità giudiziaria ovvero su richiesta di un'altra FIU, ove non ne derivi pregiudizio per il corso delle indagini. La UIF provvede a dare immediata notizia della sospensione all'autorità che ne ha fatto richiesta;

d) avuto riguardo alle caratteristiche dei soggetti obbligati, emana istruzioni, pubblicate nella Gazzetta Ufficiale della Repubblica italiana, sui dati e le informazioni che devono essere contenuti nelle segnalazioni di operazioni sospette e nelle comunicazioni oggettive, sulla relativa tempistica nonché sulle modalità di tutela della riservatezza dell'identità del segnalante;

e) al fine di agevolare l'individuazione delle operazioni sospette, emana e aggiorna periodicamente, previa presentazione al Comitato di sicurezza finanziaria, indicatori di anomalia, pubblicati nella Gazzetta Ufficiale della Repubblica italiana e in apposita sezione del proprio sito istituzionale;

f) effettua, anche attraverso ispezioni, verifiche al fine di accertare il rispetto delle disposizioni in materia di prevenzione e contrasto del riciclaggio e del finanziamento del terrorismo, con riguardo alle segnalazioni di operazioni sospette e ai casi di omessa segnalazione di operazioni sospette, nonché con riguardo alle comunicazioni alla UIF previste dal presente decreto e ai casi di omissione delle medesime, anche avvalendosi della collaborazione del Nucleo speciale di polizia valutaria della Guardia di finanza;

g) in relazione ai propri compiti, accerta e contesta ovvero trasmette alle autorità di vigilanza di settore le violazioni degli obblighi di cui al presente decreto di cui viene a conoscenza nell'esercizio delle proprie funzioni istituzionali;

h) assicura la tempestiva trasmissione alla Direzione nazionale antimafia e antiterrorismo dei dati, delle informazioni e delle analisi, secondo quanto stabilito dall'articolo 8, comma 1, lettera a). Assicura, altresì, l'effettuazione delle analisi richieste dalla Direzione nazionale antimafia e antiterrorismo ai sensi dell'articolo 8, comma 1, lettera d).

5. Per lo svolgimento delle proprie funzioni istituzionali, la UIF:

a) acquisisce, anche attraverso ispezioni, dati e informazioni presso i soggetti destinatari degli obblighi di cui al presente decreto;

b) riceve la comunicazione dei dati statistici aggregati da parte dei soggetti obbligati tenuti a effettuarla e le comunicazioni cui sono tenute le Pubbliche amministrazioni, ai sensi dell'articolo 10.

6. Per l'esercizio delle funzioni di cui ai commi 4 e 5, la UIF:

a) si avvale dei dati contenuti nell'anagrafe dei conti e dei depositi di cui all'articolo 20, comma 4, della legge 30 dicembre 1991, n. 413, e nell'anagrafe tributaria di cui all'articolo 37 del decreto-legge 4 luglio 2006, n. 223, convertito, con modificazioni, dalla legge 4 agosto 2006, n. 248;

b) ha accesso ai dati e alle informazioni contenute nell'anagrafe immobiliare integrata di cui all'articolo 19 del decreto-legge 31 maggio 2010 n. 78, convertito, con modificazioni dalla legge 30 luglio 2010, n. 122;

c) ha accesso alle informazioni sul titolare effettivo di persone giuridiche e trust espressi, contenute in apposita sezione del Registro delle imprese, ai sensi dell'articolo 21 del presente decreto.

7. Avvalendosi delle informazioni raccolte nello svolgimento delle proprie funzioni, la UIF:

a) svolge analisi e studi su singole anomalie, riferibili a ipotesi di riciclaggio e di finanziamento del terrorismo su specifici settori dell'economia ritenuti a rischio, su categorie di strumenti di pagamento e su specifiche realtà economiche territoriali, anche sulla base dell'analisi nazionale dei rischi elaborata dal Comitato di sicurezza finanziaria;

b) elabora e diffonde modelli e schemi rappresentativi di comportamenti anomali sul piano economico e finanziario riferibili a possibili attività di riciclaggio e di finanziamento del terrorismo.

8. Ai fini della presentazione al Parlamento della relazione sullo stato dell'azione di prevenzione del riciclaggio e del finanziamento del terrorismo, il Direttore della UIF, entro il 30 maggio di ogni anno, trasmette al Ministro dell'economia e delle finanze, per il tramite del Comitato di sicurezza finanziaria, gli allegati alla medesima relazione, di cui all'articolo 4, comma 2, del presente decreto.

(1) Articolo modificato dall'art. 3, co. 37, lett. a), l. 15.7.2009, n. 94,

dall'art. 3, co. 1, lett. a), d.lgs. 25.9.2009, n. 151 e poi sostituito dall'art. 1, co. 1, d.lgs. 25.5.2017, n. 90.

7. Autorità di vigilanza di settore [1]**.**

1. Le Autorità di vigilanza di settore verificano il rispetto, da parte dei soggetti rispettivamente vigilati, degli obblighi previsti dal presente decreto e dalle relative disposizioni di attuazione. A tal fine:

a) adottano nei confronti dei soggetti rispettivamente vigilati, disposizioni di attuazione del presente decreto in materia di organizzazione, procedure e controlli interni e di adeguata verifica della clientela;
b) verificano l'adeguatezza degli assetti organizzativi e procedurali dei soggetti obbligati rispettivamente vigilati;
c) definiscono procedure e metodologie per la valutazione del rischio di riciclaggio e finanziamento del terrorismo cui gli intermediari rispettivamente vigilati sono esposti nell'esercizio della propria attività;
d) esercitano i poteri attribuiti dal presente decreto anche al fine di assicurare il rispetto delle norme tecniche di regolamentazione adottate ai sensi della direttiva.

2. Le Autorità di vigilanza di settore, nell'ambito delle rispettive attribuzioni:

a) basano la frequenza e l'intensità dei controlli e delle ispezioni di vigilanza in funzione del profilo di rischio, delle dimensioni e della natura del soggetto obbligato vigilato;
b) effettuano ispezioni e controlli, anche attraverso la richiesta di esibizione o trasmissione di tutti i documenti, gli atti e di ogni altra informazione utili all'espletamento delle funzioni di vigilanza e controllo. Nell'esercizio di tali competenze, le autorità di vigilanza di settore hanno il potere di convocare i componenti degli organi di direzione, amministrazione e controllo e il personale dei soggetti obbligati rispettivamente vigilati e possono richiedere l'invio, con le modalità e nei termini stabiliti nelle disposizioni di attuazione di cui al comma 1, lettera a), di segnalazioni periodiche rilevanti per finalità di prevenzione del riciclaggio e di finanziamento del terrorismo. I poteri ispettivi e di controllo previsti dalla presente lettera possono essere esercitati anche nei confronti dei soggetti ai quali i soggetti obbligati abbiano esternalizzato funzioni aziendali essenziali o importanti per l'adempimento degli obblighi antiriciclaggio, nei limiti consentiti dal presente decreto e dalla relativa disciplina attuativa [2];
c) ordinano ovvero, in caso di inottemperanza all'ordine di convocare, convocano direttamente gli organi di amministrazione, direzione e controllo dei soggetti obbligati rispettivamente vigilati, fissandone l'ordine del giorno e proponendo l'assunzione di specifiche decisioni;
d) adottano provvedimenti aventi ad oggetto il divieto di nuove operazioni nelle ipotesi di gravi carenze o violazioni, riscontrate a carico dei soggetti obbligati rispettivamente vigilati;
e) [ai sensi dell'articolo 62, commi 7 e 8,] irrogano, nei limiti delle rispettive attribuzioni e competenze, le sanzioni previste per l'inosservanza degli obblighi di cui al presente decreto, e delle relative disposizioni di attuazione, da parte dei soggetti obbligati rispettivamente vigilati [3].

3. Per l'esercizio delle attribuzioni di cui al comma 1, le autorità di vigilanza di settore hanno accesso alle informazioni sul titolare effettivo di persone giuridiche e trust espressi, contenute in apposita sezione[, ad accesso riservato,] del registro delle imprese, ai sensi dell'articolo 21 del presente decreto [4].

4. Le autorità di vigilanza di settore informano prontamente la UIF e la Direzione nazionale antimafia e antiterrorismo di situazioni ritenute correlate a fattispecie di riciclaggio e finanziamento del terrorismo di cui vengono a conoscenza nell'esercizio della propria attività istituzionale e forniscono all'ABE ogni informazione utile all'efficace svolgimento delle rispettive attribuzioni. Nell'esercizio delle proprie funzioni di vigilanza su succursali di soggetti obbligati aventi sede in altro Stato membro nonché sugli intermediari bancari e finanziari con capogruppo in un altro Stato membro, le autorità di vigilanza di settore assicurano la cooperazione e forniscono ogni informazione necessaria alle autorità di vigilanza dello Stato membro di appartenenza dei predetti soggetti obbligati o della società capogruppo [5].

4 bis. Al fine di esercitare la vigilanza sui gruppi, le autorità di vigilanza di settore:

a) possono impartire alla capogruppo, con provvedimenti di carattere generale o particolare, disposizioni concernenti il gruppo complessivamente considerato o i suoi componenti, in relazione all'adempimento degli obblighi disciplinati dal presente decreto e dalla relativa disciplina attuativa. Le autorità di vigilanza di settore possono impartire disposizioni anche nei confronti di un solo o di alcuni componenti il gruppo;
b) possono effettuare ispezioni e richiedere l'esibizione di documenti e gli atti che ritengano necessari [6].

4 ter. In caso di gruppi operanti in più Stati membri, le autorità di vigilanza di settore cooperano con le autorità competenti in materia di antiriciclaggio degli Stati membri in cui sono stabiliti gli intermediari bancari e finanziari controllati o le succursali del gruppo [7].

4 quater. Le autorità di vigilanza di settore possono richiedere alle autorità competenti in materia di antiriciclaggio di altro Stato membro di effettuare accertamenti presso gli intermediari bancari e finanziari controllati o le succursali del gruppo, stabiliti nel territorio di detto Stato, ovvero concordare altre modalità delle verifiche [8].

4 quinquies. Le autorità di vigilanza di settore, su richiesta delle autorità competenti in materia di antiriciclaggio di altri Stati membri, possono effettuare ispezioni presso gli intermediari bancari e finanziari con sede legale in Italia ricompresi nella vigilanza sui gruppi di competenza delle autorità richiedenti. Le autorità di vigilanza di settore possono consentire che la verifica sia effettuata dalle autorità che hanno fatto la richiesta ovvero da un revisore o da un esperto. L'autorità competente richiedente, qualora non compia direttamente la verifica, può, se lo desidera, prendervi parte [9].

4 sexies. Al fine di agevolare l'esercizio della vigilanza nei confronti di gruppi operanti in più Stati membri, le autorità di vigilanza di settore, sulla base di accordi con le autorità competenti in materia di antiriciclaggio, definiscono forme di collaborazione e coordinamento, possono istituire collegi di supervisori e partecipare ai collegi istituiti da altre autorità. In tale ambito, le autorità di vigilanza di settore possono concordare specifiche ripartizioni di compiti e deleghe di funzioni [10].

(1) Articolo modificato dall'art. 7, co. 1, d.lgs. 30.7.2012, n. 130 e poi sostituito dall'art. 1, co. 1, d.lgs. 25.5.2017, n. 90.
(2) Lettera modificata dall'art. 1, co. 2, lett. c), n. 1), d.lgs. 4.10.2019, n. 125.
(3) Lettera modificata dall'art. 1, co. 2, lett. c), n. 2), d.lgs. 4.10.2019, n. 125.
(4) Comma modificato dall'art. 1, co. 2, lett. d), d.lgs. 4.10.2019, n. 125.
(5) Comma modificato dall'art. 1, co. 2, lett. e), n. 1), d.lgs. 4.10.2019, n. 125 e poi dall'art. 50, co. 1, lett. c), d.l. 17.5.2022, n. 50, conv., con modif., dalla l. 15.7.2022, n. 91.
(6) Comma introdotto dall'art. 1, co. 2, lett. e), n. 2), d.lgs. 4.10.2019, n. 125.
(7) Comma introdotto dall'art. 1, co. 2, lett. e), n. 2), d.lgs. 4.10.2019, n. 125.
(8) Comma introdotto dall'art. 1, co. 2, lett. e), n. 2), d.lgs. 4.10.2019, n. 125.
(9) Comma introdotto dall'art. 1, co. 2, lett. e), n. 2), d.lgs. 4.10.2019, n. 125.
(10) Comma introdotto dall'art. 1, co. 2, lett. e), n. 2), d.lgs. 4.10.2019, n. 125.

8. Direzione nazionale antimafia e antiterrorismo [1].

1. Nell'esercizio delle competenze e nello svolgimento delle funzioni di coordinamento delle indagini e di impulso investigativo ad essa attribuite dalla normativa vigente, la Direzione nazionale antimafia ed antiterrorismo:

a) riceve tempestivamente dalla UIF per il tramite del Nucleo speciale di polizia valutaria della Guardia di Finanza ovvero, per quanto attinente alle segnalazioni relative alla criminalità organizzata, per il tramite della Direzione investigativa antimafia, i dati attinenti alle segnalazioni di operazioni sospette e relativi ai dati anagrafici dei soggetti segnalati o collegati, necessari per la verifica della loro eventuale attinenza a procedimenti giudiziari in corso, e può richiedere ogni altro elemento informativo e di analisi che ritenga di proprio interesse, anche ai fini della potestà di impulso attribuita al Procuratore Nazionale. A tal fine la Direzione nazionale antimafia e antiterrorismo stipula con la UIF, la Guardia di finanza e la Direzione investigativa antimafia appositi protocolli tecnici, volti a stabilire le modalità e la tempistica dello scambio di informazioni di cui alla presente lettera, assicurando l'adozione di ogni accorgimento idoneo a tutelare il trattamento in forma anonima dei dati anagrafici, necessari per la verifica della loro eventuale attinenza a procedimenti giudiziari in corso e la riservatezza dell'identità del segnalante;

b) riceve dall'Agenzia delle dogane e dei monopoli tutti i dati e le informazioni necessari all'individuazione di possibili correlazioni tra flussi merceologici a rischio e flussi finanziari sospetti, sulla base di protocolli tecnici, stipulati con la medesima Agenzia, volti a stabilire le modalità e la tempistica dello scambio di informazioni;

c) ferme le disposizioni vigenti in materia di tutela del segreto investigativo, fornisce alla UIF e all'Agenzia delle dogane e dei monopoli tempestivo riscontro in ordine all'utilità delle informazioni ricevute;

d) può richiedere alla UIF l'analisi dei flussi finanziari ovvero analisi e studi su singole anomalie, riferibili a ipotesi di utilizzo del sistema finanziario a scopo di riciclaggio dei proventi di attività della criminalità organizzata o di finanziamento del terrorismo, su specifici settori dell'economia ritenuti a rischio, su categorie di strumenti di pagamento e su specifiche realtà economiche territoriali;

e) ha accesso alle informazioni sul titolare effettivo di persone giuridiche e trust espressi, contenute in apposita sezione del registro delle imprese, ai sensi dell'articolo 21 del presente decreto;

f) fornisce al Comitato di sicurezza finanziaria, nel rispetto del segreto di indagine, i dati in suo possesso, utili all'elaborazione dell'analisi nazionale dei rischi di riciclaggio e di finanziamento del terrorismo di cui all'articolo 14 e le proprie valutazioni sui risultati dell'attività di contrasto del riciclaggio e del finanziamento del terrorismo, al fine della elaborazione della relazione di cui all'articolo 5, comma 7;

g) può richiedere, ai sensi dell'articolo 371-*bis* del codice di procedura penale alle autorità di vigilanza di settore ogni altra informazione utile all'esercizio delle proprie attribuzioni [2].

(1) Articolo sostituito dall'art. 1, co. 1, d.lgs. 25.5.2017, n. 90.
(2) Lettera modificata dall'art. 1, co. 2, lett. f), d.lgs. 4.10.2019, n. 125.

9. Nucleo speciale di polizia valutaria della Guardia di finanza e Direzione investigativa antimafia [1].

1. Il Nucleo speciale di polizia valutaria della Guardia di finanza, nel quadro degli obiettivi e priorità strategiche individuati annualmente dal Ministro dell'economia e delle finanze con la Direttiva generale per l'azione amministrativa e la gestione, esegue i controlli sull'osservanza delle disposizioni di cui al presente decreto da parte dei soggetti obbligati non vigilati dalle Autorità di vigilanza di settore nonché gli ulteriori controlli effettuati, in collaborazione con la UIF che ne richieda l'intervento a supporto dell'esercizio delle funzioni di propria competenza.

2. Al fine di garantire economicità ed efficienza dell'azione di prevenzione del riciclaggio e del finanziamento del terrorismo, il Nucleo speciale di polizia valutaria della Guardia di finanza può eseguire, previa intesa con le autorità di vigilanza di settore rispettivamente competenti, i controlli sui seguenti soggetti:

a) istituti di pagamento, istituti di moneta elettronica e relative succursali;

b) punti di contatto centrale di cui all'articolo 1 comma 2, lettera ii);

c) società fiduciarie e intermediari di cui all'albo previsto dall'articolo 106 TUB;
d) soggetti eroganti micro-credito ai sensi dell'articolo 111 TUB e i confidi e gli altri soggetti di cui all'articolo 112 TUB;
e) succursali insediate sul territorio della Repubblica di intermediari bancari e finanziari e di imprese assicurative aventi sede legale e amministrazione centrale in un altro Stato membro o in uno Stato terzo;
f) intermediari assicurativi di cui all'articolo 109, comma 2, lettere a), b) e d), CAP, che operano nei rami di attività di cui all'articolo 2, comma 1, CAP;
g) revisori legali e società di revisione legale con incarichi di revisione legale su enti di interesse pubblico o su enti sottoposti a regimi intermedio;
h) soggetti che esercitano l'attività di custodia e trasporto di denaro contante e di titoli o valori a mezzo di guardie particolari giurate, in presenza della licenza di cui all'articolo 134 TULPS, salve le competenze in materia di pubblica sicurezza attribuite dal medesimo Testo Unico.

3. Il Nucleo speciale di polizia valutaria della Guardia di finanza definisce la frequenza e l'intensità dei controlli e delle ispezioni in funzione del profilo di rischio, della natura e delle dimensioni dei soggetti obbligati e dei rischi nazionali e transfrontalieri di riciclaggio e di finanziamento del terrorismo.

4. Per le finalità di cui al presente articolo, il Nucleo speciale di polizia valutaria della Guardia di finanza:
a) effettua ispezioni e controlli anche con i poteri attribuiti al Corpo dalla normativa valutaria. I medesimi poteri sono attribuiti ai militari appartenenti ai reparti della Guardia di finanza ai quali il Nucleo speciale di polizia valutaria delega le ispezioni e i controlli;
a-*bis*) acquisisce, anche attraverso le ispezioni e i controlli di cui ai commi 1 e 2, dati e informazioni presso i soggetti obbligati [(2)];
b) con i medesimi poteri di cui alla lettera a), svolge gli approfondimenti investigativi delle informazioni ricevute ai sensi dell'articolo 13 e delle segnalazioni di operazioni sospette trasmesse dalla UIF ai sensi dell'articolo 40 [(3)].

5. Ferme restando le competenze del Nucleo speciale di polizia valutaria di cui al comma 4, la Guardia di finanza:
a) accerta e contesta, con le modalità e nei termini di cui alla legge 24 novembre 1981, n. 689, ovvero trasmette alle autorità di vigilanza di settore le violazioni degli obblighi di cui al presente decreto riscontrate nell'esercizio dei suoi poteri di controllo;
b) espleta le funzioni e i poteri di controllo sull'osservanza delle disposizioni di cui al presente decreto da parte dei soggetti convenzionati e agenti di cui all'articolo 1, comma 2, lettera nn), nonché da parte dei *distributori ed esercenti di gioco*, ivi compresi quelli di prestatori di servizi di gioco con sede legale e amministrazione centrale in altro Stato comunitario, che operano sul territorio della Repubblica italiana.

6. Per l'esercizio delle attribuzioni di cui al presente articolo, il Nucleo speciale di polizia valutaria ha accesso:
a) ai dati contenuti nella sezione dell'anagrafe tributaria di cui all'articolo 7, commi 6 e 11 del decreto del Presidente della Repubblica 29 settembre 1973, n. 605, come modificato dall'articolo 37, comma 4, del decreto-legge 4 luglio 2006, n. 223, convertito, con modificazioni, dalla legge 4 agosto 2006, n. 248;
b) alle informazioni sul titolare effettivo di persone giuridiche e trust espressi, contenute in apposita sezione del registro delle imprese, ai sensi dell'articolo 21 del presente decreto;
b-*bis*) ai dati e alle informazioni contenute nell'anagrafe immobiliare integrata di cui all'articolo 19 del decreto-legge 31 maggio 2010, n. 78, convertito, con modificazioni, dalla legge 30 luglio 2010, n. 122 [(4)].

7. La Direzione investigativa antimafia accerta e contesta, con le modalità e nei termini di cui alla legge 24 novembre 1981, n. 689, ovvero trasmette alle autorità di vigilanza di settore, le violazioni degli obblighi di cui al presente decreto riscontrate nell'esercizio delle sue attribuzioni ed effettua gli approfondimenti investigativi, attinenti alla criminalità organizzata, delle informazioni ricevute ai sensi dell'articolo 13 e delle segnalazioni di operazioni sospette trasmesse dalla UIF ai sensi dell'articolo 40. Restano applicabili, in quanto compatibili, le disposizioni di cui agli articoli 1, comma 4, e 1-*bis*, commi 1 e 4, del decreto-legge 6 settembre 1982, n. 629, convertito, con modificazioni, dalla legge 12 ottobre 1982, n. 726 [(5)].

8. Per l'esercizio delle attribuzioni di cui al comma 7, la Direzione investigativa antimafia ha accesso:
a) ai dati contenuti nella sezione dell'anagrafe tributaria di cui all'articolo 7, commi 7 e 11, del decreto del Presidente della Repubblica 29 settembre 1973, n. 605, come modificato dall'articolo 37, comma 4, del decreto-legge 4 luglio 2006, n. 223, convertito, con modificazioni, dalla legge 4 agosto 2006, n. 248;
b) alle informazioni sul titolare effettivo di persone giuridiche e trusts espressi, contenute in apposita sezione del registro delle imprese, ai sensi dell'articolo 21 del presente decreto;
b-*bis*) ai dati e alle informazioni contenute nell'anagrafe immobiliare integrata di cui all'articolo 19 del decreto-legge 31 maggio 2010, n. 78, convertito, con modificazioni, dalla legge 30 luglio 2010, n. 122 [(6)].

9. I dati e le informazioni acquisite nell'ambito delle attività svolte ai sensi del presente articolo sono utilizzabili ai fini fiscali, secondo le disposizioni e le attribuzioni vigenti [(7)].

(1) Articolo modificato dall'art. 4, co. 1, d.lgs. 25.9.2009, n. 151, dall'art. 27, co. 1, lett. a), d.lgs. 13.8.2010, n. 141, come modificato dall'art. 18, co. 1, d.lgs. 19.9.2012, n. 169, dall'art. 2, co. 5, e dall'art. 20, co. 4, d.l. 18.2.2015 n. 7, conv., con modif., in l. 17.4.2015, n. 43 e poi sostituito dall'art. 1, co. 1, d.lgs. 25.5.2017, n. 90.

(2) Lettera introdotta dall'art. 1, co. 2, lett. g), n. 1), d.lgs. 4.10.2019, n. 125.
(3) Lettera sostituita dall'art. 1, co. 2, lett. g), n. 2), d.lgs. 4.10.2019, n. 125.
(4) Lettera introdotta dall'art. 1, co. 2, lett. h), d.lgs. 4.10.2019, n. 125.
(5) Comma modificato dall'art. 1, co. 2, lett. i), d.lgs. 4.10.2019, n. 125.
(6) Lettera introdotta dall'art. 1, co. 2, lett. l), d.lgs. 4.10.2019, n. 125.
(7) Comma modificato dall'art. 1, co. 2, lett. m), d.lgs. 4.10.2019, n. 125.

10. Pubbliche amministrazioni (1).

1. Le disposizioni di cui al presente articolo si applicano agli uffici delle Pubbliche amministrazioni competenti allo svolgimento di compiti di amministrazione attiva o di controllo, nell'ambito dei seguenti procedimenti o procedure:
a) procedimenti finalizzati all'adozione di provvedimenti di autorizzazione o concessione;
b) procedure di scelta del contraente per l'affidamento di lavori, forniture e servizi secondo le disposizioni di cui al codice dei contratti pubblici;
c) procedimenti di concessione ed erogazione di sovvenzioni, contributi, sussidi, ausili finanziari, nonché attribuzioni di vantaggi economici di qualunque genere a persone fisiche ed enti pubblici e privati.

2. In funzione del rischio di riciclaggio o di finanziamento del terrorismo, il Comitato di sicurezza finanziaria, anche sulla base dell'analisi nazionale del rischio di cui all'articolo 14, individua categorie di attività amministrative, svolte dalle Pubbliche amministrazioni responsabili dei procedimenti di cui al comma 1, rispetto a cui non trovano applicazione gli obblighi di cui al presente articolo. Con le medesime modalità e secondo i medesimi criteri, il Comitato di sicurezza finanziaria può individuare procedimenti, ulteriori rispetto a quelli di cui al comma 1, per i quali trovano applicazione gli obblighi di cui al presente articolo.

3. Il Comitato di sicurezza finanziaria elabora linee guida per la mappatura e la valutazione dei rischi di riciclaggio e finanziamento del terrorismo cui gli uffici delle Pubbliche amministrazioni, responsabili dei procedimenti di cui al comma 1, sono esposti nell'esercizio della propria attività istituzionale. Sulla base delle predette linee guida, le medesime Pubbliche amministrazioni adottano procedure interne, proporzionate alle proprie dimensioni organizzative e operative, idonee a valutare il livello di esposizione dei propri uffici al rischio e indicano le misure necessarie a mitigarlo.

4. Al fine di consentire lo svolgimento di analisi finanziarie mirate a far emergere fenomeni di riciclaggio e di finanziamento del terrorismo, le Pubbliche amministrazioni comunicano alla UIF dati e informazioni concernenti le operazioni sospette di cui vengano a conoscenza nell'esercizio della propria attività istituzionale. La UIF, in apposite istruzioni, adottate sentito il Comitato di sicurezza finanziaria, individua i dati e le informazioni da trasmettere, le modalità e i termini della relativa comunicazione nonché gli indicatori per agevolare la rilevazione delle operazioni sospette.

5. Le Pubbliche amministrazioni responsabili dei procedimenti di cui al comma 1, nel quadro dei programmi di formazione continua del personale realizzati in attuazione dell'articolo 3 del decreto legislativo 1° dicembre 2009, n. 178, adottano misure idonee ad assicurare il riconoscimento, da parte dei propri dipendenti delle fattispecie meritevoli di essere comunicate ai sensi del presente articolo.

6. L'inosservanza delle norme di cui alla presente disposizione assume rilievo ai fini dell'articolo 21, comma 1-*bis*, del decreto legislativo 30 marzo 2001, n. 165.

(1) Articolo modificato dall'art. 22, co. 1, d.lgs. 4.3.2010, n. 28 e poi sostituito dall'art. 1, co. 1, d.lgs. 25.5.2017, n. 90. Prima della sostituzione questo articolo era contenuto all'interno del Capo II.

11. Organismi di autoregolamentazione (1).

1. Fermo quanto previsto circa la titolarità e le modalità di esercizio dei poteri di controllo da parte delle autorità di cui all'articolo 21, comma 2, lettera a), gli organismi di autoregolamentazione, le loro articolazioni territoriali e i consigli di disciplina, secondo i princìpi e le modalità previsti dall'ordinamento vigente, promuovono e controllano l'osservanza degli obblighi previsti dal presente decreto da parte dei professionisti iscritti nei propri albi ed elenchi. Ai fini della corretta attuazione degli obblighi di cui al presente articolo, il Ministero della giustizia, ai sensi della normativa vigente, espleta le funzioni di controllo sugli ordini professionali assoggettati alla propria vigilanza.

2. Gli organismi di autoregolamentazione sono responsabili dell'elaborazione e aggiornamento di regole tecniche, adottate in attuazione del presente decreto previo parere del Comitato di sicurezza finanziaria, in materia di procedure e metodologie di analisi e valutazione del rischio di riciclaggio e finanziamento del terrorismo cui i professionisti sono esposti nell'esercizio della propria attività, di controlli interni, di adeguata verifica, anche semplificata della clientela e di conservazione e, anche attraverso le proprie articolazioni territoriali, garantiscono l'adozione di misure idonee a sanzionarne l'inosservanza e sono sentiti dalla UIF ai fini dell'adozione e dell'aggiornamento degli indicatori di anomalia di cui all'articolo 6, comma 4, lettera e) che li riguardino. I predetti organismi e le loro articolazioni territoriali sono altresì responsabili della formazione e dell'aggiornamento dei propri iscritti in materia di politiche e strumenti di prevenzione del riciclaggio e di finanziamento del terrorismo.

3. Gli organismi di autoregolamentazione, attraverso propri organi all'uopo predisposti, applicano sanzioni disciplinari a fronte di violazioni gravi, ripetute o sistematiche ovvero plurime degli obblighi cui i propri iscritti sono assoggettati ai sensi del presente decreto e delle relative disposizioni tecniche di attuazione e comunicano annualmente al Ministero dell'economia e delle finanze e al Ministero della giustizia i dati attinenti il numero dei procedimenti disciplinari avviati o conclusi dagli ordini territoriali.

4. Gli organismi di autoregolamentazione possono ricevere le segnalazioni di operazioni sospette da parte dei propri iscritti, per il successivo inoltro alla UIF, secondo le specifiche e con le modalità e garanzie di tutela della riservatezza dell'identità del segnalante, individuate con apposito decreto del Ministro dell'economia e delle finanze, di concerto con il Ministro della giustizia sentito il Garante per la protezione dei dati personali. I predetti organismi informano prontamente la UIF di situazioni, ritenute correlate a fattispecie di riciclaggio e finanziamento del terrorismo, di cui vengono a conoscenza nell'esercizio della propria attività.

4 bis. Gli organismi di autoregolamentazione, entro il termine di cui all'articolo 5, comma 7, pubblicano, dandone preventiva informazione al Comitato di sicurezza finanziaria, una relazione annuale contenente i seguenti dati e informazioni:

a) il numero dei decreti sanzionatori e delle altre misure sanzionatorie, suddivisi per tipologia di infrazione, adottati dalle competenti autorità, nei confronti dei rispettivi iscritti, nell'anno solare precedente;
b) il numero di segnalazioni di operazioni sospette ricevute dall'organismo di autoregolamentazione, per il successivo inoltro alla UIF, ai sensi del comma 4;
c) il numero e la tipologia di misure disciplinari, adottate nei confronti dei rispettivi iscritti ai sensi del comma 3 e dell'articolo 66, comma 1, a fronte di violazioni gravi, ripetute, sistematiche ovvero plurime degli obblighi stabiliti dal presente decreto in materia di controlli interni, di adeguata verifica della clientela, di conservazione e di segnalazione di operazioni sospette [2].

(1) Articolo modificato dall'art. 5, co. 1, lett. a), d.lgs. 25.9.2009, n. 151, dall'art. 36, co. 2, lett. a), d.lgs. 27.1.2010, n. 11, dall'art. 27, co. 1, lett. a), d.lgs. 13.8.2010, n. 141, come modificato dall'art. 14, co. 2, d.lgs. 14.12.2010, n. 218 e dall'art. 18, co. 1, d.lgs. 19.9.2012, n. 169, e infine sostituito dall'art. 1, co. 1, d.lgs. 25.5.2017, n. 90. Prima della sostituzione questo articolo era contenuto all'interno del Capo III.
(2) Comma introdotto dall'art. 1, co. 2, lett. n), d.lgs. 4.10.2019, n. 125.

Capo III
Cooperazione nazionale e internazionale [1]

(1) Capo sostituito dall'art. 1, co. 1, d.lgs. 25.5.2017, n. 90.

12. Collaborazione e scambio di informazioni tra autorità nazionali [1] [2].

1. Le autorità di cui all'articolo 21, comma 2, lettera a), le amministrazioni e gli organismi interessati, l'autorità giudiziaria e gli organi delle indagini collaborano per agevolare l'individuazione di ogni circostanza in cui emergono fatti e situazioni la cui conoscenza può essere comunque utilizzata per prevenire l'uso del sistema finanziario e di quello economico a scopo di riciclaggio o di finanziamento del terrorismo.

1 bis. Per le finalità di cui al presente decreto, le autorità di cui all'articolo 21, comma 2, lettera a), collaborano tra loro scambiando informazioni, anche in deroga all'obbligo del segreto d'ufficio [3].

2. Fermo quanto stabilito dal presente decreto circa la titolarità e le modalità di esercizio dei poteri di controllo da parte delle autorità di cui all'articolo 21, comma 2, lettera a), le amministrazioni e gli organismi interessati, qualora nell'esercizio delle proprie attribuzioni rilevino l'inosservanza delle norme di cui al presente decreto, accertano e contestano la violazione con le modalità e nei termini di cui alla legge 24 novembre 1981, n. 689. Con decreto del Ministro dell'economia e delle finanze possono essere dettate modalità e procedure per la contestazione della violazione e il successivo inoltro all'autorità competente all'irrogazione della sanzione. Le medesime amministrazioni e i medesimi organismi informano prontamente la UIF di situazioni, ritenute correlate a fattispecie di riciclaggio e finanziamento del terrorismo, di cui vengono a conoscenza nell'esercizio della propria attività istituzionale.

3. Fermo quanto disposto dall'articolo 40 in materia di analisi e sviluppo investigativo della segnalazione di operazione sospetta, l'autorità giudiziaria, nell'ambito di indagini relative all'esistenza di reati di riciclaggio, di autoriciclaggio, di reati a essi presupposti ovvero di attività di finanziamento del terrorismo e ogni qualvolta lo ritenga necessario per lo svolgimento di un procedimento penale, può richiedere alla UIF, con le garanzie di cui all'articolo 38, i risultati delle analisi e qualsiasi altra informazione pertinente.

4. Ferma restando l'autorizzazione dell'autorità giudiziaria procedente per le informazioni coperte da segreto investigativo nonché eccettuati i casi in cui è in corso un'indagine di polizia per la quale è già stata trasmessa un'informativa all'autorità giudiziaria, ai sensi degli articoli 347 o 357 del codice di procedura penale e detta autorità non ha ancora assunto le proprie determinazioni in ordine all'esercizio dell'azione penale, gli organi delle indagini forniscono le informazioni investigative necessarie a consentire alla UIF lo svolgimento delle analisi di sua competenza, attraverso modalità concordate che garantiscano la tempestiva disponibilità delle predette informazioni e il rispetto dei principi di pertinenza e proporzionalità dei dati e delle notizie trattati rispetto agli scopi per cui sono richiesti [4].

5. La UIF fornisce i risultati di carattere generale degli studi effettuati alle forze di polizia, alle autorità di vigilanza di settore, al Ministero dell'economia e delle finanze, all'Agenzia delle dogane e dei monopoli, al Ministero della giustizia ed al Procuratore nazionale antimafia e antiterrorismo; fermo restando quanto previsto dall'articolo 331 del codice di procedura penale, la UIF fornisce alla Direzione investigativa antimafia, al Nucleo speciale di polizia valutaria della Guardia di finanza nonché al Comitato di analisi strategica antiterrorismo gli esiti delle analisi e degli studi effettuati su specifiche anomalie da cui emergono fenomeni di riciclaggio o di finanziamento del terrorismo.

6. La UIF informa tempestivamente il Comitato di sicurezza finanziaria delle attività e degli strumenti con cui provvede alla disseminazione delle informazioni, relative alle analisi strategiche volte a individuare tendenze evolutive dei fenomeni di riciclaggio e di finanziamento del terrorismo, in favore di autorità preposte alla tutela di interessi correlati o strumentali alla prevenzione del riciclaggio e del finanziamento del terrorismo. La UIF fornisce al Comitato di sicurezza finanziaria, con cadenza semestrale, una relazione sintetica che informa in ordine al numero e alla tipologia delle informazioni disseminate e fornisce riscontro in ordine alle attività intraprese a seguito del loro utilizzo.

7. L'autorità giudiziaria, quando ha fondato motivo di ritenere che il riciclaggio, l'autoriciclaggio o l'impiego di denaro, beni o altre utilità di provenienza illecita ovvero le attività preordinate al compimento di uno o più atti con finalità di finanziamento del terrorismo siano avvenuti attraverso operazioni effettuate presso gli intermediari sottoposti a vigilanza, ne dà comunicazione alle autorità di vigilanza di settore e alla UIF per gli adempimenti e le analisi di rispettiva spettanza. Le notizie comunicate sono coperte dal segreto d'ufficio. La comunicazione può essere ritardata quando può derivarne pregiudizio alle indagini. Le Autorità di vigilanza di settore e la UIF, fermo quanto stabilito dall'articolo 8, comma 1, lettera a), comunicano all'autorità giudiziaria le iniziative assunte e i provvedimenti adottati [5].

7 bis. L'autorità giudiziaria può richiedere al Nucleo speciale di polizia valutaria della Guardia di finanza e, per quanto attiene alla criminalità organizzata, anche alla Direzione investigativa antimafia, i risultati degli approfondimenti investigativi svolti sulle segnalazioni di operazioni sospette [6].

8. Salvo quanto previsto dal comma 1-*bis* e fuori dai casi di cooperazione tra le forze di polizia di cui all'articolo 16 della legge 1° aprile 1981, n. 121, tutte le informazioni, in possesso delle autorità di cui all'articolo 21, comma 2, lettera a), e rilevanti per l'esercizio delle attribuzioni di cui al presente decreto, sono coperte da segreto d'ufficio. Il segreto non può essere opposto all'autorità giudiziaria ovvero alle forze di polizia di cui al primo periodo, quando le informazioni siano necessarie per lo svolgimento di un procedimento penale, nonché ai servizi centrali di cui all'articolo 12 del decreto-legge 13 maggio 1991, n. 152, convertito, con modificazioni, dalla legge 12 luglio 1991, n. 203, nei casi in cui sia necessario disporre, con assoluta urgenza, di informazioni finanziarie o analisi finanziarie della UIF per la prevenzione, l'accertamento, l'indagine o il perseguimento di condotte riconducibili ai delitti contro la personalità dello Stato previsti dagli articoli da 270 a 270-*septies* del codice penale [7].

(1) Articolo modificato dall'art. 6, co. 1, lett. a), d.lgs. 25.9.2009, n. 151, dall'art. 10, co. 1, d.l. 12.9.2014, n. 132, conv., con modif., in l. 10.11.2014, n. 162 e poi sostituito dall'art. 1, co. 1, d.lgs. 25.5.2017, n. 90.

(2) Rubrica sostituita dall'art. 1, co. 3, lett. a), n. 1), d.lgs. 4.10.2019, n. 125.

(3) Comma introdotto dall'art. 1, co. 3, lett. a), n. 2), d.lgs. 4.10.2019, n. 125.

(4) Comma modificato dall'art. 1, co. 3, lett. a), n. 3), d.lgs. 4.10.2019, n. 125.

(5) Comma modificato dall'art. 1, co. 3, lett. a), n. 4), d.lgs. 4.10.2019, n. 125.

(6) Comma introdotto dall'art. 1, co. 3, lett. a), n. 5), d.lgs. 4.10.2019, n. 125.

(7) Comma sostituito dall'art. 1, co. 3, lett. a), n. 6), d.lgs. 4.10.2019, n. 125 e poi modificato dall'art. 28 *quinquies*, d.l. 27.1.2022, n 4, conv., con modif., dalla l. 28.3.2022, n. 25.

13. Cooperazione internazionale [1].

1. Le autorità di cui all'articolo 21, comma 2, cooperano con le autorità competenti degli altri Stati membri, al fine di assicurare che lo scambio di informazioni e l'assistenza, necessari al perseguimento delle finalità di cui al presente decreto, non siano impediti dall'attinenza dell'informazione o dell'assistenza alla materia fiscale, dalla diversa natura giuridica o dal diverso status dell'omologa autorità competente richiedente ovvero dall'esistenza di un accertamento investigativo, di un'indagine o di un procedimento penale, fatto salvo il caso in cui lo scambio o l'assistenza possano ostacolare la predetta indagine o il predetto accertamento investigativo o procedimento penale. Restano ferme le vigenti disposizioni poste a tutela del segreto investigativo.

2. Per l'esercizio delle rispettive attribuzioni, il Nucleo speciale di polizia valutaria della Guardia di finanza, la Direzione investigativa antimafia, la Direzione nazionale antimafia e antiterrorismo e la UIF collaborano nell'ambito della cooperazione internazionale e scambiano le informazioni ottenute nell'ambito della predetta cooperazione. A tal fine, la Guardia di finanza, la Direzione investigativa antimafia, la Direzione nazionale antimafia e antiterrorismo e la UIF stipulano appositi protocolli d'intesa, volti a disciplinare il processo di tempestiva condivisione delle predette informazioni.

3. Fermo restando quanto stabilito al comma 1, al fine di facilitare le attività comunque connesse all'approfondimento investigativo delle segnalazioni di operazioni sospette, il Nucleo speciale di polizia valutaria della Guardia di finanza e la Direzione investigativa antimafia scambiano, anche direttamente, a condizioni di reciprocità ed in deroga all'obbligo del segreto d'ufficio, dati ed informazioni di polizia con omologhi organismi esteri e internazionali.

(1) Articolo modificato dall'art. 27, co. 1, lett. g), d.lgs. 13.8.2010, n. 141, come modificato dall'art. 18, co. 1, d.lgs. 19.9.2012, n. 169, poi sostituito dall'art. 1, co. 1, d.lgs. 25.5.2017, n. 90 e, infine, dall'art. 1, co. 3, lett. b), d.lgs. 4.10.2019, n. 125.

13 bis. Cooperazione tra Unità di informazione finanziaria per l'Italia e altre FIU [1].

1. La UIF, previa richiesta ovvero di propria iniziativa, può, a condizioni di reciprocità, anche per quanto riguarda la riservatezza, scambiare informazioni e collaborare con le FIU per il trattamento o l'analisi di informazioni collegate al riciclaggio o al finanziamento del terrorismo e ai soggetti coinvolti, indipendentemente dalla tipologia e dall'accertamento delle fattispecie di reato presupposto. La richiesta indica tutti i fatti pertinenti, le informazioni sul contesto, le motivazioni e le modalità di utilizzo delle informazioni richieste. La UIF accede alla rete FIU.NET e si avvale di tecnologie adeguate a consentire l'incrocio anonimo dei dati inerenti le informazioni oggetto di scambio tra essa e le altre FIU.

2. La UIF utilizza le informazioni ottenute dalle altre FIU per lo svolgimento delle attività di cui al comma 1 e per le finalità per cui le predette informazioni sono state fornite. Tali informazioni possono essere utilizzate per finalità ulteriori o trasmesse dalla UIF alle autorità nazionali competenti previo consenso della FIU dello Stato che ha fornito le informazioni e nel rispetto degli eventuali limiti o condizioni posti dalla medesima FIU. La UIF può fornire il predetto consenso alla FIU cui ha fornito le informazioni e può rifiutarlo qualora, in base alle evidenze disponibili, possa pregiudicare lo svolgimento di indagini o si ponga in contrasto con norme costituzionali o con i principi fondamentali dell'ordinamento nazionale. Tali eccezioni sono specificate in modo da evitare abusi o limitazioni non consentite alla comunicazione delle predette informazioni.

3. Per le finalità di cui al presente articolo, la UIF può stipulare protocolli di intesa con le FIU e avvalersi di tutti i poteri di cui, secondo l'ordinamento vigente, dispone in qualità di Unità di informazione finanziaria per l'Italia. Al di fuori dei casi di cui al presente articolo, restano applicabili le disposizioni di cui agli articoli 9 e 12 della legge 1° aprile 1981, n. 121.

4. La UIF partecipa con le FIU degli Stati membri ad analisi congiunte dei casi di carattere transfrontaliero e trasmette alle medesime FIU le informazioni su segnalazioni di operazioni sospette che riguardano tali Stati, individuate tenendo conto degli indirizzi formulati dalla Piattaforma delle FIU dell'Unione europea, ai sensi dell'articolo 51 della direttiva. La UIF, previa autorizzazione delle FIU estere, ove necessaria, trasmette i dati e i risultati di tali analisi alla Direzione nazionale antimafia e antiterrorismo, al Nucleo speciale di polizia valutaria della Guardia di finanza e alla Direzione investigativa antimafia, per l'esercizio delle rispettive attribuzioni, con le modalità e nei termini stabiliti dai protocolli di cui all'articolo 13, comma 2.

5. Le differenti definizioni di fattispecie penali vigenti negli ordinamenti degli Stati membri non ostacolano la cooperazione e lo scambio di informazioni tra la UIF e le FIU.

(1) Articolo introdotto dall'art. 1, co. 3, lett. c), d.lgs. 4.10.2019, n. 125.

13 ter. Cooperazione tra le autorità di vigilanza di settore degli Stati membri.

1. Le autorità di vigilanza di settore collaborano, anche mediante scambio di informazioni, con le autorità competenti in materia di antiriciclaggio e con le autorità di vigilanza prudenziale e di risoluzione degli altri Stati membri nonché con la Banca centrale europea, al fine di agevolare le rispettive funzioni. Le informazioni che le autorità di vigilanza di settore hanno ricevuto possono essere comunicate soltanto con l'assenso esplicito delle autorità che le hanno fornite.

2. Nei casi e nei modi previsti dalle disposizioni dell'Unione europea, le autorità di vigilanza di settore possono concludere accordi di collaborazione con le autorità di cui al comma 1 o con analoghe autorità di Stati terzi [1].

(1) Articolo introdotto dall'art. 1, co. 3, lett. c), d.lgs. 4.10.2019, n. 125.

Capo IV
Analisi e valutazione del rischio [1]

(1) Capo introdotto dall'art. 1, co. 1, d.lgs. 25.5.2017, n. 90.

14. Analisi nazionale del rischio [1].

1. Il Comitato di sicurezza finanziaria, nell'esercizio delle competenze di cui all'articolo 5, identifica, analizza e valuta il rischio nazionale di riciclaggio di denaro e di finanziamento del terrorismo. A tal fine, individua le minacce più rilevanti e le vulnerabilità del sistema nazionale di prevenzione, di investigazione e di repressione dei fenomeni di riciclaggio e di finanziamento del terrorismo, i metodi e i mezzi di svolgimento di tali attività e i settori maggiormente esposti al rischio. L'analisi ha cadenza triennale, salva la facoltà del Comitato di sicurezza finanziaria di procedere al relativo aggiornamento quando insorgono nuovi rischi e ogni qualvolta lo ritenga opportuno.

2. L'analisi è condotta nel rispetto dei criteri internazionali approvati in materia, dei risultati della relazione periodica con cui la Commissione europea, ai sensi dell'articolo 6 della direttiva, identifica, analizza e valuta i rischi di riciclaggio e di finanziamento del terrorismo che gravano sul mercato europeo e degli elementi forniti dalle autorità partecipanti al Comitato di sicurezza finanziaria. L'analisi tiene conto dei dati quantitativi e statistici, forniti dalle autorità di cui all'articolo 21, comma 2, lettera a), dalle amministrazioni e organismi interessati e dagli organismi di autoregolamentazione, sulla dimensione e l'importanza dei settori che rientrano nell'ambito di applicazione del presente decreto, tra cui il numero dei soggetti vigilati ovvero controllati e l'importanza economica di ciascun settore. Senza corresponsione di compensi, gettoni, emolumenti, indennità o rimborsi di spese comunque denominati, l'analisi può essere integrata dal contributo di rappresentanti della Presidenza del Consiglio dei ministri e di altre amministrazioni con competenze specifiche su temi di interesse e può avvalersi della collaborazione di studiosi e rappresentanti del mondo accademico e delle associazioni private rappresentative delle categorie interessate.

3. Le autorità di cui all'articolo 21, comma 2, lettera a):

a) concorrono all'analisi di cui al comma 1, fornendo al Comitato di sicurezza finanziaria ogni informazione utile, anche in deroga al segreto d'ufficio;
b) riferiscono periodicamente al Comitato di sicurezza finanziaria sugli esiti delle analisi di rispettiva competenza, anche al fine di individuare tipologie di clientela, prodotti, operazioni che per caratteristiche operative o geografiche necessitano di specifici interventi;
c) utilizzano l'analisi ai fini della definizione delle priorità e della distribuzione delle risorse necessarie a

migliorare il sistema nazionale di prevenzione e contrasto del riciclaggio e del finanziamento del terrorismo e ad ottimizzare l'esercizio delle proprie competenze in funzione del livello di rischio riscontrato;

d) in occasione della relazione di cui all'articolo 5, comma 7, riferiscono al Comitato di sicurezza finanziaria delle misure e dei presidi adottati al fine di mitigare i rischi riscontarti in sede di analisi.

4. I risultati dell'analisi di cui al comma 1, con le modalità e nei termini stabiliti dal Comitato di sicurezza finanziaria, sono resi disponibili ai soggetti obbligati e agli organismi di autoregolamentazione ai fini della valutazione, da parte dei medesimi, dei rischi di riciclaggio e di finanziamento del terrorismo cui sono esposti nell'esercizio della propria attività e della predisposizione di misure proporzionali e adeguate al rischio rilevato.

5. I risultati dell'analisi sono comunicati dal Comitato di sicurezza finanziaria alla Commissione europea, all'ABE e alle autorità rilevanti di altri Stati membri che ne facciano richiesta [2].

(1) Articolo modificato dall'art. 7, co. 1, d.lgs. 25.9.2009, n. 151, dall'art. 2, co. 4 *septies*, d.l. 25.3.2010 n. 40 e poi sostituito dall'art. 1, co. 1, d.lgs. 25.5.2017, n. 90. Prima della sostituzione questo articolo era contenuto all'interno del Titolo I, Capo III.

(2) Comma modificato dall'art. 50, co. 1, lett. d), d.l. 17.5.2022, n. 50, conv., con modif., dalla l. 15.7.2022, n. 91.

15. Valutazione del rischio da parte dei soggetti obbligati [1].

1. Le autorità di vigilanza di settore e gli organismi di autoregolamentazione dettano criteri e metodologie, commisurati alla natura dell'attività svolta e alle dimensioni dei soggetti obbligati, per l'analisi e la valutazione dei rischi di riciclaggio e di finanziamento del terrorismo, cui sono esposti nell'esercizio della loro attività.

2. I soggetti obbligati, adottano procedure oggettive e coerenti rispetto ai criteri e alle metodologie di cui al comma 1, per l'analisi e la valutazione dei rischi di riciclaggio e di finanziamento del terrorismo. Per la valutazione del rischio di riciclaggio o di finanziamento del terrorismo, i soggetti obbligati tengono conto di fattori di rischio associati alla tipologia di clientela, all'area geografica di operatività, ai canali distributivi e ai prodotti e i servizi offerti.

3. Le autorità di vigilanza di settore individuano, informandone il Comitato di sicurezza finanziaria, le categorie di soggetti obbligati, rispettivamente vigilati, per i quali le disposizioni di cui al presente articolo non trovano applicazione, in considerazione dell'irrilevanza del rischio di riciclaggio e di finanziamento del terrorismo dell'attività svolta ovvero dell'offerta di prodotti e servizi che presentano caratteristiche di rischio tipizzate.

4. La valutazione di cui al comma 2 è documentata, periodicamente aggiornata e messa a disposizione delle autorità di cui all'articolo 21, comma 2, lettera a), e degli organismi di autoregolamentazione, ai fini dell'esercizio delle rispettive funzioni e dei rispettivi poteri in materia di prevenzione del riciclaggio e di finanziamento del terrorismo.

(1) Articolo modificato dall'art. 8, co. 1, lett. a), d.lgs. 25.9.2009, n. 151, dall'art. 27, co. 1, lett. h), n. 1), d.lgs. 13.8.2010, n. 141, come modificato dall'art. 18, co. 1, d.lgs. 19.9.2012, n. 169, e poi sostituito dall'art. 1, co. 1, d.lgs. 25.5.2017, n. 90. Prima della sostituzione questo articolo era contenuto all'interno del Titolo II, Capo I, Sezione I.

16. Procedure di mitigazione del rischio [1].

1. I soggetti obbligati adottano i presidi e attuano i controlli e le procedure, adeguati alla propria natura e dimensione, necessari a mitigare e gestire i rischi di riciclaggio e di finanziamento del terrorismo, individuati ai sensi degli articoli 14 e 15. In caso di gruppi, la capogruppo adotta un approccio globale al rischio di riciclaggio e di finanziamento del terrorismo secondo le modalità stabilite dalle autorità di vigilanza di settore nell'esercizio delle attribuzioni di cui all'articolo 7, comma 1, lettera a) [2].

2. Le autorità di vigilanza di settore ai sensi dell'articolo 7, comma 1, e gli organismi di autoregolamentazione, ai sensi dell'articolo 11, comma 2, individuano i requisiti dimensionali e organizzativi in base ai quali i soggetti obbligati, rispettivamente vigilati e controllati adottano specifici presidi, controlli e procedure per:

a) la valutazione e gestione del rischio di riciclaggio e di finanziamento del terrorismo;

b) l'introduzione di una funzione antiriciclaggio, ivi comprese, se adeguate rispetto alle dimensioni e alla natura dell'attività, la nomina di un responsabile della funzione antiriciclaggio e la previsione di una funzione di revisione indipendente per la verifica delle politiche, dei controlli e delle procedure.

2 bis. I soggetti obbligati assicurano che le procedure adottate ai sensi del presente articolo non escludano, in via preventiva e generalizzata, determinate categorie di soggetti dall'offerta di prodotti e servizi esclusivamente in ragione della loro potenziale elevata esposizione al rischio di riciclaggio o di finanziamento del terrorismo [3].

3. I soggetti obbligati adottano misure proporzionate ai propri rischi, alla propria natura e alle proprie dimensioni, idonee a rendere note al proprio personale gli obblighi cui sono tenuti ai sensi del presente decreto, ivi compresi quelli in materia di protezione dei dati personali. A tal fine, i soggetti obbligati garantiscono lo svolgimento di programmi permanenti di formazione, finalizzati alla corretta applicazione delle disposizioni di cui al presente decreto, al riconoscimento di operazioni connesse al riciclaggio o al finanziamento del terrorismo e all'adozione dei comportamenti e delle procedure da adottare.

4. I sistemi e le procedure adottati ai sensi del presente articolo rispettano le prescrizioni e garanzie stabilite dal presente decreto e dalla normativa vigente in materia di protezione dei dati personali.

4 bis. Se l'ordinamento di un paese terzo non consente alle succursali e alle società di un gruppo ivi stabilite di adeguarsi alle procedure di gruppo di cui al comma 1, la società capogruppo applica le misure previste dal regolamento delegato della Commissione europea di cui all'articolo 45, paragrafo 7, della direttiva. Laddove queste misure non siano idonee a ridurre il rischio di riciclaggio connesso all'operatività nel paese terzo, le autorità di vigilanza di settore intensificano i propri controlli sul gruppo e possono vietare al gruppo di instaurare rapporti d'affari o di effettuare operazioni per il tramite delle succursali e delle società stabilite nel paese terzo nonché, se necessario, imporre al gruppo di cessare del tutto la propria operatività nel paese [4].

(1) Articolo modificato dall'art. 9, co. 1, lett. a), d.lgs. 25.9.2009, n. 151 e poi sostituito dall'art. 1, co. 1, d.lgs. 25.5.2017, n. 90. Prima della sostituzione questo articolo era contenuto all'interno del Titolo II, Capo I, Sezione I.
(2) Comma modificato dall'art. 1, co. 4, lett. a), d.lgs. 4.10.2019, n. 125.
(3) Comma introdotto dall'art. 12 *bis*, co. 1, lett. a), d.l. 10.8.2023, n. 104, conv., con modif., dalla l. 9.10.2023, n. 136.
(4) Comma introdotto dall'art. 1, co. 4, lett. b), d.lgs. 4.10.2019, n. 125.

TITOLO II
Obblighi

Capo I
Obblighi di adeguata verifica della clientela

Sezione I [1]

(1) Sezione sostituita dall'art. 2, co. 1, d.lgs. 25.5.2017, n. 90

17. Disposizioni generali [1].

1. I soggetti obbligati procedono all'adeguata verifica del cliente e del titolare effettivo con riferimento ai rapporti e alle operazioni inerenti allo svolgimento dell'attività istituzionale o professionale:

a) in occasione dell'instaurazione di un rapporto continuativo o del conferimento dell'incarico per l'esecuzione di una prestazione professionale;
b) in occasione dell'esecuzione di un'operazione occasionale, disposta dal cliente, che comporti la trasmissione o la movimentazione di mezzi di pagamento di importo pari o superiore a 15.000 euro, indipendentemente dal fatto che sia effettuata con una operazione unica o con più operazioni che appaiono collegate per realizzare un'operazione frazionata ovvero che consista in un trasferimento di fondi, come definito dall'articolo 3, paragrafo 1, punto 9, del regolamento (UE) n. 2015/847 del Parlamento europeo e del Consiglio, superiore a mille euro;
c) con riferimento ai prestatori di servizi di gioco di cui all'articolo 3, comma 6), in occasione del compimento di operazioni di gioco, anche secondo le disposizioni dettate dal Titolo IV del presente decreto.

2. I soggetti obbligati procedono, in ogni caso, all'adeguata verifica del cliente e del titolare effettivo:

a) quando vi è sospetto di riciclaggio o di finanziamento del terrorismo, indipendentemente da qualsiasi deroga, esenzione o soglia applicabile;
b) quando vi sono dubbi sulla veridicità o sull'adeguatezza dei dati precedentemente ottenuti ai fini dell'identificazione.

3. I soggetti obbligati adottano misure di adeguata verifica della clientela proporzionali all'entità dei rischi di riciclaggio e di finanziamento del terrorismo e dimostrano alle autorità di cui all'articolo 21, comma 2, lettera a), e agli organismi di autoregolamentazione che le misure adottate sono adeguate al rischio rilevato e basate su informazioni aggiornate, ai sensi dell'articolo 18, comma 1, lettera d). Nel graduare l'entità delle misure i soggetti obbligati tengono conto, quanto meno, dei seguenti criteri generali [2]:

a) con riferimento al cliente:
   1) la natura giuridica;
   2) la prevalente attività svolta;
   3) il comportamento tenuto al momento del compimento dell'operazione o dell'instaurazione del rapporto continuativo o della prestazione professionale;
   4) l'area geografica di residenza o sede del cliente o della controparte;
b) con riferimento all'operazione, rapporto continuativo o prestazione professionale:
   1) la tipologia dell'operazione, rapporto continuativo o prestazione professionale posti in essere;
   2) le modalità di svolgimento dell'operazione, rapporto continuativo o prestazione professionale;
   3) l'ammontare dell'operazione;
   4) la frequenza e il volume delle operazioni e la durata del rapporto continuativo o della prestazione professionale;
   5) la ragionevolezza dell'operazione, del rapporto continuativo o della prestazione professionale, in rapporto all'attività svolta dal cliente e all'entità delle risorse economiche nella sua disponibilità;
   6) l'area geografica di destinazione del prodotto e l'oggetto dell'operazione, del rapporto continuativo o della prestazione professionale.

4. I soggetti obbligati adempiono alle disposizioni di cui al presente capo nei confronti dei nuovi clienti nonché dei clienti già acquisiti, rispetto ai quali l'adeguata verifica si renda opportuna in considerazione del mutato livello di rischio di riciclaggio o di finanziamento del terrorismo associato al cliente. In caso di clienti già acquisiti, i soggetti obbligati adempiono alle predette disposizioni in occasione dell'assolvimento degli obblighi prescritti dalla direttiva 2011/16/UE del Consiglio, del 15 febbraio 2011, relativa alla cooperazione amministrativa nel settore fiscale e che abroga la direttiva 77/799/CEE e dalla pertinente normativa nazionale di recepimento in materia di cooperazione amministrativa nel settore fiscale [3].

5. Gli obblighi di adeguata verifica della clientela sono osservati altresì nei casi in cui le banche, gli istituti di moneta elettronica, gli istituti di pagamento e Poste Italiane S.p.A. agiscono da tramite o siano comunque parte nel trasferimento di denaro contante o titoli al portatore, in euro o valuta estera, effettuato a qualsiasi titolo tra soggetti diversi, di importo complessivamente pari o superiore a 15.000 euro.

6. Nella prestazione di servizi di pagamento e nell'emissione e distribuzione di moneta elettronica effettuate tramite agenti in attività finanziaria di cui all'articolo 3, comma 3, lettera c), ovvero tramite soggetti convenzionati e agenti di cui all'articolo 1, comma 2, lettera nn), le banche, Poste italiane Spa, gli istituti di pagamento e gli istituti di moneta elettronica, ivi compresi quelli aventi sede centrale in altro Stato membro, nonché le succursali di questi ultimi, osservano gli obblighi di adeguata verifica della clientela per le operazioni occasionali di qualsiasi importo; nel servizio di prelievo di contante, l'osservanza di tali obblighi è dovuta per le operazioni occasionali che superino l'importo complessivo di 250 euro al giorno. Nei casi in cui la prestazione di servizi di cui al presente comma sia effettuata tramite soggetti convenzionati e agenti di cui all'articolo 1, comma 2, lettera nn), restano ferme le disposizioni di cui all'articolo 44, comma 3 [(4)].

7. Gli obblighi di adeguata verifica della clientela non si osservano in relazione allo svolgimento dell'attività di mera redazione e trasmissione ovvero di sola trasmissione delle dichiarazioni derivanti da obblighi fiscali e degli adempimenti in materia di amministrazione del personale di cui all'articolo 2, comma 1, della legge 11 gennaio 1979, n. 12.

(1) Articolo modificato dall'art. 10, co. 1, d.lgs. 25.9.2009, n. 151 e poi sostituito dall'art. 2, co. 1, d.lgs. 25.5.2017, n. 90.
(2) Alinea modificato dall'art. 12 *bis*, co. 1, lett. b), d.l. 10.8.2023, n. 104, conv., con modif., dalla l. 9.10.2023, n. 136.
(3) Comma modificato dall'art. 2, co. 1, lett. a), d.lgs. 4.10.2019, n. 125.
(4) Comma sostituito dell'art. 1, co. 504, l. 30.12.2023, n. 213.

18. Contenuto degli obblighi di adeguata verifica [(1)].

1. Gli obblighi di adeguata verifica della clientela si attuano attraverso:

a) l'identificazione del cliente e la verifica della sua identità sulla base di documenti, dati o informazioni ottenuti da una fonte affidabile e indipendente. Le medesime misure si attuano nei confronti dell'esecutore, anche in relazione alla verifica dell'esistenza e dell'ampiezza del potere di rappresentanza in forza del quale opera in nome e per conto del cliente [(2)];

b) l'identificazione del titolare effettivo e la verifica della sua identità attraverso l'adozione di misure proporzionate al rischio ivi comprese, con specifico riferimento alla titolarità effettiva di persone giuridiche, trust e altri istituti e soggetti giuridici affini, le misure che consentano di ricostruire, con ragionevole attendibilità, l'assetto proprietario e di controllo del cliente;

c) l'acquisizione e la valutazione di informazioni sullo scopo e sulla natura del rapporto continuativo o della prestazione professionale, per tali intendendosi, quelle relative all'instaurazione del rapporto, alle relazioni intercorrenti tra il cliente e l'esecutore, tra il cliente e il titolare effettivo e quelle relative all'attività lavorativa, salva la possibilità di acquisire, in funzione del rischio, ulteriori informazioni, ivi comprese quelle relative alla situazione economico-patrimoniale del cliente, acquisite o possedute in ragione dell'esercizio dell'attività. In presenza di un elevato rischio di riciclaggio e di finanziamento del terrorismo, i soggetti obbligati applicano la procedura di acquisizione e valutazione delle predette informazioni anche alle prestazioni o operazioni occasionali;

d) il controllo costante del rapporto con il cliente, per tutta la sua durata, attraverso l'esame della complessiva operatività del cliente medesimo, la verifica e l'aggiornamento dei dati e delle informazioni acquisite nello svolgimento delle attività di cui alle lettere a), b) e c), anche riguardo, se necessaria in funzione del rischio, alla verifica della provenienza dei fondi e delle risorse nella disponibilità del cliente, sulla base di informazioni acquisite o possedute in ragione dell'esercizio dell'attività.

2. Le attività di identificazione e verifica dell'identità del cliente, dell'esecutore e del titolare effettivo, di cui alle lettere a) e b) del comma 1, sono effettuate prima dell'instaurazione del rapporto continuativo o del conferimento dell'incarico per lo svolgimento di una prestazione professionale ovvero prima dell'esecuzione dell'operazione occasionale.

3. In presenza di un basso rischio di riciclaggio o di finanziamento del terrorismo, la verifica dell'identità del cliente, dell'esecutore e del titolare effettivo può essere posticipata ad un momento successivo all'instaurazione del rapporto o al conferimento dell'incarico per lo svolgimento di una prestazione professionale, qualora ciò sia necessario a consentire l'ordinaria gestione dell'attività oggetto del rapporto. In tale ipotesi, i soggetti obbligati, provvedono comunque all'acquisizione dei dati identificativi del cliente, dell'esecutore e del titolare effettivo e dei dati relativi alla tipologia e all'importo dell'operazione e completano le procedure di verifica dell identità dei medesimi al più presto e, comunque, entro trenta giorni dall'instaurazione del rapporto o dal conferimento dell'incarico. Decorso tale termine, qualora riscontrino l'impossibilità oggettiva di completare la verifica dell'identità del cliente, i soggetti obbligati, si astengono ai sensi dell'articolo 42 e valutano, sussistendone i presupposti, se effettuare una segnalazione di operazione sospetta ai sensi dell'articolo 35.

4. Fermi gli obblighi di identificazione, i professionisti, limitatamente ai casi in cui esaminano la posizione giuridica del loro cliente o espletano compiti di difesa o di rappresentanza del cliente in un procedimento innanzi a un'autorità giudiziaria o in relazione a tale procedimento, anche tramite una convenzione di negoziazione assistita da uno o più avvocati ai sensi di legge, compresa la consulenza sull'eventualità di intentarlo o evitarlo, sono esonerati dall'obbligo di verifica dell'identità del cliente e del titolare effettivo fino al momento del conferimento dell'incarico.

(1) Articolo sostituito dall'art. 2, co. 1, d.lgs. 25.5.2017, n. 90.
(2) Lettera sostituita dall'art. 27, co. 3, lett. b), d.l. 16.7.2020, n. 76, conv., con modif., in l. 11.9.2020, n. 120.

19. Modalità di adempimento degli obblighi di adeguata verifica [1].

1. I soggetti obbligati assolvono agli obblighi di adeguata verifica della clientela secondo le seguenti modalità:

a) l'identificazione del cliente e del titolare effettivo è svolta in presenza del medesimo cliente ovvero dell'esecutore, anche attraverso dipendenti o collaboratori del soggetto obbligato e consiste nell'acquisizione dei dati identificativi forniti dal cliente, previa esibizione di un documento d'identità in corso di validità o altro documento di riconoscimento equipollente ai sensi della normativa vigente, del quale viene acquisita copia in formato cartaceo o elettronico. Il cliente fornisce altresì, sotto la propria responsabilità, le informazioni necessarie a consentire l'identificazione del titolare effettivo. L'obbligo di identificazione si considera assolto, anche senza la presenza fisica del cliente, nei seguenti casi:
   1) per i clienti i cui dati identificativi risultino da atti pubblici, da scritture private autenticate o da certificati qualificati utilizzati per la generazione di una firma digitale associata a documenti informatici, ai sensi dell'articolo 24 del decreto legislativo 7 marzo 2005, n. 82;
   2) per i clienti in possesso di un'identità digitale, con livello di garanzia almeno significativo, nell'ambito del Sistema di cui all'articolo 64 del predetto decreto legislativo n. 82 del 2005, e della relativa normativa regolamentare di attuazione, nonché di un'identità digitale con livello di garanzia almeno significativo, rilasciata nell'ambito di un regime di identificazione elettronica compreso nell'elenco pubblicato dalla Commissione europea a norma dell'articolo 9 del regolamento UE n. 910/2014, o di un certificato per la generazione di firma elettronica qualificata o, infine, identificati per mezzo di procedure di identificazione elettronica sicure e regolamentate ovvero autorizzate o riconosciute dall'Agenzia per l'Italia digitale [2];
   3) per i clienti i cui dati identificativi risultino da dichiarazione della rappresentanza e dell'autorità consolare italiana, come indicata nell'articolo 6 del decreto legislativo 26 maggio 1997, n. 153;
   4) per i clienti che siano già stati identificati dal soggetto obbligato in relazione ad un altro rapporto o prestazione professionale in essere, purché le informazioni esistenti siano aggiornate e adeguate rispetto allo specifico profilo di rischio del cliente;
   4-*bis*) per i clienti che, previa identificazione elettronica basata su credenziali che assicurano i requisiti previsti dall'articolo 4 del Regolamento Delegato (UE) *2018/389 della Commissione* del 27 novembre 2017, dispongono un bonifico verso un conto di pagamento intestato al soggetto tenuto all'obbligo di identificazione. Tale modalità di identificazione e verifica dell'identità può essere utilizzata solo con riferimento a rapporti relativi a carte di pagamento e dispositivi analoghi, nonché a strumenti di pagamento basati su dispositivi di telecomunicazione, digitali o informatici, con esclusione dei casi in cui tali carte, dispositivi o strumenti sono utilizzabili per generare l'informazione necessaria a effettuare direttamente un bonifico o un addebito diretto verso e da un conto di pagamento [3];
   4-*ter*) per i clienti già identificati da un soggetto obbligato, i quali, previa identificazione elettronica basata su credenziali che assicurano i requisiti previsti dall'articolo 4 del regolamento delegato (UE) 2018/389 della Commissione, del 27 novembre 2017, consentono al soggetto tenuto all'obbligo di identificazione di accedere alle informazioni relative agli estremi del conto di pagamento intestato al medesimo cliente presso il citato soggetto obbligato in uno Stato membro dell'Unione europea. Tale modalità di identificazione e verifica dell'identità può essere utilizzata solo con riferimento a rapporti relativi a servizi di disposizione di ordini di pagamento e a servizi di informazione sui conti previsti dall'articolo 1, comma 2, lettera h-*septies*.1), numeri 7) e 8), del testo unico di cui al decreto legislativo 1° settembre 1993, n. 385.Il soggetto tenuto all'obbligo di identificazione acquisisce in ogni caso il nome e il cognome del cliente [4];
   5) per i clienti i cui dati identificativi siano acquisiti attraverso idonee forme e modalità, individuate dalle Autorità di vigilanza di settore, nell'esercizio delle attribuzioni di cui all'articolo 7, comma 1, lettera a), tenendo conto dell'evoluzione delle tecniche di identificazione a distanza;

b) la verifica dell'identità del cliente, del titolare effettivo e dell'esecutore richiede il riscontro della veridicità dei dati identificativi contenuti nei documenti e delle informazioni acquisiti all'atto dell'identificazione, solo laddove, in relazione ad essi, sussistano dubbi, incertezze o incongruenze. Il riscontro può essere effettuato attraverso la consultazione del sistema pubblico per la prevenzione del furto di identità di cui decreto legislativo 11 aprile 2011, n. 64. La verifica dell'identità può essere effettuata anche attraverso il ricorso ad altre fonti attendibili e indipendenti tra le quali rientrano le basi di dati, ad accesso pubblico o condizionato al rilascio di credenziali di autenticazione, riferibili ad una pubblica amministrazione nonché quelle riferibili a soggetti privati autorizzati al rilascio di identità digitali nell'ambito del sistema previsto dall'articolo 64 del decreto legislativo n. 82 del 2005 ovvero di un regime di identificazione elettronica compreso nell'elenco pubblicato dalla Commissione europea a norma dell'articolo 9 del regolamento EU n. 910/2014. Con riferimento ai clienti diversi dalle persone fisiche e ai fiduciari di trust espressi e alle persone che esercitano diritti, poteri e facoltà equivalenti in istituti giuridici affini, la verifica dell'identità del titolare effettivo impone l'adozione di misure, commisurate alla situazione di rischio, idonee a comprendere la struttura di proprietà e di controllo del cliente (5);

c) l'acquisizione e la valutazione di informazioni sullo scopo e sulla natura del rapporto continuativo o della prestazione professionale, verificando la compatibilità dei dati e delle informazioni fornite dal cliente con le informazioni acquisite autonomamente dai soggetti obbligati, anche avuto riguardo al complesso delle operazioni compiute in costanza del rapporto o di altri rapporti precedentemente intrattenuti nonché all'instaurazione di ulteriori rapporti;

d) il controllo costante nel corso del rapporto continuativo o della prestazione professionale si attua attraverso l'analisi delle operazioni effettuate e delle attività svolte o individuate durante tutta la durata del rapporto, in modo da verificare che esse siano coerenti con la conoscenza che il soggetto obbligato ha del cliente e del suo profilo di rischio, anche riguardo, se necessario, all'origine dei fondi.

2. L'estensione delle verifiche, della valutazione e del controllo di cui al comma 1 è commisurata al livello di rischio rilevato.

3. [Per le attività di assicurazione vita o altre forme di assicurazione legate ad investimenti,] I soggetti obbligati di cui all'articolo 3, comma 2, applicano altresì misure di adeguata verifica del beneficiario della prestazione assicurativa, non appena individuato o designato nonché dell'effettivo percipiente della prestazione liquidata e dei rispettivi titolari effettivi. Tali misure, consistono (6):

a) nell'acquisizione del nome o della denominazione del soggetto specificamente individuato o designato quale beneficiario;

b) nei casi di beneficiario designato in base a particolari caratteristiche o classi, nell'acquisizione di informazioni sufficienti a consentire al soggetto obbligato di stabilirne l'identità al momento del pagamento della prestazione.

(1) Articolo sostituito dall'art. 2, co. 1, d.lgs. 25.5.2017, n. 90.
(2) Numero modificato dall'art. 2, co. 1, lett. b), n. 1), d.lgs. 4.10.2019, n. 125 e poi sostituito dall'art. 27, co. 3, lett. c), n. 1), d.l. 16.7.2020, n. 76, conv., con modif., in l. 11.9.2020, n. 120.
(3) Numero inserito dall'art. 27, co. 3, lett. c), n. 2), d.l. 16.7.2020, n. 76, conv., con modif., in l. 11.9.2020, n. 120.
(4) Numero inserito dall'art. 3, co. 1, lett. a), d.l. 30.12.2021, n. 228, conv., con modif., dalla l. 25.2.2022, n. 15.
(5) Lettera modificata dall'art. 2, co. 1, lett. b), n. 2), d.lgs. 4.10.2019, n. 125 e poi dall'art. 27, co. 3, lett. c), n. 3), d.l. 16.7.2020, n. 76, conv., con modif., in l. 11.9.2020, n. 120.
(6) Alinea modificato dall'art. 2, co. 1, lett. b), n. 2), d.lgs. 4.10.2019, n. 125.

20. Criteri per la determinazione della titolarità effettiva di clienti diversi dalle persone fisiche. (1)

1. Il titolare effettivo di clienti diversi dalle persone fisiche coincide con la persona fisica o le persone fisiche cui, in ultima istanza, è attribuibile la proprietà diretta o indiretta dell'ente ovvero il relativo controllo.

2. Nel caso in cui il cliente sia una società di capitali:

a) costituisce indicazione di proprietà diretta la titolarità di una partecipazione superiore al 25 per cento del capitale del cliente, detenuta da una persona fisica;

b) costituisce indicazione di proprietà indiretta la titolarità di una percentuale di partecipazioni superiore al 25 per cento del capitale del cliente, posseduto per il tramite di società controllate, società fiduciarie o per interposta persona.

3. Nelle ipotesi in cui l'esame dell'assetto proprietario non consenta di individuare in maniera univoca la persona fisica o le persone fisiche cui è attribuibile la proprietà diretta o indiretta dell'ente, il titolare effettivo coincide con la persona fisica o le persone fisiche cui, in ultima istanza, è attribuibile il controllo del medesimo in forza:

a) del controllo della maggioranza dei voti esercitabili in assemblea ordinaria;

b) del controllo di voti sufficienti per esercitare un'influenza dominante in assemblea ordinaria;

c) dell'esistenza di particolari vincoli contrattuali che consentano di esercitare un'influenza dominante.

4. Nel caso in cui il cliente sia una persona giuridica privata, di cui al decreto del Presidente della Repubblica 10 febbraio 2000, n. 361, sono cumulativamente individuati, come titolari effettivi:

a) i fondatori, ove in vita;

b) i beneficiari, quando individuati o facilmente individuabili;

c) i titolari di poteri di rappresentanza legale, direzione e amministrazione (2).

5. Qualora l'applicazione dei criteri di cui ai precedenti commi non consenta di individuare univocamente uno o più titolari effettivi, il titolare effettivo coincide con la persona fisica o le persone fisiche titolari, conformemente ai rispettivi assetti organizzativi o statutari, di poteri di rappresentanza legale, amministrazione o direzione della società o del cliente comunque diverso dalla persona fisica (3).

6. I soggetti obbligati conservano traccia delle verifiche effettuate ai fini dell'individuazione del titolare effettivo nonché, con specifico riferimento al titolare effettivo individuato ai sensi del comma 5, delle ragioni che non hanno consentito di individuare il titolare effettivo ai sensi dei commi 1, 2, 3 e 4 del presente articolo (4).

(1) Articolo sostituito dall'art. 2, co. 1, d.lgs. 25.5.2017, n. 90.
(2) Comma sostituito dall'art. 2, co. 1, lett. d), n. 1), d.lgs. 4.10.2019, n. 125.
(3) Comma sostituito dall'art. 2, co. 1, lett. d), n. 2), d.lgs. 4.10.2019, n. 125.
(4) Comma modificato dall'art. 2, co. 1, lett. d), n. 2), d.lgs. 4.10.2019, n. 125.

21. Comunicazione e accesso alle informazioni sulla titolarità effettiva di persone giuridiche e trust (1).

1. Le imprese dotate di personalità giuridica tenute

all'iscrizione nel Registro delle imprese di cui all'articolo 2188 del codice civile e le persone giuridiche private tenute all'iscrizione nel Registro delle persone giuridiche private di cui al decreto del Presidente della Repubblica 10 febbraio 2000, n. 361, comunicano le informazioni relative ai propri titolari effettivi, per via esclusivamente telematica e in esenzione da imposta di bollo, al Registro delle imprese, ai fini della conservazione in apposita sezione [ad accesso riservato]. L'omessa comunicazione delle informazioni sul titolare effettivo è punita con la medesima sanzione di cui all'articolo 2630 del codice civile (2).

2. L'accesso alla sezione è consentito:

a) al Ministero dell'economia e delle finanze, alle Autorità di vigilanza di settore, all'Unità di informazione finanziaria per l'Italia, alla Direzione investigativa antimafia, alla Guardia di finanza che opera nei casi previsti dal presente decreto attraverso il Nucleo Speciale Polizia Valutaria senza alcuna restrizione;

b) alla Direzione nazionale antimafia e antiterrorismo;

c) all'autorità giudiziaria, conformemente alle proprie attribuzioni istituzionali;

d) alle autorità preposte al contrasto dell'evasione fiscale, secondo modalità di accesso idonee a garantire il perseguimento di tale finalità, stabilite in apposito decreto del Ministro dell'economia e delle finanze, di concerto con il Ministro dello sviluppo economico;

e) ai soggetti obbligati, a supporto degli adempimenti prescritti in occasione dell'adeguata verifica, previo accreditamento e dietro pagamento dei diritti di segreteria di cui all'articolo 18 della legge 29 dicembre 1993, n. 580;

f) al pubblico, dietro pagamento dei diritti di segreteria di cui all'articolo 18 della legge 29 dicembre 1993, n. 580. L'accesso ha ad oggetto il nome, il cognome, il mese e l'anno di nascita, il paese di residenza e la cittadinanza del titolare effettivo e le condizioni, di cui all'articolo 20, in forza delle quali il titolare effettivo è tale. In circostanze eccezionali, l'accesso alle informazioni sulla titolarità effettiva può essere escluso, in tutto o in parte, qualora l'accesso esponga il titolare effettivo a un rischio sproporzionato di frode, rapimento, ricatto, estorsione, molestia, violenza o intimidazione ovvero qualora il titolare effettivo sia una persona incapace o minore d'età, secondo un approccio caso per caso e previa dettagliata valutazione della natura eccezionale delle circostanze. I dati statistici relativi al numero delle esclusioni deliberate e alle relative motivazioni sono pubblicati e comunicati alla Commissione europea con le modalità stabilite dal decreto di cui al comma 5 (3).

3. I trust produttivi di effetti giuridici rilevanti a fini fiscali, secondo quanto disposto dall'articolo 73 del decreto del Presidente della Repubblica del 22 dicembre 1986 n. 917 nonché gli istituti giuridici affini stabiliti o residenti sul territorio della Repubblica italiana, sono tenuti *all'iscrizione in apposita sezione* speciale del Registro delle imprese. Le informazioni di cui all'articolo 22, comma 5, relative alla titolarità effettiva dei medesimi trust e degli istituti giuridici affini, stabiliti o residenti sul territorio della Repubblica italiana», e le parole «o dei fiduciari ovvero di altra persona per conto del fiduciario» sono sostituite dalle seguenti: «o dei fiduciari, di altra persona per conto del fiduciario o della persona che esercita diritti, poteri e facoltà equivalenti in istituti giuridici affini sono comunicate, a cura del fiduciario o dei fiduciari ovvero di altra persona per conto del fiduciario, per via esclusivamente telematica e in esenzione da imposta di bollo, al Registro delle imprese, ai fini della relativa conservazione. L'omessa comunicazione delle informazioni sul titolare effettivo è punita con la medesima sanzione di cui all'articolo 2630 del codice civile (4).

4. L'accesso alle informazioni di cui all'articolo 22, comma 5, relative alla titolarità effettiva dei medesimi trust è consentito:

a) alle autorità di cui al comma 2, lettera a) e alla Direzione nazionale antimafia e antiterrorismo, senza alcuna restrizione;

b) [alla Direzione nazionale antimafia e antiterrorismo e] all'autorità giudiziaria nell'esercizio delle rispettive attribuzioni istituzionali, previste dall'ordinamento vigente (5);

c) alle autorità preposte al contrasto dell'evasione fiscale, secondo modalità di accesso idonee a garantire il perseguimento di tale finalità, stabilite in apposito decreto del Ministro dell'economia e delle finanze di concerto con il Ministro dello sviluppo economico;

d) ai soggetti obbligati, a supporto degli adempimenti prescritti in occasione dell'adeguata verifica, previo accreditamento e dietro pagamento dei diritti di segreteria di cui all'articolo 18 della legge 29 dicembre 1993, n. 580;

d-*bis*) dietro pagamento dei diritti di segreteria di cui all'articolo 18 della legge 29 dicembre 1993, n. 580, ai soggetti privati, compresi quelli portatori di interessi diffusi, titolari di un interesse giuridico rilevante e differenziato, nei casi in cui la conoscenza della titolarità effettiva sia necessaria per curare o difendere un interesse corrispondente ad una situazione giuridicamente tutelata, qualora abbiano evidenze concrete e documentate della non corrispondenza tra titolarità effettiva e titolarità legale. L'interesse deve essere diretto, concreto ed attuale e, nel caso di enti rappresentativi di interessi diffusi, non deve coincidere con l'interesse di singoli appartenenti alla categoria rappresentata. In circostanze eccezionali, l'accesso alle informazioni sulla titolarità effettiva può essere escluso, in tutto o in parte, qualora l'accesso esponga il titolare effettivo a un rischio sproporzionato di frode, rapimento, ricatto, estorsione, molestia, violenza o intimidazione ovvero qualora il titolare effettivo sia una persona incapace o minore d'età, secondo un approccio caso per caso e previa dettagliata valutazione della natura eccezionale delle circostanze. I dati statistici relativi al numero delle esclusioni deliberate e alle relative motivazioni sono pubblicati e comunicati alla Commissione europea con le modalità stabilite dal decreto di cui al comma 5 [(6)].

5. Con apposito decreto del Ministro dell'economia e delle finanze, di concerto con il Ministro dello sviluppo economico, sentito il Garante per la protezione dei dati personali, sono stabiliti [(7)]:

a) i dati e le informazioni sulla titolarità effettiva delle imprese dotate di personalità giuridica, delle persone giuridiche private e dei trust e degli istituti giuridici affini, stabiliti o residenti sul territorio della Repubblica italiana da comunicare al Registro delle imprese nonché le modalità e i termini entro cui effettuare la comunicazione [(8)];

b) le modalità attraverso cui le informazioni sulla titolarità effettiva delle imprese dotate di personalità giuridica, delle persone giuridiche private e dei trust e degli istituti giuridici affini, stabiliti o residenti sul territorio della Repubblica italiana sono rese tempestivamente accessibili alle autorità di cui al comma 2, lettera a) [(9)];

c) le modalità di consultazione delle informazioni da parte dei soggetti obbligati e i relativi requisiti di accreditamento;

d) i termini, la competenza e le modalità di svolgimento del procedimento volto a rilevare la ricorrenza delle cause di esclusione dell'accesso e a valutare la sussistenza dell'interesse all'accesso in capo ai soggetti di cui al comma 4, lettera d-*bis*), nonché i mezzi di tutela dei medesimi soggetti interessati avverso il diniego opposto dall'amministrazione procedente [(10)];

e) con specifico riferimento alle informazioni sulla titolarità effettiva di persone giuridiche private diverse dalle imprese e su quella dei trust produttivi di effetti giuridici rilevanti a fini fiscali, le modalità di dialogo tra il Registro delle imprese e le basi di dati, relative alle persone giuridiche private, gestite dagli Uffici territoriali del governo nonché quelle di cui è titolare l'Agenzia delle entrate relativi al codice fiscale ovvero, se assegnata, alla partita IVA del trust e agli atti istitutivi, dispositivi, modificativi o traslativi inerenti le predette persone giuridiche e i trust, rilevanti in quanto presupposti impositivi per l'applicazione di imposte dirette o indirette [(11)].

e-*bis*) le modalità attraverso cui i soggetti obbligati segnalano al Registro le eventuali incongruenze rilevate tra le informazioni relative alla titolarità effettiva, consultabili nel predetto Registro e le informazioni, relative alla titolarità effettiva, acquisite dai predetti soggetti nello svolgimento delle attività finalizzate all'adeguata verifica della clientela [(12)];

e-*ter*) le modalità di dialogo con la piattaforma centrale europea istituita dall'articolo 22, paragrafo 1, della direttiva (UE) 2017/1132, del Parlamento europeo e del Consiglio, del 14 giugno 2017, relativa ad alcuni aspetti di diritto societario, al fine di garantire l'interconnessione tra le sezioni del Registro di cui ai commi 1 e 3 del presente articolo e i registri centrali istituiti presso gli Stati membri per la conservazione delle informazioni e dei dati sulla titolarità effettiva di enti giuridici e trust [(13)].

6. I diritti di segreteria per gli adempimenti previsti dal presente articolo sono stabiliti, modificati e aggiornati, nel rispetto dei costi standard, con le modalità di cui all'articolo 18 della legge 29 dicembre 1993, n. 580, e successive modificazioni.

7. La consultazione dei registri di cui al presente articolo non esonera i soggetti obbligati dal valutare il rischio di riciclaggio e finanziamento del terrorismo cui sono esposti nell'esercizio della loro attività e dall'adottare misure adeguate al rischio medesimo.

7 bis. I soggetti obbligati che consultino i registri di cui al presente articolo a supporto degli adempimenti di adeguata verifica del titolare effettivo, acquisiscono e conservano prova dell'iscrizione del titolare effettivo nei predetti registri ovvero conservano un estratto dei registri idoneo a documentare tale iscrizione [(14)].

(1) Articolo sostituito dall'art. 2, co. 1, d.lgs. 25.5.2017, n. 90.
(2) Comma modificato dall'art. 2, co. 1, lett. f), d.lgs. 4.10.2019, n. 125.
(3) Lettera sostituita dall'art. 2, co. 1, lett. g), d.lgs. 4.10.2019, n. 125.
(4) Comma modificato dall'art. 2, co. 1, lett. h), nn. 1) e 2), d.lgs. 4.10.2019, n. 125.
(5) Lettera modificata dall'art. 2, co. 1, lett. h), n. 3), d.lgs. 4.10.2019, n. 125.
(6) Lettera introdotta dall'art. 2, co. 1, lett. h), n. 4), d.lgs. 4.10.2019, n. 125.
(7) Alinea modificato dall'art. 2, co. 1, lett. h), n. 5), d.lgs. 4.10.2019, n. 125.
(8) Lettera modificata dall'art. 2, co. 1, lett. h), n. 6), d.lgs. 4.10.2019, n. 125.
(9) Lettera modificata dall'art. 2, co. 1, lett. h), n. 7), d.lgs. 4.10.2019, n. 125.
(10) Lettera sostituita dall'art. 2, co. 1, lett. h), n. 8), d.lgs. 4.10.2019, n. 125.
(11) Lettera modificata dall'art. 2, co. 1, lett. h), n. 9), d.lgs. 4.10.2019, n. 125.
(12) Lettera introdotta dall'art. 2, co. 1, lett. h), n. 10), d.lgs. 4.10.2019, n. 125.
(13) Lettera introdotta dall'art. 2, co. 1, lett. h), n. 10), d.lgs. 4.10.2019, n. 125.
(14) Comma introdotto dall'art. 2, co. 1, lett. h), n. 11), d.lgs. 4.10.2019, n. 125.

22. Obblighi del cliente [(1)].

1. I clienti forniscono per iscritto, sotto la propria responsabilità, tutte le informazioni necessarie e aggiornate per consentire ai soggetti obbligati di adempiere agli obblighi di adeguata verifica.

2. Per le finalità di cui al presente decreto, le imprese dotate di personalità giuridica e le persone giuridiche private ottengono e conservano, per un periodo non inferiore a cinque anni, informazioni adeguate, accurate e aggiornate sulla propria titolarità effettiva e le forniscono ai soggetti obbligati, in occasione degli adempimenti strumentali all'adeguata verifica della clientela.

3. Le informazioni di cui al comma 2, inerenti le imprese dotate di personalità giuridica tenute all'iscrizione nel Registro delle imprese di cui all'articolo 2188 del codice civile, sono acquisite, a cura degli amministratori, richiedendole al titolare effettivo, individuato ai sensi dell'articolo 20, anche sulla base di quanto risultante dalle scritture contabili e dai bilanci, dal libro dei soci, dalle comunicazioni relative all'assetto proprietario o al controllo dell'ente, cui l'impresa è tenuta secondo le disposizioni vigenti nonché dalle comunicazioni ricevute dai soci e da ogni altro dato a loro disposizione. Qualora permangano dubbi in ordine alla titolarità effettiva, le informazioni sono acquisite, a cura degli amministratori, a seguito di espressa richiesta rivolta ai soci rispetto a cui si renda necessario approfondire l'entità dell'interesse nell'ente. L'inerzia o il rifiuto ingiustificati del socio nel fornire agli amministratori le informazioni da questi ritenute necessarie per l'individuazione del titolare effettivo ovvero l'indicazione di informazioni palesemente fraudolente rendono inesercitabile il relativo diritto di voto e comportano l'impugnabilità, a norma dell'articolo 2377 del codice civile, delle deliberazioni eventualmente assunte con il suo voto determinante. Si applicano, in quanto compatibili, le disposizioni di cui agli articoli 120 e 122 TUF, 74 e 77, CAP e 2341-*ter* del codice civile [2].

4. Le informazioni di cui al comma 2, inerenti le persone giuridiche private, tenute all'iscrizione nel Registro delle persone giuridiche private di cui al decreto del Presidente della Repubblica 10 febbraio 2000, n. 361, e successive modificazioni, sono acquisite dal fondatore, ove in vita ovvero dai soggetti cui è attribuita la rappresentanza e l'amministrazione dell'ente, richiedendole al titolare effettivo, individuato ai sensi dell'articolo 20, anche sulla base di quanto risultante dallo statuto, dall'atto costitutivo, dalle scritture contabili e da ogni altra comunicazione o dato a loro disposizione [3].

5. I fiduciari di trust espressi, disciplinati ai sensi della legge 16 ottobre 1989, n. 364, nonché le persone che esercitano diritti, poteri e facoltà equivalenti in istituti giuridici affini, purché stabiliti o residenti sul territorio della Repubblica italiana, ottengono e detengono informazioni adeguate, accurate e aggiornate sulla titolarità effettiva del trust, o dell'istituto giuridico affine, per tali intendendosi quelle relative all'identità del costituente o dei costituenti, del fiduciario o dei fiduciari, del guardiano o dei guardiani ovvero di altra persona per conto del fiduciario, ove esistenti, dei beneficiari o classe di beneficiari e delle altre persone fisiche che esercitano il controllo sul trust o sull'istituto giuridico affine e di qualunque altra persona fisica che esercita, in ultima istanza, il controllo sui beni conferiti nel trust o nell'istituto giuridico affine attraverso la proprietà diretta o indiretta o attraverso altri mezzi. I fiduciari di trust espressi e le persone che esercitano diritti, poteri e facoltà equivalenti in istituti giuridici affini conservano tali informazioni per un periodo non inferiore a cinque anni dalla cessazione del loro stato di fiduciari e le rendono prontamente accessibili alle autorità di cui all'articolo 21, comma 2, lettera a) e b). I medesimi fiduciari che, in tale veste, instaurano un rapporto continuativo o professionale ovvero eseguono una prestazione occasionale dichiarano il proprio stato ai soggetti obbligati [4].

5 bis. Per le finalità di cui al presente decreto, si considerano istituti giuridici affini al trust gli enti e gli istituti che, per assetto e funzioni, determinano effetti giuridici equivalenti a quelli dei trust espressi, anche avuto riguardo alla destinazione dei beni ad uno scopo ed al controllo da parte di un soggetto diverso dal proprietario, nell'interesse di uno o più beneficiari o per il perseguimento di uno specifico fine [5].

5 ter. I soggetti obbligati assicurano che le informazioni di cui al presente articolo, acquisite nell'espletamento delle procedure di adeguata verifica della clientela, siano prontamente rese disponibili alle autorità di cui all'articolo 21, comma 2, lettera a), per l'esercizio delle rispettive attribuzioni [6].

(1) Articolo sostituito dall'art. 11, co. 1, d.lgs. 25.9.2009, n. 151 e poi dall'art. 2, co. 1, d.lgs. 25.5.2017, n. 90.
(2) Comma modificato dall'art. 2, co. 1, lett. i), n. 1), d.lgs. 4.10.2019, n. 125.
(3) Comma modificato dall'art. 2, co. 1, lett. i), n. 2), d.lgs. 4.10.2019, n. 125.
(4) Comma modificato dall'art. 2, co. 1, lett. i), nn. 3) e 4), d.lgs. 4.10.2019, n. 125.
(5) Comma introdotto dall'art. 2, co. 1, lett. i), n. 5), d.lgs. 4.10.2019, n. 125.
(6) Comma introdotto dall'art. 2, co. 1, lett. i), n. 5), d.lgs. 4.10.2019, n. 125.

Sezione II [1]

(1) Sezione sostituita dall'art. 2, co. 1, d.lgs. 25.5.2017, n. 90.

23. Misure semplificate di adeguata verifica della clientela [1].

1. In presenza di un basso rischio di riciclaggio o di finanziamento del terrorismo, i soggetti obbligati possono applicare misure di adeguata verifica della clientela semplificate sotto il profilo dell'estensione e della frequenza degli adempimenti prescritti dall'articolo 18.

2. Ai fini dell'applicazione di misure semplificate di adeguata verifica della clientela e fermo l'obbligo di commisurarne l'estensione al rischio in concreto rilevato, i soggetti obbligati tengono conto, tra l'altro, dei seguenti indici di basso rischio:

a) indici di rischio relativi a tipologie di clienti quali:
   1) società ammesse alla quotazione su un mercato regolamentato e sottoposte ad obblighi di comunicazione che impongono l'obbligo di assicurare un'adeguata trasparenza della titolarità effettiva;
   2) pubbliche amministrazioni ovvero istituzioni o organismi che svolgono funzioni pubbliche, conformemente al diritto dell'Unione europea;
   3) clienti che sono residenti in aree geografiche a basso rischio, ai sensi della lettera c);

b) indici di rischio relativi a tipologie di prodotti, servizi, operazioni o canali di distribuzione quali:
   1) contratti di assicurazione vita rientranti nei rami di cui all'articolo 2, comma 1, del CAP, nel caso in cui il premio annuale non ecceda i 1.000 euro o il cui premio unico non sia di importo superiore a 2.500 euro;
   2) forme pensionistiche complementari disciplinate dal decreto legislativo 5 dicembre 2005, n. 252, a condizione che esse non prevedano clausole di riscatto diverse da quelle di cui all'articolo 14 del medesimo decreto e che non possano servire da

garanzia per un prestito al di fuori delle ipotesi previste dalla legge;
3) regimi di previdenza o sistemi analoghi che versano prestazioni pensionistiche ai dipendenti, in cui i contributi sono versati tramite detrazione dalla retribuzione e che non permettono ai beneficiari di trasferire i propri diritti;
4) prodotti o servizi finanziari che offrono servizi opportunamente definiti e circoscritti a determinate tipologie di clientela, volti a favorire l'inclusione finanziaria;
5) prodotti in cui i rischi di riciclaggio o di finanziamento del terrorismo sono mitigati da fattori, quali limiti di spesa o trasparenza della titolarità;

c) indici di rischio geografico relativi alla registrazione, alla residenza o allo stabilimento in [(2)]:
1) Stati membri;
2) Paesi terzi dotati di efficaci sistemi di prevenzione del riciclaggio e del finanziamento del terrorismo;
3) Paesi terzi che fonti autorevoli e indipendenti valutano essere caratterizzati da un basso livello di corruzione o di permeabilità ad altre attività criminose;
4) Paesi terzi che, sulla base di fonti attendibili e indipendenti, quali valutazioni reciproche ovvero rapporti di valutazione dettagliata pubblicati, prevedano e diano effettiva applicazione a presidi di prevenzione del riciclaggio e di finanziamento del terrorismo, coerenti con le raccomandazioni del GAFI.

3. Le autorità di vigilanza di settore, nell'esercizio delle attribuzioni di cui all'articolo 7, comma 1, lettera a), e gli organismi di autoregolamentazione, in conformità delle regole tecniche di cui all'articolo 11, comma 2, possono individuare ulteriori fattori di rischio da prendere in considerazione al fine di integrare o modificare l'elenco di cui al precedente comma e stabiliscono misure semplificate di adeguata verifica della clientela da adottare in situazioni di basso rischio. Nell'esercizio delle medesime attribuzioni, le autorità di vigilanza di settore possono individuare la tipologia delle misure di adeguata verifica semplificata che le banche e gli istituti di moneta elettronica sono autorizzati ad applicare in relazione a prodotti di moneta elettronica, ricorrendo, cumulativamente, le seguenti condizioni [(3)]:

a) lo strumento di pagamento non è ricaricabile ovvero è previsto un limite mensile massimo di utilizzo di 150 euro che può essere speso solo nel territorio della Repubblica [(4)];
b) l'importo massimo memorizzato sul dispositivo non supera i 150 euro [(5)];
c) lo strumento di pagamento è utilizzato esclusivamente per l'acquisto di beni o servizi;
d) lo strumento di pagamento non è alimentato con moneta elettronica anonima;
e) l'emittente effettua un controllo sulle operazioni effettuate idoneo a consentire la rilevazione di operazioni anomale o sospette;
f) qualora l'importo memorizzato sul dispositivo sia superiore a 50 euro, tale importo non sia rimborsato o ritirato in contanti [(6)];
f-*bis*) lo strumento di pagamento non è utilizzato per operazioni di pagamento a distanza, come definite dall'articolo 4, paragrafo 7, della direttiva (UE) 2015/2366, del Parlamento europeo e del Consiglio, del 25 novembre 2015, qualora l'importo dell'operazione è superiore a 50 euro [(7)].

4. L'applicazione di obblighi semplificati di adeguata verifica della clientela è comunque esclusa quando vi è sospetto di riciclaggio o di finanziamento del terrorismo.

(1) Articolo modificato dall'art. 12, co. 1, lett. a) e b), d.lgs. 25.9.2009, n. 151, dall'art. 27, co. 1, lett. i), n. 1), d.lgs. 13.8.2010, n. 141, come modificato dall'art. 18, co. 1, d.lgs. 19.9.2012, n. 169 e poi sostituito dall'art. 2, co. 1, d.lgs. 25.5.2017, n. 90. Prima della sostituzione questo articolo era contenuto all'interno del Titolo II, Capo I, Sezione I.
(2) Lettera modificata dall'art. 2, co. 1, lett. l), n. 1), d.lgs. 4.10.2019, n. 125.
(3) Alinea modificato dall'art. 2, co. 1, lett. l), nn. 2) e 3), d.lgs. 4.10.2019, n. 125.
(4) Lettera modificata dall'art. 2, co. 1, lett. l), n. 4), d.lgs. 4.10.2019, n. 125.
(5) Lettera modificata dall'art. 2, co. 1, lett. l), n. 4), d.lgs. 4.10.2019, n. 125.
(6) Lettera modificata dall'art. 2, co. 1, lett. l), n. 5), d.lgs. 4.10.2019, n. 125.
(7) Lettera introdotta dall'art. 2, co. 1, lett. l), n. 5), d.lgs. 4.10.2019, n. 125.

24. Obblighi di adeguata verifica rafforzata della clientela [(1)].

1. I soggetti obbligati in presenza di un elevato rischio di riciclaggio o di finanziamento del terrorismo applicano misure rafforzate di adeguata verifica della clientela.

2. Nell'applicazione di misure rafforzate di adeguata verifica della clientela, i soggetti obbligati tengono conto, almeno dei seguenti fattori:

a) fattori di rischio relativi al cliente quali:
1) rapporti continuativi o prestazioni professionali instaurati ovvero eseguiti in circostanze anomale;
2) clienti residenti o aventi sede in aree geografiche ad alto rischio secondo i criteri di cui alla lettera c);
3) strutture qualificabili come veicoli di interposizione patrimoniale;
4) società che hanno emesso azioni al portatore o siano partecipate da fiduciari;
5) tipo di attività economiche caratterizzate da elevato utilizzo di contante;
6) assetto proprietario della società cliente anomalo o eccessivamente complesso data la natura dell'attività svolta;

b) fattori di rischio relativi a prodotti, servizi, operazioni o canali di distribuzione quali:
1) servizi con un elevato grado di personalizzazione, offerti a una clientela dotata di un patrimonio di rilevante ammontare;
2) prodotti od operazioni che potrebbero favorire l'anonimato;
3) rapporti continuativi, prestazioni professionali od operazioni occasionali a distanza, non assistiti da procedure di identificazione elettronica sicure e regolamentate ovvero autorizzate o riconosciute dall'Agenzia per l'Italia digitale [(2)];

4) pagamenti ricevuti da terzi privi di un evidente collegamento con il cliente o con la sua attività;
5) prodotti e pratiche commerciali di nuova generazione, compresi i meccanismi innovativi di distribuzione e l'uso di tecnologie innovative o in evoluzione per prodotti nuovi o preesistenti;
5-*bis*) operazioni relative a petrolio, armi, metalli preziosi, prodotti del tabacco, manufatti culturali e altri beni mobili di importanza archeologica, storica, culturale e religiosa o di raro valore scientifico, nonché avorio e specie protette [(3)].

c) fattori di rischio geografici quali quelli relativi a:
1) Paesi terzi che, sulla base di fonti attendibili e indipendenti quali valutazioni reciproche ovvero rapporti pubblici di valutazione dettagliata, siano ritenuti carenti di efficaci presidi di prevenzione del riciclaggio e del finanziamento del terrorismo coerenti con le raccomandazioni del GAFI;
2) Paesi terzi che fonti autorevoli e indipendenti valutano essere caratterizzati da un elevato livello di corruzione o di permeabilità ad altre attività criminose;
3) Paesi soggetti a sanzioni, embargo o misure analoghe emanate dai competenti organismi nazionali e internazionali;
4) Paesi che finanziano o sostengono attività terroristiche o nei quali operano organizzazioni terroristiche.

3. Ai fini dell'applicazione di obblighi di adeguata verifica rafforzata della clientela i soggetti obbligati esaminano contesto e finalità di operazioni caratterizzate da importi insolitamente elevati ovvero rispetto alle quali sussistono dubbi circa la finalità cui le medesime sono, in concreto, preordinate e, in ogni caso, rafforzano il grado e la natura delle verifiche atte a determinare se le operazioni siano sospette.

4. Le autorità di vigilanza di settore, nell'esercizio delle attribuzioni di cui all'articolo 7, comma 1, lettera a), e gli organismi di autoregolamentazione, in conformità delle regole tecniche di cui all'articolo 11, comma 2, possono individuare ulteriori fattori di rischio da prendere in considerazione al fine di integrare o modificare l'elenco di cui al comma 2 e possono stabilire misure rafforzate di adeguata verifica della clientela, ulteriori rispetto a quelle di cui all'articolo 25, da adottare in situazioni di elevato rischio [(4)].

5. I soggetti obbligati applicano sempre misure di adeguata verifica rafforzata della clientela in caso di:
a) rapporti continuativi, prestazioni professionali ed operazioni che coinvolgono paesi terzi ad alto rischio [(5)];
b) rapporti di corrispondenza transfrontalieri, che comportano l'esecuzione di pagamenti, con un ente creditizio o istituto finanziario corrispondente di un Paese terzo [(6)];
c) rapporti continuativi, prestazioni professionali o operazioni con clienti e relativi titolari effettivi che siano persone politicamente esposte, salve le ipotesi in cui le predette persone politicamente esposte agiscono in veste di organi delle pubbliche amministrazioni. In dette ipotesi, i soggetti obbligati adottano misure di adeguata verifica della clientela commisurate al rischio in concreto rilevato, anche tenuto conto di quanto previsto dall'articolo 23, comma 2, lettera a), n. 2 [(7)].

6. I soggetti obbligati, in presenza di un elevato rischio di riciclaggio o di finanziamento del terrorismo applicano misure di adeguata verifica rafforzata di clienti che, originariamente individuati come persone politicamente esposte, abbiano cessato di rivestire le relative cariche pubbliche da più di un anno. La medesima disposizione si applica anche nelle ipotesi in cui il beneficiario della prestazione assicurativa o il titolare effettivo del beneficiario siano state persone politicamente esposte.

6 bis. I soggetti obbligati valutano, in base al rischio, se applicare misure rafforzate di adeguata verifica nei confronti di succursali o filiazioni, aventi sede in paesi terzi ad alto rischio, controllate da soggetti obbligati aventi sede nel territorio della Repubblica o di altro Stato membro, qualora tali succursali o filiazioni si conformino alle politiche e alle procedure di gruppo, a norma dell'articolo 45 della direttiva [(8)].

(1) Articolo modificato dall'art. 13, co. 1, lett. a), d.lgs. 25.9.2009, n. 151 e poi sostituito dall'art. 2, co. 1, d.lgs. 25.5.2017, n. 90. Prima della sostituzione questo articolo era contenuto all'interno del Titolo II, Capo I, Sezione I.
(2) Numero sostituito dall'art. 2, co. 1, lett. m), n. 1), d.lgs. 4.10.2019, n. 125.
(3) Numero aggiunto dall'art. 2, co. 1, lett. m), n. 2), d.lgs. 4.10.2019, n. 125.
(4) Comma modificato dall'art. 2, co. 1, lett. n), d.lgs. 4.10.2019, n. 125.
(5) Lettera sostituita dall'art. 2, co. 1, lett. o), n. 1), d.lgs. 4.10.2019, n. 125.
(6) Lettera modificata dall'art. 2, co. 1, lett. o), n. 2), d.lgs. 4.10.2019, n. 125.
(7) Lettera modificata dall'art. 2, co. 1, lett. o), n. 3), d.lgs. 4.10.2019, n. 125.
(8) Comma introdotto dall'art. 2, co. 1, lett. p), d.lgs. 4.10.2019, n. 125.

25. Modalità di esecuzione degli obblighi di adeguata verifica rafforzata della clientela [(1)].

1. I soggetti obbligati, in presenza di un elevato rischio di riciclaggio o di finanziamento del terrorismo, adottano misure rafforzate di adeguata verifica della clientela acquisendo informazioni aggiuntive sul cliente e sul titolare effettivo, approfondendo gli elementi posti a fondamento delle valutazioni sullo scopo e sulla natura del rapporto e intensificando la frequenza dell'applicazione delle procedure finalizzate a garantire il controllo costante nel corso del rapporto continuativo o della prestazione professionale.

2. Nel caso di rapporti di corrispondenza transfrontalieri, che comportano l'esecuzione di pagamenti, con un ente creditizio o istituto finanziario corrispondente di un paese terzo gli intermediari bancari e finanziari, oltre alle ordinarie misure di adeguata verifica della clientela, al momento dell'avvio del rapporto adottano le seguenti ulteriori misure [(2)]:
a) raccolgono sull'ente creditizio o istituto finanziario corrispondente informazioni sufficienti per comprendere pienamente la relativa struttura pro-

prietaria e la natura delle attività svolte nonché per determinare, sulla base di pubblici registri, elenchi, atti o documenti, la correttezza e la qualità della vigilanza cui l'ente o corrispondente è soggetto;

b) valutano la qualità dei controlli in materia di prevenzione del riciclaggio e del finanziamento del terrorismo cui l'ente creditizio o istituto finanziario corrispondente estero è soggetto;

c) ottengono l'autorizzazione dei titolari di poteri di amministrazione o direzione ovvero di loro delegati o, comunque, di soggetti che svolgono una funzione equivalente, prima di aprire nuovi conti di corrispondenza;

d) definiscono in forma scritta i termini dell'accordo con l'ente creditizio o istituto finanziario corrispondente e i rispettivi obblighi;

e) si assicurano che l'ente creditizio o istituto finanziario corrispondente estero abbia sottoposto ad adeguata verifica i clienti che hanno un accesso diretto ai conti di passaggio, che l'ente o l'istituto effettui il controllo costante dei rapporti con tali clienti e che, su richiesta, possa fornire all'intermediario controparte obbligato i dati pertinenti in materia di adeguata verifica della clientela;

f) assicurano un monitoraggio costante del rapporto con l'ente creditizio o l'istituto finanziario corrispondente, con frequenza e intensità commisurate al servizio di corrispondenza svolto.

3. È fatto divieto agli intermediari bancari e finanziari di aprire o mantenere, anche indirettamente, conti di corrispondenza con banche di comodo.

4. I soggetti obbligati definiscono adeguate procedure, basate sul rischio, per determinare se il cliente sia una persona politicamente esposta e, nel caso di rapporti continuativi, prestazioni professionali o operazioni con persone politicamente esposte, oltre alle ordinarie misure di adeguata verifica della clientela, adottano le seguenti ulteriori misure:

a) ottengono l'autorizzazione dei soggetti titolari di poteri di amministrazione o direzione ovvero di loro delegati o, comunque, di soggetti che svolgono una funzione equivalente, prima di avviare o proseguire o intrattenere un rapporto continuativo, una prestazione professionale o effettuare un'operazione occasionale con tali clienti;

b) applicano misure adeguate per stabilire l'origine del patrimonio e dei fondi impiegati nel rapporto continuativo o nell'operazione;

c) assicurano un controllo costante e rafforzato del rapporto continuativo o della prestazione professionale.

4 bis. Nei casi di rapporti continuativi, prestazioni professionali e operazioni che coinvolgono paesi terzi ad alto rischio, i soggetti obbligati, in aggiunta a quanto previsto dal comma 1:

a) acquisiscono informazioni aggiuntive in merito allo scopo e alla natura del rapporto continuativo o della prestazione professionale;

b) acquisiscono informazioni sull'origine dei fondi e sulla situazione economico-patrimoniale del cliente e del titolare effettivo;

c) acquisiscono informazioni sulle motivazioni delle operazioni previste o eseguite;

d) acquisiscono l'autorizzazione dei soggetti titolari di poteri di amministrazione o direzione ovvero di loro delegati o, comunque, di soggetti che svolgono una funzione equivalente, prima di avviare o proseguire o intrattenere un rapporto continuativo, una prestazione professionale o effettuare un'operazione che coinvolga paesi terzi ad alto rischio;

e) assicurano un controllo costante e rafforzato del rapporto continuativo o della prestazione professionale, aumentando la frequenza e l'intensità dei controlli effettuati e individuando schemi operativi da sottoporre ad approfondimento [(3)].

4 ter. Nei casi di cui al comma 4-*bis*, le autorità di vigilanza di settore, nell'esercizio delle attribuzioni di cui all'articolo 7, comma 1, lettera a), e gli organismi di autoregolamentazione, in conformità delle regole tecniche di cui all'articolo 11, comma 2, possono prevedere ulteriori misure di adeguata verifica rafforzata della clientela. Le autorità di vigilanza di settore possono inoltre prevedere obblighi di informativa periodica delle operazioni che coinvolgono paesi terzi ad alto rischio nonché limitazioni all'apertura o alla prosecuzione di rapporti continuativi o il divieto di effettuare operazioni con soggetti residenti aventi sede nei medesimi paesi [(4)].

4 quater. Al fine di contenere il rischio di riciclaggio e di finanziamento del terrorismo connesso ai paesi terzi ad alto rischio le autorità di vigilanza di settore, nell'esercizio delle loro attribuzioni e per le finalità di cui al presente decreto, possono anche adottare, ove ritenuto necessario, una o più delle seguenti misure:

a) negare l'autorizzazione all'esercizio dell'attività bancaria o finanziaria sul territorio della Repubblica a società controllate da intermediari con sede nei paesi terzi ad alto rischio ovvero negare agli stessi intermediari l'autorizzazione allo stabilimento di succursali nel territorio della Repubblica;

b) negare agli intermediari bancari e finanziari con sede nel territorio della Repubblica l'autorizzazione a istituire succursali sul territorio dei predetti paesi terzi ad alto rischio;

c) richiedere agli intermediari bancari e finanziari con sede nel territorio della Repubblica di rafforzare i controlli sui conti correnti di corrispondenza e sui rapporti ad essi assimilabili, intrattenuti con intermediari corrispondenti con sede nei predetti paesi terzi e, se necessario, chiuderli;

d) richiedere agli intermediari bancari e finanziari con sede nel territorio della Repubblica di intensificare le verifiche, anche ispettive, sulle società controllate o sulle succursali insediate in paesi terzi ad alto rischio [(5)].

5. Nel caso in cui il beneficiario della prestazione

assicurativa o il titolare effettivo del beneficiario siano persone politicamente esposte, i soggetti obbligati osservano, al momento del pagamento della prestazione ovvero della cessione del contratto, le seguenti ulteriori misure:

a) informare l'alta dirigenza prima del pagamento dei proventi della polizza;
b) eseguire controlli più approfonditi sull'intero rapporto con il contraente.

(1) Articolo modificato dall'art. 14, co. 1, lett. a), d.lgs. 25.9.2009, n. 151, dall'art. 27, co. 1, lett. l), d.lgs. 13.8.2010, n. 141, come modificato dall'art. 18, co. 1, d.lgs. 19.9.2012, n. 169, dall'art. 3, co. 1, d.lgs. 16.4.2012, n. 45 e poi sostituito dall'art. 2, co. 1, d.lgs. 25.5.2017, n. 90.
(2) Alinea modificato dall'art. 2, co. 1, lett. q), d.lgs. 4.10.2019, n. 125.
(3) Comma introdotto dall'art. 2, co. 1, lett. r), d.lgs. 4.10.2019, n. 125.
(4) Comma introdotto dall'art. 2, co. 1, lett. r), d.lgs. 4.10.2019, n. 125.
(5) Comma introdotto dall'art. 2, co. 1, lett. r), d.lgs. 4.10.2019, n. 125.

Sezione III [1]

(1) Sezione sostituita dall'art. 2, co. 1, d.lgs. 25.5.2017, n. 90.

26. Esecuzione degli obblighi di adeguata verifica da parte di terzi [1].

1. Ferma la responsabilità dei soggetti obbligati in ordine agli adempimenti di cui al presente Titolo, è consentito ai medesimi di ricorrere a terzi per l'assolvimento degli obblighi di adeguata verifica di cui all'articolo 18, comma 1, lettere a), b) e c).

2. Ai fini della presente sezione, si considerano «terzi»:

a) gli intermediari bancari e finanziari di cui all'articolo 3, comma 2;
[b) gli agenti in attività finanziaria di cui all'articolo 3, comma 3, lettera c) limitatamente alle operazioni di importo inferiore a 15.000 euro, relative alle prestazioni di servizi di pagamento e all'emissione e distribuzione di moneta elettronica di cui all'articolo 17, comma 6;] [2]
c) gli intermediari bancari e finanziari aventi sede in altri Stati membri;
d) gli intermediari bancari e finanziari aventi sede in un Paese terzo, che:
   1) sono tenuti ad applicare misure di adeguata verifica della clientela e di conservazione dei documenti di livello analogo a quelle previste dalla direttiva;
   2) sono sottoposti a controlli di vigilanza in linea con quelli previsti dal diritto dell'Unione europea;
e) i professionisti nei confronti di altri professionisti.

(1) Articolo sostituito dall'art. 2, co. 1, d.lgs. 25.5.2017, n. 90. Prima della sostituzione questo articolo era contenuto all'interno del Titolo II, Capo I, Sezione II.
(2) Lettera soppressa dall'art. 2, co. 1, lett. s), d.lgs. 4.10.2019, n. 125.

27. Modalità di esecuzione degli obblighi di adeguata verifica della clientela da parte di terzi [1].

1. Nei limiti di cui all'articolo 26, gli obblighi di adeguata verifica della clientela si considerano assolti, previo rilascio di idonea attestazione da parte del terzo che abbia provveduto ad adempiervi direttamente, nell'ambito di un rapporto continuativo o dell'esecuzione di una prestazione professionale ovvero in occasione del compimento di un'operazione occasionale.

2. L'attestazione di cui al comma 1 deve essere univocamente riconducibile al terzo e deve essere trasmessa dal terzo medesimo al soggetto obbligato che se ne avvale. Nella medesima attestazione è espressamente confermato il corretto adempimento degli obblighi da parte dell'attestante in relazione alle attività di verifica effettuate nonché la coincidenza tra il cliente verificato dal terzo e il soggetto a cui l'attestazione si riferisce. Le Autorità di vigilanza di settore, nell'esercizio delle attribuzioni di cui all'articolo 7, comma 1, lettera a), possono individuare idonee forme e modalità di attestazione, tenendo conto dell'evoluzione delle tecniche di comunicazione e trasferimento a distanza.

3. I terzi mettono a disposizione dei soggetti obbligati le informazioni richieste in occasione dell'adempimento degli obblighi di cui all'articolo 18, comma 1, lettere a), b) e c), ivi compresi, ove disponibili, i dati ottenuti mediante i mezzi di identificazione elettronica e i pertinenti servizi fiduciari di cui al regolamento UE n. 910/2014 o mediante procedure di identificazione elettronica sicure e regolamentate ovvero autorizzate o riconosciute dall'Agenzia per l'Italia digitale. Le copie dei documenti acquisiti dai terzi in sede di adeguata verifica del cliente sono trasmesse, senza ritardo, dai terzi medesimi ai soggetti obbligati che ne facciano richiesta [2].

4. Per i clienti il cui contatto è avvenuto attraverso l'intervento dei soggetti obbligati di cui all'articolo 3, comma 3, lettere b) e c), l'intermediario può procedere all'identificazione acquisendo da tali soggetti obbligati le informazioni necessarie, anche senza la presenza contestuale del cliente.

5. Nel caso di rapporti continuativi relativi all'erogazione di credito al consumo, di leasing o di altre tipologie operative indicate dalla Banca d'Italia, l'identificazione può essere effettuata da collaboratori esterni legati all'intermediario da apposita convenzione, nella quale siano specificati gli obblighi previsti dal presente decreto e ne siano conformemente regolate le modalità di adempimento.

5 bis. Le autorità di vigilanza di settore, nell'esercizio delle attribuzioni di cui all'articolo 7, comma 1, lettera a) possono adottare disposizioni volte a ritenere assolti gli obblighi di cui alla presente sezione da parte di un intermediario bancario o finanziario che applichi le procedure di gruppo in materia di prevenzione del riciclaggio e del finanziamento del terrorismo al ricorrere delle seguenti condizioni:

a) l'intermediario bancario o finanziario, nell'adempimento dei predetti obblighi, si avvale di informazioni fornite da terzi appartenenti allo stesso gruppo;
b) la capogruppo ha sede nel territorio della Repubblica o in un altro Stato membro ovvero ha sede in un Paese terzo ed è tenuta ad applicare misure di adeguata verifica della clientela e di conservazione dei documenti di livello analogo a quelle previste dalla direttiva;

c) l'efficace applicazione, da parte dei componenti il gruppo, delle procedure di gruppo in materia di adeguata verifica tramite terzi e conservazione dei documenti è sottoposta ai controlli dell'autorità competente a vigilare sulla capogruppo [3].

(1) Articolo sostituito dall'art. 2, co. 1, d.lgs. 25.5.2017, n. 90. Prima della sostituzione questo articolo era contenuto all'interno del Titolo II, Capo I, Sezione II.
(2) Comma modificato dall'art. 2, co. 1, lett. t), d.lgs. 4.10.2019, n. 125.
(3) Comma introdotto dall'art. 2, co. 1, lett. u), d.lgs. 4.10.2019, n. 125.

28. Responsabilità dei soggetti obbligati [1].

1. I soggetti obbligati, responsabili dell'adeguata verifica della clientela, valutano se gli elementi raccolti e le verifiche effettuate dai terzi siano idonei e sufficienti ai fini dell'assolvimento degli obblighi previsti dal presente decreto e verificano, nei limiti della diligenza professionale, la veridicità dei documenti ricevuti. In caso di dubbi sull'identità del cliente, dell'esecutore e del titolare effettivo, i soggetti obbligati provvedono, in proprio a compierne l'identificazione e ad adempiere, in via diretta, agli obblighi di adeguata verifica.

(1) Articolo modificato dall'art. 15, co. 1, lett. a), d.lgs. 25.9.2009, n. 151, dall'art. 36, co. 1, lett. a), d.l. 31.5.2010, n. 78, dall'art. 61, co. 4, d.lgs. 26.8.2016, n. 179 e poi sostituito dall'art. 2, co. 1, d.lgs. 25.5.2017, n. 90.

29. Esecuzione da parte di terzi aventi sede in Paesi ad alto rischio [1].

1. È fatto divieto ai soggetti obbligati di avvalersi di terzi aventi sede in Paesi terzi ad alto rischio.

(1) Articolo sostituito dall'art. 2, co. 1, d.lgs. 25.5.2017, n. 90.

30. Esclusioni [1].

1. Le disposizioni della presente sezione non si applicano ai rapporti di esternalizzazione o di agenzia nei casi in cui, ai sensi del contratto o della convenzione comunque denominata, il fornitore del servizio esternalizzato o l'agente siano equiparabili ai dipendenti o, comunque, a soggetti stabilmente incardinati nell'organizzazione dei soggetti obbligati per i quali svolgono la propria attività.

1 bis. Le autorità di vigilanza di settore, nell'esercizio delle attribuzioni di cui all'articolo 7, comma 1, lettera a), possono individuare specifici presidi organizzativi in presenza dei quali l'assolvimento degli obblighi di adeguata verifica di cui all'articolo 18, comma 1, lettere a) e b) può essere esternalizzato a terzi diversi da quelli di cui all'articolo 26, comma 2. Resta in ogni caso ferma la responsabilità dei soggetti obbligati in ordine agli adempimenti di cui al presente Titolo [2].

(1) Articolo modificato dall'art. 16, co. 1, lett. a), d.lgs. 25.9.2009, n. 151 e poi sostituito dall'art. 2, co. 1, d.lgs. 25.5.2017, n. 90.
(2) Comma introdotto dall'art. 2, co. 1, lett. u), d.lgs. 4.10.2019, n. 125.

Capo II
Obblighi di conservazione [1]

(1) Capo sostituito dall'articolo 2, co. 1, d.lgs. 25.5.2017, n. 90.

31. Obblighi di conservazione [1].

1. I soggetti obbligati conservano i documenti, i dati e le informazioni utili a prevenire, individuare o accertare eventuali attività di riciclaggio o di finanziamento del terrorismo e a consentire lo svolgimento delle analisi effettuate, nell'ambito delle rispettive attribuzioni, dalla UIF o da altra Autorità competente.

2. Per le finalità di cui al comma 1, i soggetti obbligati conservano copia dei documenti acquisiti in occasione dell'adeguata verifica della clientela e l'originale ovvero copia avente efficacia probatoria ai sensi della normativa vigente, delle scritture e registrazioni inerenti le operazioni. La documentazione conservata deve consentire, quanto meno, di ricostruire univocamente:

a) la data di instaurazione del rapporto continuativo o del conferimento dell'incarico;
b) i dati identificativi, ivi compresi, ove disponibili, i dati ottenuti mediante i mezzi di identificazione elettronica e i pertinenti servizi fiduciari di cui al regolamento UE n. 910/2014 o mediante procedure di identificazione elettronica sicure e regolamentate ovvero autorizzate o riconosciute dall'Agenzia per l'Italia digitale, del cliente, del titolare effettivo e dell'esecutore e le informazioni sullo scopo e la natura del rapporto o della prestazione [2];
b-*bis*) la consultazione, ove effettuata, dei registri di cui all'articolo 21, con le modalità ivi previste [3];
c) la data, l'importo e la causale dell'operazione
d) i mezzi di pagamento utilizzati.

3. I documenti, i dati e le informazioni acquisiti sono conservati per un periodo di 10 anni dalla cessazione del rapporto continuativo, della prestazione professionale o dall'esecuzione dell'operazione occasionale.

(1) Articolo modificato dall'art. 17, co. 1, d.lgs. 25.9.2009, n. 151 e poi sostituito dall'art. 2, co. 1, d.lgs. 25.5.2017, n. 90. Prima della sostituzione questo articolo era contenuto all'interno del Titolo II, Capo I, Sezione IV.
(2) Lettera modificata dall'art. 2, co. 2, lett. a), d.lgs. 4.10.2019, n. 125.
(3) Lettera introdotta dall'art. 2, co. 2, lett. b), d.lgs. 4.10.2019, n. 125.

32. Modalità di conservazione dei dati e delle informazioni [1].

1. I soggetti obbligati adottano sistemi di conservazione dei documenti, dei dati e delle informazioni idonei a garantire il rispetto delle norme dettate dal codice in materia di protezione dei dati personali nonché il trattamento dei medesimi esclusivamente per le finalità di cui al presente decreto.

2. Le modalità di conservazione adottate devono prevenire qualsiasi perdita dei dati e delle informazioni ed essere idonee a garantire la ricostruzione dell'operatività o attività del cliente nonché l'indicazione esplicita dei soggetti legittimati ad alimentare il sistema di conservazione e accedere ai dati e alle informazioni ivi conservati. Le predette modalità devono, altresì, assicurare:

a) l'accessibilità completa e tempestiva ai dati e alle informazioni da parte delle autorità di cui all'articolo 21, comma 4, lettera a);

b) la tempestiva acquisizione, da parte del soggetto obbligato, dei documenti, dei dati e delle informazioni, con indicazione della relativa data. È considerata tempestiva l'acquisizione conclusa entro trenta giorni dall'instaurazione del rapporto continuativo o dal conferimento dell'incarico per lo svolgimento della prestazione professionale, dall'esecuzione dell'operazione o della prestazione professionale, dalla variazione e dalla chiusura del rapporto continuativo o della prestazione professionale;
c) l'integrità dei dati e delle informazioni e la non alterabilità dei medesimi successivamente alla loro acquisizione;
d) la trasparenza, la completezza e la chiarezza dei dati e delle informazioni nonché il mantenimento della storicità dei medesimi.

3. I soggetti obbligati possono avvalersi, per la conservazione dei documenti, dei dati e delle informazioni, di un autonomo centro di servizi, ferma restando la responsabilità del soggetto obbligato e purché sia assicurato a quest'ultimo l'accesso diretto e immediato al sistema di conservazione.

(1) Articolo modificato dall'art. 18, co. 1, d.lgs. 25.9.2009, n. 151 e poi sostituito dall'art. 2, co. 1, d.lgs. 25.5.2017, n. 90. Prima della sostituzione questo articolo era contenuto all'interno del Titolo II, Capo I, Sezione IV.

33. Obbligo di invio dei dati aggregati alla UIF [1].

1. Gli intermediari bancari e finanziari, ad esclusione di quelli di cui all'articolo 3, comma 2, lettere i), o), p), q) e v), nonché le società fiduciarie di cui all'articolo 3, comma 3, lettera a), trasmettono alla UIF dati aggregati concernenti la propria operatività, al fine di consentire l'effettuazione di analisi mirate a far emergere eventuali fenomeni di riciclaggio o di finanziamento del terrorismo nell'ambito di determinate zone territoriali [2].

2. La UIF individua le tipologie di dati da trasmettere, le modalità e la cadenza della loro trasmissione e verifica il rispetto dell'obbligo di cui al presente articolo, anche mediante accesso diretto ai dati e alle informazioni conservate dall'intermediario bancario o finanziario o dalla società fiduciaria.

(1) Articolo sostituito dall'art. 2, co. 1, d.lgs. 25.5.2017, n. 90. Prima della sostituzione questo articolo era contenuto all'interno del Titolo II, Capo I, Sezione IV.
(2) Comma modificato dall'art. 2, co. 2, lett. c), d.lgs. 4.10.2019, n. 125.

34. Disposizioni specifiche [1].

1. Nel rispetto del vigente quadro di attribuzioni e competenze, i dati e le informazioni conservate secondo le norme di cui al presente Capo sono utilizzabili a fini fiscali.

2. Il fascicolo del cliente, conforme a quanto prescritto dagli articoli 31 e 32, e la custodia dei documenti, delle attestazioni e degli atti presso il notaio nonché la tenuta dei repertori notarili, a norma della legge 16 febbraio 1913, n. 89, del regolamento di cui al regio decreto 10 settembre 1914, n. 1326, e successive modificazioni, e la descrizione dei mezzi di pagamento ai sensi dell'articolo 35, comma 22, decreto-legge 4 luglio 2006, n. 223, convertito, con modificazioni, dalla legge 4 agosto 2006, n. 248 costituiscono idonea modalità di conservazione dei dati e delle informazioni.

3. Fermo quanto stabilito dalle disposizioni di cui al presente decreto per le finalità di prevenzione del riciclaggio e di finanziamento del terrorismo, nel rispetto dei principi di semplificazione, economicità ed efficienza, le Autorità di vigilanza di settore, a supporto delle rispettive funzioni, possono adottare disposizioni specifiche per la conservazione e l'utilizzo dei dati e delle informazioni relativi ai clienti, contenuti in archivi informatizzati, ivi compresi quelli già istituiti presso i soggetti rispettivamente vigilati, alla data di entrata in vigore del presente articolo.

(1) Articolo modificato dall'art. 19, co. 1, d.lgs. 25.9.2009, n. 151 e poi sostituito dall'art. 2, co. 1, d.lgs. 25.5.2017, n. 90. Prima della sostituzione questo articolo era contenuto all'interno del Titolo II, Capo I, Sezione IV.

34 bis. Banche dati informatiche presso gli organismi di autoregolamentazione [1].

1. Al fine di prevenire eventuali attività di riciclaggio o di finanziamento del terrorismo, gli organismi di autoregolamentazione possono istituire, previo parere favorevole del Garante per la protezione dei dati personali, una banca dati informatica centralizzata dei documenti, dei dati e delle informazioni acquisiti dai professionisti nello svolgimento della propria attività professionale che questi sono tenuti a conservare ai sensi dell'articolo 31. La banca dati è istituita e gestita in proprio dagli organismi di autoregolamentazione, che determinano quali documenti, dati e informazioni di cui all'articolo 31 devono essere trasmessi alla banca dati informatica.

2. I professionisti trasmettono senza ritardo alla banca dati i documenti, i dati e le informazioni di cui al comma 1.

3. Al fine di acquisire informazioni rilevanti per le valutazioni di cui all'articolo 35, prima di prestare la propria opera professionale o compiere le operazioni inerenti allo svolgimento della propria attività professionale, ovvero prima dell'invio della segnalazione di operazione sospetta nell'ipotesi prevista dall'articolo 35, comma 2, i professionisti possono trasmettere alla banca dati, per via telematica, i documenti, i dati e le informazioni acquisiti nell'adempimento degli obblighi di adeguata verifica della clientela di cui al presente decreto.

4. Nei casi di cui al comma 3, ovvero a seguito dell'invio di cui al comma 2, qualora dalla banca dati, tenuto conto anche degli indicatori e schemi di anomalia elaborati dalla UIF ai sensi del presente decreto, emergano operatività anomale basate sui parametri quantitativi e qualitativi di cui al comma 5, il professionista riceve un avviso a supporto delle valutazioni di cui all'articolo 35. In ogni caso, resta ferma la responsabilità del professionista per l'adempimento dell'obbligo di segnalazione delle operazioni sospette, anche nel caso di mancata ricezione dell'avviso.

5. L'avviso è generato dalla banca dati sulla base di elementi informativi associati a una determinata persona fisica o giuridica quali la tipologia di cliente, la capacità economica, la situazione economico-patrimoniale, l'attività svolta, la residenza o sede in Paesi terzi ad alto rischio secondo i criteri del presente decreto, le caratteristiche, l'importo, la frequenza e la natura delle prestazioni professionali rese o delle operazioni eseguite nonché il loro collegamento o frazionamento. Al fine di elaborare l'avviso, l'organismo di autoregolamentazione può avvalersi di sistemi automatizzati la cui logica algoritmica sia periodicamente verificata, con cadenza almeno biennale, allo scopo di minimizzare il rischio di errori, distorsioni o discriminazioni.

6. La trasmissione telematica alla banca dati effettuata dal professionista ai sensi dei commi 2 e 3 non sostituisce gli obblighi di cui agli articoli 31 e 32.

7. I documenti, i dati e le informazioni contenuti nella banca dati sono valutati dagli organismi di autoregolamentazione ai fini dell'informativa alla UIF ai sensi dell'articolo 11, comma 4, ultimo periodo.

8. Gli organismi di autoregolamentazione non possono utilizzare i documenti, i dati e le informazioni contenuti nella banca dati per finalità diverse da quelle di cui al presente articolo.

9. Il Ministero dell'economia e delle finanze, la UIF, il Nucleo speciale di polizia valutaria della Guardia di finanza, la Direzione investigativa antimafia e la Direzione nazionale antimafia e antiterrorismo accedono alla banca dati per lo svolgimento delle rispettive attribuzioni istituzionali come individuate dal presente decreto. L'accesso alla medesima banca dati non è consentito ai singoli professionisti.

10. Le modalità tecniche e operative dell'accesso di cui al comma 9 sono disciplinate con apposita convenzione sottoscritta da ciascuna autorità di cui al medesimo comma 9 con l'organismo di autoregolamentazione, su conforme parere del Garante per la protezione dei dati personali. Tali convenzioni regolano le modalità uniformi di attivazione del collegamento via web o tramite cooperazione applicativa alla banca dati dell'organismo di autoregolamentazione, nonché le modalità di identificazione, modifica e revoca da parte dell'autorità dei propri operatori abilitati all'accesso, stabilendo le modalità dei collegamenti e degli accessi anche al fine di assicurare l'accesso selettivo ai soli dati necessari al perseguimento delle finalità di cui al comma 1. La banca dati consente, attraverso gli strumenti definiti dal codice dell'amministrazione digitale, di cui al decreto legislativo 7 marzo 2005, n. 82, la verifica dell'identità digitale dei soggetti abilitati all'accesso.

11. I documenti, i dati e le informazioni contenuti nella banca dati ai sensi dei commi 1 e 3 sono trattati per le finalità di cui al presente articolo e secondo quanto in esso previsto, nel rispetto del regolamento (UE) 2016/679 del Parlamento europeo e del Consiglio, del 27 aprile 2016, e della vigente normativa nazionale in materia di protezione dei dati personali, restando escluso ogni ulteriore utilizzo.

12. Titolare del trattamento dei dati personali, ai sensi e per gli effetti della normativa vigente, è l'organismo di autoregolamentazione che istituisce la banca dati e provvede a detto trattamento secondo quanto previsto al comma 11. L'organismo di autoregolamentazione può anche avvalersi di apposite strutture decentralizzate, in qualità di responsabili del trattamento ai sensi dell'articolo 28 del regolamento (UE) 2016/679.

13. L'organismo di autoregolamentazione adotta, prima del trattamento e previo parere favorevole del Garante per la protezione dei dati personali, misure tecniche e organizzative adeguate al rischio dirette a:

a) garantire l'integrità e la non alterabilità dei documenti, dei dati e delle informazioni contenuti nella banca dati, la riservatezza dei medesimi nel rispetto della normativa in materia di protezione dei dati personali, anche mediante l'utilizzo di tecniche di crittografia, nonché la tracciabilità degli accessi, secondo criteri selettivi, da parte dei soli soggetti autorizzati dagli organismi di autoregolamentazione, anche in base alle convenzioni di cui al comma 10;
b) individuare le specifiche modalità tecniche di elaborazione, trasmissione e comunicazione al professionista dell'avviso generato dalla banca dati nei limiti di quanto stabilito dal comma 5.

14. Prima del trattamento, l'organismo di autoregolamentazione effettua la valutazione di impatto sulla protezione dei dati personali e la sottopone alla verifica preventiva del Garante per la protezione dei dati personali. Nella valutazione di impatto sono indicate tra l'altro, le misure tecniche e organizzative idonee a garantire un livello di sicurezza adeguato al rischio, nonché a tutela dei diritti e delle libertà degli interessati. Nella valutazione di impatto sono altresì disciplinati i tempi e le modalità di cancellazione dei dati.

15. I documenti, i dati e le informazioni acquisiti ai sensi dei commi 1 e 3 sono conservati nella banca dati per un periodo di dieci anni.

16. In relazione al trattamento dei dati personali contenuti nella banca dati informatica, i diritti dell'interessato di cui agli articoli da 15 a 18 e da 20 a 22 del regolamento (UE) 2016/679 si esercitano nei limiti previsti dall'articolo 2-*undecies* del Codice in materia di protezione dei dati personali.

17. Nel rispetto di quanto previsto dal presente articolo, l'organismo di autoregolamentazione che istituisce la banca dati adotta, ai sensi dell'articolo 11, comma 2, regole tecniche con le quali sono individuati:

a) i documenti, i dati e le informazioni di cui all'articolo 31 che ai sensi del comma 1 del presente articolo devono essere trasmessi alla banca dati informatica;
b) le modalità tecniche di alimentazione della medesima banca dati da parte dei professionisti;
c) le modalità tecniche di controllo, da parte dell'organismo di autoregolamentazione, riguardo alla corret-

ta trasmissione dei documenti, dei dati e delle informazioni di cui ai commi 1 e 3 da parte dei professionisti, al fine del corretto funzionamento della banca dati.

18. L'organismo di autoregolamentazione promuove e controlla l'osservanza degli obblighi previsti dal presente articolo da parte dei professionisti. In caso di violazioni gravi, ripetute o sistematiche ovvero plurime si applica l'articolo 11, comma 3.

(1) Articolo introdotto dall'art. 2 *bis*, co. 1, d.l. 18.10.2023, n. 145, conv., con modif., dalla l. 15.12.2023, n. 191.

Capo III
Obblighi di segnalazione [1]

(1) Capo sostituito dall'art. 2, co. 1, d.lgs. 25.5.2017, n. 90.

35. Obbligo di segnalazione delle operazioni sospette [1].

1. I soggetti obbligati, prima di compiere l'operazione, inviano senza ritardo alla UIF, una segnalazione di operazione sospetta quando sanno, sospettano o hanno motivi ragionevoli per sospettare che siano in corso o che siano state compiute o tentate operazioni di riciclaggio o di finanziamento del terrorismo o che comunque i fondi, indipendentemente dalla loro entità, provengano da attività criminosa. Il sospetto è desunto dalle caratteristiche, dall'entità, dalla natura delle operazioni, dal loro collegamento o frazionamento o da qualsivoglia altra circostanza conosciuta, in ragione delle funzioni esercitate, tenuto conto anche della capacità economica e dell'attività svolta dal soggetto cui è riferita, in base agli elementi acquisiti ai sensi del presente decreto. Il ricorso frequente o ingiustificato ad operazioni in contante, anche se non eccedenti la soglia di cui all'articolo 49 e, in particolare, il prelievo o il versamento in contante di importi non coerenti con il profilo di rischio del cliente, costituisce elemento di sospetto. La UIF, con le modalità di cui all'articolo 6, comma 4, lettera e), emana e aggiorna periodicamente indicatori di anomalia, al fine di agevolare l'individuazione delle operazioni sospette.

2. In presenza degli elementi di sospetto di cui al comma 1, i soggetti obbligati non compiono l'operazione fino al momento in cui non hanno provveduto ad effettuare la segnalazione di operazione sospetta. Sono fatti salvi i casi in cui l'operazione debba essere eseguita in quanto sussiste un obbligo di legge di ricevere l'atto ovvero nei casi in cui l'esecuzione dell'operazione non possa essere rinviata tenuto conto della normale operatività ovvero nei casi in cui il differimento dell'operazione possa ostacolare le indagini. In dette ipotesi, i soggetti obbligati, dopo aver ricevuto l'atto o eseguito l'operazione, ne informano immediatamente la UIF.

3. I soggetti obbligati effettuano la segnalazione contenente i dati, le informazioni, la descrizione delle operazioni ed i motivi del sospetto, e collaborano con la UIF, rispondendo tempestivamente alla richiesta di ulteriori informazioni. La UIF, con le modalità di cui all'articolo 6, comma 4, lettera d), emana istruzioni per la rilevazione e la segnalazione delle operazioni sospette al fine di assicurare tempestività, completezza e riservatezza delle stesse.

4. Le comunicazioni delle informazioni, effettuate in buona fede dai soggetti obbligati, dai loro dipendenti o amministratori ai fini della segnalazione di operazioni sospette, non costituiscono violazione di eventuali restrizioni alla comunicazione di informazioni imposte in sede contrattuale o da disposizioni legislative, regolamentari o amministrative. Le medesime comunicazioni non comportano responsabilità di alcun tipo anche nelle ipotesi in cui colui che le effettua non sia a conoscenza dell'attività criminosa sottostante e a prescindere dal fatto che l'attività illegale sia stata realizzata.

5. L'obbligo di segnalazione delle operazioni sospette non si applica ai professionisti per le informazioni che essi ricevono da un loro cliente o ottengono riguardo allo stesso nel corso dell'esame della posizione giuridica o dell'espletamento dei compiti di difesa o di rappresentanza del medesimo in un procedimento innanzi a un'autorità giudiziaria o in relazione a tale procedimento, anche tramite una convenzione di negoziazione assistita da uno o più avvocati ai sensi di legge, compresa la consulenza sull'eventualità di intentarlo o evitarlo, ove tali informazioni siano ricevute o ottenute prima, durante o dopo il procedimento stesso.

(1) Articolo sostituito dall'art. 2, co. 1, d.lgs. 25.5.2017, n. 90. Prima della sostituzione questo articolo era contenuto all'interno del Titolo II, Capo II.

36. Modalità di segnalazione da parte degli intermediari bancari e finanziari, degli altri operatori finanziari, delle società di gestione degli strumenti finanziari e dei soggetti convenzionati e agenti [1].

1. Ai fini della segnalazione di operazioni sospette, gli intermediari bancari e finanziari, gli altri operatori finanziari e le società di gestione degli strumenti finanziari di cui all'articolo 3, comma 8, nell'ambito della propria autonomia organizzativa, si avvalgono, anche mediante l'ausilio di strumenti informatici e telematici, di procedure di esame delle operazioni che tengano conto, tra le altre, delle evidenze evincibili dall'analisi dei dati e dalle informazioni conservati ai sensi del Capo II del presente Titolo.

2. Il responsabile della dipendenza, dell'ufficio, di altro punto operativo, unità organizzativa o struttura dell'intermediario o del soggetto cui compete l'amministrazione e la gestione concreta dei rapporti con la clientela, ha l'obbligo di comunicare, senza ritardo, le operazioni di cui all'articolo 35 al titolare della competente funzione o al legale rappresentante o ad altro soggetto all'uopo delegato.

3. I soggetti obbligati di cui all'articolo 3, comma 2, lettera o), e di cui all'articolo 3, comma 3, lettera c), adempiono all'obbligo di segnalazione trasmettendo la segnalazione al titolare della competente funzione, al legale rappresentate o ad altro soggetto all'uopo delegato dell'intermediario mandante o di riferimento.

4. I mediatori di assicurazione o di riassicurazione, altresì denominati broker, di cui all'articolo 109, comma 2, lettera b), CAP, qualora non sia individuabile un intermediario di riferimento e i mediatori creditizi di cui all'articolo 128-*sexies* TUB, inviano la segnalazione direttamente alla UIF.

5. I soggetti convenzionati e agenti di cui all'articolo 1, comma 2, lettera nn), comunicano all'intermediario di riferimento ovvero, per i soggetti convenzionati e gli agenti operanti sul territorio nazionale per conto di istituti aventi sede legale e amministrazione centrale in altro Stato membro, al punto di contatto centrale ogni circostanza e informazione rilevante, ai fini della valutazione, da parte di questi ultimi, in ordine all'inoltro di una segnalazione di operazione sospetta.

6. Il titolare della competente funzione, il legale rappresentante o altro soggetto all'uopo delegato dell'intermediario mandante o di riferimento, o il responsabile del punto di contatto centrale, esamina le segnalazioni pervenute e, qualora le ritenga fondate alla luce dell'insieme degli elementi a propria disposizione e delle evidenze desumibili dai dati e dalle informazioni conservati, le trasmette alla UIF, prive del nominativo del segnalante.

(1) Articolo modificato dall'art. 20, co. 1, lett. a), d.lgs. 25.9.2009, n. 151, dall'art. 27, co. 1, lett. m), d.lgs. 13.8.2010, n. 141, come modificato dall'art. 18, co. 1, d.lgs. 19.9.2012, n. 169 e poi sostituito dall'art. 2, co. 1, d.lgs. 25.5.2017, n. 90. Prima della sostituzione questo articolo era contenuto all'interno del Titolo II, Capo II.

37. Modalità di segnalazione da parte dei professionisti [1].

1. I professionisti trasmettono la segnalazione di operazione sospetta direttamente alla UIF ovvero, ai sensi dell'articolo 11, comma 4, agli organismi di autoregolamentazione.

2. Gli organismi di autoregolamentazione, ricevuta la segnalazione di operazione sospetta da parte dei propri iscritti, provvedono senza ritardo a trasmetterla integralmente alla UIF, priva del nominativo del segnalante.

2 bis. Fermo restando quanto previsto ai commi 1 e 2 del presente articolo, i professionisti, ai fini della valutazione delle operazioni ai sensi dell'articolo 35, possono avvalersi della banca dati informatica centralizzata di cui all'articolo 34-*bis* istituita presso il proprio organismo di autoregolamentazione, per poter ricevere, ricorrendone i presupposti, l'avviso di cui al comma 4 del medesimo articolo 34-*bis*. Resta ferma in ogni caso la responsabilità del professionista per l'inadempimento dell'obbligo di segnalazione delle operazioni sospette [2].

3. Per le società di revisione legale, il responsabile dell'incarico di revisione, che partecipa al compimento della prestazione e al quale compete la gestione del rapporto con il cliente, ha l'obbligo di trasmettere senza ritardo la segnalazione di operazione sospetta al titolare della competente funzione, al legale rappresentante o a un suo delegato. Quest'ultimo esamina le segnalazioni pervenute e le trasmette alla UIF, prive del nominativo del segnalante, qualora le ritenga fondate alla luce dell'insieme degli elementi a propria disposizione e delle evidenze desumibili dai dati e dalle informazioni conservati.

(1) Articolo sostituito dall'art. 2, co. 1, d.lgs. 25.5.2017, n. 90. Prima della sostituzione questo articolo era contenuto all'interno del Titolo II, Capo II.

(2) Comma introdotto dall'art. 2 *bis*, co. 2, d.l. 18.10.2023, n. 145, conv., con modif., dalla l. 15.12.2023, n. 191.

38. Tutela del segnalante [1].

1. I soggetti obbligati e gli organismi di autoregolamentazione adottano tutte le misure idonee ad assicurare la riservatezza dell'identità delle persone che effettuano la segnalazione.

2. Il titolare della competente funzione, il legale rappresentante o altro soggetto all'uopo delegato presso i soggetti obbligati sono responsabili della custodia degli atti e dei documenti in cui sono indicate le generalità del segnalante.

3. In ogni fase del procedimento, l'autorità giudiziaria adotta le misure necessarie ad assicurare che l'invio della segnalazione e delle informazioni trasmesse dalle FIU, il contenuto delle medesime e l'identità dei segnalanti siano mantenuti riservati. In ogni caso, i dati identificativi dei segnalanti non possono essere inseriti nel fascicolo del Pubblico Ministero né in quello per il dibattimento, né possono essere in altro modo rivelati, salvo che ciò risulti indispensabile ai fini dell'accertamento dei reati per i quali si procede. In tale caso, l'Autorità giudiziaria provvede con decreto motivato, adottando le cautele necessarie ad assicurare la tutela del segnalante e, ove possibile, la riservatezza della segnalazione e delle informazioni trasmesse dalle FIU [2].

3 bis. Salvo che il fatto costituisca più grave reato, chiunque rivela indebitamente l'identità del segnalante è punito con la reclusione da due a sei anni. La stessa pena si applica a chi rivela indebitamente notizie riguardanti l'invio della segnalazione e delle informazioni trasmesse dalle FIU o il contenuto delle medesime, se le notizie rivelate sono idonee a consentire l'identificazione del segnalante [3].

4. In caso di denuncia o di rapporto ai sensi degli articoli 331 e 347 del codice di procedura penale, l'identità del segnalante, anche qualora sia conosciuta, non è menzionata.

5. Fermo quanto disposto dai commi 3 e 4, in caso di sequestro di atti o documenti l'autorità giudiziaria e gli organi di polizia giudiziaria adottano le cautele necessarie ad assicurare la riservatezza dei segnalanti.

6. La trasmissione delle segnalazioni di operazioni sospette, le eventuali richieste di approfondimenti, nonché gli scambi di informazioni, attinenti alle operazioni sospette segnalate, tra la UIF, la Guardia di finanza, la DIA, le autorità di vigilanza di settore e gli organismi di autoregolamentazione, avvengono per via telematica, con modalità idonee a garantire la tutela della riservatezza, la riferibilità della trasmissione dei dati ai soli soggetti interessati, nonché l'integrità delle informazioni trasmesse.

(1) Articolo modificato dall'art. 21, co. 1, lett. a), d.lgs. 25.9.2009, n. 151 e poi sostituito dall'art. 2, co. 1, d.lgs. 25.5.2017, n. 90. Prima della sostituzione questo articolo era contenuto all'interno del Titolo II, Capo II.
(2) Comma sostituito dall'art. 3, co. 1, lett. b), n. 1), d.l. 30.12.2021, n. 228, conv., con modif., dalla l. 25.2.2022, n. 15.
(3) Comma introdotto dall'art. 3, co. 1, lett. b), n. 2), d.l. 30.12.2021, n. 228, conv., con modif., dalla l. 25.2.2022, n. 15.

39. Divieto di comunicazioni inerenti le segnalazioni di operazioni sospette [1].

1. Fuori dai casi previsti dal presente decreto, è fatto divieto ai soggetti tenuti alla segnalazione di un'operazione sospetta e a chiunque ne sia comunque a conoscenza, di dare comunicazione al cliente interessato o a terzi dell'avvenuta segnalazione, dell'invio di ulteriori informazioni richieste dalla UIF o dell'esistenza ovvero della probabilità di indagini o approfondimenti in materia di riciclaggio o di finanziamento del terrorismo. In relazione al trattamento di dati personali connesso alle attività di segnalazione e comunicazione di cui al presente comma, i diritti di cui agli articoli da 15 a 18 e da 20 a 22 del regolamento (UE) 2016/679 del Parlamento europeo e del Consiglio, del 27 aprile 2016, si esercitano nei limiti previsti dall'articolo 2-*undecies* del decreto legislativo 30 giugno 2003, n. 196, e successive modificazioni [2].

2. Il divieto di cui al comma 1 non si estende alla comunicazione effettuata alle autorità di vigilanza di settore in occasione dell'esercizio delle funzioni di cui all'articolo 7, comma 2, e alla Guardia di finanza in occasione dei controlli di cui all'articolo 9, né alla comunicazione effettuata ai fini di accertamento investigativo.

3. Il divieto di cui al comma 1 non impedisce la comunicazione tra gli intermediari bancari e finanziari, a condizione che appartengano allo stesso gruppo, ovvero tra tali intermediari e le loro succursali e filiazioni controllate a maggioranza e situate in Paesi terzi, a condizione che le medesime succursali e filiazioni si conformino a politiche e procedure di gruppo, ivi comprese quelle relative alla condivisione delle informazioni, idonee a garantire la corretta osservanza delle prescrizioni dettate in materia di prevenzione del riciclaggio e del finanziamento del terrorismo [3].

4. Il divieto di cui al comma 1 non impedisce la comunicazione tra professionisti che svolgono la propria prestazione professionale in forma associata, in qualità di dipendenti o collaboratori, anche se situati in Paesi terzi, a condizione che questi applichino misure equivalenti a quelle previste dal presente decreto legislativo.

5. Nei casi relativi allo stesso cliente o alla stessa operazione, che coinvolgano due o più intermediari bancari e finanziari ovvero due o più professionisti, il divieto di cui al comma 1 non impedisce la comunicazione tra gli intermediari o tra i professionisti in questione, a condizione che appartengano ad uno Stato membro o siano situati in un Paese terzo che impone obblighi equivalenti a quelli previsti dal presente decreto legislativo, fermo restando quanto stabilito dagli articoli 42, 43 e 44 del Codice in materia di protezione dei dati personali. Le informazioni scambiate possono essere utilizzate esclusivamente ai fini di prevenzione del riciclaggio o del finanziamento del terrorismo.

6. Il tentativo del professionista di dissuadere il cliente dal porre in atto un'attività illegale non costituisce violazione del divieto di comunicazione previsto dal presente articolo.

(1) Articolo modificato dall'art. 22, co. 1, lett. a), d.lgs. 25.9.2009, n. 151 e poi sostituito dall'art. 2, co. 1, d.lgs. 25.5.2017, n. 90. Prima della sostituzione questo articolo era contenuto all'interno del Titolo II, Capo II.
(2) Comma modificato dall'art. 2, co. 3, lett. a), d.lgs. 4.10.2019, n. 125.
(3) Comma modificato dall'art. 2, co. 3, lett. b), d.lgs. 4.10.2019, n. 125.

40. Analisi e sviluppo delle segnalazioni [1].

1. La UIF, sentito il Comitato di sicurezza finanziaria, definisce i criteri per l'approfondimento finanziario delle segnalazioni di operazioni sospette ed espleta le seguenti attività:

a) avvalendosi dei risultati delle analisi e degli studi compiuti nonché delle risultanze della propria attività ispettiva, effettua approfondimenti sotto il profilo finanziario delle segnalazioni ricevute nonché delle ipotesi di operazioni sospette non segnalate di cui viene a conoscenza, sulla base di dati e informazioni contenuti in archivi propri ovvero sulla base delle informazioni comunicate dagli organi delle indagini, dalle autorità di vigilanza di settore, dagli organismi di autoregolamentazione e dalle FIU estere;
b) effettua, sulla base di protocolli d'intesa, approfondimenti che coinvolgono le competenze delle autorità di vigilanza di settore, in collaborazione con le medesime anche avvalendosi, a tal fine, degli ulteriori elementi desumibili dagli archivi in loro possesso;
c) ai sensi dell'articolo 6, comma 4, lettera h), trasmette alla Direzione nazionale antimafia e antiterrorismo, i dati relativi alle segnalazioni delle operazioni sospette ricevute, per la verifica dell'eventuale attinenza a procedimenti giudiziari in corso;
d) in attuazione di quanto previsto dall'articolo 8, comma 1, lettera a) e fermo quanto previsto dall'articolo 331 del codice di procedura penale in ordine all'obbligo di denuncia all'autorità giudiziaria, trasmette, senza indugio, anche sulla base di protocolli d'intesa, le segnalazioni di operazioni che presentano un rischio di riciclaggio o di finanziamento del terrorismo e i risultati delle analisi svolte, incluse le informazioni ad esse pertinenti relative ai reati presupposto associati nonché le comunicazioni di cui all'articolo 10, comma 4, e le relative analisi, alla Direzione investigativa antimafia e al Nucleo speciale di polizia valutaria della Guardia di finanza, che, a loro volta, le trasmettono tempestivamente al Procuratore nazionale antimafia e antiterrorismo qualora siano attinenti alla criminalità organizzata o al terrorismo [2];
e) ferme le disposizioni di cui alle lettere c) e d), nei casi di specifico interesse, comunica agli Organismi di

informazione per la sicurezza della Repubblica di cui alla legge 3 agosto 2007, n. 124 i risultati delle analisi svolte, incluse le informazioni ad esse pertinenti relative ai reati presupposto associati e secondo modalità concordate, informa tempestivamente il Nucleo speciale di polizia valutaria della Guardia di finanza e la Direzione investigativa antimafia dei dati e delle informazioni comunicati ai sensi della presente lettera;

f) mantiene evidenza per dieci anni delle segnalazioni non trasmesse ai sensi della lettera d), mediante procedure che consentano, sulla base di protocolli d'intesa, la consultazione agli organi investigativi di cui all'articolo 9.

2. Ai fini dell'analisi o dell'approfondimento investigativo della segnalazione, la UIF, la Guardia di finanza e la Direzione investigativa antimafia possono richiedere ulteriori informazioni al soggetto che ha effettuato la segnalazione ovvero ai soggetti, destinatari degli obblighi di cui al presente decreto, nonché alle Pubbliche amministrazioni, sui fatti oggetto di analisi o approfondimento.

3. La UIF, la Guardia di finanza e la Direzione investigativa antimafia adottano, anche sulla base di protocolli d'intesa e sentito il Comitato di sicurezza finanziaria, le misure necessarie ad assicurare la riservatezza dell'identità dei soggetti che effettuano le segnalazioni ovvero dei soggetti che sono tenuti, in forza del presente decreto, a fornire ulteriori informazioni utili ai fini dell'analisi delle segnalazioni e dell'approfondimento investigativo della stessa.

(1) Articolo modificato dall'art. 23, co. 1, d.lgs. 25.9.2009, n. 151, dall'art. 27, co. 1, lett. n), d.lgs. 13.8.2010, n. 141, come modificato dall'art. 18, co. 1, d.lgs. 19.9.2012, n. 169 e poi sostituito dall'art. 2, co. 1, d.lgs. 25.5.2017, n. 90. Prima della sostituzione questo articolo era contenuto all'interno del Titolo II, Capo II.

(2) Lettera modificata dall'art. 2, co. 3, lett. c), d.lgs. 4.10.2019, n. 125.

41. Flusso di ritorno delle informazioni [1].

1. Il Nucleo speciale di polizia valutaria della Guardia di finanza e la Direzione investigativa antimafia, anche sulla base di protocolli di intesa, informano la UIF degli esiti investigativi dell'approfondimento delle segnalazioni di operazioni sospette, fatte salve le norme sul segreto di indagine.

2. La UIF, con modalità idonee a garantire la tutela della riservatezza, comunica al segnalante, direttamente ovvero tramite gli organismi di autoregolamentazione, gli esiti delle segnalazioni, anche tenendo conto delle informazioni ricevute dalla Direzione investigativa antimafia e dal Nucleo speciale di polizia valutaria della Guardia di finanza.

3. Il flusso di ritorno delle informazioni è sottoposto allo stesso divieto di comunicazione ai clienti o ai terzi previsto dall'articolo 39.

4. In occasione degli adempimenti previsti dall'articolo 5, comma 7, la UIF, la Guardia di finanza, la Direzione investigativa antimafia e l'Agenzia delle dogane e dei monopoli forniscono al Comitato di sicurezza finanziaria le informazioni sulle tipologie e i fenomeni osservati nell'anno solare precedente. La UIF, la Guardia di finanza e la Direzione investigativa antimafia, forniscono altresì al Comitato di sicurezza finanziaria informazioni sull'esito delle segnalazioni ripartito per categoria dei segnalanti, tipologia delle operazioni e aree territoriali.

(1) Articolo modificato dall'art. 24, co. 1, d.lgs. 25.9.2009, n. 151, dall'art. 36, co. 1, lett. b), d.l. 31.5.2010, n. 78 e poi sostituito dall'art. 2, co. 1, d.lgs. 25.5.2017, n. 90.

Capo IV
Obbligo di astensione [1]

(1) Capo introdotto dall'art. 2, co. 1, d.lgs. 25.5.2017, n. 90.

42. Astensione [1].

1. I soggetti obbligati che si trovano nell'impossibilità oggettiva di effettuare l'adeguata verifica della clientela, ai sensi delle disposizioni di cui all'articolo 19, comma 1, lettere a), b) e c), si astengono dall'instaurare, eseguire ovvero proseguire il rapporto, la prestazione professionale e le operazioni e valutano se effettuare una segnalazione di operazione sospetta alla UIF a norma dell'articolo 35.

2. I soggetti obbligati si astengono dall'instaurare il rapporto continuativo, eseguire operazioni o prestazioni professionali e pongono fine al rapporto continuativo o alla prestazione professionale già in essere di cui siano, direttamente o indirettamente, parte società fiduciarie, trust, società anonime o controllate attraverso azioni al portatore aventi sede in Paesi terzi ad alto rischio. Tali misure si applicano anche nei confronti delle ulteriori entità giuridiche, altrimenti denominate, aventi sede nei suddetti Paesi, di cui non è possibile identificare il titolare effettivo né verificarne l'identità.

3. I professionisti sono esonerati dall'obbligo di cui al comma 1, limitatamente ai casi in cui esaminano la posizione giuridica del loro cliente o espletano compiti di difesa o di rappresentanza del cliente in un procedimento innanzi a un'autorità giudiziaria o in relazione a tale procedimento, compresa la consulenza sull'eventualità di intentarlo o evitarlo.

4. È fatta in ogni caso salva l'applicazione dell'articolo 35, comma 2, nei casi in cui l'operazione debba essere eseguita in quanto sussiste un obbligo di legge di ricevere l'atto.

(1) Articolo modificato dall'art. 27, co. 1, lett. o), d.lgs. 13.8.2010, n. 141, come modificato dall'art. 18, co. 1, d.lgs. 19.9.2012, n. 169 e poi sostituito dall'art. 2, co. 1, d.lgs. 25.5.2017, n. 90. Prima della sostituzione questo articolo era contenuto all'interno del Titolo II, Capo III.

Capo V
Disposizioni specifiche per i soggetti convenzionati e agenti di prestatori di servizi di pagamento e di istituti di moneta elettronica [1]

(1) Capo inserito dall'art. 2, co. 1, d.lgs. 25.5.2017, n. 90.

43. Misure di controllo di soggetti convenzionati e agenti [1].

1. I prestatori di servizi di pagamento, gli istituti di moneta elettronica, le rispettive succursali e i punti di contatto centrale di cui al comma 3 adottano procedure e sistemi di controllo idonei a mitigare e gestire i rischi di riciclaggio e finanziamento del terrorismo cui sono esposti i soggetti convenzionati e gli agenti di cui all'articolo 1, comma 2, lettera nn).

2. Le procedure e i sistemi di controllo, articolati in ragione della natura e del rischio propri dell'attività svolta, assicurano, quanto meno:

a) l'individuazione, la messa a disposizione e l'aggiornamento di standard e pratiche di riferimento, in materia di gestione del rischio di riciclaggio e di finanziamento del terrorismo, adeguata verifica della clientela, conservazione dei documenti e segnalazione di operazioni sospette, cui i soggetti convenzionati e gli agenti sono tenuti a conformarsi, al fine di consentire il corretto adempimento degli obblighi di cui al presente decreto da parte dei prestatori di servizi di pagamento o dell'istituto di moneta elettronica;
b) l'adozione di specifici programmi di formazione, idonei ad orientare i soggetti convenzionati e gli agenti nel riconoscimento di operatività potenzialmente anomale in quanto connesse al riciclaggio e al finanziamento del terrorismo;
c) l'individuazione, la verifica del possesso e il controllo sulla permanenza, nel corso del rapporto di convenzionamento o del mandato, di requisiti reputazionali dei soggetti convenzionati e degli agenti, idonei a garantire la legalità dei loro comportamenti e ad assicurare la corretta attuazione delle pratiche di cui alla lettera a);
d) la verifica e il controllo dei comportamenti e dell'osservanza, da parte dei soggetti convenzionati e degli agenti, degli standard e delle pratiche di cui alla lettera a);
e) la previsione di meccanismi di immediata estinzione del rapporto di convenzionamento o del mandato a fronte del venir meno dei requisiti di cui alla lettera c) ovvero di gravi o ripetute infrazioni, riscontrate in occasione delle verifiche e dei controlli di cui alla lettera d).

3. I prestatori di servizi di pagamento e gli istituti di moneta elettronica aventi sede legale e amministrazione centrale in altro Stato membro e stabiliti sul territorio della Repubblica senza succursale, avvalendosi di soggetti convenzionati e agenti, designano un punto di contatto centrale in Italia attraverso cui assolvono agli obblighi di cui al presente decreto. La mancata istituzione del punto di contatto è sanzionata ai sensi dell'articolo 62, comma 1.

4. Fermo l'obbligo di immediata istituzione del punto di contatto centrale e la relativa responsabilità in ordine all'adempimento degli obblighi cui esso soggiace in forza della normativa nazionale vigente, la Banca d'Italia detta disposizioni attuative delle norme tecniche di regolamentazione adottate dalla Commissione europea ai sensi dell'articolo 45, paragrafo 10 della direttiva, concernenti i requisiti, le procedure, i sistemi di controllo e le funzioni del punto di contatto centrale e vigila sulla loro osservanza. Le disposizioni sono adottate entro sei mesi dall'adozione delle predette norme tecniche di regolamentazione da parte della Commissione europea.

(1) Articolo sostituito dall'art. 2, co. 1, d.lgs. 25.5.2017, n. 90. Prima della sostituzione questo articolo era contenuto all'interno del Titolo II, Capo III.

44. Adempimenti a carico dei soggetti convenzionati e degli agenti (1)**.**

1. Ferma la responsabilità dei prestatori di servizi di pagamento e degli istituti di moneta elettronica in ordine all'adempimento degli obblighi di adeguata verifica della clientela i soggetti convenzionati e gli agenti di cui all'articolo 1, comma 2, lettera nn):

a) acquisiscono i dati identificativi del cliente, dell'esecutore e del titolare effettivo e trasmettono una comunicazione contenente i dati acquisiti, entro 20 giorni dall'effettuazione dell'operazione all'intermediario di riferimento ovvero, per i soggetti convenzionati e gli agenti operanti sul territorio nazionale per conto di istituti aventi sede legale e amministrazione centrale in altro Stato membro, al punto di contatto centrale; in caso di operazioni occasionali attinenti al servizio di rimessa di denaro di cui all'articolo 1, comma 1, lettera b), numero 6), del decreto legislativo 27 gennaio 2010, n. 11, la comunicazione è inviata prima della relativa esecuzione, quale che sia l'importo dell'operazione;
b) conservano, per un periodo di 12 mesi, i dati acquisiti ai sensi della lettera a);
c) comunicano all'intermediario di riferimento ovvero, per i soggetti convenzionati e gli agenti operanti sul territorio nazionale per conto di istituti aventi sede legale e amministrazione centrale in altro Stato membro, al punto di contatto centrale ogni circostanza e informazione rilevante, ai fini della valutazione, da parte di questi ultimi, in ordine all'inoltro di una segnalazione di operazione sospetta.

2. L'atto di convenzionamento o il mandato, quale che sia il tipo contrattuale utilizzato per la regolamentazione dei rapporti tra le parti, indica espressamente:

a) gli adempimenti cui i soggetti convenzionati e gli agenti sono tenuti in occasione dell'identificazione di cui al comma 1, lettera a), e le modalità di adempimento dei medesimi, l'indicazione dei tempi entro cui le informazioni sono trasmesse all'intermediario di riferimento ovvero al punto di contatto centrale nonché la responsabilità ascrivibile al soggetto convenzionato o all'agente per l'inosservanza dei termini e delle condizioni ivi previsti;
b) le modalità di conservazione dei dati acquisiti idonee a garantire, quanto meno, l'accessibilità completa e tempestiva ai dati da parte delle autorità di cui al-

l'articolo 21, comma 2, lettera a), nonché l'integrità e la non alterabilità dei medesimi dati, successivamente alla loro acquisizione;

c) le modalità e tempi di invio della comunicazione di cui al comma 1, lettera c).

3. Le disposizioni di cui al comma 1 del presente articolo non si applicano al pagamento di tributi o sanzioni in favore di pubbliche amministrazioni o al pagamento del corrispettivo per la fruizione di beni e servizi di pubblica utilità nonché al servizio di pagamento di bollettini, erogato dai prestatori di servizi di pagamento, sulla base di un contratto di esternalizzazione, tramite soggetti non abilitati alla promozione e alla conclusione di contratti aventi a oggetto servizi di pagamento, purché risultino soddisfatte le seguenti condizioni:

a) il bollettino riporti i dati necessari al pagamento impressi a stampa in modo da consentirne la gestione in via automatizzata dal terminale utilizzato dal soggetto incaricato della riscossione o direttamente dall'utente;

b) il terminale dell'operatore incaricato non consenta in alcun modo di effettuare interventi manuali in grado di alterare le attività gestite in modo automatico.

(1) Articolo sostituito dall'art. 2, co. 1, d.lgs. 25.5.2017, n. 90. Prima della sostituzione questo articolo era contenuto all'interno del Titolo II, Capo III.

45. Registro dei soggetti convenzionati ed agenti di prestatori di servizi di pagamento e istituti emittenti moneta elettronica [1].

1. I prestatori di servizi di pagamento e gli istituti di moneta elettronica e le rispettive succursali, direttamente ovvero, limitatamente a quelli aventi sede legale e amministrazione centrale in altro Stato membro, per il tramite del punto di contatto centrale, comunicano all'OAM, con cadenza semestrale, per l'annotazione in apposito registro pubblico informatizzato, all'uopo istituito presso il medesimo organismo, i seguenti dati relativi ai soggetti convenzionati e agli agenti di cui all'articolo 1, comma 2, lettera nn):

a) il nome, il cognome ovvero la denominazione sociale, completa dell'indicazione del nominativo del responsabile legale e del preposto, del soggetto convenzionato ovvero dell'agente e, ove assegnato, il codice fiscale;

b) l'indirizzo ovvero la sede legale e, ove diversa, la sede operativa del soggetto convenzionato ovvero dell'agente, con indicazione della città e del relativo codice di avviamento postale;

c) l'espressa indicazione della prestazione di servizi di rimessa di denaro, per come definiti dall'articolo 1, comma 1, lettera n), del decreto legislativo 27 gennaio 2010, n. 11, ove erogata dal soggetto convenzionato ovvero dall'agente.

2. Nelle ipotesi di cui all'articolo 43, comma 2, lettera e), i prestatori di servizi di pagamento e gli istituti di moneta elettronica e le rispettive succursali direttamente ovvero, limitatamente a quelli aventi sede legale e amministrazione centrale in altro Stato membro, per il tramite del punto di contatto centrale, comunicano all OAM, per l'annotazione in apposita sottosezione, ad accesso riservato, del registro di cui al comma 1 l'intervenuta cessazione del rapporto di convenzionamento o del mandato, per motivi non commerciali, entro trenta giorni dall'estinzione del rapporto. L'accesso alla sottosezione è consentito, senza restrizioni, alla Guardia di Finanza, alla Banca d'Italia e alla UIF, per l'esercizio delle rispettive competenze in materia di vigilanza e di prevenzione e contrasto del riciclaggio e del finanziamento del terrorismo nonché ai prestatori di servizi di pagamento e agli istituti di moneta elettronica, alle succursali e ai punti di contatto centrale, a salvaguardia della correttezza e della legalità dei comportamenti degli operatori del mercato.

3. Le modalità tecniche di alimentazione e consultazione del registro di cui al presente articolo sono stabilite con decreto del Ministro dell'economia e delle finanze, in modo che siano garantiti:

a) l'accessibilità completa e tempestiva ai dati da parte delle autorità di cui al comma 2;

b) le modalità di consultazione della sottosezione da parte dei prestatori di servizi di pagamento e gli istituti di moneta elettronica, delle succursali e dei punti di contatto centrale, per le finalità di cui al comma 2;

c) la tempestiva annotazione dei dati comunicati dai soggetti di cui al comma 1 e dei relativi aggiornamenti;

d) l'attribuzione di un identificativo unico a ciascuno dei soggetti convenzionati o degli agenti annotati nel registro;

e) l'interfaccia tra la sottosezione ad accesso riservato del registro di cui al comma 2 e gli altri elenchi o registri tenuti dall'OAM, anche al fine di rendere tempestivamente disponibile alle autorità e agli intermediari di cui al comma 2 l'informazione circa la sussistenza di eventuali provvedimenti di cancellazione o sospensione dai predetti elenchi o registri, adottati, ai sensi della normativa vigente, a carico di un medesimo soggetto;

f) il rispetto delle norme dettate dal codice in materia di protezione dei dati personali nonché il trattamento dei medesimi esclusivamente per le finalità di cui al presente decreto;

g) l'entità ovvero i criteri di determinazione del contributo, dovuto dai soggetti tenuti alle comunicazioni di cui al presente articolo, a copertura integrale dei costi di istituzione, sviluppo e gestione del registro.

(1) Articolo modificato dall'art. 25, co. 1, lett. a), d.lgs. 25.9.2009, n. 151 e poi sostituito dall'art. 2, co. 1, d.lgs. 25.5.2017, n. 90. Prima della sostituzione questo articolo era contenuto all'interno del Titolo II, Capo III.

Capo VI
Obblighi di comunicazione [1]

(1) Capo inserito dall'art. 2, co. 1, d.lgs. 25.5.2017, n. 90.

46. Obblighi di comunicazione degli organi di controllo dei soggetti obbligati [1].

1. I componenti del collegio sindacale, del consiglio

di sorveglianza e del comitato per il controllo sulla gestione presso i soggetti obbligati vigilano sull'osservanza delle norme di cui al presente decreto e sono tenuti a:

a) comunicare, senza ritardo, al legale rappresentante o a un suo delegato le operazioni potenzialmente sospette di cui vengono a conoscenza nell'esercizio delle proprie funzioni;
b) comunicare, senza ritardo, alle autorità di vigilanza di settore e alle amministrazioni e organismi interessati, in ragione delle rispettive attribuzioni, i fatti che possono integrare violazioni gravi o ripetute o sistematiche o plurime delle disposizioni di cui al presente Titolo e delle relative disposizioni attuative, di cui vengano a conoscenza nell'esercizio delle proprie funzioni.

2. Fermi gli obblighi di comunicazione di cui al presente articolo, i componenti degli organi di controllo presso i soggetti obbligati, sono esonerati dagli obblighi di cui al Titolo II, capi I, II e III.

(1) Articolo modificato dall'art. 26, co. 1, lett. a), d.lgs. 25.9.2009, n. 151 e poi sostituito dall'art. 2, co. 1, d.lgs. 25.5.2017, n. 90. Prima della sostituzione questo articolo era contenuto all'interno del Titolo II, Capo III.

47. Comunicazioni oggettive [1].

1. Fermi gli obblighi di cui al Titolo II, Capo III, i soggetti obbligati trasmettono alla UIF, con cadenza periodica, dati e informazioni individuati in base a criteri oggettivi, concernenti operazioni a rischio di riciclaggio o di finanziamento del terrorismo.

2. I dati e le informazioni sono utilizzati per l'analisi finanziaria e l'approfondimento investigativo di operazioni sospette e per effettuare analisi di fenomeni o tipologie di riciclaggio o di finanziamento del terrorismo mediante modalità di cooperazione e scambio stabilite con protocolli d'intesa tra la UIF, la Direzione nazionale antimafia e antiterrorismo, il Nucleo speciale di polizia valutaria della Guardia di finanza e la Direzione investigativa antimafia, idonei a garantire l'adozione di adeguati presidi di riservatezza dei dati [2].

3. Con istruzioni da pubblicarsi nella Gazzetta Ufficiale della Repubblica italiana, la UIF, sentito il Comitato di sicurezza finanziaria, individua le operazioni, i dati e le informazioni di cui al comma 1, definisce le relative modalità di trasmissione e individua espressamente le ipotesi in cui l'invio di una comunicazione oggettiva esclude l'obbligo di segnalazione di operazione sospetta, ai sensi dell'articolo 35.

(1) Articolo modificato dall'art. 27, co. 1, d.lgs. 25.9.2009, n. 151, dall'art. 6 *ter*, co. 1, e dall'art. 20, co. 4, d.l. 18.2.2015, n. 7, conv., con modif., in l. 17.4.2015, n. 43 e poi sostituito dall'art. 2, co. 1, d.lgs. 25.5.2017, n. 90. Prima della sostituzione questo articolo era contenuto all'interno del Titolo II, Capo III.

(2) Comma modificato dall'art. 2, co. 1, d.lgs. 4.10.2019, n. 125.

Capo VII
Segnalazione di violazioni [1]

(1) Capo inserito dall'art. 2, co. 1, d.lgs. 25.5.2017, n. 90.

48. *Sistemi interni di segnalazione* delle violazioni [1].

1. I soggetti obbligati adottano procedure per la segnalazione al proprio interno da parte di dipendenti o di persone in posizione comparabile di violazioni, potenziali o effettive, delle disposizioni dettate in funzione di prevenzione del riciclaggio e del finanziamento del terrorismo.

2. Le procedure di cui al comma 1 garantiscono:

a) la tutela della riservatezza dell'identità del segnalante e del presunto responsabile delle violazioni, ferme restando le regole che disciplinano le indagini e i procedimenti avviati dall'autorità giudiziaria in relazione ai fatti oggetto delle segnalazioni;
b) la tutela del soggetto che effettua la segnalazione contro condotte ritorsive, discriminatorie o comunque sleali conseguenti la segnalazione;
c) lo sviluppo di uno specifico canale di segnalazione, anonimo e indipendente, proporzionato alla natura e alle dimensioni del soggetto obbligato.

3. La presentazione della segnalazione di cui al presente articolo non costituisce, di per sé, violazione degli obblighi derivanti dal rapporto contrattuale con il soggetto obbligato.

4. La disposizione di cui all'articolo 7, comma 2, del decreto legislativo 30 giugno 2003, n. 196, non trova applicazione con riguardo all'identità del segnalante, che può essere rivelata solo con il suo consenso o quando la conoscenza sia indispensabile per la difesa del segnalato.

(1) Articolo modificato dall'art. 3, co. 37, lett. b), l. 15.7.2009, n. 94, dall'art. 28, co. 1, d.lgs. 25.9.2009, n. 151 e infine sostituito dall'art. 2, co. 1, d.lgs. 25.5.2017, n. 90. Prima della sostituzione questo articolo era contenuto all'interno del Titolo II, Capo III.

TITOLO III
Misure ulteriori [1]

(1) Articolo sostituito dall'art. 3, co. 1, d.lgs. 25.5.2017, n. 90.

49. Limitazioni all'uso del contante e dei titoli al portatore [1].

1. È vietato il trasferimento di denaro contante e di titoli al portatore in euro o in valuta estera, effettuato a qualsiasi titolo tra soggetti diversi, siano esse persone fisiche o giuridiche, quando il valore oggetto di trasferimento, è complessivamente pari o superiore a 3.000 euro. Il trasferimento superiore al predetto limite, quale che ne sia la causa o il titolo, è vietato anche quando è effettuato con più pagamenti, inferiori alla soglia, che appaiono artificiosamente frazionati e può essere eseguito esclusivamente per il tramite di banche, Poste italiane S.p.a., istituti di moneta elettronica e istituti di pagamento, questi ultimi quando prestano servizi di pagamento diversi da quelli di cui all'articolo 1, comma 1, lettera b), numero 6), del decreto legislativo 27 gennaio 2010, n. 11. Il trasferimento effettuato per il tramite degli intermediari bancari e finanziari avviene mediante disposizione accettata per iscritto dagli stessi, previa consegna ai medesimi intermediari della somma in contanti. A decorrere dal terzo giorno lavorativo successivo a quello dell'accettazione, il beneficiario ha diritto di ottenere il pagamento nella provincia del proprio domicilio. La comunicazione da parte del debitore al creditore della predetta accettazione produce gli effetti di cui all'articolo 1277, primo comma, del codice civile e, nei casi di mora del creditore, gli effetti di cui all'articolo 1210 del medesimo codice (2).

2. Per il servizio di rimessa di denaro di cui all'articolo 1, comma 2, lettera h-*septies*.1), numero 6), del testo unico delle leggi in materia bancaria e creditizia, di cui al decreto legislativo 1° settembre 1993, n. 385, la soglia è di 1.000 euro (3).

3. Per la negoziazione a pronti di mezzi di pagamento in valuta, svolta dai soggetti iscritti nella sezione prevista dall'articolo 17-*bis* del decreto legislativo 13 agosto 2010, n. 141, la soglia è di 3.000 euro.

3 bis. A decorrere dal 1° luglio 2020 e fino al 31 dicembre 2022, il divieto di cui al comma 1 e la soglia di cui al comma 3 sono riferiti alla cifra di 2.000 euro. A decorrere dal 1° gennaio 2023, il predetto divieto di cui al comma 1 è riferito alla cifra di 5.000 euro (4).

4. I moduli di assegni bancari e postali sono rilasciati dalle banche e da Poste Italiane S.p.A. muniti della clausola di non trasferibilità. Il cliente può richiedere, per iscritto, il rilascio di moduli di assegni bancari e postali in forma libera.

5. Gli assegni bancari e postali emessi per importi pari o superiori a 1.000 euro devono recare l'indicazione del nome o della ragione sociale del beneficiario e la clausola di non trasferibilità.

6. Gli assegni bancari e postali emessi all'ordine del traente possono essere girati unicamente per l'incasso a una banca o a Poste Italiane S.p.A.

7. Gli assegni circolari, vaglia postali e cambiari sono emessi con l'indicazione del nome o della ragione sociale del beneficiario e la clausola di non trasferibilità.

8. Il rilascio di assegni circolari, vaglia postali e cambiari, di importo inferiore a 1.000 euro può essere richiesto, per iscritto, dal cliente senza la clausola di non trasferibilità.

9. Il richiedente di assegno circolare, vaglia cambiario o mezzo equivalente, intestato a terzi ed emesso con la clausola di non trasferibilità, può chiedere il ritiro della provvista previa restituzione del titolo all'emittente.

10. Per ciascun modulo di assegno bancario o postale richiesto in forma libera ovvero per ciascun assegno circolare o vaglia postale o cambiario rilasciato in forma libera è dovuta dal richiedente, a titolo di imposta di bollo, la somma di 1,50 euro.

11. I soggetti autorizzati a utilizzare le comunicazioni di cui all'articolo 7, comma 6, del decreto del Presidente della Repubblica 29 settembre 1973, n. 605, e successive modificazioni, possono chiedere alla banca o a Poste Italiane S.p.A. i dati identificativi e il codice fiscale dei soggetti ai quali siano stati rilasciati moduli di assegni bancari o postali in forma libera ovvero che abbiano richiesto assegni circolari o vaglia postali o cambiari in forma libera nonché di coloro che li abbiano presentati all'incasso. Con provvedimento del Direttore dell'Agenzia delle entrate sono individuate le modalità tecniche di trasmissione dei dati di cui al presente comma. La documentazione inerente i dati medesimi, costituisce prova documentale ai sensi dell'articolo 234 del codice di procedura penale.

12. A decorrere dall'entrata in vigore della presente disposizione è ammessa esclusivamente l'emissione di libretti di deposito, bancari o postali, nominativi ed è vietato il trasferimento di libretti di deposito bancari o postali al portatore che, ove esistenti, sono estinti dal portatore entro il 31 dicembre 2018.

13. Le disposizioni di cui al presente articolo, concernenti la circolazione del contante e le modalità di circolazione degli assegni e dei vaglia non si applicano ai trasferimenti in cui siano parte banche o Poste Italiane S.p.A., istituti di moneta elettronica e istituti di pagamento, nonché ai trasferimenti tra gli stessi effettuati in proprio o per il tramite di vettori specializzati di cui all'articolo 3, comma 5, lettera e).

14. Le disposizioni di cui al comma 1 non si applicano ai trasferimenti di certificati rappresentativi di quote in cui siano parte banche, Poste Italiane S.p.A., SIM, SGR, SICAV, SICAF e imprese di assicurazione che operano in Italia nei rami di cui all'articolo 2, comma 1, CAP.

15. Restano ferme le disposizioni relative ai pagamenti effettuati allo Stato o agli altri enti pubblici e alle erogazioni da questi comunque disposte verso altri soggetti. È altresì fatto salvo quanto previsto dall'articolo 494 del codice di procedura civile.

(1) Articolo modificato dall'art. 32, co. 1, lett. a) e b), d.l. 25.6.2008, n. 112, come modificato dalla l. 6.8.2008, n. 133, in sede di conversione, dall'art. 29, co. 1, lett. a), d.lgs. 25.9.2009, n. 151, dall'art. 20, co. 1, d.l. 31.5.2010, n. 78, dall'art. 2, co. 4, d.l. 13.8.2011, n. 138, dall'art. 12, co. 1, d.l. 6.12.2011, n. 201, dall'art. 18, co. 1, d.lgs. 19.9.2012, n. 169, dall'art. 1, co. 50, l. 27.12.2013, n. 147, dall'art. 1, co. 898, l. 28.12.2015, n. 208 e infine sostituito dall'art. 3, co. 1, d.lgs. 25.5.2017, n. 90.

(2) Questo limite è stato elevato dall'art. 3, co. 1, d.l. 2.3.2012, n. 16, conv., con modif., dalla l. 26.4.2012, n. 44, come modificato dall'art. 1, co. 245, l. 30.12.2018, n. 145.

(3) Comma modificato dall'art. 1, co. 384, lett. a), l. 29.12.2022, n. 197.

(4) Comma introdotto dall'art. 18, co. 1, lett. a), d.l. 26.10.2019, n. 124, conv., con modif., dalla l. 19.12.2019, n. 157 e poi modificato dall'art. 5 *quater*, co. 1, d.l. 21.10.2021, n. 146, conv., con modif., dalla l. 17.12.2021, n. 215, dall'art. 3, co. 6-*septies*, d.l. 30.12.2021, n. 228, conv., con modif., dalla l. 25.2.2022, n. 15 e poi dall'art. 1, co. 384, lett. b), l. 29.12.2022, n. 197.

50. Divieto di conti o libretti di risparmio in forma anonima o con intestazione fittizia e di prodotti di moneta elettronica anonimi (1).

1. L'apertura in qualunque forma di conti o libretti di risparmio in forma anonima o con intestazione fittizia nonché l'emissione di prodotti di moneta elettronica anonimi è vietata (2).

2. L'utilizzo, in qualunque forma, di conti o libretti di risparmio in forma anonima o con intestazione fittizia nonché l'utilizzo di prodotti di moneta elettronica anonimi, aperti o emessi presso Stati esteri, è vietato [3].

2 bis. Il divieto di emissione e utilizzo di prodotti di moneta elettronica anonimi, previsto dai commi 1 e 2, decorre dal 10 giugno 2020 [4] [5].

(1) Rubrica sostituita dall'art. 3, co. 1, lett. a), d.lgs. 4.10.2019, n. 125.
(2) Comma modificato dall'art. 3, co. 1, lett. b), d.lgs. 4.10.2019, n. 125.
(3) Comma modificato dall'art. 3, co. 1, lett. c), d.lgs. 4.10.2019, n. 125.
(4) Comma introdotto dall'art. 3, co. 1, lett. d), d.lgs. 4.10.2019, n. 125.
(5) Articolo sostituito dall'art. 3, co. 1, d.lgs. 25.5.2017, n. 90.

51. Obbligo di comunicazione al Ministero dell'economia e delle finanze delle infrazioni di cui al presente Titolo [1].

1. I soggetti obbligati che nell'esercizio delle proprie funzioni o nell'espletamento della propria attività hanno notizia di infrazioni alle disposizioni di cui all'articolo 49, commi 1, 5, 6, 7 e 12, e all'articolo 50 ne riferiscono entro trenta giorni al Ministero dell'economia e delle finanze per la contestazione e gli altri adempimenti previsti dall'articolo 14 della legge 24 novembre 1981, n. 689, e per la immediata comunicazione della infrazione anche alla Guardia di finanza la quale, ove ravvisi l'utilizzabilità di elementi ai fini dell'attività di accertamento, ne dà tempestiva comunicazione all'Agenzia delle entrate. La medesima comunicazione è dovuta dai componenti del collegio sindacale, del consiglio di sorveglianza, del comitato per il controllo sulla gestione presso i soggetti obbligati, quando riscontrano la violazione delle suddette disposizioni nell'esercizio delle proprie funzioni di controllo e vigilanza.

2. In caso di infrazioni riguardanti assegni bancari, assegni circolari, libretti al portatore o titoli similari, la comunicazione deve essere effettuata dalla banca o da Poste Italiane S.p.A. che li accetta in versamento e dalla banca o da Poste Italiane S.p.A. che ne effettua l'estinzione, salvo che il soggetto tenuto alla comunicazione abbia certezza che la stessa è stata già effettuata dall'altro soggetto obbligato.

3. Qualora oggetto dell'infrazione sia un'operazione di trasferimento segnalata ai sensi dell'articolo 35, non sussiste l'obbligo di comunicazione di cui al comma 1.

(1) Articolo modificato dall'art. 12, co. 11, d.l. 6.12.2011, n. 201, dall'art. 8, co. 7, d.l. 2.3.2012, n. 16 e poi sostituito dall'art. 3, co. 1, d.lgs. 25.5.2017, n. 90.

TITOLO IV
Disposizioni specifiche per i prestatori di servizi di gioco [1]

(1) Titolo sostituito dall'art. 3, co. 1, d.lgs. 25.5.2017, n. 90.

52. Misure per la mitigazione del rischio [1].

1. I concessionari di gioco adottano procedure e sistemi di controllo adeguati a mitigare e gestire i rischi di riciclaggio e finanziamento del terrorismo, compresi quelli relativi ai clienti, ai paesi o aree geografiche e alle operazioni e tipologie di gioco, cui sono esposti i distributori ed esercenti, a qualsiasi titolo contrattualizzati, di cui i medesimi concessionari si avvalgono per l'offerta di servizi di gioco.

2. Le procedure e i sistemi di controllo, articolati in ragione della natura e del rischio propri dell'attività svolta tramite distributori ed esercenti, assicurano quanto meno:

a) l'individuazione, la verifica del possesso e il controllo sulla permanenza, nel corso del rapporto, di requisiti reputazionali, richiesti ai sensi della convenzione di concessione per i distributori e gli esercenti, idonei a garantire la legalità e correttezza dei loro comportamenti;
b) la verifica e il controllo dell'osservanza, da parte dei distributori e degli esercenti a qualsiasi titolo contrattualizzati, degli standard e dei presidi adottati dai concessionari in funzione di prevenzione del riciclaggio e del finanziamento del terrorismo;
c) l'adozione e l'osservanza, anche da parte dei distributori e degli altri esercenti, a qualsiasi titolo contrattualizzati, di procedure che consentano di monitorare:
   1) la tipologia delle operazioni di gioco e le possibili anomalie, di carattere oggettivo e soggettivo, ad esse riconducibili;
   2) i comportamenti che favoriscano o comunque non riducano il rischio di irregolarità o di violazione delle norme di regolamentazione del settore, ivi comprese quelle in materia di prevenzione del riciclaggio o di finanziamento del terrorismo;
   3) con specifico riferimento al gioco offerto tramite VLT:
   3.1. le singole operazioni riferite ad ogni sessione di gioco nel periodo temporale massimo di una settimana;
   3.2. i comportamenti anomali legati all'entità insolitamente elevata degli importi erogati rispetto a quelli puntati;
   4) con specifico riferimento al gioco online:
   4.1. lo stato dei conti di gioco ed in particolare quelli sospesi e quelli sui quali vi siano movimentazioni rilevanti;
   4.2. i conti di gioco caratterizzati da una concentrazione anomala di vincite o perdite in un arco temporale limitato, specie se verificatesi su giochi in cui c'è interazione tra giocatori;
   4.3. la tipologia degli strumenti di ricarica utilizzati;
   4.4. la frequenza e le fasce orarie delle transazioni di ricarica del conto di gioco;
   4.5. l'individuazione di anomalie nell'utilizzo del conto di gioco per come desumibili dal rapporto tra depositi e prelievi;
d) la previsione di meccanismi di immediata estinzione del rapporto contrattuale, comunque denominato, a fronte del venir meno dei requisiti di cui alla lettera a) ovvero di gravi o ripetute infrazioni riscontrate in occasione delle verifiche e dei controlli di cui alla lettera b).

3. Il rilascio dell'autorizzazione da parte dell'Agenzia delle dogane e dei monopoli in favore di soggetti aventi sede legale in altro Stato comunitario, è subordinato all'adozione di procedure e sistemi equivalenti a quelli di cui al comma 2 e idonei a garantire il perseguimento delle medesime finalità di controllo e prevenzione.

4. L'Agenzia delle dogane e dei monopoli, nell'esercizio delle proprie competenze e attribuzioni istituzionali nel comparto del gioco pubblico, verifica l'osservanza degli adempimenti cui, ai sensi del presente articolo, i concessionari sono tenuti e, previa presentazione al Comitato di sicurezza finanziaria, emana linee guida, ad ausilio dei concessionari, adottando ogni iniziativa utile a sanzionarne l'inosservanza.

(1) Articolo modificato dall'art. 30, co. 1, lett. a), d.lgs. 25.9.2009, n. 151 e poi sostituito dall'art. 4, co. 1, d.lgs. 25.5.2017, n. 90.

52 bis. (Registro dei distributori ed esercenti) (1).

1. È istituito presso l'Agenzia delle dogane e dei monopoli un registro informatizzato, ad accesso riservato, dei distributori ed esercenti di gioco.

2. Nel registro sono annotati:

a) il nome e il cognome ovvero la denominazione sociale, completa dell'indicazione del nominativo e del codice fiscale del responsabile legale e del preposto, del distributore e dell'esercente;

b) l'indirizzo ovvero la sede legale e, ove diversa, la sede operativa del distributore e dell'esercente, con indicazione della città e del relativo codice di avviamento postale;

c) l'espressa indicazione della tipologia e delle modalità dell'attività di gioco, come definita dall'articolo 1, comma 3, lettera a).

3. Nel registro è altresì annotata l'eventuale estinzione del rapporto contrattuale, intervenuta ai sensi dell'articolo 52, comma 2, lettera d), e comunicata dai concessionari di gioco, secondo le modalità definite dall'Agenzia delle dogane e dei monopoli con le linee guida di cui all'articolo 52, comma 4. La responsabilità solidale del concessionario prevista dall'articolo 64, comma 4, è esclusa qualora il medesimo concessionario abbia comunicato l'estinzione del rapporto nelle modalità e nei termini previsti dalle linee guida di cui al precedente periodo, sempreché le violazioni gravi, ripetute o sistematiche ovvero plurime, non siano già state contestate o, comunque, i controlli di cui all'articolo 64, comma 2, non abbiano avuto inizio.

4. Nel registro sono annotati anche i provvedimenti di sospensione adottati dal Ministero dell'economia e delle finanze ai sensi dell'articolo 64, comma 5. A tale fine, il provvedimento che dispone la sospensione è comunicato, a cura della Guardia di finanza, all'Agenzia delle dogane e dei monopoli per l'annotazione nel registro.

5. L'accesso al registro è consentito, senza restrizioni, al Ministero dell'economia e delle finanze, alla Guardia di finanza, alla Direzione investigativa antimafia e alla UIF, per l'esercizio delle rispettive competenze in materia di vigilanza e di prevenzione del riciclaggio e del finanziamento del terrorismo e alla Direzione nazionale antimafia e antiterrorismo. L'accesso è altresì consentito alle questure per l'esercizio delle funzioni di pubblica sicurezza e ai fini del rilascio delle licenze e dei titoli autorizzatori di cui agli articoli 86 e 88 del testo unico delle leggi di pubblica sicurezza, di cui al regio decreto 18 giugno 1931, n. 773, e alle relative norme esecutive, nonché ai concessionari di gioco, a salvaguardia della correttezza e della legalità dei comportamenti degli operatori del mercato.

6. Le modalità tecniche di alimentazione e di consultazione del registro sono stabilite con decreto del Ministro dell'economia e delle finanze, sentiti il direttore dell'Agenzia delle dogane e dei monopoli e il Garante per la protezione dei dati personali, in modo che siano garantiti:

a) l'accessibilità completa e tempestiva ai dati da parte delle autorità di cui al comma 5;

b) le modalità di consultazione da parte dei concessionari di gioco per le finalità di cui al comma 5;

c) la tempestiva annotazione dei dati di cui ai commi 2, 3 e 4 e dei relativi aggiornamenti;

d) l'interconnessione tra il registro ad accesso riservato di cui al comma 1 e gli altri elenchi o registri tenuti dall'Agenzia delle dogane e dei monopoli, anche al fine di rendere tempestivamente disponibile alle autorità e ai concessionari di gioco l'informazione circa la sussistenza di eventuali provvedimenti di cancellazione o sospensione dai predetti elenchi o registri, adottati, ai sensi della normativa vigente, a carico di un medesimo soggetto;

e) il rispetto delle norme dettate dal codice in materia di protezione dei dati personali, di cui al decreto legislativo 30 giugno 2003, n. 196, nonché il trattamento dei medesimi esclusivamente per le finalità di cui al presente decreto.

7. All'attuazione delle disposizioni del presente articolo le amministrazioni interessate provvedono nell'ambito delle risorse umane, finanziarie e strumentali disponibili a legislazione vigente e, comunque, senza nuovi o maggiori oneri per la finanza pubblica.

(1) Articolo introdotto dall'art. 1, co. 1060, l. 27.12.2017, n. 205.

53. Disposizioni integrative in materia di adeguata verifica e conservazione (1).

1. Gli operatori di gioco on line procedono all'identificazione e alla verifica dell'identità di ogni cliente in occasione degli adempimenti necessari all'apertura e alla modifica del conto di gioco previsto ai sensi dell'articolo 24 della legge 7 luglio 2009, n. 88.

2. Gli operatori di gioco on line consentono operazioni di ricarica dei conti di gioco, ai soggetti titolari del conto esclusivamente attraverso mezzi di pagamento idonei a garantire la piena tracciabilità dei flussi finanziari connessi alle operazioni di gioco.

3. Gli operatori di gioco on line acquisiscono e conservano, per un periodo di dieci anni dalla relativa acquisizione, con modalità idonee a garantire il rispetto delle norme dettate dal codice in materia di protezione dei dati personali, le informazioni relative:

a) ai dati identificativi conferiti dal cliente all'atto dell'apertura dei conti di gioco;
b) alla data di ogni operazione di apertura e ricarica dei conti di gioco e di riscossione sui medesimi conti nonché al valore delle medesime operazioni e ai mezzi di pagamento per esse impiegati;
c) all'indirizzo IP, alla data, all'ora e alla durata delle connessioni telematiche nel corso delle quali il cliente, accedendo ai sistemi dell'operatore di gioco on line, pone in essere le suddette operazioni.

4. L'Agenzia delle dogane e dei monopoli riscontra l'autenticità dei dati contenuti nei documenti presentati dai richiedenti l'apertura dei conti di gioco anche attraverso la consultazione del sistema pubblico per la prevenzione del furto di identità, di cui al Titolo V-*bis* del decreto legislativo 13 agosto 2010, n. 141 come integrato dal decreto legislativo n. 64 del 2011.

5. Ferma la responsabilità del concessionario, in ordine all'adempimento degli obblighi di adeguata verifica e conservazione di cui al Titolo II, le attività di identificazione del cliente sono effettuate dai distributori e dagli esercenti, a qualsiasi titolo contrattualizzati, per il tramite dei quali il concessionario offre servizi di gioco pubblico su rete fisica, a diretto contatto con la clientela ovvero attraverso apparecchi videoterminali. A tal fine, i predetti distributori ed esercenti acquisiscono e conservano, con modalità idonee a garantire il rispetto delle norme dettate dal codice in materia di protezione dei dati personali, le informazioni relative:
a) ai dati identificativi del cliente, all'atto della richiesta o dell'effettuazione dell'operazione di gioco;
b) alla data delle operazioni di gioco, al valore delle medesime operazioni e ai mezzi di pagamento utilizzati.

6. I distributori ed esercenti di gioco su rete fisica procedono all'identificazione e alla verifica dell'identità di ogni cliente che richiede o effettua, presso il medesimo operatore, operazioni di gioco, per un importo pari o superiore a 2.000 euro. Qualora vi sia il sospetto di riciclaggio o finanziamento del terrorismo, i medesimi operatori sono tenuti ad applicare le predette misure, quale che sia l'importo dell'operazione effettuata.

7. Con riferimento ai giochi offerti tramite apparecchi VLT, i distributori e gli esercenti, a qualsiasi titolo contrattualizzati, osservano le disposizioni di cui al presente articolo nei casi in cui il valore nominale del ticket sia di importo pari o superiore ai 500 euro. I concessionari assicurano, in ogni caso, che i distributori e gli esercenti di apparecchi VLT siano dotati di funzionalità tali da consentire la verifica di:
a) ticket, di importo nominale pari o superiore ai 500 euro;
b) ticket, di qualunque importo, che indichino assenza di vincite o una bassa percentuale delle stesse rispetto al valore del ticket stesso.

8. I distributori e gli esercenti inviano i dati acquisiti, relativi al cliente e all'operazione, al concessionario di riferimento, entro 10 giorni dall'effettuazione dell'operazione. I medesimi soggetti assicurano la conservazione dei dati di cui alla presente lettera per un periodo di due anni dalla data di relativa acquisizione, fermi, a carico del concessionario, gli obblighi di cui al Titolo II, Capo II, del presente decreto.

9. Fermo quanto stabilito dal comma 7, i gestori di case da gioco applicano le misure di identificazione e verifica dell'identità del cliente qualora il valore delle transazioni effettuate per l'acquisto o cambio di gettoni o di altri mezzi di gioco ovvero per l'incasso di vincite da parte del cliente sia di importo pari o superiore a 2.000 euro. Qualora vi sia il sospetto di riciclaggio o finanziamento del terrorismo, i medesimi gestori sono tenuti ad applicare le predette misure, quale che sia l'importo dell'operazione effettuata.

10. I gestori di case da gioco assicurano la conservazione, per un periodo di dieci anni, dei dati e delle informazioni relativi alla data e alla tipologia delle transazioni di gioco di cui al comma 9, ai mezzi di pagamento utilizzati per l'acquisto o il cambio dei gettoni di gioco, alle transazioni di gioco effettuate dal cliente e al valore delle medesime.

11. I gestori di case da gioco soggette a controllo pubblico che, indipendentemente dall'ammontare dei gettoni o degli altri mezzi di gioco acquistati, procedono all'identificazione e alla verifica dell'identità del cliente fin dal momento del suo ingresso nei relativi locali sono tenuti ad adottare procedure idonee a ricollegare i dati identificativi del cliente alle operazioni di cui al comma 9, svolte dal cliente all'interno della casa da gioco.

(1) Articolo modificato dall'art. 31, co. 1, lett. a), d.lgs. 25.9.2009, n. 151, dall'art. 36, co. 2, lett. b), d.lgs. 27.1.2010, n. 11 e poi dall'art. 27, co. 1, lett. q), d.lgs. 13.8.2010, n. 141, come modificato dall'art. 18, co. 1, d.lgs. 19.9.2012, n. 169 e poi sostituito dall'art. 4, co. 1, d.lgs. 25.5.2017, n. 90.

54. Autorità e cooperazione nel comparto del gioco [1].

1. Per l'attuazione delle disposizioni di cui al presente Titolo, le amministrazioni e istituzioni interessate, a supporto dei prestatori di servizi di gioco, elaborano standard tecnici di regolamentazione, anche sulla base dell'analisi nazionale del rischio di riciclaggio e di finanziamento del terrorismo elaborata dal Comitato di sicurezza finanziaria, ai sensi dell'articolo 14 del presente decreto.

2. Il Nucleo speciale di polizia valutaria della Guardia di finanza e l'Agenzia delle dogane e dei monopoli, nel rispetto delle proprie attribuzioni e competenze, adottano protocolli d'intesa, volti ad assicurare lo scambio di informazioni necessario a garantire il coordinamento, l'efficacia e la tempestività delle attività di controllo e verifica dell'adeguatezza dei sistemi di prevenzione e contrasto del riciclaggio di denaro e di finanziamento del terrorismo, adottati dai prestatori di servizi di gioco.

(1) Articolo modificato dall'art. 32, co. 1, d.lgs. 25.9.2009, n. 151 e poi sostituito dall'art. 4, co. 1, d.lgs. 25.5.2017, n. 90.

TITOLO V
Disposizioni sanzionatorie e finali

Capo I
Sanzioni penali [1]

(1) Capo sostituito dall'art. 5, co. 1, d.lgs. 25.5.2017, n. 90.

55. Fattispecie incriminatrici [1].

1. Chiunque, essendo tenuto all'osservanza degli obblighi di adeguata verifica ai sensi del presente decreto, falsifica i dati e le informazioni relative al cliente, al titolare effettivo, all'esecutore, allo scopo e alla natura del rapporto continuativo o della prestazione professionale e all'operazione è punito con la reclusione da sei mesi a tre anni e con la multa da 10.000 euro a 30.000 euro. Alla medesima pena soggiace chiunque essendo tenuto all'osservanza degli obblighi di adeguata verifica ai sensi del presente decreto, in occasione dell'adempimento dei predetti obblighi, utilizza dati e informazioni falsi relativi al cliente, al titolare effettivo, all'esecutore, allo scopo e alla natura del rapporto continuativo o della prestazione professionale e all'operazione.

2. Chiunque, essendo tenuto all'osservanza degli obblighi di conservazione ai sensi del presente decreto, acquisisce o conserva dati falsi o informazioni non veritiere sul cliente, sul titolare effettivo, sull'esecutore, sullo scopo e sulla natura del rapporto continuativo o della prestazione professionale e sull'operazione ovvero si avvale di mezzi fraudolenti al fine di pregiudicare la corretta conservazione dei predetti dati e informazioni è punito con la reclusione da sei mesi a tre anni e con la multa da 10.000 euro a 30.000 euro.

3. Salvo che il fatto costituisca più grave reato, chiunque essendo obbligato, ai sensi del presente decreto, a fornire i dati e le informazioni necessarie ai fini dell'adeguata verifica della clientela, fornisce dati falsi o informazioni non veritiere, è punito con la reclusione da sei mesi a tre anni e con la multa da 10.000 euro a 30.000 euro.

4. Salvo che il fatto costituisca più grave reato, chiunque, essendovi tenuto, viola il divieto di comunicazione di cui agli articoli 39, comma 1, e 41, comma 3, è punito con l'arresto da sei mesi a un anno e con l'ammenda da 5.000 euro a 30.000 euro.

[**5.** Chiunque al fine di trarne profitto per sé o per altri, indebitamente utilizza, non essendone titolare, carte di credito o di pagamento, ovvero qualsiasi altro documento analogo che abiliti al prelievo di denaro contante o all'acquisto di beni o alla prestazione di servizi, è punito con la reclusione da uno a cinque anni e con la multa da 310 euro a 1.550 euro. Alla stessa pena soggiace chi, al fine di trarne profitto per sé o per altri, falsifica o altera carte di credito o di pagamento o qualsiasi altro documento analogo che abiliti al prelievo di denaro contante o all'acquisto di beni o alla prestazione di servizi, ovvero possiede, cede o acquisisce tali carte o documenti di provenienza illecita o comunque falsificati o alterati, nonché ordini di pagamento prodotti con essi.] [2]

6. Per le violazioni delle disposizioni di cui all'articolo 131-*ter* del decreto legislativo 1° settembre 1993, n. 385, è ordinata, nei confronti degli agenti in attività finanziaria che prestano servizi di pagamento attraverso il servizio di rimessa di denaro di cui all'articolo 1, comma 1, lettera n), del decreto legislativo 27 gennaio 2010, n. 11, la confisca degli strumenti che sono serviti a commettere il reato. [In caso di condanna o di applicazione della pena su richiesta delle parti a norma dell'articolo 444 del codice di procedura penale per il delitto di cui al comma 5 è ordinata la confisca delle cose che servirono o furono destinate a commettere il reato, nonché del profitto o del prodotto, salvo che appartengano a persona estranea al reato, ovvero quando essa non è possibile, la confisca di beni, somme di denaro e altre utilità di cui il reo ha la disponibilità per un valore corrispondente a tale profitto o prodotto.] [3]

7. Gli strumenti sequestrati ai fini della confisca di cui al comma 6 nel corso delle operazioni di polizia giudiziaria, sono affidati dall'Autorità giudiziaria agli organi di polizia che ne facciano richiesta.

(1) Articolo modificato dall'art. 27, co. 1, lett. r), d.lgs. 13.8.2010, n. 141, come modificato dall'art. 18, co. 1, d.lgs. 19.9.2012, n. 169, dall'art. 6, co. 1, lett. a), d.lgs. 29.10.2016, n. 202, e poi sostituito dall'art. 5, co. 1, d.lgs. 25.5.2017, n. 90.
(2) Comma abrogato dall'art. 7, co. 1, lett. s), d.lgs. 1.3.2018, n. 21.
(3) Comma modificato dall'art. 7, co. 1, lett. s), d.lgs. 1.3.2018, n. 21.

Capo II
Sanzioni amministrative [1]

(1) Capo sostituito dall'art. 5, co. 1, d.lgs. 25.5.2017, n. 90.

56. Inosservanza degli obblighi di adeguata verifica e dell'obbligo di astensione [1].

1. Ai soggetti obbligati che, in violazione delle disposizioni in materia di adeguata verifica della clientela del presente decreto omettono di acquisire e verificare i dati identificativi e le informazioni sul cliente, sul titolare effettivo, sull'esecutore, sullo scopo e sulla natura del rapporto continuativo o della prestazione professionale si applica la sanzione amministrativa pecuniaria pari a 2.000 euro.

2. Fuori dei casi di cui al comma 1 e salvo quanto previsto dall'articolo 62, commi 1 e 5, nelle ipotesi di violazioni gravi, ripetute o sistematiche ovvero plurime, si applica la sanzione amministrativa pecuniaria da 2.500 euro a 50.000 euro. La gravità della violazione è determinata anche tenuto conto:

a) dell'intensità e del grado dell'elemento soggettivo, anche avuto riguardo all'ascrivibilità, in tutto o in parte, della violazione alla carenza, all'incompletezza o alla non adeguata diffusione di prassi operative e procedure di controllo interno;
b) del grado di collaborazione con le autorità di cui all'articolo 21, comma 2, lettera a);
c) della rilevanza ed evidenza dei motivi del sospetto, anche avuto riguardo al valore dell'operazione e alla loro incoerenza rispetto alle caratteristiche del cliente e del relativo rapporto;

d) della reiterazione e diffusione dei comportamenti, anche in relazione alle dimensioni, alla complessità organizzativa e all'operatività del soggetto obbligato.

3. Le sanzioni di cui ai commi 1 e 2 si applicano ai soggetti obbligati che, in presenza o al verificarsi delle condizioni previste dall'articolo 42, compiono le operazioni o eseguono la prestazione professionale.

(1) Articolo modificato dall'art. 3, co. 37, lett. c), l. 15.7.2009, n. 94, dall'art. 33, co. 1, d.lgs. 25.9.2009, n. 151, dall'art. 27, co. 1, lett. s), d.lgs. 13.8.2010, n. 141, come modificato dall'art. 18, co. 1, d.lgs. 19.9.2012, n. 169, e poi sostituito dall'art. 5, co. 1, d.lgs. 25.5.2017, n. 90.

57. Inosservanza degli obblighi di conservazione (1).

1. Ai soggetti obbligati che, in violazione di quanto disposto dagli articoli 31 e 32, non effettuano, in tutto o in parte, la conservazione dei dati, dei documenti e delle informazioni ivi previsti o la effettuano tardivamente si applica la sanzione amministrativa pecuniaria pari a 2.000 euro.

2. Fuori dei casi di cui al comma 1 e salvo quanto previsto dall'articolo 62, commi 1 e 5, nelle ipotesi di violazioni gravi, ripetute o sistematiche ovvero plurime, si applica la sanzione amministrativa pecuniaria da 2.500 euro a 50.000 euro. La gravità della violazione è determinata anche tenuto conto:

a) dell'intensità e del grado dell'elemento soggettivo, anche avuto riguardo all'ascrivibilità, in tutto o in parte, della violazione alla carenza, all'incompletezza o alla non adeguata diffusione di prassi operative e procedure di controllo interno;
b) del grado di collaborazione con le autorità di cui all'articolo 21, comma 2, lettera a);
c) della rilevanza ed evidenza dei motivi del sospetto, anche avuto riguardo al valore dell'operazione e alla loro incoerenza rispetto alle caratteristiche del cliente e del relativo rapporto;
d) della reiterazione e diffusione dei comportamenti, anche in relazione alle dimensioni, alla complessità organizzativa e all'operatività del soggetto obbligato.

(1) Articolo modificato dall'art. 34, co. 1, d.lgs. 25.9.2009, n. 151 e poi sostituito dall'art. 5, co. 1, d.lgs. 25.5.2017, n. 90.

58. Inosservanza delle disposizioni relative all'obbligo di segnalazione delle operazioni sospette (1).

1. Salvo che il fatto costituisca reato, ai soggetti obbligati che omettono di effettuare la segnalazione di operazioni sospette, si applica una sanzione amministrativa pecuniaria pari a 3.000 euro.

2. Salvo che il fatto costituisca reato e salvo quanto previsto dall'articolo 62, commi 1 e 5, nelle ipotesi di violazioni gravi, ripetute o sistematiche ovvero plurime, si applica la sanzione amministrativa pecuniaria da 30.000 euro a 300.000 euro. La gravità della violazione è determinata anche tenuto conto:

a) dell'intensità e del grado dell'elemento soggettivo, anche avuto riguardo all'ascrivibilità, in tutto o in parte, della violazione alla carenza, all'incompletezza o alla non adeguata diffusione di prassi operative e procedure di controllo interno;
b) del grado di collaborazione con le autorità di cui all'articolo 21, comma 2, lettera a);
c) della rilevanza ed evidenza dei motivi del sospetto, anche avuto riguardo al valore dell'operazione e al grado della sua incoerenza rispetto alle caratteristiche del cliente e del relativo rapporto;
d) della reiterazione e diffusione dei comportamenti, anche in relazione alle dimensioni, alla complessità organizzativa e all'operatività del soggetto obbligato.

3. La medesima sanzione di cui ai commi 1 e 2 si applica al personale dei soggetti obbligati di cui all'articolo 3, comma 2 e all'articolo 3, comma 3, lettera a), tenuto alla comunicazione o alla segnalazione, ai sensi dell'articolo 36, commi 2 e 6 nonché ai soggetti tenuti alla comunicazione o alla segnalazione ai sensi dell'articolo 37, comma 3, responsabili, in via esclusiva o concorrente con l'ente presso cui operano, dell'omessa segnalazione di operazione sospetta (2).

4. Nel caso in cui le violazioni gravi, ripetute o sistematiche ovvero plurime producono un vantaggio economico, l'importo massimo della sanzione di cui al comma 2:

a) è elevato fino al doppio dell'ammontare del vantaggio medesimo, qualora detto vantaggio sia determinato o determinabile e, comunque, non sia inferiore a 450.000 euro;
b) è elevato fino ad un milione di euro, qualora il predetto vantaggio non sia determinato o determinabile.

5. Ai soggetti obbligati che, con una o più azioni od omissioni, commettono, anche in tempi diversi, una o più violazioni della stessa o di diverse norme previste dal presente decreto in materia di adeguata verifica della clientela e di conservazione da cui derivi, come conseguenza immediata e diretta, l'inosservanza dell'obbligo di segnalazione di operazione sospetta, si applicano unicamente le sanzioni previste dal presente articolo.

6. Ai soggetti obbligati che omettono di dare esecuzione al provvedimento di sospensione dell'operazione sospetta, disposto dalla UIF ai sensi dell'articolo 6, comma 4, lettera c), si applica la sanzione amministrativa pecuniaria da 5.000 euro a 50.000 euro.

(1) Articolo modificato dall'art. 20, co. 2, d.l. 31.5.2010, n. 78, dall'art. 27, co. 1, lett. z), d.lgs. 13.8.2010, n. 141, come modificato dall'art. 18, co. 1, d.lgs. 19.9.2012, n. 169, dall'art. 12, co. 1 *bis*, d.l. 6.12.2011, n. 201, e poi sostituito dall'art. 5, co. 1, d.lgs. 25.5.2017, n. 90.
(2) Comma modificato dall'art. 4, co. 1, lett. a), d.lgs. 4.10.2019, n. 125.

59. Inosservanza degli obblighi di comunicazione da parte dei componenti degli organi di controllo dei soggetti obbligati (1).

1. Ciascun componente degli organi di controllo presso i soggetti obbligati è punito con la sanzione amministrativa pecuniaria da 5.000 euro a 30.000 euro qualora, nell'esercizio della propria funzione, ometta di effettuare le comunicazioni obbligatorie ai sensi dell'articolo 46 del presente decreto.

2. Le autorità di vigilanza di settore provvedono all'irrogazione delle sanzioni di cui al presente articolo nei confronti dei componenti degli organi di controllo presso i soggetti obbligati rispettivamente vigilati.

(1) Articolo sostituito dall'art. 5, co. 1, d.lgs. 25.5.2017, n. 90.

60. Inosservanza degli obblighi informativi nei riguardi dell'Unità di informazione finanziaria e degli ispettori del Ministero dell'economia e delle finanze (1).

1. Ai destinatari degli obblighi di trasmissione e informazione nei confronti dell'UIF, previsti dal presente decreto e dalle relative disposizioni attuative, che omettono di fornire alla medesima Unità le informazioni o i dati richiesti per lo svolgimento delle sue funzioni istituzionali, si applica la sanzione amministrativa pecuniaria da 5.000 euro a 50.000 euro.

2. La medesima sanzione di cui al comma 1 si applica a coloro che, in occasione delle ispezioni di cui all'articolo 5, comma 3, si rifiutino di esibire documenti o comunque rifiutino di fornire notizie o forniscano notizie errate od incomplete.

(1) Articolo modificato dall'art. 27, co. 1, lett. z), ee), d.lgs. 13.8.2010, n. 141, come modificato dall'art. 18, co. 1, d.lgs. 19.9.2012, n. 169 e poi sostituito dall'art. 5, co. 1, d.lgs. 25.5.2017, n. 90.

61. Sanzioni per inosservanza delle disposizioni specifiche in materia di soggetti convenzionati e agenti di prestatori di servizi di pagamento e istituti emittenti moneta elettronica (1).

1. Ai soggetti convenzionati e agli agenti di cui all'articolo 1, comma 2, lettera nn), che non eseguono gli adempimenti di cui all'articolo 44, si applica la sanzione amministrativa pecuniaria da 1.000 euro a 10.000 euro. Nei casi di violazioni gravi, ripetute o sistematiche ovvero plurime, tenuto conto della rilevanza della violazione, le sanzioni amministrative pecuniarie di cui al presente comma sono raddoppiate nel minimo e nel massimo edittali.

2. Ai prestatori di servizi di pagamento e agli istituti emittenti moneta elettronica, alle relative succursali e ai punti di contatto centrale che non ottemperano agli obblighi di comunicazione di cui all'articolo 45, si applica la sanzione pecuniaria di 4.500 euro. In caso di violazioni gravi, ripetute o sistematiche ovvero plurime, la sanzione è triplicata. Se la comunicazione avviene nei trenta giorni successivi alla scadenza dei termini prescritti, la sanzione amministrativa pecuniaria è ridotta di un terzo. La procedura per la contestazione delle violazioni di cui al presente comma e l'irrogazione e riscossione delle relative sanzioni è attribuita alla competenza dell'OAM.

3. La Guardia di finanza, che agisce con i poteri di cui all'articolo 2, comma 4, del decreto legislativo 19 marzo 2001, n. 68, esercita il controllo sull'osservanza delle disposizioni di cui al Titolo II, Capo V da parte dei soggetti convenzionati e degli agenti di cui all'articolo 1, comma 2, lettera nn).

4. Il verbale, contenente l'accertamento e la contestazione delle violazioni di cui al comma 1, è notificato, a cura della Guardia di finanza, anche all'istituto per conto del quale il soggetto convenzionato o l'agente ha operato e, relativamente alle violazioni contestate ai soggetti convenzionati e agli agenti di istituti aventi sede legale e amministrazione centrale in altro Stato comunitario, al punto di contatto centrale, affinché adottino ogni iniziativa utile a prevenirne la reiterazione.

5. La Guardia di finanza qualora, nell'esercizio dei poteri di controllo conferiti ai sensi del presente decreto, accerti e contesti gravi violazioni delle disposizioni di cui all'articolo 44 e riscontri la sussistenza, a carico del medesimo soggetto, di due distinte annotazioni, anche non consecutive, nell'apposita sottosezione del registro di cui all'articolo 45 comma 2, avvenute nel corso dell'ultimo triennio, propone, a titolo accessorio rispetto alla sanzione amministrativa pecuniaria, la sospensione da quindici giorni a tre mesi dell'esercizio del servizio, oggetto di convenzione o mandato, rispetto al quale la violazione è stata riscontrata.

6. Nell'ipotesi di cui al comma 5, l'istituto per conto del quale opera il soggetto convenzionato o l'agente ovvero, limitatamente alle violazioni contestate a soggetti convenzionati e agenti di istituti aventi sede legale e amministrazione centrale in altro Stato comunitario, il punto di contatto centrale, è tenuto, in solido con il soggetto convenzionato o l'agente, al pagamento della sanzione amministrativa pecuniaria.

7. Il provvedimento di sospensione di cui al comma 5 è adottato dagli uffici centrali del Ministero dell'economia e delle finanze e notificato all'interessato, all'istituto per conto del quale opera il soggetto convenzionato o l'agente ovvero, limitatamente alle violazioni contestate ai soggetti convenzionati di istituti aventi sede legale e amministrazione centrale in altro Stato comunitario, al punto di contatto centrale. Il provvedimento di sospensione è, altresì, comunicato all'OAM, per l'annotazione nella sottosezione del registro di cui all'articolo 45 comma 2.

8. L'esecuzione del provvedimento di sospensione, attraverso l'apposizione del sigillo dell'autorità procedente e delle sottoscrizioni del personale incaricato nonché il controllo sulla sua osservanza da parte degli interessati sono espletati dalla Guardia di finanza. L'inosservanza del provvedimento di sospensione è punita con la sanzione amministrativa pecuniaria da 10.000 euro a 30.000 euro.

9. Salvo quanto previsto dal comma 2, all'irrogazione delle sanzioni amministrative pecuniarie di cui al presente articolo provvede il Ministero dell'economia e delle finanze, con proprio decreto, ai sensi dell'articolo 65. Il decreto che irroga la sanzione, notificato ai sensi di legge, è contestualmente comunicato, a cura del Ministero dell'economia e delle finanze all'OAM, per l'annotazione nella sottosezione del registro di cui all'articolo 45 comma 2.

(1) Articolo sostituito dall'art. 5, co. 1, d.lgs. 25.5.2017, n 90. Prima della sostituzione questo articolo era contenuto all'interno del Titolo V, Capo III.

62. Disposizioni sanzionatorie specifiche per soggetti obbligati vigilati [1].

1. Nei confronti degli intermediari bancari e finanziari responsabili, in via esclusiva o concorrente, di violazioni gravi, ripetute o sistematiche ovvero plurime delle disposizioni di cui al Titolo II, Capi I, II e III, di quelle in materia di organizzazione, procedure e controlli interni di cui agli articoli 7, 15 e 16, delle relative disposizioni attuative adottate dalle autorità di vigilanza di settore nonché dell'inosservanza dell'ordine di cui al comma 4, lettera a), si applica la sanzione amministrativa pecuniaria da 30.000 euro a 5.000.000 ovvero pari al dieci per cento del fatturato complessivo annuo, quando tale importo percentuale è superiore a 5.000.000 di euro e il fatturato è disponibile e determinabile. La medesima sanzione si applica nel caso di mancata istituzione del punto di contatto centrale di cui all'articolo 43, comma 3 [2].

2. Fermo quanto disposto dal comma 1, si applica la sanzione amministrativa pecuniaria da 10.000 euro a 5.000.000 di euro ai soggetti titolari di funzioni di amministrazione, direzione e controllo dell'intermediario che, non assolvendo in tutto o in parte ai compiti direttamente o indirettamente correlati alla funzione o all'incarico, hanno agevolato, facilitato o comunque reso possibili le violazioni di cui al comma 1 o l'inosservanza dell'ordine di cui al comma 4, lettera a), ovvero hanno inciso in modo rilevante sull'esposizione dell'intermediario al rischio di riciclaggio o di finanziamento del terrorismo. Qualora il vantaggio ottenuto dall'autore della violazione sia superiore a 5.000.000 di euro, la sanzione amministrativa pecuniaria è elevata fino al doppio dell'ammontare del vantaggio ottenuto, purché tale ammontare sia determinato o determinabile.

3. Nelle ipotesi di cui al comma 2, tenuto conto della gravità della violazione accertata e nel rispetto dei criteri di cui all'articolo 67, le autorità di vigilanza di settore, secondo le rispettive competenze, hanno il potere di applicare la sanzione amministrativa accessoria dell'interdizione dallo svolgimento della funzione o dell'incarico di amministrazione, direzione o controllo dell'ente, per un periodo non inferiore a sei mesi e non superiore a tre anni.

4. Per le violazioni delle disposizioni di cui al Titolo II, Capi I, II e di quelle in materia di organizzazione, procedure e controlli interni di cui agli articoli 7, 15 e 16 e delle relative disposizioni attuative, caratterizzate da scarsa offensività o pericolosità alla stregua dei criteri di cui all'articolo 67, le autorità di vigilanza di settore, in alternativa alla sanzione amministrativa pecuniaria, hanno il potere di:

a) applicare all'ente responsabile la sanzione consistente nell'ordine di eliminare le infrazioni e di astenersi dal ripeterle, anche indicando le misure da adottare e il termine per attuarle;

b) *qualora l'infrazione contestata sia cessata*, applicare all'ente responsabile la sanzione consistente in una dichiarazione pubblica avente ad oggetto la violazione commessa e il soggetto responsabile [3].

5. Nei confronti dei revisori legali e delle società di revisione legale con incarichi di revisione su enti di interesse pubblico o su enti sottoposti a regime intermedio responsabili di violazioni gravi, ripetute o sistematiche ovvero plurime delle disposizioni di cui al Titolo II, Capi I, II e III, di quelle in materia di organizzazione, procedure e controlli interni di cui agli articoli 7, 15 e 16, delle relative disposizioni attuative adottate dalla Consob si applica la sanzione amministrativa pecuniaria da euro 3.000 a 1.000.000 di euro. La medesima sanzione si applica ai soggetti titolari di funzioni di amministrazione, direzione e controllo dell'ente che, non assolvendo in tutto o in parte ai compiti direttamente o indirettamente correlati alla funzione o all'incarico, hanno agevolato, facilitato o comunque reso possibili le violazioni. Nei confronti dei medesimi soggetti, tenuto conto della gravità della violazione accertata, la Consob ha il potere di applicare la sanzione amministrativa accessoria dell'interdizione dallo svolgimento della funzione o dell'incarico di amministrazione, direzione o controllo dell'ente, per un periodo non inferiore a sei mesi e non superiore a tre anni [4].

6. La violazione della prescrizione di cui all'articolo 25, comma 3, è punita con la sanzione amministrativa pecuniaria da 10.000 euro a 200.000 euro.

7. Fermo quanto previsto dal comma 9, all'irrogazione delle sanzioni comminate dal presente articolo, nei confronti degli intermediari bancari e finanziari e dei soggetti titolari delle funzioni di cui al comma 2 provvedono la Banca d'Italia e l'IVASS, in ragione delle rispettive attribuzioni. La Banca d'Italia provvede, altresì, all'irrogazione delle sanzioni di cui al presente articolo in caso di inosservanza del regolamento (UE) n. 2015/847 e delle norme tecniche di regolamentazione emanate dalla Commissione europea ai sensi dell'articolo 10 dei regolamenti (CE) n. 1093/2010, n. 1094/2010 e n. 1095/2010, nell'esercizio dei poteri di cui all'articolo 45, paragrafi 7 e 11, della direttiva [5].

7 bis. Fermo quanto previsto dagli articoli 56, 57 e 58, per l'inosservanza delle disposizioni in materia di organizzazione, procedure e controlli interni, di cui agli articoli 7, 15 e 16, adottate nei confronti degli operatori non finanziari vigilati di cui all'articolo 3, comma 5, lettera f), la Banca d'Italia irroga una sanzione amministrativa pecuniaria da 2.500 a 350.000 euro. Nei casi di violazioni gravi, ripetute o sistematiche ovvero plurime, la sanzione di cui al presente comma può essere aumentata fino al triplo del massimo edittale ovvero fino al doppio dell'importo dei profitti ricavati dalle violazioni accertate, quando tale importo è determinato o determinabile [6].

8. Fermo quanto previsto dal comma 9, all'irrogazione delle sanzioni di cui al presente articolo nei confronti dei revisori legali e delle società di revisione legale con incarichi di revisione su enti di interesse pubblico o su enti sottoposti a regime intermedio nonché dei soggetti titolari di funzioni di amministrazione, direzione e controllo provvede la CONSOB che comunica, altresì, al Ministero dell'economia e delle finanze i provvedimenti adottati ai sensi del comma 5 ai fini della cancellazione o sospensione dal Registro di cui all'articolo 2, comma 1, del decreto legislativo 27 gennaio 2010, n. 39 (7).

9. È fatta salva la competenza del Ministero dell'economia e delle finanze all'irrogazione delle sanzioni amministrative pecuniarie nei confronti dei titolari di funzioni di amministrazione, direzione e controllo dei soggetti obbligati vigilati che, non assolvendo in tutto o in parte ai compiti direttamente o indirettamente correlati alla funzione o all'incarico, hanno agevolato, facilitato o comunque reso possibile la violazione dell'obbligo di segnalazione di operazione sospetta.

(1) Articolo sostituito dall'art. 5, co. 1, d.lgs. 25.5.2017, n. 90. Prima della sostituzione questo articolo era contenuto all'interno del Titolo V, Capo III.
(2) Comma modificato dall'art. 4, co. 1, lett. b), d.lgs. 4.10.2019, n. 125.
(3) Comma modificato dall'art. 4, co. 1, lett. b), d.lgs. 4.10.2019, n. 125.
(4) Comma modificato dall'art. 4, co. 1, lett. b), d.lgs. 4.10.2019, n. 125.
(5) Comma modificato dall'art. 4, co. 1, lett. c), d.lgs. 4.10.2019, n. 125.
(6) Comma introdotto dall'art. 4, co. 1, lett. d), d.lgs. 4.10.2019, n. 125.
(7) Comma modificato dall'art. 4, co. 1, lett. d), d.lgs. 4.10.2019, n. 125.

63. (Inosservanza delle disposizioni di cui al Titolo III) (1).

1. Fatta salva l'efficacia degli atti, alle violazioni delle disposizioni di cui all'articolo 49, commi 1, 2, 3, 5, 6 e 7, si applica la sanzione amministrativa pecuniaria da 3.000 euro a 50.000 euro.

1 bis. Fermo quanto previsto dal comma 1, per le violazioni di cui all'articolo 49, comma 5, relative a importi inferiori a 30.000 euro, l'entità della sanzione minima è pari al 10 per cento dell'importo trasferito in violazione della predetta disposizione. La disposizione di cui al presente comma si applica qualora ricorrano le circostanze di minore gravità della violazione, accertate ai sensi dell'articolo 67 (2).

1 ter. Per le violazioni commesse e contestate dal 1° luglio 2020 al 31 dicembre 2021 il minimo edittale, applicabile ai sensi del comma 1, è fissato a 2.000 euro. Per le violazioni commesse e contestate a decorrere dal 1° gennaio 2022, il minimo edittale, applicabile ai sensi del comma 1, è fissato a 1.000 euro (3).

2. La violazione della prescrizione di cui all'articolo 49, comma 12, è punita con la sanzione amministrativa pecuniaria da 250 euro a 500 euro.

3. La violazione del divieto di cui all'articolo 50, comma 1, è punita con una sanzione amministrativa pecuniaria dal 20 per cento al 40 per cento del saldo.

4. La violazione del divieto di cui all'articolo 50, comma 2, è punita con una sanzione amministrativa pecuniaria dal 10 per cento al 40 per cento del saldo.

5. La violazione dell'obbligo di cui all'articolo 51, comma 1, del presente decreto è punita con una sanzione amministrativa pecuniaria da 3.000 euro a 15.000 euro.

6. Per le violazioni di cui al comma 1 del presente articolo, che riguardano importi superiori a 250.000 euro, la sanzione è quintuplicata nel minimo e nel massimo edittali.

7. Per le violazioni di cui ai commi 3 e 4 del presente articolo, che riguardino importi superiori a 50.000 euro, la sanzione minima e massima è aumentata del 50 per cento.

(1) Articolo modificato dall'art. 27, co. 1, lett. z), ff), d.lgs. 13.8.2010, n. 141, come modificato dall'art. 18, co. 1, d.lgs. 19.9.2012, n. 169 e poi sostituito dall'art. 5, co. 1, d.lgs. 25.5.2017, n. 90. Prima della sostituzione questo articolo era contenuto all'interno del Titolo V, Capo III.
(2) Comma introdotto dall'art. 9 *bis*, co. 1, d.l. 23.10.2018, n. 119, conv., con modif., in l. 17.12.2018, n. 136. La presente disposizione si applica anche ai procedimenti amministrativi in corso alla data di entrata in vigore del d.l. n. 119/2018.
(3) Comma introdotto dall'art. 18, co. 1, lett. b), d.l. 26.10.2019, n. 124, conv., con modif., in l. 19.12.2019, n. 157.

64. Inosservanza delle disposizioni di cui al Titolo IV commesse da distributori ed esercenti nel comparto del gioco (1).

1. Ai distributori e agli esercenti, a qualsiasi titolo contrattualizzati, dei quali i concessionari si avvalgono per l'offerta di servizi di gioco, ivi compresi quelli operanti sul territorio nazionale per conto di soggetti aventi sede legale in altro Stato comunitario, che non eseguono gli adempimenti cui sono tenuti ai sensi delle disposizioni di cui al Titolo IV del presente decreto, si applica la sanzione amministrativa pecuniaria da mille euro a 10.000 euro.

2. La Guardia di finanza, che agisce con i poteri di cui di cui all'articolo 2, comma 4, del decreto legislativo 19 marzo 2001, n. 68, esercita il controllo sull'osservanza delle disposizioni di cui al presente decreto, da parte dei distributori e degli esercenti, a qualsiasi titolo contrattualizzati, dei quali i concessionari si avvalgono per l'offerta di servizi di gioco e ne accerta e contesta le relative violazioni.

3. Il verbale contenente l'accertamento e la contestazione delle violazioni di cui al comma 1 è notificato, a cura della Guardia di finanza, anche al concessionario, per conto del quale il distributore o l'esercente opera, affinché adotti ogni iniziativa utile a prevenirne la reiterazione.

4. Nei casi di violazioni gravi, ripetute o sistematiche ovvero plurime, tenuto conto della rilevanza della violazione, le sanzioni amministrative pecuniarie di cui ai commi 1, 2 e 3 sono raddoppiate nel minimo e nel massimo edittali. In tali ipotesi, il concessionario è tenuto, in solido con il distributore o esercente contrattualizzato, al pagamento della sanzione amministrativa pecuniaria irrogata.

5. La Guardia di finanza, qualora, nell'esercizio dei poteri di controllo conferiti ai sensi del presente decreto, accerti e contesti una grave violazione delle disposizioni di cui al presente decreto a carico dei distributori e degli esercenti, a qualsiasi titolo contrattualizzati, dei quali il concessionario si avvale per l'offerta di servizi di gioco, e riscontri la sussistenza, a carico dei medesimi soggetti, di due provvedimenti sanzionatori adottati nel corso dell'ultimo triennio, propone, a titolo accessorio rispetto alla sanzione amministrativa pecuniaria, la sospensione da quindici giorni a tre mesi dell'esercizio dell'attività medesima. Il provvedimento di sospensione è adottato dagli uffici centrali del Ministero dell'economia e delle finanze e notificato all'interessato. Il provvedimento di sospensione è notificato, negli stessi termini, oltre che all'interessato, anche al concessionario per conto del quale opera il distributore o esercente contrattualizzato, ai fini dell'adozione di ogni iniziativa utile ad attivare i meccanismi di estinzione del rapporto contrattuale, ai sensi dell'articolo 52, comma 2, lettera d). Il provvedimento di sospensione è altresì comunicato dalla Guardia di finanza all'Agenzia delle dogane e dei monopoli, per l'adozione dei provvedimenti di competenza.

6. L'esecuzione del provvedimento di sospensione, attraverso l'apposizione del sigillo dell'autorità procedente e delle sottoscrizioni del personale incaricato nonché il controllo sulla sua osservanza da parte degli interessati sono espletati dalla Guardia di finanza. L'inosservanza del provvedimento di sospensione è punita con la sanzione amministrativa pecuniaria da 10.000 euro a 30.000 euro.

7. All'irrogazione delle sanzioni amministrative pecuniarie di cui al presente articolo provvede il Ministero dell'economia e delle finanze, con proprio decreto, ai sensi dell'articolo 65, comma 4.

(1) Articolo sostituito dall'art. 5, co. 1, d.lgs. 25.5.2017, n. 90. Prima della sostituzione questo articolo era contenuto all'interno del Titolo V, Capo III.

65. Procedimento sanzionatorio (1).

1. Salvo quanto previsto dall'articolo 61, comma 2, e dall'articolo 62, il Ministero dell'economia e delle finanze provvede all'irrogazione delle sanzioni per violazione degli obblighi di cui al presente decreto nei confronti dei soggetti obbligati non sottoposti alla vigilanza delle autorità di vigilanza di settore. Il Ministero dell'economia e delle finanze provvede altresì:

a) all'irrogazione delle sanzioni amministrative pecuniarie per l'inosservanza dell'obbligo di segnalazione di operazione sospetta, imputabile al personale e ai titolari di funzioni di amministrazione, direzione e controllo di intermediari bancari e finanziari e di operatori non finanziari di cui all'articolo 3, comma 5, lettera f), salva la competenza della Banca d'Italia e dell'IVASS, in ragione delle rispettive attribuzioni, all'irrogazione delle sanzioni per violazioni gravi, ripetute o sistematiche ovvero plurime imputabili all'ente (2);

b) all'irrogazione delle sanzioni amministrative pecuniarie per l'inosservanza dell'obbligo di segnalazione di operazione sospetta, imputabile ai revisori legali e, nell'ambito delle società di revisione legale con incarichi di revisione su enti di interesse pubblico o su enti sottoposti a regime intermedio, ai responsabili degli incarichi di revisione nonché ai titolari di funzioni di amministrazione, direzione e controllo dell'ente, salva la competenza della CONSOB all'irrogazione delle sanzioni per violazioni gravi, ripetute o sistematiche ovvero plurime imputabili all'ente (3);

c) all'irrogazione delle sanzioni amministrative pecuniarie per inosservanza delle disposizioni di cui al Titolo III del presente decreto;

c-*bis*) all'irrogazione di ogni altra sanzione amministrativa pecuniaria non espressamente attribuita, dal presente decreto, alla potestà sanzionatoria di altra autorità o organismo (4).

2. Il Ministero dell'economia e delle finanze adotta i propri decreti sanzionatori, udito il parere della Commissione prevista dall'articolo 1 del decreto del Presidente della Repubblica 14 maggio 2007, n. 114. Nel caso di concessione di nulla osta da parte dell'autorità giudiziaria per l'utilizzo, in sede amministrativa, delle informazioni o degli atti relativi ad un procedimento penale, il termine di cui all'articolo 14, comma 3, della legge 24 novembre 1981, n. 689, decorre dalla data di ricezione del nulla osta medesimo.

3. Il Ministero dell'economia e delle finanze, quando provvede all'irrogazione delle sanzioni di cui al comma 1, lettera a) e b), trasmette gli atti alle autorità di vigilanza di settore per le valutazioni relative all'applicabilità delle sanzioni di rispettiva competenza. Parimenti, le autorità di vigilanza di settore trasmettono al Ministero dell'economia e delle finanze gli atti, qualora nell'esercizio della propria potestà sanzionatoria, ravvisino la sussistenza di elementi suscettibili di valutazione da parte del Ministero, ai fini dell'applicazione delle sanzioni amministrative pecuniarie, rientranti nella sua competenza, ai sensi del presente decreto.

4. Il procedimento sanzionatorio per le violazioni di cui agli articoli 44, 49, commi 1, 2, 3, 5, 6, 7 e 12, e di cui agli articoli 50, 51, comma 1, e 64 del presente decreto è svolto dagli uffici delle Ragionerie territoriali dello Stato, già individuati con decreto del Ministro dell'economia e delle finanze del 17 novembre 2011. La Commissione di cui all'articolo 1 del decreto del Presidente della Repubblica 14 maggio 2007, n. 114, formula pareri di massima, per categorie di violazioni, utilizzate dalle Ragionerie territoriali dello Stato come riferimenti per la decretazione. Si applicano, in quanto compatibili, le disposizioni della legge 24 novembre 1981, n. 689 (5).

5. I decreti sanzionatori, adottati ai sensi del presente articolo, sono assoggettati alla giurisdizione del giudice ordinario e, salvi i decreti sanzionatori di cui al comma 4, per i quali permane la competenza del tribunale del luogo in cui è stata commessa la violazione, è competente, in via esclusiva, il Tribunale di Roma. Si applicano, in quanto compatibili, le disposizioni di cui all'articolo 152-*bis* delle disposizioni per l'attuazione del codice di procedura civile e le spese liquidate, in favore dell'amministrazione, affluiscono ai fondi destinati all'incentivazione del personale dipendente.

6. Le somme riscosse dal Ministero dell'economia e delle finanze, a titolo di sanzioni amministrative, sono ripartite ai sensi della legge 7 febbraio 1951, n. 168. I crediti vantati dal Ministero dell'economia e delle finanze rispetto alle sanzioni amministrative pecuniarie irrogate ai sensi del presente decreto sono assistiti da privilegio generale sui beni mobili del debitore.

7. Le autorità di vigilanza di settore, con proprio regolamento, da emanarsi entro sei mesi dall'entrata in vigore delle disposizioni contenute nel presente articolo, adottano ovvero integrano proprie disposizioni atte a garantire agli interessati la piena conoscenza degli atti istruttori e il contraddittorio, in forma scritta e orale, con l'autorità procedente nonché, relativamente alle sanzioni da esse comminate, disposizioni attuative aventi ad oggetto, tra l'altro, la determinazione della definizione di fatturato utile per la quantificazione della sanzione, la procedura sanzionatoria e le modalità di pubblicazione delle sanzioni.

8. In caso di gravi violazioni degli obblighi di cui al presente decreto, sanzionate dalle autorità procedenti, in ragione delle rispettive attribuzioni di vigilanza e controllo, gli organismi di cui agli articoli 112-*bis* e 128-*undecies* TUB attivano, su richiesta delle medesime autorità, i procedimenti di cancellazione dai relativi elenchi. Il procedimento di cancellazione è altresì attivato, alle medesime condizioni, dall'organismo di cui all'articolo 113, comma 4, TUB e dall'organismo di cui all'articolo 108-*bis* CAP, ovvero dalla Banca d'Italia e dall'IVASS, fino all'istituzione dei medesimi organismi [(6)].

9. Al procedimento sanzionatorio di competenza del Ministero dell'economia e delle finanze si applicano, in quanto compatibili, le disposizioni della legge 24 novembre 1981, n. 689. All'accertamento e contestazione delle violazioni provvede l'autorità che, nell'esercizio dei suoi poteri, rilevi l'inosservanza degli obblighi di cui al presente decreto. L'articolo 16 della legge 24 novembre 1981, n. 689, si applica solo per le violazioni dell'articolo 49, commi 1, 2, 5, 6 e 7 e dell'articolo 51 il cui importo non sia superiore a 250.000 euro. Il pagamento in misura ridotta non è esercitabile da chi si è già avvalso della medesima facoltà per altra violazione dell'articolo 49, commi 1, 2, 5, 6 e 7, e dell'articolo 51, il cui atto di contestazione sia stato ricevuto dall'interessato nei 365 giorni precedenti la ricezione dell'atto di contestazione concernente l'illecito per cui si procede [(7)].

10. In relazione alle sanzioni amministrative pecuniarie di cui all'articolo 58 e 63 del presente decreto, la responsabilità solidale di cui all'articolo 6 della legge 24 novembre 1981, n. 689, sussiste anche quando l'autore della violazione non è univocamente identificabile, ovvero quando lo stesso non è più perseguibile ai sensi della legge medesima.

11. Ai procedimenti sanzionatori rientranti nelle attribuzioni delle autorità di vigilanza di settore, si applicano, in quanto compatibili, le previsioni di cui all'articolo 145 TUB, all'articolo 195 TUF, al Titolo XVIII, Capo VII, CAP e alle relative disposizioni attuative. Le previsioni di cui all'articolo 145 TUB e le relative disposizioni attuative si applicano altresì al procedimento con cui la Banca d'Italia, nell'esercizio della potestà sanzionatoria rientrante nelle proprie attribuzioni ai sensi del presente decreto, provvede all'irrogazione delle sanzioni nei confronti dei soggetti obbligati vigilati di cui all'articolo 3, comma 5, lettera f). Alle sanzioni amministrative pecuniarie irrogate dalle autorità di vigilanza di settore ai sensi dell'articolo 62, commi 2 e 5, non si applicano gli articoli 6 e 16 della legge 24 novembre 1981, n. 689 [(8)].

(1) Articolo sostituito dall'art. 5, co. 1, d.lgs. 25.5.2017, n. 90. Prima della sostituzione questo articolo era contenuto all'interno del Titolo V, Capo III.
(2) Lettera modificata dall'art. 2, co. 1, lett. f), n. 1), d.lgs. 4.10.2019, n. 125.
(3) Lettera modificata dall'art. 2, co. 1, lett. f), n. 2), d.lgs. 4.10.2019, n. 125.
(4) Lettera introdotta dall'art. 2, co. 1, lett. f), n. 3), d.lgs. 4.10.2019, n. 125.
(5) Comma modificato dall'art. 2, co. 1, lett. g), d.lgs. 4.10.2019, n. 125.
(6) Comma modificato dall'art. 2, co. 1, lett. h), d.lgs. 4.10.2019, n. 125.
(7) Comma modificato dall'art. 2, co. 1, lett. i), d.lgs. 4.10.2019, n. 125.
(8) Comma modificato dall'art. 2, co. 1, lett. i), d.lgs. 4.10.2019, n. 125.

66. Misure ulteriori [(1)].

1. Fermo quanto previsto dall'articolo 62, in caso di violazioni gravi, ripetute o sistematiche ovvero plurime delle disposizioni di cui al presente decreto, il Ministero dell'economia e delle finanze informa le competenti amministrazioni interessate e gli organismi di autoregolamentazione, ai fini dell'adozione, ai sensi degli articoli 9 e 11, di ogni atto idoneo ad intimare ai responsabili di porre termine alle violazioni e di astenersi dal ripeterle. Le medesime violazioni costituiscono presupposto per l'applicazione delle sanzioni disciplinari, ai sensi e per gli effetti dei rispettivi ordinamenti di settore. In tali ipotesi l'interdizione dallo svolgimento della funzione, dell'attività o dell'incarico non può essere inferiore a due mesi e superiore a cinque anni.

2. Nei casi di violazioni gravi, ripetute o sistematiche ovvero plurime delle disposizioni in materia di adeguata verifica della clientela, di conservazione, di segnalazione di operazione sospetta e di controlli interni, il decreto che irroga le sanzioni è pubblicato senza ritardo e per estratto, su apposita sezione del sito web del Ministero dell'economia e delle finanze ovvero delle autorità di vigilanza di settore, in ragione delle attribuzioni e delle modalità attuative di rispettiva pertinenza. La pubblicazione per estratto reca indicazione delle violazioni accertate, delle disposizioni violate, dei soggetti sanzionati, delle sanzioni rispettivamente applicate nonché, nel caso in cui sia adita l'autorità giudiziaria, dell'avvio dell'azione giudiziaria e dell'esito della stessa. Le informazioni pubblicate restano sul sito web per un periodo di cinque anni.

3. Ferma la discrezionalità dell'autorità procedente in ordine alla valutazione della proporzionalità della misura rispetto alla violazione sanzionata, non si dà luogo alla pubblicazione nel caso in cui essa possa comportare rischi per la stabilità dei mercati finanziari o pregiudicare lo svolgimento di un'indagine in corso. Qualora detti impedimenti abbiano carattere temporaneo, la pubblicazione può essere differita al momento in cui essi siano venuti meno.

4. Le sanzioni amministrative applicate dalle autorità di vigilanza di settore ai sensi dell'articolo 62, ivi comprese quelle pubblicate in forma anonima, nonché le informazioni ricevute dai soggetti interessati sulle azioni da essi avviate avverso i provvedimenti sanzionatori e sull'esito delle stesse sono comunicate all'ABE, all'AEAP e all'AESFEM dall'autorità di vigilanza di settore che ne è membro.

(1) Articolo modificato dall'art. 35, co. 1, d.lgs. 25.9.2009, n. 151 e poi sostituito dall'art. 5, co. 1, d.lgs. 25.5.2017, n. 90. Prima della sostituzione questo articolo era contenuto all'interno del Titolo V, Capo III.

67. Criteri per l'applicazione delle sanzioni [1].

1. Nell'applicazione delle sanzioni amministrative pecuniarie e delle sanzioni accessorie, previste nel presente Titolo, il Ministero dell'economia e delle finanze e le autorità di vigilanza di settore, per i profili di rispettiva competenza, considerano ogni circostanza rilevante e, in particolare, tenuto conto del fatto che il destinatario della sanzione sia una persona fisica o giuridica:

a) la gravità e durata della violazione;
b) il grado di responsabilità della persona fisica o giuridica;
c) la capacità finanziaria della persona fisica o giuridica responsabile;
d) l'entità del vantaggio ottenuto o delle perdite evitate per effetto della violazione, nella misura in cui siano determinabili;
e) l'entità del pregiudizio cagionato a terzi per effetto della violazione, nella misura in cui sia determinabile;
f) il livello di cooperazione con le autorità di cui all'articolo 21, comma 2, lettera a) prestato della persona fisica o giuridica responsabile;
g) l'adozione di adeguate procedure di valutazione e mitigazione del rischio di riciclaggio e di finanziamento del terrorismo, commisurate alla natura dell'attività svolta e alle dimensioni dei soggetti obbligati;
h) le precedenti violazioni delle disposizioni di cui al presente decreto.

2. A fronte di violazioni ritenute di minore gravità, in applicazione dei criteri di cui al comma 1, la sanzione amministrativa pecuniaria prevista dagli articoli 56 comma 1 e 57 comma 1 può essere ridotta da un terzo a due terzi.

3. Si applicano le disposizioni di cui agli articoli 8 e 8-*bis* della legge 21 novembre 1981, n. 689, in materia di concorso formale, di continuazione e di reiterazione delle violazioni.

(1) Articolo sostituito dall'art. 5, co. 1, d.lgs. 25.5.2017, n. 90. Prima della sostituzione questo articolo era contenuto all'interno del Titolo V, Capo III.

68. Applicazione della sanzione in misura ridotta [1].

1. Prima della scadenza del termine previsto per l'impugnazione del decreto che irroga la sanzione, il destinatario del decreto sanzionatorio può chiedere al Ministero dell'economia e delle finanze procedente il pagamento della sanzione in misura ridotta.

2. La riduzione ammessa è pari a un terzo dell'entità della sanzione irrogata. L'applicazione della sanzione in misura ridotta non è ammessa qualora il destinatario del decreto sanzionatorio si sia già avvalso, nei cinque anni precedenti, della stessa facoltà.

3. Il Ministero dell'economia e delle finanze, nei trenta giorni successivi al ricevimento dell'istanza da parte dell'interessato, notifica al richiedente il provvedimento di accoglimento o rigetto dell'istanza, indicando l'entità dell'importo dovuto e le modalità attraverso cui effettuare il pagamento.

4. Il pagamento in misura ridotta è effettuato entro novanta giorni dalla notifica del provvedimento di cui al comma 3. Fino a tale data, restano sospesi i termini per l'impugnazione del decreto sanzionatorio innanzi all'autorità giudiziaria. Il mancato rispetto del termine e delle modalità di pagamento indicati obbliga il destinatario del decreto sanzionatorio al pagamento per intero della sanzione originariamente irrogata dall'amministrazione.

5. Le disposizioni previste dal presente articolo si applicano a tutti i decreti sanzionatori, già notificati agli interessati, non ancora divenuti definitivi alla data di entrata in vigore della presente disposizione.

(1) Articolo sostituito dall'art. 5, co. 1, d.lgs. 25.5.2017, n. 90. Prima della sostituzione questo articolo era contenuto all'interno del Titolo V, Capo III.

69. Successione di leggi nel tempo [1].

1. Nessuno può essere sanzionato per un fatto che alla data di entrata in vigore delle disposizioni di cui al presente Titolo non costituisce più illecito. Per le violazioni commesse anteriormente all'entrata in vigore del decreto legislativo 25 maggio 2017, n. 90, sanzionate in via amministrativa, si applica la legge vigente all'epoca della commessa violazione, se più favorevole, ivi compresa l'applicabilità dell'istituto del pagamento in misura ridotta [2].

2. Dalla data di entrata in vigore del presente articolo, il termine per la conclusione del procedimento sanzionatorio è di due anni, decorrenti dalla ricezione della contestazione notificata all'amministrazione procedente. Dalla medesima data le predette notifiche all'amministrazione sono effettuate esclusivamente tramite posta elettronica certificata. Il predetto termine è prorogato di ulteriori sei mesi nel caso di formale richiesta da parte dell'interessato di essere audito nel corso del procedimento. In ogni caso, il procedimento si considera concluso con l'adozione del decreto che dispone in ordine alla sanzione.

3. Per i procedimenti di cui al comma 2, pendenti alla data di entrata in vigore del presente articolo, il termine ivi previsto, ove non ancora maturato, è prorogato di ulteriori dodici mesi.

(1) Articolo introdotto dall'art. 5, co. 1, d.lgs. 25.5.2017, n. 90.
(2) Comma modificato dall'art. 4, co. 1, lett. m), d.lgs. 4.10.2019, n. 125.

Capo III
Disposizioni finali (1)

(1) Capo sostituito dall'art. 5, co. 1, d.lgs. 25.5.2017, n. 90.

70. Disposizioni concernenti l'applicazione del regolamento (UE) del Parlamento europeo e del Consiglio del 20 maggio 2015, n. 847 (1).

1. Il regolamento (UE) del Parlamento europeo e del Consiglio 20 maggio 2015, n. 847, non trova applicazione nel caso di trasferimenti di fondi effettuati in ambito nazionale sul conto di pagamento di un beneficiario che permette esclusivamente il pagamento della fornitura di beni o servizi qualora ricorrano congiuntamente le seguenti condizioni:

a) il prestatore di servizi di pagamento del beneficiario sia soggetto agli obblighi del presente decreto;
b) il prestatore di servizi di pagamento del beneficiario sia in grado di risalire, attraverso il beneficiario medesimo e mediante il codice unico di identificazione dell'operazione, al trasferimento di fondi effettuato dal soggetto che ha concluso un accordo con il beneficiario per la fornitura di beni o servizi;
c) l'importo del trasferimento di fondi non superi i 1.000 euro.

2. I prestatori di servizi di pagamento di cui all'articolo 3, numero 5), del regolamento (UE) n. 2015/847 del Parlamento europeo e del Consiglio del 20 maggio 2015, fatta eccezione per le situazioni da essi valutate ad alto rischio di riciclaggio o finanziamento al terrorismo, possono non adottare i provvedimenti di cui all'articolo 8, paragrafo 2, del medesimo regolamento nei confronti dei prestatori di servizi di pagamento aventi sede in Paesi che hanno previsto una soglia di esenzione per gli obblighi di invio dei dati informativi. Il presente comma non si applica nel caso di trasferimento di fondi superiore a 1.000 euro o 1.000 USD.

3. La Banca d'Italia può emanare istruzioni per l'applicazione del regolamento (UE) n. 2015/847 del Parlamento europeo e del Consiglio del 20 maggio 2015 nei confronti dei prestatori di servizi di pagamento; mediante tali istruzioni possono essere indicate fattispecie di trasferimento di fondi rientranti nella deroga di cui al comma 1.

(1) Articolo introdotto dall'art. 5, co. 1, d.lgs. 25.5.2017, n. 90.

71. Disposizioni sull'Ufficio italiano dei cambi (1).

1. Alla Banca d'Italia sono trasferiti le competenze e i poteri, con le relative risorse strumentali, umane e finanziarie, attribuiti all'Ufficio italiano dei cambi (UIC) dal decreto legislativo 26 agosto 1998, n. 319, dal testo unico di cui al decreto legislativo n. 385 del 1993, dal decreto-legge 3 maggio 1991, n. 143, convertito, con modificazioni, dalla legge 5 luglio 1991, n. 197, e dai successivi provvedimenti in tema di controlli finanziari, prevenzione del riciclaggio e del finanziamento del terrorismo internazionale.

2. Ogni riferimento all'Ufficio italiano dei cambi contenuto nelle leggi o in atti normativi si intende effettuato alla Banca d'Italia.

3. L'Ufficio italiano dei cambi è soppresso. Ai sensi e per gli effetti dell'articolo 5, comma 3, del decreto legislativo 26 agosto 1998, n. 319, la Banca d'Italia succede nei diritti e nei rapporti giuridici di cui l'Ufficio italiano cambi è titolare. Ai fini delle imposte sui redditi si applica, in quanto compatibile, l'articolo 172 del testo unico delle imposte sui redditi, di cui al decreto del Presidente della Repubblica 22 dicembre 1986, n. 917, ad eccezione del comma 7. La successione avviene applicando ai dipendenti dell'Ufficio italiano dei cambi la medesima disciplina del rapporto di impiego prevista per il personale della Banca d'Italia, con mantenimento delle anzianità di grado e di servizio maturate e senza pregiudizio del trattamento economico e previdenziale già riconosciuto ai dipendenti medesimi dall'Ufficio.

(1) Articolo introdotto dall'art. 5, co. 1, d.lgs. 25.5.2017, n. 90.

72. Modifiche a disposizioni normative vigenti (1).

1. All'articolo 7, sesto comma del decreto del Presidente della Repubblica 29 settembre 1973, n. 605, sono apportate le seguenti modificazioni:

a) dopo le parole: "l'esistenza dei rapporti" sono inserite le seguenti: "e l'esistenza di qualsiasi operazione di cui al precedente periodo, compiuta al di fuori di un rapporto continuativo";
b) dopo le parole: "dati anagrafici dei titolari" sono inserite le seguenti: "e dei soggetti che intrattengono con gli operatori finanziari qualsiasi rapporto o effettuano operazioni al di fuori di un rapporto continuativo per conto proprio ovvero per conto o a nome di terzi".

2. Nel decreto del Presidente della Repubblica 29 settembre 1973, n. 605, all'articolo 7, undicesimo comma, quarto periodo, le parole: "sia in fase di indagini preliminari" sono sostituite dalle seguenti: "sia ai fini delle indagini preliminari e dell'esercizio delle funzioni previste dall'articolo 371-*bis* del codice di procedura penale".

3. Nel decreto legislativo 8 giugno 2001, n. 231, dopo l'articolo 25-*septies* è inserito il seguente:

"Art. 25-*octies* (Ricettazione, riciclaggio e impiego di denaro, beni o utilità di provenienza illecita, nonché autoriciclaggio). – 1. In relazione ai reati di cui agli articoli 648,648-*bis*,648-*ter* e 648-*ter*.1 del codice penale, si applica all'ente la sanzione pecuniaria da 200 a 800 quote. Nel caso in cui il denaro, i beni o le altre utilità provengono da delitto per il quale è stabilita la pena della reclusione superiore nel massimo a cinque anni si applica la sanzione pecuniaria da 400 a 1000 quote.

2. Nei casi di condanna per uno dei delitti di cui al comma 1 si applicano all'ente le sanzioni interdittive previste dall'articolo 9, comma 2, per una durata non superiore a due anni.

3. In relazione agli illeciti di cui ai commi 1 e 2, il Ministero della giustizia, sentito il parere dell'UIF, formula le osservazioni di cui all'articolo 6 del decreto legislativo 8 giugno 2001, n. 231".

4. Dopo l'articolo 648-*ter*.1 del codice penale è inserito il seguente articolo:

"Art. 648-*quater* (Confisca). – Nel caso di condanna o di applicazione della pena su richiesta delle parti, a norma dell'articolo 444 del codice di procedura penale, per uno dei delitti previsti dagli articoli 648-*bis* e 648-*ter* e 648-*ter*.1 è sempre ordinata la confisca dei beni che ne costituiscono il prodotto o il profitto, salvo che appartengano a persone estranee al reato.
Nel caso in cui non sia possibile procedere alla confisca di cui al primo comma, il giudice ordina la confisca delle somme di denaro, dei beni o delle altre utilità delle quali il reo ha la disponibilità, anche per interposta persona, per un valore equivalente al prodotto, profitto o prezzo del reato.
In relazione ai reati di cui agli articoli 648-*bis* e 648-*ter* e 648-*ter*.1, il pubblico ministero può compiere, nel termine e ai fini di cui all'articolo 430 del codice di procedura penale, ogni attività di indagine che si renda necessaria circa i beni, il denaro o le altre utilità da sottoporre a confisca a norma dei commi precedenti."

5. All'articolo 37, comma 5, del decreto-legge 4 luglio 2006, n. 223, convertito, con modificazioni, dalla legge 4 agosto 2006, n. 248, le parole: "al comma 4" sono sostituite dalle seguenti: "al sesto comma dell'articolo 7 del decreto del Presidente della Repubblica 29 settembre 1973, n. 605".

6. All'articolo 22-*bis*, comma secondo, della legge 24 novembre 1981, n. 689, dopo la lettera g) è aggiunta la seguente: "g-*bis*) antiriciclaggio".

(1) Articolo introdotto dall'art. 5, co. 1, d.lgs. 25.5.2017, n. 90.

73. Norme abrogate [(1)].

1. Restano abrogati:

a) il Capo I del decreto-legge 3 maggio 1991, n. 143, convertito, con modificazioni, dalla legge 5 luglio 1991, n. 197, ad eccezione dell'articolo 5, commi 14 e 15, nonché gli articoli 10, 12, 13 e 14 e i relativi provvedimenti di attuazione;
b) gli articoli 1, 4, 5, 6 e 7 del decreto legislativo 25 settembre 1999, n. 374;
c) gli articoli 150 e 151 della legge 23 dicembre 2000, n. 388;
d) il decreto legislativo 20 febbraio 2004, n. 56, e i relativi regolamenti di attuazione;
e) l'articolo 5-*sexies* del decreto-legge 31 gennaio 2005, n. 7, convertito, con modificazioni, dalla legge 31 marzo 2005, n. 43;
f) i commi 5 e 6 dell'articolo 10 della legge 16 marzo 2006, n. 146, recante ratifica ed esecuzione della Convenzione e dei Protocolli delle Nazioni Unite contro il crimine organizzato transnazionale, adottati dall'Assemblea generale il 15 novembre 2000 e il 31 maggio 2001;
g) il secondo periodo dell'articolo 1, comma 882, della legge 27 dicembre 2006, n. 296;
h) gli articoli 8 e 9 del decreto legislativo 22 giugno 2007, n. 109.

(1) Articolo introdotto dall'art. 5, co. 1, d.lgs. 25.5.2017, n. 90.

74. Clausola di invarianza [(1)].

1. Dall'attuazione del presente decreto non derivano nuovi o maggiori oneri a carico della finanza pubblica.

2. Le amministrazioni e le istituzioni pubbliche provvedono all'attuazione delle disposizioni di cui al presente decreto con le risorse umane, strumentali e finanziarie previste a legislazione vigente.

(1) Articolo introdotto dall'art. 5, co. 1, d.lgs. 25.5.2017, n. 90.

F. Società

17. R.D. 16 marzo 1942, n. 262. – Approvazione del testo del Codice civile (*artt. 2621-2642*)

In Gazzetta Ufficiale 4 aprile 1942, n. 79

Capo I
Delle falsità

2621. False comunicazioni sociali [(1)].

Fuori dai casi previsti dall'art. 2622, gli amministratori, i direttori generali, i dirigenti preposti alla redazione dei documenti contabili societari, i sindaci e i liquidatori, i quali, al fine di conseguire per sé o per altri un ingiusto profitto, nei bilanci, nelle relazioni o nelle altre comunicazioni sociali dirette ai soci o al pubblico, previste dalla legge, consapevolmente espongono fatti materiali rilevanti non rispondenti al vero ovvero omettono fatti materiali rilevanti la cui comunicazione è imposta dalla legge sulla situazione economica, patrimoniale o finanziaria della società o del gruppo al quale la stessa appartiene, in modo concretamente idoneo ad indurre altri in errore, sono puniti con la pena della reclusione da uno a cinque anni.

La stessa pena si applica anche se le falsità o le omissioni riguardano beni posseduti o amministrati dalla società per conto di terzi.

(1) Articolo così sostituito dall'art. 9, co. 1, l. 27.5.2015, n. 69.

2621 bis. Fatti di lieve entità [(1)].

Salvo che costituiscano più grave reato, si applica la pena da sei mesi a tre anni di reclusione se i fatti di cui all'articolo 2621 sono di lieve entità, tenuto conto della natura e delle dimensioni della società e delle modalità o degli effetti della condotta.

Salvo che costituiscano più grave reato, si applica la

stessa pena di cui al comma precedente quando i fatti di cui all'articolo 2621 riguardano società che non superano i limiti indicati dal secondo comma dell'articolo 1 del regio decreto 16 marzo 1942, n. 267. In tale caso, il delitto è procedibile a querela della società, dei soci, dei creditori o degli altri destinatari della comunicazione sociale.

(1) Articolo introdotto dall'art. 10, co. 1, l. 27.5.2015, n. 69.

2621 ter. Non punibilità per particolare tenuità [1].

Ai fini della non punibilità per particolare tenuità del fatto, di cui all'articolo 131-*bis* del codice penale, il giudice valuta, in modo prevalente, l'entità dell'eventuale danno cagionato alla società, ai soci o ai creditori conseguente ai fatti di cui agli articoli 2621 e 2621-*bis*.

(1) Articolo introdotto dall'art. 10, co. 1, l. 27.5.2015, n. 69.

2622. False comunicazioni sociali in danno della società, dei soci o dei creditori [1].

Gli amministratori, i direttori generali, i dirigenti preposti alla redazione dei documenti contabili societari, i sindaci e i liquidatori di società emittenti strumenti finanziari ammessi alla negoziazione in un mercato regolamentato italiano o di altro Paese dell'Unione europea, i quali, al fine di conseguire per sé o per altri un ingiusto profitto, nei bilanci, nelle relazioni o nelle altre comunicazioni sociali dirette ai soci o al pubblico consapevolmente espongono fatti materiali non rispondenti al vero ovvero omettono fatti materiali rilevanti la cui comunicazione è imposta dalla legge sulla situazione economica, patrimoniale o finanziaria della società o del gruppo al quale la stessa appartiene, in modo concretamente idoneo ad indurre altri in errore, sono puniti con la pena della reclusione da tre a otto anni.

Alle società indicate nel comma precedente sono equiparate: 1) le società emittenti strumenti finanziari per i quali è stata presentata una richiesta di ammissione alla negoziazione in un mercato regolamentato italiano o di altro Paese dell'Unione europea; 2) le società emittenti strumenti finanziari ammessi alla negoziazione in un sistema multilaterale di negoziazione italiano; 3) le società che controllano società emittenti strumenti finanziari ammessi alla negoziazione in un mercato regolamentato italiano o di altro Paese dell'Unione europea; 4) le società che fanno appello al pubblico risparmio o che comunque lo gestiscono.

Le disposizioni di cui ai commi precedenti si applicano anche se le falsità o le omissioni riguardano beni posseduti o amministrati dalla società per conto di terzi.

(1) Articolo così sostituito dall'art. 11, co. 1, l. 27.5.2015, n. 69.

2623. Falso in prospetto [1].

Chiunque, allo scopo di conseguire per sé o per altri un ingiusto profitto, nei prospetti richiesti ai fini della sollecitazione all'investimento o dell'ammissione alla quotazione nei mercati regolamentati, ovvero nei documenti da pubblicare in occasione delle offerte pubbliche di acquisto o di scambio, con la consapevolezza della falsità e l'intenzione di ingannare i destinatari del prospetto, espone false informazioni od occulta dati o notizie in modo idoneo ad indurre in errore i suddetti destinatari è punito, se la condotta non ha loro cagionato un danno patrimoniale, con l'arresto fino ad un anno.

Se la condotta di cui al primo comma ha cagionato un danno patrimoniale ai destinatari del prospetto, la pena è dalla reclusione da uno a tre anni.]

(1) Articolo abrogato dall'art. 34, l. 28.12.2005, n. 262.

2624. Falsità nelle relazioni o nelle comunicazioni delle società di revisione [1].

I responsabili della revisione i quali, al fine di conseguire per sé o per altri un ingiusto profitto, nelle relazioni o in altre comunicazioni, con la consapevolezza della falsità e l'intenzione di ingannare i destinatari delle comunicazioni, attestano il falso od occultano informazioni concernenti la situazione economica, patrimoniale o finanziaria della società, ente o soggetto sottoposto a revisione, in modo idoneo ad indurre in errore i destinatari delle comunicazioni sulla predetta situazione, sono puniti, se la condotta non ha loro cagionato un danno patrimoniale, con l'arresto fino a un anno.

Se la condotta di cui al primo comma ha cagionato un danno patrimoniale ai destinatari delle comunicazioni, la pena è della reclusione da uno a quattro anni.]

(1) Articolo abrogato dal d.lgs. 27.1.2010, n. 39.

2625. Impedito controllo [1].

Gli amministratori che, occultando documenti o con altri idonei artifici, impediscono o comunque ostacolano lo svolgimento delle attività di controllo legalmente attribuite ai soci o ad altri organi sociali sono puniti con la sanzione amministrativa pecuniaria fino a 10.329 euro.

Se la condotta ha cagionato un danno ai soci, si applica la reclusione fino ad un anno e si procede a querela della persona offesa.

La pena è raddoppiata se si tratta di società con titoli quotati in mercati regolamentati italiani o di altri Stati dell'Unione europea o diffusi tra il pubblico in misura rilevante ai sensi dell'articolo 116 del testo unico di cui al decreto legislativo 24 febbraio 1998, n. 58.

(1) Articolo modificato dal d.lgs. 27.1.2010, n. 39.

Capo II
Degli illeciti commessi dagli amministratori

2626. Indebita restituzione dei conferimenti.

Gli amministratori che, fuori dei casi di legittima riduzione del capitale sociale, restituiscono, anche simulatamente, i conferimenti ai soci o li liberano dall'obbligo di eseguirli, sono puniti con la reclusione fino ad un anno.

2627. Illegale ripartizione degli utili e delle riserve.

Salvo che il fatto non costituisca più grave reato, gli amministratori che ripartiscono utili o acconti su utili non effettivamente conseguiti o destinati per legge a riserva, ovvero che ripartiscono riserve, anche non costituite con utili, che non possono per legge essere distribuite, sono puniti con l'arresto fino ad un anno.

La restituzione degli utili o la ricostituzione delle riserve prima del termine previsto per l'approvazione del bilancio estingue il reato.

2628. Illecite operazioni sulle azioni o quote sociali o della società controllante.

Gli amministratori che, fuori dei casi consentiti dalla legge, acquistano o sottoscrivono azioni o quote sociali, cagionando una lesione all'integrità del capitale sociale o delle riserve non distribuibili per legge, sono puniti con la reclusione fino ad un anno.

La stessa pena si applica agli amministratori che, fuori dei casi consentiti dalla legge, acquistano o sottoscrivono azioni o quote emesse dalla società controllante, cagionando una lesione del capitale sociale o delle riserve non distribuibili per legge.

Se il capitale sociale o le riserve sono ricostituiti prima del termine previsto per l'approvazione del bilancio relativo all'esercizio in relazione al quale è stata posta in essere la condotta, il reato è estinto.

2629. Operazioni in pregiudizio dei creditori.

Gli amministratori che, in violazione delle disposizioni di legge a tutela dei creditori, effettuano riduzioni del capitale sociale o fusioni con altra società o scissioni, cagionando danno ai creditori, sono puniti, a querela della persona offesa, con la reclusione da sei mesi a tre anni.

Il risarcimento del danno ai creditori prima del giudizio estingue il reato.

Capo III
Degli illeciti commessi mediante omissione

2629 bis. Omessa comunicazione del conflitto d'interessi.

L'amministratore o il componente del consiglio di gestione di una società con titoli quotati in mercati regolamentati italiani o di altro Stato dell'Unione europea o diffusi tra il pubblico in misura rilevante ai sensi dell'articolo 116 del testo unico di cui al decreto legislativo 24 febbraio 1998, n. 58, e successive modificazioni, ovvero di un soggetto sottoposto a vigilanza ai sensi del testo unico di cui al decreto legislativo 1° settembre 1993, n. 385, del citato testo unico di cui al decreto legislativo n. 58 del 1998, del decreto legislativo 7 settembre 2005, n. 209 (1), del decreto legislativo 21 aprile 1993, n. 124, che viola gli obblighi previsti dall'articolo 2391, primo comma, è punito con la reclusione da uno a tre anni, se dalla violazione siano derivati danni alla società o a terzi.

(1) Le originarie parole: "l. 12.8.1982, n. 576" sono state sostituite dal d.lgs. 29.12.2006, n. 303.

2630. Omessa esecuzione di denunce, comunicazioni e depositi (1).

Chiunque, essendovi tenuto per legge a causa delle funzioni rivestite in una società o in un consorzio, omette di eseguire, nei termini prescritti, denunce, comunicazioni o depositi presso il registro delle imprese, ovvero omette di fornire negli atti, nella corrispondenza e nella rete telematica le informazioni prescritte dall'articolo 2250, primo, secondo, terzo e quarto comma, è punito con la sanzione amministrativa pecuniaria da 103 euro a 1.032 euro. Se la denuncia, la comunicazione o il deposito avvengono nei trenta giorni successivi alla scadenza dei termini prescritti, la sanzione amministrativa pecuniaria è ridotta ad un terzo (2).

Se si tratta di omesso deposito dei bilanci, la sanzione amministrativa pecuniaria è aumentata di un terzo.

(1) Articolo sostituto dall'art. 9, l. 11.11.2011, n. 180. Il testo previgente così disponeva: «*Chiunque, essendovi tenuto per l. a causa delle funzioni rivestite in una società o in un consorzio, omette di eseguire, nei termini prescritti, denunce, comunicazioni o depositi presso il registro delle imprese, ovvero omette di fornire negli atti, nella corrispondenza e nella rete telematica le informazioni prescritte dall'art. 2250, primo, secondo, terzo e quarto comma, è punito con la sanzione amministrativa pecuniaria da 206 euro a 2.065 euro.*
Se si tratta di omesso deposito dei bilanci, la sanzione amministrativa pecuniaria è aumentata di un terzo.».

(2) Le parole: "ovvero omette di fornire negli atti, nella corrispondenza e nella rete telematica le informazioni prescritte dall'art. 2250, primo, secondo, terzo e quarto comma" sono state inserite dall'art. 42, co. 2, l. 7.7.2009, n. 88.

2631. Omessa convocazione dell'assemblea.

Gli amministratori e i sindaci che omettono di convocare l'assemblea dei soci nei casi previsti dalla legge o dallo statuto, nei termini ivi previsti, sono puniti con la sanzione amministrativa pecuniaria da 1.032 a 6.197 euro. Ove la legge o lo statuto non prevedano espressamente un termine, entro il quale effettuare la convocazione, questa si considera omessa allorché siano trascorsi trenta giorni dal momento in cui amministratori e sindaci sono venuti a conoscenza del presupposto che obbliga alla convocazione dell'assemblea dei soci.

La sanzione amministrativa pecuniaria è aumentata di un terzo in caso di convocazione a seguito di perdite o per effetto di espressa legittima richiesta da parte dei soci.

Capo IV
Degli altri illeciti, delle circostanze attenuanti e delle misure di sicurezza patrimoniali

2632. Formazione fittizia del capitale.

Gli amministratori e i soci conferenti che, anche in parte, formano od aumentano fittiziamente il capitale sociale mediante attribuzioni di azioni o quote in misura complessivamente superiore all'ammontare del capitale sociale, sottoscrizione reciproca di azioni o quote, sopravvalutazione rilevante dei conferimenti di beni in natura o di crediti ovvero del patrimonio della società nel caso di trasformazione, sono puniti con la reclusione fino ad un anno.

2633. Indebita ripartizione dei beni sociali da parte dei liquidatori.

I liquidatori che, ripartendo i beni sociali tra i soci prima del pagamento dei creditori sociali o dell'accantonamento delle somme necessario a soddisfarli, cagionano danno ai creditori, sono puniti, a querela della persona offesa, con la reclusione da sei mesi a tre anni.

Il risarcimento del danno ai creditori prima del giudizio estingue il reato.

2634. Infedeltà patrimoniale.

Gli amministratori, i direttori generali e i liquidatori, che, avendo un interesse in conflitto con quello della società, al fine di procurare a sé o ad altri un ingiusto profitto o altro vantaggio, compiono o concorrono a deliberare atti di disposizione dei beni sociali, cagionando intenzionalmente alla società un danno patrimoniale, sono puniti con la reclusione da sei mesi a tre anni.

La stessa pena si applica se il fatto è commesso in relazione a beni posseduti o amministrati dalla società per conto di terzi, cagionando a questi ultimi un danno patrimoniale.

In ogni caso non è ingiusto il profitto della società collegata o del gruppo, se compensato da vantaggi, conseguiti o fondatamente prevedibili, derivanti dal collegamento o dall'appartenenza al gruppo.

Per i delitti previsti dal primo e secondo comma si procede a querela della persona offesa.

2635. Corruzione tra privati.

Salvo che il fatto costituisca più grave reato, gli amministratori, i direttori generali, i dirigenti preposti alla redazione dei documenti contabili societari, i sindaci e i liquidatori, di società o enti privati che, anche per interposta persona, sollecitano o ricevono, per sé o per altri, denaro o altra utilità non dovuti, o ne accettano la promessa, per compiere o per omettere un atto in violazione degli obblighi inerenti al loro ufficio o degli obblighi di fedeltà, sono puniti con la reclusione da uno a tre anni. Si applica la stessa pena se il fatto è commesso da chi nell'ambito organizzativo della società o dell'ente privato esercita funzioni direttive diverse da quelle proprie dei soggetti di cui al precedente periodo [(1)].

Si applica la pena della reclusione fino a un anno e sei mesi se il fatto è commesso da chi è sottoposto alla direzione o alla vigilanza di uno dei soggetti indicati al primo comma.

Chi, anche per interposta persona, offre, promette o dà denaro o altra utilità non dovuti alle persone indicate nel primo e nel secondo comma, è punito con le pene ivi previste [(2)].

Le pene stabilite nei commi precedenti sono raddoppiate se si tratta di società con titoli quotati in mercati regolamentati italiani o di altri Stati dell'Unione europea o diffusi tra il pubblico in misura rilevante ai sensi dell'articolo 116 del testo unico delle disposizioni in materia di intermediazione finanziaria, di cui al decreto legislativo 24 febbraio 1998, n. 58, e successive modificazioni.

[Si procede a querela della persona offesa, salvo che dal fatto derivi una distorsione della concorrenza nella acquisizione di beni o servizi] [(3)]

Fermo quanto previsto dall'articolo 2641, la misura della confisca per valore equivalente non può essere inferiore al valore delle utilità date, promesse e offerte [(4)].

(1) Comma sostituito dall'art. 3, co. 1, lett. a), d.lgs. 15.3.2017, n. 38.
(2) Comma sostituito dall'art. 3, co. 1, lett. b), d.lgs. 15.3.2017, n. 38.
(3) Comma abrogato dall'art. 1, co. 5, lett. a), L. 9.1.2019, n. 3, a decorrere dal 31.1.2019.
(4) Comma introdotto dall'art. 3, co. 1, d.lgs. 29.10.2016, n. 202. Successivamente l'art. 3, co. 1, lett. c), d.lgs. 15.3.2017, n. 38 ha sostituito le parole "utilità date o promesse" con le parole "utilità date, promesse e offerte".

2635 bis. Istigazione alla corruzione tra privati [(1)].

1. Chiunque offre o promette denaro o altra utilità non dovuti agli amministratori, ai direttori generali, ai dirigenti preposti alla redazione dei documenti contabili societari, ai sindaci e ai liquidatori, di società o enti privati, nonché a chi svolge in essi un'attività lavorativa con l'esercizio di funzioni direttive, affinché compia od ometta un atto in violazione degli obblighi inerenti al proprio ufficio o degli obblighi di fedeltà, soggiace, qualora l'offerta o la promessa non sia accettata, alla pena stabilita nel primo comma dell'articolo 2635, ridotta di un terzo.

2. La pena di cui al primo comma si applica agli amministratori, ai direttori generali, ai dirigenti preposti alla redazione dei documenti contabili societari, ai sindaci e ai liquidatori, di società o enti privati, nonché a chi svolge in essi attività lavorativa con l'esercizio di funzioni direttive, che sollecitano per sé o per altri anche per interposta persona, una promessa o dazione di denaro o di altra utilità, per compiere o per omettere un atto in violazione degli obblighi inerenti al loro ufficio o degli obblighi di fedeltà, qualora la sollecitazione non sia accettata.

[**3.** Si procede a querela della persona offesa.] [(2)]

(1) Articolo introdotto dall'art. 4, co. 1, d.lgs. 15.3.2017, n. 38.
(2) Comma abrogato dall'art. 1, co. 5, lett. b), l. 9.1.2019, n. 3, a decorrere dal 31.1.2019.

2635 ter. Pene accessorie [(1)].

1. La condanna per il reato di cui all'articolo 2635, primo comma, importa in ogni caso l'interdizione temporanea dagli uffici direttivi delle persone giuridiche e delle imprese di cui all'articolo 32-*bis* del codice penale nei confronti di chi sia già stato condannato per il medesimo reato o per quello di cui all'articolo 2635-*bis*, secondo comma.

(1) Articolo introdotto dall'art. 5, co. 1, d.lgs. 15.3.2017, n. 38.

2636. Illecita influenza sull'assemblea.

Chiunque, con atti simulati o fraudolenti, determina la maggioranza in assemblea, allo scopo di procurare a sé o ad altri un ingiusto profitto, è punito con la reclusione da sei mesi a tre anni.

2637. Aggiotaggio.

Chiunque diffonde notizie false, ovvero pone in essere operazioni simulate o altri artifici concretamente idonei a provocare una sensibile alterazione del prezzo di strumenti finanziari non quotati o per i quali non è stata presentata una richiesta di ammissione alle negoziazioni in un mercato regolamentato, ovvero ad incidere in modo significativo sull'affidamento che il pubblico ripone nella stabilità patrimoniale di banche o di gruppi bancari, è punito con la pena della reclusione da uno a cinque anni.

2638. Ostacolo all'esercizio delle funzioni delle autorità pubbliche di vigilanza.

Gli amministratori, i direttori generali, i dirigenti preposti alla redazione dei documenti contabili societari, i sindaci e i liquidatori di società o enti e gli altri soggetti sottoposti per legge alle autorità pubbliche di vigilanza, o tenuti ad obblighi nei loro confronti, i quali nelle comunicazioni alle predette autorità previste in base alla legge, al fine di ostacolare l'esercizio delle funzioni di vigilanza, espongono fatti materiali non rispondenti al vero, ancorché oggetto di valutazioni, sulla situazione economica, patrimoniale o finanziaria dei sottoposti alla vigilanza ovvero, allo stesso fine, occultano con altri mezzi fraudolenti, in tutto o in parte fatti che avrebbero dovuto comunicare, concernenti la situazione medesima, sono puniti con la reclusione da uno a quattro anni. La punibilità è estesa anche al caso in cui le informazioni riguardino beni posseduti o amministrati dalla società per conto di terzi.

Sono puniti con la stessa pena gli amministratori, i direttori generali, i dirigenti preposti alla redazione dei documenti contabili societari, i sindaci e i liquidatori di società, o enti e gli altri soggetti sottoposti per legge alle autorità pubbliche di vigilanza o tenuti ad obblighi nei loro confronti, i quali, in qualsiasi forma, anche omettendo le comunicazioni dovute alle predette autorità, consapevolmente ne ostacolano le funzioni.

La pena è raddoppiata se si tratta di società con titoli quotati in mercati regolamentati italiani o di altri Stati dell'Unione europea o diffusi tra il pubblico in misura rilevante ai sensi dell'articolo 116 del testo unico di cui al decreto legislativo 24 febbraio 1998, n. 58.

3-*bis*. Agli effetti della legge penale, le autorità e le funzioni di risoluzione di cui al decreto di recepimento della direttiva 2014/59/UE sono equiparate alle autorità e alle funzioni di vigilanza [1].

(1) Comma introdotto dall'art. 101, co. 1, d.lgs. 16.11.2015, n. 180, a decorrere dal 16.11.2015, ai sensi di quanto disposto dall'art. 106, co. 1 del medesimo d.lgs. n. 180/2015. Comma sostituito dall'art. 26, co. 1, d.lgs. 6.12.2023, n. 224. Il testo del comma, inserito con la numerazione così riportata, dall'art. 101, co. 1, d.lgs. 16.11.2015, n. 180, era il seguente «*Agli effetti della l. penale, le autorità e le funzioni di risoluzione di cui al decreto di recepimento della direttiva 2014/59/UE sono equiparate alle autorità e alle funzioni di vigilanza*».

2639. Estensione delle qualifiche soggettive.

Per i reati previsti dal presente titolo al soggetto formalmente investito della qualifica o titolare della funzione prevista dalla legge civile è equiparato sia chi è tenuto a svolgere la stessa funzione, diversamente qualificata, sia chi esercita in modo continuativo e significativo i poteri tipici inerenti alla qualifica o alla funzione.

Fuori dei casi di applicazione delle norme riguardanti i delitti dei pubblici ufficiali contro la pubblica amministrazione, le disposizioni sanzionatorie relative agli amministratori si applicano anche a coloro che sono legalmente incaricati dall'autorità giudiziaria o dall'autorità pubblica di vigilanza di amministrare la società o i beni dalla stessa posseduti o gestiti per conto di terzi.

2640. Circostanza attenuante.

Se i fatti previsti come reato agli articoli precedenti hanno cagionato un'offesa di particolare tenuità la pena è diminuita.

2641. Confisca.

In caso di condanna o di applicazione della pena su richiesta delle parti per uno dei reati previsti dal presente titolo è ordinata la confisca del prodotto o del profitto del reato e dei beni utilizzati per commetterlo.

Quando non è possibile l'individuazione o l'apprensione dei beni indicati nel comma primo, la confisca ha ad oggetto una somma di denaro o beni di valore equivalente.

Per quanto non stabilito nei commi precedenti si applicano le disposizioni dell'articolo 240 del codice penale.

[2642. Comunicazione della sentenza di condanna] [1].

(1) Articolo implicitamente abrogato dal d.lgs. n. 61/2002.

G. Tributi

18. D.Lgs.C.P.S. 7 novembre 1947, n. 1559. – Disposizioni penali in materia fiscale [1]

In Gazzetta Ufficiale 19 gennaio 1948, n. 14

(1) Il co. 1 dell'art. 1, d.lgs. 1.12.2009, n. 179, in combinato disposto con l'allegato 1 allo stesso decreto, ha ritenuto indispensabile la permanenza in vigore di questo provvedimento.

1. – Chiunque con qualsiasi mezzo promuove ed organizza accordi o intese tra i contribuenti al fine di ritardare, sospendere o non effettuare il pagamento di imposte dirette o indirette, ordinarie e straordinarie in esazione, è punito con la reclusione da sei mesi a cinque anni, salvo che il fatto non costituisca reato punibile con pena maggiore.

Alla stessa pena è soggetto chiunque pubblicamente o in riunioni da considerarsi pubbliche ai sensi dell'art. 18 del testo unico delle leggi di pubblica sicurezza, approvato con regio decreto 18 giugno 1931, n. 773, istiga i contribuenti a ritardare, sospendere o non effettuare il pagamento di imposte in esazione.

Quando l'accordo o l'istigazione abbia conseguito il suo effetto, il minimo delle pene previste nei comma precedenti è portato ad un anno.

2. – Chiunque al di fuori dei casi previsti nell'articolo precedente, in qualsiasi modo cagiona una interruzione o turba la regolarità dei servizi di accertamento e di riscossione delle imposte dirette o indirette, ordinarie e straordinarie è punito con la reclusione da tre mesi a due anni.

I capi promotori od organizzatori sono puniti con la reclusione da uno a sei anni.

3. – Il pubblico ufficiale o l'incaricato di un pubblico servizio, che al fine d'interrompere o di turbare la regolarità dei servizi di accertamento e di riscossione delle imposte dirette ed indirette, ordinarie e straordinarie, rifiuta, omette o ritarda atti del proprio ufficio o servizio, è punito con la reclusione da un anno a sei anni.

4. – Qualora alla scadenza di una rata di imposte dirette ordinarie o straordinarie, dovute allo Stato, alle province ed ai comuni, il 50 per cento o più dei contribuenti iscritti in ciascun ruolo non effettui il pagamento della quota dovuta, si applica a carico degli inadempienti una sopratassa a favore dell'Erario pari all'indennità di mora spettante all'esattore.

La sopratassa di cui al comma precedente è liquidata e riscossa dall'esattore.

Essa non è dovuta quando il contribuente effettui il pagamento entro l'ultimo giorno del mese di scadenza della rata.

5. – Il presente decreto entra in vigore il giorno successivo a quello della sua pubblicazione nella Gazzetta Ufficiale della Repubblica Italiana.

19. D.P.R. 20 gennaio 1992, n. 23. – Concessione di amnistia per reati tributari

In Gazzetta Ufficiale 23 gennaio 1992, n. 18

1. Amnistia.

1. È concessa amnistia per i reati previsti in materia di imposte dirette e di imposta sul valore aggiunto, commessi fino al 30 settembre 1991 e riferibili ai periodi di imposta che possono essere definiti secondo le disposizioni del titolo VI della legge 30 dicembre 1991, n. 413.

2. Per ciascuna imposta l'amnistia si applica, salvo quanto previsto dal comma 3, a tutti i reati di cui al comma 1 riferibili al periodo di imposta a condizione che il contribuente o chiunque altro, avendone interesse, presenti dichiarazione integrativa per la definizione per l'intero periodo ovvero definisca il periodo stesso. L'amnistia si applica, indipendentemente dalla definizione dell'intero periodo di imposta:

a) relativamente ai reati di cui al primo e al secondo comma dell'art. 1 e al numero 7 dell'art. 4 del decreto-legge 10 luglio 1982, n. 429, convertito, con modificazioni, dalla legge 7 agosto 1982, n. 516, nonché alla lettera f) del comma 1 dell'art. 4 del predetto decreto nel testo modificato dal decreto-legge 16 marzo 1991, n. 83, convertito, con modificazioni, dalla legge 15 maggio 1991, n. 154, e al primo comma dell'art. 56 del decreto del Presidente della Repubblica 29 settembre 1973, n. 600, nei limiti degli importi integrativamente dichiarati o versati;
b) relativamente alle altre contravvenzioni, se la dichiarazione integrativa reca l'impegno a versare gli importi minimi previsti dai commi 3, 4 e 5 dell'art. 38 della legge 30 dicembre 1991, n. 413.

3. Per i reati commessi dai sostituti d'imposta l'amnistia si applica a condizione che, alla data di entrata in vigore del presente decreto, le ritenute siano state versate ovvero l'importo delle ritenute non versate risulti compreso in quello indicato nella dichiarazione integrativa.

4. Nei confronti delle persone che si trovano nelle condizioni previste dal comma 6 dell'art. 57 della legge 30 dicembre 1991, n. 413, l'amnistia si applica altresì per ciascun periodo di imposta cui i reati si riferiscono, se è presentata l'istanza di cui allo stesso comma 6.

5. È concessa amnistia, alle condizioni sopra indicate, per i reati, commessi fino al 30 settembre 1991, previsti dagli articoli 482, 483, 484, 485, 489, 490, 492 del codice penale, nonché dall'art. 2621 del codice civile quando tali reati siano stati commessi per eseguire od occultare quelli indicati nel comma 1 del presente articolo ovvero per conseguirne il profitto e siano riferiti alla stessa pendenza o situazione tributaria.

2. Esclusioni dall'amnistia.

1. L'amnistia non si applica:

a) ai condannati per i delitti di cui agli articoli 416-*bis*, 648-*bis*, 648-*ter* del codice penale o per taluno dei delitti richiamati nel citato art. 648-*bis*;
b) ai condannati, qualora ricorrano le circostanze previste dall'art. 7 del decreto-legge 13 maggio 1991, n. 152, convertito, con modificazioni, dalla legge 12 luglio 1991, n. 203;
c) alle persone indiziate di appartenenza ad associazioni di tipo mafioso e sottoposte ad una misura di prevenzione ai sensi della legge 31 maggio 1965, n. 575, e successive modificazioni.

2. L'amnistia non si applica anche se la sentenza di condanna di cui al comma 1, per fatti anteriormente commessi, è divenuta definitiva successivamente alla data di entrata in vigore del presente decreto, sempre che a tale data sia pendente il relativo processo penale.

3. I procedimenti in corso per i reati di cui all'art. 1 sono sospesi fino alla scadenza del termine per la presentazione della dichiarazione integrativa o dell'istanza di cui al comma 6 dell'art. 57 della legge 30 dicembre 1991, n. 413, e, se queste sono state presentate, fino a quando l'ufficio finanziario non avrà comunicato al giudice, evitando ogni ritardo, gli elementi necessari per valutare la sussistenza delle condizioni richieste per l'applicazione dell'amnistia.

4. Agli effetti della disposizione contenuta nel comma 2, se la dichiarazione integrativa è presentata da soggetti nei cui confronti, alla data di entrata in vigore del presente decreto, è pendente processo penale per taluno dei reati indicati al comma 1, i procedimenti in corso restano comunque sospesi in attesa dell'esito definitivo dei suddetti processi; a tal fine la pendenza di tali processi e la definizione degli stessi sono comunicate dalla cancelleria al locale ufficio delle imposte che ne dà notizia al giudice, senza ritardo, anche per tramite dell'ufficio competente, se diverso.

3. Entrata in vigore.

1. Il presente decreto entra in vigore il giorno stesso della sua pubblicazione nella Gazzetta Ufficiale della Repubblica italiana.

20. D.Lgs. 18 dicembre 1997, n. 472. – Disposizioni generali in materia di sanzioni amministrative per le violazioni di norme tributarie, a norma dell'articolo 3, comma 133, della legge 23 dicembre 1996, n. 662 (*artt. 1-13 bis, 21, 26*)

In Gazzetta Ufficiale 08 gennaio 1998, n. 5

1. Oggetto.

1. Il presente decreto stabilisce le disposizioni generali sulle sanzioni amministrative in materia tributaria.

2. Sanzioni amministrative.

1. Le sanzioni amministrative previste per la violazione di norme tributarie sono la sanzione pecuniaria, consistente nel pagamento di una somma di denaro, e le sanzioni accessorie, indicate nell'articolo 21, che possono essere irrogate solo nei casi espressamente previsti.

2. La sanzione è riferibile alla persona fisica che ha commesso o concorso a commettere la violazione.

3. La somma irrogata a titolo di sanzione non produce interessi.

4. I limiti minimi e massimi e la misura della sanzione fissa possono essere aggiornati ogni tre anni in misura pari all'intera variazione accertata dall'ISTAT dell'indice dei prezzi al consumo per le famiglie di operai e impiegati verificatasi nei tre anni precedenti. A tal fine, entro il 30 giugno successivo al compimento del triennio, il Ministro dell'economia e delle finanze, fissa le nuove misure, determinandone la decorrenza [(1)].

(1) Comma modificato dall'art. 16, co. 1, lett. a), d.lgs. 24.9.2015, n. 158, con la decorrenza indicata nell'art. 32, co. 1, dello stesso d.lgs. n. 158/2015, come modificato dall'art. 1, co. 133, l. 28.12.2015, n. 208.

3. Principio di legalità.

1. Nessuno può essere assoggettato a sanzioni se non in forza di una legge entrata in vigore prima della commissione della violazione.

2. Salvo diversa previsione di legge, nessuno può essere assoggettato a sanzioni per un fatto che, secondo una legge posteriore, non costituisce violazione punibile. Se la sanzione è già stata irrogata con provvedimento definitivo il debito residuo si estingue, ma non è ammessa ripetizione di quanto pagato.

3. Se la legge in vigore al momento in cui è stata commessa la violazione e le leggi posteriori stabiliscono sanzioni di entità diversa, si applica la legge più favorevole, salvo che il provvedimento di irrogazione sia divenuto definitivo.

4. Imputabilità.

1. Non può essere assoggettato a sanzione chi, al momento in cui ha commesso il fatto, non aveva, in base ai criteri indicati nel codice penale, la capacità di intendere e di volere.

5. Colpevolezza [(1)].

1. Nelle violazioni punite con sanzioni amministrative ciascuno risponde della propria azione od omissione, cosciente e volontaria, sia essa dolosa o colposa. Le violazioni commesse nell'esercizio dell'attività di consulenza tributaria e comportanti la soluzione di problemi di speciale difficoltà sono punibili solo in caso di dolo o colpa grave.

[**2.** Nei casi indicati nell'articolo 11, comma 1, se la violazione non è commessa con dolo o colpa grave, la sanzione, determinata anche in esito all'applicazione delle previsioni degli articoli 7, comma 3, e 12, non può essere eseguita nei confronti dell'autore, che non ne abbia tratto diretto vantaggio, in somma eccedente euro 51.645,69, salvo quanto disposto dagli articoli 16, comma 3, e 17, comma 2, e salva, per l'intero, la responsabilità prevista a carico della persona fisica, della società, dell'associazione o dell'ente indicati nel medesimo articolo 11, comma 1. L'importo può essere adeguato ai sensi dell'articolo 2, comma 4.] [(2)]

3. La colpa è grave quando l'imperizia o la negligenza del comportamento sono indiscutibili e non è possibile dubitare ragionevolmente del significato e della portata della norma violata e, di conseguenza, risulta evidente la macroscopica inosservanza di elementari obblighi tributari. Non si considera determinato da colpa grave l'inadempimento occasionale ad obblighi di versamento del tributo.

4. È dolosa la violazione attuata con l'intento di pregiudicare la determinazione dell'imponibile o dell'imposta ovvero diretta ad ostacolare l'attività amministrativa di accertamento.

(1) Articolo sostituito, a decorrere dal 1.4.1998, dall'art. 2, co. 1, lett. a), d.lgs. 5.6.1998, n. 203.

(2) Comma abrogato dall'art. 16, co. 1, lett. b), d.lgs. 24.9.2015, n. 158, con la decorrenza indicata nell'art. 32, co. 1, dello stesso d.lgs. n. 158/2015, come modificato dall'art. 1, co. 133, l. 28.12.2015, n. 208.

6. Cause di non punibilità.

1. Se la violazione è conseguenza di errore sul fatto, l'agente non è responsabile quando l'errore non è determinato da colpa. Le rilevazioni eseguite nel rispetto della continuità dei valori di bilancio e secondo corretti criteri contabili e le valutazioni eseguite secondo corretti criteri di stima non danno luogo a violazioni conseguenti a valutazioni estimative, ancorché relative alle operazioni disciplinate dal decreto legislativo 8 ottobre 1997, n. 358, se differiscono da quelle accertate in misura non eccedente il cinque per cento [(1)].

2. Non è punibile l'autore della violazione quando essa è determinata da obiettive condizioni di incertezza sulla portata e sull'ambito di applicazione delle disposizioni alle quali si riferiscono, nonché da indeterminatezza delle richieste di informazioni o dei modelli per la dichiarazione e per il pagamento.

3. Il contribuente, il sostituto e il responsabile d'imposta non sono punibili quando dimostrano che il pagamento del tributo non è stato eseguita per fatto denunciato all'autorità giudiziaria e addebitabile esclusivamente a terzi.

4. L'ignoranza della legge tributaria non rileva se non si tratta di ignoranza inevitabile.

5. Non è punibile chi ha commesso il fatto per forza maggiore.

5 bis. Non sono inoltre punibili le violazioni che non arrecano pregiudizio all'esercizio delle azioni di controllo e non incidono sulla determinazione della base imponibile, dell'imposta e sul versamento del tributo [(2)].

(1) Comma modificato, a decorrere dal 1.4.1998, dall'art. 2, co. 1, lett. b), d.lgs. 5.6.1998, n. 203.

(2) Comma introdotto dall'art. 7, co. 1, lett. a), d.lgs. 26.1.2001, n. 32.

7. Criteri di determinazione della sanzione.

1. Nella determinazione della sanzione si ha riguardo alla gravità della violazione desunta anche dalla condotta dell'agente, all'opera da lui svolta per l'eliminazione o l'attenuazione delle conseguenze, nonché alla sua personalità e alle condizioni economiche e sociali.

2. La personalità del trasgressore è desunta anche dai suoi precedenti fiscali.

3. Salvo quanto previsto al comma 4, la sanzione è aumentata fino alla metà nei confronti di chi, nei tre anni precedenti, sia incorso in altra violazione della stessa indole non definita ai sensi degli articoli 13, 16 e 17 o in dipendenza di accertamento di mediazione e di conciliazione con adesione. Sono considerate della stessa indole le violazioni delle stesse disposizioni e quelle di disposizioni diverse che, per la natura dei fatti che le costituiscono e dei motivi che le determinano o per le modalità dell'azione, presentano profili di sostanziale identità [(1)].

4. Qualora concorrano [eccezionali] circostanze che rendono manifesta la sproporzione tra l'entità del tributo cui la violazione si riferisce e la sanzione, questa può essere ridotta fino alla metà del minimo [(2)].

4-*bis*. Salvo quanto diversamente disposto da singole leggi di riferimento, in caso di presentazione di una dichiarazione o di una denuncia entro trenta giorni dalla scadenza del relativo termine, la sanzione è ridotta della metà [(3)].

(1) Comma modificato, a decorrere dal 1.4.1998, dall'art. 2, co. 1, lett. c), d.lgs. 5.6.1998, n. 203 e poi dall'art. 16, co. 1, lett. c), n. 1), d.lgs. 24.9.2015, n. 158, con la decorrenza indicata nell'art. 32, co. 1, d.lgs. n. 158/2015, come modificato dall'art. 1, co 133, l. 28.12.2015, n. 208.

(2) Comma modificato dall'art. 16, co. 1, lett. c), n. 2), d.lgs. 24.9.2015, n. 158, con la decorrenza indicata nell'art. 32, co. 1, d.lgs. n. 158/2015, come modificato dall'art. 1, co. 133, l. 28.12.2015, n. 208.

(3) Comma introdotto dall'art. 16, co. 1, lett. c), n. 3), d.lgs. 24.9.2015, n. 158, con la decorrenza indicata nell'art. 32, co. 1, d.lgs. n. 158/2015, come modificato dall'art. 1, co. 133, l. 28.12.2015, n. 208.

8. Intrasmissibilità della sanzione agli eredi.

1. L'obbligazione al pagamento della sanzione non si trasmette agli eredi.

9. Concorso di persone.

1. Quando più persone concorrono in una violazione, ciascuna di esse soggiace alla sanzione per questa disposta. Tuttavia, quando la violazione consiste nell'omissione di un comportamento cui sono obbligati in solido più soggetti, è irrogata una sola sanzione e il pagamento eseguito da uno dei responsabili libera tutti gli altri, salvo il diritto di regresso.

10. Tutore mediato.

1. Salva l'applicazione dell'articolo 9 chi, con violenza o minaccia o inducendo altri in errore incolpevole ovvero avvalendosi di persona incapace, anche in via transitoria, di intendere e di volere, determina la commissione di una violazione ne risponde in luogo del suo autore materiale.

11. Responsabili per la sanzione amministrativa.

1. Nei casi in cui una violazione che abbia inciso sulla determinazione o sul pagamento del tributo è commessa dal dipendente o dal rappresentante legale o negoziale di una persona fisica nell'adempimento del suo ufficio o del suo mandato ovvero dal dipendente o dal rappresentante o dall'amministratore, anche di fatto, di società, associazione od ente, con o senza personalità giuridica, nell'esercizio delle sue funzioni o incombenze, la persona fisica, la società, l'associazione o l'ente nell'interesse dei quali ha agito l'autore della violazione sono obbligati solidalmente al pagamento di una somma pari alla sanzione irrogata, salvo il diritto di regresso secondo le disposizioni vigenti. Se la violazione non è commessa con dolo o colpa grave, la sanzione, determinata anche in esito all'applicazione delle previsioni degli articoli 7, comma 3, e 12, non può essere eseguita nei confronti dell'autore, che non ne abbia tratto diretto vantaggio, in somma eccedente euro 50.000, salvo quanto disposto dagli articoli 16, comma 3, e 17, comma 2, e salva, per l'intero, la responsabilità prevista a carico della persona fisica, della società, dell'associazione o dell'ente. L'importo può essere adeguato ai sensi dell'articolo 2, comma 4 (1).

2. Fino a prova contraria, si presume autore della violazione chi ha sottoscritto ovvero compiuto gli atti illegittimi.

3. Quando la violazione è commessa in concorso da due o più persone, alle quali sono state irrogate sanzioni diverse, la persona fisica, la società, l'associazione o l'ente indicati nel comma 1 sono obbligati al pagamento di una somma pari alla sanzione più grave.

[4. Il pagamento della sanzione da parte dell'autore della violazione e, nel caso in cui siano state irrogate sanzioni diverse, il pagamento di quella più grave estingue l'obbligazione indicata nel comma 1.] (2)

5. Il pagamento della sanzione e, nel caso in cui siano state irrogate sanzioni diverse, il pagamento di quella più grave, da chiunque eseguito, estingue tutte le obbligazioni. Qualora il pagamento sia stato eseguito dall'autore della violazione, nel limite previsto dall'articolo 11, comma 1 la responsabilità della persona fisica, della società, dell'associazione o dell'ente indicati nel comma 1 è limitata all'eventuale eccedenza (3).

6. La persona fisica, la società, l'associazione o l'ente indicati nel comma 1 possono assumere il debito dell'autore della violazione (4).

7. La morte della persona fisica autrice della violazione, ancorché avvenuta prima della irrogazione della sanzione amministrativa, non estingue la responsabilità della persona fisica, della società o dell'ente indicati nel comma 1.

(1) Comma modificato, a decorrere dal 1.4.1998, dall'art. 2, co. 1, lett. d), d.lgs. 5.6.1998, n. 203 e poi dall'art. 16, co. 1, lett. d), n. 1), d.lgs. 24.9.2015, n. 158, con la decorrenza indicata nell'art. 32, co. 1, d.lgs. n. 158/2015, come modificato dall'art. 1, co. 133, l. 28.12.2015, n. 208.

(2) Comma abrogato dall'art. 16, co. 1, lett. d), n. 2), d.lgs. 24.9.2015, n. 158, con la decorrenza indicata nell'art. 32, co. 1, d.lgs. n. 158/2015, come modificato dall'art. 1, co. 133, l. 28.12.2015, n. 208.

(3) Comma modificato dall'art. 16, co. 1, lett. d), n. 3), d.lgs. 24.9.2015, n. 158, con la decorrenza indicata nell'art. 32, co. 1, d.lgs. n. 158/2015, come modificato dall'art. 1, co. 133, l. 28.12.2015, n. 208.

(4) Comma modificato dall'art. 16, co. 1, lett. d), n. 4), d.lgs. 24.9.2015, n. 158, con la decorrenza indicata nell'art. 32, co. 1, d.lgs. n. 158/2015, come modificato dall'art. 1, co. 133, l. 28.12.2015, n. 208.

12. Concorso di violazioni e continuazione (1).

1. È punito con la sanzione che dovrebbe infliggersi per la violazione più grave, aumentata da un quarto al doppio, chi, con una sola azione od omissione, viola diverse disposizioni anche relative a tributi diversi ovvero commette, anche con più azioni od omissioni, diverse violazioni formali della medesima disposizione.

2. Alla stessa sanzione soggiace chi, anche in tempi diversi, commette più violazioni che, nella loro progressione, pregiudicano o tendono a pregiudicare la determinazione dell'imponibile ovvero la liquidazione anche periodica del tributo.

3. Nei casi previsti dai commi 1 e 2, se le violazioni rilevano ai fini di più tributi, si considera quale sanzione base cui riferire l'aumento, quella più grave aumentata di un quinto.

4. Le previsioni dei commi 1, 2 e 3 si applicano separatamente rispetto ai tributi erariali e ai tributi di ciascun altro ente impositore e, tra i tributi erariali, alle imposte doganali e alle imposte sulla produzione e sui consumi (2).

5. Quando violazioni della stessa indole vengono commesse in periodi di imposta diversi, si applica la sanzione base aumentata dalla metà al triplo. Se l'ufficio non contesta tutte le violazioni o non irroga la sanzione contemporaneamente rispetto a tutte, quando in seguito vi provvede determina la sanzione complessiva tenendo conto delle violazioni oggetto del precedente provvedimento. Se più atti di irrogazione danno luogo a processi non riuniti o comunque introdotti avanti a giudici diversi, il giudice che prende cognizione dell'ultimo di essi ridetermina la sanzione complessiva tenendo conto delle violazioni risultanti dalle sentenze precedentemente emanate (3).

6. Il concorso e la continuazione sono interrotti dalla constatazione della violazione.

7. Nei casi previsti dal presente articolo la sanzione non può essere comunque superiore a quella risultante dal cumulo delle sanzioni previste per le singole violazioni.

8. Nei casi di accertamento con adesione di mediazione tributaria e di conciliazione giudiziale, in deroga ai commi 3 e 5, le disposizioni sulla determinazione di una sanzione unica in caso di progressione si applicano separatamente per ciascun tributo e per ciascun periodo d'imposta. La sanzione conseguente alla rinuncia, all'impugnazione dell'avviso di accertamento [, alla conciliazione giudiziale] e alla definizione agevolata ai sensi degli articoli 16 e 17 del presente decreto non può stabilirsi in progressione con violazioni non indicate nell'atto di contestazione o di irrogazione delle sanzioni (4).

(1) Articolo sostituito, a decorrere dal 1.4.1998, dall'art. 2, co. 1, lett. e), d.lgs. 5.6.1998, n. 203.

(2) Comma sostituito dall'art. 2, co. 1, lett. a), n. 1), d.lgs. 30.3.2000, n. 99. Secondo quanto previsto dall'art. 4, co. 1, d.lgs. n. 99/2000, le disposizioni di questo provvedimento hanno effetto a decorrere dal 1.4.1998, salvo quelle che modificano il trattamento sanzionatorio in senso sfavorevole al contribuente.

(3) Comma sostituito dall'art. 2, co. 1, lett. a), n. 2), d.lgs. 30.3.2000, n. 99. Secondo quanto previsto dall'art. 4, co. 1, d.lgs. n. 99/2000, le disposizioni di questo provvedimento hanno effetto a decorrere dal 1.4.1998, salvo quelle che modificano il trattamento sanzionatorio in senso sfavorevole al contribuente.

(4) Comma modificato dall'art. 16, co. 1, lett. e), d.lgs. 24.9.2015, n. 158, con la decorrenza indicata nell'art. 32, co. 1, d.lgs. n. 158/2015, come modificato dall'art. 1, co. 133, l. 28.12.2015, n. 208.

13. Ravvedimento [(1)] [(2)].

1. La sanzione è ridotta, sempreché la violazione non sia stata già constatata e comunque non siano iniziati accessi, ispezioni, verifiche o altre attività amministrative di accertamento delle quali l'autore o i soggetti solidalmente obbligati, abbiano avuto formale conoscenza:

a) ad un decimo del minimo nei casi di mancato pagamento del tributo o di un acconto, se esso viene eseguito nel termine di trenta giorni dalla data della sua commissione [(3)];

a-*bis*) ad un nono del minimo se la regolarizzazione degli errori e delle omissioni, anche se incidenti sulla determinazione o sul pagamento del tributo, avviene entro novanta giorni dalla data dell'omissione o dell'errore, ovvero se la regolarizzazione delle omissioni e degli errori commessi in dichiarazione avviene entro novanta giorni dal termine per la presentazione della dichiarazione in cui l'omissione o l'errore è stato commesso [(4)];

b) ad un ottavo del minimo, se la regolarizzazione degli errori e delle omissioni, anche se incidenti sulla determinazione o sul pagamento del tributo, avviene entro il termine per la presentazione della dichiarazione relativa all'anno nel corso del quale è stata commessa la violazione ovvero, quando non è prevista dichiarazione periodica, entro un anno dall'omissione o dall'errore [(5)];

b-*bis*) ad un settimo del minimo se la regolarizzazione degli errori e delle omissioni, anche se incidenti sulla determinazione o sul pagamento del tributo, avviene entro il termine per la presentazione della dichiarazione relativa all'anno successivo a quello nel corso del quale è stata commessa la violazione ovvero, quando non è prevista dichiarazione periodica, entro due anni dall'omissione o dall'errore [(6)];

b-*ter*) ad un sesto del minimo se la regolarizzazione degli errori e delle omissioni, anche incidenti sulla determinazione o sul pagamento del tributo, avviene oltre il termine per la presentazione della dichiarazione relativa all'anno successivo a quello nel corso del quale è stata commessa la violazione ovvero, quando non è prevista dichiarazione periodica, oltre due anni dall'omissione o dall'errore [(7)];

b-*quater*) ad un quinto del minimo se la regolarizzazione degli errori e delle omissioni, anche se incidenti sulla determinazione o sul pagamento del tributo, avviene dopo la constatazione della violazione ai sensi dell'articolo 24 della legge 7 gennaio 1929, n. 4, salvo che la violazione non rientri tra quelle indicate negli articoli 6, comma 2-*bis*, limitatamente all'ipotesi di omessa memorizzazione ovvero di memorizzazione con dati incompleti o non veritieri, comma 3, o 11, comma 5, del decreto legislativo 18 dicembre 1997, n. 471 [(8)];

c) ad un decimo del minimo di quella prevista per l'omissione della presentazione della dichiarazione, se questa viene presentata con ritardo non superiore a novanta giorni ovvero a un decimo del minimo di quella prevista per l'omessa presentazione della dichiarazione periodica prescritta in materia di imposta sul valore aggiunto, se questa viene presentata con ritardo non superiore a trenta giorni [(9)].

[**1 bis.** Le disposizioni di cui al comma 1, lettere b-*bis*), b-*ter*) e b-*quater*), si applicano ai tributi amministrati dall'Agenzia delle entrate e, limitatamente alle lettere b-*bis*) e b-*ter*), ai tributi doganali e alle accise amministrati dall'Agenzia delle dogane e dei monopoli.] [(10)]

1 ter. Ai fini dell'applicazione delle disposizioni di cui al presente articolo, per i tributi amministrati dall'Agenzia delle entrate non opera la preclusione di cui al comma 1, primo periodo, salva la notifica degli atti di liquidazione e di accertamento, comprese le comunicazioni recanti le somme dovute ai sensi degli articoli 36-*bis* e 36-*ter* del decreto del Presidente della Repubblica 29 settembre 1973, n. 600, e successive modificazioni, e 54-*bis* del decreto del Presidente della Repubblica 26 ottobre 1972, n. 633, e successive modificazioni. La preclusione di cui al comma 1, primo periodo, salva la notifica di avvisi di pagamento e atti di accertamento, non opera neanche per i tributi doganali e per le accise amministrati dall'Agenzia delle dogane e dei monopoli [(11)];

1 quater. Il pagamento e la regolarizzazione di cui al presente articolo non precludono l'inizio o la prosecuzione di accessi, ispezioni, verifiche o altre attività amministrative di controllo e accertamento [(12)].

2. Il pagamento della sanzione ridotta deve essere eseguito contestualmente alla regolarizzazione del pagamento del tributo o della differenza, quando dovuti, nonché al pagamento degli interessi moratori calcolati al tasso legale con maturazione giorno per giorno.

3. Quando la liquidazione deve essere eseguita dall'ufficio, il ravvedimento si perfeziona con l'esecuzione dei pagamenti nel termine di sessanta giorni dalla notificazione dell'avviso di liquidazione.

[**4.** Nei casi di omissione o di errore, che non ostacolano un'attività di accertamento in corso e che non incidono sulla determinazione o sul pagamento del tributo, il ravvedimento esclude l'applicazione della sanzione, se la regolarizzazione avviene entro tre mesi dall'omissione o dall'errore.] [(13)]

5. Le singole leggi e atti aventi forza di legge possono stabilire, a integrazione di quanto previsto nel presente articolo, ulteriori circostanze che importino l attenuazione della sanzione.

(1) Articolo sostituito dall'art. 2, co. 1, lett. f), d.lgs. 5.6.1998, n. 203.

(2) Secondo quanto previsto dall'art.13 *bis*, co. 1, d.lgs. 18.12.1997, n.

472, come modificato dall'art. 4 *decies*, co. 1, d.l. 30.4.2019, n. 34, conv., con modif., in l. 28.6.2019, n. 58, questo articolo si interpreta nel senso che è consentito al contribuente di avvalersi dell'istituto del ravvedimento anche in caso di versamento frazionato, purché nei tempi prescritti dalle lett. a), a *bis*), b), b *bis*), b *ter*), b *quater*) e c) del co. 1 dello stesso art. 13. Nel caso in cui l'imposta dovuta sia versata in ritardo e il ravvedimento, con il versamento della sanzione e degli interessi, intervenga successivamente, la sanzione applicabile corrisponde a quella riferita all'integrale tardivo versamento; gli interessi sono dovuti per l'intero periodo del ritardo; la riduzione prevista in caso di ravvedimento è riferita al momento del perfezionamento dello stesso. Nel caso di versamento tardivo dell'imposta frazionata in scadenze differenti, al contribuente è consentito operare autonomamente il ravvedimento per i singoli versamenti, con le riduzioni di cui al precedente periodo, ovvero per il versamento complessivo, applicando in tal caso alla sanzione la riduzione individuata in base alla data in cui la stessa è regolarizzata.

(3) Lettera modificata dall'art.16, co. 5, lett. a), d.l. 29.11.2008, n. 185 e dall'art. 1, co. 20, lett. a), l. 13.12.2010, n. 220, a decorrere dal 1.2.2011, a norma del co. 22 del art. 1, l. n. 220/2010.

(4) Lettera introdotta dall'art. 1, co. 637, lett. b), n. 1.1), l. 23.12.2014, n. 190 e poi modificata dall'art. 16, co. 1, lett. f), n. 1), d.lgs. 24.9.2015, n. 158, con la decorrenza indicata nell'art. 32, co. 1, d.lgs. n. 158/2015, come modificato dall'art. 1, co. 133, l. 28.12.2015, n. 208.

(5) Lettera modificata dall'art. 6, co. 1, lett. a), n. 1), d.lgs. 19.11.1998, n. 422, dall'art. 2, co. 1, lett. b), n. 1), d.lgs. 30.3.2000, n. 99, dall'art. 16, co. 5, lett. b), d.l. 29.11.2008, n. 185 e dall'art. 1, co. 20, lett. a), l. 13.12.2010, n. 220, a decorrere dal 1°.2.2011, a norma del co. 22 dell'art. 1, l. n. 220/2010.

(6) Lettera introdotta dall'art. 1, co. 637, lett. b), n. 1.2), l. 23.12.2014, n. 190.

(7) Lettera introdotta dall'art. 1, co. 637, lett. b), n. 1.2), l. 23.12.2014, n. 190.

(8) Lettera introdotta dall'art. 1, co. 637, lett. b), n. 1.2), l. 23.12.2014, n. 190 e poi modificata dall'art. 1, co. 1114, l. 30.12.2020, n. 178.

(9) Lettera modificata dall'art. 2, co. 1, d.lgs. 30.12.1999, n. 506, dall'art. 2, co. 1, lett. b), n. 2), d.lgs. 30.3.2000, n. 99, dall'art. 16, co. 5, lett. c), d.l. 29.11.2008, n. 185 e dall'art. 1, co. 20, lett. a), l. 13.12.2010, n. 220, a decorrere dal 1.2.2011, a norma del co. 22 dell'art. 1, l. n. 220/2010.

(10) Comma introdotto dall'art. 1, co. 637, lett. b), n. 2), l. 23.12.2014, n. 190 e poi modificato dall'art. 16, co. 1, lett. f), n. 2), d.lgs. 24.9.2015, n. 158, con la decorrenza indicata nell'art. 32, co. 1, d.lgs. n. 158/2015, come modificato dall'art. 1, co. 133, l. 28.12.2015, n. 208 ed infine modificato dall'art. 5, co. 1 *bis*, lett. a), d.l. 22.10.2016, n. 193 convertito, con modificazioni dalla l. 1.12.2016, n. 225. Da ultimo abrogato dall'art. 10 *bis*, co. 1, d.l. 26.10.2019, n. 124, conv., con modif., in l. 19.12.2019, n. 157.

(11) Comma introdotto dall'art. 1, co. 637, lett. b), n. 2), l. 23.12.2014, n. 190 e poi modificato dall'art. 5, co. 1 *bis*, lett. b), d.l. 22.10.2016, n. 193 convertito, con modificazioni l. 1.12.2016 n. 225.

(12) Comma introdotto dall'art. 1, co. 637, lett. b), n. 2), l. 23.12.2014, n. 190

(13) Comma inizialmente sostituito dall'art. 6, co. 1, lett. a), n. 2), d.lgs. 19.11.1998, n. 422, e poi abrogato dall'art. 7, co. 1, lett. b), d.lgs. 26.1.2001, n. 32.

13 bis. Ravvedimento parziale.

1. L'articolo 13 si interpreta nel senso che è consentito al contribuente di avvalersi dell'istituto del ravvedimento anche in caso di versamento frazionato, purché nei tempi prescritti dalle lettere a), a-*bis*), b), b-*bis*), b-*ter*), b-*quater*) e c) del comma 1 del medesimo articolo 13. Nel caso in cui l'imposta dovuta sia versata in ritardo e il ravvedimento, con il versamento della sanzione e degli interessi, intervenga successivamente, la sanzione applicabile corrisponde a quella riferita all'integrale tardivo versamento; gli interessi sono dovuti per l'intero periodo del ritardo; la riduzione prevista in caso di ravvedimento è riferita al momento del perfezionamento dello stesso. Nel caso di versamento tardivo dell'imposta frazionata in scadenze differenti, al contribuente è consentito operare autonomamente il ravvedimento per i singoli versamenti, con le riduzioni di cui al precedente periodo, ovvero per il versamento complessivo, applicando in tal caso alla sanzione la riduzione individuata in base alla data in cui la stessa è regolarizzata.

2. Le disposizioni del presente articolo si applicano ai soli tributi amministrati dall'Agenzia delle entrate (1).

(1) Articolo introdotto dall'art. 4-*decies*, co. 1, d.l. 30.4.2019, n. 34, conv., con modif., in l. 28.6.2019, n. 58.

21. Sanzioni accessorie.

1. Costituiscono sanzioni amministrative accessorie:

a) l'interdizione, per una durata massima di sei mesi, dalle cariche di amministratore, sindaco o revisore di società di capitali e di enti con personalità giuridica, pubblici o privati;

b) l'interdizione dalla partecipazione a gare per l'affidamento di pubblici appalti e forniture, per la durata massima di sei mesi;

c) l'interdizione dal conseguimento di licenze, concessioni o autorizzazioni amministrative per l'esercizio di imprese o di attività di lavoro autonomo e la loro sospensione, per la durata massima di sei mesi;

d) la sospensione, per la durata massima di sei mesi, dall'esercizio di attività di lavoro autonomo o di impresa diverse da quelle indicate nella lettera c).

2. Le singole leggi d'imposta, nel prevedere i casi di applicazione delle sanzioni accessorie, ne stabiliscono i limiti temporali in relazione alla gravità dell'infrazione e ai limiti minimi e massimi della sanzione principale.

26. Abolizione della soprattassa e della pena pecuniaria.

1. Il riferimento alla soprattassa e alla pena pecuniaria, nonché ad ogni altra sanzione amministrativa, ancorché diversamente denominata, contenuto nelle leggi vigenti, è sostituito con il riferimento alla sanzione pecuniaria, di uguale importo.

2. I riferimenti contenuti nelle singole leggi di imposta a disposizioni abrogate si intendono effettuati agli istituti e alle previsioni corrispondenti risultanti dal presente decreto.

3. Salvo diversa espressa previsione, i procedimenti di irrogazione delle sanzioni disciplinati nel presente decreto si applicano all'irrogazione di tutte le sanzioni tributarie non penali.

21. D.Lgs. 10 marzo 2000, n. 74. – Nuova disciplina dei reati in materia di imposte sui redditi e sul valore aggiunto, a norma dell'articolo 9 della legge 25 giugno 1999, n. 20

In Gazzetta Ufficiale 31 marzo 2000, n. 76

TITOLO I
Definizioni

1. Definizioni.

1. Ai fini del presente decreto legislativo:

a) per "fatture o altri documenti per operazioni inesistenti" si intendono le fatture o gli altri documenti aventi rilievo probatorio analogo in base alle norme tributarie, emessi a fronte di operazioni non realmente effettuate in tutto o in parte o che indicano i corrispettivi o l'imposta sul valore aggiunto in misura superiore a quella reale, ovvero che riferiscono l'operazione a soggetti diversi da quelli effettivi;

b) per "elementi attivi o passivi" si intendono le componenti, espresse in cifra, che concorrono, in senso positivo o negativo, alla determinazione del reddito o delle basi imponibili rilevanti ai fini dell'applicazione delle imposte sui redditi o sul valore aggiunto e le componenti che incidono sulla determinazione dell'imposta dovuta (1);

c) per "dichiarazioni" si intendono anche le dichiarazioni presentate in qualità di amministratore liquidatore o rappresentante di società, enti o persone fisiche o di sostituto d'imposta, nei casi previsti dalla legge (2);

d) il "fine di evadere le imposte" e il "fine di consentire a terzi l'evasione" si intendono comprensivi, rispettivamente, anche del fine di conseguire un indebito rimborso o il riconoscimento di un inesistente credito d'imposta, e del fine di consentirli a terzi;

e) riguardo ai fatti commessi da chi agisce in qualità di amministratore, liquidatore o rappresentante di società, enti o persone fisiche, il "fine di evadere le imposte" ed il "fine di sottrarsi al pagamento" si intendono riferiti alla società, all'ente o alla persona fisica per conto della quale si agisce;

f) per "imposta evasa" si intende la differenza tra l'imposta effettivamente dovuta e quella indicata nella dichiarazione, ovvero l'intera imposta dovuta nel caso di omessa dichiarazione, al netto delle somme versate dal contribuente o da terzi a titolo di acconto, di ritenuta o comunque in pagamento di detta imposta prima della presentazione della dichiarazione o della scadenza del relativo termine; non si considera imposta evasa quella teorica e non effettivamente dovuta collegata a una rettifica in diminuzione di perdite dell'esercizio o di perdite pregresse spettanti e utilizzabili (3);

g) le soglie di punibilità riferite all'imposta evasa si intendono estese anche all'ammontare dell'indebito rimborso richiesto o dell'inesistente credito di imposta esposto nella dichiarazione;

g-*bis*) per "operazioni simulate oggettivamente o soggettivamente" si intendono le operazioni apparenti, diverse da quelle disciplinate dall'articolo 10-*bis* della legge 27 luglio 2000, n. 212, poste in essere con la volontà di non realizzarle in tutto o in parte ovvero le operazioni riferite a soggetti fittiziamente interposti (4);

g-*ter*) per "mezzi fraudolenti" si intendono condotte artificiose attive nonché quelle omissive realizzate in violazione di uno specifico obbligo giuridico, che determinano una falsa rappresentazione della realtà (5).

(1) Lettera modificata dall'art. 1, co. 1, lett. a), d.lgs. 24.9.2015, n. 158.
(2) Lettera modificata dall'art. 1, co. 1, lett. b), d.lgs. 24.9.2015, n. 158.
(3) Lettera modificata dall'art. 1, co. 1, lett. c), d.lgs. 24.9.2015, n. 158.
(4) Lettera introdotta dall'art. 1, co. 1, lett. d), d.lgs. 24.9.2015, n. 158.
(5) Lettera introdotta dall'art. 1, co. 1, lett. d), d.lgs. 24.9.2015, n. 158.

TITOLO II
Delitti

Capo I
Delitti in materia di dichiarazione

2. Dichiarazione fraudolenta mediante uso di fatture o altri documenti per operazioni inesistenti.

1. È punito con la reclusione da quattro a otto anni chiunque, al fine di evadere le imposte sui redditi o sul valore aggiunto, avvalendosi di fatture o altri documenti per operazioni inesistenti, indica in una delle dichiarazioni [annuali] relative a dette imposte elementi passivi fittizi (1).

2. Il fatto si considera commesso avvalendosi di fatture o altri documenti per operazioni inesistenti quando tali fatture o documenti sono registrati nelle scritture contabili obbligatorie, o sono detenuti a fine di prova nei confronti dell'amministrazione finanziaria.

2 bis. Se l'ammontare degli elementi passivi fittizi è inferiore a euro centomila, si applica la reclusione da un anno e sei mesi a sei anni (2).

[**3.** Se l'ammontare degli elementi passivi fittizi è inferiore a euro 154.937,07, si applica la reclusione da sei mesi a due anni.] (3)

(1) Comma modificato dall'art. 2, co. 1, d.lgs. 24.9.2015, n. 158 e poi dall'art. 39, co. 1, lett. a), d.l. 26.10.2019, n. 124, conv., con modif., in l. 19.12.2019, n. 157.
(2) Comma introdotto dall'art. 39, co. 1, lett. b), d.l. 26.10.2019, n. 124, conv., con modif., in l. 19.12.2019, n. 157.
(3) Comma abrogato dall'art. 2, co. 36-vicies semel, lett. a), d.l. 13.8.2011, n. 138, conv., con modif., in l. 14.9.2011, n. 148.

3. Dichiarazione fraudolenta mediante altri artifici (1).

1. Fuori dai casi previsti dall'articolo 2, è punito con la reclusione da tre a otto anni chiunque, al fine di evadere le imposte sui redditi o sul valore aggiunto, compiendo operazioni simulate oggettivamente o soggettivamente ovvero avvalendosi di documenti falsi o di altri mezzi fraudolenti idonei ad ostacolare l'accertamento e ad indurre in errore l'amministrazione finanziaria, indica in una delle dichiarazioni relative a dette imposte elementi attivi per un ammontare inferiore a quello effettivo od elementi passivi fittizi o crediti e ritenute fittizi, quando, congiuntamente [2]:

a) l'imposta evasa è superiore, con riferimento a taluna delle singole imposte, a euro trentamila;

b) l'ammontare complessivo degli elementi attivi sottratti all'imposizione, anche mediante indicazione di elementi passivi fittizi, è superiore al cinque per cento dell'ammontare complessivo degli elementi attivi indicati in dichiarazione, o comunque, è superiore a euro un milione cinquecentomila, ovvero qualora l'ammontare complessivo dei crediti e delle ritenute fittizie in diminuzione dell'imposta, è superiore al cinque per cento dell'ammontare dell'imposta medesima o comunque a euro trentamila.

2. Il fatto si considera commesso avvalendosi di documenti falsi quando tali documenti sono registrati nelle scritture contabili obbligatorie o sono detenuti a fini di prova nei confronti dell'amministrazione finanziaria.

3. Ai fini dell'applicazione della disposizione del comma 1, non costituiscono mezzi fraudolenti la mera violazione degli obblighi di fatturazione e di annotazione degli elementi attivi nelle scritture contabili o la sola indicazione nelle fatture o nelle annotazioni di elementi attivi inferiori a quelli reali.

(1) Articolo modificato dall'art. 2, co. 36 vicies semel, lett. b) e c) d.l. 13.8.2011, n. 138, conv., con modif., in l. 14.9.2011, n. 148 e poi sostituito dall'art. 3, co. 1, d.lgs. 24.9.2015, n. 158.

(2) Alinea modificato dall'art. 39, co. 1, lett. c), d.l. 26.10.2019, n. 124, conv., con modif., in l. 19.12.2019, n. 157.

4. Dichiarazione infedele.

1. Fuori dei casi previsti dagli articoli 2 e 3, è punito con la reclusione da due anni a quattro anni e sei mesi chiunque, al fine di evadere le imposte sui redditi o sul valore aggiunto, indica in una delle dichiarazioni annuali relative a dette imposte elementi attivi per un ammontare inferiore a quello effettivo od elementi passivi inesistenti, quando, congiuntamente [1]:

a) l'imposta evasa è superiore, con riferimento a taluna delle singole imposte, a euro centomila [2];

b) l'ammontare complessivo degli elementi attivi sottratti all'imposizione, anche mediante indicazione di elementi passivi inesistenti, è superiore al dieci per cento dell'ammontare complessivo degli elementi attivi indicati in dichiarazione o, comunque, è superiore a euro due milioni [3].

1 bis. Ai fini dell'applicazione della disposizione del comma 1, non si tiene conto della non corretta classificazione, della valutazione di elementi attivi o passivi oggettivamente esistenti, rispetto ai quali i criteri concretamente applicati sono stati comunque indicati nel bilancio ovvero in altra documentazione rilevante ai fini fiscali, della violazione dei criteri di determinazione dell'esercizio di competenza, della non inerenza, della non deducibilità di elementi passivi reali [4].

1 ter. Fuori dei casi di cui al comma 1-*bis*, non danno luogo a fatti punibili le valutazioni che complessivamente considerate, differiscono in misura inferiore al 10 per cento da quelle corrette. Degli importi compresi in tale percentuale non si tiene conto nella verifica del superamento delle soglie di punibilità previste dal comma 1, lettere a) e b) [5].

(1) Alinea modificato dall'art. 4, co. 1, lett. d), d.lgs. 24.9.2015, n. 158 e poi dall'art. 39, co. 1, lett. d), d.l. 26.10.2019, n. 124, conv., con modif., in l. 19.12.2019, n. 157.

(2) Lettera modificata dall'art. 2, co. 36 vicies semel, lett. d), d.l. 13.8.2011, n. 138, conv., con modif., in l. 14.9.2011, n. 148.

(3) Lettera modificata dall'art. 2, co. 36 vicies semel, lett. e), d.l. 13.8.2011, n. 138, conv., con modif., in l. 14.9.2011, n. 14.

(4) Comma introdotto dall'art. 4, co. 1, lett. c), d.lgs. 24.9.2015, n. 158.

(5) Comma introdotto dall'art. 4, co. 1, lett. c), d.lgs. 24.9.2015, n. 158 e poi modificato dall'art. 39, co. 1, lett. g), d.l. 26.10.2019, n. 124, conv., con modif., in l. 19.12.2019, n. 157.

5. Omessa dichiarazione.

1. È punito con la reclusione da due a cinque anni chiunque al fine di evadere le imposte sui redditi o sul valore aggiunto, non presenta, essendovi obbligato, una delle dichiarazioni relative a dette imposte, quando l'imposta evasa è superiore, con riferimento a taluna delle singole imposte ad euro cinquantamila [1].

1 bis. È punito con la reclusione da due a cinque anni chiunque non presenta, essendovi obbligato, la dichiarazione di sostituto d'imposta, quando l'ammontare delle ritenute non versate è superiore ad euro cinquantamila [2].

2. Ai fini della disposizione prevista dai commi 1 e 1-*bis* non si considera omessa la dichiarazione presentata entro novanta giorni dalla scadenza del termine o non sottoscritta o non redatta su uno stampato conforme al modello prescritto [3].

(1) Comma modificato dall'art. 2, co. 36 vicies semel, lett. f), d.l. 13.8.2011, n. 138, conv., con modif., in l. 14.9.2011, n. 148. Infine modificato dall'art. 39, co. 1, lett. h), d.l. 26.10.2019, n. 124, conv., con modif., in l. 19.12.2019, n. 157.

(2) Comma introdotto per effetto della sostituzione del co. 1 con i co. 1 e 1 *bis*, disposta dall'art. 5, co. 1, lett. a), d.lgs. 24.9.2015, n. 158. Successivamente modificato dall'art. 39, co. 1, lett. i), d.l. 26.10.2019, n. 124, conv., con modif., in l. 19.12.2019, n. 157.

(3) Comma modificato dall'art. 5, co. 1, lett. b), d.lgs. 24.9.2015, n. 158.

6. Tentativo.

1. I delitti previsti dagli articoli 2, 3 e 4 non sono [comunque] punibili a titolo di tentativo, salvo quanto previsto al comma 1-*bis* [1].

1 bis. Quando la condotta è posta in essere al fine di evadere l'imposta sul valore aggiunto nell'ambito di sistemi fraudolenti transfrontalieri, connessi al territorio di almeno un altro Stato membro dell'Unione europea, dai quali consegua o possa conseguire un danno complessivo pari o superiore a euro 10.000.000, il delitto previsto dall'articolo 4 è punibile a titolo di tentativo.

Fuori dei casi di concorso nel delitto di cui all'articolo 8, i delitti previsti dagli articoli 2 e 3 sono punibili a titolo di tentativo, quando ricorrono le medesime condizioni di cui al primo periodo [(2)].

(1) Comma modificato dall'art. 4, co. 1, lett. a), d.lgs. 4.10.2022, n. 156.
(2) Comma introdotto dall'art. 2, co. 1, d.lgs. 14.7.2020, n. 75 e poi sostituito dall'art. 4, co. 1, lett. b), d.lgs. 4.10.2022, n. 156.

7. Rilevazioni nelle scritture contabili e nel bilancio.

[**1.** Non danno luogo a fatti punibili a norma degli articoli 3 e 4 le rilevazioni nelle scritture contabili e nel bilancio eseguite in violazione dei criteri di determinazione dell'esercizio di competenza ma sulla base di metodi costanti di impostazione contabile, nonché le rilevazioni e le valutazioni estimative rispetto alle quali i criteri concretamente applicati sono stati comunque indicati nel bilancio.

2. In ogni caso, non danno luogo a fatti punibili a norma degli articoli 3 e 4 le valutazioni estimative che, singolarmente considerate, differiscono in misura inferiore al dieci per cento da quelle corrette. Degli importi compresi in tale percentuale non si tiene conto nella verifica del superamento delle soglie di punibilità previste nel comma 1, lettere a) e b), dei medesimi articoli.] [(1)]

(1) Articolo abrogato dall'art. 14, co. 1, lett. a), d.lgs. 24.9.2015, n. 158.

Capo II
Delitti in materia di documenti e pagamento di imposte

8. Emissione di fatture o altri documenti per operazioni inesistenti.

1. È punito con la reclusione da quattro a otto anni chiunque, al fine di consentire a terzi l'evasione delle imposte sui redditi o sul valore aggiunto, emette o rilascia fatture o altri documenti per operazioni inesistenti [(1)].

2. Ai fini dell'applicazione della disposizione prevista dal comma 1, l'emissione o il rilascio di più fatture o documenti per operazioni inesistenti nel corso del medesimo periodo di imposta si considera come un solo reato.

2 bis. Se l'importo non rispondente al vero indicato nelle fatture o nei documenti, per periodo d'imposta, è inferiore a euro centomila, si applica la reclusione da un anno e sei mesi a sei anni [(2)].

[**3.** Se l'importo non rispondente al vero indicato nelle fatture o nei documenti è inferiore a euro 154.937,07 per periodo di imposta, si applica la reclusione da sei mesi a due anni.] [(3)]

(1) Comma modificato dall'art. 39, co. 1, lett. l), d.l. 26.10.2019, n. 124, conv., con modif., in l. 19.12.2019, n. 157.
(2) Comma introdotto dall'art. 39, co. 1, lett. m), d.l. 26.10.2019, n. 124, conv., con modif., in l. 19.12.2019, n. 157.
(3) Comma abrogato dall'art. 2, co. 36-*viciessemel*, lett. g), d.l. 13.8.2011, n. 138, conv., con modif., in l. 14.9.2011, n. 148.

9. Concorso di persone nei casi di emissione o utilizzazione di fatture o altri documenti per operazioni inesistenti.

1. In deroga all'art. 110 del codice penale:

a) l'emittente di fatture o altri documenti per operazioni inesistenti e chi concorre con il medesimo non è punibile a titolo di concorso nel reato previsto dall'art. 2;
b) chi si avvale di fatture o altri documenti per operazioni inesistenti e chi concorre con il medesimo non è punibile a titolo di concorso nel reato previsto dall'art. 8.

10. Occultamento o distruzione di documenti contabili.

1. Salvo che il fatto costituisca più grave reato, è punito con la reclusione da tre a sette anni chiunque, al fine di evadere le imposte sui redditi o sul valore aggiunto, ovvero di consentire l'evasione a terzi, occulta o distrugge in tutto o in parte le scritture contabili o i documenti di cui è obbligatoria la conservazione, in modo da non consentire la ricostruzione dei redditi o del volume di affari [(1)(2)].

(1) Comma modificato dall'art. 6, co. 1, d.lgs. 24.9.2015, n. 158.
(2) Comma modificato dall'art. 39, co. 1, lett. n), d.l. 26.10.2019, n. 124, conv., con modif., in l. 19.12.2019, n. 157.

10 bis. Omesso versamento di ritenute [dovute o] certificate [(1)(2)].

1. È punito con la reclusione da sei mesi a due anni chiunque non versa entro il termine previsto per la presentazione della dichiarazione annuale di sostituto di imposta ritenute [dovute sulla base della stessa dichiarazione o] risultanti dalla certificazione rilasciata ai sostituiti, per un ammontare superiore a centocinquantamila euro per ciascun periodo d'imposta [(3)].

(1) Articolo introdotto dall'art. 1, co. 414, l. 30.12.2004, n. 311.
(2) Rubrica modificata dall'art. 7, co. 1, lett. a), d.lgs. 24.9.2015, n. 158. Successivamente, la Corte costituzionale, con sentenza 14.7.2022, n. 175, ha dichiarato, in via consequenziale, ai sensi dell'art. 27 della l. 11.3.1953, n. 87, l'illegittimità costituzionale dell'art. 7, co. 1, lett. a), d.lgs. 158/2015, limitatamente alle parole «*dovute o*»
(3) Comma modificato dall'art. 7, co. 1, lett. b), d.lgs. 24.9.2015, n. 158 e poi dall'art. 39, co. 1, lett. o), d.l. 26.10.2019, n. 124. L'art. 39, co. 1, lett. o), d.l. 26.10.2019, n. 124 è stato soppresso dalla l. 19.12.2019, n. 157, in sede di conversione. Da ultimo, la Corte costituzionale, con sentenza 14.7.2022, n. 175, ha dichiarato l'illegittimità costituzionale dell'art. 7, co. 1, lett. b), d.lgs. n. 158/2015, nella parte in cui inserisce in questo articolo, le parole «*dovute sulla base della stessa dichiarazione o*».

10 ter. Omesso versamento di IVA [(1)].

1. È punito con la reclusione da sei mesi a due anni chiunque non versa, entro il termine per il versamento dell'acconto relativo al periodo d'imposta successivo, l'imposta sul valore aggiunto dovuta in base alla dichiarazione annuale, per un ammontare superiore a euro duecentocinquantamila per ciascun periodo d'imposta [(2)].

(1) Articolo introdotto dall'art. 35, co. 7, d.l. 4.7.2006, n. 223; la Corte costituzionale, con sentenza 8.4.2014, n. 80, ha dichiarato l'illegittimità costituzionale di questo articolo, nella parte in cui, con riferimento ai fatti commessi sino al 17.9.2011, punisce l'omesso versamento dell'imposta sul valore aggiunto, dovuta in base alla relativa dichiarazione annuale, per importi non superiori, per ciascun periodo di imposta, ad euro 103.291,38. Infine, sostituito dall'art. 8, co. 1, d.lgs. 24.9.2015, n. 158.

(2) Comma modificato dall'art. 39, co. 1, lett. p), d.l. 26.10.2019, n. 124, non ancora convertito in legge. L'art. 39, co. 1, lett. o), d.l. 26.10.2019, n. 124 è stato soppresso dalla l. 19.12.2019, n. 157, in sede di conversione.

10 quater. Indebita compensazione [1].

1. È punito con la reclusione da sei mesi a due anni chiunque non versa le somme dovute, utilizzando in compensazione, ai sensi dell'articolo 17 del decreto legislativo 9 luglio 1997, n. 241, crediti non spettanti, per un importo annuo superiore a cinquantamila euro.

2. È punito con la reclusione da un anno e sei mesi a sei anni chiunque non versa le somme dovute, utilizzando in compensazione, ai sensi dell'articolo 17 del decreto legislativo 9 luglio 1997, n. 241, crediti inesistenti per un importo annuo superiore ai cinquantamila euro.

(1) Articolo introdotto dall'art. 35, co. 7, d.l. 4.7.2006, n. 223, conv., con modif., in l. 4.8.2006, n. 248e poi sostituito dall'art. 9, co. 1, d.lgs. 24.9.2015, n. 158.

11. Sottrazione fraudolenta al pagamento di imposte [1].

1. È punito con la reclusione da sei mesi a quattro anni chiunque, al fine di sottrarsi al pagamento di imposte sui redditi o sul valore aggiunto ovvero di interessi o sanzioni amministrative relativi a dette imposte di ammontare complessivo superiore ad euro cinquantamila, aliena simulatamente o compie altri atti fraudolenti sui propri o su altrui beni idonei a rendere in tutto o in parte inefficace la procedura di riscossione coattiva. Se l'ammontare delle imposte, sanzioni ed interessi è superiore ad euro duecentomila si applica la reclusione da un anno a sei anni.

2. È punito con la reclusione da sei mesi a quattro anni chiunque, al fine di ottenere per sé o per altri un pagamento parziale dei tributi e relativi accessori, indica nella documentazione presentata ai fini della procedura di transazione fiscale elementi attivi per un ammontare inferiore a quello effettivo od elementi passivi fittizi per un ammontare complessivo superiore ad euro cinquantamila. Se l'ammontare di cui al periodo precedente è superiore ad euro duecentomila si applica la reclusione da un anno a sei anni".

(1) Articolo sostituito dall'art. 29, co. 4, d.l. 31.5.2010, n. 78, conv., con modif., in l. 30.7.2010, n. 122.

TITOLO III
Disposizioni comuni

12. Pene accessorie.

1. La condanna per taluno dei delitti previsti dal presente decreto importa:

a) l'interdizione dagli uffici direttivi delle persone giuridiche e delle imprese per un periodo non inferiore a sei mesi e non superiore a tre anni;
b) l'incapacità di contrattare con la pubblica amministrazione per un periodo non inferiore ad un anno e non superiore a tre anni;
c) l'interdizione dalle funzioni di rappresentanza e assistenza in materia tributaria per un periodo non inferiore ad un anno e non superiore a cinque anni;
d) l'interdizione perpetua dall'ufficio di componente di commissione tributaria;
e) la pubblicazione della sentenza a norma dell'art. 36 del codice penale.

2. La condanna per taluno dei delitti previsti dagli articoli 2, 3 e 8 importa altresì l'interdizione dai pubblici uffici per un periodo non inferiore ad un anno e non superiore a tre anni, salvo che ricorrano le circostanze previste dagli articoli 2, comma 3, e 8, comma 3.

2-*bis*. Per i delitti previsti dagli articoli da 2 a 10 del presente decreto l'istituto della sospensione condizionale della pena di cui all'articolo 163 del codice penale non trova applicazione nei casi in cui ricorrano congiuntamente le seguenti condizioni: a) l'ammontare dell'imposta evasa sia superiore al 30 per cento del volume d'affari; b) l'ammontare dell'imposta evasa sia superiore a tre milioni di euro [1].

(1) Comma introdotto dall'art. 2, co. 36 vicies semel, lett. h), d.l. 13.8.2011, n. 138, conv., con modif., in l. 14.9.2011, n. 148.

12 bis. Confisca [1].

1. Nel caso di condanna o di applicazione della pena su richiesta delle parti a norma dell'articolo 444 del codice di procedura penale per uno dei delitti previsti dal presente decreto, è sempre ordinata la confisca dei beni che ne costituiscono il profitto o il prezzo, salvo che appartengano a persona estranea al reato, ovvero, quando essa non è possibile, la confisca di beni, di cui il reo ha la disponibilità, per un valore corrispondente a tale prezzo o profitto.

2. La confisca non opera per la parte che il contribuente si impegna a versare all'erario anche in presenza di sequestro. Nel caso di mancato versamento la confisca è sempre disposta.

(1) Articolo introdotto dall'art. 10, co. 1, d.lgs. 24.9.2015, n. 158.

12 ter. Casi particolari di confisca [1].

1. Nei casi di condanna o di applicazione della pena su richiesta a norma dell'articolo 444 del codice di procedura penale per i delitti di seguito indicati, si applica l'articolo 240-*bis* del codice penale quando:

a) l'ammontare degli elementi passivi fittizi è superiore a euro duecentomila nel caso del delitto previsto dall'articolo 2;
b) l'imposta evasa è superiore a euro centomila nel caso del delitto previsto dall'articolo 3;
c) l'importo non rispondente al vero indicato nelle fatture o nei documenti è superiore a euro duecentomila nel caso del delitto previsto dall'articolo 8;
d) l'ammontare delle imposte, delle sanzioni e degli interessi è superiore a euro centomila nel caso del delitto previsto dall'articolo 11, comma 1;
e) l'ammontare degli elementi attivi inferiori a quelli effettivi o degli elementi passivi fittizi è superiore a euro duecentomila nel caso del delitto previsto dall'articolo 11, comma 2.

(1) Articolo introdotto dall'art. 39, co. 1, lett. q), d.l. 26.10.2019, n. 124, conv., con modif., in l. 19.12.2019, n. 157.

13. Causa di non punibilità. Pagamento del debito tributario [(1)].

1. I reati di cui agli articoli 10-*bis*, 10-*ter* e 10-*quater*, comma 1, non sono punibili se, prima della dichiarazione di apertura del dibattimento di primo grado, i debiti tributari, comprese sanzioni amministrative e interessi, sono stati estinti mediante integrale pagamento degli importi dovuti, anche a seguito delle speciali procedure conciliative e di adesione all'accertamento previste dalle norme tributarie, nonché del ravvedimento operoso.

2. I reati di cui agli articoli 2, 3, 4 e 5 non sono punibili se i debiti tributari, comprese sanzioni e interessi, sono stati estinti mediante integrale pagamento degli importi dovuti, a seguito del ravvedimento operoso o della presentazione della dichiarazione omessa entro il termine di presentazione della dichiarazione relativa al periodo d'imposta successivo, sempreché il ravvedimento o la presentazione siano intervenuti prima che l'autore del reato abbia avuto formale conoscenza di accessi, ispezioni, verifiche o dell'inizio di qualunque attività di accertamento amministrativo o di procedimenti penali [(2)].

3. Qualora, prima della dichiarazione di apertura del dibattimento di primo grado, il debito tributario sia in fase di estinzione mediante rateizzazione, anche ai fini dell'applicabilità dell'articolo 13-*bis*, è dato un termine di tre mesi per il pagamento del debito residuo. In tal caso la prescrizione è sospesa. Il Giudice ha facoltà di prorogare tale termine una sola volta per non oltre tre mesi, qualora lo ritenga necessario, ferma restando la sospensione della prescrizione.

(1) Articolo modificato dall'art. 2, co. 36 vicies semel, lett. i) ed m), d.l. 13.8.2011, n. 138, conv., con modif., in l. 14.9.2011, n. 148. Successivamente art. sostituito dall'art. 11, co. 1, d.lgs. 24.9.2015, n. 158.

(2) Comma modificato dall'art. 39, co. 1, lett. q *bis*), d.l. 26.10.2019, n. 124, conv., con modif., in l. 19.12.2019, n. 157.

13 bis. Circostanze del reato [(1)].

1. Fuori dai casi di non punibilità, le pene per i delitti di cui al presente decreto sono diminuite fino alla metà e non si applicano le pene accessorie indicate nell'articolo 12 se, prima della dichiarazione di apertura del dibattimento di primo grado, i debiti tributari, comprese sanzioni amministrative e interessi, sono stati estinti mediante integrale pagamento degli importi dovuti, anche a seguito delle speciali procedure conciliative e di adesione all'accertamento previste dalle norme tributarie.

2. Per i delitti di cui al presente decreto l'applicazione della pena ai sensi dell'articolo 444 del codice di procedura penale può essere chiesta dalle parti solo quando ricorra la circostanza di cui al comma 1, nonché il ravvedimento operoso, fatte salve le ipotesi di cui all'articolo 13, commi 1 e 2.

3. Le pene stabilite per i delitti di cui al titolo II sono aumentate della metà se il reato è commesso dal concorrente nell'esercizio dell'attività di consulenza fiscale svolta da un professionista o da un intermediario finanziario o bancario attraverso l'elaborazione o la commercializzazione di modelli di evasione fiscale.

(1) Articolo introdotto dall'art. 12, co. 1, d.lgs. 24.9.2015, n. 158.

14. Circostanza attenuante. Riparazione dell'offesa nel caso di estinzione per prescrizione del debito tributario.

1. Se i debiti indicati nell'art. 13 risultano estinti per prescrizione o per decadenza, l'imputato di taluno dei delitti previsti dal presente decreto può chiedere di essere ammesso a pagare, prima della dichiarazione di apertura del dibattimento di primo grado, una somma, da lui indicata, a titolo di equa riparazione dell'offesa recata all'interesse pubblico tutelato dalla norma violata.

2. La somma, commisurata alla gravità dell'offesa, non può essere comunque inferiore a quella risultante dal ragguaglio a norma dell'art. 135 del codice penale della pena minima prevista per il delitto contestato.

3. Il giudice, sentito il pubblico ministero, se ritiene congrua la somma, fissa con ordinanza un termine non superiore a dieci giorni per il pagamento.

4. Se il pagamento è eseguito nel termine, la pena è diminuita fino alla metà e non si applicano le pene accessorie indicate nell'art. 12. Si osserva la disposizione prevista dal comma 3 dell'art. 13.

5. Nel caso di assoluzione o di proscioglimento la somma pagata è restituita.

15. Violazioni dipendenti da interpretazione delle norme tributarie.

1. Al di fuori dei casi in cui la punibilità è esclusa a norma dell'art. 47, terzo comma, del codice penale, non danno luogo a fatti punibili ai sensi del presente decreto le violazioni di norme tributarie dipendenti da obiettive condizioni di incertezza sulla loro portata e sul loro ambito di applicazione.

16. Adeguamento al parere del Comitato per l'applicazione delle norme antielusive.

[**1.** Non dà luogo a fatto punibile a norma del presente decreto la condotta di chi, avvalendosi della procedura stabilita dall'art. 21, commi 9 e 10, della legge 30 dicembre 1991, n. 413, si è uniformato ai pareri del Ministero delle finanze o del Comitato consultivo per l'applicazione delle norme antielusive previsti dalle medesime disposizioni, ovvero ha compiuto le operazioni esposte nell'istanza sulla quale si è formato il silenzio-assenso.] [(1)]

(1) Articolo abrogato dall'art. 14, co. 1, lett. a), d.lgs. 24.9.2015, n. 158.

17. Interruzione della prescrizione.

1. Il corso della prescrizione per i delitti previsti dal presente decreto è interrotto, oltre che dagli atti indicati nell'art. 160 del codice penale, dal verbale di constatazione o dall'atto di accertamento delle relative violazioni.

1 bis. I termini di prescrizione per i delitti previsti dagli articoli da 2 a 10 del presente decreto sono elevati di un terzo [(1)].

(1) Comma introdotto dall'art. 2, co. 36 vicies semel, lett. l), d.l. 13.8.2011, n. 138, conv., con modif., in l. 14.9.2011, n. 148.

18. Competenza per territorio.

1. Salvo quanto previsto dai commi 2 e 3, se la competenza per territorio per i delitti previsti dal presente decreto non può essere determinata a norma dell'art. 8 del codice di procedura penale, è competente il giudice del luogo di accertamento del reato.

2. Per i delitti previsti dal capo I del titolo II il reato si considera consumato nel luogo in cui il contribuente ha il domicilio fiscale. Se il domicilio fiscale è all'estero è competente il giudice del luogo di accertamento del reato.

3. Nel caso previsto dal comma 2 dell'art. 8, se le fatture o gli altri documenti per operazioni inesistenti sono stati emessi o rilasciati in luoghi rientranti in diversi circondari, è competente il giudice di uno di tali luoghi in cui ha sede l'ufficio del pubblico ministero che ha provveduto per primo a iscrivere la notizia di reato nel registro previsto dall'art. 335 del codice di procedura penale.

18 bis. Custodia giudiziale dei beni sequestrati (1).

1. I beni sequestrati nell'ambito dei procedimenti penali relativi ai delitti previsti dal presente decreto e a ogni altro delitto tributario, diversi dal denaro e dalle disponibilità finanziarie, possono essere affidati dall'autorità giudiziaria in custodia giudiziale, agli organi dell'amministrazione finanziaria che ne facciano richiesta per le proprie esigenze operative.

2. Restano ferme le disposizioni dell'articolo 61, comma 23, del decreto-legge 25 giugno 2008, n. 112, convertito, con modificazioni, dalla legge 6 agosto 2008, n. 133, e dell'articolo 2 del decreto-legge 16 settembre 2008, n. 143, convertito, con modificazioni, dalla legge 13 novembre 2008, n. 181.

(1) Articolo introdotto dall'art. 13, co. 1, d.lgs. 24.9.2015, n. 158.

TITOLO IV
Rapporti con il sistema sanzionatorio amministrativo e fra procedimenti

19. Principio di specialità.

1. Quando uno stesso fatto è punito da una delle disposizioni del titolo II e da una disposizione che prevede una sanzione amministrativa, si applica la disposizione speciale.

2. Permane, in ogni caso, la responsabilità per la sanzione amministrativa dei soggetti indicati nell'art. 11, comma 1, del decreto legislativo 18 dicembre 1997, n. 472, che non siano persone fisiche concorrenti nel reato.

20. Rapporti tra procedimento penale e processo tributario.

1. Il procedimento amministrativo di accertamento ed il processo tributario non possono essere sospesi per la pendenza del procedimento penale avente ad oggetto i medesimi fatti o fatti dal cui accertamento comunque dipende la relativa definizione.

21. Sanzioni amministrative per le violazioni ritenute penalmente rilevanti.

1. L'ufficio competente irroga comunque le sanzioni amministrative relative alle violazioni tributarie fatte oggetto di notizia di reato.

2. Tali sanzioni non sono eseguibili nei confronti dei soggetti diversi da quelli indicali dall'art. 19, comma 2, salvo che il procedimento penale sia definito con provvedimento di archiviazione o sentenza irrevocabile di assoluzione o di proscioglimento con formula che esclude la rilevanza penale del fatto. In quest'ultimo caso, i termini per la riscossione decorrono dalla data in cui il provvedimento di archiviazione o la sentenza sono comunicati all'ufficio competente; alla comunicazione provvede la cancelleria del giudice che li ha emessi.

3. Nei casi di irrogazione di un'unica sanzione amministrativa per più violazioni tributarie in concorso o continuazione fra loro, a norma dell'art. 12 del decreto legislativo 18 dicembre 1997, n. 472, alcune delle quali soltanto penalmente rilevanti, la disposizione del comma 2 del presente articolo opera solo per la parte della sanzione eccedente quella che sarebbe stata applicabile in relazione alle violazioni non penalmente rilevanti.

TITOLO V
Disposizioni di coordinamento e finali

22. Modalità di documentazione dell'avvenuta estinzione dei debiti tributari.

1. Con decreto del Ministero delle finanze, emanato entro sessanta giorni dalla data di entrata in vigore del presente decreto e pubblicato nella Gazzetta Ufficiale della Repubblica, sono stabilite le modalità di documentazione dell'avvenuta estinzione dei debiti tributari indicati nell'art. 13 e di versamento delle somme indicate nell'art. 14, comma 3.

23. Modifiche in tema di utilizzazione di documenti da parte della Guardia di finanza.

1. Nell'art. 63, primo comma, secondo periodo, del decreto del Presidente della Repubblica 26 ottobre 1972, n. 633, e nell'art. 33, terzo comma, secondo periodo, del decreto del Presidente della Repubblica 29 settembre 1973, n. 600, le parole: "previa autorizzazione dell'autorità giudiziaria in relazione alle norme che disciplinano il segreto" sono sostituite dalle seguenti: "previa autorizzazione dell'autorità giudiziaria che può essere concessa anche in deroga all'art. 329 del codice di procedura penale".

24. Modifica dell'art. 2 della legge 26 gennaio 1983, n. 18.

1. L'ottavo comma dell'art. 2 della legge 26 gennaio 1983, n. 18, è sostituito dal seguente:
"Salvo che il fatto costituisca reato, chiunque manomette o comunque altera gli apparecchi misuratori previsti nell'art. 1 o fa uso di essi allorché siano stati manomessi o alterati o consente che altri ne faccia uso al fine di eludere le disposizioni della presente legge è punito con la sanzione amministrativa pecuniaria da euro 1.032 a euro 7.746. Con la stessa sanzione è punito, salvo che il fatto costituisca reato, chiunque, allo stesso fine, forma

in tutto o in parte stampati, documenti o registri prescritti dai decreti indicati nell'art. 1 o li altera e ne fa uso o consente che altri ne faccia uso; nonché chiunque, senza avere concorso nella falsificazione, fa uso degli stessi stampati, documenti o registri.".

25. Abrogazioni.

1. Sono abrogati:

a) l'art. 97, sesto comma, del decreto del Presidente della Repubblica 29 settembre 1973, n. 602;
b) l'art. 8, undicesimo comma, della legge 10 maggio 1976, n. 249;
c) l'art. 7, settimo comma, del decreto del Presidente della Repubblica 6 ottobre 1978, n. 627;
d) il titolo I del decreto-legge 10 luglio 1982, n. 429, convertito, con modificazioni, dalla legge 7 agosto 1982, n. 516;
e) l'art. 3, quarto comma, della legge 25 novembre 1983, n. 649;
f) l'art. 2, quarto comma, del decreto-legge 29 dicembre 1983, n. 746, convertito, con modificazioni, nella legge 27 gennaio 1984, n. 17;
g) l'art. 1, quarto comma, secondo periodo, del decreto-legge 28 novembre 1984, n. 791, convertito, con modificazioni, dalla legge 25 gennaio 1985, n. 6();
h) l'art. 2, commi 27 e 28, e l'art. 3, comma 14, del decreto-legge 19 dicembre 1984, n. 853, convertito, con modificazioni, dalla legge 17 febbraio 1985, n. 17;
i) l'art. 12, comma 13, della legge 30 dicembre 1991, n. 413;
l) l'art. 54, comma 8, del decreto-legge 30 agosto 1993, n. 331, convertito, con modificazioni, dalla legge 29 ottobre 1993, n. 427;
m) l'art. 6, comma 1, del decreto-legge 31 dicembre 1996, n. 669, convertito, con modificazioni, dalla legge 28 febbraio 1997, n. 30.

2. È abrogata ogni altra disposizione incompatibile con il presente decreto.

22. L. 27 luglio 2000, n. 212. – Disposizioni in materia di statuto dei diritti del contribuente (*art. 10 bis*) [1]

In Gazzetta Ufficiale 31 luglio 2000, n. 177

(1) Secondo quanto previsto dall'art. 01, d.l. 30.9.2000, n. 268 le disposizioni di questa legge non si applicano al d.l. n. 268/2000.

10 bis. Disciplina dell'abuso del diritto o elusione fiscale [(1) (2)].

1. Configurano abuso del diritto una o più operazioni prive di sostanza economica che, pur nel rispetto formale delle norme fiscali, realizzano essenzialmente vantaggi fiscali indebiti. Tali operazioni non sono opponibili all'amministrazione finanziaria, che ne disconosce i vantaggi determinando i tributi sulla base delle norme e dei principi elusi e tenuto conto di quanto versato dal contribuente per effetto di dette operazioni.

2. Ai fini del comma 1 si considerano:

a) operazioni prive di sostanza economica i fatti, gli atti e i contratti, anche tra loro collegati, inidonei a produrre effetti significativi diversi dai vantaggi fiscali. Sono indici di mancanza di sostanza economica, in particolare, la non coerenza della qualificazione delle singole operazioni con il fondamento giuridico del loro insieme e la non conformità dell'utilizzo degli strumenti giuridici a normali logiche di mercato;
b) vantaggi fiscali indebiti i benefici, anche non immediati, realizzati in contrasto con le finalità delle norme fiscali o con i principi dell'ordinamento tributario.

3. Non si considerano abusive, in ogni caso, le operazioni giustificate da valide ragioni extrafiscali, non marginali, anche di ordine organizzativo o gestionale, che rispondono a finalità di miglioramento strutturale o funzionale dell'impresa ovvero dell'attività professionale del contribuente.

4. Resta ferma la libertà di scelta del contribuente tra regimi opzionali diversi offerti dalla legge e tra operazioni comportanti un diverso carico fiscale.

5. Il contribuente può proporre interpello ai sensi dell'articolo 11, comma 1, lettera c), per conoscere se le operazioni costituiscano fattispecie di abuso del diritto [(2)].

6. Senza pregiudizio dell'ulteriore azione accertatrice nei termini stabiliti per i singoli tributi, l'abuso del diritto è accertato con apposito atto, preceduto, a pena di nullità, dalla notifica al contribuente di una richiesta di chiarimenti da fornire entro il termine di sessanta giorni, in cui sono indicati i motivi per i quali si ritiene configurabile un abuso del diritto.

7. La richiesta di chiarimenti è notificata dall'amministrazione finanziaria ai sensi dell'articolo 60 del decreto del Presidente della Repubblica 29 settembre 1973, n. 600, e successive modificazioni, entro il termine di decadenza previsto per la notificazione dell'atto impositivo. Tra la data di ricevimento dei chiarimenti ovvero di inutile decorso del termine assegnato al contribuente per rispondere alla richiesta e quella di decadenza dell'amministrazione dal potere di notificazione dell'atto impositivo intercorrono non meno di sessanta giorni. In difetto, il termine di decadenza per la notificazione dell'atto impositivo è automaticamente prorogato, in deroga a quello ordinario, fino a concorrenza dei sessanta giorni.

8. Fermo quanto disposto per i singoli tributi, l'atto impositivo è specificamente motivato, a pena di nullità, in relazione alla condotta abusiva, alle norme o ai principi elusi, agli indebiti vantaggi fiscali realizzati, nonché ai chiarimenti forniti dal contribuente nel termine di cui al comma 6.

9. L'amministrazione finanziaria ha l'onere di dimostrare la sussistenza della condotta abusiva, non rilevabile d'ufficio, in relazione agli elementi di cui ai commi 1 e 2. Il contribuente ha l'onere di dimostrare l'esistenza delle ragioni extrafiscali di cui al comma 3.

10. In caso di ricorso, i tributi o i maggiori tributi accertati, unitamente ai relativi interessi, sono posti in riscossione, ai sensi dell'articolo 68 del decreto legislativo 31 dicembre 1992, n. 546, e, successive modificazioni, e dell'articolo 19, comma 1, del decreto legislativo 18 dicembre 1997, n. 472.

11. I soggetti diversi da quelli cui sono applicate le disposizioni del presente articolo possono chiedere il rimborso delle imposte pagate a seguito delle operazioni abusive i cui vantaggi fiscali sono stati disconosciuti dall'amministrazione finanziaria, inoltrando a tal fine, entro un anno dal giorno in cui l'accertamento è divenuto definitivo ovvero è stato definito mediante adesione o conciliazione giudiziale, istanza all'Agenzia delle entrate, che provvede nei limiti dell'imposta e degli interessi effettivamente riscossi a seguito di tali procedure.

12. In sede di accertamento l'abuso del diritto può essere configurato solo se i vantaggi fiscali non possono essere disconosciuti contestando la violazione di specifiche disposizioni tributarie.

13. Le operazioni abusive non danno luogo a fatti punibili ai sensi delle leggi penali tributarie. Resta ferma l'applicazione delle sanzioni amministrative tributarie.

(1) Articolo introdotto dall'art. 1, d.lgs. 5.8.2015 n. 128, con la decorrenza stabilita dal co. 5 dell'art. 1, d.lgs. n. 128/2015.

(2) Comma sostituito dall'art. 7, co. 15, d.lgs. 24.9.2015, n. 156.

23. D.L. 1 luglio 2009, n. 78, convertito, con modificazioni, in L. 3 agosto 2009, n. 102. – Provvedimenti anticrisi, nonché proroga di termini (*art. 13 bis*)

In Gazzetta Ufficiale 1 luglio 2009, n. 150

13 bis. Disposizioni concernenti il rimpatrio di attività finanziarie e patrimoniali detenute fuori del territorio dello Stato [1].

1. È istituita un'imposta straordinaria sulle attività finanziarie e patrimoniali:

a) detenute fuori del territorio dello Stato senza l'osservanza delle disposizioni del decreto-legge 28 giugno 1990, n. 167, convertito, con modificazioni, dalla legge 4 agosto 1990, n. 227, e successive modificazioni;

b) a condizione che le stesse siano rimpatriate in Italia da Stati non appartenenti all'Unione europea, ovvero regolarizzate o rimpatriate perché detenute in Stati dell'Unione europea e in Stati aderenti allo Spazio economico europeo che garantiscono un effettivo scambio di informazioni fiscali in via amministrativa.

2. L'imposta si applica come segue:

a) su un rendimento lordo presunto in ragione del 2 per cento annuo per i cinque anni precedenti il rimpatrio o la regolarizzazione, senza possibilità di scomputo di eventuali perdite;

b) con un'aliquota sintetica del 50 per cento per anno, comprensiva di interessi e sanzioni, e senza diritto allo scomputo di eventuali ritenute o crediti.

3. Il rimpatrio ovvero la regolarizzazione si perfezionano con il pagamento dell'imposta e non possono in ogni caso costituire elemento utilizzabile a sfavore del contribuente, in ogni sede amministrativa o giudiziaria civile, amministrativa ovvero tributaria, in via autonoma o addizionale, con esclusione dei procedimenti in corso alla data di entrata in vigore della legge di conversione del presente decreto, né comporta l'obbligo di segnalazione di cui all'articolo 41 del decreto legislativo 21 novembre 2007, n. 231, relativamente ai rimpatri ovvero alle regolarizzazioni per i quali si determinano gli effetti di cui al comma 4, secondo periodo [2].

4. L'effettivo pagamento dell'imposta produce gli effetti di cui agli articoli 14 e 15 e rende applicabili le disposizioni di cui all'articolo 17 del decreto-legge 25 settembre 2001, n. 350, convertito, con modificazioni, dallalegge 23 novembre 2001, n. 409, e successive modificazioni. Fermo quanto sopra previsto, e per l'efficacia di quanto sopra, l'effettivo pagamento dell'imposta comporta, in materia di esclusione della punibilità penale, limitatamente al rimpatrio ed alla regolarizzazione di cui al presente articolo, l'applicazione della disposizione di cui al già vigente articolo 8, comma 6, lettera c), della legge 27 dicembre 2002, n. 289, e successive modificazioni; resta ferma l'abrogazione dell'articolo 2623 del codice civile disposta dall'articolo 34 della legge 28 dicembre 2005, n. 262 [3].

5. Il rimpatrio o la regolarizzazione operano con le stesse modalità, in quanto applicabili, previste dagli articoli 11, 13, 14, 15, 16, 19 commi 2 e 2-*bis*,, e 20, comma 3, del decreto-legge 25 settembre 2001, n. 350, convertito, con modificazioni, dalla legge 23 novembre 2001, n. 409, e successive modificazioni, nonché dal decreto-legge 22 febbraio 2002, n. 12, convertito, con modificazioni, dalla legge 23 aprile 2002, n. 73. Il direttore dell'Agenzia delle entrate stabilisce con proprio provvedimento le disposizioni e gli adempimenti, anche dichiarativi, per l'attuazione del presente articolo.

6. L'imposta di cui al comma 1 si applica sulle attività finanziarie e patrimoniali detenute a partire da una data non successiva al 31 dicembre 2008 e rimpatriate ovvero regolarizzate a partire dal 15 settembre 2009 e fino al 15 dicembre 2009 [(4)].

7. All'articolo 5 del decreto-legge 28 giugno 1990, n. 167, convertito, con modificazioni, dalla legge 4 agosto 1990, n. 227, e successive modificazioni, sono apportate le seguenti modificazioni:

a) al comma 4, le parole: «dal 5 al 25» sono sostituite dalle seguenti: «dal 10 al 50»;
b) al comma 5, le parole: «dal 5 al 25» sono sostituite dalle seguenti: «dal 10 al 50»

7 bis. Possono effettuare il rimpatrio ovvero la regolarizzazione altresì le imprese estere controllate ovvero collegate di cui agli articoli 167 e 168 del testo unico delle imposte sui redditi, di cui al decreto del Presidente della Repubblica 22 dicembre 1986, n. 917, e successive modificazioni. In tal caso gli effetti del rimpatrio ovvero della regolarizzazione si producono in capo ai partecipanti nei limiti degli importi delle attività rimpatriate ovvero regolarizzate. Negli stessi limiti non trovano applicazione le disposizioni di cui agli articoli 167 e 168 del predetto testo unico con riferimento ai redditi conseguiti dal soggetto estero partecipato nei periodi di imposta chiusi alla data del 31 dicembre 2008 [(5)].

8. Le maggiori entrate derivanti dal presente articolo affluiscono ad un'apposita contabilità speciale per essere destinate alle finalità indicate all'articolo 16, comma 3 [(6)].

(1) Articolo introdotto dall'art. 1, l. 3.8.2009, n. 102, in sede di conversione.
(2) Comma modificato dall'art. 1, co. 1, lett. b), n. 1), d.l. 3.8.2009, n. 103, conv., con modif., in l. 3.10.2009, n. 141.
(3) Comma modificato dall'art. 1, co. 1, lett. b), n. 2), d.l. 3.8.2009, n. 103, conv., con modif., in l. 3.10.2009, n. 141.
(4) Comma modificato dall'art. 1, co. 1, lett. b), n. 3), d.l. 3.8.2009, n. 103, conv., con modif., in l. 3.10.2009, n. 141.
(5) Comma introdotto dall'art. 1, co. 1, lett. b), n. 4), d.l. 3.8.2009, n. 103, conv., con modif., in l. 3.10.2009, n. 141.
(6) Secondo quanto previsto dall'art. 19, co. 6, d.l. 6.12.2011, n. 201 le attività finanziarie oggetto di emersione ai sensi di questo articolo sono soggette a un'imposta di bollo speciale annuale del 4 per mille. Per gli anni 2012 e 2013 l'aliquota è stabilita, rispettivamente, nella misura del 10 e del 13,5 per mille.

FALSO (DELITTI DI)

A. Falsificazione di monete e mezzi di pagamento

1. D.Lgs. 24 giugno 1998, n. 213. – Disposizioni per l'introduzione dell'EURO nell'ordinamento nazionale, a norma dell'articolo 1, comma 1, della legge 17 dicembre 1997, n. 433 *(artt. 52 bis-52 quinquies)*

In Gazzetta Ufficiale 8 luglio 1998, n. 157, S.O.

TITOLO VIII
Monetazione metallica [1]

(1) Titolo introdotto dall'art. 3, d.lgs. 15.6.1999, n. 206.

52 bis. Medaglie e gettoni in euro.

1. Sono vietati la produzione, l'immissione, lo stoccaggio, l'importazione, la distribuzione e il commercio di medaglie, gettoni metallici o di altri oggetti metallici simili a monete che riportino la scritta "EURO", "EURO CENT" o scritte similari o che riproducano, anche parzialmente, l'immagine del lato comune o di quello nazionale delle monete in euro.

2. La violazione del divieto di cui al comma 1 è punita con una sanzione amministrativa pecuniaria, la cui misura può essere stabilita fino al 40 per cento del valore dei beni e dei diritti che costituiscono oggetto dell'illecito.

3. Oltre alla sanzione di cui al comma 2, il trasgressore è assoggettato alla sanzione amministrativa del pagamento di una somma da lire tremila a lire trentamila per ogni medaglia, gettone metallico o oggetto metallico simile a monete, vietati ai sensi del comma 1. In ogni caso, l'importo complessivo delle sanzioni, ivi compresa quella di cui al comma 2, non deve superare il quintuplo del valore dei beni e dei diritti che costituiscono oggetto dell'illecito.

4. Per l'accertamento delle violazioni previste dal presente articolo e per l'irrogazione delle relative sanzioni si applicano le disposizioni del testo unico delle norme in materia valutaria, approvato con decreto del Presidente della Repubblica 31 marzo 1988, n. 148, nonché, in quanto compatibili, quelle di cui alla legge 24 novembre 1981, n. 689. Non è ammesso il pagamento in misura ridotta previsto dall'articolo 16 della stessa legge [1].

(1) Articolo introdotto dall'art. 3, co. 1, d.lgs. 15.6.1999, n. 206.

52 ter. Prescrizione delle monete metalliche [1].

1. Le monete metalliche si prescrivono a favore dell'erario decorsi dieci anni dalla data di cessazione del corso legale.

1 bis. Le monete in lire possono essere convertite in euro presso le filiali della Banca d'Italia non oltre il 28 febbraio 2012 [2].

(1) Articolo introdotto dall'art. 3, co. 1, d.lgs. 15.6.1999, n. 206.
(2) Comma introdotto dall'art. 87, l. 27.12.2002, n. 289.

TITOLO IX
Disposizioni a tutela delle banconote e monete metalliche in euro non aventi corso legale [1]

(1) Titolo introdotto dall'art. 4, d.l. 25.9.2001, n. 350, conv., con modificazioni, in l. 23.11.2001, n. 409.

52 quater. Falsificazione di banconote e monete in euro non aventi corso legale.

1. Agli effetti della legge penale, alle monete aventi corso legale nello Stato sono equiparate le banconote e le monete metalliche in euro che ancora non hanno corso legale, nonché i valori di bollo espressi in moneta euro non aventi ancora corso legale.

2. L'equiparazione stabilita dal comma 1 ha efficacia per i reati commessi prima del 1 gennaio 2002.

3. Per i delitti previsti dagli articoli 453, 454, 455, 456, 457, 459, 460, 461 e 464 del codice penale commessi entro la data di cui al comma 2, le pene rispettivamente stabilite sono diminuite di un terzo, salvo che, nei casi di falsificazione, il colpevole abbia posto in circolazione le monete o i valori di bollo successivamente a tale data [1].

(1) Articolo introdotto dall'art. 4, d.l. 25.9.2001, n. 350, conv., con modificazioni, in l. 23.11.2001, n. 409.

52 quinquies. Responsabilità amministrativa degli enti per falsità in monete euro non aventi corso legale.

1. Per i delitti indicati nell'articolo 25-*bis* del decreto legislativo 8 giugno 2001, n. 231, che hanno ad oggetto banconote o monete metalliche in euro che ancora non hanno corso legale ovvero valori di bollo espressi in moneta euro che ancora non ha corso legale, si applicano all'ente le sanzioni pecuniarie previste dal citato articolo 25-*bis*, diminuite di un terzo. La diminuzione non opera nei casi di falsificazione quando il colpevole ha posto in circolazione le monete o i valori di bollo successivamente al 31 dicembre 2001 [1].

(1) Articolo introdotto dall'art. 4, d.l. 25.9.2001, n. 350, conv., con modificazioni, in l. 23.11.2001, n. 409.

2. Direttiva 2014/62/UE del Parlamento europeo e del Consiglio, del 15 maggio 2014, sulla protezione mediante il diritto penale dell'euro e di altre monete contro la falsificazione e che sostituisce la decisione quadro 2000/383/GAI del Consiglio

In Gazzetta Ufficiale U.E. 21 maggio 2014, n. 151

1. Oggetto.

La presente direttiva stabilisce le norme minime relative alla definizione dei reati e delle sanzioni in materia di falsificazione dell'euro e di altre valute. Essa introduce anche disposizioni comuni per rafforzare la lotta avverso tali reati, migliorare le indagini al riguardo e assicurare una migliore cooperazione nella lotta alla falsificazione.

2. Definizioni.

Ai fini della presente direttiva si applicano le seguenti definizioni:

a) «valuta»: le banconote e le monete metalliche la cui circolazione sia legalmente autorizzata, comprese le banconote e le monete metalliche la cui immissione in circolazione è legalmente autorizzata ai sensi del regolamento (CE) n. 974/98;

b) «persona giuridica»: soggetto avente personalità giuridica in forza del diritto applicabile, a eccezione degli Stati o di altre istituzioni pubbliche nell'esercizio dei pubblici poteri e delle organizzazioni internazionali pubbliche.

3. Reati.

1. Gli Stati membri adottano le misure necessarie per assicurare che costituiscano reato le condotte seguenti, se compiute intenzionalmente:

a) contraffazione o alterazione fraudolenta di monete, qualunque ne sia il modo;

b) immissione in circolazione fraudolenta di monete falsificate;

c) importazione, esportazione, trasporto, ricettazione o procacciamento di monete falsificate, riconosciute tali, per la loro immissione in circolazione;

d) fabbricazione fraudolenta, ricettazione, procacciamento o possesso di:

i) strumenti, oggetti, programmi informatici e dati nonché ogni altro mezzo che per loro natura sono particolarmente atti alla contraffazione o all'alterazione di monete; o

ii) elementi di sicurezza quali ologrammi, filigrane o altri componenti della valuta che servono ad assicurarne la protezione contro la falsificazione.

2. Gli Stati membri adottano le misure necessarie per assicurare che le condotte di cui al paragrafo 1, lettere a), b) e c), siano punibili anche per quanto riguarda banconote o monete metalliche fabbricate usando strumenti o materiali legali in violazione dei diritti o delle condizioni a cui le autorità competenti possono emettere banconote o monete metalliche.

3. Gli Stati membri adottano le misure necessarie per assicurare che le condotte di cui ai paragrafi 1 e 2 siano punibili anche per quanto riguarda banconote e monete metalliche non ancora emesse, ma destinate a essere immesse in circolazione con corso legale.

4. Induzione, favoreggiamento, concorso e tentativo.

1. Gli Stati membri adottano le misure necessarie per assicurare che l'induzione, il favoreggiamento e il concorso in relazione ai reati di cui all'articolo 3 siano punibili come reati.

2. Gli Stati membri adottano le misure necessarie per assicurare che il tentativo di commettere i reati di cui all'articolo 3, paragrafo 1, lettere a), b) o c), all'articolo 3, paragrafi 2 o 3, in relazione alle condotte di cui all'articolo 3, paragrafo 1, lettere a), b) e c), sia punibile come reato.

5. Sanzioni per le persone fisiche.

1. Gli Stati membri adottano le misure necessarie per assicurare che le condotte di cui agli articoli 3 e 4 siano punibili con sanzioni penali effettive, proporzionate e dissuasive.

2. Gli Stati membri adottano le misure necessarie per assicurare che i reati di cui all'articolo 3, paragrafo 1, lettera d), e all'articolo 3, paragrafi 2 e 3, in relazione alle condotte di cui all'articolo 3, paragrafo 1, lettera d), siano punibili con una sanzione massima che preveda la reclusione.

3. Gli Stati membri adottano le misure necessarie per assicurare che i reati di cui all'articolo 3, paragrafo 1, lettera a), e all'articolo 3, paragrafo 3, in relazione alle condotte di cui all'articolo 3, paragrafo 1, lettera a), siano punibili con la pena della reclusione per una durata massima di almeno otto anni.

4. Gli Stati membri adottano le misure necessarie per assicurare che i reati di cui all'articolo 3, paragrafo 1, lettere b) e c), e all'articolo 3, paragrafo 3, in relazione alle condotte di cui all'articolo 3, paragrafo 1, lettere b) e c), siano punibili con la pena della reclusione per una durata massima di almeno cinque anni.

5. Per quanto riguarda il reato di cui all'articolo 3, paragrafo 1, lettera b), gli Stati membri possono prevedere sanzioni penali effettive, proporzionate e dissuasive diverse da quelle di cui al paragrafo 4 del presente articolo, tra cui multe e reclusione, qualora la valuta falsificata sia stata ricevuta senza sapere che era falsa ma fatta poi circolare anche se riconosciuta tale.

6. Responsabilità delle persone giuridiche.

1. Gli Stati membri adottano le misure necessarie

per assicurare che le persone giuridiche possano rispondere in relazione ai reati di cui agli articoli 3 e 4 commessi a loro vantaggio da qualsiasi persona che agisca individualmente ovvero in quanto membro di un organo della persona giuridica e che detenga una posizione apicale all'interno della persona giuridica, basata:

a) sul potere di rappresentanza di detta persona giuridica;
b) sul potere di prendere decisioni per conto della persona giuridica; oppure
c) sul potere di esercitare il controllo all'interno della persona giuridica.

2. Gli Stati membri assicurano che una persona giuridica possa essere ritenuta responsabile quando la carenza di vigilanza o controllo da parte di una delle persone di cui al paragrafo 1 del presente articolo abbia reso possibile la commissione, a proprio vantaggio, di uno dei reati di cui agli articoli 3 e 4 a opera di una persona sottoposta alla sua autorità.

3. La responsabilità delle persone giuridiche ai sensi dei paragrafi 1 e 2 del presente articolo non esclude l'azione penale nei confronti delle persone fisiche che siano autori, istigatori o concorrenti in relazione ai reati di cui agli articoli 3 e 4.

7. Sanzioni per le persone giuridiche.

Gli Stati membri adottano le misure necessarie per assicurare che la persona giuridica ritenuta responsabile ai sensi dell'articolo 6 sia sottoposta a sanzioni effettive, proporzionate e dissuasive, che comprendono sanzioni pecuniarie di natura penale o non penale ed eventualmente altre sanzioni, quali:

a) l'esclusione dal godimento di contributi o sovvenzioni pubblici;
b) l'interdizione temporanea o permanente dall'esercizio di un'attività d'impresa;
c) l'assoggettamento a vigilanza giudiziaria;
d) la liquidazione giudiziaria;
e) la chiusura temporanea o permanente dei locali usati per commettere il reato.

8. Competenza giurisdizionale.

1. Ogni Stato membro adotta le misure necessarie a stabilire la propria competenza giurisdizionale per i reati di cui agli articoli 3 e 4 quando:

a) il reato è stato commesso in tutto o in parte nel proprio territorio; o
b) l'autore del reato sia un proprio cittadino.

2. Ogni Stato membro la cui valuta è l'euro adotta le misure necessarie per definire la propria competenza giurisdizionale sui reati di cui agli articoli 3 e 4 commessi al di fuori del proprio territorio, almeno nella misura in cui riguardino l'euro e quando:

a) l'autore del reato si trova nel territorio di tale Stato membro e non sia estradato; o
b) le banconote o le monete metalliche in euro falsificate connesse con il reato sono state rinvenute nel territorio di tale Stato membro.

Ai fini dell'azione penale avverso i reati di cui all'articolo 3, paragrafo 1, lettera a), e all'articolo 3, paragrafi 2 e 3, qualora si riferiscano all'articolo 3, paragrafo 1, lettera a), nonché a induzione, favoreggiamento e concorso, e tentativo di commettere tali reati, ogni Stato membro adotta le misure necessarie per assicurare che la propria competenza giurisdizionale non sia subordinata alla condizione che gli atti costituiscano reato nel luogo in cui sono stati commessi.

9. Strumenti di indagine.

Gli Stati membri adottano le misure necessarie per assicurare che le persone, le unità o i servizi preposti alle indagini o all'azione penale per i reati di cui agli articoli 3 e 4 dispongano di efficaci strumenti di indagine, come quelli usati per le indagini riguardanti la criminalità organizzata o altre forme gravi di criminalità.

10. Obbligo di trasmettere le banconote e le monete metalliche in euro falsificate per l'analisi e il rinvenimento dei falsi.

Gli Stati membri assicurano che durante il procedimento penale sia consentito senza indugio, da parte del centro nazionale di analisi e del centro nazionale di analisi delle monete metalliche, l'esame di banconote e monete metalliche in euro di cui si sospetta la falsificazione ai fini dell'analisi e dell'individuazione e rinvenimento degli altri falsi. Le autorità competenti trasmettono senza indugio i necessari campioni al più tardi una volta raggiunta una decisione definitiva riguardo al procedimento penale.

11. Statistiche.

Gli Stati membri, almeno ogni due anni, trasmettono alla Commissione dati concernenti il numero di reati di cui agli articoli 3 e 4 e il numero di persone perseguite e condannate per i reati di cui agli articoli 3 e 4.

12. Presentazione di relazioni da parte della Commissione e riesame.

Entro il 23 maggio 2019, la Commissione presenta al Parlamento europeo e al Consiglio una relazione sull'applicazione della presente direttiva. La relazione valuta in che misura gli Stati membri abbiano adottato le disposizioni necessarie per conformarsi alla presente direttiva. La relazione è corredata, se necessario, di una proposta legislativa.

13. Sostituzione della decisione quadro 2000/383/GAI.

La decisione quadro 2000/383/GAI è sostituita dalla presente direttiva per quanto riguarda gli Stati membri vincolati da quest'ultima, fatti salvi gli obblighi di tali Stati membri relativi al termine per il recepimento della decisione quadro 2000/383/GAI nell'ordinamento nazionale.

Per gli Stati membri vincolati dalla presente direttiva, i riferimenti alla decisione quadro 2000/383/GAI si intendono fatti alla presente direttiva.

14. Recepimento.

1. Gli Stati membri mettono in vigore le disposizioni

legislative, regolamentari e amministrative necessarie per conformarsi alla presente direttiva entro il 23 maggio 2016. Essi comunicano immediatamente alla Commissione il testo di tali disposizioni.
Le disposizioni adottate dagli Stati membri contengono un riferimento alla presente direttiva o sono corredate di tale riferimento all'atto della pubblicazione ufficiale. Le modalità del riferimento sono stabilite dagli Stati membri.

2. Gli Stati membri comunicano alla Commissione il testo delle disposizioni fondamentali di diritto interno che adottano nel settore disciplinato dalla presente direttiva.

15. Entrata in vigore.

La presente direttiva entra in vigore il giorno successivo alla pubblicazione nella Gazzetta ufficiale dell'Unione europea.

16. Destinatari.

Gli Stati membri sono destinatari della presente direttiva conformemente ai trattati.

B. Falsità in atti

3. L. 19 aprile 1925, n. 475. – Repressione della falsa attribuzione di lavori altrui da parte di aspiranti al conferimento di lauree, diplomi, uffici, titoli e dignità pubbliche

In Gazzetta Ufficiale 29 aprile 1925, n. 99

1. – Chiunque in esami o concorsi, prescritti o richiesti da autorità o pubbliche amministrazioni per il conferimento di lauree o di ogni altro grado o titolo scolastico o accademico, per l'abilitazione all'insegnamento ed all'esercizio di una professione, per il rilascio di diplomi o patenti, presenta, come proprii, dissertazioni, studi, pubblicazioni, progetti tecnici e, in genere, lavori che siano opera di altri, è punito con la reclusione da tre mesi ad un anno.

La pena della reclusione non può essere inferiore a sei mesi qualora l'intento sia conseguito.

2. – Chiunque esegue o procura dissertazioni, studi, pubblicazioni, progetti tecnici, e in genere lavori per gli scopi di cui all'articolo precedente, è punito a norma della prima parte dello articolo stesso. È punito a termine del capoverso del detto articolo se l'aspirante consegua l'intento.

In ogni caso la pena è aumentata da un terzo alla metà se concorra il fine di lucro; e se concorra anche l'abitualità, la pena è della reclusione da uno a tre anni.

3. – Le disposizioni dei precedenti articoli si applicano anche nel caso in cui trattasi del conferimento di pubblici uffici, impieghi, titoli, dignità, qualità od insegne onorifiche, sia o non richiesto l'esame o il concorso.

4. – Chiunque con qualsiasi mezzo, offre di procurare od eseguire dissertazioni, studi, pubblicazioni, progetti tecnici, e in genere, lavori agli scopi di cui agli articoli 1 e 3 è punito per il semplice fatto dell'offerta, con la sanzione amministrativa pecuniaria da lire 400.000 a 2.400.000 (1).

Qualora l'offerta sia fatta a mezzo stampa, ovvero sia fatta in modo abituale, si applica la sanzione amministrativa pecuniaria da lire 800.000 a 4.800.000. Nella prima ipotesi, il tipografo, se non è concorso nell'illecito, è punito con la sanzione amministrativa pecuniaria da lire 150.000 a 900.000 (2).

(1) Comma modificato dall'art. 65, d.lgs. 30.12.1999, n. 507.
(2) Comma sostituito dall'art. 65, d.lgs. 30.12.1999, n. 507.

5. – Nei procedimenti relativi ai reati previsti dalla legge, qualora il fatto sia accertato, deve essere dichiarata nella sentenza la esistenza di esso anche se, per qualsiasi motivo, non si debba procedere o non possa essere pronunciata condanna.

La sentenza di condanna o quella che dichiara che il fatto sussiste, ordina la cancellazione del provvedimento che ne sia derivato. La cancellazione si effettua secondo le norme contenute nei capoversi secondo e seguenti dell'articolo 576 del codice di procedura penale, in quanto siano applicabili.

La sentenza di condanna è affissa in tutte le università del regno, quando trattasi di esami universitari.

4. L. 7 agosto 1990, n. 241. – Nuove norme in materia di procedimento amministrativo e di diritto di accesso ai documenti amministrativi *(artt. 19-21, 21 nonies)*

In Gazzetta Ufficiale 18 agosto 1990, n. 192

19. Segnalazione certificata di inizio attività – Scia (1).

1. Ogni atto di autorizzazione, licenza, concessione non costitutiva, permesso o nulla osta comunque denominato, comprese le domande per le iscrizioni in albi o ruoli richieste per l'esercizio di attività imprenditoriale, commerciale o artigianale il cui rilascio dipenda esclusivamente dall'accertamento di requisiti e presupposti richiesti dalla legge o da atti amministrativi a contenuto generale, e non sia previsto alcun limite o contingente complessivo o specifici strumenti di programmazione settoriale per il rilascio degli atti stessi, è sostituito da una segnalazione dell'interessato, con la sola esclusione dei casi in cui sussistano vincoli ambientali, paesaggistici o culturali e degli atti rilasciati dalle amministrazioni preposte alla difesa nazionale, alla pubblica sicurezza, all'immigrazione, all'asilo, alla cittadinanza, all'amministrazione della giustizia, all'amministrazione delle finanze, ivi compresi gli atti concernenti le reti di acquisizione del gettito, anche derivante dal gioco, nonché di quelli previsti dalla normativa per le costruzioni in zone sismiche e di quelli imposti dalla normativa comunitaria. La segnalazione è corredata dalle dichiarazioni sostitutive di certificazioni e dell'atto di notorietà per quanto riguarda tutti gli stati, le qualità personali e i fatti previsti negli articoli 46 e 47 del testo unico di cui al decreto del Presidente della Repubblica 28 dicembre 2000, n. 445, nonché, ove espressamente previsto dalla normativa vigente, dalle attestazioni e asseverazioni di tecnici abilitati, ovvero dalle dichiarazioni di conformità da parte dell'Agenzia delle imprese di cui all'articolo 38, comma 4, del decreto-legge 25 giugno 2008, n. 112, convertito, con modificazioni, dalla legge 6 agosto 2008, n. 133, relative alla sussistenza dei requisiti e dei presupposti di cui al primo periodo; tali attestazioni e asseverazioni sono corredate dagli elaborati tecnici necessari per consentire le verifiche di competenza dell'amministrazione. Nei casi in cui la normativa vigente prevede l'acquisizione di atti o pareri di organi o enti appositi, ovvero l'esecuzione di verifiche preventive, essi sono comunque sostituiti dalle autocertificazioni, attestazioni e asseverazioni o certificazioni di cui al presente comma, salve le verifiche successive degli organi e delle amministrazioni competenti. La segnalazione, corredata delle dichiarazioni, attestazioni e asseverazioni nonché dei relativi elaborati tecnici, può essere presentata mediante posta raccomandata con avviso di ricevimento, ad eccezione dei procedimenti per cui è previsto l'utilizzo esclusivo della modalità telematica; in tal caso la segnalazione si considera presentata al momento della ricezione da parte dell'amministrazione [(2)].

2. L'attività oggetto della segnalazione può essere iniziata, anche nei casi di cui all'articolo 19-*bis*, comma 2, dalla data della presentazione della segnalazione all'amministrazione competente [(3)].

3. L'amministrazione competente, in caso di accertata carenza dei requisiti e dei presupposti di cui al comma 1, nel termine di sessanta giorni dal ricevimento della segnalazione di cui al medesimo comma, adotta motivati provvedimenti di divieto di prosecuzione dell'attività e di rimozione degli eventuali effetti dannosi di essa. Qualora sia possibile conformare l'attività intrapresa e i suoi effetti alla normativa vigente, l'amministrazione competente, con atto motivato, invita il privato a provvedere, [disponendo la sospensione dell'attività intrapresa e] prescrivendo le misure necessarie con la fissazione di un termine non inferiore a trenta giorni per l'adozione di queste ultime. In difetto di adozione delle misure da parte del privato, decorso il suddetto termine, l'attività si intende vietata. Con lo stesso atto motivato, in presenza di attestazioni non veritiere o di pericolo per la tutela dell'interesse pubblico in materia di ambiente, paesaggio, beni culturali, salute, sicurezza pubblica o difesa nazionale, l'amministrazione dispone la sospensione dell'attività intrapresa. L'atto motivato interrompe il termine di cui al primo periodo, che ricomincia a decorrere dalla data in cui il privato comunica l'adozione delle suddette misure. In assenza di ulteriori provvedimenti, decorso lo stesso termine, cessano gli effetti della sospensione eventualmente adottata [(4)] [(5)].

4. Decorso il termine per l'adozione dei provvedimenti di cui al comma 3, primo periodo, ovvero di cui al comma 6-*bis*, l'amministrazione competente adotta comunque i provvedimenti previsti dal medesimo comma 3 in presenza delle condizioni previste dall'articolo 21-*nonies* [(6)].

4 bis. Il presente articolo non si applica alle attività economiche a prevalente carattere finanziario, ivi comprese quelle regolate dal testo unico delle leggi in materia bancaria e creditizia di cui al decreto legislativo 1° settembre 1993, n. 385, e dal testo unico in materia di intermediazione finanziaria di cui al decreto legislativo 24 febbraio 1998, n. 58 [(7)].

[**5.** Il presente articolo non si applica alle attività economiche a prevalente carattere finanziario, ivi comprese quelle regolate dal testo unico delle leggi in materia bancaria e creditizia di cui al decreto legislativo 1° settembre 1993, n. 385, e dal testo unico in materia di intermediazione finanziaria di cui al decreto legislativo 24 febbraio 1998, n. 58. Ogni controversia relativa all'applicazione del presente articolo è devoluta alla giurisdizione esclusiva del giudice amministrativo. Il relativo ricorso giurisdizionale, esperibile da qualunque interessato nei termini di legge, può riguardare anche gli atti di assenso formati in virtù delle norme sul silenzio assenso previste dall'articolo 20.] [(8)]

6. Ove il fatto non costituisca più grave reato, chiunque, nelle dichiarazioni o attestazioni o asseverazioni che corredano la segnalazione di inizio attività, dichiara o attesta falsamente l'esistenza dei requisiti o dei presupposti di cui al comma 1 è punito con la reclusione da uno a tre anni.

6 bis. Nei casi di Scia in materia edilizia, il termine di sessanta giorni di cui al primo periodo del comma 3 è ridotto a trenta giorni. Fatta salva l'applicazione delle disposizioni di cui al comma 4 e al comma 6, restano altresì ferme le disposizioni relative alla vigilanza sull'attività urbanistico-edilizia, alle responsabilità e alle sanzioni previste dal decreto del Presidente della Repubblica 6 giugno 2001, n. 380, e dalle leggi regionali [(9)].

6 ter. La segnalazione certificata di inizio attività, la denuncia e la dichiarazione di inizio attività non costituiscono provvedimenti taciti direttamente impugnabili. Gli interessati possono sollecitare l'esercizio delle verifiche spettanti all'amministrazione e, in caso di inerzia, esperire esclusivamente l'azione di cui all'art. 31, commi 1, 2 e 3 del decreto legislativo 2 luglio 2010, n. 104 (10).

(1) Articolo modificato dall'art. 3, d.P.R. 26.4.1992, n. 300, dall'art. 2, co. 10, l. 24.12.1993, n. 537, dall'art. 21, co. 1, lett. aa), l. 11.2.2005, n. 15, dall'art. 3, co. 1, d.l. 14.3.2005, n. 35 dall'art. 9, l. 18.6.2009, n. 69, dall'art. 85, co. 1, d.lgs. 26.3.2010, n. 59 e, infine, sostituito dall'art. 49, co. 4 bis, d.l. 31.5.2010, n. 78.

(2) Comma modificato dall'art. 5, co. 2, lett. b), n. 2), d.l. 13.5.2011, n. 70, dall'art. 1, d.l. 9.2.2012, n. 5 e dall'art. 13, co. 1, d.l. 22.6.2012, n. 83.

(3) Comma modificato dall'art. 3, co. 2, lett. b), punto 1), d.lgs. 30.6.2016, n. 126.

(4) Secondo quanto previsto dall'art. 1, co. 9, dell'O.P.C.M. 26.2.2011, n. 3926, il termine di 60 giorni di cui al presente comma, primo periodo è ridotto a 15 giorni.

(5) Comma modificato dall'art. dall'art. 25, co. 1, lett. b bis), d.l. 12.9.2014, n. 133, conv., con modif., dalla l. 11.11.2014, n. 164 e, poi, sostituito dall'art. 6, co. 1, lett. a), l. 7.8.2015, n. 124 e ancora modificato dall'art. 3, co. 2, lett. b), punto 2), d.lgs. 30.6.2016, n. 126.

(6) Comma modificato dall'art. 6, co. 1, lett. a), d.l. 13.8.2011, n. 138; dall'art. 19 bis, co. 3, d.l. 24.6.2014, n. 91, convertito, con modificazioni dalla l, 11.8.2014, n. 116 e, infine, sostituito dall'art. 6, co. 1, lett. a), l. 7.8.2015, n. 124.

(7) Comma introdotto dall'art. 2, co. 1 quinquies, d.l. 5.8.2010, n. 125.

(8) Comma abrogato, a decorrere dal 16.9.2010, dall'art. 4, co. 1, n. 14), dell'Allegato 4 al d.lgs. 2.7.2010, n. 104.

(9) Comma introdotto dall'art. 5, co. 2, lett. b), n. 2), d.l. 13.5.2011, n. 70 e poi modificato dall'art. 6, co. 1, lett. b), d.l. 13.8.2011, n. 138.

(10) Comma introdotto dall'art. 6, co. 1, lett. c), d.l. 13.8.2011, n. 138.

20. Silenzio assenso (1) (2) (3).

1. Fatta salva l'applicazione dell'articolo 19, nei procedimenti ad istanza di parte per il rilascio di provvedimenti amministrativi il silenzio dell'amministrazione competente equivale a provvedimento di accoglimento della domanda, senza necessità di ulteriori istanze o diffide, se la medesima amministrazione non comunica all'interessato, nel termine di cui all'articolo 2, commi 2 o 3, il provvedimento di diniego, ovvero non procede ai sensi del comma 2. Tali termini decorrono dalla data di ricevimento della domanda del privato (4).

2. L'amministrazione competente può indire, entro trenta giorni dalla presentazione dell'istanza di cui al comma 1, una conferenza di servizi ai sensi del capo IV, anche tenendo conto delle situazioni giuridiche soggettive dei controinteressati.

3. Nei casi in cui il silenzio dell'amministrazione equivale ad accoglimento della domanda, l'amministrazione competente può assumere determinazioni in via di autotutela, ai sensi degli articoli 21-*quinquies* e 21-*nonies*.

4. Le disposizioni del presente articolo non si applicano agli atti e procedimenti riguardanti il patrimonio culturale e paesaggistico, l'ambiente, la tutela dal rischio idrogeologico, la difesa nazionale, la pubblica sicurezza, l'immigrazione, l'asilo e la cittadinanza, la salute e la pubblica incolumità, ai casi in cui la normativa comunitaria impone l'adozione di provvedimenti amministrativi formali, ai casi in cui la legge qualifica il silenzio dell'amministrazione come rigetto dell'istanza, nonché agli atti e procedimenti individuati con uno o più decreti del Presidente del Consiglio dei ministri, su proposta del Ministro per la funzione pubblica, di concerto con i Ministri competenti (5).

5. Si applicano gli articoli 2, comma 7, e 10-*bis* (6).

[**5 bis.** Ogni controversia relativa all'applicazione del presente articolo è devoluta alla giurisdizione esclusiva del giudice amministrativo.] (7)

(1) Articolo modificato dall'art. 3, d.P.R. 26.4.1992, n. 300, dall'art. 21, co. 1, lett. bb), l. 11.2.2005, n. 15 e poi sostituito dall'art 3, co. 6 ter, d.l. 14.3.2005, n. 35.

(2) Per la disciplina dei procedimenti in corso alla data di entrata in vigore del d.l. 14.3.2005, n. 35.

(3) Secondo quanto previsto dall'art. 8 bis, co. 1, d.l. 30.11.2005, n. 245, conv., con modif., in l. 27.1.2006, n. 21, in relazione ai peculiari contesti emergenziali in atto, nelle more dell'emanazione del decreto del Presidente del Consiglio dei ministri qui previsto, sono esclusi i procedimenti di competenza del Dipartimento della protezione civile della Presidenza del Consiglio dei Ministri nonché quelli di competenza dei Commissari delegati nominati ai sensi dell'art. 5, co. 4, l. 24.2.1992, n. 225.

(4) Comma modificato dall'art. 3, co. 2, lett. d), d.lgs. 30.6.2016, n. 126.

(5) Comma modificato, prima, dall'art. 9, co. 3, l. 18.6.2009, n. 69 e, poi, dall'art. 54, co. 2, l. 28.12.2015, n. 221.

(6) Comma sostituito dall'art. 7, co. 1, lett. d), l. 18.6.2009, n. 69.

(7) Comma introdotto dall'art. 2, co. 1 sexies, d.l. 5.8.2010, n. 125 e poi abrogato dall'art. 4, co. 1, n. 14), dell'Allegato 4 al d.lgs. 2.7.2010, n. 104, come modificato dall'art. 1, co. 3, lett. b), d.lgs. 15.11.2011, n. 195.

21. Disposizioni sanzionatorie (1).

1. Con la segnalazione o con la domanda di cui agli articoli 19 e 20 l'interessato deve dichiarare la sussistenza dei presupposti e dei requisiti di legge richiesti. In caso di dichiarazioni mendaci o di false attestazioni non è ammessa la conformazione dell'attività e dei suoi effetti a legge o la sanatoria prevista dagli articoli medesimi ed il dichiarante è punito con la sanzione prevista dall'articolo 483 del codice penale, salvo che il fatto costituisca più grave reato (2).

[**2.** Le sanzioni attualmente previste in caso di svolgimento dell'attività in carenza dell'atto di assenso dell'amministrazione o in difformità di esso si applicano anche nei riguardi di coloro i quali diano inizio all'attività ai sensi degli articoli 19 e 20 in mancanza dei requisiti richiesti o, comunque, in contrasto con la normativa vigente.] (3)

2 bis. Restano ferme le attribuzioni di vigilanza, prevenzione e controllo su attività soggette ad atti di assenso da parte di pubbliche amministrazioni previste da leggi vigenti, anche se è stato dato inizio all'attività ai sensi degli articoli 19 e 20 (4).

2 ter. La decorrenza del termine previsto dall'articolo 19, comma 3, e la formazione del silenzio assenso ai sensi dell'articolo 20 non escludono la responsabilità del dipendente che non abbia agito tempestivamente nel caso in cui la segnalazione certificata o l'istanza del privato non fosse conforme alle norme vigenti (5).

(1) Rubrica introdotta dall'art. 21, co. 1, lett. cc), l. 11.2.2005, n. 15.

(2) Comma modificato dall'art. 6, co. 1, lett. b), n. 1), l. 7.8.2015, n. 124.
(3) Comma abrogato dall'art. 6, co. 1, lett. b), n. 2), l. 7.8.2015, n. 124.
(4) Comma introdotto dall'art. 3, co. 6 nonies, d.l. 14.3.2005, n. 35, conv., con modif., dalla l. 14.5.2005, n. 80.
(5) Comma introdotto dall'art. 3, co. 3, lett. e), d.lgs. 30.6.2016, n. 126.

21 nonies. Annullamento d'ufficio [1].

1. Il provvedimento amministrativo illegittimo ai sensi dell'articolo 21-*octies*, esclusi i casi di cui al medesimo articolo 21-*octies*, comma 2, può essere annullato d'ufficio, sussistendone le ragioni di interesse pubblico, entro un termine ragionevole comunque non superiore a diciotto mesi dal momento dell'adozione dei provvedimenti di autorizzazione o di attribuzione di vantaggi economici, inclusi i casi in cui il provvedimento si sia formato ai sensi dell'articolo 20, e tenendo conto degli interessi dei destinatari e dei controinteressati, dall'organo che lo ha emanato, ovvero da altro organo previsto dalla legge. Rimangono ferme le responsabilità connesse all'adozione e al mancato annullamento del provvedimento illegittimo [2].

2. È fatta salva la possibilità di convalida del provvedimento annullabile, sussistendone le ragioni di interesse pubblico ed entro un termine ragionevole.

2 bis. I provvedimenti amministrativi conseguiti sulla base di false rappresentazioni dei fatti o di dichiarazioni sostitutive di certificazione e dell'atto di notorietà false o mendaci per effetto di condotte costituenti reato, accertate con sentenza passata in giudicato, possono essere annullati dall'amministrazione anche dopo la scadenza del termine di diciotto mesi di cui al comma 1, fatta salva l'applicazione delle sanzioni penali nonché delle sanzioni previste dal capo VI del testo unico di cui al decreto del Presidente della Repubblica 28 dicembre 2000, n. 445 [3].

(1) Articolo introdotto dall'art. 14, co. 1, l. 11.2.2005, n. 15.
(2) Comma modificato dall'art. 25, co. 1, lett. b quater), nn. 1) e 2), d.l. 12.9.2014, n. 133, conv., con modif., dalla l. 11.11.2014, n. 164 e, poi, dall'art. 6, co. 1, lett. d), n. 1), l. 7.8.2015, n. 124.
(3) Comma introdotto dall'art. 6, co. 1, lett. d), n. 2), l. 7.8.2015, n. 124.

5. D.P.R. 28 dicembre 2000, n. 445. – Testo unico delle disposizioni legislative e regolamentari in materia di documentazione amministrativa (Testo A) (*artt. 16, 38, 46-48, 71-72, 75-76*)

In Gazzetta Ufficiale 20 febbraio 2001, n. 42

16. Riservatezza dei dati personali contenuti nei documenti trasmessi.

1. Al fine di tutelare la riservatezza dei dati personali di cui agli articoli 22 e 24 della legge 31 dicembre 1996, n.675, i certificati ed i documenti trasmessi ad altre pubbliche amministrazioni possono contenere soltanto le informazioni relative a stati, fatti e qualità personali previste da legge o da regolamento e strettamente necessarie per il perseguimento delle finalità per le quali vengono acquisite.

[**2.** Ai fini della dichiarazione di nascita il certificato di assistenza al parto è sempre sostituito da una semplice attestazione contenente i soli dati richiesti nei registri di nascita.] [1].

[**3.** Ai fini statistici, i direttori sanitari inviano copia del certificato di assistenza al parto, privo di elementi identificativi diretti delle persone interessate, ai competenti enti ed uffici del Sistema statistico nazionale, secondo modalità preventivamente concordate. L'Istituto nazionale di statistica, sentiti il Ministero della sanità e il Garante per la protezione dei dati personali, determina nuove modalità tecniche e procedure per la rilevazione dei dati statistici di base relativi agli eventi di nascita e per l'acquisizione dei dati relativi ai nati affetti da malformazioni e ai nati morti nel rispetto dei principi contenuti nelle disposizioni di legge sulla tutela della riservatezza dei dati personali.] [2]

(1) Comma abrogato dall'art. 183, d.lgs. 30.6.2003, n. 196.
(2) Comma abrogato dall'art. 183, d.lgs. 30.6.2003, n. 196.

38. Modalità di invio e sottoscrizione delle istanze.

1. Tutte le istanze e le dichiarazioni da presentare alla pubblica amministrazione o ai gestori o esercenti di pubblici servizi possono essere inviate anche per fax e via telematica. (L)

2. Le istanze e le dichiarazioni inviate per via telematica, ivi comprese le domande per la partecipazione a selezioni e concorsi per l'assunzione, a qualsiasi titolo, in tutte le pubbliche amministrazioni, o per l'iscrizione in albi, registri o elenchi tenuti presso le pubbliche amministrazioni, sono valide se effettuate secondo quanto previsto dall'articolo 65 del decreto legislativo 7 marzo 2005, n. 82 [1]. (L)

3. Le istanze e le dichiarazioni sostitutive di atto di notorietà da produrre agli organi della amministrazione pubblica o ai gestori o esercenti di pubblici servizi sono sottoscritte dall'interessato in presenza del dipendente addetto ovvero sottoscritte e presentate unitamente a copia fotostatica non autenticata di un documento di identità del sottoscrittore. La copia fotostatica del documento è inserita nel fascicolo. La copia dell'istanza sottoscritta dall'interessato e la copia del documento di identità possono essere inviate per via telematica; nei procedimenti di aggiudicazione di contratti pubblici, detta facoltà è consentita nei limiti stabiliti dal regolamento di cui all'articolo 15, comma 2 della legge 15 marzo 1997, n.59 [2]. (L) (A)

3 bis. Il potere di rappresentanza per la formazione e la presentazione di istanze, progetti, dichiarazioni e altre attestazioni nonché per il ritiro di atti e documenti presso le pubbliche amministrazioni e i gestori o esercenti di pubblici servizi può essere validamente-conferito ad altro soggetto con le modalità di cui al presente articolo [3].

(1) Comma inizialmente sostituito dall'art. 9 del D. LGS. 23.1.2002, n. 10 e dall'art. 65, d.lgs. 7.3.2005, n. 82 e poi modificato dall'art. 47, co. 2, lett. a), d.lgs. 30.12.2010, n. 235.

(2) Comma modificato dall'art. 47, co. 2, lett. b), d.lgs. 30.12.2010, n. 235.

(3) Comma introdotto dall'art. 47, co. 2, lett. c), d.lgs. 30.12.2010, n. 235.

NORME IN MATERIA DI DICHIARAZIONI SOSTITUTIVE

46. Dichiarazioni sostitutive di certificazioni.

1. Sono comprovati con dichiarazioni, anche contestuali all'istanza, sottoscritte dall'interessato e prodotte in sostituzione delle normali certificazioni i seguenti stati, qualità personali e fatti:

a) data e il luogo di nascita;
b) residenza;
c) cittadinanza;
d) godimento dei diritti civili e politici;
e) stato di celibe, coniugato, vedovo o stato libero;
f) stato di famiglia;
g) esistenza in vita;
h) nascita del figlio, decesso del coniuge, dell'ascendente o discendente;
i) iscrizione in albi, registri o elenchi tenuti da pubbliche amministrazioni;
l) appartenenza a ordini professionali;
m) titolo di studio, esami sostenuti;
n) qualifica professionale posseduta, titolo di specializzazione, di abilitazione, di formazione, di aggiornamento e di qualificazione tecnica;
o) situazione reddituale o economica anche ai fini della concessione dei benefici di qualsiasi tipo previsti da leggi speciali;
p) assolvimento di specifici obblighi contributivi con l'indicazione dell'ammontare corrisposto;
q) possesso e numero del codice fiscale, della partita IVA e di qualsiasi dato presente nell'archivio dell'anagrafe tributaria;
r) stato di disoccupazione;
s) qualità di pensionato e categoria di pensione;
t) qualità di studente;
u) qualità di legale rappresentante di persone fisiche o giuridiche, di tutore, di curatore e simili;
v) iscrizione presso associazioni o formazioni sociali di qualsiasi tipo;
z) tutte le situazioni relative all'adempimento degli obblighi militari, ivi comprese quelle attestate nel foglio matricolare dello stato di servizio;
aa) di non aver riportato condanne penali e di non essere destinatario di provvedimenti che riguardano l'applicazione di misure di sicurezza e di misure di prevenzione, di decisioni civili e di provvedimenti amministrativi iscritti nel casellario giudiziale ai sensi della vigente normativa [1];
bb) di non essere a conoscenza di essere sottoposto a procedimenti penali;
bb-*bis*) di non essere l'ente destinatario di provvedimenti giudiziari che applicano le sanzioni amministrative di cui al decreto legislativo 8 giugno 2001, n. 231 [2];
cc) qualità di vivenza a carico;
dd) tutti i dati a diretta conoscenza dell'interessato contenuti nei registri dello stato civile;
ee) di non trovarsi in stato di liquidazione o di fallimento e di non aver presentato domanda di concordato.

(1) Lettera modificata dall'art. 49, d.P.R. 14 novembre 2002, n. 313.

(2) Lettera introdotta dall'art. 49, d.P.R. 14 novembre 2002, n. 313.

47. Dichiarazioni sostitutive dell'atto di notorietà.

1. L'atto di notorietà concernente stati, qualità personali o fatti che siano a diretta conoscenza dell'interessato è sostituito da dichiarazione resa e sottoscritta dal medesimo con la osservanza delle modalità di cui all'articolo 38.

2. La dichiarazione resa nell'interesse proprio del dichiarante può riguardare anche stati, qualità personali e fatti relativi ad altri soggetti di cui egli abbia diretta conoscenza.

3. Fatte salve le eccezioni espressamente previste per legge, nei rapporti con la pubblica amministrazione e con i concessionari di pubblici servizi, tutti gli stati, le qualità personali e i fatti non espressamente indicati nell'articolo 46 sono comprovati dall'interessato mediante la dichiarazione sostitutiva di atto di notorietà.

4. Salvo il caso in cui la legge preveda espressamente che la denuncia all'Autorità di Polizia Giudiziaria è presupposto necessario per attivare il procedimento amministrativo di rilascio del duplicato di documenti di riconoscimento o comunque attestanti stati e qualità personali dell'interessato, lo smarrimento dei documenti medesimi è comprovato da chi ne richiede il duplicato mediante dichiarazione sostitutiva.

48. Disposizioni generali in materia di dichiarazioni sostitutive.

1. Le dichiarazioni sostitutive hanno la stessa validità temporale degli atti che sostituiscono.

2. Le singole amministrazioni predispongono i moduli necessari per la redazione delle dichiarazioni sostitutive, che gli interessati hanno facoltà di utilizzare. Nei moduli per la presentazione delle dichiarazioni sostitutive le amministrazioni inseriscono il richiamo alle sanzioni penali previste dall'articolo 76, per le ipotesi di falsità in atti e dichiarazioni mendaci ivi indicate. Il modulo contiene anche l'informativa di cui all'articolo 10 della legge 31 dicembre 1996, n. 675.

3. In tutti i casi in cui sono ammesse le dichiarazioni sostitutive, le singole amministrazioni inseriscono la relativa formula nei moduli per le istanze.

Capo V
Controlli

71. Modalità dei controlli.

1. Le amministrazioni procedenti sono tenute ad effettuare idonei controlli, anche a campione in misura proporzionale al rischio e all'entità del beneficio, e nei casi di ragionevole dubbio, sulla veridicità delle dichiarazioni di cui agli articoli 46 e 47, anche successivamente all'erogazione dei benefici, comunque denominati, per i quali sono rese le dichiarazioni. (L) (1)

2. I controlli riguardanti dichiarazioni sostitutive di certificazione sono effettuati dall'amministrazione procedente con le modalità di cui all'articolo 43 consultando direttamente gli archivi dell'amministrazione certificante ovvero richiedendo alla medesima, anche attraverso strumenti informatici o telematici, conferma scritta della corrispondenza di quanto dichiarato con le risultanze dei registri da questa custoditi.

3. Qualora le dichiarazioni di cui agli articoli 46 e 47 presentino delle irregolarità o delle omissioni rilevabili d'ufficio, non costituenti falsità, il funzionario competente a ricevere la documentazione dà notizia all'interessato di tale irregolarità. Questi è tenuto alla regolarizzazione o al completamento della dichiarazione; in mancanza il procedimento non ha seguito.

4. Qualora il controllo riguardi dichiarazioni sostitutive presentate ai privati [che vi consentono] di cui all'articolo 2, l'amministrazione competente per il rilascio della relativa certificazione [, previa definizione di appositi accordi,] è tenuta a fornire, su richiesta del soggetto privato corredata dal consenso del dichiarante, conferma scritta, anche attraverso l'uso di strumenti informatici o telematici, della corrispondenza di quanto dichiarato con le risultanze dei dati da essa custoditi (2).

(1) Comma sostituito dall'art. 264, co. 2, lett. a), n. 1), d.l. 19.5.2020, n. 34, conv., con modif., dalla l. 17.7.2020, n. 77.
(2) Comma modificato dall'art. 30 bis, co. 1, lett. b), d.l. 16.7.2020, n. 76, conv., con modif., dalla l. 11.9.2020, n. 120.

72. Responsabilità in materia di accertamento d'ufficio e di esecuzione dei controlli (1).

1. Ai fini dell'accertamento d'ufficio di cui all'articolo 43, dei controlli di cui all'articolo 71 [e della predisposizione delle convenzioni quadro di cui all'articolo 58 del codice dell'amministrazione digitale, di cui al decreto legislativo 7 marzo 2005, n. 82], le amministrazioni certificanti individuano un ufficio responsabile per tutte le attività volte a gestire, garantire e verificare la trasmissione dei dati o l'accesso diretto agli stessi da parte delle amministrazioni procedenti (2).

2. Le amministrazioni certificanti, per il tramite dell'ufficio di cui al comma 1, individuano e rendono note, attraverso la pubblicazione sul sito istituzionale dell'amministrazione, le misure organizzative adottate per l'efficiente, efficace e tempestiva acquisizione d'ufficio dei dati e per l'effettuazione dei controlli medesimi, nonché le modalità per la loro esecuzione.

3. La mancata risposta alle richieste di controllo entro trenta giorni costituisce violazione dei doveri d'ufficio e viene in ogni caso presa in considerazione ai fini della misurazione e della valutazione della performance individuale dei responsabili dell'omissione.

(1) Articolo sostituito dall'art. 15, co. 1, lett. e), l. 12.11.2011, n. 183, a decorrere dal 1.1.2012, ai sensi dell'art. 36, co. 1, della medesima l. n. 183/2011.
(2) Comma modificato dall'art. 39, co. 5, lett. b), d.l. 31.5.2021, n. 77, conv., con modif., dalla l. 29.7.2021, n. 108.

75. Decadenza dai benefici.

1. Fermo restando quanto previsto dall'articolo 76, qualora dal controllo di cui all'articolo 71 emerga la non veridicità del contenuto della dichiarazione, il dichiarante decade dai benefici eventualmente conseguenti al provvedimento emanato sulla base della dichiarazione non veritiera.

1 bis. La dichiarazione mendace comporta, altresì, la revoca degli eventuali benefici già erogati nonché il divieto di accesso a contributi, finanziamenti e agevolazioni per un periodo di 2 anni decorrenti da quando l'amministrazione ha adottato l'atto di decadenza. Restano comunque fermi gli interventi, anche economici, in favore dei minori e per le situazioni familiari e sociali di particolare disagio. (L) (1)

(1) Comma introdotto dall'art. 264, co. 2, lett. a), n. 2), d.l. 19.5.2020, n. 34, conv., con modif., dalla l. 17.7.2020, n. 77.

76. Norme penali.

1. Chiunque rilascia dichiarazioni mendaci, forma atti falsi o ne fa uso nei casi previsti dal presente testo unico è punito ai sensi del codice penale e delle leggi speciali in materia. La sanzione ordinariamente prevista dal codice penale è aumentata da un terzo alla metà (1).

2. L'esibizione di un atto contenente dati non più rispondenti a verità equivale ad uso di atto falso.

3. Le dichiarazioni sostitutive rese ai sensi degli articoli 46 e47 e le dichiarazioni rese per conto delle persone indicate nell'articolo 4, comma 2, sono considerate come fatte a pubblico ufficiale.

4. Se i reati indicati nei commi 1, 2 e 3 sono commessi per ottenere la nomina ad un pubblico ufficio o l'autorizzazione all'esercizio di una professione o arte, il giudice, nei casi più gravi, può applicare l'interdizione temporanea dai pubblici uffici o dalla professione e arte.

4 bis. Le disposizioni del presente articolo si applicano anche alle attestazioni previste dall'articolo 840-*septies*, secondo comma, lettera g), del codice di procedura civile (2).

(1) Comma modificato dall'art. 264, co. 2, lett. a), n. 3), d.l. 19.5.2020, n. 34, conv., con modif., dalla l. 17.7.2020, n. 77.
(2) Comma introdotto dall'art. 3, co. 1, l. 12.4.2019, n. 31, a decorrere dal 19.5.2021, come stabilito dall'art. 7, co. 1, l. n. 31/2019 medesima, modificato dall'art. 8, co. 5, d.l. 30.12.2019, n. 162, conv., con modif., dalla l. 28.2.2020, n. 8 e poi modificato dall'art. 26, co. 1, d.l. 9.11.2020, n. 149. Il d.l. n. 149/2020 è stato poi abrogato dall'art. 1, co. 2, l. 18.12.2020, n. 176, e la data di decorrenza di questa modifica, ribadita dall'art. 31 ter, d.l. 28.10.2020, n. 137, conv., con modif., dalla l. 18.12.2020, n. 176.

6. D.L. 22 aprile 2021, n. 52, convertito con modificazioni dalla L. 17 giugno 2021, n. 87. – Misure urgenti per la graduale ripresa delle attività economiche e sociali nel rispetto delle esigenze di contenimento della diffusione dell'epidemia da COVID-19 (*artt. 9, 9 bis, 9 bis.1, 10 ter, 10 quater, 13*)

In Gazzetta Ufficiale 22 aprile 2021, n. 96

9. Certificazioni verdi COVID-19.

1. Ai fini della normativa emergenziale connessa al rischio sanitario della diffusione degli agenti virali da COVID-19, valgono le seguenti definizioni [(1)]:

a) certificazioni verdi COVID-19: le certificazioni comprovanti lo stato di avvenuta vaccinazione contro il SARS-CoV-2 o guarigione dall'infezione da SARS-CoV-2, ovvero l'effettuazione di un test antigenico rapido o molecolare, quest'ultimo anche su campione salivare e nel rispetto dei criteri stabiliti con circolare del Ministero della salute, con esito negativo al virus SARS-CoV-2 [(2)];

a-*bis*) certificazione verde COVID-19 da vaccinazione, guarigione o test, cosiddetto green pass base: una delle certificazioni di cui al comma 2 [(3)];

a-*ter*) certificazione verde COVID-19 da vaccinazione o guarigione, cosiddetto green pass rafforzato: una delle certificazioni comprovanti lo stato di avvenuta vaccinazione per la prevenzione delle infezioni da SARS-CoV-2, di cui al comma 2, lettera a), ovvero l'avvenuta guarigione dalla predetta infezione, di cui al comma 2, lettere b) e c-*bis*) [(4)];

b) vaccinazione: le vaccinazioni anti-SARS-CoV-2 e le vaccinazioni somministrate dalle autorità sanitarie nazionali competenti e riconosciute come equivalenti con circolare del Ministero della salute, effettuate nell'ambito del Piano strategico nazionale dei vaccini per la prevenzione delle infezioni da SARS-CoV-2 e le vaccinazioni riconosciute come equivalenti con circolare del Ministero della salute, somministrate dalle autorità sanitarie competenti per territorio [(5)];

c) test molecolare: test molecolare di amplificazione dell'acido nucleico (NAAT), quali le tecniche di reazione a catena della polimerasi-trascrittasi inversa (RT-PCR), amplificazione isotermica mediata da loop (LAMP) e amplificazione mediata da trascrizione (TMA), utilizzato per rilevare la presenza dell'acido ribonucleico (RNA) del SARS-CoV-2, riconosciuto dall'autorità sanitaria ed effettuato da operatori sanitari o da altri soggetti reputati idonei dal Ministero della salute [(6)];

d) test antigenico rapido: test basato sull'individuazione di proteine virali (antigeni) mediante immunodosaggio a flusso laterale, riconosciuto dall'autorità sanitaria ed effettuato da operatori sanitari o da altri soggetti reputati idonei dal Ministero della salute [(7)] [(8)];

e) Piattaforma nazionale digital green certificate (Piattaforma nazionale-DGC) per l'emissione e validazione delle certificazioni verdi COVID-19: sistema informativo nazionale per il rilascio, la verifica e l'accettazione di certificazioni COVID-19 interoperabili a livello nazionale ed europeo realizzato, attraverso l'infrastruttura del Sistema Tessera Sanitaria, dalla società di cui all'articolo 83, comma 15, del decreto-legge 25 giugno 2008, n. 112, convertito, con modificazioni, dalla legge 6 agosto 2008, n. 133, e gestito dalla stessa società per conto del Ministero della salute, titolare del trattamento dei dati raccolti e generati dalla medesima piattaforma [(9)].

2. Le certificazioni verdi COVID-19 attestano una delle seguenti condizioni [(10)]:

a) avvenuta vaccinazione anti-SARS-CoV-2, al termine del ciclo vaccinale primario o della somministrazione o a seguito della somministrazione della relativa dose di richiamo [(11)];

b) avvenuta guarigione da COVID-19, con contestuale cessazione dell'isolamento prescritto in seguito ad infezione da SARS-CoV-2, disposta in ottemperanza ai criteri stabiliti con le circolari del Ministero della salute;

c) effettuazione di test antigenico rapido o molecolare, quest'ultimo anche su campione salivare e nel rispetto dei criteri stabiliti con circolare del Ministero della salute, con esito negativo al virus SARS-CoV-2 [(12)].

c-*bis*) avvenuta guarigione da COVID-19 dopo la somministrazione della prima dose di vaccino o al termine del ciclo vaccinale primario o della somministrazione o a seguito della somministrazione della relativa dose di richiamo [(13)].

3. La certificazione verde COVID-19 rilasciata sulla base della condizione prevista dal comma 2, lettera a), ha una validità di sei mesi a far data dal completamento del ciclo vaccinale primario ed è rilasciata automaticamente all'interessato, in formato cartaceo o digitale, dalla struttura sanitaria ovvero dall'esercente la professione sanitaria che effettua la vaccinazione e contestualmente alla stessa, al termine del predetto ciclo [, e reca indicazione del numero di dosi somministrate rispetto al numero di dosi previste per l'interessato]. In caso di somministrazione della dose di richiamo successivo al ciclo vaccinale primario, la certificazione verde COVID-19 ha validità a far data dalla medesima somministrazione senza necessità di ulteriori dosi di richiamo. La certificazione verde COVID-19 di cui al primo periodo è rilasciata anche contestualmente alla somministrazione della prima dose di vaccino e ha validità dal quindicesimo giorno successivo alla somministrazione fino alla data prevista per il completamento del ciclo vaccinale, la quale deve essere indicata nella certificazione all'atto del rilascio. La certificazione verde COVID-19 di cui al primo periodo è rilasciata altresì contestualmente all'avvenuta somministrazione di una sola dose di un vaccino dopo una precedente infezione da SARS-CoV-2, nei termini stabiliti con circolare del Ministero della salute, e ha validità dalla medesima somministrazione. Contestualmente al rilascio, la predetta struttura sanitaria, ovvero il predetto esercente la professione sanitaria, anche per il tramite dei sistemi informativi regionali, provvede a rendere disponibile detta certificazione nel fascicolo sanitario elettronico dell'interessato. La certificazione di cui al presente comma cessa di avere validità qualora, nel periodo di vigenza della stessa, l'interessato sia identificato come caso accertato positivo al SARS-CoV-2 (14) (15).

4. La certificazione verde COVID-19 rilasciata sulla base della condizione prevista dal comma 2, lettera b), ha una validità di sei mesi a far data dall'avvenuta guarigione di cui al comma 2, lettera b), ed è rilasciata, su richiesta dell'interessato, in formato cartaceo o digitale, dalla struttura presso la quale è avvenuto il ricovero del paziente affetto da COVID-19, ovvero, per i pazienti non ricoverati, dai medici di medicina generale e dai pediatri di libera scelta nonché dal dipartimento di prevenzione dell'azienda sanitaria locale territorialmente competente, ed è resa disponibile nel fascicolo sanitario elettronico dell'interessato. La certificazione di cui al presente comma cessa di avere validità qualora, nel periodo di vigenza semestrale, l'interessato venga identificato come caso accertato positivo al SARS-CoV-2. Le certificazioni di guarigione rilasciate precedentemente alla data di entrata in vigore del presente decreto sono valide per sei mesi a decorrere dalla data indicata nella certificazione, salvo che il soggetto venga nuovamente identificato come caso accertato positivo al SARS-CoV-2 (16).

4 bis. A coloro che sono stati identificati come casi accertati positivi al SARS-CoV-2 oltre il quattordicesimo giorno dalla somministrazione della prima dose di un vaccino con schedula vaccinale a due dosi è rilasciata, altresì, la certificazione verde COVID-19 di cui al comma 2, lettera c-*bis*), che ha validità di sei mesi a decorrere dall'avvenuta guarigione. A coloro che sono stati identificati come casi accertati positivi al SARS-CoV-2 a seguito del ciclo vaccinale primario, che comprende anche la somministrazione di vaccini con schedula vaccinale a una dose, o della somministrazione della relativa dose di richiamo è rilasciata, altresì, la certificazione verde COVID-19 di cui al comma 2, lettera c-*bis*), che ha validità a decorrere dall'avvenuta guarigione senza necessità di ulteriori dosi di richiamo (17).

5. La certificazione verde COVID-19 rilasciata sulla base della condizione prevista dal comma 2, lettera c), ha una validità di quarantotto ore dall'esecuzione del test antigenico rapido e di settantadue ore dall'esecuzione del test molecolare ed è prodotta, su richiesta dell'interessato, in formato cartaceo o digitale, dalle strutture sanitarie pubbliche, da quelle private autorizzate o accreditate e dalle farmacie che svolgono i test di cui al comma 1, lettere c) e d), ovvero dai medici di medicina generale o pediatri di libera scelta (18).

6. Nelle more dell'adozione del decreto di cui al comma 10, le certificazioni verdi COVID-19 rilasciate ai sensi del comma 2 riportano i dati indicati nelle analoghe certificazioni rilasciate secondo le indicazioni dei diversi servizi sanitari regionali (19).

6 bis. L'interessato ha diritto di chiedere il rilascio di una nuova certificazione verde COVID-19 se i dati personali riportati nella certificazione non sono, o non sono più, esatti o aggiornati, ovvero se la certificazione non è più a sua disposizione (20).

6 ter. Le informazioni contenute nelle certificazioni verdi COVID-19 di cui al comma 2, comprese le informazioni in formato digitale, sono accessibili alle persone con disabilità e sono riportate, in formato leggibile, in italiano e in inglese (21).

7. Coloro che abbiano già completato il ciclo di vaccinazione alla data di entrata in vigore del presente decreto, possono richiedere la certificazione verde COVID-19 alla struttura che ha erogato il trattamento sanitario ovvero alla Regione o alla Provincia autonoma in cui ha sede la struttura stessa.

8. Le certificazioni verdi COVID-19 rilasciate in conformità al diritto vigente negli Stati membri dell'Unione europea sono riconosciute come equivalenti a quelle disciplinate dal presente articolo e valide ai fini del presente decreto se conformi ai criteri definiti con circolare del Ministero della salute. Le certificazioni rilasciate in uno Stato terzo a seguito di una vaccinazione riconosciuta nell'Unione europea e validate da uno Stato membro dell'Unione sono riconosciute come equivalenti a quelle disciplinate dal presente articolo e valide ai fini del presente decreto se conformi ai criteri definiti con circolare del Ministero della salute (22).

8 bis. Per garantire che le famiglie in viaggio negli Stati membri dell'Unione europea restino unite, i minori che accompagnano il genitore o i genitori non sono tenuti a sottoporsi a quarantena o ad autoisolamento per motivi di viaggio se tale obbligo non è imposto al genitore o ai genitori perché in possesso di un certificato di vaccinazione o di un certificato di guarigione. L'obbligo di sottoporsi a test per l'infezione da SARS-CoV-2 per motivi di viaggio non si applica ai bambini di età inferiore a sei anni (23).

9. Le disposizioni dei commi da 1 a 8 continuano ad applicarsi ove compatibili con i regolamenti (UE) 2021/953 e 2021/954 del Parlamento europeo e del Consiglio del 14 giugno 2021 (24).

9 bis. Ai soggetti provenienti da uno Stato estero in possesso di un certificato, rilasciato dalle competenti autorità sanitarie estere, di avvenuta guarigione o di avvenuta vaccinazione anti SARS-CoV-2 con un vaccino autorizzato o riconosciuto come equivalente in Italia, nel caso in cui siano trascorsi più di sei mesi dal completamento del ciclo vaccinale primario anti SARS-CoV-2 o dall'avvenuta guarigione dal COVID-19, è consentito l'accesso ai servizi e alle attività per i quali nel territorio nazionale sussiste l'obbligo di possedere una delle certificazioni verdi COVID-19 da vaccinazione o guarigione, di cui al comma 2, lettere a), b) e c-*bis*), cosiddetto green pass rafforzato, previa effettuazione di test antigenico rapido o molecolare con esito negativo al virus SARS-CoV-2, di cui al comma 2, lettera c), avente validità di quarantotto ore dall'esecuzione, se antigenico rapido, o di settantadue ore, se molecolare. L'effettuazione del test di cui al primo periodo non è obbligatoria in caso di avvenuta guarigione successiva al completamento del ciclo vaccinale primario. Nel caso di vaccinazioni con vaccini non autorizzati o non riconosciuti come equivalenti in Italia, l'accesso ai servizi e alle attività di cui al primo periodo è consentito in ogni caso previa effettuazione di test antigenico rapido o molecolare con esito negativo al virus SARS-CoV-2, di cui al comma 2, lettera c), avente validità di quarantotto ore dall'esecuzione, se antigenico rapido, o di settantadue ore, se molecolare [25].

9 ter. I titolari o i gestori dei servizi e delle attività di cui al comma 9-*bis* sono tenuti a verificare che l'accesso ai predetti servizi e attività avvenga nel rispetto delle prescrizioni di cui al medesimo comma 9-*bis*. Le verifiche delle certificazioni verdi COVID-19 sono effettuate anche con le modalità indicate dal decreto del Presidente del Consiglio dei ministri adottato ai sensi del comma 10. Nelle more della modifica del menzionato decreto del Presidente del Consiglio dei ministri sono autorizzati gli interventi di adeguamento necessari a consentire le verifiche [26].

10. Con decreto del Presidente del Consiglio dei ministri, adottato di concerto con i Ministri della salute, per l'innovazione tecnologica e la transizione digitale e dell'economia e delle finanze, sentito il Garante per la protezione dei dati personali, sono individuate le specifiche tecniche per assicurare l'interoperabilità tra le certificazioni verdi COVID-19 e la Piattaforma nazionale –DGC, nonché tra questa e le analoghe piattaforme istituite negli altri Stati membri dell'Unione europea, tramite il Gateway europeo. Con il medesimo decreto sono indicati i dati trattati dalla piattaforma e quelli da riportare nelle certificazioni verdi COVID-19, le modalità di aggiornamento delle certificazioni, le caratteristiche e le modalità di funzionamento della Piattaforma nazionale –DCG, la struttura dell'identificativo univoco delle certificazioni verdi COVID-19 e del codice a barre interoperabile che consente di verificare l'autenticità, la validità e l'integrità delle stesse, l'indicazione dei soggetti deputati al controllo delle certificazioni, i tempi di conservazione dei dati raccolti ai fini dell'emissione delle certificazioni, e le misure per assicurare la protezione dei dati personali contenuti nelle certificazioni. [Nelle more dell'adozione del predetto decreto,] Per le finalità d'uso previste per le certificazioni verdi COVID-19 sono validi i documenti rilasciati a decorrere dalla data di entrata in vigore del presente decreto, ai sensi dei commi 3, 4 e 5, dalle strutture sanitarie pubbliche e private, dalle farmacie, dai laboratori di analisi, dai medici di medicina generale e dai pediatri di libera scelta che attestano o refertano una delle condizioni di cui al comma 2, lettere a), b) e c) [27].

10 bis. Le certificazioni verdi COVID-19 possono essere utilizzate esclusivamente ai fini di cui agli articoli 2, comma 1, 2-*bis*, comma 1, 2-*quater*, 5 [, 8-*bis*, comma 2,], 9-*bis*, 9-*bis*.1, 9-*quinquies*, 9-*sexies* e 9-*septies* del presente decreto, nonché all'articolo 1-*bis* del decreto-legge 1° aprile 2021, n. 44, convertito, con modificazioni, dalla legge 28 maggio 2021, n. 76. Ogni diverso o nuovo utilizzo delle certificazioni verdi COVID-19 è disposto esclusivamente con legge dello Stato [28].

11. Dal presente articolo non devono derivare nuovi o maggiori oneri per la finanza pubblica e le amministrazioni interessate provvedono alla relativa attuazione nei limiti delle risorse disponibili a legislazione vigente.

(1) Alinea sostituito dall'art. 3 bis, co. 1, lett. a), d.l. 24.12.2021, n. 221, conv., con modif., dalla l. 18.2.2022, n. 11.

(2) Lettera modificata dall'art. 4, co. 1, lett. e), n. 01), d.l. 23.7.2021, n. 105, conv., con modif., dalla l. 16.9.2021, n. 126.

(3) Lettera introdotta dall'art. 3 bis, co. 1, lett. b), d.l. 24.12.2021, n. 221, conv., con modif., dalla l. 18.2.2022, n. 11.

(4) Lettera introdotta dall'art. 3 bis, co. 1, lett. b), d.l. 24.12.2021, n. 221, conv., con modif., dalla l. 18.2.2022, n. 11.

(5) Lettera modificata dall'art. 5 bis, d.l. 6.8.2021, n. 111, conv., con modif., dalla l. 24.9.2021, n. 133.

(6) Lettera modificata dall'art. 1, co. 1, l. 17.6.2021, n. 87, in sede di conversione.

(7) Lettera modificata dall'art. 1, co. 1, l. 17.6.2021, n. 87, in sede di conversione.

(8) In riferimento al prezzo calmierato di test antigenici rapidi per la rilevazione di antigene SARS-CoV-2, cfr. art. 5, co. 1, 1 bis, e 1 ter del d.l. 23.7.2021, n. 105, conv., con modif., dalla l. 16.9.2021 n. 126 come modificato dall'art. 4, co. 1, lett. a), d.l. 21.9.2021, n. 127, conv., con modif., dalla l. 19.11.2021, n. 165.

(9) Lettera modificata dall'art. 1, co. 1, l. 17.6.2021, n. 87 in sede di conversione.

(10) Alinea modificato dall'art. 1, co. 1, l. 17.6.2021, n. 87 in sede di conversione.

(11) Lettera modificata, a decorrere dal 15.12.2021, dall'art. 3, co. 1, lett. a), n. 1), d.l. 26.11.2021, n. 172, conv., con modif., dalla l. 21.1.2022, n. 3.

(12) Lettera modificata dall'art. 4, co. 1, lett. e), n. 02), d.l 23.7.2021, n. 105, conv., con modif., dalla l. 16.9.2021, n. 126.

(13) Lettera introdotta dall'art. 5, co. 1, lett. b), d.l. 21.9.2021, n. 127, conv., con modif., dalla l. 19.11.2021, n. 165e poi modificata, a decorrere dal 15.12.2021, dall'art. 3, co. 1, lett. a), n. 2), d.l. 26.11.2021, n. 172, conv., con modif., dalla l. 21.1.2022 n. 3.

(14) Comma modificato dall'art. 1, co. 1, l. 17.6.2021, n. 87, in sede di conversione, dall'art. 4, co. 1, lett. e), n. 1), d.l. 23.7.2021, n. 105, conv., con modif., dalla l. 16.9.2021, n. 126, dall'art. 5, co. 1, lett. c), d.l. 21.9.2021, n. 127, conv., con modif., dalla l. 19.11.2021, n. 165 e poi, a decorrere dal 15.12.2021, dall'art. 3, co. 1, lett. b), n. 1), d.l. 26.11.2021, n. 172, conv., con modif., dalla l. 21.1.2022, n. 3. Da ultimo il presente comma è stato modificato dall'art. 3, co. 1, lett. a), d.l. 24.12.2021, n. 221, conv., con modif., dalla l. 18.2.2022, n. 11, dall'art. 1, co. 1, lett. a), d.l. 4.2.2022, n. 5 e dall'art. 2 bis, co. 1, lett. a), d.l. 7.1.2022, n. 1, conv., con modif., dalla l. 4.3.2022, n. 18. Il d.l. n. 5/2022 citato è stato abrogato dall'art. 1, co. 2 della l. 4.3.2022, n. 18.

(15) Secondo quanto previsto dall'art. 14 del d.l. 18.5.2021, n. 65, la certificazione verde COVID-19, rilasciata ai sensi del presente comma, ha validità di nove mesi dalla data del completamento del ciclo

vaccinale ed è rilasciata anche contestualmente alla somministrazione della prima dose di vaccino e ha validità dal quindicesimo giorno successivo alla somministrazione fino alla data prevista per il completamento del ciclo vaccinale. Il d.l. 65/2021 citato è stato abrogato dall'art. 1, co. 2, l. 17.6.2021, n. 87.

(16) Comma modificato dall'art. 1, co. 1, l. 17.6.2021, n. 87, in sede di conversione.

(17) Comma introdotto dall'art. 5, co. 1, lett. d), d.l. 21.9.2021, n. 127, conv., con modif., dalla l. 19.11.2021, n. 165 e poi modificato, a decorrere dal 15.12.2021, dall'art. 3, co. 1, lett. c), d.l. 26.11.2021, n. 172, conv., con modif., dalla l. 21.1.2022, n. 3. Da ultimo il presente comma è stato modificato dall'art. 3, co. 1, lett. b), d.l. 24.12.2021, n. 221, conv., con modif., dalla l. 18.2.2022, n. 11 e infine sostituito dall'art. 1, co. 1, lett. b), d.l. 4.2.2022, n. 5 e dall'art. 2 bis, co. 1, lett. a), d.l. 7.1.2022, n. 1, conv., con modif., dalla l. 4.3.2022, n. 18. Il d.l. 5/2022 citato è stato abrogato dall'art. 1, co. 2, l. 4.3.2022, n. 18. Il presente comma è stato ulteriormente modificato dall'art. 7 bis, co. 1, d.l. 24.3.2022, n. 24, conv., con modif., dalla l. 19.5.2022, n. 52.

(18) Comma modificato dall'art. 1, co. 1, l. 17.6.2021, n. 87, in sede di conversione e poi dall'art. 01, co. 1, d.l. 6.8.2021, n. 111, conv., con modif., dalla l. 24.9.2021, n. 133.

(19) Comma sostituito dall'art. 1, co. 1, l. 17.6.2021, n. 87, in sede di conversione.

(20) Comma introdotto dall'art. 1, co. 1, l. 17.6.2021, n. 87, in sede di conversione.

(21) Comma introdotto dall'art. 1, co. 1, l. 17.6.2021, n. 87, in sede di conversione.

(22) Comma modificato dall'art. 1, co. 1, l. 17.6.2021, n. 87, in sede di conversione.

(23) Comma introdotto dall'art. 34, co. 9 bis, lett. b), d.l. 25.5.2021, n. 73, conv., con modif., dalla l. 23.7.2021, n. 106.

(24) Comma modificato dall'art. 1, co. 1, l. 17.6.2021, n. 87, in sede di conversione e poi sostituito dall'art. 4, co. 1, lett. e), n. 2), d.l. 23.7.2021, n. 105, conv., con modif., dalla l. 16.9.2021, n. 126.

(25) Comma introdotto dall'art. 3, co. 1, lett. a), d.l. 4.2.2022, n. 5, e dall'art. 2 quater, co. 1, lett. a), d.l. 7.1.2022, n. 1, conv., con modif., dalla l. 4.3.2022, n. 18. Il d.l. 5/2022 citato è stato abrogato dall'art. 1, co. 2, l. 4.3.2022, n. 18.

(26) Comma introdotto dall'art. 3, co. 1, lett. a), d.l. 4.2.2022, n. 5, e dall'art. 2 quater, co. 1, lett. a), d.l. 7.1.2022, n. 1, conv., con modif., dalla l. 4.3.2022, n. 18. Il d.l. 5/2022 citato è stato abrogato dall'art. 1, co. 2 della l. 4.3.2022, n. 18.

(27) Comma modificato dall'art. 1, co. 1, l. 17.6.2021, n. 87, in sede di conversione e poi dall'art. 4, co. 1, lett. e), n. 3), d.l. 23.7.2021, n. 105, conv., con modif., dalla l. 16.9.2021, n. 126.

(28) Comma introdotto dall'art. 1, co. 1, l. 17.6.2021, n. 87, in sede di conversione; successivamente sostituito dall'art. 3, co. 2, d.l. 23.7.2021, n. 105, conv., con modif., dalla l. 16.9.2021, n. 126; modificato dall'art. 9, co. 1, d.l. 21.9.2021, n. 127, conv., con modif., dalla l. 19.11.2021, n. 165 e, da ultimo, modificato dall'art. 5 bis, co. 2, lett. c), d.l. 24.12.2021, n. 221, conv., con modif., dalla l. 18.2.2022, n. 11.

9 bis. Impiego delle certificazioni verdi COVID-19 da vaccinazione, guarigione o test, cosiddetto green pass base [(1) (2)].

1. Dal 1° al 30 aprile 2022, è consentito sull'intero territorio nazionale esclusivamente ai soggetti muniti di una delle certificazioni verdi COVID-19 da vaccinazione, guarigione o test, cosiddetto green pass base, l'accesso ai seguenti servizi e attività:

a) mense e catering continuativo su base contrattuale;
b) servizi di ristorazione svolti al banco o al tavolo, al chiuso, da qualsiasi esercizio, ad eccezione dei servizi di ristorazione all'interno di alberghi e di altre strutture ricettive riservati esclusivamente ai clienti ivi alloggiati;
c) concorsi pubblici;
d) corsi di formazione pubblici e privati, fermo restando quanto previsto dall'articolo 9-*ter*.1 del presente decreto e dagli articoli 4-*ter*.1 e 4-*ter*.2 del decreto-legge 1° aprile 2021, n. 44, convertito, con modificazioni, dalla legge 28 maggio 2021, n. 7;
e) colloqui visivi in presenza con i detenuti e gli internati, all'interno degli istituti penitenziari per adulti e minori;
f) partecipazione del pubblico agli spettacoli aperti al pubblico, nonché agli eventi e alle competizioni sportivi, che si svolgono all'aperto [(3)].

[**1 bis.** Fino al 31 marzo 2022, è consentito esclusivamente ai soggetti in possesso di una delle certificazioni verdi COVID-19, di cui all'articolo 9, comma 2, l'accesso ai seguenti servizi e attività, nell'ambito del territorio nazionale:

a) servizi alla persona;
b) pubblici uffici, servizi postali, bancari e finanziari, attività commerciali, fatti salvi quelli necessari per assicurare il soddisfacimento di esigenze essenziali e primarie della persona, individuate con decreto del Presidente del Consiglio dei ministri, adottato su proposta del Ministro della salute, d'intesa con i Ministri dell'economia e delle finanze, della giustizia, dello sviluppo economico e per la pubblica amministrazione, entro quindici giorni dalla data di entrata in vigore della presente disposizione;
c) colloqui visivi in presenza con i detenuti e gli internati, all'interno degli istituti penitenziari per adulti e minori.] [(4)]

[**1 ter.** Le disposizioni di cui al comma 1-*bis*, lettere a) e c), si applicano dal 20 gennaio 2022. La disposizione di cui al comma 1-*bis*, lettera b), si applica dal 1° febbraio 2022, o dalla data di efficacia del decreto del Presidente del Consiglio dei ministri di cui alla medesima lettera, se diversa. Le verifiche oltre ad accertare che l'accesso ai servizi, alle attività e agli uffici di cui al comma 1-*bis* avvenga nel rispetto delle prescrizioni di cui al medesimo comma sono effettuate dai relativi titolari, gestori o responsabili ai sensi del comma 4.] [(5)]

[**2.** Le disposizioni di cui al comma 1 si applicano anche nelle zone gialla, arancione e rossa, laddove i servizi e le attività di cui al comma 1 siano consentiti e alle condizioni previste per le singole zone, salvo quanto previsto previsto al comma 2-*bis* [(6)].]

[**2 bis.** Nelle zone gialla, arancione e rossa, la fruizione dei servizi, lo svolgimento delle attività e gli spostamenti, limitati o sospesi ai sensi della normativa vigente, sono consentiti esclusivamente ai soggetti in possesso di una delle certificazioni verdi COVID-19 di cui all'articolo 9, comma 2, lettere a), b) e c-*bis*), e ai soggetti di cui al comma 3, primo periodo, nel rispetto della disciplina della zona bianca. Ai servizi di ristorazione di cui al comma 1, lettera a), nelle predette zone, si applica il presente comma ad eccezione dei servizi di ristorazione all'interno di alberghi e di altre strutture ricettive riservati esclusivamente ai clienti ivi alloggiati e delle mense e del catering continuativo su base contrattuale, ai quali si applicano le disposizioni di cui al comma 1 (7).]

3. Le disposizioni di cui al comma 1 non si applicano ai soggetti di età inferiore ai dodici anni e ai soggetti esenti dalla campagna vaccinale sulla base di idonea certificazione medica rilasciata secondo i criteri definiti con circolare del Ministero della salute. Con decreto del Presidente del Consiglio dei ministri, adottato di concerto con i Ministri della salute, per l'innovazione tecnologica e la transizione digitale, e dell'economia e delle finanze, sentito il Garante per la protezione dei dati personali, sono individuate le specifiche tecniche per trattare in modalità digitale le predette certificazioni, al fine di consentirne la verifica digitale, assicurando contestualmente la protezione dei dati personali in esse contenuti. Nelle more dell'adozione del predetto decreto, per le finalità di cui al presente articolo possono essere utilizzate le certificazioni rilasciate in formato cartaceo (8).

4. I titolari o i gestori dei servizi e delle attività di cui al comma 1 sono tenuti a verificare che l'accesso ai predetti servizi e attività avvenga nel rispetto delle prescrizioni di cui al medesimo comma 1. Le verifiche delle certificazioni verdi COVID-19 sono effettuate con le modalità indicate dal decreto del Presidente del Consiglio dei ministri adottato ai sensi dell'articolo 9, comma 10. [Nel caso di sagre e fiere locali che si svolgano all'aperto, in spazi privi di varchi di accesso, gli organizzatori informano il pubblico, con apposita segnaletica, dell'obbligo del possesso della certificazione verde COVID-19 prescritta ai sensi del comma 1, lettera e), per l'accesso all'evento.] [In caso di controlli a campione, le sanzioni di cui all'articolo 13 si applicano al solo soggetto privo di certificazione e non anche agli organizzatori che abbiano rispettato gli obblighi informativi] (9).

5. Il Ministro della salute con propria ordinanza può definire eventuali misure necessarie in fase di attuazione del presente articolo.

(1) Articolo introdotto dall'art. 3, co. 1, d.l. 23.7.2021, n. 105, conv., con modif., dalla l. 16.9.2021, n. 126.
(2) Rubrica sostituita dall'art. 5, co. 1, lett. d), d.l. 24.12.2021, n. 221, conv., con modif., dalla l. 18.2.2022, n. 11.
(3) Comma modificato dall'art. 1, co. 1, lett. b), d.l. 8.10.2021, n. 139, conv., con modif., dalla l. 3.12.2021, n. 205, con applicazione a decorrere dall'11.10.2021; a decorrere dal 6.12.2021, dall'art. 4, co. 1, lett. b), nn. 1), 2) e 3), d.l. 26.11.2021, n. 172, conv., con modif., dalla l. 21.1.2022, n. 3; sostituito dall'art. 5, co. 1, lett. a), del 24.12.2022, n. 221, conv., con modif., dalla e, da ultimo sostituito, a decorrere dal 1.4.2022, dall'art. 6, co. 2, lett. a), d.l. 24.3.2022, n. 24, conv., con modif., dalla l. 19.5.2022, n. 52.
(4) Comma introdotto dall'art. 3, co. 1, lett. a), n. 1), d.l. 7.1.2022, n. 1, conv., con modif., dalla l. 4.3.2022, n. 18 e poi abrogato, a decorrere dal 1.4.2022, dall'art. 6, co. 2, lett. b), d.l. 24.3.2022, n. 24, conv., con modif., dalla l. 19.5.2022, n. 52.
(5) Comma introdotto dall'art. 3, co. 1, lett. a), n. 1), d.l. 7.1.2022, n. 1, conv., con modif., dalla l. 4.3.2022, n. 18 e poi abrogato, a decorrere dal 1.4.2022, dall'art. 6, co. 2, lett. b), d.l. 24.3.2022, n. 24, conv., con modif., dalla l. 19.5.2022, n. 52.
(6) Comma modificato, a decorrere dal 29.11.2021, dall'art. 5, co. 1, lett. a), d.l. 26.11.2021, n. 172, conv., con modif., dalla l. 21.1.2022, n. 3 e, da ultimo, abrogato dall'art. 5, co. 1, lett. b), d.l. 24.12.2021, n. 221, conv., con modif., dalla l. 18.2.2022, n. 11.
(7) Comma introdotto, a decorrere dal 29.11.2021, dall'art. 5, co. 1, lett. b), d.l. 26.11.2021, n. 172, conv., con modif., dalla l. 21.1.2022, n. 3 e, da ultimo, abrogato dall'art. 5, co. 1, lett. b), d.l. 24.12.2021, n. 221, conv., con modif., dalla l. 18.2.2022, n. 11.
(8) Comma modificato, a decorrere dal 29.11.2021, dall'art 5, co. 1, lett. c), d.l. 26.11.2021, n. 172, conv., con modif., dalla l. 21.1.2022, n. 3, dall'art. 3, co. 1, lett. a), n. 2), d.l. 7.1.2022, n. 1, conv., con modif., dalla l. 4.3.2022, n. 18, come rettificato con Comunicato 11.1.2022 in Gazz.Uff., 11.1.2022, n. 7 e poi, a decorrere dal 1.4.2022, dall'art. 6, co. 2, lett. c), d.l. 24.3.2022, n. 24, conv., con modif., dalla l. 19.5.2022, n. 52.
(9) Comma modificato, a decorrere dal 29.11.2021, dall'art 5, co. 1, lett. d), d.l. 26.11.2021, n. 172, conv., con modif., dalla l. 21.1.2022, n. 3 e, da ultimo, modificato dall'art. 5, co. 1, lett. c), d.l. 24.12.2021, n. 221, conv., con modif., dalla l. 18.2.2022, n. 11.

9 bis.1. Impiego delle certificazioni verdi COVID-19 da vaccinazione o guarigione, cosiddetto green pass rafforzato (1).

1. Dal 1° al 30 aprile 2022, sull'intero territorio nazionale, è consentito esclusivamente ai soggetti in possesso delle certificazioni verdi COVID-19 da vaccinazione o guarigione, cosiddetto green pass rafforzato, l'accesso ai seguenti servizi e attività:

a) piscine, centri natatori, palestre, sport di squadra e di contatto, centri benessere, anche all'interno di strutture ricettive, per le attività che si svolgono al chiuso, nonché spazi adibiti a spogliatoi e docce, con esclusione dell'obbligo di certificazione per gli accompagnatori delle persone non autosufficienti in ragione dell'età o di disabilità;
b) convegni e congressi;
c) centri culturali, centri sociali e ricreativi, per le attività che si svolgono al chiuso e con esclusione dei centri educativi per l'infanzia, compresi i centri estivi, e le relative attività di ristorazione;
d) feste comunque denominate, conseguenti e non conseguenti alle cerimonie civili o religiose, nonché eventi a queste assimilati che si svolgono al chiuso;
e) attività di sale gioco, sale scommesse, sale bingo e casinò;
f) attività che abbiano luogo in sale da ballo, discoteche e locali assimilati;
g) partecipazione del pubblico agli spettacoli aperti al pubblico, nonché agli eventi e alle competizioni sportivi, che si svolgono al chiuso (2).

2. Le disposizioni di cui al comma 1 non si applicano ai soggetti di età inferiore ai dodici anni e ai soggetti esenti dalla campagna vaccinale sulla base di idonea certificazione medica rilasciata secondo i criteri definiti con circolare del Ministero della salute. Con decreto del Presidente del Consiglio dei ministri, adottato di concerto con i Ministri della salute, per l'innovazione tecnologica e la transizione digitale e dell'economia e delle finanze, sentito il Garante per la protezione dei dati personali, sono individuate le specifiche tecniche per trattare in modalità digitale le predette certificazioni, al fine di consentirne la verifica digitale, assicurando contestualmente la protezione dei dati personali in esse contenuti.

3. I titolari o i gestori dei servizi e delle attività di cui al comma 1 sono tenuti a verificare che l'accesso ai predetti servizi e attività avvenga nel rispetto delle prescrizioni di cui al medesimo comma 1. Le verifiche delle certificazioni verdi COVID-19 sono effettuate con le modalità indicate dal decreto del Presidente del Consiglio dei ministri adottato ai sensi dell'articolo 9, comma 10. [Nel caso di sagre e fiere locali che si svolgano all'aperto, in spazi privi di varchi di accesso, gli organizzatori informano il pubblico, con apposita segnaletica, dell'obbligo del possesso della certificazione verde COVID-19 prescritta ai sensi del comma 1, lettera e), per l'accesso all'evento. In caso di controlli a campione, le sanzioni di cui all'articolo 13 si applicano al solo soggetto privo di certificazione e non anche agli organizzatori che abbiano rispettato gli obblighi informativi.] (3)

4. Il Ministro della salute con propria ordinanza può definire eventuali misure necessarie in fase di attuazione del presente articolo".

(1) Articolo introdotto dall'art. 5 bis, co. 1, d.l. 24.12.2021, n. 221, conv., con modif., dalla l. 18 febbraio, 2022, n. 11.
(2) Comma sostituito, a decorrere dal 1.4.2022, dall'art. 7, co. 1, lett. a), d.l. 24.3.2022, n. 24, conv., con modif., dalla l. 19.5.2022, n. 52.
(3) Comma modificato, a decorrere dal 1.4.2022, dall'art. 7, co. 1, lett. b), d.l. 24.3.2022, n. 24, conv., con modif., dalla l. 19.5.2022, n. 52.

10 ter. Isolamento e autosorveglianza (1).

[**1.** A decorrere dal 1° aprile 2022 è fatto divieto di mobilità dalla propria abitazione o dimora alle persone sottoposte alla misura dell'isolamento per provvedimento dell'autorità sanitaria in quanto risultate positive al SARS-CoV-2, fino all'accertamento della guarigione, salvo che per il ricovero in una struttura sanitaria o altra struttura allo scopo destinata.

2. A decorrere dalla medesima data di cui al comma 1, a coloro che hanno avuto contatti stretti con soggetti confermati positivi al SARS-CoV-2 è applicato il regime dell'autosorveglianza, consistente nell'obbligo di indossare dispositivi di protezione delle vie respiratorie di tipo FFP2, al chiuso o in presenza di assembramenti e con esclusione delle ipotesi di cui all'articolo 10-*quater*, comma 4, lettere a), b) e, limitatamente alle attività sportive all'aperto o al chiuso, se svolte in condizioni di sicurezza rispetto al rischio di contagio, c), e comma 5, fino al quinto giorno successivo alla data dell'ultimo contatto stretto con soggetti confermati positivi al SARS-CoV-2 [e di effettuare un test antigenico rapido o molecolare per la rilevazione di SARS-CoV-2, anche presso centri privati a ciò abilitati, alla prima comparsa dei sintomi e, se ancora sintomatici, al quinto giorno successivo alla data dell'ultimo contatto] (2).

3. Con circolare del Ministero della salute sono definite le modalità attuative del comma 1. [La cessazione del regime di isolamento di cui al comma 1 consegue all'esito negativo di un test antigenico rapido o molecolare per la rilevazione di SARS-CoV-2, effettuato anche presso centri privati a ciò abilitati. In quest'ultimo caso, la trasmissione, con modalità anche elettroniche, al dipartimento di prevenzione territorialmente competente del referto, con esito negativo, determina la cessazione del regime dell'isolamento (3).]

(1) Articolo introdotto, a decorrere dal 1.4.2022, dall'art. 4, co. 1, d.l. 24.3.2022, n. 24, conv., con modif., dalla l. 19.5.2022, n. 52 e poi abrogato dall'art. 9, co. 1, lett. a), d.l. 10.8.2023, n. 105, conv., con modif., dalla l. 9.10.2023, n. 137.
(2) Comma modificato dall'art. 7 quater, co. 2, lett. a), d.l. 31.10.2022, n. 162, conv., con modif., dalla l. 30.12.2022, n. 199.
(3) Comma modificato dall'art. 7 quater, co. 2, lett. b), d.l. 31.10.2022, n. 162, conv., con modif., dalla l. 30.12.2022, n. 199.

10 quater. Dispositivi di protezione delle vie respiratorie (1).

1. Fermo restando quanto previsto dall'articolo 3 per il sistema educativo, scolastico e formativo, [fino al 30 aprile 2022] è fatto obbligo di indossare i dispositivi di protezione delle vie respiratorie di tipo FFP2 nei seguenti casi:

a) fino al 30 settembre 2022, per l'accesso ai seguenti mezzi di trasporto e per il loro utilizzo (2):
 [1) aeromobili adibiti a servizi commerciali di trasporto di persone;] (3)
 2) navi e traghetti adibiti a servizi di trasporto interregionale;
 3) treni impiegati nei servizi di trasporto ferroviario passeggeri di tipo interregionale, Intercity, Intercity Notte e Alta Velocità;
 4) autobus adibiti a servizi di trasporto di persone, ad offerta indifferenziata, effettuati su strada in modo continuativo o periodico su un percorso che collega più di due regioni ed aventi itinerari, orari, frequenze e prezzi prestabiliti;
 5) autobus adibiti a servizi di noleggio con conducente;
 6) mezzi impiegati nei servizi di trasporto pubblico locale o regionale;
 7) mezzi di trasporto scolastico dedicato agli studenti di scuola primaria, secondaria di primo grado e di secondo grado;

b) fino al 30 aprile 2022, per l'accesso a funivie, cabinovie e seggiovie, qualora utilizzate con la chiusura delle cupole paravento, con finalità turistico-commerciale e anche ove ubicate in comprensori sciistici;

c) fino al 30 aprile 2022, per gli spettacoli aperti al pubblico che si svolgono al chiuso o all'aperto in sale teatrali, sale da concerto, sale cinematografiche, locali di intrattenimento e musica dal vivo e in altri locali assimilati, nonché per gli eventi e le competizioni sportivi; dal 1° maggio 2022 al 15 giugno 2022, per gli spettacoli aperti al pubblico che si svolgono al chiuso in sale teatrali, sale da concerto, sale cinematografiche, locali di intrattenimento e musica dal vivo e in altri locali assimilati, nonché per gli eventi e le competizioni sportivi che si svolgono al chiuso.

2. Fino al 30 aprile 2022 in tutti i luoghi al chiuso diversi da quelli di cui al comma 1 e con esclusione delle abitazioni private, è fatto obbligo, sull'intero territorio nazionale, di indossare dispositivi di protezione delle vie respiratorie. Fino al 30 settembre 2022, hanno l'obbligo di indossare dispositivi di protezione delle vie respiratorie i lavoratori, gli utenti e i visitatori delle strutture sanitarie, socio-sanitarie e socio-assistenziali, comprese le strutture di ospitalità e lungodegenza, le residenze sanitarie assistenziali, gli hospice, le strutture riabilitative, le strutture residenziali per anziani, anche non autosufficienti, e comunque le strutture residenziali di cui all'articolo 44 del decreto del Presidente del Consiglio dei ministri 12 gennaio 2017, pubblicato nel supplemento ordinario alla Gazzetta Ufficiale n. 65 del 18 marzo 2017 (4).

3. Fino al 30 aprile 2022, in sale da ballo, discoteche e locali assimilati, al chiuso, è fatto obbligo di indossare i dispositivi di protezione delle vie respiratorie, ad eccezione del momento del ballo.

4. Non hanno l'obbligo di indossare il dispositivo di protezione delle vie respiratorie:
a) i bambini di età inferiore ai sei anni;
b) le persone con patologie o disabilità incompatibili con l'uso della mascherina, nonché le persone che devono comunicare con una persona con disabilità in modo da non poter fare uso del dispositivo;
c) i soggetti che stanno svolgendo attività sportiva.

5. L'obbligo di cui al comma 2 non sussiste quando, per le caratteristiche dei luoghi o per le circostanze di fatto, sia garantito in modo continuativo l'isolamento da persone non conviventi.

6. I vettori aerei, marittimi e terrestri, nonché i loro delegati, sono tenuti a verificare che l'utilizzo dei servizi di cui al comma 1, lettera a), avvenga nel rispetto delle prescrizioni di cui al medesimo comma 1.

7. I titolari o i gestori dei servizi e delle attività di cui ai commi 1, lettere b) e c), 2 e 3 sono tenuti a verificare il rispetto delle prescrizioni di cui ai medesimi commi 1, 2 e 3.

8. Fino al 30 aprile 2022 sull'intero territorio nazionale, per i lavoratori, sono considerati dispositivi di protezione individuale (DPI) di cui all'articolo 74, comma 1, del decreto legislativo 9 aprile 2008, n. 81, le mascherine chirurgiche. Le disposizioni di cui al presente comma si applicano anche ai lavoratori addetti ai servizi domestici e familiari. Le disposizioni di cui al presente comma continuano ad applicarsi ai lavoratori delle strutture di cui al comma 2, secondo periodo, del presente articolo fino al 15 giugno 2022.

(1) Articolo introdotto, a decorrere dal 1.4.2022, dall'art. 5, co. 1, d.l. 24.3.2022, n. 24, conv., con modif., dalla l. 19.5.2022, n. 52.
(2) Alinea modificato dall'art. 11, co. 1, lett. a), n. 1), d.l. 16.6.2022, n. 68, conv., con modif., dalla l. 5.8.2022, n. 108.
(3) Numero abrogato dall'art. 11, co. 1, lett. a), n. 2), d.l. 16.6.2022, n. 68, conv., con modif., dalla l. 5.8.2022, n. 108.
(4) Comma modificato dall'art. 11, co. 2, lett. b), d.l. 16.6.2022, n. 68, conv., con modif., dalla l. 5.8.2022, n. 108.

13. Sanzioni.

1. La violazione delle disposizioni di cui agli articoli 9, commi 9-*bis* e 9-*ter*, 9-*bis*, 9-*bis*.1 [, 10-*ter*, comma 2,] e 10-*quater*, nonché delle ordinanze di cui all'articolo 10-*bis*, comma 1, lettera b), è sanzionata ai sensi dell'articolo 4 del decreto-legge 25 marzo 2020, n. 19, convertito, con modificazioni, dalla legge 22 maggio 2020, n. 35. Dopo due violazioni delle disposizioni di cui al comma 9-*ter* dell'articolo 9, al comma 4 dell'articolo 9-*bis*, al comma 3 dell'articolo 9-*bis*.1 e al comma 7 [,] dell'articolo 10-*quater*, commesse in giornate diverse, si applica, a partire dalla terza violazione, la sanzione amministrativa accessoria della chiusura dell'esercizio o dell'attività da uno a dieci giorni. Dopo una violazione delle disposizioni di cui all'articolo 9-*bis*.., comma 1, lettere f) e g), in relazione al possesso di una delle certificazioni verdi COVID-19 da vaccinazione o guarigione, cosiddetto green pass rafforzato, si applica, a partire dalla seconda violazione, commessa in giornata diversa, la sanzione amministrativa accessoria della chiusura da uno a dieci giorni (1) (2).

2. Alle condotte previste dagli articoli 476, 477, 479, 480, 481, 482 e 489 del codice penale, anche se relative ai documenti informatici di cui all'articolo 491-*bis* del medesimo codice, aventi ad oggetto le certificazioni verdi COVID-19 in formato digitale o analogico, si applicano le pene stabilite nei detti articoli (3).

2 bis. Salvo che il fatto costituisca reato punibile ai sensi dell'articolo 452 del codice penale o comunque più grave reato, la violazione della misura di cui all'articolo 10-*ter*, comma 1, è punita ai sensi dell'articolo 260 del regio decreto 27 luglio 1934, n. 1265 (4).

(1) Comma modificato dall'art. 1, co. 1, l. 17.6.2021, n. 87, in sede di conversione e poi dall'art. 4, co. 1, lett. f), n. 1), d.l. 23.7.2021, n. 105, conv., con modif., dalla l. 16.9.2021, n. 126 e dall'art. 1, co. 1, lett. b), d.l. 8.10.2021, n. 139, conv., con modif., dalla l. 3.12.2021, n. 205, con applicazione a decorrere dall'11.10.2021. Da ultimo, modificato dall'art. 3, co. 1, lett. b), d.l. 4.2.2022, n. 5, dall'art. 5 bis, co. 2, lett. d), nn. 1), 2) e 3) del d.l. 24.12.2021, n. 221, conv., con modif., dalla l. 18.2.2022, n. 11e da ultimo dall'art. 2 quater, co. 1, lett. b), d.l. 7.1.2022, n. 1, conv., con modif., dalla l. 4.3.2022, n. 18. Il d.l. 5/2022 citato è stato abrogato dall'art. 1, co. 2 della l. 4.3.2022, n. 18. Da ultimo sostituito, a decorrere dal 1°.4.2022, dall'art. 11, co. 1, lett. a), d.l. 24 marzo 2022, n. 24, conv., con modif., dalla l. 19 maggio 2022, n. 52.
(2) Comma ulteriormente modificato dall'art. 9, co. 1, lett. b), d.l. 10.8.2023, n. 105, conv., con modif., dalla l. 9.10.2023, n. 137.
(3) Comma modificato dall'art. 1, co. 1, l. 17.6.2021, n. 87, in sede di conversione e poi dall'art. 4, co. 1, lett. f), n. 2), d.l. 23.7.2021, n. 105, conv., con modif., dallal. 16.9.2021, n. 126.
(4) Comma introdotto, a decorrere dal 1.4.2022, dall'art. 11, co. 1, lett. b), d.l. 24.3.2022, n. 24, conv., con modif., dalla l. 19.5.2022, n. 52.

7. D.L. 4 maggio 2023, convertito con modificazioni dalla L. 3 luglio 2023, n. 85. – Misure urgenti per l'inclusione sociale e l'accesso al mondo del lavoro (*artt. 3, 8, 12*)

In Gazzetta Ufficiale 22 aprile 2021, n. 96

3. Beneficio economico.

1. Il beneficio economico dell'Assegno di inclusione, su base annua, è composto da una integrazione del reddito familiare, come definito nel presente decreto, fino alla soglia di euro 6.000 annui, ovvero di euro 7.560 annui se il nucleo familiare è composto da persone tutte di età pari o superiore a 67 anni ovvero da persone di età pari o superiore a 67 anni e da altri familiari tutti in condizioni di disabilità grave o di non autosufficienza, moltiplicata per il corrispondente parametro della scala di equivalenza di cui all'articolo 2, comma 4. Il beneficio economico è, altresì, composto da una integrazione del reddito dei nuclei familiari residenti in abitazione concessa in locazione con contratto ritualmente registrato, per un importo pari all'ammontare del canone annuo previsto nel contratto di locazione, come dichiarato a fini dell'ISEE, fino ad un massimo di euro 3.360 annui, ovvero di 1.800 euro annui se il nucleo familiare è composto da persone tutte di età pari o superiore a 67 anni ovvero da persone di età pari o superiore a 67 anni e da altri familiari tutti in condizioni di disabilità grave o di non autosufficienza. Tale integrazione non rileva ai fini del calcolo della soglia di reddito familiare, di cui all'articolo 2, comma 2, lettera b), numero 2) [1].

2. Il beneficio economico è erogato mensilmente per un periodo continuativo non superiore a diciotto mesi e può essere rinnovato, previa sospensione di un mese, per periodi ulteriori di dodici mesi. Allo scadere dei periodi di rinnovo di dodici mesi è sempre prevista la sospensione di un mese [2].

3. Il beneficio economico di cui al comma 1 è esente dal pagamento dell'IRPEF, ai sensi dell'articolo 34, terzo comma, del decreto del Presidente della Repubblica 29 settembre 1973, n. 601, e si configura come sussidio di sostentamento a persone comprese nell'elenco dei poveri ai sensi dell'articolo 545 del Codice di procedura civile.

4. Il beneficio economico non può essere, comunque, inferiore ad euro 480 annui, fatto salvo il possesso dei requisiti di cui all'articolo 2.

5. In caso di avvio di un'attività di lavoro dipendente da parte di uno o più componenti il nucleo familiare nel corso dell'erogazione dell'Assegno di inclusione, il maggior reddito da lavoro percepito non concorre alla determinazione del beneficio economico, entro il limite massimo di 3.000 euro lordi annui. Sono comunicati all'Istituto nazionale della previdenza sociale, di seguito INPS, *esclusivamente i redditi eccedenti tale limite* massimo con riferimento alla parte eccedente. Il reddito da lavoro eccedente la soglia concorre alla determinazione del beneficio economico, a decorrere dal mese successivo a quello della variazione e fino a quando il maggior reddito non è recepito nell'ISEE per l'intera annualità. L'avvio dell'attività di lavoro dipendente è desunto dalle comunicazioni obbligatorie. Il reddito derivante dall'attività è comunque comunicato dal lavoratore all'INPS entro trenta giorni dall'avvio della medesima secondo modalità definite dall'Istituto, che mette l'informazione a disposizione del sistema informativo di cui all'articolo 5. Qualora sia decorso il termine di trenta giorni dall'avvio della attività, come desumibile dalle comunicazioni obbligatorie, senza che la comunicazione da parte del lavoratore sia stata resa, l'erogazione del beneficio è sospesa fintanto che non si sia ottemperato a tale obbligo e comunque non oltre tre mesi dall'avvio dell'attività, decorsi i quali il diritto alla prestazione decade [3].

6. L'avvio di un'attività d'impresa o di lavoro autonomo, svolta sia in forma individuale che di partecipazione, da parte di uno o più componenti il nucleo familiare nel corso dell'erogazione dell'Assegno di inclusione, è comunicata all'INPS entro il giorno antecedente all'inizio della stessa a pena di decadenza dal beneficio, secondo modalità definite dall'Istituto, che mette l'informazione a disposizione del sistema informativo di cui all'articolo 5. Il reddito è individuato secondo il principio di cassa come differenza tra i ricavi e i compensi percepiti e le spese sostenute nell'esercizio dell'attività ed è comunicato entro il quindicesimo giorno successivo al termine di ciascun trimestre dell'anno. A titolo di incentivo, il beneficiario fruisce senza variazioni dell'Assegno di inclusione per le due mensilità successive a quella di variazione della condizione occupazionale, ferma restando la durata complessiva del beneficio. Il beneficio è successivamente aggiornato ogni trimestre avendo a riferimento il trimestre precedente, e il reddito concorre per la parte eccedente 3.000 euro lordi annui.

7. In caso di partecipazione a percorsi di politica attiva del lavoro che prevedano indennità o benefici di partecipazione comunque denominati, o di accettazione di offerte di lavoro anche di durata inferiore a un mese, la cumulabilità con il beneficio previsto dal presente articolo è riconosciuta entro il limite massimo annuo di 3.000 euro lordi.

8. Fermo restando quanto previsto dai commi 5 e 6, è fatto in ogni caso obbligo al beneficiario dell'Assegno di inclusione di comunicare ogni variazione riguardante le condizioni e i requisiti di accesso alla misura e per il suo mantenimento, a pena di decadenza dal beneficio, entro quindici giorni dall'evento modificativo [4].

9. In caso di trattamenti pensionistici intervenuti nel corso dell'erogazione dell'Assegno di inclusione, la situazione reddituale degli interessati è corrispondentemente aggiornata ai fini della determinazione del reddito familiare. Ugualmente si procede nei casi di variazione reddituale di cui ai commi 5 e 6.

10. In caso di variazione del nucleo familiare in corso di fruizione del beneficio, l'interessato presenta entro un mese dalla variazione, a pena di decadenza dal beneficio, una dichiarazione sostitutiva unica, di seguito DSU, aggiornata, per le valutazioni in ordine alla permanenza dei requisiti per la concessione del beneficio e all'aggiornamento della misura da parte dell'INPS [5].

11. Ai beneficiari dell'Assegno di inclusione si applicano gli obblighi previsti dall'articolo 1, comma 316, della legge 29 dicembre 2022, n. 197.

(1) Comma modificato dall'art. 1, co. 1, l. 3.7.2023, n. 85, in sede di conversione.
(2) Comma modificato dall'art. 1, co. 1, l. 3.7.2023, n. 85, in sede di conversione.
(3) Comma modificato dall'art. 1, co. 1, l. 3.7.2023, n. 85, in sede di conversione.
(4) Comma modificato dall'art. 1, co. 1, l. 3.7.2023, n. 85, in sede di conversione.
(5) Comma modificato dall'art. 1, co. 1, l. 3.7.2023, n. 85, in sede di conversione.

8. Sanzioni e responsabilità penale, contabile e disciplinare.

1. Salvo che il fatto costituisca più grave reato, chiunque, al fine di ottenere indebitamente il beneficio economico di cui all'articolo 3, ovvero il beneficio economico di cui all'articolo 12, rende o utilizza dichiarazioni o documenti falsi o attestanti cose non vere, ovvero omette informazioni dovute, è punito con la reclusione da due a sei anni.

2. L'omessa comunicazione delle variazioni del reddito o del patrimonio, anche se provenienti da attività irregolari, nonché di altre informazioni dovute e rilevanti ai fini del mantenimento del beneficio indicato al comma 1[,] è punita con la reclusione da uno a tre anni [1].

3. Alla condanna in via definitiva del beneficiario per i reati di cui ai commi 1 e 2 o per un delitto non colposo che comporti l'applicazione di una pena non inferiore a un anno di reclusione, anche se sostituita da una delle pene indicate nell'articolo 20-*bis*, primo comma, numeri 1), 2) e 3), del codice penale, nonché all'applicazione con provvedimento definitivo di una misura di prevenzione da parte dell'autorità giudiziaria, consegue, di diritto, l'immediata decadenza dal beneficio e il beneficiario è tenuto alla restituzione di quanto indebitamente percepito. La disposizione di cui al primo periodo si applica anche in caso di sentenza adottata ai sensi degli articoli 444 e seguentidel codice di procedura penale, in deroga alle previsioni dell'articolo 445, comma 1-*bis*, del medesimo codice. La decadenza è comunicata al beneficiario dall'INPS. Il beneficio non può essere nuovamente richiesto prima che siano decorsi dieci anni dalla definitività della sentenza oppure dalla revoca, o, comunque, dalla perdita o cessazione degli effetti del decreto di applicazione della misura di prevenzione [2].

3 bis. Alla condanna in via definitiva del beneficiario per il reato di cui all'articolo 570-*ter* del codice penale, nonché alla sentenza definitiva adottata ai sensi degli articoli 444 e seguenti del codice di procedura penale, in deroga alle previsioni dell'articolo 445, comma 1-*bis*, del medesimo codice, consegue la sospensione del beneficio fino alla ripresa della regolare frequenza scolastica del minore documentata con certificazione rilasciata dal dirigente scolastico, ovvero, in mancanza di tale certificazione, per un periodo di due anni [3].

4. Nei casi di cui ai commi 3 e 3-*bis*, qualora il condannato abbia reso la dichiarazione di cui al comma 16, e comunque quando risulta dagli atti che il destinatario del provvedimento giudiziale gode del beneficio, le decisioni sono comunicate dalla cancelleria del giudice all'INPS entro quindici giorni dal passaggio in giudicato della sentenza o dall'applicazione della misura di prevenzione con provvedimento definitivo [4].

5. Fermo restando quanto previsto dai commi 3 e 3-*bis*, quando l'amministrazione erogante accerta la non corrispondenza al vero delle dichiarazioni e delle informazioni poste a fondamento dell'istanza ovvero l'omessa o mendace successiva comunicazione di qualsiasi intervenuta variazione del reddito, del patrimonio e della composizione del nucleo familiare dell'istante, la stessa amministrazione dispone l'immediata revoca dal beneficio. A seguito della revoca, il beneficiario è tenuto alla restituzione di quanto indebitamente percepito [5].

6. Il nucleo familiare che percepisce l'Assegno di inclusione decade dal beneficio se un componente del nucleo, tenuto agli obblighi di cui all'articolo 6:

a) non si presenta presso i servizi sociali o il servizio per il lavoro competente nel termine fissato, senza un giustificato motivo;
b) non sottoscrive il patto per l'inclusione o il patto di servizio personalizzato, di cui all'articolo 4, salvi i casi di esonero;
c) non partecipa, in assenza di giustificato motivo, alle iniziative di carattere formativo o di riqualificazione o ad altra iniziativa di politica attiva o di attivazione, comunque denominate, nelle quali è inserito dai servizi per il lavoro, secondo quanto previsto dal patto di servizio personalizzato, ovvero non rispetta gli impegni concordati con i servizi sociali nell'ambito del percorso personalizzato, ovvero non frequenta regolarmente un percorso di istruzione degli adulti di primo livello, previsto dall'articolo 4, comma 1, lettera a), del regolamento di cui al decreto del Presidente della Repubblica 29 ottobre 2012, n. 263, o comunque funzionale all'adempimento dell'obbligo di istruzione [6];
d) non accetta, senza giustificato motivo, una offerta di lavoro ai sensi dell'articolo 9, relativamente ai componenti del nucleo attivabili al lavoro;

e) non rispetta le previsioni di cui all'articolo 3, commi 7, 8, 10 e 11 ovvero effettua comunicazioni mendaci in modo da determinare un beneficio economico maggiore;
f) non presenta una DSU aggiornata in caso di variazione del nucleo familiare;
g) viene trovato, nel corso delle attività ispettive svolte dalle competenti autorità, intento a svolgere attività di lavoro, senza aver provveduto alle prescritte comunicazioni di cui all'articolo 3.

7. Gli importi di cui all'articolo 38, comma 3, del decreto-legge 31 maggio 2010, n. 78, convertito, con modificazioni, dalla legge 30 luglio 2010, n. 122, al netto delle spese di recupero, sono riversati dall'INPS all'entrata del bilancio dello Stato per essere riassegnati al Fondo per il sostegno alla povertà e per l'inclusione attiva di cui all'articolo 1, comma 321, della legge 29 dicembre 2022, n. 197 (7).

8. In tutti i casi di revoca o di decadenza dal beneficio, l'INPS dispone l'immediata disattivazione della Carta di inclusione di cui all'articolo 4, comma 8.

9. Nei casi diversi da quelli di cui al comma 3, il beneficio può essere richiesto da un componente il nucleo familiare solo decorsi sei mesi dalla data del provvedimento di revoca o decadenza.

10. Tutti i soggetti, che accedono al sistema informativo di cui all'articolo 5, mettono a disposizione, immediatamente e comunque non oltre dieci giorni dalla data dalla quale ne sono venuti a conoscenza, attraverso il medesimo sistema informativo, le informazioni sui fatti suscettibili di dar luogo alle sanzioni di cui al presente articolo. L'INPS, per il tramite del sistema informativo di cui all'articolo 5, mette a disposizione dei centri per l'impiego e dei comuni gli eventuali conseguenti provvedimenti di revoca o decadenza dal beneficio. Nei casi di dichiarazioni mendaci e di conseguente accertato illegittimo godimento del beneficio, i soggetti preposti ai controlli e alle verifiche trasmettono all'autorità giudiziaria, entro dieci giorni dall'accertamento, la documentazione completa relativa alla verifica (8).

11. I comuni sono responsabili delle verifiche e dei controlli anagrafici, attraverso l'incrocio delle informazioni dichiarate ai fini dell'ISEE con quelle disponibili presso gli uffici anagrafici e quelle raccolte dai servizi sociali e ogni altra informazione utile per individuare omissioni nelle dichiarazioni o dichiarazioni mendaci al fine del riconoscimento del beneficio. I comuni provvedono alle attività di cui al presente articolo con le risorse umane, strumentali e finanziarie disponibili a legislazione vigente (9).

12. Il mancato o non corretto espletamento dei controlli e delle verifiche di cui al presente capo, nonché la mancata comunicazione dell'accertamento dei fatti suscettibili di dar luogo alla revoca o alla decadenza dal beneficio, determinano la responsabilità amministrativo-contabile del personale delle amministrazioni interessate, degli altri soggetti incaricati e, comunque, preposti allo svolgimento delle citate funzioni, ai sensi dell'articolo 1 della legge 14 gennaio 1994, n. 20. Le condotte di cui al presente comma sono altresì valutate ai fini dell'accertamento della responsabilità disciplinare dell'autore.

13. All'articolo 3, comma 3-*quater*, del decreto-legge 22 febbraio 2002, n. 12, convertito, con modificazioni, dalla legge 23 aprile 2002, n. 73, sono aggiunte, in fine, le seguenti parole: «ovvero di lavoratori beneficiari dell'Assegno di inclusione o del Supporto per la formazione e il lavoro di cui al decreto-legge 4 maggio 2023, n. 48» (10).

14. Nei confronti del beneficiario o del richiedente cui è applicata una misura cautelare personale o che è destinatario di uno dei provvedimenti di cui al comma 3 prima che diventino definitivi, l'erogazione del beneficio è sospesa. La medesima sospensione si applica anche nei confronti del beneficiario o del richiedente dichiarato latitante ai sensi dell'articolo 296 del codice di procedura penale o che si è sottratto volontariamente all'esecuzione della pena. In tali casi, il soggetto non è calcolato nella scala di equivalenza di cui all'articolo 2, comma 4 (11).

15. I provvedimenti di sospensione di cui al comma 14 sono adottati con effetto non retroattivo, rispettivamente, dal giudice che ha disposto la misura cautelare, dal giudice che ha emesso la sentenza di condanna non definitiva, dal giudice che ha dichiarato la latitanza, dal giudice dell'esecuzione su richiesta del pubblico ministero che ha emesso l'ordine di esecuzione di cui all'articolo 656 del codice di procedura penale al quale il condannato si è volontariamente sottratto ovvero dal giudice che ha disposto la misura di prevenzione con provvedimento non definitivo.

16. Nel primo atto del procedimento cui è presente l'indagato o l'imputato l'autorità giudiziaria lo invita a dichiarare se gode del beneficio (12).

17. Ai fini della loro immediata esecuzione, i provvedimenti di sospensione di cui ai commi 14 e 15 sono comunicati dall'autorità giudiziaria procedente, entro il termine di quindici giorni dalla loro adozione, all'INPS per l'inserimento nelle piattaforme di cui all'articolo 5 che hanno in carico la posizione dell'indagato o imputato o condannato.

18. La sospensione del beneficio può essere revocata dall'autorità giudiziaria che l'ha disposta, quando risultano mancare, anche per motivi sopravvenuti, le condizioni che l'hanno determinata. Ai fini del ripristino dell'erogazione degli importi dovuti, l'interessato deve presentare domanda al competente ente previdenziale allegando la copia del provvedimento giudiziario di revoca della sospensione della prestazione.

19. Le risorse derivanti dai provvedimenti di sospensione di cui al comma 14 sono accantonate dall'INPS fino al momento in cui viene accertata la quota delle stesse comunque spettante ai soggetti interessati dal provvedimento di revoca. La restante parte delle risorse di cui al primo periodo è versata all'entrata del bilancio dello Stato per essere riassegnata ai capitoli di spesa corrispondenti al Fondo di rotazione per la solidarietà alle vittime dei reati di tipo mafioso, delle richieste estorsive, dell'usura e dei reati intenzionali violenti, nonché agli orfani dei crimini domestici, e agli interventi in favore delle vittime del terrorismo e della criminalità organizzata, di cui alla legge 3 agosto 2004, n. 206.

20. Per le finalità di cui ai commi 7 e 19, il Ministero dell'economia e delle finanze è autorizzato ad apportare, con propri decreti, le occorrenti variazioni di bilancio.

(1) Comma modificato dall'art. 1, co. 1, l. 3.7.2023, n. 85, in sede di conversione.
(2) Comma modificato dall'art. 1, co. 1, l. 3.7.2023, n. 85, in sede di conversione.
(3) Comma introdotto dall'art. 12, co. 4, lett. c), n. 1), d.l. 15.9.2023, n. 123, conv., con modif., dalla l. 13.11.2023, n. 159.
(4) Comma modificato dall'art. 12, co. 4, lett. c), n. 2), d.l. 15.9.2023, n. 123, conv., con modif., dalla l. 13.11.2023, n. 159.
(5) Comma modificato dall'art. 12, co. 4, lett. c), n. 3), d.l. 15.9.2023, n. 123, conv., con modif., dalla l. 13.11.2023, n. 159.
(6) Lettera modificata dall'art. 1, co. 1, l. 3.7.2023, n. 85, in sede di conversione.
(7) Comma modificato dall'art. 1, co. 1, l. 3.7.2023, n. 85, in sede di conversione.
(8) Comma modificato dall'art. 1, co. 1, l. 3.7.2023, n. 85, in sede di conversione.
(9) Comma modificato dall'art. 1, co. 1, l. 3.7.2023, n. 85, in sede di conversione.
(10) Comma modificato dall'art. 1, co. 1, l. 3.7.2023, n. 85, in sede di conversione.
(11) Comma modificato dall'art. 1, co. 1, l. 3.7.2023, n. 85, in sede di conversione.
(12) Comma modificato dall'art. 1, co. 1, l. 3.7.2023, n. 85, in sede di conversione.

12. Supporto per la formazione e il lavoro.

1. Al fine di favorire l'attivazione nel mondo del lavoro delle persone a rischio di esclusione sociale e lavorativa, è istituito, dal 1° settembre 2023, il Supporto per la formazione e il lavoro quale misura di attivazione al lavoro, mediante la partecipazione a progetti di formazione, di qualificazione e riqualificazione professionale, di orientamento, di accompagnamento al lavoro e di politiche attive del lavoro comunque denominate. Nelle misure del Supporto per la formazione e il lavoro rientra il servizio civile universale di cui al decreto legislativo 6 marzo 2017, n. 40, per lo svolgimento del quale gli enti preposti possono riservare quote supplementari in deroga ai requisiti di partecipazione di cui all'articolo 14, comma 1, e alla previsione di cui all'articolo 16, comma 8, del citato decreto legislativo n. 40 del 2017. Nelle misure del Supporto rientrano anche i progetti utili alla collettività definiti ai sensi dell'articolo 6, comma 5-*bis*, del presente decreto [1].

2. Il Supporto per la formazione e il lavoro è utilizzabile dai componenti dei nuclei familiari, di età compresa tra 18 e 59 anni, con un valore dell'ISEE familiare, in corso di validità, non superiore a euro 6.000 annui, che non hanno i requisiti per accedere all'Assegno di inclusione. Il Supporto per la formazione e il lavoro può essere utilizzato anche dai componenti dei nuclei che percepiscono l'Assegno di inclusione che decidono di partecipare ai percorsi di cui al comma 1 pur non essendo sottoposti agli obblighi di cui all'articolo 6, comma 4, purché non siano calcolati nella scala di equivalenza di cui all'articolo 2, comma 4. Il Supporto per la formazione e il lavoro è incompatibile con il Reddito di cittadinanza e la Pensione di cittadinanza e con ogni altro strumento pubblico di integrazione o di sostegno al reddito per la disoccupazione [2].

3. L'interessato chiede di accedere al Supporto per la formazione e il lavoro con le modalità telematiche di cui all'articolo 4 e il relativo percorso di attivazione viene attuato mediante la piattaforma di cui all'articolo 5, attraverso l'invio automatico ai servizi per il lavoro competenti. Nella richiesta, l'interessato è tenuto a dimostrare l'iscrizione ai percorsi di istruzione degli adulti di primo livello, previsti dall'articolo 4, comma 1, lettera a), del regolamento di cui al decreto del Presidente della Repubblica 29 ottobre 2012, n. 263, o comunque funzionali all'adempimento dell'obbligo di istruzione, a rilasciare la dichiarazione di immediata disponibilità al lavoro e ad autorizzare espressamente la trasmissione dei dati relativi alla richiesta ai centri per l'impiego, alle agenzie per il lavoro e agli enti autorizzati all'attività di intermediazione ai sensi degli articoli 4 e 6 del decreto legislativo 10 settembre 2003, n. 276, nonché ai soggetti accreditati ai servizi per il lavoro ai sensi dell'articolo 12 del decreto legislativo 14 settembre 2015, n. 150. Le modalità di trasmissione delle informazioni concernenti la frequenza dei percorsi di cui al presente comma possono essere definite nell'ambito dei decreti di cui all'articolo 5, comma 3 [3].

4. Il richiedente deve essere in possesso dei requisiti di cui all'articolo 2, comma 2, a esclusione della lettera b), numero 1). Ai fini del soddisfacimento del requisito di cui all'articolo 2, comma 2, lettera b), numero 2), la soglia di euro 6.000 annui si intende moltiplicata per il corrispondente parametro della scala di equivalenza, come definita ai fini dell'ISEE. Si applicano le disposizioni di cui all'articolo 2, commi 3, 7, 8 e 10, rimanendo fermo l'obbligo di assolvimento del diritto-dovere all'istruzione e formazione ai sensi del decreto legislativo 15 aprile 2005, n. 76, o la relativa esenzione [4].

5. Il richiedente è convocato presso il servizio per il lavoro competente, per la stipula del patto di servizio personalizzato di cui all'articolo 20 del decreto legislativo 14 settembre 2015, n. 150, dopo la sottoscrizione del patto di attivazione digitale. Nel patto di servizio personalizzato, il beneficiario del Supporto per la formazione e il lavoro deve indicare, con idonea documentazione, di essersi rivolto ad almeno tre agenzie per il lavoro o enti autorizzati all'attività di intermediazione ai sensi degli articoli 4 e 6 del decreto legislativo 10 settembre 2003, n. 276, quale misura di attivazione al lavoro. Il patto di servizio personalizzato può prevedere l'adesione ai servizi al lavoro e ai percorsi formativi previsti dal Programma nazionale per la Garanzia occupabilità dei lavoratori (GOL), di cui alla Missione 5, Componente 1, del Piano nazionale di ripresa e resilienza.

La convocazione del richiedente da parte del competente servizio per il lavoro può essere effettuata con le modalità di cui all'articolo 6, comma 5-*ter* [(5)].

6. A seguito della stipulazione del patto di servizio, attraverso la piattaforma di cui all'articolo 5, l'interessato può ricevere offerte di lavoro e servizi di orientamento e accompagnamento al lavoro, ovvero essere inserito in specifici progetti di formazione erogati da soggetti, pubblici o privati, accreditati alla formazione dai sistemi regionali, da fondi paritetici interprofessionali e da enti bilaterali. L'interessato può autonomamente individuare progetti di formazione, rientranti nel novero di quelli indicati al primo periodo, ai quali essere ammesso e, in tal caso, deve darne immediata comunicazione attraverso la piattaforma di cui all'articolo 5 [(6)].

7. La partecipazione, a seguito della stipulazione del patto di servizio attraverso la piattaforma di cui all'articolo 5, alle attività previste al comma 1 per l'attivazione nel mondo del lavoro determina l'accesso per l'interessato a un beneficio economico, quale indennità di partecipazione alle misure di attivazione lavorativa, pari ad un importo mensile di 350 euro. Tale importo è erogato per tutta la durata della misura, entro un limite massimo di dodici mensilità. Il beneficio economico è erogato mediante bonifico mensile da parte dell'INPS [(7)].

8. L'interessato è tenuto ad aderire alle misure di formazione e di attivazione lavorativa indicate nel patto di servizio personalizzato, dando conferma, almeno ogni novanta giorni, ai servizi competenti, anche in via telematica, della partecipazione a tali attività. In mancanza di conferma, il beneficio di cui al comma 7 è sospeso.

9. Ai beneficiari del Supporto per la formazione e il lavoro si applicano gli obblighi previsti dall'articolo 1, comma 316, della legge 29 dicembre 2022, n. 197. La mancata iscrizione a percorsi di istruzione degli adulti di primo livello, previsti dall'articolo 4, comma 1, lettera a), del regolamento di cui al decreto del Presidente della Repubblica 29 ottobre 2012, n. 263, o comunque funzionali all'adempimento dell'obbligo di istruzione, comporta la non erogazione del beneficio, che comunque decorre dall'inizio del percorso formativo, fermo restando il periodo massimo di percezione previsto dal comma 7 [(8)].

10. Al Supporto per la formazione e il lavoro si applicano le disposizioni di cui all'articolo 3, commi 3, 5, 6, 7, 8, 9 e 10, all'articolo 4, commi 1 e 7, all'articolo 5, all'articolo 6, comma 7, e agli articoli 7, 8, 9, 10 e 11. Le cause di decadenza indicate all'articolo 8, comma 6, sono riferite a ciascun richiedente [(9)].

11. Con uno dei decreti di cui all'articolo 4, comma 7, per i beneficiari del Supporto per la formazione e il lavoro e per i componenti dei nuclei familiari beneficiari dell'Assegno di inclusione di età compresa tra 18 e 59 anni attivabili al lavoro, sono individuate le misure per il coinvolgimento, nei percorsi formativi e di attivazione lavorativa, dei soggetti accreditati ai servizi per il lavoro e alla formazione, la loro remunerazione e le modalità di monitoraggio della misura, anche con il coinvolgimento dell'ANPAL e dell'Anpal Servizi S.p.A., nell'ambito di programmi operativi nazionali finanziati con il Fondo Sociale Europeo Plus nella programmazione 2021-2027 [(10)].

12. Se emergono, in sede di monitoraggio e di analisi dei dati di avanzamento, criticità nell'attuazione del Supporto per la formazione e il lavoro, il Ministero del lavoro e delle politiche sociali individua le regioni [e le province Autonome] che presentano particolari ritardi nell'attuazione della misura e, d'intesa con le medesime e con il supporto dell'Anpal Servizi S.p.A., attiva specifici interventi di tutoraggio, fermi restando i poteri sostitutivi previsti dalla normativa vigente [(11)].

13. Con uno dei decreti di cui all'articolo 4, comma 7, sono definite le modalità di trasmissione delle liste di disponibilità dei beneficiari dell'Assegno di inclusione, del Supporto per la formazione e il lavoro, della nuova prestazione di assicurazione sociale per l'impiego (NASpI) e di eventuali altre forme di sussidio o di misure per l'inclusione attiva alle agenzie per il lavoro di cui all'articolo 4 del decreto legislativo 10 settembre 2003, n. 276, ai soggetti autorizzati allo svolgimento delle attività di intermediazione ai sensi dell'articolo 6 del medesimo decreto legislativo e ai soggetti accreditati ai servizi per il lavoro ai sensi dell'articolo 12 del decreto legislativo 14 settembre 2015 n. 150, nonché le relative modalità di utilizzo [(12)].

13 bis. Le province autonome di Trento e di Bolzano possono provvedere all'erogazione di servizi destinati ai beneficiari del Supporto per la formazione e il lavoro nell'ambito della propria competenza legislativa e della relativa potestà amministrativa, nel perseguimento delle finalità del comma 1 ai sensi del proprio ordinamento [(13)].

14. Le amministrazioni provvedono alle attività di cui al presente articolo con le risorse umane, strumentali e finanziarie disponibili a legislazione vigente.

(1) Comma modificato dall'art. 1, co. 1, l. 3.7.2023, n. 85, in sede di conversione.
(2) Comma sostituito dall'art. 1, co. 1, l. 3.7.2023, n. 85, in sede di conversione.
(3) Comma modificato dall'art. 1, co. 1, l. 3.7.2023, n. 85, in sede di conversione.
(4) Comma modificato dall'art. 1, co. 1, l. 3.7.2023, n. 85, in sede di conversione.
(5) Comma modificato dall'art. 1, co. 1, l. 3.7.2023, n. 85, in sede di conversione.
(6) Comma modificato dall'art. 1, co. 1, l. 3.7.2023, n. 85, in sede di conversione.
(7) Comma sostituito dall'art. 1, co. 1, l. 3.7.2023, n. 85, in sede di conversione.
(8) Comma modificato dall'art. 1, co. 1, l. 3.7.2023, n. 85, in sede di conversione.
(9) Comma modificato dall'art. 1, co. 1, l. 3.7.2023, n. 85, in sede di conversione.
(10) Comma modificato dall'art. 1, co. 1, l. 3.7.2023, n. 85, in sede di conversione.
(11) Comma modificato dall'art. 1, co. 1, l. 3.7.2023, n. 85, in sede di conversione.
(12) Comma modificato dall'art. 1, co. 1, l. 3.7.2023, n. 85, in sede di conversione.
(13) Comma introdotto dall'art. 1, co. 1, l. 3.7.2023, n. 85, in sede di conversione.

FAMIGLIA (DIRITTO PENALE DELLA)

A. Adozioni

1. L. 4 maggio 1983, n. 184. – Diritto del minore ad una famiglia (*artt. 70-73*)

In Gazzetta Ufficiale 17 maggio 1983, n. 133

70. – 1. I pubblici ufficiali o gli incaricati di un pubblico servizio che omettono di riferire alla procura della Repubblica presso il tribunale per i minorenni sulle condizioni di ogni minore in situazione di abbandono di cui vengano a conoscenza in ragione del proprio ufficio, sono puniti ai sensi dell'articolo 328 del codice penale. Gli esercenti un servizio di pubblica necessità sono puniti con la pena della reclusione fino ad un anno o con la multa da lire 500.000 a lire 2.500.000.

2. I rappresentanti degli istituti di assistenza pubblici o privati che omettono di trasmettere semestralmente alla procura della Repubblica presso il tribunale per i minorenni l'elenco di tutti i minori ricoverati o assistiti, ovvero forniscono informazioni inesatte circa i rapporti familiari concernenti i medesimi, sono puniti con la pena della reclusione fino ad un anno o con la multa da lire 500.000 a lire 5.000.000 (1).

(1) Articolo sostituito dall'*art.* 34 della l. 28.3.2001, n. 149.

71. – Chiunque, in violazione delle norme di legge in materia di adozione, affida a terzi con carattere definitivo un minore, ovvero lo avvia all'estero perché sia definitivamente affidato, è punito con la reclusione da uno a tre anni (1).

Se il fatto è commesso dal tutore ovvero da altra persona cui il minore è affidato per ragioni di educazione, di istruzione, di vigilanza e di custodia, la pena è aumentata della metà.

Se il fatto è commesso dal genitore la condanna comporta la perdita della relativa responsabilità genitoriale e l'apertura della procedura di adottabilità; se è commesso del tutore consegue la rimozione dall'ufficio; se è commesso dalla persona cui il minore è affidato consegue la inidoneità ad ottenere affidamenti familiari o adottivi e l'incapacità all'ufficio tutelare (2).

Se il fatto è commesso da pubblici ufficiali, da incaricati di un pubblico servizio, da esercenti la professione sanitaria o forense, da appartenenti ad istituti di assistenza pubblici o privati nei casi di cui all'articolo 61, numeri 9 e 11, del codice penale, la pena è raddoppiata.

La pena stabilita nel primo comma del presente articolo si applica anche a coloro che, consegnando o promettendo denaro od altra utilità a terzi, accolgono minori in illecito affidamento con carattere di definitività. La condanna comporta la inidoneità ad ottenere affidamenti familiari o adottivi e l'incapacità all'ufficio tutelare.

Chiunque svolga opera di mediazione al fine di realizzare l'affidamento di cui al primo comma è punito con la reclusione fino ad un anno o con multa da lire 500.000 a lire 5.000.000 (3).

(1) Comma sostituito dall'*art.* 35, co. 1, l. 28.3.2001, n. 149.
(2) Comma modificato dall'*art.* 100, co. 1, lett. bb), d.lgs. 28.12.2013 n. 154, a decorrere dal 7.2.2014 come indicato dall'*art.* 108, co. 1, dello stesso decreto.
(3) Comma sostituito dall'*art.* 35, co. 2, l. 28.3.2001, n. 149.

72. – Chiunque, per procurarsi denaro o altra utilità, in violazione delle disposizioni della presente legge, introduce nello Stato uno straniero minore di età perché sia definitivamente affidato a cittadini italiani è punito con la reclusione da uno a tre anni.

La pena stabilita nel precedente comma si applica anche a coloro che, consegnando o promettendo denaro o altra utilità a terzi, accolgono stranieri minori di età in illecito affidamento con carattere di definitività. La condanna comporta l'inidoneità a ottenere affidamenti familiari o adottivi e l'incapacità all'ufficio tutelare.

72 bis. – 1. Chiunque svolga per conto di terzi pratiche inerenti all'adozione di minori stranieri senza avere previamente ottenuto l'autorizzazione prevista dall'articolo 39, comma 1, lettera c), è punito con la pena della reclusione fino a un anno o con la multa da uno a dieci milioni di lire.

2. La pena è della reclusione da sei mesi a tre anni e della multa da due a sei milioni di lire per i legali rappresentanti ed i responsabili di associazioni o di agenzie che trattano le pratiche di cui al comma 1.

3. Fatti salvi i casi previsti dall'articolo 36, comma 4, coloro che, per l'adozione di minori stranieri, si avvalgono dell'opera di associazioni, organizzazioni, enti o persone non autorizzati nelle forme di legge sono puniti con le pene di cui al comma 1 diminuite di un terzo (1).

(1) Articolo introdotto dall'*art.* 6 della l. 31.12.1998, n. 476.

73. – Chiunque essendone a conoscenza in ragione del proprio ufficio fornisce qualsiasi notizia atta a rintracciare un minore nei cui confronti sia stata pronunciata adozione o rivela in qualsiasi modo notizie circa lo stato di figlio adottivo è punito con la reclusione fino a sei mesi o con la multa da lire 200.000 a lire 2.000.000 (1) (2).

Se il fatto è commesso da un pubblico ufficiale o da un incaricato di pubblico servizio, si applica la pena della reclusione da sei mesi a tre anni.

Le disposizioni di cui ai commi precedenti si applicano anche a chi fornisce tali notizie successivamente all'affidamento preadottivo e senza l'autorizzazione del tribunale per i minorenni.

(1) Comma sostituito dall'art. 36, co. 14, l. 28.3.2001, n. 149.
(2) Comma modificato dall'art. 100, co. 1, lett. cc), d.lgs. 28.12.2013 n. 154 a decorrere dal 7.2.2014 come indicato dall'art. 108, co. 1, del citato decreto.

B. Violenza domestica

2. L. 4 aprile 2001, n. 154. – Misure contro la violenza nelle relazioni familiari (*artt. 5-6, 8*)

In Gazzetta Ufficiale 28 aprile 2001, n. 98

5. Pericolo determinato da altri familiari.

1. Le norme di cui alla presente legge si applicano, in quanto compatibili, anche nel caso in cui la condotta pregiudizievole sia stata tenuta da altro componente del nucleo familiare diverso dal coniuge o dal convivente, ovvero nei confronti di altro componente del nucleo familiare diverso dal coniuge o dal convivente. In tal caso l'istanza è proposta dal componente del nucleo familiare in danno del quale è tenuta la condotta pregiudizievole.

6. Sanzione penale.

[**1.** Chiunque elude l'ordine di protezione previsto dall'articolo 342-*ter* del codice civile, ovvero un provvedimento di eguale contenuto assunto nel procedimento di separazione personale dei coniugi o nel procedimento di scioglimento o di cessazione degli effetti civili del matrimonio è punito con la pena stabilita dall'articolo 388, primo comma, del codice penale. Si applica altresì l'ultimo comma del medesimo articolo 388 del codice penale.] (1)

(1) Articolo abrogato dall'*art.* 1, co. 1, lett. r), del d.lgs. 1°.3.2018, n. 21.

8. Ambito di applicazione.

[**1.** Le disposizioni degli articoli 2 e 3 della presente legge non si applicano quando la condotta pregiudizievole è tenuta dal coniuge che ha proposto o nei confronti del quale è stata proposta domanda di separazione personale ovvero di scioglimento o di cessazione degli effetti civili del matrimonio se nel relativo procedimento si è svolta l'udienza di comparizione dei coniugi davanti al presidente prevista dall'articolo 706 del codice di procedura civile ovvero, rispettivamente, dall'articolo 4 della legge 1° dicembre 1970, n. 898, e successive modificazioni. In tal caso si applicano le disposizioni contenute, rispettivamente, negli articoli 706 e seguenti del codice di procedura civile e nella legge 1° dicembre 1970, n. 898, e successive modificazioni, e nei relativi procedimenti possono essere assunti provvedimenti aventi i contenuti indicati nell'articolo 342-*ter* del codice civile.

2. L'ordine di protezione adottato ai sensi degli articoli 2 e 3 perde efficacia qualora sia successivamente pronunciata, nel procedimento di separazione personale o di scioglimento o cessazione degli effetti civili del matrimonio promosso dal coniuge istante o nei suoi confronti, l'ordinanza contenente provvedimenti temporanei ed urgenti prevista, rispettivamente, dall'articolo 708 del codice di procedura civile e dall'articolo 4 della legge 1° dicembre 1970, n. 898, e successive modificazioni.

La presente legge, munita del sigillo dello Stato, sarà inserita nella Raccolta ufficiale degli atti normativi della Repubblica italiana. È fatto obbligo a chiunque spetti di osservarla e di farla osservare come legge dello Stato.] (1)

(1) Articolo abrogato dell'*art.* 29, co. 3, d.lgs. 10.10.2022, n. 149, con effetto a decorrere dal 28.2.2023, come stabilito dall'*art.* 35, co. 1, d.lgs. 149/2022 medesimo, come modificato dall'*art.* 1, co. 380, lett. a), l. 29.12.2022, n. 197.

3. L. 11 gennaio 2018, n. 4. – Modifiche al codice civile, al codice penale, al codice di procedura penale e altre disposizioni in favore degli orfani per crimini domestici (*artt. 6, 8-9, 11, 13*)

In Gazzetta Ufficiale 01 febbraio 2018, n. 26

6. Diritto alla quota di riserva in favore di figli orfani per crimini domestici.

1. La quota di riserva di cui all'articolo 18, comma 2, della legge 12 marzo 1999, n. 68, è attribuita anche ai figli orfani di un genitore a seguito di omicidio commesso in danno del genitore medesimo dal coniuge, anche se legalmente separato o divorziato, dall'altra parte dell'unione civile, anche se l'unione civile è cessata, o dalla persona legata da relazione affettiva e stabile convivenza, condannati ai sensi dell'articolo 577, primo comma, numero 1), ovvero secondo comma, del codice penale.

8. Norme in materia di diritto di accesso ai servizi di assistenza agli orfani per crimini domestici.

1. In attuazione degli articoli 8 e 9 della direttiva 2012/29/UE del Parlamento europeo e del Consiglio, del 25 ottobre 2012, lo Stato, le regioni e le autonomie locali, secondo le rispettive attribuzioni:

a) possono promuovere e sviluppare presidi e servizi pubblici e gratuiti di informazione e orientamento in materia di diritti e di servizi organizzati in favore delle vittime di reati, nonché di assistenza, consulenza e sostegno in favore della vittima in funzione delle sue specifiche necessità e dell'entità del danno subito, te-

nendo conto della sua eventuale condizione di particolare vulnerabilità, anche affidandone la gestione alle associazioni riconosciute operanti nel settore;
b) favoriscono l'attività delle organizzazioni di volontariato, coordinandola con quella dei servizi pubblici;
c) favoriscono sistemi assicurativi adeguati in favore degli orfani per crimini domestici;
d) predispongono misure di sostegno allo studio e all'avviamento al lavoro per gli orfani per crimini domestici, nei limiti delle risorse a tale fine destinate ai sensi dell'articolo 11, commi 1 e 2;
e) acquisiscono dati e monitorano l'applicazione delle norme a protezione delle vittime vulnerabili e dei loro familiari, relativamente alle necessità delle vittime stesse e alla frequenza dei crimini nei riguardi dei gruppi più deboli, al fine di programmare interventi adeguati nel settore anche mediante inchieste e ricerche atte a prevenire i crimini stessi.

2. Salvo quanto previsto dal comma 1, lettera d), all'attuazione delle disposizioni di cui al presente articolo le amministrazioni interessate provvedono con le risorse umane, strumentali e finanziarie disponibili a legislazione vigente e, comunque, senza nuovi o maggiori oneri per la finanza pubblica.

9. Disposizioni in materia di assistenza medico-psicologica.

1. In favore dei figli minorenni o maggiorenni economicamente non autosufficienti di vittime del reato di cui all'articolo 575, aggravato ai sensi dell'articolo 577, primo comma, numero 1), e secondo comma, del codice penale è assicurata un'assistenza gratuita di tipo medico-psicologico, a cura del Servizio sanitario nazionale, per tutto il tempo occorrente al pieno recupero del loro equilibrio psicologico, con esenzione dei beneficiari dalla partecipazione alla relativa spesa sanitaria e farmaceutica.

2. Agli oneri derivanti dal comma 1, valutati in 64.000 euro annui a decorrere dall'anno 2017, si provvede ai sensi dell'articolo 11, comma 3.

3. Il livello del finanziamento del Servizio sanitario nazionale è incrementato di 64.000 euro annui a decorrere dalla data di entrata in vigore della presente legge.

11. Fondo di rotazione per la solidarietà alle vittime dei reati di tipo mafioso, delle richieste estorsive, dell'usura e dei reati intenzionali violenti nonché agli orfani per crimini domestici.

1. La dotazione del Fondo di cui all'articolo 2, comma 6-*sexies*, del decreto-legge 29 dicembre 2010, n. 225, convertito, con modificazioni, dalla legge 26 febbraio 2011, n. 10, come modificato dall'articolo 14 della legge 7 luglio 2016, n. 122, è incrementata di 2 milioni di euro per ciascuno degli anni 2017 e 2018, di 5 milioni di euro per l'anno 2019 e di 7 milioni di euro annui a decorrere dall'anno 2020, per le seguenti finalità a valere su tale incremento:
a) una quota pari a 2 milioni di euro annui a decorrere dall'anno 2017 è destinata all'erogazione di borse di studio in favore degli orfani per crimini domestici e al finanziamento di iniziative di orientamento, di formazione e di sostegno per l'inserimento dei medesimi nell'attività lavorativa ai sensi delle disposizioni della presente legge, assicurando che almeno il 70 per cento di tale somma sia destinato agli interventi in favore dei minori e che la quota restante, ove ne ricorrano i presupposti, sia destinata agli interventi in favore dei soggetti maggiorenni economicamente non autosufficienti;
b) una quota pari a 3 milioni di euro per l'anno 2019 e a 5 milioni di euro annui a decorrere dall'anno 2020 è destinata, in attuazione di quanto disposto dall'articolo 5, comma 4, della legge 4 maggio 1983, n. 184, a misure di sostegno e di aiuto economico in favore delle famiglie affidatarie, secondo criteri di equità fissati con apposito decreto del Ministro dell'economia e delle finanze entro trenta giorni dalla data di entrata in vigore della presente disposizione [(1)].

2. Con regolamento adottato con decreto del Ministro dell'economia e delle finanze, di concerto con il Ministro dell'istruzione, dell'università e della ricerca, con il Ministro dell'interno, con il Ministro del lavoro e delle politiche sociali e con il Ministro della salute, da emanare entro tre mesi dalla data di entrata in vigore della presente legge, sono stabiliti i criteri e le modalità per l'utilizzazione delle risorse di cui al comma 1 e per l'accesso agli interventi mediante le stesse finanziati. Lo schema del regolamento di cui al presente comma, corredato di relazione tecnica, è trasmesso alle Camere per il parere delle Commissioni competenti per materia e per i profili di carattere finanziario.

3. All'onere complessivamente risultante dalle disposizioni di cui agli articoli 1, comma 2, e 9, comma 2, nonché di cui al comma 1 del presente articolo, pari a 2.074.000 euro, si provvede mediante corrispondente riduzione dello stanziamento del Fondo speciale di parte corrente iscritto, ai fini del bilancio triennale 2017-2019, nell'ambito del programma «Fondi di riserva e speciali» della missione «Fondi da ripartire» dello stato di previsione del Ministero dell'economia e delle finanze per l'anno 2017, allo scopo parzialmente utilizzando, quanto a 2.064.000 euro annui a decorrere dall'anno 2017, l'accantonamento relativo al medesimo Ministero e, quanto a 10.000 euro annui a decorrere dall'anno 2017, l'accantonamento relativo al Ministero della giustizia. Il Ministro dell'economia e delle finanze è autorizzato ad apportare, con propri decreti, le occorrenti variazioni di bilancio.

4. Il Fondo di rotazione per la solidarietà alle vittime dei reati di tipo mafioso, delle richieste estorsive, dell'usura e dei reati intenzionali violenti assume la denominazione di «Fondo di rotazione per la solidarietà alle vittime dei reati di tipo mafioso, delle richieste estorsive, dell'usura e dei reati intenzionali violenti nonché agli orfani per crimini domestici».

(1) Comma sostituito dall'art. 8, co. 1, l. 19.7.2019, n. 69.

13. Cambio del cognome per gli orfani delle vittime di crimini domestici.

1. I figli della vittima del reato di cui all'articolo 575, aggravato ai sensi dell'articolo 577, primo comma, numero 1), e secondo comma, del codice penale possono chiedere la modificazione del proprio cognome, ove coincidente con quello del genitore condannato in via definitiva.

2. Ai fini del comma 1, la domanda di modificazione del cognome per indegnità del genitore è presentata, a norma dell'articolo 89 del regolamento di cui al decreto del Presidente della Repubblica 3 novembre 2000, n. 396, personalmente dal figlio maggiorenne o, previa autorizzazione del giudice tutelare, dal tutore del figlio minorenne.

3. Nel caso di persona interdetta in via giudiziale, gli atti finalizzati all'esercizio dei diritti previsti dal presente articolo sono compiuti, nell'interesse della persona, dal tutore, previa autorizzazione del giudice tutelare. Nel caso di persona beneficiaria di amministrazione di sostegno, il giudice tutelare dispone se tali atti possano essere compiuti dall'amministratore di sostegno ovvero dal beneficiario, con l'assistenza dell'amministratore di sostegno, ovvero se il beneficiario conservi per tali atti la capacità di agire.

4. In deroga agli articoli 90, 91 e 92 del regolamento di cui al decreto del Presidente della Repubblica 3 novembre 2000, n. 396, il prefetto, ricevuta la domanda, autorizza il richiedente a far affiggere all'albo pretorio del comune di nascita o di sua attuale residenza un avviso contenente il sunto della domanda. L'affissione deve avere la durata di dieci giorni consecutivi, trascorsi i quali il prefetto provvede sulla domanda con decreto di autorizzazione alla modificazione del cognome.

5. Alla modificazione del cognome di cui al presente articolo si applicano le disposizioni di cui all'articolo 94 del regolamento di cui al decreto del Presidente della Repubblica 3 novembre 2000, n. 396.

La presente legge, munita del sigillo dello Stato, sarà inserita nella Raccolta ufficiale degli atti normativi della Repubblica italiana. È fatto obbligo a chiunque spetti di osservarla e di farla osservare come legge dello Stato.

C. Divorzio

4. L. 1 dicembre 1970, n. 898. – Disciplina dei casi di scioglimento del matrimonio (*artt. 3, 12 sexies*)

In Gazzetta Ufficiale 3 dicembre 1970, n. 306

3. – 1. Lo scioglimento o la cessazione degli effetti civili del matrimonio può essere domandato da uno dei coniugi:

1) quando, dopo la celebrazione del matrimonio, l'altro coniuge è stato condannato, con sentenza passata in giudicato, anche per fatti commessi in precedenza:
   a) all'ergastolo ovvero ad una pena superiore ad anni quindici, anche con più sentenze, per uno o più delitti non colposi, esclusi i reati politici e quelli commessi per motivi di particolare valore morale e sociale;
   b) a qualsiasi pena detentiva per il delitto di cui all'art. 564 del codice penale e per uno dei delitti di cui agli articoli 519, 521, 523 e 524 del codice penale, ovvero per induzione, costrizione, sfruttamento o favoreggiamento della prostituzione [(1)];
   c) a qualsiasi pena per omicidio volontario di un figlio ovvero per tentato omicidio a danno del coniuge o di un figlio [(2)];
   d) a qualsiasi pena detentiva, con due o più condanne, per i delitti di cui all'art. 582, quando ricorra la circostanza aggravante di cui al secondo comma dell'art. 583, e agli articoli 570, 572 e 643 *del codice penale, in danno del* coniuge o di un figlio [(3)].

   Nelle ipotesi previste alla lettera d) il giudice competente a pronunciare lo scioglimento o la cessazione degli effetti civili del matrimonio accerta, anche in considerazione del comportamento successivo del convenuto, la di lui inidoneità a mantenere o ricostituire la convivenza familiare.

   Per tutte le ipotesi previste nel n. 1) del presente articolo la domanda non è proponibile dal coniuge che sia stato condannato per concorso nel reato ovvero quando la convivenza coniugale è ripresa;

2) nei casi in cui:
   a) l'altro coniuge è stato assolto per vizio totale di mente da uno dei delitti previsti nelle lettere b) e c) del numero 1) del presente articolo, quando il giudice competente a pronunciare lo scioglimento o la cessazione degli effetti civili del matrimonio accerta l'inidoneità del convenuto a mantenere o ricostituire la convivenza familiare;
   b) è stata pronunciata con sentenza passata in giudicato la separazione giudiziale fra i coniugi, ovvero è stata omologata la separazione consensuale ovvero è intervenuta separazione di fatto quando la separazione di fatto stessa è iniziata almeno due anni prima del 18 dicembre 1970 [(4)].

   In tutti i predetti casi, per la proposizione della domanda di scioglimento o di cessazione degli ef-

fetti civili del matrimonio, le separazioni devono essersi protratte ininterrottamente da almeno dodici mesi dall'avvenuta comparizione dei coniugi innanzi al presidente del tribunale nella procedura di separazione personale e da sei mesi nel caso di separazione consensuale, anche quando il giudizio contenzioso si sia trasformato in consensuale, ovvero dalla data certificata nell'accordo di separazione raggiunto a seguito di convenzione di negoziazione assistita da un avvocato ovvero dalla data dell'atto contenente l'accordo di separazione concluso innanzi all'ufficiale dello stato civile. L'eventuale interruzione della separazione deve essere eccepita dalla parte convenuta (5);
[Quando vi sia opposizione del coniuge convenuto il termine di cui sopra è elevato:
ad anni sette, nel caso di separazione pronunciata per colpa esclusiva dell'attore;
ad anni sei, nel caso di separazione consensuale omologata in data anteriore all'entrata in vigore della presente legge o di separazione di fatto;] (6)

c) il procedimento penale promosso per i delitti previsti dalle lettere b) e c) del n. 1) del presente articolo si è concluso con sentenza di non doversi procedere per estinzione del reato, quando il giudice competente a pronunciare lo scioglimento o la cessazione degli effetti civili del matrimonio ritiene che nei fatti commessi sussistano gli elementi costitutivi e le condizioni di punibilità dei delitti stessi;

d) il procedimento penale per incesto si è concluso con sentenza di proscioglimento o di assoluzione che dichiari non punibile il fatto per mancanza di pubblico scandalo;

e) l'altro coniuge, cittadino straniero, ha ottenuto all'estero l'annullamento o lo scioglimento del matrimonio o ha contratto all'estero nuovo matrimonio;

f) il matrimonio non è stato consumato;

g) è passata in giudicato sentenza di rettificazione di attribuzione di sesso a norma della legge 14 aprile 1982, n. 164 (7).

(1) Lettera sostituita dall'art. 1, co. 1, l. 6.3.1987, n. 74.
(2) Lettera sostituita dall'art. 2, co. 1, l. 6.3.1987, n. 74.
(3) Lettera modificata dall'art. 3, co. 1, l. 6.3.1987, n. 74.
(4) Lettera modificata dall'art. 4, co. 1, l. 6.3.1987, n. 74.
(5) Capoverso sostituito dall'art. 5, co. 1, l. 6.3.1987, n. 74, poi modificato dall'art. 12, co. 4, d.l. 12.9.2014 n. 132, conv., con modif., in l. 10.11.2014, n. 162; e, infine, modificato dall'art. 1, co. 1, l. 6.5.2015, n. 55.
(6) Capoverso soppresso dall'art. 6, co. 1, l. 6.3.1987, n. 74.
(7) Lettera introdotta dall'art. 7, co. 1, l. 6.3.1987, n. 74.

12 sexies. – [1. Al coniuge che si sottrae all'obbligo di corresponsione dell'assegno dovuto a norma degli articoli 5 e 6 della presente legge si applicano le pene previste dall'art. 570 del codice penale.] (1).

(1) Articolo introdotto dall'*art.* 21, co. 1, l. 6.3.1987, n. 74 e poi abrogato dall'*art.* 7, co. 1, lett. b), d.lgs. 1.3.2018, n. 21.

5. L. 8 febbraio 2006, n. 54. – Disposizioni in materia di separazione dei genitori e affidamento condiviso dei figli (*artt. 3-4*)

In Gazzetta Ufficiale 01 marzo 2006, n. 50

3. Disposizioni penali.

[1. In caso di violazione degli obblighi di natura economica si applica l'articolo 12-*sexies* della legge 1° dicembre 1970, n. 898.] (1)

(1) Articolo abrogato dall'*art.* 7, co. 1, lett. o), d.lgs. 1.3.2018, n. 21.

4. Disposizioni finali.

1. Nei casi in cui il decreto di omologa dei patti di separazione consensuale, la sentenza di separazione giudiziale, di scioglimento, di annullamento o di cessazione degli effetti civili del matrimonio sia già stata emessa alla data di entrata in vigore della presente legge, ciascuno dei genitori può richiedere, nei modi previsti dall'articolo 710 del codice di procedura civile o dall'articolo 9 della legge 1° dicembre 1970, n. 898, e successive modificazioni, l'applicazione delle disposizioni della presente legge.

2. Le disposizioni della presente legge si applicano anche in caso di scioglimento, di cessazione degli effetti civili o di nullità del matrimonio, nonché ai procedimenti relativi ai figli di genitori non coniugati.

FINANZIAMENTO ILLECITO AI PARTITI E REATI ELETTORALI

1. L. 4 aprile 1956, n. 212. – Norme per la disciplina della propaganda elettorale (*artt. 1, 8, 9*) [(1)(2)]

In Gazzetta Ufficiale 11 aprile 1956, n. 87

(1) Il d.m. 2.4.1998, n. 117 ha previsto la riduzione del 30 per cento delle sezioni elettorali. Gli uffici elettorali comunali sono quindi tenuti a predisporre proposte di ridistribuzione del corpo elettorale da sottoporre alle commissioni elettorali comunali entro il 10.9.1998. Entro il 17.9.1998 gli uffici elettorali provinciali sono tenuti a comunicare, per ogni singolo comune della provincia, il numero delle sezioni elettorali ottenuto a seguito della riduzione alla Direzione generale dell'amministrazione civile – Direzione centrale per i servizi elettorali, che ne accetta la conformità. La riduzione del numero delle sezioni elettorali deve comportare, per ciascun comune, un numero medio per sezione non inferiore a: 750 elettori nei comuni da 2.001 a 40.000 abitanti; 825 elettori nei comuni da 40.001 a 500.000 abitanti; 900 elettori nei comuni con più di 500.001 abitanti. Salvo che particolari, comprovate condizioni di lontananza o di viabilità rendano difficile l'esercizio del diritto di voto, nei comuni con popolazione inferiore a 1.200 abitanti viene costituita una sola sezione, mentre nei comuni con popolazione da 1.201 a 2.000 abitanti il corpo elettorale è ripartito in due sezioni.

(2) Le prefetture sono trasformate in uffici territoriali del governo a decorrere dalla data nomina del primo governo costituito a seguito delle prime elezioni politiche successive all'entrata in vigore, d.lgs. 30.7.1999, n. 300. Il prefetto preposto a tale ufficio nel capoluogo della regione assume anche le funzioni di commissario del governo (art. 11, d.lgs. 300/1999, cit.).

1. – L'affissione di stampati, giornali murali od altri e di manifesti di propaganda, da parte di partiti o gruppi politici che partecipano alla competizione elettorale con liste di candidati o, nel caso di elezioni a sistema uninominale, da parte dei singoli candidati o dei partiti o dei gruppi politici cui essi appartengono, è effettuata esclusivamente negli appositi spazi a ciò destinati in ogni Comune.

[L'affissione di stampati, giornali murali od altri e manifesti, inerenti direttamente o indirettamente alla campagna elettorale, o comunque diretti a determinare la scelta elettorale, da parte di chiunque non partecipi alla competizione elettorale ai sensi del comma precedente, è consentita soltanto in appositi spazi, di numero eguale a quelli riservati ai partiti o gruppi politici o candidati che partecipino alla competizione elettorale, aventi le seguenti misure:

metri 2,00 di altezza per metri 4,00 di base, nei Comuni sino a 10.000 abitanti;

metri 2,00 di altezza per metri 6,00 di base, nei Comuni con popolazione da 10.001 a 30.000 abitanti;

metri 2,00 di altezza per metri 8,00 di base, nei Comuni con popolazione superiore o che, pur avendo popolazione inferiore, siano capoluoghi di Provincia.] [(1)]

Tra gli stampati, giornali murali od altri e manifesti previsti dai precedenti commi si intendono compresi anche quelli che contengono avvisi di comizi, riunioni o assemblee a scopo elettorale.

I divieti di cui al presente articolo non si applicano alle affissioni di giornali quotidiani o periodici nelle bacheche poste in luogo pubblico, regolarmente autorizzate alla data di pubblicazione del decreto di convocazione dei comizi [(2)].

Sono proibite le iscrizioni murali e quelle su fondi stradali, rupi, argini, palizzate e recinzioni.

(1) Comma abrogato dall'art. 1, co. 400, lett. h), n. 1), l. 27.12.2013, n. 147.

(2) Comma introdotto dall'art. 1, l. 24.4.1975, n. 130.

8. – *Chiunque sottrae o distrugge stampati, giornali murali od altri, o manifesti di propaganda elettorale previsti dall'art. 1, destinati all'affissione o alla diffusione o ne impedisce l'affissione o la diffusione ovvero stacca, lacera o rende comunque illeggibili quelli già affissi negli spazi riservati alla propaganda elettorale a norma della presente legge, o, non avendone titolo, affigge stampati, giornali murali od altri o manifesti negli spazi suddetti è punito con la reclusione fino ad un anno e con la multa da lire 100.000 a lire 1.000.000 [(1)]. Tale disposizione si applica anche per i manifesti delle pubbliche autorità concernenti le operazioni elettorali.

Se il reato è commesso da pubblico ufficiale, la pena è della reclusione fino a due anni.

Chiunque affigge stampati, giornali murali od altri, o manifesti di propaganda elettorale previsti dall'art. 1 fuori degli appositi spazi è punito con l'arresto fino a 6 mesi e con l'ammenda da lire 100.000 a lire 1.000.000. Alla stessa pena soggiace chiunque contravviene alle norme dell'ultimo comma dell'art. 1 [(2) (3)].

[È responsabile esclusivamente colui che materialmente è colto in flagranza nell'atto di affissione. Non sussiste responsabilità solidale.] [(4)]

(1) La misura della multa è stata così elevata dall'art. 113, co. 4, l. 24.11.1981, n. 689. Il co. 17 dell'art. 15, l. 10.12.1993, n. 515, ha poi disposto che in caso di violazione delle disposizioni recate in questo articolo si applica, in luogo delle sanzioni penali ivi previste, la sanzione amministrativa pecuniaria da lire 200.000 a lire 2.000.000. Il medesimo art. 15, co. 19, stabilisce che per tali sanzioni non si applichi il pagamento in misura ridotta previsto dall'art. 16, l. 689/1981.

(2) Articolo così sostituito dall'art. 6, l. 24.4.1975, n. 130. La misura dell'ammenda è stata così elevata dall'art. 113, co. 4, l. 24.11.1981, n. 689. La sanzione è esclusa dalla depenalizzazione in virtù dell'art. 32, co. 2, della stessa legge.

(3) L'art. 1, co. 69, l. 28.12.1995, n. 549, ha stabilito, comunque, che le affissioni di manifesti politici effettuate fino al 30.6.1995 in violazione di questo art. possono essere sanate mediante versamento di un'oblazione a carico dei responsabili pari, per ciascuna violazione, all'importo minimo indicato dallo stesso comma entro un massimo di lire 800.000. A tali violazioni, peraltro, non si applicano le disposizioni di cui ai co. 2 e 3 dell'art. 15, l. 10.12.1993, n. 515.

(4) Comma introdotto dall'art. 1, co. 482, l. 30.12.2004, n. 311, e poi abrogato dall'art. 1, co. 176, lett. c), l. 27.12.2007, n. 296.

9. – Nel giorno precedente ed in quelli stabiliti per le elezioni sono vietati i comizi, le riunioni di propaganda elettorale diretta o indiretta, in luoghi pubblici o aperti al pubblico, la nuova affissione di stampati, giornali murali o altri e manifesti di propaganda.

Nei giorni destinati alla votazione altresì è vietata ogni forma di propaganda elettorale entro il raggio di 200 metri dall'ingresso delle sezioni elettorali.

È consentita la nuova affissione di giornali quotidiani o periodici nelle bacheche previste all'art. 1 della presente legge.

Chiunque contravviene alle norme di cui al presente articolo è punito con la reclusione fino ad un anno e con la multa da lire 100.000 a lire 1.000.000 (1).

(1) Articolo così sostituito dall'art. 8, l. 24.4.1975, n. 130. La misura della multa è stata così elevata dall'art. 113, co. 4, l. 24.11 1981, n. 689. Il co. 17 dell'art. 15, l. 10.12.1993, n. 515, ha poi disposto che in caso di violazione delle disposizioni recate in questo articolo si applica, in luogo delle sanzioni penali ivi previste, la sanzione amministrativa pecuniaria da lire 200.000 a lire 2.000.000.

2. D.P.R. 30 marzo 1957, n. 361. – Approvazione del testo unico delle leggi recanti norme per la elezione della Camera dei deputati (*artt. 94-114*) (1)(2)(3)(4)(5)(6)

In Gazzetta Ufficiale 3 giugno 1957, n. 139

(1) Il riferimento al Ministro/Ministero del tesoro e al Ministro/Ministero del bilancio e della programmazione economica è da intendersi al Ministro/Ministero del tesoro, del bilancio e della programmazione economica (art. 7, l. 3.4.1997, n. 94 e art. 2, d.lgs. 5.12.1997, n. 430).

(2) Il riferimento al Ministro/Ministero delle poste e delle telecomunicazioni è da intendersi al Ministro/Ministero delle comunicazioni (art. 1, l. 31.7.1997, n. 249).

(3) Il d.lgs. 19.2.1998, n. 51 ha soppresso l'ufficio del pretore e, fuori dai casi espressamente previsti da questo decreto, le relative competenze sono da intendersi trasferite al tribunale ordinario. Lo stesso decreto ha soppresso l'ufficio del pubblico ministero presso la pretura circondariale e ha provveduto a trasferirne le relative funzioni all'ufficio del pubblico ministero presso il tribunale ordinario. Qualora il presente provvedimento attribuisca, inoltre, funzioni amministrative alternativamente al pretore e ad organi della P.A., le attribuzioni pretorili si intendono soppresse. Sono altresì soppresse le funzioni amministrative di altre autorità giurisdizionali, eccezion fatta per il giudice di pace, se attribuite in via alternativa tanto al pretore che ad organi della P.A. Il potere del pretore di rendere esecutivi atti emanati da autorità amministrative è soppresso e gli atti sono esecutivi di diritto. Infine, qualora il presente provvedimento preveda l'obbligo di determinati soggetti di rendere giuramento innanzi al pretore per l'esercizio di attività, questo si intende reso innanzi al sindaco o ad un suo delegato.

(4) Il d.m. 2.4.1998, n. 117 ha previsto la riduzione del 30 per cento delle sezioni elettorali. Gli uffici elettorali comunali sono quindi tenuti a predisporre proposte di ridistribuzione del corpo elettorale da sottoporre alle commissioni elettorali comunali entro il 10.9.1998. Entro il 17.9.1998 gli uffici elettorali provinciali sono tenuti a comunicare, per ogni singolo comune della provincia, il numero delle sezioni elettorali ottenuto a seguito della riduzione alla Direzione generale dell'amministrazione civile – Direzione centrale per i servizi elettorali, che ne accetta la conformità. La riduzione del numero delle sezioni elettorali deve comportare, per ciascun comune, un numero medio per sezione non inferiore a: 750 elettori nei comuni da 2.001 a 40.000 abitanti; 825 elettori nei comuni da 40.001 a 500.000 abitanti; 900 elettori nei comuni con più di 500.001 abitanti. Salvo che particolari, comprovate condizioni di lontananza o di viabilità rendano difficile l'esercizio del diritto di voto, nei comuni con popolazione inferiore a 1.200 abitanti viene costituita una sola sezione, mentre nei comuni con popolazione da 1.201 a 2.000 abitanti il corpo elettorale è ripartito in due sezioni.

(5) Le prefetture sono trasformate in uffici territoriali del governo a decorrere dalla data nomina del primo governo costituito a seguito delle prime elezioni politiche successive all'entrata in vigore del d.lgs. 30.7.1999, n. 300. Il prefetto preposto a tale ufficio nel capoluogo della regione assume anche le funzioni di commissario del governo (art. 11, d.lgs. n. 300/1999, cit.).

(6) I riferimenti al Ministro/Ministero di Grazia e Giustizia devono attualmente intendersi al Ministro/Ministero della giustizia (d.P.R. 13.9.1999).

TITOLO VII
Disposizioni penali

94. L. 16 maggio 1956, n. 493, art. 42.

Chiunque, essendovi obbligato per legge, non compie, nei modi e nei termini prescritti, le operazioni necessarie per la preparazione tecnica delle elezioni, per il normale svolgimento degli scrutini e per le proclamazioni, o, in mancanza di prescrizione di termini, ritarda ingiustificatamente le operazioni stesse, è punito, salvo le maggiori pene previste dagli articoli seguenti, con la reclusione da tre a sei mesi e con la multa da lire 10.000 a lire 50.000 (1).

(1) La multa è stata così elevata dall'art. 113, co. 2, l 24.11.1981, n. 689.

95. L. 16 maggio 1956, n. 493, art. 44.

Chiunque, in nome proprio od anche per conto di terzi o di enti privati e pubblici, eccettuate per questi ultimi le ordinarie erogazioni di istituto, nella settimana che precede la elezione e nella giornata della elezione effettua elargizioni di denaro, generi commestibili, oggetti di vestiario o altri donativi, a qualsiasi titolo, è punito con la reclusione da tre a cinque anni e con la multa da lire 2.500.000 a lire 10.000.000 (1).

(1) La multa è stata così elevata dall'art. 113, co. 2, l 24.11.1981, n. 689.

96. T. U. 5 febbraio 1948, n. 26, art. 69.

Chiunque, per ottenere a proprio od altrui vantaggio la firma per una dichiarazione di presentazione di candidatura, o il voto elettorale o l'astensione, offre, promette o somministra denaro, valori, o qualsiasi altra utilità, o promette, concede o fa conseguire impieghi pubblici o privati ad uno o più elettori o, per accordo con essi, ad altre persone, è punito con la reclusione da uno a quattro anni e con la multa da lire 600.000 a lire 4.000.000, anche quando l'utilità premessa o conseguita sia stata dissimulata sotto il titolo di indennità pecuniaria data all'elettore per spese di viaggio o di soggiorno, o di pagamento di cibi o bevande o remunerazioni sotto il pretesto di spese o servizi elettorali (1) (2).

La stessa pena si applica all'elettore che, per apporre la firma ad una dichiarazione di presentazione di candidatura, o per dare o negare il voto elettorale o per astenersi dal firmare una dichiarazione di presentazione di candidatura o dal votare, ha accettato offerte o promesse o ha ricevuto denaro o altra utilità.

(1) Comma modificato dall'art. 11 quater, d.l. 8.6.1992, n. 306, convertito in l. 7.8.1992, n. 356.
(2) La multa è stata così elevata dall'art. 113, co. 2, l 24.11.1981, n. 689.

97. T. U. 5 febbraio 1948, n. 26, art. 70.

Chiunque usa violenza o minaccia ad un elettore o ad un suo congiunto, per costringere l'elettore a firmare una dichiarazione di presentazione di candidatura od a votare in favore di una determinata lista o di un determinato candidato, o ad astenersi dal firmare una dichiarazione di presentazione di candidatura, o dall'esercitare il diritto elettorale o, con notizie da lui conosciute false, con raggiri od artifizi, ovvero con qualunque mezzo illecito atto a diminuire la libertà degli elettori, esercita pressione per costringerli a firmare una dichiarazione di presentazione di candidatura od a votare in favore di determinate liste o di determinati candidati, o ad astenersi dal firmare una dichiarazione di presentazione di candidatura o dall'esercitare il diritto elettorale, è punito con la pena della reclusione da un anno a cinque anni e con la multa da lire 600.000 a lire 4.000.000 (1).

(1) La multa è stata così elevata dall'art. 113, co. 2, l. 24.11.1981, n. 689.

98. T. U. 5 febbraio 1948, n. 26, art. 71.

Il pubblico ufficiale, l'incaricato di un pubblico servizio, l'esercente di un servizio di pubblica necessità, il ministro di qualsiasi culto, chiunque investito di un pubblico potere o funzione civile o militare, abusando delle proprie attribuzioni e nell'esercizio di esse, si adopera a costringere gli elettori a firmare una dichiarazione di presentazione di candidati od a vincolare i suffragi degli elettori a favore od in pregiudizio di determinate liste o di determinati candidati o ad indurli all'astensione, è punito con la reclusione da sei mesi a tre anni e con la multa da lire 600.000 a lire 4.000.000 (1).

(1) La multa è stata così elevata dall'art. 113, co. 2, l. 24.11.1981, n. 689.

99. T. U. 5 febbraio 1948, n. 26, art. 72.

Chiunque con qualsiasi mezzo impedisce o turba una riunione di propaganda elettorale, sia pubblica che privata, è punito con la reclusione da uno a tre anni e con la multa da lire 600.000 a lire 3.000.000 (1).

Se l'impedimento proviene da un pubblico ufficiale, la pena è della reclusione da due a cinque anni.

(1) La multa è stata così elevata dall'art. 113, co. 2, l. 24.11.1981, n. 689.

100. T. U. 5 febbraio 1948, n. 26, art. 74.

Chiunque, con minacce o con atti di violenza, turba il regolare svolgimento delle adunanze elettorali, impedisce il libero esercizio del diritto di voto o in qualunque modo altera il risultato della votazione, è punito con la reclusione da due a cinque anni e con la multa da lire 3000 a lire 20.000.

Chiunque forma falsamente, in tutto o in parte, le schede o altri atti dal presente testo unico destinati alle operazioni elettorali o altera uno di tali atti veri, o sostituisce, sopprime o distrugge in tutto o in parte uno degli atti medesimi è punito con la reclusione da uno a sei anni. È punito con la stessa pena chiunque fa scientemente uso degli atti falsificati, alterati o sostituiti, anche se non ha concorso alla consumazione del fatto. Se il fatto è commesso da chi appartiene all'ufficio elettorale, la pena è della reclusione da due a otto anni e della multa da 1.000 euro a 2.000 euro (1).

Chiunque commette uno dei reati previsti dai Capi III e IV del Titolo VII del Libro secondo del codice penale aventi ad oggetto l'autenticazione delle sottoscrizioni di liste di elettori o di candidati ovvero forma falsamente, in tutto o in parte, liste di elettori o di candidati, è punito con la pena dell'ammenda da 500 euro a 2.000 euro (2) (3).

(1) Comma sostituito dall'art. 1, co. 1, lett. a), l. 2.3.2004, n. 61.
(2) Comma sostituito dall'art. 1, co. 1, lett. a), l. 2.3.2004, n. 61.
(3) La Corte costituzionale, con sentenza 23.11.2006, n. 394, ha dichiarato l'illegittimità costituzionale di questo comma.

101. T. U. 5 febbraio 1948, n. 26, art. 75.

Nei casi indicati negli artt. 97 e 100, primo comma, se siasi usata violenza o minaccia, se siasi esercitata pressione, se siasi cagionati disordini, mediante uso di armi o da persone travisate o da più persone riunite o con scritto anonimo, o in modo simbolico, o a nome di categorie, gruppi di persone, associazioni o comitati esistenti o supposti, la pena è aumentata e sarà, in ogni caso, non inferiore a tre anni.

Se la violenza o la minaccia è fatta da più di cinque persone riunite, mediante uso di armi, anche soltanto da parte di una di esse, ovvero da più di dieci persone, pur senza uso di armi, la pena è della reclusione da tre a quindici anni e della multa sino a lire 4.000.000, salva l'applicazione, quando vi sia concorso di reati, delle relative norme del Codice penale (1).

(1) La multa è stata così elevata dall'art. 113, co. 1, l. 24.11.1981, n. 689.

102. T. U. 5 febbraio 1948, n. 26, art. 76.

Chiunque, senza averne diritto, durante le operazioni elettorali, s'introduce nella sala dell'Ufficio di sezione o nell'aula dell'Ufficio centrale, è punito con l'arresto sino a tre mesi e con la ammenda sino a lire 400.000 (1).

Chiunque, nelle sale anzidette, con segni palesi di approvazione o disapprovazione, od in qualunque modo cagiona disordini, qualora richiamato all'ordine dal presidente non obbedisca, è punito con l'arresto fino a tre mesi e con l'ammenda fino a lire 400.000 (1) (2).

(1) L'ammenda è stata così elevata dall'art. 113, co. 1, l. 24.11.1981, n. 689.

(2) Ai sensi dell'art. 4, d.lgs. 28.8.2000, n. 274, il giudice di pace è competente per i delitti, consumati o tentati, e per le contravvenzioni previsti da questo articolo, a decorrere dal 4.4.2001. Tuttavia la competenza per tali reati è del tribunale se ricorre una o più delle circostanze previste dagli articoli 1 del d.l. 15.12.1979, n. 625, convertito in l. 6.2.1980, n. 15, 7 del d.l. 13.5.1991, n. 152, convertito in l. 12.7.1991, n. 203, e 3 del d.l. 26.4.1993, n. 122, convertito in l. 25.6.1993, n. 205.

103. T. U. 5 febbraio 1948, n. 26, art. 77, e L. 16 maggio 1956, n. 493, art. 43.

Chi, essendo privato dell'esercizio del diritto elettorale o essendone sospeso, si presenta a dare il voto in una sezione elettorale è punito con la reclusione fino a due anni e con la multa fino a lire 100.000 (1).

Chi, incaricato di esprimere il voto per un elettore che non può farlo, lo esprime per una lista o per un candidato diversi da quelli indicatigli, è punito con la reclusione da uno a tre anni e con la multa fino a lire 250.000 (1).

Chi, assumendo nome altrui, si presenta a dare il voto in una sezione elettorale, e chi dà il voto in più sezioni elettorali di uno stesso Collegio o di Collegi diversi, è punito con la reclusione da tre a cinque anni e con la multa da lire 500.000 a lire 2.500.000 (1).

Chi, nel corso delle operazioni elettorali, enuncia fraudolentemente come designato un contrassegno di lista o un cognome diversi da quelli della lista o del candidato per cui fu espresso il voto, è punito con la reclusione da uno a sei anni e con la multa da lire 1.000.000 a lire 4.000.000 (2).

(1) La multa è stata così elevata dall'art. 113, co. 2, l. 24.11.1981, n. 689.

(2) La multa è stata così elevata dall'art. 113, co. 1, l. 24.11.1981, n. 689.

104. T. U. 5 febbraio 1948, n. 26, art. 78.

Chiunque concorre all'ammissione al voto di chi non ne ha il diritto o alla esclusione di chi lo ha o concorre a permettere a un elettore non fisicamente impedito di farsi assistere da altri nella votazione e il medico che a tale scopo abbia rilasciato un certificato non conforme al vero, sono puniti con la reclusione da sei mesi a due anni e con la multa sino a lire 10.000. Se il reato è commesso da coloro che appartengono all'Ufficio elettorale, i colpevoli sono puniti con la reclusione fino a tre anni e con la multa fino a lire 20.000.

Chiunque, appartenendo all'Ufficio elettorale, con atti od omissioni contrari alla legge, rende impossibile il compimento delle operazioni elettorali, o cagiona la nullità delle elezioni, o ne altera il risultato, o si astiene dalla proclamazione dell'esito delle votazioni è punito con la reclusione da tre a sette anni e con la multa da lire 10.000 a lire 20.000.

Chiunque, appartenendo all'ufficio elettorale, contravviene alle disposizioni dell'art. 68, è punito con la reclusione da tre a sei mesi (1).

Chiunque, appartenendo all'ufficio elettorale, ostacola la trasmissione, prescritta dalla legge, di liste elettorali, di liste di candidati, carte, plichi, schede od urne, ritardandone o rifiutandone la consegna od operandone il trafugamento anche temporaneo, è punito con la reclusione da tre a sette anni e con la multa da lire due milioni a lire quattro milioni (2).

Il segretario dell'Ufficio elettorale che rifiuta di inserire nel processo verbale o di allegarvi proteste o reclami di elettori è punito con la reclusione da sei mesi a tre anni e con la multa sino a lire 20.000.

I rappresentanti [dei candidati nei collegi uninominali e] delle liste di candidati che impediscono il regolare compimento delle operazioni elettorali sono puniti con la reclusione da due a cinque anni e con la multa da lire 10.000 a lire 20.000 (3).

Chiunque, al fine di votare senza averne diritto, o di votare un'altra volta, fa indebito uso del certificato elettorale è punito con la pena della reclusione da sei mesi a due anni e con la multa sino a lire 20.000.

Chiunque, al fine di impedire il libero esercizio del diritto elettorale, fa incetta di certificati elettorali è punito con la reclusione da uno a tre anni e con la multa sino a lire 20.000.

(1) Comma introdotto dall'art. 17, co. 2, l. 21.3.1990, n. 53.

(2) Comma sostituito dall'art. 13, co. 1, l. 16.1.1992, n. 15.

(3) Comma modificato dall'art. 3, co. 1, lett. o), d.lgs. 20.12.1993, n. 534 e, poi, dall'art. 6, l. 21.12.2005, n. 270.

105. T. U. 5 febbraio 1948, n. 26, art. 79.

Il Sindaco che non adempie all'obbligo previsto dal quarto comma dell'art. 20 è punito con la reclusione da mesi sei ad un anno. Se l'inadempimento non sia doloso, la pena è diminuita della metà.

106. T. U. 5 febbraio 1948, n. 26, art. 80.

L'elettore che sottoscrive più di una candidatura nel collegio uninominale o più di una lista di candidati è punito con la pena dell'ammenda da 200 euro a 1.000 euro (1).

(1) Articolo modificato dall'art. 3, co. 1, lett. p), d.lgs. 20.12.1993, n. 534 e, poi, dall'art. 1, co. 1, lett. b), l. 2.3.2004, n. 61.

107. T. U. 5 febbraio 1948, n. 26, art. 81.

I comandanti di reparti militari, il Sindaco, il segretario comunale e gl'impiegati comunali addetti all'Ufficio della distribuzione dei certificati che violano le disposizioni di cui agli artt. 27 e 28 sono puniti con la reclusione fino a sei mesi e con la multa da lire 600.000 a lire 2.000.000 (1).

(1) La multa è stata così elevata dall'art. 113, co. 1, l. 24.11.1981, n. 689.

108. T. U. 5 febbraio 1948, n. 26, art. 82.

Salve le maggiori pene stabilite dall'art. 104 pel caso ivi previsto, coloro che, essendo designati all'ufficio di presidente, scrutatore e segretario, senza giustificato motivo rifiutano di assumerlo o non si trovano presenti all'atto dell'insediamento del seggio, sono puniti con la multa da lire 600.000 a lire 1.000.000 (1). Alla stessa sanzione sono soggetti i membri dell'Ufficio che, senza giustificato motivo, si allontanano prima che abbiano termine le operazioni elettorali.

(1) La multa è stata così elevata dall'art. 113, co. 1, l. 24.11.1981, n. 689.

109. T. U. 5 febbraio 1948, n. 26, art. 84.

L'elettore che contravviene alla disposizione contenuta nel secondo comma dell'art. 43 od a quella di cui al quarto comma dell'art. 79, è tratto in arresto ed è punito con la reclusione da un mese ad un anno. L'arma è confiscata.

110. T.U. 5 febbraio 1948, n. 26, art. 85.

L'elettore che non riconsegna una scheda o la matita è punito con l'ammenda da lire 1000 a lire 3000 (1).

Con uguale sanzione amministrativa viene punito il presidente che non distacca l'appendice dalla scheda.

(1) Comma modificato dall'art. 3, d.lgs. 20.12.1993, n. 534.

111. T. U. 5 febbraio 1948, n. 26, art. 86.

Il presidente del seggio che trascura, o chiunque altro impedisce di fare entrare l'elettore in cabina, è punito con la reclusione da tre mesi ad un anno.

112. T. U. 5 febbraio 1948, n. 26, art. 87.

Per i reati commessi in danno dei membri degli Uffici elettorali, compresi i rappresentanti [dei candidati nei collegi uninominali e] di lista, e per i reati previsti dagli articoli 105, 106, 107, 108, 109 e 111 si procede a giudizio direttissimo (1).

(1) Comma modificato dall'art. 3, co. 1, lett. r), d.lgs. 20.12.1993, n. 534 e, poi, dall'art. 6, l. 21.12.2005, n. 270.

113. T. U. 5 febbraio 1948, n. 26, art. 88.

Le condanne per reati elettorali, ove venga dal Giudice applicata la pena della reclusione, producono sempre la sospensione dal diritto elettorale e l'interdizione dai pubblici uffici.

Se la condanna colpisce il candidato, la privazione dal diritto elettorale e di eleggibilità è pronunziata per un tempo non minore di cinque anni e non superiore a dieci.

Il Giudice può ordinare, in ogni caso, la pubblicazione della sentenza di condanna.

Resta sempre salva l'applicazione delle maggiori pene stabilite nel Codice penale e in altre leggi per i reati non previsti dal presente testo unico.

[Ai reati elettorali non sono applicabili le disposizioni degli articoli dal 163 al 167 e 175 del Codice penale e dell'art. 487 del Codice di procedura penale, relative alla sospensione della esecuzione della condanna e alla non menzione della condanna nel certificato del casellario giudiziale.] (1)

(1) Comma abrogato dall'art. unico, co. 1, l. 27.12.1973, n. 93.

114. T.U. 5 febbraio 1948, n. 26, art. 89.

L'autorità giudiziaria, alla quale siano stati rimessi per deliberazione della Camera dei deputati atti di elezioni contestate, deve ogni tre mesi informare la Presidenza della Camera stessa delle sue pronunce definitive o indicare sommariamente i motivi per i quali i giudizi non sono ancora definiti.

3. D.P.R. 16 maggio 1960, n. 570. – Testo unico delle leggi per la composizione e la elezione degli organi delle amministrazioni comunali (*artt. 86-103*)

In Gazzetta Ufficiale 23 giugno 1960, n. 152

Capo IX
Delle disposizioni penali

86. T.U. 5 aprile 1951, n. 203, art. 77.

Chiunque, per ottenere, a proprio od altrui vantaggio, la firma per una dichiarazione di presentazione di candidatura, il voto elettorale o l'astensione, dà, offre o promette qualunque utilità ad uno o più elettori, o, per accordo con essi, ad altre persone, è punito con la reclusione da sei mesi a tre anni e con la multa da lire 600.000 a lire 4.000.000 anche quando l'utilità promessa sia stata dissimulata sotto il titolo di indennità pecuniaria data all'elettore per spese di viaggio o di soggiorno o di pagamento di cibi e bevande o rimunerazione sotto pretesto di spese o servizi elettorali (1).

La stessa pena si applica all'elettore che, per dare o negare la firma o il voto, ha accettato offerte o promesse o ha ricevuto denaro o altra utilità.

(1) Secondo quanto previsto dall'art. 3, l. 12.7.1961, n. 603, la pena pecuniaria qui prevista è moltiplicata per quaranta, poi l'art. 113, co. 1, l. 24.11.1981, n. 689, ha ulteriormente aumentato la misura in questione moltiplicandola per cinque. La sanzione è esclusa dalla depenalizzazione in base all'art. 32, co. 2, l. n. 689/1981.

87. T.U. 5 aprile 1951, n. 203, art. 78.

Chiunque usa violenza o minaccia ad un elettore, od alla sua famiglia per costringerlo a firmare una dichiarazione di presentazione di candidatura o a votare in favore di determinate candidature, o ad astenersi dalla firma o dal voto, o con notizie da lui riconosciute false, o con raggiri od artifizi, ovvero con qualunque mezzo illecito, atto a diminuire la libertà degli elettori, esercita pressioni per costringerli a firmare una dichiarazione di presentazione di candidatura o a votare in favore di determinate candidature, o ad astenersi dalla firma o dal voto, è punito con la pena della reclusione da sei mesi a cinque anni e con la multa da lire 600.000 a lire 4.000.000 (1).

La pena è aumentata – e in ogni caso non sarà inferiore a tre anni – se la violenza, la minaccia o la pressione è fatta con armi, o da persona travisata, o da più persone riunite, o con scritto anonimo, o in modo simbolico o a nome di gruppi di persone, associazioni o comitati esistenti o supposti.

Se la violenza o la minaccia è fatta da più di cinque persone, riunite, mediante uso di armi anche soltanto da parte di una di esse, ovvero da più di dieci persone, pur senza uso di armi, la pena è della reclusione da tre a quindici anni e della multa fino a lire 10.000.000 (2).

(1) Secondo quanto previsto dall'art. 3, l. 12.7.1961, n. 603, la pena pecuniaria qui prevista è moltiplicata per quaranta, poi l'art. 113, co. 1, l. 24.11.1981, n. 689, ha ulteriormente aumentato la misura in questione moltiplicandola per cinque. La sanzione è esclusa dalla depenalizzazione in base all'art. 32, co. 2, l. n. 689/1981.

(2) Secondo quanto previsto dall'art. 3, l. 12.7.1961, n. 603, la pena pecuniaria qui prevista è moltiplicata per quaranta, poi l'art. 113, co. 1, l. 24.11.1981, n. 689, ha ulteriormente aumentato la misura in questione moltiplicandola per cinque. La sanzione è esclusa dalla depenalizzazione in base all'art. 32, co. 2, l. n. 689/1981.

87 bis. – Chiunque nella dichiarazione autentica di accettazione della candidatura espone fatti non conformi al vero è punito con la reclusione da sei mesi a tre anni (1).

(1) Articolo introdotto dall'art. 2, l. 18.1.1992, n. 16.

88. T.U. 5 aprile 1951, n. 203, art. 78.

Il pubblico ufficiale, l'incaricato di un pubblico servizio, l'esercente di un servizio di pubblica utilità, il ministro di qualsiasi culto, chiunque investito di un pubblico potere o funzione civile o militare, abusando delle proprie attribuzioni e nell'esercizio di esse, si adoperi a costringere gli elettori a firmare una dichiarazione di presentazione di candidati od a vincolare i suffragi degli elettori a favore od in pregiudizio di determinate liste o di determinati candidati o ad indurli all'astensione, è punito con la reclusione da sei mesi a tre anni e con la multa da lire 600.000 a lire 4.000.000 (1).

(1) Secondo quanto previsto dall'art. 3, l. 12.7.1961, n. 603, la pena pecuniaria qui prevista è moltiplicata per quaranta, poi l'art. 113, co. 1, l. 24.11.1981, n. 689, ha ulteriormente aumentato la misura in questione moltiplicandola per cinque. La sanzione è esclusa dalla depenalizzazione in base all'art. 32, co. 2, l. n. 689/1981.

89. T.U. 5 aprile 1951, n. 203, art. 82.

Salve le maggiori pene stabilite nell'art. 96 per i casi ivi previsti, coloro i quali, essendo designati all'ufficio di presidente, di scrutatore o di segretario, senza giustificato motivo rifiutino di assumerlo o non si trovino presenti all'atto dell'insediamento del seggio, incorrono nella multa da lire 400.000 a 1.000.000 (1). Nella stessa sanzione incorrono i membri dell'Ufficio i quali senza giustificato motivo si allontanino prima che abbiano termine le operazioni elettorali.

Per i reati previsti dal presente articolo si procede con giudizio direttissimo.

(1) Secondo quanto previsto dall'art. 3, l. 12.7.1961, n. 603, la pena pecuniaria qui prevista è moltiplicata per quaranta, poi l'art. 113, co. 1, l. 24.11.1981, n. 689, ha ulteriormente aumentato la misura in questione moltiplicandola per cinque. La sanzione è esclusa dalla depenalizzazione in base all'art. 32, co. 2, l. n. 689/1981.

90. T.U. 5 aprile 1951, n. 203, art. 83.

Chiunque, con minacce o con atti di violenza, turba il regolare svolgimento delle adunanze elettorali, impedisce il libero esercizio del diritto di voto o in qualunque modo alteri il risultato della votazione, è punito con la reclusione da due a cinque anni e con la multa da lire 600.000 a lire 4.000.000 (1).

Salvo che il fatto costituisca più grave reato, alla stessa pena soggiace chiunque con minacce o con atti di violenza ostacola la libera partecipazione di altri alle competizioni elettorali previste dal presente testo unico (2).

Chiunque forma falsamente, in tutto o in parte, le schede o altri atti dal presente testo unico destinati alle operazioni elettorali o altera uno di tali atti veri, o sostituisce, sopprime o distrugge in tutto o in parte uno degli atti medesimi è punito con la reclusione da uno a sei anni. È punito con la stessa pena chiunque fa scientemente uso degli atti falsificati, alterati o sostituiti, anche se non ha concorso alla consumazione del fatto. Se il fatto è commesso da chi appartiene all'ufficio elettorale, la pena è della reclusione da due a otto anni e della multa da 1.000 euro a 2.000 euro (3).

Chiunque commette uno dei reati previsti dai Capi III e IV del Titolo VII del Libro secondo del codice penale aventi ad oggetto l'autenticazione delle sottoscrizioni di liste di elettori o di candidati ovvero forma falsamente, in tutto o in parte, liste di elettori o di candidati, è punito con la pena dell'ammenda da 500 euro a 2.000 euro (4) (5).

[Gli imputati dei delitti previsti in questo articolo, arrestati in flagranza, dovranno essere giudicati dal Tribunale con giudizio direttissimo.] (6).

(1) Secondo quanto previsto dall'art. 3, l. 12.7.1961, n. 603 la pena pecuniaria qui prevista è moltiplicata per quaranta, poi l'art. 113, co. 1, l. 24.11.1981, n. 689, ha ulteriormente aumentato la misura in questione moltiplicandola per cinque. La sanzione è esclusa dalla depenalizzazione in base all'art. 32, co. 2, l. n. 689/1981.

(2) Comma introdotto dall'art. 5, co. 1, l. 3.7.2017 n. 105.

(3) Comma sostituito dall'art. 1, co. 2, lett. a), n. 1), l. 2.3.2004, n. 61.

(4) Comma sostituito dall'art. 1, co. 2, lett. a), n. 1), l. 2.3.2004, n. 61.

(5) La Corte costituzionale, con sentenza 23.11.2006, n. 394, ha dichiarato l'illegittimità costituzionale di questo comma.

(6) Comma abrogato dall'art. 1, co. 2, lett. a), n. 2), l. 2.3.2004, n. 61.

91. T.U. 5 aprile 1951, n. 203, art. 84.

Chiunque s'introduce armato nella sala delle elezioni o in quella dell'Ufficio centrale, ancorché sia elettore o membro dell'Ufficio, è tratto immediatamente in arresto ed è punito con la reclusione da un mese ad un anno. L'arma è confiscata.

Si procede con giudizio direttissimo.

92. T.U. 5 aprile 1951, n. 203, art. 85.

Chiunque, senza averne diritto, durante le operazioni elettorali si introduce nella sala delle elezioni o in quella dell'Ufficio centrale, è punito con l'arresto fino a tre mesi e con l'ammenda fino a lire 400.000 (1).

Con la stessa pena è punito chi, nelle sale anzidette, con segni palesi di approvazione o disapprovazione, od altrimenti, cagiona disordine, se, richiamato all'ordine dal presidente, non obbedisca (2).

(1) Secondo quanto previsto dall'art. 3, l. 12.7.1961, n. 603, la pena

pecuniaria qui prevista è moltiplicata per quaranta, poi l'art. 113, co. 1, l. 24.11.1981, n. 689, ha ulteriormente aumentato la misura in questione moltiplicandola per cinque. La sanzione è esclusa dalla depenalizzazione in base all'art. 32, co. 2, l. n. 689/1981.

(2) Secondo quanto previsto dall'art. 4, co. 2, lett. e), 3 e 4, del d.lgs. 28.8.2000, n. 274, il giudice di pace è competente per i delitti, consumati o tentati, e per le contravvenzioni previsti da questo articolo, a decorrere dal 4.4.2001. Tuttavia la competenza per tali reati è del tribunale se ricorre una o più delle circostanze previste dagli articoli, 1 d.l. 15.12.1979, n. 625, convertito in l. 6.2.1980, n. 15; 7, d.l. 13.5.1991, n. 152, convertito in l. 12.7.1991, n. 203, e 3, d.l. 26.4.1993, n. 122, convertito in l. 25.6.1993, n. 205.

93. T.U. 5 aprile 1951, n. 203, art. 86.

Chiunque, essendo privato o sospeso dall'esercizio del diritto elettorale, o assumendo il nome altrui, firma una dichiarazione di presentazione di candidatura o si presenta a dare il voto in una sezione elettorale, o dà il voto in più sezioni elettorali, è punito con la reclusione fino a due anni e con la multa fino a lire 4.000.000 (1) (2).

Chiunque sottoscrive più di una dichiarazione di presentazione di candidatura è punito con la pena dell'ammenda da 200 euro a 1.000 euro (3).

(1) Comma modificato dall'art. 1, l. 2.3.2004, n. 61.

(2) Secondo quanto previsto dall'art. 3, l. 12.7.1961, n. 603, la pena pecuniaria qui prevista è moltiplicata per quaranta, poi l'art. 113, co. 1, l. 24.11.1981, n. 689, ha ulteriormente aumentato la misura in questione moltiplicandola per cinque. Per effetto dell'art. 24, c.p. l'entità della sanzione non può essere inferiore a lire 10.000. La sanzione è esclusa dalla depenalizzazione in base all'art. 32, co. 2, l. n. 689/1981.

(3) Comma introdotto dall'art. 1, co. 2, lett. b), n. 2), l. 2.3.2004, n. 61.

94. T.U. 5 aprile 1951, n. 203, art. 87.

Chi, nel corso delle operazioni elettorali e prima della chiusura definitiva del verbale, enuncia fraudolentemente come designati contrassegni di liste o nomi diversi da quelli che sono indicati nella scheda, o, incaricato di esprimere il voto per un elettore che non può farlo, lo esprime per una lista o per candidati diversi da quelli indicatigli, è punito con la reclusione da uno a sei anni e con la multa da lire 1.000.000 a lire 4.000.000 (1).

(1) Secondo quanto previsto dall'art. 3, l. 12.7.1961, n. 603, la pena pecuniaria qui prevista è moltiplicata per quaranta, poi l'art. 113, co. 1, l. 24.11.1981, n. 689, ha ulteriormente aumentato la misura in questione moltiplicandola per cinque. La sanzione è esclusa dalla depenalizzazione in base all'art. 32, co. 2, l. n. 689/1981.

95. T.U. 5 aprile 1951, n. 203, art. 88.

Chiunque concorre all'ammissione al voto di chi non ne ha diritto, od alla esclusione di chi lo ha, o concorre a permettere ad un elettore non fisicamente impedito di farsi assistere da altri nella votazione, e il medico che a tale scopo abbia rilasciato un certificato non conforme al vero, sono puniti con la reclusione da sei mesi a due anni e con la multa fino a lire 2.000.000 (1).

Se tali reati sono commessi da coloro che appartengono all'Ufficio elettorale, i colpevoli sono puniti con la reclusione fino a tre anni e con la multa fino a lire 4.000.000 (1).

(1) Secondo quanto previsto dall'art. 3, l. 12.7.1961, n. 603, la pena pecuniaria qui prevista è moltiplicata per quaranta, poi l'art. 113, co. 1, l. 24.11.1981, n. 689, ha ulteriormente aumentato la misura in questione moltiplicandola per cinque. La sanzione è esclusa dalla depenalizzazione in base all'art. 32, co. 2, l. n. 689/1981.

96. T.U. 5 aprile 1951, n. 203, art. 89.

Chiunque, appartenendo all'Ufficio elettorale, con atti od omissioni contrari alla legge, rende impossibile il compimento delle operazioni elettorali, o cagiona la nullità della elezione, o ne altera il risultato, o si astiene dalla proclamazione dell'esito delle votazioni, è punito con la reclusione da tre a sette anni e con la multa da lire 2.000.000 a lire 4.000.000 (1).

Chiunque, appartenendo all'ufficio elettorale, contravviene alle disposizioni degli articoli 63 e 68 è punito con la reclusione da tre a sei mesi (2).

Chiunque, appartenendo all'Ufficio elettorale, impedisce la trasmissione prescritta dalla legge di liste, carte, pieghi ed urne, rifiutandone la consegna, od operandone il trafugamento, è punito con la reclusione da tre a sette anni e con la multa da lire 2.000.000 a lire 4.000.000. In tali casi il colpevole sarà immediatamente arrestato e giudicato dal Tribunale, con giudizio direttissimo (3).

Il segretario dell'Ufficio elettorale, che rifiuta di inscrivere od allegare nel processo verbale proteste o reclami di elettori, è punito con la reclusione da sei mesi a tre anni e con la multa fino a lire 4.000.000 (4).

I rappresentanti delle liste dei candidati che impediscono il regolare procedimento delle operazioni elettorali, sono puniti con la reclusione da due a cinque anni e con la multa fino a lire 4.000.000 (5).

(1) Secondo quanto previsto dall'art. 3, l. 12.7.1961, n. 603, la pena pecuniaria qui prevista è moltiplicata per quaranta, poi l'art. 113, co. 1, l. 24.11.1981, n. 689, ha ulteriormente aumentato la misura in questione moltiplicandola per cinque. La sanzione è esclusa dalla depenalizzazione in base all'art. 32, co. 2, l. n. 689/1981.

(2) Comma introdotto dall'art. 17, l. 21.3.1990, n. 53.

(3) Secondo quanto previsto dall'art. 3, l. 12.7.1961, n. 603, la pena pecuniaria qui prevista è moltiplicata per quaranta, poi l'art. 113, co. 1, l. 24.11.1981, n. 689, ha ulteriormente aumentato la misura in questione moltiplicandola per cinque. La sanzione è esclusa dalla depenalizzazione in base all'art. 32, co. 2, l. n. 689/1981.

(4) Secondo quanto previsto dall'art. 3, l. 12.7.1961, n. 603, la pena pecuniaria qui prevista è moltiplicata per quaranta, poi l'art. 113, co. 1, l. 24.11.1981, n. 689, ha ulteriormente aumentato la misura in questione moltiplicandola per cinque. Per effetto dell'art. 24, c.p. l'entità della sanzione non può essere inferiore a lire 10.000. La sanzione è esclusa dalla depenalizzazione in base all'art. 32, co. 2, l. n. 689/1981.

(5) Secondo quanto previsto dall'art. 3, l. 12.7.1961, n. 603, la pena pecuniaria qui prevista è moltiplicata per quaranta, poi l'art. 113, co. 1, l. 24.11.1981, n. 689, ha ulteriormente aumentato la misura in questione moltiplicandola per cinque. Per effetto dell'art. 24, c.p. l'entità della sanzione non può essere inferiore a lire 10.000. La sanzione è esclusa dalla depenalizzazione in base all'art. 32, co. 2, l. n. 689/1981.

97. T.U. 5 aprile 1951, n. 203, art. 90.

Chiunque, al fine di votare senza averne diritto o di votare più di una volta, fa indebito uso del certificato elettorale, è punito con la reclusione da sei mesi a due anni e con la multa fino a lire 4.000.000 (1).

Chiunque, al fine di impedire il libero esercizio del diritto elettorale, fa incetta di certificati elettorali, è punito con la reclusione da uno a tre anni e con la multa fino a lire 4.000.000 [(2)].

(1) Secondo quanto previsto dall'art. 3, l. 12.7.1961, n. 603, la pena pecuniaria qui prevista è moltiplicata per quaranta, poi l'art. 113, co. 1, l. 24.11.1981, n. 689, ha ulteriormente aumentato la misura in questione moltiplicandola per cinque. Per effetto dell'art. 24, c.p. l'entità della sanzione non può essere inferiore a lire 10.000. La sanzione è esclusa dalla depenalizzazione in base all'art. 32, co. 2, l. n. 689/1981.

(2) Secondo quanto previsto dall'art. 3, l. 12.7.1961, n. 603, la pena pecuniaria qui prevista è moltiplicata per quaranta, poi l'art. 113, co. 1, l. 24.11.1981, n. 689, ha ulteriormente aumentato la misura in questione moltiplicandola per cinque. Per effetto dell'art. 24, c.p. l'entità della sanzione non può essere inferiore a lire 10.000. La sanzione è esclusa dalla depenalizzazione in base all'art. 32, co. 2, l. n. 689/1981.

98. T.U. 5 aprile 1951, n. 203, art. 91.

Il presidente dell'Ufficio che trascura di staccare l'apposito tagliando dal certificato elettorale o di far entrare nella cabina l'elettore per la espressione del voto, o chiunque altro glielo impedisca, è punito con la reclusione da tre mesi ad un anno.

99. T.U. 5 aprile 1951, n. 203, art. 92, e Legge 23 marzo 1956, n. 136, art. 45.

L'elettore che non riconsegna la scheda o la matita è punito con la sanzione amministrativa da lire 200.000 a lire 600.000.

Con uguale sanzione amministrativa viene punito il presidente che non distacca l'appendice della scheda [(1)].

(1) Secondo quanto previsto dall'art. 3, l. 12.7.1961, n. 603, la pena pecuniaria qui prevista è moltiplicata per quaranta, poi l'art. 113, co. 1, l. 24.11.1981, n. 689, ha ulteriormente aumentato la misura in questione moltiplicandola per cinque. Alla sanzione originaria dell'ammenda è stata sostituita, infine, la sanzione amministrativa Secondo quanto previsto dall'art. 32, l. 24.11.1981, n. 689.

100. T.U. 5 aprile 1951, n. 203, art. 93.

Qualunque elettore può promuovere l'azione penale, costituendosi parte civile, per i reati contemplati negli articoli precedenti.

L'azione penale, per tutti i reati contemplati nel presente testo unico, si prescrive in due anni dalla data del verbale ultimo delle elezioni. Il corso della prescrizione è interrotto da qualsiasi atto processuale, ma l'effetto interruttivo dell'atto non può prolungare la durata dell'azione penale per un tempo che superi, nel complesso, la metà del termine stabilito per la prescrizione.

101. T.U. 5 aprile 1951, n. 203, art. 94.

Ordinata un'inchiesta dal Consiglio comunale o dalla Giunta provinciale amministrativa, chi ne è incaricato ha diritto di citare testimoni.

Ai testimoni nelle inchieste ordinate come sopra sono applicabili le disposizioni del Codice penale sulla falsa testimonianza, sulla occultazione della verità e sul rifiuto di deporre in materia civile, salvo le maggiori pene, secondo il codice stesso, cadendo la falsa testimonianza o l'occultazione della verità, od il rifiuto, su materia punibile.

102. T.U. 5 aprile 1951, n. 203, art. 95.

Le condanne per reati elettorali, ove venga dal giudice applicata la pena della reclusione, producono sempre la sospensione dal diritto elettorale e da tutti i pubblici uffici.

Se la condanna colpisce il candidato, la privazione dal diritto elettorale e di eleggibilità è pronunziata per un tempo non minore di cinque né maggiore di dieci anni.

Il giudice può ordinare in ogni caso la pubblicazione della sentenza di condanna.

Resta sempre salva l'applicazione delle maggiori pene stabilite nel Codice penale, e in altre leggi, pei reati più gravi non previsti dal presente testo unico.

Ai reati elettorali non sono applicabili le disposizioni degli articoli dal 163 al 167 e 175 del Codice penale e dell'art. 487 del Codice di procedura penale, relative alla sospensione condizionale della pena e alla non menzione della condanna nel certificato del casellario giudiziale [(1)].

(1) La Corte costituzionale, con sentenza 23.7.1980, n. 121, ha dichiarato l'illegittimità costituzionale di questo comma.

103. T.U. 5 aprile 1951, n. 203, art. 96.

Le disposizioni del presente Capo sono estese, in quanto applicabili, alla elezione del Sindaco.

4. D.P.R. 20 marzo 1967, n. 223. – Approvazione del testo unico delle leggi per la disciplina dell'elettorato attivo e per la tenuta e la revisione delle liste elettorali *(artt. 54-60)* [(1)]

In Gazzetta Ufficiale 28 aprile 1967, n. 106

(1) Secondo quanto previsto dall'art. 1, co. 1, d.m. 12.2.2014, gli atti e i documenti qui previsti, sono sostituiti, al fine della trasmissione tra comuni, dal modello allegato al d.m. 12.2.2014. Secondo quanto disposto dall'art. 1, co. 4 dello stesso d.m. 12.2.2014., l'obbligo di utilizzo del modello decorre dall'1.1.2015.

TITOLO VI
Disposizioni penali

54. Legge 7 ottobre 1947, n. 1058, art. 44, e legge 22 gennaio 1966, n. 1, art. 32, comma 7.

Chiunque, essendovi obbligato per legge, non compie, nei termini e modi prescritti, le operazioni per la tenuta e la revisione delle liste elettorali, la compilazione e l'affissione degli elenchi o non fa eseguire le notificazioni relative o non cura la conservazione delle liste e degli atti relativi, è punito con la sanzione amministrativa pecuniaria da lire trecentomila a un milione ottocentomila [1].

Se l'omissione è dolosa, si applica la sanzione amministrativa pecuniaria da lire ottocentomila a quattro milioni ottocentomila [1].

Per le violazioni previste dal presente articolo non è ammesso il pagamento in misura ridotta ai sensi dell'articolo 16 della legge 24 novembre 1981, n. 689 [2].

(1) Comma modificato dall'art. 86, lett. a) e b), d.lgs. 30.12.1999, n. 507.
(2) Comma introdotto dall'art. 86, lett. c), d.lgs. 30.12.1999, n. 507.

55. Legge 7 ottobre 1947, n. 1058, art. 45, e legge 22 gennaio 1966, n. 1, art. 32, comma 8.

Chiunque iscrive nelle liste o negli elenchi un cittadino che non aveva il diritto di essere iscritto o cancella un cittadino che non doveva essere cancellato, ovvero non iscrive un cittadino che aveva diritto alla iscrizione o non cancella un cittadino che doveva essere cancellato, ovvero include o sposta arbitrariamente schede dallo schedario di cui all'art. 6 è punito con la sanzione amministrativa pecuniaria da lire trecentomila a un milione ottocentomila [1].

Se il fatto è commesso con dolo, si applica la sanzione amministrativa pecuniaria da lire ottocentomila a quattro milioni ottocentomila [2].

Per le violazioni previste dal presente articolo non è ammesso il pagamento in misura ridotta ai sensi dell'articolo 16 della legge 24 novembre 1981, n. 689 [3].

(1) Comma modificato dall'art. 86, lett. d), d.lgs. 30.12.1999, n. 507.
(2) Comma sostituito dall'art. 86, lett. e), d.lgs. 30.12.1999, n. 507.
(3) Comma introdotto dall'art. 86, lett. f), d.lgs. 30.12.1999, n. 507.

56. Legge 7 ottobre 1947, n. 1058, art. 46, e legge 22 gennaio 1966, n. 1, art. 32, comma 9.

Chiunque forma una lista o un elenco di cittadini iscritti nelle liste elettorali in tutto o in parte falsi, ovvero altera o sopprime, in tutto o in parte, una lista o un elenco di cittadini iscritti nelle liste elettorali, è punito con la reclusione sino a tre anni e con la multa da lire 600.000 a lire 4.000.000 [1].

Alla stessa pena soggiace chiunque sottrae od altera schede, registri e documenti relativi alle liste ed agli elenchi di cittadini iscritti nelle liste elettorali.

(1) La misura dell'ammenda qui prevista, è stata elevata dall'art. 113, co. 1, l. 24.11.1981, n. 689.

57. Legge 7 ottobre 1947, n. 1058, art. 47, e legge 22 gennaio 1966, n. 1, art. 32, comma 10.

Chiunque, con qualsiasi mezzo atto ad ingannare o sorprendere l'altrui buona fede, ottiene indebitamente per sé o per altri che sia effettuata un'iscrizione o non sia effettuata una cancellazione negli elenchi e nelle liste elettorali o che sia effettuata la cancellazione d'uno o più cittadini, è punito con la reclusione sino ad un anno e con la multa da lire 200.000 a lire 2.000.000 [1].

Tali pene sono aumentate di un sesto, se il colpevole sia componente di una Commissione elettorale comunale o circondariale.

(1) La misura dell'ammenda qui prevista, è stata elevata dall'art. 113, co. 1, l. 24.11.1981, n. 689.

58. Legge 7 ottobre 1947, n. 1058, art. 48.

Chiunque proponga, a termini dell'art. 42, un'impugnativa avverso le decisioni della Commissione elettorale circondariale o delle Sottocommissioni, o per falsa od erronea rettificazione delle liste elettorali, è punito, ove il ricorso sia riconosciuto temerario o manifestamente infondato, con la sanzione amministrativa 200.000 a lire 1.000.000 [1].

La condanna è pronunciata dalla Corte di appello con la medesima sentenza che rigetta la impugnativa.

(1) Secondo quanto previsto dall'art. 32, l. 24.11.1981, n. 689, l'originaria pena dell'ammenda qui prevista è stata sostituita dalla sanzione amministrativa. L'importo della stessa è stato elevato dall'art. 114 della stessa legge.

59. Legge 7 ottobre 1947, n. 1058, art. 49, e legge 22 gennaio 1966, n. 1, art. 32, ultimo comma.

Chiunque, contrariamente alle disposizioni della presente legge, rifiuta di pubblicare ovvero di far prendere notizia o copia degli elenchi e delle liste elettorali e dei relativi documenti, è punito con la reclusione sino a sei mesi e con la multa da lire 200.000 a lire 1.000.000 [1].

(1) La misura dell'ammenda qui prevista, è stata elevata dall'art. 113, co. 1, l. 24.11.1981, n. 689.

60. Legge 7 ottobre 1947, n. 1058, art. 50.

Le condanne per i reati previsti dal presente titolo, ove venga dal giudice applicata la pena della reclusione, importano sempre l'int4erdizione dai pubblici uffici per un tempo non minore di due e non superiore a cinque anni.

Il giudice può ordinare, in ogni caso, la pubblicazione della sentenza di condanna.

Resta sempre salva l'applicazione delle maggiori pene stabilite nel Codice penale o in altre leggi per i reati non previsti dalla presente legge.

Ai delitti dolosi previsti dal presente titolo non sono applicabili le disposizioni degli articoli dal 163 al 167 e 175 del Codice penale e dell'art. 487 del Codice di procedura penale, relative alla sospensione condizionale della pena, e alla non menzione della condanna nel certificato del casellario giudiziale.

5. L. 2 maggio 1974, n. 195. – Contributo dello Stato al finanziamento dei partiti politici (*art. 7*)

In Gazzetta Ufficiale 25 maggio 1974, n. 135

7. – Sono vietati i finanziamenti o i contributi, sotto qualsiasi forma e in qualsiasi modo erogati, da parte di organi della pubblica amministrazione di enti pubblici, di società con partecipazione di capitale pubblico superiore al 20 per cento o di società controllate da queste ultime, ferma restando la loro natura privatistica, nonché delle cooperative sociali e dei consorzi disciplinati dalla legge 8 novembre 1991, n. 381, a favore di partiti o loro articolazioni politico-organizzative e di gruppi parlamentari. Il divieto di cui al precedente periodo si applica anche alle società con partecipazione di capitale pubblico pari o inferiore al 20 per cento, nonché alle società controllate da queste ultime, ove tale partecipazione assicuri comunque al soggetto pubblico il controllo della società [(1)].

Sono vietati altresì i finanziamenti o i contributi sotto qualsiasi forma diretta o indiretta, da parte di società non comprese tra quelle previste nel comma precedente in favore di partiti o loro articolazioni politico-organizzative o gruppi parlamentari, salvo che tali finanziamenti o contributi siano stati deliberati dall'organo sociale competente e regolarmente iscritti in bilancio e sempre che non siano comunque vietati dalla legge.

Chiunque corrisponde o riceve contributi in violazione dei divieti previsti nei commi precedenti, ovvero, trattandosi delle società di cui al secondo comma, senza che sia intervenuta la deliberazione dell'organo societario o senza che il contributo o il finanziamento siano stati regolarmente iscritti nel bilancio della società stessa, è punito, per ciò solo, con la reclusione da 6 mesi a 4 anni e con la multa fino al triplo delle somme versate in violazione della presente legge.

(1) Comma modificato dall'art. 9, co. 28, l. 6.7.2012, n. 96 e poi dall'art. 1, co. 19, l. 9.1.2019, n. 3.

6. L. 24 gennaio 1979, n. 18. – Elezione dei membri del Parlamento europeo spettanti all'Italia (*artt. 48-51*) [(1)]

In Gazzetta Ufficiale 30 gennaio 1979, n. 29

(1) Titolo modificato dall'art. 2, l. 27.3.2004, n. 78.

TITOLO VIII
Disposizioni penali

48. – Il cittadino o lo straniero che commette in territorio estero taluno dei reati previsti dalla presente legge o dal testo unico delle leggi per la elezione della Camera dei deputati approvato con decreto del Presidente della Repubblica 30 marzo 1957, n. 361, e successive modificazioni, è punito secondo la legge italiana.

Le norme di cui agli articoli 8 e 9, secondo comma, del codice penale, concernenti la richiesta del Ministro della giustizia, non si applicano al cittadino italiano.

49. – Chi, in occasione della elezione dei membri del Parlamento europeo, partecipa al voto per l'elezione dei membri spettanti all'Italia e per l'elezione dei membri spettanti ad altro Paese membro della comunità è punito con la reclusione da 1 a 3 anni e con la multa da L. 100.000 a L. 500.000 [(1)].

(1) Comma modificato dall'art. 2, l. 27.3.2004, n. 78.

TITOLO IX
Disposizioni finali

50. – Ad ogni elettore residente negli Stati che non sono membri della Comunità europea, entro il ventesimo giorno successivo a quello della pubblicazione del decreto di convocazione dei comizi, a cura dei comuni di iscrizione elettorale è spedita una cartolina avviso recante l'indicazione della data della votazione, l'avvertenza che il destinatario potrà ritirare il certificato elettorale presso il competente ufficio comunale e che la esibizione della cartolina stessa dà diritto al titolare di usufruire delle facilitazioni di viaggio per recarsi a votare nel comune di iscrizione elettorale.

Le cartoline devono essere spedite in raccomandata per via aerea.

Le cartoline avviso di cui al primo comma dovranno essere inviate anche agli elettori che si trovano nei Paesi della Comunità europea nel caso in cui, in attuazione dell'articolo 25, non possono avere effetto le norme del titolo VI.

51. – Salvo quanto disposto dalla presente legge, per l'elezione dei membri del Parlamento europeo spettanti all'Italia, si osservano, in quanto applicabili, le disposizioni del testo unico delle leggi per l'elezione della Camera dei deputati, approvato con decreto del Presidente della Repubblica 30 marzo 1957, n. 361, e successive modificazioni [(1)].

(1) Comma modificato dall'art. 2, l. 27.3.2004, n. 78.

7. L. 18 novembre 1981, n. 659. Modifiche ed integrazioni alla legge 2 maggio 1974, n. 195, sul contributo dello Stato al finanziamento dei partiti politici (*art. 4*)

In Gazzetta Ufficiale 24 novembre 1981, n. 323

4. – I divieti previsti dall'art. 7 della legge 2 maggio 1974, n. 195, sono estesi ai finanziamenti ed ai contributi in qualsiasi forma o modo erogati, anche indirettamente, ai membri del Parlamento nazionale, ai membri italiani del Parlamento europeo, ai consiglieri regionali, provinciali e comunali, ai candidati alle predette cariche, ai raggruppamenti interni dei partiti politici nonché a coloro che rivestono cariche di presidenza, di segreteria e di direzione politica e amministrativa a livello nazionale, regionale, provinciale e comunale nei partiti politici (1).

Nel caso di contributi erogati a favore di partiti o loro articolazioni politico-organizzative e di gruppi parlamentari in violazione, accertata con sentenza passata in giudicato, dei divieti previsti dall'art. 7 della legge 2 maggio 1974, n. 195, l'importo del contributo statale di cui all'art. 3 della stessa legge è decurtato in misura pari al doppio delle somme illegittimamente percepite.

Nel caso di erogazione di finanziamenti o contributi ai soggetti indicati nell'art. 7 della legge 2 maggio 1974, n. 195, e nel primo comma del presente articolo, per un importo che nell'anno superi euro tremila, sotto qualsiasi forma, compresa la messa a disposizione di servizi, il soggetto che li eroga ed il soggetto che li riceve sono tenuti a farne dichiarazione congiunta, sottoscrivendo un unico documento, depositato presso la Presidenza della Camera dei deputati ovvero a questa indirizzato con raccomandata con avviso di ricevimento. Detti finanziamenti o contributi o servizi, per quanto riguarda la campagna elettorale, possono anche essere dichiarati a mezzo di autocertificazione dei candidati. Le disposizioni di cui al presente comma non si applicano per tutti i finanziamenti direttamente concessi da istituti di credito o da aziende bancarie, alle condizioni fissate dagli accordi interbancari (2).

Nell'ipotesi di contributi o finanziamenti di provenienza estera l'obbligo della dichiarazione è posto a carico del solo soggetto che li percepisce.

L'obbligo di cui al terzo e quarto comma deve essere adempiuto entro tre mesi dalla percezione del contributo o finanziamento. Nel caso di contributi o finanziamenti erogati dallo stesso soggetto, che soltanto nella loro somma annuale superino l'ammontare predetto, l'obbligo deve essere adempiuto entro il mese di marzo dell'anno successivo.

Chiunque non adempie gli obblighi di cui al terzo, quarto e quinto comma ovvero dichiara somme o valori inferiori al vero è punito con la multa da due a sei volte l'ammontare non dichiarato e con la pena accessoria dell'interdizione temporanea dai pubblici uffici prevista dal terzo comma dell'art. 28 del codice penale.

[I segretari politici dei partiti che hanno usufruito dei contributi statali sono tenuti a pubblicare entro il 31 marzo di ogni anno, sul giornale ufficiale del partito e su un quotidiano a diffusione nazionale, il bilancio finanziario consuntivo del partito, approvato dall'organo di partito competente e redatto secondo modello approvato dal Presidente della Camera dei deputati, d'intesa con il Presidente del Senato della Repubblica.] (3)

[Il Presidente della Camera dei deputati, d'intesa con il Presidente del Senato della Repubblica, può esentare i partiti dall'obbligo di pubblicazione dei bilanci finanziari consuntivi di cui al comma precedente qualora sia comprovato che la spesa relativa superi il 20 per cento del contributo dello Stato.] (4)

[La disposizione di cui al comma precedente si applica anche nell'ipotesi di pubblicazione del bilancio finanziario consuntivo su un quotidiano a diffusione locale, consentita per i partiti operanti esclusivamente nel relativo ambito territoriale.] (5)

[Resta in ogni caso l'obbligo di pubblicazione del predetto bilancio nella Gazzetta Ufficiale di cui al penultimo comma del presente articolo.] (6)

[Nella relazione allegata al bilancio devono essere illustrate, analiticamente, le proprietà immobiliari, le partecipazioni del partito a società commerciali, la titolarità di imprese e i redditi comunque derivanti da attività economiche. Nella stessa relazione deve essere indicata la ripartizione dei contributi statali tra organi centrali e periferici, da effettuare secondo le percentuali e i criteri stabiliti dagli organi statutari competenti di ciascun partito.] (7)

[Nella relazione di cui al Comma precedente devono essere specificate, con indicazione dei soggetti eroganti, le eventuali libere contribuzioni di ammontare annuo superiore a lire cinque milioni erogate al partito, alle articolazioni politico-organizzative, ai raggruppamenti interni ed ai gruppi parlamentari e disciplinate dal presente articolo. Al bilancio deve essere allegata, altresì, una specifica relazione sulle spese sostenute per le campagne elettorali, da cui risultino analiticamente le spese per pubblicità editoriali e radiotelevisive, per manifesti, stampati e altri materiali di propaganda, per manifestazioni e ogni altra attività connessa con le campagne elettorali. Nella relazione deve essere indicata la ripartizione dei contributi statali percepiti a titolo di concorso nelle spese elettorali tra organi centrali e periferici, da effettuare secondo i criteri stabiliti dagli organi competenti di ciascun partito. In caso di inosservanza, l'importo del contributo statale di cui all'art. 3 della legge 2 maggio 1974, n. 195, è decurtato in misura pari al doppio di quella delle contribuzioni libere non dichiarate.] (8)

[Il bilancio deve essere certificato da un collegio composto da tre revisori dei conti iscritti nell'albo professionale da almeno cinque anni e nominati in base alle regole interne di ciascun partito. I componenti il collegio hanno accesso, anche disgiuntamente, su delega del collegio stesso, ai libri ed alle scritture contabili, che devono essere tenuti secondo le norme di una ordinata contabilità, nonché ai correlativi documenti amministrativo-contabili. I predetti libri, scritture e documenti devono essere conservati per almeno cinque anni dalla data di presentazione del bilancio.] (9)

[Copia del bilancio del partito e della relazione illustrativa, sottoscritti dal responsabile amministrativo, della relazione dei revisori dei conti, da essi sottoscritta, e dei giornali ove è avvenuta la pubblicazione è trasmessa dal segretario del partito, entro il 30 aprile successivo, al Presidente della Camera dei deputati.] (10)

[Il Presidente della Camera dei deputati, d'intesa con il Presidente del Senato della Repubblica, controlla la regolarità della redazione del bilancio e delle relazioni, avvalendosi di un comitato tecnico composto da revisori ufficiali dei conti, iscritti nell'albo da almeno cinque anni e nominati, all'inizio di ogni legislatura, in riunione congiunta, dalle conferenze dei presidenti dei gruppi delle due Camere. Il comitato, per il controllo di regolarità, può richiedere ai responsabili amministrativi dei partiti chiarimenti nonché l'esibizione dei libri, delle scritture e dei documenti di cui al decimo comma, con l'obbligo del segreto, e redige, al termine, un rapporto.] (11)

[In caso di inottemperanza agli obblighi o di irregolare redazione del bilancio, è sospeso fino alla regolarizzazione il versamento di ogni contributo statale e si applica l'art. 4 della legge 2 maggio 1974, n. 195.] (12)

[Il relativo decreto di sospensione è emanato dal Presidente della Camera dei deputati e dal Presidente del Senato della Repubblica secondo la rispettiva competenza.] (13)

[I bilanci dei partiti, le relazioni previste dall'undicesimo comma, il rapporto di cui al dodicesimo comma e le rettifiche di bilancio irregolare vengono pubblicati in un supplemento speciale della (Gazzetta Ufficiale della Repubblica.] (14)

L'art. 8 della legge 2 maggio 1974, n. 195, è abrogato.

(1) Comma sostituito dall'art. 3, l. 27.1.1982, n. 22.
(2) Comma modificato dall'art. 7, co. 5, l. 10.12.1993, n. 515 dall'art. 1, co. 1, d.m. 1.3.1994, dall'art. 1, co. 1, d.m. 26.2.1998, dall'art. 1, co. 1, d.m. 23.2.2001, dall'art. 39 quaterdecies, d.l. 30.12.2005, n. 273, conv., con modif., dalla l. 23.2.2006, n. 51, dall'art. 11, co. 1, l. 6.7.2012, n. 96 e poi dall'art. 1, co. 18, l. 9.1.2019, n. 3.
(3) Comma modificato dall'art. 4, co. 1, lett. a), l. 8.8.1985, n. 413 e poi abrogato dall'art. 10, co. 1, l. 2.1.1997, n. 2.
(4) Comma introdotto dall'art. 4, co. 1, lett. b), l. 8.8.1985, n. 413 e poi abrogato dall'art. 10, co. 1, l. 2.1.1997, n. 2.
(5) Comma introdotto dall'art. 4, co. 1, lett. b), l. 8.8.1985, n. 413 e poi abrogato dall'art. 10, co. 1, l. 2.1.1997, n. 2.
(6) Comma introdotto dall'art. 4, co. 1, lett. b), l. 8.8.1985, n. 413 e poi abrogato dall'art. 10, co. 1, l. 2.1.1997, n. 2.
(7) Comma abrogato dall'art. 10, co. 1, l. 2.1.1997, n. 2, poi l'abrogazione è stata ribadita dall'art. 10, co. 1, l. 2.1.1997, n. 2.
(8) Comma modificato dall'art. 4, co. 1, lett. c), l. 8.8.1985, n. 413 e poi abrogato dall'art. 10, co. 1, l. 2.1.1997, n. 2.
(9) Comma modificato dall'art. 1 l. 27.1.1982, n. 22 e poi abrogato dall'art. 10, co. 1, l. 2.1.1997, n. 2.
(10) Comma modificato dall'art. 4, co. 1, lett. d), l. 8.8.1985, n. 413 e poi abrogato dall'art. 10, co. 1, l. 2.1.1997, n. 2.
(11) Comma abrogato dall'art. 10, co. 1, l. 2.1.1997, n. 2.
(12) Comma abrogato dall'art. 10, co. 1, l. 2.1.1997, n. 2.
(13) Comma abrogato dall'art. 10, co. 1, l. 2.1.1997, n. 2.
(14) Comma abrogato dall'art. 10, co. 1, l. 2.1.1997, n. 2.

8. D.L. 1 aprile 2008, n. 49, convertito, con modificazioni, in L. 30 maggio 2008, n. 96. – Misure urgenti volte ad assicurare la segretezza della espressione del voto nelle consultazioni elettorali e referendarie

In Gazzetta Ufficiale 4 aprile 2008, n. 80

1. – 1. Nelle consultazioni elettorali o referendarie è vietato introdurre all'interno delle cabine elettorali telefoni cellulari o altre apparecchiature in grado di fotografare o registrare immagini.

2. Il presidente dell'ufficio elettorale di sezione, all'atto della presentazione del documento di identificazione e della tessera elettorale da parte dell'elettore, invita l'elettore stesso a depositare le apparecchiature indicate al comma 1 di cui è al momento in possesso.

3. Le apparecchiature depositate dall'elettore, prese in consegna dal presidente dell'ufficio elettorale di sezione unitamente al documento di identificazione e alla tessera elettorale, sono restituite all'elettore dopo l'espressione del voto. [Della presa in consegna e della restituzione viene fatta annotazione in apposito registro] (1).

4. Chiunque contravviene al divieto di cui al comma 1 è punito con l'arresto da tre a sei mesi e con l'ammenda da 300 a 1000 euro.

(1) Comma modificato dall'art. 1, co. 400, lett. l), l. 27.12.2013, n. 147.

2. – 1. Il presente decreto entra in vigore il giorno stesso della sua pubblicazione nella Gazzetta Ufficiale della Repubblica italiana e sarà presentato alle Camere per la conversione in legge.

Il presente decreto, munito del sigillo dello Stato, sarà inserito nella Raccolta ufficiale degli atti normativi della Repubblica italiana. È fatto obbligo a chiunque spetti di osservarlo e di farlo osservare.

9. L. 13 ottobre 2010, n. 175. – Disposizioni concernenti il divieto di svolgimento di propaganda elettorale per le persone sottoposte a misure di prevenzione (*art. 2*)

In Gazzetta Ufficiale 27 ottobre 2010, n. 252

2. Effetti della condanna.

1. La condanna alla pena della reclusione, anche se conseguente all'applicazione della pena su richiesta delle parti a norma dell'articolo 444 del codice di procedura penale, per il delitto previsto dall'articolo 10, comma 5-*bis*.2, della legge 31 maggio 1965, n. 575, introdotto dall'articolo 1 della presente legge, comporta l'interdizione dai pubblici uffici per la durata della pena detentiva. A tal fine la cancelleria del giudice che ha pronunciato la sentenza trasmette copia dell'estratto esecutivo, chiusa in piego sigillato, all'organo o all'ente di appartenenza per l'adozione degli atti di competenza. Nel caso in cui il condannato sia un membro del Parlamento, la Camera di appartenenza adotta le conseguenti determinazioni secondo le norme del proprio regolamento.

2. Dall'interdizione dai pubblici uffici consegue l'ineleggibilità del condannato per la stessa durata della pena detentiva. La sospensione condizionale della pena non ha effetto ai fini dell'interdizione dai pubblici uffici.

La presente legge, munita del sigillo dello Stato, sarà inserita nella Raccolta ufficiale degli atti normativi della Repubblica italiana. È fatto obbligo a chiunque spetti di osservarla e di farla osservare come legge dello Stato.

10. D.Lgs. 31 dicembre 2012, n. 235. – Testo unico delle disposizioni in materia di incandidabilità e di divieto di ricoprire cariche elettive e di Governo conseguenti a sentenze definitive di condanna per delitti non colposi, a norma dell'articolo 1, comma 63, della legge 6 novembre 2012, n. 190 (*artt. 1, 3-4, 6-8, 10-11, 13-16*)

In Gazzetta Ufficiale 4 gennaio 2013, n. 3

Capo I
Cause ostative all'assunzione e allo svolgimento delle cariche di deputato, senatore e di membro del Parlamento europeo spettante all'Italia

1. Incandidabilità alle elezioni della Camera dei deputati e del Senato della Repubblica.

1. Non possono essere candidati e non possono comunque ricoprire la carica di deputato e di senatore:

a) coloro che hanno riportato condanne definitive a pene superiori a due anni di reclusione per i delitti, consumati o tentati, previsti dall'articolo 51, commi 3-*bis* e 3-*quater*, del codice di procedura penale;

b) coloro che hanno riportato condanne definitive a pene superiori a due anni di reclusione per i delitti, consumati o tentati, previsti nel libro II, titolo II, capo I, del codice penale;

c) coloro che hanno riportato condanne definitive a pene superiori a due anni di reclusione, per delitti non colposi, consumati o tentati, per i quali sia prevista la pena della reclusione non inferiore nel massimo a quattro anni, determinata ai sensi dell'articolo 278 del codice di procedura penale.

3. Incandidabilità sopravvenuta nel corso del mandato elettivo parlamentare.

1. Qualora una causa di incandidabilità di cui all'articolo 1 sopravvenga o comunque sia accertata nel corso del mandato elettivo, la Camera di appartenenza delibera ai sensi dell'articolo 66 della Costituzione. A tal fine le sentenze definitive di condanna di cui all'articolo 1, emesse nei confronti di deputati o senatori in carica, sono immediatamente comunicate, a cura del pubblico ministero presso il giudice indicato nell'articolo 665 del codice di procedura penale, alla Camera di rispettiva appartenenza.

2. Se l'accertamento della causa di incandidabilità interviene nella fase di convalida degli eletti, la Camera interessata, anche nelle more della conclusione di tale fase, procede immediatamente alla deliberazione sulla mancata convalida.

3. Nel caso in cui rimanga vacante un seggio, la Camera interessata, in sede di convalida del subentrante, verifica per quest'ultimo l'assenza delle condizioni soggettive di incandidabilità di cui all'articolo 1.

4. Incandidabilità alla carica di membro del Parlamento europeo spettante all'Italia.

1. Non possono essere candidati e non possono comunque ricoprire la carica di membro del Parlamento europeo spettante all'Italia coloro che si trovano nelle condizioni di incandidabilità stabilite dall'articolo 1.

Capo II
Cause ostative all'assunzione e allo svolgimento di incarichi di Governo

6. Divieto di assunzione e svolgimento di incarichi di Governo nazionale.

1. Non possono ricoprire incarichi di governo, come individuati dall'articolo 1, comma 2, della legge 20 luglio 2004, n. 215, coloro che si trovano nelle condizioni di incandidabilità previste dall'articolo 1 per le cariche di deputato e senatore.

2. Coloro che assumono incarichi di governo hanno l'obbligo di dichiarare di non trovarsi in alcuna delle condizioni di incandidabilità previste dall'articolo 1.

3. La dichiarazione di cui al comma 2 è rimessa dall'interessato alla Presidenza del Consiglio dei Ministri prima di assumere le funzioni di Presidente del Consiglio dei Ministri o di Ministro. La dichiarazione è resa al Presidente del Consiglio dei Ministri dai Vice Ministri, dai Sottosegretari di Stato e dai commissari straordinari del Governo di cui all'articolo 11 della legge 23 agosto 1988, n. 400.

4. Ai fini del presente articolo le sentenze definitive di condanna di cui all'articolo 1, sono immediatamente comunicate, a cura del pubblico ministero presso il giudice indicato nell'articolo 665 del codice di procedura penale, alla Presidenza del Consiglio dei Ministri e determinano la decadenza di diritto dall'incarico ricoperto, dichiarata con decreto del Presidente della Repubblica, su proposta del Presidente del Consiglio dei Ministri ovvero, ove la decadenza riguardi quest'ultimo, del Ministro dell'interno.

5. Restano ferme per i titolari di cariche di governo le cause di incompatibilità previste da altre disposizioni di legge.

Capo III
Incandidabilità alle cariche elettive regionali

7. Incandidabilità alle elezioni regionali.

1. Non possono essere candidati alle elezioni regionali, e non possono comunque ricoprire le cariche di presidente della giunta regionale, assessore e consigliere regionale, amministratore e componente degli organi comunque denominati delle unità sanitarie locali:

a) coloro che hanno riportato condanna definitiva per il delitto previsto dall'articolo 416-*bis* del codice penale o per il delitto di associazione finalizzata al traffico illecito di sostanze stupefacenti o psicotrope di cui all'articolo 74 del testo unico approvato con decreto del Presidente della Repubblica 9 ottobre 1990, n. 309, o per un delitto di cui all'articolo 73 del citato testo unico, concernente la produzione o il traffico di dette sostanze, o per un delitto concernente la fabbricazione, l'importazione, l'esportazione, la vendita o cessione, nonché, nei casi in cui sia inflitta la pena della reclusione non inferiore ad un anno, il porto, il trasporto e la detenzione di armi, munizioni o materie esplodenti, o per il delitto di favoreggiamento personale o reale commesso in relazione a taluno dei predetti reati;

b) coloro che hanno riportato condanne definitive per i delitti, consumati o tentati, previsti dall'articolo 51, commi 3-*bis* e 3-*quater*, del codice di procedura penale, diversi da quelli indicati alla lettera a);

c) coloro che hanno riportato condanna definitiva per i delitti, consumati o tentati, previsti dagli articoli 314, 316, 316-*bis*, 316-*ter*, 317, 318, 319, 319-*ter*, 319-*quater*, primo comma, 320, 321, 322, 322-*bis*, 323, 325, 326, 331, secondo comma, 334, 346-*bis* del codice penale;

d) coloro che sono stati condannati con sentenza definitiva alla pena della reclusione complessivamente superiore a sei mesi per uno o più delitti commessi con abuso dei poteri o con violazione dei doveri inerenti ad una pubblica funzione o a un pubblico servizio diversi da quelli indicati alla lettera c);

e) coloro che sono stati condannati con sentenza definitiva ad una pena non inferiore a due anni di reclusione per delitto non colposo;

f) coloro nei cui confronti il tribunale ha applicato, con provvedimento definitivo, una misura di prevenzione, in quanto indiziati di appartenere ad una delle associazioni di cui all'articolo 4, comma 1, lettera a) e b), del decreto legislativo 6 settembre 2011, n. 159.

2. Le disposizioni previste dal comma 1 si applicano a qualsiasi altro incarico con riferimento al quale l'elezione o la nomina è di competenza del consiglio regionale, della giunta regionale, dei rispettivi presidenti e degli assessori regionali.

3. L'eventuale elezione o nomina di coloro che si trovano nelle condizioni di cui al comma 1 è nulla. L'organo che ha deliberato la nomina o la convalida dell'elezione è tenuto a revocarla non appena venuto a conoscenza dell'esistenza delle condizioni stesse.

8. Sospensione e decadenza di diritto per incandidabilità alle cariche regionali.

1. Sono sospesi di diritto dalle cariche indicate all'articolo 7, comma 1:

a) coloro che hanno riportato una condanna non definitiva per uno dei delitti indicati all'articolo 7, comma 1, lettera a), b), e c);

b) coloro che, con sentenza di primo grado, confermata in appello per la stessa imputazione, hanno riportato una condanna ad una pena non inferiore a due anni di reclusione per un delitto non colposo, dopo l'elezione o la nomina;

c) coloro nei cui confronti l'autorità giudiziaria ha applicato, con provvedimento non definitivo, una misura di prevenzione in quanto indiziati di appartenere ad una delle associazioni di cui all'articolo 4, comma 1, lettera a) e b), del decreto legislativo 6 settembre 2011, n. 159.

2. La sospensione di diritto consegue, altresì, quando è disposta l'applicazione di una delle misure coercitive di cui agli articoli 284, 285 e 286 del codice di procedura penale nonché di cui all'articolo 283, comma 1, del codice di procedura penale, quando il divieto di dimora riguarda la sede dove si svolge il mandato elettorale.

3. Nel periodo di sospensione i soggetti sospesi, fatte salve le diverse specifiche discipline regionali, non sono computati al fine della verifica del numero legale, né per la determinazione di qualsivoglia quorum o maggioranza qualificata. La sospensione cessa di diritto di produrre effetti decorsi diciotto mesi. La cessazione non opera, tuttavia, se entro il termine di cui al precedente periodo l'impugnazione in punto di responsabilità è rigettata anche con sentenza non definitiva. In quest'ultima ipotesi la sospensione cessa di produrre effetti decorso il termine di dodici mesi dalla sentenza di rigetto.

4. A cura della cancelleria del tribunale o della segreteria del pubblico ministero i provvedimenti giudiziari che comportano la sospensione ai sensi del comma 1 sono comunicati al prefetto del capoluogo della Regione che ne dà immediata comunicazione al Presidente del Consiglio dei Ministri il quale, sentiti il Ministro per gli affari regionali e il Ministro dell'interno, adotta il provvedimento che accerta la sospensione. Tale provvedimento è notificato, a cura del prefetto del capoluogo della Regione, al competente consiglio regionale per l'adozione dei conseguenti adempimenti di legge. Per la regione siciliana e la regione Valle d'Aosta le competenze di cui al presente articolo sono esercitate, rispettivamente, dal commissario dello Stato e dal presidente della commissione di coordinamento; per le province autonome di Trento e di Bolzano sono esercitate dai rispettivi commissari del Governo. Per la durata della sospensione al consigliere regionale spetta un assegno pari all'indennità di carica ridotta di una percentuale fissata con legge regionale.

5. La sospensione cessa nel caso in cui nei confronti dell'interessato venga meno l'efficacia della misura coercitiva di cui al comma 1, ovvero venga emessa sentenza, anche se non passata in giudicato, di non luogo a procedere, di proscioglimento o di assoluzione o provvedimento di revoca della misura di prevenzione o sentenza di annullamento ancorché con rinvio. In tal caso la sentenza o il provvedimento di revoca devono essere pubblicati nell'albo pretorio e comunicati alla prima adunanza dell'organo che ha proceduto all'elezione, alla convalida dell'elezione o alla nomina.

6. Chi ricopre una delle cariche indicate all'articolo 7, comma 1, decade da essa di diritto dalla data del passaggio in giudicato della sentenza di condanna o dalla data in cui diviene definitivo il provvedimento che applica la misura di prevenzione.

Capo IV
Incandidabilità alle cariche elettive negli enti locali

10. Incandidabilità alle elezioni provinciali, comunali e circoscrizionali.

1. Non possono essere candidati alle elezioni provinciali, comunali e circoscrizionali e non possono comunque ricoprire le cariche di presidente della provincia, sindaco, assessore e consigliere provinciale e comunale, presidente e componente del consiglio circoscrizionale, presidente e componente del consiglio di amministrazione dei consorzi, presidente e componente dei consigli e delle giunte delle unioni di comuni, consigliere di amministrazione e presidente delle aziende speciali e delle istituzioni di cui all'articolo 114 del decreto legislativo 18 agosto 2000, n. 267, presidente e componente degli organi delle comunità montane:

a) coloro che hanno riportato condanna definitiva per il delitto previsto dall'articolo 416-*bis* del codice penale o per il delitto di associazione finalizzata al traffico illecito di sostanze stupefacenti o psicotrope di cui all'articolo 74 del testo unico approvato con decreto del Presidente della Repubblica 9 ottobre 1990, n. 309, o per un delitto di cui all'articolo 73 del citato testo unico concernente la produzione o il traffico di dette sostanze, o per un delitto concernente la fabbricazione, l'importazione, l'esportazione, la vendita o cessione, nonché, nei casi in cui sia inflitta la pena della reclusione non inferiore ad un anno, il porto, il trasporto e la detenzione di armi, munizioni o materie esplodenti, o per il delitto di favoreggiamento personale o reale commesso in relazione a taluno dei predetti reati;
b) coloro che hanno riportato condanne definitive per i delitti, consumati o tentati, previsti dall'articolo 51, commi 3-*bis* e 3-*quater*, del codice di procedura penale, diversi da quelli indicati alla lettera a);
c) coloro che hanno riportato condanna definitiva per i delitti previsti dagli articoli 314, 316, 316-*bis*, 316-*ter*, 317, 318, 319, 319-*ter*, 319-*quater*, primo comma, 320, 321, 322, 322-*bis*, 323, 325, 326, 331, secondo comma, 334, 346-*bis* del codice penale;
d) coloro che sono stati condannati con sentenza definitiva alla pena della reclusione complessivamente superiore a sei mesi per uno o più delitti commessi con abuso dei poteri o con violazione dei doveri inerenti ad una pubblica funzione o a un pubblico servizio diversi da quelli indicati nella lettera c);
e) coloro che sono stati condannati con sentenza definitiva ad una pena non inferiore a due anni di reclusione per delitto non colposo;
f) coloro nei cui confronti il tribunale ha applicato, con provvedimento definitivo, una misura di prevenzione, in quanto indiziati di appartenere ad una delle associazioni di cui all'articolo 4, comma 1, lettera a) e b), del decreto legislativo 6 settembre 2011, n. 159.

2. Le disposizioni previste dal comma 1 si applicano a qualsiasi altro incarico con riferimento al quale l'elezione o la nomina è di competenza:

a) del consiglio provinciale, comunale o circoscrizionale;
b) della giunta provinciale o del presidente, della giunta comunale o del sindaco, di assessori provinciali o comunali.

3. L'eventuale elezione o nomina di coloro che si trovano nelle condizioni di cui al comma 1 è nulla. L'organo che ha provveduto alla nomina o alla convalida dell'elezione è tenuto a revocare il relativo provvedimento non appena venuto a conoscenza dell'esistenza delle condizioni stesse.

4. Le sentenze definitive di condanna ed i provvedimenti di cui al comma 1, emesse nei confronti di presidenti di provincia, sindaci, presidenti di circoscrizione o consiglieri provinciali, comunali o circoscrizionali in carica, sono immediatamente comunicate, dal pubblico ministero presso il giudice indicato nell'articolo 665 del codice di procedura penale, all'organo consiliare di rispettiva appartenenza, ai fini della dichiarazione di decadenza, ed al prefetto territorialmente competente.

11. Sospensione e decadenza di diritto degli amministratori locali in condizione di incandidabilità.

1. Sono sospesi di diritto dalle cariche indicate al comma 1 dell'articolo 10:

a) coloro che hanno riportato una condanna non definitiva per uno dei delitti indicati all'articolo 10, comma 1, lettera a), b) e c);
b) coloro che, con sentenza di primo grado, confermata in appello per la stessa imputazione, hanno riportato, dopo l'elezione o la nomina, una condanna ad una pena non inferiore a due anni di reclusione per un delitto non colposo;
c) coloro nei cui confronti l'autorità giudiziaria ha applicato, con provvedimento non definitivo, una misura di prevenzione in quanto indiziati di appartenere ad una delle associazioni di cui all'articolo 4, comma 1, lettera a) e b), del decreto legislativo 6 settembre 2011, n. 159.

2. La sospensione di diritto consegue, altresì, quando è disposta l'applicazione di una delle misure coercitive di cui agli articoli 284, 285 e 286 del codice di procedura penale nonché di cui all'articolo 283, comma 1, del codice di procedura penale, quando il divieto di dimora riguarda la sede dove si svolge il mandato elettorale.

3. Nel periodo di sospensione i soggetti sospesi, ove non sia possibile la sostituzione ovvero fino a quando non sia convalidata la supplenza, non sono computati al fine della verifica del numero legale, né per la determinazione di qualsivoglia quorum o maggioranza qualificata.

4. La sospensione cessa di diritto di produrre effetti decorsi diciotto mesi. Nel caso in cui l'appello proposto dall'interessato avverso la sentenza di condanna sia rigettato anche con sentenza non definitiva, decorre un ulteriore periodo di sospensione che cessa di produrre effetti trascorso il termine di dodici mesi dalla sentenza di rigetto.

5. A cura della cancelleria del tribunale o della segreteria del pubblico ministero i provvedimenti giudiziari che comportano la sospensione sono comunicati al prefetto, il quale, accertata la sussistenza di una causa di sospensione, provvede a notificare il relativo provvedimento agli organi che hanno convalidato l'elezione o deliberato la nomina.

6. La sospensione cessa nel caso in cui nei confronti dell'interessato venga meno l'efficacia della misura coercitiva di cui al comma 1, ovvero venga emessa sentenza, anche se non passata in giudicato, di non luogo a procedere, di proscioglimento o di assoluzione o provvedimento di revoca della misura di prevenzione o sentenza di annullamento ancorché con rinvio. In tal caso la sentenza o il provvedimento di revoca devono essere pubblicati nell'albo pretorio e comunicati alla prima adunanza dell'organo che ha proceduto all'elezione, alla convalida dell'elezione o alla nomina.

7. Chi ricopre una delle cariche indicate all'articolo 10, comma 1, decade da essa di diritto dalla data del passaggio in giudicato della sentenza di condanna o dalla data in cui diviene definitivo il provvedimento che applica la misura di prevenzione.

8. Quando, in relazione a fatti o attività comunque riguardanti gli enti di cui all'articolo 10, l'autorità giudiziaria ha emesso provvedimenti che comportano la sospensione o la decadenza dei pubblici ufficiali degli enti medesimi e vi è la necessità di verificare che non ricorrano pericoli di infiltrazione di tipo mafioso nei servizi degli stessi enti, il prefetto può accedere presso gli enti interessati per acquisire dati e documenti ed accertare notizie concernenti i servizi stessi.

9. Copie dei provvedimenti di cui al comma 8 sono trasmesse al Ministro dell'interno, ai sensi dell'articolo 2, comma 2-*quater*, del decreto-legge 29 ottobre 1991, n. 345, convertito, con modificazioni, dalla legge 30 dicembre 1991, n. 110, e successive modificazioni.

Capo V
Disposizioni comuni, transitorie e finali

13. Durata dell'incandidabilità.

1. L'incandidabilità alla carica di deputato, senatore e membro del Parlamento europeo spettante all'Italia, derivante da sentenza definitiva di condanna per i delitti indicati all'articolo 1, decorre dalla data del passaggio in giudicato della sentenza stessa ed ha effetto per un periodo corrispondente al doppio della durata della pena accessoria dell'interdizione temporanea dai pubblici uffici comminata dal giudice. In ogni caso l'incandidabilità, anche in assenza della pena accessoria, non è inferiore a sei anni.

2. Il divieto ad assumere e svolgere incarichi di Governo nazionale, derivante da sentenza di condanna definitiva per i delitti indicati all'articolo 1, opera con la medesima decorrenza e per la stessa durata prevista dal comma 1.

3. Nel caso in cui il delitto che determina l'incandidabilità o il divieto di assumere incarichi di governo è stato commesso con abuso dei poteri o in violazione dei doveri connessi al mandato elettivo, di parlamentare nazionale o europeo, o all'incarico di Governo, la durata dell'incandidabilità o del divieto è aumentata di un terzo.

14. Incandidabilità nelle regioni a statuto speciale e province autonome.

1. Le disposizioni in materia di incandidabilità del presente testo unico si applicano nelle regioni a statuto speciale e nelle province autonome di Trento e Bolzano.

15. Disposizioni comuni.

1. L'incandidabilità di cui al presente testo unico opera anche nel caso in cui la sentenza definitiva disponga l'applicazione della pena su richiesta, ai sensi dell'articolo 444 del codice di procedura penale.

2. L'incandidabilità disciplinata dal presente testo unico produce i suoi effetti indipendentemente dalla concomitanza con la limitazione del diritto di elettorato attivo e passivo derivante dall'applicazione della pena accessoria dell'interdizione temporanea dai pubblici uffici o di una delle misure di prevenzione o di sicurezza di cui all'articolo 2, lettera b) e c), del testo unico delle leggi per la disciplina dell'elettorato attivo e per la tenuta e la revisione delle liste elettorali di cui al decreto del Presidente della Repubblica 20 marzo 1967, n. 223.

3. La sentenza di riabilitazione, ai sensi degli articoli 178 e seguenti del codice penale, è l'unica causa di estinzione anticipata dell'incandidabilità e ne comporta la cessazione per il periodo di tempo residuo. La revoca della sentenza di riabilitazione comporta il ripristino dell'incandidabilità per il periodo di tempo residuo.

4. L'incandidabilità disciplinata dagli articoli 7, comma 1, lettera f) e 10, comma 1, lettera f), si estingue per effetto del procedimento di riabilitazione previsto dall'articolo 70 del decreto legislativo 6 settembre 2011, n. 159.

16. Disposizioni transitorie e finali.

1. Per le incandidabilità di cui ai Capi I e II, e per quelle di cui ai Capi III e IV non già rinvenibili nella disciplina previgente, la disposizione del comma 1 dell'articolo 15 si applica alle sentenze previste dall'articolo 444 del codice di procedura penale pronunciate successivamente alla data di entrata in vigore del presente testo unico.

2. Le disposizioni di cui al presente testo unico, limitatamente a quelle previste per l'accertamento dell'incandidabilità in fase di ammissione delle candidature, per la mancata proclamazione, per i ricorsi e per il procedimento di dichiarazione in caso di incandidabilità sopravvenuta, si applicano anche alle incandidabilità, non derivanti da sentenza penale di condanna, disciplinate dagli articoli 143, comma 11, e 248, comma 5, del decreto legislativo 18 agosto 2000, n. 267.

11. D.L. 28 dicembre 2013, n. 149, convertito, con modificazioni, in L. 21 febbraio 2014, n. 13. – Abolizione del finanziamento pubblico diretto, disposizioni per la trasparenza e la democraticità dei partiti e disciplina della contribuzione volontaria e della contribuzione indiretta in loro favore (*artt. 1, 14*)

In Gazzetta Ufficiale 28 dicembre 2013, n. 303

Capo I
Disposizioni generali

1. Abolizione del finanziamento pubblico e finalità.

1. Il rimborso delle spese per le consultazioni elettorali e i contributi pubblici erogati per l'attività politica e a titolo di cofinanziamento sono aboliti ai sensi di quanto disposto dall'articolo 14.

2. Il presente decreto disciplina le modalità per l'accesso a forme di contribuzione volontaria fiscalmente agevolata e di contribuzione indiretta fondate sulle scelte espresse dai cittadini in favore dei partiti politici che rispettano i requisiti di trasparenza e democraticità da essa stabiliti.

14. Norme transitorie e abrogazioni.

1. I partiti e i movimenti politici ai quali, alla data di entrata in vigore del presente decreto, è riconosciuto il finanziamento pubblico ai sensi della legge 6 luglio 2012, n. 96, e della legge 3 giugno 1999, n. 157, in relazione alle elezioni svoltesi anteriormente alla data di entrata in vigore del presente decreto, il cui termine di erogazione non è ancora scaduto alla data medesima, continuano ad usufruirne nell'esercizio finanziario in corso e nei tre esercizi successivi, nelle seguenti misure:

a) nell'esercizio in corso alla data di entrata in vigore del presente decreto, il finanziamento è riconosciuto integralmente;

b) nel primo, nel secondo e nel terzo esercizio successivi a quello in corso alla data di entrata in vigore del presente decreto, il finanziamento è ridotto nella misura, rispettivamente, del 25, del 50 e del 75 per cento dell'importo spettante.

2. Il finanziamento cessa a partire dal quarto esercizio finanziario successivo a quello in corso alla data di entrata in vigore del presente decreto.

3. Nei periodi di cui alle lettere a) e b) del comma 1, ai soli fini e nei limiti di cui al medesimo comma, continua ad applicarsi la normativa indicata al comma 4.

4. Sono abrogati:
a) gli articoli 1 e 3, commi dal secondo al sesto, della legge 18 novembre 1981, n. 659;
b) l'articolo 1 della legge 8 agosto 1985, n. 413;
c) gli articoli 9 e 9-*bis*, nonché l'articolo 12, comma 3, limitatamente alle parole: «dagli aventi diritto», l'articolo 15, commi 13, 14, limitatamente alle parole: «che non abbiano diritto ad usufruire del contributo per le spese elettorali», e 16, limitatamente al secondo periodo, e l'articolo 16 della legge 10 dicembre 1993, n. 515;
d) l'articolo 6 della legge 23 febbraio 1995, n. 43;
e) l'articolo 1, commi 1, 1-*bis*, 2, 3, 5, 5-*bis*, 6, con esclusione del secondo periodo, 7, 8, 9 e 10, e gli articoli 2 e 3 della legge 3 giugno 1999, n. 157;
f) gli articoli 1, 2, 3, 4, 5, 6, 9, commi da 8 a 21, e 10 della legge 6 luglio 2012, n. 96.

5. A decorrere dal 1° gennaio 2014 sono abrogati l'articolo 15, comma 1-*bis*, e l'articolo 78, comma 1, limitatamente alle parole: «per le erogazioni liberali in denaro in favore dei partiti e movimenti politici di cui all'articolo 15, comma 1-*bis*, per importi compresi tra 51,65 euro e 103.291,38 euro, limitatamente alle società e agli enti di cui all'articolo 73, comma 1, lettere a) e b), diversi dagli enti nei quali vi sia una partecipazione pubblica o i cui titoli siano negoziati in mercati regolamentati italiani o esteri, nonché dalle società ed enti che controllano, direttamente o indirettamente, tali soggetti, ovvero ne siano controllati o siano controllati dalla stessa società o ente che controlla i soggetti medesimi, nonché dell'onere», del testo unico delle imposte sui redditi, di cui al decreto del Presidente della Repubblica 22 dicembre 1986, n. 917, e successive modificazioni.

FURTO DI IDENTITÀ

1. D.Lgs. 13 agosto 2010, n. 141. – Attuazione della direttiva 2008/48/CE relativa ai contratti di credito ai consumatori, nonché modifiche del titolo VI del testo unico bancario (decreto legislativo n. 385 del 1993) in merito alla disciplina dei soggetti operanti nel settore finanziario, degli agenti in attività finanziaria e dei mediatori creditizi (*artt. 30 bis-30 octies*)

In Gazzetta Ufficiale 4 settembre 2010, n. 207

TITOLO V bis
Istituzione di un sistema pubblico di prevenzione, sul piano

30 bis. Definizioni (1).

1. Ai fini del presente decreto legislativo per furto d'identità si intende:
a) l'impersonificazione totale: occultamento totale della propria identità mediante l'utilizzo indebito di dati relativi all'identità e al reddito di un altro soggetto. L'impersonificazione può riguardare l'utilizzo indebito di dati riferibili sia ad un soggetto in vita sia ad un soggetto deceduto;
b) l'impersonificazione parziale: occultamento parziale della propria identità mediante l'impiego, in forma combinata, di dati relativi alla propria persona e l'utilizzo indebito di dati relativi ad un altro soggetto, nell'ambito di quelli di cui alla lettera a).

(1) Articolo introdotto dall'art. 1, co. 1, d.lgs. 11.4.2011, n. 64.

30 ter. Sistema di prevenzione (1).

1. È istituito, nell'ambito del Ministero dell'economia e delle finanze, un sistema pubblico di prevenzione, sul piano amministrativo, delle frodi nel settore del credito al consumo e dei pagamenti dilazionati o differiti, con specifico riferimento al furto di identità. Tale sistema può essere utilizzato anche per svolgere funzioni di supporto alla prevenzione e al contrasto dell'uso del sistema economico e finanziario a scopo di riciclaggio e finanziamento del terrorismo, al controllo delle identità e alla prevenzione del furto di identità in settori diversi da quelli precedentemente indicati, limitatamente al riscontro delle informazioni strettamente pertinenti (2).

2. Il sistema di prevenzione è basato sull'archivio centrale informatizzato di cui all'articolo 30-quater, di seguito denominato archivio, e sul gruppo di lavoro di cui al comma 9 del presente articolo.

3. Il Ministero dell'economia e delle finanze è titolare dell'archivio e può' avvalersi, per la gestione dell'archivio, di Consap S.p.A., di seguito denominato ente gestore. I rapporti tra il Ministero dell'economia e delle finanze e l'ente gestore sono disciplinati con apposita convenzione, dalla quale non devono derivare nuovi o maggiori oneri a carico della finanza pubblica (3).

4. Il Ministero dell'economia e delle finanze, fatte salve le attribuzioni previste dalla vigente normativa ad altre Amministrazioni pubbliche, esercita, con le risorse umane, strumentali e finanziarie disponibili a legislazione vigente, funzioni di competenza statale in materia di monitoraggio sui sistemi di informazioni creditizie e sulle imprese che offrono servizi assimilabili alla prevenzione, sul piano amministrativo, delle frodi nei settori del credito e dei servizi.

5. Sono tenuti a partecipare al sistema di prevenzione delle frodi i seguenti soggetti, di seguito denominati aderenti [(4)]:

a) le banche, comprese quelle comunitarie e quelle extracomunitarie, e gli intermediari finanziari iscritti negli elenchi di cui agli articoli 106, 114-quater e 114-septies del testo unico di cui al decreto legislativo 1° settembre 1993, n. 385 [(5)];

b) i fornitori di servizi di comunicazione elettronica, ai sensi dell'articolo 1, comma 1, lettera gg), del codice di cui al decreto legislativo 1° agosto 2003, n. 259;

b-bis) i soggetti di cui all'articolo 27 del decreto legislativo 7 marzo 2005, n. 82 e i gestori dell'identità digitale di cui all'articolo 64 del medesimo decreto [(6)];

b-ter) i soggetti autorizzati a svolgere le attività di vendita a clienti finali di energia elettrica e di gas naturale ai sensi della normativa vigente [(7)];

c) i fornitori di servizi interattivi associati o di servizi di accesso condizionato ai sensi dell'articolo 2, comma 1, lettera q), del decreto legislativo 31 luglio 2005, n. 177;

c-bis). le imprese di assicurazione [(8)];

d) i gestori di sistemi di informazioni creditizie e le imprese che offrono [ai soggetti di cui alle lettere da a) a c)] servizi assimilabili alla prevenzione, sul piano amministrativo, delle frodi, in base ad apposita convenzione con il Ministero dell'economia e delle finanze, dalla quale non devono derivare nuovi o maggiori oneri a carico della finanza pubblica [(9)].

5 bis. Al sistema di prevenzione accedono altresì i soggetti destinatari degli obblighi di adeguata verifica della clientela di cui all'articolo 3 del decreto legislativo 21 novembre 2007, n. 231, e successive modificazioni, non ricompresi tra i soggetti aderenti di cui al comma 5, secondo i termini e le modalità disciplinati con il decreto di cui all'articolo 30-octies, dal quale non devono derivare nuovi o maggiori oneri a carico della finanza pubblica [(10)].

6. Con decreto del Ministro dell'economia e delle finanze è individuata, previo parere del gruppo di lavoro di cui al comma 9, ogni altra categoria di soggetti cui è consentita la partecipazione al sistema di prevenzione.

7. Gli aderenti inviano all'ente gestore richieste di verifica dell'autenticità dei dati contenuti nella documentazione fornita dalle persone fisiche che richiedono una dilazione o un differimento di pagamento, un finanziamento o altra analoga facilitazione finanziaria, un servizio a pagamento differito. La verifica dell'autenticità dei dati non può essere richiesta al di fuori dei casi e delle finalità previste per la prevenzione del furto di identità. Gli aderenti inviano altresì, in forma scritta, una comunicazione riguardante l'avvenuta stipula del contratto, nell'ambito dei settori di cui al comma 1, all'indirizzo risultante dai registri anagrafici della persona fisica titolare del rapporto. Gli aderenti trasmettono al titolare dell'archivio le informazioni relative ai casi che configurano un rischio di frodi nei settori commerciali di appartenenza [(11)].

7 bis. Fatto salvo quanto previsto dal comma 7, nell'ambito dello svolgimento della propria specifica attività, gli aderenti possono inviare all'ente gestore richieste di verifica dell'autenticità dei dati contenuti nella documentazione fornita dalle persone fisiche nei casi in cui ritengono utile, sulla base della valutazione degli elementi acquisiti, accertare l'identità delle medesime [(12)].

8. Nell'ambito del sistema di prevenzione, è istituito, presso l'ente gestore, un servizio gratuito, telefonico e telematico, che consente di ricevere segnalazioni da parte di soggetti che hanno subito o temono di aver subito frodi configuranti ipotesi di furto di identità.

9. Nell'ambito del sistema di prevenzione opera, senza nuovi o maggiori oneri per il bilancio dello Stato, un gruppo di lavoro che svolge funzioni di indirizzo, impulso e coordinamento, al fine di migliorare l'azione di prevenzione delle frodi nel settore del credito al consumo e del furto di identità a livello nazionale, nonché compiti finalizzati alla predisposizione, elaborazione e studio dei dati statistici, in forma anonima, relativi al comparto delle frodi ai sensi del comma 1 del presente articolo. Il gruppo di lavoro è composto da due rappresentanti, di cui un titolare e un supplente, designati rispettivamente da ciascuna delle autorità indicate: Ministero dell'economia e delle finanze, Ministero dell'interno, Ministero della giustizia, Ministero dello sviluppo economico, Banca d'Italia, Guardia di finanza. La segreteria del gruppo di lavoro è assicurata dall'ente gestore. Il Ministro dell'economia e delle finanze provvede con proprio decreto alla nomina dei componenti del gruppo di lavoro. Il gruppo di lavoro ha carattere permanente. I componenti del gruppo di lavoro durano in carica un triennio. Per la partecipazione all'attività del gruppo di lavoro non sono previsti compensi, indennità o rimborsi spese. Il gruppo di lavoro è presieduto dal componente del gruppo designato dal Ministero dell'economia e delle finanze, il quale, in ragione dei temi trattati, integra la composizione del gruppo di lavoro con i rappresentanti delle associazioni di categoria dei soggetti aderenti e degli operatori commerciali, nonché con gli esperti delle Forze di polizia, designati dal Dipartimento della pubblica sicurezza del Ministero dell'interno. Il Ministro dell'economia e delle finanze, entro il 30 aprile di ciascun anno, riferisce al Parlamento, sulla base della relazione predisposta dal gruppo di lavoro, in ordine ai risultati dell'attività di prevenzione delle frodi svolta entro il 31 dicembre del precedente anno. Il titolare dell'archivio, anche attraverso l'attività di studio ed elaborazione dei dati disponibili da parte del gruppo di lavoro, svolge attività d'informazione e conoscenza sui rischi del fenomeno delle frodi, anche mediante l'ausilio di campagne pubblicitarie curate dalla Presidenza del Consiglio dei ministri. A tali attività, i soggetti preposti fanno fronte con le risorse umane, strumentali e finanziarie disponibili a legislazione vigente.

(1) Articolo introdotto dall'art. 1, co. 1, d.lgs. 11.4.2011, n. 64.
(2) Comma modificato dall'art. 61, co. 3, lett. a), d.lgs. 26.8.2016, n. 179 e poi dall'art. 32 bis, co. 1, lett. a), d.l. 30.4.2022, n. 36, conv., con modif., dalla l. 29.6.2022, n. 79.
(3) Comma sostituito dall'art. 21, co. 1, d.lgs. 19.9.2012, n. 169.
(4) Alinea modificato dall'art. 32 bis, co. 1, lett. b), d.l. 30.4.2022, n. 36, conv., con modif., dalla l. 29.6.2022, n. 79.
(5) Lettera sostituita dall'art. 32 bis, co. 1, lett. c), d.l. 30.4.2022, n. 36, conv., con modif., dalla l. 29.6.2022, n. 79.
(6) Lettera introdotta dall'art. 61, co. 3, lett. b), d.lgs. 26.8.2016, n. 179 e poi modificata dall'art. 25, co. 3, lett. a), d.l. 16.7.2020, n. 76, conv., con modif., dalla l. 11.9.2020, n. 120.
(7) Lettera introdotta dall'art. 1, co. 84, l. 4.8.2017, n. 124.
(8) Lettera introdotta dall'art. 21, co. 2, d.lgs. 19.9.2012, n. 169.
(9) Lettera modificata dall'art. 32 bis, co. 1, lett. d), d.l. 30.4.2022, n. 36, conv., con modif., dalla l. 29.6.2022, n. 79.
(10) Comma introdotto dall'art. 8, co. 11, d.lgs. 25.5.2017, n. 90 e poi modificato dall'art. 32 bis, co. 1, lett. e), d.l. 30.4.2022, n. 36, conv., con modif., dalla l. 29.6.2022, n. 79.
(11) Comma modificato dall'art. 32 bis, co. 1, lett. f), d.l. 30.4.2022, n. 36, conv., con modif., dalla l. 29.6.2022, n. 79.
(12) Comma introdotto dall'art. 16 bis, co. 1, lett. a), d.l. 21.6.2013, n. 69, conv., con modif., dalla l. 9.8.2013, n. 98e poi sostituito dall'art. 9, co. 3, lett. a) del d.l. 14.8.2013, n. 93, conv., con modif., dalla l. 15.10.2013, n. 119.

30 quater. Finalità e struttura dell'archivio [1].

1. L'archivio è composto da tre strumenti informatici:

a) il primo, denominato interconnessione di rete, consente di dare seguito alle richieste di verifica inviate dagli aderenti mediante il riscontro con i dati di cui all'articolo 30-*quinquies*, detenuti nelle banche dati degli organismi pubblici e privati;

b) il secondo, denominato modulo informatico centralizzato, memorizza, in forma aggregata ed anonima, i casi il cui riscontro ha evidenziato la non autenticità di una o più categorie di dati presenti nella richiesta di verifica e permette al titolare dell'archivio e al gruppo di lavoro di cui all'articolo 30-*ter*, comma 9, lo studio del fenomeno delle frodi, ai fini dell'esercizio della prevenzione, anche mediante la predisposizione e pubblicazione periodica di specifiche linee guida, sul piano amministrativo, nel settore del credito al consumo e dei pagamenti dilazionati o differiti, nonché nel settore delle assicurazioni. Per le finalità di cui alla presente lettera, il titolare dell'archivio si avvale anche delle elaborazioni dei dati contenuti nell'archivio informatizzato istituito ai sensi dell'articolo 1, comma 4, della legge 17 agosto 2005, n. 166 [2];

c) il terzo, denominato modulo informatico di allerta, memorizza le informazioni trasmesse dagli aderenti relative alle frodi subite o ai casi che configurano un rischio di frodi nei settori del credito, dei servizi di comunicazione elettronica o interattivi e delle assicurazioni, nonché le segnalazioni di specifiche allerta preventive trasmesse dal titolare dell'archivio agli aderenti. Tali informazioni sono conservate nell'archivio per il tempo necessario agli aderenti ad accertare l'effettiva sussistenza del rischio di frodi [3].

2. L'Arma dei carabinieri, il Corpo della guardia di finanza e la Polizia di Stato possono accedere, a titolo gratuito, al sistema di prevenzione. L'accesso a titolo gratuito è assicurato anche ai gestori dell'identità digitale di cui all'articolo 64 del decreto legislativo 7 marzo 2005, n. 82 per le verifiche propedeutiche al rilascio delle credenziali di accesso relative al sistema SPID [4].

3. I risultati di specifico interesse sono comunicati, secondo le modalità stabilite dal decreto di cui all'articolo 30-*octies* del presente decreto legislativo, agli uffici del Dipartimento della pubblica sicurezza del Ministero dell'interno competenti in materia di analisi dei fenomeni criminali e di cooperazione, anche internazionale, di polizia per l'esercizio delle funzioni di cui agli articoli 4, 6 e 7 della legge 1° aprile 1981, n. 121, nonché, ove rilevanti, all'Unità di informazione finanziaria della Banca d'Italia e al Nucleo speciale di polizia valutaria della Guardia di finanza.

4. Allo scopo di rafforzare il sistema di prevenzione, il titolare dell'archivio, anche ai fini dell'approfondimento delle segnalazioni di cui all'articolo 30-*ter*, comma 7, ultimo periodo, può avvalersi della collaborazione del Nucleo speciale di polizia valutaria della Guardia di finanza, che agisce con i poteri e le facoltà previsti dall'articolo 2 del decreto legislativo 19 marzo 2001, n. 68, utilizzando, nell'ambito delle risorse umane, strumentali e finanziarie disponibili a legislazione vigente, strutture e personale esistenti in modo da non determinare oneri aggiuntivi.

(1) Articolo introdotto dall'art. 1, co. 1, d.lgs. 11.4.2011, n. 64.
(2) Lettera modificata dall'art. 22, co. 1, d.lgs. 19.9.2012, n. 169.
(3) Lettera modificata dall'art. 22, co. 2, d.lgs. 19.9.2012, n. 169.
(4) Comma modificato dall'art. 25, co. 3, lett. b), d.l. 16.7.2020, n. 76, conv., con modif., dalla l. 11.9.2020, n. 120.

30 quinquies. Dati oggetto di riscontro [1].

1. Sono assoggettabili a riscontro, con i dati detenuti da organismi pubblici e privati, i dati relativi a persone fisiche che richiedono una dilazione o un differimento di pagamento, un finanziamento o altra analoga facilitazione finanziaria, nonché una prestazione di carattere assicurativo, contenuti nelle fonti elencate dalle lettere da a) a c) [2]:

a) documenti di identità e di riconoscimento comunque denominati o equipollenti, ancorché smarriti o rubati;

b) partite IVA, codici fiscali e documenti che attestano il reddito esclusivamente per le finalità perseguite dal presente decreto legislativo;

c) posizioni contributive previdenziali ed assistenziali.

2. Allo scopo di garantire il perseguimento delle finalità del presente decreto legislativo, gli organismi pubblici e privati che detengono i dati di cui al comma 1, lettere a), b) e c), devono renderli disponibili, a titolo gratuito, nelle modalità e nei termini previsti dal decreto di cui all'articolo 30-*octies* [3].

3. Con decreto del Ministro dell'economia e delle

finanze è individuato, previo parere del gruppo di lavoro di cui all'articolo 30-*ter*, comma 9, ogni altro dato idoneo al perseguimento delle finalità del presente decreto legislativo.

(1) Articolo introdotto dall'art. 1, co. 1, d.lgs. 11.4.2011, n. 64.
(2) Alinea modificato dall'art. 23, co. 1, d.lgs. 19.9.2012, n. 169.
(3) Comma modificato dall'art. 23, co. 2, d.lgs. 19.9.2012, n. 169.

30 sexies. Procedura di riscontro sull'autenticità dei dati e contributo degli aderenti [1].

1. Ai fini del riscontro sull'autenticità dei dati contenuti nelle richieste di verifica inviate dagli aderenti, l'ente gestore autorizza di volta in volta la procedura di collegamento dell'archivio alle banche dati degli organismi pubblici e privati. Ciascuna richiesta può concernere una o più categorie di dati nell'ambito di quelle elencate nell'articolo 30-*quinquies*.

2. L'onere derivante dall'attuazione del presente decreto legislativo è posto a carico dei soggetti che partecipano o accedono al sistema pubblico di prevenzione ai sensi dell'articolo 30-*ter*, previa stipula di un'apposita convenzione con l'ente gestore, attraverso la corresponsione di un contributo articolato in modo da garantire sia le spese di progettazione, di realizzazione e di evoluzione dell'archivio, sia il costo pieno del servizio svolto dall'ente gestore stesso. La misura delle componenti del contributo è determinata con il decreto di cui all'articolo 30-*octies* [2].

2 bis. Con decreto del Ministro dell'economia e delle finanze, sentito il parere del gruppo di lavoro di cui all'articolo 30-*ter*, comma 9, può essere rideterminata la misura delle componenti del contributo di cui al comma 2 del presente articolo [3].

(1) Articolo introdotto dall'art. 1, co. 1, d.lgs. 11.4.2011, n. 64.
(2) Comma modificato dall'art. 24, co. 1, d.lgs. 19.9.2012, n. 169e poi sostituito dall'art. 32 bis, co. 1, lett. g), d.l. 30.4.2022, n. 36, conv., con modif., dalla l. 29.6.2022, n. 79.
(3) Comma introdotto dall'art. 16 bis, co. 1, lett. b), d.l. 21.6.2013, n. 69, conv., con modif., dalla l. 9.8.2013, n. 98.

30 septies. Disposizioni finanziarie [1].

1. Le contribuzioni di cui all'articolo 30-*sexies*, comma 2, affluiscono all'ente gestore, il quale deve fornire al Ministero dell'economia e delle finanze apposita rendicontazione in ordine alle somme introitate e ai costi sostenuti in relazione al servizio svolto [2].

1 bis. La quota delle somme introitate dall'ente gestore e non destinata a garantire le spese di progettazione e di realizzazione dell'archivio, nonché il costo pieno del servizio svolto dall'ente gestore, viene versata annualmente, dal medesimo ente, all'entrata del bilancio dello Stato, per essere riassegnata ad apposito programma dello stato di previsione del Ministero dell'economia e delle finanze, da destinare alla prevenzione dei reati finanziari [3].

(1) Articolo introdotto dall'art. 1, co. 1, d.lgs. 11.4.2011, n. 64.
(2) Comma modificato dall'art. 32 bis, co. 1, lett. h), d.l. 30.4.2022, n. 36, conv., con modif., dalla l. 29.6.2022, n. 79.
(3) Comma introdotto dall'art. 25, co. 1, d.lgs. 19.9.2012, n. 169.

30 octies. Termini, modalità e condizioni per la gestione del sistema di prevenzione [1].

1. Con decreto del Ministro dell'economia e delle finanze, da adottare entro sei mesi dalla data di entrata in vigore della presente disposizione:

a) sono specificati la struttura e i livelli di accesso all'archivio, i singoli elementi identificativi dei dati contenuti nelle fonti elencate dalle lettere da a) a c), da comunicare ai sensi dell'articolo 30-*quinquies*, [le modalità e i termini relativi alle convenzioni di cui all'articolo 30-*ter*, comma 5, lettera d)] [2];
b) sono stabilite le modalità relative al collegamento informatico dell'archivio con le banche dati degli organismi pubblici e privati che detengono i dati di cui all'articolo 30-*quinquies*;
c) sono individuati le modalità, i presupposti e i profili di accesso ai dati, il processo di rilascio delle credenziali, nonché le procedure di autenticazione, di registrazione e di analisi degli accessi e delle operazioni e sono fissati i termini secondo cui i dati di cui all'articolo 30-*quinquies* sono comunicati e gestiti, nonché è stabilita la procedura che caratterizza la fase di riscontro ai sensi dell'articolo 30-*sexies*, comma 1 [3];
d) sono fissati l'importo del contributo di cui all'articolo 30-*sexies*, comma 2, nonché i criteri di determinazione e le modalità di riscossione del medesimo.

2. Lo schema del decreto di cui al comma 1 viene trasmesso al Garante per la protezione dei dati personali affinché esprima il proprio parere entro venti giorni dalla trasmissione.

3. Il Consiglio nazionale dei consumatori e degli utenti, di cui all'articolo 136 del codice del consumo di cui al decreto legislativo 6 settembre 2005, n. 206, può chiedere in qualsiasi momento di essere ascoltato dal gruppo di lavoro di cui all'articolo 30-*ter*, comma 9, in ordine all'applicazione del presente decreto legislativo.

4. I termini e le modalità di attuazione dell'articolo 30-*quinquies*, comma 1, lettera b), sono definiti con decreto interdirettoriale del Dipartimento del Tesoro del Ministero dell'economia e delle finanze e del direttore dell'Agenzia delle entrate.

4 bis. Le disposizioni riguardanti le informazioni relative alle frodi subite e ai casi che configurano un rischio di frodi si applicano decorsi diciotto mesi dalla data di entrata in vigore del decreto di cui al comma 1 [4].

4 ter. Le disposizioni riguardanti le imprese di assicurazione si applicano decorsi dodici mesi dalla data di entrata in vigore del decreto di cui al comma 1 [5].

(1) Articolo introdotto dall'art. 1, co. 1, d.lgs. 11.4.2011, n. 64.
(2) Lettera modificata dall'art. 26, co. 1, lett. a), d.lgs. 19.9.2012, n. 169.
(3) Lettera sostituita dall'art. 32 bis, co. 1, lett. i), d.l. 30.4.2022, n. 36, conv., con modif., dalla l. 29.6.2022, n. 79.
(4) Comma introdotto dall'art. 26, co. 1, lett. b), d.lgs. 19.9.2012, n. 169.
(5) Comma introdotto dall'art. 26, co. 1, lett. b), d.lgs. 19.9.2012, n. 169.

GIOCHI E SCOMMESSE

1. L. 2 agosto 1982, n. 528. – Ordinamento del gioco del lotto e misure per il personale del lotto (*artt. 18-20*) (1)(2)

In Gazzetta Ufficiale 13 agosto 1982, n. 222

(1) I riferimenti allo/alla Intendente/Intendenza di finanza devono attualmente intendersi alla Direzione regionale delle entrate.

(2) Secondo quanto previsto dall'art. 16, d.P.R. 26.10.2001, n. 430, le disposizioni contenute in questo provvedimento, se incompatibili con quelle previste dal d.P.R. n. 430/2001, si intendono abrogate.

18. – Chiunque offre la riffa al pubblico mediante sorteggio di uno o più numeri o con riferimento alle estrazioni del lotto pubblico è punito con l'ammenda da L. 100.000 a L. 1.000.000.

Se l'oggetto della riffa è di valore rilevante ovvero se l'offerta è clandestina, la pena è raddoppiata.

Le pene previste nel presente articolo e nell'articolo precedente sono aumentate di un terzo se il reato è commesso a mezzo stampa o radiotelevisione [1].

(1) Secondo quanto previsto dall'art. 4, d.lgs. 28.8.2000, n. 274, il giudice di pace è competente per i delitti, consumati o tentati, e per le contravvenzioni previste da questo art., a decorrere dal 4.6.2001. Tuttavia la competenza per questi reati è del tribunale se ricorre una o più delle circostanze previste dagli artt. 1, d.l. 15.12.1979, n. 625, convertito in l. 6.2.1980, n. 15, 7, d.l. 13.5.1991, n. 152, convertito in l. 12.7.1991, n. 203, e 3, d.l. 26.6.1993, n. 122, convertito in l. 25.6.1993, n. 205.

19. – Chiunque contraffà gli scontrini delle scommesse o manomette le registrazioni o, non avendo partecipato alla contraffazione o alla manomissione, fa uso di tali scontrini è punito con la reclusione da 3 a 6 anni e con la multa da L. 1.000.000 a L. 10.000.000, salvo che il fatto costituisca più grave reato.

20. – Chiunque effettua la raccolta delle scommesse del gioco del lotto senza averne ottenuta la concessione o quando questa sia scaduta o sia stata revocata, è punito con la multa sino a lire 50 milioni.

Chiunque effettua la raccolta delle scommesse del gioco del lotto pubblico fuori dei punti di raccolta è punito con la multa sino a L. 1.000.000 [1].

(1) Secondo quanto previsto dall'art. 4, d.lgs. 28.8.2000, n. 274, il giudice di pace è competente per i delitti, consumati o tentati, e per le contravvenzioni previsti da questo articolo, a decorrere dal 4.6.2001. Tuttavia la competenza per questi reati è del tribunale se ricorre una o più delle circostanze previste dagli artt. 1 del d.l. 15.12.1979, n. 625, convertito in l. 6.2.1980, n. 15, 7 del d.l. 13.5.1991, n. 152, convertito in l. 12.7.1991, n. 203, e 3 del d.l. 26.6.1993, n. 122, convertito in l. 25.6.1993, n. 205.

2. L. 13 dicembre 1989, n. 401. – Interventi nel settore del giuoco e delle scommesse clandestini e tutela della correttezza nello svolgimento di manifestazioni sportive (1)

In Gazzetta Ufficiale 18 dicembre 1989, n. 294

(1) Titolo modificato dall'art. 1, co. 1 bis, d.l. 20.8.2001, n. 336.

1. Frode in competizioni sportive.

1. Chiunque offre o promette denaro o altra utilità o vantaggio a taluno dei partecipanti ad una competizione sportiva organizzata dalle federazioni riconosciute dal Comitato olimpico nazionale italiano (CONI), dall'Unione italiana per l'incremento delle razze equine (UNIRE) o da altri enti sportivi riconosciuti dallo Stato e dalle associazioni ad essi aderenti, al fine di raggiungere un risultato diverso da quello conseguente al corretto e leale svolgimento della competizione, ovvero compie altri atti fraudolenti volti al medesimo scopo, è punito con la reclusione da due a sei anni e con la multa da euro 1.000 a euro 4.000 [1].

2. Le stesse pene si applicano al partecipante alla competizione che accetta il denaro o altra utilità o vantaggio, o ne accoglie la promessa.

3. Se il risultato della competizione è influente ai fini dello svolgimento di concorsi pronostici e scommesse regolarmente esercitati, per i fatti di cui ai commi 1 e 2, la pena della reclusione è aumentata fino alla metà e si applica la multa da euro 10.000 a euro 100.000 [2].

(1) Comma modificato dall'art. 1, co. 1, lett. a), d.l. 22.8.2014 n. 119, conv., con modif., in l. 17.10.2014 n. 146.

(2) Comma modificato dall'art. 1, co. 1, lett. b), d.l. 22.8.2014 n. 119, conv., con modif., in l. 17.10.2014 n. 146.

2. Non influenza del procedimento penale.

1. L'esercizio dell'azione penale per il delitto previsto dall'articolo 1 e la sentenza che definisce il relativo giudizio non influiscono in alcun modo sull'omologazione delle gare né su ogni altro provvedimento di competenza degli organi sportivi.

2. L'inizio del procedimento per i delitti previsti dall'articolo 1 non preclude il normale svolgimento secondo gli specifici regolamenti del procedimento disciplinare sportivo.

3. Gli organi della disciplina sportiva, ai fini esclusivi della propria competenza funzionale, possono chiedere copia degli atti del procedimento penale ai sensi dell'articolo 116 del codice di procedura penale fermo restando il divieto di pubblicazione di cui all'articolo 114 dello stesso codice.

3. Obbligo del rapporto.

1. I presidenti delle federazioni sportive nazionali affiliate al Comitato olimpico nazionale italiano (CONI), i presidenti degli organi di disciplina di secondo grado delle stesse federazioni e i corrispondenti organi preposti alla disciplina degli enti e delle associazioni di cui al comma 1 dell'articolo 1, che nell'esercizio o a causa delle loro funzioni hanno notizia dei reati di cui all'articolo 1, sono obbligati a farne rapporto, ai sensi delle vigenti leggi, all'autorità giudiziaria.

4. Esercizio abusivo di attività di giuoco o di scommessa.

1. Chiunque esercita abusivamente l'organizzazione del giuoco del lotto o di scommesse o di concorsi pronostici che la legge riserva allo Stato o ad altro ente concessionario, è punito con la reclusione da tre a sei anni e con la multa da 20.000 a 50.000 euro. Alla stessa pena soggiace chi comunque organizza scommesse o concorsi pronostici su attività sportive gestite dal Comitato olimpico nazionale italiano (CONI), dalle organizzazioni da esso dipendenti o dall'Unione italiana per l'incremento delle razze equine (UNIRE). Chiunque abusivamente esercita l'organizzazione di pubbliche scommesse su altre competizioni di persone o animali e giuochi di abilità è punito con l'arresto da tre mesi ad un anno e con l'ammenda non inferiore a lire un milione. Le stesse sanzioni si applicano a chiunque venda sul territorio nazionale, senza autorizzazione dell'Agenzia delle dogane e dei monopoli, biglietti di lotterie o di analoghe manifestazioni di sorte di Stati esteri, nonché a chiunque partecipi a tali operazioni mediante la raccolta di prenotazione di giocate e l'accreditamento delle relative vincite e la promozione e la pubblicità effettuate con qualunque mezzo di diffusione. È punito altresì con la reclusione da tre a sei anni e con la multa da 20.000 a 50.000 euro chiunque organizza, esercita e raccoglie a distanza, senza la prescritta concessione, qualsiasi gioco istituito o disciplinato dall'Agenzia delle dogane e dei monopoli. Chiunque, ancorché titolare della prescritta concessione, organizza, esercita e raccoglie a distanza qualsiasi gioco istituito o disciplinato dall'Agenzia delle dogane e dei monopoli con modalità e tecniche diverse da quelle previste dalla legge è punito con l'arresto da tre mesi a un anno o con l'ammenda da euro 500 a euro 5.000 (1).

2. Quando si tratta di concorsi, giuochi o scommesse gestiti con le modalità di cui al comma 1, e fuori dei casi di concorso in uno dei reati previsti dal medesimo, chiunque in qualsiasi modo dà pubblicità al loro esercizio è punito con l'arresto fino a tre mesi e con l'ammenda da lire centomila a lire un milione. La stessa sanzione si applica a chiunque, in qualsiasi modo, dà pubblicità in Italia a giochi, scommesse e lotterie, da chiunque accettate all'estero (2).

3. Chiunque partecipa a concorsi, giuochi, scommesse gestiti con le modalità di cui al comma 1, fuori dei casi di concorso in uno dei reati previsti dal medesimo, è punito con l'arresto fino a tre mesi o con l'ammenda da lire centomila a lire un milione.

4. Le disposizioni di cui ai commi 1 e 2 si applicano anche ai giuochi d'azzardo esercitati a mezzo degli apparecchi vietati dall'articolo 110 del regio decreto 18 giugno 1931, n. 773, come modificato dalla legge 20 maggio 1965, n. 507, e come da ultimo modificato dall'articolo 1 della legge 17 dicembre 1986, n. 904.

4 bis. Le sanzioni di cui al presente articolo sono applicate a chiunque, privo di concessione, autorizzazione o licenza ai sensi dell'articolo 88 del testo unico delle leggi di pubblica sicurezza, approvato con regio decreto 18 giugno 1931, n. 773, e successive modificazioni, svolga in Italia qualsiasi attività organizzata al fine di accettare o raccogliere o comunque favorire l'accettazione o in qualsiasi modo la raccolta, anche per via telefonica o telematica, di scommesse di qualsiasi genere da chiunque accettate in Italia o all'estero (3).

4 ter. Fermi restando i poteri attribuiti al Ministero delle finanze dall'articolo 11 del decreto-legge 30 dicembre 1993, n. 557, convertito, con modificazioni, dalla legge 26 febbraio 1994, n. 133, ed in applicazione dell'articolo 3, comma 228 della legge 28 dicembre 1995, n. 549, le sanzioni di cui al presente articolo si applicano a chiunque effettui la raccolta o la prenotazione di giocate del lotto, di concorsi pronostici o di scommesse per via telefonica o telematica, ove sprovvisto di apposita autorizzazione del Ministero dell'economia e delle finanze – Agenzia delle dogane e dei monopoli all'uso di tali mezzi per la predetta raccolta o prenotazione (4).

4 quater. L'Agenzia delle dogane e dei monopoli è tenuta alla realizzazione, in collaborazione con la Guardia di finanza e le altre forze di polizia, di un piano straordinario di controllo e contrasto all'attività illegale di cui ai precedenti commi con l'obiettivo di determinare l'emersione della raccolta di gioco illegale (5).

(1) Comma modificato dall'art. 11, co. 35, l. 24.12.1993, n. 537, dall'art. 11, d.l. 30.12.1993, n. 557, dall'art. 24, co. 23, l. 7.7.2009, n. 88 (l. comunitaria 2008) e, infine, dall'art. 27, co. 1, lett. a) e b), d.l. 28.1.2019, n. 4, conv., con modif., in l. 28.3.2019, n. 26.

(2) Comma modificato dall'art. 7, co. 3 bis, d.l. 14.3.2005, n. 35.

(3) Comma introdotto dall'art. 37, co. 5, l. 23.12.2000, n. 388.

(4) Comma introdotto dall'art. 37, co. 5, l. 23.12.2000, n. 388, poi modificato dall'art. 1, co. 539, l. 23.12.2005, n. 266 e, infine, dall'art. 27, co. 1, lett. b), d.l. 28.1.2019, n. 4, conv., con modif., in l. 28.3.2019, n. 26.

(5) Comma introdotto dall'art. 27, co. 1, lett. c), d.l. 28.1.2019, n. 4, conv., con modif., in l. 28.3.2019, n. 26.

5. Pene accessorie.

1. La condanna per i delitti di cui agli articoli 1 e 4 importa il divieto di accedere ai luoghi ove si svolgono manifestazioni sportive o si accettano scommesse autorizzate ovvero si tengono giuochi d'azzardo autorizzati (1).

2. Alla condanna per i delitti previsti dall'articolo 1 consegue inoltre l'applicazione della pena accessoria di cui al primo comma dell'articolo 32-*bis* del codice penale, limitatamente agli uffici direttivi delle società sportive.

3. Le pene accessorie di cui ai commi 1 e 2 non possono avere una durata inferiore a sei mesi né superiore a tre anni.

(1) Comma modificato dall'art. 1, co. 1 bis, d.l. 20.8.2001, n. 336.

5 bis. Confisca [1].

1. Nel caso di condanna o di applicazione della pena su richiesta delle parti, a norma dell'articolo 444 del codice di procedura penale, per uno dei delitti previsti dagli articoli 1 e 4 della presente legge, è sempre ordinata la confisca delle cose, dei beni e degli strumenti informatici o telematici che servirono o furono destinati a commettere il reato e delle cose e dei beni che ne costituiscono il prodotto, il profitto o il prezzo, salvo che appartengano a persone estranee al reato medesimo.

2. Nel caso in cui non sia possibile procedere alla confisca di cui al comma 1, il giudice ordina la confisca di beni di valore equivalente a quelli che costituiscono il prodotto, il profitto o il prezzo del reato e di cui il reo ha la disponibilità, anche indirettamente o per interposta persona. Si applica il terzo comma dell'articolo 322-*ter* del codice penale.

(1) Articolo introdotto dall'art. 4, l. 3.5.2019, n. 39.

6. Divieto di accesso ai luoghi dove si svolgono manifestazioni sportive [1].

1. Il questore può disporre il divieto di accesso ai luoghi in cui si svolgono manifestazioni sportive specificamente indicate, nonché a quelli, specificamente indicati, interessati alla sosta, al transito o al trasporto di coloro che partecipano o assistono alle manifestazioni medesime, nei confronti di:

a) coloro che risultino denunciati per aver preso parte attiva a episodi di violenza su persone o cose in occasione o a causa di manifestazioni sportive, o che nelle medesime circostanze abbiano incitato, inneggiato o indotto alla violenza;

b) coloro che, sulla base di elementi di fatto, risultino avere tenuto, anche all'estero, sia singolarmente che in gruppo, una condotta evidentemente finalizzata alla partecipazione attiva a episodi di violenza, di minaccia o di intimidazione, tali da porre in pericolo la sicurezza pubblica o da creare turbative per l'ordine pubblico nelle medesime circostanze di cui alla lettera a);

c) coloro che risultino denunciati o condannati, anche con sentenza non definitiva, nel corso dei cinque anni precedenti per alcuno dei reati di cui all'articolo 4, primo e secondo comma, della legge 18 aprile 1975, n. 110, all'articolo 5 della legge 22 maggio 1975, n. 152, all'articolo 2, comma 2, del decreto-legge 26 aprile 1993, n. 122, convertito, con modificazioni, dalla legge 25 giugno 1993, n. 205, agli articoli 6-*bis*, commi 1 e 2, e 6-*ter* della presente legge, per il reato di cui all'articolo 2-*bis* del decreto-legge 8 febbraio 2007, n. 8, convertito, con modificazioni, dalla legge 4 aprile 2007, n. 41, o per alcuno dei delitti contro l'ordine pubblico o dei delitti di comune pericolo mediante violenza, di cui al libro secondo, titoli V e VI, capo I, del codice penale o per il delitto di cui all'articolo 588 dello stesso codice, ovvero per alcuno dei delitti di cui all'articolo 380, comma 2, lettere f) e h), del codice di procedura penale, anche se il fatto non è stato commesso in occasione o a causa di manifestazioni sportive;

d) soggetti di cui all'articolo 4, comma 1, lettera d), del codice delle leggi antimafia e delle misure di prevenzione, di cui al decreto legislativo 6 settembre 2011, n. 159, anche se la condotta non è stata posta in essere in occasione o a causa di manifestazioni sportive [2] [3].

1 bis. Il divieto di cui al comma 1 può essere disposto anche nei confronti di soggetti minori di diciotto anni che abbiano compiuto il quattordicesimo anno di età. Il provvedimento è notificato a coloro che esercitano la potestà genitoriale [4].

1 ter. Il divieto di cui al comma 1 può essere disposto anche per le manifestazioni sportive che si svolgono all'estero, specificamente indicate. Il divieto di accesso alle manifestazioni sportive che si svolgono in Italia può essere disposto anche dalle competenti autorità degli altri Stati membri dell'Unione europea, con i provvedimenti previsti dai rispettivi ordinamenti. Per fatti commessi all'estero, accertati dall'autorità straniera competente o dagli organi delle Forze di polizia italiane che assicurano, sulla base di rapporti di cooperazione, il supporto alle predette autorità nel luogo di svolgimento della manifestazione, il divieto è disposto dal questore della provincia del luogo di residenza ovvero del luogo di dimora abituale del destinatario della misura [5].

2. Alle persone alle quali è notificato il divieto previsto dal comma 1, il questore può prescrivere, tenendo conto dell'attività lavorativa dell'invitato, di comparire personalmente una o più volte negli orari indicati, nell'ufficio o comando di polizia competente in relazione al luogo di residenza dell'obbligato o in quello specificamente indicato, nel corso della giornata in cui si svolgono le manifestazioni per le quali opera il divieto di cui al comma 1 [6].

2 bis. La notifica di cui al comma 2 deve contenere l'avviso che l'interessato ha facoltà di presentare, personalmente o a mezzo di difensore, memorie o deduzioni al giudice competente per la convalida del provvedimento [7].

3. La prescrizione di cui al comma 2 ha effetto a decorrere dalla prima manifestazione successiva alla notifica all'interessato ed è immediatamente comunicata al procuratore della Repubblica presso il tribunale o al procuratore della Repubblica presso il tribunale per i minorenni, se l'interessato è persona minore di età competenti con riferimento al luogo in cui ha sede l'ufficio di questura. Il pubblico ministero, se ritiene che sussistano i presupposti di cui al comma 1, entro quarantotto ore dalla notifica del provvedimento ne chiede la convalida al giudice per le indagini preliminari. Le prescrizioni imposte cessano di avere efficacia se il pubblico ministero con decreto motivato non avanza la richiesta di convalida entro il termine predetto e se il giudice non dispone la convalida nelle quarantotto ore successive. Nel giudizio di convalida, il giudice per le indagini preliminari può modificare le prescrizioni di cui al comma 2 [(8) (9)].

4. Contro l'ordinanza di convalida è proponibile il ricorso per Cassazione. Il ricorso non sospende l'esecuzione dell'ordinanza.

5. Il divieto di cui al comma 1 e l'ulteriore prescrizione di cui al comma 2 non possono avere durata inferiore a un anno e superiore a cinque anni e sono revocati o modificati qualora, anche per effetto di provvedimenti dell'autorità giudiziaria, siano venute meno o siano mutate le condizioni che ne hanno giustificato l'emissione. In caso di condotta di gruppo di cui al comma 1, la durata non può essere inferiore a tre anni nei confronti di coloro che ne assumono la direzione. Nei confronti della persona già destinataria del divieto di cui al primo periodo è sempre disposta la prescrizione di cui al comma 2 e la durata del nuovo divieto e della prescrizione non può essere inferiore a cinque anni e superiore a dieci anni. La prescrizione di cui al comma 2 è comunque applicata quando risulta, anche sulla base di documentazione videofotografica o di altri elementi oggettivi, che l'interessato ha violato il divieto di cui al comma 1. Nel caso di violazione del divieto di cui al periodo precedente, la durata dello stesso può essere aumentata fino a otto anni [(10)].

6. Il contravventore alle disposizioni di cui ai commi 1 e 2 è punito con la reclusione da uno a tre anni e con la multa da 10.000 euro a 40.000 euro. [Nei confronti delle persone che contravvengono al divieto di cui al comma 1 è consentito l'arresto nei casi di flagranza.] [Nell'udienza di convalida dell'arresto, il giudice, se ne ricorrono i presupposti, dispone l'applicazione delle misure coercitive previste dagli articoli 282 e 283 del codice di procedura penale, anche al di fuori dei limiti di cui all'articolo 280 del medesimo codice]. Le stesse disposizioni si applicano nei confronti delle persone che violano in Italia il divieto di accesso ai luoghi in cui si svolgono manifestazioni sportive adottato dalle competenti Autorità di uno degli altri Stati membri dell'Unione europea [(11)].

7. Con la sentenza di condanna per i reati di cui al comma 6 e per quelli commessi in occasione o a causa di manifestazioni sportive o durante i trasferimenti da o verso i luoghi in cui si svolgono dette manifestazioni il giudice dispone, altresì, il divieto di accesso nei luoghi di cui al comma 1 e l'obbligo di presentarsi in un ufficio o comando di polizia durante lo svolgimento di manifestazioni sportive specificamente indicate per un periodo da due a dieci anni, e può disporre la pena accessoria di cui all'articolo 1, comma 1-*bis*, lettera a), del decreto-legge 26 aprile 1993, n. 122, convertito, con modificazioni, dalla legge 25 giugno 1993, n. 205. Il capo della sentenza non definitiva che dispone il divieto di accesso nei luoghi di cui al comma 1 è immediatamente esecutivo. Il divieto e l'obbligo predetti non sono esclusi nei casi di sospensione condizionale della pena e di applicazione della pena su richiesta [(12)].

8. Nei casi di cui ai commi 2, 6 e 7, il questore può autorizzare l'interessato, per gravi e comprovate esigenze, a comunicare per iscritto allo stesso ufficio o comando di cui al comma 2 il luogo di privata dimora o altro diverso luogo, nel quale lo stesso interessato sia reperibile durante lo svolgimento di specifiche manifestazioni agonistiche [(13)].

8 bis. Decorsi almeno tre anni dalla cessazione del divieto di cui al comma 1, l'interessato può chiedere la cessazione degli ulteriori effetti pregiudizievoli derivanti dall'applicazione del medesimo divieto. La cessazione è richiesta al questore che ha disposto il divieto o, nel caso in cui l'interessato sia stato destinatario di più divieti, al questore che ha disposto l'ultimo di tali divieti ed è concessa se il soggetto ha adottato condotte di ravvedimento operoso, quali la riparazione integrale del danno eventualmente prodotto, mediante il risarcimento anche in forma specifica, qualora sia in tutto o in parte possibile, o la concreta collaborazione con l'autorità di polizia o con l'autorità giudiziaria per l'individuazione degli altri autori o partecipanti ai fatti per i quali è stato adottato il divieto di cui al comma 1, o lo svolgimento di lavori di pubblica utilità, secondo modalità stabilite con decreto del Ministro dell'interno, previa intesa in sede di Conferenza unificata di cui all'articolo 8 del decreto legislativo 28 agosto 1997, n. 281, e senza oneri a carico della finanza pubblica, consistenti nella prestazione di un'attività non retribuita a favore della collettività presso lo Stato, le regioni, le province e i comuni, e ha dato prova costante ed effettiva di buona condotta, anche in occasione di manifestazioni sportive [(14)].

8 ter. Con il divieto di cui al comma 1 il questore può imporre ai soggetti che risultano definitivamente condannati per delitti non colposi anche i divieti di cui all'articolo 3, comma 4, del codice delle leggi antimafia e delle misure di prevenzione, di cui al decreto legislativo 6 settembre 2011, n. 159, avverso i quali può essere proposta opposizione ai sensi del comma 6 del medesimo articolo 3. Nel caso di violazione dei divieti di cui al periodo precedente, si applicano le disposizioni dell'articolo 76, comma 2, del citato codice di cui al decreto legislativo n. 159 del 2011 [(15)].

(1) Rubrica modificata dall'art. 1, co. 1 bis, d.l. 20.8.2001, n. 336, conv., con modif., in l. 19.10.2001, n. 377.

(2) Secondo quanto previsto dall'art. 2 bis, co. 2, d.l. 20.8.2001, n. 336 per incitamento, inneggiamento e induzione alla violenza deve in-

tendersi la specifica istigazione alla violenza in relazione a tutte le circostanze indicate nella prima parte del presente comma.

(3) Comma sostituito dall'art. 1, co. 1, lett. a), d.l. 20.8.2001, n. 336, conv., con modif., in l. 19.10.2001, n. 377, poi integrato dall'art. 1, co. 1, lett. a), n. 1), d.l. 17.8.2005, n. 162, conv., con modif., in l. 17.10.2005, n. 210, modificato dall'art. 2, co. 1, lett. a), n. 1), d.l. 8.2.2007, n. 8, conv., con modif., in l. 4.6.2007, n. 41 e, infine, modificato dall'art. 2, co. 1, lett. a), nn. 1) e 2), d.l. 22.8.2014 n. 119, conv., con modif., in l. 17.10.2014 n. 146 e dall'art. 20, co. 1, d.l. 4.10.2018, n. 113, conv., con modif., in l. 1.12.2018, n. 132. Sostituito, infine, dall'art. 13, co. 1, lett. a), n. 1), d.l. 14.6.2019, n. 53, conv., con modif., in l. 8.8.2019, n. 77.

(4) Comma introdotto dall'art. 2, co. 1, lett. a bis), d.l. 8.2.2007, n. 8, conv., con modif., dalla l. 4.6.2007, n. 41.

(5) Comma introdotto dall'art. 13, co. 1, lett. a), n. 2), d.l. 14.6.2019, n. 53, conv., con modif., in l. 8.8.2019, n. 77.

(6) Comma sostituito dall'art. 1, co. 1, lett. a), d.l. 20.8.2001, n. 336, conv., con modif., in l. 19.10.2001, n. 377.

(7) Comma introdotto dall'art. 1, co. 1, lett. b), d.l. 20.8.2001, n. 336, conv., con modif., in l. 19.10.2001, n. 377.

(8) La Corte costituzionale con sentenza 7.5.1996, n. 143 ha dichiarato l'illegittimità costituzionale della precedente versione di questo comma, nella parte in cui prevedeva che la convalida del provvedimento adottato dal questore nei confronti del minore di età ai sensi del co. 2 dello stesso art. spettasse al giudice per le indagini preliminari presso la pretura del circondario in cui ha sede l'ufficio di questura anziché al giudice per le indagini preliminari presso il tribunale per i minorenni competente per territorio. La Corte costituzionale, con sentenza 19.5.1997, n. 144, ha poi dichiarato l'illegittimità costituzionale della precedente versione del presente comma, nella parte in cui non prevedeva che la notifica del provvedimento del questore contenga l'avviso che l'interessato ha facoltà di presentare, personalmente o a mezzo di difensore, memorie o deduzioni al giudice per le indagini preliminari.

(9) Comma sostituito dall'art. 1, co. 1, lett. c), d.l. 20.8.2001, n. 336, conv., con modif., in l. 19.10.2001, n. 377 e poi modificato dall'art. 2, co. 1, lett. a bis), d.l. 22.8.2014 n. 119, conv., con modif., l. 17.10.2014 n. 146.

(10) Comma sostituito dall'art. 1, co. 1, lett. c), d.l. 20.8.2001, n. 336, conv., con modif., in l. 19.10.2001, n. 377 e, successivamente, integrato dall'art. 1, co. 1, lett. a), n. 2), d.l. 17.8.2005, n. 162, conv., con modif., in l. 17.10.2005, n. 210, modificato dall'art. 2, co. 1, lett. b), d.l. 8.2.2007, n. 8, conv., con modif., in l. 4.6.2007, n. 41 e dall'art. 2, co. 1, lett. b) e b bis), d.l. 22.8.2014 n. 119, conv., con modif., l. 17.10.2014 n. 146. Modificato, infine, dall'art. 13, co. 1, lett. a), n. 3), d.l. 14.6.2019, n. 53, conv., con modif., in l. 8.8.2019, n. 77.

(11) Comma sostituito dall'art. 1, co. 1, lett. c), d.l. 20.8.2001, n. 336, conv., con modif., in l. 19.10.2001, n. 377, poi modificato dall'art. 1, co. 2, d.l. 24.2.2003, n. 28, conv., con modif., in l. 24.6.2003, n. 88, in seguito integrato dall'art. 1, co. 1, lett. a), n. 3), d.l. 17.8.2005, n. 162, conv., con modif., in l. 17.10.2005, n. 210 e, da ultimo, modificato dall'art. 2, co. 1, lett. c), d.l. 8.2.2007, n. 8, conv., con modif., dalla l. 4.6.2007, n. 41.

(12) Comma modificato dall'art. 1, co. 1 bis, d.l. 20.8.2001, n. 336, conv., con modif., in l. 19.10.2001, n. 377, poi dall'art. 1, co. 1, lett. a), n. 4), d.l. 17.8.2005, n. 162, conv., con modif., in l. 17.10.2005, n. 210 e, infine, dall'art. 2, co. 1, lett. d), d.l. 8.2.2007, n. 8, conv., con modif., in l. 4.6.2007, n. 41. Modificato, infine, dall'art. 13, co. 1, lett. a), n. 4), d.l. 14.6.2019, n. 53, conv., con modif., in l. 8.8.2019, n. 77.

(13) Articolo sostituito dall'art. 1, co. 1, d.l. 22.12.1994, n. 717, conv., con modif., in l. 24.2.1995, n. 45.

(14) Comma introdotto dall'art. 2, co. 1, lett. c), d.l. 22.8.2014 n. 119, conv., con modif., l. 17.10.2014 n. 146 e poi modificato dall'art. 13, co. 1, lett. a), n. 5), d.l. 14.6.2019, n. 53, conv., con modif., in l. 8.8.2019, n. 77.

(15) Comma introdotto dall'art. 13, co. 1, lett. a), n. 6), d.l. 14.6.2019, n. 53, conv., con modif., in l. 8.8.2019, n. 77.

6 bis. Lancio di materiale pericoloso, scavalcamento ed invasione di campo in occasione di manifestazioni sportive [1].

1. Salvo che il fatto costituisca più grave reato, chiunque, nei luoghi in cui si svolgono manifestazioni sportive ovvero in quelli interessati alla sosta, al transito, o al trasporto di coloro che partecipano o assistono alle manifestazioni medesime o, comunque, nelle ventiquattro ore precedenti o successive allo svolgimento della manifestazione sportiva, e a condizione che i fatti avvengano in relazione alla manifestazione sportiva stessa, lancia o utilizza, in modo da creare un concreto pericolo per le persone, razzi, bengala, fuochi artificiali, petardi, strumenti per l'emissione di fumo o di gas visibile, ovvero bastoni, mazze, materiale imbrattante o inquinante, oggetti contundenti, o, comunque, atti ad offendere, è punito con la reclusione da uno a quattro anni. La pena è aumentata se dal fatto deriva un ritardo rilevante dell'inizio, la sospensione, l'interruzione o la cancellazione della manifestazione sportiva. La pena è aumentata fino alla metà se dal fatto deriva un danno alle persone [2].

2. Salvo che il fatto costituisca più grave reato, chiunque, nei luoghi in cui si svolgono manifestazioni sportive, supera indebitamente una recinzione o separazione dell'impianto ovvero, nel corso delle manifestazioni medesime, invade il terreno di gioco, è punito con l'arresto fino ad un anno e con l'ammenda da 1.000 euro a 5.000 euro. La pena è della reclusione da sei mesi a quattro anni se dal fatto deriva un ritardo rilevante dell'inizio, l'interruzione o la sospensione definitiva della competizione calcistica [3].

(1) Articolo introdotto dall'art. 1, d.l. 20.8.2001, n. 336.

(2) Comma modificato dall'art. 1, d.l. 17.8.2005, n. 162, e poi sostituito dall'art. 3, d.l. 8.2.2007, n. 8.

(3) Comma modificato dall'art. 1, d.l. 17.8.2005, n. 162, e poi dall'art. 3, d.l. 8.2.2007, n. 8.

6 ter. Possesso di artifizi pirotecnici in occasione di manifestazioni sportive [1].

1. Salvo che il fatto costituisca più grave reato, chiunque, nei luoghi in cui si svolgono manifestazioni sportive, ovvero in quelli interessati alla sosta, al transito, o al trasporto di coloro che partecipano o assistono alle manifestazioni medesime o, comunque, nelle immediate adiacenze di essi, nelle ventiquattro ore precedenti o successive allo svolgimento della manifestazione sportiva, e a condizione che i fatti avvengano in relazione alla manifestazione sportiva stessa, è trovato in possesso di razzi, bengala, fuochi artificiali, petardi, strumenti per l'emissione di fumo o di gas visibile, ovvero di bastoni, mazze, materiale imbrattante o inquinante, oggetti contundenti, o, comunque, atti ad offendere, è punito con la reclusione da sei mesi a tre anni e con la multa da 1.000 a 5.000 euro.

(1) Articolo introdotto dall'art. 01, d.l. 24.2.2003, n. 28, e poi sostituito dall'art. 3 d.l. 8.2.2007, n. 8.

6 quater. Violenza o minaccia nei confronti degli addetti ai controlli dei luoghi ove si svolgono manifestazioni sportive (1).

1. Chiunque commette uno dei fatti previsti dagli articoli 336 e 337 del codice penale nei confronti dei soggetti incaricati del controllo dei titoli di accesso e dell'instradamento degli spettatori e di quelli incaricati di assicurare il rispetto del regolamento d'uso dell'impianto dove si svolgono manifestazioni sportive, purché riconoscibili e in relazione alle mansioni svolte, è punito con le stesse pene previste dai medesimi articoli. Si applicano le disposizioni di cui all'articolo 339, terzo comma, del codice penale. Tali incaricati devono possedere i requisiti morali di cui all'articolo 11 del testo unico delle leggi di pubblica sicurezza, di cui al regio decreto 18 giugno 1931, n. 773 (2).

1 bis. Nei confronti delle società sportive che abbiano incaricato dei compiti di cui al comma 1 persone prive dei requisiti previsti dall'articolo 11 del testo unico delle leggi di pubblica sicurezza, di cui al regio decreto 18 giugno 1931, n. 773, è irrogata, dal prefetto della provincia in cui le medesime società hanno la sede legale o operativa, la sanzione amministrativa del pagamento di una somma da 20.000 a 100.000 euro (3).

1 ter. Le disposizioni del comma 1, primo e secondo periodo, si applicano altresì a chiunque commette uno dei fatti previsti dagli articoli 336 e 337 del codice penale nei confronti degli arbitri e degli altri soggetti che assicurano la regolarità tecnica delle manifestazioni sportive (4).

(1) Articolo introdotto dall'art. 1 d.l. 17.8.2005, n. 162.
(2) Comma modificato dall'art. 2, co. 3, d.l. 12.11.2010, n. 187.
(3) Comma introdotto dall'art. 2, d.l. 8.2.2007, n. 8.
(4) Comma introdotto dall'art. 13, co. 1, lett. b), d.l. 14.6.2019, n. 53, conv., con modif., in l. 8.8.2019, n. 77.

6 quinquies. Lesioni personali gravi o gravissime nei confronti degli addetti ai controlli dei luoghi ove si svolgono manifestazioni sportive (1).

1. Chiunque commette uno dei fatti previsti dall'art. 583-*quater* del codice penale nei confronti dei soggetti indicati nell'articolo 2-*ter* del decreto-legge 8 febbraio 2007, n. 8, convertito, con modificazioni, dalla legge 4 aprile 2007, n. 41, nell'espletamento delle mansioni svolte in occasione delle manifestazioni sportive, è punito con le stesse pene previste dal medesimo articolo 583-*quater*.

1 bis. Le disposizioni del comma 1 si applicano altresì a chiunque commette uno dei fatti previsti dall'articolo 583-*quater* del codice penale nei confronti degli arbitri e degli altri soggetti che assicurano la regolarità tecnica delle manifestazioni sportive (2).

(1) Articolo introdotto dall'art. 2, co. 4, d.l. 12.11.2010, n. 187.
(2) Comma introdotto dall'art. 13, co. 1, lett. c), d.l. 14.6.2019, n. 53, conv., con modif., in l. 8.8.2019, n. 77.

7. Turbativa di manifestazioni sportive (1).

1. Salvo che il fatto costituisca reato, chiunque turba il regolare svolgimento di una manifestazione sportiva è punito con la sanzione amministrativa pecuniaria da lire cinquantamila a lire trecentomila (2).

2. La competenza ad irrogare la sanzione spetta al prefetto ed i proventi sono devoluti allo Stato.

(1) Rubrica modificata dall'art. 1, co. 1 bis d.l. 20.8.2001, n. 336, conv., con modif., in 19.10.2001, n. 377.
(2) Comma modificato dall'art. 1, co. 1 bis d.l. 20.8.2001, n. 336, conv., con modif., in 19.10.2001, n. 377.

7 bis. Differimento o divieto di manifestazioni sportive (1).

1. Per urgenti e gravi necessità pubbliche connesse allo svolgimento di manifestazioni sportive, il prefetto, al fine di tutelare l'ordine pubblico e la sicurezza pubblica, può disporre, sentito il comitato provinciale per l'ordine e la sicurezza pubblica, integrato per la circostanza da rappresentanti del Ministero per i beni e le attività culturali e del CONI, il differimento dello svolgimento di manifestazioni sportive ad altra data ritenuta idonea ovvero, in situazioni connotate dalla permanenza del pericolo di grave turbativa, il divieto dello svolgimento di manifestazioni sportive per periodi ciascuno di durata non superiore ai trenta giorni.

(1) Articolo introdotto dall'art. 1 ter, d.l. 24.2.2003, n. 28, conv., con modif., dalla l. 24.6.2003, n. 88.

7 bis. 1. Divieto di trasferta (1).

1. Fuori dai casi di adozione da parte del Prefetto di provvedimenti di propria competenza, in caso di gravi episodi di violenza commessi in occasione di competizioni riguardanti il gioco del calcio, il Ministro dell'interno, quale autorità nazionale di pubblica sicurezza, può disporre, con proprio decreto, il divieto, per una durata non superiore a due anni, di apertura del settore ospiti degli impianti sportivi in cui si svolgono gli incontri di calcio individuati in relazione al pericolo di turbativa dell'ordine pubblico. Con lo stesso decreto, è altresì disposto il divieto di vendita di titoli di accesso ai medesimi impianti sportivi nei confronti dei residenti della provincia delle squadre ospiti interessate.

(1) Articolo introdotto dall'art. 4, co. 1, lett. a), d.l. 22.8.2014 n. 119, conv., con modif., l. 17.10.2014 n. 146.

7 ter. Misure di prevenzione (1).

[**1.** Le misure di prevenzione di cui alle leggi 27 dicembre 1956, n. 1423, e 31 maggio 1965, n. 575, possono essere applicate anche nei confronti delle persone indiziate di avere agevolato gruppi o persone che hanno preso parte attiva, in più occasioni, alle manifestazioni di violenza di cui all'articolo 6 della presente legge.

2. Nei confronti dei soggetti di cui al comma 1 può essere altresì applicata la misura di prevenzione patrimoniale della confisca, di cui alla legge 31 maggio 1965, n. 575, relativamente ai beni, nella disponibilità dei medesimi soggetti, che possono agevolare, in qualsiasi modo, le attività di chi prende parte attiva a fatti di violenza in occasione o a causa di manifestazioni sportive. Il sequestro effettuato nel corso di operazioni di polizia dirette alla prevenzione delle predette manifestazioni di violenza è convalidato a norma dell'articolo 2-*ter*, secondo comma, secondo periodo, della medesima legge n. 575 del 1965.]

(1) Articolo introdotto dall'art. 6, d.l. 8.2.2007, n. 8 e poi abrogato dall'art. 120, co. 1, lett. g), del d.lgs. 6.9.2011, n. 159.

8. Effetti dell'arresto in flagranza durante o in occasione di manifestazioni sportive.

1. Nei casi di arresto in flagranza o di arresto eseguito a norma dei commi 1-*bis* e 1-*ter*, per reato commesso durante o in occasione di manifestazioni sportive, i provvedimenti di remissione in libertà conseguenti a convalida di fermo e arresto o di concessione della sospensione condizionale della pena a seguito di giudizio direttissimo possono contenere prescrizioni in ordine al divieto di accedere ai luoghi ove si svolgono manifestazioni sportive [(1)].

1 bis. Oltre che nel caso di reati commessi con violenza alle persone o alle cose in occasione o a causa di manifestazioni sportive, per i quali è obbligatorio o facoltativo l'arresto ai sensi degli articoli 380 e 381 del codice di procedura penale, l'arresto è altresì consentito nel caso di reati di cui all'articolo 6-*bis*, comma 1, all'articolo 6-*ter* ed all'articolo 6, commi 1 e 6, della presente legge, anche nel caso di divieto non accompagnato dalla prescrizione di cui al comma 2 del medesimo articolo 6, nonché del reato di cui all'articolo 2, comma 1, del decreto-legge 26 aprile 1993, n. 122, convertito, con modificazioni, dalla legge 25 giugno 1993, n. 205. L'arresto è, inoltre, consentito nel caso di violazione del divieto di accedere ai luoghi dove si svolgono manifestazioni sportive previsto dal comma 7 dell'articolo 6 [(2)].

1 ter. Nei casi di cui al comma 1-*bis*, quando non è possibile procedere immediatamente all'arresto per ragioni di sicurezza o incolumità pubblica, si considera comunque in stato di flagranza ai sensi dell'articolo 382 del codice di procedura penale colui il quale, sulla base di documentazione video fotografica dalla quale emerga inequivocabilmente il fatto, ne risulta autore, sempre che l'arresto sia compiuto non oltre il tempo necessario alla sua identificazione e, comunque, entro quarantotto ore dal fatto [(3)] [(4)].

1 quater. Quando l'arresto è stato eseguito per uno dei reati indicati dal comma 1-*bis*, e nel caso di violazione del divieto di accedere ai luoghi dove si svolgono manifestazioni sportive previsto dal comma 7 dell'articolo 6, l'applicazione delle misure coercitive è disposta anche al di fuori dei limiti di pena previsti dagli articoli 274, comma 1, lettera c), e 280 del codice di procedura penale [(5)] [(6)].

1 quinquies. Le disposizioni di cui ai commi 1-*ter* e 1-*quater* hanno efficacia a decorrere dal 13 novembre 2010 fino al 30 giugno 2016 [(7)].

(1) Comma modificato dall'art. 1, d.l. 20.8.2001, n. 336.
(2) Comma introdotto art. 1, d.l. 20.8.2001, n. 336, sostituito dall'art. 1, d.l. 24.2.2003, n. 28, e infine modificato dall'art. 4, d.l. 8.2.2007, n. 8, e dall'art. 4, co. 1, lett. b), d.l. 22.8.2014 n. 119, conv., con modif., l. 17.10.2014 n. 146.
(3) Comma introdotto art. 1, d.l. 20.8.2001, n. 336, sostituito dall'art. 1, d.l. 24.2.2003, n. 28 ed infine modificato dall'art. 4, d.l. 8.2.2007, n. 8.
(4) Secondo quanto previsto dall'art. 10, co. 6 ter, d.l. 20.2.2017, n. 14, conv., con modif., in l. 18.6.2017, n. 48, le disposizioni di cui al presente comma, hanno efficacia a decorrere dal 22.6.2017.
(5) Comma introdotto dall'art. 1, d.l. 24.2.2003, n. 28, e poi modificato dall'art. 4, d.l. 8.2.2007, n. 8.
(6) Secondo quanto previsto dall'art. 10, co. 6 ter, d.l. 20.2.2017, n. 14, conv., con modif., in l. 18.6.2017, n. 48, le disposizioni di questo comma hanno efficacia a decorrere dal 22.6.2017.
(7) Comma introdotto dall'art. 1, co. 1, d.l. 12.11.2010, n. 187 e poi modificato dall'art. 7, co. 1, d.l. 14.8.2013, n. 93, conv., con modif., in l. 15.10.2013, n. 119.

8 bis. Casi di giudizio direttissimo [(1)].

1. Per i reati indicati nell'articolo 6, comma 6, nell'articolo 6-*bis*, commi 1 e 2, nell'articolo 6-*ter* e nell'articolo 8, comma 1, si procede sempre con giudizio direttissimo, salvo che siano necessarie speciali indagini.

(1) Articolo introdotto dall'art. 1, d.l. 20.8.2001, n. 336, e poi modificato dall'art. 4, d.l. 8.2.2007, n. 8.

8 ter. Trasferte [(1)].

1. Le norme della presente legge si applicano anche ai fatti commessi in occasione o a causa di manifestazioni sportive durante i trasferimenti da o verso i luoghi in cui si svolgono dette manifestazioni.

(1) Articolo introdotto dall'art. 1, d.l. 20.8.2001, n. 336.

9. Abrogazione di norme e disposizioni finali.

1. Sono abrogati l'art. 4 della legge 24 marzo 1942, n. 315, l'art. 4 del decreto legislativo 14 aprile 1948, n. 496, l'art. 17 della legge 2 agosto 1982, n. 528, nonché il terzo comma dell'art. 88 del regio decreto 18 giugno 1931, n. 773.

2. Per le lotterie, le tombole, le pesche ed i banchi di beneficenza, in luogo di quanto previsto dall'articolo 4 della presente legge, continuano ad applicarsi le disposizioni del regio decreto-legge 19 ottobre 1938, n. 1933, convertito, con modificazioni, dalla legge 5 giugno 1939, n. 973, come da ultimo modificato dalla legge 2 agosto 1982, n. 528.

GIUDICE DI PACE

1. L. 21 novembre 1991, n. 374. – Istituzione del giudice di pace (*artt. 1, 2*) (1)(2)

In Gazzetta Ufficiale 27 novembre 1991, n. 278

(1) Il d.lgs. 19.2.1998, n. 51 ha soppresso l'ufficio del pretore e, fuori dai casi espressamente previsti da questo decreto, le relative competenze sono da intendersi trasferite al tribunale ordinario. Lo stesso decreto ha soppresso l'ufficio del pubblico ministero presso la pretura circondariale e ha provveduto a trasferirne le relative funzioni all'ufficio del pubblico ministero presso il tribunale ordinario. Qualora il presente provvedimento attribuisca, inoltre, funzioni amministrative alternativamente al pretore e ad organi della P.A., le attribuzioni pretorili si intendono soppresse. Sono altresì soppresse le funzioni amministrative di altre autorità giurisdizionali, eccezion fatta per il giudice di pace, se attribuite in via alternativa tanto al pretore che ad organi della P.A. Il potere del pretore di rendere esecutivi atti emanati da autorità amministrative è soppresso e gli atti sono esecutivi di diritto. Infine, qualora il presente provvedimento preveda l'obbligo di determinati soggetti di rendere giuramento innanzi al pretore per l'esercizio di attività, questo si intende reso innanzi al sindaco o ad un suo delegato.

(2) I riferimenti al Ministro/Ministero di Grazia e Giustizia devono attualmente intendersi al Ministro/Ministero della giustizia (d.P.R. 13.9.1999).

Capo I
Del giudice di pace

1. Istituzione e funzioni del giudice di pace.

1. È istituito il giudice di pace, il quale esercita la giurisdizione in materia civile e penale e la funzione conciliativa in materia civile secondo le norme della presente legge.

2. L'ufficio del giudice di pace è ricoperto da un magistrato onorario appartenente all'ordine giudiziario.

2. Sede e circondario degli uffici del giudice di pace (1).

1. Gli uffici del giudice di pace hanno sede nei comuni di cui alla tabella A allegata alla presente legge, con competenza territoriale sul circondario ivi rispettivamente indicato.

2. Con decreto del Presidente della Repubblica, su proposta del Ministro della giustizia, sentiti il consiglio giudiziario e i comuni interessati, possono essere istituite sedi distaccate. Con le medesime modalità possono essere costituiti in un unico ufficio due o più uffici contigui. Nel decreto è designato il comune in cui ha sede l'ufficio del giudice di pace.».

(1) Articolo sostituito dall'art. 2, co. 1, lett. a), d.lgs. 7.9.2012, n. 156, con la decorrenza di cui all'art. 5, co. 1, d.lgs. n. 156/2012.

2. D.Lgs. 28 agosto 2000, n. 274. – Disposizioni sulla competenza penale del giudice di pace, a norma dell'articolo 14 della legge 24 novembre 1999, n. 468

In Gazzetta Ufficiale 6 ottobre 2000, n. 166

TITOLO I
Procedimento davanti al giudice di pace

Capo I
Soggetti, giurisdizione e competenza

1. Organi giudiziari nel procedimento penale davanti al giudice di pace.

1. Svolgono funzioni giudiziarie nel procedimento penale davanti al giudice di pace:
a) il procuratore della Repubblica presso il tribunale nel cui circondario ha sede il giudice di pace;
b) il giudice di pace.

2. Princìpi generali del procedimento davanti al giudice di pace.

1. Nel procedimento davanti al giudice di pace, per tutto ciò che non è previsto dal presente decreto, si osservano, in quanto applicabili, le norme contenute nel codice di procedura penale e nei titoli I e II del decreto legislativo 28 luglio 1989, n. 271, ad eccezione delle disposizioni relative:
a) all'incidente probatorio;
b) all'arresto in flagranza e al fermo di indiziato di delitto;
c) alle misure cautelari personali;
d) alla proroga del termine per le indagini;
e) all'udienza preliminare;
f) al giudizio abbreviato;
g) all'applicazione della pena su richiesta;
h) al giudizio direttissimo;
i) al giudizio immediato;
l) al decreto penale di condanna.

2. Nel corso del procedimento, il giudice di pace deve favorire, per quanto possibile, la conciliazione tra le parti.

3. Assunzione della qualità di imputato.

1. Nel procedimento davanti al giudice di pace, assume la qualità di imputato la persona alla quale il reato è attribuito nella citazione a giudizio disposta dalla polizia giudiziaria o nel decreto di convocazione delle parti emesso dal giudice di pace.

4. Competenza per materia.

1. Il giudice di pace è competente:
a) per i delitti consumati o tentati previsti dagli articoli 581, 582, limitatamente alle fattispecie di cui al secondo comma perseguibili a querela di parte, ad esclusione dei fatti commessi contro uno dei soggetti

elencati dall'articolo 577, secondo comma, ovvero contro il convivente, 590, limitatamente alle fattispecie perseguibili a querela di parte e ad esclusione delle fattispecie connesse alla colpa professionale e dei fatti commessi con violazione delle norme per la prevenzione degli infortuni sul lavoro o relative all'igiene del lavoro o che abbiano determinato una malattia professionale quando, nei casi anzidetti, derivi una malattia di durata superiore a venti giorni, [nonché ad esclusione delle fattispecie di cui all'articolo 590, terzo comma, quando si tratta di fatto commesso da soggetto in stato di ebbrezza alcolica ai sensi dell'articolo 186, comma 2, lettera c), del decreto legislativo 30 aprile 1992, n. 285, e successive modificazioni, ovvero da soggetto sotto l'effetto di sostanze stupefacenti o psicotrope,] 594, 595, primo e secondo comma, 612, primo comma, 626, 627, 631, salvo che ricorra l'ipotesi di cui all'art. 639-*bis*, 632, salvo che ricorra l'ipotesi di cui all'art. 639-*bis*, 633, primo comma, salvo che ricorra l'ipotesi di cui all'art. 639-*bis*, 635, primo comma, 636, salvo che ricorra l'ipotesi di cui all'art. 639-*bis*, 637, 638, primo comma, 639, primo comma, e 647 del codice penale [(1) (2)];

b) per le contravvenzioni previste dagli articoli 689, 690, 691, 726, primo comma, e 731 del codice penale.

2. Il giudice di pace è altresì competente per i delitti, consumati o tentati, e per le contravvenzioni previsti dalle seguenti disposizioni:

a) articoli 25 e 62, terzo comma, del regio decreto 18 giugno 1931, n. 773, recante "Testo unico in materia di sicurezza";

b) articoli 1095, 1096 e 1119 del regio decreto 30 marzo 1942, n. 327, recante "Approvazione del testo definitivo del codice della navigazione" [(3)];

c) art. 3 del decreto del Presidente della Repubblica 4 agosto 1957, n. 918, recante "Approvazione del testo organico delle norme sulla disciplina dei rifugi alpini";

d) articoli 102 e 106 del decreto del Presidente della Repubblica 30 marzo 1957, n. 361, recante "Testo unico delle leggi per l'elezione della Camera dei deputati";

e) art. 92 del decreto del Presidente della Repubblica 16 maggio 1960, n. 570, recante "Testo unico delle leggi per la composizione e la elezione degli organi delle amministrazioni comunali";

f) art. 15, secondo comma, della legge 28 novembre 1965, n. 1329, recante "Provvedimenti per l'acquisto di nuove macchine utensili";

g) art. 3 della legge 8 novembre 1991, n. 362, recante "Norme di riordino del settore farmaceutico";

h) art. 51 della legge 25 maggio 1970, n. 352, recante "Norme sui referendum previsti dalla Costituzione e sulla iniziativa legislativa del popolo";

i) articoli 3, terzo e quarto comma, 46, quarto comma e 65, terzo comma, del decreto del Presidente della Repubblica 11 luglio 1980, n. 753, recante "Nuove norme in materia di polizia, sicurezza e regolarità dell'esercizio delle ferrovie e di altri servizi di trasporto";

l) articoli 18 e 20 della legge 2 agosto 1982, n. 528 recante "Ordinamento del gioco del lotto e misure per il personale del lotto";

m) art. 17, comma 3, della legge 4 maggio 1990, n. 107, recante "Disciplina per le attività trasfusionali relative al sangue umano ed ai suoi componenti e per la produzione di plasmaderivati";

n) art. 15, comma 3, del decreto legislativo 27 settembre 1991, n. 311, recante "Attuazione delle direttive n. 87/404/CEE e n. 90/488/CEE in materia di recipienti semplici a pressione, a norma dell'art. 56 della legge 29 dicembre 1990, n. 428";

o) art. 11, comma 1, del decreto legislativo 27 settembre 1991, n. 313, recante "Attuazione della direttiva n. 88/378/CEE relativa al ravvicinamento delle legislazioni degli Stati membri concernenti la sicurezza dei giocattoli, a norma dell'art. 54 della legge 29 dicembre 1990, n. 428";

[p) art. 7, comma 9, del decreto legislativo 25 gennaio 1992, n. 74, recante "Attuazione della direttiva n. 84/450/CEE in materia di pubblicità ingannevole"] [(4)];

q) articoli 186, commi 2 e 6, 187, commi 4 e 5, del decreto legislativo 30 aprile 1992, n. 285, recante "Nuovo codice della strada" [(5)];

r) art. 10, comma 1, del decreto legislativo 14 dicembre 1992, n. 507, recante "Attuazione della direttiva n. 90/385/CEE concernente il ravvicinamento delle legislazioni degli Stati membri relative ai dispositivi medici impiantabili attivi";

s) art. 23, comma 2, del decreto legislativo 24 febbraio 1997, n. 46, recante "Attuazione della direttiva n. 90/385/CEE concernente i dispositivi medici";

s-*bis*) articolo 10-*bis* del testo unico delle disposizioni concernenti la disciplina dell'immigrazione e norme sulla condizione dello straniero, di cui al decreto legislativo 25 luglio 1998, n. 286 [(6)].

s-*ter*) articolo 13, comma 5.2, e articolo 14, commi 1-*bis*, 5-*ter* e 5-*quater*, del testo unico delle disposizioni concernenti la disciplina dell'immigrazione e norme sulla condizione dello straniero, di cui al decreto legislativo 25 luglio 1998, n. 286 [(7)].

3. La competenza per i reati di cui ai commi 1 e 2 è tuttavia del tribunale se ricorre una o più delle circostanze previste dagli articoli 1 del decreto-legge 15 dicembre 1979, n. 625, convertito, con modificazioni, dalla legge 6 febbraio 1980, n. 15, 7 del decreto-legge 13 maggio 1991, n. 152, convertito, con modificazioni, dalla legge 12 luglio 1991, n. 203, e 3 del decreto-legge 26 aprile 1993, n. 122, convertito, con modificazioni, dalla legge 25 giugno 1993, n. 205.

4. Rimane ferma la competenza del tribunale per i minorenni.

(1) Lettera modificata dall'art. 3, l. 9.4.2003, n. 72, dall'art. 3, d.l.

23.5.2008 n. 92, dall'art. 3, co. 5, l. 15.7.2009, n. 94, dall'art. 2, co. 4 bis, d.l. 14.8.2013, n. 93, conv., con modif., dalla l. 15.10.2013, n. 119 e, da ultimo, dall'art. 1, co. 7, l. 23.3.2016, n. 41.

(2) La Corte costituzionale, con sentenza 14.12.2018, n. 236, ha dichiarato l'illegittimità costituzionale della presente lettera nella parte in cui non esclude dai delitti, consumati o tentati, di competenza del giudice di pace anche quello di lesioni volontarie, previsto dall'art. 582, co. 2, del codice penale, per fatti commessi contro l'ascendente o il discendente di cui al n. 1) del co. 1 dell'art. 577 c.p. La medesima sentenza 236/2018, dichiara, in via consequenziale, l'illegittimità della presente lettera nella parte in cui non esclude dai delitti, consumati o tentati, di competenza del giudice di pace anche quello di lesioni volontarie, previsto dall'art. 582, co. 2, c.p., per fatti commessi contro gli altri soggetti elencati al n. 1) del co. 1 dell'art. 577 cod. pen., come modificato dall'art. 2, l. 11.1.2018, n. 4 (Modifiche al codice civile, al codice penale, al codice di procedura penale e altre disposizioni in favore degli orfani per crimini domestici).

(3) Così rettificato in Gazz. Uff., 24.5.2001, n. 119.

(4) Lettera abrogata dall'art. 2, l. 6.4.2005, n. 49; la stessa l. n. 49/2005 è stata, poi, a sua volta abrogata dall'art. 146, d.lgs. 6.9.2005, n. 206.

(5) Lettera modificata dall'art. 3, l. 9.4.2003, n. 72. Secondo quanto previsto dall'art. 5, d.l. 3.8.2007, n. 117, la competenza per i reati previsti dagli artt. 186 e 187, d.lgs. n. 285/1992 è stata trasferita al tribunale in composizione monocratica.

(6) Lettera introdotta dall'art. 1, co. 17, lett. a), l. 15.7.2009, n. 94.

(7) Lettera introdotta dall'art. 4, co. 1, d.l. 23.6.2011, n. 89.

5. Competenza per territorio.

1. Per i reati indicati nell'art. 4, competente per il giudizio è il giudice di pace del luogo in cui il reato è stato consumato.

2. Competente per gli atti da compiere nella fase delle indagini preliminari è il giudice di pace del luogo ove ha sede il tribunale del circondario in cui è compreso il giudice territorialmente competente.

6. Competenza per materia determinata dalla connessione.

1. Tra procedimenti di competenza del giudice di pace e procedimenti di competenza di altro giudice, si ha connessione solo nel caso di persona imputata di più reati commessi con una sola azione od omissione.

2. Se alcuni dei procedimenti connessi appartengono alla competenza del giudice di pace e altri a quella della corte di assise o del tribunale, è competente per tutti il giudice superiore.

3. La connessione non opera se non è possibile la riunione dei processi, né tra procedimenti di competenza del giudice di pace e procedimenti di competenza di un giudice speciale.

7. Casi di connessione davanti al giudice di pace.

1. Davanti al giudice di pace si ha connessione di procedimenti:

a) se il reato per cui si procede è stato commesso da più persone in concorso o cooperazione fra loro;

b) se una persona è imputata di più reati commessi con una sola azione od omissione.

8. Competenza per territorio determinata dalla connessione.

1. Nei casi previsti dall'art. 7, se i reati sono stati commessi in luoghi diversi, la competenza per territorio appartiene per tutti al giudice di pace del luogo in cui è stato commesso il primo reato. Se non è possibile determinare in tal modo la competenza, questa appartiene al giudice di pace del luogo in cui è iniziato il primo dei procedimenti connessi.

9. Riunione e separazione dei processi.

1. Nei casi previsti dall'art. 7, prima di procedere all'udienza di comparizione, il giudice di pace può ordinare la riunione dei processi, quando questa non pregiudica la rapida definizione degli stessi.

2. Anche fuori dei casi previsti dall'art. 7, il giudice di pace può ordinare la riunione dei processi quando i reati sono commessi da più persone in danno reciproco le une delle altre o quando più persone con condotte indipendenti hanno determinato l'evento o quando una persona è imputata di più reati commessi con più azioni od omissioni esecutive di un medesimo disegno criminoso, ovvero ogni volta in cui ciò giovi alla celerità e alla completezza dell'accertamento.

3. Prima di procedere all'udienza di comparizione e, comunque, non oltre la dichiarazione di apertura del dibattimento, il giudice di pace ordina la separazione dei processi, qualora ritenga che la riunione possa pregiudicare il tentativo di conciliazione, ovvero la rapida definizione di alcuni fra i processi riuniti.

10. Astensione e ricusazione del giudice di pace.

1. Sulla dichiarazione di astensione del giudice di pace decide il presidente del tribunale.

2. Sulla ricusazione del giudice di pace decide la Corte di appello.

3. Il giudice di pace astenuto o ricusato è sostituito con altro giudice dello stesso ufficio designato secondo le leggi di ordinamento giudiziario.

4. Qualora non sia possibile la sostituzione prevista dal comma 3, la corte o il tribunale rimette il procedimento al giudice di pace dell'ufficio più vicino.

Capo II
Indagini preliminari

11. Attività di indagine.

1. Acquisita la notizia di reato, la polizia giudiziaria compie di propria iniziativa tutti gli atti di indagine necessari per la ricostruzione del fatto e per l'individuazione del colpevole e ne riferisce al pubblico ministero, con relazione scritta, entro il termine di quattro mesi.

2. Se la notizia di reato risulta fondata, la polizia giudiziaria enuncia nella relazione il fatto in forma chiara e precisa, con l'indicazione degli articoli di legge che si assumono violati, e richiede l'autorizzazione a disporre la comparizione della persona sottoposta ad indagini davanti al giudice di pace.

3. Con la relazione, la polizia giudiziaria indica il giorno e l'ora in cui ha acquisito la notizia.

12. Notizie di reato ricevute dal pubblico ministero.

1. Salvo che ritenga di richiedere l'archiviazione, il pubblico ministero se prende direttamente notizia di

un reato di competenza del giudice di pace ovvero la riceve da privati o da pubblici ufficiali o incaricati di un pubblico servizio, la trasmette alla polizia giudiziaria, perché proceda ai sensi dell'art. 11, impartendo, se necessario, le direttive. Il pubblico ministero, se non ritiene necessari atti di indagine, formula l'imputazione e autorizza la polizia giudiziaria alla citazione a giudizio dell'imputato.

13. Autorizzazione del pubblico ministero al compimento di atti.

1. La polizia giudiziaria può richiedere al pubblico ministero l'autorizzazione al compimento di accertamenti tecnici irripetibili ovvero di interrogatori o di confronti cui partecipi la persona sottoposta alle indagini. Il pubblico ministero, se non ritiene di svolgere personalmente le indagini o singoli atti, può autorizzare la polizia giudiziaria al compimento degli atti richiesti. Allo stesso modo provvede se viene richiesta l'autorizzazione al compimento di perquisizioni e sequestri nei casi in cui la polizia giudiziaria non può procedervi di propria iniziativa.

14. Iscrizione della notizia di reato.

1. Il pubblico ministero provvede all'iscrizione della notizia di reato a seguito della trasmissione della relazione di cui all'art. 11, ovvero anche prima di aver ricevuto la relazione fin dal primo atto di indagine svolto personalmente.

15. Chiusura delle indagini preliminari.

1. Ricevuta la relazione di cui all'art. 11, il pubblico ministero, se non richiede l'archiviazione, esercita l'azione penale, formulando l'imputazione e autorizzando la citazione dell'imputato.

2. Se ritiene necessarie ulteriori indagini, il pubblico ministero vi provvede personalmente ovvero si avvale della polizia giudiziaria, impartendo direttive o delegando il compimento di specifici atti.

16. Durata delle indagini preliminari.

1. Il termine per la chiusura delle indagini preliminari è di quattro mesi dall'iscrizione della notizia di reato.

2. Nei casi di particolare complessità, il pubblico ministero dispone, con provvedimento motivato, la prosecuzione delle indagini preliminari per un periodo di tempo non superiore a due mesi. Il provvedimento è immediatamente comunicato al giudice di pace di cui all'art. 5, comma 2, che se non ritiene sussistenti, in tutto o in parte, le ragioni rappresentate dal pubblico ministero, entro cinque giorni dalla comunicazione, dichiara la chiusura delle indagini ovvero riduce il termine indicato.

3. Gli atti di indagine compiuti dopo la scadenza dei termini indicati nei commi 1 e 2 non possono essere utilizzati.

17. Archiviazione.

1. Il pubblico ministero presenta al giudice di pace richiesta di archiviazione quando la notizia di reato è infondata, nonché nei casi previsti dagli articoli 408 e 411 del codice di procedura penale [e 125 del decreto legislativo 28 luglio 1989, n. 271], nonché dall'art. 34, commi 1 e 2 del presente decreto. Con la richiesta è trasmesso il fascicolo contenente la notizia di reato, la documentazione relativa alle indagini espletate e verbali compiuti davanti al giudice [(1)].

2. Copia della richiesta è notificata alla persona offesa che nella notizia di reato o successivamente alla sua presentazione abbia dichiarato di volere essere informata circa l'eventuale archiviazione. Nella richiesta è altresì precisato che nel termine di dieci giorni la persona offesa può prendere visione degli atti e presentare richiesta motivata di prosecuzione delle indagini preliminari. Con l'opposizione alla richiesta di archiviazione la persona offesa indica, a pena di inammissibilità, gli elementi di prova che giustificano il rigetto della richiesta o le ulteriori indagini necessarie.

3. Il pubblico ministero provvede sempre a norma del comma 2, nei casi in cui la richiesta di archiviazione è successiva alla trasmissione del ricorso ai sensi dell'art. 26, comma 2.

4. Il giudice, se accoglie la richiesta, dispone con decreto l'archiviazione, altrimenti restituisce, con ordinanza, gli atti al pubblico ministero indicando le ulteriori indagini necessarie e fissando il termine indispensabile per il loro compimento ovvero disponendo che entro dieci giorni il pubblico ministero formuli l'imputazione.

5. Quando è ignoto l'autore del reato si osservano le disposizioni di cui all'art. 415 del codice di procedura penale.

(1) Comma modificato dall'art. 6, co. 1, d.lgs. 19.3.2024, n. 3[illegible].

18. Assunzione di prove non rinviabili.

1. Fino all'udienza di comparizione, il giudice di pace dispone, a richiesta di parte, l'assunzione delle prove non rinviabili, osservando le forme previste per il dibattimento. Si applicano le disposizioni previste dall'art. 467, commi 2 e 3, del codice di procedura penale.

19. Provvedimenti del giudice nel corso delle indagini.

1. Nel corso delle indagini e fino al deposito dell'atto di citazione a norma dell'art. 29, comma 1, competente a disporre il sequestro preventivo e conservativo è il giudice di pace indicato nell'art. 5, comma 2.

2. Il giudice di cui al comma 1 decide anche sulla richiesta di archiviazione, sull'opposizione di cui all'art. 263, comma 5, del codice di procedura penale sulla richiesta di sequestro di cui all'art. 368 del medesimo codice, nonché sulla richiesta di riapertura delle indagini. Lo stesso giudice è altresì competente a decidere sulla richiesta di autorizzazione a disporre le operazioni di intercettazione di conversazioni o comunicazioni telefoniche, di comunicazioni informatiche o telematiche ovvero di altre forme di telecomunicazione nonché per i successivi provvedimenti riguardanti l'esecuzione delle operazioni e la conservazione della documentazione.

Capo III
Citazione a giudizio

20. Citazione a giudizio [1]**.**

1. 1. Il pubblico ministero cita l'imputato davanti al giudice di pace [2].

2. La citazione contiene:

a) le generalità dell'imputato e le altre indicazioni personali che valgono ad identificarlo;
b) l'indicazione della persona offesa, qualora risulti identificata;
c) l'imputazione formulata dal pubblico ministero e l'indicazione delle fonti di prova di cui si chiede l'ammissione. Se viene chiesto l'esame di testimoni o consulenti tecnici, nell'atto devono essere indicate, a pena di inammissibilità, le circostanze su cui deve vertere l'esame;
d) l'indicazione del giudice competente per il giudizio, nonché del luogo, del giorno e dell'ora della comparizione, con l'avvertimento all'imputato che non comparendo sarà giudicato in contumacia;
e) l'avviso che l'imputato ha facoltà di nominare un difensore di fiducia e che, in mancanza, sarà assistito da difensore di ufficio;
f) l'avviso che il fascicolo relativo alle indagini preliminari è depositato presso la segreteria del pubblico ministero e che le parti e loro difensori hanno facoltà di prenderne visione e di estrarne copia.

3. La citazione deve essere sottoscritta, a pena di nullità, dal pubblico ministero o dall'assistente giudiziario [2].

4. La citazione è notificata, a cura dell'ufficiale giudiziario, all'imputato, al suo difensore e alla parte offesa almeno trenta giorni prima della data dell'udienza [2].

5. La citazione a giudizio è depositata nella segreteria del pubblico ministero unitamente al fascicolo contenente la documentazione relativa alle indagini espletate, il corpo del reato e le cose pertinenti al reato, qualora non debbano essere custoditi altrove.

6. La citazione è nulla se l'imputato non è identificato in modo certo ovvero se manca o è insufficiente l'indicazione di uno dei requisiti previsti dal comma 2, lettere c), d) ed e).

(1) Rubrica sostituita dall'art. 17, d.l. 27.7.2005, n. 144, convertito in legge.
(2) Comma sostituito dall'art. 17, d.l. 27.7.2005, n. 144, convertito in legge.

20 bis. Presentazione immediata a giudizio dell'imputato in casi particolari [1]**.**

1. Per i reati procedibili d'ufficio, in caso di flagranza di reato ovvero quando la prova è evidente, la polizia giudiziaria chiede al pubblico ministero l'autorizzazione a presentare immediatamente l'imputato a giudizio dinanzi al giudice di pace.

2. La richiesta di cui al comma 1, depositata presso la segreteria del pubblico ministero, contiene:

a) le generalità dell'imputato e del suo difensore, ove nominato;
b) l'indicazione delle persone offese dal reato;
c) la descrizione, in forma chiara e precisa, del fatto che si addebita all'imputato, con l'indicazione degli articoli di legge che si assumono violati;
d) l'indicazione delle fonti di prova a sostegno della richiesta, nonché le generalità dei testimoni e dei consulenti tecnici, con espressa indicazione delle circostanze su cui deve vertere l'esame;
e) la richiesta di fissazione dell'udienza per procedere nei confronti delle persone citate a giudizio.

3. Salvo che ritenga di richiedere l'archiviazione, il pubblico ministero autorizza la presentazione immediata nei quindici giorni successivi, indicando la data e l'ora del giudizio dinanzi al giudice di pace e nominando un difensore d'ufficio all'imputato che ne è privo. Se non ritiene sussistere i presupposti per la presentazione immediata o se ritiene la richiesta manifestamente infondata ovvero presentata dinanzi ad un giudice di pace incompetente per territorio, il pubblico ministero provvede ai sensi dell'articolo 25, comma 2.

4. L'ufficiale giudiziario notifica senza ritardo all'imputato e al suo difensore copia della richiesta di cui al comma 2 e dell'autorizzazione del pubblico ministero contenente:

a) l'avviso all'imputato che se non compare sarà giudicato in contumacia;
b) l'avviso all'imputato che ha diritto di nominare un difensore di fiducia e che in mancanza sarà assistito da difensore di ufficio;
c) l'avviso che il fascicolo relativo alle indagini è depositato presso la segreteria del pubblico ministero e che le parti e i loro difensori hanno facoltà di prenderne visione e di estrarne copia.

5. Si applica l'articolo 20, comma 5 [1].

(1) Articolo introdotto dall'art. 1, co. 17, lett. b), l. 15.7.2009, n. 94.

20 ter. Citazione contestuale dell'imputato in udienza in casi particolari [1]**.**

1. Nei casi previsti dall'articolo 20-*bis*, comma 1, quando ricorrono gravi e comprovate ragioni di urgenza che non consentono di attendere la fissazione dell'udienza ai sensi del comma 3 del medesimo articolo, ovvero se l'imputato si trova a qualsiasi titolo sottoposto a misure di limitazione o privazione della libertà personale, la polizia giudiziaria formula altresì richiesta di citazione contestuale per l'udienza.

2. Se ritiene sussistere i presupposti di cui al comma 1, il pubblico ministero rinvia l'imputato direttamente dinanzi al giudice di pace con citazione per l'udienza contestuale all'autorizzazione di cui all'articolo 20-*bis*, comma 3, primo periodo; altrimenti provvede ai sensi del comma 3, secondo periodo, del medesimo articolo.

3. Quando il pubblico ministero dispone la citazione ai sensi del comma 2, la polizia giudiziaria conduce l'imputato che si trova a qualsiasi titolo sottoposto a misure di limitazione o privazione della libertà personale direttamente dinanzi al giudice di pace per la trattazione del procedimento, salvo che egli espressamente rinunzi a partecipare all'udienza. Se l'imputato non si trova sottoposto a misure di limitazione o privazione della libertà personale, la polizia giudiziaria notifica immediatamente allo stesso la richiesta di cui al comma 1 e il provvedimento del pubblico ministero. Copia della richiesta e del provvedimento del pubblico ministero sono altresì comunicati immediatamente al difensore.

(1) Articolo introdotto dall'art. 1, co. 17, lett. b), l. 15.7.2009, n. 94.

21. Ricorso immediato al giudice.

1. Per i reati procedibili a querela è ammessa la citazione a giudizio dinanzi al giudice di pace della persona alla quale il reato è attribuito su ricorso della persona offesa.

2. Il ricorso deve contenere:

a) l'indicazione del giudice;
b) le generalità del ricorrente e, se si tratta di persona giuridica o di associazione non riconosciuta, la denominazione dell'ente, con l'indicazione del legale rappresentante;
c) l'indicazione del difensore del ricorrente e la relativa nomina;
d) l'indicazione delle altre persone offese dal medesimo reato delle quali il ricorrente conosca l'identità;
e) le generalità della persona citata a giudizio;
f) la descrizione, in forma chiara e precisa, del fatto che si addebita alla persona citata a giudizio, con l'indicazione degli articoli di legge che si assumono violati;
g) i documenti di cui si chiede l'acquisizione;
h) l'indicazione delle fonti di prova a sostegno della richiesta, nonché delle circostanze su cui deve vertere l'esame dei testimoni e dei consulenti tecnici;
i) la richiesta di fissazione dell'udienza per procedere nei confronti delle persone citate a giudizio.

3. Il ricorso deve essere sottoscritto dalla persona offesa o dal suo legale rappresentante e dal difensore. La sottoscrizione della persona offesa è autenticata dal difensore.

4. Nei casi previsti dagli articoli 120, secondo e terzo comma, e 121 del codice penale, il ricorso è sottoscritto, a seconda dei casi, dal genitore, dal tutore o dal curatore ovvero dal curatore speciale. Si osservano le disposizioni di cui all'art. 338 del codice di procedura penale.

5. La presentazione del ricorso produce gli stessi effetti della presentazione della querela.

22. Presentazione del ricorso.

1. Il ricorso, previamente comunicato al pubblico ministero mediante deposito di copia presso la sua segreteria, è presentato, a cura del ricorrente, con la prova dell'avvenuta comunicazione, nella cancelleria del giudice di pace competente per territorio nel termine di tre mesi dalla notizia del fatto che costituisce reato.

2. Se per il medesimo fatto la persona offesa ha già presentato querela, deve farne menzione nel ricorso, allegandone copia e depositando altra copia presso la segreteria del pubblico ministero.

3. Nel caso previsto dal comma 2, il giudice di pace dispone l'acquisizione della querela in originale.

4. Quando si procede in seguito a ricorso sono inapplicabili le diverse disposizioni che regolano la procedura ordinaria.

23. Costituzione di parte civile.

1. La costituzione di parte civile deve avvenire, a pena di decadenza, con la presentazione del ricorso. La richiesta motivata di restituzione o di risarcimento del danno contenuta nel ricorso è equiparata a tutti gli effetti alla costituzione di parte civile.

24. Inammissibilità del ricorso.

1. Il ricorso è inammissibile:

a) se è presentato oltre il termine indicato dall'art. 22, comma 1;
b) se risulta presentato fuori dei casi previsti;
c) se non contiene i requisiti indicati nell'art. 21, comma 2, ovvero non risulta sottoscritto a norma dei commi 3 e 4 del medesimo articolo;
d) se è insufficiente la descrizione del fatto o l'indicazione delle fonti di prova;
e) se manca la prova dell'avvenuta comunicazione al pubblico ministero.

25. Richieste del pubblico ministero.

1. Entro dieci giorni dalla comunicazione del ricorso il pubblico ministero presenta le sue richieste nella cancelleria del giudice di pace.

2. Se ritiene il ricorso inammissibile o manifestamente infondato, ovvero presentato dinanzi ad un giudice di pace incompetente per territorio, il pubblico ministero esprime parere contrario alla citazione altrimenti formula l'imputazione confermando o modificando l'addebito contenuto nel ricorso.

26. Provvedimenti del giudice di pace.

1. Decorso il termine indicato nell'art. 25, il giudice di pace, anche se il pubblico ministero non ha presentato richieste, provvede a norma dei commi 2, 3 e 4.

2. Se ritiene il ricorso inammissibile o manifestamente infondato, il giudice di pace ne dispone la trasmissione al pubblico ministero per l'ulteriore corso del procedimento.

3. Se il ricorso risulta presentato per un reato che appartiene alla competenza di altro giudice, il giudice di pace ne dispone, con ordinanza, la trasmissione al pubblico ministero.

4. Se riconosce la propria incompetenza per territorio, il giudice di pace la dichiara con ordinanza e restituisce gli atti al ricorrente che, nel termine di venti giorni, ha facoltà di reiterare il ricorso davanti al giudice competente. L'inosservanza del termine è causa di inammissibilità del ricorso.

27. Decreto di convocazione delle parti.

1. Se non deve provvedere ai sensi dell'art. 26, il giudice di pace, entro venti giorni dal deposito del ricorso, convoca le parti in udienza con decreto.

2. Tra il giorno del deposito del ricorso e l'udienza non devono intercorrere più di novanta giorni.

3. Il decreto contiene:

a) l'indicazione del giudice che procede, nonché del luogo, del giorno e dell'ora della comparizione;
b) le generalità della persona nei cui confronti è stato presentato il ricorso, con l'invito a comparire e l'avvertimento che non comparendo sarà giudicato in contumacia;
c) l'avviso che ha facoltà di nominare un difensore di fiducia e che, in mancanza, sarà assistito dal difensore di ufficio nominato nel decreto;
d) la trascrizione dell'imputazione;
e) la data e la sottoscrizione del giudice e dell'ausiliario che l'assiste.

4. Il decreto, unitamente al ricorso, è notificato, a cura del ricorrente, al pubblico ministero, alla persona citata in giudizio e al suo difensore almeno venti giorni prima dell'udienza. Entro lo stesso termine il ricorrente notifica il decreto alle altre persone offese di cui conosca l'identità.

5. La convocazione è nulla se l'imputato non è identificato in modo certo ovvero se manca o è insufficiente l'indicazione di uno dei requisiti previsti dal comma 3, lettere a), b), c) e d).

28. Pluralità di persone offese.

1. Il ricorso presentato da una fra più persone offese non impedisce alle altre di intervenire nel processo, con l'assistenza di un difensore e con gli stessi diritti che spettano al ricorrente principale.

2. Le persone offese intervenute possono costituirsi parte civile prima della dichiarazione di apertura del dibattimento.

3. La mancata comparizione delle persone offese, alle quali il decreto sia stato regolarmente notificato ai sensi dell'art. 27, comma 4, equivale a rinuncia al diritto di querela ovvero alla remissione della querela qualora sia stata già presentata.

Capo IV
Giudizio

29. Udienza di comparizione.

1. Almeno sette giorni prima della data fissata per l'udienza di comparizione, il pubblico ministero o la persona offesa nel caso previsto dall'art. 21, depositano nella cancelleria del giudice di pace l'atto di citazione a giudizio con le relative notifiche.

2. Fuori dei casi previsti dagli articoli 20 e 21, le parti che intendono chiedere l'esame dei testimoni periti o consulenti tecnici nonché delle persone indicate nell'art. 210 del codice di procedura penale, devono, a pena di inammissibilità, almeno sette giorni prima della data fissata per l'udienza di comparizione, depositare in cancelleria le liste con l'indicazione delle circostanze su cui deve vertere l'esame.

3. Nei casi in cui occorre rinnovare la convocazione o la citazione a giudizio ovvero le relative notificazioni, vi provvede il giudice di pace, anche d'ufficio.

4. Il giudice, quando il reato è perseguibile a querela, promuove la conciliazione tra le parti. In tal caso, qualora sia utile per favorire la conciliazione, il giudice può rinviare l'udienza per un periodo non superiore a due mesi e, ove occorra, può avvalersi anche dell'attività dei Centri per la giustizia riparativa presenti sul territorio. In ogni caso, le dichiarazioni rese dalle parti nel corso dell'attività di conciliazione non possono essere in alcun modo utilizzate ai fini della deliberazione (1).

5. In caso di conciliazione è redatto processo verbale attestante la remissione di querela o la rinuncia al ricorso di cui all'art. 21 e la relativa accettazione. La rinuncia al ricorso produce gli stessi effetti della remissione della querela.

6. Prima della dichiarazione di apertura del dibattimento l'imputato può presentare domanda di oblazione.

7. Dopo la dichiarazione di apertura del dibattimento, se può procedersi immediatamente al giudizio, il giudice ammette le prove richieste escludendo quelle vietate dalla legge, superflue o irrilevanti e invita le parti ad indicare gli atti da inserire nel fascicolo per il dibattimento, provvedendo a norma dell'art. 431 del codice di procedura penale. Le parti possono concordare l'acquisizione al fascicolo del dibattimento di atti contenuti nel fascicolo del pubblico ministero, della documentazione relativa all'attività di investigazione difensiva, nonché della documentazione allegata al ricorso di cui all'art. 21.

8. Se occorre fissare altra udienza per il giudizio, il giudice autorizza ciascuna parte alla citazione dei propri testimoni o consulenti tecnici, escludendo le testimonianze vietate dalla legge e quelle manifestamente sovrabbondanti. La parte che omette la citazione decade dalla prova.

(1) Comma modificato dall'art. 72, co. 1, lett. a), d.lgs. 10.10.2022, n. 150 a decorrere dal 30.12.2022.

30. Udienza di comparizione a seguito di ricorso al giudice da parte della persona offesa.

1. La mancata comparizione all'udienza del ricorrente o del suo procuratore speciale non dovuta ad impossibilità a comparire per caso fortuito o forza maggiore determina l'improcedibilità del ricorso, salvo che l'imputato o la persona offesa intervenuta e che abbia presentato querela chieda che si proceda al giudizio.

2. Con l'ordinanza con cui dichiara l'improcedibilità del ricorso ai sensi del comma 1, il giudice di pace condanna il ricorrente alla rifusione delle spese processuali, nonché al risarcimento dei danni in favore della persona citata in giudizio che ne abbia fatto domanda.

3. Se il reato contestato nell'imputazione non rientra tra quelli per cui è ammessa la citazione a giudizio su istanza della persona offesa, il giudice di pace trasmette gli atti al pubblico ministero, salvo che l'imputato chieda che si proceda ugualmente al giudizio.

31. Fissazione di nuova udienza a seguito di impossibilità a comparire.

1. In caso di dichiarazione di improcedibilità ai sensi dell'art. 30, comma 1, il ricorrente può presentare istanza di fissazione di nuova udienza se prova che la mancata comparizione è stata dovuta a caso fortuito o a forza maggiore.

2. L'istanza è presentata al giudice di pace entro dieci giorni dalla cessazione del fatto costituente caso fortuito o forza maggiore. Il termine è stabilito a pena di decadenza.

3. Se accoglie l'istanza, il giudice di pace convoca le parti, per una nuova udienza ai sensi dell'art. 27, invitando il ricorrente a provvedere alle notifiche a norma del comma 4 dello stesso articolo.

4. Contro il decreto motivato che respinge la richiesta di fissazione di nuova udienza può essere proposto ricorso al tribunale in composizione monocratica, che decide con ordinanza inoppugnabile.

32. Dibattimento.

1. Sull'accordo delle parti, l'esame dei testimoni, dei periti, dei consulenti tecnici e delle parti private può essere condotto dal giudice sulla base delle domande e delle contestazioni proposte dal pubblico ministero e dai difensori.

2. Terminata l'acquisizione delle prove, il giudice, se risulta assolutamente necessario, può disporre anche d'ufficio l'assunzione di nuovi mezzi di prova, compresi quelli relativi agli atti acquisiti a norma dell'art. 29, comma 7.

3. Il verbale d'udienza, di regola, è redatto solo in forma riassuntiva.

4. La motivazione della sentenza è redatta dal giudice in forma abbreviata e depositata nel termine di quindici giorni dalla lettura del dispositivo. Il giudice può dettare la motivazione direttamente a verbale.

5. In caso di impedimento del giudice la sentenza è sottoscritta dal presidente del tribunale, previa menzione della causa di sostituzione.

32 bis. Svolgimento del giudizio a presentazione immediata (1).

1. Nel corso del giudizio a presentazione immediata di cui agli articoli 20-*bis* e 20-*ter* si osservano le disposizioni dell'articolo 32.

2. La persona offesa e i testimoni possono essere citati anche oralmente dall'ufficiale giudiziario nel corso del giudizio a presentazione immediata di cui all'articolo 20-*bis*. Nel corso del giudizio a citazione contestuale di cui all'articolo 20-*ter* la persona offesa e i testimoni possono essere citati anche oralmente dall'ufficiale giudiziario ovvero dalla polizia giudiziaria.

3. Il pubblico ministero, l'imputato e la parte civile presentano direttamente a dibattimento i propri testimoni e consulenti tecnici.

4. Il pubblico ministero dà lettura dell'imputazione.

5. L'imputato è avvisato della facoltà di chiedere un termine a difesa non superiore a sette giorni. Quando l'imputato si avvale di tale facoltà, il dibattimento è sospeso fino all'udienza immediatamente successiva alla scadenza del termine. Nel caso previsto dall'articolo 20-*ter*, il termine non può essere superiore a quarantotto ore.

(1) Articolo introdotto dall'art. 1, co. 17, lett. c), l. 15.7.2009, n. 94.

33. Sentenza di condanna alla pena della permanenza domiciliare.

1. Subito dopo la pronuncia della sentenza di condanna alla pena della permanenza domiciliare, l'imputato o il difensore munito di procura speciale possono chiedere l'esecuzione continuativa della pena.

2. Il giudice, se ritiene di poter applicare in luogo della permanenza domiciliare la pena del lavoro di pubblica utilità, indica nella sentenza il tipo e la durata del lavoro di pubblica utilità che può essere richiesto dall'imputato o dal difensore munito di procura speciale.

3. Nel caso in cui l'imputato o il difensore formulino le richieste di cui ai commi 1 e 2, il giudice può fissare una nuova udienza a distanza di non più di dieci giorni, sempre che sussistano giustificati motivi.

4. Acquisite le richieste, il giudice integra il dispositivo della sentenza e ne dà lettura.

Capo V
Definizioni alternative del procedimento

34. Esclusione della procedibilità nei casi di particolare tenuità del fatto.

1. Il fatto è di particolare tenuità quando rispetto all'interesse tutelato, l'esiguità del danno o del pericolo che ne è derivato, nonché la sua occasionalità e il grado della colpevolezza non giustificano l'esercizio dell'azione penale, tenuto conto altresì del pregiudizio che l'ulteriore corso del procedimento può recare alle esigenze di lavoro, di studio, di famiglia o di salute della persona sottoposta ad indagini o dell'imputato.

2. Nel corso delle indagini preliminari, il giudice dichiara con decreto d'archiviazione non doversi procedere per la particolare tenuità del fatto, solo se non risulta un interesse della persona offesa alla prosecuzione del procedimento.

3. Se è stata esercitata l'azione penale, la particolare tenuità del fatto può essere dichiarata con sentenza solo se l'imputato e la persona offesa non si oppongono.

35. Estinzione del reato conseguente a condotte riparatorie.

1. Il giudice di pace, sentite le parti e l'eventuale persona offesa, dichiara con sentenza estinto il reato, enunciandone la causa nel dispositivo, quando l'imputato dimostra di aver proceduto, prima dell'udienza di comparizione, alla riparazione del danno cagionato dal reato, mediante le restituzioni o il risarcimento, e di aver eliminato le conseguenze dannose o pericolose del reato (1).

2. Il giudice di pace pronuncia la sentenza di estinzione del reato di cui al comma 1, solo se ritiene le attività risarcitorie e riparatorie idonee a soddisfare le esigenze di riprovazione del reato e quelle di prevenzione.

3. Il giudice di pace può disporre la sospensione del processo, per un periodo non superiore a tre mesi, se l'imputato chiede nell'udienza di comparizione di poter provvedere agli adempimenti di cui al comma 1 e dimostri di non averlo potuto fare in precedenza; in tal caso, il giudice può imporre specifiche prescrizioni.

4. Con l'ordinanza di sospensione, il giudice incarica un ufficiale di polizia giudiziaria o un operatore di servizio sociale dell'ente locale di verificare l'effettivo svolgimento delle attività risarcitorie e riparatorie, fissando nuova udienza ad una data successiva al termine del periodo di sospensione.

5. Qualora accerti che le attività risarcitorie o riparatorie abbiano avuto esecuzione, il giudice, sentite le parti e l'eventuale persona offesa, dichiara con sentenza estinto il reato enunciandone la causa nel dispositivo.

6. Quando non provvede ai sensi dei commi 1 e 5, il giudice dispone la prosecuzione del procedimento.

(1) La Corte costituzionale, con sentenza 21.3.2024, n. 45, ha dichiarato l'illegittimità costituzionale di questo comma, nella parte in cui stabilisce che, al fine dell'estinzione del reato, le condotte riparatorie debbano essere realizzate «*prima dell'udienza di comparizione*», anziché «*prima della dichiarazione di apertura del dibattimento*» di cui all'art. 29, co. 7, del medesimo decreto legislativo.

Capo VI
Disposizioni sulle impugnazioni

36. Impugnazione del pubblico ministero.

1. Il pubblico ministero può proporre appello contro le sentenze di condanna del giudice di pace che applicano una pena diversa da quella pecuniaria [1].

2. Il pubblico ministero può proporre ricorso per cassazione contro le sentenze del giudice di pace.

(1) Comma così modificato dall'art. 9, l. 20.2.2006, n. 46.

37. Impugnazione dell'imputato.

1. L'imputato può proporre appello contro le sentenze di condanna del giudice di pace che applicano una pena diversa da quella pecuniaria; può proporre appello anche contro le sentenze che applicano la pena pecuniaria se impugna il capo relativo alla condanna, anche generica, al risarcimento del danno.

2. L'imputato può proporre ricorso per cassazione contro le sentenze di condanna del giudice di pace che applicano la sola pena pecuniaria e contro le sentenze di proscioglimento.

38. Impugnazione del ricorrente che ha chiesto la citazione a giudizio dell'imputato.

1. Il ricorrente che ha chiesto la citazione a giudizio dell'imputato a norma dell'art. 21 può proporre impugnazione, anche agli effetti penali, contro la sentenza di proscioglimento del giudice di pace negli stessi casi in cui è ammessa l'impugnazione da parte del pubblico ministero.

2. Con il provvedimento che rigetta o dichiara inammissibile l'impugnazione, il ricorrente è condannato alla rifusione delle spese processuali sostenute dall'imputato e dal responsabile civile. Se vi è colpa grave, il ricorrente può essere condannato al risarcimento dei danni causati all'imputato e al responsabile civile.

39. Giudizio di appello.

1. Competente per il giudizio di appello è il tribunale del circondario in cui ha sede il giudice di pace che ha pronunciato la sentenza impugnata. Il tribunale giudica in composizione monocratica.

2. Oltre che nei casi previsti dall'art. 604 del codice di procedura penale, il giudice d'appello dispone l'annullamento della sentenza impugnata, disponendo la trasmissione degli atti al giudice di pace, anche quando l'imputato, contumace in primo grado, prova di non essere potuto comparire per caso fortuito o per forza maggiore o per non avere avuto conoscenza del provvedimento di citazione a giudizio, sempre che in tal caso il fatto non sia dovuto a sua colpa, ovvero, quando l'atto di citazione per il giudizio di primo grado è stato notificato mediante consegna al difensore nei casi previsti dagli articoli 159, 161, comma 4, e 169 del codice di procedura penale, non si sia sottratto volontariamente alla conoscenza degli atti del procedimento.

39 bis. Ricorso per cassazione [1].

1. Contro le sentenze pronunciate in grado d'appello il ricorso per cassazione può essere proposto soltanto per i motivi di cui all'articolo 606, comma 1, lettere a), b) e c), del codice di procedura penale.

(1) Articolo introdotto dall'art. 9, co. 1, d.lgs. 6.2.2018, n. 11.

Capo VII
Disposizioni sull'esecuzione

40. Giudice dell'esecuzione.

1. Salvo diversa disposizione di legge, competente a conoscere dell'esecuzione di un provvedimento è il giudice di pace che l'ha emesso.

2. Se l'esecuzione concerne più provvedimenti emessi da diversi giudici di pace, è competente il giudice che ha emesso il provvedimento divenuto irrevocabile per ultimo.

3. Se i provvedimenti sono stati emessi dal giudice di pace e da altro giudice ordinario, è competente in ogni caso quest'ultimo.

4. Se i provvedimenti sono stati emessi dal giudice di pace e da un giudice speciale, è competente per l'esecuzione il tribunale in composizione collegiale nel cui circondario ha sede il giudice di pace.

5. Il giudice indicato nei commi da 1 a 4 è competente anche se il provvedimento da eseguire è stato comunque riformato.

41. Procedimento di esecuzione.

1. Salvo quanto previsto nel comma 2, nel procedimento di esecuzione davanti al giudice di pace si osservano le disposizioni di cui all'art. 666 del codice di procedura penale.

2. Contro il decreto del giudice di pace che dichiara inammissibile la richiesta formulata nel procedimento di esecuzione e contro l'ordinanza che decide sulla richiesta, l'interessato può proporre, entro quindici giorni dalla notifica del provvedimento, ricorso per motivi di legittimità al tribunale in composizione monocratica nel cui circondario ha sede il giudice di pace.

3. Il tribunale decide con ordinanza non impugnabile. Si osservano disposizioni di cui all'art. 127 del codice di procedura penale.

42. Esecuzione delle pene pecuniarie.

[1. Le condanne a pena pecuniaria si eseguono a norma dell'art. 660 del codice di procedura penale, ma l'accertamento della effettiva insolvibilità del condannato è svolto dal giudice di pace competente per l'esecuzione che adotta altresì i provvedimenti in ordine alla rateizzazione, ovvero alla conversione della pena pecuniaria.] (1)

(1) Articolo abrogato dall'art. 299, d.P.R. 30.5.2002, n. 115, a decorrere dall'1.7.2002.

42 bis. Esecuzione delle pene pecuniarie (1).

Le condanne a pena pecuniaria si eseguono a norma dell'articolo 660 del codice di procedura penale.

(1) Articolo introdotto dall'art. 72, co. 1, lett. b), d.lgs. 10.10.2022, n. 150 a decorrere dal 30.12.2022.

43. Esecuzione della pena della permanenza domiciliare e del lavoro di pubblica utilità.

1. La sentenza penale irrevocabile è trasmessa per estratto a cura della cancelleria al pubblico ministero del circondario ove ha sede l'ufficio del giudice individuato in base all'art. 40.

2. Il pubblico ministero, emesso l'ordine di esecuzione, lo trasmette immediatamente, unitamente all'estratto della sentenza di condanna contenente le modalità di esecuzione della pena, all'ufficio di pubblica sicurezza del comune in cui il condannato risiede o, in mancanza di questo, al comando dell'Arma dei carabinieri territorialmente competente.

3. Appena ricevuto il provvedimento di cui al comma che precede, l'organo di polizia ne consegna copia al condannato ingiungendogli di attenersi alle prescrizioni in esso contenute. Qualora il condannato sia detenuto o internato, copia dell'ordine di esecuzione è notificato altresì al direttore dell'istituto o della sezione il quale informa anticipatamente l'organo di polizia della dimissione del condannato. In tal caso, la pena comincia a decorrere dal primo giorno di permanenza domiciliare o di lavoro sostitutivo successivo a quello della dimissione.

44. Modifica delle modalità di esecuzione della permanenza domiciliare e del lavoro di pubblica utilità.

1. Le modalità di esecuzione della permanenza domiciliare e del divieto di cui all'art. 53, comma 3, eventualmente imposto, nonché del lavoro di pubblica utilità, stabilite nella sentenza emessa dal giudice possono essere modificate per motivi di assoluta necessità dal giudice osservando le disposizioni dell'art. 666 del codice di procedura penale.

2. La richiesta di modifica non sospende l'esecuzione delle pene; in caso di assoluta urgenza, le modifiche possono essere adottate con provvedimento provvisorio revocabile nelle fasi successive del procedimento.

45. Certificati del casellario giudiziale richiesti dal privato.

[1. Nei certificati del casellario giudiziale rilasciati a norma dell'art. 689 del codice di procedura penale non sono riportate le iscrizioni relative alle sentenze emesse dal giudice di pace.] (1)

(1) Articolo abrogato dall'art. 52, d.P.R. 14.11.2002, n. 313, con effetto dalla data prevista dall'art. 55, d.P.R. citato. Le disposizioni qui previstesono ora contenute nell'art. 24 del citato d.P.R.

46. Eliminazione dal casellario giudiziale delle iscrizioni relative a sentenze del giudice di pace in materia penale.

[1. Fermo quanto previsto dall'art. 687 del codice di procedura penale, sono altresì eliminate le iscrizioni relative:

a) alle sentenze del giudice di pace di proscioglimento per difetto di imputabilità, trascorsi tre anni dal giorno in cui la sentenza è divenuta irrevocabile;
b) alle sentenze del giudice di pace di condanna, trascorsi cinque anni dal giorno in cui la sanzione è stata eseguita se è stata inflitta la pena pecuniaria, o dieci anni se è stata inflitta una pena diversa sempre che nei periodi indicati non sia stato commesso un ulteriore reato.] (1)

(1) Articolo abrogato dall'art. 52, d.P.R. 14.11.2002, n. 313, con effetto dalla data prevista dall'art. 55, d.P.R. citato. Le disposizioni qui previstesono ora contenute nell'art. 5 del citato d.P.R.

Capo VIII
Norme di coordinamento e di attuazione

47. Modifica all'art. 6 del codice di procedura penale.

1. Nell'articolo 6 del codice di procedura penale, dopo le parole "alla competenza della corte di assise" sono aggiunte le seguenti "o del giudice di pace".

48. Competenza del giudice di pace dichiarata da altro giudice.

1. In ogni stato e grado del processo, se il giudice ritiene che il reato appartiene alla competenza del giudice di pace, lo dichiara con sentenza e ordina la trasmissione degli atti al pubblico ministero. Le prove acquisite dal giudice incompetente sono utilizzabili nel processo davanti al giudice di pace.

49. Citazione a giudizio (1).

1. Ai fini dell'emissione della citazione a giudizio di cui all'art. 20, il pubblico ministero richiede al giudice di pace di indicare il giorno e l'ora della comparizione.

2. La richiesta del pubblico ministero e l'indicazione

del giudice di pace sono comunicate anche con mezzi telematici.

(1) Rubrica sostituita dall'art. 17, d.l. 27.7.2005, n. 144, conv., con modif., dalla l. 31.7.2005, n. 155.

50. Delegati del procuratore della Repubblica nel procedimento penale davanti al giudice di pace.

1. Nei procedimenti penali davanti al giudice di pace, le funzioni del pubblico ministero possono essere svolte, per delega del procuratore della Repubblica presso il tribunale ordinario:

a) nell'udienza dibattimentale, da uditori giudiziari, da vice procuratori onorari addetti all'ufficio, da personale in quiescenza da non più di due anni che nei cinque anni precedenti abbia svolto le funzioni di ufficiale di polizia giudiziaria, o da laureati in giurisprudenza che frequentano il secondo anno della scuola biennale di specializzazione per le professioni legali di cui all'articolo 16 del decreto legislativo 17 novembre 1997, n. 398 (1);

b) per gli atti del pubblico ministero previsti dagli articoli 15 e 25, da vice procuratori onorari addetti all'ufficio;

c) nei procedimenti in camera di consiglio di cui all'art. 127 del codice di procedura penale, nei procedimenti di esecuzione ai fini dell'intervento di cui all'art. 655, comma 2, del medesimo codice, e nei procedimenti di opposizione al decreto del pubblico ministero di liquidazione del compenso ai periti, consulenti tecnici e traduttori ai sensi dell'art. 11 della legge 8 luglio 1980, n. 319, da vice procuratori onorari addetti all'ufficio.

2. Nei casi indicati nel comma 1, la delega è conferita in relazione ad una determinata udienza o a un singolo procedimento.

3. La delega è revocabile nei soli casi in cui il codice di procedura penale prevede la sostituzione del pubblico ministero.

4. Si osservano le disposizioni di cui all'art. 162, commi 1, 3 e 4, del decreto legislativo 25 luglio 1989, n. 271.

(1) Lettera sostituita dall'art. 17, d.l. 27.7.2005, n. 144, conv., con modif., dalla l. 31.7.2005, n. 155.

51. Disposizioni regolamentari e sulla tenuta dei registri.

1. Con regolamento emanato ai sensi dell'art. 17, comma 3, della legge 23 agosto 1988, n. 400, entro centocinquanta giorni dalla pubblicazione del presente decreto legislativo, il Ministro della giustizia adotta le disposizioni regolamentari relative ai procedimenti penali davanti al giudice di pace, che concernono:

a) le modalità di formazione e tenuta dei fascicoli degli uffici giudiziari;

[b) il rilascio da parte degli uffici dei giudici di pace dei certificati del casellario giudiziale di cui all'art. 689 del codice di procedura penale;] (1)

c) le altre attività necessarie per l'attuazione del presente decreto legislativo.

2. Il parere del Consiglio di Stato sul regolamento previsto nel comma 1 è reso entro trenta giorni dalla richiesta.

3. La disciplina sulla tenuta in forma automatizzata dei registri e delle altre forme di registrazione in materia penale è adottata con decreto del Ministro della giustizia.

(1) Lettera abrogata dall'articolo 52, d.P.R. del 14 novembre 2002, n. 313, con effetto dalla data prevista dall'articolo 55, d.P.R. citato. Le norme di cui alla presente lettera sono ora contenute nell'art. 17 del citato d.P.R.

TITOLO II
Sanzioni applicabili dal giudice di pace

52. Sanzioni.

1. Ai reati attribuiti alla competenza del giudice di pace per i quali è prevista la sola pena della multa o dell'ammenda continuano ad applicarsi le pene pecuniarie vigenti.

2. Per gli altri reati di competenza del giudice di pace le pene sono così modificate:

a) quando il reato è punito con la pena della reclusione o dell'arresto alternativa a quella della multa o dell'ammenda, si applica la pena pecuniaria della specie corrispondente da lire cinquecentomila a cinque milioni; se la pena detentiva è superiore nel massimo a sei mesi, si applica la predetta pena pecuniaria o la pena della permanenza domiciliare da sei giorni a trenta giorni ovvero la pena del lavoro di pubblica utilità per un periodo da dieci giorni a tre mesi;

b) quando il reato è punito con la sola pena della reclusione o dell'arresto, si applica la pena pecuniaria della specie corrispondente da lire un milione a cinque milioni o la pena della permanenza domiciliare da quindici giorni a quarantacinque giorni ovvero la pena del lavoro di pubblica utilità da venti giorni a sei mesi;

c) quando il reato è punito con la pena della reclusione o dell'arresto congiunta con quella della multa o dell'ammenda, si applica la pena pecuniaria della specie corrispondente da lire un milione e cinquecentomila a cinque milioni o la pena della permanenza domiciliare da venti giorni a quarantacinque giorni ovvero la pena del lavoro di pubblica utilità da un mese a sei mesi.

3. Nei casi di recidiva reiterata infraquinquennale, il giudice applica la pena della permanenza domiciliare o quella del lavoro di pubblica utilità, salvo che sussistano circostanze attenuanti ritenute prevalenti o equivalenti.

4. La disposizione del comma 3 non si applica quando il reato è punito con la sola pena pecuniaria nonché nell'ipotesi indicata nel primo periodo della lettera a) del comma 2.

53. Obbligo di permanenza domiciliare.

1. La pena della permanenza domiciliare comporta l'obbligo di rimanere presso la propria abitazione o in altro luogo di privata dimora ovvero in un luogo di cura, assistenza o accoglienza nei giorni di sabato e domenica; il giudice, avuto riguardo alle esigenze familiari, di lavoro, di studio o di salute del condannato, può disporre che la pena venga eseguita in giorni diversi della settimana ovvero, a richiesta del condannato, continuativamente.

2. La durata della permanenza domiciliare non può essere inferiore a sei giorni né superiore a quarantacinque; il condannato non è considerato in stato di detenzione.

3. Il giudice può altresì imporre al condannato, valutati i criteri di cui all'art. 133, comma secondo, del codice penale, il divieto di accedere a specifici luoghi nei giorni in cui non è obbligato alla permanenza domiciliare, tenuto conto delle esigenze familiari, di lavoro, di studio o di salute del condannato.

4. Il divieto non può avere durata superiore al doppio della durata massima della pena della permanenza domiciliare e cessa in ogni caso quando è stata interamente scontata la pena della permanenza domiciliare.

54. Lavoro di pubblica utilità.

1. Il giudice di pace può applicare la pena del lavoro di pubblica utilità solo su richiesta dell'imputato.

2. Il lavoro di pubblica utilità non può essere inferiore a dieci giorni né superiore a sei mesi e consiste nella prestazione di attività non retribuita in favore della collettività da svolgere presso lo Stato, le regioni, le province, i comuni o presso enti o organizzazioni di assistenza sociale e di volontariato.

3. L'attività viene svolta nell'ambito della provincia in cui risiede il condannato e comporta la prestazione di non più di sei ore di lavoro settimanale da svolgere con modalità e tempi che non pregiudichino le esigenze di lavoro, di studio, di famiglia e di salute del condannato. Tuttavia, se il condannato lo richiede, il giudice può ammetterlo a svolgere il lavoro di pubblica utilità per un tempo superiore alle sei ore settimanali [(1)].

4. La durata giornaliera della prestazione non può comunque oltrepassare le otto ore.

5. Ai fini del computo della pena, un giorno di lavoro di pubblica utilità consiste nella prestazione, anche non continuativa, di due ore di lavoro.

6. Fermo quanto previsto dal presente articolo, le modalità di svolgimento del lavoro di pubblica utilità sono determinate dal Ministro della giustizia con decreto d'intesa con la Conferenza unificata di cui all'art. 8 del decreto legislativo 28 agosto 1997, n. 281.

(1) La Corte costituzionale, con sentenza 5.7.2013, n. 179, ha dichiarato l'illegittimità costituzionale di questo comma nella parte in cui non prevede che, «*Se il condannato lo richiede, il giudice può ammetterlo a svolgere il lavoro di pubblica utilità fuori dall'ambito della provincia in cui risiede*».

55. Conversione delle pene pecuniarie [(1)].

1. Per i reati di competenza del giudice di pace, la pena pecuniaria non eseguita per insolvibilità del condannato entro il termine di cui all'articolo 660 del codice di procedura penale indicato nell'ordine di esecuzione si converte, a richiesta del condannato, in lavoro di pubblica utilità da svolgere per un periodo non inferiore ad un mese e non superiore a sei mesi con le modalità indicate nell'articolo 54.

2. Ai fini della conversione un giorno di lavoro di pubblica utilità equivale a 250 euro di pena pecuniaria.

3. Quando è violato l'obbligo del lavoro di pubblica utilità conseguente alla conversione della pena pecuniaria, la parte di lavoro non ancora eseguito si converte nell'obbligo di permanenza domiciliare secondo i criteri di ragguaglio indicati nel comma 5.

4. Se il condannato non richiede di svolgere il lavoro di pubblica utilità, ovvero se il mancato pagamento di cui al primo comma non è dovuto a insolvibilità, le pene pecuniarie non eseguite si convertono nell'obbligo di permanenza domiciliare con le forme e nei modi previsti dall'articolo 53, comma 1, e in questo caso non è applicabile al condannato il divieto di cui all'articolo 53, comma 3.

5. Ai fini della conversione un giorno di permanenza domiciliare equivale a 250 euro di pena pecuniaria e la durata della permanenza non può essere superiore a quarantacinque giorni.

6. Il condannato può sempre far cessare la pena del lavoro di pubblica utilità o della permanenza domiciliare pagando la pena pecuniaria, dedotta la somma corrispondente alla durata della pena da conversione espiata.

(1) Articolo sostituito dall'art. 72, co. 1, lett. c), d.lgs. 10.10.2022, n. 150 a decorrere dal 30.12.2022, come disposto dall'art. 99 bis, d.lgs. n. 150/2022.

56. Violazione degli obblighi.

1. Il condannato che senza giusto motivo si allontana dai luoghi in cui è obbligato a permanere o che non si reca nel luogo in cui deve svolgere il lavoro di pubblica utilità o che lo abbandona è punito con la reclusione fino ad un anno.

2. Alla stessa pena soggiace il condannato che viola reiteratamente senza giusto motivo gli obblighi o i divieti inerenti alle pene della permanenza domiciliare o del lavoro di pubblica utilità.

3. In caso di condanna non sono applicabili le sanzioni sostitutive previste dagli articoli 53 e seguenti della legge 24 novembre 1981, n. 689.

57. Competenza.

1. La competenza per il delitto di cui all'art 56 è attribuita al tribunale in composizione monocratica.

58. Effetti delle sanzioni e criteri di ragguaglio.

1. Per ogni effetto giuridico la pena dell'obbligo di permanenza domiciliare e il lavoro di pubblica utilità si considerano come pena detentiva della specie corrispondente a quella della pena originaria.

2. Quando per qualsiasi effetto giuridico si deve eseguire un ragguaglio tra la pena detentiva e le pene di cui agli articoli 53 e 54, un giorno di pena detentiva equivale a due giorni di permanenza domiciliare o tre giorni di lavoro di pubblica utilità.

3. Un giorno di pena detentiva equivale a lire settantacinquemila di pena pecuniaria irrogata in luogo della pena detentiva a norma dell'art. 52.

4. In deroga a quanto stabilito nell'art. 78, primo comma, n. 3), del codice penale, la pena della multa o dell'ammenda non può comunque eccedere la somma di lire quindici milioni, ovvero la somma di lire sessanta milioni se il giudice si vale della facoltà di aumento indicata nel secondo comma dell'art. 133-*bis* dello stesso codice.

59. Controllo sull'osservanza delle sanzioni dell'obbligo di permanenza domiciliare e del lavoro di pubblica utilità.

1. L'ufficio di pubblica sicurezza del luogo di esecuzione della pena o, in mancanza dell'ufficio di pubblica sicurezza, il comando dell'Arma dei carabinieri territorialmente competente effettua il controllo sull'osservanza degli obblighi connessi alla pena dell'obbligo di permanenza domiciliare o del lavoro di pubblica utilità con le modalità stabilite dall'art. 65, commi primo e secondo, della legge 24 novembre 1981, n. 689, in quanto applicabile.

60. Esclusione della sospensione condizionale della pena.

1. Le disposizioni di cui agli articoli 163 e seguenti del codice penale, relative alla sospensione condizionale della pena, non si applicano alle pene irrogate dal giudice di pace.

61. Interruzione della prescrizione.

1. Il corso della prescrizione per i reati attribuiti alla cognizione del giudice di pace e interrotto, oltre che dagli atti indicati nell'art. 160 del codice penale, dalla citazione a giudizio disposta dalla polizia giudiziaria, dal decreto di convocazione delle parti emesso dal giudice di pace.

62. Inapplicabilità delle altre misure sostitutive della detenzione.

1. Le sanzioni sostitutive previste dagli articoli 53 e seguenti della legge 24 novembre 1981, n. 689, non si applicano ai reati di competenza del giudice di pace.

62 bis. Espulsione a titolo di sanzione sostitutiva (1).

1. Nei casi stabiliti dalla legge, il giudice di pace applica la misura sostitutiva di cui all'articolo 16 del testo unico di cui al decreto legislativo 25 luglio 1998, n. 286.

(1) Articolo introdotto dall'art. 1, co. 17, lett. d), l. 15.7.2009, n. 94.

TITOLO III
Disposizioni finali e transitorie

63. Norme applicabili da parte di giudici diversi.

1. Nei casi in cui i reati indicati nell'art. 4, commi 1 e 2, sono giudicati da un giudice diverso dal giudice di pace, si osservano le disposizioni del titolo II del presente decreto legislativo, nonché, in quanto applicabili, le disposizioni di cui agli articoli 33, 34, 35, 43 e 44.

[2. Nei certificati del casellario giudiziale rilasciati a norma dell'art. 689 del codice di procedura penale non sono riportate le iscrizioni relative ai reati di cui al comma 1; si osservano, altresì, le disposizioni dell'art. 46.] (1)

(1) Comma abrogato dall'art. 52, d.P.R. 14.11.2002, n. 313, con effetto dalla data prevista dall'art. 55, d.P.R. citato. Le norme di cui al presente comma sono ora contenute negli articoli 5, 24, 25 e 45 dello stesso d.P.R.

64. Norma transitoria.

1. Le norme del presente decreto legislativo si applicano ai procedimenti relativi ai reati indicati nell'art. 4, commi 1 e 2, commessi dopo la sua entrata in vigore.

2. Ferma l'applicabilità dell'art. 2, comma terzo, del codice penale, nei procedimenti relativi a reati commessi prima della data di entrata in vigore del presente decreto legislativo si osservano le disposizioni dell'art. 63, comma 1; quando si tratta di reati commessi dopo la pubblicazione del presente decreto si osservano anche le disposizioni del titolo I se alla data di entrata in vigore non è ancora avvenuta l'iscrizione della notizia di reato (1).

(1) Comma così modificato dall'art. 52, d.P.R. 14.11.2002, n. 313, con effetto dalla data prevista dall'art. 55, d.P.R. citato.

65. Entrata in vigore.

1. Il presente decreto legislativo entra in vigore il giorno 2 gennaio 2002 (1).

(1) Comma sostituito dal d.l. 2.4.2001, n. 91, conv., con modificazioni, in l. 3.5.2001, n. 163.

3. D.M. 26 marzo 2001. – Norme per la determinazione delle modalità di svolgimento del lavoro di pubblica utilità applicato in base all'art. 54, comma 6, del decreto legislativo 28 agosto 2000, n. 274

In Gazzetta Ufficiale 5 aprile 2001, n. 80

1. Lavoro di pubblica utilità.

1. Il lavoro di pubblica utilità, consistente nell'attiità non retribuita a favore della collettività da svolgere presso lo Stato, le regioni, le province, i comuni o presso enti o organizzazioni di assistenza sociale o di volontariato, a norma dell'art. 54, comma 6, del decreto legislativo 28 agosto 2000, n. 274, ha ad oggetto:

a) prestazioni di lavoro a favore di organizzazioni di assistenza sociale o volontariato operanti, in particolare, nei confronti di tossicodipendenti, persone affette da infezione da HIV, portatori di handicap, malati, anziani, minori, ex-detenuti o extracomunitari;

b) prestazioni di lavoro per finalità di protezione civile, anche mediante soccorso alla popolazione in caso di calamità naturali, di tutela del patrimonio ambientale e culturale, ivi compresa la collaborazione ad opere di prevenzione incendi, di salvaguardia del patrimonio boschivo e forestale o di particolari produzioni agricole, di recupero del demanio marittimo e di custodia di musei, gallerie o pinacoteche;

c) prestazioni di lavoro in opere di tutela della flora e della fauna e di prevenzione del randagismo degli animali;

d) prestazioni di lavoro nella manutenzione e nel decoro di ospedali e case di cura o di beni del demanio e del patrimonio pubblico ivi compresi giardini, ville e parchi, con esclusione di immobili utilizzati dalle Forze armate o dalle Forze di polizia;

e) altre prestazioni di lavoro di pubblica utilità pertinenti la specifica professionalità del condannato.

2. Convenzioni.

1. L'attività non retribuita in favore della collettività è svolta sulla base di convenzioni da stipulare con il Ministero della giustizia o, su delega di quest'ultimo, con il Presidente del tribunale, nell'ambito e a favore delle strutture esistenti in seno alle amministrazioni, agli enti o alle organizzazioni indicati nell'art. 1, comma 1. Le convenzioni possono essere stipulate anche da amministrazioni centrali dello Stato con effetto per i rispettivi uffici periferici.

2. Nelle convenzioni sono indicate specificamente le attività in cui può consistere il lavoro di pubblica utilità e vengono individuati i soggetti incaricati, presso le amministrazioni, gli enti o le organizzazioni interessati, di coordinare la prestazione lavorativa del condannato e di impartire a quest'ultimo le relative istruzioni.

3. Nelle convenzioni sono altresì individuate le modalità di copertura assicurativa del condannato contro gli infortuni e le malattie professionali nonché riguardo alla responsabilità civile verso i terzi, anche mediante polizze collettive. I relativi oneri sono posti a carico delle amministrazioni, delle organizzazioni o degli enti interessati.

3. Modalità di svolgimento.

1. Con la sentenza di condanna con la quale viene applicata la pena del lavoro di pubblica utilità, il giudice individua il tipo di attività, nonché l'amministrazione, l'ente o l'organizzazione convenzionati presso il quale questa deve essere svolta. A tal fine, il giudice si avvale dell'elenco degli enti convenzionati. Dello stesso elenco si avvalgono il difensore o il condannato quando formulano le richieste di cui all'art. 33, comma 3, del decreto legislativo 28 agosto 2000, n. 274, sulla scorta del medesimo elenco.

2. Le ulteriori modalità di svolgimento dell'attività sono stabilite nelle convenzioni di cui all'art. 2.

4. Modalità del trattamento nello svolgimento di prestazioni di pubblica utilità.

1. Durante lo svolgimento del lavoro di pubblica utilità, le amministrazioni, gli enti e le organizzazioni indicati nell'art. 1, comma 1, assicurano il rispetto delle norme e la predisposizione delle misure necessarie a tutelare l'integrità fisica e morale dei condannati, curando altresì che l'attività prestata sia conforme a quanto previsto dalle convenzioni di cui all'art. 2.

2. In nessun caso l'attività può svolgersi in modo da impedire l'esercizio dei fondamentali diritti umani o da ledere la dignità della persona.

3. I condannati sono ammessi a fruire del trattamento terapeutico e delle misure profilattiche e di pronto soccorso alle stesse condizioni praticate per il personale alle dipendenze delle amministrazioni, degli enti e delle organizzazioni interessati.

5. Esecuzione della pena ed accertamenti.

1. Nei casi in cui l'amministrazione, l'organizzazione o l'ente non sia più convenzionato o abbia cessato la propria attività, il Pubblico Ministero che deve eseguire la pena formula le proprie richieste al giudice ai sensi dell'art. 44 del decreto legislativo 28 agosto 2000, n. 274.

2. Il Pubblico Ministero incarica gli organi della polizia giudiziaria e di pubblica sicurezza di svolgere le verifiche necessarie circa la regolare prestazione dell'attività lavorativa.

6. Relazione sul lavoro svolto dal condannato.

1. Terminata l'esecuzione della pena, i soggetti di cui all'art. 2, comma 2, redigono una relazione che documenti l'assolvimento degli obblighi inerenti il lavoro svolto dal condannato.

7. Elenco degli enti convenzionati.

1. Entro un mese alla emanazione del presente decreto è istituito, presso ogni cancelleria di tribunale, un elenco di tutti gli enti convenzionati che hanno, nel territorio del circondario, una o più sedi ove il condannato può svolgere il lavoro di pubblica utilità oggetto della convenzione. L'elenco è aggiornato per ogni nuova convenzione ovvero per ogni cessazione di quelle già stipulate.

2. La cancelleria del tribunale trasmette immediatamente, a tutti gli uffici giudiziari del circondario, incluse le sezioni distaccate, copia dell'elenco di cui al comma 1 nonché dei relativi aggiornamenti.

Il presente decreto sarà pubblicato nella Gazzetta Ufficiale della Repubblica italiana.

4. D.M. 6 aprile 2001, n. 204. – Regolamento di esecuzione del decreto legislativo 28 agosto 2000, n. 274, recante disposizioni sulla competenza penale del giudice di pace

In Gazzetta Ufficiale 31 maggio 2001, n. 125

1. – 1. Nei casi di cui all'articolo 9 del decreto legislativo 28 agosto 2000, n. 274, recante "Disposizioni sulla competenza penale del giudice di pace, a norma dell'articolo 14 della legge 24 novembre 1999, n. 468", di seguito chiamato "decreto legislativo", se i processi che possono essere riuniti pendono davanti a diversi giudici, il coordinatore dell'ufficio del giudice di pace provvede, nel rispetto dei criteri di cui all'articolo 2 del decreto legislativo 28 luglio 1989, n. 271, alla designazione del giudice per la eventuale riunione.

2. – 1. Agli effetti di quanto stabilito dall'articolo 10, comma 4, del decreto legislativo, per determinare l'ufficio del giudice di pace più vicino si tiene conto della distanza chilometrica stradale e, se del caso, marittima. Nella determinazione della distanza stradale si tiene conto, nell'ordine, dei collegamenti mediante le autostrade, le strade statali, le strade regionali, le strade provinciali, le strade comunali. Con decreto ministeriale viene determinato, per ogni ufficio del giudice di pace, l'ufficio più vicino, con l'indicazione della relativa distanza.

3. – 1. Gli uffici giudiziari possono tenere, oltre ai registri obbligatori di cui all'articolo 51, comma 3 del decreto legislativo, i registri sussidiari, senza carattere ufficiale, che ritengono utili.

2. Tutte le attività del pubblico ministero nel procedimento davanti al giudice di pace sono riportate in un apposito registro.

3. Si osservano altresì le disposizioni dei capi I e II del decreto del Ministro della giustizia 27 marzo 2000, n. 264.

4. – 1. Nella formazione dei fascicoli si osservano, in quanto applicabili, le disposizioni di cui all'articolo 3 del decreto ministeriale 30 settembre 1989, n. 334.

2. Nel caso in cui sia presentato ricorso immediato al giudice ai sensi dell'articolo 21 del decreto legislativo, la cancelleria provvede a formare apposito fascicolo, che deve contenere:

a) l'originale del ricorso e gli allegati, con la prova dell'avvenuta comunicazione al pubblico ministero;

b) l'atto di costituzione di parte civile;

c) le richieste presentate dal pubblico ministero ai sensi dell'articolo 25 del decreto legislativo;

d) il decreto di convocazione delle parti, con le relative notificazioni al pubblico ministero, alla persona citata in giudizio e al suo difensore nonché alle persone offese non ricorrenti;

e) la querela di cui il giudice abbia disposto l'acquisizione;

f) le liste di cui all'articolo 29, comma 2 del decreto legislativo.

3. Nei casi in cui il giudice provvede a norma dell'articolo 26, commi 2 e 3 del decreto legislativo, la cancelleria trasmette il fascicolo di cui al comma 2 al pubblico ministero.

5. – 1. Prima della trasmissione della relazione di cui all'articolo 11 del decreto legislativo il pubblico ministero può richiedere alla polizia giudiziaria la trasmissione degli atti compiuti.

6. – 1. La polizia giudiziaria, con la relazione di cui all'articolo 11 del decreto legislativo, trasmette al pubblico ministero la documentazione relativa agli atti compiuti, il corpo del reato e le cose pertinenti al reato che non debbano essere custodite altrove.

7. – 1. Il pubblico ministero, nei casi di cui all'articolo 12 del decreto legislativo, quando trasmette alla polizia giudiziaria la notizia di reato, annota la trasmissione nel registro delle attività del pubblico ministero.

2. Se non si provvede alla trasmissione ai sensi del comma 1, le altre attività indicate nell'articolo 12 del decreto legislativo possono essere effettuate solo dopo l'iscrizione della notizia di reato nel registro di cui al comma 1.

8. – 1. La polizia giudiziaria, compiuti gli atti indicati nell'articolo 13 del decreto legislativo, trasmette, se necessario, per gli adempimenti di cui all'articolo 366 del codice di procedura penale, gli originali dei relativi verbali alla segreteria del pubblico ministero, trattenendone copia.

2. Quando il pubblico ministero non assume la direzione delle indagini, copia degli atti svolti personalmente dallo stesso a norma dell'articolo 13 del decreto legislativo è trasmessa alla polizia giudiziaria. La trasmissione è annotata nel registro delle attività del pubblico ministero.

9. – 1. Il pubblico ministero, quando riceve comunicazione del ricorso immediato ai sensi dell'articolo 22 del decreto legislativo, ne dà immediato avviso al giudice al quale abbia già presentato richiesta di archiviazione per gli stessi fatti.

2. Il giudice, se non ha già disposto l'archiviazione, trasmette gli atti al pubblico ministero.

10. – 1. Copia dell'ordinanza emessa dal giudice ai sensi dell'articolo 26, comma 4 del decreto legislativo, è notificata, a cura della cancelleria, al ricorrente. Dalla data della notificazione decorre il termine per la reiterazione del ricorso.

2. Il ricorrente può chiedere la restituzione degli atti contenuti nel fascicolo di cui all'articolo 4 del presente regolamento.

11. – 1. Il giudice, quando emette il decreto di convocazione delle parti a norma dell'articolo 27 del decreto legislativo, provvede alle informazioni sull'azione penale di cui all'articolo 129 del decreto legislativo 28 luglio 1989, n. 271.

12. – 1. Gli atti delle indagini svolte prima dell'udienza di comparizione fissata ai sensi dell'articolo 27 del decreto legislativo sono depositati nella segreteria del pubblico ministero, con facoltà dei difensori di prenderne visione ed estrarne copia.

2. Del deposito degli atti di cui al comma 1 la segreteria del pubblico ministero dà avviso, senza ritardo, ai difensori.

13. – 1. La cancelleria del giudice rilascia, su richiesta del ricorrente, copie del decreto di convocazione emesso ai sensi dell'articolo 27 del decreto legislativo, nel numero necessario per le notificazioni.

2. Le disposizioni di cui all'articolo 4 del decreto ministeriale 30 settembre 1989, n. 334, si osservano anche per la notifica dell'atto di citazione disposta dalla polizia giudiziaria e del decreto di convocazione delle parti emesso dal giudice a norma dell'articolo 27 del decreto legislativo.

14. – 1. La richiesta di cui all'articolo 49 del decreto legislativo è proposta al coordinatore dell'ufficio del giudice di pace.

2. Il coordinatore indica un'udienza tenuta da giudice diverso da quello che ha disposto la trasmissione degli atti al pubblico ministero ai sensi dell'articolo 26, comma 2, del decreto legislativo per manifesta infondatezza del ricorso.

15. – 1. Nella formazione del ruolo per le udienze davanti al giudice di pace si tiene conto della gravità e della concreta offensività del reato, nonché dell'interesse della persona offesa e delle possibilità di conciliazione tra le parti.

2. Il ruolo è affisso a cura della cancelleria all'ingresso dell'aula d'udienza almeno un giorno prima di quello dell'udienza.

3. Ai dibattimenti si procede secondo l'ordine del ruolo e conformemente agli orari indicati nella citazione a giudizio o nel decreto di convocazione delle parti, salvo che per ragioni di urgenza o per altro giustificato motivo il giudice ordini la trattazione in un ordine diverso.

16. – 1. Nelle ipotesi di cui all'articolo 5 del regolamento di cui al decreto del Presidente della Repubblica 2 dicembre 1956, n. 1666, relativo all'applicazione dell'articolo VII della Convenzione tra gli Stati aderenti al Trattato del Nord Atlantico sullo status delle loro forze armate, firmata a Londra il 19 giugno 1951, il giudice di pace dà tempestivo avviso del giorno fissato per l'udienza di comparizione alle autorità indicate nella medesima disposizione.

2. La richiesta di cui al quinto comma dell'articolo 1 del regolamento indicato nel comma 1 può essere presentata fino alla dichiarazione di apertura del dibattimento di primo grado.

17. – 1. L'ordinanza emessa ai sensi dell'articolo 30, comma 2 del decreto legislativo, nonché il decreto motivato che respinge la richiesta di fissazione di nuova udienza di cui all'articolo 31, comma 1 del medesimo decreto sono notificati, a cura della cancelleria, al ricorrente.

2. Nei casi di cui all'articolo 31, comma 3 del decreto legislativo la cancelleria del giudice dà avviso al ricorrente dell'avvenuta fissazione di nuova udienza.

18. – (Omissis) [1].

(1) Articolo abrogato dall'art. 301, d.P.R. 30.5.2002, n. 115, a decorrere dal 1.7.2002.

19. – Omissis [1].

(1) Articolo abrogato dall'art. 54, d.P.R., 14.11.2002, n. 313, con effetto a decorrere dalla data prevista dall'art. 55 dello stesso d.P.R.

20. – Omissis [1].

(1) Articolo abrogato dall'art. 54, d.P.R. 14.11.2002, n. 313, con effetto a decorrere dalla data prevista dall'art. 55 dello stesso d.P.R.

21. – Omissis [1].

(1) Articolo abrogato dall'art. 54, d.P.R. 14.11.2002, n. 313, con effetto a decorrere dalla data prevista dall'art. 55 dello stesso d.P.R.

22. – 1. Nei procedimenti di competenza del giudice di pace si osservano le disposizioni di cui agli articoli 82 e 83 del decreto legislativo 28.07.1989, n. 271.

23. – 1. Per quanto non previsto dal presente regolamento si osservano, in quanto compatibili, le disposizioni del decreto ministeriale 30 settembre 1989, n. 334. Nelle disposizioni del predetto decreto ministeriale, che risultano applicabili al procedimento innanzi al giudice di pace, il riferimento al giudice per le indagini preliminari si intende al giudice di pace indicato dall'articolo 5, comma 2 del decreto legislativo.

24. – 1. Il presente regolamento entra in vigore lo stesso giorno dell'entrata in vigore del decreto legislativo.

Il presente decreto, munito del sigillo dello Stato, sarà inserito nella Raccolta ufficiale degli atti normativi della Repubblica italiana. È fatto obbligo a chiunque spetti di osservarlo e di farlo osservare.

5. D.Lgs. 13 luglio 2017, n. 116. – Riforma organica della magistratura onoraria e altre disposizioni sui giudici di pace, nonché disciplina transitoria relativa ai magistrati onorari in servizio, a norma della legge 28 aprile 2016, n. 57 (*artt. 1-21*)

In Gazzetta Ufficiale 31 luglio 2017, n. 177

1. Magistratura onoraria.

1. Il «giudice onorario di pace» è il magistrato onorario addetto all'ufficio del giudice di pace. Al giudice onorario di pace sono assegnati i compiti e le funzioni di cui all'articolo 9.

2. Il «vice procuratore onorario» è il magistrato onorario addetto all'ufficio di collaborazione del procuratore della Repubblica istituito ai sensi dell'articolo 2. Al vice procuratore onorario sono assegnati i compiti e le funzioni di cui all'articolo 16.

3. L'incarico di magistrato onorario ha natura inderogabilmente temporanea, si svolge in modo da assicurare la compatibilità con lo svolgimento di attività lavorative o professionali e non determina in nessun caso un rapporto di pubblico impiego. Al fine di assicurare tale compatibilità, a ciascun magistrato onorario non può essere richiesto un impegno complessivamente superiore a due giorni a settimana. Ai magistrati onorari sono assegnati affari, compiti e attività, da svolgere sia in udienza che fuori udienza, in misura tale da assicurare il rispetto di quanto previsto dal presente comma.

4. Il magistrato onorario esercita le funzioni giudiziarie secondo principi di autoorganizzazione dell'attività, nel rispetto dei termini e delle modalità imposti dalla legge e dalle esigenze di efficienza e funzionalità dell'ufficio.

2. Istituzione dell'ufficio di collaborazione del procuratore della Repubblica.

1. Sono costituite, nelle procure della Repubblica presso i tribunali ordinari, strutture organizzative denominate «ufficio di collaborazione del procuratore della Repubblica».

2. L'ufficio di cui al comma 1 si avvale, secondo le determinazioni organizzative del procuratore della Repubblica, dei vice procuratori onorari, del personale di segreteria, di coloro che svolgono il tirocinio formativo a norma dell'articolo 73 del decreto-legge 21 giugno 2013, n. 69, convertito, con modificazioni, dalla legge 9 agosto 2013, n. 98, o la formazione professionale dei laureati a norma dell'articolo 37, comma 5, del decreto-legge 6 luglio 2011, n. 98, convertito, con modificazioni, dalla legge 15 luglio 2011, n. 111.

3. Dotazione organica dei giudici onorari di pace e dei vice procuratori onorari. Pianta organica dell'ufficio del giudice di pace.

1. La dotazione organica dei giudici onorari di pace è fissata, entro sei mesi dalla data di entrata in vigore del presente decreto, con decreto del Ministro della giustizia, di concerto con il Ministro dell'economia e delle finanze, acquisito il parere del Consiglio superiore della magistratura, tenendo conto delle esigenze di efficienza e funzionalità dei servizi della giustizia, in relazione a tutti i compiti e le funzioni previsti dalle disposizioni del Capo III. Con separato decreto del Ministro della giustizia è determinata la pianta organica degli uffici del giudice di pace.

2. In sede di prima applicazione del presente decreto, la dotazione organica dei giudici onorari di pace non può, in ogni caso, essere superiore a quella dei magistrati professionali che svolgono funzioni giudicanti di merito. Nel computo di cui al primo periodo non si considerano i magistrati professionali con funzioni direttive di merito giudicanti.

3. Con il decreto di cui al comma 1, primo periodo, è fissata la dotazione organica dei vice procuratori onorari e con il decreto del Ministro della giustizia di cui al secondo periodo del predetto comma è conseguentemente determinata la pianta organica degli uffici di collaborazione del procuratore della Repubblica.

4. In sede di prima applicazione del presente decreto, la dotazione organica dei vice procuratori onorari non può, in ogni caso, essere superiore a quella dei magistrati professionali che svolgono funzioni requirenti di merito. Nel computo di cui al primo periodo non si considerano i magistrati professionali con funzioni direttive di merito requirenti.

5. La dotazione organica e le piante organiche sono stabilite in modo da assicurare il rispetto di quanto disposto dall'articolo 1, comma 3.

6. La modifica della pianta organica degli uffici di cui ai commi 1 e 3 è disposta, anche su segnalazione dei capi degli uffici, con le modalità di cui ai predetti commi.

7. Con il decreto di cui al comma 1, secondo periodo, è individuato, per ciascun ufficio del giudice di pace, il numero dei giudici onorari di pace che esercitano la giurisdizione civile e penale presso il medesimo ufficio nonché il numero dei giudici onorari di pace addetti all'ufficio per il processo del tribunale nel cui circondario ha sede l'ufficio del giudice di pace.

8. In attuazione di quanto previsto dall'articolo 3, comma 2, della legge 28 aprile 2016, n. 57, i criteri di cui ai commi 2 e 4 per la determinazione della dotazione organica dei giudici onorari di pace e dei vice procuratori onorari possono essere adeguati nei limiti delle risorse finanziarie disponibili a legislazione vigente.

4. Requisiti per il conferimento dell'incarico di magistrato onorario.

1. Per il conferimento dell'incarico di magistrato onorario è richiesto il possesso dei seguenti requisiti:
a) cittadinanza italiana;
b) esercizio dei diritti civili e politici;
c) essere di condotta incensurabile;
d) idoneità fisica e psichica;
e) età non inferiore a ventisette anni e non superiore a sessanta;
f) laurea in giurisprudenza a seguito di corso universitario di durata non inferiore a quattro anni;
g) in caso di partecipazione alla assegnazione di incarichi di magistrato onorario negli uffici aventi sede, rispettivamente, nella Provincia autonoma di Bolzano e nella Regione Valle d'Aosta, conoscenza, rispettivamente, della lingua tedesca e della lingua francese; per la valutazione in ordine al possesso di detto requisito si applicano le vigenti disposizioni di legge.

2. Non può essere conferito l'incarico a coloro che:
a) hanno riportato condanne per delitti non colposi o a pena detentiva per contravvenzioni, salvi gli effetti della riabilitazione;
b) sono stati sottoposti a misure di prevenzione o di sicurezza personali;
c) hanno subito sanzioni disciplinari superiori alla sanzione più lieve prevista dall'ordinamento di appartenenza;
d) sono stati collocati in quiescenza;
e) hanno svolto per più di quattro anni, anche non consecutivi le funzioni giudiziarie onorarie disciplinate dal presente decreto;
f) non sono stati confermati nell'incarico di magistrato onorario, a norma dell'articolo 18; o è stata disposta nei loro confronti la revoca dell'incarico, a norma dell'articolo 21.

3. Costituiscono titolo di preferenza, nell'ordine:
a) l'esercizio pregresso delle funzioni giudiziarie, comprese quelle onorarie, fermo quanto previsto dal comma 2, lettera e);
b) l'esercizio, anche pregresso, per almeno un biennio, della professione di avvocato;
c) l'esercizio, anche pregresso, per almeno un biennio, della professione di notaio;
d) l'esercizio, anche pregresso, per almeno un biennio, dell'insegnamento di materie giuridiche nelle università;
e) lo svolgimento con esito positivo del tirocinio di cui all'articolo 7, senza che sia intervenuto il conferimento dell'incarico di magistrato onorario;
f) l'esercizio pregresso, per almeno un biennio, delle funzioni inerenti ai servizi delle cancellerie e segreterie giudiziarie con qualifica non inferiore a quella di direttore amministrativo;
g) lo svolgimento, con esito positivo, dello stage presso gli uffici giudiziari, a norma dell'articolo 73 del decreto-legge 21 giugno 2013, n. 69, convertito, con modificazioni, dalla legge 9 agosto 2013, n. 98;
h) il conseguimento del dottorato di ricerca in materie giuridiche;
i) l'esercizio, anche pregresso, per almeno un biennio, dell'insegnamento di materie giuridiche negli istituti superiori statali.

4. In caso di uguale titolo di preferenza ai sensi del comma 3 prevale, nell'ordine:
a) la maggiore anzianità professionale o di servizio, con il limite massimo di dieci anni di anzianità;
b) la minore età anagrafica;
c) il più elevato voto di laurea.

5. Incompatibilità.

1. Non possono esercitare le funzioni di magistrato onorario:
a) i membri del Parlamento nazionale e del Parlamento europeo spettanti all'Italia, i membri del Governo e quelli delle giunte degli enti territoriali, nonché i deputati e i consiglieri regionali, provinciali, comunali e circoscrizionali;
b) gli ecclesiastici e i ministri di qualunque confessione religiosa;
c) coloro che ricoprono o che hanno ricoperto, nei tre anni precedenti alla domanda, incarichi direttivi o esecutivi nei partiti e movimenti politici o nelle associazioni sindacali comparativamente più rappresentative;
d) coloro che ricoprono la carica di difensore civico;
e) coloro che svolgono abitualmente attività professionale per conto di imprese di assicurazione o bancarie, ovvero per istituti o società di intermediazione finanziaria, oppure hanno il coniuge, la parte dell'unione civile, i conviventi, i parenti fino al secondo grado o gli affini entro il primo grado che svolgono abitualmente tale attività nel circondario in cui il giudice di pace esercita le funzioni giudiziarie.

2. Gli avvocati e i praticanti abilitati non possono esercitare le funzioni di magistrato onorario in uffici giudiziari compresi nel circondario del tribunale nel quale esercitano la professione forense, ovvero nel quale esercitano la professione forense i loro associati di studio, i membri dell'associazione professionale, i soci della società tra professionisti, il coniuge, la parte dell'unione civile o i conviventi, i parenti fino al secondo grado o gli affini entro il primo grado. Gli avvocati che esercitano la propria attività professionale nell'ambito di società o associazioni tra professionisti non possono esercitare le funzioni di magistrato onorario nel circondario del tribunale nel quale la società o l'associazione forniscono i propri servizi. Non costituisce causa di incompatibilità l'esercizio del patrocinio davanti al tribunale per i minorenni, al tribunale penale militare, ai giudici amministrativi e contabili, nonché davanti alle commissioni tributarie.

3. Gli avvocati e i praticanti abilitati che svolgono le funzioni di magistrato onorario non possono esercitare la professione forense presso gli uffici giudiziari compresi nel circondario del tribunale ove ha sede l'ufficio giudiziario al quale sono assegnati e non possono rappresentare, assistere o difendere le parti di procedimenti svolti davanti al medesimo ufficio, nei successivi gradi di giudizio.

Il divieto si applica anche agli associati di studio, ai membri dell'associazione professionale e ai soci della società tra professionisti, al coniuge, la parte dell'unione civile, ai conviventi, ai parenti entro il secondo grado e agli affini entro il primo grado.

4. I magistrati onorari che hanno tra loro vincoli di parentela fino al secondo grado o di affinità fino al primo grado, di coniugio o di convivenza non possono essere assegnati allo stesso ufficio giudiziario. La disposizione del presente comma si applica anche alle parti dell'unione civile.

5. Il magistrato onorario non può ricevere, assumere o mantenere incarichi dall'autorità giudiziaria nell'ambito dei procedimenti che si svolgono davanti agli uffici giudiziari compresi nel circondario presso il quale esercita le funzioni giudiziarie.

6. Ammissione al tirocinio.

1. Il Consiglio superiore della magistratura procede con delibera, da adottarsi ad anni alterni entro il 31 marzo dell'anno in cui deve provvedersi, alla individuazione dei posti da pubblicare, anche sulla base delle vacanze previste nei dodici mesi successivi, nelle piante organiche degli uffici del giudice di pace e degli uffici di collaborazione del procuratore della Repubblica, determinando le modalità di formulazione del relativo bando nonché il termine per la presentazione delle domande [(1)].

2. All'adozione ed alla pubblicazione nella Gazzetta Ufficiale della Repubblica italiana del bando per il conferimento degli incarichi nel rispettivo distretto provvede, entro trenta giorni dalla delibera di cui al comma 1, la sezione autonoma per i magistrati onorari del consiglio giudiziario di cui all'articolo 10 del decreto legislativo 27 gennaio 2006, n. 25, dandone notizia mediante inserzione del relativo avviso nel sito internet del Ministero della giustizia e comunicazione ai consigli degli ordini degli avvocati e dei notai nonché alle università aventi sede nel distretto.

3. Dalla pubblicazione nella Gazzetta Ufficiale decorre il termine, riportato nel bando, per la presentazione al presidente della corte di appello delle domande, nelle quali sono indicati i requisiti e i titoli posseduti, sulla base di un modello standard approvato dal Consiglio superiore della magistratura. Alla domanda è allegata la dichiarazione attestante l'insussistenza delle cause di incompatibilità previste dalla legge.

4. Gli interessati possono presentare, in relazione ai posti individuati a norma del comma 1, domanda di ammissione al tirocinio per non più di tre uffici dello stesso distretto.

5. La sezione autonoma per i magistrati onorari del consiglio giudiziario, acquisito il parere dell'ordine professionale al quale il richiedente risulti eventualmente iscritto, redige la graduatoria degli aspiranti, sulla base dei criteri indicati nell'articolo 4, commi 3 e 4, e formula le motivate proposte di ammissione al tirocinio sulla base delle domande ricevute e degli elementi acquisiti.

6. Le domande degli interessati e le proposte della sezione autonoma per i magistrati onorari del consiglio giudiziario sono trasmesse al Consiglio superiore della magistratura.

7. Il Consiglio superiore della magistratura delibera, per ciascun ufficio, l'ammissione al tirocinio di un numero di interessati pari, ove possibile, al numero dei posti individuati ai sensi del comma 1, aumentato della metà ed eventualmente arrotondato all'unità superiore.

8. Quando il Consiglio superiore della magistratura non adotta la delibera di cui al comma 1 per due bienni consecutivi, le piante organiche degli uffici del giudice di pace e degli uffici di collaborazione del procuratore della Repubblica sono rideterminate in misura corrispondente ai posti effettivamente coperti.

(1) Così corretto con avviso di rettifica 3.2.2018 (in Gazz. Uff., 3.2.2018, n. 28).

7. Tirocinio e conferimento dell'incarico.

1. Il tirocinio è organizzato dal Consiglio superiore della magistratura e dalla Scuola superiore della magistratura, secondo le rispettive competenze e attribuzioni come determinate dalle disposizioni del titolo II del decreto legislativo 30 gennaio 2006, n. 26.

2. Il Consiglio superiore della magistratura, sentito il comitato direttivo della Scuola, definisce, con delibera, la data di inizio e le modalità di svolgimento del tirocinio presso gli uffici giudiziari.

3. Il tirocinio per il conferimento dell'incarico di magistrato onorario ha la durata di sei mesi e viene svolto:

a) per i giudici onorari di pace, nel tribunale ordinario nel cui circondario ha sede l'ufficio del giudice di pace in relazione al quale è stata disposta l'ammissione al tirocinio;

b) per i vice procuratori onorari, nella procura della Repubblica presso la quale è istituito l'ufficio di collaborazione del procuratore della Repubblica in relazione al quale è stata disposta l'ammissione al tirocinio.

4. La sezione autonoma del consiglio giudiziario di cui all'articolo 10 del decreto legislativo 27 gennaio 2006, n. 25, organizza e coordina il tirocinio svolto presso gli uffici giudiziari attuando le direttive generali del Consiglio superiore della magistratura e nominando i magistrati collaboratori tra magistrati professionali dotati di adeguata esperienza e di elevato prestigio professionale.

5. Il tirocinio si svolge sotto la direzione del magistrato collaboratore, il quale si avvale di magistrati professionali affidatari, da lui designati, ai quali sono assegnati i tirocinanti per la pratica giudiziaria in materia civile e penale.

6. Il tirocinio, oltre che nell'attività svolta presso gli uffici giudiziari, consiste altresì nella frequenza obbligatoria e con profitto dei corsi teorico-pratici di durata non inferiore a 30 ore, organizzati dalla Scuola superiore della magistratura, nel quadro delle attività di formazione iniziale della magistratura onoraria di cui all'articolo 2, comma 1, lettera c), del decreto legislativo n. 26 del 2006, avvalendosi della rete della formazione decentrata di cui alla lettera f) del comma 1 del predetto articolo 2, su materie indicate dalla stessa Scuola superiore, nonché su materie individuate dal Consiglio superiore della magistratura. I corsi sono coordinati da magistrati professionali tutori, designati dalla struttura per la formazione decentrata di ciascun distretto di Corte d'appello, e si articolano in una sessione teorica e in una sessione pratica. I tutori assicurano l'assistenza didattica ai magistrati onorari in tirocinio e curano lo svolgimento delle attività formative mediante esercitazioni pratiche, test e altre attività teorico-pratiche individuate dalla Scuola superiore della magistratura. Terminati i corsi, la struttura della formazione decentrata, sulla base delle relazioni dei magistrati tutori e dell'allegata documentazione comprovante l'esito dei test, delle esercitazioni e delle altre attività pratiche svolte, redige e trasmette alla sezione autonoma per i magistrati onorari di cui all'articolo 10 del decreto legislativo n. 25 del 2006 un rapporto per ciascun magistrato onorario.

7. La sezione autonoma per i magistrati onorari del consiglio giudiziario, acquisito il rapporto del magistrato collaboratore comprensivo delle schede valutative trasmesse dai magistrati affidatari e delle minute dei provvedimenti, esaminato il rapporto di cui al comma 6, formula un parere sull'idoneità del magistrato onorario in tirocinio e, per ciascun ufficio, propone al Consiglio superiore della magistratura la graduatoria degli idonei per il conferimento dell'incarico, formata sulla base della graduatoria di ammissione al tirocinio.

8. Il Consiglio superiore della magistratura, acquisita la graduatoria di cui al comma 7 e la documentazione allegata, designa i magistrati onorari idonei al conferimento dell'incarico in numero pari alle vacanze esistenti in ciascun ufficio.

9. La graduatoria di cui al comma 7 conserva efficacia per i due anni successivi all'adozione della delibera del Consiglio superiore della magistratura di cui all'articolo 6, comma 1. Sulla base della graduatoria, il Consiglio superiore della magistratura designa, per ciascun ufficio, i magistrati onorari idonei al conferimento dell'incarico in relazione ai posti resisi vacanti nel periodo compreso tra l'adozione del decreto di cui al comma 11 e la scadenza del termine di efficacia di cui al primo periodo del presente comma.

10. Gli ammessi al tirocinio inseriti nella graduatoria di cui al comma 7 ed ai quali non sia stato conferito l'incarico nell'ufficio in relazione al quale è stata disposta l'ammissione al tirocinio a norma dell'articolo 6, comma 7, possono essere destinati, a domanda, ad altre sedi, anche collocate in distretti diversi da quello del predetto ufficio, individuate con la delibera di cui all'articolo 6, comma 1 e risultate vacanti. In relazione a tali domande si provvede alla formazione di una graduatoria sulla base dei criteri indicati nell'articolo 4, commi 3 e 4. Sulla base della graduatoria di cui al secondo periodo il Consiglio superiore della magistratura designa i magistrati onorari idonei al conferimento dell'incarico.

11. Il Ministro della giustizia conferisce l'incarico con decreto.

12. Ai magistrati onorari in tirocinio non spetta alcuna indennità.

13. Ai magistrati collaboratori e ai magistrati affidatari non spetta alcun compenso aggiuntivo o rimborso spese per lo svolgimento dell'attività formativa di cui al presente articolo.

8. Coordinamento ed organizzazione dell'ufficio del giudice di pace.

1. Il presidente del tribunale coordina l'ufficio del giudice di pace che ha sede nel circondario e, in particolare, distribuisce il lavoro, mediante il ricorso a procedure automatiche, tra i giudici, vigila sulla loro attività e sorveglia l'andamento dei servizi di cancelleria ed ausiliari. Esercita ogni altra funzione di direzione che la legge attribuisce al dirigente dell'ufficio giudiziario.

2. La proposta di organizzazione è disposta con il procedimento di cui all'articolo 7-*bis* dell'ordinamento giudiziario, di cui al regio decreto 30 gennaio 1941, n. 12. Il Presidente della Corte di appello formula la proposta sulla base della segnalazione del presidente del tribunale, sentita la sezione autonoma per i magistrati onorari di cui all'articolo 10 del decreto legislativo 27 gennaio 2006, n. 25.

3. Nello svolgimento dei compiti di cui al comma 1, il presidente del tribunale può avvalersi dell'ausilio di uno o più giudici professionali.

4. Il presidente del tribunale attribuisce ad uno o più giudici professionali il compito di vigilare sull'attività dei giudici onorari di pace in materia di espropriazione mobiliare presso il debitore e di espropriazione di cose del debitore che sono in possesso di terzi, nonché di indicare le direttive e le prassi applicative in materia, concordate nel corso delle riunioni di cui all'articolo 22. Si applica l'articolo 10, comma 13, secondo periodo.

5. Dodici mesi prima della scadenza del termine del 31 ottobre 2021, di cui all'articolo 32, comma 3, il Ministero della giustizia mette a disposizione dell'ufficio del giudice di pace i programmi informatici necessari per la gestione del registro dei procedimenti di espropriazione mobiliare presso il debitore e di espropriazione di cose del debitore che sono in possesso di terzi e per l'assegnazione con modalità automatiche dei medesimi procedimenti. I programmi informatici assicurano che l'assegnazione degli affari abbia luogo secondo criteri di trasparenza.

9. Funzioni e compiti dei giudici onorari di pace.

1. I giudici onorari di pace esercitano, presso l'ufficio del giudice di pace, la giurisdizione in materia civile e penale e la funzione conciliativa in materia civile secondo le disposizioni dei codici di procedura civile e penale e delle leggi speciali.

2. I giudici onorari di pace sono, inoltre, assegnati alla struttura organizzativa denominata «ufficio per il processo», costituita, a norma del decreto legislativo recante norme sull'ufficio per il processo, in attuazione della legge 26 novembre 2021, n. 206 e della legge 27 settembre 2021, n. 134, presso il tribunale del circondario nel cui territorio ha sede l'ufficio del giudice di pace al quale sono addetti [(1)].

3. I giudici onorari di pace assegnati all'ufficio per il processo non possono esercitare la giurisdizione civile e penale presso l'ufficio del giudice di pace.

4. Nel corso dei primi due anni dal conferimento dell'incarico i giudici onorari di pace devono essere assegnati all'ufficio per il processo e possono svolgere esclusivamente i compiti e le attività allo stesso inerenti.

5. Ai giudici onorari di pace inseriti nell'ufficio per il processo può essere assegnata, nei limiti e con le modalità di cui all'articolo 11, la trattazione di procedimenti civili e penali, di competenza del tribunale ordinario.

(1) Comma modificato, a decorrere dal 1.11.2022, dall'art. 18, co. 3, d.lgs. 10.10.2022, n. 151.

10. Destinazione dei giudici onorari di pace nell'ufficio per il processo.

1. La proposta di assegnazione dei giudici onorari di pace all'ufficio per il processo del tribunale, nei limiti del numero dei giudici onorari di pace destinati all'ufficio per il processo in base al decreto di cui all'articolo 3, comma 1, secondo periodo, è formulata dal presidente del tribunale secondo quanto previsto dal presente articolo e in conformità ai criteri obiettivi indicati in via generale con delibera del Consiglio superiore della magistratura, avendo riguardo, in particolare, alla funzionalità degli uffici giudiziari.

2. Il presidente del tribunale individua, almeno due volte l'anno, le posizioni da coprire nell'ufficio per il processo, tenuto conto anche delle assegnazioni in scadenza nei successivi sei mesi, e propone l'assegnazione d'ufficio a tale struttura organizzativa dei giudici onorari di pace che si trovano nelle condizioni di cui all'articolo 9, comma 4.

3. Il presidente del tribunale determina altresì le posizioni residue da pubblicare e dispone che se ne dia comunicazione a tutti i giudici onorari di pace del circondario ai fini della formulazione della domanda di assegnazione.

4. Il presidente, nel caso in cui vi siano più aspiranti, tenute presenti le esigenze di efficienza del tribunale e dell'ufficio del giudice di pace interessato, individua i magistrati da assegnare sulla base, nell'ordine, dei seguenti criteri di valutazione:

a) attitudine all'esercizio dei compiti e delle attività da svolgere, desunta dalla pregressa attività del magistrato onorario, dalla tipologia di affari trattati dal medesimo, dalle esperienze professionali anche non giurisdizionali pregresse comprovanti le specifiche competenze in relazione all'incarico da assegnare, con preferenza per i magistrati che hanno maturato esperienze relative ad aree o materie uguali o omogenee;

b) tempo trascorso nello svolgimento dei compiti e delle attività inerenti all'ufficio;

c) collocazione nella graduatoria di ammissione al tirocinio.

5. In assenza di aspiranti, la scelta deve cadere su coloro ai quali è stato conferito l'incarico di magistrato onorario da minor tempo, anche se operanti in settori diversi da quello di destinazione, salvo che non vi ostino, sotto il profilo attitudinale od organizzativo, specifiche ragioni da indicare espressamente nella proposta di assegnazione.

6. L'assegnazione dei giudici onorari di pace all'ufficio per il processo del tribunale è disposta con il procedimento di cui all'articolo 7-*bis* del regio decreto 30 gennaio 1941, n. 12; la proposta è trasmessa al consiglio giudiziario, che, sentita la sezione autonoma per i magistrati onorari di cui all'articolo 10 del decreto legislativo 27 gennaio 2006, n. 25, formula il proprio parere e inoltra gli atti al Consiglio superiore della magistratura per l'approvazione.

7. L'assegnazione d'ufficio disposta a norma del comma 2 cessa di produrre effetti alla scadenza del biennio di cui all'articolo 9, comma 4.

8. Il giudice onorario di pace non può essere inserito, a domanda, in altro ufficio per il processo del medesimo tribunale se non siano decorsi due anni dal giorno in cui ha effettivamente iniziato a svolgere l'attività presso l'ufficio per il processo al quale è assegnato. Nel caso in cui sia stato assegnato d'ufficio il termine è ridotto ad un anno.

9. L'assegnazione del giudice onorario di pace all'ufficio per il processo del tribunale può essere revocata per sopravvenute esigenze di funzionalità dell'ufficio del giudice di pace al quale il giudice onorario è addetto. Quando sono assegnati all'ufficio per il processo più giudici onorari di pace addetti all'ufficio del giudice di pace in relazione al quale sono sopravvenute le esigenze di cui al primo periodo, alla revoca dell'assegnazione si provvede sulla base dei criteri di cui al comma 4 ovvero, in mancanza di domande, dei criteri previsti dal comma 5. Alla revoca si provvede con le modalità di cui al comma 6.

10. Il giudice onorario di pace coadiuva il giudice professionale a supporto del quale la struttura organizzativa è assegnata e, sotto la direzione e il coordinamento del giudice professionale, compie, anche per i procedimenti nei quali il tribunale giudica in composizione collegiale, tutti gli atti preparatori utili per l'esercizio della funzione giurisdizionale da parte del giudice professionale, provvedendo, in particolare, allo studio dei fascicoli, all'approfondimento giurisprudenziale e dottrinale ed alla predisposizione delle minute dei provvedimenti. Il giudice onorario può assistere alla camera di consiglio.

11. Il giudice professionale, con riferimento a ciascun procedimento civile e al fine di assicurarne la ragionevole durata, può delegare al giudice onorario di pace, inserito nell'ufficio per il processo, compiti e attività, anche relativi a procedimenti nei quali il tribunale giudica in composizione collegiale, purché non di particolare complessità, ivi compresa l'assunzione dei testimoni, affidandogli con preferenza il compimento dei tentativi di conciliazione, i procedimenti speciali previsti dagli articoli 186-*bis* e 423, primo comma, del codice di procedura civile, nonché i provvedimenti di liquidazione dei compensi degli ausiliari e i provvedimenti che risolvono questioni semplici e ripetitive.

12. Al giudice onorario di pace non può essere delegata la pronuncia di provvedimenti definitori, fatta eccezione:

a) per i provvedimenti che definiscono procedimenti di volontaria giurisdizione, in materie diverse dalla famiglia, inclusi gli affari di competenza del giudice tutelare;
b) per i provvedimenti che definiscono procedimenti in materia di previdenza e assistenza obbligatoria;
c) per i provvedimenti che definiscono procedimenti di impugnazione o di opposizione avverso provvedimenti amministrativi;
d) per i provvedimenti che definiscono cause relative a beni mobili di valore non superiore ad euro 50.000, nonché relative al pagamento a qualsiasi titolo di somme di denaro non eccedenti il medesimo valore;
e) per i provvedimenti che definiscono cause di risarcimento del danno prodotto dalla circolazione dei veicoli e dei natanti, purché il valore della controversia non superi euro 100.000;
f) per i provvedimenti di assegnazione di crediti che definiscono procedimenti di espropriazione presso terzi, purché il valore del credito pignorato non superi euro 50.000.

13. Il giudice onorario di pace svolge le attività delegate attenendosi alle direttive concordate con il giudice professionale titolare del procedimento, anche alla luce dei criteri generali definiti all'esito delle riunioni di cui all'articolo 22. Il Consiglio superiore della magistratura individua le modalità con cui le direttive concordate sono formalmente documentate e trasmesse al capo dell'ufficio.

14. Il giudice onorario di pace, quando ritiene, in considerazione delle specificità del caso concreto, di non poter provvedere in conformità alle direttive ed ai criteri di cui al comma 13, riferisce al giudice professionale, il quale compie le attività già oggetto di delega.

15. Il giudice professionale esercita la vigilanza sull'attività svolta dal giudice onorario e, in presenza di giustificati motivi, dispone la revoca della delega a quest'ultimo conferita e ne dà comunicazione al presidente del tribunale.

11. Assegnazione ai giudici onorari di pace dei procedimenti civili e penali.

1. Ai giudici onorari di pace che sono inseriti nell'ufficio per il processo e che non rientrano nella categoria indicata all'articolo 9, comma 4, può essere assegnata, nei limiti di cui al comma 5, la trattazione di procedimenti civili e penali di competenza del tribunale, quando ricorre almeno una delle seguenti condizioni e, per situazioni straordinarie e contingenti, non si possono adottare misure organizzative diverse:

a) il tribunale o una sua sezione presenta vacanze di posti in organico, assenze non temporanee di magistrati o esoneri parziali o totali dal servizio giudiziario tali da ridurre di oltre il trenta per cento l'attività dei giudici professionali assegnati al tribunale o alla sezione;
b) il numero dei procedimenti civili pendenti rispetto ai quali è stato superato il termine di ragionevole durata di cui alla legge 19 marzo 2001, n. 89 rilevato alla data di cui al comma 9, è superiore di almeno il cinquanta per cento rispetto al numero complessivo dei procedimenti civili pendenti innanzi al medesimo tribunale ovvero il numero dei procedimenti penali rispetto ai quali è stato superato il predetto termine, rilevato alla medesima data, è superiore di almeno il quaranta per cento rispetto al numero complessivo dei procedimenti penali pendenti dinanzi al medesimo ufficio, risultanti da apposite rilevazioni statistiche operate dal Ministero della giustizia sulla base dei criteri generali definiti di concerto con il Consiglio superiore della magistratura;
c) il numero medio dei procedimenti civili pendenti per ciascun giudice professionale in servizio presso il tribunale, rilevato alla data di cui al comma 9, supera di almeno il settanta per cento il numero medio nazionale dei procedimenti civili pendenti per ciascun giudice professionale di tribunale ovvero il numero medio dei procedimenti penali pendenti per ciascun giudice professionale in servizio presso il tribunale, rilevato alla medesima data, supera di almeno il cinquanta per cento il numero medio nazionale dei procedimenti penali pendenti per ciascun giudice professionale di tribunale, risultanti da apposite rilevazioni statistiche operate dal Ministero della giustizia sulla base dei criteri generali definiti di concerto con il Consiglio superiore della magistratura, distinguendo, ove possibile, per materie, per rito e per dimensioni degli uffici;
d) il numero medio dei procedimenti civili sopravvenuti annuali per ciascun giudice professionale in servizio presso il tribunale, rilevato alla data di cui al comma 9, supera di almeno il settanta per cento il numero medio nazionale dei procedimenti civili sopravvenuti nello stesso periodo per ciascun giudice professionale di tribunale ovvero il numero medio dei procedimenti penali sopravvenuti annuali per ciascun giudice professionale in servizio presso il tri-

bunale, rilevato alla medesima data, supera di almeno il cinquanta per cento il numero medio nazionale dei procedimenti penali sopravvenuti nello stesso periodo per ciascun giudice professionale di tribunale, risultanti da apposite rilevazioni statistiche operate dal Ministero della giustizia sulla base dei criteri generali definiti di concerto con il Consiglio superiore della magistratura, distinguendo, ove possibile, per materie, per rito e per dimensioni degli uffici.

2. Quando la condizione di cui al comma 1, lettera a), ricorre per una sezione del tribunale, ai giudici onorari di pace possono essere assegnati esclusivamente i procedimenti devoluti alla medesima sezione.

3. L'individuazione dei giudici onorari ai quali assegnare la trattazione di procedimenti a norma del comma 1 è effettuata con i criteri di cui all'articolo 10, comma 4, ovvero, in mancanza di domande, previsti dal comma 5 del predetto articolo.

4. I criteri di assegnazione degli affari ai giudici onorari di pace a norma del presente articolo sono determinati nella proposta tabellare di cui all'articolo 7-*bis* del regio decreto 30 gennaio 1941, n. 12.

5. In ogni caso, il numero dei procedimenti civili e penali assegnati a ciascun giudice onorario di pace a norma del presente articolo non può essere superiore ad un terzo del numero medio nazionale, rilevato distintamente per il settore civile e per quello penale, dei procedimenti pendenti per ciascun giudice professionale del tribunale.

6. Non possono essere assegnati, a norma del comma 1, ai giudici onorari di pace:

a) per il settore civile:
   1) i procedimenti cautelari e possessori, fatta eccezione per le domande proposte nel corso della causa di merito e del giudizio petitorio nonché dei procedimenti di competenza del giudice dell'esecuzione nei casi previsti dal secondo comma dell'articolo 615 del codice di procedura civile e dal secondo comma dell'articolo 617 del medesimo codice nei limiti della fase cautelare;
   2) i procedimenti di impugnazione avverso i provvedimenti del giudice di pace;
   3) i procedimenti in materia di rapporti di lavoro e di previdenza ed assistenza obbligatorie;
   4) i procedimenti in materia societaria e fallimentare;
   5) i procedimenti in materia di famiglia;

b) per il settore penale:
   1) i procedimenti diversi da quelli previsti dall'articolo 550 del codice di procedura penale;
   2) le funzioni di giudice per le indagini preliminari e di giudice dell'udienza preliminare;
   3) i giudizi di appello avverso i provvedimenti emessi dal giudice di pace;
   4) i procedimenti di cui all'articolo 558 del codice di procedura penale e il conseguente giudizio.

7. *L'assegnazione degli affari*, in attuazione dei criteri di cui al comma 4, è effettuata dal presidente del tribunale non oltre la scadenza del termine perentorio di sei mesi dal verificarsi della condizione di cui alla lettera a) del comma 1 ovvero, relativamente alle condizioni di cui alle lettere b), c) e d) del medesimo comma, dalla pubblicazione dei dati di cui al comma 9 e può riguardare esclusivamente procedimenti pendenti a tale scadenza. Il provvedimento di assegnazione degli affari, corredato delle relative statistiche e degli altri documenti necessari a comprovare la sussistenza delle condizioni di cui al comma 1, ivi compresa la non adottabilità di misure organizzative diverse, è trasmesso, previo parere del Consiglio giudiziario nella composizione di cui all'articolo 16, comma 1, del decreto legislativo 27 gennaio 2006, n. 25, al Consiglio superiore della magistratura per l'approvazione.

8. L'assegnazione può essere mantenuta per un periodo non superiore a tre anni dalla scadenza del termine di cui al primo periodo del comma 7 anche quando siano venute meno le condizioni di cui al comma 1. L'assegnazione non può essere nuovamente disposta, anche relativamente a giudici onorari di pace diversi, prima che siano decorsi tre anni dalla scadenza del triennio di cui al primo periodo, salvo che nell'ipotesi di cui al comma 1, lettera a).

9. Con cadenza annuale il Ministero della giustizia rende noti i dati necessari ai fini dell'accertamento delle condizioni di cui al comma 1, rilevandoli alla data del 30 giugno di ciascun anno.

10. Entro dodici mesi dall'approvazione del provvedimento di assegnazione degli affari fondato sulla sussistenza di vacanze di posti in organico ai sensi del comma 1, lettera a), il Consiglio superiore della magistratura delibera la copertura dei posti vacanti in modo da far venir meno la condizione di cui alla predetta lettera.

12. Destinazione dei giudici onorari di pace nei collegi civili e penali.

1. I giudici onorari di pace che sono inseriti nell'ufficio per il processo e rispetto ai quali non ricorrono le condizioni di cui all'articolo 9, comma 4, possono essere destinati a comporre i collegi civili e penali del tribunale, quando sussistono le condizioni di cui all'articolo 11 e secondo le modalità di cui al medesimo articolo. I provvedimenti di destinazione devono essere adottati entro la scadenza del termine perentorio di dodici mesi dal verificarsi della condizione di cui all'articolo 11, comma 1, lettera a) ovvero, relativamente alle condizioni di cui alle lettere b), c) e d) del predetto comma, dalla pubblicazione dei dati di cui al comma 9 del medesimo articolo. Ai giudici onorari di pace destinati a comporre i collegi possono essere assegnati esclusivamente procedimenti pendenti a tale scadenza. La destinazione è mantenuta sino alla definizione dei relativi procedimenti. Del collegio non può far parte più di un giudice onorario di pace. In ogni caso, il giudice onorario di pace non può essere destinato, per il settore civile, a comporre i collegi giudicanti dei procedimenti in materia fallimentare e i collegi delle sezioni specializzate e, per il settore penale, a comporre i collegi del tribunale del riesame ovvero qualora si proceda per i reati indicati nell'articolo 407, comma 2, lettera a), del codice di procedura penale.

13. Destinazione in supplenza dei giudici onorari di pace.

1. Nei casi di assenza o impedimento temporanei del magistrato professionale, il giudice onorario di pace può essere destinato, in presenza di specifiche esigenze di servizio, a compiti di supplenza, anche nella composizione dei collegi, del magistrato assente o impedito, sebbene non ricorrano le condizioni di cui all'articolo 11, comma 1. L'individuazione del giudice onorario da destinare in supplenza è effettuata con i criteri di cui all'articolo 10, comma 5. In ogni caso, il giudice onorario di pace non può essere destinato in supplenza per ragioni relative al complessivo carico di lavoro ovvero alle vacanze nell'organico dei giudici professionali.

14. Supplenze e applicazioni negli uffici del giudice di pace.

1. Fermi i divieti di cui all'articolo 5, nelle ipotesi di vacanza dell'ufficio del giudice di pace o di assenza o di impedimento temporanei di uno o più giudici onorari di pace, il presidente del tribunale può destinare in supplenza uno o più giudici onorari di pace di altro ufficio del circondario. Fuori dei casi di cui al primo periodo, quando in un ufficio del giudice di pace del circondario ricorrono speciali esigenze di servizio, il presidente del tribunale può destinare in applicazione uno o più giudici onorari di pace di altro ufficio del circondario.

2. La scelta dei magistrati onorari da applicare a norma del comma 1 è operata sulla base dei criteri di cui all'articolo 10, comma 4, ovvero, in mancanza di domande, dei criteri previsti dal comma 5 del predetto articolo. L'applicazione è disposta con decreto motivato, sentita la sezione autonoma per i magistrati onorari del Consiglio giudiziario di cui all'articolo 10 del decreto legislativo 27 gennaio 2006, n. 25. Copia del decreto è trasmessa al Consiglio superiore della magistratura e al Ministro della giustizia a norma dell'articolo 42 del decreto del Presidente della Repubblica 16 settembre 1958, n. 916. Il parere della sezione autonoma per i magistrati onorari è espresso, sentito previamente l'interessato, nel termine perentorio di dieci giorni dalla richiesta.

3. L'applicazione non può superare la durata di un anno e, nei casi di necessità dell'ufficio al quale il giudice onorario di pace è applicato può essere rinnovata per un periodo non superiore ad un anno. In ogni caso, un'ulteriore applicazione del medesimo giudice onorario di pace non può essere disposta se non siano decorsi due anni dalla fine del periodo precedente.

15. Organizzazione dell'ufficio di collaborazione del procuratore della Repubblica.

1. Il procuratore della Repubblica coordina l'ufficio di collaborazione del procuratore della Repubblica e, in particolare, distribuisce il lavoro, mediante il ricorso a procedure automatiche, tra i vice procuratori onorari, vigila sulla loro attività e sorveglia l'andamento dei servizi di segreteria ed ausiliari.

2. Nello svolgimento dei compiti di cui al comma 1 il procuratore della Repubblica può avvalersi dell'ausilio di uno o più magistrati professionali, attribuendo loro il compito di vigilare sull'attività dei vice procuratori onorari nelle materie delegate, nonché di fissare le direttive, i criteri e le prassi applicative emerse anche a seguito delle riunioni di coordinamento periodicamente indette.

3. Entro diciotto mesi dalla data di entrata in vigore del presente decreto, il Ministero della giustizia mette a disposizione i programmi informatici necessari affinché la distribuzione del lavoro di cui al comma 1 sia compiuta mediante ricorso a procedure automatiche. I programmi informatici assicurano che l'assegnazione degli affari abbia luogo secondo criteri di trasparenza.

16. Funzioni e compiti dei vice procuratori onorari.

1. Il vice procuratore onorario inserito nella struttura organizzativa di cui all'articolo 2:

a) coadiuva il magistrato professionale e, sotto la sua direzione e il suo coordinamento, compie tutti gli atti preparatori utili per l'esercizio della funzione giudiziaria da parte di quest'ultimo, provvedendo allo studio dei fascicoli, all'approfondimento giurisprudenziale e dottrinale ed alla predisposizione delle minute dei provvedimenti;
b) svolge le attività e adotta i provvedimenti a lui delegati secondo quanto previsto dall'articolo 17.

2. L'assegnazione dei vice procuratori onorari alla struttura organizzativa di cui all'articolo 2 ha luogo con provvedimento del procuratore della Repubblica, trasmesso alla sezione autonoma per i magistrati onorari del consiglio giudiziario.

3. Nel corso del primo anno dal conferimento dell'incarico i vice procuratori onorari possono svolgere esclusivamente i compiti e le attività previste dal comma 1, lettera a).

17. Attività delegabili ai vice procuratori onorari.

1. Nei procedimenti davanti al giudice di pace, le funzioni del pubblico ministero possono essere svolte, per delega del procuratore della Repubblica, dal vice procuratore onorario:

a) nell'udienza dibattimentale;
b) per gli atti previsti dagli articoli 15,17 e 25 del decreto legislativo 28 agosto 2000, n. 274;
c) nei procedimenti in camera di consiglio di cui all'articolo 127 del codice di procedura penale e nei procedimenti di esecuzione ai fini dell'intervento di cui all'articolo 655, comma 2, del medesimo codice.

2. Nei casi indicati nel comma 1, la delega è conferita in relazione ad una determinata udienza o a un singolo procedimento.

3. Nei procedimenti nei quali il tribunale giudica in

composizione monocratica, ad esclusione di quelli relativi ai delitti di cui agli articoli 589 e 590 del codice penale commessi con violazione delle norme per la prevenzione degli infortuni sul lavoro nonché di cui all'articolo 590-*sexies* del codice penale, il vice procuratore onorario può svolgere, per delega del procuratore della Repubblica e secondo le direttive stabilite in via generale dal magistrato professionale che ne coordina le attività, le funzioni di pubblico ministero:

a) nell'udienza dibattimentale;
b) nell'udienza di convalida dell'arresto di cui all'articolo 558 del codice di procedura penale;
c) per la richiesta di emissione del decreto penale di condanna ai sensi dell'articolo 459, comma 1, del codice di procedura penale;
d) nei procedimenti in camera di consiglio di cui all'articolo 127 del codice di procedura penale.

4. Il vice procuratore onorario delegato può assumere le determinazioni relative all'applicazione della pena su richiesta nei procedimenti relativi ai reati per i quali l'azione penale è esercitata con decreto di citazione diretta ai sensi dell'articolo 550, comma 1, del codice di procedura penale, pur quando si proceda con giudizio direttissimo ai sensi del comma 6 dell'articolo 558 del codice di procedura penale, e in quelli iniziati con decreto di giudizio immediato conseguente ad opposizione a decreto penale.

5. Il vice procuratore onorario, nei procedimenti relativi ai reati indicati dall'articolo 550, comma 1, del codice di procedura penale, può redigere e avanzare richiesta di archiviazione, nonché svolgere compiti e attività, anche di indagine, ivi compresa l'assunzione di informazioni dalle persone informate sui fatti e l'interrogatorio della persona sottoposta ad indagini o imputata.

6. Il vice procuratore onorario si attiene nello svolgimento delle attività a lui direttamente delegate alle direttive periodiche menzionate all'articolo 15, comma 2, e può chiedere che l'attività e il provvedimento delegati siano svolti dal magistrato professionale titolare del procedimento se non ricorrono nel caso concreto le condizioni di fatto per provvedere in loro conformità.

7. Il procuratore della Repubblica, in presenza di giustificati motivi, dispone la revoca della delega conferita al vice procuratore onorario.

18. Durata dell'ufficio e conferma.

1. L'incarico di magistrato onorario ha la durata di quattro anni. Alla scadenza, l'incarico può essere confermato, a domanda, per un secondo quadriennio.

2. L'incarico di magistrato onorario non può, comunque, essere svolto per più di otto anni complessivi, anche non consecutivi, includendo nel computo l'attività comunque svolta quale magistrato onorario, indipendentemente dal tipo di funzioni e compiti esercitati tra quelli disciplinati dal presente decreto.

3. In ogni caso, l'incarico cessa al compimento del sessantacinquesimo anno di età.

4. La domanda di conferma è presentata, a pena di inammissibilità, almeno sei mesi prima della scadenza del quadriennio, al capo dell'ufficio giudiziario presso il quale il magistrato onorario esercita la funzione. Relativamente all'ufficio del giudice di pace la domanda di conferma è presentata al presidente del tribunale nel cui circondario ha sede l'ufficio. La domanda è trasmessa alla sezione autonoma per i magistrati onorari del consiglio giudiziario di cui all'articolo 10 del decreto legislativo 27 gennaio 2006, n. 25.

5. Unitamente alla domanda, sono trasmessi alla sezione autonoma per i magistrati onorari del consiglio giudiziario:

a) un rapporto del capo dell'ufficio o del coordinatore dell'ufficio del giudice di pace sull'attività svolta e relativo alla capacità, alla laboriosità, alla diligenza, all'impegno ed ai requisiti dell'indipendenza, dell'imparzialità e dell'equilibrio nonché sulla partecipazione alle riunioni periodiche di cui all'articolo 22, commi 1 e 2;
b) copia degli atti e dei provvedimenti esaminati ai fini della redazione del rapporto di cui alla lettera a);
c) le relazioni redatte dai magistrati professionali che il magistrato onorario coadiuva a norma degli articoli 10, comma 10, e 16, comma 1;
d) l'autorelazione del magistrato onorario;
e) le statistiche comparate sull'attività svolta, distinte per tipologie di procedimenti e di provvedimenti, ed ogni altro documento ritenuto utile.

6. Ai fini della redazione del rapporto di cui al comma 5, lettera a), sono esaminati, a campione, almeno venti verbali di udienza e venti provvedimenti, relativi al periodo oggetto di valutazione. La sezione autonoma per i magistrati onorari del consiglio giudiziario stabilisce i criteri per la selezione dei verbali di udienza e dei provvedimenti.

7. Almeno due mesi prima della scadenza del quadriennio, la sezione autonoma per i magistrati onorari del consiglio giudiziario, acquisiti i documenti di cui al comma 5, il parere di cui al comma 8, lettera c), e l'attestazione della struttura della formazione decentrata di cui all'articolo 22, comma 3, esprime, con riguardo al magistrato onorario che ha presentato domanda di conferma, se necessario previa audizione dell'interessato, un giudizio di idoneità a svolgere le funzioni e lo trasmette al Consiglio superiore della magistratura.

8. Il giudizio è espresso a norma degli articoli 11, 11-bis e 11-ter del decreto legislativo 5 aprile 2006, n. 160, in quanto compatibili, ed è reso sulla base degli elementi di cui ai commi 5 e 6, nonché dei seguenti, ulteriori elementi (1):

a) l'effettiva partecipazione alle attività di formazione organizzate ai sensi dell'articolo 22, comma 3, salvo che l'assenza dipenda da giustificato motivo;
b) l'effettiva partecipazione alle riunioni periodiche di cui all'articolo 22;
c) il parere del consiglio dell'ordine territoriale forense del circondario in cui ha sede l'ufficio presso il qua-

le il magistrato onorario ha esercitato le funzioni, nel quale sono indicati i fatti specifici incidenti sulla idoneità a svolgere le funzioni, con particolare riguardo, se esistenti, alle situazioni concrete e oggettive di esercizio non indipendente della funzione e ai comportamenti che denotino mancanza di equilibrio o di preparazione giuridica.

9. Il Consiglio superiore della magistratura, acquisito il giudizio di cui al comma 7, delibera sulla domanda di conferma.

10. Il Ministro della giustizia dispone la conferma con decreto.

11. È valutato negativamente ai fini della conferma nell'incarico l'aver privilegiato la definizione di procedimenti di natura seriale, salvo che non risponda a specifiche esigenze dell'ufficio.

12. I magistrati onorari che hanno in corso la procedura di conferma nell'incarico rimangono in servizio fino alla definizione della procedura di cui al presente articolo. La procedura di conferma deve definirsi entro dodici mesi dalla scadenza del quadriennio. Se la conferma non è disposta nel rispetto del termine di cui al secondo periodo, il magistrato onorario non può esercitare le funzioni giudiziarie onorarie, né svolgere i compiti e le attività previsti dalle disposizioni di cui ai Capi III e IV del presente decreto, con sospensione dall'indennità, sino all'adozione del decreto di cui al comma 10.

13. La conferma dell'incarico produce effetti con decorrenza dal primo giorno successivo alla scadenza del quadriennio già decorso.

In caso di mancata conferma, i magistrati onorari in servizio a norma del comma 12, primo periodo, cessano dall'incarico dal momento della comunicazione del relativo provvedimento del Consiglio superiore della magistratura.

14. Ai magistrati onorari che hanno esercitato per otto anni le funzioni e i compiti attribuitigli è riconosciuta preferenza, a parità di merito, a norma dell'articolo 5 del decreto del Presidente della Repubblica 9 maggio 1994, n. 487, nei concorsi indetti dalle amministrazioni dello Stato.

(1) Comma modificato dall'art. 7, co. 3, d.lgs. 28.3.2024, n. 44.

19. Astensione e ricusazione.

1. Con riguardo ai procedimenti civili, il giudice onorario di pace ha l'obbligo di astenersi nei casi previsti dall'articolo 51, primo comma, del codice di procedura civile e può essere ricusato, a norma dell'articolo 52 del medesimo codice. Ha altresì l'obbligo di astenersi e può essere ricusato quando egli o il coniuge o la parte dell'unione civile, il convivente, i parenti fino al secondo grado o gli affini entro il primo grado, sono stati associati o in qualunque modo collegati con lo studio professionale di cui ha fatto o fa parte il difensore di una delle parti.

2. Con riguardo ai procedimenti penali, il giudice onorario di pace ha l'obbligo di astenersi nei casi previsti dall'articolo 36 del codice di procedura penale e può essere ricusato, a norma dell'articolo 37 del medesimo codice. Ha altresì l'obbligo di astenersi e può essere ricusato quando egli o il coniuge o la parte dell'unione civile, il convivente, i parenti fino al secondo grado o gli affini entro il primo grado, sono stati associati o comunque collegati con lo studio professionale di cui ha fatto o fa parte il difensore di una delle parti.

3. Il giudice onorario di pace ha inoltre l'obbligo di astenersi e può essere ricusato quando egli o il coniuge o la parte dell'unione civile o il convivente ha in precedenza assistito, nella qualità di avvocato, una delle parti in causa o uno dei difensori, ovvero egli o il coniuge o la parte dell'unione civile o il convivente ha svolto attività professionale nella qualità di notaio per una delle parti in causa o uno dei difensori. La disposizione di cui al primo periodo si applica anche quando l'attività professionale è stata svolta da un avvocato o da un notaio che fa parte dell'associazione professionale, della società tra professionisti o dello studio associato a cui partecipa il giudice onorario.

4. Il giudice onorario di pace ha l'obbligo di astenersi anche in ogni caso in cui egli, il coniuge o la parte dell'unione civile, il convivente, i parenti fino al secondo grado abbia avuto o abbia rapporti di lavoro autonomo o di collaborazione con una delle parti.
La disposizione di cui al primo periodo si applica anche quando il rapporto di lavoro autonomo o di collaborazione è intercorso tra la parte e un soggetto che fa parte dell'associazione professionale, della società tra professionisti o dello studio associato a cui partecipa il giudice onorario.

5. Il vice procuratore onorario ha l'obbligo di astenersi nei casi di cui al presente articolo.

20. Doveri del magistrato onorario.

1. Il magistrato onorario è tenuto all'osservanza dei doveri previsti per i magistrati ordinari, in quanto compatibili e in particolare esercita le funzioni e i compiti attribuitigli con imparzialità, correttezza, diligenza, laboriosità, riserbo e equilibrio e rispetta la dignità della persona nell'esercizio delle funzioni.

21. Decadenza, dispensa e revoca.

1. Il magistrato onorario decade dall'incarico quando viene meno taluno dei requisiti necessari per essere ammesso alle funzioni e ai compiti ad esso relativi, per dimissioni volontarie ovvero quando sopravviene una causa di incompatibilità.

2. Il magistrato onorario è dispensato, anche d'ufficio, per impedimenti di durata superiore a sei mesi. Per impedimenti di durata non superiore a sei mesi, l'esecuzione dell'incarico rimane sospesa senza diritto all'indennità prevista dall'articolo 23 (1).

3. Il magistrato onorario è revocato dall'incarico in ogni caso in cui risulta l'inidoneità ad esercitare le funzioni giudiziarie o i compiti dell'ufficio del processo; in particolare è revocato quando, senza giustificato motivo, ha conseguito risultati che si discostano gravemente dagli obiettivi prestabiliti dal presidente del tribunale o dal procuratore della Repubblica a norma dell'articolo 23 ovvero, nel caso di assegnazione di procedimenti civili o penali a norma dell'articolo 11, non ha definito, nel termine di tre anni dall'assegnazione, un numero significativo di procedimenti, secondo le determinazioni del Consiglio superiore della magistratura.

4. Costituiscono, tra l'altro, circostanze di fatto rilevanti ai fini della valutazione di inidoneità di cui al comma 3:

a) l'adozione di provvedimenti non previsti dalla legge ovvero fondati su grave violazione di legge o travisamento del fatto, determinati da ignoranza o negligenza;

b) l'adozione di provvedimenti affetti da palese e intenzionale incompatibilità tra la parte dispositiva e la motivazione, tali da manifestare una inequivocabile contraddizione sul piano logico, contenutistico o argomentativo;

c) la scarsa laboriosità o il grave e reiterato ritardo nel compimento degli atti relativi allo svolgimento delle funzioni ovvero nell'adempimento delle attività e dei compiti a lui devoluti;

d) l'assenza reiterata, senza giustificato motivo, alle riunioni periodiche di cui all'articolo 22, commi 1, 2 e 4, nonché alle iniziative di formazione di cui al comma 3 del predetto articolo.

5. La revoca è altresì disposta quando il magistrato onorario tenga in ufficio o fuori una condotta tale da compromettere il prestigio delle funzioni attribuitegli.

6. Il capo dell'ufficio comunica immediatamente al presidente della corte di appello o al procuratore generale presso la medesima corte ogni circostanza di fatto rilevante ai fini della decadenza, della dispensa o della revoca.

7. Relativamente all'ufficio del giudice di pace la comunicazione di cui al comma 6 è effettuata dal presidente del tribunale.

8. Il magistrato professionale che il magistrato onorario coadiuva a norma dell'articolo 10, comma 10, e dell'articolo 16, comma 1, comunica al capo dell'ufficio ogni circostanza di fatto rilevante per l'adozione dei provvedimenti di cui al presente articolo.

9. Nei casi di cui al presente articolo, con esclusione delle ipotesi di dimissioni volontarie, il presidente della corte d'appello, per i giudici onorari di pace, o il procuratore generale della Repubblica presso la corte di appello, per i vice procuratori onorari, propone alla sezione autonoma per i magistrati onorari del consiglio giudiziario di cui all'articolo 10 del decreto legislativo n. 25 del 2006 la decadenza, la dispensa o la revoca. La sezione autonoma, sentito l'interessato e verificata la fondatezza della proposta, trasmette gli atti al Consiglio superiore della magistratura affinché deliberi sulla proposta di decadenza, di dispensa o di revoca.

10. Il Ministro della giustizia dispone la decadenza, la dispensa e la revoca con decreto.

(1) La Corte costituzionale, con sentenza 27.7.2023, n. 166, ha dichiarato l'illegittimità costituzionale di questo comma, nella parte in cui prevede, al primo periodo, che «*(i)l magistrato onorario è dispensato, anche d'ufficio, per impedimenti di durata superiore a sei mesi*» anziché «*(i)l magistrato onorario è dispensato, anche d'ufficio, per infermità che impedisce in modo definitivo l'esercizio delle funzioni o per altri impedimenti di durata superiore a sei mesi*».

GIUSTO PROCESSO ED EQUA RIPARAZIONE

1. L. 24 marzo 2001, n. 89. – Previsione di equa riparazione in caso di violazione del termine ragionevole del processo e modifica dell'articolo 375 del codice di procedura civile (*artt. 1 bis-4, 5 quater*)

In Gazzetta Ufficiale 3 aprile 2001, n. 78

Capo II
Equa riparazione

1 bis. Rimedi all'irragionevole durata del processo [(1)].

1. La parte di un processo ha diritto a esperire rimedi preventivi alla violazione della Convenzione per la salvaguardia dei diritti dell'uomo e delle libertà fondamentali, ratificata ai sensi della legge 4 agosto 1955, n. 848, sotto il profilo del mancato rispetto del termine ragionevole di cui all'articolo 6, paragrafo 1, della Convenzione stessa.

2. Chi, pur avendo esperito i rimedi preventivi di cui all'articolo 1-*ter*, ha subito un danno patrimoniale o non patrimoniale a causa dell'irragionevole durata del processo ha diritto ad una equa riparazione.

(1) Articolo introdotto dall'art. 1, co. 777, lett. a), l. 28.12.2015, n. 208.

1 ter. Rimedi preventivi [(1)].

1. Ai fini della presente legge, nei processi civili costituisce rimedio preventivo a norma dell'articolo 1-*bis*, comma 1, l'introduzione del giudizio nelle forme del procedimento semplificato di cognizione di cui agli articoli 281-*decies* e seguenti del codice di procedura civile. Costituisce altresì rimedio preventivo formulare richiesta di passaggio dal rito ordinario al rito semplificato a norma dell'articolo 183-*bis* del codice di procedura civile, entro l'udienza di trattazione e comunque almeno sei mesi prima che siano trascorsi i termini di cui all'articolo 2, comma 2-*bis*. Nelle cause in cui non si applica il rito semplificato di cognizione, ivi comprese quelle in grado di appello, costituisce rimedio preventivo proporre istanza di decisione a seguito di trattazione orale a norma degli articoli 275, commi secondo, terzo e quarto, 281-*sexies* e 350-*bis* del codice di procedura civile, almeno sei mesi prima che siano trascorsi i termini di cui all'articolo 2, comma 2-*bis*. Nelle cause in cui il tribunale giudica in composizione collegiale, il giudice istruttore quando ritiene che la causa può essere decisa a seguito di trattazione orale, rimette la causa al collegio a norma dell'articolo 275-*bis* del codice di procedura civile [2].

2. L'imputato e le altre parti del processo penale hanno diritto di depositare, personalmente o a mezzo di procuratore speciale, un'istanza di accelerazione almeno sei mesi prima che siano trascorsi i termini di cui all'articolo 2, comma 2-*bis*.

3. Nei giudizi dinanzi al giudice amministrativo costituisce rimedio preventivo la presentazione dell'istanza di prelievo di cui all'articolo 71, comma 2, del codice del processo amministrativo, di cui al decreto legislativo 2 luglio 2010, n. 104, almeno sei mesi prima che siano trascorsi i termini di cui all'articolo 2, comma 2-*bis*.

4. Nel procedimento contabile davanti alla Corte dei conti il presunto responsabile ha diritto di depositare, personalmente o a mezzo di procuratore speciale, un'istanza di accelerazione, almeno sei mesi prima che siano trascorsi i termini di cui all'articolo 2, comma 2-*bis*.

5. La parte dei giudizi di natura pensionistica dinanzi alla Corte dei conti ha diritto di depositare, personalmente o a mezzo di procuratore speciale, un'istanza di accelerazione, almeno sei mesi prima che siano trascorsi i termini di cui all'articolo 2, comma 2-*bis*.

6. Nei giudizi davanti alla Corte di cassazione la parte ha diritto a depositare un'istanza di accelerazione almeno due mesi prima che siano trascorsi i termini di cui all'articolo 2, comma 2-*bis*.

7. Restano ferme le disposizioni che determinano l'ordine di priorità nella trattazione dei procedimenti.

(1) Articolo introdotto dall'art. 1, co. 777, lett. a), l. 28.12.2015, n. 208.
(2) Comma sostituito dall'art. 15, co. 1, d.lgs. 10.10.2022, n. 149, con effetto a decorrere dal 28.2.2023.

2. Diritto all'equa riparazione.

1. È inammissibile la domanda di equa riparazione proposta dal soggetto che non ha esperito i rimedi preventivi all'irragionevole durata del processo di cui all'articolo 1-*ter* [1] [2].

2. Nell'accertare la violazione il giudice valuta la complessità del caso, l'oggetto del procedimento, il comportamento delle parti e del giudice durante il procedimento, nonché quello di ogni altro soggetto chiamato a concorrervi o a contribuire alla sua definizione [3].

2 bis. Si considera rispettato il termine ragionevole di cui al comma 1 se il processo non eccede la durata di tre anni in primo grado, di due anni in secondo grado, di un anno nel giudizio di legittimità. Ai fini del computo della durata il processo si considera iniziato con il deposito del ricorso introduttivo del giudizio ovvero con la notificazione dell'atto di citazione. Si considera rispettato il termine ragionevole se il procedimento di esecuzione forzata si è concluso in tre anni, e se la procedura concorsuale si è conclusa in sei anni. Il processo penale si considera iniziato con l'assunzione della qualità di imputato, di parte civile o di responsabile civile, ovvero quando l'indagato ha avuto legale conoscenza della chiusura delle indagini preliminari [4] [5].

2 ter. Si considera comunque rispettato il termine ragionevole se il giudizio viene definito in modo irrevocabile in un tempo non superiore a sei anni [6].

2 quater. Ai fini del computo non si tiene conto del tempo in cui il processo è sospeso e di quello intercorso tra il giorno in cui inizia a decorrere il termine per proporre l'impugnazione e la proposizione della stessa [7].

2 quinquies. Non è riconosciuto alcun indennizzo:

a) in favore della parte che ha agito o resistito in giudizio consapevole della infondatezza originaria o sopravvenuta delle proprie domande o difese, anche fuori dai casi di cui all'articolo 96 del codice di procedura civile;
b) nel caso di cui all'articolo 91, primo comma, secondo periodo, del codice di procedura civile;
c) nel caso di cui all'articolo 13, comma 1, primo periodo, del decreto legislativo 4 marzo 2010, n. 28;
d) in ogni altro caso di abuso dei poteri processuali che abbia determinato una ingiustificata dilazione dei tempi del procedimento [8] [9].

2 sexies. Si presume insussistente il pregiudizio da irragionevole durata del processo, salvo prova contraria, nel caso di:

a) dichiarazione di intervenuta prescrizione del reato, limitatamente all'imputato;
b) contaumacia della parte;
c) estinzione del processo per rinuncia o inattività delle parti ai sensi degli articoli 306 e 307 del codice di procedura civile e dell'articolo 84 del codice del processo amministrativo, di cui al decreto legislativo 2 luglio 2010, n. 104;
d) perenzione del ricorso ai sensi degli articoli 81 e 82 del codice del processo amministrativo, di cui al decreto legislativo 2 luglio 2010, n. 104;
e) mancata presentazione della domanda di riunione nel giudizio amministrativo presupposto, in pendenza di giudizi dalla stessa parte introdotti e ricorrendo le condizioni di cui all'articolo 70 del codice del processo amministrativo, di cui al decreto legislativo 2 luglio 2010, n. 104;
f) introduzione di domande nuove, connesse con altre già proposte, con ricorso separato, pur ricorrendo i presupposti per i motivi aggiunti di cui all'articolo 43 del codice del processo amministrativo, di cui al decreto legislativo 2 luglio 2010, n. 104, salvo che il giudice amministrativo disponga la separazione dei processi;

g) irrisorietà della pretesa o del valore della causa, valutata anche in relazione alle condizioni personali della parte (10).

2-*septies*. Si presume parimenti insussistente il danno quando la parte ha conseguito, per effetto della irragionevole durata del processo, vantaggi patrimoniali eguali o maggiori rispetto alla misura dell'indennizzo altrimenti dovuto (11).

[3. Il giudice determina la riparazione a norma dell'articolo 2056 del codice civile, osservando le disposizioni seguenti:

a) rileva solamente il danno riferibile al periodo eccedente il termine ragionevole di cui al comma 1;
b) il danno non patrimoniale è riparato, oltre che con il pagamento di una somma di denaro, anche attraverso adeguate forme di pubblicità della dichiarazione dell'avvenuta violazione.] (12) (13).

(1) Comma sostituito dall'art. 1, co. 777, lett. b), l. 28.12.2015, n. 208.

(2) La Corte costituzionale, con sentenza 30.7.2021, n. 175, ha dichiarato, in relazione all'art. 1 ter, co. 2, l. 24.3.2001, n. 89, l'illegittimità costituzionale di questo comma, nel testo risultante dalle modifiche apportate dall'art. 1, co. 777, lett. a) e b), l. 28.12.2015, n. 208. La Corte costituzionale, in seguito, con sentenza 13.7.2023, n. 142, ha dichiarato l'illegittimità costituzionale di questo comma nella parte in cui prevede l'inammissibilità della domanda di equa riparazione nel caso di mancato esperimento del rimedio preventivo di cui all'art. 1 ter, co. 6, della stessa legge.

(3) Comma sostituito dall'art. 55, co. 1, lett. a), n. 1), d.l. 22.6.2012, n. 83, conv., con modif., dalla l. 7.8.2012, n. 134.

(4) Comma introdotto dall'art. 55, co. 1, lett. a), n. 2), d.l. 22.6.2012, n. 83, conv., con modif., dalla l. 7.8.2012, n. 134.

(5) La Corte costituzionale, con sentenza 23.7.2015, n. 184, ha dichiarato l'illegittimità costituzionale di questo comma, nella parte in cui prevede che il processo penale si considera iniziato con l'assunzione della qualità di imputato, ovvero quando l'indagato ha avuto legale conoscenza della chiusura delle indagini preliminari, anziché quando l'indagato, in seguito a un atto dell'autorità giudiziaria, ha avuto conoscenza del procedimento penale a suo carico. Successivamente la Corte costituzionale, con sentenza 19.2.2016, n. 36, ha dichiarato l'illegittimità costituzionale di questo comma nella parte in cui si applica alla durata del processo di primo grado previsto dalla presente legge.

(6) Comma introdotto dall'art. 55, co. 1, lett. a), n. 2), d.l. 22.6.2012, n. 83, conv., con modif., dalla l. 7.8.2012, n. 134.

(7) Comma introdotto dall'art. 55, co. 1, lett. a), n. 2), d.l. 22.6.2012, n. 83, conv., con modif., dalla l. 7.8.2012, n. 134.

(8) Comma introdotto dall'art. 55, co. 1, lett. a), n. 2), d.l. 22.6.2012, n. 83, conv., con modif., dalla l. 7.8.2012, n. 134 e, poi, sostituito dall'art. 1, co. 777, lett. c), l. 28.12.2015, n. 208.

(9) La Corte costituzionale, con sentenza 10.7.2019, n. 169, ha dichiarato l'illegittimità costituzionale della lett. e), di questo comma, nella versione modificata dall'art. 55, co. 1, lett. a), n. 2), d.l. 22.6.2012, n. 83.

(10) Comma introdotto dall'art. 1, co. 777, lett. d), l. 28.12.2015, n. 208.

(11) Comma introdotto dall'art. 1, co. 777, lett. d), l. 28.12.2015, n. 208.

(12) Comma abrogato dall'art. 55, co. 1, lett. a), n. 3), d.l. 22.6.2012, n. 83, conv., con modif., dalla l. 7.8.2012, n. 134.

(13) Secondo quanto previsto dall'art. 85, co. 7, d.l. 17.3.2020, n. 18, conv., con modif., dalla l. 24.4.2020, n. 27, ai fini del computo qui previsto, nei procedimenti nei quali le udienze sono rinviate a norma dell'art. 85 medesimo, non si tiene conto del periodo compreso tra l'8.3.2020 e il 31.8.2020.

2 bis. *Misura dell'indennizzo* (1).

1. Il giudice liquida a titolo di equa riparazione, di regola, una somma di denaro non inferiore a euro 400 e non superiore a euro 800 per ciascun anno, o frazione di anno superiore a sei mesi, che eccede il termine ragionevole di durata del processo. La somma liquidata può essere incrementata fino al 20 per cento per gli anni successivi al terzo e fino al 40 per cento per gli anni successivi al settimo (2).

1 bis. La somma può essere diminuita fino al 20 per cento quando le parti del processo presupposto sono più di dieci e fino al 40 per cento quando le parti del processo sono più di cinquanta (3).

1 ter. La somma può essere diminuita fino a un terzo in caso di integrale rigetto delle richieste della parte ricorrente nel procedimento cui la domanda di equa riparazione si riferisce (4).

1 quater. L'indennizzo è riconosciuto una sola volta in caso di riunione di più giudizi presupposti che coinvolgono la stessa parte. La somma liquidata può essere incrementata fino al 20 per cento per ciascun ricorso riunito, quando la riunione è disposta su istanza di parte (5).

2. L'indennizzo è determinato a norma dell'articolo 2056 del codice civile, tenendo conto:

a) dell'esito del processo nel quale si è verificata la violazione di cui al comma 1 dell'articolo 2;
b) del comportamento del giudice e delle parti;
c) della natura degli interessi coinvolti;
d) del valore e della rilevanza della causa, valutati anche in relazione alle condizioni personali della parte.

3. La misura dell'indennizzo, anche in deroga al comma 1, non può in ogni caso essere superiore al valore della causa o, se inferiore, a quello del diritto accertato dal giudice.

(1) Articolo introdotto dall'art. 55, co. 1, lett. b), d.l. 22.6.2012, n. 83, conv., con modif., dalla l. 7.8.2012, n. 134.

(2) Comma sostituito dall'art. 1, co. 777, lett. e), l. 28.12.2015, n. 208.

(3) Comma introdotto dall'art. 1, co. 777, lett. f), l. 28.12.2015, n. 208.

(4) Comma introdotto dall'art. 1, co. 777, lett. f), l. 28.12.2015, n. 208.

(5) Comma introdotto dall'art. 1, co. 777, lett. f), l. 28.12.2015, n. 208.

3. Procedimento (1).

1. La domanda di equa riparazione si propone con ricorso al presidente della corte d'appello del distretto in cui ha sede il giudice innanzi al quale si è svolto il primo grado del processo presupposto. Si applica l'articolo 125 del codice di procedura civile (2).

2. Il ricorso è proposto nei confronti del Ministro della giustizia quando si tratta di procedimenti del giudice ordinario, del Ministro della difesa quando si tratta di procedimenti del giudice militare. Negli altri casi è proposto nei confronti del Ministro dell'economia e delle finanze.

3. Unitamente al ricorso deve essere depositata copia autentica dei seguenti atti:

a) l'atto di citazione, il ricorso, le comparse e le memorie relativi al procedimento nel cui ambito la violazione si assume verificata;
b) i verbali di causa e i provvedimenti del giudice;
c) il provvedimento che ha definito il giudizio, ove

questo si sia concluso con sentenza od ordinanza irrevocabili.

4. Il presidente della corte d'appello, o un magistrato della corte a tal fine designato, provvede sulla domanda di equa riparazione con decreto motivato da emettere entro trenta giorni dal deposito del ricorso. Non può essere designato il giudice del processo presupposto. Si applicano i primi due commi dell'articolo 640 del codice di procedura civile [3].

5. Se accoglie il ricorso, il giudice ingiunge all'amministrazione contro cui è stata proposta la domanda di pagare senza dilazione la somma liquidata a titolo di equa riparazione, autorizzando in mancanza la provvisoria esecuzione. Nel decreto il giudice liquida le spese del procedimento e ne ingiunge il pagamento.

6. Se il ricorso è in tutto o in parte respinto la domanda non può essere riproposta, ma la parte può fare opposizione a norma dell'articolo 5-*ter*.

7. L'erogazione degli indennizzi agli aventi diritto avviene nei limiti delle risorse disponibili nel relativo capitolo, fatto salvo il ricorso al conto sospeso [4].

(1) Articolo modificato dall'art. 1, co. 1224, l. 27.12.2006, n. 296 e, successivamente, sostituito dall'art. 55, co. 1, lett. c), d.l. 22.6.2012, n. 83, con la decorrenza di cui al co. 2 del medesimo decreto.
(2) Comma sostituito dall'art. 1, co. 777, lett. g), l. 28.12.2015, n. 208.
(3) Comma modificato dall'art. 1, co. 777, lett. h), l. 28.12.2015, n. 208.
(4) Comma modificato dall'art. 1, co. 777, lett. i), l. 28.12.2015, n. 208.

4. Termine di proponibilità [1].

1. La domanda di riparazione può essere proposta, a pena di decadenza, entro sei mesi dal momento in cui la decisione che conclude il procedimento è divenuta definitiva [2].

(1) Articolo sostituito dall'art. 55, co. 1, lett. d), d.l. 22.6.2012, n. 83, conv., con modif., dalla l. 7.8.2012, n. 134, con la decorrenza di cui al co. 2 del medesimo decreto.
(2) La Corte costituzionale, con sentenza 26.4.2018, n. 88, ha dichiarato l'illegittimità costituzionale di questo comma nella parte in cui non prevede che la domanda di equa riparazione possa essere proposta in pendenza del procedimento presupposto.

5 quater. Sanzioni processuali [1].

1. Con il decreto di cui all'articolo 3, comma 4, ovvero con il provvedimento che definisce il giudizio di opposizione, il giudice, quando la domanda per equa riparazione è dichiarata inammissibile ovvero manifestamente infondata, può condannare il ricorrente al pagamento in favore della cassa delle ammende di una somma di denaro non inferiore ad euro 1.000 e non superiore ad euro 10.000.

(1) Articolo introdotto dall'art. 55, co. 1, lett. f), d.l. 22.6.2012, n. 83, conv., con modif., dalla l. 7.8.2012, n. 134, con la decorrenza di cui al co. 2 del medesimo decreto.

2. D.Lgs. 9 novembre 2007, n. 204. – Attuazione della direttiva 2004/80/CE relativa all'indennizzo delle vittime di reato

In Gazzetta Ufficiale 9 novembre 2007, n. 261

1. Autorità di assistenza.

1. Allorché nel territorio di uno Stato membro dell'Unione europea sia stato commesso un reato che dà titolo a forme di indennizzo previste in quel medesimo Stato e il richiedente l'indennizzo sia stabilmente residente in Italia, la procura della Repubblica presso il tribunale del luogo in cui risiede il richiedente, quale autorità di assistenza:

a) dà al richiedente le informazioni essenziali relative al sistema di indennizzo previsto dallo Stato membro dell'Unione europea in cui è stato commesso il reato;
b) fornisce al richiedente i moduli per presentare la domanda;
c) a richiesta del richiedente, gli fornisce orientamento e informazioni generali sulle modalità di compilazione della domanda e sulla documentazione eventualmente richiesta;
d) riceve le domande di indennizzo e provvede a trasmetterle senza ritardo, insieme alla relativa documentazione, alla competente autorità di decisione dello Stato membro dell'Unione europea in cui è stato commesso il reato;
e) fornisce assistenza al richiedente sulle modalità per soddisfare le richieste di informazioni supplementari da parte dell'autorità di decisione dello Stato membro dell'Unione europea in cui è stato commesso il reato;
f) a richiesta del richiedente, provvede a trasmettere all'autorità di decisione le informazioni supplementari e l'eventuale documentazione accessoria.

2. Qualora l'autorità di decisione dello Stato membro dell'Unione europea in cui è stato commesso il reato decida di ascoltare il richiedente o qualsiasi altra persona, la procura della Repubblica presso il tribunale, quale autorità di assistenza, predispone quanto necessario affinché l'autorità di decisione proceda direttamente all'audizione secondo le leggi di quello Stato membro. Se si procede a videoconferenza, si applicano le disposizioni della legge 7 gennaio 1998, n. 11.

3. A richiesta dell'autorità di decisione dello Stato membro dell'Unione europea, la procura della Repubblica presso il tribunale, quale autorità di assistenza, provvede all'audizione del richiedente o di qualsiasi altra persona e trasmette il relativo verbale all'autorità medesima [1].

(1) Articolo modificato dall'art. 19, co. 1, lett. a), l. 19.7.2019 n. 69.

2. Autorità di decisione.

1. Nei procedimenti per l'erogazione delle elargizioni a carico dello Stato previste dalle leggi speciali a favore della vittima di reato commesso nel territorio dello Stato, o a favore dei suoi superstiti, quando il richiedente è stabilmente residente in un altro Stato membro dell'Unione europea, la domanda dell'elargizione può essere presentata tramite l'autorità di assistenza dello Stato membro dell'Unione europea dove il richiedente è stabilmente residente.

2. In tale caso, l'autorità specificamente indicata dalla legge speciale, cui compete la decisione sull'elargizione, comunica senza ritardo all'autorità di assistenza dello Stato membro dell'Unione europea dove il richiedente è stabilmente residente e al richiedente stesso l'avvenuta ricezione della domanda, il nome del funzionario o l'indicazione dell'organo che procede all'istruzione della pratica e, se possibile, il tempo previsto per la decisione sulla domanda.

3. Qualora l'autorità di decisione deliberi di procedere all'audizione del richiedente o di qualsiasi altra persona, essa può richiedere la collaborazione dell'autorità di assistenza dello Stato membro dell'Unione europea dove il richiedente è stabilmente residente. A tale fine, l'autorità di decisione può chiedere all'autorità di assistenza di predisporre quanto necessario per procedere direttamente all'audizione, anche attraverso il sistema della videoconferenza. L'autorità di decisione può chiedere all'autorità di assistenza di procedere essa stessa all'audizione e di trasmettere il relativo verbale.

4. L'autorità di decisione comunica senza ritardo al richiedente e all'autorità di assistenza la decisione sulla domanda di indennizzo.

3. Regime linguistico.

1. Le informazioni di cui all'art. 1, comma 1, trasmesse dalla procura della Repubblica presso il tribunale, quale autorità di assistenza, all'autorità di decisione di altro Stato membro dell'Unione europea sono redatte nella lingua ufficiale o in una delle lingue ufficiali dello Stato membro alla cui autorità di decisione l'informazione è diretta, ove corrisponda a una delle lingue delle istituzioni comunitarie, ovvero in un'altra lingua delle istituzioni comunitarie che tale Stato membro abbia dichiarato di poter accettare [1].

2. Le informazioni di cui all'art. 2, comma 2, trasmesse dall'autorità di decisione all'autorità di assistenza di altro Stato membro dell'Unione europea sono redatte nella lingua ufficiale o in una delle lingue ufficiali dello Stato membro dell'autorità cui l'informazione è diretta, ove corrisponda a una delle lingue delle istituzioni comunitarie, ovvero in un'altra lingua delle istituzioni comunitarie che tale Stato membro abbia dichiarato di poter accettare.

3. I verbali delle audizioni di cui all'art. 1, comma 3, e il testo integrale della decisione sulla domanda di indennizzo sono trasmessi in lingua italiana.

(1) Comma modificato dall'art. 19, co. 1, lett. a), l. 19.7.2019, n. 69.

4. Esenzione da spese e da formalità di autenticazione.

1. Le attività svolte dalla procura della Repubblica presso il tribunale, quale autorità di assistenza, non comportano alcuna spesa a carico del richiedente o dell'autorità di decisione di altro Stato membro dell'Unione europea.

2. Gli atti e i documenti trasmessi ad altro Stato membro dell'Unione europea dalla procura della Repubblica presso il tribunale, quale autorità di assistenza, o dall'autorità di decisione sono esenti da autenticazione o formalità equivalenti [1].

(1) Articolo modificato dall'art. 19, co. 1, lett. a), l. 19.7.2019, n. 69.

5. Punto centrale di contatto.

1. Il Ministero della giustizia è il punto di contatto centrale ai sensi e per gli effetti dell'art. 16 della direttiva 2004/80/CE e la relativa attività è svolta con le risorse umane, strumentali e finanziarie disponibili a legislazione vigente.

6. Decorrenza.

1. Le disposizioni del presente decreto si applicano alle procedure per l'erogazione dei benefici economici conseguenti ai reati commessi dopo il 30 giugno 2005.

7. Regolamento di attuazione.

1. Con decreto del Ministro della giustizia, di concerto con i Ministri dell'interno, degli affari esteri e dell'economia e delle finanze, da adottarsi entro sei mesi dalla data di entrata in vigore del presente decreto, ai sensi dell'art. 17, comma 3, della legge 23 agosto 1988, n. 400, e successive modificazioni, sono definiti gli aspetti organizzativi relativi allo svolgimento delle attività di competenza delle procure della Repubblica presso i tribunali, del punto centrale di contatto di cui all'art. 5, nonché le modalità di raccordo con le attività di competenza delle autorità di decisione [1].

2. Con lo stesso decreto sono approvati i modelli per la trasmissione delle domande e delle decisioni in conformità alla decisione 2006/337/CE della Commissione, del 19 aprile 2006.

(1) Comma modificato dall'art. 19, co. 1, lett. a), l. 19.7.2019, n. 69.

8. Copertura finanziaria.

1. Per le finalità di cui al presente decreto è autorizzata la spesa di euro 56.000 annui a decorrere dall'anno 2007. Al relativo onere si provvede:

a) per l'anno 2007 mediante utilizzo delle risorse del Fondo di rotazione per l'attuazione delle politiche comunitarie, di cui all'art. 5 della legge 16 aprile 1987, n. 183, che a tale fine sono versate all'entrata del bilancio dello Stato e riassegnate alla pertinente unità previsionale di base del Ministero della giustizia;

b) a decorrere dal 2008, mediante corrispondente riduzione dell'autorizzazione di spesa di cui all'art. 5 della legge 16 aprile 1987, n. 183.

2. Il Ministro dell'economia e delle finanze è autorizzato ad apportare, con propri decreti, le occorrenti variazioni di bilancio.

Il presente decreto, munito del sigillo dello Stato, sarà inserito nella Raccolta ufficiale degli atti normativi della Repubblica italiana. È fatto obbligo a chiunque spetti di osservarlo e di farlo osservare.

IMMIGRAZIONE (DIRITTO PENALE DELLA)

1. D.L. 30 dicembre 1989, n. 416, convertito, con modificazioni, in L. 28 febbraio 1990, n. 39. – Norme urgenti in materia di asilo politico, di ingresso e soggiorno dei cittadini extracomunitari e di regolarizzazione dei cittadini extracomunitari ed apolidi già presenti nel territorio dello Stato *(art. 1)*

In Gazzetta Ufficiale 30 dicembre 1989, n. 303

1. Rifugiati [1].

1. Dalla data di entrata in vigore del presente decreto cessano nell'ordinamento interno gli effetti della dichiarazione di limitazione geografica e delle riserve di cui agli articoli 17 e 18 della convenzione di Ginevra del 28 luglio 1951, ratificata con legge 24 luglio 1954, n. 722, poste dall'Italia all'atto della sottoscrizione della convenzione stessa. Il Governo provvede agli adempimenti necessari per il formale ritiro di tale limitazione e di tali riserve.

2. Al fine di garantire l'efficace attuazione della norma di cui al comma 1, il Governo provvede ai sensi dell'art. 17 della legge 23 agosto 1988, n. 400, a riordinare, entro sessanta giorni dalla data di entrata in vigore del presente decreto, gli organi e le procedure per l'esame delle richieste di riconoscimento dello status di rifugiato, nel rispetto di quanto disposto nel comma 1.

3. Agli stranieri extraeuropei "sotto mandato" dell'Alto Commissario delle Nazioni Unite per i rifugiati (ACNUR) alla data del 31 dicembre 1989 è riconosciuto, su domanda da presentare, entro sessanta giorni dalla data di entrata in vigore della legge di conversione del presente decreto, al Ministro dell'interno, lo status di rifugiato. Tale riconoscimento non comporta l'erogazione dell'assistenza.

[4. Non è consentito l'ingresso nel territorio dello Stato dello straniero che intende chiedere il riconoscimento dello status di rifugiato quando, da riscontri obiettivi da parte della polizia di frontiera, risulti che il richiedente:

a) sia stato già riconosciuto rifugiato in altro Stato. In ogni caso non è consentito il respingimento verso uno degli Stati di cui all'art. 7, comma 10;

b) provenga da uno Stato, diverso da quello di appartenenza, che abbia aderito alla convenzione di Ginevra, nel quale abbia trascorso un periodo di soggiorno, non considerandosi tale il tempo necessario per il transito del relativo territorio sino alla frontiera italiana. In ogni caso non è consentito il respingimento verso uno degli Stati di cui all'art. 7, comma 10;

[c) si trovi nelle condizioni previste dall'art. 1, paragrafo F, della convenzione di Ginevra;] [2]

[d) sia stato condannato in Italia per uno dei delitti previsti dall'art. 380, commi 1 e 2, del codice di procedura penale o risulti pericoloso per la sicurezza dello Stato, ovvero risulti appartenere ad associazioni di tipo mafioso o dedite al traffico degli stupefacenti o ad organizzazioni terroristiche.] [2]] [3]

[5. Salvo quanto previsto dal comma 3, lo straniero che intende entrare nel territorio dello Stato per essere riconosciuto rifugiato deve rivolgere istanza motivata e, in quanto possibile, documentata all'ufficio di polizia di frontiera. Qualora si tratti di minori non accompagnati, viene data comunicazione della domanda al tribunale dei minori competente per territorio ai fini della adozione dei provvedimenti di competenza. Qualora non ricorrano le ipotesi di cui al comma 4 lo straniero elegge domicilio nel territorio dello Stato. Il questore territorialmente competente, quando non ricorrano le ipotesi previste negli articoli 1-*bis* e 1-*ter*, rilascia, su richiesta, un permesso di soggiorno temporaneo valido fino alla definizione della procedura di riconoscimento [4].] [5]

[6. Avverso la decisione di respingimento presa in base ai commi 4 e 5 è ammesso ricorso giurisdizionale.] [5]

[7. Fino alla emanazione della nuova disciplina dell'assistenza in materia di rifugiati, in sostituzione di ogni altra forma di intervento di prima assistenza prevista dalla normativa vigente, nei limiti delle disponibilità iscritte per lo scopo nel bilancio dello Stato, il Ministero dell'interno è autorizzato a concedere, ai richiedenti lo status di rifugiato che abbiano fatto ingresso in Italia dopo la data di entrata in vigore del presente decreto, un contributo di prima assistenza per un periodo non superiore a quarantacinque giorni. Tale contributo viene corrisposto, a domanda, ai richiedenti di cui al comma 5 che risultino privi di mezzi di sussistenza o di ospitalità in Italia.] [6]

8. Con decreto del Ministro dell'interno, di concerto con il Ministro del tesoro, da emanarsi entro sessanta giorni dalla data di entrata in vigore della legge di conversione del presente decreto, sono stabilite la misura e le modalità di erogazione del contributo di cui al comma 7.

9. All'onere derivante dall'attuazione dei commi 2 e 7 valutato rispettivamente in lire 3.000 milioni ed in lire 67.500 milioni in ragione di anno per ciascuno degli anni 1990, 1991 e 1992, si provvede, quanto a lire 20.000 milioni, a carico dello stanziamento iscritto al capitolo 4239 dello stato di previsione del Ministero dell'interno per l'anno 1990 e corrispondenti capitoli per gli anni successivi e, quanto a lire 50.500 milioni, mediante corrispondente riduzione dello stanziamento iscritto, ai fini del bilancio triennale 1990-1992, al capitolo 6856 dello stato di previsione del Ministero del tesoro per il 1990, all'uopo parzialmente utilizzando l'accantonamento "Interventi in favore dei lavoratori immigrati". All'eventuale maggiore onere si provvede sulla base di una nuova specifica autorizzazione legislativa.

10. Il Ministro del tesoro è autorizzato ad apportare, con propri decreti, le occorrenti variazioni di bilancio.

11. I richiedenti asilo che hanno fatto ricorso alle disposizioni previste per la sanatoria dei lavoratori immigrati non perdono il diritto al riconoscimento dello status di rifugiato. Nei loro confronti non si fa luogo a interventi di prima assistenza.

(1) Articolo sostituito dall'art. unico, l. 28.2.1990, n. 39, in sede di conversione.
(2) Lettera soppressa dall'art. 34, co. 1, d.lgs. 19.11.2007, n. 251.
(3) Comma abrogato dall'art. 40, co. 1, lett. a), d.lgs. 28.1.2008, n. 25.
(4) Comma modificato dall'art. 31, co. 1, l. 30.7.2002, n. 189.
(5) Comma abrogato dall'art. 40, co. 1, lett. a), d.lgs. 28.1.2008, n. 25.
(6) Comma abrogato dall'art. 32, co. 1, lett. a), l. 30.7.2002, n. 189.

2. D.Lgs. 25 luglio 1998, n. 286. – Testo unico delle disposizioni concernenti la disciplina dell'immigrazione e norme sulla condizione dello straniero (*artt. 1-2, 4-8, 10-14, 15-20 bis, 43-44*) (1)(2)

In Gazzetta Ufficiale 18 agosto 1998, n. 191

(1) I riferimenti al "centro di permanenza temporanea" ovvero al "centro di permanenza temporanea ed assistenza" sono da intendersi attualmente al "centro di identificazione ed espulsione", quale nuova denominazione delle medesime strutture (art. 9, d.l. 23.5.2008 n. 92). Secondo quanto disposto dall'art. 19, co. 1, d.l. 17.2.2017, n. 13, conv., con modif., in l. 13.4.2017, n. 46, la denominazione: *«centro di identificazione ed espulsione»* è sostituita da *«centro di permanenza per i rimpatri»*.
(2) Secondo quanto previsto dall'art. 78, co. 3 sexies, d.l. 17.3.2020, n. 18, conv., con modif., dalla l. 24.4.2020, n. 27, la validità dei permessi di soggiorno per lavoro stagionale, rilasciati ai sensi di questo testo unico, in scadenza tra il 23.2.e il 31.5.2020, è prorogata al 31.12.2020.

TITOLO I
Principi generali

1. Ambito di applicazione.

1. Il presente testo unico, in attuazione dell'articolo 10, secondo comma, della Costituzione, si applica, salvo che sia diversamente disposto, ai cittadini di Stati non appartenenti all'Unione europea e agli apolidi, di seguito indicati come stranieri.

2. Il presente testo unico non si applica ai cittadini degli Stati membri dell'Unione europea, salvo quanto previsto dalle norme di attuazione dell'ordinamento comunitario [1].

3. Quando altre disposizioni di legge fanno riferimento a istituti concernenti persone di cittadinanza diversa da quella italiana ovvero ad apolidi, il riferimento deve intendersi agli istituti previsti dal presente testo unico. Sono fatte salve le disposizioni interne, comunitarie e internazionali più favorevoli comunque vigenti nel territorio dello Stato.

4. Nelle materie di competenza legislativa delle regioni, le disposizioni del presente testo unico costituiscono princìpi fondamentali ai sensi dell'articolo 117 della Costituzione. Per le materie di competenza delle regioni a statuto speciale e delle province autonome, esse hanno il valore di norme fondamentali di riforma economico-sociale della Repubblica.

5. Le disposizioni del presente testo unico non si applicano qualora sia diversamente previsto dalle norme vigenti per lo stato di guerra.

6. Il regolamento di attuazione del presente testo unico, di seguito denominato regolamento di attuazione, è emanato ai sensi dell'articolo 17, comma 1, della legge 23 agosto 1988, n. 400, su proposta del Presidente del Consiglio dei Ministri, entro centottanta giorni dalla data di entrata in vigore della legge 6 marzo 1998, n. 40 [2].

6 *bis*. Il documento di viaggio europeo per il rimpatrio dei cittadini di Paesi terzi il cui soggiorno è irregolare, previsto dal regolamento (UE) 2016/1953 del Parlamento europeo e del Consiglio, del 26 ottobre 2016, è rilasciato dal questore sulla base del modello conforme approvato con decreto del Ministro dell'interno, di concerto con il Ministro degli affari esteri e della cooperazione internazionale, da adottare entro tre mesi dalla data di entrata in vigore della presente disposizione [3].

7. Prima dell'emanazione, lo schema di regolamento di cui al comma 6 è trasmesso al Parlamento per l'acquisizione del parere delle Commissioni competenti per materia, che si esprimono entro trenta giorni. Decorso tale termine, il regolamento è emanato anche in mancanza del parere.

(1) Comma sostituito dall'art. 37, co. 2, d.l. 25.6.2008, n. 112, conv., con modif., dalla l. 6.8.2008, n. 133.
(2) Il regolamento di attuazione di cui al presente comma è stato emanato con d.P.R. 31.8.1999, n. 394.
(3) Comma introdotto dall'art. 17 della l. 23.12.2021, n. 238.

2. Diritti e doveri dello straniero.

1. Allo straniero comunque presente alla frontiera o nel territorio dello Stato sono riconosciuti i diritti fondamentali della persona umana previsti dalle norme di diritto interno, dalle convenzioni internazionali in vigore e dai princìpi di diritto internazionale generalmente riconosciuti.

2. Lo straniero regolarmente soggiornante nel territorio dello Stato gode dei diritti in materia civile attribuiti al cittadino italiano, salvo che le convenzioni internazionali in vigore per l'Italia e il presente testo unico dispongano diversamente. Nei casi in cui il presente testo unico o le convenzioni internazionali prevedano la condizione di reciprocità, essa è accertata secondo i criteri e le modalità previste dal regolamento di attuazione.

3. La Repubblica italiana, in attuazione della convenzione dell'OIL n. 143 del 24 giugno 1975, ratificata con legge 10 aprile 1981, n. 158, garantisce a tutti i lavoratori stranieri regolarmente soggiornanti nel suo territorio e alle loro famiglie parità di trattamento e piena uguaglianza di diritti rispetto ai lavoratori italiani.

4. Lo straniero regolarmente soggiornante partecipa alla vita pubblica locale.

5. Allo straniero è riconosciuta parità di trattamento con il cittadino relativamente alla tutela giurisdizionale dei diritti e degli interessi legittimi, nei rapporti con la pubblica amministrazione e nell'accesso ai pubblici servizi, nei limiti e nei modi previsti dalla legge.

6. Ai fini della comunicazione allo straniero dei provvedimenti concernenti l'ingresso, il soggiorno e l'espulsione, gli atti sono tradotti, anche sinteticamente, in una lingua comprensibile al destinatario, ovvero, quando ciò non sia possibile, nelle lingue francese, inglese o spagnola, con preferenza per quella indicata dall'interessato.

7. La protezione diplomatica si esercita nei limiti e nelle forme previsti dalle norme di diritto internazionale. Salvo che vi ostino motivate e gravi ragioni attinenti alla amministrazione della giustizia e alla tutela dell'ordine pubblico e della sicurezza nazionale, ogni straniero presente in Italia ha diritto di prendere contatto con le autorità del Paese di cui è cittadino e di essere in ciò agevolato da ogni pubblico ufficiale interessato al procedimento. L'autorità giudiziaria, l'autorità di pubblica sicurezza e ogni altro pubblico ufficiale hanno l'obbligo di informare, nei modi e nei termini previsti dal regolamento di attuazione, la rappresentanza diplomatica o consolare più vicina del Paese a cui appartiene lo straniero in ogni caso in cui esse abbiano proceduto ad adottare nei confronti di costui provvedimenti in materia di libertà personale, di allontanamento dal territorio dello Stato, di tutela dei minori, di status personale ovvero in caso di decesso dello straniero o di ricovero ospedaliero urgente e hanno altresì l'obbligo di far pervenire a tale rappresentanza documenti e oggetti appartenenti allo straniero che non debbano essere trattenuti per motivi previsti dalla legge. Non si fa luogo alla predetta informazione quando si tratta di stranieri che abbiano presentato una domanda di asilo, di stranieri ai quali sia stato riconosciuto lo status di rifugiato, ovvero di stranieri nei cui confronti sono state adottate misure di protezione temporanea per motivi umanitari.

8. Gli accordi internazionali stipulati per le finalità di cui all'articolo 11, comma 4, possono stabilire situazioni giuridiche più favorevoli per i cittadini degli Stati interessati a speciali programmi di cooperazione per prevenire o limitare le immigrazioni clandestine.

9. Lo straniero presente nel territorio italiano è comunque tenuto all'osservanza degli obblighi previsti dalla normativa vigente.

TITOLO II
Disposizioni sull'ingresso, il soggiorno e l'allontanamento dal territorio dello Stato

Capo I
Disposizioni sull'ingresso e il soggiorno

4. Ingresso nel territorio dello Stato.

1. L'ingresso nel territorio dello Stato è consentito, nel rispetto delle condizioni previste dal codice frontiere Schengen istituito dal regolamento (UE) 2016/399 del Parlamento europeo e del Consiglio, del 9 marzo 2016, allo straniero in possesso del passaporto o di un documento di viaggio equipollente in corso di validità, nonché del visto d'ingresso o dell'autorizzazione ai viaggi di cui all'articolo 3, paragrafo 1, punto 5), del regolamento (UE) 2018/1240 del Parlamento europeo e del Consiglio, del 12 settembre 2018, o di un permesso di soggiorno, ai sensi del regolamento (CE) n. 1030/2002, del Consiglio, del 13 giugno 2002, anch'essi in corso di validità (1).

1 bis. L'ingresso in Italia può avvenire, salvi i casi di forza maggiore e i casi di eccezione previsti dal regolamento (UE) 2016/399, soltanto attraverso i valichi di frontiera appositamente istituiti (2).

1 ter. Salvi i casi di esenzione, è fatto obbligo ai cittadini di Paesi terzi nei cui confronti si applica il regolamento (UE) 2017/2226 del Parlamento europeo e del Consiglio, del 30 novembre 2017, di fornire i dati biometrici richiesti, ai fini delle verifiche di frontiera previste dal codice frontiere Schengen di cui al regolamento (UE) 2016/399. In caso di rifiuto, si applicano le disposizioni di cui all'articolo 10, comma 1 (3).

1 quater. L'autorità di frontiera assicura la registrazione, nel sistema di ingressi/uscite (entry-exit system-EES) di cui al regolamento (UE) 2017/2226, dei dati richiesti ai fini del controllo e provvede, in caso di ingresso sul territorio nazionale, ad informare il cittadino straniero della durata massima del soggiorno autorizzato. L'informazione di cui al primo periodo può essere resa anche attraverso attrezzature installate ai valichi di frontiera. Ai cittadini di Paesi terzi titolari di un permesso di soggiorno rilasciato dalle Autorità italiane in corso di validità, il personale addetto ai controlli di frontiera provvede ad apporre sul passaporto un timbro recante l'indicazione della data di ingresso o di uscita (4).

1 quinquies. Per l'adempimento delle disposizioni di cui all'articolo 3, paragrafo 1, punti 3), 4), 22) e 26), del regolamento (UE) 2017/2226, con uno o più decreti adottati dal Ministro dell'interno, di concerto con i Ministri degli affari esteri e della cooperazione internazionale e della giustizia, sono:

a) determinate le autorità di frontiera, nonché quelle competenti in materia di immigrazione;
b) designate le autorità responsabili per finalità di prevenzione, accertamento e indagine di reati di terrorismo o altri reati gravi;
c) disciplinate le modalità tecniche di accesso, consultazione, inserimento, modifica e cancellazione dei dati nel sistema EES a cura dei soggetti autorizzati, di eventuale conservazione negli archivi o sistemi nazionali, nonché di comunicazione dei dati ai sensi dell'articolo 41 del regolamento (UE) 2017/2226 (5).

2. Il visto di ingresso è rilasciato dalle rappresentanze diplomatiche o consolari italiane nello Stato di origine o di stabile residenza dello straniero. Per soggiorni non superiori a tre mesi sono equiparati ai visti rilasciati dalle rappresentanze diplomatiche e consolari italiane quelli emessi, sulla base di specifici accordi, dalle autorità diplomatiche o consolari di altri Stati. Contestualmente al rilascio del visto di ingresso l'autorità diplomatica o consolare italiana consegna allo straniero una comunicazione scritta in lingua a lui comprensibile o, in mancanza, in inglese, francese, spagnolo o arabo, che illustri i diritti e i doveri dello straniero relativi all'ingresso ed al soggiorno in Italia. Qualora non sussistano i requisiti previsti dalla normativa in vigore per procedere al rilascio del visto, l'autorità diplomatica o consolare comunica il diniego allo straniero in lingua a lui comprensibile, o, in mancanza, in inglese, francese, spagnolo o arabo. In deroga a quanto stabilito dalla legge 7 agosto 1990, n. 241, e successive modificazioni, per motivi di sicurezza o di ordine pubblico il diniego non deve essere motivato, salvo quando riguarda le domande di visto presentate ai sensi degli articoli 22, 24, 26, 27, 28, 29, 36 e 39. La presentazione di documentazione falsa o contraffatta o di false attestazioni a sostegno della domanda di visto comporta automaticamente, oltre alle relative responsabilità penali, l'inammissibilità della domanda. Per lo straniero in possesso di permesso di soggiorno è sufficiente, ai fini del reingresso nel territorio dello Stato, una preventiva comunicazione all'autorità di frontiera (6).

2 bis. L'autorizzazione ai viaggi di cui al comma 1 è richiesta dai cittadini di Paesi terzi di cui all'articolo 1, paragrafo 1, del regolamento (UE) 2018/1240, secondo le modalità previste dagli articoli 15, 17 e 18 del medesimo regolamento. L'autorizzazione è rilasciata, rifiutata, annullata o revocata dall'Unità nazionale ETIAS (European travel information ad authorisation system) in attuazione del Capo VI [,] del medesimo regolamento (UE) 2018/1240. Avverso le decisioni adottate dall'Unità nazionale ETIAS la tutela giurisdizionale davanti al giudice amministrativo è disciplinata dal codice del processo amministrativo, di cui all'allegato 1 al decreto legislativo 2 luglio 2010, n. 104 (7).

2 ter. Per l'adempimento alle disposizioni di cui all'articolo 3, paragrafo 1, punti 4), 21) e 22), del regolamento (UE) 2018/1240, con uno o più decreti adottati dal Ministro dell'interno, di concerto con i Ministri degli affari esteri e della cooperazione internazionale e della giustizia sono:
a) determinate le autorità di frontiera, nonché quelle competenti in materia di immigrazione;
b) designate le autorità responsabili per finalità di prevenzione, accertamento e indagine di reati di terrorismo o altri reati gravi;
c) disciplinate le modalità tecniche di accesso, consultazione, inserimento, modifica e cancellazione dei dati nel sistema europeo di informazione e autorizzazione di viaggi (European travel information ad authorisation system-ETIAS) a cura dei soggetti autorizzati, di eventuale conservazione negli archivi o sistemi nazionali, nonché di comunicazione dei dati ai sensi dell'articolo 65 del regolamento (UE) 2018/1240 (8).

3. Ferme restando le disposizioni di cui all'art. 3, comma 4, l'Italia, in armonia con gli obblighi assunti con l'adesione a specifici accordi internazionali, consentirà l'ingresso nel proprio territorio allo straniero che dimostri di essere in possesso di idonea documentazione atta a confermare lo scopo e le condizioni del soggiorno, nonché la disponibilità di mezzi di sussistenza sufficienti per la durata del soggiorno e, fatta eccezione per i permessi di soggiorno per motivi di lavoro, anche per il ritorno nel Paese di provenienza. I mezzi di sussistenza sono definiti con apposita direttiva emanata dal Ministro dell'interno, sulla base dei criteri indicati nel documento di programmazione di cui all'art. 3, comma 1. Non è ammesso in Italia lo straniero che non soddisfi tali requisiti o che sia considerato una minaccia per l'ordine pubblico o la sicurezza dello Stato o di uno dei Paesi con i quali l'Italia abbia sottoscritto accordi per la soppressone dei controlli alle frontiere interne e la libera circolazione delle persone o che risulti condannato, anche con sentenza non definitiva, compresa quella adottata a seguito di applicazione della pena su richiesta ai sensi dell'articolo 444 del codice di procedura penale, per reati previsti dall'articolo 380, commi 1 e 2, del codice di procedura penale, per i reati di cui all'articolo 582, nel caso di cui al secondo comma, secondo periodo, e agli articoli 583-*bis* e 583-*quinquies* del codice penale, ovvero per reati inerenti gli stupefacenti, la libertà sessuale, il favoreggiamento dell'immigrazione clandestina verso l'Italia e dell'emigrazione clandestina dall'Italia verso altri Stati o per reati diretti al reclutamento di persone da destinare alla prostituzione o allo sfruttamento della prostituzione o di minori da impiegare in attività illecite. Impedisce l'ingresso dello straniero in Italia anche la condanna, con sentenza irrevocabile, per uno dei reati previsti dalle disposizioni del titolo III, capo III, sezione II, della legge 22 aprile 1941, n. 633, relativi alla tutela del diritto di autore, e degli articoli 473 e 474 del codice penale, nonché dall'articolo 1 del decreto legislativo 22 gennaio 1948, n. 66, e dall'articolo 24 del regio decreto 18 giugno 1931, n. 773. Lo straniero per il quale è richiesto il ricongiungimento familiare, ai sensi dell'articolo 29, non è ammesso in Italia quando rappresenti una minaccia concreta e attuale per l'ordine pubblico o la sicurezza dello Stato o di uno dei Paesi con i quali l'Italia abbia sottoscritto accordi per la soppressione dei controlli alle frontiere interne e la libera circolazione delle persone [9] [10].

4. L'ingresso in Italia può essere consentito con visti per soggiorni di breve durata, validi fino a 90 giorni e per soggiorni di lunga durata che comportano per il titolare la concessione di un permesso di soggiorno in Italia con motivazione identica a quella menzionata nel visto. Per soggiorni inferiori a tre mesi, saranno considerati validi anche i motivi esplicitamente indicati in visti rilasciati da autorità diplomatiche o consolari di altri Stati in base a specifici accordi internazionali sottoscritti e ratificati dall'Italia ovvero a norme comunitarie.

5. Il Ministero degli affari esteri adotta, dandone tempestiva comunicazione alle competenti Commissioni parlamentari, ogni opportuno provvedimento di revisione o modifica dell'elenco dei Paesi i cui cittadini siano soggetti ad obbligo di visto, anche in attuazione di obblighi derivanti da accordi internazionali in vigore.

6. Non possono fare ingresso nel territorio dello Stato e sono respinti dalla frontiera gli stranieri espulsi, salvo che abbiano ottenuto la speciale autorizzazione o che sia trascorso il periodo di divieto di ingresso, gli stranieri che debbono essere espulsi e quelli segnalati, anche in base ad accordi o convenzioni internazionali in vigore in Italia, ai fini del respingimento o della non ammissione per gravi motivi di ordine pubblico, di sicurezza nazionale e di tutela delle relazioni internazionali.

6 bis. Nei casi di cui all'articolo 24, paragrafo 2, lettera b), del regolamento (CE) n. 1987/2006 del Parlamento europeo e del Consiglio del 20 dicembre 2006, la decisione di inserimento della segnalazione nel sistema di informazione Schengen, ai fini del rifiuto di ingresso ai sensi dell'articolo 24, paragrafo 1, del predetto regolamento, è adottata dal direttore della Direzione centrale della Polizia di prevenzione del Ministero dell'interno, su parere del comitato di analisi strategica antiterrorismo di cui all'articolo 12, comma 3, della legge 3 agosto 2007, n. 124 [11].

7. L'ingresso è comunque subordinato al rispetto degli adempimenti e delle formalità prescritti con il regolamento di attuazione.

(1) Comma sostituito dall'art. 18, co. 1, lett. a), n. 1), d.l. 13.6.2023, n. 69, conv., con modif., dalla l. 10.8.2023, n. 103.

(2) Comma introdotto dall'art. 18, co. 1, lett. a), n. 2), d.l. 13.6.2023, n. 69, conv., con modif., dalla l. 10.8.2023, n. 103.

(3) Comma introdotto dall'art. 18, co. 1, lett. a), n. 2), d.l. 13.6.2023, n. 69, conv., con modif., dalla l. 10.8.2023, n. 103.

(4) Comma introdotto dall'art. 18, co. 1, lett. a), n. 2), d.l. 13.6.2023, n. 69, conv., con modif., dalla l. 10.8.2023, n. 103.

(5) Comma introdotto dall'art. 18, co. 1, lett. a), n. 2), d.l. 13.6.2023, n. 69, conv., con modif., dalla l. 10.8.2023, n. 103.

(6) Comma sostituito dall'art. 4, co. 1, l. 30.7.2002, n. 189.

(7) Comma introdotto dall'art. 18, co. 1, lett. a), n. 3), d.l. 13.6.2023, n. 69, conv., con modif., dalla l. 10.8.2023, n. 103.

(8) Comma introdotto dall'art. 18, co. 1, lett. a), n. 3), d.l. 13.6.2023, n. 69, conv., con modif., dalla l. 10.8.2023, n. 103.

(9) Comma modificato dall'art. 4, co. 1, l. 30.7.2002, n. 189, dall'art. 2, co. 1, del d.lgs. 8.1.2007 n. 5, successivamente dall'art. 1, co. 22, lett. a), l. 15.7.2009, n. 94 e dall'art. 23, co. 2, d.l. 4.10.2018, n. 113, conv., con modif., dalla l. 1.12.2018, n. 132 e da ultimo dall'art. 01, co. 1, d.l. 5.10.2023, n. 133, conv., con modif., dalla l. 1.12.2023, n. 176.

(10) La Corte costituzionale, con sentenza 8.5.2023, n. 88, ha dichiarato l'illegittimità costituzionale del combinato disposto del presente comma e dell'art. 5, co. 5, nella parte in cui ricomprende, tra le ipotesi di condanna automaticamente ostative al rinnovo del permesso di soggiorno per lavoro, anche quelle, pur non definitive, per il reato di cui all'art. 73, co. 5, del decreto del Presidente della Repubblica 9.10.1990, n. 309 (Testo unico delle leggi in materia di disciplina degli stupefacenti e sostanze psicotrope, prevenzione, cura e riabilitazione dei relativi stati di tossicodipendenza) e quelle definitive per il reato di cui all'art. 474, co. 2, del codice penale, senza prevedere che l'autorità competente verifichi in concreto la pericolosità sociale del richiedente.

(11) Comma introdotto dall'art. 15, co. 1, d.l. 17.2.2017, n. 13, conv., con modif., dalla l. 13.4.2017, n. 46.

4 bis. Accordo di integrazione [1].

1. Ai fini di cui al presente testo unico, si intende con integrazione quel processo finalizzato a promuovere la convivenza dei cittadini italiani e di quelli stranieri, nel rispetto dei valori sanciti dalla Costituzione italiana, con il reciproco impegno a partecipare alla vita economica, sociale e culturale della società.

1 bis. Nell'ambito delle attività preordinate alla realizzazione del processo di integrazione di cui al comma 1, sono fornite le informazioni sui diritti conferiti allo straniero con il permesso di soggiorno di cui all articolo 5, comma 8.1 [2].

2. Entro centottanta giorni dalla data di entrata in vigore del presente articolo, con regolamento, adottato ai sensi dell'articolo 17, comma 1, della legge 23 agosto 1988, n. 400, su proposta del Presidente del Consiglio dei ministri e del Ministro dell'interno, di concerto con il Ministro dell'istruzione, dell'università e della ricerca e il Ministro del lavoro, della salute e delle politiche sociali, sono stabiliti i criteri e le modalità per la sottoscrizione, da parte dello straniero, contestualmente alla presentazione della domanda di rilascio del permesso di soggiorno ai sensi dell'articolo 5, di un Accordo di integrazione, articolato per crediti, con l'impegno a sottoscrivere specifici obiettivi di integrazione, da conseguire nel periodo di validità del permesso di soggiorno. La stipula dell'Accordo di integrazione rappresenta condizione necessaria per il rilascio del permesso di soggiorno. La perdita integrale dei crediti determina la revoca del permesso di soggiorno e l'espulsione dello straniero dal territorio dello Stato, eseguita dal questore secondo le modalità di cui all'articolo 13, comma 4, ad eccezione dello straniero titolare di permesso di soggiorno per asilo, per protezione sussidiaria, per i motivi di cui all'articolo 32, comma 3, del decreto legislativo 28 gennaio 2008, n. 25, per motivi familiari, di permesso di soggiorno UE per soggiornanti di lungo periodo, di carta di soggiorno per familiare straniero di cittadino dell'Unione europea, nonché dello straniero titolare di altro permesso di soggiorno che ha esercitato il diritto al ricongiungimento familiare [3].

3. All'attuazione del presente articolo si provvede con le risorse umane, strumentali e finanziarie disponibili a legislazione vigente, senza nuovi o maggiori oneri per la finanza pubblica.

(1) Articolo introdotto dall'art. 1, co. 25, l. 15.7.2009, n. 94.
(2) Comma introdotto dall'art. 1, co. 1, lett. a), d.lgs. 4.3 2014, n. 40.
(3) Comma modificato dall'art. 3, co. 1, d.lgs. 13.2 2014, n. 12 e poi dall'art. 1, co. 1, lett. a), d.l. 4.10.2018, n. 113, conv., con modif., dalla l. 1.12.2018, n. 132.

4 ter. Proroga del visto [1].

1. Il questore della provincia in cui lo straniero si trova può prorogare il visto d'ingresso per soggiorni di breve durata fino alla durata massima consentita dalla normativa europea, ai sensi dell'articolo 33 del regolamento (CE) n. 810/2009 del Parlamento europeo e del Consiglio, del 13 luglio 2009, che istituisce un codice europeo dei visti.

2. Lo straniero che richiede la proroga del visto ai sensi del comma 1 è sottoposto a rilievi fotodattiloscopici.

3. La proroga del visto concessa dal questore consente il soggiorno dello straniero nel territorio nazionale senza la necessità di ulteriori adempimenti.

4. Le informazioni sulla proroga del visto, memorizzate nel sistema di informazione visti (VIS) conformemente all'articolo 14 del regolamento (CE) n. 767/2008 del Parlamento europeo e del Consiglio, del 9 luglio 2008, concernente il VIS e lo scambio di dati tra Stati membri sui visti per soggiorni di breve durata (regolamento VIS), sono registrate negli archivi del Centro elaborazione dati di cui all'articolo 8 della legge 1° aprile 1981, n. 121

(1) Articolo introdotto dall'art. 16, co. 1, lett. a) della l. 23.12.2021, n. 238.

5. Permesso di soggiorno.

1. Possono soggiornare nel territorio dello Stato gli stranieri entrati regolarmente ai sensi dell'articolo 4, che siano muniti di carta di soggiorno o di permesso di soggiorno rilasciati, e in corso di validità, a norma del presente testo unico o che siano della proroga del visto ai sensi dell'articolo 4-*ter* o in possesso di permesso di soggiorno o titolo equipollente rilasciato dalla competente autorità di uno Stato appartenente all'Unione europea, nei limiti ed alle condizioni previsti da specifici accordi [1].

1 bis. Nei casi di cui all'articolo 38-*bis*, possono soggiornare nel territorio dello Stato gli studenti stranieri che sono entrati secondo le modalità e alle condizioni previste dall'articolo 4 e che sono in possesso del visto per motivi di studio rilasciato per l'intera durata del corso di studio e della relativa dichiarazione di presenza [2].

2. Il permesso di soggiorno deve essere richiesto, secondo le modalità previste nel regolamento di attuazione, al questore della provincia in cui lo straniero si trova entro otto giorni lavorativi dal suo ingresso nel territorio dello Stato ed è rilasciato per le attività previste dal visto d'ingresso o dalle disposizioni vigenti. Il regolamento di attuazione può prevedere speciali modalità di rilascio relativamente ai soggiorni brevi per motivi di turismo, di giustizia, di attesa di emigrazione in altro Stato e per l'esercizio delle funzioni di ministro di culto nonché ai soggiorni in case di cura, ospedali, istituti civili e religiosi e altre convivenze.

2 bis. Lo straniero che richiede il permesso di soggiorno è sottoposto a rilievi fotodattiloscopici [3].

2 ter. La richiesta di rilascio e di rinnovo del permesso di soggiorno è sottoposta al versamento di un contributo, il cui importo è fissato fra un minimo di 80 e un massimo di 200 euro con decreto del Ministro dell'economia e delle finanze, di concerto con il Ministro dell'interno, che stabilisce altresì le modalità del versamento nonché le modalità di attuazione della disposizione di cui all'articolo 14-*bis*, comma 2. Non è richiesto il versamento del contributo per il rilascio ed il rinnovo del permesso di soggiorno per asilo, per richiesta di asilo, per protezione sussidiaria, per cure mediche nonché dei permessi di soggiorno di cui agli articoli 18, 18-*bis*, 20-*bis*, 22, comma 12-*quater*, e 42-*bis*, e del permesso di soggiorno rilasciato ai sensi dell'articolo 32, comma 3, del decreto legislativo 28 gennaio 2008, n. 25 [4].

3. La durata del permesso di soggiorno non rilasciato per motivi di lavoro è quella prevista dal visto d'ingresso, nei limiti stabiliti dal presente testo unico o in attuazione degli accordi e delle convenzioni internazionali in vigore. La durata non può comunque essere [5]:

a) superiore a tre mesi, per visite, affari e turismo;

[b) superiore a sei mesi, per lavoro stagionale, o nove mesi, per lavoro stagionale nei settori che richiedono tale estensione;] [6]

c) inferiore al periodo di frequenza, anche pluriennale, di un corso di studio di istituzioni scolastiche, istituti tecnici superiori, istituzioni universitarie e dell'alta formazione artistica, musicale e coreutica o per formazione debitamente certificata, fatta salva la verifica annuale di profitto secondo le previsioni del regolamento di attuazione. Il permesso può essere prolungato per ulteriori dodici mesi oltre il termine del percorso formativo compiuto, secondo quanto disposto dall'articolo 39-*bis*.1 [7];

[d) superiore a due anni, per lavoro autonomo, per lavoro subordinato a tempo indeterminato e per ricongiungimenti familiari;] [8]

e) superiore alle necessità specificamente documentate, negli altri casi consentiti dal presente testo unico o dal regolamento di attuazione.

3 bis. Il permesso di soggiorno per motivi di lavoro è rilasciato a seguito della stipula del contratto di soggiorno per lavoro di cui all'articolo 5-*bis*. La durata del relativo permesso di soggiorno per lavoro è quella prevista dal contratto di soggiorno e comunque non può superare:

a) in relazione ad uno o più contratti di lavoro stagionale, la durata complessiva di nove mesi;

b) in relazione ad un contratto di lavoro subordinato a tempo determinato, la durata di un anno;

c) in relazione ad un contratto di lavoro subordinato a tempo indeterminato, la durata di due anni. Ciascun rinnovo non può superare la durata di tre anni [(9)].

3 ter. Allo straniero che dimostri di essere venuto in Italia almeno una volta nei cinque anni precedenti per prestare lavoro stagionale è rilasciato, qualora si tratti di impieghi ripetitivi, un permesso pluriennale, a tale titolo, fino a tre annualità, con indicazione del periodo di validità per ciascun anno. Il predetto permesso di soggiorno è revocato se lo straniero non si presenta all'ufficio di frontiera esterna al termine della validità annuale e alla data prevista dal visto di ingresso per il rientro nel territorio nazionale. Il relativo visto di ingresso è rilasciato sulla base del nulla osta rilasciato ai sensi dell'articolo 24, comma 11 [(10)].

3 quater. Possono inoltre soggiornare nel territorio dello Stato gli stranieri muniti di permesso di soggiorno per lavoro autonomo rilasciato sulla base della certificazione della competente rappresentanza diplomatica o consolare italiana della sussistenza dei requisiti previsti dall'articolo 26 del presente testo unico. Il permesso di soggiorno non può avere validità superiore ad un periodo di due anni. Ciascun rinnovo non può superare la durata di tre anni [(11)].

3 quinquies. La rappresentanza diplomatica o consolare italiana che rilascia il visto di ingresso per motivi di lavoro, ai sensi dei commi 2 e 3 dell'articolo 4, ovvero il visto di ingresso per lavoro autonomo, ai sensi del comma 5 dell'articolo 26, ne dà comunicazione anche in via telematica al Ministero dell'interno e all'INPS nonché all'INAIL per l'inserimento nell'archivio previsto dal comma 9 dell'articolo 22 entro trenta giorni dal ricevimento della documentazione. Uguale comunicazione è data al Ministero dell'interno per i visti di ingresso per ricongiungimento familiare di cui all'articolo 29 entro trenta giorni dal ricevimento della documentazione [(12)].

3 sexies. Nei casi di ricongiungimento familiare, ai sensi dell'articolo 29, la durata del permesso di soggiorno non può essere superiore a due anni. Ciascun rinnovo non può superare la durata di tre anni [(13)].

4. Il rinnovo del permesso di soggiorno è richiesto dallo straniero al questore della provincia in cui dimora, almeno sessanta giorni prima della scadenza, ed è sottoposto alla verifica delle condizioni previste per il rilascio e delle diverse condizioni previste dal presente testo unico. Fatti salvi i diversi termini previsti dal presente testo unico e dal regolamento di attuazione, il permesso di soggiorno è rinnovato per una durata non superiore a quella stabilita con rilascio iniziale [(14)].

4 bis. Lo straniero che richiede il rinnovo del permesso di soggiorno è sottoposto a rilievi fotodattiloscopici [(15)].

5. Il permesso di soggiorno o il suo rinnovo sono rifiutati e, se il permesso di soggiorno è stato rilasciato, esso è revocato, quando mancano o vengono a mancare i requisiti richiesti per l'ingresso e il soggiorno nel territorio dello Stato, fatto salvo quanto previsto dall'art. 22, comma 9, e sempre che non siano sopraggiunti nuovi elementi che ne consentano il rilascio e che non si tratti di irregolarità amministrative sanabili. Nell'adottare il provvedimento di rifiuto del rilascio, di revoca o di diniego di rinnovo del permesso di soggiorno dello straniero che ha esercitato il diritto al ricongiungimento familiare ovvero del familiare ricongiunto, ai sensi dell'articolo 29, si tiene anche conto della natura e della effettività dei vincoli familiari dell'interessato e dell'esistenza di legami familiari e sociali con il suo Paese d'origine, nonché, per lo straniero già presente sul territorio nazionale, anche della durata del suo soggiorno nel medesimo territorio nazionale [(16)] [(17)] [(18)].

5 bis. Nel valutare la pericolosità dello straniero per l'ordine pubblico e la sicurezza dello Stato o di uno dei Paesi con i quali l'Italia abbia sottoscritto accordi per la soppressione dei controlli alle frontiere interne e la libera circolazione delle persone ai fini dell'adozione del provvedimento di revoca o di diniego di rinnovo del permesso di soggiorno per motivi familiari, si tiene conto anche di eventuali condanne per i reati previsti dagli articoli 380, commi 1 e 2, e 407, comma 2, lettera a), del codice di procedura penale, ovvero per i reati di cui all'articolo 12, commi 1 e 3 [(19)].

5 ter. Il permesso di soggiorno è rifiutato o revocato quando si accerti la violazione del divieto di cui all'articolo 29, comma 1-*ter* [(20)].

5 quater. Nei casi di condanna per i reati in materia di contraffazione previsti dall'articolo 4, comma 3, nel valutare la pericolosità dello straniero per l'ordine pubblico e la sicurezza dello Stato o di uno dei Paesi con i quali l'Italia ha sottoscritto accordi per la soppressione dei controlli alle frontiere interne e la libera circolazione delle persone ai fini dell'adozione del provvedimento di revoca o di diniego del rinnovo del permesso di soggiorno, si tiene conto della collaborazione prestata dallo straniero all'autorità di polizia o all'autorità giudiziaria, durante la fase delle indagini ovvero anche dopo la condanna, ai fini della raccolta di elementi decisivi per l'identificazione dei soggetti implicati nella produzione e distribuzione dei prodotti o dei servizi che costituiscono violazione dei diritti di proprietà industriale nonché per l'individuazione dei beni contraffatti o dei proventi derivanti dalla violazione dei diritti di proprietà industriale [(21)].

6. Il rifiuto o la revoca del permesso di soggiorno possono essere altresì adottati sulla base di convenzioni o accordi internazionali, resi esecutivi in Italia quando lo straniero non soddisfi le condizioni di soggiorno applicabili in uno degli Stati contraenti, fatto salvo il rispetto degli obblighi costituzionali o internazionali dello Stato italiano [(22)].

7. Gli stranieri muniti del permesso di soggiorno o di altra autorizzazione che conferisce il diritto a soggiornare, rilasciati dall'autorità di uno Stato membro dell'Unione europea e validi per il soggiorno in Italia, sono tenuti a dichiarare la loro presenza al questore entro il termine di cui al comma 2. Agli stessi è rilasciata idonea ricevuta della dichiarazione di soggiorno. Ai contravventori si applica la sanzione amministrativa del pagamento di una somma da euro 103 a euro 309 [23] [24].

7 bis. Allo straniero di cui al comma 7, che si è trattenuto nel territorio nazionale oltre i tre mesi dall'ingresso, il questore intima di recarsi immediatamente, e comunque non oltre sette giorni dalla notifica dell'intimazione, nello Stato membro dell'Unione europea che ha rilasciato il permesso di soggiorno o altra autorizzazione che conferisce il diritto di soggiornare, in corso di validità [25].

7 ter. Nei confronti dello straniero che ha violato l'intimazione di cui al comma 7-*bis* è adottato il provvedimento di espulsione ai sensi dell'articolo 13, comma 2. In presenza di accordi o intese bilaterali con altri Stati membri dell'Unione europea entrati in vigore in data anteriore al 13 gennaio 2009, l'allontanamento è eseguito verso lo Stato membro che ha rilasciato il permesso di soggiorno o altra autorizzazione al soggiorno. Qualora sussistano i presupposti per l'adozione del provvedimento di espulsione ai sensi dell'articolo 13, comma 1, ovvero dell'articolo 3, comma 1, del decreto-legge 27 luglio 2005, n. 144, convertito, con modificazioni, dalla legge 31 luglio 2005, n. 155, il provvedimento di espulsione è adottato sentito lo Stato membro che ha rilasciato il permesso di soggiorno o altra autorizzazione e l'allontanamento è eseguito con destinazione fuori del territorio dell'Unione europea [26].

7 quater. È autorizzata la riammissione nel territorio nazionale dello straniero espulso da altro Stato membro dell'Unione europea, in possesso di un permesso di soggiorno o di altra autorizzazione che conferisca il diritto di soggiornare rilasciati dall'Italia e in corso di validità, a condizione che non costituisca un pericolo per l'ordine pubblico o la sicurezza dello Stato [27].

8. Il permesso di soggiorno e la carta di soggiorno di cui all'articolo 9 sono rilasciati mediante utilizzo di mezzi a tecnologia avanzata con caratteristiche anticontraffazione conformi ai modelli da approvare con decreto del Ministro dell'interno, di concerto con il Ministro per l'innovazione e le tecnologie, in attuazione del regolamento (CE) n. 1030/2002 del Consiglio, del 13 giugno 2002, riguardante l'adozione di un modello uniforme per i permessi di soggiorno rilasciati a cittadini di Paesi terzi. Il permesso di soggiorno e la carta di soggiorno rilasciati in conformità ai predetti modelli recano inoltre i dati personali previsti, per la carta di identità e gli altri documenti elettronici, dall'articolo 36 del testo unico delle disposizioni legislative e regolamentari in materia di documentazione amministrativa, di cui al decreto del Presidente della Repubblica 28 dicembre 2000, n. 445 [28].

8.1. Nel permesso di soggiorno che autorizza l'esercizio di attività lavorativa secondo le norme del presente testo unico e del regolamento di attuazione è inserita la dicitura: "perm. unico lavoro" [29].

8.2. La disposizione di cui al comma 8.1 non si applica:
a) agli stranieri di cui agli articoli 9 e 9-*ter*;
b) agli stranieri di cui all'articolo 24;
c) agli stranieri di cui all'articolo 26;
d) agli stranieri di cui all'articolo 27, comma 1, lettere a), g), h), i) e r);
e) agli stranieri che soggiornano a titolo di protezione temporanea e nei casi di cui agli articoli 18, 18-*bis*, 20-*bis*, 22, comma 12-*quater*, e del permesso di soggiorno rilasciato ai sensi dell'articolo 32, comma 3, del decreto legislativo 28 gennaio 2008, n. 25, ovvero hanno richiesto il permesso di soggiorno a tale titolo e sono in attesa di una decisione su tale richiesta [30];
f) agli stranieri che soggiornano a titolo di protezione internazionale come definita dall'articolo 2, comma 1, lettera a), del decreto legislativo 19 novembre 2007, n. 251, ovvero hanno chiesto il riconoscimento della protezione e sono in attesa di una decisione su tale richiesta;
g) agli stranieri che soggiornano per motivi di studio o formazione [31].
g-*bis*) agli stranieri di cui all'articolo 42-*bis* [32].

8-*bis*. Chiunque contraffà o altera un visto di ingresso o reingresso, la comunicazione del rilascio di un'autorizzazione ai viaggi, una proroga del visto, un permesso di soggiorno, un contratto di soggiorno o una carta di soggiorno, ovvero contraffà o altera documenti al fine di determinare il rilascio di un visto di ingresso o di reingresso, di un'autorizzazione ai viaggi, della proroga del visto di un permesso di soggiorno, di un contratto di soggiorno o di una carta di soggiorno oppure utilizza uno di tali documenti contraffatti o alterati, è punito con la reclusione da uno a sei anni. Se la falsità concerne un atto o parte di un atto che faccia fede fino a querela di falso la reclusione è da tre a dieci anni. La pena è aumentata se il fatto è commesso da un pubblico ufficiale [33].

9. Il permesso di soggiorno è rilasciato, rinnovato o convertito entro sessanta giorni dalla data in cui è stata presentata la domanda, se sussistono i requisiti e le condizioni previsti dal presente testo unico e dal regolamento di attuazione per il permesso di soggiorno richiesto ovvero, in mancanza di questo, per altro tipo di permesso da rilasciare in applicazione del presente testo unico [34].

9 bis. In attesa del rilascio o del rinnovo del permesso di soggiorno, anche ove non venga rispettato il termine di sessanta giorni di cui al precedente comma, il lavoratore straniero può legittimamente soggiornare nel territorio dello Stato e svolgere temporaneamente l'attività lavorativa fino ad eventuale comunicazione dell'Autorità di pubblica sicurezza, da notificare anche al datore di lavoro, con l'indicazione dell'esistenza dei motivi ostativi al rilascio o al rinnovo del permesso di soggiorno. L'attività di lavoro di cui sopra può svolgersi alle seguenti condizioni [35]:
a) che la richiesta del rilascio del permesso di soggior-

no per motivi di lavoro sia stata effettuata dal lavoratore straniero all'atto della stipula del contratto di soggiorno, secondo le modalità previste nel regolamento d'attuazione, ovvero, nel caso di rinnovo, la richiesta sia stata presentata prima della scadenza del permesso, ai sensi del precedente comma 4, e dell'articolo 13 del decreto del Presidente della Repubblica del 31 agosto 1999 n. 394, o entro sessanta giorni dalla scadenza dello stesso;

b) che sia stata rilasciata dal competente ufficio la ricevuta attestante l'avvenuta presentazione della richiesta di rilascio o di rinnovo del permesso [36].

(1) Comma modificato dall'art. 5, co. 1, lett. a), l. 30.7.2002, n. 189 e poi dall'art. 16, co.1, lett. b), l. 23.12.2021, n. 238.
(2) Comma introdotto dall'art. 1, co. 1, lett. a), n. 1), d.l. 21.10.2020, n. 130, conv., con modif., dalla l. 18.12.2020, n. 173.
(3) Comma introdotto dall'art. 5, co. 1, lett. b), l. 30.7.2002, n. 189.
(4) Comma introdotto dall'art. 1, co. 22, lett. b), l. 15.7.2009, n. 94 e poi modificato dall'art. 1, co. 1, lett. b), n. 1), d.l. 4.10.2018, n. 113, conv., con modif., dalla l. 1.12.2018, n. 132.
(5) Alinea modificato dall'art. 5, co. 1, lett. c), l. 30.7.2002, n. 189.
(6) Lettera abrogata dall'art. 5, co. 1, lett. d), l. 30.7.2002, n. 189.
(7) Lettera sostituita dall'art. 9, co. 1, d.l. 12.9.2013, n. 104, conv., con modif., dalla l. 8.11.2013, n. 128, con la decorrenza indicata nel co. 2 del medesimo art. 9 e poi modificata dall'art. 1, co. 1, lett. a), d.lgs. 11.5.2018, n. 71.
(8) Lettera abrogata dall'art. 5, co. 1, lett. d), l. 30.7.2002, n. 189.
(9) Comma introdotto dall'art. 5, co. 1, lett. e), l. 30.7.2002, n. 189 e poi modificato dall'art. 4, co. 1, lett. a), d.l. 10.3.2023, n. 20, conv., con modif., dalla l. 5.5.2023, n. 50.
(10) Comma introdotto dall'art. 5, co. 1, lett. e), l. 30.7.2002, n. 189 e, successivamente, sostituito dall'art. 1, co. 1, lett. a), d.lgs. 29.10.2016, n. 203.
(11) Comma introdotto dall'art. 5, co. 1, lett. e), l. 30.7.2002, n. 189 e poi modificato dall'art. 4, co. 1, lett. b), d.l. 10.3.2023, n. 20, conv., con modif., dalla l. 5.5.2023, n. 50.
(12) Comma introdotto dall'art. 5, co. 1, lett. e), l. 30.7.2002, n. 189 e, successivamente, modificato dall'art. 80, co. 10, l. 27.12.2002, n. 289.
(13) Comma introdotto dall'art. 5, co. 1, lett. e), l. 30.7.2002, n. 189 e poi modificato dall'art. 4, co. 1, lett. c), d.l. 10.3.2023, n. 20, conv., con modif., dalla l. 5.5.2023, n. 50.
(14) Comma sostituito dall'art. 5, co. 1, lett. f), l. 30.7.2002, n. 189 e, successivamente, modificato dall'art. 1, co. 22, lett. c), l. 15.7.2009, n. 94.
(15) Comma introdotto dall'art. 5, co. 1, lett. g), l. 30.7.2002, n. 189.
(16) Comma modificato dall'art. 2, co. 1, lett. b), n. 1, d.lgs. 8.1.2007, n. 5.
(17) La Corte costituzionale, con sentenza 18.7.2013, n. 202, ha dichiarato l'illegittimità costituzionale di questo comma, nella parte in cui prevede che la valutazione discrezionale in esso stabilita si applichi solo allo straniero che «*ha esercitato il diritto al ricongiungimento familiare*» o al «*familiare ricongiunto*», e non anche allo straniero «*che abbia legami familiari nel territorio dello Stato*».
(18) La Corte costituzionale, con sentenza 8.5.2023, n. 88, ha dichiarato l'illegittimità costituzionale del combinato disposto del presente comma e dell'art. 4, co. 3, nella parte in cui ricomprende, tra le ipotesi di condanna automaticamente ostative al rinnovo del permesso di soggiorno per lavoro, anche quelle, pur non definitive, per il reato di cui all'art. 73, co. 5, del decreto del Presidente della Repubblica 9.10.1990, n. 309 (Testo unico delle leggi in materia di disciplina degli stupefacenti e sostanze psicotrope, prevenzione, cura e riabilitazione dei relativi stati di tossicodipendenza) e quelle definitive per il reato di cui all'art. 474, co. 2, del codice penale, senza prevedere che l'autorità competente verifichi in concreto la pericolosità sociale del richiedente.
(19) Comma introdotto dall'art. 2, co. 1, lett. b), n. 2, d.lgs. 8.1.2007, n. 5 e, successivamente, modificato dall'art. 1, co. 22, lett. d), l. 15.7.2009, n. 94.
(20) Comma introdotto dall'art. 1, co. 22, lett. e), l. 15.7.2009, n. 94.
(21) Comma introdotto dall'art. 56, co. 1, l. 27.12.2023, n. 206.
(22) Comma modificato dall'art. 3, co. 1, lett. a), d.l. 23.6.2011, n. 89, conv., con modif., dalla l. 2.8.2011, n. 129, successivamente sostituito dall'art. 1, co. 1, lett. b), n. 2), d.l 4.10.2018, n. 113, conv., con modif., dalla l. 1.12.2018, n. 132 e da ultimo modificato dall'art. 1, co. 1, lett. a), n. 2), d.l. 21.10.2020, n. 130, conv., con modif., dalla l. 18.12.2020, n. 173.
(23) Comma sostituito dall'art. 3, co. 1, lett. a), l. 30.10.2014 n. 161.
(24) Secondo quanto previsto dall'art. 103, co. 2 quater, lett. b), d.l. 17.3.2020, n. 18, conv., con modif., dalla l. 24.4.2020, n. 27, come da ultimo prorogato dall'art. 11 ter del d.l. 22.4.2021, n. 52, conv., con modif., dalla l. 17.6.2021, n. 87, le autorizzazioni al soggiorno di cui al presente comma, conservano la loro validità fino al 31.7.2021.
(25) Comma introdotto dall'art. 3, co. 1, lett. b), l. 30.10.2014, n. 161.
(26) Comma introdotto dall'art. 3, co. 1, lett. b), l. 30.10.2014, n. 161 e poi modificato dall'art. 10, co. 1, l. 29.7.2015, n. 115 (l. europea 2014).
(27) Comma introdotto dall'art. 3, co. 1, lett. b), l. 30.10.2014, n. 161.
(28) Comma sostituito dall'art. 5, co. 1, lett. h), l. 30.7.2002, n. 189e, successivamente, dall'art. 11, co. 1, d.l. 27.7.2005, n. 144, conv., con modif., dalla l. 31.7.2005, n. 155.
(29) Comma introdotto dall'art. 1, co. 1, lett. b), d.lgs. 4.3.2014, n. 40.
(30) Lettera modificata dall'art. 1, co. 1, lett. b), n. 3), d.l. 4.10.2018, n. 113, conv., con modif., dalla l. 1.12.2018, n. 132.
(31) Comma introdotto dall'art. 1, co. 1, lett. b), d.lgs. 4.3.2014, n. 40.
(32) Lettera introdotta dall'art. 1, co. 1, lett. b), n. 3), d.l. 4.10.2018, n. 113, conv., con modif., dalla l. 1.12.2018, n. 132.
(33) Comma introdotto dall'art. 5, co. 1, lett. i), l. 30.7.2002, n. 189, modificato dall'art. 1, co. 22, lett. f), l. 15.7.2009, n. 94, dall'art. 16, co.1, lett. b), l. 23.12.2021, n. 238 e, successivamente dall'art. 18, co. 1, lett. b), d.l. 13.6.2023, n. 69, conv., con modif., dalla l. 10.8.2023, n. 103.
(34) Comma modificato dall'art. 1, co. 1, lett. c), d.lgs. 4.3.2014, n. 40.
(35) Alinea modificato dall'art. 1, co. 1, lett. d), d.lgs. 4.3.2014, n. 40.
(36) Comma introdotto dall'art. 40, co. 3, d.l. 6.12.2011, n. 201, conv., con modif., dalla l. 22.12.2011, n. 214.

5 bis. Contratto di soggiorno per lavoro subordinato [1].

1. Il contratto di soggiorno per lavoro subordinato stipulato fra un datore di lavoro italiano o straniero regolarmente soggiornante in Italia e un prestatore di lavoro, cittadino di uno Stato non appartenente all'Unione europea o apolide, contiene:

a) la garanzia da parte del datore di lavoro della disponibilità di un alloggio per il lavoratore che rientri nei parametri minimi previsti dalla legge per gli alloggi di edilizia residenziale pubblica;

b) l'impegno al pagamento da parte del datore di lavoro delle spese di viaggio per il rientro del lavoratore nel Paese di provenienza [2].

2. Non costituisce titolo valido per il rilascio del permesso di soggiorno il contratto che non contenga le dichiarazioni di cui alle lettere a) e b) del comma 1.

3. Il contratto di soggiorno per lavoro è sottoscritto in base a quanto previsto dall'articolo 22 presso lo sportello unico per l'immigrazione della provincia nella quale risiede o ha sede legale il datore di lavoro o dove avrà luogo la prestazione lavorativa secondo le modalità previste nel regolamento di attuazione.

(1) Articolo introdotto dall'art. 6, co. 1, l. 30.7.2002, n. 189.
(2) Secondo quanto previsto dall'art. 2, co. 9, d.l. 9.9.2002, n. 195 i datori di lavoro, che abbiano sostenuto le spese per fornire un al-

loggio rispondente ai requisiti qui previsti, possono, a titolo di rivalsa e per la durata della prestazione, trattenere mensilmente dalla retribuzione del dipendente una somma massima pari ad un terzo dell'importo complessivo mensile.

6. Facoltà ed obblighi inerenti al soggiorno.

1. Il permesso di soggiorno rilasciato per motivi di lavoro subordinato, lavoro autonomo e familiari può essere utilizzato anche per le altre attività consentite. Quello rilasciato per motivi di studio e formazione può essere convertito, al di fuori delle quote di cui all'articolo 3, comma 4, comunque prima della sua scadenza, e previa stipula del contratto di soggiorno per lavoro ovvero previo rilascio della certificazione attestante la sussistenza dei requisiti previsti dall'articolo 26, in permesso di soggiorno per motivi di lavoro [nell'ambito delle quote stabilite a norma dell'articolo 3, comma 4, secondo le modalità previste dal regolamento di attuazione] (1).

1-*bis*. Sono convertibili in permesso di soggiorno per motivi di lavoro, ove ne ricorrano i requisiti, i seguenti permessi di soggiorno:

[a) permesso di soggiorno per protezione speciale, di cui all'articolo 32, comma 3, del decreto legislativo 28 gennaio 2008, n. 25, ad eccezione dei casi per i quali siano state applicate le cause di diniego ed esclusione della protezione internazionale, di cui agli articoli 10, comma 2, 12, comma 1, lettere b) e c), e 16del decreto legislativo 19 novembre 2007, n. 251;] (2)

[b) permesso di soggiorno per calamità, di cui all'articolo 20-*bis*;] (3)

c) permesso di soggiorno per residenza elettiva, di cui all'articolo 11, comma 1, lettera c-*quater*), del decreto del Presidente della Repubblica 31 agosto 1999, n. 394;

d) permesso di soggiorno per acquisto della cittadinanza o dello stato di apolide, di cui all'articolo 11, comma 1, lettera c), del decreto del Presidente della Repubblica 31 agosto 1999, n. 394, ad eccezione dei casi in cui lo straniero era precedentemente in possesso di un permesso per richiesta di asilo;

e) permesso di soggiorno per attività sportiva, di cui all'articolo 27, comma 1, lettera p);

f) permesso di soggiorno per lavoro di tipo artistico, di cui all'articolo 27, comma 1, lettere m), n) ed o);

g) permesso di soggiorno per motivi religiosi, di cui all'articolo 5, comma 2;

h) permesso di soggiorno per assistenza di minori, di cui all'articolo 31, comma 3.»;

[h-*bis*) permesso di soggiorno per cure mediche, di cui all'articolo 19, comma 2, lettera d-*bis*)] (4) (5).

2. Fatta eccezione per i provvedimenti riguardanti attività sportive e ricreative a carattere temporaneo, per quelli inerenti all'accesso alle prestazioni sanitarie di cui all'articolo 35 e per quelli attinenti alle prestazioni scolastiche obbligatorie, i documenti inerenti al soggiorno di cui all'articolo 5, comma 8, devono essere esibiti agli uffici della pubblica amministrazione ai fini del rilascio di licenze, autorizzazioni, iscrizioni ed altri provvedimenti di interesse dello straniero comunque denominati (6).

3. Lo straniero che, a richiesta degli ufficiali e agenti di pubblica sicurezza, non ottempera, senza giustificato motivo, all'ordine di esibizione del passaporto o di altro documento di identificazione e del permesso di soggiorno o di altro documento attestante la regolare presenza nel territorio dello Stato è punito con l'arresto fino ad un anno e con l'ammenda fino ad euro 2.000 (7).

4. Qualora vi sia motivo di dubitare della identità personale dello straniero, questi è sottoposto a rilievi fotodattiloscopici e segnaletici (8).

5. Per le verifiche previste dal presente testo unico o dal regolamento di attuazione, l'autorità di pubblica sicurezza, quando vi siano fondate ragioni, richiede agli stranieri informazioni e atti comprovanti la disponibilità di un reddito, da lavoro o da altra fonte legittima, sufficiente al sostentamento proprio e dei familiari conviventi nel territorio dello Stato.

6. Salvo quanto è stabilito nelle leggi militari, il Prefetto può vietare agli stranieri il soggiorno in comuni o in località che comunque interessano la difesa militare dello Stato. Tale divieto è comunicato agli stranieri per mezzo della autorità locale di pubblica sicurezza o col mezzo di pubblici avvisi. Gli stranieri, che trasgrediscono al divieto, possono essere allontanati per mezzo della forza pubblica.

7. Le iscrizioni e variazioni anagrafiche dello straniero regolarmente soggiornante sono effettuate alle medesime condizioni dei cittadini italiani con le modalità previste dal regolamento di attuazione. In ogni caso la dimora dello straniero si considera abitualmente anche in caso di documentata ospitalità da più di tre mesi presso un centro di accoglienza. Dell'avvenuta iscrizione o variazione l'ufficio dà comunicazione alla questura territorialmente competente.

8. Fuori dei casi di cui al comma 7, gli stranieri che soggiornano nel territorio dello Stato devono comunicare al questore competente per territorio, entro i quindici giorni successivi, le eventuali variazioni del proprio domicilio abituale.

9. Il documento di identificazione per stranieri è rilasciato su modello conforme al tipo approvato con decreto del Ministro dell'interno. Esso non è valido per l'espatrio, salvo che sia diversamente disposto dalle convenzioni o dagli accordi internazionali.

10. Contro i provvedimenti di cui agli articoli 4-*ter*, 5 e al presente articolo è ammesso ricorso al tribunale amministrativo regionale competente (9).

(1) Comma modificato dall'art. 7, co. 1, l. 30.7.2002, n. 189, successivamente dall'art. 3, co. 2, d.l. 10.3.2023, n. 20, conv., con modif., dalla l. 5.5.2023, n. 50 e da ultimo dall'art. 24, co. 5, d.l. 22.6.2023, n. 75, conv., con modif., dalla l. 10.8.2023, n. 112.

(2) Lettera abrogata dall'art. 7, co. 1, lett. a), d.l. 10.3.2023, n. 20, conv., con modif., dalla l. 5.5.2023, n. 50.

(3) Lettera abrogata dall'art. 7, co. 1, lett. a), d.l. 10.3.2023, n. 20, conv., con modif., dalla l. 5.5.2023, n. 50.

(4) Lettera abrogata dall'art. 7, co. 1, lett. a), d.l. 10.3.2023, n. 20, conv., con modif., dalla l. 5.5.2023, n. 50.

(5) Comma introdotto dall'art. 1, co. 1, lett. b), d.l. 21.10.2020, n. 130, conv., con modif., dalla l. 18.12.2020, n. 173.

(6) Comma modificato dall'art. 1, co. 22, lett. g), l. 15.7.2009, n. 94.
(7) Comma sostituito dall'art. 1, co. 22, lett. h), l. 15.7.2009, n. 94.
(8) Comma modificato dall'art. 7, co. 1, l. 30.7.2002, n. 189.
(9) Comma modificato dall'art. 16, co. 1, lett. c), l. 23.12.2021, n. 238.

7. Obblighi dell'ospitante e del datore di lavoro.

1. Chiunque, a qualsiasi titolo, dà alloggio ovvero ospita uno straniero o apolide, anche se parente o affine, [o lo assume per qualsiasi causa alle proprie dipendenze] ovvero cede allo stesso la proprietà o il godimento di beni immobili, rustici o urbani, posti nel territorio dello Stato, è tenuto a darne comunicazione scritta, entro quarantotto ore, all'autorità locale di pubblica sicurezza [(1)].

2. La comunicazione comprende, oltre alle generalità del denunciante, quelle dello straniero o apolide, gli estremi del passaporto o del documento di identificazione che lo riguardano, l'esatta ubicazione dell'immobile ceduto o in cui la persona è alloggiata, ospita o presta servizio ed il titolo per il quale la comunicazione è dovuta.

2 bis. Le violazioni delle disposizioni di cui al presente articolo sono soggette alla sanzione amministrativa del pagamento di una somma da 500 a 3.500 euro [(2)].

(1) Comma modificato dall'art. 4 bis, co. 6 bis, d.lgs. 21.4.2000, n. 181, come modificato dall'art. 1, co. 1184, l. 27.12.2006, n. 296.
(2) Comma introdotto dall'art. 8, co. 1, l. 30.7.2002, n. 189 e poi modificato dall'art. 3, co. 2 bis, d.l. 15.9.2023, n. 123, conv., con modif., dalla l. 13.11.2023, n. 159.

8. Disposizioni particolari.

1. Le disposizioni del presente capo non si applicano ai componenti del sacro collegio e del corpo diplomatico e consolare.

Capo II
Controllo delle frontiere, respingimento ed espulsione

10. Respingimento.

1. La polizia di frontiera respinge gli stranieri che si presentano ai valichi di frontiera senza avere i requisiti richiesti dal codice frontiere Schengen di cui al regolamento (UE) 2016/399 del Parlamento europeo e del Consiglio, del 9 marzo 2016, e dal presente testo unico per l'ingresso nel territorio dello Stato [(1)].

1-*bis*. Contro i provvedimenti di respingimento alla frontiera di applicazione immediata adottati ai sensi del comma 1 è ammesso ricorso al tribunale amministrativo regionale nella cui circoscrizione ha sede l'ufficio di polizia di frontiera che ha disposto il respingimento. La procura al difensore può essere rilasciata innanzi all'autorità consolare italiana competente per territorio [(2)].

2. Il respingimento con accompagnamento alla frontiera è altresì disposto dal questore nei confronti degli stranieri:

a) che entrando nel territorio dello Stato sottraendoli ai controlli di frontiera, sono fermati all'ingresso o subito dopo;
b) che, nelle circostanze di cui al comma 1, sono stati temporaneamente ammessi nel territorio per necessità di pubblico soccorso.

2-*bis*. Al provvedimento di respingimento di cui al comma 2 si applicano le procedure di convalida e le disposizioni previste dall'articolo 13, commi 5-*bis*, 5-*ter*, 7 e 8 [(3)].

2-*ter*. Lo straniero destinatario del provvedimento di respingimento di cui al comma 2 non può rientrare nel territorio dello Stato senza una speciale autorizzazione del Ministro dell'interno. In caso di trasgressione lo straniero è punito con la reclusione da uno a quattro anni ed è espulso con accompagnamento immediato alla frontiera. Si applicano altresì le disposizioni di cui all'articolo 13, comma 13, terzo periodo [(4)].

2-*quater*. Allo straniero che, già denunciato per il reato di cui al comma 2-*ter* ed espulso, abbia fatto reingresso nel territorio dello Stato si applica la pena della reclusione da uno a cinque anni [(5)].

2-*quinquies*. Per i reati previsti dai commi 2 *ter* e 2-*quater* è obbligatorio l'arresto dell'autore del fatto anche fuori dei casi di flagranza e si procede con rito direttissimo [(6)].

2-*sexies*. Il divieto di cui al comma 2-*ter* opera per un periodo non inferiore a tre anni e non superiore a cinque anni, la cui durata è determinata tenendo conto di tutte le circostanze concernenti il singolo caso [(7)].

3. Il vettore che ha condotto alla frontiera uno straniero privo dei documenti di cui all'articolo 4, o che deve essere comunque respinto a norma del presente articolo, è tenuto a prenderlo immediatamente a carico ed a ricondurlo nello Stato di provenienza, o in quello che ha rilasciato il documento di viaggio eventualmente in possesso dello straniero. Tale disposizione si applica anche quando l'ingresso è negato allo straniero in transito, qualora il vettore che avrebbe dovuto trasportarlo nel Paese di destinazione rifiuti di imbarcarlo o le autorità dello Stato di destinazione gli abbiano negato l'ingresso o lo abbiano rinviato nello Stato [(8)].

4. Le disposizioni dei commi 1, 2 e 3 e quelle dell'articolo 4, commi 3 e 6, non si applicano nei casi previsti dalle disposizioni vigenti che disciplinano l'asilo politico, il riconoscimento dello status di rifugiato ovvero l'adozione di misure di protezione temporanea per motivi umanitari.

5. Per lo straniero respinto è prevista l'assistenza necessaria presso i valichi di frontiera.

6. I respingimenti di cui al presente articolo sono registrati dall'autorità di pubblica sicurezza.

6-*bis*. Il divieto di cui al comma 2-*ter* è inserito, a cura dell'autorità di pubblica sicurezza, nel sistema di informazione Schengen di cui al regolamento (CE) n. 1987/2006 del Parlamento europeo e del Consiglio, del 20 dicembre 2006, e comporta il divieto di ingresso e soggiorno nel territorio degli Stati membri dell'Unione europea, nonché degli Stati non membri cui si applica l'acquis di Schengen [(9)].

(1) Comma modificato dall'art. 18, co. 1, lett. c), n. 1), d.l. 13.6.2023, n. 69, conv., con modif., dalla l. 10.8.2023, n. 103.

(2) Comma introdotto dall'art. 18, co. 1, lett. c), n. 2), d.l. 13.6.2023, n. 69, conv., con modif., dalla l. 10.8.2023, n. 103.
(3) Comma introdotto dall'art. 5 bis, co. 1, lett. a), d.l. 4.10.2018, n. 113, conv., con modif., dalla l. 1.12.2018, n. 132.
(4) Comma introdotto dall'art. 5 bis, co. 1, lett. a), d.l. 4.10.2018, n. 113, conv., con modif., dalla l. 1.12.2018, n. 132.
(5) Comma introdotto dall'art. 5 bis, co. 1, lett. a), d.l. 4.10.2018, n. 113, conv., con modif., dalla l. 1.12.2018, n. 132.
(6) Comma introdotto dall'art. 5 bis, co. 1, lett. a), d.l. 4.10.2018, n. 113, conv., con modif., dalla l. 1.12.2018, n. 132.
(7) Comma introdotto dall'art. 5 bis, co. 1, lett. a), d.l. 4.10.2018, n. 113, conv., con modif., dalla l. 1.12.2018, n. 132.
(8) Comma sostituito dall'art. 1, co. 1, d.lgs. 7.4.2003, n. 87.
(9) Comma introdotto dall'art. 5 bis, co. 1, lett. a), d.l. 4.10.2018, n. 113, conv., con modif., dalla l. 1.12.2018, n. 132.

10 bis. Ingresso e soggiorno illegale nel territorio dello Stato [1].

1. Salvo che il fatto costituisca più grave reato, lo straniero che fa ingresso ovvero si trattiene nel territorio dello Stato, in violazione delle disposizioni del presente testo unico nonché di quelle di cui all'articolo 1 della legge 28 maggio 2007, n. 68, è punito con l'ammenda da 5.000 a 10.000 euro. Al reato di cui al presente comma non si applica l'articolo 162 del codice penale.

2. Le disposizioni di cui al comma 1 non si applicano allo straniero destinatario del provvedimento di respingimento ai sensi dell'articolo 10, comma 1 ovvero allo straniero identificato durante i controlli della polizia di frontiera, in uscita dal territorio nazionale [2].

3. Al procedimento penale per il reato di cui al comma 1 si applicano le disposizioni di cui agli articoli 20-*bis*, 20-*ter* e 32-*bis* del decreto legislativo 28 agosto 2000, n. 274.

4. Ai fini dell'esecuzione dell'espulsione dello straniero denunciato ai sensi del comma 1 non è richiesto il rilascio del nulla osta di cui all'articolo 13, comma 3, da parte dell'autorità giudiziaria competente all'accertamento del medesimo reato. Il questore comunica l'avvenuta esecuzione dell'espulsione ovvero del respingimento di cui all'articolo 10, comma 2, all'autorità giudiziaria competente all'accertamento del reato.

5. Il giudice, acquisita la notizia dell'esecuzione dell'espulsione o del respingimento ai sensi dell'articolo 10, comma 2, pronuncia sentenza di non luogo a procedere. Se lo straniero rientra illegalmente nel territorio dello Stato prima del termine previsto dall'articolo 13, comma 14, si applica l'articolo 345 del codice di procedura penale.

6. Nel caso di presentazione di una domanda di protezione internazionale di cui al decreto legislativo 19 novembre 2007, n. 251, il procedimento è sospeso. Acquisita la comunicazione del riconoscimento della protezione internazionale di cui al decreto legislativo 19 novembre 2007, n. 251, ovvero del rilascio del permesso di soggiorno nelle ipotesi di cui all'articolo 32, comma 3, del decreto legislativo 28 gennaio 2008, n. 25, nonché nelle ipotesi di cui agli articoli 18, 18-*bis*, 20-*bis*, 22, comma 12-*quater*, 42-*bis* del presente testo unico e nelle ipotesi di cui all'articolo 10 della legge 7 aprile 2017, n. 47, il giudice pronuncia sentenza di non luogo a procedere [3].

(1) Articolo introdotto dall'art. 1, co. 16, lett. a), l. 15.7.2009, n. 94.
(2) Comma modificato dall'art. 3, co. 1, lett. b), d.l. 23.6.2011, n. 89, conv., con modif., dalla l. 2.8.2011, n. 129.
(3) Comma modificato dall'art. 1, co. 1, lett. d), d.l. 4.10.2018, n. 113, conv., con modif., dalla l. 1.12.2018, n. 132.

10 ter. Disposizioni per l'identificazione dei cittadini stranieri rintracciati in posizione di irregolarità sul territorio nazionale o soccorsi nel corso di operazioni di salvataggio in mare [1].

1. Lo straniero rintracciato in occasione dell'attraversamento irregolare della frontiera interna o esterna ovvero giunto nel territorio nazionale a seguito di operazioni di salvataggio in mare è condotto per le esigenze di soccorso e di prima assistenza presso appositi punti di crisi allestiti nell'ambito delle strutture di cui al decreto-legge 30 ottobre 1995, n. 451, convertito, con modificazioni, dalla legge 29 dicembre 1995, n. 563, e delle strutture di cui all'articolo 9 del decreto legislativo 18 agosto 2015, n. 142. Presso i medesimi punti di crisi sono altresì effettuate le operazioni di rilevamento fotodattiloscopico e segnaletico, anche ai fini di cui agli articoli 9 e 14 del regolamento UE n. 603/2013 del Parlamento europeo e del Consiglio del 26 giugno 2013 ed è assicurata l'informazione sulla procedura di protezione internazionale, sul programma di ricollocazione in altri Stati membri dell'Unione europea e sulla possibilità di ricorso al rimpatrio volontario assistito.

1 bis. Per l'ottimale svolgimento degli adempimenti di cui al presente articolo, gli stranieri ospitati presso i punti di crisi di cui al comma 1 possono essere trasferiti in strutture analoghe sul territorio nazionale, per l'espletamento delle attività di cui al medesimo comma. Al fine di assicurare la coordinata attuazione degli adempimenti di rispettiva competenza, l'individuazione delle strutture di cui al presente comma destinate alle procedure di frontiera con trattenimento e della loro capienza è effettuata d'intesa con il Ministero della giustizia [2].

2. Le operazioni di rilevamento fotodattiloscopico e segnaletico sono eseguite, in adempimento degli obblighi di cui agli articoli 9 e 14 del regolamento UE n. 603/2013 del Parlamento europeo e del Consiglio del 26 giugno 2013, anche nei confronti degli stranieri rintracciati in posizione di irregolarità sul territorio nazionale.

3. Il rifiuto reiterato dello straniero di sottoporsi ai rilievi di cui ai commi 1 e 2 configura rischio di fuga ai fini del trattenimento nei centri di cui all'articolo 14. Il trattenimento è disposto caso per caso, con provvedimento del questore, e conserva la sua efficacia per una durata massima di trenta giorni dalla sua adozione, salvo che non cessino prima le esigenze per le quali è stato disposto. Si applicano le disposizioni di cui al medesimo articolo 14, commi 2, 3 e 4. Se il trattenimento è disposto nei confronti di un richiedente protezione internazionale, come definita dall'articolo 2, comma 1, lettera a), del decreto legislativo 19 novembre 2007, n. 251, è competente alla convalida il Tribunale sede della sezione specializzata in materia di immigrazione, protezione internazionale e libera circolazione dei cittadini dell'Unione europea. Lo straniero è tempestivamente informato dei diritti e delle facoltà derivanti dal procedimento di convalida del decreto di trattenimento in una lingua da lui conosciuta, ovvero, ove non sia possibile, in lingua francese, inglese o spagnola (3).

4. L'interessato è informato delle conseguenze del rifiuto di sottoporsi ai rilievi di cui ai commi 1 e 2.

(1) Articolo introdotto dall'art. 17, co. 1, d.l. 17.2.2017, n. 13, conv., con modif., dalla l. 13.4.2017, n. 46.
(2) Comma introdotto dall'art. 5 bis, co. 3, d.l. 10.3.2023, n. 20, conv., con modif., dalla l. 5.5.2023, n. 50.
(3) Comma modificato dall'art. 3, co. 1, lett. a), d.l. 21.10.2020, n. 130, conv., con modif., dalla l. 18.12.2020, n. 173

11. Potenziamento e coordinamento dei controlli di frontiera.

1. Il Ministro dell'interno e il Ministro degli affari esteri adottano il piano generale degli interventi per il potenziamento ed il perfezionamento, anche attraverso l'automazione delle procedure, delle misure di controllo di rispettiva competenza, nell'ambito delle compatibilità con i sistemi informativi di livello extranazionale previsti dagli accordi o convenzioni internazionali in vigore e delle disposizioni vigenti in materia di protezione dei dati personali.

1 bis. Il Ministro dell'interno, sentito, ove necessario, il Comitato nazionale per l'ordine e la sicurezza pubblica, emana le misure necessarie per il coordinamento unificato dei controlli sulla frontiera marittima e terrestre italiana. Il Ministro dell'interno promuove altresì apposite misure di coordinamento tra le autorità italiane competenti in materia di controlli sull'immigrazione e le autorità europee competenti in materia di controlli sull'immigrazione ai sensi dell'Accordo di Schengen, ratificato ai sensi della legge 30 settembre 1993, n. 388 (1).

[1-*ter*. Il Ministro dell'interno, Autorità nazionale di pubblica sicurezza ai sensi dell'articolo 1 della legge 1° aprile 1981, n. 121, nell'esercizio delle funzioni di coordinamento di cui al comma 1-*bis* e nel rispetto degli obblighi internazionali dell'Italia, può limitare o vietare l'ingresso, il transito o la sosta di navi nel mare territoriale, salvo che si tratti di naviglio militare o di navi in servizio governativo non commerciale, per motivi di ordine e sicurezza pubblica ovvero quando si concretizzano le condizioni di cui all'articolo 19, paragrafo 2, lettera g), limitatamente alle violazioni delle leggi di immigrazione vigenti, della Convenzione delle Nazioni Unite sul diritto del mare, con allegati e atto finale, fatta a Montego Bay il 10 dicembre 1982, resa esecutiva dalla legge 2 dicembre 1994, n. 689. Il provvedimento è adottato di concerto con il Ministro della difesa e con il Ministro delle infrastrutture e dei trasporti, secondo le rispettive competenze, informandone il Presidente del Consiglio dei ministri.] (2)

2. Delle parti di piano che riguardano sistemi informativi automatizzati e dei relativi contratti è data comunicazione all'Autorità per l'informatica nella pubblica amministrazione (3).

3. Nell'ambito e in attuazione delle direttive adottate dal Ministro dell'interno, i prefetti delle province di confine terrestre ed i prefetti dei capoluoghi delle regioni interessate alla frontiera marittima promuovono le misure occorrenti per il coordinamento dei controlli di frontiera e della vigilanza marittima e terrestre, d'intesa con i prefetti delle altre province interessate, sentiti i questori e i dirigenti delle zone di polizia di frontiera, nonché le autorità marittime e militari ed i responsabili degli organi di polizia, di livello non inferiore a quello provinciale, eventualmente interessati, e sovrintendendo all'attuazione delle direttive emanate in materia.

4. Il Ministero degli affari esteri e il Ministero dell'interno promuovono le iniziative occorrenti, d'intesa con i Paesi interessati, al fine di accelerare l'espletamento degli accertamenti ed il rilascio dei documenti eventualmente necessari per migliorare l'efficacia dei provvedimenti previsti dal presente testo unico, e per la reciproca collaborazione a fini di contrasto dell'immigrazione clandestina. A tale scopo, le intese di collaborazione possono prevedere la cessione a titolo gratuito alle autorità dei Paesi interessati di beni mobili ed apparecchiature specificamente individuate, nei limiti delle compatibilità funzionali e finanziarie definite dal Ministro dell'interno, di concerto con il Ministro del tesoro, del bilancio e della programmazione economica e, se si tratta di beni, apparecchiature o servizi accessori forniti da altre amministrazioni, con il Ministro competente (4).

5. Per le finalità di cui al comma 4, il Ministro dell'interno predispone uno o più programmi pluriennali di interventi straordinari per l'acquisizione degli impianti e mezzi tecnici e logistici necessari, per acquistare o ripristinare i beni mobili e le apparecchiature in sostituzione di quelli ceduti ai Paesi interessati ovvero per fornire l'assistenza e altri servizi accessori. Se si tratta di beni, apparecchiature o servizi forniti da altre amministrazioni, i programmi sono adottati di concerto con il Ministro competente (5).

5 bis. Il Ministero dell'interno, nell'ambito degli interventi di sostegno alle politiche preventive di contrasto all'immigrazione clandestina dei Paesi di accertata provenienza, contribuisce, per gli anni 2004 e 2005, alla realizzazione, nel territorio dei Paesi interessati, di strutture, utili ai fini del contrasto di flussi irregolari di popolazione migratoria verso il territorio italiano (5).

6. Presso i valichi di frontiera sono previsti servizi di accoglienza al fine di fornire informazioni e assistenza agli stranieri che intendano presentare domanda di asilo o fare ingresso in Italia per un soggiorno di durata superiore a tre mesi. Tali servizi sono messi a disposizione, ove possibile, all'interno della zona di transito (7).

(1) Comma introdotto dall'art. 10, co. 1, l. 30.7.2002, n. 189
(2) Comma introdotto dall'art. 1, co. 1, d.l. 14.6.2019, n. 53 conv., con

modif., dalla l. 8.8.2019, n. 77 e poi abrogato dall'art. 1, co. 1, lett. c), d.l. 21.10.2020, n. 130, conv., con modif., dalla l. 18.12.2020, n. 173.

(3) Secondo quanto previsto dall'art. 176, d.lgs. 30.6.2003, n. 196 la denominazione: "Autorità per l'informatica nella pubblica amministrazione" deve intendersi sostituita dalla denominazione: "Centro nazionale per l'informatica nella pubblica amministrazione".

(4) Comma sostituito dall'art. 1, co. 1, d.lgs. 19.10.1998, n. 380.

(5) Comma sostituito dall'art. 1, co. 1, d.lgs. 19.10.1998, n. 380.

(6) Comma introdotto dall'art. 1 bis, d.l. 14.9.2004, n. 241, conv., con modif., dalla l. 12.11.2004, n. 271.

(7) Comma introdotto dall'art. 1, co. 1, d.lgs. 19.10.1998, n. 380.

12. Disposizioni contro le immigrazioni clandestine.

1. Salvo che il fatto costituisca più grave reato, chiunque, in violazione delle disposizioni del presente testo unico, promuove, dirige, organizza, finanzia o effettua il trasporto di stranieri nel territorio dello Stato ovvero compie altri atti diretti a procurarne illegalmente l'ingresso nel territorio dello Stato, ovvero di altro Stato del quale la persona non è cittadina o non ha titolo di residenza permanente, è punito con la reclusione da due a sei anni e con la multa di 15.000 euro per ogni persona [1].

2. Fermo restando quanto previsto dall'art. 54 del codice penale, non costituiscono reato le attività di soccorso e assistenza umanitaria prestate in Italia nei confronti degli stranieri in condizioni di bisogno comunque presenti nel territorio dello Stato.

3. Salvo che il fatto costituisca più grave reato, chiunque, in violazione delle disposizioni del presente testo unico, promuove, dirige, organizza, finanzia o effettua il trasporto di stranieri nel territorio dello Stato ovvero compie altri atti diretti a procurarne illegalmente l'ingresso nel territorio dello Stato, ovvero di altro Stato del quale la persona non è cittadina o non ha titolo di residenza permanente, è punito con la reclusione da sei a sedici anni e con la multa di 15.000 euro per ogni persona nel caso in cui:

a) il fatto riguarda l'ingresso o la permanenza illegale nel territorio dello Stato di cinque o più persone;
b) la persona trasportata è stata esposta a pericolo per la sua vita o per la sua incolumità per procurarne l'ingresso o la permanenza illegale;
c) la persona trasportata è stata sottoposta a trattamento inumano o degradante per procurarne l'ingresso o la permanenza illegale;
d) il fatto è commesso da tre o più persone in concorso tra loro o utilizzando servizi internazionali di trasporto ovvero documenti contraffatti o alterati o comunque illegalmente ottenuti [2];
e) gli autori del fatto hanno la disponibilità di armi o materie esplodenti [3].

3 bis. Se i fatti di cui al comma 3 sono commessi ricorrendo due o più delle ipotesi di cui alle lettere a), b), c), d) ed e) del medesimo comma, la pena ivi prevista è aumentata [4].

3 ter. La pena detentiva è aumentata da un terzo alla metà e si applica la multa di 25.000 euro per ogni persona se *i fatti di cui ai commi 1* e *3*:

a) sono commessi al fine di reclutare persone da destinare alla prostituzione o comunque allo sfruttamento sessuale o lavorativo ovvero riguardano l'ingresso di minori da impiegare in attività illecite al fine di favorirne lo sfruttamento;
b) sono commessi al fine di trarne profitto, anche indiretto [5].

3 quater. Le circostanze attenuanti, diverse da quelle previste dagli articoli 98 e 114 del codice penale, concorrenti con le aggravanti di cui ai commi 3-*bis* e 3-*ter*, non possono essere ritenute equivalenti o prevalenti rispetto a queste e le diminuzioni di pena si operano sulla quantità di pena risultante dall'aumento conseguente alle predette aggravanti [6].

3 quinquies. Per i delitti previsti dai commi precedenti le pene sono diminuite fino alla metà nei confronti dell'imputato che si adopera per evitare che l'attività delittuosa sia portata a conseguenze ulteriori, aiutando concretamente l'autorità di polizia o l'autorità giudiziaria nella raccolta di elementi di prova decisivi per la ricostruzione dei fatti, per l'individuazione o la cattura di uno o più autori di reati e per la sottrazione di risorse rilevanti alla consumazione dei delitti [7].

3 sexies. All'articolo 4-*bis*, comma 1, terzo periodo, della legge 26 luglio 1975, n. 354, e successive modificazioni, dopo le parole: "609-*octies* del codice penale" sono inserite le seguenti: "nonché dall'articolo 12, commi 3, 3-*bis* e 3-*ter*, del testo unico di cui al decreto legislativo 25 luglio 1998, n. 286," [8].

[**3 septies.** In relazione ai procedimenti per i delitti previsti dal comma 3, si applicano le disposizioni dell'articolo 10 della legge 11 agosto 2003, n. 228, e successive modificazioni. L'esecuzione delle operazioni è disposta d'intesa con la Direzione centrale dell'immigrazione e della polizia, delle frontiere [9].]

4. Nei casi previsti dai commi 1 e 3 è obbligatorio l'arresto in flagranza [10].

4 bis. Quando sussistono gravi indizi di colpevolezza in ordine ai reati previsti dal comma 3, è applicata la custodia cautelare in carcere, salvo che siano acquisiti elementi dai quali risulti che non sussistono esigenze cautelari [11].

4 ter. Nei casi previsti dai commi 1 e 3 è sempre disposta la confisca del mezzo di trasporto utilizzato per commettere il reato, anche nel caso di applicazione della pena su richiesta delle parti [12].

5. Fuori dei casi previsti dai commi precedenti, e salvo che il fatto non costituisca più grave reato, chiunque, al fine di trarre un ingiusto profitto dalla condizione di illegalità dello straniero o nell'ambito delle attività punite a norma del presente articolo, favorisce la permanenza di questi nel territorio dello Stato in violazione delle norme del presente testo unico è punito con la reclusione fino a quattro anni e con la multa fino a lire trenta milioni. Quando il fatto è commesso in concorso da due o più persone, ovvero riguarda la permanenza di cinque o più persone, la pena è aumentata da un terzo alla metà [13].

5 bis. Salvo che il fatto costituisca più grave reato, chiunque a titolo oneroso, al fine di trarre ingiusto profitto, dà alloggio ovvero cede, anche in locazione, un immobile ad uno straniero che sia privo di titolo di soggiorno al momento della stipula o del rinnovo del contratto di locazione, è punito con la reclusione da sei mesi a tre anni. La condanna con provvedimento irrevocabile ovvero l'applicazione della pena su richiesta delle parti a norma dell'articolo 444 del codice di procedura penale, anche se è stata concessa la sospensione condizionale della pena, comporta la confisca dell'immobile, salvo che appartenga a persona estranea al reato. Si osservano, in quanto applicabili, le disposizioni vigenti in materia di gestione e destinazione dei beni confiscati. Le somme di denaro ricavate dalla vendita, ove disposta, dei beni confiscati sono destinate al potenziamento delle attività di prevenzione e repressione dei reati in tema di immigrazione clandestina [14].

6. Il vettore aereo, marittimo o terrestre, è tenuto ad accertarsi che lo straniero trasportato sia in possesso dei documenti richiesti per l'ingresso nel territorio dello Stato, nonché a riferire all'organo di polizia di frontiera dell'eventuale presenza a bordo dei rispettivi mezzi di trasporto di stranieri in posizione irregolare. In caso di inosservanza anche di uno solo degli obblighi di cui al presente comma, si applica la sanzione amministrativa del pagamento di una somma da euro 3.500 a euro 5.500 per ciascuno degli stranieri trasportati. Nei casi più gravi è disposta la sospensione da uno a dodici mesi, ovvero la revoca della licenza, autorizzazione o concessione rilasciata dall'autorità amministrativa italiana inerenti all'attività professionale svolta e al mezzo di trasporto utilizzato. Si osservano le disposizioni di cui alla legge 24 novembre 1981, n. 689 [15].

[**6 bis.** Salvo che si tratti di naviglio militare o di navi in servizio governativo non commerciale, il comandante della nave è tenuto ad osservare la normativa internazionale e i divieti e le limitazioni eventualmente disposti ai sensi dell'articolo 11, comma 1-*ter*. In caso di violazione del divieto di ingresso, transito o sosta in acque territoriali italiane, salve le sanzioni penali quando il fatto costituisce reato, si applica al comandante della nave la sanzione amministrativa del pagamento di una somma da euro 150.000 a euro 1.000.000. La responsabilità solidale di cui all'articolo 6 della legge 24 novembre 1981, n. 689, si estende all'armatore della nave. È sempre disposta la confisca della nave utilizzata per commettere la violazione, procedendosi immediatamente a sequestro cautelare. A seguito di provvedimento definitivo di confisca, sono imputabili all'armatore e al proprietario della nave gli oneri di custodia delle imbarcazioni sottoposte a sequestro cautelare. All'irrogazione delle sanzioni, accertate dagli organi addetti al controllo, provvede il prefetto territorialmente competente. Si osservano le disposizioni di cui alla legge 24 novembre 1981, n. 689 [, ad eccezione dei commi quarto, quinto e sesto dell'articolo 8-*bis*].] [16]

[**6 ter.** Le navi sequestrate ai sensi del comma 6-*bis* possono essere affidate dal prefetto in custodia agli organi di polizia, alle Capitanerie di porto o alla Marina militare ovvero ad altre amministrazioni dello Stato che ne facciano richiesta per l'impiego in attività istituzionali. Gli oneri relativi alla gestione dei beni sono posti a carico dell'amministrazione che ne ha l'uso, senza nuovi o maggiori oneri a carico della finanza pubblica.] [17]

[**6 quater.** Quando il provvedimento che dispone la confisca diviene inoppugnabile, la nave è acquisita al patrimonio dello Stato e, a richiesta, assegnata all'amministrazione che ne ha avuto l'uso ai sensi del comma 6-*ter*. La nave per la quale non sia stata presentata istanza di affidamento o che non sia richiesta in assegnazione dall'amministrazione che ne ha avuto l'uso ai sensi del comma 6-*ter* è, a richiesta, assegnata a pubbliche amministrazioni per fini istituzionali ovvero venduta, anche per parti separate. Gli oneri relativi alla gestione delle navi sono posti a carico delle amministrazioni assegnatarie. Le navi non utilmente impiegabili e rimaste invendute nei due anni dal primo tentativo di vendita sono destinate alla distruzione. Si applicano le disposizioni dell'articolo 301-*bis*, comma 3, del testo unico delle disposizioni legislative in materia doganale, di cui al decreto del Presidente della Repubblica 23 gennaio 1973, n. 43.] [18]

7. Nel corso di operazioni di polizia finalizzate al contrasto delle immigrazioni clandestine, disposte nell'ambito delle direttive di cui all'art. 11, comma 3, gli ufficiali e agenti di pubblica sicurezza operanti nelle province di confine e nelle acque territoriali possono procedere al controllo e alle ispezioni dei mezzi di trasporto e delle cose trasportate, ancorché soggetti a speciale regime doganale, quando, anche in relazione a specifiche circostante di luogo e di tempo sussistono fondati motivi di ritenere che possano essere utilizzati per uno dei reati previsti dal presente articolo. Dell'esito dei controlli e delle ispezioni è redatto processo verbale in appositi moduli, che è trasmesso entro quarantotto ore al procuratore della Repubblica il quale, se ne ricorrono i presupposti, lo convalida nelle successive quarantotto ore. Nelle medesime circostanze gli ufficiali di polizia giudiziaria possono altresì procedere a perquisizioni, con l'osservanza delle disposizioni di cui all'art. 352, commi 3 e 4, del codice di procedura penale.

8. I beni sequestrati nel corso di operazioni di polizia finalizzate alla prevenzione e repressione dei reati previsti dal presente articolo, sono affidati dall autorità giudiziaria procedente in custodia giudiziale, salvo che vi ostino esigenze processuali, agli organi di polizia che ne facciano richiesta per l'impiego in attività di polizia ovvero ad altri organi dello Stato o ad altri enti pubblici per finalità di giustizia, di protezione civile o di tutela ambientale o a enti del Terzo settore, disciplinati dal codice del Terzo settore, di cui al decreto legislativo 3 luglio 2017, n. 117, che ne abbiano fatto espressamente richiesta per fini di interesse generale o per finalità sociali o culturali, i quali provvedono con oneri a proprio carico allo smaltimento delle imbarcazioni eventualmente loro affidate, previa autorizzazione dell'autorità giudiziaria competente. Fino all'operatività del Registro unico nazionale del Terzo settore, istituito dall'articolo 45 del citato codice di cui al decreto legislativo n. 117 del 2017, si considerano enti del Terzo settore gli enti di cui all'articolo 104, comma l, del medesimo codice. I mezzi di trasporto non possono essere in alcun caso alienati. Si applicano, in quanto compatibili, le disposizioni dell'articolo 100, commi 2 e 3, del testo unico delle leggi in materia di disciplina degli stupefacenti e sostanze psicotrope, approvato con decreto del Presidente della Repubblica 9 ottobre 1990, n. 309 [19].

8 bis. Nel caso che non siano state presentate istanze di affidamento per mezzi di trasporto sequestrati, si applicano le disposizioni dell'articolo 301-*bis*, comma 3, del testo unico delle disposizioni legislative in materia doganale, di cui al decreto del Presidente della Repubblica 23 gennaio 1973, n. 43, e successive modificazioni [20].

8 ter. La distruzione può essere direttamente disposta dal Presidente del Consiglio dei Ministri o dalla autorità da lui delegata, previo nullaosta dell'autorità giudiziaria procedente [21].

8 quater. Con il provvedimento che dispone la distruzione ai sensi del comma 8-*ter* sono altresì fissate le modalità di esecuzione [22].

8 quinquies. I beni acquisiti dallo Stato a seguito di provvedimento definitivo di confisca sono, a richiesta, assegnati in via prioritaria all'amministrazione o trasferiti all'ente o, in subordine, agli enti del Terzo settore di cui al comma 8 che ne abbiano avuto l'uso ai sensi del comma 8 ovvero sono alienati o distrutti. Resta fermo che gli enti del Terzo settore di cui al comma 8 provvedono con oneri a proprio carico allo smaltimento delle imbarcazioni eventualmente loro trasferite, previa autorizzazione dell'autorità giudiziaria competente. I mezzi di trasporto non assegnati, o trasferiti per le finalità di cui al comma 8, sono comunque distrutti. Si osservano, in quanto applicabili, le disposizioni vigenti in materia di gestione e destinazione dei beni confiscati. Ai fini della determinazione dell'eventuale indennità, si applica il comma 5 dell'articolo 301-*bis* del citato testo unico di cui al decreto del Presidente della Repubblica 23 gennaio 1973, n. 43, e successive modificazioni [23].

9. Le somme di denaro confiscate a seguito di condanna per uno dei reati previsti dal presente articolo, nonché le somme di denaro ricavate dalla vendita, ove disposta, dei beni confiscati, sono destinate al potenziamento delle attività di prevenzione e repressione dei medesimi reati, anche a livello internazionale mediante interventi finalizzati alla collaborazione e alla assistenza tecnico-operativa con le forze di polizia dei Paesi interessati. A tal fine, le somme affluiscono ad apposito capitolo dell'entrata del bilancio dello Stato per essere assegnate, sulla base di specifiche richieste, ai pertinenti capitoli dello stato di previsione del Ministero dell'interno, rubrica "Sicurezza pubblica".

9 bis. La nave italiana in servizio di polizia, che incontri nel mare territoriale o nella zona contigua, una nave, di cui si ha fondato motivo di ritenere che sia adibita o coinvolta nel trasporto illecito di migranti, può fermarla, sottoporla ad ispezione e, se vengono rinvenuti elementi che confermino il coinvolgimento della nave in un traffico di migranti, sequestrarla conducendo la stessa in un porto dello Stato [24].

9 ter. Le navi della Marina militare, ferme restando le competenze istituzionali in materia di difesa nazionale, possono essere utilizzate per concorrere alle attività di cui al comma 9-*bis* [25].

9 quater. I poteri di cui al comma 9-*bis* possono essere esercitati al di fuori delle acque territoriali, oltre che da parte delle navi della Marina militare, anche da parte delle navi in servizio di polizia, nei limiti consentiti dalla legge, dal diritto internazionale o da accordi bilaterali o multilaterali, se la nave batte la bandiera nazionale o anche quella di altro Stato, ovvero si tratti di una nave senza bandiera o con bandiera di convenienza [26].

9 quinquies. Le modalità di intervento delle navi della Marina militare nonché quelle di raccordo con le attività svolte dalle altre unità navali in servizio di polizia sono definite con decreto interministeriale dei Ministri dell'interno, della difesa, dell'economia e delle finanze e delle infrastrutture e dei trasporti [27].

9 sexies. Le disposizioni di cui ai commi 9-*bis* e 9-*quater* si applicano, in quanto compatibili, anche per i controlli concernenti il traffico aereo [28].

9 septies. Il Dipartimento della pubblica sicurezza del Ministero dell'interno assicura, nell'ambito delle attività di contrasto dell'immigrazione irregolare, la gestione e il monitoraggio, con modalità informatiche, dei procedimenti amministrativi riguardanti le posizioni di ingresso e soggiorno irregolare anche attraverso il Sistema Informativo Automatizzato. A tal fine sono predisposte le necessarie interconnessioni con il Centro elaborazione dati interforze di cui all'articolo 8 della legge 1° aprile 1981, n. 121, con il Sistema informativo Schengen di cui al regolamento CE 1987/2006 del 20 dicembre 2006 nonché con il Sistema Automatizzato di Identificazione delle Impronte ed è assicurato il tempestivo scambio di informazioni con il Sistema gestione accoglienza del Dipartimento per le libertà civili e l'immigrazione del medesimo Ministero dell'interno [29].

(1) Comma sostituito dall'art. 11, co. 1, lett. a), l. 30.7.2002, n. 189 e, successivamente, modificato dall'art. 1 ter, co. 1, lett. a), d.l. 14.9.2004, n. 241, conv., con modif., dalla l. 12.11.2004 n. 271, dall'art. 1, co. 26, lett. a), l. 15.7.2009, n. 94 e, da ultimo modificato dall'art. 8, co. 1, lett. a), d.l. 10.3.2023, n. 20, conv., con modif., dalla l. 5.5.2023, n. 50.

(2) La Corte costituzionale, con sentenza 10.3.2022, n. 63, ha dichiarato l'illegittimità costituzionale della presente lettera, limitatamente alle parole «*o utilizzando servizi internazionali di trasporto ovvero documenti contraffatti o alterati o comunque illegalmente ottenuti*».

(3) Comma sostituito dall'art. 11, co. 1, lett. b), l. 30.7.2002, n. 189 e, successivamente, modificato dall'art. 1 ter, co. 1, lett. b), d.l.

14.9.2004, n. 241, conv., con modif., dalla l. 12.11.2004 n. 271, sostituito dall'art. 1, co. 26, lett. b), l. 15.7.2009, n. 94 e, da ultimo modificato dall'art. 8, co. 1, lett. b) del d.l. 10.3.2023, n. 20, conv., con modif., dalla l. 5.5.2023, n. 50.

(4) Comma introdotto dall'art. 11, co. 1, lett. c), l. 30.7.2002, n. 189; successivamente, modificato dall'art. 1 ter, co. 1, lett. c), d.l. 14.9.2004, n. 241, conv., con modif., dalla l. 12.11.2004 n. 271 e, da ultimo, sostituito dall'art. 1, co. 26, lett. c), l. 15.7.2009, n. 94.

(5) Comma introdotto dall'art. 11, co. 1, lett. c), l. 30.7.2002, n. 189 e, successivamente, modificato dall'art. 1 ter, co. 1, lett. d), d.l. 14.9.2004, n. 241, conv., con modif., dalla l. 12.11.2004 n. 271 e, da ultimo, sostituito dall'art. 1, co. 26, lett. e), l. 15.7.2009, n. 94.

(6) Comma introdotto dall'art. 11, co. 1, lett. c), l. 30.7.2002, n. 189 e, successivamente, modificato dall'art. 5, co. 2, l. 14.2.2003, n. 34.

(7) Comma introdotto dall'art. 11, co. 1, lett. c), l. 30.7.2002, n. 189.

(8) Comma introdotto dall'art. 11, co. 1, lett. c), l. 30.7.2002, n. 189.

(9) Comma introdotto dall'art. 1 ter, co. 1, lett. e), d.l. 14.9.2004, n. 241, conv., con modif., dalla l. 12.11.2004 n. 271 e, successivamente, abrogato dall'art. 9, co. 11, lett. c), l. 16.3.2006, n. 146.

(10) Comma sostituito dall'art. 2, co. 1, d.lgs. 13.4.1999, n. 113 e, successivamente, dall'art. 1, co. 26, lett. e), l. 15.7.2009, n. 94.

(11) Comma introdotto dall'art. 1, co. 26, lett. f), l. 15.7.2009, n. 94. La Corte costituzionale, con sentenza 6.12.2011, n. 331, ha dichiarato l'illegittimità costituzionale di questo comma, nella parte in cui – nel prevedere che, quando sussistono gravi indizi di colpevolezza in ordine ai reati previsti dal co. 3 di questo articolo, è applicata la custodia cautelare in carcere, salvo che siano acquisiti elementi dai quali risulti che non sussistono esigenze cautelari – non fa salva, altresì, l'ipotesi in cui siano acquisiti elementi specifici, in relazione al caso concreto, dai quali risulti che le esigenze cautelari possono essere soddisfatte con altre misure.

(12) Comma introdotto dall'art. 1, co. 26, lett. f), l. 15.7.2009, n. 94.

(13) Comma modificato dall'art. 5, co. 1, d.l. 23.5.2008, n. 92, conv., con modif., dalla l. 24.7.2008, n. 125.

(14) Comma modificato dall'art. 5, co. 1, d.l. 23.5.2008, n. 92, conv., con modif., dalla l. 24.7.2008, n. 125 e, successivamente, modificato dall'art. 1, co. 14, l. 15.7.2009, n. 94.

(15) Comma modificato dall'art. 1, co. 1, lett. b), d.lgs. 7.4.2003, n. 87.

(16) Comma introdotto dall'art. 2, co. 1, d.l. 14.6.2019, n. 53, conv., con modif., dalla l. 8.8.2019, n. 77e poi abrogato dall'art. 1, co. 1, lett. d), d.l. 21.10.2020, n. 130, conv., con modif., dalla l. 18.12.2020, n. 173.

(17) Comma introdotto dall'art. 2, co. 1, d.l. 14.6.2019, n. 53, conv., con modif., dalla l. 8.8.2019, n. 77 e poi abrogato dall'art. 1, co. 1, lett. d), d.l. 21.10.2020, n. 130, conv., con modif., dalla l. 18.12.2020, n. 173.

(18) Comma introdotto dall'art. 2, co. 1, d.l. 14.6.2019, n. 53, conv., con modif., dalla l. 8.8.2019, n. 77e poi abrogato dall'art. 1, co. 1, lett. d), d.l. 21.10.2020, n. 130, conv., con modif., dalla l. 18.12.2020, n. 173.

(19) Comma sostituito dall'art. 2, co. 2, d.lgs. 13.4.1999, n. 113 e poi modificato dall'art. 1 bis, co. 1, lett. a), d.l. 21.10.2020, n. 130, conv., con modif., dalla l. 18.12.2020, n. 173.

(20) Comma introdotto dall'art. 2, co. 3, d.lgs. 13.4.1999, n. 113 e, successivamente, sostituito dall'art. 1, co. 1, d.l. 4.4.2002, n. 51, conv., con modif., dalla l. 7.6.2002, n. 106.

(21) Comma introdotto dall'art. 1, co. 1, d.l. 4.4.2002, n. 51, conv., con modif., dalla l. 7.6.2002, n. 106.

(22) Comma introdotto dall'art. 1, co. 1, d.l. 4.4.2002, n. 51, conv., con modif., dalla l. 7.6.2002, n. 106.

(23) Comma introdotto dall'art. 1, co. 1, d.l. 4.4.2002, n. 51, conv., con modif., dalla l. 7.6.2002, n. 106 e poi modificato dall'art. 1 bis, co. 1, lett. b), d.l. 21.10.2020, n. 130, conv., con modif., dalla l. 18.12.2020, n. 173.

(24) Comma introdotto dall'art. 11, co. 1, lett. d), l. 30.7.2002, n. 189.

(25) Comma introdotto dall'art. 11, co. 1, lett. d), l. 30.7.2002, n. 189.

(26) Comma introdotto dall'art. 11, co. 1, lett. d), l. 30.7.2002, n. 189.

(27) Comma introdotto dall'art. 11, co. 1, lett. d), l. 30.7.2002, n. 189.

(28) Comma introdotto dall'art. 11, co. 1, lett. d), l. 30.7.2002, n. 189.

(29) Comma introdotto dall'art. 18, co. 1, d.l. 17.2.2017, n. 13, conv., con modif., dalla l. 13.4.2017, n. 46.

12 bis. Morte o lesioni come conseguenza di delitti in materia di immigrazione clandestina (1).

1. Chiunque, in violazione delle disposizioni del presente testo unico, promuove, dirige, organizza, finanzia o in qualunque modo effettua il trasporto di stranieri nel territorio dello Stato ovvero compie altri atti diretti a procurarne illegalmente l'ingresso nel territorio dello Stato, ovvero di altro Stato del quale la persona non è cittadina o non ha titolo di residenza permanente, quando il trasporto o l'ingresso sono attuati con modalità tali da esporre le persone a pericolo per la loro vita o per la loro incolumità o sottoponendole a trattamento inumano o degradante, è punito con la reclusione da venti a trenta anni se dal fatto deriva, quale conseguenza non voluta, la morte di più persone. La stessa pena si applica se dal fatto derivano la morte di una o più persone e lesioni gravi o gravissime a una o più persone (2).

2. Se dal fatto deriva la morte di una sola persona, si applica la pena della reclusione da quindici a ventiquattro anni. Se derivano lesioni gravi o gravissime a una o più persone, si applica la pena della reclusione da dieci a venti anni.

3. Nei casi di cui ai commi 1 e 2, la pena è aumentata quando ricorre taluna delle ipotesi di cui all'articolo 12, comma 3, lettere a), d) ed e). La pena è aumentata da un terzo alla metà quando concorrono almeno due delle ipotesi di cui al primo periodo, nonché nei casi previsti dall'articolo 12, comma 3-*ter*.

4. Le circostanze attenuanti, diverse da quelle previste dagli articoli 98 e 114 del codice penale, concorrenti con le aggravanti di cui al comma 3, non possono essere ritenute equivalenti o prevalenti rispetto a queste e le diminuzioni di pena si operano sulla quantità di pena risultante dall'aumento conseguente alle predette aggravanti.

5. Si applicano le disposizioni previste dai commi 3-*quinquies*, 4, 4-*bis* e 4-*ter* dell'articolo 12.

6. Fermo quanto disposto dall'articolo 6 del codice penale, se la condotta è diretta a procurare l'ingresso illegale nel territorio dello Stato, il reato è punito secondo la legge italiana anche quando la morte o le lesioni si verificano al di fuori di tale territorio.

(1) Articolo introdotto dall'art. 8, co. 1, lett. b), d.l. 10.3.2023, n. 20, conv., con modif., dalla l. 5.5.2023, n. 50.

(2) Comma modificato dall'art. 8, co. 1, lett. b), d.l. 10.3.2023, n. 20, conv., con modif., dalla l. 5.5.2023, n. 50.

13. Espulsione amministrativa.

1. Per motivi di ordine pubblico o di sicurezza dello Stato, il Ministro dell'interno può disporre l'espulsione dello straniero anche non residente nel territorio dello Stato, dandone preventiva notizia al Presidente del Consiglio dei Ministri e al Ministro degli affari esteri.

2. L'espulsione è disposta dal prefetto, caso per caso, quando lo straniero (1):

a) è entrato nel territorio dello Stato sottraendosi ai controlli di frontiera e non è stato respinto ai sensi dell'art. 10;

b) si è trattenuto nel territorio dello Stato in assenza della comunicazione di cui all'articolo 27, comma 1-*bis*, o senza avere richiesto la proroga del visto o il permesso di soggiorno nel termine prescritto, salvo che il ritardo sia dipeso da forza maggiore, ovvero quando la proroga del visto o il permesso di soggiorno siano stati revocati o annullati o rifiutati ovvero quando il permesso di soggiorno sia scaduto da più di sessanta giorni e non ne è stato chiesto il rinnovo ovvero se lo straniero si è trattenuto sul territorio dello Stato in violazione dell'articolo 1, comma 3, della legge 28 maggio 2007, n. 68, ovvero quando l'autorizzazione ai viaggi è stata annullata o revocata ovvero se lo straniero è un soggiornante fuori termine ai sensi dell'articolo 3, paragrafo 1, punto 19), del regolamento (UE) 2017/2226, del Parlamento europeo e del Consiglio, del 30 novembre 2017, o nel caso in cui sia scaduta la validità della proroga del visto (2);

c) appartiene a taluna delle categorie indicate negli articoli 1, 4 e 16, del decreto legislativo 6 settembre 2011, n. 159 (3).

2 bis. Nell'adottare il provvedimento di espulsione ai sensi del comma 2, lettere a) e b), nei confronti dello straniero che ha esercitato il diritto al ricongiungimento familiare ovvero del familiare ricongiunto, ai sensi dell'articolo 29, si tiene anche conto della natura e della effettività dei vincoli familiari dell'interessato, della durata del suo soggiorno nel territorio nazionale nonché dell'esistenza di legami familiari, culturali o sociali con il suo Paese d'origine (4).

2 ter. L'espulsione non è disposta, né eseguita coattivamente qualora il provvedimento sia stato già adottato, nei confronti dello straniero identificato in uscita dal territorio nazionale durante i controlli di polizia alle frontiere esterne. In tali casi, lo straniero può essere destinatario di un divieto di reingresso nel territorio dello Stato e si applicano le disposizioni di cui ai commi 13 e 14-*bis*. Il divieto di cui al presente comma decorre dalla data di uscita dal territorio nazionale e opera per un periodo non inferiore a un anno e non superiore a tre anni (5).

2 quater. Salvi i casi di esenzione, è fatto obbligo ai cittadini di Paesi terzi nei cui confronti si applica il regolamento (UE) 2017/2226[,] di fornire i dati biometrici richiesti, ai fini delle verifiche di frontiera previste in uscita dal codice frontiere Schengen di cui al regolamento (UE) 2016/399 del Parlamento europeo e del Consiglio, del 9 marzo 2016. In caso di rifiuto, si applicano le disposizioni di cui al comma 2-*ter* (6).

2 quinquies. L'autorità di frontiera, all'atto della registrazione in uscita dello straniero, informa l'interessato che il divieto di cui al comma 2-*ter* è disposto dal questore del luogo in cui ha sede l'ufficio di frontiera, entro centoventi giorni, tenendo conto di tutte le circostanze pertinenti al singolo caso. L'autorità di frontiera informa altresì lo straniero che, nel caso in cui, in occasione del controllo in uscita, non sia dichiarato un domicilio diverso, le comunicazioni relative all'adozione del provvedimento di divieto saranno notificate, anche con ricorso a modalità telematiche, all'indirizzo fornito in occasione della compilazione del modulo di domanda di autorizzazione ai viaggi o di richiesta del visto ovvero alla rappresentanza diplomatica o consolare italiana del Paese di appartenenza o di stabile residenza ovvero, qualora assenti, del Paese limitrofo. Si applicano comunque le disposizioni di cui all'articolo 2, comma 7. L'autorità di frontiera comunica allo straniero che entro il termine di sessanta giorni decorrenti dalla data del rintraccio in frontiera potrà far pervenire al questore, anche a mezzo del servizio postale o per il tramite della rappresentanza diplomatica o consolare italiana all'estero, le proprie osservazioni o deduzioni (7).

2 sexies. Contro il provvedimento di cui al comma 2-*ter* è ammesso ricorso al tribunale amministrativo regionale nella cui circoscrizione ha sede il questore che ha adottato il provvedimento. La procura al difensore può essere rilasciata innanzi all'autorità consolare italiana competente per territorio (8).

3. L'espulsione è disposta in ogni caso con decreto motivato immediatamente esecutivo, anche se sottoposto a gravame o impugnativa da parte dell'interessato. Quando lo straniero è sottoposto a procedimento penale e non si trova in stato di custodia cautelare in carcere, il questore, prima di eseguire l'espulsione, richiede il nulla osta all'autorità giudiziaria, che può negarlo solo in presenza di inderogabili esigenze processuali valutate in relazione all'accertamento della responsabilità di eventuali concorrenti nel reato o imputati in procedimenti per reati connessi, e all'interesse della persona offesa. In tal caso l'esecuzione del provvedimento è sospesa fino a quando l'autorità giudiziaria comunica la cessazione delle esigenze processuali. Il questore, ottenuto il nulla osta, provvede all'espulsione con le modalità di cui al comma 4. Il nulla osta si intende concesso qualora l'autorità giudiziaria non provveda entro sette giorni dalla data di ricevimento della richiesta. In attesa della decisione sulla richiesta di nulla osta, il questore può adottare la misura del trattenimento presso un centro di permanenza temporanea, ai sensi dell'articolo 14. Salvo quanto previsto all'articolo 235 del codice penale, quando lo straniero è sottoposto a una delle misure amministrative di sicurezza di cui al titolo VIII del libro primo del codice penale, l'espulsione è disposta ai sensi dell'articolo 200, quarto comma, dello stesso codice e del presente testo unico. Il questore, prima di eseguire l'espulsione, richiede il nulla osta al magistrato di sorveglianza che ha disposto la misura. Si applicano le disposizioni di cui al quinto e sesto periodo del presente comma (9).

3 bis. Nel caso di arresto in flagranza o di fermo, il giudice rilascia il nulla osta all'atto della convalida, salvo che applichi la misura della custodia cautelare in carcere ai sensi dell'articolo 391, comma 5, del codice di procedura penale, o che ricorra una delle ragioni per le quali il nulla osta può essere negato ai sensi del comma 3 (10).

3 ter. Le disposizioni di cui al comma 3 si applicano anche allo straniero sottoposto a procedimento penale, dopo che sia stata revocata o dichiarata estinta per qualsiasi ragione la misura della custodia cautelare in carcere applicata nei suoi confronti. Il giudice, con lo stesso provvedimento con il quale revoca o dichiara l'estinzione della misura, decide sul rilascio del nulla osta all'esecuzione dell'espulsione. Il provvedimento è immediatamente comunicato al questore (11).

3 quater. Nei casi previsti dai commi 3, 3-*bis* e 3-*ter*, il giudice, acquisita la prova dell'avvenuta espulsione, se non è ancora stato emesso il provvedimento che dispone il giudizio, pronuncia sentenza di non luogo a procedere. È sempre disposta la confisca delle cose indicate nel secondo comma dell'articolo 240 del codice penale. Si applicano le disposizioni di cui ai commi 13, 13-*bis*, 13-*ter* e 14 (12) (13).

3 quinquies. Se lo straniero espulso rientra illegalmente nel territorio dello Stato prima del termine previsto dal comma 14 ovvero, se di durata superiore, prima del termine di prescrizione del reato più grave per il quale si era proceduto nei suoi confronti, si applica l'articolo 345 del codice di procedura penale. Se lo straniero era stato scarcerato per decorrenza dei termini di durata massima della custodia cautelare, quest'ultima è ripristinata a norma dell'articolo 307 del codice di procedura penale (14).

[**3 sexies.** Il nulla osta all'espulsione non può essere concesso qualora si proceda per uno o più delitti previsti dall'articolo 407, comma 2, lettera a), del codice di procedura penale, nonché dall'articolo 12 del presente testo unico.] (15)

3 septies. Nei confronti dello straniero sottoposto alle pene della permanenza domiciliare o del lavoro di pubblica utilità per i reati di cui all'articolo 10-*bis* o all'articolo 14, commi 5-*ter* e 5-*quater*, l'espulsione prevista dal presente articolo è eseguita in ogni caso e i giorni residui di permanenza domiciliare o di lavoro di pubblica utilità non eseguiti si convertono nella corrispondente pena pecuniaria secondo i criteri di ragguaglio indicati nei commi 2 e 6 dell'articolo 55 del decreto legislativo 28 agosto 2000, n. 274 (16).

4. L'espulsione è eseguita dal questore con accompagnamento alla frontiera a mezzo della forza pubblica:
a) nelle ipotesi di cui ai commi 1 e 2, lettera c), del presente articolo ovvero all'articolo 3, comma 1, del decreto-legge 27 luglio 2005, n. 144, convertito, con modificazioni, dalla legge 31 luglio 2005, n. 155;
b) quando sussiste il rischio di fuga, di cui al comma 4-*bis*;
c) quando la domanda di permesso di soggiorno è stata respinta in quanto manifestamente infondata o fraudolenta;
d) qualora, senza un giustificato motivo, lo straniero non abbia osservato il termine concesso per la partenza volontaria, di cui al comma 5;
e) quando lo straniero abbia violato anche una delle misure di cui al comma 5.2 e di cui all'articolo 14, comma 1-*bis*;
f) nelle ipotesi di cui agli articoli 15 e 16 e nelle altre ipotesi in cui sia stata disposta l'espulsione dello straniero come sanzione penale o come conseguenza di una sanzione penale;
g) nell'ipotesi di cui al comma 5.1 (17).

4-*bis*. Si configura il rischio di fuga di cui al comma 4, lettera b), qualora ricorra almeno una delle seguenti circostanze da cui il prefetto accerti, caso per caso, il pericolo che lo straniero possa sottrarsi alla volontaria esecuzione del provvedimento di espulsione:
a) mancato possesso del passaporto o di altro documento equipollente, in corso di validità;
b) mancanza di idonea documentazione atta a dimostrare la disponibilità di un alloggio ove possa essere agevolmente rintracciato;
c) avere in precedenza dichiarato o attestato falsamente le proprie generalità;
d) non avere ottemperato ad uno dei provvedimenti emessi dalla competente autorità, in applicazione dei commi 5 e 13, nonché dell'articolo 14;
e) avere violato anche una delle misure di cui al comma 5.2 (18).

5. Lo straniero, destinatario di un provvedimento d'espulsione, qualora non ricorrano le condizioni per l'accompagnamento immediato alla frontiera di cui al comma 4, può chiedere al prefetto, ai fini dell'esecuzione dell'espulsione, la concessione di un periodo per la partenza volontaria, anche attraverso programmi di rimpatrio volontario ed assistito, di cui all'articolo 14-*ter*. Il prefetto, valutato il singolo caso, con lo stesso provvedimento di espulsione, intima lo straniero a lasciare volontariamente il territorio nazionale, entro un termine compreso tra 7 e 30 giorni. Tale termine può essere prorogato, ove necessario, per un periodo congruo, commisurato alle circostanze specifiche del caso individuale, quali la durata del soggiorno nel territorio nazionale, l'esistenza di minori che frequentano la scuola ovvero di altri legami familiari e sociali, nonché l'ammissione a programmi di rimpatrio volontario ed assistito, di cui all'articolo 14-*ter*. La questura, acquisita la prova dell'avvenuto rimpatrio dello straniero, avvisa l'autorità giudiziaria competente per l'accertamento del reato previsto dall'articolo 10-*bis*, ai fini di cui al comma 5 del medesimo articolo. Le disposizioni del presente comma non si applicano, comunque, allo straniero destinatario di un provvedimento di respingimento, di cui all'articolo 10 (19).

5.1. Ai fini dell'applicazione del comma 5 la questura provvede a dare adeguata informazione allo straniero della facoltà di richiedere un termine per la partenza volontaria, mediante schede informative plurilingue. In caso di mancata richiesta del termine, l'espulsione è eseguita ai sensi del comma 4 (20).

5.2. Laddove sia concesso un termine per la partenza volontaria, il questore chiede allo straniero di dimostrare la disponibilità di risorse economiche sufficienti derivanti da fonti lecite, per un importo proporzionato al termine concesso, compreso tra una e tre mensilità dell'assegno sociale annuo. Il questore dispone, altresì, una o più delle seguenti misure:

a) consegna del passaporto o altro documento equipollente in corso di validità, da restituire al momento della partenza;
b) obbligo di dimora in un luogo preventivamente individuato, dove possa essere agevolmente rintracciato;
c) obbligo di presentazione, in giorni ed orari stabiliti, presso un ufficio della forza pubblica territorialmente competente. Le misure di cui al secondo periodo sono adottate con provvedimento motivato, che ha effetto dalla notifica all'interessato, disposta ai sensi dell'articolo 3, commi 3 e 4 del regolamento, recante l'avviso che lo stesso ha facoltà di presentare personalmente o a mezzo di difensore memorie o deduzioni al giudice della convalida. Il provvedimento è comunicato entro 48 ore dalla notifica al giudice di pace competente per territorio. Il giudice, se ne ricorrono i presupposti, dispone con decreto la convalida nelle successive 48 ore. Le misure, su istanza dell'interessato, sentito il questore, possono essere modificate o revocate dal giudice di pace. Il contravventore anche solo ad una delle predette misure è punito con la multa da 3.000 a 18.000 euro. In tale ipotesi, ai fini dell'espulsione dello straniero, non è richiesto il rilascio del nulla osta di cui al comma 3 da parte dell'autorità giudiziaria competente all'accertamento del reato. Il questore esegue l'espulsione, disposta ai sensi del comma 4, anche mediante le modalità previste all'articolo 14 [21].

5 bis. Nei casi previsti al comma 4, ad eccezione della lettera f), il questore comunica immediatamente e, comunque, entro quarantotto ore dalla sua adozione, al giudice di pace territorialmente competente il provvedimento con il quale è disposto l'accompagnamento alla frontiera. L'esecuzione del provvedimento del questore di allontanamento dal territorio nazionale è sospesa fino alla decisione sulla convalida. L'udienza per la convalida si svolge in camera di consiglio con la partecipazione necessaria di un difensore tempestivamente avvertito. L'interessato è anch'esso tempestivamente informato e condotto nel luogo in cui il giudice tiene l'udienza. Lo straniero è ammesso all'assistenza legale da parte di un difensore di fiducia munito di procura speciale. Lo straniero è altresì ammesso al gratuito patrocinio a spese dello Stato, e, qualora sia sprovvisto di un difensore, è assistito da un difensore designato dal giudice nell'ambito dei soggetti iscritti nella tabella di cui all'articolo 29 delle norme di attuazione, di coordinamento e transitorie del codice di procedura penale, di cui al decreto legislativo 28 luglio 1989, n. 271, nonché, ove necessario, da un interprete. L'autorità che ha adottato il provvedimento può stare in giudizio personalmente anche avvalendosi di funzionari appositamente delegati. Il giudice provvede alla convalida, con decreto motivato, entro le quarantotto ore successive, verificata l'osservanza dei termini, la sussistenza dei requisiti previsti dal presente articolo e sentito l'interessato, se comparso. In attesa della definizione del procedimento di convalida, lo straniero espulso è trattenuto in uno dei centri di identificazione ed espulsione, di cui all'articolo 14, salvo che il procedimento possa essere definito nel luogo in cui è stato adottato il provvedimento di allontanamento anche prima del trasferimento in uno dei centri disponibili, ovvero salvo nel caso in cui non vi sia disponibilità di posti nei Centri di cui all'articolo 14 [o in quelli ubicati] nel circondario del Tribunale competente. In tale ultima ipotesi il giudice di pace, su richiesta del questore, con il decreto di fissazione dell'udienza di convalida, può autorizzare la temporanea permanenza dello straniero, sino alla definizione del procedimento di convalida in strutture diverse e idonee nella disponibilità dell'Autorità di pubblica sicurezza. Qualora le condizioni di cui al periodo precedente permangono anche dopo l'udienza di convalida, il giudice può autorizzare la permanenza, in locali idonei presso l'ufficio di frontiera interessato, sino all'esecuzione dell'effettivo allontanamento e comunque non oltre le quarantotto ore successive all'udienza di convalida. Quando la convalida è concessa, il provvedimento di accompagnamento alla frontiera diventa esecutivo. Si applicano le disposizioni di cui all'articolo 14, comma 2. Se la convalida non è concessa ovvero non è osservato il termine per la decisione, il provvedimento del questore perde ogni effetto. Avverso il decreto di convalida è proponibile ricorso per cassazione. Il relativo ricorso non sospende l'esecuzione dell'allontanamento dal territorio nazionale. Il termine di quarantotto ore entro il quale il giudice di pace deve provvedere alla convalida decorre dal momento della comunicazione del provvedimento alla cancelleria [22] [23].

5 bis.1. La partecipazione del destinatario del provvedimento all'udienza per la convalida avviene, ove possibile, a distanza mediante collegamento audiovisivo tra l'aula di udienza e il centro di cui all'articolo 14 del presente testo unico nel quale lo straniero è trattenuto, in conformità alle specifiche tecniche stabilite con decreto direttoriale adottato ai sensi dell'articolo 6, comma 5, del decreto legislativo 18 agosto 2015, n. 142, e nel rispetto dei periodi dal quinto al decimo del comma 5 del predetto articolo 6 [24].

5 ter. Al fine di assicurare la tempestività del procedimento di convalida dei provvedimenti di cui ai commi 4 e 5, ed all'articolo 14, comma 1, le questure forniscono al giudice di pace, nei limiti delle risorse disponibili, il supporto occorrente e la disponibilità di un locale idoneo [25].

[6. Negli altri casi l'espulsione contiene l'intimazione a lasciare il territorio dello Stato entro il termine di quindici giorni, e ad osservare le prescrizioni per il viaggio e per la presentazione all'ufficio di polizia di frontiera. Quando l'espulsione è disposta ai sensi del comma 2, lettera b), il questore può adottare la misura di cui all'art. 14, comma 1, qualora il prefetto rilevi, tenuto conto di circostanze obiettive riguardanti l'inserimento sociale, familiare e lavorativo dello straniero, il concreto pericolo che quest'ultimo si sottragga all'esecuzione del provvedimento.] (26)

7. Il decreto di espulsione e il provvedimento di cui al comma 1 dell'art. 14, nonché ogni altro atto concernente l'ingresso, il soggiorno e l'espulsione, sono comunicati all'interessato unitamente all'indicazione delle modalità di impugnazione e ad una traduzione in una lingua da lui conosciuta, ovvero, ove non sia possibile, in lingua francese, inglese o spagnola.

8. Avverso il decreto di espulsione può essere presentato ricorso all'autorità giudiziaria ordinaria. Le controversie di cui al presente comma sono disciplinate dall'articolo 18 del decreto legislativo 1° settembre 2011, n. 150 (27) (28).

[9. Il ricorso, a cui deve essere allegato il provvedimento impugnato, è presentato al pretore del luogo in cui ha sede l'autorità che ha disposto l'espulsione. Nei casi di espulsione con accompagnamento immediato, sempreché sia disposta la misura di cui al comma 1 dell'articolo 14, provvede il pretore competente per la convalida di tale misura. Il pretore accoglie o rigetta il ricorso decidendo con unico provvedimento adottato, in ogni caso, entro dieci giorni dalla data di deposito del ricorso, sentito l'interessato, nei modi di cui agli articoli 737 e seguenti del codice di procedura civile.] (29)

[10. Il ricorso di cui ai commi 8, 9 e 11 può essere sottoscritto anche personalmente. Nel caso di espulsione con accompagnamento immediato il ricorso può essere presentato anche per il tramite della rappresentanza diplomatica o consolare italiana nello Stato di destinazione entro trenta giorni dalla comunicazione del provvedimento; in tali casi, il ricorso può essere sottoscritto anche personalmente dalla parte alla presenza dei funzionari delle rappresentanze diplomatiche o consolari, che provvedono a certificarne l'autenticità e ne curano l'inoltro all'autorità giudiziaria. Lo straniero [è ammesso al gratuito patrocinio a spese dello Stato e,] qualora sia sprovvisto di un difensore, è assistito da un difensore designato dal giudice nell'ambito dei soggetti iscritti nella tabella di cui all'art. 29 delle norme di attuazione, di coordinamento e transitorie del codice di procedura penale approvate con decreto legislativo 28 luglio 1989, n. 271 e successive modificazioni, nonché, ove necessario da un interprete.] (30)

11. Contro il decreto ministeriale di cui al comma 1 del presente articolo e all'articolo 9, comma 10, primo periodo, la tutela giurisdizionale davanti al giudice amministrativo è disciplinata dal codice del processo amministrativo (31).

12. Fatto salvo quanto previsto dall'art. 19, lo straniero espulso è rinviato allo Stato di appartenenza, ovvero, quando ciò non sia possibile, allo Stato di provenienza.

13. Lo straniero destinatario di un provvedimento di espulsione non può rientrare nel territorio dello Stato senza una speciale autorizzazione del Ministro dell'interno. In caso di trasgressione lo straniero è punito con la reclusione da uno a quattro anni ed è nuovamente espulso con accompagnamento immediato alla frontiera. La disposizione di cui al primo periodo del presente comma non si applica nei confronti dello straniero già espulso ai sensi dell'articolo 13, comma 2, lettere a) e b), per il quale è stato autorizzato il ricongiungimento, ai sensi dell'articolo 29 (32).

13 bis. Nel caso di espulsione disposta dal giudice, il trasgressore del divieto di reingresso è punito con la reclusione da uno a quattro anni. Allo straniero che, già denunciato per il reato di cui al comma 13 ed espulso, abbia fatto reingresso sul territorio nazionale si applica la pena della reclusione da uno a cinque anni (33) (34).

13 ter. Per i reati previsti dai commi 13 e 13-*bis* è obbligatorio l'arresto dell'autore del fatto anche fuori dei casi di flagranza e si procede con rito direttissimo (35).

14. Il divieto di cui al comma 13 opera per un periodo non inferiore a tre anni e non superiore a cinque anni, la cui durata è determinata tenendo conto di tutte le circostanze pertinenti il singolo caso. Nei casi di espulsione disposta ai sensi dell'articolo 9, comma 10, nonché ai sensi dei commi 1 e 2, lettera c), del presente articolo ovvero ai sensi dell'articolo 3, comma 1, del decreto-legge 27 luglio 2005, n. 144, convertito, con modificazioni, dalla legge 31 luglio 2005, n. 155, può essere previsto un termine superiore a cinque anni, la cui durata è determinata tenendo conto di tutte le circostanze pertinenti il singolo caso. Per i provvedimenti di espulsione di cui al comma 5, il divieto previsto al comma 13 decorre dalla scadenza del termine assegnato e può essere revocato, su istanza dell'interessato, a condizione che fornisca la prova di avere lasciato il territorio nazionale entro il termine di cui al comma 5 (36).

14 bis. Il divieto di cui al comma 13, anche nel caso di espulsione disposta dal giudice, è registrato dall'autorità di pubblica sicurezza e inserito nel sistema di informazione Schengen, di cui al regolamento (CE) n. 1987/2006 del Parlamento europeo e del Consiglio del 20 dicembre 2006 e comporta il divieto di ingresso e soggiorno nel territorio degli Stati membri della Unione europea, nonché degli Stati non membri cui si applica l'acquis di Schengen (37).

14 ter. In presenza di accordi o intese bilaterali con altri Stati membri dell'Unione europea entrati in vigore in data anteriore al 13 gennaio 2009, lo straniero che si trova nelle condizioni di cui al comma 2 può essere rinviato verso tali Stati (38).

15. Le disposizioni di cui al comma 5 non si applicano allo straniero che dimostri sulla base di elementi obiettivi di essere giunto nel territorio dello Stato prima della data di entrata in vigore della legge 6 marzo 1998, n. 40. In tal caso, il questore può adottare la misura di cui all'art. 14, comma 1.

16. L'onere derivante dal comma 10 del presente articolo è valutato in lire 4 miliardi per l'anno 1997 e in lire 8 miliardi annui a decorrere dall'anno 1998.

(1) Alinea modificato dall'art. 3, co. 1, lett. c), n. 1), lett. a), d.l. 23.6.2011 n. 89, conv., con modif., dalla l. 2.8.2011, n. 129.
(2) Lettera sostituita dall'art. 5, co. 1, lett. a), d.l. 15.2.2007, n. 10, conv., con modif., dalla l. 6.4.2007 n. 46 e, successivamente, dall'art. 3, co. 1, lett. c), n. 1), lett. b), d.l. 23.6.2011 n. 89, conv., con modif., dalla l. 2.8.2011, n. 129, modificata dall'art. 16, co. 1, lett. d), l. 23.12.2021, n. 238. Da ultimo modificata dall'art. 18, co. 1, lett. d), n. 1), d.l. 13.6.2023, n. 69, conv., con modif., dalla l. 10.8.2023, n. 103.
(3) Lettera sostituita dall'art. 75 bis, co. 2, d.lgs. 6.9.2011, n. 159, come modificato dall'art. 4, co. 2, d.l. 18.2.2015 n. 7, conv., con modif., dalla l. 17.4.2015, n. 43.
(4) Comma introdotto dall'art. 2, co. 1, lett. c), n. 1, d.lgs. 8.1.2007, n. 5.
(5) Comma introdotto dall'art. 3, co. 1, lett. c), n. 2), d.l. 23.6.2011 n. 89, conv., con modif., dalla l. 2.8.2011, n. 129. Da ultimo modificato dall'art. 18, co. 1, lett. d), n. 2) del d.l. 13.6.2023, n. 69, conv., con modif., dalla l. 10.8.2023, n. 103.
(6) Comma introdotto dall'art. 18, co. 1, lett. d), n. 3), d.l. 13.6.2023, n. 69, conv., con modif., dalla l. 10.8.2023, n. 103.
(7) Comma introdotto dall'art. 18, co. 1, lett. d), n. 3), d.l. 13.6.2023, n. 69, conv., con modif., dalla l. 10.8.2023, n. 103.
(8) Comma introdotto dall'art. 18, co. 1, lett. d), n. 3), d.l. 13.6.2023, n. 69, conv., con modif., dalla l. 10.8.2023, n. 103.
(9) Comma sostituito dall'art. 12, co. 1, lett. a), l. 30.7.2002, n. 189, successivamente, modificato dall'art. 5, co. 1 bis, d.l. 23.5.2008, n. 92, conv., con modif., dalla l. 24.7.2008, n. 125 e da ultimo dall'art. 1, co. 1, lett. c), n. 1), d.l. 5.10.2023, n. 133, conv., con modif., dalla l. 1.12.2023, n. 176.
(10) Comma introdotto dall'art. 12, co. 1, lett. b), l. 30.7.2002, n. 189.
(11) Comma introdotto dall'art. 12, co. 1, lett. b), l. 30.7.2002, n. 189.
(12) Comma introdotto dall'art. 12, co. 1, lett. b), l. 30.7.2002, n. 189.
(13) La Corte costituzionale, con sentenza 13.12.2019, n. 270, ha dichiarato l'illegittimità costituzionale di questo comma, nella parte in cui non prevede che, nei casi di decreto di citazione diretta a giudizio ai sensi dell'art. 550 del codice di procedura penale, il giudice possa rilevare, anche d'ufficio, che l'espulsione dell'imputato straniero è stata eseguita prima che sia stato emesso il provvedimento che dispone il giudizio e che ricorrono tutte le condizioni per pronunciare sentenza di non luogo a procedere.
(14) Comma introdotto dall'art. 12, co. 1, lett. b), l. 30.7.2002, n. 189.
(15) Comma introdotto dall'art. 12, co. 1, lett. b), l. 30.7.2002, n. 189 e, successivamente, abrogato dall'art. 3, co. 7, d.l. 27.7.2005, n. 144, conv., con modif., dalla l. 31.7.2005, n. 155.
(16) Comma introdotto dall'art. 3, co. 1, lett. c), l. 30.10.2014, n. 161.
(17) Comma sostituito dall'art. 12, co. 1, lett. c), l. 30.7.2002, n. 189 e, successivamente, art. 3, co. 1, lett. c), n. 3), d.l. 23.6.2011 n. 89, conv., con modif., dalla l. 2.8.2011, n. 129.
(18) Comma introdotto dall'art. 3, co. 1, lett. c), n. 4), d.l. 23.6.2011 n. 89, conv., con modif., dalla l. 2.8.2011, n. 129.
(19) Comma sostituito dall'art. 12, co. 1, lett. d), l. 30.7.2002, n. 189 e, successivamente, art. 3, co. 1, lett. c), n. 5), d.l. 23.6.2011 n. 89, conv., con modif., dalla l. 2.8.2011, n. 129.
(20) Comma introdotto dall'art. 3, co. 1, lett. c), n. 6), d.l. 23.6.2011 n. 89, conv., con modif., dalla l. 2.8.2011, n. 129.
(21) Comma introdotto dall'art. 3, co. 1, lett. c), n. 6), d.l. 23.6.2011 n. 89, conv., con modif., dalla l. 2.8.2011, n. 129.
(22) Comma introdotto dall'art. 2, co. 1, d.l. 4.4.2002, n. 51, conv., con modif., dalla l. 7.6.2002, n. 106. Successivamente sostituito dall'art. 1, co. 1, d.l. 14.9.2004, n. 241, conv., con modif., dalla l. 12.11.2004, n. 271; in seguito modificato dall'art. 3, co. 1, lett. c), n. 7), d.l. 23.6.2011 n. 89, conv., con modif., dalla l. 2.8.2011, n. 129, sostituito dall'art. 34, co. 19, lett. a), d.lgs. 1.9.2011, n. 150; dall'art. 4, co. 1, d.l. 4.10.2018, n. 113, conv., con modif., dalla l. 1.12.2018, n. 132, modificato dall'art. 3, co. 1, lett. b), d.l. 21.10.2020, n. 130, conv., con modif., dalla l. 18.12.2020, n. 173 e, da ultimo dall'art. 9, co. 2, d.l. 10.3.2023, n. 20, conv., con modif., dalla l. 5.5.2023, n. 50.
(23) La Corte costituzionale, con sentenza 15.7.2004, n. 222, ha dichiarato l'illegittimità costituzionale di questo comma, nel testo precedente alla sostituzione, nella parte in cui non prevedeva che il giudizio di convalida debba svolgersi in contraddittorio prima dell'esecuzione del provvedimento di accompagnamento alla frontiera, con le garanzie della difesa.
(24) Comma introdotto dall'art. 7 quater, co. 1, lett. a), d.l. 10.3.2023, n. 20, conv., con modif., dalla l. 5.5.2023, n. 50.
(25) Comma introdotto dall'art. 1, co. 1, d.l. 14.9.2004, n. 241, conv., con modif., dalla l. 12.11.2004, n. 271.
(26) Comma abrogato dall'art. 12, co. 1, lett. f), l. 30.7.2002, n. 189.
(27) Comma sostituito dall'art. 12, co. 1, lett. e), l. 30.7.2002, n. 189. Successivamente modificato dall'art. 1, co. 2, d.l. 14.9.2004, n. 241, conv., con modif., dalla l. 12.11.2004, n. 271 e, da ultimo, sostituito dall'art. 34, co. 19, lett. b), d.lgs. 1.9.2011, n. 150.
(28) La Corte costituzionale, con sentenza 16.7.2008, n. 278 ha dichiarato l'illegittimità costituzionale di questo comma, nella parte in cui non consente l'utilizzo del servizio postale per la proposizione diretta, da parte dello straniero, del ricorso avverso il decreto prefettizio di espulsione, quando sia stata accertata l'identità del ricorrente in applicazione della normativa vigente.
(29) Comma sostituito dall'art. 3, co. 1, d.lgs. 13.4.1999, n. 113 e, successivamente, abrogato dall'art. 12, co. 1, lett. f), l. 30.7.2002, n. 189.
(30) Comma modificato dall'art. 299, co. 1, d.P.R. 30.5.2002, n. 115 e, successivamente, abrogato dall'art. 12, co. 1, lett. f), l. 30.7.2002, n. 189.
(31) Comma sostituito dall'art. 3, co. 7, dell'Allegato 4 al d.lgs. 2.7.2010, n. 104 e poi modificato dall'art. 1, co. 1, lett. c), n. 2), d.l. 5.10.2023, n. 133, conv., con modif., dalla l. 1.12.2023, n. 176.
(32) Comma sostituito dall'art. 12, co. 1, lett. g), l. 30.7.2002, n. 189 e poi modificato dall'art. 1, co. 2 ter, d.l. 14.9.2004, n. 241, conv., con modif., dalla l. 12.11.2004, n. 271, dall'art. 2, co. 1, lett. c), n. 2, d.lgs. 8.1.2007, n. 5 e, da ultimo dall'art. 3, co. 1, lett. c), n. 8), d.l. 23.6.2011, n. 89, conv., con modif., dalla l. 2.8.2011, n. 129.
(33) Comma introdotto dall'art. 12, co. 1, lett. g), l. 30.7.2002, n. 189 e poi modificato dall'art. 1, co. 2 ter, d.l. 14.9.2004, n. 241, conv., con modif., dalla l. 12.11.2004, n. 271.
(34) La Corte costituzionale, con sentenza 28.12.2005, n. 466, ha dichiarato l'illegittimità costituzionale del secondo periodo del presente comma.
(35) Comma introdotto dall'art. 12, co. 1, lett. g), l. 30.7.2002, n. 189 e poi sostituito dall'art. 1, co. 2 ter, d.l. 14.9.2004, n. 241, conv., con modif., dalla l. 12.11.2004, n. 271.
(36) Comma sostituito dall'art. 3, co. 1, lett. c), n. 9), d.l. 23.6.2011 n. 89, conv., con modif., dalla l. 2.8.2011, n. 129 e poi modificato dall'art. 1, co. 1, lett. c), n. 3), d.l. 5.10.2023, n. 133, conv., con modif., dalla l. 1.12.2023, n. 176.
(37) Comma introdotto dall'art. 3, co. 1, lett. d), l. 30.10.2014, n. 161 e poi modificato dall'art. 5, co. 1, d.l. 4.10.2018, n. 113, conv., con modif., dalla l. 1.12.2018, n. 132. Da ultimo dall'art. 18, co. 1, lett. d), n. 4), d.l. 13.6.2023, n. 69, conv., con modif., dalla l. 10.8.2023, n. 103.
(38) Comma introdotto dall'art. 3, co. 1, lett. d), l. 30.10.2014, n. 161.

13 bis. Partecipazione dell'amministrazione nei procedimenti in camera di consiglio [1].

[1. Se il ricorso di cui all'art. 13 è tempestivamente proposto, il giudice di pace fissa l'udienza in camera di consiglio con decreto, steso in calce al ricorso. Il ricorso presentato fuori dei termini è inammissibile. Il ricorso con in calce il provvedimento del giudice è notificato, a cura della cancelleria, all'autorità che ha emesso il provvedimento [2].

2. L'autorità che ha emesso il decreto di espulsione può stare in giudizio personalmente o avvalersi di funzionari appositamente delegati. La stessa facoltà può essere esercitata nel procedimento di cui all'articolo 14, comma 4.

3. Gli atti del procedimento e la decisione sono esenti da ogni tassa e imposta.

4. La decisione non è reclamabile, ma è impugnabile per Cassazione.] [3]

(1) Articolo introdotto dall'art. 4, d.lgs. 13.4.1999, n. 113.
(2) Comma modificato dall'art. 28, co. 1, l. 30.7.2002, n. 189 e poi dall'art. 1, co. 3, d.l. 14.9.2004, n. 241, conv., con modif., dalla l. 12.11.2004 n. 271.
(3) Articolo abrogato dall'art. 34, co. 19, lett. c), d.lgs. 1.9.2011 n. 150.

14. Esecuzione dell'espulsione.

1. Quando non è possibile eseguire con immediatezza l'espulsione mediante accompagnamento alla frontiera o il respingimento, a causa di situazioni transitorie che ostacolano la preparazione del rimpatrio o l'effettuazione dell'allontanamento, il questore dispone che lo straniero sia trattenuto per il tempo strettamente necessario presso il centro di permanenza per i rimpatri più vicino, tra quelli individuati o costituiti con decreto del Ministro dell'interno, di concerto con il Ministro dell'economia e delle finanze. A tal fine effettua richiesta di assegnazione del posto alla Direzione centrale dell'immigrazione e della polizia delle frontiere del Dipartimento della pubblica sicurezza del Ministero dell'interno, di cui all'articolo 35 della legge 30 luglio 2002, n. 189. Tra le situazioni che legittimano il trattenimento rientrano, oltre a quelle indicate all'articolo 13, comma 4-*bis*, anche quelle riconducibili alla necessità di prestare soccorso allo straniero o di effettuare accertamenti supplementari in ordine alla sua identità o nazionalità ovvero di acquisire i documenti per il viaggio o la disponibilità di un mezzo di trasporto idoneo [1].

1.1. Il trattenimento dello straniero di cui non è possibile eseguire con immediatezza l'espulsione o il respingimento alla frontiera è disposto con priorità per coloro che siano considerati una minaccia per l'ordine e la sicurezza pubblica o che siano stati condannati, anche con sentenza non definitiva, per i reati di cui all'articolo 4, comma 3, terzo periodo, e all'articolo 5, comma 5-*bis*, nonché per coloro che siano cittadini di Paesi terzi con i quali sono vigenti accordi di cooperazione o altre intese in materia di rimpatrio, o che provengano da essi [2].

1 bis. Nei casi in cui lo straniero è in possesso di passaporto o altro documento equipollente in corso di validità e l'espulsione non è stata disposta ai sensi dell'articolo 9, comma 10, e dell'articolo 13, commi 1 e 2, lettera c), del presente testo unico o ai sensi dell'articolo 3, comma 1, del decreto-legge 27 luglio 2005, n. 144, convertito, con modificazioni, dalla legge 31 luglio 2005, n. 155, il questore, in luogo del trattenimento di cui al comma 1, può disporre una o più delle seguenti misure:

a) consegna del passaporto o altro documento equipollente in corso di validità, da restituire al momento della partenza;
b) obbligo di dimora in un luogo preventivamente individuato, dove possa essere agevolmente rintracciato;
c) obbligo di presentazione, in giorni ed orari stabiliti, presso un ufficio della forza pubblica territorialmente competente.

Le misure di cui al primo periodo sono adottate con provvedimento motivato, che ha effetto dalla notifica all'interessato, disposta ai sensi dell'articolo 3, commi 3 e 4 del regolamento, recante l'avviso che lo stesso ha facoltà di presentare personalmente o a mezzo di difensore memorie o deduzioni al giudice della convalida. Il provvedimento è comunicato entro 48 ore dalla notifica al giudice di pace competente per territorio. Il giudice, se ne ricorrono i presupposti, dispone con decreto la convalida nelle successive 48 ore. Le misure, su istanza dell'interessato, sentito il questore, possono essere modificate o revocate dal giudice di pace. Il contravventore anche solo ad una delle predette misure è punito con la multa da 3.000 a 18.000 euro. In tale ipotesi, ai fini dell'espulsione dello straniero non è richiesto il rilascio del nulla osta di cui all'articolo 13, comma 3, da parte dell'autorità giudiziaria competente all'accertamento del reato. Qualora non sia possibile l'accompagnamento immediato alla frontiera, con le modalità di cui all'articolo 13, comma 3, il questore provvede ai sensi dei commi 1 o 5-*bis* del presente articolo [3].

2. Lo straniero è trattenuto nel centro, presso cui sono assicurati adeguati standard igienico-sanitari e abitativi, con modalità tali da assicurare la necessaria informazione relativa al suo status, l'assistenza e il pieno rispetto della sua dignità, secondo quanto disposto dall'articolo 21, comma 8, del decreto del Presidente della Repubblica 31 agosto 1999, n. 394. Oltre a quanto previsto dall'articolo 2, comma 6, è assicurata in ogni caso la libertà di corrispondenza anche telefonica con l'esterno [4].

2 bis. Lo straniero trattenuto può rivolgere istanze o reclami orali o scritti, anche in busta chiusa, al Garante nazionale e ai garanti regionali o locali dei diritti delle persone [detenute o] private della libertà personale [5].

3. Il questore del luogo in cui si trova il centro trasmette copia degli atti al giudice di pace territorialmente competente, per la convalida, senza ritardo e comunque entro le quarantotto ore dall'adozione del provvedimento [6].

4. L'udienza per la convalida si svolge in camera di consiglio con la partecipazione necessaria di un difensore tempestivamente avvertito. L'interessato è anch'esso tempestivamente informato e condotto nel luogo in cui il giudice tiene l'udienza. Lo straniero è ammesso all'assistenza legale da parte di un difensore di fiducia munito di procura speciale. Lo straniero è altresì ammesso al gratuito patrocinio a spese dello Stato, e, qualora sia sprovvisto di un difensore, è assistito da un difensore designato dal giudice nell'ambito dei soggetti iscritti nella tabella di cui all'articolo 29 delle norme di attuazione, di coordinamento e transitorie del codice di procedura penale, di cui al decreto legislativo 28 luglio 1989, n. 271, nonché, ove necessario, da un interprete. L'autorità che ha adottato il provvedimento può stare in giudizio personalmente anche avvalendosi di funzionari appositamente delegati. Il giudice provvede alla convalida, con decreto motivato, entro le quarantotto ore successive, verificata l'osservanza dei termini, la sussistenza dei requisiti previsti dall'articolo 13 e dal presente articolo, escluso il requisito della vicinanza del centro di permanenza per i rimpatri di cui al comma 1, e sentito l'interessato, se comparso. Il provvedimento cessa di avere ogni effetto qualora non sia osservato il termine per la decisione. La convalida può essere disposta anche in occasione della convalida del decreto di accompagnamento alla frontiera, nonché in sede di esame del ricorso avverso il provvedimento di espulsione (7).

4 bis. La partecipazione del destinatario del provvedimento all'udienza per la convalida avviene, ove possibile, a distanza mediante collegamento audiovisivo tra l'aula di udienza e il centro di cui al comma 1 nel quale lo straniero è trattenuto, in conformità alle specifiche tecniche stabilite con decreto direttoriale adottato ai sensi dell'articolo 6, comma 5, del decreto legislativo 18 agosto 2015, n. 142, e nel rispetto dei periodi dal quinto al decimo del comma 5 del predetto articolo 6 (8).

5. La convalida comporta la permanenza nel centro per un periodo di complessivi tre mesi. Qualora l'accertamento dell'identità e della nazionalità ovvero l'acquisizione di documenti per il viaggio presenti gravi difficoltà, il giudice, su richiesta del questore, può prorogare il termine di ulteriori tre mesi. Anche prima di tale termine, il questore esegue l'espulsione o il respingimento, dandone comunicazione senza ritardo al giudice. Il termine complessivo di sei mesi può essere prorogato dal giudice, su richiesta del questore, per ulteriori periodi di tre mesi e per una durata complessiva non superiore ad altri dodici mesi, nei casi in cui, nonostante sia stato compiuto ogni ragionevole sforzo, l'operazione di allontanamento sia durata più a lungo a causa della mancata cooperazione da parte dello straniero o dei ritardi nell'ottenimento della necessaria documentazione dai Paesi terzi. Lo straniero che sia già stato trattenuto presso le strutture carcerarie per un periodo pari a quello di sei mesi può essere trattenuto presso il centro alle condizioni e per la durata indicati nel periodo precedente. Nei confronti dello straniero a qualsiasi titolo detenuto, la direzione della struttura penitenziaria richiede al questore del luogo le informazioni sull'identità e sulla nazionalità dello stesso. Nei medesimi casi il questore avvia la procedura di identificazione interessando le competenti autorità diplomatiche. Ai soli fini dell'identificazione, l'autorità giudiziaria, su richiesta del questore, dispone la traduzione del detenuto presso il più vicino posto di polizia per il tempo strettamente necessario al compimento di tali operazioni. A tal fine il Ministro dell'interno e il Ministro della giustizia adottano i necessari strumenti di coordinamento (9).

5 bis. Allo scopo di porre fine al soggiorno illegale dello straniero e di adottare le misure necessarie per eseguire immediatamente il provvedimento di espulsione o di respingimento, il questore ordina allo straniero di lasciare il territorio dello Stato entro il termine di sette giorni, qualora non sia stato possibile trattenerlo in un centro di permanenza per i rimpatri, ovvero la permanenza presso tale struttura non ne abbia consentito l'allontanamento dal territorio nazionale, ovvero dalle circostanze concrete non emerga più alcuna prospettiva ragionevole che l'allontanamento possa essere eseguito e che lo straniero possa essere riaccolto dallo Stato di origine o di provenienza. L'ordine è dato con provvedimento scritto, recante l'indicazione, in caso di violazione, delle conseguenze sanzionatorie. L'ordine del questore può essere accompagnato dalla consegna all'interessato, anche su sua richiesta, della documentazione necessaria per raggiungere gli uffici della rappresentanza diplomatica del suo Paese in Italia, anche se onoraria, nonché per rientrare nello Stato di appartenenza ovvero, quando ciò non sia possibile, nello Stato di provenienza, compreso il titolo di viaggio (10).

5 ter. La violazione dell'ordine di cui al comma 5-*bis* è punita, salvo che sussista il giustificato motivo, con la multa da 10.000 a 20.000 euro, in caso di respingimento o espulsione disposta ai sensi dell'articolo 13, comma 4, o se lo straniero, ammesso ai programmi di rimpatrio volontario ed assistito, di cui all'articolo 14-*ter*, vi si sia sottratto. Si applica la multa da 6.000 a 15.000 euro se l'espulsione è stata disposta in base all'articolo 13, comma 5. Valutato il singolo caso e tenuto conto dell'articolo 13, commi 4 e 5, salvo che lo straniero si trovi in stato di detenzione in carcere, si procede all'adozione di un nuovo provvedimento di espulsione per violazione all'ordine di allontanamento adottato dal questore ai sensi del comma 5-*bis* del presente articolo. Qualora non sia possibile procedere all'accompagnamento alla frontiera, si applicano le disposizioni di cui ai commi 1 e 5-*bis* del presente articolo, nonché, ricorrendone i presupposti, quelle di cui all'articolo 13, comma 3 (11).

5 quater. La violazione dell'ordine disposto ai sensi del comma 5-*ter*, terzo periodo, è punita, salvo giustificato motivo, con la multa da 15.000 a 30.000 euro. Si applicano, in ogni caso, le disposizioni di cui al comma 5-*ter*, quarto periodo (12) (13).

5 quater.1. Nella valutazione della condotta tenuta dallo straniero destinatario dell'ordine del questore, di cui ai commi 5-*ter* e 5-*quater*, il giudice accerta anche l'eventuale consegna all'interessato della documentazione di cui al comma 5-*bis*, la cooperazione resa dallo stesso ai fini dell'esecuzione del provvedimento di allontanamento, in particolare attraverso l'esibizione d'idonea documentazione (14).

5 quinquies. Al procedimento penale per i reati di cui agli articoli 5-*ter* e 5-*quater* si applicano le disposizioni di cui agli articoli 20-*bis*, 20-*ter* e 32-*bis*, del decreto legislativo 28 agosto 2000, n. 274 [15] [16].

5 sexies. Ai fini dell'esecuzione dell'espulsione dello straniero denunciato ai sensi dei commi 5-*ter* e 5-*quater*, non è richiesto il rilascio del nulla osta di cui all'articolo 13, comma 3, da parte dell'autorità giudiziaria competente all'accertamento del medesimo reato. Il questore comunica l'avvenuta esecuzione dell'espulsione all'autorità giudiziaria competente all'accertamento del reato [17].

5 septies. Il giudice, acquisita la notizia dell'esecuzione dell'espulsione, pronuncia sentenza di non luogo a procedere. Se lo straniero rientra illegalmente nel territorio dello Stato prima del termine previsto dall'articolo 13, comma 14, si applica l'articolo 345 del codice di procedura penale [18].

6. Contro i decreti di convalida e di proroga di cui al comma 5 è proponibile ricorso per cassazione. Il relativo ricorso non sospende l'esecuzione della misura.

7. Il questore, avvalendosi della forza pubblica, adotta efficaci misure di vigilanza affinché lo straniero non si allontani indebitamente dal centro e provvede, nel caso la misura sia violata, a ripristinare il trattenimento mediante l'adozione di un nuovo provvedimento di trattenimento. Il periodo di trattenimento disposto dal nuovo provvedimento è computato nel termine massimo per il trattenimento indicato dal comma 5 [19].

7 bis. Nei casi di delitti commessi con violenza alle persone o alle cose in occasione o a causa del trattenimento in uno dei centri di cui al presente articolo o durante la permanenza in una delle strutture di cui all'articolo 10-*ter* o in uno dei centri di cui agli articoli 9 e 11 del decreto legislativo 18 agosto 2015, n. 142, ovvero in una delle strutture di cui all'articolo 1-*sexies* del decreto-legge 30 dicembre 1989, n. 416, convertito, con modificazioni, dalla legge 28 febbraio 1990, n. 39, per i quali è obbligatorio o facoltativo l'arresto ai sensi degli articoli 380 e 381 del codice di procedura penale, quando non è possibile procedere immediatamente all'arresto per ragioni di sicurezza o incolumità pubblica, si considera in stato di flagranza ai sensi dell'articolo 382 del codice di procedura penale colui il quale, anche sulla base di documentazione video o fotografica, risulta essere autore del fatto e l'arresto è consentito entro quarantotto ore dal fatto [20].

7 ter. Per i delitti indicati nel comma 7-*bis* si procede sempre con giudizio direttissimo, salvo che siano necessarie speciali indagini [21].

8. Ai fini dell'accompagnamento anche collettivo alla frontiera, possono essere stipulale convenzioni con soggetti che esercitano trasporti di linea o con organismi anche internazionali che svolgono attività di assistenza per stranieri.

9. Oltre a quanto previsto dal regolamento di attuazione e dalle norme in materia di giurisdizione, il Ministro dell'interno adotta i provvedimenti occorrenti per l'esecuzione di quanto disposto dal presente articolo, anche mediante convenzioni con altre amministrazioni dello Stato, con gli enti locali, con i proprietari o concessionari di aree, strutture e altre installazioni nonché per la fornitura di beni e servizi. Eventuali deroghe alle disposizioni vigenti in materia finanziaria e di contabilità sono adottate di concerto con il Ministro del tesoro, del bilancio e della programmazione economica. Il Ministro dell'interno promuove inoltre le intese occorrenti per gli interventi di competenza di altri Ministri.

(1) Comma sostituito dall'art. 3, co. 1, lett. d), n. 1), d.l. 23.6.2011, n. 89, conv., con modif., dalla l. 2.8.2011, n. 129 e poi modificato dall'art. 19, co. 1, d.l. 17.2.2017, n. 13, conv., con modif., dalla l. 13.4.2017, n. 46e dall'art. 3, co. 1, lett. c), d.l. 21.10.2020, n. 130, conv., con modif., dalla l. 18.12.2020, n. 173.

(2) Comma introdotto dall'art. 3, co. 1, lett. c), d.l. 21.10.2020, n. 130, conv., con modif., dalla l. 18.12.2020, n. 173.

(3) Comma introdotto dall'art. 3, co. 1, lett. d), n. 2), d.l. 23.6.2011, n. 89, conv., con modif., dalla l. 2.8.2011, n. 129 e poi modificato dall'art. 1, co. 1, lett. d), d.l. 5.10.2023, n. 133, conv., con modif., dalla l. 1.12.2023, n. 176.

(4) Comma sostituito dall'art. 3, co. 4, lett. a), d.l. 21.10.2020, n. 130, conv., con modif., dalla l. 18.12.2020, n. 173.

(5) Comma introdotto dall'art. 3, co. 4, lett. b), d.l. 21.10.2020, n. 130, conv., con modif., dalla l. 18.12.2020, n. 173.

(6) Comma modificato dall'art. 28, co. 1, l. 30.7.2002, n. 189 e, successivamente, dall'art. 1, co. 4, d.l. 14.9.2004, n. 241, conv., con modif., dalla l. 12.11.2004 n. 271.

(7) Comma sostituito dall'art. 1, co. 5, d.l. 14.9.2004, n. 241, conv., con modif., dalla l. 12.11.2004 n. 271, successivamente, dall'art. 34, co. 19, lett. d), d.lgs. 1.9.2011, n. 150 e da ultimo modificato dall'art. 19, co. 1, d.l. 17.2.2017, n. 13, conv., con modif., dalla l. 13.4.2017, n. 46.

(8) Comma introdotto dall'art. 7 quater, co. 1, lett. b), d.l. 10.3.2023, n. 20, conv., con modif., dalla l. 5.5.2023, n. 50.

(9) Comma sostituito dall'art. 13, co. 1, lett. a), l. 30.7.2002, n. 189; dall'art. 1, co. 22, lett. l), l. 15.7.2009, n. 94; dall'art. 3, co. 1, lett. d), n. 3), d.l. 23.6.2011, n. 89, conv., con modif., dalla l. 2.8.2011, n. 129, dall'art. 3, co. 1, lett. e), l. 30.10.2014, n. 161 Successivamente modificato dall'art. 19, co. 1, d.l. 17.2.2017, n. 13, conv., con modif., dalla l. 13.4.2017, n. 46, dall'art. 2, co. 1, d.l. 4.10.2018, n. 113, conv., con modif., dalla l. 1.12.2018, n. 132 e dall'art. 3, co. 1, lett. c), d.l. 21.10.2020, n. 130, conv., con modif., dalla l. 18.12.2020, n. 173 e da ultimo dall'art. 10 bis, co. 1, d.l. 10.3.2023, n. 20, conv., con modif., dalla l. 5.5.2023, n. 50. Da ultimo comma sostituito dall'art. 20, co. 1, d.l. 19.9.2023, n. 124, conv., con modif., dalla l. 13.11.2023, n. 162.

(10) Comma introdotto dall'art. 13, co. 1, lett. b), l. 30.7.2002, n. 189. Successivamente, sostituito dall'art. 1, co. 22, lett. m), l. 15.7.2009, n. 94 e dall'art. 3, co. 1, lett. d), n. 4), d.l. 23.6.2011, n. 89, conv., con modif., dalla l. 2.8.2011, n. 129 e da ultimo, modificato dall'art. 3, co. 1, lett. f), l. 30.10.2014, n. 161 e dall'art. 19, co. 1, d.l. 17.2.2017, n. 13, conv., con modif., dalla l. 13.4.2017, n. 46.

(11) Comma introdotto dall'art. 13, co. 1, lett. b), l. 30.7.2002, n. 189. Successivamente sostituito dall'art. 1, co. 5 bis, d.l. 14.9.2004, n. 241, conv., con modif., dalla l. 12.11.2004 n. 271; dall'art. 1, co. 22, lett. m), l. 15.7.2009, n. 94e, da ultimo, dall'art. 3, co. 1, lett. d), n. 5), d.l. 23.6.2011, n. 89, conv., con modif., dalla l. 2.8.2011, n. 129.

(12) Comma introdotto dall'art. 13, co. 1, lett. b), l. 30.7.2002, n. 189. Successivamente sostituito dall'art. 1, co. 5 bis, d.l. 14.9.2004, n. 241, conv., con modif., dalla l. 12.11.2004 n. 271; dall art. 1, co. 22, lett. m), l. 15.7.2009, n. 94e, da ultimo, dall'art. 3, co 1, lett. d), n. 6), d.l. 23.6.2011, n. 89, conv., con modif., dalla l. 2.8.2011, n. 129.

(13) La Corte costituzionale, con sentenza 17.12.2010, n. 359, aveva dichiarato l'illegittimità costituzionale del presente comma, come modificato dall'art. 1, co. 22, lett. m), l. 15.7.2009, n. 94 (Disposi-

zioni in materia di sicurezza pubblica), nella parte in cui non dispone che l'inottemperanza all'ordine di allontanamento, secondo quanto già previsto per la condotta di cui al precedente co. 5 ter, sia punita nel solo caso che abbia luogo «*senza giustificato motivo*».
(14) Comma introdotto dall'art. 3, co. 1, lett. d), n. 7), d.l. 23.6.2011, n. 89, conv., con modif., dalla l. 2.8.2011, n. 129.
(15) Comma introdotto dall'art. 13, co. 1, lett. b), l. 30.7.2002, n. 189. Successivamente sostituito dall'art. 1, co. 6, d.l. 14.9.2004, n. 241, conv., con modif., dalla l. 12.11.2004 n. 271; dall'art. 1, co. 22, lett. m), l. 15.7.2009, n. 94 e, da ultimo, dall'art. 3, co. 1, lett. d), n. 8), d.l. 23.6.2011, n. 89, conv., con modif., dalla l. 2.8.2011, n. 129.
(16) La Corte costituzionale, con sentenza 15.7.2004, n. 223, aveva dichiarato l'illegittimità costituzionale del presente comma, nel testo precedente alla sostituzione, nella parte in cui stabiliva che per il reato previsto dal co. 5 ter del medesimo art. 14 è obbligatorio l'arresto dell'autore del fatto.
(17) Comma introdotto dall'art. 3, co. 1, lett. d), n. 9), d.l. 23.6.2011, n. 89, conv., con modif., dalla l. 2.8.2011, n. 129.
(18) Comma introdotto dall'art. 3, co. 1, lett. d), n. 9), d.l. 23.6.2011, n. 89, conv., con modif., dalla l. 2.8.2011, n. 129.
(19) Comma modificato dall'art. 3, co. 1, lett. d), n. 10), d.l. 23.6.2011, n. 89, conv., con modif., dalla l. 2.8.2011, n. 129.
(20) Comma introdotto dall'art. 6 del d.l. 21.10.2020, n. 130, conv., con modif., dalla l. 18.12.2020, n. 173 e poi modificato dall'art. 9 bis, co. 1, d.l. 10.3.2023, n. 20, conv., con modif., dalla l. 5.5.2023, n. 50.
(21) Comma introdotto dall'art. 6 del d.l. 21.10.2020, n. 130, conv., con modif., dalla l. 18.12.2020, n. 173.

15. Espulsione a titolo di misura di sicurezza e disposizioni per l'esecuzione dell'espulsione (1).

1. Fuori dei casi previsti dal codice penale, il giudice ordina l'espulsione dello straniero che sia condannato per taluno dei delitti previsti dagli articoli 380 e 381 del codice di procedura penale, sempre che risulti socialmente pericoloso (2).

1 bis. Della emissione del provvedimento di custodia cautelare o della definitiva sentenza di condanna ad una pena detentiva nei confronti di uno straniero proveniente da Paesi extracomunitari viene data tempestiva comunicazione al questore ed alla competente autorità consolare al fine di avviare la procedura di identificazione dello straniero e consentire, in presenza dei requisiti di legge, l'esecuzione della espulsione subito dopo la cessazione del periodo di custodia cautelare o di detenzione (3).

(1) Rubrica sostituita dall'art. 14, co. 2, l. 30.7.2002, n. 189.
(2) Comma modificato dall'art. 1, co. 1, lett. d bis), d.l. 5.10.2023, n. 133, conv., con modif., dalla l. 1.12.2023, n. 176.
(3) Comma introdotto dall'art. 14, co. 1, l. 30.7.2002, n. 189.

16. Espulsione a titolo di sanzione sostitutiva o alternativa alla detenzione (1).

1. Il giudice, nel pronunciare sentenza di condanna per un reato non colposo o nell'applicare la pena su richiesta ai sensi dell'articolo 444 del codice di procedura penale nei confronti dello straniero che si trovi in taluna delle situazioni indicate nell'articolo 13, comma 2, quando ritiene di dovere irrogare la pena detentiva entro il limite di due anni e non ricorrono le condizioni per ordinare la sospensione condizionale della pena ai sensi dell'articolo 163 del codice penale ovvero nel pronunciare sentenza di condanna per il reato di cui all'articolo 10-*bis*, qualora non ricorrano le cause ostative indicate nell'articolo 14, comma 1, del presente testo unico, che impediscono l'esecuzione immediata dell'espulsione con accompagnamento alla frontiera a mezzo della forza pubblica, può sostituire la medesima pena con la misura dell'espulsione [per un periodo non inferiore a cinque anni]. Le disposizioni di cui al presente comma si applicano, in caso di sentenza di condanna, ai reati di cui all'articolo 14, commi 5-*ter* e 5-*quater* (2).

1 bis. In caso di sentenza di condanna per i reati di cui all'articolo 10-*bis* o all'articolo 14, commi 5-*ter* e 5-*quater*, la misura dell'espulsione di cui al comma 1 può essere disposta per la durata stabilita dall'articolo 13, comma 14. Negli altri casi di cui al comma 1, la misura dell'espulsione può essere disposta per un periodo non inferiore a cinque anni (3).

2. L'espulsione di cui al comma 1 è eseguita dal questore anche se la sentenza non è irrevocabile, secondo le modalità di cui all'articolo 13, comma 4.

3. L'espulsione di cui al comma 1 non può essere disposta nei casi in cui la condanna riguardi uno o più delitti previsti dall'articolo 407, comma 2, lettera a), del codice di procedura penale, ovvero i delitti previsti dal presente testo unico, puniti con pena edittale superiore nel massimo a due anni.

4. Se lo straniero espulso a norma del comma 1 rientra illegalmente nel territorio dello Stato prima del termine previsto dall'articolo 13, comma 14, la sanzione sostitutiva è revocata dal giudice competente.

5. Nei confronti dello straniero, identificato, detenuto, che si trova in taluna delle situazioni indicate nell'articolo 13, comma 2, che deve scontare una pena detentiva, anche residua, non superiore a due anni, è disposta l'espulsione. Essa non può essere disposta nei casi di condanna per i delitti previsti dall'articolo 12, commi 1, 3, 3-*bis* e 3-*ter*, del presente testo unico, ovvero per uno o più delitti previsti dall'articolo 407, comma 2, lettera a) del codice di procedura penale, fatta eccezione per quelli consumati o tentati di cui agli articoli 628, terzo comma e 629, secondo comma, del codice penale. In caso di concorso di reati o di unificazione di pene concorrenti, l'espulsione è disposta anche quando sia stata espiata la parte di pena relativa alla condanna per reati che non la consentono (4).

5 bis. Nei casi di cui al comma 5, all'atto dell'ingresso in carcere di un cittadino straniero, la direzione dell'istituto penitenziario richiede al questore del luogo le informazioni sulla identità e nazionalità dello stesso. Nei medesimi casi, il questore avvia la procedura di identificazione interessando le competenti autorità diplomatiche e procede all'eventuale espulsione dei cittadini stranieri identificati. A tal fine, il Ministro della giustizia ed il Ministro dell'interno adottano i necessari strumenti di coordinamento (5).

5 ter. Le informazioni sulla identità e nazionalità del detenuto straniero sono inserite nella cartella personale dello stesso prevista dall'articolo 26 del decreto del Presidente della Repubblica 30 giugno 2000, n. 230 (6).

6. Salvo che il questore comunichi che non è stato possibile procedere all'identificazione dello straniero, la direzione dell'istituto penitenziario trasmette gli atti utili per l'adozione del provvedimento di espulsione al magistrato di sorveglianza competente in relazione al luogo di detenzione del condannato. Il magistrato decide con decreto motivato, senza formalità. Il decreto è comunicato al pubblico ministero, allo straniero e al suo difensore, i quali, entro il termine di dieci giorni, possono proporre opposizione dinanzi al tribunale di sorveglianza. Se lo straniero non è assistito da un difensore di fiducia, il magistrato provvede alla nomina di un difensore d'ufficio. Il tribunale decide nel termine di 20 giorni [7].

7. L'esecuzione del decreto di espulsione di cui al comma 6 è sospesa fino alla decorrenza dei termini di impugnazione o della decisione del tribunale di sorveglianza e, comunque, lo stato di detenzione permane fino a quando non siano stati acquisiti i necessari documenti di viaggio. L'espulsione è eseguita dal questore competente per il luogo di detenzione dello straniero con la modalità dell'accompagnamento alla frontiera a mezzo della forza pubblica.

8. La pena è estinta alla scadenza del termine di dieci anni dall'esecuzione dell'espulsione di cui al comma 5, sempre che lo straniero non sia rientrato illegittimamente nel territorio dello Stato. In tale caso, lo stato di detenzione è ripristinato e riprende l'esecuzione della pena.

9. L'espulsione a titolo di sanzione sostitutiva o alternativa alla detenzione non si applica ai casi di cui all'articolo 19.

9 bis. Nei casi di cui ai commi 1 e 5, quando non è possibile effettuare il rimpatrio dello straniero per cause di forza maggiore, l'autorità giudiziaria dispone il ripristino dello stato di detenzione per il tempo strettamente necessario all'esecuzione del provvedimento di espulsione [8].

(1) Articolo sostituito dall'art. 15, co. 1, l. 30.7.2002, n. 189.
(2) Comma modificato dall'art. 1, co. 16, lett. b), l. 15.7.2009, n. 94, dall'art. 3, co. 1, lett. f), d.l. 23.6.2011, n. 89, conv., con modif., dalla l. 2.8.2011, n. 129 e poi dall'art. 3, co. 1, lett. g), l. 30.10.2014, n. 161.
(3) Comma introdotto dall'art. 3, co. 1, lett. h), l. 30.10.2014, n. 161
(4) Comma modificato dall'art. 6, co. 1, lett. a) e b), d.l. 23.12.2013, n. 146, convertito, con modificazioni dalla l. 21.2.2014, n. 10.
(5) Comma introdotto dall'art. 6, co. 1, lett. c), d.l. 23.12.2013, n. 146, convertito, con modificazioni dalla l. 21.2.2014, n. 10.
(6) Comma introdotto dall'art. 6, co. 1, lett. c), d.l. 23.12.2013, n. 146, convertito, con modificazioni dalla l. 21.2.2014, n. 10.
(7) Comma sostituito dall'art. 6, co. 1, lett. d), d.l. 23.12.2013, n. 146, convertito, con modificazioni dalla l. 21.2.2014, n. 10.
(8) Comma introdotto dall'art. 19, co. 2, lett. b), d.l. 17.2.2017, n. 13, conv., con modif., dalla l. 13.4.2017, n. 46.

17. Diritto di difesa.

1. Lo straniero parte offesa ovvero sottoposto a procedimento penale può essere autorizzato a rientrare in Italia per il tempo strettamente necessario per l'esercizio del diritto di difesa, al solo fine di partecipare al giudizio o al compimento di atti per i quali è necessaria la sua presenza. Salvo che la presenza dell'interessato possa procurare gravi turbative o grave pericolo all'ordine pubblico o alla sicurezza pubblica, l'autorizzazione è rilasciata dal questore, anche per il tramite di una rappresentanza diplomatica o consolare, su documentata richiesta del destinatario del provvedimento di allontanamento o del suo difensore. Avverso il diniego di autorizzazione può essere proposta opposizione, nel termine perentorio di sessanta giorni, al giudice davanti al quale pende il procedimento penale. Il giudice, sentito il pubblico ministero, decide con decreto non impugnabile entro trenta giorni dal deposito dell'opposizione. Nel corso delle indagini preliminari decide il giudice delle indagini preliminari [1].

(1) Comma modificato dall'art. 16, co. 1, l. 30.7.2002, n. 189 e poi dall'art. 1, co. 1, lett. e), d.l. 5.10.2023, n. 133, conv., con modif., dalla l. 1.12.2023, n. 176.

Capo III
Disposizioni di carattere umanitario

18. Soggiorno per motivi di protezione sociale.

1. Quando, nel corso di operazioni di polizia, di indagini o di un procedimento per taluno dei delitti di cui all'articolo 3 della legge 20 febbraio 1958, n. 75, o di quelli previsti dall'articolo 380 del codice di procedura penale, ovvero nel corso di interventi assistenziali dei servizi sociali degli enti locali, siano accertate situazioni di violenza o di grave sfruttamento nei confronti di uno straniero, ed emergano concreti pericoli per la sua incolumità, per effetto dei tentativi di sottrarsi ai condizionamenti di un'associazione dedita ad uno dei predetti delitti o delle dichiarazioni rese nel corso delle indagini preliminari o del giudizio, il questore, anche su proposta del Procuratore della Repubblica, o con il parere favorevole della stessa autorità, rilascia uno speciale permesso di soggiorno per consentire allo straniero di sottrarsi alla violenza ed ai condizionamenti dell'organizzazione criminale e di partecipare ad un programma di assistenza ed integrazione sociale.

2. Con la proposta o il parere di cui al comma 1, sono comunicati al questore gli elementi da cui risulti la sussistenza delle condizioni ivi indicate, con particolare riferimento alla gravità ed attualità del pericolo ed alla rilevanza del contributo offerto dallo straniero per l'efficace contrasto dell'organizzazione criminale ovvero per la individuazione o cattura dei responsabili dei delitti indicati nello stesso comma. Le modalità di partecipazione al programma di assistenza ed integrazione sociale sono comunicate al Sindaco.

3. Con il regolamento di attuazione sono stabilite le disposizioni occorrenti per l'affidamento della realizzazione del programma a soggetti diversi da quelli istituzionalmente preposti ai servizi sociali dell'ente locale, e per l'espletamento dei relativi controlli. Con lo stesso regolamento sono individuati i requisiti idonei a garantire la competenza e la capacità di favorire l'assistenza e l'integrazione sociale, nonché la disponibilità di adeguate strutture organizzative dei soggetti predetti.

3 bis. Per gli stranieri e per i cittadini di cui al comma 6-*bis* del presente articolo, vittime dei reati previsti dagli articoli 600 e 601 del codice penale, o che versano nelle ipotesi di cui al comma 1 del presente articolo si applica, sulla base del Piano nazionale d'azione contro la tratta e il grave sfruttamento degli esseri umani, di cui all'articolo 13, comma 2-*bis*, della legge 11 agosto 2003, n. 228, un programma unico di emersione, assistenza e integrazione sociale che garantisce, in via transitoria, adeguate condizioni di alloggio, di vitto e di assistenza sanitaria, ai sensi dell'articolo 13 della legge n. 228 del 2003 e, successivamente, la prosecuzione dell'assistenza e l'integrazione sociale, ai sensi del comma 1 di cui al presente articolo. Con decreto del Presidente del Consiglio dei ministri, di concerto con il Ministro dell'interno, il Ministro del lavoro e delle politiche sociali e il Ministro della salute, da adottarsi entro sei mesi dalla data di entrata in vigore della presente disposizione, previa intesa con la Conferenza Unificata, è definito il programma di emersione, assistenza e di protezione sociale di cui al presente comma e le relative modalità di attuazione e finanziamento (1).

4. Il permesso di soggiorno rilasciato a norma del presente articolo reca la dicitura casi speciali, ha la durata di sei mesi e può essere rinnovato per un anno, o per il maggior periodo occorrente per motivi di giustizia. Esso è revocato in caso di interruzione del programma o di condotta incompatibile con le finalità dello stesso, segnalate dal procuratore della Repubblica o, per quanto di competenza, dal servizio sociale dell'ente locale, o comunque accertate dal questore, ovvero quando vengono meno le altre condizioni che ne hanno giustificato il rilascio (2).

5. Il permesso di soggiorno previsto dal presente articolo consente l'accesso ai servizi assistenziali e allo studio, nonché l'iscrizione nelle liste di collocamento e lo svolgimento di lavoro subordinato, fatti salvi i requisiti minimi di età. Qualora, alla scadenza del permesso di soggiorno, l'interessato risulti avere in corso un rapporto di lavoro, il permesso può essere ulteriormente prorogato o rinnovato per la durata del rapporto medesimo o, se questo è a tempo indeterminato, con le modalità stabilite per tale motivo di soggiorno. Il permesso di soggiorno previsto dal presente articolo può essere altresì convertito in permesso di soggiorno per motivi di studio qualora il titolare sia iscritto ad un corso regolare di studi.

6. Il permesso di soggiorno previsto dal presente articolo può essere altresì rilasciato, all'atto delle dimissioni dall'istituto di pena, anche su proposta del procuratore della Repubblica o del giudice di sorveglianza presso il tribunale per i minorenni, allo straniero che ha terminato l'espiazione di una pena detentiva, inflitta per reati commessi durante la minore età, e già dato prova concreta di partecipazione a un programma di assistenza e integrazione sociale.

6 bis. Le disposizioni del presente articolo si applicano, in quanto compatibili, anche ai cittadini di Stati membri dell'Unione europea che si trovano in una situazione di gravità ed attualità di pericolo (3).

7. L'onere derivante dal presente articolo è valutato in lire 5 miliardi per l'anno 1997 e in lire 10 miliardi annui a decorrere dall'anno 1998.

(1) Comma introdotto dall'art. 8, co. 1, d.lgs. 4.3 2014 n. 24.
(2) Comma modificato dall'art. 1, co. 1, lett. e), d.l. 4.10.2018, n. 113, conv., con modif., dalla l. 1.12.2018, n. 132.
(3) Comma introdotto dall'art. 6, co. 4, d.l. 28.12.2006, n. 300, conv., con modif., dalla l. 26.2.2007, n. 17.

18 bis. Permesso di soggiorno per le vittime di violenza domestica (1).

1. Quando, nel corso di operazioni di polizia, di indagini o di un procedimento per taluno dei delitti previsti dagli articoli 558-*bis*, 572, 582, 583, 583-*bis*, 605, 609-*bis* e 612-*bis* del codice penale o per uno dei delitti previsti dall'articolo 380 del codice di procedura penale, commessi sul territorio nazionale in ambito di violenza domestica, siano accertate situazioni di violenza o abuso nei confronti di uno straniero ed emerga un concreto ed attuale pericolo per la sua incolumità, come conseguenza della scelta di sottrarsi alla medesima violenza o per effetto delle dichiarazioni rese nel corso delle indagini preliminari o del giudizio, il questore, con il parere favorevole dell'autorità giudiziaria procedente ovvero su proposta di quest'ultima, rilascia un permesso di soggiorno [ai sensi dell'articolo 5, comma 6,] per consentire alla vittima di sottrarsi alla violenza. Ai fini del presente articolo, si intendono per violenza domestica uno o più atti, gravi ovvero non episodici, di violenza fisica, sessuale, psicologica o economica che si verificano all'interno della famiglia o del nucleo familiare o tra persone legate, attualmente o in passato, da un vincolo di matrimonio o da una relazione affettiva, indipendentemente dal fatto che l'autore di tali atti condivida o abbia condiviso la stessa residenza con la vittima (2).

1 bis. Il permesso di soggiorno rilasciato a norma del presente articolo reca la dicitura "casi speciali", ha la durata di un anno e consente l'accesso ai servizi assistenziali e allo studio nonché l'iscrizione nell'elenco anagrafico previsto dall'articolo 4 del regolamento di cui al decreto del Presidente della Repubblica 7 luglio 2000, n. 442, o lo svolgimento di lavoro subordinato e autonomo, fatti salvi i requisiti minimi di età. Alla scadenza, il permesso di soggiorno di cui al presente articolo può essere convertito in permesso di soggiorno per motivi di lavoro subordinato o autonomo, secondo le modalità stabilite per tale permesso di soggiorno ovvero in permesso di soggiorno per motivi di studio qualora il titolare sia iscritto ad un corso regolare di studi (3).

2. Con la proposta o il parere di cui al comma 1, sono comunicati al questore gli elementi da cui risulti la sussistenza delle condizioni ivi indicate, con particolare riferimento alla gravità ed attualità del pericolo per l'incolumità personale.

3. Il medesimo permesso di soggiorno può essere rilasciato dal questore quando le situazioni di violenza o abuso emergano nel corso di interventi assistenziali dei centri antiviolenza, dei servizi sociali territoriali o dei servizi sociali specializzati nell'assistenza delle vittime di violenza. In tal caso la sussistenza degli elementi e delle condizioni di cui al comma 2 è valutata dal questore sulla base della relazione redatta dai medesimi servizi sociali. Ai fini del rilascio del permesso di soggiorno è comunque richiesto il parere dell'autorità giudiziaria competente ai sensi del comma 1.

4. Il permesso di soggiorno di cui ai commi 1 e 3 è revocato in caso di condotta incompatibile con le finalità dello stesso, segnalata dal procuratore della Repubblica o, per quanto di competenza, dai servizi sociali di cui al coma 3, o comunque accertata dal questore, ovvero quando vengono meno le condizioni che ne hanno giustificato il rilascio.

4 bis. Nei confronti dello straniero condannato, anche con sentenza non definitiva, compresa quella adottata a seguito di applicazione della pena su richiesta ai sensi dell'articolo 444 del codice di procedura penale, per uno dei delitti di cui al comma 1 del presente articolo, commessi in ambito di violenza domestica, possono essere disposte la revoca del permesso di soggiorno e l'espulsione ai sensi dell'articolo 13 del presente testo unico.

5. Le disposizioni del presente articolo si applicano, in quanto compatibili, anche ai cittadini di Stati membri dell'Unione europea e ai loro familiari.

(1) Articolo introdotto dall'art. 4, co. 1, d.l. 14.8.2013, n. 93, conv., con modif., dalla l. 15.10.2013, n. 119,

(2) Comma modificato dall'art. 1, co. 1, lett. f), n. 1), d.l. 4.10.2018, n. 113, conv., con modif., dalla l. 1.12.2018, n. 132 e poi dall'art. 7, co. 1, lett. b) del d.l. 10.3.2023, n. 20, conv., con modif., dalla l. 5.5.2023, n. 50.

(3) Comma introdotto dall'art. 1, co. 1, lett. f), n. 2), d.l. 4.10.2018, n. 113, conv., con modif., dalla l. 1.12.2018, n. 132.

19. Divieti di espulsione e di respingimento. Disposizioni in materia di categorie vulnerabili [1].

1. In nessun caso può disporsi l'espulsione o il respingimento verso uno Stato in cui lo straniero possa essere oggetto di persecuzione per motivi di razza, di sesso, di orientamento sessuale, di identità di genere, di lingua, di cittadinanza, di religione, di opinioni politiche, di condizioni personali o sociali, ovvero possa rischiare di essere rinviato verso un altro Stato nel quale non sia protetto dalla persecuzione [2].

1.1. Non sono ammessi il respingimento o l'espulsione o l'estradizione di una persona verso uno Stato qualora esistano fondati motivi di ritenere che essa rischi di essere sottoposta a tortura o a trattamenti inumani o degradantio qualora ricorrano gli obblighi di cui all'articolo 5, comma 6. Nella valutazione di tali motivi si tiene conto anche dell'esistenza, in tale Stato, di violazioni sistematiche e gravi di diritti umani. [Non sono altresì ammessi il respingimento o l'espulsione di una persona verso uno Stato qualora esistano fondati motivi di ritenere che l'allontanamento dal territorio nazionale comporti una violazione del diritto al rispetto della sua vita privata e familiare, a meno che esso sia necessario per ragioni di sicurezza nazionale, di ordine e sicurezza pubblica nonché di protezione della salute nel rispetto della Convenzione relativa allo statuto dei rifugiati, firmata a Ginevra il 28 luglio 1951, resa esecutiva dalla legge 24 luglio 1954, n. 722, e della Carta dei diritti fondamentali dell'Unione europea. Ai fini della valutazione del rischio di violazione di cui al periodo precedente, si tiene conto della natura e della effettività dei vincoli familiari dell'interessato, del suo effettivo inserimento sociale in Italia, della durata del suo soggiorno nel territorio nazionale nonché dell'esistenza di legami familiari, culturali o sociali con il suo Paese d'origine] [3].

1.2. Nelle ipotesi di rigetto della domanda di protezione internazionale, ove ricorrano i requisiti di cui ai commi 1 e 1.1., la Commissione territoriale trasmette ai sensi dell'articolo 32, comma 3, del decreto legislativo 28 gennaio 2008, n. 25, gli atti al Questore per il rilascio di un permesso di soggiorno per protezione speciale. [Nel caso in cui sia presentata una domanda di rilascio di un permesso di soggiorno, ove ricorrano i requisiti di cui ai commi 1 e 1.1, il Questore, previo parere della Commissione territoriale per il riconoscimento della protezione internazionale, rilascia un permesso di soggiorno per protezione speciale] [4].

1 bis. In nessun caso può disporsi il respingimento alla frontiera di minori stranieri non accompagnati [5].

2. Non è consentita l'espulsione, salvo che nei casi previsti dall'articolo 13, comma 1, nei confronti:

a) degli stranieri minori di anni diciotto, salvo il diritto a seguire il genitore o l'affidatario espulsi;

b) degli stranieri in possesso della carta di soggiorno, salvo il disposto dell'articolo 9;

c) degli stranieri conviventi con parenti entro il secondo grado o con il coniuge, di nazionalità italiana [6];

d) delle donne in stato di gravidanza o nei sei mesi successivi alla nascita del figlio cui provvedono [7].

d-*bis*) degli stranieri che versano in condizioni di salute derivanti da patologie di particolare gravità, non adeguatamente curabili nel Paese di origine, accertate mediante idonea documentazione rilasciata da una struttura sanitaria pubblica o da un medico convenzionato con il Servizio sanitario nazionale, tali da determinare un rilevante pregiudizio alla salute degli stessi, in caso di rientro nel Paese di origine o di provenienza. In tali ipotesi, il questore rilascia un permesso di soggiorno per cure mediche, per il tempo attestato dalla certificazione sanitaria, comunque non superiore ad un anno, rinnovabile finché persistono le condizioni di cui al periodo precedente debitamente certificate, valido solo nel territorio nazionale [e convertibile in permesso di soggiorno per motivi di lavoro] [8].

2 bis. Il respingimento o l'esecuzione dell'espulsione di persone affette da disabilità, degli anziani, dei minori, dei componenti di famiglie monoparentali con figli minori nonché dei minori, ovvero delle vittime di gravi violenze psicologiche, fisiche o sessuali sono effettuate con modalità compatibili con le singole situazioni personali, debitamente accertate [9].

(1) Rubrica modificata dall'art. 3, co. 1, lett. g), n. 1), d.l. 23.6.2011, n. 89.
(2) Comma modificato dall'art. 1, co. 1, lett. e), n. 01), d.l. 21.10.2020, n. 130, conv., con modif., dalla l. 18.12.2020, n. 173.
(3) Comma introdotto dall'art. 3, co. 1, l. 14.7.2017 n. 110 e poi sostituito dall'art. 1, co. 1, lett. e), n. 1), d.l. 21.10.2020, n. 130, conv., con modif., dalla l. 18.12.2020, n. 173, da ultimo modificato dall'art. 7, d.l. 10.3.2023, n. 20, conv., con modif., dalla l. 5.5.2023, n. 50.
(4) Comma introdotto dall'art. 1, co. 1, lett. e), n. 2), d.l. 21.10.2020, n. 130, conv., con modif., dalla l. 18.12.2020, n. 173, da ultimo modificato dall'art. 7, co. 1, lett. c) del d.l. 10.3.2023, n. 20, conv., con modif., dalla l. 5.5.2023, n. 50.
(5) Comma introdotto dall'art. 3, co. 1, lett. a), l. 7.4.2017 n. 47.
(6) Lettera modificata dall'art. 1, co. 22, lett. p), l. 15.7.2009, n. 94.
(7) La Corte costituzionale, con sentenza 27.7.2000, n. 376, ha dichiarato l'illegittimità costituzionale della lett. d), co. 2, art. 17, l. 6.3.1998, n. 40, ora sostituita dalla presente lettera, nella parte in cui non estende il divieto di espulsione al marito convivente della donna in stato di gravidanza o nei sei mesi successivi alla nascita del figlio.
(8) Lettera introdotta dall'art. 1, co. 1, lett. g), d.l. 4.10.2018, n. 113, conv., con modif., dalla l. 1.12.2018, n. 132 e poi modificata dall'art. 1, co. 1, lett. e), n. 3), d.l. 21.10.2020, n. 130, conv., con modif., dalla l. 18.12.2020, n. 173, da ultimo modificato dall'art. 7, co. 1, lett. c), d.l. 10.3.2023, n. 20, conv., con modif., dalla l. 5.5.2023, n. 50.
(9) Comma introdotto dall'art. 3, co. 1, lett. g), n. 2), d.l. 23.6.2011, n. 89, conv., con modif., dalla l. 2.8.2011, n. 129.

20. Misure straordinarie di accoglienza per eventi eccezionali.

1. Con decreto del Presidente del Consiglio dei Ministri, adottato d'intesa con i Ministri degli affari esteri, dell'interno, per la solidarietà sociale, e con gli altri Ministri eventualmente interessati, sono stabilite, nei limiti delle risorse preordinate allo scopo nell'ambito del Fondo di cui all'articolo 45, le misure di protezione temporanea da adottarsi, anche in deroga a disposizioni del presente testo unico, per rilevanti esigenze umanitarie, in occasione di conflitti, disastri naturali o altri eventi di particolare gravità in Paesi non appartenenti all'Unione Europea.

2. Il Presidente del Consiglio dei Ministri o un Ministro da lui delegato riferiscono annualmente al Parlamento sull'attuazione delle misure adottate.

20 bis. Permesso di soggiorno per calamità [1].

1. Fermo quanto previsto dall'articolo 20, quando il Paese verso il quale lo straniero dovrebbe fare ritorno versa in una situazione di contingente ed eccezionale calamità che non consente il rientro e la permanenza in condizioni di sicurezza, il questore rilascia un permesso di soggiorno per calamità [2].

2. Il permesso di soggiorno rilasciato a norma del presente articolo ha la durata di sei mesi, ed è rinnovabile per un periodo ulteriore di sei mesi se permangono le condizioni di eccezionale calamità di cui al comma 1; il permesso è valido solo nel territorio nazionale e consente di svolgere attività lavorativa [, ma non può essere convertito in permesso di soggiorno per motivi di lavoro.], ma non può essere convertito in permesso di soggiorno per motivi di lavoro [3].

(1) Articolo introdotto dall'art. 1, co. 1, lett. h), d.l. 4.10.2018, n. 113, conv., con modif., dalla l. 1.12.2018, n. 132.
(2) Comma modificato dall'art. 1, co. 1, lett. f), n. 1), d.l. 21.10.2020, n. 130, conv., con modif., dalla l. 18.12.2020, n. 173, da ultimo modificato dall'art. 7, co. 1, lett. d), d.l. 10.3.2023, n. 20, conv., con modif., dalla l. 5.5.2023, n. 50.
(3) Comma modificato dall'art. 1, co. 1, lett. f), n. 2), d.l. 21.10.2020, n. 130, conv., con modif., dalla l. 18.12.2020, n. 173, da ultimo modificato dall'art. 7, co. 1, lett. d), d.l. 10.3.2023, n. 20, conv., con modif., dalla l. 5.5.2023, n. 50.

43. Discriminazione per motivi razziali, etnici, nazionali o religiosi.

1. Ai fini del presente capo, costituisce discriminazione ogni comportamento che, direttamente o indirettamente, comporti una distinzione, esclusione, restrizione o preferenza basata sulla razza, il colore, l'ascendenza o l'origine nazionale o etnica, le convinzioni e le pratiche religiose, e che abbia lo scopo o l'effetto di distruggere o di compromettere il riconoscimento, il godimento o l'esercizio, in condizioni di parità, dei diritti umani e delle libertà fondamentali in campo politico, economico, sociale e culturale e in ogni altro settore della vita pubblica.

2. In ogni caso compie un atto di discriminazione:

a) il pubblico ufficiale o la persona incaricata di pubblico servizio o la persona esercente un servizio di pubblica necessità che nell'esercizio delle sue funzioni compia od ometta atti nei riguardi di un cittadino straniero che, soltanto a causa della sua condizione di straniero o di appartenente ad una determinata razza, religione, etnia o nazionali, lo discriminino ingiustamente;
b) chiunque imponga condizioni più svantaggiose o si rifiuti di fornire beni o servizi offerti al pubblico ad uno straniero soltanto a causa della sua condizione di straniero o di appartenente ad una determinata razza, religione, etnia o nazionalità;
c) chiunque illegittimamente imponga condizioni più svantaggiose o si rifiuti di fornire l'accesso all'occupazione, all'alloggio, all'istruzione, alla formazione e ai servizi sociali e socio-assistenziali allo straniero regolarmente soggiornante in Italia soltanto in ragione della sua condizione di straniero o di appartenente ad una determinata razza, religione, etnia o nazionalità;
d) chiunque impedisca, mediante azioni od omissioni, l'esercizio di un'attività economica legittimamente intrapresa da uno straniero regolarmente soggiornante in Italia, soltanto in ragione della sua condizione di straniero o di appartenente ad una determinata razza, confessione religiosa, etnia o nazionalità;

e) il datore di lavoro o i suoi preposti i quali, ai sensi dell'articolo 15 della legge 20 maggio 1970, n. 300, come modificata e integrata dalla legge 9 dicembre 1977, n. 903, e dalla legge 11 maggio 1990, n. 108, compiano qualsiasi atto o comportamento che produca un effetto pregiudizievole discriminando, anche indirettamente, i lavoratori in ragione della loro appartenenza ad una razza, ad un gruppo etnico o linguistico, ad una confessione religiosa, ad una cittadinanza. Costituisce discriminazione indiretta ogni trattamento pregiudizievole conseguente all'adozione di criteri che svantaggino in modo proporzionalmente maggiore i lavoratori appartenenti ad una determinata razza, ad un determinato gruppo etnico o linguistico, ad una determinata confessione religiosa o ad una cittadinanza e riguardino requisiti non essenziali allo svolgimento dell'attività lavorativa.

3. Il presente articolo e l'articolo 44 si applicano anche agli atti xenofobi, razzisti o discriminatori compiuti nei confronti dei cittadini italiani, di apolidi e di cittadini di altri Stati membri dell'Unione europea presenti in Italia.

44. Azione civile contro la discriminazione.

1. Quando il comportamento di un privato o della pubblica amministrazione produce una discriminazione per motivi razziali, etnici, linguistici, nazionali, di provenienza geografica o religiosi, è possibile ricorrere all'autorità giudiziaria ordinaria per domandare la cessazione del comportamento pregiudizievole e la rimozione degli effetti della discriminazione [(1)].

2. Alle controversie previste dal presente articolo si applica l'articolo 28 del decreto legislativo 1° settembre 2011, n. 150 [(2)].

[**3.** Il tribunale in composizione monocratica, sentite le parti, omessa ogni formalità non essenziale al contraddittorio, procede nel modo che ritiene più opportuno agli atti di istruzione indispensabili in relazione ai presupposti e ai fini del provvedimento richiesto.] [(3)]

[**4.** Il tribunale in composizione monocratica provvede con ordinanza all'accoglimento o al rigetto della domanda. Se accoglie la domanda emette i provvedimenti richiesti che sono immediatamente esecutivi.] [(4)]

[**5.** Nei casi di urgenza il tribunale in composizione monocratica provvede con decreto motivato, assunte, ove occorre, sommarie informazioni. In tal caso fissa, con lo stesso decreto, l'udienza di comparizione delle parti davanti a sé entro un termine non superiore a quindici giorni, assegnando all'istante un termine non superiore a otto giorni per la notificazione del ricorso e del decreto. A tale udienza, il tribunale in composizione monocratica, con ordinanza, conferma, modifica o revoca i provvedimenti emanati nel decreto.] [(5)]

[**6.** Contro i provvedimenti del tribunale in composizione monocratica è ammesso reclamo al tribunale nei termini di cui all'articolo 739, secondo comma, del codice di procedura civile. Si applicano, in quanto compatibili, gli articoli 737,738 e 739 del codice di procedura civile.] [(6)]

[**7.** Con la decisione che definisce il giudizio il giudice può altresì condannare il convenuto al risarcimento del danno, anche non patrimoniale.] [(7)]

8. Chiunque elude l'esecuzione di provvedimenti, diversi dalla condanna al risarcimento del danno, resi dal giudice nelle controversie previste dal presente articolo è punito ai sensi dell'articolo 388, primo comma, del codice penale [(8)].

[**9.** Il ricorrente, al fine di dimostrare la sussistenza a proprio danno del comportamento discriminatorio in ragione della razza, del gruppo etnico o linguistico, della provenienza geografica, della confessione religiosa o della cittadinanza può dedurre elementi di fatto anche a carattere statistico relativi alle assunzioni, ai regimi contributivi, all'assegnazione delle mansioni e qualifiche, ai trasferimenti, alla progressione in carriera e ai licenziamenti dell'azienda interessata. Il giudice valuta i fatti dedotti nei limiti di cui all'articolo 2729, primo comma, del codice civile.] [(9)]

10. Qualora il datore di lavoro ponga in essere un atto o un comportamento discriminatorio di carattere collettivo, anche in casi in cui non siano individuabili in modo immediato e diretto i lavoratori lesi dalle discriminazioni, il ricorso può essere presentato dalle rappresentanze locali delle organizzazioni sindacali maggiormente rappresentative a livello nazionale. [Il giudice, nella sentenza che accerta le discriminazioni sulla base del ricorso presentato ai sensi del presente articolo, ordina al datore di lavoro di definire, sentiti i predetti soggetti e organismi, un piano di rimozione delle discriminazioni accertate.] [(10)]

11. Ogni accertamento di atti o comportamenti discriminatori ai sensi dell'articolo 43 posti in essere da imprese alle quali siano stati accordati benefici ai sensi delle leggi vigenti dello Stato o delle regioni, ovvero che abbiano stipulato contratti di appalto attinenti all'esecuzione di opere pubbliche, di servizi o di forniture, è immediatamente comunicato dal tribunale in composizione monocratica, secondo le modalità previste dal regolamento di attuazione, alle amministrazioni pubbliche o enti pubblici che abbiano disposto la concessione del beneficio, incluse le agevolazioni finanziarie o creditizie, o dell'appalto. Tali amministrazioni, o enti revocano il beneficio e, nei casi più gravi, dispongono l'esclusione del responsabile per due anni da qualsiasi ulteriore concessione di agevolazioni finanziarie o creditizie, ovvero da qualsiasi appalto [(11)].

12. Le regioni, in collaborazione con le province e con i comuni, con le associazioni di immigrati e del volontariato sociale, ai fini dell'applicazione delle norme del presente articolo e dello studio del fenomeno, predispongono centri di osservazione, di informazione e di assistenza legale per gli stranieri, vittime delle discriminazioni per motivi razziali, etnici, nazionali o religiosi.

(1) Comma sostituito dall'art. 34, co. 32, lett. a), d.lgs. 1.9.2011 n. 150.

(2) Comma modificato dall'art. 28, co. 1, l. 30.7.2002, n. 189 e poi sostituito dall'art. 34, co. 32, lett. b), d.lgs. 1.9.2011 n. 150.
(3) Comma modificato dall'art. 28, co. 1, l. 30.7.2002, n. 189 e poi abrogato dall'art. 34, co. 32, lett. e), d.lgs. 1.9.2011 n. 150.
(4) Comma modificato dall'art. 28, co. 1, l. 30.7.2002, n. 189 e poi abrogato dall'art. 34, co. 32, lett. e), d.lgs. 1.9.2011 n. 150.
(5) Comma modificato dall'art. 28, co. 1, l. 30.7.2002, n. 189 e poi abrogato dall'art. 34, co. 32, lett. e), d.lgs. 1.9.2011 n. 150.
(6) Comma modificato dall'art. 28, co. 1, l. 30.7.2002, n. 189 e poi abrogato dall'art. 34, co. 32, lett. e), d.lgs. 1.9.2011 n. 150.
(7) Comma abrogato dall'art. 34, co. 32, lett. e), d.lgs. 1.9.2011 n. 150.
(8) Comma modificato dall'art. 28, co. 1, l. 30.7.2002, n. 189 e poi sostituito dall'art. 34, co. 32, lett. c), d.lgs. 1.9.2011 n. 150.
(9) Comma abrogato dall'art. 34, co. 32, lett. e), d.lgs. 1.9.2011 n. 150.
(10) Comma modificato dall'art. 34, co. 32, lett. d), d.lgs. 1.9.2011 n. 150.
(11) Comma modificato dall'art. 28, co. 1, l. 30.7.2002, n. 189.

3. D.P.R. 31 agosto 1999, n. 394. – Regolamento recante norme di attuazione del testo unico delle disposizioni concernenti la disciplina dell'immigrazione e norme sulla condizione dello straniero a norma dell'articolo 1, comma 6, del decreto legislativo 25 luglio 1998, n. 286 (*artt. 18-21, 27-28*) [1][2]

In Gazzetta Ufficiale 3 novembre 1999, n. 190

(1) I riferimenti al «*Ministro o Ministero del lavoro e della previdenza sociale*» e «*Presidenza del Consiglio dei Ministri, Dipartimento per gli affari sociali*» sono da intendersi al «*Ministro o Ministero del lavoro e delle politiche sociali.*» (art. 47, d.P.R. 18.10.2004, n. 334).
(2) I riferimenti al "centro di permanenza temporanea" ovvero al "centro di permanenza temporanea ed assistenza" sono attualmente da intendersi al "centro di identificazione ed espulsione" quale nuova denominazione delle medesime strutture (art. 9, d.l. 23.5.2008, n. 92).

Capo III
ESPULSIONE E TRATTENIMENTO

18. Ricorsi contro i provvedimenti di espulsione.

1. La sottoscrizione del ricorso di cui all'articolo 13, comma 8, del testo unico, presentato dallo straniero ad una autorità diplomatica o consolare italiana, viene autenticata dai funzionari delle rappresentanze diplomatiche o consolari, che provvedono all'inoltro all'ufficio del giudice di pace del luogo in cui siede l'autorità che ha disposto l'espulsione, cui viene inviata copia del ricorso stesso, indicando la data di presentazione del ricorso [1].

2. L'autorità che ha adottato il provvedimento impugnato può far pervenire le proprie osservazioni al giudice, entro cinque giorni dalla data di notifica del ricorso presso i propri uffici.

(1) Comma sostituito dall'art. 17, co. 1, d.P.R. 18.10.2004, n. 334.

19. Divieto di rientro per gli stranieri espulsi.

1. Il divieto di rientro nel territorio dello Stato nei confronti delle persone espulse opera a decorrere dalla data di esecuzione dell'espulsione, attestata dal timbro d'uscita di cui all'art. 8, comma 1, ovvero da ogni altro documento comprovante l'assenza dello straniero dal territorio dello Stato.

1 bis. Decorso il termine di cui al comma 1, lo straniero deve produrre idonea documentazione comprovante l'assenza dal territorio dello Stato presso la rappresentanza diplomatica italiana del Paese di appartenenza o di stabile residenza, che provvede, verificata l'identità del richiedente, all'inoltro al Ministero dell'interno [1].

(1) Comma introdotto dall'art. 18, co. 1, d.P.R. 18.10.2004, n. 334.

19 bis. Autorizzazione speciale al rientro per gli stranieri espulsi [1].

1. La richiesta di autorizzazione speciale al rientro in Italia, *di cui all'articolo 13, comma 13*, del testo unico, è presentata dal cittadino straniero espulso alla rappresentanza diplomatica italiana dello Stato di appartenenza o di stabile residenza, che provvede all'inoltro della stessa al Ministero dell'interno, previa verifica dell'identità e autentica della firma del richiedente nonché acquisizione della documentazione attinente alla motivazione per la quale si chiede il rientro.

2. La rappresentanza diplomatica italiana competente provvede a notificare all'interessato il provvedimento del Ministero dell'interno.

(1) Articolo introdotto dall'art. 19, co. 1, d.P.R. 18.10.2004, n. 334.

20. Trattenimento nei centri di permanenza temporanea e assistenza.

1. Il provvedimento con il quale il questore dispone il trattenimento dello straniero presso il centro di permanenza temporanea e assistenza più vicino, in relazione alla disponibilità dei posti, ai sensi dell'articolo 14 del testo unico, è comunicato all'interessato con le modalità di cui all'articolo 3, commi 3 e 4, unitamente al provvedimento di espulsione o di respingimento [1].

2. Con la medesima comunicazione lo straniero è informato del diritto di essere assistito, nel procedimento di convalida del decreto di trattenimento, da un difensore di fiducia, con ammissione, ricorrendone le condizioni, al gratuito patrocinio a spese dello Stato. Allo straniero è dato altresì avviso che, in mancanza di difensore di fiducia, sarà assistito da un difensore di ufficio designato dal giudice tra quelli iscritti nella tabella di cui all'art. 29 del decreto legislativo 28 luglio 1989, n. 271, e che le comunicazioni dei successivi provvedimenti giurisdizionali saranno effettuare con avviso di cancelleria al difensore nominato dallo straniero o a quello incaricato di ufficio.

3. All'atto dell'ingresso nel centro lo straniero viene informato che in caso di indebito allontanamento la misura del trattenimento sarà ripristinata con l'ausilio della forza pubblica.

4. Il trattenimento non può essere protratto oltre il tempo strettamente necessario per l'esecuzione del respingimento o dell'espulsione e, comunque, oltre i termini stabiliti dal testo unico e deve comunque cessare se il provvedimento del questore non è convalidato.

5. Lo svolgimento della procedura di convalida del trattenimento non può essere motivo del ritardo dell'esecuzione del respingimento.

5-*bis*. Gli avvisi di cui al comma 2 sono altresì dati allo straniero destinatario del provvedimento di accompagnamento alla frontiera, in relazione all'udienza di convalida prevista dall'articolo 13, comma 5-*bis*, del testo unico (2).

(1) Comma sostituito dall'art. 20, co. 1, d.P.R. 18.10.2004, n. 334.
(2) Comma introdotto dall'art. 20, co. 2, d.P.R. 18.10.2004, n. 334.

21. Modalità del trattenimento.

1. Le modalità del trattenimento devono garantire, nel rispetto del regolare svolgimento della vita in comune, la libertà di colloquio all'interno del centro e con visitatori provenienti dall'esterno, in particolare con il difensore che assiste lo straniero, e con i ministri di culto, la libertà di corrispondenza, anche telefonica, ed i diritti fondamentali della persona, fermo restando l'assoluto divieto per lo straniero di allontanarsi dal centro.

2. Nell'ambito del centro sono assicurati, oltre ai servizi occorrenti per il mantenimento e l'assistenza degli stranieri trattenuti o ospitati, i servizi sanitari essenziali, gli interventi di socializzazione e la libertà del culto, nei limiti previsti dalla Costituzione.

3. Allo scopo di assicurare la libertà di corrispondenza, anche telefonica, con decreto del Ministro dell'interno, di concerto con il Ministro del tesoro, del bilancio e della programmazione economica, sono definite le modalità per l'utilizzo dei servizi telefonici, telegrafici e postali, nonché i limiti di contribuzione alle spese da parte del centro.

4. Il trattenimento dello straniero può avvenire unicamente presso i centri di permanenza temporanea individuati ai sensi dell'art. 14, comma 1 del testo unico, o presso i luoghi di cura in cui lo stesso è ricoverato per urgenti necessità di soccorso sanitario.

5. Nel caso in cui lo straniero debba essere ricoverato in luogo di cura, debba recarsi nell'ufficio giudiziario per essere sentito dal giudice che procede, ovvero presso la competente rappresentanza diplomatica o consolare per espletare le procedure occorrenti al rilascio dei documenti occorrenti per il rimpatrio, il questore provvede all'accompagnamento a mezzo della forza pubblica.

6. Nel caso di imminente pericolo di vita di un familiare o di un convivente residente in Italia, o per altri gravi motivi di carattere eccezionale, il giudice che procede, sentito il questore, può autorizzare lo straniero ad allontanarsi dal centro per il tempo strettamente necessario, informando il questore che ne dispone l'accompagnamento.

7. Oltre al personale addetto alla gestione dei centri e agli appartenenti alla forza pubblica, al giudice competente e all'autorità di pubblica sicurezza, ai centri possono accedere i familiari conviventi e il difensore delle persone trattenute o ospitate, i ministri di culto, il personale della rappresentanza diplomatica o consolare, e gli appartenenti ad enti, associazioni del volontariato e cooperative di solidarietà sociale, ammessi a svolgervi attività di assistenza a norma dell'art. 22 ovvero sulla base di appositi progetti di collaborazione concordati con il prefetto della provincia in cui è istituito il centro.

8. Le disposizioni occorrenti per la regolare convivenza all'interno del centro, comprese le misure strettamente indispensabili per garantire l'incolumità delle persone, nonché quelle occorrenti per disciplinare le modalità di erogazione dei servizi predisposti per le esigenze fondamentali di cura, assistenza, promozione umana e sociale e le modalità di svolgimento delle visite, sono adottate dal prefetto, sentito il questore, in attuazione delle disposizioni recate nel decreto di costituzione del centro e delle direttive impartite dal Ministro dell'interno per assicurare la rispondenza delle modalità di trattenimento alle finalità di cui al 'art. 14, comma 2, del testo unico.

9. Il questore adotta ogni altro provvedimento e le misure occorrenti per la sicurezza e l'ordine pubblico nel centro, comprese quelle per l'identificazione delle persone e di sicurezza all'ingresso del centro, nonché quelle per impedire l'indebito allontanamento delle persone trattenute e per ripristinare la misura nel caso che questa venga violata. Il questore, anche a mezzo degli ufficiali di pubblica sicurezza, richiede la necessaria collaborazione da parte del gestore e del personale del centro che sono tenuti a fornirla.

27. Rilascio del permesso di soggiorno per motivi di protezione sociale.

1. Quando ricorrono le circostanze di cui all'art. 18 del testo unico, la proposta per il rilascio del permesso di soggiorno per motivi di protezione sociale è effettuata:

a) dai servizi sociali degli enti locali, o dalle associazioni, enti ed altri organismi iscritti al registro di cui all'art. 52, comma 1, lettera c), convenzionati con l'ente locale, che abbiano rilevato situazioni di violenza o di grave sfruttamento nei confronti dello straniero;

b) dal procuratore della Repubblica nei casi in cui sia iniziato un procedimento penale relativamente a fatti di violenza o di grave sfruttamento di cui alla lettera a), nel corso del quale lo straniero abbia reso dichiarazioni.

2. Ricevuta la proposta di cui al comma 1 e verificata la sussistenza delle condizioni previste dal testo unico, il questore provvede al rilascio del permesso di soggiorno per motivi umanitari, valido per le attività di cui all'art. 18, comma 5, del testo unico, acquisiti:

a) il parere del procuratore della Repubblica quando ricorrono le circostanze di cui al comma 1, lettera b), ed il procuratore abbia omesso di formulare la proposta o questa non dia indicazioni circa la gravità ed attualità del pericolo;

b) il programma di assistenza ed integrazione sociale relativo allo straniero, conforme alle prescrizioni della Commissione interministeriale di cui all'art. 25;
c) l'adesione dello straniero al medesimo programma, previa avvertenza delle conseguenze previste dal testo unico in caso di interruzione del programma o di condotta incompatibile con le finalità dello stesso;
d) l'accettazione degli impegni connessi al programma da parte del responsabile della struttura presso cui il programma deve essere realizzato.

3. Quando la proposta è effettuata a norma del comma 1, lettera a), il questore valuta la gravità ed attualità del pericolo anche sulla base degli elementi in essa contenuti.

3 bis. Il permesso di soggiorno di cui all'articolo 18, comma 5, del testo unico, può essere convertito in permesso di soggiorno per lavoro, secondo le modalità stabilite per tale tipo di permesso. Le quote d'ingresso definite nei decreti di cui all'articolo 3, comma 4, del testo unico, per l'anno successivo alla data di rilascio, sono decurtate in misura pari al numero dei permessi di soggiorno di cui al presente comma, convertiti in permessi di soggiorno per lavoro [1].

3 ter. Il permesso di soggiorno di cui all'articolo 18 del testo unico contiene, quale motivazione, la sola dicitura «per motivi umanitari» ed è rilasciato con modalità che assicurano l'eventuale differenziazione da altri tipi di permesso di soggiorno e l'agevole individuazione dei motivi del rilascio ai soli uffici competenti, anche mediante il ricorso a codici alfanumerici [2].

(1) Comma introdotto dall'art. 21, d.P.R. 18.10.2004, n. 334.
(2) Comma introdotto dall'art. 21, d.P.R. 18.10.2004, n. 334.

28. Permessi di soggiorno per gli stranieri per i quali sono vietati l'espulsione o il respingimento.

1. 1. Quando la legge dispone il divieto di espulsione o di respingimento, il questore rilascia il permesso di soggiorno [1]:
a) per minore età [, salvo l'iscrizione del minore degli anni quattordici nel permesso di soggiorno del genitore o dell'affidatario stranieri regolarmente soggiornanti in Italia]. In caso di minore non accompagnato, rintracciato sul territorio e segnalato al Comitato per i minori stranieri, il permesso di soggiorno per minore età è rilasciato a seguito della segnalazione al Comitato medesimo ed è valido per tutto il periodo necessario per l'espletamento delle indagini sui familiari nei Paesi di origine. Se si tratta di minore abbandonato, è immediatamente informato il Tribunale per i minorenni per i provvedimenti di competenza [2];
a-*bis*) per integrazione sociale e civile del minore, di cui all'articolo 11, comma 1, lettera c-*sexies*), previo parere del Comitato per i minori stranieri [3];
b) per motivi familiari, nei confronti degli stranieri che si trovano nelle documentate circostanze di cui all'art. 19, comma 2, lettera c) del testo unico;
c) per cure mediche, per il tempo attestato mediante idonea certificazione sanitaria, nei confronti delle donne che si trovano nelle circostanze di cui all'art. 19, comma 2, lettera d) del testo unico;
[d) per motivi umanitari, negli altri casi, salvo che possa disporsi l'allontanamento verso uno Stato che provvede ad accordare una protezione analoga contro le persecuzioni di cui all'art. 19, comma 1, del testo unico.] [4]

(1) Comma modificato dall'art. 1, co. 1, lett. e), n. 1), d.P.R. 4.10.2022, n. 191.
(2) Lettera sostituita dall'art. 22, co. 1, d.P.R. 18.10.2004, n. 334 e poi modificata dall'art. 10, co. 2, l. 7.7.2016, n. 122.
(3) Lettera introdotta dall'art. 22, co. 1, d.P.R. 18.10.2004, n. 334.
(4) Lettera abrogata dall'art. 1, co. 6, lett. d), d.l. 4.10.2018, n. 113, conv., con modif., dalla l. 1.12.2018, n. 132.

4. D.L. 9 settembre 2002, n. 195, convertito, con modificazioni, in L. 9 ottobre 2002, n. 222. – Disposizioni urgenti in materia di legalizzazione del lavoro irregolare di extracomunitari (*artt. 1, 2*)

In Gazzetta Ufficiale 12 ottobre 2002, n. 240

1. Legalizzazione di lavoro irregolare.

1. Chiunque, nell'esercizio di un'attività di impresa sia in forma individuale che societaria, ha occupato, nei tre mesi antecedenti la data di entrata in vigore del presente decreto, alle proprie dipendenze lavoratori extracomunitari in posizione irregolare, può denunciare, entro la data dell'11 novembre 2002, la sussistenza del rapporto di lavoro alla Prefettura – Ufficio territoriale del Governo competente per territorio, mediante la presentazione, a proprie spese, di apposita dichiarazione attraverso gli uffici postali. Qualora si tratti di società operanti in Italia, la denuncia è sottoscritta e presentata dal legale rappresentante. A tutti gli effetti, la data di presentazione è quella recata dal timbro dell'ufficio postale accettante. La dichiarazione di emersione è presentata dal richiedente, a proprie spese, agli uffici postali [1].

2. La dichiarazione contiene, a pena di inammissibilità:
a) i dati identificativi dell'imprenditore o della società e del suo legale rappresentante;
b) l'indicazione delle generalità e della nazionalità del lavoratore straniero occupato al quale si riferisce la dichiarazione;
c) l'indicazione della tipologia e delle modalità di impiego;

d) l'indicazione della retribuzione convenuta, in misura non inferiore a quella prevista dal vigente contratto collettivo nazionale di lavoro di riferimento.

3. Ai fini della ricevibilità, alla dichiarazione sono allegati:

a) copia sottoscritta della dichiarazione di impegno a stipulare, nei termini di cui al comma 5, il contratto di soggiorno per lavoro subordinato a tempo indeterminato ovvero per un contratto di lavoro di durata non inferiore ad un anno nelle forme di cui all'articolo 5-*bis* del testo unico delle disposizioni concernenti la disciplina dell'immigrazione e norme sulla condizione dello straniero, di seguito denominato: "testo unico", di cui al decreto legislativo 25 luglio 1998, n. 286, introdotto dall'articolo 6 della legge 30 luglio 2002, n. 189; [2]

b) attestato di pagamento di un contributo forfettario pari a 700 euro per ciascun lavoratore.

4. Nei sessanta giorni successivi alla ricezione della dichiarazione di cui al comma 1, la Prefettura – Ufficio territoriale del Governo, che assicura la tenuta di un registro informatizzato di coloro che hanno presentato la predetta dichiarazione e dei lavoratori extracomunitari ai quali è riferita la medesima dichiarazione, verifica l'ammissibilità e la ricevibilità della dichiarazione e la comunica al centro per l'impiego competente per territorio. La questura accerta se sussistono motivi ostativi all'eventuale rilascio del permesso di soggiorno di validità pari ad un anno [1].

5. Nei dieci giorni successivi alla comunicazione della mancanza di motivi ostativi al rilascio del permesso di soggiorno di cui al comma 4, la Prefettura – Ufficio territoriale del Governo invita le parti a presentarsi per stipulare il contratto di soggiorno per lavoro subordinato e per il contestuale rilascio del permesso di soggiorno, permanendo le condizioni soggettive di cui al comma 4. La mancata presentazione delle parti comporta l'improcedibilità e l'archiviazione del relativo procedimento. Il permesso di soggiorno può essere rinnovato previo accertamento dell'esistenza di un rapporto di lavoro a tempo indeterminato ovvero a tempo determinato di durata non inferiore ad un anno, nonché della regolarità della posizione contributiva previdenziale ed assistenziale del lavoratore extracomunitario interessato, salvo quanto previsto dall'articolo 5, commi 5 e 9, e dall'articolo 6, comma 1, del testo unico delle disposizioni concernenti la disciplina dell'immigrazione e norme sulla condizione dello straniero, di cui al decreto legislativo 25 luglio 1998, n. 286, e successive modificazioni [3].

6. I soggetti di cui al comma 1, che inoltrano la dichiarazione di emersione del lavoro irregolare ai sensi dei commi da 1 a 3, non sono punibili per le violazioni delle norme relative al soggiorno, al lavoro, di carattere finanziario, fiscale, previdenziale e assistenziale nonché per gli altri reati e le violazioni amministrative comunque afferenti all'occupazione dei lavoratori extracomunitari indicati nella dichiarazione di emersione, compiute antecedentemente alla data di entrata in vigore del presente decreto. Fino alla data del rilascio del permesso di soggiorno ovvero fino alla data della comunicazione della sussistenza di motivi ostativi al rilascio del permesso di soggiorno non si applica l'articolo 22, comma 12, del testo unico di cui al decreto legislativo 25 luglio 1998, n. 286, e successive modificazioni. Le predette cause di non punibilità non si applicano a coloro che abbiano presentato una dichiarazione di emersione contenente dati non rispondenti al vero, al fine di procurare il permesso di soggiorno a stranieri [1].

7. Il Ministro del lavoro e delle politiche sociali determina, con proprio decreto, le modalità per l'imputazione del contributo forfettario di cui al comma 3, lettera b), sia per fare fronte all'organizzazione e allo svolgimento dei compiti di cui al presente articolo, sia in relazione alla posizione contributiva previdenziale ed assistenziale del lavoratore interessato, al fine di garantire l'equilibrio finanziario delle relative gestioni previdenziali. Il Ministro, con proprio decreto, determina altresì le modalità di corresponsione delle somme e degli interessi dovuti per i contributi previdenziali concernenti i periodi denunciati antecedenti ai tre mesi di cui al comma 1 [1].

8. Le disposizioni del presente articolo non si applicano ai rapporti di lavoro riguardanti lavoratori extracomunitari:

a) nei confronti dei quali sia stato emesso un provvedimento di espulsione per motivi diversi dal mancato rinnovo del permesso di soggiorno, salvo che sussistano le condizioni per la revoca del provvedimento in presenza di circostanze obiettive riguardanti l'inserimento sociale. La revoca, fermi restando i casi di esclusione di cui alle lettere b) e c), non può essere in ogni caso disposta nell'ipotesi in cui il lavoratore extracomunitario sia o sia stato sottoposto a procedimento penale per delitto non colposo che non si sia concluso con un provvedimento che abbia dichiarato che il fatto non sussiste o non costituisce reato o che l'interessato non lo ha commesso, ovvero risulti destinatario di un provvedimento di espulsione mediante accompagnamento alla frontiera a mezzo della forza pubblica, ovvero abbia lasciato il territorio nazionale e si trovi nelle condizioni di cui all'articolo 13, comma 13, del testo unico di cui al decreto legislativo n. 286 del 1998, e successive modificazioni. Le quote massime di stranieri da ammettere nel territorio dello Stato per lavoro subordinato di cui all'articolo 3, comma 4, del citato decreto legislativo n. 286 del 1998, e successive modificazioni, sono decurtate dello stesso numero di permessi di soggiorno per lavoro, rilasciati a seguito di revoca di provvedimenti di espulsione ai sensi della presente lettera; [4]

b) che risultino segnalati, anche in base ad accordi o convenzioni internazionali in vigore in Italia, ai fini della non ammissione nel territorio dello Stato; [2]

c) che risultino denunciati per uno dei reati indicati negli articoli 380 e 381 del codice di procedura penale, salvo che il procedimento penale si sia concluso con un provvedimento che abbia dichiarato che il fatto non sussiste o non costituisce reato o che l'interessato non lo ha commesso, ovvero nei casi di archiviazione previsti dall'articolo 411 del codice di procedura penale ovvero risultino destinatari dell'applicazione di una misura di prevenzione o di sicurezza, salvi, in ogni caso, gli effetti della riabilitazione (2) (5).

9. Chiunque presenta una falsa dichiarazione di emersione ai sensi del comma 1, al fine di eludere le disposizioni in materia di immigrazione del presente decreto, è punito con la reclusione da due a nove mesi, salvo che il fatto costituisca più grave reato.

9 bis. Per i soggetti diversi dal datore di lavoro, l'obbligo relativo alla comunicazione dell'alloggio di cui all'articolo 7del testo unico di cui al decreto legislativo 25 luglio 1998, n. 286, e successive modificazioni, in relazione ai lavoratori extracomunitari denunciati, può essere adempiuto fino alla data dell'11 novembre 2002. La medesima disposizione si applica anche relativamente alla procedura di emersione di cui all'articolo 33 della legge 30 luglio 2002, n. 189 (6).

(1) Comma modificato dall'art. 1, l. 9.10.2002, n. 222.
(2) Lettera modificata dall'art. 1, l. 9.10.2002, n. 222.
(3) Comma modificato dall'art. 1, l. 9.10.2002, n. 222 e poi dall'art. 1 quater, d.l. 14.9.2004, n. 241.
(4) Lettera sostituita dall'art. 1, l. 9.10.2002, n. 222.
(5) La Corte costituzionale, con sentenza 18.2.2005, n. 78, ha dichiarato l'illegittimità costituzionale della presente lettera nella parte in cui fa derivare automaticamente il rigetto della istanza di regolarizzazione del lavoratore extracomunitario dalla presentazione di una denuncia per uno dei reati per i quali gli articoli 380 e 381 cod. proc. pen. prevedono l'arresto obbligatorio o facoltativo in flagranza.
(6) Comma introdotto dall'art. 1, l. 9.10.2002, n. 222.

2. Disposizioni transitorie e finali.

1. Fino alla data di conclusione della procedura di cui all'articolo 1, non possono essere adottati provvedimenti di allontanamento dal territorio nazionale nei confronti dei lavoratori compresi nella dichiarazione di cui allo stesso articolo, salvo che risultino pericolosi per la sicurezza dello Stato.

2. Il rilascio del permesso di soggiorno ai sensi dell'articolo 1, comma 5, comporta la contestuale revoca degli eventuali provvedimenti di espulsione già adottati nei confronti dello straniero che ha stipulato il contratto di soggiorno.

3. In deroga a quanto previsto dall', articolo 5, comma 2-*bis* del testo unico di cui al decreto legislativo 25 luglio 1998, n. 286, come introdotto dall'articolo 5, comma 1, lettera b), della legge 30 luglio 2002, n. 189, i lavoratori extracomunitari che stipulano il contratto di soggiorno per lavoro subordinato ai sensi dell'articolo 1, comma 5, del presente decreto ovvero altro contratto di lavoro, sono sottoposti a rilievi fotodattiloscopici entro un anno dalla data di rilascio del permesso di soggiorno e, comunque, in sede di rinnovo dello stesso (1).

4. Le disposizioni dei commi 1, 2 e 3, nonché le modalità di presentazione della dichiarazione di legalizzazione di cui all'articolo 1, comma 1, ultimo periodo, si osservano anche per la presentazione delle dichiarazioni di emersione di lavoro irregolare previste dall'articolo 33 della legge 30 luglio 2002, n. 189.

5. Le disposizioni di cui ai commi 2-*bis* e 4-*bis* dell'articolo 5, del testo unico, di cui al decreto legislativo 25 luglio 1998, n. 286, come modificato dall'articolo 5, comma 1, lettere b) e g), della legge 30 luglio 2002, n. 189, non si applicano allo straniero che richiede il permesso di soggiorno di cui al comma 3, lettere a) ed e), del medesimo articolo, di durata non superiore a tre mesi, ovvero per cure mediche, o che ne richiede il rinnovo (1).

6. Per il trattamento dei rilievi fotodattiloscopici di cui agli articoli 5, commi 2-*bis* e 4-*bis*, e 6, comma 4, del testo unico, di cui al decreto legislativo 25 luglio 1998, n. 286, come modificati, rispettivamente, dagli articoli 5 e 7 della legge 30 luglio 2002, n. 189, si applica la disciplina in materia di tutela delle persone e di altri soggetti rispetto al trattamento dei dati personali, prevista all'articolo 4, comma 2, della legge 31 dicembre 1996, n. 675, e successive modificazioni (1).

7. All'atto della consegna della carta d'identità elettronica, di cui all'articolo 36 del testo unico delle disposizioni legislative e regolamentari in materia di documentazione amministrativa, di cui al decreto del Presidente della Repubblica 28 dicembre 2000, n. 445, i cittadini italiani sono sottoposti a rilievi dattiloscopici, ai sensi dell'articolo 5, commi 2-*bis* e 4-*bis*, del testo unico, di cui al decreto legislativo 25 luglio 1998, n. 286, come modificato dall'articolo 5, comma 1, lettere b) e g), della legge 30 luglio 2002, n. 189, secondo modalità stabilite, anche per quanto riguarda l'utilizzazione e la conservazione dei dati e l'accesso alle informazioni raccolte, con il decreto di cui al comma 1 del medesimo articolo 36 del citato decreto del Presidente della Repubblica n. 445 del 2000 (1).

8. Al comma 4, primo periodo, dell'articolo 1-*sexies* del decreto-legge 30 dicembre 1989, n. 416, convertito, con modificazioni, dalla legge 28 febbraio 1990, n. 39, introdotto dall'articolo 32 della legge 30 luglio 2002, n. 189, per soggetto destinatario dei servizi di accoglienza di cui al comma 1 del medesimo articolo si intende lo straniero con permesso umanitario di cui all'articolo 5, comma 6, del testo unico, di cui al decreto legislativo 25 luglio 1998, n. 286, e successive modificazioni (1).

9. I datori di lavoro che, in esecuzione della garanzia prevista nel contratto di soggiorno per lavoro subordinato di cui all'articolo 6 della legge 30 luglio 2002, n. 189, abbiano sostenuto le spese per fornire un alloggio rispondente ai requisiti di legge, possono, a titolo di rivalsa e per la durata della prestazione, trattenere mensilmente dalla retribuzione del dipendente una somma massima pari ad un terzo dell'importo complessivo mensile.

9 bis. Al comma 5, secondo periodo, dell'articolo 33 della legge 30 luglio 2002, n. 189, le parole: "della manodopera occupata" sono sostituite dalle seguenti:

"previdenziale ed assistenziale del lavoratore extracomunitario interessato" (2).

9 ter. Il primo periodo del comma 6 dell'articolo 33 della legge 30 luglio 2002, n. 189, è sostituito dai seguenti: "I soggetti di cui al comma 1, che inoltrano la dichiarazione di emersione del lavoro irregolare ai sensi dei commi da 1 a 3, non sono punibili per le violazioni delle norme relative al soggiorno, al lavoro, di carattere finanziario, fiscale, previdenziale e assistenziale nonché per gli altri reati e le violazioni amministrative comunque afferenti all'occupazione dei lavoratori extracomunitari indicati nella dichiarazione di emersione, compiute antecedentemente alla data di entrata in vigore della presente legge. Fino alla data del rilascio del permesso di soggiorno ovvero fino alla data della comunicazione della sussistenza di motivi ostativi al rilascio del permesso di soggiorno non si applica l'articolo 22, comma 12, del testo unico di cui al decreto legislativo 25 luglio 1998, n. 286, e successive modificazioni" (2).

9 quater. Al comma 6, secondo periodo, dell'articolo 33 della legge 30 luglio 2002, n. 189, dopo le parole: "sia in relazione alla posizione contributiva" sono inserite le seguenti: "previdenziale e assistenziale" (2).

9 quinquies. Al comma 7 dell'articolo 33 della legge 30 luglio 2002, n. 189, la lettera a) è sostituita dalla seguente:
"a) nei confronti dei quali sia stato emesso un provvedimento di espulsione per motivi diversi dal mancato rinnovo del permesso di soggiorno, salvo che sussistano le condizioni per la revoca del provvedimento in presenza di circostanze obiettive riguardanti l'inserimento sociale. La revoca, fermi restando i casi di esclusione di cui alle lettere b) e c), non può essere in ogni caso disposta nell'ipotesi in cui il lavoratore extracomunitario sia stato sottoposto a procedimento penale per delitto non colposo che non si sia concluso con un provvedimento che abbia dichiarato che il fatto non sussiste o non costituisce reato o che l'interessato non lo ha commesso, ovvero risulti destinatario di un provvedimento di espulsione mediante accompagnamento alla frontiera a mezzo della forza pubblica, ovvero abbia lasciato il territorio nazionale e si trovi nelle condizioni di cui all'articolo 13, comma 13, del testo unico di cui al decreto legislativo n. 286 del 1998, e successive modificazioni. Le quote massime di stranieri da ammettere nel territorio dello Stato per lavoro subordinato di cui all'articolo 3, comma 4, del citato decreto legislativo n. 286 del 1998, come sostituito dall'articolo 3, comma 2, della presente legge, sono decurtate dello stesso numero di permessi di soggiorno per lavoro, rilasciati a seguito di revoca di provvedimenti di espulsione ai sensi della presente lettera" (2).

9 sexies. Al comma 7, lettera c) dell'articolo 33 della legge 30 luglio 2002, n. 189, le parole da: "che esclude" fino a: "interessato" sono sostituite dalle seguenti: "che abbia dichiarato che il fatto non sussiste o non costituisce reato o che l'interessato non lo ha commesso ovvero nei casi di archiviazione previsti dall'articolo 411 del codice di procedura penale" (2).

9 septies. All'articolo 34 della legge 30 luglio 2002, n. 189, le parole da: "di cui agli articoli 18, 23 e 28," alla fine del periodo sono sostituite dalle seguenti: "già esercitate in materia di immigrazione dalle direzioni provinciali del lavoro alla data di entrata in vigore della presente legge continuano ad essere svolte dalle direzioni medesime" (2).

(1) Comma modificato dall'art. 1, l. 9.10.2002, n. 222.
(2) Comma introdotto dall'art. 1, l. 9.10.2002, n. 222.

5. Decisione quadro del Consiglio UE 28 novembre 2002, n. 2002/946/GAI, relativa al rafforzamento del quadro penale per la repressione del favoreggiamento dell'ingresso, del transito e del soggiorno illegali

In Gazzetta Ufficiale della Comunità Europea 5 dicembre 2002, n. L 328

1. Sanzioni.

1. Ciascuno Stato membro adotta le misure necessarie affinché gli illeciti definiti negli articoli 1 e 2 della direttiva 2002/90/CE siano passibili di sanzioni penali effettive, proporzionate e dissuasive che possono comportare l'estradizione.

2. Se del caso, le sanzioni penali di cui al paragrafo 1 possono essere accompagnate dalle seguenti misure:
- la confisca del mezzo di trasporto utilizzato per commettere il reato,
- il divieto di esercitare direttamente o per interposta persona l'attività professionale esercitata in occasione della commissione del reato,
- l'espulsione.

3. Ciascuno Stato membro adotta le misure necessarie affinché gli illeciti definiti all'articolo 1, paragrafo 1, lettera a), e, ove pertinente, all'articolo 2, lettera a), della direttiva 2002/90/CE, se perpetrati a scopo di lucro, siano passibili di pene privative della libertà, il cui massimo non può essere inferiore a 8 anni, quando sono commessi in una delle circostanze seguenti:
- il reato è commesso da un'organizzazione criminale quale definita nell'azione comune 98/733/GAI,
- la commissione del reato mette in pericolo la vita delle persone che ne sono vittime.

4. Qualora ciò sia necessario al fine di preservare la coerenza del sistema di sanzioni nazionale, le azioni di cui al paragrafo 3 sono passibili di pene privative della libertà, il cui massimo non può essere inferiore a 6 anni, a condizione che rientrino tra le pene massime più rigorose applicate a reati di gravità comparabile.

2. Responsabilità delle persone giuridiche.

1. Ciascuno Stato membro adotta le misure necessarie per garantire che le persone giuridiche possano essere dichiarate responsabili degli illeciti di cui all'articolo 1, paragrafo 1, perpetrati per loro conto da qualsiasi persona che agisca individualmente o in quanto parte di un organo della persona giuridica in cui detenga una posizione dominante, basata:

- sul potere di rappresentanza di detta persona giuridica,
- sull'autorizzazione ad adottare decisioni a nome della persona giuridica, o
- sull'esercizio del controllo in seno a tale persona giuridica.

2. Oltre ai casi già previsti al paragrafo 1, ciascuno Stato membro adotta le misure necessarie per garantire che le persone giuridiche possano essere dichiarate responsabili quando la carenza di sorveglianza o controllo da parte del soggetto di cui al paragrafo 1 abbia reso possibile la perpetuazione degli illeciti di cui all'articolo 1, paragrafo 1, per conto della persona giuridica da parte di una persona soggetta alla sua autorità.

3. La responsabilità delle persone giuridiche a norma dei paragrafi 1 e 2, non esclude l'azione penale contro le persone fisiche che siano autori, istigatori o complici dei reati di cui al paragrafo 1.

3. Sanzioni per le persone giuridiche.

1. Ciascuno Stato membro adotta le misure necessarie per garantire che la persona giuridica dichiarata responsabile ai sensi dell'articolo 2, paragrafo 1, sia passibile di sanzioni effettive, proporzionate e dissuasive comprendenti sanzioni di natura penale o non penale ed eventualmente altre sanzioni, tra cui:

a) l'esclusione dal godimento di un vantaggio o aiuto pubblico;
b) il divieto temporaneo o permanente di esercitare un'attività commerciale;
c) l'assoggettamento a sorveglianza giudiziaria;
d) un provvedimento giudiziario di scioglimento.

2. Ciascuno Stato membro adotta le misure necessarie per garantire che la persona giuridica dichiarata responsabile ai sensi dell'articolo 2, paragrafo 2, sia passibile di sanzioni o di misure effettive, proporzionate e dissuasive.

4. Competenza giurisdizionale.

1. Ciascuno Stato membro adotta le misure necessarie per definire la propria competenza giurisdizionale in merito agli illeciti, di cui all'articolo 1, paragrafo 1, perpetrati

a) totalmente o parzialmente nel suo territorio;
b) da un suo cittadino, o
c) per conto di una persona giuridica stabilita nel territorio di tale Stato membro.

2. Fatte salve le disposizioni dell'articolo 5, uno Stato membro può decidere di non applicare, o di applicare solo in particolari casi o circostanze, la regola di competenza figurante al:

– paragrafo 1, lettera b),
– paragrafo 1, lettera c).

3. Ciascuno Stato membro informa per iscritto il segretario generale del Consiglio della decisione di applicare il paragrafo 2, indicando, se del caso, le circostanze o le condizioni specifiche in cui si applica la decisione.

5. Estradizione e azione penale.

1. a) Ciascuno Stato membro che, in virtù della propria legislazione, non estrada i propri cittadini prende le misure necessarie a stabilire la propria competenza giurisdizionale per gli illeciti di cui all'articolo 1, paragrafo 1, perpetrati da un suo cittadino al di fuori del proprio territorio.

b) Ciascuno Stato membro che, ove uno dei propri cittadini sia sospettato di aver commesso in un altro Stato membro illeciti di cui all'articolo 1, paragrafo 1, non procede all'estradizione di questa persona verso l'altro Stato membro unicamente a motivo della cittadinanza, sottopone il caso al giudizio delle autorità nazionali competenti ai fini di un'eventuale azione penale. Per consentire l'esercizio dell'azione penale, i fascicoli, gli atti istruttori, il corpo e le cose pertinenti al reato sono inoltrati secondo le modalità previste all'articolo 6, paragrafo 2, della convenzione europea di estradizione del 13 dicembre 1957. Lo Stato membro richiedente è informato in merito alle azioni penali avviate e ai loro risultati.

2. Ai fini del presente articolo, la nozione di «cittadino» di uno Stato membro va interpretata conformemente a eventuali dichiarazioni rese da tale Stato in forza dell'articolo 6, paragrafo 1, lettere b) e c), della convenzione europea di estradizione, se del caso modificata da eventuali dichiarazioni rilasciate per quanto riguarda la convenzione relativa alla procedura semplificata di estradizione tra gli Stati membri dell'Unione europea.

6. Diritto internazionale dei rifugiati.

L'applicazione della presente decisione quadro non pregiudica la protezione concessa ai rifugiati e ai richiedenti asilo conformemente al diritto internazionale relativo ai rifugiati o ad altri strumenti internazionali sui diritti dell'uomo, e in particolare l'osservanza da parte degli Stati membri delle loro obbligazioni internazionali ai sensi degli articoli 31 e 33 della convenzione del 1951 relativa allo status dei rifugiati, modificata dal protocollo di New York del 1967.

7. Comunicazione di informazioni tra gli Stati membri.

1. Se uno Stato membro è informato di illeciti di cui all'articolo 1, paragrafo 1, che costituisca una violazione della legislazione di un altro Stato membro in materia di ingresso e di soggiorno degli stranieri, esso ne informa quest'ultimo Stato membro.

2. Uno Stato membro che richieda ad un altro Stato membro di perseguire, per una violazione della propria legislazione in materia di ingresso e di soggiorno degli stranieri, un illecito di cui all'articolo 1, paragrafo 1, deve specificare, tramite una relazione ufficiale o un certificato delle autorità competenti, quali disposizioni del suo ordinamento siano state violate.

8. Applicazione territoriale.

La presente decisione quadro si applica a Gibilterra.

9. Attuazione.

1. Gli Stati membri adottano le misure necessarie per conformarsi alla presente decisione quadro anteriormente al 5 dicembre 2004.

2. Entro la stessa data gli Stati membri trasmettono al segretariato generale del Consiglio e alla Commissione il testo delle disposizioni inerenti al recepimento nella legislazione nazionale degli obblighi imposti dalla presente decisione quadro. Sulla base di una relazione redatta a partire da dette informazioni dalla Commissione, il Consiglio esamina entro il 5 giugno 2005, in quale misura gli Stati membri si siano conformati alla presente decisione quadro.

10. Abrogazione.

Le disposizioni dell'articolo 27, paragrafi 2 e 3, della convenzione di Schengen del 1990 sono abrogate a decorrere dal 5 dicembre 2004. Qualora uno Stato membro attui la presente decisione quadro conformemente all'articolo 9, paragrafo 1, prima di questa data, le summenzionate disposizioni cessano di applicarsi a tale Stato membro a partire dalla data di attuazione

11. Entrata in vigore.

La presente decisione quadro entra in vigore il giorno della pubblicazione nella Gazzetta ufficiale.

Fatto a Bruxelles, addì 28 novembre 2002.

6. D.Lgs. 10 gennaio 2005, n. 12. – Attuazione della direttiva 2001/40/CE relativa al riconoscimento reciproco delle decisioni di allontanamento dei cittadini di Paesi terzi (*artt. 1-6*)

In Gazzetta Ufficiale 16 febbraio 2005, n. 38

1. Finalità.

1. Il presente decreto non si applica ai familiari dei cittadini dell'Unione europea che hanno esercitato il proprio diritto alla libera circolazione.

2. Per familiari di cittadini dell'Unione europea si intendono il coniuge, i discendenti diretti o quelli del coniuge di età inferiore ai 21 anni o a carico, gli ascendenti diretti a carico del cittadino o del coniuge.

2. Decisioni di allontanamento e misure di esecuzione.

1. Fermo restando quanto previsto dagli articoli 23 e 96 della Convenzione di applicazione dell'accordo di Schengen del 14 giugno 1985, ratificata con legge 30 settembre 1993, n. 388, ai fini del presente decreto, le decisioni di allontanamento, adottate dalle competenti autorità nazionali, sono i provvedimenti di respingimento e di espulsione disposti, rispettivamente, dal Questore, dal Ministro dell'interno e dal Prefetto, ai sensi degli articoli 10 e 13 del testo unico delle disposizioni concernenti la disciplina dell'immigrazione e norme sulla condizione dello straniero, di cui al decreto legislativo 25 luglio 1998, n. 286, e successive modificazioni, di seguito denominato: «testo unico», nonché i corrispondenti provvedimenti di allontanamento adottati dalle competenti autorità di uno Stato membro dell'Unione europea.

2. L'autorità nazionale competente ad adottare una misura di esecuzione per l'attuazione di una decisione di allontanamento adottata da un altro Stato membro dell'Unione europea è il Prefetto che provvede, secondo la procedura di cui all'articolo 13, comma 3, del testo unico, previa eventuale acquisizione, dallo Stato membro autore della decisione di allontanamento, dei documenti necessari per comprovare l'attualità della medesima decisione, anche attraverso i canali di consultazione di cui all'articolo 3 del presente decreto.

3. All'esecuzione dell'espulsione provvede il Questore, secondo le modalità di cui all'articolo 13 e all'articolo 14 del testo unico.

4. L'esecuzione dell'espulsione, nei confronti di uno straniero in possesso di un titolo di soggiorno può essere disposta, previa revoca del provvedimento autorizzativo, ai sensi dell'articolo 5, commi 5 e 6, del testo unico, da parte dell'autorità che lo ha rilasciato.

3. Procedura di consultazione fra gli Stati membri.

1. L'accertamento della situazione concernente gli stranieri destinatari della decisione di allontanamento viene effettuata dal dipartimento della pubblica sicurezza del Ministero dell'interno, avvalendosi del Servizio per la cooperazione internazionale di polizia che utilizzerà i canali di consultazione utili ai fini dell'accertamento richiesto.

2. Il Ministero dell'interno provvederà a comunicare allo Stato membro autore della decisione di allontanamento l'avvenuta esecuzione della medesima.

4. Trattamento di dati personali.

1. Per il trattamento dei dati personali derivanti dall'attuazione del presente decreto si applicano le disposizioni del codice in materia di protezione dei dati personali, di cui al decreto legislativo 30 giugno 2003 n. 196.

5. Ricorsi.

1. Avverso il provvedimento di esecuzione delle decisioni di allontanamento di cui all'articolo 2, comma 2, l'interessato può proporre ricorso all'autorità giudiziaria prevista dall'articolo 13, comma 8, del testo unico, del luogo in cui ha sede l'autorità che ha emesso il provvedimento impugnato.

6. Casi di esclusione.

1. Ai fini dell'applicazione del presente decreto, sono fatte salve le disposizioni internazionali e comunitarie sulla individuazione dello Stato competente per l'esame della domanda di asilo presentata in uno degli Stati membri dell'Unione europea e gli accordi di riammissione vigenti tra l'Italia e gli Stati membri.

2. Sono escluse dall'applicazione del presente decreto le decisioni di allontanamento adottate in contrasto con le Convenzioni internazionali in vigore in materia di diritti dell'uomo e delle libertà fondamentali, nonché in contrasto con l'articolo 19 del testo unico.

7. D.L. 10 marzo 2023, n. 20, convertito, con modificazioni, con L. 5 maggio 2023, n. 50. – Disposizioni urgenti in materia di flussi di ingresso legale dei lavoratori stranieri e di prevenzione e contrasto all'immigrazione irregolare (c.d. Decreto Cutro) (*art. 8*)

In Gazzetta Ufficiale 10 marzo 2023, n. 59

Capo II
Disposizioni in materia di prevenzione e contrasto all'immigrazione irregolare

8. Disposizioni penali.

1. Al testo unico di cui al decreto legislativo 25 luglio 1998, n. 286, sono apportate le seguenti modificazioni [(1)]:

a) all'articolo 12, al comma 1, le parole: «da uno a cinque anni» sono sostituite dalle seguenti: «da due a sei anni» e, al comma 3, alinea, le parole: «da cinque a quindici anni» sono sostituite dalle seguenti: «da sei a sedici anni» [(2)];

b) dopo l'articolo 12, è inserito il seguente:

«Art. 12-*bis* (Morte o lesioni come conseguenza di delitti in materia di immigrazione clandestina). – 1. Chiunque, in violazione delle disposizioni del presente testo unico, promuove, dirige, organizza, finanzia o in qualunque modo effettua il trasporto di stranieri nel territorio dello Stato ovvero compie altri atti diretti a procurarne illegalmente l'ingresso nel territorio dello Stato, ovvero di altro Stato del quale la persona non è cittadina o non ha titolo di residenza permanente, quando il trasporto o l'ingresso sono attuati con modalità tali da esporre le persone a pericolo per la loro vita o per la loro incolumità o sottoponendole a trattamento inumano o degradante, è punito con la reclusione da venti a trenta anni se dal fatto deriva, quale conseguenza non voluta, la morte di più persone. La stessa pena si applica se dal fatto derivano la morte di una o più persone e lesioni gravi o gravissime a una o più persone [(3)].

2. Se dal fatto deriva la morte di una sola persona, si applica la pena della reclusione da quindici a ventiquattro anni. Se derivano lesioni gravi o gravissime a una o più persone, si applica la pena della reclusione da dieci a venti anni.

3. Nei casi di cui ai commi 1 e 2, la pena è aumentata quando ricorre taluna delle ipotesi di cui all'articolo 12, comma 3, lettere a), d) ed e). La pena è aumentata da un terzo alla metà quando concorrono almeno due delle ipotesi di cui al primo periodo, nonché nei casi previsti dall'articolo 12, comma 3-*ter*.

4. Le circostanze attenuanti, diverse da quelle previste dagli articoli 98 e 114 del codice penale, concorrenti con le aggravanti di cui al comma 3, non possono essere ritenute equivalenti o prevalenti rispetto a queste e le diminuzioni di pena si operano sulla quantità di pena risultante dall'aumento conseguente alle predette aggravanti.

5. Si applicano le disposizioni previste dai commi 3-*quinquies*, 4, 4-*bis* e 4-*ter* dell'articolo 12.

6. Fermo quanto disposto dall'articolo 6 del codice penale, se la condotta è diretta a procurare l'ingresso illegale nel territorio dello Stato, il reato è punito secondo la legge italiana anche quando la morte o le lesioni si verificano al di fuori di tale territorio.».

2. All'articolo 4-*bis*, commi 1 e 1-*bis*, della legge 26 luglio 1975, n. 354, le parole: «all'articolo 12, commi 1 e 3,» sono sostituite dalle seguenti: «agli articoli 12, commi 1 e 3, e 12-*bis*[,]» [(4)].

3. All'articolo 51, comma 3-*bis*, del codice di procedura penale, le parole «all'articolo 12, commi 1, 3 e 3-*ter*,» sono sostituite dalle seguenti: «agli articoli 12, commi 1, 3 e 3-*ter*, e 12-*bis*[,]» [(5)].

4. All'articolo 407, comma 2, lettera a), numero 7-*bis*), del codice di procedura penale, le parole «dall'articolo 12, comma 3,» sono sostituite dalle seguenti: «dagli articoli 12, comma 3, e 12-*bis*».

(1) Alinea modificato dall'art.1, co. 1, l. 5.5.2023, n. 50, in sede di conversione.

(2) Lettera modificata dall'art.1, co. 1, l. 5.5.2023, n. 50, in sede di conversione.

(3) Capoverso modificato dall'art.1, co. 1, l. 5.5.2023, n. 50, in sede di conversione.

(4) Comma modificato dall'art.1, co. 1, l. 5.5.2023, n. 50, in sede di conversione.

(5) Comma modificato dall'art.1, co. 1, l. 5.5.2023, n. 50, in sede di conversione.

IMMUNITÀ PARLAMENTARE

1. L. 20 giugno 2003, n. 140. – Disposizioni per l'attuazione dell'articolo 68 della Costituzione nonché in materia di processi penali nei confronti delle alte cariche dello Stato

In Gazzetta Ufficiale 21 giugno 2003, n. 142

1. – 1. Non possono essere sottoposti a processi penali, per qualsiasi reato anche riguardante fatti antecedenti l'assunzione della carica o della funzione, fino alla cessazione delle medesime: il Presidente della Repubblica, salvo quanto previsto dall'articolo 90 della Costituzione, il Presidente del Senato della Repubblica, il Presidente della Camera dei deputati, il Presidente del Consiglio dei ministri, salvo quanto previsto dall'articolo 96 della Costituzione, il Presidente della Corte costituzionale (1).

2. Dalla data di entrata in vigore della presente legge sono sospesi, nei confronti dei soggetti di cui al comma 1 e salvo quanto previsto dagli articoli 90 e 96 della Costituzione, i processi penali in corso in ogni fase, stato o grado, per qualsiasi reato anche riguardante fatti antecedenti l'assunzione della carica o della funzione, fino alla cessazione delle medesime (2).

3. Nelle ipotesi di cui ai commi precedenti si applicano le disposizioni dell'articolo 159 del codice penale (1).

(1) La Corte costituzionale con sentenza 20.1.2004, n. 49 ha dichiarato l'illegittimità costituzionale di questo comma, ai sensi dell'art. 27, l. 11.3.1953, n. 87.

(2) La Corte costituzionale con sentenza 20.1.2004, n. 49 ha dichiarato l'illegittimità costituzionale di questo comma.

2. – 1. Al comma 3 dell'articolo 343 del codice di procedura penale, il secondo periodo è sostituito dal seguente: "Tuttavia, quando l'autorizzazione a procedere o l'autorizzazione al compimento di determinati atti sono prescritte da disposizioni della Costituzione o di leggi costituzionali, si applicano tali disposizioni, nonché, in quanto compatibili con esse, quelle di cui agli articoli 344, 345 e 346".

3. – 1. L'articolo 68, primo comma, della Costituzione si applica in ogni caso per la presentazione di disegni o proposte di legge, emendamenti, ordini del giorno, mozioni e risoluzioni, per le interpellanze e le interrogazioni, per gli interventi nelle Assemblee e negli altri organi delle Camere, per qualsiasi espressione di voto comunque formulata, per ogni altro atto parlamentare, per ogni altra attività di ispezione, di divulgazione, di critica e di denuncia politica, connessa alla funzione di parlamentare, espletata anche fuori del Parlamento.

2. Quando in un procedimento giurisdizionale è rilevata o eccepita l'applicabilità dell'articolo 68, primo comma, della Costituzione, il giudice dispone, anche d'ufficio, se del caso, l'immediata separazione del procedimento stesso da quelli eventualmente riuniti.

3. Nei casi di cui al comma 1 del presente articolo e in ogni altro caso in cui ritenga applicabile l'articolo 68, primo comma, della Costituzione il giudice provvede con sentenza in ogni stato e grado del processo penale, a norma dell'articolo 129 del codice di procedura penale; nel corso delle indagini preliminari pronuncia decreto di archiviazione ai sensi dell'articolo 409 del codice di procedura penale. Nel processo civile, il giudice pronuncia sentenza con i provvedimenti necessari alla sua definizione; le parti sono invitate a precisare immediatamente le conclusioni ed i termini, previsti dall'articolo 190 del codice di procedura civile per il deposito delle comparse conclusionali e delle memorie di replica, sono ridotti, rispettivamente, a quindici e cinque giorni. Analogamente il giudice provvede in ogni altro procedimento giurisdizionale, anche d'ufficio, in ogni stato e grado.

4. Se non ritiene di accogliere l'eccezione concernente l'applicabilità dell'articolo 68, primo comma, della Costituzione, proposta da una delle parti, il giudice provvede senza ritardo con ordinanza non impugnabile, trasmettendo direttamente copia degli atti alla Camera alla quale il membro del Parlamento appartiene o apparteneva al momento del fatto. Se l'eccezione è sollevata in un processo civile dinanzi al giudice istruttore, questi pronuncia detta ordinanza nell'udienza o entro cinque giorni.

5. Se il giudice ha disposto la trasmissione di copia degli atti, a norma del comma 4, il procedimento è sospeso fino alla deliberazione della Camera e comunque non oltre il termine di novanta giorni dalla ricezione degli atti da parte della Camera predetta. La Camera interessata può disporre una proroga del termine non superiore a trenta giorni. La sospensione non impedisce, nel procedimento penale, il compimento degli atti non ripetibili e, negli altri procedimenti, degli atti urgenti.

6. Se la questione è rilevata o eccepita nel corso delle indagini preliminari, il pubblico ministero trasmette, entro dieci giorni, gli atti al giudice, perché provveda ai sensi dei commi 3 o 4.

7. La questione dell'applicabilità dell'articolo 68, primo comma, della Costituzione può essere sottoposta alla Camera di appartenenza anche direttamente da chi assume che il fatto per il quale è in corso un procedimento giurisdizionale di responsabilità nei suoi confronti concerne i casi di cui al comma 1. La Camera può chiedere che il giudice sospenda il procedimento, ai sensi del comma 5.

8. Nei casi di cui ai commi 4, 6 e 7 e in ogni altro caso in cui sia altrimenti investita della questione, la Camera trasmette all'autorità giudiziaria la propria deliberazione; se questa è favorevole all'applicazione dell'articolo 68, primo comma, della Costituzione, il giudice adotta senza ritardo i provvedimenti indicati al comma 3 e il pubblico ministero formula la richiesta di archiviazione.

9. Le disposizioni di cui ai commi precedenti si applicano, in quanto compatibili, ai procedimenti disciplinari, sostituita al giudice l'autorità investita del procedimento. La sospensione del procedimento disciplinare, ove disposta, comporta la sospensione dei termini di decadenza e di prescrizione, nonché di ogni altro termine dal cui decorso possa derivare pregiudizio ad una parte.

4. – 1. Quando occorre eseguire nei confronti di un membro del Parlamento perquisizioni personali o domiciliari, ispezioni personali, intercettazioni, in qualsiasi forma, di conversazioni o comunicazioni, sequestri di corrispondenza, o acquisire tabulati di comunicazioni, ovvero, quando occorre procedere al fermo, all'esecuzione di una misura cautelare personale coercitiva o interdittiva ovvero all'esecuzione dell'accompagnamento coattivo, nonché di misure di sicurezza o di prevenzione aventi natura personale e di ogni altro provvedimento privativo della libertà personale, l'autorità competente richiede direttamente l'autorizzazione della Camera alla quale il soggetto appartiene.

2. L'autorizzazione è richiesta dall'autorità che ha emesso il provvedimento da eseguire; in attesa dell'autorizzazione l'esecuzione del provvedimento rimane sospesa.

3. L'autorizzazione non è richiesta se il membro del Parlamento è colto nell'atto di commettere un delitto per il quale è previsto l'arresto obbligatorio in flagranza ovvero si tratta di eseguire una sentenza irrevocabile di condanna.

4. In caso di scioglimento della Camera alla quale il parlamentare appartiene, la richiesta di autorizzazione perde efficacia a decorrere dall'inizio della successiva legislatura e può essere rinnovata e presentata alla Camera competente all'inizio della legislatura stessa.

5. – 1. Con l'ordinanza prevista dall'articolo 3, comma 4, e con la richiesta di autorizzazione prevista dall'articolo 4, l'autorità competente enuncia il fatto per il quale è in corso il procedimento indicando le norme di legge che si assumono violate e fornisce alla Camera gli elementi su cui fonda il provvedimento.

6. – 1. Fuori dalle ipotesi previste dall'articolo 4, il giudice per le indagini preliminari, anche su istanza delle parti ovvero del parlamentare interessato, qualora ritenga irrilevanti, in tutto o in parte, ai fini del procedimento i verbali e le registrazioni delle conversazioni o comunicazioni intercettate in qualsiasi forma nel corso di procedimenti riguardanti terzi, alle quali hanno preso parte membri del Parlamento, ovvero i tabulati di comunicazioni acquisiti nel corso dei medesimi procedimenti, sentite le parti, a tutela della riservatezza, ne decide, in camera di consiglio, la distruzione integrale ovvero delle parti ritenute irrilevanti, a norma dell'articolo 269, commi 2 e 3, del codice di procedura penale.

2. Qualora, su istanza di una parte processuale, sentite le altre parti nei termini e nei modi di cui all'articolo 268, comma 6, del codice di procedura penale, ritenga necessario utilizzare le intercettazioni o i tabulati di cui al comma 1, il giudice per le indagini preliminari decide con ordinanza e richiede, entro i dieci giorni successivi, l'autorizzazione della Camera alla quale il membro del Parlamento appartiene o apparteneva al momento in cui le conversazioni o le comunicazioni sono state intercettate [1].

3. La richiesta di autorizzazione è trasmessa direttamente alla Camera competente. In essa il giudice per le indagini preliminari enuncia il fatto per il quale è in corso il procedimento, indica le norme di legge che si assumono violate e gli elementi sui quali la richiesta si fonda, allegando altresì copia integrale dei verbali, delle registrazioni e dei tabulati di comunicazioni.

4. In caso di scioglimento della Camera alla quale il parlamentare appartiene, la richiesta perde efficacia a decorrere dall'inizio della successiva legislatura e può essere rinnovata e presentata alla Camera competente all'inizio della legislatura stessa.

5. Se l'autorizzazione viene negata, la documentazione delle intercettazioni è distrutta immediatamente, e comunque non oltre i dieci giorni dalla comunicazione del diniego [1].

6. Tutti i verbali, le registrazioni e i tabulati di comunicazioni acquisiti in violazione del disposto del presente articolo devono essere dichiarati inutilizzabili dal giudice in ogni stato e grado del procedimento [1].

(1) La Corte costituzionale, con sentenza 23.11.2007, n. 390, ha dichiarato l'illegittimità costituzionale di questo comma, nella parte in cui stabilisce che la disciplina ivi prevista si applichi anche nei casi in cui le intercettazioni debbano essere utilizzate nei confronti di soggetti diversi dal membro del Parlamento, le cui conversazioni o comunicazioni sono state intercettate.

7. – 1. Nei procedimenti in corso alla data di entrata in vigore della presente legge, le disposizioni dell'articolo 6 si osservano solo se le intercettazioni non sono già state utilizzate in giudizio.

8. – 1. Restano validi gli atti ed i provvedimenti adottati e sono fatti salvi gli effetti prodottisi ed i rapporti giuridici sorti sulla base dei decreti-legge 15 novembre 1993, n. 455, 14 gennaio 1994, n. 23, 17 marzo 1994, n. 176, 16 maggio 1994, n. 291, 15 luglio 1994, n. 447, 8 settembre 1994, n. 535, 9 novembre 1994, n. 627, 13 gennaio 1995, n. 7, 13 marzo 1995, n. 69, 12 maggio 1995, n. 165, 7 luglio 1995, n. 276, 7 settembre 1995, n. 374, 8 novembre 1995, n. 466, 8 gennaio 1996, n. 9, 12 marzo 1996, n. 116, 10 maggio 1996, n. 253, 10 luglio 1996, n. 357, 6 settembre 1996, n. 466, e 23 ottobre 1996, n. 555.

9. – 1. La presente legge entra in vigore il giorno successivo a quello della sua pubblicazione nella Gazzetta Ufficiale.

LAVORO (DIRITTO PENALE DEL)

A. Dipendenti pubblici

1. D.Lgs. 30 marzo 2001, n. 165. – Norme generali sull'ordinamento del lavoro alle dipendenze delle amministrazioni pubbliche (*art. 55 quinquies*) (1)

In Gazzetta Ufficiale 9 maggio 2001, n. 106, S.O.

(1) Secondo quanto previsto dall'art. 22, co. 4, lett. a), d.lgs. 25.5.2017, n. 75, le parole utilizzate in questo provvedimento «*Ministero della ricerca scientifica*», ovunque ricorrano, sono sostituite dalle seguenti: «*Ministero dell'istruzione, dell'università e della ricerca*».

55 quinquies. False attestazioni o certificazioni [(1)].

1. Fermo quanto previsto dal codice penale, il lavoratore dipendente di una pubblica amministrazione che attesta falsamente la propria presenza in servizio, mediante l'alterazione dei sistemi di rilevamento della presenza o con altre modalità fraudolente, ovvero giustifica l'assenza dal servizio mediante una certificazione medica falsa o falsamente attestante uno stato di malattia è punito con la reclusione da uno a cinque anni e con la multa da euro 400 ad euro 1.600. La medesima pena si applica al medico e a chiunque altro concorre nella commissione del delitto.

2. Nei casi di cui al comma 1, il lavoratore, ferme la responsabilità penale e disciplinare e le relative sanzioni, è obbligato a risarcire il danno patrimoniale, pari al compenso corrisposto a titolo di retribuzione nei periodi per i quali sia accertata la mancata prestazione, nonché il danno d'immagine di cui all'articolo 55-*quater*, comma 3-*quater* [(2)].

3. La sentenza definitiva di condanna o di applicazione della pena per il delitto di cui al comma 1 comporta, per il medico, la sanzione disciplinare della radiazione dall'albo ed altresì, se dipendente di una struttura sanitaria pubblica o se convenzionato con il servizio sanitario nazionale, il licenziamento per giusta causa o la decadenza dalla convenzione. Le medesime sanzioni disciplinari si applicano se il medico, in relazione all'assenza dal servizio, rilascia certificazioni che attestano dati clinici non direttamente constatati né oggettivamente documentati.

3 bis. Fermo restando quanto previsto dall articolo 55-*quater*, comma 1, lettere a) e b), i contratti collettivi nazionali individuano le condotte e fissano le corrispondenti sanzioni disciplinari con riferimento alle ipotesi di ripetute e ingiustificate assenze dal servizio in continuità con le giornate festive e di riposo settimanale, nonché con riferimento ai casi di ingiustificate assenze collettive in determinati periodi nei quali è necessario assicurare continuità nell'erogazione dei servizi all'utenza [(3)]

(1) Articolo introdotto dall'art. 69, co. 1, d.lgs. 27.10.2009, n. 150.
(2) Comma modificato dall'art. 16, co. 1, lett. a), d.lgs. 25.5.2017, n. 75.
(3) Comma introdotto dall'art. 16, co. 1, lett. b), d.lgs. 25.5.2017, n. 75.

B. Diritti dei lavoratori

2. L. 17 ottobre 1967, n. 977. – Tutela del lavoro dei bambini e degli adolescenti (*artt. 3, 4, 26*) (1) (2) (3) (4)

In Gazzetta Ufficiale 6 novembre 1967, n. 276

(1) Epigrafe modificata dall'art. 2, co. 1, d.lgs. 4.8.1999, n. 345.
(2) All'interno di questa l., la parola "fanciullo" è sostituita dalla parola "bambino" (art. 2, co. 1, d.lgs. 4.8.1999, n. 345).
(3) All'interno di questa l., il riferimento all'"Ispettorato provinciale del lavoro" è da intendersi attualmente alla "Direzione provinciale del lavoro." (art. 2, co. 1, d.lgs. 4.8.1999, n. 345).
(4) L'art. 1, co. 1, d.lgs. 1.12.2009, n. 179, ha dichiarato indispensabile la permanenza in vigore di questo decreto, limitatamente agli articoli 1, 2, 3, 4, 6, 7, 8 e da 11 a 29.

Sezione II
Requisiti di età e di istruzione

3. – 1. L'età minima per l'ammissione al lavoro è fissata al momento in cui il minore ha concluso il periodo di istruzione obbligatoria e comunque non può essere inferiore ai 15 anni compiuti [(1) (2)].

(1) Articolo sostituito dall'art. 5, co. 1, d.lgs. 4.8.1999, n. 345.
(2) L'art. 1, co. 1, d.lgs. 1.12.2009, n. 179, ha dichiarato indispensabile la permanenza in vigore di questo articolo.

4. – 1. È vietato adibire al lavoro i bambini, salvo quanto disposto dal comma 2.

2. La direzione provinciale del lavoro può autorizzare, previo assenso scritto dei titolari della responsabilità genitoriale, l'impiego dei minori in attività lavorative di carattere culturale, artistico, sportivo o pubblicitario e nel settore dello spettacolo, purché si tratti di attività che non pregiudicano la sicurezza, l'integrità psicofisica e lo sviluppo del minore, la frequenza scolastica o la partecipazione a programmi di orientamento o di formazione professionale [(1)].

3. Al rilascio dell'autorizzazione si applicano le disposizioni del decreto del Presidente della Repubblica 20 aprile 1994, n. 365 [(2) (3)].

(1) Secondo quanto previsto dall'art. 105, co. 1, d.lgs. 28.12.2013, n. 154, le parole: "potestà genitoriale" sono sostituite da "responsabilità genitoriale".
(2) Articolo modificato dall'art. 3, co. 1, d.P.R. 20.4.1994, n. 365 e poi sostituito dall'art. 6, co. 1, d.lgs. 4.8.1999, n. 345.
(3) L'art. 1, co. 1, d.lgs. 1.12.2009, n. 179, ha dichiarato indispensabile la permanenza in vigore di questo articolo.

Sezione XII
Sanzioni

26. – 1. L'inosservanza delle disposizioni contenute negli articoli 4, comma 1; 6, comma 1; 8, comma 7, è punita con l'arresto fino a sei mesi.

2. L'inosservanza delle disposizioni contenute negli articoli 3; 6, comma 2; 7, comma 2; 8, commi 1, 2, 4, 5; 15, comma 1; 17, comma 1; 18; 21; 22 è punita con l'arresto non superiore a sei mesi o con l'ammenda fino a lire dieci milioni.

3. L'inosservanza delle disposizioni contenute negli articoli 8, comma 6; 17, comma 2; 19; 20, primo e secondo comma è punita con la sanzione amministrativa pecuniaria da lire un milione a lire cinque milioni.

4. Chiunque adibisce al lavoro i minori nei casi previsti dall'articolo 4, comma 2, senza l'autorizzazione della direzione provinciale del lavoro, è punito con la sanzione amministrativa fino a lire cinque milioni.

5. Chiunque adibisce al lavoro gli adolescenti nei casi previsti dall'articolo 6, comma 3, senza l'autorizzazione della direzione provinciale del lavoro, è punito con la sanzione amministrativa fino a lire cinque milioni.

6. Le sanzioni previste per l'inosservanza delle disposizioni di cui agli articoli 3; 4, comma 1; 6, comma 1, si applicano in misura non inferiore alla metà del massimo a chi, rivestito di autorità o incaricato della vigilanza sopra un minore, ne consente l'avvio al lavoro in violazione delle disposizioni contenute nei medesimi articoli.

7. L'autorità competente a ricevere il rapporto con le violazioni amministrative previste dal presente articolo e ad emettere l'ordinanza-ingiunzione è la direzione provinciale del lavoro.

8. Alle contravvenzioni di cui al comma 2 si applicano le disposizioni del capo II del decreto legislativo 19 dicembre 1994, n. 758 [(1)].

(1) Articolo sostituito dall'art. 1, co. 1, d.lgs. 9.9.1994, n. 566 e poi dall'art. 14, co. 1, d.lgs. 4.8.1999, n. 345.

3. L. 20 maggio 1970, n. 300. – Norme sulla tutela della libertà e dignità dei lavoratori, della libertà sindacale e dell'attività sindacale nei luoghi di lavoro e norme sul collocamento (*artt. 1-9, 14-16, 19-28, 35-41*) [(1)(2)(3)]

In Gazzetta Ufficiale 27 maggio 1970, n. 131

(1) Il d.lgs. 19.2.1998, n. 51 ha soppresso l'ufficio del pretore e, fuori dai casi espressamente previsti da questo decreto, le relative competenze sono da intendersi trasferite al tribunale ordinario. Lo stesso decreto ha soppresso l'ufficio del pubblico ministero presso la pretura circondariale e ha provveduto a trasferirne le relative funzioni all'ufficio del pubblico ministero presso il tribunale ordinario. Qualora il presente provvedimento attribuisca, inoltre, funzioni amministrative alternativamente al pretore e ad organi della P.A., le attribuzioni pretorili si intendono soppresse. Sono altresì soppresse le funzioni amministrative di altre autorità giurisdizionali, eccezion fatta per il giudice di pace, se attribuite in via alternativa tanto al pretore che ad organi della P.A. Il potere del pretore di rendere esecutivi atti emanati da autorità amministrative è soppresso e gli atti sono esecutivi di diritto. Infine, qualora il presente provvedimento preveda l'obbligo di determinati soggetti di rendere giuramento innanzi al pretore per l'esercizio di attività, questo si intende reso innanzi al sindaco o ad un suo delegato.
(2) Il d.lgs. 23.12.1997, n. 469 ha conferito alle regioni, tra l'altro, i compiti relativi al collocamento, all'avviamento a selezione negli enti pubblici e nella pubblica amministrazione, ad eccezione di quello riguardante le amministrazioni centrali dello Stato e gli uffici centrali degli enti pubblici, e i compiti di preselezione ed incontro tra domanda e offerta di lavoro.
(3) Le prefetture sono trasformate in uffici territoriali del governo a decorrere dalla data nomina del primo governo costituito a seguito delle prime elezioni politiche successive all'entrata in vigore del d.lgs. 30.7.1999, n. 300. Il prefetto preposto a tale ufficio nel capoluogo della regione assume anche le funzioni di commissario del governo (art. 11, d.lgs. n. 300/1999).

TITOLO I
Della libertà e dignità del lavoratore

1. Libertà di opinione.

I lavoratori, senza distinzione di opinioni politiche, sindacali e di fede religiosa, hanno diritto, nei luoghi dove prestano la loro opera, di manifestare liberamente il proprio pensiero, nel rispetto dei principi della Costituzione e delle norme della presente legge.

2. Guardie giurate.

Il datore di lavoro può impiegare le guardie particolari giurate, di cui agli articoli 133 e seguenti del testo unico approvato con regio decreto 18 giugno 1931, n. 773, soltanto per scopi di tutela del patrimonio aziendale.

Le guardie giurate non possono contestare ai lavoratori azioni o fatti diversi da quelli che attengono alla tutela del patrimonio aziendale.

È fatto divieto al datore di lavoro di adibire alla vigilanza sull'attività lavorativa le guardie di cui al primo comma, le quali non possono accedere nei locali dove si svolge tale attività, durante lo svolgimento della stessa, se non eccezionalmente per specifiche e motivate esigenze attinenti ai compiti di cui al primo comma.

In caso di inosservanza da parte di una guardia particolare giurata delle disposizioni di cui al presente articolo, l'Ispettorato del lavoro ne promuove presso il questore la sospensione dal servizio, salvo il provvedimento di revoca della licenza da parte del prefetto nei casi più gravi [(1)].

(1) Secondo quanto previsto dall'art. 6, del d.m. 7.11.1996, n. 687, le funzioni attribuite all'ispettorato provinciale del lavoro sono svolte dalla direzione provinciale del lavoro.

3. Personale di vigilanza.

I nominativi e le mansioni specifiche del personale addetto alla vigilanza dell'attività lavorativa debbono essere comunicati ai lavoratori interessati.

4. Impianti audiovisivi e altri strumenti di controllo [(1) (2)].

1. Gli impianti audiovisivi e gli altri strumenti dai quali derivi anche la possibilità di controllo a distanza dell'attività dei lavoratori possono essere impiegati esclusivamente per esigenze organizzative e produttive, per la sicurezza del lavoro e per la tutela del patrimonio aziendale e possono essere installati previo accordo collettivo stipulato dalla rappresentanza sindacale unitaria o dalle rappresentanze sindacali aziendali. In alternativa, nel caso di imprese con unità produttive ubicate in diverse province della stessa regione ovvero in più regioni, tale accordo può essere stipulato dalle associazioni sindacali comparativamente più rappresentative sul piano nazionale. In mancanza di accordo, gli impianti e gli strumenti di cui al primo periodo possono essere installati previa autorizzazione della sede territoriale dell'Ispettorato nazionale del lavoro o, in alternativa, nel caso di imprese con unità produttive dislocate negli ambiti di competenza di più sedi territoriali, della sede centrale dell'Ispettorato nazionale del lavoro. I provvedimenti di cui al terzo periodo sono definitivi [(3)].

2. La disposizione di cui al comma 1 non si applica agli strumenti utilizzati dal lavoratore per rendere la prestazione lavorativa e agli strumenti di registrazione degli accessi e delle presenze.

3. Le informazioni raccolte ai sensi dei commi 1 e 2 sono utilizzabili a tutti i fini connessi al rapporto di lavoro a condizione che sia data al lavoratore adeguata informazione delle modalità d'uso degli strumenti e di effettuazione dei controlli e nel rispetto di quanto disposto dal decreto legislativo 30 giugno 2003, n. 196.

(1) Secondo quanto previsto dall'art. 6, d.m. 7.11.1996, n. 687, le funzioni attribuite all'ispettorato provinciale del lavoro sono svolte dalla direzione provinciale del lavoro.
(2) Articolo sostituito dall'art. 23, co. 1, d.lgs. 14.9.2015, n. 151.
(3) Comma modificato dall'art. 5, co. 2, d.lgs. 24.9.2016, n. 185.

5. Accertamenti sanitari.

Sono vietati accertamenti da parte del datore di lavoro sulla idoneità e sulla infermità per malattia o infortunio del lavoratore dipendente.

Il controllo delle assenze per infermità può essere effettuato soltanto attraverso i servizi ispettivi degli istituti previdenziali competenti, i quali sono tenuti a compierlo quando il datore di lavoro lo richieda.

Il datore di lavoro ha facoltà di far controllare la idoneità fisica del lavoratore da parte di enti pubblici ed istituti specializzati di diritto pubblico.

6. Visite personali di controllo.

Le visite personali di controllo sul lavoratore sono vietate fuorché nei casi in cui siano indispensabili ai fini della tutela del patrimonio aziendale, in relazione alla qualità degli strumenti di lavoro o delle materie prime o dei prodotti.

In tali casi le visite personali potranno essere effettuate soltanto a condizione che siano eseguite all'uscita dei luoghi di lavoro, che siano salvaguardate la dignità e la riservatezza del lavoratore e che avvengano con l'applicazione di sistemi di selezione automatica riferiti alla collettività o a gruppi di lavoratori.

Le ipotesi nelle quali possono essere disposte le visite personali, nonché, ferme restando le condizioni di cui al secondo comma del presente articolo, le relative modalità debbono essere concordate dal datore di lavoro con le rappresentanze sindacali aziendali oppure, in mancanza di queste, con la commissione interna. In difetto di accordo, su istanza del datore di lavoro, provvede l'Ispettorato del lavoro.

Contro i provvedimenti della Direzione regionale del lavoro di cui al precedente comma, il datore di lavoro, le rappresentanze sindacali aziendali o, in mancanza di queste, la commissione interna, oppure i sindacati dei lavoratori di cui al successivo articolo 19 possono ricorrere, entro 30 giorni dalla comunicazione del provvedimento, al Ministro per il lavoro e la previdenza sociale.

7. Sanzioni disciplinari.

Le norme disciplinari relative alle sanzioni, alle infrazioni in relazione alle quali ciascuna di esse può essere applicata ed alle procedure di contestazione delle stesse, devono essere portate a conoscenza dei lavoratori mediante affissione in luogo accessibile a tutti. Esse devono applicare quanto in materia è stabilito da accordi e contratti di lavoro ove esistano [(1)].

Il datore di lavoro non può adottare alcun provvedimento disciplinare nei confronti del lavoratore senza avergli preventivamente contestato l'addebito e senza averlo sentito a sua difesa [(2) (3)].

Il lavoratore potrà farsi assistere da un rappresentante dell'associazione sindacale cui aderisce o conferisce mandato [(4) (5)].

Fermo restando quanto disposto dalla legge 15 luglio 1966, n. 604, non possono essere disposte sanzioni disciplinari che comportino mutamenti definitivi del rapporto di lavoro; inoltre la multa non può essere disposta per un importo superiore a quattro ore della retribuzione base e la sospensione dal servizio e dalla retribuzione per più di dieci giorni.

In ogni caso, i provvedimenti disciplinari più gravi del rimprovero verbale non possono essere applicati prima che siano trascorsi cinque giorni dalla contestazione per iscritto del fatto che vi ha dato causa.

Salvo analoghe procedure previste dai contratti collettivi di lavoro e ferma restando la facoltà di adire l'autorità giudiziaria, il lavoratore al quale sia stata applicata una sanzione disciplinare può promuovere, nei venti giorni successivi, anche per mezzo dell'associazione alla quale sia iscritto ovvero conferisca mandato la costituzione, tramite l'ufficio provinciale del lavoro e della massima occupazione, di un collegio di conciliazione ed arbitrato, composto da un rappresentante di ciascuna delle parti e da un terzo membro scelto di comune accordo o, in difetto di accordo, nominato dal direttore dell'ufficio del lavoro. La sanzione disciplinare resta sospesa fino alla pronuncia da parte del collegio.

Qualora il datore di lavoro non provveda, entro dieci giorni dall'invito rivoltogli dall'ufficio del lavoro, a nominare il proprio rappresentante in seno al collegio di cui al comma precedente, la sanzione disciplinare non ha effetto. Se il datore di lavoro adisce l'autorità giudiziaria, la sanzione disciplinare resta sospesa fino alla definizione del giudizio.

Non può tenersi conto ad alcun effetto delle sanzioni disciplinari decorsi due anni dalla loro applicazione.

(1) La Corte costituzionale, con sentenza 29.11.1982, n. 204, ha dichiarato l'illegittimità costituzionale di questo comma interpretato nel senso che sia inapplicabile ai licenziamenti disciplinari, per i quali detto comma non sia espressamente richiamato dalla normativa legislativa, collettiva o validamente posta dal datore di lavoro.

(2) La Corte costituzionale, con sentenza 29.11.1982, n. 204, ha dichiarato l'illegittimità costituzionale di questo comma interpretato nel senso che sia inapplicabile ai licenziamenti disciplinari, per i quali detto comma non sia espressamente richiamato dalla normativa legislativa, collettiva o validamente posta dal datore di lavoro.

(3) La Corte costituzionale, con sentenza 25.7.1989, n. 427, ha dichiarato l'illegittimità costituzionale di questo comma, nella parte in cui è esclusa la sua applicabilità al licenziamento per motivi disciplinari irrogato da imprenditore che abbia meno di sedici dipendenti.

(4) La Corte costituzionale, con sentenza 29.11.1982, n. 204, ha dichiarato l'illegittimità costituzionale di questo comma interpretato nel senso che sia inapplicabile ai licenziamenti disciplinari, per i quali detto comma non sia espressamente richiamato dalla normativa legislativa, collettiva o validamente posta dal datore di lavoro.

(5) La Corte costituzionale, con sentenza 25.7.1989, n. 427, ha dichiarato l'illegittimità costituzionale di questo comma, nella parte in cui è esclusa la sua applicabilità al licenziamento per motivi disciplinari irrogato da imprenditore che abbia meno di sedici dipendenti.

8. Divieto di indagini sulle opinioni.

È fatto divieto al datore di lavoro, ai fini dell'assunzione, come nel corso dello svolgimento del rapporto di lavoro, di effettuare indagini, anche a mezzo di terzi, sulle opinioni politiche, religiose o sindacali del lavoratore, nonché su fatti non rilevanti ai fini della valutazione dell'attitudine professionale del lavoratore.

9. Tutela della salute e dell'integrità fisica.

I lavoratori, mediante loro rappresentanze, hanno diritto di controllare l'applicazione delle norme per la prevenzione degli infortuni e delle malattie professionali e di promuovere la ricerca, l'elaborazione e l'attuazione di tutte le misure idonee a tutelare la loro salute e la loro integrità fisica.

TITOLO II
Della libertà sindacale

14. Diritto di associazione e di attività sindacale.

Il diritto di costituire associazioni sindacali, di aderirvi e di svolgere attività sindacale, è garantito a tutti i lavoratori all'interno dei luoghi di lavoro.

15. Atti discriminatori.

È nullo qualsiasi patto od atto diretto a:

a) subordinare l'occupazione di un lavoratore alla condizione che aderisca o non aderisca ad una associazione sindacale ovvero cessi di farne parte;
b) licenziare un lavoratore, discriminarlo nella assegnazione di qualifiche o mansioni, nei trasferimenti, nei provvedimenti disciplinari, o recargli altrimenti pregiudizio a causa della sua affiliazione o attività sindacale ovvero della sua partecipazione ad uno sciopero.

Le disposizioni di cui al comma precedente si applicano altresì ai patti o atti diretti a fini di discriminazione politica, religiosa, razziale, di lingua o di sesso, di handicap, di età, di nazionalità o basata sull'orientamento sessuale o sulle convinzioni personali [(1)].

(1) Comma sostituito dall'art. 13, l. 9.12.1977, n. 903 e poi modificato dall'art. 4, co. 1, d.lgs. 9.7.2003, n. 216 e successivamente modificato dall'art. 4, co. 1, del D.Lgs 9.7.2003, n. 216 e dall'art. 1, co. 2, l. 23.12.2021, n. 238.

16. Trattamenti economici collettivi discriminatori.

È vietata la concessione di trattamenti economici di maggior favore aventi carattere discriminatorio a mente dell'articolo 15.

Il pretore, su domanda dei lavoratori nei cui confronti è stata attuata la discriminazione di cui al comma precedente o delle associazioni sindacali alle quali questi hanno dato mandato, accertati i fatti, condanna il datore di lavoro al pagamento, a favore del fondo adeguamento pensioni, di una somma pari all'importo dei trattamenti economici di maggior favore illegittimamente corrisposti nel periodo massimo di un anno.

TITOLO III
Dell'attività sindacale

19. Costituzione delle rappresentanze sindacali aziendali.

Rappresentanze sindacali aziendali possono essere costituite ad iniziativa dei lavoratori in ogni unità produttiva, nell'ambito:

[a) delle associazioni aderenti alle confederazioni maggiormente rappresentative sul piano nazionale;] [(1)]
b) delle associazioni sindacali, che siano firmatarie di contratti collettivi di lavoro applicati nell'unità produttiva [(2) (3)].

Nell'ambito di aziende con più unità produttive le rappresentanze sindacali possono istituire organi di coordinamento.

(1) Lettera abrogata dall'articolo unico, d.P.R. 28.7.1995, n. 312, con effetto a decorrere dal 28.9.1995, in esito al referendum indetto con d.P.R. 5.4.1995.

(2) Lettera modificata dall'articolo unico, d.P.R. 28.7.1995, n. 312, con effetto a decorrere dal 28.9.1995, in esito al referendum indetto con d.P.R. 5.4.1995.

(3) La Corte costituzionale, con sentenza 23.7.2013, n. 231, ha dichiarato l'illegittimità costituzionale di questa lettera, nella parte in cui non prevede che la rappresentanza sindacale aziendale possa essere costituita anche nell'ambito di associazioni sindacali che, pur non firmatarie dei contratti collettivi applicati nell'unità produttiva, ab-

biano comunque partecipato alla negoziazione relativa agli stessi contratti quali rappresentanti dei lavoratori dell'azienda.

20. Assemblea.

I lavoratori hanno diritto di riunirsi, nella unità produttiva in cui prestano la loro opera, fuori dell'orario di lavoro, nonché durante l'orario di lavoro, nei limiti di dieci ore annue, per le quali verrà corrisposta la normale retribuzione. Migliori condizioni possono essere stabilite dalla contrattazione collettiva.

Le riunioni – che possono riguardare la generalità dei lavoratori o gruppi di essi – sono indette, singolarmente o congiuntamente, dalle rappresentanze sindacali aziendali nell'unità produttiva, con ordine del giorno su materie di interesse sindacale e del lavoro e secondo l'ordine di precedenza delle convocazioni, comunicate al datore di lavoro.

Alle riunioni possono partecipare, previo preavviso al datore di lavoro, dirigenti esterni del sindacato che ha costituito la rappresentanza sindacale aziendale.

Ulteriori modalità per l'esercizio del diritto di assemblea possono essere stabilite dai contratti collettivi di lavoro, anche aziendali.

21. Referendum.

Il datore di lavoro deve consentire nell'ambito aziendale lo svolgimento, fuori dell'orario di lavoro, di referendum, sia generali che per categoria, su materie inerenti all'attività sindacale, indetti da tutte le rappresentanze sindacali aziendali tra i lavoratori, con diritto di partecipazione di tutti i lavoratori appartenenti alla unità produttiva e alla categoria particolarmente interessata.

Ulteriori modalità per lo svolgimento del referendum possono essere stabilite dai contratti collettivi di lavoro anche aziendali.

22. Trasferimento dei dirigenti delle rappresentanze sindacali aziendali.

Il trasferimento dall'unità produttiva dei dirigenti delle rappresentanze sindacali aziendali di cui al precedente articolo 19, dei candidati e dei membri di commissione interna può essere disposto solo previo nulla osta delle associazioni sindacali di appartenenza.

Le disposizioni di cui al comma precedente ed ai commi quarto, quinto, sesto e settimo dell'articolo 18 si applicano sino alla fine del terzo mese successivo a quello in cui è stata eletta la commissione interna per i candidati nelle elezioni della commissione stessa e sino alla fine dell'anno successivo a quello in cui è cessato l'incarico per tutti gli altri.

23. Permessi retribuiti [(1)].

I dirigenti delle rappresentanze sindacali aziendali di cui all'articolo 19 hanno diritto, per l'espletamento del loro mandato, a permessi retribuiti.

Salvo clausole più favorevoli dei contratti collettivi di lavoro hanno diritto ai permessi di cui al primo comma almeno:

a) un dirigente per ciascuna rappresentanza sindacale aziendale nelle unità produttive che occupano fino a 200 dipendenti della categoria per cui la stessa è organizzata;
b) un dirigente ogni 300 o frazione di 300 dipendenti per ciascuna rappresentanza sindacale aziendale nelle unità produttive che occupano fino a 3.000 dipendenti della categoria per cui la stessa è organizzata;
c) un dirigente ogni 500 o frazione di 500 dipendenti della categoria per cui è organizzata la rappresentanza sindacale aziendale nelle unità produttive di maggiori dimensioni, in aggiunta al numero minimo di cui alla precedente lettera b).

I permessi retribuiti di cui al presente articolo non potranno essere inferiori a otto ore mensili nelle aziende di cui alle lettere b) e c) del comma precedente; nelle aziende di cui alla lettera a) i permessi retribuiti non potranno essere inferiori ad un'ora all'anno per ciascun dipendente.

Il lavoratore che intende esercitare il diritto di cui al primo comma deve darne comunicazione scritta al datore di lavoro di regola 24 ore prima, tramite le rappresentanze sindacali aziendali.

(1) Secondo quanto previsto dall'art. 16 ter, d.l. 2.3.1974, n. 30, i periodi di aspettativa qui previsti sono considerati come periodi di effettivo lavoro ai fini dell'applicazione delle norme sugli assegni familiari di cui al testo unico 30.5.1955, n. 797, o della corresponsione di altri trattamenti per i familiari a carico comunque denominati.

24. Permessi non retribuiti.

I dirigenti sindacali aziendali di cui all'articolo 23 hanno diritto a permessi non retribuiti per la partecipazione a trattative sindacali o a congressi e convegni di natura sindacale, in misura non inferiore a otto giorni all'anno.

I lavoratori che intendano esercitare il diritto di cui al comma precedente devono darne comunicazione scritta al datore di lavoro di regola tre giorni prima, tramite le rappresentanze sindacali aziendali.

25. Diritto di affissione.

Le rappresentanze sindacali aziendali hanno diritto di affiggere, su appositi spazi, che il datore di lavoro ha l'obbligo di predisporre in luoghi accessibili a tutti i lavoratori all'interno dell'unità produttiva, pubblicazioni, testi e comunicati inerenti a materie di interesse sindacale e del lavoro.

26. Contributi sindacali.

I lavoratori hanno diritto di raccogliere contributi e di svolgere opera di proselitismo per le loro organizzazioni sindacali all'interno dei luoghi di lavoro, senza pregiudizio del normale svolgimento dell'attività aziendale.

[Le associazioni sindacali dei lavoratori hanno diritto di percepire, tramite ritenuta sul salario nonché sulle prestazioni erogate per conto degli enti previdenziali, i contributi sindacali che i lavoratori intendono loro versare, con modalità stabilite dai contratti collettivi di lavoro, che garantiscono la segretezza del versamento effettuato dal lavoratore a ciascuna associazione sindacale] (1).

[Nelle aziende nelle quali il rapporto di lavoro non è regolato da contratti collettivi, il lavoratore ha diritto di chiedere il versamento del contributo sindacale all'associazione da lui indicata] (2).

(1) Comma sostituito dall'art. 18, co. 2, l. 23.7.1991, n. 223 e poi abrogato dal d.P.R, 28.7.1995, n. 313, in esito al referendum indetto con d.P.R. 5.4.1995.

(2) Comma abrogato dal d.P.R, 28.7.1995, n. 313, in esito al referendum indetto con d.P.R. 5.4.1995.

27. Locali delle rappresentanze sindacali aziendali.

Il datore di lavoro nelle unità produttive con almeno 200 dipendenti pone permanentemente a disposizione delle rappresentanze sindacali aziendali, per l'esercizio delle loro funzioni, un idoneo locale comune all'interno dell'unità produttiva o nelle immediate vicinanze di essa.

Nelle unità produttive con un numero inferiore di dipendenti le rappresentanze sindacali aziendali hanno diritto di usufruire, ove ne facciano richiesta, di un locale idoneo per le loro riunioni.

TITOLO IV
Disposizioni varie e generali

28. Repressione della condotta antisindacale.

Qualora il datore di lavoro ponga in essere comportamenti diretti ad impedire o limitare l'esercizio della libertà e dell'attività sindacale nonché del diritto di sciopero, su ricorso degli organismi locali delle associazioni sindacali nazionali che vi abbiano interesse, il pretore del luogo ove è posto in essere il comportamento denunziato, nei due giorni successivi, convocate le parti ed assunte sommarie informazioni, qualora ritenga sussistente la violazione di cui al presente comma, ordina al datore di lavoro, con decreto motivato ed immediatamente esecutivo, la cessazione del comportamento illegittimo e la rimozione degli effetti.

L'efficacia esecutiva del decreto non può essere revocata fino alla sentenza con cui il pretore in funzione di giudice del lavoro definisce il giudizio instaurato a norma del comma successivo (1).

Contro il decreto che decide sul ricorso è ammessa, entro 15 giorni dalla comunicazione del decreto alle parti, opposizione davanti al pretore in funzione di giudice del lavoro che decide con sentenza immediatamente esecutiva. Si osservano le disposizioni degli articoli 413 e seguenti del codice di procedura civile (2).

Il datore di lavoro che non ottempera al decreto, di cui al primo comma, o alla sentenza pronunciata nel giudizio di opposizione è punito ai sensi dell'art. 650 del codice penale.

L'autorità giudiziaria ordina la pubblicazione della sentenza penale di condanna nei modi stabiliti dall'art. 36 del codice penale.

[Se il comportamento di cui al primo comma è posto in essere da una amministrazione statale o da un altro ente pubblico non economico, l'azione è proposta con ricorso davanti al pretore competente per territorio.] (3)

[Qualora il comportamento antisindacale sia lesivo anche di situazioni soggettive inerenti al rapporto di impiego, le organizzazioni sindacali di cui al primo comma, ove intendano ottenere anche la rimozione dei provvedimenti lesivi delle predette situazioni, propongono il ricorso davanti al tribunale amministrativo regionale competente per territorio, che provvede in via di urgenza con le modalità di cui al primo comma. Contro il decreto che decide sul ricorso è ammessa, entro quindici giorni dalla comunicazione del decreto alle parti, opposizione davanti allo stesso tribunale, che decide con sentenza immediatamente esecutiva.] (4)

(1) Comma sostituito dall'art. 2, co. 1, l. 8.11.1977, n. 847.

(2) Comma sostituito dall'art. 3, co. 1, l. 8.11.1977, n. 847.

(3) Comma introdotto dall'art. 6, co. 1, l. 12.6.1990, n. 146 e poi abrogato dall'art. 4, co. 1, l. 11.4.2000, n. 83.

(4) Comma introdotto dall'art. 6, co. 1, l. 12.6.1990, n. 146 e poi abrogato dall'art. 4, co. 1, l. 11.4.2000, n. 83.

TITOLO VI
Disposizioni finali e penali

35. Campo di applicazione.

Per le imprese industriali e commerciali, le disposizioni del titolo III, ad eccezione del primo comma dell'articolo 27, della presente legge si applicano a ciascuna sede, stabilimento, filiale, ufficio o reparto autonomo che occupa più di quindici dipendenti. Le stesse disposizioni si applicano alle imprese agricole che occupano più di cinque dipendenti (1).

Le norme suddette si applicano, altresì, alle imprese industriali e commerciali che nell'ambito dello stesso comune occupano più di quindici dipendenti ed alle imprese agricole che nel medesimo ambito territoriale occupano più di cinque dipendenti anche se ciascuna unità produttiva, singolarmente considerata, non raggiunge tali limiti.

Ferme restando le norme di cui agli articoli 1, 8, 9, 14, 15, 16 e 17, i contratti collettivi di lavoro provvedono ad applicare i principi di cui alla presente legge alle imprese di navigazione per il personale navigante (2).

(1) Comma modificato dall'art. 6, co. 1, l. 11.5.1990, n. 108.

(2) La Corte costituzionale, con sentenza 3.4.1987, n. 96, ha dichiarato l'illegittimità costituzionale di questo comma, nella parte in cui non prevede la diretta applicabilità al personale marittimo navigante delle imprese di navigazione anche dell'art. 18 precedente. La stessa Corte, con sentenza 31.1.1991, n. 41, ha dichiarato l'illegittimità costituzionale di questo comma, nella parte in cui non prevede la diretta applicabilità al personale navigante delle imprese di navigazione aerea anche dell'art. 18 precedente, come modificato dall'art. 1, l. 11.5.1990, n. 108. Infine, con sentenza 23.7.1991, n. 364, la Corte costituzionale ha dichiarato l'illegittimità costituzionale di questo comma, nella parte in cui non prevede la diretta applicabilità al personale navigante delle imprese di navigazione dei co. 1, 2 e 3 dell'art. 7 precedente.

36. Obblighi dei titolari di benefici accordati dallo Stato e degli appaltatori di opere pubbliche (1).

Nei provvedimenti di concessione di benefici accor

dati ai sensi delle vigenti leggi dallo Stato a favore di imprenditori che esercitano professionalmente un'attività economica organizzata e nei capitolati di appalto attinenti all'esecuzione di opere pubbliche, deve essere inserita la clausola esplicita determinante l'obbligo per il beneficiario o appaltatore di applicare o di far applicare nei confronti dei lavoratori dipendenti condizioni non inferiori a quelle risultanti dai contratti collettivi di lavoro della categoria e della zona.

Tale obbligo deve essere osservato sia nella fase di realizzazione degli impianti o delle opere che in quella successiva, per tutto il tempo in cui l'imprenditore beneficia delle agevolazioni finanziarie e creditizie concesse dallo Stato ai sensi delle vigenti disposizioni di legge.

Ogni infrazione al suddetto obbligo che sia accertata dalla Direzione regionale del lavoro viene comunicata immediatamente ai Ministri nella cui amministrazione sia stata disposta la concessione del beneficio o dell'appalto. Questi adotteranno le opportune determinazioni, fino alla revoca del beneficio, e nei casi più gravi o nel caso di recidiva potranno decidere l'esclusione del responsabile, per un tempo fino a cinque anni, da qualsiasi ulteriore concessione di agevolazioni finanziarie o creditizie ovvero da qualsiasi appalto.

Le disposizioni di cui ai commi precedenti si applicano anche quando si tratti di agevolazioni finanziarie e creditizie ovvero di appalti concessi da enti pubblici, ai quali l'Ispettorato del lavoro comunica direttamente le infrazioni per l'adozione delle sanzioni [2].

(1) La Corte costituzionale, con sent. 19.6.1998, n. 226, ha dichiarato l'illegittimità costituzionale di questo articolo, nella parte in cui non prevede che, nelle concessioni di pubblico servizio, deve essere inserita la clausola esplicita determinante l'obbligo per il concessionario di applicare o di far applicare nei confronti dei lavoratori dipendenti condizioni non inferiori a quelle risultanti dai contratti collettivi di lavoro della categoria e della zona.

(2) Secondo quanto previsto dall'art. 6, del d.m. 7.11.1996, n. 687, le funzioni attribuite all'ispettorato provinciale del lavoro sono svolte dalla direzione provinciale del lavoro.

37. Applicazione ai dipendenti da enti pubblici.

Le disposizioni della presente legge si applicano anche ai rapporti di lavoro e di impiego dei dipendenti da enti pubblici che svolgano esclusivamente o prevalentemente attività economica. Le disposizioni della presente legge si applicano altresì ai rapporti di impiego dei dipendenti dagli altri enti pubblici, salvo che la materia sia diversamente regolata da norme speciali.

38. Disposizioni penali.

Le violazioni degli articoli 2, 5, 6, e 15, primo comma lettera a), sono punite, salvo che il fatto non costituisca più grave reato, con l'ammenda da euro 154 a euro 1.549 o con l'arresto da 15 giorni ad un anno [1] [2].

Nei casi più gravi le pene dell'arresto e dell'ammenda sono applicate congiuntamente.

Quando per le condizioni economiche del reo, l'ammenda stabilita nel primo comma può presumersi inefficace anche se applicata nel massimo, il giudice ha facoltà di aumentarla fino al quintuplo.

Nei casi previsti dal secondo comma, l'autorità giudiziaria ordina la pubblicazione della sentenza penale di condanna nei modi stabiliti dall'articolo 36 del codice penale.

(1) La misura dell'ammenda è stata così elevata dall'art. 113, co. 3, l. 24.11.1981, n. 689.

(2) Comma modificato dall'art. 179, co. 2, d.lgs. 30.6.2003, n. 196, con effetto a decorrere dal 1.1.2004.

39. Versamento delle ammende al Fondo adeguamento pensioni.

L'importo delle ammende è versato al Fondo adeguamento pensioni dei lavoratori.

40. Abrogazione delle disposizioni contrastanti.

Ogni disposizione in contrasto con le norme contenute nella presente legge è abrogata.

Restano salve le condizioni dei contratti collettivi e degli accordi sindacali più favorevoli ai lavoratori.

41. Esenzioni fiscali.

Tutti gli atti e documenti necessari per la attuazione della presente legge e per l'esercizio dei diritti connessi, nonché tutti gli atti e documenti relativi ai giudizi nascenti dalla sua applicazione sono esenti da bollo, imposte di registro o di qualsiasi altra specie e da tasse.

4. D.Lgs. 26 novembre 1999, n. 532. – Disposizioni in materia di lavoro notturno, a norma dell'art. 17, comma 2, della legge 5 febbraio 1999, n. 25 *(artt. 4, 5, 12)*

In Gazzetta Ufficiale 21 gennaio 2000, n. 16

4. Durata della prestazione.

1. L'orario di lavoro dei lavoratori notturni non può superare le otto ore nelle ventiquattro ore, salvo l'individuazione da parte dei contratti collettivi, anche aziendali, che prevedano un orario di lavoro plurisettimanale, di un periodo di riferimento più ampio sul quale calcolare come media il suddetto limite. È fatto salvo quanto previsto dall'articolo 10 della legge 19 gennaio 1955, n. 25 [1].

2. Entro centoventi giorni dalla data di entrata in vigore del presente decreto, con decreto del Ministro del lavoro e della previdenza sociale, previa consultazione delle organizzazioni sindacali nazionali di categoria comparativamente più rappresentative e delle organizzazioni nazionali dei datori di lavoro, viene stabilito un elenco delle lavorazioni che comportano rischi particolari o rilevanti tensioni fisiche o mentali, il cui limite è di otto ore nel caso di ogni periodo di ventiquattro ore.

3. Il periodo minimo di riposo settimanale di cui agli articoli 1 e 3 della legge 22 febbraio 1934, n. 370, non viene preso in considerazione per il computo della media se cade nel periodo di riferimento stabilito dai contratti collettivi di cui al comma 1.

(1) Comma integrato dall'art. 21, l. 3.2.2003, n. 14.

5. Tutela della salute.

1. I lavoratori notturni devono essere sottoposti a cura e a spese del datore di lavoro, per il tramite del medico competente di cui all'articolo 17 del decreto legislativo 19 settembre 1994, n. 626, come modificato dal decreto legislativo 19 marzo 1996, n. 242:

a) ad accertamenti preventivi volti a constatare l'assenza di controindicazioni al lavoro notturno a cui sono adibiti;
b) ad accertamenti periodici almeno ogni due anni per controllare il loro stato di salute;
c) ad accertamenti in caso di evidenti condizioni di salute incompatibili con il lavoro notturno.

12. Sanzioni.

1. Il datore di lavoro e il dirigente sono puniti:
a) con la sanzione di cui all'articolo 89, comma 2, lettera a), del decreto legislativo 19 settembre 1994, n. 626, per la violazione della disposizione di cui all'articolo 5;
b) con la sanzione amministrativa da L. 100.000 a L. 300.000 per ogni giorno e per ogni lavoratore adibito al lavoro notturno oltre i limiti temporali di cui all'articolo 4.

5. D.Lgs. 8 aprile 2003, n. 66. – Attuazione delle direttive 93/104/CE e 2000/34/CE concernenti taluni aspetti dell'organizzazione dell'orario di lavoro (*artt. 11, 14, 18 bis*)

In Gazzetta Ufficiale 14 aprile 2003, n. 87, S.O.

Capo IV
Lavoro notturno

11. Limitazioni al lavoro notturno.

1. L'inidoneità al lavoro notturno può essere accertata attraverso le competenti strutture sanitarie pubbliche.

2. I contratti collettivi stabiliscono i requisiti dei lavoratori che possono essere esclusi dall'obbligo di effettuare lavoro notturno. È in ogni caso vietato adibire le donne al lavoro, dalle ore 24 alle ore 6, dall'accertamento dello stato di gravidanza fino al compimento di un anno di età del bambino. Non sono inoltre obbligati a prestare lavoro notturno:
a) la lavoratrice madre di un figlio di età inferiore a tre anni o, in alternativa, il lavoratore padre convivente con la stessa;
b) la lavoratrice o il lavoratore che sia l'unico genitore affidatario di un figlio convivente di età inferiore a dodici anni;
b-*bis*) la lavoratrice madre adottiva o affidataria di un minore, nei primi tre anni dall'ingresso del minore in famiglia, e comunque non oltre il dodicesimo anno di età o, in alternativa ed alle stesse condizioni, il lavoratore padre adottivo o affidatario convivente con la stessa [1];
c) la lavoratrice o il lavoratore che abbia a proprio carico un soggetto disabile ai sensi della legge 5 febbraio 1992, n. 104, e successive modificazioni.

(1) Lettera introdotta dall'art. 22, co. 1, lett. a), d.lgs. 15.6.2015, n. 80.

14. Tutela in caso di prestazioni di lavoro notturno.

1. La valutazione dello stato di salute dei lavoratori notturni deve avvenire a cura e a spese del datore di lavoro, o per il tramite delle competenti strutture sanitarie pubbliche di cui all'articolo 11 o per il tramite del medico competente di cui all'articolo 17 del decreto legislativo 19 settembre 1994, n. 626, e successive modificazioni, attraverso controlli preventivi e periodici, almeno ogni due anni, volti a verificare l'assenza di controindicazioni al lavoro notturno a cui sono adibiti i lavoratori stessi [1].

2. Durante il lavoro notturno il datore di lavoro garantisce, previa informativa alle rappresentanze sindacali di cui all'articolo 12, un livello di servizi o di mezzi di prevenzione o di protezione adeguato ed equivalente a quello previsto per il turno diurno.

3. Il datore di lavoro, previa consultazione con le rappresentanze sindacali di cui all'articolo 1, dispone, ai sensi degli articoli 40 e seguenti del decreto legislativo 19 settembre 1994, n. 626, per i lavoratori notturni che effettuano le lavorazioni che comportano rischi particolari di cui all'elenco definito dall'articolo 13, comma 3, appropriate misure di protezione personale e collettiva.

4. I contratti collettivi di lavoro possono prevedere modalità e specifiche misure di prevenzione relativamente alle prestazioni di lavoro notturno di particolari categorie di lavoratori, quali quelle individuate con riferimento alla legge 5 giugno 1990, n. 135, e alla legge 26 giugno 1990, n. 162.

(1) Comma sostituito dall'art. 1, co. 1, d.lgs. 15.6.2015, n. 80.

18 bis. Sanzioni [1].

1. La violazione del divieto di adibire le donne al lavoro, dalle 24 alle ore 6, dall'accertamento dello stato di gravidanza fino al compimento di un anno di età del bambino, è punita con l'arresto da due a quattro mesi o con l'ammenda da 516 euro a 2.582 euro. La stessa sanzione si applica nel caso in cui le categorie di lavoratrici e lavoratori di cui alle lettere a), b), b-*bis*) e c), dell'articolo 11, comma 2, sono adibite al lavoro notturno nonostante il loro dissenso espresso in forma scritta e comunicato al datore di lavoro entro 24 ore anteriori al previsto inizio della prestazione [2].

2. La violazione delle disposizioni di cui all'articolo 14, comma 1, è punita con l'arresto da tre a sei mesi o con l'ammenda da 1.549 euro a 4.131 euro.

3. In caso di violazione delle disposizioni previste dall'articolo 4, comma 2, e dall'articolo 9, comma 1, si applica la sanzione amministrativa pecuniaria da 100 a 750 euro. Se la violazione si riferisce a più di cinque lavoratori ovvero si è verificata in almeno tre periodi di riferimento di cui all'articolo 4, commi 3 o 4, la sanzione amministrativa è da 400 a 1.500 euro. Se la violazione si riferisce a più di dieci lavoratori ovvero si è verificata in almeno cinque periodi di riferimento di cui all'articolo 4, commi 3 o 4, la sanzione amministrativa è da 1.000 a 5.000 euro e non è ammesso il pagamento della sanzione in misura ridotta. In caso di violazione delle disposizioni previste dall'articolo 10, comma 1, si applica la sanzione amministrativa pecuniaria da 100 a 600 euro. Se la violazione si riferisce a più di cinque lavoratori ovvero si è verificata in almeno due anni, la sanzione amministrativa è da 400 a 1.500 euro. Se la violazione si riferisce a più di dieci lavoratori ovvero si è verificata in almeno quattro anni, la sanzione amministrativa è da 800 a 4.500 euro e non è ammesso il pagamento della sanzione in misura ridotta [3] [4] [5].

4. In caso di violazione delle disposizioni previste dall'articolo 7, comma 1, si applica la sanzione amministrativa pecuniaria da 50 a 150 euro. Se la violazione si riferisce a più di cinque lavoratori ovvero si è verificata in almeno tre periodi di ventiquattro ore, la sanzione amministrativa è da 300 a 1.000 euro. Se la violazione si riferisce a più di dieci lavoratori ovvero si è verificata in almeno cinque periodi di ventiquattro ore, la sanzione amministrativa è da 900 a 1.500 euro e non è ammesso il pagamento della sanzione in misura ridotta [6] [7] [8].

[**5.** La violazione della disposizione prevista dall'articolo 4, comma 5, è punita con la sanzione amministrativa da 103 euro a 200 euro.] [9]

6. La violazione delle disposizioni previste dall'articolo 5, commi 3 e 5, è soggetta alla sanzione amministrativa da 25 a 154 euro. Se la violazione si riferisce a più di cinque lavoratori ovvero si è verificata nel corso dell'anno solare per più di cinquanta giornate lavorative, la sanzione amministrativa va da 154 a 1.032 euro e non è ammesso il pagamento della sanzione in misura ridotta [10].

7. La violazione delle disposizioni previste dall'articolo 13, commi 1 e 3, è soggetta alla sanzione amministrativa da 51 euro a 154 euro, per ogni giorno e per ogni lavoratore adibito al lavoro notturno oltre i limiti previsti.

(1) Articolo introdotto dall'art. 1, co. 1, lett. f), d.lgs. 15.6.2015, n. 80.
(2) Comma modificato dall'art. 22, co. 1, lett. b), d.lgs. 15.6.2015, n. 80.
(3) Comma sostituito dall'art. 41, co. 8, d.l. 25.6.2008, n. 112, conv., con modif., l. 6.8.2008, n. 133 e poi dall'art. 7, co. 1, lett. a), 4.11.2010, n. 183.
(4) Secondo quanto previsto dall'art. 14, co. 1, lett. c), d.l. 23.12.2013, n. 145, conv., con modif., dalla l. 21.2.2014, n. 9, gli importi delle sanzioni amministrative qui previsti sono raddoppiati.
(5) La Corte costituzionale, con sentenza 4.6.2014, n. 153, ha dichiarato l'illegittimità costituzionale di questo comma, nel testo introdotto dall'art. 1, co. 1, lett. f), d.lgs. 19.7.2004, n. 213.
(6) Comma sostituito dall'art. 41, co. 9, d.l. 25.6.2008, n. 112, conv., con modif., l. 6.8.2008, n. 133 e, poi, dall'art. 7, co. 1, lett. b), l. 4.11.2010, n. 183.
(7) Secondo quanto previsto dall'art. 14, co. 1, lett. c), d.l. 23.12.2013, n. 145, conv., con modif., dalla l. 21.2.2014, n. 9, gli importi delle sanzioni amministrative qui previsti sono raddoppiati.
(8) La Corte costituzionale, con sentenza 4.6.2014, n. 153, ha dichiarato l'illegittimità costituzionale di questo comma, nel testo introdotto dall'art. 1, co. 1, lett. f), d.lgs. 19.7.2004, n. 213.
(9) Comma abrogato dall'art. 41, co. 14, d.l. 25.6.2008, n. 112, conv., con modif., dalla l. 6.8.2008, n. 133.
(10) Comma sostituito dall'art. 41, co. 10, d.l. 25.6.2008, n. 112, conv., con modif., dalla l. 6.8.2008, n. 133.

C. Lavoro irregolare

6. D.L. 22 febbraio 2002, n. 12, convertito, con modificazioni, in L. 23 aprile 2002, n. 73. – Disposizioni urgenti per il completamento delle operazioni di emersione di attività detenute all'estero e di lavoro irregolare (*art. 3*)

In Gazzetta Ufficiale 23 febbraio 2002, n. 46

3. Modifiche alle disposizioni in materia di lavoro irregolare [1] [2] [3] [4].

1. Alla legge 18 ottobre 2001, n. 383, e successive modificazioni, sono apportate le seguenti modificazioni:

a) all'articolo 1:

1) al comma 1, le parole: "30 giugno 2002" sono sostituite dalle seguenti: "30 novembre 2002";

2) al comma 2, dopo le parole: "Per il periodo di imposta" sono inserite le seguenti: "successivo a quello";

3) al comma 2, lettera a), primo periodo, le parole: "rispetto a quello relativo al periodo d'imposta precedente" sono sostituite dalle seguenti: "rispetto a quello relativo al secondo periodo d'imposta precedente";

4) il comma 2-*bis* è sostituito dal seguente:
"2-*bis*. La contribuzione e l'imposta sostitutiva dovute per il primo periodo d'imposta e fino al termine di presentazione della dichiarazione di emersione, previste, rispettivamente, alle lettere a) e b) del comma 2, sono trattenute e versate in un'unica soluzione, entro il termine di presentazione della medesima dichiarazione ovvero, a partire dal predetto termine, in sessanta rate mensili, senza interessi";
5) al comma 2-*ter*, il primo periodo è sostituito dal seguente: "Per le violazioni concernenti gli obblighi di documentazione, registrazione, dichiarazione di inizio attività, commesse nel primo periodo d'imposta agevolato fino alla data di presentazione della dichiarazione di emersione, non si applicano le sanzioni previste ai fini dell'imposta sul valore aggiunto (IVA), a condizione che il versamento dell'imposta sia effettuato entro il termine previsto per il versamento dovuto in base alla relativa dichiarazione annuale IVA";
6) al comma 4, le parole: "30 giugno 2002", ovunque ricorrono, sono sostituite dalle seguenti: "30 novembre 2002";
7) dopo il comma 4 è inserito il seguente:
"4-*bis*. I lavoratori che aderiscono al programma di emersione e che non risultano già dipendenti dell'imprenditore sono esclusi, per il periodo antecedente nonché per il triennio di emersione, dal computo dei limiti numerici di unità di personale previsti da leggi e contratti collettivi di lavoro ai fini dell'applicazione di specifiche normative ed istituti, ad eccezione delle disposizioni in materia di licenziamenti individuali e collettivi. L'adesione da parte del lavoratore al programma di emersione di cui al presente articolo, tramite sottoscrizione di specifico atto di conciliazione, ha efficacia novativa del rapporto di lavoro emerso con effetto dalla data di presentazione della dichiarazione di emersione e produce, relativamente ai diritti di natura retributiva e risarcitoria per il periodo pregresso, gli effetti conciliativi ai scusi degli articoli 410 e 411 del codice di procedura civile; dalla stessa data si applicano gli istituti economici e normativi previsti dai contratti collettivi nazionali di lavoro di riferimento";
8) il comma 7 è sostituito dal seguente:
"7. Per intensificare l'azione di contrasto all'economia sommersa, il CIPE definisce un piano straordinario di accertamento, operativo dal 6 maggio 2002, con il quale sono individuate le priorità di intervento coordinato ed integrato degli organi di vigilanza del settore. Al fine di acquisire elementi utili all'attuazione del piano, l'Agenzia delle entrate invia una richiesta di informazioni ai soggetti individuati sulla base dei dati in possesso del sistema informativo dell'anagrafe tributaria e previdenziale, dei soggetti gestori di servizi di pubblica utilità, dei registri dei beni immobili e dei beni mobili registrati e degli studi di settore. Tale richiesta è finalizzata anche all'acquisizione di ulteriori elementi di carattere generale correlabili alle irregolarità del rapporto di lavoro e non preclude l'adesione ai programmi di emersione";

b) dopo l'articolo 1, è inserito il seguente:
"Art. 1-*bis* (Emersione progressiva) – 1. In alternativa alla procedura prevista dall'articolo 1, gli imprenditori presentano al sindaco del comune dove ha sede l'unità produttiva, entro il 30 settembre 2002, un piano individuale di emersione contenente:
a) le proposte per la progressiva regolarizzazione ed adeguamento agli obblighi previsti dalla normativa vigente per l'esercizio dell'attività, relativamente a materie diverse da quelle fiscale e contributiva, in un periodo non superiore a diciotto mesi, eventualmente prorogabile a ventiquattro mesi in caso di motivate esigenze;
b) le proposte per il progressivo adeguamento agli obblighi previsti dai contratti collettivi nazionali di lavoro in materia di trattamento economico in un periodo comunque non superiore al triennio di emersione;
c) il numero e la remunerazione dei lavoratori che si intende regolarizzare;
d) l'impegno a presentare una apposita dichiarazione di emersione successivamente alla approvazione del piano da parte del sindaco.
2. Per la presentazione del piano individuale di emersione, gli imprenditori che intendono conservare l'anonimato possono avvalersi delle organizzazioni sindacali dei datori di lavoro o dei professionisti iscritti agli albi dei dottori commercialisti, dei ragionieri e periti commerciali e dei consulenti del lavoro, che provvedono alla presentazione del programma al sindaco con l'osservanza di misure idonee ad assicurare la riservatezza dell'imprenditore stesso.
3. Se il piano individuale di emersione contiene proposte di adeguamento progressivo alle disposizioni dei contratti collettivi nazionali di lavoro in materia di trattamento economico, il sindaco sottopone la questione al parere della commissione provinciale o regionale sul lavoro irregolare, di cui all'articolo 78, comma 4, della legge 23 dicembre 1998, n. 448, e successive modificazioni, ove istituita. La commissione esprime il parere entro quindici giorni dalla ricezione della richiesta; decorso tale termine il sindaco procede, comunque, ai sensi del comma 5.
4. Il sindaco approva il piano individuale di emersione nell'ambito delle linee generali definite dal CIPE, secondo quanto stabilito dal comma 1 dell'articolo 1. Il prefetto esercita la funzione di coordinamento e vigilanza.
5. Il sindaco approva il piano di emersione entro quarantacinque giorni dalla sua presentazione, previe eventuali modifiche concordate con l'interessato o con i soggetti di cui al comma 2, ovvero respinge il piano stesso. Con il provvedimento di approvazione

del piano, il sindaco dispone, contestualmente, anche in deroga alle disposizioni vigenti, la prosecuzione dell'attività.

6. Il sindaco o l'organo di vigilanza delegato verifica, entro sessanta giorni dalla scadenza dei termini fissati, l'avvenuto adeguamento o regolarizzazione agli obblighi previsti dalla normativa vigente, dandone comunicazione all'interessato. L'adeguamento o la regolarizzazione si considerano, a tutti gli effetti, come avvenuti tempestivamente e determinano l'estinzione dei reati contravvenzionali e delle sanzioni connesse alla violazione dei predetti obblighi.

7. La dichiarazione di emersione è presentata entro il 30 novembre 2002 e produce gli altri effetti previsti dall'articolo 1";

c) all'articolo 3, comma 1, le parole: "di cui all'articolo 1 e degli altri modelli di dichiarazione" sono sostituite dalle seguenti: "di cui agli articoli 1 e 1-*bis* e degli altri modelli di dichiarazione".

2. Per i soggetti che hanno presentato la dichiarazione di emersione prima della data di entrata in vigore della legge di conversione del presente decreto resta ferma l'applicazione del regime di incentivo fiscale per il periodo d'imposta in corso alla data di entrata in vigore della citata legge n. 383 del 2001, e per i due successivi; per i medesimi soggetti si applicano le disposizioni di maggiore favore recate dai commi 2-*bis*, 2-*ter* e 4-*bis* dell'articolo 1 della legge n. 383 del 2001, introdotte con il comma 1, lettera a), del presente articolo.

3. Ferma restando l'applicazione delle sanzioni già previste dalla normativa in vigore, in caso di impiego di lavoratori subordinati senza preventiva comunicazione di instaurazione del rapporto di lavoro da parte del datore di lavoro privato, con la sola esclusione del datore di lavoro domestico, si applica altresì la sanzione amministrativa pecuniaria:

a) da euro 1.500 a euro 9.000 per ciascun lavoratore irregolare, in caso di impiego del lavoratore sino a trenta giorni di effettivo lavoro;
b) da euro 3.000 a euro 18.000 per ciascun lavoratore irregolare, in caso di impiego del lavoratore da trentuno e sino a sessanta giorni di effettivo lavoro;
c) da euro 6.000 a euro 36.000 per ciascun lavoratore irregolare, in caso di impiego del lavoratore oltre sessanta giorni di effettivo lavoro [5].

3 bis. In relazione alla violazione di cui al comma 3, fatta eccezione per le ipotesi di cui al comma 3-*quater*, trova applicazione la procedura di diffida di cui all'articolo 13 del decreto legislativo 23 aprile 2004, n. 124, e successive modificazioni [6].

3 ter. Nel caso di cui al comma 3-*bis*, la diffida prevede, in relazione ai lavoratori irregolari ancora in forza presso il datore di lavoro e fatta salva l'ipotesi in cui risultino regolarmente occupati per un periodo lavorativo successivo, la stipulazione di un contratto di lavoro subordinato a tempo indeterminato, anche a tempo parziale con riduzione dell'orario di lavoro non superiore al cinquanta per cento dell'orario a tempo pieno, o con contratto a tempo pieno e determinato di durata non inferiore a tre mesi, nonché il mantenimento in servizio degli stessi per almeno tre mesi. In tale ipotesi, la prova della avvenuta regolarizzazione e del pagamento delle sanzioni e dei contributi e premi previsti, ai sensi dell'articolo 13, comma 5, del decreto legislativo 23 aprile 2004, n. 124, è fornita entro il termine di centoventi giorni dalla notifica del relativo verbale [7].

3 quater. Le sanzioni sono aumentate del venti per cento in caso di impiego di lavoratori stranieri ai sensi dell'articolo 22, comma 12, del decreto legislativo 25 luglio 1998, n. 286, o di minori in età non lavorativa o di lavoratori beneficiari del Reddito di cittadinanza di cui al decreto-legge 28 gennaio 2019, n. 4 ovvero di lavoratori beneficiari dell'Assegno di inclusione o del Supporto per la formazione e il lavoro di cui al decreto-legge 4 maggio 2023, n. 48 [8].

3 quinquies. In caso di irrogazione della sanzione di cui al comma 3, non trovano applicazione le sanzioni di cui all'articolo 19, commi 2 e 3, del decreto legislativo 10 settembre 2003, n. 276, nonché le sanzioni di cui all'articolo 39, comma 7, del decreto-legge 25 giugno 2008, n. 112, convertito, con modificazioni, dalla legge 6 agosto 2008, n. 133 [9].

4. Le sanzioni di cui al comma 3 non trovano applicazione qualora, dagli adempimenti di carattere contributivo precedentemente assolti, si evidenzi comunque la volontà di non occultare il rapporto, anche se trattasi di differente qualificazione [10].

5. All'irrogazione delle sanzioni amministrative di cui al comma 3 provvedono gli organi di vigilanza che effettuano accertamenti in materia di lavoro, fisco e previdenza. Autorità competente a ricevere il rapporto ai sensi dell'articolo 17 della legge 24 novembre 1981, n. 689, è la Direzione provinciale del lavoro territorialmente competente [11].

(1) Articolo sostituito dall'art. 1, co. 1, l. 23.4.2002, n. 73, in sede di conversione.
(2) Per la proroga del termine di questo articolo fino al 30.6.2008, cfr. art. 7, co. 1, d.l. 31.12.2007, n. 248, conv., con modif., dalla l. 28.2.2008, n. 31.
(3) Per l'aumento del 30% dell'importo delle sanzioni amministrative previste in questo articolo, cfr. art. 14, co. 1, lett. b), d.l. 23.12.2013, n. 145, conv., con modif., dalla l. 21.2.2014, n. 9.
(4) Per l'ultima rivalutazione delle somme previste da questo articolo.
(5) La Corte costituzionale, con sentenza 12.4.2005, n. 144, aveva dichiarato l'illegittimità costituzionale del presente comma nella parte in cui non ammetteva la possibilità di provare che il rapporto di lavoro irregolare avesse avuto inizio successivamente al 1° gennaio dell'anno in cui era stata constatata la violazione. Comma successivamente sostituito dall'art. 36 bis, co. 7, lett. a), d.l. 4.7.2006, n. 223, conv., con modif., dalla l. 4.8.2006, n. 248 e da ultimo dall'art. 4, co. 1, lett. a), l. 4.11.2010, n. 183. Successivamente, la Corte costituzionale, con sentenza 13.11.2014, n. 254, ha dichiarato l'illegittimità costituzionale del citato art. 36 bis, co. 7, lett. a), d.l. 4.7.2006, n. 223, conv., con modif., dalla l. 4.8.2006, n. 248, che ha modificato il presente comma, nel testo precedente alla sostituzione operata dall'art. 4, co. 1, lett. a) della l. 4.11.2010, n. 183, nella parte in cui stabilisce: «*L'importo delle sanzioni civili connesse all'omesso versamento dei contributi e premi riferiti a ciascun lavoratore di cui al periodo*

precedente non può essere inferiore a euro 3.000, indipendentemente dalla durata della prestazione lavorativa accertata». Da ultimo sostituito dall'art. 22, co. 1, d.lgs. 14.9.2015, n. 151.

(6) Comma introdotto per effetto della sostituzione del co. 3, dall'art. 22, co. 1, d.lgs. 14.9.2015, n. 151.

(7) Comma introdotto per effetto della sostituzione del co. 3, dall'art. 22, co. 1, d.lgs. 14.9.2015, n. 151.

(8) Comma introdotto per effetto della sostituzione del co. 3, dall'art. 22, co. 1, d.lgs. 14.9.2015, n. 151, modificato dall'art. 7, co. 15 bis, d.l. 28.1.2019, n. 4, conv., con modif., dalla l. 28.3.2019, n. 26 e da ultimo dall'art. 8, co. 13, d.l. 4.5.2023, n. 48, conv., con modif., dalla l. 3.7.2023, n. 85.

(9) Comma introdotto per effetto della sostituzione del co. 3, dall'art. 22, co. 1, d.lgs. 14.9.2015, n. 151.

(10) Comma sostituito dall'art. 4, co. 1, lett. b), l. 4.11.2010, n. 183.

(11) Comma sostituito dall'art. 36 bis, co. 7, lett. b), d.l. 4.7.2006, n. 223, conv., con modif., dalla l. 4.8.2006, n. 248 e da ultimo dall'art. 4, co. 1, lett. c), l. 4.11.2010, n. 183.

D. Tutela della salute e della sicurezza sui luoghi di lavoro

7. D.P.R. 19 marzo 1956, n. 302. – Norme di prevenzione degli infortuni sul lavoro integrative di quelle generali emanate con decreto del Presidente della Repubblica 27 aprile 1955, n. 547 (1)

In Gazzetta Ufficiale 30 aprile 1956, n. 105, S.O.

(1) Le prefetture sono trasformate in uffici territoriali del governo a decorrere dalla data nomina del primo governo costituito a seguito delle prime elezioni politiche successive all'entrata in vigore del d.lgs. 30.7.1999, n. 300. Il prefetto preposto a tale ufficio nel capoluogo della regione assume anche le funzioni di commissario del governo (art. 11, d.lgs. n. 300/1999).

TITOLO I
Disposizioni generali

Capo unico

1. Funzione integrativa delle norme.

Le norme di prevenzione degli infortuni sul lavoro contenute nel presente decreto sono integrative di quelle generali emanate con il D.P.R. 27 aprile 1955, n. 547.

2. Campo di applicazione.

Sono soggette alle norme del presente decreto le attività previste dall'art. 1 del D.P.R. 27 aprile 1955, n. 547, con le esclusioni previste dal successivo art. 2.

Alle norme suddette sono soggetti i datori di lavoro, i dirigenti, i preposti ed i lavoratori, nonché i costruttori ed i commercianti indicati rispettivamente negli artt. 4, 5 e 6 e nell'art. 7 del D.P.R. 27 aprile 1955, n. 547.

3. Applicazione delle norme.

Anche per le norme del presente decreto si applicano le disposizioni contenute nei capi I, II e IV del titolo XII del D.P.R. 27 aprile 1955, n. 547.

TITOLO II
Produzione ed impiego degli esplosivi

Capo I
Disposizioni generali

4. Campo di applicazione.

Le imprese che provvedono alla fabbricazione, alla manipolazione, al recupero, alla conservazione, alla distribuzione, al trasporto o alla utilizzazione di esplosivi devono applicare le norme del presente titolo.

Restano ferme le disposizioni contenute nel testo unico delle leggi di pubblica sicurezza, approvato con R.D. 18 giugno 1931, n. 773, e quelle del relativo regolamento di esecuzione, approvato con R.D. 6 maggio 1940, n. 635, e successive modificazioni.

5. Età minima dei lavoratori.

Ai lavori indicati nel primo comma dell'art. 4 non possono essere adibiti i minori di anni 18.

Capo II
Disposizioni concernenti la produzione degli esplosivi

6. Suddivisione dei laboratori e protezione dei posti di lavoro.

Le singole operazioni di fabbricazione e manipolazione degli esplosivi devono di norma essere eseguite in laboratori distinti ed isolati, in relazione alla loro pericolosità.

I lavoratori che effettuano operazioni presentanti rischi specifici devono essere protetti con mezzi e attrezzature atti a salvaguardarne l'integrità fisica ed in particolare:

a) mediante la difesa dei singoli posti di lavoro e dei lavoratori con schermi di sicurezza e con l'adozione di dispositivi atti a ridurre il pericolo;
b) con l'adozione di congegni di nota efficacia che consentano di effettuare le lavorazioni a distanza di sicurezza;
c) con l'effettuazione di lavorazioni in blinda o a distanza, comandate da posizioni di sicurezza, nel caso di lavorazioni di maggior pericolo quali la fresatura degli esplosivi, lo smontaggio e il taglio dei proiettili, il petrinaggio meccanico e la molazzatura.

7. Protezioni individuali.

I lavoratori, appena entrati negli stabilimenti di fabbricazione, manipolazione o deposito di materie esplodenti, devono indossare appositi indumenti e calzature di lavoro, che devono essere loro forniti dall'impresa.

Le calzature devono essere prive di chiodi, punte od altri elementi di ferro o di acciaio. Negli indumenti di lavoro non devono esservi bottoni, fibbie o chiusure di metallo.

Gli addetti a lavorazioni, che comportino particolari rischi, quale la laminazione delle polveri, devono essere protetti con appositi indumenti.

È vietato portare coltelli, chiavi, anelli o qualsiasi altro oggetto di metallo.

Nei reparti in cui è necessario, le lavoratrici devono raccogliere i capelli in cuffia.

I preposti hanno l'obbligo di controllare ed assicurare l'osservanza delle norme contenute nei comma precedenti.

8. Pavimenti.

I pavimenti dei locali di lavoro, esclusi quelli destinati a depositi, devono avere requisiti rispondenti alle caratteristiche dell'esplosivo trattato; in particolare devono essere senza fessure, di facile pulizia e lavaggio nonché privi di elementi di ferro o di acciaio affioranti.

Qualora la natura della lavorazione lo richieda, devono essere predisposti rivestimenti a graticci.

I pavimenti devono essere raccordati alle pareti lungo i bordi.

9. Trasporto dei semilavorati.

I mezzi e le attrezzature occorrenti per il trasporto dei prodotti esplodenti nel passaggio da una fase all'altra della lavorazione e nel corso delle lavorazioni stesse, devono avere requisiti che tengano conto del grado di sensibilità e delle caratteristiche dell'esplosivo nella fase in cui si trova essi devono essere di facile pulizia e di sicuro maneggio.

10. Eliminazione dei cascami.

I cascami devono essere incendiati, distrutti o inertizzati da lavoratori appositamente incaricati e sotto la sorveglianza di persona competente.

11. Revisioni periodiche.

I locali, le macchine e le attrezzature in attività devono essere sottoposti a periodiche revisioni e pulizie secondo disposizioni della direzione affisse in modo visibile in ogni locale.

12. Lavori di riparazione, manutenzione e demolizione.

Nell'interno dei locali pericolosi è vietato effettuare lavori di riparazione, manutenzione e demolizione all'edificio, al macchinario e agli impianti senza ordine della direzione.

Prima dell'inizio dei lavori indicati al primo comma devono:

a) essere trasportati al deposito tutti gli esplosivi e i loro componenti;
b) essere bonificate accuratamente le parti del locale, del macchinario e degli organi in corrispondenza dei punti in cui devono essere eseguiti le riparazioni o gli smontaggi, sotto la diretta sorveglianza di persona competente.

Gli apparecchi ed i recipienti impiegati nella lavorazione degli esplosivi, prima di essere portati alla riparazione, devono essere inertizzati.

13. Misure contro l'elettricità statica.

Precauzioni devono essere adottate contro l'accumulazione di elettricità statica in vicinanza di materie infiammabili ed esplodenti, secondo i casi e le esigenze della lavorazione, favorendo anche la dispersione delle cariche elettrostatiche con collegamenti a terra.

Mezzi idonei devono essere adottati, e i lavoratori hanno l'obbligo di farne uso, per evitare possibilità di scariche dovute all'elettricità statica eventualmente accumulatasi sui lavoratori addetti alla manipolazione di esplosivi particolarmente sensibili al manifestarsi di tali fenomeni.

Nelle lavorazioni di cui al comma precedente è vietato l'uso di indumenti di lavoro formati con fibre facilmente elettrizzabili, salvo i casi in cui per le particolari lavorazioni i predetti indumenti debbano essere formati con fibre di lana.

14. Misure antincendi.

Negli stabilimenti di produzione, di manipolazione e di deposito degli esplosivi devono essere installati apparecchi di allarme e segnalazioni antincendi; gli apparecchi di allarme devono poter essere azionati anche a mano.

I vari reparti devono essere collegati telefonicamente con la direzione e con il servizio antincendi.

Il personale incaricato della estinzione degli incendi deve essere periodicamente esercitato.

15. Trafilatura e taglio.

Le presse idrauliche per la trafilatura a caldo degli esplosivi di lancio devono essere installate in appositi locali; i lavoratori addetti devono essere efficacemente protetti da apposite blindature.

Le presse, le calandre e le taglierine per la produzione di piastre devono essere provviste di apparecchi automatici per l'estinzione della fiamma.

16. Molazzatura.

Le molazze per la molazzatura di esplosivi devono essere comandate soltanto da posizioni protette, senza la presenza di persona nel locale e devono essere provviste di dispositivi atti ad impedire la caduta della mola nella vasca durante le operazioni di carico e scarico.

17. Granitura e lucidatura della polvere nera.

Le operazioni di granitura e lucidatura della polvere nera devono essere comandate da posizioni protette senza la presenza di personale nel locale.

18. Lavorazione a caldo degli esplosivi.

Quando l'esplosivo venga riscaldato come nel caso

di fusione del tritolo e miscele, di paraffinatura delle cartucce di dinamite:

a) devono essere usate come mezzo scaldante esclusivamente l'acqua od il vapore;
b) gli apparecchi con serpentina percorsa da vapore o camicia di vapore devono essere adoperati solo nei casi richiesti dalla natura dell'esplosivo da fondere. In tale ipotesi la temperatura massima del mezzo scaldante deve essere limitata, nel caso di vapore, da un gruppo "valvola di riduzione-valvola di sicurezza" applicato tra il generatore di vapore ed il recipiente e da una valvola di sicurezza applicata sul corpo scaldante del recipiente, che limiti la temperatura entro valori compatibili con la natura dello esplosivo. Le valvole devono essere di tipo regolamentare e mantenute in perfette condizioni di regolazione e di efficienza. Nel riscaldamento ad acqua calda il recipiente contenente l'acqua deve essere provvisto di tubo di scarico libero ed essere costruito e collocato in modo che la temperatura dell'acqua non possa, in ogni caso, superare i 100 gradi centigradi;
c) l'afflusso del mezzo scaldante al dispositivo di riscaldamento dell'esplosivo deve essere regolabile, bloccato su una posizione massima in relazione alla natura della lavorazione;
d) il recipiente nel quale si effettua il riscaldamento dell'esplosivo deve essere provvisto di doppia serie di strumenti di controllo della temperatura e, se del caso, della pressione.

È fatto divieto di immettere direttamente vapore sull'esplosivo o nelle lance che iniettano acqua calda nei proiettili per il ricupero dell'esplosivo a mezzo di fusione.

19. Affissione di istruzioni e cartelli.

Nei locali in cui si producono, si manipolano e si conservano esplosivi, come pure nei vari reparti dei cantieri di scaricamento proiettili, devono essere affissi cartelli indicanti:

a) le disposizioni da adottarsi in caso di allarme o di incidente;
b) le modalità da seguirsi nelle operazioni affidate ai lavoratori e che implichino responsabilità, quali la sorveglianza di reazioni, l'esecuzione di lavori che comportano pericolo;
c) il numero massimo dei lavoratori ammesso nel reparto;
d) il quantitativo massimo di esplosivo ammesso nel reparto;
e) eventuali altre disposizioni che interessino la sicurezza dei lavoratori presenti.

Capo III
Impiego degli esplosivi

20. Scelta degli esplosivi.

La scelta degli esplosivi per il loro impiego deve essere fatta tenendo presente la rispondenza del tipo di esplosivo alla natura dei lavori da eseguire.

21. Istruzioni sull'uso degli esplosivi.

Il datore di lavoro deve fornire ai lavoratori addetti alla custodia, manipolazione ed uso degli esplosivi, istruzioni scritte sulla loro conservazione e sulle cautele particolari da adottare nell'impiego dei vari tipi usati nel cantiere.

Le principali norme devono essere riportate in cartelli affissi alle porte dei depositi ed ai posti di confezionamento delle cariche.

22. Trasporto degli esplosivi nell'interno dei cantieri.

Gli esplosivi devono essere trasportati negli involucri originali, in cassette chiuse con chiavistelli o in contenitori idonei, tenendo separati gli esplosivi dalle micce e dalle capsule detonanti.

Il trasporto a braccia degli esplosivi ai luoghi di impiego deve essere attuato a mezzo di solide cassette munite di coperchio chiudibile con chiavistello, distinte sia nelle dimensioni che nella dicitura per gli esplosivi e per i detonanti.

Il trasporto degli esplosivi e dei detonanti deve avvenire in tempi diversi oppure per mezzo di lavoratori diversi, i quali non possono essere muniti di lampade a fiamma.

Gli esplosivi trasportati su veicoli devono essere contenuti in imballaggi idonei, stabilmente collocati.

I mezzi di trasporto devono essere costruiti in modo da impedire la caduta di scintille o di elementi brucianti sulle casse o sui recipienti contenenti gli esplosivi.

È vietato l'impiego di mezzi di trasporto che diano luogo a produzione di scintille o fiamme, salvo efficaci protezioni.

23. Disgelamento e asciugamento delle cartucce.

Il disgelamento degli esplosivi deve essere effettuato possibilmente di giorno sotto la direzione di un sorvegliante ed in posti isolati, a conveniente distanza dai luoghi dove si eseguono altri lavori.

Il disgelamento degli esplosivi deve essere eseguito esclusivamente in recipienti riscaldati a bagnomaria, evitando il contatto dell'acqua con gli esplosivi.

È vietato operare il disgelamento degli esplosivi esponendoli al fuoco o alle fiamme oppure collocandoli su fornelli accesi o riscaldati o portandoli sulla persona.

Le dinamiti congelate non devono essere tagliate, perforate, divise, radunate, compresse, battute o in altro modo sollecitate con corpi duri.

24. Dinamiti alterate.

Le dinamiti alterate, sciolte o in cartucce, quando emanano odore acre o vapori rutilanti o si presentano fortemente trasudate, non devono essere usate ma distrutte al più presto possibile.

La distruzione deve essere fatta, da lavoratori appositamente incaricati e sotto la vigilanza di persona competente, bruciando l'esplosivo per piccole quantità, disponendolo a strisce o in cartucce aperte ai due capi messe una di seguito all'altra. L'accensione deve essere fatta ad uno degli estremi con una miccia a lenta combustione o di lunghezza sufficiente in modo che dopo l'accensione della miccia, il lavoratore possa mettersi al sicuro.

È vietato l'uso di detonanti.

La distruzione deve essere fatta all'aperto, in luogo isolato e non pietroso, al quale sia con opportune segnalazioni interdetto l'avvicinamento di persone. Essa deve essere eseguita in modo da evitare danni nel caso che la dinamite, anziché bruciare, esploda.

25. Distribuzione degli esplosivi per l'impiego.

La consegna degli esplosivi deve essere effettuata dal consegnatario ai lavoratori incaricati del ritiro in misura non eccedente il fabbisogno giornaliero per i lavori in corso. È vietata la consegna di esplosivi avariati, dei quali non si deve far uso nelle mine.

La distribuzione degli esplosivi ritirati deve essere effettuata immediatamente prima del caricamento delle mine ed in misura non eccedente il fabbisogno di ogni singola squadra. È vietata la consegna di dinamiti congelate.

La dinamite e gli altri esplosivi congeneri devono essere consegnati, in cartucce, i cui involucri devono essere integri.

Gli inneschi devono essere consegnati nel numero strettamente necessario e solamente in appositi contenitori.

L'esplosivo non adoperato deve essere in ogni caso restituito dai lavoratori alla persona incaricata prima di abbandonare il lavoro.

26. Innescamento delle cartucce.

L'innescamento delle cartucce (preparazione delle smorze) deve essere eseguito nel seguente modo:

1) l'accoppiameto miccia-detonatore deve essere fatto a distanza di sicurezza. Per fissare la miccia alla capsula di innesco si deve far uso esclusivamente di pinze o tenaglie, le quali non possono essere composte di elementi di ferro o di acciaio. È vietato schiacciare la capsula di innesco con i denti;
2) l'applicazione dei detonatori alle cartucce deve essere fatta sulla fronte di sparo a misura del loro impiego e a distanza di sicurezza da quantitativi anche piccoli di esplosivi.

Le cartucce innescate devono essere di mano in mano introdotte nei fori da mina, evitando in ogni caso il loro accumulo.

27. Licenza per il mestiere del fochino.

Le operazioni di:

a) disgelamento delle dinamiti;
b) confezionamento ed innesco delle cariche e caricamento dei fori da mina;
c) brillamento delle mine, sia a fuoco che elettrico;
d) eliminazione delle cariche inesplose;

devono essere effettuate esclusivamente da personale munito di speciale licenza, da rilasciarsi, su parere favorevole della Commissione tecnica provinciale per gli esplosivi, dal Prefetto previo accertamento del possesso dei requisiti soggettivi di idoneità da parte del richiedente all'esercizio del predetto mestiere.

La Commissione, di cui al comma precedente, è integrata da due ispettori del lavoro, di cui uno laureato in ingegneria e uno in medicina.

La Commissione deve accertare nel candidato il possesso:

a) dei requisiti fisici indispensabili (vista, udito, funzionalità degli arti);
b) della capacità intellettuale e della cultura generale indispensabili;
c) delle cognizioni proprie del mestiere;
d) della conoscenza delle norme di sicurezza e di legge riguardanti l'impiego degli esplosivi nei lavori da mina.

Gli aspiranti alla licenza devono far pervenire alla Prefettura competente, una domanda in carta libera specificante l'oggetto della richiesta, le generalità del richiedente, il domicilio o recapito.

All'esame gli aspiranti devono esibire il libretto di lavoro e gli eventuali documenti del lavoro prestato.

A datare dal 1° luglio 1958 potranno essere incaricati delle mansioni indicate nel primo comma del presente articolo soltanto i fochini muniti di licenza.

Fino al 30 giugno 1960 i fochini che dimostrano di aver esercitato il mestiere ininterrottamente da tre anni, possono ottenere la licenza senza esame.

28. Micce.

Le micce, prima di essere applicate ai detonatori, devono essere accuratamente esaminate per accertare la loro integrità. Esse devono essere tagliate in lunghezza tale che il lavoratore adibito all'accensione abbia il tempo necessario per mettersi al sicuro.

Nei luoghi umidi si devono usare micce incatramate; per le mine subacquee o praticate in terreni acquitrinosi devono essere impiegate micce ad involucro impermeabile.

Periodicamente devono essere controllate la velocità di combustione della miccia e le caratteristiche del dardo.

29. Caricamento delle mine.

I fori da mina devono essere caricati immediatamente prima del brillamento.

Durante dette operazioni, sul luogo di impiego devono essere tenuti soltanto i quantitativi di esplosivo e di detonatori o di cartucce innescate indispensabili a garantire la continuità delle operazioni.

Durante le operazioni di caricamento delle mine deve essere presente soltanto il personale addettovi.

È vietato annodare le micce fra loro o in matasse o comunque piegarle con piccoli raggi di curvatura o sottoporle a trazione, torsione o compressione.

È vietato utilizzare, per nuove mine, canne o fori da mina preesistenti.

L'intasamento o borraggio deve essere fatto con materie prive di granelli o noduli quarzosi, piritosi o metallici.

Le cartucce di esplosivo devono essere spinte nei fori da mina soltanto mediante bacchette di legno.

Le cartucce a polvere, da adoperare nei luoghi umidi, devono essere a doppia impermeabilizzazione.

Le cartucce innescate e non utilizzate devono essere separate dall'innesco.

30. Detonatori elettrici.

I detonatori elettrici che presentano deformazioni, anomalie o deterioramenti, anche lievi, devono essere scartati e distrutti.

Il trasporto dei detonatori elettrici deve essere effettuato con le modalità indicate nell'art. 22; le cassette devono essere suddivise in scomparti, per tenere distinti i detonatori stessi per numero di ritardo.

In una stessa volata non devono essere impiegati detonatori provenienti da fabbriche diverse.

31. Isolamento e controllo dei circuiti elettrici di brillamento.

I conduttori dei detonatori elettrici non devono essere sottoposti a sforzi di trazione durante e dopo i collegamenti.

Si deve evitare che parti nude dei conduttori vengano a contatto con le parti rocciose e si trovino immerse nell'acqua. Le giunzioni dei conduttori, a mano a mano che vengono effettuate, devono essere rivestite con isolante.

Il collegamento finale dei conduttori capilinea al tratto di circuito principale deve essere eseguito da un solo operaio, previo allontanamento degli altri lavoratori.

Il collegamento del circuito principale alla fonte di energia deve costituire l'ultima operazione immediatamente prima del brillamento.

Il controllo del circuito deve essere effettuato con apposito ohmmetro: in sotterraneo devono essere sempre disponibili due ohmmetri, di cui uno di riserva.

Nel caso che, a caricamento completato, venga riscontrata la non continuità del circuito e l'inconveniente risieda nel difettoso funzionamento di uno o più detonatori, non si deve procedere alla loro rimozione scaricando a mano le relative mine; solo nel caso che se ne possa togliere facilmente l'intasamento, si può aggiungere una nuova cartuccia innescata nell'interno della canna, inserendola nel circuito; ove l'intasamento non possa essere tolto senza pericolo, i detonatori difettosi devono essere esclusi dal circuito.

Se a volata partita si accerti che le mine con detonatore difettoso non sono esplose, si deve procedere come indicato nell'art. 37.

32. Fonti di energia per il brillamento elettrico.

Per il brillamento elettrico delle mine è vietato l'uso della corrente di linea.

Gli esploditori portatili a magnete devono essere muniti di un dispositivo a chiave asportabile o di altro equivalente, senza il quale il circuito di accensione non possa essere inserito. Gli apparecchi esploditori e di controllo devono essere a tenuta stagna.

Gli esploditori portatili a batteria di pile o di accumulatori devono essere posti in cassetta chiusa e devono essere provvisti di uno speciale contatto a ritorno automatico per realizzare la connessione fra batteria e condtittori d'accensione con chiave di comando asportabile. La connessione deve poter avvenire soltanto esercitando sul contatto una pressione e deve immediatamente interrompersi automaticamente.

Le chiavi di comando degli esploditori di cui al secondo e terzo comma devono essere tenute costantemente in custodia dal lavoratore incaricato dei collegamenti e della verifica del circuito.

I dispositivi di comando dei contatti e gli eventuali apparecchi di controllo devono essere contenuti in custodia a tenuta stagna.

33. Precauzioni per il brillamento elettrico.

È vietato l'impiego dell'accessione elettrica ogni qualvolta siano in corso temporali entro un raggio di 10 km dal posto di brillamento delle mine.

Nel caso che il temporale sopravvenga durante la fase di caricamento, l'operazione deve essere sospesa ed i lavoratori devono essere allontanati dal fronte di lavoro.

È comunque vietato impiegare il brillamento elettrico delle mine quando linee elettriche o telefoniche, condutture o funi metalliche o binari si estendano a meno di 30 metri dal punto in cui il circuito dei reofori degli inneschi elettrici si connette alla linea di collegamento con lo esploditore.

34. Segnale di accensione.

L'accensione delle mine deve essere preannunciata con segnale di tromba dal capo squadra minatore o da un lavoratore appositamente incaricato.

Esso deve dare tempestivamente ad alta voce l'avvertimento di ritirarsi per tutti coloro che si trovano nelle vicinanze.

35. Accensione delle mine.

Le mine devono essere normalmente fatte esplodere nei periodi di riposo tra una muta e l'altra dei lavoratori oppure in ore prestabilite, in modo che sia facilitata l'adozione delle necessarie cautele.

Detto obbligo si estende anche ai cantieri attigui, quando in essi sussista pericolo per effetto dell'esplosione. I dirigenti di questi cantieri devono essere tempestivamente avvertiti.

Quando sia necessario devono essere prestabiliti posti nei quali i lavoratori possono mettersi al sicuro. Nella escavazione dei pozzi si devono stabilire, ove sia necessario, solidi impalcati di tramezzo e agevoli scale per il pronto allontanamento dell'operaio accenditore.

36. Tempo di attesa dopo lo sparo.

È vietato accedere al luogo di sparo prima che siano trascorsi almeno quindici minuti dall'ultimo colpo.

Detto limite può essere ridotto a dieci minuti quando si tratti di mine in luogo aperto.

Quando sia accertato od esista il dubbio che una o più mine non siano esplose, non si deve accedere alla fronte di lavoro prima che siano trascorsi almeno trenta minuti dall'ultimo colpo.

I tempi suddetti devono essere misurati dal caposquadra minatore.

Il ritorno dei lavoratori alla fronte di sparo deve avvenire dopo segnale acustico dato dal caposquadra.

37. Mine inesplose.

La mina mancata non deve essere scaricata.

Si può provocarne l'esplosione con una cartuccia sovrapposta alla prima, soltanto se può essere tolto facilmente l'intasamento senza far uso di strumenti di ferro o di acciaio e senza urti con corpi duri. Quando ciò non sia possibile, si deve praticare un'altra mina lateralmente a quella inesplosa per procurarne lo scoppio, non dovendosi lasciare abbandonate mine cariche inesplose.

Il nuovo foro deve essere praticato in modo da non incontrare il foro che contiene la carica inesplosa.

38. Misure di sicurezza dopo lo sparo.

Trascorsi i tempi di sicurezza indicati nell'art. 36, il caposquadra minatore, con i lavoratori strettamente necessari, deve provvedere:

a) al disgaggio di sicurezza;
b) all'accurata ispezione della fronte di sparo per individuare le eventuali mine non esplose;
c) all'accertamento della eventuale esistenza di residui di esplosivo nei fondelli.

Nel caso di mine inesplose, e ove non sia rintracciabile la mina gravida sulla fronte e sia perciò presumibile l'avvenuta asportazione della stessa, si devono ricercarne attentamente i frammenti nel materiale abbattuto. In tal caso la rimozione del materiale deve essere effettuata con cautela.

È vietato scaricare l'esplosivo di cui sia stata accertata l'esistenza nei fondelli residui; esso deve essere fatto esplodere mediante una carica sovrapposta.

I fondelli residui devono essere accuratamente ricercati e messi in evidenza con appositi segnali indicatori, affinché siano evitati nella perforazione di nuovi fori.

I nuovi fori devono essere aperti parallelamente ed a sufficiente distanza dai fondelli residui.

TITOLO III
Collaudi

Capo I
Disposizioni di carattere generale

39. Campo di applicazione.

Nella esecuzione di prove di collaudo di impianti, di macchinari e loro parti, che presentano pericolo di scoppio, incendio, disintegrazione, sviluppo di gas o vapori tossici ed emanazioni radioattive, si applicano le norme del presente titolo.

Si considerano macchinari, oltre le macchine propriamente dette anche le apparecchiature meccaniche, elettriche e magnetiche, i recipienti e le tubazioni.

Le norme del presente titolo possono non essere applicate, quando le prove di collaudo siano eseguite:

a) su macchinario assoggettato a collaudi e verifiche ai sensi di leggi o regolamenti speciali, salvo che possano intervenire reazioni chimiche incontrollate;
b) su macchinario di normale costruzione, per il quale gli elementi di calcolo e la sicurezza del funzionamento siano già acquisiti nella pratica tecnica.

40. Definizione di collaudo.

Sono considerati collaudi:

a) le prove eseguite per controllare le rispondenze del funzionamento degli impianti o dei macchinari ai risultati di studi o progetti ovvero alle clausole dei contratti di fornitura;
b) le prove eseguite su parti essenziali degli impianti o dei macchinari nel corso delle operazioni di montaggio;
c) le prove eseguite dopo i lavori di riparazione, che comportino lo smontaggio e la sostituzione di parti od elementi essenziali;
d) le prove eseguite per l'impiego e la elaborazione di nuove sostanze su impianti o macchinari già esistenti;
e) le prove sperimentali che ingenerino nel materiale sollecitazioni superiori a quelle del normale esercizio.

41. Applicazione delle norme di sicurezza, sorveglianza e responsabilità.

Il costruttore o il committente, nel cui stabilimento è eseguito il collaudo, deve sorvegliare, sotto la propria responsabilità e per quanto di sua competenza, la regolare applicazione delle norme contenute nel presente titolo.

Capo II
Prove di collaudo

42. Persone presenti alle prove.

Alle prove parziali o definitive di collaudo possono essere presenti soltanto le persone direttamente interessate e quelle espressamente designate a norma degli articoli seguenti.

Dette persone devono essere istruite sul lavoro da compiere, sui pericoli cui sono esposte, sulle precauzioni da prendere per evitarli e sulle operazioni da eseguire nel caso di condizioni di pericolo.

Nei locali e nei reparti in cui vengono eseguiti i collaudi deve essere fatto divieto di ingresso ai non addetti ai collaudi stessi ed ai lavori di produzione nei casi in cui è ammessa la continuazione del lavoro a norma degli artt. 47 e 48.

43. Direzione del collaudo.

Il costruttore deve affidare la direzione del collaudo, quando questo viene eseguito nel suo stabilimento, ad un tecnico qualificato.

Se il collaudo viene eseguito presso il committente,

il costruttore o il fornitore e il committente stesso devono scegliere un tecnico qualificato, sotto la cui direzione devono avvenire le operazioni di collaudo e alle cui istruzioni devono attenersi tutte le persone a qualsiasi titolo presenti.

44. Notifiche tra costruttore o fornitore e committente.

Il costruttore o il fornitore e il committente devono concordare il giorno o il periodo del collaudo.

Il fornitore o il costruttore e il committente devono notificarsi a vicenda e prima dell'inizio delle prove, i nominativi e le qualifiche professionali delle persone incaricate di effettuare, sotto la direzione del tecnico indicato nell'articolo precedente, il collaudo nonché le eventuali sostituzioni o aggiunte.

Sia l'accordo di cui al primo comma che le notificazioni di cui al secondo comma del presente articolo e la designazione di cui all'articolo precedente, devono risultare da documentazione scritta.

45. Comunicazione dei rischi al committente.

Il costruttore o il fornitore deve comunicare al committente, prima del collaudo, istruzioni precise sulla condotta e regolazione dell'impianto o del macchinario e fargli conoscere i rischi noti ed i mezzi per prevenirli ed attenuarli.

46. Collaudi eseguiti presso il costruttore.

I collaudi eseguiti presso il costruttore devono essere fatti in appositi locali. Ove occorra detti locali devono essere costruiti con intelaiature in ferro o cemento armato e con pareti e coperture di materiali leggeri e incombustibili.

Ove il rischio di esplosione sia molto grande e probabile quando trattasi di impianti o di macchinari di nuova ideazione o dell'impiego di nuove sostanze o miscele o per la lavorazione di esplosivi, deve provvedersi ad opportuni ricoveri o blindaggi per gli addetti a collaudo ed a comandi a distanza.

I locali di cui al comma precedente devono essere ubicati a sufficiente distanza dagli altri locali di lavoro in modo da escludere, per questi ultimi, ogni pericolo. La detta norma deve essere seguita nel caso di collaudo in cui per difetto di funzionamento possano prodursi nell'ambiente polveri, vapori o gas che con l'aria formano miscele esplodenti.

Ai collaudi presso il costruttore, a seconda delle condizioni contrattuali convenute, possono assistere dipendenti del committente a ciò designati con la procedura di cui all'art. 44.

47. Tempo delle prove di collaudo.

Il collaudo presso il committente deve essere effettuato fuori dell'orario di lavoro del reparto nel quale viene eseguito il collaudo stesso; qualora ciò non sia possibile, deve essere eseguito a reparto sgombro.

In caso di continuità del lavoro, o quando il macchinario da collaudare deve essere inserito negli impianti per la necessità del ciclo di lavorazione, nel reparto, oltre agli addetti al collaudo, possono permanere soltanto i lavoratori indispensabili alla continuità del processo industriale. In tali casi il macchinario da collaudare deve essere opportunamente circondato nelle parti pericolose da idonee protezioni.

Qualora per la conformazione dello stabilimento in cui viene eseguito il collaudo i pericoli di cui all'art. 39 si estendano ad altri reparti, anche in questi devono essere adottate le misure di cui al primo comma.

48. Collaudi dopo riparazioni.

I collaudi, di cui alla lettera c) dell'art. 40 del presente decreto, effettuati dopo la installazione presso il committente, di macchinario pericoloso, devono essere eseguiti fuori dell'orario di lavoro del reparto.

Ove ciò non sia possibile per le esigenze della continuità della lavorazione, il reparto deve rimanere sgombro del personale, normalmente occupato, per tutta la durata del collaudo, a meno che si verifichino le condizioni di cui al secondo comma dell'articolo precedente.

49. Collaudi effettuati la domenica.

Le operazioni di collaudo presso il committente che, a norma degli articoli precedenti, devono essere eseguiti fuori dell'orario di lavoro possono avvenire anche nei giorni di domenica, fermo restando il trattamento economico derivante dai contratti collettivi di lavoro.

50. Protezioni contro pericoli di incendio e sostanze dannose.

Nei locali dove vengono eseguiti i collaudi devono essere tenuti a disposizione del personale addetto mezzi di pronto impiego contro gli incendi e contro le sostanze dannose.

TITOLO IV
Mole abrasive

Capo unico

51. Collaudo delle mole [1]**.**

[Le mole abrasive artificiali di diametro non inferiore a 150 mm. devono essere collaudate a cura del costruttore prima di essere messe in commercio.

La velocità di collaudo a vuoto deve essere superiore a quella massima di uso:

di almeno il 20% per le mole sottili per troncare;

di almeno il 25% per le mole la cui velocità massima di uso non superi 25 m/s;

di almeno il 40% per tutte le altre mole].

(1) Articolo abrogato dall'art. 8, l. 5.11.1990, n. 320.

52. Velocità massima di uso [1]**.**

[Ogni mola deve portare un'etichetta con l'indicazione del tipo, della qualità, del diametro e della velocità massima di uso, espressa in numero di giri al minuto primo (velocità angolare) riferita a mola nuova ed in metri al minuto secondo (velocità periferica) nonché il nome e la sede del costruttore. Per le mole di diametro non superiore a 50 mm. è ammessa la sostituzione dell'etichetta con un cartellino di accompagnamento anche cumulativo per gruppi di mole delle stesse dimensioni e caratteristiche; detto cartellino di accompagnamento deve indicare la velocità massima di uso espressa in numero di giri al minuto primo, nonché il nome e la sede del costruttore.

La velocità da riportare nell'etichetta o nel cartellino, ai sensi del comma precedente, deve essere esclusivamente indicata con la dizione "velocità massima di uso". è vietato far menzione delle velocità di collaudo].

(1) Articolo abrogato dall'art. 8, l. 5.11.1990, n. 320.

TITOLO V
Norme penali e finali

Capo unico

53. Contravvenzioni commesse dai datori di lavoro e dai dirigenti.

I datori di lavoro e i dirigenti sono puniti:

a) con l'arresto da tre a sei mesi o con l'ammenda da euro 1.549 a euro 4.132 per la inosservanza delle norme di cui agli articoli 6 secondo comma, 7 primo, secondo, terzo e quarto comma, 9, 13, 14 primo e secondo comma, 15, 16, 17, 18, 20, 23 primo e secondo comma, 24 primo e secondo comma, 29 primo, secondo, terzo, quinto, sesto, settimo, ottavo e nono comma, 30, 31 primo, secondo, terzo, quarto, quinto e sesto comma, 32 primo, secondo, terzo e quinto comma, 33, 34 primo comma, 35, 36 primo, secondo e terzo comma, 37;

b) con l'arresto da due a quattro mesi o con l'ammenda da euro 516 a euro 2.582 per la inosservanza delle norme di cui agli artt. 5, 6 primo comma, 8, 10, 11, 14 terzo comma, 22, 24 quarto comma, 27 primo comma, 28 secondo e terzo comma;

c) con l'arresto fino a tre mesi o con l'ammenda da euro 258 a euro 1.032 per la inosservanza delle norme di cui agli articoli 19, 21, 52 (1).

(1) Comma così modificato dall'art. 26, co. 11, d.lgs. 19.12.1994, n. 758.

54. Contravvenzioni commesse dai costruttori e dai fornitori.

I costruttori e i fornitori sono puniti:

a) con l'arresto da tre a sei mesi o con l'ammenda da euro 1.549 a euro 4.132 per la inosservanza delle norme di cui agli artt. 43, 44, 45, 46 primo, secondo e terzo comma, 50;

b) con l'arresto da due a quattro mesi o con l'ammenda da euro 516 a euro 2.582 per la inosservanza delle norme di cui agli artt. 42 primo comma, 51, 52;

c) con l'arresto fino a tre mesi o con l'ammenda da euro 258 a euro 1.032 per la inosservanza delle norme di cui all'art. 42 secondo e terzo comma (1).

(1) Comma così modificato dall'art. 26, co. 12, d.lgs. 19.12.1994, n. 758.

55. Contravvenzioni commesse dai committenti.

I committenti sono puniti:

a) con l'arresto da tre a sei mesi o con l'ammenda da euro 1.549 a euro 4.132 per la inosservanza delle norme di cui agli artt. 43 secondo comma 44, 47, 48, 50 (1);

b) con l'arresto da due a quattro mesi o con l'ammenda da euro 516 a euro 2.582 per la inosservanza delle norme di cui all'art. 42 primo comma (1);

c) con l'arresto fino a tre mesi o con l'ammenda da euro 258 a euro 1.032 per la inosservanza delle norme di cui all'art. 42 secondo e terzo comma (1).

(1) Comma così modificato dall'art. 26, co. 13, d.lgs. 19.12.1994, n. 758.

56. Contravvenzioni commesse dai preposti.

I preposti sono puniti:

a) con l'arresto da un mese a tre mesi o con l'ammenda da euro 516 a euro 2.065 per la inosservanza delle norme di cui agli artt. 7 quarto e sesto comma, 10, 11, 12, 22 primo, secondo, terzo e quarto comma, 23 primo, secondo e terzo comma, 24 primo, secondo e terzo comma, 25 primo, secondo, terzo e quarto comma, 29 primo, secondo, terzo, quarto, quinto, sesto, settimo e nono comma, 30 primo e terzo comma, 31 primo, secondo, terzo, quarto, quinto e sesto comma, 32 primo e secondo comma, 33, 34, 35 terzo comma, 36, 37, 38 (1);

b) con l'arresto fino a due mesi o con l'ammenda da euro 258 a euro 1.032 per la inosservanza delle norme di cui agli artt. 24 quarto comma, 26, 28 primo comma (1).

(1) Lettera così modificata dall'art. 26, co. 14, d.lgs. 19.12.1994, n. 758.

57. Contravvenzioni commesse dai lavoratori.

I lavoratori sono puniti:

a) con l'arresto fino ad un mese o con l'ammenda da euro 154 a euro 774 per la inosservanza delle norme di cui agli artt. 7 primo, quarto e quinto comma, 10, 12, 13 secondo comma, 22 primo e terzo comma, 23 terzo e quarto comma, 24 secondo e terzo comma, 25 quinto comma, 29 quarto, sesto, settimo e nono comma, 31 primo, secondo e sesto comma, 32 quarto comma, 34, 36 primo, secondo e quinto comma, 37 secondo e terzo comma, 38 secondo, quarto e quinto comma (1);

b) con l'arresto fino a quindici giorni o con l'ammenda da euro 103 a euro 413 per la inosservanza delle norme di cui agli artt. 24 quarto comma, 25, 28 primo comma (1).

(1) Lettera così modificata dall'art. 26, co. 15, d.lgs. 19.12.1994, n. 758.

58. Decorrenza.

Il presente decreto entra in vigore il 1° maggio 1956.

La norma contenuta nell'art. 84 del decreto del Presidente della Repubblica 27 aprile 1955, n. 517, è abrogata.

8. D.Lgs. 19 dicembre 1994, n. 758. – Modificazioni alla disciplina sanzionatoria in materia di lavoro (*artt. 1, 18-25*)

In Gazzetta Ufficiale 26 gennaio 1995, n. 21, S.O.

Capo I
Trasformazione di reati in illeciti amministrativi

1. Inosservanza degli obblighi derivanti da contratti collettivi.

1. L'art. 509 del codice penale è così modificato:

a) la rubrica è sostituita dalla seguente: "Inosservanza delle norme disciplinanti i rapporti di lavoro";

b) nel primo comma le parole: "è punito con la multa fino a lire un milione" sono sostituite dalle seguenti: "è punito con la sanzione amministrativa da lire duecentomila a lire un milione";

c) il secondo comma è abrogato.

18. Disposizioni transitorie.

1. Le disposizioni del presente capo che sostituiscono le sanzioni penali con sanzioni amministrative si applicano anche alle violazioni commesse anteriormente alla data di entrata in vigore del presente decreto, quando il procedimento penale non sia stato definito con sentenza o con decreto divenuti irrevocabili.

2. Per quanto non espressamente previsto nel presente capo si applicano le disposizioni della legge 24 novembre 1981, n. 689, e successive modificazioni, in quanto compatibili.

Capo II
Estinzione delle contravvenzioni in materia di sicurezza e di igiene del lavoro

19. Definizioni.

1. Agli effetti delle disposizioni in cui al presente capo, si intende per:

a) contravvenzioni, i reati in materia di sicurezza e di igiene del lavoro puniti con la pena alternativa dell'arresto o dell'ammenda in base alle norme indicate nell'allegato I;

b) organo di vigilanza, il personale ispettivo di cui all'art. 21, terzo comma, della legge 23 dicembre 1978, n. 833, fatte salve le diverse competenze previste da altre norme.

2. La definizione di cui al comma 1, lettera a), non si applica agli effetti previsti dall'art. 60, primo comma, e 127, in relazione all'art. 34, primo comma, lettera n), della legge 24 novembre 1981, n. 689, nonché agli articoli 589, comma secondo, e 590, commi terzo e quinto, del codice penale.

20. Prescrizione.

1. Allo scopo di eliminare la contravvenzione accertata, l'organo di vigilanza, nell'esercizio delle funzioni di polizia giudiziaria di cui all'art. 55 del codice di procedura penale, impartisce al contravventore un'apposita prescrizione, fissando per la regolarizzazione un termine non eccedente il periodo di tempo tecnicamente necessario. Tale termine è prorogabile a richiesta del contravventore, per la particolare complessità o per l'oggettiva difficoltà dell'adempimento. In nessun caso esso può superare i sei mesi. Tuttavia, quando specifiche circostanze non imputabili al contravventore determinano un ritardo nella regolarizzazione, il termine di sei mesi può essere prorogato per una sola volta, a richiesta del contravventore, per un tempo non superiore ad ulteriori sei mesi, con provvedimento motivato che è comunicato immediatamente al pubblico ministero (1).

2. Copia della prescrizione è notificata o comunicata anche al rappresentante legale dell'ente nell'ambito o al servizio del quale opera il contravventore.

3. Con la prescrizione l'organo di vigilanza può imporre specifiche misure atte a far cessare il pericolo per la sicurezza o per la salute dei lavoratori durante il lavoro.

4. Resta fermo l'obbligo dell'organo di vigilanza di riferire al pubblico ministero la notizia di reato inerente alla contravvenzione ai sensi dell'art. 347 del codice di procedura penale.

(1) Secondo quanto previsto dall'art. 12, co. 1, d.l. 25.3.1997, n. 67, conv., con modif., dalla l. 23.5.1997, n. 135, sino al 31.12.1997, per le contravvenzioni di cui al decreto legislativo 14.8.1996, n. 494, è raddoppiato il termine di cui al terzo periodo del presente comma.

21. Verifica dell'adempimento.

1. Entro e non oltre sessanta giorni dalla scadenza del termine fissato nella prescrizione, l'organo di vigilanza verifica se la violazione è stata eliminata secondo le modalità e nel termine indicati dalla prescrizione.

2. Quando risulta l'adempimento alla prescrizione, l'organo di vigilanza ammette il contravventore a pagare in sede amministrativa, nel termine di trenta giorni, una somma pari al quarto del massimo dell'ammenda stabilita per la contravvenzione commessa. Entro centoventi giorni dalla scadenza del termine fissato nella prescrizione, l'organo di vigilanza comunica al pubblico ministero l'adempimento alla prescrizione, nonché l'eventuale pagamento della predetta somma (1).

3. Quando risulta l'inadempimento alla prescrizione, l'organo di vigilanza ne dà comunicazione al pubblico ministero e al contravventore entro novanta giorni dalla scadenza del termine fissato nella prescrizione.

(1) Secondo quanto previsto dall'art. 12, co. 1, d.l. 25.3.1997, n. 67, conv., con modif., dalla l. 23.5.1997, n. 135, per le contravvenzioni di cui al decreto legislativo 14.8.1996, n. 494, sino al 31.12.1997, la somma indicata dal presente comma è stata ridotta della metà.

22. Notizie di reato non pervenute dall'organo di vigilanza.

1. Se il pubblico ministero prende notizia di una

contravvenzione di propria iniziativa ovvero la riceve da privati o da pubblici ufficiali o incaricati di un pubblico servizio diversi dall'organo di vigilanza, ne dà immediata comunicazione all'organo di vigilanza per le determinazioni inerenti alla prescrizione che si renda necessaria allo scopo di eliminare la contravvenzione.

2. Nel caso previsto dal comma 1, l'organo di vigilanza informa il pubblico ministero delle proprie determinazioni entro sessanta giorni dalla data in cui ha ricevuto comunicazione della notizia di reato dal pubblico ministero.

23. Sospensione del procedimento penale.

1. Il procedimento per la contravvenzione è sospeso dal momento dell'iscrizione della notizia di reato nel registro di cui all'art. 335 del codice di procedura penale fino al momento in cui il pubblico ministero riceve una delle comunicazioni di cui all'art. 21, commi 2 e 3.

2. Nel caso previsto dall'art. 22, comma 1, il procedimento riprende il suo corso quando l'organo di vigilanza informa il pubblico ministero che non ritiene di dover impartire una prescrizione, e comunque alla scadenza del termine di cui all'art. 22, comma 2, se l'organo di vigilanza omette di informare il pubblico ministero delle proprie determinazioni inerenti alla prescrizione. Qualora nel predetto termine l'organo di vigilanza informi il pubblico ministero d'aver impartito una prescrizione, il procedimento rimane sospeso fino al termine indicato dal comma 1.

3. La sospensione del procedimento non preclude la richiesta di archiviazione. Non impedisce, inoltre, l'assunzione delle prove con incidente probatorio, né gli atti urgenti di indagine preliminare, né il sequestro preventivo ai sensi degli articoli 321 e seguenti del codice di procedura penale.

24. Estinzione del reato.

1. La contravvenzione si estingue se il contravventore adempie alla prescrizione impartita dall'organo di vigilanza nel termine ivi fissato e provvede al pagamento previsto dall'art. 21, comma 2.

2. Il pubblico ministero richiede l'archiviazione se la contravvenzione è estinta ai sensi del comma 1.

3. L'adempimento in un tempo superiore a quello indicato nella prescrizione, ma che comunque risulta congruo a norma dell'art. 20, comma 1, ovvero l'eliminazione delle conseguenze dannose o pericolose della contravvenzione con modalità diverse da quelle indicate dall'organo di vigilanza, sono valutati ai fini dell'applicazione dell'art. 162-*bis* del codice penale. In tal caso, la somma da versare è ridotta al quarto del massimo dell'ammenda stabilita per la contravvenzione commessa.

25. Norme di coordinamento e transitorie.

1. Per le contravvenzioni non si applicano le norme vigenti in tema di diffida e di disposizione.

2. Le norme di questo capo non si applicano ai procedimenti in corso alla data di entrata in vigore del presente decreto.

9. D.Lgs. 9 aprile 2008, n. 81. – Attuazione dell'articolo 1 della legge 3 agosto 2007, n. 123, in materia di tutela della salute e della sicurezza nei luoghi di lavoro (*artt. 1-68, 298-306*)

In Gazzetta Ufficiale 30 aprile 2008, n. 101, S.O.

TITOLO I
Principi comuni

Capo I
Disposizioni generali

1. Finalità.

1. Le disposizioni contenute nel presente decreto legislativo costituiscono attuazione dell'articolo 1 della legge 3 agosto 2007, n. 123, per il riassetto e la riforma delle norme vigenti in materia di salute e sicurezza delle lavoratrici e dei lavoratori nei luoghi di lavoro, mediante il riordino e il coordinamento delle medesime in un unico testo normativo. Il presente decreto legislativo persegue le finalità di cui al presente comma nel rispetto delle normative comunitarie e delle convenzioni internazionali in materia, nonché in conformità all'articolo 117 della Costituzione e agli statuti delle regioni a statuto speciale e delle province autonome di Trento e di Bolzano, e alle relative norme di attuazione, garantendo l'uniformità della tutela delle lavoratrici e dei lavoratori sul territorio nazionale attraverso il rispetto dei livelli essenziali delle prestazioni concernenti i diritti civili e sociali, anche con riguardo alle differenze di genere, di età e alla condizione delle lavoratrici e dei lavoratori immigrati.

2. In relazione a quanto disposto dall'articolo 117, quinto comma, della Costituzione e dall'articolo 16, comma 3, della legge 4 febbraio 2005, n. 11, le disposizioni del presente decreto legislativo, riguardanti ambiti di competenza legislativa delle regioni e province autonome, si applicano, nell'esercizio del potere sostitutivo dello Stato e con carattere di cedevolezza, nelle regioni e nelle province autonome nelle quali ancora non sia stata adottata la normativa regionale e provinciale e perdono comunque efficacia dalla data di entrata in vigore di quest'ultima, fermi restando i principi fondamentali ai sensi dell'articolo 117, terzo comma, della Costituzione.

3. Gli atti, i provvedimenti e gli adempimenti attuativi del presente decreto sono effettuati nel rispetto dei principi del decreto legislativo 30 giugno 2003, n. 196.

2. Definizioni.

1. Ai fini ed agli effetti delle disposizioni di cui al presente decreto legislativo si intende per:

a) "lavoratore": persona che, indipendentemente dalla tipologia contrattuale, svolge un'attività lavorativa nell'ambito dell'organizzazione di un datore di lavoro pubblico o privato, con o senza retribuzione, anche al solo fine di apprendere un mestiere, un'arte o una professione, esclusi gli addetti ai servizi domestici e familiari. Al lavoratore così definito è equiparato: il socio lavoratore di cooperativa o di società, anche di fatto, che presta la sua attività per conto delle società e dell'ente stesso; l'associato in partecipazione di cui all'articolo 2549, e seguenti del codice civile; il soggetto beneficiario delle iniziative di tirocini formativi e di orientamento di cui all'articolo 18 della legge 24 giugno 1997, n. 196, e di cui a specifiche disposizioni delle leggi regionali promosse al fine di realizzare momenti di alternanza tra studio e lavoro o di agevolare le scelte professionali mediante la conoscenza diretta del mondo del lavoro; l'allievo degli istituti di istruzione ed universitari e il partecipante ai corsi di formazione professionale nei quali si faccia uso di laboratori, attrezzature di lavoro in genere, agenti chimici, fisici e biologici, ivi comprese le apparecchiature fornite di videoterminali limitatamente ai periodi in cui l'allievo sia effettivamente applicato alla strumentazioni o ai laboratori in questione; [il volontario, come definito dalla legge 1° agosto 1991, n. 266;] i volontari del Corpo nazionale dei vigili del fuoco e della protezione civile; [il volontario che effettua il servizio civile;] il lavoratore di cui al decreto legislativo 1° dicembre 1997, n. 468, e successive modificazioni (1);

b) "datore di lavoro": il soggetto titolare del rapporto di lavoro con il lavoratore o, comunque, il soggetto che, secondo il tipo e l'assetto dell'organizzazione nel cui ambito il lavoratore presta la propria attività, ha la responsabilità dell'organizzazione stessa o dell'unità produttiva in quanto esercita i poteri decisionali e di spesa. Nelle pubbliche amministrazioni di cui all'articolo 1, comma 2, del decreto legislativo 30 marzo 2001, n. 165, per datore di lavoro si intende il dirigente al quale spettano i poteri di gestione, ovvero il funzionario non avente qualifica dirigenziale, nei soli casi in cui quest'ultimo sia preposto ad un ufficio avente autonomia gestionale, individuato dall'organo di vertice delle singole amministrazioni tenendo conto dell'ubicazione e dell'ambito funzionale degli uffici nei quali viene svolta l'attività, e dotato di autonomi poteri decisionali e di spesa. In caso di omessa individuazione, o di individuazione non conforme ai criteri sopra indicati, il datore di lavoro coincide con l'organo di vertice medesimo;

c) "azienda": il complesso della struttura organizzata dal datore di lavoro pubblico o privato;

d) "dirigente": persona che, in ragione delle competenze professionali e di poteri gerarchici e funzionali adeguati alla natura dell'incarico conferitogli, attua le direttive del datore di lavoro organizzando l'attività lavorativa e vigilando su di essa;

e) "preposto": persona che, in ragione delle competenze professionali e nei limiti di poteri gerarchici e funzionali adeguati alla natura dell'incarico conferitogli, sovrintende alla attività lavorativa e garantisce l'attuazione delle direttive ricevute, controllandone la corretta esecuzione da parte dei lavoratori ed esercitando un funzionale potere di iniziativa;

f) "responsabile del servizio di prevenzione e protezione": persona in possesso delle capacità e dei requisiti professionali di cui all'articolo 32 designata dal datore di lavoro, a cui risponde, per coordinare il servizio di prevenzione e protezione dai rischi;

g) "addetto al servizio di prevenzione e protezione": persona in possesso delle capacità e dei requisiti professionali di cui all'articolo 32, facente parte del servizio di cui alla lettera l);

h) "medico competente": medico in possesso di uno dei titoli e dei requisiti formativi e professionali di cui all'articolo 38, che collabora, secondo quanto previsto all'articolo 29, comma 1, con il datore di lavoro ai fini della valutazione dei rischi ed è nominato dallo stesso per effettuare la sorveglianza sanitaria e per tutti gli altri compiti di cui al presente decreto;

i) "rappresentante dei lavoratori per la sicurezza": persona eletta o designata per rappresentare i lavoratori per quanto concerne gli aspetti della salute e della sicurezza durante il lavoro;

l) "servizio di prevenzione e protezione dai rischi": insieme delle persone, sistemi e mezzi esterni o interni all'azienda finalizzati all'attività di prevenzione e protezione dai rischi professionali per i lavoratori;

m) "sorveglianza sanitaria": insieme degli atti medici, finalizzati alla tutela dello stato di salute e sicurezza dei lavoratori, in relazione all'ambiente di lavoro, ai fattori di rischio professionali e alle modalità di svolgimento dell'attività lavorativa;

n) "prevenzione": il complesso delle disposizioni o misure necessarie anche secondo la particolarità del lavoro, l'esperienza e la tecnica, per evitare o diminuire i rischi professionali nel rispetto della salute della popolazione e dell'integrità dell'ambiente esterno;

o) "salute": stato di completo benessere fisico, mentale e sociale, non consistente solo in un'assenza di malattia o d'infermità;

p) "sistema di promozione della salute e sicurezza": complesso dei soggetti istituzionali che concorrono, con la partecipazione delle parti sociali, alla realizzazione dei programmi di intervento finalizzati a migliorare le condizioni di salute e sicurezza dei lavoratori;

q) "valutazione dei rischi": valutazione globale e documentata di tutti i rischi per la salute e sicurezza dei lavoratori presenti nell'ambito dell'organizzazione in cui essi prestano la propria attività, finalizzata ad individuare le adeguate misure di prevenzione e di protezione e ad elaborare il programma delle misure atte a garantire il miglioramento nel tempo dei livelli di salute e sicurezza;

r) "pericolo": proprietà o qualità intrinseca di un determinato fattore avente il potenziale di causare danni;

s) "rischio": probabilità di raggiungimento del livello potenziale di danno nelle condizioni di impiego o di esposizione ad un determinato fattore o agente oppure alla loro combinazione;

t) "unità produttiva": stabilimento o struttura finalizzati alla produzione di beni o all'erogazione di servizi, dotati di autonomia finanziaria e tecnico funzionale;

u) "norma tecnica": specifica tecnica, approvata e pubblicata da un'organizzazione internazionale, da un organismo europeo o da un organismo nazionale di normalizzazione, la cui osservanza non sia obbligatoria;

v) "buone prassi": soluzioni organizzative o procedurali coerenti con la normativa vigente e con le norme di buona tecnica, adottate volontariamente e finalizzate a promuovere la salute e sicurezza sui luoghi di lavoro attraverso la riduzione dei rischi e il miglioramento delle condizioni di lavoro, elaborate e raccolte dalle regioni, dall'Istituto superiore per la prevenzione e la sicurezza del lavoro (ISPESL), dall'Istituto nazionale per l'assicurazione contro gli infortuni sul lavoro (INAIL) e dagli organismi paritetici di cui all'articolo 51, validate dalla Commissione consultiva permanente di cui all'articolo 6, previa istruttoria tecnica dell'ISPESL, che provvede a assicurarne la più ampia diffusione;

z) "linee guida": atti di indirizzo e coordinamento per l'applicazione della normativa in materia di salute e sicurezza predisposti dai Ministeri, dalle regioni, dall'ISPESL e dall'INAIL e approvati in sede di Conferenza permanente per i rapporti tra lo Stato, le regioni e le province autonome di Trento e di Bolzano;

aa) "formazione": processo educativo attraverso il quale trasferire ai lavoratori ed agli altri soggetti del sistema di prevenzione e protezione aziendale conoscenze e procedure utili alla acquisizione di competenze per lo svolgimento in sicurezza dei rispettivi compiti in azienda e alla identificazione, alla riduzione e alla gestione dei rischi;

bb) "informazione": complesso delle attività dirette a fornire conoscenze utili alla identificazione, alla riduzione e alla gestione dei rischi in ambiente di lavoro;

cc) "addestramento": complesso delle attività dirette a fare apprendere ai lavoratori l'uso corretto di attrezzature, macchine, impianti, sostanze, dispositivi, anche di protezione individuale, e le procedure di lavoro;

dd) "modello di organizzazione e di gestione": modello organizzativo e gestionale per la definizione e l'attuazione di una politica aziendale per la salute e sicurezza, ai sensi dell'articolo 6, comma 1, lettera a), del decreto legislativo 8 giugno 2001, n. 231, idoneo a prevenire i reati di cui agli articoli 589 e 590, terzo comma, del codice penale, commessi con violazione delle norme antinfortunistiche e sulla tutela della salute sul lavoro;

ee) "organismi paritetici": organismi costituiti a iniziativa di una o più associazioni dei datori e dei prestatori di lavoro comparativamente più rappresentative sul piano nazionale, quali sedi privilegiate per: la programmazione di attività formative e l'elaborazione e la raccolta di buone prassi a fini prevenzionistici; lo sviluppo di azioni inerenti alla salute e alla sicurezza sul lavoro; l'assistenza alle imprese finalizzata all'attuazione degli adempimenti in materia; ogni altra attività o funzione assegnata loro dalla legge o dai contratti collettivi di riferimento;

ff) "responsabilità sociale delle imprese": integrazione volontaria delle preoccupazioni sociali ed ecologiche delle aziende e organizzazioni nelle loro attività commerciali e nei loro rapporti con le parti interessate.

(1) Lettera modificata dall'art. 2, co. 1, d.lgs. 3.8.2009, n. 106

3. Campo di applicazione.

1. Il presente decreto legislativo si applica a tutti i settori di attività, privati e pubblici, e a tutte le tipologie di rischio.

2. Nei riguardi delle Forze armate e di Polizia, del Dipartimento dei vigili del fuoco, del soccorso pubblico e della difesa civile, dei servizi di protezione civile, nonché nell'ambito delle strutture giudiziarie, penitenziarie, di quelle destinate per finalità istituzionali alle attività degli organi con compiti in materia di ordine e sicurezza pubblica, delle università, degli istituti di istruzione universitaria, delle istituzioni dell'alta formazione artistica e coreutica, degli istituti di istruzione ed educazione di ogni ordine e grado, degli uffici all'estero di cui all'articolo 30 del decreto del Presidente della Repubblica 5 gennaio 1967, n. 18, degli uffici all'estero di cui all'articolo 30 del decreto del Presidente della Repubblica 5 gennaio 1967, n. 18, e dei mezzi di trasporto aerei e marittimi, le disposizioni del presente decreto legislativo sono applicate tenendo conto delle effettive particolari esigenze connesse al servizio espletato o alle peculiarità organizzative ivi comprese quelle per la tutela della salute e sicurezza del personale nel corso di operazioni ed attività condotte dalla Forze armate, compresa l'Arma dei carabinieri, nonché dalle altre Forze di polizia e dal Corpo dei vigili del fuoco, nonché dal Dipartimento della protezione civile fuori dal territorio nazionale, individuate entro e non oltre ventiquattro mesi dalla data di entrata in vigore del presente decreto legislativo con decreti emanati, ai sensi dell'articolo 17, comma 3, della legge 23 agosto 1988,

n. 400, dai Ministri competenti di concerto con i Ministri del lavoro e della previdenza sociale, della salute e per le riforme e le innovazioni nella pubblica amministrazione, acquisito il parere della Conferenza permanente per i rapporti tra lo Stato, le regioni e le province autonome di Trento e di Bolzano, sentite le organizzazioni sindacali comparativamente più rappresentative sul piano nazionale nonché, relativamente agli schemi di decreti di interesse delle Forze armate, compresa l'Arma dei carabinieri ed il Corpo della Guardia di finanza, le associazioni professionali a carattere sindacale tra militari rappresentative del personale militare ai sensi dell'articolo 1478 del decreto legislativo 15 marzo 2010, n. 66; analogamente si provvede per quanto riguarda gli archivi, le biblioteche e i musei solo nel caso siano sottoposti a particolari vincoli di tutela dei beni artistici storici e culturali. Con decreti, da emanare entro cinquantacinque mesi dalla data di entrata in vigore del presente decreto, ai sensi dell'articolo 17, comma 2, della legge 23 agosto 1988, n. 400, su proposta dei Ministri competenti, di concerto con i Ministri del lavoro e della previdenza sociale e della salute, acquisito il parere della Conferenza permanente per i rapporti tra lo Stato, le regioni e le province autonome di Trento e di Bolzano, si provvede a dettare le disposizioni necessarie a consentire il coordinamento con la disciplina recata dal presente decreto della normativa relativa alle attività lavorative a bordo delle navi, di cui al decreto legislativo 27 luglio 1999, n. 271, in ambito portuale, di cui al decreto legislativo 27 luglio 1999, n. 272, e per il settore delle navi da pesca, di cui al decreto legislativo 17 agosto 1999, n. 298, e l'armonizzazione delle disposizioni tecniche di cui ai titoli dal II al XII del medesimo decreto con la disciplina in tema di trasporto ferroviario contenuta nella legge 26 aprile 1974, n. 191, e relativi decreti di attuazione (1).

3. Fino all'emanazione dei decreti di cui al comma 2, sono fatte salve le disposizioni attuative dell'articolo 1, comma 2, del decreto legislativo 19 settembre 1994, n. 626, nonché le disposizioni di cui al decreto legislativo 27 luglio 1999, n. 271, al decreto legislativo 27 luglio 1999, n. 272, al decreto legislativo 17 agosto 1999, n. 298, e le disposizioni tecniche del decreto del Presidente della Repubblica 27 aprile 1955, n. 547, e del decreto del Presidente della Repubblica 7 gennaio 1956, n. 164, richiamate dalla legge 26 aprile 1974, n. 191, e dai relativi decreti di attuazione[; decorso inutilmente tale termine, trovano applicazione le disposizioni di cui al presente decreto]. Gli schemi dei decreti di cui al citato comma 2 del presente articolo sono trasmessi alle Camere per l'espressione del parere da parte delle Commissioni parlamentari competenti, da rendere entro trenta giorni dalla data di assegnazione (2).

3 bis. Nei riguardi delle cooperative sociali di cui alla legge 8 novembre 1991, n. 381, e delle organizzazioni di volontariato della protezione civile, ivi compresi i volontari della Croce Rossa Italiana e del Corpo Nazionale soccorso alpino e speleologico, e i volontari dei vigili del fuoco, le disposizioni del presente decreto legislativo sono applicate tenendo conto delle particolari modalità di svolgimento delle rispettive attività, individuate entro il 31 marzo 2011 con decreto del Ministero del lavoro, della salute e delle politiche sociali, di concerto con il Dipartimento della protezione civile e il Ministero dell'interno, sentita la Commissione consultiva permanente per la salute e sicurezza sul lavoro. Le disposizioni del presente decreto si applicano alle attività dei volontari di cui al primo periodo esclusivamente nei limiti e con le modalità previsti dal decreto adottato in attuazione del primo periodo (3).

4. Il presente decreto legislativo si applica a tutti i lavoratori e lavoratrici, subordinati e autonomi, nonché ai soggetti ad essi equiparati, fermo restando quanto previsto dai commi successivi del presente articolo.

[**5.** Nell'ipotesi di prestatori di lavoro nell'ambito di un contratto di somministrazione di lavoro di cui agli articoli 20, e seguenti, del decreto legislativo 10 settembre 2003, n. 276, e successive modificazioni, fermo restando quanto specificamente previsto dal comma 5 dell'articolo 23 del citato decreto legislativo n. 276 del 2003, tutti gli obblighi di prevenzione e protezione di cui al presente decreto sono a carico dell'utilizzatore.] (4)

6. Nell'ipotesi di distacco del lavoratore di cui all'articolo 30 del decreto legislativo 10 settembre 2003, n. 276, e successive modificazioni, tutti gli obblighi di prevenzione e protezione sono a carico del distaccatario, fatto salvo l'obbligo a carico del distaccante di informare e formare il lavoratore sui rischi tipici generalmente connessi allo svolgimento delle mansioni per le quali egli viene distaccato. Per il personale delle pubbliche amministrazioni di cui all'articolo 1, comma 2, del decreto legislativo 30 marzo 2001, n. 165, che presta servizio con rapporto di dipendenza funzionale presso altre amministrazioni pubbliche, organi o autorità nazionali, gli obblighi di cui al presente decreto sono a carico del datore di lavoro designato dall'amministrazione, organo o autorità ospitante.

7. Nei confronti dei lavoratori a progetto di cui agliarticoli 61, e seguenti, del decreto legislativo 10 settembre 2003, n. 276, e successive modificazioni, e dei collaboratori coordinati e continuativi di cui all'articolo 409, primo comma, n. 3, del codice di procedura civile, le disposizioni di cui al presente decreto si applicano ove la prestazione lavorativa si svolga nei luoghi di lavoro del committente.

8. Nei confronti dei lavoratori che effettuano prestazioni di lavoro accessorio, le disposizioni di cui al presente decreto e le altre norme speciali vigenti in materia di tutela della salute e sicurezza dei lavoratori si applicano nei casi in cui la prestazione sia svolta a favore di un committente imprenditore o professionista. Negli altri casi si applicano esclusivamente le disposizioni di cui all'articolo 21. Sono comunque esclusi dall'applicazione delle disposizioni di cui al presente decreto e delle altre norme speciali vigenti in materia di tutela della salute e sicurezza dei lavoratori i piccoli lavori domestici a carattere straordinario, compresi l'insegnamento privato supplementare e l'assistenza domiciliare ai bambini, agli anziani, agli ammalati e ai disabili [5].

9. Fermo restando quanto previsto dalla legge 18 dicembre 1973, n. 877, ai lavoratori a domicilio ed ai lavoratori che rientrano nel campo di applicazione del contratto collettivo dei proprietari di fabbricati trovano applicazione gli obblighi di informazione e formazione di cui agli articoli 36 e 37. Ad essi devono inoltre essere forniti i necessari dispositivi di protezione individuali in relazione alle effettive mansioni assegnate. Nell'ipotesi in cui il datore di lavoro fornisca attrezzature proprie, o per il tramite di terzi, tali attrezzature devono essere conformi alle disposizioni di cui al titolo III [6].

10. A tutti i lavoratori subordinati che effettuano una prestazione continuativa di lavoro a distanza, mediante collegamento informatico e telematico, compresi quelli di cui al decreto del Presidente della Repubblica 8 marzo 1999, n. 70, e di cui all'accordo-quadro europeo sul telelavoro concluso il 16 luglio 2002, si applicano le disposizioni di cui al titolo VII, indipendentemente dall'ambito in cui si svolge la prestazione stessa. Nell'ipotesi in cui il datore di lavoro fornisca attrezzature proprie, o per il tramite di terzi, tali attrezzature devono essere conformi alle disposizioni di cui al titolo III. I lavoratori a distanza sono informati dal datore di lavoro circa le politiche aziendali in materia di salute e sicurezza sul lavoro, in particolare in ordine alle esigenze relative ai videoterminali ed applicano correttamente le direttive aziendali di sicurezza. Al fine di verificare la corretta attuazione della normativa in materia di tutela della salute e sicurezza da parte del lavoratore a distanza, il datore di lavoro, le rappresentanze dei lavoratori e le autorità competenti hanno accesso al luogo in cui viene svolto il lavoro nei limiti della normativa nazionale e dei contratti collettivi, dovendo tale accesso essere subordinato al preavviso e al consenso del lavoratore qualora la prestazione sia svolta presso il suo domicilio. Il lavoratore a distanza può chiedere ispezioni. Il datore di lavoro garantisce l'adozione di misure dirette a prevenire l'isolamento del lavoratore a distanza rispetto agli altri lavoratori interni all'azienda, permettendogli di incontrarsi con i colleghi e di accedere alle informazioni dell'azienda, nel rispetto di regolamenti o accordi aziendali.

11. Nei confronti dei lavoratori autonomi di cui all'articolo 2222 del codice civile si applicano le disposizioni di cui agli articoli 21 e 26.

12. Nei confronti dei componenti dell'impresa familiare di cui all'articolo 230-*bis* del codice civile, dei coltivatori diretti del fondo, degli artigiani e dei piccoli commercianti e dei soci delle società semplici operanti nel settore agricolo si applicano le disposizioni di cui all'articolo 21 [7].

12 bis. Nei confronti dei volontari di cui alla legge 11 agosto 1991, n. 266, dei volontari che effettuano servizio civile, dei soggetti che svolgono attività di volontariato in favore delle associazioni di promozione sociale di cui alla legge 7 dicembre 2000, n. 383, delle associazioni sportive dilettantistiche di cui alla legge 16 dicembre 1991, n. 39, e all'articolo 90 della legge 27 dicembre 2002, n. 289, e delle associazioni religiose, dei volontari accolti nell'ambito dei programmi internazionali di educazione non formale, nonché nei confronti di tutti i soggetti di cui all'articolo 67, comma 1, lettera m), del testo unico di cui al decreto del Presidente della Repubblica 22 dicembre 1986, n. 917, e successive modificazioni, si applicano le disposizioni di cui all'articolo 21 del presente decreto. Con accordi tra i soggetti c le associazioni o gli enti di servizio civile possono essere individuate le modalità di attuazione della tutela di cui al primo periodo. Ove uno dei soggetti di cui al primo periodo svolga la sua prestazione nell'ambito di un'organizzazione di un datore di lavoro, questi è tenuto a fornire al soggetto dettagliate informazioni sui rischi specifici esistenti negli ambienti nei quali è chiamato ad operare e sulle misure di prevenzione e di emergenza adottate in relazione alla sua attività. Egli è altresì tenuto ad adottare le misure utili a eliminare o, ove ciò non sia possibile, a ridurre al minimo i rischi da interferenze tra la prestazione del soggetto e altre attività che si svolgano nell'ambito della medesima organizzazione [8].

13. In considerazione della specificità dell'attività esercitata dalle imprese medie e piccole operanti nel settore agricolo, il Ministro del lavoro e della previdenza sociale, di concerto con i Ministri della salute e delle politiche agricole, alimentari e forestali, entro novanta giorni dalla data di entrata in vigore del presente decreto, nel rispetto dei livelli generali di tutela di cui alla normativa in materia di sicurezza e salute nei luoghi di lavoro, e limitatamente alle imprese che impiegano lavoratori stagionali ciascuno dei quali non superi le cinquanta giornate lavorative e per un numero complessivo di lavoratori compatibile con gli ordinamenti colturali aziendali, provvede ad emanare disposizioni per semplificare gli adempimenti relativi all'informazione, formazione e sorveglianza sanitaria previsti dal presente decreto, sentite le organizzazioni sindacali e datoriali comparativamente più rappresentative del settore sul piano nazionale. I contratti collettivi stipulati dalle predette organizzazioni definiscono specifiche modalità di attuazione delle previsioni del presente decreto legislativo concernenti il rappresentante dei lavoratori per la sicurezza nel caso le imprese utilizzino esclusivamente la tipologia di lavoratori stagionali di cui al precedente periodo [9].

13 bis. Con decreto del Ministro del lavoro e delle politiche sociali e del Ministro della salute, adottato ai sensi dell'articolo 17, comma 3, della legge 23 agosto 1988, n. 400, previo parere delle competenti Commissioni parlamentari e sentite la Commissione consultiva per la salute e sicurezza sul lavoro di cui all'articolo 6 del presente decreto e la Conferenza permanente per i rapporti tra lo Stato, le regioni e le province autonome di Trento e di Bolzano, nel rispetto dei livelli generali di tutela di cui alla normativa in materia di salute e sicurezza sul lavoro e fermi restando gli obblighi di cui agli articoli 36 e 37 del presente decreto, sono definite misure di semplificazione della documentazione, anche ai fini dell'inserimento di tale documentazione nel libretto formativo del cittadino, che dimostra l'adempimento da parte del datore di lavoro degli obblighi di informazione e formazione previsti dal presente decreto in relazione a prestazioni lavorative regolamentate dal decreto legislativo 10 settembre 2003, n. 276, che implicano una permanenza del lavoratore in azienda per un periodo non superiore a cinquanta giornate lavorative nell'anno solare di riferimento (9).

13 ter. Con un ulteriore decreto del Ministro del lavoro e delle politiche sociali e del Ministro della salute, adottato di concerto con il Ministro delle politiche agricole alimentari e forestali, sentite le Commissioni parlamentari competenti per materia e la Conferenza permanente per i rapporti tra lo Stato, le regioni e le province autonome di Trento e di Bolzano, nel rispetto dei livelli generali di tutela di cui alla normativa in materia di salute e sicurezza sul lavoro, sono definite misure di semplificazione degli adempimenti relativi all'informazione, formazione, valutazione dei rischi e sorveglianza sanitaria per le imprese agricole, con particolare riferimento a lavoratori a tempo determinato e stagionali, e per le imprese di piccole dimensioni (10).

(1) Comma modificato dall'art. 32, co. 2 bis, d.l. 30.12.2008, n. 207, dall'art. 29, co. 2, l. 18.6.2009, n. 69, dall'art. 3, co. 1, lett. a), d.lgs. 3.8.2009, n. 106, dall'art. 6, co. 9 ter, d.l. 30.12.2009, n. 194, dall'art. 2, co. 51, d.l. 29.12.2010, n. 225 e dall'art. 1, co. 01, d.l. 12.5.2012, n. 57. Comma da ultimo modificato dall'art. 2, co. 3, d.lgs. 24.11.2023, n. 192.

(2) Comma modificato dall'art. 1, co. 1, lett. a), b) e b bis), d.l. 12.5.2012, n. 57.

(3) Comma introdotto dall'art. 3, co. 1, lett. b), d.lgs. 3.8.2009, n. 106 e successivamente modificato dall'art. 1, co. 1, d.l. 29.12.2010, n. 225, che ha sostituito il termine di scadenza dal 31.12.2010 al 31.3.2011. Il termine qui previsto, dichiarato precedentemente fino al 31.3.2011, è prorogato fino al 31.12.2011, secondo quanto stabilito dall'art. 1, co. 1, del D.P.C.M. 25.3.2011. Comma ulteriormente modificato dall'art. 13 quater, co. 4, d.l. 18.10.2023, n. 145, conv., con modif., dalla l. 15.12.2023, n. 191.

(4) Comma abrogato dall'art. 55, co. 1, lett. e), d.lgs. 15.6.2015, n. 81, con la decorrenza prevista dal co. 3 del medesimo art. 55.

(5) Comma sostituito dall'art. 20, co. 1, lett. a, n. 1), d.lgs. 14.9.2015, n. 151.

(6) Comma modificato dall'art. 3, co. 1, lett. c), d.lgs. 3.8.2009, n. 106.

(7) Comma modificato dall'art. 3, co. 1, lett. d), d.lgs. 3.8.2009, n. 106.

(8) Comma introdotto dall'art. 3, co. 1, lett. e), d.lgs. 3.8.2009, n. 106; successivamente, sostituito dall'art. 32, co. 1, lett. Oa), d.l. 21.6.2013, n. 69, conv., con modif., dalla l. 9.8.2013 n. 98 e, da ultimo, modificato dall'art. 20, co. 1, lett. a, n. 2), d.lgs. 14.9.2015, n. 151.

(9) Comma introdotto dall'art. 35, co. 1, d.l. 21.6.2013, n. 69, conv., con modif., dalla l. 9.8.2013 n. 98.

(10) Comma introdotto dall'art. 35, co. 1, d.l. 21.6.2013, n. 69, conv., con modif., dalla l. 9.8.2013 n. 98.

4. Computo dei lavoratori.

1. Ai fini della determinazione del numero di lavoratori dal quale il presente decreto legislativo fa discendere particolari obblighi non sono computati:

a) i collaboratori familiari di cui all'articolo 230-*bis* del codice civile;

b) i soggetti beneficiari delle iniziative di tirocini formativi e di orientamento [di cui all'articolo 18 della legge 24 giugno 1997, n. 196, e di cui a specifiche disposizioni delle leggi regionali promosse al fine di realizzare momenti di alternanza tra studio e lavoro o di agevolare le scelte professionali mediante la conoscenza diretta del mondo del lavoro] (1);

c) gli allievi degli istituti di istruzione e universitari e i partecipanti ai corsi di formazione professionale nei quali si faccia uso di laboratori, attrezzature di lavoro in genere, agenti chimici, fisici e biologici, ivi comprese le attrezzature munite di videoterminali;

d) i lavoratori assunti con contratto di lavoro a tempo determinato, ai sensi dell'articolo 1 del decreto legislativo 6 settembre 2001, n. 368, in sostituzione di altri prestatori di lavoro assenti con diritto alla conservazione del posto di lavoro;

e) i lavoratori che svolgono prestazioni occasionali di tipo accessorio ai sensi degli articoli 70, e seguenti, del decreto legislativo 10 settembre 2003, n. 276, e successive modificazioni, nonché prestazioni che esulano dal mercato del lavoro ai sensi dell'articolo 74 del medesimo decreto;

f) i lavoratori di cui alla legge 18 dicembre 1973, n. 877, ove la loro attività non sia svolta in forma esclusiva a favore del datore di lavoro committente;

g) i volontari, come definiti dalla legge 11 agosto 1991, n. 266, i volontari del Corpo nazionale dei vigili del fuoco e della protezione civile e i volontari che effettuano il servizio civile;

h) i lavoratori utilizzati nei lavori socialmente utili di cui al decreto legislativo 1° dicembre 1997, n. 468, e successive modificazioni;

i) i lavoratori autonomi di cui all'articolo 2222 del codice civile, fatto salvo quanto previsto dalla successiva lettera l);

l) i collaboratori coordinati e continuativi di cui all'articolo 409, primo comma, n. 3, del codice di procedura civile, nonché i lavoratori a progetto di cui agli articoli 61 e seguenti del decreto legislativo 10 settembre 2003, n. 276, e successive modificazioni, ove la loro attività non sia svolta in forma esclusiva a favore del committente;

l-*bis*) i lavoratori in prova (2).

2. I lavoratori utilizzati mediante somministrazione di lavoro ai sensi degli articoli 20, e seguenti, del decreto legislativo 10 settembre 2003, n. 276, e successive modificazioni, e i lavoratori assunti a tempo parziale ai sensi del decreto legislativo 25 febbraio 2000, n. 61, e successive modificazioni, si computano sulla base del numero di ore di lavoro effettivamente prestato nell'arco di un semestre.

3. Fatto salvo quanto previsto dal comma 4, nell'ambito delle attività stagionali definite dal decreto del Presidente della Repubblica 7 ottobre 1963, n. 1525 e successive modificazioni, nonché di quelle individuate dai contratti collettivi nazionali stipulati dalle organizzazioni dei lavoratori e dei datori di lavoro comparativamente più rappresentative, il personale in forza si computa a prescindere dalla durata del contratto e dall'orario di lavoro effettuato.

4. Il numero degli operai impiegati a tempo determinato, anche stagionali, nel settore agricolo si computa per frazioni di unità lavorative anno (ULA) come individuate sulla base della normativa comunitaria (3).

(1) Lettera modificata dall'art. 4, co. 1, lett. a), d.lgs. 3.8.2009, n. 106.
(2) Lettera introdotta dall'art. 4, co. 1, lett. b), d.lgs. 3.8.2009, n. 106.
(3) Comma sostituito dall'art. 4, co. 1, lett. c), d.lgs. 3.8.2009, n. 106.

Capo II
Sistema istituzionale

5. Comitato per l'indirizzo e la valutazione delle politiche attive e.

1. Presso il Ministero della salute è istituito il Comitato per l'indirizzo e la valutazione delle politiche attive e per il coordinamento nazionale delle attività di vigilanza in materia di salute e sicurezza sul lavoro. Il Comitato è presieduto dal Ministro della salute ed è composto da:

a) il Direttore Generale della competente Direzione Generale e i Direttori dei competenti uffici del Ministero della salute;
b) due Direttori Generali delle competenti Direzioni Generali del Ministero del lavoro e delle politiche sociali;
c) il Direttore Centrale per la Prevenzione e la sicurezza tecnica del Dipartimento dei Vigili del fuoco e del soccorso pubblico del Ministero dell'interno;
d) Il Direttore Generale della competente Direzione Generale del Ministero delle Infrastrutture e dei Trasporti;
e) il Coordinatore della Commissione Salute della Conferenza delle Regioni e delle Province autonome;
f) quattro rappresentanti delle regioni e province autonome di Trento e di Bolzano individuati per un quinquennio in sede di Conferenza delle regioni e delle province autonome (1).

2. Al Comitato partecipano, con funzione consultiva, un rappresentante dell'INAIL, uno dell'ISPESL e uno dell'Istituto di previdenza per il settore marittimo (IPSEMA).

3. Il Comitato di cui al comma 1, al fine di garantire la più completa attuazione del principio di leale collaborazione tra Stato e regioni, ha il compito di:

a) stabilire le linee comuni delle politiche nazionali in materia di salute e sicurezza sul lavoro;
b) individuare obiettivi e programmi dell'azione pubblica di miglioramento delle condizioni di salute e sicurezza dei lavoratori;
c) definire la programmazione annuale in ordine ai settori prioritari di intervento dell'azione di vigilanza, i piani di attività e i progetti operativi a livello nazionale, tenendo conto delle indicazioni provenienti dai comitati regionali di coordinamento e dai programmi di azione individuati in sede comunitaria;
d) programmare il coordinamento della vigilanza a livello nazionale in materia di salute e sicurezza sul lavoro;
e) garantire lo scambio di informazioni tra i soggetti istituzionali al fine di promuovere l'uniformità dell'applicazione della normativa vigente;
f) individuare le priorità della ricerca in tema di prevenzione dei rischi per la salute e sicurezza dei lavoratori.

4. Ai fini delle definizioni degli obbiettivi di cui al comma 3, lettere a), b), e), f), le parti sociali sono consultate preventivamente. Sull'attuazione delle azioni intraprese è effettuata una verifica con cadenza almeno annuale (2).

5. Le riunioni del Comitato si svolgono presso la sede del Ministero della salute, con cadenza temporale e modalità di funzionamento fissate con regolamento interno, da adottare a maggioranza qualificata. Le funzioni di segreteria sono svolte da personale del Ministero della salute (3).

6. Ai componenti del Comitato ed ai soggetti invitati a partecipare ai sensi del comma 1, non spetta alcun compenso, rimborso spese o indennità di missione.

(1) Comma modificato dall'art. 1, co. 1, lett. a), e 5, co. 1, lett. a), b) e c), d.lgs. 3.8.2009, n. 106; dall'art. 2, co. 1, lett. a), d.P.R. 28.3.2013, n. 44 e, infine, sostituito dall'art. 20, co. 1, lett. b, n. 1), d.lgs. 14.9.2015, n. 151.
(2) Comma modificato dall'art. 20, co. 1, lett. b, n. 2), d.lgs. 14.9.2015, n. 151.
(3) Comma modificato dall'art. 1, co. 1, lett. a), d.lgs. 3.8.2009, n. 106e, poi sostituito dall'art. 20, co. 1, lett. b, n. 3), d.lgs. 14.9.2015, n. 151.

6. Commissione consultiva permanente per la salute e sicurezza sul lavoro.

1. Presso il Ministero del lavoro e delle politiche sociali è istituita la Commissione consultiva permanente per la salute e sicurezza sul lavoro. La Commissione è composta da:

a) un rappresentante del Ministero del lavoro e delle politiche sociali con funzioni di presidente;
b) un rappresentante del Ministero della salute;
c) un rappresentante del Ministero dello sviluppo economico;
d) un rappresentante del Ministero delle infrastrutture e dei trasporti;
e) un rappresentante del Ministero dell'interno;
f) un rappresentante del Ministero della difesa, un rappresentante del Ministero delle politiche agricole alimentari e forestali, un rappresentante del Ministero dell'istruzione, dell'università e della ricerca e un rappresentante della Presidenza del Consiglio dei Ministri – Dipartimento della funzione pubblica quando il Presidente della Commissione, ravvisando profili di specifica competenza, ne disponga la convocazione;
g) sei rappresentanti delle regioni e delle province autonome di Trento e di Bolzano, designati dalla Con-

ferenza permanente per i rapporti tra lo Stato, le regioni e le province autonome di Trento e di Bolzano;

h) sei esperti designati delle organizzazioni sindacali dei lavoratori comparativamente più rappresentative a livello nazionale;

i) sei esperti designati dalle organizzazioni sindacali dei datori di lavoro comparativamente più rappresentative a livello nazionale;

l) tre esperti in medicina del lavoro, igiene industriale e impiantistica industriale;

m) un rappresentante dell'ANMIL [(1)].

2. Per ciascun componente può essere nominato un supplente, il quale interviene unicamente in caso di assenza del titolare. Ai lavori della Commissione possono altresì partecipare rappresentanti di altre amministrazioni centrali dello Stato in ragione di specifiche tematiche inerenti le relative competenze, con particolare riferimento a quelle relative alle differenze di genere e a quelle relative alla materia dell'istruzione per le problematiche di cui all'articolo 11, comma 1, lettera c) [(2)].

3. All'inizio di ogni mandato la Commissione può istituire comitati speciali permanenti, dei quali determina la composizione e la funzione.

4. La Commissione si avvale della consulenza degli istituti pubblici con competenze in materia di salute e sicurezza sul lavoro e può richiedere la partecipazione di esperti nei diversi settori di interesse.

5. I componenti della Commissione e i segretari sono nominati con decreto del Ministro del lavoro e della previdenza sociale, su designazione degli organismi competenti e durano in carica cinque anni. Con decreto del Ministro del lavoro e delle politiche sociali, da adottare entro 60 giorni dalla data di entrata in vigore della presente disposizione, sono individuati le modalità e i termini per la designazione e l'individuazione dei componenti di cui al comma 1, lettere g), h), i) e l) [(3)].

6. Le modalità di funzionamento della commissione sono fissate con regolamento interno da adottarsi a maggioranza qualificata rispetto al numero dei componenti; le funzioni di segreteria sono svolte da personale del Ministero del lavoro e delle politiche sociali appositamente assegnato [(4)].

7. Ai componenti del Comitato ed ai soggetti invitati a partecipare ai sensi del comma 1, non spetta alcun compenso, rimborso spese o indennità di missione.

8. La Commissione consultiva permanente per la salute e sicurezza sul lavoro ha il compito di:

a) esaminare i problemi applicativi della normativa di salute e sicurezza sul lavoro e formulare proposte per lo sviluppo e il perfezionamento della legislazione vigente;

b) esprimere pareri sui piani annuali elaborati dal Comitato di cui all'articolo 5;

c) definire le attività di promozione e le azioni di prevenzione di cui all'articolo 11;

d) validare le buone prassi in materia di salute e sicurezza sul lavoro;

e) redigere annualmente, sulla base dei dati forniti dal sistema informativo di cui all'articolo 8, una relazione sullo stato di applicazione della normativa di salute e sicurezza e sul suo possibile sviluppo, da trasmettere alle commissioni parlamentari competenti e ai presidenti delle regioni;

f) elaborare, entro e non oltre il 31 dicembre 2010, le procedure standardizzate di effettuazione della valutazione dei rischi di cui all'articolo 29, comma 5, tenendo conto dei profili di rischio e degli indici infortunistici di settore. Tali procedure vengono recepite con decreto dei Ministeri del lavoro e della previdenza sociale, della salute e dell'interno acquisito il parere della Conferenza permanente per i rapporti tra lo Stato, le regioni e province autonome di Trento e di Bolzano. La Commissione procede al monitoraggio dell'applicazione delle suddette procedure al fine di un'eventuale rielaborazione delle medesime [(5)];

g) eleborare i criteri finalizzati alla definizione del sistema di qualificazione delle imprese e dei lavoratori autonomi di cui all'articolo 27. Il sistema di qualificazione delle imprese è disciplinato con decreto del Presidente della Repubblica, su proposta del Ministro del Lavoro e delle politiche sociali, acquisito il parere della Conferenza per i rapporti permanenti tra lo Stato, le regioni e le province autonome di Trento e di Bolzano, da emanarsi entro dodici mesi dalla data di entrata in vigore del presente decreto [(6)];

h) valorizzare sia gli accordi sindacali sia i codici di condotta ed etici, adottati su base volontaria, che, in considerazione delle specificità dei settori produttivi di riferimento, orientino i comportamenti dei datori di lavoro, anche secondo i principi della responsabilità sociale, dei lavoratori e di tutti i soggetti interessati, ai fini del miglioramento dei livelli di tutela definiti legislativamente;

i) valutare le problematiche connesse all'attuazione delle direttive comunitarie e delle convenzioni internazionali stipulate in materia di salute e sicurezza del lavoro;

i-*bis*) redigere ogni cinque anni una relazione sull'attuazione pratica della direttiva 89/391/CEE del Consiglio e delle altre direttive dell'Unione europea in materia di salute e sicurezza sul lavoro, comprese le direttive del Consiglio 83/477/CEE, 91/383/CEE, 92/29/CEE e 94/33/CE, con le modalità previste dall'articolo 17-*bis* della direttiva 89/391/CEE del Consiglio [(7)];

l) promuovere la considerazione della differenza di genere in relazione alla valutazione dei rischi e alla predisposizione delle misure di prevenzione;

m) indicare modelli di organizzazione e gestione aziendale ai fini di cui all'articolo 30. La Commissione monitora ed eventualmente rielabora le suddette procedure, entro 24 mesi dall'entrata in vigore del decreto con il quale sono stati recepiti i modelli semplificati per l'adozione ed efficace attuazione dei modelli di organizzazione e gestione della sicurezza nelle piccole e medie imprese [8];

m-*bis*) elaborare criteri di qualificazione della figura del formatore per la salute e sicurezza sul lavoro, anche tenendo conto delle peculiarità dei settori di riferimento [9];

m-*ter*) elaborare le procedure standardizzate per la redazione del documento di valutazione dei rischi di cui all'articolo 26, comma 3, anche previa individuazione di tipologie di attività per le quali l'obbligo in parola non operi in quanto l'interferenza delle lavorazioni in tali ambiti risulti irrilevante [10];

m-*quater*) elaborare le indicazioni necessarie alla valutazione del rischio da stress lavoro correlato. La Commissione monitora l'applicazione delle suddette indicazioni metodologiche al fine di verificare l'efficacia della metodologia individuata, anche per eventuali integrazioni alla medesima [11].

(1) Comma modificato dall'art. 6, co. 1, lett. a), b), d.lgs. 3.8.2009, n. 106; e, poi, sostituito dall'art. 20, co. 1, lett. c), n. 1, d.lgs. 14.9.2015, n. 151.
(2) Comma modificato dall'art. 20, co. 1, lett. c), n. 2, d.lgs. 14.9.2015, n. 151.
(3) Comma modificato dall'art. 20, co. 1, lett. c), n. 3, d.lgs. 14.9.2015, n. 151.
(4) Comma modificato dall'art. 20, co. 1, lett. c), n. 4, d.lgs. 14.9.2015, n. 151.
(5) Lettera modificata dall'art. 20, co. 1, lett. c), n. 5, punto 5.1, d.lgs. 14.9.2015, n. 151.
(6) Lettera modificata dall'art. 32, co. 1, lett. Ob), d.l. 21.6.2013, n. 69, conv., con modif., dalla l. 9.8.2013 n. 98 e, poi, dall'art. 20, co. 1, lett. c), n. 5, punto 5.2, d.lgs. 14.9.2015, n. 151.
(7) Lettera introdotta dall'art. 1, co. 1, d.lgs. 13.3.2013 n. 32.
(8) Lettera modificata dall'art. 20, co. 1, lett. c), n. 5, punto 5.3, d.lgs. 14.9.2015, n. 151.
(9) Lettera introdotta dall'art. 6, co. 2, d.lgs. 3.8.2009, n. 106.
(10) Lettera introdotta dall'art. 6, co. 2, d.lgs. 3.8.2009, n. 106.
(11) Lettera introdotta dall'art. 6, co. 2, d.lgs. 3.8.2009, n. 106 e, poi, dall'art. 20, co. 1, lett. c), n. 5, punto 5.4, d.lgs. 14.9.2015, n. 151.

7. Comitati regionali di coordinamento.

1. Al fine di realizzare una programmazione coordinata di interventi, nonché uniformità degli stessi ed il necessario raccordo con il Comitato di cui all'articolo 5 e con la Commissione di cui all'articolo 6, presso ogni regione e provincia autonoma opera il regionale di coordinamento di cui al comitato decreto del Presidente del Consiglio dei Ministri in data 21 dicembre 2007, pubblicato nella Gazzetta Ufficiale n. 31 del 6 febbraio 2008.

1 bis. Il comitato regionale si riunisce almeno due volte l'anno e può essere convocato anche su richiesta dell'ufficio territoriale dell'Ispettorato nazionale del lavoro [1].

(1) Comma introdotto dall'art. 13, co. 1, lett. a), d.l. 21.10.2021, n. 146, conv., con modif., dalla l. 17.12.2021, n. 215.

8. Sistema informativo nazionale per la prevenzione nei luoghi di lavoro.

1. È istituito il Sistema informativo nazionale per la prevenzione (SINP) nei luoghi di lavoro al fine di fornire dati utili per orientare, programmare, pianificare e valutare l'efficacia della attività di prevenzione degli infortuni e delle malattie professionali, relativamente ai lavoratori iscritti e non iscritti agli enti assicurativi pubblici, e per programmare e valutare, anche ai fini del coordinamento informativo statistico e informatico dei dati dell'amministrazione statale, regionale e locale le attività di vigilanza, attraverso l'utilizzo integrato delle informazioni disponibili nei sistemi informativi, anche tramite l'integrazione di specifici archivi e la creazione di banche dati unificate. Gli organi di vigilanza alimentano un'apposita sezione del Sistema informativo dedicata alle sanzioni irrogate nell'ambito della vigilanza sull'applicazione della legislazione in materia di salute e sicurezza nei luoghi di lavoro [1].

2. Il Sistema informativo di cui al comma 1 è costituito dal Ministero del lavoro e della previdenza sociale, dal Ministero del lavoro e delle politiche sociali, dal Ministero della saluti, dal Ministero dell'interno dal Dipartimento della Presidenza del Consiglio dei ministri competente per la trasformazione digitale, dalle regioni e dalle province autonome di Trento e di Bolzano, dall'INAIL, dall'INPS e dall'Ispettorato Nazionale del Lavoro, con il contributo del Consiglio nazionale dell'economia e del lavoro (CNEL). Ulteriori amministrazioni potranno essere individuate con decreti adottati ai sensi del comma 4. Allo sviluppo del medesimo concorrono gli organismi paritetici e gli istituti di settore a carattere scientifico, ivi compresi quelli che si occupano della salute delle donne [2].

3. L'INAIL garantisce le funzioni occorrenti alla gestione tecnica ed informatica del SINP e al suo sviluppo, nel rispetto di quanto disciplinato dal regolamento (UE) 2016/679 del Parlamento europeo e del Consiglio, del 27 aprile 2016, e dal decreto legislativo 10 agosto 2018, n. 101, e, a tale fine, è titolare del trattamento dei dati secondo quanto previsto dal codice in materia di protezione dei dati personali, di cui al decreto legislativo 30 giugno 2003, n. 196. L'INAIL rende disponibili ai Dipartimenti di prevenzione delle Aziende sanitarie locali, per l'ambito territoriale di competenza, e all'Ispettorato nazionale del lavoro i dati relativi alle aziende assicurate, agli infortuni denunciati, ivi compresi quelli sotto la soglia di indennizzabilità, e alle malattie professionali denunciate [3].

4. Con decreto dei Ministro del lavoro e delle politiche sociali e del Ministro della salute, di concerto con il Ministro per la pubblica amministrazione e con il Ministro per l'innovazione tecnologica e la transizione digitale, acquisito il parere della Conferenza permanente per i rapporti tra lo Stato, le regioni e le province autonome di Trento e di Bolzano, sono definiti i criteri e le regole tecniche per la realizzazione ed il funzionamento del SINP, nonché le regole per il trattamento dei dati. Tali regole sono definite nel rispetto di quanto previsto dal decreto legislativo 7 marzo 2005, n. 82, così come modificato ed integrato dal decreto legislativo 4 aprile 2006, n. 159, e dei contenuti del Protocollo di intesa sul Sistema informativo nazionale integrato per la prevenzione nei luoghi di lavoro. Con il medesimo decreto sono disciplinate le speciali modalità con le quali le forze armate, le forze di polizia e il Corpo nazionale dei vigili del fuoco partecipano al sistema informativo relativamente alle attività operative e addestrative. Per tale finalità è acquisita l'intesa dei Ministri della difesa, dell'interno e dell'economia e delle finanze [(4)].

4 bis. Per l'attività di coordinamento e sviluppo del SINP, con decreto del Ministro del lavoro e delle politiche sociali da adottare, acquisito il parere della Conferenza permanente per i rapporti tra lo Stato, le regioni e le province autonome di Trento e di Bolzano, [da adottarsi] entro sessanta giorni dalla data di entrata in vigore della presente disposizione, è ridefinita la composizione del Tavolo tecnico per lo sviluppo e il coordinamento del sistema informativo nazionale per la prevenzione (SINP), istituito ai sensi dell'articolo 5 del regolamento di cui al decreto del Ministro del lavoro e delle politiche sociali e del Ministro della salute 25 maggio 2016, n. 183 [(5)].

5. La partecipazione delle parti sociali al Sistema informativo avviene attraverso la periodica consultazione in ordine ai flussi informativi di cui al comma 6 [(6)].

6. I contenuti dei flussi informativi devono almeno riguardare:

a) il quadro produttivo ed occupazionale;
b) il quadro dei rischi anche in un'ottica di genere [(7)];
c) il quadro di salute e sicurezza dei lavoratori e delle lavoratrici [(8)];
d) il quadro degli interventi di prevenzione delle istituzioni preposte;
e) il quadro degli interventi di vigilanza delle istituzioni preposte;
e-*bis*) i dati degli infortuni sotto la soglia indennizzabile dall'INAIL [(9)].

7. La diffusione delle informazioni specifiche è finalizzata al raggiungimento di obiettivi di conoscenza utili per le attività dei soggetti destinatari e degli enti utilizzatori. I dati sono resi disponibili ai diversi destinatari e resi pubblici nel rispetto della normativa di cui al decreto legislativo 30 giugno 2003, n. 196.

8. Le attività di cui al presente articolo sono realizzate dalle amministrazioni di cui al comma 2 utilizzando le ordinarie risorse personali, economiche e strumentali in dotazione.

(1) Comma modificato dall'art. 13, co. 1, lett. b), n. 1), d.l. 21.10.2021, n. 146, conv., con modif., dalla l. 17.12.2021, n. 215.
(2) Comma modificato dall'art. 1, co. 1, lett. a), d.lgs. 3.8.2009, n. 106 e successivamente dall'art. 13, co. 1, lett. b), n. 2), d.l. 21.10.2021, n. 146, conv., con modif., dalla l. 17.12.2021, n. 215.
(3) Comma sostituito dall'art. 13, co. 1, lett. b), n. 3), d.l. 21.10.2021, n. 146, conv., con modif., dalla l. 17.12.2021, n. 215.
(4) Comma modificato dall'art. 11, co. 5, lett. a), d.l. 14.8.2013, n. 93, conv., con modif., dalla l. 15.10.2013, n. 119 e successivamente dall'art. 13, co. 1, lett. b), n. 4), d.l. 21.10.2021, n. 146, conv., con modif., dalla l. 17.12.2021, n. 215.
(5) Comma introdotto dall'art. 13, co. 1, lett. b), n. 5), d.l. 21.10.2021, n. 146, conv., con modif., dalla l. 17.12.2021, n. 215.
(6) Comma sostituito dall'art. 13, co. 1, lett. b), n. 6), d.l. 21.10.2021, n. 146, conv., con modif., dalla l. 17.12.2021, n. 215.
(7) Lettera modificata dall'art. 7, co. 1, lett. a), d.lgs. 3.8.2009, n. 106.
(8) Lettera modificata dall'art. 7, co. 1, lett. b), d.lgs. 3.8.2009, n. 106.
(9) Lettera introdotta dall'art. 7, co. 1, lett. c), d.lgs. 3.8.2009, n. 106.

9. Enti pubblici aventi compiti in materia di salute e sicurezza nei luoghi di lavoro.

1. L'ISPESL, l'INAIL e l'IPSEMA sono enti pubblici nazionali con competenze in materia di salute e sicurezza sul lavoro che esercitano le proprie attività, anche di consulenza, in una logica di sistema con il Ministero della salute, il Ministero del lavoro e della previdenza sociale, le regioni e le province autonome di Trento e di Bolzano.

2. L'ISPESL, l'INAIL e l'IPSEMA operano in funzione delle attribuzioni loro assegnate dalla normativa vigente, svolgendo in forma coordinata, per una maggiore sinergia e complementarietà, le seguenti attività:

a) elaborazione e applicazione dei rispettivi piani triennali di attività;
b) interazione, per i rispettivi ruoli e competenze, in logiche di conferenza permanente di servizio, per assicurare apporti conoscitivi al sistema di sostegno ai programmi di intervento in materia di sicurezza e salute sul lavoro di cui all'articolo 2, comma 1, lettera p), per verificare l'adeguatezza dei sistemi di prevenzione e assicurativi e per studiare e proporre soluzioni normative e tecniche atte a ridurre il fenomeno degli infortuni e delle malattie professionali;
c) consulenza alle aziende, in particolare alle medie, piccole e micro imprese, anche attraverso forme di sostegno tecnico e specialistico finalizzate sia al suggerimento dei più adatti mezzi, strumenti e metodi operativi, efficaci alla riduzione dei livelli di rischiosità in materia di salute e sicurezza sul lavoro, sia all'individuazione degli elementi di innovazione tecnologica in materia con finalità prevenzionali, raccordandosi con le altre istituzioni pubbliche operanti nel settore e con le parti sociali;
d) progettazione ed erogazione di percorsi formativi in materia di salute e sicurezza sul lavoro tenuto conto ed in conformità ai criteri e alle modalità elaborati ai sensi degli articoli 6 e 11;
e) formazione per i responsabili e gli addetti ai servizi di prevenzione e protezione di cui all'articolo 32;
f) promozione e divulgazione, della cultura della salute e della sicurezza del lavoro nei percorsi formativi scolastici, universitari e delle istituzioni dell'alta formazione artistica, musicale e coreutica, previa stipula di apposite convenzioni con le istituzioni interessate;
g) partecipazione, con funzioni consultive, al Comitato per l'indirizzo e la valutazione delle politiche attive e per il coordinamento nazionale delle attività di vigilanza in materia di salute e sicurezza del lavoro di cui all'articolo 5;
h) consulenza alla Commissione consultiva permanente per la salute e sicurezza del lavoro di cui all'articolo 6;
i) elaborazione, raccolta e diffusione delle buone prassi di cui all'articolo 2, comma 1, lettera v);

l) predisposizione delle linee guida di cui all'articolo 2, comma 1, lettera z);
m) contributo al Sistema informativo nazionale per la prevenzione nei luoghi di lavoro secondo quanto previsto dall'articolo 8.

3. L'attività di consulenza di cui alla lettera c) del comma 2, non può essere svolta dai funzionari degli istituti di cui al presente articolo che svolgono attività di controllo e verifica degli obblighi nelle materie di competenza degli istituti medesimi. I soggetti che prestano tale attività non possono, per un periodo di tre anni dalla cessazione dell'incarico, esercitare attività di controllo e verifica degli obblighi nelle materie di competenza degli istituti medesimi. Nell'esercizio dell'attività di consulenza non vi è l'obbligo di denuncia di cui all'articolo 331 del codice di procedura penale o di comunicazione ad altre Autorità competenti delle contravvenzioni rilevate ove si riscontrino violazioni alla normativa in materia di salute e sicurezza sul lavoro; in ogni caso, l'esercizio dell'attività di consulenza non esclude o limita la possibilità per l'ente di svolgere l'attività di controllo e verifica degli obblighi nelle materie di competenza degli istituti medesimi. Con successivo decreto del Ministro del lavoro e della previdenza sociale, di concerto con il Ministro della salute per la parte concernente i funzionari dell'ISPESL, è disciplinato lo svolgimento dell'attività di consulenza e dei relativi proventi, fermo restando che i compensi percepiti per lo svolgimento dell'attività di consulenza sono devoluti in ragione della metà all'ente di appartenenza e nel resto al Fondo di cui all'articolo 52, comma 1.

4. L'INAIL fermo restando quanto previsto dall'articolo 12 della legge 11 marzo 1988, n. 67, dall'articolo 2, comma 6, della legge 28 dicembre 1995, n. 549, e dall'articolo 2, comma 130, della legge 23 dicembre 1996, n. 662, nonché da ogni altra disposizione previgente, svolge, con la finalità di ridurre il fenomeno infortunistico e ad integrazione delle proprie competenze quale gestore dell'assicurazione obbligatoria contro gli infortuni sul lavoro e le malattie professionali, i seguenti compiti oltre a quanto previsto negli altri articoli del presente decreto:
a) raccoglie e registra, a fini statistici e informativi, i dati relativi agli infortuni sul lavoro che comportino un'assenza dal lavoro di almeno un giorno, escluso quello dell'evento;
b) concorre alla realizzazione di studi e ricerche sugli infortuni e sulle malattie correlate al lavoro, coordinandosi con il Ministero del lavoro, della salute e delle politiche sociali e con l'ISPESL [(1)];
c) partecipa alla elaborazione, formulando pareri e proposte, della normazione tecnica in materia;
d) eroga, previo trasferimento delle necessarie risorse da parte del Ministero del lavoro e della previdenza sociale, le prestazioni del Fondo di cui all'articolo 1, comma 1187, della legge 27 dicembre 2006, n. 296. In sede di prima applicazione, le relative prestazioni sono fornite con riferimento agli infortuni verificatisi a fare data dal 1° gennaio 2007. Le somme eventualmente riversate all'entrata del bilancio dello Stato a seguito di economie di gestione realizzatesi nell'esercizio finanziario sono riassegnate al pertinente capitolo dello stato di previsione del Ministero del lavoro, della salute e delle politiche sociali [(2)];

d-*bis*) può erogare prestazioni di assistenza sanitaria riabilitativa non ospedaliera, previo accordo quadro stipulato in sede di Conferenza permanente per i rapporti tra lo Stato, le regioni e le province autonome di Trento e di Bolzano, su proposta del Ministero del lavoro, della salute e delle politiche sociali, di concerto con il Ministero dell'economia e delle finanze, sentito l'INAIL, che definisca le modalità di erogazione delle prestazioni da parte dell'INAIL, senza oneri aggiuntivi per la finanza pubblica [(3)].

5. L'Istituto superiore per la prevenzione e la sicurezza del lavoro – ISPESL è ente di diritto pubblico, nel settore della ricerca, dotato di autonomia scientifica, organizzativa, patrimoniale, gestionale e tecnica. L'ISPESL è organo tecnico-scientifico del Servizio sanitario nazionale di ricerca, sperimentazione, controllo, consulenza, assistenza, alta formazione, informazione e documentazione in materia di prevenzione degli infortuni e delle malattie professionali, sicurezza sul lavoro e di promozione e tutela della salute negli ambienti di vita e di lavoro, del quale si avvalgono gli organi centrali dello Stato preposti ai settori della salute, dell'ambiente, del lavoro e della produzione e le regioni e le province autonome di Trento e di Bolzano.

6. L'ISPESL, nell'ambito delle sue attribuzioni istituzionali, opera avvalendosi delle proprie strutture centrali e territoriali, garantendo unitarietà della azione di prevenzione nei suoi aspetti interdisciplinari e svolge le seguenti attività:
a) svolge e promuove programmi di studio e ricerca scientifica e programmi di interesse nazionale nel campo della prevenzione degli infortuni, e delle malattie professionali, della sicurezza sul lavoro e della promozione e tutela della salute negli ambienti di vita e di lavoro;
b) interviene nelle materie di competenza dell'Istituto, su richiesta degli organi centrali dello Stato e delle regioni e delle province autonome di Trento e di Bolzano, nell'ambito dei controlli che richiedono un'elevata competenza scientifica. Ai fini della presente lettera, esegue, accedendo nei luoghi di lavoro, accertamenti e indagini in materia di salute e sicurezza del lavoro;
c) è organo tecnico-scientifico delle Autorità nazionali preposte alla sorveglianza del mercato ai fini del controllo della conformità ai requisiti di sicurezza e salute di prodotti messi a disposizione dei lavoratori;
d) svolge attività di organismo notificato per attestazioni di conformità relative alle Direttive per le quali non svolge compiti relativi alla sorveglianza del mercato;

e) è titolare di prime verifiche e verifiche di primo impianto di attrezzature di lavoro sottoposte a tale regime;
f) fornisce consulenza al Ministero della salute, agli altri Ministeri e alle regioni e alle province autonome in materia salute e sicurezza del lavoro;
g) fornisce assistenza al Ministero del lavoro, della salute e delle politiche sociali e alle regioni e alle province autonome per l'elaborazione del Piano sanitario nazionale, dei piani sanitari regionali e dei piani nazionali e regionali della prevenzione, per il monitoraggio delle azioni poste in essere nel campo salute e sicurezza del lavoro e per la verifica del raggiungimento dei livelli essenziali di assistenza in materia (4);
h) supporta il Servizio sanitario nazionale, fornendo informazioni, formazione, consulenza e assistenza alle strutture operative per la promozione della salute, prevenzione e sicurezza negli ambienti di lavoro;
i) può svolgere, congiuntamente ai servizi di prevenzione e sicurezza nei luoghi di lavoro delle ASL, l'attività di vigilanza sulle strutture sanitarie del Servizio sanitario nazionale (5);
l) effettua il raccordo e la divulgazione dei risultati derivanti dalle attività di prevenzione nei luoghi di lavoro svolte dalle strutture del Servizio sanitario nazionale;
m) partecipa alla elaborazione di norme di carattere generale e formula, pareri e proposte circa la congruità della norma tecnica non armonizzata ai requisiti di sicurezza previsti dalla legislazione nazionale vigente;
n) assicura la standardizzazione tecnico-scientifica delle metodiche e delle procedure per la valutazione e la gestione dei rischi e per l'accertamento dello stato di salute dei lavoratori in relazione a specifiche condizioni di rischio e contribuisce alla definizione dei limiti di esposizione;
o) diffonde, previa istruttoria tecnica, le buone prassi di cui all'articolo 2, comma 1, lettera v);
p) coordina il network nazionale in materia di salute e sicurezza nei luoghi di lavoro, in qualità di focal point italiano nel network informativo dell'Agenzia europea per la salute e sicurezza nei luoghi di lavoro;
q) supporta l'attività di monitoraggio del Ministero della salute sulla applicazione dei livelli essenziali di assistenza relativi alla sicurezza nei luoghi di lavoro.

7. L'IPSEMA svolge, con la finalità di ridurre il fenomeno infortunistico ed ad integrazione delle proprie competenze quale gestore dell'assicurazione obbligatoria contro gli infortuni sul lavoro e le malattie professionali del settore marittimo, i seguenti compiti oltre a quanto previsto negli altri articoli del presente decreto:
a) raccoglie e registra, a fini statistici ed informativi, i dati relativi agli infortuni sul lavoro che comportino un'assenza dal lavoro di almeno un giorno, escluso quello dell'evento;
b) concorre alla realizzazione di studi e ricerche sugli infortuni e sulle malattie correlate al lavoro, raccordandosi con il Ministero del lavoro, della salute e delle politiche sociali e con l'ISPESL (6);
c) finanzia, nell'ambito e nei limiti delle proprie spese istituzionali, progetti di investimento e formazione in materia di salute e sicurezza sul lavoro;
d) supporta, in raccordo con le amministrazioni competenti in materia di salute per il settore marittimo, anche mediante convenzioni con l'INAIL, le prestazioni di assistenza sanitaria riabilitativa per i lavoratori marittimi anche al fine di assicurare il loro reinserimento lavorativo;
e) eroga, previo trasferimento delle necessarie risorse da parte del Ministero del lavoro e della previdenza sociale, le prestazioni del Fondo di cui all'articolo 1, comma 1187, della legge 27 dicembre 2006, n. 296, con riferimento agli infortuni del settore marittimo. Le somme eventualmente riversate all'entrata del bilancio dello Stato a seguito di economie di gestione realizzatesi nell'esercizio finanziario sono riassegnate al pertinente capitolo dello stato di previsione del Ministero del lavoro, della salute e delle politiche sociali (7).
In sede di prima applicazione, le relative prestazioni sono fornite con riferimento agli infortuni verificatisi a fare data dal 1° gennaio 2007.

(1) Lettera modificata dall'art. 1, co. 1, lett. a), d.lgs. 3.8.2009, n. 106.
(2) Lettera modificata dall'art. 8, co. 1, lett. a), d.lgs. 3.8.2009, n. 106.
(3) Lettera introdotta dall'art. 8, co. 1, lett. b), d.lgs. 3.8.2009, n. 106.
(4) Lettera modificata dall'art. 1, co. 1, lett. a), d.lgs. 3.8.2009, n. 106.
(5) Lettera modificata dall'art. 8, co. 2, d.lgs. 3.8.2009, n. 106.
(6) Lettera modificata dall'art. 1, co. 1, lett. a), d.lgs. 3.8.2009, n. 106.
(7) Lettera modificata dall'art. 8, co. 3, d.lgs. 3.8.2009, n. 106.

10. Informazione e assistenza in materia di salute e sicurezza nei luoghi di lavoro.

1. Le regioni e le province autonome di Trento e di Bolzano, tramite le AA.SS.LL. del SSN, il Ministero dell'interno tramite le strutture del Corpo nazionale dei vigili del fuoco, l'Istituto superiore per la prevenzione e la sicurezza sul lavoro (ISPESL), il Ministero del lavoro e della previdenza sociale, il Ministero dello sviluppo economico per il settore estrattivo, l'Istituto nazionale per l'assicurazione contro gli infortuni sul lavoro (INAIL), l'Istituto di previdenza per il settore marittimo (IPSEMA), gli organismi paritetici e gli enti di patronato svolgono, anche mediante convenzioni, attività di informazione, assistenza, consulenza, formazione, promozione in materia di sicurezza e salute nei luoghi di lavoro, in particolare nei confronti delle imprese artigiane, delle imprese agricole e delle piccole e medie imprese e delle rispettive associazioni dei datori di lavoro.

11. Attività promozionali.

1. Nell'ambito della Commissione consultiva di cui all'articolo 6 sono definite, in coerenza con gli indirizzi individuati dal Comitato di cui all'articolo 5, le attività promozionali della cultura e delle azioni di prevenzione con riguardo in particolare a:

a) finanziamento, da parte dell'INAIL e previo trasferimento delle necessarie risorse da parte del Ministero del lavoro, della salute e delle politiche sociali, di progetti di investimento in materia di salute e sicurezza sul lavoro da parte delle piccole, medie e micro imprese; per l'accesso a tali finanziamenti deve essere garantita la semplicità delle procedure (1);
b) finanziamento, da parte dell'INAIL e delle regioni, previo trasferimento delle necessarie risorse da parte del Ministero del lavoro, della salute e delle politiche sociali, di progetti formativi specificamente dedicati alle piccole, medie e micro imprese, ivi compresi quelli di cui all'articolo 52, comma 1, lettera b (2);
c) finanziamento, da parte del Ministero dell'istruzione, dell'università e della ricerca., previo trasferimento delle necessarie risorse da parte del Ministero del lavoro, della salute e delle politiche sociali, delle attività degli istituti scolastici, universitari e di formazione professionale finalizzata all'inserimento in ogni attività scolastica ed universitaria, nelle istituzioni dell'alta formazione artistica e coreutica e nei percorsi di istruzione e formazione professionale di specifici percorsi formativi interdisciplinari alle diverse materie scolastiche volti a favorire la conoscenza delle tematiche della salute e della sicurezza nel rispetto delle autonomie didattiche (3).

2. Ai finanziamenti di cui al comma 1 si provvede con oneri a carico delle risorse di cui all'articolo 1, comma 7-*bis*, della legge 3 agosto 2007, n. 123, come introdotto dall'articolo 2, comma 533, della legge 24 dicembre 2007, n. 244. Con decreto del Ministro del lavoro e della previdenza sociale, di concerto con i Ministri dell'economia e delle finanze, dell'istruzione e dell'università e della ricerca, acquisito il parere della Conferenza permanente per i rapporti tra lo Stato, le regioni e le province autonome di Trento e di Bolzano, si provvede al riparto annuale delle risorse tra le attività di cui alle lettere a), b) e c) del comma 1 e dell'articolo 52, comma 2, lettera d).

3. Le amministrazioni centrali e le regioni e province autonome di Trento e di Bolzano, nel rispetto delle proprie competenze, concorrono alla programmazione e realizzazione di progetti formativi in materia di salute e sicurezza sul lavoro, attraverso modalità operative da definirsi in sede di Conferenza permanente per i rapporti tra lo Stato, le regioni e le province autonome di Trento e di Bolzano, entro dodici mesi dalla data di entrata in vigore del presente decreto legislativo. Alla realizzazione e allo sviluppo di quanto previsto nel periodo precedente possono altresì concorrere le parti sociali, anche mediante i fondi interprofessionali.

3 bis. Le regioni e le province autonome di Trento e di Bolzano, nel rispetto delle proprie competenze e con l'utilizzo appropriato di risorse già disponibili, finanziano progetti diretti a favorire la diffusione di soluzioni tecnologiche o organizzative avanzate in materia di salute e sicurezza sul lavoro, sulla base di specifici protocolli di intesa tra le parti sociali, o gli enti bilaterali, e l'INAIL. Ai fini della riduzione del tasso dei premi per l'assicurazione contro gli infortuni sul lavoro e le malattie professionali di cui all'articolo 3 del decreto legislativo 23 febbraio 2000, n. 38, ferma restando la verifica dei criteri di cui al comma 1 del predetto articolo 3, si tiene anche conto dell'adozione, da parte delle imprese, delle soluzioni tecnologiche o organizzative di cui al precedente periodo, verificate dall'INAIL (4).

4. Ai fini della promozione e divulgazione della cultura della salute e sicurezza sul lavoro è facoltà degli istituti scolastici, universitari e di formazione professionale inserire in ogni attività scolastica ed universitaria nelle istituzioni dell'alta formazione artistica e coreutica e nei percorsi di istruzione e formazione professionale, percorsi formativi interdisciplinari alle diverse materie scolastiche ulteriori rispetto a quelli disciplinati dal comma 1, lettera c) e volti alle medesime finalità. Tale attività è svolta nell'ambito e nei limiti delle risorse disponibili degli istituti.

5. L'INAIL finanzia con risorse proprie, anche nell'ambito della bilateralità e di protocolli con le parti sociali e le associazioni nazionali di tutela degli invalidi del lavoro, finanzia progetti di investimento e formazione in materia di salute e sicurezza sul lavoro rivolti in particolare alle piccole, medie e micro imprese e progetti volti a sperimentare soluzioni innovative e strumenti di natura organizzativa e gestionale ispirati ai principi di responsabilità sociale delle imprese. Costituisce criterio di priorità per l'accesso al finanziamento l'adozione da parte delle imprese delle buone passi di cui all'articolo 2, comma 1, lettera v). L'INAIL svolge tali compiti con le risorse umane, strumentali e finanziarie disponibili a legislazione vigente (5).

5 bis. Al fine di garantire il diritto degli infortunati e tecnopatici a tutte le cure necessarie ai sensi del decreto del Presidente della Repubblica 30 giugno 1965, n. 1124, e successive modificazioni, l'INAIL può provvedere utilizzando servizi pubblici e privati, d'intesa con le regioni interessate. L'INAIL svolge tali compiti con le risorse finanziarie disponibili a legislazione vigente e senza incremento di oneri per le imprese (6).

6. Nell'ambito dei rispettivi compiti istituzionali, le amministrazioni pubbliche promuovono attività specificamente destinate ai lavoratori immigrati o alle lavoratrici, finalizzate a migliorare i livelli di tutela dei medesimi negli ambienti di lavoro.

7. In sede di prima applicazione, per il primo anno dall'entrata in vigore del presente decreto, le risorse di cui all'articolo 1, comma 7-*bis*, della legge 3 agosto 2007, n. 123, come introdotto dall'articolo 2, comma 533, della legge 24 dicembre 2007, n. 244, sono utilizzate, secondo le priorità, ivi compresa una campagna straordinaria di formazione, stabilite, entro sei mesi dall'entrata in vigore del presente decreto, con accordo adottato, previa consultazione delle parti sociali, in sede di Conferenza permanente per i rapporti tra lo Stato, le regioni e la province autonome di Trento e di Bolzano.

(1) Lettera modificata dall'art. 9, co. 1, lett. a), d.lgs. 3.8.2009, n. 106.
(2) Lettera modificata dall'art. 9, co. 1, lett. b), d.lgs. 3.8.2009, n. 106.
(3) Lettera modificata dall'art. 9, co. 1, lett. c), d.lgs. 3.8.2009, n. 106.
(4) Comma introdotto dall'art. 9, co. 1, lett. d), d.lgs. 3.8.2009, n. 106.
(5) Comma modificato dall'art. 9, co. 1, lett. e), d.lgs. 3.8.2009, n. 106.
(6) Comma introdotto dall'art. 9, co. 1, lett. f), d.lgs. 3.8.2009, n. 106.

12. Interpello.

1. Gli organismi associativi a rilevanza nazionale degli enti territoriali, gli enti pubblici nazionali, le regioni e le province autonome, nonché, di propria iniziativa o su segnalazione dei propri iscritti, le organizzazioni sindacali dei datori di lavoro e dei lavoratori comparativamente più rappresentative sul piano nazionale e i consigli nazionali degli ordini o collegi professionali, possono inoltrare alla Commissione per gli interpelli di cui al comma 2, esclusivamente tramite posta elettronica, quesiti di ordine generale sull'applicazione della normativa in materia di salute e sicurezza del lavoro [1].

2. Presso il Ministero del lavoro e della previdenza sociale è istituita, senza nuovi o maggiori oneri per la finanza pubblica, la Commissione per gli interpelli composta da due rappresentanti del Ministero del lavoro e previdenza sociale, da due rappresentanti del Ministero della salute e da quattro rappresentanti delle regioni e delle province autonome. Qualora la materia oggetto di interpello investa competenze di altre amministrazioni pubbliche la Commissione è integrata con rappresentanti delle stesse. Ai componenti della Commissione non spetta alcun compenso, rimborso spese o indennità di missione.

3. Le indicazioni fornite nelle risposte ai quesiti di cui al comma 1 costituiscono criteri interpretativi e direttivi per l'esercizio delle attività di vigilanza.

(1) Comma modificato dall'art. 20, co. 1, lett. d), d.lgs. 14.9.2015, n. 151.

13. Vigilanza.

1. La vigilanza sull'applicazione della legislazione in materia di salute e sicurezza nei luoghi di lavoro è svolta dalla azienda sanitaria locale competente per territorio, dall'Ispettorato nazionale del lavoro e, per quanto di specifica competenza, dal Corpo nazionale dei vigili del fuoco, nonché per il settore minerario, fino all'effettiva attuazione del trasferimento di competenze da adottarsi ai sensi del decreto legislativo 30 luglio 1999, n. 300, e successive modificazioni, dal Ministero dello sviluppo economico, e per le industrie estrattive di seconda categoria e le acque minerali e termali dalle regioni e province autonome di Trento e di Bolzano. Le province autonome di Trento e di Bolzano provvedono alle finalità del presente articolo, nell'ambito delle proprie competenze, secondo quanto previsto dai rispettivi ordinamenti [1].

1 bis. Nei luoghi di lavoro delle Forze armate, delle Forze di polizia e dei vigili del fuoco la vigilanza sulla applicazione della legislazione in materia di salute e sicurezza sul lavoro è svolta esclusivamente dai servizi sanitari e tecnici istituiti presso le predette amministrazioni [2].

[**2.** Ferme restando le competenze in materia di vigilanza attribuite dalla legislazione vigente al personale ispettivo del Ministero del lavoro e della previdenza sociale, ivi compresa quella in materia di salute e sicurezza dei lavoratori di cui all'articolo 35 della legge 26 aprile 1974, n. 191, lo stesso personale esercita l'attività di vigilanza sull'applicazione della legislazione in materia di salute e sicurezza nei luoghi di lavoro nelle seguenti attività, nel quadro del coordinamento territoriale di cui all'articolo 7 [3]:

a) attività nel settore delle costruzioni edili o di genio civile e più in particolare lavori di costruzione, manutenzione, riparazione, demolizione, conservazione e risanamento di opere fisse, permanenti o temporanee, in muratura e in cemento armato, opere stradali, ferroviarie, idrauliche, scavi, montaggio e smontaggio di elementi prefabbricati; lavori in sotterraneo e gallerie, anche comportanti l'impiego di esplosivi;
b) lavori mediante cassoni in aria compressa e lavori subacquei;
c) ulteriori attività lavorative comportanti rischi particolarmente elevati, individuate con decreto del Presidente del Consiglio dei Ministri, su proposta dei Ministri del lavoro e della previdenza sociale, e della salute, adottato sentito il comitato di cui all'articolo 5 e previa intesa con la Conferenza permanente per i rapporti tra lo Stato, le regioni e le province autonome di Trento e di Bolzano, in relazione alle quali il personale ispettivo del Ministero del lavoro e della previdenza sociale svolge attività di vigilanza sull'applicazione della legislazione in materia di salute e sicurezza nei luoghi di lavoro, informandone preventivamente il servizio di prevenzione e sicurezza dell'Azienda sanitaria locale competente per territorio.] [4]

3. In attesa del complessivo riordino delle competenze in tema di vigilanza sull'applicazione della legislazione in materia di salute e sicurezza sui luoghi di lavoro, restano ferme le competenze in materia di salute e sicurezza dei lavoratori attribuite alle autorità marittime a bordo delle navi ed in ambito portuale, agli uffici di sanità aerea e marittima, alle autorità portuali ed aeroportuali, per quanto riguarda la sicurezza dei lavoratori a bordo di navi e di aeromobili ed in ambito portuale ed aeroportuale nonché ai servizi sanitari e tecnici istituiti per le Forze armate e per le Forze di polizia e per i Vigili del fuoco; i predetti servizi sono competenti altresì per le aree riservate o operative e per quelle che presentano analoghe esigenze da individuarsi, anche per quel che riguarda le modalità di attuazione, con decreto del Ministro competente, di concerto con i Ministri del lavoro e della previdenza sociale e della salute. L'Amministrazione della giustizia può avvalersi dei servizi istituiti per le Forze armate e di polizia, anche mediante convenzione con i rispettivi Ministeri, nonché dei servizi istituiti con riferimento alle strutture penitenziarie.

4. La vigilanza di cui al presente articolo è esercitata nel rispetto del coordinamento di cui agli articoli 5 e 7. A livello provinciale, nell'ambito della programmazione regionale realizzata ai sensi dell'articolo 7, le aziende sanitarie locali e l'Ispettorato nazionale del lavoro promuovono e coordinano sul piano operativo l'attività di vigilanza esercitata da tutti gli organi di cui al presente articolo. Sono adottate le conseguenti modifiche al decreto del Presidente del Consiglio dei ministri 21 dicembre 2007, pubblicato nella Gazzetta Ufficiale n. 31 del 6 febbraio 2008 (5).

5. Il personale delle pubbliche amministrazioni, assegnato agli uffici che svolgono attività di vigilanza, non può prestare, ad alcun titolo e in alcuna parte del territorio nazionale, attività di consulenza.

6. L'importo delle somme che l'ASL e l'Ispettorato nazionale del lavoro, in qualità di organo di vigilanza, ammettono a pagare in sede amministrativa ai sensi dell'articolo 21, comma 2, primo periodo, del decreto legislativo 19 dicembre 1994, n. 758, integra rispettivamente, l'apposito capitolo regionale e il bilancio dell'Ispettorato nazionale del lavoro per finanziare l'attività di prevenzione nei luoghi di lavoro svolta dai dipartimenti di prevenzione delle AA.SS.LL e dall'Ispettorato (6).

7. È fatto salvo quanto previsto dall'articolo 64 del decreto del Presidente della Repubblica 19 marzo 1956, n. 303, con riferimento agli organi di vigilanza competenti, come individuati dal presente decreto.

7 bis. L'Ispettorato nazionale del lavoro è tenuto a presentare, entro il 30 giugno di ogni anno al Ministro del lavoro e delle politiche sociali per la trasmissione al Parlamento, una relazione analitica sull'attività svolta in materia di prevenzione e contrasto del lavoro irregolare e che dia conto dei risultati conseguiti nei diversi settori produttivi e delle prospettive di sviluppo, programmazione ed efficacia dell'attività di vigilanza nei luoghi di lavoro (7).

(1) Comma modificato dall'art. 13, co. 1, lett. c), n. 1), d.l. 21.10.2021, n. 146, conv., con modif., dalla l. 17.12.2021, n. 215.
(2) Comma introdotto dall'art. 10, co. 1, lett. a), d.lgs. 3.8.2009, n. 106.
(3) Alinea modificato dall'art. 10, co. 1, lett. b), d.lgs. 3.8.2009, n. 106.
(4) Comma abrogato dall'art. 13, co. 1, lett. c), n. 2), d.l. 21.10.2021, n. 146, conv., con modif., dalla l. 17.12.2021, n. 215.
(5) Comma sostituito dall'art. 13, co. 1, lett. c), n. 3), d.l. 21.10.2021, n. 146, conv., con modif., dalla l. 17.12.2021, n. 215.
(6) Comma modificato dall'art. 13, co. 1, lett. c), n. 4), d.l. 21.10.2021, n. 146, conv., con modif., dalla l. 17.12.2021, n. 215.
(7) Comma introdotto dall'art. 13, co. 1, lett. c), n. 5), d.l. 21.10.2021, n. 146, conv., con modif., dalla l. 17.12.2021, n. 215.

14. Provvedimenti degli organi di vigilanza per il contrasto del lavoro irregolare e per la tutela della salute e sicurezza dei lavoratori (1).

1. Ferme restando le attribuzioni previste dagli articoli 20 e 21[,]del decreto legislativo 19 dicembre 1994, n. 758, al fine di far cessare il pericolo per la salute e la sicurezza dei lavoratori, nonché di contrastare il lavoro irregolare, l'Ispettorato nazionale del lavoro adotta un provvedimento di sospensione, quando riscontra che almeno il 10 per cento dei lavoratori presenti sul luogo di lavoro risulti occupato, al momento dell'accesso ispettivo, senza preventiva comunicazione di instaurazione del rapporto di lavoro ovvero inquadrato come lavoratori autonomi occasionali in assenza delle condizioni richieste dalla normativa, nonché, a prescindere dal settore di intervento, in caso di gravi violazioni in materia di tutela della salute e della sicurezza del lavoro di cui all'Allegato I. Con riferimento all'attività dei lavoratori autonomi occasionali, fatte salve le attività autonome occasionali intermediate dalle piattaforme digitali di cui al decreto-legge 6 novembre 2021, n. 152, convertito, con modificazioni, dalla legge 29 dicembre 2021, n. 233, al fine di svolgere attività di monitoraggio e di contrastare forme elusive nell'utilizzo di tale tipologia contrattuale, l'avvio dell'attività dei suddetti lavoratori è oggetto di preventiva comunicazione all'Ispettorato territoriale del lavoro competente per territorio, da parte del committente, mediante modalità informatiche. Si applicano le modalità operative di cui all'articolo 15, comma 3, del decreto legislativo 15 giugno 2015, n. 81. In caso di violazione degli obblighi di cui al secondo periodo si applica la sanzione amministrativa da euro 500 a euro 2.500 in relazione a ciascun lavoratore autonomo occasionale per cui è stata omessa o ritardata la comunicazione. Non si applica la procedura di diffida di cui all'articolo 13 del decreto legislativo 23 aprile 2004, n. 124. Il provvedimento di sospensione è adottato in relazione alla parte dell'attività imprenditoriale interessata dalle violazioni o, alternativamente, dell'attività lavorativa prestata dai lavoratori interessati dalle violazioni di cui ai numeri 3 e 6 dell'Allegato I.
Unitamente al provvedimento di sospensione l'Ispettorato nazionale del lavoro può imporre specifiche misure atte a far cessare il pericolo per la sicurezza o per la salute dei lavoratori durante il lavoro (2).

2. Per tutto il periodo di sospensione è fatto divieto all'impresa di contrattare con la pubblica amministrazione e con le stazioni appaltanti, come definite dal codice dei contratti pubblici, di cui al decreto legislativo 18 aprile 2016, n. 50. A tal fine il provvedimento di sospensione è comunicato all'Autorità nazionale anticorruzione (ANAC) e al Ministero delle infrastrutture e della mobilità sostenibili, per gli aspetti di rispettiva competenza al fine dell'adozione da parte del Ministero delle infrastrutture e della mobilità sostenibili del provvedimento interdittivo. Il datore di lavoro è tenuto a corrispondere la retribuzione e a versare i relativi contributi ai lavoratori interessati dall'effetto del provvedimento di sospensione.

3. L'Ispettorato nazionale del lavoro adotta i provvedimenti di cui al comma 1 per il tramite del proprio personale ispettivo nell'immediatezza degli accertamenti nonché, su segnalazione di altre amministrazioni, entro sette giorni dal ricevimento del relativo verbale.

4. I provvedimenti di cui al comma 1, per le ipotesi di lavoro irregolare, non trovano applicazione nel caso in cui il lavoratore risulti l'unico occupato dall'impresa. In ogni caso di sospensione, gli effetti della stessa possono essere fatti decorrere dalle ore dodici del giorno lavorativo successivo ovvero dalla cessazione dell'attività lavorativa in corso che non può essere interrotta, salvo che non si riscontrino situazioni di pericolo imminente o di grave rischio per la salute dei lavoratori o dei terzi o per la pubblica incolumità.

5. Ai provvedimenti di cui al presente articolo si applicano le disposizioni di cui all'articolo 3 della legge 7 agosto 1990, n. 241.

6. Limitatamente ai provvedimenti adottati in occasione dell'accertamento delle violazioni in materia di prevenzione incendi, provvede il Comando provinciale dei vigili del fuoco territorialmente competente. Ove gli organi di vigilanza o le altre amministrazioni pubbliche rilevino possibili violazioni in materia di prevenzione incendi, ne danno segnalazione al competente Comando provinciale dei vigili del fuoco, il quale procede ai sensi delle disposizioni del decreto legislativo 8 marzo 2006, n. 139.

7. In materia di prevenzione incendi, in ragione della competenza esclusiva del Corpo nazionale dei vigili del fuoco prevista dall'articolo 46 del presente decreto, si applicano le disposizioni di cui agli articoli 16,19 e 20 del decreto legislativo 8 marzo 2006, n. 139.

8. I poteri di cui al comma 1 spettano anche ai servizi ispettivi delle aziende sanitarie locali nell'ambito di accertamenti in materia di tutela della salute e della sicurezza del lavoro.

9. È condizione per la revoca del provvedimento da parte dell'amministrazione che lo ha adottato:

a) la regolarizzazione dei lavoratori non risultanti dalle scritture o da altra documentazione obbligatoria anche sotto il profilo degli adempimenti in materia di salute e sicurezza;
b) l'accertamento del ripristino delle regolari condizioni di lavoro nelle ipotesi di violazioni della disciplina in materia di tutela della salute e della sicurezza sul lavoro;
c) la rimozione delle conseguenze pericolose delle violazioni nelle ipotesi di cui all'Allegato I;
d) nelle ipotesi di lavoro irregolare, il pagamento di una somma aggiuntiva pari a 2.500 euro qualora siano impiegati fino a cinque lavoratori irregolari e pari a 5.000 euro qualora siano impiegati più di cinque lavoratori irregolari;
e) nelle ipotesi di cui all'Allegato I, il pagamento di una somma aggiuntiva di importo pari a quanto indicato nello stesso Allegato I con riferimento a ciascuna fattispecie.

10. Le somme aggiuntive di cui alle lettere d) ed e) del comma 9 sono raddoppiate nelle ipotesi in cui, nei cinque anni precedenti alla adozione del provvedimento, la medesima impresa sia stata destinataria di un provvedimento di sospensione.

11. Su istanza di parte, fermo restando il rispetto delle condizioni di cui al comma 9, la revoca è altresì concessa subordinatamente al pagamento del venti per cento della somma aggiuntiva dovuta. L'importo residuo, maggiorato del cinque per cento, è versato entro sei mesi dalla data di presentazione dell'istanza di revoca. In caso di mancato versamento o di versamento parziale dell'importo residuo entro detto termine, il provvedimento di accoglimento dell'istanza di cui al presente comma costituisce titolo esecutivo per l'importo non versato.

12. È comunque fatta salva l'applicazione delle sanzioni penali, civili e amministrative vigenti.

13. Ferma restando la destinazione della percentuale prevista dall'articolo 14, comma 1, lettera d), del decreto-legge 23 dicembre 2013, n. 145, convertito, con modificazioni, dalla legge 21 febbraio 2014, n. 9, l'importo delle somme aggiuntive di cui al comma 9, lettere d) ed e), integra, in funzione dell'amministrazione che ha adottato i provvedimenti di cui al comma 1, il bilancio dell'Ispettorato nazionale del lavoro o l'apposito capitolo regionale ed è utilizzato per finanziare l'attività di prevenzione nei luoghi di lavoro svolta dall'Ispettorato nazionale del lavoro o dai dipartimenti di prevenzione delle AA.SS.LL.

14. Avverso i provvedimenti di cui al comma 1 adottati per l'impiego di lavoratori senza preventiva comunicazione di instaurazione del rapporto di lavoro è ammesso ricorso, entro 30 giorni, all'Ispettorato interregionale del lavoro territorialmente competente, il quale si pronuncia nel termine di 30 giorni dalla notifica del ricorso. Decorso inutilmente tale ultimo termine il provvedimento di sospensione perde efficacia.

15. Il datore di lavoro che non ottempera al provvedimento di sospensione di cui al presente articolo è punito con l'arresto fino a sei mesi nelle ipotesi di sospensione per le violazioni in materia di tutela della salute e della sicurezza sul lavoro e con l'arresto da tre a sei mesi o con l'ammenda da 2.500 a 6.400 euro nelle ipotesi di sospensione per lavoro irregolare.

16. L'emissione del decreto di archiviazione per l'estinzione delle contravvenzioni, accertate ai sensi del comma 1, a seguito della conclusione della procedura di prescrizione prevista dagli articoli 20 e 21, del decreto legislativo 19 dicembre 1994, n. 758, comporta la decadenza dei provvedimenti di cui al comma 1 fermo restando, ai fini della verifica dell'ottemperanza alla prescrizione, anche il pagamento delle somme aggiuntive di cui al comma 9, lettera d).

(1) Articolo modificato dall'art. 41, co. 12, d.l. 25.6.2008, n. 112; dall'art. 11, co. 1, lett. a) e b), d.lgs. 3.8.2009, n. 106; dall'art. 22, co. 4, lett. a), b) e c), d.lgs. 14.9.2015, n. 151 e, da ultimo, sostituito dall'art. 13, co. 1, lett. d), d.l. 21.10.2021, n. 146, conv., con modif., dalla l. 17.12.2021, n. 215.

(2) Comma modificato dall'art. 12 sexies, co. 1, d.l. 21.3.2022, n. 21, conv., con modif., dalla l. 20.5.2022, n. 51.

Capo III
Gestione della prevenzione nei luoghi di lavoro

Sezione I
Misure di tutela e obblighi

15. Misure generali di tutela.

1. Le misure generali di tutela della salute e della sicurezza dei lavoratori nei luoghi di lavoro sono:

a) la valutazione di tutti i rischi per la salute e sicurezza;
b) la programmazione della prevenzione, mirata ad un complesso che integri in modo coerente nella prevenzione le condizioni tecniche produttive dell'azienda nonché l'influenza dei fattori dell'ambiente e dell'organizzazione del lavoro;
c) l'eliminazione dei rischi e, ove ciò non sia possibile, la loro riduzione al minimo in relazione alle conoscenze acquisite in base al progresso tecnico;
d) il rispetto dei principi ergonomici nell'organizzazione del lavoro, nella concezione dei posti di lavoro, nella scelta delle attrezzature e nella definizione dei metodi di lavoro e produzione, in particolare al fine di ridurre gli effetti sulla salute del lavoro monotono e di quello ripetitivo;
e) la riduzione dei rischi alla fonte;
f) la sostituzione di ciò che è pericoloso con ciò che non lo è, o è meno pericoloso;
g) la limitazione al minimo del numero dei lavoratori che sono, o che possono essere, esposti al rischio;
h) l'utilizzo limitato degli agenti chimici, fisici e biologici sui luoghi di lavoro;
i) la priorità delle misure di protezione collettiva rispetto alle misure di protezione individuale;
l) il controllo sanitario dei lavoratori;
m) l'allontanamento del lavoratore dall'esposizione al rischio per motivi sanitari inerenti la sua persona e l'adibizione, ove possibile, ad altra mansione;
n) l'informazione e formazione adeguate per i lavoratori;
o) l'informazione e formazione adeguate per dirigenti e i preposti;
p) l'informazione e formazione adeguate per i rappresentanti dei lavoratori per la sicurezza;
q) l'istruzioni adeguate ai lavoratori;
r) la partecipazione e consultazione dei lavoratori;
s) la partecipazione e consultazione dei rappresentanti dei lavoratori per la sicurezza;
t) la programmazione delle misure ritenute opportune per garantire il miglioramento nel tempo dei livelli di sicurezza, anche attraverso l'adozione di codici di condotta e di buone prassi;
u) le misure di emergenza da attuare in caso di primo soccorso, di lotta antincendio, di evacuazione dei lavoratori e di pericolo grave e immediato;
v) l'uso di segnali di avvertimento e di sicurezza;
z) la regolare manutenzione di ambienti, attrezzature, impianti, con particolare riguardo ai dispositivi di sicurezza in conformità alla indicazione dei fabbricanti.

2. Le misure relative alla sicurezza, all'igiene ed alla salute durante il lavoro non devono in nessun caso comportare oneri finanziari per i lavoratori.

16. Delega di funzioni.

1. La delega di funzioni da parte del datore di lavoro, ove non espressamente esclusa, è ammessa con i seguenti limiti e condizioni:

a) che essa risulti da atto scritto recante data certa;
b) che il delegato possegga tutti i requisiti di professionalità ed esperienza richiesti dalla specifica natura delle funzioni delegate;
c) che essa attribuisca al delegato tutti i poteri di organizzazione, gestione e controllo richiesti dalla specifica natura delle funzioni delegate;
d) che essa attribuisca al delegato l'autonomia di spesa necessaria allo svolgimento delle funzioni delegate;
e) che la delega sia accettata dal delegato per iscritto.

2. Alla delega di cui al comma 1 deve essere data adeguata e tempestiva pubblicità.

3. La delega di funzioni non esclude l'obbligo di vigilanza in capo al datore di lavoro in ordine al corretto espletamento da parte del delegato delle funzioni trasferite. L'obbligo di cui al primo periodo si intende assolto in caso di adozione ed efficace attuazione del modello di verifica e controllo di cui all'articolo 30, comma 4 (1).

3-*bis*. Il soggetto delegato può, a sua volta, previa intesa con il datore di lavoro delegare specifiche funzioni in materia di salute e sicurezza sul lavoro alle medesime condizioni di cui ai commi 1 e 2. La delega di funzioni di cui al primo periodo non esclude l'obbligo di vigilanza in capo al delegante in ordine al corretto espletamento delle funzioni trasferite. Il soggetto al quale sia stata conferita la delega di cui al presente comma non può, a sua volta, delegare le funzioni delegate (2).

(1) Comma modificato dall'art. 12, co. 1, d.lgs. 3.8.2009, n. 106.
(2) Comma introdotto dall'art. 12, co. 2, d.lgs. 3.8.2009, n. 106.

17. Obblighi del datore di lavoro non delegabili.

1. Il datore di lavoro non può delegare le seguenti attività:

a) la valutazione di tutti i rischi con la conseguente elaborazione del documento previsto dall'articolo 28;
b) la designazione del responsabile del servizio di prevenzione e protezione dai rischi.

18. Obblighi del datore di lavoro e del dirigente.

1. Il datore di lavoro, che esercita le attività di cui all'articolo 3, e i dirigenti, che organizzano e dirigono le stesse attività secondo le attribuzioni e competenze ad essi conferite, devono:

a) nominare il medico competente per l'effettuazione della sorveglianza sanitaria nei casi previsti dal presente decreto legislativo e qualora richiesto dalla valutazione dei rischi di cui all'articolo 28; (1)
b) designare preventivamente i lavoratori incaricati dell'attuazione delle misure di prevenzione incendi e lotta antincendio, di evacuazione dei luoghi di lavoro in caso di pericolo grave e immediato, di salvataggio, di primo soccorso e, comunque, di gestione dell'emergenza;
b-*bis*) individuare il preposto o i preposti per l'effettuazione delle attività di vigilanza di cui all'articolo 19. I contratti e gli accordi collettivi di lavoro possono stabilire l'emolumento spettante al preposto per lo svolgimento delle attività di cui al precedente pe-

riodo. Il preposto non può subire pregiudizio alcuno a causa dello svolgimento della propria attività [2].

c) nell'affidare i compiti ai lavoratori, tenere conto delle capacità e delle condizioni degli stessi in rapporto alla loro salute e alla sicurezza;

d) fornire ai lavoratori i necessari e idonei dispositivi di protezione individuale, sentito il responsabile del servizio di prevenzione e protezione e il medico competente, ove presente;

e) prendere le misure appropriate affinché soltanto i lavoratori che hanno ricevuto adeguate istruzioni e specifico addestramento accedano alle zone che li espongono ad un rischio grave e specifico;

f) richiedere l'osservanza da parte dei singoli lavoratori delle norme vigenti, nonché delle disposizioni aziendali in materia di sicurezza e di igiene del lavoro e di uso dei mezzi di protezione collettivi e dei dispositivi di protezione individuali messi a loro disposizione;

g) inviare i lavoratori alla visita medica entro le scadenze previste dal programma di sorveglianza sanitaria e richiedere al medico competente l'osservanza degli obblighi previsti a suo carico nel presente decreto [3];

g-*bis*) nei casi di sorveglianza sanitaria di cui all'articolo 41, comunicare tempestivamente al medico competente la cessazione del rapporto di lavoro [4];

h) adottare le misure per il controllo delle situazioni di rischio in caso di emergenza e dare istruzioni affinché i lavoratori, in caso di pericolo grave, immediato ed inevitabile, abbandonino il posto di lavoro o la zona pericolosa;

i) informare il più presto possibile i lavoratori esposti al rischio di un pericolo grave e immediato circa il rischio stesso e le disposizioni prese o da prendere in materia di protezione;

l) adempiere agli obblighi di informazione, formazione e addestramento di cui agli articoli 36 e 37;

m) astenersi, salvo eccezione debitamente motivata da esigenze di tutela della salute e sicurezza, dal richiedere ai lavoratori di riprendere la loro attività in una situazione di lavoro in cui persiste un pericolo grave e immediato;

n) consentire ai lavoratori di verificare, mediante il rappresentante dei lavoratori per la sicurezza, l'applicazione delle misure di sicurezza e di protezione della salute;

o) consegnare tempestivamente al rappresentante dei lavoratori per la sicurezza, su richiesta di questi e per l'espletamento della sua funzione, copia del documento di cui all'articolo 17, comma 1, lettera a), anche su supporto informatico come previsto dall'articolo 53, comma 5, nonché consentire al medesimo rappresentante di accedere ai dati di cui alla lettera r); il documento è consultato esclusivamente in azienda [5];

p) elaborare il documento di cui all'articolo 26, comma 3, *anche su supporto informatico come previsto* dall'articolo 53, comma 5, e, su richiesta di questi e per l'espletamento della sua funzione, consegnarne tempestivamente copia ai rappresentanti dei lavoratori per la sicurezza. Il documento è consultato esclusivamente in azienda [6];

q) prendere appropriati provvedimenti per evitare che le misure tecniche adottate possano causare rischi per la salute della popolazione o deteriorare l'ambiente esterno verificando periodicamente la perdurante assenza di rischio;

r) comunicare in via telematica all'INAIL e all'IPSEMA, nonché per loro tramite, al sistema informativo nazionale per la prevenzione nei luoghi di lavoro di cui all'articolo 8, entro 48 ore dalla ricezione del certificato medico, a fini statistici e informativi, i dati e le informazioni relativi agli infortuni sul lavoro che comportino l'assenza dal lavoro di almeno un giorno, escluso quello dell'evento e, a fini assicurativi, quelli relativi agli infortuni sul lavoro che comportino un'assenza dal lavoro superiore a tre giorni; l'obbligo di comunicazione degli infortuni sul lavoro che comportino un'assenza dal lavoro superiore a tre giorni si considera comunque assolto per mezzo della denuncia di cui all'articolo 53 del testo unico delle disposizioni per l'assicurazione obbligatoria contro gli infortuni sul lavoro e le malattie professionali, di cui al decreto del Presidente della Repubblica 30 giugno 1965, n. 1124 [7];

s) consultare il rappresentante dei lavoratori per la sicurezza nelle ipotesi di cui all'articolo 50;

t) adottare le misure necessarie ai fini della prevenzione incendi e dell'evacuazione dei luoghi di lavoro, nonché per il caso di pericolo grave e immediato, secondo le disposizioni di cui all'articolo 43. Tali misure devono essere adeguate alla natura dell'attività, alle dimensioni dell'azienda o dell'unità produttiva, e al numero delle persone presenti;

u) nell'ambito dello svolgimento di attività in regime di appalto e di subappalto, munire i lavoratori di apposita tessera di riconoscimento, corredata di fotografia, contenente le generalità del lavoratore e l'indicazione del datore di lavoro;

v) nelle unità produttive con più di 15 lavoratori, convocare la riunione periodica di cui all'articolo 35;

z) aggiornare le misure di prevenzione in relazione ai mutamenti organizzativi e produttivi che hanno rilevanza ai fini della salute e sicurezza del lavoro, o in relazione al grado di evoluzione della tecnica della prevenzione e della protezione;

aa) comunicare in via telematica all'INAIL e all'IPSEMA, nonché per loro tramite, al sistema informativo nazionale per la prevenzione nei luoghi di lavoro di cui all'articolo 8, in caso di nuova elezione o designazione, i nominativi dei rappresentanti dei lavoratori per la sicurezza; in fase di prima applicazione l'obbligo di cui alla presente lettera riguarda i nominativi dei rappresentanti dei lavoratori già eletti o designati [8];

bb) vigilare affinché i lavoratori per i quali vige l'obbligo di sorveglianza sanitaria non siano adibiti alla mansione lavorativa specifica senza il prescritto giudizio di idoneità.

1 bis. L'obbligo di cui alla lettera r) del comma 1, relativo alla comunicazione a fini statistici e informativi dei dati relativi agli infortuni che comportano l'assenza dal lavoro di almeno un giorno, escluso quello dell'evento, decorre dalla scadenza del termine di dodici mesi dall'adozione del decreto di cui all'articolo 8, comma 4 (9).

2. Il datore di lavoro fornisce al servizio di prevenzione e protezione ed al medico competente informazioni in merito a:

a) la natura dei rischi;
b) l'organizzazione del lavoro, la programmazione e l'attuazione delle misure preventive e protettive;
c) la descrizione degli impianti e dei processi produttivi;
d) i dati di cui al comma 1, lettera r), e quelli relativi alle malattie professionali;
e) i provvedimenti adottati dagli organi di vigilanza.

3. Gli obblighi relativi agli interventi strutturali e di manutenzione necessari per assicurare, ai sensi del presente decreto legislativo, la sicurezza dei locali e degli edifici assegnati in uso a pubbliche amministrazioni o a pubblici uffici, ivi comprese le istituzioni scolastiche ed educative, restano a carico dell'amministrazione tenuta, per effetto di norme o convenzioni, alla loro fornitura e manutenzione. In tale caso gli obblighi previsti dal presente decreto legislativo, relativamente ai predetti interventi, si intendono assolti, da parte dei dirigenti o funzionari preposti agli uffici interessati, con la richiesta del loro adempimento all'amministrazione competente o al soggetto che ne ha l'obbligo giuridico.

3.1. I dirigenti delle istituzioni scolastiche sono esentati da qualsiasi responsabilità civile, amministrativa e penale qualora abbiano tempestivamente richiesto gli interventi strutturali e di manutenzione di cui al comma 3, necessari per assicurare la sicurezza dei locali e degli edifici assegnati, adottando le misure di carattere gestionale di propria competenza nei limiti delle risorse disponibili a legislazione vigente. In ogni caso gli interventi relativi all'installazione degli impianti e alla loro verifica periodica e gli interventi strutturali e di manutenzione riferiti ad aree e spazi degli edifici non assegnati alle istituzioni scolastiche nonché ai vani e locali tecnici e ai tetti e sottotetti delle sedi delle istituzioni scolastiche restano a carico dell'amministrazione tenuta, ai sensi delle norme o delle convenzioni vigenti, alla loro fornitura e manutenzione. Qualora i dirigenti, sulla base della valutazione svolta con la diligenza del buon padre di famiglia, rilevino la sussistenza di un pericolo grave e immediato, possono interdire parzialmente o totalmente l'utilizzo dei locali e degli edifici assegnati, nonché ordinarne l'evacuazione, dandone tempestiva comunicazione all'amministrazione tenuta, ai sensi delle norme o delle convenzioni vigenti, alla loro fornitura e manutenzione, nonché alla competente autorità di pubblica sicurezza. Nei casi di cui al periodo precedente non si applicano gli articoli 331,340 e 658 del codice penale (10).

3.2. Per le sedi delle istituzioni scolastiche, la valutazione dei rischi strutturali degli edifici e l'individuazione delle misure necessarie a prevenirli sono di esclusiva competenza dell'amministrazione tenuta, ai sensi delle norme o delle convenzioni vigenti, alla loro fornitura e manutenzione. Il documento di valutazione di cui al comma 2 è redatto dal dirigente dell'istituzione scolastica congiuntamente all'amministrazione tenuta, ai sensi delle norme o delle convenzioni vigenti, alla fornitura e manutenzione degli edifici. Il Ministro dell'istruzione, di concerto con il Ministro del lavoro e delle politiche sociali, sentita la Conferenza Stato-città ed autonomie locali, con proprio decreto da adottare entro sessanta giorni dalla data di entrata in vigore della presente disposizione, stabilisce le modalità di valutazione congiunta dei rischi connessi agli edifici scolastici (11).

3.3. Gli obblighi previsti dal presente decreto legislativo a carico delle amministrazioni tenute alla fornitura e alla manutenzione degli edifici scolastici statali si intendono assolti con l'effettuazione della valutazione congiunta dei rischi di cui al comma 3.2, alla quale sia seguita la programmazione degli interventi necessari nel limite delle risorse disponibili (12).

3 bis. Il datore di lavoro e i dirigenti sono tenuti altresì a vigilare in ordine all'adempimento degli obblighi di cui agli articoli 19, 20, 22, 23, 24 e 25, ferma restando l'esclusiva responsabilità dei soggetti obbligati ai sensi dei medesimi articoli qualora la mancata attuazione dei predetti obblighi sia addebitabile unicamente agli stessi e non sia riscontrabile un difetto di vigilanza del datore di lavoro e dei dirigenti (13).

(1) Lettera modificata dall'art. 14, co. 1, lett. a), d.l. 4.5.2023, n. 48, conv., con modif., dalla l. 3.7.2023, n. 85.
(2) Lettera inserito dall'art. 13, co. 1, lett. d bis), d.l. 21.10.2021, n. 146, conv., con modif., dalla l. 17.12.2021, n. 215.
(3) Lettera sostituita dall'art. 13, co. 1, lett. a), d.lgs. 3.8.2009, n. 106.
(4) Lettera introdotta dall'art. 13, co. 1, lett. b), d.lgs. 3.8.2009, n. 106.
(5) Lettera sostituita dall'art. 13, co. 1, lett. c), d.lgs. 3.8.2009, n. 106.
(6) Lettera modificata dall'art. 13, co. 1, lett. d), d.lgs. 3.8.2009, n. 106.
(7) Lettera sostituita dall'art. 13, co. 1, lett. e), d.lgs. 3.8.2009, n. 106.
(8) Lettera sostituita dall'art. 13, co. 1, lett. f), d.lgs. 3.8.2009, n. 106.
(9) Comma introdotto dall'art. 13, co. 2, d.lgs. 3.8.2009, n. 106 e successivamente modificato dall'art. 3, co. 3 bis, d.l. 30.12.2016, n. 244, conv., con modif., dalla l. 27.2.2017, n. 19.
(10) Comma introdotto dall'art. 13 bis, co. 1, d.l. 21.10.2021, n. 146, conv., con modif., dalla l. 17.12.2021, n. 215.
(11) Comma introdotto dall'art. 13 bis, co. 1, d.l. 21.10.2021, n. 146, conv., con modif., dalla l. 17.12.2021, n. 215. Secondo quanto previsto dall'art. 10, co. 2 bis, d.l. 29.9.2023, n. 132, conv., con modif., dalla l. 27.11.2023, n. 170, il termine qui previsto è prorogato al 31.1.2024.
(12) Comma introdotto dall'art. 14, co. 1, lett. a bis), d.l. 4.5.2023, n. 48, conv., con modif., dalla l. 3.7.2023, n. 85.
(13) Comma introdotto dall'art. 13, co. 3, d.lgs. 3.8.2009, n. 106.

19. Obblighi del preposto.

1. In riferimento alle attività indicate all'articolo 3, i preposti, secondo le loro attribuzioni e competenze, devono:

a) sovrintendere e vigilare sull'osservanza da parte dei singoli lavoratori dei loro obblighi di legge, nonché delle disposizioni aziendali in materia di salute e sicurezza sul lavoro e di uso dei mezzi di protezione collettivi e dei dispositivi di protezione individuale messi a loro disposizione e, in caso di rilevazione di comportamenti non conformi alle disposizioni e istruzioni impartite dal datore di lavoro e dai dirigenti ai fini della protezione collettiva e individuale, intervenire per modificare il comportamento non conforme fornendo le necessarie indicazioni di sicurezza. In caso di mancata attuazione delle disposizioni impartite o di persistenza dell'inosservanza, interrompere l'attività del lavoratore e informare i superiori diretti [(1)];
b) verificare affinché soltanto i lavoratori che hanno ricevuto adeguate istruzioni accedano alle zone che li espongono ad un rischio grave e specifico;
c) richiedere l'osservanza delle misure per il controllo delle situazioni di rischio in caso di emergenza e dare istruzioni affinché i lavoratori, in caso di pericolo grave, immediato e inevitabile, abbandonino il posto di lavoro o la zona pericolosa;
d) informare il più presto possibile i lavoratori esposti al rischio di un pericolo grave e immediato circa il rischio stesso e le disposizioni prese o da prendere in materia di protezione;
e) astenersi, salvo eccezioni debitamente motivate, dal richiedere ai lavoratori di riprendere la loro attività in una situazione di lavoro in cui persiste un pericolo grave ed immediato;
f) segnalare tempestivamente al datore di lavoro o al dirigente sia le deficienze dei mezzi e delle attrezzature di lavoro e dei dispositivi di protezione individuale, sia ogni altra condizione di pericolo che si verifichi durante il lavoro, delle quali venga a conoscenza sulla base della formazione ricevuta;
f-*bis*) in caso di rilevazione di deficienze dei mezzi e delle attrezzature di lavoro e di ogni condizione di pericolo rilevata durante la vigilanza, se necessario, interrompere temporaneamente l'attività e, comunque, segnalare tempestivamente al datore di lavoro e al dirigente le non conformità rilevate [(2)];
g) frequentare appositi corsi di formazione secondo quanto previsto dall'articolo 37.

(1) Lettera sostituita dall'art. 13, co. 1, lett. d ter), n. 1), d.l. 21.10.2021, n. 146, conv., con modif., dalla l. 17.12.2021, n. 215.
(2) Lettera introdotta dall'art. 13, co. 1, lett. d ter), n. 2), d.l. 21.10.2021, n. 146, conv., con modif., dalla l. 17.12.2021, n. 215.

20. Obblighi dei lavoratori.

1. Ogni lavoratore deve prendersi cura della propria salute e sicurezza e di quella delle altre persone presenti sul luogo di lavoro, su cui ricadono gli effetti delle sue azioni o omissioni, conformemente alla sua formazione, alle istruzioni e ai mezzi forniti dal datore di lavoro.

2. *I lavoratori devono in particolare:*
a) contribuire, insieme al datore di lavoro, ai dirigenti e ai preposti, all'adempimento degli obblighi previsti a tutela della salute e sicurezza sui luoghi di lavoro;
b) osservare le disposizioni e le istruzioni impartite dal datore di lavoro, dai dirigenti e dai preposti, ai fini della protezione collettiva ed individuale;
c) utilizzare correttamente le attrezzature di lavoro, le sostanze e le miscele pericolose, i mezzi di trasporto, nonché i dispositivi di sicurezza [(1)];
d) utilizzare in modo appropriato i dispositivi di protezione messi a loro disposizione;
e) segnalare immediatamente al datore di lavoro, al dirigente o al preposto le deficienze dei mezzi e dei dispositivi di cui alle lettere c) e d), nonché qualsiasi eventuale condizione di pericolo di cui vengano a conoscenza, adoperandosi direttamente, in caso di urgenza, nell'ambito delle proprie competenze e possibilità e fatto salvo l'obbligo di cui alla lettera f) per eliminare o ridurre le situazioni di pericolo grave e incombente, dandone notizia al rappresentante dei lavoratori per la sicurezza;
f) non rimuovere o modificare senza autorizzazione i dispositivi di sicurezza o di segnalazione o di controllo;
g) non compiere di propria iniziativa operazioni o manovre che non sono di loro competenza ovvero che possono compromettere la sicurezza propria o di altri lavoratori;
h) partecipare ai programmi di formazione e di addestramento organizzati dal datore di lavoro;
i) sottoporsi ai controlli sanitari previsti dal presente decreto legislativo o comunque disposti dal medico competente.

3. I lavoratori di aziende che svolgono attività in regime di appalto o subappalto, devono esporre apposita tessera di riconoscimento, corredata di fotografia, contenente le generalità del lavoratore e l'indicazione del datore di lavoro. Tale obbligo grava anche in capo ai lavoratori autonomi che esercitano direttamente la propria attività nel medesimo luogo di lavoro, i quali sono tenuti a provvedervi per proprio conto.

(1) Lettera modificata dall'art. 1, co. 1, lett. a), d.lgs. 15.2.2016, n. 39.

21. Disposizioni relative ai componenti dell'impresa familiare di cui all'articolo 230-*bis* del codice civile e ai lavoratori autonomi.

1. I componenti dell'impresa familiare di cui all'articolo 230-*bis* del codice civile, i lavoratori autonomi che compiono opere o servizi ai sensi dell'articolo 2222 del codice civile, i coltivatori diretti del fondo, i soci delle società semplici operanti nel settore agricolo, gli artigiani e i piccoli commercianti devono [(1)]:
a) utilizzare attrezzature di lavoro in conformità alle disposizioni di cui al titolo III, nonché idonee opere provvisionali in conformità alle disposizioni di cui al titolo IV [(2)];
b) munirsi di dispositivi di protezione individuale ed utilizzarli conformemente alle disposizioni di cui al titolo III;

c) munirsi di apposita tessera di riconoscimento corredata di fotografia, contenente le proprie generalità, qualora effettuino la loro prestazione in un luogo di lavoro nel quale si svolgano attività in regime di appalto o subappalto.

2. I soggetti di cui al comma 1, relativamente ai rischi propri delle attività svolte e con oneri a proprio carico hanno facoltà di:

a) beneficiare della sorveglianza sanitaria secondo le previsioni di cui all'articolo 41, fermi restando gli obblighi previsti da norme speciali;

b) partecipare a corsi di formazione specifici in materia di salute e sicurezza sul lavoro, incentrati sui rischi propri delle attività svolte, secondo le previsioni di cui all'articolo 37, fermi restando gli obblighi previsti da norme speciali.

(1) Alinea modificato dall'art. 14, co. 1, d.lgs. 3.8.2009, n. 106.
(2) Lettera modificata dall'art. 14, co. 1, lett. b) del d.l. 4.5.2023, n. 48, conv., con modif., dalla l. 3.7.2023, n. 85.

22. Obblighi dei progettisti.

1. I progettisti dei luoghi e dei posti di lavoro e degli impianti rispettano i principi generali di prevenzione in materia di salute e sicurezza sul lavoro al momento delle scelte progettuali e tecniche e scelgono attrezzature, componenti e dispositivi di protezione rispondenti alle disposizioni legislative e regolamentari in materia.

23. Obblighi dei fabbricanti e dei fornitori.

1. Sono vietati la fabbricazione, la vendita, il noleggio e la concessione in uso di attrezzature di lavoro, dispositivi di protezione individuali ed impianti non rispondenti alle disposizioni legislative e regolamentari vigenti in materia di salute e sicurezza sul lavoro.

2. In caso di locazione finanziaria di beni assoggettati a procedure di attestazione alla conformità, gli stessi debbono essere accompagnati, a cura del concedente, dalla relativa documentazione.

24. Obblighi degli installatori.

1. Gli installatori e montatori di impianti, attrezzature di lavoro o altri mezzi tecnici, per la parte di loro competenza, devono attenersi alle norme di salute e sicurezza sul lavoro, nonché alle istruzioni fornite dai rispettivi fabbricanti.

25. Obblighi del medico competente.

1. Il medico competente:

a) collabora con il datore di lavoro e con il servizio di prevenzione e protezione alla valutazione dei rischi, anche ai fini della programmazione, ove necessario, della sorveglianza sanitaria, alla predisposizione della attuazione delle misure per la tutela della salute e della integrità psico-fisica dei lavoratori, all'attività di formazione e informazione nei confronti dei lavoratori, per la parte di competenza, e alla organizzazione del servizio di primo soccorso considerando i particolari tipi di lavorazione ed esposizione e le peculiari modalità organizzative del lavoro. Collabora inoltre alla attuazione e valorizzazione di programmi volontari di "promozione della salute", secondo i principi della responsabilità sociale;

b) programma ed effettua la sorveglianza sanitaria di cui all'articolo 41 attraverso protocolli sanitari definiti in funzione dei rischi specifici e tenendo in considerazione gli indirizzi scientifici più avanzati;

c) istituisce, aggiorna e custodisce, sotto la propria responsabilità, una cartella sanitaria e di rischio per ogni lavoratore sottoposto a sorveglianza sanitaria; tale cartella è conservata con salvaguardia del segreto professionale e, salvo il tempo strettamente necessario per l'esecuzione della sorveglianza sanitaria e la trascrizione dei relativi risultati, presso il luogo di custodia concordato al momento della nomina del medico competente [1];

d) consegna al datore di lavoro, alla cessazione dell'incarico, la documentazione sanitaria in suo possesso, nel rispetto delle disposizioni di cui al decreto legislativo del 30 giugno 2003, n. 196, e con salvaguardia del segreto professionale;

e) consegna al lavoratore, alla cessazione del rapporto di lavoro, copia della cartella sanitaria e di rischio, e gli fornisce le informazioni necessarie relative alla conservazione della medesima; l'originale della cartella sanitaria e di rischio va conservata, nel rispetto di quanto disposto dal decreto legislativo 30 giugno 2003, n. 196, da parte del datore di lavoro, per almeno dieci anni, salvo il diverso termine previsto da altre disposizioni del presente decreto [2];

e-*bis*) in occasione della visita medica preventiva o della visita medica preventiva in fase preassuntiva di cui all'articolo 41, richiede al lavoratore di esibire copia della cartella sanitaria e di rischio rilasciata alla risoluzione del precedente rapporto di lavoro e ne valuta il contenuto ai fini della formulazione del giudizio di idoneità, salvo che ne sia oggettivamente impossibile il reperimento [3];

[f) invia all'ISPESL, esclusivamente per via telematica, le cartelle sanitarie e di rischio nei casi previsti dal presente decreto legislativo, alla cessazione del rapporto di lavoro, nel rispetto delle disposizioni di cui al decreto legislativo 30 giugno 2003, n. 196. Il lavoratore interessato può chiedere copia delle predette cartelle all'ISPESL anche attraverso il proprio medico di medicina generale;] [4]

g) fornisce informazioni ai lavoratori sul significato della sorveglianza sanitaria cui sono sottoposti e, nel caso di esposizione ad agenti con effetti a lungo termine, sulla necessità di sottoporsi ad accertamenti sanitari anche dopo la cessazione della attività che comporta l'esposizione a tali agenti. Fornisce altresì, a richiesta, informazioni analoghe ai rappresentanti dei lavoratori per la sicurezza;

h) informa ogni lavoratore interessato dei risultati della sorveglianza sanitaria di cui all'articolo 41 e, a richiesta dello stesso, gli rilascia copia della documentazione sanitaria;

i) comunica per iscritto, in occasione delle riunioni di cui all'articolo 35, al datore di lavoro, al responsabile del servizio di prevenzione protezione dai rischi, ai rappresentanti dei lavoratori per la sicurezza, i risultati anonimi collettivi della sorveglianza sanitaria effettuata e fornisce indicazioni sul significato di detti risultati ai fini della attuazione delle misure per la tutela della salute e della integrità psico-fisica dei lavoratori;

l) visita gli ambienti di lavoro almeno una volta all'anno o a cadenza diversa che stabilisce in base alla valutazione dei rischi;

la indicazione di una periodicità diversa dall'annuale deve essere comunicata al datore di lavoro ai fini della sua annotazione nel documento di valutazione dei rischi;

m) partecipa alla programmazione del controllo dell'esposizione dei lavoratori i cui risultati gli sono forniti con tempestività ai fini della valutazione del rischio e della sorveglianza sanitaria;

n) comunica, mediante autocertificazione, il possesso dei titoli e requisiti di cui all'articolo 38 al Ministero del lavoro, della salute e delle politiche sociali entro il termine di sei mesi dalla data di entrata in vigore del presente decreto [5];

n-*bis*) in caso di impedimento per gravi e motivate ragioni, comunica per iscritto al datore di lavoro il nominativo di un sostituto, in possesso dei requisiti di cui all'articolo 38, per l'adempimento degli obblighi di legge durante il relativo intervallo temporale specificato [6].

(1) Lettera sostituita dall'art. 15, co. 1, lett. a), d.lgs. 3.8.2009, n. 106.
(2) Lettera sostituita dall'art. 15, co. 1, lett. b), d.lgs. 3.8.2009, n. 106.
(3) Lettera introdotta dall'art. 14, co. 1, lett. c), n. 1), d.l. 4.5.2023, n. 48, conv., con modif., dalla l. 3.7.2023, n. 85.
(4) Lettera soppressa dall'art. 15, co. 1, lett. c), d.lgs. 3.8.2009, n. 106.
(5) Lettera modificata dall'art. 1, co. 1, lett. a), d.lgs. 3.8.2009, n. 106.
(6) Lettera introdotta dall'art. 14, co. 1, lett. c), n. 1), d.l. 4.5.2023, n. 48,convertito con modificazioni dalla l. 3.7.2023, n. 85.

26. Obblighi connessi ai contratti d'appalto o d'opera o di somministrazione.

1. Il datore di lavoro, in caso di affidamento di lavori, servizi e forniture all'impresa appaltatrice o a lavoratori autonomi all'interno della propria azienda, o di una singola unità produttiva della stessa, nonché nell'ambito dell'intero ciclo produttivo dell'azienda medesima, sempre che abbia la disponibilità giuridica dei luoghi in cui si svolge l'appalto o la prestazione di lavoro autonomo [1]:

a) verifica, con le modalità previste dal decreto di cui all'articolo 6, comma 8, lettera g), l'idoneità tecnico professionale delle imprese appaltatrici o dei lavoratori autonomi in relazione ai lavori, ai servizi e alle forniture da affidare in appalto o mediante contratto d'opera o di somministrazione. Fino alla data di entrata in vigore del decreto di cui al periodo che precede, la verifica è eseguita attraverso le seguenti modalità [2]:

1) acquisizione del certificato di iscrizione alla camera di commercio, industria e artigianato;
2) acquisizione dell'autocertificazione dell'impresa appaltatrice o dei lavoratori autonomi del possesso dei requisiti di idoneità tecnico professionale, ai sensi dell'articolo 47 del testo unico delle disposizioni legislative e regolamentari in materia di documentazione amministrativa, di cui al decreto del Presidente della Repubblica del 28 dicembre 2000, n. 445;

b) fornisce agli stessi soggetti dettagliate informazioni sui rischi specifici esistenti nell'ambiente in cui sono destinati ad operare e sulle misure di prevenzione e di emergenza adottate in relazione alla propria attività.

2. Nell'ipotesi di cui al comma 1, i datori di lavoro, ivi compresi i subappaltatori:

a) cooperano all'attuazione delle misure di prevenzione e protezione dai rischi sul lavoro incidenti sull'attività lavorativa oggetto dell'appalto;

b) coordinano gli interventi di protezione e prevenzione dai rischi cui sono esposti i lavoratori, informandosi reciprocamente anche al fine di eliminare rischi dovuti alle interferenze tra i lavori delle diverse imprese coinvolte nell'esecuzione dell'opera complessiva.

3. Il datore di lavoro committente promuove la cooperazione e il coordinamento di cui al comma 2, elaborando un unico documento di valutazione dei rischi che indichi le misure adottate per eliminare o, ove ciò non è possibile, ridurre al minimo i rischi da interferenze ovvero individuando, limitatamente ai settori di attività a basso rischio di infortuni e malattie professionali di cui all'articolo 29, comma 6-*ter*, con riferimento sia all'attività del datore di lavoro committente sia alle attività dell'impresa appaltatrice e dei lavoratori autonomi, un proprio incaricato, in possesso di formazione, esperienza e competenza professionali, adeguate e specifiche in relazione all'incarico conferito, nonché di periodico aggiornamento e di conoscenza diretta dell'ambiente di lavoro, per sovrintendere a tali cooperazione e coordinamento. In caso di redazione del documento esso è allegato al contratto di appalto o di opera e deve essere adeguato in funzione dell'evoluzione dei lavori, servizi e forniture. A tali dati accedono il rappresentante dei lavoratori per la sicurezza e gli organismi locali delle organizzazioni sindacali dei lavoratori comparativamente più rappresentative a livello nazionale. Dell'individuazione dell'incaricato di cui al primo periodo o della sua sostituzione deve essere data immediata evidenza nel contratto di appalto o di opera. Le disposizioni del presente comma non si applicano ai rischi specifici propri dell'attività delle imprese appaltatrici o dei singoli lavoratori autonomi. Nell'ambito di applicazione del codice di cui al decreto legislativo 12 aprile 2006, n. 163, tale documento è redatto, ai fini dell'affidamento del contratto, dal soggetto titolare del potere decisionale e di spesa relativo alla gestione dello specifico appalto [3].

3 bis. Ferme restando le disposizioni di cui ai commi 1 e 2, l'obbligo di cui al comma 3 non si applica ai servizi di natura intellettuale, alle mere forniture di materiali o attrezzature, ai lavori o servizi la cui durata non è superiore a cinque uomini-giorno, sempre che essi non comportino rischi derivanti dal rischio di incendio di livello elevato, ai sensi del decreto del Ministro dell'interno 10 marzo 1998, pubblicato nel supplemento ordinario n. 64 alla Gazzetta Ufficiale n. 81 del 7 aprile 1998, o dallo svolgimento di attività in ambienti confinati, di cui al regolamento di cui al decreto del Presidente della Repubblica 14 settembre 2011, n. 177, o dalla presenza di agenti cancerogeni, mutageni o biologici, di amianto o di, atmosfere esplosive o dalla presenza dei rischi particolari di cui all'allegato XI del presente decreto. Ai fini del presente comma, per uomini-giorno si intende l'entità presunta dei lavori, servizi e forniture rappresentata dalla somma delle giornate di lavoro necessarie all'effettuazione dei lavori, servizi o forniture considerata con riferimento all'arco temporale di un anno dall'inizio dei lavori [4].

3 ter. Nei casi in cui il contratto sia affidato dai soggetti di cui all'articolo 3, comma 34, del decreto legislativo 12 aprile 2006, n. 163, o in tutti i casi in cui il datore di lavoro non coincide con il committente, il soggetto che affida il contratto redige il documento di valutazione dei rischi da interferenze recante una valutazione ricognitiva dei rischi standard relativi alla tipologia della prestazione che potrebbero potenzialmente derivare dall'esecuzione del contratto. Il soggetto presso il quale deve essere eseguito il contratto, prima dell'inizio dell'esecuzione, integra il predetto documento riferendolo ai rischi specifici da interferenza presenti nei luoghi in cui verrà espletato l'appalto; l'integrazione, sottoscritta per accettazione dall'esecutore, integra gli atti contrattuali [5].

4. Ferme restando le disposizioni di legge vigenti in materia di responsabilità solidale per il mancato pagamento delle retribuzioni e dei contributi previdenziali e assicurativi, l'imprenditore committente risponde in solido con l'appaltatore, nonché con ciascuno degli eventuali subappaltatori, per tutti i danni per i quali il lavoratore, dipendente dall'appaltatore o dal subappaltatore, non risulti indennizzato ad opera dell'Istituto nazionale per l'assicurazione contro gli infortuni sul lavoro (INAIL) o dell'Istituto di previdenza per il settore marittimo (IPSEMA). Le disposizioni del presente comma non si applicano ai danni conseguenza dei rischi specifici propri dell'attività delle imprese appaltatrici o subappaltatrici.

5. Nei singoli contratti di subappalto, di appalto e di somministrazione, anche qualora in essere al momento della data di entrata in vigore del presente decreto, di cui agli articoli 1559, ad esclusione dei contratti di somministrazione di beni e servizi essenziali, 1655, 1656 e 1677 del codice civile, devono essere specificamente indicati a pena di nullità ai sensi dell'articolo 1418 del codice civile i costi delle misure adottate per eliminare o, ove ciò non sia possibile, ridurre al minimo i rischi in materia di salute e sicurezza sul lavoro derivanti dalle interferenze delle lavorazioni. I costi di cui primo periodo non sono soggetti a ribasso. Con riferimento ai contratti di cui al precedente periodo stipulati prima del 25 agosto 2007 i costi della sicurezza del lavoro devono essere indicati entro il 31 dicembre 2008, qualora gli stessi contratti siano ancora in corso a tale data. A tali dati possono accedere, su richiesta, il rappresentante dei lavoratori per la sicurezza e gli organismi locali delle organizzazioni sindacali dei lavoratori comparativamente più rappresentative a livello nazionale [6].

6. Nella predisposizione delle gare di appalto e nella valutazione dell'anomalia delle offerte nelle procedure di affidamento di appalti di lavori pubblici, di servizi e di forniture, gli enti aggiudicatori sono tenuti a valutare che il valore economico sia adeguato e sufficiente rispetto al costo del lavoro e al costo relativo alla sicurezza, il quale deve essere specificamente indicato e risultare congruo rispetto all'entità e alle caratteristiche dei lavori, dei servizi o delle forniture. Ai fini del presente comma il costo del lavoro è determinato periodicamente, in apposite tabelle, dal Ministro del lavoro, della salute e delle politiche sociali, sulla base dei valori economici previsti dalla contrattazione collettiva stipulata dai sindacati comparativamente più rappresentativi, delle norme in materia previdenziale ed assistenziale, dei diversi settori merceologici e delle differenti aree territoriali. In mancanza di contratto collettivo applicabile, il costo del lavoro è determinato in relazione al contratto collettivo del settore merceologico più vicino a quello preso in considerazione [7].

7. Per quanto non diversamente disposto dal decreto legislativo 12 aprile 2006, n. 163, come da ultimo modificate dall'articolo 8, comma 1, della legge 3 agosto 2007, n. 123, trovano applicazione in materia di appalti pubblici le disposizioni del presente decreto.

8. Nell'ambito dello svolgimento di attività in regime di appalto o subappalto, il personale occupato dall'impresa appaltatrice o subappaltatrice deve essere munito di apposita tessera di riconoscimento corredata di fotografia, contenente le generalità del lavoratore e l'indicazione del datore di lavoro.

8 bis. Nell'ambito dello svolgimento di attività in regime di appalto o subappalto, i datori di lavoro appaltatori o subappaltatori devono indicare espressamente al datore di lavoro committente il personale che svolge la funzione di preposto [8].

(1) Alinea modificato dall'art. 16, co. 1, lett. a), d.lgs. 3.8.2009, n. 106.
(2) Lettera modificata dall'art. 16, co. 1, lett. b), d.lgs. 3.8.2009, n. 106.
(3) Comma modificato dall'art. 16, co. 2, lett. a) e b), d.lgs. 3 8.2009, n. 106 e, poi, sostituito dall'art. 32, co. 1, lett. a), d.l. 21.6.2013, n. 69, conv., con modif., dalla l. 9.8.2013 n. 98.
(4) Comma introdotto dall'art. 16, co. 3, d.lgs. 3.8.2009, n. 106 e, poi, sostituito dall'art. 32, co. 1, lett. a), d.l. 21.6.2013, n. 69, conv., con modif., dalla l. 9.8.2013 n. 98.

(5) Comma introdotto dall'art. 16, co. 3, d.lgs. 3.8.2009, n. 106.
(6) Comma modificato dall'art. 16, co. 4, d.lgs. 3.8.2009, n. 106.
(7) Comma modificato dall'art. 1, co. 1, lett. a), d.lgs. 3.8.2009, n. 106.
(8) Comma introdotto dall'art. 13, co. 1, lett. d quater), d.l. 21.10.2021, n. 146, conv., con modif., dalla l. 17.12.2021, n. 215.

27. Sistema di qualificazione delle imprese e dei lavoratori autonomi tramite crediti (1).

1. A decorrere dal 1° ottobre 2024, sono tenuti al possesso della patente di cui al presente articolo le imprese e i lavoratori autonomi che operano nei cantieri temporanei o mobili di cui all'articolo 89, comma 1, lettera a), ad esclusione di coloro che effettuano mere forniture o prestazioni di natura intellettuale. Per le imprese e i lavoratori autonomi stabiliti in uno Stato membro dell'Unione europea diverso dall'Italia o in uno Stato non appartenente all'Unione europea è sufficiente il possesso di un documento equivalente rilasciato dalla competente autorità del Paese d'origine e, nel caso di Stato non appartenente all'Unione europea, riconosciuto secondo la legge italiana. La patente è rilasciata, in formato digitale, dall'Ispettorato nazionale del lavoro subordinatamente al possesso dei seguenti requisiti:

a) iscrizione alla camera di commercio, industria, artigianato e agricoltura;
b) adempimento, da parte dei datori di lavoro, dei dirigenti, dei preposti, dei lavoratori autonomi e dei prestatori di lavoro, degli obblighi formativi previsti dal presente decreto;
c) possesso del documento unico di regolarità contributiva in corso di validità;
d) possesso del documento di valutazione dei rischi, nei casi previsti dalla normativa vigente;
e) possesso della certificazione di regolarità fiscale, di cui all'articolo 17-*bis*, commi 5 e 6, del decreto legislativo 9 luglio 1997, n. 241, nei casi previsti dalla normativa vigente;
f) avvenuta designazione del responsabile del servizio di prevenzione e protezione, nei casi previsti dalla normativa vigente.

2. Il possesso dei requisiti di cui al comma 1 è autocertificato secondo le disposizioni del testo unico delle disposizioni legislative e regolamentari in materia di documentazione amministrativa, di cui al decreto del Presidente della Repubblica 28 dicembre 2000, n. 445. Nelle more del rilascio della patente è comunque consentito lo svolgimento delle attività di cui al comma 1, salva diversa comunicazione notificata dall'Ispettorato nazionale del lavoro.

3. Con decreto del Ministro del lavoro e delle politiche sociali, sentito l'Ispettorato nazionale del lavoro, sono individuati le modalità di presentazione della domanda per il conseguimento della patente di cui al comma 1 e i contenuti informativi della patente medesima nonché i presupposti e il procedimento per l'adozione del provvedimento di sospensione di cui al comma 8.

4. La patente è revocata in caso di dichiarazione non veritiera sulla sussistenza di uno o più requisiti di cui al comma 1, accertata in sede di controllo successivo al rilascio. Decorsi dodici mesi dalla revoca, l'impresa o il lavoratore autonomo può richiedere il rilascio di una nuova patente ai sensi del comma 1.

5. La patente è dotata di un punteggio iniziale di trenta crediti e consente ai soggetti di cui al comma 1 di operare nei cantieri temporanei o mobili di cui all'articolo 89, comma 1, lettera a), con una dotazione pari o superiore a quindici crediti. Con decreto del Ministro del lavoro e delle politiche sociali, sentito l'Ispettorato nazionale del lavoro, sono individuati i criteri di attribuzione di crediti ulteriori rispetto al punteggio iniziale nonché le modalità di recupero dei crediti decurtati.

6. Il punteggio della patente subisce le decurtazioni correlate alle risultanze dei provvedimenti definitivi emanati nei confronti dei datori di lavoro, dirigenti e preposti delle imprese o dei lavoratori autonomi, nei casi e nelle misure indicati nell'allegato I-*bis* annesso al presente decreto. Se nell'ambito del medesimo accertamento ispettivo sono contestate più violazioni tra quelle indicate nel citato allegato I-*bis*, i crediti sono decurtati in misura non eccedente il doppio di quella prevista per la violazione più grave.

7. Sono provvedimenti definitivi ai sensi del comma 6 le sentenze passate in giudicato e le ordinanze-ingiunzione di cui all'articolo 18 della legge 24 novembre 1981, n. 689, divenute definitive.

8. Se nei cantieri di cui al comma 1 si verificano infortuni da cui deriva la morte del lavoratore o un'inabilità permanente, assoluta o parziale, l'Ispettorato nazionale del lavoro può sospendere, in via cautelare, la patente di cui al presente articolo fino a dodici mesi. Avverso il provvedimento di sospensione è ammesso ricorso ai sensi e per gli effetti dell'articolo 14, comma 14.

9. I provvedimenti definitivi di cui al comma 6 sono comunicati, entro trenta giorni, anche con modalità informatiche, dall'amministrazione che li ha emanati all'Ispettorato nazionale del lavoro ai fini della decurtazione dei crediti.

10. La patente con punteggio inferiore a quindici crediti non consente alle imprese e ai lavoratori autonomi di operare nei cantieri temporanei o mobili di cui all'articolo 89, comma 1, lettera a). In tal caso è consentito il completamento delle attività oggetto di appalto o subappalto in corso di esecuzione, quando i lavori eseguiti sono superiori al 30 per cento del valore del contratto, salva l'adozione dei provvedimenti di cui all'articolo 14.

11. Fatto salvo quanto previsto dal comma 2, in mancanza della patente o del documento equivalente previsti al comma 1, alle imprese e ai lavoratori autonomi che operano nei cantieri temporanei o mobili di cui all'articolo 89, comma 1, lettera a), si applicano una sanzione amministrativa pari al 10 per cento del valore dei lavori e, comunque, non inferiore a euro 6.000, non soggetta alla procedura di diffida di cui all'articolo 301-*bis* del presente decreto, nonché l'esclusione dalla partecipazione ai lavori pubblici di cui al codice dei contratti pubblici, di cui al decreto legislativo 31 marzo 2023, n. 36, per un periodo di sei mesi. Le stesse sanzioni si applicano alle imprese e ai lavoratori autonomi che operano nei cantieri temporanei o mobili di cui al citato articolo 89, comma 1, lettera a), con una patente con punteggio inferiore a quindici crediti. Gli introiti derivanti dalle sanzioni di cui ai periodi precedenti sono destinati al bilancio dell'Ispettorato nazionale del lavoro e concorrono al finanziamento delle risorse necessarie all'implementazione dei sistemi informatici necessari al rilascio e all'aggiornamento della patente.

12. Le informazioni relative alla patente sono annotate in un'apposita sezione del Portale nazionale del sommerso, di cui all'articolo 10, comma 1, del decreto legislativo 23 aprile 2004, n. 124, unitamente a ogni utile informazione contenuta nel Sistema informativo nazionale per la prevenzione nei luoghi di lavoro, di cui all'articolo 8 del presente decreto.

13. L'Ispettorato nazionale del lavoro avvia il monitoraggio sulla funzionalità del sistema della patente a crediti entro dodici mesi dalla data di cui al comma 1 e trasmette al Ministero del lavoro e delle politiche sociali i dati raccolti per l'eventuale aggiornamento dei decreti ministeriali previsti dai commi 3 e 5 del presente articolo.

14. L'applicazione delle disposizioni di cui ai commi da 1 a 13 può essere estesa ad altri ambiti di attività individuati con decreto del Ministro del lavoro e delle politiche sociali, sentite le organizzazioni sindacali dei datori di lavoro e dei lavoratori comparativamente più rappresentative.

15. Non sono tenute al possesso della patente di cui al presente articolo le imprese in possesso dell'attestazione di qualificazione SOA, in classifica pari o superiore alla III, di cui all'articolo 100, comma 4, del codice dei contratti pubblici di cui al decreto legislativo n. 36 del 2023.

(1) Articolo modificato dall'art. 17, co. 1, lett. a), d.lgs. 3.8.2009, n. 106, dall'art. 32, co. 1, lett.a bis), d.l. 21.6.2013, n. 69, conv., con modif., dalla l. 9.8.2013 n. 98 e da ultimo sostituito dall'art. 29, co. 19, lett. a), d.l. 2.3.2024, n. 19, conv., con modif., dalla l. 29.4.2024, n. 56.

Sezione II
Valutazione dei rischi

28. Oggetto della valutazione dei rischi.

1. La valutazione di cui all'articolo 17, comma 1, lettera a), anche nella scelta delle attrezzature di lavoro e delle sostanze o dei miscele chimiche impiegati, nonché nella sistemazione dei luoghi di lavoro, deve riguardare tutti i rischi per la sicurezza e la salute dei lavoratori, ivi compresi quelli riguardanti gruppi di lavoratori esposti a rischi particolari, tra cui anche quelli collegati allo stress lavoro-correlato, secondo i contenuti dell'accordo europeo dell'8 ottobre 2004, e quelli riguardanti le lavoratrici in stato di gravidanza, secondo quanto previsto dal decreto legislativo 26 marzo 2001, n. 151, nonché quelli connessi alle differenze di genere, all'età, alla provenienza da altri Paesi e quelli connessi alla specifica tipologia contrattuale attraverso cui viene resa la prestazione di lavoro e i rischi derivanti dal possibile rinvenimento di ordigni bellici inesplosi nei cantieri temporanei o mobili, come definiti dall'articolo 89, comma 1, lettera a), del presente decreto, interessati da attività di scavo [1].

1 bis. La valutazione dello stress lavoro-correlato di cui al comma 1 è effettuata nel rispetto delle indicazioni di cui all'articolo 6, comma 8, lettera mquater), e il relativo obbligo decorre dalla elaborazione delle predette indicazioni e comunque, anche in difetto di tale elaborazione, a fare data dal 1° agosto 2010 [2].

2. Il documento di cui all'articolo 17, comma 1, lettera a), redatto a conclusione della valutazione, può essere tenuto, nel rispetto delle previsioni di cui all'articolo 53, su supporto informatico e deve essere munito anche tramite le procedure applicabili ai supporti informatici di cui all'articolo 53, di data certa o attestata dalla sottoscrizione del documento medesimo da parte del datore di lavoro, nonché, ai soli fini della prova della data, dalla sottoscrizione del responsabile del servizio di prevenzione e protezione, del rappresentante dei lavoratori per la sicurezza o del rappresentante dei lavoratori per la sicurezza territoriale e del medico competente, ove nominato, e contenere [3]:

a) una relazione sulla valutazione di tutti i rischi per la sicurezza e la salute durante l'attività lavorativa, nella quale siano specificati i criteri adottati per la valutazione stessa. La scelta dei criteri di redazione del documento è rimessa al datore di lavoro, che vi provvede con criteri di semplicità, brevità e comprensibilità, in modo da garantirne la completezza e l'idoneità quale strumento operativo di pianificazione degli interventi aziendali e di prevenzione [4];

b) l'indicazione delle misure di prevenzione e di protezione attuate e dei dispositivi di protezione individuali adottati, a seguito della valutazione di cui all'articolo 17, comma 1, lettera a);

c) il programma delle misure ritenute opportune per garantire il miglioramento nel tempo dei livelli di sicurezza;

d) l'individuazione delle procedure per l'attuazione delle misure da realizzare, nonché dei ruoli dell'organizzazione aziendale che vi debbono provvedere, a cui devono essere assegnati unicamente soggetti in possesso di adeguate competenze e poteri;

e) l'indicazione del nominativo del responsabile del servizio di prevenzione e protezione, del rappresentante dei lavoratori per la sicurezza o di quello territoriale e del medico competente che ha partecipato alla valutazione del rischio;

f) l'individuazione delle mansioni che eventualmente espongono i lavoratori a rischi specifici che richiedono una riconosciuta capacità professionale, specifica esperienza, adeguata formazione e addestramento.

3. Il contenuto del documento di cui al comma 2 deve altresì rispettare le indicazioni previste dalle specifiche norme sulla valutazione dei rischi contenute nei successivi titoli del presente decreto.

3 bis. In caso di costituzione di nuova impresa, il datore di lavoro è tenuto ad effettuare immediatamente la valutazione dei rischi elaborando il relativo documento entro novanta giorni dalla data di inizio della propria attività. Anche in caso di costituzione di nuova impresa, il datore di lavoro deve comunque dare immediata evidenza, attraverso idonea documentazione, dell'adempimento degli obblighi di cui al comma 2, lettere b), c), d), e) e f), e al comma 3, e immediata comunicazione al rappresentante dei lavoratori per la sicurezza. A tale documentazione accede, su richiesta, il rappresentante dei lavoratori per la sicurezza [(5)].

3 ter. Ai fini della valutazione di cui al comma 1, l'Inail, anche in collaborazione con le aziende sanitarie locali per il tramite del Coordinamento Tecnico delle Regioni e i soggetti di cui all'articolo 2, comma 1, lettera ee), rende disponibili al datore di lavoro strumenti tecnici e specialistici per la riduzione dei livelli di rischio. L'Inail e le aziende sanitarie locali svolgono la predetta attività con le risorse umane, strumentali e finanziarie disponibili a legislazione vigente [(6)].

(1) Comma modificato dall'art. 18, co. 1, lett. a), d.lgs. 3.8.2009, n. 106 e, poi, dall'art. 1, co. 1, lett. a), l. 1.10.2012, n. 177 e dall'art. 1, co. 1, lett. a), d.lgs. 15.2.2016, n. 39.
(2) Comma introdotto dall'art. 18, co. 1, lett. b), d.lgs. 3.8.2009, n. 106.
(3) Alinea modificato dall'art. 18, co. 1, lett. c), d.lgs. 3.8.2009, n. 106.
(4) Lettera modificata dall'art. 18, co. 1, lett. d), d.lgs. 3.8.2009, n. 106.
(5) Comma introdotto dall'art. 18, co. 1, lett. e), d.lgs. 3.8.2009, n. 106 e, poi, modificato dall'art. 13, co. 1, lett. a), l. 30.10.2014, n. 161.
(6) Comma introdotto dall'art. 20, co. 1, lett. e), d.lgs. 14.9.2015, n. 151.

29. Modalità di effettuazione della valutazione dei rischi.

1. Il datore di lavoro effettua la valutazione ed elabora il documento di cui all'articolo 17, comma 1, lettera a), in collaborazione con il responsabile del servizio di prevenzione e protezione e il medico competente, nei casi di cui all'articolo 41.

2. Le attività di cui al comma 1 sono realizzate previa consultazione del rappresentante dei lavoratori per la sicurezza.

3. La valutazione dei rischi deve essere immediatamente rielaborata, nel rispetto delle modalità di cui ai commi 1 e 2, in occasione di modifiche del processo produttivo o della organizzazione del lavoro significative ai fini della salute e sicurezza dei lavoratori, o in relazione al grado di evoluzione della tecnica, della prevenzione o della protezione o a seguito di infortuni significativi o quando i risultati della sorveglianza sanitaria ne evidenzino la necessità. A seguito di tale rielaborazione, le misure di prevenzione debbono essere aggiornate. Nelle ipotesi di cui ai periodi che precedono il documento di valutazione dei rischi deve essere rielaborato, nel rispetto delle modalità di cui ai commi 1 e 2, nel termine di trenta giorni dalle rispettive causali. Anche in caso di rielaborazione della valutazione dei rischi, il datore di lavoro deve comunque dare immediata evidenza, attraverso idonea documentazione, dell'aggiornamento delle misure di prevenzione e immediata comunicazione al rappresentante dei lavoratori per la sicurezza. A tale documentazione accede, su richiesta, il rappresentante dei lavoratori per la sicurezza [(1)].

4. Il documento di cui all'articolo 17, comma 1, lettera a), e quello di cui all'articolo 26, comma 3, devono essere custoditi presso l'unità produttiva alla quale si riferisce la valutazione dei rischi.

5. Fermo restando quanto previsto al comma 6-*ter*, i datori di lavoro che occupano fino a 10 lavoratori effettuano la valutazione dei rischi di cui al presente articolo sulla base delle procedure standardizzate di cui all'articolo 6, comma 8, lettera f). Fino alla scadenza del terzo mese successivo alla data di entrata in vigore del decreto interministeriale di cui all'articolo 6, comma 8, lettera f), e, comunque, non oltre il 31 dicembre 2012, gli stessi datori di lavoro possono autocertificare l'effettuazione della valutazione dei rischi. Quanto previsto nel precedente periodo non si applica alle attività di cui all'articolo 31, comma 6, lettere a), b), c), d) nonche g) [(2)].

6. Fermo restando quanto previsto al comma 6-*ter*, i datori di lavoro che occupano fino a 50 lavoratori possono effettuare la valutazione dei rischi sulla base delle procedure standardizzate di cui all'articolo 6, comma 8, lettera f). Nelle more dell'elaborazione di tali procedure trovano applicazione le disposizioni di cui ai commi 1, 2, 3, e 4 [(3)].

6 bis. Le procedure standardizzate di cui al comma 6, anche con riferimento alle aziende che rientrano nel campo di applicazione del titolo IV, sono adottate nel rispetto delle disposizioni di cui all'articolo 28 [(4)].

6 ter. Con decreto del Ministro del lavoro e delle politiche sociali, da adottare, sulla base delle indicazioni della Commissione consultiva permanente per la salute e sicurezza sul lavoro e previa intesa in sede di Conferenza permanente per i rapporti tra lo Stato, le regioni e le province autonome di Trento e di Bolzano, sono individuati settori di attività a basso rischio di infortuni e malattie professionali, sulla base di criteri e parametri oggettivi, desunti dagli indici infortunistici dell'INAIL e relativi alle malattie professionali di settore e specifiche della singola azienda. Il decreto di cui al primo periodo reca in allegato il modello con il quale, fermi restando i relativi obblighi, i datori di lavoro delle aziende che operano nei settori di attività a basso rischio infortunistico possono dimostrare di aver effettuato la valutazione dei rischi di cui agli articoli 17, 28 e al presente articolo. Resta ferma la facoltà delle aziende di utilizzare le procedure standardizzate previste dai commi 5 e 6 del presente articolo [(5)(6)].

6 quater. Con decreto del Ministro del lavoro e delle politiche sociali, da adottarsi previo parere della Commissione consultiva permanente per la salute e sicurezza sul lavoro, sono individuati strumenti di supporto per la valutazione dei rischi di cui agli articoli 17 e 28 e al presente articolo, tra i quali gli strumenti informatizzati secondo il prototipo europeo OIRA (Online Interactive Risk Assessment) [(7)].

7. Le disposizioni di cui al comma 6 non si applicano alle attività svolte nelle seguenti aziende:
a) aziende di cui all'articolo 31, comma 6, lettere a), b), c), d), f) e g);
b) aziende in cui si svolgono attività che espongono i lavoratori a rischi chimici, biologici, da atmosfere esplosive, cancerogeni mutageni, connessi all'esposizione ad amianto;
[c) aziende che rientrano nel campo di applicazione del titolo IV del presente decreto.] [(8)]

(1) Comma sostituito dall'art. 19, co. 1, lett. a), d.lgs. 3.8.2009, n. 106 e, succesivamente, modificato dall'art. 13, co. 1, lett. b), l. 30.10.2014, n. 161.
(2) Comma modificato dall'art. 1, co. 2, d.l. 12.5.2012, n. 57 e dall'art. 32, co. 1, lett. b), d.l. 21.6.2013, n. 69, conv., con modif., dalla l. 9.8.2013 n. 98.
(3) Comma modificato dall'art. 32, co. 1, lett. b), d.l. 21.6.2013, n. 69, conv., con modif., dalla l. 9.8.2013 n. 98.
(4) Comma introdotto dall'art. 19, co. 1, lett. b), d.lgs. 3.8.2009, n. 106.
(5) Comma introdotto dall'art. 32, co. 1, lett. b), n. 2), d.l. 21.6.2013, n. 69, conv., con modif., dalla l. 9.8.2013 n. 98.
(6) Secondo quanto previsto dall'art. 32, co. 2, d.l. 21.6.2013, n. 69, conv., con modif., dalla l. 9.8.2013 n. 98, i decreti qui previsti sono adottati entro novanta giorni dalla data di entrata in vigore dello stesso decreto.
(7) Comma introdotto dall'art. 32, co. 1, lett. b), n. 2), d.l. 21.6.2013, n. 69, conv., con modif., dalla l. 9.8.2013 n. 98 e, poi, sostituito dall'art. 20, co. 1, lett. f), d.lgs. 14.9.2015, n. 151.
(8) Lettera soppressa dall'art. 19, co. 1, lett. c), d.lgs. 3.8.2009, n. 106.

30. Modelli di organizzazione e di gestione.

1. Il modello di organizzazione e di gestione idoneo ad avere efficacia esimente della responsabilità amministrativa delle persone giuridiche, delle società e delle associazioni anche prive di personalità giuridica di cui al decreto legislativo 8 giugno 2001, n. 231, deve essere adottato ed efficacemente attuato, assicurando un sistema aziendale per l'adempimento di tutti gli obblighi giuridici relativi:
a) al rispetto degli standard tecnico-strutturali di legge relativi a attrezzature, impianti, luoghi di lavoro, agenti chimici, fisici e biologici;
b) alle attività di valutazione dei rischi e di predisposizione delle misure di prevenzione e protezione conseguenti;
c) alle attività di natura organizzativa, quali emergenze, primo soccorso, gestione degli appalti, riunioni periodiche di sicurezza, consultazioni dei rappresentanti dei lavoratori per la sicurezza;
d) alle attività di sorveglianza sanitaria;
e) alle attività di informazione e formazione dei lavoratori;
f) alle attività di vigilanza con riferimento al rispetto delle procedure e delle istruzioni di lavoro in sicurezza da parte dei lavoratori;
g) alla acquisizione di documentazioni e certificazioni obbligatorie di legge;
h) alle periodiche verifiche dell'applicazione e dell'efficacia delle procedure adottate.

2. Il modello organizzativo e gestionale di cui al comma 1 deve prevedere idonei sistemi di registrazione dell'avvenuta effettuazione delle attività di cui al comma 1.

3. Il modello organizzativo deve in ogni caso prevedere, per quanto richiesto dalla natura e dimensioni dell'organizzazione e dal tipo di attività svolta, un'articolazione di funzioni che assicuri le competenze tecniche e i poteri necessari per la verifica, valutazione, gestione e controllo del rischio, nonché un sistema disciplinare idoneo a sanzionare il mancato rispetto delle misure indicate nel modello.

4. Il modello organizzativo deve altresì prevedere un idoneo sistema di controllo sull'attuazione del medesimo modello e sul mantenimento nel tempo delle condizioni di idoneità delle misure adottate. Il riesame e l'eventuale modifica del modello organizzativo devono essere adottati, quando siano scoperte violazioni significative delle norme relative alla prevenzione degli infortuni e all'igiene sul lavoro, ovvero in occasione di mutamenti nell'organizzazione e nell'attività in relazione al progresso scientifico e tecnologico.

5. In sede di prima applicazione, i modelli di organizzazione aziendale definiti conformemente alle Linee guida UNI-INAIL per un sistema di gestione della salute e sicurezza sul lavoro (SGSL) del 28 settembre 2001 o al British Standard OHSAS 18001:2007 si presumono conformi ai requisiti di cui al presente articolo per le parti corrispondenti. Agli stessi fini ulteriori modelli di organizzazione e gestione aziendale possono essere indicati dalla Commissione di cui all'articolo 6.

5 bis. La commissione consultiva permanente per la salute e sicurezza sul lavoro elabora procedure semplificate per la adozione e la efficace attuazione dei modelli di organizzazione e gestione della sicurezza nelle piccole e medie imprese. Tali procedure sono recepite con decreto del Ministero del lavoro, della salute e delle politiche sociali [(1)].

6. L'adozione del modello di organizzazione e di gestione di cui al presente articolo nelle imprese fino a 50 lavoratori rientra tra le attività finanziabili ai sensi dell'articolo 11.

(1) Comma introdotto dall'art. 20, co. 1, d.lgs. 3.8.2009, n. 106.

Sezione III
Servizio di prevenzione e protezione

31. Servizio di prevenzione e protezione.

1. Salvo quanto previsto dall'articolo 34, il datore di lavoro organizza il servizio di prevenzione e protezione prioritariamente all'interno della azienda o della unità produttiva, o incarica persone o servizi esterni costituiti anche presso le associazioni dei datori di lavoro o gli organismi paritetici, secondo le regole di cui al presente articolo [(1)].

2. Gli addetti e i responsabili dei servizi, interni o esterni, di cui al comma 1, devono possedere le capacità e i requisiti professionali di cui all'articolo 32, devono essere in numero sufficiente rispetto alle caratteristiche dell'azienda e disporre di mezzi e di tempo adeguati per lo svolgimento dei compiti loro assegnati. Essi non possono subire pregiudizio a causa della attività svolta nell'espletamento del proprio incarico.

3. Nell'ipotesi di utilizzo di un servizio interno, il datore di lavoro può avvalersi di persone esterne alla azienda in possesso delle conoscenze professionali necessarie, per integrare, ove occorra, l'azione di prevenzione e protezione del servizio.

4. Il ricorso a persone o servizi esterni è obbligatorio in assenza di dipendenti che, all'interno dell'azienda ovvero dell'unità produttiva, siano in possesso dei requisiti di cui all'articolo 32.

5. Ove il datore di lavoro ricorra a persone o servizi esterni non è per questo esonerato dalla propria responsabilità in materia.

6. L'istituzione del servizio di prevenzione e protezione all'interno dell'azienda, ovvero dell'unità produttiva, è comunque obbligatoria nei seguenti casi:

a) nelle aziende industriali di cui all'articolo 2 del decreto legislativo 17 agosto 1999, n. 334, e successive modificazioni, soggette all'obbligo di notifica o rapporto, ai sensi degli articoli 6 e 8 del medesimo decreto;
b) nelle centrali termoelettriche;
c) negli impianti ed installazioni di cui agli articoli 7, 28 e 33 del decreto legislativo 17 marzo 1995, n. 230, e successive modificazioni;
d) nelle aziende per la fabbricazione ed il deposito separato di esplosivi, polveri e munizioni;
e) nelle aziende industriali con oltre 200 lavoratori;
f) nelle industrie estrattive con oltre 50 lavoratori;
g) nelle strutture di ricovero e cura pubbliche e private con oltre 50 lavoratori.

7. Nelle ipotesi di cui al comma 6 il responsabile del servizio di prevenzione e protezione deve essere interno.

8. Nei casi di aziende con più unità produttive nonché nei casi di gruppi di imprese, può essere istituito un unico servizio di prevenzione e protezione. I datori di lavoro possono rivolgersi a tale struttura per l'istituzione del servizio e per la designazione degli addetti e del responsabile.

(1) Comma modificato dall'art. 32, co. 1, lett. b bis), d.l. 21.6.2013, n. 69, conv., con modif., dalla l. 9.8.2013 n. 98.

32. Capacità e requisiti professionali degli addetti e dei responsabili dei servizi di prevenzione e protezione interni ed esterni.

1. Le capacità ed i requisiti professionali dei responsabili e degli addetti ai servizi di prevenzione e protezione interni o esterni devono essere adeguati alla natura dei rischi presenti sul luogo di lavoro e relativi alle attività lavorative.

2. Per lo svolgimento delle funzioni da parte dei soggetti di cui al comma 1, è necessario essere in possesso di un titolo di studio non inferiore al diploma di istruzione secondaria superiore nonché di un attestato di frequenza, con verifica dell'apprendimento, a specifici corsi di formazione adeguati alla natura dei rischi presenti sul luogo di lavoro e relativi alle attività lavorative. Per lo svolgimento della funzione di responsabile del servizio prevenzione e protezione, oltre ai requisiti di cui al precedente periodo, è necessario possedere un attestato di frequenza, con verifica dell'apprendimento, a specifici corsi di formazione in materia di prevenzione e protezione dei rischi, anche di natura ergonomica e da stress lavoro-correlato di cui all'articolo 28, comma 1, di organizzazione e gestione delle attività tecnico amministrative e di tecniche di comunicazione in azienda e di relazioni sindacali. I corsi di cui ai periodi precedenti devono rispettare in ogni caso quanto previsto dall'accordo sancito il 26 gennaio 2006 in sede di Conferenza permanente per i rapporti tra lo Stato, le regioni e le province autonome di Trento e di Bolzano, pubblicato nella Gazzetta Ufficiale n. 37 del 14 febbraio 2006, e successive modificazioni.

3. Possono altresì svolgere le funzioni di responsabile o addetto coloro che, pur non essendo in possesso del titolo di studio di cui al comma 2, dimostrino di aver svolto una delle funzioni richiamate, professionalmente o alle dipendenze di un datore di lavoro, almeno da sei mesi alla data del 13 agosto 2003 previo svolgimento dei corsi secondo quanto previsto dall'accordo di cui al comma 2.

4. I corsi di formazione di cui al comma 2 sono organizzati dalle regioni e dalle province autonome di Trento e di Bolzano, dalle università, dall'ISPESL, dall'INAIL, o dall'IPSEMA per la parte di relativa competenza, dal Corpo nazionale dei vigili del fuoco dall'amministrazione della Difesa, dalla Scuola superiore della pubblica amministrazione e dalle altre Scuole superiori delle singole amministrazioni, dalle associazioni sindacali dei datori di lavoro o dei lavoratori o dagli organismi paritetici, nonché dai soggetti di cui al punto 4 dell'accordo di cui al comma 2 nel rispetto dei limiti e delle specifiche modalità ivi previste. Ulteriori soggetti formatori possono essere individuati in sede di Conferenza permanente per i rapporti tra lo Stato, le regioni e le province autonome di Trento e di Bolzano.

5. Coloro che sono in possesso di laurea in una delle seguenti classi: L7, L8, L9, L17, L23, e della laurea magistrale LM26 di cui al decreto del Ministro dell'università e della ricerca in data 16 marzo 2007, pubblicato nel S.O. alla Gazzetta Ufficiale n. 155 del 6 luglio 2007, o nelle classi 8, 9, 10, 4, di cui al decreto del Ministro dell'università e della ricerca scientifica e tecnologica in data 4 agosto 2000, pubblicato nel S.O. alla Gazzetta Ufficiale n. 245 del 19 ottobre 2000, ovvero nella classe 4 di cui al decreto del Ministro dell'università e della ricerca scientifica e tecnologica in data 2 aprile 2001, pubblicato nel S.O. alla Gazzetta Ufficiale n. 128 del 5 giugno 2001, ovvero di altre lauree e lauree magistrali riconosciute corrispondenti ai sensi della normativa vigente con decreto del Ministro dell'istruzione, dell'università e della ricerca, su parere conforme del Consiglio universitario nazionale ai sensi della normativa vigente, sono esonerati dalla frequenza ai corsi di formazione di cui al comma 2, primo periodo. Ulteriori titoli di studio possono essere individuati in sede di Conferenza permanente per i rapporti tra lo Stato, le regioni e le province autonome di Trento e di Bolzano [1].

5 bis. In tutti i casi di formazione e aggiornamento, previsti dal presente decreto legislativo, in cui i contenuti dei percorsi formativi si sovrappongano, in tutto o in parte, a quelli previsti per il responsabile e per gli addetti del servizio prevenzione e protezione, è riconosciuto credito formativo per la durata ed i contenuti della formazione e dell'aggiornamento corrispondenti erogati. Le modalità di riconoscimento del credito formativo e i modelli per mezzo dei quali è documentata l'avvenuta formazione sono individuati dalla Conferenza permanente per i rapporti tra lo Stato, le regioni e le province autonome di Trento e di Bolzano, sentita la Commissione consultiva permanente di cui all'articolo 6. Gli istituti di istruzione e universitari provvedono a rilasciare agli allievi equiparati ai lavoratori, ai sensi dell'articolo 2, comma 1, lettera a), e dell'articolo 37, comma 1, lettere a) e b), del presente decreto, gli attestati di avvenuta formazione sulla salute e sicurezza sul lavoro [2].

6. I responsabili e gli addetti dei servizi di prevenzione e protezione sono tenuti a frequentare corsi di aggiornamento secondo gli indirizzi definiti nell'accordo Stato-regioni di cui al comma 2. È fatto salvo quanto previsto dall'articolo 34.

7. Le competenze acquisite a seguito dello svolgimento delle attività di formazione di cui al presente articolo nei confronti dei componenti del servizio interno sono registrate nel libretto formativo del cittadino di cui all'articolo 2, comma 1, lettera i), del decreto legislativo 10 settembre 2003, n. 276, e successive modificazioni, se concretamente disponibile in quanto attivato nel rispetto delle vigenti disposizioni [3].

8. Negli istituti di istruzione, di formazione professionale e universitari e nelle istituzioni dell'alta formazione artistica e coreutica, il datore di lavoro che non opta per lo svolgimento diretto dei compiti propri del servizio di prevenzione e protezione dei rischi designa il responsabile del servizio di prevenzione e protezione, individuandolo tra:

a) il personale interno all'unità scolastica in possesso dei requisiti di cui al presente articolo che si dichiari a tal fine disponibile;
b) il personale interno ad una unità scolastica in possesso dei requisiti di cui al presente articolo che si dichiari disponibile ad operare in una pluralità di istituti.

9. In assenza di personale di cui alle lettere a) e b) del comma 8, gruppi di istituti possono avvalersi in maniera comune dell'opera di un unico esperto esterno, tramite stipula di apposita convenzione, in via prioritaria con gli enti locali proprietari degli edifici scolastici e, in via subordinata, con enti o istituti specializzati in materia di salute e sicurezza sul lavoro o con altro esperto esterno libero professionista.

10. Nei casi di cui al comma 8 il datore di lavoro che si avvale di un esperto esterno per ricoprire l'incarico di responsabile del servizio deve comunque organizzare un servizio di prevenzione e protezione con un adeguato numero di addetti.

(1) Comma modificato dall'art. 21, co. 1, lett. a) e b), d.lgs. 3.8.2009, n. 106.
(2) Comma introdotto dall'art. 32, co. 1, lett. c), d.l. 21.6.2013, n. 69, conv., con modif., dalla l. 9.8.2013 n. 98.
(3) Comma modificato dall'art. 21, co. 1, lett. c), d.lgs. 3.8.2009, n. 106.

33. Compiti del servizio di prevenzione e protezione.

1. Il servizio di prevenzione e protezione dai rischi professionali provvede:

a) all'individuazione dei fattori di rischio, alla valutazione dei rischi e all'individuazione delle misure per la sicurezza e la salubrità degli ambienti di lavoro, nel rispetto della normativa vigente sulla base della specifica conoscenza dell'organizzazione aziendale;
b) ad elaborare, per quanto di competenza, le misure preventive e protettive di cui all'articolo 28, comma 2, e i sistemi di controllo di tali misure;
c) ad elaborare le procedure di sicurezza per le varie attività aziendali;
d) a proporre i programmi di informazione e formazione dei lavoratori;
e) a partecipare alle consultazioni in materia di tutela della salute e sicurezza sul lavoro, nonché alla riunione periodica di cui all'articolo 35;
f) a fornire ai lavoratori le informazioni di cui all'articolo 36.

2. I componenti del servizio di prevenzione e protezione sono tenuti al segreto in ordine ai processi lavorativi di cui vengono a conoscenza nell'esercizio delle funzioni di cui al presente decreto legislativo.

3. Il servizio di prevenzione e protezione è utilizzato dal datore di lavoro.

34. Svolgimento diretto da parte del datore di lavoro dei compiti di prevenzione e protezione dai rischi.

1. Salvo che nei casi di cui all'articolo 31, comma 6, il datore di lavoro può svolgere direttamente i compiti propri del servizio di prevenzione e protezione dai rischi, di primo soccorso, nonché di prevenzione incendi e di evacuazione, nelle ipotesi previste nell'allegato 2 dandone preventiva informazione al rappresentante dei lavoratori per la sicurezza ed alle condizioni di cui ai commi successivi.

[**1 bis.** Salvo che nei casi di cui all'articolo 31, comma 6, nelle imprese o unità produttive fino a cinque lavoratori il datore di lavoro può svolgere direttamente i compiti di primo soccorso, nonché di prevenzione degli incendi e di evacuazione, anche in caso di affidamento dell'incarico di responsabile del servizio di prevenzione e protezione a persone interne all'azienda o all'unità produttiva o a servizi esterni così come previsto all'articolo 31, dandone preventiva informazione al rappresentante dei lavoratori per la sicurezza ed alle condizioni di cui al comma 2-*bis* (1).]

2. Il datore di lavoro che intende svolgere i compiti di cui al comma 1, deve frequentare corsi di formazione, di durata minima di 16 ore e massima di 48 ore, adeguati alla natura dei rischi presenti sul luogo di lavoro e relativi alle attività lavorative, nel rispetto dei contenuti e delle articolazioni definiti mediante accordo in sede di Conferenza permanente per i rapporti tra lo Stato, le regioni e le province autonome di Trento e di Bolzano, entro il termine di dodici mesi dall'entrata in vigore del presente decreto legislativo. Fino alla pubblicazione dell'accordo di cui al periodo precedente, conserva validità la formazione effettuata ai sensi dell'articolo 3 del decreto ministeriale 16 gennaio 1997, il cui contenuto è riconosciuto dalla Conferenza permanente per i rapporti tra lo Stato, le regioni e le province autonome di Trento e di Bolzano in sede di definizione dell'accordo di cui al periodo precedente.

2 bis. Il datore di lavoro che svolge direttamente i compiti di primo soccorso nonché di prevenzione incendi e di evacuazione deve frequentare gli specifici corsi formazione previsti agli articoli 45 e 46 (2).

3. Il datore di lavoro che svolge i compiti di cui al comma 1 è altresì tenuto a frequentare corsi di aggiornamento nel rispetto di quanto previsto nell'accordo di cui al precedente comma. L'obbligo di cui al precedente periodo si applica anche a coloro che abbiano frequentato i corsi di cui all'articolo 3 del decreto ministeriale 16 gennaio 1997 e agli esonerati dalla frequenza dei corsi, ai sensi dell'articolo 95 del decreto legislativo 19 settembre 1994, n. 626.

(1) Comma introdotto dall'art. 22, co. 1, lett. a), d.lgs. 3.8.2009, n. 106 e, poi, abrogato dall'art. 20, co. 1, lett. g), n. 1, d.lgs. 14.9.2015, n.151.
(2) Comma introdotto dall'art. 22, co. 1, lett. b), d.lgs. 3.8.2009, n. 106 e, poi, modificato dall'art. 20, co. 1, lett. g), n. 2, d.lgs. 14.9.2015, n.151.

35. Riunione periodica.

1. Nelle aziende e nelle unità produttive che occupano più di 15 lavoratori, il datore di lavoro, direttamente o tramite il servizio di prevenzione e protezione dai rischi, indice almeno una volta all'anno una riunione cui partecipano:
a) il datore di lavoro o un suo rappresentante;
b) il responsabile del servizio di prevenzione e protezione dai rischi;
c) il medico competente, ove nominato;
d) il rappresentante dei lavoratori per la sicurezza.

2. Nel corso della riunione il datore di lavoro sottopone all'esame dei partecipanti:
a) il documento di valutazione dei rischi;
b) l'andamento degli infortuni e delle malattie professionali e della sorveglianza sanitaria;
c) i criteri di scelta, le caratteristiche tecniche e l'efficacia dei dispositivi di protezione individuale;
d) i programmi di informazione e formazione dei dirigenti, dei preposti e dei lavoratori ai fini della sicurezza e della protezione della loro salute.

3. Nel corso della riunione possono essere individuati:
a) codici di comportamento e buone prassi per prevenire i rischi di infortuni e di malattie professionali;
b) obiettivi di miglioramento della sicurezza complessiva sulla base delle linee guida per un sistema di gestione della salute e sicurezza sul lavoro.

4. La riunione ha altresì luogo in occasione di eventuali significative variazioni delle condizioni di esposizione al rischio, compresa la programmazione e l'introduzione di nuove tecnologie che hanno riflessi sulla sicurezza e salute dei lavoratori. Nelle ipotesi di cui al presente articolo, nelle unità produttive che occupano fino a 15 lavoratori è facoltà del rappresentante dei lavoratori per la sicurezza chiedere la convocazione di un'apposita riunione.

5. Della riunione deve essere redatto un verbale che è a disposizione dei partecipanti per la sua consultazione.

Sezione IV
Formazione, informazione e addestramento

36. Informazione ai lavoratori.

1. Il datore di lavoro provvede affinché ciascun lavoratore riceva una adeguata informazione:
a) sui rischi per la salute e sicurezza sul lavoro connessi alla attività della impresa in generale;
b) sulle procedure che riguardano il primo soccorso, la lotta antincendio, l'evacuazione dei luoghi di lavoro;
c) sui nominativi dei lavoratori incaricati di applicare le misure di cui agli articoli 45 e 46;
d) sui nominativi del responsabile e degli addetti del servizio di prevenzione e protezione, e del medico competente.

2. Il datore di lavoro provvede altresì affinché ciascun lavoratore riceva una adeguata informazione:
a) sui rischi specifici cui è esposto in relazione all'attività svolta, le normative di sicurezza e le disposizioni aziendali in materia;
b) sui pericoli connessi all'uso delle sostanze e delle miscele pericolose sulla base delle schede dei dati di sicurezza previste dalla normativa vigente e dalle norme di buona tecnica (1);
c) sulle misure e le attività di protezione e prevenzione adottate.

3. Il datore di lavoro fornisce le informazioni di cui al comma 1, lettera a), e al comma 2, lettere a), b) e c), anche ai lavoratori di cui all'articolo 3, comma 9.

4. Il contenuto della informazione deve essere facilmente comprensibile per i lavoratori e deve consentire loro di acquisire le relative conoscenze. Ove la informazione riguardi lavoratori immigrati, essa avviene previa verifica della comprensione della lingua utilizzata nel percorso informativo.

(1) Lettera modificata dall'art. 1, co. 1, lett. a), d.lgs. 15.2.2016, n. 39.

37. Formazione dei lavoratori e dei loro rappresentanti.

1. Il datore di lavoro assicura che ciascun lavoratore riceva una formazione sufficiente ed adeguata in materia di salute e sicurezza, anche rispetto alle conoscenze linguistiche, con particolare riferimento a:

a) concetti di rischio, danno, prevenzione, protezione, organizzazione della prevenzione aziendale, diritti e doveri dei vari soggetti aziendali, organi di vigilanza, controllo, assistenza;
b) rischi riferiti alle mansioni e ai possibili danni e alle conseguenti misure e procedure di prevenzione e protezione caratteristici del settore o comparto di appartenenza dell'azienda.

2. La durata, i contenuti minimi e le modalità della formazione di cui al comma 1 sono definiti mediante accordo in sede di Conferenza permanente per i rapporti tra lo Stato, le regioni e le province autonome di Trento e di Bolzano adottato, previa consultazione delle parti sociali, entro il termine di dodici mesi dalla data di entrata in vigore del presente decreto legislativo. Entro il 30 giugno 2022, la Conferenza permanente per i rapporti tra lo Stato, le regioni e le province autonome di Trento e di Bolzano adotta un accordo nel quale provvede all'accorpamento, alla rivisitazione e alla modifica degli accordi attuativi del presente decreto in materia di formazione, in modo da garantire:

a) l'individuazione della durata, dei contenuti minimi e delle modalità della formazione obbligatoria a carico del datore di lavoro;
b) l'individuazione delle modalità della verifica finale di apprendimento obbligatoria per i discenti di tutti i percorsi formativi e di aggiornamento obbligatori in materia di salute e sicurezza sul lavoro e delle modalità delle verifiche di efficacia della formazione durante lo svolgimento della prestazione lavorativa;
b-*bis*) il monitoraggio dell'applicazione degli accordi in materia di formazione, nonché il controllo sulle attività formative e sul rispetto della normativa di riferimento, sia da parte dei soggetti che erogano la formazione, sia da parte dei soggetti destinatari della stessa [(1) (2)].

3. Il datore di lavoro assicura, altresì, che ciascun lavoratore riceva una formazione sufficiente ed adeguata in merito ai rischi specifici di cui ai titoli del presente decreto successivi al I.
Ferme restando le disposizioni già in vigore in materia, la formazione di cui al periodo che precede è definita mediante l'accordo di cui al comma 2.

4. La formazione e, ove previsto, l'addestramento specifico devono avvenire in occasione:

a) della costituzione del rapporto di lavoro o dell'inizio dell'utilizzazione qualora si tratti di somministrazione di lavoro;
b) del trasferimento o cambiamento di mansioni;
c) della introduzione di nuove attrezzature di lavoro o di nuove tecnologie, di nuove sostanze e miscele pericolose [(3)].

5. L'addestramento viene effettuato da persona esperta e sul luogo di lavoro. L'addestramento consiste nella prova pratica, per l'uso corretto e in sicurezza di attrezzature, macchine, impianti, sostanze, dispositivi, anche di protezione individuale; l'addestramento consiste, inoltre, nell'esercitazione applicata, per le procedure di lavoro in sicurezza. Gli interventi di addestramento effettuati devono essere tracciati in apposito registro anche informatizzato [(4)].

6. La formazione dei lavoratori e dei loro rappresentanti deve essere periodicamente ripetuta in relazione all'evoluzione dei rischi o all'insorgenza di nuovi rischi.

7. Il datore di lavoro, i dirigenti e i preposti ricevono un'adeguata e specifica formazione e un aggiornamento periodico in relazione ai propri compiti in materia di salute e sicurezza sul lavoro, secondo quanto previsto dall'accordo di cui al comma 2, secondo periodo [(5)]:

7 bis. La formazione di cui al comma 7 può essere effettuata anche presso gli organismi paritetici di cui all'articolo 51 o le scuole edili, ove esistenti, o presso le associazioni sindacali dei datori di lavoro o dei lavoratori [(6)].

7 ter. Per assicurare l'adeguatezza e la specificità della formazione nonché l'aggiornamento periodico dei preposti ai sensi del comma 7, le relative attività formative devono essere svolte interamente con modalità in presenza e devono essere ripetute con cadenza almeno biennale e comunque ogni qualvolta sia reso necessario in ragione dell'evoluzione dei rischi o all'insorgenza di nuovi rischi [(7)].

8. I soggetti di cui all'articolo 21, comma 1, possono avvalersi dei percorsi formativi appositamente definiti, tramite l'accordo di cui al comma 2, in sede di Conferenza permanente per i rapporti tra lo Stato, le regioni e le province autonome di Trento e di Bolzano.

9. I lavoratori incaricati dell'attività di prevenzione incendi e lotta antincendio, di evacuazione dei luoghi di lavoro in caso di pericolo grave ed immediato, di salvataggio, di primo soccorso e, comunque, di gestione dell'emergenza devono ricevere un'adeguata e specifica formazione e un aggiornamento periodico; in attesa dell'emanazione delle disposizioni di cui al comma 3 dell'articolo 46, continuano a trovare applicazione le disposizioni di cui al decreto del Ministro dell'interno in data 10 marzo 1998, pubblicato nel S.O. alla Gazzetta Ufficiale n. 81 del 7 aprile 1998, attuativo dell articolo 13 del decreto legislativo 19 settembre 1994, n. 626.

10. Il rappresentante dei lavoratori per la sicurezza ha diritto ad una formazione particolare in materia di salute e sicurezza concernente i rischi specifici esistenti negli ambiti in cui esercita la propria rappresentanza, tale da assicurargli adeguate competenze sulle principali tecniche di controllo e prevenzione dei rischi stessi.

11. Le modalità, la durata e i contenuti specifici della formazione del rappresentante dei lavoratori per la sicurezza sono stabiliti in sede di contrattazione collettiva nazionale, nel rispetto dei seguenti contenuti minimi: a) principi giuridici comunitari e nazionali; b) legislazione generale e speciale in materia di salute e sicurezza sul lavoro; c) principali soggetti coinvolti e i relativi obblighi; d) definizione e individuazione dei fattori di rischio; e) valutazione dei rischi; f) individuazione delle misure tecniche, organizzative e procedurali di prevenzione e protezione; g) aspetti normativi dell'attività di rappresentanza dei lavoratori; h) nozioni di tecnica della comunicazione. La durata minima dei corsi è di 32 ore iniziali, di cui 12 sui rischi specifici presenti in azienda e le conseguenti misure di prevenzione e protezione adottate, con verifica di apprendimento. La contrattazione collettiva nazionale disciplina le modalità dell'obbligo di aggiornamento periodico, la cui durata non può essere inferiore a 4 ore annue per le imprese che occupano dai 15 ai 50 lavoratori e a 8 ore annue per le imprese che occupano più di 50 lavoratori.

12. La formazione dei lavoratori e quella dei loro rappresentanti deve avvenire, in collaborazione con gli organismi paritetici, ove presenti nel settore e nel territorio in cui si svolge l'attività del datore di lavoro, durante l'orario di lavoro e non può comportare oneri economici a carico dei lavoratori [8].

13. Il contenuto della formazione deve essere facilmente comprensibile per i lavoratori e deve consentire loro di acquisire le conoscenze e competenze necessarie in materia di salute e sicurezza sul lavoro. Ove la formazione riguardi lavoratori immigrati, essa avviene previa verifica della comprensione e conoscenza della lingua veicolare utilizzata nel percorso formativo.

14. Le competenze acquisite a seguito dello svolgimento delle attività di formazione di cui al presente decreto sono registrate nel libretto formativo del cittadino di cui all'articolo 2, comma 1, lettera i), del decreto legislativo 10 settembre 2003, n. 276, e successive modificazioni, se concretamente disponibile in quanto attivato nel rispetto delle vigenti disposizioni. Il contenuto del libretto formativo è considerato dal datore di lavoro ai fini della programmazione della formazione e di esso gli organi di vigilanza tengono conto ai fini della verifica degli obblighi di cui al presente decreto [9].

14 bis. In tutti i casi di formazione ed aggiornamento, previsti dal presente decreto legislativo per dirigenti, preposti, lavoratori e rappresentanti dei lavoratori per la sicurezza in cui i contenuti dei percorsi formativi si sovrappongano, in tutto o in parte, è riconosciuto il credito formativo per la durata e per i contenuti della formazione e dell'aggiornamento corrispondenti erogati. Le modalità di riconoscimento del credito formativo e i modelli per mezzo dei quali è documentata l'avvenuta formazione sono individuati dalla Conferenza permanente per i rapporti tra lo Stato, le regioni e le province autonome di Trento e di Bolzano, sentita la Commissione consultiva permanente di cui all'articolo 6. Gli istituti di istruzione e universitari provvedono a rilasciare agli *allievi equiparati ai lavoratori, ai sensi* dell'articolo 2, comma 1, lettera a), e dell'articolo 37, comma 1, lettere a) e b), del presente decreto, gli attestati di avvenuta formazione sulla salute e sicurezza sul lavoro [10].

(1) Lettera introdotta dall'art. 14, co. 1, lett. d), d.l. 4.5.2023, n. 48, conv., con modif., dalla l. 3.7.2023, n. 85.
(2) Comma modificato dall'art. 13, co. 1, lett. d quinquies), n. 1), d.l. 21.10.2021, n. 146, conv., con modif., dalla l. 17.12.2021, n. 215.
(3) Lettera modificata dall'art. 1, co. 1, lett. a), d.lgs. 15.2.2016, n. 39.
(4) Comma modificato dall'art. 13, co. 1, lett. d quinquies), n. 2), d.l. 21.10.2021, n. 146, conv., con modif., dalla l. 17.12.2021, n. 215.
(5) Comma modificato dall'art. 23, co. 1, lett. a), d.lgs. 3.8.2009, n. 106 e successivamente dall'art. 13, co. 1, lett. d quinquies), n. 3), d.l. 21.10.2021, n. 146, conv., con modif., dalla l. 17.12.2021, n. 215.
(6) Comma introdotto dall'art. 23, co. 1, lett. b), d.lgs. 3.8.2009, n. 106.
(7) Comma introdotto dall'art. 13, co. 1, lett. d quinquies), n. 4), d.l. 21.10.2021, n. 146, conv., con modif., dalla l. 17.12.2021, n. 215.
(8) Comma sostituito dall'art. 23, co. 1, lett. c), d.lgs. 3.8.2009, n. 106.
(9) Comma modificato dall'art. 23, co. 1, lett. c), d.lgs. 3.8.2009, n. 106.
(10) Comma introdotto dalll'art. 32, co. 1, lett. d), d.l. 21.6.2013, n. 69, conv., con modif., dalla l. 9.8.2013 n. 98.

Sezione V
Sorveglianza sanitaria

38. Titoli e requisiti del medico competente.

1. Per svolgere le funzioni di medico competente è necessario possedere uno dei seguenti titoli o requisiti:
a) specializzazione in medicina del lavoro o in medicina preventiva dei lavoratori e psicotecnica;
b) docenza in medicina del lavoro o in medicina preventiva dei lavoratori e psicotecnica o in tossicologia industriale o in igiene industriale o in fisiologia e igiene del lavoro o in clinica del lavoro;
c) autorizzazione di cui all'articolo 55 del decreto legislativo 15 agosto 1991, n. 277;
d) specializzazione in igiene e medicina preventiva o in medicina legale;
d-*bis*) con esclusivo riferimento al ruolo dei sanitari delle Forze armate, compresa l'Arma dei carabinieri, della Polizia di Stato e della Guardia di finanza, svolgimento di attività di medico nel settore del lavoro per almeno quattro anni [1].

2. I medici in possesso dei titoli di cui al comma 1, lettera d), sono tenuti a frequentare appositi percorsi formativi universitari da definire con apposito decreto del Ministero dell'università e della ricerca di concerto con il Ministero del lavoro, della salute e delle politiche sociali. I soggetti di cui al precedente periodo i quali, alla data di entrata in vigore del presente decreto, svolgano le attività di medico competente o dimostrino di avere svolto tali attività per almeno un anno nell'arco dei tre anni anteriori all'entrata in vigore del presente decreto legislativo, sono abilitati a svolgere le medesime funzioni. A tal fine sono tenuti a produrre alla Regione attestazione del datore di lavoro comprovante l'espletamento di tale attività [2].

3. Per lo svolgimento delle funzioni di medico competente è altresì necessario partecipare al programma di educazione continua in medicina ai sensi del decreto legislativo 19 giugno 1999, n. 229, e successive modificazioni e integrazioni, a partire dal programma triennale successivo all'entrata in vigore del presente decreto legislativo. I crediti previsti dal programma triennale dovranno essere conseguiti nella misura non inferiore al 70 per cento del totale nella disciplina "medicina del lavoro e sicurezza degli ambienti di lavoro".

4. I medici in possesso dei titoli e dei requisiti di cui al presente articolo sono iscritti nell'elenco dei medici competenti istituito presso il Ministero del lavoro, della salute e delle politiche sociali [(3)].

(1) Lettera introdotta dall'art. 24, c. 1, d.lgs. 3.08.2009, n. 106.
(2) Comma modificato dall'art. 1, c. 1, lett. a), d.lgs. 3.08.2009, n. 106.
(3) Comma modificato dall'art. 1, c. 1, lett. a), d.lgs. 3.08.2009, n. 106.

39. Svolgimento dell'attività di medico competente.

1. L'attività di medico competente è svolta secondo i principi della medicina del lavoro e del codice etico della Commissione internazionale di salute occupazionale (ICOH).

2. Il medico competente svolge la propria opera in qualità di:

a) dipendente o collaboratore di una struttura esterna pubblica o privata, convenzionata con l'imprenditore;

b) libero professionista;

c) dipendente del datore di lavoro.

3. Il dipendente di una struttura pubblica, assegnato agli uffici che svolgono attività di vigilanza, non può prestare, ad alcun titolo e in alcuna parte del territorio nazionale, attività di medico competente.

4. Il datore di lavoro assicura al medico competente le condizioni necessarie per lo svolgimento di tutti i suoi compiti garantendone l'autonomia.

5. Il medico competente può avvalersi, per accertamenti diagnostici, della collaborazione di medici specialisti scelti in accordo con il datore di lavoro che ne sopporta gli oneri.

6. Nei casi di aziende con più unità produttive, nei casi di gruppi d'imprese nonché qualora la valutazione dei rischi ne evidenzi la necessità, il datore di lavoro può nominare più medici competenti individuando tra essi un medico con funzioni di coordinamento.

40. Rapporti del medico competente con il Servizio sanitario nazionale.

1. Entro il primo trimestre dell'anno successivo all'anno di riferimento il medico competente trasmette, esclusivamente per via telematica, ai servizi competenti per territorio le informazioni, elaborate evidenziando le differenze di genere, relative ai dati aggregati sanitari e di rischio dei lavoratori, sottoposti a sorveglianza sanitaria secondo il modello in allegato 3B.

2. Le regioni e le province autonome di Trento e di Bolzano trasmettono le informazioni di cui al comma 1, aggregate dalle aziende sanitarie locali, all'ISPESL.

2 bis. Entro il 31 dicembre 2009, con decreto del Ministro del lavoro, della salute e delle politiche sociali, previa intesa in sede di Conferenza permanente per i rapporti tra Stato, le regioni e le province autonome di Trento e di Bolzano, sono definiti, secondo criteri di semplicità e certezza, i contenuti degli Allegati 3A e 3B e le modalità di trasmissione delle informazioni di cui al comma 1. Gli obblighi di redazione e trasmissione relativi alle informazioni di cui al comma 1 decorrono dalla data di entrata in vigore del decreto di cui al primo periodo [(1)].

(1) Comma introdotto dall'art. 25, co. 1, d.lgs. 3.8.2009, n. 106.

41. Sorveglianza sanitaria.

1. La sorveglianza sanitaria è effettuata dal medico competente:

a) nei casi previsti dalla normativa vigente, [dalle direttive europee nonché] dalle indicazioni fornite dalla Commissione consultiva di cui all'articolo 6;

b) qualora il lavoratore ne faccia richiesta e la stessa sia ritenuta dal medico competente correlata ai rischi lavorativi.

2. La sorveglianza sanitaria comprende:

a) visita medica preventiva intesa a constatare l'assenza di controindicazioni al lavoro cui il lavoratore è destinato al fine di valutare la sua idoneità alla mansione specifica;

b) visita medica periodica per controllare lo stato di salute dei lavoratori ed esprimere il giudizio di idoneità alla mansione specifica. La periodicità di tali accertamenti, qualora non prevista dalla relativa normativa, viene stabilita, di norma, in una volta l'anno. Tale periodicità può assumere cadenza diversa, stabilita dal medico competente in funzione della valutazione del rischio.

L'organo di vigilanza, con provvedimento motivato, può disporre contenuti e periodicità della sorveglianza sanitaria differenti rispetto a quelli indicati dal medico competente;

c) visita medica su richiesta del lavoratore, qualora sia ritenuta dal medico competente correlata ai rischi professionali o alle sue condizioni di salute, suscettibili di peggioramento a causa dell'attività lavorativa svolta, al fine di esprimere il giudizio di idoneità alla mansione specifica;

d) visita medica in occasione del cambio della mansione onde verificare l'idoneità alla mansione specifica;

e) visita medica alla cessazione del rapporto di lavoro nei casi previsti dalla normativa vigente;

e-*bis*) visita medica preventiva in fase preassuntiva [(2)];

e-*ter*) visita medica precedente alla ripresa del lavoro, a seguito di assenza per motivi di salute di durata superiore ai sessanta giorni continuativi, al fine di verificare l'idoneità alla mansione [(3)].

2 bis. Le visite mediche preventive possono essere svolte in fase preassuntiva, su scelta del datore di lavoro, dal medico competente o dai dipartimenti di prevenzione delle ASL. La scelta dei dipartimenti di prevenzione non è incompatibile con le disposizioni dell'articolo 39, comma 3 [(4)].

3. Le visite mediche di cui al comma 2 non possono essere effettuate:

[a) in fase preassuntiva;] (5)
b) per accertare stati di gravidanza;
c) negli altri casi vietati dalla normativa vigente.

4. Le visite mediche di cui al comma 2, a cura e spese del datore di lavoro, comprendono gli esami clinici e biologici e indagini diagnostiche mirati al rischio ritenuti necessari dal medico competente. Nei casi ed alle condizioni previste dall'ordinamento, le visite di cui al comma 2, lettere a), b), d), e-*bis*) e e-*ter*) sono altresì finalizzate alla verifica di assenza di condizioni di alcol dipendenza e di assunzione di sostanze psicotrope e stupefacenti (6).

4 bis. Entro il 31 dicembre 2009, con accordo in Conferenza Stato-regioni, adottato previa consultazione delle parti sociali, vengono rivisitate le condizioni e le modalità per l'accertamento della tossicodipendenza e della alcol dipendenza (7).

5. Gli esiti della visita medica devono essere allegati alla cartella sanitaria e di rischio di cui all'articolo 25, comma 1, lettera c), secondo i requisiti minimi contenuti nell'Allegato 3A e predisposta su formato cartaceo o informatizzato, secondo quanto previsto dall'articolo 53.

6. Il medico competente, sulla base delle risultanze delle visite mediche di cui al comma 2, esprime uno dei seguenti giudizi relativi alla mansione specifica:
a) idoneità;
b) idoneità parziale, temporanea o permanente, con prescrizioni o limitazioni;
c) inidoneità temporanea;
d) inidoneità permanente.

6 bis. Nei casi di cui alle lettere a), b), c) e d) del comma 6 il medico competente esprime il proprio giudizio per iscritto dando copia del giudizio medesimo al lavoratore e al datore di lavoro (8).

7. Nel caso di espressione del giudizio di inidoneità temporanea vanno precisati i limiti temporali di validità.

[8. Dei giudizi di cui al comma 6, il medico competente informa per iscritto il datore di lavoro e il lavoratore.] (9)

9. Avverso i giudizi del medico competente, ivi compresi quelli formulati in fase preassuntiva, è ammesso ricorso, entro trenta giorni dalla data di comunicazione del giudizio medesimo, all'organo di vigilanza territorialmente competente che dispone, dopo eventuali ulteriori accertamenti, la conferma, la modifica o la revoca del giudizio stesso (10).

(1) Lettera modificata dall'art. 26, co. 1, d.lgs. 3.8.2009, n. 106.
(2) Lettera introdotta dall'art. 26, co. 2, d.lgs. 3.8.2009, n. 106.
(3) Lettera introdotta dall'art. 26, co. 2, d.lgs. 3.8.2009, n. 106.
(4) Comma introdotto dall'art. 26, co. 3, d.lgs. 3.8.2009, n. 106.
(5) Lettera soppressa dall'art. 26, co. 4, d.lgs. 3.8.2009, n. 106.
(6) Comma modificato dall'art. 26, co. 5, d.lgs. 3.8.2009, n. 106.
(7) Comma introdotto dall'art. 26, co. 6, d.lgs. 3.8.2009, n. 106.
(8) Comma introdotto dall'art. 26, co. 7, d.lgs. 3.8.2009, n. 106.
(9) Comma abrogato dall'art. 26, co. 8, d.lgs. 3.8.2009, n. 106.
(10) Comma modificato dall'art. 26, co. 9, d.lgs. 3.8.2009, n. 106.

42. Provvedimenti in caso di inidoneità alla mansione specifica.

1. Il datore di lavoro, anche in considerazione di quanto disposto dalla legge 12 marzo 1999, n. 68, in relazione ai giudizi di cui all'articolo 41, comma 6, attua le misure indicate dal medico competente e qualora le stesse prevedano un'inidoneità alla mansione specifica adibisce il lavoratore, ove possibile, a mansioni equivalenti o, in difetto, a mansioni inferiori garantendo il trattamento corrispondente alle mansioni di provenienza (1).

[**2.** Il lavoratore di cui al comma 1 che viene adibito a mansioni inferiori conserva la retribuzione corrispondente alle mansioni precedentemente svolte, nonché la qualifica originaria. Qualora il lavoratore venga adibito a mansioni equivalenti o superiori si applicano le norme di cui all'articolo 2103 del codice civile, fermo restando quanto previsto dall'articolo 52 del decreto legislativo 30 marzo 2001, n. 165.] (2)

(1) Comma sostituito dall'art. 27, co. 1, lett. a), d.lgs. 3.8.2009, n. 106.
(2) Comma abrogato dall'art. 27, co. 1, lett. b), d.lgs. 3.8.2009, n. 106.

Sezione VI
Gestione delle emergenze

43. Disposizioni generali.

1. Ai fini degli adempimenti di cui all'articolo 18, comma 1, lettera t), il datore di lavoro:
a) organizza i necessari rapporti con i servizi pubblici competenti in materia di primo soccorso, salvataggio, lotta antincendio e gestione dell'emergenza;
b) designa preventivamente i lavoratori di cui all'articolo 18, comma 1, lettera b);
c) informa tutti i lavoratori che possono essere esposti a un pericolo grave e immediato circa le misure predisposte e i comportamenti da adottare;
d) programma gli interventi, prende i provvedimenti e dà istruzioni affinché i lavoratori, in caso di pericolo grave e immediato che non può essere evitato, possano cessare la loro attività, o mettersi al sicuro, abbandonando immediatamente il luogo di lavoro;
e) adotta i provvedimenti necessari affinché qualsiasi lavoratore, in caso di pericolo grave ed immediato per la propria sicurezza o per quella di altre persone e nell'impossibilità di contattare il competente superiore gerarchico, possa prendere le misure adeguate per evitare le conseguenze di tale pericolo, tenendo conto delle sue conoscenze e dei mezzi tecnici disponibili;
e-*bis*) garantisce la presenza di mezzi di estinzione idonei alla classe di incendio ed al livello di rischio presenti sul luogo di lavoro, tenendo anche conto delle particolari condizioni in cui possono essere usati. L'obbligo si applica anche agli impianti di estinzione fissi, manuali o automatici, individuati in relazione alla valutazione dei rischi (1).

2. Ai fini delle designazioni di cui al comma 1, lettera b), il datore di lavoro tiene conto delle dimensioni dell'azienda e dei rischi specifici dell'azienda o della unità produttiva secondo i criteri previsti nei decreti di cui all'articolo 46.

3. I lavoratori non possono, se non per giustificato motivo, rifiutare la designazione. Essi devono essere formati, essere in numero sufficiente e disporre di attrezzature adeguate, tenendo conto delle dimensioni e dei rischi specifici dell'azienda o dell'unità produttiva. Con riguardo al personale della Difesa la formazione specifica svolta presso gli istituti o le scuole della stessa Amministrazione è abilitativa alla funzione di addetto alla gestione delle emergenze (2).

4. Il datore di lavoro deve, salvo eccezioni debitamente motivate, astenersi dal chiedere ai lavoratori di riprendere la loro attività in una situazione di lavoro in cui persiste un pericolo grave ed immediato.

(1) Lettera introdotta dall'art. 28, co. 1, lett. a), d.lgs. 3.8.2009, n. 106.
(2) Comma modifiacto dall'art. 28, co. 1, lett. b), d.lgs. 3.8.2009, n. 106.

44. Diritti dei lavoratori in caso di pericolo grave e immediato.

1. Il lavoratore che, in caso di pericolo grave, immediato e che non può essere evitato, si allontana dal posto di lavoro o da una zona pericolosa, non può subire pregiudizio alcuno e deve essere protetto da qualsiasi conseguenza dannosa.

2. Il lavoratore che, in caso di pericolo grave e immediato e nell'impossibilità di contattare il competente superiore gerarchico, prende misure per evitare le conseguenze di tale pericolo, non può subire pregiudizio per tale azione, a meno che non abbia commesso una grave negligenza.

45. Primo soccorso.

1. Il datore di lavoro, tenendo conto della natura della attività e delle dimensioni dell'azienda o della unità produttiva, sentito il medico competente ove nominato, prende i provvedimenti necessari in materia di primo soccorso e di assistenza medica di emergenza, tenendo conto delle altre eventuali persone presenti sui luoghi di lavoro e stabilendo i necessari rapporti con i servizi esterni, anche per il trasporto dei lavoratori infortunati.

2. Le caratteristiche minime delle attrezzature di primo soccorso, i requisiti del personale addetto e la sua formazione, individuati in relazione alla natura dell'attività, al numero dei lavoratori occupati ed ai fattori di rischio sono individuati dal decreto ministeriale 15 luglio 2003, n. 388 e dai successivi decreti ministeriali di adeguamento acquisito il parere della Conferenza permanente per i rapporti tra lo Stato, le regioni e le province autonome di Trento e di Bolzano.

3. Con appositi decreti ministeriali, acquisito il parere della Conferenza permanente, acquisito il parere della Conferenza permanente per i rapporti tra lo Stato, le regioni e le province autonome di Trento e di Bolzano, vengono definite le modalità di applicazione in ambito ferroviario del decreto ministeriale 15 luglio 2003, n. 388 e successive modificazioni, nel rispetto della normativa dell'Unione europea in materia di sicurezza e di interoperabilità del trasporto ferroviario (1) (2).

3 bis. Entro centoventi giorni dalla data di entrata in vigore della presente disposizione, i gestori delle infrastrutture ferroviarie e le imprese ferroviarie, in coordinamento con i servizi pubblici di pronto soccorso, predispongono, sulla base di una determinazione e valutazione dei rischi, procedure operative per l'attuazione, nel rispetto della normativa dell'Unione europea in materia di sicurezza e di interoperabilità del trasporto ferroviario, di un piano di intervento recante le modalità operative del soccorso qualificato lungo la rete ferroviaria, incluso il trasporto degli infortunati. Ciascun datore di lavoro individua, sulla base di una specifica determinazione e valutazione dei rischi, i ruoli e le responsabilità da assegnare al personale, tenuto conto delle relative categorie di inquadramento, dei titoli formativi e delle mansioni (3).

(1) Comma modificato dall'art. 4, co. 1, lett. a), l. 30.12.2023, n. 214.
(2) In attuazione di quanto disposto dal presente comma
(3) Comma introdotto dall'art. 4, co. 1, lett. b), l. 30.12.2023, n. 214.

46. Prevenzione incendi.

1. La prevenzione incendi è la funzione di preminente interesse pubblico, di esclusiva competenza statuale, diretta a conseguire, secondo criteri applicativi uniformi sul territorio nazionale, gli obiettivi di sicurezza della vita umana, di incolumità delle persone e di tutela dei beni e dell'ambiente.

2. Nei luoghi di lavoro soggetti al presente decreto legislativo devono essere adottate idonee misure per prevenire gli incendi e per tutelare l'incolumità dei lavoratori.

3. Fermo restando quanto previsto dal decreto legislativo 8 marzo 2006, n. 139 e dalle disposizioni concernenti la prevenzione incendi di cui al presente decreto, i Ministri dell'interno, del lavoro e della previdenza sociale, in relazione ai fattori di rischio, adottano uno o più decreti nei quali sono definiti:

a) i criteri diretti atti ad individuare:
   1) misure intese ad evitare l'insorgere di un incendio ed a limitarne le conseguenze qualora esso si verifichi;
   2) misure precauzionali di esercizio;
   3) metodi di controllo e manutenzione degli impianti e delle attrezzature antincendio;
   4) criteri per la gestione delle emergenze;
b) le caratteristiche dello specifico servizio di prevenzione e protezione antincendio, compresi i requisiti del personale addetto e la sua formazione.

4. Fino all'adozione dei decreti di cui al comma 3, continuano ad applicarsi i criteri generali di sicurezza antincendio e per la gestione delle emergenze nei luoghi di lavoro di cui al decreto del Ministro dell'interno in data 10 marzo 1998.

5. Al fine di favorire il miglioramento dei livelli di sicurezza antincendio nei luoghi di lavoro, ed ai sensi dell'articolo 14, comma 2, lettera h), del decreto legislativo 8 marzo 2006, n. 139, con decreto del Ministro dell'interno sono istituiti, presso ogni direzione regionale dei vigili del fuoco, dei nuclei specialistici per l'effettuazione di una specifica attività di assistenza alle aziende. Il medesimo decreto contiene le procedure per l'espletamento della attività di assistenza.

6. In relazione ai principi di cui ai commi precedenti, ogni disposizione contenuta nel presente decreto legislativo, concernente aspetti di prevenzione incendi, sia per l'attività di disciplina che di controllo, deve essere riferita agli organi centrali e periferici del Dipartimento dei vigili del fuoco, del soccorso pubblico e della difesa civile, di cui agli articoli 1 e 2 del decreto legislativo 8 marzo 2006, n. 139. Restano ferme le rispettive competenze di cui all'articolo 13.

7. Le maggiori risorse derivanti dall'espletamento della funzione di controllo di cui al presente articolo, sono rassegnate al Corpo nazionale dei vigili per il miglioramento dei livelli di sicurezza antincendio nei luoghi di lavoro.

Sezione VII
Consultazione e partecipazione dei rappresentanti dei lavoratori

47. Rappresentante dei lavoratori per la sicurezza.

1. Il rappresentante dei lavoratori per la sicurezza è istituito a livello territoriale o di comparto, aziendale e di sito produttivo. L'elezione dei rappresentanti per la sicurezza avviene secondo le modalità di cui al comma 6.

2. In tutte le aziende, o unità produttive, è eletto o designato il rappresentante dei lavoratori per la sicurezza.

3. Nelle aziende o unità produttive che occupano fino a 15 lavoratori il rappresentante dei lavoratori per la sicurezza è di norma eletto direttamente dai lavoratori al loro interno oppure è individuato per più aziende nell'ambito territoriale o del comparto produttivo secondo quanto previsto dall'articolo 48.

4. Nelle aziende o unità produttive con più di 15 lavoratori il rappresentante dei lavoratori per la sicurezza è eletto o designato dai lavoratori nell'ambito delle rappresentanze sindacali in azienda. In assenza di tali rappresentanze, il rappresentante è eletto dai lavoratori della azienda al loro interno.

5. Il numero, le modalità di designazione o di elezione del rappresentante dei lavoratori per la sicurezza, nonché il tempo di lavoro retribuito e gli strumenti per l'espletamento delle funzioni sono stabiliti in sede di contrattazione collettiva.

6. L'elezione dei rappresentanti dei lavoratori per la sicurezza aziendali, territoriali o di comparto, salvo diverse determinazioni in sede di contrattazione collettiva, avviene di norma in corrispondenza della giornata nazionale per la salute e sicurezza sul lavoro, individuata, nell'ambito della settimana europea per la salute e sicurezza sul lavoro, con decreto del Ministro del lavoro e della previdenza sociale di concerto con il Ministro della salute, sentite le confederazioni sindacali dei datori di lavoro e dei lavoratori comparativamente più rappresentative sul piano nazionale. Con il medesimo decreto sono disciplinate le modalità di attuazione del presente comma.

7. In ogni caso il numero minimo dei rappresentanti di cui al comma 2 è il seguente: a) un rappresentante nelle aziende ovvero unità produttive sino a 200 lavoratori; b) tre rappresentanti nelle aziende ovvero unità produttive da 201 a 1.000 lavoratori; c) sei rappresentanti in tutte le altre aziende o unità produttive oltre i 1.000 lavoratori. In tali aziende il numero dei rappresentanti è aumentato nella misura individuata dagli accordi interconfederali o dalla contrattazione collettiva.

8. Qualora non si proceda alle elezioni previste dai commi 3 e 4, le funzioni di rappresentante dei lavoratori per la sicurezza sono esercitate dai rappresentanti di cui agli articoli 48 e 49, salvo diverse intese tra le associazioni sindacali dei lavoratori e dei datori di lavoro comparativamente più rappresentative sul piano nazionale.

48. Rappresentante dei lavoratori per la sicurezza territoriale.

1. Il rappresentante dei lavoratori per la sicurezza territoriale di cui all'articolo 47, comma 3, esercita le competenze del rappresentante dei lavoratori per la sicurezza di cui all'articolo 50 e i termini e con le modalità ivi previste con riferimento a tutte le aziende o unità produttive del territorio o del comparto di competenza nelle quali non sia stato eletto o designato il rappresentante dei lavoratori per la sicurezza.

2. Le modalità di elezione o designazione del rappresentante di cui al comma 1 sono individuate dagli accordi collettivi nazionali, interconfederali o di categoria, stipulati dalle associazioni dei datori di lavoro e dei lavoratori comparativamente più rappresentative sul piano nazionale. In mancanza dei predetti accordi, le modalità di elezione o designazione sono individuate con decreto del Ministro del lavoro, della salute e delle politiche sociali, sentite le associazioni di cui al presente comma [(1)].

3. Tutte le aziende o unità produttive nel cui ambito non è stato eletto o designato il rappresentante dei lavoratori per la sicurezza partecipano al Fondo di cui all'articolo 52. Con uno o più accordi interconfederali stipulati a livello nazionale dalle organizzazioni sindacali dei datori di lavoro e dei lavoratori comparativamente più rappresentative vengono individuati settori e attività, oltre all'edilizia, nei quali, in ragione della presenza di adeguati sistemi di rappresentanza dei lavoratori in materia di sicurezza o di pariteticità, le aziende o unità produttive, a condizione che aderiscano a tali sistemi di rappresentanza o di pariteticità, non siano tenute a partecipare al Fondo di cui all'articolo 52 [(2)].

4. Per l'esercizio delle proprie attribuzioni, il rappresentante dei lavoratori per la sicurezza territoriale accede ai luoghi di lavoro nel rispetto delle modalità e del termine di preavviso individuati dagli accordi di cui al comma 2. Il termine di preavviso non opera in caso di infortunio grave. In tale ultima ipotesi l'accesso avviene previa segnalazione all'organismo paritetico.

5. Ove l'azienda impedisca l'accesso, nel rispetto delle modalità di cui al presente articolo, al rappresentante dei lavoratori per la sicurezza territoriale, questi lo comunica all'organismo paritetico o, in sua mancanza, all'organo di vigilanza territorialmente competente.

6. L'organismo paritetico o, in mancanza, il Fondo di cui all'articolo 52 comunica alle aziende e ai lavoratori interessati il nominativo del rappresentante della sicurezza territoriale.

7. Il rappresentante dei lavoratori per la sicurezza territoriale ha diritto ad una formazione particolare in materia di salute e sicurezza concernente i rischi specifici esistenti negli ambiti in cui esercita la propria rappresentanza, tale da assicurargli adeguate competenze sulle principali tecniche di controllo e prevenzione dei rischi stessi. Le modalità, la durata e i contenuti specifici della formazione del rappresentante dei lavoratori per la sicurezza territoriale sono stabiliti in sede di contrattazione collettiva secondo un percorso formativo di almeno 64 ore iniziali, da effettuarsi entro 3 mesi dalla data di elezione o designazione, e 8 ore di aggiornamento annuale.

8. L'esercizio delle funzioni di rappresentante dei lavoratori per la sicurezza territoriale è incompatibile con l'esercizio di altre funzioni sindacali operative.

(1) Comma modificato dall'art. 1, co. 1, lett. a), d.lgs. 3.8.2009, n. 106.
(2) Comma modificato dall'art. 29, co. 1, d.lgs. 3.8.2009, n. 106.

49. Rappresentante dei lavoratori per la sicurezza di sito produttivo.

1. Rappresentanti dei lavoratori per la sicurezza di sito produttivo sono individuati nei seguenti specifici contesti produttivi caratterizzati dalla compresenza di più aziende o cantieri:

a) i porti di cui all'articolo 4, comma 1, lettere b), c) e d), della legge 28 gennaio 1994, n. 84, sedi di autorità portuale nonché quelli sede di autorità marittima da individuare con decreto dei Ministri del lavoro e della previdenza sociale e dei trasporti, da adottare entro dodici mesi dalla data di entrata in vigore del presente decreto;
b) centri intermodali di trasporto di cui alla direttiva del Ministro dei trasporti del 18 ottobre 2006, n. 3858;
c) impianti siderurgici;
d) cantieri con almeno 30.000 uomini-giorno, intesa quale entità presunta dei cantieri, rappresentata dalla somma delle giornate lavorative prestate dai lavoratori, anche autonomi, previste per la realizzazione di tutte le opere;
e) contesti produttivi con complesse problematiche legate alla interferenza delle lavorazioni e da un numero complessivo di addetti mediamente operanti nell'area superiore a 500.

2. Nei contesti di cui al comma precedente il rappresentante dei lavoratori per la sicurezza di sito produttivo è individuato, su loro iniziativa, tra i rappresentanti dei lavoratori per la sicurezza delle aziende operanti nel sito produttivo.

3. La contrattazione collettiva stabilisce le modalità di individuazione di cui al comma 2, nonché le modalità secondo cui il rappresentante dei lavoratori per la sicurezza di sito produttivo esercita le attribuzioni di cui all'articolo 50 in tutte le aziende o cantieri del sito produttivo in cui non vi siano rappresentanti per la sicurezza e realizza il coordinamento tra i rappresentanti dei lavoratori per la sicurezza del medesimo sito.

50. Attribuzioni del rappresentante dei lavoratori per la sicurezza.

1. Fatto salvo quanto stabilito in sede di contrattazione collettiva, il rappresentante dei lavoratori per la sicurezza:

a) accede ai luoghi di lavoro in cui si svolgono le lavorazioni;
b) è consultato preventivamente e tempestivamente in ordine alla valutazione dei rischi, alla individuazione, programmazione, realizzazione e verifica della prevenzione nella azienda o unità produttiva;
c) è consultato sulla designazione del responsabile e degli addetti al servizio di prevenzione, alla attività di prevenzione incendi, al primo soccorso, alla evacuazione dei luoghi di lavoro e del medico competente;
d) è consultato in merito all'organizzazione della formazione di cui all'articolo 37;
e) riceve le informazioni e la documentazione aziendale inerente alla valutazione dei rischi e le misure di prevenzione relative, nonché quelle inerenti alle sostanze ed alle miscele pericolose, alle macchine, agli impianti, alla organizzazione e agli ambienti di lavoro, agli infortuni ed alle malattie professionali [(1)];
f) riceve le informazioni provenienti dai servizi di vigilanza;
g) riceve una formazione adeguata e, comunque, non inferiore a quella prevista dall'articolo 37;
h) promuove l'elaborazione, l'individuazione e l'attuazione delle misure di prevenzione idonee a tutelare la salute e l'integrità fisica dei lavoratori;
i) formula osservazioni in occasione di visite e verifiche effettuate dalle autorità competenti, dalle quali è, di norma, sentito;
l) partecipa alla riunione periodica di cui all'articolo 35;
m) fa proposte in merito alla attività di prevenzione;
n) avverte il responsabile della azienda dei rischi individuati nel corso della sua attività;
o) può fare ricorso alle autorità competenti qualora ritenga che le misure di prevenzione e protezione dai rischi adottate dal datore di lavoro o da dirigenti e i mezzi impiegati per attuarle non siano idonei a garantire la sicurezza e la salute durante il lavoro.

2. Il rappresentante dei lavoratori per la sicurezza deve disporre del tempo necessario allo svolgimento dell'incarico senza perdita di retribuzione, nonché dei mezzi e degli spazi necessari per l'esercizio delle funzioni e delle facoltà riconosciutegli, anche tramite l'accesso ai dati, di cui all'articolo 18, comma 1, lettera r), contenuti in applicazioni informatiche. Non può subire pregiudizio alcuno a causa dello svolgimento della propria attività e nei suoi confronti si applicano le stesse tutele previste dalla legge per le rappresentanze sindacali.

3. Le modalità per l'esercizio delle funzioni di cui al comma 1 sono stabilite in sede di contrattazione collettiva nazionale.

4. Il rappresentante dei lavoratori per la sicurezza, su sua richiesta e per l'espletamento della sua funzione, riceve copia del documento di cui all'articolo 17, comma 1, lettera a).

5. I rappresentanti dei lavoratori per la sicurezza dei lavoratori rispettivamente del datore di lavoro committente e delle imprese appaltatrici, su loro richiesta e per l'espletamento della loro funzione, ricevono copia del documento di valutazione dei rischi di cui all'articolo 26, comma 3.

6. Il rappresentante dei lavoratori per la sicurezza è tenuto al rispetto delle disposizioni di cui al decreto legislativo 30 giugno 2003, n. 196 e del segreto industriale relativamente alle informazioni contenute nel documento di valutazione dei rischi e nel documento di valutazione dei rischi di cui all'articolo 26, comma 3, nonché al segreto in ordine ai processi lavorativi di cui vengono a conoscenza nell'esercizio delle funzioni.

7. L'esercizio delle funzioni di rappresentante dei lavoratori per la sicurezza è incompatibile con la nomina di responsabile o addetto al servizio di prevenzione e protezione.

(1) Lettera modificata dall'art. 1, co. 1, lett. a), d.lgs. 15.2.2016, n. 39.

51. Organismi paritetici.

1. A livello territoriale sono costituiti gli organismi paritetici di cui all'articolo 2, comma 1, lettera ee).

1 bis. Il Ministero del lavoro e delle politiche sociali istituisce il repertorio degli organismi paritetici, previa definizione dei criteri identificativi, sentite le associazioni sindacali dei datori di lavoro e dei lavoratori comparativamente più rappresentative sul piano nazionale per il settore di appartenenza, entro centottanta giorni dalla data di entrata in vigore della presente disposizione [1].

2. Fatto salvo quanto previsto dalla contrattazione collettiva, gli organismi di cui al comma 1 sono prima istanza di riferimento in merito a controversie sorte sull'applicazione dei diritti di rappresentanza, informazione e formazione, previsti dalle norme vigenti.

3. Gli organismi paritetici possono supportare le imprese nell'individuazione di soluzioni tecniche e organizzative dirette a garantire e migliorare la tutela della salute e sicurezza sul lavoro;

3 bis. Gli organismi paritetici svolgono o promuovono attività di formazione, anche attraverso l'impiego dei fondi interprofessionali di cui all'articolo 118 della legge 23 dicembre 2000, n. 388, e successive modificazioni, e dei fondi di cui all'articolo 12 del decreto legislativo 10 settembre 2003, n. 276, nonché, su richiesta delle imprese, rilasciano una attestazione dello svolgimento delle attività e dei servizi di supporto al sistema delle imprese, tra cui l'asseverazione della adozione e della efficace attuazione dei modelli di organizzazione e gestione della sicurezza di cui all'articolo 30, della quale gli organi di vigilanza possono tener conto ai fini della programmazione delle proprie attività [2].

3 ter. Ai fini di cui al comma 3-*bis*, gli organismi paritetici istituiscono specifiche commissioni paritetiche, tecnicamente competenti [3].

4. Sono fatti salvi, ai fini del comma 1, gli organismi bilaterali o partecipativi previsti da accordi interconfederali, di categoria, nazionali, territoriali o aziendali.

5. Agli effetti dell'articolo 9 del decreto legislativo 30 marzo 2001, n. 165, gli organismi di cui al comma 1 sono parificati ai soggetti titolari degli istituti della partecipazione di cui al medesimo articolo.

6. Gli organismi paritetici di cui al comma 1, purché dispongano di personale con specifiche competenze tecniche in materia di salute e sicurezza sul lavoro, possono effettuare, nei luoghi di lavoro rientranti nei territori e nei comparti produttivi di competenza, sopralluoghi per le finalità di cui al comma 3.

7. Gli organismi di cui al presente articolo trasmettono al Comitato di cui all'articolo 7 una relazione annuale sull'attività svolta.

8. Gli organismi paritetici comunicano alle aziende di cui all'articolo 48, comma 2, i nominativi dei rappresentanti dei lavoratori per la sicurezza territoriale. Analoga comunicazione effettuano nei riguardi degli organi di vigilanza territorialmente competenti.

8 bis. Gli organismi paritetici comunicano annualmente, nel rispetto delle disposizioni di cui al regolamento (UE) 2016/679 del Parlamento europeo e del Consiglio, del 27 aprile 2016, (regolamento generale sulla protezione dei dati-GDPR), all'Ispettorato nazionale del lavoro e all'INAIL i dati relativi:

a) alle imprese che hanno aderito al sistema degli organismi paritetici e a quelle che hanno svolto l'attività di formazione organizzata dagli stessi organismi;
b) ai rappresentanti dei lavoratori per la sicurezza territoriali;
c) al rilascio delle asseverazioni di cui al comma 3-*bis* [4].

8 ter. I dati di cui al comma 8-*bis* sono utilizzati ai fini della individuazione di criteri di priorità nella programmazione della vigilanza e di criteri di premialità nell'ambito della determinazione degli oneri assicurativi da parte dell'INAIL. Per la definizione dei suddetti criteri si tiene conto del fatto che le imprese facenti parte degli organismi paritetici aderiscono ad un sistema paritetico volontario che ha come obiettivo primario la prevenzione sul luogo di lavoro [5].

(1) Comma introdotto dall'art. 13, co. 1, lett. e), n. 1), d.l. 21.10.2021, n. 146, conv., con modif., dalla l. 17.12.2021, n. 215.
(2) Comma introdotto dall'art. 30, co. 1, lett. a), d.lgs. 3.8.2009, n. 106.
(3) Comma introdotto dall'art. 30, co. 1, lett. a), d.lgs. 3.8.2009, n. 106.
(4) Comma introdotto dall'art. 30, co. 1, lett. b), d.lgs. 3.8.2009, n. 106 e successivamente sostituito dall'art. 13, co. 1, lett. e), n. 2), d.l. 21.10.2021, n. 146, conv., con modif., dalla l. 17.12.2021, n. 215.
(5) Comma introdotto dall'art. 13, co. 1, lett. e), n. 2), d.l. 21.10.2021, n. 146, conv., con modif., dalla l. 17.12.2021, n. 215.

52. Sostegno alla piccola e media impresa, ai rappresentanti dei lavoratori per la sicurezza territoriali e alla pariteticità.

1. Presso l'Istituto nazionale per l'assicurazione contro gli infortuni sul lavoro (INAIL) è costituito il fondo di sostegno alla piccola e media impresa, ai rappresentanti dei lavoratori per la sicurezza territoriali e alla pariteticità. Il fondo opera a favore delle realtà in cui la contrattazione nazionale o integrativa non preveda o costituisca, come nel settore edile, sistemi di rappresentanza dei lavoratori e di pariteticità migliorativi o, almeno, di pari livello ed ha quali obiettivi il (1):

a) sostegno ed il finanziamento, in misura non inferiore al cinquanta per cento delle disponibilità del Fondo, delle attività delle rappresentanze dei lavoratori per la sicurezza territoriali, anche con riferimento alla formazione;

b) finanziamento della formazione dei datori di lavoro delle piccole e medie imprese, dei piccoli imprenditori di cui all'articolo 2083 del codice civile, dei lavoratori stagionali del settore agricolo e dei lavoratori autonomi;

c) sostegno delle attività degli organismi paritetici.

2. Il fondo di cui al comma 1 è finanziato:

a) da un contributo delle aziende di cui all'articolo 48, comma 3, in misura pari a due ore lavorative annue per ogni lavoratore occupato presso l'azienda ovvero l'unità produttiva calcolate sulla base della retribuzione media giornaliera per il settore industria e convenzionale per il settore agricoltura determinate annualmente per il calcolo del minimale e massimale delle prestazioni economiche erogate dall'INAIL. Il computo dei lavoratori è effettuato in base all'articolo 4 e la giornata lavorativa convenzionale è stabilita in 8 ore (2);

[b) dalle entrate derivanti dall'irrogazione delle sanzioni previste dal presente decreto per la parte eccedente quanto riscosso a seguito dell'irrogazione delle sanzioni previste dalla previgente normativa abrogata dal presente decreto nel corso dell'anno 2007, incrementato del 10 per cento;] (3)

[c) con una quota parte delle risorse di cui all'articolo 9, comma 3;] (4)

[d) relativamente all'attività formative per le piccole e medie imprese di cui al comma 1, lettera b), anche dalle risorse di cui all'articolo 11, comma 2.] (5)

3. Con decreto del Ministro del lavoro, della salute e delle politiche sociali e del Ministro della salute, di concerto con il Ministro dell'economia e delle finanze, adottato, previa intesa con le associazioni dei datori di lavoro e dei lavoratori comparativamente più rappresentative sul piano nazionale, sentita la Conferenza permanente per i rapporti tra lo Stato, le regioni e le province autonome di Trento e di Bolzano, entro il 30 giugno 2022, sono definiti le modalità di funzionamento e di articolazione settoriale e territoriale del Fondo del fondo di cui al comma 1, i criteri di riparto delle risorse tra le finalità di cui al medesimo comma nonché il relativo procedimento amministrativo e contabile di alimentazione e la composizione e le funzioni del comitato amministratore del fondo (6).

3 bis. In fase di prima attuazione il fondo è alimentato con i residui iscritti nel bilancio dell'INAIL delle risorse previste per le finalità di cui all'articolo 23, comma 1, lettera b), del decreto legislativo 23 febbraio 2000, n. 38 (7).

4. Il rappresentante dei lavoratori per la sicurezza territoriale redige una relazione annuale sulla attività svolta, da inviare al Fondo.

(1) Alinea modificato dall'art. 31, co. 1, d.lgs. 3.8.2009, n. 106.
(2) Lettera modificata dall'art. 31, co. 2, lett. a), d.lgs. 3.8.2009, n. 106.
(3) Lettera soppressa dall'art. 31, co. 2, lett. b), d.lgs. 3.8.2009, n. 106.
(4) Lettera soppressa dall'art. 31, co. 2, lett. b), d.lgs. 3.8.2009, n. 106.
(5) Lettera soppressa dall'art. 31, co. 2, lett. b), d.lgs. 3.8.2009, n. 106.
(6) Comma modificato dagli articoli 1, co. 1, lett. a) e 31, co. 3, d.lgs. 3.8.2009, n. 106 e successivamente dall'art. 13, co. 1, lett. e bis), d.l. 21.10.2021, n. 146, conv., con modif., dalla l. 17.12.2021, n. 215.
(7) Comma introdotto dall'art. 31, co. 4, d.lgs. 3.8.2009, n. 106.

Sezione VIII
Documentazione tecnico amministrativa e statistiche degli infortuni e delle malattie professionali

53. Tenuta della documentazione.

1. È consentito l'impiego di sistemi di elaborazione automatica dei dati per la memorizzazione di qualunque tipo di documentazione prevista dal presente decreto legislativo.

2. Le modalità di memorizzazione dei dati e di accesso al sistema di gestione della predetta documentazione devono essere tali da assicurare che:

a) l'accesso alle funzioni del sistema sia consentito solo ai soggetti a ciò espressamente abilitati dal datore di lavoro;

b) la validazione delle informazioni inserite sia consentito solo alle persone responsabili, in funzione della natura dei dati;

c) le operazioni di validazione dei dati di cui alla lettera b) siano univocamente riconducibili alle persone responsabili che le hanno effettuate mediante la memorizzazione di codice identificativo autogenerato dagli stessi;

d) le eventuali informazioni di modifica, ivi comprese quelle inerenti alle generalità e ai dati occupazionali del lavoratore, siano solo aggiuntive a quelle già memorizzate;

e) sia possibile riprodurre su supporti a stampa, sulla base dei singoli documenti, ove previsti dal presente decreto legislativo, le informazioni contenute nei supporti di memoria;

f) le informazioni siano conservate almeno su due distinti supporti informatici di memoria e siano implementati programmi di protezione e di controllo del sistema da codici virali;

g) sia redatta, a cura dell'esercente del sistema, una

procedura in cui siano dettagliatamente descritte le operazioni necessarie per la gestione del sistema medesimo. Nella procedura non devono essere riportati i codici di accesso.

3. Nel caso in cui le attività del datore di lavoro siano articolate su vari sedi geografiche o organizzate in distinti settori funzionali, l'accesso ai dati può avvenire mediante reti di comunicazione elettronica, attraverso la trasmissione della password in modalità criptata e fermo restando quanto previsto al comma 2 relativamente alla immissione e validazione dei dati da parte delle persone responsabili.

4. La documentazione, sia su supporto cartaceo che informatico, deve essere custodita nel rispetto del decreto legislativo 30 giugno 2003, n. 196, in materia di protezione dei dati personali.

5. Tutta la documentazione rilevante in materia di igiene, salute e sicurezza sul lavoro e tutela delle condizioni di lavoro può essere tenuta su unico supporto cartaceo o informatico. Ferme restando le disposizioni relative alla valutazione dei rischi, le modalità per l'eventuale eliminazione o per la tenuta semplificata della documentazione di cui al periodo che precede sono definite con successivo decreto, adottato, previa consultazione delle parti sociali, sentita la Conferenza permanente per i rapporti tra lo Stato, le regioni e le province autonome di Trento e di Bolzano, entro dodici mesi dalla data di entrata in vigore del presente decreto.

6. Fino ai 12 mesi successivi all'adozione del decreto interministeriale di cui all'articolo 8 comma 4, del presente decreto restano in vigore le disposizioni relative [al registro infortuni ed] ai registri degli esposti ad agenti cancerogeni e biologici (1).

(1) Comma modificato dall'art. 20, co. 1, lett. h), d.lgs. 14.9.2015, n. 151 e poidall'art. 3, co. 2, d.l. 30.12.2016, n. 244, conv., con modif., dalla l. 27.2.2017, n. 19.

54. Comunicazioni e trasmissione della documentazione.

1. La trasmissione di documentazione e le comunicazioni a enti o amministrazioni pubbliche, comunque previste dal presente decreto legislativo possono avvenire tramite sistemi informatizzati, nel formato e con le modalità indicati dalle strutture riceventi.

Capo IV
Disposizioni penali

Sezione I
Sanzioni

55. Sanzioni per il datore di lavoro e il dirigente (1) (2).

1. È punito con l'arresto da tre a sei mesi o con l'ammenda da 3.071,27 a 7.862,44 euro il datore di lavoro:
a) per la violazione dell'articolo 29, comma 1;
b) che non provvede alla nomina del responsabile del servizio di prevenzione e protezione ai sensi dell'articolo 17, comma 1, lettera b), o per la violazione dell'articolo 34, comma 2;

2. Nei casi previsti al comma 1, lettera a), si applica la pena dell'arresto da quattro a otto mesi se la violazione è commessa:
a) nelle aziende di cui all'articolo 31, comma 6, lettere a), b), c), d), f) e g);
b) in aziende in cui si svolgono attività che espongono i lavoratori a rischi biologici di cui all'articolo 268, comma 1, lettere c) e d), da atmosfere esplosive, cancerogeni mutageni, e da attività di manutenzione, rimozione smaltimento e bonifica di amianto;
c) per le attività disciplinate dal Titolo IV caratterizzate dalla compresenza di più imprese e la cui entità presunta di lavoro non sia inferiore a 200 uomini-giorno.

3. È punito con l'ammenda da 2.475,02 a 4.914,03 euro il datore di lavoro che adotta il documento di cui all'articolo 17, comma 1, lettera a), in assenza degli elementi di cui all'articolo 28, comma 2, lettere b), c) o d), o senza le modalità di cui all'articolo 29, commi 2 e 3.

4. È punito con l'ammenda da 1.228,50 a 2.457,02 euro il datore di lavoro che adotta il documento di cui all'articolo 17, comma 1, lettera a), in assenza degli elementi di cui all'articolo 28, comma 2, lettere a), primo periodo, ed f).

5. Il datore di lavoro e il dirigente sono puniti:
a) con l'arresto da due a quattro mesi o con l'ammenda da 921,38 a 4.914,03 euro per la violazione degli articoli 3, comma 12-*bis*, 18, comma 1, lettera o), 26, comma 1, lettera b), 43, commi 1, lettere a), b), c) ed e), e 4, 45, comma 1;
b) con l'arresto da due a quattro mesi o con l'ammenda da 1.228,50 a 5.896,84 euro per la violazione dell'articolo 26, comma 1, lettera a);
c) con l'arresto da due a quattro mesi o con l'ammenda da 1.474,21 a 6.388,23 euro per la violazione dell'articolo 18, comma 1, lettere c), e), f) e q), 36, commi 1 e 2, 37, commi 1, 7, 7-*ter*, 9 e 10, 43, comma 1, lettere d) ed e-*bis*), 46, comma 2 (3);
d) con l'arresto da due a quattro mesi o con l'ammenda da 1.500 a 6.000 euro per la violazione degli articoli 18, comma 1, lettere a), b-*bis*), d) e z), prima parte, e 26, commi 2, 3, primo periodo, e 8-*bis* (4);
e) con l'ammenda da 2.457,02 a 4.914,03 euro per la violazione degli articoli 18, comma 1, lettere g), n), p), seconda parte, s) e v), 35, comma 4;
f) con la sanzione amministrativa pecuniaria da 2.457,02 a 8.108,14 euro per la violazione degli articoli 29, comma 4, 35, comma 2, 41, comma 3;
g) con la sanzione amministrativa pecuniaria da 1.228,50 a 5.528,28 euro per la violazione dell'articolo 18, comma 1, lettere r), con riferimento agli infortuni superiori ai tre giorni, bb), e comma 2;
h) con la sanzione amministrativa pecuniaria da 614,25 a 2.211,31 euro per la violazione dell'articolo 18, comma 1, lettere g-*bis*) e r), con riferimento agli infortuni superiori ad un giorno, e dell'articolo 25, comma 1, lettera e), secondo periodo, e dell'articolo 35, comma 5;

i) con la sanzione amministrativa pecuniaria da 122,85 a 614,25 euro per ciascun lavoratore, in caso di violazione dell'articolo 26, comma 8;
l) con la sanzione amministrativa pecuniaria da 61,42 a 368,56 euro in caso di violazione dell'articolo 18, comma 1, lettera aa).

6. L'applicazione della sanzione di cui al comma 5, lettera g), con riferimento agli infortuni superiori ai tre giorni, esclude l'applicazione delle sanzioni conseguenti alla violazione dell'articolo 53 del decreto del Presidente della Repubblica 30 giugno 1965, n. 1124.

6 bis. In caso di violazione delle disposizioni previste dall'articolo 18, comma 1, lettera g), e dall'articolo 37, commi 1, 7, 9 e 10, se la violazione si riferisce a più di cinque lavoratori gli importi della sanzione sono raddoppiati, se la violazione si riferisce a più di dieci lavoratori gli importi della sanzione sono triplicati [5].

(1) Articolo modificato dall'art. 39, co. 12, d.l. 25.6.2008, n. 112 e successivamente sostituito dall'art. 32, co. 1, d.lgs. 3.8.2009, n. 106.
(2) Con Comunicato del Ministero del Lavoro e delle Politiche sociali 19.6.2018 è stato reso noto che in data 6.6.2018, con Decreto Direttoriale del Capo dell'Ispettorato nazionale del lavoro n. 12 del 6.6.2018, le ammende previste con riferimento alle contravvenzioni in materia di igiene, salute e sicurezza sul lavoro e le sanzioni amministrative pecuniarie previste qui previste nonché da atti aventi forza di legge, sono rivalutate, a decorrere dal 1 luglio 2018, nella misura dell'1,9%. Tale ultima rivalutazione è stata effettuata, senza applicazione di alcun arrotondamento, tenendo conto di quanto stabilito dalla Lettera Circolare n. 314 del 22.6.2018, reperibile nel sito internet dell'Ispettorato nazionale del lavoro. Per l'ultima rivalutazione cfr. l'art. 1, co. 445, lett. d), n. 2), l. 30.12.2018, n. 145.
(3) Lettera modificata dall'art. 13, co. 1, lett. e ter), n. 1), d.l. 21.10.2021, n. 146, conv., con modif., dalla l. 17.12.2021, n. 215.
(4) Lettera sostituita dall'art. 13, co. 1, lett. e ter), n. 2), d.l. 21.10.2021, n. 146, conv., con modif., dalla l. 17.12.2021, n. 215.
(5) Comma introdotto dall'art. 20, co. 1, lett. i), d.lgs. 14.9.2015, n. 151.

56. Sanzioni per il preposto [1].

1. Con riferimento a tutte le disposizioni del presente decreto, i preposti, nei limiti delle proprie attribuzioni e competenze, sono puniti:
a) con l'arresto fino a due mesi o con l'ammenda da 491,40 a 1.474,21 euro per la violazione dell'articolo 19, comma 1, lettere a), c), e), f) e f-*bis*) [2];
b) con l'arresto fino a un mese o con l'ammenda da 245,70 a 982,81 euro per la violazione dell'articolo 19, comma 1, lettere b), d) e g).

(1) Articolo sostituito dall'art. 33, co. 1, d.lgs. 3.8.2009, n. 106.
(2) Lettera modificata dall'art. 13, co. 1, lett. e quater), d.l. 21.10.2021, n. 146, conv., con modif., dalla l. 17.12.2021, n. 215.

57. Sanzioni per i progettisti, i fabbricanti, i fornitori e gli installatori [1].

1. I progettisti che violano il disposto dell'articolo 22 sono puniti con l'arresto fino a sei mesi o con l'ammenda da 1.675,23 a 6.700,94 euro.

2. I fabbricanti e i fornitori che violano il disposto dell'articolo 23 sono puniti con l'arresto da tre a sei mesi o con l'ammenda da 11.168,24 a 44.672,96 euro.

3. Gli installatori che violano il disposto dell'articolo 24 sono puniti con l'arresto fino a tre mesi o con l'ammenda da 1.340,18 a 5.807,48 euro.

(1) Articolo sostituito dall'art. 34, co. 1, d.lgs. 3.8.2009, n. 106

58. Sanzioni per il medico competente [1] [2].

1. Il medico competente è punito:
a) con l'arresto fino a un mese o con l'ammenda da 223,36 a euro 893,45 per la violazione dell'articolo 25, comma 1, lettere d) ed e), primo periodo;
b) con l'arresto fino a due mesi o con l'ammenda da 335,04 a 1.340,18 euro per la violazione dell'articolo 25, comma 1, lettere b), c) e g);
c) con l'arresto fino a tre mesi o con l'ammenda da 446,72 a 1.786,91 euro per la violazione dell'articolo 25, comma 1, lettere a), con riferimento alla valutazione dei rischi, e l);
d) con la sanzione amministrativa pecuniaria da 670,09 a 2.233,64 euro per la violazione dell'articolo 25, comma 1, lettere h) e i);
e) con la sanzione amministrativa pecuniaria da 1.116,82 a 4.467,29 euro per le violazione degli articoli 40, comma 1, e 41, commi 3, 5 e 6-*bis*.

(1) Articolo sostituito dall'art. 35, co. 1, d.lgs. 3.8.2009, n. 106
(2) Secondo quanto previsto dall'art. 4, d.m. 9.7.2012 per la durata del periodo transitorio di sperimentazione, con riferimento a possibili difficoltà di raccolta e trasmissione telematica delle informazioni di cui al co. 1 dell'art. 40, la sanzione qui prevista, è sospesa sino al termine della sperimentazione di cui al co. 3 del suddetto art. 4.

59. Sanzioni per i lavoratori [1].

1. I lavoratori sono puniti:
a) con l'arresto fino a un mese o con l'ammenda da 223,36 a 670,09 euro per la violazione degli articoli 20, comma 2, lettere b), c), d), e), f), g), h) ed i), e 43, comma 3, primo periodo;
b) con la sanzione amministrativa pecuniaria da 55,84 a 335,04 euro per la violazione dell'articolo 20, comma 3.

(1) Articolo sostituito dall'art. 36, co. 1, d.lgs. 3.8.2009, n. 106

60. Sanzioni per i componenti dell'impresa familiare di cui all'articolo 230-*bis* del codice civile, per i lavoratori autonomi, i coltivatori diretti del fondo, i soci delle società semplici operanti nel settore agricolo, gli artigiani e i piccoli commercianti [1].

1. I soggetti di cui all'articolo 21 sono puniti:
a) con l'arresto fino a un mese o con l'ammenda da 223,36 a 670,09 euro per la violazione dell'articolo 21, comma 1, lettere a) e b);
b) con la sanzione amministrativa pecuniaria da 55,84 a 335,04 euro per ciascun soggetto per la violazione dell'articolo 21, comma 1, lettera c).

2. I lavoratori autonomi sono puniti con la sanzione amministrativa pecuniaria da 55,84 a 335,04 euro per la violazione dell'articolo 20, comma 3.

(1) Articolo sostituito dall'art. 37, co. 1, d.lgs. 3.8.2009, n. 106.

Sezione II
Disposizioni in tema di processo penale

61. Esercizio dei diritti della persona offesa.

1. In caso di esercizio dell'azione penale per i delitti di omicidio colposo o di lesioni personali colpose, se il fatto è commesso con violazione delle norme per la prevenzione degli infortuni sul lavoro o relative all'igiene del lavoro o che abbia determinato una malattia professionale, il pubblico ministero ne dà immediata notizia all'INAIL ed all'IPSEMA, in relazione alle rispettive competenze, ai fini dell'eventuale costituzione di parte civile e dell'azione di regresso.

2. Le organizzazioni sindacali e le associazioni dei familiari delle vittime di infortuni sul lavoro hanno facoltà di esercitare i diritti e le facoltà della persona offesa di cui agli articoli 91 e 92 del codice di procedura penale, con riferimento ai reati commessi con violazione delle norme per la prevenzione degli infortuni sul lavoro o relative all'igiene del lavoro o che abbiano determinato una malattia professionale.

TITOLO II
Luoghi di lavoro

Capo I
Disposizioni generali

62. Definizioni.

1. Ferme restando le disposizioni di cui al titolo I, si intendono per luoghi di lavoro, unicamente ai fini della applicazione del presente titolo, i luoghi destinati a ospitare posti di lavoro, ubicati all'interno dell'azienda o dell'unità produttiva, nonché ogni altro luogo di pertinenza dell'azienda o dell'unità produttiva accessibile al lavoratore nell'ambito del proprio lavoro [(1)].

2. Le disposizioni di cui al presente titolo non si applicano:

a) ai mezzi di trasporto;
b) ai cantieri temporanei o mobili;
c) alle industrie estrattive;
d) ai pescherecci.
d-*bis*): ai campi, ai boschi e agli altri terreni facenti parte di un'azienda agricola o forestale [(2)].

(1) Comma sostituito dall'art. 38, co. 1, lett. a), d.lgs. 3.8.2009, n. 106.
(2) Lettera introdotta dall'art. 38, co. 1, lett. b), d.lgs. 3.8.2009, n. 106.

63. Requisiti di salute e di sicurezza.

1. I luoghi di lavoro devono essere conformi ai requisiti indicati nell'allegato IV.

2. I luoghi di lavoro devono essere strutturati tenendo conto, se del caso, dei lavoratori disabili.

3. L'obbligo di cui al comma 2 vige in particolare per le porte, le vie di circolazione, gli ascensori e le relative pulsantiere, le scale e gli accessi alle medesime, le docce, i gabinetti ed i posti di lavoro utilizzati da lavoratori disabili [(1)].

4. La disposizione di cui al comma 2 non si applica ai luoghi di lavoro già utilizzati prima del 1° gennaio 1993; in ogni caso devono essere adottate misure idonee a consentire la mobilità e l'utilizzazione dei servizi sanitari e di igiene personale.

5. Ove vincoli urbanistici o architettonici ostino agli adempimenti di cui al comma 1 il datore di lavoro, previa consultazione del rappresentante dei lavoratori per la sicurezza e previa autorizzazione dell'organo di vigilanza territorialmente competente, adotta le misure alternative che garantiscono un livello di sicurezza equivalente.

[**6.** I requisiti di sicurezza e di salute relativi a campi, boschi e altri terreni facenti parte di una azienda agricola o forestale, sono specificati nel punto 7 dell'allegato IV.] [(2)]

(1) Comma sostituito dall'art. 39, co. 1, lett. a), d.lgs. 3.8.2009, n. 106.
(2) Comma abrogato dall'art. 39, co. 1, lett. b), d.lgs. 3.8.2009, n. 106.

64. Obblighi del datore di lavoro.

1. Il datore di lavoro provvede affinché:

a) i luoghi di lavoro siano conformi ai requisiti di cui all'articolo 63, commi 1, 2 e 3;
b) le vie di circolazione interne o all'aperto che conducono a uscite o ad uscite di emergenza e le uscite di emergenza siano sgombre allo scopo di consentirne l'utilizzazione in ogni evenienza;
c) i luoghi di lavoro, gli impianti e i dispositivi vengano sottoposti a regolare manutenzione tecnica e vengano eliminati, quanto più rapidamente possibile, i difetti rilevati che possano pregiudicare la sicurezza e la salute dei lavoratori;
d) i luoghi di lavoro, gli impianti e i dispositivi vengano sottoposti a regolare pulitura, onde assicurare condizioni igieniche adeguate;
e) gli impianti e i dispositivi di sicurezza, destinati alla prevenzione o all'eliminazione dei pericoli, vengano sottoposti a regolare manutenzione e al controllo del loro funzionamento.

65. Locali sotterranei o semisotterranei.

1. È vietato destinare al lavoro locali chiusi sotterranei o semisotterranei.

2. In deroga alle disposizioni di cui al comma 1, possono essere destinati al lavoro locali chiusi sotterranei o semisotterranei, quando ricorrano particolari esigenze tecniche. In tali casi il datore di lavoro provvede ad assicurare idonee condizioni di aerazione, di illuminazione e di microclima.

3. L'organo di vigilanza può consentire l'uso dei locali chiusi sotterranei o semisotterranei anche per altre lavorazioni per le quali non ricorrono le esigenze tecniche, quando dette lavorazioni non diano luogo ad emissioni di agenti nocivi, sempre che siano rispettate le norme del presente decreto legislativo e si sia provveduto ad assicurare le condizioni di cui al comma 2.

66. Lavori in ambienti sospetti di inquinamento.

1. È vietato consentire l'accesso dei lavoratori in pozzi neri, fogne, camini, fosse, gallerie e in generale in ambienti e recipienti, condutture, caldaie e simili, ove sia possibile il rilascio di gas deleteri, senza che sia stata previamente accertata l'assenza di pericolo per la vita e l'integrità fisica dei lavoratori medesimi, ovvero senza previo risanamento dell'atmosfera mediante ventilazione o altri mezzi idonei. Quando possa esservi dubbio sulla pericolosità dell'atmosfera, i lavoratori devono essere legati con cintura di sicurezza, vigilati per tutta la durata del lavoro e, ove occorra, forniti di apparecchi di protezione. L'apertura di accesso a detti luoghi deve avere dimensioni tali da poter consentire l'agevole recupero di un lavoratore privo di sensi.

67. Notifiche all'organo di vigilanza competente per territorio (1).

1. In caso di costruzione e di realizzazione di edifici o locali da adibire a lavorazioni industriali, nonché nei casi di ampliamenti e di ristrutturazioni di quelli esistenti, i relativi lavori devono essere eseguiti nel rispetto della normativa di settore e devono essere comunicati all'organo di vigilanza competente per territorio i seguenti elementi informativi:

a) descrizione dell'oggetto delle lavorazioni e delle principali modalità di esecuzione delle stesse;
b) descrizione delle caratteristiche dei locali e degli impianti.

2. Il datore di lavoro effettua la comunicazione di cui al comma 1 nell'ambito delle istanze, delle segnalazioni o delle attestazioni presentate allo sportello unico per le attività produttive con le modalità stabilite dal regolamento di cui al decreto del Presidente della Repubblica 7 settembre 2010, n. 160. Entro novanta giorni dalla data di entrata in vigore della presente disposizione, con decreto del Ministro del lavoro e delle politiche sociali e del Ministro per la pubblica amministrazione e la semplificazione, sentita la Conferenza permanente per i rapporti tra lo Stato, le regioni e le province autonome di Trento e di Bolzano, sono individuate, secondo criteri di semplicità e di comprensibilità, le informazioni da trasmettere e sono approvati i modelli uniformi da utilizzare per i fini di cui al presente articolo.

3. Le amministrazioni che ricevono le comunicazioni di cui al comma 1 provvedono a trasmettere in via telematica all'organo di vigilanza competente per territorio le informazioni loro pervenute con le modalità indicate dal comma 2.

4. L'obbligo di comunicazione di cui al comma 1 si applica ai luoghi di lavoro ove è prevista la presenza di più di tre lavoratori.

5. Fino alla data di entrata in vigore del decreto di cui al comma 2 trovano applicazione le disposizioni di cui al comma 1.

(1) Articolo modificato dall'art. 40, co. 1, d.lgs. 3.8.2009, n. 106 e, poi, sostituito dall'art. 32, co. 1, lett. e), d.l. 21.6.2013, n. 69, conv., con modif., dalla l. 9.8.2013 n. 98.

Capo II
Sanzioni

68. Sanzioni per il datore di lavoro e il dirigente (1).

1. Il datore di lavoro e il dirigente sono puniti:

a) con l'arresto da tre a sei mesi o con l'ammenda da 2.792,06 a 7.147,67 euro per la violazione dell'articolo 66;
b) con l'arresto da due a quattro mesi o con l'ammenda da 1.116,82 a 5.360,75 euro per la violazione degli articoli 64, comma 1, e 65, commi 1 e 2;
c) con la sanzione amministrativa pecuniaria da 558,41 a 2.010,28 euro per la violazione dell'articolo 67, commi 1 e 2.

2. La violazione di più precetti riconducibil alla categoria omogenea di requisiti di sicurezza relativi ai luoghi di lavoro di cui all'allegato IV, punti 1.1, 1.2, 1.3, 1.4, 1.5, 1.6, 1.7, 1.8, 1.9, 1.10, 1.11, 1.12, 1.13, 1.14, 2.1, 2.2, 3, 4, 6.1, 6.2, 6.3, 6.4, 6.5, e 6.6, è considerata una unica violazione ed è punita con la pena prevista dal comma 1, lettera b). L'organo di vigilanza è tenuto a precisare in ogni caso, in sede di contestazione, i diversi precetti violati.

(1) Articolo sostituito dall'art. 41, co. 1, d.lgs. 3.8.2009, n. 106.

TITOLO XII
Disposizioni in materia penale e di procedura penale

298. Principio di specialità.

1. Quando uno stesso fatto è punito da una disposizione prevista dal titolo I e da una o più disposizioni previste negli altri titoli, si applica la disposizione speciale.

299. Esercizio di fatto di poteri direttivi.

1. Le posizioni di garanzia relative ai soggetti di cui all'articolo 2, comma 1, lettere b), d) ed e), gravano altresì su colui il quale, pur sprovvisto di regolare investitura, eserciti in concreto i poteri giuridici riferiti a ciascuno dei soggetti ivi definiti.

300. Modifiche al decreto legislativo 8 giugno 2001, n. 231.

1. L'articolo 25-*septies* del decreto legislativo 8 giugno 2001, n. 231, è sostituito dal seguente:

"Art. 25-*septies* (Omicidio colposo o lesioni gravi o gravissime commesse con violazione delle norme sulla tutela della salute e sicurezza sul lavoro). – 1. In relazione al delitto di cui all'articolo 589 del codice penale, commesso con violazione dell'articolo 55, comma 2, del decreto legislativo attuativo della delega di cui alla legge 3 agosto 2007, n. 123, in materia di salute e sicurezza sul lavoro, si applica una sanzione pecuniaria in misura pari a 1.000 quote. Nel caso di condanna per il delitto di cui al precedente periodo si applicano le sanzioni interdittive di cui all'articolo 9, comma 2, per una durata non inferiore a tre mesi e non superiore ad un anno.

2. Salvo quanto previsto dal comma 1, in relazione al delitto di cui all'articolo 589 del codice penale, commesso con violazione delle norme sulla tutela della salute e sicurezza sul lavoro, si applica una sanzione pecuniaria in misura non inferiore a 250 quote e non superiore a 500 quote. Nel caso di condanna per il delitto di cui al precedente periodo si applicano le sanzioni interdittive di cui all'articolo 9, comma 2, per una durata non inferiore a tre mesi e non superiore ad un anno.

3. In relazione al delitto di cui all'articolo 590, terzo comma, del codice penale, commesso con violazione delle norme sulla tutela della salute e sicurezza sul lavoro, si applica una sanzione pecuniaria in misura non superiore a 250 quote. Nel caso di condanna per il delitto di cui al precedente periodo si applicano le sanzioni interdittive di cui all'articolo 9, comma 2, per una durata non superiore a sei mesi.".

301. Applicabilità delle disposizioni di cui agli articoli 20 e seguenti del decreto legislativo 19 dicembre 1994, n. 758.

1. Alle contravvenzioni in materia di igiene, salute e sicurezza sul lavoro previste dal presente decreto nonché da altre disposizioni aventi forza di legge, per le quali sia prevista la pena alternativa dell'arresto o dell'ammenda ovvero la pena della sola ammenda, si applicano le disposizioni in materia di prescrizione ed estinzione del reato di cui agli articoli 20, e seguenti, del decreto legislativo 19 dicembre 1994, n. 758 [(1)].

(1) Comma modificato dall'art. 142, co. 1, d.lgs. 3.8.2009, n. 106.

301 bis. Estinzione agevolata degli illeciti amministrativi a seguito di regolarizzazione [(1)].

1. In tutti i casi di inosservanza degli obblighi puniti con sanzione pecuniaria amministrativa il trasgressore, al fine di estinguere l'illecito amministrativo, è ammesso al pagamento di una somma pari alla misura minima prevista dalla legge qualora provveda a regolarizzare la propria posizione non oltre il termine assegnato dall'organo di vigilanza mediante verbale di primo accesso ispettivo.

(1) Articolo introdotto dall'art. 143, co. 1, d.lgs. 3.8.2009, n. 106.

302. Definizione delle contravvenzioni punite con la sola pena dell'arresto [(1)].

1. Per le contravvenzioni punite con la sola pena dell'arresto, il giudice può, su richiesta dell'imputato, sostituire la pena irrogata nel limite di dodici mesi con il pagamento di una somma determinata secondo i criteri di ragguaglio di cui all'articolo 135 del codice penale. La sostituzione può avvenire solo quando siano state eliminate tutte le fonti di rischio e le conseguenze dannose del reato. La somma non può essere comunque inferiore a euro 2.000.

2. La sostituzione di cui al comma 1 non è consentita quando la violazione ha avuto un contributo causale nel verificarsi di un infortunio sul lavoro da cui sia derivata la morte ovvero una lesione personale che abbia comportato l'incapacità di attendere alle ordinarie occupazioni per un periodo superiore ai quaranta giorni.

3. Decorso un periodo di tre anni dal passaggio in giudicato della sentenza che ha operato la sostituzione di cui al comma 1 senza che l'imputato abbia commesso ulteriori reati tra quelli previsti dal presente testo unico, ovvero i reati di cui all'articolo 589, secondo comma, e 590, terzo comma, del codice penale, limitatamente all'ipotesi di violazione delle norme relative alla prevenzione degli infortuni sul lavoro, il reato si estingue.

(1) Articolo sostituito dall'art. 144, co. 1, d.lgs. 3.8.2009, n. 106.

302 bis. Potere di disposizione [(1)].

1. Gli organi di vigilanza impartiscono disposizioni esecutive ai fini dell'applicazione delle norme tecniche e delle buone prassi, laddove volontariamente adottate dal datore di lavoro e da questi espressamente richiamate in sede ispettiva, qualora ne riscontrino la non corretta adozione, e salvo che il fatto non costituisca reato.

2. Avverso le disposizioni di cui al comma 1 è ammesso ricorso, entro trenta giorni, con eventuale richiesta di sospensione dell'esecutività dei provvedimenti, all'autorità gerarchicamente sovraordinata nell'ambito dei rispettivi organi di vigilanza, che decide il ricorso entro quindici giorni. Decorso inutilmente il termine previsto per la decisione il ricorso si intende respinto. Con riferimento ai provvedimenti adottati dagli organi di vigilanza del Ministero del lavoro, della salute e delle politiche sociali, la autorità gerarchicamente sovraordinata è il dirigente della Direzione provinciale del lavoro territorialmente competente.

(1) Articolo introdotto dall'art. 144, co. 2, d.lgs. 3.8.2009, n. 106.

303. Circostanza attenuante.

[**1.** La pena per i reati previsti dal presente decreto e puniti con la pena dell'arresto, anche in via alternativa, è ridotta fino ad un terzo per il contravventore che, entro i termini di cui all'articolo 491 del codice di procedura penale, si adopera concretamente per la rimozione delle irregolarità riscontrate dagli organi di vigilanza e delle eventuali conseguenze dannose del reato.

2. La riduzione di cui al comma 1 non si applica nei casi di definizione del reato ai sensi dell'articolo 302.] [(1)]

(1) Articolo abrogato dall'art. 145, co. 1, d.lgs. 3.8.2009, n. 106.

TITOLO XIII
Norme transitorie e finali

304. Abrogazioni.

1. Fermo restando quanto previsto dall'articolo 3, comma 3, e dall'articolo 306, comma 2, dalla data di entrata in vigore del presente decreto legislativo sono abrogati:

a) il decreto del Presidente della Repubblica 27 aprile 1955, n. 547, il decreto del Presidente della Repubblica 7 gennaio 1956, n. 164, il decreto del Presidente della Repubblica 19 marzo 1956, n. 303, fatta eccezione per l'articolo 64, il decreto legislativo 15 agosto 1991, n. 277, il decreto legislativo 19 settembre 1994, n. 626, il decreto legislativo 14 agosto 1996, n. 493, il decreto legislativo 14 agosto 1996, n. 494, il decreto legislativo 19 agosto 2005, n. 187;

b) l'articolo 36-*bis*, commi 1 e 2 del decreto-legge 4 luglio 2006, n. 223, convertito, con modificazioni, dalla legge 4 agosto 2006, n. 248;

c) gli articoli: 2, 3, 5, 6 e 7 della legge 3 agosto 2007, n. 123;

d) ogni altra disposizione legislativa e regolamentare nella materia disciplinata dal decreto legislativo medesimo incompatibili con lo stesso;

d-*bis*) la lettera c) del terzo comma dell'articolo 3, della legge 22 luglio 1961, n. 628 (1);

d-*ter*) gli articoli 42 e 43 del decreto del Presidente della Repubblica 20 marzo 1956, n. 320; d-*quater*: il decreto del Presidente della Repubblica 3 luglio 2003, n. 222 (2).

1 bis. Le funzioni attribuite all'ispettorato medico centrale dal decreto legislativo 17 marzo 1995, n. 230, e successive modificazioni, sono svolte dalla struttura di livello dirigenziale generale del Ministero del lavoro, della salute e delle politiche sociali, individuata in sede regolamentare nell'ambito del complessivo processo di riorganizzazione dello stesso Dicastero, in attuazione dell'articolo 74 del decreto– legge 25 giugno 2008, n. 112, convertito, con modificazioni, dalla legge 6 agosto 2008, n. 133 (3).

2. Con uno o più decreti integrativi attuativi della delega prevista dall'articolo 1, comma 6, della legge 3 agosto 2007, n. 123, si provvede all'armonizzazione delle disposizioni del presente decreto con quelle contenute in leggi o regolamenti che dispongono rinvii a norme del decreto legislativo 19 settembre 1994, n. 626, e successive modificazioni, ovvero ad altre disposizioni abrogate dal comma 1.

3. Fino all'emanazione dei decreti legislativi di cui al comma 2, laddove disposizioni di legge o regolamentari dispongano un rinvio a norme del decreto legislativo 19 settembre 1994, n. 626, e successive modificazioni, ovvero ad altre disposizioni abrogate dal comma 1, tali rinvii si intendono riferiti alle corrispondenti norme del presente decreto legislativo.

(1) Lettera introdotta dall'art. 146, co. 1, lett. a), d.lgs. 3.8.2009, n. 106.
(2) Lettera introdotta dall'art. 146, co. 1, lett. a), d.lgs. 3.8.2009, n. 106.
(3) Comma introdotto dall'art. 146, co. 1, lett. b), d.lgs. 3.8.2009, n. 106.

305. Clausola finanziaria.

1. Fatto salvo quanto disposto dall'articolo 11, commi 1 e 2, dall'esecuzione del presente decreto, ivi compreso quanto disposto dagli articoli 5 e 6, non devono derivare nuovi o maggiori oneri a carico della finanza pubblica. Le amministrazioni competenti provvedono agli adempimenti derivanti dal presente decreto attraverso una diversa allocazione delle ordinarie risorse, umane, strumentali ed economiche, allo stato in dotazione alle medesime amministrazioni.

306. Disposizioni finali.

1. Le disposizioni contenute nel decreto del Presidente della Repubblica 19 marzo 1956, n. 302, costituiscono integrazione di quelle contenute nel presente decreto legislativo.

2. Le disposizioni di cui agli articoli 17, comma 1, lettera a), e 28, nonché le altre disposizioni in tema di valutazione dei rischi che ad esse rinviano, ivi comprese le relative disposizioni sanzionatorie, previste dal presente decreto, diventano efficaci a decorrere dal 1° gennaio 2009; fino a tale data continuano a trovare applicazione le disposizioni previgenti (1) (2).

3. Le disposizioni di cui al titolo VIII, capo IV entrano in vigore alla data fissata dal primo comma dell'articolo 13, paragrafo 1, della direttiva 2004/40/CE e successive modificazioni; le disposizioni di cui al capo V del medesimo titolo VIII entrano in vigore il 26 aprile 2010. In caso di attrezzature di lavoro messe a disposizione dei lavoratori anteriormente al 6 luglio 2007 e che non permettono il rispetto dei valori limite di esposizione tenuto conto del progresso tecnico e delle misure organizzative messe in atto, l'obbligo del rispetto dei valori limite di esposizione di cui all'articolo 201 entra in vigore il 6 luglio 2010. Per il settore agricolo e forestale l'obbligo del rispetto dei valori limite di esposizioni di cui all'articolo 201, ferme restando le condizioni di cui al precedente periodo, entra in vigore il 6 luglio 2014. Per il settore della navigazione aerea e marittima, l'obbligo del rispetto dei valori limite di esposizione al rumore di cui all'articolo 189 entra in vigore il 15 febbraio 2011 (3).

4. Con decreto del Ministro del lavoro, della salute e delle politiche sociali, di concerto con i Ministri della salute e dello sviluppo economico, sentita la commissione consultiva permanente di cui all'articolo 6, si dà attuazione alle direttive in materia di sicurezza e salute dei lavoratori sul luogo di lavoro dell'Unione europea per le parti in cui le stesse modificano modalità esecutive e caratteristiche di ordine tecnico previste dagli allegati al presente decreto, nonché da altre direttive già recepite nell'ordinamento nazionale (4).

4 bis. Le ammende previste con riferimento alle contravvenzioni in materia di igiene, salute e sicurezza sul lavoro e le sanzioni amministrative pecuniarie previste dal presente decreto nonché da atti aventi forza di legge sono rivalutate ogni cinque anni con decreto del direttore generale della Direzione generale per l'Attività Ispettiva del Ministero del lavoro e delle politiche sociali, in misura pari all'indice ISTAT dei prezzi al consumo previo arrotondamento delle cifre al decimale superiore. In sede di prima applicazione la rivalutazione avviene, a decorrere dal 1° luglio 2013, nella misura del 9,6% e si applica esclusivamente alle sanzioni irrogate per le violazioni commesse successivamente alla suddetta data. Le maggiorazioni derivanti dalla applicazione del presente comma sono destinate, per la metà del loro ammontare, al finanziamento di iniziative di vigilanza nonché di prevenzione e promozione in materia di salute e sicurezza del lavoro effettuate dalle Direzioni territoriali del lavoro. A tal fine le predette risorse sono versate all'entrata del bilancio dello Stato per essere riassegnate su apposito capitolo dello stato di previsione del Ministero del lavoro e delle politiche sociali. Il Ministro dell'economia e delle finanze è autorizzato ad apportare, con propri decreti, le occorrenti variazioni di bilancio (5).

Il presente decreto, munito del sigillo dello Stato, sarà inserito nella Raccolta ufficiale degli atti normativi della Repubblica italiana. È fatto obbligo a chiunque spetti di osservarlo e di farlo osservare.

(1) Comma modificato dall'art. 4, co. 2 bis, d.l. 3.6.2008, n. 97.

(2) Secondo quanto previsto dall'art. 32, co. 2, d.l. 30.12.2008, n. 207, il termine qui previsto è prorogato al 16.5.2009.

(3) Comma modificato dall'art. 147, co. 1, lett. a), d.lgs. 3.8.2009, n. 106 e poi dall'art. 11, co. 1, l. 4.6.2010, n. 96 (l. comunitaria 2009).

(4) Comma modificato dall'art. 1, co. 1, lett. a), d.lgs. 3.8.2009, n. 106.

(5) Comma introdotto dall'art. 147, co. 1, lett. b), d.lgs. 3.8.2009, n. 106 e, poi, sostituito dall'art. 9, co. 2, d.l. 28.6.2013, n. 76, conv., con modif., dalla l. 9.8.2013, n. 99.

E. *Whistle blowing*

10. L. 30 novembre 2017, n. 179. – Disposizioni per la tutela degli autori di segnalazioni di reati o irregolarità di cui siano venuti a conoscenza nell'ambito di un rapporto di lavoro pubblico o privato

In Gazzetta Ufficiale 14 dicembre 2017, n. 291

1. Modifica dell'articolo 54-*bis* del decreto legislativo 30 marzo 2001, n. 165, in materia di tutela del dipendente o collaboratore che segnala illeciti.

1. L'articolo 54-*bis* del decreto legislativo 30 marzo 2001, n. 165, è sostituito dal seguente:

«Art. 54-*bis* (Tutela del dipendente pubblico che segnala illeciti). – 1. Il pubblico dipendente che, nell'interesse dell'integrità della pubblica amministrazione, segnala al responsabile della prevenzione della corruzione e della trasparenza di cui all'articolo 1, comma 7, della legge 6 novembre 2012, n. 190, ovvero all'Autorità nazionale anticorruzione (ANAC), o denuncia all'autorità giudiziaria ordinaria o a quella contabile, condotte illecite di cui è venuto a conoscenza in ragione del proprio rapporto di lavoro non può essere sanzionato, demansionato, licenziato, trasferito, o sottoposto ad altra misura organizzativa avente effetti negativi, diretti o indiretti, sulle condizioni di lavoro determinata dalla segnalazione. L'adozione di misure ritenute ritorsive, di cui al primo periodo, nei confronti del segnalante è comunicata in ogni caso all'ANAC dall'interessato o dalle organizzazioni sindacali maggiormente rappresentative nell'amministrazione nella quale le stesse sono state poste in essere. L'ANAC informa il Dipartimento della funzione pubblica della Presidenza del Consiglio dei ministri o gli altri organismi di garanzia o di disciplina per le attività e gli eventuali provvedimenti di competenza.

2. Ai fini del presente articolo, per dipendente pubblico si intende il dipendente delle amministrazioni pubbliche di cui all'articolo 1, comma 2, ivi compreso il dipendente di cui all'articolo 3, il dipendente di un ente pubblico economico ovvero il dipendente di un ente di diritto privato sottoposto a controllo pubblico ai sensi dell'articolo 2359 del codice civile. La disciplina di cui al presente articolo si applica anche ai lavoratori e ai collaboratori delle imprese fornitrici di beni o servizi e che realizzano opere in favore dell'amministrazione pubblica.

3. L'identità del segnalante non può essere rivelata. Nell'ambito del procedimento penale, l'identità del segnalante è coperta dal segreto nei modi e nei limiti previsti dall'articolo 329 del codice di procedura penale. Nell'ambito del procedimento dinanzi alla Corte dei conti, l'identità del segnalante non può essere rivelata fino alla chiusura della fase istruttoria. Nell'ambito del procedimento disciplinare l'identità del segnalante non può essere rivelata, ove la contestazione dell'addebito disciplinare sia fondata su accertamenti distinti e ulteriori rispetto alla segnalazione, anche se conseguenti alla stessa. Qualora la contestazione sia fondata, in tutto o in parte, sulla segnalazione e la conoscenza dell'identità del segnalante sia indispensabile per la difesa dell'incolpato, la segnalazione sarà utilizzabile ai fini del procedimento disciplinare solo in presenza di consenso del segnalante alla rivelazione della sua identità.

4. La segnalazione è sottratta all'accesso previsto dagli articoli 22 e seguenti della legge 7 agosto 1990, n. 241, e successive modificazioni.

5. L'ANAC, sentito il Garante per la protezione dei dati personali, adotta apposite linee guida relative alle procedure per la presentazione e la gestione delle segnalazioni. Le linee guida prevedono l'utilizzo di modalità anche informatiche e promuovono il ricorso a strumenti di crittografia per garantire la riservatezza dell'identità del segnalante e per il contenuto delle segnalazioni e della relativa documentazione.

6. Qualora venga accertata, nell'ambito dell'istruttoria condotta dall'ANAC, l'adozione di misure discriminatorie da parte di una delle amministrazioni pubbliche o di uno degli enti di cui al comma 2, fermi restando gli altri profili di responsabilità, l'ANAC applica al responsabile che ha adottato tale misura una sanzione amministrativa pecuniaria da 5.000 a 30.000 euro. Qualora venga accertata l'assenza di procedure per l'inoltro e la gestione delle segnalazioni ovvero l'adozione di procedure non conformi a quelle di cui al comma 5, l'ANAC applica al responsabile la sanzione amministrativa pecuniaria da 10.000 a 50.000 euro. Qualora venga accertato il mancato svolgimento da parte del responsabile di attività di verifica e analisi delle segnalazioni ricevute, si applica al responsabile la sanzione amministrativa pecuniaria da 10.000 a 50.000 euro. L'ANAC determina l'entità della sanzione tenuto conto delle dimensioni dell'amministrazione o dell'ente cui si riferisce la segnalazione.

7. È a carico dell'amministrazione pubblica o dell'ente di cui al comma 2 dimostrare che le misure discriminatorie o ritorsive, adottate nei confronti del segnalante, sono motivate da ragioni estranee alla segnalazione stessa. Gli atti discriminatori o ritorsivi adottati dall'amministrazione o dall'ente sono nulli.

8. Il segnalante che sia licenziato a motivo della segnalazione è reintegrato nel posto di lavoro ai sensi dell'articolo 2 del decreto legislativo 4 marzo 2015, n. 23.

9. Le tutele di cui al presente articolo non sono garantite nei casi in cui sia accertata, anche con sentenza di primo grado, la responsabilità penale del segnalante per i reati di calunnia o diffamazione o comunque per reati commessi con la denuncia di cui al comma 1 ovvero la sua responsabilità civile, per lo stesso titolo, nei casi di dolo o colpa grave».

2. Tutela del dipendente o collaboratore che segnala illeciti nel settore privato.

1. All'articolo 6 del decreto legislativo 8 giugno 2001, n. 231, dopo il comma 2 sono inseriti i seguenti:
«2-*bis*. I modelli di cui alla lettera a) del comma 1 prevedono:
a) uno o più canali che consentano ai soggetti indicati nell'articolo 5, comma 1, lettere a) e b), di presentare, a tutela dell'integrità dell'ente, segnalazioni circostanziate di condotte illecite, rilevanti ai sensi del presente decreto e fondate su elementi di fatto precisi e concordanti, o di violazioni del modello di organizzazione e gestione dell'ente, di cui siano venuti a conoscenza in ragione delle funzioni svolte; tali canali garantiscono la riservatezza dell'identità del segnalante nelle attività di gestione della segnalazione;
b) almeno un canale alternativo di segnalazione idoneo a garantire, con modalità informatiche, la riservatezza dell'identità del segnalante;
c) il divieto di atti di ritorsione o discriminatori, diretti o indiretti, nei confronti del segnalante per motivi collegati, direttamente o indirettamente, alla segnalazione;
d) nel sistema disciplinare adottato ai sensi del comma 2, lettera e), sanzioni nei confronti di chi viola le misure di tutela del segnalante, nonché di chi effettua con dolo o colpa grave segnalazioni che si rivelano infondate.
2-*ter*. L'adozione di misure discriminatorie nei confronti dei soggetti che effettuano le segnalazioni di cui al comma 2-*bis* può essere denunciata all'Ispettorato nazionale del lavoro, per i provvedimenti di propria competenza, oltre che dal segnalante, anche dall'organizzazione sindacale indicata dal medesimo.
2-*quater*. Il licenziamento ritorsivo o discriminatorio del soggetto segnalante è nullo. Sono altresì nulli il mutamento di mansioni ai sensi dell'articolo 2103 del codice civile, nonché qualsiasi altra misura ritorsiva o discriminatoria adottata nei confronti del segnalante. È onere del datore di lavoro, in caso di controversie legate all'irrogazione di sanzioni disciplinari, o a demansionamenti, licenziamenti, trasferimenti, o sottoposizione del segnalante ad altra misura organizzativa avente effetti negativi, diretti o indiretti, sulle condizioni di lavoro, successivi alla presentazione della segnalazione, dimostrare che tali misure sono fondate su ragioni estranee alla segnalazione stessa.».

3. Integrazione della disciplina dell'obbligo di segreto d'ufficio, aziendale, professionale, scientifico e industriale.

[**1.** Nelle ipotesi di segnalazione o denuncia effettuate nelle forme e nei limiti di cui all'articolo 54-*bis* del decreto legislativo 30 marzo 2001, n. 165, e all'articolo 6 del decreto legislativo 8 giugno 2001, n. 231, come modificati dalla presente legge, il perseguimento dell'interesse all'integrità delle amministrazioni, pubbliche e private, nonché alla prevenzione e alla repressione delle malversazioni, costituisce giusta causa di rivelazione di notizie coperte dall'obbligo di segreto di cui agli articoli 326,622 e 623 del codice penale e all'articolo 2105 del codice civile.

2. La disposizione di cui al comma 1 non si applica nel caso in cui l'obbligo di segreto professionale gravi su chi sia venuto a conoscenza della notizia in ragione di un rapporto di consulenza professionale o di assistenza con l'ente, l'impresa o la persona fisica interessata.

3. Quando notizie e documenti che sono comunicati all'organo deputato a riceverli siano oggetto di segreto aziendale, professionale o d'ufficio, costituisce violazione del relativo obbligo di segreto la rivelazione con modalità eccedenti rispetto alle finalità dell'eliminazione dell'illecito e, in particolare, la rivelazione al di fuori del canale di comunicazione specificamente predisposto a tal fine.

La presente legge, munita del sigillo dello Stato, sarà inserita nella Raccolta ufficiale degli atti normativi della Repubblica italiana. È fatto obbligo a chiunque spetti di osservarla e di farla osservare come legge dello Stato.] [(1)]

(1) Articolo abrogato dall'art. 23, co. 1, lett. c), d.lgs. 10.3.2023, n. 24 con effetto a decorrere dal 15.7.2023.

11. D.Lgs. 10 marzo 2023, n. 24. – Attuazione della direttiva (UE) 2019/1937 del Parlamento europeo e del Consiglio, del 23 ottobre 2019, riguardante la protezione delle persone che segnalano violazioni del diritto dell'Unione e recante disposizioni riguardanti la protezione delle persone che segnalano violazioni delle disposizioni normative nazionali (c.d. Decreto *Whistleblowing*)

In Gazzetta Ufficiale 15 marzo 2023, n. 63

Capo I
Ambito di applicazione e definizioni

1. Ambito di applicazione oggettivo.

1. Il presente decreto disciplina la protezione delle persone che segnalano violazioni di disposizioni normative nazionali o dell'Unione europea che ledono l'interesse pubblico o l'integrità dell'amministrazione pubblica o dell'ente privato, di cui siano venute a conoscenza in un contesto lavorativo pubblico o privato.

2. Le disposizioni del presente decreto non si applicano:

a) alle contestazioni, rivendicazioni o richieste legate ad un interesse di carattere personale della persona segnalante o della persona che ha sporto una denuncia all'autorità giudiziaria o contabile che attengono esclusivamente ai propri rapporti individuali di lavoro o di impiego pubblico, ovvero inerenti ai propri rapporti di lavoro o di impiego pubblico con le figure gerarchicamente sovraordinate;

b) alle segnalazioni di violazioni laddove già disciplinate in via obbligatoria dagli atti dell'Unione europea o nazionali indicati nella parte II dell'allegato al presente decreto ovvero da quelli nazionali che costituiscono attuazione degli atti dell'Unione europea indicati nella parte II dell'allegato alla direttiva (UE) 2019/1937, seppur non indicati nella parte II dell'allegato al presente decreto;

c) alle segnalazioni di violazioni in materia di sicurezza nazionale, nonché di appalti relativi ad aspetti di difesa o di sicurezza nazionale, a meno che tali aspetti rientrino nel diritto derivato pertinente dell'Unione europea.

3. Resta ferma l'applicazione delle disposizioni nazionali o dell'Unione europea in materia di:

a) informazioni classificate;

b) segreto professionale forense e medico;

c) segretezza delle deliberazioni degli organi giurisdizionali.

4. Resta altresì ferma l'applicazione delle disposizioni di procedura penale, di quelle in materia di autonomia e indipendenza della magistratura, delle disposizioni sulle funzioni e attribuzioni del Consiglio superiore della magistratura, comprese le relative procedure, per tutto quanto attiene alla posizione giuridica degli appartenenti all'ordine giudiziario, oltre che in materia di difesa nazionale e di ordine e sicurezza pubblica di cui al regio decreto, 18 giugno 1931, n. 773, recante il testo unico delle leggi di pubblica sicurezza. Resta altresì ferma l'applicazione delle disposizioni in materia di esercizio del diritto dei lavoratori di consultare i propri rappresentanti o i sindacati, di protezione contro le condotte o gli atti illeciti posti in essere in ragione di tali consultazioni, di autonomia delle parti sociali e del loro diritto di stipulare accordi collettivi, nonché di repressione delle condotte antisindacali di cui all'articolo 28 della legge 20 maggio 1970, n. 300.

2. Definizioni.

1. Ai fini del presente decreto, si intendono per:

a) «violazioni»: comportamenti, atti od omissioni che ledono l'interesse pubblico o l'integrità dell'amministrazione pubblica o dell'ente privato e che consistono in:

1) illeciti amministrativi, contabili, civili o penali che non rientrano nei numeri 3), 4), 5) e 6);

2) condotte illecite rilevanti ai sensi del decreto legislativo 8 giugno 2001, n. 231, o violazioni dei modelli di organizzazione e gestione ivi previsti, che non rientrano nei numeri 3), 4), 5) e 6);

3) illeciti che rientrano nell'ambito di applicazione degli atti dell'Unione europea o nazionali indicati nell'allegato al presente decreto ovvero degli atti nazionali che costituiscono attuazione degli atti dell'Unione europea indicati nell'allegato alla direttiva (UE) 2019/1937, seppur non indicati nell'allegato al presente decreto, relativi ai seguenti settori: appalti pubblici; servizi, prodotti e mercati finanziari e prevenzione del riciclaggio e del finanziamento del terrorismo; sicurezza e conformità dei prodotti; sicurezza dei trasporti; tutela dell'ambiente; radioprotezione e sicurezza nucleare; sicurezza degli alimenti e dei mangimi e salute e benessere degli animali; salute pubblica; protezione dei consumatori; tutela della vita privata e protezione dei dati personali e sicurezza delle reti e dei sistemi informativi;

4) atti od omissioni che ledono gli interessi finanziari dell'Unione di cui all'articolo 325 del Trattato sul funzionamento dell'Unione europea specificati nel diritto derivato pertinente dell'Unione europea;

5) atti od omissioni riguardanti il mercato interno, di cui all'articolo 26, paragrafo 2, del Trattato sul funzionamento dell'Unione europea, comprese le violazioni delle norme dell'Unione europea in

materia di concorrenza e di aiuti di Stato, nonché le violazioni riguardanti il mercato interno connesse ad atti che violano le norme in materia di imposta sulle società o i meccanismi il cui fine è ottenere un vantaggio fiscale che vanifica l'oggetto o la finalità della normativa applicabile in materia di imposta sulle società;

6) atti o comportamenti che vanificano l'oggetto o la finalità delle disposizioni di cui agli atti dell'Unione nei settori indicati nei numeri 3), 4) e 5);

b) «informazioni sulle violazioni»: informazioni, compresi i fondati sospetti, riguardanti violazioni commesse o che, sulla base di elementi concreti, potrebbero essere commesse nell'organizzazione con cui la persona segnalante o colui che sporge denuncia all'autorità giudiziaria o contabile intrattiene un rapporto giuridico ai sensi dell'articolo 3, comma 1 o 2, nonché gli elementi riguardanti condotte volte ad occultare tali violazioni;

c) «segnalazione» o «segnalare»: la comunicazione scritta od orale di informazioni sulle violazioni;

d) «segnalazione interna»: la comunicazione, scritta od orale, delle informazioni sulle violazioni, presentata tramite il canale di segnalazione interna di cui all'articolo 4;

e) «segnalazione esterna»: la comunicazione, scritta od orale, delle informazioni sulle violazioni, presentata tramite il canale di segnalazione esterna di cui all'articolo 7;

f) «divulgazione pubblica» o «divulgare pubblicamente»: rendere di pubblico dominio informazioni sulle violazioni tramite la stampa o mezzi elettronici o comunque tramite mezzi di diffusione in grado di raggiungere un numero elevato di persone;

g) «persona segnalante»: la persona fisica che effettua la segnalazione o la divulgazione pubblica di informazioni sulle violazioni acquisite nell'ambito del proprio contesto lavorativo;

h) «facilitatore»: una persona fisica che assiste una persona segnalante nel processo di segnalazione, operante all'interno del medesimo contesto lavorativo e la cui assistenza deve essere mantenuta riservata;

i) «contesto lavorativo»: le attività lavorative o professionali, presenti o passate, svolte nell'ambito dei rapporti di cui all'articolo 3, commi 3 o 4, attraverso le quali, indipendentemente dalla natura di tali attività, una persona acquisisce informazioni sulle violazioni e nel cui ambito potrebbe rischiare di subire ritorsioni in caso di segnalazione o di divulgazione pubblica o di denuncia all'autorità giudiziaria o contabile;

l) «persona coinvolta»: la persona fisica o giuridica menzionata nella segnalazione interna o esterna ovvero nella divulgazione pubblica come persona alla quale la violazione è attribuita o come persona comunque implicata nella violazione segnalata o divulgata pubblicamente;

m) «ritorsione»: qualsiasi comportamento, atto od omissione, anche solo tentato o minacciato, posto in essere in ragione della segnalazione, della denuncia all'autorità giudiziaria o contabile o della divulgazione pubblica e che provoca o può provocare alla persona segnalante o alla persona che ha sporto la denuncia, in via diretta o indiretta, un danno ingiusto;

n) «seguito»: l'azione intrapresa dal soggetto cui è affidata la gestione del canale di segnalazione per valutare la sussistenza dei fatti segnalati, l'esito delle indagini e le eventuali misure adottate;

o) «riscontro»: comunicazione alla persona segnalante di informazioni relative al seguito che viene dato o che si intende dare alla segnalazione;

p) «soggetti del settore pubblico»: le amministrazioni pubbliche di cui all'articolo 1, comma 2, del decreto legislativo 30 marzo 2001, n. 165, le autorità amministrative indipendenti di garanzia, vigilanza o regolazione, gli enti pubblici economici, gli organismi di diritto pubblico di cui all'articolo 3, comma 1, lettera d), del decreto legislativo 18 aprile 2016, n. 50, i concessionari di pubblico servizio, le società a controllo pubblico e le società in house, così come definite, rispettivamente, dall'articolo 2, comma 1, lettere m) e o), del decreto legislativo 19 agosto 2016, n. 175, anche se quotate;

q) «soggetti del settore privato»: soggetti, diversi da quelli rientranti nella definizione di soggetti del settore pubblico, i quali:

1) hanno impiegato, nell'ultimo anno, la media di almeno cinquanta lavoratori subordinati con contratti di lavoro a tempo indeterminato o determinato;

2) rientrano nell'ambito di applicazione degli atti dell'Unione di cui alle parti I.B e II dell'allegato, anche se nell'ultimo anno non hanno raggiunto la media di lavoratori subordinati di cui al numero 1);

3) sono diversi dai soggetti di cui al numero 2), rientrano nell'ambito di applicazione del decreto legislativo 8 giugno 2001, n. 231, e adottano modelli di organizzazione e gestione ivi previsti, anche se nell'ultimo anno non hanno raggiunto la media di lavoratori subordinati di cui al numero 1)

3. Ambito di applicazione soggettivo.

1. Per i soggetti del settore pubblico, le disposizioni del presente decreto si applicano alle persone di cui ai commi 3 o 4 che effettuano segnalazioni interne o esterne, divulgazioni pubbliche o denunce all'autorità giudiziaria o contabile delle informazioni sulle violazioni di cui all'articolo 2, comma 1, lettera a).

2. Per i soggetti del settore privato, le disposizioni del presente decreto si applicano:

a) per i soggetti di cui all'articolo 2, comma 1, lettera q), numeri 1) e 2), alle persone di cui ai commi 3 o 4, che effettuano segnalazioni interne o esterne, divulgazioni pubbliche o denunce all'autorità giudiziaria o contabile delle informazioni sulle violazioni di cui all'articolo 2, comma 1, lettera a), numeri 3), 4), 5) e 6);

b) per i soggetti di cui all'articolo 2, comma 1, lettera q), numero 3), alle persone di cui ai commi 3 o 4 che effettuano segnalazioni interne delle informazioni sulle violazioni di cui all'articolo 2, comma 1, lettera a), numero 2, ovvero, se nell'ultimo anno hanno raggiunto la media di almeno cinquanta lavoratori subordinati con contratti di lavoro a tempo indeterminato o determinato, segnalazioni interne o esterne o divulgazioni pubbliche o denunce all'autorità giudiziaria o contabile anche delle informazioni delle violazioni di cui all'articolo 2, comma 1, lettera a), numeri 3), 4), 5) e 6).

3. Salvo quanto previsto nei commi 1 e 2, le disposizioni del presente decreto si applicano alle seguenti persone che segnalano, denunciano all'autorità giudiziaria o contabile o divulgano pubblicamente informazioni sulle violazioni di cui sono venute a conoscenza nell'ambito del proprio contesto lavorativo:

a) i dipendenti delle amministrazioni pubbliche di cui all'articolo 1, comma 2, del decreto legislativo 30 marzo 2001, n. 165, ivi compresi i dipendenti di cui all'articolo 3 del medesimo decreto, nonché i dipendenti delle autorità amministrative indipendenti di garanzia, vigilanza o regolazione;

b) i dipendenti degli enti pubblici economici, degli enti di diritto privato sottoposti a controllo pubblico ai sensi dell'articolo 2359 del codice civile, delle società in house, degli organismi di diritto pubblico o dei concessionari di pubblico servizio;

c) i lavoratori subordinati di soggetti del settore privato, ivi compresi i lavoratori il cui rapporto di lavoro è disciplinato dal decreto legislativo 15 giugno 2015, n. 81, o dall'articolo 54-bis del decreto-legge 24 aprile 2017, n. 50, convertito, con modificazioni, dalla legge 21 giugno 2017, n. 96;

d) i lavoratori autonomi, ivi compresi quelli indicati al capo I della legge 22 maggio 2017, n. 81, nonché i titolari di un rapporto di collaborazione di cui all'articolo 409 del codice di procedura civile e all'articolo 2 del decreto legislativo n. 81 del 2015, che svolgono la propria attività lavorativa presso soggetti del settore pubblico o del settore privato;

e) i lavoratori o i collaboratori, che svolgono la propria attività lavorativa presso soggetti del settore pubblico o del settore privato che forniscono beni o servizi o che realizzano opere in favore di terzi;

f) i liberi professionisti e i consulenti che prestano la propria attività presso soggetti del settore pubblico o del settore privato;

g) i volontari e i tirocinanti, retribuiti e non retribuiti, che prestano la propria attività presso soggetti del settore pubblico o del settore privato;

h) *gli azionisti e le persone con funzioni di* amministrazione, direzione, controllo, vigilanza o rappresentanza, anche qualora tali funzioni siano esercitate in via di mero fatto, presso soggetti del settore pubblico o del settore privato.

4. La tutela delle persone segnalanti di cui al comma 3 si applica anche qualora la segnalazione, la denuncia all'autorità giudiziaria o contabile o la divulgazione pubblica di informazioni avvenga nei seguenti casi:

a) quando il rapporto giuridico di cui al comma 3 non è ancora iniziato, se le informazioni sulle violazioni sono state acquisite durante il processo di selezione o in altre fasi precontrattuali;

b) durante il periodo di prova;

c) successivamente allo scioglimento del rapporto giuridico se le informazioni sulle violazioni sono state acquisite nel corso del rapporto stesso.

5. Fermo quanto previsto nell'articolo 17, commi 2 e 3, le misure di protezione di cui al capo III, si applicano anche:

a) ai facilitatori;

b) alle persone del medesimo contesto lavorativo della persona segnalante, di colui che ha sporto una denuncia all'autorità giudiziaria o contabile o di colui che ha effettuato una divulgazione pubblica e che sono legate ad essi da uno stabile legame affettivo o di parentela entro il quarto grado;

c) ai colleghi di lavoro della persona segnalante o della persona che ha sporto una denuncia all'autorità giudiziaria o contabile o effettuato una divulgazione pubblica, che lavorano nel medesimo contesto lavorativo della stessa e che hanno con detta persona un rapporto abituale e corrente;

d) agli enti di proprietà della persona segnalante o della persona che ha sporto una denuncia all'autorità giudiziaria o contabile o che ha effettuato una divulgazione pubblica o per i quali le stesse persone lavorano, nonché agli enti che operano nel medesimo contesto lavorativo delle predette persone.

Capo II
Segnalazioni interne, segnalazioni esterne, obbligo di riservatezza e divulgazioni pubbliche

4. Canali di segnalazione interna.

1. I soggetti del settore pubblico e i soggetti del settore privato, sentite le rappresentanze o le organizzazioni sindacali di cui all'articolo 51 del decreto legislativo n. 81 del 2015, attivano, ai sensi del presente articolo, propri canali di segnalazione, che garantiscano, anche tramite il ricorso a strumenti di crittografia, la riservatezza dell'identità della persona segnalante, della persona coinvolta e della persona comunque menzionata nella segnalazione, nonché del contenuto della segnalazione e della relativa documentazione. I modelli di organizzazione e di gestione, di cui all'articolo 6, comma 1, lettera a), del decreto legislativo n. 231 del 2001, prevedono i canali di segnalazione interna di cui al presente decreto.

2. La gestione del canale di segnalazione è affidata a una persona o a un ufficio interno autonomo dedicato e con personale specificamente formato per la gestione del canale di segnalazione, ovvero è affidata a un soggetto esterno, anch'esso autonomo e con personale specificamente formato.

3. Le segnalazioni sono effettuate in forma scritta, anche con modalità informatiche, oppure in forma orale. Le segnalazioni interne in forma orale sono effettuate attraverso linee telefoniche o sistemi di messaggistica vocale ovvero, su richiesta della persona segnalante, mediante un incontro diretto fissato entro un termine ragionevole.

4. I comuni diversi dai capoluoghi di provincia possono condividere il canale di segnalazione interna e la relativa gestione. I soggetti del settore privato che hanno impiegato, nell'ultimo anno, una media di lavoratori subordinati, con contratti di lavoro a tempo indeterminato o determinato, non superiore a duecentoquarantanove, possono condividere il canale di segnalazione interna e la relativa gestione.

5. I soggetti del settore pubblico cui sia fatto obbligo di prevedere la figura del responsabile della prevenzione della corruzione e della trasparenza, di cui all'articolo 1, comma 7, della legge 6 novembre 2012, n. 190, affidano a quest'ultimo, anche nelle ipotesi di condivisione di cui al comma 4, la gestione del canale di segnalazione interna.

6. La segnalazione interna presentata ad un soggetto diverso da quello indicato nei commi 2, 4 e 5 è trasmessa, entro sette giorni dal suo ricevimento, al soggetto competente, dando contestuale notizia della trasmissione alla persona segnalante.

5. Gestione del canale di segnalazione interna.

1. Nell'ambito della gestione del canale di segnalazione interna, la persona o l'ufficio interno ovvero il soggetto esterno, ai quali è affidata la gestione del canale di segnalazione interna svolgono le seguenti attività:

a) rilasciano alla persona segnalante avviso di ricevimento della segnalazione entro sette giorni dalla data di ricezione;
b) mantengono le interlocuzioni con la persona segnalante e possono richiedere a quest'ultima, se necessario, integrazioni;
c) danno diligente seguito alle segnalazioni ricevute;
d) forniscono riscontro alla segnalazione entro tre mesi dalla data dell'avviso di ricevimento o, in mancanza di tale avviso, entro tre mesi dalla scadenza del termine di sette giorni dalla presentazione della segnalazione;
e) mettono a disposizione informazioni chiare sul canale, sulle procedure e sui presupposti per effettuare le segnalazioni interne, nonché sul canale, sulle procedure e sui presupposti per effettuare le segnalazioni esterne. Le suddette informazioni sono esposte e rese facilmente visibili nei luoghi di lavoro, nonché accessibili alle persone che pur non frequentando i luoghi di lavoro intrattengono un rapporto giuridico in una delle forme di cui all'articolo 3, commi 3 o 4. Se dotati di un proprio sito internet, i soggetti del settore pubblico e del settore privato pubblicano le informazioni di cui alla presente lettera anche in una sezione dedicata del suddetto sito.

6. Condizioni per l'effettuazione della segnalazione esterna.

1. La persona segnalante può effettuare una segnalazione esterna se, al momento della sua presentazione, ricorre una delle seguenti condizioni:

a) non è prevista, nell'ambito del suo contesto lavorativo, l'attivazione obbligatoria del canale di segnalazione interna ovvero questo, anche se obbligatorio, non è attivo o, anche se attivato, non è conforme a quanto previsto dall'articolo 4;
b) la persona segnalante ha già effettuato una segnalazione interna ai sensi dell'articolo 4 e la stessa non ha avuto seguito;
c) la persona segnalante ha fondati motivi di ritenere che, se effettuasse una segnalazione interna, alla stessa non sarebbe dato efficace seguito ovvero che la stessa segnalazione possa determinare il rischio di ritorsione;
d) la persona segnalante ha fondato motivo di ritenere che la violazione possa costituire un pericolo imminente o palese per il pubblico interesse.

7. Canali di segnalazione esterna.

1. L'Autorità nazionale anticorruzione (ANAC) attiva un canale di segnalazione esterna che garantisca, anche tramite il ricorso a strumenti di crittografia, la riservatezza dell'identità della persona segnalante, della persona coinvolta e della persona menzionata nella segnalazione, nonché del contenuto della segnalazione e della relativa documentazione. La stessa riservatezza viene garantita anche quando la segnalazione viene effettuata attraverso canali diversi da quelli indicati nel primo periodo o perviene a personale diverso da quello addetto al trattamento delle segnalazioni, al quale viene in ogni caso trasmessa senza ritardo.

2. Le segnalazioni esterne sono effettuate in forma scritta tramite la piattaforma informatica oppure in forma orale attraverso linee telefoniche o sistemi di messaggistica vocale ovvero, su richiesta della persona segnalante, mediante un incontro diretto fissato entro un termine ragionevole.

3. La segnalazione esterna presentata ad un soggetto diverso dall'ANAC è trasmessa a quest'ultima, entro sette giorni dalla data del suo ricevimento, dando contestuale notizia della trasmissione alla persona segnalante.

8. Attività svolte dall'ANAC.

1. L'ANAC designa personale specificamente formato per la gestione del canale di segnalazione esterna e provvede a svolgere le seguenti attività:

a) fornire a qualsiasi persona interessata informazioni sull'uso del canale di segnalazione esterna e del canale di segnalazione interna, nonché sulle misure di protezione di cui al capo III;
b) dare avviso alla persona segnalante del ricevimento della segnalazione esterna entro sette giorni dalla data del suo ricevimento, salvo esplicita richiesta contraria della persona segnalante ovvero salvo il caso in cui l'ANAC ritenga che l'avviso pregiudicherebbe la protezione della riservatezza dell'identità della persona segnalante;
c) mantenere le interlocuzioni con la persona segnalante e richiedere a quest'ultima, se necessario, integrazioni;
d) dare diligente seguito alle segnalazioni ricevute;
e) svolgere l'istruttoria necessaria a dare seguito alla segnalazione, anche mediante audizioni e acquisizione di documenti;
f) dare riscontro alla persona segnalante entro tre mesi o, se ricorrono giustificate e motivate ragioni, sei mesi dalla data di avviso di ricevimento della segnalazione esterna o, in mancanza di detto avviso, dalla scadenza dei sette giorni dal ricevimento;
g) comunicare alla persona segnalante l'esito finale, che può consistere anche nell'archiviazione o nella trasmissione alle autorità competenti di cui al comma 2 o in una raccomandazione o in una sanzione amministrativa.

2. L'ANAC dispone, inoltre, l'invio delle segnalazioni aventi ad oggetto informazioni sulle violazioni che non rientrano nella propria competenza alla competente autorità amministrativa o giudiziaria, ivi comprese le istituzioni, gli organi o gli organismi dell'Unione europea, e dà contestuale avviso alla persona segnalante dell'avvenuto rinvio. L'autorità amministrativa competente svolge l'attività di cui al comma 1, lettere c), d), e), f) e g) e garantisce, anche tramite ricorso a strumenti di crittografia, la riservatezza dell'identità della persona segnalante, della persona coinvolta e della persona menzionata nella segnalazione, nonché del contenuto della segnalazione e della relativa documentazione.

3. L'ANAC trasmette annualmente alla Commissione europea le seguenti informazioni:
a) il numero di segnalazioni esterne ricevute;
b) il numero e i tipi di procedimenti avviati a seguito delle segnalazioni esterne ricevute e relativo esito;
c) se accertati, i danni finanziari conseguenza delle violazioni oggetto di segnalazione esterna, nonché gli importi recuperati a seguito dell'esito dei procedimenti di cui alla lettera b).

4. In caso di significativo afflusso di segnalazioni esterne, l'ANAC può trattare in via prioritaria le segnalazioni esterne che hanno ad oggetto informazioni sulle violazioni riguardanti una grave lesione dell'interesse pubblico ovvero la lesione di principi di rango costituzionale o di diritto dell'Unione europea.

5. L'ANAC può non dare seguito alle segnalazioni che riportano violazioni di lieve entità e procedere alla loro archiviazione.

9. Informazioni pubblicate sul sito istituzionale dell'ANAC.

1. L'ANAC pubblica sul proprio sito internet, in una sezione dedicata, facilmente identificabile ed accessibile, le seguenti informazioni:
a) l'illustrazione delle misure di protezione di cui al capo III;
b) i propri contatti, quali, in particolare, il numero di telefono, indicando se le conversazioni telefoniche sono o meno registrate, il recapito postale e l'indirizzo di posta elettronica, ordinaria e certificata;
c) le istruzioni sull'uso del canale di segnalazione esterna e dei canali di segnalazione interna;
d) l'illustrazione del regime di riservatezza applicabile alle segnalazioni esterne e alle segnalazioni interne previsto dal presente decreto, dagli articoli 5 e 13 del regolamento (UE) 2016/679 del Parlamento europeo e del Consiglio del 27 aprile 2016, dall'articolo 10 del decreto legislativo 18 maggio 2018, n. 51, e dall'articolo 15 del regolamento (UE) 2018/1725 del Parlamento europeo e del Consiglio del 23 ottobre 2018;
e) le modalità con le quali può chiedere alla persona segnalante di fornire integrazioni, i termini di scadenza per il riscontro ad una segnalazione esterna, nonché i tipi di riscontro e di seguito che l'ANAC può dare ad una segnalazione esterna;
f) l'elenco degli enti del Terzo settore che hanno stipulato, ai sensi dell'articolo 18, comma 1, convenzioni con l'ANAC, nonché i loro contatti.

10. Adozione di linee guida.

1. L'ANAC, sentito il Garante per la protezione dei dati personali, adotta, entro tre mesi dalla data di entrata in vigore del presente decreto, le linee guida relative alle procedure per la presentazione e la gestione delle segnalazioni esterne. Le linee guida prevedono l'utilizzo di modalità anche informatiche e promuovono il ricorso a strumenti di crittografia per garantire la riservatezza dell'identità della persona segnalante, della persona coinvolta o menzionata nella segnalazione, nonché del contenuto delle segnalazioni e della relativa documentazione.

2. L'ANAC riesamina periodicamente, almeno una volta ogni tre anni, le proprie procedure per il ricevimento e il trattamento delle segnalazioni e le adegua, ove necessario, alla luce della propria esperienza e di quella di altre autorità competenti per le segnalazioni esterne nell'ambito dell'Unione europea.

11. Disposizione relativa al personale dell'ANAC ed alla piattaforma informatica.

1. Al fine di avviare un'azione di rafforzamento delle strutture coinvolte e di assicurare un presidio costante delle procedure e delle attività delineate dal presente decreto, la dotazione organica dell'ANAC è integrata di complessive ventidue unità di personale, di cui diciotto unità del ruolo dei funzionari e quattro unità del ruolo degli operativi, da inquadrare al livello iniziale delle rispettive fasce retributive secondo quanto previsto dal regolamento sull'ordinamento giuridico ed economico del personale dell'ANAC.

2. Per l'attuazione delle disposizioni del presente Capo è autorizzata la spesa quantificata come segue:

a) il costo per il personale: euro 1.147.004 per l'anno 2023, euro 2.177.662 per l'anno 2024, euro 2.300.718 per l'anno 2025, euro 2.398.788 per l'anno 2026, euro 2.526.719 per l'anno 2027, euro 2.629.043 per l'anno 2028, euro 2.790.224 per l'anno 2029, euro 2.967.127 per l'anno 2030, euro 3.147.128 per l'anno 2031 ed euro 3.308.866 annui a decorrere dall'anno 2032;

b) il costo per lo sviluppo della piattaforma informatica necessaria per il trattamento dei dati, nonché per i maggiori costi di funzionamento derivanti dalla gestione delle nuove competenze: euro 250.000 per l'anno 2023, euro 250.000 per l'anno 2024, euro 250.000 per l'anno 2025, euro 250.000 per l'anno 2026, euro 80.000 annui a decorrere dall'anno 2027.

3. Agli oneri di cui al comma 2 si provvede mediante corrispondente riduzione del fondo per il recepimento della normativa europea di cui all'articolo 41-bis della legge 24 dicembre 2012, n. 234.

4. Il Ministro dell'economia e delle finanze è autorizzato ad apportare, con propri decreti, le occorrenti variazioni di bilancio.

12. Obbligo di riservatezza.

1. Le segnalazioni non possono essere utilizzate oltre quanto necessario per dare adeguato seguito alle stesse.

2. L'identità della persona segnalante e qualsiasi altra informazione da cui può evincersi, direttamente o indirettamente, tale identità non possono essere rivelate, senza il consenso espresso della stessa persona segnalante, a persone diverse da quelle competenti a ricevere o a dare seguito alle segnalazioni, espressamente autorizzate a trattare tali dati ai sensi degli articoli 29 e 32, paragrafo 4, del regolamento (UE) 2016/679 e dell'articolo 2-quaterdecies del codice in materia di protezione dei dati personali di cui al decreto legislativo 30 giugno 2003, n. 196.

3. Nell'ambito del procedimento penale, l'identità della persona segnalante è coperta dal segreto nei modi e nei limiti previsti dall'articolo 329 del codice di procedura penale.

4. Nell'ambito del procedimento dinanzi alla Corte dei conti, l'identità della persona segnalante non può essere rivelata fino alla chiusura della fase istruttoria.

5. Nell'ambito del procedimento disciplinare, l'identità della persona segnalante non può essere rivelata, ove la contestazione dell'addebito disciplinare sia fondata su accertamenti distinti e ulteriori rispetto alla segnalazione, anche se conseguenti alla stessa. Qualora la contestazione sia fondata, in tutto o in parte, sulla segnalazione e la conoscenza dell'identità della persona segnalante sia indispensabile per la difesa dell'incolpato, la segnalazione sarà utilizzabile ai fini del procedimento disciplinare solo in presenza del consenso espresso della persona segnalante alla rivelazione della propria identità.

6. È dato avviso alla persona segnalante mediante comunicazione scritta delle ragioni della rivelazione dei dati riservati, nella ipotesi di cui al comma 5, secondo periodo, nonché nelle procedure di segnalazione interna ed esterna di cui al presente capo quando la rivelazione della identità della persona segnalante e delle informazioni di cui al comma 2 è indispensabile anche ai fini della difesa della persona coinvolta.

7. I soggetti del settore pubblico e del settore privato, l'ANAC, nonché le autorità amministrative cui l'ANAC trasmette le segnalazioni esterne di loro competenza, tutelano l'identità delle persone coinvolte e delle persone menzionate nella segnalazione fino alla conclusione dei procedimenti avviati in ragione della segnalazione nel rispetto delle medesime garanzie previste in favore della persona segnalante.

8. La segnalazione è sottratta all'accesso previsto dagli articoli 22 e seguenti della legge 7 agosto 1990, n. 241, nonché dagli articoli 5 e seguenti del decreto legislativo 14 marzo 2013, n. 33.

9. Ferma la previsione dei commi da 1 a 8, nelle procedure di segnalazione interna ed esterna di cui al presente capo, la persona coinvolta può essere sentita, ovvero, su sua richiesta, è sentita, anche mediante procedimento cartolare attraverso l'acquisizione di osservazioni scritte e documenti.

13. Trattamento dei dati personali.

1. Ogni trattamento dei dati personali, compresa la comunicazione tra le autorità competenti, previsto dal presente decreto, deve essere effettuato a norma del regolamento (UE) 2016/679, deldecreto legislativo 30 giugno 2003, n. 196 e del decreto legislativo 18 maggio 2018, n. 51. La comunicazione di dati personali da parte delle istituzioni, degli organi o degli organismi dell'Unione europea è effettuata in conformità del regolamento (UE) 2018/1725.

2. I dati personali che manifestamente non sono utili al trattamento di una specifica segnalazione non sono raccolti o, se raccolti accidentalmente, sono cancellati immediatamente.

3. I diritti di cui agli articoli da 15 a 22 del regolamento (UE) 2016/679 possono essere esercitati nei limiti di quanto previsto dall'articolo 2-undecies del decreto legislativo 30 giugno 2003, n. 196.

4. I trattamenti di dati personali relativi al ricevimento e alla gestione delle segnalazioni sono effettuati dai soggetti di cui all'articolo 4, in qualità di titolari del trattamento, nel rispetto dei principi di cui agliarticoli 5 e 25 del regolamento (UE) 2016/679 o agli articoli 3 e 16 del decreto legislativo n. 51 del 2018, fornendo idonee informazioni alle persone segnalanti e alle persone coinvolte ai sensi degli articoli 13 e 14 del medesimo regolamento (UE) 2016/679 o dell'articolo 11 del citato decreto legislativo n. 51 del 2018, nonché adottando misure appropriate a tutela dei diritti e delle libertà degli interessati.

5. I soggetti del settore pubblico e i soggetti del settore privato che condividono risorse per il ricevimento e la gestione delle segnalazioni, ai sensi dell'articolo 4, comma 4, determinano in modo trasparente, mediante un accordo interno, le rispettive responsabilità in merito all'osservanza degli obblighi in materia di protezione dei dati personali, ai sensi dell'articolo 26 del regolamento (UE) 2016/679 o dell'articolo 23 del decreto legislativo n. 51 del 2018.

6. I soggetti di cui all'articolo 4 definiscono il proprio modello di ricevimento e gestione delle segnalazioni interne, individuando misure tecniche e organizzative idonee a garantire un livello di sicurezza adeguato agli specifici rischi derivanti dai trattamenti effettuati, sulla base di una valutazione d'impatto sulla protezione dei dati, e disciplinando il rapporto con eventuali fornitori esterni che trattano dati personali per loro conto ai sensi dell'articolo 28 del regolamento (UE) 2016/679 o dell'articolo 18 del decreto legislativo n. 51 del 2018.

14. Conservazione della documentazione inerente alle segnalazioni.

1. Le segnalazioni, interne ed esterne, e la relativa documentazione sono conservate per il tempo necessario al trattamento della segnalazione e comunque non oltre cinque anni a decorrere dalla data della comunicazione dell'esito finale della procedura di segnalazione, nel rispetto degli obblighi di riservatezza di cui all'articolo 12 del presente decreto e del principio di cui agliarticoli 5, paragrafo 1, lettera e), del regolamento (UE) 2016/679 e 3, comma 1, lettera e), del decreto legislativo n. 51 del 2018.

2. Se per la segnalazione si utilizza una linea telefonica registrata o un altro sistema di messaggistica vocale registrato, la segnalazione, previo consenso della persona segnalante, è documentata a cura del personale addetto mediante registrazione su un dispositivo idoneo alla conservazione e all'ascolto oppure mediante trascrizione integrale. In caso di trascrizione, la persona segnalante può verificare, rettificare o confermare il contenuto della trascrizione mediante la propria sottoscrizione.

3. Se per la segnalazione si utilizza una linea telefonica non registrata o un altro sistema di messaggistica vocale non registrato la segnalazione è documentata per iscritto mediante resoconto dettagliato della conversazione a cura del personale addetto. La persona segnalante può verificare, rettificare e confermare il contenuto della trascrizione mediante la propria sottoscrizione.

4. Quando, su richiesta della persona segnalante, la segnalazione è effettuata oralmente nel corso di un incontro con il personale addetto, essa, previo consenso della persona segnalante, è documentata a cura del personale addetto mediante registrazione su un dispositivo idoneo alla conservazione e all'ascolto oppure mediante verbale. In caso di verbale, la persona segnalante può verificare, rettificare e confermare il verbale dell'incontro mediante la propria sottoscrizione.

15. Divulgazioni pubbliche.

1. La persona segnalante che effettua una divulgazione pubblica beneficia della protezione prevista dal presente decreto se, al momento della divulgazione pubblica, ricorre una delle seguenti condizioni:

a) la persona segnalante ha previamente effettuato una segnalazione interna ed esterna ovvero ha effettuato direttamente una segnalazione esterna, alle condizioni e con le modalità previste dagli articoli 4 e 7 e non è stato dato riscontro nei termini previsti dagli articoli 5 e 8 in merito alle misure previste o adottate per dare seguito alle segnalazioni;

b) la persona segnalante ha fondato motivo di ritenere che la violazione possa costituire un pericolo imminente o palese per il pubblico interesse;

c) la persona segnalante ha fondato motivo di ritenere che la segnalazione esterna possa comportare il rischio di ritorsioni o possa non avere efficace seguito in ragione delle specifiche circostanze del caso concreto, come quelle in cui possano essere occultate o distrutte prove oppure in cui vi sia fondato timore che chi ha ricevuto la segnalazione possa essere colluso con l'autore della violazione o coinvolto nella violazione stessa.

2. Restano ferme le norme sul segreto professionale degli esercenti la professione giornalistica, con riferimento alla fonte della notizia.

Capo III
Misure di protezione

16. Condizioni per la protezione della persona segnalante.

1. Le misure di protezione previste nel presente capo si applicano alle persone di cui all'articolo 3 quando ricorrono le seguenti condizioni:

a) al momento della segnalazione o della denuncia all'autorità giudiziaria o contabile o della divulgazione pubblica, la persona segnalante o denunciante aveva fondato motivo di ritenere che le informazioni sulle violazioni segnalate, divulgate pubblicamente o denunciate fossero vere e rientrassero nell'ambito oggettivo di cui all'articolo 1;

b) la segnalazione o divulgazione pubblica è stata effettuata sulla base di quanto previsto dal capo II.

2. I motivi che hanno indotto la persona a segnalare

o denunciare o divulgare pubblicamente sono irrilevanti ai fini della sua protezione.

3. Salvo quanto previsto dall'articolo 20, quando è accertata, anche con sentenza di primo grado, la responsabilità penale della persona segnalante per i reati di diffamazione o di calunnia o comunque per i medesimi reati commessi con la denuncia all'autorità giudiziaria o contabile ovvero la sua responsabilità civile, per lo stesso titolo, nei casi di dolo o colpa grave, le tutele di cui al presente capo non sono garantite e alla persona segnalante o denunciante è irrogata una sanzione disciplinare.

4. La disposizione di cui al presente articolo si applica anche nei casi di segnalazione o denuncia all'autorità giudiziaria o contabile o divulgazione pubblica anonime, se la persona segnalante è stata successivamente identificata e ha subito ritorsioni, nonché nei casi di segnalazione presentata alle istituzioni, agli organi e agli organismi competenti dell'Unione europea, in conformità alle condizioni di cui all'articolo 6.

17. Divieto di ritorsione.

1. Gli enti o le persone di cui all'articolo 3 non possono subire alcuna ritorsione.

2. Nell'ambito di procedimenti giudiziari o amministrativi o comunque di controversie stragiudiziali aventi ad oggetto l'accertamento dei comportamenti, atti o omissioni vietati ai sensi del presente articolo nei confronti delle persone di cui all'articolo 3, commi 1, 2, 3 e 4, si presume che gli stessi siano stati posti in essere a causa della segnalazione, della divulgazione pubblica o della denuncia all'autorità giudiziaria o contabile. L'onere di provare che tali condotte o atti sono motivati da ragioni estranee alla segnalazione, alla divulgazione pubblica o alla denuncia è a carico di colui che li ha posti in essere.

3. In caso di domanda risarcitoria presentata all'autorità giudiziaria dalle persone di cui all'articolo 3, commi 1, 2, 3 e 4, se tali persone dimostrano di aver effettuato, ai sensi del presente decreto, una segnalazione, una divulgazione pubblica o una denuncia all'autorità giudiziaria o contabile e di aver subito un danno, si presume, salvo prova contraria, che il danno sia conseguenza di tale segnalazione, divulgazione pubblica o denuncia all'autorità giudiziaria o contabile.

4. Di seguito sono indicate talune fattispecie che, qualora siano riconducibili all'articolo 2, comma 1, lettera m), costituiscono ritorsioni:

a) il licenziamento, la sospensione o misure equivalenti;
b) la retrocessione di grado o la mancata promozione;
c) il mutamento di funzioni, il cambiamento del luogo di lavoro, la riduzione dello stipendio, la modifica dell'orario di lavoro;
d) la sospensione della formazione o qualsiasi restrizione dell'accesso alla stessa;
e) le note di merito negative o le referenze negative;
f) l'adozione di misure disciplinari o di altra sanzione, anche pecuniaria;
g) la coercizione, l'intimidazione, le molestie o l'ostracismo;
h) la discriminazione o comunque il trattamento sfavorevole;
i) la mancata conversione di un contratto di lavoro a termine in un contratto di lavoro a tempo indeterminato, laddove il lavoratore avesse una legittima aspettativa a detta conversione;
l) il mancato rinnovo o la risoluzione anticipata di un contratto di lavoro a termine;
m) i danni, anche alla reputazione della persona, in particolare sui social media, o i pregiudizi economici o finanziari, comprese la perdita di opportunità economiche e la perdita di redditi;
n) l'inserimento in elenchi impropri sulla base di un accordo settoriale o industriale formale o informale, che può comportare l'impossibilità per la persona di trovare un'occupazione nel settore o nell'industria in futuro;
o) la conclusione anticipata o l'annullamento del contratto di fornitura di beni o servizi;
p) l'annullamento di una licenza o di un permesso;
q) la richiesta di sottoposizione ad accertamenti psichiatrici o medici.

18. Misure di sostegno.

1. È istituto presso l'ANAC l'elenco degli enti del Terzo settore che forniscono alle persone segnalanti misure di sostegno. L'elenco, pubblicato dall'ANAC sul proprio sito, contiene gli enti del Terzo settore che esercitano, secondo le previsioni dei rispettivi statuti, le attività di cui all'articolo 5, comma 1, lettere v) e w), del decreto legislativo 3 luglio 2017, n. 117, e che hanno stipulato convenzioni con ANAC.

2. Le misure di sostegno fornite dagli enti di cui al comma 1 consistono in informazioni, assistenza e consulenze a titolo gratuito sulle modalità di segnalazione e sulla protezione dalle ritorsioni offerta dalle disposizioni normative nazionali e da quelle dell'Unione europea, sui diritti della persona coinvolta, nonché sulle modalità e condizioni di accesso al patrocinio a spese dello Stato.

3. L'autorità giudiziaria ovvero l'autorità amministrativa cui la persona segnalante si è rivolta al fine di ottenere protezione dalle ritorsioni può richiedere all'ANAC informazioni e documenti in ordine alle segnalazioni eventualmente presentate. Nei procedimenti dinanzi all'autorità giudiziaria, si osservano le forme di cui agli articoli 210 e seguenti del codice di procedura civile, nonché di cui all'articolo 63, comma 2, del codice del processo amministrativo di cui all'allegato 1 al decreto legislativo 2 luglio 2010, n. 104.

19. Protezione dalle ritorsioni.

1. Gli enti e le persone di cui all'articolo 3 possono comunicare all'ANAC le ritorsioni che ritengono di avere subito. In caso di ritorsioni commesse nel contesto lavorativo di un soggetto del settore pubblico, l'ANAC informa immediatamente il Dipartimento della funzione pubblica presso la Presidenza del Consiglio dei ministri e gli eventuali organismi di garanzia o di disciplina, per i provvedimenti di loro competenza. In caso di ritorsioni commesse nel contesto lavorativo di un soggetto del settore privato l'ANAC informa l'Ispettorato nazionale del lavoro, per i provvedimenti di propria competenza.

2. Al fine di acquisire elementi istruttori indispensabili all'accertamento delle ritorsioni, l'ANAC può avvalersi, per quanto di rispettiva competenza, della collaborazione dell'Ispettorato della funzione pubblica e dell'Ispettorato nazionale del lavoro, ferma restando l'esclusiva competenza dell'ANAC in ordine alla valutazione degli elementi acquisiti e all'eventuale applicazione delle sanzioni amministrative di cui all'articolo 21. Al fine di regolare tale collaborazione, l'ANAC conclude specifici accordi, ai sensi dell'articolo 15 della legge 7 agosto 1990, n. 241, con l'Ispettorato della funzione pubblica e con l'Ispettorato nazionale del lavoro.

3. Gli atti assunti in violazione dell'articolo 17 sono nulli. Le persone di cui all'articolo 3 che siano state licenziate a causa della segnalazione, della divulgazione pubblica o della denuncia all'autorità giudiziaria o contabile hanno diritto a essere reintegrate nel posto di lavoro, ai sensi dell'articolo 18 della legge 20 maggio 1970, n. 300 o dell'articolo 2 del decreto legislativo 4 marzo 2015, n. 23, in ragione della specifica disciplina applicabile al lavoratore.

4. L'autorità giudiziaria adita adotta tutte le misure, anche provvisorie, necessarie ad assicurare la tutela alla situazione giuridica soggettiva azionata, ivi compresi il risarcimento del danno, la reintegrazione nel posto di lavoro, l'ordine di cessazione della condotta posta in essere in violazione dell'articolo 17 e la dichiarazione di nullità degli atti adottati in violazione del medesimo articolo.

20. Limitazioni della responsabilità.

1. Non è punibile l'ente o la persona di cui all'articolo 3 che riveli o diffonda informazioni sulle violazioni coperte dall'obbligo di segreto, diverso da quello di cui all'articolo 1, comma 3, o relative alla tutela del diritto d'autore o alla protezione dei dati personali ovvero riveli o diffonda informazioni sulle violazioni che offendono la reputazione della persona coinvolta o denunciata, quando, al momento della rivelazione o diffusione, vi fossero fondati motivi per ritenere che la rivelazione o diffusione delle stesse informazioni fosse necessaria per svelare la violazione e la segnalazione, la divulgazione pubblica o la denuncia all'autorità giudiziaria o contabile è stata effettuata ai sensi dell'articolo 16.

2. Quando ricorrono le ipotesi di cui al comma 1, è esclusa altresì ogni ulteriore responsabilità, anche di natura civile o amministrativa.

3. Salvo che il fatto costituisca reato, l'ente o la persona di cui all'articolo 3 non incorre in alcuna responsabilità, anche di natura civile o amministrativa, per l'acquisizione delle informazioni sulle violazioni o per l'accesso alle stesse.

4. In ogni caso, la responsabilità penale e ogni altra responsabilità, anche di natura civile o amministrativa, non è esclusa per i comportamenti, gli atti o le omissioni non collegati alla segnalazione, alla denuncia all'autorità giudiziaria o contabile o alla divulgazione pubblica o che non sono strettamente necessari a rivelare la violazione.

21. Sanzioni.

1. Fermi restando gli altri profili di responsabilità, l'ANAC applica al responsabile le seguenti sanzioni amministrative pecuniarie:

a) da 10.000 a 50.000 euro quando accerta che sono state commesse ritorsioni o quando accerta che la segnalazione è stata ostacolata o che si è tentato di ostacolarla o che è stato violato l'obbligo di riservatezza di cui all'articolo 12;

b) da 10.000 a 50.000 euro quando accerta che non sono stati istituiti canali di segnalazione, che non sono state adottate procedure per l'effettuazione e la gestione delle segnalazioni ovvero che l'adozione di tali procedure non è conforme a quelle di cui agli articoli 4 e 5, nonché quando accerta che non è stata svolta l'attività di verifica e analisi delle segnalazioni ricevute;

c) da 500 a 2.500 euro, nel caso di cui all'articolo 16, comma 3, salvo che la persona segnalante sia stata condannata, anche in primo grado, per i reati di diffamazione o di calunnia o comunque per i medesimi reati commessi con la denuncia all'autorità giudiziaria o contabile.

2. I soggetti del settore privato di cui all'articolo 2, comma 1, lettera q), numero 3), prevedono nel sistema disciplinare adottato ai sensi dell'articolo 6, comma 2, lettera e), del decreto n. 231 del 2001, sanzioni nei confronti di coloro che accertano essere responsabili degli illeciti di cui al comma 1.

22. Rinunce e transazioni.

1. Le rinunce e le transazioni, integrali o parziali, che hanno per oggetto i diritti e le tutele previsti dal presente decreto non sono valide, salvo che siano effettuate nelle forme e nei modi di cui all'articolo 2113, quarto comma, del codice civile.

Capo IV
Disposizioni finali

23. Abrogazioni di norme.

1. Sono abrogate le seguenti disposizioni:

a) l'articolo 54-bis del decreto legislativo 30 marzo 2001 n. 165;

b) l'articolo 6, commi 2-ter e 2-quater, del decreto legislativo 8 giugno 2001, n. 231;

c) l'articolo 3 della legge 30 novembre 2017, n. 179.

24. Disposizioni transitorie e di coordinamento.

1. Le disposizioni di cui al presente decreto hanno effetto a decorrere dal 15 luglio 2023. Alle segnalazioni o alle denunce all'autorità giudiziaria o contabile effettuate precedentemente alla data di entrata in vigore del presente decreto, nonché a quelle effettuate fino al 14 luglio 2023, continuano ad applicarsi le disposizioni di cui all'articolo 54-bis del decreto legislativo n. 165 del 2001, all'articolo 6, commi 2-bis, 2-ter e 2-quater, del decreto legislativo n. 231 del 2001 e all'articolo 3 della legge n. 179 del 2017.

2. Per i soggetti del settore privato che hanno impiegato, nell'ultimo anno, una media di lavoratori subordinati, con contratti di lavoro a tempo indeterminato o determinato, fino a duecentoquarantanove, l'obbligo di istituzione del canale di segnalazione interna ai sensi del presente decreto ha effetto a decorrere dal 17 dicembre 2023 e, fino ad allora, continua ad applicarsi l'articolo 6, comma 2-bis, lettere a) e b), del decreto legislativo n. 231 del 2001, nella formulazione vigente fino alla data di entrata in vigore del presente decreto.

3. L'articolo 4 della legge 15 luglio 1966, n. 604 è sostituito dal seguente:

«Art. 4. – Il licenziamento determinato da ragioni di credo politico o fede religiosa, dall'appartenenza a un sindacato, dalla partecipazione ad attività sindacali o conseguente all'esercizio di un diritto ovvero alla segnalazione, alla denuncia all'autorità giudiziaria o contabile o alla divulgazione pubblica effettuate ai sensi del decreto legislativo attuativo della direttiva (UE) 2019/1937 del Parlamento europeo e del Consiglio, del 23 ottobre 2019, è nullo.».

4. All'articolo 2-undecies, comma 1, del decreto legislativo 30 giugno 2003, n. 196, la lettera f) è sostituita dalla seguente:

«f) alla riservatezza dell'identità della persona che segnala violazioni di cui sia venuta a conoscenza in ragione del proprio rapporto di lavoro o delle funzioni svolte, ai sensi del decreto legislativo recante attuazione della direttiva (UE) 2019/1937 del Parlamento europeo e del Consiglio del 23 ottobre 2019, riguardante la protezione delle persone che segnalano violazioni del diritto dell'Unione, ovvero che segnala violazioni ai sensi degli articoli 52-bis e 52-ter del decreto legislativo 1° settembre 1993, n. 385, o degli articoli 4-undecies e 4-duodecies del decreto legislativo 24 febbraio 1998, n. 58;».

5. All'articolo 6, del decreto legislativo n. 231 del 2001, il comma 2-bis è sostituito dal seguente:

«2-bis. I modelli di cui al comma 1, lettera a), prevedono, ai sensi del decreto legislativo attuativo della direttiva (UE) 2019/1937 del Parlamento europeo e del Consiglio del 23 ottobre 2019, i canali di segnalazione interna, il divieto di ritorsione e il sistema disciplinare, adottato ai sensi del comma 2, lettera e).».

25. Disposizioni finanziarie.

1. Dall'attuazione del presente decreto, fatta eccezione per l'articolo 11, non devono derivare nuovi o maggiori oneri per la finanza pubblica. Le amministrazioni interessate provvedono ai relativi adempimenti nell'ambito delle risorse umane strumentali e finanziarie disponibili a legislazione vigente.

Il presente decreto, munito del sigillo dello Stato, sarà inserito nella Raccolta ufficiale degli atti normativi della Repubblica italiana. È fatto obbligo a chiunque spetti di osservarlo e di farlo osservare.

MANDATO D'ARRESTO EUROPEO E ORDINE EUROPEO DI INDAGINE

1. Decisione quadro 2002/584/GAI del Consiglio del 13 giugno 2002, relativa al mandato d'arresto europeo e alle procedure di consegna tra Stati membri

In Gazzetta Ufficiale delle Comunità europee 18 luglio 2002, n. 190

Capo I
Principi generali

1. Definizione del mandato d'arresto europeo ed obbligo di darne esecuzione.

1. Il mandato d'arresto europeo è una decisione giudiziaria emessa da uno Stato membro in vista dell'arresto e della consegna da parte di un altro Stato membro di una persona ricercata ai fini dell'esercizio di un'azione penale o dell'esecuzione di una pena o una misura di sicurezza privative della libertà.

2. Gli Stati membri danno esecuzione ad ogni mandato d'arresto europeo in base al principio del riconoscimento reciproco e conformemente alle disposizioni della presente decisione quadro.

3. L'obbligo di rispettare i diritti fondamentali e i fondamentali principi giuridici sanciti dall'articolo 6 del trattato sull'Unione europea non può essere modificata per effetto della presente decisione quadro.

2. Campo d'applicazione del mandato d'arresto europeo.

1. Il mandato d'arresto europeo può essere emesso per dei fatti puniti dalle leggi dello Stato membro emittente con una pena privativa della libertà o con una misura di sicurezza privative della libertà della durata massima non inferiore a dodici mesi oppure, se è stata disposta la condanna a una pena o è stata inflitta una misura di sicurezza, per condanne pronunciate di durata non inferiore a quattro mesi.

2. Danno luogo a consegna in base al mandato d'arresto europeo, alle condizioni stabilite dalla presente decisione quadro e indipendentemente dalla doppia incriminazione per il reato, i reati seguenti, quali definiti dalla legge dello Stato membro emittente, se in detto Stato membro il massimo della pena o della misura di sicurezza privative della libertà per tali reati è pari o superiore a tre anni:
- partecipazione a un'organizzazione criminale,
- terrorismo,
- tratta di esseri umani,
- sfruttamento sessuale dei bambini e pornografia infantile,
- traffico illecito di stupefacenti e sostanze psicotrope,
- traffico illecito di armi, munizioni ed esplosivi,
- corruzione,
- frode, compresa la frode che lede gli interessi finanziari delle Comunità europee ai sensi della convenzione del 26 luglio 1995 relativa alla tutela degli interessi finanziari delle Comunità europee,
- riciclaggio di proventi di reato,
- falsificazione di monete, compresa la contraffazione dell'euro,
- criminalità informatica,
- criminalità ambientale, compreso il traffico illecito di specie animali protette e il traffico illecito di specie e di essenze vegetali protette,
- favoreggiamento dell'ingresso e del soggiorno illegali,
- omicidio volontario, lesioni personali gravi,
- traffico illecito di organi e tessuti umani,
- rapimento, sequestro e presa di ostaggi,
- razzismo e xenofobia,
- furti organizzati o con l'uso di armi,
- traffico illecito di beni culturali, compresi gli oggetti d'antiquariato e le opere d'arte,
- truffa,
- racket e estorsioni,
- contraffazione e pirateria in materia di prodotti,
- falsificazione di atti amministrativi e traffico di documenti falsi,
- falsificazione di mezzi di pagamento,
- traffico illecito di sostanze ormonali ed altri fattori di crescita,
- traffico illecito di materie nucleari e radioattive,
- traffico di veicoli rubati,
- stupro,
- incendio volontario,
- reati che rientrano nella competenza giurisdizionale della Corte penale internazionale,
- dirottamento di aereo/nave,
- sabotaggio.

3. Il Consiglio può decidere in qualsiasi momento, deliberando all'unanimità e previa consultazione del Parlamento europeo alle condizioni di cui all'articolo 39, paragrafo 1, del trattato sull'Unione europea (TUE), di inserire altre categorie di reati nell'elenco di cui al paragrafo 2 del presente articolo. Il Consiglio esamina, alla luce della relazione sottopostagli dalla Commissione ai sensi dell'articolo 34, paragrafo 3, se sia opportuno estendere o modificare tale elenco.

4. Per quanto riguarda i reati non contemplati dal paragrafo 2, la consegna può essere subordinata alla condizione che i fatti per i quali è stato emesso il mandato d'arresto europeo costituiscano un reato ai sensi della legge dello Stato membro di esecuzione indipendentemente dagli elementi costitutivi o dalla qualifica dello stesso.

3. Motivi di non esecuzione obbligatoria del mandato di arresto europeo.

L'autorità giudiziaria dello Stato membro di esecuzione (in prosieguo: "autorità giudiziaria dell'esecuzione") rifiuta di eseguire il mandato d'arresto europeo nei casi seguenti:

1) se il reato alla base del mandato d'arresto è coperto da amnistia nello Stato membro di esecuzione, se quest'ultimo era competente a perseguire il reato secondo la propria legge penale;
2) se in base ad informazioni in possesso dell'autorità giudiziaria dell'esecuzione risulta che la persona ricercata è stata giudicata con sentenza definitiva per gli stessi fatti da uno Stato membro a condizione che, in caso di condanna, la sanzione sia stata applicata o sia in fase di esecuzione o non possa più essere eseguita in forza delle leggi dello Stato membro della condanna;
3) se la persona oggetto del mandato d'arresto europeo non può ancora essere considerata, a causa dell'età, penalmente responsabile dei fatti all'origine del mandato d'arresto europeo in base alla legge dello Stato membro di esecuzione.

4. Motivi di non esecuzione facoltativa del mandato di arresto europeo.

L'autorità giudiziaria dell'esecuzione può rifiutare di eseguire il mandato d'arresto europeo:

1) se, in uno dei casi di cui all'articolo 2, paragrafo 4, il fatto che è alla base del mandato d'arresto europeo non costituisce reato ai sensi della legge dello Stato membro di esecuzione; tuttavia in materia di tasse e di imposte, di dogana e di cambio, l'esecuzione del mandato di arresto europeo non può essere rifiutata in base al fatto che la legislazione dello Stato membro di esecuzione non impone lo stesso tipo di tasse o di imposte o non contiene lo stesso tipo di normativa in materia di tasse, di imposte, di dogana e di cambio della legislazione dello Stato membro emittente;
2) se contro la persona oggetto del mandato d'arresto europeo è in corso un'azione nello Stato membro di esecuzione per il medesimo fatto che è alla base del mandato d'arresto europeo;
3) se le autorità giudiziarie dello Stato membro dell'esecuzione hanno deciso di non esercitare l'azione penale per il reato oggetto del mandato d'arresto europeo oppure di porvi fine, o se la persona ricercata ha formato oggetto in uno Stato membro di una sentenza definitiva per gli stessi fatti che osta all'esercizio di ulteriori azioni;
4) se l'azione penale o la pena è caduta in prescrizione secondo la legislazione dello Stato membro di esecuzione e i fatti rientrano nella competenza di tale Stato membro in virtù del proprio diritto penale;
5) se in base ad informazioni in possesso dell'autorità giudiziaria dell'esecuzione risulta che la persona ricercata è stata giudicata con sentenza definitiva per gli stessi fatti da un paese terzo a condizione che, in caso di condanna, la sanzione sia stata applicata o sia in fase di esecuzione o non possa più essere eseguita in forza delle leggi del paese della condanna;
6) se il mandato d'arresto europeo è stato rilasciato ai fini dell'esecuzione di una pena o di una misura di sicurezza privative della libertà, qualora la persona ricercata dimori nello Stato membro di esecuzione, ne sia cittadino o vi risieda, se tale Stato si impegni a eseguire esso stesso tale pena o misura di sicurezza conformemente al suo diritto interno;
7) Se il mandato d'arresto europeo riguarda reati:
   a) che dalla legge dello Stato membro di esecuzione sono considerati commessi in tutto o in parte nel suo territorio, o in un luogo assimilato al suo territorio; oppure b) che sono stati commessi al di fuori del territorio dello Stato membro emittente, se la legge dello Stato membro di esecuzione non consente l'azione penale per gli stessi reati commessi al di fuori del suo territorio.

4 bis. Decisioni pronunciate al termine di un processo a cui l'interessato non è comparso personalmente.

1. L'autorità giudiziaria dell'esecuzione può altresì rifiutare di eseguire il mandato d'arresto europeo emesso ai fini dell'esecuzione di una pena o di una misura di sicurezza privative della libertà se l'interessato non è comparso personalmente al processo terminato con la decisione, salvo che il mandato d'arresto europeo indichi che l'interessato, conformemente agli ulteriori requisiti processuali definiti nel diritto interno dello Stato membro emittente:

a) a tempo debito:
   i) è stato citato personalmente ed è quindi stato informato della data e del luogo fissati per il processo terminato con la decisione o è stato di fatto informato ufficialmente con altri mezzi della data e del luogo fissati per il processo, in modo tale che si è stabilito inequivocabilmente che era al corrente del processo fissato;

   e

   ii) è stato informato del fatto che una decisione poteva essere emessa in caso di mancata comparizione in giudizio;

   o

b) essendo al corrente della data fissata, aveva conferito un mandato ad un difensore, nominato dall'interessato o dallo Stato, per patrocinarlo in giudizio, ed è stato in effetti patrocinato in giudizio da tale difensore;

   o

c) dopo aver ricevuto la notifica della decisione ed essere stato espressamente informato del diritto a un nuovo processo o ad un ricorso in appello cui l'interessato ha il diritto di partecipare e che consente di riesaminare il merito della causa, comprese le nuove prove, e può condurre alla riforma della decisione originaria:
   i) ha dichiarato espressamente di non opporsi alla decisione;

   o

ii) non ha richiesto un nuovo processo o presentato ricorso in appello entro il termine stabilito;

o

d) non ha ricevuto personalmente la notifica della decisione, ma:

i) riceverà personalmente e senza indugio la notifica dopo la consegna e sarà espressamente informato del diritto a un nuovo processo o ad un ricorso in appello cui l'interessato ha il diritto di partecipare e che consente di riesaminare il merito della causa, comprese le nuove prove, e può condurre alla riforma della decisione originaria;

e

ii) sarà informato del termine entro cui deve richiedere un nuovo processo o presentare ricorso in appello, come stabilito nel mandato d'arresto europeo pertinente.

2. Qualora il mandato d'arresto europeo sia emesso ai fini dell'esecuzione di una pena o di una misura di sicurezza privative della libertà alle condizioni di cui al paragrafo 1, lettera d), e l'interessato non sia stato precedentemente informato ufficialmente dell'esistenza di un procedimento penale a suo carico, questi può, una volta informato del contenuto del mandato d'arresto europeo, chiedere che gli sia trasmessa copia della sentenza prima della consegna. Non appena ricevuta informazione della richiesta, l'autorità emittente fornisce all'interessato copia della sentenza per il tramite dell'autorità di esecuzione. La richiesta dell'interessato non ritarda la procedura di consegna né la decisione di eseguire il mandato d'arresto europeo. La sentenza è trasmessa all'interessato a soli fini informativi; la trasmissione non costituisce notificazione ufficiale della sentenza né fa decorrere i termini applicabili per la richiesta di un nuovo processo o per la presentazione di un ricorso in appello.

3. Qualora la persona sia consegnata alle condizioni di cui al paragrafo 1, lettera d), e abbia chiesto un nuovo processo o presentato ricorso in appello, la detenzione della persona in attesa di tale processo o appello è riesaminata, fino alla conclusione del procedimento, conformemente al diritto dello Stato membro di emissione, a intervalli regolari o su richiesta dell'interessato. Il riesame verte in particolare sulla possibilità di sospensione o interruzione della detenzione. Il nuovo processo o l'appello hanno inizio in tempo utile dalla consegna [(1)].

(1) Articolo introdotto dall'art. 2, Decisione del Consiglio n. 299 del 26.2.2009.

5. Garanzie che lo Stato emittente deve fornire in casi particolari.

[L'esecuzione del mandato d'arresto europeo da parte dell'autorità giudiziaria dell'esecuzione può essere subordinata dalla legge dello Stato membro di esecuzione ad una delle seguenti condizioni:

1) Se il mandato di arresto europeo è stato emesso ai fini dell'esecuzione di una pena o di una misura di sicurezza comminate mediante decisione pronunciata "in absentia", e se l'interessato non è stato citato personalmente né altrimenti informato della data e del luogo dell'udienza che ha portato alla decisione pronunciata in absentia, la consegna può essere subordinata alla condizione che l'autorità giudiziaria emittente fornisca assicurazioni considerate sufficienti a garantire alle persone oggetto del mandato d'arresto europeo la possibilità di richiedere un nuovo processo nello Stato membro emittente e di essere presenti al giudizio.

2) Se il reato in base al quale il mandato d'arresto europeo è stato emesso è punibile con una pena o una misura di sicurezza privative della libertà a vita, l'esecuzione di tale mandato può essere subordinata alla condizione che lo Stato membro emittente preveda nel suo ordinamento giuridico una revisione della pena comminata – su richiesta o al più tardi dopo 20 anni – oppure l'applicazione di misure di clemenza alle quali la persona ha diritto in virtù della legge o della prassi dello Stato membro di emissione, affinché la pena o la misura in questione non siano eseguite.

3) Se la persona oggetto del mandato d'arresto europeo ai fini di un'azione penale è cittadino o residente dello Stato membro di esecuzione, la consegna può essere subordinata alla condizione che la persona, dopo essere stata ascoltata, sia rinviata nello Stato membro di esecuzione per scontarvi la pena o la misura di sicurezza privative della libertà eventualmente pronunciate nei suoi confronti nello Stato membro emittente] [(1)].

(1) Paragrafo soppresso dall'art. 2, Decisione del Consiglio n. 299 del 26.2.2009.

6. Determinazione delle autorità giudiziarie competenti.

1. Per autorità giudiziaria emittente si intende l'autorità giudiziaria dello Stato membro emittente che, in base alla legge di detto Stato, è competente a emettere un mandato d'arresto europeo.

2. Per autorità giudiziaria dell'esecuzione si intende l'autorità giudiziaria dello Stato membro di esecuzione che, in base alla legge di detto Stato, è competente dell'esecuzione del mandato di arresto europeo.

3. Ciascuno Stato membro comunica al Segretariato generale del Consiglio qual è l'autorità competente in base al proprio diritto interno.

7. Ricorso all'autorità centrale.

1. Ciascuno Stato membro può designare un'autorità centrale o, quando il suo ordinamento giuridico lo prevede, delle autorità centrali per assistere le autorità giudiziarie competenti.

2. Uno Stato membro può, se l'organizzazione del proprio sistema giudiziario interno lo rende necessario, affidare alla (alle) propria (proprie) autorità centrale (centrali) la trasmissione e la ricezione amministrativa dei mandati d'arresto europei e della corrispondenza ufficiale ad essi relativa.

Lo Stato membro che voglia avvalersi delle facoltà descritte nel presente articolo comunica al Segretariato generale del Consiglio le informazioni relative all'autorità centrale (alle autorità centrali) designata(e). Dette indicazioni sono vincolanti per tutte le autorità dello Stato membro emittente.

8. Contenuto e forma del mandato d'arresto europeo.

1. Il mandato d'arresto europeo contiene le informazioni seguenti, nella presentazione stabilita dal modello allegato:

a) identità e cittadinanza del ricercato;
b) il nome, l'indirizzo, il numero di telefono e di fax, l'indirizzo di posta elettronica dell'autorità giudiziaria emittente;
c) indicazione dell'esistenza di una sentenza esecutiva, di un mandato d'arresto o di qualsiasi altra decisione giudiziaria esecutiva che abbia la stessa forza e che rientri nel campo d'applicazione degli articoli 1 e 2;
d) natura e qualificazione giuridica del reato, in particolare tenendo conto dell'articolo 2;
e) descrizione delle circostanze della commissione del reato, compreso il momento, il luogo e il grado di partecipazione del ricercato;
f) pena inflitta, se vi è una sentenza definitiva, ovvero, negli altri casi, pena minima e massima stabilita dalla legge dello Stato di emissione;
g) per quanto possibile, le altre conseguenze del reato.

2. Il mandato di arresto europeo è tradotto nella lingua ufficiale o in una delle lingue ufficiali dello Stato membro di esecuzione.

Ciascuno Stato membro può al momento dell'adozione della presente decisione quadro, o successivamente, attestare in una dichiarazione depositata presso il Segretariato generale del Consiglio che accetterà una traduzione in una o più lingue ufficiali delle istituzioni delle Comunità europee.

Capo II
Procedura di consegna

9. Trasmissione di un mandato d'arresto europeo.

1. Quando il luogo in cui si trova il ricercato è conosciuto, l'autorità giudiziaria emittente può comunicare il mandato d'arresto europeo direttamente all'autorità giudiziaria dell'esecuzione.

2. L'autorità giudiziaria emittente può, in ogni caso, decidere di segnalare la persona ricercata nel Sistema di Informazione Schengen (SIS).

3. Siffatta segnalazione è effettuata conformemente alle disposizioni dell'articolo 95 della convenzione del 19 giugno 1990, di applicazione dell'accordo di Schengen del 14 giugno 1985 relativo all'eliminazione graduale dei controlli alle frontiere comuni. Una segnalazione nel Sistema di Informazione Schengen equivale a un mandato d'arresto europeo corredato delle informazioni di cui all'articolo 8, paragrafo 1.

Per un periodo transitorio, fintanto che il SIS non sarà in grado di trasmettere tutte le informazioni di cui all'articolo 8, la segnalazione equivarrà ad un mandato d'arresto europeo in attesa del ricevimento in debita forma dell'originale da parte dell'autorità giudiziaria dell'esecuzione.

10. Modalità di trasmissione di un mandato d'arresto europeo.

1. Se l'autorità giudiziaria emittente ignora quale sia l'autorità giudiziaria dell'esecuzione competente, effettua le ricerche necessarie, specie attraverso i punti di contatto della Rete giudiziaria europea, per ottenere tale informazione dallo Stato di esecuzione.

2. Se l'autorità giudiziaria emittente lo desidera, la trasmissione può essere effettuata mediante il sistema di telecomunicazione protetto della Rete giudiziaria europea.

3. Se non è possibile ricorrere al Sistema di Informazione Schengen, l'autorità giudiziaria emittente può fare ricorso ai servizi dell'Interpol per comunicare il mandato d'arresto europeo.

4. L'autorità giudiziaria emittente può trasmettere il mandato d'arresto europeo con qualsiasi mezzo sicuro in grado di produrre una registrazione scritta a condizioni che consentano allo Stato membro dell'esecuzione di verificarne l'autenticità.

5. Qualsiasi difficoltà relativa alla trasmissione o all'autenticità di un documento necessario per l'esecuzione del mandato d'arresto europeo è risolta attraverso contatti diretti tra le autorità giudiziarie interessate o, se del caso, con l'intervento delle autorità centrali degli Stati membri.

6. Se l'autorità che riceve un mandato d'arresto europeo non ha la competenza per dargli seguito, lo trasmette d'ufficio alla sua autorità nazionale competente e ne informa l'autorità giudiziaria emittente.

11. Diritti del ricercato.

1. Quando il ricercato è arrestato l'autorità giudiziaria dell'esecuzione competente lo informa, in conformità con il proprio diritto interno, del mandato d'arresto europeo e del suo contenuto, nonché della possibilità di acconsentire alla propria consegna all'autorità giudiziaria emittente.

2. Il ricercato arrestato in esecuzione di un mandato d'arresto europeo ha il diritto di essere assistito da un consulente legale e da un interprete, conformemente al diritto interno dello Stato membro di esecuzione.

12. Mantenimento in custodia.

Quando una persona viene arrestata sulla base di un mandato d'arresto europeo, l'autorità giudiziaria dell'esecuzione decide se la persona debba o meno rimanere in stato di custodia conformemente al diritto interno dello Stato membro dell'esecuzione.

In qualsiasi momento è possibile la rimessa in libertà provvisoria, conformemente al diritto interno dello Stato membro di esecuzione, a condizione che l'autorità competente di tale Stato membro adotti le misure ritenute necessarie ad evitare che il ricercato si dia alla fuga.

13. Consenso alla consegna.

1. Se l'arrestato indica di acconsentire alla propria consegna, il consenso ed eventualmente la rinuncia espressa al beneficio della regola della specialità, definita all'articolo 27, paragrafo 2, sono raccolti dall'autorità giudiziaria dell'esecuzione in conformità con il diritto interno dello Stato membro di esecuzione.

2. Ciascuno Stato membro adotta le misure necessarie affinché il consenso ed eventualmente la rinuncia di cui al paragrafo 1 siano raccolti in condizioni dalle quali risulti che l'interessato li ha espressi volontariamente e con piena consapevolezza delle conseguenze. A tal fine il ricercato ha diritto all'assistenza di un consulente legale.

3. Il consenso ed eventualmente la rinuncia di cui al paragrafo 1 sono verbalizzati secondo la procedura prevista dal diritto interno dello Stato membro di esecuzione.

4. Il consenso è in linea di massima irrevocabile. Ciascuno Stato membro può prevedere la revocabilità del consenso ed eventualmente della rinuncia in conformità con le norme applicabili di diritto interno. In tal caso per fissare i termini di cui all'articolo 17 non si tiene conto del periodo che intercorre tra la data del consenso e quella della revoca. Lo Stato membro che desidera sfruttare detta possibilità ne informa il Segretariato generale del Consiglio dell'Unione europea all'atto dell'adozione della presente decisione quadro e indica le modalità in base alle quali è possibile la revoca del consenso nonché qualsiasi modifica.

14. Audizione del ricercato.

Se non dà il consenso alla propria consegna secondo le modalità di cui all'articolo 13 l'arrestato ha diritto all'audizione a cura dell'autorità giudiziaria dell'esecuzione in conformità con il diritto interno di tale Stato membro dell'esecuzione.

15. Decisione sulla consegna.

1. L'autorità giudiziaria dell'esecuzione decide la consegna della persona nei termini e alle condizioni stabilite dalla presente decisione quadro.

2. L'autorità giudiziaria dell'esecuzione che non ritiene le informazioni comunicatele dallo Stato membro emittente sufficienti per permetterle di prendere una decisione sulla consegna, richiede urgentemente le informazioni complementari necessarie segnatamente in relazione agli articoli 3, 4, 5 e 8 e può stabilire un termine per la ricezione delle stesse, tenendo conto dell'esigenza di rispettare i termini fissati all'articolo 17.

3. L'autorità giudiziaria emittente può, in qualsiasi momento, trasmettere tutte le informazioni supplementari utili all'autorità giudiziaria dell'esecuzione.

16. Decisione in caso di concorso di richieste.

1. Se due o più Stati membri hanno emesso un mandato di arresto europeo nei confronti della stessa persona, l'autorità giudiziaria dell'esecuzione decide quale dei mandati di arresto deve essere eseguito, tenuto debito conto di tutte le circostanze e soprattutto della gravità relativa e del luogo in cui è avvenuto il reato, delle date rispettive di emissione dei mandati di arresto europei nonché del fatto che i mandati sono stati emessi ai fini dell'azione penale o per l'esecuzione di una pena o misura privative della libertà.

2. L'autorità giudiziaria dell'esecuzione può richiedere una consulenza all'Eurojust per prendere la decisione di cui al paragrafo 1.

3. In caso di conflitto tra un mandato di arresto europeo ed una richiesta di estradizione presentata da un paese terzo, la competente autorità dell'esecuzione decide se dare la precedenza al mandato di arresto europeo o alla richiesta di estradizione, tenuto debito conto di tutte le circostanze, in particolare di quelle di cui al paragrafo 1 e di quelle indicate nella convenzione o nell'accordo applicabile.

4. Il presente articolo lascia impregiudicati gli obblighi degli Stati membri che derivano dallo Statuto istitutivo della Corte penale internazionale.

17. Termini e modalità della decisione di esecuzione del mandato di arresto europeo.

1. Un mandato d'arresto europeo deve essere trattato ed eseguito con la massima urgenza.

2. Nei casi in cui il ricercato acconsente alla propria consegna, la decisione definitiva sull'esecuzione del mandato d'arresto europeo dovrebbe essere presa entro 10 giorni dalla comunicazione del consenso.

3. Negli altri casi, la decisione definitiva sull'esecuzione del mandato d'arresto europeo dovrebbe essere presa entro 60 giorni dall'arresto del ricercato.

4. In casi particolari, se il mandato d'arresto europeo non può essere eseguito entro i termini di cui ai paragrafi 2 o 3, l'autorità giudiziaria dell'esecuzione ne informa immediatamente l'autorità giudiziaria emittente e ne indica i motivi. In questi casi i termini possono essere prorogati di 30 giorni.

5. Fintanto che l'autorità giudiziaria dell'esecuzione non prende una decisione definitiva sull'esecuzione del mandato d'arresto europeo, essa si accerterà che siano soddisfatte le condizioni materiali necessarie per la consegna effettiva.

6. Qualsiasi rifiuto di eseguire un mandato d'arresto europeo deve essere motivato.

7. Se, in circostanze eccezionali, uno Stato membro non è in grado di rispettare i termini stabiliti dal presente articolo, esso ne informa l'Eurojust, indicando i motivi del ritardo. Inoltre, uno Stato membro che ha subito ritardi ripetuti nell'esecuzione dei mandati d'arresto da parte di un altro Stato membro ne informa il Consiglio affinché sia valutata l'attuazione della presente decisione quadro a livello degli Stati membri.

18. Situazione in attesa della decisione.

1. Se il mandato d'arresto europeo è stato emesso per esercitare un'azione penale l'autorità giudiziaria dell'esecuzione deve:

a) o accettare che si proceda all'audizione del ricercato, ai sensi dell'articolo 19 o;
b) accettare il trasferimento temporaneo del ricercato.

2. Le condizioni e la durata del trasferimento temporaneo sono definite di comune accordo tra l'autorità giudiziaria emittente e l'autorità giudiziaria dell'esecuzione.

3. In caso di trasferimento temporaneo la persona deve poter tornare nello Stato membro di esecuzione per assistere alle udienze che la riguardano nel quadro della procedura di consegna.

19. Audizione della persona in attesa della decisione.

1. L'audizione della persona ricercata è effettuata da un'autorità giudiziaria, assistita da un'altra persona designata conformemente alla legislazione dello Stato membro dell'autorità giudiziaria richiedente.

2. L'audizione del ricercato è effettuata conformemente alla legislazione dello Stato membro di esecuzione e le condizioni determinate di comune accordo dall'autorità giudiziaria emittente e l'autorità giudiziaria dell'esecuzione.

3. La competente autorità giudiziaria dell'esecuzione può incaricare un'altra autorità giudiziaria del proprio Stato membro di partecipare all'audizione del ricercato al fine di garantire una corretta applicazione del presente articolo e delle condizioni precedentemente stabilite.

20. Privilegi e immunità.

1. Se il ricercato beneficia di un privilegio o di un'immunità di giurisdizione o di esecuzione nello Stato membro di esecuzione, il termine di cui all'articolo 17 comincia a decorrere solo se e a partire dal giorno in cui l'autorità giudiziaria dell'esecuzione è stata informata del fatto che tale privilegio o immunità è revocato.
Lo Stato membro di esecuzione assicura che saranno soddisfatte le condizioni materiali necessarie per la consegna effettiva, nel momento in cui la persona non beneficerà più di tale privilegio o immunità.

2. Se la revoca del privilegio o dell'immunità compete ad un'autorità dello Stato membro di esecuzione, l'autorità giudiziaria dell'esecuzione le inoltra prontamente la richiesta. Se è invece competente un'autorità di un altro Stato o organizzazione internazionale, spetta all'autorità giudiziaria emittente farne richiesta.

21. Conflitto di obblighi internazionali.

La presente decisione quadro non pregiudica gli obblighi dello Stato membro di esecuzione qualora il ricercato vi sia stato estradato da uno Stato terzo e sia tutelato dalle norme in materia di specialità contenute nell'accordo in virtù del quale ha avuto luogo l'estradizione. Lo Stato membro di esecuzione prende tutte le misure necessarie per chiedere immediatamente l'assenso dello Stato dal quale il ricercato è stato estradato in modo che questi possa essere consegnato allo Stato membro emittente. I termini di cui all'articolo 17 cominciano a decorrere solo dal giorno in cui dette norme in materia di specialità cessano di essere applicate. In attesa della decisione dello Stato da cui il ricercato è stato estradato, lo Stato membro di esecuzione si accerterà che siano soddisfatte le condizioni materiali necessarie per la consegna effettiva.

22. Notifica della decisione.

L'autorità giudiziaria dell'esecuzione notifica immediatamente all'autorità giudiziaria emittente la decisione riguardante il seguito dato al mandato d'arresto europeo.

23. Termine per la consegna.

1. Il ricercato è consegnato al più presto, a una data concordata tra le autorità interessate.

2. Egli è consegnato al più tardi entro dieci giorni a partire dalla decisione definitiva di eseguire il mandato d'arresto europeo.

3. Nel caso in cui la consegna del ricercato entro il termine di cui al paragrafo 2 sia impedita da cause di forza maggiore per uno degli Stati membri, l'autorità giudiziaria dell'esecuzione e l'autorità giudiziaria emittente si contattano immediatamente e concordano una nuova data per la consegna. In tal caso, la consegna avviene entro i dieci giorni successivi alla nuova data concordata.

4. La consegna può, a titolo eccezionale, essere temporaneamente differita per gravi motivi umanitari, ad esempio se vi sono valide ragioni di ritenere che essa metterebbe manifestamente in pericolo la vita o la salute del ricercato. Il mandato d'arresto europeo viene eseguito non appena tali motivi cessano di sussistere. L'autorità giudiziaria dell'esecuzione ne informa immediatamente l'autorità giudiziaria emittente e concorda una nuova data per la consegna. In tal caso, la consegna avviene entro i dieci giorni successivi alla nuova data concordata.

5. Allo scadere dei termini previsti ai paragrafi da 2 a 4, se la persona continua a trovarsi in stato di custodia, essa è rilasciata.

24. Consegna rinviata o condizionale.

1. L'autorità giudiziaria dell'esecuzione può, dopo aver deciso l'esecuzione del mandato d'arresto europeo, rinviare la consegna del ricercato affinché questi possa essere sottoposto a procedimento penale nello Stato membro di esecuzione o, se è già stato condannato, affinché possa scontare nel suo territorio una pena prevista per un reato diverso da quello oggetto del mandato d'arresto europeo.

2. Invece di rinviare la consegna, l'autorità giudiziaria dell'esecuzione può, a titolo temporaneo, consegnare allo Stato membro emittente il ricercato, secondo condizioni da determinare di comune accordo tra l'autorità giudiziaria dell'esecuzione e l'autorità giudiziaria emittente. Tale intesa avviene per iscritto e le condizioni sono vincolanti per tutte le autorità dello Stato membro emittente.

25. Transito.

1. Ciascuno Stato membro consente, salvo che si avvalga della possibilità di rifiutare qualora il transito di un suo cittadino o residente sia richiesto ai fini dell'esecuzione di una pena o di una misura di sicurezza privative della libertà, il transito attraverso il suo territorio di un ricercato che deve essere consegnato, purché abbia ricevuto informazioni circa:

a) l'identità e la cittadinanza della persona oggetto del mandato d'arresto europeo;
b) l'esistenza di un mandato d'arresto europeo;
c) la natura e la qualificazione giuridica del reato;
d) la descrizione delle circostanze del reato, compresi la data ed il luogo.

Se la persona oggetto del mandato d'arresto europeo ai fini di un'azione penale è cittadino o residente dello Stato membro di transito, il transito può essere subordinato alla condizione che la persona, dopo essere stata ascoltata, sia rinviata nello Stato membro di transito per scontarvi la pena o la misura di sicurezza pronunciata nello Stato membro emittente.

2. Ciascuno Stato membro designa un'autorità competente per la ricezione delle richieste di transito, dei documenti necessari e di qualsiasi altra corrispondenza ufficiale ad esse relativa.

Gli Stati membri comunicano tale designazione al Segretariato generale del Consiglio.

3. La richiesta di transito e le informazioni di cui al paragrafo 1 possono essere trasmesse all'autorità designata ai sensi del paragrafo 2 con qualsiasi mezzo che consenta di conservarne una traccia scritta. Lo Stato membro di transito rende nota la sua decisione con la medesima procedura.

4. La presente decisione quadro non si applica, se sono utilizzate le vie aeree senza previsione di scalo. Tuttavia, in caso di atterraggio non programmato, lo Stato membro emittente fornisce all'autorità designata ai sensi del paragrafo 2 le informazioni di cui al paragrafo 1.

5. Se un transito riguarda una persona che deve essere estradata da un paese terzo verso uno Stato membro il presente articolo è applicabile *mutatis mutandis*. In particolare, l'espressione "mandato d'arresto europeo" sarà sostituita dai termini "richiesta di estradizione".

Capo III
Effetti della consegna

26. Deduzione del periodo di custodia scontato nello Stato di esecuzione.

1. Lo Stato membro emittente deduce il periodo complessivo di custodia che risulta dall'esecuzione di un mandato d'arresto europeo dalla durata totale della detenzione che dovrà essere scontata nello Stato emittente in seguito alla condanna a una pena o a una misura di sicurezza privative della libertà.

2. A tal fine l'autorità giudiziaria dell'esecuzione o l'autorità centrale designata ai sensi dell'articolo 7 trasmette all'autorità giudiziaria emittente, all'atto della consegna, tutte le informazioni relative alla durata del periodo di custodia del ricercato in base al mandato d'arresto europeo.

27. Eventuali azioni penali per altri reati.

1. Ogni Stato membro può notificare al Segretariato generale del Consiglio dell'Unione europea che nei suoi rapporti con altri Stati membri che hanno effettuato la stessa notifica si presume che sia stato accordato l'assenso all'azione penale, alla condanna o alla detenzione ai fini dell'esecuzione di una pena o di una misura di sicurezza privative della libertà per eventuali reati anteriori alla consegna diversi da quello per cui è stato consegnato salvo che in un caso specifico l'autorità giudiziaria dell'esecuzione faccia una diversa dichiarazione nella sua decisione relativa alla consegna.

2. Salvi i casi previsti ai paragrafi 1 e 3, la persona non è sottoposta a un procedimento penale, condannata o altrimenti privata della libertà per eventuali reati anteriori alla consegna diversi da quello per cui è stata consegnata.

3. Il paragrafo 2 non si applica nei casi seguenti:

a) quando, pur avendo avuto l'opportunità di farlo, la persona non ha lasciato il territorio dello Stato membro al quale è stato consegnato nei 45 giorni successivi alla scarcerazione definitiva oppure vi ha fatto ritorno dopo averlo lasciato;
b) il reato non è punibile con una pena o una misura privative della libertà;
c) il procedimento penale non dà luogo all'applicazione di una misura restrittiva della libertà personale;
d) qualora la persona sia soggetta ad una pena o misura che non implichi la privazione della libertà, ivi inclusa una misura pecuniaria, anche se può restringere la sua libertà personale;
e) qualora la persona abbia acconsentito alla propria consegna, oltre a rinunciare, se del caso, alla regola della specialità, in conformità dell'articolo 13;
f) qualora, dopo essere stato consegnato, la persona abbia espressamente rinunciato a beneficiare della regola della specialità rispetto a particolari reati anteriori alla sua consegna.
   Tale rinuncia è raccolta dalle competenti autorità giudiziarie dello Stato membro emittente e verbalizzata in conformità con il diritto interno di quest'ultimo. Essa è redatta in modo che risulti che l'interessato l'ha espressa volontariamente e con piena consapevolezza delle conseguenze.
   A tal fine la persona ha diritto ad essere assistita da un consulente legale;
g) qualora l'autorità giudiziaria dell'esecuzione che ha consegnato la persona dia il suo assenso in conformità del paragrafo 4.

4. La richiesta di assenso è presentata all'autorità giudiziaria dell'esecuzione, corredata delle informazioni di cui all'articolo 8, paragrafo 1, nonché di una traduzione, come previsto all'articolo 8, paragrafo 2.

L'assenso è accordato qualora il reato per cui è richiesto dia esso stesso luogo a consegna conformemente al disposto della presente decisione quadro. L'assenso è rifiutato per i motivi di cui all'articolo 3 e, altrimenti, può essere rifiutato soltanto per i motivi di cui all'articolo 4.
La decisione interviene entro i trenta giorni dal ricevimento della richiesta.
Per le situazioni di cui all'articolo 5 lo Stato emittente deve fornire le garanzie ivi previste.

28. Consegna o estradizione successiva.

1. Ogni Stato membro può notificare al Segretariato generale del Consiglio che, nei suoi rapporti con altri Stati membri che hanno effettuato la stessa notifica, si presume che sia stato accordato l'assenso per la consegna della persona ad uno Stato membro, diverso dallo Stato membro di esecuzione, a seguito di un mandato d'arresto europeo emesso per un reato anteriore alla sua consegna, salvo che in un caso specifico l'autorità giudiziaria dell'esecuzione faccia una diversa dichiarazione nella sua decisione relativa alla consegna.

2. Una persona consegnata allo Stato membro emittente a seguito di un mandato d'arresto europeo può comunque essere consegnata senza l'assenso dello Stato membro di esecuzione ad uno Stato membro diverso dallo Stato membro di esecuzione a seguito di un mandato d'arresto europeo emesso per un reato anteriore alla sua consegna nei casi seguenti:

a) quando, pur avendo avuto l'opportunità di farlo, il ricercato non ha lasciato il territorio dello Stato membro al quale è stato consegnato nei 45 giorni successivi alla sua scarcerazione definitiva oppure vi ha fatto ritorno dopo averlo lasciato;
b) qualora il ricercato consenta ad essere consegnato ad uno Stato membro diverso dallo Stato membro di esecuzione a seguito di un mandato d'arresto europeo. Il consenso è raccolto dalle autorità giudiziarie competenti dello Stato membro emittente e verbalizzato in conformità con il diritto interno di quest'ultimo. Esso è redatto in modo che risulti che l'interessato l'ha espresso volontariamente e con piena consapevolezza delle conseguenze. A tal fine la persona ha diritto ad essere assistita da un consulente legale;
c) allorché il ricercato non beneficia della regola della specialità, in conformità dell'articolo 27, paragrafo 3, lettere a), e), f) e g).

3. L'autorità giudiziaria dell'esecuzione dà il suo assenso alla consegna ad un altro Stato membro secondo le seguenti regole:

a) la richiesta di assenso è presentata in conformità dell'articolo 9, corredata delle informazioni di cui all'articolo 8, paragrafo 1, nonché di una traduzione, come previsto all'articolo 8, paragrafo 2;
b) l'assenso è accordato qualora il reato per cui è richiesto dia esso stesso luogo a consegna conformemente al disposto della presente decisione quadro;
c) la decisione interviene entro trenta giorni dal ricevimento della richiesta;
d) l'assenso è rifiutato per i motivi di cui all'articolo 3 e può essere altrimenti rifiutato soltanto per i motivi di cui all'articolo 4.

Per le situazioni di cui all'articolo 5 lo Stato membro emittente deve fornire le garanzie ivi previste.

4. In deroga al paragrafo 1, la persona che è stata consegnata a seguito di un mandato d'arresto europeo non è estradata verso uno Stato terzo senza l'assenso delle autorità competenti dello Stato membro che ha provveduto alla consegna.
L'assenso è accordato in conformità delle convenzioni che vincolano lo Stato membro che ha provveduto alla consegna del ricercato, nonché della legislazione nazionale del medesimo.

29. Consegna di beni.

1. L'autorità giudiziaria dell'esecuzione, in conformità della legislazione nazionale e a richiesta dell'autorità giudiziaria emittente o di sua iniziativa, confisca e consegna beni che:

a) possono essere necessari come prova, ovvero
b) sono stati acquisiti dal ricercato a seguito del reato.

2. I beni di cui al paragrafo 1 sono consegnati anche se il mandato d'arresto europeo non può essere eseguito a motivo del decesso o della fuga del ricercato.

3. Se i beni di cui al paragrafo 1 sono passibili di sequestro o confisca nel territorio dello Stato membro di esecuzione, quest'ultimo può, qualora i beni siano necessari in relazione ad un procedimento penale in corso, disporre che siano temporaneamente bloccati o consegnarli allo Stato membro emittente a condizione che siano successivamente restituiti.

4. Sono fatti salvi gli eventuali diritti sui beni di cui al paragrafo 1 acquisiti dallo Stato membro di esecuzione o da terzi.
Ove tali diritti sussistano, lo Stato membro emittente restituisce i beni in questione, senza alcun onere, allo Stato membro di esecuzione quanto prima possibile dopo la fine del procedimento penale.

30. Spese.

1. Le spese sostenute sul territorio dello Stato membro di esecuzione per l'esecuzione del mandato d'arresto europeo sono a carico di detto Stato membro.

2. Tutte le altre spese sono a carico dello Stato membro emittente.

Capo IV
Disposizioni generali e finali

31. Relazioni con gli altri strumenti giuridici.

1. Fatta salva la loro applicazione nelle relazioni tra Stati membri e paesi terzi, le disposizioni contenute nella presente decisione quadro sostituiscono, a partire dal 1° gennaio 2004, le corrispondenti disposizioni delle convenzioni seguenti applicabili in materia di estradizione nelle relazioni tra gli Stati membri:

a) convenzione europea di estradizione del 13 dicembre 1957, il relativo protocollo addizionale del 15 ottobre 1975, il relativo secondo protocollo aggiuntivo del 17 marzo 1978 e la convenzione europea per la repressione del terrorismo del 27 gennaio 1977 per la parte concernente l'estradizione;

b) accordo tra gli Stati membri delle Comunità europee sulla semplificazione e la modernizzazione delle modalità di trasmissione delle domande di estradizione del 26 maggio 1989;

c) convenzione relativa alla procedura semplificata di estradizione tra gli Stati membri dell'Unione europea del 10 marzo 1995; e

d) convenzione relativa all'estradizione tra gli Stati membri dell'Unione europea del 27 settembre 1996;

e) titolo III, capitolo 4, della convenzione del 19 giugno 1990 di applicazione dell'accordo di Schengen del 14 giugno 1985 relativo all'eliminazione graduale dei controlli alle frontiere comuni.

2. Gli Stati membri possono continuare ad applicare gli accordi o intese bilaterali o multilaterali vigenti al momento dell'adozione della presente decisione quadro nella misura in cui questi consentono di approfondire o di andare oltre gli obiettivi di quest'ultima e contribuiscono a semplificare o agevolare ulteriormente la consegna del ricercato.

Gli Stati membri possono concludere accordi o intese bilaterali o multilaterali dopo l'entrata in vigore della presente decisione quadro nella misura in cui questi consentono di approfondire o di andare oltre il contenuto di quest'ultima e contribuiscono a semplificare o agevolare ulteriormente la consegna del ricercato, segnatamente fissando termini più brevi di quelli dell'articolo 17, estendendo l'elenco dei reati di cui all'articolo 2, paragrafo 2, riducendo ulteriormente i motivi di rifiuto di cui agli articoli 3 e 4 o abbassando la soglia di cui all'articolo 2, paragrafo 1 o 2.

Gli accordi e le convenzioni di cui al secondo comma non possono in alcun caso pregiudicare le relazioni con gli Stati membri che non sono parti degli stessi.

Gli Stati membri notificano al Consiglio e alla Commissione entro tre mesi dall'entrata in vigore della presente decisione quadro gli accordi e le intese esistenti di cui al primo comma che vogliono continuare ad applicare.

Gli Stati membri notificano inoltre al Consiglio e alla Commissione, entro tre mesi dalla firma, i nuovi accordi o le nuove intese come previsto al secondo comma.

3. Laddove gli accordi e le convenzioni di cui al paragrafo 1 si applichino a territori degli Stati membri ovvero a territori per i quali uno Stato membro si assume la competenza per le relazioni esterne, ai quali non si applica la presente decisione quadro, tali strumenti continuano a disciplinare le relazioni esistenti tra tali territori e gli altri Stati membri.

32. Disposizione transitoria.

Le richieste di estradizione ricevute anteriormente al 1° gennaio 2004 continueranno ad essere disciplinate dagli strumenti esistenti in materia di estradizione. Le richieste ricevute a partire dal 1° gennaio 2004 saranno soggette alle norme adottate dagli Stati membri conformemente alla presente decisione quadro.

Tuttavia ogni Stato membro può, al momento dell'adozione della presente decisione quadro da parte del Consiglio, fare una dichiarazione secondo cui in qualità di Stato dell'esecuzione esso continuerà a trattare le richieste relative a reati commessi prima di una data da esso precisata conformemente al sistema di estradizione applicabile anteriormente al 1° gennaio 2004. La data in questione non può essere posteriore al 7 agosto 2002. Tale dichiarazione sarà pubblicata nella Gazzetta ufficiale e può essere ritirata in qualsiasi momento.

33. Disposizioni relative all'Austria e a Gibilterra.

1. Fintanto che non avrà modificato l'articolo 12, paragrafo 1 della "Auslieferungs – und Rechtshilfegesetz" e, al più tardi, sino al 31 dicembre 2008, l'Austria può autorizzare le proprie autorità giudiziarie dell'esecuzione a rifiutarsi di eseguire un mandato d'arresto europeo se il ricercato è un cittadino austriaco e se il reato per cui il mandato d'arresto europeo è stato emesso non è punibile a norma della legislazione austriaca.

2. La presente decisione si applica a Gibilterra.

34. Attuazione.

1. Gli Stati membri adottano le misure necessarie per conformarsi alle disposizioni della presente decisione quadro il 31 dicembre 2003.

2. Gli Stati membri trasmettono al Segretariato generale del Consiglio e alla Commissione il testo delle disposizioni inerenti al recepimento nella legislazione nazionale degli obblighi imposti dalla presente decisione quadro. Nel procedere in tal senso ciascuno Stato membro può indicare che applicherà immediatamente la presente decisione quadro nelle relazioni con gli Stati membri che hanno effettuato la stessa comunicazione.

Il Segretariato generale del Consiglio comunica agli Stati membri e alla Commissione le informazioni ricevute a norma dell'articolo 7, paragrafo 2, dell'articolo 8, paragrafo 2, dell'articolo 13, paragrafo 4 e dell'articolo 25, paragrafo 2. Provvederà inoltre alla pubblicazione di tali informazioni nella Gazzetta ufficiale.

3. Sulla base delle informazioni trasmesse dal Segretariato generale del Consiglio, la Commissione presenta al Parlamento europeo e al Consiglio, entro il 31 dicembre 2004, una relazione sull'applicazione della presente decisione quadro accompagnata, se opportuno, da proposte legislative.

4. Nel secondo semestre del 2003 il Consiglio valuta in particolare l'applicazione pratica delle disposizioni della presente decisione quadro da parte degli Stati membri nonché il funzionamento del sistema di informazione Schengen.

35. Entrata in vigore.

La presente decisione quadro entra in vigore il ventesimo giorno successivo alla pubblicazione nella Gazzetta ufficiale.

2. L. 22 aprile 2005, n. 69. – Disposizioni per conformare il diritto interno alla decisione quadro 2002/584/GAI del Consiglio, del 13 giugno 2002, relativa al mandato d'arresto europeo e alle procedure di consegna tra Stati membri

In Gazzetta Ufficiale 29 aprile 2005, n. 98

TITOLO I
Disposizioni di principio

1. Disposizioni di principio e definizioni.

1. La presente legge attua, nell'ordinamento interno, le disposizioni della decisione quadro 2002/584/GAI del Consiglio, del 13 giugno 2002, di seguito denominata "decisione quadro", relativa al mandato d'arresto europeo e alle procedure di consegna tra Stati membri dell'Unione europea [nei limiti in cui tali disposizioni non sono incompatibili con i principi supremi dell'ordinamento costituzionale in tema di diritti fondamentali, nonché in tema di diritti di libertà e del giusto processo] (1).

2. Il mandato d'arresto europeo è una decisione giudiziaria emessa da uno Stato membro dell'Unione europea, di seguito denominato "Stato membro di emissione", in vista dell'arresto e della consegna da parte di un altro Stato membro, di seguito denominato "Stato membro di esecuzione", di una persona, al fine dell'esercizio di azioni giudiziarie in materia penale o dell'esecuzione di una pena o di una misura di sicurezza privative della libertà personale.

3. L'Italia dà esecuzione al mandato d'arresto europeo in base al principio del mutuo riconoscimento, conformemente alle disposizioni della decisione quadro e della presente legge, sempre che il mandato di arresto europeo provenga da un'autorità giudiziaria e che, quando sia emesso al fine dell'esecuzione di una pena o di una misura di sicurezza privative della libertà personale, la sentenza da eseguire sia esecutiva (2).

3 bis. Il mandato di arresto è eseguito dalle autorità competenti con la massima urgenza (3).

3 ter. L'Italia non dà esecuzione ai mandati di arresto europei emessi da uno Stato membro nei cui confronti il Consiglio dell'Unione europea abbia sospeso l'attuazione del meccanismo del mandato di arresto europeo per grave e persistente violazione dei principi sanciti all'articolo 6, paragrafo 1, del trattato sull'Unione europea ai sensi del punto (10) dei consideranda del preambolo della decisione quadro (4).

4. Le disposizioni della presente legge costituiscono un'attuazione dell'azione comune in materia di cooperazione giudiziaria penale, ai sensi degli articoli 31, paragrafo 1, lettere a) e b), e 34, paragrafo 2, lettera b), del Trattato sull'Unione europea, e successive modificazioni.

4 bis. Le disposizioni della presente legge costituiscono altresì attuazione dell'Accordo tra l'Unione europea e la Repubblica d'Islanda e il Regno di Norvegia, fatto a Vienna il 28 giugno 2006, relativo alla procedura di consegna tra gli Stati membri dell'Unione europea e l'Islanda e la Norvegia, Accordo che si applica nei limiti in cui le sue disposizioni non sono incompatibili con i principi dell'ordinamento costituzionale in tema di diritti e libertà fondamentali (5).

4 ter. I riferimenti delle disposizioni della presente legge al "mandato d'arresto europeo" e allo "Stato membro" devono intendersi fatti, nell'ambito della procedura di consegna con l'Islanda o la Norvegia, rispettivamente, al "mandato di arresto" che costituisce l'oggetto dell'Accordo di cui al comma 4-bis e alla Repubblica d'Islanda o al Regno di Norvegia (6).

4 quater. L'Italia continua ad applicare gli accordi o intese, bilaterali o multilaterali, vigenti al momento dell'adozione della decisione quadro, quando essi contribuiscono ad una migliore e più efficace realizzazione delle finalità della decisione quadro e semplificano o agevolano ulteriormente la consegna delle persone ricercate (7).

4 quinquies. Entro trenta giorni dalla data di entrata in vigore della presente disposizione, su proposta del Ministro della giustizia, il Governo notifica al Consiglio e alla Commissione l'elenco degli specifici accordi e intese, indicati al comma 4-quater, che l'Italia intende continuare ad applicare (8).

(1) Comma modificato dall'art. 1, co. 1, lett. a), d.lgs. 2.2.2021, n. 10.
(2) Comma sostituito dall'art. 1, co. 1, lett. b), d.lgs. 2.2.2021, n. 10.
(3) Comma introdotto dall'art. 1, co. 1, lett. c), d.lgs. 2.2.2021, n. 10.
(4) Comma introdotto dall'art. 1, co. 1, lett. c), d.lgs. 2.2.2021, n. 10.
(5) Comma introdotto dall'art. 8, co. 1, lett. a), l. 3.5.2019, n. 37 (l. europea 2018).
(6) Comma introdotto dall'art. 8, co. 1, lett. a), l. 3.5.2019, n. 37 (l. europea 2018).
(7) Comma introdotto dall'art. 1, co. 1, lett. d), d.lgs. 2.2.2021, n. 10.
(8) Comma introdotto dall'art. 1, co. 1, lett. d), d.lgs. 2.2.2021, n. 10.

2. Rispetto dei diritti fondamentali e garanzie costituzionali (1).

1. L'esecuzione del mandato di arresto europeo non può, in alcun caso, comportare una violazione dei principi supremi dell'ordine costituzionale dello Stato o dei diritti inalienabili della persona riconosciuti dalla Costituzione, dei diritti fondamentali e dei fondamentali principi giuridici sanciti dall'articolo 6 del trattato sull'Unione europea o dei diritti fondamentali garantiti dalla Convenzione per la salvaguardia dei diritti dell'uomo e delle libertà fondamentali, firmata a Roma il 4 novembre 1950, resa esecutiva dalla legge 4 agosto 1955, n. 848, e dai Protocolli addizionali alla stessa.

(1) Articolo sostituito dall'art. 2, co. 1, d.lgs. 2.2.2021, n. 10

3. Applicazione della riserva parlamentare.

1. Le modifiche dell'articolo 2, paragrafo 2, della

decisione quadro sono sottoposte dal Governo a riserva parlamentare.

2. Il Presidente del Consiglio dei ministri trasmette alle Camere i relativi progetti di modifica, unitamente ad una relazione con la quale illustra lo stato dei negoziati e l'impatto delle disposizioni sull'ordinamento italiano, chiedendo di esprimersi al riguardo.

3. La pronuncia non favorevole della Camera dei deputati o del Senato della Repubblica è vincolante per il Governo [(1)].

(1) Comma sostituito dall'art. 61, co. 3, l. 24.12.2012, n. 234.

4. Autorità centrale.

1. In relazione alle disposizioni dell'articolo 7 della decisione quadro l'Italia designa come autorità centrale per assistere le autorità giudiziarie competenti il Ministro della giustizia.

2. Spettano al Ministro della giustizia la trasmissione e la ricezione amministrativa dei mandati d'arresto europei e della corrispondenza ufficiale ad essi relativa.

3. Il Ministro della giustizia, se riceve un mandato d'arresto europeo da uno Stato membro di emissione, lo trasmette senza indugio all'autorità giudiziaria territorialmente competente. Se riceve un mandato d'arresto europeo dall'autorità giudiziaria italiana, lo trasmette senza indugio allo Stato membro di esecuzione.

4. Nei limiti e con le modalità previsti da accordi internazionali può essere consentita in condizioni di reciprocità la corrispondenza diretta tra autorità giudiziarie. In tal caso l'autorità giudiziaria competente informa immediatamente il Ministro della giustizia della ricezione o dell'emissione di un mandato d'arresto europeo. Resta comunque ferma la competenza del Ministro della giustizia ai fini di cui al comma 1 dell'articolo 23.

TITOLO II
Norme di recepimento interno

Capo I
Procedura passiva di consegna

5. Garanzia giurisdizionale.

1. La consegna di un imputato o di un condannato all'estero non può essere concessa senza la decisione favorevole della corte di appello.

2. La competenza a dare esecuzione a un mandato d'arresto europeo appartiene, nell'ordine, alla corte di appello nel cui distretto l'imputato o il condannato ha la residenza, la dimora o il domicilio nel momento in cui il provvedimento è ricevuto dall'autorità giudiziaria.

3. Se la competenza non può essere determinata ai sensi del comma 2, è competente la corte di appello di Roma.

4. Quando uno stesso fatto è oggetto di mandati di arresto emessi contestualmente dall'autorità giudiziaria di uno Stato membro dell'Unione europea a carico di più persone e non è possibile determinare la competenza ai sensi del comma 2, è competente la corte di appello del distretto in cui hanno la residenza, la dimora o il domicilio il maggior numero delle persone ovvero, se anche in tale modo non è possibile determinare la competenza, la corte di appello di Roma.

5. Nel caso in cui la persona sia stata arrestata dalla polizia giudiziaria ai sensi dell'articolo 11, la competenza a decidere sulla consegna appartiene alla corte di appello del distretto in cui è avvenuto l'arresto.

6. Contenuto del mandato d'arresto europeo nella procedura passiva di consegna.

1. Il mandato d'arresto europeo deve contenere le seguenti informazioni:

a) identità e cittadinanza del ricercato;
b) nome, indirizzo, numero di telefono e di fax, indirizzo di posta elettronica dell'autorità giudiziaria emittente;
c) indicazione dell'esistenza di una sentenza esecutiva, di un provvedimento cautelare o di qualsiasi altra decisione giudiziaria esecutiva che abbia la stessa forza e che rientri nel campo di applicazione degli articoli 7 e 8 della presente legge;
d) natura e qualificazione giuridica del reato;
e) descrizione delle circostanze della commissione del reato, compresi il momento, il luogo e il grado di partecipazione del ricercato;
f) pena inflitta, se vi è una sentenza definitiva, ovvero, negli altri casi, pena minima e massima stabilita dalla legge dello Stato di emissione;
g) per quanto possibile, le altre conseguenze del reato.

1 bis. Quando è stato emesso ai fini della esecuzione di una pena o di una misura di sicurezza privative della libertà personale applicate all'esito di un processo in cui l'interessato non è comparso personalmente, il mandato di arresto europeo deve altresì contenere l'indicazione di almeno una delle seguenti condizioni:

a) l'interessato è stato tempestivamente citato a mani proprie o con altre modalità comunque idonee a garantire inequivocabilmente che lo stesso era a conoscenza della data e del luogo del processo che ha portato alla decisione pronunciata in sua assenza e del fatto che tale decisione avrebbe potuto esser presa anche in sua assenza;
b) l'interessato, informato del processo a suo carico, è stato rappresentato nel processo conclusosi con la menzionata decisione da un difensore, nominato dallo stesso interessato o d'ufficio;
c) l'interessato, ricevuta la notifica della decisione di cui si chiede l'esecuzione e informato del diritto di ottenere un nuovo processo o della facoltà di dare inizio al giudizio di appello, al quale abbia il diritto di partecipare e che consenta il riesame del merito della decisione, nonché, anche a mezzo dell'allegazione di nuove prove, la possibilità di una sua riforma, ha dichiarato espressamente di non opporsi a tale decisione o non ha chiesto la rinnovazione del processo o proposto appello nei termini stabiliti;

d) l'interessato non ha ricevuto personalmente la notifica della decisione, ma la riceverà personalmente e senza indugio dopo la consegna nello Stato membro di emissione e sarà espressamente informato sia del diritto di ottenere un nuovo processo o di proporre impugnazione per un giudizio di appello, al quale abbia diritto di partecipare e che consenta il riesame nel merito, nonché, anche a mezzo dell'allegazione di nuove prove, la possibilità di una riforma di detta decisione, sia dei termini entro i quali egli potrà richiedere un nuovo processo o proporre impugnazione per un giudizio di appello [1].

2. Se il mandato d'arresto europeo non contiene le informazioni di cui alle lettere a), c), d), e) ed f) del comma 1, o l'indicazione della esistenza di almeno una delle condizioni di cui al comma 1-bis, l'autorità giudiziaria provvede ai sensi dell'articolo 16. Analogamente provvede quando ritiene necessario acquisire ulteriori elementi al fine di verificare se ricorra uno dei casi previsti dagli articoli 18, 18-bis, 18-ter e 19 [2].

[**3.** La consegna è consentita, se ne ricorrono i presupposti, soltanto sulla base di una richiesta alla quale sia allegata copia del provvedimento restrittivo della libertà personale o della sentenza di condanna a pena detentiva che ha dato luogo alla richiesta stessa.] [3]

[**4.** Al mandato d'arresto devono essere allegati:

a) una relazione sui fatti addebitati alla persona della quale è domandata la consegna, con l'indicazione delle fonti di prova, del tempo e del luogo di commissione dei fatti stessi e della loro qualificazione giuridica;

b) il testo delle disposizioni di legge applicabili, con l'indicazione del tipo e della durata della pena;

c) i dati segnaletici ed ogni altra possibile informazione atta a determinare l'identità e la nazionalità della persona della quale è domandata la consegna.] [4]

[**5.** Se lo Stato membro di emissione non provvede, il presidente della corte di appello o il magistrato da questi delegato richiede al Ministro della giustizia l'acquisizione del provvedimento dell'autorità giudiziaria in base al quale il mandato d'arresto europeo è stato emesso, nonché la documentazione di cui al comma 4, informandolo della data della udienza camerale fissata. Il Ministro della giustizia informa l'autorità giudiziaria dello Stato membro di emissione che la ricezione del provvedimento e della documentazione costituisce condizione necessaria per l'esame della richiesta di esecuzione da parte della corte di appello. Immediatamente dopo averli ricevuti, il Ministro della giustizia trasmette al presidente della corte di appello il provvedimento e la documentazione unitamente ad una loro traduzione in lingua italiana.] [5]

[**6.** Se l'autorità giudiziaria dello Stato membro di emissione non dà corso alla richiesta del Ministro della giustizia, di cui al comma 5, la corte di appello respinge la richiesta.] [6]

7. Il mandato d'arresto europeo dovrà pervenire tradotto in lingua italiana.

(1) Comma introdotto dall'art. 3, co. 1, lett. a), d.lgs. 2.2.2021, n. 10.
(2) Comma modificato dall'art. 3, co. 1, lett. b), d.lgs. 2.2.2021, n. 10.
(3) Comma abrogato dall'art. 3, co. 1, lett. c), d.lgs. 2.2.2021 n. 10.
(4) Comma abrogato dall'art. 3, co. 1, lett. c), d.lgs. 2.2.2021 n. 10.
(5) Comma abrogato dall'art. 3, co. 1, lett. c), d.lgs. 2.2.2021 n. 10.
(6) Comma abrogato dall'art. 3, co. 1, lett. c), d.lgs. 2.2.2021 n. 10.

7. Casi di doppia punibilita.

1. L'Italia dà esecuzione al mandato d'arresto europeo solo nel caso in cui il fatto sia previsto come reato anche dalla legge nazionale, indipendentemente dalla qualificazione giuridica e dai singoli elementi costitutivi del reato [1].

2. Ai fini di cui al comma 1, per i reati in materia di tasse e imposte, di dogana e di cambio, non è necessario che la legge italiana imponga lo stesso tipo di tasse o di imposte o contenga lo stesso tipo di disciplina in materia di tasse, di imposte, di dogana e di cambio della legge dello Stato membro di emissione [2].

3. Il mandato di arresto europeo non è comunque eseguito se il fatto è punito dalla legge dello Stato membro di emissione con una pena o con una misura di sicurezza privativa della libertà personale della durata massima [non] inferiore a dodici mesi. [Ai fini del calcolo della pena o della misura di sicurezza non si tiene conto delle circostanze aggravanti] [3].

4. In caso di esecuzione di una sentenza di condanna, la pena o la misura di sicurezza dovranno avere una durata non inferiore a quattro mesi.

(1) Comma modificato dall'art. 4, co. 1, lett. a), d.lgs. 2.2.2021, n. 10.
(2) Comma sostituito dall'art. 4, co. 1, lett. b), d.lgs. 2.2.2021, n. 10.
(3) Comma sostituito dall'art. 4, co. 1, lett. c), d.lgs. 2.2.2021, n. 10.

8. Consegna obbligatoria.

1. In deroga all'articolo 7, comma 1, il mandato di arresto europeo è eseguito indipendentemente dalla doppia punibilità per i reati che, secondo la legge dello Stato membro di emissione, rientrano nelle categorie di cui all'articolo 2, paragrafo 2, della decisione quadro e sono puniti con una pena o una misura di sicurezza privative della libertà personale pari o superiore a tre anni [1].

[**2.** L'autorità giudiziaria italiana accerta quale sia la definizione dei reati per i quali è richiesta la consegna, secondo la legge dello Stato membro di emissione, e se la stessa corrisponda alle fattispecie di cui al comma 1.] [2]

[**3.** Se il fatto non è previsto come reato dalla legge italiana, non si dà luogo alla consegna del cittadino italiano se risulta che lo stesso non era a conoscenza, senza propria colpa, della norma penale dello Stato membro di emissione in base alla quale è stato emesso il mandato d'arresto europeo.] [3]

(1) Comma sostituito dall'art. 5, co. 1, lett. a), d.lgs. 2.2.2021, n. 10.
(2) Comma abrogato dall'art. 5, co. 1, lett. b), d.lgs. 2.2.2021, n. 10.
(3) Comma abrogato dall'art. 5, co. 1, lett. b), d.lgs. 2.2.2021, n. 10.

9. Ricezione del mandato d'arresto. Misure cautelari.

1. Salvo i casi previsti dall'articolo 11, il Ministro della giustizia, ricevuto il mandato d'arresto europeo emesso dall'autorità competente di uno Stato membro, lo trasmette senza ritardo al presidente della corte di appello, competente ai sensi dell'articolo 5. Il presidente della corte di appello dà immediata comunicazione al procuratore generale del mandato d'arresto europeo, procedendo direttamente, o tramite delega ad altro magistrato della corte, agli adempimenti di sua competenza. Il presidente della corte di appello procede con le stesse modalità nelle ipotesi in cui il mandato d'arresto è stato trasmesso direttamente dall'autorità giudiziaria dello Stato membro di emissione [(1)].

2. Il presidente, nel caso in cui insorgano difficoltà relative alla ricezione o alla autenticità dei documenti trasmessi dall'autorità giudiziaria straniera, prende contatti diretti con questa al fine di risolverle.

3. Il presidente, nel caso in cui sia manifestamente competente altra corte di appello ai sensi dell'articolo 5, commi 3, 4 e 5, provvede senza indugio alla trasmissione del mandato d'arresto ricevuto.

4. Il presidente, compiuti gli adempimenti urgenti, riunisce la corte di appello che, sentito il procuratore generale, procede, con ordinanza motivata, a pena di nullità, all'applicazione della misura coercitiva, se ritenuta necessaria, tenendo conto in particolare dell'esigenza di garantire che la persona della quale è richiesta la consegna non si sottragga alla stessa.

5. Si osservano, in quanto applicabili, le disposizioni dei capi I, II, IV e VIII del titolo I del libro IV del codice di procedura penale, in materia di misure cautelari personali, fatta eccezione per gli articoli 273, 274, comma 1, lettere a) e c), 280, 275, comma 2-bis, 278, 279, 297, nonché le disposizioni degli articoli 299 e 300, comma 4, del codice di procedura penale e dell'articolo 19, commi 1, 2 e 3, del decreto del Presidente della Repubblica 22 settembre 1988, n. 448 [(2)].

5 bis. All'atto della esecuzione della ordinanza di cui al comma 4, l'ufficiale o l'agente di polizia giudiziaria informa altresì la persona della quale è richiesta la consegna che ha facoltà di nominare un difensore nello Stato di emissione. Della nomina ovvero della volontà dell'interessato di avvalersi di un difensore nello Stato di emissione il presidente della Corte di appello dà immediato avviso all'autorità competente dello stesso [(3)].

6. Le misure coercitive non possono essere disposte se vi sono ragioni per ritenere che sussistono cause ostative alla consegna.

7. Si applicano le disposizioni dell'articolo 719 del codice di procedura penale.

(1) Comma modificato dall'art. 6, co. 1, lett. a), d.lgs. 2.2.2021, n. 10.
(2) Comma sostituito dall'art. 6, co. 1, lett. b), d.lgs. 2.2.2021, n. 10.
(3) Comma introdotto dall'art. 4, co. 1, lett. a), d.lgs. 15.9.2016, n. 184.

10. Inizio del procedimento.

1. Entro cinque giorni dall'esecuzione delle misure di cui all'articolo 9, e alla presenza di un difensore di ufficio nominato a norma dell'articolo 97 del codice di procedura penale, *in mancanza di difensore di fiducia*, il presidente della corte di appello, o il magistrato delegato, procede a sentire la persona sottoposta alla misura cautelare, informandola, in una lingua alla stessa conosciuta, del contenuto del mandato d'arresto europeo e della procedura di esecuzione, nonché della facoltà di acconsentire alla propria consegna all'autorità giudiziaria richiedente e di rinunciare al beneficio di non essere sottoposta ad altro procedimento penale, di non essere condannata o altrimenti privata della libertà personale per reati anteriori alla consegna diversi da quello per il quale questa è stata disposta. La persona richiesta in consegna è altresì informata che il consenso e la rinuncia, una volta resi, non sono revocabili [(1)].

2. Della data fissata per il compimento delle attività di cui al comma 1 è dato avviso al difensore almeno ventiquattro ore prima.

3. Della ordinanza di cui all'articolo 9 è data comunicazione, a richiesta della persona arrestata, ai familiari ovvero, se si tratta di straniero, alla competente autorità consolare.

4. Il presidente della corte di appello, o il magistrato da lui delegato, al termine delle attività previste al comma 1, dispone il deposito del mandato di arresto europeo e contestualmente fissa l'udienza in camera di consiglio per la decisione entro il termine di quindici giorni dall'esecuzione della misura, con decreto del quale dà immediata lettura alla persona richiesta, in una lingua alla stessa conosciuta, e al suo difensore. Il decreto è comunicato al procuratore generale immediatamente e, comunque, non oltre il giorno successivo. Si applicano le disposizioni dell'articolo 702 del codice di procedura penale [(2)].

4 bis. Nei casi in cui la corte di appello non applica alla persona richiesta alcuna misura cautelare, il presidente della corte di appello, o il magistrato da lui delegato, all'esito della deliberazione adottata ai sensi dell'articolo 9, comma 4, fissa con decreto l'udienza per la decisione non oltre i quindici giorni successivi e dispone contestualmente il deposito del mandato di arresto. Il decreto è comunicato al procuratore generale e notificato alla persona richiesta in consegna e al suo difensore almeno cinque giorni prima dell'udienza. Si applicano le disposizioni dell'articolo 702 del codice di procedura penale [(3)].

(1) Comma modificato dall'art. 7, co. 1, lett. a), d.lgs. 2.2.2021, n. 10.
(2) Comma sostituito dall'art. 7, co. 1, lett. b), d.lgs. 2.2.2021, n. 10.
(3) Comma introdotto dall'art. 7, co. 1, lett. c), d.lgs. 2.2.2021, n. 10.

11. Arresto ad iniziativa della polizia giudiziaria.

1. Nel caso in cui l'autorità competente dello Stato membro ha effettuato segnalazione nel Sistema di informazione Schengen (SIS) nelle forme richieste, la polizia giudiziaria procede all'arresto della persona ricercata, ponendola immediatamente, e, comunque, non oltre ventiquattro ore, a disposizione del presidente della corte di appello nel cui distretto il provvedimento è stato eseguito, mediante trasmissione del relativo verbale, e dando immediata informazione al Ministro della giustizia.

2. Il Ministro della giustizia comunica immediatamente allo Stato membro richiedente l'avvenuto arresto ai fini della trasmissione del mandato d'arresto [e della documentazione di cui ai commi 3 e 4 dell'articolo 6] [(1)].

(1) Comma modificato dall'art. 8, co. 1, d.lgs. 2.2.2021, n. 10.

12. Adempimenti conseguenti all'arresto ad iniziativa della polizia giudiziaria.

1. L'ufficiale di polizia giudiziaria che ha proceduto all'arresto ai sensi dell'articolo 11 informa la persona, in una lingua alla stessa comprensibile, del mandato emesso e del suo contenuto e le consegna una comunicazione scritta, redatta in forma chiara e precisa, che la informa, della possibilità di acconsentire alla propria consegna all'autorità giudiziaria emittente e la avverte della facoltà di nominare un difensore di fiducia e del diritto di essere assistita da un interprete. Nel caso in cui l'arrestato non provveda a nominare un difensore, la polizia giudiziaria procede immediatamente a individuare un difensore di ufficio ai sensi dell'articolo 97 del codice di procedura penale [(1)].

1 bis. Si applica la disposizione di cui all'articolo 9, comma 5-bis, primo periodo [(2)].

2. La polizia giudiziaria provvede a dare tempestivo avviso dell'arresto al difensore.

3. Il verbale di arresto dà atto, a pena di nullità, degli adempimenti indicati ai commi 1 e 2, nonché degli accertamenti effettuati sulla identificazione dell'arrestato.

4. All'attuazione del presente articolo si provvede mediante l'utilizzo degli ordinari stanziamenti del Ministero della giustizia.

(1) Comma modificato dall'art. 2, co. 1, d.lgs. 1.7.2014, n. 101.
(2) Comma introdotto dall'art. 4, co. 1, lett. b), d.lgs. 15.9.2016, n. 184.

13. Convalida.

1. Entro quarantotto ore dalla ricezione del verbale di arresto, il presidente della corte di appello o un magistrato della corte da lui delegato, informato il procuratore generale, provvede, in una lingua alla stessa conosciuta e, se necessario, alla presenza di un interprete, a sentire la persona arrestata con la presenza di un difensore di ufficio nominato in mancanza di difensore di fiducia e a fornirle tutte le informazioni in merito alle facoltà indicate nell'articolo 10, comma 1 [(1)].
Nel caso in cui la persona arrestata risulti ristretta in località diversa da quella in cui l'arresto è stato eseguito, il presidente della corte di appello può delegare per gli adempimenti di cui all'articolo 10 il presidente del tribunale territorialmente competente, ferma restando la sua competenza in ordine ai provvedimenti di cui al comma 2.

2. Se risulta evidente che l'arresto è stato eseguito per errore di persona o fuori dai casi previsti dalla legge, il presidente della corte di appello, o il magistrato della corte da lui delegato, dispone con decreto motivato che il fermato sia posto immediatamente in libertà e procede agli adempimenti previsti dall'articolo 10, comma 4-bis. Fuori da tale caso, si procede alla convalida dell'arresto provvedendo con ordinanza ai sensi degli articoli 9 e 10 e all'emissione del decreto di cui all'articolo 10, comma 4, di cui si dà lettura [(2)].

3. [Il provvedimento emesso dal presidente della corte di appello ai sensi del comma 2 perde efficacia se nel termine di dieci giorni non perviene il mandato d'arresto europeo o la segnalazione della persona nel SIS effettuata dall'autorità competente.] La segnalazione della persona nel SIS effettuata dall'autorità competente equivale al mandato d'arresto purché contenga le indicazioni di cui all'articolo 6 [(3)].

(1) Comma modificato dall'art. 9, co. 1, lett. a), d.lgs. 2.2.2021, n. 10.
(2) Comma modificato dall'art. 9, co. 1, lett. b), d.lgs. 2.2.2021, n. 10.
(3) Comma modificato dall'art. 9, co. 1, lett. b), d.lgs. 2.2.2021, n. 10.

14. Consenso alla consegna.

1. Quando sente la persona della quale è stata richiesta la consegna ai sensi degli articoli 10, comma 1, e 13, comma 1, il presidente della corte di appello, o il magistrato da lui delegato, se la persona esprime consenso alla consegna o rinuncia al beneficio di cui all'articolo 10, comma 1, raccoglie tali dichiarazioni alla presenza del difensore e, se necessario, dell'interprete. Del consenso e della rinuncia prestata è dato atto in apposito verbale, in cui sono riportate le circostanze e le modalità con le quali la persona richiesta in consegna ha dichiarato di avvalersi di tali facoltà. Quando la persona ha prestato consenso alla consegna, il presidente della corte di appello, o il magistrato da lui delegato, fissa nei quattro giorni successivi l'udienza in camera di consiglio per la decisione, con decreto del quale dà immediata lettura alla persona della quale è richiesta la consegna, in una lingua alla stessa conosciuta, e al suo difensore. Il decreto è comunicato al procuratore generale immediatamente e, comunque, entro le successive ventiquattro ore [(1)].

2. Il consenso e la rinuncia possono essere espressi anche nel corso dell'udienza davanti alla corte d'appello fissata ai sensi dell'articolo 10, commi 4 e 4-bis, fino alla conclusione della discussione. In tale caso la corte raccoglie il consenso e la rinuncia, con le modalità descritte al comma 1, dopo avere fornito alla persona della quale è richiesta la consegna tutte le informazioni in merito alle facoltà indicate nell'articolo 10, comma 1, salvo che la persona le abbia già ricevute [(2)].

3. Il consenso è irrevocabile. [La persona arrestata è preventivamente informata della irrevocabilità del consenso e della rinuncia.] [(3)]

4. Nel caso che il consenso sia stato validamente espresso, la corte di appello provvede con ordinanza [emessa senza ritardo e, comunque, non oltre dieci giorni,] alla decisione sulla richiesta di esecuzione, dopo avere sentito il procuratore generale, il difensore e, se comparsa, la persona richiesta in consegna. Quando, per la necessità di acquisire le informazioni di cui all'articolo 16 o per altre circostanze oggettive, non è possibile adottare la decisione nel termine di cui al comma 1, il predetto termine può essere prorogato, con decreto del presidente della corte di appello, sino a tre giorni [(4)].

5. La corte di appello, all'esito dell'udienza prevista ai commi 1, terzo periodo, e 4, secondo periodo, o di quella prevista all'articolo 10, commi 4 e 4-bis, dà immediata lettura dell'ordinanza. La lettura equivale a notificazione alle parti, anche se non presenti, che hanno diritto ad avere copia del provvedimento. L'ordinanza, decorso il termine per la proposizione del ricorso previsto dall'articolo 22, comma 5-bis, è immediatamente comunicata al Ministro della giustizia, che provvede a informare le competenti autorità dello Stato membro di emissione e altresì, quando non è stato presentato ricorso e l'ordinanza dispone la consegna, il Servizio per la cooperazione internazionale di Polizia. Quando è stato proposto ricorso, il Ministro della giustizia informa le competenti autorità dello Stato membro che l'avvenuta proposizione dell'impugnazione è il motivo che ha impedito l'adozione della decisione definitiva sull'esecuzione del mandato di arresto nel termine di dieci giorni successivi all'espressione del consenso (5).

(1) Comma sostituito dall'art. 10, co. 1, lett. a), d.lgs. 2.2.2021, n. 10.
(2) Comma sostituito dall'art. 10, co. 1, lett. a), d.lgs. 2.2.2021, n. 10.
(3) Comma modificato dall'art. 10, co. 1, lett. b), d.lgs. 2.2.2021, n. 10.
(4) Comma modificato dall'art. 10, co. 1, lett. c), d.lgs. 2.2.2021, n. 10.
(5) Comma sostituito dall'art. 10, co. 1, lett. d), d.lgs. 2.2.2021, n. 10.

15. Provvedimenti provvisori in attesa della decisione.

1. Se il mandato d'arresto europeo è stato emesso nel corso di un procedimento penale, il presidente della corte di appello, su richiesta dell'autorità giudiziaria emittente [e al fine di consentire le indagini urgenti dalla stessa ritenute necessarie], autorizza l'interrogatorio della persona richiesta in consegna, ovvero ne dispone il trasferimento temporaneo nello Stato membro di emissione (1).

2. Quando concede l'autorizzazione all'interrogatorio della persona richiesta in consegna, il presidente della corte di appello informa il Ministro della giustizia per la tempestiva comunicazione all'autorità giudiziaria richiedente e per ogni necessaria intesa anche in ordine alla data di assunzione dell'atto. L'interrogatorio è effettuato da un magistrato della corte di appello designato dal presidente, con l'assistenza della persona eventualmente designata dall'autorità richiedente in conformità alla legge dello Stato membro di emissione e dell'interprete eventualmente necessario. Sono osservate le forme e le garanzie previste per l'interrogatorio dagli articoli 64, 65, articoli 66 e 294, comma 4, del codice di procedura penale.
Dell'interrogatorio è redatto verbale.

2 bis. Quando risulta che la persona richiesta in consegna si trova in altro distretto, il presidente della corte di appello può delegare l'interrogatorio di cui al comma 2 al presidente del tribunale territorialmente competente (2).

3. Quando dispone il trasferimento temporaneo della persona richiesta in consegna, il presidente della corte di appello informa il Ministro della giustizia per la tempestiva comunicazione all'autorità giudiziaria richiedente anche ai fini delle necessarie intese in ordine alle condizioni e alla durata del trasferimento. Si tiene in ogni caso conto della necessità che la persona sia fatta rientrare in modo da potere partecipare alle udienze relative alla procedura di esecuzione del mandato d'arresto.

(1) Comma modificato dall'art. 11, co. 1, lett. a), d.lgs. 2.2.2021, n. 10.
(2) Comma modificato dall'art. 11, co. 1, lett. a), d.lgs. 2.2.2021, n. 10.

16. Informazioni e accertamenti integrativi.

1. Qualora la corte di appello non ritenga sufficienti ai fini della decisione [la documentazione e] le informazioni trasmesse dallo Stato membro di emissione, richiede con urgenza allo stesso, direttamente o per il tramite del Ministro della giustizia, le informazioni integrative occorrenti. In ogni caso stabilisce un termine per la ricezione di quanto richiesto, tenendo conto della necessità di rispettare i termini stabiliti dall'articolo 14, comma 4, o dall'articolo 17, comma 2-bis, per l'adozione della propria decisione. [Se l'autorità giudiziaria dello Stato membro di emissione non dà corso alla richiesta, si applica il comma 6 dell'articolo 6.] (1)

2. La corte di appello, d'ufficio o su richiesta delle parti, può disporre altresì ogni ulteriore accertamento che ritiene necessario, rispettando i termini stabiliti dall'articolo 14, comma 4, o dall'articolo 17, comma 2-bis, per l'adozione della decisione (2).

(1) Comma modificato dall'art. 12, co. 1, lett. a), d.lgs. 2.2.2021, n. 10.
(2) Comma modificato dall'art. 12, co. 1, lett. b), d.lgs. 2.2.2021, n. 10.

17. Decisione sulla richiesta di esecuzione.

1. Salvo quanto previsto dall'articolo 14, la corte di appello decide con sentenza in camera di consiglio sull'esistenza delle condizioni per l'accoglimento della richiesta di consegna, sentiti il procuratore generale, il difensore, e, se compare, la persona richiesta in consegna, nonché, se presente, il rappresentante dello Stato richiedente.

2. La decisione deve essere emessa nel più breve tempo possibile e, comunque, entro quindici giorni dall'esecuzione della misura cautelare di cui all'articolo 9 o, nel caso previsto dall'articolo 11, dall'arresto della persona ricercata. [Ove, per cause di forza maggiore, sia ravvisata l'impossibilità di rispettare tali termini il presidente della corte di appello informa dei motivi il Ministro della giustizia, che ne dà comunicazione allo Stato richiedente, anche tramite l'Eurojust. In questo caso i termini possono essere prorogati di trenta giorni.] (1)

2 bis. Quando, per la necessità di acquisire le informazioni di cui all'articolo 16 o per altre circostanze oggettive, non è possibile rispettare il termine indicato al comma 2, esso può essere prorogato con decreto del presidente della corte di appello sino a dieci giorni (2).

3. Nel caso in cui la persona ricercata benefici di una immunità o di un privilegio riconosciuti dall'ordinamento italiano, la corte di appello ne informa lo Stato di emissione e il termine per la decisione comincia a decorrere solo se e a partire dal giorno in cui la corte di appello è stata informata del fatto che l'immunità o il privilegio non operano più. Se la decisione sulla esclusione dell'immunità compete a un organo dello Stato italiano, la corte provvede a inoltrare immediatamente la richiesta [3].

4. In assenza di cause ostative la corte di appello pronuncia sentenza con cui dispone la consegna della persona ricercata [se sussistono gravi indizi di colpevolezza ovvero se esiste una sentenza irrevocabile di condanna] [4].

5. Quando la decisione è contraria alla consegna, la corte di appello con la sentenza revoca immediatamente le misure cautelari applicate.

6. Della sentenza è data, al termine della camera di consiglio, immediata lettura. La lettura equivale a notificazione alle parti, anche se non presenti, che hanno diritto ad ottenere copia del provvedimento.

7. La sentenza, decorso il termine per la proposizione del ricorso previsto dall'articolo 22, comma 1, è immediatamente comunicata al Ministro della giustizia, che provvede ad informare le competenti autorità dello Stato membro di emissione e altresì, quando non è stato presentato ricorso e la decisione è di accoglimento, il Servizio per la cooperazione internazionale di polizia [5].

(1) Comma modificato dall'art. 13, co. 1, lett. a), d.lgs. 2.2.2021, n. 10.
(2) Comma introdotto dall'art. 13, co. 1, lett. b), d.lgs. 2.2.2021, n. 10.
(3) Comma modificato dall'art. 13, co. 1, lett. c), d.lgs. 2.2.2021, n. 10.
(4) Comma modificato dall'art. 13, co. 1, lett. d), d.lgs. 2.2.2021, n. 10.
(5) Comma sostituito dall'art. 13, co. 1, lett. e), d.lgs. 2.2.2021, n. 10.

18. Motivi di rifiuto obbligatorio della consegna [1].

1. Fermo quanto previsto dagli articoli 1, commi 3 e 3-ter, 2 e 7, la corte di appello rifiuta la consegna nei seguenti casi:

a) se il reato contestato nel mandato d'arresto europeo è estinto per amnistia ai sensi della legge italiana, quando vi è la giurisdizione dello Stato italiano sul fatto;
b) se risulta che nei confronti della persona ricercata, per gli stessi fatti, sono stati emessi, in Italia, sentenza o decreto penale irrevocabili o sentenza di non luogo a procedere non più soggetta a impugnazione o, in altro Stato membro dell'Unione europea, sentenza definitiva, purché, in caso di condanna, la pena sia stata già eseguita ovvero sia in corso di esecuzione, ovvero non possa più essere eseguita in forza delle leggi dello Stato che ha emesso la condanna;
c) se la persona oggetto del mandato d'arresto europeo era minore di anni 14 al momento della commissione del reato.

(1) Articolo sostituito dall'art. 6, co. 5, lett. a), l. 4.10.2019, n. 117 e poi sostituito dall'art. 14, co. 1, d.lgs. 2.2.2021, n. 10.

18 bis. Motivi di rifiuto facoltativo della consegna [1].

1. Quando il mandato di arresto europeo è stato emesso al fine dell'esercizio di azioni giudiziarie in materia penale, la corte di appello può rifiutare la consegna nei seguenti casi:

a) se il mandato di arresto europeo riguarda reati che dalla legge italiana sono considerati reati commessi in tutto o in parte nel suo territorio, o in luogo assimilato al suo territorio, ovvero reati che sono stati commessi al di fuori del territorio dello Stato membro di emissione, se la legge italiana non consente l'azione penale per gli stessi reati commessi al di fuori del suo territorio;
b) se, per lo stesso fatto che è alla base del mandato d'arresto europeo, nei confronti della persona ricercata è in corso un procedimento penale.

2. Quando il mandato di arresto europeo è stato emesso ai fini della esecuzione di una pena o di una misura di sicurezza privative della libertà personale, la corte di appello può rifiutare la consegna del cittadino italiano o di persona che legittimamente ed effettivamente risieda o dimori in via continuativa da almeno cinque anni sul territorio italiano, sempre che disponga che tale pena o misura di sicurezza sia eseguita in Italia conformemente al suo diritto interno [2].

2 bis. Ai fini della verifica della legittima ed effettiva residenza o dimora sul territorio italiano della persona richiesta in consegna, la corte di appello accerta se l'esecuzione della pena o della misura di sicurezza sul territorio sia in concreto idonea ad accrescerne le opportunità di reinserimento sociale, tenendo conto della durata, della natura e delle modalità della residenza o della dimora, del tempo intercorso tra la commissione del reato in base al quale il mandato d'arresto europeo è stato emesso e l'inizio del periodo di residenza o di dimora, della commissione di reati e del regolare adempimento degli obblighi contributivi e fiscali durante tale periodo, del rispetto delle norme nazionali in materia di ingresso e soggiorno degli stranieri, dei legami familiari, linguistici, culturali, sociali, economici o di altra natura che la persona intrattiene sul territorio italiano e di ogni altro elemento rilevante. La sentenza è nulla se non contiene la specifica indicazione degli elementi di cui al primo periodo e dei relativi criteri di valutazione [3].

(1) Articolo introdotto dall'art. 6, co. 5, lett. a), l. 4.10.2019, n. 117 e poi sostituito dall'art. 15, co. 1, d.lgs. 2.2.2021, n. 10.
(2) La Corte costituzionale, con sentenza 28.7.2023, n. 178, ha dichiarato in via consequenziale, ai sensi dell'art. 27 della l. 11.3.1953, n. 87, l'illegittimità costituzionale del testo precedente di questo comma, nella parte in cui non prevede che la Corte d'appello possa rifiutare la consegna di una persona ricercata cittadina di uno Stato terzo, che legittimamente ed effettivamente abbia residenza o dimora nel territorio italiano da almeno cinque anni e sia sufficientemente integrata in Italia, nei sensi precisati in motivazione, sempre che la Corte d'appello disponga che la pena o la misura di sicurezza sia eseguita in Italia. Comma successivamente modificato dall'art. 18 bis, co. 1, lett. a), n. 1), d.l. 13.6.2023, n. 69, conv., con modif., dalla l. 10.8.2023, n. 103.
(3) Comma introdotto dall'art. 18 bis, co. 1, lett. a), n. 2), d.l. 13.6.2023, n. 69, conv., con modif., dalla l. 10.8.2023, n. 103.

18 ter. Decisioni pronunciate in assenza [1].

1. Quando il mandato di arresto europeo è stato emesso ai fini della esecuzione di una pena o di una misura di sicurezza applicata all'esito di un processo in cui l'interessato non è comparso personalmente, la corte di appello può altresì rifiutare la consegna se il mandato di arresto europeo non contiene l'indicazione di alcuna delle condizioni di cui all'articolo 6, comma 1-bis, e lo Stato di emissione non ha fornito indicazioni su tali condizioni neppure a seguito della richiesta inoltrata ai sensi dell'articolo 16.

2. Nei casi di cui al comma 1, la corte di appello può, comunque, dar luogo alla consegna se risulta provato con certezza che l'interessato era a conoscenza del processo o che si è volontariamente sottratto alla conoscenza del processo.

3. Quando ricorrono le condizioni di cui all'articolo 6, comma 1-bis, lettera d), la persona della quale è domandata la consegna, che non sia stata precedentemente informata del procedimento penale svoltosi nei suoi confronti, può chiedere la trasmissione di copia della sentenza su cui il mandato di arresto europeo si fonda. La richiesta non costituisce, in alcun caso, causa di differimento della procedura di consegna o della decisione di eseguire il mandato di arresto europeo. La corte di appello provvede all'immediato inoltro della richiesta all'autorità emittente.».

(1) Articolo introdotto dall'art. 16, co. 1, lett. a), d.lgs. 2.2.2021, n. 10.

19. Garanzie richieste allo Stato membro di emissione in casi particolari [1].

1. Se il reato in base al quale il mandato d'arresto europeo è stato emesso è punibile con una pena o una misura di sicurezza privative della libertà personale a vita, l'esecuzione del mandato è subordinata alla condizione che lo Stato membro di emissione preveda nel suo ordinamento giuridico una revisione della pena inflitta, su richiesta o trascorsi al massimo venti anni, oppure l'applicazione di misure di clemenza alle quali la persona ha diritto in virtù della legge o della prassi dello Stato membro di emissione, affinché la pena o la misura di sicurezza non siano eseguite.

2. Se il mandato di arresto europeo è stato emesso ai fini di un'azione penale nei confronti di cittadino italiano o di persona legittimamente ed effettivamente residente in via continuativa da almeno cinque anni sul territorio italiano, l'esecuzione del mandato può essere subordinata alla condizione che la persona, dopo essere stata sottoposta al processo, sia rinviata nello Stato italiano per scontarvi la pena o la misura di sicurezza privative della libertà personale eventualmente applicate nei suoi confronti nello Stato membro di emissione. Si applicano le disposizioni dell'articolo 18-bis, comma 2-bis.

(1) Articolo modificato dall'art. 2, co. 1, lett. a), d.lgs. 15.2.2016, n. 31, successivamente sostituito dall'art. 17, co. 1, d.lgs. 2.2.2021, n. 10 e da ultimo dall'art. 18 bis, co. 1, lett. b), d.l. 13.6.2023, n. 69, conv., con modif., dalla l. 10.8.2023, n. 103.

20. Concorso di richieste di consegna.

1. Quando due o più Stati membri hanno emesso un mandato d'arresto europeo nei confronti della stessa persona, la corte di appello decide quale dei mandati d'arresto deve essere eseguito, tenuto conto di ogni rilevante elemento di valutazione e, in particolare, della gravità dei reati per i quali i mandati sono stati emessi, del luogo in cui i reati sono stati commessi e delle date di emissione dei mandati d'arresto e considerando, in questo contesto, se i mandati sono stati emessi nel corso di un procedimento penale ovvero per l'esecuzione di una pena o misura di sicurezza privative della libertà personale.

2. Ai fini della decisione di cui al comma 1 la corte di appello può disporre ogni necessario accertamento nonché richiedere una consulenza all'Eurojust.

3. Quando, nei confronti della stessa persona, sono stati emessi un mandato d'arresto europeo e una richiesta di estradizione da parte di uno Stato terzo, la corte di appello competente per il mandato d'arresto, sentito il Ministro della giustizia, decide se va data precedenza al mandato d'arresto ovvero alla richiesta di estradizione tenendo conto della gravità dei fatti, dell'ordine di presentazione delle richieste e di ogni altro elemento utile alla decisione.

21. Termini per la decisione [1].

[1. Se non interviene la decisione nei termini di cui agli articoli 14 e 17 la persona ricercata è posta immediatamente in libertà.]

(1) Articolo abrogato dall'art. 27, co. 1, lett. a), d.lgs. 2.2.2021, n. 10.

22. Ricorso per cassazione.

1. Contro la sentenza di cui all'articolo 17, la persona interessata, il suo difensore e il procuratore generale presso la corte di appello possono proporre ricorso per cassazione, entro cinque giorni dalla conoscenza legale della sentenza, solo per i motivi, contestualmente enunciati, di cui alle lettere a), b) e c) del comma 1 dell'articolo 606 del codice di procedura penale [1].

2. Il ricorso è presentato nella cancelleria della corte di appello che ha emesso il provvedimento, la quale lo trasmette alla Corte di cassazione, con precedenza assoluta su ogni altro affare e comunque entro il giorno successivo, unitamente al provvedimento impugnato e agli atti del procedimento. La presentazione del ricorso sospende l'esecuzione della sentenza di cui all'articolo 17, comma 1 [2].

3. La Corte di cassazione decide con sentenza entro dieci giorni dalla ricezione degli atti nelle forme di cui all'articolo 127 del codice di procedura penale. L'avviso alle parti deve essere notificato o comunicato almeno tre giorni prima dell'udienza [3].

4. La decisione è depositata a conclusione dell'udienza con la contestuale motivazione. Qualora la redazione della motivazione non risulti possibile, la Corte di cassazione, data comunque lettura del dispositivo, provvede al deposito della motivazione non oltre il secondo giorno dalla pronuncia [4].

5. Copia del provvedimento è immediatamente trasmessa, anche a mezzo telefax, al Ministro della giustizia, che, fuori dei casi di cui al comma 6, provvede ad informare le competenti autorità dello Stato membro di emissione ed altresì, quando la decisione è di accoglimento, il Servizio per la cooperazione internazionale di polizia (5).

5 bis. Contro l'ordinanza di cui all'articolo 14, comma 5, la persona interessata, il suo difensore e il procuratore generale presso la corte di appello possono proporre ricorso per cassazione, entro tre giorni dalla conoscenza legale dell'ordinanza, solo per i motivi, contestualmente enunciati, di cui alle lettere a), b) e c) del comma 1 dell'articolo 606 del codice di procedura penale. Il ricorso è presentato nella cancelleria della corte di appello che ha emesso il provvedimento, la quale lo trasmette alla Corte di cassazione, con precedenza assoluta su ogni altro affare e comunque entro il giorno successivo, unitamente al provvedimento impugnato e agli atti del procedimento. La presentazione del ricorso sospende l'esecuzione della ordinanza di cui all'articolo 14, comma 4. La Corte, nel termine di sette giorni dalla ricezione degli atti, giudica in camera di consiglio sui motivi di ricorso e sulle richieste del procuratore generale senza intervento dei difensori e deposita la decisione con la contestuale motivazione a conclusione dell'udienza, provvedendo altresì, fuori dei casi di cui al comma 6, agli adempimenti indicati al comma 5 (6).

6. Quando la Corte di cassazione annulla con rinvio, gli atti sono trasmessi immediatamente, con precedenza assoluta su ogni altro affare e, comunque entro il giorno successivo al deposito della decisione completa di motivazione, al giudice di rinvio. Nei casi di cui al comma 1, il giudice di rinvio decide entro dieci giorni dalla ricezione degli atti, avvisando le parti con decreto notificato o comunicato almeno quattro giorni prima dell'udienza. Nei casi di cui al comma 5-bis, i termini di cui al secondo periodo sono ridotti della metà (7).

(1) Comma sostituito dall'art. 18, co. 1, lett. a), d.lgs. 2.2.2021, n. 10.
(2) Comma sostituito dall'art. 18, co. 1, lett. a), d.lgs. 2.2.2021, n. 10.
(3) Comma modificato dall'art. 18, co. 1, lett. b), d.lgs. 2.2.2021, n. 10.
(4) Comma modificato dall'art. 18, co. 1, lett. c), d.lgs. 2.2.2021, n. 10.
(5) Comma modificato dall'art. 18, co. 1, lett. d), d.lgs. 2.2.2021, n. 10.
(6) Comma introdotto dall'art. 18, co. 1, lett. e), d.lgs. 2.2.2021, n. 10.
(7) Comma sostituito dall'art. 18, co. 1, lett. f), d.lgs. 2.2.2021, n. 10.

22 bis. Comunicazioni allo Stato membro emittente. Termini per la decisione e provvedimenti in ordine alle misure cautelari (1).

1. Se la decisione definitiva sulla richiesta di consegna, in assenza di consenso, non interviene nei sessanta giorni successivi all'esecuzione della misura cautelare o all'arresto della persona ricercata o alla deliberazione di non applicare alcuna misura, la corte davanti alla quale pende il procedimento informa immediatamente del ritardo e delle ragioni che vi hanno dato causa il Ministro della giustizia, affinché ne sia data comunicazione all'autorità giudiziaria richiedente. Agli stessi fini, in presenza di consenso alla consegna, la corte di appello informa il Ministro della giustizia dei motivi che hanno impedito l'adozione della decisione nel termine di dieci giorni dalla data in cui il consenso è stato espresso.

2. Se, per circostanze eccezionali, la decisione definitiva sulla richiesta di consegna non interviene nei trenta giorni successivi alla scadenza dei termini di cui al comma 1, la corte davanti alla quale pende il procedimento informa immediatamente del ritardo e delle ragioni che vi hanno dato causa il Ministro della giustizia, il quale ne dà urgente comunicazione all'Eurojust.

3. Alla scadenza dei termini previsti dal comma 2, la corte di appello valuta se la custodia cautelare applicata alla persona della quale è richiesta la consegna è ancora assolutamente necessaria per garantire l'esigenza di cui all'articolo 9, comma 4, e se la sua durata è proporzionata rispetto all'entità della pena oggetto dell'informazione richiamata all'articolo 6, comma 1, lettera f), disponendone, in caso contrario, la revoca o la sostituzione con altre misure cautelari, applicabili anche cumulativamente, ritenute comunque idonee a garantire che la persona non si sottragga alla consegna.

4. Quando il ritardo nella adozione della decisione definitiva sulla richiesta di consegna si protrae ingiustificatamente oltre la scadenza dei termini previsti dal comma 2 e, comunque, quando sono decorsi novanta giorni dalla scadenza di detti termini senza che sia intervenuta la decisione definitiva sulla consegna, la corte di appello revoca la misura della custodia cautelare e, se persiste l'esigenza di garantire che la persona non si sottragga alla consegna, applica, anche cumulativamente, le misure cautelari di cui agli articoli 281,282 e 283 del codice di procedura penale e, nei confronti della persona minorenne, la misura di cui all'articolo 20 del decreto del Presidente della Repubblica 22 settembre 1988, n. 448.

(1) Articolo introdotto dall'art. 19, co. 1, lett. a), d.lgs. 2.2.2021, n. 10.

23. Consegna della persona. Sospensione della consegna.

1. La persona richiesta in consegna deve essere consegnata allo Stato membro di emissione al più presto e, comunque, entro dieci giorni dalla sentenza irrevocabile con cui è data esecuzione al mandato d'arresto europeo ovvero dall'ordinanza definitiva di cui all'articolo 14, comma 4, nei modi e secondo le intese nel frattempo intercorse tramite il Ministro della giustizia (1).

2. Quando ricorrono cause di forza maggiore che impediscono la consegna entro il termine previsto nel comma 1, il presidente della corte di appello, o il magistrato da lui delegato, sospesa l'esecuzione del provvedimento, ne dà immediata comunicazione al Ministro della giustizia, che informa l'autorità dello Stato membro di emissione. Il presidente della corte di appello, o il magistrato da lui delegato, sospende l'esecuzione del provvedimento anche quando riceve dall'autorità dello Stato membro di emissione, direttamente o tramite il Ministro della giustizia, la comunicazione della ricorrenza di cause di forza maggiore che impediscono la consegna entro il medesimo termine (2).

3. Quando sussistono motivi umanitari o gravi ragioni per ritenere che la consegna metterebbe in pericolo la vita o la salute della persona, il presidente della corte di appello, o il magistrato da lui delegato, può con decreto motivato sospendere l'esecuzione del provvedimento di consegna, dando immediata comunicazione al Ministro della giustizia.

4. Nei casi di cui ai commi 1 e 2, il presidente della corte di appello, o il magistrato da lui delegato, dà immediata comunicazione al Ministro della giustizia della cessazione delle ragioni che hanno imposto la sospensione dell'esecuzione o del ricevimento della comunicazione in ordine alla cessazione della causa di forza maggiore da parte dell'autorità dello Stato membro di emissione. Il Ministro, ricevuta tale comunicazione o quella, di cui informa il presidente della corte di appello, direttamente proveniente dall'autorità giudiziaria dello Stato di emissione circa la cessazione della causa di forza maggiore, concorda con l'autorità dello Stato membro di emissione una nuova data di consegna. In tale caso il termine di cui al comma 1 decorre dalla nuova data concordata (3).

5. Scaduto il termine di dieci giorni di cui ai commi 1 e 4, la custodia cautelare perde efficacia e il presidente della corte di appello, o il magistrato da lui delegato, dispone la liberazione dell'arrestato, sempre che l'ineseguibilità della consegna non sia imputabile a quest'ultimo. In tale caso, i termini sono sospesi sino alla cessazione dell'impedimento.

6. All'atto della consegna, la corte di appello trasmette all'autorità giudiziaria emittente le informazioni occorrenti a consentire la deduzione del periodo di custodia preventivamente sofferto in esecuzione del mandato d'arresto europeo dalla durata complessiva della detenzione conseguente alla eventuale sentenza di condanna ovvero per la determinazione della durata massima della custodia cautelare.

(1) Comma modificato dall'art. 20, co. 1, lett. a), d.lgs. 2.2.2021, n. 10.
(2) Comma modificato dall'art. 20, co. 1, lett. b), d.lgs. 2.2.2021, n. 10.
(3) Comma modificato dall'art. 20, co. 1, lett. c), d.lgs. 2.2.2021, n. 10.

24. Rinvio della consegna o consegna temporanea.

1. Con la decisione che dispone l'esecuzione del mandato d'arresto europeo la corte di appello può disporre che la consegna della persona venga rinviata per consentire che la stessa possa essere sottoposta a procedimento penale in Italia ovvero possa scontarvi la pena alla quale sia stata condannata per reato diverso da quello oggetto del mandato d'arresto.

2. Nel caso di cui al comma 1, su richiesta dell'autorità giudiziaria emittente, la corte di appello, sentita l'autorità giudiziaria competente per il procedimento penale in corso o per l'esecuzione della sentenza di condanna, può disporre il trasferimento temporaneo della persona richiesta in consegna alle condizioni concordate.

25. Divieto di consegna o di estradizione successiva.

1. La consegna della persona è subordinata alla condizione che la stessa non venga consegnata ad altro Stato membro in esecuzione di un mandato d'arresto europeo emesso per un reato anteriore alla consegna medesima senza l'assenso della corte di appello che ha disposto l'esecuzione del mandato d'arresto né estradata verso uno Stato terzo senza l'assenso all'estradizione successiva accordato a norma delle convenzioni internazionali in vigore per lo Stato e dell'articolo 711 del codice di procedura penale.

2. Ove richiesta dall'autorità giudiziaria competente dello Stato membro di emissione, la corte di appello accorda il proprio assenso alla consegna della persona ad altro Stato membro quando il reato per cui l'assenso è richiesto dà luogo a consegna a norma della presente legge. Sulla richiesta di assenso, completa degli elementi di cui all'articolo 6, la corte di appello decide, sentito il procuratore generale, entro trenta giorni dal ricevimento.

3. La condizione di cui al comma 1 relativa alla consegna ad un altro Stato membro non è applicabile:
a) quando la persona, pur avendo avuto la possibilità di farlo, non ha lasciato il territorio dello Stato al quale è stata consegnata entro quarantacinque giorni successivi alla sua scarcerazione definitiva ovvero, dopo averlo lasciato, vi ha fatto ritorno;
b) quando la persona ha consentito, con dichiarazione resa davanti all'autorità giudiziaria competente dello Stato membro di emissione, e raccolta a verbale, alla consegna ad altro Stato membro;
c) quando la persona richiesta in consegna non beneficia del principio di specialità ai sensi dell'articolo 26, comma 2, lettere a), e) ed f), e comma 3.

26. Principio di specialita.

1. La consegna è sempre subordinata alla condizione che, per un fatto anteriore alla stessa e diverso da quello per il quale è stata concessa, la persona non venga sottoposta a un procedimento penale, né privata della libertà personale in esecuzione di una pena o di una misura di sicurezza, né altrimenti assoggettata ad altra misura privativa della libertà personale.

2. La disposizione di cui al comma 1 non si applica quando:
a) il soggetto consegnato, avendone avuta la possibilità, non ha lasciato il territorio dello Stato al quale è stato consegnato decorsi quarantacinque giorni dalla sua definitiva liberazione ovvero, avendolo lasciato, vi ha fatto volontariamente ritorno;
b) il reato non è punibile con una pena o con una misura di sicurezza privative della libertà personale;
c) il procedimento penale non consente l'applicazione di una misura restrittiva della libertà personale;
d) la persona è soggetta a una pena o a una misura che non implica la privazione della libertà, ivi inclusa una misura pecuniaria, anche se può limitare la sua libertà personale;
e) il ricercato ha acconsentito alla propria consegna, oltre a rinunciare al principio di specialità con le forme di cui all'articolo 14;

f) dopo essere stata consegnata, la persona ha espressamente rinunciato a beneficiare del principio di specialità rispetto a particolari reati anteriori alla sua consegna. Tale rinuncia è raccolta a verbale dall'autorità giudiziaria dello Stato membro di emissione, con forme equivalenti a quelle indicate all'articolo 14.

3. Successivamente alla consegna, ove lo Stato membro di emissione richieda di sottoporre la persona a un procedimento penale ovvero di assoggettare la stessa a un provvedimento coercitivo della libertà, provvede la corte di appello che ha dato esecuzione al mandato d'arresto. A tale fine, la corte verifica che la richiesta dello Stato estero contenga le informazioni indicate dall'articolo 8, paragrafo 1, della decisione quadro munite di traduzione e decide entro trenta giorni dalla ricezione della richiesta. L'assenso è rilasciato quando il reato per il quale è richiesto consente la consegna di una persona ai sensi della decisione quadro. La corte può rifiutare l'assenso unicamente quando ricorre uno dei casi di cui agli articoli 18, 18-bis e 18-ter [1].

(1) Comma modificato dall'art. 21, co. 1, lett. a), d.lgs. 2.2.2021, n. 10.

27. Transito.

1. Le richieste di transito sul territorio dello Stato di una persona che deve essere consegnata sono ricevute dal Ministro della giustizia.

2. Il Ministro della giustizia può rifiutare la richiesta quando:

a) non ha ricevuto informazioni circa l'identità e la cittadinanza della persona oggetto del mandato d'arresto europeo, l'esistenza di un mandato d'arresto europeo, la natura e la qualificazione giuridica del reato e la descrizione delle circostanze del reato, compresi la data e il luogo di commissione;

b) il ricercato è cittadino italiano o cittadino di altro Stato membro dell'Unione europea legittimamente ed effettivamente residente nel territorio italiano da almeno cinque anni e il transito è richiesto ai fini dell'esecuzione di una pena o di una misura di sicurezza privative della libertà personale [1].

3. Nel caso in cui la richiesta di transito riguardi un cittadino italiano o un cittadino di altro Stato membro dell'Unione europea legittimamente ed effettivamente residente nel territorio italiano da almeno cinque anni, il Ministro della giustizia può subordinare il transito alla condizione che la persona, dopo essere stata ascoltata, sia rinviata in Italia per scontarvi la pena o la misura di sicurezza privative della libertà personale eventualmente pronunciate nei suoi confronti nello Stato membro di emissione [2].

(1) Lettera modificata dall'art. 22, co. 1, lett. a), d.lgs. 2.2.2021, n. 10.
(2) Comma modificato dall'art. 22, co. 1, lett. b), d.lgs. 2.2.2021, n. 10.

27 bis. Modalità di trasmissione degli atti tra uffici giudiziari [1].

1. Nei procedimenti relativi alla richiesta di esecuzione del mandato d'arresto europeo, con decreto del Ministro della giustizia è autorizzata la trasmissione con modalità telematica degli atti tra gli uffici giudiziari, secondo le disposizioni stabilite con provvedimento del Direttore generale dei sistemi informativi e automatizzati del Ministero della giustizia, anche in deroga alle previsioni del decreto emanato ai sensi dell'articolo 4, comma 1, del decreto-legge 29 dicembre 2009, n. 193, convertito, con modificazioni, dalla legge 22 febbraio 2010, n. 24.

2. La trasmissione degli atti si intende eseguita al momento del rilascio della ricevuta di accettazione da parte dei sistemi ministeriali, secondo le modalità stabilite dal provvedimento direttoriale di cui al comma 1.

3. Il decreto di cui al comma 1 è adottato previo accertamento da parte del Direttore generale dei sistemi informativi e automatizzati del Ministero della giustizia della funzionalità dei servizi di comunicazione dei documenti informatici.

4. Sino all'attivazione dei sistemi ministeriali e alla adozione del decreto del Ministro della giustizia di cui al comma 1, la trasmissione degli atti tra gli uffici giudiziari è consentita anche tramite posta elettronica certificata, secondo le modalità stabilite con provvedimento del Direttore generale dei sistemi informativi e automatizzati del Ministero della giustizia da emanarsi entro quindici giorni dalla data di pubblicazione del presente decreto nella Gazzetta Ufficiale della Repubblica italiana.

(1) Articolo introdotto dall'art. 23, co. 1, d.lgs. 2.2.2021, n. 10.

Capo II
Procedura attiva di consegna

28. Competenza.

1. Il mandato d'arresto europeo è emesso:

a) dal giudice che ha applicato la misura cautelare della custodia in carcere o degli arresti domiciliari;

b) dal pubblico ministero presso il giudice indicato all'articolo 665 del codice di procedura penale che ha emesso l'ordine di esecuzione della pena detentiva di cui all'articolo 656 del medesimo codice, sempre che si tratti di pena di durata non inferiore a un anno e che non operi la sospensione dell'esecuzione;

c) dal pubblico ministero individuato ai sensi dell'articolo 658 del codice di procedura penale, per quanto attiene alla esecuzione di misure di sicurezza personali detentive.

2. Il mandato d'arresto europeo è trasmesso al Ministro della giustizia che provvede alla traduzione del testo nella lingua dello Stato membro di esecuzione e alla sua trasmissione all'autorità competente. Della emissione del mandato è data immediata comunicazione al Servizio per la cooperazione internazionale di polizia.

29. Emissione del mandato d'arresto europeo.

1. L'autorità giudiziaria competente ai sensi dell'articolo 28 emette il mandato d'arresto europeo quando risulta che l'imputato o il condannato è residente, domiciliato o dimorante nel territorio di uno Stato membro dell'Unione europea.

2. Quando il luogo della residenza, del domicilio o della dimora non è conosciuto e risulta possibile che la persona si trovi nel territorio di uno Stato membro dell'Unione europea, l'autorità giudiziaria dispone l'inserimento di una specifica segnalazione nel SIS, conformemente alle disposizioni dell'articolo 95 della convenzione del 19 giugno 1990, di applicazione dell'accordo di Schengen del 14 giugno 1985 relativo all'eliminazione graduale dei controlli alle frontiere comuni, resa esecutiva dalla legge 30 settembre 1993, n. 388. Una segnalazione nel SIS equivale a un mandato d'arresto europeo corredato delle informazioni di cui all'articolo 30.

3. Nel caso in cui la persona ricercata benefici di una immunità o di un privilegio riconosciuti da uno Stato diverso da quello di esecuzione ovvero da un organismo internazionale, l'autorità giudiziaria provvede a inoltrare la richiesta di revoca del privilegio o di esclusione dell'immunità.

30. Contenuto del mandato d'arresto europeo [1].

1. Il mandato d'arresto europeo contiene le informazioni richieste nel modello di cui all'allegato annesso alla decisione quadro come modificato dall'articolo 2, paragrafo 3, della decisione quadro 2009/299/GAI del Consiglio, del 26 febbraio 2009.

2. Nel caso previsto dall'articolo 18-ter, comma 3, non appena riceve notizia della richiesta formulata dalla persona nei cui confronti il mandato di arresto europeo è stato emesso, il pubblico ministero inoltra copia della sentenza all'autorità dello Stato di esecuzione.».

(1) Articolo modificato dall'art. 2, co. 1, lett. b), d.lgs. 15.2.2016, n. 31poi sostituito dall'art. 24, co. 1, d.lgs. 2.2.2021, n. 10.

31. Perdita di efficacia del mandato d'arresto europeo.

1. Il mandato d'arresto europeo perde efficacia quando il provvedimento restrittivo sulla base del quale è stato emesso è stato revocato o annullato ovvero è divenuto inefficace. Il procuratore generale presso la corte di appello ne dà immediata comunicazione al Ministro della giustizia ai fini della conseguente comunicazione allo Stato membro di esecuzione.

31 bis. Divieto di consegna o di estradizione successiva [1].

1. La persona consegnata in esecuzione di un mandato di arresto europeo non può essere consegnata ad altro Stato membro in esecuzione di un mandato d'arresto europeo, né estradata verso uno Stato terzo, per un reato anteriore alla consegna medesima senza l'assenso dello Stato membro di esecuzione.

2. Il divieto di cui al comma 1 non è applicabile alle richieste di consegna in esecuzione di un mandato d'arresto europeo, quando ricorre una delle condizioni previste dall'articolo 26, comma 2, lettere a), e) ed f).

(1) Articolo introdotto dall'art. 25, co. 1, d.lgs. 2.2.2021, n. 10.

32. Principio di specialita.

1. La consegna della persona ricercata è soggetta ai limiti del principio di specialità, con le eccezioni previste, relativamente alla procedura passiva di consegna, dall'articolo 26.

33. Computabilità della custodia cautelare all'estero.

1. Il periodo di custodia cautelare sofferto all'estero in esecuzione del mandato d'arresto europeo è computato ai sensi e per gli effetti degli articoli 303, comma 4, 304 e 657 del codice di procedura penale [1].

(1) La Corte costituzionale con sentenza 16.5.2008, n. 143, ha dichiarato l'illegittimità costituzionale di questo articolo, nella parte in cui non prevede che la custodia cautelare all'estero, in esecuzione del mandato d'arresto europeo, sia computata anche agli effetti della durata dei termini di fase previsti dall'art. 303, co. 1, 2 e 3 c.p.p.

Capo III
Misure reali

34. Richiesta in caso di sequestro o di confisca di beni.

1. Con il mandato d'arresto europeo emesso ai sensi dell'articolo 28 il procuratore generale presso la corte di appello richiede all'autorità giudiziaria dello Stato membro di esecuzione la consegna dei beni oggetto del provvedimento di sequestro o di confisca eventualmente emesso dal giudice competente, trasmettendo, nel contempo, copia dei provvedimenti di sequestro.

35. Sequestro e consegna di beni.

1. Su richiesta dell'autorità giudiziaria che ha emesso il mandato d'arresto europeo, o d'ufficio, la corte di appello può disporre il sequestro dei beni necessari ai fini della prova ovvero suscettibili di confisca in quanto costituenti il prodotto, il profitto o il prezzo del reato nella disponibilità del ricercato e nei limiti di cui ai commi seguenti.

2. La richiesta di cui al comma 1 contiene la precisazione se la consegna necessita ai soli fini della prova ovvero ai fini della confisca. Ove tale precisazione non risulti contenuta nella richiesta, il presidente della corte di appello invita l'autorità giudiziaria richiedente a trasmetterla.

3. La corte di appello provvede con decreto motivato, sentito il procuratore generale. Si applicano, in quanto compatibili, le disposizioni di cui agli articoli 253, 254, 255, 256, 258, 259 e 260, commi 1 e 2, del codice di procedura penale.

4. La consegna delle cose sequestrate all'autorità giudiziaria richiedente ha luogo secondo le modalità e le intese con la stessa intervenute tramite il Ministro della giustizia.

5. Quando la consegna è richiesta ai fini della prova, la corte di appello dispone che la consegna resta subordinata alla condizione che i beni siano restituiti una volta soddisfatte le esigenze processuali.

6. Quando la consegna è richiesta ai fini della confisca, la corte di appello dispone il sequestro salvaguardando i diritti previsti dal comma 9 e le esigenze dell'autorità giudiziaria italiana di cui all'articolo 36. In ogni caso, concedendo il sequestro, la corte dispone che la consegna resti subordinata alla condizione che successivamente non risultino diritti acquisiti ai sensi del comma 9.

7. I beni sequestrati sono consegnati anche nel caso

in cui il mandato d'arresto europeo non può essere eseguito a motivo del decesso o della fuga del ricercato.

8. Si applicano le disposizioni dell'articolo 719 del codice di procedura penale.

9. Sono sempre fatti salvi gli eventuali diritti acquisiti sui beni di cui al comma 1 dallo Stato italiano o da terzi.

36. Concorso di sequestri.

1. Nel caso in cui i beni richiesti di sequestro dall'autorità giudiziaria dello Stato membro costituiscano già oggetto di sequestro disposto dall'autorità giudiziaria italiana nell'ambito di un procedimento penale in corso e di essi sia prevista dalla legge italiana la confisca, la consegna può essere disposta ai soli fini delle esigenze probatorie e previo nulla osta dell'autorità giudiziaria italiana procedente con il limite di cui all'articolo 35, comma 9.

2. Alle stesse condizioni di cui al comma 1 è subordinata la consegna quando si tratta di beni già oggetto di sequestro disposto nell'ambito di un procedimento civile a norma degli articoli 670 e 671 del codice di procedura civile.

Capo IV
Spese

37. Spese.

1. Sono a carico dello Stato italiano le spese sostenute nel territorio nazionale per l'esecuzione di un mandato d'arresto europeo o delle misure reali adottate. Tutte le altre spese sono a carico dello Stato membro la cui autorità giudiziaria ha emesso il mandato d'arresto o richiesto la misura reale.

2. Dall'attuazione del presente articolo non devono derivare nuovi o maggiori oneri a carico del bilancio dello Stato.

TITOLO III
Disposizioni finali e transitorie

38. Obblighi internazionali.

1. La presente legge non pregiudica gli obblighi internazionali dello Stato italiano qualora la persona ricercata sia stata estradata da uno Stato terzo e sia tutelata dalle norme relative al principio di specialità contenute nell'accordo in base al quale ha avuto luogo l'estradizione. In tale caso il Ministro della giustizia richiede tempestivamente l'assenso allo Stato dal quale la persona ricercata è stata estradata ai fini della consegna allo Stato membro.

2. Nel caso previsto dal comma 1, secondo periodo, i termini di cui al capo I del titolo II decorrono dal giorno in cui il principio di specialità cessa di operare.

39. Norme applicabili.

1. Per quanto non previsto dalla presente legge si applicano le disposizioni del codice di procedura penale e delle leggi complementari, in quanto compatibili.

2. Non si applicano le disposizioni previste dalla legge 7 ottobre 1969, n. 742, e successive modificazioni, relativa alla sospensione dei termini processuali nel periodo feriale.

40. Disposizioni transitorie.

1. Le disposizioni della presente legge si applicano alle richieste di esecuzione di mandati d'arresto europei emessi e ricevuti dopo la data della sua entrata in vigore.

2. Alle richieste di esecuzione relative a reati commessi prima del 7 agosto 2002, [salvo per quanto previsto dal comma 3], restano applicabili le disposizioni vigenti anteriormente alla data di entrata in vigore della presente legge in materia di estradizione (1).

[**3.** Le disposizioni di cui all'articolo 8 si applicano unicamente ai fatti commessi dopo la data di entrata in vigore della presente legge.] (2)

La presente legge, munita del sigillo dello Stato, sarà inserita nella Raccolta ufficiale degli atti normativi della Repubblica italiana. È fatto obbligo a chiunque spetti di osservarla e di farla osservare come legge dello Stato.

(1) Comma modificato dall'art. 26, co. 1, lett. a), d.lgs. 2.2.2021, n. 10.
(2) Comma abrogato dall'art. 26, co. 1, lett. b), d.lgs. 2.2.2021, n. 10.

3. D.Lgs. 7 settembre 2010, n. 161. – Disposizioni per conformare il diritto interno alla Decisione quadro 2008/909/GAI relativa all'applicazione del principio del reciproco riconoscimento alle sentenze penali che irrogano pene detentive o misure privative della libertà personale, ai fini della loro esecuzione nell'Unione europea

In Gazzetta Ufficiale 1 ottobre 2010, n. 230

1. Disposizioni di principio e attuazione.

1. Il presente decreto attua nell'ordinamento interno le disposizioni della decisione quadro 2008/909/GAI del Consiglio, del 27 novembre 2008, relativa all'applicazione del principio del reciproco riconoscimento alle sentenze penali che irrogano pene detentive o misure privative della libertà personale, ai fini della loro esecuzione nell'Unione europea, nei limiti in cui tali disposizioni non sono incompatibili con i principi supremi dell'ordinamento costituzionale in tema di diritti fondamentali nonché in tema di diritti di libertà e di giusto processo.

2. Definizioni.

1. Ai fini del presente decreto si intende per:

a) «decisione quadro»: la decisione quadro 2008/909/GAI del Consiglio, del 27 novembre 2008, relativa all'applicazione del principio del reciproco riconoscimento alle sentenze penali che irrogano pene detentive o misure privative della libertà personale, ai fini della loro esecuzione nell'Unione europea;

b) «sentenza di condanna»: una decisione definitiva emessa da un organo giurisdizionale di uno Stato membro dell'Unione europea con la quale vengono applicate, anche congiuntamente, una pena o una misura di sicurezza nei confronti di una persona fisica;

c) «persona condannata»: la persona fisica nei cui confronti è stata pronunciata una sentenza di condanna;

d) «trasmissione all'estero»: la procedura con cui una sentenza di condanna pronunciata in Italia è trasmessa a un altro Stato membro dell'Unione europea, ai fini del suo riconoscimento e della sua esecuzione in detto Stato;

e) «trasmissione dall'estero»: la procedura con cui è trasmessa in Italia, ai fini del suo riconoscimento e della sua esecuzione, una sentenza di condanna emessa in un altro Stato membro dell'Unione europea;

f) «pena»: qualsiasi pena detentiva di durata limitata o illimitata irrogata con una sentenza di condanna, a causa di un reato e a seguito di un procedimento penale;

g) «misura di sicurezza»: qualsiasi misura di sicurezza personale detentiva di durata limitata o illimitata applicata con una sentenza di condanna, a causa di un reato e a seguito di un procedimento penale;

h) «Stato di emissione»: lo Stato membro in cui viene emessa la sentenza di condanna;

i) «Stato di esecuzione»: lo Stato membro al quale è trasmessa la sentenza di condanna ai fini del suo riconoscimento e della sua esecuzione;

l) «riconoscimento»: il provvedimento pronunciato dall'autorità competente dello Stato di esecuzione con il quale si consente di eseguire nello stesso una sentenza di condanna pronunciata dall'autorità giudiziaria dello Stato di emissione;

m) «autorità competente»: l'autorità indicata da uno Stato membro ai sensi dell'articolo 2 della decisione quadro;

n) «certificato»: il certificato contenuto nell'allegato I alla decisione quadro come modificato dall'articolo 5, paragrafo 2) della decisione quadro 2009/299/GAI del Consiglio, del 26 febbraio 2009 (1).

(1) Lettera modificata dall'art. 3, co. 1, lett. a), d.lgs. 15.2.2016, n. 31.

3. Autorità competenti.

1. In relazione alle disposizioni dell'articolo 2 della decisione quadro, l'Italia designa come autorità competenti il Ministero della giustizia e le autorità giudiziarie, secondo le attribuzioni di cui al presente decreto.

2. Il Ministero della giustizia provvede alla trasmissione e alla ricezione delle sentenze e del certificato, nonché della corrispondenza ufficiale ad esse relativa. Il Ministero della giustizia cura altresì la trasmissione e la ricezione delle informazioni ai sensi dell'articolo 20.

3. Nei limiti indicati dal presente decreto, è consentita la corrispondenza diretta tra le autorità giudiziarie. In tale caso, l'autorità giudiziaria italiana competente informa immediatamente il Ministero della giustizia della trasmissione o della ricezione di una sentenza di condanna.

4. Competenza.

1. La trasmissione all'estero è disposta, sempre che ricorrano le condizioni previste dall'articolo 5:

a) dal pubblico ministero presso il giudice indicato all'articolo 665 del codice di procedura penale, per quanto attiene alla esecuzione delle pene detentive;

b) dal pubblico ministero individuato ai sensi dell'articolo 658 del codice di procedura penale, per quanto attiene alla esecuzione di misure di sicurezza personali detentive.

2. Non si applicano le disposizioni di cui al capo II del titolo IV del libro XI del codice di procedura penale.

5. Condizioni di emissione.

1. La trasmissione all'estero è disposta all'atto dell'emissione dell'ordine di esecuzione di cui agli articoli 656 o 659 del codice di procedura penale ovvero, quando l'ordine è già stato eseguito, in un qualsiasi momento successivo, non oltre la data in cui la residua pena o misura di sicurezza da scontare è inferiore a sei mesi.

2. L'autorità giudiziaria competente dispone la trasmissione se non ricorre una causa di sospensione dell'esecuzione e quando ricorrono congiuntamente le seguenti condizioni:

a) l'esecuzione della pena o della misura di sicurezza all'estero ha lo scopo di favorire il reinserimento sociale della persona condannata;

b) il reato per il quale è stata emessa la sentenza di condanna è punito con una pena della durata massima non inferiore a tre anni;

c) la persona condannata si trova nel territorio dello Stato o in quello dello Stato di esecuzione;

d) la persona condannata non è sottoposta ad altro procedimento penale o non sta scontando un'altra sentenza di condanna o di applicazione di una misura di sicurezza, salvo diverso parere dell'autorità giudiziaria competente per il procedimento penale in corso o per l'esecuzione.

3. La trasmissione all'estero è disposta:

a) verso lo Stato membro dell'Unione europea di cittadinanza della persona condannata in cui quest'ultima vive, ovvero

b) verso lo Stato membro dell'Unione europea di cittadinanza della persona condannata in cui quest'ultima sarà espulsa, una volta dispensata dall'esecuzione della pena o della misura di sicurezza, a motivo di un ordine di espulsione o di allontanamento

inserito nella sentenza di condanna o in una decisione giudiziaria o amministrativa o in qualsiasi altro provvedimento adottato in seguito alla sentenza di condanna, ovvero
c) verso lo Stato membro dell'Unione europea che ha acconsentito alla trasmissione.

4. È sempre richiesto il consenso della persona condannata per la trasmissione verso uno degli Stati membri indicati al comma 3, lettera c), salvo che si tratti dello Stato dove la persona condannata è fuggita o è altrimenti ritornata a motivo del procedimento penale o a seguito della sentenza di condanna. Il consenso alla trasmissione deve essere espresso dalla persona condannata personalmente e per iscritto.

6. Procedimento.

1. L'autorità giudiziaria competente ai sensi dell'articolo 4 procede alla trasmissione all'estero di ufficio o su richiesta della persona condannata o dello Stato di esecuzione.

2. Fermo quanto previsto dall'articolo 5, comma 4, se la persona condannata si trova nel territorio dello Stato l'autorità giudiziaria procede alla trasmissione all'estero solo dopo averla sentita.

3. Prima di procedere alla trasmissione all'estero, l'autorità giudiziaria consulta, anche tramite il Ministero della giustizia, l'autorità competente dello Stato di esecuzione al fine di:
a) verificare la condizione prevista dall'articolo 5, comma 2, lettera a);
b) comunicare il parere espresso, ai sensi del comma 2, dalla persona condannata;
c) acquisire il consenso dello Stato di esecuzione nell'ipotesi prevista dall'articolo 5, comma 3, lettera c);
d) conoscere le disposizioni applicabili nello Stato di esecuzione in materia di liberazione anticipata o condizionale.

4. Quando ricorre l'ipotesi prevista dall'articolo 5, comma 3, lettera c), la trasmissione all'estero è disposta previa acquisizione del consenso dello Stato di esecuzione.

5. Quando ricorre l'ipotesi di cui all'articolo 5, comma 4, la trasmissione all'estero è disposta previa acquisizione del consenso della persona condannata.

6. Il provvedimento con cui è disposta la trasmissione all'estero deve contenere l'indicazione dello Stato di esecuzione. Di esso è data in ogni caso comunicazione all'interessato, mediante notifica di un atto contenente i requisiti di cui all'allegato II della decisione quadro. Se la persona condannata si trova nello Stato di esecuzione, l'atto di cui al periodo precedente è trasmesso, anche tramite il Ministero della giustizia, all'autorità competente dello Stato di esecuzione perché provveda alla notifica.

7. Il provvedimento è trasmesso, unitamente alla sentenza di condanna e al certificato debitamente compilato, al Ministero della giustizia che provvede all'inoltro, con qualsiasi mezzo che lasci una traccia scritta, all'autorità competente dello Stato di esecuzione, previa traduzione del testo del certificato nella lingua di detto Stato. Se la traduzione del certificato non è necessaria o se a questa provvede l'autorità giudiziaria, il provvedimento può essere trasmesso direttamente all'autorità competente dello Stato di esecuzione; in tale caso, esso è altresì trasmesso, per conoscenza, al Ministero della giustizia. La sentenza e il certificato sono trasmessi in originale o in copia autentica allo Stato di esecuzione che ne fa richiesta.

8. L'autorità giudiziaria sospende la trasmissione quando sopravviene una causa di sospensione dell'esecuzione e può revocare il provvedimento quando, prima dell'inizio dell'esecuzione all'estero, sia venuta meno una delle condizioni di cui all'articolo 5. Alla revoca segue il ritiro del certificato. Della sospensione e della revoca è data comunicazione all'interessato, al Ministero della giustizia e all'autorità competente dello Stato di esecuzione, con indicazione dei motivi che le hanno determinate.

9. In caso di mancato riconoscimento della sentenza di condanna, il Ministero della giustizia ne dà comunicazione all'autorità giudiziaria che ha emesso il provvedimento di trasmissione all'estero.

7. Trasferimento delle persone condannate.

1. La persona condannata che si trova nel territorio dello Stato, anche se detenuta, è trasferita nello Stato di esecuzione entro trenta giorni dalla data in cui la decisione definitiva di detto Stato sul riconoscimento della sentenza di condanna è comunicata al Ministero della giustizia, che provvede a informarne l'autorità giudiziaria che ha disposto la trasmissione e il Servizio per la cooperazione internazionale di polizia del Ministero dell'interno. Il Ministero della giustizia e l'autorità competente dello Stato di esecuzione possono concordare il trasferimento in un termine più breve.

2. Se il trasferimento nel termine di cui al comma 1 è reso impossibile da circostanze impreviste, il Ministero della giustizia ne informa immediatamente l'autorità competente dello Stato di esecuzione e il Servizio per la cooperazione internazionale di polizia del Ministero dell'interno, concordando una nuova data per il trasferimento. In tale caso, il trasferimento avviene entro i dieci giorni successivi alla nuova data concordata.

3. Salvo il caso di evasione della persona condannata, non si procede all'esecuzione in Italia dopo che questa ha avuto inizio nello Stato di esecuzione.

4. Se, successivamente al trasferimento, lo Stato di esecuzione chiede che la persona trasferita sia perseguita, condannata o altrimenti privata della libertà personale per un reato commesso anteriormente al suo trasferimento diverso da quello per cui la stessa è stata trasferita, sulla richiesta provvede la corte di appello del distretto dell'autorità giudiziaria competente ai sensi dell'articolo 4. A tale fine, la corte verifica che la richiesta dello Stato di esecuzione contenga le informazioni di cui all'articolo 26, comma 3, della legge 22 aprile 2005, n. 69. Il consenso è dato quando il reato per il quale è richiesto permette il trasferimento ai sensi dell'articolo 10. La corte nega il consenso quando ricorre uno dei motivi di rifiuto di cui all'articolo 13.

5. Se ai fini del trasferimento verso lo Stato di esecuzione è necessario che la persona condannata transiti sul territorio di un altro Stato membro ai sensi dell'articolo 16 della decisione quadro, la richiesta di transito è formulata dal Ministero della giustizia.

8. Arresto provvisorio.

1. L'autorità giudiziaria competente ai sensi dell'articolo 4, se la persona condannata si trova nello Stato di esecuzione, può chiederne l'arresto provvisorio o l'adozione nei suoi confronti di ogni altro provvedimento idoneo ad assicurare la permanenza nel territorio di quello Stato, in attesa del riconoscimento.

2. La richiesta di arresto è formulata mediante la compilazione del riquadro e) del certificato.

9. Competenza.

1. La trasmissione dall'estero non può essere autorizzata senza la decisione favorevole della corte di appello.

2. La competenza a decidere sul riconoscimento e sull'esecuzione appartiene, nell'ordine, alla corte di appello nel cui distretto la persona condannata ha la residenza, la dimora o il domicilio nel momento in cui il provvedimento è trasmesso all'autorità giudiziaria ai sensi dell'articolo 12, comma 1.

3. Se la competenza non può essere determinata ai sensi del comma 2, è competente la corte di appello di Roma.

4. Quando la richiesta di trasmissione dall'estero ha per oggetto una sentenza di condanna che deve essere eseguita in Italia nei riguardi di più persone e non è possibile determinare la competenza ai sensi del comma 2, è competente la corte di appello del distretto in cui hanno la residenza, la dimora o il domicilio il maggior numero delle persone ovvero, se anche in tale modo non è possibile determinare la competenza, la corte di appello di Roma.

5. In caso di arresto della persona condannata ai sensi dell'articolo 15, la competenza appartiene alla corte di appello del distretto in cui è avvenuto l'arresto.

10. Condizioni per il riconoscimento.

1. La corte di appello riconosce la sentenza di condanna emessa in un altro Stato membro dell'Unione europea, ai fini della sua esecuzione in Italia, quando ricorrono congiuntamente le seguenti condizioni:

a) la persona condannata ha la cittadinanza italiana;
b) la persona condannata ha la residenza, la dimora o il domicilio nel territorio dello Stato ovvero deve essere espulsa verso l'Italia a motivo di un ordine di espulsione o di allontanamento inserito nella sentenza di condanna o in una decisione giudiziaria o amministrativa o in qualsiasi altro provvedimento adottato in seguito alla sentenza di condanna;
c) la persona condannata si trova nel territorio dello Stato o in quello dello Stato di emissione;
d) la persona condannata ha prestato il proprio consenso alla trasmissione, salvo quanto previsto dal comma 4;
e) il fatto è previsto come reato anche dalla legge nazionale, indipendentemente dagli elementi costitutivi o dalla denominazione del reato, salvo quanto previsto dall'articolo 11;
f) la durata e la natura della pena o della misura di sicurezza applicate nello Stato di emissione sono compatibili con la legislazione italiana, salva la possibilità di un adattamento nei limiti stabiliti dal comma 5.

2. La corte di appello procede altresì al riconoscimento quando ricorrono congiuntamente le condizioni di cui al comma 1, lettere c), d), e), ed f) e il Ministro della giustizia ha dato il consenso all'esecuzione in Italia della sentenza di condanna emessa nei confronti di una persona che non ha la cittadinanza italiana, ai sensi dell'articolo 12, comma 2.

3. Se la corte di appello ritiene di poter procedere al riconoscimento parziale, ne informa immediatamente, anche tramite il Ministero della giustizia, l'autorità competente dello Stato di emissione e concorda con questa le condizioni del riconoscimento e dell'esecuzione parziale, purché tali condizioni non comportino un aumento della durata della pena. In mancanza di accordo, il certificato si intende ritirato.

4. Il consenso della persona condannata non è richiesto se ricorrono congiuntamente le condizioni di cui al comma 1, lettere a) e b), ovvero se la persona condannata è fuggita in Italia o vi è altrimenti ritornata a motivo del procedimento penale o a seguito della condanna e il Ministro della giustizia ha autorizzato l'esecuzione in Italia ai sensi dell'articolo 12, comma 2.

5. Se la durata e la natura della pena o della misura di sicurezza applicate con la sentenza di condanna sono incompatibili con quelle previste in Italia per reati simili, la corte di appello procede al loro adattamento. La durata e la natura della pena o della misura di sicurezza adattate non possono essere inferiori alla pena o alla misura di sicurezza previste dalla legge italiana per reati simili, né più gravi di quelle applicate dallo Stato di emissione con la sentenza di condanna. La pena detentiva e la misura di sicurezza restrittiva della libertà personale non possono essere convertite in pena pecuniaria.

11. Deroghe alla doppia punibilità.

1. Si fa luogo al riconoscimento, indipendentemente dalla doppia incriminazione, se il reato per il quale è chiesta la trasmissione è punito nello Stato di emissione con una pena detentiva o una misura privativa della libertà personale della durata massima non inferiore a tre anni, sola o congiunta alla pena pecuniaria, e si riferisce a una delle fattispecie di cui all'articolo 8, comma 1, della legge 22 aprile 2005, n. 69. In tale caso, la corte di appello accerta la corrispondenza tra la definizione dei reati per i quali è richiesta la trasmissione, secondo la legge dello Stato di emissione, e le fattispecie medesime.

12. Procedimento.

1. Quando il Ministero della giustizia riceve da un altro Stato membro dell'Unione europea, ai fini dell'esecuzione in Italia, una sentenza di condanna corredata dal certificato tradotto in lingua italiana, la trasmette senza ritardo al presidente della corte di appello competente ai sensi dell'articolo 9. La trasmissione della sentenza di condanna può essere richiesta allo Stato di emissione anche dal Ministro della giustizia, purché ricorrano le condizioni di cui all'articolo 10.

2. Se lo Stato di emissione ha chiesto, anche prima della trasmissione della sentenza di condanna e del certificato, che l'esecuzione in Italia abbia luogo, ai sensi dell'articolo 4, paragrafo 1, lettera c) della decisione quadro, nei confronti di una persona condannata che non ha la cittadinanza italiana, il consenso all'esecuzione è dato con decreto dal Ministro della giustizia.

3. In caso di incompletezza del certificato, di sua manifesta difformità rispetto alla sentenza di condanna o comunque quando il suo contenuto sia insufficiente per decidere sull'esecuzione della pena o della misura, la corte di appello, anche tramite il Ministero della giustizia, può formulare richiesta allo Stato di emissione di trasmettere un nuovo certificato o la traduzione in lingua italiana della sentenza di condanna, o di parti essenziali della stessa, fissando a tale scopo un termine congruo.

4. Se lo Stato di emissione ha chiesto l'arresto della persona condannata in attesa del riconoscimento della sentenza di condanna, il Ministero della giustizia ne dà altresì comunicazione al Servizio per la cooperazione internazionale di polizia del Ministero dell'interno, anche ai fini di cui all'articolo 15, comma 1, trasmettendogli copia della documentazione disponibile.

5. La corte di appello decide con sentenza in camera di consiglio sull'esistenza delle condizioni per l'accoglimento, anche parziale, della richiesta, sentiti il procuratore generale, il difensore e la persona condannata, anche ai fini dell'acquisizione del consenso al trasferimento, ove non dato in precedenza. Si applicano le disposizioni dell'articolo 702 del codice di procedura penale.

6. La decisione deve essere emessa entro il termine di sessanta giorni dalla data in cui la corte di appello ha ricevuto la sentenza di condanna trasmessa ai sensi del comma 1. Ove, per circostanze eccezionali, sia ravvisata l'impossibilità di rispettare tale termine, il presidente della corte informa dei motivi il Ministero della giustizia, che ne dà comunicazione allo Stato di emissione. In questo caso il termine è prorogato di trenta giorni.

7. Della sentenza è data, al termine della camera di consiglio, immediata lettura. La lettura equivale a notificazione alle parti, anche se non presenti, che hanno diritto a ottenere copia del provvedimento.

8. Quando la corte di appello pronuncia sentenza di riconoscimento la trasmette al procuratore generale per l'esecuzione.

9. Quando la decisione è contraria al riconoscimento, la corte di appello con la sentenza revoca immediatamente le misure cautelari applicate.

10. La sentenza della corte di appello è soggetta a ricorso per cassazione e si applicano le disposizioni di cui all'articolo 22 della legge 22 aprile 2005, n. 69.

11. La sentenza della corte di appello divenuta irrevocabile è immediatamente comunicata, anche a mezzo telefax, al Ministero della giustizia, che provvede a informare le competenti autorità dello Stato membro di emissione e il Servizio per la cooperazione internazionale di polizia del Ministero dell'interno. Se il riconoscimento è negato perché la sentenza di condanna deve essere eseguita in un altro Stato membro, la medesima è trasmessa, anche tramite il Ministero della giustizia, allo Stato di esecuzione ritenuto competente.

13. Motivi di rifiuto del riconoscimento.

1. La corte di appello rifiuta il riconoscimento della sentenza di condanna in uno dei seguenti casi:

a) se non sussiste una o più delle condizioni di cui agli articoli 10, commi 1 e 2, e 11;
b) se il certificato è incompleto o non corrisponde manifestamente alla sentenza di condanna e non è stato completato o corretto entro il termine fissato ai sensi dell'articolo 12, comma 3;
c) se risulta che la persona condannata è stata giudicata in via definitiva per gli stessi fatti da uno degli Stati membri dell'Unione europea purché, in caso di condanna, la pena sia stata già eseguita ovvero sia in corso di esecuzione, ovvero non possa più essere eseguita in forza delle leggi dello Stato che ha emesso la condanna;
d) se i fatti per i quali la trasmissione dall'estero è stata chiesta potevano essere giudicati in Italia e si sia già verificata la prescrizione del reato o della pena;
e) se è stata pronunciata, in Italia, sentenza di non luogo a procedere, salvo che sussistano i presupposti di cui all'articolo 434 del codice di procedura penale per la revoca della sentenza;
e) se la pena è prescritta secondo la legge italiana;
f) se sussiste una causa di immunità riconosciuta dall'ordinamento italiano che rende impossibile l'esecuzione della pena;
g) se la pena è stata irrogata nei confronti di una persona che, alla data di commissione del fatto, non era imputabile per età secondo la legge italiana;
h) se alla data di ricezione della sentenza di condanna da parte del Ministero della giustizia ai sensi dell'articolo 12, la durata della pena ancora da scontare è inferiore a sei mesi;
i) se l'interessato non è comparso personalmente al processo terminato con la decisione da eseguire, a meno che il certificato attesti:

1) che, a tempo debito, è stato citato personalmente e, pertanto, informato della data e del luogo fissati per il processo o che ne è stato di fatto informato ufficialmente con altri mezzi, idonei a comprovare inequivocabilmente che ne era al corrente, nonché che è stato informato del fatto che una decisione poteva essere emessa in caso di mancata comparizione in giudizio; ovvero
2) che, essendo al corrente della data fissata per il processo, aveva conferito un mandato ad un difensore, di fiducia o d'ufficio, da cui in effetti è stato assistito in giudizio; ovvero
3) che, dopo aver ricevuto la notifica della decisione ed essere stato espressamente informato del diritto a un nuovo processo o ad un ricorso in appello con possibilità di parteciparvi per ottenere un riesame nel merito della imputazione, compresa l'assunzione di nuove prove, ha dichiarato espressamente di non opporsi alla decisione o non ha richiesto un nuovo processo o presentato ricorso in appello entro il termine a tal fine stabilito [1].

l) se lo Stato di emissione ha, prima della decisione sul riconoscimento, rifiutato la richiesta formulata dall'autorità giudiziaria italiana di sottoporre la medesima persona condannata a un procedimento penale o di privarla della libertà personale, per un reato commesso anteriormente alla trasmissione della sentenza di condanna e diverso da quello per cui la trasmissione è avvenuta;
m) la pena irrogata comprende una misura di trattamento medico o psichiatrico o altra misura privativa della libertà personale incompatibile con il sistema penitenziario o sanitario dello Stato, salvo quanto previsto dall'articolo 10, comma 5;
n) la sentenza di condanna si riferisce a reati che, in base alla legge italiana, sono considerati commessi per intero o in parte all'interno del territorio dello Stato o in altro luogo a questo equiparato.

2. Nei casi di cui al comma 1, lettere a), b), c), e), i), m) ed n), la corte di appello, prima di decidere di rifiutare il riconoscimento, consulta, anche tramite il Ministero della giustizia, l'autorità competente dello Stato di emissione e richiede ogni informazione utile alla decisione.

3. Le disposizioni di cui al presente articolo si applicano, in quanto compatibili, anche alla sentenza con cui è applicata una misura di sicurezza.

(1) Lettera sostituita dall'art. 3, co. 1, lett. b), d.lgs. 15.2.2016, n. 31.

14. Misure coercitive.

1. Se l'autorità competente dello Stato di emissione ne ha fatto richiesta, la corte di appello, su domanda del procuratore generale, può disporre una misura personale coercitiva nei confronti della persona condannata che si trovi nel territorio dello Stato, allo scopo di assicurare la sua permanenza nel territorio e in attesa del riconoscimento della sentenza di condanna. La corte di appello decide con ordinanza motivata, a pena di nullità.

2. Si osservano, in quanto applicabili, le disposizioni del titolo I del libro IV del codice di procedura penale, in materia di misure cautelari personali, fatta eccezione per gli articoli 273, 274, comma 1, lett. a) e c), e 280.

3. Le misure coercitive non possono essere disposte se vi sono ragioni per ritenere che sussistono cause ostative al riconoscimento.

4. Entro cinque giorni dall'esecuzione delle misure di cui al comma 1, il presidente della corte di appello, o il magistrato delegato, procede a sentire la persona sottoposta alla misura cautelare, informandola, in una lingua alla stessa conosciuta, della richiesta di trasmissione della sentenza di condanna ai fini della sua esecuzione in Italia. Quando non ricorre una delle ipotesi di cui all'articolo 10, comma 4, alla persona è altresì richiesto se acconsente all'esecuzione in Italia. Si applica la disposizione dell'articolo 717, comma 2, del codice di procedura penale.

5. La misura coercitiva, disposta a norma del presente articolo, è revocata se dall'inizio della sua esecuzione sono trascorsi i termini di cui all'articolo 12, comma 6, ovvero, in caso di ricorso per cassazione, ulteriori tre mesi senza che sia intervenuta sentenza irrevocabile di riconoscimento.

6. La revoca e la sostituzione della misura coercitiva sono disposte in camera di consiglio dalla corte di appello.

7. Copia dei provvedimenti emessi dalla corte è comunicata e notificata, dopo la loro esecuzione, al procuratore generale, alla persona interessata e al suo difensore, i quali possono proporre ricorso per cassazione per violazione di legge. Se si tratta di straniero, la copia è trasmessa altresì alla competente autorità consolare.

8. Il presidente della corte di appello, o il magistrato da lui delegato, fissa con decreto l'udienza in camera di consiglio per la decisione sulla richiesta di riconoscimento entro il termine di venti giorni dall'esecuzione della misura coercitiva e dispone contestualmente il deposito della documentazione di cui all'articolo 12, comma 1.

9. Il decreto è comunicato al procuratore generale e notificato alla persona condannata e al suo difensore, almeno otto giorni prima dell'udienza.

15. Arresto.

1. Nei casi di urgenza, la polizia giudiziaria può procedere all'arresto della persona condannata, allo scopo di assicurare la sua permanenza nel territorio dello Stato e in attesa del riconoscimento della sentenza di condanna, se l'autorità competente dello Stato di emissione ne ha fatto richiesta e ricorrono le condizioni di cui all'articolo 10, lettere a), b) ed e).

2. L'autorità che ha proceduto all'arresto pone al più presto, e comunque non oltre le ventiquattro ore, l'arrestato a disposizione del presidente della corte di appello nel cui distretto l'arresto è avvenuto, mediante la trasmissione del relativo verbale, dandone contestualmente notizia al Ministero della giustizia. Si applica l'articolo 12 della legge 22 aprile 2005, n. 69.

3. Quando non deve disporre la liberazione dell'arrestato, il presidente della corte di appello, entro le quarantotto ore dalla ricezione del verbale d'arresto, informato il procuratore generale, provvede, in una lingua alla stessa conosciuta e, se necessario, alla presenza di un interprete, a sentire la persona arrestata con la presenza di un difensore di ufficio nominato in mancanza di difensore di fiducia. Nel caso in cui la persona arrestata risulti ristretta in località diversa da quella in cui l'arresto è stato eseguito, il presidente della corte di appello può delegare il presidente del tribunale territorialmente competente, ferma restando la sua competenza in ordine ai provvedimenti di cui al comma 4.

4. Se risulta evidente che l'arresto è stato eseguito per errore di persona o fuori dai casi previsti dalla legge, il presidente della corte di appello, o il magistrato della corte da lui delegato, dispone con decreto motivato che il fermato sia posto immediatamente in libertà. Fuori da tale caso, si procede alla convalida dell'arresto provvedendo con ordinanza, se ne ricorrono le condizioni, all'applicazione di una misura coercitiva ai sensi dell'articolo 14. Dei provvedimenti dati è informato immediatamente il Ministero della giustizia.

16. Esecuzione conseguente al riconoscimento.

1. Quando è pronunciata sentenza di riconoscimento, la pena è eseguita secondo la legge italiana. Si applicano altresì le disposizioni in materia di amnistia, indulto e grazia. La pena espiata nello Stato di emissione è computata ai fini dell'esecuzione.

2. All'esecuzione provvede d'ufficio il procuratore generale presso la corte di appello che ha deliberato il riconoscimento. Tale corte è equiparata, a ogni effetto, al giudice che ha pronunciato sentenza di condanna in un procedimento penale ordinario.

3. Se la persona condannata non si trova nel territorio dello Stato, il Ministero della giustizia, anche tramite il Servizio per la cooperazione internazionale di polizia del Ministero dell'interno, si accorda con l'autorità dello Stato di emissione per il trasferimento.

4. Prima del trasferimento, il Ministero della giustizia informa lo Stato di emissione che ne abbia fatto richiesta delle disposizioni applicabili alla persona condannata in materia di liberazione anticipata, liberazione condizionale e indulto.

5. Le disposizioni di cui al presente articolo si applicano, in quanto compatibili, anche all'esecuzione della sentenza con cui è applicata una misura di sicurezza.

17. Provvedimenti adottati dallo Stato di emissione.

1. Quando lo Stato di emissione adotta una decisione per la quale la pena o la misura di sicurezza applicate cessano, immediatamente o entro un termine, di essere esecutive, l'autorità giudiziaria competente pone fine all'esecuzione della pena o della misura di sicurezza in Italia, non appena informata.

2. La revisione della sentenza di condanna trasmessa per l'esecuzione spetta esclusivamente all'autorità dello Stato di emissione.

18. Principio di specialità.

1. Salvo quanto previsto dal comma 2, la persona trasferita in Italia per l'esecuzione della condanna non può essere sottoposta a un procedimento penale, né privata della libertà personale in esecuzione di una pena o di una misura di sicurezza, né altrimenti assoggettata ad altra misura privativa della libertà personale, per un reato commesso anteriormente al trasferimento, diverso da quello per cui la stessa è stata trasferita.

2. La disposizione di cui al comma 1 non si applica quando:

a) la persona trasferita, avendone avuta la possibilità, non ha lasciato il territorio dello Stato decorsi quarantacinque giorni dalla sua definitiva liberazione ovvero, avendolo lasciato, vi ha fatto volontariamente ritorno;
b) il reato non è punibile con una pena o con una misura di sicurezza privative della libertà personale;
c) il procedimento penale non consente l'applicazione di una misura restrittiva della libertà personale;
d) la persona è soggetta a una pena o a una misura che non implicano la privazione della libertà, ivi inclusa una misura pecuniaria, anche se può limitare la sua libertà personale;
e) la persona ha acconsentito al trasferimento;
f) la persona, dopo essere stata trasferita, ha espressamente rinunciato a beneficiare del principio di specialità rispetto a particolari reati anteriori alla sua consegna. Tale rinuncia è raccolta a verbale dall'autorità giudiziaria competente per l'esecuzione;
g) fuori dei casi precedenti, lo Stato di emissione ha dato il suo consenso nelle forme di cui al comma 3.

3. Successivamente al trasferimento, l'autorità giudiziaria competente può richiedere allo Stato di emissione, tramite il Ministero della giustizia, di dare il consenso all'inizio di un procedimento penale nei confronti della persona trasferita, ovvero alla privazione della libertà personale in esecuzione di una pena o di una misura di sicurezza o di una misura cautelare, per un reato commesso anteriormente al suo trasferimento, diverso da quello per cui la stessa è stata trasferita. La richiesta è corredata delle informazioni di cui all'articolo 26, comma 3, della legge 22 aprile 2005, n. 69.

19. Transito.

1. Le richieste di transito sul territorio dello Stato di una persona condannata, per la sua trasmissione a fini di esecuzione in un altro Stato membro, sono ricevute, corredate del certificato, dal Ministero della giustizia. Il Ministero della giustizia può richiedere allo Stato di emissione la traduzione in lingua italiana del certificato.

2. Salvo quanto previsto dal comma 4, il Ministero

della giustizia informa immediatamente lo Stato di emissione se non è in grado di garantire che la persona condannata non sarà sottoposta a misure restrittive della libertà personale per reati commessi o condanne pronunciate prima della richiesta di transito, in relazione a fatti per i quali vi è la giurisdizione dello Stato.

3. Sulla richiesta di transito decide il Ministro della giustizia entro sette giorni dal ricevimento o dalla trasmissione del certificato tradotto.

4. La persona condannata può essere trattenuta in custodia dall'autorità di polizia per il tempo strettamente necessario al transito e, comunque, non oltre quarantotto ore dal momento del suo arrivo nel territorio dello Stato.

20. Informazioni.

1. Il Ministero della giustizia informa l'autorità competente dello Stato di emissione con qualsiasi mezzo che lasci una traccia scritta:

a) della trasmissione della sentenza di condanna e del certificato all'autorità giudiziaria competente responsabile dell'esecuzione in conformità degli articoli 9 e 12;
b) dell'impossibilità di eseguire la pena o la misura di sicurezza in quanto la persona condannata, dopo la trasmissione della sentenza di condanna e del certificato, non può essere rintracciata nel territorio dello Stato;
c) della decisione definitiva di riconoscere la sentenza di condanna e di eseguire la pena o la misura di sicurezza, unitamente alla data della decisione;
d) dell'eventuale decisione di adattare la pena o la misura di sicurezza a norma dell'articolo 10, comma 5, corredata di una motivazione;
e) della trasmissione della sentenza di condanna a un altro Stato membro per l'esecuzione, ai sensi dell'articolo 12, comma 11;
f) dell'eventuale decisione di non riconoscere la sentenza di condanna ed eseguire la pena o la misura di sicurezza a norma dell'articolo 13, corredata di una motivazione;
g) delle decisioni adottate dall'autorità giudiziaria ai sensi degli articoli 14 e 15;
h) dell'eventuale decisione di non eseguire la pena o la misura di sicurezza, per i motivi di cui all'articolo 16, comma 1, corredata di una motivazione;
i) della richiesta dell'autorità giudiziaria, ai sensi dell'articolo 18, comma 3;
l) delle date di inizio e fine del periodo di liberazione anticipata o condizionale, se ciò è indicato nel certificato dallo Stato di emissione;
m) dell'evasione della persona condannata;
n) della scarcerazione per la completa esecuzione della pena o della misura di sicurezza.

2. Il Ministero della giustizia cura altresì la corrispondenza relativa alle richieste e alle decisioni di cui agli articoli 7, commi 4 e 5, e 17.

21. Spese.

1. Sono a carico dello Stato italiano le spese sostenute nel territorio nazionale per il trasferimento all'estero della persona condannata e per l'esecuzione della sentenza di condanna. Tutte le altre spese sono a carico dello Stato membro verso il quale la persona condannata è trasferita o che ha chiesto la trasmissione della sentenza di condanna.

22. Obblighi internazionali.

1. Il presente decreto non pregiudica gli obblighi internazionali dello Stato italiano quando la persona condannata deve essere trasferita da o verso uno Stato terzo.

23. Disposizioni finanziarie.

1. Dall'attuazione delle disposizioni di cui al presente decreto non devono derivare nuovi o maggiori oneri a carico della finanza pubblica.

2. Le Amministrazioni interessate provvedono agli adempimenti previsti dal presente decreto con le risorse umane, finanziarie e strumentali disponibili a legislazione vigente.

24. Norme applicabili.

1. Le disposizioni del presente decreto si applicano anche all'esecuzione della pena o della misura di sicurezza nei casi di cui agli articoli 18, comma 1, lettera r), e 19, comma 1, lettera c), della legge 22 aprile 2005, n. 69.

2. Per quanto non previsto dal presente decreto si applicano le disposizioni del codice di procedura penale e delle leggi complementari, in quanto compatibili.

3. Non si applicano le disposizioni previste dalla legge 7 ottobre 1969, n. 742, e successive modificazioni, relativa alla sospensione dei termini processuali nel periodo feriale.

25. Disposizioni transitorie.

1. Salvo quanto previsto dal comma 2, le disposizioni del presente decreto si applicano ai provvedimenti di trasmissione all'estero emessi a decorrere dal 5 dicembre 2011 e alle richieste di trasmissione dall'estero pervenute a decorrere dalla stessa data.

2. Le disposizioni del presente decreto non si applicano nei confronti degli Stati membri dell'Unione europea che ne abbiano fatto espressa dichiarazione ai sensi dell'articolo 28, paragrafo 2, della decisione quadro, rispetto ai provvedimenti e alle richieste di trasmissione che si riferiscono a sentenze di condanna divenute definitive prima del 5 dicembre 2011. In tale caso, continuano ad applicarsi le norme anteriormente vigenti.

3. A decorrere dal 5 dicembre 2011 e salvo quanto previsto dal comma 2, le disposizioni del presente decreto sostituiscono a ogni effetto le disposizioni adottate in esecuzione degli accordi internazionali conclusi dall'Italia con altri Stati membri dell'Unione europea, relativi al trasferimento delle persone condannate ai fini dell'esecuzione all'estero.

4. Per le sentenze di condanna emesse prima del termine di cinque anni dal 5 dicembre 2011, la trasmissione verso la Polonia è condizionata al consenso della

persona condannata anche quando ricorra l'ipotesi di cui all'articolo 5, comma 3, lettera a).
Il presente decreto, munito del sigillo dello Stato, sarà inserito nella Raccolta ufficiale degli atti normativi della Repubblica italiana. È fatto obbligo a chiunque spetti di osservarlo e di farlo osservare.

4. D.Lgs. 15 febbraio 2016, n. 35. – Attuazione della decisione quadro 2003/577/GAI del Consiglio, del 22 luglio 2003, relativa all'esecuzione nell'Unione europea dei provvedimenti di blocco dei beni o di sequestro probatorio

In Gazzetta Ufficiale 11 marzo 2016, n. 59

TITOLO I
Disposizioni generali

1. Finalità [(1)].

1. Il presente decreto attua nell'ordinamento interno la decisione quadro 2003/577/GAI del Consiglio, del 22 luglio 2003, relativa all'esecuzione nell'Unione europea dei provvedimenti di blocco dei beni o di sequestro probatorio.

(1) Articolo sostituito dall'art. 6, co. 1, lett. d), d.lgs. 7.12.2023, n. 203.

2. Definizioni.

1. Ai fini della presente decreto, si intende per:
a) «Stato di emissione»: lo Stato membro dell'Unione europea la cui autorità giudiziaria, secondo il diritto interno, ha emesso, convalidato o comunque confermato un provvedimento di blocco o di sequestro nell'ambito di un procedimento penale;
b) «Stato di esecuzione»: lo Stato membro dell'Unione europea nel cui territorio si trova il bene o la prova;
c) «provvedimento di blocco o di sequestro»: qualsiasi provvedimento adottato dalla competente autorità giudiziaria dello Stato di emissione al fine di impedire provvisoriamente ogni operazione volta a distruggere, trasformare, spostare, trasferire o alienare beni previsti come corpo di reato o cose pertinenti al reato, che potrebbero essere oggetto di confisca nei casi e nei limiti previsti dall'articolo 240 del codice penale;
d) «bene»: ogni bene materiale o immateriale, mobile o immobile, nonché ogni atto giuridico o documento attestante un titolo o un diritto su tale bene, che secondo la competente autorità giudiziaria dello Stato di emissione costituisca il prodotto di uno dei reati di cui all'articolo 3, ovvero rappresenti l'equivalente del valore di tale prodotto, ovvero sia stato lo strumento o l'oggetto di uno dei predetti reati;
e) «prova»: gli oggetti, i documenti o i dati utilizzabili a fini probatori nei procedimenti penali per uno dei reati di cui all'articolo 3.

TITOLO II
Norme di recepimento interno

Capo I
Procedura passiva di riconoscimento ed esecuzione dei provvedimenti di blocco e di sequestro [(1)]

(1) Rubrica sostituita dall'art. 6, co. 1, lett. b), d.lgs. 7.12.2023, n. 203.

3. Casi di riconoscimento ed esecuzione dei provvedimenti di blocco o di sequestro.

1. Indipendentemente dalla doppia incriminazione, si fa luogo al riconoscimento ed alla esecuzione di un provvedimento di blocco o di sequestro per i seguenti reati, se puniti nello Stato di emissione con pena detentiva non inferiore nel massimo a tre anni:
a) associazione per delinquere;
b) terrorismo;
c) tratta di esseri umani;
d) sfruttamento sessuale dei bambini e pornografia infantile;
e) traffico illecito di stupefacenti e sostanze psicotrope;
f) traffico illecito di armi, munizioni ed esplosivi;
g) corruzione;
h) frode, compresa la frode che lede gli interessi finanziari delle Comunità europee ai sensi della Convenzione del 26 luglio 1995, relativa alla tutela degli interessi finanziari delle Comunità europee;
i) riciclaggio;
l) falsificazione e contraffazione di monete;
m) criminalità informatica;
n) criminalità ambientale, compreso il traffico illecito di specie animali protette e il traffico illecito di specie e di essenze vegetali protette;
o) favoreggiamento dell'ingresso e del soggiorno illegali di cittadini non appartenenti a Stati membri dell'Unione europea;
p) omicidio volontario, lesioni personali gravi;
q) traffico illecito di organi e tessuti umani;
r) sequestro di persona;
s) razzismo e xenofobia;
t) furti organizzati o con l'uso di armi;
u) traffico illecito di beni culturali, compresi gli oggetti d'antiquariato e le opere d'arte;
v) truffa;
z) estorsione;
aa) contraffazione e pirateria in materia di prodotti;
bb) falsificazione di atti amministrativi e traffico di documenti falsi;
cc) falsificazione di mezzi di pagamento;
dd) traffico illecito di sostanze ormonali ed altri fattori di crescita;
ee) traffico illecito di materie nucleari e radioattive;

ff) traffico di veicoli rubati;
gg) violenza sessuale;
hh) incendio;
ii) reati che rientrano nella competenza giurisdizionale della Corte penale internazionale;
ll) dirottamento di nave o aeromobile;
mm) sabotaggio.

2. Fuori dai casi di cui al comma 1 e all'articolo 6, comma 4, lettera e), il riconoscimento delle decisioni di sequestro è consentito solo se i fatti, per i quali è stato emesso il provvedimento di blocco o di sequestro, sono puniti come reato dalla legge italiana, indipendentemente dagli elementi costitutivi o dalla qualificazione giuridica individuati dalla legge dello Stato di emissione.

3. Nei casi di cui al comma 2, se il provvedimento è stato emesso a fini di confisca, il riconoscimento e l'esecuzione hanno luogo se per il reato previsto dalla legge italiana è consentito il sequestro di cui all'articolo 321, comma 2, del codice di procedura penale.

4. Ricezione del provvedimento di blocco o di sequestro dall'autorità dello Stato di emissione.

1. Il procuratore della Repubblica presso il tribunale del capoluogo del distretto del luogo dove si trova il bene o, quando si tratta di un credito, del luogo dove si trova il debitore riceve il provvedimento di sequestro o di blocco dall'autorità dello Stato di emissione, unitamente al certificato previsto dall'articolo 12, comma 3, [dall'autorità] e alla richiesta di trasferimento o di confisca prevista dall'articolo 12, comma 2, ovvero alla richiesta di mantenimento del bene nel territorio dello Stato prevista dall'articolo 12, comma 3. Se i luoghi di cui al primo periodo non sono noti, è competente il procuratore della Repubblica del capoluogo del distretto del luogo dove la persona nei cui confronti è stato emesso il provvedimento di sequestro risiede o, nel caso di persona giuridica, dove ha la sede sociale. Quando il provvedimento di sequestro riguarda beni situati in distretti diversi o crediti esigibili presso debitori situati in distretti diversi, è competente il procuratore della Repubblica del capoluogo del distretto del luogo dove si trova il maggior numero di beni o di debitori ovvero, a parità di numero, del distretto dove si trova il bene di maggior valore o il debitore della somma più elevata. Se la competenza non può essere determinata ai sensi dei periodi precedenti, è competente il Procuratore della Repubblica presso il Tribunale di Roma [(1)].

(1) Comma modificato dall'art. 6, co. 1, lett. c), d.lgs. 7.12.2023, n. 203.

5. Autorità giudiziaria competente.

1. Il procuratore della Repubblica indicato nell'articolo 4, comma 1, provvede sulla richiesta di riconoscimento ed esecuzione del provvedimento di blocco o di sequestro emesso a fini probatori, secondo le disposizioni dell'articolo 6.

2. Se il provvedimento di blocco o di sequestro è stato emesso a fini di confisca, il procuratore della Repubblica di cui al comma 1 presenta le proprie richieste al giudice per le indagini preliminari. Il giudice provvede secondo le disposizioni dell'articolo 6.

3. Copia delle richieste è trasmessa senza ritardo, oltre che al Ministero della giustizia a fini statistici, al procuratore nazionale antimafia e antiterrorismo se esse si riferiscono ai procedimenti per i delitti di cui agli articoli 51, commi 3-bis e 3-quater, e 371-bis, comma 4-bis,del codice di procedura penale e al procuratore generale presso la corte di appello se esse si riferiscono ai procedimenti per i delitti di cui all'articolo 407, comma 2, lettera a), del codice di procedura penale [(1)].

[**4.** Quando il provvedimento di blocco o di sequestro ha per oggetto beni o prove che si trovano in più circondari di tribunale, provvede il procuratore della Repubblica del luogo in cui si trova il maggior numero di beni o prove ovvero, a parità di numero, l'autorità giudiziaria che per prima ha ricevuto il provvedimento di blocco o di sequestro.] [(2)]

5. Il procuratore della Repubblica che, ricevuto un provvedimento di blocco o di sequestro, ovvero una richiesta di provvedere al riconoscimento ed esecuzione del predetto provvedimento, rileva che esso deve essere eseguito da altro procuratore della Repubblica, ai sensi dei commi 1, 2 e 4, trasmette immediatamente gli atti al medesimo, dandone comunicazione all'autorità dello Stato di emissione.

(1) Comma modificato dall'art. 2 bis, co. 5, d.l. 10.8.2023, n. 105, conv., con modif., dalla l. 9.10.2023, n. 137 e poi dall'art. 5, co. 1, lett. d), n. 1), d.lgs. 7.12.2023, n. 203.
(2) Comma abrogato dall'art. 5, co. 1, lett. d), n. 2), d.lgs. 7.12.2023, n. 203.

6. Decisioni sulla richiesta di riconoscimento ed esecuzione.

1. Salve le disposizioni di cui al presente articolo, l'autorità giudiziaria individuata secondo le disposizioni di cui all'articolo 4 e di cui all'articolo 5, comma 2, provvede senza ritardo a riconoscere, con proprio decreto o ordinanza, il provvedimento di blocco o di sequestro. Dispone altresì che sia data immediata esecuzione al provvedimento.

2. Quando è necessario garantire la conformità della prova ottenuta ai requisiti dell'ordinamento dello Stato di emissione, fermo restando il rispetto dei principi fondamentali dell'ordinamento interno, l'autorità osserva le formalità e le procedure espressamente indicate dall'autorità competente dello Stato di emissione per l'esecuzione del provvedimento di blocco o di sequestro probatorio, mentre, nel caso di cui all'articolo 5, comma 2, si osservano le disposizioni del codice di procedura penale per l'esecuzione del sequestro preventivo. In ogni caso, l'avvenuta esecuzione del provvedimento di blocco o di sequestro è immediatamente comunicata all'autorità giudiziaria dello Stato di emissione.

3. Le ulteriori misure rese necessarie dal provvedimento di blocco o di sequestro sono adottate secondo le disposizioni applicabili nello Stato di esecuzione.

4. La richiesta di riconoscimento o esecuzione del provvedimento di blocco o di sequestro può essere rigettata con decreto motivato:

a) se il certificato di cui all'articolo 12, comma 3, non è stato prodotto unitamente alla richiesta;

b) se il predetto certificato risulta incompleto, ovvero se le informazioni ivi contenute risultano manifestamente non corrispondenti al provvedimento di blocco o di sequestro oggetto della richiesta;

c) se la persona nei cui confronti deve essere eseguita una decisione di confisca gode di immunità riconosciute dallo Stato italiano che limitano l'esercizio o il proseguimento dell'azione penale;

d) se dalle informazioni contenute nel certificato risulta evidente la violazione del divieto di un secondo giudizio, ai sensi dell'articolo 649 del codice di procedura penale;

e) se non ricorrono i presupposti indicati nell'articolo 3.

Tuttavia, se il provvedimento di blocco o di sequestro è stato emesso in relazione a violazioni tributarie, doganali o valutarie, l'esecuzione non può essere rifiutata per il fatto che la legge italiana non impone lo stesso tipo di tasse o di imposte, o per il fatto che la legislazione italiana in materia tributaria, valutaria o doganale è diversa da quella dello Stato di emissione.

5. Nei casi di cui alle lettere a) e b) del comma 4, l'autorità giudiziaria può imporre all'autorità dello Stato di emissione un termine per la produzione del certificato completo o corretto, ovvero di un documento ad esso equipollente. L'autorità giudiziaria può altresì dispensare l'autorità giudiziaria dello Stato di emissione dalla presentazione del certificato, se non vi è esigenza di acquisire altre informazioni.

6. La decisione di rigetto è immediatamente comunicata all'autorità giudiziaria dello Stato di emissione. A tale autorità è altresì comunicata senza ritardo l'impossibilità di dare esecuzione al provvedimento di blocco o di sequestro nei casi in cui il bene o la prova sono scomparsi o sono stati distrutti, ovvero non si trovano nel luogo indicato nel certificato, ovvero l'ubicazione indicata in quest'ultimo è risultata insufficiente.

7. Casi di rinvio dell'esecuzione.

1. Il procuratore della Repubblica può disporre il rinvio dell'esecuzione del provvedimento di blocco o di sequestro:

a. se dall'esecuzione può derivare pregiudizio per le indagini nell'ambito di un procedimento penale già in corso, per un periodo non superiore a sei mesi;

b. se i beni o la prova risultano già sottoposti a blocco o a sequestro nell'ambito di altro procedimento penale, fino alla revoca di tale provvedimento;

c. se il bene oggetto di un provvedimento di blocco o di sequestro a fini di confisca è stato già oggetto di analogo provvedimento nell'ambito di altri procedimenti, fino alla sospensione dell'efficacia di tale provvedimento.

2. La decisione di rinvio dell'esecuzione è immediatamente comunicata all'autorità giudiziaria dello Stato di emissione.

3. Al venir meno di una delle cause di rinvio di cui al comma 1, l'autorità giudiziaria provvede senza ritardo ai sensi dell'articolo 5, comma 1, dandone notizia all'autorità giudiziaria dello Stato di emissione. Quest'ultima è altresì informata sull'eventuale emissione di altri provvedimenti cautelari riguardanti il bene o la prova oggetto del provvedimento di blocco o di sequestro.

8. Durata del vincolo conseguente all'esecuzione del provvedimento di blocco o di sequestro.

1. Il vincolo sul bene o sulla prova, derivante dal riconoscimento ed esecuzione del provvedimento di blocco o di sequestro, rimane fermo fino alla decisione definitiva sulle richieste di cui all'articolo 12, comma 2.

2. Nel caso di cui all'articolo 12, comma 3, se le richieste non pervengono nel termine previsto il procuratore della Repubblica invita l'autorità dello Stato di emissione a formularle entro un termine perentorio non superiore a trenta giorni. In caso di mancata risposta, l'autorità giudiziaria revoca il provvedimento di blocco o di sequestro, disponendo la restituzione del bene o della prova all'avente diritto secondo le disposizioni di cui all'articolo 263 del codice di procedura penale e informandone senza ritardo lo Stato di emissione.

3. L'autorità giudiziaria può invitare quella dello Stato di emissione, prima della decisione di cui al comma 1, a formulare osservazioni sulla concreta persistenza delle esigenze probatorie alla base del provvedimento di blocco o di sequestro. Se dalle osservazioni emerge il venir meno di tali esigenze, l'autorità giudiziaria provvede ai sensi del comma 2, secondo periodo.

4. Le autorità giudiziarie dello Stato di emissione comunicano senza ritardo a quelle dello Stato di esecuzione la revoca del provvedimento di blocco o di sequestro. In tal caso, lo Stato di esecuzione revoca immediatamente il proprio provvedimento.

9. Impugnazioni.

1. L'indagato o imputato, il suo difensore, la persona alla quale la prova o il bene sono stati sequestrati e quella che avrebbe diritto alla loro restituzione possono proporre richiesta di riesame, avverso il decreto di riconoscimento ed esecuzione del provvedimento di blocco o di sequestro, ai sensi dell'articolo 324 del codice di procedura penale.

2. È preclusa la contestazione dei motivi di merito su cui si fonda il provvedimento di blocco o di sequestro davanti all'autorità giudiziaria dello Stato di esecuzione.

3. L'avviso della data fissata per l'udienza, di cui all'articolo 324, comma 6, del codice di procedura penale, è tempestivamente notificato anche all'autorità giudiziaria dello Stato di emissione, che può presentare osservazioni fino alla data dell'udienza. A tale autorità giudiziaria è altresì comunicato l'esito del giudizio.

4. Si applicano altresì le previsioni di cui agli articoli 322 bis e 325 codice di procedura penale.

10. Responsabilità dello Stato derivante dall'esecuzione del provvedimento di blocco o di sequestro.

1. In caso di responsabilità dello Stato italiano per i danni causati nell'esecuzione di una decisione di sequestro, il Ministro della giustizia richiede senza ritardo allo Stato di emissione il rimborso degli importi versati alle parti a titolo di risarcimento, salvo che il danno sia dovuto esclusivamente alla condotta dello Stato italiano in qualità di Stato di esecuzione.

2. Gli importi di denaro ottenuti a titolo di rimborso affluiscono, previo versamento all'entrata del bilancio dello Stato, al Fondo unico giustizia, di cui all'articolo 61, comma 23, del decreto-legge 25 giugno 2008, n. 112, convertito, con modificazioni, dalla legge 6 agosto 2008, n. 133, e successive modificazioni.

Capo II
Procedura attiva di riconoscimento ed esecuzione dei provvedimenti di blocco e di sequestro [1]

(1) Rubrica sostituita dall'art. 6, co. 1, lett. f), d.lgs. 7.12.2023, n. 203.

11. Casi di riconoscimento ed esecuzione dei provvedimenti di sequestro emessi dall'autorità giudiziaria italiana.

1. L'autorità giudiziaria italiana che, nel corso di un procedimento penale, ha emesso un provvedimento di sequestro probatorio o preventivo il cui oggetto si trova nel territorio di uno Stato membro dell'Unione europea, può richiedere il riconoscimento e l'esecuzione del provvedimento rivolgendosi direttamente all'autorità giudiziaria competente dello Stato di esecuzione, nei casi e nei limiti stabiliti dall'articolo 3 e con le modalità previste dall'articolo 12. In tal caso, copia del certificato è trasmessa, a fini statistici, al Ministero della giustizia [1].

(1) Comma modificato dall'art. 6, co. 1, lett. e), d.lgs. 7.12.2023, n. 203.

12. Trasmissione diretta. Certificato relativo alle informazioni contenute nel provvedimento di blocco o di sequestro.

1. L'autorità giudiziaria che ha emesso il provvedimento di sequestro lo trasmette alla competente autorità giudiziaria dello Stato di esecuzione, avvalendosi, se del caso, anche ai fini dell'individuazione di quest'ultima, dei punti di contatto della Rete giudiziaria europea.

2. La richiesta di riconoscimento di un provvedimento di blocco o di sequestro è corredata da una richiesta di trasferimento della prova nello Stato di emissione, ovvero da una richiesta di confisca.

3. In alternativa, l'autorità indicata nel comma 1 può dare indicazioni, nel certificato di cui al comma 4, per il mantenimento del bene nel territorio dello Stato fino alla formulazione delle richieste di trasferimento o di confisca. La data prevista per tale formulazione è indicata nel medesimo certificato.

4. Il provvedimento di blocco o di sequestro è trasmesso, unitamente ad un certificato, redatto secondo il formulario allegato al presente decreto e tradotto dalla lingua italiana nella lingua ufficiale o in una delle lingue ufficiali dello Stato di esecuzione, con cui la medesima autorità attesta l'esattezza delle informazioni contenute nel provvedimento.

Capo III
Disposizioni finali

13. Disposizioni finanziarie.

1. Dall'attuazione delle disposizioni di cui al presente decreto non devono derivare nuovi o maggiori oneri a carico della finanza pubblica.

2. Le Amministrazioni interessate provvedono agli adempimenti previsti dal presente decreto con le risorse umane, finanziarie e strumentali disponibili a legislazione vigente.

Il presente decreto, munito del sigillo dello Stato, sarà inserito nella Raccolta ufficiale degli atti normativi della Repubblica italiana. È fatto obbligo a chiunque spetti di osservarlo e di farlo osservare.

5. D.Lgs. 21 giugno 2017, n. 108. – Norme di attuazione della direttiva 2014/41/UE del Parlamento europeo e del Consiglio, del 3 aprile 2014, relativa all'ordine europeo di indagine penale

In Gazzetta Ufficiale 13 luglio 2017, n. 162

TITOLO I
Disposizioni di principio e definizioni

1. Disposizioni di principio.

1. Il presente decreto attua nell'ordinamento interno la direttiva 2014/41/UE del Parlamento europeo e del Consiglio del 3 aprile 2014, di seguito denominata direttiva, relativa all'ordine europeo di indagine penale, nel rispetto dei principi dell'ordinamento costituzionale e della Carta dei diritti fondamentali dell'Unione europea in tema di diritti fondamentali, nonché in tema di diritti di libertà e di giusto processo.

2. Definizioni.

1. Ai fini del presente decreto si intende per:

a) Ordine europeo di indagine penale, di seguito denominato ordine di indagine: il provvedimento emesso dalla autorità giudiziaria o dalla autorità amministrativa e convalidato dall'autorità giudiziaria di uno Stato membro dell'Unione europea, per compiere atti di indagine o di assunzione probatoria che hanno ad oggetto persone o cose che si trovano nel territorio dello Stato o di un altro Stato membro dell'Unione ovvero per acquisire informazioni o prove che sono già disponibili;
b) autorità di emissione: l'autorità competente di uno Stato membro dell'Unione, che emette l'ordine di indagine con il quale dispone l'acquisizione di elementi di prova in un procedimento penale, o convalida una richiesta di acquisizione probatoria proveniente da un'autorità amministrativa;
c) autorità di esecuzione: l'autorità competente di uno Stato membro dell'Unione che riceve, riconosce e dà esecuzione a un ordine di indagine emesso dall'autorità giudiziaria italiana;
d) Stato di emissione: lo Stato di appartenenza dell'autorità di emissione;
e) Stato di esecuzione: lo Stato di appartenenza dell'autorità di esecuzione;
f) Autorità centrale: il Ministero della giustizia.

3. Protezione dei dati personali.

1. Nel compimento delle attività relative all'emissione, alla trasmissione, al riconoscimento ed all'esecuzione dell'ordine di indagine, i dati personali sono trattati secondo le disposizioni legislative che regolano il trattamento dei dati giudiziari e in conformità agli atti normativi dell'Unione europea e alle Convenzioni del Consiglio d'Europa.

TITOLO II
Richiesta dall'estero

Capo I
Procedimento

4. Attribuzioni del pubblico ministero.

1. Il procuratore della Repubblica presso il tribunale del capoluogo del distretto nel quale devono essere compiuti gli atti richiesti provvede, con decreto motivato, al riconoscimento dell'ordine di indagine nel termine di trenta giorni dalla sua ricezione o entro il diverso termine indicato dall'autorità di emissione, e comunque non oltre sessanta giorni. Della ricezione dell'ordine di indagine il procuratore della Repubblica informa il procuratore nazionale antimafia e antiterrorismo, ai fini del coordinamento investigativo se si tratta di indagini relative ai delitti di cui agli articoli 51, commi 3-bis e 3-quater, e 371-bis, comma 4-bis, del codice di procedura penale. In ogni caso, copia dell'ordine di indagine ricevuto è trasmessa al Ministero della giustizia [(1)].

2. All'esecuzione si provvede entro i successivi novanta giorni, osservando le forme espressamente richieste dall'autorità di emissione che non siano contrarie ai principi dell'ordinamento giuridico dello Stato. Il compimento degli atti di cui agli articoli 21 e 22 è in ogni caso regolato dalla legge italiana.

3. Si provvede al riconoscimento e all'esecuzione nel più breve termine indicato dall'autorità di emissione quando sussistono ragioni di urgenza o di necessità.

4. Il decreto di riconoscimento è comunicato a cura della segreteria del pubblico ministero al difensore della persona sottoposta alle indagini entro il termine stabilito ai fini dell'avviso di cui ha diritto secondo la legge italiana per il compimento dell'atto. Quando la legge italiana prevede soltanto il diritto del difensore di assistere al compimento dell'atto senza previo avviso, il decreto di riconoscimento è comunicato al momento in cui l'atto è compiuto o immediatamente dopo.

5. Quando la richiesta di assistenza ha ad oggetto atti che devono essere eseguiti in più distretti, all'esecuzione provvede il procuratore della Repubblica del distretto nel quale deve compiersi il maggior numero di atti, ovvero se di eguale numero, quello nel cui distretto deve compiersi l'atto di maggior importanza investigativa.

6. Se il procuratore della Repubblica che ha ricevuto l'ordine di indagine ritiene che deve provvedere al riconoscimento e alla esecuzione altro ufficio, trasmette allo stesso immediatamente gli atti, dando comunicazione all'autorità di emissione; in caso di contrasto si applicano gli articoli 54,54-bis e 54-ter del codice di procedura penale.

7. Il riconoscimento e l'esecuzione di un ordine di indagine emesso, nello stesso o in altro procedimento, ad integrazione o completamento di uno precedente spettano al procuratore della Repubblica che ha provveduto per quest'ultimo.

8. I verbali degli atti compiuti, ai quali il difensore della persona sottoposta alle indagini ha diritto di assistere, sono depositati nella segreteria del pubblico ministero, secondo quanto previsto dall'articolo 366, comma 1, del codice di procedura penale.

(1) Comma modificata dall'art. 2 bis, co. 6, d.l. 10.8.2023, n. 105, conv., con modif., dalla l. 9.10.2023, n. 137.

5. Intervento e poteri di controllo del giudice.

1. Quando l'autorità di emissione chiede che l'atto sia compiuto dal giudice o quando l'atto richiesto deve essere compiuto, secondo la legge italiana, dal giudice, il procuratore della Repubblica riconosce l'ordine di indagine e fa richiesta di esecuzione al giudice per le indagini preliminari.

2. Il giudice, ricevuta la richiesta, autorizza l'esecuzione previo accertamento delle condizioni per il riconoscimento dell'ordine di indagine.

3. Se non diversamente disposto, il giudice provvede all'esecuzione in camera di consiglio ai sensi dell'articolo 127 del codice di procedura penale, salva l'osser-

vanza delle forme espressamente richieste dall'autorità di emissione, sempre che non siano contrarie ai principi dell'ordinamento giuridico dello Stato.

6. Comunicazioni all'autorità di emissione.

1. Della ricezione dell'ordine di indagine è data comunicazione, entro sette giorni, all'autorità di emissione, con la trasmissione del modello di cui all'allegato B del presente decreto. In tale modello sono indicate le modalità di esecuzione quando da esse deriva l'impossibilità di assicurare la riservatezza sui fatti e sul contenuto dell'ordine di indagine.

2. All'autorità di emissione è data tempestiva comunicazione, prima che sia assunta la decisione, che non sussistono le condizioni per il riconoscimento e l'esecuzione dell'ordine di indagine, al fine di rimuovere, ove possibile, il motivo di rifiuto.

3. Parimenti, l'autorità di emissione è tempestivamente informata, al fine di valutare l'opportunità di una nuova richiesta o di ritirare l'ordine di indagine, quando il contenuto dello stesso appare non proporzionato, secondo quanto previsto dall'articolo 7.

4. La decisione di rifiuto del riconoscimento o il ritardo dell'esecuzione è immediatamente comunicata all'autorità di emissione. Allo stesso modo è data comunicazione dell'impugnazione e del provvedimento di annullamento del decreto di riconoscimento nei casi di cui all'articolo 13.

7. Principio di proporzione.

1. L'ordine di indagine non è proporzionato se dalla sua esecuzione può derivare un sacrificio ai diritti e alle libertà dell'imputato o della persona sottoposta alle indagini o di altre persone coinvolte dal compimento degli atti richiesti, non giustificato dalle esigenze investigative o probatorie del caso concreto, tenuto conto della gravità dei reati per i quali si procede e della pena per essi prevista.

8. Partecipazione all'esecuzione dell'autorità di emissione.

1. L'autorità di emissione può chiedere di partecipare direttamente all'esecuzione dell'ordine di indagine.

2. Il procuratore della Repubblica, ricevuta la richiesta di cui al comma 1, può promuovere la costituzione di una squadra investigativa comune. Si applicano, in tal caso, le disposizioni del decreto legislativo 15 febbraio 2016, n. 34.

3. Quando non si provvede mediante la costituzione di una squadra investigativa comune, la partecipazione dell'autorità di emissione avviene con le modalità previamente concordate con il procuratore della Repubblica, tenuto conto di quanto stabilito dal giudice per le indagini preliminari ove richiesto dell'esecuzione dell'ordine di indagine.

4. Il funzionario dell'autorità di emissione che partecipa all'esecuzione dell'ordine di indagine nel territorio dello Stato assume, anche agli effetti della legge penale, la qualifica di pubblico ufficiale.

5. Lo Stato italiano provvede al risarcimento dei danni causati a terzi dall'autorità di emissione che partecipa all'esecuzione dell'ordine di indagine, salvo il diritto di rivalsa nei confronti dello Stato di emissione.

9. Modalità particolari di esecuzione.

1. Quando l'atto richiesto per l'esecuzione dell'ordine di indagine non è previsto dalla legge italiana o non ricorrono i presupposti che la legge italiana impone per il suo compimento, il procuratore della Repubblica provvede, previa comunicazione all'autorità di emissione, mediante il compimento di uno o più atti diversi e comunque idonei al raggiungimento del medesimo scopo.

2. Previo accordo con l'autorità di emissione, si dà luogo all'esecuzione mediante il compimento di uno o più atti diversi e comunque idonei al raggiungimento del medesimo scopo anche quando l'ordine di indagine non appare proporzionato, secondo quanto previsto dall'articolo 7.

3. L'impossibilità di eseguire l'ordine di indagine secondo quanto disposto dal comma 1 è motivo di rifiuto del riconoscimento.

4. Se per il compimento dell'atto oggetto dell'ordine di indagine è necessaria autorizzazione a procedere, il procuratore della Repubblica ne fa tempestiva richiesta.

5. Fermo quanto previsto dall'articolo 10, comma 1, si provvede in ogni caso all'esecuzione dell'ordine di indagine avente ad oggetto:

a) acquisizione dei verbali di prove di altro procedimento;
b) acquisizione di informazioni contenute in banche dati accessibili all'autorità giudiziaria;
c) audizione della persona informata dei fatti, del testimone, del consulente o del perito, della persona offesa, nonché della persona sottoposta ad indagini o dell'imputato presenti nel territorio dello Stato;
d) compimento di atti di indagine che non incidono sulla libertà personale e sul diritto all'inviolabilità del domicilio;
e) identificazione di persone titolari di uno specifico numero telefonico o di un indirizzo di posta elettronica o di un indirizzo IP.

10. Motivi di rifiuto e di restituzione.

1. Oltre che nel caso di cui all'articolo 9, comma 3, non si provvede al riconoscimento e all'esecuzione dell'ordine di indagine ove:

a) l'ordine di indagine trasmesso risulta incompleto ovvero le informazioni in esso contenute sono manifestamente erronee o non corrispondenti al tipo di atto richiesto;
b) la persona nei cui confronti si procede gode di immunità riconosciute dallo Stato italiano che limitano o impediscono l'esercizio o il proseguimento dell'azione penale;
c) l'esecuzione dell'ordine di indagine potrebbe recare pregiudizio alla sicurezza nazionale;

d) dalle informazioni trasmesse risulta la violazione del divieto di sottoporre una persona, già definitivamente giudicata, ad un nuovo processo per i medesimi fatti;
e) sussistono fondati motivi per ritenere che l'esecuzione dell'atto richiesto nell'ordine di indagine non è compatibile con gli obblighi dello Stato sanciti dall'articolo 6 del Trattato dell'Unione europea e dalla Carta dei diritti fondamentali dell'Unione europea;
f) il fatto per il quale è stato emesso l'ordine di indagine non è punito dalla legge italiana come reato, indipendentemente dagli elementi costitutivi o dalla qualificazione giuridica individuati dalla legge dello Stato di emissione, salvo quanto disposto dagli articoli 9, comma 5, e 11.

2. Se l'ordine di indagine è stato emesso in relazione a violazioni tributarie, doganali o valutarie, l'esecuzione non può essere rifiutata per il fatto che la legge italiana non impone lo stesso tipo di tasse o di imposte, o per il fatto che la legislazione italiana in materia tributaria, valutaria o doganale è diversa da quella dello Stato di emissione.

3. È restituito all'autorità di emissione l'ordine di indagine emesso da un'autorità diversa dalla giudiziaria o da questa non convalidato.

11. Deroghe alla doppia incriminazione.

1. Il motivo di rifiuto di cui all'articolo 10, comma 1, lettera f), non rileva per le seguenti categorie di reati, come indicati dall'autorità di emissione nell'ordine di indagine, qualora il fatto sia punibile nello Stato di emissione con una pena non inferiore nel massimo a tre anni o con una misura di sicurezza detentiva:
a) partecipazione a un'associazione per delinquere;
b) terrorismo;
c) tratta di esseri umani;
d) sfruttamento sessuale di minori e pornografia infantile;
e) traffico illecito di stupefacenti e sostanze psicotrope;
f) traffico illecito di armi, munizioni ed esplosivi;
g) corruzione;
h) frode, compresa la frode che lede gli interessi finanziari delle Comunità europee ai sensi della Convenzione del 26 luglio 1995, relativa alla tutela degli interessi finanziari delle Comunità europee;
i) riciclaggio;
l) falsificazione e contraffazione di monete;
m) criminalità informatica;
n) criminalità ambientale, compreso il traffico illecito di specie animali protette e il traffico illecito di specie e di essenze vegetali protette;
o) favoreggiamento dell'ingresso e del soggiorno illegali di cittadini non appartenenti a Stati membri dell'Unione europea;
p) omicidio volontario, lesioni personali gravi;
q) traffico illecito di organi e tessuti umani;
r) sequestro di persona;
s) razzismo e xenofobia;
t) rapina commessa da un gruppo organizzato o con l'uso di armi;
u) traffico illecito di beni culturali, compresi gli oggetti d'antiquariato e le opere d'arte;
v) truffa;
z) estorsione;
aa) contraffazione e pirateria in materia di marchi e prodotti;
bb) falsificazione di atti amministrativi e traffico di documenti alterati e contraffatti;
cc) falsificazione di mezzi di pagamento;
dd) traffico illecito di sostanze ormonali ed altri fattori di crescita;
ee) traffico illecito di materie nucleari e radioattive;
ff) ricettazione, riciclaggio e reimpiego di veicoli oggetto di furto;
gg) violenza sessuale;
hh) incendio;
ii) reati che rientrano nella competenza giurisdizionale della Corte penale internazionale;
ll) dirottamento di nave o aeromobile;
mm) sabotaggio.

12. Trasferimento delle prove.

1. Il procuratore della Repubblica trasmette senza ritardo all'autorità di emissione i verbali degli atti compiuti, i documenti e le cose oggetto della richiesta, nonché i verbali di prove o gli atti acquisiti in altro procedimento.

2. Nei casi di cui all'articolo 8, la trasmissione può essere fatta mediante consegna diretta al rappresentante dell'autorità di emissione.

3. Dell'avvenuta trasmissione, anche nella forma della consegna diretta, è data attestazione in forma scritta.

4. Il procuratore della Repubblica può disporre il trasferimento temporaneo del corpo del reato o delle cose pertinenti al reato, quando non è d'impedimento alla spedita trattazione del procedimento in corso, concordando con l'autorità di emissione le modalità del trasferimento e il termine di restituzione. A tal fine, dopo l'esercizio dell'azione penale, il procuratore della Repubblica richiede l'autorizzazione del giudice che procede. Il giudice provvede dopo aver sentito le parti.

13. Impugnazioni.

1. Entro cinque giorni dalla comunicazione di cui all'articolo 4, comma 4, la persona sottoposta alle indagini e il suo difensore possono proporre, contro il decreto di riconoscimento, opposizione al giudice per le indagini preliminari.

2. Il giudice per le indagini preliminari decide, sentito il procuratore della Repubblica, con ordinanza. L'ordinanza è comunicata al procuratore della Repubblica e notificata all'interessato.

3. Il procuratore della Repubblica informa senza ritardo l'autorità di emissione della decisione Quando l'opposizione è accolta, il decreto di riconoscimento è annullato.

4. L'opposizione non ha effetto sospensivo dell'esecuzione dell'ordine di indagine e della trasmissione dei risultati delle attività compiute. Il procuratore della Repubblica può comunque non trasmettere i risultati delle attività compiute se può derivarne grave e irreparabile danno alla persona sottoposta alle indagini, all'imputato o alla persona comunque interessata dal compimento dell'atto.

5. Il giudice per le indagini preliminari, quando è richiesto dell'esecuzione dell'ordine di indagine ai sensi dell'articolo 5, se ricorrono i motivi di rifiuto indicati dall'articolo 10, dispone, anche su richiesta delle parti, l'annullamento del decreto di riconoscimento emesso dal procuratore della Repubblica.

6. Non si dà luogo all'esecuzione dell'ordine di indagine in caso di annullamento del decreto di riconoscimento.

7. Possono altresì proporre opposizione avverso il decreto di riconoscimento dell'ordine di indagine avente ad oggetto il sequestro a fini di prova, la persona sottoposta alle indagini o l'imputato, il suo difensore, la persona alla quale la prova o il bene sono stati sequestrati e quella che avrebbe diritto alla loro restituzione. Il giudice provvede in camera di consiglio ai sensi dell'articolo 127 del codice di procedura penale. In tal caso avverso la decisione del giudice è ammesso ricorso in cassazione per violazione di legge da parte del pubblico ministero e degli interessati entro dieci giorni dalla sua comunicazione o notificazione. La Corte di cassazione provvede, in camera di consiglio, entro trenta giorni dal ricorso. Il ricorso non ha effetto sospensivo.

14. Rinvio del riconoscimento o dell'esecuzione.

1. Il procuratore della Repubblica dispone il rinvio del riconoscimento dell'ordine di indagine per il periodo necessario quando dall'esecuzione può derivare pregiudizio alle indagini preliminari o a un processo già in corso.

2. Dispone altresì il rinvio dell'esecuzione dell'ordine di indagine quando le cose, i documenti o i dati oggetto di richiesta di sequestro sono già sottoposti a vincolo, fino alla revoca del relativo provvedimento.

3. La decisione di rinvio è immediatamente comunicata all'autorità di emissione.

4. L'ordine di indagine è tempestivamente eseguito non appena viene meno la causa che ha dato luogo al rinvio.

15. Spese.

1. Sono a carico dello Stato le spese sostenute per l'esecuzione dell'ordine di indagine.

2. Nel caso di spese di rilevante entità, il procuratore della Repubblica informa l'autorità di emissione e l'autorità centrale, al fine di valutare la condivisione con lo Stato di emissione dell'onere conseguente.

Capo II
Disposizioni specifiche per determinati atti di indagine

16. Trasferimento temporaneo nello Stato di emissione di persone detenute.

1. L'ordine di indagine emesso per il trasferimento temporaneo di una persona detenuta o internata, ai fini del compimento all'estero di un atto di indagine o di prova, è eseguito, a condizione che la persona presti consenso, richiedendo il nulla osta al giudice che procede, individuato secondo quanto previsto dall'articolo 279 del codice di procedura penale. Quando il soggetto detenuto è un condannato o un internato, il nulla osta è richiesto al magistrato di sorveglianza.

2. Ai fini del provvedimento di nulla osta si tiene conto dell'età della persona e delle sue condizioni di salute fisica o mentale.

3. Il procuratore della Repubblica concorda con l'autorità di emissione le modalità del trasferimento e individua il termine di rientro della persona detenuta in data anteriore alla scadenza dei termini massimi di custodia cautelare o di quello di cessazione della pena in esecuzione.

4. Il consenso al trasferimento deve risultare da atto scritto ed è validamente prestato, con le modalità stabilite dall'ordinamento interno, a condizione che la persona detenuta o internata abbia avuto la possibilità di conferire con il difensore.

5. Il periodo di detenzione trascorso all'estero è computato a ogni effetto nella durata della custodia cautelare. Nel caso di detenuto in espiazione della pena il periodo di detenzione trascorso all'estero si considera trascorso in Italia.

6. La persona detenuta o internata temporaneamente trasferita non può essere sottoposta a restrizione della libertà personale in esecuzione di una pena o misura di sicurezza né assoggettata ad altra misura restrittiva della libertà personale per un fatto anteriore e diverso da quello per il quale il trasferimento temporaneo è stato disposto, salvo che la persona, avendone avuta la possibilità, non abbia lasciato il territorio dello Stato trascorsi quindici giorni da quando la sua presenza non era più richiesta ovvero che, dopo averlo lasciato, vi abbia fatto volontariamente ritorno.

17. Trasferimento temporaneo in Italia di persone detenute nello Stato di emissione.

1. Quando l'ordine di indagine ha ad oggetto la richiesta di trasferimento temporaneo di persona, detenuta nello Stato di emissione, per il compimento nel territorio nazionale di un atto di indagine o di prova, il procuratore della Repubblica concorda con l'autorità di emissione le modalità del trasferimento temporaneo e il termine entro cui la persona temporaneamente trasferita deve fare rientro nello Stato di emissione.

2. Ai fini dell'esecuzione il procuratore della Repubblica dispone che la persona temporaneamente trasferita sia custodita, per la durata del trasferimento temporaneo, nella casa circondariale del luogo di compimento dell'atto di indagine o di prova. Le spese di mantenimento sono a carico dello Stato.

3. La persona detenuta, temporaneamente trasferita, non può essere sottoposta a restrizione della libertà personale in esecuzione di una pena o misura di sicurezza né assoggettata ad altra misura restrittiva della libertà personale per un fatto anteriore e diverso da quello per il quale il trasferimento temporaneo è stato disposto, salvo che la persona, avendone avuta la possibilità, non abbia lasciato il territorio dello Stato trascorsi quindici giorni da quando la sua presenza non era più richiesta ovvero che, dopo averlo lasciato, vi abbia fatto volontariamente ritorno.

18. Audizione mediante videoconferenza o altra trasmissione audiovisiva.

1. L'esecuzione della richiesta di audizione mediante videoconferenza della persona sottoposta ad indagini, dell'imputato, del testimone, del consulente tecnico o del perito ha luogo previo accordo con l'autorità di emissione circa le modalità dell'audizione, anche in riguardo alle misure relative alla protezione della persona da ascoltare.

2. Alla richiesta di assunzione delle dichiarazioni della persona sottoposta alle indagini o dell'imputato si dà corso soltanto se questi vi consentono.

3. Il procuratore della Repubblica richiede l'esecuzione dell'ordine di indagine al giudice per le indagini preliminari nei casi di cui all'articolo 5.

4. Il procuratore della Repubblica e il giudice, nell'ambito delle rispettive attribuzioni, dispongono, nei casi previsti dalla legge, la nomina di un interprete.

5. Provvedono altresì a:
a) identificare la persona da ascoltare;
b) notificare l'ora e il luogo della comparizione;
c) citare il testimone, il consulente tecnico o il perito;
d) invitare la persona sottoposta alle indagini o l'imputato a comparire con le modalità stabilite dal codice di procedura penale e ad informarlo dei diritti e delle facoltà a lui riconosciuti dall'ordinamento dello Stato di emissione.

6. L'audizione è condotta direttamente dall'autorità di emissione o sotto la sua direzione. Il procuratore della Repubblica, o il giudice quando provvede all'esecuzione dell'ordine di indagine, assicurano il rispetto, nel compimento dell'atto, dei principi fondamentali dell'ordinamento giuridico dello Stato. I testimoni e i periti sono informati della facoltà di astensione riconosciuta dall'ordinamento interno e da quello dello Stato di emissione.

7. Il verbale dell'audizione è trasmesso all'autorità di emissione.

8. Si applicano le norme di cui agli articoli 366, 367, 368,369, 371-bis, 372 e 373 del codice penale per i fatti commessi nel corso dell'audizione in videoconferenza.

19. Audizione mediante teleconferenza.

1. Su richiesta dell'autorità di emissione, l'audizione del testimone o del perito che si trovano sul territorio dello Stato può essere svolta mediante conferenza telefonica, quando non è opportuno o possibile che essi compaiano personalmente dinnanzi all'autorità di emissione.

2. Il procuratore richiede l'intervento del giudice per le indagini preliminari quando l'audizione davanti al giudice è condizione della richiesta 3. Si applicano le disposizioni dell'articolo 18 in quanto compatibili.

20. Informazioni e documenti presso banche e istituti finanziari.

1. L'ordine di indagine che ha ad oggetto l'acquisizione di informazioni e documenti presso banche e istituti finanziari è eseguito con le modalità stabilite dagli articoli 255 e 256 del codice di procedura penale.

2. All'acquisizione in tempo reale dei flussi informatici o telematici provenienti o diretti a banche e istituti finanziari, il procuratore della Repubblica provvede, se necessario, mediante richiesta al giudice per le indagini preliminari secondo quanto previsto dagli articoli 266 e seguenti del codice di procedura penale.

3. Quando l'ordine di indagine non illustra i motivi per i quali gli atti sono rilevanti nel procedimento il procuratore della Repubblica prima di darvi esecuzione richiede all'autorità di emissione di fornire la relativa indicazione e ogni altra informazione utile ai fini della tempestiva ed efficace esecuzione dell'attività richiesta.

21. Operazioni sotto copertura.

1. L'ordine di indagine per il compimento di operazioni sotto copertura è riconosciuto ed eseguito nel rispetto delle disposizioni di cui all'articolo 9 della legge 16 marzo 2006, n. 146.

2. Si applica l'articolo 20, comma 3.

3. Ai fini dell'esecuzione della richiesta può essere promossa la costituzione di una squadra investigativa comune.

4. Il funzionario dello Stato di emissione che partecipa alle attività nel territorio dello Stato assume, agli effetti della legge penale, la qualifica di pubblico ufficiale e nei suoi confronti si applica la speciale causa di non punibilità di cui all'articolo 9 della legge 16 marzo 2006, n. 146.

5. Lo Stato provvede al risarcimento dei danni causati a terzi dai funzionari dello Stato di emissione che partecipano alle attività nel territorio nazionale salvo il diritto di rivalsa nei confronti dello Stato di emissione.

22. Ritardo o omissione degli atti di arresto o di sequestro.

1. Nei casi e con le modalità stabilite dall'articolo 9 della legge 16 marzo 2006, n. 146, il procuratore della Repubblica presso il tribunale del capoluogo del distretto di cui all'articolo 4, previo accordo con l'autorità di emissione, può omettere o ritardare l'esecuzione dell'arresto, del fermo, della perquisizione o del sequestro probatorio.

2. Si applica l'articolo 20, comma 3.

Capo III
Intercettazione di telecomunicazioni

23. Intercettazione di telecomunicazioni con l'assistenza tecnica della autorità giudiziaria italiana.

1. Al riconoscimento dell'ordine di indagine emesso per le operazioni di intercettazione provvede, sempre che sussistano le condizioni di ammissibilità previste dall'ordinamento interno, il procuratore della Repubblica presso il tribunale del capoluogo del distretto di cui all'articolo 4.

2. Il procuratore della Repubblica trasmette al giudice per le indagini preliminari l'ordine di indagine con richiesta di esecuzione, dopo aver provveduto al riconoscimento e dopo aver specificamente verificato che siano indicati:

a) l'autorità che procede;
b) l'esistenza del titolo che dispone o autorizza lo svolgimento delle operazioni di intercettazione con l'indicazione del reato;
c) i dati tecnici necessari allo svolgimento delle operazioni;
d) la durata dell'intercettazione;
e) i motivi che rendono necessaria l'attività di indagine richiesta.

3. Il giudice per le indagini preliminari rifiuta l'esecuzione, oltre che per i motivi indicati dall'articolo 10, se non sussistono le condizioni di ammissibilità previste dall'ordinamento interno.
Del rifiuto è data immediata comunicazione all'autorità di emissione a cura del procuratore della Repubblica.

4. All'ordine di indagine, previa consultazione con l'autorità di emissione, può darsi esecuzione alternativamente:

a) con la trasmissione immediata dei flussi comunicativi;
b) con l'intercettazione, la registrazione e la successiva trasmissione dei risultati delle operazioni.

5. In deroga a quanto previsto dal comma 4, il pubblico ministero, quando sono acquisite comunicazioni di servizio di appartenenti al Dipartimento delle informazioni per la sicurezza o ai servizi di informazione per la sicurezza, provvede agli adempimenti di cui all'articolo 270-bis del codice di procedura penale prima di trasmettere all'autorità di emissione i risultati delle operazioni di intercettazione.

6. Al momento della richiesta, o successivamente anche nel corso delle operazioni di intercettazione, l'autorità di emissione può richiedere la trascrizione, la decodificazione o la decrittazione della registrazione.

7. Sono a carico dello Stato le spese di esecuzione delle operazioni di intercettazione, ad eccezione di quelle relative alle trascrizioni, decodificazione e decrittazione delle comunicazioni.

24. Notifica all'autorità giudiziaria italiana nel caso di persona soggetta a intercettazione nel territorio dello Stato.

1. Quando è disposta, senza richiesta di assistenza tecnica, l'intercettazione di un dispositivo, anche di sistema informatico o telematico, in uso a persona che si trovi nel territorio dello Stato, il procuratore della Repubblica, trasmette immediatamente al giudice per le indagini preliminari la notificazione dell'avvio delle operazioni effettuata dall'autorità giudiziaria dello Stato membro che procede.

2. Il giudice per le indagini preliminari ordina l'immediata cessazione delle operazioni se le intercettazioni sono state disposte in riferimento a un reato per il quale, secondo l'ordinamento interno, le intercettazioni non sono consentite e ne dà contestuale comunicazione al procuratore della Repubblica.

3. Il procuratore della Repubblica senza ritardo, e comunque non oltre novantasei ore dalla ricezione della notifica, dà comunicazione all'autorità giudiziaria dello Stato membro del provvedimento di cessazione delle operazioni e della non utilizzabilità a fini di prova dei risultati delle intercettazioni eseguite.

25. Richieste di documentazione inerente alle telecomunicazioni.

1. Il procuratore della Repubblica dà esecuzione all'ordine di indagine finalizzato all'acquisizione dei dati esterni relativi alle comunicazioni telefoniche e telematiche con le forme e le modalità dell'articolo 256 del codice di procedura penale.

Capo IV
Provvedimenti di sequestro

26. Provvedimenti di sequestro probatorio.

1. In esecuzione dell'ordine di indagine che ha ad oggetto il sequestro del corpo del reato o delle cose pertinenti al reato il provvedimento è adottato entro ventiquattro ore dalla ricezione dell'ordine di indagine medesimo e comunque senza ritardo.

2. Le cose sequestrate sono trasferite, su richiesta, all'autorità di emissione con le modalità stabilite dall'articolo 12.

3. Quando è richiesto che le cose non siano trasferite, l'autorità di emissione indica il termine trascorso il quale il provvedimento di sequestro può essere revocato.

4. Quando il procuratore della Repubblica ritiene di revocare il provvedimento di sequestro ne informa l'autorità di emissione che può formulare osservazioni.

TITOLO III
Procedura attiva

Capo I
Emissione dell'ordine di indagine

27. Emissione dell'ordine di indagine.

1. Nell'ambito di un procedimento penale o di un

procedimento per l'applicazione di una misura di prevenzione patrimoniale, il pubblico ministero e il giudice che procede possono emettere, nell'ambito delle rispettive attribuzioni, un ordine di indagine e trasmetterlo direttamente all'autorità di esecuzione. Il giudice emette l'ordine di indagine sentite le parti.

2. Dell'emissione dell'ordine di indagine è data informazione al procuratore nazionale antimafia e antiterrorismo, ai fini del coordinamento investigativo se si tratta di indagini relative ai delitti di cui all'articolo 51, commi 3-bis e 3-quater, del codice di procedura penale.

28. Impugnazione dell'ordine di indagine avente ad oggetto il sequestro a fini di prova.

1. Contro l'ordine di indagine avente ad oggetto il sequestro a fini di prova, la persona sottoposta alle indagini o l'imputato, il suo difensore, la persona alla quale la prova o il bene sono stati sequestrati e quella che avrebbe diritto alla loro restituzione, possono proporre richiesta di riesame ai sensi dell'articolo 324 del codice di procedura penale.

2. Si applicano altresì le previsioni di cui agli articoli 322-bis e 325 codice di procedura penale.

29. Partecipazione all'esecuzione dell'ordine di indagine.

1. Il pubblico ministero, previo accordo con l'autorità di esecuzione, può partecipare direttamente, o far partecipare direttamente uno o più ufficiali di polizia giudiziaria, all'esecuzione dell'ordine di indagine. A tal fine il procuratore della Repubblica può promuovere la costituzione di una squadra investigativa comune. Si applicano, in tal caso, le disposizioni del decreto legislativo 15 febbraio 2016, n. 34.

2. Il giudice che ha emesso l'ordine di indagine può chiedere all'autorità di esecuzione di partecipare direttamente all'esecuzione dell'ordine di indagine, previo accordo con la stessa.

3. Le disposizioni del decreto legislativo 15 febbraio 2016, n. 34, relative alla responsabilità per i danni si applicano anche al caso di partecipazione diretta all'estero senza costituzione di una squadra investigativa comune.

30. Contenuto dell'ordine di indagine.

1. L'ordine di indagine contiene, secondo il modello di cui all'allegato A al presente decreto, le seguenti informazioni:

a) i dati relativi all'autorità di emissione;
b) l'oggetto e le ragioni sulle quali si fonda;
c) i dati utili all'individuazione della persona o delle persone interessate dal compimento dell'atto richiesto;
d) la descrizione sommaria del fatto per cui si procede e l'indicazione delle norme di legge violate;
e) una sintetica descrizione dell'atto d'indagine o di prova richiesti.

31. Ordine di indagine emesso su richiesta della difesa.

1. Il difensore della persona sottoposta alle indagini, dell'imputato, della persona per la quale è proposta l'applicazione di una misura di prevenzione, può chiedere al pubblico ministero o al giudice che procede l'emissione di un ordine d'indagine.

2. La richiesta contiene, a pena di inammissibilità, l'indicazione dell'atto di indagine o di prova e i motivi che ne giustificano il compimento o l'assunzione

3. Se rigetta la richiesta, il pubblico ministero emette decreto motivato. Quando la richiesta ha ad oggetto un provvedimento di sequestro si applica l'articolo 368 del codice di procedura penale.

4. Il giudice provvede con ordinanza, dopo aver sentito le parti.

32. Trasmissione dell'ordine di indagine.

1. L'ordine di indagine e ogni comunicazione finalizzata alla sua esecuzione sono trasmesse all'autorità di esecuzione con modalità idonee a garantire l'autenticità della provenienza, anche con l'ausilio dell'autorità centrale se necessario.

2. La trasmissione può aver luogo mediante il sistema di telecomunicazione della Rete giudiziaria europea.

3. L'autorità di esecuzione è individuata anche con l'ausilio dei punti di contatto della Rete giudiziaria europea.

4. L'ordine di indagine è trasmesso nella lingua ufficiale dello Stato di esecuzione o nella lingua appositamente indicata dall'autorità di esecuzione.

33. Indicazioni all'autorità di esecuzione.

1. L'autorità giudiziaria che ha emesso l'ordine di indagine concorda con l'autorità di esecuzione le modalità di compimento dell'atto di indagine o di prova, specificamente indicando i diritti e le facoltà riconosciuti dalla legge alle parti e ai loro difensori.

2. L'autorità giudiziaria, quando l'autorità di esecuzione rileva che le spese necessarie all'esecuzione dell'ordine di indagine eccedono il limite ritenuto ordinario, concorda con quest'ultima le modalità di ripartizione dell'eccedenza. Se non vi è accordo, l'autorità giudiziaria può ritirare, anche solo parzialmente, l'ordine di indagine o chiederne l'esecuzione. In tale ultimo caso le spese, nella parte eccedente, sono a carico dello Stato e sono disciplinate dall'articolo 7 del decreto del Presidente della Repubblica 30 maggio 2002, n. 115.

34. Ordine di indagine collegato a un ordine precedente.

1. Quando un ordine di indagine è emesso, nello stesso o in altro procedimento, ad integrazione o completamento di uno precedente, se ne dà menzione nella sezione D del modello di cui all'allegato A.

2. L'autorità giudiziaria che partecipa all'esecuzione dell'ordine di indagine può presentare direttamente all'autorità di esecuzione un ordine di indagine collegato.

35. Avvisi alle parti e ai difensori.

1. L'autorità giudiziaria che ha emesso l'ordine di

indagine, ricevuta dall'autorità di esecuzione la documentazione delle attività compiute, provvede nei casi e nei modi previsti dalla legge processuale a darne conoscenza alle parti e ai loro difensori.

36. Disposizioni sulla utilizzabilità degli atti compiuti e delle prove assunte all'estero.

1. Sono raccolti nel fascicolo per il dibattimento di cui all'articolo 431 del codice di procedura penale:

a) i documenti acquisiti all'estero mediante ordine di indagine e i verbali degli atti non ripetibili assunti con le stesse modalità;

b) i verbali degli atti, diversi da quelli previsti dalla lettera a), assunti all'estero a seguito di ordine di indagine ai quali i difensori sono stati posti in grado di assistere e di esercitare le facoltà loro consentite dalla legge italiana.

2. Nei casi e con le modalità di cui all'articolo 512-bis del codice di procedura penale il giudice dà lettura dei verbali di dichiarazioni rese all'estero, diversi da quelli di cui all'articolo 431, comma 1, lettera e), del codice di procedura penale, acquisiti a seguito di ordine di indagine emesso nelle fasi precedenti il giudizio.

Capo II
Disposizioni specifiche per determinati atti di indagine

37. Trasferimento temporaneo nello Stato di persona detenuta in altro Stato membro.

1. Il pubblico ministero e il giudice che procede possono emettere, nell'ambito delle rispettive attribuzioni, ordine di indagine per il trasferimento temporaneo nel territorio italiano, al fine del compimento di un atto di indagine o per l'assunzione di una prova, di persona detenuta in altro Stato membro, concordando con l'autorità di esecuzione le modalità del trasferimento e il termine entro cui la persona detenuta deve fare rientro nello Stato di esecuzione. Si applicano le disposizioni di cui al comma 2 dell'articolo 17.

2. Le spese di trasferimento temporaneo sono a carico dello Stato.

3. La persona detenuta temporaneamente che è trasferita in Italia non può essere sottoposta a restrizione della libertà personale in esecuzione di una pena o di una misura di sicurezza né assoggettata ad altre misure restrittive della libertà personale per un fatto anteriore e diverso da quello per il quale il trasferimento temporaneo è stato disposto.

4. L'immunità prevista dal comma 3 cessa qualora la persona detenuta temporaneamente trasferita, avendone la possibilità non ha lasciato il territorio nazionale trascorsi quindici giorni dal momento in cui la sua presenza non è più richiesta ovvero, avendolo lasciato, vi ha fatto volontariamente ritorno.

38. Trasferimento temporaneo in altro Stato membro di persone detenute nello Stato.

1. Il pubblico ministero e il giudice che procede, nell'ambito delle rispettive attribuzioni, possono emettere ordine di indagine per il trasferimento temporaneo in altro Stato membro di una persona detenuta in Italia, al fine del compimento di un atto di indagine o dell'assunzione di una prova che richiedano la presenza nello Stato di esecuzione della persona detenuta.

2. Si applicano, in quanto compatibili, le disposizioni dell'articolo 16.

3. Le spese di trasferimento temporaneo sono a carico dallo Stato.

39. Richiesta di audizione mediante videoconferenza o altra trasmissione audiovisiva.

1. Il pubblico ministero o il giudice che procede possono emettere, nell'ambito delle rispettive attribuzioni, un ordine di indagine per richiedere l'audizione a distanza di testimoni, periti, consulenti tecnici e persone informate dei fatti, mediante videoconferenza, a condizione che l'autorità di esecuzione abbia la disponibilità o l'accesso ai mezzi tecnici necessari.

2. Allo stesso modo possono provvedere per l'audizione a distanza dell'imputato o della persona sottoposta alle indagini, sempre che questi vi consentano.

3. L'ordine di indagine può essere emesso:

a) quando per i soggetti di cui ai commi 1 e 2 ricorrono giustificati motivi che rendono non opportuna la loro presenza sul territorio nazionale;

b) quando la persona da interrogare o esaminare è a qualsiasi titolo detenuta nello Stato membro;

c) nei casi previsti dall'articolo 147-bis del decreto legislativo 28 luglio 1989, n. 271.

4. L'autorità giudiziaria concorda con l'autorità di esecuzione le modalità dell'audizione.

5. Se l'autorità di esecuzione non ha la disponibilità o l'accesso ai mezzi tecnici necessari, l'autorità giudiziaria che ha emesso l'ordine di indagine può metterli a sua disposizione per il tramite dell'autorità centrale.

6. L'autorità giudiziaria verifica che alla persona da ascoltare sia dato avvertimento circa i diritti e le garanzie previste dall'ordinamento interno.

40. Informazioni relative a conti e operazioni bancarie e finanziarie.

1. Quando l'ordine di indagine ha ad oggetto accertamenti o acquisizione di documenti presso banche o istituti finanziari, la richiesta è trasmessa mediante il modello di cui all'allegato A, sezione H 4. Sono a tal fine indicati i motivi della rilevanza dell'accertamento, nonché le informazioni utili all'individuazione delle banche o degli istituti interessati.

41. Richiesta di operazioni sotto copertura da compiersi all'estero.

1. L'ordine di indagine per lo svolgimento di operazioni sotto copertura è emesso soltanto nei casi e con le modalità previste dall'articolo 9 della legge 16 marzo 2006, n. 146.

2. La richiesta è inoltrata, secondo il modello di cui all'allegato A, direttamente all'autorità di esecuzione. Le modalità di compimento delle operazioni sono concordate con l'autorità di esecuzione.

42. Richiesta di ritardare od omettere atti di arresto o di sequestro.

1. Quando si procede per uno dei reati di cui all'articolo 9 della legge 16 marzo 2006, n. 146, può essere emesso, alle condizioni e con le modalità ivi stabilite, ordine di indagine al fine di chiedere all'autorità di esecuzione che siano omessi o ritardati il provvedimento di arresto, di fermo, di perquisizione o di sequestro probatorio, che si ritiene possano essere eseguiti nel territorio dello Stato di esecuzione.

43. Richiesta di intercettazione di telecomunicazioni con l'assistenza tecnica dell'autorità giudiziaria di altro Stato membro.

1. Il pubblico ministero emette ordine di indagine, secondo il modello di cui all'allegato A, sezione H 7, del presente decreto, per la necessaria assistenza tecnica all'esecuzione delle operazioni di intercettazione delle conversazioni o comunicazioni o del flusso di comunicazioni relativo a sistemi informatici o telematici, quando nel territorio di altro Stato membro si trova il dispositivo o il sistema da controllare.

2. L'ordine di indagine contiene:

a) l'indicazione dell'autorità giudiziaria che ha disposto l'intercettazione;
b) ogni informazione utile ai fini dell'identificazione della persona che ha in uso il dispositivo o il sistema da controllare;
c) la durata delle operazioni di intercettazione;
d) i dati tecnici necessari allo svolgimento delle operazioni di intercettazione;
e) i motivi della rilevanza dell'atto.

3. Il pubblico ministero, previo accordo con l'autorità di esecuzione, indica nell'ordine di indagine se l'operazione deve essere eseguita:

a) con trasmissione immediata delle telecomunicazioni;
b) intercettando, registrando e trasmettendo successivamente il risultato dell'intercettazione.

4. La richiesta può avere ad oggetto la trascrizione, la decodificazione o la decrittazione delle comunicazioni intercettate.

In tal caso le spese sono anticipate dallo Stato.

44. Obblighi di informazione in favore dell'autorità giudiziaria di altro Stato membro.

1. Il pubblico ministero, prima di dare inizio alle operazioni di intercettazione, informa, mediante trasmissione del modello di cui all'allegato C al presente decreto, l'autorità giudiziaria competente dello Stato membro nel cui territorio si trova il dispositivo o il sistema da controllare.

2. Nel corso delle operazioni di intercettazione, il pubblico ministero, non appena ha notizia che il dispositivo o il sistema controllato si trova nel territorio di altro Stato membro, provvede immediatamente con le modalità di cui al comma 1, a dare informazione all'autorità giudiziaria competente dello Stato membro interessato che le operazioni di intercettazione sono state avviate e sono in corso.

3. Il pubblico ministero dispone l'immediata cessazione delle operazioni di intercettazione quando l'autorità giudiziaria dello Stato membro, ricevuta l'informazione di cui ai commi 1 e 2, comunica che non possono essere eseguite o proseguite. I risultati dell'intercettazione possono comunque essere utilizzati alle condizioni stabilite dall'autorità giudiziaria dello Stato membro.

45. Richiesta di documentazione inerente alle telecomunicazioni.

1. Il pubblico ministero o il giudice che procede possono trasmettere all'autorità di esecuzione ordine di indagine al fine di ottenere i dati esterni relativi al traffico telefonico o telematico nonché l'acquisizione di ogni altra informazione utile in possesso degli operatori di telecomunicazioni.

2. L'ordine di indagine contiene i dati tecnici necessari all'individuazione dell'utenza o del sistema informatico, ogni informazione utile ai fini dell'identificazione della persona che li ha in uso e dell'operatore, se noti, nonché l'indicazione del reato per il quale si procede.

46. Clausola di invarianza finanziaria.

1. Dall'attuazione delle disposizioni di cui al presente decreto non devono derivare nuovi o maggiori oneri per la finanza pubblica.

Le amministrazioni interessate provvedono agli adempimenti previsti dal presente decreto con le risorse umane, finanziarie e strumentali disponibili a legislazione vigente.

Il presente decreto, munito del sigillo dello Stato, sarà inserito nella Raccolta ufficiale degli atti normativi della Repubblica italiana. È fatto obbligo a chiunque spetti di osservarlo e di farlo osservare.

MINORI (DIRITTO PENALE DEI)

1. R.D.L. 20 luglio 1934, n. 1404, convertito, con modificazioni, in L. 27 maggio 1935, n. 835. – Istituzione e funzionamento del tribunale per i minorenni (*artt. 1, 14, 21, 23-25*)

In Gazzetta Ufficiale 5 settembre 1934, n. 208

PARTE I
Organizzazione giudiziaria e penitenziaria – Servizi ausiliari

1. Composizione dei centri di rieducazione per minorenni [(1)].

Gli istituti o servizi dipendenti dal Ministero di grazia e giustizia, destinati in ciascun distretto di Corte d'appello alla rieducazione dei minorenni irregolari per condotta o per carattere, al trattamento ed alla prevenzione della delinquenza minorile, costituiscono il centro di rieducazione per minorenni.

Possono in particolare essere compresi fra gli istituti e servizi predetti:
1) istituti di osservazione;
2) gabinetti medico-psico-pedagogici;
3) uffici di servizio sociale per minorenni;
4) case di rieducazione ed istituti medico-psico-pedagogici;
5) "focolari" di semi-libertà e pensionati giovanili;
6) scuole, laboratori e ricreatori speciali;
7) riformatori giudiziari;
8) prigioni-scuola.

Il Ministro per la grazia e la giustizia può con proprio decreto, aggregare ad un centro anche istituti o servizi ubicati nell'ambito territoriale di altro distretto, soltanto se in questo non sia già costituito il centro.

Nell'edificio od in uno degli edifici destinati ad istituto di osservazione od in un altro apposito, funzionano la sezione distrettuale del tribunale per le persone, per i minorenni e per le famiglie e la sezione di corte di appello per le persone, per i minorenni e per le famiglie, nonché l'Ufficio di procura della Repubblica presso il tribunale per le persone, per i minorenni e per le famiglie [(2)].

(1) Articolo sostituito dall'art. 1, r.d.l. 15.11.1938, n. 1802, e poi dall'articolo unico, l. 25.7.1956, n. 888.
(2) Comma modificato dall'art. 31, co. 1, lett. a), d.lgs. 10.10.2022, n. 149.

14. Definizione dell'istruzione.

Il procuratore del Re o il procuratore generale, se ritiene che non si debba procedere, anche per il motivo che possa applicarsi il perdono giudiziale, trasmette gli atti con le opportune richieste al tribunale per i minorenni, il quale delibera in camera di consiglio.

Il tribunale, se accoglie la richiesta, pronuncia sentenza di non doversi procedere. se crede necessari ulteriori dati, dispone che il pubblico ministero li compia; se crede doversi rinviare il minorenne a giudizio, ordina con decreto la citazione per il dibattimento.

21. Liberazione condizionale.

La liberazione condizionale dei condannati che commisero il reato quando erano minori degli anni 18 può essere ordinata dal ministro in qualunque momento dell'esecuzione e qualunque sia la durata della pena detentiva inflitta.

Il ministro può stabilire, col decreto di concessione, che, in luogo della libertà vigilata, sia applicato al liberato condizionalmente l'internamento in un riformatorio giudiziario se è tuttora minore degli anni 21 o l'assegnazione ad una colonia agricolo o ad una casa di lavoro se è maggiore di tale età.

Se per il liberato condizionalmente fu disposto l'internamento in un riformatorio giudiziario, in una colonia agricola o in una casa di lavoro, il tempo trascorso in tali stabilimenti è computato nella durata della pena.

23. Libertà vigilata.

Presso il tribunale per i minorenni è tenuto un elenco delle persone e degli istituti di assistenza sociale che si dichiarano disposti a provvedere all'educazione o all'assistenza dei minori sottoposti a libertà vigilata.

Prima d'iscrivere le persone o gli istituti nell'elenco, il tribunale assume informazioni sulla loro moralità, disinteresse e condizioni economiche.

Quando viene disposto l'affidamento del minore, sottoposto a libertà vigilata, ai genitori o a coloro che abbiano l'obbligo di provvedere alla sua educazione o assistenza, ai tutori, ovvero alle persone o agli istituti iscritti nell'elenco suddetto, il giudice di sorveglianza non consegna la carta precettiva indicata nell'art. 649 del codice di procedura penale, e la sorveglianza sul minore è esercitata dalle stesse persone e dagli stessi istituti, ai quali i minori vengono affidati, sotto l'immediato controllo del giudice di sorveglianza.

All'atto dell'affidamento è redatto verbale nel quale il giudice di sorveglianza segna le linee direttive dell'assistenza e della vigilanza, alle quali il minore deve essere sottoposto.

Le condizioni prescritte devono essere rivedute ed eventualmente modificate, secondo appare necessario dai risultati conseguiti dall'opera di riadattamento del minore, il quale deve essere frequentemente interrogato dal giudice di sorveglianza.

Se i risultati non sono soddisfacenti, il giudice di sorveglianza ordina l'internamento del minore in un riformatorio giudiziario.

24. Riabilitazione.

Per I fatti commessi dai minori degli anni 18, sia che abbiano dato luogo a condanna, sia a proscioglimento, è ammesso una riabilitazione speciale, che fa cessare le pene accessorie e tutti gli altri effetti preveduti da leggi e regolamenti penali, civili e amministrativi, salvo le limitazioni stabilite per la concessione della sospensione condizionale della pena e del perdono giudiziale.

Quando il minore ha compiuto gli anni 18, ma non ancora i 25, e non è tuttora sottoposto ad esecuzione di pena o di misura di sicurezza, il tribunale per i minorenni della dimora abituale del minore, su domanda dell'interessato, su richiesta del pubblico ministero, o anche d'ufficio esamina tutti I precedenti del minore, richiama gli atti che lo riguardano e assume informazioni sulla condotta da lui tenuta in famiglia, nella scuola, nell'officina, in pubblici o privati istituti, nelle organizzazioni della gioventù Italiana del littorio, dei fasci giovanili di combattimento, dell'opera nazionale del dopolavoro e delle associazioni sportive.

Se ritiene che il minore sia completamente emendato e degno di essere ammesso a tutte le attività della vita sociale, dichiara la riabilitazione.

Se in un primo esame appare insufficiente la prova dell'emenda, il tribunale può rinviare l'indagine a un tempo successivo, ma non oltre il compimento del venticinquesimo anno del minore.

Il tribunale provvede con sentenza in camera di consiglio, senza assistenza di difensori, sentiti l'autorità di pubblica sicurezza provinciale, il pubblico ministero, l'esercente la patria podestà o la tutela e il minore.

Il provvedimento di riabilitazione è annotato nelle sentenze riguardanti il minore [ed è iscritto nel casellario giudiziario]. Copia di esso è trasmessa all'autorità di pubblica sicurezza del comune di nascita e di abituale dimora del minore, nonché alle rispettive autorità provinciali di P. S. (1).

[Dichiarata la riabilitazione, nel certificato penale non si fa alcuna menzione dei precedenti penali del minore, anche se richiesto da una pubblica amministrazione, salvo che abbia attinenza con procedimento penale.] (2)

Sono applicabili le disposizioni degli articoli 180 e 181 del codice penale.

Alla revoca della riabilitazione si procede a norma dell'art. 600 del codice di procedura penale (3).

(1) Comma modificato dall'art. 52, d.P.R. 14.11.2002, n. 313.
(2) Comma abrogato dall'art. 52, d.P.R. 14.11.2002, n. 313.
(3) Articolo sostituito dall'art.1, r.d.l. 15.11.1938, n. 1802.

PARTE III
Competenza amministrativa

25. Misure applicabili ai minori irregolari per condotta o per carattere (1).

Quando un minore degli anni 18 dà manifeste prove di irregolarità della condotta o del carattere, il procuratore della Repubblica, l'ufficio di servizio sociale minorile, i genitori, il tutore, gli organismi di educazione, di protezione e di assistenza dell'infanzia e dell'adolescenza, possono riferire i fatti al tribunale per le persone, per i minorenni e per le famiglie, il quale, a mezzo di uno dei suoi componenti all'uopo designato dal presidente, esplica approfondite indagini sulla personalità del minore, e dispone con decreto motivato una delle seguenti misure (2):

1) affidamento del minore al servizio sociale minorile;
2) collocamento in una casa di rieducazione od in un istituto medico-psico-pedagogico.

Il provvedimento è deliberato in Camera di consiglio con l'intervento del minore, dell'esercente la patria potestà o la tutela, sentito il pubblico ministero. Nel procedimento è consentita l'assistenza del difensore. Le spese di affidamento o di ricovero, da anticiparsi dall'Erario, sono a carico dei genitori. In mancanza dei genitori sono tenuti a rimborsare tali rette gli esercenti la tutela, quando il patrimonio del minore lo consente.

(1) Articolo sostituito dall'articolo unico, l. 25.7.1956, n. 888.
(2) Comma modificato dall'art. 31, co. 1, lett. f), d.lgs. 10.10.2022, n. 149.

2. D.P.R. 22 settembre 1988, n. 448. – Approvazione delle disposizioni sul processo penale a carico di imputati minorenni (1)

In Gazzetta Ufficiale 24 ottobre 1988, n. 250, S.O.

(1) Secondo quanto previsto dall'art. 33, co. 1, lett. e), d.lgs. 10.10.2022, n. 149, le parole «*tribunale per i minorenni*», sono sostituite dalle seguenti: «*tribunale per le persone, per i minorenni e per le famiglie*».

Articolo Unico. – 1. è approvato il testo, allegato al presente decreto, delle disposizioni sul processo penale a carico di imputati minorenni.

2. Le disposizioni sul processo penale a carico di imputati minorenni entrano in vigore un anno dopo la loro pubblicazione nella Gazzetta Ufficiale.

Capo I
Disposizioni generali

1. Principi generali del processo minorile.

1. Nel procedimento a carico di minorenni si osservano le disposizioni del presente decreto e, per quanto da esse non previsto, quelle del codice di procedura penale. Tali disposizioni sono applicate in modo adeguato alla personalità e alle esigenze educative del minorenne (1).

2. Il giudice illustra all'imputato il significato delle attività processuali che si svolgono in sua presenza nonché il contenuto e le ragioni anche etico-sociali delle decisioni.

[1] La Corte costituzionale, con sentenza 22.1.2015, n. 1, ha dichiarato l'illegittimità costituzionale di questo comma nella parte in cui prevede che, nel processo minorile, nel caso di giudizio abbreviato ri-

chiesto dall'imputato in seguito a un decreto di giudizio immediato, la composizione dell'organo giudicante sia quella monocratica del giudice per le indagini preliminari e non quella collegiale prevista dall'art. 50 bis, co. 2, del regio decreto 30 gennaio 1941, n. 12 (Ordinamento giudiziario).

2. Organi giudiziari nel procedimento a carico di minorenni.

1. Nel procedimento a carico di minorenni esercitano le funzioni rispettivamente loro attribuite, secondo le leggi di ordinamento giudiziario:

a) il procuratore della Repubblica presso il tribunale per le persone, per i minorenni e per le famiglie;
b) il giudice per le indagini preliminari presso il tribunale per le persone, per i minorenni e per le famiglie;
c) la sezione distrettuale del tribunale per le persone, per i minorenni e per le famiglie;
d) il procuratore generale presso la corte di appello;
e) la sezione di corte di appello per le persone, per i minorenni e per le famiglie;
f) il magistrato di sorveglianza per i minorenni [(1)].

(1) Comma sostituito dall'art. 33, co. 1, lett. a), d.lgs. 10.10.2022, n. 149.

3. Competenza.

1. La sezione distrettuale del tribunale per le persone, per i minorenni e per le famiglie è competente per i reati commessi dai minori degli anni diciotto [(1)].

2. La sezione distrettuale del tribunale per le persone, per i minorenni e per le famiglie e il magistrato di sorveglianza per i minorenni esercitano le attribuzioni della magistratura di sorveglianza nei confronti di coloro che commisero il reato quando erano minori degli anni diciotto. La competenza cessa al compimento del venticinquesimo anno di età [(2)].

(1) Comma modificato dall'art. 33, co. 1, lett. b), d.lgs. 10.10.2022, n. 149.
(2) Comma modificato dall'art. 33, co. 1, lett. b), d.lgs. 10.10.2022, n. 149.

4. Informativa al procuratore della Repubblica per i minorenni.

1. Al fine dell'eventuale esercizio del potere di iniziativa per i provvedimenti civili di competenza del tribunale per le persone, per i minorenni e per le famiglie, l'autorità giudiziaria informa il procuratore della Repubblica presso il tribunale per le persone, per i minorenni e per le famiglie nella cui circoscrizione il minorenne abitualmente dimora dell'inizio e dell'esito del procedimento penale promosso in altra circoscrizione territoriale [(1)].

(1) Comma sostituito dall'art. 33, co. 1, lett. c), d.lgs. 10.10.2022, n. 149.

5. Sezioni di polizia giudiziaria per i minorenni.

1. In ciascuna procura della Repubblica presso tribunali per le persone, per i minorenni e per le famiglie è istituita una sezione specializzata di polizia giudiziaria, alla quale è assegnato personale dotato di specifiche attitudini e preparazione [(1)].

(1) Comma modificato dall'art. 33, co. 1, lett. d), d.lgs. 10.10.2022, n. 149.

6. Servizi minorili [(1)].

1. In ogni stato e grado del procedimento l'autorità giudiziaria si avvale, senza nuovi o maggiori oneri per la finanza pubblica, dei servizi minorili dell'amministrazione della giustizia e dei servizi di assistenza sociali e sanitari istituiti dagli enti locali e dal Servizio sanitario nazionale.

(1) Articolo sostituito dall'art. 6, co. 1, lett. 0a), d.l. 15.9.2023, n. 123, conv., con modif., dalla l. 13.11.2023, n. 159.

7. Notifiche all'esercente la potestà dei genitori.

1. L'informazione di garanzia e il decreto di fissazione di udienza devono essere notificati, a pena di nullità, anche all'esercente la potestà dei genitori.

8. Accertamento sull'età del minorenne.

1. Quando vi è incertezza sulla minore età dell'imputato, il giudice dispone, anche di ufficio, perizia.

2. Qualora, anche dopo la perizia, permangono dubbi sulla minore età, questa è presunta ad ogni effetto.

3. Le disposizioni dei commi 1 e 2 si applicano altresì quando vi è ragione di ritenere che l'imputato sia minore degli anni quattordici.

9. Accertamenti sulla personalità del minorenne.

1. Il pubblico ministero e il giudice acquisiscono elementi circa le condizioni e le risorse personali, familiari, sociali e ambientali del minorenne al fine di accertarne l'imputabilità e il grado di responsabilità, valutare la rilevanza sociale del fatto nonché disporre le adeguate misure penali e adottare gli eventuali provvedimenti civili.

2. Agli stessi fini il pubblico ministero e il giudice possono sempre assumere informazioni da persone che abbiano avuto rapporti con il minorenne e sentire il parere di esperti, anche senza alcuna formalità.

10. Inammissibilità dell'azione civile.

1. Nel procedimento penale davanti al tribunale per le persone, per i minorenni e per le famiglie non è ammesso l'esercizio dell'azione civile per le restituzioni e il risarcimento del danno cagionato dal reato [(1)].

2. La sentenza penale non ha efficacia di giudicato nel giudizio civile per le restituzioni e il risarcimento del danno cagionato dal reato.

3. Non può essere riconosciuta la sentenza penale straniera per conseguire le restituzioni o il risarcimento del danno.

(1) Secondo quanto previsto dall'art. 33, co. 1, lett. e), d.lgs. 10.10.2022, n. 149, le parole «*tribunale per i minorenni*», sono sostituite dalle seguenti: «*tribunale per le persone, per i minorenni e per le famiglie*».

11. Difensore di ufficio dell'imputato minorenne.

1. Fermo quanto disposto dall'articolo 97 del codice di procedura penale, il consiglio dell'ordine forense predispone gli elenchi dei difensori con specifica preparazione nel diritto minorile.

12. Assistenza all'imputato minorenne.

1. L'assistenza affettiva e psicologica all'imputato minorenne è assicurata, in ogni stato e grado del procedimento, dalla presenza dei genitori o di altra persona idonea indicata dal minorenne e ammessa dall'autorità giudiziaria che procede.

2. In ogni caso al minorenne è assicurata l'assistenza dei servizi indicati nell'articolo 6.

3. Il pubblico ministero e il giudice possono procedere al compimento di atti per i quali è richiesta la partecipazione del minorenne senza la presenza delle persone indicate nei commi 1 e 2, nell'interesse del minorenne o quando sussistono inderogabili esigenze processuali.

13. Divieto di pubblicazione e di divulgazione.

1. Sono vietate la pubblicazione e la divulgazione, con qualsiasi mezzo, di notizie o immagini idonee a consentire l'identificazione del minorenne comunque coinvolto nel procedimento.

2. La disposizione del comma 1 non si applica dopo l'inizio del dibattimento se il tribunale procede in udienza pubblica.

14. Casellario giudiziale per i minorenni.

[**1.** Presso ciascun tribunale per le persone, per i minorenni e per le famiglie sotto la vigilanza del procuratore della Repubblica presso il medesimo tribunale, l'ufficio del casellario per i minorenni raccoglie e conserva, oltre alle annotazioni di cui è prevista l'iscrizione da particolari disposizioni di legge, l'estratto dei provvedimenti indicati nell'art. 686 del codice di procedura penale riguardanti i minorenni nati nel distretto.

2. I provvedimenti e le annotazioni riguardanti minorenni nati all'estero o dei quali non si è potuto accertare il luogo di nascita nel territorio dello Stato si conservano nell'ufficio del casellario presso il tribunale per le persone, per i minorenni e per le famiglie di Roma.

3. Le certificazioni relative alle iscrizioni nel casellario per i minorenni possono essere rilasciate soltanto alla persona alla quale si riferiscono o alla autorità giudiziaria.] [(1)] [(2)]

(1) Articolo abrogato dall'art. 52, d.P.R. 14.11.2002, n. 313, con effetto a decorrere dalla data prevista dall'art. 55 del medesimo d.P.R.

(2) Secondo quanto previsto dall'art. 33, co. 1, lett. e), d.lgs. 10.10.2022, n. 149, le parole «*tribunale per i minorenni*», sono sostituite dalle seguenti: «*tribunale per le persone, per i minorenni e per le famiglie*».

15. Eliminazione delle iscrizioni.

[**1.** Le iscrizioni relative a provvedimenti di condanna a pena detentiva, anche se condizionalmente sospesa, sono trasmesse all'ufficio del casellario giudiziale previsto dall'art. 685 del codice di procedura penale al compimento del diciottesimo anno della persona alla quale si riferiscono.

2. Le iscrizioni relative alla concessione del perdono giudiziale sono conservate sino al compimento del ventunesimo anno di età della persona alla quale si riferiscono. Tutte le altre iscrizioni sono eliminate al compimento del diciottesimo anno di età.] [(1)]

(1) Articolo abrogato dall'art. 52, d.P.R. 14.11.2002, n. 313, con effetto a decorrere dalla data prevista dall'art. 55 del d.P.R.

Capo II
Provvedimenti in materia di libertà personale

16. Arresto in flagranza.

1. Gli ufficiali e gli agenti di polizia giudiziaria possono procedere all'arresto del minorenne colto in flagranza di uno dei delitti per i quali, a norma dell'articolo 23, può essere disposta la misura della custodia cautelare.

[**2.** Fuori dei casi previsti dal comma 1, gli ufficiali e gli agenti di polizia giudiziaria possono accompagnare il minorenne colto in flagranza di un delitto non colposo, per il quale la legge stabilisce la pena della reclusione non inferiore nel massimo a cinque anni, nella sua abitazione familiare ovvero, se questa manca o non è indicata, in una comunità pubblica o autorizzata provvedendo a informare senza ritardo l'autorità giudiziaria minorile per i provvedimenti di sua competenza.] [(1)]

3. Nell'avvalersi della facoltà prevista dal comma 1 gli ufficiali e gli agenti di polizia giudiziaria devono tenere conto della gravità del fatto nonché dell'età e della personalità del minorenne [(2)].

(1) Comma abrogato dall'art. 36, d.lgs. 14.1.1991, n. 12, con la decorrenza prevista dall'art. 56 del medesimo d.lgs. n. 12/1991.

(2) Comma modificato dall'art. 36, d.lgs. 14.1.1991, n. 12, con la decorrenza prevista dall'art. 56 del medesimo d.lgs. n. 12/1991.

17. Fermo di minorenne indiziato di delitto [(1)].

1. È consentito il fermo del minorenne indiziato di un delitto per il quale, a norma dell'articolo 23, può essere disposta la misura della custodia cautelare, sempre che, quando la legge stabilisce la pena della reclusione, questa non sia inferiore nel minimo a due anni.

(1) Articolo sostituito dall'art. 37, d.lgs. 14.1.1991, n. 12, con la decorrenza prevista dall'art. 56 del d.lgs. 12/1991.

18. Provvedimenti in caso di arresto o di fermo del minorenne [(1)].

1. Gli ufficiali e gli agenti di polizia giudiziaria che hanno eseguito l'arresto o il fermo del minorenne ne danno immediata notizia al pubblico ministero nonché all'esercente la potestà dei genitori e all'eventuale affidatario e informano tempestivamente i servizi minorili dell'amministrazione della giustizia. Quando risulta necessario a salvaguardare il superiore interesse del minorenne, in luogo dell'esercente la responsabilità genitoriale, dell'arresto o del fermo è informata altra persona idonea maggiorenne [(2)].

2. Quando riceve la notizia dell'arresto o del fermo, il pubblico ministero dispone che il minorenne sia senza ritardo condotto presso un centro di prima accoglienza o presso una comunità pubblica o autorizzata che provvede a indicare. Qualora, tenuto conto delle modalità del fatto, dell'età e della situazione familiare del minorenne, lo ritenga opportuno, il pubblico ministero può disporre che il minorenne sia condotto presso l'abitazione familiare perché vi rimanga a sua disposizione.

3. Oltre nei casi previsti dall'articolo 389 del codice di procedura penale, il pubblico ministero dispone con decreto motivato che il minorenne sia posto immediatamente in libertà quando ritiene di non dovere richiedere l'applicazione di una misura cautelare.

4. Al fine di adottare i provvedimenti di sua competenza, il pubblico ministero può disporre che il minorenne sia condotto davanti a sé.

5. Si applicano in ogni caso le disposizioni degli articoli 390 e 391 del codice di procedura penale.

(1) Articolo sostituito dall'art. 38, d.lgs. 14.1.1991, n. 12, con la decorrenza prevista dall'art. 56 del d.lgs. n. 12/1991.

(2) Comma modificato dall'art. 4, co. 1, d.l. 13.6.2023, n. 69, conv., con modif., dalla l. 10.8.2023, n. 103.

18 bis. Accompagnamento a seguito di flagranza [1].

1. Gli ufficiali e gli agenti di polizia giudiziaria possono accompagnare presso i propri uffici il minorenne colto in flagranza di un delitto non colposo per il quale la legge stabilisce la pena dell'ergastolo o della reclusione non inferiore nel massimo a tre anni, nonché di uno dei delitti di cui all'articolo 381, comma 2, lettere f), g), h) e m), del codice di procedura penale ovvero di uno dei reati di cui all'articolo 699 del codice penale o di cui all'articolo 4 della legge 18 aprile 1975, n. 110, e trattenerlo per il tempo strettamente necessario alla sua consegna all'esercente la potestà dei genitori o all'affidatario o a persona da questi incaricata. In ogni caso il minorenne non può essere trattenuto oltre dodici ore [2].

2. Gli ufficiali e gli agenti di polizia giudiziaria che hanno proceduto all'accompagnamento ne danno immediata notizia al pubblico ministero e informano tempestivamente i servizi minorili dell'amministrazione della giustizia. Provvedono inoltre a invitare l'esercente la potestà dei genitori e l'eventuale affidatario a presentarsi presso i propri uffici per prendere in consegna il minorenne.

3. L'esercente la potestà dei genitori, l'eventuale affidatario e la persona da questi incaricata alla quale il minorenne è consegnato sono avvertiti dell'obbligo di tenerlo a disposizione del pubblico ministero e di vigilare sul suo comportamento.

4. Quando non è possibile provvedere all'invito previsto dal comma 2 o il destinatario di esso non vi ottempera ovvero la persona alla quale il minorenne deve essere consegnato appare manifestamente inidonea ad adempiere l'obbligo previsto dal comma 3, la polizia giudiziaria né dà immediata notizia al pubblico ministero, il quale dispone che il minorenne sia senza ritardo condotto presso un centro di prima accoglienza ovvero presso una comunità pubblica o autorizzata che provvede a indicare.

5. Si applicano le disposizioni degli articoli 16 comma 3, 18 commi 2 secondo periodo, 3, 4 e 5 e 19 comma 5.

(1) Articolo introdotto dall'art. 39, d.lgs. 14.1.1991, n. 12, con la decorrenza prevista dall'art. 56 del medesimo d.lgs. n. 12/1991.

(2) Comma modificato dall'art. 6, co. 1, lett. a), d.l. 15.9.2023, n. 123, conv., con modif., dalla l. 13.11.2023, n. 159.

19. *Misure cautelari per i minorenni.*

1. Nei confronti dell'imputato minorenne non possono essere applicate misure cautelari personali diverse da quelle previste nel presente capo.

2. Nel disporre le misure il giudice tiene conto, oltre che dei criteri indicati nell'articolo 275 del codice di procedura penale, dell'esigenza di non interrompere i processi educativi in atto. Non si applica la disposizione dell'articolo 275, comma 3, secondo periodo, del codice di procedura penale [1].

3. Quando è disposta una misura cautelare, il giudice affida l'imputato ai servizi minorili dell'amministrazione della giustizia, i quali svolgono attività di sostegno e controllo in collaborazione con i servizi di assistenza istituiti dagli enti locali.

4. Le misure diverse dalla custodia cautelare possono essere applicate solo quando si procede per delitti per i quali la legge stabilisce la pena dell'ergastolo o della reclusione non inferiore nel massimo a quattro anni [2].

5. Nella determinazione della pena agli effetti della applicazione delle misure cautelari si tiene conto, oltre che dei criteri indicati nell'articolo 278, della diminuente della minore età [, salvo che per i delitti di cui all'articolo 73, comma 5, del testo unico di cui al decreto del Presidente della Repubblica 9 ottobre 1990, n. 309, e successive modificazioni] [3].

(1) Comma modificato dall'art. 5 del d.l. 13.5.1991, n. 152.

(2) Comma modificato dall'art. 40, d.lgs. 14.1.1991, n. 12, con la decorrenza prevista dall'art. 56 del medesimo d.lgs. n. 12/1991 e poi dall'art. 6, co. 1, lett. b), d.l. 15.9.2023, n. 123, conv., con modif., dalla l. 13.11.2023, n. 159.

(3) Comma modificato dall'art. 2, co. 1 ter, d.l. 23.12.2013, n. 146, conv., con modif., dalla l. 21.2.2014, n. 10 e poi dall'art. 6, co. 1, lett. b bis), d.l. 15.9.2023, n. 123, conv., con modif., dalla l. 13.11.2023, n. 159.

20. Prescrizioni.

1. Se, in relazione a quanto disposto dall'articolo 19comma 2, non risulta necessario fare ricorso ad altre misure cautelari, il giudice, sentito l'esercente la potestà dei genitori, può impartire al minorenne specifiche prescrizioni inerenti alle attività di studio o di lavoro ovvero ad altre attività utili per la sua educazione. Si applica l'articolo 19 comma 3.

2. Le prescrizioni previste dal comma 1 perdono efficacia decorsi due mesi dal provvedimento con il quale sono state impartite. Quando ricorrono esigenze probatorie, il giudice può disporre la rinnovazione, per non più di una volta, delle prescrizioni imposte.

3. Nel caso di gravi e ripetute violazioni delle prescrizioni, il giudice può disporre la misura della permanenza in casa.

21. Permanenza in casa.

1. Con il provvedimento che dispone la permanenza in casa il giudice prescrive al minorenne di rimanere presso l'abitazione familiare o altro luogo di privata dimora. Con il medesimo provvedimento il giudice può imporre limiti o divieti alla facoltà del minorenne di comunicare con persone diverse da quelle che con lui coabitano o che lo assistono.

2. Il giudice può, anche con separato provvedimento, consentire al minorenne di allontanarsi dall'abitazione in relazione alle esigenze inerenti alle attività di studio o di lavoro ovvero ad altre attività utili per la sua educazione.

3. I genitori o le persone nella cui abitazione è disposta la permanenza del minorenne vigilano sul suo comportamento. Essi devono consentire gli interventi di sostegno e di controllo dei servizi previsti dall'articolo 6 nonché gli eventuali ulteriori controlli disposti dal giudice.

4. Il minorenne al quale è imposta la permanenza in casa è considerato in stato di custodia cautelare, ai soli fini del computo della durata massima della misura, a decorrere dal momento in cui la misura è eseguita ovvero dal momento dell'arresto, del fermo o dell'accompagnamento. Il periodo di permanenza in casa è computato nella pena da eseguire, a norma dell'articolo 657 del codice di procedura penale [(1)].

5. Nel caso di gravi e ripetute violazioni degli obblighi a lui imposti o nel caso di allontanamento ingiustificato dalla abitazione, il giudice può disporre la misura del collocamento in comunità.

(1) Comma sostituito dall'art. 41, d.lgs. 14.1.1991, n. 12, con la decorrenza prevista dall'art. 56 del d.lgs. n. 12/1991.

22. Collocamento in comunità.

1. Con il provvedimento che dispone il collocamento in comunità il giudice ordina che il minorenne sia affidato a una comunità pubblica o autorizzata, imponendo eventuali specifiche prescrizioni inerenti alle attività di studio o di lavoro ovvero ad altre attività utili per la sua educazione.

2. Il responsabile della comunità collabora con i servizi previsti dall'articolo 19 comma 3.

3. Si applicano le disposizioni dell'articolo 21 commi 2 e 4.

4. Nel caso di gravi e ripetute violazioni delle prescrizioni imposte o di allontanamento ingiustificato dalla comunità, il giudice può disporre la misura della custodia cautelare [, per un tempo non superiore a un mese,] qualora si proceda per un delitto per il quale è prevista la pena della reclusione non inferiore nel massimo a quattro anni [(1)].

4 bis. Quando le esigenze cautelari risultano aggravate, il giudice, su richiesta del pubblico ministero, può disporre la sostituzione della misura applicata con la custodia cautelare, nei casi consentiti dall'articolo 23 [(2)].

(1) Comma modificato dall'art. 6, co. 1, lett. b ter), d.l. 15.9.2023, n. 123, conv., con modif., dalla l. 13.11.2023, n. 159.
(2) Comma introdotto dall'art. 6, co. 1, lett. b quater), d.l. 15.9.2023, n. 123, conv., con modif., dalla l. 13.11.2023, n. 159.

23. Custodia cautelare [(1)].

1. La custodia cautelare può essere applicata quando si procede per delitti non colposi per i quali la legge stabilisce la pena dell'ergastolo o della reclusione non inferiore nel massimo a sei anni. Anche fuori dai casi predetti, la custodia cautelare può essere applicata quando si procede per uno dei delitti, consumati o tentati, di cui all'articolo 380, comma 2, lettere e), e-*bis*) e g), del codice di procedura penale, nonché per uno dei delitti, consumati o tentati, di cui agli articoli 336, primo comma, e 337 del codice penale, e di cui all'articolo 73 del testo unico di cui al decreto del Presidente della Repubblica 9 ottobre 1990, n. 309 [(2)].

2. Il giudice può disporre la custodia cautelare:
a) se sussistono gravi e inderogabili esigenze attinenti alle indagini, in relazione a situazioni di concreto pericolo per l'acquisizione o la genuinità della prova;
a-*bis*) se l'imputato si è dato alla fuga o sussiste concreto e attuale pericolo che si dia alla fuga [(3)];
b) se l'imputato si è dato alla fuga o sussiste concreto pericolo che egli si dia alla fuga [(4)];
c) se, per specifiche modalità e circostanze del fatto e per la personalità dell'imputato, vi è il concreto pericolo che questi commetta gravi delitti con uso di armi o di altri mezzi di violenza personale o diretti contro l'ordine costituzionale ovvero delitti di criminalità organizzata o della stessa specie di quelli per cui si procede.

3. I termini previsti dall'articolo 303 del codice di procedura penale sono ridotti di un terzo per i reati commessi da minori degli anni diciotto e della metà per quelli commessi da minori degli anni sedici e decorrono dal momento della cattura, dell'arresto, del fermo o dell'accompagnamento [(5)].

(1) Articolo sostituito dall'art. 42, d.lgs. 14.1.1991, n. 12, con la decorrenza prevista dall'art. 56 del d.lgs. n. 12/1991.
(2) Comma modificato dall'art. 6, co. 1, lett. c), n. 1), d.l. 15.9.2023, n. 123, conv., con modif., dalla l. 13.11.2023, n. 159.
(3) Lettera introdotta dall'art. 6, co. 1, lett. c), n. 1 bis), d.l. 15.9.2023, n. 123, conv., con modif., dalla l. 13.11.2023, n. 159.
(4) La Corte costituzionale, con sentenza 26.7.2000, n. 359 ha dichiarato l'illegittimità costituzionale di questa lettera.
(5) Comma modificato dall'art. 6, co. 1, lett. c), n. 2), d.l. 15.9.2023, n. 123, conv., con modif., dalla l. 13.11.2023, n. 159.

24. Provvedimenti in caso di scarcerazione per decorrenza dei termini.

1. Quando l'imputato è scarcerato per decorrenza dei termini, il giudice può imporre le prescrizioni previste dall'articolo 20.

Capo III
Definizione anticipata del procedimento e giudizio in dibattimento

25. Procedimenti speciali.

1. Nel procedimento davanti al tribunale per le persone, per i minorenni e per le famiglie non si applicano le disposizioni dei titoli II e V del libro VI del codice di procedura penale.

2. Le disposizioni del titolo III del libro VI del codice di procedura penale si applicano solo se è possibile compiere gli accertamenti previsti dall'articolo 9 e assicurare al minorenne l'assistenza prevista dall'articolo 12.

2 bis. Salvo quanto previsto dal comma 2, il pubblico ministero può procedere al giudizio direttissimo anche nei confronti del minorenne accompagnato a norma dell'articolo 18-*bis* (1).

2 ter. Il pubblico ministero non può procedere al giudizio direttissimo o richiedere il giudizio immediato nei casi in cui ciò pregiudichi gravemente le esigenze educative del minore (2) (3).

(1) Comma introdotto dall'art. 43, d.lgs. 14.1.1991, n. 12, con la decorrenza prevista dall'art. 56 del d.lgs. n. 12/1991.

(2) Comma introdotto dall'art. 12 quater del d.l. 23.5.2008, n. 92.

(3) Secondo quanto previsto dall'art. 33, co. 1, lett. e), d.lgs. 10.10.2022, n. 149, le parole «*tribunale per i minorenni*», sono sostituite dalle seguenti: «*tribunale per le persone, per i minorenni e per le famiglie*».

26. Obbligo della immediata declaratoria della non imputabilità.

1. In ogni stato e grado del procedimento il giudice, quando accerta che l'imputato è minore degli anni quattordici, pronuncia, anche di ufficio, sentenza di non luogo a procedere trattandosi di persona non imputabile.

27. Sentenza di non luogo a procedere per irrilevanza del fatto (1) (2).

1. Durante le indagini preliminari, se risulta la tenuità del fatto e l'occasionalità del comportamento, il pubblico ministero chiede al giudice sentenza di non luogo a procedere per irrilevanza del fatto quando l'ulteriore corso del procedimento pregiudica le esigenze educative del minorenne.

2. Sulla richiesta il giudice provvede in camera di consiglio sentiti il minorenne e l'esercente la potestà dei genitori, nonché la persona offesa dal reato. Quando non accoglie la richiesta il giudice dispone con ordinanza la restituzione degli atti al pubblico ministero.

3. Contro la sentenza possono proporre appello il minorenne e il procuratore generale presso la corte di appello. La corte di appello decide con le forme previste dall'articolo 127 del codice di procedura penale e, se non conferma la sentenza, dispone la restituzione degli atti al pubblico ministero.

4. Nell'udienza preliminare, nel giudizio direttissimo e nel giudizio immediato, il giudice pronuncia di ufficio sentenza di non luogo a procedere per irrilevanza del fatto, se ricorrono le condizioni previste dal comma 1 (3).

(1) Articolo sostituito dall'art. 1 della l. 5.2.1992, n. 123. Ai sensi dell'art. 3 della l. n. 123/1992 nei procedimenti pendenti al 20.2.1992 la sentenza di non luogo a procedere per irrilevanza del fatto prevista da questo articolo, può essere pronunciata in ogni stato e grado del procedimento.

(2) La Corte costituzionale, con sentenza 6.6.1991, n. 250, ha dichiarato l'illegittimità costituzionale di questo articolo nella sua previgente formulazione.

(3) La Corte costituzionale, con sentenza 9.5.2003, n. 149, ha dichiarato l'illegittimità costituzionale di questo comma, nella parte in cui prevede che la sentenza di proscioglimento per irrilevanza del fatto possa essere pronunciata solo nell'udienza preliminare, nel giudizio immediato e nel giudizio direttissimo.

27 bis. Percorso di rieducazione del minore (1).

1. Durante le indagini preliminari, il pubblico ministero, quando procede per reati per i quali la legge stabilisce una pena detentiva non superiore nel massimo a cinque anni di reclusione ovvero una pena pecuniaria, sola o congiunta alla predetta pena detentiva, se i fatti non rivestono particolare gravità, può notificare al minore e all'esercente la responsabilità genitoriale la proposta di definizione anticipata del procedimento, subordinata alla condizione che il minore acceda a un percorso di reinserimento e rieducazione civica e sociale sulla base di un programma rieducativo che preveda, sentiti i servizi minorili dell'amministrazione della giustizia e nel rispetto della legislazione in materia di lavoro minorile, lo svolgimento di lavori socialmente utili o la collaborazione a titolo gratuito con enti del Terzo settore o lo svolgimento di altre attività a beneficio della comunità di appartenenza, per un periodo compreso da due a otto mesi.

2. Il deposito del programma rieducativo, redatto in collaborazione anche con i servizi dell'amministrazione della giustizia, deve avvenire, da parte dell'indagato o del suo difensore, entro sessanta giorni dalla notifica della proposta del pubblico ministero. Ricevuto il programma, il pubblico ministero lo trasmette al giudice per le indagini preliminari, che fissa l'udienza in camera di consiglio per deliberare sull'ammissione del minore al percorso di reinserimento e rieducazione.

3. Il giudice, sentiti l'imputato e l'esercente la responsabilità genitoriale, valutata la congruità del percorso di reinserimento e rieducazione, con l'ordinanza di ammissione di cui al comma 2 ne stabilisce la durata e sospende il processo per la durata corrispondente. Durante tale periodo il corso della prescrizione è sospeso.

4. In caso di interruzione o mancata adesione al percorso, i servizi minorili dell'amministrazione della giustizia informano il giudice, che fissa l'udienza in camera di consiglio e, sentite le parti, adotta i provvedimenti conseguenti.

5. Nel caso in cui il minore non intenda accedere al percorso di reinserimento e rieducazione o lo interrompa senza giustificato motivo, il giudice restituisce gli atti al pubblico ministero, che può procedere con richiesta di giudizio immediato anche fuori dei casi previsti dall'articolo 453 del codice di procedura penale. L'ingiustificata interruzione è valutata nel caso di istanza di sospensione del processo con messa alla prova.

6. Decorso il periodo di sospensione, il giudice fissa una nuova udienza in camera di consiglio nella quale, tenuto conto del comportamento dell'imputato e dell'esito positivo del percorso rieducativo, dichiara con sentenza estinto il reato. In caso contrario, restituisce gli atti al pubblico ministero, che può procedere con richiesta di giudizio immediato anche fuori dei casi previsti dall'articolo 453 del codice di procedura penale.

(1) Articolo introdotto dall'art. 8, co. 1, lett. b), d.l. 15.9.2023, n. 123, conv., con modif., dalla l. 13.11.2023, n. 159.

28. Sospensione del processo e messa alla prova.

1. Il giudice, sentite le parti, può disporre con ordinanza la sospensione del processo quando ritiene di dover valutare la personalità del minorenne all'esito della prova disposta a norma del comma 2. Il processo è sospeso per un periodo non superiore a tre anni quando si procede per reati per i quali è prevista la pena dell'ergastolo o della reclusione non inferiore nel massimo a dodici anni; negli altri casi, per un periodo non superiore a un anno. Durante tale periodo è sospeso il corso della prescrizione [(1)].

2. Con l'ordinanza di sospensione il giudice affida il minorenne ai servizi minorili dell'amministrazione della giustizia per lo svolgimento, anche in collaborazione con i servizi locali, delle opportune attività di osservazione, trattamento e sostegno. Con il medesimo provvedimento il giudice può impartire prescrizioni dirette a riparare le conseguenze del reato e a promuovere la conciliazione del minorenne con la persona offesa dal reato, nonché formulare l'invito a partecipare a un programma di giustizia riparativa, ove ne ricorrano le condizioni [(2)].

3. Contro l'ordinanza possono ricorrere per cassazione il pubblico ministero, l'imputato e il suo difensore.

4. La sospensione non può essere disposta se l'imputato chiede il giudizio abbreviato o il giudizio immediato [(3)].

5. La sospensione è revocata in caso di ripetute e gravi trasgressioni alle prescrizioni imposte.

5 bis. Le disposizioni di cui al comma 1 non si applicano ai delitti previsti dall'articolo 575 del codice penale, limitatamente alle ipotesi aggravate ai sensi dell'articolo 576, dagli articoli 609-*bis* e 609-*octies* del codice penale, limitatamente alle ipotesi aggravate ai sensi dell'articolo 609-*ter*, e dall'articolo 628, terzo comma, numeri 2), 3) e 3-*quinquies*), del codice penale [(4)].

(1) Comma modificato dall'art. 44, d.lgs. 14.1.1991, n. 12, con la decorrenza prevista dall'art. 56 del medesimo d.lgs. n. 12/1991.
(2) Comma modificato, dall'art. 83, co. 1, d.lgs. 10.10.2022, n. 150 a decorrere dal 30.12.2022.
(3) La Corte costituzionale, con sentenza 14.4.1995, n. 125, ha dichiarato l'illegittimità costituzionale di questo comma, sia nella parte in cui prevede che la sospensione non può essere disposta se l'imputato chiede il giudizio abbreviato, sia nella parte in cui prevede che la sospensione non può essere disposta se l'imputato chiede il giudizio immediato.
(4) Comma introdotto dall'art. 6, co. 1, lett. c bis), d.l. 15.9.2023, n. 123, conv., con modif., dalla l. 13.11.2023, n. 159.

29. Dichiarazione di estinzione del reato per esito positivo della prova.

1. Decorso il periodo di sospensione, il giudice fissa una nuova udienza nella quale dichiara con sentenza estinto il reato se, tenuto conto del comportamento del minorenne e della evoluzione della sua personalità, ritiene che la prova abbia dato esito positivo. Altrimenti provvede a norma degli articoli 32 e33.

30. Pene sostitutive [(1)].

1. Con la sentenza di condanna il giudice, quando ritiene di dover applicare una pena detentiva non superiore a quattro anni, può sostituirla con la semilibertà o con la detenzione domiciliare, previste dalla legge 24 novembre 1981, n. 689; quando ritiene di dover applicare una pena detentiva non superiore a tre anni, può sostituirla, se vi è il consenso del minore non più soggetto ad obbligo di istruzione, con il lavoro di pubblica utilità previsto dalla legge 24 novembre 1981, n. 689; quando ritiene di doverla determinare entro il limite di un anno, può sostituirla, altresì, con la pena pecuniaria della specie corrispondente, determinata ai sensi dell'articolo 56-*quater* della legge 24 novembre 1981, n. 689. In ogni caso, nel sostituire la pena detentiva e nello scegliere la pena sostitutiva, il giudice tiene conto della personalità e delle esigenze di lavoro o di studio del minorenne nonché delle sue condizioni familiari, sociali e ambientali.

2. Il pubblico ministero competente per l'esecuzione trasmette l'estratto della sentenza al magistrato di sorveglianza per i minorenni del luogo di abituale dimora del condannato. Il magistrato di sorveglianza convoca, entro tre giorni dalla comunicazione, il minorenne, l'esercente la responsabilità genitoriale, l'eventuale affidatario e i servizi minorili dell'amministrazione della giustizia e provvede in ordine alla esecuzione della pena sostitutiva a norma delle leggi vigenti, tenuto conto anche delle esigenze educative del minorenne.

3. Si applicano, in quanto compatibili, le disposizioni di cui al Capo III della legge 24 novembre 1981, n. 689, ad eccezione dell'articolo 59, e le funzioni attribuite all'ufficio di esecuzione penale esterna sono esercitate dai servizi minorili dell'amministrazione della giustizia.

4. Al compimento del venticinquesimo anno di età, se è in corso l'esecuzione di una pena sostitutiva, il magistrato di sorveglianza per i minorenni trasmette gli atti al magistrato di sorveglianza ordinario per la prosecuzione della pena, ove ne ricorrano le condizioni, con le modalità previste dalla legge 24 novembre 1981, n. 689.

(1) Articolo sostituito, dall'art. 73, co. 1, d.lgs. 10.10.2022, n. 150, a decorrere dal 30.12.2022.

31. Svolgimento dell'udienza preliminare.

1. Fermo quanto previsto dagli articoli 420-*bis* e 420-*ter* del codice di procedura penale, il giudice può disporre l'accompagnamento coattivo dell'imputato non comparso [(1)].

2. Il giudice, sentite le parti, può disporre l'allontanamento del minorenne, nel suo esclusivo interesse, durante l'assunzione di dichiarazioni e la discussione in ordine a fatti e circostanze inerenti alla sua personalità.

3. Dell'udienza è dato avviso alla persona offesa, ai servizi minorili che hanno svolto attività per il minorenne e all'esercente la potestà dei genitori.

4. Se l'esercente la potestà non compare senza un legittimo impedimento, il giudice può condannarlo al pagamento a favore della cassa delle ammende di una somma da lire cinquantamila a lire un milione. In qualunque momento il giudice può disporre l'allontanamento dell'esercente la potestà dei genitori quando ricorrono le esigenze indicate nell'articolo 12 comma 3.

5. La persona offesa partecipa all'udienza preliminare ai fini di quanto previsto dall'articolo 90 del codice di procedura penale. Il minorenne, quando è presente, è sentito dal giudice. Le altre persone citate o convocate sono sentite se risulta necessario ai fini indicati nell'articolo 9 [(2)].

(1) Comma modificato dall'art. 49 della l. 16.12.1999, n. 479.
(2) Comma sostituito dall'art. 45, d.lgs. 14.1.1991, n. 12.

32. Provvedimenti.

1. Nell'udienza preliminare, prima dell'inizio della discussione, il giudice chiede all'imputato se consente alla definizione del processo in quella stessa fase, salvo che il consenso sia stato validamente prestato in precedenza. Se il consenso è prestato, il giudice, al termine della discussione, pronuncia sentenza di non luogo a procedere nei casi previsti dall'articolo 425 del codice di procedura penale o per concessione del perdono giudiziale o per irrilevanza del fatto [(1)].

2. Il giudice, se vi è richiesta del pubblico ministero, pronuncia sentenza di condanna quando ritiene applicabile una pena pecuniaria o una sanzione sostitutiva. In tale caso la pena può essere diminuita fino alla metà rispetto al minimo edittale.

3. Contro la sentenza prevista dal comma 2 l'imputato e il difensore munito di procura speciale possono proporre opposizione, con atto depositato nella cancelleria del giudice che ha emesso la sentenza, entro cinque giorni dalla pronuncia o, quando l'imputato non è comparso, dalla notificazione dell'estratto. La sentenza è irrevocabile quando è inutilmente decorso il termine per proporre opposizione o quello per impugnare l'ordinanza che la dichiara inammissibile [(2) (3)].

3 bis. L'esecuzione della sentenza di condanna pronunciata a carico di più minorenni imputati dello stesso reato rimane sospesa nei confronti di coloro che non hanno proposto opposizione fino a quando il giudizio conseguente all'opposizione non sia definito con pronuncia irrevocabile [(4)].

4. In caso di urgente necessità, il giudice, con separato decreto, può adottare provvedimenti civili temporanei a protezione del minorenne. Tali provvedimenti sono immediatamente esecutivi e cessano di avere effetto entro trenta giorni dalla loro emissione.

(1) Comma, da ultimo, sostituito dall'art. 22 della l. 1.3.2001, n. 63. Successivamente la Corte costituzionale, con sentenza 16.5.2002, n. 195, ha dichiarato l'illegittimità di questo comma, nella parte in cui, in mancanza del consenso dell'imputato, preclude al giudice di pronunciare sentenza di non luogo a procedere che non presuppone un accertamento di responsabilità.
(2) Comma così sostituito dall'art. 46, d.lgs. 14.1.1991, n. 12.
(3) La Corte costituzionale, con sentenza 11.3.1993, n. 77, ha dichiarato l'illegittimità costituzionale di questo comma, nella parte in cui non prevede che possa essere proposta opposizione avverso le sentenze di non luogo a procedere con le quali è stata comunque presupposta la responsabilità dell'imputato.
(4) Comma introdotto dall'art. 46, d.lgs. 14.1.1991, n. 12.

32 bis. Opposizione [(1)].

1. Con l'atto di opposizione è richiesto il giudizio davanti al tribunale per le persone, per i minorenni e per le famiglie.

2. L'opposizione è inammissibile quando è proposta fuori termine o da persona non legittimata. L'inammissibilità è dichiarata dal giudice che ha emesso la sentenza con ordinanza avverso la quale l'opponente può proporre ricorso per cassazione.

3. Quando non deve dichiararne l'inammissibilità, il giudice trasmette l'opposizione con il fascicolo formato a norma dell'articolo 431 del codice di procedura penale al tribunale per le persone, per i minorenni e per le famiglie competente per il giudizio.

4. Nel giudizio conseguente all'opposizione il tribunale per le persone, per i minorenni e per le famiglie revoca la sentenza di condanna.

5. Il tribunale per le persone, per i minorenni e per le famiglie può applicare in ogni caso una pena anche diversa e più grave di quella fissata nella sentenza revocata e revocare i benefici già concessi.

6. Con la sentenza che proscioglie l'imputato perché il fatto non sussiste, non è previsto dalla legge come reato ovvero è commesso in presenza di una causa di giustificazione, il tribunale per le persone, per i minorenni e per le famiglie, revoca la sentenza di condanna anche nei confronti degli imputati dello stesso reato che non hanno proposto opposizione [(2)].

(1) Articolo introdotto dall'art. 47, d.lgs. 14.1.1991, n. 12, con la decorrenza prevista dall'art. 56 del medesimo d.lgs. n. 12/1991.
(2) Secondo quanto previsto dall'art. 33, co. 1, lett. e), d.lgs. 10.10.2022, n. 149, le parole «*tribunale per i minorenni*», sono sostituite dalle seguenti: «*tribunale per le persone, per i minorenni e per le famiglie*».

33. Udienza dibattimentale.

1. L'udienza dibattimentale davanti al tribunale per le persone, per i minorenni e per le famiglie è tenuta a porte chiuse.

2. L'imputato che abbia compiuto gli anni sedici può chiedere che l'udienza sia pubblica. Il tribunale decide, valutata la fondatezza delle ragioni addotte e l'opportunità di procedere in udienza pubblica, nell'esclusivo interesse dell'imputato. La richiesta non può essere accolta se vi sono coimputati minori degli anni sedici o se uno o più coimputati non vi consente.

3. L'esame dell'imputato è condotto dal presidente. I giudici, il pubblico ministero e il difensore possono proporre al presidente domande o contestazioni da rivolgere all'imputato.

4. Si applicano le disposizioni degli articoli 31 e 32 comma 4 [(1)].

(1) Secondo quanto previsto dall'art. 33, co. 1, lett. e), d.lgs. 10.10.2022, n. 149, le parole «*tribunale per i minorenni*», sono sostituite dalle seguenti: «*tribunale per le persone, per i minorenni e per le famiglie*».

34. Impugnazione dell'esercente la potestà dei genitori.

1. L'esercente la potestà dei genitori può, anche senza avere diritto alla notificazione del provvedimento, proporre l'impugnazione che spetta all'imputato minorenne.

2. Qualora sia l'imputato che l'esercente la potestà dei genitori abbiano proposto l'impugnazione, si tiene conto, a ogni effetto, soltanto dell'impugnazione proposta dall'imputato, quando tra i due atti vi sia contraddizione. Negli altri casi, la regolarità di una impugnazione sana l'irregolarità dell'altra anche in relazione ai motivi.

35. Giudizio di appello.

1. Nel procedimento di appello si osservano in quanto applicabili le disposizioni riguardanti il procedimento davanti al tribunale per le persone, per i minorenni e per le famiglie [(1)].

(1) Secondo quanto previsto dall'art. 33, co. 1, lett. e), d.lgs. 10.10.2022, n. 149, le parole «*tribunale per i minorenni*», sono sostituite dalle seguenti: «*tribunale per le persone, per i minorenni e per le famiglie*».

Capo IV
Procedimento per l'applicazione delle misure di sicurezza

36. Applicazione delle misure di sicurezza nei confronti dei minorenni.

1. La misura di sicurezza della libertà vigilata applicata nei confronti di minorenni è eseguita nelle forme previste dagli articoli 20 e 21.

2. La misura di sicurezza del riformatorio giudiziario è applicata soltanto in relazione ai delitti previsti dall'articolo 23 comma 1 ed è eseguita nelle forme dell'articolo 22.

37. Applicazione provvisoria.

1. Con la sentenza di non luogo a procedere a norma degli articoli 97 e 98 del codice penale, il giudice, su richiesta del pubblico ministero, può applicare in via provvisoria una misura di sicurezza.

2. La misura è applicata se ricorrono le condizioni previste dall'articolo 224 del codice penale e quando, per le specifiche modalità e circostanze del fatto e per la personalità dell'imputato, sussiste il concreto pericolo che questi commetta delitti con uso di armi o di altri mezzi di violenza personale o diretti contro la sicurezza collettiva o l'ordine costituzionale ovvero gravi delitti di criminalità organizzata.

3. Quando applica in via provvisoria una misura di sicurezza, il giudice dispone la trasmissione degli atti al tribunale per le persone, per i minorenni e per le famiglie. Allo stesso modo provvede nel caso di rigetto della richiesta del pubblico ministero. La misura cessa di avere effetto decorsi 30 giorni dalla pronuncia senza che abbia avuto inizio il procedimento previsto dall'articolo 38.

4. Le disposizioni dei commi precedenti si applicano nel giudizio abbreviato quando il giudice, anche di ufficio, ritiene che sussistono le condizioni previste dal comma 2 [(1)].

(1) Secondo quanto previsto dall'art. 33, co. 1, lett. e), d.lgs. 10.10.2022, n. 149, le parole «*tribunale per i minorenni*», sono sostituite dalle seguenti: «*tribunale per le persone, per i minorenni e per le famiglie*».

38. Procedimento davanti al tribunale per le persone, per i minorenni e per le famiglie.

1. Nei casi previsti dall'articolo 37 il tribunale per le persone, per i minorenni e per le famiglie procede al giudizio sulla pericolosità nelle forme previste dall'articolo 678 del codice di procedura penale e decide con sentenza, sentiti il minorenne, l'esercente la potestà dei genitori, l'eventuale affidatario e i servizi indicati nell'articolo 6. Nel corso del procedimento può modificare o revocare la misura applicata a norma dell'articolo 37 comma 1 o applicarla in via provvisoria.

2. Con la sentenza il tribunale per le persone, per i minorenni e per le famiglie applica la misura di sicurezza se ricorrono le condizioni previste dall'articolo 37 comma 2 [(1)].

(1) Secondo quanto previsto dall'art. 33, co. 1, lett. e), d.lgs. 10.10.2022, n. 149, le parole «*tribunale per i minorenni*», sono sostituite dalle seguenti: «*tribunale per le persone, per i minorenni e per le famiglie*».

39. Applicazione di una misura di sicurezza nel dibattimento.

1. Con la sentenza emessa a norma degli articoli 97 e 98 del codice penale o con la sentenza di condanna, il tribunale per le persone, per i minorenni e per le famiglie può disporre l'applicazione di una misura di sicurezza, se ricorrono le condizioni previste dall'articolo 37 comma 2 [(1)].

(1) Secondo quanto previsto dall'art. 33, co. 1, lett. e), d.lgs. 10.10.2022, n. 149, le parole «*tribunale per i minorenni*», sono sostituite dalle seguenti: «*tribunale per le persone, per i minorenni e per le famiglie*».

40. Esecuzione delle misure di sicurezza.

1. La competenza per l'esecuzione delle misure di sicurezza applicate nei confronti di minorenni è attribuita al magistrato di sorveglianza per i minorenni del luogo dove la misura stessa deve essere eseguita

2. Il magistrato di sorveglianza per i minorenni impartisce le disposizioni concernenti le modalità di esecuzione della misura, sulla quale vigila costantemente anche mediante frequenti contatti, senza alcuna formalità, con il minorenne, l'esercente la potestà dei genitori, l'eventuale affidatario e i servizi minorili. In caso di revoca della misura ne dà comunicazione al procuratore della Repubblica presso il tribunale per le persone, per i minorenni e per le famiglie per l'eventuale esercizio dei poteri di iniziativa in materia di provvedimenti civili [(1)].

(1) Secondo quanto previsto dall'art. 33, co. 1, lett. e), d.lgs. 10.10.2022, n. 149, le parole «*tribunale per i minorenni*», sono sostituite dalle seguenti: «*tribunale per le persone, per i minorenni e per le famiglie*».

41. Impugnazione dei provvedimenti del magistrato di sorveglianza per i minorenni.

1. Contro i provvedimenti emessi dal magistrato di sorveglianza per i minorenni in materia di misure di sicurezza possono proporre appello dinanzi al tribunale per le persone, per i minorenni e per le famiglie l'imputato, l'esercente la potestà dei genitori, il difensore e il pubblico ministero.

2. Si osservano le disposizioni generali sulle impugnazioni, ma l'appello non ha effetto sospensivo, salvo che il tribunale per le persone, per i minorenni e per le famiglie disponga altrimenti [(1)].

(1) Secondo quanto previsto dall'art. 33, co. 1, lett. e), d.lgs. 10.10.2022, n. 149, le parole «*tribunale per i minorenni*», sono sostituite dalle seguenti: «*tribunale per le persone, per i minorenni e per le famiglie*».

3. D.Lgs. 28 luglio 1989, n. 272. – Norme di attuazione, di coordinamento e transitorie del D.P.R. 22 settembre 1988, n. 448, recante disposizioni sul processo penale a carico di imputati minorenni (*artt. 20, 23-27*)

In Gazzetta Ufficiale 5 agosto 1989, n. 182, S.O.

20. Cautele nell'esecuzione dell'arresto e del fermo, nell'accompagnamento e nella traduzione.

1. Nell'esecuzione dell'arresto e del fermo, nell'accompagnamento e nella traduzione, sono adottate le opportune cautele per proteggere i minorenni dalla curiosità del pubblico e da ogni specie di pubblicità nonché per ridurne, nei limiti del possibile, i disagi e le sofferenze materiali e psicologiche. È vietato l'uso di strumenti di coercizione fisica, salvo che ricorrano gravi esigenze di sicurezza.

1.1. L'autorità giudiziaria o la direzione penitenziaria competente valutano se ricorre l'esigenza di assicurare, nei confronti dei soggetti minorenni che si trovano in particolari condizioni emotive, l'assistenza psicologica a mezzo dei servizi dei centri per la giustizia minorile (1).

1 bis. Il minorenne condotto presso gli uffici di polizia giudiziaria in esecuzione di un arresto, di un fermo o di un accompagnamento è trattenuto in locali separati da quelli dove si trovano maggiorenni arrestati o fermati (2).

(1) Comma introdotto dall'art. 3, co. 1, l. 12.12.1992 n. 492.
(2) Comma introdotto dall'art. 50, co. 1, d.lgs. 14.1.1991, n. 12.

23. Esecuzione delle misure cautelari in caso di infermità.

1. Se il minorenne si trova in stato di infermità, le misure cautelari previste dagli articoli 21 e 22 del D.P.R. 22 settembre 1988, n. 448 possono essere eseguite in luogo di cura pubblico o privato.

24. Esecuzione di provvedimenti limitativi della libertà personale.

1. Le misure cautelari, le misure penali di comunità, le altre misure alternative, le pene sostitutive, le pene detentive e le misure di sicurezza si eseguono secondo le norme e con le modalità previste per i minorenni anche nei confronti di coloro che nel corso dell'esecuzione abbiano compiuto il diciottesimo ma non il venticinquesimo anno di età, sempre che, [per quanti abbiano già compiuto il ventunesimo anno,] non ricorrano particolari ragioni di sicurezza valutate dal giudice competente, tenuto conto altresì delle finalità rieducative ovvero quando le predette finalità non risultano in alcun modo perseguibili a causa della mancata adesione al trattamento in atto. L'esecuzione rimane affidata al personale dei servizi minorili (1).

2. Le disposizioni del comma 1 si applicano anche quando l'esecuzione ha inizio dopo il compimento del diciottesimo anno di età.

(1) Comma modificato, prima, dall'art. 5, co. 1, d.l. 26.6.2014, n. 92, conv., con modif., dalla l. 11.8.2014, n. 117 e, poi, dall'art. 9, co. 1, d.lgs. 2.10.2018, n. 121, e, poi, e dall'art. 74, co. 1, lett. b), d.lgs. 10.10.2022, n. 150, a decorrere dal 30.12.2022

25. Giudice del riesame e dell'appello.

1. Sulla richiesta di riesame o sull'appello proposti a norma degli articoli 309 e 310 del codice di procedura penale decide il tribunale per i minorenni del luogo dove ha sede l'ufficio del giudice che ha emesso l'ordinanza impugnata.

26. Sentenza di non luogo a procedere per irrilevanza del fatto.

1. Se fin dalle prime indagini risulta che sussistono le condizioni previste dall'articolo 27 del decreto del Presidente della Repubblica 22 settembre 1988 n. 448, il pubblico ministero richiede sentenza di non luogo a procedere per irrilevanza del fatto al giudice indicato nell'articolo 50-*bis* comma 1 del regio decreto 30 gennaio 1941 n. 12, introdotto dall'articolo 14 del decreto del Presidente della Repubblica 22 settembre 1988 n. 449 (1).

(1) La Corte costituzionale, con sentenza 6.6.1991, n. 250, ha dichiarato l'illegittimità costituzionale di questo articolo.

27. Sospensione del processo e messa alla prova.

1. Il giudice provvede a norma dell'articolo 28 del decreto del Presidente della Repubblica 22 settembre 1988 n. 448, sulla base di un progetto di intervento elaborato dai servizi minorili dell'amministrazione della giustizia, in collaborazione con i servizi socio-assistenziali degli enti locali.

2. Il progetto di intervento deve prevedere tra l'altro:

a) le modalità di coinvolgimento del minorenne, del suo nucleo familiare e del suo ambiente di vita;
b) gli impegni specifici che il minorenne assume;
c) le modalità di partecipazione al progetto degli operatori della giustizia e dell'ente locale;
d) le modalità di attuazione eventualmente dirette a riparare le conseguenze del reato e a promuovere la conciliazione del minorenne con la persona offesa.

3. I servizi informano periodicamente il giudice dell'attività svolta e dell'evoluzione del caso, proponendo, ove lo ritengano necessario, modifiche al progetto, eventuali abbreviazioni di esso ovvero, in caso di ripetute e gravi trasgressioni, la revoca del provvedimento di sospensione.

4. Il presidente del collegio che ha disposto la sospensione del processo e l'affidamento riceve le relazioni dei servizi e ha il potere, delegabile ad altro componente del collegio, di sentire, senza formalità di procedura, gli operatori e il minorenne.

5. Ai fini di quanto previsto dagli articoli 28 comma 5 e 29 del decreto del Presidente della Repubblica 22 settembre 1988 n. 448, i servizi presentano una relazione sul comportamento del minorenne e sull'evoluzione della sua personalità al presidente del collegio che ha disposto la sospensione del processo nonché al pubblico ministero, il quale può chiedere la fissazione dell'udienza prevista dall'articolo 29 del medesimo decreto.

4. D.L. 15 settembre 2023, n. 123, convertito, con modificazioni, dalla L. 13 novembre 2023, n. 159. – Misure urgenti di contrasto al disagio giovanile, alla povertà educativa e alla criminalità minorile, nonché per la sicurezza dei minori in ambito digitale (c.d. Decreto Caivano)

In Gazzetta Ufficiale 15 settembre 2023, n. 216

Capo I
Interventi infrastrutturali nel territorio del Comune di Caivano

1. Interventi infrastrutturali urgenti in favore del Comune di Caivano.

1. Al fine di fronteggiare le situazioni di degrado, vulnerabilità sociale e disagio giovanile presenti nel territorio del Comune di Caivano, con decreto del Presidente del Consiglio dei ministri, da adottarsi entro quindici giorni dalla data di entrata in vigore del presente decreto, è nominato un Commissario straordinario con il compito di predisporre e attuare un piano straordinario di interventi infrastrutturali o di riqualificazione funzionale al territorio del predetto comune, prevedendo, laddove occorra, anche una semplificazione per le procedure di concessione di immobili pubblici per fini sociali, con particolare riferimento al sostegno a enti del Terzo settore operanti in ambito artistico e culturale, sociosanitario, sportivo, di contrasto alla povertà educativa e per l'integrazione. Il piano straordinario è predisposto dal Commissario straordinario d'intesa con il Comune di Caivano e con il Dipartimento per le politiche di coesione della Presidenza del Consiglio dei ministri e, per gli interventi di cui al comma 4, sulla base dell'attività istruttoria del Genio militare. Il predetto piano è approvato con delibera del Consiglio dei ministri, con assegnazione delle relative risorse nel limite complessivo di euro 30 milioni, a valere sul Fondo per lo sviluppo e la coesione, periodo di programmazione 2021-2027, di cui all'articolo 1, comma 177, della legge 30 dicembre 2020, n. 178 e in coerenza con le disponibilità finanziarie dello stesso (1).

2. Per la realizzazione degli interventi approvati ai sensi del comma 1 si provvede in deroga a ogni disposizione di legge diversa da quella penale, fatto salvo il rispetto dei principi generali dell'ordinamento, delle disposizioni del codice delle leggi antimafia e delle [relative] misure di prevenzione di cui al decreto legislativo 6 settembre 2011, n. 159, nonché dei vincoli inderogabili derivanti dall'appartenenza all'Unione europea. In relazione agli interventi inseriti nel piano di cui al comma 1, fatto salvo quanto previsto al comma 4, il Commissario straordinario si avvale del supporto tecnico-operativo, ai sensi dell'articolo 10, commi 1 e 2, del decreto-legge 31 maggio 2021, n. 77, convertito, con modificazioni, dalla legge 29 luglio 2021, n. 108, dell'Agenzia nazionale per l'attrazione degli investimenti e lo sviluppo d'impresa – INVITALIA S.p.A., che svolge altresì le funzioni di centrale di committenza ai sensi dell'articolo 62 del codice dei contratti pubblici, di cui al decreto legislativo 31 marzo 2023, n. 36, con oneri posti a carico dello stanziamento previsto dal comma 1, come determinato nella delibera del Consiglio dei ministri, e comunque[,] nel limite massimo del due per cento di detto stanziamento, al netto di quanto previsto dal comma 4 (2).

3. Per l'esercizio dei compiti assegnati, il Commissario straordinario resta in carico un anno, prorogabile di un ulteriore anno, e si avvale di una struttura di supporto posta alle sue dirette dipendenze, costituita con decreto del Presidente del Consiglio dei ministri e che opera sino alla data di cessazione dell'incarico del Commissario straordinario. Alla struttura di supporto è assegnato un contingente massimo di personale pari a cinque unità, di cui una di personale dirigenziale di livello non generale e quattro di personale non dirigenziale, dipendenti di pubbliche amministrazioni centrali e di enti territoriali, previa intesa con le amministrazioni e con gli enti predetti, in possesso delle competenze e dei requisiti di professionalità richiesti per il perseguimento delle finalità e l'esercizio delle funzioni di cui al presente articolo, con esclusione del personale docente, educativo, amministrativo, tecnico e ausiliario delle istituzioni scolastiche. Il personale di cui al secondo periodo, ai sensi dell'articolo 17, comma 14, della legge 15 maggio 1997, n. 127, è collocato fuori ruolo o in posizione di comando, distacco o altro analogo istituto o posizione previsti dai rispettivi ordinamenti, conservando lo stato giuridico e il trattamento economico fondamentale dell'amministrazione di appartenenza. Al personale non dirigenziale della struttura di supporto è riconosciuto il trattamento economico accessorio, ivi compresa l'indennità di amministrazione, del personale non dirigenziale del comparto della Presidenza del Consiglio dei ministri e, con uno o più provvedimenti del Commissario straordinario, può essere riconosciuta la corresponsione di compensi per prestazioni di lavoro straordinario nel limite massimo di trenta ore mensili effettivamente svolte, oltre a quelle già previste dai rispettivi ordinamenti e comunque nel rispetto della disciplina in materia di orario di lavoro, di cui al decreto legislativo 8 aprile 2003, n. 66. All'atto del collocamento fuori ruolo è reso indisponibile, nella dotazione organica dell'amministrazione di provenienza, per tutta la durata del collocamento fuori ruolo, un numero di posti equivalente dal punto di vista finanziario. Con il provvedimento istitutivo della struttura di supporto sono determinate, nei limiti di quanto previsto dal comma 1, le specifiche dotazioni finanziarie e strumentali nonché quelle del personale, anche dirigenziale, di cui al secondo periodo del presente comma, necessarie al funzionamento della medesima struttura. Per l'esercizio delle proprie funzioni, il Commissario straordinario può avvalersi, altresì, delle strutture delle amministrazioni locali e degli enti territoriali, nonché delle strutture periferiche delle amministrazioni centrali dello Stato. Il Commissario straordinario, per le finalità di cui al comma 1, può altresì avvalersi di un numero massimo di tre esperti di comprovata qualificazione professionale, nominati con proprio provvedimento, cui compete un compenso massimo annuo di euro 50.000 al lordo dei contributi previdenziali e degli oneri fiscali a carico dell'amministrazione per singolo incarico. Il compenso del Commissario straordinario è determinato con il decreto di cui al comma 1 del presente articolo in misura non superiore a quella indicata all'articolo 15, comma 3, del decreto-legge 6 luglio 2011, n. 98, convertito, con modificazioni, dalla legge 15 luglio 2011, n. 111 con oneri a carico delle risorse di cui al comma 1 del presente articolo (3).

4. Il piano straordinario di cui al comma 1 ricomprende anche interventi urgenti per il risanamento, il ripristino, il completamento, l'adeguamento, la ricostruzione e la riqualificazione del centro sportivo ex Delphinia di Caivano e per la realizzazione degli ulteriori interventi strumentali e connessi che interessino il centro sportivo ovvero pertinenze attigue. Per la realizzazione dei predetti interventi, il Commissario straordinario si avvale del supporto tecnico-operativo, ai sensi dell'articolo 10, commi 1 e 2, del decreto-legge 31 maggio 2021, n. 77, convertito, con modificazioni, dalla legge 29 luglio 2021, n. 108, della società Sport e Salute Spa, che svolge altresì le funzioni di centrale di committenza ai sensi dell'articolo 63 del codice di cui al decreto legislativo 31 marzo 2023, n. 36, con oneri posti a carico dello stanziamento previsto dal comma 1, come determinato nella delibera del Consiglio dei ministri, e comunque[,] nel limite massimo del due per cento delle risorse destinate con la citata delibera alla realizzazione degli interventi di cui al primo periodo del presente comma (4).

4 bis. Al fine di sostenere, nell'ambito del piano straordinario di cui al comma 1, interventi per la realizzazione o riqualificazione di infrastrutture culturali, l'autorizzazione di spesa di cui all'articolo 1, comma 337, della legge 28 dicembre 2015, n. 208, è incrementata di 12 milioni di euro per l'anno 2023 (5).

4 ter. Agli oneri derivanti dall'attuazione del comma 4-*bis*, pari a 12 milioni di euro per l'anno 2023, si provvede mediante corrispondente riduzione dello stanziamento del fondo speciale di conto capitale iscritto, ai fini del bilancio triennale 2023-2025, nell'ambito del programma "Fondi di riserva e speciali" della missione "Fondi da ripartire" dello stato di previsione del Ministero dell'economia e delle finanze per l'anno 2023, allo scopo parzialmente utilizzando l'accantonamento relativo al Ministero della cultura. Il Ministro dell'economia e delle finanze è autorizzato ad apportare, con propri decreti, le occorrenti variazioni di bilancio (6).

5. Il Commissario straordinario prevede altresì criteri e modalità per l'affidamento in uso degli impianti del Centro sportivo ex Delphinia di Caivano di cui al comma 4, anche in deroga alle disposizioni vigenti, individuando come prioritari i progetti presentati dai Gruppi sportivi militari e dei corpi civili dello Stato (7).

6. Per le medesime finalità di cui al comma 1, il Ministero dell'università e della ricerca finanzia specifici progetti finalizzati alla costruzione o rigenerazione di edifici e spazi nell'area del Comune di Caivano da destinare ad attività educative e formative, realizzati dalle istituzioni universitarie che hanno sede nella regione Campania. Tali interventi, identificati dal Codice Unico di Progetto (CUP), vengono attuati in raccordo con il Commissario straordinario di cui al comma 1 e per la realizzazione degli stessi si applicano le disposizioni di cui al comma 2, primo periodo (8).

7. Alla copertura degli oneri di cui al comma 6 si provvede a valere sulle risorse del Fondo integrativo speciale per la ricerca (FISR) di cui all'articolo 1, comma 3, del decreto legislativo 5 giugno 1998, n. 204, per un importo pari a cinque milioni di euro per l'anno 2024.

7 bis. Una quota non inferiore a euro 100.000 per l'anno 2024 dell'autorizzazione di spesa di cui all'articolo 1, comma 676, della legge 29 dicembre 2022, n. 197, è destinata, con il decreto di cui al comma 677 del medesimo articolo 1 della legge n. 197 del 2022, al comune di Caivano per l'installazione di sistemi di videosorveglianza finalizzati ad assicurare la tutela della sicurezza dei cittadini, anche apportando le eventuali rimodulazioni delle risorse in via di assegnazione per progetti finanziati a valere sul Programma operativo complementare "Legalità" 2014-2020 (9).

8. Al fine di garantire l'incremento della sicurezza urbana ed il controllo del territorio, il Comune di Caivano è autorizzato ad assumere a tempo indeterminato, mediante procedure concorsuali semplificate ai sensi dell'articolo35-*quater*, comma 3-*bis*, del decreto legislativo 30 marzo 2001, n. 165, o mediante scorrimento di graduatorie vigenti di altre amministrazioni, comunque in deroga al previo espletamento delle procedure di cui agli articoli 30 e 34-*bis* del medesimo decreto legislativo n. 165 del 2001, 15 unità di personale non dirigenziale del corpo della polizia locale (10).

9. Le assunzioni di cui al comma 8 sono autorizzate in

deroga ai vincoli assunzionali di cui all'articolo 1, comma 557, della legge 27 dicembre 2006, n. 296, nonché in deroga all'articolo 259, comma 6, del testo unico di cui al decreto legislativo 18 agosto 2000, n. 267 e all'articolo 33, comma 2, del decreto-legge 30 aprile 2019 n. 34, convertito, con modificazioni, dalla legge 28 giugno 2019, n. 58.

10. Agli oneri derivanti dai commi 8 e 9, pari a euro 138.900 per l'anno 2023 e pari ad euro 555.400 annui a decorrere dall'anno 2024, si provvede mediante corrispondente riduzione del fondo di cui all'articolo 1, comma 200, della legge 23 dicembre 2014, n. 190.

10 bis. Al fine di garantire l'attuazione degli obiettivi di inclusione sociale, il comune di Caivano è autorizzato ad assumere a tempo indeterminato, mediante procedure concorsuali semplificate ai sensi dell'articolo 35-*quater*, comma 3-*bis*, del decreto legislativo 30 marzo 2001, n. 165, o mediante scorrimento di graduatorie vigenti di altre amministrazioni, comunque in deroga al previo espletamento delle procedure di cui agli articoli 30 e 34-*bis* del medesimo decreto legislativo n. 165 del 2001, 3 unità di personale non dirigenziale della professionalità di servizio sociale [11].

10 ter. Al fine di facilitare l'inserimento degli studenti nelle scuole e contrastare la dispersione scolastica, il comune di Caivano è altresì autorizzato ad assumere, con le medesime procedure e deroghe di cui al comma 10-*bis*, 6 unità di personale non dirigenziale della professionalità degli educatori scolastici [12].

10 quater. Le assunzioni di cui ai commi 10-*bis* e 10-*ter* sono autorizzate in deroga ai vincoli assunzionali di cui all'articolo 1, comma 557, della legge 27 dicembre 2006, n. 296, nonché in deroga all'articolo 259, comma 6, del testo unico delle leggi sull'ordinamento degli enti locali, di cui al decreto legislativo 18 agosto 2000, n. 267. Ai concorsi per le assunzioni di cui ai predetti commi nonché a quelli di cui al comma 8 del presente articolo provvede il Dipartimento della funzione pubblica della Presidenza del Consiglio dei ministri tramite la Commissione RIPAM [13].

10 quinquies. Agli oneri derivanti dai commi 10bis e 10-*ter*, pari a euro 64.500 per l'anno 2023 e a euro 409.500 a decorrere dall'anno 2024, si provvede:

a) quanto a euro 64.500 per l'anno 2023, a euro 409.500 per l'anno 2024 e a euro 273.000 a decorrere dall'anno 2025, mediante corrispondente riduzione del Fondo di cui all'articolo 1, comma 200, della legge 23 dicembre 2014, n. 190;
b) quanto a euro 136.500 a decorrere dall'anno 2025, mediante corrispondente riduzione del fondo di cui all'articolo 1, comma 607, della legge 30 dicembre 2021, n. 234 [14].

10 sexies. Il Ministro per la famiglia, la natalità e le pari opportunità, nell'ambito delle azioni predisposte con il Piano strategico nazionale contro la violenza nei confronti delle donne e la violenza domestica, di cui all'articolo 5 del decreto-legge 14 agosto 2013, n. 93, convertito, con modificazioni, dalla legge 15 ottobre 2013, n. 119, promuove il potenziamento della rete territoriale antiviolenza nel comune di Caivano, ferme restando le competenze della regione Campania, avvalendosi delle risorse già previste a legislazione vigente [15].

(1) Comma modificato dall'art. 1, co. 1, l. 13.11.2023, n. 159, in sede di conversione.
(2) Comma modificato dall'art. 1, co. 1, l. 13.11.2023, n. 159, in sede di conversione.
(3) Comma modificato dall'art. 1, co. 1, l. 13.11.2023, n. 159, in sede di conversione.
(4) Comma modificato dall'art. 1, co. 1, l. 13.11.2023, n. 159, in sede di conversione.
(5) Comma introdotto dall'art. 1, co. 1, l. 13.11.2023, n. 159, in sede di conversione.
(6) Comma introdotto dall'art. 1, co. 1, l. 13.11.2023, n. 159, in sede di conversione.
(7) Comma modificato dall'art. 1, co. 1, l. 13.11.2023, n. 159, in sede di conversione.
(8) Comma modificato dall'art. 1, co. 1, l. 13.11.2023, n. 159, in sede di conversione.
(9) Comma introdotto dall'art. 1, co. 1, l. 13.11.2023, n. 159, in sede di conversione.
(10) Comma modificato dall'art. 1, co. 1, l. 13.11.2023, n. 159, in sede di conversione.
(11) Comma introdotto dall'art. 1, co. 1, l. 13.11.2023, n. 159, in sede di conversione.
(12) Comma introdotto dall'art. 1, co. 1, l. 13.11.2023, n. 159, in sede di conversione.
(13) Comma introdotto dall'art. 1, co. 1, l. 13.11.2023, n. 159, in sede di conversione.
(14) Comma introdotto dall'art. 1, co. 1, l. 13.11.2023, n. 159, in sede di conversione.
(15) Comma introdotto dall'art. 1, co. 1, l. 13.11.2023, n. 159, in sede di conversione.

1 bis. Disposizioni per il rafforzamento della capacità amministrativa del comune di Caivano [1].

1. Entro trenta giorni dalla data di entrata in vigore della legge di conversione del presente decreto, il Dipartimento della funzione pubblica della Presidenza del Consiglio dei ministri, il Dipartimento per gli affari interni e territoriali del Ministero dell'interno, il Commissario straordinario di cui all'articolo 1 e il comune di Caivano adottano un programma di interventi per incrementare la capacità tecnica e operativa dell'amministrazione comunale, con particolare riguardo ai settori finanziario, delle politiche sociali e dei servizi alla persona e alle imprese, dei lavori pubblici e del territorio, della polizia locale nonché di anagrafe e affari generali e per rafforzare i processi di attuazione dei progetti finanziati con risorse dell'Unione europea, nazionali e del Piano nazionale di ripresa e resilienza (PNRR).

2. Il Dipartimento della funzione pubblica della Presidenza del Consiglio dei ministri attua le misure che gli sono attribuite nel programma di interventi di cui al comma 1 mediante il proprio personale di qualifica dirigenziale e non dirigenziale, anche avvalendosi dell'associazione Formez PA, nonché di personale delle amministrazioni di cui all'articolo 1, comma 2, del decreto legislativo 30 marzo 2001, n. 165, in posizione di comando, fuori ruolo o analogo istituto ai sensi dell'articolo 9, comma 5ter, del decreto legislativo 30 luglio 1999, n. 303.

3. Presso il Dipartimento della funzione pubblica della Presidenza del Consiglio dei ministri è istituita una posizione dirigenziale di livello generale preposta al rafforzamento della capacità amministrativa delle amministrazioni locali nelle materie di competenza del Ministro per la pubblica amministrazione.

4. All'attuazione delle disposizioni di cui al comma 3, il Dipartimento della funzione pubblica della Presidenza del Consiglio dei ministri provvede, entro trenta giorni dalla data di entrata in vigore della legge di conversione del presente decreto, senza nuovi o ulteriori oneri a carico della finanza pubblica, alla propria riorganizzazione. In sede di prima applicazione, per l'incarico dirigenziale di cui al comma 3 non si applicano i limiti percentuali di cui all'articolo 19, comma 5-*bis*, del decreto legislativo 30 marzo 2001, n. 165. Agli oneri derivanti dall'istituzione della posizione dirigenziale di livello generale si provvede mediante la soppressione di due posizioni dirigenziali non generali del medesimo Dipartimento equivalenti sotto il profilo finanziario e di un corrispondente ammontare di facoltà assunzionali disponibili a legislazione vigente, con contestuale adeguamento della dotazione organica della Presidenza del Consiglio dei ministri.

5. Ai fini di cui al comma 1, il comune di Caivano può richiedere al prefetto di Napoli, d'intesa con il Dipartimento della funzione pubblica della Presidenza del Consiglio dei ministri e con il Commissario straordinario di cui all'articolo 1, anche in deroga alle norme vigenti, di avvalersi, in via temporanea e in posizione di sovraordinazione, di personale iscritto in albi professionali, da individuare mediante procedura selettiva semplificata svolta attraverso il portale di cui all'articolo 35-*ter* del decreto legislativo 30 marzo 2001, n. 165. Agli oneri derivanti dal primo periodo si applicano le disposizioni di cui all'articolo 145, comma 1, del testo unico di cui al decreto legislativo 18 agosto 2000, n. 267.

(1) Articolo introdotto dall'art. 1, co. 1, l. 13.11.2023, n. 159, in sede di conversione.

1 ter. Intervento urgente in favore dei giovani di Caivano [(1)]**.**

1. L'Agenzia italiana per la gioventù destina almeno un progetto annuale a Caivano al fine di promuovere l'attività giovanile, l'inclusione sociale e lo sviluppo culturale dei giovani residenti in questa area.

2. Il progetto finanziato per Caivano è selezionato in base a criteri di merito, con particolare attenzione alle esigenze specifiche dei giovani del comune, ed è finalizzato a migliorare l'accesso a opportunità educative, culturali e formative per i giovani locali.

3. L'Agenzia italiana per la gioventù è responsabile dell'attuazione, della supervisione e della valutazione del progetto finanziato per Caivano, in conformità con le direttive stabilite dal Presidente del Consiglio dei ministri o dall'Autorità politica delegata in materia di politiche giovanili.

4. La regione Campania collabora con il Presidente del Consiglio dei ministri o l'Autorità politica delegata in materia di politiche giovanili e le autorità locali di Caivano per garantire l'efficace implementazione del progetto finanziato.

5. All'attuazione del presente articolo le amministrazioni interessate provvedono nell'ambito delle risorse umane, strumentali e finanziarie disponibili a legislazione vigente, senza nuovi o maggiori oneri a carico della finanza pubblica.

(1) Articolo introdotto dall'art. 1, co. 1, l. 13.11.2023, n. 159, in sede di conversione.

2. Misure in favore dell'orientamento universitario e del supporto agli studenti del Comune di Caivano.

1. Per promuovere e rafforzare i percorsi di sostegno agli studenti del Comune di Caivano, il Ministero dell'università e della ricerca sottoscrive un accordo di programma ai sensi dell'articolo 5, comma 6, della legge 24 dicembre 1993, n. 537 con una o più Università statali aventi sede in Campania, anche in collaborazione con enti e altre istituzioni locali, volto alla predisposizione di specifici percorsi di orientamento universitario finalizzati al supporto sociale, culturale e psicologico degli studenti presso le scuole secondarie di secondo grado site nel territorio comunale di Caivano e nei comuni limitrofi [(1)].

2. Alla copertura degli oneri di cui al comma 1, pari a 1 milione di euro per l'anno 2024, si provvede sui bilanci delle università interessate. Alla compensazione degli effetti finanziari in termini di fabbisogno e indebitamento netto, pari a 1 milione di euro per l'anno 2024, si provvede mediante corrispondente riduzione del fondo per la compensazione degli effetti finanziari non previsti a legislazione vigente conseguenti all'attualizzazione di contributi pluriennali, di cui all'articolo 6, comma 2, del decreto-legge 7 ottobre 2008, n. 154, convertito, con modificazioni, dalla legge 4 dicembre 2008, n. 189.

(1) Comma modificato dall'art. 1, co. 1, l. 13.11.2023, n. 159, in sede di conversione.

Capo II
Disposizioni in materia di sicurezza e di prevenzione della criminalità minorile

3. Disposizioni in materia di misure di prevenzione a tutela della sicurezza pubblica e della sicurezza delle città.

1. Al decreto-legge 20 febbraio 2017, n. 14, convertito, con modificazioni, dalla legge 18 aprile 2017, n. 48, sono apportate le seguenti modificazioni:

a) all'articolo 10, il comma 4 è sostituito dal seguente: «4. I divieti di cui ai commi 1, 2 e 3 possono essere disposti anche nei confronti di soggetti minori di diciotto anni che hanno compiuto il quattordicesimo anno di età. Il provvedimento è notificato a coloro che esercitano la responsabilità genitoriale e comunicato al procuratore della Repubblica presso il tribunale per i minorenni competente per il luogo di residenza del minore.» [(1)];

b) all'articolo 13 sono apportate le seguenti modificazioni:
   1) al comma 1, le parole da: «per la vendita» a «decreto del Presidente della Repubblica 9 ottobre 1990, n. 309» sono sostituite dalle seguenti: «per i delitti di cui all'articolo 73 del testo unico di cui al decreto del Presidente della Repubblica 9 ottobre 1990, n. 309» e le parole: «vicinanze degli stessi» sono sostituite dalle seguenti: «vicinanze degli stessi locali od esercizi o dei predetti scuole, plessi scolastici e sedi universitarie.» [(2)];
   2) al comma 3, alinea, le parole: «nei confronti dei soggetti già condannati negli ultimi tre anni con sentenza definitiva», sono sostituite dalle seguenti: «quando ricorrano specifiche ragioni di pericolosità» [(3)];
   3) al comma 6, le parole: «da sei mesi a due anni e con la multa da 8.000 a 20.000 euro» sono sostituite dalle seguenti: «da uno a tre anni e con la multa da 10.000 a 24.000 euro»;
   3-*bis*) al comma 7, le parole: "può essere" sono sostituite dalle seguenti: "è sempre" [(4)]
c) all'articolo 13-*bis*, sono apportate le seguenti modificazioni:
   1) al comma 1, dopo le parole: «ovvero aggravati ai sensi dell'articolo 604-*ter* del codice penale,» sono inserite le seguenti: «oppure per i reati di cui all'articolo 4 della legge 18 aprile 1975, n. 110, o per i reati di cui agli articoli 336 e 337 del codice penale,» [(5)];
   2) al comma 1-*bis*, dopo le parole: «convalidato dall'autorità giudiziaria» sono inserite le seguenti: «o sottoposte a una delle misure cautelari di cui agli articoli 284 e 285 del codice di procedura penale,»;
   3) al comma 2, le parole: «non può avere una durata inferiore a sei mesi né superiore a due anni» sono sostituite dalle seguenti: «non può avere una durata inferiore a un anno né superiore a tre anni»;
   4) al comma 4, dopo le parole «il questore può prescrivere» sono aggiunte le seguenti: «, per la durata massima di due anni,»;
   5) al comma 6, le parole: «da sei mesi a due anni e con la multa da 8.000 a 20.000 euro» sono sostituite dalle seguenti: «da uno a tre anni e con la multa da 10.000 a 24.000 euro».

2. Al codice delle leggi antimafia e delle misure di prevenzione, di cui al decreto legislativo 6 settembre 2011, n. 159, sono apportate le seguenti modificazioni:

a) all'articolo 2, il comma 1 è sostituito dal seguente: «1. Qualora le persone indicate nell'articolo 1 siano pericolose per la sicurezza pubblica e si trovino in un comune diverso dai luoghi di residenza o di dimora abituale, il questore, con provvedimento motivato, può ordinare loro di lasciare il territorio del medesimo comune entro un termine non superiore a quarantotto ore, inibendo di farvi ritorno senza preventiva autorizzazione, per un periodo non inferiore a sei mesi e non superiore a quattro anni. Il provvedimento è efficace nella sola parte in cui dispone il divieto di ritorno nel comune, nel caso in cui, al momento della notifica, l'interessato abbia già lasciato il territorio del comune dal quale il questore ha disposto l'allontanamento»;
b) all'articolo 76, comma 3, al primo periodo, le parole: «d'arresto da uno a sei mesi» sono sostituite dalle seguenti: «la reclusione da sei a diciotto mesi e con la multa fino a 10.000 euro», e il secondo periodo è soppresso [(6)].

2 bis. Le guardie particolari giurate di cui all'articolo 133, primo comma, del testo unico delle leggi di pubblica sicurezza, di cui al regio decreto 18 giugno 1931, n. 773, nell'ambito dei rapporti di lavoro dipendente di cui all'articolo 138, terzo comma, del medesimo testo unico, comunicano senza ritardo ai servizi di emergenza sanitaria le segnalazioni ricevute, attraverso l'utilizzo di appositi strumenti digitali di sicurezza, relative a situazioni di pericolo per la salute di una persona all'interno o all'esterno della propria abitazione. Nella comunicazione di cui al primo periodo sono indicati la posizione e, ove disponibile, lo stato di salute della persona in pericolo. L'attività di comunicazione delle informazioni di cui al presente comma non comporta l'esercizio di pubbliche funzioni [(7)].

2 ter. Al comma 2-*bis* dell'articolo 7 del testo unico delle disposizioni concernenti la disciplina dell'immigrazione e norme sulla condizione dello straniero, di cui al decreto legislativo 25 luglio 1998, n. 286, le parole: "sono soggette alla sanzione amministrativa del pagamento di una somma da 160 a 1.100 euro" sono sostituite dalle seguenti: "sono soggette alla sanzione amministrativa del pagamento di una somma da 500 a 3.500 euro" [(8)].

(1) Capoverso modificato dall'art. 1, co. 1, l. 13.11.2023, n. 159, in sede di conversione.
(2) Numero modificato dall'art. 1, co. 1, l. 13.11.2023, n. 159, in sede di conversione.
(3) Numero modificato dall'art. 1, co. 1, l. 13.11.2023, n. 159, in sede di conversione.
(4) Numero aggiunto dall'art. 1, co. 1, l. 13.11.2023, n. 159, in sede di conversione.
(5) Numero modificato dall'art. 1, co. 1, l. 13.11.2023, n. 159, in sede di conversione.
(6) Lettera modificata dall'art. 1, co. 1, l. 13.11.2023, n. 159 in sede di conversione.
(7) Comma introdotto dall'art. 1, co. 1, l. 13.11.2023, n. 159 in sede di conversione.
(8) Comma introdotto dall'art. 1, co. 1, l. 13.11.2023, n. 159 in sede di conversione.

3 bis. Osservatorio sulle periferie [(1)]**.**

1. Al fine di monitorare le condizioni di vivibilità e decoro delle aree periferiche delle città, presso il Ministero dell'interno è istituito l'Osservatorio sulle periferie, al quale sono attribuiti i seguenti compiti:

a) promuovere iniziative finalizzate al monitoraggio delle condizioni di vivibilità e decoro delle aree periferiche delle città, con particolare riferimento agli aspetti concernenti la riqualificazione, anche urbanistica, sociale e culturale, il recupero delle aree o dei siti degradati, l'eliminazione dei fattori di marginalità e di esclusione sociale e la prevenzione della criminalità, in particolare di tipo predatorio;
b) incentivare iniziative di formazione e promozione della cultura del rispetto della legalità, con particolare riferimento alle giovani generazioni;
c) promuovere studi e analisi per la formulazione di proposte idonee alla definizione di iniziative di supporto agli enti e alle istituzioni coinvolti nelle problematiche in oggetto;
d) promuovere il raccordo e lo scambio informativo tra tutti i soggetti competenti nelle materie di cui al presente comma, anche ai fini dell'elaborazione di progetti in tema di legalità;
e) effettuare il monitoraggio e la valutazione delle azioni intraprese a livello nazionale, nonché l'individuazione delle best practice adottate.

2. L'Osservatorio è tenuto a rendere noti annualmente, anche attraverso la pubblicazione online nel sito web del Ministero dell'interno, i risultati ottenuti dalle attività di cui al comma 1 e il lavoro svolto dall'Osservatorio medesimo.

3. Entro sessanta giorni dalla data di entrata in vigore della legge di conversione del presente decreto, il Ministro dell'interno, con proprio decreto, stabilisce le linee operative e le attività strumentali all'espletamento dei compiti di cui al comma 1, nonché l'organizzazione, le modalità di funzionamento e la composizione dell'Osservatorio, prevedendo la partecipazione di rappresentanti di enti e istituzioni, pubblici e privati, interessati al perseguimento delle finalità di cui al comma 1.

4. Alle riunioni dell'Osservatorio possono essere invitati, in relazione alla trattazione di tematiche di specifico interesse, rappresentanti di soggetti pubblici e privati a vario titolo interessati ai fenomeni oggetto di interesse da parte dell'Osservatorio.

5. All'istituzione e al funzionamento dell'Osservatorio si provvede nei limiti delle risorse umane, strumentali e finanziarie disponibili a legislazione vigente, senza nuovi o maggiori oneri per la finanza pubblica. Ai componenti e ai partecipanti alle riunioni dell'Osservatorio non spettano compensi, gettoni di presenza né rimborsi di spese o altri emolumenti comunque denominati.

(1) Articolo introdotto dall'art. 1, co. 1, l. 13.11.2023, n. 159, in sede di conversione.

3 ter. Ulteriori disposizioni in materia di misure a tutela della sicurezza pubblica e della sicurezza delle città [1].

1. All'articolo 1 della legge 29 dicembre 2022, n. 197, sono apportate le seguenti modificazioni:
a) al comma 676, le parole: "15 milioni di euro" sono sostituite dalle seguenti: "19 milioni di euro";
b) i commi 777 e 778 sono abrogati.

2. Alla copertura degli oneri derivanti dal comma 1, pari a 4 milioni di euro per ciascuno degli anni 2023, 2024 e 2025, si provvede mediante corrispondente riduzione delle risorse di cui all'articolo 1, comma 776, della legge 29 dicembre 2022, n. 197.

(1) Articolo introdotto dall'art. 1, co. 1, l. 13.11.2023, n. 159, in sede di conversione.

4. Disposizioni per il contrasto dei reati in materia di armi od oggetti atti ad offendere, nonché di sostanze stupefacenti.

1. All'articolo 4 della legge 18 aprile 1975, n. 110, sono apportate le seguenti modificazioni [1]:
a) al terzo comma, primo periodo, le parole: «da sei mesi a due anni» sono sostituite dalle seguenti: «da uno a tre anni»;
b) al quarto comma, secondo periodo, le parole: «da uno a tre anni» sono sostituite dalle seguenti: «da due a quattro anni»;
c) al quinto comma, le parole: «da sei a diciotto mesi» sono sostituite dalle seguenti: «da uno a tre anni» [2].

1 bis. Dopo l'articolo 4 della citata legge n. 110 del 1975 è inserito il seguente:
"Art. 4-*bis* (Porto di armi per cui non è ammessa licenza). – 1. Salvo che il fatto costituisca più grave reato, chiunque, fuori della propria abitazione o delle appartenenze di essa, porta un'arma per cui non è ammessa licenza è punito con la reclusione da uno a tre anni.

2. Salvo che il porto d'arma sia previsto come elemento costitutivo o circostanza aggravante specifica per il reato commesso, la pena prevista dal comma 1 è aumentata da un terzo alla metà quando il fatto è commesso:
a) da persone travisate o da più persone riunite;
b) nei luoghi di cui all'articolo 61, numero 11ter), del codice penale;
c) nelle immediate vicinanze di istituti di credito, uffici postali o sportelli automatici adibiti al prelievo di denaro, parchi e giardini pubblici o aperti al pubblico, stazioni ferroviarie, anche metropolitane, e luoghi destinati alla sosta o alla fermata di mezzi di pubblico trasporto;
d) in un luogo in cui vi sia concorso o adunanza di persone ovvero una riunione pubblica" [3].

2. All'articolo 699 del codice penale, il secondo comma è abrogato [4].

2 bis. All'articolo 381, comma 2, del codice di procedura penale, dopo la lettera m-*quinquies*) è aggiunta la seguente:
"m-*sexies*) porto di armi per cui non è ammessa licenza, di cui all'articolo 4-*bis*, comma 1, della legge 18 aprile 1975, n. 110" [5].

2 ter. All'articolo 71, comma 1, del codice delle leggi antimafia e delle misure di prevenzione, di cui al decreto legislativo 6 settembre 2011, n. 159, dopo le parole: "nonché per i delitti" sono inserite le seguenti: "di cui all'articolo 4-*bis* della legge 18 aprile 1975, n. 110, e per quelli" [6].

2 quater. Nel libro II, titolo V, del codice penale, dopo l'articolo 421 è inserito il seguente:
"*Art. 421-bis* (Pubblica intimidazione con uso di armi). — Chiunque, al fine di incutere pubblico timore o di suscitare tumulto o pubblico disordine o di attentare alla sicurezza pubblica, fa esplodere colpi di arma da fuoco o fa scoppiare bombe o altri ordigni o materie esplodenti è punito, se il fatto non costituisce più grave reato, con la reclusione da tre a otto anni" [7].

2 quinquies. L'articolo 6 della legge 2 ottobre 1967, n. 895, è abrogato [8].

2 sexies. All'articolo 4, comma 1, lettera g), del codice di cui al decreto legislativo 6 settembre 2011, n. 159, dopo la parola: "condannati" sono inserite le seguenti: "per il delitto di cui all'articolo 421-*bis* del codice penale o" [9].

3. All'articolo 73, comma 5,del testo unico delle leggi in materia di disciplina degli stupefacenti e sostanze psicotrope, prevenzione, cura e riabilitazione dei relativi stati di tossicodipendenza, di cui al decreto del Presidente della Repubblica 9 ottobre 1990, n. 309, le parole: «da sei mesi a quattro anni» sono sostituite dalle seguenti: «da sei mesi a cinque anni» ed è aggiunto, in fine, il seguente periodo: "Chiunque commette uno dei fatti previsti dal primo periodo è punito con la pena della reclusione da diciotto mesi a cinque anni e della multa da euro 2.500 a euro 10.329, quando la condotta assume caratteri di non occasionalità" [10].

3 bis. All'articolo 85-*bis*, comma 1, del testo unico di cui al decreto del Presidente della Repubblica 9 ottobre 1990, n. 309, le parole: "esclusa la fattispecie di cui al comma 5," sono soppresse [11].

(1) Alinea modificato dall'art. 1, co. 1, l. 13.11.2023, n. 159, in sede di conversione.
(2) Lettera modificata dall'art. 1, co. 1, l. 13.11.2023, n. 159, in sede di conversione.
(3) Comma introdotto dall'art. 1, co. 1, l. 13.11.2023, n. 159, in sede di conversione.
(4) Comma sostituito dall'art. 1, co. 1, l. 13.11.2023, n. 159, in sede di conversione.
(5) Comma introdotto dall'art. 1, co. 1, l. 13.11.2023, n. 159, in sede di conversione.
(6) Comma introdotto dall'art. 1, co. 1, l. 13.11.2023, n. 159, in sede di conversione.
(7) Comma introdotto dall'art. 1, co. 1, l. 13.11.2023, n. 159, in sede di conversione.
(8) Comma introdotto dall'art. 1, co. 1, l. 13.11.2023, n. 159, in sede di conversione.
(9) Comma introdotto dall'art. 1, co. 1, l. 13.11.2023, n. 159, in sede di conversione.
(10) Comma modificato dall'art. 1, co. 1, l. 13.11.2023, n. 159, in sede di conversione.
(11) Comma introdotto dall'art. 1, co. 1, l. 13.11.2023, n. 159, in sede di conversione.

5. Disposizioni in materia di prevenzione della violenza giovanile.

1. Al codice delle leggi antimafia e delle misure di prevenzione di cui al decreto legislativo 6 settembre 2011, n. 159, sono apportate le seguenti modificazioni:

a) all'articolo 3:

1) dopo il comma 3, è inserito il seguente «3-*bis*. L'avviso orale può essere rivolto anche ai soggetti minori di diciotto anni che hanno compiuto il quattordicesimo anno di età. Ai fini dell'avviso orale, il questore convoca il minore, unitamente ad almeno un genitore o ad altra persona esercente la responsabilità genitoriale. Il provvedimento è comunicato al procuratore della Repubblica presso il tribunale per i minorenni del luogo di residenza del minore. Gli effetti dell'avviso orale di cui al presente comma cessano comunque al compimento della maggiore età.» [1];

2) al comma 4, le parole: «al comma 3» sono sostituite dalle seguenti: «ai commi 1 e 3-*bis*»;

2-*bis*) il comma 6 è sostituito dal seguente: "6. Il divieto di cui ai commi 4 e 5 adottato nei confronti di un maggiorenne è opponibile davanti al tribunale in composizione monocratica. Il divieto di cui al comma 4 adottato nei confronti di un minorenne è opponibile davanti al tribunale per i minorenni" [2];

3) dopo il comma 6, sono inseriti i seguenti:

«6-*bis*. Nei casi di cui ai commi 1 e 3-*bis*, se il soggetto al quale è notificato l'avviso orale risulta condannato, anche con sentenza non definitiva, per uno o più delitti contro la persona o il patrimonio ovvero inerenti alle armi o alle sostanze stupefacenti, il questore può proporre al tribunale per i minorenni l'applicazione del divieto di utilizzare, in tutto o in parte, piattaforme o servizi informatici e telematici specificamente indicati nonché del divieto di possedere o di utilizzare telefoni cellulari, altri dispositivi per le comunicazioni dati e voce o qualsiasi altro apparato di comunicazione radiotrasmittente, quando il suo utilizzo è servito per la realizzazione o la divulgazione delle condotte che hanno determinato l'avviso orale. Alla persona avvisata oralmente viene notificata la proposta di cui al periodo precedente e data notizia della facoltà di presentare, personalmente o a mezzo di difensore, memorie o deduzioni al giudice competente per l'applicazione del divieto [3].

6-ter. Il giudice, sentito il pubblico ministero, provvede, con decreto motivato, entro trenta giorni dal deposito della proposta di cui al comma 6-*bis*. Il divieto è disposto per una durata non superiore a due anni, con l'individuazione di modalità applicative compatibili con le esigenze di salute, famiglia, lavoro o studio del destinatario del provvedimento. In caso di rigetto della proposta di cui al comma 6-*bis*, è fatto comunque salvo l'avviso orale emesso dal questore [4].

6-quater. Contro il decreto di cui al comma 6-*ter* è proponibile ricorso per cassazione. Il ricorso non sospende l'esecuzione del decreto.»;

b) all'articolo 76, comma 2, le parole: «commi 4 e 5» sono sostituite dalle seguenti: «commi 4, 5 e 6-*bis*».

2. Fino a quando non è proposta querela o non è presentata denuncia per taluno dei reati di cui agli articoli 581, 582, 610, 612 e 635 del codice penale, commessi da minorenni di età superiore agli anni quattordici nei confronti di altro minorenne, è applicabile la procedura di ammonimento di cui all'articolo 8, commi 1 e 2, del decreto-legge 23 febbraio 2009, n. 11, convertito, con modificazioni, dalla legge 23 aprile 2009, n. 38.

3. Ai fini dell'ammonimento di cui al comma 2, il questore convoca il minore, unitamente ad almeno un genitore o ad altra persona esercente la responsabilità genitoriale.

3 bis. Il provvedimento di cui al comma 2 è comunicato al procuratore della Repubblica presso il tribunale per i minorenni del luogo di residenza del minore (5).

4. Gli effetti dell'ammonimento di cui al comma 2 cessano comunque al compimento della maggiore età.

5. Qualora il fatto commesso da un minore di età compresa fra i dodici e i quattordici anni sia previsto dalla legge come delitto punito con la reclusione non inferiore nel massimo a cinque anni, è applicabile la procedura di ammonimento di cui all'articolo 8, commi 1 e 2, del decreto-legge 23 febbraio 2009, n. 11, convertito, con modificazioni, dalla legge 23 aprile 2009, n. 38.

6. Ai fini dell'ammonimento di cui al comma 5, il questore convoca il minore, unitamente ad almeno un genitore o ad altra persona esercente la responsabilità genitoriale.

6 bis. Il provvedimento di cui al comma 5 è comunicato al procuratore della Repubblica presso il tribunale per i minorenni del luogo di residenza del minore (6).

7. Gli effetti dell'ammonimento di cui al comma 5 cessano comunque al compimento della maggiore età.

8. Nelle ipotesi di ammonimento adottato ai sensi del comma 5, nei confronti del soggetto che era tenuto alla sorveglianza del minore o all'assolvimento degli obblighi educativi nei suoi confronti è applicata la sanzione amministrativa pecuniaria da 200 euro a 1.000 euro, salvo che non provi di non aver potuto impedire il fatto (7).

9. L'autorità competente all'irrogazione della sanzione di cui al comma 8 è il Prefetto. Si applicano, in quanto compatibili, le pertinenti disposizioni di cui alla legge 24 novembre 1981, n. 689.

(1) Capoverso modificato dall'art. 1, co. 1, l. 13.11.2023, n. 159, in sede di conversione.
(2) Numero inserito dall'art. 1, co. 1, l. 13.11.2023, n. 159, in sede di conversione.
(3) Capoverso modificato dall'art. 1, co. 1, l. 13.11.2023, n. 159, in sede di conversione.
(4) Capoverso modificato dall'art. 1, co. 1, l. 13.11.2023, n. 159, in sede di conversione.
(5) Comma introdotto dall'art. 1, co. 1, l. 13.11.2023, n. 159, in sede di conversione.
(6) Comma introdotto dall'art. 1, co. 1, l. 13.11.2023, n. 159, in sede di conversione.
(7) Comma modificato dall'art. 1, co. 1, l. 13.11.2023, n. 159, in sede di conversione.

6. Disposizioni in materia di contrasto dei reati commessi dai minori.

1. Alle disposizioni sul processo penale a carico di imputati minorenni, di cui al decretodel Presidente della Repubblica 22 settembre 1988, n. 448, sono apportate le seguenti modificazioni (1):

0a) l'articolo 6 è sostituito dal seguente:

"Art. 6 (Servizi minorili). — 1. In ogni stato e grado del procedimento l'autorità giudiziaria si avvale, senza nuovi o maggiori oneri per la finanza pubblica, dei servizi minorili dell'amministrazione della giustizia e dei servizi di assistenza sociali e sanitari istituiti dagli enti locali e dal Servizio sanitario nazionale" (2);

a) all'articolo 18-*bis*, comma 1, le parole: «cinque anni» sono sostituite dalle seguenti: «tre anni, nonché di uno dei delitti di cui all'articolo 381, comma 2, lettere f), g), h) e m), del codice di procedura penale ovvero di uno dei reati di cui all'articolo 699 del codice penale o di cui all'articolo 4 della legge 18 aprile 1975, n. 110,» (3);

b) all'articolo 19, comma 4, le parole: «cinque anni» sono sostituite dalle seguenti: «quattro anni»;

b-*bis*) all'articolo 19, comma 5, le parole: ", salvo che per i delitti di cui all'articolo 73, comma 5, del testo unico di cui al decreto del Presidente della Repubblica 9 ottobre 1990, n. 309, e successive modificazioni" sono soppresse (4);

b-*ter*) all'articolo 22, comma 4, le parole: ", per un tempo non superiore a un mese," sono soppresse e le parole: "cinque anni" sono sostituite dalle seguenti: "quattro anni" (5);

b-*quater*) all'articolo 22, dopo il comma 4 è aggiunto il seguente:

"4-*bis*. Quando le esigenze cautelari risultano aggravate, il giudice, su richiesta del pubblico ministero, può disporre la sostituzione della misura applicata con la custodia cautelare, nei casi consentiti dall'articolo 23" (6);

c) all'articolo 23:

1) al comma 1, al primo periodo, la parola: «nove» è sostituita dalla seguente: «sei», e il secondo periodo è sostituito dal seguente: «Anche fuori dai casi predetti, la custodia cautelare può essere applicata quando si procede per uno dei delitti, consumati o tentati, di cui all'articolo 380, comma 2, lettere e), e-*bis*) e g), del codice di procedura penale, nonché per uno dei delitti, consumati o tentati, di cui agli articoli 336, primo comma, e 337 del codice penale, e di cui all'articolo 73 del testo unico di cui al decretodel Presidente della Repubblica 9 ottobre 1990, n. 309.» (7);

1-*bis*) al comma 2, dopo la lettera a) è inserita la seguente:

"a-*bis*) se l'imputato si è dato alla fuga o sussiste concreto e attuale pericolo che si dia alla fuga" (8);

2) al comma 3, le parole da: «ridotti della metà» a: «sedici» sono sostituite dalle seguenti: «ridotti di un terzo per i reati commessi da minori degli anni diciotto e della metà per quelli commessi da minori degli anni sedici»;

c-*bis*) all'articolo 28 è aggiunto, in fine, il seguente comma:

"5-*bis*. Le disposizioni di cui al comma 1 non si applicano ai delitti previsti dall'articolo 575 del codice penale, limitatamente alle ipotesi aggravate ai sensi dell'articolo 576, dagli articoli 609-*bis* e 609-octies del codice penale, limitatamente alle ipotesi aggravate ai sensi dell'articolo 609-*ter*, e dall'articolo 628, terzo comma, numeri 2), 3) e 3-*quinquies*), del codice penale" [(9)].

1 bis. Le disposizioni di cui al comma 1, lettere b-*ter*) e c), numero 2), si applicano alle misure cautelari eseguite a decorrere dalla data di entrata in vigore del presente decreto [(10)].

(1) Alinea modificato dall'art. 1, co. 1, l. 13.11.2023, n. 159, in sede di conversione.
(2) Lettera premessa dall'art. 1, co. 1, l. 13.11.2023, n. 159, in sede di conversione.
(3) Lettera modificata dall'art. 1, co. 1, l. 13.11.2023, n. 159, in sede di conversione.
(4) Lettera introdotta dall'art. 1, co. 1, l. 13.11.2023, n. 159, in sede di conversione.
(5) Lettera introdotta dall'art. 1, co. 1, l. 13.11.2023, n. 159, in sede di conversione.
(6) Lettera introdotta dall'art. 1, co. 1, l. 13.11.2023, n. 159, in sede di conversione.
(7) Numero modificato dall'art. 1, co. 1, l. 13.11.2023, n. 159, in sede di conversione.
(8) Numero inserito dall'art. 1, co. 1, l. 13.11.2023, n. 159, in sede di conversione.
(9) Lettera introdotta dall'art. 1, co. 1, l. 13.11.2023, n. 159, in sede di conversione.
(10) Comma introdotto dall'art. 1, co. 1, l. 13.11.2023, n. 159, in sede di conversione.

7. Misure anticipate relative a minorenni coinvolti in reati di particolare allarme sociale.

1. Quando, durante le indagini relative ai reati di cui agli articoli 416-*bis* del codice penale e 74 del testo unico di cui al decreto del Presidente della Repubblica 9 ottobre 1990, n. 309, emerge una situazione di pregiudizio che interessa un minorenne, il pubblico ministero ne informa il procuratore della Repubblica presso il tribunale per i minorenni, per le eventuali iniziative di competenza ai sensi dell'articolo 336 del codice civile [(1)].

1 bis. All'articolo 609-*decies*, primo comma, del codice penale, dopo le parole: "ne dà notizia al" sono inserite le seguenti: "procuratore della Repubblica presso il" [(2)].

(1) Comma modificato dall'art. 1, co. 1, l. 13.11.2023, n. 159, in sede di conversione.
(2) Comma introdotto dall'art. 1, co. 1, l. 13.11.2023, n. 159, in sede di conversione.

8. Modifiche al decreto del Presidente della Repubblica 22 settembre 1988, n. 448, in materia di custodia cautelare e percorso di rieducazione del minore.

1. Alle disposizioni sul processo penale a carico di imputati minorenni, di cui al decretodel Presidente della Repubblica 22 settembre 1988, n. 448, sono apportate le seguenti modificazioni [(1)]:

[a) all'articolo 23, comma 2, dopo la lettera a) è inserita la seguente: «a-*bis*) se l'imputato si è dato alla fuga o sussiste concreto e attuale pericolo che si dia alla fuga;»;] [(2)]

b) dopo l'articolo 27 è inserito il seguente:

"*Art. 27-bis* (Percorso di rieducazione del minore). — 1. Durante le indagini preliminari, il pubblico ministero, quando procede per reati per i quali la legge stabilisce una pena detentiva non superiore nel massimo a cinque anni di reclusione ovvero una pena pecuniaria, sola o congiunta alla predetta pena detentiva, se i fatti non rivestono particolare gravità, può notificare al minore e all'esercente la responsabilità genitoriale la proposta di definizione anticipata del procedimento, subordinata alla condizione che il minore acceda a un percorso di reinserimento e rieducazione civica e sociale sulla base di un programma rieducativo che preveda, sentiti i servizi minorili dell'amministrazione della giustizia e nel rispetto della legislazione in materia di lavoro minorile, lo svolgimento di lavori socialmente utili o la collaborazione a titolo gratuito con enti del Terzo settore o lo svolgimento di altre attività a beneficio della comunità di appartenenza, per un periodo compreso da due a otto mesi.

2. Il deposito del programma rieducativo, redatto in collaborazione anche con i servizi dell'amministrazione della giustizia, deve avvenire, da parte dell'indagato o del suo difensore, entro sessanta giorni dalla notifica della proposta del pubblico ministero. Ricevuto il programma, il pubblico ministero lo trasmette al giudice per le indagini preliminari, che fissa l'udienza in camera di consiglio per deliberare sull'ammissione del minore al percorso di reinserimento e rieducazione.

3. Il giudice, sentiti l'imputato e l'esercente la responsabilità genitoriale, valutata la congruità del percorso di reinserimento e rieducazione, con l'ordinanza di ammissione di cui al comma 2 ne stabilisce la durata e sospende il processo per la durata corrispondente. Durante tale periodo il corso della prescrizione è sospeso.

4. In caso di interruzione o mancata adesione al percorso, i servizi minorili dell'amministrazione della giustizia informano il giudice, che fissa l'udienza in camera di consiglio e, sentite le parti, adotta i provvedimenti conseguenti.

5. Nel caso in cui il minore non intenda accedere al percorso di reinserimento e rieducazione o lo interrompa senza giustificato motivo, il giudice restituisce gli atti al pubblico ministero, che può procedere con richiesta di giudizio immediato anche fuori dei casi previsti dall'articolo 453 del codice di procedura penale. L'ingiustificata interruzione è valutata nel caso di istanza di sospensione del processo con messa alla prova.

6. Decorso il periodo di sospensione, il giudice fissa una nuova udienza in camera di consiglio nella quale, tenuto conto del comportamento dell'imputato e dell'esito positivo del percorso rieducativo, dichiara con sentenza estinto il reato. In caso contrario, restituisce gli atti al pubblico ministero, che può procedere con richiesta di giudizio immediato anche fuori dei casi previsti dall'articolo 453 del codice di procedura penale" [(3)].

(1) Alinea modificato dall'art. 1, co. 1, l. 13.11.2023, n. 159, in sede di conversione.
(2) Lettera soppressa dall'art. 1, co. 1, l. 13.11.2023, n. 159, in sede di conversione.
(3) Lettera sostituita dall'art. 1, co. 1, l. 13.11.2023, n. 159, in sede di conversione.

9. Disposizioni in materia di sicurezza degli istituti penali per minorenni.

1. Dopo l'articolo 10 del decreto legislativo 2 ottobre 2018, n. 121, è inserito il seguente [1]:

"Art. 10-*bis* (Trasferimento presso un istituto penitenziario per adulti). – 1. Il direttore dell'istituto penale per i minorenni richiede al magistrato di sorveglianza per i minorenni il nulla osta al trasferimento presso un idoneo istituto per adulti, individuato dal Dipartimento dell'amministrazione penitenziaria del Ministero della giustizia, del detenuto che ha compiuto ventuno anni, in espiazione di pena per reati commessi durante la minore età, il quale, alternativamente [2]:

a) con i suoi comportamenti compromette la sicurezza ovvero turba l'ordine negli istituti;

b) con violenza o minaccia impedisce le attività degli altri detenuti;

c) nella vita penitenziaria si avvale dello stato di soggezione da lui indotto negli altri detenuti.

2. La medesima disciplina di cui al comma 1 si applica al detenuto che ha compiuto diciotto anni, in espiazione di pena per reati commessi durante la minore età, il quale realizza cumulativamente le condotte di cui alle lettere a), b) e c) del medesimo comma 1 [3].

3. Il magistrato di sorveglianza, quando sussistono le condizioni di cui al comma 1, può negare il nulla osta al trasferimento presso l'istituto individuato[,] solo per ragioni di sicurezza, anche del detenuto medesimo.» [4].

(1) Alinea modificato dall'art. 1, co. 1, l. 13.11.2023, n. 159, in sede di conversione.
(2) Capoverso modificato dall'art. 1, co. 1, l. 13.11.2023, n. 159, in sede di conversione.
(3) Capoverso modificato dall'art. 1, co. 1, l. 13.11.2023, n. 159, in sede di conversione.
(4) Capoverso modificato dall'art. 1, co. 1, l. 13.11.2023, n. 159, in sede di conversione.

Capo III
Disposizioni in materia di offerta educativa

10. Interventi a supporto delle istituzioni scolastiche del Mezzogiorno – «Agenda Sud».

1. All'articolo 21 del decreto-legge 22 giugno 2023, n. 75, convertito, con modificazioni dalla legge 10 agosto 2023, n. 112, dopo il comma 4-*bis*, è aggiunto il seguente:

«4-*bis*.1. Al fine di contrastare la dispersione scolastica e ridurre i divari territoriali e negli apprendimenti, le istituzioni scolastiche statali del primo e del secondo ciclo di istruzione delle regioni Abruzzo, Basilicata, Calabria, Campania, Molise, Puglia, Sardegna e Sicilia sono autorizzate ad attivare incarichi temporanei di personale amministrativo, tecnico e ausiliario a tempo determinato fino al 31 dicembre 2023, nel limite delle risorse di cui al presente comma. Per le finalità di cui al presente comma, il fondo istituito ai sensi del comma 4-*bis* è incrementato di 12 milioni di euro per l'anno 2023 da destinare prioritariamente alle istituzioni scolastiche individuate nell'ambito del piano "Agenda Sud", di cui al decreto del Ministro dell'istruzione e del merito n. 176 del 30 agosto 2023, sulla base dei dati relativi alla fragilità negli apprendimenti, come risultanti dalle rilevazioni nazionali dell'Istituto nazionale per la valutazione del sistema educativo di istruzione e di formazione (INVALSI), e da ripartire tra gli uffici scolastici regionali con decreto del Ministro dell'istruzione e del merito. Agli oneri di cui al secondo periodo, pari a 12 milioni di euro per l'anno 2023, si provvede mediante corrispondente riduzione, quanto ad euro 9.825.264, del Fondo di cui all'articolo 5, comma 1, del decreto-legge 1° giugno 2023, n. 61, convertito, con modificazioni, dalla legge 31 luglio 2023, n. 100 e, quanto ad euro 2.174.736, del Fondo per l'arricchimento e l'ampliamento dell'offerta formativa e per gli interventi perequativi, di cui alla legge 18 dicembre 1997, n. 440.» [1].

2. Al fine di potenziare l'organico dei docenti per l'accompagnamento dei progetti pilota del piano «Agenda Sud», è autorizzata per l'anno scolastico 2023/2024 la spesa di 3.333.000 euro per l'anno 2023 e 10.000.000 di euro per l'anno 2024. Agli oneri di cui al primo periodo si provvede mediante corrispondente riduzione del Fondo per l'arricchimento e l'ampliamento dell'offerta formativa e per gli interventi perequativi, di cui alla legge 18 dicembre 1997, n. 440 [2] [3].

3. Al fine di ridurre i divari territoriali, contrastare la dispersione scolastica e l'abbandono precoce, nonché prevenire processi di emarginazione sociale, è autorizzata la spesa di 25 milioni di euro a valere sulle risorse del Programma operativo complementare POC «Per la Scuola» 2014-2020, destinata alle istituzioni scolastiche statali, anche per progetti di rete, delle regioni Abruzzo, Basilicata, Calabria, Campania, Molise, Puglia, Sardegna e Sicilia, individuate sulla base dei dati relativi alla fragilità negli apprendimenti, come risultanti dalle rilevazioni nazionali dell'INVALSI. Per le finalità di cui al presente comma sono adottate le seguenti azioni e iniziative [4]:

a) rafforzare le competenze di base degli studenti;

b) promuovere misure di mobilità studentesca per esperienze fuori dal contesto di origine [5];

c) promuovere l'apprendimento in una pluralità di contesti attraverso modalità più flessibili dell'organizzazione scolastica e strategie didattiche innovative;

d) promuovere il supporto socio-educativo, anche con il coinvolgimento attivo degli enti del Terzo settore disciplinati dal codice di cui al decreto legislativo 3 luglio 2017, n. 117 [6];

d-*bis*) potenziare l'offerta culturale anche attraverso la promozione di biblioteche di quartiere, intese come luoghi di aggregazione sociale e di confronto interculturale [7] [8].

4. All'articolo 16-*ter*, comma 10, lettera b), del decreto legislativo 13 aprile 2017, n. 59, le parole: «a valere sulle risorse di cui al Programma operativo complementare POC "Per la Scuola" 2014-2020» sono sostituite dalle seguenti: «a valere sulle risorse di cui al Programma nazionale PN "Scuola e competenze" 2021-2027, nel rispetto delle procedure e dei criteri di ammissibilità dei programmi delle politiche di coesione europee».

5. Il Fondo per il miglioramento dell'offerta formativa di cui all'articolo 40 del contratto collettivo nazionale di lavoro relativo al personale del comparto istruzione e ricerca – Triennio 2016-2018, pubblicato nel supplemento ordinario alla Gazzetta Ufficiale n. 141 del 20 giugno 2018, è incrementato, a decorrere dall'anno scolastico 2023/2024, di 6 milioni di euro annui per le seguenti finalità [9]:

a) contenere e prevenire fenomeni di dispersione nelle istituzioni scolastiche in aree a forte rischio di abbandono, individuate sulla base dei dati relativi alla fragilità negli apprendimenti, come risultanti dalle rilevazioni nazionali dell'INVALSI, e ampliare l'offerta formativa delle medesime istituzioni scolastiche mediante l'attivazione di progetti specifici, anche in ambito extracurricolare, con l'eventuale coinvolgimento degli attori sociali e istituzionali dei territori interessati e anche con il coinvolgimento degli enti del Terzo settore disciplinati dal codice di cui al decreto legislativo 3 luglio 2017, n. 117 [10];

b) valorizzare la professionalità dei docenti delle istituzioni scolastiche di cui alla lettera a) che garantiscono l'interesse degli alunni e degli studenti alla continuità didattica. Per la finalità di cui al primo periodo, una quota pari al 50 per cento dell'incremento del Fondo di cui al presente comma è riservata ai docenti a tempo indeterminato secondo criteri che tengano conto degli anni di permanenza nella stessa istituzione scolastica. Rientrano nell'applicazione della misura di cui alla presente lettera i docenti in sovrannumero negli anni presi in considerazione ai fini dell'applicazione stessa, destinatari di mobilità d'ufficio e che abbiano presentato domanda di mobilità condizionata. Ai medesimi soggetti di cui al secondo periodo, nel caso di mancata presentazione di domanda di mobilità territoriale o professionale, di assegnazione provvisoria o di utilizzazione e che non abbiano accettato il conferimento di supplenza per l'intero anno scolastico per altra tipologia o classe di concorso, è altresì attribuito un punteggio aggiuntivo, nella misura individuata dalla contrattazione collettiva nazionale, a conclusione di un triennio di permanenza nella stessa istituzione scolastica e per ogni anno di permanenza dopo il triennio, ai fini delle graduatorie per la mobilità volontaria e d'ufficio, per le assegnazioni provvisorie e le utilizzazioni, nonché ai fini delle graduatorie d'istituto [11].

6. Per l'anno scolastico 2023/2024, le risorse di cui al comma 5 sono oggetto, in via eccezionale, di una specifica e separata sessione negoziale della Contrattazione Collettiva Nazionale Integrativa per l'individuazione dei criteri di riparto. Ai relativi oneri, pari a 6 milioni di euro annui a decorrere dall'anno 2023, si provvede mediante corrispondente riduzione dello stanziamento del fondo speciale di parte corrente iscritto, ai fini del bilancio triennale 2023-2025, nell'ambito del programma "Fondi di riserva e speciali" della missione «Fondi da ripartire» dello stato di previsione del Ministero dell'economia e delle finanze per l'anno 2023, allo scopo parzialmente utilizzando l'accantonamento relativo al Ministero dell'istruzione e del merito. Il Ministero dell'economia e delle finanze è autorizzato ad apportare, con propri decreti, le occorrenti variazioni di bilancio [12].

(1) Capoverso modificato dall'art. 1, co. 1, l. 13.11.2023, n. 159, in sede di conversione.
(2) Comma modificato dall'art. 1, co. 1, l. 13.11.2023, n. 159, in sede di conversione.
(3) Secondo quanto previsto dall'art.1, co. 328, l. 30.12.2023, n. 213, per le finalità qui previste, è autorizzata, per l'anno scolastico 2024/2025, la spesa di 3.333.000 euro per l'anno 2024 e di 10 milioni di euro per l'anno 2025.
(4) Alinea modificato dall'art. 1, co. 1, l. 13.11.2023, n. 159, in sede di conversione.
(5) Lettera modificata dall'art. 1, co. 1, l. 13.11.2023, n. 159, in sede di conversione.
(6) Lettera modificata dall'art. 1, co. 1, l. 13.11.2023, n. 159, in sede di conversione.
(7) Lettera introdotta dall'art. 1, co. 1, l. 13.11.2023, n. 159, in sede di conversione.
(8) Ai sensi dell'art. 1, co. 329, art. 1, co. 329, l. 30.12.2023, n. 213, per le finalità qui previste, è autorizzata la spesa di 40 milioni di euro per l'anno 2025.
(9) Alinea modificato dall'art. 1, co. 1, l. 13.11.2023, n. 159 in sede di conversione.
(10) Lettera modificata dall'art. 1, co. 1, l. 13.11.2023, n. 159 in sede di conversione.
(11) Lettera modificata dall'art. 1, co. 1, l. 13.11.2023, n. 159, in sede di conversione.
(12) Comma modificato dall'art. 1, co. 1, l. 13.11.2023, n. 159, in sede di conversione.

10 bis. Abolizione del limite numerico minimo di alunni per classe nelle istituzioni scolastiche del Mezzogiorno – "Agenda Sud" [1].

1. A decorrere dall'anno scolastico 2024/2025, i dirigenti degli uffici scolastici regionali di cui all'articolo 75, comma 3, del decreto legislativo 30 luglio 1999, n. 300, con riferimento alle istituzioni scolastiche ed educative del primo e del secondo ciclo di istruzione site nelle piccole isole, nei comuni montani, nelle aree geografiche abitate da minoranze linguistiche, nei contesti di disagio giovanile o caratterizzate dalla presenza di alunni con fragilità negli apprendimenti, nelle regioni Abruzzo, Basilicata, Campania, Molise, Puglia, Calabria, Sardegna e Sicilia, possono derogare al numero minimo di alunni per classe previsto dal regolamento di cui al decreto del Presidente della Repubblica 20 marzo 2009, n. 81, nei limiti dell'organico dell'autonomia assegnato a livello regionale.

2. All'attuazione del comma 1 si provvede nell'ambito delle risorse umane, strumentali e finanziarie disponibili a legislazione vigente, senza nuovi o maggiori oneri a carico della finanza pubblica.

(1) Articolo introdotto dall'art. 1, co. 1, l. 13.11.2023, n. 159, in sede di conversione.

11. Potenziamento del Piano per asili nido per la fascia di età 0-2 anni [1].

1. Al fine di assicurare il rispetto del target della Missione 4 – Componente 1 – Investimento 1.1 del PNRR, «Piano per asili nido e scuole dell'infanzia e servizi di educazione e cura per la prima infanzia», è autorizzato un ulteriore piano per asili nido per l'incremento dei posti per la prima infanzia nella fascia di età 0-2 anni. I relativi interventi sono individuati con uno o più decreti del Ministro dell'istruzione e del merito, di concerto con il Ministro dell'economia e delle finanze, anche tenendo conto dei dati di copertura del servizio e della popolazione esistente nella fascia di età 0-2 anni [2].

2. Per le finalità di cui al comma 1 possono essere utilizzate le economie non assegnate dell'Investimento 1.1 della Missione 4 – Componente 1 del PNRR, da accertare con i decreti di cui al comma 1, le risorse di cui all'articolo 1, comma 59, della legge 27 dicembre 2019, n. 160, le risorse ancora disponibili di cui all'articolo 47, comma 5, del decreto-legge 30 aprile 2022, n. 36, convertito, con modificazioni, dalla legge 29 giugno 2022, n. 79, già destinate al raggiungimento di obiettivi, target e milestone del PNRR, nonché eventuali ulteriori risorse che si dovessero rendere successivamente disponibili nella rimodulazione dei piani di investimento europei, ai fini del raggiungimento del target. Non possono essere utilizzate in ogni caso le economie formatesi a seguito delle integrazioni finanziarie del Fondo per l'avvio di opere indifferibili di cui all'articolo 26 del decreto-legge 17 maggio 2022, n. 50, convertito, con modificazioni, dalla legge15 luglio 2022, n. 91 [3].

2 bis. Al fine di assicurare l'attuazione della Missione 2 – Componente 3 Investimento 1.1 del PNRR, all'articolo 24, comma 5, del decreto-legge 24 febbraio 2023, n. 13, convertito, con modificazioni, dalla legge 21 aprile 2023, n. 41, le parole: "4 milioni", ovunque ricorrono, sono sostituite dalle seguenti: "8 milioni" e sono aggiunte, in fine, le seguenti parole: ", che sono assegnate tutte in anticipazione, salvo successivo monitoraggio, agli enti locali individuati per le esigenze relative alla continuità didattica nell'anno scolastico 2023/2024" [4].

(1) Rubrica modificata dall'art. 1, co. 1, l. 13.11.2023, n. 159, in sede di conversione.
(2) Comma modificato dall'art. 1, co. 1, l. 13.11.2023, n. 159, in sede di conversione.
(3) Comma modificato dall'art. 1, co. 1, l. 13.11.2023, n. 159, in sede di conversione.
(4) Comma introdotto dall'art. 1, co. 1, l. 13.11.2023, n. 159, in sede di conversione.

12. Disposizioni per il rafforzamento del rispetto dell'obbligo di istruzione [1].

01. L'*articolo 114 del testo unico* delle disposizioni legislative vigenti in materia di istruzione, relative alle scuole di ogni ordine e grado, di cui al decreto legislativo 16 aprile 1994, n. 297, è sostituito dal seguente: "*Art. 114* (Vigilanza sull'adempimento dell'obbligo di istruzione). – 1. Al fine di garantire l'adempimento dell'obbligo di istruzione di cui all'articolo 1, comma 622, della legge 27 dicembre 2006, n. 296, il sindaco, mediante accesso all'Anagrafe nazionale dell'istruzione (ANIST) istituita ai sensi dell'articolo 62-*quater* del codice dell'amministrazione digitale, di cui al decreto legislativo 7 marzo 2005, n. 82, individua i minori non in regola con il predetto obbligo e ammonisce senza ritardo il responsabile dell'adempimento dell'obbligo medesimo invitandolo ad ottemperare alla legge.

2. Nelle more dell'attivazione dell'ANIST, ai medesimi fini di cui al comma 1, i dirigenti scolastici trasmettono al sindaco, entro il mese di ottobre, i dati relativi ai minori, soggetti all'obbligo di istruzione di cui all'articolo 1, comma 622, della legge 27 dicembre 2006, n. 296, regolarmente iscritti presso le proprie istituzioni scolastiche.

3. Con decreto di natura non regolamentare del Ministro dell'istruzione e del merito, previa intesa in sede di Conferenza Stato-città ed autonomie locali e sentito il Garante per la protezione dei dati personali, sono definiti, ai fini del comma 2, entro novanta giorni dalla data di entrata in vigore della presente disposizione, i soggetti cui possono essere comunicati i dati personali, le operazioni di trattamento, le misure appropriate e specifiche per tutelare i diritti degli interessati, nonché le misure di sicurezza di cui al regolamento (UE) 2016/679 del Parlamento europeo e del Consiglio, del 27 aprile 2016.

4. Il dirigente scolastico verifica la frequenza degli alunni soggetti all'obbligo di istruzione, individuando quelli che sono assenti per più di quindici giorni, anche non consecutivi, nel corso di tre mesi, senza giustificati motivi. Nel caso in cui l'alunno non riprenda la frequenza entro sette giorni dalla comunicazione al responsabile dell'adempimento dell'obbligo di istruzione, il dirigente scolastico avvisa entro sette giorni il sindaco affinché questi proceda all'ammonizione del responsabile medesimo invitandolo ad ottemperare alla legge. In ogni caso, costituisce elusione dell'obbligo di istruzione la mancata frequenza di almeno un quarto del monte ore annuale personalizzato senza giustificati motivi.

5. In caso di violazione dell'obbligo di istruzione di cui al comma 1, il sindaco procede ai sensi dell'articolo 331 del codice di procedura penale se la persona responsabile dell'adempimento dell'obbligo, previamente ammonita, non provi di procurare altrimenti l'istruzione degli obbligati o non giustifichi con motivi di salute, o con altri impedimenti gravi, la mancata iscrizione del minore presso una scuola del sistema nazionale di istruzione o non ve lo presenti entro una settimana dall'ammonizione. Parimenti il sindaco procede ai sensi dell'articolo 331 del codice di procedura penale in caso di elusione dell'obbligo di istruzione di cui al comma 4.

6. Si considerano giustificate le assenze dalla scuola

di cui all'articolo 17, comma 4, della legge 22 novembre 1988, n. 516, e all'articolo 4, comma 4, della legge 8 marzo 1989, n. 101.

7. Le disposizioni di cui al presente articolo si applicano a tutti i soggetti responsabili della vigilanza sull'adempimento dell'obbligo di istruzione di cui all'articolo 1, comma 622, della legge 27 dicembre 2006, n. 296.

8. All'attuazione del presente articolo si provvede con le risorse umane, finanziarie e strumentali disponibili a legislazione vigente" [(2)].

1. Dopo l'articolo 570-*bis* del codice penale è inserito il seguente:

«*Art. 570-ter* (Inosservanza dell'obbligo dell'istruzione dei minori). – Il responsabile dell'adempimento dell'obbligo di istruzione che, ammonito ai sensi dell'articolo 114, comma 1 del testo unico di cui al decreto legislativo 16 aprile 1994, n. 297, non prova di procurare altrimenti l'istruzione del minore o non giustifica con motivi di salute, o con altri impedimenti gravi, la mancata iscrizione del minore presso una scuola del sistema nazionale di istruzione, o non ve lo presenta entro una settimana dall'ammonizione, è punito con la reclusione fino a due anni.

Il responsabile dell'adempimento dell'obbligo di istruzione che, ammonito ai sensi dell'articolo 114, comma 4, del testo unico di cui al decreto legislativo 16 aprile 1994, n. 297 per assenze ingiustificate del minore durante il corso dell'anno scolastico tali da costituire elusione dell'obbligo di istruzione, non prova di procurare altrimenti l'istruzione del minore o non giustifica con motivi di salute, o con altri impedimenti gravi, l'assenza del minore dalla scuola, o non ve lo presenta entro una settimana dall'ammonizione, è punito con la reclusione fino a un anno. [(3)]».

2. Quando acquisisce la notizia dei reati di cui all'articolo 570-*ter* del codice penale, introdotto dal comma 1 del presente articolo, il pubblico ministero ne informa senza ritardo il procuratore della Repubblica presso il tribunale per i minorenni, per le eventuali iniziative di competenza ai sensi dell'articolo 336 del codice civile [(4)].

3. L'articolo 731 del codice penale è abrogato.

4. Al decreto-legge 4 maggio 2023, n. 48, convertito, con modificazioni, dalla legge 3 luglio 2023, n. 85, sono apportate le seguenti modificazioni:

a) all'articolo 2, comma 2, lettera d), le parole: «comma 3» sono sostituite dalle seguenti: «commi 3 e 3-*bis*»;

b) all'articolo 2, dopo il comma 3 è inserito il seguente:

"3-*bis*. Non ha altresì diritto al trasferimento dell'Assegno di inclusione il nucleo familiare per i cui componenti minorenni non sia documentato l'adempimento dell'obbligo di istruzione nell'ambito del patto per l'inclusione" [(5)];

c) all'articolo 8, sono apportate le seguenti modificazioni:

1) dopo il comma 3, è inserito il seguente: «3-*bis*. Alla condanna in via definitiva del beneficiario per il reato di cui all'articolo 570-*ter* del codice penale, nonché alla sentenza definitiva adottata ai sensi degli articoli 444 e seguenti del codice di procedura penale, in deroga alle previsioni dell'articolo 445, comma 1-*bis*, del medesimo codice, consegue la sospensione del beneficio fino alla ripresa della regolare frequenza scolastica del minore documentata con certificazione rilasciata dal dirigente scolastico, ovvero, in mancanza di tale certificazione, per un periodo di due anni.»;

2) al comma 4, le parole: «al comma 3» sono sostituite dalle seguenti: «ai commi 3 e 3-*bis*»;

3) al comma 5, le parole: «dal comma 3» sono sostituite dalle seguenti: «dai commi 3 e 3-*bis*» [(6)].

4 bis. All'attuazione delle previsioni di cui al comma 3-*bis* dell'articolo 2 del decreto-legge n. 48 del 2023, introdotto dalla lettera b) del comma 4 del presente articolo, si provvede con decreto del Ministro del lavoro e delle politiche sociali, di concerto con il Ministro dell'istruzione e del merito, da adottare entro novanta giorni dalla data di entrata in vigore della legge di conversione del presente decreto [(7)].

(1) Rubrica modificata dall'art. 1, co. 1, l. 13.11.2023, n. 159, in sede di conversione.

(2) Comma premesso dall'art. 1, co. 1, l. 13.11.2023, n. 159, in sede di conversione.

(3) Capoverso modificato dall'art. 1, co. 1, l. 13.11.2023, n. 159, in sede di conversione.

(4) Comma modificato dall'art. 1, co. 1, l. 13.11.2023, n. 159, in sede di conversione.

(5) Lettera sostituita dall'art. 1, co. 1, l. 13.11.2023, n. 159, in sede di conversione.

(6) Numero modificato dall'art. 1, co. 1, l. 13.11.2023, n. 159, in sede di conversione.

(7) Comma introdotto dall'art. 1, co. 1, l. 13.11.2023, n. 159, in sede di conversione.

Capo IV
Disposizioni per la sicurezza dei minori in ambito digitale

13. Applicazioni di controllo parentale nei dispositivi di comunicazione elettronica.

1. Ai fini del presente articolo e dell'articolo 14, trovano applicazione le seguenti definizioni [(1)]:

a) controllo parentale: la possibilità di limitare e controllare, da parte dei genitori o di coloro che esercitano la responsabilità genitoriale, l'accesso ai contenuti e/o alla rete da parte dei minori, mediante la scelta degli spazi digitali e dei tempi di utilizzo;

b) dispositivi di comunicazione elettronica, di seguito «dispositivi»: smartphone, computer, tablet e, ove compatibili, consolle di videogiochi, e altri possibili oggetti connessi che consentano l'accesso ai browser, come televisioni, orologi, assistenti vocali, sistemi di domotica e di «Internet delle cose» [(2)];

c) applicazioni di controllo parentale[, di seguito «applicazioni»]: elementi esterni a dispositivi di comunicazione elettronica, soluzioni a livello di rete o applicazioni o software per dispositivi di comunicazione elettronica, facilmente comprensibili e accessibili agli utenti, che consentano il controllo parentale [3].

2. Al fine di garantire un ambiente digitale sicuro ai minori, nelle more che i produttori assicurino, all'atto dell'immissione sul mercato dei dispositivi, entro un anno dalla data di entrata in vigore del presente decreto, che i sistemi operativi ivi installati consentano l'utilizzo e includano la disponibilità di applicazioni di controllo parentale, i fornitori di servizi di comunicazione elettronica assicurano la disponibilità di applicazioni di controllo parentale nell'ambito dei contratti di fornitura nei servizi di comunicazione elettronica disciplinati dal codice delle comunicazioni elettroniche, di cui al decreto legislativo 1° agosto 2003, n. 259 [4].

3. I produttori di dispositivi, anche per il tramite dei distributori operanti in Italia, informano l'utente sulla possibilità e sull'importanza di utilizzare applicazioni di controllo parentale. Tale adempimento può essere assicurato anche tramite l'inserimento nelle confezioni di vendita di uno specifico foglio illustrativo o tramite l'apposizione sulla confezione di uno specifico supporto adesivo che, con apposita evidenziazione grafica, segnali, con chiarezza e semplicità, l'esistenza delle applicazioni di controllo parentale suddette, potenzialmente attivabili, rinviando per maggiori informazioni ai siti internet della Presidenza del Consiglio dei ministri – Dipartimento per le politiche per la famiglia e dell'Autorità per le garanzie nelle comunicazioni. L'adempimento informativo di cui al presente comma è assicurato entro nove mesi dalla data di entrata in vigore del presente decreto [5].

4. Il servizio di attivazione delle applicazioni di controllo parentale, qualora richiesto dall'utente, deve essere consentito, nell'ambito dei contratti di fornitura del servizio principale, tramite un dispositivo di comunicazione elettronica, senza alcun costo aggiuntivo. In sede di prima applicazione, ai fini della definizione dei contenuti da filtrare ovvero bloccare e delle modalità di realizzazione tecnica del filtro o del blocco, trovano applicazione le disposizioni adottate dall'Autorità per le garanzie nelle comunicazioni ai sensi dell'articolo 7-*bis* del decreto-legge 30 aprile 2020, n. 28, convertito, con modificazioni, dalla legge 25 giugno 2020, n. 70 [6].

5. Nei pacchetti di offerte di cui al comma 4, destinate ai minori, si applicano le disposizioni di cui all'articolo 7-*bis* del decreto-legge 30 aprile 2020, n. 28, convertito, con modificazioni, dalla legge 25 giugno 2020, n. 70.

6. I dati personali raccolti o generati durante l'attivazione delle applicazioni di controllo parentale non possono essere utilizzati per scopi commerciali e di profilazione [7].

7. I fornitori di servizi di comunicazione elettronica inviano, entro 30 giorni dalla data di entrata in vigore del presente decreto, una comunicazione ai propri clienti riguardo alla possibilità e all'importanza di installare, o comunque di richiederne l'attivazione, sui dispositivi di cui al comma 1, lettera b), già in uso, le applicazioni di controllo parentale [8].

8. L'Autorità per le garanzie nelle comunicazioni vigila sulla corretta applicazione del presente articolo e, previa diffida ai soggetti obbligati, applica le disposizioni di cui all'articolo 1, comma 31, della legge 31 luglio 1997, n. 249 [9].

8 bis. Al comma 2 dell'articolo 1 del decreto legislativo 7 dicembre 2017, n. 203, è aggiunto, in fine, il seguente periodo: "Sono da intendere quali opere cinematografiche tutte le opere visive e audiovisive in qualsiasi forma e modalità di riproduzione, comprese quelle digitali su piattaforme di streaming o social" [10].

8 ter. Le amministrazioni interessate provvedono a dare attuazione alle disposizioni del presente articolo nei limiti delle risorse umane, strumentali e finanziarie disponibili a legislazione vigente e, comunque, senza nuovi o maggiori oneri a carico della finanza pubblica [11].

(1) Alinea modificato dall'art. 1, co. 1, l. 13.11.2023, n. 159, in sede di conversione.
(2) Lettera modificata dall'art. 1, co. 1, l. 13.11.2023, n. 159, in sede di conversione.
(3) Lettera modificata dall'art. 1, co. 1, l. 13.11.2023, n. 159, in sede di conversione.
(4) Comma modificato dall'art. 1, co. 1, l. 13.11.2023, n. 159, in sede di conversione.
(5) Comma modificato dall'art. 1, co. 1, l. 13.11.2023, n. 159, in sede di conversione e poi dall'art. 1 quater, co. 1, d.l. 30.12.2023, n. 215, conv., con modif., dalla l. 23.2.2024, n. 18.
(6) Comma modificato dall'art. 1, co. 1, l. 13.11.2023, n. 159, in sede di conversione.
(7) Comma modificato dall'art. 1, co. 1, l. 13.11.2023, n. 159, in sede di conversione.
(8) Comma modificato dall'art. 1, co. 1, l. 13.11.2023, n. 159, in sede di conversione.
(9) Comma modificato dall'art. 1, co. 1, l. 13.11.2023, n. 159, in sede di conversione.
(10) Comma introdotto dall'art. 1, co. 1, l. 13.11.2023, n. 159, in sede di conversione.
(11) Comma introdotto dall'art. 1, co. 1, l. 13.11.2023, n. 159, in sede di conversione.

13 bis. Disposizione per la verifica della maggiore età per l'accesso a siti pornografici [1].

1. È vietato l'accesso dei minori a contenuti a carattere pornografico, in quanto mina il rispetto della loro dignità e ne compromette il benessere fisico e mentale, costituendo un problema di salute pubblica.

2. Fermo restando quanto previsto dall'articolo 42 del decreto legislativo 8 novembre 2021, n. 208, i gestori di siti web e i fornitori delle piattaforme di condivisione video, che diffondono in Italia immagini e video a carattere pornografico, sono tenuti a verificare la maggiore età degli utenti, al fine di evitare l'accesso a contenuti pornografici da parte di minori degli anni diciotto.

3. L'Autorità per le garanzie nelle comunicazioni stabilisce, entro sessanta giorni dalla data di entrata in vigore della legge di conversione del presente decreto, con proprio provvedimento, sentito il Garante per la protezione dei dati personali, le modalità tecniche e di processo che i soggetti di cui al comma 2 sono tenuti ad adottare per l'accertamento della maggiore età degli utenti, assicurando un livello di sicurezza adeguato al rischio e il rispetto della minimizzazione dei dati personali raccolti in ragione dello scopo.

4. Entro sei mesi dalla data di pubblicazione del provvedimento di cui al comma 3, i soggetti di cui al comma 2 si dotano di efficaci sistemi di verifica della maggiore età conformi alle prescrizioni impartite nel predetto provvedimento.

5. L'Autorità per le garanzie nelle comunicazioni vigila sulla corretta applicazione del presente articolo e, in caso di inadempimento, contesta ai soggetti di cui al comma 2, anche d'ufficio, la violazione, applicando le disposizioni di cui all'articolo 1, comma 31, del decreto legislativo 31 luglio 1997, n. 249, e li diffida ad adeguarsi entro venti giorni. In caso di inottemperanza alla diffida, l'Autorità per le garanzie nelle comunicazioni adotta ogni provvedimento utile per il blocco del sito o della piattaforma fino al ripristino, da parte dei soggetti di cui al comma 2, di condizioni di fornitura conformi ai contenuti della diffida dell'Autorità.

(1) Articolo introdotto dall'art. 1, co. 1, l. 13.11.2023, n. 159, in sede di conversione.

14. Alfabetizzazione digitale e mediatica a tutela dei minori e campagne informative.

1. La Presidenza del Consiglio dei ministri – Dipartimento per le politiche della famiglia promuove studi ed elabora linee guida rivolte ai fruitori di dispositivi di comunicazione elettronica e di applicazioni di controllo parentale, con particolare attenzione agli educatori, alle famiglie e ai minori stessi.

2. I Centri per la famiglia di cui all'articolo 1, comma 1250, lettera e), della legge 27 dicembre 2006, n. 296, offrono consulenza e servizi in merito alla alfabetizzazione mediatica e digitale dei minori, con particolare attenzione alla loro tutela rispetto all'esposizione a contenuti pornografici e violenti. A tal fine, il Ministro per la famiglia, la natalità e le pari opportunità realizza un'intesa in sede di Conferenza Unificata, avente ad oggetto i criteri e le modalità di attuazione dei servizi e delle prestazioni erogabili dai Centri per la famiglia, inclusi quelli di cui al presente comma [(1)].

3. La Presidenza del Consiglio dei ministri – Dipartimento per le politiche della famiglia e il Ministero delle imprese e del made in Italy avviano annualmente campagne di informazione sull'uso consapevole della rete e sui rischi connessi, in particolar modo sui mezzi di prevenzione dall'accesso a contenuti potenzialmente nocivi per lo sviluppo armonioso dei minori [(2)].

4. L'Autorità per le garanzie nelle comunicazioni predispone, entro il 31 gennaio di ciascun anno, una relazione per l'Autorità politica con delega alle politiche per la famiglia sull'impatto dell'attuazione dell'articolo 13, con particolare riferimento all'uso delle applicazioni di controllo parentale, nonché dell'articolo 13-*bis*, con particolare riferimento all'attuazione della misura di verifica della maggiore età per l'accesso a siti pornografici [(3)].

5. Entro il 31 maggio di ciascun anno, l'Autorità politica con delega alle politiche per la famiglia presenta una relazione annuale al Parlamento sull'attuazione degli articoli 13 e 13-*bis* e del presente articolo, sulla base della relazione di cui al comma 4 e degli ulteriori elementi acquisiti nell'ambito dell'Osservatorio per il contrasto della pedofilia e della pornografia minorile, dell'Osservatorio nazionale per l'infanzia e l'adolescenza, operanti presso il Dipartimento per le politiche della famiglia della Presidenza del Consiglio dei ministri, e dell'Osservatorio sul fenomeno della violenza nei confronti delle donne e sulla violenza domestica, operante presso il Dipartimento per le pari opportunità della Presidenza del Consiglio dei ministri [(4)].

5 bis. Le amministrazioni interessate provvedono all'attuazione delle disposizioni del presente articolo nei limiti delle risorse umane, strumentali e finanziarie disponibili a legislazione vigente e, comunque, senza nuovi o maggiori oneri a carico della finanza pubblica [(5)].

(1) Comma modificato dall'art. 1, co. 1, l. 13.11.2023, n. 159, in sede di conversione.
(2) Comma modificato dall'art. 1, co. 1, l. 13.11.2023, n. 159, in sede di conversione.
(3) Comma modificato dall'art. 1, co. 1, l. 13.11.2023, n. 159, in sede di conversione.
(4) Comma modificato dall'art. 1, co. 1, l. 13.11.2023, n. 159, in sede di conversione.
(5) Comma introdotto dall'art. 1, co. 1, l. 13.11.2023, n. 159, in sede di conversione.

15. Designazione del coordinatore dei servizi digitali in attuazione del Regolamento (UE) 2022/2065 sui servizi digitali.

1. Al fine di garantire l'effettività dei diritti e l'efficacia degli obblighi stabiliti dal Regolamento (UE) 2022/2065 del Parlamento europeo e del Consiglio del 19 ottobre 2022 relativo a un mercato unico dei servizi digitali, nonché la relativa vigilanza e il conseguimento degli obiettivi previsti, anche con riguardo alla protezione dei minori in relazione ai contenuti pornografici disponibili on line, nonché agli altri contenuti illegali o comunque vietati, veicolati da piattaforme on line o altri gestori di servizi intermediari, e contribuire alla definizione di un ambiente digitale sicuro, l'Autorità per le garanzie nelle comunicazioni è designata quale Coordinatore dei Servizi Digitali, ai sensi dell'articolo 49, paragrafo 2, del Regolamento (UE) 2022/2065 [(1)].

2. L'Autorità garante della concorrenza e del mercato, il Garante per la protezione dei dati personali e ogni altra Autorità nazionale competente, nell'ambito delle rispettive competenze, assicurano ogni necessaria collaborazione ai fini dell'esercizio da parte dell Autorità per le garanzie nelle comunicazioni delle funzioni di Coordinatore dei Servizi Digitali. Le Autorità possono disciplinare con protocolli di intesa gli aspetti applicativi e procedimentali della reciproca collaborazione.

3. L'Autorità per le garanzie nelle comunicazioni definisce, con proprio provvedimento, le condizioni, le procedure e le modalità operative per l'esercizio dei poteri e delle funzioni di cui è titolare, quale Coordinatore dei Servizi Digitali, ai sensi del Regolamento (UE) 2022/2065 e svolge i relativi compiti in modo imparziale, trasparente e tempestivo.

4. All'articolo 1 della legge 31 luglio 1997, n. 249, sono apportate le seguenti modificazioni:

a) al comma 6, lettera c), dopo il numero 14-*bis*) è aggiunto il seguente: «14-*ter*) esercita la funzione di Coordinatore dei Servizi Digitali e i relativi poteri previsti dal Regolamento (UE) 2022/2065 del Parlamento europeo e del Consiglio del 19 ottobre 2022 relativo a un mercato unico dei servizi digitali.»;

b) dopo il comma 32, è aggiunto il seguente: «*32-bis.* In caso di violazione degli obblighi previsti agliarticoli 9, 10, 11, 12, 13, 14, 15,16, 17, 18, 20, 21, 22, 23, 24, 26, 27, 28, 30 e 45 del Regolamento (UE) 2022/2065 del Parlamento europeo e del Consiglio del 19 ottobre 2022 relativo a un mercato unico dei servizi digitali, l'Autorità, nell'esercizio dei poteri di cui al combinato disposto degli articoli 51 e 52del medesimo Regolamento (UE) 2022/2065, applica, in base a principi di proporzionalità, adeguatezza e rispetto del contraddittorio, secondo le procedure stabilite con proprio regolamento, sanzioni amministrative pecuniarie fino ad un massimo del 6% del fatturato annuo mondiale nell'esercizio finanziario precedente alla comunicazione di avvio del procedimento al prestatore di un servizio intermediario rientrante nella propria sfera di competenza, anche nella sua qualità di Coordinatore dei Servizi Digitali, ai sensi del diritto nazionale e dell'Unione europea applicabile alla fattispecie di illecito. In caso di comunicazione di informazioni inesatte, incomplete o fuorvianti, di mancata risposta o rettifica di informazioni inesatte, incomplete o fuorvianti e di inosservanza dell'obbligo di sottoporsi a un'ispezione, l'Autorità, nell'esercizio dei poteri di cui al combinato disposto degli articoli 51 e 52 del medesimo Regolamento (UE) 2022/2065, applica una sanzione amministrativa pecuniaria fino ad un massimo dell'1% del fatturato mondiale realizzato nell'esercizio finanziario precedente dal fornitore di un servizio intermediario o dalla persona interessata rientranti nella propria sfera di competenza, anche nella sua qualità di Coordinatore dei Servizi Digitali, ai sensi del diritto nazionale e dell'Unione europea applicabile alla fattispecie di illecito. L'importo massimo giornaliero delle penalità di mora che l'Autorità può applicare è pari al 5% del fatturato giornaliero medio mondiale del fornitore di un servizio intermediario interessato realizzato nell'esercizio finanziario precedente, calcolato a decorrere dalla data specificata nella decisione in questione. Nell'applicazione della sanzione l'Autorità tiene conto, in particolare, della gravità del fatto e delle conseguenze che ne sono derivate, nonché della durata e dell'eventuale reiterazione delle violazioni. Per le sanzioni amministrative previste dal presente comma è escluso il beneficio del pagamento in misura ridotta previsto dall'articolo 16 della legge 24 novembre 1981, n. 689. (2)».

5. La pianta organica dell'Autorità per le garanzie nelle comunicazioni è incrementata in misura di 23 unità con le seguenti qualifiche: n. 1 dirigente, n. 20 funzionari, n. 2 operativi. Gli oneri derivanti dal presente articolo sono determinati in 4.005.457 euro per l'anno 2024, 4.125.590 euro per l'anno 2025, 3.903.136 euro per l'anno 2026, 4.081.636 euro per l'anno 2027, 4.267.375 euro per l'anno 2028, 4.527.751 euro per l'anno 2029, 4.737.357 euro per l'anno 2030, 4.971.989 euro per l'anno 2031, 5.434.808 euro per l'anno 2032 e 5.694.052 euro a decorrere dall'anno 2033. Ad essi si provvede mediante un contributo di importo pari allo 0,135 per mille del fatturato risultante dall'ultimo bilancio approvato dai prestatori dei servizi intermediari stabiliti in Italia, così come definiti dal Regolamento (UE) 2022/2065 del Parlamento europeo e del Consiglio del 19 ottobre 2022 relativo a un mercato unico dei servizi digitali e che modifica la Direttiva 2000/31/CE (Regolamento sui servizi digitali). Ferme restando tutte le attuali forme di finanziamento e nel rispetto delle esenzioni previste dal Regolamento medesimo, in sede di prima applicazione, per l'anno 2024, il contributo è versato direttamente all'Autorità entro il 1° marzo 2024 nella misura dello 0,135 per mille del fatturato realizzato nell'anno contabile 2022 secondo le modalità determinate dall'Autorità medesima con propria deliberazione. Eventuali variazioni della misura e delle modalità di contribuzione, per gli anni successivi, possono essere motivatamente adottate dall'Autorità, con propria deliberazione, nel limite massimo dello 0,5 per mille del fatturato risultante dall'ultimo bilancio approvato. L'Autorità individua, con la collaborazione dell'Istituto nazionale di statistica (ISTAT) e dell'Agenzia delle entrate, l'elenco dei soggetti tenuti al versamento del contributo (3).

6. A decorrere dal 2024, nelle more delle procedure concorsuali per l'assunzione del personale di cui al comma 5 e fino al termine delle procedure di reclutamento, l'Autorità provvede all'esercizio dei compiti derivanti dalla designazione di cui al presente articolo mediante l'utilizzazione di personale, nel limite massimo di 10 unità, posto in posizione di comando, distacco, fuori ruolo o aspettativa o in analoghe posizioni secondo i rispettivi ordinamenti, ai sensi dell'articolo 17, comma 14, della legge 15 maggio 1997, n. 127. Per la durata del collocamento fuori ruolo[,] è reso indisponibile un numero di posti nella dotazione organica dell'amministrazione di provenienza equivalente dal punto di vista finanziario. Il personale di cui al primo periodo, non rientrante nella pianta organica dell'Autorità, è individuato a seguito di apposito interpello, in cui sono specificati i profili professionali richiesti, cui possono aderire i dipendenti appartenenti ai ruoli delle amministrazioni pubbliche di cui all'articolo 1, comma 2, del decreto legislativo 30 marzo 2001, n. 165, con esclusione del personale docente, educativo, amministrativo, tecnico e ausiliario delle istituzioni scolastiche, e mantiene il trattamento economico fondamentale delle amministrazioni di appartenenza, compresa l'indennità di amministrazione, i cui oneri restano a carico delle stesse. L'Autorità provvede agli oneri del trattamento economico accessorio mediante i contributi previsti al comma 5 [(4)].

(1) Comma modificato dall'art. 1, co. 1, l. 13.11.2023, n. 159, in sede di conversione.
(2) Capoverso modificato dall'art. 1, co. 1, l. 13.11.2023, n. 159, in sede di conversione.
(3) Comma modificato dall'art. 1, co. 1, l. 13.11.2023, n. 159, in sede di conversione.
(4) Comma modificato dall'art. 1, co. 1, l. 13.11.2023, n. 159, in sede di conversione.

15 bis. Misure per il rafforzamento e l'operatività dell'Agenzia per la cybersicurezza nazionale [(1)].

1. Ai fini dell'ottimale utilizzazione delle risorse finanziarie destinate a legislazione vigente alle spese di personale, di cui all'articolo 18, comma 1, del decreto-legge 14 giugno 2021, n. 82, convertito, con modificazioni, dalla legge 4 agosto 2021, n. 109, al medesimo decreto-legge sono apportate le seguenti modificazioni:

a) all'articolo 6, dopo il comma 1 sono inseriti i seguenti:
"1-*bis*. A decorrere dal 1° gennaio 2024, nei limiti delle risorse destinate al personale di cui al comma 1, le articolazioni di livello dirigenziale generale sono rideterminate nel numero massimo di dodici e, a decorrere dal 1° gennaio 2025, quelle di livello dirigenziale non generale sono rideterminate nel numero massimo di quaranta.
1-*ter*. Nelle more dell'adeguamento del regolamento di cui al comma 1 e nei limiti di cui al comma 1bis, allo scopo di corrispondere alle immediate esigenze di accrescimento della capacità operativa dell'Agenzia, il direttore generale dell'Agenzia è autorizzato ad attivare, con proprio provvedimento, le articolazioni dirigenziali di cui al comma 1-*bis*, definendone funzioni e compiti";

b) all'articolo 12, il comma 5 è sostituito dal seguente:
"5. Fermo restando l'adeguamento della dotazione organica di livello dirigenziale generale e non generale di cui all'articolo 6, comma 1-*bis*, e le relative decorrenze, la rimanente dotazione organica è progressivamente rideterminata, in linea con il processo di crescita della capacità operativa dell'Agenzia, con decreti del Presidente del Consiglio dei ministri di concerto con il Ministro dell'economia e delle finanze, nei limiti delle risorse finanziarie destinate al personale di cui all'articolo 18, comma 1. Dei provvedimenti adottati in materia di dotazione organica è data tempestiva e motivata comunicazione alle Commissioni parlamentari competenti e al COPASIR";

c) all'articolo 17, dopo il comma 4-*bis* è inserito il seguente:
"4-*ter*. Al fine di consentire la piena operatività dell'Agenzia, le disposizioni di cui all'articolo 15, commi 1 e 2, del decreto-legge 24 aprile 2014, n. 66, convertito, con modificazioni, dalla legge 23 giugno 2014, n. 89, non si applicano alle autovetture utilizzate dall'Agenzia per i servizi istituzionali di tutela della sicurezza nazionale e dell'interesse nazionale nello spazio cibernetico".

(1) Articolo introdotto dall'art. 1, co. 1, l. 13.11.2023, n. 159, in sede di conversione.

15 ter. Ulteriori disposizioni urgenti in materia di prerogative dell'Autorità per le garanzie nelle comunicazioni [(1)].

1. Alla legge 14 luglio 2023, n. 93, sono apportate le seguenti modificazioni:

a) all'articolo 2:
 1) al comma 1, le parole: "può ordinare" sono sostituite dalla seguente: "ordina";
 2) al comma 2, le parole: "ove tecnicamente possibile" sono soppresse;
 3) al comma 3, l'ultimo periodo è sostituito dal seguente: "L'Autorità, con proprio regolamento, da adottare entro trenta giorni dalla data di entrata in vigore della presente disposizione, disciplina il procedimento cautelare abbreviato di cui al presente comma, assicurandone la necessaria tempestività e garantendo strumenti di reclamo al soggetto destinatario del provvedimento";
 4) al comma 4, terzo periodo, le parole: "dall'Autorità ai soggetti destinatari del provvedimento" sono sostituite dalle seguenti: "tramite la piattaforma all'Autorità e ai soggetti destinatari del provvedimento";
 5) il comma 5 è sostituito dal seguente:
 "5. Il provvedimento di disabilitazione di cui al comma 1 è notificato immediatamente dall'Autorità ai prestatori di servizi di accesso alla rete, ai soggetti gestori di motori di ricerca e ai fornitori di servizi della società dell'informazione coinvolti a qualsiasi titolo nell'accessibilità del sito web o dei servizi illegali, nonché alla European Union Internet Referral Unit dell'Europol e al soggetto che ha richiesto l'adozione del provvedimento medesimo. I prestatori di servizi di accesso alla rete, i soggetti gestori di motori di ricerca e i fornitori di servizi della società dell'informazione, nel caso in cui siano coinvolti a qualsiasi titolo nell'accessibilità del sito web o dei servizi illegali, eseguono il provvedimento dell'Autorità senza alcun indugio e, comunque, entro il termine massimo di trenta minuti dalla notificazione,

disabilitando la risoluzione DNS dei nomi di dominio e l'instradamento del traffico di rete verso gli indirizzi IP indicati nell'elenco di cui al comma 4 o comunque adottando le misure tecnologiche e organizzative necessarie per rendere non fruibili da parte degli utilizzatori finali i contenuti diffusi abusivamente. I soggetti gestori di motori di ricerca e i fornitori di servizi della società dell'informazione, nel caso in cui non siano coinvolti nell'accessibilità del sito web o dei servizi illegali, provvedono comunque ad adottare tutte le misure tecniche utili ad ostacolare la visibilità dei contenuti illeciti, tra le quali in ogni caso la deindicizzazione dai motori di ricerca di tutti i nomi di dominio oggetto degli ordini di blocco dell'Autorità ivi inclusi i nomi di dominio oggetto delle segnalazioni effettuate per il tramite della piattaforma ai sensi del comma 4";

6) al comma 6, secondo periodo, le parole: "in tempi ragionevoli" sono sostituite dalla seguente: "tempestivamente";

b) all'articolo 5, comma 1, dopo le parole: "l'Autorità applica" sono inserite le seguenti: ", per ogni violazione riscontrata,";

c) all'articolo 6, il comma 2 è sostituito dal seguente: "2. Entro trenta giorni dalla data di entrata in vigore della presente legge, l'Autorità, in collaborazione con l'Agenzia per la cybersicurezza nazionale, convoca un tavolo tecnico con la partecipazione dei prestatori di servizi, dei fornitori di accesso alla rete internet, dei detentori di diritti, dei fornitori di contenuti, dei fornitori di servizi di media audiovisivi e delle associazioni maggiormente rappresentative preposte alla tutela del diritto d'autore e dei diritti connessi, al fine di definire i requisiti tecnici e operativi degli strumenti necessari a consentire una tempestiva ed efficace disabilitazione dei nomi di dominio o degli indirizzi IP, secondo quanto previsto dall'articolo 2 della presente legge, attraverso la definizione di una piattaforma tecnologica unica con funzionamento automatizzato per tutti i destinatari dei provvedimenti di disabilitazione. La piattaforma è realizzata e resa operativa entro il termine massimo di tre mesi dalla convocazione del tavolo tecnico. Nelle more della piena operatività della piattaforma sono comunque applicabili tutte le disposizioni della presente legge e resta fermo quanto previsto dalla citata deliberazione dell'Autorità n. 680/13/CONS del 12 dicembre 2013".

(1) Articolo introdotto dall'art. 1, co. 1, l. 13.11.2023, n. 159, in sede di conversione.

15 quater. Semplificazioni in materia di sperimentazione di nuove tecnologie televisive [1].

1. All'articolo 1, comma 1031-*bis*, ultimo periodo, della legge 27 dicembre 2017, n. 205, le parole: "e a favorire la sperimentazione di nuove tecnologie televisive," sono soppresse e dopo le parole: "Ministro dell'economia e delle finanze" sono aggiunte le seguenti: ", e a favorire la sperimentazione di nuove tecnologie televisive anche con riferimento alla tecnologia 5G secondo modalità stabilite con decreto del Ministro delle imprese e del made in Italy, di concerto con il Ministro dell'economia e delle finanze".

(1) Articolo introdotto dall'art. 1, co. 1, l. 13.11.2023, n. 159, in sede di conversione.

16. Entrata in vigore.

1. Il presente decreto entra in vigore il giorno successivo a quello della sua pubblicazione nella Gazzetta Ufficiale della Repubblica italiana e sarà presentato alle Camere per la conversione in legge.

Il presente decreto, munito del sigillo dello Stato, sarà inserito nella Raccolta ufficiale degli atti normativi della Repubblica italiana. È fatto obbligo a chiunque spetti di osservarlo e di farlo osservare.

NAVIGAZIONE E PIRATERIA

1. R.D. 30 marzo 1942, n. 327. – Approvazione del testo definitivo del codice della navigazione (*artt. 1080-1161, 1215-1218 bis, 1222, 1225-1226, 1228, 1231, 1232, 1235*)

In Gazzetta Ufficiale 18 aprile 1942, n. 93

PARTE TERZA
Disposizioni penali e disciplinari

LIBRO PRIMO
Disposizioni penali

TITOLO I
Disposizioni generali

1080. Applicabilità delle disposizioni penali.

Il cittadino o lo straniero, che, essendo al servizio di una nave o di un aeromobile nazionale, commette in territorio estero un delitto previsto dal presente codice, è punito a norma del medesimo. Il colpevole che sia stato giudicato all'estero è giudicato nuovamente nello Stato, qualora il ministro della giustizia ne faccia richiesta.

Le disposizioni penali di questo codice non si applicano ai componenti dell'equipaggio e ai passeggeri di nave o di aeromobile stranieri, salvo che sia diversamente stabilito.

1081. Concorso di estranei in un reato previsto dal presente codice.

Fuori del caso regolato nell'articolo 117 del codice penale, quando per l'esistenza di un reato previsto dal presente codice è richiesta una particolare qualità personale, coloro che, senza rivestire tale qualità, sono concorsi nel reato, ne rispondono se hanno avuto conoscenza della qualità personale inerente al colpevole.

Tuttavia il giudice può diminuire la pena rispetto a coloro per i quali non sussiste la predetta qualità.

1082. Pene accessorie.

Le pene accessorie per i delitti previsti dal presente codice sono, oltre quelle stabilite dal codice penale [c.p. 19]:

1. l'interdizione dai titoli professionali marittimi o aeronautici, se si tratta di delitti commessi da persone fornite rispettivamente dei titoli previsti negli articoli 123 e 734 (1);
2. l'interdizione dalla professione marittima o aeronautica, se si tratta di delitti commessi dagli altri appartenenti rispettivamente al personale marittimo o al personale aeronautico (2).

Le pene accessorie per le contravvenzioni previste dal presente codice sono, oltre quelle stabilite dal codice penale:

1. la sospensione dai titoli professionali marittimi, della navigazione interna o aeronautici, se si tratta di contravvenzioni commesse dalle persone indicate nel n. 1 del comma precedente ovvero da comandanti, ufficiali e sottufficiali della navigazione interna;
2. la sospensione, dalla professione marittima o aeronautica o alla professione della navigazione interna, se si tratta di contravvenzioni commesse dalle persone indicate nel n. 2 del comma precedente, ovvero dagli appartenenti al personale della navigazione interna.

(1) Numero così modificato dall'art. 19, d.lgs. 15.3.2006, n. 151. Il testo previgente così disponeva: «*1. l'interdizione dai titoli professionali marittimi o aeronautici, se si tratta di delitti commessi da persone fornite rispettivamente dei titoli previsti negli articoli 123, 739;*».

(2) Numero così modificato dall'art. 7, d.lgs. 15.3.2006, n. 151. Il testo previgente così disponeva: «*l'interdizione dalla professione marittima o aeronautica, se si tratta di delitti commessi dagli altri appartenenti rispettivamente al personale marittimo o alla gente dell'aria;*».

1083. Effetti e durata delle pene accessorie.

L'interdizione perpetua dai titoli professionali marittimi o aeronautici priva il condannato della capacità di esercitare qualunque funzione o servizio per i quali sia richiesto uno dei titoli indicati negli articoli 123 e 734. L'interdizione temporanea priva della detta capacità per un tempo non inferiore a un mese e non superiore a cinque anni. L'interdizione importa altresì la decadenza dell'abilitazione relativa ai titoli anzidetti (1).

L'interdizione perpetua dalla professione marittima o aeronautica priva il condannato della capacità di esercitare la professione marittima o aeronautica. L'interdizione temporanea priva della detta capacità per un tempo non inferiore a un mese e non superiore a cinque anni. L'interdizione importa altresì la decadenza dall'abilitazione relativa alla professione anzidetta.

La sospensione dai titoli professionali marittimi, della navigazione interna o aeronautici priva il condannato del diritto di esercitare qualsiasi funzione o servizio, per i quali sia richiesto uno dei titoli indicati negli articoli 123, 134 e 734, per un tempo non inferiore a quindici giorni e non superiore a due anni (2).

La sospensione dalla professione marittima o aeronautica o dalla professione della navigazione interna priva il condannato del diritto di esercitare la professione, per un tempo non inferiore a quindici giorni e non superiore a due anni.

La durata di tali pene, quando nei singoli casi non sia espressamente determinata dalla legge, è uguale a quella della pena principale inflitta o che dovrebbe scontarsi, nel caso di conversione per insolvibilità del condannato. Tuttavia, in nessun caso essa può oltrepassare il limite minimo e quello massimo stabiliti per ciascuna specie di pena accessoria.

Alle pene accessorie dell'interdizione e della sospensione previste nel presente articolo si applicano rispettivamente le disposizioni relative all'interdizione da una professione [c.p. 30, 31] e alla sospensione dall'esercizio di una professione [c.p. 35].

(1) Comma così modificato dall'art. 19, d.lgs. 15.3.2006, n. 151. Il testo previgente così disponeva: «*L'interdizione perpetua dai titoli professionali marittimi o aeronautici priva il condannato della capacità di esercitare qualunque funzione o servizio per i quali sia richiesto uno dei titoli indicati negli articoli 123, 739. L'interdizione temporanea priva della detta capacità per un tempo non inferiore a un mese e non superiore a cinque anni. L'interdizione importa altresì la decadenza dell'abilitazione relativa ai titoli anzidetti*».

(2) Comma così modificato dall'art. 19, d.lgs. 15.3.2006, n. 151. Il testo previgente così disponeva: «*La sospensione dai titoli professionali marittimi, della navigazione interna o aeronautici priva il condannato del diritto di esercitare qualsiasi funzione o servizio, per i quali sia richiesto uno dei titoli indicati negli articoli 123, 134, 739, per un tempo non inferiore a quindici giorni e non superiore a due anni*».

1083 bis. Sanzioni amministrative accessorie.

Le sanzioni accessorie per le violazioni amministrative previste dal presente codice sono:

1) la sospensione dai titoli professionali marittimi, della navigazione interna e aeronautici, se si tratta di illeciti commessi dalle persone indicate nell'articolo 1082, primo comma, n. 1, ovvero da comandanti, ufficiali e sottufficiali della navigazione interna;

2) la sospensione dalla professione marittima o aeronautica o dalla professione della navigazione interna, se si tratta di illeciti commessi dalle persone indicate nell'articolo 1082, primo comma, n. 2, ovvero dagli appartenenti al personale della navigazione interna [1].

(1) Articolo introdotto dall'art. 9, d.lgs. 30.12.1999, n. 507.

1083 ter. Effetti e durata delle sanzioni amministrative accessorie.

La sospensione dai titoli professionali marittimi, della navigazione interna e aeronautici di cui all'articolo 1083-*bis*, primo comma, n. 1, priva il soggetto del diritto di esercitare qualsiasi funzione o servizio, per i quali sia richiesto uno dei titoli indicati negli articoli 123, 134 e 734, per un tempo non inferiore a quindici giorni e non superiore ad un anno [1].

La sospensione dalla professione marittima o aeronautica o dalla professione della navigazione interna di cui all'articolo 1083-*bis*, primo comma, n. 2, priva il soggetto del diritto di esercitare la professione per un tempo non inferiore a quindici giorni e non superiore ad un anno.

Alle sanzioni accessorie indicate dai precedenti commi si applicano, in quanto compatibili, le disposizioni del codice penale relative alla sospensione dall'esercizio di una professione [2].

(1) Comma così modificato dall'art. 19, d.lgs. 15.3.2006, n. 151. Il testo previgente così disponeva: «*La sospensione dai titoli professionali marittimi, della navigazione interna e aeronautici di cui all'art. 1083-bis, primo comma, n. 1, priva il soggetto del diritto di esercitare qualsiasi funzione o servizio, per i quali sia richiesto uno dei titoli indicati negli articoli 123, 134 e 739, per un tempo non inferiore a quindici giorni e non superiore ad un anno.*».

(2) Articolo introdotto dall'art. 9, d.lgs. 30.12.1999, n. 507.

1084. Aggravante per i delitti commessi dai comandanti, dagli ufficiali o dai graduati.

Se alcuno dei delitti previsti dal presente codice è commesso dal comandante o da un ufficiale della nave ovvero dal comandante o da un graduato dell'aeromobile, la pena è aumentata fino a un terzo [c.p. 63], quando tale qualità non è elemento costitutivo o circostanza aggravante del delitto.

1085. Aggravante per i delitti comuni commessi in danno di un superiore.

Se un delitto non previsto dal presente codice è commesso da un componente dell'equipaggio della nave o dell'aeromobile contro un superiore nell'atto o a causa dell'adempimento delle di lui funzioni, la pena è aumentata fino a un terzo [c.p. 63], quando la qualità della persona offesa non è elemento costitutivo o circostanza aggravante del delitto.

La stessa disposizione si applica se un passeggero commette un delitto non previsto dal presente codice contro il comandante o un ufficiale della nave ovvero contro il comandante o un graduato dell'aeromobile nell'atto o a causa dell'adempimento delle di lui funzioni.

1086. Devoluzione di parte delle somme per pene pecuniarie.

La metà delle somme versate a titolo di pene pecuniarie o di sanzioni amministrative per le violazioni previste dal presente codice è devoluta alla cassa nazionale per la previdenza marinara [1] o al fondo per l'assistenza ai lavoratori portuali o alle casse di soccorso del personale della navigazione interna, ovvero alla cassa nazionale di previdenza della gente dell'aria [c.n. 1261] [2] [3].

(1) La Cassa è stata soppressa con l. 26.7.1984, n. 413 e ad essa è subentrato l'I.N.P.S.

(2) Ora Fondo di previdenza per il personale di volo dipendente dalle aziende di navigazione aerea, ai sensi dell'art. 1, l. 13.7.1965, n. 859.

(3) Articolo così modificato dall'art. 9, d.lgs. 30.12.1999, n. 507. Il testo previgente così disponeva: «*1086. Devoluzione di parte delle somme per pene pecuniarie. La metà delle somme versate a titolo di pene pecuniarie per i reati previsti dal presente codice è devoluta alla cassa nazionale per la previdenza marinara o al fondo per l'assistenza ai lavoratori portuali o alle casse di soccorso del personale della navigazione interna, ovvero alla cassa nazionale di previdenza della gente dell'aria*».

1087. Navigazione interna.

Alla navigazione interna non si applicano le disposizioni degli articoli 1088 a 1160 [c.n. 1088-1100] [c.n. 1101-1120] [c.n. 1121-1140] [c.n. 1141-1160].

TITOLO II
Dei delitti in particolare

Capo I
Dei delitti contro la personalità dello Stato

1088. Imbarco su navi o aeromobili di Stato nemico.

Il cittadino che si arruola su navi o aeromobili di uno Stato in guerra contro lo Stato italiano è punito, qualora il fatto non costituisca un più grave reato, con la reclusione per un tempo non inferiore a cinque anni.

1089. Vilipendio della bandiera o di altro emblema dello Stato.

Se i delitti previsti negli articoli 291, 292 del codice penale sono commessi da componenti dell'equipaggio di una nave o di aeromobile in territorio estero la pena è aumentata:

1. fino a un terzo se il componente dell'equipaggio è straniero;
2. da un terzo alla metà se il componente dell'equipaggio è cittadino italiano;
3. dalla metà a due terzi se il fatto è commesso dal comandante o da un ufficiale della nave ovvero dal comandante o da un graduato dell'aeromobile.

1090. Pene accessorie.

La condanna per il delitto previsto nell'articolo 1088 importa l'interdizione perpetua dal titolo ovvero dalla professione.

La condanna per il delitto previsto dall'articolo 1089 importa l'interdizione temporanea dai titoli, ovvero dalla professione [c.n. 1082].

Capo II
Dei delitti contro la polizia di bordo e della navigazione

Sezione I
Dei delitti contro la polizia di bordo

1091. Diserzione (1).

Salvo che il fatto costituisca più grave reato, il componente dell'equipaggio che non si reca a bordo della nave o dell'aeromobile ovvero l'abbandona, cagionando un pericolo per la vita o per l'incolumità fisica delle persone ovvero per la sicurezza della nave o dell'aeromobile, è punito con la pena della reclusione da uno a tre anni.

Fuori dei casi previsti dal primo comma, il componente dell'equipaggio che non si reca a bordo della nave o dell'aeromobile ovvero l'abbandona, è punito, se dal fatto deriva una notevole difficoltà nel servizio della navigazione, con la sanzione amministrativa pecuniaria da 3.000 a 10.000 euro.

Se dal fatto deriva un grave turbamento in un servizio pubblico o di pubblica necessità, si applica la sanzione amministrativa pecuniaria da 5.000 a 25.000 euro.

(1) Articolo così sostituito dall'art. 3, co. 2, l. 23.9.2013, n. 113. Il testo previgente così disponeva: «*Il componente dell'equipaggio, che non si reca a bordo della nave o dell'aeromobile ovvero l'abbandona, è punito, se dal fatto deriva una notevole difficoltà nel servizio della navigazione, con la reclusione fino a un anno. Se dal fatto deriva un grave turbamento in un servizio pubblico o di pubblica necessità, la pena è della reclusione da uno a due anni.*
Se dal fatto deriva pericolo per la vita o per l'incolumità delle persone ovvero per la sicurezza della nave, dell'aeromobile o dei relativi carichi, la pena è della reclusione da uno a tre anni. Le disposizioni di questo articolo non si applicano se il fatto è previsto come più grave reato da altra disposizione di legge».

1092. Circostanze aggravanti.

La pena è aumentata fino a un terzo se il fatto è commesso:

1. per fine politico;
2. con violenza o minaccia;
3. all'estero;
4. da persone preposte al comando o alla direzione delle macchine della nave ovvero al comando, alla guida o al pilotaggio dell'aeromobile;
5. collettivamente da tre o più persone dell'equipaggio.

Nel caso di cui al n. 5 la pena per i promotori gli organizzatori ed i capi è aumentata da un terzo alla metà.

1093. Causa di non punibilità.

Nel caso previsto nel primo comma dell'articolo 1091, ancorché ricorrano le aggravanti previste nell'articolo 1092, non è punibile colui che raggiunge la nave prima che questa lasci il porto e non oltre il terzo giorno successivo a quello in cui si sarebbe dovuto presentare a bordo ovvero raggiunge l'aeromobile prima dell'involo.

1094. Inosservanza di ordine da parte di componente dell'equipaggio.

Salvo che il fatto costituisca reato, il componente dell'equipaggio che non esegue un ordine di un superiore concernente un servizio tecnico della nave, del galleggiante o dell'aeromobile, è punito con la sanzione amministrativa pecuniaria da 1.000 a 5.000 euro.

Se il fatto di cui al primo comma è commesso in occasione di servizio concernente la manovra, si applica la sanzione amministrativa pecuniaria da 3.000 a 10.000 euro.

Il passeggero, che non esegue un ordine concernente la sicurezza della nave o dell'aeromobile, è punito con la reclusione fino a tre mesi ovvero con la multa fino a euro 206 (1).

(1) La multa è stata così aumentata, da ultimo, dall'art. 113, l. 24.11.1981, n. 689.

1095. Inosservanza di ordine da parte di passeggero.

Il passeggero, che non esegue un ordine concernente la sicurezza della nave o dell'aeromobile, è punito con la reclusione fino a tre mesi ovvero con la multa fino a euro 206 (1).

(1) Multa, da ultimo, così modificata dall'art. 113, l. 24.11.1981, n. 689, che modifica il sistema penale. Al reato previsto in questo articolo si applica, ora, la pena pecuniaria della multa da euro 258 a euro 2.582, così come disposto dall'art. 52, co. 2, lett. a), d.lgs. 28.8.2000, n. 274. (Questa disposizione si applica a decorrere dal 2.1.2002, secondo quanto disposto dall'art. 65 del d.lgs. n. 274 del 2000, come modificato dall'art. 1, d.l. 2.4.2001, n. 91, convertito in l., con modificazioni, dall'art. 1, l. 3.5.2001, n. 163).

1096. Inosservanza di ordine di arresto.

Il componente dell'equipaggio, che a bordo della nave o dell'aeromobile non esegue un ordine di arresto, è punito con la reclusione fino a tre mesi ovvero con la multa fino a euro 206 (1).

(1) Multa, da ultimo, così modificata dall'art. 113, l. 24.11.1981, n. 689, che modifica il sistema penale.

1097. Abbandono di nave o di aeromobile in pericolo da parte del comandante.

Il comandante, che, in caso di abbandono della nave, del galleggiante o dell'aeromobile in pericolo, non scende per ultimo da bordo [c.n. 303, 891], è punito con la reclusione fino a due anni.

Se dal fatto deriva l'incendio, il naufragio o la sommersione della nave o del galleggiante, ovvero l'incendio, la caduta o la perdita dell'aeromobile, la pena è da due ad otto anni. Se la nave o l'aeromobile è adibito a trasporto di persone, la pena è da tre a dodici anni.

1098. Abbandono di nave o di aeromobile in pericolo da parte di componente dell'equipaggio.

Il componente dell'equipaggio, che senza il consenso del comandante abbandona la nave o il galleggiante in pericolo, è punito con la reclusione fino a un anno.

Alla stessa pena soggiace il componente dell'equipaggio dell'aeromobile, che senza il consenso del comandante si lancia col paracadute o altrimenti abbandona l'aeromobile in pericolo.

Se dal fatto deriva l'incendio, il naufragio o la sommersione della nave o del galleggiante ovvero l'incendio, la caduta o la perdita dell'aeromobile, la pena è da due ad otto anni. Se la nave o l'aeromobile è adibito a trasporto di persone, la pena è da tre a dodici anni.

Sezione II
Dei delitti contro la polizia della navigazione

1099. Rifiuto di obbedienza a nave da guerra.

Il comandante della nave, che nei casi previsti nell'articolo 200 non obbedisce all'ordine di una nave da guerra nazionale, è punito con la reclusione fino a due anni.

1100. Resistenza o violenza contro nave da guerra.

Il comandante o l'ufficiale della nave, che commette atti di resistenza o di violenza contro una nave da guerra nazionale, è punito con la reclusione da tre a dieci anni.

La pena per coloro che sono concorsi nel reato è ridotta da un terzo alla metà.

1101. Imbarco di armi, munizioni o persone a scopo delittuoso.

Il comandante della nave, del galleggiante o dell'aeromobile, nazionali o stranieri, che imbarca armi, munizioni o persone, al fine di commettere contrabbando o altro delitto, è punito, se il reato non è commesso, con la reclusione da sei mesi a due anni.

1102. Navigazione in zone vietate.

Fuori dei casi previsti nell'articolo 260 del codice penale, è punito con la reclusione fino a due anni e con la multa fino a euro 516 (1):

1. il comandante della nave o del galleggiante, nazionali o stranieri, che non osserva il divieto o il limite di navigazione stabiliti nell'articolo 83;

2. il comandante dell'aeromobile nazionale o straniero, che viola il divieto di sorvolo stabilito nell'art. 793.

(1) La multa è stata così aumentata, da ultimo, dall'art. 113, l. 24.11.1981, n. 689.

Sezione III
Disposizione comune alle sezioni precedenti

1103. Pene accessorie.

La condanna per i delitti previsti negli articoli 1091, 1094, 1096, 1099, 1101, 1102 importa l'interdizione temporanea dai titoli ovvero dalla professione [c.n. 1082].

Nel caso di condanna per i delitti previsti negli articoli 1097, 1098, 1100 l'interdizione è perpetua, se la condanna alla reclusione è per un tempo non inferiore a cinque anni; temporanea, se la condanna è per un tempo inferiore a cinque anni.

Capo III
Dei delitti contro le autorità di bordo o contro le autorità consolari

1104. Offesa in danno del comandante, di un ufficiale o sottufficiale o di un graduato.

Il componente dell'equipaggio della nave o dell'aeromobile, che offende l'onore o il prestigio di un superiore, in presenza di lui e a causa o nell'esercizio delle di lui funzioni, è punito con la reclusione da sei mesi a due anni.

La stessa pena si applica a chi commette il fatto mediante comunicazione telegrafica o telefonica, o con scritto o disegno, diretti al superiore, e a causa delle di lui funzioni.

La pena è della reclusione da uno a tre anni, se l'offesa consiste nell'attribuzione di un fatto determinato.

Le pene sono aumentate fino a un terzo quando il fatto è commesso con violenza o minaccia, ovvero quando l'offesa è recata in presenza di una o più persone.

Se il fatto è commesso da un passeggero contro il comandante, un ufficiale o un sottufficiale della nave ovvero contro il comandante o un graduato dell'aeromobile, qualora non costituisca un più grave reato, si applicano le disposizioni precedenti, ma le pene sono diminuite in misura non eccedente un terzo.

1105. Ammutinamento.

Se il fatto non costituisce un più grave reato, sono puniti con la reclusione da sei mesi a tre anni i componenti dell'equipaggio della nave o dell'aeromobile che in numero non inferiore al terzo:

1. disobbediscono, collettivamente o previo accordo, ad un ordine del comandante;
2. si abbandonano collettivamente a manifestazione tumultuosa.

Coloro che alla prima intimazione eseguono l'ordine o desistono dal partecipare alla manifestazione soggiacciono soltanto alla pena per gli atti già compiuti, qualora questi costituiscano per sé un reato diverso.

1106. Aggravanti.

La pena è da uno a cinque anni:

1. se il fatto previsto dall'articolo precedente è commesso in condizioni nelle quali non è possibile ricorrere alla forza pubblica;
2. se, nel caso previsto dal n. 1 dell'articolo precedente, l'ordine concerne un servizio attinente alla sicurezza della navigazione, ovvero se il fatto è commesso al fine d'interrompere la navigazione, di variarne la direzione o di compromettere la sicurezza della nave, dell'aeromobile o dei relativi carichi;
3. se, nel caso previsto dal n. 2 dell'articolo precedente, alcuna delle persone è palesemente armata ovvero il fatto è commesso con minaccia.

Per i promotori, gli organizzatori e i capi la pena è aumentata fino a un terzo.

1107. Mancato intervento per impedire un reato.

Il componente dell'equipaggio della nave o dell'aeromobile, che, trovandosi presente ad atti di minaccia o di violenza commessi in danno di un superiore nell'esercizio delle di lui funzioni, omette di dargli assistenza o aiuto, è punito con la reclusione fino a un anno ovvero con la multa fino a euro 516 (1).

Alla stessa pena soggiace qualunque componente dell'equipaggio della nave o dell'aeromobile, che, trovandosi presente al fatto previsto nell'articolo 1105, non usa i mezzi che sono in suo potere per sciogliere la riunione o per impedire la manifestazione.

(1) La multa è stata così aumentata, da ultimo, dall'art. 113, l. 24.11.1981, n. 689.

1108. Complotto contro il comandante.

I componenti dell'equipaggio della nave o dell'aeromobile, che, in numero di tre o più, si accordano al fine di commettere un delitto contro la vita, l'incolumità personale, la libertà individuale o l'esercizio dei poteri del comandante, sono puniti, se il delitto non è commesso, con la reclusione fino a quattro anni.

Per i promotori e gli organizzatori la pena è aumentata fino a un terzo.

Il componente dell'equipaggio, che, avendo notizia dell'accordo, omette di darne avviso al comandante, è punito con la reclusione fino a un anno.

Tuttavia la pena da applicare è in ogni caso inferiore alla metà di quella stabilita per il delitto al quale si riferisce l'accordo.

1109. Omesso rimpatrio di cittadini.

Il comandante di una nave diretta ad un porto della Repubblica, che senza giustificato motivo omette di ottemperare alla richiesta dell'autorità consolare per il trasporto di cittadini ai sensi dell'articolo 197, è punito con la reclusione fino a sei mesi ovvero con la multa fino a euro 309 (1).

(1) La multa è stata così aumentata, da ultimo, dall'art. 113, l. 24.11.1981, n. 689.

1110. Circostanza aggravante.

Nei casi previsti negli articoli 1105, 1106, 1107, 1108, la pena è aumentata, fino a un terzo se il fatto è commesso durante la navigazione.

1111. Pene accessorie.

La condanna per i delitti previsti negli articoli 1104, 1105, 1108 importa l'interdizione temporanea dai titoli ovvero dalla professione.

La condanna per il delitto aggravato ai sensi dell'articolo 1106 importa l'interdizione perpetua dai titoli ovvero dalla professione [c.n. 1082].

1112. Esecuzione o rimozione arbitraria e omissione di segnali.

Chiunque arbitrariamente ordina o fa taluna delle segnalazioni prescritte per la navigazione marittima o aerea ovvero rimuove i segnali per la detta navigazione è punito con la reclusione fino a un anno ovvero con la multa fino a euro 1.032 (1).

Alla stessa pena soggiace chiunque, essendovi obbligato, omette di collocare i segnali predisposti per la sicurezza della navigazione marittima o aerea o comunque di provvedere alle misure imposte a tale scopo.

Se dal fatto deriva pericolo di incendio, naufragio o sommersione di una nave o di un galleggiante ovvero di incendio, caduta o perdita di un aeromobile, la pena è della reclusione da uno a cinque anni.

Le disposizioni del presente articolo non si applicano se il fatto è previsto come più grave reato da altra disposizione di legge.

(1) La multa è stata così aumentata, da ultimo, dall'art. 113, l. 24.11.1981, n. 689.

1113. Omissione di soccorso.

Chiunque, nelle condizioni previste negli articoli 70, 107, 726, richiesto dall'autorità competente, omette di cooperare con i mezzi dei quali dispone al soccorso di una nave, di un galleggiante, di un aeromobile o di una persona in pericolo ovvero all'estinzione di un incendio, è punito con la reclusione da uno a tre anni.

1114. Rifiuto di servizio da parte di pilota.

Il pilota, che non risponde al segnale di chiamata di una nave ovvero si rifiuta di prestare l'opera sua, è punito con la reclusione fino a un anno ovvero con la multa fino a euro 516 Se la nave è in pericolo, la pena è della reclusione da uno a tre anni (1).

(1) La multa è stata così aumentata, da ultimo, dall'art. 113, l. 24.11.1981, n. 689.

1115. Abbandono di pilotaggio.

Il pilota, che in caso di pilotaggio obbligatorio [c.n. 87] cessa di prestare la sua opera prima del momento previsto nell'articolo 92, è punito con la reclusione fino a un anno ovvero con la multa fino a lire cinquemila (1).

(1) La multa è stata così aumentata, da ultimo, dall'art. 113, l. 24.11.1981, n. 689.

1116. Abbandono abusivo di comando.

Il comandante, che senza necessità lascia la direzione nautica della nave o dell'aeromobile in condizioni tali che la direzione venga assunta da persona che non ha i requisiti per sostituirlo, è punito con la reclusione fino a un anno ovvero con la multa da euro 206 a euro 516 (1).

La pena è aumentata fino a un terzo, se il fatto è commesso nei casi in cui il comandante della nave ha l'obbligo di dirigere personalmente la manovra [c.n. 298].

(1) La multa è stata così aumentata, da ultimo, dall'art. 113, l. 24.11.1981, n. 689.

1117. Usurpazione del comando di nave o di aeromobile.

Chiunque indebitamente assume o ritiene il comando di una nave o di un aeromobile è punito con la reclusione da uno a cinque anni.

Fuori del caso previsto nell'articolo 1220, se il fatto è commesso da persona provvista di un titolo per i servizi tecnici della nave o dell'aeromobile, la pena è da sei mesi a due anni.

1118. Abbandono del posto.

Il componente dell'equipaggio della nave, del galleggiante o dell'aeromobile che durante un servizio attinente alla sicurezza della navigazione abbandona il posto, è punito con la reclusione da tre mesi a un anno.

1119. Componente dell'equipaggio che si addormenta.

Il componente dell'equipaggio della nave, del galleggiante o dell'aeromobile, che durante un servizio attinente alla sicurezza della navigazione si addormenta, è punito con la reclusione fino a tre mesi ovvero con la multa fino a euro 206 [(1) (2)].

(1) La multa è stata così aumentata, da ultimo, dall'art. 113, l. 24.11.1981, n. 689.

(2) La competenza per questo delitto è stata devoluta al giudice di pace, secondo quanto previsto dall'art. 4, d.lgs. 28.8.2000, n. 274.

1120. Ubriachezza.

Il comandante della nave, del galleggiante o dell'aeromobile ovvero il pilota dell'aeromobile, che si trova in tale stato di ubriachezza, non derivata da caso fortuito o da forza maggiore, da escludere o menomare la sua capacità al comando o al pilotaggio, è punito con la reclusione da sei mesi ad un anno.

Il componente dell'equipaggio della nave, del galleggiante o dell'aeromobile ovvero il pilota marittimo, che, durante un servizio attinente alla sicurezza della navigazione o nel momento in cui deve assumerlo, si trova in tale stato di ubriachezza, non derivata da caso fortuito o da forza maggiore, da escludere o menomare la sua capacità a prestare il servizio, è punito con la reclusione da uno a sei mesi.

Le precedenti disposizioni si applicano anche quando la capacità al comando o al servizio è esclusa o menomata dall'azione di sostanze stupefacenti.

La pena è aumentata fino a un terzo, se l'ubriachezza o l'uso di sostanze stupefacenti sono abituali.

1121. *Condizioni di maggiore punibilità.*

Nei casi previsti negli articoli da 1112 a 1120 [c.n. 1112-1120] la pena è:

1. della reclusione da due a otto anni, se dal fatto deriva l'incendio, il naufragio o la sommersione di una nave o di un galleggiante ovvero l'incendio, la caduta o la perdita di un aeromobile;
2. della reclusione da tre a dodici anni, se, nel caso previsto nel numero precedente, la nave o l'aeromobile sono adibiti a trasporto di persone.

1122. Aggravante per l'incendio, il naufragio o il disastro aviatorio.

Se un componente dell'equipaggio di nave, galleggiante o aeromobile nazionali o stranieri o una persona comunque addetta ai servizi della navigazione marittima o aerea, avvalendosi delle sue funzioni, commette alcuno dei delitti previsti negli articoli 425, n. 3 e 428 del codice penale, le pene ivi stabilite sono aumentate di un terzo.

Le pene sono aumentate da un terzo alla metà, se il fatto è commesso dal comandante in danno della nave, del galleggiante o dell'aeromobile da lui comandati.

1123. Danneggiamento con pericolo colposo di naufragio o di disastro aviatorio.

Chiunque per colpa cagiona danno a una nave, a un galleggiante o a un aeromobile in navigazione è punito con la reclusione da sei mesi a tre anni e con la multa fino a euro 516 [(1)], se dal fatto deriva pericolo di incendio, naufragio, sommersione o urto della nave o del galleggiante ovvero di incendio, caduta, perdita o urto dell'aeromobile.

Alla stessa pena soggiace chiunque, slegando o tagliando gomene od ormeggi ovvero con altra azione od omissione colposa, cagiona danno a una nave o a un galleggiante ancorati o a un aeromobile fermo, se dal fatto deriva il pericolo indicato nel comma precedente.

Le disposizioni del presente articolo non si applicano se il fatto è previsto come più grave reato da altra disposizione di legge.

(1) La multa è stata così aumentata, da ultimo, dall'art. 113, l. 24.11.1981, n. 689.

1124. Delitti colposi.

Se alcuno dei fatti previsti negli articoli da 1112 a 1115 [c.n. 1112-1115] è commesso per colpa, le pene sono ridotte della metà.

1125. Pene accessorie.

La condanna per i delitti previsti negli articoli da 1112 a 1120; 1123, 1124 [c.n. 1112-1120, 1123, 1124], importa l'interdizione temporanea dai titoli ovvero dalla professione.

La condanna per i delitti aggravati ai sensi dell'articolo 1122 importa l'interdizione perpetua dai titoli ovvero dalla professione.

Se il delitto previsto nell'articolo 449 del codice penale è commesso da appartenenti al personale marittimo o al personale aeronautico in danno rispettivamente di una nave o di un galleggiante e di un aeromobile, la condanna importa l'interdizione temporanea dai titoli ovvero dalla professione [c.n. 1082] (1).

(1) Comma così modificato ai sensi dall'art. 7, d.lgs. 15.3.2006, n. 151. Il testo precedentemente in vigore era il seguente: «*Se il delitto previsto nell'art. 449 del codice penale è commesso da appartenenti al personale marittimo o alla gente dell'aria in danno rispettivamente di una nave o di un galleggiante e di un aeromobile, la condanna importa l'interdizione temporanea dai titoli ovvero dalla professione*».

Capo V
Dei delitti contro la fede pubblica

Sezione I
Della falsità in atti

1126. Documenti equiparati agli atti pubblici agli effetti della pena.

Agli effetti indicati nell'articolo 491 del codice penale, la polizza di carico, gli altri titoli rappresentativi di merci [c.n. 457, 467] e la lettera di trasporto aereo [c.n. 956] sono equiparati all'atto pubblico.

1127. Falsità ideologica nel ruolo di equipaggio, nel giornale o nelle relazioni.

Il comandante della nave che, al fine di procurare a sé o ad altri un vantaggio o di recare ad altri un danno, commette alcuna delle falsità previste nell'articolo 479 del codice penale nel ruolo di equipaggio [c.n. 170] o nel giornale nautico [c.n. 174] ovvero nelle prescritte relazioni all'autorità [c.n. 182, 183, 304] è punito qualora il fatto non costituisca un più grave reato, con la reclusione da sei mesi a cinque anni.

La stessa pena si applica al comandante dell'aeromobile che commette il fatto previsto dal comma precedente nel giornale di bordo [c.n. 772] (1).

(1) Comma così modificato dall'art. 16, l. 13.5.1983, n. 213.

1128. Uso di atto falso.

Chiunque, senza essere concorso nella falsità, fa uso di uno degli atti falsi previsti nell'articolo 1127 soggiace alla pena ivi stabilita, ridotta di un terzo.

Si applica il secondo comma dell'articolo 489 del codice penale.

Sezione II
Delle altre falsità

1129. Falsa dichiarazione di proprietà o dei requisiti di nazionalità.

Chiunque si dichiara falsamente proprietario di una nave, di un galleggiante o di un aeromobile, allo scopo di far ad essi attribuire la nazionalità italiana [c.n. 143, 751], è punito con la reclusione da tre mesi a un anno e con la multa da euro 206 a euro 516 (1).

Alla stessa pena soggiace il rappresentante di una società il quale dichiara falsamente l'esistenza dei requisiti previsti nell'articolo 756, primo comma, lettera c), allo scopo di far attribuire all'aeromobile la nazionalità italiana (2).

(1) La multa è stata così aumentata, da ultimo, dall'art. 113, l. 24.11.1981, n. 689.

(2) Comma così modificato dall'art. 19, d.lgs. 9.5.2005, n. 96. Il testo precedentemente in vigore era il seguente: «*Alla stessa pena soggiace il rappresentante di una società il quale dichiara falsamente l'esistenza dei requisiti previsti nell'art. 751, lettera c), allo scopo di far attribuire all'aeromobile la nazionalità italiana*».

1130. Uso abusivo della bandiera o della marca di nazionalità.

Chiunque inalbera o usa su nave non nazionale la bandiera italiana [c.n. 155] ovvero usa su aeromobile non nazionale la marca di nazionalità italiana [c.n. 757] è punito con la reclusione fino a un anno ovvero con la multa da euro 51 a euro 516 (1).

(1) La multa è stata così aumentata, da ultimo, dall'art. 113, l. 24.11.1981, n. 689.

1131. Uso di falso contrassegno d'individuazione.

Chiunque al fine di procurare a sé o ad altri un vantaggio o di recare ad altri un danno, appone sulla nave o sull'aeromobile un falso contrassegno d'individuazione [c.n. 140, 141, 750] è punito con la reclusione fino a un anno.

La pena è della reclusione fino a due anni e della multa fino a euro 516 (1), se il colpevole adopera le carte di bordo della nave o dell'aeromobile di cui ha usurpato il contrassegno.

(1) La multa è stata così aumentata, da ultimo, dall'art. 113, l. 24.11.1981, n. 689.

1131 bis. Marche di bordo libero abusive.

La contraffazione o lo spostamento abusivo delle marche di bordo libero sono punite, se il fatto non costituisce un più grave reato, a norma dell'articolo 469 del codice penale (1).

(1) Articolo introdotto dall'art. 30, l. 5.6.1962, n. 616, sulla sicurezza della navigazione.

1132. Abusiva prestazione di nome per la costruzione di nave o di aeromobile.

Chiunque, essendo abilitato alla costruzione di navi, di galleggianti, di aeromobili o dei relativi apparati, presta il suo nome per tale costruzione a persona non autorizzata, è punito con la multa da euro 103 a euro 1.032 (1).

Alla stessa pena soggiace chi si vale del nome altrui.

Se la costruzione viene iniziata, la pena è aumentata fino a un terzo.

(1) La multa è stata così aumentata, da ultimo, dall'art. 113, l. 24.11.1981, n. 689 è commutata in sanzione pecuniaria amministrativa a norma dell'art. 32 della stessa legge.

1133. Uso di libretto di navigazione.

Chiunque, al fine di procurare a sé o ad altri un vantaggio o di recare ad altri un danno, si vale di un documento di lavoro marittimo [c.n. 122] o aeronautico [c.n. 738] appartenente ad altra persona è punito, qualora il fatto non costituisca un altro delitto contro la fede pubblica, con la reclusione fino a un anno.

Sezione III
Disposizione comune alle sezioni precedenti

1134. Pene accessorie.
La condanna per i delitti previsti negli articoli 1127, 1128, 1131, ovvero per alcuno dei delitti previsti nel capo III del titolo VII del libro II del codice penale, in relazione ad uno dei documenti indicati nell'articolo 1126 di questo codice, importa l'interdizione temporanea dai titoli ovvero dalla professione [c.n. 1082].

Capo VI
Dei delitti contro la proprietà della nave, dell'aeromobile o del carico

1135. Pirateria.
Il comandante o l'ufficiale di nave nazionale o straniera, che commette atti di depredazione in danno di una nave nazionale o straniera o del carico, ovvero a scopo di depredazione commette violenza in danno di persona imbarcata su una nave nazionale o straniera, è punito con la reclusione da dieci a venti anni.

Per gli altri componenti dell'equipaggio la pena è diminuita in misura non eccedente un terzo; per gli estranei la pena è ridotta fino alla metà.

1136. Nave sospetta di pirateria.
Il comandante o l'ufficiale di nave nazionale o straniera, fornita abusivamente di armi, che naviga senza essere munita delle carte di bordo [c.n. 169], è punito con la reclusione da cinque a dieci anni [c.n. 193].

Si applica il secondo comma dell'articolo precedente.

1137. Rapina ed estorsione sul litorale del regno da parte dell'equipaggio.
Il comandante o l'ufficiale di una nave nazionale o straniera, che sul litorale della Repubblica commette alcuno dei fatti previsti negli articoli 628, 629 del codice penale, è punito a norma dell'articolo 1135 del presente codice.

Si applica il secondo comma dell'articolo predetto.

1138. Impossessamento della nave o dell'aeromobile.
I componenti dell'equipaggio di una nave o di un aeromobile, i quali se ne impossessano, sono puniti:

1. con la reclusione da dieci a venti anni, se il fatto è commesso mediante violenza o minaccia in danno del comandante, degli ufficiali della nave o dei graduati dell'aeromobile;

2. con la reclusione da tre a dodici anni, se il fatto è commesso clandestinamente o con mezzi fraudolenti.

Per i promotori e per i capi la pena è aumentata fino a un terzo.

Se il fatto è commesso da persona estranea all'equipaggio, le pene sono ridotte di un terzo.

1139. Accordo per impossessarsi della nave o dell'aeromobile.
I componenti dell'equipaggio, che in un numero di tre o più si accordano al fine di commettere il delitto previsto nell'articolo precedente, sono puniti, se il delitto non è commesso, con la reclusione fino a tre anni.

Per i promotori e per i capi la pena è aumentata fino a un terzo.

1140. Falsa rotta.
Il comandante della nave o dell'aeromobile, che, per procurare a sé o ad altri un ingiusto profitto o per recare ad altri un danno, fa falsa rotta, è punito con la reclusione da uno a sei anni e con la multa fino a euro 1.032 (1).

Se dal fatto deriva pericolo di incendio, naufragio o sommersione della nave ovvero l'incendio, la caduta o la perdita dell'aeromobile, la pena è aumentata di un terzo.

Se dal fatto deriva l'incendio, il naufragio o la perdita dell'aeromobile, la pena è della reclusione da due a dieci anni. Se la nave o l'aeromobile sono adibiti a trasporto di persone, la pena è della reclusione da tre a quindici anni.

(1) La multa è stata così aumentata, da ultimo, dall'art. 113, l. 24.11.1981, n. 689.

1141. Danneggiamento della nave o dell'aeromobile.
Chiunque commette il fatto previsto nell'articolo 635 del codice penale in danno di una nave, di un galleggiante o di un aeromobile ovvero delle provviste di bordo è punito con la reclusione da uno a cinque anni.

Se il fatto è commesso dal componente dell'equipaggio in danno della nave, del galleggiante o dall'aeromobile su cui è imbarcato, la pena è aumentata fino a un terzo; se è commesso dal comandante, la pena è aumentata fino alla metà.

Si applicano il secondo e il terzo comma dell'articolo precedente. Si procede in ogni caso d'ufficio.

1142. Danneggiamento del carico o di attrezzi di bordo.
Il componente dell'equipaggio della nave, del galleggiante o dell'aeromobile, che distrugge, disperde, deteriora o rende inservibili, in tutto o in parte, il carico, gli attrezzi, i macchinari e gli impianti di bordo è punito con la reclusione da sei mesi a tre anni e con la multa fino a euro 1.032 (1).

Si applicano il secondo e il terzo comma dell'articolo 1140.

(1) La multa è stata così aumentata, da ultimo, dall'art. 113, l. 24.11.1981, n. 689.

1143. Impiego abusivo della nave o dell'aeromobile.
Il comandante, che abusivamente impiega in tutto o in parte, la nave, il galleggiante o l'aeromobile a profitto proprio o di altri, è punito con la reclusione da sei mesi a cinque anni e con la multa fino a euro 1.032 (1).

Non è punibile il comandante che carica per proprio conto merci in piccola quantità.

(1) La multa è stata così aumentata, da ultimo, dall'art. 113, l. 24.11.1981, n. 689.

1144. Appropriazione indebita di danaro preso in prestito dal comandante.
Il comandante della nave o dell'aeromobile, che per

procurare a sé o ad altri un ingiusto profitto, si appropria il denaro preso a prestito nei casi previsti negli articoli 307, 892, è punito con la reclusione fino a cinque anni e con la multa fino a euro 1.032 (1).

(1) La multa è stata così aumentata, da ultimo, dall'art. 113, l. 24.11.1981, n. 689.

1145. Appropriazione indebita del carico.

Il componente dell'equipaggio della nave o dell'aeromobile, che, per procurare a sé o ad altri un ingiusto profitto, si appropria in tutto o in parte il carico è punito con la reclusione da sei mesi a cinque anni e con la multa fino a euro 1.032 (1).

(1) La multa è stata così aumentata, da ultimo, dall'art. 113, l. 24.11.1981, n. 689.

1146. Appropriazione indebita di relitti marittimi o aerei.

Chiunque si appropria di relitti indicati negli articoli 510, 993 nei casi in cui ha l'obbligo della denuncia è punito con la reclusione fino a tre anni ovvero con la multa fino a euro 1.032 (1).

Per gli appartenenti al personale marittimo e al personale aeronautico e per le persone addette in qualsiasi modo ai servizi di porto o di navigazione ovvero che esercitano una delle attività indicate nell'articolo 68, la pena è aumentata fino a un terzo [c.n. 1227] (2).

(1) La multa è stata così aumentata, da ultimo, dall'art. 113, l. 24.11.1981, n. 689.

(2) Comma così modificato ai sensi di quanto disposto dall'art. 7, d.lgs. 15.3.2006, n. 151. Il testo previgente così disponeva: «*Per gli appartenenti al personale marittimo e alla gente dell'aria e per le persone addette in qualsiasi modo ai servizi di porto o di navigazione ovvero che esercitano una delle attività indicate nell'art. 68, la pena è aumentata fino a un terzo*».

1147. Impossessamento di nave naufragata o di aeromobile perduto.

Chiunque si impossessa di una nave o di un galleggiante abbandonati, sommersi o naufragati ovvero di un aeromobile abbandonato, caduto o perduto è punito con la reclusione da uno a cinque anni e con la multa da euro 206 a euro 1.032 (1).

Per le persone indicate nel secondo comma dell'articolo precedente la pena è aumentata fino a un terzo.

(1) La multa è stata così aumentata, da ultimo, dall'art. 113, l. 24.11.1981, n. 689.

1148. Furto commesso a bordo da componenti dell'equipaggio.

Per il furto commesso a bordo da componenti dell'equipaggio della nave o dell'aeromobile la pena è aumentata fino a un terzo.

1149. Pene accessorie.

La condanna per i delitti previsti negli articoli 1139, 1140, 1141 secondo comma; da 1142 a 1145; 1147 [c.n. 1139, 1140, 1141, 1142-1145], e per il furto aggravato ai sensi dell'articolo 1148, importa l'interdizione temporanea dai titoli ovvero dalla professione.

La condanna per i delitti previsti negli articoli da 1135 a 1138 [c.n. 1135-1138] importa l'interdizione perpetua dai titoli ovvero dalla professione [c.n. 1082].

Capo VII
Dei delitti contro la persona

1150. Omicidio del superiore.

Se il fatto previsto nell'articolo 575 del codice penale è commesso da un componente dell'equipaggio della nave o dell'aeromobile contro un superiore nell'atto o a causa dell'adempimento delle di lui funzioni, la pena è della reclusione da ventiquattro a trenta anni; se il fatto è commesso durante la navigazione, si applica la pena dell'ergastolo.

1151. Omicidio preterintenzionale, lesione e percossa del superiore.

Se alcuno dei fatti previsti negli articoli 581 a 584 [c.n. 581-584] del codice penale è commesso da un componente dell'equipaggio della nave o dell'aeromobile contro un superiore nell'atto o a causa dell'adempimento delle di lui funzioni, le pene ivi stabilite sono aumentate di un terzo.

1152. Tratta e commercio di schiavi (1).

[La pena per il comandante o l'ufficiale della nave nazionale o straniera, che commette il delitto previsto nell'articolo 601 del codice penale o vi concorre, è aumentata fino a un terzo].

(1) Articolo abrogato dall'art. 7, co. 1, lett. a), d.lgs. 1.3.2018, n. 21, a decorrere dal 6.4.2018.

1153. Nave destinata alla tratta (1).

[Il componente dell'equipaggio di nave nazionale o straniera destinata prima della partenza o in corso di navigazione, alla tratta è punito, ancorché non sia stato compiuto alcun fatto di tratta o di commercio di schiavi, con la reclusione da tre a dieci anni.]

(1) Articolo abrogato dall'art. 7, co. 1, lett. a), d.lgs. 1.3.2018, n. 21, a decorrere dal 6.4.2018.

1154. Abuso d'autorità.

Il comandante o l'ufficiale della nave ovvero il comandante dell'aeromobile, che sottopone a misure di rigore non consentite dalla legge un dipendente, un passeggero ovvero una persona arrestata o detenuta, a lui data in consegna per la custodia o il trasporto, ovvero una persona affidatagli in esecuzione di un provvedimento dell'autorità competente, è punito, qualora il fatto non costituisca un più grave reato, con la reclusione fino a trenta mesi. La stessa pena si applica a coloro ai quali comunque è stata data in consegna o affidata tale persona.

La pena non può essere inferiore a sei mesi, quando il fatto è commesso per un motivo personale, ovvero contro persona inferma o di età minore degli anni diciotto o maggiore dei settanta, ovvero contro donne [c.n. 346].

1155. Sbarco e abbandono arbitrario di persone.

Il comandante della nave o dell'aeromobile, che, fuori del territorio nazionale, arbitrariamente sbarca un componente dell'equipaggio o un passeggero, ovvero li abbandona impedendone il ritorno a bordo o anticipando la partenza della nave o dell'aeromobile, è punito con la reclusione da sei mesi a tre anni e con la multa da euro 103 a euro 309 [(1)].

La pena non può essere inferiore a un anno se la persona sbarcata o abbandonata è priva di mezzi necessari alla sussistenza o al ritorno in patria.

La pena è della reclusione da uno a sei anni, se dal fatto deriva una lesione personale; da tre a otto anni, se ne deriva la morte.

(1) La multa è stata così aumentata, da ultimo, dall'art. 113, l. 24.11.1981, n. 689.

1156. Abbandono di componente dell'equipaggio ammalato o ferito.

Il comandante della nave o dell'aeromobile, che, sbarcando nei casi consentiti dalla legge [c.n. 336, 909] un componente dell'equipaggio ammalato o ferito, omette di provvederlo dei mezzi necessari alla cura e al rimpatrio, è punito con la multa da euro 309 a euro 1.032 [(1)].

La pena è della reclusione fino a sei mesi se il fatto è commesso all'estero.

La pena è della reclusione da uno a sei anni, se dal fatto deriva una lesione personale; da tre a otto anni, se ne deriva la morte.

(1) La multa è stata così aumentata, da ultimo, dall'art. 113, l. 24.11.1981, n. 689.

1157. Omissione di aiuto.

Il comandante della nave, che, trovando abbandonato in paese estero, ove non siano autorità consolari, un marittimo italiano, omette senza giustificato motivo di dargli ricovero a bordo e di rimpatriarlo, è punito con la reclusione fino a sei mesi ovvero con la multa fino a euro 309 [(1)].

Se l'omissione di soccorso si riferisce a più persone, la pena è raddoppiata. Si applica il terzo comma dell'articolo precedente.

(1) La multa è stata così aumentata, da ultimo, dall'art. 113, l. 24.11.1981, n. 689.

1158. Omissione di assistenza a navi o persone in pericolo.

Il comandante di nave, di galleggiante o di aeromobile nazionale o straniero, che ometta di prestare assistenza ovvero di tentare il salvataggio nei casi in cui ne ha l'obbligo a norma del presente codice [c.n. 489, 490, 981, 982], è punito con la reclusione fino a due anni.

La pena è della reclusione da uno a sei anni, se dal fatto deriva una lesione personale; da tre a otto anni, se ne deriva la morte.

Se il fatto è commesso per colpa, la pena è della reclusione fino a sei mesi; nei casi indicati nel comma precedente, le pene ivi previste sono ridotte alla metà.

1159. Mancanza di viveri necessari.

Il comandante della nave, che fa mancare i viveri necessari alle persone imbarcate, è punito con la reclusione da uno a sei anni [c.n. 300, 301].

Se il fatto è commesso per colpa, la pena è della reclusione da un mese ad un anno ovvero della multa fino a euro 516 [(1)].

(1) La multa è stata così aumentata, da ultimo, dall'art. 113, l. 24.11.1981, n. 689.

1160. Pene accessorie.

La condanna per delitto previsto nell'articolo 1150 importa l'interdizione perpetua dai titoli ovvero dalla professione.

La condanna per i delitti previsti dall'articolo 1152, 1153, importa, per il comandante, l'interdizione perpetua dai titoli e, per gli altri componenti dell'equipaggio, l'interdizione temporanea dai titoli ovvero dalla professione.

Per gli altri delitti previsti dal presente capo la condanna importa l'interdizione temporanea dai titoli ovvero dalla professione [c.n. 1082].

TITOLO III
Delle contravvenzioni in particolare

Capo I
Delle contravvenzioni concernenti le disposizioni sui beni pubblici destinati alla navigazione

1161. Abusiva occupazione di spazio demaniale e inosservanza di limiti alla proprietà privata.

Chiunque arbitrariamente occupa uno spazio del demanio marittimo o aeronautico o delle zone portuali della navigazione interna, ne impedisce l'uso pubblico o vi fa innovazioni non autorizzate, ovvero non osserva i vincoli cui è assoggettata la proprietà privata nelle zone prossime al demanio marittimo od agli aeroporti, è punito con l'arresto fino a sei mesi o con l'ammenda fino a euro 516 [(1)], sempre che il fatto non costituisca un più grave reato [(2)].

Se l'occupazione di cui al primo comma è effettuata con un veicolo, si applica la sanzione amministrativa del pagamento di una somma da euro 103 a euro 619; in tal caso si può procedere alla immediata rimozione forzata del veicolo in deroga alla procedura di cui all'articolo 54 [(3)].

(1) La multa è stata così aumentata, da ultimo, dall'art. 113, l. 24.11.1981, n. 689.

(2) Comma così modificato prima, a decorrere dal 21.10.2005, dall'art. 19, d.lgs. 9.5.2005, n. 96 e poi dall'art. 3, d.lgs. 15.3.2006, n. 151. Il testo antecedente alla modifica del 2006 così disponeva: «*Chiunque arbitrariamente occupa uno spazio del demanio marittimo o aeronautico o delle zone portuali della navigazione interna, ne impedisce l'uso pubblico o vi fa innovazioni non autorizzate, ovvero non osserva i vincoli cui è assoggettata la proprietà privata nelle zone prossime al demanio marittimo od agli aerodromi, è punito con l'arresto fino a sei mesi o con l'ammenda fino a euro 516, sempre che il fatto non costituisca un più grave reato*». Il testo in vigore prima della modifica disposta dal suddetto decreto legislativo n. 96/2005 era il seguente: «*Chiunque arbitrariamente occupa uno spazio del demanio marittimo o aeronautico o delle zone portuali della navigazione interna, ne impedisce l'uso pubblico o vi fa innovazioni non autorizzate, ovvero non osserva le disposizioni degli articoli 55, 714 e 716, è punito con l'arresto fino a sei mesi o con l'ammenda fino a euro 516, sempre che il fatto non costituisca un più grave reato*».

(3) Articolo così sostituito dall'art. 3, co. 1, l. 28.12.1993, n. 561. Il testo previgente così disponeva: «*Abusiva occupazione di spazio demaniale e inosservanza di limiti alla proprietà privata. – È punito con l'arresto fino a sei mesi ovvero con l'ammenda fino a lire un milione qualora il fatto non costituisca un più grave reato: 1. Chiunque arbitrariamente occupa uno spazio del demanio marittimo o aeronautico ovvero delle zone portuali della navigazione interna, ne impedisce l'uso pubblico o vi fa innovazioni non autorizzate; 2. Chiunque non osserva le disposizioni degli articoli 55, 714, 716*».

Capo VI
Delle contravvenzioni concernenti le disposizioni sulla sicurezza della navigazione

1215. Partenza di nave o di aeromobile in cattivo stato di navigabilità.

L'armatore marittimo o l'esercente, che fa partire una nave o un aeromobile nazionali o stranieri che non si trovano in stato di navigabilità [c.n. 164, 763], o a cui manca taluno degli arredi, apparecchi, strumenti o taluna delle dotazioni prescritte, è punito con l'arresto da un mese a un anno ovvero con l'ammenda da euro 516 a euro 1.032 [(1)].

L'armatore della navigazione interna che fa partire una nave nazionale o straniera che non si trovi in stato di navigabilità è punito con l'ammenda da euro 103 a euro 516 [(2)].

L'armatore o il comandante che impiega un galleggiante marittimo o della navigazione interna nelle condizioni indicate nei commi precedenti soggiace alla pena stabilita rispettivamente nel primo e nel secondo comma.

Il comandante della nave [c.n. 797] o dell'aeromobile [c.n. 889] nazionali o stranieri, che, fuori dei casi di necessità sopravvenute in corso di navigazione, naviga con una nave o con un aeromobile nelle condizioni indicate nel primo comma, è punito con l'arresto fino a sei mesi ovvero con l'ammenda da euro 51 a euro 516 [(3)].

(1) L'ammenda è stata così aumentata, da ultimo, dall'art. 113, l. 24.11.1981, n. 689.

(2) L'ammenda è stata così aumentata, da ultimo, dall'art. 113, l. 24.11.1981, n. 689, è commutata in sanzione pecuniaria amministrativa a norma dell'art. 32 della stessa legge.

(3) L'ammenda è stata così aumentata, da ultimo, dall'art. 113, l. 24.11.1981, n. 689.

1216. Navigazione senza abilitazione.

L'armatore, che impiega una nave o un galleggiante non abilitati alla navigazione [c.n. 149], ovvero senza che siano stati rilasciati i documenti comprovanti l'esistenza dei requisiti di navigabilità [c.n. 164], è punito con l'arresto fino a un anno ovvero con l'ammenda fino a euro 1.032 [(1)].

Alla stessa pena soggiace l'esercente, che impiega un aeromobile non abilitato alla navigazione [c.n. 755] ovvero con certificato di navigabilità [o di collaudo] [c.n. 764] che non sia in vigore [(2)].

La stessa disposizione si applica al comandante della nave o dell'aeromobile, ma la pena è diminuita in misura non eccedente un terzo.

(1) L'ammenda è stata così aumentata, da ultimo, dall'art. 113, l. 24.11.1981, n. 689.

(2) Le parole tra parentesi quadre sono state soppresse dall'art. 19, d.lgs. 15.3.2006, n. 151.

1217. Caricazione oltre la marca di bordo libero.

Il comandante che naviga con la nave carica oltre la linea di massimo carico è punito con l'ammenda non inferiore a euro 7 [(1)] per tonnellata in sovraccarico.

Fuori dei casi di concorso, l'armatore, il quale omette di esercitare il dovuto controllo per impedire l'infrazione della presente norma, è punito, a titolo di colpa, con l'ammenda non inferiore a euro 77 [(2)].

Le norme dei commi precedenti si applicano anche all'armatore o al comandante di nave straniera la quale ai sensi dell'articolo 185 sia soggetta alle norme del titolo VI, capo I, libro I, parte I del presente codice [c.n. 179 185] [(3)].

(1) L'ammenda è stata così aumentata, da ultimo, dall'art. 113, l. 24.11.1981, n. 689, è commutata in sanzione pecuniaria amministrativa a norma dell'art. 32 della stessa legge.

(2) L'ammenda è stata così aumentata, da ultimo, dall'art. 113, l. 24.11.1981, n. 689, è commutata in sanzione pecuniaria amministrativa a norma dell'art. 32 della stessa legge.

(3) Articolo così sostituito dall'art. 29, l. 5.6.1962, n. 616, sulla sicurezza della navigazione.

1218. Inosservanza di norme sulle segnalazioni.

Il comandante della nave e del galleggiante marittimi o dell'aeromobile, nazionali o stranieri, che non osserva le norme sulle segnalazioni relative alla circolazione marittima o aerea, è punito con l'arresto fino a sei mesi ovvero con l'ammenda da euro 51 a euro 1.032 [(1)].

Se il fatto è commesso dal comandante della nave adibita alla navigazione interna la pena è dell'ammenda da euro 10 a euro 206 [(2)].

(1) L'ammenda è stata così aumentata, da ultimo, dall'art. 113, l. 24.11.1981, n. 689.

(2) L'ammenda è stata così aumentata, da ultimo, dall'art. 113, l. 24.11.1981, n. 689, è commutata in sanzione pecuniaria amministrativa a norma dell'art. 32 della stessa legge.

1218 bis. Omissione di esercitazione [(1)].

Il comandante che non fa eseguire, salvo casi eccezionali giustificati, le esercitazioni prescritte in ordine alla sicurezza della navigazione, è punito con l'arresto fino a 3 mesi ovvero con l'ammenda fino a euro 24 [(2)].

In caso di recidiva la condanna importa la sospensione dai titoli ovvero dalla professione da uno a sei mesi [c.n. 1082].

(1) Articolo introdotto dall'art. 31, l. 5.6.1962, n. 616, sulla sicurezza della navigazione.

(2) L'ammenda è stata così aumentata, da ultimo, dall'art. 113, l. 24.11.1981, n. 689.

1222. Mancata direzione personale della nave.

Il comandante della nave, che non dirige personalmente la manovra nei casi in cui ne ha l'obbligo [c.n. 298], è punito con l'arresto fino a un anno ovvero con l'ammenda fino a euro 516 [(1)].

(1) L'ammenda è stata così aumentata, da ultimo, dall'art. 113, l. 24.11.1981, n. 689.

1228. Sorvolo di centri abitati e getto da aeromobili in volo.

È punito con l'arresto fino a sei mesi ovvero con l'ammenda fino a euro 516 [(1)]:

1. il comandante di un aeromobile, che sorvola centri

abitati, assembramenti di persone o aeroporti, senza osservare le prescrizioni del regolamento o gli ordini dell'autorità competente [c.n. 822];

2. chiunque, fuori dei casi previsti nell'articolo 819, getta dall'aeromobile in volo oggetti o materie che non siano zavorra regolamentare.

(1) L'ammenda è stata così aumentata, da ultimo, dall'art. 113, l. 24.11.1981, n. 689.

1231. Inosservanza di norme sulla sicurezza della navigazione.

Chiunque non osserva una disposizione di legge o di regolamento ovvero un provvedimento legalmente dato dall'autorità competente in materia di sicurezza della navigazione è punito, se il fatto non costituisce un più grave reato, con l'arresto fino a tre mesi ovvero con l'ammenda fino a euro 206 (1).

(1) L'ammenda è stata così modificata, da ultimo, dall'art. 113, l. 24.11.1981, n. 689.

1232. Pene accessorie e misura di sicurezza.

La condanna per le contravvenzioni previste negli articoli 1215 a 1218; 1222, 1228 importa la sospensione dai titoli ovvero dalla professione [c.n. 1082].

Nel caso di condanna per la contravvenzione prevista dal secondo comma dell'articolo 1216, può essere ordinata la confisca [c.p. 240] dell'aeromobile.

TITOLO IV
Disposizioni processuali

1235. Ufficiali ed agenti di polizia giudiziaria.

Agli effetti dell'articolo 221 [57] del codice di procedura penale sono ufficiali di polizia giudiziaria:

1. i comandanti, gli ufficiali del corpo delle capitanerie di porto, gli ufficiali del corpo equipaggi militari marittimi appartenenti al ruolo servizi portuali, i sottufficiali del corpo equipaggi militari marittimi appartenenti alla categoria servizi portuali, i direttori e i delegati di aeroporto, i delegati di campo di fortuna, riguardo ai reati previsti dal presente codice, nonché riguardo ai reati comuni commessi nel porto o nell'aeroporto, se in tali luoghi mancano uffici di pubblica sicurezza. Negli aeroporti in cui non ha sede un direttore di aeroporto o non risiede alcun delegato, le funzioni di ufficiale di polizia giudiziaria sono attribuite al direttore di aeroporto nella cui circoscrizione l'aeroporto è compreso;

2. i comandanti delle navi o degli aeromobili, riguardo ai reati commessi a bordo in corso di navigazione, nonché riguardo agli atti di polizia giudiziaria ordinati e alle delegazioni disposte dall'autorità giudiziaria;

3. i consoli, riguardo ai reati previsti da questo codice commessi all'estero, oltre che negli altri casi contemplati dalla legge consolare;

4. i comandanti delle navi da guerra nazionali per gli atti che compiono su richiesta dell'autorità consolare o, in caso di urgenza, di propria iniziativa. I comandanti stessi vigilano sia in alto mare sia nelle acque territoriali di altro Stato sulla polizia giudiziaria esercitata dai comandanti delle navi nazionali.

Sono agenti di polizia giudiziaria, riguardo ai reati previsti dal presente codice, nonché riguardo ai reati comuni commessi nel porto, se in tale luogo mancano uffici di pubblica sicurezza, i sottocapi e comuni del corpo equipaggi militari marittimi appartenenti alla categoria servizi portuali.

Assumono le funzioni di agenti di polizia giudiziaria i sottocapi e comuni di altre categorie del corpo equipaggi militari marittimi destinati presso le capitanerie di porto e uffici marittimi minori, i funzionari e gli agenti dell'amministrazione della navigazione interna, i funzionari e gli agenti degli aeroporti statali e privati, in seguito alla richiesta di cooperazione da parte degli ufficiali di polizia giudiziaria.

Sono, inoltre, agenti di polizia giudiziaria gli agenti degli uffici di porto ovvero di aeroporto statale o privato in servizio di ronda (1).

(1) Articolo sostituito dalla l. 3.2.1963, n. 94 e poi così modificato dall'art. 3, d.lgs. 15.3.2006, n. 151. Il testo antecedente allla modifica del 2006 così disponeva: «*Agli effetti dell'art. 221 del codice di procedura penale sono ufficiali di polizia giudiziaria: 1. i comandanti, gli ufficiali del corpo delle capitanerie di porto, gli ufficiali del corpo equipaggi militari marittimi appartenenti al ruolo servizi portuali, i sottufficiali del corpo equipaggi militari marittimi appartenenti alla categoria servizi portuali, i direttori e i delegati di aeroporto, i delegati di campo di fortuna, riguardo ai reati previsti dal presente codice, nonché riguardo ai reati comuni commessi nel porto o nell'aerodromo, se in tali luoghi mancano uffici di pubblica sicurezza. Negli aerodromi in cui non ha sede un direttore di aeroporto o non risiede alcun delegato, le funzioni di ufficiale di polizia giudiziaria sono attribuite al direttore di aeroporto nella cui circoscrizione l'aerodromo è compreso; 2. i comandanti delle navi o degli aeromobili, riguardo ai reati commessi a bordo in corso di navigazione, nonché riguardo agli atti di polizia giudiziaria ordinati e alle delegazioni disposte dall'autorità giudiziaria; 3. i consoli, riguardo ai reati previsti da questo codice commessi all'estero, oltre che negli altri casi contemplati dalla l. consolare; 4. i comandanti delle navi da guerra nazionali per gli atti che compiono su richiesta dell'autorità consolare o, in caso di urgenza, di propria iniziativa. I comandanti stessi vigilano sia in alto mare sia nelle acque territoriali di altro Stato sulla polizia giudiziaria esercitata dai comandanti delle navi nazionali. Sono agenti di polizia giudiziaria, riguardo ai reati previsti dal presente codice, nonché riguardo ai reati comuni commessi nel porto, se in tale luogo mancano uffici di pubblica sicurezza, i sottocapi e comuni del corpo equipaggi militari marittimi appartenenti alla categoria servizi portuali. Assumono le funzioni di agenti di polizia giudiziaria i sottocapi e comuni di altre categorie del corpo equipaggi militari marittimi destinati presso le capitanerie di porto e uffici marittimi minori, i funzionari e gli agenti dell'amministrazione della navigazione interna, i funzionari e gli agenti degli aerodromi statali e privati, in seguito alla richiesta di cooperazione da parte degli ufficiali di polizia giudiziaria. Sono, inoltre, agenti di polizia giudiziaria gli agenti degli uffici di porto ovvero di aerodromo statale o privato in servizio di ronda*».

2. L. 5 giugno 1962, n. 616. – Sicurezza e navigazione della vita umana in mare (*artt. 1, 9, 32-34*) (1) (2)

In Gazzetta Ufficiale 5 luglio 1962, n. 168

(1) La legge è stata modificata dall'art. 5 ter, d.l. 10.1.2006, n. 2.
(2) L'art. 1, co. 1, d.lgs. 1.12.2009, n. 179, ha dichiarato indispensabile la permanenza in vigore del presente decreto, limitatamente agli articoli da 1 a 10; art 11, co. 3-4-5-6-8-9; artt. da 12 a 37.

Capo I
Norme generali

1. Applicazione della legge.

Le norme della presente legge si applicano alle navi mercantili nazionali adibite alla navigazione marittima ed alle navi mercantili straniere che toccano porti italiani.

Per comprovare l'adempimento delle norme relative alla sicurezza della navigazione il comandante della nave straniera può esibire la documentazione rilasciata dal Governo di uno Stato con il quale esistono particolari accordi in materia di sicurezza della navigazione, in conformità degli accordi medesimi.

La documentazione di cui al comma precedente è considerata sufficiente, salvo che l'autorità marittima, nell'esercizio dei suoi poteri di controllo, accerti che le condizioni di sicurezza della nave non corrispondono alle condizioni inserite nei documenti e che la nave non possa intraprendere la navigazione senza pericolo per i passeggeri e per l'equipaggio. In tali casi l'autorità marittima adotta le misure convenienti per impedire la partenza della nave, dandone immediata comunicazione scritta al console dello Stato al quale appartiene la nave

9. Decadenza dei certificati di sicurezza o di idoneità.

Quando per gravi avarie subite dalla nave o per notevoli mutamenti apportati allo scafo, all'apparato motore o alle dotazioni della medesima, vengono meno i requisiti in base ai quali sono stati rilasciati i certificati di sicurezza o d'idoneità, questi perdono la loro validità e devono essere ritirati dall'autorità marittima o consolare.

Il comandante ha l'obbligo di denunciare alla autorità marittima e, all'estero, all'autorità consolare, le avarie e mutamenti apportati allo scafo, all'apparato motore e alle dotazioni della nave

Capo V
Norme penali

32. Omessa denuncia di avarie o di mutamenti apportati alle navi.

Il comandante che omette di denunciare i fatti previsti dall'art. 9 all'autorità marittima o all'estero all'autorità consolare è punito, se il fatto non costituisce un più grave reato, con l'arresto fino a sei mesi e con l'ammenda da lire 12.000 a lire 240.000

33. Omessa o irregolare esecuzione di lavori attinenti alla sicurezza della navigazione.

L'armatore o il comandante che fa navigare la nave in violazione delle prescrizioni dell'autorità marittima circa l'esecuzione di lavori attinenti alla sicurezza della navigazione, è punito, se il fatto non costituisce un più grave reato, con la reclusione fino ad un anno e con la multa non inferiore a lire 240.000.

34. Mancata corrispondenza alle caratteristiche del tipo approvato.

Colui che fornisce o installa a bordo di navi mercantili, apparecchi, dispositivi, o materiali per i quali è richiesto il riconoscimento di tipo approvato e che non corrispondono alle caratteristiche del «tipo approvato» è punito, se il fatto non costituisce un più grave reato, con l'arresto fino a tre mesi e con l'ammenda non inferiore a lire 150.000.

3. L. 10 maggio 1976, n. 342. – Repressione di delitti contro la sicurezza della navigazione aerea

In Gazzetta Ufficiale 3 giugno 1976, n. 144

1. – Chiunque con violenza o minaccia commette un fatto diretto all'impossessamento di un aereo e chiunque con violenza, minaccia o frode commette un fatto diretto al dirottamento o alla distruzione di un aereo è punito con la reclusione da 7 a 21 anni.

La pena è aumentata se l'autore consegue l'intento.

La pena non può essere inferiore a 12 anni di reclusione se dal fatto derivano lesioni personali ai passeggeri ovvero ai membri dell'equipaggio.

Si applica la pena della reclusione da 24 a 30 anni se dal fatto deriva la morte di una o più persone.

2. – Chiunque al fine di dirottare o distruggere un aereo danneggia le installazioni a terra relative alla navigazione aerea o ne altera le modalità di uso è punito con le pene indicate nell'articolo precedente.

3. – Il cittadino o lo straniero che commette uno dei fatti previsti dagli articoli precedenti è punito secondo

la legge italiana, anche nei seguenti casi:
1) quando l'aereo è immatricolato in Italia;
2) quando l'aereo, ovunque immatricolato, atterra sul territorio italiano avendo ancora a bordo l'autore del delitto;
3) quando l'aereo, anche se non immatricolato in Italia, è stato dato in locazione o noleggio ad enti pubblici o privati, italiani o stranieri, od a persone fisiche, domiciliati sul territorio dello Stato;
4) a richiesta del Ministro per la grazia e giustizia quando l'autore del delitto si trova comunque sul territorio dello Stato e non ne sia stata disposta l'estradizione.

4. L. 28 dicembre 1989, n. 422. – Ratifica ed esecuzione della Convenzione per la repressione dei reati diretti contro la sicurezza della navigazione marittima, con protocollo per la repressione dei reati diretti contro la sicurezza delle installazioni fisse sulla piattaforma continentale, firmata a Roma il 10 marzo 1988, e disposizioni penali in materia di delitti contro la sicurezza della navigazione marittima e delle installazioni fisse sulla piattaforma continentale (*artt. 1-9 Convenzione; artt. 1-4 Protocollo*)

In Gazzetta Ufficiale 9 gennaio 1990, n. 6, S.O.

Capo I

1. – 1. Il Presidente della Repubblica è autorizzato a ratificare la convenzione per la repressione dei reati diretti contro la sicurezza della navigazione marittima, con protocollo per la repressione dei reati diretti contro la sicurezza delle installazioni fisse sulla piattaforma continentale, firmata a Roma il 10 marzo 1988.

2. – 1. Piena ed intera esecuzione è data alla convenzione ed al protocollo di cui all'art. 1, a decorrere dalla loro entrata in vigore in conformità a quanto disposto dall'art. 18 della convenzione e dall'art. 6 del protocollo stesso.

Capo II

3. – 1. Chiunque, con violenza o minaccia, si impossessa di una nave o di una installazione fissa ovvero esercita il controllo su di essa è punito con la reclusione da otto a ventiquattro anni.

2. Alla stessa pena soggiace, se il fatto è tale da porre in pericolo la sicurezza della navigazione di una nave ovvero la sicurezza di una installazione fissa, chiunque:
a) distrugge o danneggia la nave o il suo carico ovvero l'installazione;
b) distrugge o danneggia gravemente attrezzature o servizi di navigazione marittima, o ne altera gravemente il funzionamento;
c) comunica intenzionalmente false informazioni attinenti alla navigazione;
d) commette atti di violenza contro una persona che si trovi a bordo della nave o della installazione.

3. Chiunque minaccia di commettere uno dei fatti previsti nelle lettere a), b) e d) del comma 2 è punito con la reclusione da uno a tre anni.

4. Chiunque, nel commettere uno dei fatti previsti dai commi 1 e 2, cagiona la morte di una persona è punito con l'ergastolo.

5. Chiunque, nel commettere uno dei fatti previsti dai commi 1 e 2, cagiona ad alcuno lesioni personali è punito ai sensi degli articoli 582 e 583 del codice penale ma le pene sono aumentate.

6. Quando per le modalità dell'azione e per la tenuità del danno o del pericolo il fatto è di lieve entità, le pene indicate nei commi 1 e 2 sono ridotte da un terzo a due terzi.

7. Le disposizioni del presente articolo non si applicano quando il fatto è previsto come più grave reato da altra disposizione di legge.

4. – 1. Oltre che nei casi indicati negli articoli da 6 a 11 del codice penale, è punito secondo la legge italiana, a richiesta del Ministro di grazia e giustizia:
a) il cittadino che commette all'estero uno dei reati previsti dall'art. 3;
b) lo straniero che commette all'estero uno dei reati previsti dall'art. 3 ai danni o a bordo di una nave italiana, o di una installazione fissa che si trova sulla piattaforma continentale dello Stato;
c) lo straniero che commette all'estero uno dei reati previsti dall'art. 3 se nel commetterli minaccia un cittadino o lo priva della libertà personale o lo uccide o gli cagiona lesioni personali;
d) lo straniero che commette all'estero uno dei reati previsti dall'art. 3 al fine di costringere un organo dello Stato a compiere qualsiasi atto o ad astenersene;
e) lo straniero che commette all'estero uno dei reati previsti dall'art. 3, quando si trova sul territorio dello Stato e non ne è disposta l'estradizione verso uno Stato che sia parte della convenzione indicata nell'art. 1 e che abbia stabilito la sua giurisdizione in base ai criteri previsti in questo articolo.

2. La disposizione del comma 1 si applica anche quando i fatti indicati nell'art. 3 sono previsti come più grave reato da altre disposizioni di legge.

5. – 1. Ai fini degli articoli 3 e 4, per "installazione fissa" si intende qualunque isola artificiale, installazione o struttura ancorata permanentemente al fondo marino per l'esplorazione o la coltivazione delle risorse o per altri fini economici.

6. – 1. L'autorità giudiziaria trasmette senza ritardo al Ministro di grazia e giustizia le informazioni necessarie per provvedere alle comunicazioni previste nell'art. 7, paragrafo 5, della convenzione indicata nell'art. 1.

7. – 1. Le disposizioni del presente capo non si applicano alla navigazione interna.

Capo III

8. – 1. Gli articoli da 3 a 7 della presente legge entrano in vigore il giorno dell'entrata in vigore, per l'Italia, della convenzione indicata nell'art. 1 e, limitatamente alla tutela penale delle installazioni fisse, il giorno dell'entrata in vigore, per l'Italia, del protocollo pure indicato nell'art. 1.

2. Le restanti disposizioni entrano in vigore il giorno successivo a quello della pubblicazione della presente legge nella Gazzetta Ufficiale.

CONVENZIONE

1. – Ai fini della presente Convenzione, per "nave" si intende un bastimento marittimo di qualsiasi tipo, che non sia fissato in permanenza al fondo del mare, compresi i congegni a portanza dinamica, i sommergibili e tutti gli altri mezzi galleggianti.

2. – 1. La presente Convenzione non si applica:

a) alle navi da guerra; oppure
b) alle navi appartenenti ad uno Stato o gestite da uno Stato quando sono utilizzate come navi da guerra ausiliarie o a fini doganali o di polizia; oppure
c) alle navi che sono state ritirate dalla navigazione o sono state disarmate.

2. La presente Convenzione è senza pregiudizi per le immunità di cui godono le navi da guerra o altre navi di Stato utilizzate a fini non commerciali.

3. – 1. Commette un reato chiunque illecitamente e intenzionalmente:

a) con la violenza o con la minaccia di violenza s'impadronisce di una nave o ne esercita il controllo; oppure
b) compie un atto di violenza nei confronti di una persona che si trova a bordo di una nave, se questo atto è di natura tale da pregiudicare la sicurezza della nave; oppure
c) distrugge una nave o causa ad una nave o al suo carico danni che sono di natura tale da mettere in pericolo la sicurezza della navigazione della nave; oppure
d) colloca o fa collocare su una nave, con qualsiasi mezzo, un dispositivo o una sostanza atta a distruggere la nave o a causare alla nave o al suo carico danni che mettono in pericolo o sono di natura tale da mettere in pericolo la sicurezza della navigazione della nave; oppure
e) distrugge o danneggia gravemente installazioni o servizi di navigazione marittima o ne altera gravemente il funzionamento, qualora uno qualunque di tali atti sia di natura tale da mettere in pericolo la sicurezza della navigazione di una nave; oppure
f) comunica informazioni che sa essere erronee, mettendo così in pericolo la sicurezza di navigazione di una nave; oppure
g) ferisce o uccide una persona, qualora il fatto sia commesso con la commissione, o il tentativo di commissione di uno dei reati di cui alle lettere da a) ad f), del presente paragrafo.

2. Commette altresì un reato chiunque:

a) tenta di commettere uno dei reati di cui al paragrafo 1; oppure
b) istiga un'altra persona a commettere uno dei reati di cui al paragrafo 1, se il reato è effettivamente commesso, o si rende altrimenti complice della persona che commette tale reato; oppure
c) minaccia di commettere uno qualunque dei reati di cui alle lettere b), c) ed e) del paragrafo 1, se tale minaccia è tale da mettere in pericolo la sicurezza della navigazione della nave in questione, sia tale minaccia o meno accompagnata, secondo la legislazione nazionale, da una condizione mirante a costringere una persona fisica o morale a compiere o ad astenersi dal compiere un qualsivoglia atto.

4. – 1. La presente Convenzione si applica quando la nave naviga, o in base al suo itinerario di rotta, deve navigare in acque, attraverso acque o in provenienza da acque site al di là dei limiti esterni del mare territoriale di un solo Stato, oppure oltre i limiti laterali del suo mare territoriale con gli Stati adiacenti.

2. Se la Convenzione non si applica in conformità con il paragrafo 1, le sue disposizioni sono tuttavia applicabili quando l'autore o il presunto autore del reato è scoperto sul territorio di uno Stato Parte diverso dallo Stato di cui al paragrafo 1.

5. – Ogni Stato Parte reprime i reati previsti all'art. 3 con pene adeguate che tengono conto della natura grave di tali reati.

6. – 1. Ogni Stato Parte adotta i provvedimenti necessari al fine di stituire la propria giurisdizione per giudicare i reati di cui all'art. 3 quando il reato è commesso:

a) contro o a bordo di una nave che, al momento della perpetrazione del reato, batte la bandiera di tale Stato; oppure

b) nel territorio di tale Stato, compreso il suo mare territoriale; oppure
c) da un cittadino di tale Stato.

2. Uno Stato Parte può parimenti istituire la propria giurisdizione per giudicare i medesimi reati:
a) quando il reato è commesso da un apolide che ha la residenza abituale in tale Stato; oppure
b) quando durante la perpetrazione del reato, un cittadino di tale Stato è stato trattenuto, minacciato, ferito o ucciso; oppure
c) quando il reato è commesso allo scopo di costringere tale Stato a compiere un qualunque atto o ad astenersene.

3. Ogni Stato Parte che ha istituito la propria giurisdizione nei casi di cui al paragrafo 2 lo notifica al Segretario Generale dell'Organizzazione Marittima Internazionale (in appresso denominato "Segretario Generale"). Se in seguito detto Stato Parte elimina la legislazione che istituisce tale caso di giurisdizione, ne dà notifica al Segretario Generale.

4. Ogni Stato Parte adotta i provvedimenti necessari al fine di istituire la propria giurisdizione per giudicare i reati di cui all'art. 3 nei casi in cui il presunto autore del reato si trova sul suo territorio ed esso non lo estrada verso uno qualsiasi degli Stati Parti che hanno istituito la loro giurisdizione, in conformità con i paragrafi 1 e 2 del presente articolo.

5. La presente Convenzione non esclude alcuna giurisdizione penale esercitata in conformità con la legislazione nazionale.

7. – 1. Qualora ritenga che le circostanze lo giustificano ed in conformità con la propria legislazione, ogni Stato Parte nel territorio del quale l'autore o l'autore presunto del reato si trovino provvede alla detenzione di questa persona, o prende ogni altro provvedimento necessario per assicurare la sua presenza nel territorio per tutto il periodo di tempo necessario all'inizio di un procedimento penale o di una procedura di estradizione.

2. Tale Stato procede immediatamente ad una inchiesta preliminare per stabilire i fatti, in conformità con la propria legislazione.

3. Ogni persona nei cui confronti sono prese le misure di cui al paragrafo 1 del presente articolo ha diritto:
a) di comunicare senza ritardo con il più vicino rappresentante qualificato dello Stato di cui è cittadino, o dello Stato che è altresì abilitato a stabilire tale comunicazione oppure, se si tratta di un apolide, dello Stato nel territorio del quale egli ha la sua residenza abituale;
b) di ricevere la visita di un rappresentante di tale Stato.

4. I diritti di cui al paragrafo 3 si eserciteranno nell'ambito delle leggi e regolamenti dello Stato del quale si trova l'autore o il presunto autore del reato, rimanendo tuttavia inteso che queste leggi e regolamenti debbono consentire il raggiungimento completo dei fini per i quali i diritti sono concessi in virtù del paragrafo 3.

5. Quando uno Stato Parte ha messo in stato di detenzione una persona in conformità con le disposizioni del presente articolo, esso notifica immediatamente tale detenzione, nonché le circostanze che la giustificano, agli Stati che hanno istituito la loro giurisdizione in conformità con il paragrafo 1 dell'art. 6 e, se lo ritenga opportuno, a tutti gli altri Stati interessati.

Lo Stato che procede all'inchiesta preliminare di cui al paragrafo 2 del presente articolo comunica rapidamente le conclusioni pertinenti ai suddetti Stati ed indica loro se intende esercitare la propria giurisdizione.

8. – 1. Il capitano di una nave di uno Stato Parte (lo "Stato della bandiera") può consegnare alle Autorità di ogni altro Stato Parte (lo "Stato destinatario") ogni persona nei confronti della quale abbia fondati motivi di ritenere che essa ha commesso uno dei reati di cuil all'art. 3.

2. Lo Stato della bandiera fa in modo che il capitano di una nave sia tenuto se ciò è in pratica possibile, e possibilmente prima di rientrare nel mare territoriale dello Stato destinatario con a bordo una persona che egli intenda consegnare in conformità con le disposizioni del paragrafo 1, a notificare alle autorità dello Stato destinatario il suo intento di consegnare tale persona e le ragioni che motivano questa decisione.

3. Lo Stato destinatario accetterà la consegna di tale persona, a meno che non abbia ragione di ritenere che la Convenzione non si applica ai fatti che motivano la consegna, ed agirà in conformità con le disposizioni dell'art. 7. Ogni rifiuto di accettare la consegna di una persona deve essere accompagnato dall'indicazione delle ragioni che lo motivano.

4. Lo Stato di bandiera fa in modo che il capitano della sua nave sia tenuto a comunicare alle autorità dello Stato destinatario gli elementi di prova in suo possesso inerenti al presunto reato.

5. Uno Stato destinatario che ha accettato la consegna di una persona in conformità con le disposizioni del paragrafo 3 può a sua volta richiedere allo Stato della bandiera di accettare la consegna di questa persona. Lo Stato della bandiera esamina tale richiesta, e, se ritiene di accedervi, agisce in conformità con le disposizioni dell'art. 7. Se lo Stato di bandiera, respinge la richiesta comunica allo Stato destinatario le ragioni che motivano tale decisione.

9. – Nessuna disposizione della presente Convenzione pregiudica in qualsiasi maniera le norme del diritto internazionale relative all'esercizio della giurisdizione degli Stati in materia di indagini o di atti esecutivi a bordo di navi che non battono la loro bandiera.

PROTOCOLLO

1. – 1. Le disposizioni degli articoli 5 e 7 e quelle degli articoli da 10 a 16 della Convenzione per la repressione di atti illeciti contro la sicurezza della navigazione marittima (in appresso denominata la) si applicano anche, *mutatis mutandis*, ai reati previsti all'art. 2 del presente Protocollo quando tali reati sono commessi a bordo o contro piattaforme fisse situate sulla piattaforma continentale.

2. Nei casi in cui il Protocollo non è applicabile ai sensi del paragrafo 1, le sue disposizioni sono tuttavia applicabili se l'autore od il presunto autore del reato è scoperto nel territorio di uno Stato Parte diverso dallo Stato nelle acque interne, o mare territoriale nel quale è situata la piattaforma fissa.

3. Ai fini del presente Protocollo, per "piattaforma fissa" si intende un'isola artificiale, una installazione o struttura fissata in permanenza sul fondo del mare ai fini della esplorazione o dello sfruttamento di risorse o ad altri fini economici.

2. – 1. Commette un reato chiunque, illecitamente ed intenzionalmente:

a) s'impadronisce di una piattaforma fissa o ne esercita il controllo con la violenza o con minaccia di violenza; oppure

b) compie un atto di violenza nei confronti di una persona che si trova a bordo di una piattaforma fissa se questo atto è di natura tale da pregiudicare la sicurezza della piattaforma; oppure

c) distrugge una piattaforma fissa o vi causa danni di natura tale da mettere in pericolo la sua sicurezza; oppure

d) colloca o fa collocare su una piattaforma fissa, con qualsiasi mezzo, un dispositivo o una sostanza atta a distruggere la piattaforma fissa o di natura tale da mettere in pericolo la sua sicurezza; oppure

e) ferisce o uccide una persona, qualora il fatto sia commesso con la commissione, o il tentativo di commissione di uno dei reati di cui alle lettere da a) a d), del presente paragrafo.

Commette altresì reato chiunque:

a) tenta di commettere uno dei reati di cui al paragrafo 1; oppure

b) istiga un'altra persona a commettere uno di questi reati se il reato è effettivamente commesso o, se si rende altrimenti complice della persona che commette tale reato; oppure

c) minaccia di commettere uno qualunque dei reati di cui alle lettere b) e c) del paragrafo 1, se tale minaccia è tale da compromettere la sicurezza della piattaforma fissa, sia che tale minaccia sia o no accompagnata, secondo la legislazione nazionale, da una condizione mirante a costringere una persona fisica o morale a compiere o ad astenersi dal compiere un qualsivoglia atto.

3. – 1. Ogni Stato Parte adotta i provvedimenti necessari al fine di istituire la propria giurisdizione per giudicare i reati di cui all'art. 2 quando il reato è commesso:

a) contro o a bordo di una piattaforma fissa mentre questa è situata sulla piattaforma continentale di tale Stato; oppure

b) da un cittadino di tale Stato.

2. Uno Stato Parte può parimenti istituire la propria giurisdizione per giudicare i medesimi reati:

a) quando il reato è commesso da un apolide che ha la residenza abituale in tale Stato;

b) quando, durante la perpetrazione del reato un cittadino di tale Stato è stato trattenuto, minacciato, ferito o ucciso; oppure

c) quando il reato è commesso allo scopo di costringere tale Stato a compiere un qualunque atto o ad astenersene.

3. Ogni Stato Parte che ha istituito la propria giurisdizione nei casi di cui al paragrafo 2 lo notifica al Segretario generale dell'Organizzazione marittima internazionale (in appresso denominato "Segretario generale"). Se in seguito detto Stato Parte elimina la legislazione che istituisce tal caso di giurisdizione, ne dà notifica al Segretario generale.

4. Ogni Stato Parte adotta i provvedimenti necessari al fine di istituire la propria giurisdizione per giudicare i reati di cui all'art. 2 nei casi in cui il presunto si trova nel suo territorio ed esso non lo estrada verso uno qualsiasi degli Stati Parti che hanno istituito la loro giurisdizione in conformità con i paragrafi 1 e 2 del presente articolo.

5. Il presente Protocollo non esclude alcuna giurisdizione penale esercitata in conformità con la legislazione nazionale.

4. – Nessuna disposizione del presente Protocollo pregiudica in qualsiasi modo le norme del diritto internazionale concernenti le piattaforme fisse situate sulla piattaforma continentale.

1. L. 26 luglio 1975, n. 354. – Norme sull'ordinamento penitenziario e sulla esecuzione delle misure privative e limitative della libertà (1) (2) (3) (4)

In Gazzetta Ufficiale 9 agosto 1975, n. 212

(1) L'art. 26, co. 1, d.lgs. 18.12.1997, n. 472, rubricato "abolizione della soprattassa e della pena pecuniaria", ha previsto che: «*1. Il riferimento alla soprattassa e alla pena pecuniaria, nonché ad ogni altra sanzione amministrativa, ancorché diversamente denominata, contenuto nelle leggi vigenti, è sostituito con il riferimento alla sanzione pecuniaria, di uguale importo.*
2. I riferimenti contenuti nelle singole leggi di imposta a disposizioni abrogate si intendono effettuati agli istituti e alle previsioni corrispondenti risultanti dal presente decreto.
3. Salvo diversa espressa previsione, i procedimenti di irrogazione delle sanzioni disciplinati nel presente decreto si applicano all'irrogazione di tutte le sanzioni tributarie non penali.».
(2) Il d.lgs. 19.2.1998, n. 51 ha soppresso l'ufficio del pretore e, fuori dai casi espressamente previsti da questo decreto, le relative competenze sono da intendersi trasferite al tribunale ordinario. Lo stesso decreto ha soppresso l'ufficio del pubblico ministero presso la pretura circondariale e ha provveduto a trasferirne le relative funzioni all'ufficio del pubblico ministero presso il tribunale ordinario. Qualora questo provvedimento attribuisca, inoltre, funzioni amministrative alternativamente al pretore e ad organi della P.A., le attribuzioni pretorili si intendono soppresse. Sono altresì soppresse le funzioni amministrative di altre autorità giurisdizionali, eccezion fatta per il giudice di pace, se attribuite in via alternativa tanto al pretore che ad organi della P.A. Il potere del pretore di rendere esecutivi atti emanati da autorità amministrative è soppresso e gli atti sono esecutivi di diritto. Infine, qualora questo provvedimento preveda l'obbligo di determinati soggetti di rendere giuramento innanzi al pretore per l'esercizio di attività, questo si intende reso innanzi al sindaco o ad un suo delegato.
(3) A partire dal 1.1.1999 ogni sanzione penale o amministrativa espressa in lire in questo provvedimento si intende espressa anche in euro secondo il tasso di conversione irrevocabilmente fissato dal Trattato CE. A decorrere dal 1.1.2002 ogni sanzione penale o amministrativa espressa in lire in questo provvedimento è convertita in euro secondo il tasso di conversione irrevocabilmente fissato dal Trattato CE. Se da questa operazione deriva un risultato espresso anche in decimali, la cifra è arrotondata eliminando i decimali (art. 51, d.lgs. 24.12.1998, n. 213).
(4) Le prefetture sono trasformate in uffici territoriali del governo a decorrere dalla nomina del primo governo costituito a seguito delle prime elezioni politiche successive al d.lgs. 30.7.1999, n. 300. Il prefetto preposto a questo ufficio nel capoluogo della regione assume anche le funzioni di commissario del governo (art. 11, d.lgs. n. 300/1999).

TITOLO I
Trattamento penitenziario

Capo I
Principi direttivi

1. Trattamento e rieducazione [(1)].

1. Il trattamento penitenziario deve essere conforme a umanità e deve assicurare il rispetto della dignità della persona. Esso è improntato ad assoluta imparzialità, senza discriminazioni in ordine a sesso, identità di genere, orientamento sessuale, razza, nazionalità, condizioni economiche e sociali, opinioni politiche e credenze religiose, e si conforma a modelli che favoriscono l'autonomia, la responsabilità, la socializzazione e l'integrazione.

2. Il trattamento tende, anche attraverso i contatti con l'ambiente esterno, al reinserimento sociale ed è attuato secondo un criterio di individualizzazione in rapporto alle specifiche condizioni degli interessati.

3. Ad ogni persona privata della libertà sono garantiti i diritti fondamentali; è vietata ogni violenza fisica e morale in suo danno.

4. Negli istituti l'ordine e la disciplina sono mantenuti nel rispetto dei diritti delle persone private della libertà.

5. Non possono essere adottate restrizioni non giustificabili con l'esigenza di mantenimento dell'ordine e della disciplina e, nei confronti degli imputati, non indispensabili a fini giudiziari.

6. I detenuti e gli internati sono chiamati o indicati con il loro nome.

7. Il trattamento degli imputati deve essere rigorosamente informato al principio per cui essi non sono considerati colpevoli sino alla condanna definitiva.

(1) Articolo sostituito dall'art. 11, co. 1, lett. a), d.lgs. 2.10.2018, n. 123.

2. Spese per l'esecuzione delle pene e delle misure di sicurezza detentive.

Le spese per l'esecuzione delle pene e delle misure di sicurezza detentive sono a carico dello Stato.

Il rimborso delle spese di mantenimento da parte dei condannati si effettua ai termini degli articoli 145, 188, 189 e 191 del codice penale e 274 del codice di procedura penale.

Il rimborso delle spese di mantenimento da parte degli internati si effettua mediante prelievo di una quota della remunerazione a norma del penultimo capoverso dell'articolo 213 del codice penale, ovvero per effetto della disposizione sul rimborso delle spese di spedalità, richiamata nell'ultima parte dell'articolo 213 del codice penale.

Sono spese di mantenimento quelle concernenti gli alimenti ed il corredo.

Il rimborso delle spese di mantenimento ha luogo per una quota non superiore ai due terzi del costo reale. Il Ministro per la grazia e giustizia, al principio di ogni esercizio finanziario, determina, sentito il Ministro per il tesoro, la quota media di mantenimento dei detenuti in tutti gli stabilimenti della Repubblica.

3. Parità di condizioni fra i detenuti e gli internati.

Negli istituti penitenziari è assicurata ai detenuti ed agli internati parità di condizioni di vita. In particolare il regolamento stabilisce limitazioni in ordine all'ammontare del peculio disponibile e dei beni provenienti dall'esterno.

4. Esercizio dei diritti dei detenuti e degli internati.

I detenuti e gli internati esercitano personalmente i diritti loro derivanti dalla presente legge anche se si trovano in stato di interdizione legale.

4 bis. Divieto di concessione dei benefici e accertamento della pericolosità sociale dei condannati per taluni delitti (1) (2).

1. L'assegnazione al lavoro all'esterno, i permessi premio e le misure alternative alla detenzione previste dal capo VI, esclusa la liberazione anticipata, possono essere concessi ai detenuti e internati per i seguenti delitti solo nei casi in cui tali detenuti e internati collaborino con la giustizia a norma dell'articolo 58-*ter* della presente legge [o a norma dell'articolo 323-*bis*, secondo comma, del codice penale]: delitti commessi per finalità di terrorismo, anche internazionale, o di eversione dell'ordine democratico mediante il compimento di atti di violenza, delitti di cui agli articoli [314, primo comma, 317, 318, 319, 319-*bis*, 319-*ter*, 319-*quater*, primo comma, 320, 321, 322, 322-*bis*,] 416-*bis* e 416-*ter* del codice penale, delitti commessi avvalendosi delle condizioni previste dallo stesso articolo ovvero al fine di agevolare l'attività delle associazioni in esso previste, delitti di cui agli articoli 600, 600– *bis*, primo comma, 600-*ter*, primo e secondo comma, 601, 602, 609-*octies* [, qualora ricorra anche la condizione di cui al comma 1-*quater* del presente articolo,] e 630 del codice penale, agli articoli 12, commi 1 e 3, e 12-*bis*[,] del testo unico delle disposizioni concernenti la disciplina dell'immigrazione e norme sulla condizione dello straniero, di cui al decreto legislativo 25 luglio 1998, n. 286, e successive modificazioni, all'articolo 291-*quater* del testo unico delle disposizioni legislative in materia doganale, di cui al decreto del Presidente della Repubblica 23 gennaio 1973, n. 43, e all'articolo 74 del testo unico delle leggi in materia di disciplina degli stupefacenti e sostanze psicotrope, prevenzione, cura e riabilitazione dei relativi stati di tossicodipendenza, di cui al decreto del Presidente della Repubblica 9 ottobre 1990, n. 309. Sono fatte salve le disposizioni degli articoli 16-nonies e 17-*bis* del decreto-legge 15 gennaio 1991, n. 8, convertito, con modificazioni, dalla legge 15 marzo 1991, n. 82, e successive modificazioni. La disposizione del primo periodo si applica altresì in caso di esecuzione di pene inflitte anche per delitti diversi da quelli ivi indicati, in relazione ai quali il giudice della cognizione o dell'esecuzione ha accertato che sono stati commessi per eseguire od occultare uno dei reati di cui al medesimo primo periodo ovvero per conseguire o assicurare al condannato o ad altri il prodotto o il profitto o il prezzo ovvero l'impunità di detti reati (3) (4).

1 bis. I benefici di cui al comma 1 possono essere concessi, anche in assenza di collaborazione con la giustizia ai sensi dell'articolo 58-*ter*, ai detenuti e agli internati per delitti commessi per finalità di terrorismo, anche internazionale, o di eversione dell'ordine democratico mediante il compimento di atti di violenza, per i delitti di cui agli articoli 416-*bis* e 416-*ter* del codice penale, per delitti commessi avvalendosi delle condizioni previste dall'articolo 416-*bis* del codice penale ovvero al fine di agevolare l'attività delle associazioni in esso previste, per i delitti di cui agli articoli 12, commi 1 e 3, e 12-*bis*[,]del testo unico delle disposizioni concernenti la disciplina dell'immigrazione e norme sulla condizione dello straniero, di cui al decreto legislativo 25 luglio 1998, n. 286, e per i delitti di cui all'articolo 291-*quater* del testo unico delle disposizioni legislative in materia doganale, di cui al decreto del Presidente della Repubblica 23 gennaio 1973, n. 43, e all'articolo 74 del testo unico delle leggi in materia di disciplina degli stupefacenti e sostanze psicotrope, prevenzione, cura e riabilitazione dei relativi stati di tossicodipendenza, di cui al decreto del Presidente della Repubblica 9 ottobre 1990, n. 309, purché gli stessi dimostrino l'adempimento delle obbligazioni civili e degli obblighi di riparazione pecuniaria conseguenti alla condanna o l'assoluta impossibilità di tale adempimento e alleghino elementi specifici, diversi e ulteriori rispetto alla regolare condotta carceraria, alla partecipazione del detenuto al percorso rieducativo e alla mera dichiarazione di dissociazione dall'organizzazione criminale di eventuale appartenenza, che consentano di escludere l'attualità di collegamenti con la criminalità organizzata, terroristica o eversiva e con il contesto nel quale il reato è stato commesso, nonché il pericolo di ripristino di tali collegamenti, anche indiretti o tramite terzi, tenuto conto delle circostanze personali e ambientali, delle ragioni eventualmente dedotte a sostegno della mancata collaborazione, della revisione critica della condotta criminosa e di ogni altra informazione disponibile. Al fine della concessione dei benefici, il giudice accerta altresì la sussistenza di iniziative dell'interessato a favore delle vittime, sia nelle forme risarcitorie che in quelle della giustizia riparativa (5).

1 bis.1. I benefici di cui al comma 1 possono essere concessi, anche in assenza di collaborazione con la giustizia ai sensi dell'articolo 58-*ter* [della presente legge o dell'articolo 323-*bis* del codice penale], ai detenuti o internati per i delitti di cui agli articoli [314, primo comma, 317, 318, 319, 319-*bis*, 319-*ter*, 319-*quater*, primo comma, 320, 321, 322, 322-*bis*,] 600, 600-*bis*, primo comma,600-*ter*, primo e secondo comma, 601, 602, 609-*octies* e 630 del codice penale, purché gli stessi dimostrino l'adempimento delle obbligazioni civili e degli obblighi di riparazione pecuniaria conseguenti alla condanna o l'assoluta impossibilità di tale adempimento e alleghino elementi specifici, diversi e ulteriori rispetto alla regolare condotta carceraria e alla partecipazione del detenuto al percorso rieducativo, che consentano di escludere l'attualità di collegamenti, anche indiretti o tramite terzi, con il contesto nel quale il reato è stato commesso, tenuto conto delle circostanze personali e ambientali, delle ragioni eventualmente dedotte a sostegno della mancata collaborazione, della revisione critica della condotta criminosa e di ogni altra informazione disponibile. Al fine della concessione dei benefici, il giudice di sorveglianza accerta altresì la sussistenza di iniziative dell'interessato a favore delle vittime, sia nelle forme risarcitorie che in quelle della giustizia riparativa [(6)].

1 bis.1.1. Con il provvedimento di concessione dei benefici di cui al comma 1 possono essere stabilite prescrizioni volte a impedire il pericolo del ripristino di collegamenti con la criminalità organizzata, terroristica o eversiva o che impediscano ai condannati di svolgere attività o di avere rapporti personali che possono portare al compimento di altri reati o al ripristino di rapporti con la criminalità organizzata, terroristica o eversiva. A tal fine il giudice può disporre che il condannato non soggiorni in uno o più comuni, o soggiorni in un comune determinato [(7)].

1 bis.2. Ai detenuti e agli internati, oltre che per taluno dei delitti di cui al comma 1-*bis*.1, anche per il delitto di cui all'articolo 416 del codice penale finalizzato alla commissione dei delitti ivi indicati si applicano le disposizioni del comma 1-*bis* [(8)].

1 ter. I benefici di cui al comma 1 possono essere concessi, purché non vi siano elementi tali da far ritenere la sussistenza di collegamenti con la criminalità organizzata, terroristica o eversiva, ai detenuti o internati per i delitti di cui agli articoli 575, 600-*bis*, secondo e terzo comma, 600-*ter*, terzo comma, 600-*quinquies*, 628, terzo comma, e 629, secondo comma, del codice penale, all'articolo 291-*ter* del citato testo unico di cui al decreto del Presidente della Repubblica 23 gennaio 1973, n. 43, all'articolo 73 del citato testo unico di cui al decreto del Presidente della Repubblica 9 ottobre 1990, n. 309, e successive modificazioni, limitatamente alle ipotesi aggravate ai sensi dell'articolo 80, comma 2, del medesimo testo unico, all'articolo 416, primo e terzo comma, del codice penale, realizzato allo scopo di commettere delitti previsti dagli articoli 473 e 474 del medesimo codice, e all'articolo 416 del codice penale, realizzato allo scopo di commettere delitti previsti dal libro II, titolo XII, capo III, sezione I, del medesimo codice, dagli articoli 609-*bis*, 609-*quater* e 609-*octies* del codice penale e dall'articolo 12, commi 3, 3-*bis* e 3-*ter*, del testo unico delle disposizioni concernenti la disciplina dell'immigrazione e norme sulla condizione dello straniero, di cui al decreto legislativo 25 luglio 1998, n. 286, e successive modificazioni [(9)].

1 quater. I benefici di cui al comma 1 possono essere concessi ai detenuti o internati per i delitti di cui agli articoli 583-*quinquies*, 600-*bis*, 600-*ter*, 600-*quater*, 600-*quinquies*, 609-*bis*, 609-*ter*, 609-*quater* e, [qualora ricorra anche la condizione di cui al medesimo comma 1,] 609-*quinquies*, 609-*octies* e 609-undecies del codice penale solo sulla base dei risultati dell'osservazione scientifica della personalità condotta collegialmente per almeno un anno anche con la partecipazione degli esperti di cui al quarto comma dell'articolo 80 della presente legge. Le disposizioni di cui al periodo precedente si applicano in ordine al delitto previsto dall'articolo 609-*bis* del codice penale salvo che risulti applicata la circostanza attenuante dallo stesso contemplata [(10)].

1 quinquies. Salvo quanto previsto dal comma 1, ai fini della concessione dei benefici ai detenuti e internati per i delitti di cui agli articoli 583-*quinquies*, 600-*bis*, 600-*ter*, anche se relativo al materiale pornografico di cui all'articolo 600-*quater*.1, 600-*quinquies*, 609-*quater*, 609-*quinquies* e 609-undecies del codice penale, nonché agli articoli 609-*bis* e 609-*octies* del medesimo codice, se commessi in danno di persona minorenne, il magistrato di sorveglianza o il tribunale di sorveglianza valuta la positiva partecipazione al programma di riabilitazione specifica di cui all'articolo 13-*bis* della presente legge [(11)].

2. Ai fini della concessione dei benefici di cui al comma 1 il magistrato di sorveglianza o il tribunale di sorveglianza decide acquisite dettagliate informazioni per il tramite del comitato provinciale per l'ordine e la sicurezza pubblica competente in relazione al luogo di detenzione del condannato. In ogni caso il giudice decide trascorsi trenta giorni dalla richiesta delle informazioni. Al suddetto comitato provinciale può essere chiamato a partecipare il direttore dell'istituto penitenziario in cui il condannato è detenuto. Nei casi di cui ai commi 1-*bis* e 1-*bis*.1, il giudice acquisisce, anche al fine di verificare la fondatezza degli elementi offerti dall'istante, dettagliate informazioni in merito al perdurare dell'operatività del sodalizio criminale di appartenenza o del contesto criminale nel quale il reato è stato consumato, al profilo criminale del detenuto o dell'internato e alla sua posizione all'interno dell'associazione, alle eventuali nuove imputazioni o misure cautelari o di prevenzione sopravvenute a suo carico e, ove significative, alle infrazioni disciplinari commesse durante la detenzione. Il giudice chiede altresì il parere del pubblico ministero presso il giudice che ha emesso la sentenza di primo grado o, se si tratta di condanne per i delitti indicati all'articolo 51, commi 3-*bis* e 3-*quater*, del codice di procedura penale, del pubblico ministero presso il tribunale del capoluogo del distretto ove è stata pronunciata la sentenza di primo grado e del Procuratore nazionale antimafia e antiterrorismo, acquisisce informazioni dalla direzione dell'istituto ove l'istante è detenuto o internato e dispone, nei confronti del medesimo, degli appartenenti al suo nucleo familiare e delle persone ad esso collegate, accertamenti in ordine alle condizioni reddituali e patrimoniali, al tenore di vita, alle attività economiche eventualmente svolte e alla pendenza o definitività di misure di prevenzione personali o patrimoniali. I pareri, le informazioni e gli esiti degli accertamenti di cui al quinto periodo sono trasmessi entro sessanta giorni dalla richiesta. Il termine può essere prorogato di ulteriori trenta giorni in ragione della complessità degli accertamenti. Decorso il termine, il giudice decide anche in assenza dei pareri, delle informazioni e degli esiti degli accertamenti richiesti. Quando dall'istruttoria svolta emergono indizi dell'attuale sussistenza di collegamenti con la criminalità organizzata, terroristica o eversiva o con il contesto nel quale il reato è stato commesso, ovvero del pericolo di ripristino di tali collegamenti, è onere del condannato fornire, entro un congruo termine, idonei elementi di prova contraria. In ogni caso, nel provvedimento con cui decide sull'istanza di concessione dei benefici il giudice indica specificamente le ragioni dell'accoglimento o del rigetto dell'istanza medesima, tenuto conto dei pareri acquisiti ai sensi del quinto periodo. I benefici di cui al comma 1 possono essere concessi al detenuto o internato sottoposto a regime speciale di detenzione previsto dall'articolo 41-*bis* solamente dopo che il provvedimento applicativo di tale regime speciale sia stato revocato o non prorogato [12].

2 bis. Nei casi di cui al comma 1-*ter*, il magistrato di sorveglianza o il tribunale di sorveglianza decide acquisite dettagliate informazioni dal questore. In ogni caso il giudice decide trascorsi trenta giorni dalla richiesta delle informazioni [13].

2 bis.1. Le disposizioni di cui ai commi 2 e 2-*bis* non si applicano quando è richiesta la modifica del provvedimento di ammissione al lavoro all'esterno e non sono decorsi più di tre mesi dalla data in cui il provvedimento medesimo è divenuto esecutivo a norma dell'articolo 21, comma 4. Allo stesso modo si procede quando è richiesta la concessione di un permesso premio da parte di un condannato già ammesso a fruirne e non sono decorsi più di tre mesi dal provvedimento di concessione del primo permesso premio [14].

2 ter. Alle udienze del tribunale di sorveglianza che abbiano ad oggetto la concessione dei benefici di cui al comma 1 ai condannati per i reati di cui all'articolo 51, commi 3-*bis* e 3-*quater*, del codice di procedura penale, le funzioni di pubblico ministero possono essere svolte dal pubblico ministero presso il tribunale del capoluogo del distretto ove è stata pronunciata la sentenza di primo grado. In tal caso, se ha sede in un distretto diverso, il pubblico ministero può partecipare all'udienza mediante collegamento a distanza [15].

3. Quando il comitato ritiene che sussistano particolari esigenze di sicurezza ovvero che i collegamenti potrebbero essere mantenuti con organizzazioni operanti in ambiti non locali o extranazionali, ne dà comunicazione al giudice e il termine di cui al comma 2 è prorogato di ulteriori trenta giorni al fine di acquisire elementi ed informazioni da parte dei competenti organi centrali.

[**3 bis.** L'assegnazione al lavoro all'esterno, i permessi premio e le misure alternative alla detenzione previste dal capo VI, non possono essere concessi ai detenuti ed internati per delitti dolosi quando il Procuratore nazionale antimafia e antiterrorismo o il Procuratore distrettuale comunica, d'iniziativa o su segnalazione del comitato provinciale per l'ordine e la sicurezza pubblica competente in relazione al luogo di detenzione o internamento, l'attualità di collegamenti con la criminalità organizzata. In tal caso si prescinde dalle procedure previste dai commi 2 e 3.] [16]

(1) Articolo introdotto dall'art. 1, d.l. 13.5.1991, n. 152, conv., con modif., dalla l. 12.7.1991, n. 203.

(2) Rubrica sostituita dall'art. 15, co. 1, lett. a), d.l. 8.6.1992, n. 306, conv., con modif., dalla l. 7.8.1992, n. 356.

(3) Comma sostituito dall'art. 15, co. 1, lett. a), d.l. 8.6.1992, n. 306, conv., con modif., dalla l. 7.8.1992, n. 356. Modificato dall'art. 11, co. 1, d.l. 24.11.2000, n. 341, conv., con modif., dalla l. 19.1.2001, n. 4; dall'art. 6, co. 1, l. 19.3.2001, n. 92; dall'art. 12, co. 3 sexies, d.lgs. 25.7.1998, n. 286, come modificato dall'art. 11, co. 1, l. 30.7.2002, n. 189. In seguito, sostituito dall'art. 1, co. 1, lett. a), l. 23.12.2002, n. 279. Poi, ulteriormente, modificato dall'art. 15, co. 1, l. 6.2.2006, n. 38 e, di nuovo, sostituito dall'art. 3, co. 1, lett. a), d.l. 23.2.2009, n. 11 e, da ultimo, modificato dall'art. 2, co. 27, lett. a), n. 1, l. 15.7.2009 n. 94, dall'art. 1, co. 1, l. 23.2.2015, n. 19 e, poi, modificato dall'art. 3 bis, co. 1, d.l. 18.2.2015 n. 7, conv., con modif., dalla l. 17.4.2015, n. 43. Da ultimo il presente comma è stato modificato dall'art. 1, co. 6, l. 9.1.2019, n. 3e dall'art. 1, co. 1, lett. a), n. 1), d.l. 31.10.2022, n. 162, conv., con modif., dalla l. 30.12.2022, n. 199.

(4) La Corte costituzionale, con sentenza 27.7.1994, n. 357 aveva dichiarato l'illegittimità costituzionale del secondo periodo di questo comma, come sostituito dall'art. 15, co. 1, lett. a), d.l. 8.6.1992, n. 306, nella versione precedente alla sostituzione operata dalla l. 23.12.2002, n. 279, nella parte in cui non prevede che i benefici di cui al primo periodo del medesimo comma possano essere concessi anche nel caso in cui la limitata partecipazione al fatto criminoso, come accertata nella sentenza di condanna, renda impossibile un'utile collaborazione con la giustizia, sempre che siano stati acquisiti elementi tali da escludere in maniera certa l'attualità di collegamenti con la criminalità organizzata.
Successivamente la Corte costituzionale, con sentenza 1.3.1995, n. 68 ha dichiarato l'illegittimità costituzionale del secondo periodo di questo comma, come sostituito dall'art. 15, co. 1, lett. a), d.l. 8.6.1992, n. 306, nella versione precedente alla sostituzione operata dalla l. 23.12.2002, n. 279, nella parte in cui prevede che i benefici di cui al primo periodo del medesimo comma possano essere concessi anche nel caso in cui l'integrale accertamento dei fatti e delle responsabilità operato con sentenza irrevocabile renda impossibile un'utile collaborazione con la giustizia, sempre che siano stati acquisiti elementi tali da escludere in maniera certa l'attualità di collegamenti con la criminalità organizzata.
Con sentenza 14.12.1995, n. 504, la Corte costituzionale ha dichiarato l'illegittimità costituzionale di questo comma, nel testo sostituito ad opera dell'art. 15, co. 1, del d.l. 8.6.1992, n. 306, nella versione precedente alla sostituzione operata dalla l. 23.12.2002, n. 279, nella parte in cui prevede che la concessione di ulteriori permessi premio sia negata nei confronti dei condannati per i delitti indicati nel primo periodo del co. 1 dello stesso art. 4 bis, che non si trovino nelle condizioni per l'applicazione dell'art. 58 ter della legge 26.7.1975, n. 354, anche quando essi ne abbiano già fruito in precedenza e non sia accertata la sussistenza di collegamenti attuali con la criminalità organizzata.
Con sentenza 30.12.1997, n. 445, la Corte costituzionale ha dichiarato l'illegittimità costituzionale di questo comma nella parte in cui non prevede che il beneficio della semilibertà possa essere concesso nei confronti dei condannati che, prima della data di entrata in vigore dell'art. 15, co. 1, del d.-l. 8.6.1992, n. 306, nella versione precedente alla sostituzione operata dalla l. 23.12.2002, n. 279, conv., con modif., nella legge 7.8.1992, n. 356, non abbiano raggiunto un grado di rieducazione adeguato al beneficio richiesto e per i quali non sia stato accertata la sussistenza di collegamenti attuali con la criminalità organizzata.

Con sentenza 22.4.1999, n. 137, la Corte costituzionale ha dichiarato l'illegittimità costituzionale di questo comma nella parte in cui non prevede che il beneficio del permesso premio possa essere concesso nei confronti dei condannati che, prima della entrata in vigore dell'art. 15, co. 1, del d.l. 8.6.1992, n. 306, nella versione precedente alla sostituzione operata dalla l. 23.12.2002, n. 279, conv., con modif., dalla l. 7.8.1992, n. 356, abbiano raggiunto un grado di rieducazione adeguato al beneficio richiesto e per i quali non sia stata accertata la sussistenza di collegamenti attuali con la criminalità organizzata.
Con sentenza 22.10.2014, n. 239, la Corte costituzionale ha dichiarato, nel punto 1), l'illegittimità costituzionale del presente comma, nella parte in cui non esclude dal divieto di concessione dei benefici penitenziari, da esso stabilito, la misura della detenzione domiciliare speciale prevista dall'art. 47 quinquies della presente legge. Con la stessa sentenza, la Corte ha dichiarato, al punto 2), in applicazione dell'art. 27 della l. 11.3.1953, n. 87, l'illegittimità costituzionale di questo comma, nella parte in cui non esclude dal divieto di concessione dei benefici penitenziari, da esso stabilito, la misura della detenzione domiciliare prevista dall'art. 47 ter, co. 1, lett. a) e b), della presente legge, ferma restando la condizione dell'insussistenza di un concreto pericolo di commissione di ulteriori delitti.
Con sentenza 4.12.2019, n. 253, la Corte costituzionale ha dichiarato, nel punto 1), l'illegittimità costituzionale di questo comma, nella parte in cui non prevede che, ai detenuti per i delitti di cui all'art. 416 bis del codice penale e per quelli commessi avvalendosi delle condizioni previste dallo stesso art. ovvero al fine di agevolare l'attività delle associazioni in esso previste, possano essere concessi permessi premio anche in assenza di collaborazione con la giustizia a norma dell'art. 58 ter del medesimo ordin. penit., allorché siano stati acquisiti elementi tali da escludere, sia l'attualità di collegamenti con la criminalità organizzata, sia il pericolo del ripristino di tali collegamenti. Con la stessa sentenza, la Corte ha dichiarato, al punto 2), in via consequenziale, ai sensi dell'art. 27, l. 11.3.1953, n. 87, l'illegittimità costituzionale di questo comma, nella parte in cui non prevede che ai detenuti per i delitti ivi contemplati, diversi da quelli di cui all'art. 416 bis c.p. e da quelli commessi avvalendosi delle condizioni previste dallo stesso articolo ovvero al fine di agevolare l'attività delle associazioni in esso previste, possano essere concessi permessi premio anche in assenza di collaborazione con la giustizia a norma dell'art. 58 ter ordin. penit., allorché siano stati acquisiti elementi tali da escludere, sia l'attualità di collegamenti con la criminalità organizzata, terroristica o eversiva, sia il pericolo del ripristino di tali collegamenti.
Con sentenza 26.2.2020, n. 32, ha dichiarato l'illegittimità costituzionale dell'art. 1, co. 6, lett. b), l. 9.1.2019, n. 3, nella parte in cui modifica questo comma, in quanto interpretato nel senso che le modificazioni introdotte all'art. 4 bis, co. 1, l. 26.7.1975, n. 354 (Norme sull'ordinamento penitenziario e sulla esecuzione delle misure privative e limitative della libertà) si applichino anche ai condannati che abbiano commesso il fatto anteriormente all'entrata in vigore della l. n. 3/2019, in riferimento alla disciplina delle misure alternative alla detenzione previste dal Titolo I, Capo VI, l. n. 354/1975, della liberazione condizionale prevista dagli artt. 176 e 177 del codice penale e del divieto di sospensione dell'ordine di esecuzione previsto dall'art. 656, co. 9, lett. a), del codice di procedura penale e nella parte in cui non prevede che il beneficio del permesso premio possa essere concesso ai condannati che, prima dell'entrata in vigore della medesima legge, abbiano già raggiunto, in concreto, un grado di rieducazione adeguato alla concessione del beneficio stesso.

(5) Comma introdotto dall'art. 3, co. 1, lett. a), d.l. 23.2.2009, n. 11 e, poi, sostituito dall'art. 1, co. 1, lett. a), n. 2), d.l. 31.10.2022, n. 162, conv., con modif., dalla l. 30.12.2022, n. 199, co. ulteriormente modificato dall'art. 8, co. 2, d.l. 10.3.2023, n. 20, conv., con modif., dalla l. 5.5.2023, n. 50.

(6) Comma introdotto per effetto della sostituzione di all'art. 1, co. 1, lett. a), n. 2), d.l. 31.10.2022, n. 162, conv., con modif., dalla l. 30.12.2022, n. 199.

(7) Comma introdotto per effetto della sostituzione di all'art. 1, co. 1, lett. a), n. 2), d.l. 31.10.2022, n. 162, conv., con modif., dalla l. 30.12.2022, n. 199.

(8) Comma introdotto per effetto della sostituzione di all'art. 1, co. 1, lett. a), n. 2), d.l. 31.10.2022, n. 162, conv., con modif., dalla l. 30.12.2022, n. 199.

(9) Comma introdotto dall'art. 3, co. 1, lett. a), d.l. 23.2.2009, n. 11 e, successivamente, dall'art. 15, co. 6, l. 23.7.2009, n. 99.

(10) Comma introdotto dall'art. 3, co. 1, lett. a), d.l. 23.2.2009, n. 11 e, successivamente, modificato dall'art. 2, co. 27, lett. a), n. 2, l. 15.7.2009 n. 94; dall'art. 7, co. 1, l. 1.10.2012, n. 172 e, da ultimo, dall'art. 12, co. 5, lett. a), l. 19.7.2019, n. 69.

(11) Comma introdotto dall'art. 7, co. 2, l. 1.10.2012, n. 172 e, successivamente, modificato dall'art. 12, co. 5, lett. b), l. 19.7.2019, n. 69.

(12) Comma modificato dall'art. 1, co. 1, lett. a), n. 3), d.l. 31.10.2022, n. 162, conv., con modif., dalla l. 30.12.2022, n. 199.

(13) Comma introdotto dall'art. 1, co. 1, d.l. 14.6.1993, n. 187, conv., con modif., dalla l. 12.8.1993, n. 296, successivamente modificato dall'art. 1, co. 1, lett. b), l. 23.12.2002, n. 279, dall'art. 3, co. 1, lett. b), d.l. 23.2.2009, n. 11 e da ultimo dall'art. 1, co. 1, lett. a), n. 4), d.l. 31.10.2022, n. 162, conv., con modif., dalla l. 30.12.2022, n. 199.

(14) Comma introdotto dall'art. 1, co. 1, lett. a), n. 5), d.l. 31.10.2022, n. 162, conv., con modif., dalla l. 30.12.2022, n. 199.

(15) Comma introdotto dall'art. 1, co. 1, lett. a), n. 5), d.l. 31.10.2022, n. 162, conv., con modif., dalla l. 30.12.2022, n. 199.

(16) Comma introdotto dall'art. 15, co. 1, lett. b), d.l. 8.6.1992, n. 306, conv., con modif., dalla l. 7.8.1992, n. 356, successivamente modificato dall'art. 20, co. 4, d.l. 18.2.2015, n. 7, conv., con modif., dalla l. 17.4.2015, n. 43 e da ultimo abrogato dall'art. 1, co. 1, lett. a), n. 6), d.l. 31.10.2022, n. 162, conv., con modif., dalla l. 30.12.2022, n. 199.

Capo II
Condizioni generali

5. Caratteristiche degli edifici penitenziari.

Gli istituti penitenziari devono essere realizzati in modo tale da accogliere un numero non elevato di detenuti o internati.

Gli edifici penitenziari devono essere dotati di locali per le esigenze di vita individuale e di locali per lo svolgimento di attività lavorative, formative e, ove possibile, culturali, sportive e religiose [(1)].

(1) Comma sostituito dall'art. 1, co. 1, lett. a), d.lgs. 2.10.2018, n. 124.

6. Locali di soggiorno e di pernottamento [(1)].

1. I locali nei quali si svolge la vita dei detenuti e degli internati devono essere di ampiezza sufficiente, illuminati con luce naturale e artificiale in modo da permettere il lavoro e la lettura; areati, riscaldati per il tempo in cui le condizioni climatiche lo esigono, e dotati di servizi igienici riservati, decenti e di tipo razionale. I locali devono essere tenuti in buono stato di conservazione e di pulizia.

2. Le aree residenziali devono essere dotate di spazi comuni al fine di consentire ai detenuti e agli internati una gestione cooperativa della vita quotidiana nella sfera domestica.

3. I locali destinati al pernottamento consistono in camere dotate di uno o più posti.

4. Particolare cura è impiegata nella scelta di quei soggetti che sono collocati in camere a più posti.

5. Fatta salva contraria prescrizione sanitaria e salvo che particolari situazioni dell'istituto non lo consentano, è preferibilmente consentito al condannato alla pena dell'ergastolo il pernottamento in camere a un posto, ove non richieda di essere assegnato a camere a più posti.

6. Alle stesse condizioni del comma 5, agli imputati è garantito il pernottamento in camera a un posto, salvo che particolari situazioni dell'istituto non lo consentano.

7. Ciascun detenuto e internato dispone di adeguato corredo per il proprio letto.

(1) Articolo sostituito dall'art. 1, co. 1, lett. b) d.lgs. 2.10.2018, n. 124.

7. Vestiario e corredo.

Ciascun soggetto è fornito di biancheria di vestiario e di effetti d'uso in quantità sufficiente, in buono stato di conservazione e di pulizia e tali d'assicurare la soddisfazione delle normali esigenze di vita.

L'abito è di tessuto a tinta unita e di foggia decorosa. È concesso l'abito di lavoro quando è reso necessario dall'attività svolta.

Gli imputati e i condannati a pena detentiva inferiore ad un anno possono indossare abiti di loro proprietà, purché puliti e convenienti. L'abito fornito agli imputati deve essere comunque diverso da quello dei condannati e degli internati.

I detenuti e gli internati possono essere ammessi a far uso di corredo di loro proprietà e di oggetti che abbiano particolare valore morale o affettivo.

8. Igiene personale.

È assicurato ai detenuti e agli internati l'uso adeguato e sufficiente di servizi igienici e docce fornite di acqua calda, nonché di altri oggetti necessari alla cura e alla pulizia della persona.

Nelle camere di pernottamento i servizi igienici, adeguatamente areati, sono collocati in uno spazio separato, per garantire la riservatezza [(1)].

In ciascun istituto sono organizzati i servizi per il periodico taglio dei capelli e la rasatura della barba. Può essere consentito l'uso di rasoio elettrico personale.

Il taglio dei capelli e della barba può essere imposto soltanto per particolari ragioni igienico-sanitarie.

(1) Comma sostituito dall'art. 1, co. 1, lett. c) d.lgs. 2.10.2018, n. 124.

9. Alimentazione.

Ai detenuti e agli internati è assicurata un'alimentazione sana e sufficiente, adeguata all'età, al sesso, allo stato di salute, al lavoro, alla stagione, al clima. Ai detenuti che ne fanno richiesta è garantita, ove possibile, un'alimentazione rispettosa del loro credo religioso [(1)].

Il vitto è somministrato, di regola, in locali all'uopo destinati.

I detenuti e gli internati devono avere sempre a disposizione acqua potabile.

La quantità e la qualità del vitto giornaliero sono determinate da apposite tabelle approvate con decreto ministeriale.

Il servizio di vettovagliamento è di regola gestito direttamente dall'amministrazione penitenziaria.

Una rappresentanza dei detenuti o degli internati, designata mensilmente per sorteggio, controlla l'applicazione delle tabelle e la preparazione del vitto.

Ai detenuti e agli internati è consentito l'acquisto, a proprie spese, di generi alimentari e di conforto, entro i limiti fissati dal regolamento. La vendita dei generi alimentari o di conforto deve essere affidata di regola a spacci gestiti direttamente dall'amministrazione carceraria o da imprese che esercitano la vendita a prezzi controllati dall'autorità comunale. I prezzi non possono essere superiori a quelli comunemente praticati nel luogo in cui è sito l'istituto. La rappresentanza indicata nel precedente comma, integrata da un delegato del direttore, scelto tra il personale civile dell'istituto, controlla qualità e prezzi dei generi venduti nell'istituto.

(1) Comma sostituito dall'art. 11, co. 1, lett. b), d.lgs. 2.10.2018, n. 123.

10. Permanenza all'aperto.

Ai soggetti che non prestano lavoro all'aperto è consentito di permanere all'aria aperta per un tempo non inferiore alle quattro ore al giorno [(1)].

Per giustificati motivi la permanenza all'aperto può essere ridotta fino a due ore al giorno con provvedimento del direttore dell'istituto. Il provvedimento è comunicato al provveditore regionale dell'amministrazione penitenziaria e al magistrato di sorveglianza [(2)].

Gli spazi destinati alla permanenza all'aperto devono offrire possibilità di protezione dagli agenti atmosferici [(3)].

La permanenza all'aria aperta è effettuata in gruppi a meno che non ricorrano i casi indicati nell'articolo 33 e nei numeri 4) e 5) dell'articolo 39 ed è dedicata, se possibile, ad esercizi fisici.

(1) Comma sostituito dall'art. 11, co. 1, lett. c), d.lgs. 2.10.2018, n. 123.
(2) Comma introdotto dall'art. 11, co. 1, lett. c), d.lgs. 2.10.2018, n. 123.
(3) Comma introdotto dall'art. 11, co. 1, lett. c), d.lgs. 2.10.2018, n. 123.

11. Servizio sanitari [(1)].

1. Il servizio sanitario nazionale opera negli istituti penitenziari e negli istituti penali per minorenni nel rispetto della disciplina sul riordino della medicina penitenziaria.

2. Garantisce a ogni istituto un servizio sanitario rispondente alle esigenze profilattiche e di cura della salute dei detenuti e degli internati.

3. La carta dei servizi sanitari di cui al decreto legislativo 22 giugno 1999, n. 230, per i detenuti e gli internati, adottata da ogni azienda sanitaria locale nel cui ambito è ubicato un istituto penitenziario, è messa a disposizione dei detenuti e degli internati con idonei mezzi di pubblicità.

4. Ove siano necessarie cure o accertamenti sanitari che non possono essere apprestati dai servizi sanitari presso gli istituti, gli imputati sono trasferiti in strutture sanitarie esterne di diagnosi o di cura, con provvedimento del giudice che procede. Se il giudice è in composizione collegiale, il provvedimento è adottato dal presidente. Prima dell'esercizio dell'azione penale provvede il giudice per le indagini preliminari; provvede il pubblico ministero in caso di giudizio direttissimo e fino alla presentazione dell'imputato in udienza per la contestuale convalida dell'arresto in flagranza. Se è proposto ricorso per cassazione, provvede il giudice che ha emesso il provvedimento impugnato. Per i condannati e gli internati provvede il magistrato di sorveglianza. Il provvedimento può essere modificato per sopravvenute ragioni di sicurezza ed è revocato appena vengono meno le ragioni che lo hanno determinato.

5. Quando non vi sia pericolo di fuga, i detenuti e gli internati trasferiti in strutture sanitarie esterne di diagnosi e di cura possono non essere sottoposti a piantonamento durante la degenza, salvo che sia necessario per la tutela della incolumità personale loro o altrui.

6. Il detenuto o l'internato che si allontana dal luogo di diagnosi o di cura senza giustificato motivo è punibile a norma del primo comma dell'articolo 385 del codice penale.

7. All'atto dell'ingresso nell'istituto il detenuto e l'internato sono sottoposti a visita medica generale e ricevono dal medico informazioni complete sul proprio stato di salute. Nella cartella clinica il medico annota immediatamente ogni informazione relativa a segni o indici che facciano apparire che la persona possa aver subito violenze o maltrattamenti e, fermo l'obbligo di referto, ne dà comunicazione al direttore dell'istituto e al magistrato di sorveglianza. I detenuti e gli internati hanno diritto altresì di ricevere informazioni complete sul proprio stato di salute durante il periodo di detenzione e all'atto della rimessione in libertà. Durante la permanenza nell'istituto, l'assistenza sanitaria è prestata con periodici riscontri, effettuati con cadenza allineata ai bisogni di salute del detenuto, e si uniforma ai principi di metodo proattivo, di globalità dell'intervento sulle cause di pregiudizio della salute, di unitarietà dei servizi e delle prestazioni, d'integrazione dell'assistenza sociale e sanitaria e di garanzia della continuità terapeutica.

8. Il medico del servizio sanitario garantisce quotidianamente la visita dei detenuti ammalati e di quelli che ne fanno richiesta quando risulta necessaria in base a criteri di appropriatezza clinica. L'Amministrazione penitenziaria assicura il completo espletamento delle attività sanitarie senza limiti orari che ne impediscono l'effettuazione. Il medico competente che effettua la sorveglianza sanitaria della struttura penitenziaria, secondo le disposizioni attuative del decreto legislativo 9 aprile 2008, n. 81, controlla l'idoneità dei soggetti ai lavori cui sono addetti. In ogni istituto penitenziario per donne sono in funzione servizi speciali per l'assistenza sanitaria alle gestanti e alle puerpere.

9. Quando i detenuti e gli internati sono trasferiti è loro garantita la necessaria continuità con il piano terapeutico individuale in corso.

10. Ai detenuti e agli internati che, al momento della custodia cautelare in carcere o dell'esecuzione dell'ordine di carcerazione, abbiano in corso un programma terapeutico ai fini di cui alla legge 14 aprile 1982, n. 164, sono assicurati la prosecuzione del programma e il necessario supporto psicologico.

11. Nel caso di diagnosi anche sospetta di malattia contagiosa sono messi in atto tutti gli interventi di controllo per evitare insorgenza di casi secondari, compreso l'isolamento. Il direttore dell'istituto è immediatamente informato dell'isolamento e ne dà comunicazione al magistrato di sorveglianza.

12. I detenuti e gli internati, possono richiedere di essere visitati a proprie spese da un esercente di una professione sanitaria di loro fiducia. L'autorizzazione per gli imputati è data dal giudice che procede, e per gli imputati dopo la pronuncia della sentenza di primo grado, per i condannati e gli internati è data dal direttore dell'istituto. Con le medesime forme possono essere autorizzati trattamenti medici, chirurgici e terapeutici da effettuarsi a spese degli interessati da parte di sanitari e tecnici di fiducia nelle infermerie o nei reparti clinici e chirurgici all'interno degli istituti, previ accordi con l'azienda sanitaria competente e nel rispetto delle indicazioni organizzative fornite dalla stessa.

13. Il direttore generale dell'azienda unità sanitaria dispone la visita almeno due volte l'anno degli istituti di prevenzione e di pena, allo scopo di accertare, anche in base alle segnalazioni ricevute, l'adeguatezza delle misure di profilassi contro le malattie infettive e le condizioni igieniche e sanitarie degli istituti.

14. Il direttore generale dell'azienda unità sanitaria riferisce al Ministero della salute e al Ministero della giustizia sulle visite compiute e sui provvedimenti da adottare, informando altresì i competenti uffici regionali, comunali e il magistrato di sorveglianza.

(1) Articolo modificato dall'art. 1, l. 12.1.1977, n. 1, dall'art. 2, l. 17.4.1989, n. 134 e, infine, sostituito dall'art. 1, co. 1, d.lgs. 2.10.2018, n. 123.

11 bis. Comunicazioni al procuratore della Repubblica presso il tribunale per i minorenni [1].

1. Gli istituti penitenziari e gli istituti a custodia attenuata per detenute madri trasmettono semestralmente al procuratore della Repubblica presso il tribunale per i minorenni del luogo ove hanno sede l'elenco di tutti i minori collocati presso di loro, con l'indicazione specifica, per ciascuno di essi, della località di residenza dei genitori, dei rapporti con la famiglia e delle condizioni psicofisiche del minore stesso. Il procuratore della Repubblica presso il tribunale per i minorenni, assunte le necessarie informazioni, chiede al tribunale, con ricorso motivato, di adottare i provvedimenti di propria competenza.

2. Il procuratore della Repubblica presso il tribunale per i minorenni, che trasmette gli atti al medesimo tribunale con relazione informativa, ogni sei mesi, effettua o dispone ispezioni nei medesimi istituti indicati, ai fini di cui al comma 1. Può procedere a ispezioni straordinarie in ogni tempo.

3. I pubblici ufficiali, gli incaricati di un pubblico servizio, gli esercenti un servizio di pubblica necessità che entrano in contatto con il minore di cui al comma 1 debbono riferire al più presto al direttore dell'istituto su condotte del genitore pregiudizievoli al minore medesimo. Il direttore dell'istituto ne dà immediata comunicazione al procuratore della Repubblica presso il tribunale per i minorenni.

(1) Articolo introdotto dall'art. 15 bis, co. 1, d.l. 4.10.2018, n. 113, conv., con modif., dalla l. 1.12.2018, n. 132.

12. Attrezzature per attività di lavoro di istruzione e di ricreazione.

Negli istituti penitenziari, secondo le esigenze del trattamento, sono approntate attrezzature per lo svolgimento di attività lavorative, d'istruzione scolastica e professionale, ricreative, culturali e di ogni altra attività in comune.

Gli istituti devono inoltre essere forniti di una biblioteca costituita da libri e periodici, scelti dalla commissione prevista dal secondo comma dell'art. 16.

Alla gestione del servizio di biblioteca partecipano rappresentanti dei detenuti e degli internati.

Capo III
Modalità del trattamento

13. Individualizzazione del trattamento.

Il trattamento penitenziario deve rispondere ai particolari bisogni della personalità di ciascun soggetto, incoraggiare le attitudini e valorizzare le competenze che possono essere di sostegno per il reinserimento sociale [(1)].

Nei confronti dei condannati e degli internati è predisposta l'osservazione scientifica della personalità per rilevare le carenze psicofisiche o le altre cause che hanno condotto al reato e per proporre un idoneo programma di reinserimento [(2)].

Nell'ambito dell'osservazione è offerta all'interessato l'opportunità di una riflessione sul fatto criminoso commesso, sulle motivazioni e sulle conseguenze prodotte, in particolare per la vittima, nonché sulle possibili azioni di riparazione [(3)].

Nei confronti dei condannati e degli internati è favorito il ricorso a programmi di giustizia riparativa [(4)].

L'osservazione è compiuta all'inizio dell'esecuzione e proseguita nel corso di essa. Per ciascun condannato e internato, in base ai risultati dell'osservazione, sono formulate indicazioni in merito al trattamento rieducativo ed è compilato il relativo programma, che è integrato o modificato secondo le esigenze che si prospettano nel corso dell'esecuzione. La prima formulazione è redatta entro sei mesi dall'inizio dall'esecuzione [(5)].

Le indicazioni generali e particolari del trattamento sono inserite, unitamente ai dati giudiziari, biografici e sanitari, nella cartella personale che segue l'interessato nei suoi trasferimenti e nella quale sono successivamente annotati gli sviluppi del trattamento praticato e i suoi risultati [(6)].

Deve essere favorita la collaborazione dei condannati e degli internati alle attività di osservazione e di trattamento.

(1) Comma sostituito dall'art. 11, co. 1, lett. d), d.lgs. 2.10.2018, n. 123.
(2) Comma sostituito dall'art. 11, co. 1, lett. d), d.lgs. 2.10.2018, n. 123.
(3) Comma sostituito dall'art. 11, co. 1, lett. d), d.lgs. 2.10.2018, n. 123.
(4) Comma introdotto, dall'art. 78, co. 1, lett. a), d.lgs. 10.10.2022, n. 150, a decorrere dal 30.12.2022.
(5) Comma sostituito dall'art. 11, co. 1, lett. d), d.lgs. 2.10.2018, n. 123.
(6) Comma introdotto dall'art. 11, co. 1, lett. d), d.lgs. 2.10.2018, n. 123.

13 bis. Trattamento psicologico per i condannati per reati sessuali, per maltrattamenti contro familiari o conviventi e per atti persecutori [(1) (2)].

1. Le persone condannate per i delitti di cui agli articoli 600-*bis*, 600-*ter*, anche se relativo al materiale pornografico di cui all'articolo 600-*quater*.1, 600-*quinquies*, 609-*quater*, 609-*quinquies* e 609-*undecies* del codice penale, nonché agli articoli 572, 583-*quinquies*, 609-*bis*, 609-*octies* e 612-*bis* del medesimo codice, se commessi in danno di persona minorenne, possono sottoporsi a un trattamento psicologico con finalità di recupero e di sostegno. La partecipazione a tale trattamento è valutata ai sensi dell'articolo 4-*bis*, comma 1-*quinquies*, della presente legge ai fini della concessione dei benefici previsti dalla medesima disposizione [(3)].

1-*bis*. Le persone condannate per i delitti di cui al comma 1 possono essere ammesse a seguire percorsi di reinserimento nella società e di recupero presso enti o associazioni che si occupano di prevenzione, assistenza psicologica e recupero di soggetti condannati per i medesimi reati, organizzati previo accordo tra i suddetti enti o associazioni e gli istituti penitenziari [(4)].

(1) Articolo introdotto dall'art. 7, co. 3, l. 1.10.2012, n. 172.
(2) Rubrica sostituita dall'art. 17, co. 1, lett. c), l. 19.7.2019, n. 69
(3) Comma modificato dall'art. 17, co. 1, lett. a), l. 19.7.2019, n. 69.
(4) Comma introdotto dall'art. 17, co. 1, lett. b), l. 19.7.2019 n. 69.

14. Assegnazione, raggruppamento e categorie dei detenuti e degli internati.

I detenuti e gli internati hanno diritto di essere assegnati a un istituto quanto più vicino possibile alla stabile dimora della famiglia o, se individuabile, al proprio centro di riferimento sociale, salvi specifici motivi contrari [(1)].

Il numero dei detenuti e degli internati negli istituti e nelle sezioni deve essere limitato e, comunque, tale da favorire l'individualizzazione del trattamento.

L'assegnazione dei condannati e degli internati ai singoli istituti e il raggruppamento nelle sezioni di ciascun istituto sono disposti con particolare riguardo alla possibilità di procedere a trattamento rieducativo comune e all'esigenza di evitare influenze nocive reciproche [(2)].

È assicurata la separazione degli imputati dai condannati e internati, dei giovani al disotto dei venticinque anni dagli adulti, dei condannati dagli internati e dei condannati all'arresto dai condannati alla reclusione.

È consentita, in particolari circostanze, l'ammissione di detenuti e di internati ad attività organizzate per categorie diverse da quelle di appartenenza.

Le donne sono ospitate in istituti separati da quelli maschili o in apposite sezioni in numero tale da non compromettere le attività trattamentali [(3)].

Alle madri è consentito di tenere presso di sé i figli fino all'età di tre anni. Per la cura e l'assistenza dei bambini sono organizzati appositi asili nido [4].

L'assegnazione dei detenuti e degli internati, per i quali si possano temere aggressioni o sopraffazioni da parte della restante popolazione detenuta, in ragione solo dell'identità di genere o dell'orientamento sessuale, deve avvenire, per categorie omogenee, in sezioni distribuite in modo uniforme sul territorio nazionale previo consenso degli interessati i quali, in caso contrario, saranno assegnati a sezioni ordinarie. È in ogni caso garantita la partecipazione ad attività trattamentali, eventualmente anche insieme alla restante popolazione detenuta [5].

(1) Comma premesso dall'art. 11, co. 1, lett. e), n. 1), d.lgs. 2.10.2018, n. 123.
(2) Comma sostituito dall'art. 11, co. 1, lett. e), n. 2), d.lgs. 2.10.2018, n. 123.
(3) Comma sostituito dall'art. 11, co. 1, lett. e), n. 3), d.lgs. 2.10.2018, n. 123.
(4) Comma introdotto dall'art. 11, co. 1, lett. e), n. 3), d.lgs. 2.10.2018, n. 123.
(5) Comma introdotto dall'art. 11, co. 1, lett. e), n. 3), d.lgs. 2.10.2018, n. 123.

14 bis. Regime di sorveglianza particolare [1].

1. Possono essere sottoposti a regime di sorveglianza particolare per un periodo non superiore a sei mesi, prorogabile anche più volte in misura non superiore ogni volta a tre mesi, i condannati, gli internati e gli imputati:
a) che con i loro comportamenti compromettono la sicurezza ovvero turbano l'ordine negli istituti;
b) che con la violenza o minaccia impediscono le attività degli altri detenuti o internati;
c) che nella vita penitenziaria si avvalgono dello stato di soggezione degli altri detenuti nei loro confronti.

2. Il regime di cui al precedente comma 1 è disposto con provvedimento motivato dell'amministrazione penitenziaria previo parere del consiglio di disciplina, integrato da due degli esperti previsti dal quarto comma dell'articolo 80.

3. Nei confronti degli imputati il regime di sorveglianza particolare è disposto sentita anche l'autorità giudiziaria che procede.

4. In caso di necessità ed urgenza l'amministrazione può disporre in via provvisoria la sorveglianza particolare prima dei pareri prescritti, che comunque devono essere acquisiti entro dieci giorni dalla data del provvedimento. Scaduto tale termine l'amministrazione, acquisiti i pareri prescritti, decide in via definitiva entro dieci giorni decorsi i quali, senza che sia intervenuta la decisione, il provvedimento provvisorio decade.

5. Possono essere sottoposti a regime di sorveglianza particolare, fin dal momento del loro ingresso in istituto, i condannati, gli internati e gli imputati, sulla base di precedenti comportamenti penitenziari o di altri concreti comportamenti tenuti, indipendentemente dalla natura dell'imputazione, nello stato di libertà. L'autorità giudiziaria segnala gli eventuali elementi a sua conoscenza all'amministrazione penitenziaria che decide sull'adozione dei provvedimenti di sua competenza.

6. Il provvedimento che dispone il regime di cui al presente articolo è comunicato immediatamente al magistrato di sorveglianza ai fini dell'esercizio del suo potere di vigilanza.

(1) Articolo introdotto dall'art. 1 l. 10.10.1986, n. 663.

14 ter. Reclamo [1].

1. Avverso il provvedimento che dispone o proroga il regime di sorveglianza particolare può essere proposto dall'interessato reclamo al tribunale di sorveglianza nel termine di dieci giorni dalla comunicazione del provvedimento definitivo. Il reclamo non sospende l'esecuzione del provvedimento [2].

2. Il tribunale di sorveglianza provvede con ordinanza in camera di consiglio entro dieci giorni dalla ricezione del reclamo [2].

3. Il procedimento si svolge con la partecipazione del difensore e del pubblico ministero. L'interessato e l'amministrazione penitenziaria possono presentare memorie [2].

4. Per quanto non diversamente disposto si applicano le disposizioni del capo II-*bis* del titolo II.

(1) Articolo introdotto dall'art. 2, l. 10.10.1986, n. 663.
(2) La Corte costituzionale, con sentenza 16.2.1993, n. 53, ha dichiarato l'illegittimità costituzionale di questo comma, nella parte in cui non consente l'applicazione degli artt. 666 e 678 c.p.p. nel procedimento di reclamo avverso il decreto del magistrato di sorveglianza che esclude dal computo della detenzione il periodo trascorso in permesso-premio.

14 quater. Contenuti del regime di sorveglianza particolare [1].

1. Il regime di sorveglianza particolare comporta le restrizioni strettamente necessarie per il mantenimento dell'ordine e della sicurezza, all'esercizio dei diritti dei detenuti e degli internati e alle regole di trattamento previste dall'ordinamento penitenziario.

2. Per quanto concerne la corrispondenza dei detenuti, si applicano le disposizioni dell'articolo 18-*ter* [2].

3. Le restrizioni di cui ai commi precedenti sono motivatamente stabilite nel provvedimento che dispone il regime di sorveglianza particolare.

4. In ogni caso le restrizioni non possono riguardare: l'igiene e le esigenze della salute; il vitto; il vestiario ed il corredo; il possesso, l'acquisto e la ricezione di generi ed oggetti permessi dal regolamento interno, nei limiti in cui ciò non comporta pericolo per la sicurezza; la lettura di libri e periodici; le pratiche di culto; l'uso di apparecchi radio del tipo consentito; la permanenza all'aperto per almeno due ore al giorno salvo quanto disposto dall'articolo 10; i colloqui con i difensori, nonché quelli con il coniuge, il convivente, i figli, i genitori, i fratelli.

5. Se il regime di sorveglianza particolare non è attuabile nell'istituto ove il detenuto o l'internato si trova, l'amministrazione penitenziaria può disporre, con provvedimento motivato, il trasferimento in altro istituto idoneo, con il minimo pregiudizio possibile per la difesa e per i familiari, dandone immediato avviso al magistrato di sorveglianza. Questi riferisce al Ministro in ordine ad eventuali casi di infondatezza dei motivi posti a base del trasferimento.

(1) Articolo introdotto dall'art. 3 l. 10.10.1986, n. 663.
(2) Comma sostituito dall'art. 3 l. 8.4.2004, n. 95.

15. Elementi del trattamento.

Il trattamento del condannato e dell'internato è svolto avvalendosi principalmente dell'istruzione, della formazione professionale, del lavoro, della partecipazione a progetti di pubblica utilità, della religione, delle attività culturali, ricreative e sportive e agevolando opportuni contatti con il mondo esterno e i rapporti con la famiglia[1].

Ai fini del trattamento rieducativo, salvo casi d'impossibilità, al condannato e all'internato è assicurato il lavoro.

Gli imputati sono ammessi, a loro richiesta, a partecipare ad attività educative, culturali e ricreative e, salvo giustificati motivi o contrarie disposizioni dell'autorità giudiziaria, a svolgere attività lavorativa o di formazione professionale, possibilmente di loro scelta e, comunque, in condizioni adeguate alla loro posizione giuridica.

(1) Comma sostituito dall'art. 11, co. 1, lett. f), d.lgs. 2.10.2018, n. 123.

15 bis. Giustizia riparativa[1]**.**

1. In qualsiasi fase dell'esecuzione, l'autorità giudiziaria può disporre l'invio dei condannati e degli internati, previa adeguata informazione e su base volontaria, ai programmi di giustizia riparativa.

2. La partecipazione al programma di giustizia riparativa e l'eventuale esito riparativo sono valutati ai fini dell'assegnazione al lavoro all'esterno, della concessione dei permessi premio e delle misure alternative alla detenzione previste dal capo VI, nonché della liberazione condizionale. Non si tiene conto in ogni caso della mancata effettuazione del programma, dell'interruzione dello stesso o del mancato raggiungimento di un esito riparativo.

(1) Articolo introdotto, dall'art. 78, co. 1, lett. b), d.lgs. 10.10.2022, n. 150 a decorrere dal 30.12.2022.

16. Regolamento dell'istituto.

In ciascun istituto il trattamento penitenziario è organizzato secondo le direttive che l'amministrazione penitenziaria impartisce con riguardo alle esigenze dei gruppi di detenuti ed internati ivi ristretti.

Le modalità del trattamento da seguire in ciascun istituto sono disciplinate nel regolamento interno, che è predisposto e modificato da una commissione composta dal magistrato di sorveglianza, che la presiede, dal direttore, dal medico, dal cappellano, dal preposto alle attività lavorative, da un educatore e da un assistente sociale. La commissione può avvalersi della collaborazione degli esperti indicati nel quarto comma dell'articolo 80.

Il regolamento interno disciplina, altresì, i controlli cui devono sottoporsi tutti coloro che, a qualsiasi titolo, accedono all'istituto o ne escono.

Il regolamento interno e le sue modificazioni sono approvati dal Ministro per la grazia e giustizia.

17. Partecipazione della comunità esterna all'azione rieducativa.

La finalità del reinserimento sociale dei condannati e degli internati deve essere perseguita anche sollecitando ed organizzando la partecipazione di privati e di istituzioni o associazioni pubbliche o private all'associazione rieducativa.

Sono ammessi a frequentare gli istituti penitenziari con l'autorizzazione e secondo le direttive del magistrato di sorveglianza, su parere favorevole del direttore, tutti coloro che avendo concreto interesse per l'opera di risocializzazione dei detenuti dimostrino di potere utilmente promuovere lo sviluppo dei contatti tra la comunità carceraria e la società libera.

Le persone indicate nel comma precedente operano sotto il controllo del direttore.

18. Colloqui, corrispondenza e informazione[1] [2] [3]**.**

I detenuti e gli internati sono ammessi ad avere colloqui e corrispondenza con i congiunti e con altre persone, [nonché con il garante dei diritti dei detenuti,] anche al fine di compiere atti giuridici[4].

I detenuti e gli internati hanno diritto di conferire con il difensore, fermo quanto previsto dall'articolo 104 del codice di procedura penale, sin dall'inizio dell'esecuzione della misura o della pena. Hanno altresì diritto di avere colloqui e corrispondenza con i garanti dei diritti dei detenuti[5].

I colloqui si svolgono in appositi locali sotto il controllo a vista e non auditivo del personale di custodia. I locali destinati ai colloqui con i familiari favoriscono, ove possibile, una dimensione riservata del colloquio e sono collocati preferibilmente in prossimità dell'ingresso dell'istituto. Particolare cura è dedicata ai colloqui con i minori di anni quattordici[6].

Particolare favore viene accordato ai colloqui con i familiari.

L'amministrazione penitenziaria pone a disposizione dei detenuti e degli internati, che ne sono sprovvisti, gli oggetti di cancelleria necessari per la corrispondenza.

Può essere autorizzata nei rapporti con i familiari e, in casi particolari, con terzi, corrispondenza telefonica con le modalità e le cautele previste dal regolamento.

I detenuti e gli internati sono autorizzati a tenere presso di sé i quotidiani, i periodici e i libri in libera vendita all'esterno e ad avvalersi di altri mezzi di informazione.

Ogni detenuto ha diritto a una libera informazione e di esprimere le proprie opinioni, anche usando gli strumenti di comunicazione disponibili e previsti dal regolamento[7].

L'informazione è garantita per mezzo dell'accesso a quotidiani e siti informativi con le cautele previste dal regolamento[8].

[La corrispondenza dei singoli condannati o internati può essere sottoposta, con provvedimento motivato del magistrato di sorveglianza, a visto di controllo del direttore o di un appartenente all'amministrazione penitenziaria designato dallo stesso direttore.] [9]

Salvo quanto disposto dall'articolo 18-*bis*, per gli imputati fino alla pronuncia della sentenza di primo grado, i permessi di colloquio, le autorizzazioni alla corrispondenza telefonica e agli altri tipi di comunicazione sono di competenza dell'autorità giudiziaria che procede individuata ai sensi dell'articolo 11, comma 4. Dopo la pronuncia della sentenza di primo grado provvede il direttore dell'istituto [10].

[Le dette autorità giudiziarie, nel disporre la sottoposizione della corrispondenza a visto di controllo, se non ritengono di provvedervi direttamente, possono delegare il controllo al direttore o a un appartenente alla amministrazione penitenziaria designato dallo stesso direttore. Le medesime autorità possono anche disporre limitazioni nella corrispondenza e nella ricezione della stampa.] [11]

(1) Articolo sostituito dall'art. 2, co. 1, l. 12.1.1977, n. 1.

(2) La Corte costituzionale, con sentenza 3.7.1997, n. 212, ha dichiarato l'illegittimità costituzionale di questo articolo, nella parte in cui non prevede che il detenuto condannato in via definitiva ha diritto di conferire con il difensore fin dall'inizio dell'esecuzione della pena. La Corte costituzionale, con sentenza 26.1.2024, n. 10, ha poi dichiarato l'illegittimità costituzionale di questo articolo, nella parte in cui non prevede che la persona detenuta possa essere ammessa, nei termini di cui in motivazione, a svolgere i colloqui con il coniuge, la parte dell'unione civile o la persona con lei stabilmente convivente, senza il controllo a vista del personale di custodia, quando, tenuto conto del comportamento della persona detenuta in carcere, non ostino ragioni di sicurezza o esigenze di mantenimento dell'ordine e della disciplina, né, riguardo all'imputato, ragioni giudiziarie.

(3) Secondo quanto previsto dall'art. 4, co. 1, d.l. 10.5.2020, n. 29, negli istituti penitenziari e negli istituti penali per minorenni, a decorrere dal 19.5.2020 e sino alla data del 30.6.2020, i colloqui con i congiunti o con altre persone cui hanno diritto i condannati, gli internati e gli imputati a norma di questo articolo, possono essere svolti a distanza, mediante, ove possibile, apparecchiature e collegamenti di cui dispone l'amministrazione penitenziaria e minorile o mediante corrispondenza telefonica, che può essere autorizzata oltre i limiti di cui all'art. 39, co. 2, del d.P.R. n. 230/2000 e all'art. 19, co. 1, d.lgs. n. 121/2018. Il d.l. n. 29/2020 è stato poi abrogato dall'art. 1, co. 3, l. 25.6.2020, n. 70. Restano validi gli atti e i provvedimenti adottati e sono fatti salvi gli effetti prodottisi e i rapporti giuridici sorti sulla base del d.l. n. 29/2020.

(4) Comma sostituito dall'art. 12 bis, co. 1, lett. a), d.l. 30.12.2008, n. 207, conv., con modif., dalla l. 27.2.2009, n. 14 e, poi, modificato dall'art. 11, co. 1, lett. g), n. 1), d.lgs. 2.10.2018, n. 123.

(5) Comma introdotto dall'art. 11, co. 1, lett. g), n. 2), d.lgs. 2.10.2018, n. 123.

(6) Comma sostituito dall'art. 3, co. 1, l. 8.4.2004, n. 95 e, poi, modificato dall'art. 11, co. 1, lett. g), n. 3), d.lgs. 2.10.2018, n. 123.

(7) Comma introdotto dall'art. 11, co. 1, lett. g), n. 4), d.lgs. 2.10.2018, n. 123.

(8) Comma introdotto dall'art. 11, co. 1, lett. g), n. 4), d.lgs. 2.10.2018, n. 123.

(9) Comma abrogato dall'art. 3, co. 2, l. 8.4.2004, n. 95.

(10) Comma sostituito dall'art. 4, co. 1, l. 10.10.1986, n. 663; successivamente, modificato dall'art. 16, co. 1, d.l. 8.6.1992, n. 306, conv., con modif., dalla l. 7.8.1992, n. 356 e, dall'art. 3, co. 3, l. 8.4.2004, n. 95. Da ultimo modificato dall'art. 11, co. 1, lett. g), n. 5), d.lgs. 2.10.2018, n. 123.

(11) Comma abrogato dall'art. 3, co. 2, l. 8.4.2004, n. 95.

18 bis. Colloqui a fini investigativi [1].

1. Il personale della Direzione investigativa antimafia di cui all'articolo 3 D.L. 29 ottobre 1991, n. 345, convertito, con modificazioni, dalla L. 30 dicembre 1991, n. 410, e dei servizi centrali e interprovinciali di cui all'art. 12 d.l. 13.5.1991, n. 152, convertito, con modificazioni, dalla L. 12 luglio 1991, n. 203, nonché gli ufficiali di polizia giudiziaria designati dai responsabili, a livello centrale, della predetta Direzione e dei predetti servizi, hanno facoltà di visitare gli istituti penitenziari e possono essere autorizzati, a norma del comma 2 del presente articolo, ad avere colloqui personali con detenuti e internati, al fine di acquisire informazioni utili per la prevenzione e repressione dei delitti di criminalità organizzata.

1 bis. Le disposizioni di cui al comma 1 si applicano anche ai responsabili di livello almeno provinciale degli uffici o reparti della Polizia di Stato o dell'Arma dei carabinieri competenti per lo svolgimento di indagini in materia di terrorismo, nonché agli ufficiali di polizia giudiziaria designati dai responsabili di livello centrale e, limitatamente agli aspetti connessi al finanziamento del terrorismo, a quelli del Corpo della guardia di finanza, designati dal responsabile di livello centrale, al fine di acquisire dai detenuti o dagli internati informazioni utili per la prevenzione e repressione dei delitti commessi per finalità di terrorismo, anche internazionale, o di eversione dell'ordine democratico [2].

2. Al personale di polizia indicato nei commi 1 e 1-*bis*, l'autorizzazione ai colloqui è rilasciata:

a) quando si tratta di internati, di condannati o di imputati, dal Ministro della giustizia o da un suo delegato;

b) quando si tratta di persone sottoposte ad indagini, dal pubblico ministero [3].

3. Le autorizzazioni ai colloqui indicate nel comma 2 sono annotate in apposito registro riservato tenuto presso l'autorità competente al rilascio.

4. In casi di particolare urgenza, attestati con provvedimento del Ministro dell'interno o, per sua delega, dal Capo della Polizia, l'autorizzazione prevista nel comma 2, lettera a), non è richiesta, e del colloquio è data immediata comunicazione all'autorità ivi indicata, che provvede all'annotazione nel registro riservato di cui al comma 3.

5. La facoltà di procedere a colloqui personali con detenuti e internati è attribuita, senza necessità di autorizzazione, altresì al Procuratore nazionale antimafia e antiterrorismo ai fini dell'esercizio delle funzioni di impulso e di coordinamento previste dall'art. 371-*bis* del codice di procedura penale; al medesimo Procuratore nazionale antimafia e antiterrorismo sono comunicati i provvedimenti di cui ai commi 2 e 4, qualora concernenti colloqui con persone sottoposte ad indagini, imputate o condannate per taluno dei delitti indicati nell'articolo 51, commi 3-*bis* e 3-*quater* del codice di procedura penale [4].

(1) Articolo introdotto dall'art. 16 d.l. 8.6.1992, n. 306, convertito, con modificazioni dalla l. 7.8.1992, n. 356.
(2) Comma introdotto dall'art. 1 d.l. 27.7.2005, n. 144, convertito, con modificazioni dalla l. 31.7.2005, n. 155.
(3) Comma modificato dall'art. 1 d.l. 27.7.2005, n. 144, convertito, con modificazioni dalla l. 31.7.2005, n. 155.
(4) Comma modificato dall'art. 6, co. 1 bis, d.l. 18.2.2015 n. 7, conv., con modif., dalla l. 17.4.2015, n. 43.

18 ter. Limitazioni e controlli della corrispondenza [1].

1. Per esigenze attinenti le indagini o investigative o di prevenzione dei reati, ovvero per ragioni di sicurezza o di ordine dell'istituto, possono essere disposti, nei confronti dei singoli detenuti o internati, per un periodo non superiore a sei mesi, prorogabile per periodi non superiori a tre mesi:
a) limitazioni nella corrispondenza epistolare e telegrafica e nella ricezione della stampa;
b) la sottoposizione della corrispondenza a visto di controllo;
c) il controllo del contenuto delle buste che racchiudono la corrispondenza, senza lettura della medesima.

2. Le disposizioni del comma 1 non si applicano qualora la corrispondenza epistolare o telegrafica sia indirizzata ai soggetti indicati nel comma 5 dell'articolo 103 del codice di procedura penale, all'autorità giudiziaria, alle autorità indicate nell'articolo 35 della presente legge, ai membri del Parlamento, alle Rappresentanze diplomatiche o consolari dello Stato di cui gli interessati sono cittadini ed agli organismi internazionali amministrativi o giudiziari preposti alla tutela dei diritti dell'uomo di cui l'Italia fa parte.

3. I provvedimenti previsti dal comma 1 sono adottati con decreto motivato, su richiesta del pubblico ministero o su proposta del direttore dell'istituto:
a) nei confronti dei condannati e degli internati, dal magistrato di sorveglianza [2];
b) nei confronti degli imputati, dal giudice indicato nell'articolo 279 del codice di procedura penale; se procede un giudice in composizione collegiale, il provvedimento è adottato dal presidente del collegio o della corte di assise [3].

4. L'autorità giudiziaria indicata nel comma 3, nel disporre la sottoposizione della corrispondenza a visto di controllo, se non ritiene di provvedere direttamente, può delegare il controllo al direttore o ad un appartenente all'amministrazione penitenziaria designato dallo stesso direttore.

5. Qualora, in seguito al visto di controllo, l'autorità giudiziaria indicata nel comma 3 ritenga che la corrispondenza o la stampa non debba essere consegnata o inoltrata al destinatario, dispone che la stessa sia trattenuta. Il detenuto e l'internato vengono immediatamente informati.

6. Contro i provvedimenti previsti dal comma 1 e dal comma 5 può essere proposto reclamo, secondo la procedura prevista dall'articolo 14-*ter*, al tribunale di sorveglianza, se il provvedimento è emesso dal magistrato di sorveglianza, ovvero, negli altri casi, al tribunale nel cui circondario ha sede il giudice che ha emesso il provvedimento. Del collegio non può fare parte il giudice che ha emesso il provvedimento. Per quanto non diversamente disposto dal presente comma si applicano le disposizioni dell'articolo 666 del codice di procedura penale.

7. Nel caso previsto dalla lettera c) del comma 1, l'apertura delle buste che racchiudono la corrispondenza avviene alla presenza del detenuto o dell'internato

(1) Articolo introdotto dall'art. 1 l. 8.4.2004, n. 95.
(2) Lettera sostituita dall'art. 3, co. 1, lett. a), d.lgs. 2.10.2018, n. 123.
(3) Lettera sostituita dall'art. 3, co. 1, lett. a), d.lgs. 2.10.2018, n. 123.

19. Istruzione.

Negli istituti penitenziari la formazione culturale e professionale, è curata mediante l'organizzazione dei corsi della scuola dell'obbligo e di corsi di addestramento professionale, secondo gli orientamenti vigenti e con l'ausilio di metodi adeguati alla condizione dei soggetti.

Particolare cura è dedicata alla formazione culturale e professionale dei detenuti di età inferiore ai venticinque anni.

Tramite la programmazione di iniziative specifiche, è assicurata parità di accesso delle donne detenute e internate alla formazione culturale e professionale [1].

Speciale attenzione è dedicata all'integrazione dei detenuti stranieri anche attraverso l'insegnamento della lingua italiana e la conoscenza dei principi costituzionali [2].

Con le procedure previste dagli ordinamenti scolastici possono essere istituite scuole d'istruzione secondaria di secondo grado negli istituti penitenziari

Sono agevolati la frequenza e il compimento degli studi universitari e tecnici superiori, anche attraverso convenzioni e protocolli d'intesa con istituzioni universitarie e con istituti di formazione tecnica superiore, nonché l'ammissione di detenuti e internati ai tirocini di cui alla legge 28 giugno 2012, n. 92 [3].

È favorito l'accesso alle pubblicazioni contenute nella biblioteca, con piena libertà di scelta delle letture.

(1) Comma introdotto dall'art. 11, co. 1, lett. h), n. 1), d.lgs. 2.10.2018, n. 123.
(2) Comma introdotto dall'art. 11, co. 1, lett. h), n. 2), d.lgs. 2.10.2018, n. 123.
(3) Comma sostituito dall'art. 11, co. 1, lett. h), n. 2), d.lgs. 2.10.2018, n. 123.

20. Lavoro [1].

1. Negli istituti penitenziari e nelle strutture ove siano eseguite misure privative della libertà devono essere favorite in ogni modo la destinazione dei detenuti e degli internati al lavoro e la loro partecipazione a corsi di formazione professionale. A tal fine, possono essere organizzati e gestiti, all'interno e all'esterno dell'istituto, lavorazioni e servizi attraverso l'impiego di prestazioni lavorative dei detenuti e degli internati. Possono, altresì, essere istituite lavorazioni organizzate e gestite direttamente da enti pubblici o privati e corsi di formazione professionale organizzati e svolti da enti pubblici o privati.

2. Il lavoro penitenziario non ha carattere afflittivo ed è remunerato.

3. L'organizzazione e i metodi del lavoro penitenziario devono riflettere quelli del lavoro nella società libera al fine di far acquisire ai soggetti una preparazione professionale adeguata alle normali condizioni lavorative per agevolarne il reinserimento sociale.

4. Presso ogni istituto penitenziario è istituita una commissione composta dal direttore o altro dirigente penitenziario delegato, dai responsabili dell'area sicurezza e dell'area giuridico-pedagogica, dal dirigente sanitario della struttura penitenziaria, da un funzionario dell'ufficio per l'esecuzione penale esterna, dal direttore del centro per l'impiego o da un suo delegato, da un rappresentante sindacale unitariamente designato dalle organizzazioni sindacali comparativamente più rappresentative a livello nazionale e un rappresentante unitariamente designato dalle organizzazioni sindacali comparativamente più rappresentative a livello territoriale. Per ogni componente viene indicato un supplente. La commissione delibera a maggioranza dei presenti. Ai componenti della commissione non spetta la corresponsione di alcun compenso, gettoni di presenza, indennità, rimborsi spese e altri emolumenti comunque denominati.

5. La commissione di cui al comma 4, dandone adeguata pubblicità, provvede a:

a) formare due elenchi, uno generico e l'altro per qualifica, per l'assegnazione al lavoro dei detenuti e degli internati, tenendo conto esclusivamente dell'anzianità di disoccupazione maturata durante lo stato di detenzione e di internamento, dei carichi familiari e delle abilità lavorative possedute, e privilegiando, a parità di condizioni, i condannati, con esclusione dei detenuti e degli internati sottoposti al regime di sorveglianza particolare di cui all'articolo 14-*bis*;

b) individuare le attività lavorative o i posti di lavoro ai quali, per motivi di sicurezza, sono assegnati detenuti o internati, in deroga agli elenchi di cui alla lettera a);

c) stabilire criteri per l'avvicendamento nei posti di lavoro alle dipendenze dell'amministrazione penitenziaria, nel rispetto delle direttive emanate dal dipartimento dell'amministrazione penitenziaria.

6. Alle riunioni della commissione partecipa, senza potere deliberativo, un rappresentante dei detenuti e degli internati.

7. Resta salvo il potere del direttore di derogare, per specifiche ragioni di sicurezza, ai criteri di assegnazione al lavoro di cui al comma 5, lettera a).

8. Gli organi centrali e territoriali dell'amministrazione penitenziaria stipulano apposite convenzioni di inserimento lavorativo con soggetti pubblici o privati o cooperative sociali interessati a fornire opportunità di lavoro a detenuti o internati.

Le convenzioni disciplinano l'oggetto e le condizioni di svolgimento dell'attività lavorativa, la formazione e il trattamento retributivo, senza oneri a carico della finanza pubblica. Le proposte di convenzione sono pubblicate a cura del Dipartimento dell'amministrazione penitenziaria sul proprio sito istituzionale. I soggetti privati disponibili ad accettare le proposte di convenzione trasmettono al Dipartimento i relativi progetti di intervento unitamente al curriculum dell'ente. I progetti e i curriculum sono pubblicati a cura del Dipartimento dell'amministrazione penitenziaria sul proprio sito istituzionale. Della convenzione stipulata è data adeguata pubblicità con le forme previste dal presente comma. Agli operatori privati, che agiscono per conto degli enti menzionati al primo periodo, si applica l'articolo 78.

9. Le direzioni degli istituti penitenziari, in deroga alle norme di contabilità generale dello Stato e di quelle di contabilità speciale e previa autorizzazione del Ministro della giustizia, possono vendere prodotti delle lavorazioni penitenziarie o rendere servizi attraverso l'impiego di prestazioni lavorative dei detenuti e degli internati a prezzo pari o anche inferiore al loro costo, tenuto conto, per quanto possibile, dei prezzi praticati per prodotti o servizi corrispondenti nella zona in cui è situato l'istituto.

10. I proventi delle manifatture carcerarie e il corrispettivo dei servizi, prodotti o forniti dall'amministrazione penitenziaria impiegando l'attività lavorativa dei detenuti e degli internati, sono versati all'entrata del bilancio dello Stato per essere annualmente riassegnati, con decreto del Ministro dell'economia e delle finanze, all'apposito capitolo del Ministero della giustizia, allo scopo di promozione e sviluppo della formazione professionale e del lavoro dei detenuti e degli internati.

11. I detenuti e gli internati, in considerazione delle loro attitudini, possono essere ammessi a esercitare, per proprio conto, attività artigianali, intellettuali o artistiche, nell'ambito del programma di trattamento.

12. I detenuti e gli internati possono essere ammessi a esercitare attività di produzione di beni da destinare all'autoconsumo, anche in alternativa alla normale attività lavorativa. Con decreto del Ministro della giustizia, di concerto con il Ministro dell'economia e delle finanze, sono stabilite le modalità di svolgimento dell'attività in autoconsumo, anche mediante l'uso di beni e servizi dell'amministrazione penitenziaria.

13. La durata delle prestazioni lavorative non può superare i limiti stabiliti dalle leggi vigenti in materia di lavoro e sono garantiti il riposo festivo, il riposo annuale retribuito e la tutela assicurativa e previdenziale. Ai detenuti e agli internati che frequentano i corsi di formazione professionale e svolgono i tirocini è garantita, nei limiti degli stanziamenti regionali, la tutela assicurativa e ogni altra tutela prevista dalle disposizioni vigenti.

14. Agli effetti della presente legge, per la costituzione e lo svolgimento di rapporti di lavoro nonché per l'assunzione della qualità di socio nelle cooperative sociali di cui alla legge 8 novembre 1991, n. 381, non si applicano le incapacità derivanti da condanne penali o civili.

15. Entro il 31 marzo di ogni anno il Ministro della giustizia trasmette al Parlamento una analitica relazione circa lo stato di attuazione delle disposizioni di legge relative al lavoro dei detenuti nell'anno precedente.

(1) Articolo modificato dalla l. 10.10.1986, n. 663 convertita, con modificazioni, dalla l. 12.8.1993, n. 296, dal d.l. 14.6.1993, n. 187, dalla l. 22.6.2000, n. 193 e, infine, sostituito dall'art. 2, co. 1, lett. a) d.lgs. 2.10.2018, n. 124.

20 bis. Modalità di organizzazione del lavoro [1].

1. Il provveditore regionale dell'Amministrazione penitenziaria può affidare, con contratto d'opera, la direzione tecnica delle lavorazioni a persone estranee all'Amministrazione penitenziaria, le quali curano anche la specifica formazione dei responsabili delle lavorazioni e concorrono alla qualificazione professionale dei detenuti, d'intesa con la regione. Possono essere inoltre istituite, a titolo sperimentale, nuove lavorazioni, avvalendosi, se necessario, dei servizi prestati da imprese pubbliche o private ed acquistando le relative progettazioni.

2. L' Amministrazione penitenziaria, inoltre, [applicando, in quanto compatibili, le disposizioni di cui all'undicesimo comma dell'art. 20,] promuove la vendita dei prodotti delle lavorazioni penitenziarie anche mediante apposite convenzioni da stipulare con imprese pubbliche o private, che abbiano una propria rete di distribuzione commerciale [2].

3. Previo assenso della direzione dell'istituto, i privati che commissionano forniture all'Amministrazione penitenziaria possono, in deroga alle norme di contabilità generale dello Stato e a quelle di contabilità speciale, effettuare pagamenti differiti, secondo gli usi e le consuetudini vigenti.

4. Sono abrogati l'art. 1 della legge 3 luglio 1942, n. 971, e l'art. 611 delle disposizioni approvate con regio decreto 16 maggio 1920, n 1908.

(1) Articolo introdotto dall'art. 2 d.l. 14.6.1993, n. 187, conv., con modif., dalla l. 12.8.1993, n. 296.
(2) Comma modificato dall'art. 2, co. 1, lett. c), d.lgs. 2.10.2018, n. 124.

20 ter. Lavoro di pubblica utilità [1].

1. I detenuti e gli internati possono chiedere di essere ammessi a prestare la propria attività a titolo volontario e gratuito nell'ambito di progetti di pubblica utilità, tenendo conto anche delle specifiche professionalità e attitudini lavorative.

2. La partecipazione ai progetti può consistere in attività da svolgersi a favore di amministrazioni dello Stato, regioni, province, comuni, comunità montane, unioni di comuni, aziende sanitarie locali, enti o organizzazioni, anche internazionali, di assistenza sociale, sanitaria e di volontariato, sulla base di apposite convenzioni stipulate ai sensi dell'articolo 47, comma 1, del decreto del Presidente della Repubblica 30 giugno 2000, n. 230. Le attività relative ai progetti possono svolgersi anche all'interno degli istituti penitenziari e non possono in alcun caso avere ad oggetto la gestione o l'esecuzione dei servizi d'istituto.

3. Le attività di cui al comma 2 possono essere organizzate dall'amministrazione penitenziaria anche affidando la direzione tecnica a persone estranee all'amministrazione, ai sensi dell'articolo 20-*bis*.

4. La partecipazione a progetti di pubblica utilità deve svolgersi con modalità che non pregiudichino le esigenze di lavoro, di studio, di famiglia e di salute dei condannati e degli internati.

5. Si applicano le disposizioni dell'articolo 21, comma 4, e, in quanto compatibili, le disposizioni dell'articolo 48 del decreto del Presidente della Repubblica 30 giugno 2000, n. 230, nonché quelle del decreto del Ministro della giustizia 26 marzo 2001.

6. I detenuti e gli internati per il delitto di cui all'articolo 416-*bis* del codice penale e per i delitti commessi avvalendosi delle condizioni previste dallo stesso articolo ovvero al fine di agevolare l'attività delle associazioni in esso previste non possono essere assegnati a prestare la propria attività all'esterno dell'istituto.

I detenuti e gli internati possono essere assegnati al lavoro di pubblica utilità svolto all'esterno in condizioni idonee a garantire l'attuazione positiva degli scopi previsti dall'articolo 15. Se si tratta di detenuti e internati per uno dei delitti indicati nei commi 1, 1-*ter* e 1-*quater* dell'articolo 4-*bis*, diversi da quelli indicati al primo periodo, ai fini di cui all'articolo 21, comma 4, per l'assegnazione al lavoro di pubblica utilità svolto all'esterno il magistrato di sorveglianza tiene prioritariamente conto delle esigenze di prevenire il pericolo di commissione di altri reati, della natura del reato commesso, della condotta tenuta, nonché del significativo rapporto tra la pena espiata e la pena residua.

7. Il numero e la qualità dei progetti di pubblica utilità promossi dagli istituti penitenziari costituiscono titolo di priorità nell'assegnazione agli stessi dei fondi di cui all'articolo 2, comma 2, lettere a) e d), del decreto del Presidente del Consiglio dei ministri 10 aprile 2017, n. 102, nei termini e secondo le modalità stabilite dalle apposite disposizioni di attuazione adottate dalla Cassa delle ammende.

(1) Articolo introdotto dall'art. 2, co. 1, lett. c), d.lgs. 2.10.2018, n. 124.

21. Lavoro all'esterno [1].

1. I detenuti e gli internati possono essere assegnati al lavoro all'esterno in condizioni idonee a garantire l'attuazione positiva degli scopi previsti dall'art. 15. Tuttavia, se si tratta di persona condannata alla pena della reclusione per uno dei delitti indicati nei commi 1, 1-*ter* e 1quater, l'assegnazione al lavoro all'esterno può essere disposta dopo l'espiazione di almeno un terzo della pena e, comunque, di non oltre cinque anni. Nei confronti dei condannati all'ergastolo l'assegnazione può avvenire dopo l'espiazione di almeno dieci anni [2].

2. I detenuti e gli internati assegnati al lavoro all'esterno sono avviati a prestare la loro opera senza scorta, salvo che essa sia ritenuta necessaria per motivi di sicurezza. Gli imputati sono ammessi al lavoro all'esterno previa autorizzazione della competente autorità giudiziaria.

3. Quando si tratta di imprese private, il lavoro deve svolgersi sotto il diretto controllo della direzione dell'istituto a cui il detenuto o l'internato è assegnato, la quale può avvalersi a tal fine del personale dipendente e del servizio sociale.

4. Per ciascun condannato o internato il provvedimento di ammissione al lavoro all'esterno diviene esecutivo dopo l'approvazione del magistrato di sorveglianza (3).

4 bis. Le disposizioni di cui ai commi precedenti e la disposizione di cui al secondo periodo del comma 13 dell'articolo 20 si applicano anche ai detenuti ed agli internati ammessi a frequentare corsi di formazione professionale all'esterno degli istituti penitenziari (4).

4 ter. [I detenuti e gli internati di norma possono essere assegnati a prestare la propria attività a titolo volontario e gratuito, tenendo conto anche delle loro specifiche professionalità e attitudini lavorative, nell'esecuzione di progetti di pubblica utilità in favore della collettività da svolgere presso lo Stato, le regioni, le province, i comuni, le comunità montane, le unioni di comuni, le aziende sanitarie locali o presso enti o organizzazioni, anche internazionali, di assistenza sociale, sanitaria e di volontariato.] I detenuti e gli internati possono essere [inoltre] assegnati a prestare la propria attività a titolo volontario e gratuito a sostegno delle famiglie delle vittime dei reati da loro commessi. L'attività è in ogni caso svolta con modalità che non pregiudichino le esigenze di lavoro, di studio, di famiglia e di salute dei detenuti e degli internati. Sono esclusi dalle previsioni del presente comma i detenuti e gli internati per il delitto di cui all'articolo 416-*bis* del codice penale e per i delitti commessi avvalendosi delle condizioni previste dallo stesso articolo ovvero al fine di agevolare l'attività delle associazioni in esso previste. Si applicano, in quanto compatibili, le modalità previste nell'articolo 54 del decreto legislativo 28 agosto 2000, n. 274 (5).

(1) Articolo sostituito dall'art. 6, co. 1, l. 10.10.1986, n. 663.
(2) Comma sostituito dall'art. 1, co. 2, d.l. 13.5.1991, n. 152, conv., con modif., dalla l. 12.7.1991, n. 203 e, successivamente, dall'art. 2, co. 27, lett. b), l. 15.7.2009, n. 94.
(3) Questo comma era stato modificato dall'art. 1, co. 1, lett. b), d.l. 31.10.2022, n. 162; la l. di conversione 30.12.2022, n. 199, non ha confermato la modifica.
(4) Comma introdotto dall'art. 2, co. 2, d.l. 14.6.1993, n. 187, conv., con modif., dalla l. 12.8.1993, n. 296 e, poi, modificato dall'art. 2, co. 1, lett. d) d.lgs. 2.10.2018, n. 124.
(5) Comma introdotto dall'art. 2, co. 1, lett. a), d.l. 1.7.2013, n. 78, conv., con modif., dalla l. 9.8.2013, n. 94 e, poi, modificato dall'art. 2, co. 1, lett. e) d.lgs. 2.10.2018, n. 124.

21 bis. Assistenza all'esterno dei figli minori (1) (2).

1. Le condannate e le internate possono essere ammesse alla cura e all'assistenza all'esterno dei figli di età non superiore agli anni dieci, alle condizioni previste dall'articolo 21.

2. Si applicano tutte le disposizioni relative al lavoro all'esterno, in particolare l'articolo 21, in quanto compatibili.

3. La misura dell'assistenza all'esterno può essere concessa, alle stesse condizioni, anche al padre detenuto, se la madre è deceduta o impossibilitata e non vi è modo di affidare la prole ad altri che al padre.

(1) Articolo introdotto dall'art. 5, l. 8.3.2001, n. 40.
(2) La Corte costituzionale, con sentenza 23.7.2018, n. 174, ha dichiarato l'illegittimità costituzionale di questo articolo, nella parte in cui, attraverso il rinvio al precedente art. 21, con riferimento alle detenute condannate alla pena della reclusione per uno dei delitti di cui all'art. 4 bis, co. 1, 1 ter e 1 quater, l. n. 354/1975, non consente l'accesso all'assistenza all'esterno dei figli di età non superiore agli anni dieci oppure lo subordina alla previa espiazione di una frazione di pena, salvo che sia stata accertata la sussistenza delle condizioni previste dall'art. 58 ter della medesima legge.

21 ter. Visite al minore infermo o al figlio, al coniuge o convivente affetto da handicap in situazione di gravità (1) (2).

1. In caso di imminente pericolo di vita o di gravi condizioni di salute del figlio minore, anche non convivente, ovvero nel caso in cui il figlio sia affetto da handicap in situazione di gravità, ai sensi dell'articolo 3, comma 3, della legge 5 febbraio 1992, n. 104, accertata ai sensi dell'articolo 4 della medesima legge, la madre condannata, imputata o internata, ovvero il padre che versi nelle stesse condizioni della madre, sono autorizzati, con provvedimento del magistrato di sorveglianza o, in caso di assoluta urgenza, del direttore dell'istituto, a recarsi, con le cautele previste dal regolamento, a visitare l'infermo o il figlio affetto da handicap grave. In caso di ricovero ospedaliero, le modalità della visita sono disposte tenendo conto della durata del ricovero e del decorso della patologia (3).

2. La condannata, l'imputata o l'internata madre di un bambino di età inferiore a dieci anni, anche se con lei non convivente, o di figlio affetto da handicap in situazione di gravità, ai sensi dell'articolo 3, comma 3, della legge 5 febbraio 1992, n. 104, accertata ai sensi dell'articolo 4 della medesima legge, ovvero il padre condannato, imputato o internato, qualora la madre sia deceduta o assolutamente impossibilitata a dare assistenza alla prole, sono autorizzati, con provvedimento da rilasciarsi da parte del giudice competente non oltre le ventiquattro ore precedenti alla data della visita e con le modalità operative dallo stesso stabilite, ad assistere il figlio durante le visite specialistiche, relative a gravi condizioni di salute (4).

2 bis. Le disposizioni di cui ai commi 1 e 2 si applicano anche nel caso di coniuge o convivente affetto da handicap grave ai sensi dell'articolo 3, comma 3, della legge 5 febbraio 1992, n. 104 (5).

(1) Articolo introdotto dall'art. 2, co. 1, l. 21.4.2011, n. 62.
(2) Rubrica modificata dall'art. 14, co. 1, lett. e), l. 16.4.2015, n. 47.
(3) Comma modificato dall'art. 14, co. 1, lett. a) e b), l. 16.4.2015, n. 47.
(4) Comma modificato dall'art. 14, co. 1, lett. c), l. 16.4.2015, n. 47.
(5) Comma introdotto dall'art. 14, co. 1, lett. d), l. 16.4.2015, n. 47.

22. Determinazione della remunerazione (1).

1. La remunerazione per ciascuna categoria di detenuti e internati che lavorano alle dipendenze dell'amministrazione penitenziaria è stabilita, in relazione alla quantità e qualità del lavoro prestato, in misura pari ai due terzi del trattamento economico previsto dai contratti collettivi.

(1) Articolo sostituito dall'art. 7, l. 10.10.1986, n. 663 e, poi, dall'art. 2, co. 1, lett. f), d.lgs. 2.10.2018, n. 124.

23. Remunerazione e assegni familiari.

[La remunerazione corrisposta per il lavoro è determinata nella misura dell'intera mercede per gli internati e di sette decimi della mercede per gli imputati e i condannati.] (1)

[La differenza tra mercede e remunerazione corrisposta ai condannati è versata alla cassa per il soccorso e l'assistenza alle vittime del delitto.] (2)

[La differenza tra mercede e remunerazione corrisposta agli imputati è accantonata ed è versata all'avente diritto in caso di proscioglimento o di assoluzione oppure alla cassa di cui al precedente comma in caso di condanna.] (3)

Ai detenuti e agli internati che lavorano sono dovuti, per le persone a carico, gli assegni familiari nella misura e secondo le modalità di legge.

Gli assegni familiari sono versati direttamente alle persone a carico con le modalità fissate dal regolamento (4).

(1) Comma abrogato dall'art. 29, co. 1, l. 10.10.1986, n. 663.
(2) Comma abrogato dall'art. 29, co. 1, l. 10.10.1986, n. 663.
(3) Comma abrogato dall'art. 29, co. 1, l. 10.10.1986, n. 663.
(4) La Corte costituzionale, con sentenza 18.2.1992, n. 49, ha dichiarato l'illegittimità costituzionale di questo articolo, nella parte in cui stabilisce una riduzione dei tre decimi della mercede corrisposta per il lavoro dei detenuti da versarsi alla Cassa per il soccorso e l'assistenza alle vittime dei delitti e, dopo la sua soppressione, alle regioni ed agli enti locali (province e comuni).

24. Pignorabilità e sequestrabilità della remunerazione.

Sulla remunerazione spettante ai condannati sono prelevate le somme dovute a titolo di risarcimento del danno e di rimborso delle spese di procedimento. Sulla remunerazione spettante ai condannati ed agli internati sono altresì prelevate le somme dovute ai sensi del secondo e del terzo comma dell'articolo 2.

In ogni caso deve essere riservata a favore dei condannati una quota pari a tre quinti. Tale quota non è soggetta a pignoramento o a sequestro, salvo che per obbligazioni derivanti da alimenti, o a prelievo per il risarcimento del danno arrecato alle cose mobili o immobili dell'amministrazione.

La remunerazione dovuta agli internati e agli imputati non è soggetta a pignoramento o a sequestro, salvo che per obbligazioni derivanti da alimenti, o a prelievo per il risarcimento del danno arrecato alle cose mobili o immobili dell'amministrazione.

25. Peculio.

Il peculio dei detenuti e degli internati è costituito dalla parte della remunerazione ad essi riservata ai sensi del precedente articolo, dal danaro posseduto all'atto dell'ingresso in istituto, da quello ricavato dalla vendita degli oggetti di loro proprietà o inviato dalla famiglia e da altri o ricevuto a titolo di premio o di sussidio.

Le somme costituite in peculio producono a favore dei titolari interessi legali.

Il peculio è tenuto in deposito dalla direzione dell'istituto.

Il regolamento deve prevedere le modalità del deposito e stabilire la parte di peculio disponibile dai detenuti e dagli internati per acquisti autorizzati di oggetti personali o invii ai familiari o conviventi, e la parte da consegnare agli stessi all'atto della dimissione dagli istituti.

25 bis. Commissioni regionali per il lavoro penitenziario (1).

1. Sono istituite le commissioni regionali per il lavoro penitenziario. Esse sono presiedute dal provveditore regionale dell'amministrazione penitenziaria e sono composte dal dirigente del centro per la giustizia minorile, dal direttore dell'ufficio interdistrettuale dell'esecuzione penale esterna, dai rappresentanti, in sede locale, delle associazioni imprenditoriali e delle associazioni cooperative, dai rappresentanti della regione che operino nel settore del lavoro e della formazione professionale e da un rappresentante di ANPAL. Ai componenti delle commissioni, come sopra individuate, non spetta la corresponsione di alcun compenso, gettoni di presenza, indennità, rimborsi spese e altri emolumenti comunque denominati (2).

2. Le lavorazioni penitenziarie sono organizzate, sulla base di direttive, dai provveditorati regionali dell'Amministrazione penitenziaria, sentite le commissioni regionali per il lavoro penitenziario nonché le direzioni dei singoli istituti.

3. I posti di lavoro a disposizione della popolazione penitenziaria devono essere quantitativamente e qualitativamente dimensionati alle effettive esigenze di ogni singolo istituto. Essi sono fissati in una tabella predisposta dalla direzione dell'istituto, nella quale sono separatamente elencati i posti relativi alle lavorazioni interne industriali, agricole ed ai servizi di istituto.

4. Nella tabella di cui al comma 3 sono altresì indicati i posti di lavoro disponibili all'esterno presso imprese pubbliche o private o associazioni cooperative nonché i posti relativi alle produzioni che imprese private o associazioni cooperative intendono organizzare e gestire direttamente all'interno degli istituti.

5. Annualmente la direzione dell'istituto elabora ed indica il piano di lavoro in relazione al numero dei detenuti, all'organico del personale civile e di polizia penitenziaria disponibile e alle strutture produttive.

6. La tabella, che può essere modificata secondo il variare della situazione, ed il piano di lavoro annuale sono approvati dal provveditore regionale dell'Amministrazione penitenziaria, sentita la commissione regionale per il lavoro penitenziario.

7. Nel regolamento di ciascun istituto sono indicate le attività lavorative che possono avere esecuzione in luoghi a sicurezza attenuata.

(1) Articolo introdotto dall'art. 2, co. 2 bis, d.l. 14.6.1993, n. 187, conv., con modif., dalla l. 12.8.1993, n. 296.
(2) Comma modificato dall'art. 2, co. 1, lett. g), d.lgs. 2.10.2018, n. 124.

25 ter. Assistenza per l'accesso alle prestazioni previdenziali e assistenziali [1].

1. L'amministrazione penitenziaria è tenuta a rendere disponibile a favore dei detenuti e degli internati, anche attraverso apposite convenzioni non onerose con enti pubblici e privati, un servizio di assistenza all'espletamento delle pratiche per il conseguimento di prestazioni assistenziali e previdenziali e l'erogazione di servizi e misure di politica attiva del lavoro.

(1) Articolo introdotto dall'art. 2, co. 1, lett. h), d.lgs. 2.10.2018, n. 124.

26. Religione e pratiche di culto [1].

I detenuti e gli internati hanno libertà di professare la propria fede religiosa, di istruirsi in essa e di praticarne il culto. Negli istituti è assicurata la celebrazione dei riti del culto cattolico.

A ciascun istituto è addetto almeno un cappellano.

Gli appartenenti a religione diversa dalla cattolica hanno diritto di ricevere, su loro richiesta, l'assistenza dei ministri del proprio culto e di celebrarne i riti [2].

(1) Articolo abrogato dall'art. 299, d.P.R. 30.5.2002, n. 115 e, successivamente ripristinato a seguito di avviso di rettifica, in Gazz. Uff., 6.12.2002, n. 286.
(2) Comma modificato dall'art. 8, l. 10.10.1986, n. 663.

27. Attività culturali, ricreative e sportive.

Negli istituti devono essere favorite e organizzate attività culturali, sportive e ricreative e ogni altra attività volta alla realizzazione della personalità dei detenuti e degli internati, anche nel quadro del trattamento rieducativo.

Una commissione composta dal direttore dell'istituto, dagli educatori, dagli assistenti sociali, dai mediatori culturali che operano nell'istituto ai sensi dell'articolo 80, quarto comma, e dai rappresentanti dei detenuti e degli internati cura la organizzazione delle attività di cui al precedente comma, anche mantenendo contatti con il mondo esterno utili al reinserimento sociale [1].

(1) Comma modificato dall'art. 11, co. 1, lett. i), d.lgs. 2.10.2018, n. 123.

28. Rapporti con la famiglia.

Particolare cura è dedicata a mantenere, migliorare o ristabilire le relazioni dei detenuti e degli internati con le famiglie.

29. Comunicazioni dello stato di detenzione, dei trasferimenti, delle malattie e dei decessi.

I detenuti e gli internati sono posti in grado d'informare immediatamente i congiunti e le altre persone da essi eventualmente indicate del loro ingresso in un istituto penitenziario o dell'avvenuto trasferimento.

In caso di decesso o di grave infermità fisica o psichica di un detenuto o di un internato, deve essere data tempestiva notizia ai congiunti ed alle altre persone eventualmente da lui indicate; analogamente i detenuti e gli internati devono essere tempestivamente informati del decesso o della grave infermità delle persone di cui al comma precedente.

30. Permessi.

Nel caso di imminente pericolo di vita di un familiare o di un convivente, ai condannati e agli internati può essere concesso dal magistrato di sorveglianza il permesso di recarsi a visitare, con le cautele previste dal regolamento l'infermo. Agli imputati il permesso è concesso dall'autorità giudiziaria competente a disporre il trasferimento in luoghi esterni di cura ai sensi dell'articolo 11 [1].

Analoghi permessi possono essere concessi eccezionalmente per eventi di particolare gravità [2].

Il detenuto che non rientra in istituto allo scadere del permesso senza giustificato motivo, se l'assenza si protrae per oltre tre ore e per non più di dodici, è punito in via disciplinare; se l'assenza si protrae per un tempo maggiore, è punibile a norma del primo comma dell'articolo 385 del codice penale ed è applicabile la disposizione dell'ultimo capoverso dello stesso articolo.

L'internato che rientra in istituto dopo tre ore dalla scadenza del permesso senza giustificato motivo è punito in via disciplinare.

(1) Comma sostituito dall'art. 3, l. 12.1.1977, n. 1 e, poi, modificato dall'art. 3, co. 1, lett. b), d.lgs. 2.10.2018, n. 123.
(2) Comma sostituito dall'art. 1, l. 20.7.1977, n. 450.

30 bis. Provvedimenti e reclami in materia di permessi [1] [2].

Prima di pronunciarsi sull'istanza di permesso, l'autorità competente deve assumere informazioni sulla sussistenza dei motivi addotti, a mezzo delle autorità di pubblica sicurezza, anche del luogo in cui l'istante chiede di recarsi. Nel caso di detenuti per uno dei delitti previsti dall'articolo 51, commi 3-*bis* e 3-*quater*, del codice di procedura penale, l'autorità competente, prima di pronunciarsi, chiede altresì il parere del procuratore della Repubblica presso il tribunale del capoluogo del distretto ove ha sede il tribunale che ha emesso la sentenza e, nel caso di detenuti sottoposti al regime previsto dall'articolo 41-*bis*, anche quello del procuratore nazionale antimafia e antiterrorismo in ordine all'attualità dei collegamenti con la criminalità organizzata ed alla pericolosità del soggetto. Salvo ricorrano esigenze di motivata eccezionale urgenza, il permesso non può essere concesso prima di ventiquattro ore dalla richiesta dei predetti pareri. Nel caso di detenuti per uno dei delitti previsti dall'articolo 51, commi 3-*bis* e 3-*quater*, del codice di procedura penale, l'autorità competente, prima di pronunciarsi, chiede altresì il parere del procuratore della Repubblica presso il tribunale del capoluogo del distretto ove è stata pronunciata la sentenza di condanna o ove ha sede il giudice che procede e, nel caso di detenuti sottoposti al regime previsto dall'articolo 41-*bis*, anche quello del procuratore nazionale antimafia e antiterrorismo in ordine all'attualità dei collegamenti con la criminalità organizzata ed alla pericolosità del soggetto. Salvo ricorrano esigenze di motivata eccezionale urgenza, il permesso non può essere concesso prima di ventiquattro ore dalla richiesta dei predetti pareri [3].

La decisione sull'istanza è adottata con provvedimento motivato.

Il provvedimento è comunicato immediatamente senza formalità, anche a mezzo del telegrafo o del telefono, al pubblico ministero e all'interessato, i quali, entro ventiquattro ore dalla comunicazione, possono proporre reclamo, se il provvedimento è stato emesso dal magistrato di sorveglianza, alla sezione di sorveglianza, o, se il provvedimento è stato emesso da altro organo giudiziario, alla corte di appello.

La sezione di sorveglianza o la corte di appello, assunte, se del caso, sommarie informazioni, provvede entro dieci giorni dalla ricezione del reclamo dandone immediata comunicazione ai sensi del comma precedente.

Il magistrato di sorveglianza, o il presidente della corte d'appello, non fa parte del collegio che decide sul reclamo avverso il provvedimento da lui emesso.

Quando per effetto della disposizione contenuta nel precedente comma non è possibile comporre la sezione di sorveglianza con i magistrati di sorveglianza del distretto, si procede all'integrazione della sezione ai sensi dell'articolo 68, terzo e quarto comma.

L'esecuzione del permesso è sospesa sino alla scadenza del termine stabilito dal terzo comma e durante il procedimento previsto dal quarto comma, sino alla scadenza del termine ivi previsto.

Le disposizioni del comma precedente non si applicano ai permessi concessi ai sensi del primo comma dell'art. 30. In tale caso è obbligatoria la scorta.

Il procuratore generale presso la corte d'appello è informato dei permessi concessi e del relativo esito con relazione trimestrale degli organi che li hanno rilasciati e, nel caso, di permessi concessi a detenuti per delitti previsti dall'articolo 51, commi 3-*bis* e 3-*quater*, del codice di procedura penale o a detenuti sottoposti al regime previsto dall'articolo 41-*bis*, ne dà comunicazione, rispettivamente, al procuratore della Repubblica presso il tribunale del capoluogo del distretto ove è stata pronunciata la sentenza di condanna o ove ha sede il giudice che procede e al procuratore nazionale antimafia e antiterrorismo [4].

(1) Articolo introdotto dall'art. 2 l. 20.7.1977, n. 450.
(2) La Corte costituzionale, con sentenza 16.2.1993, n. 53, ha dichiarato l'illegittimità costituzionale di questo articolo, nella parte in cui non consente l'applicazione degli artt. 666 e 678 del codice di procedura penale nel procedimento di reclamo avverso il decreto del magistrato di sorveglianza che esclude dal computo della detenzione il periodo trascorso in permesso-premio.
(3) Comma modificato dall'art. 2, co. 1, lett. a), n. 1), d.l. 30.4.2020, n. 28, conv., con modif., dalla l. 25.6.2020, n. 70.
(4) Comma sostituito dall'art. 2, co. 1, lett. a), n. 2), d.l. 30.4.2020, n. 28, conv., con modif., dalla l. 25.6.2020, n. 70.

30 ter. Permessi premio [1].

1. Ai condannati che hanno tenuto regolare condotta ai sensi del successivo comma 8 e che non risultano socialmente pericolose, il magistrato di sorveglianza, sentito il direttore dell'istituto, può concedere permessi premio di durata non superiore ogni volta a quindici giorni per consentire di coltivare interessi affettivi, culturali o di lavoro. La durata dei permessi non può superare complessivamente quarantacinque giorni in ciascun anno di espiazione [2].

[**1 bis.** Per i condannati per reati commessi per finalità di terrorismo o di eversione dell'ordinamento costituzionale, di criminalità organizzata, nonché per il reato indicato nell'articolo 630 del codice penale, devono essere acquisiti elementi tali da escludere la attualità dei collegamenti con la criminalità organizzata [3].]

2. Per i condannati minori di età la durata dei permessi premio non può superare ogni volta i trenta giorni e la durata complessiva non può eccedere i cento giorni in ciascun anno di espiazione [4].

3. L'esperienza dei permessi premio è parte integrante del programma di trattamento e deve essere seguita dagli educatori e assistenti sociali penitenziari in collaborazione con gli operatori sociali del territorio.

4. La concessione dei permessi è ammessa:

a) nei confronti dei condannati all'arresto o alla reclusione non superiore a quattro anni anche se congiunta all'arresto [5];
b) nei confronti dei condannati alla reclusione superiore a quattro anni, salvo quanto previsto dalla lettera c), dopo l'espiazione di almeno un quarto della pena [6];
c) nei confronti dei condannati alla reclusione per taluno dei delitti indicati nei commi 1, 1-*ter* e 1-quater, dopo l'espiazione di almeno metà della pena e, comunque, di non oltre dieci anni [7] [8];
d) nei confronti dei condannati all'ergastolo, dopo l'espiazione di almeno dieci anni [9] [10].

5. Nei confronti dei soggetti che durante l'espiazione della pena o delle misure restrittive hanno riportato condanna o sono imputati per delitto doloso commesso durante l'espiazione della pena o l'esecuzione di una misura restrittiva della libertà personale, la concessione è ammessa soltanto decorsi due anni dalla commissione del fatto [11].

6. Si applicano, ove del caso, le cautele previste per i permessi di cui al primo comma dell'articolo 30; si applicano altresì le disposizioni di cui al terzo e al quarto comma dello stesso articolo.

7. Il provvedimento relativo ai permessi premio è soggetto a reclamo al tribunale di sorveglianza, secondo le procedure di cui all'articolo 30-*bis* [12] [13].

8. La condotta dei condannati si considera regolare quando i soggetti, durante la detenzione, hanno manifestato costante senso di responsabilità e correttezza nel comportamento personale, nelle attività organizzate negli istituti e nelle eventuali attività lavorative o culturali.

(1) Articolo introdotto dall'art. 9, co. 1, l. 10.10.1986, n. 663.
(2) Comma modificato dall'art. 1, co. 3, lett. a), d.l. 13.5.1991, n. 152, conv., con modif., dalla l. 12.7.1991, n. 203. Questo comma era stato modificato dall'art. 1, co. 1, lett. c), n. 1), d.l. 31.10.2022 n. 162; la l. di conversione 30.12.2022, n. 199, non ha confermato la modifica.
(3) Comma introdotto dall'art. 13, co. 1, l. 19.3.1990, n. 55 e, successi-

vamente, soppresso dall'art. 1, co. 3, lett. b), d.l. 13.5.1991, n. 152, conv., con modif., dalla l. 12.7.1991, n. 203.
(4) Comma modificato dall'art. 2, co. 1, lett. a bis), d.l. 1.7.2013, n. 78, conv., con modif., dalla l. 9.8.2013, n. 94.
(5) Lettera sostituita dall'art. 2, co. 1, lett. a ter), d.l. 1.7.2013, n. 78, conv., con modif., dalla l. 9.8.2013, n. 94.
(6) Lettera sostituita dall'art. 2, co. 1, lett. a ter), d.l. 1.7.2013, n. 78, conv., con modif., dalla l. 9.8.2013, n. 94.
(7) La Corte costituzionale, con sentenza 30.12.1998, n. 450, ha dichiarato l'illegittimità costituzionale di questa lettera, nella parte in cui si riferisce ai minorenni.
(8) Lettera modificata dall'art. 2, co. 27, lett. b), l. 15.7.2009, n. 94.
(9) Comma sostituito dall'art. 1, co. 3, lett. c), d.l. 13.5.1991, n. 152, conv., con modif., dalla l. 12.7.1991, n. 203.
(10) La Corte costituzionale, con sentenza 6.6.1995, n. 227, ha dichiarato l'illegittimità costituzionale di questo comma, nella parte in cui non prevede l'ammissione al permesso premio dei condannati alla reclusione militare.
(11) La Corte costituzionale, con sentenza 17.12.1997, n. 403, ha dichiarato l'illegittimità costituzionale di questo comma, nella parte in cui si riferisce ai minorenni.
(12) Questo comma era stato modificato dall'art. 1, co. 1, lett. c), n. 1), d.l. 31.10.2022, n. 162; la l. di conversione 30.12.2022, n. 199, non ha confermato la modifica.
(13) La Corte costituzionale, con sentenza 12.6.2020, n. 113, ha dichiarato l'illegittimità costituzionale di questo comma, nella parte in cui prevede, mediante rinvio al precedente art. 30 bis, che il provvedimento relativo ai permessi premio è soggetto a reclamo al tribunale di sorveglianza entro ventiquattro ore dalla sua comunicazione, anziché prevedere a tal fine il termine di quindici giorni.

30 quater. Concessione dei permessi premio ai recidivi [1].

1. I permessi premio possono essere concessi ai detenuti, ai quali sia stata applicata la recidiva prevista dall'articolo 99, quarto comma, del codice penale, nei seguenti casi previsti dal comma 4 dell'articolo 30-*ter*:
a) alla lettera a) dopo l'espiazione di un terzo della pena;
b) alla lettera b) dopo l'espiazione della metà della pena;
c) alle lettere c) e d) dopo l'espiazione di due terzi della pena e, comunque, di non oltre quindici anni [2].

(1) Articolo introdotto dall'art. 7, l. 5.12.2005, n. 251.
(2) La Corte costituzionale, con sentenza 4.7.2006, n. 257, ha dichiarato l'illegittimità costituzionale di questo articolo, nella parte in cui non prevede che il beneficio del permesso premio possa essere concesso sulla base della normativa previgente nei confronti dei condannati che, prima della entrata in vigore della citata l. n. 251/2005, abbiano raggiunto un grado di rieducazione adeguato al beneficio richiesto.

31. Costituzione delle rappresentanze dei detenuti e degli internati [1].

1. Le rappresentanze dei detenuti e degli internati previste dagli articoli 9, 12, 20 e 27 sono nominate per sorteggio secondo le modalità indicate dal regolamento interno dell'istituto.

2. Negli istituti penitenziari che ospitano sezioni femminili la rappresentanza comprende anche una detenuta o internata.

(1) Articolo sostituito dall'art. 11, co. 1, lett. l), d.lgs. 2.10.2018, n. 123.

Capo IV
Regime penitenziario

32. *Norme di condotta dei detenuti e degli internati.*

Obbligo di risarcimento del danno. I detenuti e gli internati, all'atto del loro ingresso negli istituti, e quando sia necessario, successivamente sono informati delle disposizioni generali e particolari attinenti ai loro diritti e doveri, alla disciplina e al trattamento.

Essi devono osservare le norme e le disposizioni che regolano la vita penitenziaria.

Nessun detenuto o internato può avere, nei servizi dell'istituto, mansioni che importino un potere disciplinare o consentano la acquisizione di una posizione di preminenza sugli altri.

I detenuti e gli internati devono avere cura degli oggetti messi a loro disposizione e astenersi da qualsiasi danneggiamento di cose altrui.

I detenuti e gli internati che arrecano danno alle cose mobili o immobili dell'amministrazione penitenziaria sono tenuti a risarcirlo senza pregiudizio dell'eventuale procedimento penale e disciplinare.

33. Isolamento [1].

1. Negli istituti penitenziari l'isolamento continuo è ammesso:
a) quando è prescritto per ragioni sanitarie;
b) durante l'esecuzione della sanzione della esclusione dalle attività in comune;
c) per gli indagati e imputati se vi sono ragioni di cautela processuale; il provvedimento dell'autorità giudiziaria competente indica la durata e le ragioni dell'isolamento.

2. Il regolamento specifica le modalità di esecuzione dell'isolamento.

3. Durante la sottoposizione all'isolamento non sono ammesse limitazioni alle normali condizioni di vita, ad eccezione di quelle funzionali alle ragioni che lo hanno determinato.

4. L'isolamento non preclude l'esercizio del diritto di effettuare colloqui visivi con i soggetti autorizzati.

(1) Articolo sostituito dall'art. 11, co. 1, lett. m), d.lgs. 2.10.2018, n. 123.

34. Perquisizione personale.

I detenuti e gli internati possono essere sottoposti a perquisizione personale per motivi di sicurezza.

La perquisizione personale deve essere effettuata nel pieno rispetto della personalità.

35. Diritto di reclamo [1].

I detenuti e gli internati possono rivolgere istanze o reclami orali o scritti, anche in busta chiusa:
1) al direttore dell'istituto, al provveditore regionale, al capo del dipartimento dell'amministrazione penitenziaria e al Ministro della giustizia;
2) alle autorità giudiziarie e sanitarie in visita all'istituto;
3) al garante nazionale e ai garanti regionali o locali dei diritti dei detenuti;
4) al presidente della giunta regionale;
5) al magistrato di sorveglianza;
6) al Capo dello Stato.

(1) Articolo sostituito dall'art. 3, co. 1, lett. a), d.l. 23.12.2013, n. 146, conv., con modif., dalla l. 21.2.2014, n. 10.

35 bis. Reclamo giurisdizionale [1].

1. Il procedimento relativo al reclamo di cui all'articolo 69, comma 6, si svolge ai sensi degli articoli 666 e 678 del codice di procedura penale. Salvi i casi di manifesta inammissibilità della richiesta a norma dell'articolo 666, comma 2, del codice di procedura penale, il magistrato di sorveglianza fissa la data dell'udienza e ne fa dare avviso, oltre che al soggetto che ha proposto reclamo, anche all'amministrazione interessata, a cui è comunicato contestualmente il reclamo, e che può comparire con un proprio dipendente ovvero trasmettere osservazioni e richieste [2].

2. Il reclamo di cui all'articolo 69, comma 6, lettera a) è proposto nel termine di dieci giorni dalla comunicazione del provvedimento.

3. In caso di accoglimento, il magistrato di sorveglianza, nelle ipotesi di cui all'articolo 69, comma 6, lettera a), dispone l'annullamento del provvedimento di irrogazione della sanzione disciplinare. Nelle ipotesi di cui all'articolo 69, comma 6, lettera b), accertate la sussistenza e l'attualità del pregiudizio, ordina all'amministrazione di porre rimedio entro il termine indicato dal giudice.

4. Avverso la decisione del magistrato di sorveglianza è ammesso reclamo al tribunale di sorveglianza nel termine di quindici giorni dalla notificazione o comunicazione dell'avviso di deposito della decisione stessa.

4 bis. La decisione del tribunale di sorveglianza è ricorribile per cassazione per violazione di legge nel termine di quindici giorni dalla notificazione o comunicazione dell'avviso di deposito della decisione stessa.

5. In caso di mancata esecuzione del provvedimento non più soggetto ad impugnazione, l'interessato o il suo difensore munito di procura speciale possono richiedere l'ottemperanza al magistrato di sorveglianza che ha emesso il provvedimento. Si osservano le disposizioni di cui agli articoli 666 e 678 del codice di procedura penale.

6. Il magistrato di sorveglianza, se accoglie la richiesta:

a) ordina l'ottemperanza, indicando modalità e tempi di adempimento, tenuto conto del programma attuativo predisposto dall'amministrazione al fine di dare esecuzione al provvedimento, sempre che detto programma sia compatibile con il soddisfacimento del diritto;

b) dichiara nulli gli eventuali atti in violazione o elusione del provvedimento rimasto ineseguito;

[c) se non sussistono ragioni ostative, determina, su richiesta di parte, la somma di denaro dovuta dall'amministrazione per ogni violazione o inosservanza successiva, ovvero per ogni ritardo nell'esecuzione del provvedimento, entro il limite massimo di 100 euro per ogni giorno. La statuizione costituisce titolo esecutivo;] [3]

d) nomina, ove occorra, un commissario ad acta. **7.** Il magistrato di sorveglianza conosce di tutte le questioni relative all'esatta ottemperanza, ivi comprese quelle inerenti agli atti del commissario. **8.** Avverso il provvedimento emesso in sede di ottemperanza è sempre ammesso ricorso per cassazione per violazione di legge.

(1) Articolo introdotto dall'art. 3, co. 1, lett. b), d.l. 23.12.2013, n. 146, conv., con modif., dalla l. 21.2.2014 n. 10.

(2) Comma modificato dall'art. 3, co. 1, lett. c), d.lgs. 2.10.2018 n. 123.

(3) Lettera soppressa dall'art. 1, co. 1, l. 21.2.2014 n. 10, in sede di conversione.

35 ter. Rimedi risarcitori conseguenti alla violazione dell'articolo 3 della Convenzione europea per la salvaguardia dei diritti dell'uomo e delle libertà fondamentali nei confronti di soggetti detenuti o internati [1].

1. Quando il pregiudizio di cui all'articolo 69, comma 6, lett. b), consiste, per un periodo di tempo non inferiore ai quindici giorni, in condizioni di detenzione tali da violare l'articolo 3 della Convenzione per la salvaguardia dei diritti dell'uomo e delle libertà fondamentali, ratificata ai sensi della legge 4 agosto 1955, n. 848, come interpretato dalla Corte europea dei diritti dell'uomo, su istanza presentata dal detenuto, personalmente ovvero tramite difensore munito di procura speciale, il magistrato di sorveglianza dispone, a titolo di risarcimento del danno, una riduzione della pena detentiva ancora da espiare pari, nella durata, a un giorno per ogni dieci durante il quale il richiedente ha subito il pregiudizio.

2. Quando il periodo di pena ancora da espiare è tale da non consentire la detrazione dell'intera misura percentuale di cui al comma 1, il magistrato di sorveglianza liquida altresì al richiedente, in relazione al residuo periodo e a titolo di risarcimento del danno, una somma di denaro pari a euro 8,00 per ciascuna giornata nella quale questi ha subito il pregiudizio. Il magistrato di sorveglianza provvede allo stesso modo nel caso in cui il periodo di detenzione espiato in condizioni non conformi ai criteri di cui all'articolo 3 della Convenzione per la salvaguardia dei diritti dell'uomo e delle libertà fondamentali sia stato inferiore ai quindici giorni.

3. Coloro che hanno subito il pregiudizio di cui al comma 1, in stato di custodia cautelare in carcere non computabile nella determinazione della pena da espiare ovvero coloro che hanno terminato di espiare la pena detentiva in carcere possono proporre azione, personalmente ovvero tramite difensore munito di procura speciale, di fronte al tribunale del capoluogo del distretto nel cui territorio hanno la residenza. L'azione deve essere proposta, a pena di decadenza, entro sei mesi dalla cessazione dello stato di detenzione o della custodia cautelare in carcere. Il tribunale decide in composizione monocratica nelle forme di cui agli articoli 737 e seguenti del codice di procedura civile. Il decreto che definisce il procedimento non è soggetto a reclamo. Il risarcimento del danno è liquidato nella misura prevista dal comma 2.

(1) Articolo introdotto dall'art. 1, co. 1, d.l. 26.6.2014, n. 92, conv., con modif., dalla l. 11.8.2014, n. 117.

36. Regime disciplinare.

Il regime disciplinare è attuato in modo da stimolare il senso di responsabilità e la capacità di autocontrollo. Esso è adeguato alle condizioni fisiche e psichiche dei soggetti.

Nell'applicazione della sanzione si tiene conto del programma di trattamento in corso [1].

(1) Comma introdotto dall'art. 11, co. 1, lett. n), d.lgs. 2.10.2018, n. 123.

37. Ricompense.

Le ricompense costituiscono il riconoscimento del senso di responsabilità dimostrato nella condotta personale e nelle attività organizzate negli istituti.

Le ricompense e gli organi competenti a concederle sono previsti dal regolamento.

38. Infrazioni disciplinari.

I detenuti e gli internati non possono essere puniti per un fatto che non sia espressamente previsto come infrazione al regolamento.

Nessuna sanzione può essere inflitta se non con provvedimento motivato dopo la contestazione dell'addebito all'interessato, il quale è ammesso ad esporre le proprie discolpe.

Nell'applicazione delle sanzioni bisogna tener conto, oltre che della natura e della gravità del fatto, del comportamento e delle condizioni personali del soggetto.

Le sanzioni sono eseguite nel rispetto della personalità.

39. Sanzioni disciplinari.

Le infrazioni disciplinari possono dar luogo solo alle seguenti sanzioni:

1) richiamo del direttore;
2) ammonizione, rivolta dal direttore, alla presenza di appartenenti al personale e di un gruppo di detenuti o internati;
3) esclusione da attività ricreative e sportive per non più di dieci giorni;
4) isolamento durante la permanenza all'aria aperta per non più di dieci giorni;
5) esclusione dalle attività in comune per non più di quindici giorni.

La sanzione della esclusione dalle attività in comune non può essere eseguita senza la certificazione scritta, rilasciata dal sanitario, attestante che il soggetto può sopportarla. Il soggetto escluso dalle attività in comune è sottoposto a costante controllo sanitario.

L'esecuzione della sanzione della esclusione dalle attività in comune è sospesa nei confronti delle donne gestanti e delle puerpere fino a sei mesi, e dalle madri che allattino la propria prole fino ad un anno.

40. Autorità competente a deliberare le sanzioni.

Le sanzioni del richiamo e della ammonizione sono deliberate dal direttore.

Le altre sanzioni sono deliberate dal consiglio di disciplina, composto dal direttore o, in caso di suo legittimo impedimento, dall'impiegato più elevato in grado con funzioni di presidente, dall'educatore e da un professionista esperto nominato ai sensi dell'articolo 80 [1].

(1) Comma sostituito dall'art. 11, co. 1, lett. o), d.lgs. 2.10.2018, n. 123.

41. Impiego della forza fisica e uso dei mezzi di coercizione.

Non è consentito l'impiego della forza fisica nei confronti dei detenuti e degli internati se non sia indispensabile per prevenire o impedire atti di violenza, per impedire tentativi di evasione o per vincere la resistenza, anche passiva all'esecuzione degli ordini impartiti.

Il personale che per qualsiasi motivo, abbia fatto uso della forza fisica nei confronti dei detenuti o degli internati, deve immediatamente riferirne al direttore dell'istituto il quale dispone, senza indugio, accertamenti sanitari e procede alle altre indagini del caso.

Non può essere usato alcun mezzo di coercizione fisica che non sia espressamente previsto dal regolamento e, comunque, non vi si può far ricorso ai fini disciplinari ma solo al fine di evitare danni a persone o cose o di garantire la incolumità dello stesso soggetto. L'uso deve essere limitato al tempo strettamente necessario e deve essere costantemente controllato dal sanitario.

Gli agenti in servizio nell'interno degli istituti non possono portare armi se non nei casi eccezionali in cui ciò venga ordinato dal direttore.

41 bis. Situazioni di emergenza [1].

1. In casi eccezionali di rivolta o di altre gravi situazioni di emergenza, il Ministro della giustizia ha facoltà di sospendere nell'istituto interessato o in parte di esso l'applicazione delle normali regole di trattamento dei detenuti e degli internati. La sospensione deve essere motivata dalla necessità di ripristinare l'ordine e la sicurezza e ha la durata strettamente necessaria al conseguimento del fine suddetto [2].

2. Quando ricorrano gravi motivi di ordine e di sicurezza pubblica, anche a richiesta del Ministro dell'interno, il Ministro della giustizia ha altresì la facoltà di sospendere, in tutto o in parte, nei confronti dei detenuti o internati per taluno dei delitti di cui al primo periodo del comma 1 dell'articolo 4-*bis* o comunque per un delitto che sia stato commesso avvalendosi delle condizioni o al fine di agevolare l'associazione di tipo mafioso, in relazione ai quali vi siano elementi tali da far ritenere la sussistenza di collegamenti con un'associazione criminale, terroristica o eversiva, l'applicazione delle regole di trattamento e degli istituti previsti dalla presente legge che possano porsi in concreto contrasto con le esigenze di ordine e di sicurezza. La sospensione comporta le restrizioni necessarie per il soddisfacimento delle predette esigenze e per impedire i collegamenti con l'associazione di cui al periodo precedente. In caso di unificazione di pene concorrenti o di concorrenza di più titoli di custodia cautelare, la sospensione può essere disposta anche quando sia stata espiata la parte di pena o di misura cautelare relativa ai delitti indicati nell'articolo 4-*bis* [3].

2 bis. Il provvedimento emesso ai sensi del comma 2 è adottato con decreto motivato del Ministro della giustizia, anche su richiesta del Ministro dell'interno, sentito l'ufficio del pubblico ministero che procede alle indagini preliminari ovvero quello presso il giudice procedente e acquisita ogni altra necessaria informazione presso la Direzione nazionale antimafia e antiterrorismo, gli organi di polizia centrali e quelli specializzati nell'azione di contrasto alla criminalità organizzata, terroristica o eversiva, nell'ambito delle rispettive competenze. Il provvedimento medesimo ha durata pari a quattro anni ed è prorogabile nelle stesse forme per successivi periodi, ciascuno pari a due anni. La proroga è disposta quando risulta che la capacità di mantenere collegamenti con l'associazione criminale, terroristica o eversiva non è venuta meno, tenuto conto anche del profilo criminale e della posizione rivestita dal soggetto in seno all'associazione, della perdurante operatività del sodalizio criminale, della sopravvenienza di nuove incriminazioni non precedentemente valutate, degli esiti del trattamento penitenziario e del tenore di vita dei familiari del sottoposto. Il mero decorso del tempo non costituisce, di per sé, elemento sufficiente per escludere la capacità di mantenere i collegamenti con l'associazione o dimostrare il venir meno dell'operatività della stessa [(4)].

[**2 ter.** Se anche prima della scadenza risultano venute meno le condizioni che hanno determinato l'adozione o la proroga del provvedimento di cui al comma 2, il Ministro della giustizia procede, anche d'ufficio, alla revoca con decreto motivato. Il provvedimento che non accoglie l'istanza presentata dal detenuto, dall'internato o dal difensore è reclamabile ai sensi dei commi 2-*quinquies* e 2-*sexies*. In caso di mancata adozione del provvedimento a seguito di istanza del detenuto, dell'internato o del difensore, la stessa si intende non accolta decorsi trenta giorni dalla sua presentazione.] [(5)]

2 quater. I detenuti sottoposti al regime speciale di detenzione devono essere ristretti all'interno di istituti a loro esclusivamente dedicati, collocati preferibilmente in aree insulari, ovvero comunque all'interno di sezioni speciali e logisticamente separate dal resto dell'istituto e custoditi da reparti specializzati della polizia penitenziaria. La sospensione delle regole di trattamento e degli istituti di cui al comma 2 prevede:

a) l'adozione di misure di elevata sicurezza interna ed esterna, con riguardo principalmente alla necessità di prevenire contatti con l'organizzazione criminale di appartenenza o di attuale riferimento, contrasti con elementi di organizzazioni contrapposte, interazione con altri detenuti o internati appartenenti alla medesima organizzazione ovvero ad altre ad essa alleate;
b) la determinazione dei colloqui nel numero di uno al mese da svolgersi ad intervalli di tempo regolari ed in locali attrezzati in modo da impedire il passaggio di oggetti. Sono vietati i colloqui con persone diverse dai familiari e conviventi, salvo casi eccezionali determinati volta per volta dal direttore dell'istituto ovvero, per gli imputati fino alla pronuncia della sentenza di primo grado, dall'autorità giudiziaria competente ai sensi di quanto stabilito nel secondo comma dell'articolo 11. I colloqui vengono sottoposti a controllo auditivo ed a registrazione, previa motivata autorizzazione dell'autorità giudiziaria competente ai sensi del medesimo secondo comma dell'articolo 11; solo per coloro che non effettuano colloqui può essere autorizzato, con provvedimento motivato del direttore dell'istituto ovvero, per gli imputati fino alla pronuncia della sentenza di primo grado, dall'autorità giudiziaria competente ai sensi di quanto stabilito nel secondo comma dell'articolo 11, e solo dopo i primi sei mesi di applicazione, un colloquio telefonico mensile con i familiari e conviventi della durata massima di dieci minuti sottoposto, comunque, a registrazione. I colloqui sono comunque videoregistrati. Le disposizioni di questa lettera non si applicano ai colloqui con i difensori con i quali potrà effettuarsi, fino ad un massimo di tre volte alla settimana, una telefonata o un colloquio della stessa durata di quelli previsti con i familiari [(6)];
c) la limitazione delle somme, dei beni e degli oggetti che possono essere ricevuti dall'esterno;
d) l'esclusione dalle rappresentanze dei detenuti e degli internati;
e) la sottoposizione a visto di censura della corrispondenza, salvo quella con i membri del Parlamento o con autorità europee o nazionali aventi competenza in materia di giustizia [(7)];
f) la limitazione della permanenza all'aperto, che non può svolgersi in gruppi superiori a quattro persone, ad una durata non superiore a due ore al giorno fermo restando il limite minimo di cui al primo comma dell'articolo 10. Saranno inoltre adottate tutte le necessarie misure di sicurezza, anche attraverso accorgimenti di natura logistica sui locali di detenzione, volte a garantire che sia assicurata la assoluta impossibilità di comunicare tra detenuti appartenenti a diversi gruppi di socialità, scambiare oggetti e cuocere cibi [(8) (9) (10)].

2 quater.1. Il Garante nazionale dei diritti delle persone detenute o private della libertà personale quale meccanismo nazionale di prevenzione (NPM) secondo il Protocollo opzionale alla Convenzione delle Nazioni Unite contro la tortura e altri trattamenti o pene crudeli, inumani o degradanti, fatto a New York il 18 dicembre 2002, ratificato e reso esecutivo ai sensi della legge 9 novembre 2012, n. 195, accede senza limitazione alcuna all'interno delle sezioni speciali degli istituti incontrando detenuti ed internati sottoposti al regime speciale di cui al presente articolo e svolge con essi colloqui visivi riservati senza limiti di tempo, non sottoposti a controllo auditivo o a videoregistrazione e non computati ai fini della limitazione dei colloqui personali di cui al comma 2-*quater* [(11)].

2 quater.2. I garanti regionali dei diritti dei detenuti, comunque denominati, accedono, nell'ambito del territorio di competenza, all'interno delle sezioni speciali degli istituti incontrando detenuti ed internati sottoposti al regime speciale di cui al presente articolo e svolgono con essi colloqui visivi esclusivamente videoregistrati, che non sono computati ai fini della limitazione dei colloqui personali di cui al comma 2-*quater* (12).

2 quater.3. I garanti comunali, provinciali o delle aree metropolitane dei diritti dei detenuti, comunque denominati, nell'ambito del territorio di propria competenza, accedono esclusivamente in visita accompagnata agli istituti ove sono ristretti i detenuti di cui al presente articolo. Tale visita è consentita solo per verificare le condizioni di vita dei detenuti. Non sono consentiti colloqui visivi con i detenuti sottoposti al regime speciale di cui al presente articolo (13).

2 quinquies. Il detenuto o l'internato nei confronti del quale è stata disposta o prorogata l'applicazione del regime di cui al comma 2, ovvero il difensore, possono proporre reclamo avverso il procedimento applicativo. Il reclamo è presentato nel termine di venti giorni dalla comunicazione del provvedimento e su di esso è competente a decidere il tribunale di sorveglianza di Roma. Il reclamo non sospende l'esecuzione del provvedimento (14).

2 sexies. Il tribunale, entro dieci giorni dal ricevimento del reclamo di cui al comma 2-*quinquies*, decide in camera di consiglio, nelle forme previste dagli articoli 666 e 678 del codice di procedura penale, sulla sussistenza dei presupposti per l'adozione del provvedimento. All'udienza le funzioni di pubblico ministero possono essere altresì svolte da un rappresentante dell'ufficio del procuratore della Repubblica di cui al comma 2-*bis* o del procuratore nazionale antimafia e antiterrorismo. Il procuratore nazionale antimafia e antiterrorismo, il procuratore di cui al comma 2-*bis*, il procuratore generale presso la corte d'appello, il detenuto, l'internato o il difensore possono proporre, entro dieci giorni dalla sua comunicazione, ricorso per cassazione avverso l'ordinanza del tribunale per violazione di legge. Il ricorso non sospende l'esecuzione del provvedimento ed è trasmesso senza ritardo alla Corte di cassazione. Se il reclamo viene accolto, il Ministro della giustizia, ove intenda disporre un nuovo provvedimento ai sensi del comma 2, deve, tenendo conto della decisione del tribunale di sorveglianza, evidenziare elementi nuovi o non valutati in sede di reclamo (15).

2 septies. Per la partecipazione del detenuto o dell'internato all'udienza si applicano le disposizioni di cui all'articolo 146-*bis* delle norme di attuazione, di coordinamento e transitorie del codice di procedura penale, di cui al decreto legislativo 28 luglio 1989, n. 271 (16).

(1) Articolo introdotto dall'art. 10, l. 10.10.1986, n. 663.
(2) Comma modificato dall'art. 2, co. 25, lett. a), l. 15.7.2009, n. 94.
(3) Comma introdotto dall'art. 19, d.l. 8.6.1992, n. 306, modificato dall'art. 1, l. 16.2.1995, n. 36, dall'art. 6, l. 7.1.1998, n. 11, sostituito dall'art. 2, l. 23.12.2002, n. 279 e, infine, modificato dall'art. 2, co. 25, lett. b) e c), l. 15.7.2009, n. 94.
(4) Comma introdotto dall'art. 4, l. 7.1.1998, n. 11 e, poi, sostituito dall'art. 2, l. 23.12.2002, n. 279 e dall'art. 2, co. 25, lett. d), l. 15.7.2009, n. 94, e, infine, modificato dall'art. 20, co. 4, d.l. 18.2.2015 n. 7, conv., con modif., dalla l. 17.4.2015, n. 43.
(5) Comma introdotto dall'art. 2, l. 23.12.2002, n. 279 e, poi, abrogato dall'art. 2, co. 25, lett. e), l. 15.7.2009, n. 94.
(6) La Corte costituzionale, con sentenza 20.6.2013, n. 143, ha dichiarato l'illegittimità costituzionale di questa lettera, ultimo periodo, come modificato dall'art. 2, co. 25, lett. f), n. 2), l. 15.7.2009, n. 94, limitatamente alle parole «*con i quali potrà effettuarsi, fino ad un massimo di tre volte alla settimana, una telefonata o un colloquio della stessa durata di quelli previsti con i familiari*».
(7) La Corte costituzionale, con sentenza 24.1.2022. n. 18, ha dichiarato l'illegittimità costituzionale di questa lettera, nella parte in cui non esclude dalla sottoposizione a visto di censura la corrispondenza intrattenuta con i difensori.
(8) Comma introdotto dall'art. 2, l. 23.12.2002, n. 279 e poi modificato dall'art. 2, co. 25, lett. f), l. 15.7.2009, n. 94.
(9) La Corte costituzionale, con sentenza 12.10.2018, n. 186, ha dichiarato l'illegittimità costituzionale di questa lettera, limitatamente alle parole «*e cuocere cibi*».
(10) La Corte costituzionale, con sentenza 22.5.2020, n. 97, ha dichiarato l'illegittimità costituzionale di questa lettera nella parte in cui prevede l'adozione delle necessarie misure di sicurezza volte a garantire che sia assicurata «*la assoluta impossibilità di comunicare tra detenuti appartenenti a diversi gruppi di socialità, scambiare oggetti*» anziché «*la assoluta impossibilità di comunicare e scambiare oggetti tra detenuti appartenenti a diversi gruppi di socialità*».
(11) Comma introdotto dall'art. 2 sexies, co. 1, d.l. 30.4.2020, n. 28, conv., con modif., dalla l. 25.6.2020, n. 70.
(12) Comma introdotto dall'art. 2 sexies, co. 1, d.l. 30.4.2020, n. 28, conv., con modif., dalla l. 25.6.2020, n. 70.
(13) Comma introdotto dall'art. 2 sexies, co. 1, d.l. 30.4.2020, n. 28, conv., con modif., dalla l. 25.6.2020, n. 70.
(14) Comma introdotto dall'art. 2, l. 23.12.2002, n. 279 e poi sostituito dall'art. 2, co. 25, lett. g), l. 15.7.2009, n. 94.
(15) Comma introdotto dall'art. 2, l. 23.12.2002, n. 279, sostituito dall'art. 2, co. 25, lett. h), l. 15.7.2009, n. 94 e, infine, modificato dall'art. 20, co. 4, d.l. 18.2.2015, n. 7, conv., con modif., dalla l. 17.4.2015, n. 43.
(16) Comma introdotto dall'art. 2, co. 25, lett. i), l. 15.7.2009, n. 94.

42. Trasferimenti (1).

I trasferimenti sono disposti per gravi e comprovati motivi di sicurezza, per esigenze dell'istituto, per motivi di giustizia, di salute, di studio e familiari.

Nel disporre i trasferimenti i soggetti sono comunque destinati agli istituti più vicini alla loro dimora o a quella della loro famiglia ovvero al loro centro di riferimento sociale, da individuarsi tenuto conto delle ragioni di studio, di formazione, di lavoro o salute. L'amministrazione penitenziaria dà conto delle ragioni che ne giustificano la deroga (2).

Sulla richiesta di trasferimento da parte dei detenuti e degli internati per ragioni di studio, di formazione, di lavoro, di salute o familiari l'amministrazione penitenziaria provvede, con atto motivato, entro sessanta giorni (3).

I detenuti e gli internati debbono essere trasferiti con il bagaglio personale e con almeno parte del loro peculio.

[Le traduzioni dei detenuti e degli internati adulti vengono eseguite, nel tempo più breve possibile, dall'Arma dei carabinieri e dal Corpo delle guardie di pubblica sicurezza, con le modalità stabilite dalle leggi e dai regolamenti e, se trattasi di donne, con l'assistenza di personale femminile.] (4)

[Nelle traduzioni sono adottate le opportune cautele per proteggere i soggetti dalla curiosità del pubblico e da ogni specie di pubblicità, nonché per ridurne i disagi. è consentito solo l'uso di manette tranne che ragioni di sicurezza impongano l'uso di altri mezzi. Nei casi indicati dal regolamento è consentito l'uso di abiti civili.] [(5)]

(1) Rubrica sostituita dall'art. 1, l. 12.12.1992, n. 492.
(2) Comma sostituito dall'art. 11, co. 1, lett. p), d.lgs. 2.10.2018, n. 123.
(3) Comma introdotto dall'art. 11, co. 1, lett. p), d.lgs. 2.10.2018, n. 123.
(4) Comma abrogato dall'art. 1, l. 12.12.1992, n. 492.
(5) Comma abrogato dall'art. 1, l. 12.12.1992, n. 492.

42 bis. Traduzioni [(1)].

1. Sono traduzioni tutte le attività di accompagnamento coattivo, da un luogo ad un altro, di soggetti detenuti, internati, fermati, arrestati o comunque in condizione di restrizione della libertà personale.

2. Le traduzioni dei detenuti e degli internati adulti sono eseguite, nel tempo più breve possibile, dal Corpo di polizia penitenziaria, con le modalità stabilite dalle leggi e dai regolamenti e, se trattasi di donne, con l'assistenza di personale femminile.

3. Le traduzioni di soggetti che rientrano nella competenza dei servizi dei centri per la giustizia minorile possono essere richieste, nelle sedi in cui non sono disponibili contingenti del Corpo di polizia penitenziaria assegnati al settore minorile, ad altre forze di polizia.

4. Nelle traduzioni sono adottate le opportune cautele per proteggere i soggetti tradotti dalla curiosità del pubblico e da ogni specie di pubblicità, nonché per evitare ad essi inutili disagi. L'inosservanza della presente disposizione costituisce comportamento valutabile ai fini disciplinari.

5. Nelle traduzioni individuali l'uso delle manette ai polsi è obbligatorio quando lo richiedono la pericolosità del soggetto o il pericolo di fuga o circostanze di ambiente che rendono difficile la traduzione. In tutti gli altri casi l'uso delle manette ai polsi o di qualsiasi altro mezzo di coercizione fisica è vietato. Nel caso di traduzioni individuali di detenuti o internati la valutazione della pericolosità del soggetto o del pericolo di fuga è compiuta, all'atto di disporre la traduzione, dall'autorità giudiziaria o dalla direzione penitenziaria competente, le quali dettano le conseguenti prescrizioni.

6. Nelle traduzioni collettive è sempre obbligatorio l'uso di manette modulari multiple dei tipi definiti con decreto ministeriale. È vietato l'uso di qualsiasi altro mezzo di coercizione fisica.

7. Nelle traduzioni individuali e collettive è consentito, nei casi indicati dal regolamento, l'uso di abiti civili. Le traduzioni dei soggetti di cui al comma 3 sono eseguite, di regola, in abiti civili.

(1) Articolo introdotto dall'art. 2, co. 1, l. 12.12.1992, n. 492.

43. Dimissione.

La dimissione dei detenuti e degli internati è eseguita senza indugio dalla direzione dell'istituto in base ad ordine scritto della competente autorità giudiziaria o di pubblica sicurezza.

Il direttore dell'istituto dà notizia della prevista dimissione, almeno tre mesi prima, al consiglio di aiuto sociale e al centro di servizio sociale del luogo in cui ha sede l'istituto ed a quelli del luogo dove il soggetto intende stabilire la sua residenza, comunicando tutti i dati necessari per gli opportuni interventi assistenziali. Nel caso in cui il momento della dimissione non possa essere previsto tre mesi prima, il direttore dà le prescritte notizie non appena viene a conoscenza della relativa decisione.

Oltre a quanto stabilito da specifiche disposizioni di legge, il direttore informa anticipatamente il magistrato di sorveglianza, il questore e l'ufficio di polizia territorialmente competente di ogni dimissione anche temporanea dall'istituto [(1)].

Il consiglio di disciplina dell'istituto, all'atto della dimissione o successivamente, rilascia al soggetto, che lo richieda, un attestato con l'eventuale qualificazione professionale conseguita e notizie obiettive circa la condotta tenuta.

I soggetti che ne sono privi, vengono provvisti di un corredo di vestiario civile.

(1) Comma così sostituito dall'art. 18, d.l. 8.6.1992, n. 306, conv., con modif., dalla l. 7.8.1992, n. 356.

44. Nascite, matrimoni, decessi.

Negli atti di stato civile relativi ai matrimoni celebrati e alle nascite e morti avvenute in istituti di prevenzione e di pena non si fa menzione dell'istituto.

La direzione dell'istituto deve dare immediata notizia del decesso di un detenuto o di un internato all'autorità giudiziaria del luogo, a quella da cui il soggetto dipendeva e al Ministero della giustizia.

La salma è messa immediatamente a disposizione dei congiunti.

Capo V
Assistenza

45. Assistenza alle famiglie e aiuti economico-sociali [(1)].

Il trattamento dei detenuti e degli internati è integrato da un'azione di assistenza alle loro famiglie.

Tale azione è rivolta anche a conservare e migliorare le relazioni dei soggetti con i familiari e a rimuovere le difficoltà che possono ostacolarne il reinserimento sociale.

È utilizzata, all'uopo, la collaborazione degli enti pubblici e privati qualificati nell'assistenza sociale.

Ai fini della realizzazione degli obiettivi indicati dall'articolo 3, commi 2 e 3, della legge 8 novembre 2000, n. 328, il detenuto o l'internato privo di residenza anagrafica è iscritto, su segnalazione del direttore, nei registri della popolazione residente del comune dove è ubicata la struttura. Al condannato è richiesto di optare tra il mantenimento della precedente residenza anagrafica e quella presso la struttura ove è detenuto o internato. L'opzione può essere in ogni tempo modificata [(2)].

(1) Rubrica modificata dall'art. 11, co. 1, lett. r), d.lgs. 2.10.2013, n. 123.
(2) Comma introdotto dall'art. 11, co. 1, lett. r), d.lgs. 2.10.2013, n. 123.

46. Assistenza post-penitenziaria.

I detenuti e gli internati ricevono un particolare aiuto nel periodo di tempo che immediatamente precede la loro dimissione e per un congruo periodo a questa successivo.

Il definitivo reinserimento nella vita libera è agevolato da interventi di servizio sociale svolti anche in collaborazione con gli enti indicati nell'articolo precedente.

I dimessi affetti da gravi infermità fisiche o da infermità o anormalità psichiche sono segnalati, per la necessaria assistenza, anche agli organi preposti alla tutela della sanità pubblica.

Coloro che hanno terminato l'espiazione della pena o che non sono più sottoposti a misura di sicurezza detentiva e che versano in stato di disoccupazione ai sensi dell'articolo 19 del decreto legislativo 14 settembre 2015, n. 150, accedono, nei limiti delle risorse disponibili a legislazione vigente, all'assegno di ricollocazione di cui all'articolo 23 del citato decreto, se ne fanno richiesta nel termine di sei mesi dalla data della dimissione (1).

(1) Comma introdotto dall'art. 2, co. 1, lett. i) d.lgs. 2.10.2018, n. 124.

Capo VI
Misure alternative alla detenzione e remissione del debito

47. Affidamento in prova al servizio sociale (1).

1. Se la pena detentiva inflitta non supera tre anni, il condannato può essere affidato al servizio sociale fuori dell'istituto per un periodo uguale a quello della pena da scontare (2).

2. Il provvedimento è adottato sulla base dei risultati della osservazione della personalità, condotta collegialmente per almeno un mese in istituto, se il soggetto è recluso, e mediante l'intervento dell'ufficio di esecuzione penale esterna, se l'istanza è proposta da soggetto in libertà, nei casi in cui si può ritenere che il provvedimento stesso, anche attraverso le prescrizioni di cui al comma 5, contribuisca alla rieducazione del reo e assicuri la prevenzione del pericolo che egli commetta altri reati (3).

3. L'affidamento in prova al servizio sociale può essere disposto senza procedere all'osservazione in istituto quando il condannato, dopo la commissione del reato, ha serbato comportamento tale da consentire il giudizio di cui al comma 2 (4) (5).

3 bis. L'affidamento in prova può, altresì, essere concesso al condannato che deve espiare una pena, anche residua, non superiore a quattro anni di detenzione, quando abbia serbato, quantomeno nell'anno precedente alla presentazione della richiesta, trascorso in espiazione di pena, in esecuzione di una misura cautelare ovvero in libertà, un comportamento tale da consentire il giudizio di cui al comma 2 (6).

3 ter. L'affidamento in prova può altresì essere concesso al condannato alle pene sostitutive della semilibertà sostitutiva o della detenzione domiciliare sostitutiva previste dalla legge 24 novembre 1981, n. 689, dopo l'espiazione di almeno metà della pena, quando il condannato abbia serbato un comportamento tale per cui l'affidamento in prova appaia più idoneo alla sua rieducazione e assicuri comunque la prevenzione del pericolo di commissione di altri reati. Il tribunale di sorveglianza procede ai sensi dell'articolo 678, comma 1-*ter*, del codice di procedura penale, in quanto compatibile (7).

4. L'istanza di affidamento in prova al servizio sociale è proposta, dopo che ha avuto inizio l'esecuzione della pena, al tribunale di sorveglianza competente in relazione al luogo dell'esecuzione. Quando sussiste un grave pregiudizio derivante dalla protrazione dello stato di detenzione, l'istanza può essere proposta al magistrato di sorveglianza competente in relazione al luogo di detenzione. Il magistrato di sorveglianza, quando sono offerte concrete indicazioni in ordine alla sussistenza dei presupposti per l'ammissione all'affidamento in prova e al grave pregiudizio derivante dalla protrazione dello stato di detenzione e non vi sia pericolo di fuga, dispone la liberazione del condannato e l'applicazione provvisoria dell'affidamento in prova con ordinanza. L'ordinanza conserva efficacia fino alla decisione del tribunale di sorveglianza, cui il magistrato trasmette immediatamente gli atti, che decide entro sessanta giorni (8).

5. All'atto dell'affidamento è redatto verbale in cui sono dettate le prescrizioni che il soggetto dovrà seguire in ordine ai suoi rapporti con il servizio sociale, alla dimora, alla libertà di locomozione, al divieto di frequentare determinati locali ed al lavoro.

6. Con lo stesso provvedimento può essere disposto che durante tutto o parte del periodo di affidamento in prova il condannato non soggiorni in uno o più comuni, o soggiorni in un comune determinato; in particolare sono stabilite prescrizioni che impediscano al soggetto di svolgere attività o di avere rapporti personali che possono portare al compimento di altri reati.

7. Nel verbale deve anche stabilirsi che l'affidato si adoperi in quanto possibile in favore della vittima del suo reato ed adempia puntualmente agli obblighi di assistenza familiare.

8. Nel corso dell'affidamento le prescrizioni possono essere modificate dal magistrato di sorveglianza. Le deroghe temporanee alle prescrizioni sono autorizzate, su proposta del direttore dell'ufficio di esecuzione penale esterna, dal magistrato di sorveglianza, anche in forma orale nei casi di urgenza (9).

9. Il servizio sociale controlla la condotta del soggetto e lo aiuta a superare le difficoltà di adattamento alla vita sociale, anche mettendosi in relazione con la sua famiglia e con gli altri suoi ambienti di vita.

10. Il servizio sociale riferisce periodicamente al magistrato di sorveglianza sul comportamento del soggetto (10).

11. L'affidamento è revocato qualora il comportamento del soggetto, contrario alla legge o alle prescrizioni dettate, appaia incompatibile con la prosecuzione della prova.

12. L'esito positivo del periodo di prova estingue la pena detentiva ed ogni altro effetto penale, ad eccezione delle pene accessorie perpetue. A tali fini è valutato anche lo svolgimento di un programma di giustizia riparativa e l'eventuale esito riparativo. Il tribunale di sorveglianza, qualora l'interessato si trovi in disagiate condizioni economiche e patrimoniali, può dichiarare estinta anche la pena pecuniaria che non sia stata già riscossa ovvero la pena sostitutiva nella quale sia stata convertita la pena pecuniaria non eseguita (11).

12 bis. All'affidato in prova al servizio sociale che abbia dato prova nel periodo di affidamento di un suo concreto recupero sociale, desumibile da comportamenti rivelatori del positivo evolversi della sua personalità, può essere concessa la detrazione di pena di cui all'articolo 54. Si applicano gli articoli 69, comma 8, e 69-*bis* nonché l'articolo 54, comma 3 (12) (13).

(1) Articolo modificato dall'art. 4, co. 1, l. 12.1.1977, n. 1; dall'art. 7, co. 1, l. 13.9.1982, n. 646; dall'art. 4 bis, co. 1, d.l. 22.4.1985, n. 144, conv., con modif., dalla l. 21.6.1985, n. 297 e, infine, sostituito dall'art. 11, co. 1, l. 10.10.1986, n. 663.

(2) La Corte costituzionale, con sentenza 11.7.1989, n. 386, ha dichiarato l'illegittimità costituzionale di questo comma, nella parte in cui non prevede che nel computo delle pene, ai fini della determinazione del limite dei tre anni, non si debba tener conto anche della pena espiata.

(3) Comma modificato dall'art. 7, co. 1, d.lgs. 2.10.2018, n. 123, n. 123.

(4) Comma sostituito dall'art. 2, co. 1, l. 27.5.1998, n. 165.

(5) La Corte costituzionale, con sentenza 22.12.1989, n. 569, aveva dichiarato l'illegittimità costituzionale di questo comma nel testo precedente alla modifica, nella parte in cui non prevedeva che, anche indipendentemente dalla detenzione per espiazione di pena o per custodia cautelare, il condannato potesse essere ammesso all'affidamento in prova al servizio sociale se, in presenza delle altre condizioni, avesse serbato un comportamento tale da consentire il giudizio di cui al precedente co. 2.

(6) Comma introdotto dall'art. 3, co. 1, lett. c), d.l. 23.12.2013, n. 146, conv., con modif., dalla l. 21.2.2014, n. 10.

(7) Comma introdotto dall'art. 78, co. 1, lett. c), n. 1), d.lgs. 10.10.2022, n. 150, a decorrere dal 30.12.2022.

(8) Comma sostituito dall'art. 2, co. 2, l. 27.5.1998, n. 165 e, poi, dall'art. 3, co. 1, lett. d), d.l. 23.12.2013, n. 146, conv., con modif., dalla l. 21.2.2014, n. 10.

(9) Comma modificato dall'art. 3, co. 1, lett. e), d.l. 23.12.2013, n. 146, conv., con modif., dalla l. 21.2.2014, n. 10.

(10) La Corte costituzionale, con sentenza 15.10.1987, n. 343, ha dichiarato l'illegittimità costituzionale di questo comma, nella parte in cui – in caso di revoca del provvedimento di ammissione all'affidamento in prova per comportamento incompatibile con la prosecuzione della prova – non consente al Tribunale di sorveglianza di determinare la residua pena detentiva da espiare, tenuto conto della durata delle limitazioni patite dal condannato e del suo comportamento durante il trascorso periodo di affidamento in prova.

(11) Comma modificato dall'art. 4-*viciessemel*, co. 1, d.l. 30.12.2005, n. 272, conv., con modif., dalla l. 21.2.2006, n. 49, successivamente dall'art. 1, co. 7, l. 9.1.2019, n. 3 e da ultimo dall'art. 78, co. 1, lett. c), n. 3), d.lgs. 10.10.2022, n. 150, a decorrere dal 30.12.2022.

(12) Comma introdotto dall'art. 3, co. 1, l. 19.12.2002, n. 277.

(13) La Corte costituzionale, con sentenza 16.3.2007, n. 78, ha dichiarato l'illegittimità costituzionale di questo articolo, ove interpretato nel senso che allo straniero extracomunitario, entrato illegalmente nel territorio dello Stato o privo del permesso di soggiorno, sia in ogni caso precluso l'accesso alle misure alternative da esso previste.

47 bis. Affidamento di prova in casi particolari (1).

[1. Se la pena detentiva, inflitta entro il limite di cui al comma 1 dell'art. 47, deve essere eseguita nei confronti di persona tossicodipendente o alcooldipendente che abbia in corso un programma di recupero o che ad esso intenda sottoporsi, l'interessato può chiedere in ogni momento di essere affidato in prova al servizio sociale per proseguire o intraprendere l'attività terapeutica sulla base di un programma da lui concordato con una unità sanitaria locale o con uno degli enti, associazioni, cooperative o privati di cui all'art. 1-*bis* del decreto-legge 22 aprile 1985, n. 144, convertito, con modificazioni, da la legge 21 giugno 1985, n. 297. Alla domanda deve essere allegata certificazione rilasciata da una struttura sanitaria pubblica attestante lo stato di tossicodipendenza o di alcooldipendenza e la idoneità, ai fini del recupero del condannato, del programma concordato.

2. Si applica la procedura di cui al comma 4 dell'art. 47 anche se la domanda è presentata dopo che l'ordine di carcerazione è stato eseguito. In tal caso il pubblico ministero o il pretore ordina la scarcerazione del condannato.

3. Il tribunale di sorveglianza, nominato un difensore al condannato che ne sia privo, fissa senza indugio la data della trattazione, dandone avviso al richiedente, al difensore e al pubblico ministero almeno cinque giorni prima. Se non è possibile effettuare la notifica dell'avviso al condannato nel domicilio indicato nella richiesta e lo stesso non compare all'udienza, il tribunale di sorveglianza dichiara inammissibile la richiesta.

4. Ai fini della decisione, il tribunale di sorveglianza può anche acquisire copia degli atti del procedimento e disporre gli opportuni accertamenti in ordine al programma terapeutico concordato, deve altresì accertare che lo stato di tossicodipendenza o alcooldipendenza o l'esecuzione del programma di recupero non siano preordinati al conseguimento del beneficio.

5. Dell'ordinanza che conclude il procedimento è data immediata comunicazione al pubblico ministero o al pretore competente per l'esecuzione, il quale, se l'affidamento non è disposto, emette ordine di carcerazione.

6. Se il tribunale di sorveglianza dispone l'affidamento, tra le prescrizioni impartite devono essere comprese quelle che determinano le modalità di esecuzione del programma. Sono altresì stabilite le prescrizioni e le forme di controllo per accertare che il tossicodipendente o l'alcooldipendente prosegue il programma di recupero. L'esecuzione della pena si considera iniziata dalla data del verbale di affidamento.

7. L'affidamento in prova al servizio sociale non può essere disposto, ai sensi del presente articolo, più di due volte.

8. Si applica, per quanto non diversamente stabilito, la disciplina prevista dalla presente legge per la misura alternativa dell'affidamento in prova al servizio sociale.]

(1) Articolo introdotto dall'art. 4 ter, d.l. 22.4.1985, n. 144, conv., con modif., dalla l. 21.6.1985, n. 297 e, successivamente, sostituito dall'art. 12, co. 1, l. 10.10.1986, n. 663 e, infine, abrogato dall'art. 3, co. 1, l. 27.5.1998, n. 165.

47 ter. Detenzione domiciliare [1].

01. La pena della reclusione per qualunque reato, ad eccezione di quelli previsti dal libro II, titolo XII, capo III, sezione I, e dagli articoli 609-*bis*, 609-*quater* e 609-*octies* del codice penale, dall'articolo 51, comma 3-*bis*, del codice di procedura penale e dall'articolo 4-*bis* della presente legge, può essere espiata nella propria abitazione o in altro luogo pubblico di cura, assistenza ed accoglienza, quando trattasi di persona che, al momento dell'inizio dell'esecuzione della pena, o dopo l'inizio della stessa, abbia compiuto i settanta anni di età purché non sia stato dichiarato delinquente abituale, professionale o per tendenza né sia stato mai condannato con l'aggravante di cui all'articolo 99 del codice penale [2] [3].

1. La pena della reclusione non superiore a quattro anni, anche se costituente parte residua di maggior pena, nonché la pena dell'arresto, possono essere espiate nella propria abitazione o in altro luogo di privata dimora ovvero in luogo pubblico di cura, assistenza o accoglienza ovvero, nell'ipotesi di cui alla lettera a), in case famiglia protette, quando trattasi di [4]:

a) donna incinta o madre di prole di età inferiore ad anni dieci con lei convivente [5];
b) padre, esercente la potestà, di prole di età inferiore ad anni dieci con lui convivente, quando la madre sia deceduta o altrimenti assolutamente impossibilitata a dare assistenza alla prole [6];
c) persona in condizioni di salute particolarmente gravi, che richiedano costanti contatti con i presidi sanitari territoriali;
d) persona di età superiore a sessanta anni, se inabile anche parzialmente;
e) persona minore di anni ventuno per comprovate esigenze di salute, di studio, di lavoro e di famiglia [7] [8].

[**1.** Al condannato, al quale sia stata applicata la recidiva prevista dall'articolo 99, quarto comma, del codice penale, può essere concessa la detenzione domiciliare se la pena detentiva inflitta, anche se costituente parte residua di maggior pena, non supera tre anni.] [9]

1 bis. La detenzione domiciliare può essere applicata per l'espiazione della pena detentiva inflitta in misura non superiore a due anni, anche se costituente parte residua di maggior pena, indipendentemente dalle condizioni di cui al comma 1 quando non ricorrono i presupposti per l'affidamento in prova al servizio sociale e sempre che tale misura sia idonea ad evitare il pericolo che il condannato commetta altri reati. La presente disposizione non si applica ai condannati per i reati di cui all'articolo 4-*bis* [e a quelli cui sia stata applicata la recidiva prevista dall'articolo 99, quarto comma, del codice penale] [10].

1 ter. Quando potrebbe essere disposto il rinvio obbligatorio o facoltativo della esecuzione della pena ai sensi degli articoli 146 e 147 del codice penale, il tribunale di sorveglianza, anche se la pena supera il limite di cui al comma 1, può disporre la applicazione della detenzione domiciliare, stabilendo un termine di durata di tale applicazione, termine che può essere prorogato. L'esecuzione della pena prosegue durante la esecuzione della detenzione domiciliare [11] [12] [13].

1 quater. L'istanza di applicazione della detenzione domiciliare è rivolta, dopo che ha avuto inizio l'esecuzione della pena, al tribunale di sorveglianza competente in relazione al luogo di esecuzione. Nei casi in cui vi sia un grave pregiudizio derivante dalla protrazione dello stato di detenzione, l'istanza di detenzione domiciliare di cui ai precedenti commi 01, 1, 1-*bis* e 1-*ter* è rivolta al magistrato di sorveglianza che può disporre l'applicazione provvisoria della misura. Si applicano, in quanto compatibili, le disposizioni di cui all'articolo 47, comma 4 [14].

1 quinquies. Nei confronti dei detenuti per uno dei delitti previsti dall'articolo 51, comma 3-*bis* e 3-*quater* del codice di procedura penale o sottoposti al regime previsto dall'articolo 41-*bis*, il tribunale o il magistrato di sorveglianza, prima di provvedere in ordine al rinvio dell'esecuzione della pena ai sensi degli articoli 146 o 147 del codice penale con applicazione della detenzione domiciliare, ai sensi del comma 1-*ter*, o alla sua proroga, chiede il parere del procuratore della Repubblica presso il tribunale del capoluogo del distretto ove è stata pronunciata la sentenza di condanna e, nel caso di detenuti sottoposti al regime previsto dall'articolo 41-*bis*, anche quello del Procuratore nazionale antimafia e antiterrorismo in ordine all'attualità dei collegamenti con la criminalità organizzata ed alla pericolosità del soggetto. I pareri sono resi al magistrato di sorveglianza e al tribunale di sorveglianza nel termine, rispettivamente, di due giorni e di quindici giorni dalla richiesta. Salvo che ricorrano esigenze di motivata eccezionale urgenza, il tribunale o il magistrato di sorveglianza non possono provvedere prima del decorso dei predetti termini [15].

[**2.** La detenzione domiciliare non può essere concessa quando è accertata l'attualità di collegamenti del condannato con la criminalità organizzata o di una scelta di criminalità.] [16]

[**3.** Se la condanna di cui al comma 1 deve essere eseguita nei confronti di persona che trovasi in stato di libertà o ha trascorso la custodia cautelare, o la parte terminale di essa, in regime di arresti domiciliari, si applica la procedura di cui al comma 4 dell'articolo 47.] [17]

4. Il tribunale di sorveglianza, nel disporre la detenzione domiciliare, ne fissa le modalità secondo quanto stabilito dall'articolo 284 del codice di procedura penale. Si applica il quinto comma del medesimo articolo. Determina e impartisce altresì le disposizioni per gli interventi del servizio sociale. Tali prescrizioni e disposizioni possono essere modificate dal magistrato di sorveglianza competente per il luogo in cui si svolge la detenzione domiciliare [18].

[**4 bis.** Nel disporre la detenzione domiciliare il tribunale di sorveglianza, quando ne abbia accertato la disponibilità da parte delle autorità preposte al controllo, può prevedere modalità di verifica per l'osservanza delle prescrizioni imposte anche mediante mezzi elettronici o altri strumenti tecnici. Si applicano le disposizioni di cui all'articolo 275-*bis* del codice di procedura penale.] [19]

5. Il condannato nei confronti del quale è disposta la detenzione domiciliare non è sottoposto al regime penitenziario previsto dalla presente legge e dal relativo regolamento di esecuzione. Nessun onere grava sull'amministrazione penitenziaria per il mantenimento, la cura e l'assistenza medica del condannato che trovasi in detenzione domiciliare.

6. La detenzione domiciliare è revocata se il comportamento del soggetto, contrario alla legge o alle prescrizioni dettate, appare incompatibile con la prosecuzione delle misure.

7. Deve essere inoltre revocata quando vengono a cessare le condizioni previste nei commi 1, 1-*bis* e 1-*ter* [20].

8. Il condannato che, essendo in stato di detenzione nella propria abitazione o in un altro dei luoghi indicati nel comma 1, se ne allontana, è punito ai sensi dell'articolo 385 del codice penale. Si applica la disposizione dell'ultimo comma dello stesso articolo [21] [22].

9. La condanna per il delitto di cui al comma 8, salvo che il fatto non sia di lieve entità, importa la revoca del beneficio [23] [24].

9 bis. Se la misura di cui al comma 1-*bis* è revocata ai sensi dei commi precedenti la pena residua non può essere sostituita con altra misura [25].

(1) Articolo introdotto dall'art. 13, co. 1, l. 10.10.1986, n. 663.
(2) Comma premesso dall'art. 7, co. 2, l. 5.12.2005, n. 251.
(3) La Corte costituzionale, con sentenza 31.3.2021, n. 56, ha dichiarato l'illegittimità costituzionale di questo comma, limitatamente alle parole «*né sia stato mai condannato con l'aggravante di cui all'art. 99 del codice penale*».
(4) Alinea modificato dall'art. 3, co. 1, l. 21.4.2011, n. 62.
(5) La Corte costituzionale, con sentenza 5.12.2003, n. 350, ha dichiarato l'illegittimità costituzionale della presente lettera, nel testo precedente la sostituzione, nella parte in cui non prevedeva la concessione della detenzione domiciliare anche nei confronti della madre condannata, e, nei casi previsti dal co. 1, lett. b), del padre condannato, conviventi con un figlio portatore di handicap totalmente invalidante. Successivamente, la Corte costituzionale, con sentenza 12.6.2009, n. 177, ha dichiarato l'illegittimità costituzionale della seconda parte della presente lettera, nella parte in cui non limita la punibilità ai sensi dell'art. 385 del codice penale al solo allontanamento che si protragga per più di dodici ore, come stabilito dall'art. 47 sexies, co. 2, della presente legge, sul presupposto, di cui all'art. 47 quinquies, co. 1, della medesima legge, che non sussista un concreto pericolo di commissione di ulteriori delitti.
(6) La Corte costituzionale, con sentenza 22.11.2018, n. 211, ha dichiarato l'illegittimità costituzionale della presente lettera nella parte in cui non limita la punibilità ai sensi dell'art. 385 del codice penale al solo allontanamento che si protragga per più di dodici ore, come stabilito dall'art. 47 sexies, co. 2 e 4, della suddetta legge n. 354 del 1975, sul presupposto, di cui all'art. 47 quinquies, co. 1, della medesima legge, che non sussista un concreto pericolo di commissione di ulteriori delitti.
(7) La Corte costituzionale, con sentenza 13.4.1990, n. 215, aveva dichiarato l'illegittimità costituzionale di questo comma, nel testo precedente alla sostituzione, nella parte in cui non prevede che la detenzione domiciliare, concedibile alla madre di prole di età inferiore a tre anni con lei convivente, possa essere concessa, nelle stesse condizioni, anche al padre detenuto, qualora la madre sia deceduta o altrimenti assolutamente impossibilitata a dare assistenza alla prole.
(8) Comma modificato dall'art. 3, co. 1, d.l. 14.6.1993, n. 187, conv., con modif., dalla l. 12.8.1993, n. 296; successivamente, sostituito dall'art. 4, co. 1, lett. a), l. 27.5.1998, n. 165 e, dall'art. 7, co. 3, l. 5.12.2005, n. 251.
(9) Comma introdotto dall'art. 7, co. 3, l. 5.12.2005, n. 251 e, poi, soppresso dall'art. 2, co. 1, lett. b), punto 1), d.l. 1.7.2013, n. 78, conv., con modif., dalla l. 9.8.2013, n. 94.
(10) Comma introdotto dall'art. 4, co. 1, lett. a), l. 27.5.1998, n. 165, successivamente, sostituito dall'art. 7, co. 4, l. 5.12.2005, n. 251 e, da ultimo, modificato dall'art. 2, co. 1, lett. b), punto 2), d.l. 1.7.2013, n. 78, conv., con modif., dalla l. 9.8.2013, n. 94.
(11) Comma introdotto dall'art. 4, co. 1, lett. a), l. 27.5.1998, n. 165.
(12) La Corte costituzionale con sentenza 19.4.2019, n. 99, ha dichiarato illegittimità costituzionale di questo comma, nella parte in cui non prevede che, nell'ipotesi di grave infermità psichica sopravvenuta, il tribunale di sorveglianza possa disporre l'applicazione al condannato della detenzione domiciliare anche in deroga ai limiti di cui al co. 1 del medesimo art. 47 ter.
(13) La Corte costituzionale, con sentenza 19.4.2019, n. 99, ha dichiarato l'illegittimità costituzionale di questo comma, nella parte in cui non prevede che, nell'ipotesi di grave infermità psichica sopravvenuta, il tribunale di sorveglianza possa disporre l'applicazione al condannato della detenzione domiciliare anche in deroga ai limiti di cui al co. 1 del medesimo art. 47 ter.
(14) Comma introdotto dall'art. 4, co. 1, lett. a), l. 27.5.1998, n. 165 e, poi, sostituito dall'art. 2, co. 1, lett. b), punto 3), d.l. 1.7.2013 n. 78, conv., con modif., dalla l. 9.8.2013, n. 94.
(15) Comma introdotto dall'art. 2, co. 1, lett. b), d.l. 30.4.2020, n. 28, conv., con modif., dalla l. 25.6.2020, n. 70.
(16) Comma abrogato dall'art. 1, co. 7, d.l. 13.5.1991, n. 152, conv., con modif., dallal. 12.7.1991, n. 203.
(17) Comma abrogato dall'art. 4, co. 1, lett. b), l. 27.5.1998, n. 165.
(18) Comma modificato dall'art. 4, co. 1, lett. c), l. 27.5.1998, n. 165.
(19) Comma introdotto dall'art. 17, co. 1, d.l. 24.11.2000, n. 341, conv., con modif., dalla l. 19.1.2001, n. 4 e, poi, abrogato dall'art. 3, co. 1, lett. f), d.l. 23.12.2013, n. 146, conv., con modif., dalla l. 21.2.2014, n. 10.
(20) Comma modificato dall'art. 4, co. 1, lett. d), l. 27.5.1998, n. 165 e, poi, dall'art. 1, co. 1, d.l. 10.5.2020, n. 29. Il d.l. 29/2020 è stato poi abrogato dall'art. 1, co. 3, l. 25.6.2020, n. 70. Restano validi gli atti e i provvedimenti adottati e sono fatti salvi gli effetti prodottisi e i rapporti giuridici sorti sulla base del citato decreto. Questo comma, infine, è stato modificato dall'art. 2, co. 1, lett. b), d.l. 30.4.2020, n. 28, conv., con modif., dalla l. 25.6.2020, n. 70.
(21) La Corte costituzionale, con sentenza 19.11.1991, n. 414, ha dichiarato l'illegittimità costituzionale di questo articolo, nella parte in cui non prevede che la reclusione militare sia espiata in detenzione domiciliare quando trattasi di "persona in condizioni di salute particolarmente gravi che richiedono costanti contatti con i presidi sanitari territoriali".
(22) La Corte costituzionale, con sentenza 22.11.2018, n. 211, ha dichiarato l'illegittimità costituzionale di questo comma nella parte in cui non limita la punibilità ai sensi dell'art. 385 del codice penale al solo allontanamento che si protragga per più di dodici ore, come stabilito dall'art. 47 sexies, co. 2 e 4, della legge n. 354 del 1975, sul presupposto, di cui all'art. 47 quinquies, co. 1, della medesima legge, che non sussista un concreto pericolo di commissione di ulteriori delitti.
(23) La Corte costituzionale, con sentenza 13.6.1997, n. 173, ha dichiarato l'illegittimità costituzionale di questo comma, nella parte in cui non fa derivare autonomamente la sospensione della detenzione domiciliare dalla presentazione di una denuncia per il reato previsto dal co. 8 di questo articolo.
(24) Comma sostituito dall'art. 2, co. 1, lett. b), punto 4), d.l. 1.7.2013 n. 78, conv., con modif., dalla l. 9.8.2013, n. 94.
(25) Comma introdotto dall'art. 4, co. 1, lett. e), l. 27.5.1998, n. 165.

47 quater. Misure alternative alla detenzione nei confronti dei soggetti affetti da AIDS conclamata o da grave deficienza immunitaria [1].

1. Le misure previste dagli articoli 47 e 47-*ter* possono essere applicate, anche oltre i limiti di pena ivi previsti, su istanza dell'interessato o del suo difensore, nei confronti di coloro che sono affetti da AIDS conclamata o da grave deficienza immunitaria accertate ai sensi dell'articolo 286-*bis*, comma 2, del codice di procedura penale e che hanno in corso o intendono intraprendere un programma di cura e assistenza presso le unità operative di malattie infettive ospedaliere ed universitarie o altre unità operative prevalentemente impegnate secondo i piani regionali nell'assistenza ai casi di AIDS.

2. L'istanza di cui al comma 1 deve essere corredata da certificazione del servizio sanitario pubblico competente o del servizio sanitario penitenziario, che attesti la sussistenza delle condizioni di salute ivi indicate e la concreta attuabilità del programma di cura e assistenza, in corso o da effettuare, presso le unità operative di malattie infettive ospedaliere ed universitarie o altre unità operative prevalentemente impegnate secondo i piani regionali nell'assistenza ai casi di AIDS.

3. Le prescrizioni da impartire per l'esecuzione della misura alternativa devono contenere anche quelle relative alle modalità di esecuzione del programma.

4. In caso di applicazione della misura della detenzione domiciliare, i centri di servizio sociale per adulti svolgono l'attività di sostegno e controllo circa l'attuazione del programma.

5. Nei casi previsti dal comma 1, il giudice può non applicare la misura alternativa qualora l'interessato abbia già fruito di analoga misura e questa sia stata revocata da meno di un anno.

6. Il giudice può revocare la misura alternativa disposta ai sensi del comma 1 qualora il soggetto risulti imputato o sia stato sottoposto a misura cautelare per uno dei delitti previsti dall'articolo 380 del codice di procedura penale, relativamente a fatti commessi successivamente alla concessione del beneficio.

7. Il giudice, quando non applica o quando revoca la misura alternativa per uno dei motivi di cui ai commi 5 e 6, ordina che il soggetto sia detenuto presso un istituto carcerario dotato di reparto attrezzato per la cura e l'assistenza necessarie.

8. Per quanto non diversamente stabilito dal presente articolo si applicano le disposizioni dell'articolo 47-*ter*.

9. Ai fini del presente articolo non si applica il divieto di concessione dei benefici previsto dall'articolo 4-*bis*, fermi restando gli accertamenti previsti dai commi 2, 2-*bis* e 3 dello stesso articolo.

10. Le disposizioni del presente articolo si applicano anche alle persone internate.

(1) Articolo introdotto dall'art. 5, l. 12.7.1999, n. 231.

47 quinquies. Detenzione domiciliare speciale [1].

1. Quando non ricorrono le condizioni di cui all'articolo 47-*ter*, le condannate madri di prole di età non superiore ad anni dieci, se non sussiste un concreto pericolo di commissione di ulteriori delitti e se vi è la possibilità di ripristinare la convivenza con i figli, possono essere ammesse ad espiare la pena nella propria abitazione, o in altro luogo di privata dimora, ovvero in luogo di cura, assistenza o accoglienza, al fine di provvedere alla cura e alla assistenza dei figli, dopo l'espiazione di almeno un terzo della pena ovvero dopo l'espiazione di almeno quindici anni nel caso di condanna all'ergastolo, secondo le modalità di cui al comma 1-*bis* [2] [3].

1 bis. Salvo che nei confronti delle madri condannate per taluno dei delitti indicati nell'articolo 4-*bis*, l'espiazione di almeno un terzo della pena o di almeno quindici anni, prevista dal comma 1 del presente articolo, può avvenire presso un istituto a custodia attenuata per detenute madri ovvero, se non sussiste un concreto pericolo di commissione di ulteriori delitti o di fuga, nella propria abitazione, o in altro luogo di privata dimora, ovvero in luogo di cura, assistenza o accoglienza, al fine di provvedere alla cura e all'assistenza dei figli. In caso di impossibilità di espiare la pena nella propria abitazione o in altro luogo di privata dimora, la stessa può essere espiata nelle case famiglia protette, ove istituite [4] [5].

2. Per la condannata nei cui confronti è disposta la detenzione domiciliare speciale, nessun onere grava sull'amministrazione penitenziaria per il mantenimento, la cura e l'assistenza medica della condannata che si trovi in detenzione domiciliare speciale.

3. Il tribunale di sorveglianza, nel disporre la detenzione domiciliare speciale, fissa le modalità di attuazione, secondo quanto stabilito dall'articolo 284, comma 2, del codice di procedura penale, precisa il periodo di tempo che la persona può trascorrere all'esterno del proprio domicilio, detta le prescrizioni relative agli interventi del servizio sociale. Tali prescrizioni e disposizioni possono essere modificate dal magistrato di sorveglianza competente per il luogo in cui si svolge la misura. Si applica l'articolo 284, comma 4, del codice di procedura penale [6].

4. All'atto della scarcerazione è redatto verbale in cui sono dettate le prescrizioni che il soggetto deve seguire nei rapporti con il servizio sociale.

5. Il servizio sociale controlla la condotta del soggetto e lo aiuta a superare le difficoltà di adattamento alla vita sociale, anche mettendosi in relazione con la sua famiglia e con gli altri suoi ambienti di vita; riferisce periodicamente al magistrato di sorveglianza sul comportamento del soggetto.

6. La detenzione domiciliare speciale è revocata se il comportamento del soggetto, contrario alla legge o alle prescrizioni dettate, appare incompatibile con la prosecuzione della misura.

7. La detenzione domiciliare speciale può essere concessa, alle stesse condizioni previste per la madre, anche al padre detenuto, se la madre è deceduta o impossibilitata e non vi è modo di affidare la prole ad altri che al padre [7].

8. Al compimento del decimo anno di età del figlio, su domanda del soggetto già ammesso alla detenzione domiciliare speciale, il tribunale di sorveglianza può:

a) disporre la proroga del beneficio, se ricorrono i requisiti per l'applicazione della semilibertà di cui all'articolo 50, commi 2, 3 e 5;
b) disporre l'ammissione all'assistenza all'esterno dei figli minori di cui all'articolo 21-*bis*, tenuto conto del comportamento dell'interessato nel corso della misura, desunto dalle relazioni redatte dal servizio sociale, ai sensi del comma 5, nonché della durata della misura e dell'entità della pena residua.

(1) Articolo introdotto dall'art. 3, l. 8.3.2001, n. 40.
(2) Comma modificato dall'art. 3, co. 2, lett. a), l. 21.4.2011, n. 62.
(3) La Corte costituzionale, con sentenza 14.2.2020, n. 18, ha dichiarato l'illegittimità costituzionale di questo comma, nella parte in cui non prevede la concessione della detenzione domiciliare speciale anche alle condannate madri di figli affetti da handicap grave ai sensi dell'art. 3, co. 3, l. 5.2.1992, n. 104 (l.-quadro per l'assistenza, l'integrazione sociale e i diritti delle persone handicappate), ritualmente accertato in base alla medesima legge. Successivamente, la Corte costituzionale, con sentenza 3.2.2022, n. 30, ha dichiarato l'illegittimità costituzionale di questo comma, nella parte in cui non prevede che, ove vi sia un grave pregiudizio per il minore derivante dalla protrazione dello stato di detenzione del genitore, l'istanza di detenzione domiciliare può essere proposta al magistrato di sorveglianza, che può disporre l'applicazione provvisoria della misura, nel qual caso si applicano, in quanto compatibili, le disposizioni di cui all'art. 47, co. 4, della presente legge.
(4) Comma introdotto dall'art. 3, co. 2, lett. b), l. 21.4.2011, n. 62.
(5) La Corte costituzionale, con sentenza 12.4.2017, n. 76, ha dichiarato l'illegittimità costituzionale di questo comma, limitatamente alle parole «*Salvo che nei confronti delle madri condannate per taluno dei delitti indicati nell'art.* 4-bis,».
(6) La Corte costituzionale, con sentenza 3.2.2022, n. 30, ha dichiarato l'illegittimità costituzionale di questo comma, nella parte in cui non prevede che, ove vi sia un grave pregiudizio per il minore derivante dalla protrazione dello stato di detenzione del genitore, l'istanza di detenzione domiciliare può essere proposta al magistrato di sorveglianza, che può disporre l'applicazione provvisoria della misura, nel qual caso si applicano, in quanto compatibili, le disposizioni di cui all'art. 47, co. 4, della presente legge.
(7) La Corte costituzionale, con sentenza 3.2.2022, n. 30, ha dichiarato l'illegittimità costituzionale di questo comma, nella parte in cui non prevede che, ove vi sia un grave pregiudizio per il minore derivante dalla protrazione dello stato di detenzione del genitore, l'istanza di detenzione domiciliare può essere proposta al magistrato di sorveglianza, che può disporre l'applicazione provvisoria della misura, nel qual caso si applicano, in quanto compatibili, le disposizioni di cui all'art. 47, co. 4, della presente legge.

47 sexies. Allontanamento dal domicilio senza giustificato motivo [1].

1. La condannata ammessa al regime della detenzione domiciliare speciale che rimane assente dal proprio domicilio, senza giustificato motivo, per non più di dodici ore, può essere proposta per la revoca della misura.

2. Se l'assenza si protrae per un tempo maggiore la condannata è punita ai sensi dell'articolo 385, primo comma, del codice penale ed è applicabile la disposizione dell'ultimo comma dello stesso articolo.

3. La condanna per il delitto di evasione comporta la revoca del beneficio.

4. Le disposizioni di cui al presente articolo si applicano al padre detenuto, qualora la detenzione domiciliare sia stata concessa a questi, ai sensi dell'articolo 47-*quinquies*, comma 7.

(1) Articolo introdotto dall'art. 4, l. 8.3.2001, n. 40.

48. Regime di semilibertà [1].

Il regime di semilibertà consiste nella concessione al condannato e all'internato di trascorrere parte del giorno fuori dell'istituto per partecipare ad attività lavorative, istruttive o comunque utili al reinserimento sociale.

I condannati e gli internati ammessi al regime di semilibertà sono assegnati in appositi istituti o apposite sezioni autonome di istituti ordinari e indossano abiti civili.

Omissis [2].

(1) La Corte costituzionale, con sentenza 16.3.2007, n. 78, ha dichiarato l'illegittimità costituzionale di questo articolo, ove interpretato nel senso che allo straniero extracomunitario, entrato illegalmente nel territorio dello Stato o privo del permesso di soggiorno, sia in ogni caso precluso l'accesso alle misure alternative da esso previste.
(2) Comma abrogato dall'art. 29, l. 10.10.1986, n. 663.

49. Ammissione obbligatoria al regime di semilibertà.

[Sono espiate in regime di semilibertà le pene detentive derivanti dalla conversione di pene pecuniarie, sempreché il condannato non sia affidato in prova al servizio sociale o non sia ammesso al lavoro alle dipendenze di enti pubblici] [1].

(1) Articolo abrogato dall'art. 110, l. 24.11.1981, n. 689.

50. Ammissione alla semilibertà [1].

1. Possono essere espiate in regime di semilibertà la pena dell'arresto e la pena della reclusione non superiore a sei mesi, se il condannato non è affidato in prova al servizio sociale.

2. Fuori dei casi previsti dal comma 1, il condannato può essere ammesso al regime di semilibertà soltanto dopo l'espiazione di almeno metà della pena ovvero, se si tratta di condannato per taluno dei delitti indicati nei commi 1, 1-*ter* e 1quater dell'articolo 4-*bis*, di almeno due terzi di essa. L'internato può esservi ammesso in ogni tempo. Tuttavia, nei casi previsti dall'articolo 47, se mancano i presupposti per l'affidamento in prova al servizio sociale non legittimano l'affidamento in prova al servizio sociale ma possono essere valutati favorevolmente in base ai criteri indicati nel comma 4 del presente articolo, il condannato per un reato diverso da quelli indicati nel comma 1 dell'articolo 4-*bis* può essere ammesso al regime di semilibertà anche prima dell'espiazione di metà della pena [2].

3. Per il computo della durata delle pene non si tiene conto della pena pecuniaria inflitta congiuntamente a quella detentiva.

4. L'ammissione al regime di semilibertà è disposta in relazione ai progressi compiuti nel corso del trattamento, quando vi sono le condizioni per un graduale reinserimento del soggetto nella società.

5. Il condannato all'ergastolo può essere ammesso al regime di semilibertà dopo avere espiato almeno venti anni di pena.

6. Nei casi previsti dal comma 1, se il condannato ha dimostrato la propria volontà di reinserimento nella vita sociale, la semilibertà può essere altresì disposta successivamente all'inizio dell'esecuzione della pena. Si applica l'articolo 47, comma 4, in quanto compatibile[3][4].

7. Se l'ammissione alla semilibertà riguarda una detenuta madre di un figlio di età inferiore a tre anni, essa ha diritto di usufruire della casa per la semilibertà di cui all'ultimo comma dell'art. 92 del decreto del Presidente della Repubblica 29 aprile 1976, n. 431" [5].

(1) Articolo sostituito dall'art. 14, l. 10.10.1986, n. 663.
(2) Comma sostituito dall'art. 1, co. 4, d.l. 13.5.1991, n. 152, conv., con modif., dalla l. 12.7.1991, n. 203; poi modificato dall'art. 5, co. 1, lett. a), l. 27.5.1998, n. 165 e, dall'art. 2, co. 27, lett. b), l. 15.7.2009, n. 94.
(3) Comma sostituito dall'art. 5, co. 1, lett. b), l. 27.5.1998, n. 165.
(4) La Corte costituzionale, con sentenza 24.4.2020, n. 74, ha dichiarato l'illegittimità costituzionale di questo comma, nella parte in cui non consente al magistrato di sorveglianza di applicare in via provvisoria la semilibertà, ai sensi dell'art. 47, co. 4, ord. pen., in quanto compatibile, anche nell'ipotesi prevista dal terzo periodo del co. 2 di questo articolo.
(5) La Corte costituzionale, con sentenza 16.3.2007, n. 78, ha dichiarato l'illegittimità costituzionale di questo articolo, ove interpretato nel senso che allo straniero extracomunitario, entrato illegalmente nel territorio dello Stato o privo del permesso di soggiorno, sia in ogni caso precluso l'accesso alle misure alternative da esso previste.

50 bis. Concessione della semilibertà ai recidivi [1].

[**1.** La semilibertà può essere concessa ai detenuti, ai quali sia stata applicata la recidiva prevista dall'articolo 99, quarto comma, del codice penale, soltanto dopo l'espiazione dei due terzi della pena ovvero, se si tratta di un condannato per taluno dei delitti indicati nei commi 1, 1-*ter* e 1-*quater* dell'articolo 4-*bis* della presente legge, di almeno tre quarti di essa [2].]

(1) Articolo introdotto dall'art. 7, l. 5.12.2005, n. 251 e, poi, abrogato dall'art. 2, co. 1, lett. c), d.l. 1.7.2013, n. 78, conv., con modif., dalla l. 9.8.2013, n. 94.
(2) Comma modificato dall'art. 2, co. 27, lett. b), l. 15.7.2009, n. 94.

51. Sospensione e revoca del regime di semilibertà.

Il provvedimento di semilibertà può essere in ogni tempo revocato quando il soggetto non si appalesi idoneo al trattamento.

Il condannato, ammesso al regime di semilibertà, che rimane assente dall'istituto senza giustificato motivo, per non più di dodici ore, è punito in via disciplinare e può essere proposto per la revoca della concessione.

Se l'assenza si protrae per un tempo maggiore, il condannato è punibile a norma del primo comma dell'articolo 385 del codice penale ed è applicabile la disposizione dell'ultimo capoverso dello stesso articolo.

La denuncia per il delitto di cui al precedente comma importa la sospensione del beneficio e la condanna ne importa la revoca.

All'internato ammesso al regime di semilibertà che rimane assente dall'istituto senza giustificato motivo, per oltre tre ore, si applicano le disposizioni dell'ultimo comma dell'articolo 53.

51 bis. Sopravvenienza di nuovi titoli di privazione della libertà [1].

1. Quando, durante l'esecuzione di una misura alternativa alla detenzione, sopravviene un titolo esecutivo di altra pena detentiva, il pubblico ministero competente ai sensi dell'articolo 655 del codice di procedura penale informa immediatamente il magistrato di sorveglianza formulando contestualmente le proprie richieste. Il magistrato di sorveglianza, tenuto conto del cumulo delle pene, se rileva che permangono le condizioni di applicabilità della misura in esecuzione, ne dispone con ordinanza la prosecuzione; in caso contrario, ne dispone la cessazione e ordina l'accompagnamento del condannato in istituto [2].

2. Avverso il provvedimento di cui al comma 1 è ammesso reclamo ai sensi dell'articolo 69-*bis*.

(1) Articolo inizialmente aggiunto dall'art. 15, l. 10.10.1986, n. 663, successivamente modificato dall'art. 8, l. 8.3.2001, n. 40 e, infine, sostituito dall'art. 3, co. 1, lett. g), d.l. 23.12.2013, n. 146, conv., con modif., dalla l. 21.2.2014, n. 10.
(2) Comma sostituito dall'art. 5, co. 1, lett. a), d.lgs. 2.10.2018, n. 123.

51 ter. Sospensione cautelativa delle misure alternative [1].

1. Se la persona sottoposta a misura alternativa pone in essere comportamenti suscettibili di determinarne la revoca, il magistrato di sorveglianza, nella cui giurisdizione la misura è in esecuzione, ne dà immediata comunicazione al tribunale di sorveglianza affinché decida in ordine alla prosecuzione, sostituzione o revoca della misura.

2. Nell'ipotesi di cui al comma 1, il magistrato di sorveglianza può disporre con decreto motivato la provvisoria sospensione della misura alternativa e ordinare l'accompagnamento in istituto del trasgressore. Il provvedimento di sospensione perde efficacia se la decisione del tribunale non interviene entro trenta giorni dalla ricezione degli atti.

(1) Articolo introdotto dall'art. 16, l. 10.10.1986, n. 663, successivamente modificato dall'art. 8, l. 8.3.2001, n. 40 e, infine, sostituito dall'art. 5, co. 1, lett. b), d.lgs. 2.10.2018, n. 123.

51 quater. Disciplina delle pene accessorie in caso di concessione di misure alternative [1].

1. In caso di applicazione di una misura alternativa alla detenzione, sono eseguite anche le pene accessorie, salvo che il giudice che ha concesso la misura, tenuto conto delle esigenze di reinserimento sociale del condannato, ne disponga la sospensione.

2. In caso di revoca della misura, ove disposta l'applicazione delle pene accessorie ai sensi del comma 1, l'esecuzione ne viene sospesa, ma il periodo già espiato è computato ai fini della loro durata.

(1) Articolo introdotto dall'art. 6, co. 1, d.lgs. 2.10.2018, n. 123.

52. Licenza al condannato ammesso al regime di semilibertà.

Al condannato ammesso al regime di semilibertà possono essere concesse a titolo di premio una o più licenze di durata non superiore nel complesso a giorni quarantacinque all'anno.

Durante la licenza il condannato è sottoposto al regime della libertà vigilata.

Se il condannato durante la licenza trasgredisce agli

obblighi impostigli, la licenza può essere revocata indipendentemente dalla revoca di semilibertà.

Al condannato che, allo scadere della licenza o dopo la revoca di essa, non rientra in istituto sono applicabili le disposizioni di cui al precedente articolo.

53. Licenze agli internati.

Agli internati può essere concessa una licenza di sei mesi nel periodo immediatamente precedente alla scadenza fissata per il riesame di pericolosità.

Ai medesimi può essere concessa, per gravi esigenze personali o familiari, una licenza di durata non superiore a giorni quindici; può essere inoltre concessa una licenza di durata non superiore a giorni trenta, una volta all'anno, al fine di favorirne il riadattamento sociale.

Agli internati ammessi al regime di semilibertà possono inoltre essere concesse, a titolo di premio, le licenze previste nel primo comma dell'articolo precedente.

Durante la licenza l'internato è sottoposto al regime della libertà vigilata.

Se l'internato durante la licenza trasgredisce agli obblighi impostigli, la licenza può essere revocata indipendentemente dalla revoca della semilibertà.

L'internato che rientra in istituto dopo tre ore dallo scadere della licenza, senza giustificato motivo, è punito in via disciplinare e, se in regime di semilibertà, può subire la revoca della concessione.

53 bis. Computo del periodo di permesso o licenza (1).

1. Il tempo trascorso dal detenuto o dall'internato in permesso o licenza è computato a ogni effetto nella durata delle misure restrittive della libertà personale, salvi i casi di mancato rientro o di altri gravi comportamenti da cui risulta che il soggetto non si è dimostrato meritevole del beneficio. In questi casi sull'esclusione dal computo decide, con decreto motivato, il magistrato di sorveglianza.

2. Avverso il decreto può essere proposto dall'interessato reclamo al tribunale di sorveglianza secondo la procedura di cui all'articolo 14-*ter*. Il magistrato che ha emesso il provvedimento non fa parte del collegio.

(1) Articolo introdotto dall'art. 17, l. 10.10.1986, n. 663.

54. Liberazione anticipata (1) (2).

1. Al condannato a pena detentiva che ha dato prova di partecipazione all'opera di rieducazione è concessa, quale riconoscimento di tale partecipazione, e ai fini del suo più efficace reinserimento nella società, una detrazione di quarantacinque giorni per ogni singolo semestre di pena scontata. A tal fine è valutato anche il periodo trascorso in stato di custodia cautelare o di detenzione domiciliare.

2. La concessione del beneficio è comunicata all'ufficio del pubblico ministero presso la corte d'appello o il tribunale che ha emesso il provvedimento di esecuzione o al pretore se tale provvedimento è stato da lui emesso.

3. La condanna per delitto non colposo commesso nel corso dell'esecuzione successivamente alla concessione del beneficio ne comporta la revoca (3).

4. Agli effetti del computo della misura di pena che occorre avere espiato per essere ammessi ai benefici dei permessi premio, della semilibertà e della liberazione condizionale, la parte di pena detratta ai sensi del comma 1 si considera come scontata. La presente disposizione si applica anche ai condannati all'ergastolo.

(1) Articolo modificato dall'art. 5, l. 12.1.1977, n. 1 e, successivamente, sostituito dall'art. 18 l. 10.10.1986, n. 663.

(2) La Corte costituzionale, con sentenza 27.9.1983, n. 274, aveva dichiarato la illegittimità costituzionale di questo articolo, nel testo precedente alla sostituzione, nella parte in cui non prevede la possibilità di concedere anche al condannato all'ergastolo la riduzione di pena, ai soli fini del computo della quantità di pena così detratta nella quantità scontata, richiesta per l'ammissione alla liberazione condizionale.

(3) La Corte costituzionale, con sentenza 23.5.1995, n. 186 aveva dichiarato l'illegittimità costituzionale del presente comma, nella parte in cui prevede la revoca della liberazione anticipata nel caso di condanna per delitto non colposo commesso nel corso dell'esecuzione, poi, alla concessione del beneficio anziché stabilire che la liberazione anticipata è revocata se la condotta del soggetto, in relazione alla condanna subita, appare incompatibile con il mantenimento del beneficio.

55. Interventi del servizio sociale nella libertà vigilata (1).

Nei confronti dei sottoposti alla libertà vigilata, ferme restando le disposizioni di cui all'articolo 228 del codice penale, il servizio sociale svolge interventi di sostegno e di assistenza al fine del loro reinserimento sociale.

(1) Articolo sostituito dall'art. 6, l. 12.1.1977, n. 1.

56. Remissione del debito (1) (2).

[**1.** Il debito per le spese di procedimento e di mantenimento è rimesso nei confronti dei condannati e degli internati che si trovano in disagiate condizioni economiche e hanno tenuto regolare condotta ai sensi dell'ultimo comma dell'articolo 30-*ter*. La relativa domanda può essere proposta fino a che non sia conclusa la procedura per il recupero delle spese.] (3)

(1) Articolo sostituito dall'art. 19, l. 10.10.1986, n. 663.

(2) La Corte costituzionale, con sentenza 15.7.1991, n. 342, ha dichiara l'illegittimità costituzionale di questo articolo, nella parte in cui non prevede che, anche indipendentemente dalla detenzione per espiazione di pena o per custodia cautelare, al condannato possano essere rimesse le spese del procedimento se, in presenza del presupposto delle "disagiate condizioni economiche", abbia serbato in libertà una "condotta regolare".

(3) Articolo abrogato dall'art. 299, d.P.R. 30.5.2002, n. 115.

57. Legittimazione alla richiesta di misure (1).

1. Le misure alternative e quelle di cui agli articoli 30, 30-*ter*, 52,53 e 54 nonché all'articolo 6 del decreto del Presidente della Repubblica 30 maggio 2002, n. 115, possono essere richieste dal condannato, dall'internato, dai loro prossimi congiunti, dal difensore, ovvero proposte dal gruppo di osservazione e trattamento.

(1) Articolo modificato dall'art. 299, d.P.R. 30.5.2002, n. 115, e, poi, sostituito dall'art. 7, co. 1, lett. b), d.lgs. 2.10.2018, n. 12[illegible].

58. Comunicazione all'autorità di pubblica sicurezza.

Dei provvedimenti previsti dal presente capo ed adottati dal magistrato o dalla sezione di sorveglianza, [esclusi quelli di cui all'art. 56,] è data immediata comunicazione all'autorità provinciale di pubblica sicurezza a cura della cancelleria (1).

Alle attività di controllo partecipa, ove richiesta, la polizia penitenziaria, secondo le indicazioni del direttore dell'ufficio di esecuzione penale esterna e previo coordinamento con l'autorità di pubblica sicurezza. Tali attività riguardano esclusivamente l'osservanza delle prescrizioni inerenti alla dimora, alla libertà di locomozione, ai divieti di frequentare determinati locali o persone e di detenere armi (2).

Le attività di controllo sono svolte con modalità tali da garantire il rispetto dei diritti dell'interessato e dei suoi familiari e conviventi, da recare il minor pregiudizio possibile al processo di reinserimento sociale e la minore interferenza con lo svolgimento di attività lavorative (3).

(1) Articolo modificato dall'art. 299, d.P.R. 30.5.2002, n. 115, con la decorrenza indicata dall'art. 302 del medesimo decreto.
(2) Comma introdotto dall'art. 8, co. 1, d.lgs. 2.10.2018, n. 123.
(3) Comma introdotto dall'art. 8, co. 1, d.lgs. 2.10.2018, n. 123.

58 bis. Iscrizione nel casellario giudiziale.

[Nel casellario giudiziale sono iscritti i provvedimenti della sezione di sorveglianza relativi alla irrogazione e alla revoca delle misure alternative alla pena detentiva (1).]

(1) Articolo introdotto dall'art. 74, l. 24.11.1981, n. 689 e, poi, abrogato dall'art. 52, d.P.R. 14.11.2002, n. 313, con effetto a decorrere dalla data prevista dall'art. 55 del medesimo decreto. Le disposizioni qui previste sono ora contenute dall'art. 3, d.P.R. n. 313/2002.

58 ter. Persone che collaborano con la giustizia (1).

1. I limiti di pena previsti dalle disposizioni del comma 1 dell'art. 21, del comma 4 dell'art. 30-*ter* e del comma 2 dell'art. 50, concernenti le persone condannate per taluno dei delitti indicati nei commi 1, 1-*ter* e 1-*quater* dell'art. 4-*bis*, non si applicano a coloro che, anche dopo la condanna, si sono adoperati per evitare che l'attività delittuosa sia portata a conseguenze ulteriori ovvero hanno aiutato concretamente l'autorità di polizia o l'autorità giudiziaria nella raccolta di elementi decisivi per la ricostruzione dei fatti e per l'individuazione o la cattura degli autori dei reati (2).

2. Le condotte indicate nel comma 1 sono accertate dal tribunale di sorveglianza, assunte le necessarie informazioni e sentito il pubblico ministero presso il giudice competente per i reati in ordine ai quali è stata prestata la collaborazione.

(1) Articolo introdotto dall'art. 1, d.l. 13.5.1991, n. 152, conv., con modif., dalla l. 12.7.1991, n. 203.
(2) Comma modificato dall'art. 21, l. 13.2.2001, n. 45 e, poi, dall'art. 2, co. 27, lett. b), l. 15.7.2009, n. 94.

58 quater. Divieto di concessione di benefici (1) (2).

1. L'assegnazione al lavoro all'esterno, i permessi premio, l'affidamento in prova al servizio sociale, nei casi previsti dall'articolo 47, la detenzione domiciliare e la semilibertà non possono essere concessi al condannato che sia stato riconosciuto colpevole di una condotta punibile a norma dell'articolo 385 del codice penale (3) (4).

2. La disposizione del comma 1 si applica anche al condannato nei cui confronti è stata disposta la revoca di una misura alternativa ai sensi dell'art. 47, comma 11, dell'art. 47-*ter*, comma 6, o dell'art. 51, primo comma (5).

3. Il divieto di concessione dei benefici opera per un periodo di tre anni dal momento in cui è ripresa l'esecuzione della custodia o della pena o è stato emesso il provvedimento di revoca indicato nel comma 2.

4. I condannati per i delitti di cui agli articoli 289-*bis* e 630 del codice penale che abbiano cagionato la morte del sequestrato non sono ammessi ad alcuno dei benefici indicati nel comma 1 dell'art. 4-*bis* se non abbiano effettivamente espiato almeno i due terzi della pena irrogata o, nel caso dell'ergastolo, almeno ventisei anni (6) (7).

5. Oltre a quanto previsto dai commi 1 e 3, l'assegnazione al lavoro all'esterno, i permessi premio e le misure alternative alla detenzione previste dal capo VI non possono essere concessi, o se già concessi sono revocati, ai condannati per taluni dei delitti indicati nei commi 1, 1-*ter* e 1-*quater* dell'art. 4-*bis*, nei cui confronti si procede o è pronunciata condanna per un delitto doloso punito con la pena della reclusione non inferiore nel massimo a tre anni, commesso da chi ha posto in essere una condotta punibile a norma dell'articolo 385 del codice penale ovvero durante il lavoro all'esterno o la fruizione di un permesso premio o di una misura alternativa alla detenzione (8).

6. Ai fini dell'applicazione della disposizione di cui al comma 5, l'autorità che procede per il nuovo delitto ne dà comunicazione al magistrato di sorveglianza del luogo di ultima detenzione dell'imputato (9).

7. Il divieto di concessione dei benefici di cui al comma 5 opera per un periodo di cinque anni dal momento in cui è ripresa l'esecuzione della custodia o della pena o è stato emesso il provvedimento di revoca della misura (10).

7-bis. L'affidamento in prova al servizio sociale nei casi previsti dall'articolo 47, la detenzione domiciliare e la semilibertà non possono essere concessi più di una volta al condannato al quale sia stata applicata la recidiva prevista dall'articolo 99, quarto comma, del codice penale (11) (12).

(1) Articolo introdotto dall'art. 1, d.l. 13.5.1991, n. 152.
(2) La Corte costituzionale, con sentenza 18.7.2019, n. 187, ha dichiarato l'illegittimità costituzionale dei co. 1, 2 e 3, di questo articolo, nella parte in cui, nel loro combinato disposto, prevedono che non possa essere concessa, per la durata di tre anni, la detenzione domiciliare speciale, prevista dall'art. 47 quinquies della stessa l. n. 354 del 1975, al condannato nei cui confronti è stata disposta la revoca di una delle misure indicate nel co. 2 di questo articolo.
(3) Comma sostituito dall'art. 7, l. 5.12.2005, n. 251.
(4) La Corte costituzionale, con sentenza 16.3.2007, n. 79, ha dichiarato l'illegittimità costituzionale di questo comma, nella parte in cui non prevede che i benefici in essi indicati possano essere concessi, sulla base della normativa previgente, nei confronti dei condannati che, prima della entrata in vigore della l. n. 251/2005, abbiano raggiunto un grado di rieducazione adeguato ai benefici richiesti.
(5) La Corte costituzionale, con sentenza 1.12.1999, n. 436, ha dichiarato l'illegittimità costituzionale di questo comma, nella parte in cui si riferisce ai minorenni.
(6) La Corte costituzionale, con sentenza 11.7.2018, n. 149, ha dichiarato l'illegittimità costituzionale di questo comma, nella parte in cui si ap-

plica ai condannati all'ergastolo per il delitto di cui all'art. 630 del codice penale che abbiano cagionato la morte del sequestrato. Dichiara altresì, in via consequenziale ai sensi dell'art. 27 della l. 11.3.1953, n. 87, l'illegittimità costituzionale di questo comma, nella parte in cui si applica ai condannati all'ergastolo per il delitto di cui all'art. 289 bis del codice penale che abbiano cagionato la morte del sequestrato.

(7) La Corte costituzionale, con sentenza 8.11.2019, n. 229, ha dichiarato l'illegittimità costituzionale di questo comma, nella parte in cui si applica ai condannati a pena detentiva temporanea per il delitto di cui all'art. 630 del codice penale che abbiano cagionato la morte del sequestrato. Ha dichiarato altresì, in via consequenziale, ai sensi dell'art. 27 della l. 11.3.1953, n. 87 (Norme sulla costituzione e sul funzionamento della Corte costituzionale), l'illegittimità costituzionale dell'art. 58 quater, co. 4, ord. pen., nella parte in cui si applica ai condannati a pena detentiva temporanea per il delitto di cui all'art. 289 bis c.p. che abbiano cagionato la morte del sequestrato.

(8) Comma introdotto dall'art. 14 d.l. 8.6.1992, n. 306, conv., con modif., dalla l. 7.8.1992, n. 356 e, successivamente, modificato dall'art. 2, co. 27, lett. b), l. 15.7.2009, n. 94.

(9) Comma introdotto dall'art. 14 d.l. 8.6.1992, n. 306, conv., con modif., dalla l. 7.8.1992, n. 356.

(10) Comma introdotto dall'art. 14 d.l. 8.6.1992, n. 306, conv., con modif., dalla l. 7.8.1992, n. 356.

(11) Comma introdotto dall'art. 7 l. 5.12.2005, n. 251.

(12) La Corte costituzionale, con sentenza 16.3.2007, n. 79, ha dichiarato l'illegittimità costituzionale di questo comma, nella parte in cui non prevede che i benefici in essi indicati possano essere concessi, sulla base della normativa previgente, nei confronti dei condannati che, prima della entrata in vigore l. n. 251/2005, abbiano raggiunto un grado di rieducazione adeguato ai benefici richiesti.

58 quinquies. Particolari modalità di controllo nell'esecuzione della detenzione domiciliare (1).

1. Nel disporre la detenzione domiciliare, il magistrato o il tribunale di sorveglianza possono prescrivere procedure di controllo anche mediante mezzi elettronici o altri strumenti tecnici, conformi alle caratteristiche funzionali e operative degli apparati di cui le Forze di polizia abbiano l'effettiva disponibilità. Allo stesso modo può provvedersi nel corso dell'esecuzione della misura. Si applicano, in quanto compatibili, le disposizioni di cui all'articolo 275-*bis* del codice di procedura penale.

(1) Articolo introdotto dall'art. 3, co. 1, lett. h), d.l. 23.12.2013, n. 146, conv., con modif., dalla l. 21.2.2014, n. 10, con la decorrenza indicata al co. 2 del medesimo art. 3, d.l. n. 146/2013.

TITOLO II
Disposizioni relative alla organizzazione penitenziaria

Capo I
Istituti penitenziari

59. Istituti per adulti.

Gli istituti per adulti dipendenti dall'amministrazione penitenziaria si distinguono in:

1) istituti di custodia preventiva;
2) istituti per l'esecuzione delle pene;
3) istituti per l'esecuzione delle misure di sicurezza;
4) centri di osservazione.

60. Istituti di custodia preventiva.

Gli istituti di custodia preventiva si distinguono in case mandamentali e circondariali.

Le case mandamentali assicurano la custodia degli imputati a disposizione del pretore. Esse sono istituite nei capoluoghi di mandamento che non sono sede di case circondariali.

Le case circondariali assicurano la custodia degli imputati a disposizione di ogni autorità giudiziaria. Esse sono istituite nei capoluoghi di circondario.

Le case mandamentali e circondariali assicurano altresì la custodia delle persone fermate o arrestate dall'autorità di pubblica sicurezza o dagli organi di polizia giudiziaria e quella dei detenuti e degli internati in transito.

Può essere istituita una sola casa mandamentale o circondariale rispettivamente per più mandamenti o circondari.

61. Istituti per l'esecuzione delle pene.

Gli istituti per l'esecuzione delle pene si distinguono in:

1) case di arresto, per l'esecuzione della pena dell'arresto.
Sezioni di case di arresto possono essere istituite presso le case di custodia mandamentali o circondariali;
2) case di reclusione, per l'esecuzione della pena della reclusione.
Sezioni di case di reclusione possono essere istituite presso le case di custodia circondariali.

Per esigenze particolari, e nei limiti e con le modalità previste dal regolamento, i condannati alla pena dell'arresto o della reclusione possono essere assegnati alle case di custodia preventiva; i condannati alla pena della reclusione possono essere altresì assegnati alle case di arresto.

62. Istituti per l'esecuzione delle misure di sicurezza detentive.

Gli istituti per l'esecuzione delle misure di sicurezza detentive si distinguono in: colonie agricole, case di lavoro; case di cura e custodia; ospedali psichiatrici giudiziari.

In detti istituti si eseguono le misure di sicurezza rispettivamente previste dai numeri 1, 2 e 3 del primo capoverso dell'articolo 215 del codice penale.

Possono essere istituite:

sezioni per l'esecuzione della misura di sicurezza della colonia agricola presso una casa di lavoro e viceversa;

sezioni per l'esecuzione della misura di sicurezza della casa di cura e di custodia presso un ospedale psichiatrico giudiziario;

sezioni per l'esecuzione delle misure di sicurezza della colonia agricola e della casa di lavoro presso le case di reclusione.

63. Centri di osservazione.

I centri di osservazione sono costituiti come istituti autonomi o come sezioni di altri istituti.

I predetti svolgono direttamente le attività di osservazione indicate nell'articolo 13 e prestano consulenze per le analoghe attività di osservazione svolte nei singoli istituti.

Le risultanze dell'osservazione sono inserite nella cartella personale.

Su richiesta dell'autorità giudiziaria possono essere assegnate ai detti centri per la esecuzione di perizie medico-legali anche le persone sottoposte a procedimento penale.

I centri di osservazione svolgono, altresì, attività di ricerca scientifica.

64. Differenziazione degli istituti per l'esecuzione delle pene e delle misure di sicurezza.

I singoli istituti devono essere organizzati con caratteristiche differenziate in relazione alla posizione giuridica dei detenuti e degli internati e alle necessità di trattamento individuale o di gruppo degli stessi.

65. Istituti per infermi e minorati.

I soggetti affetti da infermità o minorazioni fisiche o psichiche devono essere assegnati ad istituti o sezioni speciali per idoneo trattamento.

A tali istituti o sezioni sono assegnati i soggetti che, a causa delle loro condizioni, non possono essere sottoposti al regime degli istituti ordinari.

66. Costituzione, trasformazione e soppressione degli istituti.

La costituzione, la trasformazione, la soppressione degli istituti penitenziari nonché delle sezioni sono disposte con decreto ministeriale.

67. Visite agli istituti.

Gli istituti penitenziari possono essere visitati senza autorizzazione da:

a) il Presidente del Consiglio dei Ministri e il presidente della Corte costituzionale;
b) i ministri, i giudici della Corte costituzionale, i Sottosegretari di Stato, i membri del Parlamento e i componenti del Consiglio superiore della magistratura;
c) il presidente della corte d'appello, il procuratore generale della Repubblica presso la corte d'appello, il presidente del tribunale e il procuratore della Repubblica presso il tribunale, il pretore, i magistrati di sorveglianza, nell'ambito delle rispettive giurisdizioni; ogni altro magistrato per l'esercizio delle sue funzioni;
d) i consiglieri regionali e il commissario di Governo per la regione, nell'ambito della loro circoscrizione;
e) l'ordinario diocesano per l'esercizio del suo ministero;
f) il prefetto e il questore della provincia; il medico provinciale;
g) il direttore generale per gli istituti di prevenzione e di pena e i magistrati e i funzionari da lui delegati;
h) gli ispettori generali dell'amministrazione penitenziaria;
i) l'ispettore dei cappellani;
l) gli ufficiali del corpo degli agenti di custodia;
l-*bis*) *i garanti dei diritti dei detenuti comunque denominati* [1];
l-*ter*) i membri del Parlamento europeo [2];
l-*quater*) Il Garante nazionale dei diritti delle persone con disabilità di cui all'articolo 2, comma 2, lettera f), della legge 22 dicembre 2021, n. 227 [3].

L'autorizzazione non occorre nemmeno per coloro che accompagnano le persone di cui al comma precedente per ragioni del loro ufficio e per il personale indicato nell'art. 18-*bis* [4].

Gli ufficiali e gli agenti di polizia giudiziaria possono accedere agli istituti, per ragioni del loro ufficio, previa autorizzazione dell'autorità giudiziaria.

Possono accedere agli istituti, con l'autorizzazione del direttore, i ministri del culto cattolico e di altri culti.

(1) Lettera introdotta dall'art. 12 bis, co. 1, lett. b), d.l. 30.12.2008, n. 207, conv., con modif., dalla l. 27.2.2009, n. 14.
(2) Lettera introdotta dall'art. 2 bis, co. 1, lett. a), d.l. 22.12.2011 n. 211, conv., con modif., dalla l. 17.2.2012, n. 9.
(3) Lettera aggiunta dall'art. 8, co. 1, d.lgs. 5.2.2024, n. 20.
(4) Comma modificato dall'art. 16 d.l. 8.6.1992, n. 306, conv., con modif., dalla l. 7.8.1992, n. 356.

67 bis. Visite alle camere di sicurezza [1]**.**

1. Le disposizioni di cui all'articolo 67 si applicano anche alle camere di sicurezza.

(1) Articolo introdotto dall'art. 2 bis, co. 1, lett. b), d.l. 22.12.2011 n. 211, conv., con modif., dalla l. 17.2.2012, n. 9.

Capo II
Giudici di sorveglianza [1]

(1) Da intendere: Magistrati di sorveglianza.

68. Uffici di sorveglianza [1]**.**

1. Gli uffici di sorveglianza sono costituiti nelle sedi di cui alla tabella A allegata alla presente legge e hanno giurisdizione sulle circoscrizioni dei tribunali in essa indicati.

2. Ai suddetti uffici, per l'esercizio delle funzioni rispettivamente elencate negli articoli 69, 70 e 70-*bis*, sono assegnati magistrati di cassazione, di appello e di tribunale nonché personale del ruolo delle cancellerie e segreterie giudiziarie e personale esecutivo e subalterno. Il personale amministrativo di cui al periodo precedente non può essere destinato temporaneamente ad altri uffici del distretto giudiziario di appartenenza senza il nulla-osta del presidente del tribunale di sorveglianza [2].

3. Con decreto del presidente della Corte di appello può essere temporaneamente destinato a esercitare le funzioni del magistrato di sorveglianza mancante o impedito un giudice avente la qualifica di magistrato di cassazione, di appello o di tribunale.

4. I magistrati che esercitano funzioni di sorveglianza non debbono essere adibiti ad altre funzioni giudiziarie. Possono altresì avvalersi, con compiti meramente ausiliari nell'esercizio delle loro funzioni, di assistenti volontari individuati sulla base dei criteri indicati nell'articolo 78, la cui attività non può essere retribuita [3].

(1) Articolo modificato dall'art. 7, l. 12.1.1977, n. 1 e, successivamente, sostituito dall'art. 20, l. 10.10.1986, n. 663.

(2) Comma modificato dall'art. 4, co. 1 d.l. 31.8.2016, n. 168, conv., con modif., dalla l. 25.10.2016, n. 197.
(3) Comma modificato dall'art. 1, co. 2, d.l. 26.6.2014, n. 92, conv., con modif., dalla l. 11.8.2014, n. 117.

69. Funzioni e provvedimenti del magistrato di sorveglianza [1] [2].

1. Il magistrato di sorveglianza vigila sulla organizzazione degli istituti di prevenzione e di pena e prospetta al Ministro le esigenze dei vari servizi, con particolare riguardo alla attuazione del trattamento rieducativo.

2. Esercita, altresì, la vigilanza diretta ad assicurare che l'esecuzione della custodia degli imputati sia attuata in conformità delle leggi e dei regolamenti.

3. Sovraintende all'esecuzione delle misure di sicurezza personali.

4. Provvede al riesame della pericolosità ai sensi del primo e secondo comma dell'articolo 208 del codice penale, nonché all'applicazione, esecuzione, trasformazione o revoca, anche anticipata, delle misure di sicurezza. Provvede altresì, con decreto motivato, in occasione dei provvedimenti anzidetti, alla eventuale revoca della dichiarazione di delinquenza abituale, professionale o per tendenza di cui agli articoli 102, 103, 104, 105 e 108 del codice penale.

5. Approva, con decreto, il programma di trattamento di cui al terzo comma dell'articolo 13, ovvero, se ravvisa in esso elementi che costituiscono violazione dei diritti del condannato o dell'internato, lo restituisce, con osservazioni, al fine di una nuova formulazione.

Approva, con decreto, il provvedimento di ammissione al lavoro all'esterno. Impartisce, inoltre, [nel corso del trattamento,] disposizioni dirette ad eliminare eventuali violazioni dei diritti dei condannati e degli internati [3].

6. Provvede a norma dell'articolo 35-*bis* sui reclami dei detenuti e degli internati concernenti:

a) le condizioni di esercizio del potere disciplinare, la costituzione e la competenza dell'organo disciplinare, la contestazione degli addebiti e la facoltà di discolpa; nei casi di cui all'articolo 39, comma 1, numeri 4 e 5, è valutato anche il merito dei provvedimenti adottati;
b) l'inosservanza da parte dell'amministrazione di disposizioni previste dalla presente legge e dal relativo regolamento, dalla quale derivi al detenuto o all'internato un attuale e grave pregiudizio all'esercizio dei diritti [4].

7. Provvede, con decreto motivato, sui permessi, sulle licenze ai detenuti semiliberi ed agli internati, e sulle modifiche relative all'affidamento in prova al servizio sociale e alla detenzione domiciliare.

8. Provvede con ordinanza sulla riduzione di pena per la liberazione anticipata e sulla remissione del debito, nonché sui ricoveri previsti dall'articolo 148 del codice penale [5].

9. Esprime motivato parere sulle proposte e le istanze di grazia concernenti i detenuti.

10. Svolge, inoltre, tutte le altre funzioni attribuitegli dalla legge.

(1) Articolo modificato dall'art. 8, l. 12.1.1977, n. 1 successivamente sostituito dall'art. 21, l. 10.10.1986, n. 663.
(2) La Corte costituzionale, con sentenza 11.2.1999, n. 26, ha dichiarato l'illegittimità costituzionale di questo articolo, nel testo modificato dalla legge 663/1986, nella parte in cui non prevede una tutela giurisdizionale nei confronti degli atti dell'amministrazione penitenziaria lesivi di diritti di coloro i quali sono sottoposti a restrizione della libertà personale.
(3) Comma modificato dall'art. 3, co. 1, lett. i), n. 1), d.l. 23.12.2013, n. 146, conv., con modif., dalla l. 21.2.2014, n. 10.
(4) Comma sostituito dall'art. 3, co. 1, lett. i), n. 2), d.l. 23.12.2013, n. 146, conv., con modif., dalla l. 21.2.2014, n. 10. La Corte costituzionale, con sentenza 27.10.2006, n. 341, aveva dichiarato l'illegittimità costituzionale della lett. a) di questo comma, nella sua formulazione precedente.
(5) Comma sostituito dall'art. 1, co. 1, l. 19.12.2002, n. 277.

69 bis. Procedimento in materia di liberazione anticipata [1].

1. Sull'istanza di concessione della liberazione anticipata, il magistrato di sorveglianza provvede con ordinanza, adottata in camera di consiglio senza la presenza delle parti, che è comunicata o notificata senza ritardo ai soggetti indicati nell'articolo 127 del codice di procedura penale.

2. Il magistrato di sorveglianza decide non prima di quindici giorni dalla richiesta del parere al pubblico ministero e anche in assenza di esso [2].

3. Avverso l'ordinanza di cui al comma 1 il difensore, l'interessato e il pubblico ministero possono, entro dieci giorni dalla comunicazione o notificazione, proporre reclamo al tribunale di sorveglianza competente per territorio.

4. Il tribunale di sorveglianza decide ai sensi dell'articolo 678 del codice di procedura penale. Si applicano le disposizioni del quinto e del sesto comma dell'articolo 30-*bis*.

[**5.** Il tribunale di sorveglianza, ove nel corso dei procedimenti previsti dall'articolo 70, comma 1, sia stata presentata istanza per la concessione della liberazione anticipata, può trasmetterla al magistrato di sorveglianza.] [3]

(1) Articolo introdotto dall'art. 1, l. 19.12.2002, n. 277.
(2) Secondo quanto previsto dall'art. 1, co. 5, l. 26.11.2010, n. 199, il termine di cui al presente comma è ridotto a cinque giorni.
(3) Comma abrogato dall'art. 3, co. 1, lett. d), d.lgs. 2.10.2018, n. 123.

70. Funzioni e provvedimenti del tribunale di sorveglianza [1].

1. In ciascun distretto di corte d'appello e in ciascuna circoscrizione territoriale di sezione distaccata di corte d'appello è costituito un tribunale di sorveglianza competente per l'affidamento in prova al servizio sociale, la detenzione domiciliare, la detenzione domiciliare speciale, la semilibertà, la liberazione condizionale, la revoca o cessazione dei suddetti benefici, nonché della riduzione di pena per la liberazione anticipata, il rinvio obbligatorio o facoltativo dell'esecuzione delle pene detentive ai sensi degli articoli 146 e 147, numeri 2) e

3), del codice penale, nonché per ogni altro provvedimento ad esso attribuito dalla legge (2).

2. Il tribunale di sorveglianza decide inoltre in sede di appello sui ricorsi avverso i provvedimenti di cui al comma 4 dell'articolo 69. Il magistrato che ha emesso il provvedimento non fa parte del collegio.

3. Il tribunale è composto da tutti i magistrati di sorveglianza in servizio nel distretto o nella circoscrizione territoriale della sezione distaccata di corte d'appello e da esperti scelti fra le categorie indicate nel quarto comma dell'articolo 80, nonché fra docenti di scienze criminalistiche.

4. Gli esperti effettivi e supplenti sono nominati dal Consiglio superiore della magistratura in numero adeguato alle necessita del servizio presso ogni tribunale per periodi triennali rinnovabili.

5. I provvedimenti del tribunale sono adottati da un collegio composto dal presidente o, in sua assenza o impedimento, dal magistrato di sorveglianza che lo segue nell'ordine delle funzioni giudiziarie e, a parità di funzioni, nell'anzianità; da un magistrato di sorveglianza e da due fra gli esperti di cui al precedente comma 4.

6. Uno dei due magistrati ordinari deve essere il magistrato di sorveglianza sotto la cui giurisdizione è posto il condannato o l'internato in ordine alla cui posizione si deve provvedere.

7. La composizione dei collegi giudicanti è annualmente determinata secondo le disposizioni dell'ordinamento giudiziario.

8. Le decisioni del tribunale sono emesse con ordinanza in camera di consiglio; in caso di parità di voti prevale il voto del presidente.

9. *Omissis* (3).

(1) Articolo modificato dall'art. 9, l. 12.1.1977, n. 1 e, poi, sostituito dall'art. 22, l. 10.10.1986, n. 663.
(2) Comma modificato dall'art. 8, l. 8.3.2001, n. 40 e, poi, dall'art. 2 l. 19.12.2002, n. 277.
(3) Comma abrogato dall'art. 299 d.P.R. 30.5.2002, n. 115, con la decorrenza indicata dall'art. 302 del medesimo decreto.

70 bis. Presidente del tribunale di sorveglianza (1).

1. Le funzioni di presidente del tribunale di sorveglianza sono conferite a un magistrato di cassazione o, per i tribunali istituiti nelle sezioni distaccate di corte d'appello, a un magistrato d'appello.

2. Il presidente del tribunale, fermo l'espletamento delle funzioni di magistrato di sorveglianza nell'ufficio di appartenenza, provvede:

a) a dirigere e ad organizzare le attività del tribunale di sorveglianza;
b) a coordinare, in via organizzativa, in funzione del disbrigo degli affari di competenza del tribunale, l'attività degli uffici di sorveglianza compresi nella giurisdizione del tribunale medesimo;
c) a disporre le applicazioni dei magistrati e del personale ausiliario nell'ambito dei vari uffici di sorveglianza nei casi di assenza, impedimento o urgenti necessità di servizio;
d) a richiedere al presidente della corte di appello l'emanazione dei provvedimenti di cui al comma 3 dell'articolo 68;
e) a proporre al Consiglio superiore della magistratura la nomina degli esperti effettivi o supplenti componenti del tribunale e a compilare le tabelle per gli emolumenti loro spettanti;
f) a svolgere tutte le altre attività a lui riservate dalla legge e dai regolamenti.

(1) Articolo introdotto dall'art. 23, l. 10.10.1986, n. 663.

70 ter. Nuove denominazioni (1).

1. Le denominazioni "sezione di sorveglianza" e "giudice di sorveglianza" di cui alle leggi vigenti sono rispettivamente sostituite dalle seguenti: "tribunale di sorveglianza" e "magistrato di sorveglianza".

2. Per il funzionamento del tribunale di sorveglianza nonché degli uffici di sorveglianza di cui all'articolo 68 si provvede con assegnazioni dirette di fondi e di attrezzature mediante prelievo delle somme necessarie dagli appositi capitoli del bilancio di previsione del Ministero della giustizia.

(1) Articolo introdotto dall'art. 24, l. 10.10.1986, n. 663.

Capo II bis
Procedimento di sorveglianza (1)

(1) Intitolazione del Capo introdotta dall'art. 10, l. 12.1.1977, n. 1.

71. Norme generali.

1. Per l'adozione dei provvedimenti di competenza del tribunale di sorveglianza espressamente indicati nei commi 1 e 2 dell'articolo 70, nonché dei provvedimenti del magistrato di sorveglianza in materia di remissione del debito, di ricoveri di cui all'articolo 148 del codice penale, di applicazione, esecuzione, trasformazione o revoca anche anticipata delle misure di sicurezza e di quelli relativi all'accertamento dell'identità personale ai fini delle dette misure, si applica il procedimento di cui ai commi e agli articoli seguenti.

2. Il presidente del tribunale o il magistrato di sorveglianza, a seguito di richiesta o di proposta ovvero di ufficio, invita l'interessato ad esercitare la facoltà di nominare un difensore. Se l'interessato non vi provvede entro cinque giorni dalla comunicazione dell'invito, il difensore è nominato di ufficio dal presidente del tribunale o dal magistrato di sorveglianza. Successivamente il presidente del tribunale o il magistrato di sorveglianza fissa con decreto il giorno della trattazione e ne fa comunicare avviso al pubblico ministero, all'interessato e al difensore almeno cinque giorni prima di quello stabilito.

3. La competenza spetta al tribunale o al magistrato di sorveglianza che hanno giurisdizione sull'istituto di prevenzione o di pena in cui si trova l'interessato all'atto della richiesta o della proposta o all'inizio d'ufficio del procedimento.

4. Se l'interessato non è detenuto o internato, la competenza spetta al tribunale o al magistrato di sorveglianza che hanno giurisdizione nel luogo in cui l'interessato ha la residenza o il domicilio. Nel caso in cui non sia possibile determinare la competenza secondo il criterio sopra indicato, si applica la disposizione del secondo comma dell'articolo 635 del codice di procedura penale.

5. Le disposizioni contenute nel capo I del titolo V del libro IV del codice di procedura penale sono applicabili in quanto non diversamente disposto dalla presente legge. L'articolo 641 del codice di procedura penale resta in vigore limitatamente ai casi di cui all'articolo 212 dello stesso codice [1].

(1) Articolo sostituito, prima, dall'art. 11, l. 12.1.1977, n. 1 e, poi, dall'art. 25, l. 10.10.1986, n. 663.

71 bis. Udienza [1].

L'udienza si svolge con la partecipazione del difensore e del rappresentante dell'ufficio del pubblico ministero. L'interessato può partecipare personalmente alla discussione e presentare memorie.

Le funzioni di pubblico ministero sono esercitate, davanti alla sezione di sorveglianza, dal procuratore generale presso la corte d'appello e, davanti al magistrato di sorveglianza, dal procuratore della Repubblica presso il tribunale della sede dell'ufficio di sorveglianza.

I provvedimenti della sezione e del magistrato di sorveglianza sono emessi sulla base dell'acquisizione in udienza dei documenti relativi all'osservazione e al trattamento nonché, quando occorre, svolgendo i necessari accertamenti ed avvalendosi della consulenza dei tecnici del trattamento.

L'ordinanza che conclude il procedimento di sorveglianza è comunicata al pubblico ministero, all'interessato e al difensore nel termine di dieci giorni dalla data della deliberazione.

(1) Articolo introdotto dall'art. 11, l. 12.1.1977, n. 1.

71 ter. Ricorso per cassazione [1].

1. Avverso le ordinanze del tribunale di sorveglianza e del magistrato di sorveglianza, il pubblico ministero, l'interessato e, nei casi di cui agli articoli 14-*ter* e 69, comma 6, l'amministrazione penitenziaria, possono proporre ricorso per cassazione per violazione di legge entro dieci giorni dalla comunicazione del provvedimento. Si applicano le disposizioni del terzo comma dell'articolo 640 del codice di procedura penale. Si applica, altresì, l'ultimo comma dell'articolo 631 del codice di procedura penale.

(1) Articolo introdotto dall'art. 11, l. 12.1.1977, n. 1 e, successivamente, sostituito dall'art. 26, l. 10.10.1986, n. 663.

71 quater. Comunicazioni [1].

Le comunicazioni all'interessato degli avvisi e dei provvedimenti previsti negli articoli precedenti sono effettuati ai sensi dell'articolo 645 del codice di procedura penale.

(1) Articolo introdotto dall'art. 11 l. 12.1.1977, n. 1.

71 quinquies. Revoca [1].

[Alla revoca delle riduzioni di pena, ai sensi del terzo comma dell'articolo 54 quando la condanna è intervenuta successivamente alla liberazione anticipata, la sezione di sorveglianza provvede secondo le modalità stabilite per gli incidenti di esecuzione.]

(1) Articolo introdotto dall'art. 11, l. 12.1.1977, n. 1 e, poi, abrogato dall'art. 27, l. 10.10.1986, n. 663.

71 sexies. Inammissibilità [1].

Qualora l'istanza per l'adozione dei provvedimenti indicati nel primo comma dell'articolo 71, appaia manifestamente infondata per difetto delle condizioni di legge, ovvero costituisca mera riproposizione di una istanza già rigettata, basata sui medesimi elementi, il presidente, sentito il pubblico ministero, emette decreto motivato con il quale dichiara inammissibile l'istanza e dispone non farsi luogo a procedimento di sorveglianza.

Il decreto è comunicato entro cinque giorni all'interessato, il quale ha facoltà di proporre opposizione nel termine di cinque giorni dalla comunicazione stessa facendo richiesta di trattazione.

A seguito dell'opposizione, il presidente della sezione dà corso al procedimento di sorveglianza.

(1) Articolo introdotto dall'art. 11, l. 12.1.1977, n. 1.

Capo III
Esecuzione penale esterna ed assistenza [1]

(1) Rubrica così sostituita dall'art. 3, l. 27.7.2005, n. 154.

72. Uffici locali di esecuzione penale esterna [1].

1. Gli uffici locali di esecuzione penale esterna dipendono dal Ministero della giustizia e la loro organizzazione è disciplinata con regolamento adottato dal Ministro ai sensi dell'articolo 17, comma 3, della legge 23 agosto 1988, n. 400, e successive modificazioni.

2. Gli uffici:

a) svolgono, su richiesta dell'autorità giudiziaria, le inchieste utili a fornire i dati occorrenti per l'applicazione, la modificazione, la proroga e la revoca delle misure di sicurezza;
b) svolgono le indagini socio-familiari e l'attività di osservazione del comportamento per l'applicazione delle misure alternative alla detenzione ai condannati [2];
c) propongono all'autorità giudiziaria il programma di trattamento da applicare ai condannati che chiedono di essere ammessi all'affidamento in prova e alla detenzione domiciliare;
d) controllano l'esecuzione dei programmi da parte degli ammessi alle misure alternative, ne riferiscono all'autorità giudiziaria, proponendo eventuali interventi di modificazione o di revoca;
e) su richiesta delle direzioni degli istituti penitenziari, prestano consulenza per favorire il buon esito del trattamento penitenziario;
f) svolgono ogni altra attività prescritta dalla legge e dal regolamento.

(1) Articolo sostituito dall'art. 3, l. 27.7.2005, n. 154.
(2) Lettera modificata dall'art. 9, co. 1, d.lgs. 2.10.2018, n. 123.

73. Cassa per il soccorso e l'assistenza alle vittime del delitto.

Presso la direzione generale per gli istituti di prevenzione e di pena è costituita la cassa per il soccorso e l'assistenza alle vittime del delitto.

La cassa ha personalità giuridica, è amministrata con le norme della contabilità di Stato e può avvalersi del patrocinio dell'Avvocatura dello Stato.

Per il bilancio, l'amministrazione e il servizio della cassa di applicano le norme previste dall'articolo 4 della legge 9 maggio 1932, n. 547.

La cassa è amministrata da un consiglio composto:

1) dal direttore generale per gli istituti di prevenzione e di pena, presidente;
2) da un rappresentante del Ministero del tesoro;
3) da un rappresentante del Ministero dell'interno.

Le funzioni di segretario sono esercitate dal direttore dell'ufficio della direzione generale per gli istituti di prevenzione e di pena, competente per l'assistenza.

Nessuna indennità o retribuzione è dovuta alle persone suddette.

Il patrimonio della cassa è costituito, oltre che dai lasciti, donazioni o altre contribuzioni, dalle somme costituenti le differenze fra mercede e remunerazione di cui all'articolo 23.

I fondi della cassa sono destinati a soccorrere e ad assistere le vittime che a causa del delitto si trovino in condizioni di comprovato bisogno.

74. Consigli di aiuto sociale.

Nel capoluogo di ciascun circondario è costituito un consiglio di aiuto sociale, presieduto dal presidente del tribunale o da un magistrato da lui delegato, e composto dal presidente del tribunale dei minorenni o da un altro magistrato da lui designato, da un magistrato di sorveglianza, da un rappresentante della regione, da un rappresentante della provincia, da un funzionario dell'amministrazione civile dell'interno designato dal prefetto, dal sindaco o da un suo delegato, dal medico provinciale, dal dirigente dell'ufficio provinciale del lavoro, da un delegato dell'ordinario diocesano, dai direttori degli istituti penitenziari del circondario. Ne fanno parte, inoltre, sei componenti nominati dal presidente del tribunale fra i designati da enti pubblici e privati qualificati nell'assistenza sociale.

Il consiglio di aiuto sociale ha personalità giuridica, è sottoposto alla vigilanza del Ministero della giustizia e può avvalersi del patrocinio dell'Avvocatura dello Stato.

I componenti del consiglio di aiuto sociale prestano la loro opera gratuitamente.

Con decreto del Presidente della Repubblica, su proposta del Ministro per la grazia e giustizia, può essere disposta la fusione di più consigli di aiuto sociale in un unico ente.

Alle spese necessarie per lo svolgimento dei compiti del consiglio di aiuto sociale nel settore dell'assistenza penitenziaria e post-penitenziaria si provvede:

1) *con le assegnazioni della cassa delle* ammende di cui all'articolo 4 della legge 9 maggio 1932, n. 547;
2) con lo stanziamento annuale previsto dalla legge 23 maggio 1956, n. 491;
[3) con i proventi delle manifatture carcerarie assegnati annualmente con decreto del Ministro per il tesoro sul bilancio della cassa delle ammende nella misura del cinquanta per cento del loro ammontare;] (1)
4) con i fondi ordinari di bilancio;
5) con gli altri fondi costituenti il patrimonio dell'ente.

Alle spese necessarie per lo svolgimento dei compiti del consiglio di aiuto sociale nel settore del soccorso e dell'assistenza alle vittime del delitto si provvede con le assegnazioni della cassa prevista dall'articolo precedente e con i fondi costituiti da lasciti, donazioni o altre contribuzioni ricevuti dall'ente a tale scopo.

Il regolamento stabilisce l'organizzazione interna e le modalità del funzionamento del consiglio di aiuto sociale, che delibera con la presenza di almeno sette componenti.

(1) Lettera abrogata dall'art. 2, co. 1, lett. l) d.lgs. 2.10.2018, n. 124.

75. Attività del consiglio di aiuto sociale per l'assistenza penitenziaria e post-penitenziaria.

Il consiglio di aiuto sociale svolge le seguenti attività:

1) cura che siano fatte frequenti visite ai liberandi, al fine di favorire, con opportuni consigli e aiuti, il loro reinserimento nella vita sociale;
2) cura che siano raccolte tutte le notizie occorrenti per accertare i reali bisogni dei liberandi e studia il modo di provvedervi, secondo le loro attitudini e le condizioni familiari;
3) assume notizie sulle possibilità di collocamento al lavoro nel circondario e svolge, anche a mezzo del comitato di cui all'articolo 77, opera diretta ad assicurare una occupazione ai liberati che abbiano o stabiliscano residenza nel circondario stesso;
4) organizza, anche con il concorso di enti o di privati, corsi di addestramento e attività lavorative per i liberati che hanno bisogno di integrare la loro preparazione professionale e che non possono immediatamente trovare lavoro; promuovere altresì la frequenza dei liberati ai normali corsi di addestramento e di avviamento professionale predisposti dalle regioni;
5) cura il mantenimento delle relazioni dei detenuti e degli internati con le loro famiglie;
6) segnala alle autorità e agli enti competenti i bisogni delle famiglie dei detenuti e degli internati, che rendono necessari speciali interventi;
7) concede sussidi in denaro o in natura;
8) collabora con i competenti organi per il coordinamento dell'attività assistenziale degli enti e delle associazioni pubbliche e private nonché delle persone che svolgono opera di assistenza e beneficenza diretta ad assicurare il più efficace e appropriato intervento in favore dei liberati e dei familiari dei detenuti e degli internati.

76. Attività del consiglio di aiuto sociale per il soccorso e l'assistenza alle vittime del delitto.

Il consiglio di aiuto sociale presta soccorso, con la

concessione di sussidi in natura o in denaro, alle vittime del delitto e provvede all'assistenza in favore dei minorenni orfani a causa del delitto.

77. Comitato per l'occupazione degli assistiti dal consiglio di aiuto sociale.

Al fine di favorire l'avviamento al lavoro dei dimessi dagli istituti di prevenzione e di pena, presso ogni consiglio di aiuto sociale, ovvero presso l'ente di cui al quarto comma dell'articolo 74, è istituito il comitato per l'occupazione degli assistiti dal consiglio di aiuto sociale.

Di tale comitato, presieduto dal presidente del consiglio di aiuto sociale o da un magistrato da lui delegato, fanno parte quattro rappresentanti rispettivamente dell'industria, del commercio, dell'agricoltura e dell'artigianato locale, designati dal presidente della camera di commercio, industria, artigianato e agricoltura, tre rappresentanti dei datori di lavoro e tre rappresentanti dei prestatori di opera, designati dalle organizzazioni sindacali più rappresentative sul piano nazionale, un rappresentante dei coltivatori diretti, il direttore dell'ufficio provinciale del lavoro e della massima occupazione, un impiegato della carriera direttiva dell'amministrazione penitenziaria e un assistente sociale del centro di servizio sociale di cui all'articolo 72.

I componenti del comitato sono nominati dal presidente del consiglio di aiuto sociale.

Il comitato delibera con la presenza di almeno cinque componenti.

78. Assistenti volontari.

L'amministrazione penitenziaria può, su proposta del magistrato di sorveglianza, autorizzare persone idonee all'assistenza e all'educazione a frequentare gli istituti penitenziari allo scopo di partecipare all'opera rivolta al a sostegno morale dei detenuti e degli internati, e al futuro reinserimento nella vita sociale.

Gli assistenti volontari possono cooperare nelle attività culturali e ricreative dell'istituto sotto la guida del direttore, il quale ne coordina l'azione con quella di tutto il personale addetto al trattamento.

L'attività prevista nei comuni precedenti non può essere retribuita.

Gli assistenti volontari possono collaborare coi centri di servizio sociale per l'affidamento in prova, per il regime di semilibertà e per l'assistenza ai dimessi e alle loro famiglie.

Capo IV
Disposizioni finali e transitorie

79. Minori degli anni diciotto sottoposti a misure penali. Magistratura di sorveglianza [1]**.**

Le norme della presente legge si applicano anche nei confronti dei minori degli anni diciotto sottoposti a misure penali, fino a quando non sarà provveduto con apposita legge.

Nei confronti dei minori di cui al comma precedente e dei soggetti maggiorenni che commisero il reato quando erano minori degli anni diciotto, le funzioni della sezione di sorveglianza e del magistrato di sorveglianza sono esercitate rispettivamente, dal tribunale per i minorenni e dal giudice di sorveglianza presso il tribunale per i minorenni.

Al giudice di sorveglianza per i minorenni non si applica l'ultimo comma dell'articolo 68.

(1) Articolo sostituito dall'art. 12 l. 12.1.1977, n. 1.

80. Personale dell'amministrazione degli istituti di prevenzione e di pena.

Presso gli istituti di prevenzione e di pena per adulti, oltre al personale previsto dalle leggi vigenti, operano gli educatori per adulti e gli assistenti sociali dipendenti dai centri di servizio sociale previsti dall'articolo 72.

L'amministrazione penitenziaria può avvalersi, per lo svolgimento delle attività di osservazione e di trattamento, di personale incaricato giornaliero, entro limiti numerici da concordare annualmente, con il Ministero del tesoro.

Al personale incaricato giornaliero è attribuito lo stesso trattamento ragguagliato a giornata previsto per il corrispondente personale incaricato.

Per lo svolgimento delle attività di osservazione e di trattamento, l'amministrazione penitenziaria può avvalersi di professionisti esperti in psicologia, servizio sociale, pedagogia, psichiatria e criminologia clinica, nonché di mediatori culturali e interpreti, corrispondendo ad essi onorari proporzionati alle singole prestazioni effettuate [1].

Il servizio infermieristico degli istituti penitenziari, previsti dall'art. 59, è assicurato mediante operai specializzati con la qualifica di infermieri [2].

A tal fine la dotazione organica degli operai dell'amministrazione degli istituti di prevenzione e di pena, di cui al decreto del Presidente della Repubblica 31 marzo 1971, n. 275, emanato a norma dell'articolo 17 della legge 28 ottobre 1970, n. 775, è incrementata di 800 unità riservate alla suddetta categoria. Tali unità sono attribuite nella misura di 640 agli operai specializzati e di 160 ai capi operai.

Le modalità relative all'assunzione di detto personale saranno stabilite dal regolamento di esecuzione.

(1) Comma modificato dall'art. 11, co. 1, lett. s), d.lgs. 2.10.2018, n. 123.

(2) Comma sostituito dall'art. 14 d.l. 14.4.1978, n. 111, conv., con modif., dalla l. 10.6.1978, n. 271.

81. Attribuzioni degli assistenti sociali.

Gli assistenti sociali della carriera direttiva esercitano le attribuzioni previste dagli articoli 9, 10 e 11 della legge 16 luglio 1962, n. 1085, anche nell'ambito dei centri di servizio sociale previsti dall'articolo 72 della presente legge.

Gli assistenti sociali della carriera di concetto esercitano le attività indicate nell'articolo 72 della presente legge nell'ambito dei centri di servizio sociale. Essi espletano compiti di vigilanza e di assistenza nei confronti dei sottoposti a misure alternative alla detenzione nonché compiti di sostegno e di assistenza nei confronti dei sottoposti alla libertà vigilata; partecipano, inoltre, alle attività di assistenza ai dimessi (1).

[Esercitano opera di vigilanza e assistenza nei confronti dei sottoposti a misure di sicurezza personali non detentive e a misure alternative alla detenzione; partecipano, inoltre, all'attività di assistenza dei dimessi.] (2)

(1) Comma sostituito dall'art. 13, l. 12.1.1977, n. 1.
(2) Comma soppresso per effetto dell'art. 13, l. 12.1.1977, n. 1

82. Attribuzioni degli educatori.

Gli educatori partecipano all'attività di gruppo per la osservazione scientifica della personalità dei detenuti e degli internati e attendono al trattamento rieducativo individuale o di gruppo, coordinando la loro azione con quella di tutto il personale addetto alle attività concernenti la rieducazione.

Essi svolgono, quando sia consentito, attività educative anche nei confronti degli imputati.

Collaborano, inoltre nella tenuta della biblioteca e nella distribuzione dei libri, delle riviste e dei giornali.

83. Ruoli organici del personale di servizio sociale e degli educatori.

La tabella dell'organico del personale della carriera direttiva di servizio sociale, annessa alla legge 16 luglio 1962, n. 1085, è sostituita dalla tabella B allegata alla presente legge.

Sono istituiti i ruoli organici delle carriere di concetto degli educatori per adulti e degli assistenti sociali per adulti.

Le dotazioni organiche dei ruoli, di cui al precedente comma, sono stabilite rispettivamente dalle tabelle C e D allegate alla presente legge.

Al personale delle carriere suddette si applicano le disposizioni concernenti lo statuto degli impiegati civili dello Stato, nonché, in quanto compatibili, quelle di cui al regio decreto 30 luglio 1940, n. 2041, e successive modificazioni; lo stesso personale dipende direttamente dall'amministrazione penitenziaria e dai suoi organi periferici.

Gli impiegati della carriera direttiva di servizio sociale che al 1° luglio 1970 rivestivano la qualifica di direttore, al conseguimento dell'anzianità di cui al primo comma dell'articolo 22 del decreto del Presidente della Repubblica 30 giugno 1972, n. 748, sono esonerati, per la nomina alla qualifica di primo dirigente, dalla partecipazione al corso previsto dagli articoli 22 e 23 del decreto stesso.

La nomina è effettuata, nei limiti dei posti disponibili, con decreto del Ministro, previo parere favorevole del consiglio di amministrazione sulla base dei rapporti informativi e dei giudizi complessivi conseguiti dagli interessati.

84. Concorso per esame speciale per l'accesso al ruolo della carriera di concetto degli assistenti sociali per adulti.

Entro sei mesi dalla data di entrata in vigore della presente legge il Ministro per la grazia e giustizia indirà un concorso, per esame speciale, di accesso al ruolo della carriera di concetto degli assistenti sociali per adulti, istituito dal precedente articolo, nel limite del cinquanta per cento della complessiva dotazione organica del ruolo stesso.

Entro trenta mesi dall'entrata in vigore della presente legge sarà indetto un concorso pubblico di accesso al ruolo della carriera di concetto degli assistenti sociali per adulti, nel limite del residuo cinquanta per cento della complessiva dotazione organica del ruolo stesso. A tale concorso sono ammessi anche gli assistenti sociali immessi nel ruolo del servizio sociale per i minorenni per effetto del concorso a 160 posti di assistente sociale, di cui al decreto ministeriale 21 giugno 1971.

Il concorso previsto al primo comma è riservato, indipendentemente dai limiti di età previsti dalle vigenti disposizioni per l'accesso agli impieghi dello Stato, a coloro i quali, alla data di entrata in vigore della presente legge, svolgano attività retribuita di assistente sociale presso gli istituti di prevenzione e di pena per adulti e siano forniti di diploma di istituto di istruzione di secondo grado nonché di certificato di qualificazione professionale rilasciato da una scuola biennale o triennale di servizio sociale.

Il concorso consiste in una prova orale avente per oggetto le seguenti materie:
1) teoria e pratica del servizio sociale;
2) psicologia;
3) nozioni di diritto e procedura penale;
4) regolamenti per gli istituti di prevenzione e di pena.

La commissione esaminatrice è presieduta dal direttore generale per gli istituti di prevenzione e di pena o dal magistrato che ne fa le veci ed è composta dai seguenti membri:

un magistrato di corte d'appello addetto alla direzione generale, per gli istituti di prevenzione e di pena;

un docente universitario in neuropsichiatria o in psicologia o in criminologia o in antropologia criminale;

un ispettore generale dell'amministrazione degli istituti di prevenzione e di pena;

un docente di materia di servizio sociale.

Le funzioni di segretario sono esercitate da un impiegato del ruolo amministrativo della carriera direttiva della detta amministrazione con qualifica non inferiore a direttore alla seconda classe di stipendio (ex coefficiente 257).

La prova si considera superata dai candidati che hanno riportato un punteggio non inferiore a sei decimi.

I vincitori del concorso sono nominati:
a) alla prima classe di stipendio della qualifica di assistente sociale se abbiano prestato servizio continuativo ai sensi del terzo comma del presente articolo per almeno due anni;
b) alla seconda classe di stipendio della qualifica di assistente sociale se abbiano prestato tale servizio per almeno quattro anni;
c) alla terza classe di stipendio della qualifica di assistente sociale se abbiano prestato tale servizio per almeno otto anni.

Nei confronti di coloro che sono inquadrati nella prima o nella seconda classe di stipendio, ai sensi del comma precedente, gli anni di servizio di assistente sociale prestato in modo continuativo, ai sensi del terzo comma del presente articolo, oltre i limiti rispettivi di due e quattro anni sono computati ai fini dell'inquadramento nella classe di stipendio immediatamente superiore.

Entro tre mesi dalla data di pubblicazione del decreto di nomina i vincitori del concorso hanno facoltà di chiedere il riscatto degli anni di servizio prestato ai sensi del terzo comma del presente articolo, ai fini del trattamento di quiescenza e della indennità di buonuscita.

85. Accesso alla carriera direttiva di servizio sociale.

Alla lettera e) dell'articolo 5 della legge 16 luglio 1962, n. 1085, sono soppresse le parole «istituita o autorizzata a norma di legge».

86. Personale per gli uffici di sorveglianza.

Con decreti del Presidente della Repubblica, su proposta del Ministro per la grazia e giustizia, di concerto con il Ministro per il tesoro, è determinato, entro sei mesi dalla entrata in vigore della presente legge, il contingente dei magistrati e del personale di cui all'articolo 68 da assegnare a ciascun ufficio di sorveglianza nei limiti delle attuali complessive dotazioni organiche.

87. Norme di esecuzione.

Con decreto del Presidente della Repubblica, su proposta del Ministro per la grazia e giustizia, di concerto con il Ministro per il tesoro, entro sei mesi dalla entrata in vigore della presente legge, sarà emanato il regolamento di esecuzione. Per quanto concerne la materia della istruzione negli istituti di prevenzione e di pena il regolamento di esecuzione sarà emanato di concerto anche con il Ministro per la pubblica istruzione.

Fino all'emanazione del suddetto regolamento restano applicabili, in quanto non incompatibili con le norme della presente legge le disposizioni del regolamento vigente.

Entro il termine indicato nel primo comma dovranno essere emanate le norme che disciplinano l'ingresso in carriera del personale di concerto dei ruoli degli educatori per adulti e degli assistenti sociali per adulti.

Le disposizioni concernenti l'affidamento al servizio sociale e il regime di semilibertà entreranno in vigore un anno dopo la pubblicazione della presente legge nella Gazzetta Ufficiale.

88. Attuazione dei ruoli del personale.

L'istituzione del ruolo organico del personale di concetto di servizio sociale per adulti, l'ampliamento del ruolo organico del personale direttivo di servizio sociale, l'istituzione del ruolo organico della carriera di concetto degli educatori per adulti e l'ampliamento del ruolo degli operai specializzati addetti agli ospedali psichiatrici e alle case di cura e di custodia, previsti dalla presente legge, saranno attuati entro un periodo di sette anni.

89. Norme abrogate.

Sono abrogati gli articoli 141, 142, 143, 144, 149 e l'ultimo capoverso dell'articolo 207 del codice penale, l'articolo 585 del codice di procedura penale nonché ogni altra norma incompatibile con la presente legge.

90. Esigenze di sicurezza.

[Quando ricorrono gravi ed eccezionali motivi di ordine e di sicurezza, il Ministro per la grazia e giustizia ha facoltà di sospendere, in tutto o in parte, l'applicazione in uno o più stabilimenti penitenziari, per un periodo determinato, strettamente necessario, delle regole di trattamento e degli istituti previsti dalla presente legge che possano porsi in concreto contrasto con le esigenze di ordine e sicurezza.] (1)

(1) Articolo abrogato dall'art. 10, l. 4.10.1986, n. 663.

91. Copertura finanziaria.

All'onere derivante dall'attuazione della presente legge, valutato in lire 25 miliardi per l'anno finanziario 1975, si provvede mediante riduzione di pari importo dello stanziamento iscritto al capitolo 6856 dello stato di previsione della spesa del Ministero del tesoro per l'anno finanziario medesimo.

Il Ministro per il tesoro è autorizzato a provvedere, con propri decreti, alle occorrenti variazioni di bilancio.

2. D.M. 2 febbraio 2001. – Modalità di installazione ed uso e descrizione dei tipi e delle caratteristiche dei mezzi elettronici e degli altri strumenti tecnici destinati al controllo delle persone sottoposte alla misura cautelare degli arresti domiciliari nei casi previsti dall'art. 275 *bis* del codice di procedura penale e dei condannati nel caso previsto dall'art. 47 *ter*, comma 4 *bis*, della legge 26 luglio 1975, n. 354

In Gazzetta Ufficiale 15 febbraio 2001, n. 38

1. Modalità di installazione ed uso e tipi e caratteristiche tecniche dei mezzi elettronici e degli altri strumenti tecnici di controllo.

1. Le modalità di installazione ed uso ed i tipi e le caratteristiche tecniche dei mezzi elettronici e degli altri strumenti tecnici, destinati al controllo delle persone sottoposte alla misura cautelare degli arresti domiciliari nei casi previsti dall'art. 275-*bis* del codice di procedu-

ra penale e dei condannati nel caso previsto dall'art. 47-*ter*, comma 4-*bis*, della l. 26.7.1975, n. 354, sono individuati nell'allegato I che fa parte integrante del presente decreto.

2. Verifica della disponibilità dei mezzi elettronici e degli strumenti tecnici di controllo.

1. Nei casi previsti dall'art. 275-*bis* del codice di procedura penale e dall'art. 47-*ter*, comma 4-*bis*, della l. 26.7.1975, n. 354, ai fini dell'applicazione delle procedure di controllo mediante mezzi elettronici o altri strumenti tecnici, la questura o i comandi provinciali delle altre Forze di polizia, su richiesta proveniente dall'autorità giudiziaria, verificano l'effettiva disponibilità di tali mezzi e strumenti, l'esistenza delle condizioni tecniche necessarie a garantirne il corretto funzionamento presso il domicilio indicato dall'autorità giudiziaria per l'esecuzione della misura, nonché i tempi tecnici necessari per la attivazione dei sistemi di controllo.

3. Attivazione dei mezzi elettronici e degli strumenti tecnici di controllo.

1. L'ufficio o comando di polizia incaricato del controllo sull'osservanza delle prescrizioni connesse all'esecuzione degli arresti domiciliari o della detenzione domiciliare provvede affinché i mezzi elettronici o gli altri strumenti tecnici di controllo vengano installati ed attivati.

2. L'ufficio o comando di polizia che provvede alla notifica del provvedimento che dichiara la cessazione o la revoca degli arresti domiciliari o della detenzione domiciliare, provvede affinché i mezzi elettronici e gli altri strumenti tecnici di controllo vengano contestualmente disattivati o rimossi.

4. Trattamento dei dati personali.

1. L'applicazione dei mezzi e degli strumenti di cui all'art. 1 e l'imposizione di prescrizioni sono disposte nel rispetto della dignità dell'interessato.

2. I dati personali trattati nell'uso dei mezzi elettronici e degli altri strumenti tecnici di controllo sono utilizzati per le finalità di applicazione del capo VII del decreto-legge 24 novembre 2000, n. 341, convertito, con modificazioni, nella legge 19 gennaio 2001, n. 4.

3. L'ufficio o comando di polizia conserva i dati relativi ad allarmi od eventi che rilevano ai fini dell'eventuale inosservanza delle prescrizioni o della sottrazione al controllo e cancella periodicamente gli altri dati.

4. L'ufficio o comando di Polizia individua le persone aventi accesso ai dati e adotta le misure di sicurezza dei dati ai sensi dell'art. 15, commi 1 e 2, della legge 31 dicembre 1996, n. 675.

3. L. 1 agosto 2003, n. 207. – Sospensione condizionata dell'esecuzione della pena detentiva nel limite massimo di due anni

In Gazzetta Ufficiale 7 agosto 2003, n. 182

1. Sospensione condizionata dell'esecuzione della parte finale della pena detentiva.

1. Nei confronti del condannato che ha scontato almeno la metà della pena detentiva è sospesa per la parte residua la pena nel limite di due anni, salvo quanto previsto dai commi 2 e 3 (1).

2. La sospensione dell'esecuzione della pena può essere disposta una sola volta, tenendo conto della pena determinata ai sensi dell'articolo 663 del codice di procedura penale, decurtata della parte di pena per la quale è stato concesso il beneficio della liberazione anticipata ai sensi dell'articolo 54 della l. 26.7.1975, n. 354, e successive modificazioni.

3. La sospensione non si applica:

a) quando la pena è conseguente alla condanna per i reati indicati dal libro II, titolo XII, capo III, sezione I, e dagli articoli 609-*bis*, 609-*quater* e 609-*octies* del codice penale nonché dall'articolo 4-*bis* della l. 26.7.1975, n. 354, e successive modificazioni;
b) nei confronti di chi sia stato dichiarato delinquente abituale, professione o per tendenza, ai sensi degli articoli 102, 105 e 108 del codice penale;
c) nei confronti di chi sia stato sottoposto al regime di sorveglianza particolare, ai sensi dell'articolo 14bis della l. 26.7.1975, n. 354, salvo che sia stato accolto il reclamo previsto dall'articolo 14-*ter* della medesima legge;
d) quando la persona condannata è stata ammessa alle misure alternative alla detenzione (2);
e) quando vi sia stata rinuncia dell'interessato.

(1) La Corte costituzionale, con sentenza 4.7.2006, n. 255, ha dichiarato l'illegittimità costituzionale di questo comma, nella parte in cui non prevede che il giudice di sorveglianza possa negare la sospensione condizionata dell'esecuzione della pena detentiva al condannato quando ritiene il beneficio non adeguato alle finalità previste dall'art. 27, co. 3, Cost.

(2) La Corte costituzionale, con sentenza 15.7.2005, n. 278, ha dichiarato l'illegittimità costituzionale di questa lettera.

2. Applicazione e revoca della sospensione condizionata dell'esecuzione.

1. Il magistrato di sorveglianza provvede con ordinanza, su istanza dell'interessato o del suo difensore, sulla sospensione di cui all'articolo 1.

2. Si applicano le disposizioni dell'articolo 69-*bis*, commi 1, 3 e 4, della l. 26.7.1975, n. 354, e successive modificazioni.

3. Il magistrato di sorveglianza può chiedere alle autorità competenti tutti i documenti e le informazioni di cui abbia bisogno.

4. Dell'applicazione della misura di cui all'articolo 1 è data immediata comunicazione all'autorità di polizia competente, che vigila sull'osservanza delle prescrizioni di cui all'articolo 4 e fa rapporto al pubblico ministero di ogni infrazione.

5. La sospensione dell'esecuzione della pena può essere revocata se chi ne ha usufruito non ottempera, senza giustificato motivo, alle prescrizioni di cui all'articolo 4 o commette, entro cinque anni dalla sua applicazione, un delitto non colposo per il quale riporti una condanna a pena detentiva non inferiore a sei mesi.

6. Il tribunale di sorveglianza provvede sulla revoca della misura di cui all'articolo 1 ai sensi dell'articolo 678 del codice di procedura penale.

7. In caso di revoca il tribunale di sorveglianza determina la residua pena detentiva da eseguire, tenuto conto della durata delle limitazioni patite dal condannato e del suo comportamento durante il periodo di sospensione dell'esecuzione della pena.

8. Si osservano in quanto applicabili le disposizioni degli articoli 51-*bis* e 51-*ter* della l. 26.7.1975, n. 354, e successive modificazioni.

9. Trascorso il termine di cui al comma 5 la pena è estinta.

3. Stranieri.

1. Le disposizioni della presente legge non si applicano nei confronti dello straniero che si trova in talune delle situazioni indicate nell'articolo 13, comma 2, del testo unico delle disposizioni concernenti la disciplina dell'immigrazione e norme sulla condizione dello straniero, di cui al decreto legislativo 25 luglio 1998, n. 286.

4. Prescrizioni.

1. Con il provvedimento che dispone la sospensione dell'esecuzione della pena sono congiuntamente applicate, per il periodo corrispondente alla pena di cui è stata sospesa l'esecuzione, le seguenti prescrizioni:

a) il condannato deve presentarsi all'ufficio di polizia giudiziaria indicato dal magistrato di sorveglianza, il quale fissa i giorni e l'orario di presentazione tenendo conto delle condizioni di salute, dell'attività lavorativa e del luogo di dimora del condannato;

b) al condannato è imposto l'obbligo di non allontanarsi dal territorio del comune di dimora abituale o dove svolge la propria attività lavorativa. Se per la personalità del soggetto, o per le condizioni ambientali, la permanenza in tali luoghi non garantisce adeguatamente le esigenze di controllo o di sicurezza, l'obbligo di dimora può essere disposto nel territorio di un altro comune o frazione di esso, preferibilmente nella provincia e comunque nell'ambito della regione dove è ubicato il comune di abituale dimora. Si applicano, in quanto compatibili, i commi 1 e 2 dell'articolo 282-*bis* e i commi 3, 4, 5 e 6 dell'articolo 283 del codice di procedura penale.

2. Si osservano, in quanto applicabili, le disposizioni dei commi 5, 6, 7, 8, 9 e 10 dell'articolo 47 della l. 26.7.1975, n. 354.

3. Con il provvedimento che dispone la sospensione dell'esecuzione della pena, salvo specifica autorizzazione del magistrato di sorveglianza in relazione ad esigenze familiari o lavorative, è disposto, per il periodo corrispondente alla pena la cui esecuzione è stata sospesa, nei confronti del condannato il divieto di espatrio, con tutte le misure necessarie per impedire l'utilizzazione del passaporto e degli altri documenti validi per l'espatrio.

5. Applicazione dell'articolo 4 della legge n. 381 del 1991.

1. Ai fini dell'applicazione dell'articolo 4, comma 1, della legge 8 novembre 1991, n. 381, come modificato dall'articolo 1 della legge 22 giugno 2000, n. 193, la sospensione dell'esecuzione della pena, ai sensi della presente legge, si considera misura alternativa.

6. Relazione al Parlamento.

1. Ogni anno il Ministro della giustizia riferisce al Parlamento sullo stato di attuazione della presente legge.

7. Applicazione della legge.

1. Le disposizioni della presente legge si applicano nei confronti dei condannati in stato di detenzione ovvero in attesa di esecuzione della pena alla data di entrata in vigore della medesima.

La presente legge, munita del sigillo dello Stato, sarà inserita nella Raccolta ufficiale degli atti normativi della Repubblica italiana. È fatto obbligo a chiunque spetti di osservarla e di farla osservare come legge dello Stato.

4. D.M. 7 febbraio 2006, n. 144. – Regolamento, ai sensi dell'articolo 19, comma 2, della legge 13 febbraio 2001, n. 45, in materia di trattamento penitenziario di coloro che collaborano con la giustizia

In Gazzetta Ufficiale 10 aprile 2006, n. 84

1. Ambito di applicazione.

1. Sono sottoposti alle disposizioni del presente regolamento:

a) i detenuti e gli internati che risultano tenere o aver tenuto condotte di collaborazione previste dal codice penale o da disposizioni speciali relativamente ai delitti previsti dall'articolo 9, comma 2, decreto-legge 15 gennaio 1991, n. 8, e che siano ammessi alle speciali misure di protezione o per i quali sia stata avanzata la proposta di ammissione a misure speciali di protezione, ovvero per i quali sia stata avanzata richiesta di piano provvisorio di protezione, ovvero che siano sottoposti a piano provvisorio di protezione, ovvero che siano sottoposti a misure di eccezionale urgenza ai sensi dell'articolo 13, comma 1, decreto-legge 15 gennaio 1991, n. 8;

b) i detenuti e gli internati che risultano tenere o aver tenuto condotte di collaborazione previste dal codice penale o da disposizioni speciali relativamente ai delitti previsti dall'articolo 9, comma 2, decreto-legge 15 gennaio 1991, n. 8, per i quali, sebbene non sia stata avanzata richiesta di speciali misure di protezione, il Procuratore della Repubblica che sta raccogliendo o che ha raccolto il verbale illustrativo dei contenuti della collaborazione previsto dall'articolo 16-*quater* del medesimo decreto-legge, richiede, in vista della formulazione della proposta di ammissione a speciali misure di protezione, l'adozione di particolari cautele nella gestione penitenziaria;

c) i soggetti che sono stati sottoposti nel passato alle speciali misure di protezione e ne sono fuoriusciti con misure di reinserimento sociale ai sensi dell'articolo 13, comma 5, decreto-legge 15 gennaio 1991, n. 8, salvo che, anche sulla base di informazioni provenienti dall'autorità giudiziaria, il nuovo stato di detenzione o di internamento non sia conseguente a fatti incompatibili con le condotte di collaborazione con la giustizia;

d) i detenuti e gli internati che sono stati sottoposti nel passato alle speciali misure di protezione poi revocate, ovvero al piano provvisorio di protezione non seguito dalla richiesta delle speciali misure di protezione, ovvero a misure di eccezionale urgenza non seguite dalla definizione di un piano provvisorio o delle speciali misure di protezione;

e) i detenuti e gli internati che, sebbene non tengono o non hanno tenuto condotte di collaborazione, sono sottoposti alle speciali misure di protezione in ragione delle situazioni previste dall'articolo 9, comma 5, decreto-legge 15 gennaio 1991, n. 8.

2. Principi direttivi del trattamento penitenziario.

1. I soggetti indicati all'articolo 1 godono dei diritti e sono sottoposti ai doveri previsti dalla l. 26.7.1975, n. 354, ed al regolamento approvato con decreto del Presidente della Repubblica 30 giugno 2000, n. 230.

2. Le modalità di esercizio dei diritti e di adempimento dei doveri dei soggetti indicati all'articolo 1 possono essere modificate soltanto al fine di garantire la genuinità delle dichiarazioni, di assicurare la riservatezza nonché di tutelare l'incolumità personale del detenuto o dell'internato.

3. Nei confronti di un soggetto che al momento dell'ingresso in carcere si trova nelle condizioni previste dall'articolo 1, l'Amministrazione penitenziaria adotta, a richiesta delle autorità preposte alla tutela del soggetto e, in caso di urgenza, di propria iniziativa, le misure di protezione necessarie ad assicurarne l'incolumità personale.

4. La direzione dell'istituto di pena adotta tutte le misure di sostegno e di trattamento, compatibili con le esigenze di sicurezza, idonee ad evitare che le condizioni di vita dei soggetti indicati all'articolo 1 risultino deteriori rispetto a quelle degli altri detenuti.

3. Provvedimenti nei confronti dei detenuti.

1. Qualora il detenuto o l'internato manifesta la volontà di collaborare con la giustizia, il Dipartimento dell'Amministrazione penitenziaria, in attuazione dall'articolo 13, comma 14, decreto-legge 15 gennaio 1991, n. 8, dispone immediatamente le misure necessarie ad evitare l'incontro con altre persone che collaborano con la giustizia, i colloqui investigativi di cui all'articolo 18-*bis* della l. 26.7.1975, n. 354, e le comunicazioni epistolari, telefoniche o telegrafiche, nonché adotta le specifiche misure volte a garantire la sicurezza. Le misure sono mantenute fino alla completa conclusione della redazione dei verbali e comunque almeno fino alla redazione del verbale illustrativo dei contenuti della collaborazione.

2. Se la manifestazione della volontà di collaborare è comunicata dall'autorità giudiziaria, le disposizioni sono impartite dalla Direzione generale dei detenuti e del trattamento del Dipartimento dell'Amministrazione penitenziaria, che adotta altresì le opportune misure di protezione, dandone immediata comunicazione al Procuratore della Repubblica ed al Procuratore nazionale antimafia e antiterrorismo [1].

3. Nell'ipotesi indicata al comma 2, qualora ricorrano ragioni di urgenza, la direzione dell'istituto che abbia ricevuto direttamente la comunicazione dall'autorità giudiziaria adotta provvedimenti di contenuto analogo a quelli indicati nel comma precedente, dandone immediata comunicazione al Procuratore della Repubblica, al Procuratore nazionale antimafia e antiterrorismo, nonché alla Direzione generale dei detenuti e del trattamento per le successive disposizioni [2].

4. Analoghe misure d'urgenza si applicano ai detenuti ed agli internati che manifestano la volontà di collaborare direttamente alla direzione dell'istituto che provvede alle comunicazioni di cui al comma 3.

5. Qualora non pervenga diversa comunicazione da parte del Procuratore della Repubblica al quale il detenuto sta rendendo o ha reso le dichiarazioni indicate all'articolo 16-*quater*, decreto-legge 15 gennaio 1991, n. 8, le misure previste dai commi 2 e 3 sono revocate decorsi centottanta giorni da quello in cui il soggetto ha manifestato la volontà di collaborare, secondo quanto comunicato dal Procuratore della Repubblica.

(1) Comma modificato dall'art. 20, co. 4, d.l. 18.2.2015, n. 7, conv., con modif., dalla l. 17.4.2015, n. 43.

(2) Comma modificato dall'art. 20, co. 4, d.l. 18.2.2015, n. 7, conv., con modif., dalla l. 17.4.2015, n. 43.

4. Criteri di assegnazione agli istituti o alle sezioni.

1. Fatte salve le misure indicate all'articolo 3, comma 1, i detenuti e gli internati indicati all'articolo 1, comma 1, lettere a) e c), sono assegnati, con provvedimento della Direzione generale dei detenuti e del trattamento del Dipartimento dell'Amministrazione penitenziaria, ad appositi istituti o sezioni di istituto.

L'assegnazione deve essere effettuata in modo da evitare contatti fra collaboratori di giustizia che, in base alle notizie comunicate dall'autorità giudiziaria e dal Servizio centrale di protezione, risultano partecipare ai medesimi procedimenti giudiziari o avere, comunque, reso dichiarazioni sui medesimi fatti delittuosi.

2. Fatte salve le misure indicate all'articolo 3, comma 1, su richiesta del Procuratore della Repubblica che sta raccogliendo o che ha raccolto il verbale illustrativo dei contenuti della collaborazione, o su richiesta di altro Procuratore della Repubblica, d'intesa con il primo, i detenuti e gli internati indicati all'articolo 1, comma 1, lettera b), sono assegnati con provvedimento della Direzione generale dei detenuti e del trattamento del Dipartimento dell'Amministrazione penitenziaria, ad appositi istituti o sezioni di istituto, comunque diversi da quelli indicati al comma 1. L'assegnazione deve essere effettuata in modo da evitare contatti fra collaboratori di giustizia che, in base alle notizie comunicate dall'autorità giudiziaria e dal Servizio centrale di protezione, risultano partecipare ai medesimi procedimenti giudiziari o avere, comunque, reso dichiarazioni sui medesimi fatti delittuosi.

3. I detenuti e gli internati indicati all'articolo 1, comma 1, lettere d) ed e), sono rispettivamente assegnati, con provvedimento della Direzione generale dei detenuti e del trattamento del Dipartimento dell'Amministrazione penitenziaria, ad appositi e tra loro distinti istituti o sezioni di istituto, comunque diversi da quelli indicati ai commi 1 e 2.

4. Le disposizioni previste ai precedenti commi si applicano, compatibilmente con le modalità di fruizione del beneficio concesso, anche ai detenuti e agli internati, collaboratori di giustizia:

a) assegnati al lavoro all'esterno ai sensi dell'articolo 21, l. 26.7.1975, n. 354;
b) ammessi alla misura della semilibertà ai sensi dell'articolo 48 della medesima legge;
c) ammessi alla cura e all'assistenza all'esterno dei figli di età non superiore agli anni dieci ai sensi dell'articolo 21-*bis* della medesima legge.

5. Per il compimento di specifici atti non esperibili nell'istituto o nella sezione di assegnazione, su richiesta del Procuratore della Repubblica che svolge le indagini, la Direzione generale dei detenuti e del trattamento del Dipartimento dell'Amministrazione penitenziaria può trasferire, per il tempo strettamente necessario e comunque preventivamente indicato, i detenuti e gli internati di cui all'articolo 1 ad istituti o sezioni diversi da quelli indicati ai commi 1, 2, 3 e 4, assicurando comunque le esigenze di sicurezza ed evitando i contatti con altri collaboratori di giustizia che, in base alle notizie comunicate dall'autorità giudiziaria e dal Servizio centrale di protezione, risultano partecipare ai medesimi procedimenti giudiziari o avere, comunque, reso dichiarazioni sui medesimi fatti delittuosi.

6. Qualora agli internati che si trovano nelle condizioni previste dall'articolo 1, per salvaguardare la genuinità delle dichiarazioni nonché per tutelare l'incolumità personale, non sia possibile assicurare nella casa di lavoro o nella colonia agricola di assegnazione le stesse condizioni restrittive e le stesse opportunità di trattamento applicate agli altri internati, la Direzione generale dei detenuti e del trattamento del Dipartimento dell'Amministrazione penitenziaria può assegnarli ad un'altra casa di lavoro o colonia agricola, assicurando comunque le suddette esigenze.

7. I medesimi criteri indicati al comma 6 si applicano agli internati che si trovano nelle condizioni previste dall'articolo 1 e che sono assegnati ad una casa di cura e custodia, ad un ospedale psichiatrico giudiziario, ad un istituto per infermi o minorati, ovvero che sono sottoposti ad osservazione psichiatrica ai sensi dell'articolo 112 del decreto del Presidente della Repubblica 30 giugno 2000, n. 230.

8. La Direzione generale dei detenuti e del trattamento del Dipartimento dell'Amministrazione penitenziaria, qualora ricorrano gravi ragioni di sicurezza, può, sentita l'autorità giudiziaria, assegnare i detenuti o gli internati indicati all'articolo 1, comma 1, lettera d), ad istituti o sezioni di istituto ordinari.

5. Ordini di servizio in materia di sicurezza.

1. La direzione dell'istituto penitenziario dotato di sezione per detenuti o internati indicati all'articolo 1 adotta, anche sulla base di eventuali disposizioni del Dipartimento dell'Amministrazione penitenziaria, un apposito ordine di servizio contenente tutte le prescrizioni alle quali deve attenersi il personale per la gestione dei soggetti ivi ristretti e in ogni caso:

a) l'assegnazione, ai servizi di sezione, di personale capace ed esperto, nonché la rigorosa limitazione e la registrazione degli accessi;
b) le cautele per assicurare la riservatezza degli atti relativi al collaboratori di giustizia;
c) le modalità di spostamento e di uscita dei detenuti dalla sezione;
d) le cautele per assicurare che il cibo, i farmaci e gli oggetti che i detenuti possono legittimamente acquistare o detenere non possano subire manipolazioni;
e) l'indicazione delle misure per garantire il rispetto dei divieti contenuti nell'articolo 13, comma 14, decreto-legge 15 gennaio 1991, n. 8.

3. Qualora l'istituto penitenziario non sia dotato di sezione per collaboratori di giustizia, la direzione dell'istituto di pena in cui sia ristretto un soggetto che abbia manifestato la volontà di collaborare o che comunque si trovi nelle condizioni di cui all'articolo 1, emana un ordine di servizio di contenuto analogo a quello indicato nel comma 2.

6. Colloqui e corrispondenza.

1. Ai detenuti ed agli internati indicati all'articolo 1si applicano integralmente le disposizioni previste dagli articoli 18 e 18-*ter*, legge 26.7.1975, n. 354, e dagli articoli 37, 38, 39 del decreto del Presidente della Repubblica 30 giugno 2000, n. 230, salve le limitazioni previste dall'articolo 13, comma 14, decreto-legge 15 gennaio 1991, n. 8.

2. Le condizioni indicate all'articolo 1 integrano le particolari circostanze previste dall'articolo 37, comma 9, decreto del Presidente della Repubblica 30 giugno 2000, n. 230.

3. Ai detenuti o internati che si trovano nelle condizioni previste dall'articolo 1, comma 1, lettere a) e c), può essere concessa l'autorizzazione al colloquio telefonico con propri familiari o conviventi sottoposti a protezione mediante connessione ad utenza cellulare, purché il Servizio centrale di protezione attesti la disponibilità dell'utenza da parte del familiare o del convivente.

La connessione è effettuata dalla direzione dell'istituto tramite personale specificatamente addetto ed a spese del detenuto.

7. Traduzioni e trasferimenti.

1. La traduzione, il trasferimento ed il piantonamento dei soggetti indicati all'articolo 1, anche se detenuti o internati in luoghi esterni agli istituti di pena, sono effettuati da personale del Corpo di Polizia penitenziaria.

2. La direzione dell'istituto penitenziario che provvede alla traduzione o al trasferimento emana le disposizioni ritenute utili ad assicurare l'incolumità fisica del detenuto o internato e della scorta, ad impedire tentativi di evasione, ad assicurare l'effettività dei divieti di colloquio e di incontro stabiliti dalla legge o da disposizioni dell'autorità giudiziaria competente.

3. La direzione dell'istituto penitenziario comunica tempestivamente l'ordine di traduzione o trasferimento al Servizio centrale di protezione che ne informa le Questure ed i Comandi provinciali dell'Arma dei Carabinieri competenti in relazione all'itinerario previsto.

4. Le Forze di polizia interessate dispongono la vigilanza ritenuta adeguata alle concrete esigenze di sicurezza.

5. Salvi i provvedimenti adottati dall'autorità di pubblica sicurezza, per particolari esigenze di ordine e di sicurezza pubblica, il responsabile del servizio di traduzione può richiedere, in situazioni di emergenza attinenti la sicurezza, l'intervento della Polizia di Stato e dell'Arma dei Carabinieri competenti per territorio.

6. La traduzione ed il trasferimento dei soggetti collocati in detenzione domiciliare o agli arresti domiciliari e sottoposti alle speciali misure di protezione, al piano provvisorio di protezione e alle misure di eccezionale urgenza ai sensi dell'articolo 13, comma 1, decreto-legge 15 gennaio 1991, n. 8, sono effettuati a cura del Servizio centrale di protezione, il quale vi provvede mediante le forze di polizia territoriali.

7. Qualora venga concesso un permesso ai sensi degli articoli 30 e 30-*ter*, l. 26.7.1975, n. 354, se l'autorità giudiziaria ne ha disposto la fruizione in località nota al Servizio centrale di protezione, la traduzione del soggetto è effettuata a cura del Servizio medesimo, il quale vi provvede mediante le Forze di polizia territoriali.

Il presente decreto, munito del sigillo dello Stato, sarà inserito nella Raccolta ufficiale degli atti normativi della Repubblica italiana. È fatto obbligo a chiunque spetti di osservarlo e farlo osservare.

5. L. 26 novembre 2010, n. 199. – Disposizioni relative all'esecuzione presso il domicilio delle pene detentive non superiori a diciotto mesi (*artt. 3 bis-6*)

In Gazzetta Ufficiale 1 dicembre 2010, n. 281

1. Esecuzione presso il domicilio delle pene detentive non superiori a diciotto mesi [(1)].

1. [Fino alla completa attuazione del piano straordinario penitenziario nonché in attesa della riforma della disciplina delle misure alternative alla detenzione e, comunque, non oltre il 31 dicembre 2013,] la pena detentiva non superiore a diciotto mesi, anche se costituente parte residua di maggior pena, è eseguita presso l'abitazione del condannato o altro luogo pubblico o privato di cura, assistenza e accoglienza, di seguito denominato «domicilio». Il magistrato di sorveglianza provvede senza ritardo sulla richiesta se già dispone delle informazioni occorrenti [(2)].

2. La detenzione presso il domicilio non è applicabile:

a) ai soggetti condannati per taluno dei delitti indicati dall'articolo 4-*bis* della legge 26 luglio 1975, n. 354, e successive modificazioni;
b) ai delinquenti abituali, professionali o per tendenza, ai sensi degli articoli 102, 105 e 108 del codice penale;
c) ai detenuti che sono sottoposti al regime di sorveglianza particolare, ai sensi dell'articolo 14-*bis* della legge 26 luglio 1975, n. 354, salvo che sia stato accolto il reclamo previsto dall'articolo 14-*ter* della medesima legge;
d) quando vi è la concreta possibilità che il condannato possa darsi alla fuga ovvero sussistono specifiche e motivate ragioni per ritenere che il condannato possa commettere altri delitti ovvero quando non sussi-

sta l'idoneità e l'effettività del domicilio anche in funzione delle esigenze di tutela delle persone offese dal reato.

3. Nei casi di cui all'articolo 656, comma 1, del codice di procedura penale, quando la pena detentiva da eseguire non è superiore a diciotto mesi, il pubblico ministero, salvo che debba emettere il decreto di sospensione di cui al comma 5 del citato articolo 656 del codice di procedura penale e salvo che ricorrano i casi previsti nel comma 9, lettera a), del medesimo articolo, sospende l'esecuzione dell'ordine di carcerazione e trasmette gli atti senza ritardo al magistrato di sorveglianza affinché disponga che la pena venga eseguita presso il domicilio. La richiesta è corredata di un verbale di accertamento dell'idoneità del domicilio, nonché, se il condannato è sottoposto a un programma di recupero o intende sottoporsi ad esso, della documentazione di cui all'articolo 94, comma 1, del testo unico delle leggi in materia di disciplina degli stupefacenti e sostanze psicotrope, prevenzione, cura e riabilitazione dei relativi stati di tossicodipendenza, di cui al decreto del Presidente della Repubblica 9 ottobre 1990, n. 309, e successive modificazioni (3).

4. Se il condannato è già detenuto, la pena detentiva non superiore a diciotto mesi, anche se costituente parte residua di maggior pena, è eseguita nei luoghi di cui al comma 1. Nei casi di cui all'articolo 656, comma 9, lettera b), del codice di procedura penale, non è consentita la sospensione dell'esecuzione della pena e il pubblico ministero o le altre parti fanno richiesta, per l'applicazione della misura, al magistrato di sorveglianza, secondo il disposto di cui al comma 5 del presente articolo. In ogni caso, la direzione dell'istituto penitenziario, anche a seguito di richiesta del detenuto o del suo difensore, trasmette al magistrato di sorveglianza una relazione sulla condotta tenuta durante la detenzione. La relazione è corredata di un verbale di accertamento dell'idoneità del domicilio, nonché, se il condannato è sottoposto ad un programma di recupero o intende sottoporsi ad esso, della documentazione di cui all'articolo 94, comma 1, del testo unico di cui al decreto del Presidente della Repubblica 9 ottobre 1990, n. 309, e successive modificazioni (4).

5. Il magistrato di sorveglianza provvede ai sensi dell'articolo 69-*bis* della legge 26 luglio 1975, n. 354, ma il termine di cui al comma 2 del predetto articolo è ridotto a cinque giorni.

6. Copia del provvedimento che dispone l'esecuzione della pena presso il domicilio è trasmessa senza ritardo al pubblico ministero nonché all'ufficio locale dell'esecuzione penale esterna per gli interventi di sostegno e controllo. L'ufficio locale dell'esecuzione penale esterna segnala ogni evento rilevante sull'esecuzione della pena e trasmette relazione trimestrale e conclusiva.

7. Nel caso di condannato tossicodipendente o alcoldipendente sottoposto ad un programma di recupero o che ad esso intenda sottoporsi, la pena di cui al comma 1 può essere eseguita presso una struttura sanitaria pubblica o una struttura privata accreditata ai sensi del testo unico di cui al decreto del Presidente della Repubblica 9 ottobre 1990, n. 309. In ogni caso, il magistrato di sorveglianza può imporre le prescrizioni e le forme di controllo necessarie per accertare che il tossicodipendente o l'alcoldipendente inizi immediatamente o prosegua il programma terapeutico. Con decreto del Ministro della giustizia, di concerto con il Ministro dell'economia e delle finanze e con il Ministro della salute, sentita la Presidenza del Consiglio dei ministri – Dipartimento per le politiche antidroga e d'intesa con la Conferenza permanente per i rapporti tra lo Stato, le regioni e le province autonome di Trento e di Bolzano, è determinato il contingente annuo dei posti disponibili, nei limiti del livello di risorse ordinario presso ciascuna regione finalizzato a tale tipologia di spesa, sulla base degli accrediti già in essere con il Servizio sanitario nazionale e, comunque, senza nuovi o maggiori oneri per la finanza pubblica.

8. Si applicano, in quanto compatibili, le disposizioni previste dagli articoli 47-*ter*, commi 4, 4-*bis*, 5 6, 8, 9 e 9-*bis*, 51-*bis*, 58 e 58-*quater*, ad eccezione del comma 7-*bis*, della legge 26 luglio 1975, n. 354, e successive modificazioni, nonché le relative norme di esecuzione contenute nel regolamento di cui al decreto del Presidente della Repubblica 30 giugno 2000, n. 230. Nei casi previsti dagli articoli 47-*ter*, commi 4 e 4-*bis*, e 51-*bis* della legge 26 luglio 1975, n. 354, tuttavia, il provvedimento è adottato dal magistrato di sorveglianza.

(1) Rubrica modificata dall'art. 3, co. 1, lett. b), d.l. 22.12.2011, n. 211.
(2) Comma modificato dall'art. 3, co. 1, lett. b), d.l. 22.12.2011, n. 211 e, poi, dall'art. 5, co. 1, d.l. 23.12.2013, n. 146.
(3) Comma modificato dall'art. 3, co. 1, lett. b), d.l. 22.12.2011, n. 211.
(4) Comma modificato dall'art. 3, co. 1, lett. b), d.l. 22.12.2011, n. 211.

2. Modifiche all'articolo 385 del codice penale in materia di evasione.

1. All'articolo 385 del codice penale sono apportate le seguenti modificazioni:

a) al primo comma, le parole: «da sei mesi ad un anno» sono sostituite dalle seguenti: «da uno a tre anni»;
b) al secondo comma:
   1) le parole: «da uno a tre» sono sostituite dalle seguenti: «da due a cinque»;
   2) la parola: «cinque» è sostituita dalla seguente: «sei».

3. Circostanza aggravante.

1. All'articolo 61 del codice penale è aggiunto, in fine, il seguente numero:
«11-*quater*. l'avere il colpevole commesso un delitto non colposo durante il periodo in cui era ammesso ad una misura alternativa alla detenzione in carcere».

4. Modifiche alla legge 23 dicembre 2009, n. 191, e al decreto legislativo 30 ottobre 1992, n. 443, concernenti il Corpo di polizia penitenziaria.

1. All'articolo 2, comma 215, della legge 23 dicembre

2009, n. 191, sono apportate le seguenti modificazioni:

a) dopo le parole: «di cui al comma 213» sono inserite le seguenti: «nonché le maggiori entrate derivanti dall'attuazione del comma 212»;

b) sono aggiunte, in fine, le seguenti parole: «, ivi compreso l'adeguamento dell'organico del Corpo di polizia penitenziaria occorrente per fronteggiare la situazione emergenziale in atto. A tale ultimo fine e per assicurare, inoltre, la piena operatività dei relativi servizi, il Ministro della giustizia è autorizzato all'assunzione di personale nel ruolo degli agenti e degli assistenti del Corpo di polizia penitenziaria, nei limiti numerici consentiti dalle risorse derivanti dall'applicazione del comma 212».

2. All'articolo 2, comma 221, della legge 23 dicembre 2009, n. 191, la parola: «, 212» è soppressa.

3. Al decreto legislativo 30 ottobre 1992, n. 443, e successive modificazioni, sono apportate le seguenti modificazioni:

a) l'articolo 6 è sostituito dal seguente:

«Art. 6 (Corsi per la nomina ad agente di polizia penitenziaria). – 1. Gli allievi agenti del Corpo di polizia penitenziaria frequentano presso le scuole un corso di durata compresa tra sei e dodici mesi, diviso in due cicli. La durata del corso è stabilita, nei limiti anzidetti, con decreto del Ministro della giustizia.

2. Al termine del primo ciclo del corso, gli allievi che abbiano ottenuto giudizio globale di idoneità sulla base dei risultati conseguiti nelle materie di insegnamento e nelle prove pratiche e siano stati riconosciuti idonei al servizio di polizia penitenziaria sono nominati agenti in prova e vengono ammessi a frequentare il secondo ciclo, durante il quale sono sottoposti a selezione attitudinale per l'eventuale assegnazione a servizi che richiedano qualificazione.

3. Gli agenti in prova che abbiano superato gli esami teorico-pratici di fine corso e ottenuto conferma dell'idoneità al servizio di polizia penitenziaria sono nominati agenti di polizia penitenziaria. Essi prestano giuramento e sono immessi nel ruolo secondo la graduatoria finale.

4. Gli agenti in prova che non abbiano superato gli esami di fine corso, sempre che abbiano ottenuto giudizio di idoneità al servizio, sono ammessi a ripetere per non più di una volta il secondo ciclo.

Al termine di quest'ultimo, sono ammessi nuovamente agli esami finali. Se l'esito è negativo, sono dimessi dal corso.

5. Gli allievi e gli agenti in prova, per tutta la durata del corso, non possono essere impiegati in servizi di istituto, tranne i servizi funzionali all'attività di formazione»;

b) all'articolo 7, comma 1, la lettera d) è sostituita dalla seguente:

«d) gli allievi e gli allievi agenti in prova che per qualsiasi motivo, salvo che l'assenza sia determinata dall'adempimento di un dovere, siano stati assenti dal corso per un periodo stabilito con decreto del Ministro della giustizia, il quale deve comunque prevedere un periodo maggiore in caso di assenza determinata da infermità contratta durante il corso e, in quest'ultimo caso, la possibilità per l'allievo o l'agente in prova di essere ammesso a partecipare al primo corso successivo alla riacquistata idoneità psico-fisica;».

5. Relazione alle Camere.

1. Entro centottanta giorni dalla data di entrata in vigore della presente legge, il Ministro della giustizia, sentiti i Ministri dell'interno e per la pubblica amministrazione e l'innovazione, riferisce alle competenti Commissioni parlamentari in merito alle necessità di adeguamento numerico e professionale della pianta organica del Corpo di polizia penitenziaria e del personale civile del Dipartimento dell'amministrazione penitenziaria del Ministero della giustizia, anche in relazione all'entità numerica della popolazione carceraria e al numero dei posti esistenti e programmati nonché al numero dei condannati in esecuzione penale esterna e in merito al numero dei detenuti e alla tipologia dei reati a cui si applica il beneficio dell'esecuzione domiciliare della pena detentiva [(1)].

La presente legge, munita del sigillo dello Stato, sarà inserita nella Raccolta ufficiale della Repubblica italiana. È fatto obbligo a chiunque spetti di osservarla e di farla osservare come legge dello Stato.

(1) Comma modificato dall'art. 3, co. 1, lett. c), d.l. 22.12.2011, n. 211.

6. D.L. 22 dicembre 2011, n. 211, convertito, con modificazioni, in L. 17 febbraio 2012, n. 9. – Interventi urgenti per il contrasto della tensione detentiva determinata dal sovraffollamento delle carceri (*artt. 3 bis-4*)

In Gazzetta Ufficiale 22 dicembre 2011, n. 297

3 bis. Norme in materia di riparazione per l'ingiusta detenzione [(1)].

1. Le disposizioni dell'articolo 314 del codice di procedura penale si applicano anche ai procedimenti definiti anteriormente alla data di entrata in vigore del medesimo codice, con sentenza passata in giudicato dal 1° luglio 1988.

2. Ai fini di cui al comma 1, il termine per la proposizione della domanda di riparazione è di sei mesi e decorre dalla data di entrata in vigore della legge di conversione del presente decreto. La domanda di riparazione resta impregiudicata dall'eventuale precedente rigetto che sia stato determinato dalla inammissibilità della stessa in ragione della definizione del procedimento in epoca anteriore alla data di entrata in vigore del codice di procedura penale vigente.

3. Il diritto alla riparazione di cui al comma 1 non è comunque trasmissibile agli eredi.

4. Ai fini della determinazione del risarcimento, per il periodo intercorrente tra il 1° luglio 1988 e la data di entrata in vigore del vigente codice di procedura penale, si applicano i commi 2 e 3 dell'articolo 315 del medesimo codice.

5. Ai maggiori oneri derivanti dall'attuazione del comma 1, pari a 5 milioni di euro per l'anno 2012, si provvede mediante corrispondente riduzione dell'autorizzazione di spesa di cui all'articolo 10, comma 5, del decreto-legge 29 novembre 2004, n. 282, convertito, con modificazioni, dalla legge 27 dicembre 2004, n. 307, relativa al Fondo per gli interventi strutturali di politica economica.

(1) Articolo introdotto dall'art. 1, l. 17.2.2012, n. 9, in sede di conversione.

3 ter. Disposizioni per il definitivo superamento degli ospedali psichiatrici giudiziari [(1)].

1. Il completamento del processo di superamento degli ospedali psichiatrici giudiziari già previsto dall'allegato C del decreto del Presidente del Consiglio dei Ministri 1° aprile 2008, pubblicato nella Gazzetta Ufficiale n. 126 del 30 maggio 2008, e dai conseguenti accordi sanciti dalla Conferenza unificata ai sensi dell'articolo 9 del decreto legislativo 28 agosto 1997, n. 281, nelle sedute del 20 novembre 2008, 26 novembre 2009 e 13 ottobre 2011, secondo le modalità previste dal citato decreto e dai successivi accordi è disciplinato ai sensi dei commi seguenti [(2)].

2. Entro il 31 marzo 2012, con decreto di natura non regolamentare del Ministro della salute, adottato di concerto con il Ministro della giustizia, d'intesa con la Conferenza permanente per i rapporti tra lo Stato, le regioni e le province autonome di Trento e di Bolzano ai sensi dell'articolo 3 del decreto legislativo 28 agosto 1997, n. 281, sono definiti, ad integrazione di quanto previsto dal decreto del Presidente della Repubblica 14 gennaio 1997, pubblicato nel supplemento ordinario alla Gazzetta Ufficiale n. 42 del 20 febbraio 1997, ulteriori requisiti strutturali, tecnologici e organizzativi, anche con riguardo ai profili di sicurezza, relativi alle strutture destinate ad accogliere le persone cui sono applicate le misure di sicurezza del ricovero in ospedale psichiatrico giudiziario e dell'assegnazione a casa di cura e custodia.

3. Il decreto di cui al comma 2 è adottato nel rispetto dei seguenti criteri:

a) esclusiva gestione sanitaria all'interno delle strutture;
b) attività perimetrale di sicurezza e di vigilanza esterna, ove necessario in relazione alle condizioni dei soggetti interessati, da svolgere nel limite delle risorse umane, strumentali e finanziarie disponibili a legislazione vigente;
c) destinazione delle strutture ai soggetti provenienti, di norma, dal territorio regionale di ubicazione delle medesime.

4. Dal 31 marzo 2015 gli ospedali psichiatrici giudiziari sono chiusi e le misure di sicurezza del ricovero in ospedale psichiatrico giudiziario e dell'assegnazione a casa di cura e custodia sono eseguite esclusivamente all'interno delle strutture sanitarie di cui al comma 2, fermo restando che le persone che hanno cessato di essere socialmente pericolose devono essere senza indugio dimesse e prese in carico, sul territorio, dai Dipartimenti di salute mentale. Il giudice dispone nei confronti dell'infermo di mente e del seminfermo di mente l'applicazione di una misura di sicurezza, anche in via provvisoria, diversa dal ricovero in un ospedale psichiatrico giudiziario o in una casa di cura e custodia, salvo quando sono acquisiti elementi dai quali risulta che ogni misura diversa non è idonea ad assicurare cure adeguate e a fare fronte alla sua pericolosità sociale, il cui accertamento è effettuato sulla base delle qualità soggettive della persona e senza tenere conto delle condizioni di cui all'articolo 133, secondo comma, numero 4, del codice penale. Allo stesso modo provvede il magistrato di sorveglianza quando interviene ai sensi dell'articolo 679 del codice di procedura penale. Non costituisce elemento idoneo a supportare il giudizio di pericolosità sociale la sola mancanza di programmi terapeutici individuali [(3)].

5. Per la realizzazione di quanto previsto dal comma 1, in deroga alle disposizioni vigenti relative al contenimento della spesa di personale, le regioni e le province autonome di Trento e di Bolzano, comprese anche quelle che hanno sottoscritto i piani di rientro dai disavanzi sanitari, previa valutazione e autorizzazione del Ministro della salute assunta di concerto con il Ministro per la pubblica amministrazione e la semplificazione e del Ministro dell'economia e delle finanze, possono assumere personale qualificato da dedicare anche ai percorsi terapeutico riabilitativi finalizzati al recupero e reinserimento sociale dei pazienti internati provenienti dagli ospedali psichiatrici giudiziari.

6. Per la copertura degli oneri derivanti dall'attuazione del presente articolo, limitatamente alla realizzazione e riconversione delle strutture, è autorizzata la spesa di 120 milioni di euro per l'anno 2012 e 60 milioni di euro per l'anno 2013. Le predette risorse, in deroga alla procedura di attuazione del programma pluriennale di interventi di cui all'articolo 20 della legge 11 marzo 1988, n. 67, sono ripartite tra le regioni [e province autonome], con decreto del Ministro della salute, di concerto con il Ministro dell'economia e delle finanze, previa intesa sancita dalla Conferenza permanente per i rapporti tra lo Stato, le regioni e le province autonome di Trento e di Bolzano, ed assegnate alla singola regione [o provincia autonoma] con decreto del Ministro della salute di approvazione di uno specifico programma di utilizzo proposto dalla medesima regione [o provincia autonoma] [, che deve consentire la realizzabilità di progetti terapeutico-riabilitativi individuali]. Il programma, oltre agli interventi strutturali, prevede attività volte progressivamente a incrementare la realizzazione dei percorsi terapeutico riabilitativi di cui al comma 5, definendo prioritariamente tempi certi e impegni precisi per il superamento degli ospedali psichiatrici giudiziari, prevedendo la dimissione di tutte le persone internate per le quali l'autorità giudiziaria abbia già escluso o escluda la sussistenza della pericolosità sociale, con l'obbligo per le aziende sanitarie locali di presa in carico all'interno di progetti terapeutico-riabilitativi individuali che assicurino il diritto alle cure e al reinserimento sociale, nonché a favorire l'esecuzione di misure di sicurezza alternative al ricovero in ospedale psichiatrico giudiziario o all'assegnazione a casa di cura e custodia. A tal fine le regioni, senza nuovi o maggiori oneri a carico della finanza pubblica, nell'ambito delle risorse destinate alla formazione, organizzano corsi di formazione per gli operatori del settore finalizzati alla progettazione e alla organizzazione di percorsi terapeutico-riabilitativi e alle esigenze di mediazione culturale. Entro il 15 giugno 2014, le regioni possono modificare i programmi presentati in precedenza al fine di provvedere alla riqualificazione dei dipartimenti di salute mentale, di contenere il numero complessivo di posti letto da realizzare nelle strutture sanitarie di cui al comma 2 e di destinare le risorse alla realizzazione o riqualificazione delle sole strutture pubbliche. All'erogazione delle risorse si provvede per stati di avanzamento dei lavori. Per le province autonome di Trento e di Bolzano si applicano le disposizioni di cui all'articolo 2, comma 109, della legge 23 dicembre 2009, n. 191. Agli oneri derivanti dal presente comma si provvede, quanto a 60 milioni di euro per l'anno 2012, utilizzando quota parte delle risorse di cui al citato articolo 20 della legge n. 67 del 1988; quanto ad ulteriori 60 milioni di euro per l'anno 2012, mediante corrispondente riduzione del Fondo di cui all'articolo 7-*quinquies* del decreto-legge 10 febbraio 2009, n. 5, convertito, con modificazioni, dalla legge 9 aprile 2009, n. 33; quanto a 60 milioni di euro per l'anno 2013, mediante corrispondente riduzione del Fondo di cui all'articolo 32, comma 1, del decreto-legge 6 luglio 2011, n. 98, convertito, con modificazioni, dalla legge 15 luglio 2011, n. 111 (4).

7. Al fine di concorrere alla copertura degli oneri per l'esercizio delle attività di cui al comma 1 nonché degli oneri derivanti dal comma 5 e dal terzo periodo del comma 6, è autorizzata la spesa nel limite massimo complessivo di 38 milioni di euro per l'anno 2012 e 55 milioni di euro annui a decorrere dall'anno 2013. Agli oneri derivanti dal presente comma si provvede:

a) quanto a 7 milioni di euro annui a decorrere dall'anno 2012, mediante riduzione degli stanziamenti relativi alle spese rimodulabili di cui all'articolo 21, comma 5, lettera b), della legge 31 dicembre 2009, n. 196, dei programmi del Ministero degli affari esteri;
b) quanto a 24 milioni di euro annui a decorrere dall'anno 2012, mediante corrispondente riduzione dell'autorizzazione di spesa di cui all'articolo 2, comma 361, della legge 24 dicembre 2007, n. 244;
c) quanto a 7 milioni di euro per l'anno 2012 e a 24 milioni di euro annui a decorrere dall'anno 2013, mediante riduzione degli stanziamenti relativi alle spese rimodulabili di cui all'articolo 21, comma 5, lettera b), della legge 31 dicembre 2009, n. 196, dei programmi del Ministero della giustizia (5) (6).

8. Il Comitato permanente per la verifica dell'erogazione dei livelli essenziali di assistenza di cui all'articolo 9 dell'intesa tra lo Stato, le regioni e le province autonome di Trento e di Bolzano del 23 marzo 2005, provvede al monitoraggio e alla verifica dell'attuazione del presente articolo.

8.1. Fino al superamento degli ospedali psichiatrici giudiziari, l'attuazione delle disposizioni di cui al presente articolo costituisce adempimento ai fini della verifica del Comitato permanente per la verifica dell'erogazione dei livelli essenziali di assistenza (7).

8 bis. Entro il 30 novembre 2013 il Ministro della salute e il Ministro della giustizia comunicano alle competenti Commissioni parlamentari lo stato di attuazione dei programmi regionali, di cui al comma 6, relativi al superamento degli ospedali psichiatrici giudiziari e in particolare il grado di effettiva presa in carico dei malati da parte dei dipartimenti di salute mentale e del conseguente avvio dei programmi di cura e di reinserimento sociale (8).

9. Nel caso di mancata presentazione del programma di cui al comma 6 entro il termine del 15 maggio 2013, ovvero di mancato rispetto del termine di completamento del predetto programma, il Governo, in attuazione dell'articolo 120 della Costituzione e nel rispetto dell'articolo 8 della legge 5 giugno 2003, n. 131, provvede in via sostitutiva al fine di assicurare piena esecuzione a quanto previsto dal comma 4. Nel caso di ricorso alla predetta procedura il Consiglio dei Ministri, sentita la Conferenza permanente per i rapporti tra lo Stato, le regioni e le province autonome di Trento e di Bolzano, nomina commissario la stessa persona per tutte le regioni per le quali si rendono necessari gli interventi sostitutivi (9).

10. A seguito dell'attuazione del presente articolo la destinazione dei beni immobili degli ex ospedali psichiatrici giudiziari è determinata d'intesa tra il Dipartimento dell'amministrazione penitenziaria del Ministero della giustizia, l'Agenzia del demanio e le regioni ove gli stessi sono ubicati.

(1) Articolo introdotto dall'art. 1, l. 17.2.2012, n. 9, in sede di conversione.
(2) Comma modificato dall'art. 1, co. 1, lett. a), d.l. 25.3.2013, n. 24, conv., con modif., dalla l. 23.5.2013, n. 57.

(3) Comma modificato dall'art. 1, co. 1, lett. b), d.l. 25.3.2013, n. 24, conv., con modif., dalla l. 23.5.2013, n. 57 e, poi, dall'art. 1, co. 1, d.l. 31.3.2014, n. 52, conv., con modif., dalla l. 30.5.2014, n. 81.
(4) Comma modificato dall'art. 6, co. 3, d.l. 13.9.2012, n. 158, dall'art. 1, co. 1, lett. c), d.l. 25.3.2013, n. 24, conv., con modif., dalla l. 23.5.2013, n. 57 e, poi, dall'art. 1, co. 1 bis, lett. a), d.l. 31.3.2014, n. 52, conv., con modif., dalla l. 30.5.2014, n. 81.
(5) Comma modificato dall'art. 1, co. 1, lett. d), d.l. 25.3.2013, n. 24, conv., con modif., dalla l. 23.5.2013, n. 57.
(6) Secondo quanto previsto dall'art. 23 quinques, co. 1, d.l. 28.10.2020, n. 137, conv., con modif., dalla l. 18.12.2020, n. 176, al fine di non vanificare la portata innovativa delle disposizioni qui previste, l'autorizzazione di spesa è incrementata di 1 milione di euro a decorrere dall'anno 2021.
(7) Comma introdotto dall'art. 1, co. 1 bis, lett. b), d.l. 31.3.2014, n. 52, conv., con modif., dalla l. 30.5.2014, n. 81.
(8) Comma introdotto dall'art. 1, co. 1, lett. d bis), d.l. 25.3.2013, n. 24, conv., con modif., dalla l. 23.5.2013, n. 57.
(9) Comma sostituito dall'art. 1, co. 1, lett. e), d.l. 25.3.2013, n. 24, conv., con modif., dalla l. 23.5.2013, n. 57.

4. Integrazione delle risorse finanziarie per il potenziamento, la ristrutturazione e la messa a norma delle strutture carcerarie.

1. Al fine di fronteggiare il sovrappopolamento degli istituti presenti sul territorio nazionale, per l'anno 2011, è autorizzata la spesa di euro 57.277.063 per le esigenze connesse all'adeguamento, potenziamento e alla messa a norma delle infrastrutture penitenziarie [1].

2. Agli oneri derivanti dal comma 1 si provvede mediante corrispondente riduzione dell'autorizzazione di spesa di cui all'articolo 47, secondo comma, della legge 20 maggio 1985, n. 222, relativamente alla quota destinata allo Stato dell'otto per mille dell'imposta sul reddito delle persone fisiche.

(1) Comma modificato dall'art. 1 l. 17.2.2012, n. 9, in sede di conversione.

7. D.L. 1 luglio 2013, n. 78, convertito in L. 9 agosto 2013, n. 94. – Disposizioni urgenti in materia di esecuzione della pena (*artt. 3 bis, 4*)

In Gazzetta Ufficiale 2 luglio 2013, n. 153

3 bis. Misure per favorire l'attività lavorativa dei detenuti ed internati [1].

1. All'articolo 4, comma 3-*bis*, della legge 8 novembre 1991, n. 381, l'ultimo periodo è sostituito dal seguente: "Gli sgravi contributivi di cui al presente comma si applicano per un periodo successivo alla cessazione dello stato di detenzione di diciotto mesi per i detenuti ed internati che hanno beneficiato di misure alternative alla detenzione o del lavoro all'esterno ai sensi dell'articolo 21 della l. 26.7.1975, n. 354, e successive modificazioni, e di ventiquattro mesi per i detenuti ed internati che non ne hanno beneficiato".

2. Alla legge 22 giugno 2000, n. 193, sono apportate le seguenti modificazioni:

a) l'articolo 3 è sostituito dal seguente:
"Art. 3.
1. Alle imprese che assumono, per un periodo di tempo non inferiore ai trenta giorni, lavoratori detenuti e internati ammessi al lavoro all'esterno ai sensi dell'articolo 21 della l. 26.7.1975, n. 354, e successive modificazioni, o che svolgono effettivamente attività formative nei loro confronti, è concesso un credito d'imposta mensile nella misura massima di settecento euro per ogni lavoratore assunto.
2. Alle imprese che assumono, per un periodo di tempo non inferiore ai trenta giorni, detenuti semiliberi provenienti dalla detenzione, o che svolgono effettivamente attività formative nei loro confronti, è concesso un credito d'imposta mensile nella misura massima di trecentocinquanta euro per ogni lavoratore assunto.
3. I crediti d'imposta di cui ai commi 1 e 2 sono utilizzabili esclusivamente in compensazione ai sensi dell'articolo 17 del decreto legislativo 9 luglio 1997, n. 241, e successive modificazioni, e si applicano per un periodo di diciotto mesi successivo alla cessazione dello stato di detenzione per i detenuti ed internati che hanno beneficiato di misure alternative alla detenzione o del lavoro all'esterno ai sensi dell'articolo 21 della l. 26.7.1975, n. 354, e successive modificazioni, e di ventiquattro mesi per i detenuti ed internati che non ne hanno beneficiato";
b) all'articolo 4, comma 1, le parole: "sulla base delle risorse" sono sostituite dalle seguenti: "nei limiti delle risorse".

(1) Articolo introdotto dall'art. 1, co. 1, l. 9.8.2013, n. 94, in sede di conversione.

4. Compiti attribuiti al commissario straordinario del Governo per le infrastrutture carcerarie.

1. Nei limiti di quanto previsto dal decreto del Presidente della Repubblica 3 dicembre 2012, registrato alla Corte dei conti il 21 dicembre 2012, registro n. 10, foglio n. 144, che viene integralmente richiamato ed è allegato al presente decreto, le funzioni del Commissario straordinario del Governo per le infrastrutture carcerarie sono prorogate fino al 31 luglio 2014 e sono altresì integrate fino alla medesima scadenza con i seguenti ulteriori compiti [1]:

a) programmazione dell'attività di edilizia penitenziaria;
b) manutenzione straordinaria, ristrutturazione, completamento, ampliamento delle strutture penitenziarie esistenti, d'intesa con il Capo del Dipartimento dell'amministrazione penitenziaria e con il Capo del Dipartimento della giustizia minorile [2];
b-*bis*) nel rispetto dei criteri di economicità individuati

dal Ministero della giustizia, mantenimento e promozione delle piccole strutture carcerarie idonee all'istituzione di percorsi di esecuzione della pena differenziati su base regionale e all'implementazione di quei trattamenti individualizzati indispensabili per la rieducazione e il futuro reinserimento sociale del detenuto [3];

c) realizzazione di nuovi istituti penitenziari e di alloggi di servizio per la polizia penitenziaria, al di fuori delle aree di notevole interesse pubblico sottoposte a vincolo ai sensi dell'articolo 136 del decreto legislativo 22 gennaio 2004, n. 42;

d) destinazione e valorizzazione dei beni immobili penitenziari anche mediante acquisizione, cessione, permuta, costituzione di diritti reali sugli immobili in favore di terzi per la realizzazione di impianti finalizzati alla produzione di energia elettrica da fonti rinnovabili e forme di partenariato pubblico-privato ovvero tramite la costituzione di uno o più fondi immobiliari, articolati in un sistema integrato nazionale e locale [4];

e) individuazione di immobili, nella disponibilità dello Stato o degli enti pubblici territoriali e non territoriali, dismessi e atti alla riconversione, alla permuta, alla costituzione di diritti reali sugli immobili in favore di terzi per la realizzazione di impianti finalizzati alla produzione di energia elettrica da fonti rinnovabili o alla valorizzazione al fine della realizzazione di strutture carcerarie, anche secondo le modalità di cui alla lettera d) [5];

f) raccordo con il capo Dipartimento dell'Amministrazione Penitenziaria e con il capo Dipartimento per la giustizia minorile;

2. Gli atti del Commissario straordinario del Governo per le infrastrutture carcerarie, di cui al comma 1, lettere d) ed e), sono adottati d'intesa con l'Agenzia del demanio.

3. Il Ministro della giustizia, di concerto con il Ministro delle infrastrutture e dei trasporti, esercita le funzioni di indirizzo, di vigilanza e controllo sull'attività del Commissario straordinario del Governo per le infrastrutture carcerarie di cui al comma 1. Questi riferisce trimestralmente al Ministro della giustizia e al Ministro delle infrastrutture e dei trasporti sull'attività svolta. Il Commissario trasmette annualmente al Parlamento una relazione sull'attività svolta. Il Commissario trasmette semestralmente alle Commissioni parlamentari competenti una relazione sull'attività programmatica. In sede di prima applicazione, la relazione di cui al terzo periodo deve comunque essere trasmessa alle competenti Commissioni parlamentari entro il 31 dicembre 2013 [6].

4. Gli atti del Commissario straordinario del Governo per le infrastrutture carcerarie di cui al comma 1 sono soggetti al controllo di regolarità amministrativa e contabile nei termini e con le modalità previsti dalla legislazione vigente. Il medesimo Commissario trasmette annualmente al Ministro della giustizia ed alla competente sezione di controllo della Corte dei conti una relazione sullo stato di attuazione dei compiti di cui al comma 1, a norma dell'articolo 15 del decreto legislativo 30 giugno 2011 n. 123.

5. Gli atti del Commissario straordinario del Governo per le infrastrutture carcerarie, di cui al comma 1, sono adottati nei limiti delle risorse disponibili sulla contabilità speciale del medesimo Commissario [7].

6. A decorrere dall'entrata in vigore del presente decreto, al Commissario straordinario del Governo per le infrastrutture carcerarie sono attribuiti i poteri derogatori, ove necessario, di cui alle Ordinanze del Presidente del Consiglio dei ministri nn. 3861/2010 e 3995/2012, limitatamente alle deroghe alla legge 29 luglio 1949, n. 717, e successive modifiche ed integrazioni, al decreto del Presidente della Repubblica 18 aprile 1994, n. 383, all'articolo 17 della legge 15 maggio 1997 n. 127 [, agli articoli 49 e 70 del decreto legislativo 12 aprile 2006 n. 163] [8].

7. Fermo restando quanto già previsto dal citato decreto del Presidente della Repubblica 3 dicembre 2012, al Commissario straordinario del Governo per le infrastrutture carcerarie è assegnata una dotazione organica di ulteriori quindici unità, ripartite tra le varie qualifiche, ivi comprese quelle dirigenziali, secondo la pianta organica stabilita dal medesimo Commissario. Il personale proveniente dalle pubbliche amministrazioni, dalle Agenzie e dagli enti territoriali è assegnato, anche in posizione di comando o di distacco, secondo quanto previsto dai rispettivi ordinamenti, ai sensi del decreto legislativo 30 marzo 2001, n. 165, conservando lo stato giuridico e il trattamento economico in godimento con oneri a carico dell'amministrazione di appartenenza. Il personale in posizione di comando o di distacco non ha diritto ad indennità o compensi aggiuntivi. Al fine di assicurare la piena operatività della struttura, il medesimo Commissario è altresì autorizzato a stipulare contratti a tempo determinato, nei limiti delle risorse disponibili sulla contabilità speciale del medesimo Commissario [9].

8. Sono confermate le risorse strumentali e finanziarie già assegnate al Commissario straordinario del Governo per le infrastrutture carcerarie, nonché quelle già disponibili sulla contabilità speciale del medesimo Commissario [10].

9. Al Commissario straordinario del Governo per le infrastrutture carcerarie non spetta alcun tipo di compenso.

(1) Alinea modificato dall'art. 1, co. 1, l. 9.8.2013, n. 94, in sede di conversione e, poi, dall'art. 6 bis, co. 1, d.l. 26.6.2014, n. 92, conv., con modif., dalla l. 11.8.2014, n. 117.

(2) Lettera modificata dall'art. 1, co. 1, l. 9.8.2013, n. 94, in sede di conversione.

(3) Lettera introdotta dall'art. 1, co. 1, l. 9.8.2013, n. 94, in sede di conversione.

(4) Lettera modificata dall'art. 1, co. 1, l. 9.8.2013, n. 94, in sede di conversione.

(5) Lettera modificata dall'art. 1, co. 1, l. 9.8.2013, n. 94, in sede di conversione.

(6) Comma modificato dall'art. 1, co. 1, l. 9.8.2013, n. 94, in sede di conversione.

(7) Comma modificato dall'art. 1, co. 1, l. 9.8.2013, n. 94, in sede di conversione.

(8) Comma modificato dall'art. 1, co. 1, l. 9.8.2013, n. 94, in sede di conversione.

(9) Comma modificato dall'art. 1, co. 1, l. 9.8.2013, n. 94, in sede di conversione.

(10) Comma modificato dall'art. 1, co. 1, l. 9.8.2013, n. 94, in sede di conversione.

8. D.L. 23 dicembre 2013, n. 146, convertito, con modificazioni, nella L. 21 febbraio 2014, n. 10. – Misure urgenti in tema di tutela dei diritti fondamentali dei detenuti e di riduzione controllata della popolazione carceraria (*artt. 4 7*)

In Gazzetta Ufficiale 23 dicembre 2013, n. 300

4. Liberazione anticipata speciale.

1. Ad esclusione dei condannati per taluno dei delitti previsti dall'articolo 4-*bis* della l. 26.7.1975, n. 354, e successive modificazioni, per un periodo di due anni dalla data di entrata in vigore del presente decreto, la detrazione di pena concessa con la liberazione anticipata prevista dall'articolo 54 della l. 26.7.1975, n. 354 è pari a settantacinque giorni per ogni singolo semestre di pena scontata (1).

2. Ai condannati che, a decorrere dal 1° gennaio 2010, abbiano già usufruito della liberazione anticipata, è riconosciuta per ogni singolo semestre la maggiore detrazione di trenta giorni, sempre che nel corso dell'esecuzione successivamente alla concessione del beneficio abbiano continuato a dare prova di partecipazione all'opera di rieducazione.

3. La detrazione prevista dal comma precedente si applica anche ai semestri di pena in corso di espiazione alla data dell'1° gennaio 2010.

[**4.** Ai condannati per taluno dei delitti previsti dall'articolo 4-*bis* della l. 26.7.1975, n. 354 la liberazione anticipata può essere concessa nella misura di settantacinque giorni, a norma dei commi precedenti, soltanto nel caso in cui abbiano dato prova, nel periodo di detenzione, di un concreto recupero sociale, desumibile da comportamenti rivelatori del positivo evolversi della personalità.] (2)

5. Le disposizioni di cui ai commi precedenti non si applicano ai condannati ammessi all'affidamento in prova e alla detenzione domiciliare, relativamente ai periodi trascorsi, in tutto o in parte, in esecuzione di tali misure alternative, né ai condannati che siano stati ammessi all'esecuzione della pena presso il domicilio o che si trovino agli arresti domiciliari ai sensi dell'articolo 656, comma 10, del codice di procedura penale (3)

(1) Comma modificato dall'art. 1, co. 1, l. 21.2.2014, n. 10, in sede di conversione.
(2) Comma soppresso dall'art. 1, co. 1, l. 21.2.2014, n. 10, in sede di conversione.
(3) Comma modificato dall'art. 1, co. 1, l. 21.2.2014, n. 10, in sede di conversione.

7. Garante nazionale dei diritti delle persone [detenute o] private della libertà personale (1).

1. È istituito, presso il Ministero della giustizia, il Garante nazionale dei diritti delle persone detenute o private della libertà personale, di seguito denominato «Garante nazionale».

1 bis. Il Garante nazionale opera quale meccanismo nazionale di prevenzione ai sensi dell'articolo 3 del Protocollo opzionale alla Convenzione contro la tortura e altre pene o trattamenti crudeli, inumani o degradanti, adottato il 18 dicembre 2002 con Risoluzione A/RES/57/199 dall'Assemblea Generale delle Nazioni Unite e ratificato ai sensi della legge 9 novembre 2012, n. 195, ed esercita i poteri, gode delle garanzie e adempie gli obblighi di cui agli articoli 4 e da 17 a 23 del predetto Protocollo (2).

2. Il Garante nazionale è costituito in collegio, composto dal presidente e da due membri, i quali restano in carica per cinque anni non prorogabili. Essi sono scelti tra persone, non dipendenti delle pubbliche amministrazioni, che assicurano indipendenza e competenza nelle discipline afferenti la tutela dei diritti umani, e sono nominati, previa delibera del Consiglio dei ministri, con decreto del Presidente della Repubblica, sentite le competenti commissioni parlamentari (3).

3. I componenti del Garante nazionale non possono ricoprire cariche istituzionali, anche elettive, ovvero incarichi in partiti politici. Sono immediatamente sostituiti in caso di dimissioni, morte, incompatibilità sopravvenuta, accertato impedimento fisico o psichico, grave violazione dei doveri inerenti all'ufficio ovvero nel caso in cui riportino condanna penale definitiva per delitto non colposo. Ai componenti del Garante nazionale è attribuita un'indennità forfetaria annua, determinata in misura pari al 40 per cento dell'indennità parlamentare annua per il Presidente e pari al 30 per cento per i membri del collegio, fermo restando il diritto al rimborso delle spese effettivamente sostenute di vitto, alloggio e trasporto per gli spostamenti effettuati nello svolgimento delle attività istituzionali (4).

4. Alle dipendenze del Garante nazionale, che si avvale delle strutture e delle risorse messe a disposizione dal Ministro della giustizia, è istituito un ufficio nel numero massimo di 25 unità di personale, di cui almeno 20 dello stesso Ministero e, in posizione di comando, non più di 2 unità del Ministero dell'interno e non più di 3 unità degli enti del Servizio sanitario nazionale, che conservano il trattamento economico in godimento, limitatamente alle voci fisse e continuative, con oneri a carico delle amministrazioni di provenienza sia in ragione degli emolumenti di carattere fondamentale che per gli emolumenti accessori di carattere fisso e continuativo. Gli altri oneri relativi al trattamento accessorio sono posti a carico del Ministero della giustizia. Il predetto personale è scelto in funzione delle conoscenze acquisite negli ambiti di competenza del Garante. La struttura e la composizione dell'ufficio sono determinate con decreto del Presidente del Consiglio dei ministri, di concerto con il Ministro della giustizia, il Ministro dell'interno e il Ministro dell'economia e delle finanze (5).

5. Il Garante nazionale, oltre a promuovere e favorire rapporti di collaborazione con i garanti territoriali, ovvero con altre figure istituzionali comunque denominate, che hanno competenza nelle stesse materie:

a) vigila, affinché l'esecuzione della custodia dei detenuti, degli internati, dei soggetti sottoposti a custodia cautelare in carcere o ad altre forme di limitazione della libertà personale sia attuata in conformità alle norme e ai principi stabiliti dalla Costituzione, dalle convenzioni internazionali sui diritti umani ratificate dall'Italia, dalle leggi dello Stato e dai regolamenti;

b) visita, senza necessità di autorizzazione, gli istituti penitenziari, gli ospedali psichiatrici giudiziari e le strutture sanitarie destinate ad accogliere le persone sottoposte a misure di sicurezza detentive, le comunità terapeutiche e di accoglienza o comunque le strutture pubbliche e private dove si trovano persone sottoposte a misure alternative o alla misura cautelare degli arresti domiciliari, gli istituti penali per minori e le comunità di accoglienza per minori sottoposti a provvedimenti dell'autorità giudiziaria, nonché, previo avviso e senza che da ciò possa derivare danno per le attività investigative in corso, le camere di sicurezza delle Forze di polizia, accedendo, senza restrizioni, a qualunque locale adibito o comunque funzionale alle esigenze restrittive;

c) prende visione, previo consenso anche verbale dell'interessato, degli atti contenuti nel fascicolo della persona detenuta o privata della libertà personale e comunque degli atti riferibili alle condizioni di detenzione o di privazione della libertà;

d) richiede alle amministrazioni responsabili delle strutture indicate alla lettera b) le informazioni e i documenti necessari; nel caso in cui l'amministrazione non fornisca risposta nel termine di trenta giorni, informa il magistrato di sorveglianza competente e può richiedere l'emissione di un ordine di esibizione;

e) verifica il rispetto degli adempimenti connessi ai diritti previsti agli articoli 20, 21, 22, e 23 del regolamento di cui al decreto del Presidente della Repubblica 31 agosto 1999, n. 394, e successive modificazioni, presso i centri di identificazione e di espulsione previsti dall'articolo 14 del testo unico di cui al decreto legislativo 25 luglio 1998, n. 286, e successive modificazioni, nonché presso i locali di cui all'articolo 6, comma 3-*bis*, primo periodo, del decreto legislativo 18 agosto 2015, n. 142, accedendo senza restrizione alcuna in qualunque locale [6];

f) formula specifiche raccomandazioni all'amministrazione interessata, se accerta violazioni alle norme dell'ordinamento ovvero la fondatezza delle istanze e dei reclami proposti ai sensi dell'articolo 35 della l. 26.7.1975, n. 354. L'amministrazione interessata, in caso di diniego, comunica il dissenso motivato nel termine di trenta giorni;

f-*bis*) formula specifiche raccomandazioni all'amministrazione interessata, se accerta la fondatezza delle istanze e dei reclami proposti dai soggetti trattenuti nelle strutture di cui alla lettera e). L'amministrazione interessata, in caso di diniego, comunica il dissenso motivato nel termine di trenta giorni [7];

g) tramette annualmente una relazione sull'attività svolta ai Presidenti del Senato della Repubblica e della Camera dei deputati, nonché al Ministro dell'interno e al Ministro della giustizia.

5.1. Il Garante nazionale può delegare i garanti territoriali per l'esercizio delle proprie funzioni relativamente alle strutture sanitarie, sociosanitarie e assistenziali, alle comunità terapeutiche e di accoglienza, per adulti e per minori, nonché alle strutture di cui alla lettera e) del comma 5, quando particolari circostanze lo richiedano. La delega ha una durata massima di sei mesi [8].

5 bis. Per il funzionamento del Garante nazionale è autorizzata la spesa di euro 200.000 per ciascuno degli anni 2016 e 2017 e di euro 300.000 annui a decorrere dall'anno 2018. Nell'ambito delle funzioni attribuite dall'articolo 4 del regolamento di cui al decreto del Presidente del Consiglio dei ministri 10 aprile 2019, n. 89, e con le modalità ivi previste, il Garante nazionale adotta i piani annuali di spesa, in coerenza e nei limiti dell'autorizzazione di spesa di cui al presente comma, modulando le voci di spesa in base a criteri oggettivi e funzionali alle necessità dell'ufficio, nell'ambito delle determinazioni adottate ai sensi dei commi 3, 4 e 5 del presente articolo [9].

(1) Rubrica modificata dall'art. 13, co. 1, lett. a), d.l. 21.10.2020, n. 130, conv., con modif., dalla l. 18.12.2020, n. 173.
(2) Comma introdotto dall'art. 13, co. 1, lett. b), d.l. 21.10.2020, n. 130, conv., con modif., dalla l. 18.12.2020, n. 173.
(3) Comma modificato dall'art. 1, co. 1, l. 21.2.2014, n. 10, in sede di conversione.
(4) Comma modificato dall'art. 1, co. 1, l. 21.2.2014, n. 10, in sede di conversione e, poi, dall'art. 1, co. 317, lett. a), l. 28.12.2015, n. 208.
(5) Comma sostituito dall'art. 1, co. 476, lett. a), l. 27.12.2017, n. 205. Secondo quanto previsto dall'art. 1, co. 477, l. 205/2017, il decreto del Presidente del Consiglio dei ministri qui previsto è adottato entro tre mesi dalla data di entrata in vigore della presente legge.
(6) Lettera modificata dall'art. 3, co. 2 bis, d.l. 4.10.2018, n. 113, conv., con modif., dalla l. 1.12.2018, n. 132.
(7) Lettera introdotta dall'art. 3, co. 5, d.l. 21.10.2020, n. 130, conv., con modif., dalla l. 18.12.2020, n. 173.
(8) Comma introdotto dall'art. 13, co. 1, lett. c), d.l. 21.10.2020, n. 130, conv., con modif., dalla l. 18.12.2020, n. 173.
(9) Comma introdotto dall'art. 1, co. 317, lett. b), l. 28.12.2015, n. 208, sostituito dall'art. 1, co. 476, lett. b), l. 27.12.2017, n. 205 e, infine, modificato dall'art. 13, co. 1, lett. c bis), d.l. 21.10.2020, n. 130, conv., con modif., dalla l. 18.12.2020, n. 173.

9. L. 28 aprile 2014, n. 67. – Deleghe al Governo in materia di pene detentive non carcerarie e di riforma del sistema sanzionatorio. Disposizioni in materia di sospensione del procedimento con messa alla prova e nei confronti degli irreperibili (*artt. 1-2*)

In Gazzetta Ufficiale 2 maggio 2014, n. 100

Capo I
Deleghe al Governo

1. Delega al Governo in materia di pene detentive non carcerarie.

1. Il Governo è delegato ad adottare uno o più decreti legislativi per la riforma del sistema delle pene, con le modalità e nei termini previsti dai commi 2 e 3 e nel rispetto dei seguenti principi e criteri direttivi:

a) prevedere che le pene principali siano l'ergastolo, la reclusione, la reclusione domiciliare e l'arresto domiciliare, la multa e l'ammenda; prevedere che la reclusione e l'arresto domiciliari si espiano presso l'abitazione del condannato o altro luogo pubblico o privato di cura, assistenza e accoglienza, di seguito denominato «domicilio», con durata continuativa o per singoli giorni della settimana o per fasce orarie;

b) per i reati per i quali è prevista la pena dell'arresto o della reclusione non superiore nel massimo a tre anni, secondo quanto disposto dall'articolo 278 del codice di procedura penale, prevedere che la pena sia quella della reclusione domiciliare o dell'arresto domiciliare;

c) per i delitti per i quali è prevista la pena della reclusione tra i tre e i cinque anni, secondo quanto disposto dall'articolo 278 del codice di procedura penale, prevedere che il giudice, tenuto conto dei criteri indicati dall'articolo 133 del codice penale, possa applicare la reclusione domiciliare;

d) prevedere che, nei casi indicati nelle lettere b) e c), il giudice possa prescrivere l'utilizzo delle particolari modalità di controllo di cui all'articolo 275-*bis* del codice di procedura penale;

e) prevedere che le disposizioni di cui alle lettere b) e c) non si applichino nei casi previsti dagli articoli 102, 103, 105 e 108 del codice penale;

f) prevedere che il giudice sostituisca le pene previste nelle lettere b) e c) con le pene della reclusione o dell'arresto in carcere, qualora non risulti disponibile un domicilio idoneo ad assicurare la custodia del condannato ovvero quando il comportamento del condannato, per la violazione delle prescrizioni dettate o per la commissione di ulteriore reato, risulti incompatibile con la prosecuzione delle stesse, anche sulla base delle esigenze di tutela della persona offesa dal reato;

g) prevedere che, per la determinazione della pena agli effetti dell'applicazione della reclusione e dell'arresto domiciliare, si applichino, in ogni caso, i criteri di cui all'articolo 278 del codice di procedura penale;

h) prevedere l'applicazione delle disposizioni di cui all'articolo 385 del codice penale nei casi di allontanamento non autorizzato del condannato dal luogo in cui sono in corso di esecuzione le pene previste dalle lettere b) e c);

i) prevedere, altresì, che per i reati di cui alle lettere b) e c) il giudice, sentiti l'imputato e il pubblico ministero, possa applicare anche la sanzione del lavoro di pubblica utilità, con le modalità di cui alla lettera l);

l) prevedere che il lavoro di pubblica utilità non possa essere inferiore a dieci giorni e consista nella prestazione di attività non retribuita in favore della collettività da svolgere presso lo Stato, le regioni, le province, i comuni o presso enti o organizzazioni di assistenza sociale e di volontariato; prevedere che la prestazione debba essere svolta con modalità e tempi che non pregiudichino le esigenze di lavoro, di studio, di famiglia e di salute del condannato; prevedere che la durata giornaliera della prestazione non possa comunque superare le otto ore;

m) escludere la punibilità di condotte sanzionate con la sola pena pecuniaria o con pene detentive non superiori nel massimo a cinque anni, quando risulti la particolare tenuità dell'offesa e la non abitualità del comportamento, senza pregiudizio per l'esercizio dell'azione civile per il risarcimento del danno e adeguando la relativa normativa processuale penale;

n) provvedere al coordinamento delle nuove norme in materia di pene detentive non carcerarie sia con quelle di cui alla l. 24.11.1981, n. 689, sia con quelle di cui alla legge 26 novembre 2010, n. 199, sia con la disciplina dettata dal testo unico di cui al decreto del Presidente della Repubblica 14 novembre 2002, n. 313, sia con quelle di cui alla l. 26.7.1975, n. 354, tenendo conto della necessità di razionalizzare e di graduare il sistema delle pene, delle sanzioni sostitutive e delle misure alternative applicabili in concreto dal giudice di primo grado.

2. I decreti legislativi previsti dal comma 1 sono adottati entro il termine di otto mesi dalla data di entrata in vigore della presente legge su proposta del Ministro della giustizia, di concerto con il Ministro dell'economia e delle finanze. Gli schemi dei decreti legislativi, a seguito di deliberazione preliminare del Consiglio dei ministri, sono trasmessi alle Camere, corredati di relazione tecnica, per l'espressione dei pareri da parte delle Commissioni parlamentari competenti per materia e per i profili finanziari, che sono resi entro il termine di trenta giorni dalla data di trasmissione, decorso il quale i decreti possono essere emanati anche in mancanza dei predetti pareri. Qualora tale termine venga a scadere nei trenta giorni antecedenti allo spirare del termine previsto dal primo periodo o successivamente, la scadenza di quest'ultimo è prorogata di sessanta giorni. Nella redazione dei decreti legislativi di cui al presente comma il Governo tiene conto delle eventuali modificazioni della normativa vigente comunque intervenute fino al momento dell'esercizio della delega. I predetti decreti legislativi contengono, altresì, le disposizioni necessarie al coordinamento con le altre norme legislative vigenti nella stessa materia.

3. Entro diciotto mesi dalla data di entrata in vigore dell'ultimo dei decreti legislativi di cui al presente articolo possono essere emanati uno o più decreti legislativi correttivi e integrativi, con il rispetto del procedimento di cui al comma 2 nonché dei principi e criteri direttivi di cui al comma 1.

4. Dall'attuazione della delega di cui al presente articolo non devono derivare nuovi o maggiori oneri a carico della finanza pubblica.

5. Le amministrazioni pubbliche interessate provvedono ai compiti derivanti dall'attuazione della delega con le risorse umane, strumentali e finanziarie disponibili a legislazione vigente.

2. Delega al Governo per la riforma della disciplina sanzionatoria.

1. Il Governo è delegato ad adottare, entro i termini e con le procedure di cui ai commi 4 e 5, uno o più decreti legislativi per la riforma della disciplina sanzionatoria dei reati e per la contestuale introduzione di sanzioni amministrative e civili, in ordine alle fattispecie e secondo i principi e criteri direttivi specificati nei commi 2 e 3.

2. La riforma della disciplina sanzionatoria nelle fattispecie di cui al presente comma è ispirata ai seguenti principi e criteri direttivi:

a) trasformare in illeciti amministrativi tutti i reati per i quali è prevista la sola pena della multa o dell'ammenda, ad eccezione delle seguenti materie:
   1) edilizia e urbanistica;
   2) ambiente, territorio e paesaggio;
   3) alimenti e bevande;
   4) salute e sicurezza nei luoghi di lavoro;
   5) sicurezza pubblica;
   6) giochi d'azzardo e scommesse;
   7) armi ed esplosivi;
   8) elezioni e finanziamento ai partiti;
   9) proprietà intellettuale e industriale;

b) trasformare in illeciti amministrativi i seguenti reati previsti dal codice penale:
   1) i delitti previsti dagli articoli 527, primo comma, e 528, limitatamente alle ipotesi di cui al primo e al secondo comma;
   2) le contravvenzioni previste dagli articoli 652, 659, 661, 668 e 726;

c) trasformare in illecito amministrativo il reato di cui all'articolo 2, comma 1-*bis*, del decreto-legge 12 settembre 1983, n. 463, convertito, con modificazioni, dalla legge 11 novembre 1983, n. 638, purché l'omesso versamento non ecceda il limite complessivo di 10.000 euro annui e preservando comunque il principio per cui il datore di lavoro non risponde a titolo di illecito amministrativo, se provvede al versamento entro il termine di tre mesi dalla contestazione o dalla notifica dell'avvenuto accertamento della violazione;

d) trasformare in illeciti amministrativi le contravvenzioni punite con la pena alternativa dell'arresto o dell'ammenda, previste dalle seguenti disposizioni di legge:
   1) articolo 11, primo comma, della legge 8 gennaio 1931, n. 234;
   2) articolo 171-*quater* della legge 22 aprile 1941, n. 633;
   3) articolo 3 del decreto legislativo luogotenenziale 10 agosto 1945, n. 506;
   4) articolo 15, secondo comma, della legge 28 novembre 1965, n. 1329;
   5) articolo 16, quarto comma, del decreto-legge 26 ottobre 1970, n. 745, convertito, con modificazioni, dalla legge 18 dicembre 1970, n. 1034;
   6) articolo 28, comma 2, del testo unico in materia di disciplina degli stupefacenti e sostanze psicotrope, prevenzione, cura e riabilitazione dei relativi stati di tossicodipendenza, di cui al decreto del Presidente della Repubblica 9 ottobre 1990, n. 309;

e) prevedere, per i reati trasformati in illeciti amministrativi, sanzioni adeguate e proporzionate alla gravità della violazione, alla reiterazione dell'illecito, all'opera svolta dall'agente per l'eliminazione o attenuazione delle sue conseguenze, nonché alla personalità dello stesso e alle sue condizioni economiche; prevedere come sanzione principale il pagamento di una somma compresa tra un minimo di euro 5.000 ed un massimo di euro 50.000; prevedere, nelle ipotesi di cui alle lettere b) e d), l'applicazione di eventuali sanzioni amministrative accessorie consistenti nella sospensione di facoltà e diritti derivanti da provvedimenti dell'amministrazione;

f) indicare, per i reati trasformati in illeciti amministrativi, quale sia l'autorità competente ad irrogare le sanzioni di cui alla lettera e), nel rispetto dei criteri di riparto indicati nell'articolo 17 della l. 24.11.1981, n. 689;

g) prevedere, per i casi in cui venga irrogata la sola sanzione pecuniaria, la possibilità di estinguere il procedimento mediante il pagamento, anche rateizzato, di un importo pari alla metà della stessa.

3. La riforma della disciplina sanzionatoria nelle fattispecie di cui al presente comma è ispirata ai seguenti principi e criteri direttivi:

a) abrogare i reati previsti dalle seguenti disposizioni del codice penale:

1) delitti di cui al libro secondo, titolo VII, capo III, limitatamente alle condotte relative a scritture private, ad esclusione delle fattispecie previste all'articolo 491;
2) articolo 594;
3) articolo 627;
4) articoli 631, 632 e 633, primo comma, escluse le ipotesi di cui all'articolo 639-*bis*;
5) articolo 635, primo comma;
6) articolo 647;

b) abrogare, trasformandolo in illecito amministrativo, il reato previsto dall'articolo 10-*bis* del testo unico delle disposizioni concernenti la disciplina dell'immigrazione e norme sulla condizione dello straniero, di cui al decreto legislativo 25 luglio 1998, n. 286, conservando rilievo penale alle condotte di violazione dei provvedimenti amministrativi adottati in materia;
c) fermo il diritto al risarcimento del danno, istituire adeguate sanzioni pecuniarie civili in relazione ai reati di cui alla lettera a);
d) prevedere una sanzione pecuniaria civile che, fermo restando il suo carattere aggiuntivo rispetto al diritto al risarcimento del danno dell'offeso, indichi tassativamente:
1) le condotte alle quali si applica;
2) l'importo minimo e massimo della sanzione;
3) l'autorità competente ad irrogarla;

e) prevedere che le sanzioni pecuniarie civili relative alle condotte di cui alla lettera a) siano proporzionate alla gravità della violazione, alla reiterazione dell'illecito, all'arricchimento del soggetto responsabile, all'opera svolta dall'agente per l'eliminazione o attenuazione delle sue conseguenze, nonché alla personalità dello stesso e alle sue condizioni economiche.

4. I decreti legislativi previsti dal comma 1 sono adottati entro il termine di diciotto mesi dalla data di entrata in vigore della presente legge su proposta del Ministro della giustizia, di concerto con il Ministro dell'economia e delle finanze. Gli schemi dei decreti legislativi sono trasmessi alle Camere, corredati di relazione tecnica, ai fini dell'espressione dei pareri da parte delle Commissioni competenti per materia e per i profili finanziari, che sono resi entro il termine di trenta giorni dalla data di trasmissione, decorso il quale i decreti sono emanati anche in mancanza dei predetti pareri. Qualora tale termine venga a scadere nei trenta giorni antecedenti allo spirare del termine previsto dal primo periodo o successivamente, la scadenza di quest'ultimo è prorogata di sessanta giorni. Nella predisposizione dei decreti legislativi il Governo tiene conto delle eventuali modificazioni della normativa vigente comunque intervenute fino al momento dell'esercizio della delega. I decreti legislativi di cui al comma 1 contengono, altresì, le disposizioni necessarie al coordinamento con le altre norme legislative vigenti nella stessa materia.

5. Entro diciotto mesi dalla data di entrata in vigore dell'ultimo dei decreti legislativi di cui al presente articolo, possono essere emanati uno o più decreti correttivi ed integrativi, nel rispetto della procedura di cui al comma 4 nonché dei principi e criteri direttivi di cui al presente articolo.

ORDINE DI PROTEZIONE EUROPEO

1. D.Lgs. 11 febbraio 2015, n. 9. – Attuazione della direttiva 2011/99/UE del Parlamento europeo e del Consiglio, del 13 dicembre 2011 sull'ordine di protezione europeo

In Gazzetta Ufficiale 23 febbraio 2015, n. 44

Capo I
Disposizioni generali

1. Disposizioni di principio e attuazione.

1. Il presente decreto attua nell'ordinamento interno le disposizioni della direttiva 2011/99/UE del Parlamento europeo e del Consiglio, del 13 dicembre 2011, relativa al reciproco riconoscimento degli effetti di misure di protezione adottate da autorità giurisdizionali degli Stati membri, nei limiti in cui tali disposizioni non sono incompatibili con i principi supremi dell'ordinamento costituzionale in tema di diritti fondamentali, nonché in tema di diritti di libertà e di giusto processo.

2. Definizioni.

1. Ai fini del presente decreto si intende per:

a) direttiva: la direttiva 2011/99/UE del Parlamento europeo e del Consiglio del 13 dicembre 2011, sull'ordine di protezione europeo;
b) misura di protezione: una decisione adottata in materia penale da un organo giurisdizionale o da altra diversa autorità competente, che si caratterizzi per autonomia, imparzialità e indipendenza, d uno Stato membro dell'Unione europea con la quale vengono applicati divieti o restrizioni finalizzati a tutelare la vita, l'integrità fisica o psichica, la dignità, la libertà personale o l'integrità sessuale della persona protetta contro atti di rilevanza penale;
c) ordine di protezione europeo: una decisione adottata dall'autorità giudiziaria di uno Stato membro con la quale, al fine di continuare a tutelare a persona

protetta, viene disposto che gli effetti della misura di protezione si estendano al territorio di altro Stato membro in cui la persona protetta risieda o soggiorni o dichiari di voler risiedere o soggiornare;

d) persona protetta: la persona fisica oggetto della protezione derivante dalla misura di protezione adottata dallo Stato di emissione;

e) persona che determina il pericolo: la persona nei cui confronti sono state emesse le prescrizioni conseguenti all'adozione di una misura di protezione;

f) stato di emissione: lo Stato membro al cui interno è stata adottata la misura di protezione in riferimento alla quale viene chiesta l'adozione di un ordine di protezione europeo;

g) stato di esecuzione: lo Stato membro al quale è stato trasmesso, ai fini del riconoscimento, un ordine di protezione europeo.

3. Autorità competenti.

1. In relazione alle disposizioni degli articoli 3 e 4 della direttiva, autorità competenti, secondo le rispettive attribuzioni definite dal presente decreto, sono il Ministero della giustizia e le autorità giudiziarie.

2. Il Ministero della giustizia provvede alla trasmissione e alla ricezione delle misure di protezione e degli ordini di protezione europei, nonché della corrispondenza ad essi relativa.

3. Nei limiti indicati dal presente decreto, è consentita la corrispondenza diretta tra autorità giudiziarie. In tale caso, l'autorità giudiziaria italiana informa immediatamente il Ministero della giustizia della trasmissione o della ricezione di un ordine di protezione.

Capo II
Emissione dell'ordine di protezione europeo e trasmissione all'estero

4. Modifica all'articolo 282-quater del codice di procedura penale.

1. All'articolo 282-*quater* del codice di procedura penale dopo il comma 1 è aggiunto, in fine, il seguente: «**1-*bis.*** Con la comunicazione prevista dal comma 1, la persona offesa è informata della facoltà di richiedere l'emissione di un ordine di protezione europeo.».

5. Procedimento di emissione dell'ordine di protezione europeo.

1. L'ordine di protezione europeo è emesso dal giudice che dispone una delle misure cautelari previste dagli articoli 282-*bis* e 282-*ter* del codice di procedura penale.

2. Il giudice provvede su richiesta della persona protetta che dichiari di soggiornare o risiedere all'interno di altro Stato membro ovvero che manifesti l'intenzione di risiedere o soggiornare in altro Stato membro. La richiesta può essere presentata anche dal rappresentante legale della persona protetta. Nella richiesta sono indicati, a pena di inammissibilità, il luogo in cui la persona protetta ha assunto o intende assumere la residenza, la durata e le ragioni del soggiorno.

3. L'ordinanza relativa all'ordine di protezione europeo è emessa in conformità al modello dell'allegato A e contiene i seguenti dati:

a) identità e cittadinanza della persona protetta, nonché identità e cittadinanza del tutore o del rappresentante, se la persona protetta è minore o legalmente incapace;

b) data a decorrere dalla quale la persona protetta risieda o soggiorni ovvero intenda risiedere o soggiornare nello Stato di esecuzione e periodo o periodi di soggiorno, se noti;

c) indirizzo, numeri di telefono e fax, nonché indirizzo di posta elettronica certificata dell'autorità che ha emesso il provvedimento;

d) data di deposito del provvedimento contenente la misura di protezione in base alla quale è stato emesso l'ordine di protezione europeo;

e) sintesi dei fatti e delle circostanze che hanno portato all'adozione della misura di protezione;

f) divieti e restrizioni imposti dalla misura di protezione, ivi compreso l'eventuale utilizzo di dispositivo tecnologico di controllo in conformità alle previsioni di cui all'articolo 275-*bis* del codice di procedura penale, e relativo periodo di applicazione;

g) identità e cittadinanza della persona che determina il pericolo, nonché dati di contatto di tale persona;

h) eventuale ammissione della persona protetta al patrocinio a carico dello Stato e indicazione della data di emissione del relativo provvedimento.

4. Avverso il provvedimento che rigetta o dichiara inammissibile la richiesta di emissione dell'ordine di protezione europeo può essere proposto ricorso per cassazione. Si applicano le disposizioni di cui all'articolo 22, commi 1, 3, 4, 5 e 6, della legge 22 aprile 2005, n. 69.

6. Trasmissione dell'ordine di protezione europeo.

1. L'autorità giudiziaria che ha emesso l'ordine di protezione europeo provvede senza ritardo alla trasmissione del provvedimento al Ministero della giustizia ai fini della successiva trasmissione all'autorità competente dello Stato di esecuzione, con qualsiasi mezzo idoneo a comprovare l'autenticità del documento, previa traduzione nella lingua di detto Stato. Ad analoga comunicazione provvede nei casi in cui adotti provvedimenti di revoca, modifica, proroga o nei casi di annullamento o sostituzione della misura o dell'ordine di protezione europeo.

2. Qualora l'autorità competente dello Stato di esecuzione rifiuti di riconoscere un ordine di protezione europeo emesso ai sensi dell'articolo 5, il Ministero della giustizia provvede senza indugio a darne comunicazione all'autorità giudiziaria che ha emesso la misura di protezione ai fini della successiva comunicazione alla persona protetta.

Capo III
Riconoscimento dell'ordine di protezione europeo emesso all'estero

7. Competenza ai fini del riconoscimento di un ordine di protezione europeo.

1. Sul riconoscimento di un ordine di protezione europeo decide la Corte di appello nel cui distretto la persona protetta, in sede di richiesta, ha dichiarato di soggiornare o di risiedere o presso cui ha dichiarato l'intenzione di soggiornare o di risiedere.

8. Procedimento per il riconoscimento di un ordine di protezione europeo.

1. Il Ministero della giustizia, ricevuto un ordine di protezione europeo, provvede senza indugio alla trasmissione al Presidente della Corte d'appello competente per territorio ai sensi dell'articolo 7.

2. A seguito della trasmissione di cui al comma 1, la Corte d'appello decide senza formalità entro dieci giorni dalla data di ricevimento dell'ordine di protezione europeo.

3. Quando le informazioni sono incomplete, il Presidente della Corte ne dà comunicazione al Ministero della giustizia, che richiede le necessarie integrazioni e il termine di cui al comma 2 resta sospeso dalla data della comunicazione sino alla ricezione delle informazioni mancanti.

9. Presupposti per il riconoscimento dell'ordine di protezione europeo e contenuto del provvedimento.

1. La Corte di appello, riconosciuto l'ordine di protezione europeo, dispone l'applicazione di una delle misure cautelari previste dagli articoli 282-*bis* e 282-*ter* del codice di procedura penale, in modo da assicurare la corrispondenza con gli obblighi dettati nella misura di protezione.

2. La Corte d'appello non riconosce l'ordine di protezione europeo quando:

a) le informazioni fornite dallo Stato di emissione risultano incomplete, anche a seguito della richiesta formulata ai sensi dell'articolo 8, comma 3;

b) la misura di protezione comporta obblighi non riconducibili a quelli delle misure cautelari regolate dagli articoli 282-*bis* e 282-*ter* del codice di procedura penale;

c) la misura di protezione è stata disposta in riferimento a un fatto che non costituisce reato secondo la legislazione nazionale;

d) la persona è stata giudicata in via definitiva per gli stessi fatti da uno degli Stati membri dell'Unione europea purché, in caso di condanna, la pena sia stata già eseguita ovvero sia in corso di esecuzione, ovvero non possa più essere eseguita in forza delle leggi dello Stato che ha emesso la condanna;

e) i fatti per i quali è stato emesso l'ordine di protezione potevano essere giudicati in Italia e si sia già verificata una causa di estinzione del reato o della pena;

f) per i fatti per i quali è stato emesso l'ordine di protezione è stata pronunciata sentenza di non luogo a procedere, salvo che sussistano i presupposti di cui all'articolo 434 del codice di procedura penale per la revoca della sentenza;

g) sussiste una causa di immunità riconosciuta dall'ordinamento italiano;

h) la misura di protezione è stata applicata dallo Stato di emissione nei confronti di una persona che, alla data di commissione del fatto, non era imputabile secondo la legge italiana;

i) la misura di protezione è stata adottata nello Stato di emissione in riferimento a reati che, in base alla legge italiana, sono considerati commessi per intero o in parte all'interno del territorio dello Stato o in altro luogo a questo equiparato.

3. Avverso la decisione della Corte d'appello può essere proposto ricorso per cassazione. Si applicano le disposizioni di cui all'articolo 22 della legge 22 aprile 2005, n. 69.

4. In caso di non riconoscimento dell'ordine di protezione europeo, l'autorità giudiziaria informa il Ministero della giustizia che ne dà comunicazione senza indugio all'autorità competente dello Stato di emissione.

10. Esecuzione conseguente al riconoscimento.

1. Quando è emessa decisione di riconoscimento dell'ordine di protezione europeo, la Corte d'appello informa il Ministero della giustizia che ne dà comunicazione alla persona protetta ed alla persona che determina il pericolo anche tramite l'autorità competente dello Stato di emissione. Del provvedimento viene data comunicazione alla polizia giudiziaria e ai servizi socio-assistenziali del luogo presso il quale la persona protetta, in sede di richiesta, ha dichiarato di risiedere o soggiornare ovvero l'intenzione di richiedere o soggiornare.

2. Quando la persona che determina il pericolo viola le prescrizioni dell'ordine di protezione, la polizia giudiziaria ne informa il Procuratore generale e il Presidente della Corte d'appello; se sussistono le condizioni di applicabilità di una misura più grave, la Corte d'appello, su richiesta del Procuratore generale, provvede tenendo conto dell'entità, dei motivi e delle circostanze della violazione e determinandone la data di scadenza entro un termine non superiore ai trenta giorni.

3. Si osservano, in quanto applicabili, le disposizioni del titolo primo del libro IV del codice di procedura penale. All'interrogatorio previsto dall'articolo 294 del codice di procedura penale procede il Presidente della Corte d'appello o un magistrato della Corte da lui delegato.

4. La misura perde efficacia qualora sia trascorso il termine indicato nel comma 2 o anche prima, quando lo Stato di emissione provvede secondo quanto previsto dall'articolo 11.

5. Nei casi di violazione dell'ordine di protezione e di adozione dei provvedimenti di cui ai precedenti commi, la Corte di appello informa l'autorità competente dello Stato di emissione. La comunicazione è effettuata utilizzando il modello di cui all'allegato B, previa traduzione nella lingua dello Stato di emissione.

Capo IV
Decisioni sulla validità ed efficacia del titolo e cessazione degli effetti

11. Decisioni sulla validità e sull'efficacia dell'ordine di protezione europeo.

1. Spetta all'autorità giudiziaria dello Stato di emissione la decisione in ordine alla proroga, al riesame, alla modifica, all'annullamento ovvero alla sostituzione della misura di protezione posta alla base dell'ordine di protezione europeo; spetta altresì alla medesima autorità l'applicazione di più gravi misure cautelari.

2. Quando l'autorità giudiziaria dello Stato emette uno dei provvedimenti indicati al comma 1, anche a seguito della comunicazione della violazione dell'ordine di protezione di cui all'articolo 10, comma 5, ne informa senza indugio le competenti autorità dello Stato di esecuzione, secondo le modalità indicate nell'articolo 6. Allo stesso modo, dà comunicazione della sentenza emessa per i fatti posti alla base della misura di protezione.

12. Cessazione degli effetti del riconoscimento dell'ordine di protezione europeo.

1. A seguito della comunicazione dell'intervenuta modifica delle misure di protezione poste alla base dell'ordine di protezione europeo riconosciuto ai sensi dell'articolo 8 e dell'articolo 9, comma 1, la Corte d'appello, con il procedimento di cui all'articolo 8, può revocare o sostituire le misure adottate ovvero modificarne le modalità di applicazione.

2. La Corte d'appello, con le medesime modalità stabilite al comma 1, dichiara la cessazione dell'efficacia del riconoscimento dell'ordine di protezione quando:

a) riceve comunicazione che l'autorità competente dello Stato di emissione ha annullato o revocato la misura di protezione posta alla base dell'ordine di protezione europeo;

b) riceve comunicazione che l'autorità competente dello Stato di emissione ha modificato il contenuto della misura di protezione e non vi è corrispondenza tra le prescrizioni imposte e quelle conseguenti all'applicazione delle misure regolate dagli articoli 282-*bis* e 282-*ter* del codice di procedura penale;

c) sussistono elementi idonei a desumere che la persona protetta non si trova all'interno del territorio nazionale;

d) in riferimento al fatto in relazione al quale è stata disposta la misura di protezione e previa qualificazione dello stesso sulla base della normativa nazionale, sono trascorsi i termini previsti dall'articolo 308 del codice di procedura penale;

e) lo Stato di emissione ha comunicato l'esecuzione, nei confronti della persona che determina il pericolo, di una sentenza di condanna a pena detentiva ovvero di una misura cautelare detentiva anche per fatti diversi da quelli posti alla base dell'ordine di protezione europeo;

f) risulta che la persona che determina il pericolo si trova sottoposta in Italia a pena detentiva ovvero alla misura cautelare della custodia in carcere in forza di provvedimento emesso dall'autorità giudiziaria nazionale e in relazione a fatti diversi da quelli posti alla base dell'ordine di protezione europeo;

g) nei confronti della persona che determina il pericolo è stato pronunciato il riconoscimento, ai fini della sua esecuzione in Italia, di una sentenza di condanna a pena detentiva emessa in altro Stato membro, ai sensi del decreto legislativo 7 settembre 2010, n. 161, attuativo della decisione quadro 2008/909/GAI.

3. La Corte d'appello adotta i provvedimenti previsti dai commi 1 e 2, secondo le forme previste nell'articolo 8, previa, se occorre, richiesta di informazioni allo Stato di emissione.

4. Qualora la Corte emetta un provvedimento di modifica delle misure adottate in sede di riconoscimento dell'ordine di protezione europeo ovvero dichiari la cessazione dell'efficacia del riconoscimento, provvede a darne comunicazione allo Stato di emissione secondo le modalità indicate nell'articolo 6.

5. Avverso la decisione della Corte d'appello può essere proposto ricorso per cassazione. Si applicano le disposizioni di cui all'articolo 22 della legge 22 aprile 2005, n. 69.

Capo V
Disposizioni finali

13. Informazioni alla Commissione europea.

1. Per consentire la valutazione in ordine alle modalità di attuazione degli obblighi nascenti dal recepimento della direttiva, il Ministero della giustizia provvede, entro il 31 dicembre di ogni anno, a inviare un rapporto alla Commissione europea circa il numero di ordini di protezione emessi e riconosciuti dalle autorità competenti.

14. Rapporti con altri accordi e intese.

1. Il presente decreto non pregiudica l'applicazione di ulteriori accordi o intese conclusi con gli altri Stati membri e vigenti alla data della sua entrata in vigore, qualora gli stessi siano rispondenti agli obiettivi della direttiva e contribuiscano a semplificare le modalità di riconoscimento degli effetti delle misure di protezione.

15. Protezione dei dati personali.

1. Al trattamento dei dati personali effettuato ai sensi del presente decreto si applicano le disposizioni di cui al decreto legislativo 30 giugno 2003, n. 196, recante codice in materia di protezione dei dati personali, e in particolare quelle previste dalla parte II, titolo I dello stesso codice.

2. Quando il Ministero della giustizia ritiene che i dati ricevuti dallo Stato di emissione sono incompleti o inesatti, ne dà immediata comunicazione alla competente autorità dello Stato di emissione.

3. Quando risulta che i dati trasmessi sono incompleti o inesatti, il Ministero della giustizia procede ad analoga comunicazione alla competente autorità dello Stato di esecuzione.

4. Oltre ai diritti di cui all'articolo 7 del decreto legislativo 30 giugno 2003, n. 196, l'interessato ha il diritto di ottenere:

a) che i dati non vengano cancellati ma solo conservati temporaneamente se vi sono fondati motivi di ritenere che la cancellazione possa compromettere un proprio legittimo interesse: i dati così conservati sono trattati ulteriormente solo per lo scopo che ha impedito la loro cancellazione;

b) che sia data evidenza alla competente autorità dello Stato di esecuzione dell'esercizio dei predetti diritti.

5. I dati personali trattati a norma del presente decreto sono utilizzati esclusivamente per le finalità di reciproco riconoscimento degli effetti delle misure di protezione. L'ulteriore trattamento è ammesso a condizione che non sia incompatibile con le suddette finalità e che le autorità competenti siano autorizzate a trattare tali dati per le ulteriori finalità e nel rispetto del principio di necessità di cui all'articolo 3 del decreto legislativo 30 giugno 2003, n. 196.

6. Si considerano non incompatibili le seguenti finalità:

a) la prevenzione, l'indagine, l'accertamento o il perseguimento dei reati o l'esecuzione delle sanzioni penali, diversi da quelli per cui i dati sono stati trasmessi o resi disponibili;

b) la prevenzione di un'immediata e grave minaccia alla sicurezza pubblica.

16. Disposizioni finanziarie.

1. Dall'attuazione delle disposizioni di cui al presente decreto non devono derivare nuovi o maggiori oneri a carico della finanza pubblica.

2. Le amministrazioni interessate provvedono agli adempimenti previsti dal presente decreto con le risorse umane, finanziarie e strumentali disponibili a legislazione vigente.

Il presente decreto, munito del sigillo dello Stato, sarà inserito nella Raccolta Ufficiale degli atti normativi della Repubblica italiana. È fatto obbligo a chiunque spetti di osservarlo e di farlo osservare.

ORDINE PUBBLICO E SICUREZZA PUBBLICA

1. R.D. 18 giugno 1931, n. 773. – Approvazione del testo unico delle leggi di pubblica sicurezza (*artt. 1-62, 68-93, 99-128, 133-141, 157-163, 220-221 bis*)

In Gazzetta Ufficiale 26 giugno 1931, n. 146, S.O.

Unico. – L'art. 6 del regio decreto-legge 14 aprile 1927, n. 593, convertito in legge 22 gennaio 1928, n. 290, autorizza il governo del Re, dopo la pubblicazione dei nuovi codici penale e di procedura penale, a coordinare con questi le disposizioni contenute nel testo unico approvato con regio decreto 6 novembre 1926, n. 1848 e ad emanare un nuovo testo unico delle leggi di pubblica sicurezza.

Approvati con i regi decreti 19 ottobre 1930 i nuovi codici penale e di procedura penale, che andranno in esecuzione il 1° luglio p. v., si è provveduto a compilare il nuovo testo unico delle leggi di pubblica sicurezza, giusta la disposizione soprarichiamata.

Nella compilazione del nuovo testo unico è stato tenuto conto, oltreché delle disposizioni dettate dai nuovi codici, anche delle innovazioni che erano state apportate dal regio decreto-legge 14 aprile 1927, n. 593, soprarichiamato e dalla legge 31 marzo 1930, n. 413, col primo dei quali, in relazione al nuovo ordinamento territoriale dello Stato, le attribuzioni, che erano affidate all'autorità circondariale di pubblica sicurezza, sono state deferite al questore e, con la seconda, è stato soppresso, per le ragioni che a suo tempo furono prospettate al parlamento, l'art. 218 del testo unico del 1926.

Sono state altresì apportate all'istituto della censura teatrale le modificazioni, che già erano state approvate, avocando al ministero l'esame e l'approvazione delle produzioni teatrali d'ogni specie, da darsi o recitarsi in pubblico.

Nel compilare questo nuovo testo è sembrato anzitutto opportuno, per ragioni di sistema, far precedere alla norma contenuta nell'art. 3 del testo unico 1926, quella dettata dall'art. 159 dello stesso testo unico, relativa alla istituzione della carta di identità.

É sembrato, infatti, poco razionale che lo stesso art. 3 e parecchie altre disposizioni successive accennassero alla "carta di identità", prima ancora che fosse dichiarato in che essa consista e quale autorità la rilasci. D'altra parte, nemmeno appariva opportuna la sede dell'art 159 del titolo VI, che è intitolato: "Disposizioni relative alle persone pericolose alla società", mentre della carta sono tenute a munirsi anche le persone dabbene per adempiere a determinati atti che la legge di polizia vuole controllati, ad esempio: acquisto di armi e di munizioni, alloggio negli alberghi, acquisti di oggetti preziosi, ecc.

***

Oltre alle innovazioni sostanziali, imposte dal coordinamento coi codici e che saranno in appresso particolarmente illustrate, si è avuto cura di apportare modificazioni formali, per rendere la legge, anche nella espressione letterale, meglio aderente al codice penale.

All'art. 10, n. 2 l'espressione: "a chi sia in istato di libertà vigilata o sottoposto all'ammonizione" è stata sostituita dalla seguente: "a chi è sottoposto all'ammonizione o a misura di sicurezza personale o è stato dichiarato delinquente abituale, professionale o per tendenza"; e ciò in correlazione al capo II del titolo IV del nuovo codice penale, che definisce i delinquenti abituali, professionali o per tendenza, ai quali, evidentemente, non può essere consentito l'esercizio di attività che il legislatore ha sottratto alla libera iniziativa del privato.

Al primo capoverso dello stesso articolo all'indicazione del ricatto, recata dalla vecchia legislazione, è stato sostituita, in armonia al nuovo codice, la indicazione: "sequestro di persona a scopo di rapina o di estorsione".

Puramente formale è la modificazione al primo capoverso dell'art. 17, ora divenuto 18, ove si dà una definizione della riunione pubblica, capoverso che è stato messo in armonia con l'art. 266, n. 3 del nuovo codice; mentre è stato inserito un nuovo capoverso tra il penultimo e l'ultimo, che riproduce esattamente la norma dettata dal nuovo codice al secondo capoverso dell'art. 655.

L'art. 29 del testo unico 1926 dava la definizione delle armi, agli effetti della legge di polizia.

Un'altra definizione, agli effetti della legge penale, è data dall'art. 704 del nuovo codice, non discordante da quella della legge di pubblica sicurezza, ma più ampia.

Non sembrando opportuno far sussistere due diverse definizioni in leggi cospiranti ad un medesimo fine, l'art. 30 del nuovo testo della legge di pubblica sicurezza riproduce la stessa definizione del codice.

Il capoverso dell'art. 40 del vecchio testo, ora 41, è stato soppresso, provvedendo alla norma relativa, l'art. 237 del nuovo codice di procedura.

***

Superfluo, di fronte al secondo capoverso dell'art. 35 del nuovo codice penale, il capoverso dell'art. 87 del vecchio testo della legge di pubblica sicurezza, 89 del testo nuovo, e perciò è stato soppresso.

Del resto, oltre all'art. 35 del codice penale, v'è la disposizione dell'art. 9, ora 10, l. di pubblica sicurezza, per la quale le autorità di polizia possono sospendere o revocare le autorizzazioni, in qualsiasi momento, nel caso di abuso della persona autorizzata.

All'art. 96-98 del nuovo testo, è parso opportuno completare la indicazione dei luoghi di riunione, in stretta vicinanza dei quali non possono aprirsi pubblici esercizi, con le chiese e gli altri luoghi destinati al culto.

La prima parte dell'art. 99-101 del nuovo testo, è stata soppressa, perché la norma relativa è contenuta nell'art. 689 del codice.

Per le ragioni sopradette a proposito dell'art. 87, ora 89, è stato soppresso l'ultimo capoverso di questo articolo.

L'art. 109 del testo unico 1926 recava una deroga alla legge penale, dichiarando perseguibili d'ufficio anche i delitti commessi a danno dei pubblici esercenti o dei loro dipendenti, a causa o in occasione dell'osservanza degli obblighi imposti dal testo unico medesimo.

Trattandosi di deroga alla legge penale, la sua sede naturale sarebbe stata, all'atto della formazione del nuovo codice, il codice stesso. Ma, poiché difficilmente potrebbe essere adottata una adeguata giustificazione di questo precetto, che fu trasferito nel vecchio testo unico della legge 19 giugno 1913, n. 632, contro l'alcoolismo, i compilatori del nuovo codice non ritennero di introdurla.

Né è possibile mantenerla nel nuovo testo unico, sia per ragioni di sistema, sia perché, come si è accennato, non giustificata.

L'art. 110 del vecchio testo è stato soppresso, perché tutta la materia relativa è riordinata dal nuovo codice e più particolarmente dagli articoli 92 e 94.

***

Nel capo III del titolo III della legge, il contenuto degli articoli 112 e 113 è stato fuso in un'unica disposizione (112), rimanendo, peraltro, inalterata la sostanza e cioè il divieto di fabbricare, importare, acquistare, detenere, esportare, a scopo di commercio o distribuzione, scritti, disegni, immagini od altri oggetti di qualsiasi specie contrari agli ordinamenti politici, sociali od economici dello Stato o contrari al pudore o che divulgano, comunque, mezzi per impedire la procreazione o per procurare l'aborto.

Nella prima parte dell'art. 114 del testo 1926, ora 113, è stata inclusa una salvezza a riguardo di quanto dispongono leggi speciali in materia ecclesiastica e, conseguentemente, al secondo capoverso di questo articolo è stato soppresso l'accenno, dopo quello alle autorità e alle pubbliche amministrazioni, alle autorità ecclesiastiche cattoliche.

È, cioè, libera, coerentemente all'art. 2, secondo capoverso, del concordato, l'affissione degli atti riguardanti il culto, sia alle porte delle chiese sia negli altri luoghi destinati al ministero ecclesiastico; ma deve trattarsi di atti che si riferiscono al governo spirituale dei fedeli.

Analoga esenzione deriva dall'art. 3 del decreto 25 febbraio 1930, n. 289 agli atti dei culti ammessi nello Stato, limitatamente ai luoghi destinati al culto, perché l'affissione sia ordinata da un ministro del culto, la cui nomina sia stata approvata.

***

Sebbene la norma dettata dall'art. 157 (156 del nuovo testo) non sia applicabile alle questue nelle chiese, nondimeno è sembrato opportuno chiarirla in tal senso in relazione anche all'ultimo capoverso dell'art. 2 del concordato.

***

All'art. 160-158 del nuovo testo, è stato soppresso il primo capoverso, data la nuova disciplina del concorso di persone affermata nel codice che andrà in vigore col 1° luglio venturo e per evitare che si possa dubitare nella punibilità di forme di preparazione che non costituiscono attività esecutiva.

***

Il titolo dell'ammonizione, contenuto nell'attuale testo unico delle leggi di pubblica sicurezza, riproduce sostanzialmente (salvo una maggiore ampiezza dei casi in cui può farsi luogo al provvedimento), le disposizioni del testo unico 30 giugno 1889, le quali supplivano le manchevolezze del codice in ordine alla repressione della delinquenza.

Avendo il nuovo codice accolte largamente le misure amministrative di sicurezza, si imponeva d'esaminare se e in quali termini dovesse essere mantenuto l'istituto dell'ammonizione. E si è dovuto riconoscere che esistono casi in cui persone pericolose non potrebbero essere assoggettate a misura di sicurezza, perché non hanno riportate condanne per fatti costituenti reato, ma che nondimeno sono pericolose per essere designate dalla voce pubblica come abitualmente colpevoli di reati per i quali sono state prosciolte.

Per questi casi è necessario conservare l'ammonizione come pure è necessario conservare questo provvedimento per quelle forme di attività socialmente pericolose, che non sono considerate come reati dalla legge penale.

Sono stati, quindi, formulati gli articoli 164 e 165 (corrispondenti agli articoli 166 e 167 del testo unico del 1926).

Confrontando il nuovo testo con l'attuale, si rileva che nell'art. 164 è stata tecnicamente migliorata la formula accennante alle persone pericolose politicamente. Cioè alla espressione: "designate dalla voce pubblica come pericolose all'ordine nazionale dello Stato", si è sostituita la formula: "designate dalla pubblica voce come pericolose ... per gli ordinamenti politici dello Stato".

Dalle altre categorie di ammonendi, oggi prevedute dall'art. 166, sono stati tolti gli sfruttatori abituali di donne, gli spacciatori abusivi di stupefacenti e coloro che abusano di dette sostanze.

E la esclusione è conseguente al fatto che il nuovo codice considera delitti lo sfruttamento delle prostitute e lo spaccio abusivo di stupefacenti e contravvenzione l'abuso di dette sostanze; onde, prima che a una misura preventiva, occorrerà far luogo a procedimento penale.

Il successivo articolo, modificato nella forma per armonizzarlo all'ordine seguìto dal nuovo codice, è stato completato con la elencazione di nuovi casi nei quali, quando il procedimento penale termina con assoluzione per insufficienza di prove, può farsi luogo alla ammonizione.

Tali casi sono: i delitti contro la integrità e la sanità della stirpe commessi da persone esercenti l'arte sanitaria; l'usura e la "circonvenzione di persone incapaci".

Sono altresì aggiunte le categorie escluse dall'art. precedente.

Però, mentre l'attuale testo dell'art. 167 prevede che l'autorità amministrativa possa far luogo all'ammonizione quando il prevenuto sia stato sottoposto, per i titoli indicati nell'articolo, a procedimento penale terminato con sentenza di condanna o con assoluzione per insufficienza di prove, secondo il nuovo testo l'ammonizione potrà essere pronunciata soltanto quando il procedimento sia terminato con assoluzione per insufficienza di prove, perché, in caso di condanna, è il giudice che, secondo il nuovo codice, deve applicare una misura di sicurezza.

A riguardo della nuova formula dell'art. 164 (già 166) è da rilevare che allo scopo di potere adottare misure precauzionali anche in confronto di coloro che sono pericolosi alla società e non politicamente, ma contro i quali non può istituirsi procedimento penale per la impossibilità (omertà od altre cause) di raccogliere prove idonee a corroborare la denuncia, e non essendo sembrato sufficiente a questo fine l'espressione "sospetti di vivere col ricavato di azioni delittuose", perché essa potrebbe riferirsi soltanto a coloro che ritraggono i loro mezzi di vita principalmente dal delitto, si è dichiarato che l'ammonizione può essere pronunciata anche in confronto di coloro che sono pericolosi socialmente.

Gli articoli 175 e 177 del vecchio testo (definitività delle decisioni della commissione per l'ammonizione – Sospensione degli effetti dell'ammonizione) sono stati fusi in un'unica disposizione che reca il n. 173.

Gli articoli 176, 178 e 179 del vecchio testo sono stati riformati, tenendo per base questi concetti: a) che la semplice trasgressione alle prescrizioni dell'ordinanza di ammonizione non fa cessare l'ammonizione; b) che il giudice abbia la facoltà di applicare la libertà vigilata, quando sia commesso successivamente un reato; c) che chi è sottoposto a misura di sicurezza detentiva o a libertà vigilata non può essere ammonito e, se lo è stato, cessano gli effetti dell'ammonizione.

***

Secondo il testo unico in vigore, ammonizione e confino possono essere adottati solo in confronto di coloro che hanno compiuto i sedici anni.

È sembrato opportuno elevare questo limite di età ai diciotto anni, come era in passato; perché mantenere il limite dei sedici anni avrebbe potuto apparire in contrasto con i principii seguiti finora dal governo a riguardo della delinquenza minorile che si vuole piuttosto corretta con mezzi educativi sia pure di rigore, anziché combattuta con mezzi che possono riuscire in definitiva al risultato opposto, di rendere, cioè, antisociali, anche elementi suscettivi di emenda.

***

La formula ora contenuta nel n. 2 dell'art. 184 legge di pubblica sicurezza è stata anzitutta variata, includendo, quanto alle categorie di persone pericolose socialmente, ma non politicamente, che possono essere assegnati al confino i diffamati a termini dell'art. 167, nel nuovo testo 165.

Da questa modificazione deriva la possibilità di adottare subito la più rigorosa misura del confino in confronto di elementi assai pericolosi socialmente, senza d'uopo di preventiva ammonizione; opportunità che l'esperienza di questi primi anni di applicazione della legge ha più volte prospettata.

È stato poi aggiunto il capoverso seguente:

"L'assegnazione al confino non può essere ordinata quando per lo stesso fatto sia stato iniziato procedimento penale e, se sia stata disposta l'assegnazione al confino, questa è sospesa".

La necessità giuridica e pratica di coordinare la legge di pubblica sicurezza col codice penale imponeva di chiarire come dovesse risolversi la posizione giuridica del confinato e del proposto pel confino, quando esso è sottoposto a procedimento penale.

Ora, secondo il capoverso, aggiunto, non potrà farsi luogo ad assegnazione al confino nel solo caso in cui, per gli stessi fatti sui quali la proposta di assegnazione dovrebbe fondarsi, sia stato già iniziato procedimento penale. Ché, se l'ordinanza di assegnazione è già stata emessa, essa non decade, ma rimane solo sospesa fino all'esito del giudizio.

È ovvio che, per principio fondamentale di diritto, non è ammissibile la coesistenza di due procedimenti davanti autorità diverse, per lo stesso fatto; procedimenti che potrebbero sboccare in pronunciati contrastanti, con poco prestigio per entrambe le autorità e con compromissione, forse, di esigenze essenziali di interesse pubblico.

D'altra parte, nel caso che il procedimento giudiziario concludesse in un'assoluzione per insufficienza di prove, o riprenderebbe vita al procedimento davanti all'autorità amministrativa per l'assegnazione al confino o, quando questa fosse stata già pronunciata, la sospensione cadrebbe.

Inoltre deve trattarsi degli stessi fatti, perché se il procedimento penale poggia su fatti diversi da quelli sui quali viene fondata o è stata fondata l'assegnazione al confino, il procedimento amministrativo e l'ordinanza continuano ad avere pieno vigore.

***

Il titolo VIII della legge di pubblica sicurezza contiene norme sulle associazioni, sugli enti e sugli istituti politici, e riproduce, con qualche aggiunta, le norme della legge 26 novembre 1925, n. 2029.

L'aggiunta sta nella facoltà conferita al prefetto di decretare lo scioglimento delle associazioni, enti od istituti, che svolgono, comunque, opera contraria "all'ordine nazionale"

Nella relazione al nuovo codice penale è detto che gli articoli 273 e 274 (illecita costituzione di associazioni aventi carattere internazionale ed illecita partecipazione alle associazioni stesse) presuppongono il controllo preventivo dell'autorità politica sulle associazioni.

In relazione ai due articoli del codice penale è stata, pertanto, introdotta nella legge di pubblica sicurezza la norma contenuta nell'art. 211 del nuovo testo.

Ritiensi che, con ciò, possa ritenersi assolto il compito affidato al governo del Re dall'art. 6 del decreto-legge 14 aprile 1927, n. 593.

Articolo Unico. – È approvato l'unito testo unico delle leggi di pubblica sicurezza, visto, d'ordine nostro, dal ministro proponente e che avrà esecuzione dal 1° luglio 1931.

TITOLO I
Dei provvedimenti di polizia e della loro esecuzione

Capo I
Delle attribuzioni dell'autorità di pubblica sicurezza e dei provvedimenti d'urgenza o per grave necessità pubblica

1. – L'autorità di pubblica sicurezza veglia al mantenimento dell'ordine pubblico, alla sicurezza dei cittadini, alla loro incolumità e alla tutela della proprietà; cura l'osservanza delle leggi e dei regolamenti generali e speciali dello Stato, delle province e dei comuni, nonché delle ordinanze delle autorità; presta soccorso nel caso di pubblici e privati infortuni.

Per mezzo dei suoi ufficiali, ed a richiesta delle parti, provvede alla bonaria composizione dei dissidi privati.

L'autorità di pubblica sicurezza è provinciale e locale.

Le attribuzioni dell'autorità provinciale di pubblica sicurezza sono esercitate dal Prefetto e dal Questore; quelle dell'autorità locale dal capo dell'ufficio di pubblica sicurezza del luogo o, in mancanza, dal Podestà.

2. – Il Prefetto, nel caso di urgenza o per grave necessità pubblica, ha facoltà di adottare i provvedimenti indispensabili per la tutela dell'ordine pubblico e della sicurezza pubblica.

Contro i provvedimenti del Prefetto chi vi ha interesse può presentare ricorso al Ministro per l'interno [(1)].

(1) La Corte costituzionale, con sentenza 23.5.1961, n. 26, ha dichiarato l'illegittimità costituzionale di questo articolo nei limiti in cui esso attribuisce ai Prefetti il potere di emettere ordinanze senza il rispetto dei principi dell'ordinamento giuridico.

3. – Il sindaco è tenuto a rilasciare alle persone aventi nel comune la loro residenza o la loro dimora una carta d'identità conforme al modello stabilito dal Ministero dell'interno [(1)].

La carta di identità ha durata di dieci anni e deve essere munita della fotografia della persona a cui si riferisce. Per i minori di età inferiore a tre anni, la validità della carta d'identità è di tre anni; per i minori di età compresa fra tre e diciotto anni, la validità è di cinque anni. Le carte di identità di cui all'articolo 7-vicies *ter* del decreto legge 31 gennaio 2005, n. 7, convertito, con modificazioni, dalla legge 31 marzo 2005, n. 43, e successive modifiche ed integrazioni, devono essere munite anche delle impronte digitali della persona a cui si riferiscono. Sono esentati dall'obbligo di rilevamento delle impronte digitali i minori di età inferiore a dodici anni [(2) (3)].

La carta d'identità può altresì contenere l'indicazione del consenso ovvero del diniego della persona cui si riferisce a donare i propri organi in caso di morte. I comuni trasmettono i dati relativi al consenso o al diniego alla donazione degli organi al Sistema informativo trapianti, di cui all'articolo 7, comma 2, l. 1 aprile 1999, n. 91 [(4)].

La carta d'identità è titolo valido per l'espatrio, anche per motivi di lavoro, negli Stati membri della Comunità economica europea e in quelli coi quali vigono, comunque, particolari accordi internazionali [(5)].

La carta di identità valida per l'espatrio rilasciata ai minori di età inferiore agli anni quattordici può riportare, a richiesta, il nome dei genitori o di chi ne fa le veci. L'uso della carta d'identità ai fini dell'espatrio dei minori di anni quattordici è subordinato alla condizione che essi viaggino in compagnia di uno dei genitori o di chi ne fa le veci, o che venga menzionato, in una dichiarazione rilasciata da chi può dare l'assenso o l'autorizzazione, il nome della persona, dell'ente o della compagnia di trasporto a cui i minori medesimi sono affidati. Tale dichiarazione è convalidata dalla questura o dalle autorità consolari in caso di rilascio all'estero (6).

A decorrere dal 1° gennaio 1999 sulla carta di identità deve essere indicata la data di scadenza (7) (8).

(1) Comma sostituito dall'art. 10, co. 5, lett. a), d.l. 13.5.2011, n. 70.
(2) Comma modificato dall'art. 31, co. 1, d.l. 25.6.2008, n. 112, dall'art. 10, co. 5, lett. b), d.l. 13.5.2011, n. 70, e dall'art. 40, co. 2, lett. a), d.l. 24.1.2012, n. 1.
(3) Il termine qui previsto è stato prorogato al 1.1.2011, dall'art. 1, co. 1, d.l. 29.12.2010, n. 225 e ulteriormente prorogato al 31.12.2011 dall'art. 1, co. 1, D.P.C.M. 25.3.2011. Infine, a norma dell'art. 15, co. 4, d.l. 29.12.2011, n. 216, il termine di scadenza relativo all'apposizione delle impronte digitali sulle carte di identità del 31.12.2010 è stato prorogato al 31.12.2012.
(4) Comma introdotto dall'art. 3, co. 8 bis, d.l. 30.12.2009, n. 194 e, da ultimo modificato dall'art. 43, co. 1, d.l. 21.6.2013, n. 69, conv., con modif., dalla l. 9.8.2013, n. 98.
(5) Comma sostituito dall'art. 10, co. 1, d.P.R. 18.1.2002, n. 54.
(6) Comma introdotto dall'art. 10, co. 5, lett. c), d.l. 13.5.2011, n. 70 e, poi, sostituito dall'art. 40, co. 2, lett. b), d.l. 24.1.2012, n. 1.
(7) Comma introdotto dall'art. 2, co. 11 bis, l. 15.5.1997, n. 127, coma modificato dall'art. 2, co. 6, l. 16.6.1998, n. 191.
(8) Articolo sostituito dall'articolo unico l. 18.1.1963, n. 224, come modificato dall'art. 10 d.P.R. 30.12.1965, n. 1656 e dall'art. 10, co. 1, d.P.R. 18.1.2002, n. 54.

4. – L'autorità di pubblica sicurezza ha facoltà di ordinare che le persone pericolose o sospette e coloro che non sono in grado o si rifiutano di provare la loro identità siano sottoposti a rilievi segnaletici.

Ha facoltà inoltre di ordinare alle persone pericolose o sospette di munirsi, entro un dato termine, della carta di identità e di esibirla ad ogni richiesta degli ufficiali o degli agenti di pubblica sicurezza (1).

(1) La Corte costituzionale, con sentenza 27.3.1962, n. 30, ha dichiarato l'illegittimità costituzionale di questo articolo, nella parte in cui prevede rilievi segnaletici che comportino ispezioni personali ai sensi della stessa norma costituzionale.

Capo II
Della esecuzione dei provvedimenti di polizia

5. – I provvedimenti della autorità di pubblica sicurezza sono eseguiti in via amministrativa indipendentemente dall'esercizio dell'azione penale.

Qualora gli interessati non vi ottemperino sono adottati, previa diffida di tre giorni, salvi i casi di urgenza, i provvedimenti necessari per la esecuzione d'ufficio.

È autorizzato l'impiego della forza pubblica.

La nota delle spese relative è resa esecutiva dal Prefetto ed è rimessa all'esattore, che ne fa la riscossione nelle forme e coi privilegi fiscali stabiliti dalla legge sulla riscossione delle imposte dirette.

6. – Salvo che la legge disponga altrimenti, contro i provvedimenti dell'autorità di pubblica sicurezza è ammesso il ricorso in via gerarchica nel termine di giorni dieci dalla notizia del provvedimento.

Il ricorso non ha effetto sospensivo.

La legge determina i casi nei quali il provvedimento del Prefetto è definitivo.

Il provvedimento, anche se definitivo, può essere annullato di ufficio dal Ministro per l'interno.

7. – Nessun indennizzo è dovuto per i provvedimenti dell'autorità di pubblica sicurezza nell'esercizio delle facoltà ad essa attribuite dalla legge.

Capo III
Delle autorizzazioni di polizia

8. – Le autorizzazioni di polizia sono personali: non possono in alcun modo essere trasmesse né dar luogo a rapporti di rappresentanza, salvi i casi espressamente preveduti dalla legge.

Nei casi in cui è consentita la rappresentanza nell'esercizio di una autorizzazione di polizia, il rappresentante deve possedere i requisiti necessari per conseguire l'autorizzazione e ottenere la approvazione dell'autorità di pubblica sicurezza che ha conceduta l'autorizzazione.

9. – Oltre le condizioni stabilite dalla legge, chiunque ottenga un'autorizzazione di polizia deve osservare le prescrizioni, che l'autorità di pubblica sicurezza ritenga di imporgli nel pubblico interesse.

10. – Le autorizzazioni di polizia possono essere revocate o sospese in qualsiasi momento, nel caso di abuso della persona autorizzata.

11. – Salve le condizioni particolari stabilite dalla legge nei singoli casi, le autorizzazioni di polizia debbono essere negate:

1) a chi ha riportato una condanna a pena restrittiva della libertà personale superiore a tre anni per delitto non colposo e non ha ottenuto la riabilitazione;
2) a chi è sottoposto all'ammonizione o a misura di sicurezza personale o è stato dichiarato delinquente abituale, professionale o per tendenza.

Le autorizzazioni di polizia possono essere negate a chi ha riportato condanna per delitti contro la personalità dello Stato o contro l'ordine pubblico, ovvero per delitti contro le persone commessi con violenza, o per furto, rapina, estorsione, sequestro di persona a scopo di rapina o di estorsione, o per violenza o resistenza all'autorità, e a chi non può provare la sua buona condotta (1).

Le autorizzazioni devono essere revocate quando nella persona autorizzata vengono a mancare, in tutto o in parte, le condizioni alle quali sono subordinate, e possono essere revocate quando sopraggiungono o vengono a risultare circostanze che avrebbero imposto o consentito il diniego della autorizzazione.

(1) La Corte costituzionale, con sentenza 16.12.1993, n. 440, ha dichiarato l'illegittimità costituzionale di questo comma, nella parte in cui pone a carico dell'interessato l'onere di provare la sua buona condotta.

12. – [Le persone che hanno l'obbligo di provvedere all'istruzione elementare dei fanciulli ai termini delle leggi vigenti, non possono ottenere autorizzazioni di polizia se non dimostrano di avere ottemperato all'obbligo predetto.] (1)

Per le persone che sono nate posteriormente al 1885, quando la legge non disponga altrimenti, il rilascio delle autorizzazioni di polizia è sottoposto alla condizione che il richiedente stenda domanda e apponga di suo pugno, in calce alla domanda, la propria firma e le indicazioni del proprio stato e domicilio. Di ciò il pubblico ufficiale farà attestazione.

(1) Comma abrogato dall'art. 13, co. 1, lett. g), d.l. 9.2.2012, n. 5, conv., con modif., dalla l. 4.4.2012, n. 35.

13. – Quando la legge non disponga altrimenti, le autorizzazioni di polizia hanno la durata di tre anni, computati secondo il calendario comune, con decorrenza dal giorno del rilascio (1).

Il giorno della decorrenza non è computato nel termine.

(1) Comma modificato dall'art. 13, co. 1, lett. a), d.l. 9.2.2012, n. 5, conv., con modif., dalla l. 4.4.2012, n. 35.

14. – Sono autorizzazioni di polizia le licenze, le iscrizioni in appositi registri, le approvazioni, le dichiarazioni di locali di meretricio e simili atti di polizia.

Capo IV
Dell'inosservanza degli ordini dell'autorità di pubblica sicurezza e delle contravvenzioni

15. – Salvo che il fatto costituisca reato, chiunque, invitato dall'autorità di pubblica sicurezza a comparire davanti ad essa, non si presenta nel termine prescritto senza giustificato motivo è soggetto alla sanzione amministrativa del pagamento di una somma da euro 154.93 a euro 516 (1) (2).

L'autorità di pubblica sicurezza può disporre l'accompagnamento, per mezzo della forza pubblica, della persona invitata a comparire e non presentatasi nel termine prescritto.

(1) Comma sostituito dall'art. 1, d.lgs. 13.7.1994, n. 480.
(2) Secondo quanto previsto dall'art. 51, co. 1, d.lgs. 24.6.1998, n. 213, a decorrere dal 1.1.1999, gli importi delle sanzioni qui previsti sono convertiti in Euro.

16. – Gli ufficiali e gli agenti di pubblica sicurezza hanno facoltà di accedere in qualunque ora nei locali destinati allo esercizio di attività soggette ad autorizzazioni di polizia e di assicurarsi dell'adempimento delle prescrizioni imposte dalla legge, dai regolamenti o dall'autorità.

17. – **1.** Salvo quanto previsto dall'art. 17-*bis*, le violazioni alle disposizioni di questo testo unico, per le quali non è stabilita una pena od una sanzione amministrativa ovvero non provvede il codice penale, sono punite con l'arresto fino a tre mesi o con l'ammenda fino a euro 206 (1).

2. Con le stesse pene sono punite, salvo quanto previsto dall'art. 17-*bis*, le contravvenzioni alle ordinanze emesse, in conformità alle leggi, dai prefetti, questori, ufficiali distaccati di pubblica sicurezza o sindaci (2).

(1) Secondo quanto previsto dall'art. 51, co. 1, d.lgs. 24.6.1998, n. 213, a decorrere dal 1.1.1999, gli importi delle sanzioni qui previsti sono convertiti in Euro.
(2) Articolo sostituito dall'art. 2, d.lgs. 13.7.1994, n. 480.

17 bis. – **1.** Le violazioni alle disposizioni di cui agli articoli 59, 60, 75, 75-*bis*, 76, se il fatto è commesso contro il divieto dell'autorità, 86, 87, 101, 104, 111, 115, 120, comma secondo, limitatamente alle operazioni diverse da quelle indicate nella tabella, 121, [123,] 124 e 135, comma quinto, limitatamente alle operazioni diverse da quelle indicate nella tabella, sono soggette alla sanzione amministrativa del pagamento di una somma da euro 516 ad euro 3.098 (2) (3).

2. La stessa sanzione si applica a chiunque, ottenuta una delle autorizzazioni previste negli articoli indicati nel comma 1, viola le disposizioni di cui agli articoli 8 e 9.

3. Le violazioni alle disposizioni di cui agli articoli 76, salvo quanto previsto nel comma 1, 81, 83, 84, 108, 113, quinto comma, 120, salvo quanto previsto nel comma 1, 126, 128, [escluse le attività previste dall'art. 126,] 135, escluso il comma terzo e salvo quanto previsto nel comma 1, e 147 sono soggette alla sanzione amministrativa del pagamento di una somma da euro 154 ad euro 1.032 (4) (5).

(1) Articolo introdotto dall'art. 1, d.lgs. 13.7.1994, n. 480.
(2) Comma modificato dall'art. 46, co. 3, lett. a), d.lgs. 31.3.1998, n. 112 e, poi, dall'art. 8, co. 3, l. 18.8.2000, n. 248.
(3) Secondo quanto previsto dall'art. 51, co. 1, d.lgs. 24.6.1998, n. 213, a decorrere dal 1.1.1999, gli importi della sanzione sono stati così convertiti.
(4) Comma modificato dall'art. 37, co. 1, l. 23.12.2000, n. 388.
(5) Secondo quanto previsto dall'art. 51, co. 1, d.lgs. 24.6.1998, n. 213, a decorrere dal 1.1.1999, gli importi delle sanzioni qui previsti sono convertiti in Euro.

17 ter. – **1.** Quando è accertata una violazione prevista dall'art. 17-*bis*, commi 1 e 2, e dall'art. 221-*bis* il pubblico ufficiale che vi ha proceduto, fermo restando l'obbligo del rapporto previsto dall'art. 17 legge 24 novembre 1981, n. 689, ne riferisce per iscritto, senza riguardo, all'autorità competente al rilascio dell'autorizzazione o, qualora il fatto non concerna attività soggette ad autorizzazione, al questore.

2. Nei casi in cui è avvenuta la contestazione immediata della violazione, è sufficiente, ai fini del comma 1, la trasmissione del relativo verbale. Copia del verbale o del rapporto è consegnata o notificata all'interessato (1).

3. Entro cinque giorni dalla ricezione della comunicazione del pubblico ufficiale, l'autorità di cui al comma 1 ordina, con provvedimento motivato, la cessazione dell'attività condotta con difetto di autorizzazione ovvero, in caso di violazione delle prescrizioni, la sospensione dell'attività autorizzata per il tempo occorrente ad uniformarsi alle prescrizioni violate e comunque per un periodo non superiore a tre mesi. Fermo restando quanto previsto al comma 4 e salvo che la violazione riguardi prescrizioni a tutela della pubblica incolumità o dell'igiene, l'ordine di sospensione è disposto trascorsi trenta giorni dalla data di violazione. Non si dà comunque luogo all'esecuzione dell'ordine di sospensione qualora l'interessato dimostri di aver sanato le violazioni ovvero di aver avviato le relative procedure amministrative (2).

4. Quando ricorrono le circostanze previste dall'art. 100, la cessazione dell'attività non autorizzata è ordinata immediatamente dal questore.

5. Chiunque non osserva i provvedimenti previsti dai commi 3 e 4, legalmente dati dall'autorità, è punito ai sensi dell'art. 650 del codice penale (3).

(1) Comma modificato dall'art. 11, co. 1, d.l. 29.3.1995, n. 97.
(2) Comma sostituito dall'art. 11, co. 2, d.l. 29.3.1995, n. 97 e, poi, dall'art. 9, co. 5, l. 29.3.2001, n. 135.
(3) Articolo introdotto dall'art. 3, d.lgs. 13.7.1994, n. 480.

17 quater. – 1. Per le violazioni previste dall'art. 17-*bis* e dall'art. 221-*bis* consistenti nell'inosservanza delle prescrizioni imposte dalla legge o impartite dall'autorità nell'esercizio di attività soggette ad autorizzazione, l'autorità amministrativa con l'ordinanza-ingiunzione può applicare la sanzione amministrativa accessoria della sospensione dell'attività per un periodo non superiore a tre mesi.

2. La sanzione accessoria è disposta dal giudice penale con la sentenza di condanna nell'ipotesi di connessione obiettiva della violazione amministrativa con un reato di cui all'art. 24 legge 24 novembre 1981, n. 689.

3. Nell'esecuzione della sanzione accessoria, si computa l'eventuale periodo di sospensione eseguita ai sensi dell'art. 17-*ter* (1).

(1) Articolo introdotto dall'art. 13, d.lgs. 3.7.1994, n. 480.

17 quinquies. – 1. Il rapporto relativo alle violazioni previste dagli articoli 17-*bis* e 221-*bis* è presentato al prefetto (1) (2).

(1) Articolo introdotto dall'art. 3, d.lgs. 13.7.1994, n. 480.
(2) La Corte costituzionale, con sentenza 7.4.1995, n. 115, ha dichiarato l'illegittimità costituzionale di questo articolo, nella parte in cui prevede che è presentato al prefetto, anziché all'ufficio regionale competente, il rapporto relativo alle violazioni delle disposizioni di cui agli artt. 84, 111 (limitatamente alle imprese artigiane), 123 e 124, co. 2, del presente testo unico, nonché 180 del regolamento di esecuzione, approvato con r.d. 6.5.1940, n. 635.

17 sexies. – 1. Per le violazioni previste dagli articoli 17-*bis* e 221-*bis* è esclusa la confisca di beni immobili e si applicano le disposizioni di cui all'art. 20, commi terzo, quarto e quinto, legge 24 novembre 1981, n. 689 (1).

(1) Articolo introdotto dall'art. 3, d.lgs. 13.7.1994, n. 480.

TITOLO II
Disposizioni relative all'ordine pubblico e alla incolumità pubblica

Capo I
Delle riunioni pubbliche e degli assembramenti in luoghi pubblici

18. – I promotori di una riunione in luogo pubblico o aperto al pubblico devono darne avviso, almeno tre giorni prima, al questore.

È considerata pubblica anche una riunione, che, sebbene indetta in forma privata, tuttavia per il luogo in cui sarà tenuta, o per il numero delle persone che dovranno intervenirvi, o per lo scopo o l'oggetto di essa, ha carattere di riunione non privata.

I contravventori sono puniti con l'arresto fino a sei mesi e con l'ammenda da euro 103 a 413. Con le stesse pene sono puniti coloro che nelle riunioni predette prendono la parola (1) (2) (3).

Il questore, nel caso di omesso avviso ovvero per ragioni di ordine pubblico, di moralità o di sanità pubblica, può impedire che la riunione abbia luogo e può, per le stesse ragioni, prescrivere modalità di tempo e di luogo alla riunione.

I contravventori al divieto o alle prescrizioni dell'autorità sono puniti con l'arresto fino a un anno e con l'ammenda da euro 206 a 413. Con le stesse pene sono puniti coloro che nelle predette riunioni prendono la parola (4).

Non è punibile chi, prima dell'ingiunzione dell'autorità o per obbedire ad essa, si ritira dalla riunione.

Le disposizioni di questo articolo non si applicano alle riunioni elettorali (5) (6).

(1) Secondo quanto previsto dall'art. 3, l. 12.7.1961, n. 603, le pene pecuniarie qui previste sono moltiplicate per quaranta. L'art. 113, co. 1, l. 24.11.1981, n. 689 ha ulteriormente incrementato la misura delle pene pecuniarie moltiplicandole per cinque.
(2) La Corte costituzionale, con sentenza 10.6.970, n. 90, ha dichiarato l'illegittimità costituzionale di questo comma nella parte in cui non limita la previsione punitiva a coloro che prendono la parola essendo a conoscenza dell'omissione di preavviso previsto dal co. 1.
(3) La Corte costituzionale, con sentenza 10.5.1979, n. 11, ha dichiarato l'illegittimità costituzionale del secondo periodo di questo comma, nella parte in cui prevede la incriminazione contravvenzionale di coloro che prendono la parola in riunione in luogo pubblico essendo a conoscenza della omissione di preavviso previsto nel co. 1.
(4) Secondo quanto previsto dall'art. 3, l. 12.7.1961, n. 603, le pene pecuniarie, di cui al presente comma, sono moltiplicate per quaranta. Successivamente l'art. 113, co. 1, l. 24.11.1981, n. 689, ha ulteriormente incrementato la misura delle pene pecuniarie moltiplicandole per cinque.
(5) La Corte costituzionale, con sentenza 31.3.1958, n. 27, ha dichiarato l'illegittimità costituzionale di questo articolo, nella parte relativa alle riunioni non tenute in luogo pubblico, in riferimento all'art. 17 della Costituzione.
(6) Secondo quanto previsto dall'art. 51, co. 1, d.lgs. 24.6.1998, n. 213, a decorrere dal 1.1.1999, gli importi delle sanzioni qui previsti sono convertiti in Euro.

19. – [È vietato di portare armi nelle riunioni pubbliche anche alle persone munite di licenza.

Salva l'applicazione delle pene stabilite dal codice penale per il porto abusivo di arme, i trasgressori sono puniti con l'arresto da dieci giorni a tre mesi e con l'ammenda da lire 500 a 5000.

Le armi sono confiscate.] (1)

(1) Articolo abrogato dall'art. 4, l. 18.4.1975, n. 110.

20. – Quando, in occasione di riunioni o di assembramenti in luogo pubblico o aperto al pubblico, avvengono manifestazioni o grida sediziose o lesive del prestigio dell'autorità, o che comunque possono mettere in pericolo l'ordine pubblico o la sicurezza dei cittadini, ovvero quando nelle riunioni o negli assembramenti predetti sono commessi delitti, le riunioni e gli assembramenti possono essere disciolti.

21. – È sempre considerata manifestazione sediziosa l'esposizione di bandiere o emblemi, che sono simbolo di sovversione sociale o di rivolta o di vilipendio verso lo Stato, il governo o le autorità.

È manifestazione sediziosa anche la esposizione di distintivi di associazioni faziose.

22. – Quando, nei casi preveduti dagli articoli precedenti, occorre disciogliere una riunione pubblica od un assembramento in luogo pubblico o aperto al pubblico, le persone riunite od assembrate sono invitate a disciogliersi dagli ufficiali di pubblica sicurezza o, in loro assenza, dagli ufficiali o dai sottufficiali dei carabinieri reali.

23. – Qualora l'invito rimanga senza effetto, è ordinato il discioglimento con tre distinte formali intimazioni, preceduta ognuna da uno squillo di tromba.

24. – Qualora rimangano senza effetto anche le tre intimazioni ovvero queste non possano essere fatte per rivolta od opposizione, gli ufficiali di pubblica sicurezza o, in loro assenza, gli ufficiali o i sottufficiali dei carabinieri reali ordinano che la riunione o l'assembramento siano disciolti con la forza.

All'esecuzione di tale ordine provvedono la forza pubblica e la forza armata sotto il comando dei rispettivi capi.

Le persone che si rifiutano di obbedire all'ordine di discioglimento sono punite con l'arresto da un mese a un anno e con l'ammenda da euro 30 a 413 [(1) (2)].

(1) Secondo quanto previsto dall'art. 3, l. 12.7.1961, n. 603, le pene pecuniarie, di cui al presente comma, sono moltiplicate per quaranta. Successivamente l'art. 113, co. 1, l. 24.11.1981, n. 689, ha ulteriormente incrementato la misura delle pene pecuniarie moltiplicandole per cinque.

(2) Secondo quanto previsto dall'art. 51, co. 1, d.lgs. 24.6.1998, n. 213, a decorrere dal 1.1.1999, gli importi delle sanzioni qui previsti sono convertiti in Euro.

Capo II
Delle cerimonie religiose fuori dei templi e delle processioni ecclesiastiche o civili

25. – Chi promuove o dirige funzioni, cerimonie o pratiche religiose fuori dei luoghi destinati al culto, ovvero processioni ecclesiastiche o civili nelle pubbliche vie, deve darne avviso, almeno tre giorni prima, al questore.

Il contravventore è punito con l'arresto fino a tre mesi e con l'ammenda fino a euro 51 [(1) (2) (3)].

(1) La Corte costituzionale, con sentenza 8.3.1957, n. 45, ha dichiarato l'illegittimità costituzionale di questo articolo, nella parte che implica l'obbligo del preavviso per le funzioni, cerimonie o pratiche religiose in luoghi aperti al pubblico, in riferimento all'art. 17 della Costituzione.

(2) Secondo quanto previsto dall'art. 3, l. 12.7.1961, n. 603, le pene pecuniarie, di cui al presente comma, sono moltiplicate per quaranta. Successivamente l'art. 113, co. 1, l. 24.11.1981, n. 689, ha ulteriormente incrementato la misura delle pene pecuniarie moltiplicandole per cinque.

(3) Secondo quanto previsto dall'art. 51, co. 1, d.lgs. 24.6.1998, n. 213, a decorrere dal 1.1.1999, gli importi delle sanzioni qui previsti sono convertiti in Euro.

26. – Il Questore può vietare, per ragioni di ordine pubblico o di sanità pubblica, le funzioni, le cerimonie, le pratiche religiose e le processioni indicate nell'articolo precedente, o può prescrivere l'osservanza di determinate modalità, dandone, in ogni caso, avviso ai promotori almeno ventiquattro ore prima.

Alle processioni sono, nel resto, applicabili le disposizioni del capo precedente.

27. – Le disposizioni di questo capo non si applicano agli accompagnamenti del viatico e ai trasporti funebri, salve le prescrizioni delle leggi e dei regolamenti di sanità pubblica e di polizia locale.

Il Questore può vietare che il trasporto funebre avvenga in forma solenne ovvero può determinare speciali cautele a tutela dell'ordine pubblico e della sicurezza dei cittadini.

Capo III
Delle raccolte delle armi e delle passeggiate in forma militare

28. – Oltre i casi preveduti dal codice penale, sono proibite la fabbricazione, l'assemblaggio, la raccolta, la detenzione e la vendita, senza licenza del ministro per l'interno, di armi da guerra e di armi ad esse analoghe, nazionali o straniere, o di parti di esse, di munizioni, di uniformi militari o di altri oggetti destinati all'armamento e all'equipaggiamento di forze armate nazionali o straniere. Con la licenza di fabbricazione sono consentite le attività commerciali connesse e la riparazione delle armi prodotte [(1)].

La licenza è altresì necessaria per l'importazione e l'esportazione delle armi da fuoco diverse dalle armi comuni da sparo non comprese nei materiali di armamento, nonché per la fabbricazione, l'importazione e l'esportazione, la raccolta, la detenzione e la vendita degli strumenti di autodifesa specificamente destinati all'armamento dei Corpi armati o di polizia, nonché per la fabbricazione e la detenzione delle tessere di riconoscimento e degli altri contrassegni di identificazione degli ufficiali e degli agenti di pubblica sicurezza e di polizia giudiziaria, fatte salve le produzioni dell'Istituto poligrafico e Zecca dello Stato. La validità della licenza è di 2 anni [(2)].

Per il trasporto delle armi stesse nell'interno dello Stato è necessario darne avviso al prefetto.

Il contravventore è punito, qualora il fatto non costituisca un più grave reato, con la reclusione da uno a tre anni con la multa da 3.000 euro a 30.000 euro [(3) (4) (5)].

(1) Comma modificato dall'art. 1 ter, co. 3, d.l. 30.12.2005, n. 272, con la decorrenza prevista dal co. 5 dell'art. 1 ter medesimo, e, poi, modificato, a decorrere dal 1.7.2011, dall'art. 3, co. 1, lett. a), d.lgs. 26.10.2010, n. 204.

(2) Comma sostituito dall'art. 1 ter, co. 3, d.l. 30.12.2005, n. 272, con la decorrenza prevista dal co. 5 dell'art. 1 ter medesimo e, poi, modificato, a decorrere dal 1.7.2011, dall'art. 3, co. 1, lett. a), d.lgs. 26.10.2010, n. 204.

(3) Secondo quanto previsto dall'art. 3, l. 12.7.1961, n. 603, le pene pecuniarie, di cui al presente comma, sono moltiplicate per quaranta. Successivamente l'art. 113, co. 1, l. 24.11.1981, n. 689, ha ulteriormente incrementato la misura delle pene pecuniarie moltiplicandole per cinque.

(4) Secondo quanto previsto dall'art. 51, co. 1, d.lgs. 24.6.1998, n. 213, a decorrere dal 1.1.1999, gli importi delle sanzioni qui previsti sono convertiti in Euro.

(5) Comma modificato dall'art. 1 ter, co. 3, d.l. 30.12.2005, n. 272, con la decorrenza prevista dal co. 5 dell'art. 1 ter medesimo e, poi, modificato, a decorrere dal 1.7.2011, dall'art. 3, co. 1, lett. a), d.lgs. 26.10.2010, n. 204.

29. – Salvo quanto è stabilito dalle leggi militari, non possono aver luogo, senza licenza del Prefetto, passeggiate in forma militare con armi.

Il contravventore è punito con l'arresto fino a sei mesi.

I capi o i promotori sono puniti con l'arresto fino ad un anno.

Capo IV
Delle armi

30. – Agli effetti di questo testo unico, per armi si intendono:

1) le armi proprie, cioè quelle da sparo e tutte le altre la cui destinazione naturale è l'offesa alla persona;
2) le bombe, qualsiasi macchina o involucro contenente materie esplodenti, ovvero i gas asfissianti o accecanti.

31. – Salvo quanto è disposto per le armi da guerra dall'art. 28, non si possono fabbricare altre armi, assemblarle, introdurle nello Stato, esportarle, farne raccolta per ragioni di commercio o di industria, o porle comunque in vendita, senza licenza del Questore. Ai titolari della licenza di cui al periodo precedente e nell'ambito delle attività autorizzate con la licenza medesima, le autorizzazioni e gli adempimenti previsti dalla normativa vigente non sono richiesti per i caricatori di cui all'articolo 38, primo comma, secondo periodo. Ai titolari di licenza per la fabbricazione di armi di cui al presente comma è consentita, all'interno dei siti di fabbricazione indicati nella licenza, la rottamazione delle parti d'arma dai medesimi fabbricate e non ancora immesse sul mercato, anche se provviste della marcatura o dei segni identificativi o distintivi di cui all'articolo 11, comma 1, l. 18 aprile 1975, n. 110. L'avvenuta rottamazione delle parti d'arma, iscritte nel registro di cui all'articolo 35, è immediatamente annotata nel medesimo registro [(1)].

La licenza è necessaria anche per le collezioni delle armi artistiche, rare od antiche.

Salvo quanto previsto per la collezione di armi, la validità della licenza è di 3 anni [(2)].

(1) Comma modificato, a decorrere dal 1.7.2011, dall'art. 3, co. 1, lett. b), n. 1), d.lgs. 26.10.2010, n. 204, successivamente dall'art. 3, co. 3 sexies, d.l. 18.2.2015 n. 7, conv., con modif., dalla l. 17.4.2015, n. 43 e, infine, a decorrere dal 14.9.2018, dall'art. 3, co. 1, lett. a), d.lgs. 10.8.2018, n. 104.

(2) Comma introdotto, a decorrere dal 1.7.2011, dall'art. 3, co. 1, lett. b), n. 2), d.lgs. 26.10.2010, n. 204.

31 bis 2. – **1.** Fatte salve le previsioni di cui agli articoli 01, comma 1, lettera p), e 1, comma 11, l. 9 luglio 1990, n. 185, come modificata dal decreto legislativo 22 giugno 2012, n. 105, per esercitare l'attività di intermediario di cui all'articolo 1-*bis*, comma 1, lettera f), del decreto legislativo 30 dicembre 1992, n. 527, nel settore delle armi, è richiesta una apposita licenza rilasciata dal questore, che ha una validità di 3 anni. Si applicano in quanto compatibili le disposizioni anche regolamentari previste per la licenza di cui all'articolo 31 La licenza non è necessaria per i rappresentanti in possesso di mandato delle parti interessate [(1)].

2. Del mandato è data comunicazione alla questura competente per territorio:

Ogni operatore autorizzato deve comunicare, l'ultimo giorno del mese, all'autorità che ha rilasciato la licenza un resoconto dettagliato delle singole operazioni effettuate nel corso dello stesso mese. Il resoconto può essere trasmesso anche all'indirizzo di posta elettronica certificata della medesima autorità. L'operatore, nel caso in cui abbia la materiale disponibilità delle armi o delle munizioni, è obbligato alla tenuta del registro di cui, rispettivamente, agli articoli 35 e 55, nonché ad effettuare le relative annotazioni concernenti le operazioni eseguite [(2)].

3. La mancata comunicazione può comportare, in caso di prima violazione, la sospensione e, in caso di recidiva, la sospensione o la revoca della licenza

[**4.** Le modalità di attuazione del presente articolo sono definite nel regolamento.] [(3)] [(4)]

(1) Comma sostituito dall'art. 1, co. 1, lett. a), n. 1), d.lgs. 29.9.2013, n. 121.

(2) Comma sostituito dall'art. 1, co. 1, lett. a), n. 1), d.lgs. 29.9.2013, n. 121 e, poi, modificato, a decorrere dal 14.9.2018, dall'art. 3, co. 1, lett. b), d.lgs. 10.8.2018, n. 104.

(3) Comma abrogato dall'art. 1, co. 1, lett. a), n. 2), d.lgs. 29.9.2013, n. 121.

(4) Articolo introdotto, a decorrere dal 1.7.2011, dall'art. 3, co. 1, lett. c), d.lgs. 26.10.2010, n. 204.

32. – Le licenze di cui agli artt. 28 e 31 non possono essere concedute a chi non può validamente obbligarsi e sono valide esclusivamente per i locali indicati nelle licenze stesse.

Può essere consentito di condurre la fabbrica, il deposito, il magazzino di vendita di armi, a mezzo di rappresentante.

La licenza per le collezioni di armi artistiche, rare o antiche è permanente. Debbono tuttavia essere denunciati al Questore i cambiamenti sostanziali della collezione o del luogo del deposito. Il contravventore è punito con l'ammenda fino a euro 516 [(1)] [(2)].

(1) Secondo quanto previsto dall'art. 3, l. 12.7.1961, n. 603, le pene pecuniarie, di cui al presente comma, sono moltiplicate per quaranta. Successivamente l'art. 113, co. 1, l. 24.11.1981, n. 689, ha ulte-

riormente incrementato la misura delle pene pecuniarie moltiplicandole per cinque.
(2) Secondo quanto previsto dall'art. 51, co. 1, d.lgs. 24.6.1998, n. 213, a decorrere dal 1.1.1999, gli importi delle sanzioni qui previsti sono convertiti in Euro.

33. – [Chi esercita l'industria della riparazione delle armi deve darne avviso al questore e notificargli ogni trasferimento della propria officina.] (1)

(1) Articolo abrogato dall'art. 8, l. 18.4.1975, n. 110.

34. – Il commerciante, il fabbricante di armi e chi esercita l'industria della riparazione delle armi non può trasportarle fuori del proprio negozio od opificio, senza preventivo avviso all'autorità di pubblica sicurezza.

L'obbligo dell'avviso spetta anche al privato che, per qualunque motivo, deve trasportare armi nell'interno dello Stato.

Per il trasporto di armi e parti d'arma tra soggetti muniti della licenza di cui all'articolo 31, l'obbligo dell'avviso è assolto mediante comunicazione, almeno 48 ore prima del trasporto medesimo, all'autorità di pubblica sicurezza, anche per via telematica attraverso trasmissione al relativo indirizzo di posta elettronica certificata. La comunicazione deve accompagnare le armi e le parti d'arma (1).

(1) Comma introdotto a decorrere dal 14.9.2018, dall'art. 3, co. 1, lett. c), d.lgs. 10.8.2018, n. 104.

35. – **1.** L'armaiolo di cui all'articolo 1- *bis*, comma 1, lettera g), del decreto legislativo 30 dicembre 1992, n. 527, è obbligato a tenere un registro delle operazioni giornaliere, nel quale devono essere indicate le generalità delle persone con cui le operazioni stesse sono compiute. Il registro è tenuto in formato elettronico, secondo le modalità definite nel regolamento.

2. Il registro di cui al comma 1 deve essere esibito a richiesta degli ufficiali od agenti di pubblica sicurezza e deve essere conservato per un periodo di 50 anni.

3. Alla cessazione dell'attività, i registri delle operazioni giornaliere, sia in formato cartaceo che elettronico, devono essere consegnati all'Autorità di pubblica sicurezza che aveva rilasciato la licenza, che ne cura la conservazione per il periodo necessario. Le informazioni registrate nel sistema informatico di cui all'articolo 3 del decreto legislativo del 25 gennaio 2010, n. 8, sono conservate per i 50 anni successivi alla cessazione dell'attività.

4. Gli armaioli devono, altresì, comunicare mensilmente all'ufficio di polizia competente per territorio le generalità dei privati che hanno acquistato o venduto loro le armi, nonché la specie e la quantità delle armi vendute o acquistate e gli estremi dei titoli abilitativi all'acquisto esibiti dagli interessati. Le comunicazioni possono essere trasmesse anche per via telematica.

5. È vietato vendere o in qualsiasi altro modo cedere armi a privati che non siano muniti di permesso di porto d'armi ovvero di nulla osta all'acquisto rilasciato dal questore.

6. Il nulla osta non può essere rilasciato ai minori di 18 anni, ha la validità di un mese ed è esente da ogni tributo. La domanda è redatta in carta libera.

7. Il questore subordina il rilascio del nulla osta alla presentazione di certificato rilasciato dal settore medico legale delle Aziende sanitarie locali, o da un medico militare, della Polizia di Stato o del Corpo nazionale dei vigili del fuoco, dal quale risulti che il richiedente non è affetto da malattie mentali oppure da vizi che ne diminuiscono, anche temporaneamente, la capacità di intendere e di volere, ovvero non risulti assumere, anche occasionalmente, sostanze stupefacenti o psicotrope ovvero abusare di alcool, nonché dalla presentazione di ogni altra certificazione sanitaria prevista dalle disposizioni vigenti.

8. Il contravventore è punito con l'arresto da sei mesi a due anni e con l'ammenda da 4.000 euro a 20.000 euro.

9. L'acquirente o cessionario di armi in violazione delle norme del presente articolo è punito con l'arresto fino a un anno e con l'ammenda da 2.000 euro a 10.000 euro.

10. Il provvedimento con cui viene rilasciato il nulla osta all'acquisto delle armi, nonché quello che consente l'acquisizione, a qualsiasi titolo, della disponibilità di un'arma devono essere comunicati, a cura dell'interessato, ai conviventi maggiorenni, anche diversi dai familiari, compreso il convivente more uxorio, individuati dal regolamento e indicati dallo stesso interessato all'atto dell'istanza, secondo le modalità definite nel medesimo regolamento. In caso di violazione degli obblighi previsti in attuazione del presente comma, si applica la sanzione amministrativa da 2.000 euro a 10.000 euro. Può essere disposta, altresì, la revoca della licenza o del nulla osta alla detenzione (1).

(1) Articolo modificato all'art. 1, d.l. 22.11.1956, n. 1274, poi modificato dall'art. 113, l. 24.11.1981, n. 689, dall'art. 12, d.l. 8.6.1992, n. 306, dall'art. 15, l. 16.3.2006, n. 146 e, infine, sostituito, a decorrere dal 1.7.2011, dall'art. 3, co. 1, lett. d), d.lgs. 26.10.2010, n. 204.

36. – Nessuno può andare in giro con un campionario di armi senza la licenza del Questore della provincia dalla quale muove.

La licenza deve essere vidimata dai Questori delle province che si intende percorrere.

La licenza non può essere rilasciata per campionari di armi da guerra.

37. – È vietato esercitare la vendita ambulante delle armi. È permessa la vendita ambulante degli strumenti da punta e da taglio atti ad offendere, con licenza del Questore.

38. – Chiunque detiene armi, parti di esse, di cui all'articolo 1-*bis*, comma 1, lettera b), del decreto legislativo 30 dicembre 1992, n. 527, munizioni finite o materie esplodenti di qualsiasi genere, deve farne denuncia entro le 72 ore successive alla acquisizione della loro materiale disponibilità, all'ufficio locale di pubblica sicurezza o, quando questo manchi, al locale comando dell'Arma dei carabinieri, ovvero anche per via telematica ai medesimi uffici o alla questura competente per territorio attraverso trasmissione al relativo indirizzo di posta elettronica certificata. La denuncia è altresì necessaria per i soli caricatori in grado di contenere un numero superiore a 10 colpi per le armi lunghe e un numero superiore a 20 colpi per le armi corte, fermo restando quanto previsto dall'articolo 2, secondo comma, l. 18 aprile 1975, n. 110, e successive modificazioni [(1)].

Sono esenti dall'obbligo della denuncia:

a) i corpi armati, le società di tiro a segno e le altre istituzioni autorizzate, per gli oggetti detenuti nei luoghi espressamente destinati allo scopo;
b) i possessori di raccolte autorizzate di armi artistiche, rare o antiche;
c) le persone che per la loro qualità permanente hanno diritto ad andare armate, limitatamente però al numero ed alla specie delle armi loro consentite.

L'autorità di pubblica sicurezza ha facoltà di eseguire, quando lo ritenga necessario, verifiche di controllo anche nei casi contemplati dal capoverso precedente, e di prescrivere quelle misure cautelari che ritenga indispensabili per la tutela dell'ordine pubblico.

Chiunque detiene armi comuni da sparo senza essere in possesso di alcuna licenza di porto d'armi, ad eccezione di coloro che sono autorizzati dalla legge a portare armi senza licenza e dei collezionisti di armi antiche, è tenuto a presentare ogni cinque anni la certificazione medica prevista dall'articolo 35, comma 7, secondo le modalità disciplinate con il decreto di cui all'articolo 6, comma 2, del decreto legislativo 26 ottobre 2010, n. 204 [(2)].

Qualora il detentore risulti titolare di licenza di porto d'armi, l'obbligo di presentazione del certificato decorre dalla scadenza della stessa, se non rinnovata [(3)].

Nel caso di mancata presentazione del certificato medico, il prefetto può vietare la detenzione delle armi denunciate, ai sensi dell'articolo 39 [(4)].

La denuncia di detenzione di cui al primo comma deve essere ripresentata ogni qual volta il possessore trasferisca l'arma in un luogo diverso da quello indicato nella precedente denuncia. Il detentore delle armi deve assicurare che il luogo di custodia offra adeguate garanzie di sicurezza [(5)].

(1) Comma sostituito, a decorrere dal 1.7.2011, dall'art. 3, co. 1, lett. e), d.lgs. 26.10.2010, n. 204, dall'art. 1, co. 1, lett. b), d.lgs. 29.9.2013, n. 12, successivamente modificato dall'art. 3, co. 3-*septies*, d.l. 18.2.2015, n. 7, conv., con modif., dalla l. 17.4.2015, n. 43 e, infine, sostituito, a decorrere dal 14.9.2018, dall'art. 3, co. 1, lett. d), n. 1), d.lgs. 10.8.2018, n. 104.

(2) Comma introdotto, a decorrere dal 1.7.2011, dall'art. 3, co. 1, lett. e), d.lgs. 26.10.2010, n. 204 e, poi, sostituito a decorrere dal 14.9.2018, dall'art. 3, co. 1, lett. d), n. 2), d.lgs. 10.8.2018, n. 104.

(3) Comma introdotto a decorrere dal 14.9.2018, dall'art. 3, co. 1, lett. d), n. 2), d.lgs. 10.8.2018, n. 104.

(4) Comma introdotto a decorrere dal 14.9.2018, dall'art. 3, co. 1, lett. d), n. 2), d.lgs. 10.8.2018, n. 104.

(5) Comma introdotto, a decorrere dal 1.7.2011, dall'art. 3, co. 1, lett. e), d.lgs. 26.10.2010, n. 204.

39. – Il Prefetto ha facoltà di vietare la detenzione delle armi, munizioni e materie esplodenti, denunciate ai termini dell'articolo precedente, alle persone ritenute capaci di abusarne.

Nei casi d'urgenza gli ufficiali e gli agenti di pubblica sicurezza provvedono all'immediato ritiro cautelare dei materiali di cui al primo comma, dandone immediata comunicazione al prefetto. Quando sussistono le condizioni di cui al primo comma, con il provvedimento di divieto il prefetto assegna all'interessato un termine di 150 giorni per l'eventuale cessione a terzi dei materiali di cui al medesimo comma. Nello stesso termine l'interessato comunica al prefetto l'avvenuta cessione. Il provvedimento di divieto dispone, in caso di mancata cessione, la confisca dei materiali ai sensi dell'articolo 6, quinto comma, l. 22 maggio 1975, n. 152 [(1)].

(1) Comma introdotto dall'art. 1, co. 1, lett. c), d.lgs. 29.9.2013, n. 121.

40. – Il Prefetto può, per ragioni di ordine pubblico, disporre, in qualunque tempo, che le armi, le munizioni e le materie esplodenti, di cui negli articoli precedenti, siano consegnate, per essere custodite in determinati depositi a cura dell'autorità di pubblica sicurezza o dell'autorità militare.

41. – Gli ufficiali e gli agenti della polizia giudiziaria, che abbiano notizia, anche se per indizio, della esistenza, in qualsiasi locale pubblico o privato o in qualsiasi abitazione, di armi, munizioni o materie esplodenti, non denunciate o non consegnate o comunque abusivamente detenute, procedono immediatamente a perquisizione e sequestro.

42. – [Non possono essere portati, fuori della propria abitazione o delle appartenenze di essa, armi, mazze ferrate o bastoni ferrati, sfollagente, noccoliere.] [(1)]

[Senza giustificato motivo, non possono portarsi, fuori della propria abitazione o delle appartenenze di essa, bastoni muniti di puntale acuminato, strumenti da punta e da taglio atti ad offendere.] [(2)]

Il Questore ha facoltà di dare licenza per porto d'armi lunghe da fuoco e il Prefetto ha facoltà di concedere, in caso di dimostrato bisogno, licenza di portare rivoltelle o pistole di qualunque misura o bastoni animati la cui lama non abbia una lunghezza inferiore a centimetri 65. La licenza, la cui durata non sia diversamente stabilita dalla legge, ha validità annuale.

Il provvedimento con cui viene rilasciata una licenza di porto d'armi ai sensi del presente articolo deve essere comunicato, a cura dell'interessato, ai conviventi maggiorenni, anche diversi dai familiari, compreso il convivente more uxorio, individuati dal regolamento e indicati dallo stesso interessato all'atto dell'istanza, secondo le modalità definite nel medesimo regolamento. In caso di violazione degli obblighi previsti in attuazione del presente comma, si applica la sanzione amministrativa da 2.000 euro a 10.000 euro. Può essere disposta, altresì, la revoca della licenza o del nulla osta alla detenzione [(4)].

(1) Comma abrogato dall'art. 4 l. 18.4.1975, n. 110.
(2) Comma abrogato dall'art. 4 l. 18.4.1975, n. 110.
(3) Comma modificato dall'art. 13, co. 1, lett. b), d.l. 9.2.2012, n. 5, conv., con modif., dalla l. 4.4.2012, n. 35.
(4) Comma introdotto, a decorrere dal 1.7.2011, dall'art. 3, co. 1, lett. f), d.lgs. 26.10.2010, n. 204.

43. – Oltre a quanto è stabilito dall'art. 11 non può essere conceduta la licenza di portare armi:
a) a chi ha riportato condanna alla reclusione per delitti non colposi contro le persone commessi con violenza, ovvero per furto, rapina, estorsione, sequestro di persona a scopo di rapina o di estorsione;
b) a chi ha riportato condanna a pena restrittiva della libertà personale per violenza o resistenza all'autorità o per delitti contro la personalità dello Stato o contro l'ordine pubblico;
c) a chi ha riportato condanna per diserzione in tempo di guerra, anche se amnistiato, o per porto abusivo di armi.

La licenza può essere ricusata ai soggetti di cui al primo comma qualora sia intervenuta la riabilitazione, ai condannati per delitto diverso da quelli sopra menzionati e a chi non può provare la sua buona condotta o non dà affidamento di non abusare delle armi [(1) (2)].

(1) La Corte costituzionale, con sentenza 16.12.1993, n. 440, ha dichiarato l'illegittimità costituzionale di questo comma, nella parte in cui pone a carico dell'interessato l'onere di provare la sua buona condotta.
(2) Comma modificato, a decorrere dal 14.9.2018, dall'art. 3, co. 1, lett. e), d.lgs. 10.8.2018, n. 104.

44. – Non può essere conceduta la licenza di porto d'armi al minore non emancipato.

È però in facoltà del Prefetto di concedere la licenza per l'arma lunga da fuoco, per solo uso di caccia, al minore che abbia compiuto il sedicesimo anno di età, il quale presenti il consenso scritto di chi esercita la patria potestà o la tutela e dimostri di essere esperto nel maneggio delle armi.

45. – Qualora si verifichino in qualche provincia o comune condizioni anormali di pubblica sicurezza, il Prefetto può revocare, in tutto o in parte, con manifesto pubblico, le licenze di portare armi.

Capo V
Della prevenzione di infortuni e disastri

46. – Senza licenza del Ministro dell'interno è vietato fabbricare, tenere in deposito, vendere o trasportare dinamite e prodotti affini negli effetti esplosivi, fulminati, picrati, artifici contenenti miscele detonanti, ovvero elementi solidi e liquidi destinati alla composizione di esplosivi nel momento dell'impiego. È vietato altresì, senza licenza del Ministro dell'interno, fabbricare polveri contenenti nitrocellulosa o nitroglicerina.

47. – Senza licenza del Prefetto è vietato fabbricare, tenere in deposito, vendere o trasportare polveri piriche o qualsiasi altro esplosivo diverso da quelli indicati nell'articolo precedente, compresi i fuochi artificiali e i prodotti affini, ovvero materie e sostanze atte alla composizione o fabbricazione di prodotti esplodenti.

È vietato altresì, senza licenza del Prefetto, tenere in deposito, vendere o trasportare polveri senza fumo a base di nitrocellulosa o nitroglicerina.

48. – Chi fabbrica o accende fuochi artificiali deve dimostrare la sua capacità tecnica.

49. – Una commissione tecnica nominata dal Prefetto determina le condizioni alle quali debbono soddisfare i locali destinati alla fabbricazione o al deposito di materie esplodenti.

Le spese pel funzionamento della commissione sono a carico di chi domanda la licenza.

50. – Nel regolamento per l'esecuzione di questo testo unico saranno determinate le quantità e le qualità delle polveri e degli altri esplodenti che possono tenersi in casa o altrove o trasportarsi senza licenza; e sarà altresì stabilito per quale quantità dei prodotti e delle materie indicate nell'art. 46, le licenze di deposito e di trasporto possono essere rilasciate dal Prefetto.

51. – Le licenze per la fabbricazione e per il deposito di esplodenti di qualsiasi specie sono permanenti; quelle per la vendita delle materie stesse hanno validità di tre anni dalla data del rilascio. Le une e le altre sono valide esclusivamente per i locali in esse indicati.

Le licenze di trasporto possono essere permanenti o temporanee.

È consentita la rappresentanza [(1)].

(1) Comma modificato dall'art. 13, co. 1, lett. c), d.l. 9.02.2012, n. 5, conv., con modif., dalla l. 4.04.2012, n. 35.

52. – Le licenze per l'impianto di opifici nei quali si fabbricano, si lavorano o si custodiscono materie esplodenti di qualsiasi specie, nonché quelle per il trasporto, per la importazione o per la vendita delle materie stesse non possono essere concedute senza le necessarie garanzie per la vita delle persone e per le proprietà, e sono vincolate all'assicurazione della vita degli operai e dei guardiani.

Oltre quanto è stabilito dall'art. 11, debbono essere negate le predette licenze alle persone che nel quinquennio precedente abbiano riportato condanna per delitto contro l'ordine pubblico, o la incolumità pubblica, ovvero per furto, rapina, estorsione, sequestro di persona a scopo di rapina o di estorsione o per omicidio, anche se colposo.

Le licenze stesse non possono essere concedute a coloro che non dimostrino la propria capacità tecnica.

53. [(1)] – **1.** È vietato fabbricare, tenere in casa o altrove, trasportare, immettere sul mercato, importare, esportare, trasferire, o vendere, anche negli stabilimenti, laboratori, depositi o spacci autorizzati, prodotti esplodenti che non siano stati riconosciuti e classificati dal Ministero dell'interno, sentito il parere di una commissione tecnica, ovvero che sono privi della marcatura CE e che non hanno superato la valutazione di conformità previsti dalle disposizioni di recepimento delle direttive comunitarie in materia di prodotti esplodenti.

2. Nel regolamento sono classificati nelle categorie e nei relativi gruppi[, ai fini della sicurezza fisica dei depositi e dei locali di vendita], tutti i prodotti esplodenti secondo la loro natura, composizione ed efficacia esplosiva [2].

3. L'iscrizione nell'allegato A al regolamento per l'esecuzione del presente testo unico dei prodotti nelle singole categorie è disposta con provvedimento del capo della polizia – direttore generale della pubblica sicurezza. Gli articoli pirotecnici marcati CE non necessitano dell'iscrizione di cui al presente comma [3].

4. Salvo che il fatto costituisca più grave reato, le violazioni di cui al comma 1 sono punite con la reclusione da sei mesi a tre anni e con la multa da 10.000 euro a 100.000 euro.

5. La pena di cui al comma 4 si applica anche nei casi in cui le condotte di cui al comma 1 sono riferibili a prodotti oggettivamente difformi dai modelli depositati o altrimenti riconosciuti, anche se recanti la marcatura "CE del tipo" ovvero gli estremi del provvedimento di riconoscimento del Ministero dell'interno.

(1) Articolo modificato dall'art. 4, co. 2, d.lgs. 25.1.2010, n. 8 e sostituito dall'art. 17, d.lgs. 4.4.2010, n. 58, in vigore dal 1.7.2010, ai sensi dell'art. 20 dello stesso decreto.
(2) Comma modificato dall'art. 1, co. 2, lett. a), d.lgs. 25.9.2012, n. 176.
(3) Comma sostituito dall'art. 1, co. 2, lett. b), d.lgs. 25.9.2012, n. 176.

54. – Salvo il disposto dell'art. 28 per le munizioni da guerra, non possono introdursi nello Stato prodotti esplodenti di qualsiasi specie senza licenza del Ministro dell'interno, da rilasciarsi volta per volta.

La licenza non può essere conceduta se l'esplosivo non sia stato già riconosciuto e classificato.

Queste disposizioni non si applicano rispetto agli esplosivi di transito, per i quali è sufficiente la licenza del Prefetto della provincia per cui i prodotti entrano nello Stato.

55. – Gli esercenti fabbriche, depositi o rivendite di esplodenti di qualsiasi specie sono obbligati a tenere un registro delle operazioni giornaliere, in cui saranno indicate le generalità delle persone con le quali le operazioni stesse sono compiute. Il registro è tenuto in formato elettronico, secondo le modalità definite nel regolamento. I rivenditori di materie esplodenti devono altresì comunicare mensilmente all'ufficio di polizia competente per territorio le generalità delle persone e delle ditte che hanno acquistato munizioni ed esplosivi, la specie, i contrassegni e la quantità delle munizioni e degli esplosivi venduti e gli estremi dei titoli abilitativi all'acquisto esibiti dagli interessati [1].

Tale registro deve essere esibito a ogni richiesta degli ufficiali od agenti di pubblica sicurezza e deve essere conservato per un periodo di cinquanta anni anche dopo la cessazione dell'attività [2].

Alla cessazione dell'attività, i registri delle operazioni giornaliere, sia in formato cartaceo che elettronico, devono essere consegnati all'Autorità di pubblica sicurezza che aveva rilasciato la licenza, che ne curerà la conservazione per il periodo necessario. Le informazioni registrate nel sistema informatico di cui all'articolo 3 del decreto legislativo 25 gennaio 2010, n. 8, devono essere conservate per i 10 anni successivi alla cessazione dell'attività [3].

É vietato vendere o in qualsiasi altro modo cedere materie esplodenti di Iª, IIª, IIIª, IVª e Vª categoria, gruppo A e gruppo B, a privati che non siano muniti di permesso di porto d'armi ovvero di nulla osta rilasciato dal questore, nonché materie esplodenti di Vª categoria, gruppo C, a privati che non siano maggiorenni e che non esibiscano un documento di identità in corso di validità. Il nulla osta non può essere rilasciato a minori; ha la validità di un mese ed è esente da ogni tributo. La domanda è redatta in carta libera [4].

Il questore può subordinare il rilascio del nulla osta di cui al comma precedente, alla presentazione di certificato del medico provinciale, o dell'ufficiale sanitario o di un medico militare, dal quale risulti che il richiedente non è affetto da malattie mentali oppure da vizi che ne diminuiscono, anche temporaneamente, la capacità di intendere e di volere [5].

Il contravventore è punito con l'arresto da nove mesi a tre anni e con l'ammenda non inferiore a euro 154 [6] [7].

Gli obblighi di registrazione delle operazioni giornaliere e di comunicazione mensile all'ufficio di polizia competente per territorio non si applicano alle materie esplodenti di Vª categoria, gruppo D e gruppo E [8].

L'acquirente o cessionario di materie esplodenti in violazione delle norme del presente articolo è punito con l'arresto sino a diciotto mesi e con l'ammenda sino a euro 154 [9] [10].

(1) Comma modificato dall'art. 12, co. 6, d.l. 8.6.1992, n. 306 e, poi, a decorrere dal 1.7.2011, dall'art. 3, co. 1, lett. g), d.lgs. 26.10.2010, n. 204.
(2) Comma modificato dall'art. 6, co. 3, d.lgs. 2.1.1997, n. 7 e, poi, a decorrere dal 1.7.2011, dall'art. 3, co. 1, lett. g), d.lgs. 26.10.2010, n. 204.
(3) Comma introdotto a decorrere dal 1.7.2011, dall'art. 3, co. 1, lett. g), d.lgs. 26.10.2010, n. 204 e, poi, modificato dall'art. 16, co. 4, d.lgs. 19.5.2016, n. 81.
(4) Comma sostituito dall'art. 3, d.l. 22.11.1956, n. 1274 e, poi, modificato dall'art. 9, co. 1, lett. a), l. 25.1.2006, n. 29.
(5) Comma sostituito dall'art. 3, d.l. 22.11.1956, n. 1274.
(6) Comma introdotto dall'art. 3, d.l. 22.11.1956, n. 1274 e poi, modificato dall'art. 113, l. 24.11.1981, n. 689.
(7) Secondo quanto previsto dall'art. 51, co. 1, d.lgs. 24.6.1998, n. 213, a decorrere dal 1.1.1999, gli importi delle sanzioni qui previsti sono convertiti in Euro.
(8) Comma introdotto dall'art. 9, co. 1, lett. b), l. 25.1.2006, n. 29.
(9) Comma introdotto dall'art. 3, d.l. 22.11.1956, n. 1274 e, poi, modificato dall'art. 113, l. 24.11.1981, n. 689.
(10) Secondo quanto previsto dall'art. 51, co. 1, d.lgs. 24.6.1998, n. 213, a decorrere dal 1.1.1999, gli importi delle sanzioni qui previsti sono convertiti in Euro.

56. – L'autorità di pubblica sicurezza ha facoltà di ordinare la distruzione o la rimozione degli esplosivi che si trovano nelle fabbriche, nei depositi e nei magazzini di vendita, quando essi possono costituire un pericolo per l'incolumità pubblica o per l'ordine pubblico.

57. – Senza licenza della autorità locale di pubblica sicurezza non possono spararsi armi da fuoco né lanciarsi razzi, accendersi fuochi di artificio, innalzarsi aerostati con fiamme, o in genere farsi esplosioni o accensioni pericolose in un luogo abitato o nelle sue adiacenze o lungo una via pubblica o in direzione di essa.

È vietato sparare mortaletti e simili apparecchi.

La licenza è altresì richiesta per l'apertura o la gestione di campi di tiro o poligoni privati [1].

Il sindaco deve essere, comunque, sentito per gli aspetti di competenza dell'ente locale, quando non è lo stesso a rilasciare la licenza [2].

Nel regolamento sono definite le modalità di attuazione del presente comma e la relativa disciplina transitoria [3].

(1) Comma introdotto, a decorrere dal 1.7.2011, dall'art. 3, co. 1, lett. h), d.lgs. 26.10.2010, n. 204.
(2) Comma introdotto, a decorrere dal 1.7.2011, dall'art. 3, co. 1, lett. h), d.lgs. 26.10.2010, n. 204.
(3) Comma introdotto, a decorrere dal 1.7.2011, dall'art. 3, co. 1, lett. h), d.lgs. 26.10.2010, n. 204.

58. – È vietato l'impiego di gas tossici a chi non abbia ottenuto la preventiva autorizzazione.

Il contravventore è punito con l'arresto fino a tre mesi e con l'ammenda fino a euro 206, se il fatto non costituisce un più grave reato [1] [2].

Le prescrizioni da osservarsi nell'impiego dei gas predetti sono determinate dal regolamento.

(1) Secondo quanto previsto dall'art. 3, l. 12.7.1961, n. 603, le pene pecuniarie, di cui al presente comma, sono moltiplicate per quaranta. Successivamente l'art. 113, co. 1, l. 24.11.1981, n. 689, ha ulteriormente incrementato la misura delle pene pecuniarie moltiplicandole per cinque.
(2) Secondo quanto previsto dall'art. 51, co. 1, d.lgs. 24.6.1998, n. 213, a decorrere dal 1.1.1999, gli importi delle sanzioni qui previsti sono convertiti in Euro.

59. – È vietato di dar fuoco nei campi e nei boschi alle stoppie fuori del tempo e senza le condizioni stabilite dai regolamenti locali e a una distanza minore di quella in essi determinata.

In mancanza di regolamenti è vietato di dare fuoco nei campi o nei boschi alle stoppie prima del 15 agosto e ad una distanza minore di cento metri dalle case, dagli edifici, dai boschi, dalle piantagioni, dalle siepi, dai mucchi di biada, di paglia, di fieno, di foraggio e da qualsiasi altro deposito di materia infiammabile o combustibile.

Anche quando è stato acceso il fuoco nel tempo e nei modi ed alla distanza suindicati, devono essere adottate le cautele necessarie a difesa delle proprietà altrui, e chi ha acceso il fuoco deve assistere di persona e col numero occorrente di persone fino a quando il fuoco sia spento.

60. – [Nessun ascensore per trasporto di persone o di materiali accompagnati da persone può essere impiantato e tenuto in esercizio senza licenza del prefetto.] [1]

(1) Articolo abrogato dall'art. 20, d.P.R. 30.4.1999, n. 162.

61. – L'autorità locale di pubblica sicurezza, d'accordo con l'autorità comunale, può prescrivere che nelle ore di notte non si lasci aperto nelle case più di un accesso sulla pubblica via; che tale accesso sia illuminato fino a una data ora, e nelle altre resti chiuso se manca il custode.

Il contravventore è punito con la sanzione amministrativa fino a euro 51 [1] [2] [3].

(1) Secondo quanto previsto dall'art. 3, l. 12.7.1961, n. 603, le pene pecuniarie, di cui al presente comma, sono moltiplicate per quaranta.
(2) Secondo quanto previsto dall'art. 32, l. 24.11.1981, n. 689, l'ammenda originaria è stata sostituita dalla sanzione amministrativa il cui importo è stato elevato dall'art. 114 della medesima legge. Per effetto dell'art. 10 della l. n. 689/1981, la sanzione non può essere inferiore a lire 4.000.
(3) Secondo quanto previsto dall'art. 51, co. 1, d.lgs. 24.6.1998, n. 213, a decorrere dal 1.1.1999, gli importi delle sanzioni qui previsti sono convertiti in Euro.

62. – I portieri di case di abitazione o di albergo, i custodi di magazzini, stabilimenti di qualsiasi specie, uffici e simili, quando non rivestono la qualità di guardia particolare giurata, devono ottenere l'iscrizione in apposito registro presso l'autorità locale di pubblica sicurezza.

L'iscrizione deve essere rinnovata ogni anno. è rifiutata o revocata a chi non risulta di buona condotta od è sfornito della carta di identità.

Il contravventore all'obbligo stabilito dalla prima parte di questo articolo è punito con l'arresto da uno a tre mesi e con l'ammenda da euro 103 a euro 516 [1] [2].

I proprietari o gli amministratori delle case, alberghi, magazzini, stabilimenti o uffici sopra indicati, e coloro che ne rispondono a qualsiasi titolo, qualora adibiscano o tengano al servizio di portiere o custode chi non è iscritto nel registro dell'autorità locale di pubblica sicurezza, sono puniti con la sanzione amministrativa da euro 206 a euro 619 [3] [4].

(1) Secondo quanto previsto dall'art. 3, l. 12.7.1961, n. 603, le pene pecuniarie, di cui al presente comma, sono moltiplicate per quaranta. Successivamente l'art. 113, co. 1, l. 24.11.1981, n. 689, ha ulteriormente incrementato la misura delle pene pecuniarie moltiplicandole per cinque.
(2) Secondo quanto previsto dall'art. 51, co. 1, d.lgs. 24.6.1998, n. 213, a decorrere dal 1.1.1999, gli importi delle sanzioni qui previsti sono convertiti in Euro.
(3) Secondo quanto previsto dall'art. 3, l. 12.7.1961, n. 603, le pene pecuniarie qui previste sono moltiplicate per quaranta. L'art. 113, co. 1, l. 24.11.1981, n. 689, ha ulteriormente incrementato la misura delle pene pecuniarie moltiplicandole per cinque. L'art. 32, l. 24.11.1981, n. 689, infine, ha sostituito la sanzione originaria dell'ammenda con la sanzione amministrativa.
(4) Secondo quanto previsto dall'art. 51, co. 1, d.lgs. 24.6.1998, n. 213, a decorrere dal 1.1.1999, gli importi delle sanzioni qui previsti sono convertiti in Euro.

TITOLO III
Disposizioni relative agli spettacoli, esercizi pubblici, agenzie, tipografie, affissioni, mestieri girovaghi, operai e domestici

Capo I
Degli spettacoli e trattenimenti pubblici [1]

(1) Con d.lgs. 31.3.1998, n. 112, sono state trasferite alle regioni ed agli enti locali, tra l'altro, le competenze in materia di turismo, sport e spettacolo.

68. – Senza licenza del questore non si possono dare in luogo pubblico o aperto o esposto al pubblico [rappresentazioni teatrali] o cinematografiche, accademie, feste da ballo, corse di cavalli, né altri simili spettacoli o trattenimenti, e non si possono aprire o esercitare circoli, scuole di ballo e sale pubbliche di audizione. Per eventi fino ad un massimo di 200 partecipanti e che si svolgono entro le ore 24 del giorno di inizio, la licenza è sostituita dalla segnalazione certificata di inizio attività di cui all'articolo 19 della legge 7 agosto 1990, n. 241, e successive modificazioni, presentata allo sportello unico per le attività produttive o ufficio analogo [(1)].

Per le gare di velocità di autoveicoli e per le gare aeronautiche si applicano le disposizioni delle leggi speciali [(2)].

(1) Comma modificato dall'art. 164, co. 3, d.lgs. 31.3.1998, n. 112 e dall'art. 7, co. 8 bis, lett. a), d.l. 8.8.2013 n. 91, convertito, con modificazioni dalla l. 7.10.2013, n. 112.

(2) La Corte costituzionale, con sentenza 15.12.1967, n. 142, ha dichiarato l'illegittimità costituzionale di questo articolo, nella parte in cui vieta di dare feste da ballo in luogo esposto al pubblico, senza la licenza del questore, in riferimento all'art. 17 della Costituzione. Con successiva sentenza 15.4.1970, n. 56, la Corte costituzionale ha dichiarato l'illegittimità costituzionale di questo articolo, nella parte in cui prescrive che per i trattenimenti da tenersi in luoghi aperti al pubblico e non indetti nell'esercizio di attività imprenditoriali, occorre la licenza del questore.

69. – Senza licenza della autorità locale di pubblica sicurezza è vietato dare, anche temporaneamente, per mestiere, pubblici trattenimenti, esporre alla pubblica vista rarità, persone, animali, gabinetti ottici o altri oggetti di curiosità, ovvero dare audizioni all'aperto. Per eventi fino ad un massimo di 200 partecipanti e che si svolgono entro le ore 24 del giorno di inizio, la licenza è sostituita dalla segnalazione certificata di inizio attività di cui all'articolo 19 della legge n. 241 del 1990, presentata allo sportello unico per le attività produttive o ufficio analogo [(1)].

(1) Articolo modificato dall'art. 7, co. 8 bis, lett. b), d.l. 8.8.2013 n. 91, conv., con modif., dalla l. 7.10.2013, n. 112.

70. – [Sono vietati gli spettacoli o trattenimenti pubblici che possono turbare l'ordine pubblico o che sono contrari alla morale o al buon costume o che importino strazio o sevizie di animali.] [(1)]

(1) Articolo abrogato dall'art. 13, d.lgs. 13.7.1994, n. 480.

71. – Le licenze e le segnalazioni certificate di inizio attività, di cui negli articoli precedenti, sono valide solamente per il locale e per il tempo in esse indicati [(1)].

(1) Articolo modificato dall'art. 7, co. 8 bis, lett. c), d.l. 8.8.2013 n. 91, conv., con modif., dalla l. 7.10.2013, n. 112.

72. – [Per le rappresentazioni di opere drammatiche, musicali, cinematografiche, coreografiche, pantomimiche e simili, la licenza dell'autorità di pubblica sicurezza è subordinata alla tutela dei diritti di autore, in conformità alle leggi speciali.] [(1)]

(1) Articolo abrogato dall'art. 164, d.lgs. 31.3.1998, n. 112.

73. – [Non possono darsi o recitarsi in pubblico opere, drammi o ogni altra produzione teatrale che siano, dal sottosegretariato di Stato per la stampa e la propaganda, a cui devono essere comunicati per l'approvazione, ritenuti contrari all'ordine pubblico, alla morale o ai buoni costumi.

Il sottosegretariato può sentire il parere di una commissione presieduta dal sottosegretariato di Stato per la stampa e la propaganda, o per sua delega, dall'ispettore per il teatro, e composta:

A) da un rappresentante del partito nazionale fascista;

B) dal vice Presidente della corporazione dello spettacolo;

C) dal capo dell'ufficio censura presso l'ispettorato del teatro;

D) da un funzionario di gruppo a non inferiore al grado 6/a del Ministero dell'interno, designato dal Ministero stesso;

E) da un funzionario di gruppo a non inferiore al grado 6/a del Ministero dell'educazione nazionale, designato dal Ministero stesso;

F) da un rappresentante dei gruppi universitari fascisti, designato dal segretario del partito nazionale fascista;

G) da un rappresentante del sindacato nazionale fascista autori e scrittori [(1)].] [(2)]

(1) Articolo modificato dall'art. 6, r.d.l. 1.4.1935, n. 327.

(2) Articolo abrogato dall'art. 13, d.lgs. 13.7.1994, n. 480.

74. – [La concessione della licenza prevista dall'art. 68, per quanto concerne le produzioni teatrali.

È subordinata al deposito presso il questore di un esemplare della produzione, che si intende rappresentare munito del provvedimento ministeriale di approvazione.

[Il prefetto può, per locali circostanze, vietare la rappresentazione di qualunque produzione teatrale, anche se abbia avuta l'approvazione del ministero dell'interno.] [(1)]

L'autorità locale di pubblica sicurezza può sospendere la rappresentazione di qualunque produzione, che, per locali circostanze, dia luogo a disordini

Della sospensione deve subito essere dato avviso al prefetto e al ministero.] [(2)]

(1) Comma abrogato dall'art. 11, ultimo comma, l. 21.4.1962, n. 161.

(2) Articolo abrogato dall'art. 164, co. 1, lett. e), d.lgs. 31.3.1998, n. 112.

75. – [Chiunque fabbrica, anche senza carattere di continuità e senza scopo di speculazione commerciale, pellicole cinematografiche deve darne preventivo avviso scritto al questore che ne rilascia ricevuta, attestando della eseguita iscrizione del fabbricante in apposito registro.

L'iscrizione deve essere rinnovata ogni anno.

Lo stesso obbligo ha chi intende introdurre nel territorio dello Stato o esportare o fare comunque commercio di pellicole cinematografiche.] [(1)]

(1) Articolo abrogato dall'art. 164, d.lgs. 31.3.1998, n. 112.

75 bis. – **1.** Chiunque intenda esercitare, a fini di lucro, attività di produzione, di duplicazione, di riproduzione, di vendita, di noleggio o di cessione a qualsiasi titolo di nastri, dischi, videocassette, musicassette o altro supporto contenente fonogrammi o videogrammi di opere cinematografiche o audiovisive o sequenze di immagini in movimento, ovvero intenda detenere tali oggetti ai fini dello svolgimento delle attività anzidette, deve darne preventivo avviso al questore che ne rilascia ricevuta, attestando l'eseguita iscrizione in apposito registro. [L'iscrizione deve essere rinnovata ogni anno] [(1) (2)].

(1) Articolo introdotto dall'art. 8, l. 18.8.2000, n. 248.

(2) Comma modificato dall'art. 13, co. 1, lett. d), d.l. 9.2.2012, n. 5, conv., con modif., dalla l. 4.4.2012, n. 35.

76. – [Chi intende fare eseguire in luogo pubblico o aperto o esposto al pubblico azioni destinate a essere riprodotte col cinematografo deve darne preventivo avviso scritto all'autorità locale di pubblica sicurezza.

[È vietato l'impiego dei fanciulli minori di quindici anni, come attori o comparse, o in qualsiasi altro modo, nella preparazione di spettacoli cinematografici, eccettuati quelli aventi scopo educativo.] [(1)]

[Il prefetto può, in via eccezionale, autorizzare l'impiego di uno o più fanciulli nella preparazione di determinati spettacoli cinematografici, subordinando, però, tale autorizzazione all'osservanza di quelle condizioni che valgano a garantire la salute e la moralità dei fanciulli medesimi, e sempre quando vi sia il consenso scritto del genitore esercente la patria potestà o del tutore.] [(2)]] [(3)]

(1) Comma abrogato dall'art. 25, l. 26.4.1934, n. 653.

(2) Comma abrogato dall'art. 25, l. 26.4.1934, n. 653.

(3) Articolo abrogato dall'art. 164, co. 1, lett. e), d.lgs. 31.3.1998, n. 112.

77. – Le pellicole cinematografiche, prodotte all'interno oppure importate dall'estero, tanto se destinate ad essere rappresentate all'interno dello Stato, quanto se destinate ad essere esportate, devono essere sottoposte a preventiva revisione da parte dell'autorità di pubblica sicurezza [(1)].

(1) Per l'abrogazione di questo articolo, cfr. l'art. 13, co. 1, lett. a), d.lgs. 7.12.2017, n. 203.

78. – L'autorità competente ad eseguire la revisione delle pellicole per spettacoli cinematografici decide a quali di questi possono assistere i minori di anni sedici.

Qualora decida di escluderli, il concessionario o il direttore della sala cinematografica deve pubblicarne l'avviso sul manifesto dello spettacolo e provvedere rigorosamente alla esecuzione del divieto.

Salve le sanzioni prevedute dal codice penale, i concessionari o i direttori delle sale cinematografiche, i quali contravvengono agli obblighi predetti, sono puniti con l'arresto fino a tre mesi o con l'ammenda da euro 51 a euro 309 [(1) (2) (3)].

(1) Secondo quanto previsto dall'art. 3, l. 12.7.1961, n. 603, le pene pecuniarie qui previste sono moltiplicate per quaranta. L'art. 113, co. 1, l. 24.11.1981, n. 689, ha poi ulteriormente incrementato la misura delle pene pecuniarie moltiplicandole per cinque.

(2) Secondo quanto previsto dall'art. 51, co. 1, d.lgs. 24.6.1998, n. 213, *a decorrere dal 1.1.1999, gli importi delle* sanzioni qui previsti sono convertiti in Euro.

(3) Per l'abrogazione di questo articolo, cfr. l'art. 13, co. 1, lett. a), d.lgs. 7.12.2017, n. 203.

79. – [È vietato l'impiego di fanciulli minori di anni quindici in spettacoli di varietà, nei circhi equestri e in qualunque altro spettacolo pubblico, tranne che in rappresentazioni di opere liriche o drammatiche.

Il divieto è esteso ai minori di anni sedici per gli esercizi di aerobatismo, per i giuochi di forza e per ogni altro esercizio pericoloso.] [(1)]

(1) Articolo abrogato dall'art. 25 l. 26.4.1934, n. 653.

80. – L'autorità di pubblica sicurezza non può concedere la licenza per l'apertura di un teatro o di un luogo di pubblico spettacolo, prima di aver fatto verificare da una commissione tecnica la solidità e la sicurezza dell'edificio e l'esistenza di uscite pienamente adatte a sgombrarlo prontamente nel caso di incendio.

Le spese dell'ispezione e quelle per i servizi di prevenzione contro gli incendi sono a carico di chi domanda la licenza.

81. – [L'autorità di pubblica sicurezza deve assistere per mezzo dei suoi ufficiali o agenti ad ogni rappresentazione, dal principio alla fine, per vigilare nell'interesse dell'ordine, della sicurezza pubblica, della morale e del buon costume. Essa ha diritto, a spese del concessionario, ad un palco, o, in mancanza di palchi, ad un posto distinto, dal quale possa attendere agevolmente all'esercizio delle sue funzioni.] [(1)]

(1) Articolo abrogato dall'art. 164, d.lgs. 31.3.1998, n. 112.

82. – Nel caso di tumulto o di disordini o di pericolo per la incolumità pubblica o di offese alla morale o al buon costume, gli ufficiali o gli agenti di pubblica sicurezza ordinano la sospensione o la cessazione dello spettacolo e, se occorre, lo sgombro del locale.

Qualora il disordine avvenga per colpa di chi dà o fa dare lo spettacolo, gli ufficiali o gli agenti possono ordinare che sia restituito agli spettatori il prezzo d'ingresso.

83. – [Non possono sospendersi o variarsi gli spettacoli già incominciati senza il consenso dell'ufficiale di pubblica sicurezza che vi assiste.] [(1)]

(1) Articolo abrogato dall'art. 164, d.lgs. 31.3.1998, n. 112.

84. – [I prefetti provvedono, con regolamenti da tenersi costantemente affissi in luogo visibile, al servizio d'ordine e di sicurezza nei teatri e negli altri luoghi di pubblico spettacolo.] [(1)]

(1) Articolo abrogato dall'art. 6, co. 1, lett. b), d.P.R. 28.5.2001, n. 311.

85. – È vietato comparire mascherato in luogo pubblico.

Il contravventore è punito con l'ammenda da euro 10 a euro 103 [(1) (2)].

È vietato l'uso della maschera nei teatri e negli altri luoghi aperti al pubblico, tranne nelle epoche e con l'osservanza delle condizioni che possono essere stabilite dall'autorità locale di pubblica sicurezza con apposito manifesto.

Il contravventore e chi, invitato, non si toglie la maschera, è punito con l'ammenda da euro 10 a euro 103 [3][4].

(1) Secondo quanto previsto dall'art. 3, l. 12.7.1961, n. 603, le pene pecuniarie qui previste sono moltiplicate per quaranta. L'art. 113, co. 1, l. 24.11.1981, n. 689, poi, ha ulteriormente incrementato la misura delle pene pecuniarie moltiplicandole per cinque. Infine, l'art. 32, l. 24.11.1981, n. 689 ha sostituito la sanzione originaria dell'ammenda con la sanzione amministrativa.
(2) Secondo quanto previsto dall'art. 51, co. 1, d.lgs. 24.6.1998, n. 213, a decorrere dal 1.1.1999, gli importi delle sanzioni qui previsti sono convertiti in Euro.
(3) Secondo quanto previsto dall'art. 3, l. 12.7.1961, n. 603, le pene pecuniarie qui previste sono moltiplicate per quaranta. L'art. 113, co. 1, l. 24.11.1981, n. 689, poi, ha ulteriormente incrementato la misura delle pene pecuniarie moltiplicandole per cinque. Infine, l'art. 32, l. 24.11.1981, n. 689 ha sostituito la sanzione originaria dell'ammenda con la sanzione amministrativa.
(4) Secondo quanto previsto dall'art. 51, co. 1, d.lgs. 24.6.1998, n. 213, a decorrere dal 1.1.1999, gli importi delle sanzioni qui previsti sono convertiti in Euro.

85 bis. – 1. È vietato introdurre, installare o comunque utilizzare abusivamente nei luoghi di pubblico spettacolo, dispositivi od apparati che consentono la registrazione, la riproduzione, la trasmissione o comunque la fissazione su supporto audio, video od audiovideo, in tutto od in parte, delle opere dell'ingegno che vengono ivi realizzate o diffuse.

2. Il concessionario od il direttore del luogo di pubblico spettacolo deve dare avviso del divieto di cui al primo comma mediante affissione, all'interno del luogo ove avviene la rappresentazione, di un numero idoneo di cartelli che risultino ben visibili a tutto il pubblico. L'installazione di sistemi di videosorveglianza all'interno della sala destinata al pubblico spettacolo da parte dei soggetti di cui al periodo precedente deve essere autorizzata dal Garante per la protezione dei dati personali, nel rispetto della disciplina vigente in materia di protezione dei dati personali di cui al regolamento (UE) 2016/679 del Parlamento europeo e del Consiglio, del 27 aprile 2016, anche con provvedimento di carattere generale ai sensi dell'articolo 2-*quinquiesdecies* del codice di cui al decreto legislativo 30 giugno 2003, n. 196. In ogni caso, tale autorizzazione può essere concessa esclusivamente al fine di individuare chi abusivamente registra in locali di pubblico spettacolo, in tutto o in parte, un'opera cinematografica o audiovisiva, con le modalità di cui al comma 1, dandone avviso e comunicazione adeguata agli utenti. I dati acquisiti per effetto della citata autorizzazione sono criptati e conservati per un periodo massimo di trenta giorni, decorrenti dalla data della registrazione, con modalità atte a garantirne la sicurezza e la protezione da accessi abusivi. Decorso il termine di cui al periodo precedente i dati devono essere distrutti. L'accesso alle registrazioni dei sistemi di cui al presente comma è vietato, salva la loro acquisizione su iniziativa della polizia giudiziaria o del pubblico ministero [1].

3. Restano comunque ferme le norme poste a tutela dei diritti di autore, in conformità alle leggi speciali che regolamentano la materia [2].

(1) Comma modificato dall'art. 3, co. 4 ter, d.l. 28.6.2019, n. 59, conv., con modif., dalla l. 8.8.2019, n. 81.
(2) Articolo introdotto dall'art. 21, d.lgs. 16.3.2006, n. 140.

Capo II
Degli esercizi pubblici

86. – Non possono esercitarsi, senza licenza del questore, alberghi, compresi quelli diurni, locande, pensioni, trattorie, osterie, caffè o altri esercizi in cui si vendono al minuto o si consumano vino, birra, liquori od altre bevande anche non alcooliche, né sale pubbliche per bigliardi o per altri giuochi leciti o stabilimenti di bagni, [esercizi di rimessa di autoveicoli o di vetture], ovvero locali di stallaggio e simili [1].

[La licenza è necessaria anche per lo spaccio al minuto o il consumo di vino, di birra o di qualsiasi bevanda alcoolica presso enti collettivi o circoli privati di qualunque specie, anche se la vendita o il consumo siano limitati ai soli soci.] [2]

Per la somministrazione di bevande alcooliche presso enti collettivi o circoli privati di qualunque specie, anche se la vendita o il consumo siano limitati ai soli soci, è necessaria la comunicazione al questore e si applicano i medesimi poteri di controllo degli ufficiali e agenti di pubblica sicurezza previsti per le attività di cui al primo comma [3].

Relativamente agli apparecchi e congegni automatici, semiautomatici ed elettronici di cui all'articolo 110, commi 6 e 7, la licenza è altresì necessaria:
a) per l'attività di produzione o di importazione;
b) per l'attività di distribuzione e di gestione, anche indiretta;
c) per l'installazione in esercizi commerciali o pubblici diversi da quelli già in possesso di altre licenze di cui al primo o secondo comma o di cui all'articolo 88 ovvero per l'installazione in altre aree aperte al pubblico od in circoli privati [4].

(1) Comma modificato dall'art. 4, co. 2, d.P.R. 19.12.2001, n. 480.
(2) Comma abrogato dall'art. 13, co. 1, lett. g), d.l. 9.2.2012, n. 5, conv., con modif., dalla l. 4.4.2012, n. 35.
(3) Comma introdotto dall'art. 2 bis, co. 1, d.l. 20.6.2012, n. 79.
(4) Comma introdotto dall'art. 37, co. 2, l. 23.12.2000, n. 388 e, poi, sostituito dall'art. 1, co. 534, l. 23.12.2005, n. 266.

87. – È vietata la vendita ambulante di bevande alcooliche di qualsiasi gradazione.

88. – 1. La licenza per l'esercizio delle scommesse può essere concessa esclusivamente a soggetti concessionari o autorizzati da parte di Ministeri o di altri enti ai quali la legge riserva la facoltà di organizzazione e gestione delle scommesse, nonché a soggetti incaricati dal concessionario o dal titolare di autorizzazione in forza della stessa concessione o autorizzazione [1][2].

(1) Articolo modificato dall'art. 9, co. 1, l. 13.12.1989, n. 401 e, poi, sostituito dall'art. 37, co. 4, l. 23.12.2000, n. 388.
(2) Secondo quanto previsto dall'art. 2, co. 2 ter, d.l. 25.3.2010, n. 40, le disposizioni qui previste si interpretano nel senso che la licenza ivi prevista, ove rilasciata per esercizi commerciali nei quali si svolge l'esercizio e la raccolta di giochi pubblici con vincita in denaro, è

da intendersi efficace solo a seguito del rilascio ai titolari dei medesimi esercizi di apposita concessione per l'esercizio e la raccolta di tali giochi da parte del Ministero dell'economia e delle finanze – Amministrazione autonoma dei monopoli di Stato.

89. – [È vietata, senza speciale autorizzazione del prefetto, la vendita nei pubblici esercizi delle bevande alcooliche che abbiano un contenuto in alcool superiore al 21 per cento del volume.] (1)

(1) Articolo abrogato dall'art. 1, co. 1, l. 14.10.1974, n. 524. Questa abrogazione è stata poi ribadita dall'art. 1, co. 3, l. 25.8.1991, n. 287.

90. – [Le domande di licenza e di autorizzazione sono presentate al podestà e devono essere sottoposte al parere dell'ufficiale sanitario comunale.] (1)

(1) Articolo abrogato dall'art. 1, co. 1, l. 14.10.1974, n. 524. Questa abrogazione è stata poi ribadita dall'art. 1, co. 3, l. 25.8.1991, n. 287.

91. – [Senza il parere di una speciale commissione provinciale, non possono essere concedute licenze per l'esercizio di vendita al minuto o il consumo di bevande alcooliche di qualsiasi gradazione, né possono essere concedute le speciali autorizzazioni prevedute dall'art. 89.] (1)

(1) Articolo abrogato dall'art. 1, co. 1, l. 14.10.1974, n. 524. Questa abrogazione è stata poi ribadita dall'art. 1, co. 3, l. 25.8.1991, n. 287.

92. – Oltre a quanto è preveduto dall'art. 11, la licenza di esercizio pubblico e l'autorizzazione di cui all'art. 89 non possono essere date a chi sia stato condannato per reati contro la moralità pubblica e il buon costume, o contro la sanità pubblica o per giuochi d'azzardo, o per delitti commessi in istato di ubriachezza o per contravvenzioni concernenti la prevenzione dell'alcoolismo, o per infrazioni alla legge sul lotto, o per abuso di sostanze stupefacenti.

93. – [La licenza e l'autorizzazione durano fino al 31 dicembre di ogni anno e valgono esclusivamente per i locali in esse indicati.] (1)

Si può condurre l'esercizio per mezzo di rappresentante.

(1) Comma abrogato dall'art. 6, co. 1, lett. b), d.P.R. 28.5.2001, n. 311.

99. – Nel caso di chiusura dell'esercizio per un tempo superiore ai trenta giorni, senza che sia dato avviso all'autorità locale di pubblica sicurezza, la licenza è revocata (1).

La licenza è, altresì, revocata nel caso in cui sia decorso il termine di chiusura comunicato all'autorità di pubblica sicurezza, senza che l'esercizio sia stato riaperto.

Tale termine non può essere superiore a tre mesi, salvo il caso di forza maggiore.

(1) Comma modificato dall'articolo 13, co. 1, lett. e), d.l. 9.2.2012, n. 5, conv., con modif., dalla l. 4.4.2012, n. 35.

100. – *Oltre i casi indicati dalla legge, il* Questore può sospendere la licenza di un esercizio, anche di vicinato, nel quale siano avvenuti tumulti o gravi disordini, o che sia abituale ritrovo di persone pregiudicate o pericolose o che, comunque, costituisca un pericolo per l'ordine pubblico, per la moralità pubblica e il buon costume o per la sicurezza dei cittadini (1).

Qualora si ripetano i fatti che hanno determinata la sospensione, la licenza può essere revocata.

(1) Comma modificato dall'art. 12 bis, co. 1 del d.l. 20.2.2017, n. 14, conv., con modif., dalla l. 18.4.2017, n. 48.

101. – È vietato di adibire il locale di un pubblico esercizio a ufficio di collocamento o di pagamento delle mercedi agli operai.

[Negli esercizi di vendita al minuto di bevande alcooliche non possono essere impiegati minori degli anni 18, fatta eccezione per le persone di famiglia dell'esercente.] (1)

[I prefetti possono vietare, per ragioni di moralità o di ordine pubblico, l'impiego negli esercizi predetti di donne anche maggiori degli anni 18.] (2)

(1) Comma abrogato dall'art. 25, l. 26.4.1934, n. 653.
(2) Comma abrogato dall'art. 25, l. 26.4.1934, n. 653.

102. – [È vietata la concessione, sotto qualsiasi forma e denominazione, di licenze o di autorizzazioni provvisorie, salvo quanto è disposto dall'articolo seguente.] (1)

(1) Articolo abrogato dall'art. 6, co. 1, lett. b), d.P.R. 28.5.2001, n. 311.

103. – [In occasione di fiere, feste, mercati o di altre riunioni straordinarie di persone, l'autorità locale di pubblica sicurezza può concedere licenze temporanee di pubblico esercizio.

La validità di tali licenze deve essere limitata ai soli giorni delle predette riunioni.

[Nelle stazioni climatiche o di cura, il questore, qualora non si tratti di esercizi destinati esclusivamente alla vendita di bevande alcooliche, può concedere licenze temporanee di durata limitata a tutto il periodo della stagione in cui si verifica lo straordinario concorso di persone, esclusa, in ogni caso, la somministrazione di alcoolici ad alta gradazione.] (1)

[Il numero delle licenze temporanee non può superare il limite stabilito dall'art. 95, tenuto conto dell'aumento straordinario della popolazione.] (2)] (3)

(1) Comma abrogato dall'art. 1, co. 1, l. 14.10.1974, n. 524. Questa abrogazione è stata poi ribadita dall'art. 1, co. 3, l. 25.8.1991, n. 287.
(2) Comma abrogato dall'art. 1, co. 1, l. 14.10.1974, n. 524. Questa abrogazione è stata poi ribadita dall'art. 1, co. 3, l. 25.8.1991, n. 287.
(3) Articolo abrogato dall'art. 6, co. 1, lett. b), d.P.R. 28.5.2001, n. 311.

104. – È vietato corrispondere, in tutto o in parte, mercedi o salari in bevande alcooliche di qualsiasi specie.

105. – Sono vietate la fabbricazione, l'importazione nello Stato, la vendita in qualsiasi quantità ed il deposito per la vendita del liquore denominato in commercio "assenzio".

Salvo quanto è stabilito dalle leggi sanitarie, sono

esclusi da tale proibizione le bevande che, avendo un contenuto alcoolico inferiore al 21 per cento del volume, contengono infuso di assenzio come sostanza aromatica.

106. – Con decreto [reale], su proposta dei Ministri della sanità e delle finanze, e sentito il parere del consiglio superiore di sanità, sarà provveduto alla formazione e alla pubblicazione dell'elenco delle sostanze ed essenze nocive alla salute, che è vietato adoperare, o che si possono adoperare soltanto in determinate proporzioni, nella preparazione delle bevande alcoliche.

Tale elenco deve essere riveduto ogni biennio.

107. – [I fabbricanti e gli esportatori di essenze per la confezione delle bevande alcooliche devono denunciare al Prefetto l'apertura e la chiusura delle fabbriche o dei depositi e uniformarsi, oltre al disposto dell'art. 105, alle altre norme e prescrizioni che saranno stabilite con decreto [reale], sentito il consiglio superiore di sanità.

Nel caso di trasgressione, il Prefetto ordina la chiusura della fabbrica o del deposito.] (1)

(1) Articolo abrogato dall'art. 13, co. 1, lett. g), d.l. 9.2.2012, n. 5, conv., con modif., dalla l. 4.4.2012, n. 35.

108. – [Non si può esercitare l'industria di affittare camere o appartamenti mobiliati, o altrimenti dare alloggio per mercede, anche temporaneamente o a periodi ricorrenti, senza preventiva dichiarazione all'autorità locale di pubblica sicurezza.] (1)

[La dichiarazione è valida esclusivamente per i locali in essa indicati.] (2)

Il Questore, di sua iniziativa o su proposta dell'autorità locale, può vietare, in qualsiasi tempo, l'esercizio delle attività indicate in questo articolo se il dichiarante sia nel novero delle persone di cui all'art. 92 o se abbia ragione di ritenere che nel locale si eserciti o si intenda esercitare la prostituzione clandestina o il giuoco d'azzardo, o si faccia uso di sostanze stupefacenti.

(1) Comma abrogato dall'art. 6, co. 1, lett. b), d.P.R. 28.5.2001, n. 311, limitatamente alla previsione che richiede, per l'esercizio delle attività ivi indicate, la preventiva dichiarazione all'autorità di pubblica sicurezza.
(2) Comma abrogato dall'art. 6, co. 1, lett. b), d.P.R. 28.5.2001, n. 311.

109. – **1.** I gestori di esercizi alberghieri e di altre strutture ricettive, comprese quelle che forniscono alloggio in tende, roulotte, nonché i proprietari o gestori di case e di appartamenti per vacanze e gli affittacamere, ivi compresi i gestori di strutture di accoglienza non convenzionali, ad eccezione dei rifugi alpini inclusi in apposito elenco istituito dalla regione o dalla provincia autonoma, possono dare alloggio esclusivamente a persone munite della carta d'identità o di altro documento idoneo ad attestarne l'identità secondo le norme vigenti.

2. Per gli stranieri extracomunitari è sufficiente l'esibizione del passaporto o di altro documento che sia considerato ad esso equivalente in forza di accordi internazionali, purché munito della fotografia del titolare.

3. Entro le ventiquattro ore successive all'arrivo e comunque entro le sei ore successive all'arrivo nel caso di soggiorni non superiori alle ventiquattro ore, i soggetti di cui al comma 1 comunicano alle questure territorialmente competenti, avvalendosi di mezzi informatici o telematici o mediante fax, le generalità delle persone alloggiate, secondo modalità stabilite con decreto del Ministro dell'interno, sentito il Garante per la protezione dei dati personali (1) (2) (3) (4).

(1) Articolo modificato dall'art. 16, l. 30.9.1993, n. 388, dall'art. 4 d.lgs. 13.7.1994, n. 480, dall'art. 7, co. 2, d.l. 29.3.1995, n. 97 e, infine, sostituito dall'art. 8, l. 29.3.2001, n. 135.
(2) Comma sostituito dall'art. 40, co. 1, d.l. 6.12.2011, n. 201 e, poi, modificato dall'art. 5, co. 1, d.l. 14.6.2019, n. 53, conv., con modif., dalla l. 8.8.2019, n. 77.
(3) Secondo quanto previsto dall'art. 19 bis, d.l. 4.10.2018, n. 113, conv., con modif., dalla l. 1.12.2018, n. 132, questo articolo si interpreta nel senso che gli obblighi qui previsti si applicano anche con riguardo ai locatori o sublocatori che locano immobili o parti di essi con contratti di durata inferiore a trenta giorni.
(4) Secondo quanto previsto dall'art. 5, co. 1 ter, d.l. 14.6.2019, n. 53, conv., con modif., dalla l. 8.8.2019, n. 77, le disposizioni di cui al presente comma entrano in vigore il novantesimo giorno successivo alla data della pubblicazione del decreto di cui al co. 1 bis nella Gazzetta Ufficiale.

110. – **1.** In tutte le sale da biliardo o da gioco e negli altri esercizi, compresi i circoli privati, autorizzati alla pratica del gioco o all'installazione di apparecchi da gioco, è esposta in luogo visibile una tabella, predisposta ed approvata dal questore e vidimata dalle autorità competenti al rilascio della licenza, nella quale sono indicati, oltre ai giochi d'azzardo, anche quelli che lo stesso questore ritenga di vietare nel pubblico interesse, nonché le prescrizioni ed i divieti specifici che ritenga di disporre. Nelle sale da biliardo deve essere, altresì, esposto in modo visibile il costo della singola partita ovvero quello orario (1).

2. Nella tabella di cui al comma 1 è fatta espressa menzione del divieto delle scommesse.

3. L'installazione degli apparecchi di cui ai commi 6 e 7 è consentita esclusivamente negli esercizi commerciali o pubblici o nelle aree aperte al pubblico ovvero nei circoli privati ed associazioni autorizzati ai sensi degli articoli 86 o 88 ovvero, limitatamente agli apparecchi di cui al comma 7, alle attività di spettacolo viaggiante autorizzate ai sensi dell'articolo 69, nel rispetto delle prescrizioni tecniche ed amministrative vigenti (2) (3).

4. L'installazione e l'uso di apparecchi e congegni automatici, semiautomatici ed elettronici da gioco d'azzardo sono vietati nei luoghi pubblici o aperti al pubblico e nei circoli ed associazioni di qualunque specie.

5. Si considerano apparecchi e congegni automatici, semiautomatici ed elettronici per il gioco d'azzardo quelli che hanno insita la scommessa o che consentono vincite puramente aleatorie di un qualsiasi premio in denaro o in natura o vincite di valore superiore ai limiti fissati al comma 6, escluse le macchine vidimatrici per i giochi gestiti dallo Stato e gli apparecchi di cui al comma 6 (4).

6. Si considerano apparecchi idonei per il gioco lecito:

a) quelli che, dotati di attestato di conformità alle disposizioni vigenti rilasciato dal Ministero dell'economia e delle finanze – Amministrazione autonoma dei Monopoli di Stato e obbligatoriamente collegati alla rete telematica di cui all'articolo 14-*bis*, comma 4, del decreto del Presidente della Repubblica 26 ottobre 1972, n. 640, e successive modificazioni, si attivano con l'introduzione di moneta metallica ovvero con appositi strumenti di pagamento elettronico definiti con provvedimenti del Ministero dell'economia e delle finanze – Amministrazione autonoma dei monopoli di Stato, nei quali insieme con l'elemento aleatorio sono presenti anche elementi di abilità, che consentono al giocatore la possibilità di scegliere, all'avvio o nel corso della partita, la propria strategia, selezionando appositamente le opzioni di gara ritenute più favorevoli tra quelle proposte dal gioco, il costo della partita non supera 1 euro, la durata minima della partita è di quattro secondi e che distribuiscono vincite in denaro, ciascuna comunque di valore non superiore a 100 euro, erogate dalla macchina [in monete metalliche]. Le vincite, computate dall'apparecchio in modo non predeterminabile su un ciclo complessivo di non più di 140.000 partite, devono risultare non inferiori al 75 per cento delle somme giocate. In ogni caso tali apparecchi non possono riprodurre il gioco del poker o comunque le sue regole fondamentali (5) (6) (7) (8) (9);

a-*bis*) con provvedimento del Ministero dell'economia e delle finanze – Amministrazione autonoma dei Monopoli di Stato può essere prevista la verifica dei singoli apparecchi di cui alla lettera a);

b) quelli, facenti parte della rete telematica di cui all'articolo 14-*bis*, comma 4, del decreto del Presidente della Repubblica 26 ottobre 1972, n. 640, e successive modificazioni, che si attivano esclusivamente in presenza di un collegamento ad un sistema di elaborazione della rete stessa. Per tali apparecchi, con regolamento del Ministro dell'economia e delle finanze di concerto con il Ministro dell'interno, da adottare ai sensi dell'articolo 17, comma 3, l. 23 agosto 1988, n. 400, sono definiti, tenendo conto delle specifiche condizioni di mercato:
   1) il costo e le modalità di pagamento di ciascuna partita;
   2) la percentuale minima della raccolta da destinare a vincite;
   3) l'importo massimo e le modalità di riscossione delle vincite;
   4) le specifiche di immodificabilità e di sicurezza, riferite anche al sistema di elaborazione a cui tali apparecchi sono connessi;
   5) le soluzioni di responsabilizzazione del giocatore da adottare sugli apparecchi;
   6) le tipologie e le caratteristiche degli esercizi pubblici e degli altri punti autorizzati alla raccolta di giochi nei quali possono essere installati gli apparecchi di cui alla presente lettera (10) (11) (12) (13) (14) (15) (16).

7. Si considerano, altresì, apparecchi e congegni per il gioco lecito:

a) quelli elettromeccanici privi di monitor attraverso i quali il giocatore esprime la sua abilità fisica, mentale o strategica, attivabili unicamente con l'introduzione di monete metalliche, di valore complessivo non superiore, per ciascuna partita, a un euro, che distribuiscono, direttamente e immediatamente dopo la conclusione della partita, premi consistenti in prodotti di piccola oggettistica, non convertibili in denaro o scambiabili con premi di diversa specie. In tal caso il valore complessivo di ogni premio non è superiore a venti volte il costo della partita;

[b) quelli automatici, semiautomatici ed elettronici da trattenimento o da gioco di abilità che si attivano solo con l'introduzione di moneta metallica, di valore non superiore per ciascuna partita a 50 centesimi di euro, nei quali gli elementi di abilità o trattenimento sono preponderanti rispetto all'elemento aleatorio, che possono consentire per ciascuna partita, subito dopo la sua conclusione, il prolungamento o la ripetizione della partita, fino a un massimo di dieci volte. Dal 1° gennaio 2003, gli apparecchi di cui alla presente lettera possono essere impiegati solo se denunciati ai sensi dell'articolo 14-*bis* del decreto del Presidente della Repubblica 26 ottobre 1972, n. 640, e successive modificazioni, e se per essi sono state assolte le relative imposte. Dal 1° gennaio 2004, tali apparecchi non possono consentire il prolungamento o la ripetizione della partita e, ove non ne sia possibile la conversione in uno degli apparecchi per il gioco lecito, essi sono rimossi. Per la conversione degli apparecchi restano ferme le disposizioni di cui all'articolo 38 della legge 23 dicembre 2000, n. 388, e successive modificazioni (17);] (18)

c) quelli, basati sulla sola abilità fisica, mentale o strategica, che non distribuiscono premi, per i quali la durata della partita può variare in relazione all'abilità del giocatore e il costo della singola partita può essere superiore a 50 centesimi di euro.

c-*bis*) quelli, meccanici ed elettromeccanici differenti dagli apparecchi di cui alle lettere a) e c), attivabili con moneta, con gettone ovvero con altri strumenti elettronici di pagamento e che possono distribuire tagliandi direttamente e immediatamente dopo la conclusione della partita (19).

c-*ter*) quelli, meccanici ed elettromeccanici, per i quali l'accesso al gioco è regolato senza introduzione di denaro ma con utilizzo a tempo o a scopo (20).

7.1. Con provvedimento del direttore generale dell'Agenzia delle dogane e dei monopoli, da adottare entro il 15 novembre di ogni anno, sono individuati gli apparecchi meccanici ed elettromeccanici di cui alla lettera c-*bis*) del comma 7 che non distribuiscono tagliandi e di cui alla lettera c-*ter*) dello stesso comma, basati sulla sola abilità, fisica, mentale o strategica, o che riproducono esclusivamente audio e video o siano privi di interazione con il giocatore, ai quali non si applicano le disposizioni di cui all'articolo 38, commi 3 e 4, della legge 23 dicembre 2000, n. 388. Per tali apparecchi resta fermo, comunque, l'obbligo di versamento dell'imposta sugli intrattenimenti di cui all'articolo 14-*bis*, comma 5, del decreto del Presidente della Repubblica 26 ottobre 1972, n. 640. A tal fine, con il decreto del Ministro dell'economia e delle finanze di cui al comma 7-*ter*, sono previsti specifici obblighi dichiarativi [21].

7 bis. Gli apparecchi e congegni di cui al comma 7 non possono riprodurre il gioco del poker o, comunque, anche in parte, le sue regole fondamentali nonché tutti i giochi che, per modalità similari con quelle consentite ai sensi del comma 6, possano indurre una medesima aspettativa di vincita. Per gli apparecchi a congegno di cui alla lettera b) dello stesso comma e per i quali entro il 31 dicembre 2003 è stato rilasciato il nulla osta di cui all'articolo 14-*bis*, comma 1, del decreto del Presidente della Repubblica 26 ottobre 1972, n. 640, e successive modificazioni, tale disposizione si applica dal 1° maggio 2004 [22].

7 ter. Con decreto del Ministro dell'economia e delle finanze è determinata la base imponibile forfetaria dell'imposta sugli intrattenimenti di cui all'articolo 14-*bis*, comma 5, del decreto del Presidente della Repubblica 26 ottobre 1972, n. 640, e con provvedimento del direttore dell'Agenzia delle dogane e dei monopoli, da emanare entro nove mesi dalla data di entrata in vigore della presente disposizione, al fine di garantire la prevenzione dei rischi connessi al gioco d'azzardo sono definite le regole tecniche finalizzate alla produzione degli apparecchi di cui al comma 7 nonché la regolamentazione amministrativa dei medesimi, ivi compresi i parametri numerici di apparecchi installabili nei punti di offerta, così come definiti dalla normativa vigente [23].

7 quater. Gli apparecchi di cui al comma 7 non sono utilizzabili per manifestazioni a premio disciplinate dal regolamento di cui al decreto del Presidente della Repubblica 26 ottobre 2001, n. 430; i premi ammissibili sono soltanto oggetti di modico valore ovvero tagliandi, le cui regole tecniche sono definite con il decreto di cui al comma Iter, utilizzabili esclusivamente, anche in forma cumulata, per l'acquisizione di premi di modico valore non convertibili in alcun modo in denaro o per nuove partecipazioni al gioco all'interno del medesimo punto di vendita [24].

[**7 quinquies.** Gli apparecchi di cui al comma 7, utilizzati nel corso dell'anno 2012 come veicoli di manifestazioni a premio, sono regolarizzabili con modalità definite con il decreto di cui al comma 7-*ter*, dietro pagamento di una somma una tantum di euro 500, ovvero di euro 400 nel caso di comprovato utilizzo stagionale, oltre al pagamento a titolo di imposta sugli intrattenimenti di cui all'articolo 14-*bis* del decreto del Presidente della Repubblica 26 ottobre 1972, n. 640, e successive modificazioni.] [25]

[**8.** L'utilizzo degli apparecchi e dei congegni di cui al comma 6 è vietato ai minori di anni 18.] [26]

[**8 bis.** Con la sanzione amministrativa pecuniaria da 500 a 3.000 euro e con la chiusura dell'esercizio per un periodo non superiore a quindici giorni è punito chiunque, gestendo apparecchi di cui al comma 6, ne consente l'uso in violazione del divieto posto dal comma 8.] [27]

9. In materia di apparecchi e congegni da intrattenimento di cui ai commi 6 e 7, si applicano le seguenti sanzioni:

a) chiunque produce od importa, per destinarli all'uso sul territorio nazionale, apparecchi e congegni di cui ai commi 6 e 7 non rispondenti alle caratteristiche ed alle prescrizioni indicate nei commi 6 o 7 e nelle disposizioni di legge ed amministrative attuative di detti commi, è punito con la sanzione amministrativa pecuniaria da 1.000 a 6.000 euro per ciascun apparecchio;

b) chiunque produce od importa, per destinarli all'uso sul territorio nazionale, apparecchi e congegni di cui ai commi 6 e 7 sprovvisti dei titoli autorizzatori previsti dalle disposizioni vigenti, è punito con la sanzione amministrativa pecuniaria da 500 a 3.000 euro per ciascun apparecchio;

c) chiunque sul territorio nazionale distribuisce od installa o comunque consente l'uso in luoghi pubblici od aperti al pubblico od in circoli ed associazioni di qualunque specie di apparecchi o congegni non rispondenti alle caratteristiche ed alle prescrizioni indicate nei commi 6 o 7 e nelle disposizioni di legge ed amministrative attuative di detti commi, è punito con la sanzione amministrativa pecuniaria di 4.000 euro per ciascun apparecchio. La stessa sanzione si applica nei confronti di chiunque, consentendo l'uso in luoghi pubblici od aperti al pubblico o in circoli ed associazioni di qualunque specie di apparecchi e congegni conformi alle caratteristiche e prescrizioni indicate nei commi 6 o 7 e nelle disposizioni di legge ed amministrative attuative di detti commi, corrisponde a fronte delle vincite premi in danaro o di altra specie, diversi da quelli ammessi;

d) chiunque, sul territorio nazionale, distribuisce od installa o comunque consente l'uso in luoghi pubblici o aperti al pubblico o in circoli ed associazioni di qualunque specie di apparecchi e congegni per i quali non siano stati rilasciati i titoli autorizzatori previsti dalle disposizioni vigenti, è punito con la sanzione amministrativa pecuniaria da 500 a 3.000 euro per ciascun apparecchio;

e) nei casi di reiterazione di una delle violazioni di cui alle lettere a), b), c) e d), è preclusa all'Amministrazione autonoma dei monopoli di Stato la possibilità di rilasciare all'autore delle violazioni titoli autorizzatori concernenti la distribuzione e l'installazione di apparecchi di cui al comma 6 ovvero la distribuzione e l'installazione di apparecchi di cui al comma 7, per un periodo di cinque anni. Se la violazione è commessa dal rappresentante o dal dipendente di una persona giuridica o di un ente privo di personalità giuridica, la sanzione si applica alla persona giuridica o all'ente [28];

f) nei casi in cui i titoli autorizzatori per gli apparecchi o i congegni non siano apposti su ogni apparecchio, si applica la sanzione amministrativa da 500 a 3.000 euro per ciascun apparecchio [29].

f-*bis*) chiunque, sul territorio nazionale, distribuisce o installa apparecchi e congegni di cui al presente articolo o comunque ne consente l'uso in luoghi pubblici o aperti al pubblico o in circoli e associazioni di qualunque specie non muniti delle prescritte autorizzazioni, ove previste, è punito con la sanzione amministrativa pecuniaria da 1.500 a 15.000 euro per ciascun apparecchio [30];

f-*ter*) chiunque, sul territorio nazionale, distribuisce o installa o comunque consente l'uso in luoghi pubblici o aperti al pubblico o in circoli ed associazioni di qualunque specie di apparecchi videoterminali non rispondenti alle caratteristiche e alle prescrizioni indicate nel comma 6, lettera b), e nelle disposizioni di legge e amministrative attuative di detta disposizione, è punito con la sanzione amministrativa pecuniaria da 5.000 a 50.000 euro per ciascun apparecchio videoterminale [31];

f-*quater*) chiunque, sul territorio nazionale, produce, distribuisce o installa o comunque mette a disposizione, in luoghi pubblici o aperti al pubblico o in circoli o associazioni di qualunque specie, apparecchi destinati, anche indirettamente, a qualunque forma di gioco, anche di natura promozionale, non rispondenti alle caratteristiche di cui ai commi 6 e 7, è punito con la sanzione amministrativa pecuniaria da 5.000 a 50.000 euro per ciascun apparecchio e con la chiusura dell'esercizio da trenta a sessanta giorni [32].

9 bis. Per gli apparecchi per i quali non siano stati rilasciati i titoli autorizzatori previsti dalle disposizioni vigenti ovvero che non siano rispondenti alle caratteristiche ed alle prescrizioni indicate nei commi 6 o 7 e nelle disposizioni di legge ed amministrative attuative di detti commi, è disposta la confisca ai sensi dell'articolo 20, quarto comma, l. 24.11.1981, n. 689. Nel provvedimento di confisca è disposta la distruzione degli apparecchi e dei congegni, con le modalità stabilite dal provvedimento stesso [33].

9 ter. [Per la violazione del divieto di cui al comma 8 il rapporto è presentato al prefetto territorialmente competente in relazione al luogo in cui è stata commessa la violazione.] Per le violazioni previste dal comma 9 il rapporto è presentato al direttore dell'ufficio regionale dell'Amministrazione autonoma dei monopoli di Stato competente per territorio. Per le cause di opposizione all'ordinanza-ingiunzione emessa per le violazioni di cui al comma 9 è competente il giudice del luogo in cui ha sede l'ufficio dell'Amministrazione autonoma dei monopoli di Stato che ha emesso l'ordinanza-ingiunzione [34].

9 quater. Ai fini della ripartizione delle somme riscosse per le pene pecuniarie di cui al comma 9 si applicano i criteri stabiliti dalla legge 7 febbraio 1951, n. 168 [35].

10. Se l'autore degli illeciti di cui al comma 9 è titolare di licenza ai sensi dell'articolo 86, ovvero di autorizzazione ai sensi dell'articolo 3 della legge 25 agosto 1991, n. 287, le licenze o autorizzazioni sono sospese per un periodo da uno a trenta giorni e, in caso di reiterazione delle violazioni ai sensi dell'articolo 8-*bis* l. 24.11.1981, n. 689, sono revocate dal sindaco competente, con ordinanza motivata e con le modalità previste dall'articolo 19 del decreto del Presidente della Repubblica 24 luglio 1977, n. 616, e successive modificazioni. I medesimi provvedimenti sono disposti dal questore nei confronti dei titolari della licenza di cui all'articolo 88 [36].

11. Oltre a quanto previsto dall'articolo 100, il questore, quando sono riscontrate violazioni di rilevante gravità in relazione al numero degli apparecchi installati ed alla reiterazione delle violazioni, sospende la licenza dell'autore degli illeciti per un periodo non superiore a quindici giorni, informandone l'autorità competente al rilascio. Il periodo di sospensione, disposto a norma del presente comma, è computato nell'esecuzione della sanzione accessoria [37] [38].

(1) Comma sostituito dall'art. 1, co. 540, l. 23.12.2005, n. 266.
(2) Comma sostituito dall'art. 1, co. 541, l. 23.12.2005, n. 266.
(3) Per una proroga dei termini per i versamenti del prelievo erariale unico sugli apparecchi, v. l'art. 13 nonies, co. 1, d.l. 28.10.2020, n. 137, conv., con modif., dalla l. 18.12.2020, n. 176.
(4) Comma modificato dall'art. 1, co. 85, l. 27.12.2006, n. 296.
(5) Secondo quanto previsto dall'art. 1, co. 918, l. 28.12.2015, n. 208, la misura del prelievo erariale unico sugli apparecchi previsti a questa lettera è fissata in misura pari al 17,5 per cento dell'ammontare delle somme giocate, a decorrere dal 1.1.2016. A decorrere dalla stessa data, la percentuale destinata alle vincite (pay-out) è fissata in misura non inferiore al 70 per cento. Successivamente, a norma dell'art. 6, co. 1, d.l. 24.4.2017, n. 50, conv., con modif., dalla l. 21.6.2017, n. 96, la misura del prelievo erariale unico sugli apparecchi previsti a questa lettera è fissata in misura pari al 19 per cento dell'ammontare delle somme giocate. Successivamente a norma dell'art. 9, co. 6, d.l. 12.7.2018, n. 87, conv., con modif., dalla l. 9.8.2018, n. 96, la misura del prelievo erariale unico sugli apparecchi previsti a questa lettera è fissata, rispettivamente, nel 19,25 per cento e nel 6,25 per cento dell'ammontare delle somme giocate a decorrere dal 1.9.2018 e nel 19,5 per cento e nel 6,5 per cento a decorrere dal 1.5.2019.
Secondo quanto previsto dall'art. 1, co. 731, l. 27.12.2019, n. 160, a decorrere dal 1.1.2020, le misure del prelievo erariale unico sugli apparecchi previsti a questa lettera, sono incrementate e fissate, rispettivamente, nel 23,85 per cento sino al 31.12.2020 e nel 24,00 per cento a decorrere dal 1.1.2021. Le citate aliquote sostituiscono quelle previste dall'art. 9, co. 6, d.l. 12.7.2018, n. 87, conv., con modif., dalla l. 9.8.2018, n. 96, come modificate dall'art. 1, co. 1051, l. 30.12.2018, n. 145, e dall'art. 27, co. 2, d.l. 28.1.2019, n. 4, conv., con modif., dalla l. 28.3.2019, n. 26.
(6) Secondo quanto previsto dall'art. 9 quater, co. 1, d.l. 12.7.2018, n. 87, conv., con modif., dalla l. 9.8.2018, n. 96, l'accesso agli apparecchi di intrattenimento previsti a questa lettera è consentito esclusivamente mediante l'utilizzo della tessera sanitaria al fine di impedire l'accesso ai giochi da parte dei minori. Dal 1.1.2020 gli apparecchi di cui al presente comma privi di meccanismi idonei a impedire ai minori di età l'accesso al gioco devono essere rimossi

dagli esercizi. La violazione della prescrizione di cui al secondo periodo è punita con la sanzione amministrativa di euro 10.000 per ciascun apparecchio.

(7) Secondo quanto previsto dall'art. 1, co. 1051, l. 30.12.2018, n. 145, come modificato dall'art. 27, co. 2, d.l. 28.1.2019, n. 4, conv., con modif., dalla l. 28.3.2019, n. 26, le misure del prelievo erariale unico sugli apparecchi previsti a questa lettera sono incrementate di 2,00 a decorrere dal 1.1.2019. La percentuale delle somme giocate destinata alle vincite (pay-out) è fissata in misura non inferiore al 68 per cento e all'84 per cento, rispettivamente, per gli apparecchi di cui alla presente lettera.
Secondo quanto previsto dall'art. 1, co. 732, l. 27.12.2019, n. 160, a decorrere dal 1.1.2020, la percentuale delle somme giocate destinata alle vincite (pay out) è fissata in misura non inferiore al 65 per cento per gli apparecchi previsti a questa lettera. Le operazioni tecniche per l'adeguamento della percentuale di restituzione in vincite sono concluse entro diciotto mesi dalla data di entrata in vigore della presente legge. Secondo quanto previsto dall'art. 5, co. 1, d.l. 30.11.2020, n. 157, il versamento del saldo del prelievo erariale unico sugli apparecchi di cui alla presente lettera, e del canone concessorio del quinto bimestre 2020 è versato in misura pari al 20 per cento del dovuto sulla base della raccolta di gioco del medesimo bimestre, con scadenza 18.12.2020. La restante quota, pari all'80 per cento, può essere versata con rate mensili di pari importo, con debenza degli interessi legali calcolati giorno per giorno. La prima rata è versata entro il 22.1.2021 e le successive entro l'ultimo giorno di ciascun mese successivo; l'ultima rata è versata entro il 30.6.2021. Successivamente il d.l. n. 157/2020 è stato abrogato dall'art. 1, co. 2, l. 18.12.2020, n. 176.

(8) Secondo quanto previsto dall'art. 26, co. 1, lett. a), d.l. 26.10.2019, n. 124, convertito, con modificazioni dalla l. 19.12.2019, n. 157, a decorrere dal 10.2.2020, la misura del prelievo erariale unico sugli apparecchi di cui alla presente lettera, è fissata, rispettivamente, nel 23 per cento e nel 9 per cento.

(9) Per la proroga dei termini cfr. l'art. 69, co. 1, d.l. 17.3.2020, n. 18, conv., con modif., dalla l. 24.4.2020, n. 27.

(10) Secondo quanto previsto dall'art. 1, co. 479, l. 24.12.2012, n. 228, a decorrere dal 1.1.2013, la misura del prelievo erariale unico sugli apparecchi di cui alla presente lettera è fissata in misura pari al 5 per cento dell'ammontare delle somme giocate. Secondo quanto previsto dall'art. 1, co. 919, l. 28.12.2015, n. 208, la misura del prelievo erariale unico sugli apparecchi di cui alla presente lettera è fissata in misura pari al 5,5 per cento dell'ammontare delle somme giocate, a decorrere dal 1.1.2016. Successivamente, a norma dell'art. 6, co. 1, d.l. 24.4.2017, n. 50, conv., con modif., dalla l. 21.6.2017, n. 96, la misura del prelievo erariale unico sugli apparecchi qui previsti è fissata in misura pari al 6 per cento dell'ammontare delle somme giocate. Da ultimo, a norma dell'art. 9, co. 6, d.l. 12.7.2018, n. 87, conv., con modif., dalla l. 9.8.2018, n. 96, a misura del prelievo erariale unico sugli apparecchi qui previsti è fissata, rispettivamente, nel 19,25 per cento e nel 6,25 per cento dell'ammontare delle somme giocate a decorrere dal 1°.9.2018 e nel 19,5 per cento e nel 6,5 per cento a decorrere dal 1°.5.2019. Secondo quanto previsto dall'art. 1, co. 731 della l. 27.12.2019, n. 160, a decorrere dal 1.1.2020, le misure del prelievo erariale unico sugli apparecchi qui previsti, sono incrementate e fissate, rispettivamente, nell'8,50 per cento sino al 31.12.2020 e nell'8,60 per cento, a decorrere dal 1.1.2021. Le citate aliquote sostituiscono quelle previste dall'art. 9, co. 6, d.l. 12.7.2018, n. 87, conv., con modif., dalla l. 9.8.2018, n. 96, come modificate dall'art. 1, co. 1051, l. 30.12.2018, n. 145, e dall'art. 27, co. 2, d.l. 28.1.2019, n. 4, conv., con modif., dalla l. 28.3.2019, n. 26. Secondo quanto previsto dall'art. 5, co. 1, d.l. 30.11.2020, n. 157, il versamento del saldo del prelievo erariale unico sugli apparecchi qui previsti, e del canone concessorio del quinto bimestre 2020 è versato in misura pari al 20 per cento del dovuto sulla base della raccolta di gioco del medesimo bimestre, con scadenza 18.12.2020. La restante quota, pari all'80 per cento, può essere versata con rate mensili di pari importo, con debenza degli interessi legali calcolati giorno per giorno. La prima rata è versata entro il 22.1.2021 e le successive entro l'ultimo giorno di ciascun mese successivo; l'ultima rata è versata entro il 30.6.2021. Il d.l. n. 157/2020 è stato poi abrogato dall'art. 1, co. 2, l. 18.12.2020, n. 176

(11) Comma modificato dall'art. 39, co. 6, d.l. 30.9.2003, n. 269, sostituito dall'art. 1, co. 525, l. 23.12.2005, n. 266 e, poi, modificato dall'art. 38, co. 7, d.l. 4.7.2006, n. 223 e dall'art. 1, co. 282, l. 24.12.2007, n. 244.

(12) Secondo quanto previsto dall'art. 9 quater, co. 1, d.l. 12.7.2018, n. 87, conv., con modif., dalla l. 9.8.2018, n. 96, l'accesso agli apparecchi di intrattenimento è consentito esclusivamente mediante l'utilizzo della tessera sanitaria al fine di impedire l'accesso ai giochi da parte dei minori. Dal 1.1.2020 gli apparecchi qui previsti, privi di meccanismi idonei a impedire ai minori di età l'accesso al gioco, devono essere rimossi dagli esercizi. La violazione della prescrizione di cui al secondo periodo è punita con la sanzione amministrativa di euro 10.000 per ciascun apparecchio.

(13) Secondo quanto previsto dall'art. 1, co. 1051, l. 30.12.2018, n. 145, come modificato dall'art. 27, co. 2, d.l. 28.1.2019, n. 4, conv., con modif., dalla l. 28.3.2019, n. 26, le misure del prelievo erariale unico sugli apparecchi qui previsti sono incrementate di 1,25 a decorrere dal 1.1.2019. La percentuale delle somme giocate destinata alle vincite (pay-out) è fissata in misura non inferiore al 68 per cento e all'84 per cento, rispettivamente, per gli apparecchi qui previsti. Secondo quanto previsto dall'art. 1, co. 732, l. 27.12.2019, n. 160, a decorrere dal 1.1.2020, la percentuale delle somme giocate destinata alle vincite (pay out) è fissata in misura non inferiore all'83 per cento per gli apparecchi di cui alla presente lettera. Le operazioni tecniche per l'adeguamento della percentuale di restituzione in vincite sono concluse entro diciotto mesi dalla data di entrata in vigore della presente legge.

(14) Secondo quanto previsto dall'art. 27, co. 5, d.l. 28.1.2019, n. 4, conv., con modif., dalla l. 28.3.2019, n. 26, per il solo anno 2019, i versamenti a titolo di prelievo erariale unico degli apparecchi e congegni da intrattenimento di cui al presente comma, dovuti a titolo di primo, secondo e terzo acconto relativi al sesto bimestre, sono maggiorati nella misura del 10 per cento ciascuno, il quarto versamento, dovuto a titolo di saldo, è ridotto dei versamenti effettuati a titolo di acconto, comprensivi delle dette maggiorazioni.

(15) Secondo quanto previsto dall'art. 26, co. 1, lett. a), d.l. 26.10.2019, n. 124, convertito, con modificazioni dalla l. 19.12.2019, n. 157, a decorrere dal 10.2.2020, la misura del prelievo erariale unico sugli apparecchi di cui alla presente lettera, è fissata, rispettivamente, nel 23 per cento e nel 9 per cento.

(16) Per la proroga dei termini cfr. l'art. 69, co. 1, d.l. 17.3.2020, n. 18, conv., con modif., dalla l. 24.4.2020, n. 27.

(17) Per la proroga del termine del 1.1.2004, di cui a questa lettera, cfr. l'art. 39, co. 7, d.l. 30.9.2003, n. 269.

(18) Lettera abrogata dall'art. 1, co. 495, l. 30.12.2004, n. 311.

(19) Lettera introdotta dall'art. 1, co. 475, lett. a), l. 24.12.2012, n. 228.

(20) Lettera introdotta dall'art. 1, co. 475, lett. b), l. 24.12.2012, n. 228.

(21) Comma introdotto dall'art. 18 ter, co. 2, d.l. 30.4.2022, n. 36, conv., con modif., dalla l. 29.6.2022, n. 79.

(22) Comma introdotto dall'art. 39, co. 7 bis, d.l. 30.9.2003, n. 269, come modificato dall'art. 4, co. 195, l. 24.12.2003, n. 350 e, poi, modificato dall'art. 104, co. 1, lett. a), d.l. 14.8.2020, n. 104, conv., con modif., dalla l. 13.10.2020, n. 126.

(23) Comma introdotto dall'art. 1, co. 475, lett. b), l. 24.12.2012, n. 228 e, poi, sostituito dall'art. 104, co. 1, lett. b), d.l. 14.8.2020, n. 104, conv., con modif., dalla l. 13.10.2020, n. 126.

(24) Comma introdotto dall'art. 1, co. 475, lett. b), l. 24.12.2012, n. 228 e, poi, modificato dall'art. 104, co. 1, lett. c), d.l. 14.8.2020, n. 104, conv., con modif., dalla l. 13.10.2020, n. 126.

(25) Comma introdotto dall'art. 1, co. 475, lett. b), l. 24.12.2012, n. 228 e, poi, abrogato dall'art. 104, co. 1, lett. d), d.l. 14.8.2020, n. 104, conv., con modif., dalla l. 13.10.2020, n. 126.

(26) Comma abrogato dall'art. 24, co. 19, d.l. 6.7.2011, n. 98.

(27) Comma introdotto dall'art. 1, co. 542, l. 23.12.2005, n. 266 e, poi, abrogato dall'art. 24, co. 19, d.l. 6.7.2011, n. 98.

(28) Lettera modificata dall'art. 10, co. 9 quinques, d.l. 2.3.2012 n. 16.

(29) Comma introdotto dall'art. 1, co. 543, l. 23.12.2005, n. 266, sostituito dall'art. 1, co. 86, l. 27.12.2006, n. 296 e, poi modificato dall'art. 15 bis, co. 2, d.l. 1.7.2009, n. 78.

(30) Lettera introdotta dall'art. 1, co. 475, lett. c), l. 24.12.2012, n. 228.
(31) Lettera introdotta dall'art. 1, co. 475, lett. c), l. 24.12.2012, n. 228.
(32) Lettera introdotta dall'art. 27, co. 7, d.l. 28.1.2019, n. 4, conv., con modif., dalla l. 28.3.2019, n. 26.
(33) Comma introdotto dall'art. 1, co. 544, l. 23.12.2005, n. 266.
(34) Comma introdotto dall'art. 1, co. 544, l. 23.12.2005, n. 266 e, poi, modificato dall'art. 1, co. 74, l. 13.12.2010, n. 220 e dall'art. 24, co. 19, d.l. 6.7.2011, n. 98.
(35) Comma introdotto dall'art. 1, co. 544, l. 23.12.2005, n. 266.
(36) Comma sostituito dall'art. 1, co. 545, l. 23.12.2005, n. 266.
(37) Comma sostituito dall'art. 1, co. 546, l. 23.12.2005, n. 266.
(38) Articolo modificato dall'art. 1, l. 20.5.1965, n. 507, dall'art. 1, l. 17.12.1986, n. 904, dall'art. 1, l. 6.10.1995, n. 425, dall'art. 37, co. 3, l. 23.12.2000, n. 388 e, infine, sostituito dall'art. 22, co. 3, l. 27.12.2002, n. 289.

Capo III
Delle tipografie e arti affini e delle esposizioni di manifesti e avvisi al pubblico

111. – [Non si può esercitare senza licenza del questore l'arte tipografica, litografica, fotografica, o un'altra qualunque arte di stampa o di riproduzione meccanica o chimica in molteplici esemplari.

La licenza vale esclusivamente per i locali in essa indicati.

È ammessa la rappresentanza.] (1)

(1) Articolo abrogato dall'art. 16, co. 2, d.lgs. 31.3.1998, n. 112.

112. – È vietato fabbricare, introdurre nel territorio dello Stato, acquistare, detenere, esportare, allo scopo di farne commercio o distribuzione, o mettere in circolazione scritti, disegni, immagini od altri oggetti di qualsiasi specie contrari agli ordinamenti politici, sociali ed economici costituiti nello Stato o lesivi del prestigio dello Stato o dell'autorità o offensivi del sentimento nazionale, del pudore o della pubblica decenza, o che divulgano, anche in modo indiretto o simulato o sotto pretesto terapeutico o scientifico, i mezzi rivolti a impedire la procreazione o a procurare l'aborto o che illustrano l'impiego dei mezzi stessi o che forniscono, comunque, indicazioni sul modo di procurarseli o di servirsene (1).

È pure vietato far commercio, anche se clandestino, degli oggetti predetti o distribuirli o esporli pubblicamente.

L'autorità locale di pubblica sicurezza ha facoltà di ordinare il sequestro in via amministrativa dei predetti scritti, disegni e oggetti figurati (2) (3).

(1) La Corte costituzionale, con sentenza 16.3.1971, n. 49, ha dichiarato l'illegittimità costituzionale di questo comma limitatamente alle parole "a impedire la procreazione".
(2) Per la cessazione dell'efficacia delle disposizioni di cui al presente comma, cfr. l'art. 4, del r.d.l.gs. 31.5.1946, n. 561.
(3) La Corte costituzionale, con sentenza 29.12.1972, n. 199, ha dichiarato l'illegittimità costituzionale di questo articolo, nella parte relativa al divieto di pubblicazioni contrarie agli ordinamenti dello Stato o al prestigio delle autorità e lesive del sentimento nazionale.

113. – Salvo quanto è disposto per la stampa periodica e per la materia ecclesiastica, è vietato, senza licenza dell'autorità locale di pubblica sicurezza, distribuire o mettere in circolazione, in luogo pubblico o aperto al pubblico scritti o disegni.

È altresì vietato, senza la predetta licenza, in luogo pubblico o aperto o esposto al pubblico, affiggere scritti o disegni, o fare uso di mezzi luminosi o acustici per comunicazione al pubblico, o comunque collocare iscrizioni anche se lapidarie.

I predetti divieti non si applicano agli scritti o disegni delle autorità e delle pubbliche amministrazioni, a quelli relativi a materie elettorali, durante il periodo elettorale, e a quelli relativi a vendite o locazioni di fondi rustici o urbani o a vendite all'incanto.

La licenza è necessaria anche per affiggere giornali, ovvero estratti o sommari di essi.

Le affissioni non possono farsi fuori dei luoghi destinati dall'autorità competente.

La concessione della licenza prevista da questo articolo non è subordinata alle condizioni stabilite dall'art. 11, salva sempre la facoltà dell'autorità locale di pubblica sicurezza di negarla alle persone che ritenga capaci di abusarne. Essa non può essere data alle persone sfornite di carta di identità.

Gli avvisi, i manifesti, i giornali e gli estratti o sommari di essi, affissi senza licenza, sono tolti a cura dell'autorità di pubblica sicurezza (1).

(1) La Corte costituzionale, con sentenza 5.6.1956, n. 1, ha dichiarato l'illegittimità costituzionale di questo comma, per la violazione delle quali la sanzione penale è prevista dall'art. 663 codice penale modificato dall'art. 2, d.lgs. 8.11.1947, n. 1382.

114. – È vietata l'inserzione, nei giornali o in altri scritti periodici, di avvisi o corrispondenze di qualsiasi genere che, anche in modo indiretto o simulato, o con un pretesto terapeutico o scientifico, si riferiscano ai mezzi diretti a impedire la procreazione o a procurare l'aborto (1).

È altresì vietata l'inserzione di corrispondenze o di avvisi amorosi (2).

È, inoltre, vietato di pubblicare, nei giornali o in altri scritti periodici, ritratti dei suicidi o di persone che abbiano commesso delitti.

I giornali o gli scritti periodici, con cui si contravviene alle disposizioni di questo articolo, sono sequestrati in via amministrativa dall'autorità locale di pubblica sicurezza (3).

(1) La Corte costituzionale, con sentenza 16.3.1971, n. 49, ha dichiarato l'illegittimità costituzionale di questo comma limitatamente alle parole "a impedire la procreazione".
(2) La Corte costituzionale, con sentenza 28.11.1968, n. 120, ha dichiarato l'illegittimità costituzionale di questo comma limitatamente alla parte in cui vieta l'inserzione di corrispondenze e di avvisi amorosi che non siano contrari al buon costume.
(3) Per la cessazione dell'efficacia delle disposizioni di cui a questo comma, cfr. l'art. 4, del r.d.l.gs. 31.5.1946, n. 561.

Capo IV
Delle agenzie pubbliche

115. – Non possono aprirsi o condursi agenzie di prestiti su pegno o altre agenzie di affari, quali che siano l'oggetto e la durata, anche sotto forma di agenzie di vendita, di esposizioni, mostre o fiere campionarie e simili, senza darne comunicazione al Questore (1).

La comunicazione è necessaria anche per l'esercizio del mestiere di sensale o di intromettitore (2).

[Tra le agenzie indicate in questo articolo sono comprese le agenzie per la raccolta di informazioni a scopo di divulgazione mediante bollettini od altri simili mezzi.] (3)

La comunicazione vale esclusivamente pei locali in essa indicati (4).

È ammessa la rappresentanza.

Le attività di recupero stragiudiziale dei crediti per conto di terzi sono soggette alla licenza del Questore. A esse si applica il quarto comma del presente articolo e la licenza del questore abilita allo svolgimento delle attività di recupero senza limiti territoriali, osservate le prescrizioni di legge o di regolamento e quelle disposte dall'autorità (5).

Per le attività previste dal sesto comma del presente articolo, l'onere di affissione di cui all'articolo 120 può essere assolto mediante l'esibizione o comunicazione al committente della licenza e delle relative prescrizioni, con la compiuta indicazione delle operazioni consentite e delle relative tariffe (6).

Il titolare della licenza è, comunque, tenuto a comunicare preventivamente all'ufficio competente al rilascio della stessa l'elenco dei propri agenti, indicandone il rispettivo ambito territoriale, ed a tenere a disposizione degli ufficiali e agenti di pubblica sicurezza il registro delle operazioni. I suoi agenti sono tenuti ad esibire copia della licenza ad ogni richiesta degli ufficiali e agenti di pubblica sicurezza ed a fornire alle persone con cui trattano compiuta informazione della propria qualità e dell'agenzia per la quale operano (7).

(1) Comma modificato dall'art. 13, lett. f), n. 1, d.l. 9.2.2012, n. 5, conv., con modif., dalla l. 4.4.2012, n. 35.
(2) Comma modificato dall'art. 13, lett. f), n. 2, d.l. 9.2.2012, n. 5, conv., con modif., dalla l. 4.4.2012, n. 35.
(3) Comma abrogato dall'art. 13, lett. g), d.l. 9.2.2012, n. 5, conv., con modif., dalla l. 4.4.2012, n. 35.
(4) Comma modificato dall'art. 13, lett. f), n. 2, d.l. 9.2.2012, n. 5, conv., con modif., dalla l. 4.4.2012, n. 35.
(5) Comma introdotto dall'art. 4, co. 1, lett. a), d.l. 8.4.2008, n. 59 e, poi, sostituito dall'art. 13, lett. f), n. 3, d.l. 9.2.2012, n. 5, conv., con modif., dalla l. 4.4.2012, n. 35.
(6) Comma introdotto dall'art. 4, co. 1, lett. a), d.l. 8.4.2008, n. 59.
(7) Comma introdotto dall'art. 4, co. 1, lett. a), d.l. 8.4.2008, n. 59.

116. – Il Questore, sentito il consiglio provinciale dell'economia corporativa, può subordinare il rilascio della licenza, di cui all'articolo precedente, al deposito di una cauzione, determinandone la misura e la forma in cui deve essere prestata.

La cauzione è a garanzia di tutte le obbligazioni inerenti all'esercizio e dell'osservanza delle condizioni a cui è subordinata la licenza. Nel caso di inosservanza di tali condizioni, il prefetto, su proposta del Questore, dispone con decreto che la cauzione sia devoluta, in tutto o in parte, all'erario dello Stato.

Lo svincolo della cauzione non può essere ordinato dal Questore se non quando, decorsi almeno tre mesi dalla cessazione dell'esercizio, il concessionario abbia provato di non avere obbligazioni da adempiere in conseguenza dell'esercizio medesimo.

117. – Nei comuni in cui esistono monti di pietà od uffici da essi dipendenti, non possono essere concedute dal Questore licenze per l'esercizio di agenzie di prestiti su pegno, senza il parere dell'amministrazione del monte di pietà.

Le stesse disposizioni si applicano alle agenzie di commissioni presso i monti di pietà.

Il parere dell'amministrazione predetta non vincola l'autorità di pubblica sicurezza.

È vietato l'acquisto abituale delle polizze del monte di pietà e concedere, per professione, sovvenzioni supplementari su pegni delle polizze stesse.

118. – L'osservanza delle norme del codice di commercio, alle quali sono soggette le aziende pubbliche, comprese le agenzie di spedizione e di trasporto e gli uffici pubblici di affari non dispensa dalla osservanza delle disposizioni stabilite da questo testo unico.

Sono eccettuate le imprese di spedizione e di trasporto a norma di regolamento.

119. – Le persone che compiono operazioni di pegno e che danno commissioni in genere alle agenzie pubbliche o agli uffici pubblici di affari sono tenute a dimostrare la propria identità, mediante la esibizione della carta di identità o di altro documento, fornito di fotografia, proveniente dall'amministrazione dello Stato.

120. – Gli esercenti le pubbliche agenzie indicate negli articoli precedenti sono obbligati a tenere un registro giornale degli affari, nel modo che sarà determinato dal regolamento, ed a tenere permanentemente affissa nei locali dell'agenzia, in modo visibile, la tabella delle operazioni alle quali attendono, con la tariffa delle relative mercedi.

Tali esercenti non possono fare operazioni diverse da quelle indicate nella tabella predetta, ricevere mercedi maggiori di quelle indicate nella tariffa né compiere operazioni o accettare commissioni da persone non munite della carta di identità o di altro documento, fornito di fotografia, proveniente dall'amministrazione dello Stato.

Capo V
Dei mestieri girovaghi e di alcune classi di rivenditori

121. – [Salve le disposizioni di questo testo unico circa la vendita ambulante delle armi, degli strumenti atti ad offendere e delle bevande alcooliche, non può essere esercitato il mestiere ambulante di venditore o distributore di merci, generi alimentari o bevande, di scritti o disegni, di cenciaiolo, saltimbanco, cantante, suonatore, servitore di piazza, facchino, cocchiere, conduttore di autoveicoli di piazza, barcaiuolo, lustrascarpe e mestieri analoghi, senza previa iscrizione in un registro apposito presso l'autorità locale di pubblica sicurezza. Questa rilascia certificato della avvenuta iscrizione.] (1)

[L'iscrizione non è subordinata alle condizioni prevedute dall'art. 11 né a quella preveduta dal capoverso dell'art. 12, salva sempre la facoltà dell'autorità di pubblica sicurezza di negarla alle persone che ritiene capaci di abusarne.] (2)

È vietato il mestiere di ciarlatano (3).

(1) Comma abrogato dall'art. 6, co. 1, lett. b), d.P.R. 28.5.2001, n. 311.
(2) Comma abrogato dall'art. 6, co. 1, lett. b), d.P.R. 28.5.2001, n. 311.
(3) L'art. 14, l. 19.5.1976, n. 398 ha abrogato questo articolo nella parte relativa all'obbligo della iscrizione in apposito registro presso le autorità di pubblica sicurezza per l'esercizio del commercio ambulante. Successivamente l'art. 5, d.P.R. 18.4.1994, n. 342 ha abrogato questo articolo nella parte in cui si riferisce all'attività di facchino.

122. – [L'iscrizione deve essere ricusata alle persone sfornite di carta di identità e può essere ricusata ai minori degli anni diciotto, idonei ad altri mestieri, ed alle persone pregiudicate o pericolose.] (1)

(1) Articolo abrogato dall'art. 6, co. 1, lett. b), d.P.R. 28.5.2001, n. 311.

123. – [Per l'esercizio del mestiere di guida, interprete, corriere, guida o portatore alpino e per l'abilitazione all'insegnamento dello sci è necessario ottenere la licenza del questore (1).

Oltre quanto è disposto dall'art. 11, la licenza può essere negata a chi ha riportato condanna per reati contro la moralità pubblica o il buon costume.

La concessione della licenza è subordinata all'accertamento della capacità tecnica del richiedente.] (2)

(1) Comma sostituito dall'art. unico, l. 1.12.1971, n. 1051.
(2) Articolo abrogato dall'art. 46, co. 3, lett. b), d.lgs. 31.3.1998, n. 112.

124. – [Gli stranieri, eccettuati gli italiani non regnicoli, non possono esercitare alcuno dei mestieri indicati nell'art. 121 senza licenza del questore.

In occasione di feste, fiere, mercati od altre pubbliche riunioni, la licenza agli stranieri può essere conceduta dall'autorità locale di pubblica sicurezza.] (1)

(1) Articolo abrogato dall'art. 6, co. 1, lett. b), d.P.R. 28.5.2001, n. 311.

125. – [Le persone indicate negli articoli precedenti sono obbligate a portare sempre con loro il certificato o la licenza di cui devono essere munite, e ad esibirli a ogni richiesta degli ufficiali od agenti di pubblica sicurezza.] (1)

(1) Articolo abrogato dall'art. 6, co. 1, lett. b), d.P.R. 28.5.2001, n. 311.

126. – [Non può esercitarsi il commercio di cose antiche o usate senza averne fatta dichiarazione preventiva all'autorità locale di pubblica sicurezza.] (1)

(1) Articolo abrogato dall'art. 6, co. 1, d.lgs. 25.11.2016, n. 222.

127. – I fabbricanti, i commercianti, i mediatori di oggetti preziosi, [i cesellatori, gli orafi, gli incastratori di pietre preziose e gli esercenti industrie o arti affini] hanno l'obbligo di munirsi di licenza del questore (1).

Chi domanda la licenza deve provare d'essere iscritto, per l'industria o il commercio di oggetti preziosi, nei *ruoli della imposta di ricchezza mobile* ed in quelli delle tasse di esercizio e rivendita ovvero deve dimostrare il motivo della mancata iscrizione in tali ruoli.

La licenza dura fino al 31 dicembre dell'anno in cui è stata rilasciata.

Essa è valida per tutti gli esercizi di vendita di oggetti preziosi appartenenti alla medesima persona o alla medesima ditta, anche se si trovino in località diverse.

L'obbligo della licenza spetta, oltreché ai commercianti, fabbricanti ed esercenti stranieri, che intendono fare commercio, nel territorio dello Stato, degli oggetti preziosi da essi importati, anche ai loro agenti, rappresentanti, commessi viaggiatori e piazzisti. Questi debbono provare la loro qualità mediante certificato rilasciato dall'autorità politica del luogo ove ha sede la ditta, vistato dall'autorità consolare italiana.

(1) Comma modificato dall'art. 16, co. 1, d.lgs. 31.3.1998, n. 112.

128. – I fabbricanti, i commercianti, gli esercenti e le altre persone indicate negli articoli 126 e 127 non possono compiere operazioni su cose antiche o usate se non con le persone provviste della carta di identità o di altro documento munito di fotografia, proveniente dall'amministrazione dello Stato (1) (2).

Essi devono tenere un registro delle operazioni che compiono giornalmente, in cui sono annotate le generalità di coloro con i quali le operazioni di cui al primo comma stesse sono compiute e le altre indicazioni prescritte dal regolamento (3) (4).

Tale registro deve essere esibito agli ufficiali ed agenti di pubblica sicurezza, ad ogni loro richiesta (5).

Le persone che compiono operazioni di cui al primo comma con gli esercenti sopraindicati, sono tenute a dimostrare la propria identità nei modi predetti (6) (7).

L'esercente, che ha comprato cose preziose, non può alterarle o alienarle se non dieci giorni dopo l'acquisto, tranne che si tratti di oggetti comprati presso i fondachieri o i fabbricanti ovvero all'asta pubblica.

(1) La Corte costituzionale, con sentenza 28.6.1963, n. 121, ha dichiarato l'illegittimità costituzionale delle norme contenute in questo comma, nella parte in cui riguardano operazioni su oggetti preziosi nuovi nel senso esposto nella motivazione.
(2) Comma modificato dall'art. 10, co. 1, lett. a), l. 28.11.2005, n. 246.
(3) La Corte costituzionale, con sentenza 28.6.1963, n. 121, ha dichiarato l'illegittimità costituzionale delle norme contenute in questo comma, nella parte in cui riguardano operazioni su oggetti preziosi nuovi nel senso esposto nella motivazione.
(4) Comma modificato dall'art. 10, co. 1, lett. a), l. 28.11.2005, n. 246.
(5) La Corte costituzionale, con sentenza 28.6.1963, n. 121, ha dichiarato l'illegittimità costituzionale delle norme contenute in questo comma, nella parte in cui riguardano operazioni su oggetti preziosi nuovi nel senso esposto nella motivazione.
(6) La Corte costituzionale, con sentenza 28.6.1963, n. 121, ha dichiarato l'illegittimità costituzionale delle norme contenute in questo comma, nella parte in cui riguardano operazioni su oggetti preziosi nuovi nel senso esposto nella motivazione.
(7) Comma modificato dall'art. 10, co. 1, lett. a), l. 28.11.2005, n. 246.

TITOLO IV
Delle guardie particolari e degli istituti di vigilanza e di investigazione privata

133. – Gli enti pubblici, gli altri enti collettivi e i privati possono destinare guardie particolari alla vigilanza o custodia delle loro proprietà mobiliari od immobiliari.

Possono anche, con l'autorizzazione del Prefetto, associarsi per la nomina di tali guardie da destinare alla vigilanza o custodia in comune delle proprietà stesse.

134. – Senza licenza del prefetto è vietato ad enti o privati di prestare opere di vigilanza o custodia di proprietà mobiliari od immobiliari e di eseguire investigazioni o ricerche o di raccogliere informazioni per conto di privati.

Salvo il disposto dell'art. 11, la licenza non può essere conceduta alle persone che non abbiano la cittadinanza italiana ovvero di uno Stato membro dell'Unione europea o siano incapaci di obbligarsi o abbiano riportato condanna per delitto non colposo [(1)].

I cittadini degli Stati membri dell'Unione europea possono conseguire la licenza per prestare opera di vigilanza o custodia di beni mobiliari o immobiliari alle stesse condizioni previste per i cittadini italiani [(2)].

Il regolamento di esecuzione individua gli altri soggetti, ivi compreso l'institore, o chiunque eserciti poteri di direzione, amministrazione o gestione anche parziale dell'istituto o delle sue articolazioni, nei confronti dei quali sono accertati l'assenza di condanne per delitto non colposo e gli altri requisiti previsti dall'articolo 11 del presente testo unico, nonché dall'articolo 10 della legge 31.5.1965, n. 575 [(3)].

La licenza non può essere conceduta per operazioni che importano un esercizio di pubbliche funzioni o una menomazione della libertà individuale.

(1) Comma modificato dall'art. 33, co. 1, lett. a), l. 1.3.2002, n. 39.
(2) Comma introdotto dall'art. 33, co. 1, lett. b), l. 1.3.2002, n. 39.
(3) Comma introdotto dall'art. 4, co. 1, lett. b), d.l. 8.4.2008, n. 59.

134 bis. Disciplina delle attività autorizzate in altro Stato dell'Unione europea [(1)].

1. Le imprese di vigilanza privata o di investigazione privata stabilite in un altro Stato membro dell'Unione europea possono stabilirsi nel territorio della Repubblica italiana in presenza dei requisiti, dei presupposti e delle altre condizioni richiesti dalla legge e dal regolamento per l'esecuzione del presente testo unico, tenuto conto degli adempimenti, degli obblighi e degli oneri già assolti nello Stato di stabilimento, attestati dall'autorità del medesimo Stato o, in mancanza, verificati dal prefetto [(2)].

2. I servizi transfrontalieri e quelli temporanei di vigilanza e custodia da parte di imprese stabilite in un altro Stato membro dell'Unione europea sono svolti alle condizioni e con le modalità indicate nel regolamento per l'esecuzione del presente testo unico.

2 bis. Ai fini dello svolgimento dei servizi transfrontalieri e di quelli temporanei di investigazione privata e di informazioni commerciali, le imprese stabilite in un altro Stato membro dell'Unione europea notificano al Ministero dell'interno – Dipartimento della pubblica sicurezza le attività che intendono svolgere nel territorio nazionale, specificando le autorizzazioni possedute, la tipologia dei servizi, l'ambito territoriale nel quale i servizi dovranno essere svolti e la durata degli stessi. I relativi servizi hanno inizio decorsi dieci giorni dalla notifica, salvo il caso che entro detto termine intervenga divieto del Ministero dell'interno, motivato per ragioni di ordine pubblico o di pubblica sicurezza [3)].

3. Il Ministro dell'interno è autorizzato a sottoscrivere, in materia di vigilanza privata, accordi di collaborazione con le competenti autorità degli Stati membri dell'Unione europea, per il reciproco riconoscimento dei requisiti, dei presupposti e delle condizioni necessari per lo svolgimento dell'attività, nonché dei provvedimenti amministrativi previsti dai rispettivi ordinamenti.

(1) Articolo introdotto dall'art. 4, d.l. 8.4.2008, n. 59, conv. con modif., dalla l. 6.6.2008, n. 101.
(2) Comma modificato dall'art. 5, co. 1, lett. a), l. 30.10.2014, n. 161.
(3) Comma introdotto dall'art. 5, co. 1, lett. b), l. 30.10.2014, n. 161.

135. – I direttori degli uffici di informazioni, investigazioni o ricerche, di cui all'articolo precedente, sono obbligati a tenere un registro degli affari che compiono giornalmente, nel quale sono annotate le generalità delle persone con cui gli affari sono compiuti e le altre indicazioni prescritte dal regolamento.

Tale registro deve essere esibito ad ogni richiesta degli ufficiali o agenti di pubblica sicurezza.

Le persone, che compiono operazioni con gli uffici suddetti, sono tenute a dimostrare la propria identità, mediante la esibizione della carta di identità o di altro documento, fornito di fotografia, proveniente dall'amministrazione dello Stato.

I direttori suindicati devono inoltre tenere nei locali del loro ufficio permanentemente affissa in modo visibile la tabella delle operazioni alle quali attendono, con la tariffa delle relative mercedi.

Essi non possono compiere operazioni diverse da quelle indicate nella tabella [o ricevere mercedi maggiori di quelle indicate nella tariffa] o compiere operazioni o accettare commissioni con o da persone non munite della carta di identità o di altro documento fornito di fotografia, proveniente dall'amministrazione dello Stato [(1)].

[La tabella delle operazioni deve essere vidimata dal prefetto.] [(2)]

(1) Comma modificato dall'art. 4, co. 1, lett. d), d.l. 8.4.2008, n. 59.
(2) Comma abrogato dall'art. 4, co. 1, lett. d), d.l. 8.4.2008, n. 59.

136. – La licenza è ricusata a chi non dimostri di possedere la capacità tecnica ai servizi che intende esercitare.

[Può, altresì, essere negata in considerazione del numero o della importanza degli istituti già esistenti.] [(1)]

La revoca della licenza importa l'immediata cessazione dalle funzioni delle guardie che dipendono dall'ufficio.

L'autorizzazione può essere negata o revocata per ragioni di sicurezza pubblica o di ordine pubblico.

(1) Comma abrogato dall'art. 4, co. 1, lett. f), d.l. 8.4.2008, n. 59.

137. – Il rilascio della licenza è subordinato al versamento nella cassa depositi e prestiti di una cauzione nella misura da stabilirsi dal Prefetto.

La cauzione sta a garanzia di tutte le obbligazioni inerenti all'esercizio dell'ufficio e della osservanza delle condizioni imposte dalla licenza.

Il Prefetto, nel caso di inosservanza, dispone con decreto che la cauzione, in tutto o in parte, sia devoluta all'erario dello Stato.

Lo svincolo e la restituzione della cauzione non possono essere ordinati dal Prefetto, se non quando, decorsi almeno tre mesi dalla cessazione dell'esercizio, il concessionario abbia provato di non avere obbligazioni da adempiere in conseguenza del servizio al quale l'ufficio era autorizzato.

138. – Le guardie particolari devono possedere i requisiti seguenti:

1° essere cittadino italiano o di uno Stato membro dell'Unione europea [1];
2° avere raggiunto la maggiore età ed avere adempiuto agli obblighi di leva;
3° sapere leggere e scrivere;
4° non avere riportato condanna per delitto;
5° essere persona di ottima condotta politica e morale [2];
6° essere munito della carta di identità;
7° essere iscritto alla cassa nazionale delle assicurazioni sociali e a quella degli infortuni sul lavoro.

Il Ministro dell'interno con proprio decreto, da adottarsi con le modalità individuate nel regolamento per l'esecuzione del presente testo unico, sentite le regioni, provvede all'individuazione dei requisiti minimi professionali e di formazione delle guardie particolari giurate. Costituisce requisito minimo, di cui al primo periodo, l'avere prestato servizio per almeno un anno, senza demerito, quale volontario di truppa delle Forze armate [3].

La nomina delle guardie particolari giurate deve essere approvata dal prefetto, previa verifica dell'esistenza di un rapporto di lavoro dipendente con un istituto di vigilanza autorizzato ai sensi dell'articolo 134 ovvero con uno dei soggetti che è legittimato a richiedere l'approvazione della nomina a guardia giurata ai sensi dell'articolo 133. Con l'approvazione, che ha validità biennale, il prefetto rilascia altresì, se ne sussistono i presupposti, la licenza per il porto d'armi, a tassa ridotta, con validità di pari durata [4].

Ai fini dell'approvazione della nomina a guardia particolare giurata di cittadini di altri Stati membri dell'Unione europea il prefetto tiene conto dei controlli e delle verifiche effettuati nello Stato membro d'origine per lo svolgimento della medesima attività. Si applicano le disposizioni di cui all'articolo 134-*bis*, comma 3 [5].

Le guardie particolari giurate, cittadini di Stati membri dell'Unione europea, possono conseguire la licenza di porto d'armi secondo quanto stabilito dal decreto legislativo 30 dicembre 1992, n. 527, e dal relativo regolamento di esecuzione, di cui al decreto del Ministro dell'interno 30 ottobre 1996, n. 635. Si osservano, altresì, le disposizioni degli articoli 71 e 256 del regolamento di esecuzione del presente testo unico [6].

Salvo quanto diversamente previsto, le guardie particolari giurate nell'esercizio delle funzioni di custodia e vigilanza dei beni mobili ed immobili cui sono destinate rivestono la qualità di incaricati di un pubblico servizio [7].

(1) Numero modificato dall'art. 33, co. 1, lett. c), l. 1.3.2002, n. 39.
(2) La Corte costituzionale, con sentenza 25.7.1996, n. 311, ha dichiarato l'illegittimità costituzionale di questo numero, nella parte in cui, stabilendo i requisiti che devono possedere le guardie particolari giurate: a) consente di valutare la condotta "politica" dell'aspirante; b) richiede una condotta morale "ottima" anziché "buona"; c) consente di valutare la condotta "morale" per aspetti non incidenti sull'attuale attitudine ed affidabilità dell'aspirante ad esercitare le relative funzioni.
(3) Comma introdotto dall'art. 4, co. 1, lett. g), n. 1), d.l. 8.4.2008, n. 59 e, poi, modificato dall'art. 11, co. 3, d.lgs. 28.1.2014, n. 8.
(4) Comma sostituito dall'art. 10, co. 1, lett. b), l. 28.11.2005, n. 246 e, poi, modificato dall'art. 37 quinquies, co. 1, d.l. 14.8.2020, n. 104, conv., con modif., dalla l. 13.10.2020, n. 126.
(5) Comma introdotto dall'art. 4, co. 1, lett. g), n. 2), d.l. 8.4.2008, n. 59.
(6) Comma introdotto dall'art. 33, co. 1, lett. d), l. 1.3.2002, n. 39.
(7) Comma introdotto dall'art. 4, co. 1, lett. g), n. 3), d.l. 8.4.2008, n. 59.

139. – Gli uffici di vigilanza e di investigazione privata sono tenuti a prestare la loro opera a richiesta dell'autorità di pubblica sicurezza e i loro agenti sono obbligati ad aderire a tutte le richieste ad essi rivolte dagli ufficiali o dagli agenti di pubblica sicurezza o di polizia giudiziaria.

140. – I contravventori alle disposizioni di questo titolo sono puniti con l'arresto fino a due anni e con l'ammenda da euro 206 a euro 619 [1] [2].

(1) Secondo quanto previsto dall'art. 3, l. 12.7.1961, n. 603, le pene pecuniarie, di cui al presente comma, sono moltiplicate per quaranta. Successivamente l'art. 113, co. 1, l. 24.11.1981, n. 689, ha ulteriormente incrementato la misura delle pene pecuniarie moltiplicandole per cinque.
(2) Secondo quanto previsto dall'art. 51, co. 1, d.lgs. 24.6.1998, n. 213, a decorrere dal 1.1.1999, gli importi delle sanzioni qui previsti sono convertiti in Euro.

141. – I provvedimenti del Prefetto nelle materie prevedute in questo titolo sono definitivi.

Capo II
Delle persone sospette, dei liberati dal carcere o dagli stabilimenti per misure di sicurezza, del rimpatrio e degli espatri abusivi

157. – Chi, fuori del proprio comune, desta sospetti con la sua condotta e, alla richiesta degli ufficiali o agenti di pubblica sicurezza, non può o non vuol dare contezza di sé mediante l'esibizione della carta d'identità o con altro mezzo degno di fede, è condotto dinanzi l'autorità locale di pubblica sicurezza. Questa, qualora trovi fondati i sospetti, può farlo rimpatriare con foglio di via obbligatorio o anche, secondo le circostanze, per traduzione [1].

Questa disposizione si applica anche alle persone

pericolose per l'ordine e la sicurezza pubblica o per la pubblica moralità [2].

L'autorità di pubblica sicurezza può vietare a chi è rimpatriato con foglio di via obbligatorio o per traduzione di ritornare nel comune dal quale è allontanato, senza preventiva autorizzazione dell'autorità stessa [3].

I contravventori sono puniti con l'arresto da uno a sei mesi. Scontata la pena, sono tradotti al luogo di rimpatrio.

(1) La Corte costituzionale, con sentenza 14.6.1956, n. 2, ha dichiarato l'illegittimità costituzionale di questo comma, nella parte relativa al rimpatrio obbligatorio o per traduzione di persone sospette.

(2) La Corte costituzionale, con sentenza 14.6.1956, n. 2, ha dichiarato l'illegittimità costituzionale di questo comma, nelle parti relative al rimpatrio per traduzione.

(3) La Corte costituzionale, con sentenza 14.6.1956, n. 2, ha dichiarato l'illegittimità costituzionale di questo comma, nelle parti relative al rimpatrio per traduzione.

158. – Chiunque, senza essere munito di passaporto o di altro documento equipollente a termini di accordi internazionali, espatrii o tenti di espatriare, quando il fatto sia stato determinato, in tutto o in parte, da motivi politici, è punito con la reclusione da due a quattro anni e con la multa non inferiore a lire euro 10,32 [1] [2].

In ogni altro caso, chiunque espatrii o tenti di espatriare senza essere munito di passaporto è punito con l'arresto da tre mesi a un anno e con l'ammenda da euro 206 a euro 619 [3] [4].

È autorizzato l'uso delle armi, quando sia necessario, per impedire i passaggi abusivi attraverso i valichi di frontiera non autorizzati.

(1) La Corte costituzionale, con sentenza 5.3.1959, n. 19, ha dichiarato l'illegittimità costituzionale di questo comma, in riferimento all'art. 16 della Costituzione. Ne deriva che all'ammontare della multa qui previsto non è stato applicato l'aumento di cui all'art. 3, l. 12.7.1961, n. 603, nonché quello di cui all'art. 113, co. 1, l. 24.11.1981, n. 689.

(2) Secondo quanto previsto dall'art. 51, co. 1, d.lgs. 24.6.1998, n. 213, a decorrere dal 1.1.1999, gli importi delle sanzioni qui previsti sono convertiti in Euro.

(3) Secondo quanto previsto dall'art. 3, l. 12.7.1961, n. 603, le pene pecuniarie qui previste sono moltiplicate per quaranta. L'art. 113, co. 1, l. 24.11.1981, n. 689 ha poi ulteriormente incrementato la misura delle pene pecuniarie moltiplicandole per cinque.

(4) Secondo quanto previsto dall'art. 51, co. 1, d.lgs. 24.6.1998, n. 213, a decorrere dal 1.1.1999, gli importi delle sanzioni qui previsti sono convertiti in Euro.

159. – Il Ministro dell'interno, o, per sua delegazione, le autorità di pubblica sicurezza, possono, per motivi di pubblica sicurezza o in casi eccezionali di pubbliche o private sventure, fornire i mezzi di viaggio gratuito agli indigenti a fine di rimpatrio.

160. – Per le finalità di prevenzione generale di reati e per l'esercizio del potere di proposta di cui all'articolo 17, comma 1, del decreto legislativo 6 settembre 2011, n. 159, le cancellerie dei tribunali e delle corti di appello hanno l'obbligo di trasmettere ogni quindici giorni, anche per via telematica, il dispositivo delle sentenze di condanne irrevocabili a pene detentive al questore della provincia in cui il condannato ha la residenza o l'ultima dimora e al direttore della Direzione investigativa antimafia. Analogo obbligo sussiste per le cancellerie presso la sezione misure di prevenzione e presso l'ufficio G.I.P. del tribunale in relazione alla comunicazione di copia dei provvedimenti ablativi o restrittivi, emessi nell ambito delle rispettive attribuzioni, alle questure competenti per territorio e alla Direzione investigativa antimafia [1].

(1) Articolo sostituito dall'art. 27, co. 1, d.l 4.10.2018, n. 1 3, conv., con modif., dalla l. 1.12.2018, n. 132.

161. – I direttori degli stabilimenti carcerari o degli stabilimenti per misure di sicurezza detentiva hanno l'obbligo di segnalare per iscritto, quindici giorni prima, la liberazione di ogni condannato al Questore, che ne informa, nei tre giorni successivi, quello della provincia alla quale il liberato è diretto.

162. – I condannati per delitto a pena detentiva o per contravvenzione all'ammonizione o che debbono essere sottoposti alla libertà vigilata hanno l'obbligo, appena dimessi dal carcere o dagli stabilimenti indicati nell'articolo precedente, di presentarsi all'autorità di pubblica sicurezza locale, che li provvede del foglio di via obbligatorio, se necessario [1].

I pregiudicati pericolosi possono essere tradotti in istato di arresto davanti all'autorità predetta [2].

(1) La Corte costituzionale, con sentenza 24.5.1963, n. 72, ha dichiarato l'illegittimità costituzionale di questo comma quanto alla parte "che li provvede del foglio di via obbligatorio, se necessario".

(2) La Corte costituzionale, con sentenza 24.5.1963, n. 72, ha dichiarato l'illegittimità costituzionale di questo comma.

163. – Le persone rimpatriate con foglio di via obbligatorio non possono allontanarsi dall'itinerario ad esse tracciato.

Nel caso di trasgressione esse sono punite con l'arresto da uno a sei mesi.

Scontata la pena, sono fatte proseguire per traduzione.

La stessa pena si applica alle persone che non si presentano, nel termine prescritto, all'autorità di pubblica sicurezza indicata nel foglio di via.

TITOLO X
Disposizioni finali e transitorie

220. – Gli ufficiali e gli agenti della polizia giudiziaria e della forza pubblica devono arrestare chi è colto in flagranza dei reati preveduti dagli artt. 19, 24 85, 113, 157, 158, 163, 216 e 217 di questo testo unico [1].

(1) La Corte costituzionale, con sentenza 20.3.1970, n. 39, ha dichiarato l'illegittimità costituzionale di questo articolo, nella parte in cui, richiamando l'art. 85 precedente, impone l'arresto in flagranza di chi contravvenga al divieto di comparire mascherato in luogo pubblico o aperto al pubblico.

221. – Con decreto reale, su proposta del Ministro dell'interno, saranno pubblicati il regolamento generale per l'esecuzione di questo testo unico e i regolamenti speciali necessari per determinare materie da esso regolate.

Salvo quanto previsto dall'art. 221-*bis*, le contravvenzioni alle disposizioni di tali regolamenti sono punite con l'arresto fino a due mesi o con l'ammenda fino a euro 103 [(1) (2)].

Fino a quando non saranno emanati i regolamenti suindicati, rimangono in vigore le disposizioni attualmente esistenti sulle materie regolate in questo testo unico, in quanto non siano incompatibili con le norme in esso contenute.

(1) Comma sostituito dall'art. 6, d.lgs. 13.7.1994, n. 480.
(2) Secondo quanto previsto dall'art. 51, co. 1, d.lgs. 24.6.1998, n. 213, a decorrere dal 1.1.1999, gli importi delle sanzioni di cui al presente comma, sono convertiti in Euro.

221 bis. – 1. Le violazioni alle disposizioni di cui agli articoli 156, 187 e 225 del regolamento di esecuzione del presente testo unico, approvato con R.D. 6 maggio 1940, n. 635, sono soggette alla sanzione amministrativa del pagamento di una somma da lire un milione a lire sei milioni.

2. Le violazioni alle disposizioni di cui agli articoli 121, 131, 146, 149, 180, 181, 185, 186, 192, 196, 199, 211, 219, 220, 221, 222, 229, 230, commi da 1 a 3, 240, 241, 242, limitatamente alle attività previste dall'art. 126 del presente testo unico, e 260 del regolamento di esecuzione, approvato con R.D. 6 maggio 1940, n. 635, sono soggette alla sanzione amministrativa del pagamento di una somma da euro 516 a euro 3.098 [(1) (2)].

(1) Articolo introdotto dall'art. 7, d.lgs. 13.7.1994, n. 480.
(2) Secondo quanto previsto dall'art. 51, co. 1, d.lgs. 24.6.1998, n. 213, a decorrere dal 1.1.1999, gli importi delle sanzioni di cui al presente comma, sono convertiti in Euro.

2. R.D. 6 maggio 1940, n. 635. – Regolamento per l'esecuzione del T.U. 18 giugno 1931, n. 773, delle leggi di pubblica sicurezza (*artt. 1-7, 10, 11, 19-28, 33-60, 73-88, 93-99, 214-223, 230, 231, 249-260 quater*) [(1) (2)]

In Gazzetta Ufficiale 26 giugno 1940, n. 149, S.O.

(1) Le prefetture sono trasformate in uffici territoriali del governo a decorrere dalla data nomina del primo governo costituito a seguito delle prime elezioni politiche successive all'entrata in vigore del d.lgs. 30.7.1999, n. 300. Il prefetto preposto a questo ufficio nel capoluogo della regione assume anche le funzioni di commissario del governo (art. 11, d.lgs. n. 300/1999, cit.).

(2) Il d.lgs. 19.2.1998, n. 51 ha soppresso l'ufficio del pretore e, fuori dai casi espressamente previsti da questo decreto, le relative competenze sono da intendersi trasferite al tribunale ordinario. Lo stesso decreto ha soppresso l'ufficio del pubblico ministero presso la pretura circondariale e ha provveduto a trasferirne le relative funzioni all'ufficio del pubblico ministero presso il tribunale ordinario. Qualora il presente provvedimento attribuisca, inoltre, funzioni amministrative alternativamente al pretore e ad organi della P.A., le attribuzioni pretorili si intendono soppresse. Sono altresì soppresse le funzioni amministrative di altre autorità giurisdizionali, eccezion fatta per il giudice di pace, se attribuite in via alternativa tanto al pretore che ad organi della P.A. Il potere del pretore di rendere esecutivi atti emanati da autorità amministrative è soppresso e gli atti sono esecutivi di diritto. Infine, qualora questo provvedimento preveda l'obbligo di determinati soggetti di rendere giuramento innanzi al pretore per l'esercizio di attività, questo si intende reso innanzi al sindaco o ad un suo delegato.

TITOLO I
Dei provvedimenti di polizia e della loro esecuzione

1. – L'autorità di pubblica sicurezza è provinciale e locale.

Sono autorità provinciali il Prefetto ed il Questore.

È autorità locale, in ciascun comune, il funzionario preposto all'ufficio di pubblica sicurezza. Nei comuni dove non esiste un ufficio di pubblica sicurezza, è autorità locale il Podestà [(1)] o chi ne fa le veci.

(1) Ora, Sindaco.

2. – Il Prefetto sopraintende alla pubblica sicurezza ed, in particolare, esercita nella provincia le attribuzioni deferite dalle leggi alla sua competenza.

3. – Il Questore ha, alla dipendenza del Prefetto, la direzione tecnica di tutti i servizi di polizia e d'ordine pubblico nella provincia. Egli esercita tutte le altre attribuzioni deferite dalle leggi alla sua competenza.

4. – L'autorità locale di pubblica sicurezza esercita nell'ambito della circoscrizione del comune, le attribuzioni che le leggi deferiscono alla sua competenza.

Il Prefetto può, con decreto, incaricare i funzionari preposti ad uffici distaccati di pubblica sicurezza di vigilare sull'andamento generale dei servizi di pubblica sicurezza nei comuni vicini a quello di loro residenza.

Quando le esigenze del servizio lo richiedono, il Prefetto, od il Questore con l'assenso del Prefetto, possono inviare funzionari di pubblica sicurezza nei comuni per assumere la direzione dei servizi di polizia.

Durante la permanenza dei funzionari nei comuni, resta sospesa la competenza dei Podestà [(1)] relativamente ai servizi di polizia.

(1) Ora, Sindaco.

4 bis. – In deroga a quanto previsto dall'articolo 43 del testo unico della legge sugli ufficiali ed agenti di pubblica sicurezza, approvato con regio decreto 31 agosto 1907, n. 690, il prefetto, in attuazione delle direttive del Ministro dell'interno, ed a richiesta delle amministrazioni interessate, provvede all'attribuzione della qualità di agente di pubblica sicurezza alle guardie telegrafiche e di strade ferrate, ai cantonieri di cui all'articolo 12 del codice della strada emanato con decreto legislativo 30 aprile 1992, n. 285, e successive modificazioni e integrazioni, e agli altri agenti destinati all'esecuzione ed all'osservanza di speciali leggi e regolamenti, che risultino:

a) essere maggiorenni;
b) essere in possesso del diploma di scuola media inferiore;
c) non avere subito condanna a pena detentiva per delitto non colposo e non essere stato sottoposto a misura di prevenzione;
d) avere il godimento dei diritti civili e politici.

Sono fatti salvi gli ulteriori requisiti richiesti per l'accesso allo specifico impiego per il quale è richiesta la qualità di agente di pubblica sicurezza.

All'atto dell'attribuzione della qualità di agente di pubblica sicurezza, l'interessato è tenuto a prestare giuramento, in deroga all'articolo 231 del decreto legislativo 19 febbraio 1998, n. 51, davanti al prefetto o suo delegato, con la seguente formula: "Giuro di essere fedele alla Repubblica italiana e al suo Capo, di osservare lealmente le leggi dello Stato e delle regioni e di adempiere alle funzioni affidatemi con coscienza e diligenza e con l'unico intento di perseguire il pubblico interesse.

L'attribuzione della qualità di agente di pubblica sicurezza è revocata, previa contestazione e nel rispetto del principio del contraddittorio, qualora venga a mancare taluno dei requisiti prescritti, ed è sospesa nei casi in cui la legge prevede la sospensione dal servizio o, comunque, quando nei confronti dell'interessato è adottato un provvedimento restrittivo della libertà personale.

Le disposizioni del presente articolo, si osservano in tutti i casi in cui disposizioni di legge o di regolamento rimettono all'autorità amministrativa il riconoscimento della qualità di agente di pubblica sicurezza, fatte salve le disposizioni in vigore per la polizia municipale [1].

(1) Articolo introdotto dall'art. 5, d.P.R. 28.5.2001, n. 311.

5. – Per la composizione dei privati dissidi di cui all'art. 1 della legge [1], l'autorità di pubblica sicurezza invita le parti a comparire dinanzi ad essa in un termine congruo pel tentativo di conciliazione.

(1) Si tratta del r.d. 18.6.1931, n. 773, con il quale è stato approvato il T.U.L.P.S.

6. – L'autorità di pubblica sicurezza chiarisce alle parti la questione di fatto e i principii di diritto ad essa applicabili senza imporre il suo giudizio, e, salvi gli eventuali provvedimenti di competenza dell'autorità giudiziaria, adotta, ove sia il caso, o un provvedimento conservativo di soddisfazione delle parti in contesa o un temperamento di equità che valga a prevenire eventuali incidenti.

Del seguito procedimento si prende nota negli atti di ufficio e si stende processo verbale, ove lo si ritenga necessario.

Il processo verbale, firmato dalle parti e dal funzionario, può essere prodotto e fa fede in giudizio, avendo valore di scrittura privata riconosciuta. Se le parti non possono sottoscrivere, se ne fa menzione.

7. – I rilievi segnaletici per le persone pericolose o sospette e per coloro che non siano in grado o si rifiutino di provare la propria identità, giusta l'art. 4 della legge [1], sono descrittivi, fotografici, dattiloscopici e antropometrici.

La carta d'identità da rilasciarsi alle persone pericolose o sospette, a termini del citato art. 4, deve essere conforme al modello allegato al presente regolamento, senza particolari rilievi od annotazioni.

Le impronte digitali sono apposte sui cartellini da conservarsi presso l'ufficio comunale e l'ufficio provinciale di pubblica sicurezza.

(1) Si tratta del r.d. 18.6.1931, n. 773, con il quale è stato approvato il T.U.L.P.S.

10. – Il Ministro dell'interno può, in qualunque tempo, sia sopra denuncia, sia per propria iniziativa, dichiarare, con decreto, la nullità degli atti e dei provvedimenti delle autorità di pubblica sicurezza che contengano violazioni di legge o di regolamenti generali o speciali o che ritenga non fondati sopra una causa di pubblico interesse.

11. – Le autorizzazioni di polizia sono concesse esclusivamente ai fini di polizia e non possono essere invocate per escludere o diminuire la responsabilità civile o penale in cui i concessionari possano essere incorsi nell'esercizio concreto della loro attività.

In deroga a quanto previsto dall'articolo 13 della legge, le autorizzazioni di cui al titolo III della stessa legge, la cui durata non sia già stabilita da altre leggi statali o regionali, hanno carattere permanente, salvo che si riferiscano ad attività da svolgersi per un tempo determinato [1].

Nel caso di trasferimento di taluna delle attività di cui al titolo III della legge in locali diversi da quelli per i quali l'autorizzazione è stata rilasciata, o di sostanziali modificazioni degli stessi, restano in vigore le disposizioni di legge o di regolamento che subordinano l'esercizio dell'attività alla verifica di idoneità, comunque definita, dei locali medesimi [1].

(1) Comma introdotto dall'art. 2, d.P.R. 28.5.2001, n. 311.

TITOLO II
Disposizioni relative all'ordine pubblico e alla incolumità pubblica

19. – Fermo il disposto dell'art. 15, l'avviso per le riunioni pubbliche di cui è parola nell'art. 18 della legge [1], deve contenere l'indicazione del giorno, dell'ora, del luogo e dell'oggetto della riunione; le generalità di coloro che sono designati a prendere la parola nonché le generalità e la firma dei promotori.

L'avviso deve pervenire al Questore almeno tre giorni prima di quello fissato per la riunione.

(1) Si tratta del r.d. 18.6.1931, n. 773, con il quale è stato approvato il T.U.L.P.S.

20. – Insieme con l'avviso può essere richiesto il consenso scritto per l'occupazione temporanea del luogo pubblico o aperto al pubblico, da parte dell'autorità competente, o di chi dispone del locale destinato alla riunione.

È vietato l'uso delle chiese e degli altri luoghi sacri per manifestazioni estranee al sentimento religioso o per scopi non attinenti al culto.

21. – Quando il Questore vieti la riunione per ragioni di ordine pubblico, di moralità o di sanità pubblica ovvero imponga speciali prescrizioni, a termini del quarto comma dell'art. 18 della legge, ne dà notizia ai promotori o direttamente o per mezzo dell'autorità di pubblica sicurezza.

L'avvenuta comunicazione dovrà risultare da processo verbale.

22. – L'autorità di pubblica sicurezza assiste alle riunioni per mezzo dei suoi funzionari ed agenti.

23. – L'ufficiale di pubblica sicurezza preposto al servizio impartisce le occorrenti istruzioni ai comandanti della forza pubblica e della forza armata, presenti sul posto, chiarendo ad essi gli obbiettivi da conseguire.

Le sue disposizioni non possono essere modificate senza suo ordine.

24. – Quando occorra sciogliere una riunione od un assembramento, il funzionario di pubblica sicurezza, ove non indossi l'uniforme di servizio, deve mettersi ad armacollo la sciarpa tricolore.

L'ufficiale od il sottufficiale dei CC. RR. deve essere in divisa.

L'invito a sciogliersi e le intimazioni si fanno "in nome della legge".

25. – Qualora non sia possibile disporre della tromba per le formalità di cui all'art. 23 della legge [1], lo scioglimento della riunione è ordinato con tre intimazioni ad alta voce.

(1) Si tratta del r.d. 18.6.1931, n. 773, con il quale è stato approvato il T.U.L.P.S.

26. – Nel caso di scioglimento di una riunione o di un assembramento, a termini dell'art. 24 della legge [1], non si può adoperare la forza prima che l'ufficiale di pubblica sicurezza o il sottufficiale dei carabinieri, preposto al servizio, ne abbia dato ordine.

(1) Si tratta del r.d. 18.6.1931, n. 773, con il quale è stato approvato il T.U.L.P.S.

27. – Eseguito lo scioglimento di una riunione o di un assembramento, l'ufficiale di pubblica sicurezza o il sottufficiale dei carabinieri preposto al servizio redige verbale sulle varie fasi della riunione, sui reati eventualmente commessi, sugli autori di essi e sulle misure adottate per il mantenimento dell'ordine.

Ove sia il caso, il verbale è trasmesso, entro ventiquattro ore, all'autorità giudiziaria per l'esercizio dell'azione penale.

28. – Quando sia omesso l'avviso di cui all'art. 18 della legge [1], l'autorità locale di pubblica sicurezza informa immediatamente il Questore, e, in caso di urgenza, provvede, sotto la propria responsabilità, o ad impedire che la riunione abbia luogo o a vigilarne lo svolgimento, riferendone subito al Questore per gli ulteriori provvedimenti.

(1) Si tratta del r.d. 18.6.1931, n. 773, con il quale è stato approvato il T.U.L.P.S.

33. – Sono "armi da guerra", ai sensi dell'articolo 28 della legge [1], le armi di ogni specie, da punta, da taglio e da sparo, destinate o che possono essere destinate per l'armamento delle truppe nazionali o straniere, o per qualsiasi uso militare.

Sono armi "tipo guerra" quelle che presentano caratteristiche analoghe alle armi da guerra.

Sono "munizioni da guerra" le cartucce, i proiettili, le bombe, la polvere, le capsule ed ogni altra materia destinata al caricamento delle armi da sparo belliche, o comunque ad impiego bellico.

(1) Si tratta del r.d. 18.6.1931, n. 773, con il quale è stato approvato il T.U.L.P.S.

34. – La domanda per ottenere la licenza del Ministero dell'interno per la fabbricazione dei materiali da guerra contemplati dall'art. 28 della legge [1], oltre alle generalità complete e alla firma del richiedente, deve contenere le indicazioni relative:

a) all'ubicazione delle officine;
b) alla specie e al quantitativo dei materiali che s'intende fabbricare;
c) al periodo di tempo entro il quale il richiedente si propone di portare a termine i singoli allestimenti.

Le variazioni relative al quantitativo dei materiali da fabbricare devono essere comunicate, di volta in volta, al Prefetto.

Le indicazioni di cui alle lettere a) e b) di quest'articolo devono essere riportate sulla licenza.

(1) Si tratta del r.d. 18.6.1931, n. 773, con il quale è stato approvato il T.U.L.P.S.

35. – Gli stabilimenti per le produzioni dei materiali da guerra sono sottoposti alla vigilanza del Ministero dell'interno, che la esercita per mezzo dei funzionari a ciò delegati.

La sorveglianza tecnica può essere esercitata anche dal Ministero della difesa, i cui delegati, tecnici o militari, hanno facoltà di visitare gli stabilimenti in ogni tempo.

36. – È in facoltà del Ministero per l'interno di determinare la specie e la quantità dei materiali da guerra che la ditta produttrice può tenere in deposito; di sospendere la produzione, e di ritirare i materiali già fabbricati o in corso di fabbricazione.

37. – La domanda per l'autorizzazione a raccogliere o detenere materiali da guerra deve contenere, oltre alle generalità e alla firma del richiedente, le indicazioni relative alle specie e alla quantità delle armi o dei materiali e ai locali dove sono detenuti.

Queste indicazioni sono riportate sulla licenza. La licenza è necessaria anche per la detenzione di una sola arma o munizioni da guerra o tipo guerra.

Senza licenza del Ministero per l'interno è vietata la vendita o comunque la cessione delle armi o delle munizioni da guerra anche alle persone autorizzate al commercio delle armi o delle munizioni da guerra.

38. – La domanda per l'autorizzazione ad importare i materiali da guerra, oltre alle generalità e alla firma del richiedente, deve indicare:
a) lo Stato da cui i materiali sono importati e la ditta, persona od ente, che li fornisce;
b) le generalità e la residenza del destinatario, nonché il luogo dove i materiali devono essere ricevuti;
c) la specie e la quantità dei materiali.

Le indicazioni di cui alle lettere a), b), c) di quest'articolo devono essere riportate sulla licenza.

39. – Per ottenere la licenza ad esportare materiale da guerra, si deve indicare, con le generalità del richiedente:
a) lo Stato a cui i materiali sono diretti e la ditta, persona od ente, cui sono ceduti;
b) la fabbrica o il deposito da cui partono;
c) la specie e la quantità dei materiali.

Le indicazioni di cui alle lettere a), b), c) di quest'articolo devono essere riportate sulla licenza.

40. – Le domande per il transito nel territorio dello Stato di materiale da guerra e le relative licenze devono contenere le indicazioni di cui agli artt. 38 e 39 del presente regolamento.

41. – La licenza per l'esportazione, per l'importazione o per il transito di materiali da guerra deve essere rilasciata per ogni singola spedizione e deve essere esibita agli uffici di dogana.

42. – Il permesso per passeggiate in forma militare con armi, di cui all'art. 29 della legge, è subordinato al possesso della licenza di porto di armi in chi vi partecipa, salvo che non sia altrimenti autorizzato ad andare armato.

43. – È considerata passeggiata in forma militare con armi l'adunata, anche in luoghi privati, di corpi od associazioni con armi [1], nonché l'intervento in feste, funzioni o trattenimenti in luoghi pubblici od aperti al pubblico.

Nelle passeggiate in forma militare non possono portarsi munizioni.

44. – Sono considerate armi comuni da sparo, ai sensi dell'art. 30 della legge [1]:
a) tutti i fucili con una o più canne ad anima liscia, comprese le spingarde;
b) i fucili con due canne rigate purché non idonei ad impiegare cartuccia con pallottola totalmente blindata;
c) i fucili con due o tre canne, miste (una liscia e una rigata oppure due canne lisce ed una rigata), purché non idonei ad impiegare cartucce con pallottola totalmente blindata;
d) i fucili ad una sola canna rigata che, pur potendo impiegare cartucce con pallottola parzialmente blindata, abbiano una gittata non superiore ai 500 metri con alzo di mira massimo di metri 300;
e) le rivoltelle o pistole a rotazione, di qualsiasi peso, calibro e dimensione;
f) le pistole automatiche il cui potere di arresto non sia superiore a 25 metri.

Sono pure considerate armi da sparo quelle denominate "da bersaglio da sala" e quelle ad aria compressa, siano lunghe che corte.

(1) Si tratta del r.d. 18.6.1931, n. 773, con il quale è stato approvato il T.U.L.P.S.

45. – Per gli effetti dell'art. 30 della legge [1], sono considerati armi gli strumenti da punta e taglio, la cui destinazione naturale è l'offesa alla persona, come pugnali, stiletti e simili.

Non sono considerati armi, per gli effetti dello stesso articolo, gli strumenti da punta e da taglio, che, pur potendo occasionalmente servire all'offesa, hanno una specifica e diversa destinazione, come gli strumenti da lavoro, e quelli destinati ad uso domestico, agricolo, scientifico, sportivo, industriale e simili.

(1) Si tratta del r.d. 18.6.1931, n. 773, con il quale è stato approvato il T.U.L.P.S.

46. – Le domande dirette ad ottenere l'autorizzazione per fabbricare, introdurre dall'estero, esportare o far transitare nel territorio dello Stato armi comuni devono contenere: per la fabbricazione, le indicazioni di cui al primo comma e alle lettere a), b), c), dell'art. 34, per l'introduzione dall'estero, quelle di cui al primo comma e alle lettere a), b), c), dell'art. 38; per l'esportazione, quelle di cui al primo comma ed alle lettere a), b), c), dell'art. 39; per il transito, quelle di cui all'art. 40 del presente regolamento.

Le indicazioni stesse devono essere riportate sulla licenza.

47. – Le domande per l'autorizzazione a fare raccolta di armi a fine di commercio od industria, a smerciarle o esporle in vendita, devono contenere, oltre alle generalità e alla firma dei richiedenti, le indicazioni relative alla specie e alla quantità delle armi, nonché ai locali dove le armi sono raccolte, esposte in vendita o detenute per la vendita.

La licenza per la collezione di armi ha carattere permanente e può essere rilasciata anche per una sola arma comune da sparo quando l'interessato non intenda avvalersi della facoltà di detenere l'arma e il relativo munizionamento, per farne uso, previa la denuncia di cui all'articolo 38 della legge. Se la collezione riguarda armi artistiche, rare o antiche, la licenza deve contenere anche l'indicazione dell'epoca a cui risalgono le armi [1].

(1) Comma sostituito dall'art. 3, d.P.R. 28.5.2001, n. 311.

48. – La licenza di cui all'art. 31 della legge [1], per la introduzione di armi dall'estero o per l'esportazione, è rilasciata dal Questore della provincia nella quale si trova il comune dove le armi sono dirette o donde sono spedite.

Sulle domande di transito provvede il Questore della provincia di confine dal quale le armi sono introdotte.

Alle licenze contemplate da quest'articolo si applica il disposto dell'art. 41 del presente regolamento.

(1) Si tratta del r.d. 18.6.1931, n. 773, con il quale è stato approvato il T.U.L.P.S.

49. – È vietata l'introduzione nel territorio dello Stato di armi, di cui non sia permesso il porto, a meno che l'introduzione non sia richiesta per comprovate ragioni di studio o da chi sia munito di licenza per collezione di armi artistiche, rare o antiche, a termine dell'ultimo comma dell'art. 31 della legge [1].

(1) Si tratta del r.d. 18.6.1931, n. 773, con il quale è stato approvato il T.U.L.P.S.

50. – L'avviso per il trasporto delle armi nell'interno dello Stato, di cui è parola nel primo e nel secondo comma dell'art. 34 della legge [1], deve essere presentato al Questore della provincia donde le armi sono spedite.

Ove il Questore autorizzi il trasporto, appone il visto sull'avviso.

L'avviso col visto deve accompagnare le armi.

(1) Si tratta del r.d. 18.6.1931, n. 773, con il quale è stato approvato il T.U.L.P.S.

51. – La dichiarazione di chi esercita l'industria della riparazione delle armi deve contenere le seguenti indicazioni:

a) l'esatta ubicazione dell'officina;
b) gli operai occupati in essa;
c) il tipo di riparazioni per cui l'officina è attrezzata.

Oltre all'eventuale trasferimento, deve essere notificato al Questore ogni mutamento nelle condizioni denunciate nella prima dichiarazione.

52. – I commercianti di armi e coloro che esercitano l'industria delle riparazioni delle armi possono dare incarico ai propri commessi di portare le armi ai loro clienti che risiedono nel comune. I commessi devono essere muniti di apposita tessera di riconoscimento, che è vidimata dall'autorità locale di pubblica sicurezza e ritirata dal principale dopo avvenuta la consegna delle armi.

Non può essere dato incarico a persone che non diano affidamento per età e per condotta.

53. – L'autorità di pubblica sicurezza ha facoltà di stabilire speciali condizioni per il trasporto delle armi.

È vietato il trasporto di armi da sparo cariche.

54. – Nel registro di cui all'art. 35 della legge [1], si prende nota della data dell'operazione; della persona o della ditta con la quale l'operazione è compiuta, della specie, contrassegni e quantità delle armi acquistate o vendute, del relativo prezzo e del modo col quale l'acquirente ha dimostrato la propria identità personale.

È permessa la vendita delle armi lunghe da fuoco al minore che esibisca la licenza di porto d'armi.

(1) Si tratta del r.d. 18.6.1931, n. 773, con il quale è stato approvato il T.U.L.P.S.

55. – La licenza pel trasporto di un campionario di armi non può essere rilasciata, dal Questore della provincia dalla quale si muove, che per le armi delle quali è permesso il porto e per la quantità strettamente necessaria ad uso campionario.

La qualità e la quantità delle armi sono indicate nella licenza. Questa deve essere vidimata dai Questori delle province che si intende percorrere.

La licenza di campionario non autorizza il titolare, che non sia munito del permesso di porto d'armi, a portare armi per uso personale.

56. – Chi è autorizzato alla vendita ambulante degli strumenti da punta e da taglio atti ad offendere, a termine dell'art. 37 della legge [1], è tenuto a far vidimare la licenza dai Questori delle province che intende percorrere, col pagamento delle tasse di bollo eventualmente previste per tali vidimazioni dalle leggi finanziarie.

(1) Si tratta del r.d. 18.6.1931, n. 773, con il quale è stato approvato il T.U.L.P.S.

57. – L'obbligo della denuncia delle armi, delle munizioni o delle materie esplodenti, di cui all'art. 38 della legge [1], non incombe alle persone autorizzate alla fabbricazione, all'introduzione o al commercio delle armi o delle materie esplodenti.

Le persone munite della licenza di porto d'armi sono tenute alla denuncia.

(1) Si tratta del r.d. 18.6.1931, n. 773, con il quale è stato approvato il T.U.L.P.S.

58. – La denuncia è fatta nelle forme indicate dall'art. 15 del presente regolamento e deve contenere indicazioni precise circa le caratteristiche delle armi, delle munizioni e delle materie esplodenti; con le stesse forme deve essere denunciata qualsiasi modificazione nella specie e nella quantità.

Non è ammessa la detenzione di bombe cariche.

In caso di trasferimento del detto materiale da una località all'altra del territorio dello Stato, salvo l'obbligo di cui all'art. 34, secondo comma, 1 [1] il possessore deve ripetere la denuncia di cui all'art. 38 della legge [1], nella località dove il materiale stesso è stato trasportato.

Chi denuncia un'arma deve anche indicare tutte le altre armi di cui è in possesso e il luogo dove si trovano, anche se sono state precedentemente denunciate.

(1) Si tratta del r.d. 18.6.1931, n. 773, con il quale è stato approvato il T.U.L.P.S.

59. – Chi presiede pubbliche aste di vendita di armi deve trasmettere al Questore copia del verbale di aggiudicazione, con l'indicazione delle generalità e della residenza degli aggiudicatari, sia che questi agiscano in nome proprio che per persona da nominare.

Se gli aggiudicatari non appartengono al comune in cui ha luogo l'asta, copia del verbale di aggiudicazione è dal Questore trasmessa all'autorità di pubblica sicurezza competente per territorio.

60. – L'ordine del Prefetto per la consegna delle armi o delle materie esplodenti, di cui all'art. 40 della legge [(1)], può essere dato con pubblico manifesto.

La consegna è eseguita, nel termine stabilito dal Prefetto, all'autorità di pubblica sicurezza o presso determinati depositi, dove le armi e le materie esplodenti sono temporaneamente custodite senza spesa, a cura dell'autorità di pubblica sicurezza o dell'autorità militare, che rilascia ricevuta.

(1) Si tratta del r.d. 18.6.1931, n. 773, con il quale è stato approvato il T.U.L.P.S.

73. – Il Capo della polizia, i Prefetti, i vice-prefetti, gli ispettori provinciali amministrativi, gli ufficiali di pubblica sicurezza, i Pretori e i magistrati addetti al pubblico Ministero o all'ufficio di istruzione, sono autorizzati a portare senza licenza le armi di cui all'art. 42 della legge [(1)].

Gli agenti di pubblica sicurezza, contemplati dagli artt. 17 e 18 della legge 31 agosto 1907, n. 690, portano, senza licenza, le armi di cui sono muniti, a termini dei rispettivi regolamenti.

Gli agenti di pubblica sicurezza, riconosciuti a norma dell'art. 43 della legge 31 agosto 1907, n. 690 o di disposizioni speciali, possono portare, senza licenza, le armi di cui al capoverso precedente, soltanto durante il servizio o per recarsi al luogo ove esercitano le proprie mansioni e farne ritorno, sempre quando non ostino disposizioni di legge.

La facoltà di portare le armi senza licenza è attribuita soltanto ai fini della difesa personale.

(1) Si tratta del r.d. 18.6.1931, n. 773, con il quale è stato approvato il T.U.L.P.S.

74. – Fuori dei casi indicati nell'articolo precedente, qualora nei regolamenti generali di amministrazione sia preveduto che, nell'interesse pubblico, talune categorie di personale civile, dipendente direttamente dallo Stato e addetto permanentemente ad un determinato servizio, vadano armate, la relativa autorizzazione viene rilasciata, senza pagamento di tassa, dal Prefetto della provincia, sulla motivata proposta dell'amministrazione interessata.

Il rilascio ha luogo previo accertamento che la persona di cui si tratta non si trovi nelle condizioni previste negli artt. 11 e 43 della legge [(1)].

L'autorizzazione è data su tessera conforme al modello annesso al presente regolamento ed abilita il concessionario a portare le armi di cui all'art. 42 della legge [(1)], soltanto per difesa personale, durante il servizio e per recarsi al luogo ove esercita le proprie mansioni e farne ritorno.

(1) Si tratta del r.d. 18.6.1931, n. 773, con il quale è stato approvato il T.U.L.P.S.

75. – (*Omissis*) [(1)].

(*Omissis*) [(1)].

(*Omissis*) [(1)].

Agli ufficiali in servizio attivo permanente delle forze armate dello Stato che ne facciano domanda può essere concessa licenza gratuita di porto, di rivoltella o pistola quando vestano l'abito civile. La domanda, su competente foglio bollato, deve essere corredata da un certificato del comandante del corpo o del capo dell'ufficio da cui il richiedente dipende, attestante che il richiedente stesso è in servizio attivo permanente.

(1) Comma da ritenersi abrogato in considerazione di quanto disposto dal r.d.l. 6.12.1943, n. 16-B, che ha sciolto la Milizia volontaria per la sicurezza nazionale.

76. – I componenti delle società di tiro a segno riconosciute sono autorizzati a portare l'arma da tiro esclusivamente per i giorni stabiliti per le esercitazioni sociali, purché siano muniti di una carta di riconoscimento, rilasciata dal presidente della società e vidimata dall'autorità locale di pubblica sicurezza, che ha sempre facoltà di ritirarla per ragioni di ordine pubblico.

Questa disposizione si applica anche nel caso d'intervento in corpo di una società di tiro a segno a termini dell'art. 29 della legge [(1)].

(1) Si tratta del r.d. 18.6.1931, n. 773, con il quale è stato approvato il T.U.L.P.S.

77. – Non è richiesta licenza agli appartenenti ai corpi di vigili municipali, istituiti in forza di regolamenti debitamente approvati, per portare l'arma che i municipi somministrano loro come guardia di onore in occasione di feste o funzioni pubbliche.

78. – Non è richiesta licenza alle sezioni di tiro a segno nazionale, istituite a norma del regio decreto-legge 16 dicembre 1935, n. 2430, convertito in legge 4 giugno 1936, n. 1143, per detenere le armi occorrenti per le esercitazioni.

79. – Per la concessione, a titolo di reciprocità, dei permessi gratuiti di porto d'armi al personale diplomatico degli Stati esteri, si osservano le convenzioni e gli usi internazionali.

80. – Sono fra gli strumenti da punta e da taglio atti ad offendere, che non possono portarsi senza giustificato motivo a norma dell'art. 42 della legge [(1)]: i coltelli e le forbici con lama eccedente in lunghezza i quattro centimetri; le roncole, i ronchetti, i rasoi, i punteruoli, le lesine, le scuri, i potaioli, le falci, i falcetti, gli scalpelli, i compassi, i chiodi e, in genere, gli strumenti da punta e da taglio indicati nel secondo comma dell'art. 45 del presente regolamento.

Non sono, tuttavia, da comprendersi fra detti strumenti:

a) i coltelli acuminati o con apice tagliente, la cui lama, pur eccedendo i quattro centimetri di lunghezza, non superi i centimetri sei, purché il manico non ec-

ceda in lunghezza centimetri otto e, in spessore, millimetri nove per una sola lama e millimetri tre in più per ogni lama affiancata;
b) i coltelli e le forbici non acuminati o con apice non tagliente, la cui lama, pur eccedendo i quattro centimetri, non superi i dieci centimetri di lunghezza.

(1) Si tratta del r.d. 18.6.1931, n. 773, con il quale è stato approvato il T.U.L.P.S.

81. – Sono soggetti alle disposizioni degli articoli 46 e 57 della legge [1] tutti i prodotti esplodenti, comunque composti, sia che possano agire da soli od uniti ad altre sostanze, sia che possano essere impiegati in macchine o congegni, o in qualsiasi altro modo disposti o adoperati.

Sono altresì soggetti alle disposizioni degli articoli 46 e 57 della legge i prodotti esplodenti indicati nell'allegato I al decreto legislativo 2 gennaio 1997, n. 7 e successivi aggiornamenti e modificazioni, secondo quanto previsto dal successivo articolo 83 [2].

(1) Si tratta del r.d. 18.6.1931, n. 773, con il quale è stato approvato il T.U.L.P.S.
(2) Comma introdotto dall'art. 11, d.m. 19.9.2002, n. 272.

82. – I prodotti esplosivi, di cui al precedente articolo, sono classificati nelle seguenti categorie:
1) polveri e prodotti affini negli effetti esplodenti;
2) dinamiti e prodotti affini negli effetti esplodenti;
3) detonanti e prodotti affini negli effetti esplodenti;
4) artifici e prodotti affini negli effetti esplodenti;
5) munizioni di sicurezza e giocattoli pirici.

La categoria 5) "munizioni di sicurezza e giocattoli pirici di cui al comma precedente si articola nei seguenti gruppi:

Gruppo A:
1) bossoli innescati per artiglieria;
2) spolette a percussione con innesco amovibile o interno;
3) spolette a doppio effetto per artiglieria;
4) cartucce da salve per armi comuni e da guerra;
5) cartucce per armi comuni e da guerra;

Gruppo B:
1) micce a lenta combustione o di sicurezza;
2) cartuccia per pistola spegnitrice Wolf;
3) accenditori elettrici;
4) accenditori di sicurezza;

Gruppo C:
1) giocattoli pirici;

Gruppo D:
1) manufatti pirotecnici da segnalazione ad effetto illuminante, fumogeno o misto destinati alla sicurezza in mare o in montagna, ovvero alle segnalazioni per la sicurezza nei trasporti ferroviari e stradali, nonché quelli analoghi destinati ad essere utilizzati dalle Forze armate e ai Corpi armati dello Stato;
2) manufatti pirotecnici da segnalazione ad effetto sonoro, compresi quelli destinati ad essere utilizzati dalle Forze armate e ai Corpi armati dello Stato;
3) manufatti pirotecnici destinati all'attivazione di apparecchiature per l'estinzione di incendi;
4) manufatti pirotecnici da divertimento, ad effetto di scoppio e/o ad effetto luminoso;

Gruppo E:
1) munizioni giocattolo;
2) air bag, pretensionatori per cinture di sicurezza e relativi generatori di gas od attuatori ricompresi nell'allegato I al decreto legislativo 2 gennaio 1997, n. 7 e successive modificazioni e aggiornamenti;
3) bossoli innescati per munizioni per armi di piccolo calibro;
4) inneschi per munizioni per armi di piccolo calibro e per cartucce industriali;
5) manufatti pirotecnici e cartucce per strumenti tecnici e industriali (es.: sparachiodi, per mattazione e cementeria);
6) cartucce a salve ad effetto sonoro per armi di libera vendita [1].

(1) Comma introdotto dall'art. 12, d.m. 19.9.2002, n. 272.

83. – I prodotti esplodenti riconosciuti e classificati ai sensi dell'articolo 53 della legge, nonché i prodotti esplodenti muniti dell'attestato di esame "CE del tipo e della valutazione di conformità di cui all'allegato V al decreto legislativo 2 gennaio 1997, n. 7, certificati dagli "Organismi notificati sono indicati nell'allegato A al presente regolamento. I prodotti esplodenti marcati CE sono classificati a seconda della loro tipologia nelle categorie di cui al precedente articolo 82 ed iscritti d'ufficio nell'allegato A al presente regolamento, ai soli fini dell'applicazione delle norme tecniche inerenti alla sicurezza nell'attività di fabbricazione e di deposito di esplosivi contenute nell'allegato B al presente regolamento [2].

L'allegato B contiene le norme per l'impianto delle fabbriche e dei depositi delle materie esplodenti di ogni categoria, nonché le norme per l'impianto dei cantieri civili di scaricamento, ripristino e caricamento proiettili e per la lavorazione di materiale da guerra.

L'allegato C determina le norme per il trasporto degli esplosivi e le modalità per il rilascio delle relative licenze [2]

L'allegato D contiene le norme per la protezione contro le scariche elettriche atmosferiche degli edifici in cui si lavorano, si manipolano o si conservano sostanze infiammabili o esplosive.

Il Ministro dell'interno, sentito il parere della commissione consultiva per le sostanze esplosive e infiammabili, ha facoltà di apportare variazioni od aggiunte agli allegati stessi.

(1) Si tratta del r.d. 18.6.1931, n. 773, con il quale è stato approvato il T.U.L.P.S.
(2) Comma sostituito dall'art. 13, d.m. 19.9.2002, n. 272.

84. – La commissione di cui all'articolo precedente è nominata dal Ministero dell'interno, e si compone di un presidente e di undici membri.

Di questi, uno deve appartenere al gruppo A dell'amministrazione dell'interno, di grado non inferiore al 6°; due possono essere scelti fra gli estranei all'amministrazione dello Stato; uno deve rappresentare la direzione generale dei servizi antincendi del Ministero dell'interno; quattro sono designati dal ministro della difesa; uno per ciascuno dai ministri dell'industria, del commercio e dell'artigianato e dei trasporti e della navigazione; uno è designato dal comitato centrale interministeriale di protezione antiaerea.

Uno dei delegati del Ministro della difesa è scelto fra gli ufficiali generali o superiori del servizio chimico militare; l'altro fra gli ufficiali generali o superiori di artiglieria o genio in effettivo servizio o in congedo.

I delegati dei Ministri dell'industria, del commercio e dell'artigianato e dei trasporti e della navigazione sono designati fra il personale tecnico superiore, rispettivamente del corpo delle miniere e della direzione generale delle ferrovie dello Stato.

Un funzionario di pubblica sicurezza addetto alla direzione generale della pubblica sicurezza, adempie alle funzioni di segretario della commissione.

85. – Tanto il presidente, quanto gli altri membri, durano in carica un triennio, e possono essere sempre riconfermati.

In caso di assenza o d'impedimento del presidente, ne esercita le funzioni uno dei membri della commissione delegato dal presidente; ed, in caso di assenza o d'impedimento dei delegati tecnici, ne fanno le veci delegati supplenti, da indicarsi in occasione della designazione degli effettivi.

86. – La commissione dà parere sopra tutte le questioni sottoposte al suo esame, in ordine alla natura, alla composizione ed alla potenzialità delle materie esplosive ed infiammabili ed alle misure da adottarsi nei riguardi della sicurezza ed incolumità pubblica, e, in special modo, su quanto concerne la fabbricazione, il deposito, la vendita, il trasporto e l'uso delle materie infiammabili ed esplosive.

87. – Ai componenti della commissione consultiva che sono funzionari dello Stato, non designati in dipendenza della carica o dell'ufficio che ricoprono, è assegnata, per ciascun giorno di adunanza, che risulti da analogo verbale, la medaglia di presenza a norma dell'art. 63 del regio decreto 8 maggio 1924, n. 843.

Ai componenti che non appartengano al personale dipendente dalle amministrazioni dello Stato compete la medaglia di presenza di lire 30.

Per le missioni, visite, ispezioni, ordinate di ufficio e compiute fuori del comune di Roma, sono corrisposte sia ai funzionari dello Stato che ai membri estranei le indennità a norma delle vigenti disposizioni.

Per le missioni, ispezioni, visite, compiute a spese dei privati, le diarie di cui al comma precedente sono aumentate di quattro decimi, fermo restando il rimborso delle spese di viaggio.

88. – La commissione, con norme interne da approvarsi dal Ministro dell'interno, disciplina lo esercizio delle sue attribuzioni e il suo funzionamento.

93. – Alle domande e alle licenze per l'autorizzazione ad importare e ad esportare esplosivi di qualsiasi categoria si applicano rispettivamente le disposizioni degli artt. 38 e 39 del presente regolamento.

94. – Le licenze di trasporto dei prodotti esplodenti sono stese in calce all'avviso di spedizione.

95. – Pei depositi di materie esplodenti di diverse categorie, pei quali sia richiesta la licenza del Ministero dell'interno e quella del Prefetto, a termini degli artt. 46 e 47 della legge (1), il Prefetto, prima di provvedere per la parte di sua competenza, ne riferisce al Ministero, quando i depositi siano collocati in zone attigue.

(1) Si tratta del r.d. 18.6.1931, n. 773, con il quale è stato approvato il T.U.L.P.S.

96. – Per materie o sostanze atte alla composizione o fabbricazione di prodotti esplodenti, per la fabbricazione, vendita, deposito o trasporto delle quali occorre la licenza del Prefetto, giusta l'art. 47 della legge (1), s'intendono le materie e le sostanze che, per la loro natura, non possono essere impiegate che nella fabbricazione degli esplosivi.

Per le materie o sostanze che possono servire anche ad usi industriali, agricoli e simili, come il carbone, lo zolfo, i nitrati, ecc., occorre la licenza del Prefetto quando le materie o le sostanze appaiono destinate per la fabbricazione degli esplosivi.

(1) Si tratta del r.d. 18.6.1931, n. 773, con il quale è stato approvato il T.U.L.P.S.

97. – Possono tenersi in deposito o trasportarsi nel territorio dello Stato senza licenza, esplosivi della prima categoria in quantità non superiore a cinque chilogrammi di peso netto, od artifici in quantità non superiore a chilogrammi venticinque di peso lordo, escluso l'imballaggio, ovvero un numero di millecinquecento cartucce da fucile da caccia caricate a polvere, nonché duecento cartucce cariche per pistola o rivoltella, ed un numero illimitato di bossoli innescati e di micce di sicurezza. Possono essere acquistati, trasportati ed impiegati senza licenza, nonché detenuti senza obbligo della denuncia di cui all'articolo 38 del regio decreto 18 giugno 1931, n. 773, i prodotti esplodenti della categoria 5), gruppo D), fino a 5 kg netti e della categoria 5), gruppo E, in quantità illimitata (2).

Gli esplosivi di cui al comma precedente devono essere condizionati in scatole metalliche regolamentari, oppure in pacchi di carta, secondo le norme stabilite nell'allegato B al presente regolamento.

Per tenere in deposito o per trasportare esplosivi della prima categoria o cartucce cariche in quantità superiore a quella indicata, occorre la licenza del Prefetto ai termini degli artt. 50 e 51 della legge (1).

Agli effetti dell'art. 50 della legge [1], il Prefetto è autorizzato a rilasciare licenza per il deposito e il trasporto degli esplosivi di seconda e terza categoria in quantità non superiore a cinque chilogrammi per gli esplosivi della seconda categoria e a numero cinquanta detonanti.

(1) Si tratta del r.d. 18.6.1931, n. 773, con il quale è stato approvato il T.U.L.P.S.

(2) Comma modificato dall'art. 14, d.m. 19.9.2002, n. 272.

98. – Per la fabbricazione, deposito, vendita e trasporto dei prodotti esplodenti della categoria 5), gruppo A, gruppo B e gruppo C, è richiesto il possesso delle relative autorizzazioni di cui alla legge ed al presente regolamento, salvo quanto previsto dal capitolo I, n. 3, dell'allegato C al presente regolamento.

Per la fabbricazione ed il deposito dei prodotti esplodenti della categoria 5) gruppo D, si applicano rispettivamente le prescrizioni di cui ai capitoli II e IV dell'allegato B al presente regolamento. Per le relative attività di detenzione, vendita, acquisto, trasporto ed impiego degli stessi prodotti esplodenti della categoria 5), gruppo D, non sono richieste le autorizzazioni di cui alla legge ed al presente regolamento di esecuzione.

Per la fabbricazione dei prodotti esplodenti della V categoria, gruppo E, fatta eccezione per i manufatti pirotecnici, le cartucce per strumenti tecnici e industriali, le cartucce a salve e gli inneschi, si applicano le prescrizioni di cui al capitolo II dell'allegato B al presente regolamento. Per la fabbricazione dei manufatti pirotecnici, delle cartucce per strumenti tecnici e industriali, delle cartucce a salve e degli inneschi, comunque appartenenti alla categoria 5), gruppo E, si applicano le prescrizioni del capitolo III dell'allegato B al presente regolamento. Per le relative attività di deposito, detenzione, vendita, acquisto, trasporto, importazione, esportazione, impiego dei prodotti esplodenti della categoria 5), gruppo E, non sono richieste le autorizzazioni di cui alla legge ed al presente regolamento di esecuzione.

Non è richiesta la licenza per la minuta vendita di esplosivi di cui all'articolo 47 della legge ed al capitolo VI dell'allegato B al presente regolamento per la detenzione e la vendita di manufatti della categoria 5), gruppo D e gruppo E, fino al quantitativo massimo di kg 25 netti di manufatti della categoria 5), gruppo D e fino al quantitativo massimo di kg 10 netti di manufatti della categoria 5), gruppo E, purché contenuti nelle loro confezioni originali [1].

(1) Articolo sostituito dall'art. 15, d.m. 19.9.2002, n. 272.

99. – È in facoltà del Ministro per l'interno di accordare, sotto l'osservanza di speciali norme e cautele, e sentito il parere della commissione centrale consultiva di cui all'art. 84, licenze per la fabbricazione, il trasporto, la detenzione o l'impiego a scopo di studio o di esperimento, di esplosivi anche non classificati, nonché di bombe, macchine ed altri congegni micidiali o incendiari.

214. – *Qualora vi sia fondata ragione* per ritenere che un oggetto presentato per un'operazione di pegno sia di provenienza furtiva, l'agente è tenuto a darne subito avviso all'autorità di pubblica sicurezza.

Lo smarrimento o la sottrazione di un oggetto pignorato devono essere subito denunciati alla autorità medesima.

215. – Non possono essere costituiti in pegno gli oggetti fragili, corruttibili, facilmente infiammabili o esplodenti, i commestibili, i liquidi, gli arredi di vestiario e di equipaggiamento militari od equiparati, gli abiti religiosi, i paramenti sacri e gli oggetti di culto.

È vietato di accettare pegni da persone di età minore o in stato di ebrietà, e da persone evidentemente o notoriamente prive di discernimento.

È altresì vietata ogni operazione di soppegno.

216. – L'agente è tenuto a comunicare giornalmente, in carta libera, all'autorità di pubblica sicurezza la nota delle operazioni di pegno fatte nella giornata.

217. – Le cose costituite in pegno devono essere assicurate a cura dell'agente contro i rischi dell'incendio e della caduta del fulmine per un importo uguale al valore di stima ad esse attribuite all'atto della concessione del prestito, aumentato di un quarto.

218. – Il registro, che le agenzie di prestito sopra pegno devono tenere, a termini dell'art. 120 della legge [1], è a madre e figlia, stampato, e deve contenere:

a) il nome, cognome e domicilio di chi dà il pegno;
b) la data della operazione;
c) la descrizione esatta degli oggetti ricevuti in pegno;
d) il valore di stima degli oggetti suddetti;
e) l'importo e la durata del prestito;
f) l'interesse e gli eventuali diritti accessori da corrispondersi;
g) la data della spegnorazione;
h) la data della vendita del pegno;
i) la somma ricavata dalla vendita di cui sopra.

La figlia deve essere rilasciata all'interessato e portare la firma dell'agente. Essa deve riprodurre le annotazioni della madre dalla lettera a) alla lettera f) inclusa.

(1) Si tratta del r.d. 18.6.1931, n. 773, con il quale è stato approvato il T.U.L.P.S.

219. – Il registro delle altre agenzie pubbliche o uffici pubblici di affari e dei sensali e intromettitori deve indicare, di seguito e senza spazi in bianco, il nome e cognome e domicilio del committente, la data e la natura della commissione, il premio pattuito, esatto o dovuto e l'esito della operazione [1].

(1) Le violazioni qui previste sono soggette alla sanzione amministrativa del pagamento di una somma da lire 300.000 a lire 2.000.000 (d.lgs. 13.7.1994, n. 480).

220. – I registri indicati nei due precedenti articoli devono essere conservati dall'esercente per un quinquennio a disposizione dell'autorità di pubblica sicurezza [1].

(1) Le violazioni qui previste sono soggette alla sanzione amministrativa del pagamento di una somma da lire 300.000 a lire 2.000.000 (d.lgs. 13.7.1994, n. 480).

221. – Gli esercenti agenzie aventi per oggetto la raccolta d'informazioni a scopo di divulgazione devono presentare all'autorità locale di pubblica sicurezza copia di ciascun bollettino o altro simile mezzo di divulgazione [(1)].

(1) Le violazioni qui previste sono soggette alla sanzione amministrativa del pagamento di una somma da lire 300.000 a lire 2.000.000 (d.lgs. 13.7.1994, n. 480).

222. – Gli esercenti agenzie di vendita, di esposizioni, mostre, fiere campionarie e simili devono presentare, se richiesti, al Questore la lista dei prezzi degli oggetti posti in vendita [(1)].

(1) Le violazioni qui previste sono soggette alla sanzione amministrativa del pagamento di una somma da lire 300.000 a lire 2.000.000 (d.lgs. 13.7.1994, n. 480).

223. – Sono esonerate dall'osservanza delle disposizioni stabilite dalla legge le imprese di spedizioni e di trasporto iscritte come case di spedizione nel registro della Camera di commercio, ed accreditate presso pubbliche amministrazioni.

All'uopo, le imprese devono produrre al Questore un certificato della amministrazione pubblica presso la quale sono accreditate.

230. – Nessuna divisa o uniforme può essere adottata per le bande musicali o per le orchestre, se non sia stata approvata dal Prefetto, al quale deve essere presentato il relativo figurino in triplice esemplare.

Il Prefetto provvede, sentito il comando della divisione militare.

Ogni successiva variante all'uniforme approvata deve essere sottoposta alla preventiva approvazione del Prefetto.

È in ogni caso proibito il porto di qualsiasi arma [(1)].

(1) Le violazioni qui previste sono soggette alla sanzione amministrativa del pagamento di una somma da lire 300.000 a lire 2.000.000 (d.lgs. 13.7.1994, n. 480).

231. – Sotto la denominazione di "mestiere di ciarlatano", ai fini dell'applicazione dell'art. 121, ultimo comma, l [(1)], si comprende ogni attività diretta a speculare sull'altrui credulità, o a sfruttare od alimentare l'altrui pregiudizio, come gli indovini, gli interpreti di sogni, i cartomanti, coloro che esercitano giochi di sortilegio, incantesimi, esorcismi, o millantano o affettano in pubblico grande valentìa nella propria arte o professione, o magnificano ricette o specifici, cui attribuiscono virtù straordinarie o miracolose.

(1) Si tratta del r.d. 18.6.1931, n. 773, con il quale è stato approvato il T.U.L.P.S.

TITOLO IV
Delle guardie particolari e degli istituti di vigilanza e di investigazione privata

249. – Chi intende destinare guardie particolari giurate alla custodia dei propri beni mobili od immobili deve farne dichiarazione al Prefetto, indicando le generalità dei guardiani ed i beni da custodire.

La dichiarazione deve essere sottoscritta dal rappresentante dell'ente o dal proprietario e dai guardiani e deve essere corredata dai documenti atti a dimostrare il possesso, nei guardiani, dei requisiti prescritti dall'articolo 138 della legge, nonché della documentazione attestante l'adempimento, nei confronti del personale dipendente, degli obblighi assicurativi e previdenziali [(1)].

Per ottenere l'autorizzazione ad associarsi per la nomina delle guardie, gli enti od i proprietari debbono produrre al Prefetto, in doppio esemplare, anche l'atto scritto, da cui risultino le generalità e le firme dei consociati, la durata della consociazione, nonché le forme di aggregazione, di sostituzione e di recesso dei soci.

Le indicazioni, di cui al primo ed al terzo comma di questo articolo, devono essere riportate sull'atto di autorizzazione rilasciato dal Prefetto.

La vigilanza sul servizio delle guardie particolari giurate è esercitata dal Questore, a norma del regio decreto-legge 26 settembre 1935, n. 1952.

(1) Comma sostituito dall'art. 1, co. 1, lett. a), d.P.R. 4.8.2008, n. 153.

250. – **1.** Constatato il possesso dei requisiti anche di ordine professionale prescritti dalla legge, il prefetto rilascia alle guardie particolari il decreto di approvazione. Sono fatte salve le disposizioni di legge o adottate in base alla legge che, per servizi determinati, prescrivono speciali requisiti.

2. Ai fini dell'approvazione della nomina a guardia particolare di cittadini appartenenti ad altri Stati membri dell'Unione, il prefetto tiene conto dei controlli e delle verifiche effettuati nello Stato d'origine per lo svolgimento della medesima attività.

3. Ottenuta l'approvazione, le guardie particolari addette ai servizi di cui all'articolo 256-*bis*, comma 2, prestano giuramento con la seguente formula: "Giuro di osservare lealmente le leggi e le altre disposizioni vigenti nel territorio della Repubblica e di adempiere le funzioni affidatemi con coscienza e diligenza, nel rispetto dei diritti dei cittadini.".

4. Per l'esercizio da parte delle guardie giurate di pubbliche funzioni attribuite dalla legge si applica la formula del giuramento di cui all'articolo 5 della legge 23 dicembre 1946, n. 478.

5. Le disposizioni sul giuramento non si applicano alle guardie particolari giurate che svolgono i servizi di cui all'articolo 260-*bis*, comma 2.

6. Il giuramento, quando è prescritto, è prestato innanzi al prefetto o funzionario da questi delegato, che ne fa attestazione in calce al decreto del prefetto; la guardia particolare è ammessa all'esercizio delle funzioni dopo la prestazione del giuramento.

7. Fatte salve le altre responsabilità previste dalla legge, lo svolgimento di attività per le quali è prescritto il giuramento senza che lo stesso sia stato prestato costituisce abuso del titolo autorizzatorio, ai sensi dell'articolo 10 della legge [(1)].

(1) Articolo modificato dall'art. 5, l. 23.12.1946, n. 478 e, poi, sostituito dall'art. 1, co. 1, lett. b), d.P.R. 4.8.2008, n. 153.

251. – Con uno stesso decreto di approvazione una guardia particolare può essere autorizzata alla custodia di più proprietà appartenenti a persona od enti diversi, ovvero a prestare servizio presso più istituti di vigilanza appartenenti allo stesso titolare, ovvero ad una medesima società o da questa controllati, secondo le modalità regolate da apposito accordo sindacale nazionale tra le organizzazioni imprenditoriali e sindacali comparativamente più rappresentative sul piano nazionale, fatte salve le disposizioni vigenti a tutela della sicurezza e del lavoro delle guardie particolari e le prescrizioni imposte dall'autorità per le finalità di vigilanza previste dalla legge [1].

Non può essere attribuita la qualità di guardia particolare giurata a chi ne faccia richiesta per custodire le proprietà che appartengono a lui od ai suoi parenti od affini.

(1) Comma sostituito dall'art. 1, co. 1, lett. c), d.P.R. 4.8.2008, n. 153.

252. – **1.** Salvo quanto disposto da leggi speciali, quando i beni che le guardie particolari sono chiamate a custodire siano posti nel territorio di province diverse, il decreto di approvazione è rilasciato dal prefetto che ha ricevuto la domanda, sentiti i prefetti delle province interessate, sempre che siano garantite la sicurezza delle guardie particolari, anche in rapporto ai limiti della durata giornaliera del lavoro e la qualità dei servizi [1].

(1) Articolo sostituito dall'art. 1, co. 1, lett. d), d.P.R. 4.8.2008, n. 153.

252 bis. – **1.** Le guardie particolari sono iscritte in un apposito registro della prefettura, nel quale sono annotati gli istituti e gli altri soggetti presso cui prestano o hanno prestato servizio e tutte le variazioni relative al rapporto di servizio, la formazione acquisita, l'impiego prevalente nell'anno, nonché, succintamente, i motivi di cessazione dal servizio.

2. Nel caso di variazione del datore di lavoro, l'iscrizione nel registro di cui al comma 1 consente l'approvazione del decreto di nomina, anche in altre province, con le procedure semplificate definite dal Ministero dell'interno.

3. Il Ministero dell'interno assicura il collegamento informatico dei registri delle prefetture, al fine di realizzare un'unica banca dei dati nazionale degli operatori di sicurezza privata, alla quale possono accedere gli uffici preposti alle attività di controllo e, per i rispettivi compiti istituzionali, gli ufficiali e agenti di pubblica sicurezza e di polizia giudiziaria [1].

(1) Articolo introdotto dall'art. 1, co. 1, lett. e), d.P.R. 4.8.2008, n. 153.

253. – Quando si voglia affidare ad una guardia particolare approvata la sorveglianza di altri beni appartenenti allo stesso proprietario, deve farsene domanda al Prefetto, che provvede mediante annotazione sul decreto di cui la guardia è già in possesso.

254. – **1.** Le guardie particolari vestono l'uniforme, o, per particolari esigenze, portano il distintivo, da approvarsi, l'una e l'altro, dal prefetto su domanda del datore di lavoro dal quale dipendono.

2. Si applicano alla divisa e al distintivo le disposizioni dell'articolo 230 del presente regolamento.

3. Le disposizioni del comma 1 non si applicano ai titolari degli istituti di investigazione privata ed agli investigatori dipendenti, i quali sono tenuti a dimostrare la propria qualità, ad ogni richiesta da parte di chiunque vi abbia interesse, mediante l'esibizione di un tesserino conforme al modello approvato con decreto del Ministro dell'interno, nel quale sono riportate le generalità, gli estremi della licenza e l'indicazione dell'istituto cui appartengono.

4. Nei confronti del personale ammesso ai servizi di cui all'articolo 260-*bis*, comma 2, trovano applicazione le disposizioni sull'uniforme vigenti nello Stato di stabilimento [1].

(1) Articolo sostituito dall'art. 1, co. 1, lett. f), d.P.R. 4.8.2008, n. 153.

255. – Le guardie particolari addette alla custodia dei beni mobili ed immobili possono stendere verbali soltanto nei riguardi del servizio cui sono destinate. Tali verbali fanno fede in giudizio fino a prova contraria.

256. – Per portare armi, le guardie particolari devono munirsi della licenza prescritta dall'articolo 42 della legge [1] e dall'art. 71 del presente regolamento.

La licenza di porto d'armi, a tassa ridotta non può essere rinnovata se non consti che permane la qualità di guardia particolare giurata.

(1) Si tratta del r.d. 18.6.1931, n. 773, con il quale è stato approvato il T.U.L.P.S.

256 bis. – **1.** Sono disciplinate dagli articoli 133 e 134 della legge tutte le attività di vigilanza e custodia di beni mobili o immobili per la legittima autotutela dei diritti patrimoniali ad essi inerenti, che non implichino l'esercizio di pubbliche funzioni o lo svolgimento di attività che disposizioni di legge o di regolamento riservano agli organi di polizia.

2. Rientrano, in particolare, nei servizi di sicurezza complementare, da svolgersi a mezzo di guardie particolari giurate, salvo che la legge disponga diversamente o vi provveda la forza pubblica, le attività di vigilanza concernenti:

a) la sicurezza negli aeroporti, nei porti, nelle stazioni ferroviarie, nelle stazioni delle ferrovie metropolitane e negli altri luoghi pubblici o aperti al pubblico specificamente indicati dalle norme speciali, ad integrazione di quella assicurata dalla forza pubblica;
b) la custodia, il trasporto e la scorta di armi, esplosivi e di ogni altro materiale pericoloso, nei casi previsti dalle disposizioni in vigore o dalle prescrizioni dell'autorità, ferme restando le disposizioni vigenti per garantire la sicurezza della custodia, del trasporto e della scorta;
c) la custodia, il trasporto e la scorta del contante o di altri beni o titoli di valore; nonché la vigilanza nei

luoghi in cui vi è maneggio di somme rilevanti o di altri titoli o beni di valore rilevante, appartenenti a terzi;

d) la vigilanza armata mobile e gli interventi sugli allarmi, salve le attribuzioni degli ufficiali e agenti di pubblica sicurezza;

e) la vigilanza presso infrastrutture del settore energetico o delle telecomunicazioni, dei prodotti ad alta tecnologia, di quelli a rischio di impatto ambientale, ed ogni altra infrastruttura che può costituire, anche in via potenziale, un obiettivo sensibile ai fini della sicurezza o dell'incolumità pubblica o della tutela ambientale.

3. Rientra altresì nei servizi di sicurezza complementare la vigilanza presso tribunali ed altri edifici pubblici, installazioni militari, centri direzionali, industriali o commerciali ed altre simili infrastrutture, quando speciali esigenze di sicurezza impongono che i servizi medesimi siano svolti da guardie particolari giurate [1].

(1) Articolo introdotto dall'art. 1, co. 1, lett. g), d.P.R. 4.8.2008, n. 153.

257 [1]. **– 1.** La domanda per ottenere la licenza prescritta dall'articolo 134 della legge per le attività di vigilanza e per le altre attività di sicurezza per conto dei privati, escluse quelle di investigazione, ricerche e raccolta di informazioni, contiene:

a) l'indicazione del soggetto che richiede la licenza, dell'institore o del direttore tecnico preposto all'istituto o ad una sua articolazione secondaria, nonché degli altri soggetti provvisti di poteri di direzione, amministrazione o gestione, anche parziali, se esistenti;

b) la composizione organizzativa e l'assetto proprietario dell'istituto, con l'indicazione, se sussistenti, dei rapporti di controllo attivi o passivi e delle eventuali partecipazioni in altri istituti;

c) l'indicazione dell'ambito territoriale, anche in province o regioni diverse, in cui l'istituto intende svolgere la propria attività, precisando la sede legale, nonché la sede o le sedi operative e quella della centrale operativa, qualora non corrispondenti;

d) l'indicazione dei servizi per i quali si chiede l'autorizzazione, dei mezzi e delle tecnologie che si intendono impiegare.

2. Anche ai fini di quanto previsto dall'articolo 136, comma primo, l., la domanda è corredata del progetto organizzativo e tecnico– operativo dell'istituto, con l'indicazione del tempo, non superiore a sei mesi, necessario all'attivazione dello stesso, nonché della documentazione comprovante:

a) il possesso delle capacità tecniche occorrenti, proprie e delle persone preposte alle unità operative dell'istituto;

b) la disponibilità dei mezzi finanziari, logistici e tecnici occorrenti per l'attività da svolgere e le relative caratteristiche, conformi alle disposizioni in vigore.

3. Alla domanda occorre altresì unire il progetto di regolamento tecnico dei servizi che si intendono svolgere, che dovrà risultare adeguato, per mezzi e personale, alla tipologia degli stessi, all'ambito territoriale richiesto, alla necessità che sia garantita la direzione, l'indirizzo unitario ed il controllo dell'attività delle guardie particolari giurate da parte del titolare della licenza, o degli addetti alla direzione dell'istituto, nonché alle locali condizioni della sicurezza pubblica.

4. Con decreto del Ministro dell'interno, sentito l'Ente nazionale di unificazione e la Commissione di cui all'articolo 260-*quater*, sono determinate, anche al fine di meglio definire la capacità tecnica di cui all'articolo 136 della legge, le caratteristiche minime cui deve conformarsi il progetto organizzativo ed i requisiti minimi di qualità degli istituti e dei servizi di cui all'articolo 134 della legge, nonché i requisiti professionali e di capacità tecnica richiesti per la direzione dell'istituto e per lo svolgimento degli incarichi organizzativi. Sono fatte salve le disposizioni di legge o adottate in base alla legge che, per determinati servizi, materiali, mezzi o impianti, prescrivono speciali requisiti, capacità, abilitazioni o certificazioni.

(1) Articolo sostituito dall'art. 1, co. 1, lett. h), d.P.R. 4.8.2008, n. 153.

257 bis. – 1. La licenza prescritta dall'articolo 134 della legge per le attività di investigazione, ricerche e raccolta di informazioni per conto di privati, ivi comprese quelle relative agli ammanchi di merce ed alle differenze inventariali nel settore commerciale, è richiesta dal titolare dell'istituto di investigazioni e ricerche anche per coloro che, nell'ambito dello stesso istituto, svolgono professionalmente l'attività di investigazione e ricerca.

2. La relativa domanda contiene:

a) l'indicazione dei soggetti per i quali la licenza è richiesta e degli altri soggetti di cui all'articolo 257, comma 1, lettera a), se esistenti;

b) l'indicazione degli elementi di cui all'articolo 257, comma 1, lettera b);

c) le altre indicazioni di cui all'articolo 257, comma 1, lettere c) e d).

3. Si applicano, in quanto compatibili, le altre disposizioni dell'articolo 257. A tal fine, il decreto previsto dal comma 4 del medesimo articolo 257 prevede, sentite le Regioni, i requisiti formativi minimi ad indirizzo giuridico e professionale ed i periodi minimi di tirocinio pratico occorrenti per il rilascio della licenza.

4. Nulla è innovato relativamente all'autorizzazione prevista dall'articolo 222 delle disposizioni di attuazione, di coordinamento e transitorie del codice di procedura penale per lo svolgimento delle attività indicate nell'articolo 327-*bis* del medesimo codice [1].

(1) Articolo introdotto dall'art. 1, co. 1, lett. i), d.P.R. 4.8.2008, n. 153.

257 ter. – 1. Qualora nulla osti al rilascio della licenza, l'ufficio comunica all'interessato il termine, non superiore a sessanta giorni, entro il quale il provvedimento è rilasciato, previa esibizione della documentazione comprovante:

a) l'attivazione degli adempimenti relativi all'assolvimento degli obblighi assicurativi e previdenziali nei confronti del personale dipendente, nel numero e con le professionalità occorrenti;
b) il versamento al prefetto competente per il rilascio della licenza della cauzione o delle garanzie sostitutive ammesse dalla legge e dal presente regolamento, di ammontare commisurato al progetto organizzativo di cui all'articolo 257 ed a quanto previsto dall'articolo 260-*bis*. Per le imprese già assentite in altro Stato membro dell'Unione europea, il prefetto tiene conto della cauzione, ovvero delle altre garanzie sostitutive ammesse dalla legge, eventualmente già prestate nello Stato di stabilimento, purché idonee, per ammontare e modalità di pagamento, al soddisfacimento delle esigenze di cui all'articolo 137 della legge.

2. La licenza contiene le indicazioni di cui al comma 1 dell'articolo 257, lettere a), c) e d), ovvero quelle di cui all'articolo 257-*bis*, comma 2, lettere a) e c), e le prescrizioni eventualmente imposte a norma dell'articolo 9 della legge, nonché l'attestazione dell'avvenuta comunicazione al prefetto della tabella delle tariffe dei servizi offerti.

3. Se la licenza è richiesta per l'esercizio dell'attività in più province, essa è rilasciata dal prefetto della provincia nella quale l'istituto ha sede, previa comunicazione ai prefetti competenti per territorio. La preventiva comunicazione non è richiesta per le attività prive di caratterizzazione territoriale, quali quelle di teleallarme, video-sorveglianza, trasporto valori, vigilanza mobile, nonché per quelle di vigilanza per specifici eventi, ovvero di investigazione e ricerche, i cui incarichi siano stati conferiti nel luogo in cui gli istituti hanno sede, né per i servizi occasionali o transfrontalieri di cui all'articolo 260-*bis*. Sono fatte salve le altre comunicazioni per finalità di controllo.

4. Ogni variazione che riguardi i servizi, i mezzi o le tecnologie di cui all'articolo 257, comma 1, lettera d), è comunicata al prefetto. Al prefetto è altresì comunicata ogni modifica del progetto organizzativo e tecnico-operativo o dell'assetto proprietario dell'istituto ed è esibita, almeno annualmente, attraverso il documento unico di regolarità contributiva, la certificazione attestante l'integrale rispetto, per il personale dipendente, degli obblighi previdenziali assistenziali ed assicurativi, nonché la certificazione dell'ente bilaterale nazionale della vigilanza privata concernente l'integrale rispetto degli obblighi della contrattazione nazionale e territoriale nei confronti delle guardie particolari giurate, e, qualora prevista dalla contrattazione collettiva di categoria, analoga certificazione per il personale comunque dipendente.

5. Ai fini dell'estensione della licenza ad altri servizi o ad altre province, il titolare della stessa notifica al prefetto che ha rilasciato la licenza i mezzi, le tecnologie e le altre risorse che intende impiegare, nonché la nuova o le nuove sedi operative se previste ed ogni altra eventuale integrazione agli atti e documenti di cui all'articolo 257, commi 2 e 3. I relativi servizi hanno inizio trascorsi novanta giorni dalla notifica, termine entro il quale il prefetto può chiedere chiarimenti ed integrazioni al progetto tecnico-organizzativo e disporre il divieto dell'attività qualora la stessa non possa essere assentita, ovvero ricorrano i presupposti per la sospensione o la revoca della licenza, di cui all'articolo 257-*quater* (1).

(1) Articolo introdotto dall'art. 1, co. 1, lett. i), d.P.R. 4.8.2008, n. 153.

257 quater. – 1. Oltre a quanto previsto dall'articolo 134 della legge, le licenze di cui al medesimo articolo sono negate quando:
a) risulta che gli interessati abbiano esercitato taluna delle attività ivi disciplinate in assenza della prescritta licenza;
b) nei confronti di taluno dei soggetti di cui all'articolo 257, comma 1, lettere a) e b), o di cui all'articolo 257-*bis*, comma 1, lettere a) e b), risulta esercitata l'azione penale per uno dei reati previsti dall'articolo 51, comma 3-*bis*, del codice di procedura penale, ovvero formulata la proposta per l'applicazione di una misura di prevenzione;
c) sussistono gravi motivi di ordine e sicurezza pubblica, ovvero il concreto pericolo di infiltrazioni ambientali tali da condizionare la corretta gestione o amministrazione dell'istituto.

2. Le licenze già rilasciate sono revocate quando vengono a mancare i requisiti richiesti per il loro rilascio e sono revocate o sospese per gravi violazioni delle disposizioni che regolano le attività assentite o delle prescrizioni imposte nel pubblico interesse, compreso l'impiego di personale privo dei requisiti prescritti e, in ogni caso, di quelli indicati dall'articolo 11 della legge, ovvero per altri motivi di ordine e sicurezza pubblica.

3. Le licenze sono altresì revocate o sospese quando è accertato:
a) il mancato rispetto degli obblighi assicurativi e previdenziali, nei confronti del personale dipendente;
b) la reiterata adozione di comportamenti o scelte, ivi comprese quelle attinenti al superamento dei limiti della durata giornaliera del servizio o ad altre gravi inadempienze all'integrale rispetto della contrattazione nazionale e territoriale della vigilanza privata, che incidono sulla sicurezza delle guardie particolari o sulla qualità dei servizi resi in rapporto alla dotazione di apparecchiature, mezzi, strumenti ed equipaggiamenti indispensabili per la sicurezza, alle esigenze di tutela dell'ordine e della sicurezza pubblica, alle prescrizioni dell'autorità ed alle determinazioni del questore ai sensi del regio decreto-legge 26 settembre 1935, n. 1952 convertito dalla legge 19 marzo 1936, n. 508.

4. Le licenze sono altresì revocate trascorso il termine di cui al comma 2 dell'articolo 257 senza che siano state osservate integralmente le prescrizioni ivi previste [1].

(1) Articolo introdotto dall'art. 1, co. 1, lett. i), d.P.R. 4.8.2008, n. 153.

257 quinquies. – 1. Per l'accertamento della sussistenza delle caratteristiche di cui al comma 4 dell'articolo 257 e della permanenza dei requisiti di qualità e funzionalità degli istituti, il prefetto si avvale degli organismi di qualificazione e certificazione costituiti o riconosciuti dal Ministero dell'interno a norma dell'articolo 260-*ter*. Degli stessi organismi si avvale il questore per le finalità di vigilanza di cui all'articolo 249, quinto comma.

2. Ai fini di quanto previsto dalla legge e dal presente regolamento, per l'accertamento delle condizioni di sicurezza dei servizi e del personale, a tutela dell'ordine e della sicurezza pubblica, il prefetto si avvale di parametri oggettivi di verifica, definiti dal Ministro dell'interno, sentita la commissione di cui all'articolo 260-*quater*, tenendo conto:

a) degli oneri derivanti dall'applicazione delle disposizioni di legge o di regolamento che disciplinano le attività di cui all'articolo 134 della legge e, particolarmente, delle misure da adottarsi in relazione alle condizioni, anche locali della sicurezza pubblica;
b) dei costi per la sicurezza, compresi quelli per veicoli blindati, protezioni individuali antiproiettile, apparecchiature tecnologiche ed ogni altro mezzo, strumento od equipaggiamento indispensabile per la qualità e la sicurezza dei servizi;
c) dei costi reali e complessivi per il personale, determinati secondo quanto previsto dall'articolo 86, comma 3-*bis*, del decreto legislativo 12 aprile 2006, n. 163 [1].

(1) Articolo introdotto dall'art. 1, co. 1, lett. i), d.P.R. 4.8.2008, n. 153.

257 sexies. – 1. Le disposizioni della presente sezione non costituiscono ostacolo alla costituzione di raggruppamenti temporanei di istituti di vigilanza o loro consorzi, né di studi associati di investigatori privati ai quali è stata rilasciata la licenza e nei limiti ivi stabiliti, né ad altre forme di organizzazione aziendale che prevedano l'utilizzazione comune di sistemi tecnologici di ricezione, controllo e gestione dei segnali di monitoraggio e di allarme di beni senza limiti territoriali, a condizione che:

a) i raggruppamenti temporanei e le altre forme di associazione siano preventivamente comunicati al prefetto e l'utilizzazione comune di impianti e risorse siano attestate nella licenza, previa comunicazione al prefetto del relativo progetto organizzativo e tecnico-operativo;
b) siano costantemente garantite l'efficacia e l'efficienza delle strutture e la funzionalità dei servizi;
c) i raggruppamenti temporanei e le altre forme di associazione dispongano di una centrale operativa adeguata alle esigenze del territorio in cui operano, o, ferma restando la necessità della centrale operativa, di una idonea struttura tecnica di supporto con linee appositamente dedicate per la gestione degli interventi sugli allarmi del personale dipendente [1].

(1) Articolo introdotto dall'art. 1, co. 1, lett. i), d.P.R. 4.8.2008, n. 153.

258. – Gli istituti di informazioni commerciali, muniti della licenza prescritta dal terzo comma dell'art. 115 della legge [1], non possono eseguire investigazioni o ricerche ovvero raccogliere informazioni per conto di privati, senza la licenza contemplata dall'art. 134 della legge stessa [1].

(1) Si tratta del r.d. 18.6.1931, n. 773, con il quale è stato approvato il T.U.L.P.S.

259. – Salvo quanto dispone il regio decreto-legge 12 novembre 1936, n. 2144, gli enti ed i privati di cui all'art. 133 della legge [1], e chiunque esercita un istituto di vigilanza o di custodia o di ricerche ed investigazioni per conto di privati, è tenuto a comunicare al Prefetto gli elenchi del personale dipendente e a dar notizia, appena si verifichi, di ogni variazione intervenuta, restituendo i decreti di quelle guardie che avessero cessato dal servizio.

Devono altresì essere comunicati al Prefetto gli elenchi, e le relative variazioni, degli abbonati per la custodia delle loro proprietà, facendo risultare dagli elenchi medesimi quali siano i beni a cui i singoli abbonamenti si riferiscono.

(1) Si tratta del r.d. 18.6.1931, n. 773, con il quale è stato approvato il T.U.L.P.S.

260. – Nel registro di cui all'articolo 135 della legge devono essere indicati:

a) le generalità delle persone, con le quali gli affari o le operazioni sono compiute;
b) la data e la specie dell'affare o della operazione;
c) l'onorario convenuto e l'esito della operazione;
d) i documenti, con i quali il committente ha dimostrato la propria identità personale [1].

Gli obblighi di cui al primo comma devono essere assolti nella sede principale ed in quelle operative risultanti dalla licenza, indipendentemente dall'ambito territoriale in cui i servizi devono essere svolti [2].

Nel caso di servizi effettuati con il concorso di più istituti, il registro dovrà indicare l'operazione complessiva, il cliente per conto del quale l'intero servizio è effettuato, la fase operativa di competenza di ciascun istituto, il soggetto, debitamente identificato, richiedente l'esecuzione della stessa ed i riferimenti al titolo del concorso [2].

Per le attività indicate nell'articolo 327-*bis* del codice di procedura penale, continuano ad osservarsi le disposizioni dello stesso codice e dell'articolo 222 delle disposizioni di attuazione, di coordinamento e transitorie del medesimo codice [2].

Per le operazioni compiute da istituti di informazioni commerciali, mediante la vendita di libretti di scontrini di abbonamento, si annotano nel registro l'avvenuta vendita, le generalità dell'acquirente, i documenti con i quali egli ha dimostrato la propria identità, e l'onorario convenuto.

Il registro deve essere conservato per cinque anni [3].

(1) Comma sostituito dall'art. 1, co. 1, lett. l), d.P.R. 4.8.2008, n. 153.
(2) Comma introdotto dall'art. 1, co. 1, lett. l), d.P.R. 4.8.2008, n. 153.
(3) Le violazioni qui previste nel presente art. sono soggette alla sanzione amministrativa del pagamento di una somma da lire 300.000 a lire 2.000.000 (d.lgs. 13.7.1994, n. 480).

260 bis. – 1. Le imprese stabilite in altro Stato membro dell'Unione europea, possono stabilirsi nel territorio della Repubblica italiana a parità di condizioni con le imprese nazionali, secondo quanto previsto dall'articolo 257, tenuto conto della capacità tecnica attestata nello Stato di stabilimento e degli obblighi e degli oneri, anche economici, già assolti nel medesimo Stato. A tal fine, la cauzione di cui all'articolo 137 della legge è prestata con le modalità ed alle condizioni indicate all'articolo 257-*ter*, comma 1, per i soli obblighi concernenti l'ordinamento italiano ed i servizi da espletarsi nel territorio della Repubblica.

2. Il Ministero dell'interno – Dipartimento della pubblica sicurezza può inoltre autorizzare l'esercizio occasionale nel territorio della Repubblica di servizi temporanei di vigilanza e custodia ammessi dalla legge ad imprese regolarmente autorizzate allo svolgimento dei medesimi servizi nello Stato di stabilimento, utilizzando proprio personale munito delle qualificazioni e autorizzazioni previste nello Stato di stabilimento, sulla base di incarichi regolarmente assunti. Alle medesime condizioni possono essere autorizzate le attività transfrontaliere, intendendo per tali quelle che hanno inizio nello Stato membro di stabilimento dell'impresa e che devono concludersi in territorio italiano e viceversa.

3. La domanda per il rilascio dell'autorizzazione di cui al comma 2 va proposta almeno sessanta giorni prima dell'espletamento del servizio, corredata degli elementi descrittivi dell'istituto e delle autorizzazioni allo stesso rilasciate dallo Stato di stabilimento, del servizio da espletare, della sua durata, del personale e dei mezzi da impiegare. Nel termine suddetto, qualora non sia intervenuto diniego per insussistenza dei presupposti, o per motivi di ordine pubblico o di pubblica sicurezza, il Dipartimento della pubblica sicurezza adotta le prescrizioni occorrenti per assicurare che i servizi siano assolti alle medesime condizioni, compresa la vigilanza dell'autorità di pubblica sicurezza, previste nel territorio della Repubblica per lo svolgimento di servizi analoghi. Ove non siano adottate le prescrizioni da parte del Dipartimento della pubblica sicurezza l'autorizzazione si intende rilasciata. Relativamente al porto delle armi si osservano le disposizioni vigenti nel territorio della Repubblica [1].

(1) Articolo introdotto dall'art. 1, co. 1, lett. m), d.P.R. 4.8.2008, n. 153.

260 ter. – 1. Con decreto del Ministro dell'interno, sentita la Commissione di cui all'articolo 260-*quater*, sono stabiliti le caratteristiche ed i requisiti richiesti a istituti universitari, centri di ricerca, laboratori ed altri organismi tecnici, anche privati, per l'espletamento di compiti di certificazione indipendente della qualità e della conformità degli istituti autorizzati a norma dell'articolo 134 della legge, dei relativi servizi e dei materiali utilizzati, alle disposizioni del presente regolamento e dei relativi provvedimenti di attuazione, nonché alle altre disposizioni di legge o di regolamento che li disciplinano, ferme restando le attività di verifica, certificazione, approvazione o autorizzazione rimesse agli organi della pubblica amministrazione o a quelli previsti dalla contrattazione collettiva nazionale di settore.

2. Con lo stesso decreto di cui al comma 1, sono definite anche le modalità di riconoscimento degli organismi di certificazione indipendente e quelle di sospensione o revoca del riconoscimento.

3. Il riconoscimento quale "organismo di certificazione indipendente" di cui al comma 1, è effettuato dal Ministero dell'interno – Dipartimento della pubblica sicurezza, precisando la categoria di certificazione riconosciuta, ed ha validità per cinque anni. Esso ha effetto decorso il termine di trenta giorni dalla data di notifica alla Commissione dell'Unione europea ed alle autorità competenti degli altri Stati membri degli organismi interessati.

4. Il Ministero dell'interno si avvale di un comitato tecnico per vigilare sull'attività degli organismi di certificazione indipendente di cui al comma 1. Il comitato, istituito presso lo stesso Ministero, è composto da: un presidente, con qualifica non inferiore a prefetto o a dirigente generale dì pubblica sicurezza, due rappresentanti del Ministero dell'interno e da un rappresentante per ciascuno dei Ministeri della difesa, delle infrastrutture, dei trasporti e dell'istruzione, università e ricerca; da due rappresentanti del Ministero dello sviluppo economico, di cui uno esperto in comunicazioni, nonché da tre esperti, anche estranei alla pubblica amministrazione. I componenti appartenenti ad amministrazioni dello Stato sono designati dalle rispettive amministrazioni fra i funzionari o gli ufficiali di qualifica dirigenziale non generale.

5. Il presidente e i componenti del comitato sono nominati con decreto del Ministro dell'interno, durano in carica tre anni e possono essere riconfermati non più di una volta. Per ciascun componente effettivo è nominato un supplente. Le modalità di convocazione e di funzionamento del comitato sono stabilite con decreto del Ministro dell'interno, sentite le altre Amministrazioni interessate.

6. Dall'attuazione del presente articolo non devono derivare nuovi o maggiori oneri per la finanza pubblica [1].

(1) Articolo introdotto dall'art. 1, co. 1, lett. m), d.P.R. 4.8.2008, n. 153.

260 quater. – 1. È istituita presso il Ministero dell'interno la Commissione consultiva centrale per le attività di cui all'articolo 134 della legge. Essa è presieduta da un prefetto ed è composta:

a) dal direttore dell'Ufficio per gli affari della polizia amministrativa e sociale del Dipartimento della pubblica sicurezza, con le funzioni di vice presidente;
b) da un questore;
c) da tre esperti designati dall'Amministrazione della pubblica sicurezza, di cui almeno uno appartenente alla Polizia di Stato ed uno all'Arma dei carabinieri;
d) da quattro esperti designati, rispettivamente, dal Ministero della giustizia, dal Ministero dello sviluppo economico, dal Ministero del lavoro, della salute e delle politiche sociali e dal Ministero dell'istruzione, dell'università e della ricerca;
e) da non più di un esperto designato da ciascuna delle organizzazioni degli istituti di vigilanza comparativamente più rappresentative sul piano nazionale, nel limite massimo di quattro;
f) da non più di un esperto designato da ciascuna delle organizzazioni sindacali delle guardie particolari comparativamente più rappresentative sul piano nazionale, nel limite massimo di quattro;
g) da non più di un esperto designato da ciascuna delle organizzazioni degli istituti di investigazione privata e di quelli per la raccolta delle informazioni commerciali comparativamente più rappresentative sul piano nazionale, nel limite massimo di due;
h) da esperti, in numero non superiore a tre, designati dalle associazioni rappresentative del sistema bancario, del sistema delle assicurazioni private e del sistema della grande distribuzione.

2. Le mansioni di segretario sono esercitate da un funzionario del Dipartimento della pubblica sicurezza.

3. Il presidente ed i componenti della commissione sono nominati con decreto del Ministro dell'interno, durano in carica tre anni e possono essere riconfermati. Per ciascun componente effettivo è nominato un supplente.

4. I componenti supplenti possono partecipare alle riunioni della Commissione anche congiuntamente ai titolari, senza esercitarne le funzioni.

5. La Commissione esprime parere obbligatorio sugli schemi di decreto ministeriale previsti dal presente Titolo e può essere consultata, a richiesta delle Amministrazioni interessate, su tutte le questioni di carattere generale concernenti le attività di cui agli articoli 133 e 134 della legge.

6. Nell'ambito della Commissione possono essere costituite sotto-commissioni tecniche o "gruppi di lavoro" ristretti per gli approfondimenti di carattere tecnico e per la tenuta dei registri di qualificazione professionale degli operatori nei diversi settori della sicurezza privata.

7. Dall'attuazione del presente articolo non devono derivare nuovi o maggiori oneri per la finanza pubblica.

3. L. 22 maggio 1975, n. 152. – Disposizioni a tutela dell'ordine pubblico (*artt. 2, 4-6, 16, 32, 35, 36*)

In Gazzetta Ufficiale 24 maggio 1975, n. 136

2. – Qualora la durata massima della custodia preventiva maturi nei termini di cui all'articolo 1 della legge 7 ottobre 1969, n. 742; o sia comunque prossima a maturare, il giudice con ordinanza motivata non impugnabile dichiara l'urgenza del processo; in tal caso i termini processuali decorrono, anche nel periodo feriale, dalla data di notificazione dell'ordinanza; parimenti i termini processuali decorrono dalla data in cui l'imputato ed il difensore abbiano dichiarato di rinunziare alla sospensione dell'attività processuale.

4. – In casi eccezionali di necessità e di urgenza, che non consentono un tempestivo provvedimento dell'autorità giudiziaria, gli ufficiali ed agenti della polizia giudiziaria e della forza pubblica nel corso di operazioni di polizia possono procedere, oltre che all'identificazione, all'immediata perquisizione sul posto, al solo fine di accertare l'eventuale possesso di armi, esplosivi e strumenti di effrazione, di persone il cui atteggiamento o la cui presenza, in relazione a specifiche e concrete circostanze di luogo e di tempo non appaiono giustificabili.

Nell'ipotesi di cui al comma precedente la perquisizione può estendersi per le medesime finalità al mezzo di trasporto utilizzato dalle persone suindicate per giungere sul posto.

Delle perquisizioni previste nei commi precedenti deve essere redatto verbale, su apposito modulo che va trasmesso entro quarantott'ore al procuratore della Repubblica e, nel caso previsto dal primo comma, consegnato all'interessato.

5. – È vietato l'uso di caschi protettivi, o di qualunque altro mezzo atto a rendere difficoltoso il riconoscimento della persona, in luogo pubblico o aperto al pubblico, senza giustificato motivo. È in ogni caso vietato l'uso predetto in occasione di manifestazioni che si svolgano in luogo pubblico o aperto al pubblico, tranne quelle di carattere sportivo che tale uso comportino.

Nei casi di cui al primo periodo del comma precedente, il contravventore è punito con l'arresto da uno a due anni e con l'ammenda da 1.000 a 2.000 euro [(1)].

Qualora il fatto è commesso in occasione delle manifestazioni previste dal primo comma, il contravventore è punito con l'arresto da due a tre anni e con l'ammenda da 2.000 a 6.000 euro [(2)].

Per la contravvenzione di cui al presente articolo è facoltativo l'arresto in flagranza [(3)] [(4)].

(1) Comma modificato dall'art. 113, co. 4, l. 24.11.1981, n. 689, dall'art. 10, co. 4 bis, d.l. 27.7.2005, n. 144 e, poi, dall'art. 6, co. 1, lett. a), d.l. 14.6.2019, n. 53, conv., con modif., dalla l. 8.8.2019, n. 77.
(2) Comma introdotto dall'art. 6, co. 1, lett. a), d.l. 14.6.2019, n. 53, conv., con modif., dalla l. 8.8.2019, n. 77.
(3) Articolo sostituito dall'art. 2, l. 8.8.1977, n. 533.
(4) La disposizione qui prevista deve ritenersi abrogata dall'art. 230 disp. att. c.p.p.

5 bis. – 1. Salvo che il fatto costituisca più grave reato e fuori dai casi di cui agli articoli 6-*bis* e 6-*ter* della legge 13 dicembre 1989, n. 401, chiunque, nel corso di manifestazioni in luogo pubblico o aperto al pubblico, lancia o utilizza illegittimamente, in modo da creare un concreto pericolo per l'incolumità delle persone [o l'integrità delle cose], razzi, bengala, fuochi artificiali, petardi, strumenti per l'emissione di fumo o di gas visibile o in grado di nebulizzare gas contenenti principi attivi urticanti, ovvero bastoni, mazze, oggetti contundenti o, comunque, atti a offendere, è punito con la reclusione da uno a quattro anni. Quando il fatto è commesso in modo da creare un concreto pericolo per l'integrità delle cose, la pena è della reclusione da sei mesi a due anni [1].

(1) Articolo introdotto dall'art. 6, co. 1, lett. b), d.l. 14.6.2019, n. 53, conv., con modif., dalla l. 8.8.2019, n. 77.

6. – Il disposto del primo capoverso dell'articolo 240 del codice penale si applica a tutti i reati concernenti le armi, ogni altro oggetto atto ad offendere, nonché le munizioni e gli esplosivi.

Le armi da guerra e tipo guerra confiscate debbono essere versate alla competente direzione di artiglieria che ne dispone la rottamazione e la successiva alienazione, ove non le ritenga utilizzabili da parte delle forze armate.

Le armi comuni e gli oggetti atti ad offendere confiscati, ugualmente versati alle direzioni di artiglieria, devono essere destinati alla distruzione, salvo quanto previsto dal nono e decimo comma dell'art. 32, L. 18 aprile 1975, n. 110.

Le munizioni e gli esplosivi confiscati devono essere versati alla competente direzione di artiglieria, per l'utilizzazione da parte delle forze armate, ovvero per l'alienazione nei modi previsti dall'art. 10, secondo comma, l. 18 aprile 1975, n. 110, o per la distruzione.

Le disposizioni di cui al secondo, terzo e quarto comma del presente articolo si applicano anche alle armi, munizioni e materie esplodenti confiscate in seguito a divieto della relativa detenzione disposto a norma dell'art. 39 del testo unico delle leggi di pubblica sicurezza approvato con regio decreto 18 giugno 1931, n. 773.

16. – La prescrizione dei reati previsti dalla L. 14 ottobre 1974, n. 497, recante nuove norme contro la criminalità, nonché dall'articolo 14 della presente legge, rimane sospesa:
a) durante la latitanza dell'imputato e per tutta la durata di essa;
b) durante il tempo necessario per la notifica di ordini o mandati all'imputato che non abbia provveduto alla comunicazione prevista nel terzo comma dell'articolo 171 del codice di procedura penale sino al giorno in cui la notifica sia stata effettuata ovvero sia stato emesso il decreto di irreperibilità di cui all'articolo 170 dello stesso codice;
c) durante il rinvio, chiesto dall'imputato o dal suo difensore, di un atto di istruzione o del dibattimento e per tutto il tempo del rinvio.

32. – Nei procedimenti a carico di ufficiali o agenti di pubblica sicurezza o di polizia giudiziaria o dei militari in servizio di pubblica sicurezza per fatti compiuti in servizio e relativi all'uso delle armi o di altro mezzo di coazione fisica, la difesa può essere assunta a richiesta dell'interessato dall'Avvocatura dello Stato o da libero professionista di fiducia dell'interessato medesimo.

In questo secondo caso le spese di difesa sono a carico del Ministero dell'interno salva rivalsa se vi è responsabilità dell'imputato per fatto doloso.

Le disposizioni dei commi precedenti si applicano a favore di qualsiasi persona che, legalmente richiesta dall'appartenente alle forze di polizia, gli presti assistenza.

35. – Le disposizioni processuali della presente legge si applicano sino all'entrata in vigore del nuovo codice di procedura penale.

36. – La presente legge entra in vigore il giorno successivo a quello della sua pubblicazione nella Gazzetta Ufficiale della Repubblica.

4. L. 8 agosto 1977, n. 533. – Disposizioni in materia di ordine pubblico (*artt. 3-5*) [1]

In Gazzetta Ufficiale 20 agosto 1977, n. 226

(1) Le prefetture sono trasformate in uffici territoriali del governo a decorrere dalla data nomina del primo governo costituito a seguito delle prime elezioni politiche successive all'entrata in vigore del d.lgs. 30.7.1999, n. 300. Il prefetto preposto a questo ufficio nel capoluogo della regione assume anche le funzioni di commissario del governo (art. 11, d.lgs. n. 300/1999).

3. – Nel corso del procedimento per i reati concernenti le armi e gli esplosivi, nonché per quelli previsti dagli articoli 241, 285, 286 e 306 del codice penale e dalla legge *20 giugno 1952, n. 645*, e successive modificazioni, l'autorità giudiziaria dispone sempre, con decreto motivato, il sequestro dell'immobile, che sia sede di enti, associazioni o gruppi, quando in tale sede siano rinvenuti armi da sparo, esplosivi o ordigni esplosivi o incendiari, ovvero quando l'immobile sia pertinente al reato. Non può essere nominato custode dell'immobile sequestrato l'indiziato o l'imputato dei reati per cui si procede né persona aderente agli enti, associazioni o gruppi suddetti.

Nella flagranza del reato, gli ufficiali di pubblica sicurezza procedono allo stesso modo trasmettendo, nelle quarantotto ore, il processo verbale all'autorità giudiziaria, indicata nel primo capoverso dell'articolo 238 del codice di procedura penale.

Quando il procedimento è definito con sentenza di condanna è sempre ordinata la confisca dell'immobile di cui al primo comma, se appartenente al condannato.

Nel corso del procedimento il giudice deve disporre la restituzione dell'immobile sequestrato non appartenente all'imputato a chi provi di averne diritto, sempre che il mantenimento del sequestro non sia necessario per il procedimento.

4. – 1. Se il fatto previsto dall'articolo 624 del codice penale è commesso su armi, munizioni od esplosivi nelle armerie ovvero in depositi o in altri locali adibiti alla custodia di armi, si procede d'ufficio e si applica la pena della reclusione da tre a dieci anni e della multa da euro 206 a euro 1.549.

2. Se concorre, inoltre, taluna delle circostanze previste dall'articolo 61 o dall'articolo 625, numeri 2), 3), 4), 5) e 7), del codice penale, la pena è della reclusione da cinque a dodici anni e della multa da euro 1.032 a euro 3.098.

3. La pena di cui al comma 2 si applica ai delitti di cui all'articolo 624-*bis* del codice penale aggravati ai sensi del comma 1.

4. La pena prevista al comma 3 è diminuita fino a due terzi quando il fatto è di lieve entità (1).

(1) Articolo modificato dall'art. 8, co. 4, d.l. 31.12.1991, n. 419, poi dall'art. 14 della legge 25.6.1999, n. 205; e, infine, sostituito dall'art. 10, co. 3, l. 26.3.2001, n. 128.

5. – Le disposizioni del testo unico delle leggi di pubblica sicurezza, approvato con regio decreto 18 giugno 1931, n. 773, del regio decreto 6 maggio 1940, n. 635, con le rispettive successive modificazioni, e l. 18.4.1975, n. 110, relative alla detenzione e al porto delle armi non si applicano nei riguardi degli strumenti lanciarazzi e degli artifizi da segnalazione il cui impiego è previsto, per la sicurezza della navigazione e per la salvaguardia della vita umana in mare, da disposizioni legislative o regolamentari, previo riconoscimento ed omologazione dei materiali stessi nelle sedi competenti.

Restano ferme le disposizioni dell'ultimo comma dell'articolo 2 l. 18.4.1975, n. 110.

Nell'ambito dei porti la fornitura dei materiali di cui al primo comma è assicurata, senza le autorizzazioni di pubblica sicurezza prescritte per il commercio delle armi e degli esplosivi, dai provveditori e fornitori navali all'uopo designati dal capo del compartimento marittimo, previo parere favorevole del prefetto competente per territorio.

Il Ministero della marina mercantile determina i criteri da seguire per le designazioni di cui al comma precedente e redige la lista nazionale dei provveditori e fornitori abilitati al commercio nei porti degli strumenti lanciarazzi e degli artifizi da segnalazione, curandone l'aggiornamento e informando di ogni variazione il Ministro per l'interno.

I soggetti indicati nel terzo comma, oltre ad adottare le cautele prescritte, per il commercio delle armi e la minuta vendita di prodotti esplodenti, dalle disposizioni legislative e regolamentari vigenti, sono obbligati a tenere costantemente aggiornati i registri di cui agli articoli 35, primo e secondo comma, e 55, primo e secondo comma, del testo unico delle leggi di pubblica sicurezza.

Per gli effetti del presente articolo possono essere tenuti in deposito, senza licenza, quantitativi di materiali esplodenti non eccedenti i limiti indicati nell'articolo 97 del regio decreto 6 maggio 1940, n. 635.

La vendita di materiali di cui ai precedenti commi deve essere effettuata su esibizione dei documenti relativi alle navi e alle imbarcazioni con la identificazione degli acquirenti, la registrazione delle relative operazioni e la stesura, limitatamente agli strumenti lanciarazzi, dei prescritti moduli di rilevazione ai fini del censimento delle armi per i servizi del competente schedario nazionale delle armi comuni da sparo.

Ferme restando le altre prescrizioni di cui al comma precedente, l'esibizione del documento relativo ai natanti non è richiesta per l'acquisto nei quantitativi minimi prescritti, degli artifizi da segnalazione regolamentari quando l'acquirente dichiari, sotto sua responsabilità e per iscritto, di essere in possesso di natante per il quale non è previsto titolo d'identificazione.

Chiunque, al fine di ottenere fraudolentemente il materiale di cui al comma precedente, effettua false dichiarazioni è punito con l'arresto da sei mesi a tre anni e con l'ammenda da euro 51 a euro 206.

Dai documenti relativi alle navi e alle imbarcazioni o da separate dichiarazioni, da esibirsi in sede di controlli, devono risultare gli elementi identificativi degli strumenti lanciarazzi e degli artifizi da segnalazione nonché le date dei singoli acquisti, secondo specifiche attestazioni dei soggetti abilitati al commercio degli stessi materiali.

Per il rifornimento di strumenti lanciarazzi e degli artifizi da segnalazione nei limiti prescritti per le dotazioni delle navi non sono richieste autorizzazioni di polizia ai fini dell'esportazione.

In caso di denunzia all'autorità giudiziaria per accertate infrazioni, a richiesta delle competenti autorità di pubblica sicurezza il Ministero della marina mercantile dispone la sospensione temporanea dell'iscrizione nella lista di cui al quarto comma del soggetto abilitato alla vendita dei materiali di specie e, in caso di condanna definitiva, la cancellazione.

La presente legge, munita del sigillo dello Stato, sarà inserita nella Raccolta ufficiale delle leggi e dei decreti della Repubblica italiana. È fatto obbligo a chiunque spetti di osservarla e di farla osservare come legge dello Stato.

5. D.L. 21 marzo 1978, n. 59, convertito, con modificazioni, in L. 18 maggio 1978, n. 191. – Norme penali e processuali per la prevenzione e la repressione di gravi reati (*artt. 11, 12*)

In Gazzetta Ufficiale 22 marzo 1978, n. 80

11. – Gli ufficiali e gli agenti di polizia possono accompagnare nei propri uffici chiunque, richiestone, rifiuta di dichiarare le proprie generalità ed ivi trattenerlo per il tempo strettamente necessario al solo fine dell'identificazione e comunque non oltre le ventiquattro ore [(1)].

La disposizione prevista nel comma precedente si applica anche quando ricorrono sufficienti indizi per ritenere la falsità delle dichiarazioni della persona richiesta sulla propria identità personale o dei documenti d'identità da essa esibiti.

Dell'accompagnamento e dell'ora in cui è stato compiuto è data immediata notizia al procuratore della Repubblica, il quale, se riconosce che non ricorrono le condizioni di cui ai commi precedenti, ordina il rilascio della persona accompagnata [(2)].

Al procuratore della Repubblica è data altresì immediata notizia del rilascio della persona accompagnata e dell'ora in cui è avvenuto [(3)].

(1) Comma modificato dall'art. unico, l. 18.5.1978, n. 191, in sede di conversione.
(2) Comma sostituito dall'art. unico, l. 18.5.1978, n. 191, in sede di conversione.
(3) Comma introdotto dall'art. unico, l. 18.5.1978, n. 191, in sede di conversione.

12. – Chiunque cede la proprietà o il godimento o a qualunque altro titolo consente, per un tempo superiore a un mese, l'uso esclusivo di un fabbricato o di parte di esso ha l'obbligo di comunicare all'autorità locale di pubblica sicurezza, entro quarantotto ore dalla consegna dell'immobile, la sua esatta ubicazione, nonché le generalità dell'acquirente, del conduttore o della persona che assume la disponibilità del bene e gli estremi del documento di identità o di riconoscimento, che deve essere richiesto all'interessato.

Entro sessanta giorni dall'entrata in vigore del presente decreto, i soggetti di cui al primo comma hanno l'obbligo di provvedere alla comunicazione, all'autorità di pubblica sicurezza, di tutti i contratti, anche verbali, stipulati successivamente alla data del 30 giugno 1977 e in corso alla data di entrata in vigore del decreto-legge.

La comunicazione di cui ai precedenti commi può essere effettuata anche a mezzo di lettera raccomandata con avviso di ricevimento. Ai fini dell'osservanza dei termini vale la data della ricevuta postale.

Nel caso di violazione delle disposizioni indicate nei commi precedenti si applica la sanzione amministrativa del pagamento di una somma da lire 200 mila a lire tre milioni. La violazione è accertata dagli organi di polizia giudiziaria, nonché dai vigili urbani del comune ove si trova l'immobile. La sanzione è applicata dal sindaco ed i proventi sono devoluti al comune. Si applicano, per quanto non previsto, le disposizioni della legge 24 dicembre 1975, n. 706 [(1)].

(1) Articolo sostituito dall'art. unico, l. 18.5.1978, n. 191, in sede di conversione.

6. L. 1 aprile 1981, n. 121. – Nuovo ordinamento dell'Amministrazione della pubblica sicurezza (*artt. 12, 72-79*) [(1) (2) (3) (4) (5) (6) (7)]

In Gazzetta Ufficiale 10 aprile 1981, n. 100

(1) I riferimenti al Ministro/Ministero del tesoro e di Ministro/Ministero del bilancio e della programmazione economica, devono intendersi al Ministro/Ministero del tesoro, del bilancio e della programmazione economica (art. 7, l. 3.4.1997, n. 94 e art. 2, d.lgs. 5.12.1997, n. 430).
(2) L'art. 26, co. 1, d.lgs. 18.12.1997, n. 472, rubricato "abolizione della soprattassa e della pena pecuniaria", ha previsto che: «*1. Il riferimento alla soprattassa e alla pena pecuniaria, nonché ad ogni altra sanzione amministrativa, ancorché diversamente denominata, contenuto nelle leggi vigenti, è sostituito con il riferimento alla sanzione pecuniaria, di uguale importo.*
2. I riferimenti contenuti nelle singole leggi di imposta a disposizioni abrogate si intendono effettuati agli istituti e alle previsioni corrispondenti risultanti dal presente decreto.
3. Salvo diversa espressa previsione, i procedimenti di irrogazione delle sanzioni disciplinati nel presente decreto si applicano all'irrogazione di tutte le sanzioni tributarie non penali.».
(3) I riferimenti al/ai dirigente/i generale/i sono da intendersi ai dirigente/i di ufficio/i dirigenziale/i generale/i (art. 45, co. 2, d.lgs. 31.3.1998, n. 80).
(4) A partire dal 1.1.1999 ogni sanzione pecuniaria penale o amministrativa espressa in lire in questo provvedimento si intende espressa anche in euro secondo il tasso di conversione irrevocabilmente fissato dal Trattato CE. A decorrere dal 1.1.2002 ogni sanzione penale o amministrativa espressa in lire nel presente provvedimento è convertita in euro secondo il tasso di conversione irrevocabilmente fissato dal Trattato CE. Se da questa operazione deriva un risultato espresso anche in decimali, la cifra è arrotondata eliminando i decimali (art. 51, d.lgs. 24.12.1998, n. 213).
(5) Le prefetture sono trasformate in uffici territoriali del governo a decorrere dalla data nomina del primo governo costituito a seguito delle prime elezioni politiche successive all'entrata in vigore del d.lgs. 30.7.1999, n. 300. Il prefetto preposto a questo ufficio nel capoluogo della regione assume anche le funzioni di commissario del governo (art. 11, d.lgs. n. 300/1999, cit.).

(6) I riferimenti al Ministro/Ministero di Grazia e Giustizia devono intendersi al Ministro/Ministero della giustizia (d.P.R. 13.9.1999).
(7) Secondo quanto previsto dall'art. 4 del d.l. 31.3.2005, n. 45 è istituita, nell'ambito del Dipartimento di pubblica sicurezza, la Direzione centrale anticrimine della Polizia di Stato, a cui è preposto un prefetto.

12. Sanzioni.

Il pubblico ufficiale che comunica o fa uso di dati ed informazioni in violazione delle disposizioni della presente legge, o al di fuori dei fini previsti dalla stessa, è punito, salvo che il fatto costituisca più grave reato, con la reclusione da uno a tre anni.

Se il fatto è commesso per colpa, la pena è della reclusione fino a sei mesi.

72. Abbandono del posto di servizio.

L'appartenente alla Polizia di Stato che, nel corso di operazioni di polizia o durante l'impiego in reparti organici, abbandona il posto o il servizio, o viola l'ordine o le disposizioni generali o particolari impartite, è punito con la reclusione fino a tre anni.

La reclusione è da uno a quattro anni se il fatto è commesso:

1) durante il servizio di ordine pubblico o di pubblico soccorso;
2) nella guardia a rimesse di aeromobili o a depositi di armi, munizioni o materie infiammabili od esplosive;
3) a bordo di una nave o di un aeromobile;
4) col fine di interrompere la continuità e la regolarità del servizio;
5) da tre o più appartenenti alla Polizia di Stato in concorso tra loro;
6) da un comandante di reparto o dal dirigente di un ufficio o servizio.

Se dal fatto deriva l'interruzione del servizio o grave danno la pena è della reclusione da due a cinque anni.

73. Rivolta.

Fuori della ipotesi prevista dall'articolo 284 del codice penale, sono puniti con la reclusione da tre a dieci anni gli appartenenti alla Polizia di Stato che, riuniti in numero di cinque o più:

1) prendono arbitrariamente le armi e rifiutano di obbedire all'ordine di deporle, intimato da un superiore;
2) rifiutano di obbedire all'ordine di un superiore di recedere da gravi atti di violenza.

La pena per chi ha promosso, organizzato o diretto la rivolta è della reclusione non inferiore a cinque anni.

74. Associazione al fine di commettere il delitto di rivolta.

Quando cinque o più appartenenti alla Polizia di Stato si associano allo scopo di commettere il delitto di rivolta, se il delitto non è commesso la pena è della reclusione da uno a quattro anni.

Non sono punibili coloro che impediscono l'esecuzione del delitto.

75. Movimento non autorizzato di reparto.

Il comandante di un reparto organico di polizia che, senza speciale incarico o autorizzazione ovvero senza necessità, contravvenendo alle norme sull'impiego dei reparti, ordina il movimento del reparto è punito con la reclusione fino ad un anno, sempre che il fatto non costituisca reato più grave.

76. Manifestazioni collettive con mezzi od armi della polizia.

Gli appartenenti all'Amministrazione della pubblica sicurezza che compiono manifestazioni collettive pubbliche mediante l'uso di mezzi della polizia sono puniti con la reclusione sino a sei mesi o con la multa da lire cinquantamila a lire un milione.

La pena è aumentata fino a nove mesi e la multa fino ad un milione e mezzo di lire per coloro che hanno promosso, organizzato o diretto la manifestazione.

Gli appartenenti all'Amministrazione della pubblica sicurezza che partecipano alla manifestazione con il possesso di armi sono puniti con la reclusione da sei mesi a due anni.

77. Alterazione di armi o munizioni, porto di armi non in dotazione.

L'appartenente alla Polizia di Stato che altera in qualsiasi modo le caratteristiche delle armi proprie o del munizionamento in dotazione o che porta in servizio armi diverse da quelle in dotazione è punito con la reclusione fino a tre anni e con la multa fino a lire due milioni.

Alle stesse pene è sottoposto il superiore gerarchico che consente i fatti di cui al comma precedente.

78. Arbitraria utilizzazione di prestazioni lavorative.

Salvo che il fatto costituisca più grave reato, il pubblico ufficiale che utilizza arbitrariamente le prestazioni lavorative di personale dell'Amministrazione della pubblica sicurezza, in contrasto con i compiti di istituto, al fine di realizzare un profitto proprio o di altri, è punito con la reclusione fino a due anni.

79. Esecuzione delle pene detentive e delle misure restrittive della libertà personale.

A richiesta del condannato, la pena detentiva inflitta per qualsiasi reato agli appartenenti alle forze di polizia di cui all'articolo 16 è scontata negli stabilimenti penali militari.

La disposizione del comma precedente si applica anche nei casi in cui i soggetti ivi contemplati sono posti in stato di custodia o carcerazione preventiva. In questi casi la richiesta può essere proposta agli ufficiali o agenti della polizia giudiziaria o della forza pubblica nel processo verbale di cui all'art. 266 del codice di procedura penale [1].

(1) Comma introdotto dall'art. 8, l. 12.8.1982, n. 569.

7. L. 25 gennaio 1982, n. 17. – Norme di attuazione dell'art. 18 della Costituzione in materia di associazioni segrete e scioglimento della associazione denominata Loggia P2 (1) (2)

In Gazzetta Ufficiale 28 gennaio 1982, n. 27

(1) Le disposizioni processuali di questa legge sono state espressamente fatte salve dall'art. 219, disp. att. C.p.p.

(2) I riferimenti al/ai dirigente/i generale/i sono da intendersi ai dirigente/i di ufficio/i dirigenziale/i generale/i (art. 45, co. 2, d.lgs. 31.3.1998, n. 80).

1. – Si considerano associazioni segrete, come tali vietate dall'art. 18 della Costituzione, quelle che, anche all'interno di associazioni palesi, occultando la loro esistenza ovvero tenendo segrete congiuntamente finalità e attività sociali ovvero rendendo sconosciuti, in tutto od in parte ed anche reciprocamente, i soci, svolgono attività diretta ad interferire sull'esercizio delle funzioni di organi costituzionali, di amministrazioni pubbliche, anche ad ordinamento autonomo, di enti pubblici anche economici, nonché di servizi pubblici essenziali di interesse nazionale.

2. – Chiunque promuove o dirige un'associazione segreta, ai sensi dell'art 1, o svolge attività di proselitismo a favore della stessa è punito con la reclusione da uno a cinque anni. La condanna importa la interdizione dai pubblici uffici per cinque anni.

Chiunque partecipa ad un'associazione segreta è punito con la reclusione fino a due anni. La condanna importa l'interdizione per un anno dai pubblici uffici. La competenza a giudicare è del tribunale.

3. – Qualora con sentenza irrevocabile sia accertata la costituzione di una associazione segreta, il Presidente del Consiglio dei Ministri, previa deliberazione del Consiglio stesso, ne ordina con decreto lo scioglimento e dispone la confisca dei beni.

Il decreto di cui al comma precedente è pubblicato nella Gazzetta Ufficiale della Repubblica.

In qualunque stato e grado del procedimento, qualora vi sia pericolo nel ritardo, il procuratore della Repubblica presso il giudice competente per il giudizio, anche su istanza del Governo, può richiedere che sia cautelativamente disposta la sospensione di ogni attività associativa.

Il provvedimento è adottato dal giudice competente per il giudizio, in camera di consiglio in contraddittorio delle parti, entro dieci giorni dalla richiesta.

Avverso il provvedimento di cui al comma precedente è ammesso ricorso, anche per motivi di merito, alla Corte di cassazione, che decide, in camera di consiglio e in contraddittorio delle parti, entro dieci giorni dalla presentazione dei motivi del ricorso stesso. Il ricorso non sospende l'esecuzione del provvedimento impugnato.

Il Governo riferisce immediatamente alle Camere sulla presentazione dell'istanza prevista dal terzo comma.

4. – I dipendenti pubblici, civili e militari, per i quali risulti, sulla base di concreti elementi, il fondato sospetto di appartenenza ad associazioni segrete ai sensi dell'art. 1, possono essere sospesi dal servizio, valutati il grado di corresponsabilità nell'associazione, la posizione ricoperta dal dipendente nella propria amministrazione nonché l'eventualità che la permanenza in servizio possa compromettere l'accertamento delle responsabilità del dipendente stesso.

Le amministrazioni competenti devono inviare immediatamente gli atti all'autorità giudiziaria e promuovere l'azione disciplinare nei confronti di tutti i soggetti di cui al comma precedente. Gli accertamenti istruttori sono svolti da chi esercita le funzioni di capo del personale nell'amministrazione di appartenenza.

Conclusi gli accertamenti, gli atti sono trasmessi ad una commissione nominata, ogni tre anni, con decreto del Presidente della Repubblica su proposta del Presidente del Consiglio dei Ministri, composta:

da un presidente di sezione del Consiglio di Stato, che la presiede, designato dal presidente del Consiglio di Stato;

da un magistrato con qualifica non inferiore a quella di consigliere di cassazione, designato dal primo presidente della Corte di cassazione;

da un magistrato con qualifica non inferiore a quella di consigliere della Corte dei conti, designato dal presidente della Corte dei conti;

da un magistrato militare, designato dal Ministro della difesa;

da due dirigenti generali, designati dal Presidente del Consiglio dei Ministri;

da un professore ordinario di materie giuridiche nelle università, designato dal Ministro della pubblica istruzione.

La commissione decide, con provvedimento motivato, il proscioglimento ovvero la sanzione da irrogare. Essa ha sede presso la Presidenza del Consiglio dei Ministri e si avvale dei suoi uffici.

Per lo svolgimento del procedimento disciplinare sia nel corso degli accertamenti istruttori che innanzi alla commissione suddetta, si osservano, in quanto applicabili, le norme degli ordinamenti di rispettiva appartenenza degli inquisiti.

Le disposizioni di cui al secondo, terzo, quarto e quinto comma non si applicano nei confronti dei magistrati ordinari, amministrativi e militari. Restano ferme, nei confronti degli stessi, le vigenti norme in materia di competenze e procedure disciplinari.

Ai dipendenti pubblici, civili e militari, riconosciuti responsabili di appartenere ad associazioni segrete, sono irrogate le sanzioni disciplinari previste dai rispettivi ordinamenti di appartenenza.

Le sanzioni debbono essere commisurate al grado di corresponsabilità del dipendente nell'associazione segreta, nonché alla posizione del medesimo ricoperta nell'ordinamento di appartenenza in relazione alle funzioni esercitate.

La sospensione dal servizio, disposta ai sensi del primo comma, cessa di avere efficacia qualora, entro il termine di centottanta giorni dal relativo provvedimento, non sia stata esercitata l'azione penale ovvero non sia concluso il procedimento disciplinare.

Le disposizioni di cui al primo, ottavo e nono comma si applicano, altresì, ai dipendenti di enti pubblici che svolgono esclusivamente o prevalentemente attività economica ed ai dipendenti di enti e società concessionari di pubblici servizi, riconosciuti responsabili di appartenere ad associazioni segrete. Per lo svolgimento del procedimento disciplinare e per le relative sanzioni si osservano, in quanto applicabili, le disposizioni dei rispettivi contratti ed accordi di lavoro.

I componenti degli organi di amministrazione e di controllo degli enti pubblici, compresi quelli che svolgono esclusivamente o prevalentemente attività economica, degli enti e delle società concessionari di pubblici servizi, nonché delle società per azioni di interesse nazionale, dei quali risulti accertata l'appartenenza ad associazioni segrete ai sensi dell'art. 1, possono essere revocati dagli organi competenti alla nomina. La revoca disposta ai sensi del presente comma si considera determinata da giusta causa.

Le disposizioni di cui al precedente comma si applicano anche agli amministratori ed ai sindaci nominati ai sensi degli articoli 2458 e 2459 del codice civile.

Per i dipendenti delle regioni, per i soggetti indicati nei commi decimo, undicesimo e dodicesimo, la cui nomina, proposta o designazione spetti ad organi regionali, nonché per i componenti degli organi di controllo o di amministrazione di società che, in forza di provvedimenti regionali, siano concessionari di pubblici servizi, le regioni provvedono ad emanare leggi nell'osservanza dei principi dell'ordinamento espressi nel presente articolo.

5. – L'associazione segreta denominata "Loggia P2" è disciolta. Il Ministro dell'interno, sentito il Consiglio dei Ministri, provvede alle conseguenti misure, inclusa la confisca dei beni.

6. – Sono abrogati gli artt. 209 e 212 del testo unico delle leggi di pubblica sicurezza, approvato con R.D. 18.6.1931, n. 773, ed ogni altra disposizione in contrasto con la presente legge. Tuttavia le disposizioni del citato art. 212 continuano ad applicarsi nei confronti di coloro che risultino avere aderito all'associazione di cui all'art. 5 e comunque ai fatti compiuti prima dell'entrata in vigore della presente legge. In tal caso, le sanzioni debbono essere commisurate al grado di corresponsabilità del dipendente nella associazione, nonché alla posizione ricoperta nell'ordinamento di appartenenza in relazione alle funzioni esercitate. Restano ferme le norme vigenti per quanto riguarda gli organi competenti dell'accertamento delle responsabilità disciplinari.

8. D.L. 20 febbraio 2017, n. 14, convertito, con modificazioni, in L. 18 aprile 2017, n. 48. – Disposizioni urgenti in materia di sicurezza delle città (*artt. 13-18*)

In Gazzetta Ufficiale 20 febbraio 2017, n. 42

Capo I

13. Ulteriori misure di contrasto dello spaccio di sostanze stupefacenti all'interno o in prossimità di locali pubblici o aperti al pubblico e di pubblici esercizi (1).

1. Nei confronti delle persone che abbiano riportato una o più denunzie o siano state condannate anche con sentenza non definitiva nel corso degli ultimi tre anni per i delitti di cui all'articolo 73 del testo unico di cui al decreto del Presidente della Repubblica 9 ottobre 1990, n. 309, per fatti commessi all'interno o nelle immediate vicinanze di scuole, plessi scolastici, sedi universitarie, locali pubblici o aperti al pubblico, ovvero in uno dei pubblici esercizi di cui all'articolo 5 della legge 25 agosto 1991, n. 287, il Questore, valutati gli elementi derivanti dai provvedimenti dell'Autorità giudiziaria e sulla base degli accertamenti di polizia, può disporre, per ragioni di sicurezza, il divieto di accesso agli stessi locali o a esercizi analoghi, specificamente indicati, ovvero di stazionamento nelle immediate vicinanze degli stessi locali od esercizi o dei predetti scuole, plessi scolastici e sedi universitarie (2).

2. Il divieto di cui al comma 1 non può avere durata inferiore ad un anno, né superiore a cinque. Il divieto è disposto individuando modalità applicative compatibili con le esigenze di mobilità, salute, lavoro e studio del destinatario dell'atto (3).

3. Nei casi di cui al comma 1, il questore, quando ricorrano specifiche ragioni di pericolosità, può altresì disporre, per la durata massima di due anni, una o più delle seguenti misure [4]:

a) obbligo di presentarsi almeno due volte a settimana presso il locale ufficio della Polizia di Stato o presso il comando dell'Arma dei carabinieri territorialmente competente; obbligo di rientrare nella propria abitazione, o in altro luogo di privata dimora, entro una determinata ora e di non uscirne prima di altra ora prefissata;
b) divieto di allontanarsi dal comune di residenza;
c) obbligo di comparire in un ufficio o comando di polizia specificamente indicato, negli orari di entrata ed uscita dagli istituti scolastici.

4. In relazione al provvedimento di cui al comma 3 si applicano, in quanto compatibili, le disposizioni di cui all'articolo 6, commi 2-*bis*, 3 e 4, della legge 13 dicembre 1989, n. 401.

5. I divieti di cui al comma 1 possono essere disposti anche nei confronti di soggetti minori di diciotto anni che hanno compiuto il quattordicesimo anno di età. Il provvedimento è notificato a coloro che esercitano la responsabilità genitoriale.

6. La violazione dei divieti e delle prescrizioni di cui ai commi 1 e 3 è punita con la reclusione da uno a tre anni e con la multa da 10.000 a 24.000 euro [5].

7. Nei casi di condanna per i reati di cui al comma 1 commessi all'interno o nelle immediate vicinanze di locali pubblici, aperti al pubblico, ovvero in uno dei pubblici esercizi di cui all'articolo 5 della legge 25 agosto 1991, n. 287, la concessione della sospensione condizionale della pena è sempre subordinata all'imposizione del divieto di accedere in pubblici o aperti al pubblico esercizi specificamente individuati [6].

(1) Rubrica modificata dall'art. 1, co. 1, l. 18.4.2017, n. 48, in sede di conversione.
(2) Comma modificato dall'art. 1, co. 1, l. 18.4.2017, n. 48, in sede di conversione, sostituito dall'art. 11, co. 1, lett. a), n. 1), d.l. 21.10.2020, n. 130, conv., con modif., dalla l. 18.12.2020, n. 173 e, poi, modificato dall'art. 3, co. 1, lett. b), punto 1), d.l. 15.9.2023, n. 123, conv., con modif., dalla l. 13.11.2023, n. 159.
(3) Comma modificato dall'art. 1, co. 1, l. 18.4.2017, n. 48, in sede di conversione.
(4) Alinea modificato dall'art. 3, co. 1, lett. b), punto 2), d.l. 15.9.2023, n. 123, conv., con modif., dalla l. 13.11.2023, n. 159.
(5) Comma modificato dall'art. 1, co. 1, l. 18.4.2017, n. 48, in sede di conversione, sostituito dall'art. 11, co. 1, lett. a), n. 2), d.l. 21.10.2020, n. 130, conv., con modif., dalla l. 18.12.2020, n. 173 e, poi, modificato dall'art. 3, co. 1, lett. b), punto 3), d.l. 15.9.2023, n. 123, conv., con modif., dalla l. 13.11.2023, n. 159.
(6) Comma modificato dall'art. 1, co. 1, l. 18.4.2017, n. 48, in sede di conversione e, poi, dall'art. 3, co. 3 bis del d.l. 15.9.2023, n. 123, conv., con modif., dalla l. 13.11.2023, n. 159.

13 bis. Disposizioni per la prevenzione di disordini negli esercizi pubblici e nei locali di pubblico trattenimento [1].

1. Fuori dei casi di cui all'articolo 13, nei confronti delle persone denunciate, negli ultimi tre anni, per reati commessi in occasione di gravi disordini avvenuti in pubblici esercizi o in locali di pubblico trattenimento ovvero nelle immediate vicinanze degli stessi, o per delitti non colposi contro la persona o il patrimonio ovvero aggravati ai sensi dell'articolo 604-*ter* del codice penale, oppure per i reati di cui all'articolo 4 della legge 18 aprile 1975, n. 110, o per i reati di cui agli articoli 336 e 337 del codice penale, qualora dalla condotta possa derivare un pericolo per la sicurezza, il Questore può disporre il divieto di accesso a pubblici esercizi o locali di pubblico trattenimento specificamente individuati in ragione dei luoghi in cui sono stati commessi i predetti reati ovvero delle persone con le quali l'interessato si associa, specificamente indicati. Il Questore può altresì disporre, per motivi di sicurezza, la misura di cui al presente comma anche nei confronti dei soggetti condannati, anche con sentenza non definitiva, per taluno dei predetti reati [2].

1 bis. Il Questore può disporre il divieto di accesso ai pubblici esercizi o ai locali di pubblico trattenimento presenti nel territorio dell'intera provincia nei confronti delle persone che, per i reati di cui al comma 1, sono state poste in stato di arresto o di fermo convalidato dall'autorità giudiziaria o sottoposte a una delle misure cautelari di cui agli articoli 284 e 285 del codice di procedura penale, ovvero condannate, anche con sentenza non definitiva [3].

1 ter. In ogni caso, la misura disposta dal Questore, ai sensi dei commi 1 e 1-*bis*, ricomprende anche il divieto di stazionamento nelle immediate vicinanze dei pubblici esercizi e dei locali di pubblico trattenimento ai quali è vietato l'accesso [4].

2. Il divieto di cui ai commi 1 e 1-*bis* può essere limitato a specifiche fasce orarie e non può avere una durata inferiore a un anno né superiore a tre anni. Il divieto è disposto, con provvedimento motivato, individuando comunque modalità applicative compatibili con le esigenze di mobilità, salute e lavoro del destinatario dell'atto [5].

3. Il divieto di cui ai commi 1 e 1-*bis* può essere disposto anche nei confronti di soggetti minori di diciotto anni che hanno compiuto il quattordicesimo anno di età. Il provvedimento è notificato a coloro che esercitano la responsabilità genitoriale [6].

4. Il questore può prescrivere, per la durata massima di due anni, alle persone alle quali è notificato il divieto previsto dai commi 1 e 1-*bis* di comparire personalmente una o più volte, negli orari indicati, nell'ufficio o comando di polizia competente in relazione al luogo di residenza dell'obbligato o in quello specificamente indicato [7].

5. In relazione al provvedimento di cui al comma 4 si applicano, in quanto compatibili, le disposizioni di cui all'articolo 6, commi 3 e 4, della legge 13 dicembre 1989, n. 401.

6. La violazione dei divieti e delle prescrizioni di cui al presente articolo è punita con la reclusione da uno a tre anni e con la multa da 10.000 a 24.000 euro [8].

(1) Articolo introdotto dall'art. 21, co. 1 ter, d.l. 4.10.2018, n. 113, conv., con modif., dalla l. 1.12.2018, n. 132.
(2) Comma sostituito dall'art. 11, co. 1, lett. b), n. 1), d.l. 21.10.2020, n. 130, conv., con modif., dalla l. 18.12.2020, n. 173 e, poi, modificato dall'art. 3, co. 1, lett. c), punto 1), d.l. 15.9.2023, n. 123, conv., con modif., dalla l. 13.11.2023, n. 159.
(3) Comma introdotto per effetto della sostituzione di cui all'art. 11, co. 1, lett. b), n. 1), d.l. 21.10.2020, n. 130, conv., con modif., dalla l. 18.12.2020, n. 173 e, poi, modificato dall'art. 3, co. 1, lett. c), punto 1), d.l. 15.9.2023, n. 123, conv., con modif., dalla l. 13.11.2023, n. 159.
(4) Comma introdotto per effetto della sostituzione di cui all'art. 11, co. 1, lett. b), n. 1), d.l. 21.10.2020, n. 130, conv., con modif., dalla l. 18.12.2020, n. 173.
(5) Comma modificato dall'art. 11, co. 1, lett. b), n. 2), d.l. 21.10.2020, n. 130, conv., con modif., dalla l. 18.12.2020, n. 173 e, poi, modificato dall'art. 3, co. 1, lett. c), punto 1), d.l. 15.9.2023, n. 123, conv., con modif., dalla l. 13.11.2023, n. 159.
(6) Comma modificato dall'art. 11, co. 1, lett. b), n. 3), d.l. 21.10.2020, n. 130, conv., con modif., dalla l. 18.12.2020, n. 173.
(7) Comma modificato dall'art. 11, co. 1, lett. b), n. 4), d.l. 21.10.2020, n. 130, conv., con modif., dalla l. 18.12.2020, n. 173 e, poi, modificato dall'art. 3, co. 1, lett. c), punto 1), d.l. 15.9.2023, n. 123, conv., con modif., dalla l. 13.11.2023, n. 159.
(8) Comma modificato dall'art. 11, co. 1, lett. b), n. 4), d.l. 21.10.2020, n. 130, conv., con modif., dalla l. 18.12.2020, n. 173 e, poi, modificato dall'art. 3, co. 1, lett. c), punto 1), d.l. 15.9.2023, n. 123, conv., con modif., dalla l. 13.11.2023, n. 159.

14. Numero Unico Europeo 112.

1. Per le attività connesse al numero unico europeo 112 e alle relative centrali operative realizzate in ambito regionale secondo le modalità definite con i protocolli d'intesa adottati ai sensi dell'articolo 75-*bis*, comma 3, del decreto legislativo 1° agosto 2003, n. 259, le Regioni che hanno rispettato gli obiettivi del pareggio di bilancio di cui all'articolo 9 della legge 24 dicembre 2012, n. 243, possono bandire, nell'anno successivo, procedure concorsuali finalizzate all'assunzione, con contratti di lavoro a tempo indeterminato, di un contingente massimo di personale determinato in proporzione alla popolazione residente in ciascuna Regione, sulla base di un rapporto pari ad un'unità di personale ogni trentamila residenti. A tal fine, le Regioni possono utilizzare integralmente i risparmi derivanti dalle cessazioni dal servizio per gli anni 2016, 2017, 2018 e 2019 finalizzate alle assunzioni, in deroga alle previsioni dell'articolo 1, comma 228, primo periodo, l. 28 dicembre 2015, n. 208.

1-*bis*. Le procedure concorsuali finalizzate alle nuove assunzioni di cui al comma 1 sono subordinate alla verifica dell'assenza di personale in mobilità o in esubero nell'ambito della medesima amministrazione con caratteristiche professionali adeguate alle mansioni richieste [1].

(1) Comma introdotto dall'art. 1, co. 1, l. 18.4.2017, n. 48, in sede di conversione.

15. Integrazione della disciplina sulle misure di prevenzione personali.

1. Al decreto legislativo 6 settembre 2011, n. 159, sono apportate le seguenti modificazioni:

a) all'articolo 1, comma 1, lettera c), dopo le parole: «sulla base di elementi di fatto», sono inserite le seguenti: «, comprese le reiterate violazioni del foglio di via obbligatorio di cui all'articolo 2, nonché dei divieti di frequentazione di determinati luoghi previsti dalla vigente normativa» [1];

b) all'articolo 6, dopo il comma 3, è aggiunto il seguente: «3-*bis*. Ai fini della tutela della sicurezza pubblica, gli obblighi e le prescrizioni inerenti alla sorveglianza speciale possono essere disposti, con il consenso dell'interessato ed accertata la disponibilità dei relativi dispositivi, anche con le modalità di controllo previste all'articolo 275-*bis* del codice di procedura penale.».

(1) Lettera modificata dall'art. 1, co. 1, l. 18.4.2017, n. 48, in sede di conversione.

16. Modifica all'articolo 639 del codice penale [1].

1. All'articolo 639 del codice penale, dopo il quarto comma è aggiunto il seguente: «Con la sentenza di condanna per i reati di cui al secondo e terzo comma il giudice, ai fini di cui all'articolo 165, primo comma, può disporre l'obbligo di ripristino e di ripulitura dei luoghi ovvero, qualora ciò non sia possibile, l'obbligo di sostenerne le spese o di rimborsare quelle a tal fine sostenute, ovvero, se il condannato non si oppone, la prestazione di attività non retribuita a favore della collettività per un tempo determinato comunque non superiore alla durata della pena sospesa, secondo le modalità indicate nella sentenza di condanna.» [2].

(1) Rubrica modificata dall'art. 1, co. 1, l. 18.4.2017, n. 48, in sede di conversione.
(2) Comma modificato dall'art. 1, co. 1, l. 18.4.2017, n. 48, in sede di conversione.

16 bis. Parcheggiatori abusivi [1].

1. Il comma 15-*bis* dell'articolo 7 del codice della strada, di cui al decreto legislativo 30 aprile 1992, n. 285, è sostituito dal seguente: "15-*bis*. Salvo che il fatto costituisca reato, coloro che esercitano abusivamente, anche avvalendosi di altre persone, ovvero determinano altri ad esercitare abusivamente l'attività di parcheggiatore o guardiamacchine sono puniti con la sanzione amministrativa pecuniaria del pagamento di una somma da euro 1.000 a euro 3.500. Se nell'attività sono impiegati minori, o nei casi di reiterazione, la sanzione amministrativa pecuniaria è aumentata del doppio. Si applica, in ogni caso, la sanzione accessoria della confisca delle somme percepite, secondo le modalità indicate al titolo VI, capo I, sezione II".

(1) Articolo introdotto dall'art. 1, co. 1, l. 18.4.2017, n. 48 in sede di conversione.

17. Clausola di neutralità finanziaria.

1. Dall'attuazione del presente decreto non devono derivare nuovi o maggiori oneri a carico della finanza pubblica.

2. Le amministrazioni interessate provvedono agli

adempimenti previsti dal presente decreto con l'utilizzo delle risorse umane, strumentali e finanziarie disponibili a legislazione vigente.

18. Entrata in vigore.

1. Il presente decreto entra in vigore il giorno successivo a quello della sua pubblicazione nella Gazzetta Ufficiale della Repubblica italiana e sarà presentato alle Camere per la conversione in legge.

Il presente decreto, munito del sigillo dello Stato, sarà inserito nella Raccolta ufficiale degli atti normativi della Repubblica italiana. È fatto obbligo a chiunque spetti di osservarlo e di farlo osservare.

9. D.L. 4 ottobre 2018, n. 113, convertito, con modificazioni, in L. 1 dicembre 2018, n. 132. – Disposizioni urgenti in materia di protezione internazionale e immigrazione, sicurezza pubblica, nonché misure per la funzionalità del Ministero dell'interno e l'organizzazione e il funzionamento dell'Agenzia nazionale per l'amministrazione e la destinazione dei beni sequestrati e confiscati alla criminalità organizzata *(artt. 17-19 ter, 21 bis)*

In Gazzetta Ufficiale 4 ottobre 2018, n. 231

17. Prescrizioni in materia di contratto di noleggio di autoveicoli per finalità di prevenzione del terrorismo.

1. Per le finalità di prevenzione del terrorismo, gli esercenti di cui all'articolo 1 del decreto del Presidente della Repubblica 19 dicembre 2001, n. 481, comunicano, per il successivo raffronto effettuato dal Centro elaborazione dati, di cui all'articolo 8 della legge 1° aprile 1981, n. 121, i dati identificativi riportati nel documento di identità esibito dal soggetto che richiede il noleggio di un autoveicolo, di cui all'articolo 54 del decreto legislativo 30 aprile 1992, n. 285. La comunicazione è effettuata contestualmente alla stipula del contratto di noleggio e comunque con un congruo anticipo rispetto al momento della consegna del veicolo. Sono esclusi dall'applicazione del presente comma i contratti di noleggio di autoveicoli per servizi di mobilità condivisa, e in particolare il car sharing, al fine di non comprometterne la facilità di utilizzo [(1)].

2. Il Centro di cui al comma 1 procede al raffronto automatico dei dati comunicati ai sensi del comma 1 con quelli in esso conservati, concernenti provvedimenti dell'Autorità giudiziaria o dell'Autorità di pubblica sicurezza, ovvero segnalazioni inserite, a norma delle vigenti leggi, dalle Forze di polizia, per finalità di prevenzione e repressione del terrorismo. Nel caso in cui dal raffronto emergano situazioni potenzialmente rilevanti per le finalità di cui al comma l, il predetto Centro provvede ad inviare una segnalazione di allerta all'ufficio o comando delle Forze di polizia per le conseguenti iniziative di controllo, anche ai fini di cui all'articolo 4, primo comma, del testo unico delle leggi di pubblica sicurezza, di cui al regio decreto 18 giugno 1931, n. 773.

3. I dati comunicati ai sensi del comma 1 sono conservati per un periodo di tempo non superiore a sette giorni. Con decreto del Ministro dell'interno di natura non regolamentare, da adottarsi entro sei mesi dalla data di entrata in vigore del presente decreto, sono definite le modalità tecniche dei collegamenti attraverso i quali sono effettuate le comunicazioni previste dal comma l, nonché di conservazione dei dati. Il predetto decreto è adottato, sentito il Garante per la protezione dei dati personali, il quale esprime il proprio parere entro quarantacinque giorni dalla richiesta, decorsi i quali il decreto può essere comunque emanato.

4. Dall'attuazione delle disposizioni di cui al presente articolo non devono derivare nuovi o maggiori oneri a carico della finanza pubblica. Il Dipartimento della pubblica sicurezza del Ministero dell'interno provvede ai relativi adempimenti con le risorse umane, strumentali e finanziarie disponibili a legislazione vigente.

(1) Comma modificato dall'art. 1, co. 1, l. 1.12.2018, n. 132, in sede di conversione.

18. Disposizioni in materia di accesso al CED interforze da parte del personale della polizia municipale.

1. Fermo restando quanto previsto dall'articolo 16-*quater* del decreto-legge 18 gennaio 1993, n. 8, convertito, con modificazioni, dalla legge 19 marzo 1993, n. 68, il personale dei Corpi e servizi di polizia municipale dei comuni con popolazione superiore ai centomila abitanti, addetto ai servizi di polizia stradale, in possesso della qualifica di agente di pubblica sicurezza, quando procede al controllo ed all'identificazione delle persone, accede, in deroga a quanto previsto dall'articolo 9 della legge 1° aprile 1981, n. 121, al Centro elaborazione dati di cui all'articolo 8 della medesima legge al fine di verificare eventuali provvedimenti di ricerca o di rintraccio esistenti nei confronti delle persone controllate. La presente disposizione si applica progressivamente, nell'anno 2019, agli altri comuni capoluogo di provincia (1).

1 bis. Con decreto del Ministro dell'interno, adottato previo accordo sancito in sede di Conferenza Stato-città ed autonomie locali, sono determinati i parametri connessi alla classe demografica, al rapporto numerico tra il personale della polizia municipale assunto a tempo indeterminato e il numero di abitanti residenti, al numero delle infrazioni alle norme sulla sicurezza stradale rilevate nello svolgimento delle funzioni di cui all'articolo 12 del codice della strada, di cui al decreto legislativo 30 aprile 1992, n. 285, in relazione ai quali le disposizioni di cui al comma 1 trovano applicazione anche con riguardo a comuni diversi da quelli di cui allo stesso comma 1 (2).

2. Con decreto del Ministro dell'interno, da emanarsi entro 90 giorni dalla data di entrata in vigore della legge di conversione del presente decreto, sentita la Conferenza Stato-città ed autonomie locali, nonché il Garante per la protezione dei dati personali, sono definiti le modalità di collegamento al Centro elaborazione dati e i relativi standard di sicurezza, nonché il numero degli operatori di polizia municipale che ciascun comune può abilitare alla consultazione dei dati previsti dal comma 1.

3. Per l'attuazione del comma 1 è autorizzata la spesa di 150.000 euro per l'anno 2018 e di 175.000 euro per l'anno 2019. Ai relativi oneri si provvede, per l'anno 2018, ai sensi dell'articolo 39 e, per l'anno 2019, mediante corrispondente riduzione del Fondo per interventi strutturali di politica economica, di cui all'articolo 10, comma 5, del decreto-legge 29 novembre 2004, n. 282, convertito, con modificazioni, dalla legge 27 dicembre 2004, n. 307 (3).

3 bis. Agli oneri derivanti dall'attuazione del comma 1-*bis*, nel limite di euro 25.000 per l'anno 2019, si provvede mediante corrispondente utilizzo di quota parte delle entrate di cui all'articolo 18, comma 1, lettera a), l. 23 febbraio 1999, n. 44 (4).

(1) Comma modificato dall'art. 1, co. 1, l. 1.12.2018, n. 132, in sede di conversione.
(2) Comma introdotto dall'art. 1, co. 1, l. 1.12.2018, n. 132, in sede di conversione.
(3) Comma sostituito dall'art. 1, co. 1, l. 1.12.2018, n. 132, in sede di conversione.
(4) Comma introdotto dall'art. 1, co. 1, l. 1.12.2018, n. 132, in sede di conversione.

19. Sperimentazione di armi ad impulsi elettrici da parte delle polizie locali (1).

1. Previa adozione di un apposito regolamento comunale, emanato in conformità alle linee generali adottate in materia di formazione del personale e di tutela della salute, con accordo sancito in sede di Conferenza unificata di cui all'articolo 8 del decreto legislativo 28 agosto 1997, n. 281, i comuni capoluogo di provincia, nonché quelli con popolazione superiore ai centomila abitanti possono dotare di armi comuni capoluogo di provincia, nonché quelli ad impulso elettrico quale dotazione di reparto, in via sperimentale, per il periodo di sei mesi, due unità di personale, munito della qualifica di agente di pubblica sicurezza, individuato fra gli appartenenti ai dipendenti Corpi e Servizi di polizia locale (2).

1 bis. Le disposizioni di cui al comma 1 si applicano anche ai comuni diversi da quelli di cui al medesimo comma 1 per i quali ricorrono tutti i seguenti requisiti (3):

a) appartenenza a una delle classi demografiche di cui all'articolo 156, comma 1, lettere h) e i) del testo unico delle leggi sull'ordinamento degli enti locali, di cui al decreto legislativo 18 agosto 2000, n. 267;
b) istituzione, con regolamento comunale o con diverso provvedimento del sindaco, dell'armeria del corpo o servizio di polizia locale, ai sensi dell'articolo 12 del regolamento di cui al decreto del Ministro dell'interno 4 marzo 1987, n. 145, ovvero, nel caso in cui le armi da custodire, comprese quelle ad impulso elettrico, siano in numero non superiore a quindici, custodia delle stesse in appositi armadi metallici aventi le caratteristiche previste dall'articolo 14 del medesimo regolamento di cui al decreto del Ministro dell'interno n. 145 del 1987.

2. Con il regolamento di cui al comma 1, i comuni definiscono, nel rispetto dei principi di precauzione e di salvaguardia dell'incolumità pubblica, le modalità della sperimentazione che deve essere effettuata previo un periodo di adeguato addestramento del personale interessato nonché d'intesa con le aziende sanitarie locali competenti per territorio, realizzando altresì forme di coordinamento tra queste ed i Corpi e Servizi di polizia locale (5).

3. Al termine del periodo di sperimentazione, i comuni, con proprio regolamento, possono deliberare di assegnare in dotazione effettiva di reparto l'arma comune ad impulsi elettrici positivamente sperimentata. Si applicano in quanto compatibili le disposizioni del regolamento di cui al decreto del Ministro dell'interno 4 marzo 1987, n. 145, ad eccezione di quanto previsto dall'articolo 2, comma 2.

4. I comuni e le regioni provvedono, rispettivamente, agli oneri derivanti dalla sperimentazione di cui al presente articolo e alla formazione del personale delle polizie locali interessato, nei limiti delle risorse disponibili nei propri bilanci (5).

5. All'articolo 8, comma 1-*bis*, del decreto-legge 22 agosto 2014, n. 119, convertito, con modificazioni, dalla legge 17 ottobre 2014, n. 146, le parole «della pistola elettrica Taser» sono sostituite dalle seguenti: «dell'arma comune ad impulsi elettrici».

(1) Rubrica modificata dall'art. 1, co. 1, l. 1.12.2018, n. 132, in sede di conversione.
(2) Comma modificato dall'art. 1, co. 1, l. 1.12.2018, n. 132, in sede di conversione.
(3) Comma introdotto dall'art. 1, co. 1, l. 1.12.2018, n. 132, in sede di conversione e poi sostituito dall'art. 17 bis, co. 1, d.l. 22.4.2023, n. 44, conv., con modif., dalla l. 21.6.2023, n. 74.
(4) Comma modificato dall'art. 1, co. 1, l. 1.12.2018, n. 132, in sede di conversione.
(5) Comma modificato dall'art. 1, co. 1, l. 1.12.2018, n. 132, in sede di conversione.

19 bis. Interpretazione autentica dell'articolo 109 del regio decreto 18 giugno 1931, n. 773 (1).

1. L'articolo 109 del testo unico delle leggi di pubblica sicurezza, di cui al regio decreto 18 giugno 1931, n. 773, si interpreta nel senso che gli obblighi in esso previsti si applicano anche con riguardo ai locatori o sublocatori che locano immobili o parti di essi con contratti di durata inferiore a trenta giorni.

(1) Articolo introdotto dall'art. 1, co. 1, l. 1.12.2018, n. 132, in sede di conversione.

19 ter. Dotazioni della polizia municipale. Interpretazione autentica dell'articolo 5, comma 5, primo periodo, l. 7 marzo 1986, n. 65 (1).

1. L'articolo 5, comma 5, primo periodo, l. 7 marzo 1986, n. 65, si interpreta nel senso che gli addetti al servizio di polizia municipale ai quali è conferita la qualifica di agente di pubblica sicurezza possono portare, senza licenza, le armi di cui possono essere dotati in relazione al tipo di servizio nei termini e nelle modalità previsti dai rispettivi regolamenti, nonché nei casi di operazioni esterne di polizia, d'iniziativa dei singoli durante il servizio, anche al di fuori del territorio dell'ente di appartenenza esclusivamente in caso di necessità dovuto alla flagranza dell'illecito commesso nel territorio di appartenenza.

(1) Articolo introdotto dall'art. 1, co. 1, l. 1.12.2018, n. 132, in sede di conversione.

21 bis. Misure per la sicurezza nei pubblici esercizi (1).

1. Ai fini di una più efficace prevenzione di atti illegali o di situazioni di pericolo per l'ordine e la sicurezza pubblica all'interno e nelle immediate vicinanze degli esercizi pubblici, individuati a norma dell'articolo 86 del testo unico delle leggi di pubblica sicurezza, di cui al regio decreto 18 giugno 1931, n. 773, con appositi accordi sottoscritti tra il prefetto e le organizzazioni maggiormente rappresentative degli esercenti possono essere individuate specifiche misure di prevenzione, basate sulla cooperazione tra i gestori degli esercizi e le Forze di polizia, cui i gestori medesimi si assoggettano, con le modalità previste dagli stessi accordi.

2. Gli accordi di cui al comma 1 sono adottati localmente nel rispetto delle linee guida nazionali approvate, su proposta del Ministro dell'interno, d'intesa con le organizzazioni maggiormente rappresentative degli esercenti, sentita la Conferenza Stato-città ed autonomie locali (2).

3. L'adesione agli accordi sottoscritti territorialmente e il loro puntuale e integrale rispetto da parte dei gestori degli esercizi pubblici sono valutati dal questore anche ai fini dell'adozione dei provvedimenti di competenza in caso di eventi rilevanti ai fini dell'eventuale applicazione dell'articolo 100 del citato testo unico di cui al regio decreto n. 773 del 1931.

(1) Articolo introdotto dall'art. 1, co. 1, l. 1.12.2018, n. 132, in sede di conversione.
(2) La Corte costituzionale, con sentenza 24.7.2019, n. 195, ha dichiarato l'illegittimità costituzionale di questo comma, nella parte in cui prevede «*sentita la Conferenza Stato-città ed autonomie locali*», anziché «*sentita la Conferenza unificata Stato-regioni, città e autonomie locali*».

1. D.Lgs. 30 giugno 2003, n. 196. – Codice in materia di protezione dei dati personali, recante disposizioni per l'adeguamento dell'ordinamento nazionale al regolamento (UE) n. 2016/679 del Parlamento europeo e del Consiglio, del 27 aprile 2016, relativo alla protezione delle persone fisiche con riguardo al trattamento dei dati personali, nonché alla libera circolazione di tali dati e che abroga la direttiva 95/46/CE *(artt. 1-2 septiesdecies, 50, 123, 126, 129, 130, 140 bis-144, 166-172, 186)* (1) (2) (3)

In Gazzetta Ufficiale 29 luglio 2003, n. 174, S.O.

(1) Questo provvedimento entra in vigore il 1.1.2004, ad eccezione degli artt. 156, 176, co. 3, 4, 5 e 6, e 182, che entrano in vigore il 30.7.2003.

(2) Il Regolamento per il trattamento dei dati sensibili e giudiziari presso il Garante per la protezione dei dati personali è stato emanato con Deliberazione 29.12.2005, n. 26.

(3) Titolo modificato dall'art. 1, co. 1, d.lgs. 10.8.2018, n. 101.

PARTE I
Disposizioni generali

TITOLO I
Principi e disposizioni generali

Capo I
Oggetto, finalità e Autorità di controllo (1)

(1) Capo introdotto dall'art. 2, co. 1, lett. b), d.lgs. 10.8.2018, n. 101.

1. Oggetto (1).

1. Il trattamento dei dati personali avviene secondo le norme del regolamento (UE) 2016/679 del Parlamento europeo e del Consiglio, del 27 aprile 2016, di seguito «Regolamento», e del presente codice, nel rispetto della dignità umana, dei diritti e delle libertà fondamentali della persona.

(1) Articolo modificato dall'art. 4, co. 9, l. 4.3.2009, n. 15, dall'art. 14, co. 1, lett. a) della l. 4.11.2010, n. 183 e poi sostituito dall'art. 2, co. 1, lett. c), d.lgs. 10.8.2018, n. 101.

2. Finalità (1).

1. Il presente codice reca disposizioni per l'adeguamento dell'ordinamento nazionale alle disposizioni del regolamento.

(1) Articolo sostituito dall'art. 2, co. 1, lett. d), d.lgs. 10.8.2018, n. 101.

2 bis. Autorità di controllo (1).

1. L'Autorità di controllo di cui all'articolo 51 del regolamento è individuata nel Garante per la protezione dei dati personali, di seguito «Garante», di cui all'articolo 153.

(1) Articolo introdotto dall'art. 2, co. 1, lett. e), d.lgs. 10.8.2018, n. 101.

Capo II
Principi (1)

(1) Capo introdotto dall'art. 2, co. 1, lett. f), d.lgs. 10.8.2018, n. 101.

2 ter. Base giuridica per il trattamento di dati personali effettuato per l'esecuzione di un compito di interesse pubblico o connesso all'esercizio di pubblici poteri (1).

1. La base giuridica prevista dall'articolo 6, paragrafo 3, lettera b), del regolamento è costituita [esclusivamente] da una norma di legge o, [nei casi previsti dalla legge,] di regolamento o da atti amministrativi generali (2).

1 bis. Fermo restando ogni altro obbligo previsto dal Regolamento e dal presente codice, il trattamento dei dati personali da parte di un'amministrazione pubblica di cui all'articolo 1, comma 2, del decreto legislativo 30 marzo 2001, n. 165, ivi comprese le autorità indipendenti e le amministrazioni inserite nell'elenco di cui all'articolo 1, comma 3, della legge 31 dicembre 2009, n. 196, nonché da parte di una società a controllo pubblico statale o, limitatamente ai gestori di servizi pubblici, locale, di cui all'articolo 16 del testo unico in materia di società a partecipazione pubblica, di cui al decreto legislativo 19 agosto 2016, n. 175, con esclusione, per le società a controllo pubblico, dei trattamenti correlati ad attività svolte in regime di libero mercato, è anche consentito se necessario per l'adempimento di un compito svolto nel pubblico interesse o per l'esercizio di pubblici poteri ad esse attribuiti. In modo da assicurare che tale esercizio non possa arrecare un pregiudizio effettivo e concreto alla tutela dei diritti e delle libertà degli interessati, le disposizioni di cui al presente comma sono esercitate nel rispetto dell'articolo 6 del Regolamento (3).

2. La comunicazione fra titolari che effettuano trattamenti di dati personali, diversi da quelli ricompresi nelle particolari categorie di cui all'articolo 9 del Regolamento e di quelli relativi a condanne penali e reati di cui all'articolo 10 del Regolamento, per l'esecuzione di un compito di interesse pubblico o connesso all'esercizio di pubblici poteri è ammessa se prevista ai sensi del comma 1 o se necessaria ai sensi del comma 1-*bis*. [In mancanza di tale norma, la comunicazione è ammessa quando è comunque necessaria per lo svolgimento di compiti di interesse pubblico e lo svolgimento di funzioni istituzionali e può essere iniziata se è decorso il termine di quarantacinque giorni dalla relativa comunicazione al Garante, senza che lo stesso abbia adottato una diversa determinazione delle misure da adottarsi a garanzia degli interessati.] (4)

3. La diffusione e la comunicazione di dati personali, trattati per l'esecuzione di un compito di interesse pubblico o connesso all'esercizio di pubblici poteri, a soggetti che intendono trattarli per altre finalità sono ammesse unicamente se previste ai sensi del comma 1 o se necessarie ai sensi del comma 1-*bis*. In tale ultimo caso, ne viene data notizia al Garante almeno dieci giorni prima dell'inizio della comunicazione o diffusione (5).

4. Si intende per:

a) "comunicazione", il dare conoscenza dei dati personali a uno o più soggetti determinati diversi dall'interessato, dal rappresentante del titolare nel territorio dell'Unione europea, dal responsabile o dal suo rappresentante nel territorio dell'Unione europea, dalle persone autorizzate, ai sensi dell'articolo 2-*quaterdecies*, al trattamento dei dati personali sotto l'autorità diretta del titolare o del responsabile, in qualunque forma, anche mediante la loro messa a disposizione, consultazione o mediante interconnessione;

b) "diffusione", il dare conoscenza dei dati personali a soggetti indeterminati, in qualunque forma, anche mediante la loro messa a disposizione o consultazione.

(1) Articolo introdotto dall'art. 2, co. 1, lett. f), d.lgs. 10.8.2018, n. 101.
(2) Comma modificato dall'art. 9, co. 1, lett. a), n. 1), d.l. 8.10.2021 n. 139, conv., con modif., dalla l. 3.12.2021, n. 205.
(3) Comma introdotto dall'art. 9, co. 1, lett. a), n. 2), d.l. 8.10.2021 n. 139, conv., con modif., dalla l. 3.12.2021, n. 205.
(4) Comma modificato dall'art. 9, co. 1, lett. a), n. 3), d.l. 8.10.2021 n. 139, conv., con modif., dalla l. 3.12.2021, n. 205.
(5) Comma modificato dall'art. 9, co. 1, lett. a), n. 4), d.l. 8.10.2021 n. 139, conv., con modif., dalla l. 3.12.2021, n. 205.

2 quater. Regole deontologiche (1).

1. Il Garante promuove, nell'osservanza del principio di rappresentatività e tenendo conto delle raccomandazioni del Consiglio d'Europa sul trattamento dei dati personali, l'adozione di regole deontologiche per i trattamenti previsti dalle disposizioni di cui agli articoli 6, paragrafo 1, lettere c) ed e), 9, paragrafo 4, e al capo IX del Regolamento, ne verifica la conformità alle disposizioni vigenti, anche attraverso l'esame di osservazioni di soggetti interessati e contribuisce a garantirne la diffusione e il rispetto.

2. Lo schema di regole deontologiche è sottoposto a consultazione pubblica per almeno sessanta giorni.

3. Conclusa la fase delle consultazioni, le regole deontologiche sono approvate dal Garante ai sensi dell'articolo 154-*bis*, comma 1, lettera b), pubblicate nella Gazzetta Ufficiale della Repubblica italiana e, con decreto del Ministro della giustizia, sono riportate nell'allegato A del presente codice.

4. Il rispetto delle disposizioni contenute nelle regole deontologiche di cui al comma 1 costituisce condizione essenziale per la liceità e la correttezza del trattamento dei dati personali.

(1) Articolo introdotto dall'art. 2, co. 1, lett. f), d.lgs. 10.8.2018, n. 101.

2 quinquies. Consenso del minore in relazione ai servizi della società dell'informazione (1).

1. In attuazione dell'articolo 8, paragrafo 1, del Regolamento, il minore che ha compiuto i quattordici anni può esprimere il consenso al trattamento dei propri dati personali in relazione all'offerta diretta di servizi della società dell'informazione. Con riguardo a tali servizi, il trattamento dei dati personali del minore di età inferiore a quattordici anni, fondato sull'articolo 6, paragrafo 1, lettera a), del Regolamento, è lecito a condizione che sia prestato da chi esercita la responsabilità genitoriale.

2. In relazione all'offerta diretta ai minori dei servizi di cui al comma 1, il titolare del trattamento redige con linguaggio particolarmente chiaro e semplice, conciso ed esaustivo, facilmente accessibile e comprensibile dal minore, al fine di rendere significativo il consenso prestato da quest'ultimo, le informazioni e le comunicazioni relative al trattamento che lo riguardi.

(1) Articolo introdotto dall'art. 2, co. 1, lett. f), d.lgs. 10.8.2018, n. 101.

2 sexies. Trattamento di categorie particolari di dati personali necessario per motivi di interesse pubblico rilevante (1).

1. I trattamenti delle categorie particolari di dati personali di cui all'articolo 9, paragrafo 1, del Regolamento, necessari per motivi di interesse pubblico rilevante ai sensi del paragrafo 2, lettera g), del medesimo articolo, sono ammessi qualora siano previsti dal diritto dell'Unione europea ovvero, nell'ordinamento interno, da disposizioni di legge o[, nei casi previsti dalla legge,] di regolamento o da atti amministrativi generali che specifichino i tipi di dati che possono essere trattati, le operazioni eseguibili e il motivo di interesse pubblico rilevante, nonché le misure appropriate e specifiche per tutelare i diritti fondamentali e gli interessi dell'interessato (2).

1 bis. I dati personali relativi alla salute, pseudonimizzati, sono trattati, anche mediante interconnessione, dal Ministero della salute, dall'Istituto superiore di sanità (ISS), dall'Agenzia nazionale per i servizi sanitari regionali (AGENAS), dall'Agenzia italiana del farmaco (AIFA), dall'Istituto nazionale per la promozione della salute delle popolazioni migranti e per il contrasto delle malattie della povertà (INMP), nonché, relativamente ai propri assistiti, dalle regioni e dalle province autonome, nel rispetto delle finalità istituzionali di ciascuno, secondo le modalità individuate con decreto del Ministro della salute, adottato ai sensi del comma 1 previo parere del Garante per la protezione dei dati personali (3).

1 ter. Il Ministero della salute disciplina, con uno o

più decreti adottati ai sensi del comma 1, l'interconnessione a livello nazionale dei sistemi informativi su base individuale, pseudonimizzati, ivi incluso il fascicolo sanitario elettronico (FSE), compresi quelli gestiti dai soggetti di cui al comma 1-*bis* o da altre pubbliche amministrazioni che a tal fine adeguano i propri sistemi informativi. I decreti di cui al primo periodo adottati, previo parere del Garante per la protezione dei dati personali, nel rispetto del Regolamento, del presente codice, del codicedell'amministrazione digitale di cui al decreto legislativo 7 marzo 2005, n. 82, e delle linee guida emanate dall'Agenzia per l'Italia digitale in materia di interoperabilità, definiscono le caratteristiche e disciplinano un ambiente di trattamento sicuro all'interno del quale vengono messi a disposizione dati anonimi o pseudonimizzati, per le finalità istituzionali di ciascuno, secondo le modalità individuate al comma 1 [(4)].

2. Fermo quanto previsto dal comma 1, si considera rilevante l'interesse pubblico relativo a trattamenti effettuati da soggetti che svolgono compiti di interesse pubblico o connessi all'esercizio di pubblici poteri nelle seguenti materie:

a) accesso a documenti amministrativi e accesso civico;
b) tenuta degli atti e dei registri dello stato civile, delle anagrafi della popolazione residente in Italia e dei cittadini italiani residenti all'estero, e delle liste elettorali, nonché rilascio di documenti di riconoscimento o di viaggio o cambiamento delle generalità;
c) tenuta di registri pubblici relativi a beni immobili o mobili;
d) tenuta dell'anagrafe nazionale degli abilitati alla guida e dell'archivio nazionale dei veicoli;
e) cittadinanza, immigrazione, asilo, condizione dello straniero e del profugo, stato di rifugiato;
f) elettorato attivo e passivo ed esercizio di altri diritti politici, protezione diplomatica e consolare, nonché documentazione delle attività istituzionali di organi pubblici, con particolare riguardo alla redazione di verbali e resoconti dell'attività di assemblee rappresentative, commissioni e di altri organi collegiali o assembleari;
g) esercizio del mandato degli organi rappresentativi, ivi compresa la loro sospensione o il loro scioglimento, nonché l'accertamento delle cause di ineleggibilità, incompatibilità o di decadenza, ovvero di rimozione o sospensione da cariche pubbliche;
h) svolgimento delle funzioni di controllo, indirizzo politico, inchiesta parlamentare o sindacato ispettivo e l'accesso a documenti riconosciuto dalla legge e dai regolamenti degli organi interessati per esclusive finalità direttamente connesse all'espletamento di un mandato elettivo;
i) attività dei soggetti pubblici dirette all'applicazione, anche tramite i loro concessionari, delle disposizioni in materia tributaria e doganale, comprese quelle di prevenzione e contrasto all'evasione fiscale [(5)];
l) attività di controllo e ispettive;
m) concessione, liquidazione, modifica e revoca di benefici economici, agevolazioni, elargizioni, altri emolumenti e abilitazioni;
n) conferimento di onorificenze e ricompense, riconoscimento della personalità giuridica di associazioni, fondazioni ed enti, anche di culto, accertamento dei requisiti di onorabilità e di professionalità per le nomine, per i profili di competenza del soggetto pubblico, ad uffici anche di culto e a cariche direttive di persone giuridiche, imprese e di istituzioni scolastiche non statali, nonché rilascio e revoca di autorizzazioni o abilitazioni, concessione di patrocini, patronati e premi di rappresentanza, adesione a comitati d'onore e ammissione a cerimonie ed incontri istituzionali;
o) rapporti tra i soggetti pubblici e gli enti del terzo settore;
p) obiezione di coscienza;
q) attività sanzionatorie e di tutela in sede amministrativa o giudiziaria;
r) rapporti istituzionali con enti di culto, confessioni religiose e comunità religiose;
s) attività socio-assistenziali a tutela dei minori e soggetti bisognosi, non autosufficienti e incapaci
t) attività amministrative e certificatorie correlate a quelle di diagnosi, assistenza o terapia sanitaria o sociale, ivi incluse quelle correlate ai trapianti d'organo e di tessuti nonché alle trasfusioni di sangue umano;
u) compiti del servizio sanitario nazionale e dei soggetti operanti in ambito sanitario, nonché compiti di igiene e sicurezza sui luoghi di lavoro e sicurezza e salute della popolazione, protezione civile, salvaguardia della vita e incolumità fisica;
v) programmazione, gestione, controllo e valutazione dell'assistenza sanitaria, ivi incluse l'instaurazione, la gestione, la pianificazione e il controllo dei rapporti tra l'amministrazione ed i soggetti accreditati o convenzionati con il servizio sanitario nazionale;
z) vigilanza sulle sperimentazioni, farmacovigilanza, autorizzazione all'immissione in commercio e all'importazione di medicinali e di altri prodotti di rilevanza sanitaria;
aa) tutela sociale della maternità ed interruzione volontaria della gravidanza, dipendenze, assistenza, integrazione sociale e diritti dei disabili;
bb) istruzione e formazione in ambito scolastico, professionale, superiore o universitario;
cc) trattamenti effettuati a fini di archiviazione nel pubblico interesse o di ricerca storica, concernenti la conservazione, l'ordinamento e la comunicazione dei documenti detenuti negli archivi di Stato negli archivi storici degli enti pubblici, o in archivi privati dichiarati di interesse storico particolarmente importante, per fini di ricerca scientifica, nonché per fini statistici da parte di soggetti che fanno parte del sistema statistico nazionale (Sistan);

dd) instaurazione, gestione ed estinzione, di rapporti di lavoro di qualunque tipo, anche non retribuito o onorario, e di altre forme di impiego, materia sindacale, occupazione e collocamento obbligatorio, previdenza e assistenza, tutela delle minoranze e pari opportunità nell'ambito dei rapporti di lavoro, adempimento degli obblighi retributivi, fiscali e contabili, igiene e sicurezza del lavoro o di sicurezza o salute della popolazione, accertamento della responsabilità civile, disciplinare e contabile, attività ispettiva.

3. Per i dati genetici, biometrici e relativi alla salute il trattamento avviene comunque nel rispetto di quanto previsto dall'articolo 2-*septies*.

(1) Articolo introdotto dall'art. 2, co. 1, lett. f), d.lgs. 10.8.2018, n. 101.
(2) Comma modificato dall'art. 9, co. 1, lett. b), n. 1), d.l. 8.10.2021 n. 139, conv., con modif., dalla l. 3.12.2021, n. 205.
(3) Comma introdotto dall'art. 9, co. 1, lett. b), n. 2), d.l. 8.10.2021 n. 139, conv., con modif., dalla l. 3.12.2021, n. 205. e successivamente sostituito dall'art. 44, co. 1, lett. a), d.l. 2.3.2024, n. 19, conv., con modif., dalla l. 29.4.2024, n. 56.
(4) Comma introdotto dall'art. 44, co. 1, lett. b), d.l. 2.3.2024, n. 19, conv., con modif., dalla l. 29.4.2024, n. 56.
(5) Lettera modificata dall'art. 1, co. 681, lett. a), l. 27.12.2019, n. 160.

2 septies. Misure di garanzia per il trattamento dei dati genetici, biometrici e relativi alla salute [1].

1. In attuazione di quanto previsto dall'articolo 9, paragrafo 4, del regolamento, i dati genetici, biometrici e relativi alla salute, possono essere oggetto di trattamento in presenza di una delle condizioni di cui al paragrafo 2 del medesimo articolo ed in conformità alle misure di garanzia disposte dal Garante, nel rispetto di quanto previsto dal presente articolo.

2. Il provvedimento che stabilisce le misure di garanzia di cui al comma 1 è adottato con cadenza almeno biennale e tenendo conto:
a) delle linee guida, delle raccomandazioni e delle migliori prassi pubblicate dal Comitato europeo per la protezione dei dati e delle migliori prassi in materia di trattamento dei dati personali;
b) dell'evoluzione scientifica e tecnologica nel settore oggetto delle misure;
c) dell'interesse alla libera circolazione dei dati personali nel territorio dell'Unione europea.

3. Lo schema di provvedimento è sottoposto a consultazione pubblica per un periodo non inferiore a sessanta giorni.

4. Le misure di garanzia sono adottate nel rispetto di quanto previsto dall'articolo 9, paragrafo 2, del Regolamento, e riguardano anche le cautele da adottare relativamente a:
a) contrassegni sui veicoli e accessi a zone a traffico limitato;
b) profili organizzativi e gestionali in ambito sanitario;
c) modalità per la comunicazione diretta all'interessato delle diagnosi e dei dati relativi alla propria salute;
d) *prescrizioni di medicinali*.

5. Le misure di garanzia sono adottate in relazione a ciascuna categoria dei dati personali di cui al comma 1, avendo riguardo alle specifiche finalità del trattamento e possono individuare, in conformità a quanto previsto al comma 2, ulteriori condizioni sulla base delle quali il trattamento di tali dati è consentito. In particolare, le misure di garanzia individuano le misure di sicurezza, ivi comprese quelle tecniche di cifratura e di pseudonomizzazione, le misure di minimizzazione, le specifiche modalità per l'accesso selettivo ai dati e per rendere le informazioni agli interessati, nonché le eventuali altre misure necessarie a garantire i diritti degli interessati.

6. Le misure di garanzia che riguardano i dati genetici e il trattamento dei dati relativi alla salute per finalità di prevenzione, diagnosi e cura nonché quelle di cui al comma 4, lettere b), c) e d), sono adottate sentito il Ministro della salute che, a tal fine, acquisisce il parere del Consiglio superiore di sanità. Limitatamente ai dati genetici, le misure di garanzia possono individuare, in caso di particolare ed elevato livello di rischio, il consenso come ulteriore misura di protezione dei diritti dell'interessato, a norma dell'articolo 9, paragrafo 4, del regolamento, o altre cautele specifiche.

7. Nel rispetto dei principi in materia di protezione dei dati personali, con riferimento agli obblighi di cui all'articolo 32 del Regolamento, è ammesso l'utilizzo dei dati biometrici con riguardo alle procedure di accesso fisico e logico ai dati da parte dei soggetti autorizzati, nel rispetto delle misure di garanzia di cui al presente articolo.

8. I dati personali di cui al comma 1 non possono essere diffusi.

(1) Articolo introdotto dall'art. 2, co. 1, lett. f), d.lgs. 10.8.2018, n. 101.

2 octies. Principi relativi al trattamento di dati relativi a condanne penali e reati [1].

1. Fatto salvo quanto previsto dal decreto legislativo 18 maggio 2018, n. 51, il trattamento di dati personali relativi a condanne penali e a reati o a connesse misure di sicurezza sulla base dell'articolo 6, paragrafo 1, del Regolamento, che non avviene sotto il controllo dell'autorità pubblica, è consentito, ai sensi dell'articolo 10 del medesimo regolamento, solo se autorizzato da una norma di legge o, nei casi previsti dalla legge, di regolamento, che prevedano garanzie appropriate per i diritti e le libertà degli interessati.

2. In mancanza delle predette disposizioni di legge o di regolamento, i trattamenti dei dati di cui al comma 1 nonché le garanzie di cui al medesimo comma sono individuati con decreto del Ministro della giustizia, da adottarsi, ai sensi dell'articolo 17, comma 3, della legge 23 agosto 1988, n. 400, sentito il Garante.

3. Fermo quanto previsto dai commi 1 e 2, il trattamento di dati personali relativi a condanne penali e a reati o a connesse misure di sicurezza è consentito se autorizzato da una norma di legge o, nei casi previsti dalla legge, di regolamento, riguardanti, in particolare:

a) l'adempimento di obblighi e l'esercizio di diritti da parte del titolare o dell'interessato in materia di diritto del lavoro o comunque nell'ambito dei rapporti di lavoro, nei limiti stabiliti da leggi, regolamenti e contratti collettivi, secondo quanto previsto dagli articoli 9, paragrafo 2, lettera b), e 88 del regolamento;
b) l'adempimento degli obblighi previsti da disposizioni di legge o di regolamento in materia di mediazione finalizzata alla conciliazione delle controversie civili e commerciali;
c) la verifica o l'accertamento dei requisiti di onorabilità, requisiti soggettivi e presupposti interdittivi nei casi previsti dalle leggi o dai regolamenti;
d) l'accertamento di responsabilità in relazione a sinistri o eventi attinenti alla vita umana, nonché la prevenzione, l'accertamento e il contrasto di frodi o situazioni di concreto rischio per il corretto esercizio dell'attività assicurativa, nei limiti di quanto previsto dalle leggi o dai regolamenti in materia;
e) l'accertamento, l'esercizio o la difesa di un diritto in sede giudiziaria;
f) l'esercizio del diritto di accesso ai dati e ai documenti amministrativi, nei limiti di quanto previsto dalle leggi o dai regolamenti in materia;
g) l'esecuzione di investigazioni o le ricerche o la raccolta di informazioni per conto di terzi ai sensi dell'articolo 134 del testo unico delle leggi di pubblica sicurezza;
h) l'adempimento di obblighi previsti da disposizioni di legge in materia di comunicazioni e informazioni antimafia o in materia di prevenzione della delinquenza di tipo mafioso e di altre gravi forme di pericolosità sociale, nei casi previsti da leggi o da regolamenti, o per la produzione della documentazione prescritta dalla legge per partecipare a gare d'appalto;
i) l'accertamento del requisito di idoneità morale di coloro che intendono partecipare a gare d'appalto, in adempimento di quanto previsto dalle vigenti normative in materia di appalti;
l) l'attuazione della disciplina in materia di attribuzione del rating di legalità delle imprese ai sensi dell'articolo 5-*ter* del decreto-legge 24 gennaio 2012, n. 1, convertito, con modificazioni, dalla legge 24 marzo 2012, n. 27;
m) l'adempimento degli obblighi previsti dalle normative vigenti in materia di prevenzione dell'uso del sistema finanziario a scopo di riciclaggio dei proventi di attività criminose e di finanziamento del terrorismo.

4. Nei casi in cui le disposizioni di cui al comma 3 non individuano le garanzie appropriate per i diritti e le libertà degli interessati, tali garanzie sono previste con il decreto di cui al comma 2.

5. Quando il trattamento dei dati di cui al presente articolo avviene sotto il controllo dell'autorità pubblica si applicano le disposizioni previste dall'articolo 2-*sexies*.

6. Con il decreto di cui al comma 2 è autorizzato il trattamento dei dati di cui all'articolo 10 del Regolamento, effettuato in attuazione di protocolli di intesa per la prevenzione e il contrasto dei fenomeni di criminalità organizzata, stipulati con il Ministero dell'interno o con le prefetture-UTG. In relazione a tali protocolli, il decreto di cui al comma 2 individua, le tipologie dei dati trattati, gli interessati, le operazioni di trattamento eseguibili, anche in relazione all'aggiornamento e alla conservazione e prevede le garanzie appropriate per i diritti e le libertà degli interessati. Il decreto è adottato, limitatamente agli ambiti di cui al presente comma, di concerto con il Ministro dell'interno.

(1) Articolo introdotto dall'art. 2, co. 1, lett. f), d.lgs. 10.8.2018, n. 101.

2 nonies. Trattamenti disciplinati dalla Presidenza della Repubblica, dalla Camera dei deputati, dal Senato della Repubblica e dalla Corte costituzionale (1).

1. Le disposizioni degli articoli 2-*sexies*, 2-*septies* e 2-*octies* del presente decreto legislativo recano principi applicabili, in conformità ai rispettivi ordinamenti, ai trattamenti delle categorie di dati personali di cui agli articoli 9, paragrafo 1, e 10 del Regolamento, disciplinati dalla Presidenza della Repubblica, dal Senato della Repubblica, dalla Camera dei deputati e dalla Corte costituzionale.

(1) Articolo introdotto dall'art. 2, co. 1, lett. f), d.lgs. 10.8.2018, n. 101.

2 decies. Inutilizzabilità dei dati (1).

1. I dati personali trattati in violazione della disciplina rilevante in materia di trattamento dei dati personali non possono essere utilizzati, salvo quanto previsto dall'articolo 160-*bis*.

(1) Articolo introdotto dall'art. 2, co. 1, lett. f), d.lgs. 10.8.2018, n. 101.

Capo III
Disposizioni in materia di diritti dell'interessato (1)

(1) Capo introdotto dall'art. 2, co. 1, lett. f), d.lgs. 10.8.2018, n. 101.

2 undecies. Limitazioni ai diritti dell'interessato (1).

1. I diritti di cui agli articoli da 15 a 22 del Regolamento non possono essere esercitati con richiesta al titolare del trattamento ovvero con reclamo ai sensi dell'articolo 77 del Regolamento qualora dall'esercizio di tali diritti possa derivare un pregiudizio effettivo e concreto:
a) agli interessi tutelati in base alle disposizioni in materia di riciclaggio;
b) agli interessi tutelati in base alle disposizioni in materia di sostegno alle vittime di richieste estorsive;
c) all'attività di Commissioni parlamentari d'inchiesta istituite ai sensi dell'articolo 82 della Costituzione;
d) alle attività svolte da un soggetto pubblico, diverso dagli enti pubblici economici, in base ad espressa disposizione di legge, per esclusive finalità inerenti alla politica monetaria e valutaria, al sistema dei pagamenti, al controllo degli intermediari e dei mercati

creditizi e finanziari, nonché alla tutela della loro stabilità;

e) allo svolgimento delle investigazioni difensive o all'esercizio di un diritto in sede giudiziaria;

f) alla riservatezza dell'identità della persona che segnala violazioni di cui sia venuta a conoscenza in ragione del proprio rapporto di lavoro o delle funzioni svolte, ai sensi del decreto legislativo recante attuazione delladirettiva (UE) 2019/1937 del Parlamento europeo e del Consiglio del 23 ottobre 2019, riguardante la protezione delle persone che segnalano violazioni del diritto dell'Unione, ovvero che segnala violazioni ai sensi degli articoli 52-*bis* e 52-*ter* del decreto legislativo 1° settembre 1993, n. 385, o degli articoli 4-*undecies* e 4-*duodecies* del decreto legislativo 24 febbraio 1998, n. 58; (2)

f-*bis*) agli interessi tutelati in materia tributaria e allo svolgimento delle attività di prevenzione e contrasto all'evasione fiscale (3).

2. Nei casi di cui al comma 1, lettera c), si applica quanto previsto dai regolamenti parlamentari ovvero dalla legge o dalle norme istitutive della Commissione d'inchiesta.

3. Nei casi di cui al comma 1, lettere a), b), d) e), f) e f-*bis*) i diritti di cui al medesimo comma sono esercitati conformemente alle disposizioni di legge o di regolamento che regolano il settore, che devono almeno recare misure dirette a disciplinare gli ambiti di cui all'articolo 23, paragrafo 2, del Regolamento. L'esercizio dei medesimi diritti può, in ogni caso, essere ritardato, limitato o escluso con comunicazione motivata e resa senza ritardo all'interessato, a meno che la comunicazione possa compromettere la finalità della limitazione, per il tempo e nei limiti in cui ciò costituisca una misura necessaria e proporzionata, tenuto conto dei diritti fondamentali e dei legittimi interessi dell'interessato, al fine di salvaguardare gli interessi di cui al comma 1, lettere a), b), d), e), f) e f-*bis*). In tali casi, i diritti dell'interessato possono essere esercitati anche tramite il Garante con le modalità di cui all'articolo 160. In tale ipotesi, il Garante informa l'interessato di aver eseguito tutte le verifiche necessarie o di aver svolto un riesame, nonché del diritto dell'interessato di proporre ricorso giurisdizionale. Il titolare del trattamento informa l'interessato delle facoltà di cui al presente comma (4).

(1) Articolo introdotto dall'art. 2, co. 1, lett. f), d.lgs. 10.8.2018, n. 101.
(2) Lettera sostituita dall'art. 24, co. 4, d.lgs. 10.3.2023, n. 24, con effetto a decorrere dal 15.7.2023.
(3) Lettera introdotta dall'art. 1, co. 681, lett. b), l. 27.12.2019, n. 160.
(4) Comma modificato dall'art. 1, co. 681, lett. c), l. 27.12.2019, n. 160.

2 duodecies. Limitazioni per ragioni di giustizia (1).

1. In applicazione dell'articolo 23, paragrafo 1, lettera f), del Regolamento, in relazione ai trattamenti di dati personali effettuati per ragioni di giustizia nell'ambito di procedimenti dinanzi agli uffici giudiziari di ogni ordine e grado nonché dinanzi al Consiglio superiore della magistratura e agli altri organi di autogoverno delle magistrature speciali o presso il Ministero della giustizia, i diritti e gli obblighi di cui agli articoli da 12 a 22 e 34 del Regolamento sono disciplinati nei limiti e con le modalità previste dalle disposizioni di legge o di Regolamento che regolano tali procedimenti, nel rispetto di quanto previsto dall'articolo 23, paragrafo 2, del Regolamento.

2. Fermo quanto previsto dal comma 1, l'esercizio dei diritti e l'adempimento degli obblighi di cui agli articoli da 12 a 22 e 34 del Regolamento possono, in ogni caso, essere ritardati, limitati o esclusi, con comunicazione motivata e resa senza ritardo all'interessato, a meno che la comunicazione possa compromettere la finalità della limitazione, nella misura e per il tempo in cui ciò costituisca una misura necessaria e proporzionata, tenuto conto dei diritti fondamentali e dei legittimi interessi dell'interessato, per salvaguardare l'indipendenza della magistratura e dei procedimenti giudiziari.

3. Si applica l'articolo 2-*undecies*, comma 3, terzo, quarto e quinto periodo.

4. Ai fini del presente articolo si intendono effettuati per ragioni di giustizia i trattamenti di dati personali correlati alla trattazione giudiziaria di affari e di controversie, i trattamenti effettuati in materia di trattamento giuridico ed economico del personale di magistratura, nonché i trattamenti svolti nell'ambito delle attività ispettive su uffici giudiziari. Le ragioni di giustizia non ricorrono per l'ordinaria attività amministrativo-gestionale di personale, mezzi o strutture, quando non è pregiudicata la segretezza di atti direttamente connessi alla trattazione giudiziaria di procedimenti.

(1) Articolo introdotto dall'art. 2, co. 1, lett. f), d.lgs. 10.8.2018, n. 101.

2 terdecies. Diritti riguardanti le persone decedute (1).

1. I diritti di cui agli articoli da 15 a 22 del Regolamento riferiti ai dati personali concernenti persone decedute possono essere esercitati da chi ha un interesse proprio, o agisce a tutela dell'interessato, in qualità di suo mandatario, o per ragioni familiari meritevoli di protezione.

2. L'esercizio dei diritti di cui al comma 1 non è ammesso nei casi previsti dalla legge o quando, limitatamente all'offerta diretta di servizi della società dell'informazione, l'interessato lo ha espressamente vietato con dichiarazione scritta presentata al titolare del trattamento o a quest'ultimo comunicata.

3. La volontà dell'interessato di vietare l'esercizio dei diritti di cui al comma 1 deve risultare in modo non equivoco e deve essere specifica, libera e informata; il divieto può riguardare l'esercizio soltanto di alcuni dei diritti di cui al predetto comma.

4. L'interessato ha in ogni momento il diritto di revocare o modificare il divieto di cui ai commi 2 e 3.

5. In ogni caso, il divieto non può produrre effetti pregiudizievoli per l'esercizio da parte dei terzi dei diritti patrimoniali che derivano dalla morte dell'interessato nonché del diritto di difendere in giudizio i propri interessi.

(1) Articolo introdotto dall'art. 2, co. 1, lett. f), d.lgs. 10.8.2018, n. 101.

Capo IV
Disposizioni relative al titolare del trattamento e al responsabile del trattamento [1]

(1) Capo introdotto dall'art. 2, co. 1, lett. f), d.lgs. 10.8.2018, n. 101.

2 quaterdecies. Attribuzione di funzioni e compiti a soggetti designati [1].

1. Il titolare o il responsabile del trattamento possono prevedere, sotto la propria responsabilità e nell'ambito del proprio assetto organizzativo, che specifici compiti e funzioni connessi al trattamento di dati personali siano attribuiti a persone fisiche, espressamente designate, che operano sotto la loro autorità.

2. Il titolare o il responsabile del trattamento individuano le modalità più opportune per autorizzare al trattamento dei dati personali le persone che operano sotto la propria autorità diretta.

(1) Articolo introdotto dall'art. 2, co. 1, lett. f), d.lgs. 10.8.2018, n. 101.

2 quinquiesdecies. Trattamento che presenta rischi elevati per l'esecuzione di un compito di interesse pubblico [1].

[1. Con riguardo ai trattamenti svolti per l'esecuzione di un compito di interesse pubblico che possono presentare rischi elevati ai sensi dell'articolo 35 del Regolamento, il Garante può, sulla base di quanto disposto dall'articolo 36, paragrafo 5, del medesimo Regolamento e con provvedimenti di carattere generale adottati d'ufficio, prescrivere misure e accorgimenti a garanzia dell'interessato, che il titolare del trattamento è tenuto ad adottare.]

(1) Articolo introdotto dall'art. 2, co. 1, lett. f), d.lgs. 10.8.2018, n. 101 e poi abrogato dall'art. 9, co. 1, lett. c), d.l. 8.10.2021 n. 139, conv., con modif., dalla l. 3.12.2021, n. 205.

2 sexiesdecies. Responsabile della protezione dei dati per i trattamenti effettuati dalle autorità giudiziarie nell'esercizio delle loro funzioni [1].

1. Il responsabile della protezione dati è designato, a norma delle disposizioni di cui alla sezione 4 del capo IV del Regolamento, anche in relazione ai trattamenti di dati personali effettuati dalle autorità giudiziarie nell'esercizio delle loro funzioni.

(1) Articolo introdotto dall'art. 2, co. 1, lett. f), d.lgs. 10.8.2018, n. 101.

2 septiesdecies. Organismo nazionale di accreditamento [1].

1. L'organismo nazionale di accreditamento di cui all'articolo 43, paragrafo 1, lettera b), del Regolamento è l'Ente unico nazionale di accreditamento, istituito ai sensi del Regolamento (CE) n. 765/2008, del Parlamento europeo e del Consiglio, del 9 luglio 2008, fatto salvo il potere del Garante di assumere direttamente, con deliberazione pubblicata nella Gazzetta Ufficiale della Repubblica italiana e in caso di grave inadempimento dei suoi compiti da parte dell'Ente unico nazionale di accreditamento, l'esercizio di tali funzioni, anche con riferimento a una o più categorie di trattamenti.

(1) Articolo introdotto dall'art. 2, co. 1, lett. f), d.lgs. 10.8.2018, n. 101.

50. Notizie o immagini relative a minori.

1. Il divieto di cui all'articolo 13 del decreto del Presidente della Repubblica 22 settembre 1988, n. 448, di pubblicazione e divulgazione con qualsiasi mezzo di notizie o immagini idonee a consentire l'identificazione di un minore si osserva anche in caso di coinvolgimento a qualunque titolo del minore in procedimenti giudiziari in materie diverse da quella penale. La violazione del divieto di cui al presente articolo è punita ai sensi dell'articolo 684 del codice penale [1].

(1) Articolo modificato dall'art. 3, co. 2, lett. b), d.lgs. 10.8.2018, n. 101.

123. Dati relativi al traffico.

1. I dati relativi al traffico riguardanti contraenti ed utenti trattati dal fornitore di una rete pubblica di comunicazioni o di un servizio di comunicazione elettronica accessibile al pubblico sono cancellati o resi anonimi quando non sono più necessari ai fini della trasmissione della comunicazione elettronica, fatte salve le disposizioni dei commi 2, 3 e 5 [1].

2. Il trattamento dei dati relativi al traffico strettamente necessari a fini di fatturazione per il contraente, ovvero di pagamenti in caso di interconnessione è consentito al fornitore, a fini di documentazione in caso di contestazione della fattura o per la pretesa del pagamento, per un periodo non superiore a sei mesi, salva l'ulteriore specifica conservazione necessaria per effetto di una contestazione anche in sede giudiziale [2].

3. Il fornitore di un servizio di comunicazione elettronica accessibile al pubblico può trattare i dati di cui al comma 2 nella misura e per la durata necessarie a fini di commercializzazione di servizi di comunicazione elettronica o per la fornitura di servizi a valore aggiunto, solo se il contraente o l'utente cui i dati si riferiscono hanno manifestato preliminarmente il proprio consenso, che è revocabile in ogni momento [3].

4. Nel fornire le informazioni di cui agli articoli 13 e 14 del Regolamento il fornitore del servizio informa il contraente o l'utente sulla natura dei dati relativi al traffico che sono sottoposti a trattamento e sulla durata del medesimo trattamento ai fini di cui ai commi 2 e 3 [4].

5. Il trattamento dei dati personali relativi al traffico è consentito unicamente a persone che, ai sensi dell'articolo 2-*quaterdecies*, risultano autorizzate al trattamento e che operanosotto la diretta autorità del fornitore del servizio di comunicazione elettronica accessibile al pubblico o, a seconda dei casi, del fornitore della rete pubblica di comunicazioni e che si occupano della fatturazione o della gestione del traffico, di analisi per conto di clienti, dell'accertamento di frodi, o della commercializzazione dei servizi di comunicazione elettronica o della prestazione dei servizi a valore aggiunto.

Il trattamento è limitato a quanto è strettamente necessario per lo svolgimento di tali attività e deve assicurare l'identificazione della persona autorizzata che accede ai dati anche mediante un'operazione di interrogazione automatizzata [5].

6. L'Autorità per le garanzie nelle comunicazioni può ottenere i dati relativi alla fatturazione o al traffico necessari ai fini della risoluzione di controversie attinenti, in particolare, all'interconnessione o alla fatturazione.

(1) Secondo quanto disposto dall'art. 1, co. 12, d.lgs. 28.5.2012, n. 69, la parola "contraente" ha sostituito la parola "abbonato", ricorrente in questo decreto.
(2) Secondo quanto disposto dall'art. 1, co. 12, d.lgs. 28.5.2012, n. 69, la parola "contraente" ha sostituito la parola "abbonato", ricorrente in questo decreto.
(3) Secondo quanto disposto dall'art. 1, co. 12, d.lgs. 28.5.2012, n. 69, la parola "contraente" ha sostituito la parola "abbonato", ricorrente in questo decreto.
(4) Secondo quanto disposto dall'art. 1, co. 12, d.lgs. 28.5.2012, n. 69, la parola "contraente" ha sostituito la parola "abbonato", ricorrente in questo decreto. Comma così modificato dall'art. 11, co. 1, lett. c), n. 1), d.lgs. 10.8.2018, n. 101.
(5) Comma modificato dall'art. 11, co. 1, lett. c), n. 2), d.lgs. 10.8.2018, n. 101.

126. Dati relativi all'ubicazione.

1. I dati relativi all'ubicazione diversi dai dati relativi al traffico, riferiti agli utenti o ai contraenti di reti pubbliche di comunicazione o di servizi di comunicazione elettronica accessibili al pubblico, possono essere trattati solo se anonimi o se l'utente o il contraente ha manifestato previamente il proprio consenso, revocabile in ogni momento, e nella misura e per la durata necessari per la fornitura del servizio a valore aggiunto richiesto [1].

2. Il fornitore del servizio, prima di richiedere il consenso, informa gli utenti e i contraenti sulla natura dei dati relativi all'ubicazione diversi dai dati relativi al traffico che saranno sottoposti al trattamento, sugli scopi e sulla durata di quest'ultimo, nonché sull'eventualità che i dati siano trasmessi ad un terzo per la prestazione del servizio a valore aggiunto [2].

3. L'utente e il contraente che manifestano il proprio consenso al trattamento dei dati relativi all'ubicazione, diversi dai dati relativi al traffico, conservano il diritto di richiedere, gratuitamente e mediante una funzione semplice, l'interruzione temporanea del trattamento di tali dati per ciascun collegamento alla rete o per ciascuna trasmissione di comunicazioni [3].

4. Il trattamento dei dati relativi all'ubicazione diversi dai dati relativi al traffico, ai sensi dei commi 1, 2 e 3, è consentito unicamente a persone autorizzate al trattamento, ai sensi dell'articolo 2-*quaterdecies*, che operano sotto la diretta autorità del fornitore del servizio di comunicazione elettronica accessibile al pubblico o, a seconda dei casi, del fornitore della rete pubblica di comunicazioni o del terzo che fornisce il servizio a valore aggiunto. Il trattamento è limitato a quanto è strettamente necessario per la fornitura del servizio a valore aggiunto e deve assicurare l'identificazione della persona autorizzata che accede ai dati anche mediante un'operazione di interrogazione automatizzata [4].

(1) Secondo quanto disposto dall'art. 1, co. 12, d.lgs. 28.5.2012, n. 69, la parola "contraente" ha sostituito la parola "abbonato", ovunque ricorrente nel presente decreto.
(2) Secondo quanto disposto dall'art. 1, co. 12, d.lgs. 28.5.2012, n. 69, la parola "contraente" ha sostituito la parola "abbonato", ovunque ricorrente nel presente decreto.
(3) Secondo quanto disposto dall'art. 1, co. 12, d.lgs. 28.5.2012, n. 69, la parola "contraente" ha sostituito la parola "abbonato", ovunque ricorrente nel presente decreto.
(4) Comma modificato dall'art. 11, co. 1, lett. e), d.lgs. 10.8.2018, n. 101.

129. Elenchi di contraenti [1].

1. Il Garante individua con proprio provvedimento, in cooperazione con l'Autorità per le garanzie nelle comunicazioni ai sensi dell'articolo 154, comma 4, e in conformità alla normativa dell'Unione europea, le modalità di inserimento e di successivo utilizzo dei dati personali relativi ai contraenti negli elenchi cartacei o elettronici a disposizione del pubblico.

2. Il provvedimento di cui al comma 1 individua idonee modalità per la manifestazione del consenso all'inclusione negli elenchi e, rispettivamente, all'utilizzo dei dati per finalità di invio di materiale pubblicitario o di vendita diretta o per il compimento di ricerche di mercato o di comunicazione commerciale nonché per le finalità di cui all'articolo 21, paragrafo 2, del Regolamento, in base al principio della massima semplificazione delle modalità di inclusione negli elenchi a fini di mera ricerca del contraente per comunicazioni interpersonali, e del consenso specifico ed espresso qualora il trattamento esuli da tali fini, nonché in tema di verifica, rettifica o cancellazione dei dati senza oneri.

(1) Articolo modificato dall'art. 1, co. 12, d.lgs. 28.5.2012, n. 69 e poi sostituito dall'art. 11, co. 1, lett. f), d.lgs. 10.8.2018, n. 101.

130. Comunicazioni indesiderate.

1. Fermo restando quanto stabilito dagli articoli 8 e 21 del decreto legislativo 9 aprile 2003, n. 70, l'uso di sistemi automatizzati di chiamata o di comunicazione di chiamata senza l'intervento di un operatore per l'invio di materiale pubblicitario o di vendita diretta o per il compimento di ricerche di mercato o di comunicazione commerciale è consentito con il consenso del contraente o utente. Resta in ogni caso fermo quanto previsto dall'articolo 1, comma 14, della legge 11 gennaio 2018, n. 5 [1].

2. La disposizione di cui al comma 1 si applica anche alle comunicazioni elettroniche, effettuate per le finalità ivi indicate, mediante posta elettronica, telefax, messaggi del tipo Mms (Multimedia Messaging Service) o Sms (Short Message Service) o di altro tipo.

3. Fuori dei casi di cui ai commi 1 e 2, ulteriori comunicazioni per le finalità di cui ai medesimi commi effettuate con mezzi diversi da quelli ivi indicati, sono consentite ai sensi degli articoli 6 e 7 del Regolamento nonché ai sensi di quanto previsto dal comma 3-*bis* [del presente articolo] [2].

3 bis. In deroga a quanto previsto dall'articolo 129,

il trattamento dei dati di cui al comma 1 del predetto articolo, mediante l'impiego del telefono e della posta cartacea per le finalità di invio di materiale pubblicitario o di vendita diretta o per il compimento di ricerche di mercato o di comunicazione commerciale, è consentito nei confronti di chi non abbia esercitato il diritto di opposizione, con modalità semplificate e anche in via telematica, mediante l'iscrizione della numerazione della quale è intestatario e degli altri dati personali di cui all'articolo 129, comma 1, in un registro pubblico delle opposizioni [3] [4].

3 ter. Il registro di cui al comma 3-*bis* è istituito con decreto del Presidente della Repubblica da adottare ai sensi dell'articolo 17, comma 2, della legge 23 agosto 1988, n. 400, previa deliberazione del Consiglio dei ministri, acquisito il parere del Consiglio di Stato e delle Commissioni parlamentari competenti in materia, che si pronunciano entro trenta giorni dalla richiesta, nonché, per i relativi profili di competenza, il parere dell'Autorità per le garanzie nelle comunicazioni, che si esprime entro il medesimo termine, secondo i seguenti criteri e princìpi generali:

a) attribuzione dell'istituzione e della gestione del registro ad un ente o organismo pubblico titolare di competenze inerenti alla materia;

b) previsione che l'ente o organismo deputato all'istituzione e alla gestione del registro vi provveda con le risorse umane e strumentali di cui dispone o affidandone la realizzazione e la gestione a terzi, che se ne assumono interamente gli oneri finanziari e organizzativi, mediante contratto di servizio, nel rispetto del codice dei contratti pubblici di cui al decreto legislativo 18 aprile 2016, n. 50. I soggetti che si avvalgono del registro per effettuare le comunicazioni corrispondono tariffe di accesso basate sugli effettivi costi di funzionamento e di manutenzione. Il Ministro dello sviluppo economico, con proprio provvedimento, determina tali tariffe [5];

c) previsione che le modalità tecniche di funzionamento del registro consentano ad ogni utente di chiedere che sia iscritta la numerazione della quale è intestatario secondo modalità semplificate ed anche in via telematica o telefonica;

d) previsione di modalità tecniche di funzionamento e di accesso al registro mediante interrogazioni selettive che non consentano il trasferimento dei dati presenti nel registro stesso, prevedendo il tracciamento delle operazioni compiute e la conservazione dei dati relativi agli accessi;

e) disciplina delle tempistiche e delle modalità dell'iscrizione al registro, senza distinzione di settore di attività o di categoria merceologica, e del relativo aggiornamento, nonché del correlativo periodo massimo di utilizzabilità dei dati verificati nel registro medesimo, prevedendosi che l'iscrizione abbia durata indefinita e sia revocabile in qualunque momento, mediante strumenti di facile utilizzo e gratuitamente;

f) obbligo per i soggetti che effettuano trattamenti di dati per le finalità di invio di materiale pubblicitario o di vendita diretta o per il compimento di ricerche di mercato o di comunicazione commerciale, di garantire la presentazione dell'identificazione della linea chiamante e di fornire all'utente idonee informative, in particolare sulla possibilità e sulle modalità di iscrizione nel registro per opporsi a futuri contatti [6];

g) previsione che l'iscrizione nel registro non precluda i trattamenti dei dati altrimenti acquisiti e trattati nel rispetto degli articoli 6 e 7 del Regolamento [7][8].

3 quater. La vigilanza e il controllo sull'organizzazione e il funzionamento del registro di cui al comma 3-*bis* e sul trattamento dei dati sono attribuiti al Garante [9].

4. Fatto salvo quanto previsto nel comma 1, se il titolare del trattamento utilizza, a fini di vendita diretta di propri prodotti o servizi, le coordinate di posta elettronica fornite dall'interessato nel contesto della vendita di un prodotto o di un servizio, può non richiedere il consenso dell'interessato, sempre che si tratti di servizi analoghi a quelli oggetto della vendita e l'interessato, adeguatamente informato, non rifiuti tale uso, inizialmente o in occasione di successive comunicazioni. L'interessato, al momento della raccolta e in occasione dell'invio di ogni comunicazione effettuata per le finalità di cui al presente comma, è informato della possibilità di opporsi in ogni momento al trattamento, in maniera agevole e gratuitamente.

5. È vietato in ogni caso l'invio di comunicazioni per le finalità di cui al comma 1 o, comunque, a scopo promozionale, effettuato camuffando o celando l'identità del mittente o in violazione dell'articolo 8 del decreto legislativo 9 aprile 2003, n. 70, o senza fornire un idoneo recapito presso il quale l'interessato possa esercitare i diritti di cui agli articoli da 15 a 22 del Regolamento, oppure esortando i destinatari a visitare siti web che violino il predetto articolo 8 del decreto legislativo n. 70 del 2003 [10].

6. In caso di reiterata violazione delle disposizioni di cui al presente articolo il Garante può, provvedendo ai sensi dell'articolo 58 del Regolamento, altresì prescrivere a fornitori di servizi di comunicazione elettronica di adottare procedure di filtraggio o altre misure praticabili relativamente alle coordinate di posta elettronica da cui sono stati inviate le comunicazioni [11].

(1) Comma modificato dall'art. 1, co. 7, lett. a), d.lgs. 28.5.2012, n. 69 e poi dall'art. 11, co. 1, lett. g), n. 1), d.lgs. 10.8.2018, n. 101.

(2) Comma modificato dall'art. 20 bis, co. 1, lett. a), d.l. 25.9.2009, n. 135 convertito, con modificazioni, dalla l. 20.11.2009, n. 166, e poi dall'art. 11, co. 1, lett. g), n. 2), d.lgs. 10.8.2018, n. 101.

(3) Comma introdotto dall'art. 20 bis, co. 1, lett. b) d.l. 25.9.2009, n. 135 convertito, con modificazioni, dalla l. 20.11.2009, n. 166.

(4) Comma modificato dall'art. 6, co. 2, lett. a), n. 6), d.l. 13.5.2011, n. 70 e poi dall'art. 11, co. 1, lett. g), n. 3), d.lgs. 10.8.2018, n. 101.

(5) Lettera modificata dall'art. 11, co. 1, lett. g), n. 4), d.lgs. 10.8.2018, n. 101.

(6) Lettera modificata dall'art. 11, co. 1, lett. g), n. 4), d.lgs. 10.8.2018, n. 101.

(7) Lettera modificata dall'art. 11, co. 1, lett. g), n. 4), d.lgs. 10.8.2018, n. 101.
(8) Comma introdotto dall'art. 20 bis, co. 1, lett. b) d.l. 25.9.2009, n. 135 convertito, con modificazioni, dalla l. 20.11.2009, n. 166.
(9) Comma introdotto dall'art. 20 bis, co. 1, lett. b) d.l. 25.9.2009, n. 135 convertito, con modificazioni, dalla l. 20.11.2009, n. 166.
(10) Comma modificato dall'art. 1, co. 7, lett. b), d.lgs. 28.5.2012, n. 69 e poi dall'art. 11, co. 1, lett. g), n. 6), d.lgs. 10.8.2018, n. 101.
(11) Comma modificato dall'art. 11, co. 1, lett. g), n. 7), d.lgs. 10.8.2018, n. 101.

TITOLO I
Tutela amministrativa e giurisdizionale

Capo 01
(Alternatività delle forme di tutela) [1]

(1) Capo introdotto dall'art. 13, co. 1, lett. a), d.lgs. 10.8.2018, n. 101.

140 bis. Forme alternative di tutela [1].

1. Qualora ritenga che i diritti di cui gode sulla base della normativa in materia di protezione dei dati personali siano stati violati, l'interessato può proporre reclamo al Garante o ricorso dinanzi all'autorità giudiziaria.

2. Il reclamo al Garante non può essere proposto se, per il medesimo oggetto e tra le stesse parti, è stata già adita l'autorità giudiziaria.

3. La presentazione del reclamo al Garante rende improponibile un'ulteriore domanda dinanzi all'autorità giudiziaria tra le stesse parti e per il medesimo oggetto, salvo quanto previsto dall'articolo 10, comma 4, del decreto legislativo 1° settembre 2011, n. 150.

(1) Articolo introdotto dall'art. 13, co. 1, lett. a), d.lgs. 10.8.2018, n. 101.

Capo I
Tutela dinanzi al garante

[Sezione I
Principi generali] [1]

(1) Rubrica modificata dall'art. 13, co. 1, lett. b), d.lgs. 10.8.2018, n. 101.

141. Reclamo al Garante [1].

1. L'interessato può rivolgersi al Garante mediante reclamo ai sensi dell'articolo 77 del Regolamento.

(1) Articolo sostituito dall'art. 13, co. 1, lett. c), d.lgs. 10.8.2018, n. 101.

[Sezione II
Tutela amministrativa] [1]

(1) Rubrica modificata dall'art. 13, co. 1, lett. b), d.lgs. 10.8.2018, n. 101.

142. Proposizione del reclamo [1].

1. Il reclamo contiene un'indicazione per quanto possibile dettagliata dei fatti e delle circostanze su cui si fonda, delle disposizioni che si presumono violate e delle misure richieste, nonché gli estremi identificativi del titolare o del responsabile del trattamento, ove conosciuto.

2. Il reclamo è sottoscritto dall'interessato o, su mandato di questo, da un ente del terzo settore soggetto alla disciplina del decreto legislativo 3 luglio 2017, n. 117, che sia attivo nel settore della tutela dei diritti e delle libertà degli interessati, con riguardo alla protezione dei dati personali.

3. Il reclamo reca in allegato la documentazione utile ai fini della sua valutazione e l'eventuale mandato, e indica un recapito per l'invio di comunicazioni anche tramite posta elettronica, telefax o telefono.

4. Il Garante predispone un modello per il reclamo, da pubblicare nel proprio sito istituzionale, di cui favorisce la disponibilità con strumenti elettronici.

5. Il Garante disciplina con proprio regolamento il procedimento relativo all'esame dei reclami, nonché modalità semplificate e termini abbreviati per la trattazione di reclami che abbiano ad oggetto la violazione degli articoli da 15 a 22 del Regolamento.

(1) Articolo sostituito dall'art. 13, co. 1, lett. e), d.lgs. 10.8.2018, n. 101.

143. Decisione del reclamo [1].

1. Esaurita l'istruttoria preliminare, se il reclamo non è manifestamente infondato e sussistono i presupposti per adottare un provvedimento, il Garante, anche prima della definizione del procedimento può adottare i provvedimenti di cui all'articolo 58 del Regolamento nel rispetto delle disposizioni di cui all'articolo 56 dello stesso.

2. I provvedimenti di cui al comma 1 sono pubblicati nella Gazzetta Ufficiale della Repubblica italiana se i relativi destinatari non sono facilmente identificabili per il numero o per la complessità degli accertamenti.

3. Il Garante decide il reclamo entro nove mesi dalla data di presentazione e, in ogni caso, entro tre mesi dalla predetta data informa l'interessato sullo stato del procedimento. In presenza di motivate esigenze istruttorie, che il Garante comunica all'interessato, il reclamo è deciso entro dodici mesi. In caso di attivazione del procedimento di cooperazione di cui all'articolo 60 del Regolamento, il termine rimane sospeso per la durata del predetto procedimento.

4. Avverso la decisione è ammesso ricorso giurisdizionale ai sensi dell'articolo 152.

(1) Articolo sostituito dall'art. 13, co. 1, lett. f), d.lgs. 10.8.2018, n. 101.

144. Segnalazioni [1].

1. Chiunque può rivolgere una segnalazione che il Garante può valutare anche ai fini dell'emanazione dei provvedimenti di cui all'articolo 58 del Regolamento.

2. I provvedimenti del Garante di cui all'articolo 58 del Regolamento possono essere adottati anche d'ufficio.

(1) Articolo sostituito dall'art. 13, co. 1, lett. g), d.lgs. 10.8.2018, n. 101.

166. Criteri di applicazione delle sanzioni amministrative pecuniarie e procedimento per l'adozione dei provvedimenti correttivi e sanzionatori [1].

1. Sono soggette alla sanzione amministrativa di cui all'articolo 83, paragrafo 4, del Regolamento le violazioni delle disposizioni di cui agli articoli 2-*quinquies*, comma 2, [2-*quinquiesdecies*], 92, comma 1, 93, comma 1, 123, comma 4, 128, 129, comma 2, e 132-*ter*. Alla medesima sanzione amministrativa è soggetto colui che non effettua la valutazione di impatto di cui all'articolo 110, comma 1, primo periodo, ovvero non sottopone il programma di ricerca a consultazione preventiva del Garante a norma del terzo periodo del predetto comma (2).

2. Sono soggette alla sanzione amministrativa di cui all'articolo 83, paragrafo 5, del Regolamento le violazioni delle disposizioni di cui agli articoli 2-*ter*, 2-*quinquies*, comma 1, 2-*sexies*, 2-*septies*, comma 8, 2-*octies*, 2-*terdecies*, commi 1, 2, 3 e 4, 52, commi 4 e 5, 75, 78, 79, 80, 82, 92, comma 2, 93, commi 2 e 3, 96, 99, 100, commi 1, 2 e 4, 101, 105 commi 1, 2 e 4, 110-*bis*, commi 2 e 3, 111, 111-*bis*, 116, comma 1, 120, comma 2, 122, 123, commi 1, 2, 3 e 5, 124, 125, 126, 130, commi da 1 a 5, 131, 132, 132-*bis*, comma 2, 132-*quater*, 157, nonché delle misure di garanzia, delle regole deontologiche di cui rispettivamente agli articoli 2-*septies* e 2-*quater*.

3. Il Garante è l'organo competente ad adottare i provvedimenti correttivi di cui all'articolo 58, paragrafo 2, del Regolamento, nonché ad irrogare le sanzioni di cui all'articolo 83 del medesimo Regolamento e di cui ai commi 1 e 2.

4. Il procedimento per l'adozione dei provvedimenti e delle sanzioni indicati al comma 3 può essere avviato, nei confronti sia di soggetti privati, sia di autorità pubbliche ed organismi pubblici, a seguito di reclamo ai sensi dell'articolo 77 del Regolamento o di attività istruttoria d'iniziativa del Garante, nell'ambito dell'esercizio dei poteri d'indagine di cui all'articolo 58, paragrafo 1, del Regolamento, nonché in relazione ad accessi, ispezioni e verifiche svolte in base a poteri di accertamento autonomi, ovvero delegati dal Garante.

5. L'Ufficio del Garante, quando ritiene che gli elementi acquisiti nel corso delle attività di cui al comma 4 configurino una o più violazioni indicate nel presente titolo e nell'articolo 83, paragrafi 4, 5 e 6, del Regolamento, avvia il procedimento per l'adozione dei provvedimenti e delle sanzioni di cui al comma 3 notificando al titolare o al responsabile del trattamento le presunte violazioni, nel rispetto delle garanzie previste dal Regolamento di cui al comma 9, salvo che la previa notifica della contestazione non risulti incompatibile con la natura e le finalità del provvedimento da adottare. Nei confronti dei titolari del trattamento di cui agli articoli 2-*ter*, comma 1-*bis*, e 58 del presente codice e all'articolo 1, comma 1, del decreto legislativo 18 maggio 2018, n. 51, la predetta notifica può essere omessa esclusivamente nel caso in cui il Garante abbia accertato che le presunte violazioni hanno già arrecato e continuano ad arrecare un effettivo, concreto, attuale e rilevante pregiudizio ai soggetti interessati al trattamento, che il Garante ha l'obbligo di individuare e indicare nel provvedimento, motivando puntualmente le ragioni dell'omessa notifica. In assenza di tali presupposti, il giudice competente accerta l'inefficacia del provvedimento (3).

6. Entro trenta giorni dal ricevimento della comunicazione di cui al comma 5, il contravventore può inviare al Garante scritti difensivi o documenti e può chiedere di essere sentito dalla medesima autorità.

7. Nell'adozione dei provvedimenti sanzionatori nei casi di cui al comma 3 si osservano, in quanto applicabili, gli articoli da 1 a 9, da 18 a 22 e da 24 a 28 della legge 24 novembre 1981, n. 689; nei medesimi casi può essere applicata la sanzione amministrativa accessoria della pubblicazione dell'ordinanza-ingiunzione, per intero o per estratto, sul sito internet del Garante o dell'ingiunzione a realizzare campagne di comunicazione istituzionale volte alla promozione della consapevolezza del diritto alla protezione dei dati personali, sulla base di progetti previamente approvati dal Garante e che tengano conto della gravità della violazione. Nella determinazione della sanzione ai sensi dell'articolo 83, paragrafo 2, del Regolamento, il Garante tiene conto anche di eventuali campagne di comunicazione istituzionale volte alla promozione della consapevolezza del diritto alla protezione dei dati personali, realizzate dal trasgressore anteriormente alla commissione della violazione. I proventi delle sanzioni, nella misura del cinquanta per cento del totale annuo, sono riassegnati al fondo di cui all'articolo 156, comma 8, per essere destinati alle specifiche attività di sensibilizzazione e di ispezione nonché di attuazione del Regolamento svolte dal Garante (4).

8. Entro il termine di cui all'articolo 10, comma 3, del decreto legislativo n. 150 del 2011 previsto per la proposizione del ricorso, il trasgressore e gli obbligati in solido possono definire la controversia adeguandosi alle prescrizioni del Garante, ove impartite, e mediante il pagamento di un importo pari alla metà della sanzione irrogata.

9. Nel rispetto dell'articolo 58, paragrafo 4, del Regolamento, con proprio regolamento pubblicato nella Gazzetta Ufficiale della Repubblica italiana, il Garante definisce le modalità del procedimento per l'adozione dei provvedimenti e delle sanzioni di cui al comma 3 ed i relativi termini, in conformità ai principi della piena conoscenza degli atti istruttori, del contraddittorio, della verbalizzazione, nonché della distinzione tra funzioni istruttorie e funzioni decisorie rispetto all'irrogazione della sanzione.

10. Le disposizioni relative a sanzioni amministrative previste dal presente codice e dall'articolo 83 del Regolamento non si applicano in relazione ai trattamenti svolti in ambito giudiziario.

(1) Articolo sostituito dall'art. 15, co. 1, lett. a), d.lgs. 10.8.2018, n. 101, come rettificato con Errata Corrige 12.9.2018.

(2) Comma modificato dall'art. 9, co. 1, lett. m), n. 1), d.l. 8.10.2021 n. 139, conv., con modif., dalla l. 3.12.2021, n. 205.

(3) Comma modificato dall'art. 9, co. 1, lett. m), n. 2), d.l. 8.10.2021 n. 139, conv., con modif., dalla l. 3.12.2021, n. 205.

(4) Comma modificato dall'art. 9, co. 1, lett. m), n. 3), d.l. 8.10.2021 n. 139, conv., con modif., dalla l. 3.12.2021, n. 205.

Capo II
Illeciti penali

167. Trattamento illecito di dati [(1)].

1. Salvo che il fatto costituisca più grave reato, chiunque, al fine di trarre per sé o per altri profitto ovvero di arrecare danno all'interessato, operando in violazione di quanto disposto dagli articoli 123, 126 e 130 o dal provvedimento di cui all'articolo 129 arreca nocumento all'interessato, è punito con la reclusione da sei mesi a un anno e sei mesi.

2. Salvo che il fatto costituisca più grave reato, chiunque, al fine di trarre per sé o per altri profitto ovvero di arrecare danno all'interessato, procedendo al trattamento dei dati personali di cui agli articoli 9 e 10 del Regolamento in violazione delle disposizioni di cui agli articoli 2-*sexies* e 2-*octies*, o delle misure di garanzia di cui all'articolo 2-*septies* [ovvero operando in violazione delle misure adottate ai sensi dell'articolo 2-*quinquiesdecies*] arreca nocumento all'interessato, è punito con la reclusione da uno a tre anni [(2)].

3. Salvo che il fatto costituisca più grave reato, la pena di cui al comma 2 si applica altresì a chiunque, al fine di trarre per sé o per altri profitto ovvero di arrecare danno all'interessato, procedendo al trasferimento dei dati personali verso un paese terzo o un'organizzazione internazionale al di fuori dei casi consentiti ai sensi degli articoli 45, 46 o 49 del Regolamento, arreca nocumento all'interessato.

4. Il Pubblico ministero, quando ha notizia dei reati di cui ai commi 1, 2 e 3, ne informa senza ritardo il Garante.

5. Il Garante trasmette al pubblico ministero, con una relazione motivata, la documentazione raccolta nello svolgimento dell'attività di accertamento nel caso in cui emergano elementi che facciano presumere la esistenza di un reato. La trasmissione degli atti al pubblico ministero avviene al più tardi al termine dell'attività di accertamento delle violazioni delle disposizioni di cui al presente decreto.

6. Quando per lo stesso fatto è stata applicata a norma del presente codice o del Regolamento a carico dell'imputato o dell'ente una sanzione amministrativa pecuniaria dal Garante e questa è stata riscossa, la pena è diminuita.

(1) Articolo sostituito dall'art. 15, co. 1, lett. b), d.lgs. 10.8.2018, n. 101.
(2) Comma modificato dall'art. 9, co. 1, lett. n), d.l. 8.10.2021 n. 139, conv., con modif., dalla l. 3.12.2021, n. 205.

167 bis. Comunicazione e diffusione illecita di dati personali oggetto di trattamento su larga scala [(1)].

1. Salvo che il fatto costituisca più grave reato, chiunque comunica o diffonde al fine di trarre profitto per sé o altri ovvero al fine di arrecare danno, un archivio automatizzato o una parte sostanziale di esso contenente dati personali oggetto di trattamento su larga scala, in violazione degli articoli 2-*ter*, 2-*sexies* e 2-*octies*, è punito con la reclusione da uno a sei anni.

2. Salvo che il fatto costituisca più grave reato, chiunque, al fine trarne profitto per sé o altri ovvero di arrecare danno, comunica o diffonde, senza consenso, un archivio automatizzato o una parte sostanziale di esso contenente dati personali oggetto di trattamento su larga scala, è punito con la reclusione da uno a sei anni, quando il consenso dell'interessato è richiesto per le operazioni di comunicazione e di diffusione.

3. Per i reati di cui ai commi 1 e 2, si applicano i commi 4, 5 e 6 dell'articolo 167.

(1) Articolo introdotto dall'art. 15, co. 1, lett. c), d.lgs. 10.8.2018, n. 101.

167 ter. Acquisizione fraudolenta di dati personali oggetto di trattamento su larga scala [(1)].

1. Salvo che il fatto costituisca più grave reato, chiunque, al fine trarne profitto per sé o altri ovvero di arrecare danno, acquisisce con mezzi fraudolenti un archivio automatizzato o una parte sostanziale di esso contenente dati personali oggetto di trattamento su larga scala è punito con la reclusione da uno a quattro anni.

2. Per il reato di cui al comma 1 si applicano i commi 4, 5 e 6 dell'articolo 167.

(1) Articolo introdotto dall'art. 15, co. 1, lett. c), d.lgs. 10.8.2018, n. 101.

168. Falsità nelle dichiarazioni al Garante e interruzione dell'esecuzione dei compiti o dell'esercizio dei poteri del Garante [(1)].

1. Salvo che il fatto costituisca più grave reato, chiunque, in un procedimento o nel corso di accertamenti dinanzi al Garante, dichiara o attesta falsamente notizie o circostanze o produce atti o documenti falsi, è punito con la reclusione da sei mesi a tre anni.

2. Fuori dei casi di cui al comma 1, è punito con la reclusione sino ad un anno chiunque intenzionalmente cagiona un'interruzione o turba la regolarità di un procedimento dinanzi al Garante o degli accertamenti dallo stesso svolti.

(1) Articolo modificato dall'art. 1, co. 11, d.lgs. 28.5.2012, n. 69 e poi sostituito dall'art. 15, co. 1, lett. d), d.lgs. 10.8.2018, n. 101.

169. Misure di sicurezza.

[**1.** Chiunque, essendovi tenuto, omette di adottare le misure minime previste dall'articolo 33 è punito con l'arresto sino a due anni [o con l'ammenda da diecimila euro a cinquantamila euro [(1)].]

2. All'autore del reato, all'atto dell'accertamento o, nei casi complessi, anche con successivo atto del Garante, è impartita una prescrizione fissando un termine per la regolarizzazione non eccedente il periodo di tempo tecnicamente necessario, prorogabile in caso di particolare complessità o per l'oggettiva difficoltà dell'adempimento e comunque non superiore a sei mesi. Nei sessanta giorni successivi allo scadere del termine, se risulta l'adempimento alla prescrizione, l'autore del reato è ammesso dal Garante a pagare una somma pari al quarto del massimo della sanzione stabilita per la violazione amministrativa. L'adempimento e il pagamento estinguono il reato. L'organo che impartisce la prescrizione e il pubblico ministero provvedono nei modi di cui agli articoli 21, 22, 23 e 24 del decreto legislativo 19 dicembre 1994, n. 758, e successive modificazioni, in quanto applicabili [2].] [3]

(1) Comma modificato dall'art. 44, co. 9, lett. a), d.l. 30.12.2008, n. 207.
(2) Comma modificato dall'art. 44, co. 9, lett. b), d.l. 30.12.2008, n. 207.
(3) Articolo abrogato dall'art. 27, co. 1, lett. c), n. 2), d.lgs. 10.8.2018, n. 101.

170. Inosservanza di provvedimenti del Garante [1].

1. Chiunque, non osservando il provvedimento adottato dal Garante ai sensi degli articoli 58, paragrafo 2, lettera f) del Regolamento, dell'articolo 2-*septies*, comma 1, nonché i provvedimenti generali di cui all'articolo 21, comma 1, del decreto legislativo di attuazione dell'articolo 13 della legge 25 ottobre 2017, n. 163, arreca un concreto nocumento a uno o più soggetti interessati al trattamento è punito, a querela della persona offesa, con la reclusione da tre mesi a due anni [2].

(1) Articolo sostituito dall'art. 15, co. 1, lett. e), d.lgs. 10.8.2018, n. 101.
(2) Comma modificato dall'art. 9, co. 1, lett. o), d.l. 8.10.2021 n. 139, conv., con modif., dalla l. 3.12.2021, n. 205.

171. Violazioni delle disposizioni in materia di controlli a distanza e indagini sulle opinioni dei lavoratori [1].

1. La violazione delle disposizioni di cui agli articoli 4, comma 1, e 8 della legge 20 maggio 1970, n. 300, è punita con le sanzioni di cui all'articolo 38 della medesima legge.

(1) Articolo sostituito dall'art. 23, co. 2, d.lgs. 14.9.2015, n. 151 e poi dall'art. 15, co. 1, lett. f), d.lgs. 10.8.2018, n. 101.

172. Pene accessorie.

1. La condanna per uno dei delitti previsti dal presente codice importa la pubblicazione della sentenza, ai sensi dell'articolo 36, secondo e terzo comma, del codice penale [1].

(1) Comma modificato dall'art. 15, co. 1, lett. g), d.lgs. 10.8.2018, n. 101.

186. Entrata in vigore.

1. Le disposizioni di cui al presente codice entrano in vigore il 1° gennaio 2004, ad eccezione delle disposizioni di cui agli articoli 156, 176, commi 3, 4, 5 e 6 e 182, che entrano in vigore il giorno successivo alla data di pubblicazione del presente codice. Dalla medesima data si osservano altresì i termini in materia di ricorsi di cui agli articoli 149, comma 8, e 150, comma 2.

2. Il presente codice, munito del sigillo dello Stato, sarà inserito nella Raccolta ufficiale degli atti normativi della Repubblica italiana. È fatto obbligo a chiunque spetti di osservarlo e di farlo osservare.

2. Reg. Parlamento europeo e Consiglio 27 aprile 2016, n. 679. – Regolamento relativo alla protezione delle persone fisiche con riguardo al trattamento dei dati personali, nonché alla libera circolazione di tali dati e che abroga la direttiva 95/46/CE (regolamento generale sulla protezione dei dati) (Testo rilevante ai fini del SEE)

In Gazzetta Ufficiale U.E. 4 maggio 2016, n. 119

Capo I
Disposizioni generali

1. Oggetto e finalità.

1. Il presente regolamento stabilisce norme relative alla protezione delle persone fisiche con riguardo al trattamento dei dati personali, nonché norme relative alla libera circolazione di tali dati.

2. Il presente regolamento protegge i diritti e le libertà fondamentali delle persone fisiche, in particolare il diritto alla protezione dei dati personali.

3. La libera circolazione dei dati personali nell'Unione non può essere limitata né vietata per motivi attinenti alla protezione delle persone fisiche con riguardo al trattamento dei dati personali.

2. Ambito di applicazione materiale.

1. Il presente regolamento si applica al trattamento interamente o parzialmente automatizzato di dati personali e al trattamento non automatizzato di dati personali contenuti in un archivio o destinati a figurarvi.

2. Il presente regolamento non si applica ai trattamenti di dati personali:

a) effettuati per attività che non rientrano nell'ambito di applicazione del diritto dell'Unione;
b) effettuati dagli Stati membri nell'esercizio di attività che rientrano nell'ambito di applicazione del titolo V, capo 2, TUE;
c) effettuati da una persona fisica per l'esercizio di attività a carattere esclusivamente personale o domestico;
d) effettuati dalle autorità competenti a fini di prevenzione, indagine, accertamento o perseguimento di reati o esecuzione di sanzioni penali, incluse la salvaguardia contro minacce alla sicurezza pubblica e la prevenzione delle stesse.

3. Per il trattamento dei dati personali da parte di istituzioni, organi, uffici e agenzie dell'Unione, si applica il regolamento (CE) n. 45/2001. Il regolamento (CE) n. 45/2001 e gli altri atti giuridici dell'Unione applicabili a tale trattamento di dati personali devono essere adeguati ai principi e alle norme del presente regolamento conformemente all'articolo 98.

4. Il presente regolamento non pregiudica pertanto l'applicazione della direttiva 2000/31/CE, in particolare le norme relative alla responsabilità dei prestatori intermediari di servizi di cui agli articoli da 12 a 15 della medesima direttiva.

3. Ambito di applicazione territoriale.

1. Il presente regolamento si applica al trattamento dei dati personali effettuato nell'ambito delle attività di uno stabilimento da parte di un titolare del trattamento o di un responsabile del trattamento nell'Unione, indipendentemente dal fatto che il trattamento sia effettuato o meno nell'Unione.

2. Il presente regolamento si applica al trattamento dei dati personali di interessati che si trovano nell'Unione, effettuato da un titolare del trattamento o da un responsabile del trattamento che non è stabilito nell'Unione, quando le attività di trattamento riguardano:

a) l'offerta di beni o la prestazione di servizi ai suddetti interessati nell'Unione, indipendentemente dall'obbligatorietà di un pagamento dell'interessato; oppure

b) il monitoraggio del loro comportamento nella misura in cui tale comportamento ha luogo all'interno dell'Unione.

3. Il presente regolamento si applica al trattamento dei dati personali effettuato da un titolare del trattamento che non è stabilito nell'Unione, ma in un luogo soggetto al diritto di uno Stato membro in virtù del diritto internazionale pubblico.

4. Definizioni.

Ai fini del presente regolamento s'intende per:

1) «dato personale»: qualsiasi informazione riguardante una persona fisica identificata o identificabile («interessato»); si considera identificabile la persona fisica che può essere identificata, direttamente o indirettamente, con particolare riferimento a un identificativo come il nome, un numero di identificazione, dati relativi all'ubicazione, un identificativo online o a uno o più elementi caratteristici della sua identità fisica, fisiologica, genetica, psichica, economica, culturale o sociale;

2) «trattamento»: qualsiasi operazione o insieme di operazioni, compiute con o senza l'ausilio di processi automatizzati e applicate a dati personali o insiemi di dati personali, come la raccolta, la registrazione, l'organizzazione, la strutturazione, la conservazione, l'adattamento o la modifica, l'estrazione, la consultazione, l'uso, la comunicazione mediante trasmissione, diffusione o qualsiasi altra forma di messa a disposizione, il raffronto o l'interconnessione, la limitazione, la cancellazione o la distruzione;

3) «limitazione di trattamento»: il contrassegno dei dati personali conservati con l'obiettivo di limitarne il trattamento in futuro;

4) «profilazione»: qualsiasi forma di trattamento automatizzato di dati personali consistente nell'utilizzo di tali dati personali per valutare determinati aspetti personali relativi a una persona fisica, in particolare per analizzare o prevedere aspetti riguardanti il rendimento professionale, la situazione economica, la salute, le preferenze personali, gli interessi, l'affidabilità, il comportamento, l'ubicazione o gli spostamenti di detta persona fisica;

5) «pseudonimizzazione»: il trattamento dei dati personali in modo tale che i dati personali non possano più essere attribuiti a un interessato specifico senza l'utilizzo di informazioni aggiuntive, a condizione che tali informazioni aggiuntive siano conservate separatamente e soggette a misure tecniche e organizzative intese a garantire che tali dati personali non siano attribuiti a una persona fisica identificata o identificabile;

6) «archivio»: qualsiasi insieme strutturato di dati personali accessibili secondo criteri determinati, indipendentemente dal fatto che tale insieme sia centralizzato, decentralizzato o ripartito in modo funzionale o geografico;

7) «titolare del trattamento»: la persona fisica o giuridica, l'autorità pubblica, il servizio o altro organismo che, singolarmente o insieme ad altri, determina le finalità e i mezzi del trattamento di dati personali; quando le finalità e i mezzi di tale trattamento sono determinati dal diritto dell'Unione o degli Stati membri, il titolare del trattamento o i criteri specifici applicabili alla sua designazione possono essere stabiliti dal diritto dell'Unione o degli Stati membri;

8) «responsabile del trattamento»: la persona fisica o giuridica, l'autorità pubblica, il servizio o altro organismo che tratta dati personali per conto del titolare del trattamento;

9) «destinatario»: la persona fisica o giuridica, l'autorità pubblica, il servizio o un altro organismo che riceve comunicazione di dati personali, che si tratti o meno di terzi. Tuttavia, le autorità pubbliche che possono ricevere comunicazione di dati personali nell'ambito di una specifica indagine conformemente al diritto dell'Unione o degli Stati membri non sono considerate destinatari; il trattamento di tali dati da parte di dette autorità pubbliche è conforme alle norme applicabili in materia di protezione dei dati secondo le finalità del trattamento;

10) «terzo»: la persona fisica o giuridica, l'autorità pubblica, il servizio o altro organismo che non sia l'interessato, il titolare del trattamento, il responsabile del trattamento e le persone autorizzate al trattamento dei dati personali sotto l'autorità diretta del titolare o del responsabile;

11) «consenso dell'interessato»: qualsiasi manifestazione di volontà libera, specifica, informata e inequivocabile dell'interessato, con la quale lo stesso manifesta il proprio assenso, mediante dichiarazione o a-

zione positiva inequivocabile, che i dati personali che lo riguardano siano oggetto di trattamento;

12) «violazione dei dati personali»: la violazione di sicurezza che comporta accidentalmente o in modo illecito la distruzione, la perdita, la modifica, la divulgazione non autorizzata o l'accesso ai dati personali trasmessi, conservati o comunque trattati;

13) «dati genetici»: i dati personali relativi alle caratteristiche genetiche ereditarie o acquisite di una persona fisica che forniscono informazioni univoche sulla fisiologia o sulla salute di detta persona fisica, e che risultano in particolare dall'analisi di un campione biologico della persona fisica in questione;

14) «dati biometrici»: i dati personali ottenuti da un trattamento tecnico specifico relativi alle caratteristiche fisiche, fisiologiche o comportamentali di una persona fisica che ne consentono o confermano l'identificazione univoca, quali l'immagine facciale o i dati dattiloscopici;

15) «dati relativi alla salute»: i dati personali attinenti alla salute fisica o mentale di una persona fisica, compresa la prestazione di servizi di assistenza sanitaria, che rivelano informazioni relative al suo stato di salute;

16) «stabilimento principale»:

a) per quanto riguarda un titolare del trattamento con stabilimenti in più di uno Stato membro, il luogo della sua amministrazione centrale nell'Unione, salvo che le decisioni sulle finalità e i mezzi del trattamento di dati personali siano adottate in un altro stabilimento del titolare del trattamento nell'Unione e che quest'ultimo stabilimento abbia facoltà di ordinare l'esecuzione di tali decisioni, nel qual caso lo stabilimento che ha adottato siffatte decisioni è considerato essere lo stabilimento principale;

b) con riferimento a un responsabile del trattamento con stabilimenti in più di uno Stato membro, il luogo in cui ha sede la sua amministrazione centrale nell'Unione o, se il responsabile del trattamento non ha un'amministrazione centrale nell'Unione, lo stabilimento del responsabile del trattamento nell'Unione in cui sono condotte le principali attività di trattamento nel contesto delle attività di uno stabilimento del responsabile del trattamento nella misura in cui tale responsabile è soggetto a obblighi specifici ai sensi del presente regolamento;

17) «rappresentante»: la persona fisica o giuridica stabilita nell'Unione che, designata dal titolare del trattamento o dal responsabile del trattamento per iscritto ai sensi dell'articolo 27, li rappresenta per quanto riguarda gli obblighi rispettivi a norma del presente regolamento;

18) «impresa»: la persona fisica o giuridica, indipendentemente dalla forma giuridica rivestita, che eserciti un'attività economica, comprendente le società di persone o le associazioni che esercitano regolarmente un'attività economica;

19) «gruppo imprenditoriale»: un gruppo costituito da un'impresa controllante e dalle imprese da questa controllate;

20) «norme vincolanti d'impresa»: le politiche in materia di protezione dei dati personali applicate da un titolare del trattamento o responsabile del trattamento stabilito nel territorio di uno Stato membro al trasferimento o al complesso di trasferimenti di dati personali a un titolare del trattamento o responsabile del trattamento in uno o più paesi terzi, nell'ambito di un gruppo imprenditoriale o di un gruppo di imprese che svolge un'attività economica comune;

21) «autorità di controllo»: l'autorità pubblica indipendente istituita da uno Stato membro ai sensi dell'articolo 51;

22) «autorità di controllo interessata»: un'autorità di controllo interessata dal trattamento di dati personali in quanto:

a) il titolare del trattamento o il responsabile del trattamento è stabilito sul territorio dello Stato membro di tale autorità di controllo;

b) gli interessati che risiedono nello Stato membro dell'autorità di controllo sono o sono probabilmente influenzati in modo sostanziale dal trattamento; oppure

c) un reclamo è stato proposto a tale autorità di controllo;

23) «trattamento transfrontaliero»:

a) trattamento di dati personali che ha luogo nell'ambito delle attività di stabilimenti in più di uno Stato membro di un titolare del trattamento o responsabile del trattamento nell'Unione ove il titolare del trattamento o il responsabile del trattamento siano stabiliti in più di uno Stato membro; oppure

b) trattamento di dati personali che ha luogo nell'ambito delle attività di un unico stabilimento di un titolare del trattamento o responsabile del trattamento nell'Unione, ma che incide o probabilmente incide in modo sostanziale su interessati in più di uno Stato membro;

24) «obiezione pertinente e motivata»: un'obiezione al progetto di decisione sul fatto che vi sia o meno una violazione del presente regolamento, oppure che l'azione prevista in relazione al titolare del trattamento o responsabile del trattamento sia conforme al presente regolamento, la quale obiezione dimostra chiaramente la rilevanza dei rischi posti dal progetto di decisione riguardo ai diritti e alle libertà fondamentali degli interessati e, ove applicabile, alla libera circolazione dei dati personali all'interno dell'Unione;

25) «servizio della società dell'informazione»: il servizio definito all'articolo 1, paragrafo 1, lettera b), della direttiva (UE) 2015/1535 del Parlamento europeo e del Consiglio;

26) «organizzazione internazionale»: un'organizzazione e gli organismi di diritto internazionale pubblico a essa subordinati o qualsiasi altro organismo istituito da o sulla base di un accordo tra due o più Stati.

Capo II
Principi

5. Principi applicabili al trattamento di dati personali.

1. I dati personali sono:

a) trattati in modo lecito, corretto e trasparente nei confronti dell'interessato («liceità, correttezza e trasparenza»);
b) raccolti per finalità determinate, esplicite e legittime, e successivamente trattati in modo che non sia incompatibile con tali finalità; un ulteriore trattamento dei dati personali a fini di archiviazione nel pubblico interesse, di ricerca scientifica o storica o a fini statistici non è, conformemente all'articolo 89, paragrafo 1, considerato incompatibile con le finalità iniziali («limitazione della finalità»);
c) adeguati, pertinenti e limitati a quanto necessario rispetto alle finalità per le quali sono trattati («minimizzazione dei dati»);
d) esatti e, se necessario, aggiornati; devono essere adottate tutte le misure ragionevoli per cancellare o rettificare tempestivamente i dati inesatti rispetto alle finalità per le quali sono trattati («esattezza»);
e) conservati in una forma che consenta l'identificazione degli interessati per un arco di tempo non superiore al conseguimento delle finalità per le quali sono trattati; i dati personali possono essere conservati per periodi più lunghi a condizione che siano trattati esclusivamente a fini di archiviazione nel pubblico interesse, di ricerca scientifica o storica o a fini statistici, conformemente all'articolo 89, paragrafo 1, fatta salva l'attuazione di misure tecniche e organizzative adeguate richieste dal presente regolamento a tutela dei diritti e delle libertà dell'interessato («limitazione della conservazione»);
f) trattati in maniera da garantire un'adeguata sicurezza dei dati personali, compresa la protezione, mediante misure tecniche e organizzative adeguate, da trattamenti non autorizzati o illeciti e dalla perdita, dalla distruzione o dal danno accidentali («integrità e riservatezza»).

2. Il titolare del trattamento è competente per il rispetto del paragrafo 1 e in grado di comprovarlo («responsabilizzazione»).

6. Liceità del trattamento.

1. Il trattamento è lecito solo se e nella misura in cui ricorre almeno una delle seguenti condizioni:

a) l'interessato ha espresso il consenso al trattamento dei propri dati personali per una o più specifiche finalità;
b) il trattamento è necessario all'esecuzione di un contratto di cui l'interessato è parte o all'esecuzione di misure precontrattuali adottate su richiesta dello stesso;
c) il trattamento è necessario per adempiere un obbligo legale al quale è soggetto il titolare del trattamento;
d) il trattamento è necessario per la salvaguardia degli interessi vitali dell'interessato o di un'altra persona fisica;
e) il trattamento è necessario per l'esecuzione di un compito di interesse pubblico o connesso all'esercizio di pubblici poteri di cui è investito il titolare del trattamento;
f) il trattamento è necessario per il perseguimento del legittimo interesse del titolare del trattamento o di terzi, a condizione che non prevalgano gli interessi o i diritti e le libertà fondamentali dell'interessato che richiedono la protezione dei dati personali, in particolare se l'interessato è un minore.

La lettera f) del primo comma non si applica al trattamento di dati effettuato dalle autorità pubbliche nell'esecuzione dei loro compiti.

2. Gli Stati membri possono mantenere o introdurre disposizioni più specifiche per adeguare l'applicazione delle norme del presente regolamento con riguardo al trattamento, in conformità del paragrafo 1, lettere c) ed e), determinando con maggiore precisione requisiti specifici per il trattamento e altre misure atte a garantire un trattamento lecito e corretto anche per le altre specifiche situazioni di trattamento di cui al capo IX.

3. La base su cui si fonda il trattamento dei dati di cui al paragrafo 1, lettere c) ed e), deve essere stabilita:

a) dal diritto dell'Unione; o
b) dal diritto dello Stato membro cui è soggetto il titolare del trattamento.

La finalità del trattamento è determinata in tale base giuridica o, per quanto riguarda il trattamento di cui al paragrafo 1, lettera e), è necessaria per l'esecuzione di un compito svolto nel pubblico interesse o connesso all'esercizio di pubblici poteri di cui è investito il titolare del trattamento. Tale base giuridica potrebbe contenere disposizioni specifiche per adeguare l'applicazione delle norme del presente regolamento, tra cui: le condizioni generali relative alla liceità del trattamento da parte del titolare del trattamento; le tipologie di dati oggetto del trattamento; gli interessati; i soggetti cui possono essere comunicati i dati personali e le finalità per cui sono comunicati; le limitazioni della finalità, i periodi di conservazione e le operazioni e procedure di trattamento, comprese le misure atte a garantire un trattamento lecito e corretto, quali quelle per altre specifiche situazioni di trattamento di cui al capo IX. Il diritto dell'Unione o degli Stati membri persegue un obiettivo di interesse pubblico ed è proporzionato all'obiettivo legittimo perseguito.

4. Laddove il trattamento per una finalità diversa da quella per la quale i dati personali sono stati raccolti non sia basato sul consenso dell'interessato o su un atto legislativo dell'Unione o degli Stati membri che costituisca una misura necessaria e proporzionata in una società democratica per la salvaguardia degli obiettivi di cui all'articolo 23, paragrafo 1, al fine di verificare se il trattamento per un'altra finalità sia compatibile con la finalità per la quale i dati personali sono stati inizialmente raccolti, il titolare del trattamento tiene conto, tra l'altro:

a) di ogni nesso tra le finalità per cui i dati personali sono stati raccolti e le finalità dell'ulteriore trattamento previsto;
b) del contesto in cui i dati personali sono stati raccolti, in particolare relativamente alla relazione tra l'interessato e il titolare del trattamento;
c) della natura dei dati personali, specialmente se siano trattate categorie particolari di dati personali ai sensi dell'articolo 9, oppure se siano trattati dati relativi a condanne penali e a reati ai sensi dell'articolo 10;
d) delle possibili conseguenze dell'ulteriore trattamento previsto per gli interessati;
e) dell'esistenza di garanzie adeguate, che possono comprendere la cifratura o la pseudonimizzazione.

7. Condizioni per il consenso.

1. Qualora il trattamento sia basato sul consenso, il titolare del trattamento deve essere in grado di dimostrare che l'interessato ha prestato il proprio consenso al trattamento dei propri dati personali.

2. Se il consenso dell'interessato è prestato nel contesto di una dichiarazione scritta che riguarda anche altre questioni, la richiesta di consenso è presentata in modo chiaramente distinguibile dalle altre materie, in forma comprensibile e facilmente accessibile, utilizzando un linguaggio semplice e chiaro. Nessuna parte di una tale dichiarazione che costituisca una violazione del presente regolamento è vincolante.

3. L'interessato ha il diritto di revocare il proprio consenso in qualsiasi momento. La revoca del consenso non pregiudica la liceità del trattamento basata sul consenso prima della revoca. Prima di prestare il proprio consenso, l'interessato è informato di ciò. Il consenso è revocato con la stessa facilità con cui è accordato [(1)].

4. Nel valutare se il consenso sia stato liberamente prestato, si tiene nella massima considerazione l'eventualità, tra le altre, che l'esecuzione di un contratto, compresa la prestazione di un servizio, sia condizionata alla prestazione del consenso al trattamento di dati personali non necessario all'esecuzione di tale contratto.

(1) Così corretto con avviso di Rettifica pubblicato in G.U.C.E. L 23.5.2018, n. 127.

8. Condizioni applicabili al consenso dei minori in relazione ai servizi della società dell'informazione.

1. Qualora si applichi l'articolo 6, paragrafo 1, lettera a), per quanto riguarda l'offerta diretta di servizi della società dell'informazione ai minori, il trattamento di dati personali del minore è lecito ove il minore abbia almeno 16 anni. Ove il minore abbia un'età inferiore ai 16 anni, tale trattamento è lecito soltanto se e nella misura in cui tale consenso è prestato o autorizzato dal titolare della responsabilità genitoriale.
Gli Stati membri possono stabilire per legge un'età inferiore a tali fini purché non inferiore ai 13 anni.

2. Il titolare del trattamento si adopera in ogni modo ragionevole per verificare in tali casi che il consenso sia prestato o autorizzato dal titolare della responsabilità genitoriale sul minore, in considerazione delle tecnologie disponibili.

3. Il paragrafo 1 non pregiudica le disposizioni generali del diritto dei contratti degli Stati membri, quali le norme sulla validità, la formazione o l'efficacia di un contratto rispetto a un minore.

9. Trattamento di categorie particolari di dati personali.

1. È vietato trattare dati personali che rivelino l'origine razziale o etnica, le opinioni politiche, le convinzioni religiose o filosofiche, o l'appartenenza sindacale, nonché trattare dati genetici, dati biometrici intesi a identificare in modo univoco una persona fisica, dati relativi alla salute o alla vita sessuale o all'orientamento sessuale della persona.

2. Il paragrafo 1 non si applica se si verifica uno dei seguenti casi:

a) l'interessato ha prestato il proprio consenso esplicito al trattamento di tali dati personali per una o più finalità specifiche, salvo nei casi in cui il diritto dell'Unione o degli Stati membri dispone che l'interessato non possa revocare il divieto di cui al paragrafo 1;
b) il trattamento è necessario per assolvere gli obblighi ed esercitare i diritti specifici del titolare del trattamento o dell'interessato in materia di diritto del lavoro e della sicurezza sociale e protezione sociale, nella misura in cui sia autorizzato dal diritto dell'Unione o degli Stati membri o da un contratto collettivo ai sensi del diritto degli Stati membri, in presenza di garanzie appropriate per i diritti fondamentali e gli interessi dell'interessato;
c) il trattamento è necessario per tutelare un interesse vitale dell'interessato o di un'altra persona fisica qualora l'interessato si trovi nell'incapacità fisica o giuridica di prestare il proprio consenso;
d) il trattamento è effettuato, nell'ambito delle sue legittime attività e con adeguate garanzie, da una fondazione, associazione o altro organismo senza scopo di lucro che persegua finalità politiche, filosofiche, religiose o sindacali, a condizione che il trattamento riguardi unicamente i membri, gli ex membri o le persone che hanno regolari contatti con la fondazione, l'associazione o l'organismo a motivo delle sue finalità e che i dati personali non siano comunicati all'esterno senza il consenso dell'interessato;
e) il trattamento riguarda dati personali resi manifestamente pubblici dall'interessato;
f) il trattamento è necessario per accertare, esercitare o

difendere un diritto in sede giudiziaria o ogniqualvolta le autorità giurisdizionali esercitino le loro funzioni giurisdizionali;

g) il trattamento è necessario per motivi di interesse pubblico rilevante sulla base del diritto dell'Unione o degli Stati membri, che deve essere proporzionato alla finalità perseguita, rispettare l'essenza del diritto alla protezione dei dati e prevedere misure appropriate e specifiche per tutelare i diritti fondamentali e gli interessi dell'interessato;

h) il trattamento è necessario per finalità di medicina preventiva o di medicina del lavoro, valutazione della capacità lavorativa del dipendente, diagnosi, assistenza o terapia sanitaria o sociale ovvero gestione dei sistemi e servizi sanitari o sociali sulla base del diritto dell'Unione o degli Stati membri o conformemente al contratto con un professionista della sanità, fatte salve le condizioni e le garanzie di cui al paragrafo 3;

i) il trattamento è necessario per motivi di interesse pubblico nel settore della sanità pubblica, quali la protezione da gravi minacce per la salute a carattere transfrontaliero o la garanzia di parametri elevati di qualità e sicurezza dell'assistenza sanitaria e dei medicinali e dei dispositivi medici, sulla base del diritto dell'Unione o degli Stati membri che prevede misure appropriate e specifiche per tutelare i diritti e le libertà dell'interessato, in particolare il segreto professionale;

j) il trattamento è necessario a fini di archiviazione nel pubblico interesse, di ricerca scientifica o storica o a fini statistici in conformità dell'articolo 89, paragrafo 1, sulla base del diritto dell'Unione o nazionale, che è proporzionato alla finalità perseguita, rispetta l'essenza del diritto alla protezione dei dati e prevede misure appropriate e specifiche per tutelare i diritti fondamentali e gli interessi dell'interessato.

3. I dati personali di cui al paragrafo 1 possono essere trattati per le finalità di cui al paragrafo 2, lettera h), se tali dati sono trattati da o sotto la responsabilità di un professionista soggetto al segreto professionale conformemente al diritto dell'Unione o degli Stati membri o alle norme stabilite dagli organismi nazionali competenti o da altra persona anch'essa soggetta all'obbligo di segretezza conformemente al diritto dell'Unione o degli Stati membri o alle norme stabilite dagli organismi nazionali competenti.

4. Gli Stati membri possono mantenere o introdurre ulteriori condizioni, comprese limitazioni, con riguardo al trattamento di dati genetici, dati biometrici o dati relativi alla salute.

10. Trattamento dei dati personali relativi a condanne penali e reati.

Il trattamento dei dati personali relativi alle condanne penali e ai reati o a connesse misure di sicurezza sulla base dell'articolo 6, paragrafo 1, deve avvenire soltanto sotto il controllo dell'autorità pubblica o se il trattamento è autorizzato dal diritto dell'Unione o degli Stati membri che preveda garanzie appropriate per i diritti e le libertà degli interessati. Un eventuale registro completo delle condanne penali deve essere tenuto soltanto sotto il controllo dell'autorità pubblica.

11. Trattamento che non richiede l'identificazione.

1. Se le finalità per cui un titolare del trattamento tratta i dati personali non richiedono o non richiedono più l'identificazione dell'interessato, il titolare del trattamento non è obbligato a conservare, acquisire o trattare ulteriori informazioni per identificare l'interessato al solo fine di rispettare il presente regolamento.

2. Qualora, nei casi di cui al paragrafo 1 del presente articolo, il titolare del trattamento possa dimostrare di non essere in grado di identificare l'interessato, ne informa l'interessato, se possibile. In tali casi, gli articoli da 15 a 20 non si applicano tranne quando l'interessato, al fine di esercitare i diritti di cui ai suddetti articoli, fornisce ulteriori informazioni che ne consentano l'identificazione.

Capo III
Diritti dell'interessato

Sezione 1
Trasparenza e modalità

12. Informazioni, comunicazioni e modalità trasparenti per l'esercizio dei diritti dell'interessato.

1. Il titolare del trattamento adotta misure appropriate per fornire all'interessato tutte le informazioni di cui agli articoli 13 e 14 e le comunicazioni di cui agli articoli da 15 a 22 e all'articolo 34 relative al trattamento in forma concisa, trasparente, intelligibile e facilmente accessibile, con un linguaggio semplice e chiaro, in particolare nel caso di informazioni destinate specificamente ai minori. Le informazioni sono fornite per iscritto o con altri mezzi, anche, se del caso, con mezzi elettronici. Se richiesto dall'interessato, le informazioni possono essere fornite oralmente, purché sia comprovata con altri mezzi l'identità dell'interessato.

2. Il titolare del trattamento agevola l'esercizio dei diritti dell'interessato ai sensi degli articoli da 15 a 22. Nei casi di cui all'articolo 11, paragrafo 2, il titolare del trattamento non può rifiutare di soddisfare la richiesta dell'interessato al fine di esercitare i suoi diritti ai sensi degli articoli da 15 a 22, salvo che il titolare del trattamento dimostri che non è in grado di identificare l'interessato.

3. Il titolare del trattamento fornisce all'interessato le informazioni relative all'azione intrapresa riguardo a una richiesta ai sensi degli articoli da 15 a 22 senza ingiustificato ritardo e, comunque, al più tardi entro un mese dal ricevimento della richiesta stessa. Tale termine può essere prorogato di due mesi, se necessario, tenuto conto della complessità e del numero delle richieste. Il titolare del trattamento informa l'interessato di tale proroga, e dei motivi del ritardo, entro un mese dal ricevimento della richiesta. Se l'interessato presenta la richiesta mediante mezzi elettronici, le informazioni sono fornite, ove possibile, con mezzi elettronici, salvo diversa indicazione dell'interessato.

4. Se non ottempera alla richiesta dell'interessato, il titolare del trattamento informa l'interessato senza ritardo, e al più tardi entro un mese dal ricevimento della richiesta, dei motivi dell'inottemperanza e della possibilità di proporre reclamo a un'autorità di controllo e di proporre ricorso giurisdizionale.

5. Le informazioni fornite ai sensi degli articoli 13 e 14 ed eventuali comunicazioni e azioni intraprese ai sensi degli articoli da 15 a 22 e dell'articolo 34 sono gratuite. Se le richieste dell'interessato sono manifestamente infondate o eccessive, in particolare per il loro carattere ripetitivo, il titolare del trattamento può:

a) addebitare un contributo spese ragionevole tenendo conto dei costi amministrativi sostenuti per fornire le informazioni o la comunicazione o intraprendere l'azione richiesta; oppure
b) rifiutare di soddisfare la richiesta.

Incombe al titolare del trattamento l'onere di dimostrare il carattere manifestamente infondato o eccessivo della richiesta.

6. Fatto salvo l'articolo 11, qualora il titolare del trattamento nutra ragionevoli dubbi circa l'identità della persona fisica che presenta la richiesta di cui agli articoli da 15 a 21, può richiedere ulteriori informazioni necessarie per confermare l'identità dell'interessato.

7. Le informazioni da fornire agli interessati a norma degli articoli 13 e 14 possono essere fornite in combinazione con icone standardizzate per dare, in modo facilmente visibile, intelligibile e chiaramente leggibile, un quadro d'insieme del trattamento previsto. Se presentate elettronicamente, le icone sono leggibili da dispositivo automatico.

8. Alla Commissione è conferito il potere di adottare atti delegati conformemente all'articolo 92 al fine di stabilire le informazioni da presentare sotto forma di icona e le procedure per fornire icone standardizzate.

Sezione 2
Informazione e accesso ai dati personali

13. Informazioni da fornire qualora i dati personali siano raccolti presso l'interessato.

1. In caso di raccolta presso l'interessato di dati che lo riguardano, il titolare del trattamento fornisce all'interessato, nel momento in cui i dati personali sono ottenuti, le seguenti informazioni:

a) l'identità e i dati di contatto del titolare del trattamento e, ove applicabile, del suo rappresentante;
b) i dati di contatto del responsabile della protezione dei dati, ove applicabile;
c) le finalità del trattamento cui sono destinati i dati personali nonché la base giuridica del trattamento;
d) qualora il trattamento si basi sull'articolo 6, paragrafo 1, lettera f), i legittimi interessi perseguiti dal titolare del trattamento o da terzi;
e) gli eventuali destinatari o le eventuali categorie di destinatari dei dati personali;
f) ove applicabile, l'intenzione del titolare del trattamento di trasferire dati personali a un paese terzo o a un'organizzazione internazionale e l'esistenza o l'assenza di una decisione di adeguatezza della Commissione o, nel caso dei trasferimenti di cui all'articolo 46 o 47, o all'articolo 49, paragrafo 1, secondo comma, il riferimento alle garanzie appropriate o opportune e i mezzi per ottenere una copia di tali garanzie o il luogo dove sono state rese disponibili [(1)].

2. In aggiunta alle informazioni di cui al paragrafo 1, nel momento in cui i dati personali sono ottenuti, il titolare del trattamento fornisce all'interessato le seguenti ulteriori informazioni necessarie per garantire un trattamento corretto e trasparente:

a) il periodo di conservazione dei dati personali oppure, se non è possibile, i criteri utilizzati per determinare tale periodo;
b) l'esistenza del diritto dell'interessato di chiedere al titolare del trattamento l'accesso ai dati personali e la rettifica o la cancellazione degli stessi o la limitazione del trattamento dei dati personali che lo riguardano o di opporsi al loro trattamento, oltre al diritto alla portabilità dei dati [(2)];
c) qualora il trattamento sia basato sull'articolo 6, paragrafo 1, lettera a), oppure sull'articolo 9, paragrafo 2, lettera a), l'esistenza del diritto di revocare il consenso in qualsiasi momento senza pregiudicare la liceità del trattamento basata sul consenso prestato prima della revoca;
d) il diritto di proporre reclamo a un'autorità di controllo;
e) se la comunicazione di dati personali è un obbligo legale o contrattuale oppure un requisito necessario per la conclusione di un contratto, e se l'interessato ha l'obbligo di fornire i dati personali nonché le possibili conseguenze della mancata comunicazione di tali dati;
f) l'esistenza di un processo decisionale automatizzato, compresa la profilazione di cui all'articolo 22, paragrafi 1 e 4, e, almeno in tali casi, informazioni significative sulla logica utilizzata, nonché l'importanza e le conseguenze previste di tale trattamento per l'interessato.

3. Qualora il titolare del trattamento intenda trattare ulteriormente i dati personali per una finalità diversa da quella per cui essi sono stati raccolti, prima di tale ulteriore trattamento fornisce all'interessato informazioni in merito a tale diversa finalità e ogni ulteriore informazione pertinente di cui al paragrafo 2.

4. I paragrafi 1, 2 e 3 non si applicano se e nella misura in cui l'interessato dispone già delle informazioni.

(1) Così corretto con avviso di Rettifica pubblicato in G.U.C.E. L 23.5.2018, n. 127.

(2) Così corretto con avviso di Rettifica pubblicato in G.U.C.E. L 23.5.2018, n. 127.

14. Informazioni da fornire qualora i dati personali non siano stati ottenuti presso l'interessato.

1. Qualora i dati non siano stati ottenuti presso l'interessato, il titolare del trattamento fornisce all'interessato le seguenti informazioni:

a) l'identità e i dati di contatto del titolare del trattamento e, ove applicabile, del suo rappresentante;

b) i dati di contatto del responsabile della protezione dei dati, ove applicabile;

c) le finalità del trattamento cui sono destinati i dati personali nonché la base giuridica del trattamento;

d) le categorie di dati personali in questione;

e) gli eventuali destinatari o le eventuali categorie di destinatari dei dati personali;

f) ove applicabile, l'intenzione del titolare del trattamento di trasferire dati personali a un destinatario in un paese terzo o a un'organizzazione internazionale e l'esistenza o l'assenza di una decisione di adeguatezza della Commissione o, nel caso dei trasferimenti di cui all'articolo 46 o 47, o all'articolo 49, paragrafo 1, secondo comma, il riferimento alle garanzie adeguate o opportune e i mezzi per ottenere una copia di tali garanzie o il luogo dove sono state rese disponibili [(1)].

2. Oltre alle informazioni di cui al paragrafo 1, il titolare del trattamento fornisce all'interessato le seguenti informazioni necessarie per garantire un trattamento corretto e trasparente nei confronti dell'interessato:

a) il periodo di conservazione dei dati personali oppure, se non è possibile, i criteri utilizzati per determinare tale periodo;

b) qualora il trattamento si basi sull'articolo 6, paragrafo 1, lettera f), i legittimi interessi perseguiti dal titolare del trattamento o da terzi;

c) l'esistenza del diritto dell'interessato di chiedere al titolare del trattamento l'accesso ai dati personali e la rettifica o la cancellazione degli stessi o la limitazione del trattamento dei dati personali che lo riguardano e di opporsi al loro trattamento, oltre al diritto alla portabilità dei dati;

d) qualora il trattamento sia basato sull'articolo 6, paragrafo 1, lettera a), oppure sull'articolo 9, paragrafo 2, lettera a), l'esistenza del diritto di revocare il consenso in qualsiasi momento senza pregiudicare la liceità del trattamento basata sul consenso prima della revoca;

e) il diritto di proporre reclamo a un'autorità di controllo;

f) la fonte da cui hanno origine i dati personali e, se del caso, l'eventualità che i dati provengano da fonti accessibili al pubblico;

g) l'esistenza di un processo decisionale automatizzato, compresa la profilazione di cui all'articolo 22, paragrafi 1 e 4, e, almeno in tali casi, informazioni significative sulla logica utilizzata, nonché l'importanza e le conseguenze previste di tale trattamento per l'interessato.

3. Il titolare del trattamento fornisce le informazioni di cui ai paragrafi 1 e 2:

a) entro un termine ragionevole dall'ottenimento dei dati personali, ma al più tardi entro un mese, in considerazione delle specifiche circostanze in cui i dati personali sono trattati;

b) nel caso in cui i dati personali siano destinati alla comunicazione con l'interessato, al più tardi al momento della prima comunicazione all'interessato; oppure

c) nel caso sia prevista la comunicazione ad altro destinatario, non oltre la prima comunicazione dei dati personali.

4. Qualora il titolare del trattamento intenda trattare ulteriormente i dati personali per una finalità diversa da quella per cui essi sono stati ottenuti, prima di tale ulteriore trattamento fornisce all'interessato informazioni in merito a tale diversa finalità e ogni informazione pertinente di cui al paragrafo 2.

5. I paragrafi da 1 a 4 non si applicano se e nella misura in cui:

a) l'interessato dispone già delle informazioni;

b) comunicare tali informazioni risulta impossibile o implicherebbe uno sforzo sproporzionato; in particolare per il trattamento a fini di archiviazione nel pubblico interesse, di ricerca scientifica o storica o a fini statistici, fatte salve le condizioni e le garanzie di cui all'articolo 89, paragrafo 1, o nella misura in cui l'obbligo di cui al paragrafo 1 del presente articolo rischi di rendere impossibile o di pregiudicare gravemente il conseguimento delle finalità di tale trattamento. In tali casi, il titolare del trattamento adotta misure appropriate per tutelare i diritti, le libertà e i legittimi interessi dell'interessato, anche rendendo pubbliche le informazioni;

c) l'ottenimento o la comunicazione sono espressamente previsti dal diritto dell'Unione o dello Stato membro cui è soggetto il titolare del trattamento e che prevede misure appropriate per tutelare gli interessi legittimi dell'interessato; oppure

d) qualora i dati personali debbano rimanere riservati conformemente a un obbligo di segreto professionale disciplinato dal diritto dell'Unione o degli Stati membri, compreso un obbligo di segretezza previsto per legge.

(1) Così corretto con avviso di Rettifica pubblicato in G.U.C.E. L 23.5.2018, n. 127.

15. Diritto di accesso dell'interessato.

1. L'interessato ha il diritto di ottenere dal titolare del trattamento la conferma che sia o meno in corso un trattamento di dati personali che lo riguardano e in tal

caso, di ottenere l'accesso ai dati personali e alle seguenti informazioni:
a) le finalità del trattamento;
b) le categorie di dati personali in questione;
c) i destinatari o le categorie di destinatari a cui i dati personali sono stati o saranno comunicati, in particolare se destinatari di paesi terzi o organizzazioni internazionali;
d) quando possibile, il periodo di conservazione dei dati personali previsto oppure, se non è possibile, i criteri utilizzati per determinare tale periodo;
e) l'esistenza del diritto dell'interessato di chiedere al titolare del trattamento la rettifica o la cancellazione dei dati personali o la limitazione del trattamento dei dati personali che lo riguardano o di opporsi al loro trattamento;
f) il diritto di proporre reclamo a un'autorità di controllo;
g) qualora i dati non siano raccolti presso l'interessato, tutte le informazioni disponibili sulla loro origine;
h) l'esistenza di un processo decisionale automatizzato, compresa la profilazione di cui all'articolo 22, paragrafi 1 e 4, e, almeno in tali casi, informazioni significative sulla logica utilizzata, nonché l'importanza e le conseguenze previste di tale trattamento per l'interessato.

2. Qualora i dati personali siano trasferiti a un paese terzo o a un'organizzazione internazionale, l'interessato ha il diritto di essere informato dell'esistenza di garanzie adeguate ai sensi dell'articolo 46 relative al trasferimento.

3. Il titolare del trattamento fornisce una copia dei dati personali oggetto di trattamento. In caso di ulteriori copie richieste dall'interessato, il titolare del trattamento può addebitare un contributo spese ragionevole basato sui costi amministrativi. Se l'interessato presenta la richiesta mediante mezzi elettronici, e salvo indicazione diversa dell'interessato, le informazioni sono fornite in un formato elettronico di uso comune.

4. Il diritto di ottenere una copia di cui al paragrafo 3 non deve ledere i diritti e le libertà altrui.

Sezione 3
Rettifica e cancellazione

16. Diritto di rettifica.

L'interessato ha il diritto di ottenere dal titolare del trattamento la rettifica dei dati personali inesatti che lo riguardano senza ingiustificato ritardo. Tenuto conto delle finalità del trattamento, l'interessato ha il diritto di ottenere l'integrazione dei dati personali incompleti, anche fornendo una dichiarazione integrativa.

17. Diritto alla cancellazione («diritto all'oblio»).

1. L'interessato ha il diritto di ottenere dal titolare del trattamento la cancellazione dei dati personali che lo riguardano senza ingiustificato ritardo e il titolare del trattamento ha l'obbligo di cancellare senza ingiustificato ritardo i dati personali, se sussiste uno dei motivi seguenti:
a) i dati personali non sono più necessari rispetto alle finalità per le quali sono stati raccolti o altrimenti trattati;
b) l'interessato revoca il consenso su cui si basa il trattamento conformemente all'articolo 6, paragrafo 1, lettera a), o all'articolo 9, paragrafo 2, lettera a), e se non sussiste altro fondamento giuridico per il trattamento;
c) l'interessato si oppone al trattamento ai sensi dell'articolo 21, paragrafo 1, e non sussiste alcun motivo legittimo prevalente per procedere al trattamento, oppure si oppone al trattamento ai sensi dell'articolo 21, paragrafo 2;
d) i dati personali sono stati trattati illecitamente;
e) i dati personali devono essere cancellati per adempiere un obbligo giuridico previsto dal diritto dell'Unione o dello Stato membro cui è soggetto il titolare del trattamento [1];
f) i dati personali sono stati raccolti relativamente all'offerta di servizi della società dell'informazione di cui all'articolo 8, paragrafo 1.

2. Il titolare del trattamento, se ha reso pubblici dati personali ed è obbligato, ai sensi del paragrafo 1, a cancellarli, tenendo conto della tecnologia disponibile e dei costi di attuazione adotta le misure ragionevoli, anche tecniche, per informare i titolari del trattamento che stanno trattando i dati personali della richiesta dell'interessato di cancellare qualsiasi link, copia o riproduzione dei suoi dati personali.

3. I paragrafi 1 e 2 non si applicano nella misura in cui il trattamento sia necessario:
a) per l'esercizio del diritto alla libertà di espressione e di informazione;
b) per l'adempimento di un obbligo giuridico che richieda il trattamento previsto dal diritto dell'Unione o dello Stato membro cui è soggetto il titolare del trattamento o per l'esecuzione di un compito svolto nel pubblico interesse oppure nell'esercizio di pubblici poteri di cui è investito il titolare del trattamento [2];
c) per motivi di interesse pubblico nel settore della sanità pubblica in conformità dell'articolo 9, paragrafo 2, lettere h) e i), e dell'articolo 9, paragrafo 3;
d) a fini di archiviazione nel pubblico interesse, di ricerca scientifica o storica o a fini statistici conformemente all'articolo 89, paragrafo 1, nella misura in cui il diritto di cui al paragrafo 1 rischi di rendere impossibile o di pregiudicare gravemente il conseguimento degli obiettivi di tale trattamento, o
e) per l'accertamento, l'esercizio o la difesa di un diritto in sede giudiziaria.

(1) Così corretto con avviso di Rettifica pubblicato in G.U.C.E. L 23.5.2018, n. 127.

(2) Così corretto con avviso di Rettifica pubblicato in G.U.C.E. L 23.5.2018, n. 127.

18. Diritto di limitazione di trattamento.

1. L'interessato ha il diritto di ottenere dal titolare del trattamento la limitazione del trattamento quando ricorre una delle seguenti ipotesi:

a) l'interessato contesta l'esattezza dei dati personali, per il periodo necessario al titolare del trattamento per verificare l'esattezza di tali dati personali;

b) il trattamento è illecito e l'interessato si oppone alla cancellazione dei dati personali e chiede invece che ne sia limitato l'utilizzo;

c) benché il titolare del trattamento non ne abbia più bisogno ai fini del trattamento, i dati personali sono necessari all'interessato per l'accertamento, l'esercizio o la difesa di un diritto in sede giudiziaria;

d) l'interessato si è opposto al trattamento ai sensi dell'articolo 21, paragrafo 1, in attesa della verifica in merito all'eventuale prevalenza dei motivi legittimi del titolare del trattamento rispetto a quelli dell'interessato.

2. Se il trattamento è limitato a norma del paragrafo 1, tali dati personali sono trattati, salvo che per la conservazione, soltanto con il consenso dell'interessato o per l'accertamento, l'esercizio o la difesa di un diritto in sede giudiziaria oppure per tutelare i diritti di un'altra persona fisica o giuridica o per motivi di interesse pubblico rilevante dell'Unione o di uno Stato membro.

3. L'interessato che ha ottenuto la limitazione del trattamento a norma del paragrafo 1 è informato dal titolare del trattamento prima che detta limitazione sia revocata.

19. Obbligo di notifica in caso di rettifica o cancellazione dei dati personali o limitazione del trattamento.

Il titolare del trattamento comunica a ciascuno dei destinatari cui sono stati trasmessi i dati personali le eventuali rettifiche o cancellazioni o limitazioni del trattamento effettuate a norma dell'articolo 16, dell'articolo 17, paragrafo 1, e dell'articolo 18, salvo che ciò si riveli impossibile o implichi uno sforzo sproporzionato. Il titolare del trattamento comunica all'interessato tali destinatari qualora l'interessato lo richieda.

20. Diritto alla portabilità dei dati.

1. L'interessato ha il diritto di ricevere in un formato strutturato, di uso comune e leggibile da dispositivo automatico i dati personali che lo riguardano forniti a un titolare del trattamento e ha il diritto di trasmettere tali dati a un altro titolare del trattamento senza impedimenti da parte del titolare del trattamento cui li ha forniti qualora:

a) il trattamento si basi sul consenso ai sensi dell'articolo 6, paragrafo 1, lettera a), o dell'articolo 9, paragrafo 2, lettera a), o su un contratto ai sensi dell'articolo 6, paragrafo 1, lettera b); e

b) il trattamento sia effettuato con mezzi automatizzati.

2. Nell'esercitare i propri diritti relativamente alla portabilità dei dati a norma del paragrafo 1, l'interessato ha il diritto di ottenere la trasmissione diretta dei dati personali da un titolare del trattamento all'altro, se tecnicamente fattibile.

3. L'esercizio del diritto di cui al paragrafo 1 del presente articolo lascia impregiudicato l'articolo 17. Tale diritto non si applica al trattamento necessario per l'esecuzione di un compito di interesse pubblico o connesso all'esercizio di pubblici poteri di cui è investito il titolare del trattamento.

4. Il diritto di cui al paragrafo 1 non deve ledere i diritti e le libertà altrui.

Sezione 4
Diritto di opposizione e processo decisionale automatizzato relativo alle persone fisiche

21. Diritto di opposizione.

1. L'interessato ha il diritto di opporsi in qualsiasi momento, per motivi connessi alla sua situazione particolare, al trattamento dei dati personali che lo riguardano ai sensi dell'articolo 6, paragrafo 1, lettere e) o f), compresa la profilazione sulla base di tali disposizioni. Il titolare del trattamento si astiene dal trattare ulteriormente i dati personali salvo che egli dimostri l'esistenza di motivi legittimi cogenti per procedere al trattamento che prevalgono sugli interessi, sui diritti e sulle libertà dell'interessato oppure per l'accertamento, l'esercizio o la difesa di un diritto in sede giudiziaria.

2. Qualora i dati personali siano trattati per finalità di marketing diretto, l'interessato ha il diritto di opporsi in qualsiasi momento al trattamento dei dati personali che lo riguardano effettuato per tali finalità, compresa la profilazione nella misura in cui sia connessa a tale marketing diretto.

3. Qualora l'interessato si opponga al trattamento per finalità di marketing diretto, i dati personali non sono più oggetto di trattamento per tali finalità.

4. Il diritto di cui ai paragrafi 1 e 2 è esplicitamente portato all'attenzione dell'interessato ed è presentato chiaramente e separatamente da qualsiasi altra informazione al più tardi al momento della prima comunicazione con l'interessato.

5. Nel contesto dell'utilizzo di servizi della società dell'informazione e fatta salva la direttiva 2002/58/CE, l'interessato può esercitare il proprio diritto di opposizione con mezzi automatizzati che utilizzano specifiche tecniche.

6. Qualora i dati personali siano trattati a fini di ricerca scientifica o storica o a fini statistici a norma dell'articolo 89, paragrafo 1, l'interessato, per motivi connessi alla sua situazione particolare, ha il diritto di opporsi al trattamento di dati personali che lo riguardano, salvo se il trattamento è necessario per l'esecuzione di un compito di interesse pubblico[(1)].

(1) Così corretto con avviso di Rettifica pubblicato in G.U.C.E. L 23.5.2018, n. 127.

22. Processo decisionale automatizzato relativo alle persone fisiche, compresa la profilazione.

1. L'interessato ha il diritto di non essere sottoposto a una decisione basata unicamente sul trattamento automatizzato, compresa la profilazione, che produca effetti giuridici che lo riguardano o che incida in modo analogo significativamente sulla sua persona.

2. Il paragrafo 1 non si applica nel caso in cui la decisione:

a) sia necessaria per la conclusione o l'esecuzione di un contratto tra l'interessato e un titolare del trattamento;
b) sia autorizzata dal diritto dell'Unione o dello Stato membro cui è soggetto il titolare del trattamento, che precisa altresì misure adeguate a tutela dei diritti, delle libertà e dei legittimi interessi dell'interessato;
c) si basi sul consenso esplicito dell'interessato.

3. Nei casi di cui al paragrafo 2, lettere a) e c), il titolare del trattamento attua misure appropriate per tutelare i diritti, le libertà e i legittimi interessi dell'interessato, almeno il diritto di ottenere l'intervento umano da parte del titolare del trattamento, di esprimere la propria opinione e di contestare la decisione.

4. Le decisioni di cui al paragrafo 2 non si basano sulle categorie particolari di dati personali di cui all'articolo 9, paragrafo 1, a meno che non sia d'applicazione l'articolo 9, paragrafo 2, lettere a) o g), e non siano in vigore misure adeguate a tutela dei diritti, delle libertà e dei legittimi interessi dell'interessato.

Sezione 5
Limitazioni

23. Limitazioni.

1. Il diritto dell'Unione o dello Stato membro cui è soggetto il titolare del trattamento o il responsabile del trattamento può limitare, mediante misure legislative, la portata degli obblighi e dei diritti di cui agli articoli da 12 a 22 e 34, nonché all'articolo 5, nella misura in cui le disposizioni ivi contenute corrispondano ai diritti e agli obblighi di cui agli articoli da 12 a 22, qualora tale limitazione rispetti l'essenza dei diritti e delle libertà fondamentali e sia una misura necessaria e proporzionata in una società democratica per salvaguardare:

a) la sicurezza nazionale;
b) la difesa;
c) la sicurezza pubblica;
d) la prevenzione, l'indagine, l'accertamento e il perseguimento di reati o l'esecuzione di sanzioni penali, incluse la salvaguardia contro e la prevenzione di minacce alla sicurezza pubblica;
e) altri importanti obiettivi di interesse pubblico generale dell'Unione o di uno Stato membro, in particolare un rilevante interesse economico o finanziario dell'Unione o di uno Stato membro, anche in materia monetaria, di bilancio e tributaria, di sanità pubblica e sicurezza sociale;
f) la salvaguardia dell'indipendenza della magistratura e dei procedimenti giudiziari;
g) le attività volte a prevenire, indagare, accertare e perseguire violazioni della deontologia delle professioni regolamentate;
h) una funzione di controllo, d'ispezione o di regolamentazione connessa, anche occasionalmente all'esercizio di pubblici poteri nei casi di cui alle lettere da a), a e) e g);
i) la tutela dell'interessato o dei diritti e delle libertà altrui;
j) l'esecuzione delle azioni civili.

2. In particolare qualsiasi misura legislativa di cui al paragrafo 1 contiene disposizioni specifiche riguardanti almeno, se del caso:

a) le finalità del trattamento o le categorie di trattamento;
b) le categorie di dati personali;
c) la portata delle limitazioni introdotte;
d) le garanzie per prevenire abusi o l'accesso o il trasferimento illeciti;
e) l'indicazione precisa del titolare del trattamento o delle categorie di titolari;
f) i periodi di conservazione e le garanzie applicabili tenuto conto della natura, dell'ambito di applicazione e delle finalità del trattamento o delle categorie di trattamento;
g) i rischi per i diritti e le libertà degli interessati; e
h) il diritto degli interessati di essere informati della limitazione, a meno che ciò possa compromettere la finalità della stessa.

Capo IV
Titolare del trattamento e responsabile del trattamento

Sezione 1
Obblighi generali

24. Responsabilità del titolare del trattamento.

1. Tenuto conto della natura, dell'ambito di applicazione, del contesto e delle finalità del trattamento, nonché dei rischi aventi probabilità e gravità diverse per i diritti e le libertà delle persone fisiche, il titolare del trattamento mette in atto misure tecniche e organizzative adeguate per garantire, ed essere in grado di dimostrare, che il trattamento è effettuato conformemente al presente regolamento. Dette misure sono riesaminate e aggiornate qualora necessario.

2. Se ciò è proporzionato rispetto alle attività di trattamento, le misure di cui al paragrafo 1 includono l'attuazione di politiche adeguate in materia di protezione dei dati da parte del titolare del trattamento.

3. L'adesione ai codici di condotta di cui all'articolo 40 o a un meccanismo di certificazione di cui all'articolo 42 può essere utilizzata come elemento per dimostrare il rispetto degli obblighi del titolare del trattamento.

25. Protezione dei dati fin dalla progettazione e protezione dei dati per impostazione predefinita [1].

1. Tenendo conto dello stato dell'arte e dei costi di attuazione, nonché della natura, dell'ambito di applicazione, del contesto e delle finalità del trattamento, come anche dei rischi aventi probabilità e gravità diverse per i diritti e le libertà delle persone fisiche costituiti dal trattamento, sia al momento di determinare i mezzi del trattamento sia all'atto del trattamento stesso il titolare del trattamento mette in atto misure tecniche e organizzative adeguate, quali la pseudonimizzazione, volte ad attuare in modo efficace i principi di protezione dei dati, quali la minimizzazione, e a integrare nel trattamento le necessarie garanzie al fine di soddisfare i requisiti del presente regolamento e tutelare i diritti degli interessati.

2. Il titolare del trattamento mette in atto misure tecniche e organizzative adeguate per garantire che siano trattati, per impostazione predefinita, solo i dati personali necessari per ogni specifica finalità del trattamento. Tale obbligo vale per la quantità dei dati personali raccolti, la portata del trattamento, il periodo di conservazione e l'accessibilità. In particolare, dette misure garantiscono che, per impostazione predefinita, non siano resi accessibili dati personali a un numero indefinito di persone fisiche senza l'intervento della persona fisica.

3. Un meccanismo di certificazione approvato ai sensi dell'articolo 42 può essere utilizzato come elemento per dimostrare la conformità ai requisiti di cui ai paragrafi 1 e 2 del presente articolo.

(1) Così corretto con avviso di Rettifica pubblicato in G.U.C.E. L 23.5.2018, n. 127.

26. Contitolari del trattamento.

1. Allorché due o più titolari del trattamento determinano congiuntamente le finalità e i mezzi del trattamento, essi sono contitolari del trattamento. Essi determinano in modo trasparente, mediante un accordo interno, le rispettive responsabilità in merito all'osservanza degli obblighi derivanti dal presente regolamento, con particolare riguardo all'esercizio dei diritti dell'interessato, e le rispettive funzioni di comunicazione delle informazioni di cui agli articoli 13 e 14, a meno che e nella misura in cui le rispettive responsabilità siano determinate dal diritto dell'Unione o dello Stato membro cui i titolari del trattamento sono soggetti. Tale accordo può designare un punto di contatto per gli interessati.

2. L'accordo di cui al paragrafo 1 riflette adeguatamente i rispettivi ruoli e i rapporti dei contitolari con gli interessati. Il contenuto essenziale dell'accordo è messo a disposizione dell'interessato.

3. Indipendentemente dalle disposizioni dell'accordo di cui al paragrafo 1, l'interessato può esercitare i propri diritti ai sensi del presente regolamento nei confronti di e contro ciascun titolare del trattamento.

27. Rappresentanti di titolari del trattamento o dei responsabili del trattamento non stabiliti nell'Unione.

1. Ove si applichi l'articolo 3, paragrafo 2, il titolare del trattamento o il responsabile del trattamento designa per iscritto un rappresentante nell'Unione.

2. L'obbligo di cui al paragrafo 1 del presente articolo non si applica:

a) al trattamento se quest'ultimo è occasionale, non include il trattamento, su larga scala, di categorie particolari di dati di cui all'articolo 9, paragrafo 1, o di dati personali relativi a condanne penali e a reati di cui all'articolo 10, ed è improbabile che presenti un rischio per i diritti e le libertà delle persone fisiche, tenuto conto della natura, del contesto, dell'ambito di applicazione e delle finalità del trattamento; oppure

b) alle autorità pubbliche o agli organismi pubblici.

3. Il rappresentante è stabilito in uno degli Stati membri in cui si trovano gli interessati e i cui dati personali sono trattati nell'ambito dell'offerta di beni o servizi o il cui comportamento è monitorato.

4. Ai fini della conformità con il presente regolamento, il rappresentante è incaricato dal titolare del trattamento o dal responsabile del trattamento a fungere da interlocutore, in aggiunta o in sostituzione del titolare del trattamento o del responsabile del trattamento, in particolare delle autorità di controllo e degli interessati, per tutte le questioni riguardanti il trattamento.

5. La designazione di un rappresentante a cura del titolare del trattamento o del responsabile del trattamento fa salve le azioni legali che potrebbero essere promosse contro lo stesso titolare del trattamento o responsabile del trattamento.

28. Responsabile del trattamento.

1. Qualora un trattamento debba essere effettuato per conto del titolare del trattamento, quest'ultimo ricorre unicamente a responsabili del trattamento che presentino garanzie sufficienti per mettere in atto misure tecniche e organizzative adeguate in modo tale che il trattamento soddisfi i requisiti del presente regolamento e garantisca la tutela dei diritti dell'interessato.

2. Il responsabile del trattamento non ricorre a un altro responsabile senza previa autorizzazione scritta, specifica o generale, del titolare del trattamento. Nel caso di autorizzazione scritta generale, il responsabile del trattamento informa il titolare del trattamento di eventuali modifiche previste riguardanti l'aggiunta o la sostituzione di altri responsabili del trattamento, dando così al titolare del trattamento l'opportunità di opporsi a tali modifiche.

3. I trattamenti da parte di un responsabile del trattamento sono disciplinati da un contratto o da altro atto giuridico a norma del diritto dell'Unione o degli Stati membri, che vincoli il responsabile del trattamento al titolare del trattamento e che stipuli la materia disciplinata e la durata del trattamento, la natura e la finalità del trattamento, il tipo di dati personali e le categorie di interessati, gli obblighi e i diritti del titolare del trattamento. Il contratto o altro atto giuridico prevede, in particolare, che il responsabile del trattamento:

a) tratti i dati personali soltanto su istruzione documentata del titolare del trattamento, anche in caso di trasferimento di dati personali verso un paese terzo o un'organizzazione internazionale, salvo che lo richieda il diritto dell'Unione o nazionale cui è soggetto il responsabile del trattamento; in tal caso, il responsabile del trattamento informa il titolare del trattamento circa tale obbligo giuridico prima del trattamento, a meno che il diritto vieti tale informazione per rilevanti motivi di interesse pubblico;
b) garantisca che le persone autorizzate al trattamento dei dati personali si siano impegnate alla riservatezza o abbiano un adeguato obbligo legale di riservatezza;
c) adotti tutte le misure richieste ai sensi dell'articolo 32;
d) rispetti le condizioni di cui ai paragrafi 2 e 4 per ricorrere a un altro responsabile del trattamento;
e) tenendo conto della natura del trattamento, assista il titolare del trattamento con misure tecniche e organizzative adeguate, nella misura in cui ciò sia possibile, al fine di soddisfare l'obbligo del titolare del trattamento di dare seguito alle richieste per l'esercizio dei diritti dell'interessato di cui al capo III;
f) assista il titolare del trattamento nel garantire il rispetto degli obblighi di cui agli articoli da 32 a 36, tenendo conto della natura del trattamento e delle informazioni a disposizione del responsabile del trattamento;
g) su scelta del titolare del trattamento, cancelli o gli restituisca tutti i dati personali dopo che è terminata la prestazione dei servizi relativi al trattamento e cancelli le copie esistenti, salvo che il diritto dell'Unione o degli Stati membri preveda la conservazione dei dati; e
h) metta a disposizione del titolare del trattamento tutte le informazioni necessarie per dimostrare il rispetto degli obblighi di cui al presente articolo e consenta e contribuisca alle attività di revisione, comprese le ispezioni, realizzati dal titolare del trattamento o da un altro soggetto da questi incaricato.

Con riguardo alla lettera h) del primo comma, il responsabile del trattamento informa immediatamente il titolare del trattamento qualora, a suo parere, un'istruzione violi il presente regolamento o altre disposizioni, nazionali o dell'Unione, relative alla protezione dei dati.

4. Quando un responsabile del trattamento ricorre a un altro responsabile del trattamento per l'esecuzione di specifiche attività di trattamento per conto del titolare del trattamento, su tale altro responsabile del trattamento sono imposti, mediante un contratto o un altro atto giuridico a norma del diritto dell'Unione o degli Stati membri, gli stessi obblighi in materia di protezione dei dati contenuti nel contratto o in altro atto giuridico tra il titolare del trattamento e il responsabile del trattamento di cui al paragrafo 3, prevedendo in particolare garanzie sufficienti per mettere in atto misure tecniche e organizzative adeguate in modo tale che il trattamento soddisfi i requisiti del presente regolamento. Qualora l'altro responsabile del trattamento ometta di adempiere ai propri obblighi in materia di protezione dei dati, il responsabile iniziale conserva nei confronti del titolare del trattamento l'intera responsabilità dell'adempimento degli obblighi dell'altro responsabile.

5. L'adesione da parte del responsabile del trattamento a un codice di condotta approvato di cui all'articolo 40 o a un meccanismo di certificazione approvato di cui all'articolo 42 può essere utilizzata come elemento per dimostrare le garanzie sufficienti di cui ai paragrafi 1 e 4 del presente articolo.

6. Fatto salvo un contratto individuale tra il titolare del trattamento e il responsabile del trattamento, il contratto o altro atto giuridico di cui ai paragrafi 3 e 4 del presente articolo può basarsi, in tutto o in parte, su clausole contrattuali tipo di cui ai paragrafi 7 e 8 del presente articolo, anche laddove siano parte di una certificazione concessa al titolare del trattamento o al responsabile del trattamento ai sensi degli articoli 42 e 43.

7. La Commissione può stabilire clausole contrattuali tipo per le materie di cui ai paragrafi 3 e 4 del presente articolo e secondo la procedura d'esame di cui all'articolo 93, paragrafo 2.

8. Un'autorità di controllo può adottare clausole contrattuali tipo per le materie di cui ai paragrafi 3 e 4 del presente articolo in conformità del meccanismo di coerenza di cui all'articolo 63.

9. Il contratto o altro atto giuridico di cui ai paragrafi 3 e 4 è stipulato in forma scritta, anche in formato elettronico.

10. Fatti salvi gli articoli 82, 83 e 84, se un responsabile del trattamento viola il presente regolamento, determinando le finalità e i mezzi del trattamento, è considerato un titolare del trattamento in questione.

29. Trattamento sotto l'autorità del titolare del trattamento o del responsabile del trattamento.

Il responsabile del trattamento, o chiunque agisca sotto la sua autorità o sotto quella del titolare del trattamento, che abbia accesso a dati personali non può trattare tali dati se non è istruito in tal senso dal titolare del trattamento, salvo che lo richieda il diritto dell'Unione o degli Stati membri.

30. Registri delle attività di trattamento.

1. Ogni titolare del trattamento e, ove applicabile, il suo rappresentante tengono un registro delle attività di trattamento svolte sotto la propria responsabilità. Tale registro contiene tutte le seguenti informazioni:

a) il nome e i dati di contatto del titolare del trattamento e, ove applicabile, del contitolare del trattamento, del rappresentante del titolare del trattamento e del responsabile della protezione dei dati;

b) le finalità del trattamento;
c) una descrizione delle categorie di interessati e delle categorie di dati personali;
d) le categorie di destinatari a cui i dati personali sono stati o saranno comunicati, compresi i destinatari di paesi terzi od organizzazioni internazionali;
e) ove applicabile, i trasferimenti di dati personali verso un paese terzo o un'organizzazione internazionale, compresa l'identificazione del paese terzo o dell'organizzazione internazionale e, per i trasferimenti di cui al secondo comma dell'articolo 49, la documentazione delle garanzie adeguate;
f) ove possibile, i termini ultimi previsti per la cancellazione delle diverse categorie di dati;
g) ove possibile, una descrizione generale delle misure di sicurezza tecniche e organizzative di cui all'articolo 32, paragrafo 1.

2. Ogni responsabile del trattamento e, ove applicabile, il suo rappresentante tengono un registro di tutte le categorie di attività relative al trattamento svolte per conto di un titolare del trattamento, contenente:
a) il nome e i dati di contatto del responsabile o dei responsabili del trattamento, di ogni titolare del trattamento per conto del quale agisce il responsabile del trattamento, del rappresentante del titolare del trattamento o del responsabile del trattamento e, ove applicabile, del responsabile della protezione dei dati;
b) le categorie dei trattamenti effettuati per conto di ogni titolare del trattamento;
c) ove applicabile, i trasferimenti di dati personali verso un paese terzo o un'organizzazione internazionale, compresa l'identificazione del paese terzo o dell'organizzazione internazionale e, per i trasferimenti di cui al secondo comma dell'articolo 49, la documentazione delle garanzie adeguate;
d) ove possibile, una descrizione generale delle misure di sicurezza tecniche e organizzative di cui all'articolo 32, paragrafo 1.

3. I registri di cui ai paragrafi 1 e 2 sono tenuti in forma scritta, anche in formato elettronico.

4. Su richiesta, il titolare del trattamento o il responsabile del trattamento e, ove applicabile, il rappresentante del titolare del trattamento o del responsabile del trattamento mettono il registro a disposizione dell'autorità di controllo.

5. Gli obblighi di cui ai paragrafi 1 e 2 non si applicano alle imprese o organizzazioni con meno di 250 dipendenti, a meno che il trattamento che esse effettuano possa presentare un rischio per i diritti e le libertà dell'interessato, il trattamento non sia occasionale o includa il trattamento di categorie particolari di dati di cui all'articolo 9, paragrafo 1, o i dati personali relativi a condanne penali e a reati di cui all'articolo 10.

31. Cooperazione con l'autorità di controllo.
Il titolare del trattamento, il responsabile del trattamento e, ove applicabile, il loro rappresentante cooperano, su richiesta, con l'autorità di controllo nell'esecuzione dei suoi compiti.

Sezione 2
Sicurezza dei dati personali

32. Sicurezza del trattamento.
1. Tenendo conto dello stato dell'arte e dei costi di attuazione, nonché della natura, dell'oggetto, del contesto e delle finalità del trattamento, come anche del rischio di varia probabilità e gravità per i diritti e le libertà delle persone fisiche, il titolare del trattamento e il responsabile del trattamento mettono in atto misure tecniche e organizzative adeguate per garantire un livello di sicurezza adeguato al rischio, che comprendono, tra le altre, se del caso:
a) la pseudonimizzazione e la cifratura dei dati personali;
b) la capacità di assicurare su base permanente la riservatezza, l'integrità, la disponibilità e la resilienza dei sistemi e dei servizi di trattamento;
c) la capacità di ripristinare tempestivamente la disponibilità e l'accesso dei dati personali in caso di incidente fisico o tecnico;
d) una procedura per testare, verificare e valutare regolarmente l'efficacia delle misure tecniche e organizzative al fine di garantire la sicurezza del trattamento.

2. Nel valutare l'adeguato livello di sicurezza, si tiene conto in special modo dei rischi presentati dal trattamento che derivano in particolare dalla distruzione, dalla perdita, dalla modifica, dalla divulgazione non autorizzata o dall'accesso, in modo accidentale o illegale, a dati personali trasmessi, conservati o comunque trattati.

3. L'adesione a un codice di condotta approvato di cui all'articolo 40 o a un meccanismo di certificazione approvato di cui all'articolo 42 può essere utilizzata come elemento per dimostrare la conformità ai requisiti di cui al paragrafo 1 del presente articolo.

4. Il titolare del trattamento e il responsabile del trattamento fanno sì che chiunque agisca sotto la loro autorità e abbia accesso a dati personali non tratti tali dati se non è istruito in tal senso dal titolare del trattamento, salvo che lo richieda il diritto dell'Unione o degli Stati membri.

33. Notifica di una violazione dei dati personali all'autorità di controllo.
1. In caso di violazione dei dati personali, il titolare del trattamento notifica la violazione all'autorità di controllo competente a norma dell'articolo 55 senza ingiustificato ritardo e, ove possibile, entro 72 ore dal momento in cui ne è venuto a conoscenza, a meno che sia improbabile che la violazione dei dati personali presenti un rischio per i diritti e le libertà delle persone fisiche. Qualora la notifica all'autorità di controllo

non sia effettuata entro 72 ore, è corredata dei motivi del ritardo.

2. Il responsabile del trattamento informa il titolare del trattamento senza ingiustificato ritardo dopo essere venuto a conoscenza della violazione.

3. La notifica di cui al paragrafo 1 deve almeno:

a) descrivere la natura della violazione dei dati personali compresi, ove possibile, le categorie e il numero approssimativo di interessati in questione nonché le categorie e il numero approssimativo di registrazioni dei dati personali in questione;

b) comunicare il nome e i dati di contatto del responsabile della protezione dei dati o di altro punto di contatto presso cui ottenere più informazioni;

c) descrivere le probabili conseguenze della violazione dei dati personali;

d) descrivere le misure adottate o di cui si propone l'adozione da parte del titolare del trattamento per porre rimedio alla violazione dei dati personali e anche, se del caso, per attenuarne i possibili effetti negativi.

4. Qualora e nella misura in cui non sia possibile fornire le informazioni contestualmente, le informazioni possono essere fornite in fasi successive senza ulteriore ingiustificato ritardo.

5. Il titolare del trattamento documenta qualsiasi violazione dei dati personali, comprese le circostanze a essa relative, le sue conseguenze e i provvedimenti adottati per porvi rimedio. Tale documentazione consente all'autorità di controllo di verificare il rispetto del presente articolo.

34. Comunicazione di una violazione dei dati personali all'interessato.

1. Quando la violazione dei dati personali è suscettibile di presentare un rischio elevato per i diritti e le libertà delle persone fisiche, il titolare del trattamento comunica la violazione all'interessato senza ingiustificato ritardo.

2. La comunicazione all'interessato di cui al paragrafo 1 del presente articolo descrive con un linguaggio semplice e chiaro la natura della violazione dei dati personali e contiene almeno le informazioni e le misure di cui all'articolo 33, paragrafo 3, lettere b), c) e d).

3. Non è richiesta la comunicazione all'interessato di cui al paragrafo 1 se è soddisfatta una delle seguenti condizioni:

a) il titolare del trattamento ha messo in atto le misure tecniche e organizzative adeguate di protezione e tali misure erano state applicate ai dati personali oggetto della violazione, in particolare quelle destinate a rendere i dati personali incomprensibili a chiunque non sia autorizzato ad accedervi, quali la cifratura;

b) il titolare del trattamento ha successivamente adottato misure atte a scongiurare il sopraggiungere di un rischio elevato per i diritti e le libertà degli interessati di cui al paragrafo 1;

c) detta comunicazione richiederebbe sforzi sproporzionati. In tal caso, si procede invece a una comunicazione pubblica o a una misura simile, tramite la quale gli interessati sono informati con analoga efficacia.

4. Nel caso in cui il titolare del trattamento non abbia ancora comunicato all'interessato la violazione dei dati personali, l'autorità di controllo può richiedere, dopo aver valutato la probabilità che la violazione dei dati personali presenti un rischio elevato, che vi provveda o può decidere che una delle condizioni di cui al paragrafo 3 è soddisfatta.

Sezione 3
Valutazione d'impatto sulla protezione dei dati e consultazione preventiva

35. Valutazione d'impatto sulla protezione dei dati.

1. Quando un tipo di trattamento, allorché prevede in particolare l'uso di nuove tecnologie, considerati la natura, l'oggetto, il contesto e le finalità del trattamento, può presentare un rischio elevato per i diritti e le libertà delle persone fisiche, il titolare del trattamento effettua, prima di procedere al trattamento, una valutazione dell'impatto dei trattamenti previsti sulla protezione dei dati personali. Una singola valutazione può esaminare un insieme di trattamenti simili che presentano rischi elevati analoghi.

2. Il titolare del trattamento, allorquando svolge una valutazione d'impatto sulla protezione dei dati, si consulta con il responsabile della protezione dei dati, qualora ne sia designato uno.

3. La valutazione d'impatto sulla protezione dei dati di cui al paragrafo 1 è richiesta in particolare nei casi seguenti:

a) una valutazione sistematica e globale di aspetti personali relativi a persone fisiche, basata su un trattamento automatizzato, compresa la profilazione, e sulla quale si fondano decisioni che hanno effetti giuridici o incidono in modo analogo significativamente su dette persone fisiche;

b) il trattamento, su larga scala, di categorie particolari di dati personali di cui all'articolo 9, paragrafo 1, o di dati relativi a condanne penali e a reati di cui all'articolo 10; o

c) la sorveglianza sistematica su larga scala di una zona accessibile al pubblico.

4. L'autorità di controllo redige e rende pubblico un elenco delle tipologie di trattamenti soggetti al requisito di una valutazione d'impatto sulla protezione dei dati ai sensi del paragrafo 1. L'autorità di controllo comunica tali elenchi al comitato di cui all'articolo 68.

5. L'autorità di controllo può inoltre redigere e rendere pubblico un elenco delle tipologie di trattamenti per le quali non è richiesta una valutazione d'impatto sulla protezione dei dati. L'autorità di controllo comunica tali elenchi al comitato.

6. Prima di adottare gli elenchi di cui ai paragrafi 4 e

5, l'autorità di controllo competente applica il meccanismo di coerenza di cui all'articolo 63 se tali elenchi comprendono attività di trattamento finalizzate all'offerta di beni o servizi a interessati o al monitoraggio del loro comportamento in più Stati membri, o attività di trattamento che possono incidere significativamente sulla libera circolazione dei dati personali all'interno dell'Unione.

7. La valutazione contiene almeno:

a) una descrizione sistematica dei trattamenti previsti e delle finalità del trattamento, compreso, ove applicabile, l'interesse legittimo perseguito dal titolare del trattamento;
b) una valutazione della necessità e proporzionalità dei trattamenti in relazione alle finalità;
c) una valutazione dei rischi per i diritti e le libertà degli interessati di cui al paragrafo 1; e
d) le misure previste per affrontare i rischi, includendo le garanzie, le misure di sicurezza e i meccanismi per garantire la protezione dei dati personali e dimostrare la conformità al presente regolamento, tenuto conto dei diritti e degli interessi legittimi degli interessati e delle altre persone in questione.

8. Nel valutare l'impatto del trattamento effettuato dai relativi titolari o responsabili è tenuto in debito conto il rispetto da parte di questi ultimi dei codici di condotta approvati di cui all'articolo 40, in particolare ai fini di una valutazione d'impatto sulla protezione dei dati.

9. Se del caso, il titolare del trattamento raccoglie le opinioni degli interessati o dei loro rappresentanti sul trattamento previsto, fatta salva la tutela degli interessi commerciali o pubblici o la sicurezza dei trattamenti.

10. Qualora il trattamento effettuato ai sensi dell'articolo 6, paragrafo 1, lettere c) o e), trovi nel diritto dell'Unione o nel diritto dello Stato membro cui il titolare del trattamento è soggetto una base giuridica, tale diritto disciplini il trattamento specifico o l'insieme di trattamenti in questione, e sia già stata effettuata una valutazione d'impatto sulla protezione dei dati nell'ambito di una valutazione d'impatto generale nel contesto dell'adozione di tale base giuridica, i paragrafi da 1 a 7 non si applicano, salvo che gli Stati membri ritengano necessario effettuare tale valutazione prima di procedere alle attività di trattamento.

11. Se necessario, il titolare del trattamento procede a un riesame per valutare se il trattamento dei dati personali sia effettuato conformemente alla valutazione d'impatto sulla protezione dei dati almeno quando insorgono variazioni del rischio rappresentato dalle attività relative al trattamento.

36. Consultazione preventiva.

1. Il titolare del trattamento, prima di procedere al trattamento, consulta l'autorità di controllo qualora la valutazione d'impatto sulla protezione dei dati a norma dell'articolo 35 indichi che il trattamento presenterebbe un rischio elevato in assenza di misure adottate dal titolare del trattamento per attenuare il rischio.

2. Se ritiene che il trattamento previsto di cui al paragrafo 1 violi il presente regolamento, in particolare qualora il titolare del trattamento non abbia identificato o attenuato sufficientemente il rischio, l'autorità di controllo fornisce, entro un termine di otto settimane dal ricevimento della richiesta di consultazione, un parere scritto al titolare del trattamento e, ove applicabile, al responsabile del trattamento e può avvalersi dei poteri di cui all'articolo 58. Tale periodo può essere prorogato di sei settimane, tenendo conto della complessità del trattamento previsto. L'autorità di controllo informa il titolare del trattamento e, ove applicabile, il responsabile del trattamento di tale proroga, unitamente ai motivi del ritardo, entro un mese dal ricevimento della richiesta di consultazione. La decorrenza dei termini può essere sospesa fino all'ottenimento da parte dell'autorità di controllo delle informazioni richieste ai fini della consultazione.

3. Al momento di consultare l'autorità di controllo ai sensi del paragrafo 1, il titolare del trattamento comunica all'autorità di controllo:

a) ove applicabile, le rispettive responsabilità del titolare del trattamento, dei contitolari del trattamento e dei responsabili del trattamento, in particolare relativamente al trattamento nell'ambito di un gruppo imprenditoriale;
b) le finalità e i mezzi del trattamento previsto;
c) le misure e le garanzie previste per proteggere i diritti e le libertà degli interessati a norma del presente regolamento;
d) ove applicabile, i dati di contatto del responsabile della protezione dei dati; (1)
e) la valutazione d'impatto sulla protezione dei dati di cui all'articolo 35; e (2)
f) ogni altra informazione richiesta dall'autorità di controllo.

4. Gli Stati membri consultano l'autorità di controllo durante l'elaborazione di una proposta di atto legislativo che deve essere adottato dai parlamenti nazionali o di misura regolamentare basata su detto atto legislativo relativamente al trattamento.

5. Nonostante il paragrafo 1, il diritto degli Stati membri può prescrivere che i titolari del trattamento consultino l'autorità di controllo, e ne ottengano l'autorizzazione preliminare, in relazione al trattamento da parte di un titolare del trattamento per l'esecuzione, da parte di questi, di un compito di interesse pubblico, tra cui il trattamento con riguardo alla protezione sociale e alla sanità pubblica.

(1) Così corretto con avviso di Rettifica pubblicato in G.U.C.E. L 23.5.2018, n. 127.
(2) Così corretto con avviso di Rettifica pubblicato in G.U.C.E. L 23.5.2018, n. 127.

Sezione 4
Responsabile della protezione dei dati

37. Designazione del responsabile della protezione dei dati.

1. Il titolare del trattamento e il responsabile del

trattamento designano sistematicamente un responsabile della protezione dei dati ogniqualvolta:

a) il trattamento è effettuato da un'autorità pubblica o da un organismo pubblico, eccettuate le autorità giurisdizionali quando esercitano le loro funzioni giurisdizionali;
b) le attività principali del titolare del trattamento o del responsabile del trattamento consistono in trattamenti che, per loro natura, ambito di applicazione e/o finalità, richiedono il monitoraggio regolare e sistematico degli interessati su larga scala; oppure
c) le attività principali del titolare del trattamento o del responsabile del trattamento consistono nel trattamento, su larga scala, di categorie particolari di dati personali di cui all'articolo 9 o di dati relativi a condanne penali e a reati di cui all'articolo 10.

2. Un gruppo imprenditoriale può nominare un unico responsabile della protezione dei dati, a condizione che un responsabile della protezione dei dati sia facilmente raggiungibile da ciascuno stabilimento.

3. Qualora il titolare del trattamento o il responsabile del trattamento sia un'autorità pubblica o un organismo pubblico, un unico responsabile della protezione dei dati può essere designato per più autorità pubbliche o organismi pubblici, tenuto conto della loro struttura organizzativa e dimensione.

4. Nei casi diversi da quelli di cui al paragrafo 1, il titolare del trattamento, il responsabile del trattamento o le associazioni e gli altri organismi rappresentanti le categorie di titolari del trattamento o di responsabili del trattamento possono o, se previsto dal diritto dell'Unione o degli Stati membri, devono designare un responsabile della protezione dei dati. Il responsabile della protezione dei dati può agire per dette associazioni e altri organismi rappresentanti i titolari del trattamento o i responsabili del trattamento [(1)].

5. Il responsabile della protezione dei dati è designato in funzione delle qualità professionali, in particolare della conoscenza specialistica della normativa e delle prassi in materia di protezione dei dati, e della capacità di assolvere i compiti di cui all'articolo 39.

6. Il responsabile della protezione dei dati può essere un dipendente del titolare del trattamento o del responsabile del trattamento oppure assolvere i suoi compiti in base a un contratto di servizi.

7. Il titolare del trattamento o il responsabile del trattamento pubblica i dati di contatto del responsabile della protezione dei dati e li comunica all'autorità di controllo.

(1) Così corretto con avviso di Rettifica pubblicato in G.U.C.E. L 23.5.2018, n. 127.

38. Posizione del responsabile della protezione dei dati.

1. Il titolare del trattamento e il responsabile del trattamento si assicurano che il responsabile della protezione dei dati sia tempestivamente e adeguatamente coinvolto in tutte le questioni riguardanti la protezione dei dati personali.

2. Il titolare e del trattamento e il responsabile del trattamento sostengono il responsabile della protezione dei dati nell'esecuzione dei compiti di cui all'articolo 39 fornendogli le risorse necessarie per assolvere tali compiti e accedere ai dati personali e ai trattamenti e per mantenere la propria conoscenza specialistica.

3. Il titolare del trattamento e il responsabile del trattamento si assicurano che il responsabile della protezione dei dati non riceva alcuna istruzione per quanto riguarda l'esecuzione di tali compiti. Il responsabile della protezione dei dati non è rimosso o penalizzato dal titolare del trattamento o dal responsabile del trattamento per l'adempimento dei propri compiti Il responsabile della protezione dei dati riferisce direttamente al vertice gerarchico del titolare del trattamento o del responsabile del trattamento.

4 Gli interessati possono contattare il responsabile della protezione dei dati per tutte le questioni relative al trattamento dei loro dati personali e all'esercizio dei loro diritti derivanti dal presente regolamento.

5. Il responsabile della protezione dei dati è tenuto al segreto o alla riservatezza in merito all'adempimento dei propri compiti, in conformità del diritto dell'Unione o degli Stati membri.

6. Il responsabile della protezione dei dati può svolgere altri compiti e funzioni. Il titolare del trattamento o il responsabile del trattamento si assicura che tali compiti e funzioni non diano adito a un conflitto di interessi.

39. Compiti del responsabile della protezione dei dati.

1. Il responsabile della protezione dei dati è incaricato almeno dei seguenti compiti:

a) informare e fornire consulenza al titolare del trattamento o al responsabile del trattamento nonché ai dipendenti che eseguono il trattamento in merito agli obblighi derivanti dal presente regolamento nonché da altre disposizioni dell'Unione o degli Stati membri relative alla protezione dei dati;
b) sorvegliare l'osservanza del presente regolamento, di altre disposizioni dell'Unione o degli Stati membri relative alla protezione dei dati nonché delle politiche del titolare del trattamento o del responsabile del trattamento in materia di protezione dei dati personali, compresi l'attribuzione delle responsabilità, la sensibilizzazione e la formazione del personale che partecipa ai trattamenti e alle connesse attività di controllo;
c) fornire, se richiesto, un parere in merito alla valutazione d'impatto sulla protezione dei dati e sorvegliarne lo svolgimento ai sensi dell'articolo 35;
d) cooperare con l'autorità di controllo; e
e) fungere da punto di contatto per l'autorità di controllo per questioni connesse al trattamento, tra cui la consultazione preventiva di cui all'articolo 36, ed

effettuare, se del caso, consultazioni relativamente a qualunque altra questione.

2. Nell'eseguire i propri compiti il responsabile della protezione dei dati considera debitamente i rischi inerenti al trattamento, tenuto conto della natura, dell'ambito di applicazione, del contesto e delle finalità del medesimo.

Sezione 5
Codici di condotta e certificazione

40. Codici di condotta.

1. Gli Stati membri, le autorità di controllo, il comitato e la Commissione incoraggiano l'elaborazione di codici di condotta destinati a contribuire alla corretta applicazione del presente regolamento, in funzione delle specificità dei vari settori di trattamento e delle esigenze specifiche delle micro, piccole e medie imprese.

2. Le associazioni e gli altri organismi rappresentanti le categorie di titolari del trattamento o responsabili del trattamento possono elaborare i codici di condotta, modificarli o prorogarli, allo scopo di precisare l'applicazione del presente regolamento, ad esempio relativamente a:

a) il trattamento corretto e trasparente dei dati;
b) i legittimi interessi perseguiti dai titolari del trattamento in contesti specifici [(1)];
c) la raccolta dei dati personali;
d) la pseudonimizzazione dei dati personali;
e) l'informazione fornita al pubblico e agli interessati;
f) l'esercizio dei diritti degli interessati;
g) l'informazione fornita e la protezione del minore e le modalità con cui è ottenuto il consenso dei titolari della responsabilità genitoriale sul minore;
h) le misure e le procedure di cui agli articoli 24 e 25 e le misure volte a garantire la sicurezza del trattamento di cui all'articolo 32;
i) la notifica di una violazione dei dati personali alle autorità di controllo e la comunicazione di tali violazioni dei dati personali all'interessato;
j) il trasferimento di dati personali verso paesi terzi o organizzazioni internazionali; o
k) le procedure stragiudiziali e di altro tipo per comporre le controversie tra titolari del trattamento e interessati in materia di trattamento, fatti salvi i diritti degli interessati ai sensi degli articoli 77 e 79.

3. Oltre all'adesione ai codici di condotta approvati ai sensi del paragrafo 5 del presente articolo e aventi validità generale a norma del paragrafo 9 del presente articolo da parte di titolari o responsabili soggetti al presente regolamento, possono aderire a tali codici di condotta anche i titolari del trattamento o i responsabili del trattamento che non sono soggetti al presente regolamento ai sensi dell'articolo 3, al fine di fornire adeguate garanzie nel quadro dei trasferimenti di dati personali verso paesi terzi o organizzazioni internazionali alle condizioni di cui all'articolo 46, paragrafo 2, lettera e). Detti titolari del trattamento o responsabili del trattamento assumono l'impegno vincolante e azionabile, mediante strumenti contrattuali o di altro tipo giuridicamente vincolanti, di applicare le stesse adeguate garanzie anche per quanto riguarda i diritti degli interessati.

4. Il codice di condotta di cui al paragrafo 2 del presente articolo contiene i meccanismi che consentono all'organismo di cui all'articolo 41, paragrafo 1, di effettuare il controllo obbligatorio del rispetto delle norme del codice da parte dei titolari del trattamento o dei responsabili del trattamento che si impegnano ad applicarlo, fatti salvi i compiti e i poteri delle autorità di controllo competenti ai sensi degli articoli 55 o 56.

5. Le associazioni e gli altri organismi di cui al paragrafo 2 del presente articolo che intendono elaborare un codice di condotta o modificare o prorogare un codice esistente sottopongono il progetto di codice, la modifica o la proroga all'autorità di controllo competente ai sensi dell'articolo 55. L'autorità di controllo esprime un parere sulla conformità al presente regolamento del progetto di codice, della modifica o della proroga e approva tale progetto, modifica o proroga, se ritiene che offra in misura sufficiente garanzie adeguate.

6. Qualora il progetto di codice, la modifica o la proroga siano approvati ai sensi dell'articolo 55, e se il codice di condotta in questione non si riferisce alle attività di trattamento in vari Stati membri, l'autorità di controllo registra e pubblica il codice.

7. Qualora il progetto di codice di condotta si riferisca alle attività di trattamento in vari Stati membri, prima di approvare il progetto, la modifica o la proroga, l'autorità di controllo che è competente ai sensi dell'articolo 55 lo sottopone, tramite la procedura di cui all'articolo 63, al comitato, il quale formula un parere sulla conformità al presente regolamento del progetto di codice, della modifica o della proroga o, nel caso di cui al paragrafo 3 del presente articolo, sulla previsione di adeguate garanzie.

8. Qualora il parere di cui al paragrafo 7 confermi che il progetto di codice di condotta, la modifica o la proroga è conforme al presente regolamento o, nel caso di cui al paragrafo 3, fornisce adeguate garanzie, il comitato trasmette il suo parere alla Commissione.

9. La Commissione può decidere, mediante atti di esecuzione, che il codice di condotta, la modifica o la proroga approvati, che le sono stati sottoposti ai sensi del paragrafo 8 del presente articolo, hanno validità generale all'interno dell'Unione. Tali atti di esecuzione sono adottati secondo la procedura d'esame di cui all'articolo 93, paragrafo 2.

10. La Commissione provvede a dare un'adeguata pubblicità dei codici approvati per i quali è stata decisa la validità generale ai sensi del paragrafo 9.

11. Il comitato raccoglie in un registro tutti i codici di condotta, le modifiche e le proroghe approvati e li rende pubblici mediante mezzi appropriati.

(1) Così corretto con avviso di Rettifica pubblicato in G.U.C.E. L 23.5.2018, n. 127.

41. Controllo dei codici di condotta approvati [1].

1. Fatti salvi i compiti e i poteri dell'autorità di controllo competente di cui agli articoli 57 e 58, il controllo della conformità con un codice di condotta ai sensi dell'articolo 40 può essere effettuato da un organismo in possesso del livello adeguato di competenze riguardo al contenuto del codice e del necessario accreditamento a tal fine dell'autorità di controllo competente.

2. L'organismo di cui al paragrafo 1 può essere accreditato a controllare l'osservanza di un codice di condotta se esso ha [2]:

a) dimostrato in modo convincente all'autorità di controllo competente di essere indipendente e competente riguardo al contenuto del codice;

b) istituito procedure che gli consentono di valutare l'ammissibilità dei titolari del trattamento e dei responsabili del trattamento in questione ad applicare il codice, di controllare che detti titolari e responsabili ne rispettino le disposizioni e di riesaminarne periodicamente il funzionamento;

c) istituito procedure e strutture atte a gestire i reclami relativi a violazioni del codice o il modo in cui il codice è stato o è attuato da un titolare del trattamento o un responsabile del trattamento e a rendere dette procedure e strutture trasparenti per gli interessati e il pubblico; e

d) dimostrato in modo convincente all'autorità di controllo competente che i compiti e le funzioni da esso svolti non danno adito a conflitto di interessi.

3. L'autorità di controllo competente presenta al comitato il progetto di requisiti per l'accreditamento dell'organismo di cui al paragrafo 1 del presente articolo, ai sensi del meccanismo di coerenza di cui all'articolo 63 [3].

4. Fatti salvi i compiti e i poteri dell'autorità di controllo competente e le disposizioni del capo VIII, un organismo di cui al paragrafo 1 del presente articolo adotta, stanti garanzie appropriate, le opportune misure in caso di violazione del codice da parte di un titolare del trattamento o responsabile del trattamento, tra cui la sospensione o l'esclusione dal codice del titolare del trattamento o del responsabile del trattamento. Esso informa l'autorità di controllo competente di tali misure e dei motivi della loro adozione.

5. L'autorità di controllo competente revoca l'accreditamento dell'organismo di cui al paragrafo 1, se i requisiti per l'accreditamento non sono, o non sono più, rispettati o se le misure adottate dall'organismo violano il presente regolamento [4].

6. Il presente articolo non si applica al trattamento effettuato da autorità pubbliche e da organismi pubblici.

(1) Così corretto con avviso di Rettifica pubblicato in G.U.C.E. L 23.5.2018, n. 127.

(2) Così corretta con avviso di Rettifica pubblicato in G.U.C.E. L 23.5.2018, n. 127.

(3) Così corretto con avviso di Rettifica pubblicato in G.U.C.E. L 23.5.2018, n. 127.

(4) Così corretto con avviso di Rettifica pubblicato in G.U.C.E. L 23.5.2018, n. 127.

42. Certificazione.

1. Gli Stati membri, le autorità di controllo, il comitato e la Commissione incoraggiano, in particolare a livello di Unione, l'istituzione di meccanismi di certificazione della protezione dei dati nonché di sigilli e marchi di protezione dei dati allo scopo di dimostrare la conformità al presente regolamento dei trattamenti effettuati dai titolari del trattamento e dai responsabili del trattamento. Sono tenute in considerazione le esigenze specifiche delle micro, piccole e medie imprese.

2. Oltre all'adesione dei titolari del trattamento o responsabili del trattamento soggetti al presente regolamento, i meccanismi, i sigilli o i marchi approvati ai sensi del paragrafo 5 del presente articolo possono essere istituiti al fine di dimostrare la previsione di garanzie appropriate da parte dei titolari del trattamento o responsabili del trattamento non soggetti al presente regolamento ai sensi dell'articolo 3, nel quadro dei trasferimenti di dati personali verso paesi terzi o organizzazioni internazionali alle condizioni di cui all'articolo 46, paragrafo 2, lettera f). Detti titolari del trattamento o responsabili del trattamento assumono l'impegno vincolante e azionabile, mediante strumenti contrattuali o di altro tipo giuridicamente vincolanti, di applicare le stesse adeguate garanzie anche per quanto riguarda i diritti degli interessati [1].

3. La certificazione è volontaria e accessibile tramite una procedura trasparente.

4. La certificazione ai sensi del presente articolo non riduce la responsabilità del titolare del trattamento o del responsabile del trattamento riguardo alla conformità al presente regolamento e lascia impregiudicati i compiti e i poteri delle autorità di controllo competenti a norma degli articoli 55 o 56.

5. La certificazione ai sensi del presente articolo è rilasciata dagli organismi di certificazione di cui all'articolo 43 o dall'autorità di controllo competente in base ai criteri approvati da tale autorità di controllo competente ai sensi dell'articolo 58, paragrafo 3, o dal comitato, ai sensi dell'articolo 63. Ove i criteri siano approvati dal comitato, ciò può risultare in una certificazione comune, il sigillo europeo per la protezione dei dati.

6. Il titolare del trattamento o il responsabile del trattamento che sottopone il trattamento effettuato al meccanismo di certificazione fornisce all'organismo di certificazione di cui all'articolo 43 o, ove applicabile, all'autorità di controllo competente tutte le informazioni e l'accesso alle attività di trattamento necessarie a espletare la procedura di certificazione.

7. La certificazione è rilasciata al titolare del trattamento o responsabile del trattamento per un periodo massimo di tre anni e può essere rinnovata alle stesse condizioni purché continuino a essere soddisfatti i criteri pertinenti. La certificazione è revocata, se del caso, dagli organismi di certificazione di cui all'articolo 43 o dall'autorità di controllo competente, a seconda dei casi, qualora non siano o non siano più soddisfatti i criteri per la certificazione (2).

8. Il comitato raccoglie in un registro tutti i meccanismi di certificazione e i sigilli e i marchi di protezione dei dati e li rende pubblici con qualsiasi mezzo appropriato.

(1) Così corretto con avviso di Rettifica pubblicato in G.U.C.E. L 23.5.2018, n. 127.

(2) Così corretto con avviso di Rettifica pubblicato in G.U.C.E. L 23.5.2018, n. 127.

43. Organismi di certificazione.

1. Fatti salvi i compiti e i poteri dell'autorità di controllo competente di cui agli articoli 57 e 58, gli organismi di certificazione in possesso del livello adeguato di competenze riguardo alla protezione dei dati, rilasciano e rinnovano la certificazione, dopo averne informato l'autorità di controllo al fine di consentire alla stessa di esercitare i suoi poteri a norma dell'articolo 58, paragrafo 2, lettera h), ove necessario. Gli Stati membri garantiscono che tali organismi di certificazione siano accreditati da uno o entrambi dei seguenti organismi:

a) dall'autorità di controllo competente ai sensi degli articoli 55 o 56;

b) dall'organismo nazionale di accreditamento designato in virtù del regolamento (CE) n. 765/2008 del Parlamento europeo e del Consiglio conformemente alla norma EN-ISO/IEC 17065/2012 e ai requisiti aggiuntivi stabiliti dall'autorità di controllo competente ai sensi degli articoli 55 o 56.

2. Gli organismi di certificazione di cui al paragrafo 1 sono accreditati in conformità di tale paragrafo solo se:

a) hanno dimostrato in modo convincente all'autorità di controllo competente di essere indipendenti e competenti riguardo al contenuto della certificazione;

b) si sono impegnati a rispettare i criteri di cui all'articolo 42, paragrafo 5, e approvati dall'autorità di controllo competente ai sensi degli articoli 55 o 56 o dal comitato, ai sensi dell'articolo 63;

c) hanno istituito procedure per il rilascio, il riesame periodico e la revoca delle certificazioni, dei sigilli e dei marchi di protezione dei dati (1);

d) hanno istituito procedure e strutture atte a gestire i reclami relativi a violazioni della certificazione o il modo in cui la certificazione è stata o è attuata dal titolare del trattamento o dal responsabile del trattamento e a rendere dette procedure e strutture trasparenti per gli interessati e il pubblico; e

e) hanno dimostrato in modo convincente all'autorità di controllo competente che i compiti e le funzioni da loro svolti non danno adito a conflitto di interessi.

3. L'accreditamento degli organi di certificazione di cui ai paragrafi 1 e 2 del presente articolo ha luogo in base ai requisiti approvati dall'autorità di controllo competente ai sensi degli articoli 55 o 56 o dal comitato, ai sensi dell'articolo 63. In caso di accreditamento ai sensi del paragrafo 1, lettera b), del presente articolo, tali requisiti integrano quelli previsti dal regolamento (CE) n. 765/2008 nonché le norme tecniche che definiscono i metodi e le procedure degli organismi di certificazione (2).

4. Gli organismi di certificazione di cui al paragrafo 1 sono responsabili della corretta valutazione che comporta la certificazione o la revoca di quest'ultima, fatta salva la responsabilità del titolare del trattamento o del responsabile del trattamento riguardo alla conformità al presente regolamento. L'accreditamento è rilasciato per un periodo massimo di cinque anni e può essere rinnovato alle stesse condizioni purché l'organismo di certificazione soddisfi i requisiti.

5. L'organismo di certificazione di cui al paragrafo 1 trasmette all'autorità di controllo competente i motivi del rilascio o della revoca della certificazione richiesta.

6. I requisiti di cui al paragrafo 3 del presente articolo e i criteri di cui all'articolo 42, paragrafo 5, sono resi pubblici dall'autorità di controllo in forma facilmente accessibile. Le autorità di controllo provvedono a trasmetterli anche al comitato (3).

7. Fatto salvo il capo VIII, l'autorità di controllo competente o l'organismo nazionale di accreditamento revoca l'accreditamento di un organismo di certificazione di cui al paragrafo 1 del presente articolo, se le condizioni per l'accreditamento non sono, o non sono più, rispettate o se le misure adottate da un organismo di certificazione violano il presente regolamento.

8. Alla Commissione è conferito il potere di adottare atti delegati conformemente all'articolo 92 al fine di precisare i requisiti di cui tenere conto per i meccanismi di certificazione della protezione dei dati di cui all'articolo 42, paragrafo 1.

9. La Commissione può adottare atti di esecuzione per stabilire norme tecniche riguardanti i meccanismi di certificazione e i sigilli e marchi di protezione dei dati e le modalità per promuovere e riconoscere tali meccanismi di certificazione, i sigilli e marchi di protezione dei dati. Tali atti di esecuzione sono adottati secondo la procedura d'esame di cui all'articolo 93, paragrafo 2.

(1) Così corretto con avviso di Rettifica pubblicato in G.U.C.E. L 23.5.2018, n. 127.

(2) Così corretto con avviso di Rettifica pubblicato in G.U.C.E. L 23.5.2018, n. 127.

(3) Così corretto con avviso di Rettifica pubblicato in G.U.C.E. L 23.5.2018, n. 127.

Capo V
Trasferimenti di dati personali verso paesi terzi o organizzazioni internazionali

44. Principio generale per il trasferimento.

Qualunque trasferimento di dati personali oggetto di un trattamento o destinati a essere oggetto di un trattamento dopo il trasferimento verso un paese terzo o un'organizzazione internazionale, compresi trasferimenti successivi di dati personali da un paese terzo o un'organizzazione internazionale verso un altro paese terzo o un'altra organizzazione internazionale, ha luogo soltanto se il titolare del trattamento e il responsabile del trattamento rispettano le condizioni di cui al presente capo, fatte salve le altre disposizioni del presente regolamento. Tutte le disposizioni del presente capo sono applicate al fine di assicurare che il livello di protezione delle persone fisiche garantito dal presente regolamento non sia pregiudicato.

45. Trasferimento sulla base di una decisione di adeguatezza.

1. Il trasferimento di dati personali verso un paese terzo o un'organizzazione internazionale è ammesso se la Commissione ha deciso che il paese terzo, un territorio o uno o più settori specifici all'interno del paese terzo, o l'organizzazione internazionale in questione garantiscono un livello di protezione adeguato. In tal caso il trasferimento non necessita di autorizzazioni specifiche.

2. Nel valutare l'adeguatezza del livello di protezione, la Commissione prende in considerazione in particolare i seguenti elementi:

a) lo stato di diritto, il rispetto dei diritti umani e delle libertà fondamentali, la pertinente legislazione generale e settoriale (anche in materia di sicurezza pubblica, difesa, sicurezza nazionale, diritto penale e accesso delle autorità pubbliche ai dati personali), così come l'attuazione di tale legislazione, le norme in materia di protezione dei dati, le norme professionali e le misure di sicurezza, comprese le norme per il trasferimento successivo dei dati personali verso un altro paese terzo o un'altra organizzazione internazionale osservate nel paese o dall'organizzazione internazionale in questione, la giurisprudenza nonché i diritti effettivi e azionabili degli interessati e un ricorso effettivo in sede amministrativa e giudiziaria per gli interessati i cui dati personali sono oggetto di trasferimento;

b) l'esistenza e l'effettivo funzionamento di una o più autorità di controllo indipendenti nel paese terzo o cui è soggetta un'organizzazione internazionale, con competenza per garantire e controllare il rispetto delle norme in materia di protezione dei dati, comprensiva di adeguati poteri di esecuzione, per assistere e fornire consulenza agli interessati in merito all'esercizio dei loro diritti e cooperare con le autorità di controllo degli Stati membri; e

c) gli impegni internazionali assunti dal paese terzo o dall'organizzazione internazionale in questione o altri obblighi derivanti da convenzioni o strumenti giuridicamente vincolanti come pure dalla loro partecipazione a sistemi multilaterali o regionali, in particolare in relazione alla protezione dei dati personali.

3. La Commissione, previa valutazione dell'adeguatezza del livello di protezione, può decidere, mediante atti di esecuzione, che un paese terzo, un territorio o uno o più settori specifici all'interno di un paese terzo, o un'organizzazione internazionale garantiscono un livello di protezione adeguato ai sensi del paragrafo 2 del presente articolo. L'atto di esecuzione prevede un meccanismo di riesame periodico, almeno ogni quattro anni, che tenga conto di tutti gli sviluppi pertinenti nel paese terzo o nell'organizzazione internazionale. L'atto di esecuzione specifica il proprio ambito di applicazione geografico e settoriale e, ove applicabile, identifica la o le autorità di controllo di cui al paragrafo 2, lettera b), del presente articolo. L'atto di esecuzione è adottato secondo la procedura d'esame di cui all'articolo 93, paragrafo 2.

4. La Commissione controlla su base continuativa gli sviluppi nei paesi terzi e nelle organizzazioni internazionali che potrebbero incidere sul funzionamento delle decisioni adottate a norma del paragrafo 3 del presente articolo e delle decisioni adottate sulla base dell'articolo 25, paragrafo 6, della direttiva 95/46/CE.

5. Se risulta dalle informazioni disponibili, in particolare in seguito al riesame di cui al paragrafo 3 del presente articolo, che un paese terzo, un territorio o uno o più settori specifici all'interno di un paese terzo, o un'organizzazione internazionale non garantiscono più un livello di protezione adeguato ai sensi del paragrafo 2 del presente articolo, la Commissione revoca, modifica o sospende nella misura necessaria la decisione di cui al paragrafo 3 del presente articolo mediante atti di esecuzione senza effetto retroattivo. Tali atti di esecuzione sono adottati secondo la procedura d'esame di cui all'articolo 93, paragrafo 2, o, in casi di estrema urgenza, secondo la procedura di cui all'articolo 93, paragrafo 3.

Per imperativi motivi di urgenza debitamente giustificati, la Commissione adotta atti di esecuzione immediatamente applicabili secondo la procedura di cui all'articolo 93, paragrafo 3.

6. La Commissione avvia consultazioni con il paese terzo o l'organizzazione internazionale per porre rimedio alla situazione che ha motivato la decisione di cui al paragrafo 5.

7. Una decisione ai sensi del paragrafo 5 del presente articolo lascia impregiudicato il trasferimento di dati personali verso il paese terzo, il territorio o uno o più settori specifici all'interno del paese terzo, o verso l'organizzazione internazionale in questione, a norma degli articoli da 46 a 49.

8. La Commissione pubblica nella Gazzetta ufficiale dell'Unione europea e sul suo sito web l'elenco dei paesi terzi, dei territori e settori specifici all'interno di un paese terzo, e delle organizzazioni internazionali per i quali ha deciso che è o non è più garantito un livello di protezione adeguato.

9. Le decisioni adottate dalla Commissione in base

all'articolo 25, paragrafo 6, della direttiva 95/46/CE restano in vigore fino a quando non sono modificate, sostituite o abrogate da una decisione della Commissione adottata conformemente al paragrafo 3 o 5 del presente articolo.

46. Trasferimento soggetto a garanzie adeguate.

1. In mancanza di una decisione ai sensi dell'articolo 45, paragrafo 3, il titolare del trattamento o il responsabile del trattamento può trasferire dati personali verso un paese terzo o un'organizzazione internazionale solo se ha fornito garanzie adeguate e a condizione che gli interessati dispongano di diritti azionabili e mezzi di ricorso effettivi.

2. Possono costituire garanzie adeguate di cui al paragrafo 1 senza necessitare di autorizzazioni specifiche da parte di un'autorità di controllo:

a) uno strumento giuridicamente vincolante e avente efficacia esecutiva tra autorità pubbliche o organismi pubblici;
b) le norme vincolanti d'impresa in conformità dell'articolo 47;
c) le clausole tipo di protezione dei dati adottate dalla Commissione secondo la procedura d'esame di cui all'articolo 93, paragrafo 2;
d) le clausole tipo di protezione dei dati adottate da un'autorità di controllo e approvate dalla Commissione secondo la procedura d'esame di cui all'articolo 93, paragrafo 2;
e) un codice di condotta approvato a norma dell'articolo 40, unitamente all'impegno vincolante ed esecutivo da parte del titolare del trattamento o del responsabile del trattamento nel paese terzo ad applicare le garanzie adeguate, anche per quanto riguarda i diritti degli interessati; o
f) un meccanismo di certificazione approvato a norma dell'articolo 42, unitamente all'impegno vincolante ed esigibile da parte del titolare del trattamento o del responsabile del trattamento nel paese terzo ad applicare le garanzie adeguate, anche per quanto riguarda i diritti degli interessati.

3. Fatta salva l'autorizzazione dell'autorità di controllo competente, possono altresì costituire in particolare garanzie adeguate di cui al paragrafo 1:

a) le clausole contrattuali tra il titolare del trattamento o il responsabile del trattamento e il titolare del trattamento, il responsabile del trattamento o il destinatario dei dati personali nel paese terzo o nell'organizzazione internazionale; o
b) le disposizioni da inserire in accordi amministrativi tra autorità pubbliche o organismi pubblici che comprendono diritti effettivi e azionabili per gli interessati.

4. L'autorità di controllo applica il meccanismo di coerenza di cui all'articolo 63 nei casi di cui al paragrafo 3 del presente articolo.

5. Le autorizzazioni rilasciate da uno Stato membro o dall'autorità di controllo in base all'articolo 26, paragrafo 2, della direttiva 95/46/CE restano valide fino a quando non vengono modificate, sostituite o abrogate, se necessario, dalla medesima autorità di controllo. Le decisioni adottate dalla Commissione in base all'articolo 26, paragrafo 4, della direttiva 95/46/CE restano in vigore fino a quando non vengono modificate, sostituite o abrogate, se necessario, da una decisione della Commissione adottata conformemente al paragrafo 2 del presente articolo.

47. Norme vincolanti d'impresa.

1. L'autorità di controllo competente approva le norme vincolanti d'impresa in conformità del meccanismo di coerenza di cui all'articolo 63, a condizione che queste:

a) siano giuridicamente vincolanti e si applichino a tutti i membri interessati del gruppo imprenditoriale o del gruppo di imprese che svolgono un'attività economica comune, compresi i loro dipendenti;
b) conferiscano espressamente agli interessati diritti azionabili in relazione al trattamento dei loro dati personali; e
c) soddisfino i requisiti di cui al paragrafo 2.

2. Le norme vincolanti d'impresa di cui al paragrafo 1 specificano almeno:

a) la struttura e le coordinate di contatto del gruppo imprenditoriale o del gruppo di imprese che svolgono un'attività economica comune e di ciascuno dei suoi membri;
b) i trasferimenti o il complesso di trasferimenti di dati, in particolare le categorie di dati personali, il tipo di trattamento e relative finalità, il tipo di interessati cui si riferiscono i dati e l'identificazione del paese terzo o dei paesi terzi in questione;
c) la loro natura giuridicamente vincolante, a livello sia interno che esterno;
d) l'applicazione dei principi generali di protezione dei dati, in particolare in relazione alla limitazione della finalità, alla minimizzazione dei dati, alla limitazione del periodo di conservazione, alla qualità dei dati, alla protezione fin dalla progettazione e alla protezione per impostazione predefinita, alla base giuridica del trattamento e al trattamento di categorie particolari di dati personali, le misure a garanzia della sicurezza dei dati e i requisiti per i trasferimenti successivi ad organismi che non sono vincolati dalle norme vincolanti d'impresa;
e) i diritti dell'interessato in relazione al trattamento e i mezzi per esercitarli, compresi il diritto di non essere sottoposto a decisioni basate unicamente sul trattamento automatizzato, compresa la profilazione ai sensi dell'articolo 22, il diritto di proporre reclamo all'autorità di controllo competente e di ricorrere alle autorità giurisdizionali competenti degli Stati membri conformemente all'articolo 79, e il diritto di ottenere riparazione e, se del caso, il

risarcimento per violazione delle norme vincolanti d'impresa;

f) il fatto che il titolare del trattamento o il responsabile del trattamento stabilito nel territorio di uno Stato membro si assume la responsabilità per qualunque violazione delle norme vincolanti d'impresa commesse da un membro interessato non stabilito nell'Unione; il titolare del trattamento o il responsabile del trattamento può essere esonerato in tutto o in parte da tale responsabilità solo se dimostra che l'evento dannoso non è imputabile al membro in questione;

g) le modalità in base alle quali sono fornite all'interessato le informazioni sulle norme vincolanti d'impresa, in particolare sulle disposizioni di cui alle lettere d), e) e f), in aggiunta alle informazioni di cui agli articoli 13 e 14;

h) i compiti di qualunque responsabile della protezione dei dati designato ai sensi dell'articolo 37 o di ogni altra persona o entità incaricata del controllo del rispetto delle norme vincolanti d'impresa all'interno del gruppo imprenditoriale o del gruppo di imprese che svolgono un'attività economica comune e il controllo della formazione e della gestione dei reclami (1);

i) le procedure di reclamo;

j) i meccanismi all'interno del gruppo imprenditoriale o del gruppo di imprese che svolgono un'attività economica comune per garantire la verifica della conformità alle norme vincolanti d'impresa. Tali meccanismi comprendono verifiche sulla protezione dei dati e metodi per assicurare provvedimenti correttivi intesi a proteggere i diritti dell'interessato. I risultati di tale verifica dovrebbero essere comunicati alla persona o entità di cui alla lettera h) e all'organo amministrativo dell'impresa controllante del gruppo imprenditoriale o del gruppo di imprese che svolgono un'attività economica comune e dovrebbero essere disponibili su richiesta all'autorità di controllo competente;

k) i meccanismi per riferire e registrare le modifiche delle norme e comunicarle all'autorità di controllo;

l) il meccanismo di cooperazione con l'autorità di controllo per garantire la conformità da parte di ogni membro del gruppo imprenditoriale o del gruppo di imprese che svolgono un'attività economica comune, in particolare la messa a disposizione dell'autorità di controllo dei risultati delle verifiche delle misure di cui alla lettera j);

m) i meccanismi per segnalare all'autorità di controllo competente ogni requisito di legge cui è soggetto un membro del gruppo imprenditoriale o del gruppo di imprese che svolgono un'attività economica comune in un paese terzo che potrebbe avere effetti negativi sostanziali sulle garanzie fornite dalle norme vincolanti d'impresa; e

n) l'appropriata formazione in materia di protezione dei dati al personale che ha accesso permanente o regolare ai dati personali.

3. La Commissione può specificare il formato e le procedure per lo scambio di informazioni tra titolari del trattamento, responsabili del trattamento e autorità di controllo in merito alle norme vincolanti d'impresa ai sensi del presente articolo. Tali atti di esecuzione sono adottati secondo la procedura d'esame di cui all'articolo 93, paragrafo 2.

(1) Così corretta con errata Rettifica pubblicata nella G.U.C.E L. 22.11.2016, n. 314.

48. Trasferimento o comunicazione non autorizzati dal diritto dell'Unione.

Le sentenze di un'autorità giurisdizionale e le decisioni di un'autorità amministrativa di un paese terzo che dispongono il trasferimento o la comunicazione di dati personali da parte di un titolare del trattamento o di un responsabile del trattamento possono essere riconosciute o assumere qualsivoglia carattere esecutivo soltanto se basate su un accordo internazionale in vigore tra il paese terzo richiedente e l'Unione o un suo Stato membro, ad esempio un trattato di mutua assistenza giudiziaria, fatti salvi gli altri presupposti di trasferimento a norma del presente capo.

49. Deroghe in specifiche situazioni.

1. In mancanza di una decisione di adeguatezza ai sensi dell'articolo 45, paragrafo 3, o di garanzie adeguate ai sensi dell'articolo 46, comprese le norme vincolanti d'impresa, è ammesso il trasferimento o un complesso di trasferimenti di dati personali verso un paese terzo o un'organizzazione internazionale soltanto se si verifica una delle seguenti condizioni:

a) l'interessato abbia esplicitamente acconsentito al trasferimento proposto, dopo essere stato informato dei possibili rischi di siffatti trasferimenti per l'interessato, dovuti alla mancanza di una decisione di adeguatezza e di garanzie adeguate;

b) il trasferimento sia necessario all'esecuzione di un contratto concluso tra l'interessato e il titolare del trattamento ovvero all'esecuzione di misure precontrattuali adottate su istanza dell'interessato;

c) il trasferimento sia necessario per la conclusione o l'esecuzione di un contratto stipulato tra il titolare del trattamento e un'altra persona fisica o giuridica a favore dell'interessato;

d) il trasferimento sia necessario per importanti motivi di interesse pubblico;

e) il trasferimento sia necessario per accertare, esercitare o difendere un diritto in sede giudiziaria;

f) il trasferimento sia necessario per tutelare gli interessi vitali dell'interessato o di altre persone, qualora l'interessato si trovi nell'incapacità fisica o giuridica di prestare il proprio consenso;

g) il trasferimento sia effettuato a partire da un registro che, a norma del diritto dell'Unione o degli Stati membri, mira a fornire informazioni al pubblico e può esser consultato tanto dal pubblico in generale quanto da chiunque sia in grado di dimostrare un legittimo interesse, solo a condizione che sussistano i requisiti per la consultazione previsti dal diritto dell'Unione o degli Stati membri.

Se non è possibile basare il trasferimento su una disposizione dell'articolo 45 o 46, comprese le disposizioni sulle norme vincolanti d'impresa, e nessuna delle deroghe in specifiche situazioni a norma del primo comma del presente paragrafo è applicabile, il trasferimento verso un paese terzo o un'organizzazione internazionale sia ammesso soltanto se non è ripetitivo, riguarda un numero limitato di interessati, è necessario per il perseguimento degli interessi legittimi cogenti del titolare del trattamento, su cui non prevalgano gli interessi o i diritti e le libertà dell'interessato, e qualora il titolare e del trattamento abbia valutato tutte le circostanze relative al trasferimento e sulla base di tale valutazione abbia fornito garanzie adeguate relativamente alla protezione dei dati personali. Il titolare del trattamento informa del trasferimento l'autorità di controllo. In aggiunta alla fornitura di informazioni di cui agli articoli 13 e 14, il titolare del trattamento informa l'interessato del trasferimento e degli interessi legittimi cogenti perseguiti.

2. Il trasferimento di cui al paragrafo 1, primo comma, lettera g), non può riguardare la totalità dei dati personali o intere categorie di dati personali contenute nel registro. Se il registro è destinato a essere consultato da persone aventi un legittimo interesse, il trasferimento è ammesso soltanto su richiesta di tali persone o qualora tali persone ne siano le destinatarie [1].

3. Il primo comma, lettere a), b) e c), e il secondo comma del paragrafo 1 non si applicano alle attività svolte dalle autorità pubbliche nell'esercizio dei pubblici poteri.

4. L'interesse pubblico di cui al paragrafo 1, primo comma, lettera d), è riconosciuto dal diritto dell'Unione o dal diritto dello Stato membro cui è soggetto il titolare del trattamento.

5. In mancanza di una decisione di adeguatezza, il diritto dell'Unione o degli Stati membri può, per importanti motivi di interesse pubblico, fissare espressamente limiti al trasferimento di categorie specifiche di dati verso un paese terzo o un'organizzazione internazionale. Gli Stati membri notificano tali disposizioni alla Commissione.

6. Il titolare del trattamento o il responsabile del trattamento attesta nel registro di cui all'articolo 30 la valutazione e le garanzie adeguate di cui al paragrafo 1, secondo comma, del presente articolo.

(1) Così corretto con avviso di Rettifica pubblicato in G.U.C.E. L 23.5.2018, n. 127.

50. Cooperazione internazionale per la protezione dei dati personali.

In relazione ai paesi terzi e alle organizzazioni internazionali, la Commissione e le autorità di controllo adottano misure appropriate per:

a) sviluppare meccanismi di cooperazione internazionale per facilitare l'applicazione efficace della legislazione sulla protezione dei dati personali;

b) prestare assistenza reciproca a livello internazionale nell'applicazione della legislazione sulla protezione dei dati personali, in particolare mediante notificazione, deferimento dei reclami, assistenza alle indagini e scambio di informazioni, fatte salve garanzie adeguate per la protezione dei dati personali e gli altri diritti e libertà fondamentali;

c) coinvolgere le parti interessate pertinenti in discussioni e attività dirette a promuovere la cooperazione internazionale nell'applicazione della legislazione sulla protezione dei dati personali;

d) promuovere lo scambio e la documentazione delle legislazioni e prassi in materia di protezione dei dati personali, compresi i conflitti di giurisdizione con paesi terzi.

Capo VI
Autorità di controllo indipendenti

Sezione 1
Indipendenza

51. Autorità di controllo.

1. Ogni Stato membro dispone che una o più autorità pubbliche indipendenti siano incaricate di controllare l'applicazione del presente regolamento al fine di tutelare i diritti e le libertà fondamentali delle persone fisiche con riguardo al trattamento e di agevolare la libera circolazione dei dati personali all'interno dell'Unione («autorità di controllo») [1].

2. Ogni autorità di controllo contribuisce alla coerente applicazione del presente regolamento in tutta l'Unione. A tale scopo, le autorità di controllo cooperano tra loro e con la Commissione, conformemente al capo VII.

3. Qualora in uno Stato membro siano istituite più autorità di controllo, detto Stato membro designa l'autorità di controllo che rappresenta tali autorità nel comitato e stabilisce il meccanismo in base al quale le altre autorità si conformano alle norme relative al meccanismo di coerenza di cui all'articolo 63.

4. Ogni Stato membro notifica alla Commissione le disposizioni di legge adottate ai sensi del presente capo al più tardi entro il 25 maggio 2018, e comunica senza ritardo ogni successiva modifica [2].

(1) Così corretto con avviso di Rettifica pubblicato in G.U.C.E. L 23.5.2018, n. 127.

(2) Così corretto con avviso di Rettifica pubblicato in G.U.C.E. L 23.5.2018, n. 127.

52. Indipendenza.

1. Ogni autorità di controllo agisce in piena indipendenza nell'adempimento dei propri compiti e nell'esercizio dei propri poteri conformemente al presente regolamento.

2. Nell'adempimento dei rispettivi compiti e nell'esercizio dei rispettivi poteri previsti dal presente regolamento, il membro o i membri di ogni autorità di controllo non subiscono pressioni esterne, né dirette, né indirette, e non sollecitano né accettano istruzioni da alcuno.

3. Il membro o i membri dell'autorità di controllo si astengono da qualunque azione incompatibile con le loro funzioni e per tutta la durata del mandato non possono esercitare alcuna altra attività incompatibile, remunerata o meno.

4. Ogni Stato membro provvede affinché ogni autorità di controllo sia dotata delle risorse umane, tecniche e finanziarie, dei locali e delle infrastrutture necessari per l'effettivo adempimento dei suoi compiti e l'esercizio dei propri poteri, compresi quelli nell'ambito dell'assistenza reciproca, della cooperazione e della partecipazione al comitato.

5. Ogni Stato membro provvede affinché ogni autorità di controllo selezioni e disponga di proprio personale, soggetto alla direzione esclusiva del membro o dei membri dell'autorità di controllo interessata.

6. Ogni Stato membro provvede affinché ogni autorità di controllo sia soggetta a un controllo finanziario che non ne pregiudichi l'indipendenza e disponga di bilanci annuali, separati e pubblici, che possono far parte del bilancio generale statale o nazionale.

53. Condizioni generali per i membri dell'autorità di controllo.

1. Gli Stati membri dispongono che ciascun membro delle rispettive autorità di controllo sia nominato attraverso una procedura trasparente:
— dal rispettivo parlamento;
— dal rispettivo governo;
— dal rispettivo capo di Stato; oppure
— da un organismo indipendente incaricato della nomina a norma del diritto dello Stato membro.

2. Ogni membro possiede le qualifiche, l'esperienza e le competenze, in particolare nel settore della protezione dei dati personali, richieste per l'esercizio delle sue funzioni e dei suoi poteri.

3. Il mandato dei membri cessa alla scadenza del termine o in caso di dimissioni volontarie o di provvedimento d'ufficio, a norma del diritto dello Stato membro interessato.

4. Un membro è rimosso solo in casi di colpa grave o se non soddisfa più le condizioni richieste per l'esercizio delle sue funzioni.

54. Norme sull'istituzione dell'autorità di controllo.

1. Ogni Stato membro prevede con legge tutte le condizioni seguenti:
a) l'istituzione di ogni autorità di controllo;
b) le qualifiche e le condizioni di idoneità richieste per essere nominato membro di ogni autorità di controllo;
c) le norme e le procedure per la nomina del membro o dei membri di ogni autorità di controllo;
d) la durata del mandato del membro o dei membri di ogni autorità di controllo non inferiore a quattro anni, salvo per le prime nomine dopo il 24 maggio 2016, alcune delle quali possono avere una durata inferiore qualora ciò sia necessario per tutelare l'indipendenza dell'autorità di controllo mediante una procedura di nomina scaglionata [(1)];
e) l'eventuale rinnovabilità e, in caso positivo, il numero di rinnovi del mandato del membro o dei membri di ogni autorità di controllo;
f) le condizioni che disciplinano gli obblighi del membro o dei membri e del personale di ogni autorità di controllo, i divieti relativi ad attività, professioni e benefici incompatibili con tali obblighi durante e dopo il mandato e le regole che disciplinano la cessazione del rapporto di lavoro.

2. Il membro o i membri e il personale di ogni autorità di controllo sono tenuti, in virtù del diritto dell'Unione o degli Stati membri, al segreto professionale in merito alle informazioni riservate cui hanno avuto accesso nell'esecuzione dei loro compiti o nell'esercizio dei loro poteri, sia durante che dopo il mandato. Per tutta la durata del loro mandato, tale obbligo del segreto professionale si applica in particolare alle segnalazioni da parte di persone fisiche di violazioni del presente regolamento.

(1) Così corretto con avviso di Rettifica pubblicato in G U.C.E. L 23.5.2018, n. 127.

Sezione 2
Competenza, compiti e poteri

55. Competenza.

1. Ogni autorità di controllo è competente a eseguire i compiti assegnati e a esercitare i poteri a essa conferiti a norma del presente regolamento nel territorio del rispettivo Stato membro.

2. Se il trattamento è effettuato da autorità pubbliche o organismi privati che agiscono sulla base dell'articolo 6, paragrafo 1, lettera c) o e), è competente l'autorità di controllo dello Stato membro interessato. In tal caso, non si applica l'articolo 56.

3. Le autorità di controllo non sono competenti per il controllo dei trattamenti effettuati dalle autorità giurisdizionali nell'esercizio delle loro funzioni giurisdizionali.

56. Competenza dell'autorità di controllo capofila.

1. Fatto salvo l'articolo 55, l'autorità di controllo dello stabilimento principale o dello stabilimento unico del titolare del trattamento o responsabile del trattamento è competente ad agire in qualità di autorità di controllo capofila per i trattamenti transfrontalieri effettuati dal suddetto titolare del trattamento o responsabile del trattamento, secondo la procedura di cui all'articolo 60 [(1)].

2. In deroga al paragrafo 1, ogni autorità di controllo è competente per la gestione dei reclami a essa proposti o di eventuali violazioni del presente regolamento se l'oggetto riguarda unicamente uno stabilimento nel suo Stato membro o incide in modo sostanziale sugli interessati unicamente nel suo Stato membro.

3. Nei casi indicati al paragrafo 2 del presente articolo, l'autorità di controllo informa senza ritardo l'autorità di controllo capofila in merito alla questione. Entro un termine di tre settimane da quando è stata informata, l'autorità di controllo capofila decide se intende o meno trattare il caso secondo la procedura di cui all'articolo 60, tenendo conto dell'esistenza o meno di uno stabilimento del titolare del trattamento o responsabile del trattamento nello Stato membro dell'autorità di controllo che l'ha informata [2].

4. Qualora l'autorità di controllo capofila decida di trattare il caso, si applica la procedura di cui all'articolo 60. L'autorità di controllo che ha informato l'autorità di controllo capofila può presentare a quest'ultima un progetto di decisione. L'autorità di controllo capofila tiene nella massima considerazione tale progetto nella predisposizione del progetto di decisione di cui all'articolo 60, paragrafo 3.

5. Nel caso in cui l'autorità di controllo capofila decida di non trattarlo, l'autorità di controllo che ha informato l'autorità di controllo capofila tratta il caso conformemente agli articoli 61 e 62.

6. L'autorità di controllo capofila è l'unico interlocutore del titolare del trattamento o del responsabile del trattamento in merito al trattamento transfrontaliero effettuato da tale titolare del trattamento o responsabile del trattamento.

(1) Così corretto con avviso di Rettifica pubblicato in GUUE 4.3.2021, n. 74.

(2) Così corretto con avviso di Rettifica pubblicato in G.U.C.E. L 23.5.2018, n. 127.

57. Compiti.

1. Fatti salvi gli altri compiti indicati nel presente regolamento, sul proprio territorio ogni autorità di controllo:

a) sorveglia e assicura l'applicazione del presente regolamento;
b) promuove la consapevolezza e favorisce la comprensione del pubblico riguardo ai rischi, alle norme, alle garanzie e ai diritti in relazione al trattamento. Sono oggetto di particolare attenzione le attività destinate specificamente ai minori;
c) fornisce consulenza, a norma del diritto degli Stati membri, al parlamento nazionale, al governo e ad altri organismi e istituzioni in merito alle misure legislative e amministrative relative alla protezione dei diritti e delle libertà delle persone fisiche con riguardo al trattamento;
d) promuove la consapevolezza dei titolari del trattamento e dei responsabili del trattamento riguardo agli obblighi imposti loro dal presente regolamento;
e) su richiesta, fornisce informazioni all'interessato in merito all'esercizio dei propri diritti derivanti dal presente regolamento e, se del caso, coopera a tal fine con le autorità di controllo di altri Stati membri;
f) tratta i reclami proposti da un interessato, o da un organismo, un'organizzazione o un'associazione ai sensi dell'articolo 80, e svolge le indagini opportune sull'oggetto del reclamo e informa il reclamante dello stato e dell'esito delle indagini entro un termine ragionevole, in particolare ove siano necessarie ulteriori indagini o un coordinamento con un'altra autorità di controllo;
g) collabora, anche tramite scambi di informazioni, con le altre autorità di controllo e presta assistenza reciproca al fine di garantire l'applicazione e l'attuazione coerente del presente regolamento;
h) svolge indagini sull'applicazione del presente regolamento, anche sulla base di informazioni ricevute da un'altra autorità di controllo o da un'altra autorità pubblica;
i) sorveglia gli sviluppi che presentano un interesse, se e in quanto incidenti sulla protezione dei dati personali, in particolare l'evoluzione delle tecnologie dell'informazione e della comunicazione e le prassi commerciali;
j) adotta le clausole contrattuali tipo di cui all'articolo 28, paragrafo 8, e all'articolo 46, paragrafo 2, lettera d);
k) redige e tiene un elenco in relazione al requisito di una valutazione d'impatto sulla protezione dei dati ai sensi dell'articolo 35, paragrafo 4;
l) offre consulenza sui trattamenti di cui all'articolo 36, paragrafo 2;
m) incoraggia l'elaborazione di codici di condotta ai sensi dell'articolo 40, paragrafo 1, e fornisce un parere su tali codici di condotta e approva quelli che forniscono garanzie sufficienti, a norma dell'articolo 40, paragrafo 5;
n) incoraggia l'istituzione di meccanismi di certificazione della protezione dei dati nonché di sigilli e marchi di protezione dei dati a norma dell'articolo 42, paragrafo 1, e approva i criteri di certificazione a norma dell'articolo 42, paragrafo 5;
o) ove applicabile, effettua un riesame periodico delle certificazioni rilasciate in conformità dell'articolo 42, paragrafo 7;
p) definisce e pubblica i requisiti per l'accreditamento di un organismo per il controllo dei codici di condotta ai sensi dell'articolo 41 e di un organismo di certificazione ai sensi dell'articolo 43 [1];
q) effettua l'accreditamento di un organismo per il controllo dei codici di condotta ai sensi dell'articolo 41 e di un organismo di certificazione ai sensi dell'articolo 43;
r) autorizza le clausole contrattuali e le altre disposizioni di cui all'articolo 46, paragrafo 3;
s) approva le norme vincolanti d'impresa ai sensi dell'articolo 47;

t) contribuisce alle attività del comitato;
u) tiene registri interni delle violazioni del presente regolamento e delle misure adottate in conformità dell'articolo 58, paragrafo 2; e
v) svolge qualsiasi altro compito legato alla protezione dei dati personali.

2. Ogni autorità di controllo agevola la proposizione di reclami di cui al paragrafo 1, lettera f), tramite misure quali un modulo per la proposizione dei reclami compilabile anche elettronicamente, senza escludere altri mezzi di comunicazione.

3. Ogni autorità di controllo svolge i propri compiti senza spese né per l'interessato né, ove applicabile, per il responsabile della protezione dei dati.

4. Qualora le richieste siano manifestamente infondate o eccessive, in particolare per il carattere ripetitivo, l'autorità di controllo può addebitare un contributo spese ragionevole basato sui costi amministrativi o rifiutarsi di soddisfare la richiesta. Incombe all'autorità di controllo dimostrare il carattere manifestamente infondato o eccessivo della richiesta.

(1) Così corretto con avviso di Rettifica pubblicato in G.U.C.E. L 23.5.2018, n. 127.

58. Poteri.

1. Ogni autorità di controllo ha tutti i poteri di indagine seguenti:
a) ingiungere al titolare del trattamento e al responsabile del trattamento e, ove applicabile, al rappresentante del titolare del trattamento o del responsabile del trattamento, di fornirle ogni informazione di cui necessiti per l'esecuzione dei suoi compiti;
b) condurre indagini sotto forma di attività di revisione sulla protezione dei dati;
c) effettuare un riesame delle certificazioni rilasciate in conformità dell'articolo 42, paragrafo 7;
d) notificare al titolare del trattamento o al responsabile del trattamento le presunte violazioni del presente regolamento;
e) ottenere, dal titolare del trattamento o dal responsabile del trattamento, l'accesso a tutti i dati personali e a tutte le informazioni necessarie per l'esecuzione dei suoi compiti; e
f) ottenere accesso a tutti i locali del titolare del trattamento e del responsabile del trattamento, compresi tutti gli strumenti e mezzi di trattamento dei dati, in conformità con il diritto dell'Unione o il diritto processuale degli Stati membri.

2. Ogni autorità di controllo ha tutti i poteri correttivi seguenti:
a) rivolgere avvertimenti al titolare del trattamento o al responsabile del trattamento sul fatto che i trattamenti previsti possono verosimilmente violare le disposizioni del presente regolamento;
b) rivolgere ammonimenti al titolare e del trattamento o al responsabile del trattamento ove i trattamenti abbiano violato le disposizioni del presente regolamento;
c) ingiungere al titolare del trattamento o al responsabile del trattamento di soddisfare le richieste dell'interessato di esercitare i diritti loro derivanti dal presente regolamento;
d) ingiungere al titolare del trattamento o al responsabile del trattamento di conformare i trattamenti alle disposizioni del presente regolamento, se del caso, in una determinata maniera ed entro un determinato termine;
e) ingiungere al titolare del trattamento di comunicare all'interessato una violazione dei dati personali;
f) imporre una limitazione provvisoria o definitiva al trattamento, incluso il divieto di trattamento;
g) ordinare la rettifica, la cancellazione di dati personali o la limitazione del trattamento a norma degli articoli 16, 17 e 18 e la notificazione di tali misure ai destinatari cui sono stati comunicati i dati personali ai sensi dell'articolo 17, paragrafo 2, e dell'articolo 19;
h) revocare la certificazione o ingiungere all'organismo di certificazione di ritirare la certificazione rilasciata a norma degli articoli 42 e 43, oppure ingiungere all'organismo di certificazione di non rilasciare la certificazione se i requisiti per la certificazione non sono o non sono più soddisfatti;
i) infliggere una sanzione amministrativa pecuniaria ai sensi dell'articolo 83, in aggiunta alle misure di cui al presente paragrafo, o in luogo di tali misure, in funzione delle circostanze di ogni singolo caso; e
j) ordinare la sospensione dei flussi di dati verso un destinatario in un paese terzo o un'organizzazione internazionale.

3. Ogni autorità di controllo ha tutti i poteri autorizzativi e consultivi seguenti:
a) fornire consulenza al titolare del trattamento, secondo la procedura di consultazione preventiva di cui all'articolo 36;
b) rilasciare, di propria iniziativa o su richiesta pareri destinati al parlamento nazionale, al governo dello Stato membro, oppure, conformemente al diritto degli Stati membri, ad altri organismi e istituzioni e al pubblico su questioni riguardanti la protezione dei dati personali;
c) autorizzare il trattamento di cui all'articolo 36, paragrafo 5, se il diritto dello Stato membro richiede una siffatta autorizzazione preliminare;
d) rilasciare un parere sui progetti di codici di condotta e approvarli, ai sensi dell'articolo 40, paragrafo 5;
e) accreditare gli organismi di certificazione a norma dell'articolo 43;
f) rilasciare certificazioni e approvare i criteri di certificazione conformemente all'articolo 42, paragrafo 5;
g) adottare le clausole tipo di protezione dei dati di cui all'articolo 28, paragrafo 8, e all'articolo 46, paragrafo 2, lettera d);
h) autorizzare le clausole contrattuali di cui all'articolo 46, paragrafo 3, lettera a);

i) autorizzare gli accordi amministrativi di cui all'articolo 46, paragrafo 3, lettera b);
j) approvare le norme vincolanti d'impresa ai sensi dell'articolo 47.

4. L'esercizio da parte di un'autorità di controllo dei poteri attribuitile dal presente articolo è soggetto a garanzie adeguate, inclusi il ricorso giurisdizionale effettivo e il giusto processo, previste dal diritto dell'Unione e degli Stati membri conformemente alla Carta.

5. Ogni Stato membro dispone per legge che la sua autorità di controllo abbia il potere di intentare un'azione o di agire in sede giudiziale o, ove del caso, stragiudiziale in caso di violazione del presente regolamento per far rispettare le disposizioni dello stesso.

6. Ogni Stato membro può prevedere per legge che la sua autorità di controllo abbia ulteriori poteri rispetto a quelli di cui ai paragrafi 1, 2 e 3. L'esercizio di tali poteri non pregiudica l'operatività effettiva del capo VII.

59. Relazioni sull'attività [1].

Ogni autorità di controllo elabora una relazione annuale sulla propria attività, in cui può figurare un elenco delle tipologie di violazioni notificate e di misure adottate a norma dell'articolo 58, paragrafo 2. Tali relazioni sono trasmesse al parlamento nazionale, al governo e alle altre autorità designate dal diritto dello Stato membro. Esse sono messe a disposizione del pubblico, della Commissione e del comitato.

(1) Così corretto con avviso di Rettifica pubblicato in G.U.C.E. L 23.5.2018, n. 127.

Capo VII
Cooperazione e coerenza

Sezione 1
Cooperazione

60. Cooperazione tra l'autorità di controllo capofila e le altre autorità di controllo interessate.

1. L'autorità di controllo capofila coopera con le altre autorità di controllo interessate conformemente al presente articolo nell'adoperarsi per raggiungere un consenso. L'autorità di controllo capofila e le autorità di controllo interessate si scambiano tutte le informazioni utili [1].

2. L'autorità di controllo capofila può chiedere in qualunque momento alle altre autorità di controllo interessate di fornire assistenza reciproca a norma dell'articolo 61 e può condurre operazioni congiunte a norma dell'articolo 62, in particolare per lo svolgimento di indagini o il controllo dell'attuazione di una misura riguardante un titolare del trattamento o responsabile del trattamento stabilito in un altro Stato membro.

3. L'autorità di controllo capofila comunica senza ritardo le informazioni utili sulla questione alle altre autorità di controllo interessate. Trasmette senza indugio alle altre autorità di controllo interessate un progetto di decisione per ottenere il loro parere e tiene debitamente conto delle loro opinioni [2].

4. Se una delle altre autorità di controllo interessate solleva un'obiezione pertinente e motivata al progetto di decisione entro un termine di quattro settimane dopo essere stata consultata conformemente al paragrafo 3 del presente articolo, l'autorità di controllo capofila, ove non dia seguito all'obiezione pertinente e motivata o ritenga l'obiezione non pertinente o non motivata, sottopone la questione al meccanismo di coerenza di cui all'articolo 63.

5. L'autorità di controllo capofila, qualora intenda dare seguito all'obiezione pertinente e motivata sollevata, trasmette un progetto di decisione riveduto alle altre autorità di controllo interessate per ottenere il loro parere. Tale progetto di decisione riveduto è soggetto alla procedura di cui al paragrafo 4 entro un termine di due settimane.

6. Se nessuna delle altre autorità di controllo interessate ha sollevato obiezioni al progetto di decisione trasmesso dall'autorità di controllo capofila entro il termine di cui ai paragrafi 4 e 5, si deve considerare che l'autorità di controllo capofila e le autorità di controllo interessate concordano su tale progetto di decisione e sono da esso vincolate.

7. L'autorità di controllo capofila adotta la decisione e la notifica allo stabilimento principale o allo stabilimento unico del titolare del trattamento o responsabile del trattamento, a seconda dei casi, e informa le altre autorità di controllo interessate e il comitato la decisione in questione, compresa una sintesi dei fatti e delle motivazioni pertinenti. L'autorità di controllo cui è stato proposto un reclamo informa il reclamante riguardo alla decisione.

8. In deroga al paragrafo 7, in caso di archiviazione o di rigetto di un reclamo, l'autorità di controllo cui è stato proposto il reclamo adotta la decisione e la notifica al reclamante e ne informa il titolare del trattamento.

9. Se l'autorità di controllo capofila e le autorità di controllo interessate convengono di archiviare o rigettare parti di un reclamo e di intervenire su altre parti di tale reclamo, è adottata una decisione separata per ciascuna di tali parti della questione. L'autorità di controllo capofila adotta la decisione per la parte riguardante azioni in relazione al titolare del trattamento e la notifica allo stabilimento principale o allo stabilimento unico del responsabile del trattamento o del responsabile del trattamento sul territorio del suo Stato membro e ne informa il reclamante, mentre l'autorità di controllo del reclamante adotta la decisione per la parte riguardante l'archiviazione o il rigetto di detto reclamo, la notifica a detto reclamante e ne informa il titolare del trattamento o il responsabile del trattamento.

10. Dopo aver ricevuto la notifica della decisione dell'autorità di controllo capofila a norma dei paragrafi 7 e 9, il titolare del trattamento o responsabile del trattamento adotta le misure necessarie per garantire la conformità alla decisione per quanto riguarda le attività di trattamento nel contesto di tutti i suoi stabilimenti nell'Unione. Il titolare del trattamento o responsabile del trattamento notifica le misure adottate per conformarsi alla decisione all'autorità di controllo capofila, che ne informa le altre autorità di controllo interessate.

11. Qualora, in circostanze eccezionali, un'autorità di controllo interessata abbia motivo di ritenere che urga intervenire per tutelare gli interessi degli interessati, si applica la procedura d'urgenza di cui all'articolo 66.

12. L'autorità di controllo capofila e le altre autorità di controllo interessate si scambiano reciprocamente con mezzi elettronici, usando un modulo standard, le informazioni richieste a norma del presente articolo.

(1) Così corretto con avviso di Rettifica pubblicato in G.U.C.E. L 23.5.2018, n. 127.

(2) Così corretto con avviso di Rettifica pubblicato in G.U.C.E. L 23.5.2018, n. 127.

61. Assistenza reciproca.

1. Le autorità di controllo si scambiano le informazioni utili e si prestano assistenza reciproca al fine di attuare e applicare il presente regolamento in maniera coerente, e mettono in atto misure per cooperare efficacemente tra loro. L'assistenza reciproca comprende, in particolare, le richieste di informazioni e le misure di controllo, quali le richieste di autorizzazioni e consultazioni preventive e le richieste di effettuare ispezioni e indagini.

2. Ogni autorità di controllo adotta tutte le misure opportune necessarie per dare seguito alle richieste delle altre autorità di controllo senza ingiustificato ritardo e comunque entro un mese dal ricevimento della richiesta. Tali misure possono consistere, in particolare, nella trasmissione di informazioni utili sullo svolgimento di un'indagine.

3. La richiesta di assistenza contiene tutte le informazioni necessarie, compresi lo scopo e i motivi della richiesta. Le informazioni scambiate sono utilizzate ai soli fini per cui sono state richieste.

4. L'autorità di controllo richiesta non deve rifiutare di dare seguito alla richiesta, salvo che:

a) non sia competente per trattare l'oggetto della richiesta o per le misure cui deve dare esecuzione; o

b) l'accoglimento della richiesta violi le disposizioni del presente regolamento o il diritto dell'Unione o dello Stato membro cui è soggetta l'autorità di controllo che riceve la richiesta.

5. L'autorità di controllo richiesta informa l'autorità di controllo richiedente dell'esito o, a seconda dei casi, dei progressi delle misure adottate per rispondere alla richiesta. L'autorità di controllo richiesta deve fornire le motivazioni del rigetto della richiesta.

6. Di norma, le autorità di controllo richieste forniscono con mezzi elettronici, usando un modulo standard, le informazioni richieste da altre autorità di controllo.

7. Le autorità di controllo richieste non impongono alcuna spesa per le misure da loro adottate a seguito di una richiesta di assistenza reciproca. Le autorità di controllo possono concordare disposizioni di indennizzo reciproco per spese specifiche risultanti dalla prestazione di assistenza reciproca in circostanze eccezionali.

8. Qualora l'autorità di controllo non fornisca le informazioni di cui al paragrafo 5 del presente articolo, entro un mese dal ricevimento della richiesta di un'altra autorità di controllo, l'autorità di controllo richiedente può adottare misure provvisorie nel territorio del suo Stato membro ai sensi dell'articolo 55, paragrafo 1. Si considera, in tal caso, che urga intervenire ai sensi dell'articolo 66, paragrafo 1, e che sia necessaria una decisione vincolante d'urgenza da parte del comitato a norma dell'articolo 66, paragrafo 2.

9. La Commissione può, mediante atti di esecuzione, specificare il formato e le procedure per l'assistenza reciproca di cui al presente articolo e le modalità per lo scambio di informazioni con mezzi elettronici tra autorità di controllo e tra le autorità di controllo e il comitato, in particolare il modulo standard di cui al paragrafo 6 del presente articolo. Tali atti di esecuzione sono adottati secondo la procedura d'esame di cui all'articolo 93, paragrafo 2.

62. Operazioni congiunte delle autorità di controllo.

1. Se del caso, le autorità di controllo conducono operazioni congiunte, incluse indagini congiunte e misure di contrasto congiunte, cui partecipano membri o personale di autorità di controllo di altri Stati membri.

2. Qualora il titolare del trattamento o responsabile del trattamento abbia stabilimenti in vari Stati membri o qualora esista la probabilità che il trattamento abbia su un numero significativo di interessati in più di uno Stato membro un impatto negativo sostanziale, un'autorità di controllo di ogni Stato membro in questione ha il diritto di partecipare alle operazioni congiunte. L'autorità di controllo che è competente conformemente all'articolo 56, paragrafo 1, o all'articolo 56 paragrafo 4, invita l'autorità di controllo di ogni Stato membro interessato a partecipare all'operazione congiunta in questione e risponde senza ritardo alle richieste di partecipazione delle autorità di controllo.

3. Un'autorità di controllo può, in conformità del diritto degli Stati membri e con l'autorizzazione dell'autorità di controllo ospitata, conferire poteri, anche d'indagine, ai membri o al personale dell'autorità di controllo ospitata che partecipano alle operazioni congiunte o consentire ai membri o al personale dell'autorità di controllo ospitata, nella misura in cui il diritto dello Stato membro dell'autorità di controllo ospite lo permette, di esercitare i loro poteri d indagine in conformità del diritto dello Stato membro dell'autorità di controllo ospitata. Tali poteri d'indagine possono essere esercitati unicamente sotto il controllo e in presenza di membri o personale dell'autorità di controllo ospite. I membri o il personale dell'autorità di controllo ospitata sono soggetti al diritto dello Stato membro dell'autorità di controllo ospite.

4. Qualora, in conformità del paragrafo 1, il personale di un'autorità di controllo ospitata operi in un altro Stato membro, lo Stato membro dell'autorità di controllo ospite si assume la responsabilità del suo operato, compreso l'obbligo di risarcimento, per i danni causati da detto personale nel corso delle operazioni, conformemente al diritto dello Stato membro nel cui territorio esso opera.

5. Lo Stato membro nel cui territorio sono stati causati i danni risarcisce tali danni alle condizioni applicabili ai danni causati dal proprio personale. Lo Stato membro dell'autorità di controllo ospitata il cui personale ha causato danni a terzi nel territorio di un altro Stato membro rimborsa integralmente a tale altro Stato membro importi corrisposti agli aventi diritto per conto di detti terzi.

6. Fatto salvo l'esercizio dei suoi diritti nei confronti di terzi e fatta eccezione per il paragrafo 5, ciascuno Stato membro rinuncia, nel caso previsto al paragrafo 1, a chiedere a un altro Stato membro il risarcimento dei danni di cui al paragrafo 4.

7. Qualora sia prevista un'operazione congiunta e un'autorità di controllo non si conformi entro un mese all'obbligo di cui al paragrafo 2, seconda frase, del presente articolo, le altre autorità di controllo possono adottare misure provvisorie nel territorio del loro Stato membro ai sensi dell'articolo 55. Si considera, in tal caso, che urga intervenire ai sensi dell'articolo 66, paragrafo 1, e che siano necessari un parere o una decisione vincolante d'urgenza da parte del comitato a norma dell'articolo 66, paragrafo 2.

Sezione 2
Coerenza

63. Meccanismo di coerenza.

Al fine di contribuire all'applicazione coerente del presente regolamento in tutta l'Unione, le autorità di controllo cooperano tra loro e, se del caso, con la Commissione mediante il meccanismo di coerenza stabilito nella presente sezione.

64. Parere del comitato europeo per la protezione dei dati.

1. Il comitato emette un parere ove un'autorità di controllo competente intenda adottare una delle misure in appresso. A tal fine, l'autorità di controllo competente comunica il progetto di decisione al comitato, quando la decisione:

a) è finalizzata a stabilire un elenco di trattamenti soggetti al requisito di una valutazione d'impatto sulla protezione dei dati ai sensi dell'articolo 35, paragrafo 4;
b) riguarda una questione di cui all'articolo 40, paragrafo 7, relativa alla conformità al presente regolamento di un progetto di codice di condotta o una modifica o proroga di un codice di condotta;
c) è finalizzata ad approvare i requisiti per l'accreditamento di un organismo ai sensi dell'articolo 41, paragrafo 3, di un organismo di certificazione ai sensi dell'articolo 43, paragrafo 3, o i criteri per la certificazione di cui all'articolo 42, paragrafo 5 [(1)];
d) è finalizzata a determinare clausole tipo di protezione dei dati di cui all'articolo 46, paragrafo 2, lettera d), e all'articolo 28, paragrafo 8;
e) è finalizzata ad autorizzare clausole contrattuali di cui all'articolo 46, paragrafo 3, lettera a); oppure
f) è finalizzata ad approvare norme vincolanti d'impresa ai sensi dell'articolo 47.

2. Qualsiasi autorità di controllo, il presidente del comitato o la Commissione può richiedere che le questioni di applicazione generale o che producono effetti in più di uno Stato membro siano esaminate dal comitato al fine di ottenere un parere, in particolare se un'autorità di controllo competente non si conforma agli obblighi relativi all'assistenza reciproca ai sensi dell'articolo 61 o alle operazioni congiunte ai sensi dell'articolo 62.

3. Nei casi di cui ai paragrafi 1 e 2, il comitato emette un parere sulla questione che gli è stata presentata, purché non abbia già emesso un parere sulla medesima questione. Tale parere è adottato entro un termine di otto settimane a maggioranza semplice dei membri del comitato. Tale termine può essere prorogato di sei settimane, tenendo conto della complessità della questione. Per quanto riguarda il progetto di decisione di cui al paragrafo 1 trasmesso ai membri del comitato conformemente al paragrafo 5, il membro che non abbia sollevato obiezioni entro un termine ragionevole indicato dal presidente è considerato assentire al progetto di decisione.

4. Senza ingiustificato ritardo, le autorità di controllo e la Commissione comunicano per via elettronica, usando un modulo standard, al comitato tutte le informazioni utili, in particolare, a seconda del caso, una sintesi dei fatti, il progetto di decisione, i motivi che rendono necessaria l'attuazione di tale misura e i pareri delle altre autorità di controllo interessate.

5. Il presidente del comitato informa, senza ingiustificato ritardo, con mezzi elettronici:

a) i membri del comitato e la Commissione di tutte le informazioni utili che sono state comunicate al comitato con modulo standard. Se necessario, il segretariato del comitato fornisce una traduzione delle informazioni utili; e
b) l'autorità di controllo di cui, secondo i casi, ai paragrafi 1 e 2, e la Commissione in merito al parere, che rende pubblico.

6. L'autorità di controllo competente di cui al paragrafo 1 si astiene dall'adottare il suo progetto di decisione di cui al paragrafo 1 entro il termine di cui al paragrafo 3 [(2)].

7. L'autorità di controllo competente di cui al paragrafo 1 tiene nella massima considerazione il parere del comitato e, entro due settimane dal ricevimento del parere, comunica per via elettronica, usando un modulo standard, al presidente del comitato se intende mantenere o modificare il progetto di decisione e, se del caso, il progetto di decisione modificato (3).

8. Se entro il termine di cui al paragrafo 7 del presente articolo l'autorità di controllo competente di cui al paragrafo 1 informa il presidente del comitato, fornendo le pertinenti motivazioni, che non intende conformarsi al parere del comitato, in tutto o in parte, si applica l'articolo 65, paragrafo 1 (4).

(1) Così corretto con avviso di Rettifica pubblicato in G.U.C.E. L 23.5.2018, n. 127.
(2) Così corretto con avviso di Rettifica pubblicato in G.U.C.E. L 23.5.2018, n. 127.
(3) Così corretto con avviso di Rettifica pubblicato in G.U.C.E. L 23.5.2018, n. 127.
(4) Così corretto con avviso di Rettifica pubblicato in G.U.C.E. L 23.5.2018, n. 127.

65. Composizione delle controversie da parte del comitato.

1. Al fine di assicurare l'applicazione corretta e coerente del presente regolamento nei singoli casi, il comitato adotta una decisione vincolante nei seguenti casi:

a) se, in un caso di cui all'articolo 60, paragrafo 4, un'autorità di controllo interessata ha sollevato un'obiezione pertinente e motivata a un progetto di decisione dell'autorità di controllo capofila e l'autorità capofila di controllo non abbia dato seguito all'obiezione o abbia rigettato tale obiezione in quanto non pertinente o non motivata. La decisione vincolante riguarda tutte le questioni oggetto dell'obiezione pertinente e motivata, in particolare se sussista una violazione del presente regolamento (1);

b) se vi sono opinioni contrastanti in merito alla competenza delle autorità di controllo interessate per lo stabilimento principale;

c) se un'autorità di controllo competente non richiede il parere del comitato nei casi di cui all'articolo 64, paragrafo 1, o non si conforma al parere del comitato emesso a norma dell'articolo 64. In tal caso qualsiasi autorità di controllo interessata o la Commissione può comunicare la questione al comitato.

2. La decisione di cui al paragrafo 1 è adottata entro un mese dal deferimento della questione da parte di una maggioranza di due terzi dei membri del comitato. Tale termine può essere prorogato di un mese, in considerazione della complessità della questione. La decisione di cui al paragrafo 1 è motivata e trasmessa all'autorità di controllo capofila e a tutte le autorità di controllo interessate ed è per esse vincolante.

3. Qualora non sia stato in grado di adottare una decisione entro i termini di cui al paragrafo 2, il comitato adotta la sua decisione entro due settimane dalla scadenza del secondo mese di cui al paragrafo 2, a maggioranza semplice dei membri del comitato. In caso di parità di voti dei membri del comitato, prevale il voto del presidente.

4. Le autorità di controllo interessate non adottano una decisione sulla questione sottoposta al comitato a norma del paragrafo 1 entro i termini di cui ai paragrafi 2 e 3.

5. Il presidente del comitato notifica senza ingiustificato ritardo alle autorità di controllo interessate la decisione di cui al paragrafo 1 e ne informa la Commissione. La decisione è pubblicata senza ritardo sul sito web del comitato dopo che l'autorità di controllo ha notificato la decisione definitiva di cui al paragrafo 6.

6. L'autorità di controllo capofila o, se del caso, l'autorità di controllo a cui è stato proposto il reclamo adotta la sua decisione definitiva in base alla decisione di cui al paragrafo 1 del presente articolo senza ingiustificato ritardo e al più tardi entro un mese dalla notifica della decisione da parte del comitato. L'autorità di controllo capofila o, se del caso, l'autorità di controllo a cui è stato proposto il reclamo, informa il comitato circa la data in cui la decisione definitiva è notificata rispettivamente al titolare del trattamento o al responsabile del trattamento e all'interessato. La decisione definitiva delle autorità di controllo interessate è adottata ai sensi dell'articolo 60, paragrafi 7, 8 e 9. La decisione finale fa riferimento alla decisione di cui al paragrafo 1 del presente articolo e precisa che la decisione di cui a tale paragrafo sarà pubblicata sul sito web del comitato conformemente al paragrafo 5 del presente articolo. La decisione finale deve accludere la decisione di cui al paragrafo 1 del presente articolo.

(1) Così corretto con avviso di Rettifica pubblicato in G.U.C.E. L 23.5.2018, n. 127.

66. Procedura d'urgenza.

1. In circostanze eccezionali, qualora ritenga che urga intervenire per proteggere i diritti e le libertà degli interessati, un'autorità di controllo interessata può, in deroga al meccanismo di coerenza di cui agli articoli 63, 64 e 65, o alla procedura di cui all'articolo 60, adottare immediatamente misure provvisorie intese a produrre effetti giuridici nel proprio territorio, con un periodo di validità determinato che non supera i tre mesi. L'autorità di controllo comunica senza ritardo tali misure e la motivazione della loro adozione alle altre autorità di controllo interessate, al comitato e alla Commissione.

2. Qualora abbia adottato una misura ai sensi del paragrafo 1 e ritenga che urga adottare misure definitive, l'autorità di controllo può chiedere un parere d'urgenza o una decisione vincolante d'urgenza del comitato, motivando tale richiesta.

3. Qualsiasi autorità di controllo può chiedere un parere d'urgenza o una decisione vincolante d'urgenza, a seconda dei casi, del comitato qualora un'autorità di controllo competente non abbia adottato misure adeguate in una situazione in cui urge intervenire per proteggere i diritti e le libertà degli interessati, motivando la richiesta di tale parere o decisione, in particolare l'urgenza dell'intervento.

4. In deroga all'articolo 64, paragrafo 3, e all'articolo 65, paragrafo 2, il parere d'urgenza o la decisione vincolante d'urgenza di cui ai paragrafi 2 e 3 del presente articolo sono adottati entro due settimane a maggioranza semplice dei membri del comitato.

67. Scambio di informazioni.

La Commissione può adottare atti di esecuzione di portata generale per specificare le modalità per lo scambio di informazioni per via elettronica tra autorità di controllo e tra le autorità di controllo e il comitato, in particolare il modulo standard di cui all'articolo 64.

Tali atti di esecuzione sono adottati secondo la procedura d'esame di cui all'articolo 93, paragrafo 2.

Sezione 3
Comitato europeo per la protezione dei dati

68. Comitato europeo per la protezione dei dati.

1. Il comitato europeo per la protezione dei dati («comitato») è istituito quale organismo dell'Unione ed è dotato di personalità giuridica.

2. Il comitato è rappresentato dal suo presidente.

3. Il comitato è composto dalla figura di vertice di un'autorità di controllo per ciascuno Stato membro e dal garante europeo della protezione dei dati, o dai rispettivi rappresentanti.

4. Qualora, in uno Stato membro, più autorità di controllo siano incaricate di sorvegliare l'applicazione delle disposizioni del presente regolamento, è designato un rappresentante comune conformemente al diritto di tale Stato membro.

5. La Commissione ha il diritto di partecipare alle attività e alle riunioni del comitato senza diritto di voto. La Commissione designa un rappresentante. Il presidente del comitato comunica alla Commissione le attività del comitato.

6. Nei casi di cui all'articolo 65, il garante europeo della protezione dei dati ha diritto di voto solo per decisioni che riguardano principi e norme applicabili a istituzioni, organi, uffici e agenzie dell'Unione che corrispondono nella sostanza a quelli del presente regolamento.

69. Indipendenza.

1. Nell'esecuzione dei suoi compiti o nell'esercizio dei suoi poteri ai sensi degli articoli 70 e 71, il comitato opera con indipendenza.

2. Fatte salve le richieste della Commissione di cui all'articolo 70, paragrafi 1 e 2, nell'esecuzione dei suoi compiti o nell'esercizio dei suoi poteri il comitato non sollecita né accetta istruzioni da alcuno [(1)].

(1) Così corretto con avviso di Rettifica pubblicato in G.U.C.E. L 23.5.2018, n. 127.

70. Compiti del comitato.

1. Il comitato garantisce l'applicazione coerente del presente regolamento. A tal fine, il comitato, di propria iniziativa o, se del caso, su richiesta della Commissione, in particolare:

a) monitora il presente regolamento e ne assicura l'applicazione corretta nei casi previsti agli articoli 64 e 65 fatti salvi i compiti delle autorità nazionali di controllo [(1)];
b) fornisce consulenza alla Commissione in merito a qualsiasi questione relativa alla protezione dei dati personali nell'Unione, comprese eventuali proposte di modifica del presente regolamento;
c) fornisce consulenza alla Commissione sul formato e le procedure per lo scambio di informazioni tra titolari del trattamento, responsabili del trattamento e autorità di controllo in merito alle norme vincolanti d'impresa;
d) pubblica linee guida, raccomandazioni e migliori prassi in materia di procedure per la cancellazione di link, copie o riproduzioni di dati personali dai servizi di comunicazione accessibili al pubblico di cui all'articolo 17, paragrafo 2;
e) esamina, di propria iniziativa o su richiesta di uno dei suoi membri o della Commissione, qualsiasi questione relativa all'applicazione del presente regolamento e pubblica linee guida, raccomandazioni e migliori prassi al fine di promuovere l'applicazione coerente del presente regolamento;
f) pubblica linee guida, raccomandazioni e migliori pratiche conformemente alla lettera e) del presente paragrafo, per specificare ulteriormente i criteri e le condizioni delle decisioni basate sulla profilazione ai sensi dell'articolo 22, paragrafo 2;
g) pubblica linee guida, raccomandazioni e migliori prassi conformemente alla lettera e) del presente paragrafo, per accertare la violazione di dati personali e determinare l'ingiustificato ritardo di cui all'articolo 33, paragrafi 1 e 2, e le circostanze particolari in cui il titolare del trattamento o il responsabile del trattamento è tenuto a notificare la violazione dei dati personali;
h) pubblica linee guida, raccomandazioni e migliori prassi conformemente alla lettera e) del presente paragrafo, relative alle circostanze in cui una violazione dei dati personali è suscettibile di presentare un rischio elevato per i diritti e le libertà delle persone fisiche di cui all'articolo 34, paragrafo 1;
i) pubblica linee guida, raccomandazioni e migliori prassi conformemente alla lettera e) del presente paragrafo, al fine di specificare ulteriormente i criteri e i requisiti dei trasferimenti di dati personali basati sulle norme vincolanti d'impresa applicate, rispettivamente, dai titolari del trattamento e dai responsabili del trattamento, nonché gli ulteriori requisiti per assicurare la protezione dei dati personali degli interessati di cui all'articolo 47;
j) pubblica linee guida, raccomandazioni e migliori prassi conformemente alla lettera e) del presente paragrafo, al fine di specificare ulteriormente i criteri e i requisiti dei trasferimenti di dati personali sulla base dell'articolo 49, paragrafo 1;

k) elabora per le autorità di controllo linee guida riguardanti l'applicazione delle misure di cui all'articolo 58, paragrafi 1, 2 e 3, e la previsione delle sanzioni amministrative pecuniarie ai sensi dell'articolo 83;
l) valuta l'applicazione pratica delle linee guida, raccomandazioni e migliori prassi [(2)];
m) pubblica linee guida, raccomandazioni e migliori prassi conformemente alla lettera e) del presente paragrafo, per stabilire procedure comuni per le segnalazioni da parte di persone fisiche di violazioni del presente regolamento ai sensi dell'articolo 54, paragrafo 2;
n) incoraggia l'elaborazione di codici di condotta e l'istituzione di meccanismi di certificazione della protezione dei dati nonché di sigilli e marchi di protezione dei dati ai sensi degli articoli 40 e 42;
o) approva i criteri di certificazione a norma dell'articolo 42, paragrafo 5, e tiene un registro pubblico di meccanismi di certificazione e di sigilli e marchi di protezione dei dati a norma dell'articolo 42, paragrafo 8, e dei titolari o responsabili del trattamento certificati, stabiliti in paesi terzi a norma dell'articolo 42, paragrafo 7 [(3)];
p) approva i requisiti di cui all'articolo 43, paragrafo 3, ai fini dell'accreditamento degli organismi di certificazione di cui all'articolo 43 [(4)];
q) fornisce alla Commissione un parere in merito ai requisiti di certificazione di cui all'articolo 43, paragrafo 8;
r) fornisce alla Commissione un parere in merito alle icone di cui all'articolo 12, paragrafo 7;
s) fornisce alla Commissione un parere per valutare l'adeguatezza del livello di protezione in un paese terzo o in un'organizzazione internazionale, così come per valutare se il paese terzo, il territorio o uno o più settori specifici all'interno di tale paese terzo, o l'organizzazione internazionale non assicurino più un livello adeguato di protezione. A tal fine, la Commissione fornisce al comitato tutta la documentazione necessaria, inclusa la corrispondenza con il governo del paese terzo, con riguardo a tale paese terzo, territorio o settore specifico, o con l'organizzazione internazionale;
t) emette pareri sui progetti di decisione delle autorità di controllo conformemente al meccanismo di coerenza di cui all'articolo 64, paragrafo 1, e sulle questioni presentate conformemente all'articolo 64, paragrafo 2, ed emette decisioni vincolanti ai sensi dell'articolo 65, anche nei casi di cui all'articolo 66;
u) promuove la cooperazione e l'effettivo scambio di informazioni e prassi tra le autorità di controllo a livello bilaterale e multilaterale;
v) promuove programmi comuni di formazione e facilita lo scambio di personale tra le autorità di controllo e, se del caso, con le autorità di controllo di paesi terzi o di organizzazioni internazionali;
w) promuove lo scambio di conoscenze e documentazione sulla legislazione e sulle prassi in materia di protezione dei dati tra autorità di controllo di tutto il mondo;
x) emette pareri sui codici di condotta redatti a livello di Unione a norma dell'articolo 40, paragrafo 9; e
y) tiene un registro elettronico, accessibile al pubblico, delle decisioni adottate dalle autorità di controllo e dalle autorità giurisdizionali su questioni trattate nell'ambito del meccanismo di coerenza.

2. Qualora chieda consulenza al comitato, la Commissione può indicare un termine, tenuto conto dell'urgenza della questione.

3. Il comitato trasmette pareri, linee guida, raccomandazioni e migliori prassi alla Commissione e al comitato di cui all'articolo 93, e li pubblica.

4. Se del caso, il comitato consulta le parti interessate e offre loro la possibilità di esprimere commenti entro un termine ragionevole. Fatto salvo l'articolo 76, il comitato rende pubblici i risultati della procedura di consultazione.

(1) Così corretta con avviso di Rettifica pubblicato in G.U.C.E. L 23.5.2018, n. 127.
(2) Così corretta con avviso di Rettifica pubblicato in G.U.C.E. L 23.5.2018, n. 127.
(3) Così corretta con avviso di Rettifica pubblicato in G.U.C.E. L 23.5.2018, n. 127.
(4) Così corretta con avviso di Rettifica pubblicato in G.U.C.E. L 23.5.2018, n. 127.

71. Relazioni.

1. Il comitato redige una relazione annuale sulla protezione delle persone fisiche con riguardo al trattamento nell'Unione e, se del caso, nei paesi terzi e nelle organizzazioni internazionali. La relazione è pubblicata ed è trasmessa al Parlamento europeo, al Consiglio e alla Commissione.

2. La relazione annuale include la valutazione dell'applicazione pratica delle linee guida, raccomandazioni e migliori prassi di cui all'articolo 70, paragrafo 1, lettera l), nonché delle decisioni vincolanti di cui all'articolo 65.

72. Procedura.

1. Il comitato decide a maggioranza semplice dei suoi membri, salvo se diversamente previsto dal presente regolamento.

2. Il comitato adotta il proprio regolamento interno deliberando a maggioranza di due terzi dei suoi membri e stabilisce le modalità del proprio funzionamento.

73. Presidente.

1. Il comitato elegge un presidente e due vicepresidenti tra i suoi membri a maggioranza semplice.

2. Il presidente e i vicepresidenti hanno un mandato di cinque anni, rinnovabile una volta.

74. Compiti del presidente.

1. Il presidente ha il compito di:
a) convocare le riunioni del comitato e stabilirne l'ordine del giorno;

b) notificare le decisioni adottate dal comitato a norma dell'articolo 65 all'autorità di controllo capofila e alle autorità di controllo interessate;
c) assicurare l'esecuzione tempestiva dei compiti del comitato, in particolare in relazione al meccanismo di coerenza di cui all'articolo 63.

2. Il comitato europeo stabilisce nel proprio regolamento interno la ripartizione dei compiti tra presidente e vicepresidenti.

75. Segreteria.

1. Il comitato dispone di una segreteria messa a disposizione dal garante europeo della protezione dei dati.

2. La segreteria svolge i propri compiti seguendo esclusivamente le istruzioni del presidente del comitato.

3. Il personale del garante europeo della protezione dei dati coinvolto nell'assolvimento dei compiti attribuiti al comitato dal presente regolamento è soggetto a linee gerarchiche separate rispetto al personale coinvolto nello svolgimento dei compiti attribuiti al garante europeo della protezione dei dati.

4. Se del caso, il comitato e il garante europeo della protezione dei dati stabiliscono e pubblicano un protocollo d'intesa che attua il presente articolo, stabilisce i termini della loro cooperazione e si applica al personale del garante europeo della protezione dei dati coinvolto nell'assolvimento dei compiti attribuiti al comitato dal presente regolamento.

5. La segreteria presta assistenza in materia di analisi, amministrativa e logistica al comitato.

6. La segreteria è incaricata in particolare:
a) della gestione ordinaria del comitato;
b) della comunicazione tra i membri del comitato, il suo presidente e la Commissione;
c) della comunicazione con le altre istituzioni e il pubblico;
d) dell'uso di mezzi elettronici per la comunicazione interna ed esterna;
e) della traduzione delle informazioni rilevanti;
f) della preparazione delle riunioni del comitato e del relativo seguito;
g) della preparazione, redazione e pubblicazione dei pareri, delle decisioni sulla composizione delle controversie tra le autorità di controllo e di altri testi adottati dal comitato.

76. Riservatezza.

1. Se il comitato europeo lo ritiene necessario, le sue deliberazioni hanno carattere riservato, come previsto dal suo regolamento interno.

2. L'accesso ai documenti trasmessi ai membri del comitato, agli esperti e ai rappresentanti di terzi è disciplinato dal regolamento (CE) n. 1049/2001 del Parlamento europeo e del Consiglio.

Capo VIII
Mezzi di ricorso, responsabilità e sanzioni

77. Diritto di proporre reclamo all'autorità di controllo.

1. Fatto salvo ogni altro ricorso amministrativo o giurisdizionale, l'interessato che ritenga che il trattamento che lo riguarda violi il presente regolamento ha il diritto di proporre reclamo a un'autorità di controllo, segnatamente nello Stato membro in cui risiede abitualmente, lavora oppure del luogo ove si è verificata la presunta violazione.

2. L'autorità di controllo a cui è stato proposto il reclamo informa il reclamante dello stato o dell'esito del reclamo, compresa la possibilità di un ricorso giurisdizionale ai sensi dell'articolo 78.

78. Diritto a un ricorso giurisdizionale effettivo nei confronti dell'autorità di controllo.

1. Fatto salvo ogni altro ricorso amministrativo o extragiudiziale, ogni persona fisica o giuridica ha il diritto di proporre un ricorso giurisdizionale effettivo avverso una decisione giuridicamente vincolante dell'autorità di controllo che la riguarda.

2. Fatto salvo ogni altro ricorso amministrativo o extragiudiziale, ciascun interessato ha il diritto di proporre un ricorso giurisdizionale effettivo qualora l'autorità di controllo che sia competente ai sensi degli articoli 55 e 56 non tratti un reclamo o non lo informi entro tre mesi dello stato o dell'esito del reclamo proposto ai sensi dell'articolo 77.

3. Le azioni nei confronti dell'autorità di controllo sono promosse dinanzi alle autorità giurisdizionali dello Stato membro in cui l'autorità di controllo è stabilita.

4. Qualora siano promosse azioni avverso una decisione di un'autorità di controllo che era stata preceduta da un parere o da una decisione del comitato nell'ambito del meccanismo di coerenza, l'autorità di controllo trasmette tale parere o decisione all'autorità giurisdizionale.

79. Diritto a un ricorso giurisdizionale effettivo nei confronti del titolare del trattamento o del responsabile del trattamento.

1. Fatto salvo ogni altro ricorso amministrativo o extragiudiziale disponibile, compreso il diritto di proporre reclamo a un'autorità di controllo ai sensi dell'articolo 77, ogni interessato ha il diritto di proporre un ricorso giurisdizionale effettivo qualora ritenga che i diritti di cui gode a norma del presente regolamento siano stati violati a seguito di un trattamento.

2. Le azioni nei confronti del titolare del trattamento o del responsabile del trattamento sono promosse dinanzi alle autorità giurisdizionali dello Stato membro in cui il titolare del trattamento o il responsabile del trattamento ha uno stabilimento. In alternativa, tali azioni possono essere promosse dinanzi alle autorità giurisdizionali dello Stato membro in cui l'interessato risiede abitualmente, salvo che il titolare del trattamento o il responsabile del trattamento sia un'autorità pubblica di uno Stato membro nell'esercizio dei pubblici poteri.

80. Rappresentanza degli interessati.

1. L'interessato ha il diritto di dare mandato a un organismo, un'organizzazione o un'associazione senza scopo di lucro, che siano debitamente costituiti secondo il diritto di uno Stato membro, i cui obiettivi statutari siano di pubblico interesse e che siano attivi nel settore della protezione dei diritti e delle libertà degli interessati con riguardo alla protezione dei dati personali, di proporre il reclamo per suo conto e di esercitare per suo conto i diritti di cui agli articoli 77, 78 e 79 nonché, se previsto dal diritto degli Stati membri, il diritto di ottenere il risarcimento di cui all'articolo 82.

2. Gli Stati membri possono prevedere che un organismo, organizzazione o associazione di cui al paragrafo 1 del presente articolo, indipendentemente dal mandato conferito dall'interessato, abbia il diritto di proporre, in tale Stato membro, un reclamo all'autorità di controllo competente, e di esercitare i diritti di cui agli articoli 78 e 79, qualora ritenga che i diritti di cui un interessato gode a norma del presente regolamento siano stati violati in seguito al trattamento.

81. Sospensione delle azioni.

1. L'autorità giurisdizionale competente di uno Stato membro che venga a conoscenza di azioni riguardanti lo stesso oggetto relativamente al trattamento dello stesso titolare del trattamento o dello stesso responsabile del trattamento pendenti presso un'autorità giurisdizionale in un altro Stato membro, prende contatto con tale autorità giurisdizionale nell'altro Stato membro per confermare l'esistenza delle azioni.

2. Qualora azioni riguardanti lo stesso oggetto relativamente al trattamento dello stesso titolare del trattamento o dello stesso responsabile del trattamento siano pendenti presso un'autorità giurisdizionale in un altro Stato membro, qualunque autorità giurisdizionale competente successivamente adita può sospendere le azioni.

3. Se tali azioni sono pendenti in primo grado, qualunque autorità giurisdizionale successivamente adita può parimenti dichiarare la propria incompetenza su richiesta di una delle parti a condizione che l'autorità giurisdizionale adita per prima sia competente a conoscere delle domande proposte e la sua legge consenta la riunione dei procedimenti.

82. Diritto al risarcimento e responsabilità.

1. Chiunque subisca un danno materiale o immateriale causato da una violazione del presente regolamento ha il diritto di ottenere il risarcimento del danno dal titolare del trattamento o dal responsabile del trattamento.

2. Un titolare del trattamento coinvolto nel trattamento risponde per il danno cagionato dal suo trattamento che violi il presente regolamento. Un responsabile del trattamento risponde per il danno causato dal trattamento solo se non ha adempiuto gli obblighi del presente regolamento specificatamente diretti ai responsabili del trattamento o ha agito in modo difforme o contrario rispetto alle legittime istruzioni del titolare del trattamento.

3. Il titolare del trattamento o il responsabile del trattamento è esonerato dalla responsabilità, a norma del paragrafo 2 se dimostra che l'evento dannoso non gli è in alcun modo imputabile.

4. Qualora più titolari del trattamento o responsabili del trattamento oppure entrambi il titolare del trattamento e il responsabile del trattamento siano coinvolti nello stesso trattamento e siano, ai sensi dei paragrafi 2 e 3, responsabili dell'eventuale danno causato dal trattamento, ogni titolare del trattamento o responsabile del trattamento è responsabile in solido per l'intero ammontare del danno, al fine di garantire il risarcimento effettivo dell'interessato.

5. Qualora un titolare del trattamento o un responsabile del trattamento abbia pagato, conformemente al paragrafo 4, l'intero risarcimento del danno, tale titolare del trattamento o responsabile del trattamento ha il diritto di reclamare dagli altri titolari del trattamento o responsabili del trattamento coinvolti nello stesso trattamento la parte del risarcimento corrispondente alla loro parte di responsabilità per il danno conformemente alle condizioni di cui al paragrafo 2.

6. Le azioni legali per l'esercizio del diritto di ottenere il risarcimento del danno sono promosse dinanzi alle autorità giurisdizionali competenti a norma del diritto dello Stato membro di cui all'articolo 79, paragrafo 2.

83. Condizioni generali per infliggere sanzioni amministrative pecuniarie.

1. Ogni autorità di controllo provvede affinché le sanzioni amministrative pecuniarie inflitte ai sensi del presente articolo in relazione alle violazioni del presente regolamento di cui ai paragrafi 4, 5 e 6 siano in ogni singolo caso effettive, proporzionate e dissuasive.

2. Le sanzioni amministrative pecuniarie sono inflitte, in funzione delle circostanze di ogni singolo caso, in aggiunta alle misure di cui all'articolo 58, paragrafo 2, lettere da a) a h) e j), o in luogo di tali misure. Al momento di decidere se infliggere una sanzione amministrativa pecuniaria e di fissare l'ammontare della stessa in ogni singolo caso si tiene debito conto dei seguenti elementi:

a) la natura, la gravità e la durata della violazione tenendo in considerazione la natura, l'oggetto o a finalità del trattamento in questione nonché il numero di interessati lesi dal danno e il livello del danno da essi subito;
b) il carattere doloso o colposo della violazione;
c) le misure adottate dal titolare del trattamento o dal responsabile del trattamento per attenuare il danno subito dagli interessati;
d) il grado di responsabilità del titolare del trattamento o del responsabile del trattamento tenendo conto

delle misure tecniche e organizzative da essi messe in atto ai sensi degli articoli 25 e 32;

e) eventuali precedenti violazioni pertinenti commesse dal titolare del trattamento o dal responsabile del trattamento;

f) il grado di cooperazione con l'autorità di controllo al fine di porre rimedio alla violazione e attenuarne i possibili effetti negativi;

g) le categorie di dati personali interessate dalla violazione;

h) la maniera in cui l'autorità di controllo ha preso conoscenza della violazione, in particolare se e in che misura il titolare del trattamento o il responsabile del trattamento ha notificato la violazione;

i) qualora siano stati precedentemente disposti provvedimenti di cui all'articolo 58, paragrafo 2, nei confronti del titolare del trattamento o del responsabile del trattamento in questione relativamente allo stesso oggetto, il rispetto di tali provvedimenti;

j) l'adesione ai codici di condotta approvati ai sensi dell'articolo 40 o ai meccanismi di certificazione approvati ai sensi dell'articolo 42; e

k) eventuali altri fattori aggravanti o attenuanti applicabili alle circostanze del caso, ad esempio i benefici finanziari conseguiti o le perdite evitate, direttamente o indirettamente, quale conseguenza della violazione.

3. Se, in relazione allo stesso trattamento o a trattamenti collegati, un titolare del trattamento o un responsabile del trattamento viola, con dolo o colpa, varie disposizioni del presente regolamento, l'importo totale della sanzione amministrativa pecuniaria non supera l'importo specificato per la violazione più grave.

4. In conformità del paragrafo 2, la violazione delle disposizioni seguenti è soggetta a sanzioni amministrative pecuniarie fino a 10 000 000 EUR, o per le imprese, fino al 2 % del fatturato mondiale totale annuo dell'esercizio precedente, se superiore:

a) gli obblighi del titolare del trattamento e del responsabile del trattamento a norma degli articoli 8, 11, da 25 a 39, 42 e 43;

b) gli obblighi dell'organismo di certificazione a norma degli articoli 42 e 43;

c) gli obblighi dell'organismo di controllo a norma dell'articolo 41, paragrafo 4;

5. In conformità del paragrafo 2, la violazione delle disposizioni seguenti è soggetta a sanzioni amministrative pecuniarie fino a 20 000 000 EUR, o per le imprese, fino al 4 % del fatturato mondiale totale annuo dell'esercizio precedente, se superiore:

a) i principi di base del trattamento, comprese le condizioni relative al consenso, a norma degli articoli 5, 6, 7 e 9;

b) i diritti degli interessati a norma degli articoli da 12 a 22;

c) i trasferimenti di dati personali a un destinatario in un paese terzo o un'organizzazione internazionale a norma degli articoli da 44 a 49;

d) qualsiasi obbligo ai sensi delle legislazioni degli Stati membri adottate a norma del capo IX;

e) l'inosservanza di un ordine, di una limitazione provvisoria o definitiva di trattamento o di un ordine di sospensione dei flussi di dati dell'autorità di controllo ai sensi dell'articolo 58, paragrafo 2, o il negato accesso in violazione dell'articolo 58, paragrafo 1.

6. In conformità del paragrafo 2 del presente articolo, l'inosservanza di un ordine da parte dell'autorità di controllo di cui all'articolo 58, paragrafo 2, è soggetta a sanzioni amministrative pecuniarie fino a 20 000 000 EUR, o per le imprese, fino al 4 % del fatturato mondiale totale annuo dell'esercizio precedente, se superiore.

7. Fatti salvi i poteri correttivi delle autorità di controllo a norma dell'articolo 58, paragrafo 2, ogni Stato membro può prevedere norme che dispongano se e in quale misura possono essere inflitte sanzioni amministrative pecuniarie ad autorità pubbliche e organismi pubblici istituiti in tale Stato membro.

8. L'esercizio da parte dell'autorità di controllo dei poteri attribuitile dal presente articolo è soggetto a garanzie procedurali adeguate in conformità del diritto dell'Unione e degli Stati membri, inclusi il ricorso giurisdizionale effettivo e il giusto processo.

9. Se l'ordinamento giuridico dello Stato membro non prevede sanzioni amministrative pecuniarie, il presente articolo può essere applicato in maniera tale che l'azione sanzionatoria sia avviata dall'autorità di controllo competente e la sanzione pecuniaria sia irrogata dalle competenti autorità giurisdizionali nazionali, garantendo nel contempo che i mezzi di ricorso siano effettivi e abbiano effetto equivalente alle sanzioni amministrative pecuniarie irrogate dalle autorità di controllo. In ogni caso, le sanzioni pecuniarie irrogate sono effettive, proporzionate e dissuasive. Tali Stati membri notificano alla Commissione le disposizioni di legge adottate a norma del presente paragrafo al più tardi entro il 25 maggio 2018 e comunicano senza ritardo ogni successiva modifica [(1)].

(1) Così corretto con avviso di Rettifica pubblicato in G.U.C.E. L 23.5.2018, n. 127.

84. Sanzioni.

1. Gli Stati membri stabiliscono le norme relative alle altre sanzioni per le violazioni del presente regolamento in particolare per le violazioni non soggette a sanzioni amministrative pecuniarie a norma dell'articolo 83, e adottano tutti i provvedimenti necessari per assicurarne l'applicazione. Tali sanzioni devono essere effettive, proporzionate e dissuasive.

2. Ogni Stato membro notifica alla Commissione le disposizioni di legge adottate ai sensi del paragrafo 1 al più tardi entro il 25 maggio 2018, e comunica senza ritardo ogni successiva modifica [(1)].

(1) Così corretto con avviso di Rettifica pubblicato in G.U.C.E. L 23.5.2018, n. 127.

Capo IX
Disposizioni relative a specifiche situazioni di trattamento

85. Trattamento e libertà d'espressione e di informazione.

1. Il diritto degli Stati membri concilia la protezione dei dati personali ai sensi del presente regolamento con il diritto alla libertà d'espressione e di informazione, incluso il trattamento a scopi giornalistici o di espressione accademica, artistica o letteraria.

2. Ai fini del trattamento effettuato a scopi giornalistici o di espressione accademica, artistica o letteraria, gli Stati membri prevedono esenzioni o deroghe rispetto ai capi II (principi), III (diritti dell'interessato), IV (titolare del trattamento e responsabile del trattamento), V (trasferimento di dati personali verso paesi terzi o organizzazioni internazionali), VI (autorità di controllo indipendenti), VII (cooperazione e coerenza) e IX (specifiche situazioni di trattamento dei dati) qualora siano necessarie per conciliare il diritto alla protezione dei dati personali e la libertà d'espressione e di informazione.

3. Ogni Stato membro notifica alla Commissione le disposizioni di legge adottate ai sensi del paragrafo 2 e comunica senza ritardo ogni successiva modifica.

86. Trattamento e accesso del pubblico ai documenti ufficiali.

I dati personali contenuti in documenti ufficiali in possesso di un'autorità pubblica o di un organismo pubblico o privato per l'esecuzione di un compito svolto nell'interesse pubblico possono essere comunicati da tale autorità o organismo conformemente al diritto dell'Unione o degli Stati membri cui l'autorità pubblica o l'organismo pubblico sono soggetti, al fine di conciliare l'accesso del pubblico ai documenti ufficiali e il diritto alla protezione dei dati personali ai sensi del presente regolamento.

87. Trattamento del numero di identificazione nazionale.

Gli Stati membri possono precisare ulteriormente le condizioni specifiche per il trattamento di un numero di identificazione nazionale o di qualsiasi altro mezzo d'identificazione d'uso generale. In tal caso, il numero di identificazione nazionale o qualsiasi altro mezzo d'identificazione d'uso generale sono utilizzati soltanto in presenza di garanzie adeguate per i diritti e le libertà dell'interessato conformemente al presente regolamento.

88. Trattamento dei dati nell'ambito dei rapporti di lavoro.

1. Gli Stati membri possono prevedere, con legge o tramite contratti collettivi, norme più specifiche per assicurare la protezione dei diritti e delle libertà con riguardo al trattamento dei dati personali dei dipendenti nell'ambito dei rapporti di lavoro, in particolare per finalità di assunzione, esecuzione del contratto di lavoro, compreso l'adempimento degli obblighi stabiliti dalla legge o da contratti collettivi, di gestione, pianificazione e organizzazione del lavoro, parità e diversità sul posto di lavoro, salute e sicurezza sul lavoro, protezione della proprietà del datore di lavoro o del cliente e ai fini dell'esercizio e del godimento, individuale o collettivo, dei diritti e dei vantaggi connessi al lavoro, nonché per finalità di cessazione del rapporto di lavoro.

2. Tali norme includono misure appropriate e specifiche a salvaguardia della dignità umana, degli interessi legittimi e dei diritti fondamentali degli interessati, in particolare per quanto riguarda la trasparenza del trattamento, il trasferimento di dati personali nell'ambito di un gruppo imprenditoriale o di un gruppo di imprese che svolge un'attività economica comune e i sistemi di monitoraggio sul posto di lavoro.

3. Ogni Stato membro notifica alla Commissione le disposizioni di legge adottate ai sensi del paragrafo 1 entro il 25 maggio 2018 e comunica senza ritardo ogni successiva modifica [1].

(1) Così corretto con avviso di Rettifica pubblicato in G.U.C.E. L 23.5.2018, n. 127.

89. Garanzie e deroghe relative al trattamento a fini di archiviazione nel pubblico interesse, di ricerca scientifica o storica o a fini statistici.

1. Il trattamento a fini di archiviazione nel pubblico interesse, di ricerca scientifica o storica o a fini statistici è soggetto a garanzie adeguate per i diritti e le libertà dell'interessato, in conformità del presente regolamento. Tali garanzie assicurano che siano state predisposte misure tecniche e organizzative, in particolare al fine di garantire il rispetto del principio della minimizzazione dei dati. Tali misure possono includere la pseudonimizzazione, purché le finalità in questione possano essere conseguite in tal modo. Qualora possano essere conseguite attraverso il trattamento ulteriore che non consenta o non consenta più di identificare l'interessato, tali finalità devono essere conseguite in tal modo.

2. Se i dati personali sono trattati a fini di ricerca scientifica o storica o a fini statistici, il diritto dell'Unione o degli Stati membri può prevedere deroghe ai diritti di cui agli articoli 15, 16, 18 e 21, fatte salve le condizioni e le garanzie di cui al paragrafo 1 del presente articolo, nella misura in cui tali diritti rischiano di rendere impossibile o di pregiudicare gravemente il conseguimento delle finalità specifiche e tali deroghe sono necessarie al conseguimento di dette finalità.

3. Se i dati personali sono trattati per finalità di archiviazione nel pubblico interesse, il diritto dell'Unione o degli Stati membri può prevedere deroghe ai diritti di cui agli articoli 15, 16, 18, 19, 20 e 21, fatte salve le condizioni e le garanzie di cui al paragrafo 1 del presente articolo, nella misura in cui tali diritti rischiano di rendere impossibile o di pregiudicare gravemente il conseguimento delle finalità specifiche e tali deroghe sono necessarie al conseguimento di dette finalità.

4. Qualora il trattamento di cui ai paragrafi 2 e 3 funga allo stesso tempo a un altro scopo, le deroghe si applicano solo al trattamento per le finalità di cui ai medesimi paragrafi.

90. Obblighi di segretezza.

1. Gli Stati membri possono adottare norme specifiche per stabilire i poteri delle autorità di controllo di cui all'articolo 58, paragrafo 1, lettere e) e f), in relazione ai titolari del trattamento o ai responsabili del trattamento che sono soggetti, ai sensi del diritto dell'Unione o degli Stati membri o di norme stabilite dagli organismi nazionali competenti, al segreto professionale o a un obbligo di segretezza equivalente, ove siano necessarie e proporzionate per conciliare il diritto alla protezione dei dati personali e l'obbligo di segretezza. Tali norme si applicano solo ai dati personali che il titolare del trattamento o il responsabile del trattamento ha ricevuto o ha ottenuto in seguito a un'attività protetta da tale segreto professionale.

2. Ogni Stato membro notifica alla Commissione le norme adottate ai sensi del paragrafo 1 al più tardi entro il 25 maggio 2018 e comunica senza ritardo ogni successiva modifica [(1)].

(1) Così corretto con avviso di Rettifica pubblicato in G.U.C.E. L 23.5.2018, n. 127.

91. Norme di protezione dei dati vigenti presso chiese e associazioni religiose.

1. Qualora in uno Stato membro chiese e associazioni o comunità religiose applichino, al momento dell'entrata in vigore del presente regolamento, corpus completi di norme a tutela delle persone fisiche con riguardo al trattamento, tali corpus possono continuare ad applicarsi purché siano resi conformi al presente regolamento.

2. Le chiese e le associazioni religiose che applicano i corpus completi di norme di cui al paragrafo 1 del presente articolo sono soggette al controllo di un'autorità di controllo indipendente che può essere specifica, purché soddisfi le condizioni di cui al capo VI del presente regolamento.

Capo X
Atti delegati e atti di esecuzione

92. Esercizio della delega.

1. Il potere di adottare atti delegati è conferito alla Commissione alle condizioni stabilite nel presente articolo.

2. La delega di potere di cui all'articolo 12, paragrafo 8, e all'articolo 43, paragrafo 8, è conferita alla Commissione per un periodo indeterminato a decorrere dal 24 maggio 2016 [(1)].

3. La delega di potere di cui all'articolo 12, paragrafo 8, e all'articolo 43, paragrafo 8, può essere revocata in qualsiasi momento dal Parlamento europeo o dal Consiglio. La decisione di revoca pone fine alla delega di potere ivi specificata. Gli effetti della decisione decorrono dal giorno successivo alla pubblicazione della decisione nella Gazzetta ufficiale dell'Unione europea o da una data successiva ivi specificata. Essa non pregiudica la validità degli atti delegati già in vigore.

4. Non appena adotta un atto delegato, la Commissione ne dà contestualmente notifica al Parlamento europeo e al Consiglio.

5. L'atto delegato adottato ai sensi dell'articolo 12, paragrafo 8, e all'articolo 43, paragrafo 8, entra in vigore solo se né il Parlamento europeo né il Consiglio hanno sollevato obiezioni entro il termine di tre mesi dalla data in cui esso è stato loro notificato o se, prima della scadenza di tale termine, sia il Parlamento europeo che il Consiglio hanno informato la Commissione che non intendono sollevare obiezioni. Tale termine è prorogato di tre mesi su iniziativa del Parlamento europeo o del Consiglio.

(1) Così corretto con avviso di Rettifica pubblicato in G.U.C.E. 23.5.2018, n. 127.

93. Procedura di comitato.

1. La Commissione è assistita da un comitato. Esso è un comitato ai sensi del regolamento (UE) n. 182/2011.

2. Nei casi in cui è fatto riferimento al presente paragrafo, si applica l'articolo 5 del regolamento (UE) n. 182/2011.

3. Nei casi in cui è fatto riferimento al presente paragrafo, si applica l'articolo 8 del regolamento (UE) n. 182/2011 in combinato disposto con il suo articolo 5.

Capo XI
Disposizioni finali

94. Abrogazione della direttiva 95/46/CE.

1. La direttiva 95/46/CE è abrogata a decorrere dal 25 maggio 2018 [(1)].

2. I riferimenti alla direttiva abrogata si intendono fatti al presente regolamento. I riferimenti al gruppo per la tutela delle persone con riguardo al trattamento dei dati personali istituito dall'articolo 29 della direttiva 95/46/CE si intendono fatti al comitato europeo per la protezione dei dati istituito dal presente regolamento.

(1) Così corretto con avviso di Rettifica pubblicato in G.U.C.E. L 23.5.2018, n. 127.

95. Rapporto con la direttiva 2002/58/CE.

Il presente regolamento non impone obblighi supplementari alle persone fisiche o giuridiche in relazione al trattamento nel quadro della fornitura di servizi di comunicazione elettronica accessibili al pubblico su reti pubbliche di comunicazione nell'Unione, per quanto riguarda le materie per le quali sono soggette a obblighi specifici aventi lo stesso obiettivo fissati dalla direttiva 2002/58/CE.

96. Rapporto con accordi precedentemente conclusi.

Restano in vigore, fino alla loro modifica, sostituzione

o revoca, gli accordi internazionali che comportano il trasferimento di dati personali verso paesi terzi o organizzazioni internazionali conclusi dagli Stati membri prima del 24 maggio 2016 e conformi al diritto dell'Unione applicabile prima di tale data [1].

(1) Così corretto con avviso di Rettifica pubblicato in G.U.C.E. L 23.5.2018, n. 127.

97. Relazioni della Commissione.

1. Entro il 25 maggio 2020 e, successivamente, ogni quattro anni, la Commissione trasmette al Parlamento europeo e al Consiglio relazioni di valutazione e sul riesame del presente regolamento [1].

2. Nel contesto delle valutazioni e del riesame del presente regolamento di cui al paragrafo 1, la Commissione esamina, in particolare, l'applicazione e il funzionamento:

a) del capo V sul trasferimento di dati personali verso paesi terzi o organizzazioni internazionali, con particolare riguardo alle decisioni adottate ai sensi dell'articolo 45, paragrafo 3, del presente regolamento, e alle decisioni adottate sulla base dell'articolo 25, paragrafo 6, della direttiva 95/46/CE;

b) del capo VII su cooperazione e coerenza.

3. Ai fini del paragrafo 1, la Commissione può richiedere informazioni agli Stati membri e alle autorità di controllo.

4. Nello svolgere le valutazioni e i riesami di cui ai paragrafi 1 e 2, la Commissione tiene conto delle posizioni e delle conclusioni del Parlamento europeo, del Consiglio, nonché di altri organismi o fonti pertinenti.

5. Se del caso, la Commissione presenta opportune proposte di modifica del presente regolamento tenuto conto, in particolare, degli sviluppi delle tecnologie dell'informazione e dei progressi della società dell'informazione.

(1) Così corretto con avviso di Rettifica pubblicato in G.U.C.E. L 23.5.2018, n. 127.

98. Riesame di altri atti legislativi dell'Unione in materia di protezione dei dati.

Se del caso, la Commissione presenta proposte legislative di modifica di altri atti legislativi dell'Unione in materia di protezione dei dati personali, allo scopo di garantire una protezione uniforme e coerente delle persone fisiche con riguardo al trattamento. Ciò riguarda in particolare le norme relative alla protezione delle persone fisiche con riguardo al trattamento da parte di istituzioni, organi, uffici e agenzie dell'Unione e le norme sulla libera circolazione di tali dati.

99. Entrata in vigore e applicazione.

1. Il presente regolamento entra in vigore il ventesimo giorno successivo alla pubblicazione nella Gazzetta ufficiale dell'Unione europea.

2. Esso si applica a decorrere dal 25 maggio 2018 [1].

Il presente regolamento è obbligatorio in tutti i suoi elementi e direttamente applicabile in ciascuno degli Stati membri.

(1) Così corretto con avviso di Rettifica pubblicato in G.U.C.E. 23.5.2018, n. 127.

3. D.Lgs. 18 maggio 2018, n. 51. – Attuazione della direttiva (UE) 2016/680 del Parlamento europeo e del Consiglio, del 27 aprile 2016, relativa alla protezione delle persone fisiche con riguardo al trattamento dei dati personali da parte delle autorità competenti a fini di prevenzione, indagine, accertamento e perseguimento di reati o esecuzione di sanzioni penali, nonché alla libera circolazione di tali dati e che abroga la decisione quadro 2008/977/GAI del Consiglio (*artt. 1-8*)

In Gazzetta Ufficiale 24 maggio 2018, n. 119

Capo I
Disposizioni generali

1. Oggetto e ambito di applicazione.

1. Il presente decreto attua nell'ordinamento interno le disposizioni della direttiva (UE) 2016/680 del Parlamento europeo e del Consiglio, del 27 aprile 2016, relativa alla protezione delle persone fisiche con riguardo al trattamento dei dati personali da parte delle autorità competenti a fini di prevenzione, indagine, accertamento e perseguimento di reati o esecuzione di sanzioni penali, nonché alla libera circolazione di tali dati, e che abroga la decisione quadro 2008/977/GAI del Consiglio.

2. Il presente decreto si applica al trattamento interamente o parzialmente automatizzato di dati personali delle persone fisiche e al trattamento non automatizzato di dati personali delle persone fisiche contenuti in un archivio o ad esso destinati, svolti dalle autorità competenti a fini di prevenzione, indagine, accertamento e perseguimento di reati, o esecuzione di sanzioni penali, incluse la salvaguardia contro e la prevenzione di minacce alla sicurezza pubblica.

3. Il presente decreto non si applica ai trattamenti di dati personali:

a) effettuati nello svolgimento di attività concernenti la

sicurezza nazionale o rientranti nell'ambito di applicazione del titolo V, capo 2, del trattato sull'Unione europea e per tutte le attività che non rientrano nell'ambito di applicazione del diritto dell'Unione europea;

b) effettuati da istituzioni, organi, uffici e agenzie dell'Unione europea.

2. Definizioni.

1. Ai fini del presente decreto, si applicano le seguenti definizioni:

a) dati personali: qualsiasi informazione riguardante una persona fisica identificata o identificabile («interessato»);

b) trattamento: qualsiasi operazione o insieme di operazioni, compiute con o senza l'ausilio di processi automatizzati, applicate a dati personali o insiemi di dati personali, come la raccolta, la registrazione, l'organizzazione, la strutturazione, la conservazione, l'adattamento o la modifica, l'estrazione, la consultazione, l'uso, la comunicazione mediante trasmissione, diffusione o qualsiasi altra forma di messa a disposizione, il raffronto o l'interconnessione, la limitazione, la cancellazione o la distruzione;

c) limitazione di trattamento: il contrassegno dei dati personali conservati con l'obiettivo di limitarne il trattamento in futuro;

d) pseudonimizzazione: il trattamento dei dati personali in modo tale che i dati personali non possano più essere attribuiti a un interessato specifico senza l'utilizzo di informazioni aggiuntive, a condizione che tali informazioni aggiuntive siano conservate separatamente e soggette a misure tecniche e organizzative intese a garantire che i dati personali non siano attribuiti a una persona fisica identificata o identificabile;

e) profilazione: qualsiasi forma di trattamento automatizzato di dati personali consistente nell'utilizzo di tali dati per valutare determinati aspetti personali relativi a una persona fisica, in particolare per analizzare o prevedere aspetti riguardanti il rendimento professionale, la situazione economica, la salute, le preferenze personali, gli interessi, l'affidabilità, il comportamento, l'ubicazione o gli spostamenti di detta persona fisica;

f) archivio: qualsiasi insieme strutturato di dati personali accessibili secondo criteri determinati, indipendentemente dal fatto che tale insieme sia centralizzato, decentralizzato o ripartito in modo funzionale o geografico;

g) autorità competente:

1) qualsiasi autorità pubblica dello Stato, di uno Stato membro dell'Unione europea o di uno Stato terzo competente in materia di prevenzione, indagine, accertamento e perseguimento di reati o esecuzione di sanzioni penali, incluse la salvaguardia contro e la prevenzione di minacce alla sicurezza pubblica;

2) qualsiasi altro organismo o entità incaricato dagli ordinamenti interni di esercitare l'autorità pubblica e i poteri pubblici a fini di prevenzione, indagine, accertamento e perseguimento di reati o esecuzione di sanzioni penali, incluse la salvaguardia e la prevenzione di minacce alla sicurezza pubblica;

h) titolare del trattamento: l'autorità competente che, singolarmente o insieme ad altri, determina le finalità e i mezzi del trattamento di dati personali; quando le finalità e i mezzi di tale trattamento sono determinati dal diritto dell'Unione europea o dello Stato, il titolare del trattamento o i criteri specifici applicabili alla sua nomina possono essere previsti dal diritto dell'Unione europea o dello Stato;

i) responsabile del trattamento: la persona fisica o giuridica, l'autorità pubblica, il servizio o altro organismo che tratta dati personali per conto del titolare del trattamento;

l) destinatario: la persona fisica o giuridica, l'autorità pubblica, il servizio o un altro organismo che riceve comunicazione di dati personali, che si tratti o meno di terzi. Tuttavia, le autorità pubbliche che possono ricevere comunicazione di dati personali nell'ambito di una specifica indagine conformemente al diritto dell'Unione europea o dello Stato non sono considerate destinatari; il trattamento di tali dati da parte di tali autorità pubbliche è conforme alle norme in materia di protezione dei dati applicabili secondo le finalità del trattamento;

m) violazione dei dati personali: la violazione della sicurezza che comporta accidentalmente o in modo illecito la distruzione, la perdita, la modifica, la divulgazione non autorizzata o l'accesso ai dati personali trasmessi, conservati o comunque trattati;

n) dati genetici: i dati personali relativi alle caratteristiche genetiche ereditarie o acquisite di una persona fisica, che forniscono informazioni univoche sulla fisiologia o sulla salute di detta persona fisica e che risultano in particolare dall'analisi di un campione biologico della persona fisica in questione;

o) dati biometrici: i dati personali ottenuti da un trattamento tecnico specifico relativi alle caratteristiche fisiche, fisiologiche o comportamentali di una persona fisica che ne consentono o confermano l'identificazione univoca, quali l'immagine facciale o i dati dattiloscopici;

p) dati relativi alla salute: i dati personali attinenti alla salute fisica o mentale di una persona fisica, compresa la prestazione di servizi di assistenza sanitaria, che rivelano informazioni relative al suo stato di salute;

q) file di log: registro degli accessi e delle operazioni;

r) autorità di controllo: l'autorità pubblica indipendente istituita negli Stati membri ai sensi dell'articolo 41 della direttiva;

s) il Garante: autorità di controllo nell'ordinamento

interno, individuata nel Garante per la protezione dei dati personali, istituito dal decreto legislativo 30 giugno 2003, n. 196;

t) organizzazione internazionale: un'organizzazione e gli organismi di diritto internazionale pubblico a essa subordinati o qualsiasi altro organismo istituito da o sulla base di un accordo tra due o più Stati;

u) Codice: Codice in materia di protezione dei dati personali, adottato con il decreto legislativo 30 giugno 2003, n. 196;

v) Stato membro: Stato membro dell'Unione europea;

z) Paese terzo: Stato non membro dell'Unione europea;

aa) direttiva: la direttiva (UE) 2016/680 del Parlamento europeo e del Consiglio del 27 aprile 2016;

bb) regolamento UE: il regolamento (UE) 2016/679 del Parlamento europeo e del Consiglio del 27 aprile 2016;

cc) Forze di polizia: le Forze di polizia di cui all'articolo 16 della legge 1° aprile 1981, n. 121.

3. Principi applicabili al trattamento di dati personali.

1. I dati personali di cui all'articolo 1, comma 2, sono:

a) trattati in modo lecito e corretto;

b) raccolti per finalità determinate, espresse e legittime e trattati in modo compatibile con tali finalità;

c) adeguati, pertinenti e non eccedenti rispetto alle finalità per le quali sono trattati;

d) esatti e, se necessario, aggiornati; devono essere adottate tutte le misure ragionevoli per cancellare o rettificare tempestivamente i dati inesatti rispetto alle finalità per le quali sono trattati;

e) conservati con modalità che consentano l'identificazione degli interessati per il tempo necessario al conseguimento delle finalità per le quali sono trattati, sottoposti a esame periodico per verificarne la persistente necessità di conservazione, cancellati o anonimizzati una volta decorso tale termine;

f) trattati in modo da garantire un'adeguata sicurezza e protezione da trattamenti non autorizzati o illeciti e dalla perdita, dalla distruzione o dal danno accidentali, mediante l'adozione di misure tecniche e organizzative adeguate.

2. Il trattamento per una delle finalità di cui all'articolo 1, comma 2, diversa da quella per cui i dati sono raccolti, è consentito se il titolare del trattamento, anche se diverso da quello che ha raccolto i dati, è autorizzato a trattarli per detta finalità, conformemente al diritto dell'Unione europea o dell'ordinamento interno e se il trattamento è necessario e proporzionato a tale diversa finalità, conformemente al diritto dell'Unione europea o dell'ordinamento interno.

3. Il trattamento per le finalità di cui all'articolo 1, comma 2, può comprendere l'archiviazione nel pubblico interesse, l'utilizzo scientifico, storico o statistico, fatte salve le garanzie adeguate per i diritti e le libertà degli interessati.

4. Il titolare del trattamento è responsabile del rispetto dei principi di cui ai commi 1, 2 e 3.

4. Conservazione e verifica della qualità dei dati, distinzione tra categorie di interessati e di dati.

1. Il titolare del trattamento, tenuto conto della finalità del trattamento e per quanto possibile, distingue i dati personali in relazione alle diverse categorie di interessati previste dalla legge e i dati fondati su fatti da quelli fondati su valutazioni. La distinzione in relazione alle diverse categorie di interessati si applica, in particolare, alle seguenti categorie di interessati: persone sottoposte a indagine; imputati; persone sottoposte a indagine o imputate in procedimento connesso o collegato; persone condannate con sentenza definitiva; persone offese dal reato; parti civili; persone informate sui fatti; testimoni.

2. Le autorità competenti adottano misure adeguate a garantire che i dati personali inesatti, incompleti o non aggiornati non siano trasmessi o resi disponibili. A tal fine ciascuna autorità competente, per quanto possibile, verifica la qualità dei dati personali prima che questi siano trasmessi o resi disponibili e correda la loro trasmissione delle informazioni che consentono all'autorità ricevente di valutarne il grado di esattezza, completezza, aggiornamento e affidabilità.

3. Quando risulta che i dati personali sono stati trasmessi illecitamente o sono inesatti, il destinatario ne è tempestivamente informato. In tal caso, i dati personali devono essere rettificati o cancellati o il trattamento deve essere limitato a norma dell'articolo 12.

5. Liceità del trattamento.

1. Il trattamento è lecito se è necessario per l'esecuzione di un compito di un'autorità competente per le finalità di cui all'articolo 1, comma 2, e si basa sul diritto dell'Unione europea o su disposizioni di legge o[, nei casi previsti dalla legge,] di regolamento o su atti amministrativi generali che individuano i dati personali e le finalità del trattamento (1).

2. Con decreto, rispettivamente, del Ministro della giustizia e del Ministro dell'interno, sono individuati, per i trattamenti o le categorie di trattamenti non occasionali di cui al comma 1, i termini, ove non già stabiliti da disposizioni di legge o di regolamento, e le modalità di conservazione dei dati, i soggetti legittimati ad accedervi, le condizioni di accesso, le modalità di consultazione, nonché le modalità e le condizioni per l'esercizio dei diritti di cui agli articoli 9, 10, 11 e 13. I termini di conservazione sono determinati in conformità ai criteri indicati all'articolo 3, comma 1, tenendo conto delle diverse categorie di interessati e delle finalità perseguite (2).

(1) Comma modificato dall'art. 9, co. 3, lett. a), n. 1), d.l. 8.10.2021 n. 139, conv., con modif., dalla l. 3.12.2021, n. 205.

(2) Comma modificato dall'art. 9, co. 3, lett. a), n. 2), d.l. 8.10.2021 n. 139, conv., con modif., dalla l. 3.12.2021, n. 205.

6. Condizioni di trattamento specifiche.

1. I dati personali raccolti per le finalità di cui all'articolo 1, comma 2, non possono essere trattati per finalità diverse, salvo che tale trattamento sia consentito dal diritto dell'Unione europea o dalla legge.

2. Ai trattamenti eseguiti per finalità diverse da quelle di cui all'articolo 1, comma 2, comprese le attività di archiviazione nel pubblico interesse, di ricerca scientifica o storica o per finalità statistiche, si applica il regolamento UE, salve le disposizioni di cui all'articolo 58 del Codice.

3. Se il diritto dell'Unione europea o le disposizioni legislative o regolamentari prevedono condizioni specifiche per il trattamento dei dati personali, l'autorità competente che trasmette tali dati informa il destinatario delle condizioni e dell'obbligo di rispettarle.

4. L'autorità competente che trasmette i dati applica le stesse condizioni previste per le trasmissioni di dati all'interno dello Stato ai destinatari di altri Stati membri o ad agenzie, uffici e organi istituiti a norma del titolo V, capi 4 e 5, del Trattato sul funzionamento dell'Unione europea.

7. Trattamento di categorie particolari di dati personali.

1. Il trattamento di dati di cui all'articolo 9 del regolamento UE è autorizzato solo se strettamente necessario e assistito da garanzie adeguate per i diritti e le libertà dell'interessato e specificamente previsto dal diritto dell'Unione europea o da legge o, nei casi previsti dalla legge, da regolamento, ovvero, ferme le garanzie dei diritti e delle libertà, se necessario per salvaguardare un interesse vitale dell'interessato o di un'altra persona fisica o se ha ad oggetto dati resi manifestamente pubblici dall'interessato.

8. Processo decisionale automatizzato relativo alle persone fisiche.

1. Sono vietate le decisioni basate unicamente su un trattamento automatizzato, compresa la profilazione, che producono effetti negativi nei confronti dell'interessato, salvo che siano autorizzate dal diritto dell'Unione europea o da specifiche disposizioni di legge.

2. Le disposizioni di legge devono prevedere garanzie adeguate per i diritti e le libertà dell'interessato. In ogni caso è garantito il diritto di ottenere l'intervento umano da parte del titolare del trattamento.

3. Le decisioni di cui al comma 1 non possono basarsi sulle categorie particolari di dati personali di cui all'articolo 9 del regolamento UE, salvo che siano in vigore misure adeguate a salvaguardia dei diritti, delle libertà e dei legittimi interessi dell'interessato.

4. Fermo il divieto di cui all'articolo 21 della Carta dei diritti fondamentali dell'Unione europea, è vietata la profilazione finalizzata alla discriminazione di persone fisiche sulla base di categorie particolari di dati personali di cui all'articolo 9 del regolamento UE.

4. D.Lgs. 10 agosto 2018, n. 101. – Disposizioni per l'adeguamento della normativa nazionale alle disposizioni del regolamento (UE) 2016/679 del Parlamento europeo e del Consiglio, del 27 aprile 2016, relativo alla protezione delle persone fisiche con riguardo al trattamento dei dati personali, nonché alla libera circolazione di tali dati e che abroga la direttiva 95/46/CE (regolamento generale sulla protezione dei dati) *(artt. 18-27)*

In Gazzetta Ufficiale 4 settembre 2018, n. 205

Capo VI
Disposizioni transitorie, finali e finanziarie

18. Definizione agevolata delle violazioni in materia di protezione dei dati personali.

1. In deroga all'articolo 16 della legge 24 novembre 1981, n. 689, per i procedimenti sanzionatori riguardanti le violazioni di cui agli articoli 161, 162, 162-*bis*, 162-*ter*, 163, 164, 164-*bis*, comma 2, del Codice in materia di protezione dei dati personali, di cui al decreto legislativo 30 giugno 2003, n. 196, e le violazioni delle misure di cui all'articolo 33 e 162, comma 2-*bis*, del medesimo Codice, che, alla data di applicazione del Regolamento, risultino non ancora definiti con l'adozione dell'ordinanza-ingiunzione, è ammesso il pagamento in misura ridotta di un somma pari a due quinti del minimo edittale. Fatti salvi i restanti atti del procedimento eventualmente già adottati, il pagamento potrà essere effettuato entro novanta giorni dalla data di entrata in vigore del presente decreto.

2. Decorsi i termini previsti dal comma 1, l'atto con il quale sono stati notificati gli estremi della violazione o l'atto di contestazione immediata di cui all'articolo 14 della legge 24 novembre 1981, n. 689, assumono il valore dell'ordinanza-ingiunzione di cui all'articolo 18 della predetta legge, senza obbligo di ulteriore notificazione, sempre che il contravventore non produca memorie difensive ai sensi del comma 4.

3. Nei casi di cui al comma 2, il contravventore è tenuto a corrispondere gli importi indicati negli atti di cui al primo periodo del predetto comma entro sessanta giorni dalla scadenza del termine previsto dal comma 1.

4. Entro il termine di cui al comma 3, il contravventore che non abbia provveduto al pagamento può produrre nuove memorie difensive. Il Garante, esaminate tali memorie, dispone l'archiviazione degli atti comunicandola all'organo che ha redatto il rapporto o, in alternativa, adotta specifica ordinanza-ingiunzione con la quale determina la somma dovuta per la violazione e ne ingiunge il pagamento, insieme con le spese, all'autore della violazione ed alle persone che vi sono obbligate solidalmente.

5. L'entrata in vigore del presente decreto determina l'interruzione del termine di prescrizione del diritto a riscuotere le somme dovute a norma del presente articolo, di cui all'art. 28 della legge 24 novembre 1981, n. 689 [(1)].

(1) La Corte costituzionale, con sentenza 28.12.2021, n. 260, ha dichiarato l'illegittimità costituzionale di questo comma.

19. Trattazione di affari pregressi.

1. Entro il termine di sessanta giorni dalla data di pubblicazione nella Gazzetta Ufficiale della Repubblica italiana dell'avviso di cui al comma 3, i soggetti che dichiarano il loro attuale interesse possono presentare al Garante per la protezione dei dati personali motivata richiesta di trattazione dei reclami, delle segnalazioni e delle richieste di verifica preliminare pervenuti entro la predetta data.

2. La richiesta di cui al comma 1 non riguarda i reclami e le segnalazioni di cui si è già esaurito l'esame o di cui il Garante per la protezione dei dati personali ha già esaminato nel corso del 2018 un motivato sollecito o una richiesta di trattazione, o per i quali il Garante medesimo è a conoscenza, anche a seguito di propria denuncia, che sui fatti oggetto di istanza è in corso un procedimento penale.

3. Entro quindici giorni dalla data di entrata in vigore del presente decreto il Garante per la protezione dei dati personali provvede a dare notizia di quanto previsto dai commi 1 e 2 mediante avviso pubblicato nel proprio sito istituzionale e trasmesso, altresì, all'Ufficio pubblicazioni leggi e decreti del Ministero della giustizia per la sua pubblicazione nella Gazzetta Ufficiale della Repubblica italiana.

4. In caso di mancata presentazione di una richiesta di trattazione ai sensi del comma 1, e salvo quanto previsto dal comma 2, i relativi procedimenti di cui al comma 1 sono improcedibili.

5. I ricorsi pervenuti al Garante per la protezione dei dati personali e non definiti, neppure nelle forme del rigetto tacito, alla data di applicazione del Regolamento (UE) 2016/679 sono trattati come reclami ai sensi dell'articolo 77 del medesimo Regolamento.

20. Codici di deontologia e di buona condotta vigenti alla data di entrata in vigore del presente decreto.

1. Le disposizioni del codice di deontologia e di buona condotta di cui agli allegati A.5 e A.7 del codice in materia di protezione dei dati personali, di cui al decreto legislativo n. 196 del 2003, continuano a produrre effetti, sino alla definizione della procedura di approvazione cui alla lettera b), a condizione che si verifichino congiuntamente le seguenti condizioni:

a) entro sei mesi dalla data di entrata in vigore del presente decreto le associazioni e gli altri organismi rappresentanti le categorie interessate sottopongano all'approvazione del Garante per la protezione dei dati personali, a norma dell'articolo 40 del Regolamento (UE) 2016/679, i codici di condotta elaborati a norma del paragrafo 2 del predetto articolo;
b) la procedura di approvazione si concluda entro sei mesi dalla sottoposizione del codice di condotta all'esame del Garante per la protezione dei dati personali.

2. Il mancato rispetto di uno dei termini di cui al comma 1, lettere a) e b) comporta la cessazione di efficacia delle disposizioni del codice di deontologia di cui al primo periodo a decorrere dalla scadenza del termine violato.

3. Le disposizioni contenute nei codici riportati negli allegati A.1, A.2, A.3, A.4 e A.6 del codice in materia di protezione dei dati personali, di cui al decreto legislativo n. 196 del 2003, continuano a produrre effetti fino alla pubblicazione delle disposizioni ai sensi del comma 4.

4. Entro novanta giorni dalla data di entrata in vigore del presente decreto, il Garante per la protezione dei dati personali verifica la conformità al Regolamento (UE) 2016/679 delle disposizioni di cui al comma 3. Le disposizioni ritenute compatibili, ridenominate regole deontologiche, sono pubblicate nella Gazzetta Ufficiale della Repubblica italiana e, con decreto del Ministro della giustizia, sono successivamente riportate nell'allegato A del codice in materia di protezione dei dati personali, di cui al decreto legislativo n. 196 del 2003.

5. Il Garante per la protezione dei dati personali promuove la revisione delle disposizioni dei codici di cui al comma 3 con le modalità di cui all'articolo 2-*quater* del codice in materia di protezione dei dati personali, di cui al decreto legislativo n. 196 del 2003.

21. Autorizzazioni generali del Garante per la protezione dei dati personali.

1. Il Garante per la protezione dei dati personali, con provvedimento di carattere generale da porre in consultazione pubblica entro novanta giorni dalla data di entrata in vigore del presente decreto, individua le prescrizioni contenute nelle autorizzazioni generali già adottate, relative alle situazioni di trattamento di cui agli articoli 6, paragrafo 1, lettere c) ed e), 9, paragrafo 2, lettera b) e 4, nonché al Capo IX del regolamento (UE) 2016/679, che risultano compatibili con le disposizioni del medesimo regolamento e del presente decreto e, ove occorra, provvede al loro aggiornamento. Il provvedimento di cui al presente comma è adottato entro sessanta giorni dall'esito del procedimento di consultazione pubblica.

2. Le autorizzazioni generali sottoposte a verifica a norma del comma 1 che sono state ritenute incompatibili con le disposizioni del Regolamento (UE) 2016/679 cessano di produrre effetti dal momento della pubblicazione nella Gazzetta Ufficiale della Repubblica italiana del provvedimento di cui al comma 1.

3. Le autorizzazioni generali del Garante per la protezione dei dati personali adottate prima della data di entrata in vigore del presente decreto e relative a trattamenti diversi da quelli indicati al comma 1 cessano di produrre effetti alla predetta data.

4. Sino all'adozione delle regole deontologiche e delle misure di garanzia di cui agli articoli 2-*quater* e 2-*septies* del Codice in materia di protezione dei dati personali di cui al decreto legislativo 30 giugno 2003, n. 196 producono effetti, per la corrispondente categoria di dati e di trattamenti, le autorizzazioni generali di cui al comma 2 e le pertinenti prescrizioni individuate con il provvedimento di cui al comma 1.

5. Salvo che il fatto costituisca reato, le violazioni delle prescrizioni contenute nelle autorizzazioni generali di cui al presente articolo e nel provvedimento generale di cui al comma 1 sono soggette alla sanzione amministrativa di cui all'articolo 83, paragrafo 5, del Regolamento (UE) 2016/679.

22. Altre disposizioni transitorie e finali.

1. Il presente decreto e le disposizioni dell'ordinamento nazionale si interpretano e si applicano alla luce della disciplina dell'Unione europea in materia di protezione dei dati personali e assicurano la libera circolazione dei dati personali tra Stati membri ai sensi dell'articolo 1, paragrafo 3, del Regolamento (UE) 2016/679.

2. A decorrere dal 25 maggio 2018 le espressioni «dati sensibili» e «dati giudiziari» utilizzate ai sensi dell'articolo 4, comma 1, lettere d) ed e), del codice in materia di protezione dei dati personali, di cui al decreto legislativo n. 196 del 2003, ovunque ricorrano, si intendono riferite, rispettivamente, alle categorie particolari di dati di cui all'articolo 9 del Regolamento (UE) 2016/679 e ai dati di cui all'articolo 10 del medesimo regolamento.

[**3.** Sino all'adozione dei corrispondenti provvedimenti generali di cui all'articolo 2-*quinquiesdecies* del codice in materia di protezione dei dati personali, di cui al decreto legislativo n. 196 del 2003, i trattamenti di cui al medesimo articolo, già in corso alla data di entrata in vigore del presente decreto, possono proseguire qualora avvengano in base a espresse disposizioni di legge o regolamento o atti amministrativi generali, ovvero nel caso in cui siano stati sottoposti a verifica preliminare o autorizzazione del Garante per la protezione dei dati personali, che abbiano individuato misure e accorgimenti adeguati a garanzia dell'interessato.] [(1)]

4. A decorrere dal 25 maggio 2018, i provvedimenti del Garante per la protezione dei dati personali continuano ad applicarsi, in quanto compatibili con il suddetto regolamento e con le disposizioni del presente decreto.

5. A decorrere dal 25 maggio 2018, le disposizioni di cui ai commi 1022 e 1023 dell'articolo 1 della legge 27 dicembre 2017, n. 205 si applicano esclusivamente ai trattamenti dei dati personali funzionali all'autorizzazione del cambiamento del nome o del cognome dei minorenni. Con riferimento a tali trattamenti, il Garante per la protezione dei dati personali può, nei limiti e con le modalità di cui all'articolo 36 del Regolamento (UE) 2016/679, adottare provvedimenti di carattere generale ai sensi dell'articolo 2-*quinquiesdecies*. Al fine di semplificare gli oneri amministrativi, i soggetti che rispettano le misure di sicurezza e gli accorgimenti prescritti con i provvedimenti di cui al secondo periodo sono esonerati dall'invio al Garante dell'informativa di cui al citato comma 1022. In sede di prima applicazione, le suddette informative, se dovute a norma del terzo periodo, sono inviate entro sessanta giorni dalla pubblicazione del provvedimento del Garante nella Gazzetta Ufficiale della Repubblica italiana.

6. Dalla data di entrata in vigore del presente decreto, i rinvii alle disposizioni del codice in materia di protezione dei dati personali, di cui al decreto legislativo n. 196 del 2003, abrogate dal presente decreto, contenuti in norme di legge e di regolamento, si intendono riferiti alle corrispondenti disposizioni del Regolamento (UE) 2016/679 e a quelle introdotte o modificate dal presente decreto, in quanto compatibili.

7. All'articolo 1, comma 233, della legge 27 dicembre 2017, n. 205, dopo le parole «le modalità di restituzione» sono inserite le seguenti: «in forma aggregata».

8. Il registro dei trattamenti di cui all'articolo 37, comma 4, del codice in materia di protezione dei dati personali, di cui al decreto legislativo n. 196 del 2003, cessa di essere alimentato a far data dal 25 maggio 2018. Da tale data e fino al 31 dicembre 2019, il registro resta accessibile a chiunque secondo le modalità stabilite nel suddetto articolo 37, comma 4, del decreto legislativo n. 196 del 2003.

9. Le disposizioni di legge o di regolamento che individuano il tipo di dati trattabili e le operazioni eseguibili al fine di autorizzare i trattamenti delle pubbliche amministrazioni per motivi di interesse pubblico rilevante trovano applicazione anche per i soggetti privati che trattano i dati per i medesimi motivi.

10. La disposizione di cui all'articolo 160, comma 4, del codice in materia di protezione dei dati personali, di cui al decreto legislativo n. 196 del 2003, nella parte in cui ha riguardo ai dati coperti da segreto di Stato, si applica fino alla data di entrata in vigore della disciplina relativa alle modalità di opposizione al Garante per la protezione dei dati personali del segreto di Stato.

11. Le disposizioni del codice in materia di protezione dei dati personali, di cui al decreto legislativo n. 196 del 2003, relative al trattamento di dati genetici, biometrici o relativi alla salute continuano a trovare applicazione, in quanto compatibili con il Regolamento (UE) 2016/679, sino all'adozione delle corrispondenti misure di garanzia di cui all'articolo 2-*septies* del citato codice, introdotto dall'articolo 2, comma 1, lett. e) del presente decreto.

12. Sino alla data di entrata in vigore del decreto del Ministro della giustizia di cui all'articolo 2-*octies*, commi 2 e 6, del codice in materia di protezione dei dati personali, di cui al decreto legislativo n. 196 del 2003, da adottarsi entro diciotto mesi dalla data di entrata in vigore del presente decreto, il trattamento dei dati di cui all'articolo 10 del Regolamento (UE) 2016/679 è consentito quando è effettuato in attuazione di protocolli di intesa per la prevenzione e il contrasto dei fenomeni di criminalità organizzata stipulati con il Ministero dell'interno o con le Prefetture – UTG, previo parere del Garante per la protezione dei dati personali, che specificano la tipologia dei dati trattati e delle operazioni eseguibili.

13. Per i primi otto mesi dalla data di entrata in vigore del presente decreto, il Garante per la protezione dei dati personali tiene conto, ai fini dell'applicazione delle sanzioni amministrative e nei limiti in cui risulti compatibile con le disposizioni del Regolamento (UE) 2016/679, della fase di prima applicazione delle disposizioni sanzionatorie.

14. All'articolo 1 della legge 11 gennaio 2018, n. 5 sono apportate le seguenti modificazioni:

a) al comma 9, le parole «di cui all'articolo 162, comma 2-*bis*» sono sostituite dalle seguenti: «di cui all'articolo 166, comma 2»;

b) al comma 10, le parole «di cui all'articolo 162, comma 2-*quater*» sono sostituite dalle seguenti: «di cui all'articolo 166, comma 2».

15. All'articolo 5-*ter*, comma 1, lettera c), del decreto legislativo 14 marzo 2013, n. 33 le parole «di cui all'articolo 162, comma 2-*bis*» sono sostituite dalle seguenti: «di cui all'articolo 166, comma 2».

(1) Comma abrogato dall'art. 9, co. 2, d.l. 8.10.2021 n. 139, conv., con modif., dalla l. 3.12.2021, n. 205.

23. Disposizioni di coordinamento.

1. A decorrere dalla data di entrata in vigore del presente decreto:

a) all'articolo 37, comma 2, alinea, del decreto legislativo 18 maggio 2018, n. 51, il riferimento all'articolo 154 del codice in materia di protezione dei dati personali, di cui al decreto legislativo n. 196 del 2003, si intende effettuato agli articoli 154 e 154-*bis* del medesimo codice;

b) all'articolo 39, comma 1, del decreto legislativo 18 maggio 2018, n. 51, il riferimento agli articoli 142 e 143 del codice in materia di protezione dei dati personali, di cui al decreto legislativo n. 196 del 2003 si intende effettuato agli articoli 141, 142 e 143 del medesimo codice;

c) all'articolo 42 del decreto legislativo 18 maggio 2018, n. 51, il riferimento all'articolo 165 del codice in materia di protezione dei dati personali, di cui al decreto legislativo n. 196 del 2003, si intende effettuato all'articolo 166, comma 7, del medesimo codice;

d) all'articolo 45 del decreto legislativo 18 maggio 2018, n. 51, il riferimento all'articolo 143, comma 1, lettera c), del codice in materia di protezione dei dati personali, di cui al decreto legislativo n. 196 del 2003, si intende effettuato all'articolo 58, paragrafo 2, lettera f), del Regolamento (UE) 2016/679.

24. Applicabilità delle sanzioni amministrative alle violazioni anteriormente commesse.

1. Le disposizioni del presente decreto che, mediante abrogazione, sostituiscono sanzioni penali con le sanzioni amministrative previste dal Regolamento (UE) 2016/679 si applicano anche alle violazioni commesse anteriormente alla data di entrata in vigore del decreto stesso, sempre che il procedimento penale non sia stato definito con sentenza o con decreto divenuti irrevocabili.

2. Se i procedimenti penali per i reati depenalizzati dal presente decreto sono stati definiti, prima della sua entrata in vigore, con sentenza di condanna o decreto irrevocabili, il giudice dell'esecuzione revoca la sentenza o il decreto, dichiarando che il fatto non è previsto dalla legge come reato e adotta i provvedimenti conseguenti. Il giudice dell'esecuzione provvede con l'osservanza delle disposizioni dell'articolo 667, comma 4, del codice di procedura penale.

3. Ai fatti commessi prima della data di entrata in vigore del presente decreto non può essere applicata una sanzione amministrativa pecuniaria per un importo superiore al massimo della pena originariamente prevista o inflitta per il reato, tenuto conto del criterio di ragguaglio di cui all'articolo 135 del codice penale. A tali fatti non si applicano le sanzioni amministrative accessorie introdotte dal presente decreto, salvo che le stesse sostituiscano corrispondenti pene accessorie.

25. Trasmissione degli atti all'autorità amministrativa.

1. Nei casi previsti dall'articolo 24, comma 1, l'autorità giudiziaria, entro novanta giorni dalla data di entrata in vigore del presente decreto, dispone la trasmissione all'autorità amministrativa competente degli atti dei procedimenti penali relativi ai reati trasformati in illeciti amministrativi, salvo che il reato risulti prescritto o estinto per altra causa alla medesima data.

2. Se l'azione penale non è stata ancora esercitata, la trasmissione degli atti è disposta direttamente dal pubblico ministero che, in caso di procedimento già iscritto, annota la trasmissione nel registro delle notizie di reato. Se il reato risulta estinto per qualsiasi causa, il pubblico ministero richiede l'archiviazione a norma del codice di procedura penale; la richiesta ed il decreto del giudice che la accoglie possono avere ad oggetto anche elenchi cumulativi di procedimenti.

3. Se l'azione penale è stata esercitata, il giudice pronuncia, ai sensi dell'articolo 129 del codice di procedura penale, sentenza inappellabile perché il fatto non è previsto dalla legge come reato, disponendo la trasmissione degli atti a norma del comma 1. Quando è stata pronunciata sentenza di condanna, il giudice dell'impugnazione, nel dichiarare che il fatto non è previsto dalla legge come reato, decide sull'impugnazione ai soli effetti delle disposizioni e dei capi della sentenza che concernono gli interessi civili.

4. L'autorità amministrativa notifica gli estremi della violazione agli interessati residenti nel territorio della Repubblica entro il termine di novanta giorni e a quelli residenti all'estero entro il termine di trecentosettanta giorni dalla ricezione degli atti.

5. Entro sessanta giorni dalla notificazione degli estremi della violazione l'interessato è ammesso al pagamento in misura ridotta, pari alla metà della sanzione irrogata, oltre alle spese del procedimento. Si applicano, in quanto compatibili, le disposizioni di cui all'articolo 16 della legge 24 novembre 1981, n. 689.

6. Il pagamento determina l'estinzione del procedimento.

26. Disposizioni finanziarie.

1. Agli oneri derivanti dall'articolo 18 del presente decreto, pari ad € 600.000 per ciascuno degli anni dal 2019 al 2021, si provvede mediante corrispondente riduzione dell'autorizzazione di spesa di cui all'articolo 1, comma 1025, della legge 27 dicembre 2017, n. 205.

2. Dall'attuazione del presente decreto, ad esclusione dell'articolo 18, non devono derivare nuovi o maggiori oneri a carico della finanza pubblica. Le amministrazioni interessate provvedono agli adempimenti previsti con le risorse umane, strumentali e finanziarie disponibili a legislazione vigente.

3. Il Ministro dell'economia e delle finanze è autorizzato ad apportare le occorrenti variazioni di bilancio.

27. Abrogazioni.

1. Sono abrogati i titoli, capi, sezioni, articoli e allegati del codice in materia di protezione dei dati personali, di cui al decreto legislativo n. 196 del 2003, di seguito elencati:

a) alla parte I:
   1) gli articoli 3, 4, 5 e 6;
   2) il titolo II, il titolo III, il titolo IV, il titolo V, il titolo VI e il titolo VII;

b) alla parte II:
   1) il capo I del titolo I;
   2) i capi III, IV e V del titolo IV;
   3) gli articoli 76, 81, 83 e 84;
   4) il capo III del titolo V;
   5) gli articoli 87, 88 e 89;
   6) il capo V del titolo V;
   7) gli articoli 91, 94, 95, 98, 112, 117, 118 e 119;
   8) i capi II e III del titolo X, il titolo XI e il titolo XIII;

c) alla parte III:
   1) la sezione III del capo I del titolo I;
   2) gli articoli 161, 162, 162-*bis*, 162-*ter*, 163, 164, 164-*bis*,165 e 169;
   3) gli articoli 173, 174, 175, commi 1 e 2, 176, 177, 178 e 179;
   4) il capo II del titolo IV;
   5) gli articoli 184 e 185;

d) gli allegati B e C.

Il presente decreto, munito del sigillo dello Stato, sarà inserito nella Raccolta ufficiale degli atti normativi della Repubblica italiana. È fatto obbligo a chiunque spetti di osservarlo e di farlo osservare.

PROPRIETÀ INDUSTRIALE

1. D.Lgs. 10 febbraio 2005, n. 30. – Codice della proprietà industriale, a norma dell'articolo 15 della legge 12 dicembre 2002, n. 273 (*artt. 121 bis, 121 ter, 127, 129, 136 octies, 142, 170 ter, 198, 206*)

In Gazzetta Ufficiale 4 marzo 2005, n. 52, S.O.

121 bis. Diritto d'informazione [(1)].

1. L'Autorità giudiziaria sia nei giudizi cautelari che di merito può ordinare, su istanza giustificata e proporzionata del richiedente, che vengano fornite informazioni sull'origine e sulle reti di distribuzione di merci o di prestazione di servizi che violano un diritto di cui alla presente legge da parte dell'autore della violazione e da ogni altra persona che:

a) sia stata trovata in possesso di merci oggetto di violazione di un diritto, su scala commerciale; sia stata sorpresa a utilizzare servizi oggetto di violazione di un diritto, su scala commerciale;

b) sia stata sorpresa a fornire su scala commerciale servizi utilizzati in attività di violazione di un diritto;

c) sia stata indicata dai soggetti di cui alle lettere a) o b) come persona implicata nella produzione, fabbricazione o distribuzione di tali prodotti o nella fornitura di tali servizi.

2. Le informazioni di cui al comma 1 possono tra l'altro comprendere il nome e indirizzo dei produttori, dei fabbricanti, dei distributori, dei fornitori e degli altri precedenti detentori dei prodotti o dei servizi, nonché dei grossisti e dei dettaglianti, nonché informazioni sulle quantità prodotte, fabbricate, consegnate, ricevute o ordinate, nonché sul prezzo dei prodotti o servizi in questione.

3. Le informazioni vengono acquisite tramite interrogatorio dei soggetti di cui al comma 1.

4. Il richiedente deve fornire l'indicazione specifica delle persone da interrogare e dei fatti sui quali ognuna di esse deve essere interrogata.

5. Il giudice, ammesso l'interrogatorio, richiede ai soggetti di cui al comma 1 le informazioni indicate dalla parte; può altresì rivolgere loro, d'ufficio o su istanza di parte, tutte le domande che ritiene utili per chiarire le circostanze sulle quali si svolge l'interrogatorio.

6. Si applicano gli articoli 249, 250, 252, 255 e 257, primo comma, del codice di procedura civile.

(1) Articolo introdotto dall'art. 15, d.lgs. 16.3.2006, n. 140.

121 ter. Tutela della riservatezza dei segreti commerciali nel corso dei procedimenti giudiziari (1).

1. Nei procedimenti giudiziari relativi all'acquisizione, all'utilizzazione o alla rivelazione illecite dei segreti commerciali di cui all'articolo 98, il giudice può vietare ai soggetti da lui nominati o delegati, alle parti e ai loro rappresentanti e consulenti, ai difensori, al personale amministrativo, ai testimoni, e agli altri soggetti che a qualunque titolo hanno accesso ai provvedimenti, agli atti e ai documenti presenti nel fascicolo d'ufficio, l'utilizzo o la rivelazione dei segreti commerciali oggetto del procedimento che ritenga riservati. Il provvedimento di divieto di cui al primo periodo è pronunciato su istanza di parte e mantiene efficacia anche successivamente alla conclusione del procedimento nel corso del quale è stato emesso.

2. Il provvedimento di cui al comma 1 perde la sua efficacia:

a) se con sentenza, passata in giudicato, è accertato che i segreti commerciali oggetto di causa erano privi dei requisiti di cui all'articolo 98;

b) se i segreti commerciali diventano generalmente noti o facilmente accessibili agli esperti e agli operatori del settore.

3. Nei procedimenti giudiziari di cui al comma 1 il giudice, su istanza di parte, può adottare i provvedimenti che, nel rispetto dei principi regolatori del giusto processo, appaiano più idonei a tutelare la riservatezza dei segreti commerciali oggetto di causa, ed in particolare:

a) limitare ad un numero ristretto di soggetti l'accesso alle udienze e agli atti e ai documenti presenti nel fascicolo d'ufficio;

b) disporre, nei provvedimenti che definiscono i procedimenti di cui al comma 1, resi disponibili anche a soggetti diversi dalle parti, l'oscuramento o l'omissione delle parti contenenti i segreti commerciali.

4. Ai fini di cui al comma 3, lettera b), il giudice, con il provvedimento, indica le parti dello stesso che il cancelliere è tenuto ad oscurare o omettere all'atto del rilascio di copia a soggetti diversi dalle parti. Agli stessi fini il giudice ordina che, all'atto del deposito del provvedimento, la cancelleria vi apponga un'annotazione dalla quale risulti il divieto per le parti di diffondere il provvedimento in versione integrale.

(1) Articolo introdotto dall'art. 5, d.lgs. 11.5.2018, n. 63.

127. Sanzioni penali e amministrative.

[**1.** Salva l'applicazione degli articoli 473, 474 e 517 del codice penale, chiunque fabbrica, vende, espone, adopera industrialmente, introduce nello Stato oggetti in violazione di un titolo di proprietà industriale valido ai sensi delle norme del presente codice, è punito, a querela di parte, con la multa fino a 1.032,91 euro.] (1)

1 bis. Chiunque si rifiuti senza giustificato motivo di rispondere alle domande del giudice ai sensi dell'articolo 121-*bis* ovvero fornisce allo stesso false informazioni è punito con le pene previste dall'articolo 372 del codice penale, ridotte della metà (2).

2. Chiunque appone, su un oggetto, parole o indicazioni non corrispondenti al vero, tendenti a far credere che l'oggetto sia protetto da brevetto, disegno o modello oppure topografia o a far credere che il marchio che lo contraddistingue sia stato registrato, è punito con la sanzione amministrativa da 150 euro a 1.500 euro (3).

3. Salvo che il fatto costituisca reato, è punito con la sanzione amministrativa fino a 2.065,83 euro, anche quando non vi sia danno al terzo, chiunque faccia uso di un marchio registrato, dopo che la relativa registrazione è stata dichiarata nulla, quando la causa di nullità comporta la illiceità dell'uso del marchio, oppure sopprima il marchio del produttore o del commerciante da cui abbia ricevuto i prodotti o le merci a fini commerciali.

(1) Comma abrogato dall'art. 15, co. 2, l. 23.7.2009, n. 99.
(2) Comma introdotto dall'art. 18, d.lgs. 16.3.2006, n. 140.
(3) Comma modificato dall'art. 6, co. 1, l. 24.7.2023, n. 102.

129. Descrizione e sequestro (1) (2).

1. Il titolare di un diritto di proprietà industriale può chiedere la descrizione o il sequestro, ed anche il sequestro subordinatamente alla descrizione, di alcuni o di tutti gli oggetti costituenti violazione di tale diritto, nonché dei mezzi adibiti alla produzione dei medesimi e degli elementi di prova concernenti la denunciata violazione e la sua entità. Sono adottate le misure idonee a garantire la tutela delle informazioni riservate.

2. Il giudice, sentite le parti e assunte, quando occorre, sommarie informazioni, provvede con ordinanza e, se dispone la descrizione, autorizza l'eventuale prelevamento di campioni degli oggetti di cui al comma 1. In casi di speciale urgenza, e in particolare quando eventuali ritardi potrebbero causare un danno irreparabile al titolare dei diritti o quando la convocazione della controparte potrebbe pregiudicare l'attuazione del provvedimento di descrizione o di sequestro, provvede sull'istanza con decreto motivato.

[**3.** Salve le esigenze della giustizia penale non possono essere sequestrati, ma soltanto descritti, gli oggetti nei quali si ravvisi la violazione di un diritto di proprietà industriale, finché figurino nel recinto di un'esposizione, ufficiale o ufficialmente riconosciuta, tenuta nel territorio dello Stato, o siano in transito da o per la medesima.] [3]

4. I procedimenti di descrizione e di sequestro sono disciplinati dalle norme del codice di procedura civile concernenti i procedimenti cautelari, in quanto compatibili e non derogate dal presente codice. Ai fini della conferma, modifica o revoca della descrizione e dell'eventuale concessione delle misure cautelari chieste unitamente o subordinatamente alla descrizione, il giudice fissa l'udienza di discussione tenendo conto della descrizione allo scopo di valutarne il risultato [4].

(1) Rubrica sostituita dall'art. 56, d.lgs. 13.8.2010, n. 131.
(2) Articolo sostituito dall'art. 56, d.lgs. 13.8.2010, n. 131.
(3) Comma abrogato dall'art. 22, co. 1, l. 24.7.2023, n. 102.
(4) Articolo sostituito dall'art. 56, d.lgs. 13.8.2010, n. 131.

136 octies. Sospensione e interruzione del processo [1].

1. Il processo è sospeso quando è presentata querela di falso o deve essere decisa in via pregiudiziale una questione sullo stato o la capacità delle persone, salvo che si tratti della capacità di stare in giudizio.

2. La Commissione dispone la sospensione del processo in ogni altro caso in cui essa stessa o altro giudice deve risolvere una controversia dalla cui definizione dipende la decisione della causa.

3. Il processo è interrotto se, dopo la proposizione del ricorso, si verifica:

a) il venir meno, per morte o altre cause, o la perdita della capacità di stare in giudizio di una delle parti o del suo legale rappresentante o la cessazione di tale rappresentanza;

b) la morte, la radiazione o sospensione dall'albo di uno dei difensori incaricati a sensi dell'articolo 201.

4. L'interruzione si ha al momento dell'evento nei casi di cui al comma 3, lettera b). In ogni altro caso l'interruzione si ha al momento in cui l'evento è dichiarato o in pubblica udienza o per iscritto con apposita comunicazione del difensore della parte a cui l'evento si riferisce.

5. Se, durante la decorrenza del termine per la proposizione del ricorso di cui all'articolo 136, comma 1, si verifica uno degli eventi previsti al comma 3, lettera a), il termine è prorogato di sei mesi dal giorno dell'evento.

6. La sospensione è disposta e l'interruzione è dichiarata dal Presidente della Commissione con decreto o dalla Commissione con ordinanza.

7. Avverso il decreto del Presidente è ammesso reclamo ai sensi dell'articolo 136-*quater*.

8. Durante la sospensione e l'interruzione non possono essere compiuti atti del processo.

9. I termini in corso sono interrotti e ricominciano a decorrere dalla presentazione dell'istanza di cui al comma 11.

10. Dopo che è cessata la causa che ne ha determinato la sospensione, il processo prosegue se entro novanta giorni da tale data viene presentata da una delle parti istanza di trattazione al Presidente della Commissione, che provvede a norma dell'articolo 136-*quater*.

11. Se entro novanta giorni da quando è stata dichiarata l'interruzione del processo la parte colpita dall'evento o i suoi successori o qualsiasi altra parte presentano istanza di trattazione al Presidente della Commissione, quest'ultimo provvede a norma dell'articolo 136-*quater*.

(1) Articolo introdotto dall'art. 18, co. 1, d.lgs. 20.2.2019, n. 15.

142. Decreto di espropriazione.

1. L'espropriazione viene disposta per decreto del Presidente della Repubblica, su proposta del Ministro competente, di concerto con i Ministri delle attività produttive e dell'economia e delle finanze, sentito il Consiglio dei ministri, se il provvedimento interessa la difesa militare del Paese o, negli altri casi, la Commissione dei ricorsi.

2. Il decreto di espropriazione nell'interesse della difesa militare del Paese, quando viene emanato prima della stampa dell'attestato di brevettazione o di registrazione, può contenere l'obbligo e stabilire la durata del segreto sull'oggetto del titolo di proprietà industriale.

3. La violazione del segreto è punita ai sensi dell'articolo 262 del codice penale.

4. Nel decreto di espropriazione è fissata l'indennità spettante al titolare del diritto di proprietà industriale, determinata sulla base del valore di mercato di esso, sentita la Commissione dei ricorsi [1].

5. La tutela giurisdizionale davanti al giudice amministrativo è disciplinata dal codice del processo amministrativo [2].

(1) Comma modificato dall'art. 66, co. 1, d.lgs. 13.8.2010, n. 131.
(2) Comma sostituito dall'art. 3, co. 16, Allegato 4 al d.lgs. 2.7.2010, n. 104.

170 ter. Sanzioni.

1. Salvo che il fatto costituisca reato, chiunque, al fine di brevettare una invenzione, utilizza materiale biologico di origine umana, essendo a conoscenza del fatto che esso è stato prelevato ovvero utilizzato per tali fini senza il consenso espresso di chi ne può disporre, è punito è punito con la sanzione amministrativa pecuniaria da 100.000 a 1.000.000 di euro.

2. Salvo che il fatto costituisca reato, chiunque, nella dichiarazione di cui all'articolo 170-*bis*, comma 2, attesta falsamente la provenienza del materiale biologico di origine animale o vegetale, è punito con la sanzione amministrativa pecuniaria da 10.000 a 100.000 di euro.

3. Chiunque, nella domanda di brevetto di una invenzione che utilizza materiale biologico contenente microrganismi o organismi geneticamente modificati, attesta, contrariamente al vero, il rispetto degli obblighi di legge riguardanti tali modificazioni, è punito con la sanzione amministrativa pecuniaria da 10.000 a 100.000 di euro.

4. Nell'ambito dei limiti minimi e massimi previsti dal presente articolo, le sanzioni amministrative pecuniarie sono determinate nella loro entità, tenendo conto, oltre che dei criteri di cui all'articolo 11 della legge 24 novembre 1981, n. 689, della diversa potenzialità lesiva dell'interesse protetto che ciascuna infrazione presenta in astratto, delle specifiche qualità personali nonché del vantaggio patrimoniale che l'infrazione può recare al colpevole ovvero alla persona o all'ente nel cui interesse egli agisce.

5. Alle sanzioni amministrative pecuniarie previste dal presente articolo non si applica il pagamento in misura ridotta di cui all'articolo 16 della legge 24 novembre 1981, n. 689 [(1)].

(1) Articolo introdotto dall'art. 88, d.lgs. 13.8.2010, n. 131.

198. Procedure di segretazione militare.

1. Coloro che risiedono nel territorio dello Stato non possono, senza autorizzazione del Ministero delle attività produttive, depositare esclusivamente presso uffici di Stati esteri o l'Ufficio brevetti europeo o l'Ufficio internazionale dell'organizzazione mondiale della proprietà intellettuale in qualità di ufficio ricevente, le loro domande di concessione di brevetto per invenzione, modello di utilità o di topografia, qualora dette domande riguardino oggetti che potrebbero essere utili per la difesa del Paese, né depositarle presso tali uffici prima che siano trascorsi sessanta giorni dalla data del deposito in Italia, o da quella di presentazione dell'istanza di autorizzazione. Il Ministero predetto provvede sulle istanze di autorizzazione, previo nulla osta del Ministero della difesa.

Trascorso il termine di sessanta giorni senza che sia intervenuto un provvedimento di rifiuto, l'autorizzazione deve intendersi concessa. Le disposizioni previste dal presente comma non si applicano alle invenzioni realizzate a seguito di accordi internazionali ratificati con legge nazionale [(1)].

1 bis. Le disposizioni del comma 1 si applicano anche quando:

a) l'inventore presti la propria attività lavorativa presso filiali italiane di imprese multinazionali la cui capogruppo abbia sede legale all'estero;

b) l'inventore abbia ceduto l'invenzione oggetto del brevetto precedentemente al deposito della domanda di brevetto [(2)].

2. Salvo che il fatto costituisca più grave reato, la violazione delle disposizioni del comma 1 è punita con l'ammenda non inferiore a 77,47 euro o con l'arresto. Se la violazione è commessa quando l'autorizzazione sia stata negata, si applica l'arresto in misura non inferiore ad un anno.

3. L'Ufficio italiano brevetti e marchi mette con immediatezza a disposizione del Servizio brevetti e proprietà intellettuale del Ministero della difesa le domande di brevetto per invenzioni industriali, per modelli di utilità e per topografie di prodotti a semiconduttori ad esso pervenute [(3)].

4. Qualora il Servizio predetto ritenga che le domande riguardino invenzioni, modelli o topografie utili alla difesa del Paese, anche ufficiali o funzionari estranei al Servizio stesso espressamente delegati dal Ministro della difesa possono prendere visione, nella sede dell'Ufficio, delle descrizioni, delle rivendicazioni e dei disegni allegati alle domande [(4)].

5. Tutti coloro che hanno preso visione di domande e di documenti relativi a brevetti o che ne hanno avuto notizia per ragioni di ufficio sono tenuti all'obbligo del segreto.

6. Entro sessanta giorni successivi alla data del deposito delle domande, il Ministero della difesa può chiedere all'Ufficio italiano brevetti e marchi il differimento della concessione del titolo di proprietà industriale e di ogni pubblicazione relativa. L'Ufficio dà comunicazione della richiesta all'interessato, diffidandolo ad osservare l'obbligo del segreto [(5)].

7. Se, entro otto mesi dalla data del deposito della domanda, il Ministero competente non ha inviato all'Ufficio e al richiedente, in quanto questi abbia indicato il proprio domicilio nello Stato, la notizia di voler procedere all'espropriazione, si dà seguito alla procedura ordinaria per la concessione del titolo di proprietà industriale. Nel termine predetto, il Ministero della difesa può chiedere che sia ulteriormente differito, per un tempo non superiore a tre anni dalla data di deposito della domanda, la concessione del titolo di proprietà industriale ed ogni pubblicazione relativa. In tal caso l'inventore o il suo avente causa ha diritto ad un'indennità per la determinazione della quale si applicano le disposizioni in materia di espropriazione.

8. Per i modelli di utilità l'ulteriore differimento previsto nel comma 7 può essere chiesto per un tempo non superiore a un anno dalla data di deposito della domanda.

9. A richiesta di Stati esteri che accordino il trattamento di reciprocità, il Ministero della difesa può richiedere, per un tempo anche superiore a tre anni, il differimento della concessione del brevetto e di ogni pubblicazione relativa all'invenzione per domande di brevetto già depositate all'estero e ivi assoggettate a vincolo di segreto.

10. Le indennità eventuali sono a carico dello Stato estero richiedente.

11. L'invenzione deve essere tenuta segreta dopo la comunicazione della richiesta di differimento e per tutta la durata del differimento stesso, nonché durante lo svolgimento della espropriazione e dopo il relativo decreto se questo porti l'obbligo del segreto.

12. L'invenzione deve essere, altresì, tenuta segreta nel caso previsto dal comma 6, dopo che sia stata comunicata all'interessato la determinazione di promuovere l'espropriazione con imposizione del segreto.

13. L'obbligo del segreto cessa qualora il Ministero della difesa lo consenta.

14. La violazione del segreto è punita ai termini dell'articolo 262 del codice penale.

15. Il Ministero della difesa può chiedere che le domande di brevetto per le invenzioni industriali di organismi dipendenti o vigilati siano mantenute segrete.

16. Qualora, per invenzione interessante la difesa militare del Paese, il Ministero della difesa richieda o, nell'ipotesi di differimento di cui al comma 6, consenta la concessione del brevetto, la procedura relativa si svolge, su domanda dello stesso Ministero, in forma segreta. In tale caso non si effettua alcuna pubblicazione e non si consentono le visioni nel presente codice.

17. In caso di esposizioni da tenersi nel territorio dello Stato, il Ministero della difesa ha facoltà, mediante propri funzionari od ufficiali, di procedere a particolareggiato esame degli oggetti e dei trovati consegnati per l'esposizione che possano ritenersi utili alla difesa militare del Paese ed ha facoltà altresì di assumere notizie e chiedere chiarimenti sugli oggetti e trovati stessi.

18. Gli enti organizzatori di esposizioni devono consegnare ai suddetti funzionari o ufficiali gli elenchi completi degli oggetti da esporre riferentisi ad invenzioni industriali non protette ai sensi del presente codice.

19. I funzionari e gli ufficiali di cui al comma 17 possono imporre all'ente stesso il divieto di esposizione degli oggetti utili alla difesa militare del Paese.

20. Il Ministero della difesa, a mezzo raccomandata con avviso di ricevimento, deve dare notizia alla presidenza dell'esposizione e agli interessati del divieto di esposizione, diffidandoli circa l'obbligo del segreto. La presidenza dell'esposizione deve conservare gli oggetti sottoposti al divieto di esposizione con il vincolo di segreto sulla loro natura.

21. Nel caso che il divieto di esposizione venga imposto dopo che gli oggetti siano stati esposti, gli oggetti stessi devono essere subito ritirati senza, peraltro, imposizione del vincolo del segreto.

22. È fatta salva, in ogni caso, la facoltà del Ministero della difesa, per gli oggetti che si riferiscono ad invenzioni riconosciute utili alla difesa militare del Paese, di procedere all'espropriazione dei diritti derivanti dall'invenzione, modello o topografia ai sensi delle norme relative all'espropriazione contenute nel presente codice [(6)].

23. Qualora non sia rispettato il divieto di esposizione, i responsabili dell'abusiva esposizione sono puniti con la sanzione amministrativa da 25,00 euro a 13.000,00 euro.

(1) Comma modificato dall'art. 109, d.lgs. 13.8.2010, n. 131 e successivamente dall'art. 8, co. 1, lett. a), l. 24.7.2023, n. 102.
(2) Comma introdotto dall'art. 8, co. 1, lett. b), l. 24.7.2023, n. 102.
(3) Comma modificato dall'art. 109, d.lgs. 13.8.2010, n. 131.
(4) Comma sostituito dall'art. 109, d.lgs. 13.8.2010, n. 131.
(5) Comma modificato dall'art. 8, co. 1, lett. a), l. 24.7.2023, n. 102.
(6) Comma modificato dall'art. 109, d.lgs. 13.8.2010, n. 131.

206. Obbligo del segreto professionale.

1. Il consulente in proprietà industriale ha l'obbligo del segreto professionale e nei suoi confronti si applica l'articolo 200 del codice di procedura penale.

PROSTITUZIONE E PEDOPORNOGRAFIA

1. L. 20 febbraio 1958, n. 75. – Abolizione della regolamentazione della prostituzione e lotta contro lo sfruttamento della prostituzione altrui (c.d. legge Merlin) [(1)]

In Gazzetta Ufficiale 4 marzo 1958, n. 55

(1) L'art. 1, co. 1 d.lgs. 1.12.2009, n. 179, ha ritenuto indispensabile la permanenza in vigore della presente legge, limitatamente agli articoli da 1 a 4; 5, co. da 1 a 3; da 6 a 15.

Capo I
Chiusura delle case di prostituzione

1. – È vietato l'esercizio di case di prostituzione nel territorio dello Stato e nei territori sottoposti all'amministrazione di autorità italiane.

2. – Le case, i quartieri e qualsiasi altro luogo chiuso, dove si esercita la prostituzione, dichiarati locali di meretricio a sensi dell'art. 190 del testo unico delle leggi di pubblica sicurezza, approvato con regio decreto 18 giugno 1931, n. 773, e delle successive modificazioni, dovranno essere chiusi entro sei mesi dall'entrata in vigore della presente legge.

3. – Le disposizioni contenute negli artt. 531 a 536 del Codice penale sono sostituite dalle seguenti:

"È punito con la reclusione da due a sei anni e con la multa da lire 500.000 a lire 20.000.000 [(1)], salvo in ogni caso l'applicazione dell'art. 240 del Codice penale:

1) chiunque, trascorso il termine indicato nell'art. 2, abbia la proprietà o l'esercizio, sotto qualsiasi denominazione, di una casa di prostituzione, o comunque la controlli, o diriga, o amministri, ovvero partecipi alla proprietà, esercizio, direzione o amministrazione di essa;

2) chiunque, avendo la proprietà o l'amministrazione di una casa od altro locale, li conceda in locazione a scopo di esercizio di una casa di prostituzione;

3) chiunque, essendo proprietario, gerente o preposto a un albergo, casa mobiliata, pensione, spaccio di bevande, circolo, locale da ballo, o luogo di spettacolo, o loro annessi e dipendenze o qualunque locale aperto al pubblico od utilizzato dal pubblico, vi tollera abitualmente la presenza di una o più persone che, all'interno del locale stesso, si dànno alla prostituzione;
4) chiunque recluti una persona al fine di farle esercitare la prostituzione, o ne agevoli a tal fine la prostituzione;
5) chiunque induca alla prostituzione una donna di età maggiore, o compia atti di lenocinio, sia personalmente in luoghi pubblici o aperti al pubblico, sia a mezzo della stampa o con qualsiasi altro mezzo di pubblicità;
6) chiunque induca una persona a recarsi nel territorio di un altro Stato o comunque in luogo diverso da quello della sua abituale residenza, al fine di esercitarvi la prostituzione ovvero si intrometta per agevolarne la partenza;
7) chiunque esplichi un'attività in associazioni ed organizzazioni nazionali ed estere dedite al reclutamento di persone da destinare alla prostituzione od allo sfruttamento della prostituzione, ovvero in qualsiasi forma e con qualsiasi mezzo agevoli o favorisca l'azione o gli scopi delle predette associazioni od organizzazioni;
8) chiunque in qualsiasi modo favorisca o sfrutti la prostituzione altrui.
In tutti i casi previsti nel n. 3) del presente articolo alle pene in essi comminate, sarà aggiunta la perdita della licenza d'esercizio e potrà anche essere ordinata la chiusura definitiva dell'esercizio.
I delitti previsti dai nn. 4) e 5), se commessi da un cittadino in territorio estero, sono punibili in quanto le convenzioni internazionali lo prevedano".

(1) La misura della multa è stata così elevata dall'art. 113, co. 2, l. 24.11.1981, n. 689. La sanzione è esclusa dalla depenalizzazione in virtù dell'art. 32, co. 2, della citata l. 24.11.1981, n. 689.

4. – La pena è raddoppiata:
1) se il fatto è commesso con violenza minaccia, inganno;
2) se il fatto è commesso ai danni di persona in istato di infermità o minorazione psichica, naturale o provocata [(1)];
3) se il colpevole è un ascendente, un affine in linea retta ascendente, il marito, il fratello, o la sorella, il padre o la madre adottivi, il tutore;
4) se al colpevole la persona è stata affidata per ragioni di cura, di educazione, di istruzione, di vigilanza, di custodia;
5) se il fatto è commesso ai danni di persone aventi rapporti di servizio domestico o d'impiego;
6) se il fatto è commesso da pubblici ufficiali nell'esercizio delle loro funzioni;
7) se il fatto è commesso ai danni di più persone;
7-*bis*) se il fatto è commesso ai danni di una persona tossicodipendente [(2) (3)].

(1) Numero modificato dall'art. 18, l. 3.8.1998, n. 269.
(2) Numero aggiunto dall'art. 105, co. 1, l. 22.12.1975, n. 685, come modificato dall'art. 32, co. 1, l. 26.6.1990, n. 162.
(3) L'art. 36, l. 5.2.1992, n. 104, stabilisce che, per i reati qui previsti, qualora l'offeso sia una persona handicappata, la pena è aumentata da un terzo alla metà.

5. – Sono punite con la sanzione amministrativa pecuniaria da lire trentamila a centottantamila le persone dell'uno e dell'altro sesso [(1)]:
1) che in luogo pubblico od aperto al pubblico, invitano al libertinaggio in modo scandaloso o molesto;
2) che seguono per via le persone, invitandole con atti o parole al libertinaggio.

Le persone colte in contravvenzione alle disposizioni di cui ai nn. 1) e 2), qualora siano in possesso di regolari documenti di identificazione, non possono essere accompagnate all'Ufficio di pubblica sicurezza.

Le persone accompagnate all'Ufficio di pubblica sicurezza per infrazioni alle disposizioni della presente legge non possono essere sottoposte a visita sanitaria.

[I verbali di contravvenzione saranno rimessi alla competente autorità giudiziaria.] [(2)]

(1) Alinea modificato dall'art. 81, d.lgs. 30.12.1999, n. 507.
(2) Comma abrogato dall'art. 81, d.lgs. 30.12.1999, n. 507.

6. – I colpevoli di uno dei delitti previsti dagli articoli precedenti, siano essi consumati o soltanto tentati, per un periodo variante da un minimo di due anni ad un massimo di venti, a partire dal giorno in cui avranno espiato la pena, subiranno altresì l'interdizione dai pubblici uffici, prevista dall'art. 28 del Codice penale e dall'esercizio della tutela e della curatela.

7. – Le autorità di pubblica sicurezza, le autorità sanitarie e qualsiasi altra autorità amministrativa non possono procedere ad alcuna forma diretta od indiretta di registrazione, neanche mediante rilascio di tessere sanitarie, di donne che esercitano o siano sospettate di esercitare la prostituzione, né obbligarle a presentarsi periodicamente ai loro uffici. È del pari vietato di munire dette donne di documenti speciali.

Capo II
Dei patronati ed istituti di rieducazione

8. – Il Ministro per l'interno provvederà, promovendo la fondazione di speciali istituti di patronato, nonché assistendo e sussidiando quelli esistenti, che efficacemente corrispondano ai fini della presente legge, alla tutela, all'assistenza ed alla rieducazione delle donne uscenti, per effetto della presente legge, dalle case di prostituzione.

Negli istituti di patronato, come sopra previsti, potranno trovare ricovero ed assistenza, oltre alle donne uscite dalle case di prostituzione abolite nella presente legge, anche quelle altre che, pure avviate già alla prostituzione, intendano di ritornare ad onestà di vita.

9. – Con determinazione del Ministro per l'interno sarà provveduto all'assegnazione dei mezzi necessari per l'esercizio dell'attività degli istituti di cui nel l'articolo precedente, da prelevarsi dal fondo stanziato nel bilancio dello Stato a norma della presente legge.

Alla fine di ogni anno e non oltre il 15 gennaio successivo gli istituti di patronato fondati a norma della presente legge, come gli altri istituti previsti dal precedente articolo e che godano della sovvenzione dello Stato, dovranno trasmettere un rendiconto esatto della loro attività omettendo il nome delle persone da essi accolte.

Tali istituti sono sottoposti a vigilanza e a controllo dello Stato.

10. – Le persone minori di anni 21 che abitualmente e totalmente traggono i loro mezzi di sussistenza dalla prostituzione saranno rimpatriate e riconsegnate alle loro famiglie, previo accertamento che queste siano disposte ad accoglierle.

Se però esse non hanno congiunti disposti ad accoglierle e che offrano sicura garanzia di moralità saranno per ordine del presidente del tribunale affidate agli istituti di patronato di cui nel precedente articolo. A questo potrà addivenirsi anche per loro libera elezione.

11. – All'onere derivante al bilancio dello Stato verrà fatto fronte, per un importo di 100 milioni di lire, con le maggiori entrate previste dalla legge 9 aprile 1953, n. 248.

Capo III
Disposizioni finali e transitorie

12. – È costituito un Corpo speciale femminile che gradualmente ed entro i limiti consentiti sostituirà la polizia nelle funzioni inerenti ai servizi del buon costume e della prevenzione della delinquenza minorile e della prostituzione.

Con decreto Presidenziale, su proposta del Ministro per l'interno, ne saranno determinati l'organizzazione ed il funzionamento.

13. – Per effetto della chiusura delle case di prostituzione presentemente autorizzata entro il termine previsto dall'art. 2, si intendono risolti di pieno diritto, senza indennità e con decorrenza immediata, i contratti di locazione relativi alle case medesime.

È vietato ai proprietari di immobili di concludere un nuovo contratto di locazione colle persone sopra indicate.

14. – Tutte le obbligazioni pecuniarie contratte verso i tenutari dalle donne delle case di prostituzione si presumono determinate da causa illecita.

È ammessa la prova contraria.

15. – Tutte le disposizioni contrarie alla presente legge, o comunque con essa incompatibili, sono abrogate.

2. L. 3 agosto 1998, n. 269. – Norme contro lo sfruttamento della prostituzione, della pornografia, del turismo sessuale in danno di minori, quali nuove forme di riduzione in schiavitù *(artt. 1, 14-19)*

In Gazzetta Ufficiale 10 agosto 1998, n. 185

1. Modifiche al codice penale.

1. In adesione ai princìpi della Convenzione sui diritti del fanciullo, ratificata ai sensi della legge 27 maggio 1991, n. 176, e a quanto sancito dalla dichiarazione finale della Conferenza mondiale di Stoccolma, adottata il 31 agosto 1996, la tutela dei fanciulli contro ogni forma di sfruttamento e violenza sessuale a salvaguardia del loro sviluppo fisico, psicologico, spirituale, morale e sociale, costituisce obiettivo primario perseguito dall'Italia. A tal fine nella sezione I del capo III del titolo XII del libro secondo del codice penale, dopo l'articolo 600 sono inseriti gli articoli da 600-*bis* a 600-*septies*, introdotti dagli articoli 2, 3, 4, 5, 6 e 7 della presente legge.

14. Attività di contrasto (1).

1. Nell'ambito delle operazioni disposte dal questore o dal responsabile di livello almeno provinciale dell'organismo di appartenenza, gli ufficiali di polizia giudiziaria delle strutture specializzate per la repressione dei delitti sessuali o per la tutela dei minori, ovvero di quelle istituite per il contrasto dei delitti di criminalità organizzata, possono, previa autorizzazione dell'autorità giudiziaria, al solo fine di acquisire elementi di prova in ordine ai delitti di cui agli articoli 600-*bis*, primo comma, 600-*ter*, commi primo, secondo e terzo, e 600-*quinquies* del codice penale, introdotti dalla presente legge, procedere all'acquisto simulato di materiale pornografico e alle relative attività di intermediazione, nonché partecipare alle iniziative turistiche di cui all'articolo 5 della presente legge. Dell'acquisto è data immediata comunicazione all'autorità giudiziaria che può, con decreto motivato, differire il sequestro sino alla conclusione delle indagini.

2. Nell'ambito dei compiti di polizia delle telecomunicazioni, definiti con il decreto di cui all'articolo 1, comma 15, l. 31 luglio 1997, n. 249, l'organo del Ministero dell'interno per la sicurezza e la regolarità dei servizi di telecomunicazione svolge, su richiesta dell'autorità giudiziaria, motivata a pena di nullità, le attività occorrenti per il contrasto dei delitti di cui agli articoli 600-*bis*, primo comma, 600-*ter*, commi primo, secondo e terzo, e 600-*quinquies* del codice penale commessi

mediante l'impiego di sistemi informatici o mezzi di comunicazione telematica ovvero utilizzando reti di telecomunicazione disponibili al pubblico. A tal fine, il personale addetto può utilizzare indicazioni di copertura, anche per attivare siti nelle reti, realizzare o gestire aree di comunicazione o scambio su reti o sistemi telematici, ovvero per partecipare ad esse. Il predetto personale specializzato effettua con le medesime finalità le attività di cui al comma 1 anche per via telematica.

3. L'autorità giudiziaria può, con decreto motivato, ritardare l'emissione o disporre che sia ritardata l'esecuzione dei provvedimenti di cattura, arresto o sequestro, quando sia necessario per acquisire rilevanti elementi probatori, ovvero per l'individuazione o la cattura dei responsabili dei delitti di cui agli articoli 600-*bis*, primo comma, 600-*ter*, commi primo, secondo e terzo, e 600-*quinquies* del codice penale. Quando è identificata o identificabile la persona offesa dal reato, il provvedimento è adottato sentito il procuratore della Repubblica presso il tribunale per i minorenni nella cui circoscrizione il minorenne abitualmente dimora.

[**4.** L'autorità giudiziaria può affidare il materiale o i beni sequestrati in applicazione della presente legge, in custodia giudiziale con facoltà d'uso, agli organi di polizia giudiziaria che ne facciano richiesta per l'impiego nelle attività di contrasto di cui al presente articolo] (2).

(1) A norma dell'art. 16, co. 3, l. 6.2.2006, n. 38 le disposizioni qui previste si applicano anche quando i delitti di cui all'art. 600 ter, co. 1, 2 e 3, del codice penale, sono commessi in relazione al materiale pornografico di cui all'art. 600 quater.1 del medesimo codice.
(2) Comma abrogato dall'art. 9, l. 16.3.2006, n. 146.

14 bis. Centro nazionale per il contrasto della pedopornografia sulla rete INTERNET (1).

1. Presso l'organo del Ministero dell'interno di cui al comma 2 dell'articolo 14, è istituito il Centro nazionale per il contrasto della pedopornografia sulla rete INTERNET, di seguito denominato "Centro", con il compito di raccogliere tutte le segnalazioni, provenienti anche dagli organi di polizia stranieri e da soggetti pubblici e privati impegnati nella lotta alla pornografia minorile, riguardanti siti che diffondono materiale concernente l'utilizzo sessuale dei minori avvalendosi della rete INTERNET e di altre reti di comunicazione, nonché i gestori e gli eventuali beneficiari dei relativi pagamenti. Alle predette segnalazioni sono tenuti gli agenti e gli ufficiali di polizia giudiziaria. Ferme restando le iniziative e le determinazioni dell'autorità giudiziaria, in caso di riscontro positivo il sito segnalato, nonché i nominativi dei gestori e dei beneficiari dei relativi pagamenti, sono inseriti in un elenco costantemente aggiornato.

2. Il Centro si avvale delle risorse umane, strumentali e finanziarie esistenti. Dall'istituzione e dal funzionamento del Centro non devono derivare nuovi o maggiori oneri a carico del bilancio dello Stato.

3. Il Centro comunica alla Presidenza del Consiglio dei ministri – Dipartimento per le pari opportunità elementi informativi e dati statistici relativi alla pedopornografia sulla rete INTERNET, al fine della predisposizione del Piano nazionale di contrasto e prevenzione della pedofilia e della relazione annuale di cui all'articolo 17, comma 1.

(1) Articolo introdotto dall'art. 19, l. 6.2.2006, n. 38.

14 ter. Obblighi per fornitori dei servizi della società dell'informazione resi attraverso reti di comunicazione elettronica (1).

1. I fornitori dei servizi resi attraverso reti di comunicazione elettronica sono obbligati, fermo restando quanto previsto da altre leggi o regolamenti di settore, a segnalare al Centro, qualora ne vengano a conoscenza, le imprese o i soggetti che, a qualunque titolo, diffondono, distribuiscono o fanno commercio, anche in via telematica, di materiale pedopornografico, nonché a comunicare senza indugio al Centro, che ne faccia richiesta, ogni informazione relativa ai contratti con tali imprese o soggetti.

2. I fornitori dei servizi per l'effetto della segnalazione di cui al comma 1 devono conservare il materiale oggetto della stessa per almeno quarantacinque giorni.

3. Salvo che il fatto costituisca reato, la violazione degli obblighi di cui al comma 1 comporta una sanzione amministrativa pecuniaria da euro 50.000 a euro 250.000. All'irrogazione della sanzione provvede il Ministero delle comunicazioni.

4. Nel caso di violazione degli obblighi di cui al comma 1 non si applica il pagamento in misura ridotta di cui all'articolo 16 della legge 24 novembre 1981, n. 689.

(1) Articolo introdotto dall'art. 19, l. 6.2.2006, n. 38.

14 quater. Utilizzo di strumenti tecnici per impedire l'accesso ai siti che diffondono materiale pedopornografico (1).

1. I fornitori di connettività alla rete INTERNET, al fine di impedire l'accesso ai siti segnalati dal Centro, sono obbligati ad utilizzare gli strumenti di filtraggio e le relative soluzioni tecnologiche conformi ai requisiti individuati con decreto del Ministro delle comunicazioni, di concerto con il Ministro per l'innovazione e le tecnologie e sentite le associazioni maggiormente rappresentative dei fornitori di connettività della rete INTERNET.
Con il medesimo decreto viene altresì indicato il termine entro il quale i fornitori di connettività alla rete INTERNET devono dotarsi degli strumenti di filtraggio.

2. La violazione degli obblighi di cui al comma 1 è punita con una sanzione amministrativa pecuniaria da euro 50.000 a euro 250.000.
All'irrogazione della sanzione provvede il Ministero delle comunicazioni.

3. Nel caso di violazione degli obblighi di cui al comma 1 non si applica il pagamento in misura ridotta di cui all'articolo 16 della legge 24 novembre 1981, n. 689.

(1) Articolo introdotto dall'art. 19, l. 6.2.2006, n. 38.

14 quinquies. Misure finanziarie di contrasto alla commercializzazione di materiale pedopornografico (1).

1. Il Centro trasmette all'Ufficio italiano dei cambi (UIC), per la successiva comunicazione alle banche, agli istituti di moneta elettronica, a Poste italiane Spa e agli intermediari finanziari che prestano servizi di pagamento, le informazioni di cui all'articolo 14-*bis* relative ai soggetti beneficiari di pagamenti effettuati per la commercializzazione di materiale concernente l'utilizzo sessuale dei minori sulla rete INTERNET e sulle altre reti di comunicazione.

2. Le banche, gli istituti di moneta elettronica, Poste italiane Spa e gli intermediari finanziari che prestano servizi di pagamento comunicano all'UIC ogni informazione disponibile relativa a rapporti e ad operazioni riconducibili ai soggetti indicati ai sensi del comma 1.

3. Ai fini dell'applicazione del presente articolo e dell'articolo 14-*bis* l'UIC trasmette al Centro le informazioni acquisite ai sensi del comma 2.

4. Sono risolti di diritto i contratti stipulati dalle banche, dagli istituti di moneta elettronica, da Poste italiane Spa e dagli intermediari finanziari che prestano servizi di pagamento con i soggetti indicati ai sensi del comma 1, relativi all'accettazione, da parte di questi ultimi, di carte di pagamento.

5. Il Centro trasmette eventuali informazioni relative al titolare della carta di pagamento che ne abbia fatto utilizzo per l'acquisto di materiale concernente l'utilizzo sessuale dei minori sulla rete INTERNET o su altre reti di comunicazione, alla banca, all'istituto di moneta elettronica, a Poste italiane Spa e all'intermediario finanziario emittente la carta medesima, i quali possono chiedere informazioni ai titolari e revocare l'autorizzazione all'utilizzo della carta al rispettivo titolare.

6. Le banche, gli istituti di moneta elettronica, Poste italiane Spa e gli intermediari finanziari che prestano servizi di pagamento, in conformità con le disposizioni emanate dalla Banca d'Italia, segnalano i casi di revoca di cui al comma 5 nell'ambito delle segnalazioni previste per le carte di pagamento revocate ai sensi dell'articolo 10-*bis* della legge 15 dicembre 1990, n. 386.

7. Le banche, gli istituti di moneta elettronica, Poste italiane Spa e gli intermediari finanziari che prestano servizi di pagamento comunicano all'UIC l'applicazione dei divieti, i casi di risoluzione di cui al comma 4 e ogni altra informazione disponibile relativa a rapporti e ad operazioni riconducibili ai soggetti indicati ai sensi del comma 1. L'UIC trasmette le informazioni così acquisite al Centro.

8. Con regolamento adottato ai sensi del-l'articolo 17, comma 3, l. 23 agosto 1988, n. 400, dai Ministri dell'interno, della giustizia, dell'economia e delle finanze, delle comunicazioni, per le pari opportunità e per l'innovazione e le tecnologie, di intesa con la Banca d'Italia e l'UIC, sentito l'Ufficio del Garante per la protezione dei dati personali, sono definite le procedure e le modalità da applicare per la trasmissione riservata, mediante strumenti informatici e telematici, delle informazioni previste dal presente articolo.

9. La Banca d'Italia e l'UIC verificano l'osservanza delle disposizioni di cui al presente articolo e al regolamento previsto dal comma 8 da parte delle banche, degli istituti di moneta elettronica, di Poste italiane Spa e degli intermediari finanziari che prestano servizi di pagamento. In caso di violazione, ai responsabili è applicata una sanzione amministrativa pecuniaria fino a euro 500.000. All'irrogazione della sanzione provvede la Banca d'Italia nei casi concernenti uso della moneta elettronica, ovvero il Ministro dell'economia e delle finanze, su segnalazione della Banca d'Italia o dell'UIC, negli altri casi. Si applica, in quanto compatibile, la procedura prevista dall'articolo 145 del testo unico di cui al decreto legislativo 1° settembre 1993, n. 385, e successive modificazioni.

10. Le somme derivanti dall'applicazione delle sanzioni di cui al comma 9 sono versate all'entrata del bilancio dello Stato per essere riassegnate al fondo di cui all'articolo 17, comma 2, e sono destinate al finanziamento delle iniziative per il contrasto della pedopornografia sulla rete INTERNET.

(1) Articolo introdotto dall'art. 19, l. 6.2.2006, n. 38.

15. Accertamenti sanitari.

1. All'art. 16, comma 1, l. 15 febbraio 1996, n. 66, dopo le parole: "per i delitti di cui agli articoli" sono inserite le seguenti: "600-*bis*, secondo comma,".

16. Comunicazioni agli utenti.

1. Gli operatori turistici che organizzano viaggi collettivi o individuali in Paesi esteri hanno obbligo, per un periodo non inferiore a tre anni decorrenti dalla data di cui al comma 2, di inserire in maniera evidente nei materiali propagandistici, nei programmi o, in mancanza dei primi, nei documenti di viaggio consegnati agli utenti, nonché nei propri cataloghi generali o relativi a singole destinazioni, la seguente avvertenza: "Comunicazione obbligatoria ai sensi dell'articolo... della legge... n. La legge italiana punisce con la pena della reclusione i reati inerenti alla prostituzione e alla pornografia minorile, anche se gli stessi sono commessi all'estero".

2. Quanto prescritto nel comma 1 si applica con riferimento ai materiali illustrativi o pubblicitari o ai documenti utilizzati successivamente al centottantesimo giorno dopo la data di entrata in vigore della presente legge.

3. Gli operatori turistici che violano l'obbligo di cui al comma 1 sono assoggettati alla sanzione amministrativa del pagamento di una somma da lire due milioni a lire dieci milioni.

17. Attività di coordinamento.

1. Sono attribuite alla Presidenza del Consiglio dei ministri, fatte salve le disposizioni della legge 28 agosto 1997, n. 285, le funzioni di coordinamento delle attività svolte da tutte le pubbliche amministrazioni, relative alla prevenzione, assistenza, anche in sede legale, e tutela dei minori dallo sfruttamento sessuale e dall'abuso sessuale. Il Presidente del Consiglio dei ministri presenta ogni anno al Parlamento una relazione sull'attività svolta ai sensi del comma 3.

1 bis. È istituito presso la Presidenza del Consiglio dei ministri – Dipartimento per le politiche della famiglia l'Osservatorio per il contrasto della pedofilia e della pornografia minorile con il compito di acquisire e monitorare i dati e le informazioni relativi alle attività, svolte da tutte le pubbliche amministrazioni, per la prevenzione e la repressione della pedofilia. A tale fine è autorizzata l'istituzione presso l'Osservatorio di una banca dati per raccogliere, con l'apporto dei dati forniti dalle amministrazioni, tutte le informazioni utili per il monitoraggio del fenomeno. Con decreto del Presidente del Consiglio dei ministri ovvero del Ministro delegato per la famiglia e le disabilità sono definite la composizione e le modalità di funzionamento dell'Osservatorio nonché le modalità di attuazione e di organizzazione della banca dati, anche per quanto attiene all'adozione dei dispositivi necessari per la sicurezza e la riservatezza dei dati. Resta ferma la disciplina delle assunzioni di cui ai commi da 95 a 103 dell'articolo 1 della legge 30 dicembre 2004, n. 311. Per l'istituzione e l'avvio delle attività dell'Osservatorio e della banca dati di cui al presente comma è autorizzata la spesa di 1.500.000 euro per l'anno 2006 e di 750.000 euro per ciascuno degli anni 2007 e 2008. Al relativo onere si provvede mediante corrispondente riduzione dell'autorizzazione di spesa di cui al decreto legislativo 30 luglio 1999, n. 303, come rideterminata dalla tabella C allegata alla legge 23 dicembre 2005, n. 266. A decorrere dall'anno 2009, si provvede ai sensi dell'articolo 11-*ter*, comma 1, lettera d), l. 5 agosto 1978, n. 468, e successive modificazioni. Il Ministro dell'economia e delle finanze è autorizzato ad apportare, con propri decreti, le occorrenti variazioni di bilancio [(1)].

2. Le multe irrogate, le somme di denaro confiscate e quelle derivanti dalla vendita dei beni confiscati ai sensi della presente legge sono versate all'entrata del bilancio dello Stato per essere riassegnate su un apposito fondo da iscrivere nello stato di previsione della Presidenza del Consiglio dei ministri e destinate, nella misura di due terzi, a finanziare specifici programmi di prevenzione, assistenza e recupero psicoterapeutico dei minori degli anni diciotto vittime dei delitti di cui agli articoli 600-*bis*, 600-*ter*, 600-*quater* e 600-*quinquies* del codice penale, introdotti dagli articoli 2, comma 1, 3, 4 e 5 della presente legge. La parte residua del fondo è destinata, nei limiti delle risorse effettivamente disponibili, al recupero di coloro che, riconosciuti responsabili dei delitti previsti dagli articoli 600-*bis*, secondo comma, 600-*ter*, terzo comma, e 600-*quater* del codice penale, anche se relativi al materiale pornografico di cui all'articolo 600-*quater*.1 dello stesso codice, facciano apposita richiesta. Il Ministro del tesoro, del bilancio e della programmazione economica è autorizzato ad apportare, con propri decreti, le occorrenti variazioni di bilancio [(2)].

3. Nello svolgimento delle funzioni di cui al comma 1, la Presidenza del Consiglio dei ministri:

a) acquisisce dati e informazioni, a livello nazionale ed internazionale, sull'attività svolta per la prevenzione e la repressione e sulle strategie di contrasto programmate o realizzate da altri Stati;
b) promuove, in collaborazione con i Ministeri della pubblica istruzione, della sanità, dell'università e della ricerca scientifica e tecnologica, di grazia e giustizia e degli affari esteri, studi e ricerche relativi agli aspetti sociali, sanitari e giudiziari dei fenomeni di sfruttamento sessuale dei minori;
c) partecipa, d'intesa con il Ministero degli affari esteri, agli organismi comunitari e internazionali aventi compiti di tutela dei minori dallo sfruttamento sessuale.

4. Per lo svolgimento delle attività di cui ai commi 1 e 3 è autorizzata la spesa di lire cento milioni annue. Al relativo onere si fa fronte mediante corrispondente riduzione dello stanziamento iscritto, ai fini del bilancio triennale 1998-2000, nell'ambito dell'unità previsionale di base di parte corrente "Fondo speciale" dello stato di previsione del Ministero del tesoro, del bilancio e della programmazione economica per l'anno 1998, allo scopo utilizzando l'accantonamento relativo alla Presidenza del Consiglio dei ministri. Il Ministro del tesoro, del bilancio e della programmazione economica è autorizzato ad apportare, con propri decreti, le occorrenti variazioni di bilancio.

5. Il Ministro dell'interno, in virtù dell'accordo adottato dai Ministri di giustizia europei in data 27 settembre 1996, volto ad estendere la competenza di EUROPOL anche ai reati di sfruttamento sessuale di minori, istituisce, presso la squadra mobile di ogni questura, una unità specializzata di polizia giudiziaria, avente il compito di condurre le indagini sul territorio nella materia regolata dalla presente legge.

6. Il Ministero dell'interno istituisce altresì presso la sede centrale della questura un nucleo di polizia giudiziaria avente il compito di raccogliere tutte le informazioni relative alle indagini nella materia regolata dalla presente legge e di coordinarle con le sezioni analoghe esistenti negli altri Paesi europei.

7. L'unità specializzata ed il nucleo di polizia giudiziaria sono istituiti nei limiti delle strutture, dei mezzi e delle vigenti dotazioni organiche, nonché degli stanziamenti iscritti nello stato di previsione del Ministero dell'interno.

(1) Comma introdotto dall'art. 20, l. 6.2.2006, n. 38, poi modificato dall'art. 3, co. 3, d.l. 12.7.2018, n. 86, conv., con modif., dalla l. 9.8.2018, n. 97.
(2) Comma modificato dall'art. 18, l. 6.2.2006, n. 38.

18. Abrogazione di norme.

1. All'art. 4, n. 2), l. 20 febbraio 1958, n. 75 e successive modificazioni, le parole: "di persona minore degli anni 21 o" sono soppresse.

19. Entrata in vigore.

1. La presente legge entra in vigore il giorno successivo a quello della sua pubblicazione nella Gazzetta Ufficiale.

3. L. 11 marzo 2002, n. 46. – Ratifica ed esecuzione dei protocolli opzionali alla Convenzione dei diritti del fanciullo, concernenti rispettivamente la vendita dei bambini, la prostituzione dei bambini e la pornografia rappresentante bambini ed il coinvolgimento dei bambini nei conflitti armati, fatti a New York il 6 settembre 2000 (*artt. 1-11 Primo Protocollo*)

In Gazzetta Ufficiale 2 aprile 2002, n. 7, S.O.

1. – Gli Stati Parte adottano ogni misura possibile in pratica, per vigilare che i membri delle loro forze armate di età inferiore a 18 anni non partecipino direttamente alle ostilità

2. – Gli Stati Parti vigilano affinché le persone di età inferiore a 18 anni non siano oggetto di un arruolamento obbligatorio nelle loro forze armate.

3. – **1.** Gli Stati Parti rilevano in anni l'età minima per l'arruolamento volontario nelle loro forze armate nazionali, rispetto a quello stabilito al paragrafo 3 dell'articolo 38 della Convenzione relativa ai diritti del fanciullo, in considerazione dei principi iscritti in detto articolo e riconoscendo che, in virtù della Convenzione, coloro che non hanno compiuto 18 anni hanno diritto ad una protezione speciale.

2. Ciascuno Stato Parte deposita, al momento della ratifica del presente Protocollo o dell'adesione a questo strumento una dichiarazione vincolante, indicante l'età minima. a decorrere dalla quale è autorizzato l'arruolamento volontario nelle sue forze armate nazionali e descrive le garanzie che ha previsto per vigilare affinché l'arruolamento non sia contratto forzosamente o sotto costrizione.

3. Gli Stati Parti che autorizzano l'arruolamento volontario nelle loro forze amate nazionali prima di diciotto anni instaurano garanzie che assicurano almeno quanto segue:

a) che tale arruolamento sia effettivamente volontario;

b) che tale arruolamento abbia luogo con il consenso illuminato, dei genitori o dei tutori legali dell'interessato;

c) che gli arruolati siano esaurientemente informati dei doveri inerenti al servizio militare e nazionale;

d) che essi forniscano una prova affidabile della loro età prima di essere ammessi a detto servizio.

4. Ogni Stato Parte può, in qualsiasi momento, rafforzare la sua dichiarazione mediante una notifica a tal fine indirizzata al Segretaria generale dell'Organizzazione delle Nazioni Unite che ne informa tutti gli altri Stati Parti. Questa notifica ha effetto alla data in cui è ricevuta dal Segretario generale.

5. L'obbligo di rilevare l'età minima dell'arruolamento volontario di cui al paragrafo 1 del presente articolo non si applica agli istituti scolastici posti sotto l'amministrazione o il controllo delle forze armate degli *Stati Parte, in conformità agli articoli 28 e 29 della* Convenzione relativa ai diritti del fanciullo.

4. – **1.** I gruppi armati, distinti dalle forze annate di uno Stato, non dovrebbero in alcuna circostanza arruolare né utilizzare nelle ostilità effettivi aventi un'età inferiore a 18 anni.

2. Gli Stati Parti prendono tutte le misure possibili in pratica per impedire l'arruolamento e l'utilizzazione di queste persone, in particolare provvedimenti a carattere giuridico per vietare e sanzionare penalmente tali prassi.

3. L'applicazione del presente articolo del Protocollo non ha effetto sullo statuto giuridico di qualsiasi parte ad un conflitto armato.

5. – Nessuna norma del presente Protocollo può essere interpretata nel senso di impedire l'applicazione di disposizioni della legislazione di uno Stato Parte, di strumenti internazionali e del diritto internazionale umanitario, più favorevoli alla realizzazione dei diritti del fanciullo.

6. – **1.** Ciascuno Stato Parte adotta tutte le misure – di natura giuridica, amministrativa e di altra natura – richieste per assicurare l'applicazione e l'effettiva osservanza delle norme del presente Protocollo nei limiti della sua competenza.

2. Gli Stati Parti s'impegnano a far ampiamente conoscere i principi e le norme del presente Protocollo agli adulti come pure ai fanciulli, grazie a mezzi appropriati.

3. Gli Stati Parti adottano ogni misura praticamente possibile affinché coloro i quali dipendono dalla loro competenza e sono arruolati o utilizzati nelle ostilità, in violazione del presente Protocollo, siano smobilitati o in qualsiasi altro modo liberati dagli obblighi militari. Se del caso, gli Stati Parti concedono a tali soggetti tutta l'assistenza appropriata in vista del loro riadattamento fisico e psicologico e del loro reinserimento sociale.

7. – **1.** Gli Stati Parti cooperano all'applicazione del presente Protocollo, in particolare in vista prevenire qualsiasi attività contraria a quest'ultimo, e di riadattare e di reinserire a livello sociale le persone che sono vittime di atti contrari al presente Protocollo, ivi compreso mediante la cooperazione tecnica ed l'assistenza finanziaria. Tale assistenza e tale cooperazione avverranno in consultazione con gli Stati Parti interessati e con le organizzazioni internazionali competenti.

2. Gli Stati Parti che sono in grado di farlo, forniscono tale assistenza per mezzo dì programmi multilaterali, bilaterali o di altra natura già in corso di realizzazione, o, se del caso, nell'ambito di un fondo di contributi volontari costituito in conformità alle regole stabilite dall'Assemblea generale.

8. – 1. Ciascuno Stato Parte presenta, entro due anni a decorrere dall'entrata in vigore del presente Protocollo, per quel che lo concerne, un rapporto al Comitato dei diritti del fanciullo contenente informazioni dettagliate sui provvedimenti che ha adottato per dare effetto alle disposizioni del presente Protocollo, in particolare quelle relative alla partecipazione ed all'arruolamento.

2. Dopo la presentazione del rapporto dettagliato, ciascuno Stato Parte include nei rapporti che presenta al Comitato dei diritti del fanciullo in conformità all'art. 44 della Convenzione, ogni informazione integrativa relativa all'applicazione del presente Protocollo. Gli altri Stati Parti al Protocollo presentano un rapporto ogni cinque anni.

3. Il Comitato dei diritti del fanciullo può chiedere agli Stati Parti informazioni integrative sull'applicazione del presente Protocollo.

9. – 1. Il presente Protocollo è aperto alla firma di ogni Stato che è Parte alla Convenzione o che l'ha firmata.

2. Il presente Protocollo è sottoposto a ratifica, ed è aperto all'adesione di ogni Stato. Gli strumenti di ratifica o di adesione saranno depositati presso il Segretario Generale dell'Organizzazione delle Nazioni Unite.

3. Il Segretario generale nella sua qualità di depositario della Convenzione e del Protocollo, informa tutti gli Stati Parti della Convenzione e tutti gli Stati che hanno firmato la Convenzione, riguardo al deposito di ciascuna dichiarazione ai sensi dell'articolo 13.

10. – 1. Il presente Protocollo entrerà in vigore tre mesi dopo la data di deposito del decimo strumento di ratifica o di adesione.

2. Per ciascuno degli Stati che ratificherà il presente Protocollo o vi aderirà dopo la sua entrata in vigore, il Protocollo entrerà in vigore un mese dopo la data in cui questo Stato avrà depositato il proprio suo strumento di ratifica o di adesione.

11. – 1. Ogni State Parte può, in qualsiasi momento, denunciare il presente Protocollo mediante una notifica scritta indirizzata al Segretario Generale dell'Organizzazione delle Nazioni Unite, il quale ne informa le altre Parti alla Convenzione e tutti gli Stati che l'hanno firmata.

La denuncia ha effetto un anno dopo la data in cui la notifica è stata ricevuta dal Segretario Generale dell'Organizzazione delle Nazioni Unite. Tuttavia se alla scadenza di tale termine di un anno, lo Stato Parte autore della denuncia è impegnato in un conflitto armato, quest'ultima non avrà effetto prima della fine di questo conflitto.

2. Tale denuncia non libera lo Stato Parte dai suoi obblighi ai sensi del presente Protocollo in ragione di qualsiasi atto compiuto prima della data in cui la denuncia ha effetto, né pregiudica in alcun modo il proseguo dell'esame di qualsiasi questione di cui il Comitato fosse stato investito prima della data di entrata in vigore della denuncia.

4. Decisione quadro del Consiglio UE, 22 dicembre 2003, n. 68 – 4/68/GAI. – Decisione quadro relativa alla lotta contro lo sfruttamento sessuale dei bambini e la pornografia infantile

In Gazzetta Ufficiale U.E. 20 gennaio 2004, n. 13

1. Definizioni.

Ai fini della presente decisione quadro s'intende per:

a) "bambino": una persona d'età inferiore ai diciotto anni;

b) "pornografia infantile": materiale pornografico che ritrae o rappresenta visivamente:

i) un bambino reale implicato o coinvolto in una condotta sessualmente esplicita, fra cui l'esibizione lasciva dei genitali o dell'area pubica; o

ii) una persona reale che sembra essere un bambino implicata o coinvolta nella suddetta condotta di cui al punto i); o

iii) immagini realistiche di un bambino inesistente implicato o coinvolto nella suddetta condotta;

c) "sistema informatico": qualsiasi dispositivo o sistema di dispositivi interconnessi o collegati, dei quali uno o più di uno opera il trattamento automatico di dati secondo un programma;

d) "persona giuridica": s'intende qualsiasi entità che sia tale in forza del diritto nazionale applicabile, ad eccezione degli Stati o di altre istituzioni pubbliche nell'esercizio dei pubblici poteri e delle organizzazioni internazionali pubbliche.

2. Reati relativi allo sfruttamento sessuale dei bambini.

Ciascuno Stato membro adotta le misure necessarie affinché sia punibile come reato la condotta intenzionale di chi:

a) costringe un bambino alla prostituzione o alla produzione di spettacoli a carattere pornografico, ne trae profitto o lo sfrutta sotto qualsiasi forma a tali fini;

b) induce un bambino alla prostituzione o alla produzione di spettacoli a carattere pornografico;
c) partecipa ad attività sessuali con un bambino, laddove:
   i) faccia uso di coercizione, forza o minaccia;
   ii) dia in pagamento denaro, o ricorra ad altre forme di remunerazione o compenso in cambio del coinvolgimento del bambino in attività sessuali; oppure
   iii) abusi di una posizione riconosciuta di fiducia, autorità o influenza nel bambino.

3. Reati di pornografia infantile.

1. Ciascuno Stato membro adotta le misure necessarie affinché siano punibili come reato, che siano o meno poste in essere a mezzo di un sistema informatico, le seguenti condotte intenzionali, allorché non autorizzate:
a) produzione di pornografia infantile:
b) distribuzione, diffusione o trasmissione di pornografia infantile;
c) offerta o messa a disposizione di pornografia infantile;
d) acquisto o possesso di pornografia infantile.

2. Uno Stato membro può prevedere che esulino dalla responsabilità penale le condotte connesse con la pornografia infantile:
a) di cui all'articolo 1, lettera b), punto ii) in cui la persona reale che sembra essere un bambino aveva in realtà diciotto anni o un'età superiore ai diciotto anni al momento in cui è stata ritratta;
b) di cui all'articolo 1, lettera b), punti i) e ii), in cui, trattandosi di produzione e possesso, immagini di bambini che abbiano raggiunto l'età del consenso sessuale siano prodotte e detenute con il loro consenso e unicamente a loro uso privato. Anche nei casi in cui sia stata stabilita l'esistenza del consenso, questo non può essere considerato valido se, ad esempio, l'autore del reato l'ha ottenuto avvalendosi della sua superiorità in termini di età, maturità, stato sociale, posizione, esperienza, ovvero abusando dello stato di dipendenza della vittima dall'autore;
c) di cui all'articolo 1, lettera b), punto iii), in cui sia dimostrato che si tratta di produzione e possesso unicamente a uso privato, purché per la produzione di tale materiale non sia stato utilizzato materiale pornografico di cui all'articolo 1, lettera b), punti i) e ii), e purché l'atto non comporti rischi quanto alla diffusione del materiale.

4. Istigazione, favoreggiamento, complicità e tentativo.

1. Ciascuno Stato membro adotta le misure necessarie a fare sì che l'istigazione, il favoreggiamento e la complicità nella commissione dei reati di cui agli articoli 2 e 3 siano punibili.

2. Ciascuno Stato membro adotta le misure necessarie affinché il tentativo di commissione dei reati di cui all'articolo 2 e all'articolo 3, paragrafo 1, lettere a) e b), sia punibile.

5. Pene e circostanze aggravanti.

1. Fatto salvo il paragrafo 4, ciascuno Stato membro adotta le misure necessarie affinché i reati di cui agli articoli 2, 3 e 4 siano punibili con sanzioni penali privative della libertà di durata massima compresa tra almeno 1 e 3 anni.

2. Fatto salvo il paragrafo 4, ciascuno Stato membro adotta le misure necessarie affinché i seguenti reati siano punibili con sanzioni penali privative della libertà di durata massima compresa tra almeno 5 e 10 anni:
a) i reati di cui all'articolo 2, lettera a), che consistono nel «costringere un bambino alla prostituzione o alla produzione di spettacoli a carattere pornografico» e i reati di cui all'articolo 2, lettera c), punto i);
b) i reati di cui all'articolo 2, lettera a), che consistono nel «trarre profitto o sfruttare il bambino sotto qualsiasi forma a tali fini», e i reati di cui all'articolo 2, lettera b), in entrambi i casi nella misura in cui siano riferibili alla prostituzione, e si verifichi almeno una delle circostanze seguenti:
   – la vittima sia un bambino che non ha raggiunto l'età del consenso sessuale prevista dalla legislazione nazionale,
   – l'autore del reato, deliberatamente o per negligenza, ha messo in pericolo la vita del bambino,
   – il reato è stato commesso ricorrendo a violenze gravi o ha causato al bambino un pregiudizio grave,
   – il reato è stato commesso nel contesto di un'organizzazione criminale ai sensi dell'azione comune 98/733/GAI a prescindere dal livello di sanzione previsto in detta azione comune;
c) i reati di cui all'articolo 2, lettera a), che consistono nel trarre profitto o sfruttare il bambino sotto qualsiasi forma a tali fini e i reati di cui all'articolo 2, lettera b), in entrambi i casi in cui essi siano riferibili a spettacoli a carattere pornografico, nonché all'articolo 2, lettera c), punti ii) e iii), e all'articolo 3, paragrafo 1, lettere a), b) e c), nei casi in cui la vittima sia un bambino che non abbia raggiunto l'età del consenso sessuale prevista dalla legislazione nazionale ed almeno qualora si verifichi una delle circostanze di cui alla lettera b), secondo, terzo e quarto trattino.

3. Ciascuno Stato membro adotta le misure necessarie per garantire che una persona fisica che sia stata condannata per uno dei reati di cui agli articoli 2, 3 o 4 possa, se del caso, essere interdetta in via temporanea o permanente dall'esercizio di attività professionali attinenti alla cura dei bambini.

4. Ciascuno Stato membro può stabilire altre sanzioni, ivi comprese sanzioni o misure di carattere non penale, per quanto riguarda i comportamenti in materia di pornografia infantile di cui all'articolo 1, lettera b), punto iii).

6. Responsabilità delle persone giuridiche.

1. Ciascuno Stato membro adotta le misure necessarie

affinché le persone giuridiche possano essere ritenute responsabili di un reato di cui agli articoli 2, 3 e 4 commesso a loro vantaggio da qualsiasi soggetto, che agisca a titolo individuale o in quanto membro di un organismo della persona giuridica, che detenga una posizione preminente in seno alla persona giuridica, basata:

a) sul potere di rappresentanza di detta persona giuridica; o
b) sul potere di prendere decisioni per conto della persona giuridica; o
c) sull'esercizio del controllo in seno a tale persona giuridica.

2. Oltre ai casi già previsti al paragrafo 1, ciascuno Stato membro adotta le misure necessarie affinché le persone giuridiche possano essere ritenute responsabili qualora la mancata sorveglianza o il mancato controllo da parte di un soggetto tra quelli descritti al paragrafo 1 abbiano reso possibile la commissione, a vantaggio della persona giuridica, di uno dei reati di cui agli articoli 2, 3 e 4 da parte di una persona sottoposta all'autorità di tale soggetto.

3. La responsabilità delle persone giuridiche ai sensi dei paragrafi 1 e 2 non esclude l'avvio di procedimenti penali contro le persone fisiche che abbiano commesso uno dei reati di cui agli articoli 2, 3 e 4, o abbiano istigato qualcuno a commetterli o vi abbiano concorso.

7. Sanzioni applicabili alle persone giuridiche.

1. Ciascuno Stato membro adotta le misure necessarie affinché alla persona giuridica ritenuta responsabile ai sensi dell'articolo 6, paragrafo 1, siano applicabili sanzioni effettive, proporzionate e dissuasive, che comprendano sanzioni di natura penale o non penale e che possano comprendere anche altre sanzioni quali:

a) esclusione dal godimento di un beneficio o aiuto pubblico;
b) divieto temporaneo o permanente di esercitare un'attività commerciale;
c) assoggettamento a sorveglianza giudiziaria;
d) provvedimenti giudiziari di scioglimento; oppure
e) chiusura temporanea o permanente degli stabilimenti che sono stati usati per commettere il reato.

2. Ciascuno Stato membro adotta i provvedimenti necessari affinché alla persona giuridica ritenuta responsabile ai sensi dell'articolo 6, paragrafo 2, siano applicabili sanzioni o misure effettive, proporzionate e dissuasive.

8. Giurisdizione ed esercizio dell'azione penale.

1. Ciascuno Stato membro adotta le misure necessarie a stabilire la propria competenza giurisdizionale sui reati di cui agli articoli 2, 3 e 4 laddove:

a) il reato sia commesso anche solo parzialmente sul suo territorio;
b) l'autore del reato sia un suo cittadino; oppure
c) il reato sia commesso a beneficio di una persona giuridica che ha la sua sede nel territorio di tale Stato membro.

2. Uno Stato membro può decidere di non applicare o di applicare solo in situazioni o circostanze specifiche le regole di giurisdizione di cui al paragrafo 1, lettere b) e c), purché il reato sia commesso al di fuori del suo territorio.

3. Lo Stato membro che, secondo il suo ordinamento giuridico, non autorizza l'estradizione dei propri cittadini adotta le misure necessarie a stabilire la propria competenza giurisdizionale sui reati di cui agli articoli 2, 3 e 4, ed eventualmente a perseguirli, qualora siano commessi da suoi cittadini al di fuori del suo territorio.

4. Gli Stati membri che decidano di avvalersi della facoltà di cui al paragrafo 2 ne informano il Segretariato generale del Consiglio e la Commissione, indicando, in tal caso, le situazioni e le circostanze specifiche alle quali si applica tale decisione.

5. Ciascuno Stato membro garantisce che rientrino nella sua competenza giurisdizionale i casi in cui un reato contemplato dall'articolo 3 e, se di pertinenza, dall'articolo 4, sia stato commesso a mezzo di un sistema informatico a cui l'autore ha avuto accesso dal suo territorio, a prescindere dal fatto che il sistema si trovi o no su tale territorio.

6. Ciascuno Stato membro adotta le misure necessarie affinché sia reso possibile il perseguimento, conformemente al diritto nazionale, almeno dei più gravi dei reati di cui all'articolo 2 dopo che la vittima abbia raggiunto la maggiore età.

9. Protezione ed assistenza delle vittime.

1. Gli Stati membri dispongono che le indagini o l'azione penale relative a reati contemplati dalla presente decisione quadro non dipendano da una denuncia o accusa formulata da una persona oggetto del reato in questione, almeno nei casi in cui si applica l'articolo 8, paragrafo 1, lettera a).

2. Le vittime di un reato di cui all'articolo 2 dovrebbero essere considerate vittime particolarmente vulnerabili ai sensi dell'articolo 2, paragrafo 2, dell'articolo 8, paragrafo 4, e dell'articolo 14, paragrafo 1, della decisione quadro 2001/220/GAI del Consiglio, del 15 marzo 2001, relativa alla posizione della vittima nel procedimento penale.

3. Ciascuno Stato membro adotta tutte le misure possibili per assicurare un'appropriata assistenza alla famiglia della vittima. In particolare ciascuno Stato membro, se possibile ed opportuno, applica alla famiglia in questione l'articolo 4 di tale decisione quadro.

10. Applicazione territoriale.

La presente decisione quadro si applica a Gibilterra.

11. Abrogazione dell'azione comune 97/154/GAI.

L'azione comune 97/154/GAI è abrogata.

12. Attuazione.

1. Gli Stati membri adottano le disposizioni necessarie per conformarsi alla presente decisione quadro entro il 20 gennaio 2006. 2. Gli Stati membri trasmettono, entro il 20 gennaio 2006, al segretariato generale del Consiglio e alla Commissione il testo delle disposizioni che operano il recepimento nel sistema giuridico nazionale degli obblighi che incombono loro in virtù della presente decisione quadro. Il Consiglio, entro il 20 gennaio 2008, valuterà, sulla base di un rapporto redatto a partire dalle informazioni fornite dagli Stati membri e di una relazione scritta trasmessa dalla Commissione, in che misura gli Stati membri abbiano adottato le misure necessarie per conformarsi alla presente decisione quadro.

13. Entrata in vigore.

La presente decisione quadro entra in vigore il giorno della pubblicazione nella Gazzetta ufficiale dell'Unione europea.

5. L. 6 febbraio 2006, n. 38. – Disposizioni in materia di lotta contro lo sfruttamento sessuale dei bambini e la pedopornografia anche a mezzo Internet (*art. 17*)

In Gazzetta Ufficiale 15 febbraio 2006, n. 38

17. – 1. Gli operatori turistici che organizzano viaggi collettivi o individuali in Paesi esteri hanno l'obbligo, a decorrere dalla data di cui al comma 2, di inserire in maniera evidente nei materiali propagandistici, nei programmi, nei documenti di viaggio consegnati agli utenti, nonché nei propri cataloghi generali o relativi a singole destinazioni, la seguente avvertenza: "Comunicazione obbligatoria ai sensi dell'articolo..... della legge n.... – La legge italiana punisce con la reclusione i reati concernenti la prostituzione e la pornografia minorile, anche se commessi all'estero".

2. La disposizione di cui al comma 1 si applica con riferimento ai materiali illustrativi o pubblicitari o ai documenti utilizzati successivamente al novantesimo giorno dalla data di entrata in vigore della presente legge.

3. Gli operatori turistici che violano l'obbligo di cui al comma 1 sono puniti con la sanzione amministrativa del pagamento di una somma da euro 1.500 a euro 6.000. All'irrogazione della sanzione provvede il Ministero delle attività produttive.

6. L. 1 ottobre 2012, n. 172. – Ratifica ed esecuzione della Convenzione del Consiglio d'Europa per la protezione dei minori contro lo sfruttamento e l'abuso sessuale, fatta a Lanzarote il 25 ottobre 2007, nonché norme di adeguamento dell'ordinamento interno (*artt. 1-3, 18-29, 37 Convenzione*)

In Gazzetta Ufficiale 8 ottobre 2012, n. 235

CAPITOLO I
Oggetto, principio di non discriminazione e definizioni

1. Oggetto.

1. Gli obiettivi di questa Convenzione sono:

a. prevenire e combattere lo sfruttamento e gli abusi sessuali riguardanti i bambini;

b. proteggere i diritti dei bambini vittime di sfruttamento e abusi sessuali;

c. promuovere la cooperazione nazionale ed internazionale contro lo sfruttamento e l'abuso sessuale dei bambini.

2. Onde assicurare l'efficace applicazione delle sue disposizioni ad opera delle Parti, la presente Convenzione istituisce un meccanismo di monitoraggio specifico.

2. *Principio di non discriminazione.*

L'applicazione della presente Convenzione ad opera delle Parti, in particolare l'applicazione delle misure di protezione dei diritti delle vittime, sarà assicurata senza alcuna discriminazione, che sia in particolare basata sul sesso, razza, colore, lingua, religione, opinioni politiche o di altro genere, origine nazionale o sociale, l'appartenenza a una minoranza nazionale, la condizione economica, la nascita, l'orientamento sessuale, lo stato di salute, la diversa abilità o qualsiasi altra condizione.

3. Definizioni.

Ai fini della presente Convenzione:

a. il termine "bambino" indica ogni persona di età inferiore ai diciotto anni;

b. l'espressione "sfruttamento e abusi sessuali riferiti a bambini" include comportamenti di cui agli articoli dal 18 al 23 della presente Convenzione;

c. il termine "vittima" designa ogni bambino vittima di sfruttamento o abusi sessuali.

CAPITOLO VI
Diritto penale materiale

18. Abusi sessuali.

1. Le Parti adotteranno le necessarie misure legislative o di altro genere per assicurare che siano considerati reati penali i seguenti comportamenti intenzionali:

a. praticare attività sessuali con un bambino che, in conformità alle relative disposizioni pertinenti al diritto nazionale, non abbia raggiunto l'età legale per praticare attività sessuali;
b. praticare attività sessuali con un bambino:
   - facendo uso di costrizione, della forza, o di minacce; o
   - abusando di una riconosciuta posizione di fiducia, di autorità o di influenza sul bambino, inclusi i casi in cui ciò avvenga in famiglia; o
   - abusando di una situazione di particolare vulnerabilità del bambino, segnatamente a causa di disabilità fisica o mentale o di una situazione di dipendenza.

2. Per l'applicazione del paragrafo 1, le Parti determineranno l'età al di sotto della quale non sia consentito praticare attività sessuali con un bambino.

3. Le disposizioni del paragrafo 1.a, non si riferiscono alle attività sessuali consentite tra minori.

19. Reati relativi alla prostituzione infantile.

1. Le Parti adotteranno le necessarie misure legislative o di altro genere per configurare quale reato penale i seguenti comportamenti intenzionali:

a. reclutare un bambino perché si dia alla prostituzione o favorire la partecipazione di un bambino alla prostituzione;
b. costringere un bambino a darsi alla prostituzione o trarne profitto o comunque sfruttare un bambino per tali propositi;
c. ricorrere alla prostituzione di un bambino.

2. Ai fini del presente articolo, l'espressione "prostituzione infantile" definisce il fatto di utilizzare un bambino per attività sessuali dove il denaro o altre forme di remunerazione o corrispettivo siano dati o promessi come pagamento, a prescindere dal fatto che tale pagamento, promessa o corrispettivo sia fatto al bambino o a una terza persona.

20. Reati relativi alla pornografia infantile.

1. Le Parti adotteranno le necessarie misure legislative o di altro genere per assicurare che vengano considerati reati penali i seguenti comportamenti intenzionali tenuti senza averne diritto:

a. la produzione di pornografia infantile;
b. offrire o rendere disponibile pornografia infantile;
c. diffondere o trasmettere pornografia infantile;
d. procurarsi o procurare ad altri pornografia infantile;
e. il possesso di pornografia infantile;
f. accedere consapevolmente e attraverso tecnologie di comunicazione e di informazione a pornografia infantile.

2. Ai fini del presente articolo, l'espressione "pornografia infantile" definisce ogni tipo di materiale che rappresenta visivamente un bambino che si da ad un comportamento sessualmente esplicito, reale o simulato, o qualsiasi rappresentazione degli organi sessuali di un bambino per scopi essenzialmente sessuali.

3. Le Parti potranno riservarsi il diritto di non applicare, in toto o in parte, il paragrafo 1. a e e alla produzione ed al possesso:

- di materiale pornografico costituito esclusivamente di rappresentazioni simulate o immagini realistiche di bambino non esistente;
- di materiale pornografico che coinvolge minori che abbiano raggiunto l'età fissata in applicazione all'articolo 18, paragrafo 2, quando tali immagini sono prodotte o possedute dagli stessi, con il loro consenso ed esclusivamente per loro uso privato.

4. Le Parti potranno riservarsi il diritto di non applicare, in toto o in parte, il paragrafo 1. f.

21. Reati relativi alla partecipazione di un bambino a spettacoli pornografici.

1. Le Parti adotteranno le necessarie misure legislative o di altro genere per assicurare che i seguenti comportamenti intenzionali vengano considerati reati penali:

a. reclutare un bambino affinché partecipi a spettacoli pornografici o favorire la partecipazione di un bambino a tali spettacoli;
b. costringere un bambino a partecipare a spettacoli pornografici o trarne profitto o comunque sfruttare un bambino a tali fini;
c. assistere con cognizione di causa a spettacoli pornografici che includano la partecipazione di bambini.

2. Le Parti potranno riservarsi il diritto di limitare l'applicazione del paragrafo 1.c ai casi in cui bambini siano stati reclutati o costretti conformemente al paragrafo 1. a. o b.

22. Corruzione di bambini.

Le Parti adotteranno le misure necessarie legislative o di altro genere al fine di considerare reato penale il fatto intenzionale di far assistere, a fini sessuali, un bambino che non abbia raggiunto l'età fissata in applicazione dell'articolo 18, paragrafo 2, anche senza che egli partecipi ad abusi sessuali o ad attività sessuali.

23. Adescamento di bambini a scopi sessuali.

Le Parti adotteranno le necessarie misure legislative o di altro genere al fine di considerare reato penale il fatto che un adulto proponga intenzionalmente, per mezzo delle tecnologie di comunicazione e di informazione, un incontro ad un bambino che non abbia raggiunto l'età del fissata in applicazione dell'articolo 18, paragrafo 2, allo scopo di commettere, in tale incontro, un reato stabilito in conformità agli articoli 18, paragrafo 1.a, o 20, paragrafo 1.a, qualora tale proposta sia seguita da atti materiali riconducibili a detto incontro.

24. Favoreggiamento e tentativo.

1. Le Parti adotteranno le necessarie misure necessarie legislative o di altro genere al fine di considerare reato penale ogni complicità, qualora intenzionale, allo scopo di perpetrare uno dei reati stabiliti in conformità alla presente Convenzione.

2. Le Parti adotteranno le necessarie misure necessarie legislative o di altro genere al fine di considerare reato penale ogni tentativo intenzionale di commettere uno dei reati stabiliti in conformità alla presente Convenzione.

3. Le Parti potranno riservarsi il diritto di non applicare, in toto o in parte, il paragrafo 2 ai reati stabiliti dall'articolo 20, paragrafo 1.b ed f, dall'articolo 2. 1.c, dall'articolo 22 e dall'articolo 23.

25. Giurisdizione.

1. Le Parti adotteranno le necessarie misure necessarie legislative o di altro genere per assicurare la propria giurisdizione a perseguire ogni reato stabilito in conformità alla presente Convenzione quando il reato sia commesso:

a. sul proprio territorio;
b. a bordo di nave battente bandiera di detta Parte; o
c. a bordo di aeromobile immatricolato secondo la legge di detta Parte;
d. da parte di propri cittadini; o
e. da parte di una persona che abbia la sua residenza abituale sul territorio di detta Parte.

2. Le Parti si adopereranno ad adottare le necessarie misure necessarie legislative o di altro genere per sancire la propria giurisdizione circa ogni reato penale stabilito in conformità alla presente Convenzione quando il reato sia commesso contro uno dei suoi cittadini residenti all'estero o contro persone che abbiano la propria residenza abituale sul suo territorio.

3. Le Parti potranno, al momento della firma o della notifica del proprio strumento di ratifica, accettazione, approvazione o adesione, per mezzo di una dichiarazione indirizzata al Segretario Generale del Consiglio d'Europa, precisare che si riservano il diritto di non applicare o applicare solo in casi specifici condizioni le norme di giurisdizione stabilite nel paragrafo 1.e del presente articolo.

4. Onde perseguire i reati stabiliti in conformità agli articoli 18, 19, 20 paragrafo 1. a, e 21, paragrafi 1. a e b, della presente Convenzione, ciascuna delle Parti adotterà le necessarie misure legislative o di altro genere affinché l'affermazione della propria giurisdizione per quanto attiene al punto d del paragrafo 1 non venga subordinato alla condizione che i fatti siano ugualmente perseguibili nel luogo ove sono stati commessi.

5. Ciascuna delle Parti, al momento della firma o della notifica del proprio strumento di ratifica, d'accettazione, d'approvazione o di adesione, in virtù di una comunicazione indirizzata al Segretario Generale del Consiglio d'Europa, potrà precisare che si riserva il diritto di limitare l'applicazione del paragrafo 4 del presente articolo, per quanto attiene ai reati stabiliti in conformità all'articolo 18, paragrafi 1. b, secondo e terzo trattino nei casi in cui propri cittadini abbiano la loro residenza abituale sul proprio territorio.

6. Onde perseguire i reati stabiliti in conformità agli articoli 18, 19, 20 paragrafo 1. a, e 21, paragrafi 1. a e b, della presente Convenzione, ciascuna delle Parti adotterà le necessarie misure legislative o di altro genere affinché l'affermazione della propria giurisdizione circa i punti d e e del paragrafo 1 non sia subordinata alla condizione che il procedimento legale sia preceduto da una querela della vittima o da una denuncia dello Stato ove i fatti sono stati commessi.

7. Ciascuna delle Parti adotterà le necessarie misure legislative o di altro genere per sancire la propria competenza circa tutti i reati stabiliti in conformità alla presente Convenzione, qualora l'autore presunto sia presente sul proprio territorio e non possa essere estradato verso l'altra Parte in ragione della sua nazionalità.

8. Qualora più Parti rivendichino la propria giurisdizione circa un presunto reato contemplato dalla presente Convenzione, le Parti coinvolte, ove opportuno, si accorderanno per determinare ove sia meglio esercitare il procedimento.

26. Responsabilità delle persone giuridiche.

1. Ciascuna Parte adotterà le necessarie misure legislative o di altro genere affinché le persone giuridiche possano essere considerate responsabili dei reati stabiliti in conformità alla presente Convenzione, qualora vengano commessi a proprio vantaggio da ogni persona fisica sia che agisca individualmente sia in quanto membro di un organo della persona giuridica, sia che eserciti all'interno una posizione direttiva, basata su:

- un potere di rappresentanza della persona giuridica;
- un'autorità per prendere decisioni per conto della persona giuridica;
- un'autorità per esercitare controllo all'interno della persona giuridica.

2. In aggiunta ai casi già previsti dal paragrafo 1, Ciascuna Parte adotterà le necessarie misure legislative o di altro genere affinché per assicurare che le persone giuridiche possano essere considerate responsabili quando la mancanza di supervisione o di controllo da parte di una persona fisica citata al paragrafo 1 possa aver reso possibile la commissione di un reato stabilito in conformità alla presente Convenzione per conto della persona giuridica da una persona che agisca sotto la sua autorità.

3. In osservanza dei principi giuridici della Parte, la responsabilità di una persona giuridica può essere penale, civile o amministrativa.

4. Detta responsabilità è definita senza pregiudizio della responsabilità penale delle persone fisiche che abbiano commesso il reato.

27. Sanzioni e provvedimenti.

1. Ciascuna Parte adotterà i necessari provvedimenti legislativi o di altro genere affinché i reati stabiliti in conformità della presente Convenzione siano passibili di sanzioni efficaci, proporzionate e dissuasive, tenuto conto della loro gravità. Queste sanzioni dovranno includere pene consistenti nella privazione della libertà che possano dar luogo all'estradizione.

2. Ciascuna Parte adotterà i necessari provvedimenti legislativi o di altro genere affinché le persone giuridiche dichiarate responsabili in applicazione dell'articolo 26, siano passibili di sanzioni efficaci, proporzionate e dissuasive, che includano ammende penali e non ed eventualmente altri provvedimenti quali in particolare:
- provvedimenti di esclusione dal titolo di beneficio di o di aiuto a carattere pubblico;
- provvedimenti di temporanea o permanente interdizione dell'esercizio di un'attività commerciale;
- collocamento sotto sorveglianza giudiziaria;
- provvedimenti giudiziari di liquidazione.

3. Ciascuna Parte adotterà i necessari provvedimenti legislativi o di altro genere per:

a. permettere il sequestro e la confisca di:
   - beni, documenti e altri mezzi materiali utilizzati per commettere uno dei reati in conformità alla presente Convenzione o che ne lo abbiano facilitato la commissione;
   - i prodotti derivati da tali reati o dei beni il cui valore corrisponda a questi prodotti;

b. consentire la chiusura temporanea definitiva di ogni struttura utilizzata per perpetrare uno dei reati stabiliti in conformità alla presente Convenzione, senza pregiudizio dei diritti di terzi in buona fede, o vietare all'autore di questi reati, a titolo temporaneo o definitivo, l'esercizio dell'attività, professionale o volontaria, che comporti un contatto con bambini nel corso della quale tali reati siano stati commessi.

4. Ciascuna Parte potrà adottare altri provvedimenti in relazione ai rei, come il ritiro dei diritti parentali, il monitoraggio o la sorveglianza delle persone condannate.

5. Ciascuna Parte potrà decidere che i prodotti del crimine o i beni confiscati in conformità al presente articolo possano venire allocati ad un fondo speciale per finanziare programmi di prevenzione e di assistenza alle vittime di in dei reati delineati in conformità alla presente Convenzione.

28. Circostanze aggravanti.

Ciascuna Parte adotterà i necessari provvedimenti legislativi o di altro genere per assicurare che le seguenti circostanze, nel caso in cui non rappresentino già elementi costitutivi di reato, in accordo con la legislazione interna, possano essere considerate come circostanze aggravanti nella determinazione delle pene relative ai reati stabiliti in conformità alla presente Convenzione:

a. qualora il reato abbia recato grave danno alla salute fisica o mentale della vittima;
b. qualora il reato sia preceduto o accompagnato da atti di tortura o da violenze gravi;
c. qualora il reato sia stato commesso contro una vittima particolarmente vulnerabile;
d. qualora il reato sia stato commesso da un membro della famiglia, una persona che abiti con il bambino o una persona che abbia abusato della sua autorità;
e. qualora il reato sia stato commesso da più persone agenti congiuntamente;
f. qualora il reato sia stato commesso nell'ambito di un'organizzazione criminale;
g. qualora il reo sia stato già condannato per fatti della stessa natura.

29. Precedenti condanne.

Ciascuna Parte adotterà i necessari provvedimenti legislativi o di altro genere per prevedere la possibilità di tenere, nell'ambito della valutazione della pena, nella dovuta considerazione le condanne definitive pronunciate da altra Parte per reati stabiliti in conformità della presente Convenzione.

CAPITOLO VIII
Registrazione e conservazione di dati

37. Registrazione e conservazione dei dati nazionali sui condannati per i reati sessuali.

1. Ai fini della prevenzione e della repressione dei reati stabiliti in conformità alla presente Convenzione, Ciascuna Parte assumerà le necessarie misure legislative o di altro genere per registrare e conservare, in conformità alle disposizioni relative alla protezione dei dati a carattere personale e ad altre norme e garanzie appropriate, quali quelle previste dalla legislazione interna relative all'identità così come al profilo genetico (DNA) delle persone condannate per i reati stabiliti in conformità alla presente Convenzione.

2. Ciascuna Parte, al momento della firma o della notifica dei propri strumenti di ratifica, di accettazione, di approvazione o di adesione, comunicherà al Segretario Generale del Consiglio d'Europa i nomi e l'indirizzo della sola autorità nazionale responsabile ai fini del paragrafo 1.

3. Ciascuna Parte adotterà le necessarie misure legislative o di altro genere affinché le informazioni previste al paragrafo 1 possano venire trasmesse all'autorità competente di un'altra Parte, in conformità alle condizioni stabilite dalla propria legislazione interna e dagli strumenti internazionali pertinenti.

7. L. 29 maggio 2017, n. 71. – Disposizioni a tutela dei minori per la prevenzione ed il contrasto del fenomeno del cyberbullismo

In Gazzetta Ufficiale 3 giugno 2017, n. 127

1. Finalità e definizioni.

1. La presente legge si pone l'obiettivo di contrastare il fenomeno del cyberbullismo in tutte le sue manifestazioni, con azioni a carattere preventivo e con una strategia di attenzione, tutela ed educazione nei confronti dei minori coinvolti, sia nella posizione di vittime sia in quella di responsabili di illeciti, assicurando l'attuazione degli interventi senza distinzione di età nell'ambito delle istituzioni scolastiche.

2. Ai fini della presente legge, per «cyberbullismo» si intende qualunque forma di pressione, aggressione, molestia, ricatto, ingiuria, denigrazione, diffamazione, furto d'identità, alterazione, acquisizione illecita, manipolazione, trattamento illecito di dati personali in danno di minorenni, realizzata per via telematica, nonché la diffusione di contenuti on line aventi ad oggetto anche uno o più componenti della famiglia del minore il cui scopo intenzionale e predominante sia quello di isolare un minore o un gruppo di minori ponendo in atto un serio abuso, un attacco dannoso, o la loro messa in ridicolo.

3. Ai fini della presente legge, per «gestore del sito internet» si intende il prestatore di servizi della società dell'informazione, diverso da quelli di cui agli articoli 14,15 e 16 del decreto legislativo 9 aprile 2003, n. 70, che, sulla rete internet, cura la gestione dei contenuti di un sito in cui si possono riscontrare le condotte di cui al comma 2.

2. Tutela della dignità del minore.

1. Ciascun minore ultraquattordicenne, nonché ciascun genitore o soggetto esercente la responsabilità del minore che abbia subito taluno degli atti di cui all'articolo 1, comma 2, della presente legge, può inoltrare al titolare del trattamento o al gestore del sito internet o del social media un'istanza per l'oscuramento, la rimozione o il blocco di qualsiasi altro dato personale del minore, diffuso nella rete internet, previa conservazione dei dati originali, anche qualora le condotte di cui all'articolo 1, comma 2, della presente legge, da identificare espressamente tramite relativo URL (Uniform resource locator), non integrino le fattispecie previste dall'articolo 167 del codice in materia di protezione dei dati personali, di cui al decreto legislativo 30 giugno 2003, n. 196, ovvero da altre norme incriminatrici.

2. Qualora, entro le ventiquattro ore successive al ricevimento dell'istanza di cui al comma 1, il soggetto responsabile non abbia comunicato di avere assunto l'incarico di provvedere all'oscuramento, alla rimozione o al blocco richiesto, ed entro quarantotto ore non vi abbia provveduto, o comunque nel caso in cui non sia possibile identificare il titolare del trattamento o il gestore del sito internet o del social media, l'interessato può rivolgere analoga richiesta, mediante segnalazione o reclamo, al Garante per la protezione dei dati personali, il quale, entro quarantotto ore dal ricevimento della richiesta, provvede ai sensi degli articoli 143 e 144 del citato decreto legislativo 30 giugno 2003, n. 196.

3. Piano di azione integrato.

1. Con decreto del Presidente del Consiglio dei ministri, da adottare entro trenta giorni dalla data di entrata in vigore della presente legge, è istituito presso la Presidenza del Consiglio dei ministri, senza nuovi o maggiori oneri per la finanza pubblica, il tavolo tecnico per la prevenzione e il contrasto del cyberbullismo, del quale fanno parte rappresentanti del Ministero dell'interno, del Ministero dell'istruzione, dell'università e della ricerca, del Ministero del lavoro e delle politiche sociali, del Ministero della giustizia, del Ministero dello sviluppo economico, del Ministero della salute, della Conferenza unificata di cui all'articolo 8 del decreto legislativo 28 agosto 1997, n. 281, dell'Autorità per le garanzie nelle comunicazioni, del Garante per l'infanzia e l'adolescenza, del Comitato di applicazione del codice di autoregolamentazione media e minori, del Garante per la protezione dei dati personali, di associazioni con comprovata esperienza nella promozione dei diritti dei minori e degli adolescenti e nelle tematiche di genere, degli operatori che forniscono servizi di social networking e degli altri operatori della rete internet, una rappresentanza delle associazioni studentesche e dei genitori e una rappresentanza delle associazioni attive nel contrasto del bullismo e del cyberbullismo. Ai soggetti che partecipano ai lavori del tavolo non è corrisposto alcun compenso, indennità, gettone di presenza, rimborso spese o emolumento comunque denominato.

2. Il tavolo tecnico di cui al comma 1, coordinato dal Ministero dell'istruzione, dell'università e della ricerca, redige, entro sessanta giorni dal suo insediamento, un piano di azione integrato per il contrasto e la prevenzione del cyberbullismo, nel rispetto delle direttive europee in materia e nell'ambito del programma pluriennale dell'Unione europea di cui alla decisione 1351/2008/CE del Parlamento europeo e del Consiglio, del 16 dicembre 2008, e realizza un sistema di raccolta di dati finalizzato al monitoraggio dell'evoluzione dei fenomeni e, anche avvalendosi della collaborazione con la Polizia postale e delle comunicazioni e con altre Forze di polizia, al controllo dei contenuti per la tutela dei minori.

3. Il piano di cui al comma 2 è integrato, entro il termine previsto dal medesimo comma, con il codice di coregolamentazione per la prevenzione e il contrasto del cyberbullismo, a cui devono attenersi gli operatori che forniscono servizi di social networking e gli altri operatori della rete internet. Con il predetto codice è istituito un comitato di monitoraggio al quale è assegnato il compito di identificare procedure e formati standard per l'istanza di cui all'articolo 2, comma 1, nonché di aggiornare periodicamente, sulla base delle evoluzioni tecnologiche e dei dati raccolti dal tavolo tecnico di cui al comma 1 del presente articolo, la tipologia dei soggetti ai quali è possibile inoltrare la medesima istanza secondo modalità disciplinate con il decreto di cui al medesimo comma 1. Ai soggetti che partecipano ai lavori del comitato di monitoraggio non è corrisposto alcun compenso, indennità, gettone di presenza, rimborso spese o emolumento comunque denominato.

4. Il piano di cui al comma 2 stabilisce, altresì, le iniziative di informazione e di prevenzione del fenomeno del cyberbullismo rivolte ai cittadini, coinvolgendo primariamente i servizi socio-educativi presenti sul territorio in sinergia con le scuole.

5. Nell'ambito del piano di cui al comma 2 la Presidenza del Consiglio dei ministri, in collaborazione con il Ministero dell'istruzione, dell'università e della ricerca e con l'Autorità per le garanzie nelle comunicazioni, predispone, nei limiti delle risorse di cui al comma 7, primo periodo, periodiche campagne informative di prevenzione e di sensibilizzazione sul fenomeno del cyberbullismo, avvalendosi dei principali media, nonché degli organi di comunicazione e di stampa e di soggetti privati.

6. A decorrere dall'anno successivo a quello di entrata in vigore della presente legge, il Ministro dell'istruzione, dell'università e della ricerca trasmette alle Camere, entro il 31 dicembre di ogni anno, una relazione sugli esiti delle attività svolte dal tavolo tecnico per la prevenzione e il contrasto del cyberbullismo, di cui al comma 1.

7. Ai fini dell'attuazione delle disposizioni di cui al comma 5, è autorizzata la spesa di euro 50.000 annui a decorrere dall'anno 2017. Al relativo onere si provvede mediante corrispondente riduzione, per gli anni 2017, 2018 e 2019, dello stanziamento del fondo speciale di parte corrente iscritto, ai fini del bilancio triennale 2017-2019, nell'ambito del programma «Fondi di riserva e speciali» della missione «Fondi da ripartire» dello stato di previsione del Ministero dell'economia e delle finanze per l'anno 2017, allo scopo parzialmente utilizzando l'accantonamento relativo al medesimo Ministero.

8. Il Ministro dell'economia e delle finanze è autorizzato ad apportare, con propri decreti, le occorrenti variazioni di bilancio.

4. Linee di orientamento per la prevenzione e il contrasto in ambito scolastico.

1. Per l'attuazione delle finalità di cui all'articolo 1, comma 1, il Ministero dell'istruzione, dell'università e della ricerca, sentito il Ministero della giustizia – Dipartimento per la giustizia minorile e di comunità, entro trenta giorni dalla data di entrata in vigore della presente legge adotta linee di orientamento per la prevenzione e il contrasto del cyberbullismo nelle scuole, anche avvalendosi della collaborazione della Polizia postale e delle comunicazioni, e provvede al loro aggiornamento con cadenza biennale.

2. Le linee di orientamento di cui al comma 1, conformemente a quanto previsto alla lettera l) del comma 7 dell'articolo 1 della legge 13 luglio 2015, n. 107, includono per il triennio 2017-2019: la formazione del personale scolastico, prevedendo la partecipazione di un proprio referente per ogni autonomia scolastica; la promozione di un ruolo attivo degli studenti, nonché di ex studenti che abbiano già operato all'interno dell'istituto scolastico in attività di peer education nella prevenzione e nel contrasto del cyberbullismo nelle scuole; la previsione di misure di sostegno e rieducazione dei minori coinvolti; un efficace sistema di governance diretto dal Ministero dell'istruzione, dell'università e della ricerca. Dall'adozione delle linee di orientamento non devono derivare nuovi o maggiori oneri per la finanza pubblica.

3. Ogni istituto scolastico, nell'ambito della propria autonomia, individua fra i docenti un referente con il compito di coordinare le iniziative di prevenzione e di contrasto del cyberbullismo, anche avvalendosi della collaborazione delle Forze di polizia nonché delle associazioni e dei centri di aggregazione giovanile presenti sul territorio.

4. Gli uffici scolastici regionali promuovono la pubblicazione di bandi per il finanziamento di progetti di particolare interesse elaborati da reti di scuole, in collaborazione con i servizi minorili dell'Amministrazione della giustizia, le prefetture – Uffici territoriali del Governo, gli enti locali, i servizi territoriali, le Forze di polizia nonché associazioni ed enti, per promuovere sul territorio azioni integrate di contrasto del cyberbullismo e l'educazione alla legalità al fine di favorire nei ragazzi comportamenti di salvaguardia e di contrasto, agevolando e valorizzando il coinvolgimento di ogni altra istituzione competente, ente o associazione, operante a livello nazionale o territoriale, nell'ambito delle attività di formazione e sensibilizzazione. I bandi per accedere ai finanziamenti, l'entità dei singoli finanziamenti erogati, i soggetti beneficiari e i dettagli relativi ai progetti finanziati sono pubblicati nel sito internet istituzionale degli uffici scolastici regionali, nel rispetto della trasparenza e dell'evidenza pubblica.

5. Conformemente a quanto previsto dalla lettera h) del comma 7 dell'articolo 1 della legge 13 luglio 2015, n. 107, le istituzioni scolastiche di ogni ordine e grado, nell'ambito della propria autonomia e nell'ambito delle risorse disponibili a legislazione vigente, promuovono l'educazione all'uso consapevole della rete internet e ai diritti e doveri connessi all'utilizzo delle tecnologie informatiche, quale elemento trasversale alle diverse discipline curricolari, anche mediante la realizzazione di apposite attività progettuali aventi carattere di continuità tra i diversi gradi di istruzione o di progetti elaborati da reti di scuole in collaborazione con enti locali, servizi territoriali, organi di polizia, associazioni ed enti.

6. I servizi territoriali, con l'ausilio delle associazioni e degli altri enti che perseguono le finalità della presente legge, promuovono, nell'ambito delle risorse disponibili, specifici progetti personalizzati volti a sostenere i minori vittime di atti di cyberbullismo nonché a rieducare, anche attraverso l'esercizio di attività riparatorie o di utilità sociale, i minori artefici di tali condotte.

5. Informativa alle famiglie, sanzioni in ambito scolastico e progetti di sostegno e di recupero.

1. Salvo che il fatto costituisca reato, in applicazione della normativa vigente e delle disposizioni di cui al comma 2, il dirigente scolastico che venga a conoscenza di atti di cyberbullismo ne informa tempestivamente i soggetti esercenti la responsabilità genitoriale ovvero i tutori dei minori coinvolti e attiva adeguate azioni di carattere educativo.

2. I regolamenti delle istituzioni scolastiche di cui all'articolo 4, comma 1, del regolamento di cui al decreto del Presidente della Repubblica 24 giugno 1998, n. 249, e successive modificazioni, e il patto educativo di corresponsabilità di cui all'articolo 5-*bis* del citato decreto n. 249 del 1998 sono integrati con specifici riferimenti a condotte di cyberbullismo e relative sanzioni disciplinari commisurate alla gravità degli atti compiuti.

6. Rifinanziamento del fondo di cui all'articolo 12.

1. La Polizia postale e delle comunicazioni relaziona con cadenza annuale al tavolo tecnico di cui all'articolo 3, comma 1, sugli esiti delle misure di contrasto al fenomeno del cyberbullismo. La relazione è pubblicata in formato di tipo aperto ai sensi dell'articolo 68, comma 3, lettera a), del codice dell'amministrazione digitale, di cui al decreto legislativo 7 marzo 2005, n. 82.

2. Per le esigenze connesse allo svolgimento delle attività di formazione in ambito scolastico e territoriale finalizzate alla sicurezza dell'utilizzo della rete internet e alla prevenzione e al contrasto del cyberbullismo sono stanziate ulteriori risorse pari a 203.000 euro per ciascuno degli anni 2017, 2018 e 2019, in favore del fondo di cui all'articolo 12 della legge 18 marzo 2008, n. 48.

3. Agli oneri derivanti dal comma 2 del presente articolo, pari a 203.000 euro per ciascuno degli anni 2017, 2018 e 2019, si provvede mediante corrispondente riduzione dello stanziamento del fondo speciale di parte corrente iscritto, ai fini del bilancio triennale 2017-2019, nell'ambito del programma «Fondi di riserva e speciali» della missione «Fondi da ripartire» dello stato di previsione del Ministero dell'economia e delle finanze per l'anno 2017, allo scopo parzialmente utilizzando l'accantonamento relativo al medesimo Ministero.

4. Il Ministro dell'economia e delle finanze è autorizzato ad apportare, con propri decreti, le occorrenti variazioni di bilancio.

7. Ammonimento.

1. Fino a quando non è proposta querela o non è presentata denuncia per taluno dei reati di cui agli articoli 594,595 e 612 del codice penale e all'articolo 167 del codice per la protezione dei dati personali, di cui al decreto legislativo 30 giugno 2003, n. 196, commessi, mediante la rete internet, da minorenni di età superiore agli anni quattordici nei confronti di altro minorenne, è applicabile la procedura di ammonimento di cui all'articolo 8, commi 1 e 2, del decreto-legge 23 febbraio 2009, n. 11, convertito, con modificazioni, dalla legge 23 aprile 2009, n. 38, e successive modificazioni.

2. Ai fini dell'ammonimento, il questore convoca il minore, unitamente ad almeno un genitore o ad altra persona esercente la responsabilità genitoriale.

3. Gli effetti dell'ammonimento di cui al comma 1 cessano al compimento della maggiore età.

La presente legge, munita del sigillo dello Stato, sarà inserita nella Raccolta ufficiale degli atti normativi della Repubblica italiana. È fatto obbligo a chiunque spetti di osservarla e di farla osservare come legge dello Stato.

PUBBLICA AMMINISTRAZIONE (REATI CONTRO LA)

1. L. 27 marzo 2001, n. 97. – Norme sul rapporto tra procedimento penale e procedimento disciplinare ed effetti del giudicato penale nei confronti dei dipendenti delle amministrazioni pubbliche (*artt. 3-4, 8*)

In Gazzetta Ufficiale 5 aprile 2001, n. 80

3. Trasferimento a seguito di rinvio a giudizio.

1. Salva l'applicazione della sospensione dal servizio *in conformità a quanto previsto dai rispettivi ordinamenti*, quando nei confronti di un dipendente di amministrazioni o di enti pubblici ovvero di enti a prevalente partecipazione pubblica è disposto il giudizio per alcuni dei delitti previsti dagli articoli 314, primo comma, 317, 318, 319, 319-*ter*, 319-*quater* e 320 del codice penale e dall'articolo 3 della legge 9 dicembre 1941, n. 1383, l'amministrazione di appartenenza lo trasferisce ad un ufficio diverso da quello in cui prestava servizio al momento del fatto, con attribuzione di funzioni corrispondenti, per inquadramento, mansioni e prospettive di carriera, a quelle svolte in precedenza. L'amministrazione di appartenenza, in relazione alla propria organizzazione, può procedere al trasferimento di sede, o alla attribuzione di un incarico differente da quello già svolto dal dipendente, in presenza di evidenti motivi di opportunità circa la permanenza del dipendente nell'ufficio in considerazione del discredito che l'amministrazione stessa può ricevere da tale permanenza [(1)].

2. Qualora, in ragione della qualifica rivestita, ovvero per obiettivi motivi organizzativi, non sia possibile attuare il trasferimento di ufficio, il dipendente è posto in posizione di aspettativa o di disponibilità, con diritto al trattamento economico in godimento salvo che per gli emolumenti strettamente connessi alle presenze in servizio, in base alle disposizioni dell'ordinamento dell'amministrazione di appartenenza.

3. Salvo che il dipendente chieda di rimanere presso il nuovo ufficio o di continuare ad esercitare le nuove funzioni, i provvedimenti di cui ai commi 1 e 2 perdono efficacia se per il fatto è pronunciata sentenza di proscioglimento o di assoluzione anche non definitiva e, in ogni caso, decorsi cinque anni dalla loro adozione, sempre che non sia intervenuta sentenza di condanna definitiva. In caso di proscioglimento o di assoluzione anche non definitiva, l'amministrazione, sentito l'interessato, adotta i provvedimenti consequenziali nei dieci giorni successivi alla comunicazione della sentenza, anche a cura dell'interessato.

4. Nei casi previsti nel comma 3, in presenza di obiettive e motivate ragioni per le quali la riassegnazione all'ufficio originariamente coperto sia di pregiudizio alla funzionalità di quest'ultimo, l'amministrazione di appartenenza può non dare corso al rientro.

5. Dopo il comma 1 dell'articolo 133 delle norme di attuazione, di coordinamento e transitorie del codice di procedura penale, approvate con decreto legislativo 28 luglio 1989, n. 271, è aggiunto il seguente:

"1-*bis*. Il decreto è altresì comunicato alle amministrazioni o enti di appartenenza quando è emesso nei confronti di dipendenti di amministrazioni pubbliche o di enti pubblici ovvero di enti a prevalente partecipazione pubblica, per alcuno dei delitti previsti dagli articoli 314, primo comma, 317, 318, 319, 319-*ter* e 320 del codice penale e dall'articolo 3 della legge 9 dicembre 1941, n. 1383".

(1) Comma modificato dall'art. 1, co. 83, l. 6.12.2012, n. 190.

4. Sospensione a seguito di condanna non definitiva.

1. Nel caso di condanna anche non definitiva, ancorché sia concessa la sospensione condizionale della pena, per alcuno dei delitti previsti dall'articolo 3, comma 1, i dipendenti indicati nello stesso articolo sono sospesi dal servizio.

2. La sospensione perde efficacia se per il fatto è successivamente pronunciata sentenza di proscioglimento o di assoluzione anche non definitiva e, in ogni caso, decorso un periodo di tempo pari a quello di prescrizione del reato [(1)].

(1) La Corte costituzionale, con sent. del 3.5.2002, n. 145, ha dichiarato l'illegittimità costituzionale di questo comma, nella parte in cui dispone che la sospensione perde efficacia decorso un periodo di tempo pari a quello di prescrizione del reato.

8. Prevalenza della legge sulle disposizioni contrattuali.

1. Le disposizioni della presente legge prevalgono sulle disposizioni di natura contrattuale regolanti la materia.

2. I contratti collettivi nazionali di lavoro stipulati dopo la data di entrata in vigore della presente legge non possono, in alcun caso, derogare alle disposizioni della presente legge.

2. L. 3 agosto 2009, n. 116. – Ratifica ed esecuzione della Convenzione dell'Organizzazione delle Nazioni Unite contro la corruzione, adottata dalla Assemblea generale dell'ONU il 31 ottobre 2003, a Merida, con risoluzione n. 58/4, firmata dallo Stato italiano il 9 dicembre 2003, nonché norme di adeguamento interno e modifiche al codice penale e al codice di procedura penale (*artt. 1, 2, 6, 7, 9, 15-31*)

In Gazzetta Ufficiale 14 agosto 2009, n. 188

1. Autorizzazione alla ratifica.

1. Il Presidente della Repubblica è autorizzato a ratificare la Convenzione dell'Organizzazione delle Nazioni Unite contro la corruzione, adottata dalla Assemblea generale dell'ONU il 31 ottobre 2003 con risoluzione n. 58/4, firmata dallo Stato italiano il 9 dicembre 2003.

2. Ordine di esecuzione.

1. Piena ed intera esecuzione è data alla Convenzione di cui all'articolo 1, di seguito denominata «Convenzione», a decorrere dalla data della sua entrata in vigore, in conformità a quanto disposto dall'articolo 68 della medesima Convenzione.

6. Autorità nazionale anti-corruzione.

1. È designato quale autorità nazionale ai sensi dell'articolo 6 della Convenzione il soggetto al quale sono state trasferite le funzioni dell'Alto Commissario per la prevenzione e il contrasto della corruzione e delle altre forme di illecito all'interno della pubblica amministrazione, ai sensi dell'articolo 68, comma 6-*bis*, del decreto-legge 25 giugno 2008, n. 112, convertito, con modificazioni, dalla legge 6 agosto 2008, n. 133.

2. Al soggetto di cui al comma 1 sono assicurate autonomia ed indipendenza nell'attività.

7. Autorità centrale.

1. In relazione alle disposizioni previste dall'articolo 46, paragrafo 13, della Convenzione l'Italia designa come autorità centrale il Ministro della giustizia.

2. Le richieste di assistenza giudiziaria devono pervenire tradotte in lingua italiana.

3. Il Ministro della giustizia provvede, altresì, nei casi previsti dagli articoli 46, paragrafo 7, e 57 della Convenzione.

9. Entrata in vigore.

1. La presente legge entra in vigore il giorno successivo a quello della sua pubblicazione nella Gazzetta Ufficiale.

La presente legge, munita del sigillo dello Stato, sarà inserita nella Raccolta ufficiale degli atti normativi della Repubblica italiana. È fatto obbligo a chiunque spetti di osservarla e di farla osservare come legge dello Stato.

TITOLO III
Incriminazione, individuazione e repressione

15. Corruzione di pubblici ufficiali nazionali.

Ciascuno Stato Parte adotta le misure legislative e le altre misure necessarie per conferire il carattere di illecito penale, quando gli atti sono stati commessi intenzionalmente:

a) Al fatto di promettere, offrire o concedere ad un pubblico ufficiale, direttamente od indirettamente, un indebito vantaggio, per se stesso o per un'altra persona o entità, affinché compia o si astenga dal compiere un atto nell'esercizio delle sue funzioni ufficiali;

b) Al fatto per un pubblico ufficiale di sollecitare od accettare, direttamente od indirettamente, un indebito vantaggio, per se stesso o per un'altra persona o entità, affinché compia o si astenga dal compiere un atto nell'esercizio delle sue funzioni ufficiali.

16. Corruzione di pubblici ufficiali stranieri e di funzionari di organizzazioni internazionali pubbliche.

1. Ciascuno Stato Parte adotta le misure legislative e le altre misure necessarie per conferire il carattere di illecito penale, quando gli atti sono stati commessi intenzionalmente, al fatto di promettere, offrire o concedere ad un pubblico ufficiale straniero o ad un funzionario di un'organizzazione internazionale pubblica, direttamente od indirettamente, un indebito vantaggio, per se stesso o per un'altra persona o entità, affinché compia o si astenga dal compiere un atto nell'esercizio delle sue funzioni ufficiali, al fine di ottenere o conservare un'attività commerciale od un altro indebito vantaggio in relazione ad attività di commercio internazionale.

2. Ciascuno Stato Parte considera l'adozione di misure legislative e delle altre misure necessarie per conferire il carattere di illecito penale, quando gli atti sono stati commessi intenzionalmente, al fatto, per un pubblico ufficiale straniero od un funzionario di un'organizzazione internazionale pubblica, di sollecitare o di accettare, direttamente od indirettamente, un indebito vantaggio, per se stesso o per un'altra persona o entità, affinché compia o si astenga dal compiere un atto nell'esercizio delle sue funzioni ufficiali.

17. Sottrazione, appropriazione indebita, od altro uso illecito di beni da parte di un pubblico ufficiale.

Ciascuno Stato Parte adotta le misure legislative e le altre misure necessarie per conferire il carattere di illecito penale, quando gli atti sono stati commessi intenzionalmente, alla sottrazione, all'appropriazione indebita o ad un altro uso illecito, da parte di un pubblico ufficiale, a suo vantaggio o a vantaggio di un'altra persona o entità, di qualsiasi bene, fondo o valore pubblico o privato o di ogni altra cosa di valore che sia stata a lui affidata in virtù delle sue funzioni.

18. Millantato credito.

Ciascuno Stato Parte esamina l'adozione di misure legislative e delle altre misure necessarie per conferire il carattere di illecito penale, quando tali atti sono stati commessi intenzionalmente:

a) Al fatto di promettere, offrire o concedere ad un pubblico ufficiale o ad ogni altra persona, direttamente o indirettamente, un indebito vantaggio affinché detto ufficiale o detta persona abusi della sua influenza reale o supposta, al fine di ottenere da un'amministrazione o da un'autorità pubblica dello Stato Parte un indebito vantaggio per l'istigatore iniziale di tale atto o per ogni altra persona;

b) Al fatto, per un pubblico ufficiale o per ogni altra persona, di sollecitare o di accettare, direttamente o indirettamente, un indebito vantaggio per se o per un'altra persona al fine di abusare della sua influenza reale o supposta per ottenere un indebito vantaggio da un'amministrazione o da un'autorità pubblica dello Stato Parte.

19. Abuso d'ufficio.

Ciascuno Stato Parte esamina l'adozione delle misure legislative e delle altre misure necessarie per conferire il carattere di illecito penale, quando l'atto è stato commesso intenzionalmente, al fatto per un pubblico ufficiale di abusare delle proprie funzioni o della sua posizione, ossia di compiere o di astenersi dal compiere, nell'esercizio delle proprie funzioni, un atto in violazione delle leggi al fine di ottenere un indebito vantaggio per se o per un'altra persona o entità.

20. Arricchimento illecito.

Fatta salva la propria costituzione ed i principi fondamentali del proprio sistema giuridico, ciascuno Stato Parte esamina l'adozione delle misure legislative e delle altre misure necessarie per conferire il carattere di illecito penale, quando l'atto è stato commesso intenzionalmente, all'arricchimento illecito, ossia un aumento sostanziale dei beni di un pubblico ufficiale che quest'ultimo non può ragionevolmente giustificare rispetto ai suoi redditi legittimi.

21. Corruzione nel settore privato.

Ciascuno Stato Parte esamina l'adozione delle misure legislative e delle altre misure necessarie per conferire il carattere di illecito penale, quando gli atti sono stati commessi intenzionalmente nell'ambito di attività economiche, finanziarie o commerciali:

a) Al fatto di promettere, offrire o concedere, direttamente o indirettamente, un indebito vantaggio ad ogni persona che dirigga un'entità del settore privato o lavori per tale entità, a qualunque titolo, per se o per un'altra persona, affinché, in violazione dei propri doveri, essa compia o si astenga dal compiere un atto;

b) Al fatto, per qualsiasi persona che dirigga un'entità del settore privato o che lavori per tale entità, a qualsiasi titolo, di sollecitare od accettare, direttamente od indirettamente, un indebito vantaggio, per se o per un'altra persona, al fine di compiere o di astenersi dal compiere un atto in violazione dei propri doveri.

22. Sottrazione di beni nel settore privato.

Ciascuno Stato Parte esamina l'adozione delle misure legislative e delle altre misure necessarie per conferire il carattere di illecito penale, quando l'atto è stato commesso intenzionalmente nell'ambito di attività economiche, finanziarie o commerciali, alla sottrazione da parte di una persona che dirige un'entità del settore privato o lavora per tale entità, a qualsiasi titolo, di ogni bene, fondo o valore privato o di ogni altra cosa di valore che sia stata a lei affidata in virtù delle sue funzioni.

23. Riciclaggio dei proventi del crimine.

1. Ciascuno Stato Parte adotta, conformemente ai principi fondamentali del proprio diritto interno, le misure legislative e le altre misure necessarie per conferire il carattere di illecito penale, quando gli atti sono stati commessi intenzionalmente:

a) i) Alla conversione od al trasferimento di beni, essendo l'autore di tali atti consapevole che i beni costituiscono i proventi del crimine, al fine di dissimulare o mascherare l'origine illecita di detti beni o di aiutare qualsiasi persona coinvolta nella commissione del reato presupposto a sottrarsi alle conseguenze giuridiche dei propri atti;

ii) Alla dissimulazione o al mascheramento della vera natura, dell'origine, dell'ubicazione, della disposizione, del movimento o della proprietà di beni o dei relativi diritti, essendo l'autore di tali atti consapevole che detti beni costituiscono i proventi del crimine;

b) Fatti salvi i concetti fondamentali del proprio sistema giuridico:

i) All'acquisizione, alla detenzione o all'utilizzazione di beni quando colui che li acquisisce, detiene od utilizza sa, al momento in cui li riceve, che essi costituiscono i proventi del crimine;

ii) Alla partecipazione ad uno dei reati stabiliti conformemente al presente articolo o ad ogni associazione, intesa, tentativo o complicità consistente nel fornire assistenza, aiuto o consigli ai fini della sua commissione.

2. Ai fini dell'applicazione del paragrafo 1 del presente articolo:

a) Ciascuno Stato Parte si adopera al fine di applicare il paragrafo 1 del presente articolo alla più ampia gamma possibile di reati presupposti;

b) Ciascuno Stato Parte include nei reati presupposti al minimo una gamma completa di illeciti penali stabiliti conformemente alla presente Convenzione;

c) Ai fini del comma b) di cui sopra, i reati presupposti includono i reati commessi all'interno e all'esterno del territorio rientrante nella competenza dello Stato Parte in questione. Tuttavia, un reato commesso all'esterno del territorio rientrante nella competenza di uno Stato Parte costituisce un reato presupposto solo quando l'atto corrispondente è un illecito penale per il diritto interno dello Stato in cui è stato commesso e costituirebbe un illecito penale per il diritto interno dello Stato Parte che applica il presente articolo se fosse stato commesso sul suo territorio;

d) Ciascuno Stato Parte consegna al Segretario Generale dell'Organizzazione delle Nazioni Unite una copia delle proprie leggi che danno effetto al presente articolo nonché di ogni modifica successivamente apportata a tali leggi o una descrizione di tali leggi e delle ulteriori modifiche;

e) Quando i principi fondamentali del diritto interno di uno Stato Parte lo richiedono, si può disporre che i reati enunciati al paragrafo 1 del presente articolo non si applichino alle persone che hanno commesso il reato presupposto.

24. Ricettazione.

Fatte salve le disposizioni dell'articolo 23 della presente Convenzione, ciascuno Stato Parte esamina l'adozione delle misure legislative e delle altre misure necessarie per conferire il carattere di illecito penale, quando gli atti sono stati commessi intenzionalmente dopo la commissione di uno qualsiasi dei reati stabiliti conformemente alla presente Convenzione senza che vi sia stata partecipazione a detti reati, al fatto di dissimulare o di trattenere in modo continuato dei beni sapendo che detti beni provengono da uno qualsiasi dei reati stabiliti conformemente alla presente Convenzione.

25. Ostacolo al buon funzionamento della giustizia.

Ciascuno Stato Parte adotta le misure legislative e le altre misure necessarie per conferire il carattere di illecito penale, quando gli atti sono stati commessi intenzionalmente:

a) Al fatto di ricorrere alla forza fisica, a minacce o all'intimidazione o di promettere, offrire o concedere un indebito vantaggio per ottenere una falsa testimonianza od impedire una testimonianza o la presentazione di elementi probatori in un procedimento in relazione alla commissione di reati stabiliti conformemente alla presente Convenzione;

b) Al fatto di ricorrere alla forza fisica, a minacce o all'intimidazione per impedire ad un funzionario della giustizia o dei servizi di individuazione o di repressione di esercitare i doveri della loro carica in relazione alla commissione di reati stabiliti conformemente alla presente Convenzione. Nulla nel presente comma pregiudica il diritto degli Stati Parte di disporre di una legislazione destinata a proteggere altre categorie di pubblici ufficiali.

26. Responsabilità delle persone giuridiche.

1. Ciascuno Stato Parte adotta le misure necessarie, conformemente ai propri principi giuridici, al fine di stabilire la responsabilità delle persone giuridiche che partecipano ai reati stabiliti conformemente alla presente Convenzione.

2. Fatti salvi i principi giuridici dello Stato Parte, la responsabilità delle persone giuridiche può essere penale, civile o amministrativa.

3. Tale responsabilità non pregiudica la responsabilità penale delle persone fisiche che hanno commesso i reati.

4. Ciascuno Stato Parte assicura, in particolare, che le persone giuridiche ritenute responsabili conformemente al presente articolo siano oggetto di sanzioni efficaci, proporzionate e dissuasive di natura penale o non penale, comprese le sanzioni pecuniarie.

27. Partecipazione e tentativo.

1. Ogni Parte adotta le misure legislative e le altre misure necessarie per conferire il carattere di illecito penale, conformemente al proprio diritto interno, al fatto di partecipare a qualunque titolo, ad esempio come complice, assistente od istigatore, ad un reato stabilito conformemente alla presente Convenzione.

2. Ciascuno Stato Parte può adottare le misure legislative e le altre misure necessarie per conferire il carattere di illecito penale, conformemente al proprio diritto interno, al tentativo di commissione di un reato stabilito conformemente alla presente Convenzione.

3. Ciascuno Stato Parte può adottare le misure legislative e le altre misure necessarie per conferire il carattere di illecito penale, conformemente al proprio diritto interno, alla preparazione di un reato stabilito conformemente alla presente Convenzione.

28. La conoscenza, l'intenzione e la motivazione in quanto elementi di un reato.

La conoscenza, l'intenzione o la motivazione necessarie in quanto elementi di un reato stabilito conformemente alla presente Convenzione possono essere dedotte da circostanze fattuali obiettive.

29. Prescrizione.

Se del caso, ciascuno Stato Parte fissa, nell'ambito del proprio diritto interno, un lungo termine di prescrizione entro il quale i procedimenti possono essere avviati per uno dei reati stabiliti conformemente alla presente Convenzione e fissa un termine più lungo o sospende la prescrizione quando il presunto autore del reato si è sottratto alla giustizia.

30. Procedimenti giudiziari, decisione e sanzioni.

1. Ciascuno Stato Parte rende la commissione di un reato stabilito conformemente alla presente Convenzione passibile di sanzioni che tengano conto della gravità di tale reato.

2. Ciascuno Stato Parte prende le misure necessarie al fine di stabilire o mantenere, conformemente al proprio sistema giuridico e ai propri principi costituzionali, un equilibrio appropriato tra ogni immunità o privilegio giurisdizionale concesso ai propri pubblici ufficiali nell'esercizio delle loro funzioni, e la possibilità, se necessario, di ricercare, perseguire e giudicare effettivamente i reati stabiliti conformemente alla presente Convenzione.

3. Ciascuno Stato Parte si adopera affinché ogni potere giudiziario discrezionale conferito dal proprio diritto interno e concernente i procedimenti giudiziari avviati contro le persone per i reati stabiliti conformemente alla presente Convenzione sia esercitato in modo tale da ottimizzare l'efficacia di misure di individuazione e di repressione di tali reati, tenuto debito conto della necessità di esercitare un effetto dissuasivo per quanto concerne la loro commissione.

4. Relativamente ai reati stabiliti conformemente alla presente Convenzione, ciascuno Stato Parte prende misure appropriate, conformemente al proprio diritto interno e tenuto debito conto dei diritti di difesa, affinché le condizioni alle quali sono subordinate le decisioni di scarcerazione in attesa di giudizio o di appello tengano conto della necessità di assicurare la presenza dell'imputato nell'ulteriore procedimento penale.

5. Ciascuno Stato Parte prende in considerazione la gravità dei reati interessati nell'esaminare l'eventualità di una liberazione anticipata o condizionale di persone riconosciute colpevoli di tali reati.

6. Ciascuno Stato Parte, compatibilmente con i principi fondamentali del proprio sistema giuridico, esamina l'istituzione di procedure che permettano all'autorità competente, se del caso, di revocare, sospendere o trasferire un pubblico ufficiale accusato di un reato stabilito conformemente alla presente Convenzione, avendo a mente il rispetto del principio della presunzione d'innocenza.

7. Quando la gravità del reato lo giustifica, ciascuno Stato Parte, compatibilmente con i principi fondamentali del proprio sistema giuridico, esamina l'istituzione di procedure che permettano di interdire, con decisione giudiziaria od ogni altro mezzo appropriato, per una durata fissata dal proprio diritto interno, le persone riconosciute colpevoli dei reati stabiliti conformemente alla presente Convenzione, dal diritto di:

a) Ricoprire un pubblico ufficio; e
b) Ricoprire una funzione in un'impresa della quale lo Stato è totalmente o parzialmente proprietario.

8. Il paragrafo 1 del presente articolo non pregiudica l'esercizio dei poteri disciplinari da parte delle autorità competenti nei confronti dei funzionari.

9. Nessuna disposizione della presente Convenzione pregiudica il principio secondo il quale la definizione dei reati stabiliti conformemente alla presente Convenzione e dei mezzi giuridici di difesa applicabili o degli altri principi giuridici che disciplinano la legalità delle incriminazioni dipendono esclusivamente dal diritto interno di uno Stato Parte, principio per il quale detti reati sono perseguiti e puniti conformemente a tale diritto.

10. Gli Stati Parte si adoperano al fine di promuovere il reinserimento sociale delle persone riconosciute colpevoli dei reati stabiliti conformemente alla presente Convenzione.

31. Congelamento, sequestro e confisca.

1. Ciascuno Stato Parte prende, nella maggiore misura possibile nell'ambito del proprio sistema giuridico interno, le misure necessarie per permettere la confisca:

a) Dei proventi del crimine provenienti da reati stabiliti conformemente alla presente Convenzione o di beni il cui valore corrisponde a quello dei proventi;
b) Dei beni, materiali o altri strumenti utilizzati o destinati ad essere utilizzati per i reati stabiliti conformemente alla presente Convenzione.

2. Ciascuno Stato Parte prende le misure necessarie per permettere l'identificazione, la localizzazione, il congelamento od il sequestro di quanto menzionato al paragrafo 1 del presente articolo ai fini di un'eventuale confisca.

3. Ciascuno Stato Parte adotta, conformemente al proprio diritto interno, le misure legislative e le altre misure necessarie per regolamentare l'amministrazione da parte delle autorità competenti dei beni congelati, sequestrati o confiscati di cui ai paragrafi 1 e 2 del presente articolo.

4. Se i proventi del crimine sono stati trasformati o convertiti, in parte od in tutto, in altri beni, questi ultimi possono essere oggetto delle misure di cui al presente articolo in luogo di detti proventi.

5. Se i proventi del crimine sono stati mischiati a beni legittimamente acquisiti, tali beni, fatto salvo ogni potere di congelamento o sequestro, sono confiscabili a concorrenza del valore stimato dei proventi che vi sono stati mischiati.

6. Le entrate o gli altri vantaggi tratti da tali proventi del crimine, dei beni nei quali i proventi sono stati trasformati o convertiti o dai beni ai quali i proventi sono stati mischiati possono inoltre essere oggetto delle misure di cui al presente articolo, allo stesso modo e nella stessa misura dei proventi del crimine.

7. Ai fini del presente articolo e dell'articolo 55 della presente Convenzione, ciascuno Stato Parte abilita i propri tribunali o le altre autorità competenti ad ordinare la produzione o il sequestro di documenti bancari, finanziari o commerciali. Uno Stato Parte non può invocare il segreto bancario per rifiutare di dare effetto alle disposizioni del presente paragrafo.

8. Gli Stati Parte possono esaminare la possibilità di esigere che l'autore di un reato dimostri l'origine lecita dei presunti proventi del crimine o di altri beni confiscabili, nella misura in cui tale esigenza è conforme ai principi fondamentali del loro diritto interno ed alla natura dei procedimenti giudiziari e di altri procedimenti.

9. L'interpretazione delle disposizioni del presente articolo non deve in alcun caso pregiudicare i diritti di terzi in buona fede.

10. Nessuna disposizione del presente articolo pregiudica il principio secondo il quale le misure alle quali detto articolo si riferisce sono definite ed eseguite conformemente alle disposizioni del diritto interno di ciascuno Stato Parte e fatte salve queste ultime.

3. L. 28 giugno 2012, n. 110. – Ratifica ed esecuzione della Convenzione penale sulla corruzione, fatta a Strasburgo il 27 gennaio 1999

In Gazzetta Ufficiale 26 luglio 2012, n. 173

1. Autorizzazione alla ratifica.

1. Il Presidente della Repubblica è autorizzato a ratificare la Convenzione penale sulla corruzione, fatta a Strasburgo il 27 gennaio 1999.

2. Ordine di esecuzione.

1. Piena ed intera esecuzione è data alla Convenzione di cui all'articolo 1, di seguito denominata «Convenzione», a decorrere dalla data della sua entrata in vigore in conformità a quanto disposto dall'articolo 32 della Convenzione stessa.

3. Autorità centrale.

1. In relazione alle norme contenute nel capitolo IV della Convenzione, ai sensi di quanto previsto dall'articolo 29 della Convenzione, è autorità centrale il Ministro della giustizia.

4. Clausola di invarianza.

1. Dall'attuazione della presente legge non devono derivare nuovi o maggiori oneri a carico della finanza pubblica.

5. Entrata in vigore.

1. La presente legge entra in vigore il giorno successivo a quello della sua pubblicazione nella Gazzetta Ufficiale.

La presente legge, munita del sigillo dello Stato, sarà inserita nella Raccolta ufficiale degli atti normativi della Repubblica italiana. È fatto obbligo a chiunque spetti di osservarla e di farla osservare come legge dello Stato.

CONVENZIONE

CAPITOLO I
Terminologia

1. Terminologia.

Ai fini della presente Convenzione:

a. l'espressione «agente pubblico» s'intende riferita alla definizione di «funzionario», «pubblico ufficiale», «sindaco», «ministro» o «giudice» nel diritto nazionale dello Stato in cui la persona in oggetto esercita tale funzione e così come è applicata nel suo diritto penale;
b. il termine «giudice» utilizzato nel capoverso a di cui sopra, comprende i membri del Pubblico Ministero e le persone che esercitano funzioni giudiziarie;
c. nel caso di azioni giudiziarie implicanti un agente pubblico di un altro Stato, lo Stato che esercita l'azione può applicare la definizione di agente pubblico solo in quanto detta definizione è compatibile con il suo diritto nazionale;
d. per «persona giuridica» s'intende qualsiasi ente avente tale statuto ai sensi del diritto nazionale applicabile, eccettuati gli Stati o altri enti pubblici nell'esercizio delle loro prerogative di potenza pubblica e le organizzazioni internazionali pubbliche.

CAPITOLO II
Misure da adottare a livello nazionale

2. Corruzione attiva di agenti pubblici nazionali.

Ciascuna Parte adotta i provvedimenti legislativi e di altro tipo che si rivelano necessari per configurare in quanto reato in conformità al proprio diritto interno, quando l'atto è stato commesso intenzionalmente, il fatto di proporre, offrire o dare, direttamente o indirettamente qualsiasi indebito vantaggio ad uno dei suoi agenti pubblici sia per se stesso o per altra persona, affinché compia o si astenga dal compiere un atto nell'esercizio delle sue funzioni.

3. Corruzione passiva di agenti pubblici nazionali.

Ciascuna Parte adotta i provvedimenti legislativi e di altro tipo che si rivelano necessari per configurare in quanto reato in conformità al proprio diritto interno, quando l'atto è stato commesso intenzionalmente, il fatto per uno dei suoi agenti pubblici di sollecitare o di ricevere, direttamente o indirettamente, qualsiasi indebito vantaggio per se stesso o per altra persona, o di accettarne l'offerta o la promessa per compiere o astenersi dal compiere un atto nell'esercizio delle sue funzioni.

4. Corruzione di membri di assemblee pubbliche nazionali.

Ciascuna Parte adotta i provvedimenti legislativi e di altro tipo che si rivelano necessari per configurare in quanto reati in conformità al proprio diritto interno, gli atti di cui agli articoli 2 e 3 quando vi è coinvolto qualsiasi componente di un'assemblea pubblica nazionale che esercita poteri legislativi o amministrativi.

5. Corruzione di agenti pubblici stranieri.

Ciascuna Parte adotta i provvedimenti legislativi e di altro tipo che si rivelano necessari per configurare in quanto reati in conformità al proprio diritto interno, gli atti di cui agli articoli 2 e 3 quando vi è coinvolto un agente pubblico di un altro Stato.

6. Corruzione di membri di assemblee pubbliche straniere.

Ciascuna Parte adotta i provvedimenti legislativi e di altro tipo che si rivelano necessari per configurare in quanto reati in conformità al proprio diritto interno, gli atti di cui agli articoli 2 e 3 quando vi è coinvolto qualsiasi componente di un'assemblea pubblica che esercita i poteri legislativi o amministrativi di un altro Stato.

7. Corruzione attiva nel privato.

Ciascuna Parte adotta i provvedimenti legislativi e di altro tipo che si rivelano necessari per configurare in quanto reato in conformità al proprio diritto interno, quando l'atto è stato commesso intenzionalmente nell'ambito di un'attività commerciale, il fatto di promettere, offrire o dare direttamente o indirettamente qualsiasi indebito vantaggio ad una persona che dirige un ente privato o vi lavora, per sé stessa o per altra persona affinché compia o si astenga dal compiere un atto, ciò in trasgressione dei suoi doveri.

8. Corruzione passiva nel privato.

Ciascuna Parte adotta i provvedimenti legislativi e di altro tipo che si rivelano necessari per configurare in quanto reato in conformità al proprio diritto interno, quando l'atto è stato commesso intenzionalmente nell'ambito di un'attività commerciale, il fatto per ogni persona che dirige un ente privato o vi lavora, di sollecitare o ricevere direttamente o tramite terzi, qualsiasi indebito vantaggio o di accettarne l'offerta o la promessa, per sé stessa o per altra persona al fine di compiere o astenersi dal compiere un atto, ciò in trasgressione dei suoi doveri.

9. Corruzione di funzionari internazionali.

Ciascuna Parte adotta i provvedimenti legislativi e di altro tipo che si rivelano necessari per configurare in quanto reato in conformità al proprio diritto interno, gli atti di cui agli articoli 2 e 3 quando vi sono coinvolti funzionari o agenti a contratto ai sensi dello statuto degli agenti, appartenenti ad un'organizzazione pubblica internazionale o sovranazionale di cui la Parte è membro, nonché ogni altra persona distaccata o meno presso tale organizzazione, che esercita funzioni equivalenti a quelle di tali funzionari o agenti

10. Corruzione di membri di assemblee parlamentari internazionali.

Ciascuna Parte adotta i provvedimenti legislativi e di altro tipo che si rivelano necessari per configurare in quanto reato in conformità al proprio diritto interno, gli atti di cui all'articolo 4, quando vi è coinvolto qualsiasi componente di un'assemblea parlamentare o dì un'organizzazione internazionale o sovranazionale di cui la Parte è membro.

11. Corruzione di giudici e di agenti di tribunali internazionali.

Ciascuna Parte adotta i provvedimenti legislativi e di altro tipo che si rivelano necessari per configurare in quanto reato in conformità al proprio diritto interno, gli atti di cui agli articoli 2 e 3 quando vi è coinvolto chiunque eserciti funzioni giudiziarie in un tribunale internazionale la cui competenza è accettata dalla Parte, o qualsiasi funzionario di cancelleria di tale tribunale.

12. Malversazione.

Ciascuna Parte adotta i provvedimenti legislativi e di altro tipo che si rivelano necessari per configurare in quanto reato in conformità al proprio diritto interno quando l'atto è stato commesso intenzionalmente, il fatto di proporre, offrire o dare, direttamente o indirettamente qualsiasi indebito vantaggio a titolo di rimunerazione a chiunque dichiari o confermi di essere in grado di esercitare un'influenza sulle decisioni delle persone indicate agli articoli 2, 4 a 6 e 9 ad 11, a prescindere che l'indebito vantaggio sia per se stesso o per altra persona, come pure il fatto di sollecitare, di ricevere, o di accettarne l'offerta o la promessa di rimunerazione per tale influenza, a prescindere che quest'ultima sia o meno esercitata o che produca o meno il risultato auspicato.

13. Riciclaggio del prodotto dei reati di corruzione.

Ciascuna Parte adotta i provvedimenti legislativi e di altro tipo che si rivelano necessari per configurare in quanto reato in conformità al proprio diritto interno, gli atti menzionati nella Convenzione del Consiglio d'Europa relativa al riciclaggio, al reperimento, al sequestro ed alla confisca dei prodotti del reato (STE n° 141), articolo 6, paragrafi I e 2, alle condizioni ivi previste, quando il reato principale è costituito da una delle infrazioni determinate ai sensi degli articoli 2 a 12 della presente Convenzione, a patto che la Parte non abbia formulato riserve o dichiarazioni riguardo a tali infrazioni o non le consideri come reati gravi in relazione alla legislazione relativa al riciclaggio del denaro.

14. Reati in materia di contabilità.

Ciascuna Parte adotta i provvedimenti legislativi e di altro tipo che si rivelano necessari per configurare in quanto reati passibili di sanzioni penali o di altri tipi di sanzioni in conformità al suo diritto interno, qualora siano commessi intenzionalmente, i seguenti atti o omissioni miranti a commettere, dissimulare o occultare i reati di cui agli articoli da 2 a 12, quando la Parte non abbia formulato riserve o dichiarazioni:

a. compilare o utilizzare una fattura o altro documento contabile contenente dati falsi o incompleti;
b. omettere illecitamente di contabilizzare un versamento;

15. Atti di compartecipazione.

Ciascuna Parte adotta i provvedimenti legislativi e di altro tipo che si rivelano necessari per configurare in quanto reato in conformità al proprio diritto interno, ogni atto di complicità di uno dei reati stabiliti in forza della presente Convenzione.

16. Immunità.

Le disposizioni della presente Convenzione non pregiudicano le disposizioni di qualsiasi trattato, protocollo o statuto nonché dei loro testi applicativi, per quanto concerne l'abrogazione dell'immunità

17. Competenza.

1. Ciascuna Parte adotta i provvedimenti legislativi e di altro tipo che si rivelano necessari per stabilire la propria competenza relativamente ad un reato determinato ai sensi degli articoli da 2 a 14 della presente Convenzione quando:

a) il reato è commesso interamente o in parte sul suo territorio;
b) l'autore del reato è un cittadino di detta Parte, uno dei suoi agenti pubblici o uno dei suoi membri di assemblee pubbliche nazionali;
c) il reato coinvolge uno dei suoi agenti pubblici o membri di sue assemblee pubbliche nazionali o ogni altra persona di cui agli articoli da 9 a 11 che è al contempo suo cittadino.

2. Ciascuno Stato può, al momento della firma o del deposito del suo strumento di ratifica, di accettazione, di approvazione o di adesione, specificare in una dichiarazione inviata al Segretario Generale del Consiglio d'Europa che si riserva il diritto di non applicare, o di applicare solo in taluni casi o condizioni specifiche, le regole di competenza definite al par. 1 b e c del presente articolo o una parte qualsiasi di detti paragrafi.

3. Quando una Parte si prevale della possibilità di riserva prevista al par. 2 del presente articolo, essa adotta le misure necessarie per stabilire la propria competenza relativamente ai reati determinati ai sensi della presente Convenzione, quando il presunto autore del reato è presente sul suo territorio e non può essere estradato verso un'altra Parte solamente in base alla sua nazionalità, dopo una richiesta di estradizione.

4. La presente Convenzione non esclude l'esercizio, ad opera di una Parte, di una competenza penale stabilita in conformità al suo diritto interno.

18. Responsabilità delle persone giuridiche.

1. Ciascuna Parte prende le iniziative legislative e di altro tipo rivelatesi necessarie per assicurare che persone giuridiche possano essere ritenute responsabili dei reati di corruzione attiva, di malversazione e di riciclaggio di capitali, determinati ai sensi della presente Convenzione, quando siano commessi per loro conto da un individuo sia in quanto singolo, sia come componente di un organo della persona giuridica in questione, il quale ha poteri direttivi nell'ambito della stessa, come segue:

- potere di rappresentanza della persona giuridica; oppure – autorità a prendere decisioni a nome della persona giuridica;

oppure

- autorità ad esercitare controlli nell'ambito della persona giuridica;

come pure della partecipazione di tale individuo in qualità di complice o istigatore alla perpetrazione dei reati sopra menzionati.

2. A prescindere dai casi già previsti al capoverso 1, ciascuna Parte prende i provvedimenti necessari per garantire che una persona giuridica possa essere considerata responsabile, quando l'omissione di sorveglianza o di controllo da parte dell'individuo dì cui al par. 1, ha reso possibile la perpetrazione dei reati menzionati al par. I per conto di detta persona giuridica, ad opera di una persona fisica sottoposta alla sua autorità.

3. La responsabilità della persona giuridica in forza dei paragrafi 1 e 2 non esclude azioni penali contro le persone fisiche che commettono, istigano o si rendono complici dei reati di cui al par.1.

19. Sanzioni e misure.

1. In considerazione della gravità dei reati determinati in forza della presente Convenzione ciascuna Parte prevede, per quanto riguarda i reati determinati in conformità agli articoli da 2 a 14, sanzioni e misure efficaci, proporzionate e dissuasive ivi comprese, quando i reati sono commessi da persone fisiche, sanzioni privative di libertà che possono dar luogo all'estradizione.

2. Ciascuna Parte si accerta che in caso di responsabilità determinata in forza dell'articolo 18, paragrafi 1 e 2, le persone fisiche siano passibili di sanzioni efficaci, proporzionate e dissuasive a carattere penale o non penale, comprese le sanzioni pecuniarie 3 Ciascuna Parte prende le iniziative legislative e di altro tipo che si rivelano necessarie per consentirle di confiscare o di sequestrare in altro modo gli strumenti ed i prodotti dei reati determinati ai sensi della presente Convenzione, oppure i beni il cui valore corrisponde a tali prodotti.

20. Autorità specializzate.

Ciascuna Parte prende le misure che si rivelano necessarie per la specializzazione di persone od enti nella lotta contro la corruzione.

Tali persone disporranno dell'indipendenza necessaria, nell'ambito dei principi fondamentali dell'ordinamento della Parte, per esercitare le loro funzioni efficacemente e senza alcuna pressione illecita. Le Parti si accertano che il personale di tali enti disponga di una formazione e di risorse finanziarie adeguate alle funzioni che svolgono.

21. Cooperazione fra autorità nazionali.

Ciascuna Parte prende le misure appropriate che si rivelano necessarie per accertarsi che le autorità pubbliche, come pure ogni agente pubblico, cooperino in conformità con il diritto nazionale, con le autorità incaricate di investigare e di svolgere azioni giudiziarie per i reati:

a) informando di propria iniziativa tali autorità, qualora vi siano motivi ragionevoli di ritenere che è stato commesso uno dei reati stabiliti in forza degli articoli 2 a 14;

oppure

b) fornendo, a richiesta, alle autorità in oggetto, tutte le informazioni necessarie.

22. Protezione dei collaboratori di giustizia e dei testimoni.

Ciascuna Parte prende le misure legislative e di altro tipo che si rivelano necessarie per garantire una protezione effettiva ed adeguata:

a) alle persone che forniscono informazioni relative a reati determinati ai sensi degli articoli 2 a 14, o che collaborano in qualsiasi altro modo con le autorità incaricate di investigazioni o azioni giudiziarie;

b) ai testimoni che rendono una deposizione su tali reati.

23. Misure volte ad agevolare la raccolta di prove ed il sequestro dei prodotti.

1. Ciascuna Parte prende le misure legislative e di altro tipo, ivi comprese quelle che consentono l'uso di tecniche investigative particolari in conformità alla legislazione nazionale, che si rivelano necessarie per agevolare la raccolta di prove relative ai reati determinati ai sensi degli articoli 2 a 14, e che le permettono di individuare, ricercare, congelare e sequestrare gli strumenti ed i prodotti della corruzione o dei beni il cui valore corrisponde a tali prodotti, e che sono suscettibili di essere oggetto di misure ai sensi del paragrafo 3 dell'articolo 19 della presente Convenzione.

2. Ciascuna Parte prende le misure legislative e di altro tipo che si rivelano necessarie per conferire ai suoi tribunali o autorità competenti il potere di ordinare la trasmissione o il sequestro dei suoi fascicoli bancari, finanziari o commerciali in vista di attuare le misure di cui al paragrafo 1 del presente articolo.

3. Il segreto bancario non costituisce ostacolo alle misure definite ai paragrafi 1 e 2 del presente articolo.

CAPITOLO III
Controlli sull'attuazione

24. Controllo.

Il Gruppo di Stati contro la corruzione (GRECO) si accerta che le Parti mettano in opera la presente Convenzione.

CAPITOLO IV
Cooperazione internazionale

25. Principi generali e misure che si applicano alla cooperazione internazionale.

1. Le Parti si prestano per quanto possibile la più ampia cooperazione reciproca in conformità alle norme degli strumenti internazionali rilevanti per la cooperazione internazionale in materia penale o alle intese convenute sulla base di legislazioni uniformi o reciproche, e del loro diritto nazionale, ai fini di investigazioni e procedure relative ai reati che dipendono dalla sfera dì applicazione della presente Convenzione.

2. Se nessun strumento internazionale o intesa fra quelli di cui al par. 1 precedente è in vigore fra le Parti, si applicano gli articoli da 26 a 31 del presente capitolo.

3. Inoltre si applicano gli articoli 26 a 31 del presente capitolo quando sono più favorevoli delle disposizioni contenute negli strumenti internazionali o nelle intese di cui al par.1 precedente.

26. Assistenza reciproca.

1. Le Parti si prestano reciprocamente la più ampia assistenza possibile per trattare senza indugio i ricorsi emanati da autorità abilitate, ai sensi delle loro leggi nazionali, ad indagare ed a procedere in giudizio contro i reati che rientrano nella sfera di applicazione della presente Convenzione.

2. L'assistenza reciproca ai sensi del par. I del presente articolo può essere rifiutata se la Parte richiesta considera che il fatto di soddisfare la domanda potrebbe pregiudicare i suoi interessi fondamentali, la sovranità nazionale, la sicurezza nazionale o l'ordine pubblico.

3. Le Parti non possono invocare il segreto bancario per giustificare il loro rifiuto di cooperare ai sensi del presente capitolo. Quando il suo diritto interno lo prevede, la Parte interessata può esigere che una richiesta di cooperazione implicante l'abrogazione del segreto bancario sia autorizzata sia da un giudice sia da altra autorità giudiziaria, compreso il Pubblico Ministero, tali autorità aventi competenza ad agire in materia di reati.

27. Estradizione.

1. I reati che rientrano nella sfera di applicazione della presente Convenzione sono considerati inclusi in ogni trattato di estradizione in vigore fra le Parti in quanto reati che danno luogo all'estradizione. Le Parti s'impegnano ad includere questi reati in ogni trattato di estradizione che stipuleranno, in quanto reati che danno luogo ad estradizione.

2. Se una Parte che subordina l'estradizione all'esistenza di un trattato riceve una richiesta di estradizione da una Parte con la quale non ha stipulato un tale trattato, essa può considerare la presente Convenzione come base legale per l'estradizione per tutti i reati determinati in conformità alla presente Convenzione.

3. Le Parti che non subordinano l'estradizione all'esistenza di un trattato, riconoscono i reati determinati in conformità alla presenta Convenzione in quanto reati che danno luogo ad estradizione.

4. L'estradizione è subordinata alle condizioni previste dal diritto della Parte richiesta o dai trattati di estradizione applicabili, ivi compresi i motivi per i quali la Parte richiesta può rifiutare l'estradizione.

5. Se l'estradizione domandata in ragione di un reato determinato in conformità alla presente Convenzione, è rifiutata unicamente sulla base della nazionalità della persona che è oggetto della domanda, oppure perché la Parte richiesta si considera competente in materia, quest'ultima Parte sottopone il caso alle sue autorità competenti ai fini di un'azione giudiziaria, salvo se altre disposizioni siano state convenute con la Parte richiedente e la informa tempestivamente del risultato definitivo.

28. Informazioni spontanee.

Fatte salve le proprie investigazioni o procedure una Parte può, senza domanda preliminare, comunicare ad un'altra Parte informazioni sui fatti, qualora consideri che la divulgazione di queste informazioni potrebbe aiutare la Parte destinataria ad iniziare, o ad effettuare indagini o azioni legali per i reati determinati ai sensi della presente Convenzione, oppure potrebbe dare il via ad un ricorso di tale Parte, ai sensi del presente capitolo.

29. Autorità centrale.

1. Le Parti designano un'autorità centrale, o se del caso più autorità centrali incaricate di inviare le domande formulate ai sensi del presente capitolo, di rispondervi, di eseguirle e di trasmetterle alle autorità aventi competenza per eseguirle.

2. Ciascuna Parte comunica al Segretario Generale del Consiglio d'Europa al momento della firma o del deposito del suo strumento di ratifica, di accettazione, di approvazione o di adesione, la denominazione e l'indirizzo delle autorità designate in attuazione del paragrafo 1 del presente articolo.

30. Corrispondenza diretta.

1. Le autorità centrali comunicano direttamente tra di loro.

2. In caso di emergenza, la richiesta di assistenza reciproca o le relative comunicazioni possono essere inviate direttamente dalle autorità giudiziarie, compreso il Pubblico Ministero, della Parte richiedente a tali autorità della Parte richiesta. In tal caso una copia sarà inviata contemporaneamente all'autorità centrale della Parte richiesta tramite l'autorità centrale della Parte richiedente.

3. Ogni domanda o comunicazione formulata in attuazione dei paragrafi I e 2 del presente articolo può essere presentata tramite l'Organizzazione internazionale di polizia criminale (INTERPOL).

4. Se una richiesta è presentata ai sensi del par. 2 del presente articolo e se l'autorità investita non è competente a darvi seguito essa la trasmette all'autorità competente del suo paese e ne informa direttamente la Parte richiedente.

5. Le domande o comunicazioni presentate ai sensi del par. 2 del presente capitolo che non implicano misure coercitive, possono essere trasmesse direttamente dall'autorità competente della Parte richiedente all'autorità competente della Parte richiesta.

6. Ciascuno Stato può, al momento della firma o del deposito del suo strumento di ratifica, di accettazione, di approvazione o di adesione comunicare al Segretario generale del Consiglio d'Europa che per scrupolo di efficacia, le richieste formulate in applicazione di questo capitolo devono essere indirizzate alla sua autorità centrale.

31. Informazione.

La Parte richiesta informa senza indugio la Parte richiedente circa il seguito dato sollecitamente ad una richiesta formulata ai sensi del presente capitolo ed il risultato definitivo. La Parte richiesta informa altresì senza indugio la Parte richiedente di tutte le circostanze che rendono impossibile l'esecuzione delle misure sollecitate o che rischiano di ritardarla notevolmente.

CAPITOLO V
Disposizioni finali

32. Firma ed entrata in vigore.

1. La presente Convenzione è aperta alla firma degli Stati membri del Consiglio d'Europa e degli Stati non membri che hanno partecipato alla sua elaborazione. Questi Stati possono esprimere il loro consenso a divenire parte alla Convenzione mediante:

a firma senza riserva di ratifica, di accettazione o di approvazione;

oppure

b firma con riserva di ratifica, di accettazione o di approvazione, seguita da ratifica, accettazione o approvazione.

2. Gli strumenti di ratifica, di accettazione o di approvazione saranno depositati presso il Segretario Generale del Consiglio d'Europa.

3. La presente Convenzione entra in vigore il primo giorno del mese successivo allo scadere dì un periodo di tre mesi dopo la data in cui quattordici Stati avranno espresso il loro consenso a far parte della Convenzione in conformità alle disposizioni del paragrafo 1.
Uno Stato che non è membro del Gruppo di Stati contro la corruzione (GRECO) al momento della ratifica, lo diverrà automaticamente alla data di entrata in vigore della presente Convenzione.

4. Per ogni Stato firmatario che esprimerà in seguito il suo consenso a far parte della Convenzione, quest'ultima entrerà in vigore il primo giorno del mese successivo allo scadenza di un periodo di tre mesi dopo la data di manifestazione del suo consenso a far parte delle Convenzione secondo le disposizioni del paragrafo 1. Uno Stato firmatario che non è membro del Gruppo di Stati contro la corruzione (GRECO) al momento della ratifica, lo diverrà automaticamente il giorno dell'entrata in vigore della presente Convenzione nei suoi confronti.

33. Adesione alla Convenzione.

Dopo l'entrata in vigore della presente Convenzione, il Comitato dei Ministri del Consiglio d'Europa potrà, dopo aver consultato gli Stati contraenti alla Convenzione, invitare la Comunità Europea nonché ogni Stato non membro del Consiglio che non ha partecipato alla sua elaborazione, ad aderire alla presente Convenzione mediante una decisione presa con la maggioranza prevista all'articolo 20.d dello Statuto del Consiglio d'Europa ed all'unanimità dei rappresentanti degli Stati contraenti aventi diritto di partecipare al Comitato dei Ministri 2 Per la Comunità europea e per ogni Stato aderente, la Convenzione entra in vigore il primo giorno del mese successivo allo scadere di un periodo di tre mesi dopo la data di deposito dello strumento di adesione presso il Segretario Generale del Consiglio d'Europa. La Comunità europea ed ogni Stato aderente diverranno automaticamente membri del GRECO, qualora non lo siano già al momento dell'adesione, il giorno dell'entrata in vigore della presente Convenzione nei loro confronti.

34. Applicazione territoriale.

1. Ogni Stato potrà, al momento della firma o al momento del deposito del proprio strumento di ratifica, di accettazione, di approvazione o di adesione, designare il territorio o i territori cui la presente Convenzione si applicherà.

2. Ogni Parte potrà in qualsiasi altro momento in seguito, mediante una dichiarazione indirizzata al Segretario Generale del Consiglio d'Europa, estendere l'applicazione della presente Convenzione ad ogni altro territorio designato nella dichiarazione La Convenzione entra in vigore nei confronti di detto territorio il primo giorno del mese successivo alla scadenza di un periodo di tre mesi dopo la data di ricevimento di detta dichiarazione da parte del Segretario Generale.

3. Ogni dichiarazione effettuata ai sensi dei due paragrafi precedenti potrà essere ritirata, per quanto concerne ogni territorio designato in detta dichiarazione, per mezzo, di una notifica indirizzata al Segretario Generale del Consiglio d'Europa. Il ritiro avrà effetto il primo giorno del mese successivo allo scadenza di un periodo di tre mesi dopo la data di ricevimento di detta notifica da parte del Segretario Generale.

35. Relazioni con altre convenzioni ed accordi.

1. La presente Convenzione non pregiudica i diritti e gli obblighi derivanti da Convenzioni internazionali multilaterali concernenti particolari questioni.

2. Le Parti alla Convenzione potranno stipulare tra di esse accordi bilaterali o multilaterali relativi alle questioni regolamentate dalla presente Convenzione, ai fini di completare o rafforzare le disposizioni di quest'ultima o per facilitare l'applicazione dei principi che essa sancisce.

3. Quando due o più Parti hanno già stipulato un accordo o un trattato su un argomento previsto nella presente Convenzione, o hanno già disposto quali saranno le loro relazioni al riguardo, esse avranno facoltà di applicare tale accordo, trattato o intesa in luogo della presente Convenzione, nella misura in cui ne viene agevolata la cooperazione internazionale.

36. Dichiarazioni.

Ogni Stato può, al momento della firma o al momento del deposito del proprio strumento di ratifica, di accettazione, di approvazione o di adesione, dichiarare che configura in quanto reato la corruzione attiva e passiva di agenti pubblici stranieri ai sensi dell'articolo 5, di funzionari internazionali ai sensi dell'articolo 9 oppure di giudici e di agenti di tribunali internazionali ai sensi dell'articolo 11, ma unicamente nella misura in cui l'agente pubblico o il giudice, compie o si astiene dal compiere un atto in violazione dei suoi doveri ufficiali.

37. Riserve.

1. Ogni Stato può, al momento della firma o al momento del deposito del proprio strumento di ratifica, di accettazione, di approvazione o di adesione, dichiarare che non configura in quanto reati in conformità al suo diritto interno, in tutto o in parte, gli atti di cui agli articoli 4, 6 a 8, 10 e 12 o i reati di corruzione passiva di cui all'articolo 5.

2. Ogni Stato può al momento della firma o al momento del deposito del proprio strumento di ratifica, di accettazione, di approvazione, o di adesione, dichiarare che si avvale della riserva figurante all'articolo 17, par. 2.

3. Ogni Stato può, al momento della firma o al momento del deposito del proprio strumento di ratifica, di accettazione, di approvazione o di adesione dichiarare che può rifiutare una richiesta di reciproca assistenza giudiziaria ai sensi dell'articolo 26, par. 1 qualora la domanda riguardi un reato che la Parte richiesta considera delitto politico.

4. Uno Stato non può, in applicazione dei paragrafi 1,2 e 3 del presente articolo, formulare riserve a più di cinque disposizioni menzionate in detti paragrafi. Nessuna ulteriore riserva è ammessa.
Le riserve della stessa natura relative agli articoli 4, 6 e 10 saranno considerate come una sola riserva.

38. Validità ed esame delle dichiarazioni e delle riserve.

1. Le dichiarazioni previste all'articolo 36 e le riserve previste all'articolo 37 hanno validità di tre anni a decorrere dal primo giorno dell'entrata in vigore della Convenzione per Io Stato interessato. Tuttavia, queste riserve possono essere rinnovate per periodi aventi la stessa durata.

2. Dodici mesi prima della scadenza della dichiarazione o riserva, il Segretario Generale del Consiglio d'Europa informa lo Stato interessato di tale scadenza. Tre mesi prima della data dì scadenza, lo Stato notifica al Segretario Generale il suo intento di mantenere, modificare o ritirare la dichiarazione o la riserva. Se ciò non avviene, il Segretario Generale informa questo Stato che la sua dichiarazione o riserva è automaticamente prorogata per un periodo di sei mesi. Se lo Stato interessato non notifica la sua decisione di mantenere o modificare le sue riserve prima dello scadenza di detto periodo, la riserva o le riserve decadono automaticamente.

3. Quando una Parte esprime una dichiarazione o una riserva in conformità agli articoli 36 e 37, prima di rinnovarla o su richiesta, essa deve fornire spiegazioni al GRECO circa i motivi che giustificano il mantenimento della stessa.

39. Emendamenti.

1. Possono essere proposti da ciascuna Parte emendamenti alla presente Convenzione; ogni proposta di emendamento sarà comunicata dal Segretario Generale del Consiglio d'Europa agli Stati membri del Consiglio d'Europa e ad ogni Stato non membro che ha aderito o che è stato invitato ad aderire alla presente Convenzione, in conformità alle disposizioni dell'articolo 33.

2. Ogni proposta di emendamento presentata da una Parte è comunicata al Comitato europeo per le questioni penali (CDPC) che sottopone al Comitato dei Ministri il suo parere sulla proposta di emendamento.

3. Il Comitato dei Ministri esamina la proposta di emendamento ed il parere sottoposto dal CDPC, e previa consultazione degli Stati non membri della presente Convenzione può adottare l'emendamento.

4. Il testo di ogni emendamento adottato dal Comitato dei Ministri in conformità al capoverso 3 del presente articolo è trasmesso alle Parti per accettazione.

5. Ogni emendamento adottato in conformità al paragrafo 3 del presente articolo entra in vigore il terzo giorno dopo che tutte le Parti avranno comunicato al Segretario generale di averlo accettato.

40. Soluzione delle controversie.

1. Il Comitato europeo per le questioni penali del

Consiglio d'Europa sarà costantemente informato dell'interpretazione e dell'applicazione della presente Convenzione.

2. In caso di controversia fra le Parti sull'interpretazione o applicazione della presente Convenzione, le Parti fanno ogni sforzo per pervenire ad una soluzione della controversia per via negoziale o con ogni altro mezzo pacifico di loro scelta, quale la presentazione della controversia al Comitato europeo per le questioni penali, o ad un tribunale arbitrale che prenderà decisioni vincolanti per le Parti alla controversia, o alla Corte internazionale di giustizia, sulla base di un accordo comune fra le Parti in causa.

41. Denuncia.

1. Ogni Parte può, in qualsiasi momento, denunciare la presente Convenzione per mezzo di una notifica inviata al Segretario Generale del Consiglio d'Europa 2 La denuncia ha effetto il primo giorno del mese successivo alla scadenza di un periodo di tre mesi dopo la data in cui il Segretario Generale ha ricevuto la notifica.

42. Notifiche.

Il Segretario Generale del Consiglio d'Europa notifica agli Stati membri del Consiglio d'Europa, e ad ogni Stato che ha aderito alla presente Convenzione:

a) ogni firma;

b) il deposito di ogni strumento di ratifica, di accettazione, di approvazione o di adesione;

c) ogni data di entrata in vigore della presente Convenzione in conformità agli articoli 32 e 33 della stessa;

d) ogni dichiarazione o riserva in forza dell'articolo 36 o dell'articolo 37;

e) ogni altro atto, notifica o comunicazione inerente alla presente Convenzione.

In fede di che, i sottoscritti, debitamente autorizzati a tal fine hanno firmato la presente Convenzione.

Fatto a Strasburgo, il 27 gennaio 1999, in francese ed in inglese, entrambi i testi facenti ugualmente fede, in un unico esemplare che sarà depositato negli archivi del Consiglio d'Europa. Il Segretario Generale del Consiglio d'Europa farà pervenire una copia certificata conforme a ciascuno degli Stati membri del Consiglio d'Europa, ad ogni Stato non membro che ha partecipato all'elaborazione della Convenzione, e ad ogni Stato invitato ad aderirvi.

4. L. 6 novembre 2012, n. 190. – Disposizioni per la prevenzione e la repressione della corruzione e dell'illegalità nella pubblica amministrazione (*art. 1*)

In Gazzetta Ufficiale 13 novembre 2012, n. 265

1. Disposizioni per la prevenzione e la repressione della corruzione e dell'illegalità nella pubblica amministrazione.

1. In attuazione dell'articolo 6 della Convenzione dell'Organizzazione delle Nazioni Unite contro la corruzione, adottata dalla Assemblea generale dell'ONU il 31 ottobre 2003 e ratificata ai sensi della legge 3 agosto 2009, n. 116, e degli articoli 20 e 21 della Convenzione penale sulla corruzione, fatta a Strasburgo il 27 gennaio 1999 e ratificata ai sensi della legge 28 giugno 2012, n.110, la presente legge individua, in ambito nazionale, l'Autorità nazionale anticorruzione e gli altri organi incaricati di svolgere, con modalità tali da assicurare azione coordinata, attività di controllo, di prevenzione e di contrasto della corruzione e dell'illegalità nella pubblica amministrazione.

2. La Commissione per la valutazione, la trasparenza e l'integrità delle amministrazioni pubbliche, di cui all'articolo 13 del decreto legislativo 27 ottobre 2009, n.150, e successive modificazioni, di seguito denominata «Commissione», opera quale Autorità nazionale anticorruzione, ai sensi del comma 1 del presente articolo. In particolare, la Commissione:

a) collabora con i paritetici organismi stranieri, con le organizzazioni regionali ed internazionali competenti;

b) adotta il Piano nazionale anticorruzione ai sensi del comma 2-*bis* [(1)];

c) analizza le cause e i fattori della corruzione e individua gli interventi che ne possono favorire la prevenzione e il contrasto;

d) esprime parere obbligatorio sugli atti di direttiva e di indirizzo, nonché sulle circolari del Ministro per la pubblica amministrazione e la semplificazione in materia di conformità di atti e comportamenti dei funzionari pubblici alla legge, ai codici di comportamento e ai contratti, collettivi e individuali, regolanti il rapporto di lavoro pubblico [(2)].

e) esprime pareri facoltativi in materia di autorizzazioni, di cui all'articolo 53 del decreto legislativo 30 marzo 2001, n.165, e successive modificazioni, allo svolgimento di incarichi esterni da parte dei dirigenti amministrativi dello Stato e degli enti pubblici nazionali, con particolare riferimento all'applicazione del comma 16-*ter*, introdotto dal comma 42, lettera l), del presente articolo;

f) esercita la vigilanza e il controllo sull'effettiva applicazione e sull'efficacia delle misure adottate dalle pubbliche amministrazioni ai sensi dei commi 4 e 5 del presente articolo e sul rispetto delle regole sulla trasparenza dell'attività amministrativa previste dai commi da 15 a 36 del presente articolo e dalle altre disposizioni vigenti;

[f-*bis*) esercita la vigilanza e il controllo sui contratti di cui agli articoli 17 e seguenti del codice dei contratti pubblici relativi a lavori, servizi e forniture, di cui al decreto legislativo 12 aprile 2006, n. 163.] (3)

g) riferisce al Parlamento, presentando una relazione entro il 31 dicembre di ciascun anno, sull'attività di contrasto della corruzione e dell'illegalità nella pubblica amministrazione e sull'efficacia delle disposizioni vigenti in materia.

2 bis. Il Piano nazionale anticorruzione è adottato sentiti il Comitato interministeriale di cui al comma 4 e la Conferenza unificata di cui all'articolo 8, comma 1, del decreto legislativo 28 agosto 1997, n. 281. Il Piano ha durata triennale ed è aggiornato annualmente. Esso costituisce atto di indirizzo per le pubbliche amministrazioni di cui all'articolo 1, comma 2, del decreto legislativo 30 marzo 2001, n. 165, ai fini dell'adozione dei propri piani triennali di prevenzione della corruzione, e per gli altri soggetti di cui all'articolo 2-*bis*, comma 2, del decreto legislativo 14 marzo 2013, n. 33, ai fini dell'adozione di misure di prevenzione della corruzione integrative di quelle adottate ai sensi del decreto legislativo 8 giugno 2001, n. 231, anche per assicurare l'attuazione dei compiti di cui al comma 4, lettera a). Esso, inoltre, anche in relazione alla dimensione e ai diversi settori di attività degli enti, individua i principali rischi di corruzione e i relativi rimedi e contiene l'indicazione di obiettivi, tempi e modalità di adozione e attuazione delle misure di contrasto alla corruzione (4).

3. Per l'esercizio delle funzioni di cui al comma 2, lettera f), l'Autorità nazionale anticorruzione esercita poteri ispettivi mediante richiesta di notizie, informazioni, atti e documenti alle pubbliche amministrazioni, e ordina l'adozione di atti o provvedimenti richiesti dai piani di cui ai commi 4 e 5 e dalle regole sulla trasparenza dell'attività amministrativa previste dalle disposizioni vigenti, ovvero la rimozione di comportamenti o atti contrastanti con i piani e le regole sulla trasparenza citati (5).

4. Il Dipartimento della funzione pubblica, anche secondo linee di indirizzo adottate dal Comitato interministeriale istituito e disciplinato con decreto del Presidente del Consiglio dei Ministri:

a) coordina l'attuazione delle strategie di prevenzione e contrasto della corruzione e dell'illegalità nella pubblica amministrazione elaborate a livello nazionale e internazionale;

b) promuove e definisce norme e metodologie comuni per la prevenzione della corruzione, coerenti con gli indirizzi, i programmi e i progetti internazionali;

[c) predispone il Piano nazionale anticorruzione, anche al fine di assicurare l'attuazione coordinata delle misure di cui alla lettera a);] (6)

d) definisce modelli standard delle informazioni e dei dati occorrenti per il conseguimento degli obiettivi previsti dalla presente legge, secondo modalità che consentano la loro gestione ed analisi informatizzata;

e) definisce criteri per assicurare la rotazione dei dirigenti nei settori particolarmente esposti alla corruzione e misure per evitare sovrapposizioni di funzioni e cumuli di incarichi nominativi in capo ai dirigenti pubblici, anche esterni.

5. Le pubbliche amministrazioni centrali definiscono e trasmettono al Dipartimento della funzione pubblica:

a) un piano di prevenzione della corruzione che fornisce una valutazione del diverso livello di esposizione degli uffici al rischio di corruzione e indica gli interventi organizzativi volti a prevenire il medesimo rischio;

b) procedure appropriate per selezionare e formare, in collaborazione con la Scuola superiore della pubblica amministrazione, i dipendenti chiamati ad operare in settori particolarmente esposti alla corruzione, prevedendo, negli stessi settori, la rotazione di dirigenti e funzionari.

6. I comuni con popolazione inferiore a 15.000 abitanti possono aggregarsi per definire in comune, tramite accordi ai sensi dell'articolo 15 della legge 7 agosto 1990, n. 241, il piano triennale per la prevenzione della corruzione, secondo le indicazioni contenute nel Piano nazionale anticorruzione di cui al comma 2-*bis*. Ai fini della predisposizione del piano triennale per la prevenzione della corruzione, il prefetto, su richiesta, fornisce il necessario supporto tecnico e informativo agli enti locali, anche al fine di assicurare che i piani siano formulati e adottati nel rispetto delle linee guida contenute nel Piano nazionale approvato dalla Commissione (7).

7. L'organo di indirizzo individua, di norma tra i dirigenti di ruolo in servizio, il Responsabile della prevenzione della corruzione e della trasparenza, disponendo le eventuali modifiche organizzative necessarie per assicurare funzioni e poteri idonei per lo svolgimento dell'incarico con piena autonomia ed effettività. Negli enti locali, il Responsabile della prevenzione della corruzione e della trasparenza è individuato, di norma, nel segretario o nel dirigente apicale, salva diversa e motivata determinazione. Nelle unioni di comuni, può essere nominato un unico responsabile della prevenzione della corruzione e della trasparenza. Il Responsabile della prevenzione della corruzione e della trasparenza segnala all'organo di indirizzo e all'organismo indipendente di valutazione le disfunzioni inerenti all'attuazione delle misure in materia di prevenzione della corruzione e di trasparenza e indica agli uffici competenti all'esercizio dell'azione disciplinare i nominativi dei dipendenti che non hanno attuato correttamente le misure in materia di prevenzione della corruzione e di trasparenza. Eventuali misure discriminatorie, dirette o indirette, nei confronti del Responsabile della prevenzione della corruzione e della trasparenza per motivi collegati, direttamente o indirettamente, allo svolgimento delle sue funzioni devono essere segnalate all'Autorità nazionale anticorruzione, che può chiedere informazioni all'organo di indirizzo e intervenire nelle forme di cui al comma 3, articolo 15, decreto legislativo 8 aprile 2013, n. 39 [8].

8. L'organo di indirizzo definisce gli obiettivi strategici in materia di prevenzione della corruzione e trasparenza, che costituiscono contenuto necessario dei documenti di programmazione strategico-gestionale e del Piano triennale per la prevenzione della corruzione. L'organo di indirizzo adotta il Piano triennale per la prevenzione della corruzione su proposta del Responsabile della prevenzione della corruzione e della trasparenza entro il 31 gennaio di ogni anno e ne cura la trasmissione all'Autorità nazionale anticorruzione. Negli enti locali il piano è approvato dalla giunta. L'attività di elaborazione del piano non può essere affidata a soggetti estranei all'amministrazione. Il responsabile della prevenzione della corruzione e della trasparenza, entro lo stesso termine, definisce procedure appropriate per selezionare e formare, ai sensi del comma 10, i dipendenti destinati ad operare in settori particolarmente esposti alla corruzione. Le attività a rischio di corruzione devono essere svolte, ove possibile, dal personale di cui al comma 11 [9].

8 bis. L'Organismo indipendente di valutazione verifica, anche ai fini della validazione della Relazione sulla performance, che i piani triennali per la prevenzione della corruzione siano coerenti con gli obiettivi stabiliti nei documenti di programmazione strategico-gestionale e che nella misurazione e valutazione delle performance si tenga conto degli obiettivi connessi all'anticorruzione e alla trasparenza. Esso verifica i contenuti della Relazione di cui al comma 14 in rapporto agli obiettivi inerenti alla prevenzione della corruzione e alla trasparenza. A tal fine, l'Organismo medesimo può chiedere al Responsabile della prevenzione della corruzione e della trasparenza le informazioni e i documenti necessari per lo svolgimento del controllo e può effettuare audizioni di dipendenti. L'Organismo medesimo riferisce all'Autorità nazionale anticorruzione sullo stato di attuazione delle misure di prevenzione della corruzione e di trasparenza [10].

9. Il piano di cui al comma 5 risponde alle seguenti esigenze:

a) individuare le attività, tra le quali quelle di cui al comma 16, anche ulteriori rispetto a quelle indicate nel Piano nazionale anticorruzione, nell'ambito delle quali è più elevato il rischio di corruzione, e le relative misure di contrasto, anche raccogliendo le proposte dei dirigenti, elaborate nell'esercizio delle competenze previste dall'articolo 16, comma 1, lettera a-*bis*), del decreto legislativo 30 marzo 2001, n. 165 [11];

b) prevedere, per le attività individuate ai sensi della lettera a), meccanismi di formazione, attuazione e controllo delle decisioni idonei a prevenire il rischio di corruzione;

c) prevedere, con particolare riguardo alle attività individuate ai sensi della lettera a), obblighi di informazione nei confronti del responsabile, individuato ai sensi del comma 7, chiamato a vigilare sul funzionamento e sull'osservanza del piano;

d) definire le modalità di monitoraggio del rispetto dei termini, previsti dalla legge o dai regolamenti, per la conclusione dei procedimenti [12];

e) definire le modalità di monitoraggio dei rapporti tra l'amministrazione e i soggetti che con la stessa stipulano contratti o che sono interessati a procedimenti di autorizzazione, concessione o erogazione di vantaggi economici di qualunque genere, anche verificando eventuali relazioni di parentela o affinità sussistenti tra i titolari, gli amministratori, i soci e i dipendenti degli stessi soggetti e i dirigenti e i dipendenti dell'amministrazione [13];

f) individuare specifici obblighi di trasparenza ulteriori rispetto a quelli previsti da disposizioni di legge.

10. Il responsabile individuato ai sensi del comma 7 provvede anche:

a) alla verifica dell'efficace attuazione del piano e della sua idoneità, nonché a proporre la modifica dello stesso quando sono accertate significative violazioni delle prescrizioni ovvero quando intervengono mutamenti nell'organizzazione o nell'attività dell'amministrazione;

b) alla verifica, d'intesa con il dirigente competente, dell'effettiva rotazione degli incarichi negli uffici preposti allo svolgimento delle attività nel cui ambito è più elevato il rischio che siano commessi reati di corruzione;

c) ad individuare il personale da inserire nei programmi di formazione di cui al comma 11.

11. La Scuola superiore della pubblica amministrazione, senza nuovi o maggiori oneri per la finanza pubblica e utilizzando le risorse umane, strumentali e finanziarie disponibili a legislazione vigente, predispone percorsi, anche specifici e settoriali, di formazione dei dipendenti delle pubbliche amministrazioni statali sui temi dell'etica e della legalità. Con cadenza periodica e d'intesa con le amministrazioni, provvede alla formazione dei dipendenti pubblici chiamati ad operare nei settori in cui è più elevato, sulla base dei piani adottati dalle singole amministrazioni, il rischio che siano commessi reati di corruzione.

12. In caso di commissione, all'interno dell'amministrazione, di un reato di corruzione accertato con sentenza passata in giudicato, il responsabile individuato ai sensi del comma 7 del presente articolo risponde ai sensi dell'articolo 21 del decreto legislativo 30 marzo 2001, n. 165, e successive modificazioni, nonché sul piano disciplinare, oltre che per il danno erariale e all'immagine della pubblica amministrazione, salvo che provi tutte le seguenti circostanze:

a) di avere predisposto, prima della commissione del fatto, il piano di cui al comma 5 e di aver osservato

le prescrizioni di cui ai commi 9 e 10 del presente articolo;
b) di aver vigilato sul funzionamento e sull'osservanza del piano.

13. La sanzione disciplinare a carico del responsabile individuato ai sensi del comma 7 non può essere inferiore alla sospensione dal servizio con privazione della retribuzione da un minimo di un mese ad un massimo di sei mesi.

14. In caso di ripetute violazioni delle misure di prevenzione previste dal Piano, il responsabile individuato ai sensi del comma 7 del presente articolo risponde ai sensi dell'articolo 21 del decreto legislativo 30 marzo 2001, n. 165, e successive modificazioni, nonché, per omesso controllo, sul piano disciplinare, salvo che provi di avere comunicato agli uffici le misure da adottare e le relative modalità e di avere vigilato sull'osservanza del Piano. La violazione, da parte dei dipendenti dell'amministrazione, delle misure di prevenzione previste dal Piano costituisce illecito disciplinare. Entro il 15 dicembre di ogni anno, il dirigente individuato ai sensi del comma 7 del presente articolo trasmette all'organismo indipendente di valutazione e all'organo di indirizzo dell'amministrazione una relazione recante i risultati dell'attività svolta e la pubblica nel sito web dell'amministrazione. Nei casi in cui l'organo di indirizzo lo richieda o qualora il dirigente responsabile lo ritenga opportuno, quest'ultimo riferisce sull'attività [(14)].

15. Ai fini della presente legge, la trasparenza dell'attività amministrativa, che costituisce livello essenziale delle prestazioni concernenti i diritti sociali e civili ai sensi dell'articolo 117, secondo comma, lettera m), della Costituzione, secondo quanto previsto all'articolo 11 del decreto legislativo 27 ottobre 2009, n.150, è assicurata mediante la pubblicazione, nei siti web istituzionali delle pubbliche amministrazioni, delle informazioni relative ai procedimenti amministrativi, secondo criteri di facile accessibilità, completezza e semplicità di consultazione, nel rispetto delle disposizioni in materia di segreto di Stato, di segreto d'ufficio e di protezione dei dati personali. Nei siti web istituzionali delle amministrazioni pubbliche sono pubblicati anche i relativi bilanci e conti consuntivi, nonché i costi unitari di realizzazione delle opere pubbliche e di produzione dei servizi erogati ai cittadini. Le informazioni sui costi sono pubblicate sulla base di uno schema tipo redatto dall'Autorità per la vigilanza sui contratti pubblici di lavori, servizi e forniture, che ne cura altresì la raccolta e la pubblicazione nel proprio sito web istituzionale al fine di consentirne una agevole comparazione.

16. Fermo restando quanto stabilito nell'articolo 53 del decreto legislativo 30 marzo 2001, n. 165, come da ultimo modificato dal comma 42 del presente articolo, nell'articolo 54 del codice dell'amministrazione digitale, di cui al decreto legislativo 7 marzo 2005, n. 82, e successive modificazioni, nell'articolo 21 della legge 18 giugno 2009, n. 69, e successive modificazioni, e nell'articolo 11 del decreto legislativo 27 ottobre 2009, n. 150, le pubbliche amministrazioni assicurano i livelli essenziali di cui al comma 15 del presente articolo con particolare riferimento ai procedimenti di:
a) autorizzazione o concessione;
b) scelta del contraente per l'affidamento di lavori, forniture e servizi, anche con riferimento alla modalità di selezione prescelta ai sensi del codice dei contratti pubblici relativi a lavori, servizi e forniture, di cui al decreto legislativo 12 aprile 2006, n.163;
c) concessione ed erogazione di sovvenzioni, contributi, sussidi, ausili finanziari, nonché attribuzione di vantaggi economici di qualunque genere a persone ed enti pubblici e privati;
d) concorsi e prove selettive per l'assunzione del personale e progressioni di carriera di cui all'articolo 24 del citato decreto legislativo n.150 del 2009.

17. Le stazioni appaltanti possono prevedere negli avvisi, bandi di gara o lettere di invito che il mancato rispetto delle clausole contenute nei protocolli di legalità o nei patti di integrità costituisce causa di esclusione dalla gara.

18. Ai magistrati ordinari, amministrativi, contabili e militari, agli avvocati e procuratori dello Stato e ai componenti delle commissioni tributarie è vietata, pena la decadenza dagli incarichi e la nullità degli atti compiuti, la partecipazione a collegi arbitrali o l'assunzione di incarico di arbitro unico.

[**19.** Il comma 1 dell'articolo 241 del codice di cui al decreto legislativo 12 aprile 2006, n. 163, e successive modificazioni, è sostituito dal seguente:
«1. Le controversie su diritti soggettivi, derivanti dall'esecuzione dei contratti pubblici relativi a lavori, servizi, forniture, concorsi di progettazione e di idee, comprese quelle conseguenti al mancato raggiungimento dell'accordo bonario previsto dall'articolo 240, possono essere deferite ad arbitri, previa autorizzazione motivata da parte dell'organo di governo dell'amministrazione. L'inclusione della clausola compromissoria, senza preventiva autorizzazione, nel bando o nell'avviso con cui è indetta la gara ovvero, per le procedure senza bando, nell'invito, o il ricorso all'arbitrato, senza preventiva autorizzazione, sono nulli».]

[**20.** Le disposizioni relative al ricorso ad arbitri, di cui all'articolo 241, comma 1, del codice di cui al decreto legislativo 12 aprile 2006, n.163, come sostituito dal comma 19 del presente articolo, si applicano anche alle controversie relative a concessioni e appalti pubblici di opere, servizi e forniture in cui sia parte una società a partecipazione pubblica ovvero una società controllata o collegata a una società a partecipazione pubblica, ai sensi dell'articolo 2359 del codice civile, o che comunque abbiano ad oggetto opere o forniture finanziate con risorse a carico dei bilanci pubblici. A tal fine, l'organo amministrativo rilascia l'autorizzazione di cui al citato comma 1 dell'articolo 241 del codice di cui al decreto legislativo n.163 del 2006, come sostituito dal comma 19 del presente articolo.]

[**21.** La nomina degli arbitri per la risoluzione delle controversie nelle quali è parte una pubblica amministrazione avviene nel rispetto dei principi di pubblicità e di rotazione e secondo le modalità previste dai commi 22, 23 e 24 del presente articolo, oltre che nel rispetto delle disposizioni del codice di cui al decreto legislativo 12 aprile 2006, n.163, in quanto applicabili.]

[**22.** Qualora la controversia si svolga tra due pubbliche amministrazioni, gli arbitri di parte sono individuati esclusivamente tra dirigenti pubblici.]

[**23.** Qualora la controversia abbia luogo tra una pubblica amministrazione e un privato, l'arbitro individuato dalla pubblica amministrazione è scelto preferibilmente tra i dirigenti pubblici.
Qualora non risulti possibile alla pubblica amministrazione nominare un arbitro scelto tra i dirigenti pubblici, la nomina è disposta, con provvedimento motivato, nel rispetto delle disposizioni del codice di cui al decreto legislativo 12 aprile 2006, n.163.]

[**24.** La pubblica amministrazione stabilisce, a pena di nullità della nomina, l'importo massimo spettante al dirigente pubblico per l'attività arbitrale. L'eventuale differenza tra l'importo spettante agli arbitri nominati e l'importo massimo stabilito per il dirigente è acquisita al bilancio della pubblica amministrazione che ha indetto la gara.]

[**25.** Le disposizioni di cui ai commi da 19 a 24 non si applicano agli arbitrati conferiti o autorizzati prima della data di entrata in vigore della presente legge.]

26. Le disposizioni di cui ai commi 15 e 16 si applicano anche ai procedimenti posti in essere in deroga alle procedure ordinarie. I soggetti che operano in deroga e che non dispongono di propri siti web istituzionali pubblicano le informazioni di cui ai citati commi 15 e 16 nei siti web istituzionali delle amministrazioni dalle quali sono nominati.

27. Le informazioni pubblicate ai sensi dei commi 15 e 16 sono trasmesse in via telematica alla Commissione.

28. Le amministrazioni provvedono altresì al monitoraggio periodico del rispetto dei tempi procedimentali attraverso la tempestiva eliminazione delle anomalie. I risultati del monitoraggio sono consultabili nel sito web istituzionale di ciascuna amministrazione.

29. Ogni amministrazione pubblica rende noto, tramite il proprio sito web istituzionale, almeno un indirizzo di posta elettronica certificata cui il cittadino possa rivolgersi per trasmettere istanze ai sensi dell'articolo 38 del testo unico delle disposizioni legislative e regolamentari in materia di documentazione amministrativa, di cui al decreto del Presidente della Repubblica 28 dicembre 2000, n. 445, e successive modificazioni, e ricevere informazioni circa i provvedimenti e i *procedimenti amministrativi* che lo riguardano.

30. Le amministrazioni, nel rispetto della disciplina del diritto di accesso ai documenti amministrativi di cui al capo V della legge 7 agosto 1990, n.241, e successive modificazioni, in materia di procedimento amministrativo, hanno l'obbligo di rendere accessibili in ogni momento agli interessati, tramite strumenti di identificazione informatica di cui all'articolo 65, comma 1, del codice di cui al decreto legislativo 7 marzo 2005, n.82, e successive modificazioni, le informazioni relative ai provvedimenti e ai procedimenti amministrativi che li riguardano, ivi comprese quelle relative allo stato della procedura, ai relativi tempi e allo specifico ufficio competente in ogni singola fase.

[**31.** Con uno o più decreti del Ministro per la pubblica amministrazione e la semplificazione, di concerto con il Ministro delle infrastrutture e dei trasporti per le materie di competenza, sentita la Conferenza unificata di cui all'articolo 8 del decreto legislativo 28 agosto 1997, n. 281, e successive modificazioni, da adottare entro sei mesi dalla data di entrata in vigore della presente legge, sono individuate le informazioni rilevanti ai fini dell'applicazione dei commi 15 e 16 del presente articolo e le relative modalità di pubblicazione, nonché le indicazioni generali per l'applicazione dei commi 29 e 30. Restano ferme le disposizioni in materia di pubblicità previste dal codice di cui al decreto legislativo 12 aprile 2006, n.163.] [(15)]

32. Con riferimento ai procedimenti di cui al comma 16, lettera b), del presente articolo, le stazioni appaltanti sono in ogni caso tenute a pubblicare nei propri siti web istituzionali: la struttura proponente; l'oggetto del bando; l'elenco degli operatori invitati a presentare offerte; l'aggiudicatario; l'importo di aggiudicazione; i tempi di completamento dell'opera, servizio o fornitura; l'importo delle somme liquidate. Le stazioni appaltanti sono tenute altresì a trasmettere le predette informazioni ogni semestre alla commissione di cui al comma 2. Entro il 31 gennaio di ogni anno, tali informazioni, relativamente all'anno precedente, sono pubblicate in tabelle riassuntive rese liberamente scaricabili in un formato digitale standard aperto che consenta di analizzare e rielaborare, anche a fini statistici, i dati informatici. Le amministrazioni trasmettono in formato digitale tali informazioni all'Autorità per la vigilanza sui contratti pubblici di lavori, servizi e forniture, che le pubblica nel proprio sito web in una sezione liberamente consultabile da tutti i cittadini, catalogate in base alla tipologia di stazione appaltante e per regione. L'Autorità individua con propria deliberazione le informazioni rilevanti e le relative modalità di trasmissione. Entro il 30 aprile di ciascun anno, l'Autorità per la vigilanza sui contratti pubblici di lavori, servizi e forniture trasmette alla Corte dei conti l'elenco delle amministrazioni che hanno omesso di trasmettere e pubblicare, in tutto o in parte, le informazioni di cui al presente comma in formato digitale standard aperto. Si applica l'articolo 6, comma 11, del codice di cui al decreto legislativo 12 aprile 2006, n. 163 [(16)].

32 bis. Nelle controversie concernenti le materie di cui al comma 1, lettera e), dell'articolo 133 del codice di cui all'allegato 1 al decreto legislativo 2 luglio 2010, n. 104, il giudice amministrativo trasmette alla commissione ogni informazione o notizia rilevante emersa nel corso del giudizio che, anche in esito a una sommaria valutazione, ponga in evidenza condotte o atti contrastanti con le regole della trasparenza (17).

33. La mancata o incompleta pubblicazione, da parte delle pubbliche amministrazioni, delle informazioni di cui al comma 31 costituisce violazione degli standard qualitativi ed economici ai sensi dell'articolo 1, comma 1, del decreto legislativo 20 dicembre 2009, n. 198, ed è comunque valutata ai sensi dell'articolo 21 del decreto legislativo 30 marzo 2001, n. 165, e successive modificazioni.
Eventuali ritardi nell'aggiornamento dei contenuti sugli strumenti informatici sono sanzionati a carico dei responsabili del servizio.

34. Le disposizioni dei commi da 15 a 33 si applicano alle amministrazioni pubbliche di cui all'articolo 1, comma 2, del decreto legislativo 30 marzo 2001, n. 165, e successive modificazioni, agli enti pubblici nazionali, nonché alle società partecipate dalle amministrazioni pubbliche e dalle loro controllate, ai sensi dell'articolo 2359 del codice civile, limitatamente alla loro attività di pubblico interesse disciplinata dal diritto nazionale o dell'Unione europea.

35. Il Governo è delegato ad adottare, senza nuovi o maggiori oneri per la finanza pubblica, entro sei mesi dalla data di entrata in vigore della presente legge, un decreto legislativo per il riordino della disciplina riguardante gli obblighi di pubblicità, trasparenza e diffusione di informazioni da parte delle pubbliche amministrazioni, mediante la modifica o l'integrazione delle disposizioni vigenti, ovvero mediante la previsione di nuove forme di pubblicità, nel rispetto dei seguenti principi e criteri direttivi:

a) ricognizione e coordinamento delle disposizioni che prevedono obblighi di pubblicità a carico delle amministrazioni pubbliche;
b) previsione di forme di pubblicità sia in ordine all'uso delle risorse pubbliche sia in ordine allo svolgimento e ai risultati delle funzioni amministrative;
c) precisazione degli obblighi di pubblicità di dati relativi ai titolari di incarichi politici, di carattere elettivo o comunque di esercizio di poteri di indirizzo politico, di livello statale, regionale e locale. Le dichiarazioni oggetto di pubblicazione obbligatoria di cui alla lettera a) devono concernere almeno la situazione patrimoniale complessiva del titolare al momento dell'assunzione della carica, la titolarità di imprese, le partecipazioni azionarie proprie, del coniuge e dei parenti entro il secondo grado di parentela, nonché tutti i compensi cui dà diritto l'assunzione della carica;
d) ampliamento delle ipotesi di pubblicità, mediante pubblicazione nei siti web istituzionali, di informazioni relative ai titolari degli incarichi dirigenziali nelle pubbliche amministrazioni di cui all'articolo 1, comma 2, del decreto legislativo 30 marzo 2001, n. 165, e successive modificazioni, sia con riferimento a quelli che comportano funzioni di amministrazione e gestione, sia con riferimento agli incarichi di responsabilità degli uffici di diretta collaborazione;
e) definizione di categorie di informazioni che le amministrazioni devono pubblicare e delle modalità di elaborazione dei relativi formati;
f) obbligo di pubblicare tutti gli atti, i documenti e le informazioni di cui al presente comma anche in formato elettronico elaborabile e in formati di dati aperti. Per formati di dati aperti si devono intendere almeno i dati resi disponibili e fruibili on line in formati non proprietari, a condizioni tali da permetterne il più ampio riutilizzo anche a fini statistici e la ridistribuzione senza ulteriori restrizioni d'uso, di riuso o di diffusione diverse dall'obbligo di citare la fonte e di rispettarne l'integrità;
g) individuazione, anche mediante integrazione e coordinamento della disciplina vigente, della durata e dei termini di aggiornamento per ciascuna pubblicazione obbligatoria;
h) individuazione, anche mediante revisione e integrazione della disciplina vigente, delle responsabilità e delle sanzioni per il mancato, ritardato o inesatto adempimento degli obblighi di pubblicazione.

36. Le disposizioni di cui al decreto legislativo adottato ai sensi del comma 35 integrano l'individuazione del livello essenziale delle prestazioni erogate dalle amministrazioni pubbliche a fini di trasparenza, prevenzione, contrasto della corruzione e della cattiva amministrazione, a norma dell'articolo 117, secondo comma, lettera m), della Costituzione, e costituiscono altresì esercizio della funzione di coordinamento informativo statistico e informatico dei dati dell'amministrazione statale, regionale e locale, di cui all'articolo 117, secondo comma, lettera r), della Costituzione.

37. All'articolo 1 della legge 7 agosto 1990, n. 241, al comma 1-*ter* sono aggiunte, in fine, le seguenti parole: «, con un livello di garanzia non inferiore a quello cui sono tenute le pubbliche amministrazioni in forza delle disposizioni di cui alla presente legge».

38. All'articolo 2 della legge 7 agosto 1990, n. 241, al comma 1 è aggiunto, in fine, il seguente periodo: «Se ravvisano la manifesta irricevibilità, inammissibilità, improcedibilità o infondatezza della domanda, le pubbliche amministrazioni concludono il procedimento con un provvedimento espresso redatto in forma semplificata, la cui motivazione può consistere in un sintetico riferimento al punto di fatto o di diritto ritenuto risolutivo».

39. Al fine di garantire l'esercizio imparziale delle funzioni amministrative e di rafforzare la separazione e la reciproca autonomia tra organi di indirizzo politico e organi amministrativi, le amministrazioni pubbliche di cui all'articolo 1, comma 2, del decreto legislativo 30 marzo 2001, n. 165, nonché le aziende e le società partecipate dallo Stato e dagli altri enti pubblici, in occasione del monitoraggio posto in essere ai fini dell'articolo 36, comma 3, del medesimo decreto legislativo n. 165 del 2001, e successive modificazioni, comunicano al Dipartimento della funzione pubblica, per il tramite degli organismi indipendenti di valutazione, tutti i dati utili a rilevare le posizioni dirigenziali attribuite a persone, anche esterne alle pubbliche amministrazioni, individuate discrezionalmente dall'organo di indirizzo politico senza procedure pubbliche di selezione. I dati forniti confluiscono nella relazione annuale al Parlamento di cui al citato articolo 36, comma 3, del decreto legislativo n. 165 del 2001, e vengono trasmessi alla Commissione per le finalità di cui ai commi da 1 a 14 del presente articolo.

40. I titoli e i curricula riferiti ai soggetti di cui al comma 39 si intendono parte integrante dei dati comunicati al Dipartimento della funzione pubblica.

41. Nel capo II della legge 7 agosto 1990, n. 241, dopo l'articolo 6 è aggiunto il seguente:
«Art. 6-*bis*. –
(Conflitto di interessi). –
1. Il responsabile del procedimento e i titolari degli uffici competenti ad adottare i pareri, le valutazioni tecniche, gli atti endoprocedimentali e il provvedimento finale devono astenersi in caso di conflitto di interessi, segnalando ogni situazione di conflitto, anche potenziale».

42. All'articolo 53 del decreto legislativo 30 marzo 2001, n. 165, e successive modificazioni, sono apportate le seguenti modificazioni:

a) dopo il comma 3 è inserito il seguente:
«3-*bis*. Ai fini previsti dal comma 2, con appositi regolamenti emanati su proposta del Ministro per la pubblica amministrazione e la semplificazione, di concerto con i Ministri interessati, ai sensi dell'articolo 17, comma 2, della legge 23 agosto 1988, n. 400, e successive modificazioni, sono individuati, secondo criteri differenziati in rapporto alle diverse qualifiche e ruoli professionali, gli incarichi vietati ai dipendenti delle amministrazioni pubbliche di cui all'articolo 1, comma 2»;

b) al comma 5 sono aggiunte, in fine, le seguenti parole: «o situazioni di conflitto, anche potenziale, di interessi, che pregiudichino l'esercizio imparziale delle funzioni attribuite al dipendente»;

c) al comma 7 e al comma 9, dopo il primo periodo è inserito il seguente:
«Ai fini dell'autorizzazione, l'amministrazione verifica l'insussistenza di situazioni, anche potenziali, di conflitto di interessi»;

d) dopo il comma 7 è inserito il seguente:
«7-*bis*. L'omissione del versamento del compenso da parte del dipendente pubblico indebito percettore costituisce ipotesi di responsabilità erariale soggetta alla giurisdizione della Corte dei conti»;

e) il comma 11 è sostituito dal seguente:
«11. Entro quindici giorni dall'erogazione del compenso per gli incarichi di cui al comma 6, i soggetti pubblici o privati comunicano all'amministrazione di appartenenza l'ammontare dei compensi erogati ai dipendenti pubblici»;

f) al comma 12, il primo periodo è sostituito dal seguente: «Le amministrazioni pubbliche che conferiscono o autorizzano incarichi, anche a titolo gratuito, ai propri dipendenti comunicano in via telematica, nel termine di quindici giorni, al Dipartimento della funzione pubblica gli incarichi conferiti o autorizzati ai dipendenti stessi, con l'indicazione dell'oggetto dell'incarico e del compenso lordo, ove previsto»; al medesimo comma 12, al secondo periodo, le parole: «L'elenco è accompagnato» sono sostituite dalle seguenti: «La comunicazione è accompagnata» e, al terzo periodo, le parole: «Nello stesso termine» sono sostituite dalle seguenti: «Entro il 30 giugno di ciascun anno»;

g) al comma 13, le parole: «Entro lo stesso termine di cui al comma 12» sono sostituite dalle seguenti: «Entro il 30 giugno di ciascun anno»;

h) al comma 14, secondo periodo, dopo le parole: «l'oggetto, la durata e il compenso dell'incarico» sono aggiunte le seguenti: «nonché l'attestazione dell'avvenuta verifica dell'insussistenza di situazioni, anche potenziali, di conflitto di interessi»;

i) al comma 14, dopo il secondo periodo sono inseriti i seguenti:
«Le informazioni relative a consulenze e incarichi comunicate dalle amministrazioni al Dipartimento della funzione pubblica, nonché le informazioni pubblicate dalle stesse nelle proprie banche dati accessibili al pubblico per via telematica ai sensi del presente articolo, sono trasmesse e pubblicate in tabelle riassuntive rese liberamente scaricabili in un formato digitale standard aperto che consenta di analizzare e rielaborare, anche a fini statistici, i dati informatici. Entro il 31 dicembre di ciascun anno il Dipartimento della funzione pubblica trasmette alla Corte dei conti l'elenco delle amministrazioni che hanno omesso di trasmettere e pubblicare, in tutto o in parte, le informazioni di cui al terzo periodo del presente comma in formato digitale standard aperto»;

l) dopo il comma 16-*bis* è aggiunto il seguente:
«16-*ter*. I dipendenti che, negli ultimi tre anni di servizio, hanno esercitato poteri autoritativi o negoziali per conto delle pubbliche amministrazioni di cui all'articolo 1, comma 2, non possono svolgere, nei tre anni successivi alla cessazione del rapporto di pubblico impiego, attività lavorativa o professionale presso i soggetti privati destinatari dell'attività della pubblica amministrazione svolta attraverso i medesimi poteri. I contratti conclusi e gli incarichi conferiti in violazione di quanto previsto dal presente comma sono nulli ed è fatto divieto ai soggetti privati che li hanno conclusi o conferiti di

contrattare con le pubbliche amministrazioni per i successivi tre anni con obbligo di restituzione dei compensi eventualmente percepiti e accertati ad essi riferiti».

43. Le disposizioni di cui all'articolo 53, comma 16-*ter*, secondo periodo, del decreto legislativo 30 marzo 2001, n.165, introdotto dal comma 42, lettera l), non si applicano ai contratti già sottoscritti alla data di entrata in vigore della presente legge.

44. L'articolo 54 del decreto legislativo 30 marzo 2001, n.165, è sostituito dal seguente:

«Art. 54. –

(Codice di comportamento). –

1. Il Governo definisce un codice di comportamento dei dipendenti delle pubbliche amministrazioni al fine di assicurare la qualità dei servizi, la prevenzione dei fenomeni di corruzione, il rispetto dei doveri costituzionali di diligenza, lealtà, imparzialità e servizio esclusivo alla cura dell'interesse pubblico. Il codice contiene una specifica sezione dedicata ai doveri dei dirigenti, articolati in relazione alle funzioni attribuite, e comunque prevede per tutti i dipendenti pubblici il divieto di chiedere o di accettare, a qualsiasi titolo, compensi, regali o altre utilità, in connessione con l'espletamento delle proprie funzioni o dei compiti affidati, fatti salvi i regali d'uso, purché di modico valore e nei limiti delle normali relazioni di cortesia.

2. Il codice, approvato con decreto del Presidente della Repubblica, previa deliberazione del Consiglio dei ministri, su proposta del Ministro per la pubblica amministrazione e la semplificazione, previa intesa in sede di Conferenza unificata, è pubblicato nella Gazzetta Ufficiale e consegnato al dipendente, che lo sottoscrive all'atto dell'assunzione.

3. La violazione dei doveri contenuti nel codice di comportamento, compresi quelli relativi all'attuazione del Piano di prevenzione della corruzione, è fonte di responsabilità disciplinare. La violazione dei doveri è altresì rilevante ai fini della responsabilità civile, amministrativa e contabile ogniqualvolta le stesse responsabilità siano collegate alla violazione di doveri, obblighi, leggi o regolamenti. Violazioni gravi o reiterate del codice comportano l'applicazione della sanzione di cui all'articolo 55-*quater*, comma 1.

4. Per ciascuna magistratura e per l'Avvocatura dello Stato, gli organi delle associazioni di categoria adottano un codice etico a cui devono aderire gli appartenenti alla magistratura interessata. In caso di inerzia, il codice è adottato dall'organo di autogoverno.

5. Ciascuna pubblica amministrazione definisce, con procedura aperta alla partecipazione e previo parere obbligatorio del proprio organismo indipendente di valutazione, un proprio codice di comportamento che integra e specifica il codice di comportamento di cui al comma 1. Al codice di comportamento di cui al presente comma si applicano le disposizioni del comma 3. A tali fini, la Commissione per la valutazione, la trasparenza e l'integrità delle amministrazioni pubbliche (CIVIT) definisce criteri, linee guida e modelli uniformi per singoli settori o tipologie di amministrazione.

6. Sull'applicazione dei codici di cui al presente articolo vigilano i dirigenti responsabili di ciascuna struttura, le strutture di controllo interno e gli uffici di disciplina.

7. Le pubbliche amministrazioni verificano annualmente lo stato di applicazione dei codici e organizzano attività di formazione del personale per la conoscenza e la corretta applicazione degli stessi».

45. I codici di cui all'articolo 54, commi 1 e 4, del decreto legislativo 30 marzo 2001, n. 165, come sostituito dal comma 44, sono approvati entro sei mesi dalla data di entrata in vigore della presente legge.

46. Dopo l'articolo 35 del decreto legislativo 30 marzo 2001, n. 165, è inserito il seguente:

«Art. 35-*bis*. –

(Prevenzione del fenomeno della corruzione nella formazione di commissioni e nelle assegnazioni agli uffici) –

1. Coloro che sono stati condannati, anche con sentenza non passata in giudicato, per i reati previsti nel capo I del titolo II del libro secondo del codice penale:

a) non possono fare parte, anche con compiti di segreteria, di commissioni per l'accesso o la selezione a pubblici impieghi;

b) non possono essere assegnati, anche con funzioni direttive, agli uffici preposti alla gestione delle risorse finanziarie, all'acquisizione di beni, servizi e forniture, nonché alla concessione o all'erogazione di sovvenzioni, contributi, sussidi, ausili finanziari o attribuzioni di vantaggi economici a soggetti pubblici e privati;

c) non possono fare parte delle commissioni per la scelta del contraente per l'affidamento di lavori, forniture e servizi, per la concessione o l'erogazione di sovvenzioni, contributi, sussidi, ausili finanziari, nonché per l'attribuzione di vantaggi economici di qualunque genere.

2. La disposizione prevista al comma 1 integra le leggi e regolamenti che disciplinano la formazione di commissioni e la nomina dei relativi segretari».

47. All'articolo 11 della legge 7 agosto 1990, n. 241, al comma 2, è aggiunto, in fine, il seguente periodo: «Gli accordi di cui al presente articolo devono essere motivati ai sensi dell'articolo 3».

48. Il Governo è delegato ad adottare, entro sei mesi dalla data di entrata in vigore della presente legge, un decreto legislativo per la disciplina organica degli illeciti, e relative sanzioni disciplinari, correlati al superamento dei termini di definizione dei procedimenti amministrativi, secondo i seguenti principi e criteri direttivi:

a) omogeneità degli illeciti connessi al ritardo, superando le logiche specifiche dei differenti settori delle pubbliche amministrazioni;

b) omogeneità dei controlli da parte dei dirigenti, volti a evitare ritardi;

c) omogeneità, certezza e cogenza nel sistema delle

sanzioni, sempre in relazione al mancato rispetto dei termini.

49. Ai fini della prevenzione e del contrasto della corruzione, nonché della prevenzione dei conflitti di interessi, il Governo è delegato ad adottare, senza nuovi o maggiori oneri per la finanza pubblica, entro sei mesi dalla data di entrata in vigore della presente legge, uno o più decreti legislativi diretti a modificare la disciplina vigente in materia di attribuzione di incarichi dirigenziali e di incarichi di responsabilità amministrativa di vertice nelle pubbliche amministrazioni di cui all'articolo 1, comma 2, del decreto legislativo 30 marzo 2001, n. 165, e successive modificazioni, e negli enti di diritto privato sottoposti a controllo pubblico esercitanti funzioni amministrative, attività di produzione di beni e servizi a favore delle amministrazioni pubbliche o di gestione di servizi pubblici, da conferire a soggetti interni o esterni alle pubbliche amministrazioni, che comportano funzioni di amministrazione e gestione, nonché a modificare la disciplina vigente in materia di incompatibilità tra i detti incarichi e lo svolgimento di incarichi pubblici elettivi o la titolarità di interessi privati che possano porsi in conflitto con l'esercizio imparziale delle funzioni pubbliche affidate.

50. I decreti legislativi di cui al comma 49 sono emanati nel rispetto dei seguenti principi e criteri direttivi:

a) prevedere in modo esplicito, ai fini della prevenzione e del contrasto della corruzione, i casi di non conferibilità di incarichi dirigenziali, adottando in via generale il criterio della non conferibilità per coloro che sono stati condannati, anche con sentenza non passata in giudicato, per i reati previsti dal capo I del titolo II del libro secondo del codice penale;

b) prevedere in modo esplicito, ai fini della prevenzione e del contrasto della corruzione, i casi di non conferibilità di incarichi dirigenziali, adottando in via generale il criterio della non conferibilità per coloro che per un congruo periodo di tempo, non inferiore ad un anno, antecedente al conferimento abbiano svolto incarichi o ricoperto cariche in enti di diritto privato sottoposti a controllo o finanziati da parte dell'amministrazione che conferisce l'incarico;

c) disciplinare i criteri di conferimento nonché i casi di non conferibilità di incarichi dirigenziali ai soggetti estranei alle amministrazioni che, per un congruo periodo di tempo, non inferiore ad un anno, antecedente al conferimento abbiano fatto parte di organi di indirizzo politico o abbiano ricoperto cariche pubbliche elettive.

   I casi di non conferibilità devono essere graduati e regolati in rapporto alla rilevanza delle cariche di carattere politico ricoperte, all'ente di riferimento e al collegamento, anche territoriale, con l'amministrazione che conferisce l'incarico. È escluso in ogni caso, fatta eccezione per gli incarichi di responsabile degli uffici di diretta collaborazione degli organi di indirizzo politico, il conferimento di incarichi dirigenziali a coloro che presso le medesime amministrazioni abbiano svolto incarichi di indirizzo politico o abbiano ricoperto cariche pubbliche elettive nel periodo, comunque non inferiore ad un anno, immediatamente precedente al conferimento dell'incarico;

d) comprendere tra gli incarichi oggetto della disciplina:
   1) gli incarichi amministrativi di vertice nonché gli incarichi dirigenziali, anche conferiti a soggetti estranei alle pubbliche amministrazioni, che comportano l'esercizio in via esclusiva delle competenze di amministrazione e gestione;
   2) gli incarichi di direttore generale, sanitario e amministrativo delle aziende sanitarie locali e delle aziende ospedaliere;
   3) gli incarichi di amministratore di enti pubblici e di enti di diritto privato sottoposti a controllo pubblico;

e) disciplinare i casi di incompatibilità tra gli incarichi di cui alla lettera d) già conferiti e lo svolgimento di attività, retribuite o no, presso enti di diritto privato sottoposti a regolazione, a controllo o finanziati da parte dell'amministrazione che ha conferito l'incarico o lo svolgimento in proprio di attività professionali, se l'ente o l'attività professionale sono soggetti a regolazione o finanziati da parte dell'amministrazione;

f) disciplinare i casi di incompatibilità tra gli incarichi di cui alla lettera d) già conferiti e l'esercizio di cariche negli organi di indirizzo politico.

51. Dopo l'articolo 54 del decreto legislativo 30 marzo 2001, n. 165, è inserito il seguente:

«Art. 54-*bis*. –
(Tutela del dipendente pubblico che segnala illeciti). –
1. Fuori dei casi di responsabilità a titolo di calunnia o diffamazione, ovvero per lo stesso titolo ai sensi dell'articolo 2043 del codice civile, il pubblico dipendente che denuncia all'autorità giudiziaria o alla Corte dei conti, ovvero riferisce al proprio superiore gerarchico condotte illecite di cui sia venuto a conoscenza in ragione del rapporto di lavoro, non può essere sanzionato, licenziato o sottoposto ad una misura discriminatoria, diretta o indiretta, avente effetti sulle condizioni di lavoro per motivi collegati direttamente o indirettamente alla denuncia.
2. Nell'ambito del procedimento disciplinare, l'identità del segnalante non può essere rivelata, senza il suo consenso, sempre che la contestazione dell'addebito disciplinare sia fondata su accertamenti distinti e ulteriori rispetto alla segnalazione. Qualora la contestazione sia fondata, in tutto o in parte, sulla segnalazione, l'identità può essere rivelata ove la sua conoscenza sia assolutamente indispensabile per la difesa dell'incolpato.
3. L'adozione di misure discriminatorie è segnalata al Dipartimento della funzione pubblica, per i provvedi-

menti di competenza, dall'interessato o dalle organizzazioni sindacali maggiormente rappresentative nell'amministrazione nella quale le stesse sono state poste in essere.
4. La denuncia è sottratta all'accesso previsto dagli articoli 22 e seguenti della legge 7 agosto 1990, n. 241, e successive modificazioni».

52. Per le attività imprenditoriali di cui al comma 53 la comunicazione e l'informazione antimafia liberatoria da acquisire indipendentemente dalle soglie stabilite dal codice di cui al decreto legislativo 6 settembre 2011, n. 159, è obbligatoriamente acquisita dai soggetti di cui all'articolo 83, commi 1 e 2, del decreto legislativo 6 settembre 2011, n. 159, attraverso la consultazione, anche in via telematica, di apposito elenco di fornitori, prestatori di servizi ed esecutori di lavori non soggetti a tentativi di infiltrazione mafiosa operanti nei medesimi settori. Il suddetto elenco è istituito presso ogni prefettura. L'iscrizione nell'elenco è disposta dalla prefettura della provincia in cui il soggetto richiedente ha la propria sede. Si applica l'articolo 92, commi 2 e 3, del citato decreto legislativo n. 159 del 2011. La prefettura effettua verifiche periodiche circa la perdurante insussistenza dei tentativi di infiltrazione mafiosa e, in caso di esito negativo, dispone la cancellazione dell'impresa dall'elenco [18].

52 bis. L'iscrizione nell'elenco di cui al comma 52 tiene luogo della comunicazione e dell'informazione antimafia liberatoria anche ai fini della stipula, approvazione o autorizzazione di contratti o subcontratti relativi ad attività diverse da quelle per le quali essa è stata disposta [19].

53. Sono definite come maggiormente esposte a rischio di infiltrazione mafiosa le seguenti attività:
[a) trasporto di materiali a discarica per conto di terzi;] [20]
[b) trasporto, anche transfrontaliero, e smaltimento di rifiuti per conto di terzi;] [21]
c) estrazione, fornitura e trasporto di terra e materiali inerti;
d) confezionamento, fornitura e trasporto di calcestruzzo e di bitume;
e) noli a freddo di macchinari;
f) fornitura di ferro lavorato;
g) noli a caldo;
h) autotrasporti per conto di terzi;
i) guardiania dei cantieri;
i-*bis*) servizi funerari e cimiteriali [22];
i-*ter*) ristorazione, gestione delle mense e catering [23];
i-*quater*) servizi ambientali, comprese le attività di raccolta, di trasporto nazionale e transfrontaliero, anche per conto di terzi, di trattamento e di smaltimento dei rifiuti, nonché le attività di risanamento e di bonifica e gli altri servizi connessi alla gestione dei rifiuti [24].

54. L'indicazione delle attività di cui al comma 53 può essere aggiornata, entro il 31 dicembre di ogni anno, con apposito decreto del Ministro dell'interno, adottato di concerto con i Ministri della giustizia, delle infrastrutture e dei trasporti e dell'economia e delle finanze, previo parere delle Commissioni parlamentari competenti, da rendere entro trenta giorni dalla data di trasmissione del relativo schema alle Camere. Qualora le Commissioni non si pronuncino entro il termine, il decreto può essere comunque adottato.

55. L'impresa iscritta nell'elenco di cui al comma 52 comunica alla prefettura competente qualsiasi modifica dell'assetto proprietario e dei propri organi sociali, entro trenta giorni dalla data della modifica. Le società di capitali quotate in mercati regolamentati comunicano le variazioni rilevanti secondo quanto previsto dal testo unico di cui al decreto legislativo 24 febbraio 1998, n. 58. La mancata comunicazione comporta la cancellazione dell'iscrizione.

56. Con decreto del Presidente del Consiglio dei ministri, su proposta dei Ministri per la pubblica amministrazione e la semplificazione, dell'interno, della giustizia, delle infrastrutture e dei trasporti e dello sviluppo economico, da adottare entro sessanta giorni dalla data di entrata in vigore della presente legge, sono definite le modalità per l'istituzione e l'aggiornamento, senza nuovi o maggiori oneri per la finanza pubblica, dell'elenco di cui al comma 52, nonché per l'attività di verifica.

57. Fino al sessantesimo giorno successivo alla data di entrata in vigore del decreto di cui al comma 56 continua ad applicarsi la normativa vigente alla data di entrata in vigore della presente legge.

[**58.** All'articolo 135, comma 1, del codice di cui al decreto legislativo 12 aprile 2006, n. 163, dopo le parole: «passata in giudicato» sono inserite le seguenti: «per i delitti previsti dall'articolo 51, commi 3-*bis* e 3 *quater*, del codice di procedura penale, dagli articoli 314, primo comma, 316, 316-*bis*, 317, 318, 319, 319-*ter*, 319-*quater* e 320 del codice penale, nonché».] [25]

59. Le disposizioni di prevenzione della corruzione di cui ai commi da 1 a 57 del presente articolo, di diretta attuazione del principio di imparzialità di cui all'articolo 97 della Costituzione, sono applicate in tutte le amministrazioni pubbliche di cui all'articolo 1, comma 2, del decreto legislativo 30 marzo 2001, n. 165, e successive modificazioni.

60. Entro centoventi giorni dalla data di entrata in vigore della presente legge, attraverso intese in sede di Conferenza unificata di cui all'articolo 8, comma 1, del decreto legislativo 28 agosto 1997, n. 281, si definiscono gli adempimenti, con l'indicazione dei relativi termini, delle regioni e delle province autonome di Trento e di Bolzano e degli enti locali, nonché degli enti pubblici e dei soggetti di diritto privato sottoposti al loro controllo, volti alla piena e sollecita attuazione delle disposizioni della presente legge, con particolare riguardo:
a) alla definizione, da parte di ciascuna amministrazio-

ne, del piano triennale di prevenzione della corruzione, a partire da quello relativo agli anni 2013-2015, e alla sua trasmissione alla regione interessata e al Dipartimento della funzione pubblica;

b) all'adozione, da parte di ciascuna amministrazione, di norme regolamentari relative all'individuazione degli incarichi vietati ai dipendenti pubblici di cui all'articolo 53, comma 3-*bis*, del decreto legislativo 30 marzo 2001, n. 165, introdotto dal comma 42, lettera a), del presente articolo, ferma restando la disposizione del comma 4 dello stesso articolo 53;

c) all'adozione, da parte di ciascuna amministrazione, del codice di comportamento di cui all'articolo 54, comma 5, del decreto legislativo 30 marzo 2001, n. 165, come sostituito dal comma 44 del presente articolo.

61. Attraverso intese in sede di Conferenza unificata sono altresì definiti gli adempimenti attuativi delle disposizioni dei decreti legislativi previsti dalla presente legge da parte delle regioni e delle province autonome di Trento e di Bolzano e degli enti locali, nonché degli enti pubblici e dei soggetti di diritto privato sottoposti al loro controllo.

62. All'articolo 1 della legge 14 gennaio 1994, n. 20, dopo il comma 1-*quinquies* sono inseriti i seguenti:

«1-*sexies*. Nel giudizio di responsabilità, l'entità del danno all'immagine della pubblica amministrazione derivante dalla commissione di un reato contro la stessa pubblica amministrazione accertato con sentenza passata in giudicato si presume, salva prova contraria, pari al doppio della somma di denaro o del valore patrimoniale di altra utilità illecitamente percepita dal dipendente.

1-*septies*. Nei giudizi di responsabilità aventi ad oggetto atti o fatti di cui al comma 1-*sexies*, il sequestro conservativo di cui all'articolo 5, comma 2, del decreto-legge 15 novembre 1993, n. 453, convertito, con modificazioni, dalla legge 14 gennaio 1994, n. 19, è concesso in tutti i casi di fondato timore di attenuazione della garanzia del credito erariale».

63. Il Governo è delegato ad adottare, senza nuovi o maggiori oneri per la finanza pubblica, entro un anno dalla data di entrata in vigore della presente legge, un decreto legislativo recante un testo unico della normativa in materia di incandidabilità alla carica di membro del Parlamento europeo, di deputato e di senatore della Repubblica, di incandidabilità alle elezioni regionali, provinciali, comunali e circoscrizionali e di divieto di ricoprire le cariche di presidente e di componente del consiglio di amministrazione dei consorzi, di presidente e di componente dei consigli e delle giunte delle unioni di comuni, di consigliere di amministrazione e di presidente delle aziende speciali e delle istituzioni di cui all'articolo 114 del testo unico delle leggi sull'ordinamento degli enti locali, di cui al decreto legislativo 18 agosto 2000, n. 267, e successive modificazioni, di presidente e di componente degli organi esecutivi delle comunità montane.

64. Il decreto legislativo di cui al comma 63 provvede al riordino e all'armonizzazione della vigente normativa ed è adottato secondo i seguenti principi e criteri direttivi:

a) ferme restando le disposizioni del codice penale in materia di interdizione perpetua dai pubblici uffici, prevedere che non siano temporaneamente candidabili a deputati o a senatori coloro che abbiano riportato condanne definitive a pene superiori a due anni di reclusione per i delitti previsti dall'articolo 51, commi 3-*bis* e 3-*quater*, del codice di procedura penale;

b) in aggiunta a quanto previsto nella lettera a), prevedere che non siano temporaneamente candidabili a deputati o a senatori coloro che abbiano riportato condanne definitive a pene superiori a due anni di reclusione per i delitti previsti nel libro secondo, titolo II, capo I, del codice penale ovvero per altri delitti per i quali la legge preveda una pena detentiva superiore nel massimo a tre anni;

c) prevedere la durata dell'incandidabilità di cui alle lettere a) e b);

d) prevedere che l'incandidabilità operi anche in caso di applicazione della pena su richiesta, ai sensi dell'articolo 444 del codice di procedura penale;

e) coordinare le disposizioni relative all'incandidabilità con le vigenti norme in materia di interdizione dai pubblici uffici e di riabilitazione, nonché con le restrizioni all'esercizio del diritto di elettorato attivo;

f) prevedere che le condizioni di incandidabilità alla carica di deputato e di senatore siano applicate altresì all'assunzione delle cariche di governo;

g) operare una completa ricognizione della normativa vigente in materia di incandidabilità alle elezioni provinciali, comunali e circoscrizionali e di divieto di ricoprire le cariche di presidente della provincia, sindaco, assessore e consigliere provinciale e comunale, presidente e componente del consiglio circoscrizionale, presidente e componente del consiglio di amministrazione dei consorzi, presidente e componente dei consigli e delle giunte delle unioni di comuni, consigliere di amministrazione e presidente delle aziende speciali e delle istituzioni di cui all'articolo 114 del testo unico di cui al citato decreto legislativo n. 267 del 2000, presidente e componente degli organi delle comunità montane, determinata da sentenze definitive di condanna;

h) valutare per le cariche di cui alla lettera g), in coerenza con le scelte operate in attuazione delle lettere a) e i), l'introduzione di ulteriori ipotesi di incandidabilità determinate da sentenze definitive di condanna per delitti di grave allarme sociale;

i) individuare, fatta salva la competenza legislativa regionale sul sistema di elezione e i casi di ineleggibilità e di incompatibilità del presidente e degli altri componenti della giunta regionale nonché dei consiglieri regionali, le ipotesi di incandidabilità alle elezioni regionali e di divieto di ricoprire cariche negli organi politici di vertice delle regioni, conseguenti a sentenze definitive di condanna;

l) prevedere l'abrogazione espressa della normativa incompatibile con le disposizioni del decreto legislativo di cui al comma 63;

m) disciplinare le ipotesi di sospensione e decadenza di diritto dalle cariche di cui al comma 63 in caso di sentenza definitiva di condanna per delitti non colposi successiva alla candidatura o all'affidamento della carica.

65. Lo schema del decreto legislativo di cui al comma 63, corredato di relazione tecnica, ai sensi dell'articolo 17, comma 3, della legge 31 dicembre 2009, n. 196, è trasmesso alle Camere ai fini dell'espressione dei pareri da parte delle Commissioni parlamentari competenti per materia e per i profili finanziari, che sono resi entro sessanta giorni dalla data di trasmissione dello schema di decreto. Decorso il termine di cui al periodo precedente senza che le Commissioni abbiano espresso i pareri di rispettiva competenza, il decreto legislativo può essere comunque adottato.

66. Tutti gli incarichi presso istituzioni, organi ed enti pubblici, nazionali ed internazionali attribuiti in posizioni apicali o semiapicali, compresi quelli, comunque denominati, negli uffici di diretta collaborazione, ivi inclusi quelli di consulente giuridico, nonché quelli di componente degli organismi indipendenti di valutazione, a magistrati ordinari, amministrativi, contabili e militari, avvocati e procuratori dello Stato, devono essere svolti con contestuale collocamento in posizione di fuori ruolo, che deve permanere per tutta la durata dell'incarico. È escluso il ricorso all'istituto dell'aspettativa. Gli incarichi in corso alla data di entrata in vigore della presente legge cessano di diritto se nei centottanta giorni successivi non viene adottato il provvedimento di collocamento in posizione di fuori ruolo [(26)].

67. Il Governo è delegato ad adottare, entro quattro mesi dalla data di entrata in vigore della presente legge, un decreto legislativo per l'individuazione di ulteriori incarichi, anche negli uffici di diretta collaborazione, che, in aggiunta a quelli di cui al comma 66, comportano l'obbligatorio collocamento in posizione di fuori ruolo, sulla base dei seguenti principi e criteri direttivi:

a) tener conto delle differenze e specificità dei regimi e delle funzioni connessi alla giurisdizione ordinaria, amministrativa, contabile e militare, nonché all'Avvocatura dello Stato;

b) durata dell'incarico;

c) continuatività e onerosità dell'impegno lavorativo connesso allo svolgimento dell'incarico;

d) possibili situazioni di conflitto di interesse tra le funzioni esercitate presso l'amministrazione di appartenenza e quelle esercitate in ragione dell'incarico ricoperto fuori ruolo.

68. Salvo quanto previsto dal comma 69, i magistrati ordinari, amministrativi, contabili e militari, gli avvocati e procuratori dello Stato non possono essere collocati in posizione di fuori ruolo per un tempo che, nell'arco del loro servizio, superi complessivamente dieci anni, anche continuativi. Il predetto collocamento non può comunque determinare alcun pregiudizio con riferimento alla posizione rivestita nei ruoli di appartenenza.

69. Salvo quanto previsto nei commi 70, 71 e 72 le disposizioni di cui al comma 68 si applicano anche agli incarichi in corso alla data di entrata in vigore della presente legge.

70. Le disposizioni di cui ai commi da 66 a 72 non si applicano ai membri di Governo, alle cariche elettive, anche presso gli organi di autogoverno, e ai componenti delle Corti internazionali comunque denominate.

71. Per gli incarichi previsti dal comma 4 dell'articolo 1-*bis* del decreto-legge 16 settembre 2008, n. 143, convertito, con modificazioni, dalla legge 13 novembre 2008, n. 181, anche se conferiti successivamente all'entrata in vigore della presente legge, il termine di cui al comma 68 decorre dalla data di entrata in vigore della presente legge.

72. I magistrati ordinari, amministrativi, contabili e militari, nonché gli avvocati e procuratori dello Stato che, alla data di entrata in vigore della presente legge, hanno già maturato o che, successivamente a tale data, maturino il periodo massimo di collocamento in posizione di fuori ruolo, di cui al comma 68, si intendono confermati nella posizione di fuori ruolo sino al termine dell'incarico, della legislatura, della consiliatura o del mandato relativo all'ente o soggetto presso cui è svolto l'incarico. Qualora l'incarico non preveda un termine, il collocamento in posizione di fuori ruolo si intende confermato per i dodici mesi successivi all'entrata in vigore della presente legge.

73. Lo schema del decreto legislativo di cui al comma 67 è trasmesso alle Camere ai fini dell'espressione dei pareri da parte delle Commissioni parlamentari competenti per materia, che sono resi entro trenta giorni dalla data di trasmissione del medesimo schema di decreto. Decorso il termine senza che le Commissioni abbiano espresso i pareri di rispettiva competenza il decreto legislativo può essere comunque adottato.

74. Entro un anno dalla data di entrata in vigore del decreto legislativo di cui al comma 67, nel rispetto dei principi e criteri direttivi ivi stabiliti, il Governo è autorizzato ad adottare disposizioni integrative o correttive del decreto legislativo stesso.

75. Al codice penale sono apportate le seguenti modificazioni:

a) all'articolo 32-*quater*, dopo le parole: «319-*bis*,» sono inserite le seguenti: «319-*quater*,»;

b) all'articolo 32-*quinquies*, dopo le parole: «319-*ter*» sono inserite le seguenti: «, 319-*quater*, primo comma,»;

c) al primo comma dell'articolo 314, la parola: «tre» è sostituita dalla seguente: «quattro»;

d) l'articolo 317 è sostituito dal seguente:

«Art. 317. –
(Concussione). –
Il pubblico ufficiale che, abusando della sua qualità o dei suoi poteri, costringe taluno a dare o a promettere indebitamente, a lui o a un terzo, denaro o altra utilità è punito con la reclusione da sei a dodici anni»;

e) all'articolo 317-*bis*, le parole: «314 e 317» sono sostituite dalle seguenti: «314, 317, 319 e 319-*ter*»;

f) l'articolo 318 è sostituito dal seguente:
«Art. 318. –
(Corruzione per l'esercizio della funzione). –
Il pubblico ufficiale che, per l'esercizio delle sue funzioni o dei suoi poteri, indebitamente riceve, per sé o per un terzo, denaro o altra utilità o ne accetta la promessa è punito con la reclusione da uno a cinque anni»;

g) all'articolo 319, le parole: «da due a cinque» sono sostituite dalle seguenti: «da quattro a otto»;

h) all'articolo 319-*ter* sono apportate le seguenti modificazioni:
 1) nel primo comma, le parole: «da tre a otto» sono sostituite dalle seguenti: «da quattro a dieci»;
 2) nel secondo comma, la parola: «quattro» è sostituita dalla seguente: «cinque»;

i) dopo l'articolo 319-*ter* è inserito il seguente:
«Art. 319-*quater*. –
(Induzione indebita a dare o promettere utilità). –
Salvo che il fatto costituisca più grave reato, il pubblico ufficiale o l'incaricato di pubblico servizio che, abusando della sua qualità o dei suoi poteri, induce taluno a dare o a promettere indebitamente, a lui o a un terzo, denaro o altra utilità è punito con la reclusione da tre a otto anni.
Nei casi previsti dal primo comma, chi dà o promette denaro o altra utilità è punito con la reclusione fino a tre anni»;

l) all'articolo 320, il primo comma è sostituito dal seguente:
«Le disposizioni degli articoli 318 e 319 si applicano anche all'incaricato di un pubblico servizio»;

m) all'articolo 322 sono apportate le seguenti modificazioni:
 1) nel primo comma, le parole: «che riveste la qualità di pubblico impiegato, per indurlo a compiere un atto del suo ufficio» sono sostituite dalle seguenti: «, per l'esercizio delle sue funzioni o dei suoi poteri»;
 2) il terzo comma è sostituito dal seguente:
 «La pena di cui al primo comma si applica al pubblico ufficiale o all'incaricato di un pubblico servizio che sollecita una promessa o dazione di denaro o altra utilità per l'esercizio delle sue funzioni o dei suoi poteri»;

n) all'articolo 322-*bis* sono apportate le seguenti modificazioni:
 1) nel secondo comma, dopo le parole: «Le disposizioni degli articoli» sono inserite le seguenti: «319-*quater*, secondo comma,»;
 2) nella rubrica, dopo la parola: «concussione,» sono inserite le seguenti: «induzione indebita a dare o promettere utilità,»;

o) all'articolo 322-*ter*, primo comma, dopo le parole: «a tale prezzo» sono aggiunte le seguenti: «o profitto»;

p) all'articolo 323, primo comma, le parole: «da sei mesi a tre anni» sono sostituite dalle seguenti: «da uno a quattro anni»;

q) all'articolo 323-*bis*, dopo la parola: «319,» sono inserite le seguenti: «319-*quater*,»;

r) dopo l'articolo 346 è inserito il seguente:
«Art. 346-*bis*. –
(Traffico di influenze illecite). –
Chiunque, fuori dei casi di concorso nei reati di cui agli articoli 319 e 319-*ter*, sfruttando relazioni esistenti con un pubblico ufficiale o con un incaricato di un pubblico servizio, indebitamente fa dare o promettere, a sé o ad altri, denaro o altro vantaggio patrimoniale, come prezzo della propria mediazione illecita verso il pubblico ufficiale o l'incaricato di un pubblico servizio ovvero per remunerarlo, in relazione al compimento di un atto contrario ai doveri di ufficio o all'omissione o al ritardo di un atto del suo ufficio, è punito con la reclusione da uno a tre anni.
La stessa pena si applica a chi indebitamente dà o promette denaro o altro vantaggio patrimoniale.
La pena è aumentata se il soggetto che indebitamente fa dare o promettere, a sé o ad altri, denaro o altro vantaggio patrimoniale riveste la qualifica di pubblico ufficiale o di incaricato di un pubblico servizio.
Le pene sono altresì aumentate se i fatti sono commessi in relazione all'esercizio di attività giudiziarie.
Se i fatti sono di particolare tenuità, la pena è diminuita».

76. L'articolo 2635 del codice civile è sostituito dal seguente:
«Art. 2635. –
(Corruzione tra privati). –
Salvo che il fatto costituisca più grave reato, gli amministratori, i direttori generali, i dirigenti preposti alla redazione dei documenti contabili societari, i sindaci e i liquidatori, che, a seguito della dazione o della promessa di denaro o altra utilità, per sé o per altri, compiono od omettono atti, in violazione degli obblighi inerenti al loro ufficio o degli obblighi di fedeltà, cagionando nocumento alla società, sono puniti con la reclusione da uno a tre anni.
Si applica la pena della reclusione fino a un anno e sei mesi se il fatto è commesso da chi è sottoposto alla direzione o alla vigilanza di uno dei soggetti indicati al primo comma.
Chi dà o promette denaro o altra utilità alle persone indicate nel primo e nel secondo comma è punito con le pene ivi previste.
Le pene stabilite nei commi precedenti sono raddoppiate se si tratta di società con titoli quotati in

mercati regolamentati italiani o di altri Stati dell'Unione europea o diffusi tra il pubblico in misura rilevante ai sensi dell'articolo 116 del testo unico delle disposizioni in materia di intermediazione finanziaria, di cui al decreto legislativo 24 febbraio 1998, n. 58, e successive modificazioni.

Si procede a querela della persona offesa, salvo che dal fatto derivi una distorsione della concorrenza nella acquisizione di beni o servizi».

77. Al decreto legislativo 8 giugno 2001, n. 231, sono apportate le seguenti modificazioni:

a) all'articolo 25:

1) nella rubrica, dopo la parola: «Concussione» sono inserite le seguenti: «, induzione indebita a dare o promettere utilità»;

2) al comma 3, dopo le parole: «319-*ter*, comma 2,» sono inserite le seguenti: «319-*quater*»;

b) all'articolo 25-*ter*, comma 1, dopo la lettera s) è aggiunta la seguente:

«s-*bis*) per il delitto di corruzione tra privati, nei casi previsti dal terzo comma dell'articolo 2635 del codice civile, la sanzione pecuniaria da duecento a quattrocento quote».

78. All'articolo 308 del codice di procedura penale, dopo il comma 2 è inserito il seguente:

«2-*bis*. Nel caso si proceda per uno dei delitti previsti dagli articoli 314, 316, 316-*bis*, 316-*ter*, 317, 318, 319, 319-*ter*, 319-*quater*, primo comma, e 320 del codice penale, le misure interdittive perdono efficacia decorsi sei mesi dall'inizio della loro esecuzione. In ogni caso, qualora esse siano state disposte per esigenze probatorie, il giudice può disporne la rinnovazione anche oltre sei mesi dall'inizio dell'esecuzione, fermo restando che comunque la loro efficacia viene meno se dall'inizio della loro esecuzione è decorso un periodo di tempo pari al triplo dei termini previsti dall'articolo 303».

79. All'articolo 133, comma 1-*bis*, delle norme di attuazione, di coordinamento e transitorie del codice di procedura penale, di cui al decreto legislativo 28 luglio 1989, n. 271, dopo le parole: «319-*ter*» sono inserite le seguenti: «, 319-*quater*».

80. All'articolo 12-*sexies* del decreto-legge 8 giugno 1992, n. 306, convertito, con modificazioni, dalla legge 7 agosto 1992, n.356, e successive modificazioni, sono apportate le seguenti modificazioni:

a) al comma 1, dopo le parole: «319-*ter*,» sono inserite le seguenti: «319-*quater*,»;

b) al comma 2-*bis*, dopo le parole: «319-*ter*,» sono inserite le seguenti: «319-*quater*,».

81. Al testo unico delle leggi sull'ordinamento degli enti locali, di cui al decreto legislativo 18 agosto 2000, n. 267, sono apportate le seguenti modificazioni:

a) all'articolo 58, comma 1, lettera b), le parole: «(corruzione per un atto d'ufficio)» sono sostituite dalle seguenti: «(corruzione per l'esercizio della funzione)» e dopo le parole: «319-*ter* (corruzione in atti giudiziari),» sono inserite le seguenti: «319-*quater*, primo comma (induzione indebita a dare o promettere utilità),»;

b) all'articolo 59, comma 1, lettera a), dopo le parole: «319-*ter*» sono inserite le seguenti: «, 319-*quater*»;

c) all'articolo 59, comma 1, lettera c), dopo le parole «misure coercitive di cui agli articoli 284, 285 e 286 del codice di procedura penale» sono aggiunte le seguenti: «nonché di cui all'articolo 283, comma 1, del codice di procedura penale, quando il divieto di dimora riguarda la sede dove si svolge il mandato elettorale».

82. Il provvedimento di revoca di cui all'articolo 100, comma 1, del testo unico di cui al decreto legislativo 18 agosto 2000, n. 267, è comunicato dal prefetto all'Autorità nazionale anticorruzione, di cui al comma 1 del presente articolo, che si esprime entro trenta giorni. Decorso tale termine, la revoca diventa efficace, salvo che l'Autorità rilevi che la stessa sia correlata alle attività svolte dal segretario in materia di prevenzione della corruzione.

83. All'articolo 3, comma 1, della legge 27 marzo 2001, n. 97, dopo le parole: «319-*ter*» sono inserite le seguenti: «, 319-*quater*».

(1) Lettera sostituita dall'art. 41, co. 1, lett. a), d.lgs. 25.5.2016, n. 97.
(2) Lettera sostituita dall'art. 54 bis, co. 1, lett. a), d.l. 21.6.2013, n. 69, conv., con modif., dalla l. 9.8.2013, n. 98.
(3) Lettera introdotta dall'art. 8, co. 1, l. 27.5.2015, n. 69 e poi abrogata dall'art. 217, co. 1, lett. ii), d.lgs. 18.4.2016, n. 50, come modificato dall'art. 129, co. 1, lett. a), d.lgs. 19.4.2017, n. 56.
(4) Comma introdotto dall'art. 41, co. 1, lett. b), d.lgs. 25.5.2016, n. 97.
(5) Comma modificato dall'art. 54 bis, co. 1, lett. b), d.l. 21.6.2013, n. 69, conv., con modif., dalla l. 9.8.2013, n. 98 e poi sostituito dall'art. 41, co. 1, lett. c), d.lgs. 25.5.2016, n. 97.
(6) Lettera soppressa dall'art. 41, co. 1, lett. d), d.lgs. 25.5.2016 n. 97.
(7) Comma sostituito dall'art. 41, co. 1, lett. e), d.lgs. 25.5.2016, n. 97.
(8) Comma sostituito dall'art. 41, co. 1, lett. f), d.lgs. 25.5.2016, n. 97.
(9) A norma dell'art. 34 bis, co. 4, d.l. 18.10.2012, n. 179, il termine del 31.1 di cui al presente comma è differito al 31.3.2013. Questo comma è stato poi sostituito dall'art. 41, co. 1, lett. g), d.lgs. 25.5.2016, n. 97.
(10) Comma introdotto dall'art. 41, co. 1, lett. h), d.lgs. 25.5.2016, n. 97.
(11) Lettera modificata dall'art. 41, co. 1, lett. i), d.lgs. 25.5.2016, n. 97.
(12) Lettera modificata dall'art. 41, co. 1, lett. j), d.lgs. 25.5.2016, n. 97.
(13) Lettera modificata dall'art. 41, co. 1, lett. k), d.lgs. 25.5.2016, n. 97.
(14) Comma sostituito dall'art. 41, co. 1, lett. l), d.lgs. 25.5.2016 n. 97.
(15) Comma abrogato dall'art. 2, co. 1, d.lgs. 22.1.2016, n. 10.
(16) Secondo quanto previsto dall'art. 1, co. 418, l. 24.12.2012, n. 228, in sede di prima applicazione, il termine di cui al secondo periodo è prorogato al 31.3.2013 ed il termine di cui al quarto periodo è prorogato al 30.6.2013. Comma poi modificato dall'art. 8, co. 2, l. 27.5.2015, n. 69 e infine abrogato dall'art. 226, co. 1, lett. c), d.lgs. 31.3.2023, n. 36, con efficacia a decorrere dal 1.7.2023.
(17) Comma introdotto dall'art. 8, co. 3, l. 27.5.2015, n. 69.
(18) Comma sostituito dall'art. 29, co. 1, d.l. 24.6.2014, n. 90, conv., con modif., dalla l. 11.8.2014, n. 114.
(19) Comma introdotto dall'art. 29, co. 1, d.l. 24.6.2014, n. 90, conv., con modif., dalla l. 11.8.2014, n. 114.
(20) Lettera abrogata dall'art. 4 bis, co. 1, lett. a), d.l. 8.4.2020, 23, conv., con modif., dalla l. 5.6.2020, n. 40.
(21) Lettera abrogata dall'art. 4 bis, co. 1, lett. a), d.l. 8.4.2020, 23, conv., con modif., dalla l. 5.6.2020, n. 40.
(22) Lettera introdotta dall'art. 4 bis, co. 1, lett. b), d.l. 8.4.2020, 23, conv., con modif., dalla l. 5.6.2020, n. 40.
(23) Lettera introdotta dall'art. 4 bis, co. 1, lett. b), d.l. 8.4.2020, 23, conv., con modif., dalla l. 5.6.2020, n. 40.
(24) Lettera introdotta dall'art. 4 bis, co. 1, lett. b), d.l. 8.4.2020, 23, conv., con modif., dalla l. 5.6.2020, n. 40.
(25) Comma abrogato dall'art. 217, co. 1, lett. ii) d.lgs. 18.4.2016, n. 50.
(26) Comma modificato dall'art. 8, co. 1, lett. a) e b), d.l. 24.6.2014, n. 90, conv., con modif., dalla l. 11.8.2014, n. 114.

5. D.Lgs. 31 dicembre 2012, n. 235. – Testo unico delle disposizioni in materia di incandidabilità e di divieto di ricoprire cariche elettive e di Governo conseguenti a sentenze definitive di condanna per delitti non colposi, a norma dell'articolo 1, comma 63, della legge 6 novembre 2012, n. 190 *(artt. 1, 3, 4, 6-8, 10-11, 13-16)*

In Gazzetta Ufficiale 4 gennaio 2013, n. 3

Capo I
Cause ostative all'assunzione e allo svolgimento delle cariche di deputato, senatore e di membro del Parlamento europeo spettante all'Italia

1. Incandidabilità alle elezioni della Camera dei deputati e del Senato della Repubblica.

1. Non possono essere candidati e non possono comunque ricoprire la carica di deputato e di senatore:

a) coloro che hanno riportato condanne definitive a pene superiori a due anni di reclusione per i delitti, consumati o tentati, previsti dall'articolo 51, commi 3-*bis* e 3-*quater*, del codice di procedura penale;

b) coloro che hanno riportato condanne definitive a pene superiori a due anni di reclusione per i delitti, consumati o tentati, previsti nel libro II, titolo II, capo I, del codice penale;

c) coloro che hanno riportato condanne definitive a pene superiori a due anni di reclusione, per delitti non colposi, consumati o tentati, per i quali sia prevista la pena della reclusione non inferiore nel massimo a quattro anni, determinata ai sensi dell'articolo 278 del codice di procedura penale.

3. Incandidabilità sopravvenuta nel corso del mandato elettivo parlamentare.

1. Qualora una causa di incandidabilità di cui all'articolo 1 sopravvenga o comunque sia accertata nel corso del mandato elettivo, la Camera di appartenenza delibera ai sensi dell'articolo 66 della Costituzione. A tal fine le sentenze definitive di condanna di cui all'articolo 1, emesse nei confronti di deputati o senatori in carica, sono immediatamente comunicate, a cura del pubblico ministero presso il giudice indicato nell'articolo 665 del codice di procedura penale, alla Camera di rispettiva appartenenza.

2. Se l'accertamento della causa di incandidabilità interviene nella fase di convalida degli eletti, la Camera interessata, anche nelle more della conclusione di tale fase, procede immediatamente alla deliberazione sulla mancata convalida.

3. Nel caso in cui rimanga vacante un seggio, la Camera interessata, in sede di convalida del subentrante, verifica per quest'ultimo l'assenza delle condizioni soggettive di incandidabilità di cui all'articolo 1.

4. Incandidabilità alla carica di membro del Parlamento europeo spettante all'Italia.

1. Non possono essere candidati e non possono comunque ricoprire la carica di membro del Parlamento europeo spettante all'Italia coloro che si trovano nelle condizioni di incandidabilità stabilite dall'articolo 1.

Capo II
Cause ostative all'assunzione e allo svolgimento di incarichi di Governo

6. Divieto di assunzione e svolgimento di incarichi di Governo nazionale.

1. Non possono ricoprire incarichi di governo, come individuati dall'articolo 1, comma 2, della legge 20 luglio 2004, n. 215, coloro che si trovano nelle condizioni di incandidabilità previste dall'articolo 1 per le cariche di deputato e senatore.

2. Coloro che assumono incarichi di governo hanno l'obbligo di dichiarare di non trovarsi in alcuna delle condizioni di incandidabilità previste dall'articolo 1.

3. La dichiarazione di cui al comma 2 è rimessa dall'interessato alla Presidenza del Consiglio dei Ministri prima di assumere le funzioni di Presidente del Consiglio dei Ministri o di Ministro. La dichiarazione è resa al Presidente del Consiglio dei Ministri dai Vice Ministri, dai Sottosegretari di Stato e dai commissari straordinari del Governo di cui all'articolo 11 della legge 23 agosto 1988, n. 400.

4. Ai fini del presente articolo le sentenze definitive di condanna di cui all'articolo 1, sono immediatamente comunicate, a cura del pubblico ministero presso il giudice indicato nell'articolo 665 del codice di procedura penale, alla Presidenza del Consiglio dei Ministri e determinano la decadenza di diritto dall'incarico ricoperto, dichiarata con decreto del Presidente della Repubblica, su proposta del Presidente del Consiglio dei Ministri ovvero, ove la decadenza riguardi quest'ultimo, del Ministro dell'interno.

5. Restano ferme per i titolari di cariche di governo le cause di incompatibilità previste da altre disposizioni di legge.

Capo III
Incandidabilità alle cariche elettive regionali

7. Incandidabilità alle elezioni regionali.

1. Non possono essere candidati alle elezioni regionali, e non possono comunque ricoprire le cariche di presidente della giunta regionale, assessore e consigliere regionale, amministratore e componente degli organi comunque denominati delle unità sanitarie locali:

a) coloro che hanno riportato condanna definitiva per il delitto previsto dall'articolo 416-*bis* del codice penale o per il delitto di associazione finalizzata al traffico illecito di sostanze stupefacenti o psicotrope di cui all'articolo 74 del testo unico approvato con decreto del Presidente della Repubblica 9 ottobre 1990, n. 309, o per un delitto di cui all'articolo 73 del citato testo unico, concernente la produzione o il traffico di dette sostanze, o per un delitto concernente la fabbricazione, l'importazione, l'esportazione, la vendita o cessione, nonché, nei casi in cui sia inflitta la pena della reclusione non inferiore ad un anno, il porto, il trasporto e la detenzione di armi, munizioni o materie esplodenti, o per il delitto di favoreggiamento personale o reale commesso in relazione a taluno dei predetti reati;
b) coloro che hanno riportato condanne definitive per i delitti, consumati o tentati, previsti dall'articolo 51, commi 3-*bis* e 3-*quater*, del codice di procedura penale, diversi da quelli indicati alla lettera a);
c) coloro che hanno riportato condanna definitiva per i delitti, consumati o tentati, previsti dagli articoli 314, 316, 316-*bis*, 316-*ter*, 317, 318, 319, 319-*ter*, 319-*quater*, primo comma, 320, 321, 322, 322-*bis*, 323, 325, 326, 331, secondo comma, 334, 346-*bis* del codice penale;
d) coloro che sono stati condannati con sentenza definitiva alla pena della reclusione complessivamente superiore a sei mesi per uno o più delitti commessi con abuso dei poteri o con violazione dei doveri inerenti ad una pubblica funzione o a un pubblico servizio diversi da quelli indicati alla lettera c);
e) coloro che sono stati condannati con sentenza definitiva ad una pena non inferiore a due anni di reclusione per delitto non colposo;
f) coloro nei cui confronti il tribunale ha applicato, con provvedimento definitivo, una misura di prevenzione, in quanto indiziati di appartenere ad una delle associazioni di cui all'articolo 4, comma 1, lettera a) e b), del decreto legislativo 6 settembre 2011, n. 159.

2. Le disposizioni previste dal comma 1 si applicano a qualsiasi altro incarico con riferimento al quale l'elezione o la nomina è di competenza del consiglio regionale, della giunta regionale, dei rispettivi presidenti e degli assessori regionali.

3. L'eventuale elezione o nomina di coloro che si trovano nelle condizioni di cui al comma 1 è nulla. L'organo che ha deliberato la nomina o la convalida dell'elezione è tenuto a revocarla non appena venuto a conoscenza dell'esistenza delle condizioni stesse.

8. Sospensione e decadenza di diritto per incandidabilità alle cariche regionali.

1. Sono sospesi di diritto dalle cariche indicate all'articolo 7, comma 1:
a) coloro che hanno riportato una condanna non definitiva per uno dei delitti indicati all'articolo 7, comma 1, lettera a), b), e c);
b) coloro che, con sentenza di primo grado, confermata in appello per la stessa imputazione, hanno riportato una condanna ad una pena non inferiore a due anni di reclusione per un delitto non colposo dopo l'elezione o la nomina;
c) coloro nei cui confronti l'autorità giudiziaria ha applicato, con provvedimento non definitivo, una misura di prevenzione in quanto indiziati di appartenere ad una delle associazioni di cui all'articolo 4, comma 1, lettera a) e b), del decreto legislativo 6 settembre 2011, n. 159.

2. La sospensione di diritto consegue, altresì, quando è disposta l'applicazione di una delle misure coercitive di cui agli articoli 284, 285 e 286 del codice di procedura penale nonché di cui all'articolo 283, comma 1, del codice di procedura penale, quando il divieto di dimora riguarda la sede dove si svolge il mandato elettorale.

3. Nel periodo di sospensione i soggetti sospesi, fatte salve le diverse specifiche discipline regionali, non sono computati al fine della verifica del numero legale, né per la determinazione di qualsivoglia quorum o maggioranza qualificata. La sospensione cessa di diritto di produrre effetti decorsi diciotto mesi. La cessazione non opera, tuttavia, se entro il termine di cui al precedente periodo l'impugnazione in punto di responsabilità è rigettata anche con sentenza non definitiva. In quest'ultima ipotesi la sospensione cessa di produrre effetti decorso il termine di dodici mesi dalla sentenza di rigetto.

4. A cura della cancelleria del tribunale o della segreteria del pubblico ministero i provvedimenti giudiziari che comportano la sospensione ai sensi del comma 1 sono comunicati al prefetto del capoluogo della Regione che ne dà immediata comunicazione al Presidente del Consiglio dei Ministri il quale, sentiti il Ministro per gli affari regionali e il Ministro dell'interno, adotta il provvedimento che accerta la sospensione. Tale provvedimento è notificato, a cura del prefetto del capoluogo della Regione, al competente consiglio regionale per l'adozione dei conseguenti adempimenti di legge. Per la regione siciliana e la regione Valle d'Aosta le competenze di cui al presente articolo sono esercitate, rispettivamente, dal commissario dello Stato e dal presidente della commissione di coordinamento per le province autonome di Trento e di Bolzano sono esercitate dai rispettivi commissari del Governo. Per la durata della sospensione al consigliere regionale spetta un assegno pari all'indennità di carica ridotta di una percentuale fissata con legge regionale.

5. La sospensione cessa nel caso in cui nei confronti dell'interessato venga meno l'efficacia della misura coercitiva di cui al comma 1, ovvero venga emessa sentenza, anche se non passata in giudicato, di non luogo a procedere, di proscioglimento o di assoluzione o provvedimento di revoca della misura di prevenzione o sentenza di annullamento ancorché con rinvio. In tal caso la sentenza o il provvedimento di revoca devono essere pubblicati nell'albo pretorio e comunicati alla prima adunanza dell'organo che ha proceduto all'elezione, alla convalida dell'elezione o alla nomina.

6. Chi ricopre una delle cariche indicate all'articolo 7, comma 1, decade da essa di diritto dalla data del passaggio in giudicato della sentenza di condanna o dalla data in cui diviene definitivo il provvedimento che applica la misura di prevenzione.

Capo IV
Incandidabilità alle cariche elettive negli enti locali

10. Incandidabilità alle elezioni provinciali, comunali e circoscrizionali.

1. Non possono essere candidati alle elezioni provinciali, comunali e circoscrizionali e non possono comunque ricoprire le cariche di presidente della provincia, sindaco, assessore e consigliere provinciale e comunale, presidente e componente del consiglio circoscrizionale, presidente e componente del consiglio di amministrazione dei consorzi, presidente e componente dei consigli e delle giunte delle unioni di comuni, consigliere di amministrazione e presidente delle aziende speciali e delle istituzioni di cui all'articolo 114 del decreto legislativo 18 agosto 2000, n. 267, presidente e componente degli organi delle comunità montane:

a) coloro che hanno riportato condanna definitiva per il delitto previsto dall'articolo 416-*bis* del codice penale o per il delitto di associazione finalizzata al traffico illecito di sostanze stupefacenti o psicotrope di cui all'articolo 74 del testo unico approvato con decreto del Presidente della Repubblica 9 ottobre 1990, n. 309, o per un delitto di cui all'articolo 73 del citato testo unico concernente la produzione o il traffico di dette sostanze, o per un delitto concernente la fabbricazione, l'importazione, l'esportazione, la vendita o cessione, nonché, nei casi in cui sia inflitta la pena della reclusione non inferiore ad un anno, il porto, il trasporto e la detenzione di armi, munizioni o materie esplodenti, o per il delitto di favoreggiamento personale o reale commesso in relazione a taluno dei predetti reati;

b) coloro che hanno riportato condanne definitive per i delitti, consumati o tentati, previsti dall'articolo 51, commi 3-*bis* e 3-*quater*, del codice di procedura penale, diversi da quelli indicati alla lettera a);

c) coloro che hanno riportato condanna definitiva per i delitti previsti dagli articoli 314, 316, 316-*bis*, 316-*ter*, 317, 318, 319, 319-*ter*, 319-*quater*, primo comma, 320, 321, 322, 322-*bis*, 323, 325, 326, 331, secondo comma, 334, 346-*bis* del codice penale;

d) coloro che sono stati condannati con sentenza definitiva alla pena della reclusione complessivamente superiore a sei mesi per uno o più delitti commessi con abuso dei poteri o con violazione dei doveri inerenti ad una pubblica funzione o a un pubblico servizio diversi da quelli indicati nella lettera c);

e) coloro che sono stati condannati con sentenza definitiva ad una pena non inferiore a due anni di reclusione per delitto non colposo;

f) coloro nei cui confronti il tribunale ha applicato, con provvedimento definitivo, una misura di prevenzione, in quanto indiziati di appartenere ad una delle associazioni di cui all'articolo 4, comma 1, lettera a) e b), del decreto legislativo 6 settembre 2011, n. 159.

2. Le disposizioni previste dal comma 1 si applicano a qualsiasi altro incarico con riferimento al quale l'elezione o la nomina è di competenza:

a) del consiglio provinciale, comunale o circoscrizionale;

b) della giunta provinciale o del presidente, della giunta comunale o del sindaco, di assessori provinciali o comunali.

3. L'eventuale elezione o nomina di coloro che si trovano nelle condizioni di cui al comma 1 è nulla. L'organo che ha provveduto alla nomina o alla convalida dell'elezione è tenuto a revocare il relativo provvedimento non appena venuto a conoscenza dell'esistenza delle condizioni stesse.

4. Le sentenze definitive di condanna ed i provvedimenti di cui al comma 1, emesse nei confronti di presidenti di provincia, sindaci, presidenti di circoscrizione o consiglieri provinciali, comunali o circoscrizionali in carica, sono immediatamente comunicate, dal pubblico ministero presso il giudice indicato nell'articolo 665 del codice di procedura penale, all'organo consiliare di rispettiva appartenenza, ai fini della dichiarazione di decadenza, ed al prefetto territorialmente competente.

11. Sospensione e decadenza di diritto degli amministratori locali in condizione di incandidabilità.

1. Sono sospesi di diritto dalle cariche indicate al comma 1 dell'articolo 10:

a) coloro che hanno riportato una condanna non definitiva per uno dei delitti indicati all'articolo 10, comma 1, lettera a), b) e c);

b) coloro che, con sentenza di primo grado, confermata in appello per la stessa imputazione, hanno riportato, dopo l'elezione o la nomina, una condanna ad una pena non inferiore a due anni di reclusione per un delitto non colposo;

c) coloro nei cui confronti l'autorità giudiziaria ha applicato, con provvedimento non definitivo, una misura di prevenzione in quanto indiziati di appartenere ad una delle associazioni di cui all'articolo 4, comma 1, lettera a) e b), del decreto legislativo 6 settembre 2011, n. 159.

2. La sospensione di diritto consegue, altresì, quando è disposta l'applicazione di una delle misure coercitive di cui agli articoli 284, 285 e 286 del codice di procedura penale nonché di cui all'articolo 283, comma 1, del codice di procedura penale, quando il divieto di dimora riguarda la sede dove si svolge il mandato elettorale.

3. Nel periodo di sospensione i soggetti sospesi, ove non sia possibile la sostituzione ovvero fino a quando non sia convalidata la supplenza, non sono computati al fine della verifica del numero legale, né per la determinazione di qualsivoglia quorum o maggioranza qualificata.

4. La sospensione cessa di diritto di produrre effetti decorsi diciotto mesi. Nel caso in cui l'appello proposto dall'interessato avverso la sentenza di condanna sia rigettato anche con sentenza non definitiva, decorre un ulteriore periodo di sospensione che cessa di produrre effetti trascorso il termine di dodici mesi dalla sentenza di rigetto.

5. A cura della cancelleria del tribunale o della segreteria del pubblico ministero i provvedimenti giudiziari che comportano la sospensione sono comunicati al prefetto, il quale, accertata la sussistenza di una causa di sospensione, provvede a notificare il relativo provvedimento agli organi che hanno convalidato l'elezione o deliberato la nomina.

6. La sospensione cessa nel caso in cui nei confronti dell'interessato venga meno l'efficacia della misura coercitiva di cui al comma 1, ovvero venga emessa sentenza, anche se non passata in giudicato, di non luogo a procedere, di proscioglimento o di assoluzione o provvedimento di revoca della misura di prevenzione o sentenza di annullamento ancorché con rinvio. In tal caso la sentenza o il provvedimento di revoca devono essere pubblicati nell'albo pretorio e comunicati alla prima adunanza dell'organo che ha proceduto all'elezione, alla convalida dell'elezione o alla nomina.

7. Chi ricopre una delle cariche indicate all'articolo 10, comma 1, decade da essa di diritto dalla data del passaggio in giudicato della sentenza di condanna o dalla data in cui diviene definitivo il provvedimento che applica la misura di prevenzione.

8. Quando, in relazione a fatti o attività comunque riguardanti gli enti di cui all'articolo 10, l'autorità giudiziaria ha emesso provvedimenti che comportano la sospensione o la decadenza dei pubblici ufficiali degli enti medesimi e vi è la necessità di verificare che non ricorrano pericoli di infiltrazione di tipo mafioso nei servizi degli stessi enti, il prefetto può accedere presso gli enti interessati per acquisire dati e documenti ed accertare notizie concernenti i servizi stessi.

9. Copie dei provvedimenti di cui al comma 8 sono trasmesse al Ministro dell'interno, ai sensi dell'articolo 2, comma 2-*quater*, del decreto-legge 29 ottobre 1991, n. 345, convertito, con modificazioni, dalla legge 30 dicembre 1991, n. 110, e successive modificazioni.

Capo V
Disposizioni comuni, transitorie e finali

13. Durata dell'incandidabilità.

1. L'incandidabilità alla carica di deputato, senatore e membro del Parlamento europeo spettante all'Italia, derivante da sentenza definitiva di condanna per i delitti indicati all'articolo 1, decorre dalla data del passaggio in giudicato della sentenza stessa ed ha effetto per un periodo corrispondente al doppio della durata della pena accessoria dell'interdizione temporanea dai pubblici uffici comminata dal giudice. In ogni caso l'incandidabilità, anche in assenza della pena accessoria, non è inferiore a sei anni.

2. Il divieto ad assumere e svolgere incarichi di Governo nazionale, derivante da sentenza di condanna definitiva per i delitti indicati all'articolo 1, opera con la medesima decorrenza e per la stessa durata prevista dal comma 1.

3. Nel caso in cui il delitto che determina l'incandidabilità o il divieto di assumere incarichi di governo è stato commesso con abuso dei poteri o in violazione dei doveri connessi al mandato elettivo, di parlamentare nazionale o europeo, o all'incarico di Governo, la durata dell'incandidabilità o del divieto è aumentata di un terzo.

14. Incandidabilità nelle regioni a statuto speciale e province autonome.

1. Le disposizioni in materia di incandidabilità del presente testo unico si applicano nelle regioni a statuto speciale e nelle province autonome di Trento e Bolzano.

15. Disposizioni comuni.

1. L'incandidabilità di cui al presente testo unico opera anche nel caso in cui la sentenza definitiva disponga l'applicazione della pena su richiesta, ai sensi dell'articolo 444 del codice di procedura penale.

2. L'incandidabilità disciplinata dal presente testo unico produce i suoi effetti indipendentemente dalla concomitanza con la limitazione del diritto di elettorato attivo e passivo derivante dall'applicazione della pena accessoria dell'interdizione temporanea dai pubblici uffici o di una delle misure di prevenzione o di sicurezza di cui all'articolo 2, lettera b) e c), del testo unico delle leggi per la disciplina dell'elettorato attivo e per la tenuta e la revisione delle liste elettorali di cui al decreto del Presidente della Repubblica 20 marzo 1967, n. 223.

3. La sentenza di riabilitazione, ai sensi degli articoli 178 e seguenti del codice penale, è l'unica causa di estinzione anticipata dell'incandidabilità e ne comporta la cessazione per il periodo di tempo residuo. La revoca della sentenza di riabilitazione comporta il ripristino dell'incandidabilità per il periodo di tempo residuo.

4. L'incandidabilità disciplinata dagli articoli 7, comma 1, lettera f) e 10, comma 1, lettera f), si estingue per effetto del procedimento di riabilitazione previsto dall'articolo 70 del decreto legislativo 6 settembre 2011, n. 159.

16. Disposizioni transitorie e finali.

1. Per le incandidabilità di cui ai Capi I e II, e per quelle di cui ai Capi III e IV non già rinvenibili nella disciplina previgente, la disposizione del comma 1 dell'articolo 15 si applica alle sentenze previste dall'articolo 444 del codice di procedura penale pronunciate successivamente alla data di entrata in vigore del presente testo unico.

2. Le disposizioni di cui al presente testo unico, limitatamente a quelle previste per l'accertamento dell'incandidabilità in fase di ammissione delle candidature, per la mancata proclamazione, per i ricorsi e per il procedimento di dichiarazione in caso di incandidabilità sopravvenuta, si applicano anche alle incandidabilità, non derivanti da sentenza penale di condanna, disciplinate dagli articoli 143, comma 11, e 248, comma 5, del decreto legislativo 18 agosto 2000, n. 267.

6. D.Lgs. 8 aprile 2013, n. 39. – Disposizioni in materia di inconferibilità e incompatibilità di incarichi presso le pubbliche amministrazioni e presso gli enti privati in controllo pubblico, a norma dell'articolo 1, commi 49 e 50, della legge 6 novembre 2012, n. 190 (*art. 3*)

In Gazzetta Ufficiale 19 aprile 2013, n. 92

Capo II
Inconferibilità di incarichi in caso di condanna per reati contro la pubblica amministrazione

3. Inconferibilità di incarichi in caso di condanna per reati contro la pubblica amministrazione.

1. A coloro che siano stati condannati, anche con sentenza non passata in giudicato, per uno dei reati previsti dal capo I del titolo II del libro secondo del codice penale, non possono essere attribuiti:

a) gli incarichi amministrativi di vertice nelle amministrazioni statali, regionali e locali nonché negli enti di diritto privato in controllo pubblico [(1)];

b) gli incarichi di amministratore di ente pubblico, di livello nazionale, regionale e locale;

c) gli incarichi dirigenziali, interni e esterni, comunque denominati, nelle pubbliche amministrazioni, negli enti pubblici e negli enti di diritto privato in controllo pubblico di livello nazionale, regionale e locale;

d) gli incarichi di amministratore di ente di diritto privato in controllo pubblico, di livello nazionale, regionale e locale;

e) gli incarichi di direttore generale, direttore sanitario e direttore amministrativo nelle aziende sanitarie locali del servizio sanitario nazionale.

2. Ove la condanna riguardi uno dei reati di cui all'articolo 3, comma 1, della legge 27 marzo 2001, n. 97, l'inconferibilità di cui al comma 1 ha carattere permanente nei casi in cui sia stata inflitta la pena accessoria dell'interdizione perpetua dai pubblici uffici ovvero sia intervenuta la cessazione del rapporto di lavoro a seguito di procedimento disciplinare o la cessazione del rapporto di lavoro autonomo. Ove sia stata inflitta una interdizione temporanea, l'inconferibilità ha la stessa durata dell'interdizione. Negli altri casi l'inconferibilità degli incarichi ha la durata di 5 anni.

3. Ove la condanna riguardi uno degli altri reati previsti dal capo I del titolo II del libro II del codice penale, l'inconferibilità ha carattere permanente nei casi in cui sia stata inflitta la pena accessoria dell'interdizione perpetua dai pubblici uffici ovvero sia intervenuta la cessazione del rapporto di lavoro a seguito di procedimento disciplinare o la cessazione del rapporto di lavoro autonomo. Ove sia stata inflitta una interdizione temporanea, l'inconferibilità ha la stessa durata dell'interdizione. Negli altri casi l'inconferibilità ha una durata pari al doppio della pena inflitta, per un periodo comunque non superiore a 5 anni.

4. Nei casi di cui all'ultimo periodo dei commi 2 e 3, salve le ipotesi di sospensione o cessazione del rapporto, al dirigente di ruolo, per la durata del periodo di inconferibilità, possono essere conferiti incarichi diversi da quelli che comportino l'esercizio delle competenze di amministrazione e gestione. È in ogni caso escluso il conferimento di incarichi relativi ad uffici preposti alla gestione delle risorse finanziarie, all'acquisizione di beni, servizi e forniture, nonché alla concessione o all'erogazione di sovvenzioni, contributi, sussidi, ausili finanziari o attribuzioni di vantaggi economici a soggetti pubblici e privati, di incarichi che comportano esercizio di vigilanza o controllo. Nel caso in cui l'amministrazione non sia in grado di conferire incarichi compatibili con le disposizioni del presente comma, il dirigente viene posto a disposizione del ruolo senza incarico per il periodo di inconferibilità dell'incarico.

5. La situazione di inconferibilità cessa di diritto ove venga pronunciata, per il medesimo reato, sentenza anche non definitiva, di proscioglimento.

6. Nel caso di condanna, anche non definitiva, per

uno dei reati di cui ai commi 2 e 3 nei confronti di un soggetto esterno all'amministrazione, ente pubblico o ente di diritto privato in controllo pubblico cui è stato conferito uno degli incarichi di cui al comma 1, sono sospesi l'incarico e l'efficacia del contratto di lavoro subordinato o di lavoro autonomo, stipulato con l'amministrazione, l'ente pubblico o l'ente di diritto privato in controllo pubblico. Per tutto il periodo della sospensione non spetta alcun trattamento economico. In entrambi i casi la sospensione ha la stessa durata dell'inconferibilità stabilita nei commi 2 e 3. Fatto salvo il termine finale del contratto, all'esito della sospensione l'amministrazione valuta la persistenza dell'interesse all'esecuzione dell'incarico, anche in relazione al tempo trascorso.

7. Agli effetti della presente disposizione, la sentenza di applicazione della pena ai sensi dell'art. 444 c.p.p., è equiparata alla sentenza di condanna.

(1) Lettera modificata dall'art. 1, co. 1, l. 12.4.2022, n. 35.

7. D.P.R. 16 aprile 2013, n. 62. – Regolamento recante codice di comportamento dei dipendenti pubblici, a norma dell'articolo 54 del decreto legislativo 30 marzo 2001, n. 165 (*artt. 8-16*)

In Gazzetta Ufficiale 4 giugno 2013, n. 129

8. Prevenzione della corruzione.

1. Il dipendente rispetta le misure necessarie alla prevenzione degli illeciti nell'amministrazione. In particolare, il dipendente rispetta le prescrizioni contenute nel piano per la prevenzione della corruzione, presta la sua collaborazione al responsabile della prevenzione della corruzione e, fermo restando l'obbligo di denuncia all'autorità giudiziaria, segnala al proprio superiore gerarchico eventuali situazioni di illecito nell'amministrazione di cui sia venuto a conoscenza.

9. Trasparenza e tracciabilità.

1. Il dipendente assicura l'adempimento degli obblighi di trasparenza previsti in capo alle pubbliche amministrazioni secondo le disposizioni normative vigenti, prestando la massima collaborazione nell'elaborazione, reperimento e trasmissione dei dati sottoposti all'obbligo di pubblicazione sul sito istituzionale.

2. La tracciabilità dei processi decisionali adottati dai dipendenti deve essere, in tutti i casi, garantita attraverso un adeguato supporto documentale, che consenta in ogni momento la replicabilità.

10. Comportamento nei rapporti privati.

1. Nei rapporti privati, comprese le relazioni extralavorative con pubblici ufficiali nell'esercizio delle loro funzioni, il dipendente non sfrutta, né menziona la posizione che ricopre nell'amministrazione per ottenere utilità che non gli spettino e non assume nessun altro comportamento che possa nuocere all'immagine dell'amministrazione.

11. Comportamento in servizio.

1. Fermo restando il rispetto dei termini del procedimento amministrativo, il dipendente, salvo giustificato motivo, non ritarda né adotta comportamenti tali da far ricadere su altri dipendenti il compimento di attività o l'adozione di decisioni di propria spettanza.

2. Il dipendente utilizza i permessi di astensione dal lavoro, comunque denominati, nel rispetto delle condizioni previste dalla legge, dai regolamenti e dai contratti collettivi.

3. Il dipendente utilizza il materiale o le attrezzature di cui dispone per ragioni di ufficio e i servizi telematici e telefonici dell'ufficio nel rispetto dei vincoli posti dall'amministrazione. Il dipendente utilizza i mezzi di trasporto dell'amministrazione a sua disposizione soltanto per lo svolgimento dei compiti d'ufficio, astenendosi dal trasportare terzi, se non per motivi d'ufficio.

12. Rapporti con il pubblico.

1. Il dipendente in rapporto con il pubblico si fa riconoscere attraverso l'esposizione in modo visibile del badge od altro supporto identificativo messo a disposizione dall'amministrazione, salvo diverse disposizioni di servizio, anche in considerazione della sicurezza dei dipendenti, opera con spirito di servizio, correttezza, cortesia e disponibilità e, nel rispondere alla corrispondenza, a chiamate telefoniche e ai messaggi di posta elettronica, opera nella maniera più completa e accurata possibile. Qualora non sia competente per posizione rivestita o per materia, indirizza l'interessato al funzionario o ufficio competente della medesima amministrazione. Il dipendente, fatte salve le norme sul segreto d'ufficio, fornisce le spiegazioni che gli siano richieste in ordine al comportamento proprio e di altri dipendenti dell'ufficio dei quali ha la responsabilità od il coordinamento. Nelle operazioni da svolgersi e nella trattazione delle pratiche il dipendente rispetta, salvo diverse esigenze di servizio o diverso ordine di priorità stabilito dall'amministrazione, l'ordine cronologico e non rifiuta prestazioni a cui sia tenuto con motivazioni generiche. Il dipendente rispetta gli appuntamenti con i cittadini e risponde senza ritardo ai loro reclami.

2. Salvo il diritto di esprimere valutazioni e diffondere informazioni a tutela dei diritti sindacali, il dipendente si astiene da dichiarazioni pubbliche offensive nei confronti dell'amministrazione.

3. Il dipendente che svolge la sua attività lavorativa in un'amministrazione che fornisce servizi al pubblico cura il rispetto degli standard di qualità e di quantità fissati dall'amministrazione anche nelle apposite carte dei servizi. Il dipendente opera al fine di assicurare la continuità del servizio, di consentire agli utenti la scelta tra i diversi erogatori e di fornire loro informazioni sulle modalità di prestazione del servizio e sui livelli di qualità.

4. Il dipendente non assume impegni né anticipa l'esito di decisioni o azioni proprie o altrui inerenti all'ufficio, al di fuori dei casi consentiti. Fornisce informazioni e notizie relative ad atti od operazioni amministrative, in corso o conclusi, nelle ipotesi previste dalle disposizioni di legge e regolamentari in materia di accesso, informando sempre gli interessati della possibilità di avvalersi anche dell'Ufficio per le relazioni con il pubblico. Rilascia copie ed estratti di atti o documenti secondo la sua competenza, con le modalità stabilite dalle norme in materia di accesso e dai regolamenti della propria amministrazione.

5. Il dipendente osserva il segreto d'ufficio e la normativa in materia di tutela e trattamento dei dati personali e, qualora sia richiesto oralmente di fornire informazioni, atti, documenti non accessibili tutelati dal segreto d'ufficio o dalle disposizioni in materia di dati personali, informa il richiedente dei motivi che ostano all'accoglimento della richiesta. Qualora non sia competente a provvedere in merito alla richiesta cura, sulla base delle disposizioni interne, che la stessa venga inoltrata all'ufficio competente della medesima amministrazione.

13. Disposizioni particolari per i dirigenti.

1. Ferma restando l'applicazione delle altre disposizioni del Codice, le norme del presente articolo si applicano ai dirigenti, ivi compresi i titolari di incarico ai sensi dell'articolo 19, comma 6, del decreto legislativo n. 165 del 2001 e dell'articolo 110 del decreto legislativo 18 agosto 2000, n. 267, ai soggetti che svolgono funzioni equiparate ai dirigenti operanti negli uffici di diretta collaborazione delle autorità politiche, nonché ai funzionari responsabili di posizione organizzativa negli enti privi di dirigenza.

2. Il dirigente svolge con diligenza le funzioni ad esso spettanti in base all'atto di conferimento dell'incarico, persegue gli obiettivi assegnati e adotta un comportamento organizzativo adeguato per l'assolvimento dell'incarico.

3. Il dirigente, prima di assumere le sue funzioni, comunica all'amministrazione le partecipazioni azionarie e gli altri interessi finanziari che possano porlo in conflitto di interessi con la funzione pubblica che svolge e dichiara se ha parenti e affini entro il secondo grado, coniuge o convivente che esercitano attività politiche, professionali o economiche che li pongano in contatti frequenti con l'ufficio che dovrà dirigere o che siano coinvolti nelle decisioni o nelle attività inerenti all'ufficio. Il dirigente fornisce le informazioni sulla propria situazione patrimoniale e le dichiarazioni annuali dei redditi soggetti all'imposta sui redditi delle persone fisiche previste dalla legge.

4. Il dirigente assume atteggiamenti leali e trasparenti e adotta un comportamento esemplare e imparziale nei rapporti con i colleghi, i collaboratori e i destinatari dell'azione amministrativa. Il dirigente cura, altresì, che le risorse assegnate al suo ufficio siano utilizzate per finalità esclusivamente istituzionali e, in nessun caso, per esigenze personali.

5. Il dirigente cura, compatibilmente con le risorse disponibili, il benessere organizzativo nella struttura a cui è preposto, favorendo l'instaurarsi di rapporti cordiali e rispettosi tra i collaboratori, assume iniziative finalizzate alla circolazione delle informazioni, alla formazione e all'aggiornamento del personale, all'inclusione e alla valorizzazione delle differenze di genere, di età e di condizioni personali.

6. Il dirigente assegna l'istruttoria delle pratiche sulla base di un'equa ripartizione del carico di lavoro, tenendo conto delle capacità, delle attitudini e della professionalità del personale a sua disposizione. Il dirigente affida gli incarichi aggiuntivi in base alla professionalità e, per quanto possibile, secondo criteri di rotazione.

7. Il dirigente svolge la valutazione del personale assegnato alla struttura cui è preposto con imparzialità e rispettando le indicazioni ed i tempi prescritti.

8. Il dirigente intraprende con tempestività le iniziative necessarie ove venga a conoscenza di un illecito, attiva e conclude, se competente, il procedimento disciplinare, ovvero segnala tempestivamente l'illecito all'autorità disciplinare, prestando ove richiesta la propria collaborazione e provvede ad inoltrare tempestiva denuncia all'autorità giudiziaria penale o segnalazione alla corte dei conti per le rispettive competenze. Nel caso in cui riceva segnalazione di un illecito da parte di un dipendente, adotta ogni cautela di legge affinché sia tutelato il segnalante e non sia indebitamente rilevata la sua identità nel procedimento disciplinare, ai sensi dell'articolo 54-*bis* del decreto legislativo n. 165 del 2001.

9. Il dirigente, nei limiti delle sue possibilità, evita che notizie non rispondenti al vero quanto all'organizzazione, all'attività e ai dipendenti pubblici possano diffondersi. Favorisce la diffusione della conoscenza di buone prassi e buoni esempi al fine di rafforzare il senso di fiducia nei confronti dell'amministrazione.

14. Contratti ed altri atti negoziali.

1. Nella conclusione di accordi e negozi e nella stipulazione di contratti per conto dell'amministrazione, nonché nella fase di esecuzione degli stessi, il dipendente non ricorre a mediazione di terzi, né corrisponde o promette ad alcuna utilità a titolo di intermediazione, né per facilitare o aver facilitato la conclusione o l'esecuzione del contratto. Il presente comma non si applica ai casi in cui l'amministrazione abbia deciso di ricorrere all'attività di intermediazione professionale.

2. Il dipendente non conclude, per conto dell'amministrazione, contratti di appalto, fornitura, servizio, finanziamento o assicurazione con imprese con le quali abbia stipulato contratti a titolo privato o ricevuto altre utilità nel biennio precedente, ad eccezione di quelli conclusi ai sensi dell'articolo 1342 del codice civile. Nel caso in cui l'amministrazione concluda contratti di appalto, fornitura, servizio, finanziamento o assicurazione, con imprese con le quali il dipendente abbia concluso contratti a titolo privato o ricevuto altre utilità nel biennio precedente, questi si astiene dal partecipare all'adozione delle decisioni ed alle attività relative all'esecuzione del contratto, redigendo verbale scritto di tale astensione da conservare agli atti dell'ufficio.

3. Il dipendente che conclude accordi o negozi ovvero stipula contratti a titolo privato, ad eccezione di quelli conclusi ai sensi dell'articolo 1342 del codice civile, con persone fisiche o giuridiche private con le quali abbia concluso, nel biennio precedente, contratti di appalto, fornitura, servizio, finanziamento ed assicurazione, per conto dell'amministrazione, ne informa per iscritto il dirigente dell'ufficio.

4. Se nelle situazioni di cui ai commi 2 e 3 si trova il dirigente, questi informa per iscritto il dirigente apicale responsabile della gestione del personale.

5. Il dipendente che riceva, da persone fisiche o giuridiche partecipanti a procedure negoziali nelle quali sia parte l'amministrazione, rimostranze orali o scritte sull'operato dell'ufficio o su quello dei propri collaboratori, ne informa immediatamente, di regola per iscritto, il proprio superiore gerarchico o funzionale.

15. Vigilanza, monitoraggio e attività formative.

1. Ai sensi dell'articolo 54, comma 6, del decreto legislativo 30 marzo 2001, n. 165, vigilano sull'applicazione del presente Codice e dei codici di comportamento adottati dalle singole amministrazioni, i dirigenti responsabili di ciascuna struttura, le strutture di controllo interno e gli uffici etici e di disciplina.

2. Ai fini dell'attività di vigilanza e monitoraggio prevista dal presente articolo, le amministrazioni si avvalgono dell'ufficio procedimenti disciplinari istituito ai sensi dell'articolo 55-*bis*, comma 4, del decreto legislativo n. 165 del 2001 che svolge, altresì, le funzioni dei comitati o uffici etici eventualmente già istituiti.

3. Le attività svolte ai sensi del presente articolo dall'ufficio procedimenti disciplinari si conformano alle eventuali previsioni contenute nei piani di prevenzione della corruzione adottati dalle amministrazioni ai sensi dell'articolo 1, comma 2, della legge 6 novembre 2012, n. 190. L'ufficio procedimenti disciplinari, oltre alle funzioni disciplinari di cui all'articolo 55-*bis* e seguenti del decreto legislativo n. 165 del 2001, cura l'aggiornamento del codice di comportamento dell'amministrazione, l'esame delle segnalazioni di violazione dei codici di comportamento, la raccolta delle condotte illecite accertate e sanzionate, assicurando le garanzie di cui all'articolo 54-*bis* del decreto legislativo n. 165 del 2001. Il responsabile della prevenzione della corruzione cura la diffusione della conoscenza dei codici di comportamento nell'amministrazione, il monitoraggio annuale sulla loro attuazione, ai sensi dell'articolo 54, comma 7, del decreto legislativo n. 165 del 2001, la pubblicazione sul sito istituzionale e della comunicazione all'Autorità nazionale anticorruzione, di cui all'articolo 1, comma 2, della legge 6 novembre 2012, n. 190, dei risultati del monitoraggio. Ai fini dello svolgimento delle attività previste dal presente articolo, l'ufficio procedimenti disciplinari opera in raccordo con il responsabile della prevenzione di cui all'articolo 1, comma 7, della legge n. 190 del 2012.

4. Ai fini dell'attivazione del procedimento disciplinare per violazione dei codici di comportamento, l'ufficio procedimenti disciplinari può chiedere all'Autorità nazionale anticorruzione parere facoltativo secondo quanto stabilito dall'articolo 1, comma 2, lettera d), della legge n. 190 del 2012.

5. Al personale delle pubbliche amministrazioni sono rivolte attività formative in materia di trasparenza e integrità, che consentano ai dipendenti di conseguire una piena conoscenza dei contenuti del codice di comportamento, nonché un aggiornamento annuale e sistematico sulle misure e sulle disposizioni applicabili in tali ambiti.

6. Le Regioni e gli enti locali, definiscono, nell'ambito della propria autonomia organizzativa, le linee guida necessarie per l'attuazione dei principi di cui al presente articolo.

7. Dall'attuazione delle disposizioni del presente articolo non devono derivare nuovi o maggiori oneri a carico della finanza pubblica. Le amministrazioni provvedono agli adempimenti previsti nell'ambito delle risorse umane, finanziarie, e strumentali disponibili a legislazione vigente.

16. Responsabilità conseguente alla violazione dei doveri del codice.

1. La violazione degli obblighi previsti dal presente Codice integra comportamenti contrari ai doveri d'ufficio. Ferme restando le ipotesi in cui la violazione delle disposizioni contenute nel presente Codice, nonché dei doveri e degli obblighi previsti dal piano di prevenzione della corruzione, dà luogo anche a responsabilità penale, civile, amministrativa o contabile del pubblico dipendente, essa è fonte di responsabilità disciplinare accertata all'esito del procedimento disciplinare, nel rispetto dei principi di gradualità e proporzionalità delle sanzioni.

2. Ai fini della determinazione del tipo e dell'entità della sanzione disciplinare concretamente applicabile, la violazione è valutata in ogni singolo caso con riguardo alla gravità del comportamento e all'entità del pregiudizio, anche morale, derivatone al decoro o al prestigio dell'amministrazione di appartenenza. Le sanzioni applicabili sono quelle previste dalla legge, dai regolamenti e dai contratti collettivi, incluse quelle espulsive che possono essere applicate esclusivamente nei casi, da valutare in relazione alla gravità, di violazione delle disposizioni di cui agli articoli 4, qualora concorrano la non modicità del valore del regalo o delle altre utilità e l'immediata correlazione di questi ultimi con il compimento di un atto o di un'attività tipici dell'ufficio, 5, comma 2, 14, comma 2, primo periodo, valutata ai sensi del primo periodo. La disposizione di cui al secondo periodo si applica altresì nei casi di recidiva negli illeciti di cui agli articoli 4, comma 6, 6, comma 2, esclusi i conflitti meramente potenziali, e 13, comma 9, primo periodo. I contratti collettivi possono prevedere ulteriori criteri di individuazione delle sanzioni applicabili in relazione alle tipologie di violazione del presente codice.

3. Resta ferma la comminazione del licenziamento senza preavviso per i casi già previsti dalla legge, dai regolamenti e dai contratti collettivi.

4. Restano fermi gli ulteriori obblighi e le conseguenti ipotesi di responsabilità disciplinare dei pubblici dipendenti previsti da norme di legge, di regolamento o dai contratti collettivi.

17. Disposizioni finali e abrogazioni.

1. Le amministrazioni danno la più ampia diffusione al presente decreto, pubblicandolo sul proprio sito internet istituzionale e nella rete intranet, nonché trasmettendolo tramite e-mail a tutti i propri dipendenti e ai titolari di contratti di consulenza o collaborazione a qualsiasi titolo, anche professionale, ai titolari di organi e di incarichi negli uffici di diretta collaborazione dei vertici politici dell'amministrazione, nonché ai collaboratori a qualsiasi titolo, anche professionale, di imprese fornitrici di servizi in favore dell'amministrazione. L'amministrazione, contestualmente alla sottoscrizione del contratto di lavoro o, in mancanza, all'atto di conferimento dell'incarico, consegna e fa sottoscrivere ai nuovi assunti, con rapporti comunque denominati, copia del codice di comportamento.

2. Le amministrazioni danno la più ampia diffusione ai codici di comportamento da ciascuna definiti ai sensi dell'articolo 54, comma 5, del citato decreto legislativo n. 165 del 2001 secondo le medesime modalità previste dal comma 1 del presente articolo.

3. Il decreto del Ministro per la funzione pubblica in data 28 novembre 2000 recante "Codice di comportamento dei dipendenti delle pubbliche amministrazioni", pubblicato nella Gazzetta Ufficiale n. 84 del 10 aprile 2001, è abrogato.

Il presente decreto, munito del sigillo dello Stato, sarà inserito nella Raccolta ufficiale degli atti normativi della Repubblica italiana. È fatto obbligo a chiunque spetti di osservarlo e di farlo osservare.

8. L. 9 gennaio 2019, n. 3. – Misure per il contrasto dei reati contro la pubblica amministrazione, nonché in materia di prescrizione del reato e in materia di trasparenza dei partiti e movimenti politici [(1)]

In Gazzetta Ufficiale 16 gennaio 2019, n. 13

(1) Quesra legge entra in vigore il 31.1.2019, ad eccezione dell'art. 1, co. 1, lett. d), e) ed f), che entrano in vigore il 1.1.2020.

1. – **1.** Al codice penale sono apportate le seguenti modificazioni:

a) all'articolo 9, dopo il terzo comma è aggiunto il seguente: «Nei casi preveduti dalle disposizioni precedenti, la richiesta del Ministro della giustizia o l'istanza o la querela della persona offesa non sono necessarie per i delitti previsti dagli articoli 320, 321 e 346-*bis*»;

b) all'articolo 10, dopo il secondo comma è aggiunto il seguente: «La richiesta del Ministro della giustizia o l'istanza o la querela della persona offesa non sono necessarie per i delitti previsti dagli articoli 317, 318, 319, 319-*bis*, 319-*ter*, 319-*quater*, 320, 321, 322 e 322-*bis*»;

c) l'articolo 32-*quater* è sostituito dal seguente: «Art. 32-*quater* (Casi nei quali alla condanna consegue l'incapacità di contrattare con la pubblica amministrazione). – Ogni condanna per i delitti previsti dagli articoli 314, primo comma, 316-*bis*, 316-*ter*, 317, 318, 319, 319-*bis*, 319-*ter*, 319-*quater*, 320, 321, 322, 322-*bis*, 346-*bis*, 353, 355, 356, 416, 416-*bis*, 437, 452-*bis*, 452-*quater*, 452-*sexies*, 452-*septies*, 452-*quaterdecies*, 501, 501-*bis*, 640, secondo comma, numero 1, 640-*bis* e 644, commessi in danno o a vantaggio di un'attività imprenditoriale o comunque in relazione ad essa, importa l'incapacità di contrattare con la pubblica amministrazione»;

d) all'articolo 158, il primo comma è sostituito dal seguente: «Il termine della prescrizione decorre, per il reato consumato, dal giorno della consumazione; per il reato tentato, dal giorno in cui è cessata l'attività del colpevole; per il reato permanente o continuato, dal giorno in cui è cessata la permanenza o la continuazione» [(1)];

e) all'articolo 159:

1) il secondo comma è sostituito dal seguente: «Il

corso della prescrizione rimane altresì sospeso dalla pronunzia della sentenza di primo grado o del decreto di condanna fino alla data di esecutività della sentenza che definisce il giudizio o dell'irrevocabilità del decreto di condanna»;

2) il terzo e il quarto comma sono abrogati [(2)];

f) all'articolo 160:

1) il primo comma è abrogato;

2) al secondo comma, la parola: «pure» è soppressa [(3)];

g) all'articolo 165, quarto comma, dopo la parola: «320» è inserita la seguente: «, 321» e le parole: «di una somma equivalente al profitto del reato ovvero all'ammontare di quanto indebitamente percepito dal pubblico ufficiale o dall'incaricato di un pubblico servizio, a titolo di riparazione pecuniaria in favore dell'amministrazione lesa dalla condotta del pubblico ufficiale o dell'incaricato di un pubblico servizio, ovvero, nel caso di cui all'articolo 319-*ter*, in favore dell'amministrazione della giustizia,» sono sostituite dalle seguenti: «della somma determinata a titolo di riparazione pecuniaria ai sensi dell'articolo 322-*quater*,»;

h) all'articolo 166, primo comma, è aggiunto, in fine, il seguente periodo: «Nondimeno, nel caso di condanna per i delitti previsti dagli articoli 314, primo comma, 317, 318, 319, 319-*bis*, 319-*ter*, 319-*quater*, primo comma, 320, 321, 322, 322-*bis* e 346-*bis*, il giudice può disporre che la sospensione non estenda i suoi effetti alle pene accessorie dell'interdizione dai pubblici uffici e dell'incapacità di contrattare con la pubblica amministrazione»;

i) all'articolo 179 è aggiunto, in fine, il seguente comma: «La riabilitazione concessa a norma dei commi precedenti non produce effetti sulle pene accessorie perpetue. Decorso un termine non inferiore a sette anni dalla riabilitazione, la pena accessoria perpetua è dichiarata estinta, quando il condannato abbia dato prove effettive e costanti di buona condotta»;

l) all'articolo 316-*ter*, primo comma, è aggiunto, in fine, il seguente periodo: «La pena è della reclusione da uno a quattro anni se il fatto è commesso da un pubblico ufficiale o da un incaricato di un pubblico servizio con abuso della sua qualità o dei suoi poteri»;

m) l'articolo 317-*bis* è sostituito dal seguente:

«Art. 317-*bis* (Pene accessorie). – La condanna per i reati di cui agli articoli 314, 317, 318, 319, 319-*bis*, 319-*ter*, 319-*quater*, primo comma, 320, 321, 322, 322-*bis* e 346-*bis* importa l'interdizione perpetua dai pubblici uffici e l'incapacità in perpetuo di contrattare con la pubblica amministrazione, salvo che per ottenere le prestazioni di un pubblico servizio.

Nondimeno, se viene inflitta la reclusione per un tempo non superiore a due anni o se ricorre la circostanza attenuante prevista dall'articolo 323-*bis*, primo comma, la condanna importa l'interdizione e il divieto temporanei, per una durata non inferiore a cinque anni né superiore a sette anni.

Quando ricorre la circostanza attenuante prevista dall'articolo 323-*bis*, secondo comma, la condanna per i delitti ivi previsti importa le sanzioni accessorie di cui al primo comma del presente articolo per una durata non inferiore a un anno né superiore a cinque anni»;

n) all'articolo 318, primo comma, le parole: «da uno a sei anni» sono sostituite dalle seguenti: «da tre a otto anni»;

o) all'articolo 322-*bis*:

1) la rubrica è sostituita dalla seguente: «Peculato, concussione, induzione indebita a dare o promettere utilità, corruzione e istigazione alla corruzione di membri delle Corti internazionali o degli organi delle Comunità europee o di assemblee parlamentari internazionali o di organizzazioni internazionali e di funzionari delle Comunità europee e di Stati esteri»;

2) al primo comma, dopo il numero 5-*bis*) sono aggiunti i seguenti:

«5-*ter*) alle persone che esercitano funzioni o attività corrispondenti a quelle dei pubblici ufficiali e degli incaricati di un pubblico servizio nell'ambito di organizzazioni pubbliche internazionali;

5-*quater*) ai membri delle assemblee parlamentari internazionali o di un'organizzazione internazionale o sovranazionale e ai giudici e funzionari delle corti internazionali»;

3) al secondo comma, numero 2), le parole: «, qualora il fatto sia commesso per procurare a sé o ad altri un indebito vantaggio in operazioni economiche internazionali ovvero al fine di ottenere o di mantenere un'attività economica o finanziaria» sono soppresse;

p) dopo l'articolo 322-*ter* è inserito il seguente: «Art. 322-*ter*.1 (Custodia giudiziale dei beni sequestrati).

– I beni sequestrati nell'ambito dei procedimenti penali relativi ai delitti indicati all'articolo 322-*ter*, diversi dal denaro e dalle disponibilità finanziarie, possono essere affidati dall'autorità giudiziaria in custodia giudiziale agli organi della polizia giudiziaria che ne facciano richiesta per le proprie esigenze operative»;

q) all'articolo 322-*quater*, dopo la parola: «320» è inserita la seguente: «, 321» e le parole: «di una somma pari all'ammontare di quanto indebitamente ricevuto dal pubblico ufficiale o dall'incaricato di un pubblico servizio a titolo di riparazione pecuniaria in favore dell'amministrazione cui il pubblico ufficiale o l'incaricato di un pubblico servizio appartiene, ovvero, nel caso di cui all'articolo 319-*ter*, in favore dell'amministrazione della giustizia,» sono sostituite dalle seguenti: «di una somma equivalente al prezzo o al profitto del reato a titolo di riparazione pecuniaria in favore dell'amministrazione lesa dalla condotta del pubblico ufficiale o dell'incaricato di un pubblico servizio,»;

r) dopo l'articolo 323-*bis* è inserito il seguente: «Art. 323-*ter* (Causa di non punibilità). – Non è punibile chi ha commesso taluno dei fatti previsti dagli articoli 318, 319, 319-*ter*, 319-*quater*, 320, 321, 322-*bis*, limitatamente ai delitti di corruzione e di induzione indebita ivi indicati, 353, 353-*bis* e 354 se, prima di avere notizia che nei suoi confronti sono svolte indagini in relazione a tali fatti e, comunque, entro quattro mesi dalla commissione del fatto, lo denuncia volontariamente e fornisce indicazioni utili e concrete per assicurare la prova del reato e per individuare gli altri responsabili. La non punibilità del denunciante è subordinata alla messa a disposizione dell'utilità dallo stesso percepita o, in caso di impossibilità, di una somma di denaro di valore equivalente, ovvero all'indicazione di elementi utili e concreti per individuarne il beneficiario effettivo, entro il medesimo termine di cui al primo comma. La causa di non punibilità non si applica quando la denuncia di cui al primo comma è preordinata rispetto alla commissione del reato denunciato. La causa di non punibilità non si applica in favore dell'agente sotto copertura che ha agito in violazione delle disposizioni dell'articolo 9 della legge 16 marzo 2006, n. 146»;

s) l'articolo 346 è abrogato;

t) all'articolo 346-*bis*:

   1) il primo comma è sostituito dal seguente: «Chiunque, fuori dei casi di concorso nei reati di cui agli articoli 318, 319, 319-*ter* e nei reati di corruzione di cui all'articolo 322-*bis*, sfruttando o vantando relazioni esistenti o asserite con un pubblico ufficiale o un incaricato di un pubblico servizio o uno degli altri soggetti di cui all'articolo 322-*bis*, indebitamente fa dare o promettere, a sé o ad altri, denaro o altra utilità, come prezzo della propria mediazione illecita verso un pubblico ufficiale o un incaricato di un pubblico servizio o uno degli altri soggetti di cui all'articolo 322-*bis*, ovvero per remunerarlo in relazione all'esercizio delle sue funzioni o dei suoi poteri, è punito con la pena della reclusione da un anno a quattro anni e sei mesi»;

   2) al secondo e al terzo comma, le parole: «altro vantaggio patrimoniale» sono sostituite dalle seguenti: «altra utilità»;

   3) al quarto comma sono aggiunte, in fine, le seguenti parole: «o per remunerare il pubblico ufficiale o l'incaricato di un pubblico servizio o uno degli altri soggetti di cui all'articolo 322-*bis* in relazione al compimento di un atto contrario ai doveri d'ufficio o all'omissione o al ritardo di un atto del suo ufficio»;

u) all'articolo 646, primo comma, le parole: «con la reclusione fino a tre anni e con la multa fino a euro 1.032» sono sostituite dalle seguenti: «con la reclusione da due a cinque anni e con la multa da euro 1.000 a euro 3.000»;

v) all'articolo 649-*bis* sono aggiunte, in fine, le seguenti parole: «ovvero se la persona offesa è incapace per età o per infermità o se il danno arrecato alla persona offesa è di rilevante gravità».

2. Le disposizioni di cui al comma 1, lettere d), e) e f), entrano in vigore il 1° gennaio 2020.

3. Il comma 2 dell'articolo 6 del decreto legislativo 29 dicembre 2017, n. 216, è abrogato.

4. Al codice di procedura penale sono apportate le seguenti modificazioni:

a) all'articolo 266, comma 2-*bis*, sono aggiunte, in fine, le seguenti parole: «, e per i delitti dei pubblici ufficiali contro la pubblica amministrazione puniti con la pena della reclusione non inferiore nel massimo a cinque anni, determinata ai sensi dell'articolo 4»;

b) all'articolo 267, comma 1, terzo periodo, dopo le parole: «all'articolo 51, commi 3-*bis* e 3-*quater*,» sono inserite le seguenti: «e per i delitti dei pubblici ufficiali contro la pubblica amministrazione puniti con la pena della reclusione non inferiore nel massimo a cinque anni, determinata ai sensi dell'articolo 4,»;

c) dopo l'articolo 289 è inserito il seguente: «Art. 289-*bis* (Divieto temporaneo di contrattare con la pubblica amministrazione). – 1. Con il provvedimento che dispone il divieto di contrattare con la pubblica amministrazione, il giudice interdice temporaneamente all'imputato di concludere contratti con la pubblica amministrazione, salvo che per ottenere le prestazioni di un pubblico servizio. Qualora si proceda per un delitto contro la pubblica amministrazione, la misura può essere disposta anche al di fuori dei limiti di pena previsti dall'articolo 287, comma 1»;

d) all'articolo 444, dopo il comma 3 è aggiunto il seguente: «3-*bis*. Nei procedimenti per i delitti previsti dagli articoli 314, primo comma, 317, 318, 319, 319-*ter*, 319-*quater*, primo comma, 320, 321, 322, 322-*bis* e 346-*bis* del codice penale, la parte, nel formulare la richiesta, può subordinarne l'efficacia all'esenzione dalle pene accessorie previste dall'articolo 317-*bis* del codice penale ovvero all'estensione degli effetti della sospensione condizionale anche a tali pene accessorie. In questi casi il giudice, se ritiene di applicare le pene accessorie o ritiene che l'estensione della sospensione condizionale non possa essere concessa, rigetta la richiesta»;

e) all'articolo 445:

   1) al comma 1 è aggiunto, in fine, il seguente periodo: «Nei casi previsti dal presente comma è fatta salva l'applicazione del comma 1-*ter*»;

   2) dopo il comma 1-*bis* è inserito il seguente: «1-*ter*. Con la sentenza di applicazione della pena di cui all'articolo 444, comma 2, del presente codice per taluno dei delitti previsti dagli articoli 314,

primo comma, 317,318,319,319-*ter*, 319-*quater*, primo comma, 320,321,322,322-*bis* e 346-*bis* del codice penale, il giudice può applicare le pene accessorie previste dall'articolo 317-*bis* del codice penale»;

f) all'articolo 578-*bis*, comma 1, dopo le parole: «e da altre disposizioni di legge» sono inserite le seguenti: «o la confisca prevista dall'articolo 322-*ter* del codice penale»;

g) all'articolo 683, comma 1:

1) al primo periodo, dopo le parole: «quando la legge non dispone altrimenti» sono aggiunte le seguenti: «, e sull'estinzione della pena accessoria nel caso di cui all'articolo 179, settimo comma, del codice penale»;

2) al secondo periodo, dopo le parole: «sulla revoca» sono inserite le seguenti: «della riabilitazione».

5. Al codice civile sono apportate le seguenti modificazioni:

a) all'articolo 2635, il quinto comma è abrogato;

b) all'articolo 2635-*bis*, il terzo comma è abrogato.

6. All'articolo 4-*bis*, comma 1, della l. 26.7.1975, n. 354, sono apportate le seguenti modificazioni:

a) dopo le parole: «collaborino con la giustizia a norma dell'articolo 58-*ter* della presente legge» sono inserite le seguenti: «o a norma dell'articolo 323-*bis*, secondo comma, del codice penale»;

b) dopo le parole: «mediante il compimento di atti di violenza, delitti di cui agli articoli» sono inserite le seguenti: «314, primo comma, 317, 318, 319, 319-*bis*, 319-*ter*, 319-*quater*, primo comma, 320, 321, 322, 322-*bis*,» [(4)].

7. All'articolo 47, comma 12, primo periodo, della l. 26.7.1975, n. 354, dopo le parole: «effetto penale» sono aggiunte le seguenti: «, ad eccezione delle pene accessorie perpetue».

8. All'articolo 9, comma 1, della legge 16 marzo 2006, n. 146, la lettera a) è sostituita dalla seguente:

«a) gli ufficiali di polizia giudiziaria della Polizia di Stato, dell'Arma dei carabinieri e del Corpo della guardia di finanza, appartenenti alle strutture specializzate o alla Direzione investigativa antimafia, nei limiti delle proprie competenze, i quali, nel corso di specifiche operazioni di polizia e, comunque, al solo fine di acquisire elementi di prova in ordine ai delitti previsti dagli articoli 317, 318, 319, 319-*bis*, 319-*ter*, 319-*quater*, primo comma, 320, 321, 322, 322-*bis*, 346-*bis*, 353, 353-*bis*, 452-*quaterdecies*, 453, 454, 455, 460, 461, 473, 474, 629, 630, 644, 648-*bis* e 648-*ter*, nonché nel libro secondo, titolo XII, capo III, sezione I, del codice penale, ai delitti concernenti armi, munizioni, esplosivi, ai delitti previsti dall'articolo 12, commi 1, 3, 3-*bis* e 3-*ter*, del testo unico delle disposizioni concernenti la disciplina dell'immigrazione e norme sulla condizione dello straniero, di cui al decreto legislativo 25 luglio 1998, n. 286, nonché ai delitti previsti dal testo unico delle leggi in materia di disciplina degli stupefacenti e sostanze psicotrope, prevenzione, cura e riabilitazione dei relativi stati di tossicodipendenza, di cui al decreto del Presidente della Repubblica 9 ottobre 1990, n. 309, e dall'articolo 3 della legge 20 febbraio 1958, n. 75, anche per interposta persona, danno rifugio o comunque prestano assistenza agli associati, acquistano, ricevono, sostituiscono od occultano denaro o altra utilità, armi, documenti, sostanze stupefacenti o psicotrope, beni ovvero cose che sono oggetto, prodotto, profitto, prezzo o mezzo per commettere il reato o ne accettano l'offerta o la promessa o altrimenti ostacolano l'individuazione della loro provenienza o ne consentono l'impiego ovvero corrispondono denaro o altra utilità in esecuzione di un accordo illecito già concluso da altri, promettono o danno denaro o altra utilità richiesti da un pubblico ufficiale o da un incaricato di un pubblico servizio o sollecitati come prezzo della mediazione illecita verso un pubblico ufficiale o un incaricato di un pubblico servizio o per remunerarlo o compiono attività prodromiche e strumentali».

9. Al decreto legislativo 8 giugno 2001, n. 231, sono apportate le seguenti modificazioni:

a) all'articolo 13, comma 2, le parole: «Le sanzioni interdittive» sono sostituite dalle seguenti: «Fermo restando quanto previsto dall'articolo 25, comma 5, le sanzioni interdittive»;

b) all'articolo 25:

1) il comma 1 è sostituito dal seguente:

«1. In relazione alla commissione dei delitti di cui agli articoli 318, 321, 322, commi primo e terzo, e 346-*bis* del codice penale, si applica la sanzione pecuniaria fino a duecento quote»;

2) il comma 5 è sostituito dal seguente:

«5. Nei casi di condanna per uno dei delitti indicati nei commi 2 e 3, si applicano le sanzioni interdittive previste dall'articolo 9, comma 2, per una durata non inferiore a quattro anni e non superiore a sette anni, se il reato è stato commesso da uno dei soggetti di cui all'articolo 5, comma 1, lettera a), e per una durata non inferiore a due anni e non superiore a quattro, se il reato è stato commesso da uno dei soggetti di cui all'articolo 5, comma 1, lettera b)»;

3) dopo il comma 5 è aggiunto il seguente:

«5-*bis*. Se prima della sentenza di primo grado l'ente si è efficacemente adoperato per evitare che l'attività delittuosa sia portata a conseguenze ulteriori, per assicurare le prove dei reati e per l'individuazione dei responsabili ovvero per il sequestro delle somme o altre utilità trasferite e ha eliminato le carenze organizzative che hanno determinato il reato mediante l'adozione e l'attuazione di modelli organizzativi idonei a prevenire reati della specie di quello verificatosi, le sanzioni interdittive hanno la durata stabilita dall'articolo 13, comma 2»;

c) all'articolo 51:

1) al comma 1, le parole: «la metà del termine mas-

simo indicato dall'articolo 13, comma 2» sono sostituite dalle seguenti: «un anno»;

2) al comma 2, secondo periodo, le parole: «i due terzi del termine massimo indicato dall'articolo 13, comma 2» sono sostituite dalle seguenti: «un anno e quattro mesi».

10. Il Governo non rinnova, alla scadenza, le riserve apposte alla Convenzione penale sulla corruzione, fatta a Strasburgo il 27 gennaio 1999, ratificata ai sensi della legge 28 giugno 2012, n. 110, diverse da quelle aventi ad oggetto le condotte di corruzione passiva dei pubblici ufficiali stranieri e quelle di corruzione, sia attiva che passiva, dei membri delle assemblee pubbliche straniere, fatta eccezione per quelle degli Stati membri dell'Unione europea e delle assemblee parlamentari internazionali.

11. Con l'elargizione di contributi in denaro complessivamente superiori nell'anno a euro 500 per soggetto erogatore, o di prestazioni o altre forme di sostegno di valore equivalente per soggetto erogatore, a partiti o movimenti politici di cui all'articolo 18 del decreto-legge 28 dicembre 2013, n. 149, convertito, con modificazioni, dalla legge 21 febbraio 2014, n. 13, nonché alle liste e ai candidati alla carica di sindaco partecipanti alle elezioni amministrative nei comuni con popolazione superiore a 15.000 abitanti, s'intende prestato il consenso alla pubblicità dei dati da parte dei predetti soggetti erogatori. È fatto divieto ai partiti o movimenti politici di ricevere contributi, prestazioni gratuite o altre forme di sostegno a carattere patrimoniale, in qualsiasi modo erogati, ivi compresa la messa a disposizione con carattere di stabilità di servizi a titolo gratuito, da parte di persone fisiche o enti che si dichiarino contrari alla pubblicità dei relativi dati. Per i contributi, le prestazioni o altre forme di sostegno di cui al primo periodo sono annotati, entro il mese solare successivo a quello di percezione ovvero, in caso di contributi, prestazioni o altre forme di sostegno di importo unitario inferiore o uguale a euro 500, entro il mese di marzo dell'anno solare successivo se complessivamente superiori nell'anno a tale importo, in apposito registro numerato progressivamente e firmato su ogni foglio dal rappresentante legale o dal tesoriere, custodito presso la sede legale del partito o movimento politico, l'identità dell'erogante, l'entità del contributo o il valore della prestazione o della diversa forma di sostegno e la data dell'erogazione. In caso di scioglimento anche di una sola Camera, il termine indicato al terzo periodo è ridotto a quindici giorni decorrenti dalla data dello scioglimento [e in ogni caso l'annotazione deve essere eseguita entro il mese solare successivo a quello di percezione]. Entro gli stessi termini di cui al terzo e al quarto periodo, i dati annotati devono risultare dal rendiconto di cui all'articolo 8 della legge 2 gennaio 1997, n. 2, ed essere pubblicati nel sito internet istituzionale del partito o movimento politico, ovvero nel sito internet della lista o del candidato di cui al primo periodo del presente comma, per un tempo non inferiore a cinque anni. Sono esenti dall'applicazione delle disposizioni del presente comma le attività a contenuto non commerciale, professionale o di lavoro autonomo di sostegno volontario all'organizzazione e alle iniziative del partito o movimento politico, fermo restando per tutte le elargizioni l'obbligo di rilasciarne ricevuta, la cui matrice viene conservata, per finalità di computo della complessiva entità dei contributi riscossi dal partito o movimento politico [(5)].

12. Ai partiti e ai movimenti politici e alle liste di cui al comma 11, primo periodo, è fatto divieto di ricevere contributi, prestazioni o altre forme di sostegno provenienti da governi o enti pubblici di Stati esteri e da persone giuridiche aventi sede in uno Stato estero non assoggettate a obblighi fiscali in Italia. È fatto divieto alle persone fisiche maggiorenni non iscritte nelle liste elettorali o private del diritto di voto di elargire contributi ai partiti o movimenti politici ovvero alle liste di cui al comma 11, primo periodo.

13. I contributi ricevuti in violazione dei divieti di cui ai commi 11 e 12 o in assenza degli adempimenti previsti dal terzo, dal quarto e dal quinto periodo del comma 11 non sono ripetibili e sono versati alla cassa delle ammende, di cui all'articolo 4 della legge 9 maggio 1932, n. 547, entro dieci giorni dalla scadenza dei termini di cui ai predetti periodi del comma 11.

14. Entro il quattordicesimo giorno antecedente la data delle elezioni politiche, dei membri del Parlamento europeo spettanti all'Italia, regionali e amministrative, escluse quelle relative a comuni con popolazione fino a 15.000 abitanti, i partiti e i movimenti politici nonché le liste di cui al primo periodo del comma 11 hanno l'obbligo di pubblicare, nel proprio sito internet ovvero, per le liste di cui al citato primo periodo del comma 11, nel sito internet del partito o del movimento politico sotto il cui contrassegno si sono presentate nella competizione elettorale, il curriculum vitae di ciascun candidato, fornito dal candidato medesimo, e il relativo certificato del casellario giudiziale di cui all'articolo 24 del testo unico delle disposizioni legislative e regolamentari in materia di casellario giudiziale, di casellario giudiziale europeo, di anagrafe delle sanzioni amministrative dipendenti da reato e dei relativi carichi pendenti, di cui al decreto del Presidente della Repubblica 14 novembre 2002, n. 313, rilasciato non oltre novanta giorni prima della data fissata per l'elezione. I rappresentanti legali dei partiti e dei movimenti politici nonché delle liste di cui al citato primo periodo del comma 11, o persone da loro delegate, possono richiedere, anche mediante posta elettronica certificata, i certificati del casellario giudiziale dei candidati, compreso il candidato alla carica di sindaco, per i quali sussiste l'obbligo di pubblicazione ai sensi del primo periodo del presente comma, previo consenso e su delega dell'interessato, da sottoscrivere all'atto dell'accettazione della candidatura. Il tribunale deve rendere disponibili al richiedente i certificati entro il termine di cinque giorni dalla richiesta. Ai fini dell'ottemperanza agli obblighi di pubblicazione nel sito internet di cui al presente comma non è richiesto il consenso espresso degli interessati. Nel caso in cui il certificato del casellario giudiziale sia richiesto da coloro che intendono candidarsi alle elezioni di cui al presente comma, per le quali sono stati convocati i comizi elettorali, ed essi dichiarino contestualmente sotto la propria responsabilità, ai sensi dell'articolo 47 del testo unico delle disposizioni legislative e regolamentari in materia di documentazione amministrativa, di cui al decreto del Presidente della Repubblica 28 dicembre 2000, n. 445, che la richiesta di tale certificato è finalizzata a rendere pubblici i dati ivi contenuti in occasione della propria candidatura, le imposte di bollo e ogni altra spesa, imposta e diritto dovuti ai pubblici uffici sono ridotti della metà [(6)].

15. In apposita sezione, denominata «Elezioni trasparenti», del sito internet dell'ente cui si riferisce la consultazione elettorale, ovvero del Ministero dell'interno in caso di elezioni del Parlamento nazionale o dei membri del Parlamento europeo spettanti all'Italia, entro il settimo giorno antecedente la data della consultazione elettorale, per ciascuna lista o candidato ad essa collegato nonché per ciascun partito o movimento politico che presentino candidati alle elezioni di cui al comma 14 sono pubblicati in maniera facilmente accessibile il curriculum vitae e il certificato del casellario giudiziale di cui all'articolo 24 del testo unico di cui al decreto del Presidente della Repubblica 14 novembre 2002, n. 313, dei candidati rilasciato [dal casellario giudiziale] non oltre novanta giorni prima della data fissata per l'elezione, già pubblicati nel sito internet del partito o movimento politico ovvero della lista o del candidato con essa collegato di cui al comma 11, primo periodo, previamente comunicati agli enti di cui al presente periodo. La pubblicazione deve consentire all'elettore di accedere alle informazioni ivi riportate attraverso la ricerca per circoscrizione, collegio, partito e per cognome e nome del singolo candidato. Con decreto del Ministro dell'interno, da emanare entro novanta giorni dalla data di entrata in vigore della presente legge, sono definite le modalità tecniche di acquisizione dei dati su apposita piattaforma informatica [(7)].

16. I partiti e i movimenti politici trasmettono annualmente i rendiconti di cui all'articolo 8 della legge 2 gennaio 1997, n. 2, e i relativi allegati, corredati della certificazione e del giudizio del revisore legale, redatti ai sensi della normativa vigente, alla Commissione per la trasparenza e il controllo dei rendiconti dei partiti e dei movimenti politici, di cui all'articolo 9, comma 3, della legge 6 luglio 2012, n. 96.

17. All'articolo 5 del decreto-legge 28 dicembre 2013, n. 149, convertito, con modificazioni, dalla legge 21 febbraio 2014, n. 13, sono apportate le seguenti modificazioni:

a) al comma 2-*bis*, le parole: «superiore alla somma di 5.000 euro l'anno» sono sostituite dalle seguenti: «superiore alla somma di 500 euro l'anno» ed è aggiunto, in fine, il seguente periodo: «I contributi ricevuti nei sei mesi precedenti le elezioni per il rinnovo del Parlamento, o comunque dopo lo scioglimento anticipato delle Camere, sono pubblicati entro i quindici giorni successivi al loro ricevimento»;

b) al comma 3:

1) il primo periodo è soppresso;

2) al secondo periodo:

2.1) le parole: «Nei casi di cui al presente comma,» sono soppresse;

2.2) le parole: «delle erogazioni» sono sostituite dalle seguenti: «dei finanziamenti o dei contributi erogati in favore dei partiti politici iscritti nel registro di cui all'articolo 4»;

2.3) le parole: «euro 5.000» sono sostituite dalle seguenti: «euro 500»;

3) al terzo periodo, le parole: «entro tre mesi dalla percezione» sono sostituite dalle seguenti: «entro il mese solare successivo a quello di percezione»;

4) al quinto periodo, le parole: «sono pubblicati» sono sostituite dalle seguenti: «è pubblicato» e sono aggiunte, in fine, le seguenti parole: «contestualmente alla sua trasmissione alla Presidenza della Camera»;

5) il settimo periodo è sostituito dal seguente: «Ai fini dell'ottemperanza agli obblighi di pubblicazione nei siti internet di cui al quarto e quinto periodo del presente comma non è richiesto il rilascio del consenso espresso degli interessati»;

6) l'ottavo periodo è soppresso.

18. All'articolo 4, terzo comma, della legge 18 novembre 1981, n. 659, la parola: «cinquemila» è sostituita dalla seguente: «tremila».

19. All'articolo 7, primo comma, primo periodo, della legge 2 maggio 1974, n. 195, dopo le parole: «natura privatistica,» sono inserite le seguenti: «nonché delle cooperative sociali e dei consorzi disciplinati dalla legge 8 novembre 1991, n. 381,».

20. All'articolo 5 del decreto-legge 28 dicembre 2013, n. 149, convertito, con modificazioni, dalla legge 21 febbraio 2014, n. 13, il comma 4 è sostituito dal seguente:

«4. Ai sensi e per gli effetti del presente articolo, sono equiparate ai partiti e movimenti politici le fondazioni, le associazioni e i comitati la composizione dei cui organi direttivi sia determinata in tutto o in parte da deliberazioni di partiti o movimenti politici ovvero i cui organi direttivi siano composti in tutto o in parte da membri di organi di partiti o movimenti politici ovvero persone che siano o siano state, nei dieci anni precedenti, membri del Parlamento nazionale o europeo o di assemblee elettive regionali o locali ovvero che ricoprano o abbiano ricoperto, nei dieci anni precedenti, incarichi di governo al livello nazionale, regionale o locale ovvero incarichi istituzionali per esservi state elette o nominate in virtù della loro appartenenza a partiti o movimenti politici, nonché le fondazioni e le associazioni che eroghino somme a titolo di liberalità o contribuiscano in misura pari o superiore a euro 5.000 l'anno al finanziamento di iniziative o servizi a titolo gratuito in favore di partiti, movimenti politici o loro articolazioni interne, di membri di organi di partiti o movimenti politici o di persone che ricoprono incarichi istituzionali».

21. Al partito o al movimento politico che viola i divieti di cui ai commi 11, secondo periodo, e 12, primo periodo, del presente articolo la Commissione per la trasparenza e il controllo dei rendiconti dei partiti e dei movimenti politici, di cui all'articolo 9, comma 3, della legge 6 luglio 2012, n. 96, applica la sanzione amministrativa pecuniaria di importo non inferiore al triplo e non superiore al quintuplo del valore dei contributi, delle prestazioni o delle altre forme di sostegno a carattere patrimoniale ricevuti, se entro tre mesi dal ricevimento non ha provveduto al versamento del corrispondente importo alla cassa delle ammende in conformità al comma 13. In caso di violazione del divieto di cui al comma 12, secondo periodo, si applicano le sanzioni di cui al primo periodo del presente comma se entro tre mesi dalla piena conoscenza della sussistenza delle condizioni ostative di cui al comma 12, secondo periodo, il partito o movimento politico non ha provveduto al versamento del corrispondente importo alla cassa delle ammende in conformità al comma 13 [(8)].

22. Al partito o al movimento politico che viola gli obblighi previsti dai commi 11, terzo, quarto e quinto periodo, e 13 del presente articolo la Commissione per la trasparenza e il controllo dei rendiconti dei partiti e dei movimenti politici, di cui all'articolo 9, comma 3, della legge 6 luglio 2012, n. 96, applica la sanzione amministrativa pecuniaria di importo non inferiore al triplo e non superiore al quintuplo del valore dei contributi, delle prestazioni o delle altre forme di sostegno a carattere patrimoniale non annotati o non versati. Nei casi di cui al periodo precedente, se gli obblighi sono adempiuti con un ritardo non superiore a trenta giorni, si applica la sanzione amministrativa pecuniaria di importo non inferiore alla metà e non superiore al doppio del valore dei contributi, delle prestazioni o delle altre forme di sostegno a carattere patrimoniale tardivamente annotati o versati.

23. Al partito o al movimento politico che viola gli obblighi previsti dai commi 14 e 16 del presente articolo la Commissione per la trasparenza e il controllo dei rendiconti dei partiti e dei movimenti politici, di cui all'articolo 9, comma 3, della legge 6 luglio 2012, n. 96, applica la sanzione amministrativa pecuniaria da euro 12.000 a euro 120.000.

24. Ai fini dell'applicazione delle sanzioni amministrative pecuniarie previste dai commi 21, 22 e 23 del presente articolo nonché ai fini della tutela giurisdizionale si applicano le disposizioni generali contenute nelle sezioni I e II del capo I della legge 24 novembre 1981, n. 689, salvo quanto diversamente previsto dall'articolo 9 della legge 6 luglio 2012, n. 96. Non si applicano gli articoli 16 e 26 della medesima legge n. 689 del 1981.

25. Le somme riscosse in applicazione delle sanzioni di cui ai commi 21, 22 e 23 del presente articolo sono versate alla cassa delle ammende, di cui all'articolo 4 della legge 9 maggio 1932, n. 547.

26. A decorrere dalla data di scioglimento anche di una sola Camera, la Commissione per la trasparenza e il controllo dei rendiconti dei partiti e dei movimenti politici, di cui all'articolo 9, comma 3, della legge 6 luglio 2012, n. 96, siede in permanenza per la verifica dell'applicazione delle disposizioni introdotte dalla presente legge. A tal fine, con atto congiunto del Presidente del Senato della Repubblica e del Presidente della Camera dei deputati possono essere stabilite norme di organizzazione e modalità operative.

26 bis. Al fine di consentire i controlli previsti dalle norme di legge, la Commissione di garanzia degli statuti e per la trasparenza ed il controllo dei rendiconti dei partiti e dei movimenti politici può accedere alle banche dati gestite dalle amministrazioni pubbliche o da enti che, a diverso titolo, sono competenti nella materia elettorale o che esercitino funzioni nei confronti dei soggetti equiparati ai partiti e ai movimenti politici. Per i medesimi fini e per l'esercizio delle funzioni istituzionali della Commissione possono essere predisposti protocolli d'intesa con i citati enti o amministrazioni [(9)].

27. Il Governo è delegato ad adottare, entro un anno dalla data di entrata in vigore della presente legge, previo parere delle Commissioni parlamentari competenti, un decreto legislativo recante un testo unico nel quale, con le sole modificazioni necessarie al coordinamento normativo, sono riunite le disposizioni di cui ai commi da 11 a 26 e le altre disposizioni legislative vigenti in materia di contributi ai candidati alle elezioni e ai partiti e ai movimenti politici, di rimborso delle spese per le consultazioni elettorali e referendarie, nonché in materia di trasparenza, democraticità dei partiti e disciplina della contribuzione volontaria e della contribuzione indiretta a loro favore.

28. Ai sensi e per gli effetti delle disposizioni di cui ai commi da 11 a 27 del presente articolo, le fondazioni, le associazioni e i comitati di cui all'articolo 5, comma 4, del decreto-legge 28 dicembre 2013, n. 149, convertito, con modificazioni, dalla legge 21 febbraio 2014, n. 13, come sostituito dal comma 20 del presente articolo, sono equiparati ai partiti e movimenti politici, a prescindere dall'iscrizione del partito o movimento politico cui sono collegati nel registro di cui all'articolo 4 del medesimo decreto-legge n. 149 del 2013. È fatto salvo quanto disposto all'articolo 5, comma 4-*bis*, del decreto-legge 28 dicembre 2013, n. 149, convertito, con modificazioni, dalla legge 21 febbraio 2014, n. 13 [(10)].

28 bis. In deroga al comma 28, alle fondazioni, alle associazioni e ai comitati di cui all'articolo 5, comma 4, del decreto-legge 28 dicembre 2013, n. 149, convertito, con modificazioni, dalla legge 21 febbraio 2014, n. 13, i termini fissati al mese solare successivo dal comma 11, terzo periodo, del presente articolo e dall'articolo 5, comma 3, del citato decreto-legge n. 149 del 2013, si intendono fissati, salvo che per i comitati elettorali, al secondo mese solare successivo. Alle fondazioni, alle associazioni e ai comitati di cui al primo periodo non si applica il comma 12, primo periodo; ai medesimi enti il comma 12, secondo periodo, non si applica in caso di elargizioni disposte da persone fisiche maggiorenni straniere. Agli enti di cui al secondo periodo, in caso di violazione degli ulteriori divieti di cui al comma 12 del presente articolo, il comma 21 si applica solo in relazione a contributi, prestazioni o altre forme di sostegno di importo superiore nell'anno a euro 500. Ai medesimi enti è fatto divieto di devolvere, in tutto o in parte, le elargizioni in denaro, i contributi, le prestazioni o le altre forme di sostegno a carattere patrimoniale ricevuti ai sensi del secondo periodo in favore dei partiti, dei movimenti politici, delle liste elettorali e di singoli candidati alla carica di sindaco. Le elargizioni in denaro, i contributi, le prestazioni o le altre forme di sostegno a carattere patrimoniale di cui al precedente periodo devono essere annotati in separata e distinta voce del bilancio d'esercizio [11].

28 ter. Alle fondazioni, alle associazioni e ai comitati che violano gli obblighi previsti dal comma 28-*bis*, la Commissione di garanzia degli statuti e per la trasparenza e il controllo dei rendiconti dei partiti politici applica la sanzione amministrativa pecuniaria di importo non inferiore al triplo e non superiore al quintuplo del valore delle elargizioni in denaro, dei contributi, delle prestazioni o delle altre forme di sostegno a carattere patrimoniale ricevuti [12].

29. Dall'attuazione della presente legge non devono derivare nuovi o maggiori oneri a carico della finanza pubblica.

30. Le amministrazioni competenti provvedono alle attività previste dalla presente legge con le risorse umane, strumentali e finanziarie disponibili a legislazione vigente.

La presente legge, munita del sigillo dello Stato, sarà inserita nella Raccolta ufficiale degli atti normativi della Repubblica italiana. È fatto obbligo a chiunque spetti di osservarla e di farla osservare come legge dello Stato.

(1) Le disposizioni di cui alla presente lettera entrano in vigore a decorrere dal 1.1.2020.

(2) Le disposizioni di cui alla presente lettera entrano in vigore a decorrere dal 1.1.2020.

(3) Le disposizioni di cui alla presente lettera entrano in vigore a decorrere dal 1.1.2020.

(4) La Corte costituzionale, con sent. 26.2.2020, n. 32, ha dichiarato l'illegittimità costituzionale di questa lettera in quanto interpretata nel senso che le modificazioni introdotte all'art. 4 bis, co. 1, l. 26.7.1975, n. 354 (Norme sull'ordinamento penitenziario e sulla esecuzione delle misure privative e limitative della libertà) si applichino anche ai condannati che abbiano commesso il fatto anteriormente all'entrata in vigore della legge n. 3 del 2019, in riferimento alla disciplina delle misure alternative alla detenzione previste dal Titolo I, Capo VI, l. n. 354/1975, della liberazione condizionale prevista dagli artt. 176 e 177 del codice penale e del divieto di sospensione dell'ordine di esecuzione previsto dall'art. 656, co. 9, lett. a), del codice di procedura penale e nella parte in cui non prevede che il beneficio del permesso premio possa essere concesso ai condannati che, prima dell'entrata in vigore della medesima legge, abbiano già raggiunto, in concreto, un grado di rieducazione adeguato alla concessione del beneficio stesso.

(5) Comma modificato dall'art. 43, co. 3, lett. a), d.l. 30.4.2019, n. 34, conv., con modif., dalla l. 28.6.2019, n. 58.

(6) Comma modificato dall'art. 43, co. 3, lett. a bis), d.l. 30.4.2019, n. 34, conv., con modif., dalla l. 28.6.2019, n. 58 e successivamente sostituito dall'art. 38 bis, co. 7, lett. a), d.l. 31.5.2021, n. 77, conv., con modif., dalla l. 29.7.2021, n. 108.

(7) Comma modificato dall'art. 38 bis, co. 7, lett. b), d.l. 31.5.2021, n. 77, conv., con modif., dalla l. 29.7.2021, n. 108.

(8) Comma modificato dall'art. 43, co. 3, lett. b), d.l. 30.4.2019, n. 34, conv., con modif., dalla l. 28.6.2019, n. 58.

(9) Comma introdotto dall'art. 43, co. 3, lett. b bis), d.l. 30.4.2019, n. 34, conv., con modif., dalla l. 28.6.2019, n. 58.

(10) Comma modificato dall'art. 43, co. 3, lett. c), d.l. 30.4.2019, n. 34, conv., con modif., dalla l. 28.6.2019, n. 58.

(11) Comma introdotto dall'art. 43, co. 3, lett. d), d.l. 30.4.2019, n. 34, conv., con modif., dalla l. 28.6.2019, n. 58.

(12) Comma introdotto dall'art. 43, co. 3, lett. d), d.l. 30.4.2019, n. 34, conv., con modif., dalla l. 28.6.2019, n. 58.

REATI CONTRO LE PERSONE INTERNAZIONALMENTE PROTETTE

1. L. 8 luglio 1977, n. 485. – Ratifica ed esecuzione della Convenzione per la prevenzione e la repressione dei reati contro le persone internazionalmente protette, compresi gli agenti diplomatici, adottata a New York il 14 dicembre 1973. – Convenzione (*artt. 1-12 Convenzione*)

In Gazzetta Ufficiale 6 agosto 1977, n. 214, S.O.

1. – Ai fini della presente Convenzione:

1. Per "persona internazionalmente protetta" si intende:

(a) un Capo di Stato, incluso ogni membro di un corpo collegiale che svolga le funzioni di un Capo di Stato in base alla Costituzione dello Stato interessato, un Capo di Governo o Ministro degli Affari Esteri, in qualunque momento una tale persona si trovi in uno Stato estero, nonché i membri della sua famiglia che lo accompagnino;

(b) ogni rappresentante o funzionario di uno Stato od ogni funzionario od altro agente di un'organizzazione internazionale a carattere intergovernativo che, nel momento e nel luogo ove viene commesso un reato contro di lui, la sua residenza ufficiale, la sua abitazione privata o i suoi mezzi di trasporto, ha diritto, in base al diritto internazionale, a speciale protezione da ogni assalto alla sua persona, libertà o dignità, nonché ai membri della sua famiglia con lui conviventi;

2. per "presunto trasgressore" si intende una persona nei confronti della quale vi siano prove sufficienti a determinare *prima facie* che essa ha commesso o ha partecipato ad uno o più dei reati elencati all'articolo 2.

2. – **1.** Commettere intenzionalmente:

a) un omicidio volontario, un sequestro di persona o altra aggressione alla persona o alla libertà di una persona internazionalmente protetta;

b) un'aggressione violenta alla residenza ufficiale o all'abitazione privata o ai mezzi di trasporto di una persona internazionalmente protetta, suscettibile di mettere in pericolo la sua persona o la sua libertà;

c) una minaccia di commettere una qualsiasi di tali aggressioni;

d) un tentativo di commettere una qualsiasi di tali aggressioni;

e) un atto costituente partecipazione, quale complice, ad una qualsiasi di tali aggressioni,

diverrà, per ogni Stato Parte, un reato in base alla propria legge interna.

2. Ogni Stato renderà tali reati passibili di pene adeguate che tengano conto della grave natura dei reati stessi.

3. In nessun modo i paragrafi 1 e 2 del presente articolo costituiranno una deroga dagli obblighi assunti dagli Stati Parti in base al diritto internazionale di adottare ogni misura adeguata onde impedire altre aggressioni contro la persona, la libertà o la dignità di una persona internazionalmente protetta.

3. – **1.** Ogni Stato Parte adotterà quelle misure che potranno rendersi necessarie allo scopo di stabilire la propria giurisdizione sui reati di cui all'articolo 2 nei casi seguenti:

a) quando il reato è commesso sul territorio di tale Stato o a bordo di una nave o aeromobile registrato in tale Stato;

b) quando il presunto trasgressore è cittadino di tale Stato;

c) quando il reato è commesso contro una persona internazionalmente protetta come definita nell'articolo 1 che goda del proprio stato come tale in virtù di funzioni che essa esercita per conto di tale Stato.

2. Inoltre ogni Stato Parte adotterà le misure che saranno ritenute necessarie allo scopo di stabilire la propria giurisdizione su tali reati nei casi in cui il presunto trasgressore sia presente sul proprio territorio e non lo estradi, in base all'articolo 8, a uno degli Stati di cui al paragrafo 1 del presente articolo.

3. La presente Convenzione non esclude qualsiasi giurisdizione penale esercitata in conformità del diritto interno.

4. – Gli Stati Parti coopereranno nella prevenzione dei reati di cui all'articolo 2, ed in particolare:

a) adottando tutte le misure fattibili per impedire che sui rispettivi territori vengano fatti preparativi per commettere tali reati all'interno o all'esterno degli stessi;

b) scambiandosi informazioni e coordinando l'adozione di misure amministrative o di altro genere, se del caso, per prevenire la commissione di tali reati.

5. – **1.** Lo Stato Parte nel quale sia stato commesso uno dei reati di cui all'articolo 2, dovrà, ove abbia motivo di ritenere che un presunto trasgressore sia fuggito dal proprio territorio, comunicare a tutti gli Stati interessati, direttamente o per il tramite del Segretario generale delle Nazioni Unite tutti i fatti pertinenti riguardanti il reato commesso ed ogni informazione disponibile circa l'identità del presunto trasgressore.

2. Ogni qualvolta sia stato commesso uno dei reati di cui all'articolo 2 contro una persona internazionalmente protetta, ogni Stato Parte che sia in possesso di informazioni relative alla vittima ed alle circostanze del reato si adopererà per trasmetterle, alle condizioni fissate dalle proprie leggi interne, complete e con la massima sollecitudine, allo Stato Parte per conto del quale la persona in questione stava esercitando le proprie funzioni.

6. – 1. Dopo essersi convinto che le circostanze lo giustificano, lo Stato Parte sul cui territorio si trova il presunto trasgressore adotterà le misure appropriate in base al proprio diritto interno allo scopo di assicurare la di lui presenza ai fini del procedimento penale o dell'estradizione. Tali misure dovranno essere notificate senza indugio direttamente o per il tramite del Segretario generale delle Nazioni Unite:

a) allo Stato ove il reato è stato commesso;
b) allo Stato od agli Stati di cui il presunto trasgressore è cittadino o, nel caso sia un apolide, nel cui territorio risieda permanentemente;
c) allo Stato o agli Stati di cui la persona internazionalmente protetta in questione sia cittadino o per conto del quale o dei quali esercitava le proprie funzioni;
d) a tutti gli altri Stati interessati; e
e) all'organizzazione internazionale di cui la persona internazionale protetta iii questione sia funzionario od agente.

2. Ogni persona nei confronti della quale siano in atto le misure di cui al paragrafo 1 del presente articolo avrà diritto:

a) a comunicare senza indugio con il più vicino competente rappresentante dello Stato di cui egli sia cittadino o che sia altrimenti auto rizzato a proteggere i suoi diritti o, nel caso di persona apolide, che sia disposto, a sua domanda, di proteggere i suoi diritti; e
b) a ricevere le visite di un rappresentante di tale Stato.

7. – Lo Stato Parte sul cui territorio si trovi il presunto trasgressore, nel caso in cui non lo estradi, dovrà sottoporre, senza alcuna eccezione e senza indebito ritardo, il caso alle proprie autorità competenti al fine di perseguirlo mediante procedimento penale in conformità delle leggi di tale Stato.

8. – 1. Nella misura in cui i reati di cui all'articolo 2 non siano elencati quali reati per i quali è prevista l'estradizione in un Trattato di estradizione in vigore tra gli Stati Parti, essi saranno ritenuti inclusi in esso come tali. Gli Stati Parti si impegnano ad includere tali reati quali reati per i quali è prevista l'estradizione in ogni futuro trattato di estradizione da concludersi fra di loro.

2. Se uno Stato Parte che condizioni l'estradizione all'esistenza di un Trattato riceve una domanda di estradizione da un altro Stato Parte col quale non abbia un Trattato di estradizione, potrà, nel caso decida di concedere l'estradizione, ritenere la presente Convenzione quale base giuridica per l'estradizione per quanto riguarda tali reati. L'estradizione sarà soggetta alle disposizioni procedurali e alle altre condizioni poste dalla legge dello Stato richiesto.

3. Gli Stati Parti che non condizionano l'estradizione all'esistenza di un Trattato riconosceranno tali reati come reati per i quali è prevista l'estradizione, tra di loro, subordinatamente alle disposizioni procedurali e alle altre condizioni poste dalla legge dello Stato richiesto.

4. Ogni reato verrà considerato, ai fini dell'estradizione tra due Stati Parti, come se fosse stato commesso non solo nel luogo in cui ha avuto luogo, una anche nei territori degli Stati tenuti a stabilire la propria, giurisdizione in conformità del paragrafo 1 dell'articolo 3.

9. – Dovrà essere garantito un equo trattamento in tutti gli stadi del procedimento ad ogni persona nei confronti della quale sia in atto un procedimento in relazione ad uno dei reati di cui all'articolo 2.

10. – 1. Gli Stati Parti si forniranno l'un l'altro il più ampio grado di assistenza in relazione a procedimenti penali iniziati in caso di reati di cui all'articolo 2 incluso il fornire ogni prova a loro disposizione che sia necessaria al procedimento.

2. Le disposizioni del paragrafo 1 del presente articolo non avranno alcun effetto sugli obblighi concernenti la reciproca assistenza giudiziaria inclusa in qualsiasi altro Trattato.

11. – Lo Stato Parte ove un presunto trasgressore venga processato dovrà comunicare il risultato finale del procedimento al Segretario generale delle Nazioni Unite, che trasmetterà l'informazione agli altri Stati Parti.

12. – Le disposizioni della presente Convenzione non avranno alcun effetto sull'applicazione dei Trattati sul diritto di asilo, in vigore alla data di adozione della presente Convenzione, esistenti tra Stati che siano Parti di tali Trattati; ma uno Stato Parte della presente Convenzione non può invocare tali Trattati nei confronti di un altro Stato Parte della presente Convenzione che non sia parte di tali Trattati.

13. – 1. Ogni controversia tra due o più Stati Parti sull'interpretazione o sull'applicazione della presente Convenzione che non venga composta mediante negoziati verrà, a richiesta di uno di essi, sottoposta ad arbitrato. Se entro sei mesi dalla data di richiesta di arbitrato le parti non saranno in grado di accordarsi sull'organizzazione dell'arbitrato, una di tali parti potrà deferire la controversia alla Corte Internazionale di Giustizia su domanda in conformità dello Statuto della Corte.

2. Ogni Stato Parte può al momento della firma o della ratifica della presente Convenzione o dell'adesione ad essa, dichiarare di non ritenersi vincolato dal paragrafo 1 del presente articolo. Gli altri Stati Parti non saranno vincolati dal paragrafo 1 del presente articolo nei confronti di qualsiasi Stato parte che abbia formulato una tale riserva.

3. Ogni Stato Parte che abbia formulato una riserva in conformità del paragrafo 2 del presente articolo può in ogni momento ritirare tale riserva mediante notifica indirizzata al Segretario generale delle Nazioni Unite.

14. – La presente Convenzione sarà aperta alla firma di

tutti gli Stati fino al 31 dicembre 1974 presso la sede delle Nazioni Unite di New York.

15. – La presente Convenzione dovrà essere ratificata. Gli strumenti di ratifica verranno depositati presso il Segretario Generale delle Nazioni Unite.

16. – La presente Convenzione resterà aperta all'adesione da parte di qualsiasi Stato. Gli strumenti di adesione saranno depositati presso il Segretario generale delle Nazioni Unite.

17. – **1.** La presente Convenzione entrerà in vigore trenta giorni dopo la data del deposito del ventiduesimo strumento di ratifica o di adesione presso il Segretario generale delle Nazioni Unite. 2. Per ogni Stato che ratifichi la Convenzione o vi aderisca dopo il deposito del ventiduesimo strumento di ratifica o di adesione, la Convenzione entrerà in vigore trenta giorni dopo il deposito, da parte di tale Stato, del proprio strumento di ratifica o di adesione.

18. – **1.** Qualsiasi Stato Parte può denunciare la presente Convenzione mediante notifica scritta al Segretario generale delle Nazioni Unite.

2. La denuncia avrà effetto sei mesi dopo la data del ricevimento della notifica da parte del Segretario generale delle Nazioni Unite.

19. – Il Segretario generale delle Nazioni Unite informerà tutti gli Stati, inter alia:

a) delle firme apposte alla presente Convenzione, del deposito degli strumenti di ratifica o di adesione in conformità degli articoli 14, 15 e 16, e delle notifiche effettuate in base all'articolo 18;
b) della data in cui la presente Convenzione entrerà in vigore in conformità dell'articolo 17.

20. – L'originale della presente Convenzione, i cui testi cinese, inglese, francese, russo e spagnolo, fanno ugualmente fede, sarà depositato presso il Segretario generale delle Nazioni Unite, che ne invierà copie conformi a tutti gli Stati.

In fede di che i sottoscritti, debitamente autorizzati a tale scopo dai rispettivi loro governi, hanno firmato la presente Convenzione, aperta alla firma a New York il 14 dicembre 1973.

2. L. 25 marzo 1985, n. 107. – Norme di attuazione della Convenzione per la prevenzione e la repressione dei reati contro le persone internazionalmente protette, compresi gli agenti diplomatici, adottata a New York il 14 dicembre 1973 (1)

In Gazzetta Ufficiale 1 aprile 1985, n. 78

(1) I riferimenti al Ministro/Ministero di Grazia e Giustizia devono attualmente intendersi al Ministro/Ministero della Giustizia.

1. – Salvo quanto disposto nel capo IV del titolo I del libro II del codice penale, le pene previste per i reati consumati o tentati di omicidio volontario, lesioni volontarie, minaccia, percosse, violenza privata, sequestro di persona, sequestro di persona a scopo di estorsione, sequestro di persona a scopo di terrorismo o di eversione, rapina, estorsione, in danno di persona che gode della speciale protezione prevista nell'articolo 1 della Convenzione per la prevenzione e la repressione dei reati contro le persone internazionalmente protette, compresi gli agenti diplomatici, adottata a New York il 14 dicembre 1973, sono aumentate da un terzo alla metà, quando tali reati sono determinati, anche indirettamente, dalle funzioni esercitate dalla persona offesa.

Le pene previste per i reati consumati e tentati di violazione di domicilio e danneggiamento, commessi contro uffici e domicili privati appartenenti alle persone indicate nel comma precedente o contro i mezzi di trasporto impiegati dalle suddette persone, sono aumentate da un terzo alla metà, quando tali reati sono determinati, anche indirettamente, dalle funzioni esercitate dalla persona offesa.

2. – È punito secondo la legge italiana, a richiesta del Ministro della giustizia:

a) il cittadino che commette all'estero uno dei reati indicati nell'articolo 1;
b) lo straniero che commette all'estero uno dei reati indicati nell'articolo 1 in danno di persona che goda della speciale protezione prevista dall'articolo 1 della Convenzione per la prevenzione e la repressione dei reati contro le persone internazionalmente protette, compresi gli agenti diplomatici, a causa delle funzioni che essa esercita per conto dello Stato italiano;
c) lo straniero che commette all'estero uno dei reati indicati nell'articolo 1, quando si trovi nel territorio dello Stato e non sia disposta l'estradizione.

3. – L'autorità giudiziaria trasmette senza ritardo al Ministero della giustizia le informazioni necessarie per provvedere alle comunicazioni previste nell'articolo 5, nell'articolo 6, paragrafo 1, e nell'articolo 11 della citata Convenzione per la prevenzione e la repressione dei reati contro le persone internazionalmente protette, compresi gli agenti diplomatici.

4. – La presente legge entra in vigore il giorno dell'entrata in vigore, per l'Italia, della Convenzione per la prevenzione e la repressione dei reati contro le persone internazionalmente protette, ivi compresi gli agenti diplomatici, adottata a New York il 14 dicembre 1973.

REATI MINISTERIALI E PRESIDENZIALI

1. L. cost. 16 gennaio 1989, n. 1. – Modifiche degli articoli 96, 134 e 135 della Costituzione e della legge costituzionale 11 marzo 1953, n. 1, e norme in materia di procedimenti per i reati di cui all'articolo 96 della Costituzione (*artt. 6-12*)

In Gazzetta Ufficiale 17 gennaio 1989, n. 13

6. – 1. I rapporti, i referti e le denunzie concernenti i reati indicati dall'articolo 96 della Costituzione sono presentati o inviati al procuratore della Repubblica presso il tribunale del capoluogo del distretto di corte d'appello competente per territorio.

2. Il procuratore della Repubblica, omessa ogni indagine, entro il termine di quindici giorni, trasmette con le sue richieste gli atti relativi al collegio di cui al successivo articolo 7, dandone immediata comunicazione ai soggetti interessati perché questi possano presentare memorie al collegio o chiedere di essere ascoltati.

7. – 1. Presso il tribunale del capoluogo del distretto di corte d'appello competente per territorio è istituito un collegio composto di tre membri effettivi e tre supplenti, estratti a sorte tra tutti i magistrati in servizio nei tribunali del distretto che abbiano da almeno cinque anni la qualifica di magistrato di tribunale o abbiano qualifica superiore. Il collegio è presieduto dal magistrato con funzioni più elevate, o, in caso di parità di funzioni, da quello più anziano d'età.

2. Il collegio si rinnova ogni due anni ed è immediatamente integrato, con la procedura di cui al comma 1, in caso di cessazione o di impedimento grave di uno o più dei suoi componenti. Alla scadenza del biennio, per i procedimenti non definiti, è prorogata la funzione del collegio nella composizione con cui ha iniziato le indagini previste dall'articolo 8.

8. – 1. Il collegio di cui all'articolo 7, entro il termine di novanta giorni dal ricevimento degli atti, compiute indagini preliminari e sentito il pubblico ministero, se non ritiene che si debba disporre l'archiviazione, trasmette gli atti con relazione motivata al procuratore della Repubblica per la loro immediata rimessione al Presidente della Camera competente ai sensi dell'articolo 5.

2. In caso diverso, il collegio, sentito il Pubblico ministero, dispone l'archiviazione con decreto non impugnabile.

3. Prima del provvedimento di archiviazione, il procuratore della Repubblica può chiedere al collegio, precisandone i motivi, di svolgere ulteriori indagini; il collegio adotta le sue decisioni entro il termine ulteriore di sessanta giorni.

4. Il procuratore della Repubblica dà comunicazione dell'avvenuta archiviazione al Presidente della Camera competente.

9. – 1. Il Presidente della Camera competente ai sensi dell'articolo 5 invia immediatamente alla Giunta competente per le autorizzazioni a procedere in base al regolamento della Camera stessa gli atti trasmessi a norma dell'articolo 8.

2. La Giunta riferisce all'Assemblea della Camera competente con relazione scritta, dopo aver sentito i soggetti interessati ove lo ritenga opportuno o se questi lo richiedano; i soggetti interessati possono altresì ottenere di prendere visione degli atti.

3. L'Assemblea si riunisce entro sessanta giorni dalla data in cui gli atti sono pervenuti al Presidente della Camera competente e può, a maggioranza assoluta dei suoi componenti, negare l'autorizzazione a procedere ove reputi, con valutazione insindacabile, che l'inquisito abbia agito per la tutela di un interesse dello Stato costituzionalmente rilevante ovvero per il perseguimento di un preminente interesse pubblico nell'esercizio della funzione di Governo.

4. L'Assemblea, ove conceda l'autorizzazione, rimette gli atti al collegio di cui all'articolo 7 perché continui il procedimento secondo le norme vigenti.

10. – 1. Nei procedimenti per i reati indicati dall'articolo 96 della Costituzione, il Presidente del Consiglio dei Ministri, i Ministri, nonché gli altri inquisiti che siano membri del Senato della Repubblica o della Camera dei deputati non possono essere sottoposti a misure limitative della libertà personale, a intercettazioni telefoniche o sequestro o violazione di corrispondenza ovvero a perquisizioni personali o domiciliari senza l'autorizzazione della Camera competente ai sensi dell'articolo 5, salvo che siano colti nell'atto di commettere un delitto per il quale è obbligatorio il mandato o l'ordine di cattura.

2. Non si applica il secondo comma dell'articolo 68 della Costituzione.

3. La Camera competente, nel caso previsto dal comma 1, è convocata di diritto e delibera, su relazione della Giunta di cui all'articolo 9, non oltre quindici giorni dalla richiesta.

4. Nei confronti del Presidente del Consiglio dei Ministri e dei Ministri non può essere disposta l'applicazione provvisoria di pene accessorie che comportino la sospensione degli stessi dal loro ufficio.

11. – 1. Per i reati commessi dal Presidente del Consiglio dei Ministri e dai Ministri nell'esercizio delle loro funzioni, e in concorso con gli stessi da altre persone, la competenza appartiene in primo grado al tribunale del capoluogo del distretto di corte d'appello competente per territorio. Non possono partecipare al procedimento i magistrati che hanno fatto parte del collegio di cui all'articolo 7 nel tempo in cui questo ha svolto indagini sui fatti oggetto dello stesso procedimento.

2. Si applicano per le impugnazioni e gli ulteriori gradi di giudizio le norme del codice di procedura penale.

2. L. 5 giugno 1989, n. 219. – Nuove norme in tema di reati ministeriali e di reati previsti dall'articolo 90 della Costituzione *(artt. 1-4, 11)*

In Gazzetta Ufficiale 6 giugno 1989, n. 130

Capo I
Norme in materia di reati ministeriali

1. – 1. Il collegio di cui all'articolo 7 della legge costituzionale 16 gennaio 1989, n. 1, procede alle indagini previste dall'articolo 8 della stessa legge con i poteri spettanti al procuratore della Repubblica nell'istruzione sommaria e con l'osservanza delle forme stabilite per tale istruzione. Il collegio può altresì compiere anche d'ufficio gli atti che a norma del codice di procedura penale sono comunque di competenza del giudice istruttore. Il collegio può inoltre procedere ad atti di polizia giudiziaria direttamente o per mezzo di ufficiali o agenti di polizia giudiziaria.

2. Successivamente alla data di entrata in vigore del nuovo codice di procedura penale, il collegio procede alle indagini di cui al comma 1 con i poteri che spettano al pubblico ministero nella fase delle indagini preliminari. Ove ne ricorrano le condizioni il collegio può disporre anche d'ufficio incidente probatorio, provvedendo direttamente allo stesso, che si considera ad ogni effetto come espletato dal giudice delle indagini preliminari. Il collegio può altresì compiere anche d'ufficio gli altri atti che a norma del nuovo codice di procedura penale sono di competenza del suddetto giudice.

3. Prima che il collegio concluda le proprie indagini i soggetti interessati possono presentare memorie o chiedere di essere ascoltati. Agli stessi è consentito, ove lo richiedano, di prendere visione degli atti.

4. Dopo la data indicata nel comma 2, l'indicazione di delitto per il quale è obbligatorio il mandato o l'ordine di cattura, contenuta nel comma 1 dell'articolo 10 della legge costituzionale 16 gennaio 1989, n. 1, si intende riferita ai delitti menzionati nella seconda parte del comma 3 dell'articolo 343 del nuovo codice di procedura penale.

5. Per quanto non diversamente previsto dalla legge costituzionale 16 gennaio 1989, n. 1, e dal presente articolo, nello svolgimento delle indagini di cui al comma 1 si osservano le disposizioni del codice di procedura penale vigente all'atto della loro esecuzione, in quanto compatibili.

2. – 1. Il collegio, sentito il pubblico ministero e dopo lo svolgimento di ulteriori indagini ove richiesto dal procuratore della Repubblica ai sensi del comma 3 dell'articolo 8 della legge costituzionale 16 gennaio 1989, n. 1, dispone l'archiviazione di cui al comma 2 del predetto articolo 8, se la notizia di reato è infondata, ovvero manca una condizione di procedibilità diversa dall'autorizzazione di cui all'articolo 96 della Costituzione, se il reato è estinto, se il fatto non è previsto dalla legge come reato, se l'indiziato non lo ha commesso ovvero se il fatto integra un reato diverso da quelli indicati nell'articolo 96 della Costituzione; in tale ultima ipotesi il collegio dispone altresì la trasmissione degli atti all'autorità giudiziaria competente a conoscere del diverso reato.

2. Quando sopravvengano nuove prove il decreto di archiviazione indicato nel comma 1 può essere revocato dal collegio, su richiesta del procuratore della Repubblica competente ai sensi dell'articolo 6 della legge costituzionale 16 gennaio 1989, n. 1, ed osservate le forme ivi previste. Se dispone la revoca, il collegio provvede ai sensi dell'articolo 8 della predetta legge costituzionale e il termine di novanta giorni ivi previsto decorre dalla data del ricevimento della richiesta del procuratore della Repubblica.

3. – 1. Quando gli atti siano stati rimessi ai sensi del comma 4 dell'articolo 9 della legge costituzionale 16 gennaio 1989, n. 1, al collegio ivi indicato, il procedimento continua secondo le norme ordinarie vigenti al momento della rimessione.

2. Nei casi di cui al comma 1 il collegio provvede senza ritardo a trasmettere gli atti al procuratore della Repubblica presso il tribunale indicato nell'articolo 11 della legge costituzionale 16 gennaio 1989, n. 1.

3. Gli atti e i provvedimenti relativi allo svolgimento delle indagini di cui all'articolo 8 della legge costituzionale 16 gennaio 1989, n. 1, sono ad ogni effetto considerati come compiuti o disposti nel corso del procedimento ordinario.

4. – 1. Quando sia negata l'autorizzazione a procedere ai sensi del comma 3 dell'articolo 9 della legge costituzionale 16 gennaio 1989, n. 1, l'assemblea della Camera competente ne dà comunicazione al collegio di cui all'articolo 1, che dispone l'archiviazione degli atti del procedimento, per mancanza della suddetta condizione di procedibilità, nei confronti dei soggetti per i quali l'autorizzazione è stata negata. Il provvedimento di archiviazione è irrevocabile.

2. Se il procedimento è relativo ad un reato commesso da più soggetti in concorso tra loro, l'assemblea indica a quale concorrente, anche se non Ministro né parlamentare, non si riferisce il diniego, per l'assenza dei presupposti di cui al comma 3 dell'articolo 9 della legge costituzionale 16 gennaio 1989, n. 1.

11. – 1. Salvo che il comitato disponga altrimenti, sono pubbliche le sedute del comitato stesso destinate alla votazione sulla proposta di archiviazione ovvero su quella di presentazione della relazione per il Parlamento; nelle stesse l'inquisito ha diritto di esporre, personalmente o a mezzo del difensore, le proprie difese. Della data di tali sedute è dato avviso, a cura del presidente del comitato, almeno dieci giorni prima all'interessato e al suo difensore, che fino a cinque giorni prima della seduta hanno facoltà di prendere visione, presso la segreteria del comitato, delle cose e degli atti relativi alle indagini effettuate e di estrarne copia.

2. Salvo che il comitato disponga altrimenti, è vietata la pubblicazione col mezzo della stampa o con altri mezzi di divulgazione, fatta da chiunque in qualsiasi modo, totale o parziale, anche per riassunto o a guisa d'informazione, di ogni atto e documento relativo alle indagini compiute dal comitato stesso fino alla seduta in cui viene deliberata l'archiviazione o la presentazione della relazione di cui all'articolo 12 della legge costituzionale 11 marzo 1953, n. 1, come modificato dall'articolo 3 della legge costituzionale 16 gennaio 1989, n. 1. Fino a tale momento, sono obbligati al segreto per tutto ciò che concerne gli atti di indagine e i loro risultati i componenti del comitato e ogni altra persona che abbia compiuto gli atti predetti ovvero concorso o assistito al loro compimento eccettuate le parti private e i testimoni.

3. Per la violazione del divieto di pubblicazione previsto dal comma 2 si applicano, qualora il fatto non costituisca più grave reato, le pene previste dall'articolo 683 del codice penale.

SANITÀ (DIRITTO PENALE DELLA)

A. Sistema sanitario

1. L. 21 ottobre 2005, n. 219. – Nuova disciplina delle attività trasfusionali e della produzione nazionale degli emoderivati (*art. 22*)

In Gazzetta Ufficiale 27 ottobre 2005, n. 251

Capo IX
Sanzioni

22. Sanzioni.

[1. Salvo che il fatto costituisca più grave reato, chiunque preleva, procura, raccoglie, conserva o distribuisce sangue, o produce al fine di mettere in commercio o mette in commercio prodotti del sangue al di fuori delle strutture accreditate o senza le autorizzazioni previste dalla legge o per fini di lucro, è punito con la reclusione da uno a tre anni e con la multa da 206 euro a 10.329 euro. Se il colpevole è persona che esercita la professione sanitaria, alla condanna segue l'interdizione dall'esercizio della professione per uguale periodo] [(1)].

[2. Nei casi indicati dal comma 1, l'azienda unità sanitaria locale competente per territorio dispone la chiusura della struttura non autorizzata] [(1)].

3. Chiunque cede il proprio sangue o i suoi componenti a fini di lucro è punito con l'ammenda da 154 euro a 1.549 euro.

4. Alla struttura stabilmente utilizzata allo scopo di prelevare o raccogliere sangue o suoi componenti a fini di lucro si applica la sanzione dell'interdizione definitiva dall'esercizio dell'attività ai sensi dell'articolo 16, comma 3, del decreto legislativo 8 giugno 2001, n. 231.

5. L'associazione che svolge le attività di cui al comma 4 è sanzionata con la revoca dell'autorizzazione alla organizzazione e alla gestione delle unità di raccolta di cui all'articolo 7, comma 4.

(1) Comma abrogato dall'art. 24, d.lgs. 20.12.2007, n. 261.

B. Responsabilità degli esercenti le professioni sanitarie

2. D.L. 13 settembre 2012, n. 158, convertito, con modificazioni, in L. 8 novembre 2012, n. 189. – Disposizioni urgenti per promuovere lo sviluppo del Paese mediante un più alto livello di tutela della salute (c.d. legge Balduzzi) (*art. 3*)

In Gazzetta Ufficiale 13 settembre 2012, n. 214

3. Responsabilità professionale dell'esercente le professioni sanitarie.

[**1.** L'esercente la professione sanitaria che nello svolgimento della propria attività si attiene a linee guida e buone pratiche accreditate dalla comunità scientifica non risponde penalmente per colpa lieve. In tali casi resta comunque fermo l'obbligo di cui all'articolo 2043 del codice civile. Il giudice, anche nella determinazione del risarcimento del danno, tiene debitamente conto della condotta di cui al primo periodo.] [(1)]

[**2.** Con decreto del Presidente della Repubblica, adottato ai sensi dell'articolo 17, comma 1, della legge 23 agosto 1988, n. 400, da emanare entro il 30 giugno 2013, su proposta del Ministro della salute, di concerto con i Ministri dello sviluppo economico e dell'economia e delle finanze, sentite l'Associazione nazionale fra le imprese assicuratrici (ANIA), la Federazione nazionale degli ordini dei medici chirurghi e degli odontoiatri, nonché le Federazioni nazionali degli ordini e dei collegi delle professioni sanitarie e le organizzazioni sindacali maggiormente rappresentative delle categorie professionali interessate, anche in attuazione dell'articolo 3, comma 5, lettera e), del decreto-legge 13 agosto 2011, n. 138, convertito, con modificazioni, dalla legge 14 settembre 2011, n. 148, al fine di agevolare l'accesso alla copertura assicurativa agli esercenti le professioni sanitarie, sono disciplinati le procedure e i requisiti minimi e uniformi per l'idoneità dei relativi contratti, in conformità ai seguenti criteri [(2)]:

a) determinare i casi nei quali, sulla base di definite categorie di rischio professionale, prevedere l'obbligo, in capo ad un fondo appositamente costituito, di garantire idonea copertura assicurativa agli esercenti le professioni sanitarie, anche nell'esercizio dell'attività libero-professionale intramuraria, nei limiti delle risorse del fondo stesso. Il fondo viene finanziato dal contributo dei professionisti che ne facciano espressa richiesta, nella misura determinata dal soggetto gestore del fondo di cui alla lettera b), e da un ulteriore contributo a carico delle imprese autorizzate all'esercizio dell'assicurazione per danni derivanti dall'attività medico-professionale, determinato in misura percentuale ai premi incassati nel precedente esercizio, comunque non superiore al 4 per cento del premio stesso, con provvedimento adottato dal Ministro dello sviluppo economico, di concerto con il Ministro della salute e il Ministro dell'economia e delle finanze, sentite la Federazione nazionale degli ordini dei medici chirurghi e degli odontoiatri, nonché le Federazioni nazionali degli ordini e dei collegi delle professioni sanitarie (3);

b) determinare il soggetto gestore del Fondo di cui alla lettera a) e le sue competenze senza nuovi o maggiori oneri a carico della finanza pubblica;

c) prevedere che i contratti di assicurazione debbano essere stipulati anche in base a condizioni che dispongano alla scadenza la variazione in aumento o in diminuzione del premio in relazione al verificarsi o meno di sinistri e subordinare comunque la disdetta della polizza alla reiterazione di una condotta colposa da parte del sanitario accertata con sentenza definitiva (4).] (5)

3. Il danno biologico conseguente all'attività dell'esercente della professione sanitaria è risarcito sulla base delle tabelle di cui agli articoli 138 e 139 del decreto legislativo 7 settembre 2005, n. 209, eventualmente integrate con la procedura di cui al comma 1 del predetto articolo 138 e sulla base dei criteri di cui ai citati articoli, per tener conto delle fattispecie da esse non previste, afferenti all'attività di cui al presente articolo.

[**4.** Nel rispetto dell'ambito applicativo dell'articolo 3, comma 5, lettera e) del decreto legge 13 agosto 2011, n. 138, convertito, con modificazioni, dallalegge 14 settembre 2011, n. 148, per i contenuti e le procedure inerenti ai contratti assicurativi per i rischi derivanti dall'esercizio dell'attività professionale resa nell'ambito del Servizio sanitario nazionale o in rapporto di convenzione, il decreto di cui al comma 2 viene adottato sentita altresì la Conferenza permanente per i rapporti tra lo Stato, le regioni e le province autonome di Trento e di Bolzano. Resta comunque esclusa a carico degli enti del Servizio sanitario nazionale ogni copertura assicurativa della responsabilità civile ulteriore rispetto a quella prevista, per il relativo personale, dalla normativa contrattuale vigente.] (6)

5. Gli albi dei consulenti tecnici d'ufficio di cui all'articolo 13 del regio decreto 18 dicembre 1941, n. 1368, recante disposizioni di attuazione del codice di procedura civile, devono essere aggiornati con cadenza almeno quinquennale, al fine di garantire, oltre a quella medico legale, una idonea e qualificata rappresentanza di esperti delle discipline specialistiche dell'area sanitaria, anche con il coinvolgimento delle società scientifiche tra i quali scegliere per la nomina tenendo conto della disciplina interessata nel procedimento (7).

6. Dall'applicazione del presente articolo non devono derivare nuovi o maggiori oneri a carico della finanza pubblica (8).

(1) Comma sostituito dall'art. 1, co. 1, l. 8.11.2012, 189, in sede di conversione e successivamente abrogato dall'art. 6, co. 2, l. 8.3.2017 n. 24.
(2) Alinea modificato dall'art. 1, co. 1, l. 8.11.2012, 189, in sede di conversione.
(3) Lettera modificata dall'art. 1, co. 1, l. 8.11.2012, 189, in sede di conversione e successivamente dall'art. 27, co. 1, lett. a) e b), d.l. 24.6.2014, n. 90, conv., con modif., dalla l. 11.8.2014, n. 114.
(4) Lettera modificata dall'art. 1, co. 1, l. 8.11.2012, 189, in sede di conversione.
(5) Comma abrogato dall'art. 11, co. 2, l. 11.1.2018, n. 3.
(6) Comma modificato dall'art. 27, co. 1, lett. c), d.l. 24.6.2014, n. 90, conv., con modif., dalla l. 11.8.2014, n. 114 e successivamente abrogato dall'art. 11, co. 2, l. 11.1.2018, n. 3.
(7) Comma modificato dall'art. 1, co. 1, l. 8.11.2012, 189, in sede di conversione.
(8) Comma modificato dall'art. 1, co. 1, l. 8.11.2012, 189, in sede di conversione.

3. L. 8 marzo 2017, n. 24. – Disposizioni in materia di sicurezza delle cure e della persona assistita, nonché in materia di responsabilità professionale degli esercenti le professioni sanitarie (c.d. Legge Gelli Bianco)

In Gazzetta Ufficiale 17 marzo 2017, n. 64

1. Sicurezza delle cure in sanità.

1. La sicurezza delle cure è parte costitutiva del diritto alla salute ed è perseguita nell'interesse dell'individuo e della collettività.

2. La sicurezza delle cure si realizza anche mediante l'insieme di tutte le attività finalizzate alla prevenzione e alla gestione del rischio connesso all'erogazione di prestazioni sanitarie e l'utilizzo appropriato delle risorse strutturali, tecnologiche e organizzative.

3. Alle attività di prevenzione del rischio messe in atto dalle strutture sanitarie e sociosanitarie, pubbliche e private, è tenuto a concorrere tutto il personale, compresi i liberi professionisti che vi operano in regime di convenzione con il Servizio sanitario nazionale.

2. Attribuzione della funzione di garante per il diritto alla salute al Difensore civico regionale o provinciale e istituzione dei Centri regionali per la gestione del rischio sanitario e la sicurezza del paziente.

1. Le regioni e le province autonome di Trento e di Bolzano possono affidare all'ufficio del Difensore civico la funzione di garante per il diritto alla salute e disciplinarne la struttura organizzativa e il supporto tecnico.

2. Il Difensore civico, nella sua funzione di garante per il diritto alla salute, può essere adito gratuitamente da ciascun soggetto destinatario di prestazioni sanitarie, direttamente o mediante un proprio delegato, per la segnalazione di disfunzioni del sistema dell'assistenza sanitaria e sociosanitaria.

3. Il Difensore civico acquisisce, anche digitalmente, gli atti relativi alla segnalazione pervenuta e, qualora abbia verificato la fondatezza della segnalazione, interviene a tutela del diritto leso con i poteri e le modalità stabiliti dalla legislazione regionale.

4. In ogni regione è istituito, con le risorse umane, strumentali e finanziarie disponibili a legislazione vigente e comunque senza nuovi o maggiori oneri a carico della finanza pubblica, il Centro per la gestione del rischio sanitario e la sicurezza del paziente, che raccoglie dalle strutture sanitarie e sociosanitarie pubbliche e private i dati regionali sui rischi ed eventi avversi e sul contenzioso e li trasmette annualmente, mediante procedura telematica unificata a livello nazionale, all'Osservatorio nazionale delle buone pratiche sulla sicurezza nella sanità, di cui all'articolo 3.

5. All'articolo 1, comma 539, della legge 28 dicembre 2015, n. 208, è aggiunta, in fine, la seguente lettera: «d-*bis*) predisposizione di una relazione annuale consuntiva sugli eventi avversi verificatisi all'interno della struttura, sulle cause che hanno prodotto l'evento avverso e sulle conseguenti iniziative messe in atto. Detta relazione è pubblicata nel sito internet della struttura sanitaria».

3. Osservatorio nazionale delle buone pratiche sulla sicurezza nella sanità.

1. Entro tre mesi dalla data di entrata in vigore della presente legge, con decreto del Ministro della salute, previa intesa in sede di Conferenza permanente per i rapporti tra lo Stato, le regioni e le province autonome di Trento e di Bolzano, è istituito, senza nuovi o maggiori oneri per la finanza pubblica, presso l'Agenzia nazionale per i servizi sanitari regionali (AGENAS), l'Osservatorio nazionale delle buone pratiche sulla sicurezza nella sanità, di seguito denominato «Osservatorio».

2. L'Osservatorio acquisisce dai Centri per la gestione del rischio sanitario e la sicurezza del paziente, di cui all'articolo 2, i dati regionali relativi ai rischi ed eventi avversi nonché alle cause, all'entità, alla frequenza e all'onere finanziario del contenzioso e, anche mediante la predisposizione, con l'ausilio delle società scientifiche e delle associazioni tecnico-scientifiche delle professioni sanitarie di cui all'articolo 5, di linee di indirizzo, individua idonee misure per la prevenzione e la gestione del rischio sanitario e il monitoraggio delle buone pratiche per la sicurezza delle cure nonché per la formazione e l'aggiornamento del personale esercente le professioni sanitarie.

3. Il Ministro della salute trasmette annualmente alle Camere una relazione sull'attività svolta dall'Osservatorio.

4. L'Osservatorio, nell'esercizio delle sue funzioni, si avvale anche del Sistema informativo per il monitoraggio degli errori in sanità (SIMES), istituito con decreto del Ministro del lavoro, della salute e delle politiche sociali 11 dicembre 2009, pubblicato nella Gazzetta Ufficiale n. 8 del 12 gennaio 2010.

4. Trasparenza dei dati.

1. Le prestazioni sanitarie erogate dalle strutture pubbliche e private sono soggette all'obbligo di trasparenza, nel rispetto del codice in materia di protezione dei dati personali, di cui al decreto legislativo 30 giugno 2003, n. 196.

2. La direzione sanitaria della struttura pubblica o privata, entro sette giorni dalla presentazione della richiesta da parte degli interessati aventi diritto, in conformità alla disciplina sull'accesso ai documenti amministrativi e a quanto previsto dal codice in materia di protezione dei dati personali, di cui al decreto legislativo 30 giugno 2003, n. 196, fornisce la documentazione sanitaria disponibile relativa al paziente, preferibilmente in formato elettronico; le eventuali integrazioni sono fornite, in ogni caso, entro il termine massimo di trenta giorni dalla presentazione della suddetta richiesta. Entro novanta giorni dalla data di entrata in vigore della presente legge, le strutture sanitarie pubbliche e private adeguano i regolamenti interni adottati in attuazione della legge 7 agosto 1990, n. 241, alle disposizioni del presente comma.

3. Le strutture sanitarie pubbliche e private rendono disponibili, mediante pubblicazione nel proprio sito internet, i dati relativi a tutti i risarcimenti erogati nell'ultimo quinquennio, verificati nell'ambito dell'esercizio della funzione di monitoraggio, prevenzione e gestione del rischio sanitario (risk management) di cui all'articolo 1, comma 539, della legge 28 dicembre 2015, n. 208, come modificato dagli articoli 2 e 16 della presente legge.

4. All'articolo 37 del regolamento di polizia mortuaria, di cui al decreto del Presidente della Repubblica 10 settembre 1990, n. 285, dopo il comma 2 è inserito il seguente:
«*2-bis*. I familiari o gli altri aventi titolo del deceduto possono concordare con il direttore sanitario o sociosanitario l'esecuzione del riscontro diagnostico, sia nel caso di decesso ospedaliero che in altro luogo, e

possono disporre la presenza di un medico di loro fiducia».

5. Buone pratiche clinico-assistenziali e raccomandazioni previste dalle linee guida.

1. Gli esercenti le professioni sanitarie, nell'esecuzione delle prestazioni sanitarie con finalità preventive, diagnostiche, terapeutiche, palliative, riabilitative e di medicina legale, si attengono, salve le specificità del caso concreto, alle raccomandazioni previste dalle linee guida pubblicate ai sensi del comma 3 ed elaborate da enti e istituzioni pubblici e privati nonché dalle società scientifiche e dalle associazioni tecnico-scientifiche delle professioni sanitarie iscritte in apposito elenco istituito e regolamentato con decreto del Ministro della salute, da emanare entro novanta giorni dalla data di entrata in vigore della presente legge, e da aggiornare con cadenza biennale. In mancanza delle suddette raccomandazioni, gli esercenti le professioni sanitarie si attengono alle buone pratiche clinico-assistenziali.

2. Nel regolamentare l'iscrizione in apposito elenco delle società scientifiche e delle associazioni tecnico-scientifiche di cui al comma 1, il decreto del Ministro della salute stabilisce:

a) i requisiti minimi di rappresentatività sul territorio nazionale;

b) la costituzione mediante atto pubblico e le garanzie da prevedere nello statuto in riferimento al libero accesso dei professionisti aventi titolo e alla loro partecipazione alle decisioni, all'autonomia e all'indipendenza, all'assenza di scopo di lucro, alla pubblicazione nel sito istituzionale dei bilanci preventivi, dei consuntivi e degli incarichi retribuiti, alla dichiarazione e regolazione dei conflitti di interesse e all'individuazione di sistemi di verifica e controllo della qualità della produzione tecnico-scientifica;

c) le procedure di iscrizione all'elenco nonché le verifiche sul mantenimento dei requisiti e le modalità di sospensione o cancellazione dallo stesso.

3. Le linee guida e gli aggiornamenti delle stesse elaborati dai soggetti di cui al comma 1 sono integrati nel Sistema nazionale per le linee guida (SNLG), il quale è disciplinato nei compiti e nelle funzioni con decreto del Ministro della salute, da emanare, previa intesa in sede di Conferenza permanente per i rapporti tra lo Stato, le regioni e le province autonome di Trento e di Bolzano, [con la procedura di cui all'articolo 1, comma 28, secondo periodo, della legge 23 dicembre 1996, n. 662, e successive modificazioni,] entro centoventi giorni dalla data di entrata in vigore della presente legge. L'Istituto superiore di sanità pubblica nel proprio sito internet le linee guida e gli aggiornamenti delle stesse indicati dal SNLG, previa verifica della conformità della metodologia adottata a standard definiti e resi pubblici dallo stesso Istituto, nonché della rilevanza delle evidenze scientifiche dichiarate a supporto delle raccomandazioni (1).

4. Le attività di cui al comma 3 sono svolte nell'ambito delle risorse umane, finanziarie e strumentali già disponibili a legislazione vigente e comunque senza nuovi o maggiori oneri per la finanza pubblica.

(1) Comma modificato dall'art. 11, co. 1, l. 11.1.2018, n. 3.

6. Responsabilità penale dell'esercente la professione sanitaria.

1. Dopo l'articolo 590-*quinquies* del codice penale è inserito il seguente:

«Art. 590-*sexies* (Responsabilità colposa per morte o lesioni personali in ambito sanitario). – Se i fatti di cui agli articoli 589 e 590 sono commessi nell'esercizio della professione sanitaria, si applicano le pene ivi previste salvo quanto disposto dal secondo comma.

Qualora l'evento si sia verificato a causa di imperizia, la punibilità è esclusa quando sono rispettate le raccomandazioni previste dalle linee guida come definite e pubblicate ai sensi di legge ovvero, in mancanza di queste, le buone pratiche clinico-assistenziali, sempre che le raccomandazioni previste dalle predette linee guida risultino adeguate alle specificità del caso concreto».

2. All'articolo 3 del decreto-legge 13 settembre 2012, n. 158, convertito, con modificazioni, dalla legge 8 novembre 2012, n. 189, il comma 1 è abrogato.

7. Responsabilità civile della struttura e dell'esercente la professione sanitaria.

1. La struttura sanitaria o sociosanitaria pubblica o privata che, nell'adempimento della propria obbligazione, si avvalga dell'opera di esercenti la professione sanitaria, anche se scelti dal paziente e ancorché non dipendenti della struttura stessa, risponde, ai sensi degli articoli 1218 e 1228 del codice civile, delle loro condotte dolose o colpose.

2. La disposizione di cui al comma 1 si applica anche alle prestazioni sanitarie svolte in regime di libera professione intramuraria ovvero nell'ambito di attività di sperimentazione e di ricerca clinica ovvero in regime di convenzione con il Servizio sanitario nazionale nonché attraverso la telemedicina.

3. L'esercente la professione sanitaria di cui ai commi 1 e 2 risponde del proprio operato ai sensi dell'articolo 2043 del codice civile, salvo che abbia agito nell'adempimento di obbligazione contrattuale assunta con il paziente. Il giudice, nella determinazione del risarcimento del danno, tiene conto della condotta dell'esercente la professione sanitaria ai sensi dell'articolo 5 della presente legge e dell'articolo 590-*sexies* del codice penale, introdotto dall'articolo 6 della presente legge.

4. Il danno conseguente all'attività della struttura sanitaria o sociosanitaria, pubblica o privata, e dell'esercente la professione sanitaria è risarcito sulla base delle tabelle di cui agli articoli 138 e 139 del codice delle assicurazioni private, di cui al decreto legislativo 7 settembre 2005, n. 209, integrate, ove necessario, con la procedura di cui al comma 1 del predetto articolo 138 e sulla base dei criteri di cui ai citati articoli, per tener conto delle fattispecie da esse non previste, afferenti alle attività di cui al presente articolo.

5. Le disposizioni del presente articolo costituiscono norme imperative ai sensi del codice civile.

8. Tentativo obbligatorio di conciliazione.

1. Chi intende esercitare un'azione innanzi al giudice civile relativa a una controversia di risarcimento del danno derivante da responsabilità sanitaria è tenuto preliminarmente a proporre ricorso ai sensi dell'articolo 696-*bis* del codice di procedura civile dinanzi al giudice competente.

2. La presentazione del ricorso di cui al comma 1 costituisce condizione di procedibilità della domanda di risarcimento. È fatta salva la possibilità di esperire in alternativa il procedimento di mediazione ai sensi dell'articolo 5, comma 1, del decreto legislativo 4 marzo 2010, n. 28. In tali casi non trova invece applicazione l'articolo 3 del decreto-legge 12 settembre 2014, n. 132, convertito, con modificazioni, dalla legge 10 novembre 2014, n. 162. L'improcedibilità deve essere eccepita dal convenuto, a pena di decadenza, o rilevata d'ufficio dal giudice, non oltre la prima udienza. Il giudice, ove rilevi che il procedimento di cui all'articolo 696-*bis* del codice di procedura civile non è stato espletato ovvero che è iniziato ma non si è concluso, assegna alle parti il termine di quindici giorni per la presentazione dinanzi a sé dell'istanza di consulenza tecnica in via preventiva ovvero di completamento del procedimento (1)

3. Ove la conciliazione non riesca o il procedimento non si concluda entro il termine perentorio di sei mesi dal deposito del ricorso, la domanda diviene procedibile e gli effetti della domanda sono salvi se, entro novanta giorni dal deposito della relazione o dalla scadenza del termine perentorio, è depositato, presso il giudice che ha trattato il procedimento di cui al comma 1, il ricorso di cui all'articolo 281-*undecies* del codice di procedura civile. In tal caso il giudice fissa l'udienza di comparizione delle parti; e procede con le forme del rito semplificato di cognizione a norma degli articoli 281-*decies* e seguenti (2)

4. La partecipazione al procedimento di consulenza tecnica preventiva di cui al presente articolo, effettuato secondo il disposto dell'articolo 15 della presente legge, è obbligatoria per tutte le parti, comprese le imprese di assicurazione di cui all'articolo 10, che hanno l'obbligo di formulare l'offerta di risarcimento del danno ovvero comunicare i motivi per cui ritengono di non formularla. In caso di sentenza a favore del danneggiato, quando l'impresa di assicurazione non ha formulato l'offerta di risarcimento nell'ambito del procedimento di consulenza tecnica preventiva di cui ai commi precedenti, il giudice trasmette copia della sentenza all'Istituto per la vigilanza sulle assicurazioni (IVASS) per gli adempimenti di propria competenza. In caso di mancata partecipazione, il giudice, con il provvedimento che definisce il giudizio, condanna le parti che non hanno partecipato al pagamento delle spese di consulenza e di lite, indipendentemente dall'esito del giudizio, oltre che ad una pena pecuniaria, determinata equitativamente, in favore della parte che è comparsa alla conciliazione.

(1) Comma modificato dall'art. 15, co. 2, lett. a), d.lgs. 10.10.2022, n. 149, con effetto a decorrere dal 28.2.2023, come stabilito dall'art. 35, co. 1, d.lgs. n. 149/2022 medesimo, come modificato dall'art. 1, co. 380, lett. a), l. 29.12.2022, n. 197.

(2) Comma modificato dall'art. 15, co. 2, lett. b), d.lgs. 10.10.2022, n. 149, con effetto a decorrere dal 28.2.2023, come stabilito dall'art. 35, co. 1, d.lgs. n. 149/2022 medesimo, come modificato dall'art. 1, co. 380, lett. a), l. 29.12.2022, n. 197.

9. Azione di rivalsa o di responsabilità amministrativa.

1. L'azione di rivalsa nei confronti dell'esercente la professione sanitaria può essere esercitata solo in caso di dolo o colpa grave.

2. Se l'esercente la professione sanitaria non è stato parte del giudizio o della procedura stragiudiziale di risarcimento del danno, l'azione di rivalsa nei suoi confronti può essere esercitata soltanto successivamente al risarcimento avvenuto sulla base di titolo giudiziale o stragiudiziale ed è esercitata, a pena di decadenza, entro un anno dall'avvenuto pagamento.

3. La decisione pronunciata nel giudizio promosso contro la struttura sanitaria o sociosanitaria o contro l'impresa di assicurazione non fa stato nel giudizio di rivalsa se l'esercente la professione sanitaria non è stato parte del giudizio.

4. In nessun caso la transazione è opponibile all'esercente la professione sanitaria nel giudizio di rivalsa.

5. In caso di accoglimento della domanda di risarcimento proposta dal danneggiato nei confronti della struttura sanitaria o sociosanitaria pubblica, ai sensi dei commi 1 e 2 dell'articolo 7, o dell'esercente la professione sanitaria, ai sensi del comma 3 del medesimo articolo 7, l'azione di responsabilità amministrativa, per dolo o colpa grave, nei confronti dell'esercente la professione sanitaria è esercitata dal pubblico ministero presso la Corte dei conti. Ai fini della quantificazione del danno, fermo restando quanto previsto dall'articolo 1, comma 1-*bis*, della legge 14 gennaio 1994, n. 20, e dall'articolo 52, secondo comma, del testo unico di cui al regio decreto 12 luglio 1934, n. 1214, si tiene conto delle situazioni di fatto di particolare difficoltà, anche di natura organizzativa, della struttura sanitaria o sociosanitaria pubblica, in cui l'esercente la professione sanitaria ha operato. L'importo della condanna per la responsabilità amministrativa e della surrogazione di cui all'articolo 1916, primo comma, del codice civile, per singolo evento, in caso di colpa grave, non può superare una somma pari al triplo del valore maggiore della retribuzione lorda o del corrispettivo convenzionale conseguiti nell'anno di inizio della condotta causa dell'evento o nell'anno immediatamente precedente o successivo. Per i tre anni successivi al passaggio in giudicato della decisione di accoglimento della domanda di risarcimento proposta dal danneggiato, l'esercente la professione sanitaria, nell'ambito delle strutture sanitarie o sociosanitarie pubbliche, non può essere preposto ad incarichi professionali superiori rispetto a quelli ricoperti e il giudicato costituisce oggetto di specifica valutazione da parte dei commissari nei pubblici concorsi per incarichi superiori [(1)].

6. In caso di accoglimento della domanda proposta dal danneggiato nei confronti della struttura sanitaria o sociosanitaria privata o nei confronti dell'impresa di assicurazione titolare di polizza con la medesima struttura, la misura della rivalsa e quella della surrogazione richiesta dall'impresa di assicurazione, ai sensi dell'articolo 1916, primo comma, del codice civile, per singolo evento, in caso di colpa grave, non possono superare una somma pari al triplo del valore maggiore del reddito professionale, ivi compresa la retribuzione lorda, conseguito nell'anno di inizio della condotta causa dell'evento o nell'anno immediatamente precedente o successivo. Il limite alla misura della rivalsa, di cui al periodo precedente, non si applica nei confronti degli esercenti la professione sanitaria di cui all'articolo 10, comma 2 [(2)].

7. Nel giudizio di rivalsa e in quello di responsabilità amministrativa il giudice può desumere argomenti di prova dalle prove assunte nel giudizio instaurato dal danneggiato nei confronti della struttura sanitaria o sociosanitaria o dell'impresa di assicurazione se l'esercente la professione sanitaria ne è stato parte.

(1) Comma modificato dall'art. 11, co. 1, lett. a), l. 11.1.2018, n. 3.
(2) Comma modificato dall'art. 11, co. 1, lett. b), l. 11.1.2018, n. 3.

10. Obbligo di assicurazione.

1. Le strutture sanitarie e sociosanitarie pubbliche e private devono essere provviste di copertura assicurativa o di altre analoghe misure per la responsabilità civile verso terzi e per la responsabilità civile verso prestatori d'opera, ai sensi dell'articolo 27, comma 1-*bis*, del decreto-legge 24 giugno 2014, n. 90, convertito, con modificazioni, dalla legge 11 agosto 2014, n. 114, anche per danni cagionati dal personale a qualunque titolo operante presso le strutture sanitarie o sociosanitarie pubbliche e private, compresi coloro che svolgono attività di formazione, aggiornamento nonché di sperimentazione e di ricerca clinica. La disposizione del primo periodo si applica anche alle prestazioni sanitarie svolte in regime di libera professione intramuraria ovvero in regime di convenzione con il Servizio sanitario nazionale nonché attraverso la telemedicina. Le strutture di cui al primo periodo stipulano, altresì, polizze assicurative o adottano altre analoghe misure per la copertura della responsabilità civile verso terzi degli esercenti le professioni sanitarie anche ai sensi e per gli effetti delle disposizioni di cui al comma 3 dell'articolo 7, fermo restando quanto previsto dall'articolo 9. Le disposizioni di cui al periodo precedente non si applicano in relazione agli esercenti la professione sanitaria di cui al comma 2.

2. Per l'esercente la professione sanitaria che svolga la propria attività al di fuori di una delle strutture di cui al comma 1 del presente articolo o che presti la sua opera all'interno della stessa in regime libero-professionale ovvero che si avvalga della stessa nell'adempimento della propria obbligazione contrattuale assunta con il paziente ai sensi dell'articolo 7, comma 2, resta fermo l'obbligo di cui all'articolo 3, comma 5, lettera e), del decreto-legge 13 agosto 2011, n. 138, convertito, con modificazioni, dalla legge 14 settembre 2011, n. 148, all'articolo 5 del regolamento di cui al decreto del Presidente della Repubblica 7 agosto 2012, n. 137, e all'articolo 3, comma 2, del decreto-legge 13 settembre 2012, n. 158, convertito, con modificazioni, dalla legge 8 novembre 2012, n. 189.

3. Al fine di garantire efficacia alle azioni di cui all'articolo 9 e all'articolo 12, comma 3, ciascun esercente la professione sanitaria operante a qualunque titolo in strutture sanitarie o sociosanitarie pubbliche o private provvede alla stipula, con oneri a proprio carico, di un'adeguata polizza di assicurazione per colpa grave.

4. Le strutture di cui al comma 1 rendono nota, mediante pubblicazione nel proprio sito internet, la denominazione dell'impresa che presta la copertura assicurativa della responsabilità civile verso i terzi e verso i prestatori d'opera di cui al comma 1, indicando per esteso i contratti, le clausole assicurative ovvero le altre analoghe misure che determinano la copertura assicurativa.

5. Con decreto da emanare entro novanta giorni dalla data di entrata in vigore della presente legge, il Ministro dello sviluppo economico, di concerto con il Ministro della salute, definisce i criteri e le modalità per lo svolgimento delle funzioni di vigilanza e controllo esercitate dall'IVASS sulle imprese di assicurazione che intendano stipulare polizze con le strutture di cui al comma 1 e con gli esercenti la professione sanitaria.

6. Con decreto del Ministro dello sviluppo economico, da emanare entro centoventi giorni dalla data di entrata in vigore della presente legge, di concerto con il Ministro della salute e con il Ministro dell'economia e delle finanze, previa intesa in sede di Conferenza permanente per i rapporti tra lo Stato, le regioni e le province autonome di Trento e di Bolzano, sentiti l'IVASS, l'Associazione nazionale fra le imprese assicuratrici (ANIA), le Associazioni nazionali rappresentative delle strutture private che erogano prestazioni sanitarie e sociosanitarie, la Federazione nazionale degli ordini dei medici chirurghi e degli odontoiatri, le Federazioni nazionali degli ordini e dei collegi delle professioni sanitarie e le organizzazioni sindacali maggiormente rappresentative delle categorie professionali interessate, nonché le associazioni di tutela dei cittadini e dei pazienti, sono determinati i requisiti minimi delle polizze assicurative per le strutture sanitarie e sociosanitarie pubbliche e private e per gli esercenti le professioni sanitarie, prevedendo l'individuazione di classi di rischio a cui far corrispondere massimali differenziati. Il medesimo decreto stabilisce i requisiti minimi di garanzia e le condizioni generali di operatività delle altre analoghe misure, anche di assunzione diretta del rischio, richiamate dal comma 1; disciplina altresì le regole per il trasferimento del rischio nel caso di subentro contrattuale di un'impresa di assicurazione nonché la previsione nel bilancio delle strutture di un fondo rischi e di un fondo costituito dalla messa a riserva per competenza dei risarcimenti relativi ai sinistri denunciati. A tali fondi si applicano le disposizioni di cui all'articolo 1, commi 5 e 5-*bis*, del decreto-legge 18 gennaio 1993, n. 9, convertito, con modificazioni, dalla legge 18 marzo 1993, n. 67.

7. Con decreto del Ministro dello sviluppo economico da emanare, di concerto con il Ministro della salute e sentito l'IVASS, entro centoventi giorni dalla data di entrata in vigore della presente legge, sono individuati i dati relativi alle polizze di assicurazione stipulate ai sensi dei commi 1 e 2, e alle altre analoghe misure adottate ai sensi dei commi 1 e 6 e sono stabiliti, altresì, le modalità e i termini per la comunicazione di tali dati da parte delle strutture sanitarie e sociosanitarie pubbliche e private e degli esercenti le professioni sanitarie all'Osservatorio. Il medesimo decreto stabilisce le modalità e i termini per l'accesso a tali dati.

11. Estensione della garanzia assicurativa.

1. La garanzia assicurativa deve prevedere una operatività temporale anche per gli eventi accaduti nei dieci anni antecedenti la conclusione del contratto assicurativo, purché denunciati all'impresa di assicurazione durante la vigenza temporale della polizza. In caso di cessazione definitiva dell'attività professionale per qualsiasi causa deve essere previsto un periodo di ultrattività della copertura per le richieste di risarcimento presentate per la prima volta entro i dieci anni successivi e riferite a fatti generatori della responsabilità verificatisi nel periodo di efficacia della polizza, incluso il periodo di retroattività della copertura. L'ultrattività è estesa agli eredi e non è assoggettabile alla clausola di disdetta.

12. Azione diretta del soggetto danneggiato.

1. Fatte salve le disposizioni dell'articolo 8, il soggetto danneggiato ha diritto di agire direttamente, entro i limiti delle somme per le quali è stato stipulato il contratto di assicurazione, nei confronti dell'impresa di assicurazione che presta la copertura assicurativa alle strutture sanitarie o sociosanitarie pubbliche o private di cui al comma 1 dell'articolo 10 e all'esercente la professione sanitaria di cui al comma 2 del medesimo articolo 10.

2. Non sono opponibili al danneggiato, per l'intero massimale di polizza, eccezioni derivanti dal contratto diverse da quelle stabilite dal decreto di cui all'articolo 10, comma 6, che definisce i requisiti minimi delle polizze assicurative per le strutture sanitarie e sociosanitarie pubbliche e private e per gli esercenti le professioni sanitarie di cui all'articolo 10, comma 2.

3. L'impresa di assicurazione ha diritto di rivalsa verso l'assicurato nel rispetto dei requisiti minimi, non derogabili contrattualmente, stabiliti dal decreto di cui all'articolo 10, comma 6.

4. Nel giudizio promosso contro l'impresa di assicurazione della struttura sanitaria o sociosanitaria pubblica o privata a norma del comma 1 è litisconsorte necessario la struttura medesima; nel giudizio promosso contro l'impresa di assicurazione dell'esercente la professione sanitaria a norma del comma 1 è litisconsorte necessario l'esercente la professione sanitaria. L'impresa di assicurazione, l'esercente la professione sanitaria e il danneggiato hanno diritto di accesso alla documentazione della struttura relativa ai fatti dedotti in ogni fase della trattazione del sinistro.

5. L'azione diretta del danneggiato nei confronti dell'impresa di assicurazione è soggetta al termine di prescrizione pari a quello dell'azione verso la struttura sanitaria o sociosanitaria pubblica o privata o l'esercente la professione sanitaria.

6. Le disposizioni del presente articolo si applicano a decorrere dalla data di entrata in vigore del decreto di cui al comma 6 dell'articolo 10 con il quale sono determinati i requisiti minimi delle polizze assicurative per le strutture sanitarie e sociosanitarie e per gli esercenti le professioni sanitarie.

13. Obbligo di comunicazione all'esercente la professione sanitaria del giudizio basato sulla sua responsabilità.

1. Le strutture sanitarie e sociosanitarie di cui all'articolo 7, comma 1, e le imprese di assicurazione che prestano la copertura assicurativa nei confronti dei soggetti di cui all'articolo 10, commi 1 e 2, comunicano all'esercente la professione sanitaria l'instaurazione del giudizio promosso nei loro confronti dal danneggiato, entro quarantacinque giorni dalla ricezione della notifica dell'atto introduttivo, mediante posta elettronica certificata o lettera raccomandata con avviso di ricevimento contenente copia dell'atto introduttivo del giudizio. Le strutture sanitarie e sociosanitarie e le imprese di assicurazione entro quarantacinque giorni comunicano all'esercente la professione sanitaria, mediante posta elettronica certificata o lettera raccomandata con avviso di ricevimento, l'avvio di trattative stragiudiziali con il danneggiato, con invito a prendervi parte. L'omissione, la tardività o l'incompletezza delle comunicazioni di cui al presente comma preclude l'ammissibilità delle azioni di rivalsa o di responsabilità amministrativa di cui all'articolo 9 (1).

(1) Comma modificato dall'art. 11, co. 1, lett. d), l. 11.1.2018, n. 3.

14. Fondo di garanzia per i danni derivanti da responsabilità sanitaria.

1. È istituito, nello stato di previsione del Ministero della salute, il Fondo di garanzia per i danni derivanti da responsabilità sanitaria. Il Fondo di garanzia è alimentato dal versamento di un contributo annuale dovuto dalle imprese autorizzate all'esercizio delle assicurazioni per la responsabilità civile per i danni causati da responsabilità sanitaria. A tal fine il predetto contributo è versato all'entrata del bilancio dello Stato per essere riassegnato al Fondo di garanzia. Il Ministero della salute con apposita convenzione affida alla Concessionaria servizi assicurativi pubblici (CONSAP) Spa la gestione delle risorse del Fondo di garanzia.

2. Con regolamento adottato con decreto del Ministro della salute, da emanare entro centoventi giorni dalla data di entrata in vigore della presente legge, di concerto con il Ministro dello sviluppo economico e con il Ministro e dell'economia e delle finanze, sentite la Conferenza permanente per i rapporti tra lo Stato, le regioni e le province autonome di Trento e di Bolzano e le rappresentanze delle imprese di assicurazione, sono definiti:

a) la misura del contributo dovuto dalle imprese autorizzate all'esercizio delle assicurazioni per la responsabilità civile per i danni causati da responsabilità sanitaria;
b) le modalità di versamento del contributo di cui alla lettera a);
c) i principi cui dovrà uniformarsi la convenzione tra il Ministero della salute e la CONSAP Spa;
d) le modalità di intervento, il funzionamento e il regresso del Fondo di garanzia nei confronti del responsabile del sinistro.

3. Il Fondo di garanzia di cui al comma 1 concorre al risarcimento del danno nei limiti delle effettive disponibilità finanziarie.

4. La misura del contributo di cui al comma 2, lettera a), è aggiornata annualmente con apposito decreto del Ministro della salute, da adottare di concerto con il Ministro dello sviluppo economico e con il Ministro dell'economia e delle finanze, in relazione alle effettive esigenze della gestione del Fondo di garanzia.

5. Ai fini della rideterminazione del contributo di cui al comma 2, lettera a), la CONSAP Spa trasmette ogni anno al Ministero della salute e al Ministero dello sviluppo economico un rendiconto della gestione del Fondo di garanzia di cui al comma 1, riferito all'anno precedente, secondo le disposizioni stabilite dal regolamento di cui al comma 2.

6. Gli oneri per l'istruttoria e la gestione delle richieste di risarcimento sono posti a carico del Fondo di garanzia di cui al comma 1.

7. Il Fondo di garanzia di cui al comma 1 risarcisce i danni cagionati da responsabilità sanitaria nei seguenti casi:

a) qualora il danno sia di importo eccedente rispetto ai massimali previsti dai contratti di assicurazione stipulati dalla struttura sanitaria o sociosanitaria pubblica o privata ovvero dall'esercente la professione sanitaria ai sensi del decreto di cui all'articolo 10, comma 6;
b) qualora la struttura sanitaria o sociosanitaria pubblica o privata ovvero l'esercente la professione sanitaria risultino assicurati presso un'impresa che al momento del sinistro si trovi in stato di insolvenza o di liquidazione coatta amministrativa o vi venga posta successivamente;
c) qualora la struttura sanitaria o sociosanitaria pubblica o privata ovvero l'esercente la professione sanitaria siano sprovvisti di copertura assicurativa per recesso unilaterale dell'impresa assicuratrice ovvero per la sopravvenuta inesistenza o cancellazione dall'albo dell'impresa assicuratrice stessa.

7 bis. Il Fondo di garanzia di cui al comma 1 assolve anche alla funzione di agevolare l'accesso alla copertura assicurativa da parte degli esercenti le professioni sanitarie che svolgono la propria attività in regime libero-professionale, ai sensi dell'articolo 10, comma 6 (1).

8. Il decreto di cui all'articolo 10, comma 6, prevede che il massimale minimo sia rideterminato in relazione all'andamento del Fondo per le ipotesi di cui alla lettera a) del comma 7 del presente articolo.

9. Le disposizioni di cui al presente articolo si applicano ai sinistri denunciati per la prima volta dopo la data di entrata in vigore della presente legge.

10. Il Ministro dell'economia e delle finanze è autorizzato ad apportare, con propri decreti, le occorrenti variazioni di bilancio.

(1) Comma introdotto dall'art. 11, co. 1, lett. e), l. 11.1.2018, n. 3.

15. Nomina dei consulenti tecnici d'ufficio e dei periti nei giudizi di responsabilità sanitaria.

1. Nei procedimenti civili e nei procedimenti penali aventi ad oggetto la responsabilità sanitaria, l'autorità giudiziaria affida l'espletamento della consulenza tecnica e della perizia a un medico specializzato in medicina legale e a uno o più specialisti nella disciplina che abbiano specifica e pratica conoscenza di quanto oggetto del procedimento, avendo cura che i soggetti da nominare, scelti tra gli iscritti negli albi di cui ai commi 2 e 3, non siano in posizione di conflitto di interessi nello specifico procedimento o in altri connessi e che i consulenti tecnici d'ufficio da nominare nell'ambito del procedimento di cui all'articolo 8, comma 1, siano in possesso di adeguate e comprovate competenze nell'ambito della conciliazione acquisite anche mediante specifici percorsi formativi.

2. Negli albi dei consulenti di cui all'articolo 13 delle disposizioni per l'attuazione del codice di procedura civile e disposizioni transitorie, di cui al regio decreto 18 dicembre 1941, n. 1368, e dei periti di cui all'articolo 67 delle norme di attuazione, di coordinamento e transitorie del codice di procedura penale, di cui al decreto legislativo 28 luglio 1989, n. 271, devono essere indicate e documentate le specializzazioni degli iscritti esperti in medicina. In sede di revisione degli albi è indicata, relativamente a ciascuno degli esperti di cui al periodo precedente, l'esperienza professionale maturata, con particolare riferimento al numero e alla tipologia degli incarichi conferiti e di quelli revocati.

3. Gli albi dei consulenti di cui all'articolo 13 delle disposizioni per l'attuazione del codice di procedura civile e disposizioni transitorie, di cui al regio decreto 18 dicembre 1941, n. 1368, e gli albi dei periti di cui all'articolo 67 delle norme di attuazione, di coordinamento e transitorie del codice di procedura penale, di cui al decreto legislativo 28 luglio 1989, n. 271, devono essere aggiornati con cadenza almeno quinquennale, al fine di garantire, oltre a quella medico-legale, un'idonea e adeguata rappresentanza di esperti delle discipline specialistiche riferite a tutte le professioni sanitarie, tra i quali scegliere per la nomina tenendo conto della disciplina interessata nel procedimento.

4. Nei casi di cui al comma 1, l'incarico è conferito al collegio e, nella determinazione del compenso globale, non si applica l'aumento del 40 per cento per ciascuno degli altri componenti del collegio previsto dall'articolo 53 del testo unico delle disposizioni legislative e regolamentari in materia di spese di giustizia, di cui al decreto del Presidente della Repubblica 30 maggio 2002, n. 115.

16. Modifiche alla legge 28 dicembre 2015, n. 208, in materia di responsabilità professionale del personale sanitario.

1. All'articolo 1, comma 539, lettera a), della legge 28 dicembre 2015, n. 208, il secondo periodo è sostituito dal seguente: «I verbali e gli atti conseguenti all'attività di gestione del rischio clinico non possono essere acquisiti o utilizzati nell'ambito di procedimenti giudiziari».

2. All'articolo 1, comma 540, della legge 28 dicembre 2015, n. 208, le parole da: «ovvero» fino alla fine del comma sono sostituite dalle seguenti: «, in medicina legale ovvero da personale dipendente con adeguata formazione e comprovata esperienza almeno triennale nel settore».

17. Clausola di salvaguardia.

1. Le disposizioni della presente legge sono applicabili nelle regioni a statuto speciale e nelle province autonome di Trento e di Bolzano compatibilmente con i rispettivi statuti e le relative norme di attuazione, anche con riferimento alla legge costituzionale 18 ottobre 2001, n. 3.

18. Clausola di invarianza finanziaria.

1. Le amministrazioni interessate provvedono all'attuazione delle disposizioni di cui alla presente legge nell'ambito delle risorse umane, strumentali e finanziarie disponibili a legislazione vigente e comunque senza nuovi o maggiori oneri per la finanza pubblica.

La presente legge, munita del sigillo dello Stato, sarà inserita nella Raccolta ufficiale degli atti normativi della Repubblica italiana. È fatto obbligo a chiunque spetti di osservarla e di farla osservare come legge dello Stato.

C. Malattie mentali, O.P.G. e R.E.M.S.

4. L. 23 dicembre 1978, n. 833. – Istituzione del servizio sanitario nazionale (*artt. 1-4, 24, 35, 76*) (1) (2) (3) (4) (5)

In Gazzetta Ufficiale 28 dicembre 1978, n. 360, S.O.

(1) Il d.lgs. 29.4.1998, n. 124 ha riordinato il sistema di partecipazione al costo delle prestazioni sanitarie e del regime di esenzioni a norma dell'art. 59, co. 50, l. 27.12.1997, n. 449, prevedendo l'abrogazione (art. 8) di tutte le precedenti norme in materia di partecipazione alla spesa sanitaria e di esenzione dalla stessa non esplicitamente confermate. Questo provvedimento, quindi, deve intendersi soppresso nella parte in cui disciplina queste forme di partecipazione ed esenzione a far data dal 1.5.1998.

(2) Con il d.P.R. 10.12.1997, n. 483 è stato approvato il regolamento recante la disciplina concorsuale per il reclutamento del personale dirigenziale del Servizio sanitario nazionale, mentre con il d.P.R. 10.12.1997, n. 484 è stato approvato il regolamento recante la determinazione dei requisiti per l'accesso alla direzione sanitaria aziendale e dei requisiti e dei criteri per l'accesso al secondo livello dirigenziale per il personale del ruolo sanitario del Servizio sanitario nazionale.

(3) La denominazione "professione sanitaria ausiliaria" è sostituita dalla seguente: "professione sanitaria" (art. 1, l. 26.2.1999, n. 42).

(4) Le prefetture sono trasformate in uffici territoriali del governo a decorrere dalla data nomina del primo governo costituito a seguito delle prime elezioni politiche successive all'entrata in vigore del d.lgs. 30.7.1999, n. 300. Il prefetto preposto a tale ufficio nel capoluogo della regione assume anche le funzioni di commissario del governo (art. 11, d.lgs. n. 300/1999, cit.).

(5) Il riferimento al Ministro/Ministero per le politiche agricole deve intendersi al Ministro/Ministero delle politiche agricole e forestali (d.P.R. 13.9.1999).

TITOLO I
Il servizio sanitario nazionale

Capo I
Principi ed obiettivi

1. I principi.

La Repubblica tutela la salute come fondamentale diritto dell'individuo e interesse della collettività mediante il servizio sanitario nazionale.

La tutela della salute fisica e psichica deve avvenire nel rispetto della dignità e della libertà della persona umana.

Il servizio sanitario nazionale è costituito dal complesso delle funzioni, delle strutture, dei servizi e delle attività destinati alla promozione, al mantenimento ed al recupero della salute fisica e psichica di tutta la popolazione senza distinzione di condizioni individuali o sociali e secondo modalità che assicurino l'eguaglianza dei cittadini nei confronti del servizio. L'attuazione del servizio sanitario nazionale compete allo Stato, alle regioni e agli enti locali territoriali, garantendo la partecipazione dei cittadini.

Nel servizio sanitario nazionale è assicurato il collegamento ed il coordinamento con le attività e con gli interventi di tutti gli altri organi, centri, istituzioni e servizi, che svolgono nel settore sociale attività comunque incidenti sullo stato di salute degli individui e della collettività.

Le associazioni di volontariato possono concorrere ai fini istituzionali del servizio sanitario nazionale nei modi e nelle forme stabiliti dalla presente legge.

2. Gli obiettivi.

Il conseguimento delle finalità di cui al precedente articolo è assicurato mediante:

1) la formazione di una moderna coscienza sanitaria sulla base di un'adeguata educazione sanitaria del cittadino e delle comunità;
2) la prevenzione delle malattie e degli infortuni in ogni ambito di vita e di lavoro;
3) la diagnosi e la cura degli eventi morbosi quali che ne siano le cause, la fenomenologia e la durata;
4) la riabilitazione degli stati di invalidità e di inabilità somatica e psichica;
5) la promozione e la salvaguardia della salubrità e dell'igiene dell'ambiente naturale di vita e di lavoro;
6) l'igiene degli alimenti, delle bevande, dei prodotti e avanzi di origine animale per le implicazioni che attengono alla salute dell'uomo, nonché la prevenzione e la difesa sanitaria degli allevamenti animali ed il controllo della loro alimentazione integrata e medicata;
7) una disciplina della sperimentazione, produzione, immissione in commercio e distribuzione dei farmaci e dell'informazione scientifica sugli stessi diretta ad assicurare l'efficacia terapeutica, la non nocività e la economicità del prodotto;
8) la formazione professionale e permanente nonché l'aggiornamento scientifico culturale del personale del servizio sanitario nazionale.

Il servizio sanitario nazionale nell'ambito delle sue competenze persegue:

a) il superamento degli squilibri territoriali nelle condizioni socio-sanitarie del paese;
b) la sicurezza del lavoro, con la partecipazione dei lavoratori e delle loro organizzazioni, per prevenire ed eliminare condizioni pregiudizievoli alla salute e per garantire nelle fabbriche e negli altri luoghi di lavoro gli strumenti ed i servizi necessari;
c) le scelte responsabili e consapevoli di procreazione e la tutela della maternità e dell'infanzia, per assicurare la riduzione dei fattori di rischio connessi con la gravidanza e con il parto, le migliori condizioni di salute per la madre e la riduzione del tasso di patologia e di mortalità perinatale ed infantile;
d) la promozione della salute nell'età evolutiva, garantendo l'attuazione dei servizi medico-scolastici negli istituti di istruzione pubblica e privata di ogni ordine e grado, a partire dalla scuola materna, e favorendo con ogni mezzo l'integrazione dei soggetti handicappati;
e) la tutela sanitaria delle attività sportive;
f) la tutela della salute degli anziani, anche al fine di prevenire e di rimuovere le condizioni che possono concorrere alla loro emarginazione;
g) la tutela della salute mentale privilegiando il momento preventivo e inserendo i servizi psichiatrici nei servizi sanitari generali in modo da eliminare ogni forma di discriminazione e di segregazione pur nella specificità delle misure terapeutiche, e da favorire il recupero ed il reinserimento sociale dei disturbati psichici;
h) (*Omissis*) [(1)].

(1) Lettera soppressa dal d.P.R. 5.6.1993, n. 177.

Capo II
Competenze e strutture

3. Programmazione di obiettivi e di prestazioni sanitarie.

Lo Stato, nell'ambito della programmazione economica nazionale, determina, con il concorso delle regioni, gli obiettivi della programmazione sanitaria nazionale.

La legge dello Stato, in sede di approvazione del piano sanitario nazionale di cui all'articolo 53, fissa i livelli delle prestazioni sanitarie che devono essere, comunque, garantite a tutti i cittadini.

4. Uniformità delle condizioni di salute sul territorio nazionale.

Con legge dello Stato sono dettate norme dirette ad assicurare condizioni e garanzie di salute uniformi per tutto il territorio nazionale e stabilite le relative sanzioni penali, particolarmente in materia di:

1) inquinamento dell'atmosfera, delle acque e del suolo;
2) igiene e sicurezza in ambienti di vita e di lavoro;
3) omologazione, per fini prevenzionali, di macchine, di impianti, di attrezzature e di mezzi personali di protezione;
4) tutela igienica degli alimenti e delle bevande;
5) ricerca e sperimentazione clinica e sperimentazione sugli animali;
6) raccolta, frazionamento, conservazione e distribuzione del sangue umano.

Con decreto del Presidente del Consiglio dei ministri, su proposta del Ministro della sanità, sentito il Consiglio sanitario nazionale [(1)], sono fissati e periodicamente sottoposti a revisione i limiti massimi di accettabilità delle concentrazioni e i limiti massimi di esposizione relativi ad inquinamenti di natura chimica, fisica e biologica e delle emissioni sonore negli ambienti di lavoro, abitativi e nell'ambiente esterno.

(1) Ora Conferenza permanente per i rapporti fra lo Stato, le regioni e le province autonome.

24. Norme in materia di igiene e sicurezza negli ambienti di lavoro e di vita e di omologazioni.

Il Governo è delegato ad emanare, [entro il 31 dicembre 1979,] su proposta del Ministro della sanità con il decreto dei Ministri competenti, un testo unico in materia di sicurezza del lavoro, che riordini la disciplina generale del lavoro e della produzione al fine della prevenzione degli infortuni sul lavoro e delle malattie professionali, nonché in materia di omologazioni, unificando e innovando la legislazione vigente tenendo conto delle caratteristiche della produzione al fine di garantire la salute e l'integrità fisica dei lavoratori, secondo i principi generali indicati nella presente legge.

L'esercizio della delega deve uniformarsi ai seguenti criteri direttivi:

1) assicurare l'unitarietà degli obiettivi della sicurezza negli ambienti di lavoro e di vita, tenendo conto anche delle indicazioni della CEE e degli altri organismi internazionali riconosciuti;
2) prevedere l'emanazione di norme per assicurare il tempestivo e costante aggiornamento della normativa ai progressi tecnologici e alle conoscenze derivanti dalla esperienza diretta dei lavoratori;
3) prevedere l'istituzione di specifici corsi, anche obbligatori, di formazione antinfortunistica e prevenzionale;
4) prevedere la determinazione dei requisiti fisici e di età per attività e lavorazioni che presentino particolare rischio, nonché le cautele alle quali occorre attenersi e le relative misure di controllo;
5) definire le procedure per il controllo delle condizioni ambientali, per gli accertamenti preventivi e periodici sullo stato di sicurezza nonché di salute dei lavoratori esposti a rischio e per l'acquisizione delle informazioni epidemiologiche al fine di seguire sistematicamente l'evoluzione del rapporto salute-ambiente di lavoro;
6) stabilire:
   a) gli obblighi e le responsabilità per la progettazione, la realizzazione, la vendita, il noleggio, la concessione in uso e l'impiego di macchine, componenti e parti di macchine utensili, apparecchiature varie, attrezzature di lavoro e di sicurezza, dispositivi di sicurezza, mezzi personali di protezione, apparecchiature, prodotti e mezzi protettivi per uso lavorativo ed extra lavorativo, anche domestico;
   b) i criteri e le modalità per i collaudi e per le verifiche periodiche dei prodotti di cui alla precedente lettera a);
7) stabilire i requisiti ai quali devono corrispondere gli ambienti di lavoro al fine di consentirne l'agibilità, nonché l'obbligo di notifica all'autorità competente dei progetti di costruzione, di ampliamento, di trasformazione e di modifica di destinazione di impianti e di edifici destinati ad attività lavorative, per controllarne la rispondenza alle condizioni di sicurezza;
8) prevedere l'obbligo del datore di lavoro di programmare il processo produttivo in modo che esso risulti rispondente alle esigenze della sicurezza del lavoro, in particolare per quanto riguarda la dislocazione degli impianti e la determinazione dei rischi e dei mezzi per diminuirli;
9) stabilire le procedure di vigilanza allo scopo di garantire la osservanza delle disposizioni in materia di sicurezza del lavoro;
10) stabilire le precauzioni e le cautele da adottare per evitare l'inquinamento, sia interno che esterno, derivante da fattori di nocività chimici, fisici e biologici;
11) indicare i criteri e le modalità per procedere, in presenza di rischio grave ed imminente, alla sospensione dell'attività in stabilimenti, cantieri o reparti o al divieto d'uso di impianti, macchine, utensili, apparecchiature varie, attrezzature e prodotti, sino alla eliminazione delle condizioni di nocività o di rischio accertate;
12) determinare le modalità per la produzione, l'immissione sul mercato e l'impiego di sostanze e di prodotti pericolosi;
13) prevedere disposizioni particolari per settori lavorativi o per singole lavorazioni che comportino rischi specifici;
14) stabilire le modalità per la determinazione e per l'aggiornamento dei valori-limite dei fattori di nocività di origine chimica, fisica e biologica di cui all'ultimo comma dell'art. 4, anche in relazione alla localizzazione degli impianti;
15) prevedere le norme transitorie per conseguire condizioni di sicurezza negli ambienti di lavoro esistenti e le provvidenze da adottare nei confronti delle piccole e medie aziende per facilitare l'adeguamento degli impianti ai requisiti di sicurezza e di igiene previsti dal testo unico;
16) prevedere il riordinamento degli uffici e servizi della pubblica amministrazione preposti all'esercizio delle funzioni riservate allo Stato in materia di sicurezza del lavoro;
17) garantire il necessario coordinamento fra le funzioni esercitate dallo Stato e quelle esercitate nella materia dalle regioni e dai comuni al fine di assicurare unità di indirizzi ed omogeneità di comportamenti in tutto il territorio nazionale nell'applicazione delle disposizioni in materia di sicurezza del lavoro;
18) definire per quanto concerne le omologazioni:
   a) i criteri direttivi, le modalità e le forme per l'omologazione dei prototipi di serie e degli esemplari unici non di serie dei prodotti di cui al precedente numero 6), lettera a), sulla base di

specifiche tecniche predeterminate, al fine di garantire le necessarie caratteristiche di sicurezza;
b) i requisiti costruttivi dei prodotti da omologare;
c) le procedure e le metodologie per i controlli di conformità dei prodotti al tipo omologato.

Le norme delegate determinano le sanzioni per i casi di inosservanza delle disposizioni contenute nel testo unico, da graduare in relazione alla gravità delle violazioni e comportanti comunque, nei casi più gravi, l'arresto fino a sei mesi e l'ammenda fino a lire 10 milioni.

Sono escluse dalla delega le norme in materia di prevenzione contro gli infortuni relative: all'esercizio di servizi ed impianti gestiti dalle ferrovie dello Stato, all'esercizio di servizi ed impianti gestiti dal Ministero delle poste e delle telecomunicazioni, all'esercizio dei trasporti terrestri pubblici e all'esercizio della navigazione marittima, aerea ed interna; nonché le norme in materia di igiene del lavoro relative al lavoro a bordo delle navi mercantili e degli aeromobili.

35. Procedimento relativo agli accertamenti e trattamenti sanitari obbligatori in condizioni di degenza ospedaliera per malattia mentale e tutela giurisdizionale.

Il provvedimento con il quale il sindaco dispone il trattamento sanitario obbligatorio in condizioni di degenza ospedaliera, da emanarsi entro 48 ore dalla convalida di cui all'articolo 34, quarto comma, corredato dalla proposta medica motivata di cui all'articolo 33, terzo comma, e dalla suddetta convalida deve essere notificato, entro 48 ore dal ricovero, tramite messo comunale, al giudice tutelare nella cui circoscrizione rientra il comune.

Il giudice tutelare, entro le successive 48 ore, assunte le informazioni e disposti gli eventuali accertamenti, provvede con decreto motivato a convalidare o non convalidare il provvedimento e ne dà comunicazione al sindaco. In caso di mancata convalida il sindaco dispone la cessazione del trattamento sanitario obbligatorio in condizioni di degenza ospedaliera.

Se il provvedimento di cui al primo comma del presente articolo è disposto dal sindaco di un comune diverso da quello di residenza dell'infermo, ne va data comunicazione al sindaco di questo ultimo comune, nonché al giudice tutelare nella cui circoscrizione rientra il comune di residenza. Se il provvedimento di cui al primo comma del presente articolo è adottato nei confronti di cittadini stranieri o di apolidi, ne va data comunicazione al Ministero dell'interno, e al consolato competente, tramite il prefetto.

Nei casi in cui il trattamento sanitario obbligatorio debba protrarsi oltre il settimo giorno, ed in quelli di ulteriore prolungamento, il sanitario responsabile del servizio psichiatrico della unità sanitaria locale è tenuto a formulare, in tempo utile, una proposta motivata al sindaco che ha disposto il ricovero, il quale ne dà comunicazione al giudice tutelare, con le modalità e per gli adempimenti di cui al primo e secondo comma del presente articolo, indicando la ulteriore durata presumibile del trattamento stesso.

Il sanitario di cui al comma precedente è tenuto a comunicare al sindaco, sia in caso di dimissione del ricoverato che in continuità di degenza, la cessazione delle condizioni che richiedono l'obbligo del trattamento sanitario; comunica altresì la eventuale sopravvenuta impossibilità a proseguire il trattamento stesso. Il sindaco, entro 48 ore dal ricevimento della comunicazione del sanitario, ne dà notizia al giudice tutelare.

Qualora ne sussista la necessità il giudice tutelare adotta i provvedimenti urgenti che possono occorrere per conservare e per amministrare il patrimonio dell'infermo.

La omissione delle comunicazioni di cui al primo, quarto e quinto comma del presente articolo determina la cessazione di ogni effetto del provvedimento e configura, salvo che non sussistano gli estremi di un delitto più grave, il reato di omissione di atti di ufficio.

Chi è sottoposto a trattamento sanitario obbligatorio, e chiunque vi abbia interesse, può proporre al tribunale competente per territorio ricorso contro il provvedimento convalidato dal giudice tutelare.

Entro il termine di trenta giorni, decorrente dalla scadenza del termine di cui al secondo comma del presente articolo, il sindaco può proporre analogo ricorso avverso la mancata convalida del provvedimento che dispone il trattamento sanitario obbligatorio.

Nel processo davanti al tribunale le parti possono stare in giudizio senza ministero di difensore e farsi rappresentare da persona munita di mandato scritto in calce al ricorso o in atto separato. Il ricorso può essere presentato al tribunale mediante raccomandata con avviso di ricevimento.

Il presidente del tribunale fissa l'udienza di comparizione delle parti con decreto in calce al ricorso che, a cura del cancelliere, è notificato alle parti nonché al pubblico ministero.

Il presidente del tribunale, acquisito il provvedimento che ha disposto il trattamento sanitario obbligatorio e sentito il pubblico ministero, può sospendere il trattamento medesimo anche prima che sia tenuta l'udienza di comparizione.

Sulla richiesta di sospensiva il presidente del tribunale provvede entro dieci giorni.

Il tribunale provvede in camera di consiglio, sentito il pubblico ministero, dopo avere assunto le informazioni e raccolto le prove disposte di ufficio o richieste dalle parti.

I ricorsi ed i successivi provvedimenti sono esenti da imposta di bollo. La decisione del processo non è soggetta a registrazione.

76. Modalità transitorie per la riscossione dei contributi obbligatori di malattia.

Fino al 31 dicembre 1979 gli adempimenti relativi

all'accertamento, alla riscossione e al recupero in via giudiziale dei contributi sociali di malattia e di ogni altra somma ad essi connessa restano affidati agli enti mutualistici ed altri istituti e gestioni interessati, posti in liquidazione ai sensi della legge 29 giugno 1977, n. 349.

A decorrere dal 1° gennaio 1980 e fino alla completa fiscalizzazione degli oneri sociali tali adempimenti sono affidati all'INPS, che terrà contabilità separate per ciascun degli enti o gestioni soppressi e vi provvederà secondo le norme e le procedure in vigore per l'accertamento e la riscossione dei contributi di propria pertinenza.

[Tali adempimenti restano invece affidati agli enti mutualistici e ad altri istituti e gestioni interessati posti in liquidazione ai sensi della legge 29 giugno 1977, n. 349, per i contributi di malattia riferiti agli anni 1979 e precedenti.] [(1)]

I contributi di competenza degli enti di malattia dovranno affluire in apposito conto corrente infruttifero di tesoreria intestato al Ministro del tesoro, mediante versamento da parte dei datori di lavoro e degli esattori od enti, incaricati della riscossione a mezzo ruolo, con bollettino di conto corrente postale o altro idoneo sistema stabilito con decreto del Ministro del lavoro e della previdenza sociale, di concerto con il Ministro del tesoro.

Restano salve le sanzioni penali previste in materia dalla vigente legislazione.

Per l'attuazione dei nuovi compiti provvisoriamente attribuiti ai sensi del presente articolo, l'INPS, sia a livello centrale che periferico, è tenuto ad avvalersi di personale degli enti già preposti a tali compiti. Le competenze fisse ed accessorie ed i relativi oneri riflessi sono a carico dell'INPS.

A decorrere dal 1° gennaio 1980 vengono affidati all'INPS gli adempimenti previsti da convenzioni già stipulate con l'INAM ai sensi della legge 4 giugno 1973, n. 311, dalle organizzazioni sindacali maggiormente rappresentative a carattere nazionale.

(1) Comma abrogato dall'art. 23 quinquies, d.l. 30.11.1979, n. 663, conv., con modif., in l. 29.2.1980, n. 33.

5. D.L. 22 dicembre 2011, n. 211, convertito, con modificazioni, in L. 17 febbraio 2012, n. 9. – Interventi urgenti per il contrasto della tensione detentiva determinata dal sovraffollamento delle carceri (*art. 3 ter*)

In Gazzetta Ufficiale 22 dicembre 2011, n. 297

3 ter. Disposizioni per il definitivo superamento degli ospedali psichiatrici giudiziari [(1)].

1. Il completamento del processo di superamento degli ospedali psichiatrici giudiziari già previsto dall'allegato C del decreto del Presidente del Consiglio dei Ministri 1° aprile 2008, pubblicato nella Gazzetta Ufficiale n. 126 del 30 maggio 2008, e dai conseguenti accordi sanciti dalla Conferenza unificata ai sensi dell'articolo 9 del decreto legislativo 28 agosto 1997, n. 281, nelle sedute del 20 novembre 2008, 26 novembre 2009 e 13 ottobre 2011, secondo le modalità previste dal citato decreto e dai successivi accordi è disciplinato ai sensi dei commi seguenti [(2)].

2. Entro il 31 marzo 2012, con decreto di natura non regolamentare del Ministro della salute, adottato di concerto con il Ministro della giustizia, d'intesa con la Conferenza permanente per i rapporti tra lo Stato, le regioni e le province autonome di Trento e di Bolzano ai sensi dell'articolo 3 del decreto legislativo 28 agosto 1997, n. 281, sono definiti, ad integrazione di quanto previsto dal decreto del Presidente della Repubblica 14 gennaio 1997, pubblicato nel supplemento ordinario alla Gazzetta Ufficiale n. 42 del 20 febbraio 1997, ulteriori requisiti strutturali, tecnologici e organizzativi, anche con riguardo ai profili di sicurezza, relativi alle strutture destinate ad accogliere le persone cui sono applicate le misure di sicurezza del ricovero in ospedale psichiatrico giudiziario e dell'assegnazione a casa di cura e custodia.

3. Il decreto di cui al comma 2 è adottato nel rispetto dei seguenti criteri:

a) esclusiva gestione sanitaria all'interno delle strutture;
b) attività perimetrale di sicurezza e di vigilanza esterna, ove necessario in relazione alle condizioni dei soggetti interessati, da svolgere nel limite delle risorse umane, strumentali e finanziarie disponibili a legislazione vigente;
c) destinazione delle strutture ai soggetti provenienti, di norma, dal territorio regionale di ubicazione delle medesime.

4. Dal 31 marzo 2015 gli ospedali psichiatrici giudiziari sono chiusi e le misure di sicurezza del ricovero in ospedale psichiatrico giudiziario e dell'assegnazione a casa di cura e custodia sono eseguite esclusivamente all'interno delle strutture sanitarie di cui al comma 2, fermo restando che le persone che hanno cessato di essere socialmente pericolose devono essere senza indugio dimesse e prese in carico, sul territorio, dai Dipartimenti di salute mentale. Il giudice dispone nei confronti dell'infermo di mente e del seminfermo di mente l'applicazione di una misura di sicurezza, anche in via provvisoria, diversa dal ricovero in un ospedale psichiatrico giudiziario o in una casa di cura e custodia, salvo quando sono acquisiti elementi dai quali risulta che ogni misura diversa non è idonea ad assicurare cure adeguate e a fare fronte alla sua pericolosità sociale, il cui accertamento è effettuato sulla base delle qualità soggettive della persona e senza tenere conto delle condizioni di cui all'articolo 133, secondo comma, numero 4, del codice penale. Allo stesso modo provvede il magistrato di sorveglianza quando interviene ai sensi dell'articolo 679 del codice di procedura penale. Non costituisce elemento idoneo a supportare il giudizio di pericolosità sociale la sola mancanza di programmi terapeutici individuali [(3)].

5. Per la realizzazione di quanto previsto dal comma 1, in deroga alle disposizioni vigenti relative al contenimento della spesa di personale, le regioni e le province autonome di Trento e di Bolzano, comprese anche quelle che hanno sottoscritto i piani di rientro dai disavanzi sanitari, previa valutazione e autorizzazione del Ministro della salute assunta di concerto con il Ministro per la pubblica amministrazione e la semplificazione e del Ministro dell'economia e delle finanze, possono assumere personale qualificato da dedicare anche ai percorsi terapeutico riabilitativi finalizzati al recupero e reinserimento sociale dei pazienti internati provenienti dagli ospedali psichiatrici giudiziari.

6. Per la copertura degli oneri derivanti dalla attuazione del presente articolo, limitatamente alla realizzazione e riconversione delle strutture, è autorizzata la spesa di 120 milioni di euro per l'anno 2012 e 60 milioni di euro per l'anno 2013. Le predette risorse, in deroga alla procedura di attuazione del programma pluriennale di interventi di cui all'articolo 20 della legge 11 marzo 1988, n. 67, sono ripartite tra le regioni [e province autonome], con decreto del Ministro della salute, di concerto con il Ministro dell'economia e delle finanze, previa intesa sancita dalla Conferenza permanente per i rapporti tra lo Stato, le regioni e le province autonome di Trento e di Bolzano, ed assegnate alla singola regione [o provincia autonoma] con decreto del Ministro della salute di approvazione di uno specifico programma di utilizzo proposto dalla medesima regione [o provincia autonoma] [, che deve consentire la realizzabilità di progetti terapeutico-riabilitativi individuali]. Il programma, oltre agli interventi strutturali, prevede attività volte progressivamente a incrementare la realizzazione dei percorsi terapeutico riabilitativi di cui al comma 5, definendo prioritariamente tempi certi e impegni precisi per il superamento degli ospedali psichiatrici giudiziari, prevedendo la dimissione di tutte le persone internate per le quali l'autorità giudiziaria abbia già escluso o escluda la sussistenza della pericolosità sociale, con l'obbligo per le aziende sanitarie locali di presa in carico all'interno di progetti terapeutico-riabilitativi individuali che assicurino il diritto alle cure e al reinserimento sociale, nonché a favorire l'esecuzione di misure di sicurezza alternative al ricovero in ospedale psichiatrico giudiziario o all'assegnazione a casa di cura e custodia. A tal fine le regioni, senza nuovi o maggiori oneri a carico della finanza pubblica, nell'ambito delle risorse destinate alla formazione, organizzano corsi di formazione per gli operatori del settore finalizzati alla progettazione e alla organizzazione di percorsi terapeutico-riabilitativi e alle esigenze di mediazione culturale. Entro il 15 giugno 2014, le regioni possono modificare i programmi presentati in precedenza al fine di provvedere alla riqualificazione dei dipartimenti di salute mentale, di contenere il numero complessivo di posti letto da realizzare nelle strutture sanitarie di cui al comma 2 e di destinare le risorse alla realizzazione o riqualificazione delle sole strutture pubbliche. All'erogazione delle risorse si provvede per stati di avanzamento dei lavori. Per le province autonome di Trento e di Bolzano si applicano le disposizioni di cui all'articolo 2, comma 109, della legge 23 dicembre 2009, n. 191. Agli oneri derivanti dal presente comma si provvede, quanto a 60 milioni di euro per l'anno 2012, utilizzando quota parte delle risorse di cui al citato articolo 20 della legge n. 67 del 1988; quanto ad ulteriori 60 milioni di euro per l'anno 2012, mediante corrispondente riduzione del Fondo di cui all'articolo 7-*quinquies* del decreto-legge 10 febbraio 2009, n. 5, convertito, con modificazioni, dalla legge 9 aprile 2009, n. 33; quanto a 60 milioni di euro per l'anno 2013, mediante corrispondente riduzione del Fondo di cui all'articolo 32, comma 1, del decreto-legge 6 luglio 2011, n. 98, convertito, con modificazioni, dalla legge 15 luglio 2011, n. 111 [(4)].

7. Al fine di concorrere alla copertura degli oneri per l'esercizio delle attività di cui al comma 1 nonché degli oneri derivanti dal comma 5 e dal terzo periodo del comma 6, è autorizzata la spesa nel limite massimo complessivo di 38 milioni di euro per l'anno 2012 e 55 milioni di euro annui a decorrere dall'anno 2013. Agli oneri derivanti dal presente comma si provvede:

a) quanto a 7 milioni di euro annui a decorrere dall'anno 2012, mediante riduzione degli stanziamenti relativi alle spese rimodulabili di cui all'articolo 21, comma 5, lettera b), della legge 31 dicembre 2009, n. 196, dei programmi del Ministero degli affari esteri;

b) quanto a 24 milioni di euro annui a decorrere dall'anno 2012, mediante corrispondente riduzione dell'autorizzazione di spesa di cui all'articolo 2, comma 361, della legge 24 dicembre 2007, n. 244;

c) quanto a 7 milioni di euro per l'anno 2012 e a 24 milioni di euro annui a decorrere dall'anno 2013, mediante riduzione degli stanziamenti relativi alle spese rimodulabili di cui all'articolo 21, comma 5, lettera b), della legge 31 dicembre 2009, n. 196, dei programmi del Ministero della giustizia [(5)] [(6)].

8. Il Comitato permanente per la verifica dell'erogazione dei livelli essenziali di assistenza di cui all'articolo 9 dell'intesa tra lo Stato, le regioni e le province autonome di Trento e di Bolzano del 23 marzo 2005, provvede al monitoraggio e alla verifica dell'attuazione del presente articolo.

8.1. Fino al superamento degli ospedali psichiatrici giudiziari, l'attuazione delle disposizioni di cui al presente articolo costituisce adempimento ai fini della verifica del Comitato permanente per la verifica dell'erogazione dei livelli essenziali di assistenza [7].

8 bis. Entro il 30 novembre 2013 il Ministro della salute e il Ministro della giustizia comunicano alle competenti Commissioni parlamentari lo stato di attuazione dei programmi regionali, di cui al comma 6, relativi al superamento degli ospedali psichiatrici giudiziari e in particolare il grado di effettiva presa in carico dei malati da parte dei dipartimenti di salute mentale e del conseguente avvio dei programmi di cura e di reinserimento sociale [8].

9. Nel caso di mancata presentazione del programma di cui al comma 6 entro il termine del 15 maggio 2013, ovvero di mancato rispetto del termine di completamento del predetto programma, il Governo, in attuazione dell'articolo 120 della Costituzione e nel rispetto dell'articolo 8 della legge 5 giugno 2003, n. 131, provvede in via sostitutiva al fine di assicurare piena esecuzione a quanto previsto dal comma 4. Nel caso di ricorso alla predetta procedura il Consiglio dei Ministri, sentita la Conferenza permanente per i rapporti tra lo Stato, le regioni e le province autonome di Trento e di Bolzano, nomina commissario la stessa persona per tutte le regioni per le quali si rendono necessari gli interventi sostitutivi [9].

10. A seguito dell'attuazione del presente articolo la destinazione dei beni immobili degli ex ospedali psichiatrici giudiziari è determinata d'intesa tra il Dipartimento dell'amministrazione penitenziaria del Ministero della giustizia, l'Agenzia del demanio e le regioni ove gli stessi sono ubicati.

(1) Articolo introdotto dall'art. 1 l. 17.2.2012, n. 9, in sede di conversione.
(2) Comma modificato dall'art. 1, co. 1, lett. a), d.l. 25.3.2013, n. 24, conv., con modif., in l. 23.5.2013 n. 57.
(3) Comma modificato dall'art. 1, co. 1, lett. b), d.l. 25.3.2013, n. 24, conv., con modif., dalla l. 23.5.2013 n. 57 e successivamente dall'art. 1, co. 1, d.l. 31.3.2014 n. 52, conv., con modif., in l. 30.5.2014 n. 81.
(4) Comma modificato dall'art. 6, co. 3, d.l. 13.9.2012, n. 158, dall'art. 1, co. 1, lett. c), d.l. 25.3.2013, n. 24, conv., con modif., dalla l. 23.5.2013 n. 57 e poi dall'art. 1, co. 1 bis, lett. a), d.l. 31.3.2014 n. 52, conv., con modif., in l. 30.5.2014 n. 81.
(5) Comma modificato dall'art. 1, co. 1, lett. d), d.l. 25.3.2013, n. 24, conv., con modif., in l. 23.5.2013 n. 57.
(6) Secondo quanto previsto dall'art. 23 quinquies, co. 1, d.l. 28.10.2020, n. 137, conv., con modif., dalla l. 18.12.2020, n. 176, al fine di non vanificare la portata innovativa delle disposizioni qui previste, l'autorizzazione di spesa di cui al presente comma, è incrementata di 1 milione di euro a decorrere dall'anno 2021.
(7) Comma introdotto dall'art. 1, co. 1 bis, lett. b), d.l. 31.3.2014 n. 52, conv., con modif., in l. 30.5.2014 n. 81.
(8) Comma introdotto dall'art. 1, co. 1, lett. d bis), d.l. 25.3.2013, n. 24, conv., con modif., dalla l. 23.5.2013 n. 57.
(9) Comma sostituito dall'art. 1, co. 1, lett. e), d.l. 25.3.2013, n. 24, conv., con modif., dalla l. 23.5.2013 n. 57.

6. D.L. 31 marzo 2014, n. 52, convertito, con modificazioni, in L. 30 maggio 2014, n. 81. – Disposizioni urgenti in materia di superamento degli ospedali psichiatrici giudiziari

In Gazzetta Ufficiale 1 aprile 2014, n. 76

1. Modifiche all'articolo 3-*ter* del decreto-legge 22 dicembre 2011, n. 211, convertito, con modificazioni, dalla legge 17 febbraio 2012, n. 9.

1. Al comma 4 dell'articolo 3-*ter* del decreto-legge 22 dicembre 2011, n. 211, convertito, con modificazioni, dalla legge 17 febbraio 2012, n. 9, sono apportate le seguenti modificazioni:

a) al primo periodo, le parole: «1° aprile 2014» sono sostituite dalle seguenti: «31 marzo 2015»;
b) dopo il primo periodo sono aggiunti i seguenti: "Il giudice dispone nei confronti dell'infermo di mente e del seminfermo di mente l'applicazione di una misura di sicurezza, anche in via provvisoria, diversa dal ricovero in un ospedale psichiatrico giudiziario o in una casa di cura e custodia, salvo quando sono acquisiti elementi dai quali risulta che ogni misura diversa non è idonea ad assicurare cure adeguate e a fare fronte alla sua pericolosità sociale, il cui accertamento è effettuato sulla base delle qualità soggettive della persona e senza tenere conto delle condizioni di cui all'articolo 133, secondo comma, numero 4, del codice penale. Allo stesso modo provvede il magistrato di sorveglianza quando interviene ai sensi dell'articolo 679 del codice di procedura penale. Non costituisce elemento idoneo a supportare il giudizio di pericolosità sociale la sola mancanza di programmi terapeutici individuali" [1].

1 bis. All'articolo 3-*ter* del decreto-legge 22 dicembre 2011, n. 211, convertito, con modificazioni, dalla legge 17 febbraio 2012, n. 9, sono apportate le seguenti modificazioni:

a) al comma 6, dopo il terzo periodo sono inseriti i seguenti: "A tal fine le regioni, senza nuovi o maggiori oneri a carico della finanza pubblica, nell'ambito delle risorse destinate alla formazione, organizzano corsi di formazione per gli operatori del settore finalizzati alla progettazione e alla organizzazione di percorsi terapeutico-riabilitativi e alle esigenze di mediazione culturale. Entro il 15 giugno 2014, le regioni possono modificare i programmi presentati in precedenza al fine di provvedere alla riqualificazione dei dipartimenti di salute mentale, di contenere il numero complessivo di posti letto da realizzare nelle strutture sanitarie di cui al comma 2 e di destinare le risorse alla realizzazione o riqualificazione delle sole strutture pubbliche";

b) dopo il comma 8 è inserito il seguente:

"8.1. Fino al superamento degli ospedali psichiatrici giudiziari, l'attuazione delle disposizioni di cui al presente articolo costituisce adempimento ai fini della verifica del Comitato permanente per la verifica dell'erogazione dei livelli essenziali di assistenza" (2).

1 ter. I percorsi terapeutico-riabilitativi individuali di dimissione di ciascuna delle persone ricoverate negli ospedali psichiatrici giudiziari alla data di entrata in vigore della legge di conversione del presente decreto, di cui ai commi 5 e 6 dell'articolo 3-*ter* del decreto-legge 22 dicembre 2011, n. 211, convertito, con modificazioni, dalla legge 17 febbraio 2012, n. 9, e successive modificazioni, devono essere obbligatoriamente predisposti e inviati al Ministero della salute e alla competente autorità giudiziaria entro quarantacinque giorni dalla data di entrata in vigore della legge di conversione del presente decreto. I programmi sono predisposti dalle regioni e dalle province autonome di Trento e di Bolzano attraverso i competenti dipartimenti e servizi di salute mentale delle proprie aziende sanitarie, in accordo e con il concorso delle direzioni degli ospedali psichiatrici giudiziari. Per i pazienti per i quali è stata accertata la persistente pericolosità sociale, il programma documenta in modo puntuale le ragioni che sostengono l'eccezionalità e la transitorietà del prosieguo del ricovero (3).

1 quater. Le misure di sicurezza detentive provvisorie o definitive, compreso il ricovero nelle residenze per l'esecuzione delle misure di sicurezza, non possono durare oltre il tempo stabilito per la pena detentiva prevista per il reato commesso, avuto riguardo alla previsione edittale massima. Per la determinazione della pena a tali effetti si applica l'articolo 278 del codice di procedura penale. Per i delitti puniti con la pena dell'ergastolo non si applica la disposizione di cui al primo periodo (4).

2. Al fine di monitorare il rispetto del termine di cui all'articolo 3-*ter*, comma 4, del decreto-legge 22 dicembre 2011, n. 211, convertito, con modificazioni, dalla legge 17 febbraio 2012, n. 9, come modificato dal comma 1 del presente decreto, le regioni comunicano al Ministero della salute, al Ministero della giustizia e al comitato paritetico interistituzionale di cui all'articolo 5, comma 2, del decreto del Presidente del Consiglio dei ministri 1° aprile 2008, pubblicato nella Gazzetta Ufficiale n. 126 del 30 maggio 2008, entro l'ultimo giorno del semestre successivo alla data di entrata in vigore del presente decreto, lo stato di realizzazione e riconversione delle strutture di cui all'articolo 3-*ter*, comma 6, del decreto-legge 22 dicembre 2011, n. 211, convertito, con modificazioni, dalla legge 17 febbraio 2012, n. 9, nonché tutte le iniziative assunte per garantire il completamento del processo di superamento degli ospedali psichiatrici giudiziari. Quando dalla comunicazione della regione risulta che lo stato di realizzazione e riconversione delle strutture e delle iniziative assunte per il superamento degli ospedali psichiatrici giudiziari è tale da non garantirne il completamento entro il successivo semestre il Governo provvede in via sostitutiva a norma dell'articolo 3-*ter*, comma 9, del decreto-legge 22 dicembre 2011, n. 211, convertito, con modificazioni, dalla legge 17 febbraio 2012, n. 9.

2 bis. Entro trenta giorni dalla data di entrata in vigore della legge di conversione del presente decreto è attivato presso il Ministero della salute un organismo di coordinamento per il superamento degli ospedali psichiatrici giudiziari composto da rappresentanti del Ministero della salute, del Ministero della giustizia, delle regioni e delle province autonome di Trento e di Bolzano, al fine di esercitare funzioni di monitoraggio e di coordinamento delle iniziative assunte per garantire il completamento del processo di superamento degli ospedali psichiatrici giudiziari. A tal fine l'organismo di coordinamento si raccorda con il comitato paritetico interistituzionale di cui all'articolo 5, comma 2, del citato decreto del Presidente del Consiglio dei ministri 1° aprile 2008. La partecipazione alle sedute dell'organismo di coordinamento non dà luogo alla corresponsione di compensi, gettoni, emolumenti, indennità o rimborsi spese comunque denominati. Ogni tre mesi dalla data di entrata in vigore della legge di conversione del presente decreto, il Ministro della salute e il Ministro della giustizia trasmettono alle Camere una relazione sullo stato di attuazione delle suddette iniziative (5).

3. Agli oneri derivanti dalla proroga prevista dal comma 1, pari a 4,38 milioni di euro per il 2014 ed a 1,46 milioni di euro per il 2015, si provvede mediante corrispondente riduzione, per i medesimi anni, dell'autorizzazione di spesa di cui all'articolo 3-*ter*, comma 7, del decreto-legge 22 dicembre 2011, n. 211, convertito, con modificazioni, dalla legge 17 febbraio 2012 n. 9. Le relative risorse sono iscritte al pertinente programma dello stato di previsione del Ministero della giustizia per gli anni 2014 e 2015. Il Ministro dell'economia e delle finanze è autorizzato ad apportare, con proprio decreto, le occorrenti variazioni di bilancio (6).

(1) Lettera sostituita dall'art. 1, co. 1, l. 30.5.2014, n. 81, in sede di conversione.

(2) Comma introdotto dall'art. 1, co. 1, l. 30.5.2014, n. 81, in sede di conversione.

(3) Comma introdotto dall'art. 1, co. 1, l. 30.5.2014, n. 81, in sede di conversione.

(4) Comma introdotto dall'art. 1, co. 1, l. 30.5.2014, n. 81, in sede di conversione.

(5) Comma introdotto dall'art. 1, co. 1, l. 30.5.2014, n. 81, in sede di conversione.
(6) Comma modificato dall'art. 1, co. 1, l. 30.5.2014, n. 81, in sede di conversione.

2. Entrata in vigore.

1. Il presente decreto entra in vigore il giorno stesso della sua pubblicazione nella Gazzetta Ufficiale della Repubblica italiana e sarà presentato alle Camere per la conversione in legge.

Il presente decreto, munito del sigillo dello Stato, sarà inserito nella Raccolta ufficiale degli atti normativi della Repubblica italiana. È fatto obbligo a chiunque spetti di osservarlo e di farlo osservare.

SEGRETO DI STATO

1. L. 3 agosto 2007, n. 124. – Sistema di informazione per la sicurezza della Repubblica e nuova disciplina del segreto (*artt. 1, 17-27, 36, 39*)

In Gazzetta Ufficiale 13 agosto 2007, n. 187

Capo I
Struttura del sistema di informazione per la sicurezza della Repubblica

1. Competenze del Presidente del Consiglio dei ministri.

1. Al Presidente del Consiglio dei ministri sono attribuiti, in via esclusiva:

a) l'alta direzione e la responsabilità generale della politica dell'informazione per la sicurezza, nell'interesse e per la difesa della Repubblica e delle istituzioni democratiche poste dalla Costituzione a suo fondamento;
b) l'apposizione e la tutela del segreto di Stato;
c) la conferma dell'opposizione del segreto di Stato;
d) la nomina e la revoca del direttore generale e di uno o più vice direttori generali del Dipartimento delle informazioni per la sicurezza;
e) la nomina e la revoca dei direttori e dei vice direttori dei servizi di informazione per la sicurezza;
f) la determinazione dell'ammontare annuo delle risorse finanziarie per i servizi di informazione per la sicurezza e per il Dipartimento delle informazioni per la sicurezza, di cui dà comunicazione al Comitato parlamentare di cui all'articolo 30.

2. Ai fini dell'esercizio delle competenze di cui alle lettere b) e c) del comma 1, il Presidente del Consiglio dei ministri determina i criteri per l'apposizione e l'opposizione del segreto ed emana le disposizioni necessarie per la sua tutela amministrativa, nonché quelle relative al rilascio e alla revoca dei nulla osta di sicurezza.

3. Il Presidente del Consiglio dei ministri provvede al coordinamento delle politiche dell'informazione per la sicurezza, impartisce le direttive e, sentito il Comitato interministeriale per la sicurezza della Repubblica, emana ogni disposizione necessaria per l'organizzazione e il funzionamento del Sistema di informazione per la sicurezza della Repubblica.

3-bis. Il Presidente del Consiglio dei Ministri, sentito il Comitato interministeriale per la sicurezza della Repubblica, impartisce al Dipartimento delle informazioni per la sicurezza e ai servizi di informazione per la sicurezza direttive per rafforzare le attività di informazione per la protezione delle infrastrutture critiche materiali e immateriali, con particolare riguardo alla protezione cibernetica e alla sicurezza informatica nazionali [(1)].

(1) Comma introdotto dall'art. 1, co. 1, l. 7.8.2012, n. 133.

Capo III
Garanzie funzionali, stato giuridico del personale e norme di contabilità

17. Ambito di applicazione delle garanzie funzionali.

1. Fermo quanto disposto dall'articolo 51 del codice penale, non è punibile il personale dei servizi di informazione per la sicurezza che ponga in essere condotte previste dalla legge come reato, legittimamente autorizzate di volta in volta in quanto indispensabili alle finalità istituzionali di tali servizi, nel rispetto rigoroso dei limiti di cui ai commi 2, 3, 4 e 5 del presente articolo e delle procedure fissate dall'articolo 18.

2. La speciale causa di giustificazione di cui al comma 1 non si applica se la condotta prevista dalla legge come reato configura delitti diretti a mettere in pericolo o a ledere la vita, l'integrità fisica, la personalità individuale, la libertà personale, la libertà morale, la salute o l'incolumità di una o più persone.

3. La speciale causa di giustificazione non si applica, altresì, nei casi di delitti di cui agli articoli 289 e 294 del codice penale e di delitti contro l'amministrazione della giustizia, salvo che si tratti di condotte di favoreggiamento personale o reale indispensabili alle finalità istituzionali dei servizi di informazione per la sicurezza e poste in essere nel rispetto rigoroso delle procedure fissate dall'articolo 18, sempre che tali condotte di favoreggiamento non si realizzino attraverso false dichiarazioni all'autorità giudiziaria oppure attraverso occultamento della prova di un delitto ovvero non siano dirette a sviare le indagini disposte dall'autorità giudiziaria. La speciale causa di giustificazione non si applica altresì alle condotte previste come reato a norma dell'articolo 255 del codice penale e della legge 20 febbraio 1958, n. 75, e successive modificazioni.

4. Non possono essere autorizzate, ai sensi dell'articolo 18, condotte previste dalla legge come reato per le quali non è opponibile il segreto di Stato a norma dell'articolo 39, comma 11, ad eccezione delle fattispecie di cui agli articoli 270-*bis*, secondo comma, e 416-*bis*, primo comma, del codice penale.

5. Le condotte di cui al comma 1 non possono essere effettuate nelle sedi di partiti politici rappresentati in Parlamento o in un'assemblea o consiglio regionale, nelle sedi di organizzazioni sindacali ovvero nei confronti di giornalisti professionisti iscritti all'albo.

6. La speciale causa di giustificazione si applica quando le condotte:

a) sono poste in essere nell'esercizio o a causa di compiti istituzionali dei servizi di informazione per la sicurezza, in attuazione di un'operazione autorizzata e documentata ai sensi dell'articolo 18 e secondo le norme organizzative del Sistema di informazione per la sicurezza;
b) sono indispensabili e proporzionate al conseguimento degli obiettivi dell'operazione non altrimenti perseguibili;
c) sono frutto di una obiettiva e compiuta comparazione degli interessi pubblici e privati coinvolti;
d) sono effettuate in modo tale da comportare il minor danno possibile per gli interessi lesi.

7. Quando, per particolari condizioni di fatto e per eccezionali necessità, le attività indicate nel presente articolo sono state svolte da persone non addette ai servizi di informazione per la sicurezza, in concorso con uno o più dipendenti dei servizi di informazione per la sicurezza, e risulta che il ricorso alla loro opera da parte dei servizi di informazione per la sicurezza era indispensabile ed era stato autorizzato secondo le procedure fissate dall'articolo 18, tali persone sono equiparate, ai fini dell'applicazione della speciale causa di giustificazione, al personale dei servizi di informazione per la sicurezza.

18. Procedure di autorizzazione delle condotte previste dalla legge come reato.

1. In presenza dei presupposti di cui all'articolo 17 e nel rispetto rigoroso dei limiti da esso stabiliti, il Presidente del Consiglio dei ministri, o l'Autorità delegata, ove istituita, autorizza le condotte previste dalla legge come reato e le operazioni di cui esse sono parte.

2. Il Presidente del Consiglio dei ministri, o l'Autorità delegata, ove istituita, rilascia l'autorizzazione, motivandola, sulla base di una circostanziata richiesta del direttore del servizio di informazione per la sicurezza interessato, tempestivamente trasmessa informandone il DIS. Le richieste e le autorizzazioni devono avere forma scritta, anche ai fini della loro conservazione nello schedario di cui al comma 7.

3. Il Presidente del Consiglio dei ministri o l'Autorità delegata, ove istituita, può in ogni caso modificare o revocare il provvedimento adottato a norma del comma 1 con l'utilizzo delle medesime forme previste dal comma 2.

4. Nei casi di assoluta urgenza, che non consentono di acquisire tempestivamente l'autorizzazione di cui al comma 2, e qualora l'Autorità delegata non sia istituita, il direttore del servizio di informazione per la sicurezza autorizza le condotte richieste e ne dà comunicazione immediata, e comunque non oltre le ventiquattro ore, al Presidente del Consiglio dei ministri, informandone il DIS, indicando circostanze e motivi dell'intervento di urgenza.

5. Il Presidente del Consiglio dei ministri o l'Autorità delegata, ove istituita, se l'autorizzazione era di sua competenza, qualora riscontri la sussistenza dei presupposti di cui all'articolo 17, nonché il rispetto del termine di comunicazione di cui al comma 4, ratifica il provvedimento entro dieci giorni.

6. Nei casi in cui la condotta prevista dalla legge come reato sia stata posta in essere in assenza ovvero oltre i limiti delle autorizzazioni previste dal presente articolo, il Presidente del Consiglio dei ministri adotta le necessarie misure e informa l'autorità giudiziaria senza ritardo.

7. La documentazione relativa alle richieste di autorizzazione previste nel presente articolo è conservata presso il DIS in apposito schedario segreto, unitamente alla documentazione circa le relative spese, secondo le norme emanate con il regolamento di cui all'articolo 4, comma 7. La rendicontazione di tali spese è sottoposta a specifica verifica da parte dell'ufficio ispettivo del DIS, di cui all'articolo 4, comma 3, lettera i).

19. Opposizione della speciale causa di giustificazione all'autorità giudiziaria.

1. Quando risulta che per taluna delle condotte indicate all'articolo 17 e autorizzate ai sensi dell'articolo 18 sono iniziate indagini preliminari, il direttore del servizio di informazione per la sicurezza interessato, tramite il DIS, oppone all'autorità giudiziaria che procede l'esistenza della speciale causa di giustificazione.

2. Nel caso indicato al comma 1, il procuratore della Repubblica interpella immediatamente il Presidente del Consiglio dei ministri, chiedendo che sia data conferma della sussistenza dell'autorizzazione di cui all'articolo 18. Gli atti delle indagini sul fatto e quelli relativi all'opposizione sono separati e iscritti in apposito registro riservato, per essere custoditi secondo modalità che ne tutelino la segretezza.

3. Quando l'esistenza della speciale causa di giustificazione è opposta nel corso dell'udienza preliminare o del giudizio, il Presidente del Consiglio dei ministri è interpellato dal giudice che procede.

4. Il Presidente del Consiglio dei ministri, se sussiste l'autorizzazione, ne dà comunicazione entro dieci giorni all'autorità che procede, indicandone i motivi. Della conferma è data immediata comunicazione al Comitato parlamentare di cui all'articolo 30. Nelle more della pronuncia del Presidente del Consiglio dei ministri il procedimento è sospeso.

5. Se la conferma non interviene nel termine indicato al comma 4, essa si intende negata e l'autorità giudiziaria procede secondo le ordinarie disposizioni.

6. Se il Presidente del Consiglio dei ministri conferma la sussistenza dell'autorizzazione, il giudice, su richiesta del pubblico ministero o d'ufficio, pronuncia, a seconda dei casi, sentenza di non luogo a procedere o di assoluzione. Gli atti del procedimento sono, all'esito, trasmessi al procuratore della Repubblica, che li custodisce in archivio secondo modalità, dallo stesso determinate, idonee a tutelarne la segretezza.

7. Analoga procedura di custodia degli atti viene seguita quando è sollevato conflitto di attribuzione fino a che il conflitto non sia stato risolto.

8. Se è stato sollevato conflitto di attribuzione, la Corte costituzionale ha pieno accesso agli atti del procedimento e al provvedimento di autorizzazione del Presidente del Consiglio dei ministri, con le garanzie di segretezza che la Corte stessa stabilisce.

9. Quando l'esistenza della speciale causa di giustificazione è eccepita dall'appartenente ai servizi di informazione per la sicurezza o da uno dei soggetti di cui all'articolo 17, comma 7, al momento dell'arresto in flagranza o dell'esecuzione di una misura cautelare, l'esecuzione del provvedimento è sospesa e la persona è accompagnata dalla polizia giudiziaria nei propri uffici per esservi trattenuta per il tempo strettamente necessario ai primi accertamenti e comunque non oltre ventiquattro ore, salvo il caso previsto al comma 10.

10. Il procuratore della Repubblica, immediatamente informato, provvede a norma degli articoli 390 e seguenti del codice di procedura penale, dispone le necessarie verifiche e chiede conferma al direttore generale del DIS, che deve rispondere entro ventiquattro ore dalla richiesta. La persona è trattenuta negli uffici della polizia giudiziaria sino a quando perviene la conferma del direttore generale del DIS e comunque non oltre ventiquattro ore dalla ricezione della richiesta. Decorso il termine senza che sia pervenuta la conferma richiesta, si procede a norma del codice di procedura penale.

11. Se necessario, il procuratore della Repubblica chiede conferma al Presidente del Consiglio dei ministri, che conferma o smentisce l'esistenza della causa di giustificazione entro dieci giorni dalla richiesta. Se la conferma non interviene nel termine indicato, essa si intende negata e l'autorità giudiziaria procede secondo le ordinarie disposizioni.

20. Sanzioni penali.

1. Gli appartenenti ai servizi di informazione per la sicurezza e *i soggetti di cui all'*articolo 17, comma 7, che preordinano illegittimamente le condizioni per il rilascio dell'autorizzazione di cui all'articolo 18 sono puniti con la reclusione da tre a dieci anni.

21. Contingente speciale del personale.

1. Con apposito regolamento è determinato il contingente speciale del personale addetto al DIS e ai servizi di informazione per la sicurezza, istituito presso la Presidenza del Consiglio dei ministri.

Il regolamento disciplina altresì, anche in deroga alle vigenti disposizioni di legge e nel rispetto dei criteri di cui alla presente legge, l'ordinamento e il reclutamento del personale garantendone l'unitarietà della gestione, il relativo trattamento economico e previdenziale, nonché il regime di pubblicità del regolamento stesso.

2. Il regolamento determina, in particolare:

a) l'istituzione di un ruolo unico del personale dei servizi di informazione per la sicurezza e del DIS, prevedendo le distinzioni per le funzioni amministrative, operative e tecniche;

b) la definizione di adeguate modalità concorsuali e selettive, aperte anche a cittadini esterni alla pubblica amministrazione, per la scelta del personale;

c) i limiti temporali per le assunzioni a tempo determinato nel rispetto della normativa vigente per coloro che, ai sensi della lettera e), non vengono assunti tramite concorso;

d) l'individuazione di una quota di personale chiamato a svolgere funzioni di diretta collaborazione con il direttore generale del DIS e con i direttori dei servizi di informazione per la sicurezza, la cui permanenza presso i rispettivi organismi è legata alla permanenza in carica dei medesimi direttori;

e) il divieto di assunzione diretta, salvo casi di alta e particolare specializzazione debitamente documentata, per attività assolutamente necessarie all'operatività del DIS e dei servizi di informazione per la sicurezza;

f) le ipotesi di incompatibilità, collegate alla presenza di rapporti di parentela entro il terzo grado o di affinità entro il secondo grado o di convivenza o di comprovata cointeressenza economica con dipendenti dei servizi di informazione per la sicurezza o del DIS, salvo che l'assunzione avvenga per concorso; qualora il rapporto di parentela o di affinità o di convivenza o di cointeressenza economica riguardi il direttore generale del DIS o i direttori dei servizi di informazione per la sicurezza, l'incompatibilità è assoluta;

g) il divieto di affidare incarichi a tempo indeterminato a chi è cessato per qualunque ragione dal rapporto di dipendenza dal DIS e dai servizi di informazione per la sicurezza;

h) i criteri per la progressione di carriera;

i) la determinazione per il DIS e per ciascun servizio della percentuale minima dei dipendenti del ruolo di cui alla lettera a);

l) i casi eccezionali di conferimento di incarichi ad esperti esterni, nei limiti e in relazione a particolari profili professionali, competenze o specializzazioni;
m) i criteri e le modalità relativi al trattamento giuridico ed economico del personale che rientra nell'amministrazione di provenienza al fine del riconoscimento delle professionalità acquisite e degli avanzamenti di carriera conseguiti;
n) i criteri e le modalità per il trasferimento del personale del ruolo di cui alla lettera a) ad altra amministrazione.

3. Per il reclutamento del personale addetto al DIS e ai servizi di informazione per la sicurezza non si applicano le norme di cui alla legge 12 marzo 1999, n. 68, e successive modificazioni, e all'articolo 16 della legge 28 febbraio 1987, n. 56, e successive modificazioni.

4. Le assunzioni effettuate in violazione dei divieti previsti dalla presente legge o dal regolamento sono nulle, ferma restando la responsabilità personale, patrimoniale e disciplinare di chi le ha disposte.

5. Il regolamento definisce la consistenza numerica, le condizioni e le modalità del passaggio del personale della Segreteria generale del CESIS, del SISMI e del SISDE nel ruolo di cui al comma 2, lettera a).

6. Il regolamento definisce, nei limiti delle risorse finanziarie previste a legislazione vigente e fermo restando quanto stabilito dal comma 6 dell'articolo 29 della presente legge, il trattamento economico onnicomprensivo del personale appartenente al DIS, all'AISE e all'AISI, costituito dallo stipendio, dall'indennità integrativa speciale, dagli assegni familiari e da una indennità di funzione, da attribuire in relazione al grado, alla qualifica e al profilo rivestiti e alle funzioni svolte.

7. È vietato qualsiasi trattamento economico accessorio diverso da quelli previsti dal regolamento. In caso di rientro nell'amministrazione di appartenenza o di trasferimento presso altra pubblica amministrazione, è escluso il mantenimento del trattamento economico principale e accessorio maturato alle dipendenze dei servizi di informazione per la sicurezza, fatte salve le misure eventualmente disposte ai sensi della lettera m) del comma 2.

8. Il regolamento disciplina i casi di cessazione dei rapporti di dipendenza, di ruolo o non di ruolo.

9. Il regolamento stabilisce le incompatibilità preclusive del rapporto con il DIS e con i servizi di informazione per la sicurezza, in relazione a determinate condizioni personali, a incarichi ricoperti e ad attività svolte, prevedendo specifici obblighi di dichiarazione e, in caso di violazione, le conseguenti sanzioni.

10. Non possono svolgere attività, in qualsiasi forma, alle dipendenze del Sistema di informazione per la sicurezza persone che, per comportamenti o azioni eversive nei confronti delle istituzioni democratiche, non diano sicuro affidamento di scrupolosa fedeltà alla Costituzione.

11. In nessun caso il DIS e i servizi di informazione per la sicurezza possono, nemmeno saltuariamente, avere alle loro dipendenze o impiegare in qualità di collaboratori o di consulenti membri del Parlamento europeo, del Parlamento o del Governo nazionali, consiglieri regionali, provinciali, comunali o membri delle rispettive giunte, dipendenti degli organi costituzionali, magistrati, ministri di confessioni religiose e giornalisti professionisti o pubblicisti.

12. Tutto il personale che presta comunque la propria opera alle dipendenze o a favore del DIS o dei servizi di informazione per la sicurezza è tenuto, anche dopo la cessazione di tale attività, al rispetto del segreto su tutto ciò di cui sia venuto a conoscenza nell'esercizio o a causa delle proprie funzioni.

22. Tutela giurisdizionale [1].

1. La tutela giurisdizionale davanti al giudice amministrativo, avente ad oggetto controversie relative al rapporto di lavoro, è disciplinata dal codice del processo amministrativo.

(1) Articolo sostituito dall'art. 3, co. 22, dell'Allegato 4, d.lgs. 2.7.2010, n. 104.

23. Esclusione della qualifica di ufficiale o di agente di polizia giudiziaria e di pubblica sicurezza.

1. Il personale di cui all'articolo 21 non riveste la qualifica di ufficiale o di agente di polizia giudiziaria né, salvo quanto previsto al comma 2, quella di ufficiale o di agente di pubblica sicurezza. Tali qualità sono sospese durante il periodo di appartenenza al contingente speciale di cui all'articolo 21 per coloro che le rivestono in base agli ordinamenti dell'amministrazione di provenienza.

2. In relazione allo svolgimento di attività strettamente necessarie a una specifica operazione dei servizi di informazione per la sicurezza o volte alla tutela delle strutture e del personale del DIS o dei servizi di informazione per la sicurezza, la qualifica di ufficiale o di agente di pubblica sicurezza, con funzioni di polizia di prevenzione, può essere attribuita a taluno dei soggetti appartenenti al contingente speciale di cui all'articolo 21, per non oltre un anno, dal Presidente del Consiglio dei ministri, su proposta del direttore generale del DIS.

3. L'attribuzione della qualifica è rinnovabile.

4. L'attribuzione della qualifica è comunicata al Ministro dell'interno.

5. Nei casi di urgenza, la proposta del direttore generale del DIS può essere formulata anche in forma orale e seguita entro ventiquattro ore dalla comunicazione scritta.

6. In deroga alle ordinarie disposizioni, il personale di cui all'articolo 21 ha l'obbligo di denunciare fatti costituenti reato ai rispettivi direttori i quali, senza ritardo, informano il Presidente del Consiglio dei ministri, o l'Autorità delegata, ove istituita.

7. I direttori dei servizi di informazione per la sicurezza e il direttore generale del DIS hanno l'obbligo di fornire ai competenti organi di polizia giudiziaria le informazioni e gli elementi di prova relativamente a fatti configurabili come reati, di cui sia stata acquisita conoscenza nell'ambito delle strutture che da essi rispettivamente dipendono.

8. L'adempimento dell'obbligo di cui al comma 7 può essere ritardato, su autorizzazione del Presidente del Consiglio dei ministri, quando ciò sia strettamente necessario al perseguimento delle finalità istituzionali del Sistema di informazione per la sicurezza.

24. Identità di copertura.

1. Il direttore generale del DIS, previa comunicazione al Presidente del Consiglio dei ministri o all'Autorità delegata, ove istituita, può autorizzare, su proposta dei direttori dell'AISE e dell'AISI, l'uso, da parte degli addetti ai servizi di informazione per la sicurezza, di documenti di identificazione contenenti indicazioni di qualità personali diverse da quelle reali. Con la medesima procedura può essere disposta o autorizzata l'utilizzazione temporanea di documenti e certificati di copertura.

2. Fermo restando quanto previsto dall'articolo 23, comma 2, i documenti indicati al comma 1 del presente articolo, ivi compresi quelli rilasciati dalle Forze di polizia di cui all'articolo 16 della legge 1° aprile 1981, n. 121, non conferiscono le qualità di agente e di ufficiale di polizia giudiziaria, di pubblica sicurezza o di polizia tributaria [(1)].

3. Con apposito regolamento sono definite le modalità di rilascio e conservazione nonché la durata della validità dei documenti e dei certificati di cui al comma 1. Presso il DIS è tenuto un registro riservato attestante i tempi e le procedure seguite per il rilascio dei documenti e dei certificati di cui al comma 1. Al termine dell'operazione, il documento o il certificato è conservato in apposito archivio istituito presso il DIS.

(1) Comma sostituito dall'art. 4, co. 1, l. 7.8.2012, n. 133.

25. Attività simulate.

1. Il direttore generale del DIS, previa comunicazione al Presidente del Consiglio dei ministri o all'Autorità delegata, ove istituita, può autorizzare, su proposta dei direttori dell'AISE e dell'AISI, l'esercizio di attività economiche simulate, sia nella forma di imprese individuali sia nella forma di società di qualunque natura.

2. Il consuntivo delle attività di cui al comma 1 è allegato al bilancio consuntivo dei fondi riservati.

3. Con apposito regolamento sono stabilite le modalità di svolgimento delle attività di cui al comma 1.

26. Trattamento delle notizie personali.

1. La raccolta e il trattamento delle notizie e delle informazioni sono finalizzati esclusivamente al perseguimento degli scopi istituzionali del Sistema di informazione per la sicurezza.

2. Il DIS, tramite l'ufficio ispettivo di cui all'articolo 4, comma 3, lettera i), e i direttori dei servizi di informazione per la sicurezza garantiscono il rispetto di quanto disposto dal comma 1.

3. Il personale addetto al Sistema di informazione per la sicurezza che in qualunque forma istituisca o utilizzi schedari informativi in violazione di quanto previsto al comma 1 è punito, se il fatto non costituisce più grave reato, con la reclusione da tre a dieci anni.

4. Il DIS, l'AISE e l'AISI non possono istituire archivi al di fuori di quelli la cui esistenza è stata ufficialmente comunicata al Comitato parlamentare di cui all'articolo 30, ai sensi dell'articolo 33, comma 6.

27. Tutela del personale nel corso di procedimenti giudiziari.

1. Quando, nel corso di un procedimento giudiziario, devono essere assunte le dichiarazioni di un addetto ai servizi di informazione per la sicurezza o al DIS, l'autorità giudiziaria procedente adotta ogni possibile tutela della persona che deve essere esaminata.

2. In particolare, nel corso del procedimento penale, l'autorità giudiziaria dispone la partecipazione a distanza della persona di cui al comma 1 con l'osservanza, in quanto compatibili, delle disposizioni previste all'articolo 146-*bis* delle norme di attuazione, di coordinamento e transitorie del codice di procedura penale, di cui al decreto legislativo 28 luglio 1989, n. 271. La partecipazione a distanza è disposta a condizione che siano disponibili strumenti tecnici idonei a consentire il collegamento audiovisivo e che la presenza della persona non sia necessaria.

3. In ogni caso si applicano, ove ne ricorrano le condizioni, gli articoli 128 del codice di procedura civile e 472 e 473 del codice di procedura penale.

4. Nel corso delle indagini, il pubblico ministero adotta comunque adeguate cautele a tutela della persona che deve essere esaminata o deve partecipare ad un atto di indagine.

5. In particolare, il pubblico ministero provvede sempre con decreto succintamente motivato a disporre il mantenimento del segreto sugli atti ai quali partecipano addetti ai servizi di informazione per la sicurezza o al DIS fino alla chiusura delle indagini preliminari, anche in deroga alle disposizioni di cui all'articolo 329, comma 3, del codice di procedura penale, salvo che il mantenimento del segreto non sia di impedimento assoluto alla prosecuzione delle indagini ovvero sussista altra rilevante necessità della pubblicità degli atti.

6. Nel corso delle indagini il pubblico ministero provvede, altresì, alla custodia degli atti di cui al presente articolo con modalità idonee a tutelarne la segretezza.

36. Obbligo del segreto.

1. I componenti del Comitato parlamentare per la sicurezza della Repubblica, i funzionari e il personale di qualsiasi ordine e grado addetti al Comitato stesso e tutte le persone che collaborano con il Comitato oppure che vengono a conoscenza, per ragioni d'ufficio o di servizio, dell'attività del Comitato sono tenuti al segreto relativamente alle informazioni acquisite, anche dopo la cessazione dell'incarico.

2. La violazione del segreto di cui al comma 1 è punita, salvo che il fatto costituisca più grave reato, a norma dell'articolo 326 del codice penale; se la violazione è commessa da un parlamentare le pene sono aumentate da un terzo alla metà.

3. Salvo che il fatto costituisca più grave reato, le pene previste dall'articolo 326 del codice penale si applicano anche a chi diffonde, in tutto o in parte, atti o documenti dei quali non sia stata autorizzata la divulgazione.

4. Il presidente del Comitato, anche su richiesta di uno dei suoi componenti, denuncia all'autorità giudiziaria i casi di violazione del segreto di cui al comma 1.

5. Fermo restando quanto previsto al comma 4, qualora risulti evidente che la violazione possa essere attribuita ad un componente del Comitato, il presidente di quest'ultimo ne informa i Presidenti delle Camere.

6. Ricevuta l'informativa di cui al comma 5, il Presidente della Camera cui appartiene il parlamentare interessato nomina una commissione di indagine, composta paritariamente da parlamentari dei gruppi di maggioranza e di opposizione.

7. La commissione di indagine di cui al comma 6 procede ai sensi del regolamento della Camera di appartenenza e riferisce le sue conclusioni al Presidente. Qualora la commissione ritenga che vi sia stata violazione del segreto da parte del parlamentare interessato, il Presidente della Camera di appartenenza procede a sostituirlo quale componente del Comitato, nel rispetto dei criteri di cui all'articolo 30, comma 1, dandone previa comunicazione al Presidente dell'altro ramo del Parlamento.

Capo V
Disciplina del segreto

39. Segreto di Stato.

1. Sono coperti dal segreto di Stato gli atti, i documenti, le notizie, le attività e ogni altra cosa la cui diffusione sia idonea a recare danno all'integrità della Repubblica, anche in relazione ad accordi internazionali, alla difesa delle istituzioni poste dalla Costituzione a suo fondamento, all'indipendenza dello Stato rispetto agli altri Stati e alle relazioni con essi, alla preparazione e alla difesa militare dello Stato.

2. Le informazioni, i documenti, gli atti, le attività, le cose e i luoghi coperti da segreto di Stato sono posti a conoscenza esclusivamente dei soggetti e delle autorità chiamati a svolgere rispetto ad essi funzioni essenziali, nei limiti e nelle parti indispensabili per l'assolvimento dei rispettivi compiti e il raggiungimento dei fini rispettivamente fissati. Tutti gli atti riguardanti il segreto di Stato devono essere conservati con accorgimenti atti ad impedirne la manipolazione, la sottrazione o la distruzione.

3. Sono coperti dal segreto di Stato le informazioni, i documenti, gli atti, le attività, le cose o i luoghi la cui conoscenza, al di fuori degli ambiti e delle sedi autorizzate, sia tale da ledere gravemente le finalità di cui al comma 1.

4. Il vincolo derivante dal segreto di Stato è apposto e, ove possibile, annotato, su espressa disposizione del Presidente del Consiglio dei ministri, sugli atti, documenti o cose che ne sono oggetto, anche se acquisiti all'estero.

5. Il Presidente del Consiglio dei ministri, in attuazione delle norme fissate dalla presente legge, disciplina con regolamento i criteri per l'individuazione delle informazioni, dei documenti, degli atti, delle attività, delle cose e dei luoghi suscettibili di essere oggetto di segreto di Stato.

6. Con il regolamento di cui al comma 5, il Presidente del Consiglio dei ministri individua gli uffici competenti a svolgere, nei luoghi coperti da segreto, le funzioni di controllo ordinariamente svolte dalle aziende sanitarie locali e dal Corpo nazionale dei vigili del fuoco.

7. Decorsi quindici anni dall'apposizione del segreto di Stato o, in mancanza di questa, dalla sua opposizione confermata ai sensi dell'articolo 202 del codice di procedura penale, come sostituito dall'articolo 40 della presente legge, chiunque vi abbia interesse può richiedere al Presidente del Consiglio dei ministri di avere accesso alle informazioni, ai documenti, agli atti, alle attività, alle cose e ai luoghi coperti dal segreto di Stato.

8. Entro trenta giorni dalla richiesta, il Presidente del Consiglio dei ministri consente l'accesso ovvero, con provvedimento motivato, trasmesso senza ritardo al Comitato parlamentare per la sicurezza della Repubblica, dispone una o più proroghe del vincolo. La durata complessiva del vincolo del segreto di Stato non può essere superiore a trenta anni.

9. Il Presidente del Consiglio dei ministri, indipendentemente dal decorso dei termini di cui ai commi 7 e 8, dispone la cessazione del vincolo quando sono venute meno le esigenze che ne determinarono l'apposizione.

10. Quando, in base ad accordi internazionali, la sussistenza del segreto incide anche su interessi di Stati esteri o di organizzazioni internazionali, il provvedimento con cui è disposta la cessazione del vincolo, salvo che ricorrano ragioni di eccezionale gravità, e a condizione di reciprocità, è adottato previa intesa con le autorità estere o internazionali competenti.

11. In nessun caso possono essere oggetto di segreto di Stato notizie, documenti o cose relativi a fatti di terrorismo o eversivi dell'ordine costituzionale o a fatti costituenti i delitti di cui agli articoli 285, 416-*bis*, 416-*ter* e 422 del codice penale.

SPESE DI GIUSTIZIA

1. D.P.R. 30 maggio 2002, n. 115. – Testo unico delle disposizioni legislative e regolamentari in materia di spese di giustizia (Testo A) (*artt. 78, 79, 95*)

In Gazzetta Ufficiale 15 giugno 2002, n. 139, S.O.

Capo III
Istanza per l'ammissione al patrocinio

78. Istanza per l'ammissione.

1. L'interessato che si trova nelle condizioni indicate nell'articolo 76 può chiedere di essere ammesso al patrocinio in ogni stato e grado del processo.

2. L'istanza è sottoscritta dall'interessato a pena di inammissibilità. La sottoscrizione è autenticata dal difensore, ovvero con le modalità di cui all'articolo 38, comma 3, del decreto del Presidente della Repubblica 28 dicembre 2000, n. 445.

79. Contenuto dell'istanza.

1. L'istanza è redatta in carta semplice e, a pena di inammissibilità, contiene:

a) la richiesta di ammissione al patrocinio e l'indicazione del processo cui si riferisce, se già pendente;

b) le generalità dell'interessato e dei componenti la famiglia anagrafica, unitamente ai rispettivi codici fiscali;

c) una dichiarazione sostitutiva di certificazione da parte dell'interessato, ai sensi dell'articolo 46, comma 1, lettera o), del decreto del Presidente della Repubblica 28 dicembre 2000, n. 445, attestante la sussistenza delle condizioni di reddito previste per l'ammissione, con specifica determinazione del reddito complessivo valutabile a tali fini, determinato secondo le modalità indicate nell'articolo 76;

d) l'impegno a comunicare, fino a che il processo non sia definito, le variazioni rilevanti dei limiti di reddito, verificatesi nell'anno precedente, entro trenta giorni dalla scadenza del termine di un anno, dalla data di presentazione dell'istanza o della eventuale precedente comunicazione di variazione.

2. Per i redditi prodotti all'estero, il cittadino di Stati non appartenenti all'Unione europea correda l'istanza con una certificazione dell'autorità consolare competente, che attesta la veridicità di quanto in essa indicato [(1)].

3. Gli interessati, se il giudice procedente o il consiglio dell'ordine degli avvocati competente a provvedere in via anticipata lo richiedono, sono tenuti, a pena di inammissibilità dell'istanza, a produrre la documentazione necessaria ad accertare la veridicità di quanto in essa indicato.

(1) La Corte costituzionale, con sent. 20.7.2021, n. 157, ha dichiarato l'illegittimità costituzionale di questo comma nella parte in cui non consente al cittadino di Stati non appartenenti all'Unione europea, in caso di impossibilità a presentare la documentazione richiesta ai sensi dell'art. 79, co. 2, di produrre, a pena di inammissibilità, una dichiarazione sostitutiva di tale documentazione.

95. Sanzioni.

1. La falsità o le omissioni nella dichiarazione sostitutiva di certificazione, nelle dichiarazioni, nelle indicazioni e nelle comunicazioni previste dall'articolo 79, comma 1, lettere b), c) e d), sono punite con la reclusione da uno a cinque anni e con la multa da euro 309,87 a euro 1.549,37. La pena è aumentata se dal fatto consegue l'ottenimento o il mantenimento dell'ammissione al patrocinio; la condanna importa la revoca, con efficacia retroattiva, e il recupero a carico del responsabile delle somme corrisposte dallo Stato.

SPORT (DIRITTO PENALE DELLO)

A. Attività sportive

1. L. 26 ottobre 1971, n. 1099. – Tutela sanitaria delle attività sportive (*artt. 1-5*)

In Gazzetta Ufficiale 23 dicembre 1971, n. 324

1. – La tutela sanitaria delle attività sportive spetta alle regioni che la esercitano secondo un programma le cui finalità e contenuti corrisponderanno ai criteri di massima fissati dal Ministero della sanità con il concorso delle regioni stesse.

In attesa che le regioni esercitino le competenze previste dagli articoli 117 e 118 della Costituzione in materia sanitaria, la tutela sanitaria di coloro che praticano attività sportive spetta al Ministero della sanità, che si avvale della collaborazione del Comitato olimpico nazionale italiano.

2. – La tutela sanitaria si esplica mediante l'accertamento obbligatorio, con visite mediche di selezione e di controllo periodico, dell'idoneità generica e della attitudine di chi intende svolgere o svolge attività agonistico-sportive. Le visite mediche sono gratuite, tranne per coloro che svolgono professionalmente attività agonistica.

Con decreto del Ministro per la sanità, sentito il Comitato olimpico nazionale italiano, vengono emanate, entro sei mesi dalla data di pubblicazione della presente legge, le norme regolamentari volte a disciplinare le modalità di esercizio della tutela per le singole attività sportive, con particolare riferimento all'età, al sesso ed alla qualifica dilettantistica o professionistica di coloro che praticano le rispettive attività, nonché a prevedere i casi in cui sono obbligatorie le visite prima e dopo le gare in relazione al rischio ed al carico al quale viene sottoposto l'atleta.

I contravventori alle disposizioni contenute nel decreto di cui al precedente comma sono puniti, indipendentemente dalle sanzioni di carattere sportivo, con la sanzione amministrativa da lire 100.000 a lire 1.000.000 [1].

Gli organi sanitari designati dalla Regione e, sino al termine stabilito nel secondo comma dell'articolo 1, i medici provinciali, possono affidare il compito di effettuare le visite agli ufficiali sanitari, ai medici condotti, ai medici scolastici ed ai medici della Federazione medico-sportiva italiana proposti dal Comitato olimpico nazionale italiano, incaricando in linea prioritaria e preferenziale i sanitari che hanno una qualificazione in campo medico-sportivo.

Con decreto del Ministro per la sanità, da pubblicare nella Gazzetta Ufficiale della Repubblica, sarà stabilito il compenso per le visite di cui al presente articolo e per i prelievi di cui al successivo articolo 5.

(1) La sanzione originaria dell'ammenda è stata depenalizzata dall'art. 32, l. 24.11.1981, n. 689. L'importo della sanzione è stato così elevato dal co. 1 dell'art. 114, l. n. 689/1981.

3. – Gli atleti partecipanti a competizioni sportive, che impiegano, al fine di modificare artificialmente le loro energie naturali, sostanze che possono risultare nocive per la loro salute e che saranno determinate col decreto di cui al successivo articolo 7, sono puniti con la sanzione amministrativa da lire 100.000 a lire 1.000.000 [1].

Chiunque somministra agli atleti che partecipano a competizioni sportive le sostanze di cui al precedente comma, al fine di modificare artificialmente le loro energie naturali, è punito con la sanzione amministrativa da lire 200.000 a lire 2.000.000 [1].

Se il fatto è commesso dai dirigenti delle società o associazioni sportive cui appartengono gli atleti, dagli allenatori degli atleti partecipanti alle gare o dai commissari tecnici, la sanzione amministrativa [2] è triplicata. La sanzione amministrativa [2] è altresì triplicata per coloro che commettono il reato nei confronti dei minori di anni 18.

(1) La sanzione originaria dell'ammenda è stata depenalizzata dall'art. 32, l. 24.11.1981, n. 689. L'importo della sanzione è stato così elevato dal co. 1 dell'art. 114, l. n. 689/1981.

(2) Originariamente "ammenda".

4. – Chiunque, in occasione di competizioni sportive, sia trovato, negli spazi destinati agli atleti, alle gare ed al personale addetto, in possesso delle sostanze di cui al precedente articolo 3, primo comma, è punito con la sanzione amministrativa da lire 100.000 a lire 1.000.000 [1].

(1) La sanzione originaria dell'ammenda è stata depenalizzata dall'art. 32, l. 24.11.1981, n. 689. L'importo della sanzione è stato così elevato dal co. 1 dell'art. 114, l. 689/1981.

5. – Gli ufficiali sanitari, i medici condotti ed i medici incaricati delle visite ai sensi del quarto comma dell'articolo 2, possono prelevare, prima o dopo le gare, i campioni di sostanze biologiche degli atleti ammessi alle gare stesse che si trovino negli spazi indicati dal precedente articolo.

L'atleta che rifiuti di sottoporsi al prelievo è punito con la sanzione amministrativa da lire 100.000 a lire 1.000.000 [1].

L'atleta che rifiuta di sottoporsi al prelievo è altresì escluso dalla gara con provvedimento dell'autorità sportiva; se la gara ha già avuto luogo, verrà disposto dalla stessa autorità l'annullamento ad ogni effetto della sua partecipazione.

I medici incaricati dei prelievi indicati nel presente articolo sono ufficiali di polizia giudiziaria durante l'espletamento di tali funzioni.

(1) La sanzione originaria dell'ammenda è stata depenalizzata dall'art. 32, l. 24.11.1981, n. 689. L'importo della sanzione è stato così elevato dal co. 1 dell'art. 114, l. n. 689/1981.

2. D.L. 24 febbraio 2003, n. 28, convertito, con modificazioni, in L. 24 aprile 2003, n. 88. – Disposizioni urgenti per contrastare i fenomeni di violenza in occasione di competizioni sportive (*artt. 1 quater, 2*)

In Gazzetta Ufficiale 24 febbraio 2003, n. 45

1 quater [1]. – **1.** I titoli di accesso agli impianti sportivi di capienza superiore alle 7.500 unità in occasione di competizioni riguardanti il gioco del calcio sono numerati [2].

2. L'ingresso agli impianti di cui al comma 1 deve avvenire attraverso varchi dotati di metal detector, finalizzati all'individuazione di strumenti di offesa e presidiati da personale appositamente incaricato, ed è subordinato alla verifica elettronica della regolarità del titolo di accesso mediante l'utilizzo di apposite apparecchiature.

3. Gli impianti di cui al comma 1 devono essere dotati di strumenti che consentano la registrazione televisiva delle aree riservate al pubblico sia all'interno dell'impianto che nelle sue immediate vicinanze.

4. Gli impianti di cui al comma 1 devono essere dotati di mezzi di separazione che impediscano che i sostenitori delle due squadre vengano in contatto tra loro o possano invadere il campo.

5. Le disposizioni di cui ai commi 1, 2, 3, 4, 5-*bis* e 5-*ter* sono attuate dalle società utilizzatrici degli impianti di cui al comma 1 in accordo con i proprietari degli stessi [3].

5 bis. All'adeguamento degli impianti di cui al comma 1 possono provvedere, senza nuovi o maggiori oneri a carico della finanza pubblica, le società utilizzatrici degli impianti medesimi. In tale caso, qualora ai fini dell'adeguamento dell'impianto alle prescrizioni di cui ai commi 2, 3 e 4 occorrano particolari titoli abilitativi, l'amministrazione competente al rilascio del titolo provvede entro quarantotto ore dalla proposizione della relativa istanza o convoca entro lo stesso termine, ove necessario, una conferenza di servizi ai sensi e per gli effetti dell'articolo 14 della legge 7 agosto 1990, n. 241, e successive modificazioni. La conferenza si pronuncia entro le successive ventiquattro ore. In difetto di provvedimento espresso, l'istanza di rilascio del titolo abilitativo si intende ad ogni effetto accolta [4].

5 ter. Le disposizioni di cui al comma 5-*bis* si applicano anche per l'adeguamento degli impianti necessario alla loro riqualificazione, nonché alla segmentazione dei settori e all'abbattimento delle barriere, anche in via sperimentale, in attuazione degli obblighi imposti dai competenti organismi calcistici, anche internazionali, ovvero definiti in sede di Osservatorio nazionale sulle manifestazioni sportive, ferme restando le competenze della Commissione tecnica di cui all'articolo 80 del regio decreto 18 giugno 1931, n. 773 [5].

6. Con uno o più decreti del Ministro dell'interno, di concerto con il Ministro per i beni e le attività culturali e con il Ministro per l'innovazione e le tecnologie, sentito il Garante per la protezione dei dati personali, da emanare entro sei mesi dalla data di entrata in vigore della legge di conversione del presente decreto, sono stabilite le modalità per l'attuazione delle disposizioni di cui ai commi 1, 2 e 4. Con decreto del Ministro dell'interno, di concerto con il Ministro per i beni e le attività culturali e con il Ministro per l'innovazione e le tecnologie, sentito il Garante per la protezione dei dati personali, da emanare entro quattro mesi dalla data di entrata in vigore della legge di conversione del presente decreto, sono stabilite le modalità per l'attuazione delle disposizioni di cui al comma 3.

7. Le disposizioni di cui ai commi 1, 2 e 4 si applicano decorsi due anni dalla data di entrata in vigore del presente decreto. Le disposizioni di cui al comma 3 si applicano a decorrere dal 1° agosto 2004.

7 bis. *È fatto divieto alle società organizzatrici di* competizioni nazionali riguardanti il gioco del calcio di porre in vendita o cedere, a qualsiasi titolo, direttamente od indirettamente, alla società sportiva cui appartiene la squadra ospitata, titoli di accesso agli impianti sportivi ove tali competizioni si disputano, riservati ai sostenitori della stessa. È, altresì, fatto divieto di porre in vendita o cedere, a qualsiasi titolo, alla stessa persona fisica o giuridica titoli di accesso in numero superiore a quattro. In caso di violazioni delle disposizioni del presente comma si applicano le sanzioni previste dal comma 5 dell'articolo 1-*quinquies* [6].

(1) Articolo introdotto dalla l. 24.4.2003, n. 88, in sede di conversione.
(2) Comma modificato dall'art. 11 quater, d.l. 8.2.2007, n. 8, con decorrenza dall'inizio della stagione calcistica 2007-2008.
(3) Comma introdotto dall'art. 4, co. 3, lett. a), n. 1), d.l. 22.8.2014, n. 119, conv., con modif., in l. 17.10.2014, n. 146.
(4) Comma introdotto dall'art. 10, d.l. 8.2.2007, n. 8.
(5) Comma introdotto dall'art. 4, co. 3, lett. a), n. 2), d.l. 22.8.2014, n. 119, conv., con modif., in l. 17.10.2014, n. 146.
(6) Comma introdotto dall'art. 1, co. 2, d.l. 8.2.2007, n. 8.

1 quinquies [1]**. – 1.** La violazione delle disposizioni di cui all'articolo 1-*quater*, comma 1, è punita con la sanzione amministrativa pecuniaria da 2.582 euro a 10.329 euro.

2. La violazione delle disposizioni di cui all'articolo 1-*quater*, comma 2, è punita con la sanzione amministrativa pecuniaria da 5.164 euro a 25.822 euro.

3. La violazione delle disposizioni di cui all'articolo 1-*quater*, commi 3 e 4, è punita con la sanzione amministrativa pecuniaria da 10.329 euro a 51.645 euro.

4. In caso di violazione delle disposizioni di cui ai commi 1, 2, 3 e 4 dell'articolo 1-*quater* sono altresì revocate le concessioni per l'utilizzo degli impianti sportivi, che comunque non possono essere utilizzati per ospitare incontri di calcio organizzati dalla Federazione italiana gioco calcio.

5. Qualora siano emessi titoli di accesso agli impianti sportivi di cui al comma 1 dell'articolo 1-*quater* in numero superiore a quello stabilito per l'impianto o per un settore dello stesso ovvero sia consentito l'accesso di un numero di spettatori superiore al numero dei posti di cui dispone l'impianto o il settore, si applica la sanzione amministrativa pecuniaria da 10.000 euro a 150.000 euro.

6. Chiunque occupa indebitamente percorsi di smistamento o altre aree di impianti sportivi di cui al comma 1 dell'articolo 1-*quater* non accessibili al pubblico è punito con la sanzione amministrativa pecuniaria da 103 euro a 516 euro.

7. Chiunque accede indebitamente all'interno di un impianto sportivo di cui al comma 1 dell'articolo 1-*quater* privo del titolo di accesso è punito con la sanzione amministrativa pecuniaria da 103 euro a 516 euro.

8. Le sanzioni amministrative di cui al presente articolo sono irrogate dal prefetto della provincia del luogo in cui insiste l'impianto.

9. Le disposizioni di cui al presente articolo si applicano decorsi due anni dalla data di entrata in vigore del presente decreto, salvo quelle relative alla violazione delle disposizioni di cui all'articolo 1-*quater*, comma 3, che si applicano a decorrere dal 1° agosto 2004.

(1) Articolo introdotto dalla l. 24.4.2003, n. 88, in sede di conversione.

1 sexies. – 1. Chiunque, non appartenente alle società appositamente incaricate, vende i titoli di accesso alle manifestazioni sportive è punito con la sanzione amministrativa pecuniaria da 2.500 a 10.000 euro. La sanzione può essere aumentata fino alla metà del massimo per il contravventore che ceda o metta in vendita i titoli di accesso a prezzo maggiorato rispetto a quello praticato dalla società appositamente incaricata per la commercializzazione dei tagliandi. Nei confronti del contravventore possono essere applicati il divieto e le prescrizioni di cui all'articolo 6 della legge 13 dicembre 1989, n. 401 (1).

1 bis. Le disposizioni del comma 1, primo e secondo periodo, si applicano anche ai soggetti di cui all'articolo 1, comma 2, del decreto legislativo 8 giugno 2001, n. 231 (2).

2. Il pagamento in misura ridotta, ai sensi dell'articolo 16 della legge 24 novembre 1981, n. 689, non esclude l'applicazione del divieto e delle prescrizioni di cui al comma 1.

3. Le sanzioni amministrative di cui al presente articolo sono irrogate dal prefetto del luogo in cui è avvenuto il fatto (3).

(1) Comma modificato dall'art. 17, co. 1, lett. a), d.l. 14.6.2019, n. 53, conv., con modif., in l. 8.8.2019, n. 77.
(2) Comma introdotto dall'art. 17, co. 1, lett. b), d.l. 14.6.2019, n. 53, conv., con modif., in l. 8.8.2019, n. 77.
(3) Articolo introdotto dall'art. 1, d.l. 17.8.2005, n. 162.

1 septies (1). – 1. L'accesso e la permanenza delle persone e delle cose negli impianti dove si svolgono le competizioni riguardanti il gioco del calcio sono disciplinati, per quanto non previsto da disposizioni di legge o di regolamento, dal regolamento d'uso degli impianti medesimi, predisposto sulla base delle linee guida approvate dall'Osservatorio nazionale sulle manifestazioni sportive di cui all'articolo 1-*octies*.

2. Chiunque, fuori dei casi di cui all'articolo 1-*quinquies*, comma 7, entra negli impianti in violazione del rispettivo regolamento d'uso, ovvero vi si trattiene, quando la violazione dello stesso regolamento comporta l'allontanamento dall'impianto ed è accertata anche sulla base di documentazione videofotografica o di altri elementi oggettivi, è punito con la sanzione amministrativa pecuniaria da 100 a 500 euro. La sanzione può essere aumentata fino alla metà del massimo qualora il contravventore risulti già sanzionato per la medesima violazione, commessa nella stagione sportiva in corso, anche se l'infrazione si è verificata in un diverso impianto sportivo. Nell'ipotesi di cui al periodo precedente, al contravventore possono essere applicati il divieto e le prescrizioni di cui all'articolo 6 della legge 13 dicembre 1989, n. 401, per una durata non inferiore a un anno e non superiore a tre anni (2).

3. Il pagamento in misura ridotta, ai sensi dell'articolo 16 della legge 24 novembre 1981, n. 689, non esclude l'applicazione del divieto e delle prescrizioni di cui al comma 2.

4. Le sanzioni amministrative di cui al presente articolo sono irrogate dal prefetto della provincia del luogo in cui insiste l'impianto.

(1) Articolo introdotto dall'art. 1, d.l. 17.8.2005, n. 162.
(2) Comma modificato dall'art. 5, d.l. 8.2.2007, n. 8 e poi dall'art. 4, co. 3, lett. b), d.l. 22.8.2014, n. 119, conv., con modif., in l. 17.10.2014, n. 146.

1 octies (1). – 1. Al fine di favorire la migliore attuazione delle disposizioni e delle misure in materia di prevenzione e contrasto della violenza in occasione di manifestazioni sportive, presso il Ministero dell'interno è istituito, entro centottanta giorni dalla data di entrata in vigore della legge di conversione del presente decreto, l'Osservatorio nazionale sulle manifestazioni sportive, al quale sono attribuiti i seguenti compiti:

a) effettuare il monitoraggio dei fenomeni di violenza e intolleranza commessi in occasione di manifestazioni sportive e dello stato di sicurezza degli impianti sportivi;
b) esaminare le problematiche connesse alle manifestazioni in programma ed attribuire i livelli di rischio delle manifestazioni medesime;
c) approvare le linee guida del regolamento d'uso per la sicurezza degli impianti sportivi;
d) promuovere iniziative coordinate per la prevenzione dei fenomeni di violenza e intolleranza in ambito sportivo, anche in collaborazione con associazioni, rappresentanze di tifosi organizzati e club di sostenitori, enti locali, enti statali e non statali;
e) definire le misure che possono essere adottate dalle società sportive per garantire il regolare svolgimento delle manifestazioni sportive e la pubblica incolumità;
f) pubblicare un rapporto annuale sull'andamento dei fenomeni di violenza ed intolleranza in occasione di manifestazioni sportive.

2. Con decreto del Ministro dell'interno, di concerto con il Ministro per i beni e le attività culturali, sono stabilite le linee operative e le attività strumentali all'espletamento dei compiti di cui al comma 1, nonché l'organizzazione, le modalità di funzionamento e la composizione dell'Osservatorio, prevedendo anche la partecipazione del Comitato olimpico nazionale italiano, delle Federazioni sportive nazionali e delle rispettive Leghe.

3. Alle riunioni dell'Osservatorio possono essere invitati, in relazione alla trattazione di tematiche di specifico interesse, rappresentanti di soggetti pubblici e privati a vario titolo interessati alla prevenzione e al contrasto della violenza in occasione di manifestazioni sportive.

4. All'istituzione e al funzionamento dell'Osservatorio si provvede nei limiti delle risorse umane, strumentali e finanziarie disponibili a legislazione vigente, senza nuovi o maggiori oneri per la finanza pubblica. Ai componenti dell'Osservatorio non spettano compensi né rimborsi spese.

(1) Articolo introdotto dall'art. 1, d.l. 17.8.2005, n. 162.

2. – 1. Il presente decreto entra in vigore il giorno stesso della sua pubblicazione nella Gazzetta Ufficiale della Repubblica italiana e sarà presentato alle Camere per la conversione in legge.

Il presente decreto, munito del sigillo dello Stato, sarà inserito nella Raccolta ufficiale degli atti normativi della Repubblica italiana. È fatto obbligo a chiunque spetti di osservarlo e di farlo osservare.

3. D.L. 8 febbraio 2007, n. 8, convertito, con modificazioni, in L. 4 aprile 2007, n. 41. – Misure urgenti per la prevenzione e la repressione di fenomeni di violenza connessi a competizioni calcistiche, nonché norme a sostegno della diffusione dello sport e della partecipazione gratuita dei minori alle manifestazioni sportive (*artt. 2 bis, 6, 8, 9*)

In Gazzetta Ufficiale 8 febbraio 2007, n. 32

2 bis. Divieto di striscioni e cartelli incitanti alla violenza o recanti ingiurie o minacce (1).

1. Sono vietate, negli impianti sportivi, l'introduzione o l'esposizione di striscioni e cartelli ovvero altre scritte o immagini che, comunque, incitino alla violenza o che contengano ingiurie o minacce. Salvo che costituisca più grave reato, la violazione del suddetto divieto è punita con l'arresto da tre mesi ad un anno. Resta fermo quanto previsto dall'articolo 2, comma 1, del decreto-legge 26 aprile 1993, n. 122, convertito, con modificazioni, dalla legge 25 giugno 1993, n. 205 (2).

(1) Articolo introdotto dall'art. 1, l. 4.4.2007, n. 41, in sede di conversione.
(2) Comma modificato dall'art. 3, co. 1, lett. a), d.l. 22.8.2014, n. 119, conv., con modif., in l. 17.10.2014, n. 146.

6. Misure di prevenzione.

1. Alla legge 13 dicembre 1989, n. 401, dopo l'articolo 7-*bis* è inserito il seguente:

«Art. 7-*ter* (Misure di prevenzione). – 1. Le misure di prevenzione di cui alle leggi 27 dicembre 1956, n. 1423, e 31 maggio 1965, n. 575, possono essere applicate anche nei confronti delle persone indiziate di avere agevolato gruppi o persone che hanno preso parte attiva, in più occasioni, alle manifestazioni di violenza di cui all'articolo 6 della presente legge (1).

2. Nei confronti dei soggetti di cui al comma 1 può essere altresì applicata la misura di prevenzione patrimoniale della confisca, di cui alla legge 31 maggio 1965, n. 575, relativamente ai beni, nella disponibilità dei medesimi soggetti, che possono agevolare, in qualsiasi modo, le attività di chi prende parte attiva a fatti di violenza in occasione o a causa di manifestazioni sportive. Il sequestro effettuato nel corso di operazioni di polizia dirette alla prevenzione delle predette manifestazioni di violenza è convalidato a norma dell'articolo 2-*ter*, secondo comma, secondo periodo, della medesima legge n. 575 del 1965.».

(1) Comma modificato dall'art. 1, l. 4.4.2007, n. 41, in sede di conversione.

8. Divieto di agevolazioni nei confronti di soggetti destinatari dei provvedimenti.

1. È vietato alle società sportive corrispondere, in qualsiasi forma, diretta o indiretta, sovvenzioni, contributi e facilitazioni di qualsiasi natura, compresa l'erogazione di biglietti e abbonamenti o di titoli di viaggio a prezzo agevolato o gratuito:

a) ai destinatari dei provvedimenti previsti dall'articolo 6 della legge 13 dicembre 1989, n. 401, per la durata del provvedimento e fino a che non sia intervenuta la riabilitazione ai sensi dell'articolo 6, comma 8-*bis*, della medesima legge n. 401 del 1989;
b) ai destinatari dei provvedimenti previsti dall'articolo 6 del codice delle leggi antimafia e delle misure di prevenzione, di cui al decreto legislativo 6 settembre 2011, n. 159, per la durata del provvedimento e fino a che non sia intervenuta la riabilitazione ai sensi dell'articolo 70 del medesimo codice di cui al decreto legislativo n. 159 del 2011;
c) ai soggetti che siano stati condannati, anche con sentenza non definitiva, per reati commessi in occasione o a causa di manifestazioni sportive ovvero per reati in materia di contraffazione di prodotti o di vendita abusiva degli stessi (1).

1 bis. Alle società sportive è vietato altresì stipulare con soggetti destinatari dei provvedimenti di cui all'articolo 6 della legge 13 dicembre 1989, n. 401, per la durata del provvedimento e fino a che non sia intervenuta la riabilitazione, contratti aventi ad oggetto la concessione dei diritti previsti dall'articolo 20, commi 1 e 2, del codice della proprietà industriale, di cui al decreto legislativo 10 febbraio 2005, n. 30. È parimenti vietato alle società sportive corrispondere contributi, sovvenzioni e facilitazioni di qualsiasi genere ad associazioni di sostenitori, comunque denominate, salvo quanto previsto dal comma 4 (2).

2. Con decreto del Ministro dell'interno, di concerto con il Ministro per le politiche giovanili e le attività sportive, sono definite, entro sessanta giorni dalla data di entrata in vigore del presente decreto, le modalità di verifica, attraverso la questura, della sussistenza dei requisiti ostativi di cui al comma 1 per i nominativi comunicati dalle società sportive interessate.

3. Alle società sportive che non osservano i divieti di cui ai commi 1 e 1-*bis* è irrogata dal prefetto della provincia in cui la società ha sede legale la sanzione amministrativa del pagamento di una somma da 50.000 a 200.000 euro (3).

4. Le società sportive possono stipulare con associazioni legalmente riconosciute, aventi tra le finalità statutarie la promozione e la divulgazione dei valori e dei principi della cultura sportiva, della non violenza e della pacifica convivenza, come sanciti dalla Carta olimpica, contratti e convenzioni in forma scritta aventi ad oggetto progetti di interesse comune per la realizzazione delle predette finalità, nonché per il sostegno di gemellaggi con associazioni legalmente riconosciute dei sostenitori di altre società sportive aventi i medesimi fini statutari. I contratti e le convenzioni stipulati con associazioni legalmente riconosciute che abbiano tra i propri associati persone a cui è stato notificato il divieto di cui al comma 1 dell'articolo 6 della legge 13 dicembre 1989, n. 401, e successive modificazioni, sono sospesi per la durata di tale divieto, salvo che intervengano l'espulsione delle persone destinatarie del divieto e la pubblica dissociazione dell'associazione dai comportamenti che lo hanno determinato (4).

5. Per quanto non previsto dal presente articolo si applicano le disposizioni della legge 24 novembre 1981, n. 689, e successive modificazioni.

(1) Comma modificato dall'art. 1, l. 4.4.2007, n. 41, in sede di conversione e successivamente dall'art. 3, co. 1, lett. b), d.l. 22.8.2014, n. 119, conv., con modif., in l. 17.10.2014, n. 146. Da ultimo sostituito dall'art. 13, co. 2, lett. a), d.l. 14.6.2019, n. 53, conv., con modif., in l. 8.8.2019, n. 77.

(2) Comma introdotto dall'art. 13, co. 2, lett. b), d.l. 14.6.2019, n. 53, conv., con modif., in l. 8.8.2019, n. 77.

(3) Comma modificato dall'art. 13, co. 2, lett. c), d.l. 14.6.2019, n. 53, conv., con modif., in l. 8.8.2019, n. 77.

(4) Comma sostituito dall'art. 1, l. 4.4.2007, n. 41, in sede di conversione.

9. Nuove prescrizioni per le società organizzatrici di competizioni riguardanti il gioco del calcio.

1. È fatto divieto alle società organizzatrici di competizioni riguardanti il gioco del calcio, responsabili della emissione, distribuzione, vendita e cessione dei titoli di accesso, di cui al decreto del Ministro dell'interno in data 6 giugno 2005, pubblicato nella Gazzetta Ufficiale n. 150 del 30 giugno 2005, di emettere, vendere o distribuire, con qualsiasi modalità, titoli di accesso a soggetti che siano destinatari di provvedimenti di cui all'articolo 6 della legge 13 dicembre 1989, n. 401, ovvero a soggetti che siano stati, comunque, condannati, nel corso degli ultimi cinque anni, anche con sentenza non definitiva, per reati commessi in occasione o a causa di manifestazioni sportive (1).

2. Con decreto del Ministro dell'interno, di concerto con il Ministro per le politiche giovanili e le attività sportive, sono definite, entro sessanta giorni dalla data di entrata in vigore del presente decreto, le modalità di verifica, attraverso la questura, della sussistenza dei requisiti ostativi di cui al comma 1 dei nominativi comunicati dalle società sportive interessate.

3. Alle società che non osservano il divieto di cui al comma 1 è irrogata dal prefetto della provincia in cui la società ha sede legale la sanzione amministrativa del pagamento di una somma da 40.000 a 200.000. Per quanto non previsto dal presente articolo si applicano le disposizioni della legge 24 novembre 1981, n. 689, e successive modificazioni (2).

3 bis. Le società organizzatrici di competizioni sportive riguardanti il gioco del calcio sono tenute ad affiggere in tutti i settori degli stadi copie del regolamento d'uso dell'impianto. Le medesime società hanno cura altresì di prevedere che sul retro dei biglietti sia espressamente indicato che l'acquisto del biglietto stesso comporta l'obbligo del rispetto del regolamento d'uso dell'impianto quale condizione indispensabile per l'accesso e la permanenza all'interno dello stadio (3).

3 ter. Una quota non inferiore al 5 per cento e non superiore al 10 per cento degli introiti complessivi derivanti dalla vendita dei biglietti e dei titoli di accesso validamente emessi in occasione degli eventi sportivi è destinata a finanziare i costi sostenuti per il mantenimento della sicurezza e dell'ordine pubblico in occasione degli eventi medesimi e, in particolare, per la copertura dei costi delle ore di lavoro straordinario e dell'indennità di ordine pubblico delle Forze di polizia (4).

3 quater. Con decreto del Presidente del Consiglio dei ministri, su proposta del Ministro dell'interno, da emanare entro sessanta giorni dalla data di entrata in vigore della presente disposizione, previo parere delle competenti Commissioni parlamentari, sono stabiliti i criteri, i termini e le modalità di versamento da parte delle società professionistiche per l'applicazione delle disposizioni di cui al comma 3-*ter*, nonché la determinazione della percentuale di cui al medesimo comma 3-*ter*, anche tenendo conto del diverso livello professionistico (5).

(1) Comma modificato dall'art. 3, co. 1, lett. c), d.l. 22.8.2014, n. 119, conv., con modif., in l. 17.10.2014, n. 146.

(2) Comma modificato dall'art. 1, l. 4.4.2007, n. 41, in sede di conversione.

(3) Comma introdotto dall'art. 1, l. 4.4.2007, n. 41, in sede di conversione.

(4) Comma introdotto dall'art. 3, co. 1, lett. c bis), d.l. 22.8.2014, n. 119, conv., con modif., in l. 17.10.2014, n. 146 e poi modificato dall'art. 20 bis, co. 1, d.l. 4.10.2018, n. 113, conv., con modif., in l. 1.12.2018, n. 132.

(5) Comma introdotto dall'art. 3, co. 1, lett. c bis), d.l. 22.8.2014, n. 119, conv., con modif., in l. 17.10.2014, n. 146.

4. D.L. 12 novembre 2010, n. 187, convertito, con modificazioni, in L. 17 dicembre 2010, n. 217. – Misure urgenti in materia di sicurezza *(art. 2 bis)*

In Gazzetta Ufficiale 12 novembre 2010, n. 265

2 bis. Fondo di solidarietà civile (1).

1. A favore delle vittime di reati commessi in occasione o a causa di manifestazioni sportive ovvero di manifestazioni di diversa natura, è istituito, presso il Ministero dell'interno, il Fondo di solidarietà civile, di seguito denominato "Fondo". Il Fondo è alimentato:

a) da una quota del Fondo unico giustizia in misura non superiore ad un quinto delle risorse di cui all'articolo 2, comma 7, del decreto-legge 16 settembre 2008, n. 143, convertito, con modificazioni, dalla legge 13 novembre 2008, n. 181, e successive modificazioni, riassegnate al Ministero dell'interno con le modalità ivi previste;

b) dall'ammontare delle somme riscosse per le sanzioni amministrative pecuniarie, previste dal presente decreto;

c) da contribuzioni volontarie, da donazioni e da lasciti da chiunque effettuati.

2. Il Fondo, nell'ambito delle risorse annualmente disponibili, provvede:

a) nella misura del 30 per cento, all'elargizione di una somma di denaro, a titolo di contributo al ristoro del danno subito, a favore delle vittime di reati commessi con l'uso della violenza su persone o cose in occasione o a causa di manifestazioni sportive e dei soggetti danneggiati dagli stessi reati, nel caso di lesioni che abbiano comportato la morte o un'invalidità permanente superiore al 10 per cento, secondo la tabellazione dell'Istituto nazionale per l'assicurazione contro gli infortuni sul lavoro (INAIL), a condizione che il soggetto danneggiato non abbia concorso alla commissione dei reati medesimi ovvero di reati a questi connessi ai sensi dell'articolo 12 del codice di procedura penale;

b) nella misura del 70 per cento, ad interventi di solidarietà civile nei confronti delle vittime di azioni delittuose avvenute in occasione o a causa di manifestazioni diverse da quelle di cui alla lettera a), per le quali la vigente normativa non prevede altre provvidenze, comunque denominate, a carico del bilancio dello Stato, compresi il concorso economico ad iniziative di riduzione del danno, finalizzato anche alla definizione transattiva di liti concernenti il risarcimento dei danni alla persona e l'eventuale pagamento delle somme disposte dal giudice.

3. All'elargizione delle somme e agli interventi di cui al comma 2, nonché all'individuazione delle modalità relative all'esercizio del diritto di rivalsa o all'eventuale rinuncia ad esso, provvede il Ministero dell'interno, previo parere di un collegio, presieduto da un prefetto, la cui composizione è stabilita con decreto del Ministro dell'interno da adottare entro trenta giorni dalla data di entrata in vigore della legge di conversione del presente decreto.

4. Al funzionamento e alla gestione del Fondo provvede il Ministero dell'interno nell'ambito delle risorse umane, strumentali e finanziarie disponibili a legislazione vigente e, comunque, senza nuovi o maggiori oneri a carico del bilancio dello Stato.

5. Con decreto del Ministro dell'interno, di concerto con il Ministro della giustizia e con il Ministro dell'economia e delle finanze, sono emanate, entro tre mesi dalla data di entrata in vigore della legge di conversione del presente decreto, ai sensi dell'articolo 17, comma 3, della legge 23 agosto 1988, n. 400, le norme regolamentari necessarie per l'attuazione di quanto previsto dal presente articolo, comprese quelle relative ai limiti e ai criteri per la destinazione delle risorse annualmente disponibili del Fondo e per l'individuazione degli aventi diritto, nonché per la procedura e la modalità di surrogazione del Fondo nei diritti della parte civile o dell'attore verso il soggetto condannato al risarcimento del danno e per l'eventuale rinuncia dell'amministrazione, in tutto o in parte, al diritto di rivalsa nei confronti del medesimo soggetto.

(1) Articolo introdotto dall'art. 1, co. 1, l. 17.12.2010, n. 217, in sede di conversione.

B. Doping

7. L. 14 dicembre 2000, n. 376. – Disciplina della tutela sanitaria delle attività sportive e della lotta contro il doping *(artt. 1, 3, 7-9)*

In Gazzetta Ufficiale 28 dicembre 2000, n. 301

1. Tutela sanitaria delle attività sportive. Divieto di doping.

1. L'attività sportiva è diretta alla promozione della salute individuale e collettiva e deve essere informata al rispetto dei princìpi etici e dei valori educativi richiamati dalla Convenzione contro il doping, con appendice, fatta a Strasburgo il 16 novembre 1989, ratificata ai sensi della legge 29 novembre 1995, n. 522. Ad essa si applicano i controlli previsti dalle vigenti normative in tema di tutela della salute e della regolarità delle gare e non può essere svolta con l'ausilio di tecniche, metodologie o sostanze di qualsiasi natura che possano mettere in pericolo l'integrità psicofisica degli atleti.

2. Costituiscono doping la somministrazione o l'assunzione di farmaci o di sostanze biologicamente o farmacologicamente attive e l'adozione o la sottoposizione a pratiche mediche non giustificate da condizioni patologiche ed idonee a modificare le condizioni psicofisiche o biologiche dell'organismo al fine di alterare le prestazioni agonistiche degli atleti.

3. Ai fini della presente legge sono equiparate al doping la somministrazione di farmaci o di sostanze biologicamente o farmacologicamente attive e l'adozione di pratiche mediche non giustificate da condizioni patologiche, finalizzate e comunque idonee a modificare i risultati dei controlli sull'uso dei farmaci, delle sostanze e delle pratiche indicati nel comma 2.

4. In presenza di condizioni patologiche dell'atleta documentate e certificate dal medico, all'atleta stesso può essere prescritto specifico trattamento purché sia attuato secondo le modalità indicate nel relativo e specifico decreto di registrazione europea o nazionale ed i dosaggi previsti dalle specifiche esigenze terapeutiche. In tale caso, l'atleta ha l'obbligo di tenere a disposizione delle autorità competenti la relativa documentazione e può partecipare a competizioni sportive, nel rispetto di regolamenti sportivi, purché ciò non metta in pericolo la sua integrità psicofisica.

3. Commissione per la vigilanza ed il controllo sul doping e per la tutela della salute nelle attività sportive.

1. È istituita presso il Ministero della sanità la Commissione per la vigilanza ed il controllo sul doping e per la tutela della salute nelle attività sportive, di seguito denominata "Commissione", che svolge le seguenti attività:

a) predispone le classi di cui all'art. 2, comma 1, e procede alla revisione delle stesse, secondo le modalità di cui all'art. 2, comma 3;

b) determina, anche in conformità alle indicazioni del CIO e di altri organismi ed istituzioni competenti, i casi, i criteri e le metodologie dei controlli anti-doping ed individua le competizioni e le attività sportive per le quali il controllo sanitario è effettuato dai laboratori di cui all'art. 4, comma 1, tenuto conto delle caratteristiche delle competizioni e delle attività sportive stesse;

c) effettua, tramite i laboratori di cui all'art. 4, anche avvalendosi di medici specialisti di medicina dello sport, i controlli anti-doping e quelli di tutela della salute, in gara e fuori gara; predispone i programmi di ricerca sui farmaci, sulle sostanze e sulle pratiche mediche utilizzabili a fini di doping nelle attività sportive;

d) individua le forme di collaborazione in materia di controlli anti-doping con le strutture del Servizio sanitario nazionale;

e) mantiene i rapporti operativi con l'Unione europea e con gli organismi internazionali, garantendo la partecipazione a programmi di interventi contro il doping;

f) può promuovere campagne di informazione per la tutela della salute nelle attività sportive e di prevenzione del doping, in modo particolare presso tutte le scuole statali e non statali di ogni ordine e grado, in collaborazione con le amministrazioni pubbliche, il Comitato olimpico nazionale italiano (CONI), le federazioni sportive nazionali, le società affiliate, gli enti di promozione sportiva pubblici e privati, anche avvalendosi delle attività dei medici specialisti di medicina dello sport.

2. Entro novanta giorni dalla data di entrata in vigore della presente legge, con regolamento adottato con decreto del Ministro della sanità di concerto con il Ministro per i beni e le attività culturali, previo parere delle competenti commissioni parlamentari, sono stabilite le modalità di organizzazione e di funzionamento della Commissione.

2 bis. I componenti della Commissione sono designati tra persone di comprovata esperienza professionale nelle materie di cui al comma 1, secondo le seguenti modalità:

a) cinque componenti designati dal Ministro della salute o suo delegato, di cui uno con funzioni di presidente;

b) cinque componenti designati dal Sottosegretario alla Presidenza del Consiglio dei ministri con delega allo sport, di cui uno con funzioni di vice presidente;

c) tre componenti designati dalla Conferenza dei Presidenti delle regioni e delle province autonome di Trento e di Bolzano;

d) un componente designato dal CONI;

e) un componente designato dall'Istituto superiore di sanità;

f) un ufficiale del Comando carabinieri per la tutela della salute designato dal Comandante [1].

[**3.** La Commissione è composta da:

a) due rappresentanti del Ministero della salute individuati nella persona del direttore generale della ricerca scientifica e tecnologica e del direttore generale dell'Agenzia italiana del farmaco, il primo con funzione di presidente [2];

b) due rappresentanti del Ministero per i beni e le attività culturali;

c) due rappresentanti della Conferenza dei presidenti delle regioni e delle province autonome;

d) un rappresentante dell'Istituto superiore di sanità;

e) due rappresentanti del CONI;

f) un rappresentante dei preparatori tecnici e degli allenatori;

g) un rappresentante degli atleti;

h) un tossicologo forense;
i) due medici specialisti di medicina dello sport;
l) un pediatra;
m) un patologo clinico;
n) un biochimico clinico;
o) un farmacologo clinico;
p) un rappresentante degli enti di promozione sportiva;
q) un esperto in legislazione farmaceutica.] (3)

[**4.** I componenti della Commissione di cui alle lettere f), g) e p) del comma 3 sono indicati dal Ministro per i beni e le attività culturali; i componenti di cui alle lettere h) e n) del comma 3 sono indicati dalla Federazione nazionale degli ordini dei chimici; i componenti di cui alle lettere i), l) ed m) del comma 3 sono indicati dalla Federazione nazionale degli ordini dei medici chirurghi e degli odontoiatri; i componenti di cui alle lettere o) e q) del comma 3 sono indicati dalla Federazione nazionale degli ordini dei farmacisti.] (4)

[**5.** I componenti della Commissione sono nominati con decreto del Ministro della sanità, di concerto con il Ministro per i beni e le attività culturali, e restano in carica per un periodo di quattro anni non rinnovabile ad eccezione dei componenti previsti dal comma 3, lettere a) e b), del presente articolo (5).] (6)

6. Il compenso dei componenti e le spese per il funzionamento e per l'attività della Commissione sono determinati, con il regolamento di cui al comma 2, entro il limite massimo di lire 2 miliardi annue (7) (8).

(1) Lettera introdotta dall'art. 3, co. 1, l. 4.11.2010, n. 183.
(2) Lettera sostituita dall'art. 5 quinquies, d.l. 31.1.2005, n. 7.
(3) Comma soppresso dall'art. 2, co. 4, d.P.R. 14.5.2007, n. 86. Per la composizione della Commissione, cfr. l'art. 2, co. 2, del medesimo d.P.R. n. 86/2007.
(4) Comma soppresso dall'art. 2, co. 4, d.P.R. 14.5.2007, n. 86. Per le modalità di nomina della Commissione, cfr. l'art. 2, co. 3, del medesimo d.P.R. n. 86/2007.
(5) Comma modificato dall'art. 5 quinquies, d.l. 31.1.2005, n. 7.
(6) Comma soppresso dall'art. 2, co. 4, d.P.R. 14.5.2007, n. 86. Per la durata dell'incarico dei componenti della Commissione, cfr. l'art. 9 del medesimo d.P.R. n. 86/2007.
(7) Per l'autorizzazione di spesa relativa agli anni 2007, 2008, 2009, cfr., l'art. 1, co. 828, l. 27.12.2006, n. 296.
(8) A norma dell'art. 2, co. 1, lett. h), d.P.R. 28.3.2013, n. 44, le funzioni in atto esercitate dalla Commissione qui prevista sono trasferite ad un unico organo collegiale, denominato: «Comitato tecnico sanitario».

7. Farmaci contenenti sostanze dopanti.

1. I produttori, gli importatori e i distributori di farmaci appartenenti alle classi farmacologiche vietate dal CIO e di quelli ricompresi nelle classi di cui all'art. 2, comma 1, sono tenuti a trasmettere annualmente al Ministero della sanità i dati relativi alle quantità prodotte, importate, distribuite e vendute alle farmacie, agli ospedali o alle altre strutture autorizzate di ogni singola specialità farmaceutica.

2. Le confezioni di farmaci di cui al comma 1 devono recare un apposito contrassegno il cui contenuto è stabilito dalla Commissione, sull'involucro e sul foglio illustrativo, unitamente ad esaurienti informazioni descritte nell'apposito paragrafo "Precauzioni per coloro che praticano attività sportiva".

3. Il Ministero della sanità controlla l'osservanza delle disposizioni di cui al comma 2 nelle confezioni dei farmaci all'atto della presentazione della domanda di registrazione nazionale, ovvero all'atto della richiesta di variazione o in sede di revisione quinquennale.

4. Le preparazioni galeniche, officinali o magistrali che contengono princìpi attivi o eccipienti appartenenti alle classi farmacologiche vietate indicate dal CIO e a quelle di cui all'art. 2, comma 1, sono prescrivibili solo dietro presentazione di ricetta medica non ripetibile. Il farmacista è tenuto a conservare l'originale della ricetta per sei mesi.

8. Relazione al Parlamento.

1. Il Ministro della sanità presenta annualmente al Parlamento una relazione sullo stato di attuazione della presente legge, nonché sull'attività svolta dalla Commissione.

9. Disposizioni penali.

[1. Salvo che il fatto costituisca più grave reato, è punito con la reclusione da tre mesi a tre anni e con la multa da lire 5 milioni a lire 100 milioni chiunque procura ad altri, somministra, assume o favorisce comunque l'utilizzo di farmaci o di sostanze biologicamente o farmacologicamente attive, ricompresi nelle classi previste all'art. 2, comma 1, che non siano giustificati da condizioni patologiche e siano idonei a modificare le condizioni psicofisiche o biologiche dell'organismo, al fine di alterare le prestazioni agonistiche degli atleti, ovvero siano diretti a modificare i risultati dei controlli sull'uso di tali farmaci o sostanze.

2. La pena di cui al comma 1 si applica, salvo che il fatto costituisca più grave reato, a chi adotta o si sottopone alle pratiche mediche ricomprese nelle classi previste all'art. 2, comma 1, non giustificate da condizioni patologiche ed idonee a modificare le condizioni psicofisiche o biologiche dell'organismo, al fine di alterare le prestazioni agonistiche degli atleti ovvero dirette a modificare i risultati dei controlli sul ricorso a tali pratiche.

3. La pena di cui ai commi 1 e 2 è aumentata:
a) se dal fatto deriva un danno per la salute;
b) se il fatto è commesso nei confronti di un minorenne;
c) se il fatto è commesso da un componente o da un dipendente del CONI ovvero di una federazione sportiva nazionale, di una società, di un'associazione o di un ente riconosciuti dal CONI.

4. Se il fatto è commesso da chi esercita una professione sanitaria, alla condanna consegue l'interdizione temporanea dall'esercizio della professione.

5. Nel caso previsto dal comma 3, lettera c), alla condanna consegue l'interdizione permanente dagli uffici direttivi del CONI, delle federazioni sportive nazionali, società, associazioni ed enti di promozione riconosciuti dal CONI.

6. Con la sentenza di condanna è sempre ordinata la confisca dei farmaci, delle sostanze farmaceutiche e delle altre cose servite o destinate a commettere il reato.

7. Chiunque commercia i farmaci e le sostanze farmacologicamente o biologicamente attive ricompresi nelle classi di cui all'art. 2, comma 1, attraverso canali diversi dalle farmacie aperte al pubblico, dalle farmacie ospedaliere, dai dispensari aperti al pubblico e dalle altre strutture che detengono farmaci direttamente, destinati alla utilizzazione sul paziente, è punito con la reclusione da due a sei anni e con la multa da lire 10 milioni a lire 150 milioni.

7 bis. La pena di cui al comma 7 si applica al farmacista che, in assenza di prescrizione medica, dispensi i farmaci e le sostanze farmacologicamente o biologicamente attive ricompresi nelle classi di cui all'articolo 2, comma 1, per finalità diverse da quelle proprie ovvero da quelle indicate nell'autorizzazione all'immissione in commercio [(1)].] [(2)]

(1) Comma aggiunto dall'art. 13, co. 1, l. 11.1.2018, n. 3.

(2) Articolo abrogato dall'art. 7, co. 1, lett. n), d.lgs. 1.3.2018, n 21.

8. L. 26 novembre 2007, n. 230. – Ratifica ed esecuzione della Convenzione internazionale contro il doping nello sport, con allegati, adottata a Parigi nella XXXIII Conferenza generale UNESCO il 19 ottobre 2005 (*artt. 1, 2, 4*)

In Gazzetta Ufficiale 14 dicembre 2007, n. 290

1. Autorizzazione alla ratifica.

1. Il Presidente della Repubblica è autorizzato a ratificare la Convenzione internazionale contro il doping nello sport, con allegati, adottata a Parigi dalla XXXIII Conferenza generale UNESCO il 19 ottobre 2005.

2. Ordine di esecuzione.

1. Piena ed intera esecuzione è data alla Convenzione di cui all'articolo 1, a decorrere dalla data della sua entrata in vigore, in conformità a quanto disposte dall'articolo 37 della Convenzione stessa.

4. Entrata in vigore.

1. La presente legge entra in vigore il giorno successivo a quello della sua pubblicazione nella Gazzetta Ufficiale.

La presente legge, munita del sigillo dello Stato, sarà inserita nella Raccolta ufficiale degli atti normativi della Repubblica italiana. È fatto obbligo a chiunque spetti di osservarla e di farla osservare come legge dello Stato.

STAMPA, TELEVISIONE E TELECOMUNICAZIONE

1. L. 8 febbraio 1948, n. 47. – Disposizioni sulla stampa [(1)]

In Gazzetta Ufficiale 20 febbraio 1948, n. 43

(1) Il d.lgs. 19.2.1998, n. 51 ha soppresso l'ufficio del pretore e, fuori dai casi espressamente previsti da questo decreto, le relative competenze sono da intendersi trasferite al tribunale ordinario. Lo stesso decreto ha soppresso l'ufficio del pubblico ministero presso la pretura circondariale e ha provveduto a trasferirne le relative funzioni all'ufficio del pubblico ministero presso il tribunale ordinario. Qualora il presente provvedimento attribuisca, inoltre, funzioni amministrative alternativamente al pretore e ad organi della P.A., le attribuzioni pretorili si intendono soppresse. Sono altresì soppresse le funzioni amministrative di altre autorità giurisdizionali, eccezion fatta per il giudice di pace, se attribuite in via alternativa tanto al pretore che ad organi della P.A.

(2) L'art. 1, co. 1, d.lgs. 1.12.2009, n. 179, ha dichiarato indispensabile la permanenza in vigore di questa legge.

1. Definizione di stampa o stampato.

Sono considerate stampe o stampati, ai fini di questa legge, tutte le riproduzioni tipografiche o comunque ottenute con mezzi meccanici o fisico-chimici, in qualsiasi modo destinate alla pubblicazione [(1)].

(1) L'art. 1, co. 1, d.lgs. 1.12.2009, n. 179, ha dichiarato indispensabile la permanenza in vigore di questo articolo.

2. Indicazioni obbligatorie sugli stampati.

Ogni stampato deve indicare il luogo e l'anno della pubblicazione, nonché il nome e il domicilio dello stampatore e, se esiste, dell'editore.

I giornali, le pubblicazioni delle agenzie d'informazioni e i periodici di qualsiasi altro genere devono recare la indicazione:

del luogo e della data della pubblicazione;

del nome e del domicilio dello stampatore;

del nome del proprietario e del direttore o vice direttore responsabile [(1)].

All'identità delle indicazioni, obbligatorie e non obbligatorie, che contrassegnano gli stampati, deve corrispondere identità di contenuto in tutti gli esemplari [(2)].

(1) A norma dell'art. 2, co. 119, d.l. 3.10.2006, n. 262 tra le indicazioni obbligatorie qui previste è inserita la dichiarazione che la testata

fruisce dei contributi statali diretti di cui alla l. 7.8.1990, n. 250, ove ricorra tale fattispecie.

(2) L'art. 1, co. 1, d.lgs. 1.12.2009, n. 179, ha dichiarato indispensabile la permanenza in vigore di questo articolo.

3. Direttore responsabile.

Ogni giornale o altro periodico deve avere un direttore responsabile.

Il direttore responsabile deve essere cittadino italiano e possedere gli altri requisiti per l'iscrizione nelle liste elettorali politiche.

Può essere direttore responsabile anche l'italiano non appartenente alla Repubblica, se possiede gli altri requisiti per la iscrizione nelle liste elettorali politiche.

Quando il direttore sia investito di mandato parlamentare, deve essere nominato un vice direttore, che assume la qualità di responsabile.

Le disposizioni della presente legge, concernenti il direttore responsabile, si applicano alla persona che assume la responsabilità ai sensi del comma precedente [(1) (2)].

(1) A norma dell'art. 9, l. 6.2.1996, n. 52, agli effetti di questo art., i cittadini degli Stati membri della Comunità europea sono equiparati ai cittadini italiani.

(2) L'art. 1, co. 1, d.lgs. 1.12.2009, n. 179, ha dichiarato indispensabile la permanenza in vigore di questo articolo.

4. Proprietario.

Per poter pubblicare un giornale o altro periodico, il proprietario, se cittadino italiano residente in Italia, deve possedere gli altri requisiti per l'iscrizione nelle liste elettorali politiche.

Se il proprietario è cittadino italiano residente all'estero, deve possedere gli altri requisiti per l'iscrizione nelle liste elettorali politiche.

Se si tratta di minore o di persona giuridica, i requisiti indicati nei comma precedenti devono essere posseduti dal legale rappresentante.

I requisiti medesimi devono essere posseduti anche dalla persona che esercita l'impresa giornalistica, se essa è diversa dal proprietario [(1) (2)].

(1) A norma dell'art. 9 l. 6.2.1996, n. 52, agli effetti di questo articolo, i cittadini degli Stati membri della Comunità europea sono equiparati ai cittadini italiani.

(2) L'art. 1, co. 1, d.lgs. 1.12.2009, n. 179, ha dichiarato indispensabile la permanenza in vigore di questo articolo.

5. Registrazione.

Nessun giornale o periodico può essere pubblicato se non sia stato registrato presso la cancelleria del tribunale, nella cui circoscrizione la pubblicazione deve effettuarsi.

Per la registrazione occorre che siano depositati nella cancelleria:

1) una dichiarazione, con le firme autenticate del proprietario e del direttore o vice direttore responsabile, dalla quale risultino il nome e il domicilio di essi e della persona che esercita l'impresa giornalistica, se questa è diversa dal proprietario, nonché il titolo e la natura della pubblicazione;

2) i documenti comprovanti il possesso dei requisiti indicati negli artt. 3 e 4;

3) un documento da cui risulti l'iscrizione nell'albo dei giornalisti, nei casi in cui questa sia richiesta dalle leggi sull'ordinamento professionale;

4) copia dell'atto di costituzione o dello statuto, se proprietario è una persona giuridica.

Il presidente del tribunale o un giudice da lui delegato, verificata la regolarità dei documenti presentati, ordina, entro quindici giorni, l'iscrizione del giornale o periodico in apposito registro tenuto dalla cancelleria.

Il registro è pubblico [(1)].

(1) L'art. 1, co. 1, d.lgs. 1.12.2009, n. 179, ha dichiarato indispensabile la permanenza in vigore di questo articolo.

6. Dichiarazione dei mutamenti.

Ogni mutamento che intervenga in uno degli elementi enunciati nella dichiarazione prescritta dall'articolo 5, deve formare oggetto di nuova dichiarazione da depositarsi, nelle forme ivi previste, entro quindici giorni dall'avvenuto mutamento, insieme con gli eventuali documenti.

L'annotazione del mutamento è eseguita nei modi indicati nel terzo comma dell'art. 5.

L'obbligo previsto nel presente articolo incombe sul proprietario o sulla persona che esercita l'impresa giornalistica, se diversa dal proprietario [(1)].

(1) L'art. 1, co. 1, d.lgs. 1.12.2009, n. 179, ha dichiarato indispensabile la permanenza in vigore di questo articolo.

7. Decadenza della registrazione.

L'efficacia della registrazione cessa qualora, entro sei mesi dalla data di essa, il periodico non sia stato pubblicato, ovvero si sia verificata nella pubblicazione una interruzione di oltre un anno [(1)].

(1) L'art. 1, co. 1, d.lgs. 1.12.2009, n. 179, ha dichiarato indispensabile la permanenza in vigore di questo articolo.

8. Risposte e rettifiche [(1)].

Il direttore o, comunque, il responsabile è tenuto a fare inserire gratuitamente nel quotidiano o nel periodico o nell'agenzia di stampa le dichiarazioni o le rettifiche dei soggetti di cui siano state pubblicate immagini od ai quali siano stati attribuiti atti o pensieri o affermazioni da essi ritenuti lesivi della loro dignità o contrari a verità, purché le dichiarazioni o le rettifiche non abbiano contenuto suscettibile di incriminazione penale.

Per i quotidiani, le dichiarazioni o le rettifiche di cui al comma precedente sono pubblicate, non oltre due giorni da quello in cui è avvenuta la richiesta, in testa di pagina e collocate nella stessa pagina del giornale che ha riportato la notizia cui si riferiscono.

Per i periodici, le dichiarazioni o le rettifiche sono pubblicate, non oltre il secondo numero successivo alla settimana in cui è pervenuta la richiesta, nella stessa pagina che ha riportato la notizia cui si riferisce.

Le rettifiche o dichiarazioni devono fare riferimento allo scritto che le ha determinate e devono essere pubblicate nella loro interezza, purché contenute entro il limite di trenta righe, con le medesime caratteristiche tipografiche, per la parte che si riferisce direttamente alle affermazioni contestate.

Qualora, trascorso il termine di cui al secondo e terzo comma, la rettifica o dichiarazione non sia stata pubblicata o lo sia stata in violazione di quanto disposto dal secondo, terzo e quarto comma, l'autore della richiesta di rettifica, se non intende procedere a norma del decimo comma dell'articolo 21, può chiedere al pretore, ai sensi dell'articolo 700 del codice di procedura civile, che sia ordinata la pubblicazione.

La mancata o incompleta ottemperanza all'obbligo di cui al presente articolo è punita con la sanzione amministrativa da lire 15.000.000 a lire 25.000.000 (2).

La sentenza di condanna deve essere pubblicata per estratto nel quotidiano o nel periodico o nell'agenzia. Essa, ove ne sia il caso, ordina che la pubblicazione omessa sia effettuata (3).

(1) Articolo sostituito dall'art. 42, co. 1, l. 5.8.1981, n. 416.
(2) La sanzione originaria dell'ammenda è stata depenalizzata dall'art. 32, l. 24.11.1981, n. 689. L'importo della sanzione è stato elevato dall'art. 114, co. 1, l. 24.11.1981, n. 689.
(3) L'art. 1, co. 1, d.lgs. 1.12.2009, n. 179, ha dichiarato indispensabile la permanenza in vigore di questo articolo.

9. Pubblicazione obbligatoria di sentenze.

Nel pronunciare condanne per reato commesso mediante pubblicazione in un periodico, il giudice ordina in ogni caso la pubblicazione della sentenza, integralmente o per estratto, nel periodico stesso. Il direttore responsabile è tenuto a eseguire gratuitamente la pubblicazione a norma dell'art. 615, primo comma, del Codice di procedura penale (1).

(1) L'art. 1, co. 1, d.lgs. 1.12.2009, n. 179, ha dichiarato indispensabile la permanenza in vigore di questo articolo.

10. Giornali murali.

Il giornale murale, che abbia un titolo e una normale periodicità di pubblicazione, anche se in parte manoscritto, è regolato dalle disposizioni della presente legge.

Nel caso di giornale murale a copia unica, è sufficiente, agli effetti della legge 2 febbraio 1939, n. 374, che sia dato avviso della affissione all'autorità di pubblica sicurezza.

L'inosservanza di questa norma è punita ai sensi dell'art. 650 del Codice penale.

I giornali murali sono esenti da ogni gravame fiscale (1).

(1) L'art. 1, co. 1, d.lgs. 1.12.2009, n. 179, ha dichiarato indispensabile la permanenza in vigore di questo articolo.

11. Responsabilità civile.

Per i reati commessi col mezzo della stampa sono civilmente responsabili, in solido con gli autori del reato e fra di loro, il proprietario della pubblicazione e l'editore (1).

(1) L'art. 1, co. 1, d.lgs. 1.12.2009, n. 179, ha dichiarato indispensabile la permanenza in vigore di questo articolo.

12. Riparazione pecuniaria.

Nel caso di diffamazione commessa col mezzo della stampa, la persona offesa può chiedere, oltre il risarcimento dei danni ai sensi dell'art. 185 del Codice penale, una somma a titolo di riparazione. La somma è determinata in relazione alla gravità dell'offesa ed alla diffusione dello stampato (1).

(1) L'art. 1, co. 1, d.lgs. 1.12.2009, n. 179, ha dichiarato indispensabile la permanenza in vigore di questo articolo.

13. Pene per la diffamazione (1).

Nel caso di diffamazione commessa col mezzo della stampa, consistente nell'attribuzione di un fatto determinato, si applica la pena della reclusione da uno a sei anni e quella della multa non inferiore a lire 500.000 (2) (3).

(1) La Corte costituzionale, con sent. 12.7.2021, n. 150, ha dichiarato l'illegittimità costituzionale di questo articolo.
(2) L'importo della sanzione è stato elevato dall'art. 113, co. 2, l. 24.11.1981, n. 689.
(3) L'art. 1, co. 1, d.lgs. 1.12.2009, n. 179, ha dichiarato indispensabile la permanenza in vigore di questo articolo.

14. Pubblicazioni destinate all'infanzia o all'adolescenza.

Le disposizioni dell'art. 528 del Codice penale si applicano anche alle pubblicazioni destinate ai fanciulli ed agli adolescenti, quando, per la sensibilità e impressionabilità ad essi proprie, siano comunque idonee a offendere il loro sentimento morale od a costituire per essi incitamento alla corruzione, al delitto o al suicidio. Le pene in tali casi sono aumentate.

Le medesime disposizioni si applicano a quei giornali e periodici destinati all'infanzia, nei quali la descrizione o l'illustrazione di vicende poliziesche e di avventure sia fatta, sistematicamente o ripetutamente, in modo da favorire il disfrenarsi di istinti di violenza e di indisciplina sociale (1).

(1) L'art. 1, co. 1, d.lgs. 1.12.2009, n. 179, ha dichiarato indispensabile la permanenza in vigore di questo articolo.

15. Pubblicazioni a contenuto impressionante o raccapricciante.

Le disposizioni dell'art. 528 del Codice penale si applicano anche nel caso di stampati i quali descrivano o illustrino, con particolari impressionanti o raccapriccianti, avvenimenti realmente verificatisi o anche soltanto immaginari, in modo da poter turbare il comune sentimento della morale o l'ordine familiare o da poter provocare il diffondersi di suicidi o delitti (1).

(1) L'art. 1, co. 1, d.lgs. 1.12.2009, n. 179, ha dichiarato indispensabile la permanenza in vigore di questo articolo.

16. Stampa clandestina.

Chiunque intraprenda la pubblicazione di un giornale o altro periodico senza che sia stata eseguita la registrazione prescritta dall'art. 5, è punito con la reclusione fino a due anni o con la multa fino a lire 500.000 (1).

La stessa pena si applica a chiunque pubblica uno stampato non periodico, dal quale non risulti il nome dell'editore né quello dello stampatore o nel quale questi siano indicati in modo non conforme al vero (2)

(1) L'importo della sanzione è stato elevato dall'art. 113, co. 2, l. 24.11.1981, n. 689.

(2) L'art. 1, co. 1, d.lgs. 1.12.2009, n. 179, ha dichiarato indispensabile la permanenza in vigore di questo articolo.

17. Omissione delle indicazioni obbligatorie sugli stampati.

Salvo quanto è disposto dall'articolo precedente, qualunque altra omissione o inesattezza nelle indicazioni prescritte dall'articolo 2 o la violazione dell'ultimo comma dello stesso articolo è punita con la sanzione amministrativa sino a lire 100.000 (1) (2).

(1) La sanzione originaria dell'ammenda è stata depenalizzata dall'art. 32, l. 24.11.1981, n. 689. L'importo della sanzione è stato elevato dall'art. 114, co. 1, l. 24.11.1981, n. 689.

(2) L'art. 1, co. 1, d.lgs. 1.12.2009, n. 179, ha dichiarato indispensabile la permanenza in vigore di questo articolo.

18. Violazione degli obblighi stabiliti dall'articolo 6.

Chi non effettua la dichiarazione di mutamento nel termine indicato nell'art. 6, o continua la pubblicazione di un giornale o altro periodico dopo che sia stata rifiutata l'annotazione del mutamento, è punito con la sanzione amministrativa fino a lire 250.000 (1) (2).

(1) La sanzione originaria dell'ammenda è stata depenalizzata dall'art. 32, l. 24.11.1981, n. 689. L'importo della sanzione è stato elevato dall'art. 114, co. 1, l. 24.11.1981, n. 689.

(2) L'art. 1, co. 1, d.lgs. 1.12.2009, n. 179, ha dichiarato indispensabile la permanenza in vigore di questo articolo.

19. False dichiarazioni nella registrazione di periodici.

Chi nelle dichiarazioni prescritte dagli artt. 5 e 6 espone dati non conformi al vero è punito a norma del primo comma dell'art. 483 del Codice penale (1).

(1) L'art. 1, co. 1, d.lgs. 1.12.2009, n. 179, ha dichiarato indispensabile la permanenza in vigore di questo articolo.

20. Asportazione, distruzione o deterioramento di stampati.

Chiunque asporta, distrugge o deteriora stampati per i quali siano state osservate le prescrizioni di legge, allo scopo di impedirne la vendita, distribuzione o diffusione, è punito, se il fatto non costituisce reato più grave, con la reclusione da sei mesi a tre anni.

Con la stessa pena è punito chiunque con violenza o minaccia impedisce la stampa, pubblicazione o diffusione dei periodici, per i quali siano state osservate le prescrizioni di legge.

La pena è aumentata se il fatto è commesso da più persone riunite o in luogo pubblico, ovvero presso tipografie, edicole, agenzie o altri locali destinati a pubblica vendita.

Per i reati suddetti si procede per direttissima (1).

(1) L'art. 1, co. 1, d.lgs. 1.12.2009, n. 179, ha dichiarato indispensabile la permanenza in vigore di questo articolo.

21. Competenza e forme del giudizio.

La cognizione dei reati commessi col mezzo della stampa appartiene al tribunale, salvo che non sia competente la Corte di assise.

Non è consentita la rimessione del procedimento al pretore.

Al giudizio si procede col rito direttissimo.

È fatto obbligo al giudice di emettere in ogni caso la sentenza nel termine massimo di un mese dalla data di presentazione della querela o della denuncia.

La competenza per i giudizi conseguenti alle violazioni delle norme in tema di rettifica, di cui all'articolo 8 della presente legge, appartiene al pretore (1).

Al giudizio si procede con il rito direttissimo (2).

È fatto obbligo:

a) al pretore di depositare in ogni caso la sentenza entro sessanta giorni dalla presentazione della denuncia;
b) al giudice di appello di depositare la sentenza entro quarantacinque giorni dalla scadenza del termine per la presentazione dei motivi di appello;
c) alla Corte di cassazione di depositare la sentenza entro sessanta giorni dalla scadenza del termine per la presentazione dei motivi del ricorso (3).

I processi di cui al presente articolo sono trattati anche nel periodo feriale previsto dall'articolo 91 dell'ordinamento giudiziario approvato con R.D. 30 gennaio 1941, n. 12 (4).

La colpevole inosservanza dell'obbligo previsto nel settimo comma costituisce infrazione disciplinare (5).

In ogni caso, il richiedente la rettifica può rivolgersi al pretore affinché, in via d'urgenza, anche ai sensi degli articoli 232 e 219' del codice di procedura penale, ordini al direttore la immediata pubblicazione o la trasmissione delle risposte, rettifiche o dichiarazioni (6) (7).

(1) Comma introdotto dall'art. 43, co. 1, l. 5.8.1981, n. 416.
(2) Comma introdotto dall'art. 43, co. 1, l. 5.8.1981, n. 416.
(3) Comma introdotto dall'art. 43, co. 1, l. 5.8.1981, n. 416.
(4) Comma introdotto dall'art. 43, co. 1, l. 5.8.1981, n. 416.
(5) Comma introdotto dall'art. 43, co. 1, l. 5.8.1981, n. 416.
(6) Comma introdotto dall'art. 43, co. 1, l. 5.8.1981, n. 416.
(7) L'art. 1, co. 1, d.lgs. 1.12.2009, n. 179, ha dichiarato indispensabile la permanenza in vigore di questo articolo.

22. Periodici già autorizzati.

Per i giornali e gli altri periodici autorizzati ai sensi delle leggi precedenti, la registrazione prescritta dall'articolo 5 deve essere effettuata nel termine di quattro mesi dall'entrata in vigore della presente legge (1).

(1) L'art. 1, co. 1, d.lgs. 1.12.2009, n. 179, ha dichiarato indispensabile la permanenza in vigore di questo articolo.

23. Abrogazioni.

Sono abrogati il regio decreto-legge 14 gennaio 1944, n. 13, e ogni altra disposizione contraria o incompatibile con quelle della presente legge (1).

(1) L'art. 1, co. 1, d.lgs. 1.12.2009, n. 179, ha dichiarato indispensabile la permanenza in vigore di questo articolo.

24. Norme di attuazione.

Il Governo emanerà le norme per l'attuazione della presente legge (1).

(1) L'art. 1, co. 1, d.lgs. 1.12.2009, n. 179, ha dichiarato indispensabile la permanenza in vigore di questo articolo.

25. Entrata in vigore della legge.

La presente legge entra in vigore il giorno successivo

a quello della sua pubblicazione nella Gazzetta Ufficiale della Repubblica [1].

(1) L'art. 1, co. 1, d.lgs. 1.12.2009, n. 179, ha dichiarato indispensabile la permanenza in vigore di questo articolo.

2. L. 8 aprile 1974, n. 98. – Tutela della riservatezza e della libertà e segretezza delle comunicazioni (*artt. 8-11*)

In Gazzetta Ufficiale: 12 aprile 1974, n. 97

Parte II
Disposizioni transitorie e finali

8. – Le disposizioni dell'articolo 226-*quinquies* del codice di procedura penale si applicano anche alle intercettazioni, notizie ed immagini raccolte prima dell'entrata in vigore della presente legge.

9. – Il Ministro delle comunicazioni, di concerto con il Ministro per l'interno, e con quello per l'industria, il commercio e l'artigianato, provvede con propri decreti alla elencazione degli apparecchi o strumenti e delle parti di apparecchi o strumenti, idonei in modo non equivoco ad operare le riprese di immagini o le intercettazioni di comunicazioni o conversazioni di cui agli articoli 615-*bis* e 617 del codice penale.

Per gli apparecchi e strumenti di dotazione delle forze armate e delle forze di polizia provvedono i Ministri competenti.

Chiunque, senza licenza del Ministro delle comunicazioni, da concedersi sentito il parere del Ministro per l'interno, fabbrica, importa, acquista, vende, trasporta, noleggia od in qualsiasi altro modo mette in circolazione gli apparecchi o strumenti indicati nei precedenti commi, o parti di essi, è punito, salvo che il fatto costituisca più grave reato, con la reclusione da uno a quattro anni e con la multa da lire 2.000.000 a lire 10.000.000 [1].

(1) La misura della multa è stata così elevata dal co. 4 dell'art. 113, l. 24.11.1981, n. 689. La sanzione è esclusa dalla depenalizzazione secondo quanto previsto dal co. 2 dell'art. 32, l. n. 689/1981.

10. – Il procuratore della Repubblica è responsabile della custodia degli apparati e strumenti di intercettazione telefonica e telegrafica installati presso la procura della Repubblica.

11. – La presente legge entra in vigore il giorno successivo alla sua pubblicazione nella Gazzetta Ufficiale.

3. L. 17 luglio 1975, n. 355. – Esclusione dei rivenditori professionali della stampa periodica e dei librai dalla responsabilità derivante dagli articoli 528 e 725 del codice penale e dagli articoli 14 e 15 della legge 8 febbraio 1948, n. 47

In Gazzetta Ufficiale: 12 agosto 1975, n. 214

Articolo Unico. – Non sono punibili per i reati previsti dagli articoli 528 e 725 del codice penale e dagli articoli 14 e 15 della legge 8 febbraio 1948, n. 47, i titolari e gli addetti a rivendita di giornali e di riviste per il solo fatto di detenere, rivendere, o esporre, nell'esercizio normale della loro attività, pubblicazioni ricevute dagli editori e distributori autorizzati ai sensi delle vigenti disposizioni.

La stessa disposizione si applica ai titolari ed agli addetti a negozi di vendita di libri e pubblicazioni non periodiche, salvo il caso che essi operino di concerto con gli editori ovvero con i distributori al fine specifico di diffondere stampa oscena.

Le disposizioni di esonero di responsabilità di cui ai commi precedenti non si applicano quando siano esposte, in modo da renderle immediatamente visibili al pubblico, parti palesemente oscene delle pubblicazioni o quando dette pubblicazioni siano vendute ai minori di anni sedici. In tale caso la pena è della reclusione sino ad un anno.

Nei casi in cui il reato previsto dall'articolo 528 del codice penale sia commesso da un editore di libri o stampa periodica si applica la pena della reclusione da uno a tre anni e della multa non inferiore a lire 800.000 [1].

(1) La misura della multa è stata così elevata dall'art. 113, co. 4, l. 24.11.1981, n. 689. *Ex* art. 24 c.p., l'entità della sanzione non può superare lire 10.000.000. La sanzione è esclusa dalla depenalizzazione ai sensi dell'art. 32, co. 2, l. n. 689/1981.

4. L. 6 agosto 1990, n. 223. – Disciplina del sistema radiotelevisivo pubblico e privato (c.d. legge Mammì) (*art. 30*) (1)

In Gazzetta Ufficiale: 09 agosto 1990, n. 185

(1) Secondo quanto disposto dall'art. 1, co. 6, lett. a), n. 6), l. 31.7.1997, n. 249, sono abrogate tutte le disposizioni concernenti la tenuta e l'organizzazione del Registro nazionale della stampa e del Registro nazionale delle imprese radiotelevisive contenute nella presente legge.

TITOLO IV
Sanzioni

30. Disposizioni penali.

1. Nel caso di trasmissioni radiofoniche o televisive che abbiano carattere di oscenità il concessionario privato o la concessionaria pubblica ovvero la persona da loro delegata al controllo della trasmissione è punito con le pene previste dal primo comma dell'art. 528 del codice penale.

2. Si applicano alle trasmissioni le disposizioni di cui agli articoli 14 e 15 della legge 8 febbraio 1948, n. 47.

3. Salva la responsabilità di cui ai commi 1 e 2 e fuori dei casi di concorso, i soggetti di cui al comma 1 che per colpa omettano di esercitare sul contenuto delle trasmissioni il controllo necessario ad impedire la commissione dei reati di cui ai commi 1 e 2 sono puniti, se nelle trasmissioni in oggetto è commesso un reato, con la pena stabilita per tale reato diminuita in misura non eccedente un terzo.

4. Nel caso di reati di diffamazione commessi attraverso trasmissioni consistenti nell'attribuzione di un fatto determinato, si applicano ai soggetti di cui al comma 1 le sanzioni previste dall'art. 13 della legge 8 febbraio 1948, n. 47 (1).

5. Per i reati di cui ai commi 1, 2 e 4 del presente articolo si applicano le disposizioni di cui all'art. 21 della legge 8 febbraio 1948, n. 47. Per i reati di cui al comma 4 il foro competente è determinato dal luogo di residenza della persona offesa.

6. Sono puniti con le pene stabilite dall'art. 5– *bis* del decreto-legge 8 aprile 1974, n. 95, convertito, con modificazioni, dalla legge 7 giugno 1974, n. 216 e successive modificazioni, il titolare di concessione di cui all'art. 16 o di concessione per servizio pubblico ovvero la persona dagli stessi delegata che violi le disposizioni di cui agli articoli 12, 13, 14, 17 e di cui al comma 2 dell'art. 37 della presente legge. Le stesse pene si applicano agli amministratori della società titolare di concessione ai sensi dell'art. 16 o di concessione per servizio pubblico o che comunque la controllano direttamente o indirettamente, che non trasmettano al Garante l'elenco dei propri soci.

7. L'art. 195 del testo unico delle disposizioni legislative in materia postale, di bancoposta e di telecomunicazioni, approvato con decreto del Presidente della Repubblica 29 marzo 1973, n. 156, come sostituito dall'art. 45 della legge 14 aprile 1975, n. 103, è sostituito dal seguente:

"Art. 195. (Installazione ed esercizio di impianti di telecomunicazione senza concessione od autorizzazione – Sanzioni) –

1. Chiunque installa od esercita un impianto di telecomunicazione senza aver ottenuto la relativa concessione o autorizzazione è punito, se il fatto non costituisce reato, con la sanzione amministrativa pecuniaria da lire 500.000 a lire 20.000.000.

2. Se il fatto riguarda impianti radioelettrici, si applica la pena dell'arresto da tre a sei mesi.

3. Se il fatto riguarda impianti di radiodiffusione sonora o televisiva, si applica la pena della reclusione da uno a tre anni. La pena è ridotta alla metà se trattasi di impianti per la radiodiffusione sonora o televisiva in ambito locale.

4. Chiunque realizza trasmissioni, anche simultanee o parallele, contravvenendo ai limiti territoriali o temporali previsti dalla concessione, è punito con la reclusione da sei mesi a due anni.

5. Il trasgressore è tenuto, in ogni caso, al pagamento di una somma pari al doppio dei canoni previsti per ciascuno dei collegamenti abusivamente realizzati relativamente al periodo di esercizio abusivo accertato e comunque per un periodo non inferiore ad un trimestre. Non si tiene conto, nella determinazione del canone, delle agevolazioni previste a favore di determinate categorie di utenti.

6. Indipendentemente dall'azione penale, l'Amministrazione può provvedere direttamente, a spese del possessore, a suggellare o rimuovere l'impianto ritenuto abusivo ed a sequestrare gli apparecchi".

(1) La Corte costituzionale, con sent. 12.7.2021, n. 150, ha dichiarato in via consequenziale, ai sensi dell'art. 27, l. 11.3.1953, n. 87, l'illegittimità costituzionale di questo comma.

5. L. 7 marzo 2001, n. 62. – Nuove norme sull'editoria e sui prodotti editoriali e modifiche alla legge 5 agosto 1981, n. 416 (*art. 1*)

In Gazzetta Ufficiale: 21 marzo 2001, n. 67

Capo I
Disposizioni generali

1. Definizioni e disciplina del prodotto editoriale.

1. Per "prodotto editoriale", ai fini della presente legge, si intende il prodotto realizzato su supporto cartaceo, ivi compreso il libro, o su supporto informatico, destinato alla pubblicazione o, comunque, alla diffusione di informazioni presso il pubblico con ogni mezzo, anche elettronico, o attraverso la radiodiffusione sonora o televisiva, con esclusione dei prodotti discografici o cinematografici.

2. Non costituiscono prodotto editoriale i supporti che riproducono esclusivamente suoni e voci, le opere filmiche ed i prodotti destinati esclusivamente all'informazione aziendale sia ad uso interno sia presso il pubblico. Per "opera filmica" si intende lo spettacolo, con contenuto narrativo o documentaristico, realizzato su supporto di qualsiasi natura, purché costituente opera dell'ingegno ai sensi della disciplina sul diritto d'autore, destinato originariamente, dal titolare dei diritti di utilizzazione economica, alla programmazione nelle sale cinematografiche ovvero alla diffusione al pubblico attraverso i mezzi audiovisivi.

3. Al prodotto editoriale si applicano le disposizioni di cui all'articolo 2 della legge 8 febbraio 1948, n. 47. Il prodotto editoriale è identificato dalla testata, intesa come il titolo del giornale, della rivista o di altra pubblicazione periodica, avente una funzione e una capacità distintiva nella misura in cui individua una pubblicazione. Il prodotto editoriale diffuso al pubblico con periodicità regolare e contraddistinto da una testata, costituente elemento identificativo del prodotto, è sottoposto, altresì, agli obblighi previsti dall'articolo 5 della medesima legge n. 47 del 1948 (1).

3 bis. Per "quotidiano on line" si intende quella testata giornalistica:

a) regolarmente registrata presso una cancelleria di tribunale;
b) il cui direttore responsabile sia iscritto all'Ordine dei giornalisti, nell'elenco dei pubblicisti ovvero dei professionisti;
c) che pubblichi i propri contenuti giornalistici prevalentemente on line;
d) che non sia esclusivamente una mera trasposizione telematica di una testata cartacea;
e) che produca principalmente informazione;
f) che abbia una frequenza di aggiornamento almeno quotidiana;
g) che non si configuri esclusivamente come aggregatore di notizie (2).

(1) L'art. 3, co. 4, lett. b), l. 26.10.2016, n. 198, ha introdotto il secondo periodo di questo comma. Queste modifiche si applicano a decorrere dal 1.1.2017, così come disposto dallo stesso art. 3, co. 4, l. n. 198/2016.

(2) Comma introdotto dall'art. 3, co. 4, lett. c), l. 26.10.2016, n. 198. Queste modifiche si applicano a decorrere dal 1.1.2017, così come disposto dallo stesso art. 3, co. 4, l. n. 198/2016.

STUPEFACENTI

1. L. 22 dicembre 1975, n. 685. – Disciplina degli stupefacenti e sostanze psicotrope. Prevenzione, cura e riabilitazione dei relativi stati di tossicodipendenza (*artt. 71, 71 bis, 74, 76, 84 bis, 110*) (1)

In Gazzetta Ufficiale 30 dicembre 1975, n. 342

(1) La Corte costituzionale, con sent. 22.2.1983, n. 31, ha dichiarato l'illegittimità costituzionale di questa l., nelle parti concernenti le attribuzioni delle regioni, in cui, relativamente all'ambito territoriale del Trentino-Alto Adige, non statuisce che dette attribuzioni spettano alle provincie di Trento e Bolzano.

71. Produzione e traffico illecito di sostanze stupefacenti o psicotrope (1).

1. Chiunque, senza l'autorizzazione di cui all'art. 15, coltiva, produce, fabbrica, estrae, raffina, vende, offre o mette in vendita, cede o riceve a qualsiasi titolo, distribuisce, commercia, acquista, trasporta, esporta, importa, procura ad altri, invia, passa o spedisce in transito, consegna per qualunque scopo o comunque illecitamente detiene, fuori dalle ipotesi previste dagli articoli 72 e 72-*bis*, sostanze stupefacenti o psicotrope di cui alle tabelle I e III previste dall'art. 12, è punito con la reclusione da otto a venti anni e con la multa da lire cinquanta milioni a lire cinquecento milioni.

2. Chiunque, essendo munito dell'autorizzazione di cui all'art. 15, illecitamente cede, mette o procura che altri metta in commercio le sostanze o le preparazioni indicate nel comma 1, è punito con la reclusione da otto a ventidue anni e con la multa da lire cinquanta milioni a lire seicento milioni.

3. Le stesse pene si applicano a chiunque coltiva, produce o fabbrica sostanze stupefacenti o psicotrope diverse da quelle stabilite nel decreto di autorizzazione.

4. Se taluno dei fatti previsti dai commi 1, 2 e 3 riguarda sostanze stupefacenti o psicotrope di cui alle tabelle II e IV previste dall'art. 12, si applicano la reclusione da due a sei anni e la multa da lire dieci milioni a lire centocinquanta milioni.

5. Quando, per i mezzi, per la modalità o le circostanze dell'azione ovvero per la qualità e quantità delle sostanze, i fatti previsti dal presente articolo sono di lieve entità, si applicano le pene della reclusione da uno a sei anni e della multa da lire cinque milioni a lire cinquanta milioni se si tratta di sostanze stupefacenti o psicotrope di cui alle tabelle I e III previste dall'art. 12, ovvero le pene della reclusione da sei mesi a quattro anni e della multa da lire due milioni a lire venti milioni se si tratta di sostanze di cui alle tabelle II e IV.

6. Se il fatto è commesso da tre o più persone in concorso tra loro, la pena è aumentata.

7. Le pene previste dai commi da 1 a 6 sono diminuite dalla metà a due terzi per chi si adopera per evitare che l'attività delittuosa sia portata a conseguenze ulteriori, anche aiutando concretamente l'autorità di polizia o l'autorità giudiziaria nella sottrazione di risorse rilevanti per la commissione dei delitti.

(1) Articolo sostituito dall'art. 14, co. 1, l. 26.6.1990, n. 162.

71 bis. Associazione finalizzata al traffico illecito di sostanze stupefacenti o psicotrope [1].

1. Quando tre o più persone si associano allo scopo di commettere più delitti tra quelli previsti dall'art. 71, chi promuove, costituisce, dirige, organizza o finanzia l'associazione è punito per ciò solo con la reclusione non inferiore a venti anni.

2. Chi partecipa all'associazione è punito con la reclusione non inferiore a dieci anni.

3. La pena è aumentata se il numero degli associati è di dieci o più o se tra i partecipanti vi sono persone dedite all'uso di sostanze stupefacenti o psicotrope.

4. Se l'associazione è armata la pena, nei casi indicati dai commi 1 e 3, non può essere inferiore a ventiquattro anni di reclusione e, nel caso previsto dal comma 2, a dodici anni di reclusione. L'associazione si considera armata quando i partecipanti hanno la disponibilità di armi o materie esplodenti, anche se occultate o tenute in luogo di deposito.

5. La pena è aumentata se ricorre la circostanza di cui alla lettera e) del comma 1 dell'art. 74.

6. Se l'associazione è costituita per commettere i fatti descritti dal comma 5 dell'art. 71, si applicano il primo e il secondo comma dell'art. 416 del codice penale.

7. Le pene previste dai commi da 1 a 6 sono diminuite dalla metà a due terzi per chi si sia efficacemente adoperato per assicurare le prove del reato o per sottrarre all'associazione risorse decisive per la commissione dei delitti.

(1) Articolo introdotto dall'art. 14, co. 1, l. 26.6.1990, n. 162.

74. Aggravanti specifiche [1].

1. Le pene previste per i delitti di cui all'art. 71 della presente legge sono aumentate da un terzo alla metà:

a) nei casi in cui le sostanze stupefacenti o psicotrope sono consegnate o comunque destinate a persona di età minore;
b) nei casi previsti dai numeri 2), 3) e 4) del primo comma dell'art. 112 del codice penale;
c) per chi ha indotto a commettere il reato, o a cooperare nella commissione del reato, persona dedita all'uso di sostanze stupefacenti o psicotrope;
d) se il fatto è stato commesso da persona armata o travisata;
e) se le sostanze stupefacenti o psicotrope sono adulterate o commiste ad altre in modo che ne risulti accentuata la potenzialità lesiva;
f) se l'offerta o la cessione è finalizzata ad ottenere prestazioni sessuali da parte di persona tossicodipendente;
g) se l'offerta o la cessione è effettuata all'interno o in prossimità di scuole di ogni ordine o grado, comunità giovanili, caserme, carceri, ospedali, strutture per la cura e la riabilitazione dei tossicodipendenti.

2. Se il fatto riguarda quantità ingenti di sostanze stupefacenti o psicotrope, le pene sono aumentate dalla metà a due terzi; la pena è di trenta anni di reclusione quando i fatti previsti dai commi 1, 2 e 3 dell'art. 71 riguardano quantità ingenti di sostanze stupefacenti o psicotrope e ricorre l'aggravante di cui alla lettera e) del comma 1 del presente articolo.

3. Lo stesso aumento di pena si applica se il colpevole per commettere il delitto o per conseguirne per sé o per altri il profitto, il prezzo o l'impunità ha fatto uso di armi.

4. Si applica la disposizione del secondo comma dell'art. 112 del codice penale.

5. Le sanzioni previste dall'art. 72– *bis* sono aumentate nella misura stabilita dal presente articolo quando ricorrono le circostanze ivi previste, eccettuata quella indicata dal comma 2.

(1) Articolo sostituito dall'art. 18, co. 1, l. 26.6.1990, n. 162.

76. Istigazione, proselitismo e induzione al reato di persona minore [1].

1. Chiunque pubblicamente istiga all'uso illecito di sostanze stupefacenti o psicotrope, ovvero svolge, anche in privato, attività di proselitismo per tale uso delle predette sostanze, ovvero induce una persona all'uso medesimo, è punito con la reclusione da uno a sei anni e con la multa da lire due milioni a lire dieci milioni.

2. La pena è aumentata se il fatto è commesso nei confronti di persone di età minore ovvero all'interno o nelle adiacenze di scuole di ogni ordine e grado, di comunità giovanili o di caserme. La pena è altresì aumentata se il fatto è commesso all'interno di carceri, di ospedali o di servizi sociali e sanitari.

3. La pena è raddoppiata se i fatti sono commessi nei confronti di minore degli anni quattordici, di persona palesemente incapace o di persona affidata al colpevole per ragioni di cura, di educazione, di istruzione, di vigilanza o di custodia.

4. Se il fatto riguarda le sostanze di cui alle tabelle II e IV previste dall'art. 12 le pene disposte dai commi 1, 2 e 3 sono diminuite da un terzo alla metà.

(1) Articolo sostituito dall'art.20, co. 1, l. 26.6.1990, n. 162.

84 bis. Acquisto simulato di droga (1).

1. Fermo il disposto dell'art. 51 del codice penale, non sono punibili gli ufficiali di polizia giudiziaria addetti alle unità specializzate antidroga, i quali, al solo fine di acquisire elementi di prova in ordine ai delitti previsti dalla presente legge ed in esecuzione di operazioni anti-crimine specificatamente disposte dal Servizio centrale antidroga o, d'intesa con questo, dal questore o dal comandante del gruppo dei Carabinieri o della Guardia di finanza o dal comandante del nucleo di polizia tributaria, procedono all'acquisto di sostanze stupefacenti o psicotrope.

2. Dell'acquisto di sostanze stupefacenti o psicotrope è data immediata e dettagliata comunicazione al Servizio centrale antidroga ed all'autorità giudiziaria. Questa, se richiesta dalla polizia giudiziaria, può, con decreto motivato, differire il sequestro fino alla conclusione delle indagini.

(1) Articolo introdotto dall'art. 25, co. 1, l. 26.6.1990, n. 162.

110. Abrogazioni (1).

1. Sono abrogati la legge 22 ottobre 1954, n. 1041, ad eccezione dell'art. 1 per quanto concerne l'ufficio centrale stupefacenti, gli articoli 446, 447 e 729 del codice penale e ogni altra norma in contrasto con la presente legge".

2. Il decreto del Presidente del Consiglio dei Ministri di cui all'art. 106, comma 12, della legge 22 dicembre 1975, n. 685, come sostituito dal comma 1 del presente articolo, sarà emanato entro tre mesi dalla data di entrata in vigore della presente legge.

(1) Articolo introdotto dall'art. 32, co. 1, l. 26.6.1990, n. 162.

2. D.P.R. 9 ottobre 1990, n. 309. – Testo unico delle leggi in materia di disciplina degli stupefacenti e sostanze psicotrope, prevenzione, cura e riabilitazione dei relativi stati di tossicodipendenza (*artt. 72-103*) (1) (2)

In Gazzetta Ufficiale 31 ottobre 1990, n. 255

(1) Il d.lgs. 19.2.1998, n. 51 ha soppresso l'ufficio del pretore e, fuori dai casi espressamente previsti da questo decreto, le relative competenze sono da intendersi trasferite al tribunale ordinario. Lo stesso decreto ha soppresso l'ufficio del pubblico ministero presso la pretura circondariale e ha provveduto a trasferirne le relative funzioni all'ufficio del pubblico ministero presso il tribunale ordinario. Qualora il presente provvedimento attribuisca, inoltre, funzioni amministrative alternativamente al pretore e ad organi della P.A., le attribuzioni pretorili si intendono soppresse. Sono altresì soppresse le funzioni amministrative di altre autorità giurisdizionali, eccezion fatta per il giudice di pace, se attribuite in via alternativa tanto al pretore che ad organi della P.A. Il potere del pretore di rendere esecutivi atti emanati da autorità amministrative è soppresso e gli atti sono esecutivi di diritto. Infine, qualora questo provvedimento preveda l'obbligo di determinati soggetti di rendere giuramento innanzi al pretore per l'esercizio di attività, questo si intende reso innanzi al sindaco o ad un suo delegato.

(2) Le prefetture sono trasformate in uffici territoriali del governo a decorrere dalla data nomina del primo governo costituito a seguito delle prime elezioni politiche successive all'entrata in vigore del d.lgs. 30.7.1999, n. 300. Il prefetto preposto a tale ufficio nel capoluogo della regione assume anche le funzioni di commissario del governo (art. 11, d.lgs. n. 300/1999).

TITOLO VIII
Della repressione delle attività illecite

Capo I
Disposizioni penali e sanzioni amministrative

72. Attività illecite.

[**1.** è vietato l'uso personale di sostanze stupefacenti o psicotrope di cui alle tabelle I, II, III e IV, previste dall'art. 14. è altresì vietato qualunque impiego di sostanze stupefacenti o psicotrope non autorizzato secondo le norme del presente testo unico.] (1)

2. È consentito l'uso terapeutico di preparati medicinali a base di sostanze stupefacenti o psicotrope [di cui al comma 1], debitamente prescritti secondo le necessità di cura in relazione alle particolari condizioni patologiche del soggetto (2).

(1) Comma abrogato dall'art. 1, co. 1, d.P.R. 5.6.1993, n. 171.
(2) Comma modificato dall'art. 1, co. 1, d.P.R. 5.6.1993, n. 171.

73. Produzione, traffico e detenzione illeciti di sostanze stupefacenti o psicotrope (1).

1. Chiunque, senza l'autorizzazione di cui all'articolo 17, coltiva, produce, fabbrica, estrae, raffina, vende, offre o mette in vendita, cede, distribuisce, commercia, trasporta, procura ad altri, invia, passa o spedisce in transito, consegna per qualunque scopo sostanze stupefacenti o psicotrope di cui alla tabella I prevista dall'articolo 14, è punito con la reclusione da sei a venti anni e con la multa da euro 26.000 a euro 260.000 (2) (3).

1 bis. Con le medesime pene di cui al comma 1 è punito chiunque, senza l'autorizzazione di cui all'articolo 17, importa, esporta, acquista, riceve a qualsiasi titolo o comunque illecitamente detiene:

a) sostanze stupefacenti o psicotrope che per quantità, in particolare se superiore ai limiti massimi indicati con decreto del Ministro della salute emanato di concerto con il Ministro della giustizia sentita la Presidenza del Consiglio dei Ministri – Dipartimento nazionale per le politiche antidroga, ovvero per modalità di presentazione, avuto riguardo al peso lordo complessivo o al confezionamento frazionato, ovvero per altre circostanze dell'azione, appaiono destinate ad un uso non esclusivamente personale;
b) medicinali contenenti sostanze stupefacenti o psicotrope elencate nella tabella II, sezione A, che eccedono il quantitativo prescritto. In questa ultima ipotesi, le pene suddette sono diminuite da un terzo alla metà [(4)].

2. Chiunque, essendo munito dell'autorizzazione di cui all'articolo 17, illecitamente cede, mette o procura che altri metta in commercio le sostanze o le preparazioni indicate nelle tabelle I e II di cui all'articolo 14, è punito con la reclusione da sei a ventidue anni e con la multa da euro 26.000 a euro 300.000 [(5)].

[**2 bis.** Le pene di cui al comma 2 si applicano anche nel caso di illecita produzione o commercializzazione delle sostanze chimiche di base e dei precursori di cui alle categorie 1, 2 e 3 dell'allegato I al presente testo unico, utilizzabili nella produzione clandestina delle sostanze stupefacenti o psicotrope previste nelle tabelle di cui all'articolo 14.] [(6)]

3. Le stesse pene si applicano a chiunque coltiva, produce o fabbrica sostanze stupefacenti o psicotrope diverse da quelle stabilite nel decreto di autorizzazione [(7)].

4. Quando le condotte di cui al comma 1 riguardano i medicinali ricompresi nella tabella II, sezioni A, B, C e D, limitatamente a quelli indicati nel numero 3-*bis*) della lettera e) del comma 1 dell'articolo 14 e non ricorrono le condizioni di cui all'articolo 17, si applicano le pene ivi stabilite, diminuite da un terzo alla metà [(8)].

5. Salvo che il fatto costituisca più grave reato, chiunque commette uno dei fatti previsti dal presente articolo che, per i mezzi, la modalità o le circostanze dell'azione ovvero per la qualità e quantità delle sostanze, è di lieve entità, è punito con le pene della reclusione da sei mesi a cinque anni e della multa da euro 1.032 a euro 10.329. Chiunque commette uno dei fatti previsti dal primo periodo è punito con la pena della reclusione da diciotto mesi a cinque anni e della multa da euro 2.500 a euro 10.329, quando la condotta assume caratteri di non occasionalità [(9)].

5 bis. Nell'ipotesi di cui al comma 5, limitatamente ai reati di cui al presente articolo commessi da persona tossicodipendente o da assuntore di sostanze stupefacenti o psicotrope, il giudice, con la sentenza di condanna o di applicazione della pena su richiesta delle parti a norma dell'articolo 444 del codice di procedura penale, su richiesta dell'imputato e sentito il pubblico ministero, qualora non debba concedersi il beneficio della sospensione condizionale della pena, può applicare, anziché le pene detentive e pecuniarie, quella del lavoro di pubblica utilità di cui all'articolo 54 del decreto legislativo 28 agosto 2000, n. 274, secondo le modalità ivi previste. Con la sentenza il giudice incarica l'ufficio locale di esecuzione penale esterna di verificare l'effettivo svolgimento del lavoro di pubblica utilità. L'ufficio riferisce periodicamente al giudice. In deroga a quanto disposto dal citato articolo 54 del decreto legislativo n. 274 del 2000, il lavoro di pubblica utilità ha una durata corrispondente a quella della sanzione detentiva irrogata. Esso può essere disposto anche nelle strutture private autorizzate ai sensi dell'articolo 116, previo consenso delle stesse. In caso di violazione degli obblighi connessi allo svolgimento del lavoro di pubblica utilità, in deroga a quanto previsto dal citato articolo 54 del decreto legislativo n. 274 del 2000, su richiesta del pubblico ministero o d'ufficio, il giudice che procede, o quello dell'esecuzione, con le formalità di cui all'articolo 666 del codice di procedura penale, tenuto conto dell'entità dei motivi e delle circostanze della violazione, dispone la revoca della pena con conseguente ripristino di quella sostituita. Avverso tale provvedimento di revoca è ammesso ricorso per cassazione, che non ha effetto sospensivo. Il lavoro di pubblica utilità può sostituire la pena per non più di due volte [(10)].

5 ter. La disposizione di cui al comma 5-*bis* si applica anche nell'ipotesi di reato diverso da quelli di cui al comma 5, commesso, per una sola volta, da persona tossicodipendente o da assuntore abituale di sostanze stupefacenti o psicotrope e in relazione alla propria condizione di dipendenza o di assuntore abituale, per il quale il giudice infligga una pena non superiore ad un anno di detenzione, salvo che si tratti di reato previsto dall'articolo 407, comma 2, lettera a), del codice di procedura penale o di reato contro la persona [(11)].

6. Se il fatto è commesso da tre o più persone in concorso tra loro, la pena è aumentata.

7. Le pene previste dai commi da 1 a 6 sono diminuite dalla metà a due terzi per chi si adopera per evitare che l'attività delittuosa sia portata a conseguenze ulteriori, anche aiutando concretamente l'autorità di polizia o l'autorità giudiziaria nella sottrazione di risorse rilevanti per la commissione dei delitti.

7 bis. Nel caso di condanna o di applicazione di pena su richiesta delle parti, a norma dell'articolo 444 del codice di procedura penale, è ordinata la confisca delle cose che ne sono il profitto o il prodotto, salvo che appartengano a persona estranea al reato, ovvero quando essa non è possibile, fatta eccezione per il delitto di cui al comma 5, la confisca di beni di cui il reo ha la disponibilità per un valore corrispondente a tale profitto o prodotto [(12)].

(1) Rubrica sostituita dall'art. 4 bis, d.l. 30.12.2005, n. 272, conv., con modif., in l. 21.2.2006, n. 49. Successivamente la Corte costituzio-

nale, con sent. 25.2.2014, n. 32, ha dichiarato l'illegittimità costituzionale del citato art. 4 bis.

(2) Comma prima modificato dal d.P.R. 5.6.1993, n. 171 e successivamente sostituito dall'art. 4 bis, d.l. 30.12.2005, n. 272, conv., con modif., in l. 21.2.2006, n. 49. Successivamente la Corte costituzionale, con sent. 25.2.2014, n. 32, ha dichiarato l'illegittimità costituzionale del citato art. 4 bis.

(3) La Corte costituzionale, con sent. 8.3.2019, n. 40, ha dichiarato l'illegittimità costituzionale di questo comma nella parte in cui in cui prevede la pena minima edittale della reclusione nella misura di otto anni anziché di sei anni.

(4) Comma introdotto dall'art. 4 bis, d.l. 30.12.2005, n. 272, conv., con modif., in l. 21.2.2006, n. 49. Successivamente la Corte costituzionale, con sent. 25.2.2014, n. 32, ha dichiarato l'illegittimità costituzionale del citato art. 4 bis.

(5) Comma modificato dall'art. 4 bis, d.l. 30.12.2005, n. 272, conv., con modif., in l. 21.2.2006, n. 49. Successivamente la Corte costituzionale, con sent. 25.2.2014, n. 32, ha dichiarato l'illegittimità costituzionale del citato art. 4 bis.

(6) Comma introdotto dall'art. 4 bis, d.l. 30.12.2005, n. 272, conv., con modif., in l. 21.2.2006, n. 49 e successivamente abrogato dall'art. 1, co. 2, lett. b), d.lgs. 24.3.2011, n. 50. Successivamente la Corte costituzionale, con sent. 25.2.2014, n. 32, ha dichiarato l'illegittimità costituzionale del citato art. 4 bis.

(7) Comma sostituito dall'art. 4 bis, d.l. 30.12.2005, n. 272, conv., con modif., in l. 21.2.2006, n. 49. Successivamente la Corte costituzionale, con sent. 25.2.2014, n. 32, ha dichiarato l'illegittimità costituzionale del citato art. 4 bis.

(8) Comma sostituito dall'art. 4 bis, d.l. 30.12.2005, n. 272, conv., con modif., in l. 21.2.2006, n. 49 e successivamente modificato dall'art. 10, co. 1, lett. s), l. 15.3.2010, n. 38. Successivamente la Corte costituzionale, con sent. 25.2.2014, n. 32, ha dichiarato l'illegittimità costituzionale del citato art. 4 bis.

(9) Comma inizialmente sostituito dall'art. 4 bis, d.l. 30.12.2005, n. 272, conv., con modif., in l. 21.2.2006, n. 49 e successivamente dall'art. 2, co. 1, lett. a), d.l. 23.12.2013, n. 146, conv., con modif., dalla l. 21.2.2014, n. 10. Successivamente la Corte costituzionale, con sent. 25.2.2014, n. 32, ha dichiarato l'illegittimità costituzionale del citato art. 4 bis. Da ultimo questo comma è stato sostituito dall'art. 1, co. 24 ter, lett. a), d.l. 20.3.2014, n. 36, conv., con modif., in l. 16.5.2014 n. 79 e successivamente modificato dall'art. 4, co. 3, d.l. 15.9.2023, n. 123, conv., con modif., dalla l. 13.11.2023, n. 159.

(10) Comma introdotto dall'art. 4 bis, d.l. 30.12.2005, n. 272, conv., con modif., in l. 21.2.2006, n. 49. Successivamente la Corte costituzionale, con sent. 25.2.2014, n. 32, ha dichiarato l'illegittimità costituzionale del citato art. 4 bis. Da ultimo questo comma è stato sostituito dall'art. 1, co. 24 ter, lett. b), d.l. 20.3.2014, n. 36, conv., con modif., in l. 16.5.2014 n. 79.

(11) Comma introdotto dall'art. 3, co. 1, d.l. 1.7.2013 n. 78, conv., con modif., dalla l. 9.8.2013, n. 94.

(12) Comma introdotto dall'art. 4, co. 1, lett. a), d.lgs. 29.10.2016, n. 202.

74. Associazione finalizzata al traffico illecito di sostanze stupefacenti o psicotrope.

1. Quando tre o più persone si associano allo scopo di commettere più delitti tra quelli previsti dall'articolo 70, commi 4, 6 e 10, escluse le operazioni relative alle sostanze di cui alla categoria III dell'allegato I al regolamento (CE) n. 273/2004 e dell'allegato al regolamento (CE) n. 111/2005, ovvero dall'articolo 73, chi promuove, costituisce, dirige, organizza o finanzia l'associazione è punito per ciò solo con la reclusione non inferiore a venti anni [1].

2. Chi partecipa all'associazione è punito con la reclusione non inferiore a dieci anni.

3. La pena è aumentata se il numero degli associati è di dieci o più o se tra i partecipanti vi sono persone dedite all'uso di sostanze stupefacenti o psicotrope.

4. Se l'associazione è armata la pena, nei casi indicati dai commi 1 e 3, non può essere inferiore a ventiquattro anni di reclusione e, nel caso previsto dal comma 2, a dodici anni di reclusione. L'associazione si considera armata quando i partecipanti hanno la disponibilità di armi o materie esplodenti, anche se occultate o tenute in luogo di deposito.

5. La pena è aumentata se ricorre la circostanza di cui alla lettera e) del comma 1 dell'articolo 80.

6. Se l'associazione è costituita per commettere i fatti descritti dal comma 5 dell'articolo 73, si applicano il primo e il secondo comma dell'articolo 416 del codice penale.

7. Le pene previste dai commi da 1 a 6 sono diminuite dalla metà a due terzi per chi si sia efficacemente adoperato per assicurare le prove del reato o per sottrarre all'associazione risorse decisive per la commissione dei delitti.

7 bis. Nei confronti del condannato è ordinata la confisca delle cose che servirono o furono destinate a commettere il reato e dei beni che ne sono il profitto o il prodotto, salvo che appartengano a persona estranea al reato, ovvero quando essa non è possibile, la confisca di beni di cui il reo ha la disponibilità per un valore corrispondente a tale profitto o prodotto [2].

8. Quando in leggi e decreti è richiamato il reato previsto dall'articolo 75 della legge 22 dicembre 1975, n. 685, abrogato dall'articolo 38, comma 1, della legge 26 giugno 1990, n. 162, il richiamo si intende riferito al presente articolo.

(1) Comma modificato dall'art. 1, co. 1, lett. c), d.lgs. 24.3.2011 n. 50.

(2) Comma introdotto dall'art. 4, co. 1, lett. b), d.lgs. 29.10.2016, n. 202.

75. Condotte integranti illeciti amministrativi [1].

1. Chiunque, per farne uso personale, illecitamente importa, esporta, acquista, riceve a qualsiasi titolo o comunque detiene sostanze stupefacenti o psicotrope è sottoposto, per un periodo da due mesi a un anno, se si tratta di sostanze stupefacenti o psicotrope comprese nelle tabelle I e III previste dall'articolo 14, e per un periodo da uno a tre mesi, se si tratta di sostanze stupefacenti o psicotrope comprese nelle tabelle II e IV previste dallo stesso articolo, a una o più delle seguenti sanzioni amministrative [2]:

a) sospensione della patente di guida, del certificato di abilitazione professionale per la guida di motoveicoli e del certificato di idoneità alla guida di ciclomotori o divieto di conseguirli per un periodo fino a tre anni [3];
b) sospensione della licenza di porto d'armi o divieto di conseguirla;
c) sospensione del passaporto e di ogni altro documento equipollente o divieto di conseguirli;
d) sospensione del permesso di soggiorno per motivi di

turismo o divieto di conseguirlo se cittadino extracomunitario.

1 bis. Ai fini dell'accertamento della destinazione ad uso esclusivamente personale della sostanza stupefacente o psicotropa o del medicinale di cui al comma 1, si tiene conto delle seguenti circostanze:

a) che la quantità di sostanza stupefacente o psicotropa non sia superiore ai limiti massimi indicati con decreto del Ministro della salute, di concerto con il Ministro della giustizia, sentita la Presidenza del Consiglio dei ministri – Dipartimento per le politiche antidroga, nonché della modalità di presentazione delle sostanze stupefacenti o psicotrope, avuto riguardo al peso lordo complessivo o al confezionamento frazionato ovvero ad altre circostanze dell'azione, da cui risulti che le sostanze sono destinate ad un uso esclusivamente personale;

b) che i medicinali contenenti sostanze stupefacenti o psicotrope elencate nella tabella dei medicinali, sezioni A, B, C e D, non eccedano il quantitativo prescritto (4).

2. L'interessato, inoltre, ricorrendone i presupposti, è invitato a seguire il programma terapeutico e socio-riabilitativo di cui all'articolo 122 o altro programma educativo e informativo personalizzato in relazione alle proprie specifiche esigenze, predisposto dal servizio pubblico per le tossicodipendenze competente per territorio analogamente a quanto disposto al comma 13 o da una struttura privata autorizzata ai sensi dell'articolo 116.

3. Accertati i fatti di cui al comma 1, gli organi di polizia procedono alla contestazione immediata, se possibile, e riferiscono senza ritardo e comunque entro dieci giorni, con gli esiti degli esami tossicologici sulle sostanze sequestrate effettuati presso le strutture pubbliche di cui al comma 10, al prefetto competente ai sensi del comma 13. Ove, al momento dell'accertamento, l'interessato abbia la diretta e immediata disponibilità di veicoli a motore, gli organi di polizia procedono altresí all'immediato ritiro della patente di guida. Qualora la disponibilità sia riferita ad un ciclomotore, gli organi accertatori ritirano anche il certificato di idoneità tecnica, sottoponendo il veicolo a fermo amministrativo. Il ritiro della patente di guida, nonché del certificato di idoneità tecnica e il fermo amministrativo del ciclomotore hanno durata di trenta giorni e ad essi si estendono gli effetti di quanto previsto al comma 4. Si applicano, in quanto compatibili, le disposizioni degli articoli 214 e 216 del decreto legislativo 30 aprile 1992, n. 285, e successive modificazioni. La patente di guida e il certificato di idoneità tecnica sono trasmessi al prefetto competente ai sensi del comma 13. In caso di guida di un veicolo durante il periodo in cui la patente sia stata ritirata ovvero di circolazione con il veicolo sottoposto a fermo amministrativo, si applicano rispettivamente le sanzioni previste dagli articoli 216 e 214 del decreto legislativo 30 aprile 1992, n. 285, e successive modificazioni.

4. Entro il termine di quaranta giorni dalla ricezione della segnalazione, il prefetto, se ritiene fondato l'accertamento, adotta apposita ordinanza convocando, anche a mezzo degli organi di polizia, dinanzi a sé o a un suo delegato, la persona segnalata per valutare, a seguito di colloquio, le sanzioni amministrative da irrogare e la loro durata nonché, eventualmente, per formulare l'invito di cui al comma 2. In tale attività il prefetto è assistito dal personale del nucleo operativo costituito presso ogni prefettura-ufficio territoriale del Governo. Nel caso in cui l'interessato si avvalga delle facoltà previste dall'articolo 18 della legge 24 novembre 1981, n. 689, e successive modificazioni, e non venga emessa ordinanza motivata di archiviazione degli atti, da comunicare integralmente all'organo che ha effettuato la segnalazione, contestualmente all'ordinanza con cui viene ritenuto fondato l'accertamento, da adottare entro centocinquanta giorni dalla ricezione degli scritti difensivi ovvero dallo svolgimento dell'audizione ove richiesta, il prefetto convoca la persona segnalata ai fini e con le modalità indicate nel presente comma. La mancata presentazione al colloquio comporta l'irrogazione delle sanzioni di cui al comma 1. Avverso l'ordinanza con cui il prefetto ritiene fondato l'accertamento e convoca la persona segnalata può essere proposta opposizione al giudice di pace, entro il termine di dieci giorni dalla notifica all'interessato. Nel caso di minore l'opposizione viene proposta al tribunale per i minorenni. Valgono per la competenza territoriale in merito all'opposizione gli stessi criteri indicati al comma 13.

5. Se l'interessato è persona minore di età, il prefetto, qualora ciò non contrasti con le esigenze educative del medesimo, convoca i genitori o chi ne esercita la potestà, li rende edotti delle circostanze di fatto e dà loro notizia circa le strutture di cui al comma 2.

6. Degli accertamenti e degli atti di cui ai commi da 1 a 5 può essere fatto uso soltanto ai fini dell'applicazione delle misure e delle sanzioni previste nel presente articolo e nell'articolo 75-*bis*.

7. L'interessato può chiedere di prendere visione e di ottenere copia degli atti di cui al presente articolo che riguardino esclusivamente la sua persona. Nel caso in cui gli atti riguardino più persone, l'interessato può ottenere il rilascio di estratti delle pArti relative alla sua situazione.

8. Qualora la condotta di cui al comma 1 sia stata posta in essere da straniero maggiorenne, gli organi di polizia ne riferiscono altresí al questore competente per territorio in relazione al luogo, come determinato al comma 13, per le valutazioni di competenza in sede di rinnovo del permesso di soggiorno.

9. Avverso il decreto con il quale il prefetto irroga le sanzioni di cui al comma 1 ed eventualmente formula l'invito di cui al comma 2, che ha effetto dal momento della notifica all'interessato, può essere fatta opposizione dinanzi all'autorità giudiziaria ordinaria. Le controversie di cui al presente comma sono disciplinate dall'articolo 8 del decreto legislativo 1° settembre 2011, n. 150. Copia del decreto è contestualmente inviata al questore di cui al comma 8 (5).

10. Gli accertamenti medico-legali e tossicologico-forensi sono effettuati presso gli istituti di medicina legale, i laboratori universitari di tossicologia forense, le strutture delle Forze di polizia ovvero presso le strutture pubbliche di base da individuare con decreto del Ministero della salute.

11. Se risulta che l'interessato si sia sottoposto, con esito positivo, al programma di cui al comma 2, il prefetto adotta il provvedimento di revoca delle sanzioni, dandone comunicazione al questore e al giudice di pace competente.

12. Si applicano, in quanto compatibili, le norme della sezione II del capo I e il secondo comma dell'articolo 62 della legge 24 novembre 1981, n. 689.

13. Il prefetto competente per territorio in relazione al luogo di residenza o, in mancanza, di domicilio dell'interessato e, ove questi siano sconosciuti, in relazione al luogo ove è stato commesso il fatto, applica le sanzioni di cui al comma 1 e formula l'invito di cui al comma 2.

14. Se per i fatti previsti dal comma 1, nel caso di particolare tenuità della violazione, ricorrono elementi tali da far presumere che la persona si asterrà, per il futuro, dal commetterli nuovamente, in luogo della sanzione, e limitatamente alla prima volta, il prefetto può definire il procedimento con il formale invito a non fare più uso delle sostanze stesse, avvertendo il soggetto delle conseguenze a suo danno.

(1) Articolo prima modificato dal d.P.R. 5.6.1993, n. 171 e poi sostituito dall'art. 4 ter, d.l. 30.12.2005, n. 272, conv., con modif., in l. 21.2.2006, n. 49.
(2) Alinea modificato dall'art. 3, co. 50, lett. a), l. 15.7.2009, n. 94, dall'art. 10, co. 1, lett. t), l. 15.3.2010, n. 38 e poi sostituito dall'art. 1, co. 24 quater, lett. a), d.l. 20.3.2014, n. 36, conv., con modif., in l. 16.5.2014 n. 79.
(3) Lettera sostituita dall'art. 3, co. 50, lett. b), l. 15.7.2009, n. 94.
(4) Comma introdotto dall'art. 1, co. 24 quater, lett. b), d.l. 20.3.2014, n. 36, conv., con modif., in l. 16.5.2014, n. 79.
(5) Comma sostituito dall'art. 34, co. 7, d.lgs. 1.9.2011, n. 150.

75 bis. Provvedimenti a tutela della sicurezza pubblica (1).

1. Qualora in relazione alle modalità od alle circostanze dell'uso, dalla condotta di cui al comma 1 dell'articolo 75 possa derivare pericolo per la sicurezza pubblica, l'interessato che risulti già condannato, anche non definitivamente, per reati contro la persona, contro il patrimonio o per quelli previsti dalle disposizioni del presente testo unico o dalle norme sulla circolazione stradale, oppure sanzionato per violazione delle norme del presente testo unico o destinatario di misura di prevenzione o di sicurezza, può essere inoltre sottoposto [, per la durata massima di due anni,] ad una o più delle seguenti misure (2):

a) obbligo di presentarsi almeno due volte a settimana presso il locale ufficio della Polizia di Stato o presso il comando dell'Arma dei carabinieri territorialmente competente;
b) obbligo di rientrare nella propria abitazione, o in altro luogo di privata dimora, entro una determinata ora e di non uscirne prima di altra ora prefissata;
c) divieto di frequentare determinati locali pubblici;
d) divieto di allontanarsi dal comune di residenza;
e) obbligo di comparire in un ufficio o comando di polizia specificamente indicato, negli orari di entrata ed uscita dagli istituti scolastici;
f) divieto di condurre qualsiasi veicolo a motore.

1 bis. La durata massima delle misure di cui al comma 1 è fissata in due anni per quelle indicate nelle lettere a), b), c), d) ed e) e in quattro anni per quella indicata nella lettera f) (3).

2. Il questore, ricevuta copia del decreto con il quale è stata applicata una delle sanzioni di cui all'articolo 75, quando la persona si trova nelle condizioni di cui al comma 1, può disporre le misure di cui al medesimo comma, con provvedimento motivato, che ha effetto dalla notifica all'interessato, recante l'avviso che lo stesso ha facoltà di presentare, personalmente o a mezzo di difensore, memorie o deduzioni al giudice della convalida. Il provvedimento è comunicato entro quarantotto ore dalla notifica al giudice di pace competente per territorio in relazione al luogo di residenza o, in mancanza, di domicilio dell'interessato. Il giudice, se ricorrono i presupposti di cui al comma 1, dispone con decreto la convalida nelle successive quarantotto ore.

3. Le misure, su istanza dell'interessato, sentito il questore, possono essere modificate o revocate dal giudice di pace competente, qualora siano cessate o mutate le condizioni che ne hanno giustificato l'emissione. Le prescrizioni possono essere altresí modificate, su richiesta del questore, qualora risultino aggravate le condizioni che ne hanno giustificato l'emissione. In tal caso, con la richiesta di modifica, il questore deve avvisare l'interessato della facoltà prevista dal comma 2. Il ricorso per cassazione contro il provvedimento di revoca o di modifica non ha effetto sospensivo.

4. Il decreto di revoca dei provvedimenti di cui all'articolo 75, adottato quando l'interessato risulta essersi sottoposto con esito positivo al programma di cui al comma 2 dell'articolo 75, è comunicato al questore e al giudice ai fini della revoca dei provvedimenti eventualmente emessi ai sensi del presente articolo. Il giudice provvede senza formalità.

5. Della sottoposizione con esito positivo al programma è data comunicazione al questore in relazione al disposto di cui al comma 8 dell'articolo 75.

6. Il contravventore anche solo ad una delle disposizioni del comma 1 del presente articolo è punito con l'arresto da tre a diciotto mesi.

7. Qualora l'interessato sia minorenne, competente a provvedere ai sensi dei commi da 2 a 4 è il tribunale per i minorenni, individuato in relazione al luogo di residenza o, in mancanza, di domicilio.

(1) Articolo introdotto dall'art. 4 quater, d.l. 30.12.2005, n. 272, conv., con modif., in l. 21.2.2006, n. 49 Successivamente la Corte costituzionale, con sent. 6.5.2016, n. 94, ha dichiarato l'illegittimità costituzionale dell'art. 4 quater, d.l. 30.12.2005, n. 272, come conv., con modif., dall'art. 1, co. 1, l. 21.2.2006, n. 49, che ha introdotto questo articolo.

(2) Alinea modificato dall'art. 3, co. 51, lett. a), l. 15.7.2009, n. 94.

(3) Comma introdotto dall'art. 3, co. 51, lett. b), l. 15.7.2009, n. 94.

76. Provvedimenti dell'autorità giudiziaria. Sanzioni penali in caso di inosservanza (1).

[**1.** Chiunque dopo il secondo invito del prefetto previsto dal comma 12 dell'art. 75 rifiuta o interrompe il programma terapeutico e socio-riabilitativo è sottoposto, per un periodo da tre ad otto mesi, se si tratta di sostanze stupefacenti o psicotrope comprese nelle tabelle I e III previste dall'art. 14, ovvero per un periodo da due a quattro mesi se si tratta delle sostanze comprese nelle tabelle II e IV previste dallo stesso art. 14, ad una o più delle seguenti misure:

a) divieto di allontanarsi dal comune di residenza, salvo autorizzazione concessa su richiesta dell'interessato per comprovate ragioni di cura e recupero;

b) obbligo di presentarsi almeno due volte la settimana presso il locale ufficio della Polizia di Stato o presso il comando dell'Arma dei carabinieri territorialmente competente;

c) obbligo di rientrare nella propria abitazione, o in altro luogo di privata dimora, entro una determinata ora e di non uscirne prima di altra ora prefissata;

d) divieto di frequentare i locali pubblici indicati nel decreto;

e) sospensione della patente di guida, della licenza di porto d'armi con proibizione di detenzione di armi proprie di ogni genere, del passaporto o di ogni altro documento equipollente;

f) obbligo di prestare un'attività non retribuita a favore della collettività, almeno per una giornata lavorativa alla settimana, attività da svolgere presso lo Stato, le regioni, le province, i comuni o presso enti, organizzazioni di assistenza, di istruzione, di protezione civile, di tutela del patrimonio ambientale, previa stipulazione, ove occorra, di speciali convenzioni con il Ministero dell'interno;

g) sequestro dei veicoli, se di proprietà dell'autore del reato, con i quali le sostanze siano state trasportate o custodite, salva in ogni caso la confisca delle sostanze stupefacenti o psicotrope;

h) affidamento al servizio sociale secondo le disposizioni stabilite dai commi da 5 a 10 dell'art. 47 della legge 26 luglio 1975, n. 354, come sostituito dall'art. 11 della legge 10 ottobre 1986, n. 663;

i) sospensione del permesso di soggiorno rilasciato allo straniero per motivi turistici.

2. Le stesse misure si applicano a chiunque, essendo già incorso per due volte nelle sanzioni amministrative previste dall'art. 75, commette uno dei fatti previsti dal comma 1 di tale articolo.

3. Se il provvedimento riguarda un minore, è comunicato ai genitori o a chi esercita la potestà parentale.

4. Competente a irrogare la sanzione è il pretore del luogo in cui è stato commesso il fatto o, se si tratta di minorenni, il tribunale per i minorenni.

5. Il giudice provvede con decreto motivato, assunte informazioni presso il servizio operativo della prefettura e presso il servizio pubblico per le tossicodipendenze, osservando, in quanto applicabili, le disposizioni dell'art. 666 del codice di procedura penale. Contro il decreto può essere proposto ricorso per cassazione. Il ricorso non sospende l'esecuzione del decreto a meno che il giudice che l'ha emesso non disponga diversamente.

6. Nell'adottare le prescrizioni, nel modificarle in relazione alle esigenze emerse o nell'autorizzare eccezioni, il giudice tiene conto delle necessità derivanti dall'eventuale programma terapeutico e socio-riabilitativo cui l'interessato sia invitato a sottoporsi o al quale egli volontariamente si sottoponga, nonché di quelle di lavoro, di studio, di famiglia e di salute.

7. Se l'interessato lo richiede, il giudice sospende il procedimento e dispone che egli sia inviato al servizio pubblico per le tossicodipendenze al fine di sottoporsi al programma di cui all'art. 122, fissando un termine per la presentazione e acquisendo successivamente i dati per valutarne il comportamento durante l'esecuzione.

8. Il giudice revoca la sospensione e dispone la prosecuzione del procedimento quando accerta che la persona non ha collaborato alla definizione del programma, o ne ha rifiutato o interrotto l'esecuzione ovvero mantiene un comportamento incompatibile con la sua corretta esecuzione.

9. Se l'interessato si è sottoposto al programma, ottemperando alle relative prescrizioni, e lo ha concluso, il giudice dispone l'archiviazione degli atti.

10. L'archiviazione a norma del comma 9 non può essere disposta più di una volta nei confronti della stessa persona.

11. Il provvedimento con il quale sono inflitte le misure di cui al comma 1 non è iscritto nel casellario giudiziale, ma di esso è fatta annotazione in apposito registro ai soli fini dell'applicazione delle misure e delle sanzioni di cui al presente articolo.

12. Chiunque viola le prescrizioni imposte a norma del comma 1 è punito con l'arresto fino a tre mesi o con l'ammenda fino a lire cinque milioni.]

(1) Articolo abrogato dall'art. 1, co. 1, d.P.R. 5.6.1993, n. 171.

77. Abbandono di siringhe.

1. Chiunque in un luogo pubblico o aperto al pubblico, ovvero in un luogo privato ma di comune o altrui uso, getta o abbandona in modo da mettere a rischio l'incolumità altrui siringhe o altri strumenti pericolosi utilizzati per l'assunzione di sostanze stupefacenti o psicotrope è punito con la sanzione amministrativa del pagamento di una somma da lire centomila a lire un milione.

78. Quantificazione delle sostanze.

1. Con decreto del Ministero della salute, emanato previo parere dell'Istituto superiore di sanità e del Comitato scientifico di cui all'articolo 1-*ter*, e periodicamente aggiornato in relazione all'evoluzione delle conoscenze nel settore, sono determinate le procedure diagnostiche, medico-legali e tossicologico-forensi per accertare il tipo, il grado e l'intensità dell'abuso di sostanze stupefacenti o psicotrope ai fini dell'applicazione delle disposizioni di cui agli articoli 75 e 75-*bis* (1).

[**2.** Il decreto deve essere periodicamente aggiornato in relazione all'evoluzione delle conoscenze nel settore] (2).

(1) Comma prima modificato dal d.P.R. 5.6.1993, n. 171 e poi sostituito dall'art. 4 quinquies, d.l. 30.12.2005, n. 272, conv., con modif., in l. 21.2.2006, n. 49.

(2) Comma abrogato dall'art. 4 quinquies, d.l. 30.12.2005, n. 272, conv., con modif., in l. 21.2.2006, n. 49.

79. Agevolazione dell'uso di sostanze stupefacenti o psicotrope.

1. Chiunque adibisce o consente che sia adibito un locale pubblico o un circolo privato di qualsiasi specie a luogo di convegno di persone che ivi si danno all'uso di sostanze stupefacenti o psicotrope è punito, per questo solo fatto, con la reclusione da tre a dieci anni e con la multa da lire cinque milioni a lire venti milioni se l'uso riguarda le sostanze comprese nelle tabelle I e III previste dall'art. 14, o con la reclusione da uno a quattro anni e con la multa da lire cinque milioni a lire cinquanta milioni se l'uso riguarda le sostanze comprese nelle tabelle II e IV previste dallo stesso art. 14 (1).

2. Chiunque, avendo la disponibilità di un immobile, di un ambiente o di un veicolo a ciò idoneo, lo adibisce o consente che altri lo adibisca a luogo di convegno abituale di persone che ivi si diano all'uso di sostanze stupefacenti o psicotrope è punito con le stesse pene previste nel comma 1.

3. La pena è aumentata dalla metà a due terzi se al convegno partecipa persona di età minore.

4. Qualora si tratti di pubblici esercizi, la condanna importa la chiusura dell'esercizio per un periodo da due a cinque anni.

5. La chiusura del pubblico esercizio può essere disposta con provvedimento motivato dall'autorità giudiziaria procedente.

6. La chiusura del pubblico esercizio può essere disposta con provvedimento cautelare dal prefetto territorialmente competente o dal Ministro della sanità, quando l'esercizio è aperto o condotto in base a suo provvedimento, per un periodo non superiore ad un anno, salve, in ogni caso, le disposizioni dell'autorità giudiziaria.

(1) Comma sostituito dall'art. 4 vicies ter, d.l. 30.12.2005, n. 272, conv., con modif., in l. 21.2.2006, n. 49. Successivamente la Corte costituzionale, con sent. 25.2.2014, n. 32, ha dichiarato l'illegittimità costituzionale del citato art. 4 vicies ter, ripristinando il testo antecedente la modifica.

80. Aggravanti specifiche.

1. Le pene previste per i delitti di cui all'articolo 73 sono aumentate da un terzo alla metà:

a) nei casi in cui le sostanze stupefacenti e psicotrope sono consegnate o comunque destinate a persona di età minore;
b) nei casi previsti dai numeri 2), 3) e 4) del primo comma dell'art. 112 del codice penale;
c) per chi ha indotto a commettere il reato, o a cooperare nella commissione del reato, persona dedita all'uso di sostanze stupefacenti o psicotrope;
d) se il fatto è stato commesso da persona armata o travisata;
e) se le sostanze stupefacenti o psicotrope sono adulterate o commiste ad altre in modo che ne risulti accentuata la potenzialità lesiva;
f) se l'offerta o la cessione è finalizzata ad ottenere prestazioni sessuali da parte di persona tossicodipendente;
g) se l'offerta o la cessione è effettuata all'interno o in prossimità di scuole di ogni ordine o grado, comunità giovanili, caserme, carceri, ospedali, strutture per la cura e la riabilitazione dei tossicodipendenti

2. Se il fatto riguarda quantità ingenti di sostanze stupefacenti o psicotrope, le pene sono aumentate dalla metà a due terzi; la pena è di trenta anni di reclusione quando i fatti previsti dai commi 1, 2 e 3 dell'art. 73 riguardano quantità ingenti di sostanze stupefacenti o psicotrope e ricorre l'aggravante di cui alla lettera e) del comma 1.

3. Lo stesso aumento di pena si applica se il colpevole per commettere il delitto o per conseguirne per sé o per altri il profitto, il prezzo o l'impunità ha fatto uso di armi.

4. Si applica la disposizione del secondo comma dell'art. 112 del codice penale.

[**5.** Le sanzioni previste dall'art. 76 sono aumentate nella misura stabilita dal presente articolo quando ricorrono le circostanze ivi previste, eccettuata quella indicata dal comma 2.] (1)

(1) Comma abrogato dall'art. 1, co. 1, d.P.R. 5.6.1993, n. 171.

81. Prestazioni di soccorso in caso di pericolo di morte o lesioni dell'assuntore.

1. Quando l'uso di sostanze stupefacenti o psicotrope abbia cagionato la morte o lesioni personali dell'assuntore e taluno, per aver determinato o comunque agevolato l'uso di sostanze, debba risponderne ai sensi degli articoli 586, 589 o 590 del codice penale, le pene stabilite da tali articoli, nonché quelle stabilite per i reati previsti dal presente testo unico, eventualmente commessi nella predetta attività di determinazione o agevolazione, sono ridotte dalla metà a due terzi se il colpevole ha prestato assistenza alla persona offesa ed ha tempestivamente informato l'autorità sanitaria o di polizia.

82. Istigazione, proselitismo e induzione al reato di persona minore.

1. Chiunque pubblicamente istiga all'uso illecito di sostanze stupefacenti o psicotrope, ovvero svolge, anche in privato, attività di proselitismo per tale uso delle predette sostanze, ovvero induce una persona all'uso medesimo, è punito con la reclusione da uno a sei anni e con la multa da lire due milioni a lire dieci milioni.

2. La pena è aumentata se il fatto è commesso nei confronti di persone di età minore ovvero all'interno o nelle adiacenze di scuole di ogni ordine e grado, di comunità giovanili o di caserme. La pena è altresì aumentata se il fatto è commesso all'interno di carceri, di ospedali o di servizi sociali e sanitari.

3. La pena è raddoppiata se i fatti sono commessi nei confronti di minore degli anni quattordici, di persona palesemente incapace o di persona affidata al colpevole per ragioni di cura, di educazione, di istruzione, di vigilanza o di custodia.

4. Se il fatto riguarda le sostanze di cui alle tabelle II e IV previste dall'art. 14 le pene disposte dai commi 1, 2 e 3 sono diminuite da un terzo alla metà [1].

(1) Comma modificato dall'art. 4 vicies ter, d.l. 30.12.2005, n. 272, conv., con modif., in l. 21.2.2006, n. 49. Successivamente la Corte costituzionale, con sent. 25.2.2014, n. 32, ha dichiarato l'illegittimità costituzionale del citato art. 4 vicies ter, ripristinando il testo antecedente la modifica.

83. Prescrizioni abusive.

1. Le pene previste dall'art. 73, commi 1, 4 e 5, si applicano altresì a carico del medico chirurgo o del medico veterinario che rilascia prescrizioni delle sostanze stupefacenti o psicotrope ivi indicate per uso non terapeutico.

84. Divieto di propaganda pubblicitaria.

1. La propaganda pubblicitaria di sostanze o preparazioni comprese nelle tabelle previste dall'art. 14, anche se effettuata in modo indiretto, è vietata. Non sono considerate propaganda le opere dell'ingegno non destinate alla pubblicità, tutelate dalla legge 22 aprile 1941, n. 633, sul diritto d'autore.

2. Il contravventore è punito con una sanzione amministrativa da lire dieci milioni a lire cinquanta milioni, sempre che non ricorra l'ipotesi di cui all'art. 82.

3. Le somme di denaro ricavate dall'applicazione delle sanzioni di cui al comma 2 sono versate sul Fondo nazionale di intervento per la lotta alla droga di cui all'art. 127.

85. Pene accessorie.

1. Con la sentenza di condanna per uno dei fatti di cui agli articoli 73, 74, 79 e 82, il giudice può disporre il divieto di espatrio e il ritiro della patente di guida per un periodo non superiore a tre anni.

2. Le stesse disposizioni si applicano nel caso di riconoscimento, effettuato a norma dell'art. 12 del codice penale, di sentenza penale straniera di condanna per uno dei delitti sopra indicati.

3. Il provvedimento che applica le sanzioni amministrative, nonché quello che definisce o sospende il procedimento ai sensi del presente testo unico, dispone comunque la confisca delle sostanze.

85 bis. Ipotesi particolare di confisca [1].

1. Nei casi di condanna o di applicazione della pena su richiesta a norma dell'articolo 444 del codice di procedura penale, per taluno dei delitti previsti dall'articolo 73, [esclusa la fattispecie di cui al comma 5,] si applica l'articolo 240-*bis* del codice penale [2].

(1) Articolo introdotto dall'art. 6, co. 5, d.lgs. 1.3.2018, n. 21.
(2) Comma modificato dall'art. 4, co. 3 bis, d.l. 15.9.2023, n. 123, conv., con modif., dalla l. 13.11.2023, n. 159.

86. Espulsione dello straniero condannato.

1. Lo straniero condannato per uno dei reati previsti dagli articoli 73, 74, 79 e 82, commi 2 e 3, a pena espiata deve essere espulso dallo Stato [1].

2. Lo stesso provvedimento di espulsione dallo Stato può essere adottato nei confronti dello straniero condannato per uno degli altri delitti previsti dal presente testo unico.

3. Se ricorre lo stato di flagranza di cui all'art. 382 del codice di procedura penale in riferimento ai delitti previsti dai commi 1, 2 e 5 dell'art. 73, il prefetto dispone l'espulsione immediata e l'accompagnamento alla frontiera dello straniero, previo nulla osta dell'autorità giudiziaria procedente.

(1) La Corte costituzionale, con sent. 24.2.1995, n. 58, ha dichiarato l'illegittimità costituzionale di questo comma, nella parte in cui obbliga il giudice a emettere, senza l'accertamento della sussistenza in concreto della pericolosità sociale, contestualmente alla condanna, l'ordine di espulsione, eseguibile a pena espiata, nei confronti dello straniero condannato per uno dei reati previsti dagli artt. 73, 74, 79 e 82, co. 2 e 3, del presente testo unico.

Capo II
Disposizioni processuali e di esecuzione

87. Destinazione delle sostanze sequestrate dall'autorità giudiziaria.

1. L'autorità che effettua il sequestro deve darne immediata notizia al Servizio centrale antidroga specificando l'entità ed il tipo di sostanze sequestrate.

2. Quando il decreto di sequestro o di convalida del sequestro effettuato dall'autorità giudiziaria non è più assoggettabile al riesame, l'autorità giudiziaria dispone il prelievo di uno o più campioni, determinandone l'entità, con l'osservanza delle formalità di cui all'art. 364 del codice di procedura penale e ordina la distruzione della residua parte di sostanze.

3. Se la conservazione delle sostanze di cui al comma 2 sia assolutamente necessaria per il prosieguo delle indagini, l'autorità giudiziaria dispone in tal senso con provvedimento motivato.

4. In ogni caso l'autorità giudiziaria ordina la distruzione delle sostanze stupefacenti e psicotrope, ed ove possibile delle sostanze classificate di cui all'articolo 70, confiscate [1].

5. Per la distruzione di sostanze stupefacenti e psicotrope, ed ove possibile delle sostanze classificate di cui all'articolo 70, l'autorità giudiziaria si avvale di idonea struttura pubblica locale, ove esistente, o statale ed incarica la polizia giudiziaria del regolare svolgimento delle relative operazioni. Il verbale delle operazioni è trasmesso all'autorità giudiziaria procedente e al Ministero della sanità [2].

6. La distruzione avviene secondo le modalità tecniche determinate con decreto del Ministro della sanità in data 19 luglio 1985, pubblicato nella Gazzetta Ufficiale n. 184 del 6 agosto 1985.

(1) Comma modificato dall'art. 1, co. 1, lett. d), d.lgs. 24.3.2011, n. 50.
(2) Comma modificato dall'art. 1, co. 1, lett. d), d.lgs. 24.3.2011, n. 50.

88. Destinazione dei campioni delle sostanze sequestrate.

1. Il Servizio centrale antidroga, istituito nell'ambito del Dipartimento di pubblica sicurezza, può chiedere all'autorità giudiziaria la consegna di alcuni campioni delle sostanze sequestrate. Altri campioni possono essere motivatamente richiesti dalle singole forze di polizia o dal Ministero della sanità tramite il Servizio centrale antidroga. L'autorità giudiziaria, se la quantità delle sostanze sequestrate lo consente, e se le richieste sono pervenute prima della esecuzione dell'ordine di distruzione, accoglie le richieste stesse dando la priorità a quelle del Servizio centrale antidroga e determina le modalità della consegna.

89. Provvedimenti restrittivi nei confronti dei tossicodipendenti o alcooldipendenti che abbiano in corso programmi terapeutici [1].

1. Qualora ricorrano i presupposti per la custodia cautelare in carcere il giudice, ove non sussistano esigenze cautelari di eccezionale rilevanza, dispone gli arresti domiciliari quando imputata è una persona tossicodipendente o alcooldipendente che abbia in corso un programma terapeutico di recupero presso i servizi pubblici per l'assistenza ai tossicodipendenti, ovvero nell'ambito di una struttura privata autorizzata ai sensi dell'articolo 116, e l'interruzione del programma può pregiudicare il recupero dell'imputato. Quando si procede per i delitti di cui agli articoli 628, terzo comma, o 629, secondo comma, del codice penale e comunque nel caso sussistano pArticolari esigenze cautelari, il provvedimento è subordinato alla prosecuzione del programma terapeutico in una struttura residenziale. Con lo stesso provvedimento, o con altro successivo, il giudice stabilisce i controlli necessari per accertare che il tossicodipendente o l'alcooldipendente prosegua il programma di recupero ed indica gli orari ed i giorni nei quali lo stesso può assentarsi per l'attuazione del programma [2].

2. Se una persona tossicodipendente o alcooldipendente, che è in custodia cautelare in carcere, intende sottoporsi ad un programma di recupero presso i servizi pubblici per l'assistenza ai tossicodipendenti, ovvero una struttura privata autorizzata ai sensi dell'articolo 116, la misura cautelare è sostituita con quella degli arresti domiciliari ove non ricorrano esigenze cautelari di eccezionale rilevanza. La sostituzione è concessa su istanza dell'interessato; all'istanza è allegata certificazione, rilasciata da un servizio pubblico per le tossicodipendenze o da una struttura privata accreditata per l'attività di diagnosi prevista dal comma 2, lettera d), dell'articolo 116, attestante lo stato di tossicodipendenza o di alcooldipendenza, la procedura con la quale è stato accertato l'uso abituale di sostanze stupefacenti, psicotrope o alcoliche, nonché la dichiarazione di disponibilità all'accoglimento rilasciata dalla struttura. Il servizio pubblico è comunque tenuto ad accogliere la richiesta dell'interessato di sottoporsi a programma terapeutico. L'autorità giudiziaria, quando si procede per i delitti di cui agli articoli 628, terzo comma, o 629, secondo comma, del codice penale e comunque nel caso sussistano particolari esigenze cautelari, subordina l'accoglimento dell'istanza all'individuazione di una struttura residenziale [3].

3. Il giudice dispone la custodia cautelare in carcere o ne dispone il ripristino quando accerta che la persona ha interrotto l'esecuzione del programma, ovvero mantiene un comportamento incompatibile con la corretta esecuzione, o quando accerta che la persona non ha collaborato alla definizione del programma o ne ha rifiutato l'esecuzione.

4. Le disposizioni di cui ai commi 1 e 2 non si applicano quando si procede per uno dei delitti previsti dall'articolo 4-*bis* della legge 26 luglio 1975, n. 354, e successive modificazioni, ad eccezione di quelli di cui agli articoli 628, terzo comma, e 629, secondo comma, del codice penale purché non siano ravvisabili elementi di collegamento con la criminalità organizzata od eversiva [4].

5. Nei confronti delle persone di cui ai commi 1 e 2 si applicano le disposizioni previste dall'articolo 96, comma 6 [5].

5 bis. Il responsabile della struttura presso cui si svolge il programma terapeutico di recupero e socio-riabilitativo è tenuto a segnalare all'autorità giudiziaria le violazioni commesse dalla persona sottoposta al programma. Qualora tali violazioni integrino un reato, in caso di omissione, l'autorità giudiziaria ne dà comunicazione alle autorità competenti per la sospensione o revoca dell'autorizzazione di cui all'articolo 116e dell'accreditamento di cui all'articolo 117, ferma restando l'adozione di misure idonee a tutelare i soggetti in trattamento presso la struttura [6].

(1) Articolo sostituito dall'art. 5, d.l. 14.5.1993, n. 139, conv., con modif., in l. 14.7.1993, n. 222.
(2) Comma sostituito dall'art. 4 sexies, d.l. 30.12.2005, n. 272 conv., con modif., in l. 21.2.2006, n. 49.
(3) Comma sostituito dall'art. 4 sexies, d.l. 30.12.2005, n. 272 conv., con modif., in l. 21.2.2006, n. 49.
(4) Comma prima modificato dall'art. 21, l. 8.8.1995, n. 332 e poi sostituito dall'art. 4 sexies, d.l. 30.12.2005, n. 272, conv., con modif., in l. 21.2.2006, n. 49.

(5) Comma modificato dall'art. 4 sexies ,d.l. 30.12.2005, n. 272, conv., con modif., in l. 21.2.2006, n. 49.
(6) Comma introdotto dall'art. 4 sexies, d.l. 30.12.2005, n. 272, conv., con modif., in l. 21.2.2006, n. 49.

90. Sospensione dell'esecuzione della pena detentiva.

1. Nei confronti di persona che debba espiare una pena detentiva inflitta per reati commessi in relazione al proprio stato di tossicodipendente, il tribunale di sorveglianza può sospendere l'esecuzione della pena detentiva per cinque anni qualora, all'esito dell'acquisizione della relazione finale di cui all'articolo 123, accerti che la persona si è sottoposta con esito positivo ad un programma terapeutico e socio-riabilitativo eseguito presso una struttura sanitaria pubblica od una struttura privata autorizzata ai sensi dell'articolo 116. Il tribunale di sorveglianza, qualora l'interessato si trovi in disagiate condizioni economiche, può altresí sospendere anche l'esecuzione della pena pecuniaria che non sia stata già riscossa. La sospensione può essere concessa solo quando deve essere espiata una pena detentiva, anche residua e congiunta a pena pecuniaria, non superiore a sei anni od a quattro anni se relativa a titolo esecutivo comprendente reato di cui all'articolo 4-*bis* della legge 26 luglio 1975, n. 354, e successive modificazioni [(1)].

2. La sospensione della esecuzione non può essere concessa e la relativa domanda è inammissibile se nel periodo compreso tra l'inizio del programma e la pronuncia della sospensione il condannato abbia commesso altro delitto non colposo punibile con la reclusione [(2)].

3. La sospensione dell'esecuzione della pena rende inapplicabili le misure di sicurezza nonché le pene accessorie e gli altri effetti penali della condanna, tranne che si tratti della confisca. La sospensione non si estende alle obbligazioni civili derivanti dal reato [(3)].

4. La sospensione della esecuzione della pena non può essere concessa più di una volta [(4)].

4 bis. Si applica, per quanto non diversamente stabilito ed ove compatibile, la disciplina prevista dalla legge 26 luglio 1975, n. 354, e successive modificazioni [(5)].

(1) Comma sostituito prima dall'art. 6 d.l. 14.5.1993, n. 139, convertito in l. 14.7.1993, n. 222 e poi dall'art. 4 septies, d.l. 30.12.2005, n. 272.
(2) Comma modificato dall'art. 4 septies, d.l. 30.12.2005, n. 272.
(3) Comma sostituito dall'art. 4 septies, d.l. 30.12.2005, n. 272.
(4) Comma modificato dall'art. 4 septies, d.l. 30.12.2005, n. 272.
(5) Comma introdotto dall'art. 4 septies, d.l. 30.12.2005, n. 272.

91. Istanza per la sospensione dell'esecuzione.

[**1.** La sospensione dell'esecuzione della pena è concessa su istanza del condannato presentata al tribunale di sorveglianza del luogo in cui l'interessato risiede.] [(1)]

2. All'istanza di sospensione dell'esecuzione della pena è allegata, a pena di inammissibilità, certificazione rilasciata da un servizio pubblico per le tossicodipendenze o da una struttura privata accreditata per l'attività di diagnosi prevista dal comma 2, lettera d), dell'articolo 116attestante, ai sensi dell'articolo 123, la procedura con la quale è stato accertato l'uso abituale di sostanze stupefacenti o psicotrope, il tipo di programma terapeutico e socio-riabilitativo scelto, l'indicazione della struttura ove il programma è stato eseguito, le modalità di realizzazione ed i risultati conseguiti a seguito del programma stesso [(2)].

[**3.** Se l'ordine di carcerazione non è stato ancora emesso o eseguito, l'istanza è presentata al pubblico ministero il quale, se non osta il limite di pena di cui al comma 1 dell'art. 90, sospende l'emissione o l'esecuzione fino alla decisione del tribunale di sorveglianza, al quale trasmette immediatamente gli atti. Il tribunale decide entro quarantacinque giorni dalla presentazione dell'istanza.] [(3)]

4. Se l'ordine di carcerazione è già stato eseguito la domanda è presentata al magistrato di sorveglianza competente in relazione al luogo di detenzione, il quale, se l'istanza è ammissibile, se sono offerte concrete indicazioni in ordine alla sussistenza dei presupposti per l'accoglimento della domanda ed al grave pregiudizio derivante dalla protrazione dello stato di detenzione, qualora non vi siano elementi tali da far ritenere la sussistenza del pericolo di fuga, può disporre l'applicazione provvisoria del beneficio. Sino alla decisione del tribunale di sorveglianza, il magistrato di sorveglianza è competente a dichiarare la revoca di cui all'articolo 93, comma 2. Si applicano, in quanto compatibili, le disposizioni di cui all'articolo 47, comma 4, della legge 26 luglio 1975, n. 354 [(4)].

(1) Comma abrogato dall'art. 4 octies, d.l. 30.12.2005, n. 272.
(2) Comma prima modificato dall'art. 10 d.l. 24.11.2000, n. 341, convertito in l. 19.1.2001, n. 4 e poi sostituito dall'art. 4 octies, d.l. 30.12.2005, n. 272.
(3) Comma abrogato dall'art. 4 octies, d.l. 30.12.2005, n. 272.
(4) Comma sostituito dall'art. 4 octies, d.l. 30.12.2005, n. 272.

92. Procedimento innanzi alla sezione di sorveglianza.

1. Il tribunale di sorveglianza, nominato un difensore al condannato che ne sia privo, fissa senza indugio la data della trattazione, dandone avviso al richiedente, al difensore e al pubblico ministero almeno cinque giorni prima. Se non è possibile effettuare l'avviso al condannato nel domicilio indicato nella richiesta o all'atto della scarcerazione e lo stesso non compare all'udienza, il tribunale dichiara inammissibile la richiesta [(1)].

2. Ai fini della richiesta, il tribunale di sorveglianza può acquisire copia degli atti del procedimento e disporre gli opportuni accertamenti in ordine al programma terapeutico e socioriabilitativo effettuato.

3. Dell'ordinanza che conclude il procedimento è data immediata comunicazione al pubblico ministero competente per l'esecuzione, il quale, se la sospensione non è concessa, emette ordine di carcerazione [(2)].

(1) Comma modificato dall'art. 4 novies, d.l. 30.12.2005, n. 272.
(2) Comma modificato dall'art. 4 novies, d.l. 30.12.2005, n. 272.

93. Estinzione del reato. Revoca della sospensione.

1. Se il condannato nei cinque anni successivi non commette un delitto non colposo punibile con la reclusione, le pene ed ogni altro effetto penale si estinguono [(1)].

2. La sospensione dell'esecuzione è revocata di diritto se il condannato, nel termine di cui al comma 1, commette un delitto non colposo per cui viene inflitta la pena della reclusione. Il tribunale di sorveglianza che ha disposto la sospensione è competente alle pronunce di cui al presente comma ed al comma 1 (2).

2 bis. Il termine di cinque anni di cui al comma 1 decorre dalla data di presentazione dell'istanza in seguito al provvedimento di sospensione adottato dal pubblico ministero ai sensi dell'articolo 656 del codice di procedura penale o della domanda di cui all'articolo 91, comma 4. Tuttavia il tribunale, tenuto conto della durata delle limitazioni e prescrizioni alle quali l'interessato si è spontaneamente sottoposto e del suo comportamento, può determinare una diversa, più favorevole data di decorrenza dell'esecuzione (3).

(1) Comma sostituito dall'art. 4 decies, d.l. 30.12.2005, n. 272.
(2) Comma sostituito dall'art. 4 decies, d.l. 30.12.2005, n. 272.
(3) Comma introdotto dall'art. 4 decies, d.l. 30.12.2005, n. 272.

94. Affidamento in prova in casi particolari.

1. Se la pena detentiva deve essere eseguita nei confronti di persona tossicodipendente o alcooldipendente che abbia in corso un programma di recupero o che ad esso intenda sottoporsi, l'interessato può chiedere in ogni momento di essere affidato in prova al servizio sociale per proseguire o intraprendere l'attività terapeutica sulla base di un programma da lui concordato con un'azienda unità sanitaria locale o con una struttura privata autorizzata ai sensi dell'articolo 116. L'affidamento in prova in casi particolari può essere concesso solo quando deve essere espiata una pena detentiva, anche residua e congiunta a pena pecuniaria, non superiore a sei anni od a quattro anni se relativa a titolo esecutivo comprendente reato di cui all'articolo 4-*bis* della legge 26 luglio 1975, n. 354, e successive modificazioni. Alla domanda è allegata, a pena di inammissibilità, certificazione rilasciata da una struttura sanitaria pubblica o da una struttura privata accreditata per l'attività di diagnosi prevista dal comma 2, lettera d), dell'articolo 116 attestante lo stato di tossicodipendenza o di alcooldipendenza, la procedura con la quale è stato accertato l'uso abituale di sostanze stupefacenti, psicotrope o alcoliche, l'andamento del programma concordato eventualmente in corso e la sua idoneità, ai fini del recupero del condannato. Affinché il trattamento sia eseguito a carico del Servizio sanitario nazionale, la struttura interessata deve essere in possesso dell'accreditamento istituzionale di cui all'articolo 8-*quater* del decreto legislativo 30 dicembre 1992, n. 502, e successive modificazioni, ed aver stipulato gli accordi contrattuali di cui all'articolo 8-*quinquies* del citato decreto legislativo (1).

2. Se l'ordine di carcerazione è stato eseguito, la domanda è presentata al magistrato di sorveglianza il quale, se l'istanza è ammissibile, se sono offerte concrete indicazioni in ordine alla sussistenza dei presupposti per l'accoglimento della domanda ed al grave pregiudizio derivante dalla protrazione dello stato di detenzione, qualora non vi siano elementi tali da far ritenere la sussistenza del pericolo di fuga, può disporre l'applicazione provvisoria della misura alternativa. Si applicano, in quanto compatibili, le disposizioni di cui al comma 4. Sino alla decisione del tribunale di sorveglianza, il magistrato di sorveglianza è competente all'adozione degli ulteriori provvedimenti di cui alla legge 26 luglio 1975, n. 354, e successive modificazioni (2).

3. Ai fini della decisione, il tribunale di sorveglianza può anche acquisire copia degli atti del procedimento e disporre gli opportuni accertamenti in ordine al programma terapeutico concordato; deve altresì accertare che lo stato di tossicodipendenza o alcooldipendenza o l'esecuzione del programma di recupero non siano preordinati al conseguimento del beneficio. Si applicano le disposizioni di cui all'articolo 92, commi 1 e 3 (3).

4. Il tribunale accoglie l'istanza se ritiene che il programma di recupero, anche attraverso le altre prescrizioni di cui all'articolo 47, comma 5, della legge 26 luglio 1975, n. 354, contribuisce al recupero del condannato ed assicura la prevenzione del pericolo che egli commetta altri reati. Se il tribunale di sorveglianza dispone l'affidamento, tra le prescrizioni impartite devono essere comprese quelle che determinano le modalità di esecuzione del programma. Sono altresí stabilite le prescrizioni e le forme di controllo per accertare che il tossicodipendente o l'alcooldipendente inizi immediatamente o prosegua il programma di recupero. L'esecuzione della pena si considera iniziata dalla data del verbale di affidamento, tuttavia qualora il programma terapeutico al momento della decisione risulti già positivamente in corso, il tribunale, tenuto conto della durata delle limitazioni alle quali l'interessato si è spontaneamente sottoposto e del suo comportamento, può determinare una diversa, più favorevole data di decorrenza dell'esecuzione (4).

[**5.** L'affidamento in prova al servizio sociale non può essere disposto, ai sensi del presente articolo, più di due volte.] (5)

6. Si applica, per quanto non diversamente stabilito, la disciplina prevista dalla legge 26 luglio 1975, n. 354, come modificata dalla legge 10 giugno 1986, n. 663.

6 bis. Qualora nel corso dell'affidamento disposto ai sensi del presente articolo l'interessato abbia positivamente terminato la parte terapeutica del programma, il magistrato di sorveglianza, previa rideterminazione delle prescrizioni, può disporne la prosecuzione ai fini del reinserimento sociale anche qualora la pena residua superi quella prevista per l'affidamento ordinario di cui all'articolo 47 della legge 26 luglio 1975, n. 354 (6).

6 ter. Il responsabile della struttura presso cui si svolge il programma terapeutico di recupero e socioriabilitativo è tenuto a segnalare all'autorità giudiziaria le violazioni commesse dalla persona sottoposta al programma. Qualora tali violazioni integrino un reato, in caso di omissione, l'autorità giudiziaria ne dà comunicazione alle autorità competenti per la sospensione o revoca dell'autorizzazione di cui all'articolo 116e dell'accreditamento di cui all'articolo 117, ferma restando l'adozione di misure idonee a tutelare i soggetti in trattamento presso la struttura [7].

(1) Comma modificato dall'art. 10, d.l. 24.11.2000, n. 341 e poi sostituito dall'art. 4 undecies, d.l. 30.12.2005, n. 272.
(2) Comma sostituito dall'art. 4 undecies, d.l. 30.12.2005, n. 272.
(3) Comma modificato dall'art. 4 undecies, d.l. 30.12.2005, n. 272.
(4) Comma sostituito dall'art. 4 undecies, d.l. 30.12.2005, n. 272.
(5) Comma abrogato dall'art. 2, co. 1, lett. b), d.l. 23.12.2013, n. 146, conv., con modif., dalla l. 21.2.2014, n. 10.
(6) Comma introdotto dall'art. 4 undecies, d.l. 30.12.2005, n. 272.
(7) Comma introdotto dall'art. 4 undecies, d.l. 30.12.2005, n. 272.

94 bis. Concessione dei benefici ai recidivi [1].

[1. La sospensione dell'esecuzione della pena detentiva e l'affidamento in prova in casi particolari nei confronti di persona tossicodipendente o alcooldipendente, cui sia stata applicata la recidiva prevista dall'articolo 99, quarto comma, del codice penale, possono essere concessi se la pena detentiva inflitta o ancora da scontare non supera i tre anni. La sospensione dell'esecuzione della pena detentiva e l'affidamento in prova in casi particolari nei confronti di persona tossicodipendente o alcooldipendente, cui sia stata applicata la recidiva prevista dall'articolo 99, quarto comma, del codice penale, possono essere concessi una sola volta.]

(1) Articolo introdotto dall'art. 8, l. 5.12.2005, n. 251 e poi abrogato dall'art. 4, d.l. 30.12.2005, n. 272.

95. Esecuzione della pena detentiva inflitta a persona tossicodipendente.

1. La pena detentiva nei confronti di persona condannata per reati commessi in relazione al proprio stato di tossicodipendente deve essere scontata in istituti idonei per lo svolgimento di programmi terapeutici e socio-riabilitativi.

2. Con decreto del Ministro della giustizia si provvede all'acquisizione di case mandamentali ed alla loro destinazione per i tossicodipendenti condannati con sentenza anche non definitiva.

96. Prestazioni socio-sanitarie per tossicodipendenti detenuti.

1. Chi si trova in stato di custodia cautelare o di espiazione di pena per reati commessi in relazione al proprio stato di tossicodipendenza o sia ritenuto dall'autorità sanitaria abitualmente dedito all'uso di sostanze stupefacenti o psicotrope o che comunque abbia problemi di tossicodipendenza ha diritto di ricevere le cure mediche e l'assistenza necessaria all'interno degli istituti carcerari a scopo di riabilitazione.

2. La disposizione di cui al comma 1 si applica anche al tossicodipendente non ammesso, per divieto di legge o a seguito di provvedimento dell'autorità giudiziaria, alle misure sostitutive previste negli articoli 90 e 94 per la prosecuzione o l'esecuzione del programma terapeutico al quale risulta sottoposto o intende sottoporsi.

3. Le unità sanitarie locali, d'intesa con gli istituti di prevenzione e pena ed in collaborazione con i servizi sanitari interni dei medesimi istituti, provvedono alla cura e alla riabilitazione dei detenuti tossicodipendenti o alcoolisti.

4. A tal fine il Ministro della giustizia organizza, con proprio decreto, su basi territoriali, reparti carcerari opportunamente attrezzati, provvedendo d'intesa con le competenti autorità regionali e con i centri di cui all'art. 115.

5. Le direzioni degli istituti carcerari sono tenute a segnalare ai centri medici e di assistenza sociale regionali competenti coloro che, liberati dal carcere, siano ancora bisognevoli di cure e di assistenza.

6. Grava sull'amministrazione penitenziaria l'onere per il mantenimento, la cura o l'assistenza medica della persona sottoposta agli arresti domiciliari allorché tale misura sia eseguita presso le comunità terapeutiche o di riabilitazione individuate, tra quelle iscritte negli albi di cui all'art. 116, con decreto del Ministro della giustizia, sentite le regioni interessate [1].

6 bis. Per i minori tossicodipendenti o tossicofili, anche portatori di patologie psichiche correlate all'uso di sostanze stupefacenti, sottoposti alle misure cautelari non detentive, alla sospensione del processo e messa alla prova, alle misure di sicurezza, nonché alle misure alternative alla detenzione, alle sanzioni sostitutive, eseguite con provvedimenti giudiziari di collocamento in comunità terapeutiche e socio-riabilitative, gli oneri per il trattamento sanitario e socio-riabilitativo sono a carico del Dipartimento giustizia minorile, fatti salvi gli accordi con gli enti territoriali e, nelle more della piena attuazione del trasferimento di dette competenze, del Servizio sanitario nazionale [2].

6 ter. All'onere derivante dall'attuazione del precedente comma, determinato nella misura massima di euro 2.000.000 a decorrere dall'anno 2006, si provvede mediante corrispondente riduzione dello stanziamento iscritto, ai fini del bilancio triennale 2006-2008, nell'ambito dell'unità previsionale di base di parte corrente "Fondo speciale" dello stato di previsione del Ministero dell'economia e delle finanze per l'anno 2006, allo scopo parzialmente utilizzando per gli anni 2006 e 2007 l'accantonamento relativo al Ministero del lavoro e delle politiche sociali e per l'anno 2008 l'accantonamento relativo al Ministero dell'istruzione, dell'università e della ricerca [3].

(1) Comma sostituito dall'art. 4 duodecies, d.l. 30.12.2005, n. 272.
(2) Comma introdotto dall'art. 4 duodecies, d.l. 30.12.2005, n. 272. Secondo quanto previsto dall'art. 2, co. 283, l. 24.12.2007, n. 244 il rimborso alle comunità terapeutiche delle spese sostenute per il mantenimento, la cura e l'assistenza medica dei detenuti di cui al presente comma sono trasferite al Servizio sanitario nazionale secondo le modalità e i termini da definire con decreto del Presidente del Consiglio dei ministri.
(3) Comma introdotto dall'art. 4 duodecies, d.l. 30.12.2005, n. 272. Secondo quanto previsto dall'art. 2, co. 283, l. 24.12.2007, n. 244 il rimborso alle comunità terapeutiche delle spese sostenute per il mantenimento, la cura e l'assistenza medica dei detenuti di cui al

presente comma sono trasferite al Servizio sanitario nazionale secondo le modalità e i termini da definire con decreto del Presidente del Consiglio dei ministri.

Capo III
Operazioni di polizia e destinazione di beni e valori sequestrati o confiscati

97. Attività sotto copertura [1].

1. Per lo svolgimento delle attività sotto copertura concernenti i delitti previsti dal presente testo unico si applicano le disposizioni di cui all'articolo 9 della legge 16 marzo 2006, n. 146, e successive modificazioni.

(1) Articolo modificato dall'art. 12 ter, d.l. 8.6.1992, n. 306, conv. in l. 7.8.1992, n. 356, poi sostituito dall'art. 4 terdecies, d.l. 30.12.2005, n. 272 e ancora sostituito dall'art. 8, co. 2, lett. a), l. 13.8.2010, n. 136.

98. Ritardo o omissione degli atti di cattura, di arresto o di sequestro. Collaborazione internazionale [1].

[1. L'autorità giudiziaria può, con decreto motivato, ritardare l'emissione o disporre che sia ritardata l'esecuzione di provvedimenti di cattura, arresto o sequestro quando sia necessario per acquisire rilevanti elementi probatori ovvero per l'individuazione o la cattura dei responsabili dei delitti di cui agli articoli 73 e 74.

2. Per gli stessi motivi gli ufficiali di polizia giudiziaria addetti alle unità specializzate antidroga, nonché le autorità doganali, possono omettere o ritardare gli atti di rispettiva competenza dandone immediato avviso, anche telefonico, all'autorità giudiziaria, che può disporre diversamente, ed al Servizio centrale antidroga per il necessario coordinamento anche in ambito internazionale. L'autorità procedente trasmette motivato rapporto all'autorità giudiziaria entro quarantotto ore.

3. L'autorità giudiziaria impartisce alla polizia giudiziaria le disposizioni di massima per il controllo degli sviluppi dell'attività criminosa, comunicando i provvedimenti adottati all'autorità giudiziaria competente per il luogo in cui l'operazione deve concludersi, ovvero per il luogo attraverso il quale si prevede sia effettuato il transito in uscita dal territorio dello Stato, ovvero quello in entrata nel territorio dello Stato, delle sostanze stupefacenti o psicotrope e di quelle di cui all'art. 70.

4. Nei casi di urgenza le disposizioni di cui ai commi 1, 2 e 3 possono essere richieste od impartite anche oralmente, ma il relativo provvedimento deve essere emesso entro le successive ventiquattro ore.]

(1) Articolo abrogato dall'art. 8, co. 2, lett. b), l. 13.8.2010, n. 136.

99. Perquisizione e cattura di navi ed aeromobili sospetti di attendere al traffico illecito di sostanze stupefacenti o psicotrope.

1. La nave italiana da guerra o in servizio di polizia, che incontri in mare territoriale o in alto mare una nave nazionale, anche da diporto, che sia sospetta di essere adibita al trasporto di sostanze stupefacenti o psicotrope, può fermarla, sottoporla a visita ed a perquisizione del carico, catturarla e condurla in un porto dello Stato o nel porto estero più vicino, in cui risieda una autorità consolare.

2. Gli stessi poteri possono esplicarsi su navi non nazionali nelle acque territoriali e, al di fuori di queste, nei limiti previsti dalle norme dell'ordinamento internazionale.

3. Le disposizioni dei commi 1 e 2 si applicano, in quanto compatibili, anche agli aeromobili.

100. Destinazione di beni sequestrati o confiscati a seguito di operazioni antidroga.

1. I beni mobili iscritti in pubblici registri, le navi, le imbarcazioni, i natanti e gli aeromobili sequestrati nel corso di operazioni di polizia giudiziaria antidroga possono essere affidati dall'autorità giudiziaria procedente in custodia giudiziale agli organi di polizia che ne facciano richiesta per l'impiego in attività di polizia antidroga; se vi ostano esigenze processuali, l'autorità giudiziaria rigetta l'istanza con decreto motivato.

2. Se risulta che i beni appartengono a terzi, i proprietari sono convocati dall'autorità giudiziaria procedente per svolgere, anche con l'assistenza di un difensore, le loro deduzioni e per chiedere l'acquisizione di elementi utili ai fini della restituzione. Si applicano, in quanto compatibili, le norme del codice di procedura penale.

3. Gli oneri relativi alla gestione dei beni e all'assicurazione obbligatoria dei veicoli, dei natanti e degli aeromobili sono a carico dell'ufficio o comando usuario.

4. I beni mobili ed immobili acquisiti dallo Stato, a seguito di provvedimento definitivo di confisca, vengono assegnati, a richiesta, dell'Amministrazione di appartenenza degli organi di polizia che ne abbiano avuto l'uso ai sensi dei commi 1, 2 e 3. Possono altresì essere assegnati, a richiesta anche ad associazioni, comunità, od enti che si occupino del recupero dei tossicodipendenti.

5. Le somme di denaro costituenti il ricavato della vendita dei beni confiscati affluiscono ad apposito capitolo delle entrate del bilancio dello Stato per essere riassegnate, in parti uguali, sulla base di specifiche richieste, ai pertinenti capitoli degli stati di previsione del Ministero dell'interno, che provvede alle erogazioni di competenza ai sensi del decreto-legge 22 aprile 1985, n. 144, convertito, con modificazioni, dalla legge 21 giugno 1985, n. 297, e del Ministero della sanità con vincolo di destinazione per le attività di recupero dei soggetti tossicodipendenti.

101. Destinazione dei valori confiscati a seguito di operazioni antidroga.

1. Le somme di denaro confiscate a seguito di condanna per uno dei reati previsti dal presente testo unico ovvero per il delitto di sostituzione di denaro o valori provenienti da traffico illecito di sostanze stupefacenti o psicotrope o da associazione finalizzata al traffico illecito di sostanze stupefacenti o psicotrope sono destinate al potenziamento delle attività di prevenzione e repressione dei delitti contemplati dal presente testo unico, anche a livello internazionale mediante interventi finalizzati alla collaborazione e alla assistenza tecnico-operativa con le forze di polizia dei Paesi interessati.

2. A tal fine il Ministro dell'interno è autorizzato ad attuare piani annuali o frazioni di piani pluriennali per il potenziamento delle attività del Servizio centrale antidroga nonché dei mezzi e delle strutture tecnologiche della Amministrazione della pubblica sicurezza, dell'Arma dei carabinieri e della Guardia di finanza, impiegate per l'attività di prevenzione e repressione dei traffici illeciti di sostanze stupefacenti o psicotrope.

3. I predetti piani di potenziamento sono formulati secondo una coordinata e comune pianificazione tra l'Amministrazione della pubblica sicurezza e le forze di polizia di cui al comma 2 e sono approvati con decreto del Ministro dell'interno, sentito il Comitato nazionale dell'ordine e della sicurezza pubblica, di cui all'art. 18 della legge 1° aprile 1981, n. 121, al quale è chiamato a partecipare il direttore del Servizio centrale antidroga.

4. Ai fini del presente articolo le somme di cui al comma 1 affluiscono ad apposito capitolo delle entrate del bilancio dello Stato per essere assegnate, sulla base di specifiche richieste, ai pertinenti capitoli dello stato di Previsione del Ministero dell'interno – rubrica "Sicurezza pubblica".

102. Notizie di procedimenti penali.

1. Il Ministro dell'interno, direttamente o per mezzo di ufficiali di polizia giudiziaria, appositamente delegati, può chiedere all'autorità giudiziaria competente copie di atti processuali e informazioni scritte sul loro contenuto, ritenute indispensabili per la prevenzione o per il tempestivo accertamento dei delitti previsti dal presente testo unico, nonché per la raccolta e per la elaborazione dei dati da utilizzare in occasione delle indagini per gli stessi delitti.

2. L'autorità giudiziaria può trasmettere le copie e le informazioni di cui al comma 1 anche di propria iniziativa; nel caso di richiesta provvede entro quarantotto ore.

3. Le copie e le informazioni acquisite ai sensi dei commi 1 e 2 sono coperte dal segreto d'ufficio e possono essere comunicate agli organi di polizia degli Stati esteri con i quali siano raggiunte specifiche intese per la lotta al traffico illecito delle sostanze stupefacenti o psicotrope e alla criminalità organizzata.

4. Se l'autorità giudiziaria ritiene di non poter derogare al segreto di cui all'art. 329 del codice di procedura penale, dispone con decreto motivato che la trasmissione sia procrastinata per il tempo strettamente necessario.

103. Controlli ed ispezioni.

1. Al fine di assicurare l'osservanza delle disposizioni previste dal presente testo unico, gli ufficiali e sottufficiali della Guardia di finanza possono svolgere negli spazi doganali le facoltà di visita, ispezione e controllo previste dagli articoli 19 e 20 del testo unico delle disposizioni legislative in materia doganale, approvato con D.P.R. 23 gennaio 1973, n. 43, fermo restando il disposto di cui all'art. 2 comma 1, lettera o), della L. 10 ottobre 1989, n. 349.

2. Oltre a quanto previsto dal comma 1, gli ufficiali e gli agenti di polizia giudiziaria, nel corso di operazioni di polizia per la prevenzione e la repressione del traffico illecito di sostanze stupefacenti o psicotrope, possono procedere in ogni luogo al controllo e all'ispezione dei mezzi di trasporto, dei bagagli e degli effetti personali quando hanno fondato motivo di ritenere che possano essere rinvenute sostanze stupefacenti o psicotrope. Dell'esito dei controlli e delle ispezioni è redatto processo verbale in appositi moduli, trasmessi entro quarantotto ore al procuratore della Repubblica il quale, se ne ricorrono i presupposti, li convalida entro le successive quarantotto ore. Ai fini dell'applicazione del presente comma, saranno emanate, con decreto del Ministro dell'interno di concerto con i Ministri della difesa e delle finanze, le opportune norme di coordinamento nel rispetto delle competenze istituzionali.

3. Gli ufficiali di polizia giudiziaria, quando ricorrano motivi di particolare necessità ed urgenza che non consentano di richiedere l'autorizzazione telefonica del magistrato competente, possono altresì procedere a perquisizioni dandone notizia, senza ritardo e comunque entro quarantotto ore, al procuratore della Repubblica il quale, se ne ricorrono i presupposti, le convalida entro le successive quarantotto ore [1].

4. Gli ufficiali e gli agenti di polizia giudiziaria che hanno proceduto al controllo, alle ispezioni e alle perquisizioni ai sensi dei commi 2 e 3, sono tenuti a rilasciare immediatamente all'interessato copia del verbale di esito dell'atto compiuto.

(1) La Corte costituzionale, con sent. 26.11.2020, n. 252, ha dichiarato l'illegittimità costituzionale di questo comma, nella parte in cui non prevede che anche le perquisizioni personali e domiciliari autorizzate per telefono debbano essere convalidate.

3. L. 5 novembre 1990, n. 328. – Ratifica ed esecuzione della Convenzione delle Nazioni Unite contro il traffico illecito di stupefacenti e sostanze psicotrope, con annesso, atto finale e relative raccomandazioni, fatta a Vienna il 20 dicembre 1988. Convenzione (*artt. 1-20, 24 Convenzione*)

In Gazzetta Ufficiale: 15 novembre 1990, n. 267

1. Definizioni.

Tranne indicazione espressa in senso opposto o qualora il contesto esiga diversamente, le seguenti definizioni si applicano a tutte le disposizioni della presente Convenzione:

a) per "beni" si intendono tutti i tipi di averi, materiali o immateriali, mobili o immobili, tangibili o intangibili, nonché gli atti giuridici o documenti attestanti la proprietà di tali averi o dei diritti relativi;

b) per "albero della coca" si intende qualunque specie di arbusto del genere erythroxylon;

c) per "Commissione" si intende la Commissione degli stupefacenti del Consiglio economico e sociale dell'Organizzazione delle Nazioni Unite;

d) per "confisca" si intende la privazione permanente di beni dietro decisione di un tribunale o altra autorità competente;

e) per "Consiglio" si intende il Consiglio economico e sociale dell'Organizzazione delle Nazioni Unite;

f) per "Convenzione del 1961" s'intende la Convenzione unica sugli stupefacenti del 1961;

g) per "Convenzione del 1961 così come modificata" s'intende la Convenzione unica sugli stupefacenti del 1961 così come modifica Protocollo del 1972 che emenda la Convenzione unica sugli stupefacenti del 1961;

h) per "Convenzione del 1971" si intende la Convenzione del 1971 sulle sostanze psicotrope;

i) per "Stato di transito" si intende uno Stato sul cui territorio vengono spostate sostanze illecite – stupefacenti, sostanze psicotrope e sostanze figuranti alla Tabella I ed alla Tabella II – e che non è né il punto di origine né la destinazione finale di tali sostanze;

j) per "congelamento" o "sequestro" si intende il divieto temporaneo relativo al trasferimento, alla conversione, alla disposizione o al movimento di beni oppure il fatto di assumere provvisoriamente la custodia o il controllo di beni dietro decisione di un tribunale o di un'altra autorità competente;

k) per "consegna sorvegliata" si intendono i metodi atti a consentire il passaggio sul territorio di uno o più paesi, di stupefacenti o di sostanze psicotrope, di sostanze figuranti alla Tabella I o alla Tabella II annesse alla presente Convenzione o di sostanze che sono loro sostituite, spedite illecitamente o sospettate di esserlo, sotto il controllo delle autorità competenti dei predetti Paesi che ne sono a conoscenza, al fine di identificare le persone implicate nella perpetrazione dei reati di cui al paragrafo 1 dell'articolo 3 della Convenzione;

l) per "Organo" si intende l'Organo internazionale di controllo degli stupefacenti stabilito dalla Convenzione unica sugli stupefacenti del 1961 e questa Convenzione così come modificata dal Protocollo del 1972 che emenda la Convenzione unica sugli stupefacenti del 1961;

m) per "papavero da oppio" si intende la pianta della specie "Papaver somniferum";

n) per "canapa indiana" s'intende ogni pianta del genere canapa indiana;

o) per "prodotto" si intende qualsiasi bene proveniente direttamente o indirettamente dalla perpetrazione di un reato determinato conformemente con il paragrafo 1 dell'articolo 3 oppure ottenuto direttamente o indirettamente all'atto della trasgressione;

p) per "segretario generale" si intende il Segretario Generale dell'Organizzazione delle Nazioni Unite;

q) per "stupefacente" si intende ogni sostanza di origine naturale o di sintesi figurante alla Tabella I o alla Tabella II della Convenzione del 1961 e della Convenzione del 1961 così come modificata;

r) per "sostanza psicotropa" si intende ogni sostanza, avente origine naturale o di sintesi, oppure ogni prodotto naturale della Tabella I, II, III, o IV della Convenzione del 1971 sulle sostanze psicotrope;

s) per "Tabella I" e "Tabella II" si intendono le liste di sostanze annesse alla presente Convenzione che potranno essere modificate periodicamente conformemente con l'articolo 12;

t) per "traffico illecito" si intendono le infrazioni di cui ai paragrafi 1 e 2 dell'articolo 3 della presente Convenzione;

u) per "trasportatore commerciale" si intende ogni persona o ente pubblico privato o altro che provveda al trasporto di persone, di beni, o di corriere a titolo oneroso.

2. Ambito di applicazione della Convenzione.

1. L'oggetto della presente Convenzione è di promuovere la cooperazione tra le Parti in modo tale che esse possano combattere con maggiore efficacia i vari aspetti del traffico illecito di stupefacenti e delle sostanze psicotrope di dimensione internazionale. Nell'adempimento dei loro obblighi ai sensi della Convenzione, le Parti adottano le misure necessarie, compresi i

provvedimenti legislativi e regolamentari compatibili con le disposizioni fondamentali dei loro rispettivi sistemi legislativi interni.

2. Le Parti adempiono ai loro obblighi in virtù della presente Convenzione in maniera compatibile con i principi della parità sovrana e dell'integrità territoriale degli Stati, ed in virtù del principio di non intervento negli affari interni di altri Stati.

3. Ogni Parte si astiene dall'esercitare sul territorio di un'altra Parte competenze o funzioni che sono esclusivamente riservate alle Autorità di detta altra Parte dalla sua legislazione nazionale.

3. Reati e sanzioni.

1. Ciascuna Parte adotta i provvedimenti necessari per attribuire il carattere di reato, conformemente con la legislazione nazionale, qualora l'atto sia stato commesso intenzionalmente:

a) i) alla produzione, alla fabbricazione, all'estrazione, alla preparazione, all'offerta, alla messa in vendita, alla distribuzione, alla vendita, alla consegna a qualsiasi condizione, alla mediazione, alla spedizione, alla spedizione in transito, al trasporto, all'importazione o all'esportazione di qualsiasi stupefacente o di qualunque sostanza psicotropa in violazione delle disposizioni della Convenzione del 1961, della Convenzione del 1961 così come modificata o della Convenzione del 1971;

ii) alla coltivazione del papavero da oppio, dell'albero della coca o della pianta di canapa indiana, ai fini della produzione di stupefacenti in violazione delle disposizioni della Convenzione del 1961 e della Convenzione del 1961 così come modificata;

iii) alla detenzione o all'acquisto di qualunque stupefacente o di ogni sostanza psicotropa ai fini di una delle attività enumerate al capoverso i) sopra;

iv) alla fabbricazione, al trasporto o alla distribuzione di attrezzature di materiali o di sostanze figuranti alla Tabella I ed alla Tabella II, che la persona addetta sa essere destinate all'utilizzazione nella coltivazione, la produzione o la fabbricazione illecita di stupefacenti o di sostanze psicotrope, o a favore di esse;

v) all'organizzazione, alla gestione o al finanziamento di uno dei reati enumerati ai capoversi i), ii), iii) o iv) precedenti;

b) i) alla conversione o al trasferimento dei beni, effettuati con la consapevolezza che provengono da uno dei reati stabiliti in conformità con il capoverso a) del presente paragrafo o dalla partecipazione alla sua perpetrazione, al fine di dissimulare o di contraffare l'origine illecita di detti beni o di aiutare qualsiasi persona implicata nella perpetrazione di uno di tali reati a sfuggire alle conseguenze legali dei suoi atti;

ii) alla dissimulazione o alla contraffazione della reale natura, origine, luogo, disposizione, movimento o proprietà dei beni o relativi diritti, il cui autore sa essere provenienti da uno dei reati determinati conformemente con il capoverso a) del presente paragrafo o dalla partecipazione ad uno di questi reati;

c) fatti salvi i suoi principi costituzionali ed i concetti fondamentali del proprio sistema giuridico;

i) all'acquisto, alla detenzione o all'utilizzazione di beni il cui acquirente, detentore o utilizzatore sa, al momento in cui li riceve, essere provenienti da uno dei reati determinati conformemente con il capoverso a) del presente paragrafo o dalla partecipazione ad una di queste infrazioni;

ii) alla detenzione di attrezzature di materiali o di sostanze figuranti alla Tabella I o alla Tabella II il cui detentore sa che sono o debbono essere utilizzati nella coltivazione, produzione o fabbricazione illecite di stupefacenti o di sostanze psicotrope, o a favore di esse;

iii) al fatto di incitare o di indurre pubblicamente altrui con qualsiasi mezzo, a commettere uno dei reati determinati in conformità con il presente articolo o fare illecitamente uso di stupefacenti o di sostanze psicotrope;

iv) alla partecipazione ad uno dei reati determinati in conformità con il presente articolo o ad ogni associazione, intesa, tentativo o complicità tramite prestazione di assistenza, di aiuto o di consigli in vista della sua perpetrazione.

2. Fatti salvi i propri principi costituzionali ed i concetti fondamentali del proprio ordinamento giuridico, ciascuna Parte adotta le misure necessarie per attribuire la natura del reato, conformemente alla propria legislazione interna, qualora l'atto sia stato commesso intenzionalmente, alla detenzione ed all'acquisto di stupefacenti e di sostanze psicotrope, alla coltivazione di stupefacenti destinati al consumo personale in violazione delle disposizioni della Convenzione di Vienna del 1961, della Convenzione del 1961 cosi come modificata oppure della Convenzione del 1971.

3. La conoscenza, l'intenzione, o la motivazione necessarie in quanto elementi di uno dei reati di cui al paragrafo 1 del presente articolo possono essere dedotte da circostanze di fatto obiettive.

4. a) Ciascuna Parte farà si che i reati determinati in conformità con il paragrafo 1 del presente articolo siano punibili con sanzioni tenendo conto della loro gravità quali l'imprigionamento o altre pene privative della libertà, l'imposizione di multe ed il sequestro;

b) le Parti possono prevedere che l'autore del reato sarà sottoposto a misure di trattamento terapeutico, di istruzione, di assistenza sanitaria post-ospedaliera, di riadattamento o di riinserimento sociale, come misure complementari alla condanna o alla sanzione penale decretata per un reato determinato in conformità con il paragrafo 1 del presente articolo;

c) nonostante le disposizioni dei capoversi precedenti, in casi adeguati di reati di natura minore le Parti possono in particolare prevedere in luogo di una condanna o di una sanzione penale misure di educazione di riadattamento o di reinserimento sociale nonché qualora l'autore del reato sia un tossicomane misure di trattamento terapeutico e di assistenza sanitaria post-ospedaliera;

d) le Parti possono prevedere che misure di trattamento terapeutico, di educazione, di assistenza sanitaria post-ospedaliera, di riadattamento o di rinserimento sociale dell'autore del reato siano sia in sostituzione della condanna o della pena decretate per un reato determinato conformemente con le disposizioni del paragrafo 2 del presente articolo, sia in aggiunta ad essa.

5. Le Parti faranno in modo che i loro tribunali ed altre autorità competenti possano tener conto di circostanze di fatto che conferiscono una particolare gravità ai reati determinati in conformità con il paragrafo 1 del presente articolo, come:

a) La partecipazione all'esecuzione del reato, da parte di una organizzazione di malfattori alla quale appartiene l'autore del reato;
b) la partecipazione dell'autore del reato ad altre attività criminali organizzate a livello internazionale;
c) la partecipazione dell'autore del reato ad altre attività illegali facilitate dalla perpetrazione del reato;
d) l'uso della violenza o di armi da parte dell'autore del reato;
e) il fatto che l'autore del reato abbia un incarico pubblico e che il reato sia collegato a detto incarico;
f) l'abuso o l'utilizzazione di minori;
g) il fatto che il reato sia stato commesso in uno stabilimento penitenziario, in un istituto d'istruzione, in un centro di servizi sociali o nella loro immediata vicinanza o in altri luoghi dove gli scolari e gli studenti praticano attività educative, sportive o sociali;
h) nella misura in ciò sia consentito dalla legislazione interna di una Parte, precedenti condanne soprattutto per analoghi reati, nel paese o all'estero.

6. Le Parti si sforzano di fare in modo che ogni potere giudiziario discrezionale conferito loro dalla loro legislazione interna e pertinente ai procedimenti giudiziari intentati contro individui per reati determinati in conformità con il presente articolo, venga esercitato in modo da valorizzare al massimo l'efficacia delle misure di individuazione e di repressione relative a detti reati tenendo debitamente conto della necessità di esercitare un effetto di dissuasione per quanto riguarda la loro perpetrazione.

7. Le Parti si accertano che i loro tribunali o altre autorità competenti prendano in considerazione la gravità dei reati enumerati al paragrafo 1 del presente articolo nonché le circostanze di cui al paragrafo 5 del presente articolo qualora esse prendano in considerazione l'eventualità di un proscioglimento anticipato o condizionale di persone riconosciute colpevoli di tali reati.

8. Se del caso, ciascuna Parte determina nell'ambito della sua legislazione nazionale un periodo prolungato di prescrizione durante il quale possono essere intentati procedimenti per uno dei reati determinati in conformità con il paragrafo 1 del presente articolo. Questo periodo sarà più lungo se il presunto autore del reato si è sottratto alla giustizia.

9. Ciascuna Parte adotta, in conformità con il proprio ordinamento giuridico adeguati provvedimenti affinché ogni persona accusata o riconosciuta colpevole di un reato determinato conformemente con il paragrafo 1 del presente articolo, che si trova sul suo territorio assista allo svolgimento della procedura penale necessaria.

10. Ai fini della cooperazione tra le Parti in virtù della presente Convenzione ed in particolare della cooperazione in virtù degli articoli 5, 6, 7 e 9, i reati determinati conformemente con il presente articolo non sono considerati come reati fiscali o politici né considerati come aventi moventi politici, fatti salvi i limiti costituzionali e della legislazione fondamentale delle Parti.

11. Nessuna disposizione del presente articolo pregiudica il principio secondo il quale la determinazione dei reati che ne sono oggetto ed i mezzi giuridici di difesa relativi sono di esclusiva competenza del diritto interno di ciascuna Parte ed in base al quale i predetti reati sono perseguiti e puniti in conformità con detta legislazione.

4. Competenza.

1. Ciascuna Parte:

a) adotta le misure necessarie per stabilire la propria competenza per quanto riguarda i reati da essa determinati conformemente con il paragrafo 1 dell'articolo 3 quando:
   i) il reato è stato commesso sul proprio territorio;
   ii) il reato è stato commesso a bordo di una nave battente la sua bandiera o di un aeronave immatricolato conformemente con la sua legislazione nel momento in cui il reato è stato commesso;
b) può adottare le misure necessarie per stabilire la propria giurisdizione per quanto riguarda i reati che essa ha determinato conformemente al paragrafo 1 dell'articolo 3 quando:
   i) il reato è stato commesso da uno dei suoi concittadini o da una persona che risiede abitualmente sul suo territorio;
   ii) il reato è stato commesso a bordo di una nave contro la quale questa Parte è stata autorizzata a prendere adeguati provvedimenti in virtù dell'articolo 17, con la riserva che tale competenza sia

esercitata solo in base agli accordi ed alle intese di cui ai paragrafi 4 e 9 di detto articolo;

iii) il reato fa parte di quelli determinati in base al capoverso c) iv) del paragrafo 1 dell'articolo 3 ed è stato commesso fuori del suo territorio al fine dell'esecuzione sul suo territorio di uno dei reati determinati conformemente con il paragrafo 1 dell'articolo 3.

2. Ciascuna Parte:

a) adotta anche le misure necessarie a determinare la sua competenza per quanto riguarda i reati che essa ha stabilito conformemente al paragrafo 1 dell'articolo 3 quando il presunto autore del reato si trova sul suo territorio ed essa non lo estrada verso il territorio di un'altra Parte per il motivo che:

i) il reato è stato commesso sul suo territorio o a bordo di una nave che batte la sua bandiera o di un'aeronave immatricolato conformemente con la sua legislazione nel momento in cui il reato è stato commesso, oppure;

ii) il reato è stato commesso da uno dei suoi concittadini;

b) può anche adottare i provvedimenti necessari per determinare la sua competenza per quanto concerne i reati che essa ha stabilito conformemente con il paragrafo 1 dell'articolo 3 quando il presunto autore del reato si trova sul suo territorio ed essa non lo estrada verso il territorio di un'altra Parte.

3. La presente Convenzione non esclude l'esercizio di qualsiasi competenza in materia penale stabilita da una Parte conformemente alla propria legislazione nazionale.

5. Confisca.

1. Ciascuna Parte adotta i provvedimenti che si rivelano necessari per consentire la confisca:

a) dei prodotti derivanti da reati stabiliti in base al paragrafo 1 dell'articolo 3 o di beni il cui valore corrisponde a quello di tali prodotti;

b) degli stupefacenti, sostanze psicotrope, materiali ed attrezzature o altri strumenti utilizzati o destinati ad essere utilizzati in qualunque modo per i reati stabiliti conformemente con il paragrafo 1 dell'articolo 3.

2. Ciascuna Parte adotta inoltre i provvedimenti che si rivelano necessari per permettere alle sue autorità competenti di identificare, individuare, congelare o sequestrare i prodotti, i beni, gli strumenti oppure ogni altra cosa di cui al paragrafo 1 del presente articolo ai fini di una eventuale confisca.

3. Per poter applicare le misure previste al presente articolo, ciascuna Parte abilita i suoi tribunali o altre autorità competenti ad ordinare la presentazione o la confisca di documenti bancari, finanziari o commerciali. Le Parti non possono invocare il segreto bancario per rifiutare di dare effetto alle disposizioni del presente paragrafo.

4. a) Quando una Parte che abbia competenza a giudicare un reato determinato in conformità con il paragrafo 1 dell'articolo 3 presenta una richiesta ai sensi del presente articolo, la Parte sul di cui territorio sono situati prodotti, beni, strumenti o ogni altra cosa di cui al paragrafo 1 del presente articolo:

i) trasmette la richiesta alle proprie Autorità competenti in vista di far decretare una decisione di confisca, e qualora detta decisione venga decretata, la fa eseguire, oppure;

ii) trasmette alle sue Autorità competenti affinché venga eseguita nei limiti della richiesta la decisione di confisca presa dalla Parte richiedente in conformità con il paragrafo 1 del presente articolo per quanto riguarda prodotti, beni, strumenti od ogni altra cosa di cui al paragrafo 1 situato sul territorio della Parte richiesta;

b) se una richiesta è effettuata in virtù del presente articolo da un'altra Parte che ha competenza a giudicare un reato determinato conformemente con il paragrafo 1 dell'articolo 3, la Parte richiesta prende provvedimenti per individuare, identificare, congelare o confiscare i prodotti, i beni, gli strumenti od ogni altra cosa di cui al paragrafo 1 del presente articolo, ai fini di un'eventuale confisca ordinata sia dalla Parte richiedente, sia a seguito di una domanda formulata in base al capoverso a) del presente paragrafo, dalla Parte richiesta;

c) le decisioni o misure previste ai capoversi a) e b) del presente paragrafo sono adottate dalla Parte richiesta conformemente con la sua legislazione interna ed in base alle disposizioni di tale legislazione, e conformemente alle sue regole di procedura o ad ogni trattato, accordo o intesa bilaterale o multilaterale che la lega alla Parte richiedente;

d) le disposizioni dei paragrafi da 6 a 19 dell'articolo 7 di applicano " mutatis mutandis ". Oltre alle informazioni di cui al paragrafo 10 dell'articolo 7 le richieste effettuate in conformità con il presente articolo contengono le seguenti informazioni:

i) se la domanda è di competenza del capoverso a) i) del presente paragrafo, una descrizione dei beni da confiscare ed un esposto dei fatti sui quali si basa la Parte richiedente, che consenta alla Parte richiesta di far pronunciare una decisione di confisca nell'ambito della sua legislazione interna;

ii) se la richiesta è di competenza del capoverso a) ii) una copia legalmente accettabile della decisione di confisca decretata dalla Parte richiedente su cui la domanda si basa, un esposto dei fatti, nonché informazioni che indichino entro quali limiti si chiede che la decisione venga applicata;

iii) se la richiesta è di competenza del capoverso b), un esposto dei fatti sui quali si basa la Parte richiedente ed una descrizione delle misure richieste;

e) ciascuna Parte comunica al Segretario generale il

testo delle leggi e dei regolamenti che danno effetto al presente paragrafo nonché il testo di qualsiasi modifica legalmente apportata a dette leggi e regolamenti;

f) se una Parte decide di subordinare l'adozione dei provvedimenti di cui ai capoversi a) e b) del presente paragrafo all'esistenza di un trattato in materia, essa considera la presente Convenzione come una base pattizia necessaria e sufficiente;

g) le Parti si sforzeranno di concludere trattati, accordi o intese bilaterali e multilaterali al fine di rafforzare l'efficacità della cooperazione internazionale ai fini del presente articolo.

5. a) Ogni Parte che confisca prodotti o beni in attuazione del paragrafo 1 o del paragrafo 4 del presente articolo, ne dispone conformemente alla sua legislazione interna ed alle sue procedure amministrative;

b) quando una Parte agisce dietro richiesta di un'altra Parte in applicazione del presente articolo essa può prevedere in particolare di concludere accordi che prevedano:

i) di versare il valore di detti prodotti e beni, oppure i fondi provenienti dalla loro vendita, o una parte sostanziale del valore di detti prodotti e beni ad organismi intergovernativi specializzati nella lotta contro il traffico illecito e l'abuso di stupefacenti e di sostanze psicotrope;

ii) di dividere con altre Parti, sistematicamente o caso per caso, tali prodotti o tali beni, oppure i fondi provenienti dalla loro vendita, in conformità con la sua legislazione interna, le sue procedure amministrative e con gli accordi bilaterali o multilaterali stipulati a tal fine.

6. a) Se determinati prodotti sono stati trasformati o convertiti in altri beni, detti beni possono essere oggetto delle misure di cui al presente articolo in luogo ed in sostituzione di questi prodotti;

b) se dei prodotti sono stati mischiati a beni acquisiti lecitamente, tali beni fatto salvo ogni potere di confisca o di congelamento possono essere confiscati fino a concorrenza del valore stimato dei prodotti che vi sono stati mischiati;

c) i redditi ed altri benefici derivanti:

i) dai prodotti;

ii) dai beni nei quali questi prodotti sono stati trasformati o convertiti, oppure;

iii) dai beni ai quali sono stati mischiati dei prodotti, possono altresì essere oggetto delle misure di cui al presente articolo nella stessa maniera e nella stessa misura dei prodotti.

7. Ciascuna Parte può prendere in considerazione l'ipotesi di invertire l'onere di prova per quanto concerne l'origine lecita dei prodotti presunti o di altri beni che possono essere oggetto di una confisca, nella misura in cui ciò sia conforme con i principi della sua legislazione interna e con la natura della procedura giudiziaria e delle altre procedure.

8. L'interpretazione delle disposizioni del presente articolo non deve in alcun caso pregiudicare i diritti dei terzi in buona fede.

9. Nessuna disposizione del presente articolo pregiudica il principio secondo il quale le misure che ne sono oggetto sono determinate ed eseguite conformemente al diritto interno di ciascuna Parte e secondo le disposizioni di detta legislazione.

6. Estradizione.

1. Il presente articolo si applica ai reati determinati dalle Parti conformemente al paragrafo 1 dell'articolo 3.

2. Ciascuno dei reati cui si applica il presente articolo è con tutti i diritti incluso in ogni trattato di estradizione in vigore tra le Parti in quanto reati il cui autore può essere estradato. Le Parti si impegnano ad includere tali reati come reati il cui autore può essere estradato in ogni trattato di estradizione che concluderanno.

3. Se una Parte che subordina l'estradizione all'esistenza di un trattato riceve una richiesta di estradizione di una Parte con la quale non ha concluso un simile trattato, essa può considerare la presente Convenzione come base legale di estradizione per i reati cui si applica il presente articolo. Le Parti che necessitano di misure legislative dettagliate per poter utilizzare la presente Convenzione in quanto base legale di estradizione prenderanno in considerazione l'adozione di tali misure.

4. Le Parti che non subordinano l'estradizione all'esistenza di un trattato riconoscono tra di loro alle infrazioni cui il presente articolo si applica, la natura di reato il cui autore può essere estradato.

5. L'estradizione è subordinata alle condizioni previste dal diritto della Parte richiesta o dai trattati di estradizione applicabili compresi i motivi per i quali la Parte richiesta può rifiutare l'estradizione.

6. Nell'esaminare le richieste ricevute in applicazione del presente articolo la Parte richiesta può rifiutarsi di giudicarle se le sue autorità giudiziarie o altre autorità competenti hanno ragioni fondate di ritenere che l'estradizione agevolerebbe l'esercizio di azioni giudiziarie o l'imposizione di una sanzione penale contro una persona per via della sua razza, della sua religione, della sua nazionalità o delle sue opinioni politiche, oppure recherebbe pregiudizio per uno qualunque di questi motivi ad una persona chiamata in causa dalla domanda.

7. Le Parti si sforzano di accelerare le procedure di estradizione e di semplificare i relativi requisiti in materia di prova per quanto concerne i reati cui si applica il presente articolo.

8. Fatte salve le disposizioni della sua legislazione interna e dei trattati di estradizione che essa ha stipulato la Parte richiesta può, dietro richiesta della Parte richiedente e qualora ritenga che le circostanze lo giustifichino e che vi sia urgenza, porre in detenzione una persona presente sul suo territorio e di cui si richiede l'estradizione, oppure prendere nei suoi confronti ogni altra misura adeguata per assicurare la sua presenza durante la procedura di estradizione.

9. Fatto salvo l'esercizio della sua giurisdizione penale determinata conformemente alla sua legislazione interna, una Parte sul di cui territorio si trova il presunto autore di un reato deve:

a) se, per i motivi enunciati al capoverso a) del paragrafo 2 dell'articolo 4, essa non lo estrada per un reato determinato conformemente al paragrafo 1 dell'articolo 3, sottoporre il caso alle sue autorità competenti per l'esercizio dell'azione penale, a meno che non ne sia convenuto diversamente con la Parte richiedente;

b) se essa non lo estrada per tale reato ed ha determinato la propria giurisdizione per quanto riguarda tale reato, conformemente con il capoverso b) del paragrafo 2 dell'articolo 4, sottoporre il caso alle sue Autorità competenti per l'esercizio dell'azione penale a meno che la Parte richiedente non domandi una diversa procedura per salvaguardare la sua legittima competenza.

10. Se l'estradizione richiesta ai fini dell'esecuzione di una pena, è rifiutata in quanto la persona che è oggetto di tale richiesta è un cittadino della Parte richiesta quest'ultima, qualora la sua legislazione glielo consenta, conformemente con le disposizioni di tale legislazione e dietro richiesta della Parte richiedente, prenderà in considerazione di fare eseguire essa stessa la pena che è stata pronunciata conformemente con la legislazione della Parte richiedente, oppure la rimanenza di tale pena.

11. Le Parti si sforzeranno di stipulare accordi bilaterali e multilaterali per consentire l'estradizione o accrescerne l'efficacità.

12. Le Parti possono prevedere di concludere accordi bilaterali o multilaterali vertenti su questioni particolari o di natura generale, relativi al trasferimento nel loro paese di persone condannate a pene di imprigionamento o ad altre pene privative di libertà per i reati cui si applica il presente articolo, affinché possano ivi scontare la rimanenza della pena.

7. Assistenza giudiziaria reciproca.

1. Le Parti si prestano reciprocamente, in conformità con il presente articolo, la più vasta assistenza giudiziaria possibile per tutte le inchieste, procedimenti penali e procedure giudiziarie relative alle infrazioni stabilite conformemente con il paragrafo 1 dell'articolo 3.

2. L'assistenza giudiziaria concessa in applicazione del presente articolo può essere richiesta per i seguenti fini:

a) raccogliere testimonianze o deposizioni;
b) notificare atti giudiziari;
c) effettuare perquisizioni e confische;
d) esaminare oggetti e visitare luoghi;
e) fornire informazioni e corpi del reato;
f) fornire originali o copie certificate conformi di documenti e fascicoli pertinenti, compresi estratti bancari, documenti contabili, fascicoli di società e documenti commerciali;
g) identificare o individuare prodotti, beni, strumenti o altre cose al fine di raccogliere elementi di prova.

3. Le Parti possono prestarsi tra di loro ogni altra forma di assistenza giudiziaria autorizzata della legislazione interna della parte richiesta.

4. Dietro richiesta, le Parti agevolano o incoraggiano nella misura compatibile con la loro legislazione e prassi interne, la presentazione o la messa a disposizione di persone, compresi i detenuti che accettano di fornire la loro partecipazione all'inchiesta o di partecipare alla procedura.

5. Le Parti non possono invocare il segreto bancario per rifiutare l'assistenza giudiziaria di cui al presente articolo.

6. Le disposizioni del presente articolo non pregiudicano in alcun modo gli obblighi derivanti da ogni altro trattato bilaterale o multilaterale che regoli o debba regolare, in tutto o in parte, l'assistenza giudiziaria reciproca in materia penale.

7. I paragrafi da 8 a 19 del presente articolo sono applicabili alle richieste effettuate conformemente al presente articolo se le Parti in questione non sono vincolate da un trattato di assistenza giudiziaria reciproca. Se queste Parti sono vincolate da un trattato di questo tipo, sono applicabili le disposizioni corrispondenti di tale trattato a meno che le Parti non convengano di applicare in luogo di esse le disposizioni dei paragrafi da 8 a 19 del presente articolo.

8. Le Parti indicano un'autorità o, se del caso, delle autorità che hanno la responsabilità ed il potere di rispondere alle richieste di assistenza giudiziaria o di trasmetterle alle autorità competenti per esecuzione. L'autorità o le autorità designate a tal fine sono oggetto di una notifica rivolta al Segretario Generale. La trasmissione delle domande di assistenza giudiziaria reciproca e di ogni comunicazione relativa avviene tra le autorità designate dalle Parti, s'intende che la presente disposizione non pregiudica il diritto di qualunque Parte di esigere che tali domande e comunicazioni le siano inviate per le vie diplomatiche e nei casi urgenti se le Parti ne convengono tramite l'OIPC/Interpol se ciò è possibile.

9. Le richieste sono inviate per iscritto in una lingua accettabile per la Parte richiesta. La o le lingue accettabili per ciascuna Parte sono notificate al Segretario generale. In caso di urgenza e se le Parti ne convengono le richieste possono essere fatte verbalmente, ma dovranno essere immediatamente confermate per iscritto.

10. Le richieste di assistenza giudiziaria reciproca debbono contenere le seguenti informazioni:

a) la designazione dell'autorità da cui proviene la richiesta;
b) l'oggetto e la natura dell'inchiesta dei procedimenti penali o della procedura giudiziaria cui si riferisce la richiesta ed il nome e le funzioni dell'autorità che ne è incaricata;
c) un riassunto dei fatti pertinenti, salvo per le richieste inviate ai fini della notifica di atti giudiziari;
d) una descrizione dell'assistenza richiesta, nonché il dettaglio di ogni particolare procedura che la Parte richiedente vorrebbe vedere attuata;
e) se possibile l'identità, l'indirizzo e la nazionalità di ogni persona interessata; nonché
f) lo scopo per il quale la testimonianza, le informazioni o le misure sono richieste.

11. La Parte richiesta può richiedere un supplemento di informazione qualora ciò le sembri necessario per dar seguito alla richiesta conformemente con la sua legislazione o quando ciò può facilitare l'espletamento della richiesta.

12. Ogni richiesta è espletata conformemente con la legislazione della Parte richiesta e, nella misura in cui ciò non contravviene con detta legislazione, e qualora ciò sia possibile, in conformità con le procedure specificate nella richiesta.

13. La Parte richiedente non comunica né utilizza le informazioni o le testimonianze fornite dalla Parte richiesta per inchieste, procedimenti penali o procedure giudiziarie diverse da quelle che sono l'oggetto della domanda, senza il consenso preliminare della Parte richiesta.

14. La Parte richiedente può esigere che la Parte richiesta mantenga il segreto sulla richiesta e sul suo contenuto tranne nella misura necessaria per procedere al suo espletamento. Se la Parte richiesta non può soddisfare a questa esigenza essa ne informa immediatamente la Parte richiedente.

15. L'assistenza giudiziaria può essere rifiutata:
a) se la richiesta non è effettuata in conformità con le disposizioni del presente articolo;
b) se la Parte richiesta ritiene che l'espletamento della domanda può pregiudicare la sua sovranità, la sua sicurezza, il suo ordine pubblico o altri interessi essenziali;
c) qualora la legislazione della Parte richiesta vieterebbe alle sue Autorità di adottare le misure richieste se si dovesse trattare di un reato analogo già precedentemente oggetto di un'inchiesta, di procedimenti penali o di una procedura giudiziaria nell'ambito della loro competenza;
d) qualora fosse contrario all'ordinamento giuridico della Parte richiesta in materia di assistenza giudiziaria reciproca di accettare la richiesta.

16. Ogni rifiuto di assistenza giudiziaria reciproca deve essere motivato.

17. L'assistenza giudiziaria può essere differita dalla Parte richiesta per il motivo che essa potrebbe intralciare un'inchiesta, procedimenti penali o una procedura giudiziaria in corso. In tal caso la Parte richiesta consulta la Parte richiedente al fine di determinare se tale assistenza reciproca può ancora essere fornita alle condizioni reputate necessarie dalla Parte richiesta.

18. Un testimone, un esperto, un'altra persona che acconsente a depositare una testimonianza durante una procedura o a collaborare ad un'inchiesta, a procedimenti penali o ad una procedura giudiziaria sul territorio della Parte richiedente non sarà né perseguito, né detenuto né punito né sottoposto ad alcun'altra limitazione della sua libertà personale in detto territorio per atti, omissioni o condanne precedenti alla sua partenza dal territorio della Parte richiesta. Tale immunità cesserà quando il teste, l'esperto o detta persona, dopo aver avuto, per un periodo di 15 giorni consecutivi o per ogni altro periodo convenuto dalle Parti, a decorrere dalla data alla quale sono stati ufficialmente informati che la loro presenza non era più richiesta dalle autorità giudiziarie – la possibilità di abbandonare il territorio, vi siano tuttavia rimasti volontariamente, oppure, avendolo lasciato, vi siano ritornati di loro libera volontà.

19. Le spese ordinarie sostenute per espletare una domanda sono a carico della Parte richiesta a meno che non sia diversamente convenuto tra le Parti interessate. Qualora spese importanti o straordinarie siano o si rivelino ulteriormente necessarie per dare attuazione alla richiesta, le Parti si consulteranno per fissare le condizioni in base alle quali sarà dato seguito alla richiesta nonché la maniera in cui le spese saranno prese a carico.

20. Le Parti prendono in considerazione, se del caso, la possibilità di concludere accordi o intese bilaterali conformi agli obiettivi delle disposizioni del presente articolo, danno ad essi effetto pratico o li rafforzano.

8. Trasferimento delle procedure repressive.

Le Parti prenderanno in considerazione la possibilità di trasferirsi reciprocamente le procedure repressive relative ai reati determinati conformemente al paragrafo 1 dell'articolo 3 nei casi in cui il trasferimento sia necessario nell'interesse di una buona amministrazione della giustizia.

9. Altre forme di cooperazione e di formazione.

1. Le Parti cooperano strettamente conformemente con i loro rispettivi ordinamenti giuridici ed amministrativi, in vista di rafforzare l'efficacità dell'azione di individuazione e di repressione volta a porre fine all'esecuzione dei reati stabiliti conformemente con il paragrafo 1 dell'articolo 3. In particolare in base ad accordi o intese bilaterali o multilaterali:
a) esse stabiliscono e mantengono canali di comunicazione tra gli organismi ed i servizi nazionali competenti in vista di facilitare lo scambio sicuro e rapido di informazioni concernenti tutti gli aspetti dei reati

determinati conformemente al paragrafo 1 dell'articolo 3, compresi, qualora le Parti interessate lo ritengano appropriato i collegamenti di tale traffico con altre attività criminali;

b) esse cooperano tra di loro, nel caso di reati determinati conformemente con il paragrafo 1 dell'articolo 3 e aventi carattere internazionale, mediante lo svolgimento di inchieste concernenti;
   i) l'identità, il luogo dove si trovano e le attività che esercitano le persone sospettate dei reati determinati conformemente con il paragrafo 1 dell'articolo 3;
   ii) il movimento di prodotti e di beni provenienti dalla perpetrazione di detti reati;
   iii) il movimento degli stupefacenti, sostanze psicotrope, e sostanze figuranti alla Tabella I ed alla Tabella II della presente Convenzione e gli strumenti utilizzati o destinati ad essere utilizzati nell'esecuzione di tali reati;

c) se del caso, e qualora ciò non sia contrario alla loro legislazione interna, esse creano, tenendo conto della necessità di proteggere la sicurezza delle persone e delle operazioni, squadre miste incaricate di attuare le disposizioni del presente paragrafo. Gli agenti di ogni Parte membri di tali squadre si conformano alle indicazioni delle autorità competenti della Parte sul di cui territorio l'operazione si svolge. In tutti questi casi le Parti interessate vigilano affinché sia pienamente rispettata la sovranità della Parte sul di cui territorio l'operazione si svolge;

d) esse forniscono, se del caso, le quantità necessarie di sostanze ai fini di analisi o di inchiesta;

e) esse agevolano un efficace coordinamento tra i loro organismi e servizi competenti e favoriscono lo scambio di personale e di esperti, compresa l'assegnazione di agenti di collegamento.

2. Nella misura in cui ciò è necessario, ciascuna Parte istituisce, sviluppa o migliora programmi di formazione specifici ad intenzione dei membri dei suoi servizi di individuazione e di repressione e di altro personale, compresi gli agenti doganali incaricati della repressione dei reati stabiliti conformemente con il paragrafo 1 dell'articolo 3. Questi programmi dovranno vertere in particolare sui seguenti punti:

a) i metodi utilizzati per individuare e reprimere i reati determinati conformemente al paragrafo 1 dell'articolo 3;

b) gli itinerari seguiti e le tecniche utilizzate dalle persone sospettate dei reati determinati conformemente con il paragrafo 1 dell'articolo 3, in particolare negli Stati di transito e le misure di lotta appropriate;

c) il controllo dell'importazione e dell'esportazione degli stupefacenti, sostanze psicotrope e sostanze figuranti alla Tabella I e alla Tabella II;

d) l'individuazione ed il controllo del movimento di prodotti e di beni provenienti dall'esecuzione dei reati determinati conformemente al paragrafo 1 dell'articolo 3; e degli stupefacenti, sostanze psicotrope, sostanze figuranti alla Tabella I e alla Tabella 11 e strumenti utilizzati o destinati ad essere utilizzati per commettere tali reati;

e) i metodi utilizzati per trasferire dissimulare o contraffare questi prodotti, beni e strumenti;

f) la raccolta di elementi prova;

g) le tecniche di controllo nelle zone franche e nei porti franchi;

h) le tecniche moderne di individuazione e di repressione.

3. Le Parti si prestano a vicenda assistenza per pianificare ed eseguire programmi di formazione e di ricerca che consentano loro di scambiare conoscenze specializzate nei settori di cui al paragrafo 2 del presente articolo ed a tal fine organizzano anche, se del caso, conferenze e seminari regionali ed internazionali per stimolare la cooperazione e consentire l'esame di problemi di interesse comune compresi i problemi e necessità particolari degli Stati di transito.

10. Cooperazione internazionale ed assistenza agli Stati di transito.

1. Le Parti cooperano, direttamente o tramite le organizzazioni internazionali o regionali competenti in vista di aiutare e di appoggiare nella misura del possibile gli Stati di transito ed in particolare i paesi in via di sviluppo che necessitano di tale assistenza e di tale appoggio per mezzo di programmi di cooperazione tecnica volti ad impedire l'entrata ed il transito illeciti e relativi ad attività connesse.

2. Le Parti possono intraprendere direttamente tramite le organizzazioni internazionali o regionali competenti di fornire un aiuto finanziario a questi Stati di transito per sviluppare e rafforzare l'infrastruttura necessaria all'efficacità della lotta contro il traffico illecito e alla prevenzione di tale traffico.

3. Le Parti possono concludere accordi o intese bilaterali o multilaterali per rafforzare l'efficacia della cooperazione internazionale di cui al presente articolo e possono prevedere di concludere intese finanziarie al riguardo.

11. Consegne sorvegliate.

1. Se i principi fondamentali dei loro ordinamenti giuridici interni lo consentono, le Parti prendono i provvedimenti necessari tenendo conto delle loro possibilità per consentire un adeguato ricorso alle consegne sorvegliate a livello internazionale in base ad accordi o intese da esse eventualmente stipulate in vista di identificare gli individui implicati in reati stabiliti conformemente con il paragrafo 1 dell'articolo 3 e di intentare procedimenti contro di essi.

2. La decisione di ricorrere a consegne sorvegliate viene adottata in ogni fattispecie e può se del caso tener conto di accordi e di intese finanziarie per quanto riguarda l'esercizio della loro competenza da parte delle Parti interessate.

3. Le spedizioni illecite per le quali sia stato convenuto di sorvegliare la consegna possono, con il consenso delle Parti interessate essere intercettate ed autorizzate a proseguire il loro percorso, sia tali quali, sia dopo che gli stupefacenti o le sostanze psicotrope ne siano state sottratte o sostituite in tutto o in parte da altri prodotti.

12. Sostanze frequentemente utilizzate nella fabbricazione illecita di stupefacenti e di sostanze psicotrope.

1. Le Parti adottano le misure che esse ritengono appropriate per impedire la deviazione di sostanze figuranti alla Tabella I ed alla Tabella II ai fini della fabbricazione illecita di stupefacenti e di sostanze psicotrope e cooperano tra di loro a questo fine.

2. Se una Parte o l'Organo sono in possesso di informazioni che, a loro avviso necessitano che una sostanza venga iscritta nella Tabella I o nella Tabella II, esse inviano al Segretario generale una notifica accompagnata da tutte le informazioni pertinenti. La procedura descritta ai paragrafi da 2 a 7 del presente articolo si applica anche quando una Parte o l'Organo sono in possesso di informazioni che giustificano la radiazione di una sostanza dalla Tabella I o dalla Tabella II, o il passaggio di una sostanza da una tabella all'altra.

3. Il Segretario generale comunica questa notifica e tutte le informazioni che essa ritiene pertinenti alle Parti, alla Commissione e, se la notifica proviene da una Parte, all'Organo. Le Parti comunicano al Segretario generale le loro osservazioni relative alla notifica, nonché ogni informazione complementare tale da poter aiutare l'Organo a procedere ad una valutazione e la Commissione a pronunciarsi.

4. Se l'Organo, tenendo conto dell'ampiezza, dell'importanza e della diversità degli usi leciti della sostanza e dopo aver esaminato se sia possibile ed agevole utilizzare sostanze di sostituzione sia per fini leciti sia per la fabbricazione illecita di stupefacenti o di sostanze psicotrope, constata:

a) che la sostanza è frequentemente utilizzata per la fabbricazione illecita di uno stupefacente o di una sostanza psicotropa, e;

b) che la fabbricazione illecita di uno stupefacente o di una sostanza psicotropa, per via del loro volume e della loro ampiezza, crea gravi problemi di sanità pubblica o sociali, giustificando in tal modo un'azione a livello internazionale, esso comunica alla Commissione una valutazione della sostanza indicando in particolare gli effetti probabili dell'iscrizione di detta sostanza alla Tabella I o alla Tabella II sia per quanto riguarda gli usi leciti che la fabbricazione illecita e, se del caso, formula raccomandazioni per quanto concerne le misure di controllo che sarebbero adeguate tenendo conto di tale valutazione.

5. La Commissione, tenendo conto delle osservazioni presentate dalle Parti e delle osservazioni e raccomandazioni dell'Organo la cui valutazione sarà determinante a livello scientifico e prendendo altresì debitamente in considerazione tutti gli altri fattori pertinenti può decidere a maggioranza di due terzi dei suoi membri di iscrivere una sostanza alla Tabella I o alla Tabella II.

6. Ogni decisione presa dalla Commissione in virtù del presente articolo è comunicata dal Segretario generale a tutti gli Stati ed altri enti che sono Parti alla presente Convenzione o sono abilitati a divenirlo ed all'Organo. Essa prenderà pienamente effetto nei confronti di ciascuna Parte 180 giorni dopo la data della sua comunicazione.

7. a) Le decisioni prese dalla Commissione in virtù del presente articolo sono sottoposte al Consiglio per revisione se una Parte ne fa domanda entro i 180 giorni successivi alla data della loro notifica. La domanda deve essere inviata al Segretario generale e accompagnata da tutte le informazioni pertinenti che la motivano;

b) il Segretario Generale comunica copia della domanda e delle informazioni pertinenti alla Commissione, all'Organo e a tutte le Parti invitandole a presentare le loro osservazioni entro 90 giorni. Tutte le osservazioni ricevute sono comunicate al Consiglio per esame;

c) il Consiglio può confermare o annullare la decisione della Commissione. La sua decisione è comunicata a tutti gli Stati ed altri enti che sono Parti alla presente Convenzione o sono abilitati a divenirlo, alla Commissione e all'Organo.

8. a) Fatto salvo il carattere generale delle disposizioni del paragrafo 1 del presente articolo e delle disposizioni della Convenzione del 1961, della Convenzione del 1961 così modificata e della Convenzione del 1971, le Parti prendono le misure che ritengono appropriate per controllare, sul loro territorio, la fabbricazione e la distribuzione di sostanze figuranti alla Tabella I ed alla Tabella II;

b) a tal fine le Parti possono:

i) esercitare una sorveglianza su tutte le persone ed imprese che praticano la fabbricazione e la distribuzione di dette sostanze;

ii) sottoporre ad un regime di licenza gli stabilimenti ed i locali nei quali detta fabbricazione o distribuzione possono essere effettuate;

iii) esigere che i titolari di una licenza ottengano un'autorizzazione per svolgere le operazioni summenzionate;

iv) impedire l'accumulo da parte dei fabbricanti e dei distributori di quantitativi di dette sostanze in eccedenza a quelli richiesti dal funzionamento normale della loro impresa e dalla situazione del mercato.

9. Per quanto riguarda le sostanze figuranti alla Tabella I ed alla Tabella II, ciascuna Parte adotta le misure seguenti:

a) stabilisce e mantiene un sistema di sorveglianza del commercio internazionale delle sostanze figuranti alla Tabella I ed alla Tabella II al fine di agevolare l'individuazione delle operazioni sospette. Questi sistemi di sorveglianza debbono essere attuati in stretta collaborazione con i fabbricanti, importatori, esportatori, grossisti e dettaglianti, che segnalano alle autorità competenti le ordinazioni e le operazioni sospette;

b) prevede il sequestro di ogni sostanza figurante alla Tabella I ed alla Tabella II qualora esistano prove sufficienti che essa è destinata a servire alla fabbricazione illecita di uno stupefacente o di una sostanza psicotropa;

c) informa il più rapidamente possibile le autorità ed i servizi competenti delle Parti interessate qualora vi siano ragioni di ritenere che una sostanza figurante alla Tabella I o alla Tabella II è importata, esportata o avviata in transito o in vista della fabbricazione illecita di stupefacenti o di sostanze psicotrope soprattutto fornendo a tali Autorità informazioni sulle modalità di pagamento utilizzate ed ogni altro elemento essenziale di prova;

d) esige che gli invii che sono oggetto d'importazioni e di esportazioni siano correttamente contrassegnati e accompagnati dai necessari documenti. I documenti commerciali quali fatture, manifesti di carico, documenti doganali di trasporto ed altri documenti di spedizione devono indicare i nomi delle sostanze che sono oggetto dell'importazione o dell'esportazione così come figurano alla Tabella I o alla Tabella II, la quantità importata o esportata, nonché il nome e l'indirizzo dell'esportatore, dell'importatore e quelli del destinatario quando è noto;

e) fa in modo che i documenti di cui al capoverso d) del presente paragrafo siano conservati per almeno due anni e tenuti a disposizione per esame delle autorità competenti.

10. a) Oltre alle disposizioni del paragrafo 9, dietro richiesta inviata al Segretario generale dalla Parte interessata, ciascuna Parte del territorio dal quale una sostanza figurante alla Tabella I deve essere esportata, vigila affinché, prima dell'esportazione, le informazioni seguenti siano fornite dalle sue Autorità competenti alle Autorità competenti del paese importatore:

i) nome e indirizzo dell'esportatore, dell'importatore e, del destinatario quando è noto;

ii) designazione della sostanza così come figura alla Tabella I;

iii) quantitativo di sostanza esportata;

iv) punto di ingresso e data di spedizione previsti;

v) ogni altra informazione reciprocamente convenuta tra le Parti;

b) ogni Parte può adottare misure di controllo più rigorose o più severe di quelle previste al presente paragrafo se essa lo ritiene auspicabile o necessario.

11. Quando una Parte fornisce informazioni ad un'altra Parte conformemente con i paragrafi 9 e 10 del presente articolo, essa può esigere dalla Parte che le riceve che custodisca la natura riservata di ogni segreto economico, industriale o commerciale o professionale, o procedimento commerciale che tali informazioni possono contenere. 12. Ciascuna Parte fornisce annualmente all'Organo nella forma e con le modalità da esso definite ed utilizzando i formulari da quest'ultimo forniti, informazioni su:

a) i quantitativi di sostanze figuranti alla Tabella I ed alla Tabella II che sono stati sequestrati e la loro origine se essa è nota;

b) ogni altra sostanza che non è iscritta nella Tabella I o nella Tabella II ma che è stata identificata come avente servito per la fabbricazione illecita di stupefacenti o di sostanze psicotrope e che la Parte considera come sufficientemente importante da essere segnalata all'attenzione dell'Organo;

c) i metodi di deviamento e di fabbricazione illecita.

13. L'Organo fa rapporto ogni anno alla Commissione in merito all'attuazione del presente articolo e la Commissione esamina periodicamente se la Tabella I e la Tabella II sono adeguate e pertinenti.

14. Le disposizioni del presente articolo non si applicano né ai preparati farmaceutici, né agli altri preparati contenenti sostanze figuranti alla Tabella I o alla Tabella II e miscelati in modo tale che dette sostanze non possano essere agevolmente utilizzate né estratte con mezzi agevoli da attuare.

13. Materiali ed attrezzature.

Le Parti adottano i provvedimenti che ritengono appropriati per prevenire il commercio e il deviamento di materiali e di attrezzature in vista della produzione o della fabbricazione illecite di stupefacenti e di sostanze psicotrope, ed esse cooperano a tal fine.

14. Disposizioni in materia di acquisizione e revoca della cittadinanza.

Misure volte ad eliminare la coltivazione illecita delle piante da cui si estraggono stupefacenti ed a sopprimere la domanda illecita di stupefacenti e di sostanze psicotrope. 1. Le misure adottate dalle Parti in virtù della presente Convenzione non saranno meno rigorose delle disposizioni applicabili alla eliminazione della coltivazione illecita di piante contenenti stupefacenti e sostanze psicotrope, ed alla eliminazione della domanda illecita di stupefacenti e di sostanze psicotrope ai sensi delle disposizioni della Convenzione del 1961, della

Convenzione del 1961 così come modificata e della Convenzione del 1971.

2. Ciascuna Parte adotta misure appropriate per impedire sul suo territorio la coltura illecita di piante contenenti stupefacenti, sostanze psicotrope come il papavero da oppio, l'albero della coca e la pianta di canapa indiana e, per distruggere quelle che vi fossero illecitamente coltivate. Le misure adottate debbono rispettare i diritti fondamentali dell'uomo e tenere debitamente conto degli usi leciti tradizionali – quando tali usi sono attestati dalla storia – nonché della protezione dell'ambiente.

3. a) Le Parti possono cooperare per rendere più efficaci gli sforzi volti ad eliminare la coltivazione illecita. Tale cooperazione può in particolare comportare il sostegno di uno sviluppo rurale integrato finalizzato a coltivazioni di sostituzione fattibili da un punto di vista economico. Prima di attuare tali programmi di sviluppo rurale si dovrà tener conto di fattori come l'accesso al mercato, le risorse disponibili e la situazione socio-economica. Le Parti possono convenire di altre misure appropriate di cooperazione;

b) le Parti facilitano altresì lo scambio di informazioni scientifiche e tecniche e l'esecuzione di lavori di ricerca concernenti l'eliminazione delle coltivazioni illecite;

c) le Parti, quando hanno frontiere comuni, si sforzano di cooperare ai programmi di eliminazione della coltivazione illecita nelle loro rispettive zone frontaliere.

4. Le Parti adottano misure appropriate per eliminare o ridurre la domanda illecita di stupefacenti e di sostanze psicotrope in vista di diminuire le sofferenze dell'uomo e di far scomparire gli incitamenti di natura finanziaria al traffico illecito. Tali provvedimenti possono essere in articolare fondati sulle Raccomandazioni dell'Organizzazione delle Nazioni Unite, delle istituzioni specializzate delle Nazioni Unite come l'Organizzazione mondiale della sanità ed altre Organizzazioni internazionali competenti, e sullo Schema Multidisciplinare completo adottato dalla Conferenza internazionale sull'abuso e sul traffico illecito di droghe svoltasi nel 1987, nella misura in cui detto Schema concerne gli sforzi degli organismi governativi e non governativi, e l'iniziativa privata nel campo della prevenzione, del trattamento terapeutico e della riabilitazione. Le Parti possono concludere accordi o intese bilaterali volte a sopprimere o a ridurre la domanda illecita di stupefacenti e di sostanze psicotrope.

5. Le Parti possono anche adottare i provvedimenti necessari per la distruzione rapida o l'utilizzazione lecita degli stupefacenti, delle sostanze psicotrope e delle sostanze iscritte alla Tabella I ed alla Tabella II che sono state sequestrate o confiscate, e affinché i quantitativi necessari debitamente certificati di queste sostanze siano ammissibili come prova.

15. Documenti commerciali e marcatura delle esportazioni.

1. Le Parti adottano i provvedimenti appropriati in vista di assicurare che i mezzi di trasporto utilizzati dai trasportatori commerciali non servano a commettere i reati determinati conformemente con il paragrafo 1 dell'articolo 3; tali misure possono includere la conclusione di intese speciali con i trasportatori commerciali.

2. Ciascuna Parte esige dai trasportatori commerciali che essi adottino ragionevoli precauzioni per impedire che i loro mezzi di trasporto servano a commettere i reati determinati conformemente con il paragrafo 1 dell'articolo 3. Tali precauzioni possono in particolare consistere:

a) se il trasportatore commerciale ha la sua sede di affari principale sul territorio di detta Parte:
   i) nel formare personale che sia in grado di identificare gli invii o le persone sospette;
   ii) nell'incoraggiare l'integrità del personale;

b) se il trasportatore commerciale opera sul territorio di questa Parte:
   i) nel depositare in anticipo le note di carico ogni qualvolta ciò sia possibile;
   ii) nell'utilizzare, per i contenitori, sigilli infalsificabili e che possano essere oggetto di un controllo a parte;
   iii) nell'informare le autorità competenti, il prima possibile, di ogni circostanza sospetta che potrebbe essere collegata alla perpetrazione dei reati determinati conformemente al paragrafo 1 dell'articolo 3.

3. Ciascuna Parte vigila affinché, nei punti di entrata e di uscita e nelle altre zone di controllo doganale, i trasportatori commerciali e le Autorità competenti cooperino in vista di impedire l'accesso non autorizzato ai mezzi di trasporto ed ai carichi e di applicare le misure di sicurezza appropriate.

16. Trasportatori commerciali.

1. Ciascuna Parte esige che le spedizioni lecite di stupefacenti e di sostanze psicotrope destinate all'esportazione siano accompagnate dei documenti necessari. Non solo le spedizioni devono soddisfare le disposizioni in materia di documentazione enunciate all'articolo 31 della Convenzione del 1961, all'articolo 31 della Convenzione del 1961 così come modificata ed all'articolo 12 della Convenzione del 1971, ma i documenti commerciali come fatture, note di carico, documenti doganali, di trasporto ed altri documenti di spedizione debbono indicare i nomi degli stupefacenti e delle sostanze psicotrope che sono oggetto dell'esportazione così come figurano nelle tabelle pertinenti della Convenzione del 1961, della Convenzione del 1961 così come modificata e della Convenzione del 1971, il quantitativo esportato nonché il nome e l'indirizzo dell'esportatore, dell'importatore e quelli del destinatario se quest'ultimo è noto.

2. Ciascuna Parte esige che le spedizioni di stupefacenti e di sostanze psicotrope destinate all'esportazione non siano contrassegnate in maniera scorretta.

17. Traffico illecito via mare.

1. Le Parti cooperano, in tutta la misura del possibile in vista di porre fine al traffico illecito via mare in conformità con il diritto internazionale del mare.

2. Una Parte che ha motivi ragionevoli di sospettare che una nave che batte la sua bandiera o che non batte nessuna bandiera, ovvero che non sia in alcun modo immatricolata, pratichi il traffico illecito, può domandare alle altre Parti di aiutarla a porre fine a tale utilizzazione. Le Parti così richieste forniscono tale assistenza compatibilmente con i mezzi di cui dispongono.

3. Una Parte che ha motivi ragionevoli spettare che una nave che esercita la libertà di navigazione conformemente al diritto internazionale e che inalbera la bandiera o porta l'immatricolazione di un'altra Parte, pratichi un traffico illecito può notificarla allo Stato di bandiera, domandare conferma dell'immatricolazione e se questa è confermata, chiedere a questo Stato l'autorizzazione di prendere misure appropriate nei confronti di questa nave.

4. Conformemente con le disposizioni del paragrafo 3 con i trattati in vigore tra di loro o con ogni altro accordo o intesa peraltro stipulata tra queste Parti, lo Stato di bandiera può in particolare autorizzare lo Stato richiedente a:

a) fermare la nave in alto mare per ispezionarla;
b) visitare la nave;
c) se sono scoperte prove attestanti la partecipazione ad un traffico illecito, prendere adeguati provvedimenti nei confronti della nave, delle persone che si trovano a bordo e del carico.

5. Se una misura è adottata in attuazione del presente articolo, le Parti interessate tengono debitamente conto della necessità di non pregiudicare la sicurezza della vita in mare e quella della nave e del suo carico e di non recare pregiudizio agli interessi commerciali e giuridici dello Stato di bandiera o di ogni altro Stato interessato.

6. Lo Stato di bandiera può, in misura compatibile con i suoi obblighi a titolo del paragrafo 1 del presente articolo, subordinare la sua autorizzazione a condizioni decise di comune accordo tra lo Stato di bandiera e lo Stato richiedente in particolare per quanto riguarda la responsabilità. 7. Ai fini dei paragrafi 3 e 4 del presente articolo, ciascuna Parte risponde senza indugio ad ogni domanda rivoltale da un'altra Parte in vista di determinare se una nave che batte la sua bandiera vi è autorizzata, ed alle domande di autorizzazione presentate in applicazione del paragrafo 3. Nel momento in cui diviene Parte alla presente Convenzione ciascun Stato designa l'autorità, o, se del caso le autorità abilitate a ricevere tali domande ed a rispondervi. Entro il mese successivo a tale designazione, il Segretario generale notifica a tutte le altre Parti l'autorità designata da ciascuna di esse.

8. Una Parte che ha adottato una delle misure di cui al presente articolo informa senza indugio lo Stato di bandiera interessato dei risultati di tale misura.

9. Le Parti prenderanno in considerazione la conclusione di accordi o di intese bilaterali o regionali in vista di dare effetto alle disposizioni del presente articolo o di rafforzarne l'efficacità.

10. Le misure prese in applicazione del paragrafo 4 sono eseguite unicamente da navi da guerra o da aeronavi militari o da altre navi o aeronavi a tal fine debitamente abilitate che portano in maniera visibile un contrassegno esterno e che sono identificabili come essendo al servizio dello Stato.

11. Ogni misura adottata conformemente con il presente articolo tiene debitamente conto, conformemente con il diritto internazionale del mare, della necessità di non sconfinare sui diritti e sugli obblighi e sull'esercizio della giurisdizione degli Stati costieri, e di non pregiudicare tali diritti, obblighi, o giurisdizione.

18. Zone franche e porti franchi.

1. Le Parti applicano, per porre fine al traffico illecito degli stupefacenti, delle sostanze psicotrope e delle sostanze figuranti alla Tabella I ed alla Tabella II nelle zone franche e nei porti franchi, misure che non saranno meno severe di quelle che applicano nelle altre parti del loro territorio.

2. Le Parti si sforzano:

a) di sorvegliare il movimento delle merci e delle persone nelle zone franche e nei porti franchi, ed a tal fine abilitano le autorità competenti a procedere alla visita dei carichi e delle navi in entrata ed in uscita, comprese le navi da diporto e da pesca, nonché le aeronavi ed i veicoli e, se del caso a frugare i membri dell'equipaggio ed i passeggeri nonché i loro bagagli;
b) di stabilire e mantenere un sistema che consenta di individuare le spedizioni sospette di contenere stupefacenti, sostanze psicotrope o sostanze figuranti alla Tabella I ed alla Tabella II che entrano nelle zone franche e nei porti franchi o ne escono;
c) di stabilire e di mantenere sistemi di sorveglianza nei bacini e nei depositi portuali nonché negli aeroporti e nei posti di frontiera nelle zone franche e nei porti franchi.

19. Utilizzazione dei servizi postali.

1. In esecuzione dei loro obblighi derivanti dalle Convenzioni dell'Unione Postale Universale, ed in conformità con i principi fondamentali dei loro ordinamenti giuridici interni, le Parti prendono provvedimenti per porre fine all'utilizzazione dei servizi postali ai fini del traffico illecito e cooperano a tal fine tra di loro.

2. Le misure di cui al paragrafo 1 del presente articolo includono in particolare:

a) un'azione coordinata per la prevenzione e la repressione dell'utilizzazione dei servizi postali ai fini del traffico illecito;
b) l'adozione e l'attuazione, per mezzo dei servizi di individuazione e di repressione a tal fine abilitati, di tecniche d'inchiesta e di controllo atte a consentire di scoprire nelle consegne postali le spedizioni illecite di stupefacenti, di sostanze psicotrope e di sostanze figuranti alla Tabella I ed alla Tabella II;
c) provvedimenti legislativi che consentano il ricorso a mezzi appropriati per raccogliere le prove necessarie per i procedimenti giudiziari.

20. Informazioni che debbono essere fornite dalle Parti.

1. Le Parti forniscono alla Commissione, tramite il Segretario generale, informazioni sull'applicazione della presente Convenzione sul loro territorio, ed in particolare:

a) il testo delle leggi e dei regolamenti promulgati per dare effetto alla presente Convenzione;
b) dettagli sui casi di traffico illecito di loro competenza che esse ritengono importanti in quanto tali casi rivelano nuove tendenze, indicando i quantitativi di cui si tratta, le fonti da cui provengono le sostanze o i metodi utilizzati dalle persone che praticano il traffico illecito.

2. Le Parti forniscono queste informazioni con le modalità ed alle date stabilite dalla Commissione.

24. Applicazione di misure più severe di quelle prescritte dalla presente Convenzione.

Le Parti possono adottare misure più rigorose o più severe di quelle previste dalla presente Convenzione se esse lo ritengono auspicabile o necessario per prevenire o eliminare il traffico illecito.

4. D.M. 11 aprile 2006. – Indicazione dei limiti quantitativi massimi delle sostanze stupefacenti e psicotrope, riferibili ad un uso esclusivamente personale delle sostanze elencate nella tabella I del Testo unico delle leggi in materia di disciplina degli stupefacenti e delle sostanze psicotrope, prevenzione, cura e riabilitazione dei relativi stati di tossicodipendenza, di cui al decreto del Presidente della Repubblica 9 ottobre 1990, n. 309, come modificato dalla legge 21 febbraio 2006, n. 49, ai sensi dell'articolo 73, comma 1-*bis*

In Gazzetta Ufficiale: 24 aprile 2006, n. 95

1. – 1. I limiti massimi di cui alla lettera a) del comma 1*bis* dell'art. 73 del Testo unico delle leggi in materia di disciplina degli stupefacenti e sostanze psicotrope, prevenzione, cura e riabilitazione dei relativi stati di tossicodipendenza, di cui al decreto del Presidente della Repubblica 9 ottobre 1990, n. 309, come modificato da ultimo dalla legge 21 febbraio 2006, n. 49, sono quelli indicati nell'ultima colonna dell'elenco allegato al presente decreto, costituente parte integrante dello stesso.

2. Il presente decreto entra in vigore il quindicesimo giorno successivo a quello della sua pubblicazione nella Gazzetta Ufficiale della Repubblica italiana.

	SOSTANZE		Dose media singola in mg	molti-plica-tore	Quanti-tativi massimi in mg (soglia)
	Denominazione comune	**Denominazione chimica**			
1	2C-B	4-bromo-2,5-dimetossifeniletilamina	**25**	**3**	**75**
2	2C-I	2,5-dimetossi-4-iodofenetilamina	**25**	**3**	**75**
3	2C-T-2	2,5-dimetossi-4-etiltiofenetilamina	**25**	**3**	**75**
4	2C-T-7	2,5-dimetossi-4-(n)-propiltio-fenetilamina	**25**	**3**	**75**
5	4-metilaminorex	4-metil-2-amino-5-fenil-2-ossazolina	**25**	**5**	**125**
6	4-MTA	4-metiltioamfetamina	**70**	**3**	**210**
7	Acetil-alfa-metilfentanil	*N*-[1-(*alfa*-metilfeniletil)-4-piperidil]acetanilide	*		
8	Acetildietilammide dell'acido (+)-lisergico	estere acetico del 9,10-dideidro-*N,N*-dietil-6-metilergolina-8-*beta*-carbossamide	*		
9	Acetildiidrocodeina	estere acetico del 6-idrossi-3-metossi-*N*-metil-4,5-epossimorfinano	*		
10	Acetorfina	3-O-acetiltetraidro-7-*alfa*-(1-idrossi-1-metilbutil)-6,14-*endo*eteno-oripavina	*		
11	Acido gamma-idrossibutirrico (GHB)	acido 4-idrossibutirrico	**2000**	**2**	**4000**
12	Alfacetilmetadolo	*alfa*-3-acetossi-6-dimetilamino-4,4-difenileptano	*		
13	Alfameprodina	*alfa*-1-metil-3-etil-4-fenil-4-propionossipiperidina	*		
14	Alfametadolo	*alfa*-6-dimetilamino-4,4-difenil-3-eptanolo	*		
15	Alfametilfentanil	N-[1-(*alfa*-metilfeniletil)-4-piperidil]propioanilide	*		
16	Alfametiltiofentanil	N-[1-[1-metil-2-(2-tienil)etil]-4-piperidil]propioanilide	*		
17	Alfaprodina	*alfa*1,3-dimetil-4-fenil-4-propionossipiperidina	*		
18	Allilprodina	3-allil-1-metil-4-fenil-4-propionossipiperidina	*		
19	Amfetamina	(±)-*alfa*-metilfeniletilamina	**100**	**5**	**500**
20	Amide dell'acido lisergico	9,10-dideidro-6-metilergolina-8-*beta*-carbossamide	*		
21	Aminorex	2-amino-5-fenil-2-ossazolina	*		
22	Anileridina	estere etilico dell'acido 1-*para*-aminofeniletil-4-fenilpiperidin-4-carbossilico	**200**	**5**	**1000**
23	Benzetidina	estere etilico dell'acido 1-(2-benzilossietil)-4-fenilpiperidin-4-carbossilico	*		
24	Benzilmorfina	3-O-benzilmorfina	*		
25	Benzitramide	1-(3-ciano-3,3-difenilpropil)-4-(2-ossi-3-propionil-1-benzimidazolinil)-piperidine	*		
26	Betacetilmetadolo	*beta*-3-acetossi-6-dimetilamino-4,4-difenileptano	*		
27	Beta-idrossifentanil	*N*-[1-(*beta*-idrossifeniletil)-4-piperidil]propioanilide	*		
28	Betameprodina	*beta*-1-metil-3-etil-4-fenil-4-propionossipiperidina	*		
29	Betametadolo	*beta*-6-dimetilamino-4,4-difenil-3-eptanolo	*		
30	Betaprodina	*beta*-1,3-dimetil-4-fenil-4-propionossipiperidina	*		
31	Butirrato di diossafetile	4-morfolino-2,2-difenilbutirrato di etile	*		
32	Catha edulis pianta	**Si fa riferimento alla quantità di principio attivo contenuta: catina**			
33	Catina	(+)-norpseudoefedrina	**60**	**5**	**300**
34	Catinone	(-)-(S)-2-aminopropiofenone	*		
35	Chetobemidone	4-*meta*-idrossifenil-1-metil-4-propionilpiperidina	*		
36	Clonitazene	2-*para*-clorobenzil-1-dietilaminoetil-5-nitrobenzimidazolo	*		
37	Coca foglie	**Si fa riferimento alla quantità di principio attivo contenuta: cocaina**			
38	Cocaina	estere metilico della benzoilecgonina	**150**	**5**	**750**

39	Codossima	diidrocodeinone-6-carbossimetilossima	*		
40	Delta-8-tetraidrocannabinolo (THC)		**25**	**20** (1)	**500** (2)
41	Delta-9-tetraidrocannabinolo (THC)	(6a*R*,10a*R*)-6a,7,8,10a-tetraidro-6,6,9-trimetil-3-pentil-6*H*-dibenzo[*b,d*]piran-1-olo	**25**	**20** (1)	**500** (2)
42	Desomorfina	diidrodesossimorfina	*		
43	Destroamfetamina	(+)-*alfa*-metilfeniletilamina	*		
44	Destromoramide	(+)-4-[2-metil-4-osso-3,3-difenil-4-(1-pirrolidinil)butil]-morfolino	*		
45	DET (N,N-dietiltriptamina)	3-[2-(dietilamino)etil]indolo	**80**	**3**	**240**
46	Diampromide	N-[2-(metilfeniletilamino)-propil]propioanilide	*		
47	Dietiltiambutene	3-dietilamino-1,1-di-(2'-tienil)-1-butene	*		
48	Difenossilato	estere etilico dell'acido 1-(3-ciano-3,3-difenilpropil)-4-fenilpiperidin-4-carbossilico	*		
49	Difenossina	acido 1-(3-ciano-3,3-difenilpropil)-4-fenilisonipecotico	*		
50	Diidroetorfina	7,8-diidro-7-*alfa*-[1-(*R*)-idrossi-1-metilbutil]-6,14-*endo*-etanotetraidrooripavina	*		
51	Diidromorfina	(5-*alfa*, 6-*alfa*)-4,5-epossi-17-metil-morfinan-3,6-diolo	*		
52	Dimefeptanolo	6-dimetilamino-4,4-difenil-3-eptanolo	*		
53	Dimenossadolo	2-dimetilaminoetil-1-etossi-1,1-difenilacetato	*		
54	Dimetiltiambutene	3-dimetilamino-1,1-di-(2'-tienil)-1-butene	*		
55	Dipipanone	4,4-difenil-6-piperidin-3-eptanone	*		
56	DMA (2,5-dimetossiamfetamina)	(±)-2,5-dimetossi-*alfa*-metilfeniletilamina	**100**	**3**	**300**
57	DMHP (1-idrossi-3(1,2-dimetileptil)-7,8,9,10-tetraidro-6,6,9-trimetil-6*H*-dibenzo[*b,d*]pirano)	3-(1,2-dimetileptil)-7,8,9,10-tetraidro-6,6,9-trimetil-6*H*-dibenzo[*b,d*]piran-1-olo	*		
58	DMT (N,N-dimetiltriptamina)	3-[2-(dimetilamino)etil]indolo	**90**	**3**	**270**
59	DOB (4-bromo-2,5-dimetossiamfetamina)	(±)-4-bromo-2,5-dimetossi-*alfa*-metilfeniletilamina	**3**	**3**	**9**
60	DOET (4-etil-2,5-dimetossiamfetamina)	(±)-4-etil-2,5-dimetossi-*alfa*-feniletilamina	**4**	**3**	**12**
61	DOM (4-metil-2,5-dimetossiamfetamina)	2,5-dimetossi-*alfa*, 4-dimetilfeniletilamina	**7**	**3**	**21**
62	Drotebanolo	3,4-dimetossi-17-metilmorfinan-6-*beta*,14-diolo	*		
63	Ecgonina	acido 3-*beta*-idrossi-1-*alfa*-*H*,-5*alfa*-*H*-tropan-2-*beta*-carbossilico	*		
64	Eroina	diacetilmorfina	**25**	**10**	**250**
65	Estere etilico dell'acido 4-fenilpiperidin-4-carbossilico		*		
66	Etclorvinolo	1-cloro-3-etil-1-penten-4-in-3-olo	*		
67	Etifossina	6-cloro-2-(etilamino)-4-metil-4-fenil-4*H*-3,1-benzossazina	*		
68	Etilciclidina	*N*-etil-1-fenilcicloesilamina	*		
69	Etilmetiltiambutene	3-etilmetilamino-1,1-di-(2'-tienil)-1-butene	*		
70	Etilmorfina	3-*O*-etilmorfina	*		
71	Etonizatene	1-dietilaminoetil-2-*para*-etossibenzil-5-nitrobenzimidazolo	*		
72	Etorfina	tetraidro-7-*alfa*-(1-idrossi-1-metilbutil)-6,14-*endo*eteno-oripavina	*		
73	Etosseridina	estere etilico dell'acido 1-[2-(2-idrossietossi)-etil]-4-fenilpiperidin-4-carbossilico	*		
74	Etriptamina	3-(2-aminobutil)indolo	*		
75	Fenadoxone	6-morfolin-4,4'-difenil-3-eptanone	*		
76	Fenampromide	*N*-(1-metil-2-piperidinoetil)-propioanilide	*		
77	Fenazocina	2'-idrossi-5,9-dimetil-2-feniletil-6,7-benzomorfano	*		
78	Fenetillina	7-[2-[(*alfa*-metilfeniletil)amino]etil]teofillina	*		

79	Fenmetrazina	3-metil-2-fenilmorfolina	120	5	600
80	Fenomorfano	3-idrossi-*N*-feniletilmorfinano	*		
81	Fenoperidina	estere etilico dell'acido 1-(3-idrossi-3-fenilpropil)-4-fenilpiperidin-4-carbossilico	*		
82	Flunitrazepam	5-(*orto*-fluorofenil)-1,3-diidro-1-metil-7-nitro-2*H*-1,4-benzodiazepin-2-one	1	5	5
83	Folcodina	morfonilletilmorfina	*		
84	Funghi del genere strofaria, conocybe e psilocybe	**Si fa riferimento alla quantità di principio attivo contenuta: psilocibina e psilocina**			
85	Furetidina	estere etilico dell'acido 1-(2-tetraidrofurfurilossietil)-4-fenilpiperidin-4-carbossilico	*		
86	Gamma-butirrolattone (GBL)		**600**	**2**	**1200**
87	Idromorfinolo	14-idrossidiidromorfina	*		
88	Idrossipetidina	estere etilico dell'acido 4-*meta*-idrossifenil-1-metilpiperidin-4-carbossilico	*		
89	Isometadone	6-dimetilamino-5-metil-4,4-difenil-3-esanone	*		
90	Ketamina	(±)-2-(2-clorofenil)-2-(metilamino) cicloesanone	**300**	**3**	**900**
91	Levoamfetamina	(-)-(*R*)-*alfa*-metilfeniletilamina	*		
92	Levofenoacilmorfano	(1)-3-idrossi-*N*-fenacilmorfinano	*		
93	Levometamfetamina	(-)-*N,alfa*-dimetilfeniletilamina	*		
94	Levometorfano	(-)-3-metossi-*N*-metilmorfinano	*		
95	Levomoramide	(-)-4-[2-metil-4-ossi-3,3-difenil-4-(1-pirrolidinil)-butil] morfolina	*		
96	Levorfanolo	(-)-3-idrossi-*N*-metilmorfinano	9	10	90
97	Lophophora Williamsii pianta (Peyote)	**Si fa riferimento alla quantità di principio attivo contenuta: mescalina**			
98	LSD (Dietilamide dell'acido lisergico)	9,10-dideidro-*N,N*-dietil-6-metilergolina-8-*beta*-carbossamide	**0.05**	3	**0.15**
99	MBDB (*N*-metil-(3,4-metilendiossifenil)-2-butanamina	*N*-metil-*alfa*-etil-3,4-metilendiossi-feniletilamina	**150**	**5**	**750**
100	MDA (3,4-metilendiossiamfetamina)	tenamfetamina	**200**	**5**	**1000**
101	MDEA (3,4-metilendiossietilamfetamina)	(±)-*N*-etil-*alfa*-metil-3,4-(metilendiossi)feniletilamina	**150**	**5**	**750**
102	MDMA (3,4-metilendiossimetamfetamina)	(±)-*N,alfa*-dimetil-3,4-(metilendiossi)feniletilamina	**150**	**5**	**750**
103	Meclofenossato	estere 2-(dimetilamino)etilico dell'acido 4-cloro-fenossiacetico	*		
104	Mescalina	3,4,5-trimetossifeniletilamina	400	3	**1200**
105	Mesocarb	3-(*alfa*-metilfeniletil)-*N*-(fenilcarbamoil) sidnone immina	*		
106	Metadone	6-dimetilamino-4,4-difenil-3-eptanone	70	**5**	**350**
107	Metadone intermedio	4-ciano-2-dimetilamino-4,4-difenilbutano	*		
108	Metamfetamina	(+)-(*S*)-*N,alfa*-dimetilfeniletilamina	100	**5**	**500**
109	Metazocina	2'-idrossi-2,5,9-trimetil-6,7-benzomorfano	*		
110	Metilcatinone	2-(metilamino)-1-fenilpropan-1-one	*		
111	Metildesorfina	6-metil-*delta*-6-deidrossimorfina	*		
112	Metildiidromorfina	6-metil-diidromorfina	*		
113	Metilfenidato	estere metilico dell'acido 2-fenil-2-(2-piperidil)-acetico	**60**	**3**	**180**
114	Metopone	5-metil-diidromorfinone	*		
115	Mirofina	miristilbenzilmorfina	*		
116	MMDA (5-metossi-3,4-metilendiossiamfetamina)	2-metossi-*alfa*-metil-4,5-(metilendiossi) feniletilamina	**200**	**5**	**1000**
117	Monoetilamide dell'acido (+)-1-metil-lisergico	9,10-dideidro-*N*-etil-*N*-[1-idrossi-metil) propil]-1,6-metilergolina-8-*beta*-carbossamide	**0,05**	**3**	**0,15**
118	Monoetilamide dell'acido (+)-lisergico	9,10-dideidro-*N*-etil-6-metilergolina-8-*beta*-	**0,05**	**3**	**0,15**

		carbossamide			
119	Morferidina	estere etilico dell'acido 1-(2-morfolinoetil)-4-fenilpiperidin-4-carbossilico	*		
120	Morfina	7,8-deidro-4,5-epossi-3,6-diidrossi-*N*-metilmorfinano	**25**	10	**250**
121	Morfolide dell'acido (+) lisergico		*		
122	MPPP	estere propionico dell'1-metil-4-fenil-4-piperidinolo	*		
123	N-etilamfetamina	*N*-etil-*alfa*-metilfeniletilamina	*		
124	Nicocodina	6-nicotinilcodeina	*		
125	Nicodicodina	6-nicotinildiidrocodeina	*		
126	Nicomorfina	3,6-dicotinilmorfina	*		
127	N-idrossi-MDA	(±)-*N*-[*alfa*-metil-3,4-(metilendiossi) feniletil] idrossilamina	*		
128	Noracimetadolo	(±)-*alfa*-3-acetossi-6-metilamino-4,4-difenileptano	*		
129	Norcodeina	*N*-demetilcodeina	*		
130	Norlevorfanolo	(-)-3-idrossimorfinano	*		
131	Normetadone	6-dimetilamino-4,4-difenil-3-esanone	*		
132	Normorfina	demetilmorfina	*		
133	Norpipanone	4,4-difenil-6-piperidin-3-esanone	*		
134	Oppio	**Si fa riferimento alla quantità di principio attivo contenuta: morfina**			
135	Paglia di papavero	**Si fa riferimento alla quantità di principio attivo contenuta: morfina**			
136	Paraesil	3-esil-7,8,9,10-tetraidro-6,6,9-trimetil-6*H*-dibenzo[*b,d*]piran-1-olo	*		
137	Para-fluorofentanil	4'-fluoro-*N*-(1-feniletil-4-piperidil)propionanilide	*		
138	PCE (eticiclidina)	*N*-etil-1-fenilcicloesilamina	*		
139	PCP (fenciclidina)	1-(1-fenilcicloesil)piperidina	**20**	30	60
140	Pemolina	2-amino-5-fenil-2-ossazolin-4-one	*		
141	PEPAP	estere acetico dell'1-feniletil-4-fenil-4-piperidinolo	*		
142	Petidina	estere etilico dell'acido 1-metil-4-fenilpiperidin-4-carbossilico	*		
143	Petidina intermedio A	1-metil-4-ciano-4-fenilpiperidina	*		
144	Petidina intermedio B	estere etilico dell'acido 4-fenilpiperidin-4-carbossilico	*		
145	Petidina intermedio C	acido 1-metil-4-fenilpiperidin-4-carbossilico	*		
146	PHP (roliciclidina)	1-(1-fenilcicloesil)pirrolidina	*		
147	Piminodina	estere etilico dell'acido 4-fenil-1-(3-fenilaminopropil)piperidin-4-carbossilico	**50**	10	**500**
148	Piritramide	amide dell'acido 1-(3-ciano-3,3-difenilpropil)-4-(1-piperidin)piperidin-4-carbossilico	*		
149	Pirrolidide dell'acido (+) lisergico		*		
150	PMA (*para*-metossiamfetamina)	*para*-metossi-*alfa*-metilfeniletilamina	**90**	**5**	**450**
151	PMMA (*para*-metossiametamfetamina)	*para*-metossi-*N,alfa*-dimetilfeniletilamina	**90**	**5**	**450**
152	Preparati attivi **della** Cannabis (hashish, marijuana, olio, resina, foglie e infiorescenze)	**Si fa riferimento alla quantità di principio attivo contenuta: delta 8-Tetraidrocannabinolo; delta 9-Tetraidrocannabinolo**			
153	Proeptazina	1,3-dimetil-4-fenil-4-propionossiazacicloeptano	**20**	10	**200**
154	Prolintano	1-[1-(fenilmetil)butil]pirrolidina	*		
155	Properidina	estere isopropilico dell'acido 1-metil-4-fenilpiperidin-4-carbossilico	*		
156	Propiram	*N*-(1-metil-2-piperidinoetil)-*N*-2-piridil-propionamide	*		
157	Psilocibina	diidrogeno fosfato del 3-[2-(dimetilamino)etil]indol-4-olo	**100**	**3**	**300**
158	Psilocina	3-[2-(dimetilamino)etil]indol-4-olo	**100**	**3**	**300**
159	Racemetorfano	(±)-3-metossi-*N*-metilmorfinano	*		

160	Racemoramide	(±)-4-[2-metil-4-ossi-3,3-difenil-4-(1-pirrolidinil)-butil]-morfolina	*		
161	Racemorfano	(±)-3-idrossi-*N*-metilmorfinano	*		
162	Salvia divinorum pianta	**Si fa riferimento alla quantità di principio attivo contenuta: Salvinorina A**			
163	Salvinorina A		**50**	**3**	**150**
164	TCP (tenociclidina)	1-[1-(2-tienil)cicloesil]piperidina	*		
165	Tebacone	6-acetossi-4,5-epossi-3-metossi-N-metil-morfin-6-ene	*		
166	Tebaina	6,7,8,14-tetradeidro-4,5*alfa*-epossi-3,6-dimetossi-17-metilmorfinano	*		
167	Tilidina	(±)-etil-*trans*-2-(dimetilamino)-1-fenil-3-cicloesene-1-carbossilato	*		
168	TMA (3,4,5-trimetossiamfetamina)	(±)-3,4,5-trimetossi-*alfa*-metilfeniletilamina	**200**	**3**	**600**
169	TMA-2	2,4,5-trimetossiamfetamina	**50**	**3**	**150**
170	Trimeperidina	1,2,5-trimetil-4-fenil-4-propionossipiperidina	*		

[*] per le sostanze contrassegnate da asterisco non viene indicata la quantità di principio attivo, in quanto, pur essendo dette sostanze sotto controllo in osservanza delle Convenzioni internazionali sottoscritte dall'Italia, non sono disponibili dati riferibili ai livelli individuali di consumo.

(1) Secondo quanto previsto dall'art. 1, d.m. 4.8.2006, l'attuale valore "20" era stato aumentato a "40". Questo d.m. è stato poi annullato dalla sez. III del Tar Lazio, con sent. 21.3.2007, n. 2487.

(2) Secondo quanto previsto dall'art. 1, d.m. 4.8.2006, l'attuale valore "500" era stato aumentato a "1000". Questo d.m. è stato poi annullato dalla sez. III del Tar Lazio, con sent. 21.3.2007, n. 2487.

5. L. 2 dicembre 2016, n. 242. – Disposizioni per la promozione della coltivazione e della filiera agroindustriale della canapa

In Gazzetta Ufficiale: 30 dicembre 2016, n. 304

1. Finalità.

1. La presente legge reca norme per il sostegno e la promozione della coltivazione e della filiera della canapa (Cannabis sativa L.), quale coltura in grado di contribuire alla riduzione dell'impatto ambientale in agricoltura, alla riduzione del consumo dei suoli e della desertificazione e alla perdita di biodiversità, nonché come coltura da impiegare quale possibile sostituto di colture eccedentarie e come coltura da rotazione.

2. La presente legge si applica alle coltivazioni di canapa delle varietà ammesse iscritte nel Catalogo comune delle varietà delle specie di piante agricole, ai sensi dell'articolo 17 della direttiva 2002/53/CE del Consiglio, del 13 giugno 2002, le quali non rientrano nell'ambito di applicazione del testo unico delle leggi in materia di disciplina degli stupefacenti e sostanze psicotrope, prevenzione, cura e riabilitazione dei relativi stati di tossicodipendenza, di cui al decreto del Presidente della Repubblica 9 ottobre 1990, n. 309.

3. Il sostegno e la promozione riguardano la coltura della canapa finalizzata:

a) alla coltivazione e alla trasformazione;

b) all'incentivazione dell'impiego e del consumo finale di semilavorati di canapa provenienti da filiere prioritariamente locali;

c) allo sviluppo di filiere territoriali integrate che valorizzino i risultati della ricerca e perseguano l'integrazione locale e la reale sostenibilità economica e ambientale;

d) alla produzione di alimenti, cosmetici, materie prime biodegradabili e semilavorati innovativi per le industrie di diversi settori;

e) alla realizzazione di opere di bioingegneria, bonifica dei terreni, attività didattiche e di ricerca.

2. Liceità della coltivazione.

1. La coltivazione delle varietà di canapa di cui all'articolo 1, comma 2, è consentita senza necessità di autorizzazione.

2. Dalla canapa coltivata ai sensi del comma 1 è possibile ottenere:

a) alimenti e cosmetici prodotti esclusivamente nel rispetto delle discipline dei rispettivi settori;

b) semilavorati, quali fibra, canapulo, polveri, cippato, oli o carburanti, per forniture alle industrie e alle attività artigianali di diversi settori, compreso quello energetico;

c) materiale destinato alla pratica del sovescio;

d) materiale organico destinato ai lavori di bioingegneria o prodotti utili per la bioedilizia;

e) materiale finalizzato alla fitodepurazione per la bonifica di siti inquinati;

f) coltivazioni dedicate alle attività didattiche e dimostrative nonché di ricerca da parte di istituti pubblici o privati;

g) coltivazioni destinate al florovivaismo.

3. L'uso della canapa come biomassa ai fini energetici di cui alla lettera b) del comma 2 è consentito esclusivamente per l'autoproduzione energetica aziendale, nei limiti e alle condizioni previste dall'allegato X alla parte quinta del decreto legislativo 3 aprile 2006, n. 152, e successive modificazioni.

3. Obblighi del coltivatore.

1. Il coltivatore ha l'obbligo della conservazione dei cartellini della semente acquistata per un periodo non inferiore a dodici mesi.
Ha altresì l'obbligo di conservare le fatture di acquisto della semente per il periodo previsto dalla normativa vigente.

4. Controlli e sanzioni.

1. Il Corpo forestale dello Stato è autorizzato a effettuare i necessari controlli, compresi i prelevamenti e le analisi di laboratorio, sulle coltivazioni di canapa, fatto salvo ogni altro tipo di controllo da parte degli organi di polizia giudiziaria eseguito su segnalazione e nel corso dello svolgimento di attività giudiziarie.

2. Il soggetto di cui al comma 1 svolge i controlli a campione secondo la percentuale annua prevista dalla vigente normativa europea e nel rispetto delle disposizioni di cui all'articolo 1, commi 1 e 2, del decreto-legge 24 giugno 2014, n. 91, convertito, con modificazioni, dalla legge 11 agosto 2014, n. 116.

3. Nel caso di campionamento eseguito da parte del soggetto individuato dal soggetto di cui al comma 1, le modalità di prelevamento, conservazione e analisi dei campioni provenienti da colture in pieno campo, ai fini della determinazione quantitativa del contenuto di tetraidrocannabinolo (THC) delle varietà di canapa, sono quelle stabilite ai sensi della vigente normativa dell'Unione europea e nazionale.

4. Qualora gli addetti ai controlli, ai sensi del comma 1 reputino necessario effettuare i campionamenti con prelievo della coltura, sono tenuti a eseguirli in presenza del coltivatore e a rilasciare un campione prelevato in contraddittorio all'agricoltore stesso per eventuali controverifiche.

5. Qualora all'esito del controllo il contenuto complessivo di THC della coltivazione risulti superiore allo 0,2 per cento ed entro il limite dello 0,6 per cento, nessuna responsabilità è posta a carico dell'agricoltore che ha rispettato le prescrizioni di cui alla presente legge.

6. Gli esami per il controllo del contenuto di THC delle coltivazioni devono sempre riferirsi a medie tra campioni di piante, prelevati, conservati, preparati e analizzati secondo il metodo prescritto dalla vigente normativa dell'Unione europea e nazionale di recepimento.

7. Il sequestro o la distruzione delle coltivazioni di canapa impiantate nel rispetto delle disposizioni stabilite dalla presente legge possono essere disposti dall'autorità giudiziaria solo qualora, a seguito di un accertamento effettuato secondo il metodo di cui al comma 3, risulti che il contenuto di THC nella coltivazione è superiore allo 0,6 per cento. Nel caso di cui al presente comma è esclusa la responsabilità dell'agricoltore.

5. Limiti di THC negli alimenti.

1. Con decreto del Ministro della salute, da adottare entro sei mesi dalla data di entrata in vigore della presente legge, sono definiti i livelli massimi di residui di THC ammessi negli alimenti.

6. Incentivi per la filiera della canapa.

1. Il Ministero delle politiche agricole alimentari e forestali, compatibilmente con la normativa europea in materia di aiuti di Stato, destina annualmente una quota delle risorse disponibili a valere sui piani nazionali di settore di propria competenza, nel limite massimo di 700.000 euro, per favorire il miglioramento delle condizioni di produzione e trasformazione nel settore della canapa.

2. Una quota delle risorse iscritte annualmente nello stato di previsione del Ministero delle politiche agricole alimentari e forestali, sulla base dell'autorizzazione di spesa di cui alla legge 23 dicembre 1999, n. 499, può essere destinata, con decreto del Ministro delle politiche agricole alimentari e forestali, al finanziamento di progetti di ricerca e sviluppo per la produzione e i processi di prima trasformazione della canapa, finalizzati prioritariamente alla ricostituzione del patrimonio genetico e all'individuazione di corretti processi di meccanizzazione.

7. Riproduzione della semente.

1. Gli enti di ricerca pubblici, le università, le agenzie regionali per lo sviluppo e l'innovazione, anche stipulando protocolli o convenzioni con le associazioni culturali e i consorzi dedicati specificamente alla canapicoltura, possono riprodurre per un anno la semente acquistata certificata nell'anno precedente, utilizzandola per la realizzazione di piccole produzioni di carattere dimostrativo, sperimentale o culturale, previa comunicazione al Ministero delle politiche agricole alimentari e forestali.

8. Sostegno delle attività di formazione, di divulgazione e di innovazione.

1. Lo Stato, le regioni e le province autonome di Trento e di Bolzano, negli ambiti di rispettiva competenza, possono promuovere azioni di formazione in favore di coloro che operano nella filiera della canapa e diffondono, attraverso specifici canali informativi, la conoscenza delle proprietà della canapa e dei suoi utilizzi nel campo agronomico, agroindustriale, nutraceutico, della bioedilizia, della biocomponentistica e del confezionamento.

9. Tutela del consumatore.

1. Il Ministero delle politiche agricole alimentari e forestali promuove il riconoscimento di un sistema di qualità alimentare per i prodotti derivati dalla canapa ai sensi dell'articolo 16, paragrafo 1, lettere b) o c), del regolamento (UE) n. 1305/2013 del Parlamento europeo e del Consiglio, del 17 dicembre 2013.

10. Clausola di invarianza finanziaria.

1. All'attuazione delle disposizioni della presente legge si provvede nell'ambito delle risorse umane, strumentali e finanziarie disponibili a legislazione vigente e, comunque, senza nuovi o maggiori oneri per la finanza pubblica.

La presente legge, munita del sigillo dello Stato, sarà inserita nella Raccolta ufficiale degli atti normativi della Repubblica italiana. È fatto obbligo a chiunque spetti di osservarla e di farla osservare come legge dello Stato.

TERRORISMO INTERNAZIONALE

1. L. 26 novembre 1985, n. 719. – Ratifica ed esecuzione della Convenzione europea sul terrorismo, aperta alla firma a Strasburgo il 27 gennaio 1977 (*artt. 1-10, 13 Convenzione*)

In Gazzetta Ufficiale 12 dicembre 1985, n. 292

1. – Il Presidente della Repubblica è autorizzato a ratificare la convenzione europea per la repressione del terrorismo, aperta alla firma a Strasburgo il 27 gennaio 1977.

2. – Piena ed intera esecuzione è data alla convenzione di cui all'articolo precedente a decorrere dalla sua entrata in vigore in conformità all'articolo 11 della convenzione stessa.

Lo Stato italiano, facendo uso della facoltà prevista dall'articolo 13 della convenzione e tenendo conto anche dei criteri per la valutazione della politicità del reato in tale articolo indicati, rifiuterà l'estradizione riguardo a qualsiasi reato elencato nell'articolo 1 della convenzione stessa che sia da considerare politico, nel rispetto della Costituzione italiana.

1. – Ai fini dell'estradizione tra gli Stati contraenti, nessuno dei seguenti reati verrà considerato come reato politico o reato connesso a un reato politico, o reato ispirato da ragioni politiche:

a) un reato cui si applicano le disposizioni della Convenzione per la repressione dell'illecita cattura di un aeromobile, firmata all'Aja il 16 dicembre 1970;
b) un reato cui si applicano le disposizioni della Convenzione per la repressione di atti illegali compiuti contro la sicurezza dell'aviazione civile, firmata a Montreal il 23 settembre 1971;
c) un reato grave che comporta un attentato alla vita, alla integrità fisica o alla libertà di persone che godono di protezione internazionale, ivi inclusi gli agenti diplomatici;
d) un reato che comporta un rapimento, la cattura di un ostaggio o un sequestro arbitrario;
e) un reato che comporta il ricorso a bombe, granate, razzi, armi automatiche, o plichi o pacchi contenenti esplosivi ove il loro uso rappresenti un pericolo per le persone;
f) un tentativo di commettere uno qualsiasi dei reati che precedono o la partecipazione in veste di complice di una persona che commette o tenta di commettere un tale reato.

2. – **1.** Ai fini dell'estradizione tra Stati contraenti, uno Stato contraente può decidere di non considerare come reato politico o reato connesso a un reato politico o reato ispirato da ragioni politiche un reato grave che comporti un atto di violenza, diverso da quelli contemplati all'articolo 1, contro la vita, integrità fisica o libertà di una persona.

2. Ugualmente per quanto concerne un reato grave che comporti un atto contro la proprietà, diverso da quelli contemplati all'articolo 1, qualora tale atto abbia costituito un pericolo collettivo per le persone.

3. Ugualmente per quanto concerne un tentativo di commettere uno qualsiasi dei reati di cui sopra o la partecipazione in veste di complice di una persona che commette o tenta di commettere un tale reato.

3. – Le disposizioni di tutti i trattati e accordi di estradizione applicabili, tra gli Stati contraenti, ivi inclusa la Convenzione europea sull'estradizione, vengono modificate, tra gli Stati contraenti, nella misura in cui siano incompatibili con la presente Convenzione.

4. – Ai fini della presente Convenzione e in quei casi in cui un qualsiasi reato di cui all'articolo 1 o 2 non sia elencato come reato suscettibile di estradizione in alcuna convenzione o trattato di estradizione tra gli Stati contraenti, tale reato verrà considerato come incluso in detti strumenti.

5. – Nulla nella presente Convenzione dovrà interpretarsi in modo da imporre un obbligo di estradizione, ove lo Stato richiesto abbia fondati motivi per ritenere che la richiesta di estradizione per un reato di cui agli articoli 1 o 2 sia stata fatta allo scopo di processare o punire una persona a causa della sua razza, religione o credo politico, o che la posizione di tale persona possa subire pregiudizio per una qualsiasi di dette ragioni.

6. – **1.** Ciascuno Stato contraente adotterà quelle misure che si rendono necessarie per stabilire la propria giurisdizione relativa a un reato menzionato all'articolo 1, qualora il presunto colpevole sia presente sul proprio territorio e non lo estradi dopo aver ricevuto una richiesta di estradizione da uno Stato contraente la cui giurisdizione è basata su una norma di giurisdizione che esista similmente nella legislazione dello Stato richiesto.

2. La presente Convenzione non esclude alcuna giurisdizione penale esercitata conformemente alla legislazione nazionale.

7. – Uno Stato contraente, nel cui territorio viene scoperta una persona sospettata di aver commesso un reato di cui all'articolo 1 e che abbia ricevuto una richiesta di estradizione, ai sensi delle condizioni previste all'articolo 6, paragrafo 1, dovrà – ove non estradi tale persona – sottoporre il caso, senza alcuna eccezione e senza indebiti indugi, alle proprie autorità competenti perché avviino il procedimento penale. Tali autorità adotteranno le loro decisioni allo stesso modo che se si trattasse di un qualsiasi reato di natura grave ai sensi della legislazione di tale Stato.

8. – 1. Gli Stati contraenti dovranno fornirsi l'un l'altro il massimo grado di assistenza reciproca relativamente a questioni penali connesse ai procedimenti penali intentati in materia dei reati citati all'articolo 1 o 2. La legislazione dello Stato richiesto relativa alla reciproca assistenza in materia di questioni penali si applicherà in tutti i casi. Ciò nonostante, tale assistenza non potrà essere rifiutata per il solo fatto di riguardare un reato politico o un reato connesso a un reato politico o un reato ispirato da ragioni politiche.

2. Nulla di quanto previsto dalla presente Convenzione dovrà essere interpretato in modo da imporre un obbligo a fornire reciproca assistenza, ove lo Stato richiesto abbia fondati motivi per ritenere che la richiesta di assistenza reciproca, relativamente ad un reato citato agli articoli 1 o 2, sia stata fatta allo scopo di processare o punire una persona a causa della sua razza religione nazionalità o credo politico, o per ritenere che la posizione di tale persona possa subire pregiudizio per una qualsiasi di dette ragioni.

3. Le disposizioni di ogni trattato e intesa in materia di assistenza reciproca, relativamente alle questioni penali applicabili tra gli Stati contraenti, ivi inclusa la Convenzione europea per l'assistenza reciproca in questioni penali, verranno modificate tra gli Stati contraenti nella misura in cui sono incompatibili con la presente Convenzione.

9. – 1. La Commissione europea per i problemi penali del Consiglio d'Europa verrà tenuta informata circa l'applicazione della presente Convenzione.

2. Essa farà tutto quanto sarà necessario per facilitare una soluzione amichevole di qualsiasi difficoltà possa sorgere a seguito della esecuzione della Convenzione.

10. – 1. Ogni controversia tra gli Stati contraenti sulla materia dell'interpretazione o applicazione della presente Convenzione, che non sia stata risolta secondo quanto disposto all'articolo 9, paragrafo 2, verrà demandata ad arbitrato, su richiesta di una delle Parti in disputa. Ciascuna Parte nominerà un arbitro e i due arbitri nomineranno un terzo arbitro. Ove una Parte non abbia nominato il proprio arbitro entro i tre mesi successivi alla richiesta di arbitrato, egli sarà nominato, su richiesta dell'altra Parte, dal Presidente del Tribunale europeo per i diritti dell'uomo. Qualora quest'ultimo fosse un cittadino di una delle Parti in disputa, questo compito verrà svolto dal Vicepresidente del Tribunale, oppure, se il Vicepresidente è cittadino di una delle Parti in disputa, dal giudice della Corte di grado più elevato che non è cittadino di una delle Parti in disputa. La stessa procedura verrà seguita se gli arbitri non possono concordare sulla scelta del terzo arbitro.

2. Il Tribunale arbitrale dovrà esso stesso stabilire la propria procedura. Le sue decisioni verranno adottate a maggioranza. La sua sentenza sarà definitiva.

13. – 1. Qualsiasi Stato può, all'atto della firma o all'atto del deposito del suo strumento di ratifica, accettazione o approvazione, dichiarare che si riserva il diritto di rifiutare l'estradizione riguardo a qualsiasi reato citato all'articolo 1 che esso consideri un reato politico, un reato connesso a un reato politico o un reato ispirato da ragioni politiche, a condizione che si impegni di tener debito conto, nel valutare la natura del reato, di ogni aspetto particolarmente grave, ivi incluso:

a) il fatto che esso ha costituito un pericolo collettivo per la vita, integrità fisica o libertà delle persone; o

b) il fatto che abbia colpito persone estranee alle ragioni che l'hanno ispirato; o

c) il fatto che si è ricorso a mezzi crudeli o malvagi nel perpetrare il reato.

2. Qualsiasi Stato può ritirare interamente o in parte una riserva che ha fatto, in conformità al precedente paragrafo mediante una dichiarazione indirizzata al Segretario generale del Consiglio d'Europa che avrà effetto dalla data di ricevimento della stessa.

3. Uno Stato, che ha fatto una riserva in conformità al paragrafo 1 del presente articolo, non potrà richiedere l'applicazione dell'articolo 1 da parte di alcun altro Stato; esso può, tuttavia, qualora la sua riserva sia parziale o condizionale, richiedere l'applicazione di tale articolo nella misura in cui lo ha esso stesso accettato.

2. L. 26 novembre 1985, n. 720. – Ratifica ed esecuzione dell'accordo relativo all'applicazione della Convenzione europea per la repressione del terrorismo tra gli Stati membri delle Comunità europee, firmato a Dublino il 4 dicembre 1979

In Gazzetta Ufficiale 12 dicembre 1985, n. 292

1. – Il Presidente della Repubblica è autorizzato a ratificare l'accordo relativo all'applicazione della convenzione europea per la repressione del terrorismo tra gli Stati membri delle Comunità europee, firmato a Dublino il 4 dicembre 1979.

2. – Piena ed intera esecuzione è data all'accordo di cui all'articolo precedente a decorrere dalla sua entrata in vigore in conformità all'art. 6 dell'accordo stesso.

Lo Stato italiano, facendo uso della facoltà prevista dall'art. 3 dell'accordo e tenendo conto anche dei criteri per la valutazione della politicità del reato indicati nell'art. 13 della convenzione europea sul terrorismo, aperta alla firma a Strasburgo il 27 gennaio 1977, rifiuterà l'estradizione riguardo a qualsiasi reato elencato nell'art. 1 della convenzione stessa che sia da considerare politico, nel rispetto della Costituzione italiana.

1. – Il presente Accordo si applica alle relazioni tra due Stati membri, di cui almeno uno non sia parte della Convenzione europea oppure sia parte di detta Convenzione ma abbia formulato riserve.

2. – **1.** Nelle relazioni tra due Stati membri parti della Convenzione europea, alla quale almeno uno abbia formulato una riserva, l'applicazione della Convenzione europea è regolata dalle disposizioni del presente Accordo.

2. Nelle relazioni tra due Stati membri, di cui almeno uno non sia parte della Convenzione europea l'applicazione degli articoli da 1 a 8 e l'art. 13 di detta Convenzione è regolata dalle disposizioni del presente Accordo.

3. – **1.** Ogni Stato membro che si sia valso della facoltà di riserva prevista dall'art 13 della Convenzione europea deve dichiarare se si intende valersi per l'applicazione del presente Accordo di detta riserva.

2. Ogni stato membro che abbia firmato la Convenzione europea ma non l'abbia ancora ratificata, accettata o approvata, deve dichiarare se intende valersi per l'applicazione del presente Accordo della facoltà di riserva prevista dall'art. 13 della Convenzione europea.

3. Ogni Stato membro che non abbia firmato la Convenzione europea può dichiarare che si riserva il diritto di rifiutare l'estradizione per un reato elencato nell'art. 1 della Convenzione europea, che esso considera reato politico, reato connesso con un reato politico o reato ispirato da un movente politico, purché si impegni a sottoporre il caso, senza eccezione alcuna e senza ritardo ingiustificato, alle proprie autorità competenti al fine di promuovere un procedimento penale. Dette autorità prendono la loro decisione nello stesso modo che nei casi di reati gr vi, in conformità alla legge del proprio Stato.

4. Ai fini dell'applicazione del presente Accordo sono ammesse unicamente le riserve previste dal paragrafo 3 del presente articolo e dell'art. 13 della Convenzione europea. Qualsiasi altra riserva è priva di efficacia tra gli Stati membri.

5. Uno Stato membro che abbia formulato una riserva può pretendere che un altro Stato applichi il presente Accordo solo nella misura in cui l'Accordo è ad esso applicabile.

4. – **1.** Le dichiarazioni di cui all'art. 3 possono essere fatte da uno Stato membro all'atto della firma o all'atto del deposito dello strumento di ratifica, di accettazione o di approvazione.

2. Ogni Stato membro può ritirare in qualsiasi momento, integralmente o parzialmente, una riserva formulata ai sensi dei paragrafi 1, 2 o 3 dell'art. 3 mediante una dichiarazione indirizzata al Ministero degli affari esteri in Irlanda. La dichiarazione prende effetto dal giorno in cui è ricevuta.

3. Il Ministero degli affari esteri di Irlanda comunicherà tali dichiarazioni agli altri Stati membri

5. – Le controversie tra Stati membri riguardanti la interpretazione o l'applicazione del presente Accordo, che non siano state composte mediante negoziato, saranno sottoposte, su richiesta di una delle parti della controversia, ad arbitrato conformemente alla procedura prevista nell'art. 10 della Convenzione europea.

6. – **1.** Il presente Accordo è aperto alla firma degli Stati membri delle Comunità europee. Esso sarà ratificato, accettato o approvato. Gli strumenti di ratifica, di accettazione o di approvazione saranno depositati presso il Ministero degli affari esteri di Irlanda.

2. L'Accordo entrerà in vigore tre mesi dopo la data del deposito degli strumenti di ratifica, di accettazione o di approvazione da parte di tutti gli Stati che sono membri delle Comunità europee il giorno in cui il presente Accordo è aperto alla firma.

7. – **1.** Ogni Stato membro può, all'atto della firma o all'atto del deposito dello strumento di ratifica, di accettazione o di approvazione, designare il territorio o i territori a cui si applica il presente Accordo.

2. Ogni Stato membro può, all'atto del deposito dello strumento di ratifica, di accettazione o di approvazione, o in qualsiasi altro momento in seguito, mediante una dichiarazione indirizzata al Ministero degli affari esteri di Irlanda, estendere l'applicazione del presente Accordo ad ogni altro territorio designato nella dichiarazione, per il quale esso cura le relazioni internazionali o per conto del quale ha la facoltà di concludere accordi.

3. Ogni dichiarazione fatta ai sensi del precedente paragrafo, per quanto riguarda i territori in essa designati, può essere denunciata mediante notifica indirizzata al Ministero degli affari esteri di Irlanda. La denuncia prende effetto immediatamente o dalla data successiva precisata nella notifica.

4. Il Ministero degli affari esteri di Irlanda provvede a comunicare tali dichiarazioni o notifiche agli altri Stati membri.

8. – Il presente Accordo cessa di avere vigore alla data in cui tutti gli Stati membri diventano parti della Convenzione europea senza riserve.

Fatto a Dublino, addì 4 dicembre 1979 in lingua danese, in lingua francese, in lingua inglese, in lingua irlandese, in lingua italiana, in lingua olandese e in lingua tedesca, ciascuno di detti testi facente ugualmente fede, in un unico esemplare depositato negli archivi del Ministero degli affari esteri di Irlanda che provvederà a rimettere copie certificate conformi a ciascuno degli Stati membri.

3. L. 12 maggio 1995, n. 210. – Ratifica ed esecuzione della Convenzione internazionale contro il reclutamento, l'utilizzazione, il finanziamento e l'istruzione di mercenari, adottata dall'Assemblea generale delle Nazioni Unite a New York il 4 dicembre (*artt. 1-6*)

In Gazzetta Ufficiale 1 giugno 1995, n. 126

1. – 1. Il Presidente della Repubblica è autorizzato a ratificare la convenzione internazionale contro il reclutamento, l'utilizzazione, il finanziamento e l'istruzione di mercenari adottata dall'Assemblea generale delle Nazioni Unite a New York il 4 dicembre 1989.

2. – 1. Piena ed intera esecuzione è data alla convenzione di cui all'articolo 1, a decorrere dalla data della sua entrata in vigore, in conformità a quanto disposto dall'articolo 19 della convenzione stessa.

3. – 1. Chiunque, avendo ricevuto un corrispettivo economico o altra utilità o avendone accettato la promessa, combatte in un conflitto armato nel territorio comunque controllato da uno Stato estero di cui non sia né cittadino né stabilmente residente, senza far parte delle forze armate di una delle Parti del conflitto o essere inviato in missione ufficiale quale appartenente alle forze armate di uno Stato estraneo al conflitto, è punito, se il fatto non costituisce più grave reato, con la reclusione da due a sette anni.

2. Chiunque, avendo ricevuto un corrispettivo economico o avendone accettato la promessa, partecipa ad un'azione, preordinata e violenta, diretta a mutare l'ordine costituzionale o a violare l'integrità territoriale di uno Stato estero di cui non sia né cittadino né stabilmente residente, senza far parte delle forze armate dello Stato ove il fatto sia commesso né essere stato inviato in missione speciale da altro Stato, è punito, per la sola partecipazione all'atto, se il fatto non costituisce più grave reato, con la reclusione da tre a otto anni.

4. – 1. Chiunque recluta, utilizza, finanzia o istruisce delle persone al fine di far loro commettere alcuni dei fatti previsti nell'articolo 3 è punito, se il fatto non costituisce più grave reato, con la reclusione da quattro a quattordici anni.

5. – 1. Non è punibile chi ha commesso alcuni dei fatti previsti dalla presente legge con l'approvazione del Governo, se adottata in conformità agli obblighi derivanti da trattati internazionali.

6. – 1. È punito secondo la legge italiana:
a) il cittadino che commette all'estero un reato previsto dagli articoli 3 e 4, salvo che ne venga concessa o accettata l'estradizione;
b) lo straniero che commette all'estero un reato previsto dagli articoli 3 e 4 esclusivamente nel caso in cui si trovi nel territorio dello Stato e non ne sia stata concessa o accettata l'estradizione.

4. L. 14 febbraio 2003, n. 34. – Ratifica ed esecuzione della Convenzione internazionale per la repressione degli attentati terroristici mediante utilizzo di esplosivo, adottata dall'Assemblea generale delle Nazioni Unite a New York il 15 dicembre 1997, e norme di adeguamento dell'ordinamento interno (*artt. 1-19 Convenzione*)

In Gazzetta Ufficiale 11 marzo 2003, n. 58

1. – Ai fini della presente Convenzione:
1. Per "struttura governativa o pubblica" s'intende ogni attrezzatura o mezzo di trasporto di natura permanente o temporanea utilizzato o occupato dai rappresentanti di uno Stato, dai membri del governo, del parlamento o della magistratura o dagli agenti o dal personale di uno Stato o altra autorità o ente pubblico, o dagli agenti o dal personale di un'organizzazione intergovernativa nell'ambito delle loro funzioni ufficiali.
2. Per "infrastruttura" s'intende ogni impianto pubblico o privato che fornisce servizi di utilità pubblica, come la conduzione d'acqua, l'evacuazione delle acque reflue, l'energia, il combustibile o le comunicazioni.
3. Per "ordigno esplosivo o altro ordigno micidiale" s'intende:
   a) ogni arma o ordigno esplosivo o incendiario progettato per o avente la capacità di causare la morte, gravi lesioni corporali o importanti danni materiali, oppure
   b) ogni arma o ordigno progettato per o avente la capacità di causare la morte, gravi lesioni corporali o importanti danni materiali, mediante l'emis-

sione, la disseminazione o l'impatto di prodotti chimici tossici, di agenti biologici, tossine o sostanze analoghe o irradiamenti o materie radioattive.

4. Per "forze armate di uno Stato" s'intendono le forze che uno Stato organizza, addestra ed equipaggia conformemente al suo diritto interno, essenzialmente ai fini della difesa nazionale o della sicurezza nazionale, nonché le persone che agiscono a titolo di appoggio a tali forze armate e che sono ufficialmente poste sotto il loro comando, autorità e responsabilità.

5. Per "sito pubblico" s'intendono le parti di qualsiasi edificio, terreno, via pubblica, corso d'acqua ed altro luogo accessibile o aperto al pubblico in modo continuativo, periodico o occasionale, ivi compreso ogni luogo destinato ad un uso commerciale, culturale, storico, istruttivo, religioso, ufficiale, ludico, ricreativo o di altro genere e che è di conseguenza accessibile o aperto al pubblico.

6. Per "sistema di trasporto pubblico" s'intendono tutte le attrezzature, mezzi e veicoli, pubblici e privati, che sono utilizzati nell'ambito dei servizi di trasporto di persone o di merci accessibili al pubblico.

2. – 1. Commette reato ai sensi della presente Convenzione ogni persona che illecitamente e intenzionalmente consegna, colloca o fa esplodere o detonare un ordigno esplosivo o altro ordigno micidiale in o contro un sito pubblico, una struttura governativa, o altro impianto pubblico, un sistema di trasporto pubblico o un'infrastruttura:

a) nell'intento di provocare la morte o gravi lesioni corporali;

oppure b) nell'intento di causare massicce distruzioni di tale sito, struttura, sistema o infrastruttura, quando tali distruzioni comportino o rischino di comportare perdite economiche considerevoli.

2. Commette altresì reato chiunque tenta di commettere un'infrazione ai sensi del paragrafo 3. Commette altresì reato chiunque:

a) si rende complice di un'infrazione penale ai sensi dei paragrafi 1 o 2;

b) organizza la perpetrazione di un'infrazione penale ai sensi dei paragrafi 1 o 2 o ordina ad altre persone di commetterla;

c) contribuisce in ogni altro modo alla perpetrazione di una o più delle infrazioni di cui ai paragrafi 1 o 2 da parte di un gruppo di persone agenti di comune accordo; tale partecipazione deve essere deliberata, e fornita sia per agevolare l'attività criminale generale del gruppo o servire ai suoi scopi, sia con piena cognizione dell'intento del gruppo di commettere l'infrazione o le infrazioni in questione.

3. – La presente Convenzione non si applica quando il reato è commesso all'interno di un solo Stato ed il presunto autore e le vittime del reato sono cittadini di questo Stato, quando il presunto autore del reato si trova sul territorio di questo Stato, e nessun altro Stato ha motivo, ai sensi del paragrafo 1 o del paragrafo 2 dell'articolo 6 della presente Convenzione, di far valere la sua giurisdizione, restando inteso che in tal caso si applicano le disposizioni degli articoli 10 a 15, a seconda di come convenga.

4. – Ciascuno Stato Parte prende le misure che possono essere necessarie per:

a) qualificare di reato, con riferimento alla propria legislazione interna, le infrazioni di cui all'articolo 2 della presente Convenzione;

b) punire tali infrazioni con pene che tengano debitamente conto della loro gravità.

5. – Ciascuno Stato parte adotta le misure eventualmente necessarie e se del caso una legislazione interna, per garantire che gli atti criminali che rientrano nella portata della presente Convenzione in particolare quelli progettati o calcolati al fine di suscitare terrore nella popolazione o in gruppi di persone o di individui, non possano in alcun modo essere giustificati da considerazioni di natura politica, filosofica, ideologica, razziale, etnica, religiosa o da altri motivi analoghi, e che tali atti siano passibili di pene commisurate alla loro gravità.

6. – 1. Ciascuno Stato Parte adotta le misure necessarie per determinare la sua competenza per quanto concerne i reati di cui all'articolo 2, quando:

a) il reato è stato commesso sul suo territorio;

b) il reato è stato commesso a bordo di una nave che batte la sua bandiera, o di un'aeronave immatricolata secondo la sua legislazione nel momento in cui il reato è stato commesso;

c) il reato è stato commesso da uno dei suoi cittadini.

2. Ciascuno Stato Parte può inoltre determinare la sua competenza per tali reati, quando:

a) il reato è stato commesso contro uno dei suoi cittadini;

b) il reato è stato commesso contro una struttura pubblica di tale Stato situata all'esterno del suo territorio, ivi compresa un'ambasciata o i locali diplomatici o consolari di tale Stato;

c) il reato è stato commesso da un apolide che ha la residenza abituale sul territorio di detto Stato;

d) il reato è stato commesso per costringere lo Stato a commettere un atto qualsiasi o ad astenersi dallo stesso;

e) il reato è stato commesso a bordo di un'aeronave gestita dal governo di detto Stato.

3. Al momento della ratifica, dell'accettazione o dell'approvazione della presente Convenzione o dell'adesione alla stessa, ogni Stato Parte informa il Segretario Generale dell'Organizzazione delle Nazioni Unite circa la competenza che ha stabilito in forza della sua legislazione interna secondo il paragrafo 2. In caso di modifica, lo Stato Parte interessato ne informa immediatamente il Segretario Generale.

4. Ciascuno Stato Parte adotta inoltre le misure eventualmente necessarie per la determinazione della sua giurisdizione relativamente ai reati di cui all'articolo 2, quando il presunto autore del reato si trovi sul territorio di detto Stato e non sia estradato verso uno qualsiasi degli Stati Parti che hanno determinato la loro giurisdizione secondo i paragrafi 1 e 2.

5. La presente Convenzione non esclude l'esercizio di alcuna competenza penale determinata da uno Stato Parte secondo il suo diritto interno.

7. – 1. Quando è informato che l'autore, o il presunto autore di un reato di cui all'articolo 2 potrebbe trovarsi sul suo territorio, lo Stato Parte interessato prende le misure necessarie, in conformità alla sua legislazione interna, per indagare sui fatti di cui viene a conoscenza.

2. Se ritiene che le circostanze lo giustificano, lo Stato Parte sul cui territorio l'autore o il presunto autore dell'infrazione si trovano, prende le misure appropriate, in forza della sua legislazione interna, per fermare questa persona ai fini di procedimenti o di estradizione.

3. Ogni persona, nei cui confronti sono prese le misure di cui al paragrafo 2 del presente articolo, ha diritto:

a) di mettersi in contatto senza indugio con il più vicino rappresentante qualificato dello Stato di cui ha la nazionalità o che è in altro modo abilitato a proteggere i suoi diritti, oppure, se si tratta di un apolide, dello Stato sul cui territorio ha la sua residenza abituale;

b) di ricevere la visita di un rappresentante di questo Stato;

c) di essere informata dei diritti che le sono conferiti dai capoversi a) e b).

4. I diritti di cui al paragrafo 3 si esercitano nell'ambito delle leggi e dei regolamenti dello Stato sul cui territorio l'autore o il presunto autore del reato si trovano, restando inteso tuttavia che queste leggi e regolamenti devono consentire la piena realizzazione dei fini per i quali i diritti sono concessi ai sensi del paragrafo 3.

5. Le disposizioni dei paragrafi 3 e 4 non pregiudicano il diritto di ogni Stato Parte che ha stabilito la sua giurisdizione secondo il capoverso c) del paragrafo 1, o il capoverso c) del paragrafo 2 dell'articolo 6, di invitare il Comitato internazionale della Croce Rossa a mettersi in contatto con il presunto autore del reato ed a fargli visita.

6. Uno Stato Parte che ha posto in detenzione una persona secondo le norme del presente articolo informa immediatamente, direttamente o per il tramite del Segretario generale dell'Organizzazione delle Nazioni Unite, gli Stati Parti che hanno stabilito la loro giurisdizione secondo i paragrafi 1 e 2 dell'articolo 6 e, se lo ritiene opportuno, tutti gli altri Stati Parti interessati, per quanto riguarda tale detenzione e le circostanze che la giustificano.

Lo Stato che procede all'inchiesta di cui al paragrafo 1, ne comunica rapidamente le conclusioni a tali Stati Parti, indicando loro se intende esercitare la propria giurisdizione.

8. – 1. Nei casi in cui sono applicabili le norme dell'articolo 6, lo Stato Parte sul cui territorio si trova il presunto autore del reato ha l'obbligo, se non lo estrada, di sottoporre il suo caso senza eccessivo ritardo e senza eccezione, a prescindere se il reato è stato o meno commesso sul suo territorio, alle sue autorità competenti per l'esercizio dell'azione penale secondo una procedura conforme alle leggi di detto Stato. Tali autorità prendono la loro decisione in base alle stesse condizioni di quelle previste per ogni altro reato di natura grave, in conformità alle leggi di detto Stato.

2. Ogni qualvolta uno Stato Parte sia autorizzato, in forza della sua legislazione interna, ad estradare o a consegnare uno dei suoi cittadini in base alla condizione esclusiva che l'interessato gli sarà restituito per scontare la pena inflittagli al termine del processo o della procedura nell'ambito della quale l'estradizione o la consegna era stata richiesta, e che questo Stato e lo Stato che richiede l'estradizione accettano questa soluzione ed altre condizioni che possono ritenere appropriate, l'estradizione o la consegna condizionale sono sufficienti per dispensare lo Stato Parte richiesto dall'obbligo previsto al paragrafo 1.

9. – 1. I reati di cui all'articolo 2 sono considerati casi di estradizione a pieno diritto in qualsiasi trattato di estradizione stipulato fra gli Stati Parti prima dell'entrata in vigore della presente Convenzione. Gli Stati Parti s'impegnano a considerare tali reati come casi di estradizione in ogni trattato di estradizione da concludere in seguito tra di loro.

2. Quando uno Stato Parte che subordina l'estradizione all'esistenza di un trattato, è investito di una richiesta di estradizione da un altro Stato Parte al quale non è legato da un trattato di estradizione, lo Stato Parte richiesto ha facoltà di considerare la presente Convenzione come base giuridica per l'estradizione relativamente ai reati previsti all'articolo 2.

L'estradizione è subordinata alle altre condizioni previste dalla legislazione dello Stato richiesto.

3. Gli Stati Parte che non subordinano l'estradizione all'esistenza di un trattato, riconoscono i reati previsti all'articolo 2 come casi di estradizione fra di loro, alle condizioni previste dalla legislazione dello Stato richiesto.

4. I reati di cui all'articolo 2 sono, se del caso, considerati ai fini dell'estradizione fra Stati Parti come essendo stati commessi sia sul luogo della loro perpetrazione sia sul territorio degli Stati che hanno stabilito la loro giurisdizione secondo i paragrafi 1 e 2 dell'articolo 6.

5. Le norme di tutti i trattati o accordi di estradizione conclusi fra Stati Parti, relative ai reati di cui all'articolo 2 sorto considerate come essendo modificate fra Stati Parti qualora siano incompatibili con la presente Convenzione.

10. – 1. Gli Stati Parti si concedono a vicenda per

quanto possibile la più ampia assistenza giudiziaria per ogni inchiesta o procedura penale o procedura di estradizione relativa ai reati di cui all'articolo 2, ivi compreso per l'ottenimento degli elementi di prova di cui dispongono e che sono necessari ai fini della procedura.

2. Gli Stati Parti adempiono agli obblighi che incombono loro in forza del paragrafo 1 in conformità con qualsiasi trattato o accordo di assistenza giudiziaria eventualmente esistente fra di loro. In mancanza ditale trattato o accordo, gli Stati Parti si concedono a vicenda tale assistenza giudiziaria secondo la loro legislazione interna.

11. – Ai fini dell'estradizione o dell'assistenza giudiziaria fra Stati Parti, nessuno dei reati di cui all'articolo 2 è considerato come reato politico, reato connesso ad un reato politico o reato ispirato da moventi politici. Di conseguenza, una richiesta di estradizione o di assistenza giudiziaria fondata su un tale reato non potrà essere respinta per il solo motivo che verte su un reato politico, un reato connesso ad un reato politico o un reato ispirato da moventi politici.

12. – Nessuna disposizione della presente Convenzione potrà essere interpretata nel senso di implicare l'obbligo dell'estradizione o dell'assistenza giudiziaria, quando lo Stato Parte richiesto abbia fondati motivi di ritenere che la richiesta di estradizione per i reati di cui all'articolo 2 o la domanda di assistenza relativa a tali reati è stata presentata per perseguire o punire una persona sulla base di considerazioni legate alla rana, alla religione, alla nazionalità, all'origine etnica o alle opinioni politiche, oppure che l'acconsentire a questa richiesta potrebbe danneggiare la situazione di tale persona per uno qualsiasi dei sopracitati motivi.

13. – **1.** Una persona detenuta o che sconta una pena sul territorio di uno Stato Parte e la cui presenza è richiesta in un altro Stato Parte sia per fornire una testimonianza, o a fini di identificazione, o per dare il suo contributo alla determinazione dei fatti nell'ambito di un'inchiesta o di procedimenti intentati in forza della presente Convenzione, può essere trasferita purché siano soddisfatte le seguenti condizioni:

a) la persona consente liberamente con cognizione di causa al trasferimento;
b) le autorità competenti dei due Stati interessati vi consentono, fatte salva ogni condizione che possono giudicare appropriata.

2. Ai fini del presente articolo:

a) lo Stato verso il quale è effettuato il trasferimento, ha il potere e l'obbligo di mantenere la persona interessata in detenzione, salvo richiesta o autorizzazione contraria dello Stato dal quale detta persona trasferita proviene;
b) lo Stato verso il quale è effettuato il trasferimento, adempie senza indugio all'obbligo di consegnare l'interessato alla custodia dello Stato dal quale il trasferimento è stato effettuato, secondo quanto convenuto preliminarmente o diversamente deciso dalle autorità competenti dei due Stati;
c) lo Stato verso il quale il trasferimento è effettuato, non può esigere dallo Stato dal quale il trasferimento è effettuato che intraprenda una procedura di estradizione conto l'interessato;
d) si tiene conto del periodo che l'interessato ha trascorso in detenzione nello Stato verso il quale è stato trasferito ai fini del computo della pena da scontare nello Stato dal quale è stato trasferito.

3. A meno che lo Stato Parte dal quale la persona deve essere trasferita in conformità alle disposizioni del presente articolo non dia il suo accordo, tale persona, a prescindere dalla sua nazionalità, non può essere perseguita, detenuta o sottoposta ad altre restrizioni della sua libertà di movimento sul territorio dello Stato nel quale è trasferita, in ragione di atti o condanne precedenti alla sua partenza dal territorio del primo Stato.

14. – Ad ogni persona posta in detenzione o che è oggetto di ogni altra misura o procedura intentata ai sensi della presente Convenzione, sarà garantito un trattamento equo nonché tutti i diritti e le garanzie in conformità alla legislazione dello Stato dove si trova ed alle disposizioni applicabili del diritto internazionale, ivi comprese quelle relative ai diritti dell'uomo.

15. – Gli Stati collaborano alla prevenzione dei reati previsti all'articolo 2, ed in modo particolare:

a) prendono tutte le misure possibili, se del caso adattando la loro legislazione interna, in vista di prevenire o di contrastare la preparazione sui loro rispettivi territori di reati destinati ad essere commessi all'interno o all'esterno dei loro territori, in modo particolare le misure che vietano sui loro territori le attività illegali di individui, gruppi o organizzazioni che incoraggiano, istigano, organizzano o finanziano con cognizione di causa o commettono i reati di cui all'articolo 2;
b) si scambiano informazioni esatte e verificate, in conformità alle norme delle loro legislazioni interne, e coordinano le misure amministrative e le altre misure eventualmente prese per prevenire la perpetrazione dei reati di cui all'articolo 2;
c) procedono, ove necessario, grazie alla ricerca-sviluppo vertente sui metodi di rilevamento di esplosivi e di altre materie pericolose suscettibili di causare la morte o di causare danni corporali a consultazioni in merito alla elaborazione di norme sulla marcatura degli esplosivi, in vista di individuare la loro origine nelle inchieste effettuate a seguito di esplosioni; a scambi di informazioni relative alle misure di prevenzione, alla cooperazione e al trasferimento di tecnologia, di materiale e di mezzi connessi.

16. – Lo Stato Parte nel quale un'azione penale è stata intentata contro il presunto autore del reato, comunica, secondo le condizioni previste dalla sua legislazione interna o dalle procedure applicabili, il risultato definitivo al Segretario Generale delle Nazioni Unite il quale ne informa gli altri Stati Parti.

17. – Gli Stati Parti adempiono agli obblighi che derivano dalla presente Convenzione, nel rispetto dei principi dell'uguaglianza sovrana e dell'integrità territoriale degli Stati, nonché della non-interferenza negli affari interni degli altri Stati.

18. – Nessuna disposizione della presente Convenzione abilita uno Stato Parte ad esercitare sul territorio di un altro Stato Parte una competenza o delle funzioni che sono esclusivamente riservate alle autorità di questo altro Stato Parte dalla sua legislazione interna

19. – **1.** Nessuna disposizione della presente Convenzione modifica gli altri diritti, obblighi e responsabilità che derivano agli Stati ed agli individui dal diritto internazionale, in particolare gli scopi ed i principi della Carta delle Nazioni Unite e del diritto internazionale umanitario.

2. Le attività delle forze armate in periodo di conflitto armato, in base al significato dato a questi termini nel diritto internazionale umanitario, e che sono disciplinate da tale diritto, non sono regolamentate dalla presente Convenzione, le attività svolte dalle forze armate di uno Stato nell'esercizio delle loro funzioni ufficiali, non sono neanch'esse regolamentate dalla presente Convenzione, in quanto disciplinate da altre norme del diritto internazionale.

5. D.L. 27 luglio 2005, n. 144, convertito, con modificazioni, in L. 31 luglio 2005, n. 155. – Misure urgenti per il contrasto del terrorismo internazionale (*artt. 2-9 bis*)

In Gazzetta Ufficiale 27 luglio 2005, n. 173

2. Permessi di soggiorno a fini investigativi.

1. Anche fuori dei casi di cui al capo II del decreto-legge 15 gennaio 1991, n. 8, convertito, con modificazioni, dalla legge 15 marzo 1991, n. 82, e successive modificazioni, e di cui all'articolo 18 del testo unico delle disposizioni concernenti la disciplina dell'immigrazione e norme sulla condizione dello straniero, di cui al decreto legislativo 25 luglio 1998, n. 286, [e successive modificazioni,] di seguito denominato: «decreto legislativo n. 286 del 1998», e in deroga a quanto previsto dall'articolo 5 del decreto legislativo n. 286 del 1998, quando, nel corso di operazioni di polizia, di indagini o di un procedimento relativi a delitti commessi per finalità di terrorismo, anche internazionale, o di eversione dell'ordine democratico ovvero di criminalità transnazionale, vi è l'esigenza di garantire la permanenza nel territorio dello Stato dello straniero che abbia offerto all'autorità giudiziaria o agli organi di polizia una collaborazione avente le caratteristiche di cui al comma 3 dell'articolo 9 del citato decreto-legge n. 8 del 1991, il questore, autonomamente o su segnalazione dei responsabili di livello almeno provinciale delle Forze di polizia ovvero dei direttori dei Servizi informativi e di sicurezza, ovvero quando ne è richiesto dal procuratore della Repubblica, rilascia allo straniero uno speciale permesso di soggiorno, di durata annuale e rinnovabile per eguali periodi (1).

2. Con la segnalazione di cui al comma 1 sono comunicati al questore gli elementi da cui risulti la sussistenza delle condizioni ivi indicate, con particolare riferimento alla rilevanza del contributo offerto dallo straniero.

3. Il permesso di soggiorno rilasciato a norma del presente articolo può essere rinnovato per motivi di giustizia o di sicurezza pubblica. Esso è revocato in caso di condotta incompatibile con le finalità dello stesso, segnalate dal Procuratore della Repubblica, dagli altri organi di cui al comma 1 o comunque accertate dal questore, ovvero quando vengono meno le altre condizioni che ne hanno giustificato il rilascio.

4. Per quanto non previsto dal presente articolo, si applicano le disposizioni dei commi 5 e 6 dell'articolo 18 del decreto legislativo n. 286 del 1998.

5. Quando la collaborazione offerta ha avuto straordinaria rilevanza per la prevenzione nel territorio dello Stato di attentati terroristici alla vita o all'incolumità delle persone o per la concreta riduzione delle conseguenze dannose o pericolose degli attentati stessi ovvero per identificare i responsabili di atti di terrorismo, allo straniero può essere concessa con le stesse modalità di cui al comma 1 la carta di soggiorno, anche in deroga alle disposizioni dell'articolo 9 del decreto legislativo n. 286 del 1998 (2).

(1) Comma modificato dall'art. 1, co. 1, l. 31.7.2005, n. 155, in sede di conversione poi dall'art. 6, co. 1, lett. a), d.l. 18.2.2015, n. 7, conv., con modif., dalla l. 17.4.2015, n. 43.

(2) Comma modificato dall'art. 1, co. 1, l. 31.7.2005, n. 155, in sede di conversione.

3. Nuove norme in materia di espulsioni degli stranieri per motivi di prevenzione del terrorismo.

1. Oltre a quanto previsto dagli articoli 9, comma 10, primo periodo, e 13, comma 1 del decreto legislativo n. 286 del 1998 il Ministro dell'interno o, su sua delega, il prefetto può disporre, l'espulsione dello straniero appartenente ad una delle categorie di cui all'articolo 18 della legge 22 maggio 1975, n. 152, o nei cui confronti vi sono fondati motivi di ritenere che la sua permanenza nel territorio dello Stato possa in qualsiasi modo agevolare organizzazioni o attività terroristiche, anche internazionali [1].

2. Nei casi di cui al comma 1, l'espulsione è eseguita immediatamente, salvo che si tratti di persona detenuta, anche in deroga alle disposizioni del comma 3 dell'articolo 13 del decreto legislativo n. 286 del 1998, concernenti l'esecuzione dell'espulsione dello straniero sottoposto a procedimento penale, e di quelle di cui al comma 5-*bis* del medesimo articolo 13. Ugualmente si procede nei casi di espulsione di cui al comma 1 dell'articolo 13 del decreto legislativo n. 286 del 1998.

3. Il prefetto può altresì omettere, sospendere o revocare il provvedimento di espulsione di cui all'articolo 13, comma 2, del decreto legislativo n. 286 del 1998, informando preventivamente il Ministro dell'interno, quando sussistono le condizioni per il rilascio del permesso di soggiorno di cui all'articolo 2 del presente decreto, ovvero quando sia necessario per l'acquisizione di notizie concernenti la prevenzione di attività terroristiche, ovvero per la prosecuzione delle indagini o delle attività informative dirette alla individuazione o alla cattura dei responsabili dei delitti commessi con finalità di terrorismo [2].

4. Contro i decreti di espulsione di cui al comma 1 è ammesso ricorso al tribunale amministrativo competente per territorio. Il ricorso giurisdizionale in nessun caso può sospendere l'esecuzione del provvedimento [3].

[**4 bis.** Nei confronti dei provvedimenti di espulsione, di cui al comma 1, adottati dal Ministro dell'interno, o su sua delega, non è ammessa la sospensione dell'esecuzione in sede giurisdizionale ai sensi dell'articolo 21 della legge 6 dicembre 1971, n. 1034, e successive modificazioni, o dell'articolo 36 del regio decreto 17 agosto 1907, n. 642 [4].] [5]

5. Quando nel corso dell'esame dei ricorsi di cui al comma 4 e di quelli di cui all'articolo 13, comma 11, del decreto legislativo n. 286 del 1998 la decisione dipende dalla cognizione di atti per i quali sussiste il segreto d'indagine o il segreto di Stato, il procedimento è sospeso fino a quando l'atto o i contenuti essenziali dello stesso non possono essere comunicati al tribunale amministrativo. Qualora la sospensione si protragga per un tempo superiore a due anni, il tribunale amministrativo può fissare un termine entro il quale l'amministrazione è tenuta a produrre nuovi elementi per la decisione o a revocare il provvedimento impugnato.

Decorso il predetto termine, il tribunale amministrativo decide allo stato degli atti.

6. Le disposizioni di cui ai commi 2 e 5 si applicano fino al 31 dicembre 2007.

7. All'articolo 13 del decreto legislativo n. 286 del 1998, il comma 3-*sexies* è abrogato [6].

(1) Comma modificato dalla l. 31.7.2005, n. 155, in sede di conversione e poi dall'art. 1, co. 3, d.l. 5.10.2023, n. 133, conv., con modif., dalla l. 1.12.2023, n. 176.
(2) Comma modificato dalla l. 31.7.2005, n. 155, in sede di conversione.
(3) Comma modificato dalla l. 31.7.2005, n. 155, in sede di conversione.
(4) Comma introdotto dalla l. 31.7.2005, n. 155, in sede di conversione.
(5) Comma abrogato dall'art. 4, co. 1, punto 32), dell'Allegato 4 al d.lgs. 2.7.2010, n. 104.
(6) Comma modificato dalla l. 31.7.2005, n. 155, in sede di conversione.

4. Nuove norme per il potenziamento dell'attività informativa [1].

1. Il Presidente del Consiglio dei ministri può delegare i direttori dei servizi di informazione per la sicurezza di cui all'articolo 2, comma 2, della legge 3 agosto 2007, n. 124, a richiedere l'autorizzazione all'intercettazione di comunicazioni o conversazioni, anche per via telematica, nonché all'intercettazione di comunicazioni o conversazioni tra presenti, anche se queste avvengono nei luoghi indicati dall'articolo 614 del codice penale, quando siano ritenute indispensabili per l'espletamento delle attività loro demandate dagli articoli 6 e 7 della legge 3 agosto 2007, n. 124 [2].

2. L'autorizzazione di cui al comma 1 è richiesta al procuratore generale presso la corte di appello di Roma. Si applicano le disposizioni dell'articolo 4-*bis* [3].

2 bis. Fino al 31 dicembre 2024, il Presidente del Consiglio dei ministri, anche a mezzo del Direttore generale del Dipartimento delle informazioni per la sicurezza, può richiedere che i direttori dei servizi di informazione per la sicurezza di cui all'articolo 2, comma 2, della legge 3 agosto 2007, n. 124, ovvero personale dipendente espressamente delegato, siano autorizzati a colloqui personali con detenuti e internati, al solo fine di acquisire informazioni per la prevenzione di delitti con finalità terroristica di matrice internazionale [4].

2 ter. L'autorizzazione di cui al comma 2-*bis* è concessa dal procuratore generale di cui al comma 2 quando sussistano specifici e concreti elementi informativi che rendano assolutamente indispensabile l'attività di prevenzione [5].

2 quater. Dello svolgimento del colloquio è data comunicazione scritta al procuratore generale di cui al comma 2 e al procuratore nazionale antimafia e antiterrorismo nel termine di cui al comma 3 dell'articolo 226 del decreto legislativo 28 luglio 1989, n. 271. Le autorizzazioni di cui al comma 2-*bis* e le successive comunicazioni sono annotate in apposito registro riservato tenuto presso l'ufficio del procuratore generale. Dello svolgimento del colloquio è data informazione al Comitato parlamentare per la sicurezza della Repubblica a conclusione delle operazioni, secondo i termini e le modalità di cui al comma 4 dell'articolo 33 della legge 3 agosto 2007, n. 124 [6].

2 quinquies. Si applicano le disposizioni di cui ai commi 6, 7 e 8 dell'articolo 23 della legge 3 agosto 2007, n. 124, nonché quelle di cui al comma 5 dell'articolo 226 del decreto legislativo 28 luglio 1989, n. 271 [7].

(1) Articolo inizialmente modificato dalla l. 31.7.2005, n. 155, in sede di conversione, e poi sostituito dall'art. 12, co. 1, l. 7.8.2012, n. 133.
(2) Comma sostituito dall'art. 1, co. 684, lett. a), n. 1) della l. 29.12.2022, n. 197.
(3) Comma sostituito dall'art. 1, co. 684, lett. a), n. 2) della l. 29.12.2022, n. 197.
(4) Comma introdotto dall'art. 6, co. 1, lett. b), d.l. 18.2.2015 n. 7,

conv., con modif., dalla l. 17.4.2015, n. 43; successivamente modificato dall'art. 4 ter, co. 1, d.l. 30.12.2015, n. 210, conv., con modif., dalla l. 25.2.2016, n. 21; dall'art. 5, co. 8, d.l. 30.12.2016, n. 244, conv., con modif., dalla l. 27.2.2017, n. 19; dall'art. 1, co. 1120, lett. c), l. 27.12.2017, n. 205; dall'art. 1, co. 1131, lett. g), l. 30.12.2018, n. 145, dall'art. 3, co. 3, d.l. 30.12.2019, n. 162, conv., con modif., dalla l. 28.2.2020, n. 8, dall'art. 1, co. 14, d.l. 31.12.2020, n. 183, conv., con modif., dalla l. 26.2.2021, n. 21, dall'art. 1, co. 16, d.l. 30.12.2021, n. 228, conv., con modif., dalla l. 25.2.2022, n. 15, dall'art. 21, co. 2, d.l. 29.12.2022, n. 198, conv., con modif., dalla l. 24.2.2023, n. 14 e, da ultimo dall'art. 19, co. 2, d.l. 30.12.2023, n. 215, conv., con modif., dalla l. 23.2.2024, n. 18.

(5) Comma introdotto dall'art. 6, co. 1, lett. b), d.l. 18.2.2015, n. 7, conv., con modif., dalla l. 17.4.2015, n. 43.

(6) Comma introdotto dall'art. 6, co. 1, lett. b), d.l. 18.2.2015, n. 7, conv., con modif., dalla l. 17.4.2015, n. 43.

(7) Comma introdotto dall'art. 6, co. 1, lett. b), d.l. 18.2.2015, n. 7, conv., con modif., dalla l. 17.4.2015, n. 43.

4 bis. Disposizioni in materia di intercettazioni preventive dei servizi di informazione per la sicurezza (1).

1. Le attività di cui al comma 1 dell'articolo 4 sono autorizzate con decreto motivato, quando risultano sussistenti le condizioni di cui al medesimo comma l, per la durata massima di quaranta giorni, prorogabile per periodi successivi di venti giorni. L'autorizzazione alla prosecuzione delle operazioni è data con decreto motivato nel quale sono indicate le ragioni che rendono necessaria la proroga.

2. Delle operazioni di ascolto svolte e dei contenuti intercettati è redatto verbale sintetico che, unitamente ai supporti mobili eventualmente utilizzati o, comunque, ai contenuti intercettati, è depositato presso il procuratore generale presso la corte di appello di Roma entro trenta giorni dal termine delle stesse, anche con modalità informatiche da individuare con decreto del Presidente del Consiglio dei ministri. Il procuratore generale, verificata la conformità delle attività compiute all'autorizzazione, dispone l'immediata distruzione dei verbali, dei contenuti intercettati, degli eventuali supporti mobili utilizzati e di ogni eventuale copia, anche informatica, totale o parziale, dei contenuti. Su richiesta motivata dei direttori dei servizi di informazione per la sicurezza di cui all'articolo 2, comma 2, della legge 3 agosto 2007, n. 124, comprovante particolari esigenze di natura tecnica e operativa, il procuratore generale può autorizzare il differimento del deposito dei verbali, dei contenuti intercettati e dei supporti afferenti alle attività svolte per un periodo non superiore a sei mesi.

3. A conclusione delle operazioni, decorso il termine per l'adempimento degli obblighi di comunicazione da parte del Presidente del Consiglio dei ministri al Comitato parlamentare per la sicurezza della Repubblica di cui all'articolo 33, comma 4, della legge 3 agosto 2007, n. 124, il procuratore generale presso la corte di appello di Roma dispone la distruzione della documentazione anche da esso stesso detenuta, con eccezione dei decreti emanati, relativa alle richieste di autorizzazione di cui al comma 1 del presente articolo, recante contenuti, anche espressi in forma sintetica e discorsiva, delle intercettazioni.

4. Per l'espletamento delle attività demandate ai servizi di informazione per la sicurezza della Repubblica, con le modalità di cui al comma 1 dell'articolo 4, il procuratore generale presso la corte di appello di Roma autorizza il tracciamento delle comunicazioni telefoniche e telematiche, nonché l'acquisizione dei dati esterni relativi alle comunicazioni telefoniche e telematiche intercorse e l'acquisizione di ogni altra informazione utile in possesso dei soggetti di cui ai commi 1 e 3 dell'articolo 57 del codice delle comunicazioni elettroniche, di cui al decreto legislativo 1° agosto 2003, n. 259. I dati sono distrutti entro sei mesi dall'acquisizione e i relativi verbali sono trasmessi al procuratore generale. Il procuratore generale può comunque autorizzare la conservazione dei dati per un periodo non superiore a ventiquattro mesi.

5. Gli elementi acquisiti attraverso le attività di cui al presente articolo per lo sviluppo della ricerca informativa non possono essere utilizzati nel procedimento penale. In ogni caso, le attività di intercettazione di cui ai commi da 1 a 4 e le notizie acquisite a seguito delle attività medesime non possono essere menzionate in atti di indagine né costituire oggetto di deposizione né essere altrimenti divulgate.

6. Le spese relative alle attività di cui ai commi 1 e 4 sono imputate all'apposito programma di spesa iscritto nello stato di previsione della spesa del Ministero dell'economia e delle finanze, nell'ambito degli stanziamenti previsti a legislazione vigente. Con decreto del Presidente del Consiglio dei ministri, ai sensi dell'articolo 1, comma 3, della legge 3 agosto 2007, n. 124, sono disciplinati il ristoro dei costi sostenuti e le modalità di pagamento anche in forma di canone annuo forfetario, senza nuovi o maggiori oneri per la finanza pubblica.

(1) Articolo introdotto dall'art. 1, co. 684, lett. b), l. 29.12.2022, n. 197.

5. Unità antiterrorismo.

1. Per le esigenze connesse alle indagini di polizia giudiziaria conseguenti ai delitti di terrorismo di rilevante gravità, il Ministro dell'interno costituisce apposite unità investigative interforze, formate da esperti ufficiali e agenti di polizia giudiziaria delle Forze di polizia, individuati secondo criteri di specifica competenza tecnico-professionale, definendo le risorse, i mezzi e le altre attrezzature occorrenti, nell'ambito delle risorse finanziarie disponibili.

2. Quando procede a indagini per delitti di cui al comma 1, il pubblico ministero si avvale di regola delle Unità investigative interforze di cui al medesimo comma.

6. Nuove norme sui dati del traffico telefonico e telematico.

1. A decorrere dalla data di entrata in vigore del presente decreto e fino alla data di entrata in vigore del provvedimento legislativo di attuazione della direttiva 2006/24/CE del Parlamento europeo e del Consiglio, del 15 marzo 2006, e comunque non oltre il 31 dicembre 2008,, è sospesa l'applicazione delle disposizioni di legge, di regolamento o dell'autorità amministrativa che prescrivono o consentono la cancellazione dei dati del traffico telefonico o telematico, anche se non soggetti a fatturazione, e gli stessi, esclusi comunque i contenuti delle comunicazioni e limitatamente alle informazioni che consentono la tracciabilità degli accessi, nonché, qualora disponibili, dei servizi, debbono essere conservati fino alla data di entrata in vigore del provvedimento legislativo di attuazione della direttiva 2006/24/CE del Parlamento europeo e del Consiglio, del 15 marzo 2006, e comunque non oltre il 31 dicembre 2008, dai fornitori di una rete pubblica di comunicazioni o di un servizio di comunicazione elettronica accessibile al pubblico, fatte salve le disposizioni vigenti che prevedono un periodo di conservazione ulteriore. I dati del traffico conservati oltre i limiti previsti dall'articolo 132 del decreto legislativo 30 giugno 2003, n. 196, possono essere utilizzati esclusivamente per le finalità del presente decreto, salvo l'esercizio dell'azione penale per i reati comunque perseguibili (1).

2. All'articolo 55, comma 7, del decreto legislativo 1° agosto 2003, n. 259, le parole: "al momento dell'attivazione del servizio" sono sostituite dalle seguenti: «prima dell'attivazione del servizio, al momento della consegna o messa a disposizione della occorrente scheda elettronica (S.I.M.). Le predette imprese adottano tutte le necessarie misure affinché venga garantita l'acquisizione dei dati anagrafici riportati su un documento di identità, nonché del tipo, del numero e della riproduzione del documento presentato dall'acquirente ed assicurano il corretto trattamento dei dati acquisiti» (2).

2 bis. Anche in deroga a quanto previsto dal comma 2, gli utenti che attivano schede elettroniche (S.I.M.) abilitate al solo traffico telematico ovvero che utilizzano postazioni pubbliche non vigilate per comunicazioni telematiche o punti di accesso ad internet utilizzando tecnologia senza fili possono essere identificati e registrati anche in via indiretta, attraverso sistemi di riconoscimento via SMS e carte di pagamento nominative. Con decreto del Ministro dell'interno di concerto con il Ministro dello sviluppo economico, possono essere previste misure di maggior dettaglio o per l'adozione di ulteriori procedure semplificate anche negli altri casi previsti dal comma 2 (3).

3. All'articolo 132 del decreto legislativo 30 giugno 2003, n. 196, sono apportate le seguenti modificazioni:

a) al comma 1, dopo le parole: «al traffico telefonico», sono inserite le seguenti: «, inclusi quelli concernenti le chiamate senza risposta,»;

b) al comma 1, sono aggiunte, in fine, le seguenti parole: «, mentre, per le medesime finalità, i dati relativi al traffico telematico, esclusi comunque i contenuti delle comunicazioni, sono conservati dal fornitore per sei mesi»;

c) al comma 2, dopo le parole: «al traffico telefonico», sono inserite le seguenti: «, inclusi quelli concernenti le chiamate senza risposta,»;

d) al comma 2, dopo le parole: «per ulteriori ventiquattro mesi», sono inserite le seguenti: «e quelli relativi al traffico telematico, esclusi comunque i contenuti delle comunicazioni, sono conservati per ulteriori sei mesi»;

e) al comma 3, le parole: «giudice su istanza del pubblico ministero o» sono sostituite dalle seguenti: «pubblico ministero anche su istanza»;

f) dopo il comma 4 è inserito il seguente:

"4 bis. Nei casi di urgenza, quando vi è fondato motivo di ritenere che dal ritardo possa derivare grave pregiudizio alle indagini, il pubblico ministero dispone la acquisizione dei dati relativi al traffico telefonico con decreto motivato che è comunicato immediatamente e comunque non oltre ventiquattro ore, al giudice competente per il rilascio dell'autorizzazione in via ordinaria. Il giudice, entro quarantotto ore dal provvedimento, decide sulla convalida con decreto motivato. Se il decreto del pubblico ministero non è convalidato nel termine stabilito, i dati acquisiti non possono essere utilizzati" (4).

[**4.** Con regolamento adottato ai sensi dell'articolo 17, comma 1, della legge 23 agosto 1988, n. 400, su proposta del Presidente del Consiglio dei Ministri, di concerto con i Ministri interessati, sentito il Garante per la protezione dei dati personali, sono definiti le modalità ed i tempi di attuazione della previsione di cui al comma 3, lettere a), b), c) e d), del presente articolo, anche in relazione alla determinazione e allocazione dei relativi costi, con esclusione, comunque, di oneri per il bilancio dello Stato (5).]

(1) Comma modificato dall'art. 1, co. 1, l. 31.7.2005, n. 155, in sede di conversione poi dall'art. 34, co. 1, lett. a), d.l. 31.12.2007, n. 248, conv., con modif., dalla l. 28.2.2008, n. 31.
(2) Comma modificato dall'art. 1, co. 1, l. 31.7.2005, n. 155, in sede di conversione.
(3) Comma introdotto dall'art. 14, co. 10 bis, d.l. 18.10.2012, n. 179, conv., con modif., dalla l. 17.12.2012, n. 221.
(4) Lettera sostituita dall'art. 1, co. 1, l. 31.7.2005, n. 155, in sede di conversione.
(5) Comma modificato dall'art. 1, co. 1, l. 31.7.2005, n. 155, in sede di conversione poi abrogato dall'art. 6, co. 4, d.lgs. 30.5.2008, n. 109.

7. Integrazione della disciplina amministrativa degli esercizi pubblici.

1. A decorrere dal quindicesimo giorno successivo alla data di entrata in vigore della legge di conversione del presente decreto e fino al 31 dicembre 2011, chiunque, quale attività principale, intende aprire un pubblico esercizio o un circolo privato di qualsiasi specie, nel quale sono posti a disposizione del pubblico, dei clienti o dei soci apparecchi terminali utilizzabili per le comunicazioni anche telematiche, deve chiederne la licenza al questore. La licenza non è richiesta nel caso di sola installazione di telefoni pubblici a pagamento, abilitati esclusivamente alla telefonia vocale (1).

2. Per coloro che già esercitano le attività di cui al comma 1, la licenza deve essere richiesta entro sessanta giorni dalla data di entrata in vigore del presente decreto (2).

3. La licenza si intende rilasciata trascorsi sessanta giorni dall'inoltro della domanda. Si applicano in quanto compatibili le disposizioni dei capi III e IV del titolo I e del capo II del titolo III del testo unico delle leggi di pubblica sicurezza, di cui al regio decreto 18 giugno 1931, n. 773, nonché le disposizioni vigenti in materia di sorvegliabilità dei locali adibiti a pubblici esercizi. Restano ferme le disposizioni di cui al decreto legislativo 1° agosto 2003, n. 259, nonché le attribuzioni degli enti locali in materia [3].

[**4.** Con decreto del Ministro dell'interno, di concerto con il Ministro delle comunicazioni e con il Ministro per l'innovazione e le tecnologie, sentito il Garante per la protezione dei dati personali, da adottarsi entro quindici giorni dalla data di entrata in vigore della legge di conversione del presente decreto, sono stabilite le misure che il titolare o il gestore di un esercizio in cui si svolgono le attività di cui al comma 1 è tenuto ad osservare per il monitoraggio delle operazioni dell'utente e per l'archiviazione dei relativi dati, anche in deroga a quanto previsto dal comma 1 dell'articolo 122 e dal comma 3 dell'articolo 123 del decreto legislativo 30 giugno 2003, n. 196, nonché le misure di preventiva acquisizione di dati anagrafici riportati su un documento di identità dei soggetti che utilizzano postazioni pubbliche non vigilate per comunicazioni telematiche ovvero punti di accesso ad Internet utilizzando tecnologia senza fili.] [4]

[**5.** Fatte salve le modalità di accesso ai dati previste dal codice di procedura penale e dal decreto legislativo 30 giugno 2003, n. 196, il controllo sull'osservanza del decreto di cui al comma 4 e l'accesso ai relativi dati sono effettuati dall'organo del Ministero dell'interno preposto ai servizi di polizia postale e delle comunicazioni [5].] [6]

(1) Comma sostituito dall'art. 1, co. 1, l. 31.7.2005, n. 155, in sede di conversione poi modificato dall'art. 34, co. 1, lett. b), d.l. 31.12.2007, n. 248, conv., con modif., dalla l. 28.2.2008, n. 31, dall'art. 11, d.l. 30.12.2008, n. 207, conv., con modif., dalla l. 27.2.2009, n. 14, dall'art. 3, co. 1, d.l. 30.12.2009, n. 194, conv., con modif., dalla l. 26.2.2010, n. 25 e, infine dall'art. 2, co. 19, lett. a), d.l. 29.12.2010, n. 225, conv., con modif., dalla l. 26.2.2011, n. 10.
(2) Comma modificato dall'art. 1, co. 1, l. 31.7.2005, n. 155, in sede di conversione.
(3) Comma modificato dall'art. 1, co. 1, l. 31.7.2005, n. 155, in sede di conversione.
(4) Comma abrogato dall'art. 2, co. 19, lett. b), d.l. 29.12.2010, n. 225, conv., con modif., dalla l. 26.2.2011, n. 10.
(5) Comma modificato dall'art. 1, co. 1, l. 31.7.2005, n. 155, in sede di conversione.
(6) Comma abrogato dall'art. 2, co. 19, lett. b), d.l. 29.12.2010, n. 225, conv., con modif., dalla l. 26.2.2011, n. 10.

7 bis. Sicurezza telematica [1].

1. Ferme restando le competenze dei Servizi informativi e di sicurezza, di cui agli articoli 4 e 6 della legge 24 ottobre 1977, n. 801, l'organo del Ministero dell'interno per la sicurezza e per la regolarità dei servizi di telecomunicazione assicura i servizi di protezione informatica delle infrastrutture critiche informatizzate di interesse nazionale individuate con decreto del Ministro dell'interno, operando mediante collegamenti telematici definiti con apposite convenzioni con i responsabili delle strutture interessate.

2. Per le finalità di cui al comma 1 e per la prevenzione e repressione delle attività terroristiche o di agevolazione del terrorismo condotte con i mezzi informatici, gli ufficiali di polizia giudiziaria appartenenti all'organo di cui al comma 1 possono svolgere le attività di cui all'articolo 4, commi 1 e 2, del decreto-legge 18 ottobre 2001, n. 374, convertito, con modificazioni, dalla legge 15 dicembre 2001, n. 438, e quelle di cui all'articolo 226 delle norme di attuazione, di coordinamento e transitorie del codice di procedura penale, di cui al decreto legislativo 28 luglio 1989, n. 271, anche a richiesta o in collaborazione con gli organi di polizia giudiziaria ivi indicati.

(1) Articolo introdotto dall'art. 1, co. 1, l. 31.7.2005, n. 155, in sede di conversione.

8. Integrazione della disciplina amministrativa e delle attività.

1. Oltre a quanto previsto dal testo unico delle leggi di pubblica sicurezza, di cui al regio decreto 18 giugno 1931, n. 773, e dal relativo regolamento di esecuzione, di cui al regio decreto 6 maggio 1940, n. 635, il Ministro dell'interno, per specifiche esigenze di pubblica sicurezza o per la prevenzione di gravi reati, può disporre, con proprio decreto, speciali limiti o condizioni all'importazione, commercializzazione, trasporto e impiego di detonatori ad accensione elettrica a bassa e media intensità e degli altri esplosivi di 2ª e 3ª categoria [1].

2. Le limitazioni o condizioni di cui al comma 1 possono essere disposte anche in attuazione di deliberazioni dei competenti organi internazionali o di intese internazionali cui l'Italia abbia aderito.

3. All'articolo 163, comma 2, lettera e), del decreto legislativo 31 marzo 1998, n. 112, sono aggiunte, in fine, le seguenti parole: «e previo nulla osta del questore della provincia in cui l'interessato risiede, che può essere negato o revocato quando ricorrono le circostanze di carattere personale previste per il diniego o la revoca delle autorizzazioni di polizia in materia di armi.».

4. La revoca del nulla osta disposta ai sensi dell'articolo 163, comma 2, lettera e), del decreto legislativo n. 112 del 1998, come modificato dal comma 3 del presente articolo, è comunicata al comune che ha rilasciato la licenza e comporta il suo immediato ritiro [2].

5. Dopo l'articolo 2 della legge 2 ottobre 1967, n. 895, è inserito il seguente:

«Art. 2-*bis*.

1. Chiunque fuori dei casi consentiti da disposizioni di legge o di regolamento addestra taluno o fornisce istruzioni in qualsiasi forma, anche anonima, o per via telematica sulla preparazione o sull'uso di materiali esplosivi, di armi da guerra, di aggressivi chimici o di sostanze batteriologiche nocive o pericolose e di altri congegni micidiali è punito, salvo che il fatto costituisca più grave reato, con la reclusione da uno a sei anni.» [3].

(1) Comma modificato dall'art. 1, co. 1, l. 31.7.2005, n. 155, in sede di conversione.

(2) Comma modificato dall'art. 1, co. 1, l. 31.7.2005, n. 155, in sede di conversione.

(3) Comma modificato dall'art. 1, co. 1, l. 31.7.2005, n. 155, in sede di conversione.

9. Integrazione della disciplina amministrativa dell'attività di volo.

1. Fermo restando quanto previsto dall'articolo 731 del codice della navigazione, dalla legge 2 aprile 1968, n. 518, dalla legge 25 marzo 1985, n. 106, e dalle altre disposizioni di legge o di regolamento concernenti le attività di volo, esclusi i voli commerciali, ed il conseguimento o rinnovo dei relativi brevetti, attestati o altre forme di certificazione, ovvero licenze o altre abilitazioni aeronautiche, il Ministro dell'interno può disporre, con proprio decreto, che, per ragioni di sicurezza, il rilascio dei titoli abilitativi civili comunque denominati e l'ammissione alle attività di addestramento pratico siano subordinati per un periodo determinato, non inferiore a sei mesi e non superiore a due anni, al nulla osta preventivo del questore, volto a verificare l'insussistenza, nei confronti degli interessati, di controindicazioni agli effetti della tutela dell'ordine e della sicurezza pubblica e della sicurezza dello Stato.

2. Il Ministro dell'interno, per gravi motivi di ordine e sicurezza pubblica, può altresì disporre che l'attività di volo che ha luogo, origine o destinazione nel territorio dello Stato, da parte di chi sia già in possesso di titoli abilitanti all'esercizio dell'attività di volo rilasciati da organismi esteri o internazionali riconosciuti dall'ordinamento nazionale, sia subordinata al rilascio di nulla osta da parte del questore del luogo in cui l'attività stessa è svolta in via prevalente o ha origine o destinazione [1].

3. Il rifiuto del nulla osta, il suo ritiro o il mancato rinnovo dello stesso, per il venir meno dei requisiti che ne hanno consentito il rilascio, comporta il ritiro degli attestati, delle licenze, delle abilitazioni, delle autorizzazioni e di ogni altro titolo previsto dall'ordinamento per l'esercizio delle attività di volo, nonché l'inefficacia nel territorio dello Stato di analoghi titoli rilasciati in altri Paesi.

(1) Comma sostituito dall'art. 1, co. 1, l. 31.7.2005, n. 155, in sede di conversione.

9 bis. Prevenzione antiterroristica negli aeroporti [1].

Anche allo scopo di completare i necessari interventi per la sicurezza ai fini della prevenzione antiterroristica negli aeroporti, l'Ente nazionale per l'aviazione civile (ENAC) è autorizzato ad utilizzare un importo pari a 2.500.000 euro per ciascuno degli anni 2005 e 2006 per far fronte a spese di investimento. Al relativo onere si provvede mediante corrispondente riduzione dell'autorizzazione di spesa di cui all'articolo 7 del decreto legislativo 25 luglio 1997, n. 250, come rideterminata dalla Tabella C della legge 30 dicembre 2004, n. 311, ferme restando le risorse finalizzate alla continuità territoriale relative a Sicilia e Sardegna. Il Ministro delle infrastrutture e dei trasporti individua, con proprio decreto, gli interventi da finanziare a valere sulle medesime risorse.

(1) Articolo introdotto dall'art. 1, co. 1, l. 31.7.2005, n. 155, in sede di conversione.

6. D.Lgs. 22 giugno 2007, n. 109. – Misure per prevenire, contrastare e reprimere il finanziamento del terrorismo e l'attività dei Paesi che minacciano la pace e la sicurezza internazionale, in attuazione della direttiva 2005/60/CE *(artt. 1-2, 4-9, 13-14)*

In Gazzetta Ufficiale 26 luglio 2007, n. 172

1. Definizioni [1].

1. Ai fini del presente decreto si intende per:

a) amministrazioni interessate: gli enti preposti alla supervisione dei soggetti obbligati non vigilati dalle autorità di vigilanza di settore, per tali intendendosi le amministrazioni, ivi comprese le agenzie fiscali, titolari di poteri di controllo ovvero competenti al rilascio di concessioni, autorizzazioni, licenze o altri titoli abilitativi comunque denominati e gli organismi preposti alla vigilanza sul possesso dei requisiti di professionalità e onorabilità, prescritti dalla pertinente normativa di settore;

b) congelamento di fondi: il divieto, in virtù dei regolamenti comunitari e della normativa nazionale, di movimentazione, trasferimento, modifica, utilizzo o gestione dei fondi o di accesso ad essi, così da modificarne il volume, l'importo, la collocazione, la proprietà, il possesso, la natura, la destinazione o qualsiasi altro cambiamento che consente l'uso dei fondi, compresa la gestione di portafoglio;

c) congelamento di risorse economiche: il divieto, in virtù dei regolamenti comunitari e della normativa nazionale, di trasferimento, disposizione o, al fine di ottenere in qualsiasi modo fondi, beni o servizi, utilizzo delle risorse economiche, compresi, a titolo meramente esemplificativo, la vendita, la locazione, l'affitto o la costituzione di diritti reali di garanzia;

d) finanziamento del terrorismo: qualsiasi attività diretta, con ogni mezzo, alla fornitura, alla raccolta, alla provvista, all'intermediazione, al deposito, alla custodia o all'erogazione di fondi e risorse economiche, in qualunque modo realizzata, destinati ad essere, direttamente o indirettamente, in tutto o in parte, utilizzati per il compimento di una o più condotte con finalità di terrorismo, secondo quanto previsto dalle leggi penali, ciò indipendentemente dall'effettivo utilizzo dei fondi e delle risorse economiche per la commissione delle condotte anzidette;

e) finanziamento dei programmi di proliferazione delle armi di distruzione di massa: la fornitura o la raccolta di fondi e risorse economiche, in qualunque modo realizzata e strumentale, direttamente o indirettamente, a sostenere o favorire tutte quelle attività legate all'ideazione o alla realizzazione di programmi volti a sviluppare strumenti bellici di natura nucleare o chimica o batteriologica;

f) fondi: le attività ed utilità finanziarie di qualsiasi natura, possedute anche per interposta persona fisica o giuridica, compresi a titolo meramente esemplificativo:
   1) i contanti, gli assegni, i crediti pecuniari, le cambiali, gli ordini di pagamento e altri strumenti di pagamento;
   2) i depositi presso enti finanziari o altri soggetti, i saldi sui conti, i crediti e le obbligazioni di qualsiasi natura;
   3) i titoli negoziabili a livello pubblico e privato nonché gli strumenti finanziari come definiti nell'articolo 1, comma 2, del testo unico delle disposizioni in materia di intermediazione finanziaria, di cui al decreto legislativo 24 febbraio 1998, n. 58;
   4) gli interessi, i dividendi o altri redditi ed incrementi di valore generati dalle attività;
   5) il credito, il diritto di compensazione, le garanzie di qualsiasi tipo, le cauzioni e gli altri impegni finanziari;
   6) le lettere di credito, le polizze di carico e gli altri titoli rappresentativi di merci;
   7) i documenti da cui risulti una partecipazione in fondi o risorse finanziarie;
   8) tutti gli altri strumenti di finanziamento delle esportazioni;
   9) le polizze assicurative concernenti i rami vita di cui all'articolo 2, comma 1, del decreto legislativo 7 settembre 2005, n. 209, recante il Codice delle assicurazioni private;

g) legge antiriciclaggio: il decreto legislativo 21 novembre 2007, n. 231, e successive modificazioni;

h) regolamenti comunitari: i regolamenti (CE) n. 2580/2001 del Consiglio, del 27 dicembre 2001, e n. 881/2002 del Consiglio, del 27 maggio 2002, e successive modificazioni, ed i regolamenti emanati ai sensi degli articoli 75 e 215 del Trattato sul funzionamento dell'Unione europea, adottati al fine di prevenire, contrastare e reprimere il fenomeno del terrorismo internazionale, della proliferazione delle armi di distruzione di massa e l'attività dei paesi che minacciano la pace e la sicurezza internazionale, anche in attuazione di risoluzioni del Consiglio di sicurezza dell'ONU;

i) risorse economiche: le attività di qualsiasi tipo, materiali o immateriali e i beni, mobili o immobili, ivi compresi gli accessori, le pertinenze e i frutti, che non sono fondi ma che possono essere utilizzate per ottenere fondi, beni o servizi, possedute, detenute o controllate, anche parzialmente, direttamente o indirettamente, ovvero per interposta persona fisica o giuridica, da parte di soggetti designati, ovvero da parte di persone fisiche o giuridiche che agiscono per conto o sotto la direzione di questi ultimi;

l) soggetti designati: le persone fisiche, le persone giuridiche, i gruppi e le entità designati come destinatari del congelamento sulla base dei regolamenti comunitari e della normativa nazionale;

m) UIF: l'Unità di informazione finanziaria per l'Italia.

(1) Articolo modificato dall'art. 1, co. 1, lett. a), d.lgs. 11.5.2009, n. 54 poi sostituito dall'art. 6, co. 1, lett. a), d.lgs. 25.5.2017, n. 90.

2. Finalità e ambito di applicazione (1).

1. Il presente decreto detta misure per prevenire l'uso del sistema finanziario a scopo di finanziamento del terrorismo e del finanziamento della proliferazione delle armi di distruzione di massa e per attuare il congelamento dei fondi e delle risorse economiche per il contrasto del finanziamento del terrorismo, del finanziamento della proliferazione e dell'attività di Paesi che minacciano la pace e la sicurezza internazionale disposte in base alle risoluzioni delle Nazioni unite, alle deliberazioni dell'Unione europea e a livello nazionale dal Ministro dell'economia e delle finanze.

2. Il presente decreto non si applica alle sanzioni di natura commerciale nei confronti di Paesi terzi, incluso l'embargo di armi.

(1) Articolo sostituito dall'art. 6, co. 1, lett. b), d.lgs. 25.5.2017, n. 90.

4. Misure per dare diretta attuazione alle risoluzioni adottate dal Consiglio di sicurezza delle Nazioni Unite per il contrasto del finanziamento del terrorismo e del finanziamento dei programmi di proliferazione delle armi di distruzione di massa e nei confronti dell'attività di Paesi che minacciano la pace e la sicurezza internazionale (1).

1. Al fine di dare esecuzione alle misure di congelamento di fondi e risorse economiche stabilite dalle risoluzioni adottate ai sensi del Capitolo VII della Carta delle Nazioni Unite dal Consiglio di sicurezza delle Nazioni Unite per contrastare e reprimere il finanziamento del terrorismo, il finanziamento della proliferazione delle armi di distruzione di massa e l'attività di Paesi che minacciano la pace e la sicurezza internazionale, nelle more dell'adozione delle relative deliberazioni dell'Unione europea e fatte salve le iniziative assunte dall'autorità giudiziaria in sede penale, il Ministro dell'economia e delle finanze, su proposta del Comitato di sicurezza finanziaria, dispone, con proprio decreto, il congelamento dei fondi e delle risorse economiche detenuti, anche per interposta persona fisica o giuridica, da persone fisiche, giuridiche, gruppi o entità, designati, secondo i criteri e le procedure stabiliti dalle medesime risoluzioni, dal Consiglio di sicurezza delle Nazioni Unite o da un suo Comitato. Con il medesimo decreto sono individuate, sulla base delle disposizioni contenute nelle risoluzioni, le esenzioni dal congelamento.

2. Il decreto di cui al presente articolo, salva diversa indicazione in esso espressamente contenuta, ha durata semestrale ed è rinnovabile nelle medesime forme e modalità. In ogni caso, il decreto cessa di avere efficacia al momento della pubblicazione nella Gazzetta Ufficiale dell'Unione europea delle deliberazioni di cui al comma 1.

(1) Articolo sostituito dall'art. 1, co. 1, lett. d), d.lgs. 11.5.2009, n. 54 poi dall'art. 6, co. 1, lett. d), d.lgs. 25.5.2017, n. 90.

4 bis. Misure di congelamento nazionali [1].

1. Nelle more dell'adozione dei provvedimenti di designazione disposti dalle Nazioni unite, e nel rispetto degli obblighi sanciti dalla Risoluzione n. 1373/2001 del Consiglio di sicurezza delle Nazioni Unite, e delle specifiche misure restrittive disposte dall'Unione europea nonché delle iniziative assunte dall'autorità giudiziaria in sede penale, il Ministro dell'economia e delle finanze, su proposta del Comitato, dispone con proprio decreto, per un periodo di sei mesi, rinnovabili nelle stesse forme fino a quando ne permangano le condizioni, il congelamento dei fondi e delle risorse economiche detenuti, anche per interposta persona fisica o giuridica, da persone fisiche, giuridiche, gruppi o entità che pongono in essere o tentano di porre in essere una o più delle condotte con finalità di terrorismo secondo quanto previsto dalle leggi penali, una o più condotte volte al finanziamento dei programmi di proliferazione delle armi di distruzione di massa ovvero una o più condotte che minacciano la pace e la sicurezza internazionale.

2. Quando la richiesta di congelamento è indirizzata alle Autorità italiane da un altro Stato ai sensi della Risoluzione n. 1373/2001 del Consiglio di sicurezza delle Nazioni Unite, il Comitato dà notizia a tale Stato degli esiti della richiesta e dell'eventuale adozione di misure di congelamento adottate con decreto del Ministro dell'economia e delle finanze.

3. Il decreto di cui al comma 1, avente efficacia fin dalla data della sua adozione, è pubblicato senza ritardo su apposita sezione del sito web del Ministero dell'economia e delle finanze e delle autorità di vigilanza di settore, in ragione delle rispettive attribuzioni. Del suddetto decreto verrà data notizia mediante avviso pubblicato nella Gazzetta Ufficiale della Repubblica Italiana.

(1) Articolo introdotto dall'art. 6, co. 1, lett. e), d.lgs. 25.5.2017, n. 90.

4 ter. Proposte di designazione di individui o entità alle Nazioni Unite e all'Unione europea [1].

1. Il Comitato può formulare alle competenti autorità internazionali delle Nazioni unite e dell'Unione europea, proposte di designazione di individui o entità da inserire nelle relative liste, sulla base delle informazioni fornite da autorità internazionali e Stati esteri, ovvero altrimenti acquisite.

2. Al fine di assicurare il coordinamento internazionale, il Comitato può altresì condividere la proposta di designazione con gli organismi che svolgono simili funzioni negli altri Paesi.

3. Il Comitato trasmette la proposta motivata di inserimento dei soggetti nelle liste di cui al comma 1, per il tramite del Ministero degli affari esteri e della cooperazione internazionale, ai competenti organismi delle Nazioni Unite o dell'Unione europea.

4. Nei casi di cui al presente articolo, il Comitato riceve, tramite il Ministero degli affari esteri e della cooperazione internazionale, comunicazione della decisione di inserimento nelle liste internazionali e comunitarie delle entità e degli individui cittadini o residenti in Italia e ne dà loro comunicazione secondo quanto disposto dall'articolo 4-*quater*.

(1) Articolo introdotto dall'art. 6, co. 1, lett. e), d.lgs. 25.5.2017, n. 90.

4 quater. Procedimento di designazione [1].

1. Il Comitato, al fine della presentazione della proposta di inserimento dei soggetti nelle liste di cui agli articoli 4-*bis* e 4-*ter*, tiene conto:

a) dell'esistenza di elementi di fatto che indichino una partecipazione attiva, o di supporto, di individui o entità ad attività terroristiche;
b) dell'esistenza di un procedimento penale o di provvedimenti di natura giurisdizionale a carico del designando;
c) della idoneità degli elementi informativi raccolti ad assicurare, secondo criteri di ragionevolezza, la corretta identificazione dei soggetti indicati, al fine di evitare il possibile coinvolgimento di soggetti diversi con generalità identiche o simili;
d) di eventuali relazioni tra i soggetti di cui si propone il congelamento ed individui o entità già inseriti nelle liste;
e) dell'adozione, nei confronti dello stesso soggetto, di altre misure sanzionatorie previste in ottemperanza alle risoluzioni del Consiglio di sicurezza delle Nazioni Unite ai sensi del capitolo VII della Carta delle Nazioni Unite, ed alle posizioni comuni dell'Unione europea, per contrastare e reprimere il finanziamento del terrorismo e l'attività di Paesi che minacciano la pace e la sicurezza internazionale;
f) di ogni informazione rilevante in suo possesso.

2. Per le finalità di cui al presente articolo, le forze di polizia, trasmettono proposta motivata di segnalazione di soggetti al Comitato, con l'indicazione:

a) dei fatti accertati ed i riscontri emersi nell'attività di indagine;
b) del ruolo, dei capi di imputazione e dell'impianto probatorio a carico di ciascun indagato;

c) delle fonti e tecniche di finanziamento dell'attività terroristica;
d) degli elementi utili per la corretta identificazione dei soggetti segnalati;
e) di ogni altro elemento indiziario o probatorio che ritengano opportuno.

3. Alla proposta di cui al comma 2 sono allegati copia degli eventuali provvedimenti giurisdizionali, una nota informativa, anche in lingua inglese, corredata, nei casi di cui all'articolo 4-*ter*, dagli ulteriori documenti richiesti dalle procedure internazionali di designazione. Alla proposta sono, altresì, allegate le schede dei soggetti di cui si chiede l'inserimento nelle liste di cui al presente decreto, contenenti:
a) le generalità;
b) i rapporti di parentela;
c) il luogo di residenza e di domicilio;
d) i precedenti penali e di polizia.

4. Il Comitato può richiedere alla Guardia di finanza l'acquisizione dei precedenti fiscali e lo sviluppo degli accertamenti riguardanti la posizione economica, finanziaria e patrimoniale dei soggetti in via di designazione.

(1) Articolo introdotto dall'art. 6, co. 1, lett. e), d.lgs. 25.5.2017, n. 90.

4 quinquies. Notifica di avvenuta iscrizione nelle liste e aggiornamenti [1].

1. Il Comitato, avvalendosi del Nucleo speciale di polizia valutaria della Guardia di finanza notifica agli interessati, con le modalità di cui agli articoli 137 e seguenti del codice di procedura civile e di cui agli articoli 3-*bis*, 45 e 48 del decreto legislativo 7 marzo 2005, n. 82, e successive modificazioni, l'avvenuto inserimento dei nominativi nelle liste di cui agli articoli 4, 4-*bis* e 4-*ter*, rendendo noti i seguenti elementi:
a) la parte pubblica dei motivi che sono a fondamento della decisione di inserimento;
b) le misure di congelamento loro imposte;
c) gli effetti delle misure di congelamento e le sanzioni per la loro inosservanza;
d) i casi in cui è possibile chiedere la cancellazione dalle liste;
e) l'autorità, nazionale ed internazionale, competente a ricevere la richiesta di cancellazione;
f) i presupposti e le modalità per richiedere l'autorizzazione in deroga;
g) le autorità, nazionali, comunitarie ed internazionali, competenti a ricevere i ricorsi avverso i provvedimenti adottati.

2. La Segreteria del Comitato comunica a tutte le Amministrazioni rappresentate in seno al Comitato medesimo l'avvenuto inserimento nelle liste del nominativo di individui o entità.

3. L'UIF cura la diffusione dell'inserimento nelle liste dei soggetti sia presso gli intermediari bancari e finanziari sia presso i collegi e gli ordini professionali.

4. Al fine di assicurare l'aggiornamento delle informazioni e verificare la permanenza delle condizioni che hanno determinato l'inserimento nelle liste, il Comitato riesamina periodicamente la posizione dei soggetti inseriti nelle liste internazionali, comunitarie e nazionali, sulla base di quanto stabilito dagli organismi internazionali, dall'Unione europea e dal Ministro dell'economia e delle finanze.

(1) Articolo introdotto dall'art. 6, co. 1, lett. e), d.lgs. 25.5.2017, n. 90.

4 sexies. Procedura di cancellazione dalle liste [1].

1. Nei casi di cui agli articoli 4 e 4-*ter* il Comitato, di propria iniziativa o su richiesta motivata del soggetto interessato ovvero nell'ambito delle procedure internazionali e comunitarie, formula al Comitato sanzioni presso le Nazioni Unite e al Consiglio dell'Unione europea proposte di cancellazione dalle liste internazionali e comunitarie di individui o entità, per il tramite del Ministero degli affari esteri e della cooperazione internazionale.

2. Nei casi di cancellazione dalle liste di cui all'articolo 4-*ter*, prima di presentare la proposta, il Comitato ne dà comunicazione, per il tramite del Ministero degli affari esteri e della cooperazione internazionale, allo Stato designante.

3. Nei casi di cui all'articolo 4-*bis*, il Comitato, di propria iniziativa o su richiesta motivata del soggetto interessato formula al Ministro dell'economia e delle finanze, proposte di cancellazione dalle liste nazionali di individui ed entità.

4. Al fine della presentazione delle proposte di cancellazione di cui ai commi 1 e 3 del presente articolo, il Comitato tiene conto dell'esito dell'eventuale procedimento penale e di ogni altro elemento rilevante che indichi l'assenza di un coinvolgimento attuale in qualsiasi attività che abbia finalità di terrorismo, di sviluppo dei programmi di proliferazione delle armi di distruzione di massa e di minaccia della pace e della sicurezza internazionale.

5. Il Comitato, avvalendosi del Nucleo speciale di polizia valutaria della Guardia di finanza notifica agli interessati, con le modalità di cui agli articoli 137 e seguenti del codice di procedura civile e di cui agli articoli 3-*bis*, 45 e 48 del decreto legislativo 7 marzo 2005, n. 82, e successive modificazioni, la cancellazione dei nominativi dalle liste di cui agli articoli 4, 4-*bis* e 4-*ter*. In caso di cancellazione dalle liste, il Comitato si avvale del Nucleo speciale di polizia valutaria della Guardia di finanza al fine di informare l'Agenzia del demanio per gli adempimenti di cui all'articolo 12, comma 12, del presente decreto.

6. La UIF cura la diffusione della cancellazione dalle liste dei soggetti sia presso gli intermediari sia presso i collegi e gli ordini professionali.

(1) Articolo introdotto dall'art. 6, co. 1, lett. e), d.lgs. 25.5.2017, n. 90.

4 septies. Procedure di esenzione dal congelamento dei fondi e delle risorse economiche [1].

1. Il Comitato, tenuto conto delle modalità e delle necessità specificamente individuate dalla normativa europea ed internazionale di riferimento, individua le modalità operative di autorizzazione all'esenzione. Il Comitato indica altresì la documentazione che l'interessato è tenuto a produrre a corredo dell'istanza di esenzione.

2. Il Comitato, avvalendosi del Nucleo speciale di polizia valutaria della Guardia di finanza notifica agli interessati, con le modalità di cui agli articoli 137 e seguenti del codice di procedura civile e di cui agli articoli 3-*bis*, 45 e 48 del decreto legislativo 7 marzo 2005, n. 82, e successive integrazioni e modificazioni, l'esenzione disposta ai sensi del presente articolo.

3. In caso di esenzione, il Comitato si avvale del Nucleo speciale di polizia valutaria della Guardia di finanza al fine di informare l'Agenzia del demanio per gli adempimenti di cui all'articolo 12, comma 12 del presente decreto.

4. La UIF cura la diffusione del provvedimento di esenzione sia presso gli intermediari sia presso i collegi e gli ordini professionali.

(1) Articolo introdotto dall'art. 6, co. 1, lett. e), d.lgs. 25.5.2017, n. 90.

5. Effetti del congelamento di fondi e di risorse economiche [1].

1. I fondi sottoposti a congelamento non possono costituire oggetto di alcun atto di trasferimento, disposizione o utilizzo.

2. Le risorse economiche sottoposte a congelamento non possono costituire oggetto di alcun atto di trasferimento, disposizione o, al fine di ottenere in qualsiasi modo fondi, beni o servizi, utilizzo, fatte salve le attribuzioni conferite all'Agenzia del demanio ai sensi dell'articolo 12.

3. Sono nulli gli atti posti in essere in violazione dei divieti di cui ai commi 1 e 2.

4. È vietato mettere direttamente o indirettamente fondi o risorse economiche a disposizione dei soggetti designati o stanziarli a loro vantaggio.

5. È vietata la partecipazione consapevole e deliberata ad attività aventi l'obiettivo o il risultato, diretto o indiretto, di aggirare le misure di congelamento.

6. Il congelamento è efficace dalla data di entrata in vigore dei regolamenti comunitari ovvero dal giorno successivo alla data di pubblicazione nella Gazzetta Ufficiale della Repubblica italiana dei decreti di cui agli articoli 4 e 4-*bis*.

7. Il congelamento non pregiudica gli effetti di eventuali provvedimenti di sequestro o confisca, adottati nell'ambito di procedimenti penali o amministrativi, aventi ad oggetto i medesimi fondi o le stesse risorse economiche.

8. Il congelamento dei fondi e delle risorse economiche o l'omissione o il rifiuto della prestazione di servizi finanziari ritenuti in buona fede conformi al presente decreto non comportano alcun genere di responsabilità per la persona fisica o giuridica, il gruppo o l'entità che lo applica, né per i suoi direttori o dipendenti, a meno che si dimostri che il congelamento è stato determinato da negligenza.

(1) Articolo modificato dall'art. 14, co. 4, d.l. 29.11.2008, n. 185 poi sostituito dall'art. 6, co. 1, lett. f), d.lgs. 25.5.2017, n. 90.

6. Adempimenti a carico delle Amministrazioni che curano la tenuta dei pubblici registri [1].

1. Le amministrazioni dello Stato e gli altri enti pubblici che curano la tenuta di pubblici registri, in possesso di informazioni relative alle risorse economiche congelate, ne danno comunicazione all'Unità di informazione finanziaria ed al Nucleo speciale polizia valutaria della Guardia di finanza [2].

2. In relazione a quanto stabilito dal comma 1, il Comitato stabilisce intese con le amministrazioni e gli altri enti pubblici che curano la tenuta di pubblici registri.

(1) Rubrica sostituita dall'art. 6, co. 1, lett. g), d.lgs. 25.5.2017, n. 90.

(2) Comma modificato dall'art. 63, co. 6 quater, d.lgs. 21.11.2007, n. 231, come modificato dall'art. 27, co. 1, lett. a), d.lgs. 13.8.2010, n. 141, come modificato dall'art. 18, co. 1, d.lgs. 19.9.2012, n. 169.

7. Obblighi di comunicazione [1].

1. I soggetti obbligati ai sensi del decreto legislativo 21 novembre 2007, n. 231, e successive modificazioni, comunicano alla UIF, le misure applicate ai sensi del presente decreto, indicando i soggetti coinvolti, l'ammontare e la natura dei fondi o delle risorse economiche. La comunicazione è effettuata entro trenta giorni dalla data di entrata in vigore dei regolamenti comunitari, delle decisioni degli organismi internazionali e dell'Unione europea di cui all'articolo 4-*ter* e dei decreti di cui gli articoli 4 e 4-*bis* ovvero, se successiva, dalla data di detenzione dei fondi e delle risorse economiche.

2. I soggetti di cui al comma 1 comunicano tempestivamente alla UIF i dati relativi a operazioni o rapporti, nonché ogni altra informazione disponibile riconducibili ai soggetti designati ovvero a quelli in via di designazione, anche sulla base delle indicazioni fornite dal Comitato.

3. Limitatamente alle misure aventi ad oggetto risorse economiche, le comunicazioni di cui al presente articolo sono effettuate anche al Nucleo speciale di polizia valutaria della Guardia di finanza.

(1) Articolo modificato dall'art. 63, co. 6 quater, d.lgs. 21.11.2007, n. 231, come modificato dall'art. 27, co. 1, lett. a), d.lgs. 13.8.2010, n. 141, come modificato dall'art. 18, co. 1, d.lgs. 19.9.2012, n. 169 poi sostituito dall'art. 6, co. 1, lett. h), d.lgs. 25.5.2017, n. 90.

8. Obblighi di segnalazione.

[1. Gli obblighi di segnalazione di operazioni sospette previsti dalla legge antiriciclaggio per i soggetti indicati nell'articolo 2 del decreto legislativo 20 febbraio 2004, n. 56, si applicano ai medesimi soggetti anche in relazione alle operazioni ed ai rapporti che, in base alle informazioni disponibili, possano essere riconducibili ad attività di finanziamento del terrorismo] [1].

(1) Articolo abrogato dall'art. 64, co. 1, lett. h), d.lgs. 21.11.2007, n. 231.

9. Compiti della Banca d'Italia.

[1. La Banca d'Italia, sentito l'Ufficio italiano dei cambi, d'intesa con le autorità di vigilanza di settore nell'ambito delle rispettive competenze, emana istruzioni applicative ai sensi dell'articolo 3-*bis*, comma 4, della legge antiriciclaggio, per l'individuazione delle operazioni sospette di cui all'articolo 8 e per la predisposizione di procedure di esame delle operazioni, anche con l'utilizzo di strumenti informatici e telematici] [1].

(1) Articolo abrogato dall'art. 64, co. 1, lett. h), d.lgs. 21.11.2007, n. 231.

13. Disposizioni sanzionatorie [1].

1. Salvo che il fatto costituisca reato, la violazione delle disposizioni di cui all'articolo 5, commi 1, 2, 4 e 5 è punita con una sanzione amministrativa pecuniaria da 5.000 euro ad 500.000 euro.

2. La violazione delle disposizioni di cui all'articolo 7 è punita con una sanzione amministrativa pecuniaria da 500 euro ad 25.000 euro.

3. Salvo che il fatto costituisca reato, è punita con una sanzione amministrativa pecuniaria da 5000 euro a 500.000 euro qualsiasi violazione delle disposizioni restrittive previste dai regolamenti comunitari di cui all'articolo 1, comma 1, lettera g), del presente decreto, nonché qualsiasi violazione degli obblighi di notifica o di richiesta di autorizzazione all'Autorità competente di ciascun Stato membro. In relazione alle sanzioni amministrative pecuniarie di cui al presente articolo, la responsabilità solidale di cui all'articolo 6 della legge 24 novembre 1981, n. 689, sussiste anche quando l'autore della violazione non è univocamente identificabile, ovvero quando lo stesso non è più perseguibile ai sensi della legge medesima.

(1) Articolo modificato dall'art. 64, co. 1, lett. h), d.lgs. 21.11.2007, n. 231 poi sostituito dall'art. 6, co. 1, lett. o), d.lgs. 25.5.2017, n. 90.

13 bis. Misure ulteriori [1].

1. Nei casi di violazioni gravi o ripetute o sistematiche ovvero plurime delle disposizioni indicate dall'articolo 13, il decreto che irroga le sanzioni è pubblicato senza ritardo e per estratto, su apposita sezione del sito web del Ministero dell'economia e delle finanze ovvero delle autorità di vigilanza di settore, in ragione delle attribuzioni e delle le modalità attuative di rispettiva pertinenza. La pubblicazione per estratto reca indicazione delle violazioni accertate, delle disposizioni violate, dei soggetti sanzionati, delle sanzioni rispettivamente applicate nonché, nel caso in cui sia adita l'autorità giudiziaria, dell'avvio dell'azione giudiziaria e dell'esito della stessa. Le informazioni pubblicate restano sul sito web per un periodo di cinque anni.

2. Ferma la discrezionalità dell'amministrazione procedente in ordine alla valutazione della proporzionalità della misura rispetto alla violazione sanzionata, non si dà luogo alla pubblicazione nel caso in cui essa possa comportare rischi per la stabilità dei mercati finanziari o pregiudicare lo svolgimento di un'indagine in corso. Qualora detti impedimenti abbiano carattere temporaneo, la pubblicazione può essere differita al momento in cui essi siano venuti meno.

(1) Articolo introdotto dall'art. 6, co. 1, lett. p), d.lgs. 25.5.2017, n. 90.

13 ter. Criteri per l'applicazione delle sanzioni [1].

1. Nell'applicazione delle sanzioni amministrative pecuniarie o *delle misure ulteriori* previste nel presente titolo il Ministero dell'economia e delle finanze e le autorità di vigilanza di settore, per i profili di rispettiva competenza, considerano ogni circostanza rilevante e, in particolare:

a) il valore dell'operazione effettuata in violazione delle disposizioni indicate dall'articolo 13;
b) la gravità e durata della violazione;
c) il grado di responsabilità della persona fisica o giuridica;
d) la capacità finanziaria della persona fisica o giuridica responsabile;
e) l'entità del vantaggio ottenuto o delle perdite evitate per effetto della violazione, nella misura in cui siano determinabili;
f) l'entità del pregiudizio cagionato a terzi per effetto della violazione, nella misura in cui sia determinabile;
g) il livello di cooperazione con le autorità competenti prestato dalla persona fisica o giuridica responsabile;
h) le precedenti violazioni delle disposizioni di cui al presente decreto.

2. Le sanzioni di cui all'articolo 13 possono essere ridotte fino ad un terzo se il soggetto sanzionato collabora attivamente con le competenti autorità nel corso dell'accertamento.

3. Nei casi di violazioni gravi o ripetute o sistematiche ovvero plurime delle disposizioni indicate dall'articolo 13, tenuto conto della rilevanza della violazione e del comportamento tenuto dal soggetto obbligato, le sanzioni amministrative pecuniarie ivi previste sono aumentate sino al triplo.

4. Chi, con più azioni od omissioni esecutive di un medesimo disegno, commette, anche in tempi diversi, più violazioni della stessa o di diverse disposizioni indicate dall'articolo 13, soggiace alla sanzione prevista per la violazione più grave, aumentata sino al triplo.

(1) Articolo introdotto dall'art. 6, co. 1, lett. p), d.lgs. 25.5.2017, n. 90.

13 quater. Procedimento sanzionatorio [1].

1. Le autorità di vigilanza di settore, le amministrazioni interessate, la UIF, la Guardia di finanza e l'Agenzia delle dogane e dei monopoli, ciascuna nell'ambito delle proprie attribuzioni, anche sulla base di quanto previsto dal decreto legislativo 21 novembre 2007, n. 231, e successive modificazioni, e di cui al presente decreto, accertano e contestano le violazioni delle disposizioni indicate dall'articolo 13 del presente decreto.

2. La violazione è contestata immediatamente al trasgressore ed al soggetto obbligato in solido al pagamento della sanzione pecuniaria. Quando la contestazione immediata non è possibile, il verbale di contestazione è notificato secondo quanto previsto dall'articolo 14 della legge 24 novembre 1981, n. 689, a pena di estinzione dell'obbligazione di pagare la somma dovuta per la violazione.

3. L'atto di contestazione di cui al comma 2 è trasmesso al Ministero dell'economia e delle finanze per l'adempimento delle sue funzioni istituzionali.

4. Alle violazioni delle disposizioni indicate dall'articolo 13 non è applicabile il pagamento in misura ridotta, previsto dall'articolo 16 della legge 24 novembre 1981, n. 689.

5. Gli interessati possono presentare scritti difensivi e documenti al Ministero dell'economia e delle finanze nonché chiedere di essere sentiti secondo quanto previsto dall'articolo 18 della legge 24 novembre 1981, n. 689.

6. Il Ministero dell'economia e delle finanze determina, con decreto motivato, la somma dovuta per la violazione e ne ingiunge il pagamento, precisandone modalità e termini secondo quanto previsto dall'articolo 18 della legge 24 novembre 1981, n. 689.

7. Il decreto di cui al comma 6 è adottato dal Ministero dell'economia e delle finanze nel termine perentorio di due anni dalla data in cui riceve i verbali di contestazione.

8. L'Amministrazione ha facoltà di chiedere valutazioni tecniche di organi o enti competenti, che provvedono entro quarantacinque giorni dal ricevimento della richiesta.

9. In caso di richiesta di audizione, ai sensi del comma 5, o in caso di richiesta di valutazioni tecniche, di cui al comma 8, il termine di cui al comma 7 è prorogato di sessanta giorni. La mancata emanazione del decreto nel termine indicato al comma 7 comporta l'estinzione dell'obbligazione al pagamento delle somme dovute per le violazioni contestate.

10. I provvedimenti di sequestro eventualmente adottati perdono efficacia nel caso in cui il decreto di cui al comma 6 non sia emanato nel termine di un anno dalla data di ricevimento dei verbali di contestazione.

11. Il Ministero informa il Comitato dei provvedimenti sanzionatori emessi ai sensi del presente articolo.

12. Il Ministero notifica agli interessati il decreto di cui al comma 6, secondo quanto previsto dall'articolo 18 della legge 24 novembre 1981, n. 689, nonché con le modalità di cui agli articoli 137 e seguenti del codice di procedura civile e dagli articoli 3-*bis*, 45 e 48 del decreto legislativo 7 marzo 2005, n. 82, e successive modificazioni.

13. Ai procedimenti sanzionatori di cui al presente articolo si applicano, salvo che non sia diversamente previsto e in quanto compatibili, le disposizioni di cui alla legge n. 689/1981.

(1) Articolo introdotto dall'art. 6, co. 1, lett. p), d.lgs. 25.5.2017, n. 90.

14. Strumenti di tutela (1).

1. I decreti sanzionatori, adottati ai sensi del presente decreto, sono assoggettati alla giurisdizione del giudice ordinario. È competente, in via esclusiva, il Tribunale di Roma. Si applicano, in quanto compatibili, le disposizioni di cui all'articolo 152-*bis* delle disposizioni per l'attuazione del codice di procedura civile e, le spese liquidate, in favore dell'amministrazione, affluiscono ai fondi destinati all'incentivazione del personale.

2. Qualora nel corso dell'esame del ricorso si evidenzi che la decisione dello stesso dipende dalla cognizione di atti per i quali sussiste il segreto dell'indagine o il segreto di Stato, il procedimento è sospeso fino a quando l'atto o i contenuti essenziali dello stesso non possono essere comunicati all'Autorità giurisdizionale. Qualora la sospensione si protragga per un tempo superiore a due anni, l'Autorità giurisdizionale può fissare un termine entro il quale il Comitato è tenuto a produrre nuovi elementi per la decisione o a revocare il provvedimento impugnato. Decorso il predetto termine l'Autorità giurisdizionale decide allo stato degli atti.

(1) Articolo modificato dall'art. 3, co. 21, dell'Allegato 4 al d.lgs. 2.7.2010, n. 104 e poi sostituito dall'art. 6, co. 1, lett. q), d.lgs. 25.5.2017, n. 90.

7. L. 30 giugno 2009, n. 85. – Adesione della Repubblica italiana al Trattato concluso il 27 maggio 2005 tra il Regno del Belgio, la Repubblica federale di Germania, il Regno di Spagna, la Repubblica francese, il Granducato di Lussemburgo, il Regno dei Paesi Bassi e la Repubblica d'Austria, relativo all'approfondimento della cooperazione transfrontaliera, in particolare allo scopo di contrastare il terrorismo, la criminalità transfrontaliera e la migrazione illegale (Trattato di Prum). Istituzione della banca dati nazionale del DNA e del laboratorio centrale per la banca dati nazionale del DNA. Delega al Governo per l'istituzione dei ruoli tecnici del Corpo di polizia penitenziaria. Modifiche al codice di procedura penale in materia di accertamenti tecnici idonei ad incidere sulla libertà personale (*artt. 1-23*)

In Gazzetta Ufficiale 13 luglio 2009, n. 160

Capo I
Disposizioni generali

1. Autorizzazione all'adesione.

1. Il Presidente della Repubblica è autorizzato ad aderire al Trattato concluso il 27 maggio 2005 tra il Regno del Belgio, la Repubblica federale di Germania, il Regno di Spagna, la Repubblica francese, il Granducato di Lussemburgo, il Regno dei Paesi Bassi e la Repubblica d'Austria, relativo all'approfondimento della cooperazione transfrontaliera, in particolare allo scopo di contrastare il terrorismo, la criminalità transfrontaliera e la migrazione illegale (Trattato di Prum), di seguito denominato «Trattato».

2. Ordine di esecuzione.

1. Piena ed intera esecuzione è data al Trattato, a decorrere dal novantesimo giorno successivo al deposito dello strumento di adesione, in conformità a quanto disposto dall'articolo 51, paragrafo 3, dello stesso Trattato.

3. Autorità di riferimento per le attività previste dal Trattato).

1. Le autorità di riferimento per le attività previste dai Trattato sono individuate con uno o più decreti del Ministro dell'interno e del Ministro della giustizia.

4. Risarcimento del danno.

1. Fermo restando quanto previsto dall'articolo 30 del Trattato, quando agenti di una Parte contraente operano nel territorio nazionale, lo Stato italiano provvede al risarcimento dei danni causati dal personale straniero limitatamente a quelli derivanti dallo svolgimento delle attività svolte conformemente al medesimo Trattato.

Capo II
Istituzione della banca dati nazionale del DNA e del laboratorio centrale per la banca dati nazionale del DNA

5. Istituzione della banca dati nazionale del DNA e del laboratorio centrale per la banca dati nazionale del DNA.

1. Al fine di facilitare l'identificazione degli autori dei delitti, presso il Ministero dell'interno, Dipartimento della pubblica sicurezza, è istituita la banca dati nazionale del DNA.

2. Presso il Ministero della giustizia, Dipartimento dell'amministrazione penitenziaria, è istituito il laboratorio centrale per la banca dati nazionale del DNA.

6. Definizioni.

1. Ai fini della presente legge si intendono per:

a) «DNA»: acido desossiribonucleico, depositario della informazione genetica, sotto forma di una sequenza lineare di nucleotidi, portatore dell'informazione ereditaria;

b) «profilo del DNA»: sequenza alfa numerica ricavata dai DNA e caratterizzante ogni singolo individuo;

c) «campione biologico»: quantità di sostanza biologica prelevata sulla persona sottoposta a tipizzazione del profilo del DNA;

d) «reperto biologico»: materiale biologico acquisito sulla scena di un delitto o comunque su cose pertinenti al reato;

e) «trattamento»: qualunque operazione o complesso di operazioni effettuate anche senza l'ausilio di strumenti elettronici, concernenti la raccolta, la registrazione, l'organizzazione, la conservazione, la consultazione, l'elaborazione, la modificazione, la selezione, la tipizzazione, il raffronto, l'utilizzo, l'interconnessione, il blocco, la comunicazione, la diffusione, la cancellazione e la distruzione di dati;

f) «accesso»: consultazione, anche informatica, dei dati e delle informazioni contenute nella banca dati;

g) «dati identificativi»: dati personali che permettono l'identificazione diretta dell'interessato;

h) «tipizzazione»: complesso delle operazioni tecniche di laboratorio che conducono alla produzione del profilo del DNA.

7. Attività della banca dati nazionale del DNA.

1. La banca dati nazionale del DNA provvede alle seguenti attività:

a) raccolta del profilo del DNA dei soggetti di cui all'articolo 9, commi 1 e 2;

b) raccolta dei profili del DNA relativi a reperti biologici acquisiti nel corso di procedimenti penali;

c) raccolta dei profili del DNA di persone scomparse o loro consanguinei, di cadaveri e resti cadaverici non identificati;

d) raffronto dei profili del DNA a fini di identificazione.

8. Attività del laboratorio centrale per la banca dati nazionale del DNA.

1. Il laboratorio centrale per la banca dati nazionale del DNA provvede alle seguenti attività:

a) tipizzazione del profilo del DNA dei soggetti di cui all'articolo 9, commi 1 e 2;

b) conservazione dei campioni biologici dai quali sono tipizzati i profili del DNA.

9. Prelievo di campione biologici e tipizzazione del profilo del DNA.

1. Ai fini dell'inserimento del profilo del DNA nella banca dati nazionale del DNA, sono sottoposti a prelievo di campioni biologici:

a) i soggetti ai quali sia applicata la misura della custodia cautelare in carcere o quella degli arresti domiciliari;

b) i soggetti arrestati in flagranza di reato o sottoposti a fermo di indiziato di delitto;

c) i soggetti detenuti o internati a seguito di sentenza irrevocabile, per un delitto non colposo;

d) i soggetti nei confronti dei quali sia applicata una misura alternativa alla detenzione a seguito di sentenza irrevocabile, per un delitto non colposo;

e) i soggetti ai quali sia applicata, in via provvisoria o definitiva, una misura di sicurezza detentiva.

2. Il prelievo di cui al comma 1 può essere effettuato esclusivamente se si procede nei confronti dei soggetti di cui al comma 1 per delitti, non colposi, per i quali è consentito l'arresto facoltativo in flagranza. Il prelievo non può essere effettuato se si procede per i seguenti reati:

a) reati di cui al libro II titolo III, capo I, tranne quelli di cui agli articoli 368, 371- *bis*, 371-*ter*, 372, 374 aggravato ai sensi dell'articolo 375, 378 e 379, e capo II, tranne quello di cui all'articolo 390, del codice penale;

b) reati di cui al libro II, titolo VII capo I, tranne quelli di cui all'articolo 453, e capo II, del codice penale;

c) reati di cui al libro II titolo VIII, capo I tranne quelli di cui all'articolo 499, e capo II, tranne quello di cui all'articolo 513-*bis*, del codice penale;

d) reati di cui al libro II, titolo XI, capo I, del codice penale;

e) reati di cui al regio decreto 16 marzo 1942, n. 267;

f) reati previsti dal codice civile;

g) reati in materia tributaria;

h) reati previsti dal testo unico delle disposizioni in materia di intermediazione finanziaria, di cui al decreto legislativo 24 febbraio 1998, n. 58.

3. Nel caso di arresto in flagranza di reato o di fermo di indiziato di delitto, il prelievo è effettuato dopo la convalida da parte del giudice.

4. I soggetti indicati al comma 1 sono sottoposti a prelievo di campioni di mucosa del cavo orale a cura del personale specificamente addestrato delle Forze di polizia o di personale sanitario ausiliario di polizia giudiziaria.

5. Le operazioni sono eseguite nel rispetto della dignità, del decoro e della riservatezza di chi vi è sottoposto. Delle operazioni di prelievo è redatto verbale.

6. Il campione prelevato è immediatamente inviato, a cura del personale procedente, al laboratorio centrale di cui all'articolo 5, comma 2, per la tipizzazione del relativo profilo e la successiva trasmissione alla banca dati del DNA.

10. Profili del DNA tipizzati da reperti biologici acquisiti nel corso di procedimenti penali.

1. Se, nel corso del procedimento penale, a cura dei laboratori delle Forze di polizia o di altre istituzioni di elevata specializzazione, sono tipizzati profili del DNA da reperti biologici a mezzo di accertamento tecnico, consulenza tecnica o perizia, l'autorità giudiziaria procedente dispone la trasmissione degli stessi alla banca dati nazionale del DNA, per la raccolta e i confronti.

2. Se non sono state effettuate le analisi di cui al comma 1, dopo il passaggio in giudicato della sentenza, ovvero in seguito all'emanazione del decreto di archiviazione, il pubblico ministero competente ai sensi dell'articolo 655, comma 1, del codice di procedura penale può chiedere al giudice dell'esecuzione di ordinare la trasmissione dei reperti ad un laboratorio delle Forze di polizia ovvero di due istituzioni di elevata specializzazione per la tipizzazione dei profili e la successiva trasmissione degli stessi alla banca dati nazionale del DNA.

11. Metodologia di analisi di reperti e campioni biologici ai fini della tipizzazione del profilo da inserire nella banca dati nazionale del DNA.

1. L'analisi del campione e del reperto biologico ai fini della tipizzazione del profilo del DNA, destinato all'inserimento nella banca dati nazionale del DNA, è eseguita sulla base dei parametri riconosciuti a livello internazionale e indicati dall'European Network of Forensic Science Institutes (ENFSI), in modo da assicurare l'uniformità degli stessi.

2. I profili del DNA possono essere inseriti nella banca dati nazionale del DNA solo se tipizzati in laboratori certificati a norma ISO/IEC.

3. I sistemi di analisi sono applicati esclusivamente alle sequenze del DNA che non consentono la identificazione delle patologie da cui può essere affetto l'interessato.

12. Trattamento e accesso ai dati; tracciabilità dei campioni.

1. I profili del DNA e i relativi campioni non contengono le informazioni che consentono l'identificazione diretta del soggetto cui sono riferiti.

2. L'accesso ai dati contenuti nella banca dati nazionale del DNA è consentito alla polizia giudiziaria e all'autorità giudiziaria esclusivamente per fini di identificazione personale, nonché per le finalità di collaborazione internazionale di polizia. L'accesso ai dati contenuti nel laboratorio centrale per la banca dati nazionale del DNA è consentito ai medesimi soggetti e per le medesime finalità, previa autorizzazione dell'autorità giudiziaria.

3. Il trattamento e l'accesso ai dati contenuti nella banca dati nazionale del DNA e nel laboratorio centrale per la banca dati nazionale del DNA sono effettuati con modalità tali da assicurare l'identificazione dell'operatore e la registrazione di ogni attività. È altresì assicurata la registrazione di ogni attività concernente i campioni.

4. Il trattamento e l'accesso ai dati contenuti nella banca dati nazionale del DNA e nel laboratorio centrale per la banca dati nazionale del DNA sono riservati al personale espressamente autorizzato.

5. Il personale addetto alla banca dati nazionale del DNA e al laboratorio centrale per la banca dati nazionale del DNA è tenuto al segreto per gli atti, i dati e le informazioni di cui sia venuto a conoscenza a causa o nell'esercizio delle proprie funzioni.

13. Cancellazione dei dati e distruzione dei campioni biologici.

1. A seguito di assoluzione con sentenza definitiva perché il fatto non sussiste, perché l'imputato non lo ha commesso, perché il fatto non costituisce reato o perché il fatto non è previsto dalla legge come reato è disposta d'ufficio la cancellazione dei profili del DNA acquisiti ai sensi dell'articolo 9 e la distruzione dei relativi campioni biologici.

2. A seguito di identificazione di cadavere o di resti cadaverici, nonché del ritrovamento di persona scomparsa, è disposta d'ufficio la cancellazione dei profili del DNA acquisiti ai sensi dell'articolo 7, comma 1, lettera c), e la distruzione dei relativi campioni biologici.

3. Quando le operazioni di prelievo sono state compiute in violazione delle disposizioni previste dall'articolo 9, si procede d'ufficio alla cancellazione del profilo del DNA e alla distruzione del relativo campione biologico.

4. In ogni altro caso, il profilo del DNA resta inserito nella banca dati nazionale del DNA per i tempi stabiliti nel regolamento d'attuazione, d'intesa con il Garante per la protezione dei dati personali, e comunque non oltre quaranta anni dall'ultima circostanza che ne ha determinato l'inserimento, e il campione biologico è conservato per i tempi stabiliti nel regolamento di attuazione, d'intesa con il Garante per la protezione dei dati personali, e comunque non oltre venti anni dall'ultima circostanza che ne ha determinato il prelievo.

14. Sanzioni.

1. Il pubblico ufficiale che comunica o fa uso di dati ed informazioni in violazione delle disposizioni di cui al presente capo, o al di fuori dei fini previsti dallo stesso capo, è punito, salvo che il fatto costituisca più grave reato, con la reclusione da uno a tre anni.

2. Se il fatto è commesso per colpa, la pena è della reclusione fino a sei mesi.

15. Istituzioni di garanzia.

1. Il controllo sulla banca dati nazionale del DNA è esercitato dal Garante per la protezione dei dati personali, nei modi previsti dalla legge e dai regolamenti vigenti.

2. Il Comitato nazionale per la biosicurezza, le biotecnologie e le scienze della vita (CNBBSV) garantisce l'osservanza dei criteri e delle norme tecniche per il funzionamento del laboratorio centrale per la banca dati nazionale del DNA ed esegue, sentito il Garante per la protezione dei dati personali, verifiche presso il medesimo laboratorio centrale e i laboratori che lo alimentano. formulando suggerimenti circa i compiti svolti, le procedure adottate, i criteri di sicurezza e le garanzie previste, nonché ogni altro aspetto ritenuto utile per il miglioramento del servizio.

3. il Garante per la protezione dei dati personali e il CNBBSV provvedono all'espletamento dei compiti di cui ai commi 1 e 2 nell'ambito delle risorse umane, strumentali e finanziane già in dotazione agli stessi.

16. Regolamenti di attuazione.

1. Con uno o più regolamenti adottati, entro quattro mesi dalla data di entrata in vigore della presente legge, ai sensi dell'articolo 17, comma 2, della legge 23 agosto 1988, n. 400, su proposta del Ministro della giustizia, del Ministro dell'interno e del Ministro del lavoro, della salute e delle politiche sociali, di concerto con il Ministro della difesa, con il Ministro dell'economia e delle finanze e con il Ministro delle politiche agricole alimentari e forestali, sentiti il Garante per la protezione dei dati personali e il CNBBSV, sono disciplinati, in conformità ai principi e ai criteri direttivi della presente legge:

a) *il funzionamento e l'organizzazione* della banca dati nazionale del DNA e del laboratorio centrale per la banca dati nazionale del DNA, le modalità di trattamento e di accesso per via informatica e telematica ai dati in essi raccolti, nonché le modalità di comunicazione dei dati e delle informazioni richieste;

b) le tecniche e le modalità di analisi e conservazione dei campioni biologici, nonché, nel rispetto delle disposizioni di cui all'articolo 13, comma 4, i tempi di conservazione dei campioni biologici e dei profili del DNA;

c) le attribuzioni del responsabile della banca dati nazionale del DNA e del responsabile del laboratorio centrale per la banca dati nazionale del DNA, nonche le competenze tecnico-professionali del personale ad essa addetto;

d) le modalità e i termini di esercizio dei poteri conferiti dall'articolo 15 al CNBBSV;

e) le modalità di cancellazione dei profili del DNA e di distruzione dei relativi campioni biologici nei casi previsti dall'articolo 13;

f) i criteri e le procedure da seguire per la cancellazione dei profili del DNA e la distruzione dei relativi campioni biologici, anche a seguito di riscontro positivo tra i profili del DNA oggetto di verifica, al fine di evitare la conservazione, nella banca dati e nel laboratorio centrale, di più profili del DNA e più campioni biologici relativi al medesimo soggetto.

2. Gli schemi dei regolamenti di cui al comma 1 sono trasmessi alle Camere, ai fini dell'espressione dei pareri da parte delle Commissioni competenti per materia. I pareri sono resi entro il termine di quindici giorni dalla data di trasmissione, decorso il quale i regolamenti sono adottati anche in mancanza dei pareri. Qualora detto termine venga a scadere nei quindici giorni antecedenti allo spirare del termine previsto dall'alinea del comma 1 o successivamente, la scadenza di quest'ultimo è prorogata di trenta giorni.

17. Norme transitorie.

1. I profili del DNA ricavati da reperti acquisiti nel corso di procedimenti penali anteriormente alla data di entrata in vigore della presente legge, previo nulla osta dell'autorità giudiziaria, sono trasferiti dalle Forze di polizia alla banca dati nazionale del DNA entro il 31 dicembre 2021 (1).

2. Il prelievo di campione biologico nei confronti dei soggetti di cui all'articolo 9, già detenuti o internati alla data di entrata in vigore della presente legge, è effettuato a cura della polizia penitenziaria entro il termine di un anno.

3. Fino all'istituzione e al funzionamento del laboratorio centrale per la banca dati nazionale del DNA, e comunque entro un anno dalla data di entrata in vigore della presente legge, il Dipartimento dell'amministrazione penitenziaria può stipulare, nei limiti delle risorse assegnate dall'articolo 32, convenzioni non rinnovabili, e di durata tale da non superare il termine di tre anni a decorrere dalla data di entrata in vigore della presente legge, con i seguenti soggetti:

a) istituzioni di elevata specializzazione, per l'esecuzione, anche presso laboratori esterni che rispondano ai requisiti di cui all'articolo 11, delle attività di cui all'articolo 8, comma 1, lettera a);
b) singole Forze di polizia, per lo svolgimento di specifici programmi di formazione ed addestramento.

(1) Comma modificato dall'art. 1, co. 1123, lett. f), l. 27.12.2017, n. 205; successivamente dall'art. 1, co. 1140, lett. a), l. 30.12.2018, n. 145, dall'art. 9, co. 2, d.l. 30.12.2019, n. 162, conv., con modif., dalla l. 28.2.2020, n. 8 e, infine, dall'art. 9, co. 1, d.l. 31.12.2020, n. 183, conv., con modif., dalla l. 26.2.2021, n. 21.

18. Istituzione dei ruoli tecnici del Corpo di polizia penitenziaria.

1. Il Governo è delegato ad adottare, entro un anno dalla data di entrata in vigore della presente legge, uno o più decreti legislativi per provvedere alla integrazione dell'ordinamento del personale del Corpo di polizia penitenziaria mediante l'istituzione di ruoli tecnici nei quali inquadrare il personale da impiegare nelle attività del laboratorio centrale di cui all'articolo 5, comma 2. I decreti legislativi previsti dal presente comma sono adottati su proposta del Ministro della giustizia, di concerto con il Ministro dell'economia e delle finanze e con il Ministro per la pubblica amministrazione e l'innovazione. Gli schemi dei decreti legislativi sono trasmessi al Parlamento, ai fini dell'espressione dei pareri da parte delle Commissioni competenti per materia e per le conseguenze di carattere finanziario che sono resi entro il termine di trenta giorni dalla data di trasmissione, decorso il quale i decreti sono adottati anche in mancanza dei pareri. Qualora detto termine venga a scadere nei trenta giorni antecedenti allo spirare del termine previsto dal primo periodo del presente comma o successivamente, la scadenza di quest'ultimo è prorogata di sessanta giorni.

2. Nell'esercizio della delega di cui al comma 1, il Governo si attiene ai seguenti principi e criteri direttivi:
a) suddivisione del personale che svolge attività tecnico-scientifica o tecnica anche di carattere esecutivo, attinente ai servizi di polizia penitenziaria, in ruoli da determinare in relazione alle funzioni attribuite e ai contenuti di professionalità richiesti; determinazione delle qualifiche e delle corrispondenti funzioni;
b) suddivisione del personale che esplica mansioni di carattere professionale, per il cui esercizio è richiesta l'iscrizione in appositi albi, in ruoli da determinare in relazione alle funzioni attribuite e ai contenuti di professionalità richiesti; determinazione delle qualifiche e delle conispondenti funzioni;
c) previsione che l'accesso alle qualifiche iniziali di ciascun ruolo e il relativo avanzamento in carriera avvengano mediante le medesime procedure previste per i corrispondenti ruoli tecnici o similari della Polizia di Stato;
d) disciplina dello stato giuridico del personale, e in particolare del comando presso altre amministrazioni, dell'aspettativa, del collocamento a disposizione, delle incompatibilità, dei rapporti informativi e dei congedi, secondo criteri che tengano conto delle specifiche esigenze dei servizi di polizia e della necessità che la suddetta disciplina non preveda trattamenti di stato inferiori rispetto a quelli degli altri dipendenti civili dello Stato;
e) attribuzione, ove occorra e limitatamente alle funzioni esercitate delle qualità di agente e ufficiale di polizia giudiziaria e di pubblica sicurezza al personale che svolge attività tecnico-scientifica e che esplica mansioni di carattere professionale in relazione al ruolo di appartenenza.

19. Informazione al Parlamento sulle attività della banca dati nazionale del DNA e del laboratorio centrale per la medesima banca dati.

1. I Ministri dell'interno e della giustizia informano il Parlamento, con cadenza annuale, in ordine alle attività svolte, nel periodo di riferimento, rispettivamente dalla banca dati nazionale del DNA e dal laboratorio centrale per la medesima banca dati, nonché in ordine allo stato di attuazione delle norme previste dal presente capo per le parti di rispettiva competenza.

Capo III
Scambio di informazioni e altre forme di cooperazione

20. Scambio informativo dei dati del DNA e di dati personali.

1. Le disposizioni di cui agli articoli da 2 a 7 del Trattato, concernenti lo scambio informativo dei profili del DNA, e quelle contenenti lo scambio informativo dei dati dattiloscopici, di quelli contenuti nei registri di immatricolazione dei veicoli, nonché di quelli relativi alle manifestazioni sportive, di cui agli articoli 8, 9, 12 e 15 del Trattato, si applicano conformemente al codice in materia di protezione dei dati personali, di cui al decreto legislativo 30 giugno 2003, n. 196, e successive modificazioni.

21. Utilizzo di guardie armate a bordo degli aeromobili.

1. Ai fini dell'applicazione dell'articolo 17 del Trattato, entro sessanta giorni dalla data di entrata in vigore della presente legge, le competenti autorità nazionali propongono alle competenti autorità delle Parti contraenti e degli altri Stati che hanno aderito al Trattato la stipula di un accordo separato, ai sensi del citato articolo 17, paragrafo 5, anche al fine di integrare le informazioni di cui all'allegato 1 dello stesso Trattato.

2. L'autorizzazione generale di porto d'armi d'ordinanza e di munizioni, di cui all'articolo 18, paragrafo 1, del Trattato, consente il trasporto sul territorio nazionale delle relative armi dall'uscita dall'aeromobile fino al luogo di deposito nelle zone di sicurezza, di cui al medesimo articolo 18, paragrafo 2.

22. Status e poteri dei componenti di operazioni comuni.

1. Ai fini dell'attuazione dell'articolo 24 del Trattato, gli appartenenti agli organi di polizia degli altri Stati contraenti che partecipano sul territorio nazionale ad operazioni comuni, distaccati dalle autorità rispettivamente competenti, possono svolgere le funzioni previste dall'atto costitutivo delle unità miste, sottoscritto dall'autorità di pubblica sicurezza individuata ai sensi dell'articolo 3 della presente legge, nei limiti consentiti dalle disposizioni di legge o di regolamento in vigore nel temtorio dello Stato. Agli stessi soggetti, nei medesimi limiti, sono attribuite le funzioni di agente di pubblica sicurezza e di agente di polizia giudiziaria.

2. Salvo che sia diversamente stabilito dall'atto costitutivo, il porto nel territorio dello Stato delle armi e delle attrezzature di cui all'articolo 28 del Trattato è autorizzato ai sensi dell'articolo 9 della legge 21 febbraio 1990, n. 36, e successive modicazioni.

23. Poteri in caso di interventi d'urgenza sul territorio nazionale.

1. Ai fini dell'attuazione dell'articolo 25 del Trattato:

a) la facoltà d'intervento ivi prevista si intende riferita alle situazioni di emergenza in cui un eventuale ritardo rischia di favorire il verificarsi dell'evento dannoso;

b) gli appartenenti agli organi di polizia dello Stato contraente confinante possono utilizzare solo per legittima difesa le medesime armi previste per gli appartenenti alle unità miste di cui all'articolo 22 della presente legge.

2. Nel caso in cui la misura provvisoria del fermo di una persona è disposta, ai sensi dell'articolo 25, paragrafo 1, del Trattato, dagli appartenenti agli organi di polizia dello Stato contraente confinante, si applicano le disposizioni di cui all'articolo 5 della legge 30 settembre 1993, n. 388.

8. L. 15 luglio 2009, n. 94. – Disposizioni in materia di sicurezza pubblica (*art. 3, commi 34-36*)

In Gazzetta Ufficiale 24 luglio 2009, n. 170

3. – 34. Quando si procede per un delitto consumato o tentato con finalità di terrorismo anche internazionale ovvero per un reato aggravato ai sensi dell'articolo 1 del decreto-legge 15 dicembre 1979, n. 625, convertito, con modificazioni, dalla legge 6 febbraio 1980, n. 15, e successive modificazioni, e sussistono concreti e specifici elementi che consentano di ritenere che l'attività di organizzazioni, di associazioni, movimenti o gruppi favorisca la commissione dei medesimi reati, può essere disposta cautelativamente, ai sensi dell'articolo 3 della legge 25 gennaio 1982, n. 17, la sospensione di ogni attività associativa. La richiesta è presentata al giudice competente per il giudizio in ordine ai predetti reati, il quale decide entro dieci giorni. Avverso il provvedimento è ammesso ricorso ai sensi del quinto comma del medesimo articolo 3 della legge n. 17 del 1982. Il ricorso non sospende l'esecuzione del provvedimento impugnato.

35. Il provvedimento di cui al comma 34 è revocato in ogni momento quando vengano meno i presupposti indicati nel medesimo comma.

36. Quando con sentenza irrevocabile sia accertato che l'attività di organizzazioni, di associazioni, movimenti o gruppi abbia favorito la commissione di taluno dei reati di cui al comma 34, il Ministro dell'interno ordina con decreto lo scioglimento dell'organizzazione, associazione, movimento o gruppo e dispone la confisca dei beni, ove non sia già disposta in sentenza.

9. D.L. 18 febbraio 2015, n. 7, convertito, con modificazioni, in L. 17 aprile 2015, n. 43. – Misure urgenti per il contrasto del terrorismo, anche di matrice internazionale, nonché proroga delle missioni internazionali delle Forze armate e di polizia, iniziative di cooperazione allo sviluppo e sostegno ai processi di ricostruzione e partecipazione alle iniziative delle Organizzazioni internazionali per il consolidamento dei processi di pace e di stabilizzazione (*artt. 4 bis, 5 bis, 8*)

In Gazzetta Ufficiale 19 febbraio 2015, n. 41

Capo I
Norme per il contrasto del terrorismo anche internazionale

4 bis. Disposizioni in materia di conservazione dei *dati di traffico telefonico e telematico* [(1)].

1. I dati relativi al traffico telefonico o telematico, esclusi comunque i contenuti di comunicazione, detenuti dagli operatori dei servizi di telecomunicazione alla data di entrata in vigore della legge di conversione del presente decreto, nonché quelli relativi al traffico telefonico o telematico effettuato successivamente a tale data, sono conservati, in deroga a quanto stabilito dall'articolo 132, comma 1, del codice di cui al decreto legislativo 30 giugno 2003, n. 196, e successive modificazioni, fino al 30 giugno 2017, per le finalità di accertamento e di repressione dei reati di cui agli articoli 51, comma 3-*quater*, e 407, comma 2, lettera a), del codice di procedura penale [(2) (3)].

2. I dati relativi alle chiamate senza risposta, effettuate a decorrere dalla data di entrata in vigore della legge di conversione del presente decreto, trattati temporaneamente da parte dei fornitori di servizi di comunicazione elettronica accessibile al pubblico oppure di una rete pubblica di comunicazione, sono conservati fino al 30 giugno 2017 [(4) (5)].

3. Le disposizioni di cui ai commi 1 e 2 cessano di applicarsi a decorrere dal 1° luglio 2017 [(6)].

(1) Articolo introdotto dall'art. 1, co. 1, l. 17.4.2015, n. 43, in sede di conversione.
(2) Comma sostituito dall'art. 4 quater, co. 1, lett. a), d.l. 30.12.2015, n. 210, conv., con modif., dalla l. 25.2.2016, n. 21.
(3) A norma dell'art. 24, co. 1, l. 20.11.2017, n. 167 (l. Europea 2017), il termine di conservazione dei dati di traffico telefonico e telematico nonché dei dati relativi alle chiamate senza risposta, qui previsto è stabilito in settantadue mesi, in deroga a quanto stabilito dall'art. 132, co. 1 e 1 bis, del codice in materia di protezione dei dati personali, di cui al d.lgs. 30.6.2003, n. 196.
(4) Comma modificato dall'art. 4 quater, co. 1, lett. b), d.l. 30.12.2015, n. 210, conv., con modif., dalla l. 25.2.2016, n. 21.
(5) A norma dell'art. 24, co. 1, l. 20.11.2017, n. 167 (l. Europea 2017), il termine di conservazione dei dati di traffico telefonico e telematico nonché dei dati relativi alle chiamate senza risposta, qui previsto è stabilito in settantadue mesi, in deroga a quanto stabilito dall'art. 132, co. 1 e 1 bis, del codice in materia di protezione dei dati personali, di cui al d.lgs. 30.6.2003, n. 196.
(6) Comma modificato dall'art. 4 quater, co. 1, lett. c), d.l. 30.12.2015, n. 210, conv., con modif., dalla l. 25.2.2016, n. 21.

5 bis. Affidamento in custodia giudiziale di prodotti energetici sottoposti a sequestro [(1)].

1. Al fine di potenziare l'attività di controllo del territorio per contrastare il terrorismo, anche internazionale, e di accrescere la sicurezza pubblica ed economico-finanziaria a tutela del bilancio pubblico, l'autorità giudiziaria può affidare in custodia giudiziale alle Forze di polizia e al Corpo nazionale dei vigili del fuoco, ove ne facciano richiesta, per l'impiego nelle relative attività, i prodotti energetici idonei alla carburazione e alla lubrificazione, sottoposti a sequestro penale per violazione degli articoli 40 e 49 del testo unico delle disposizioni legislative concernenti le imposte sulla produzione e sui consumi e relative sanzioni penali e amministrative, di cui al decreto legislativo 26 ottobre 1995, n. 504, e successive modificazioni. Nel caso di dissequestro dei prodotti, all'avente diritto è corrisposto un indennizzo calcolato sulla base del valore medio del prezzo al consumo, riferito al momento del sequestro, come rilevato periodicamente dal Ministero dello sviluppo economico ovvero, in mancanza, da pubblicazioni specializzate di settore.

(1) Articolo introdotto dall'art. 1, co. 1, l. 17.4.2015, n. 43, in sede di conversione.

8. Disposizioni in materia di garanzie funzionali e di tutela, anche processuale, del personale e delle strutture dei servizi di informazione per la sicurezza.

1. All'articolo 497, comma 2-*bis*, del codice di procedura penale, dopo le parole: «di polizia esteri,» sono inserite le seguenti: «i dipendenti dei servizi di informazione per la sicurezza,» e dopo le parole: «della legge 16 marzo 2006, n. 146,» sono inserite le seguenti: «e della legge 3 agosto 2007, n. 124,».

2. Fino al 31 dicembre 2024 [(1)]:

a) non possono essere autorizzate, ai sensi dell'articolo 18 della legge 3 agosto 2007, n. 124, condotte previste dalla legge come reato per le quali non è opponibile il segreto di Stato a norma dell'articolo 39, comma 11, della medesima legge n. 124 del 2007, ad eccezione delle fattispecie di cui agli articoli 270, secondo comma, 270-*ter*, 270-*quater*, 270-*quater*.1, 270-*quinquies*, 270-*quinquies*.1, 302, 306, secondo comma, e 414, quarto comma, del codice penale [(2)];
b) con le modalità di cui all'articolo 23, comma 2, della legge 3 agosto 2007, n. 124, e successive modificazioni, la qualifica di agente di pubblica sicurezza, con funzione di polizia di prevenzione, può essere attribuita anche al personale delle Forze armate, che non ne sia già in possesso, il quale sia adibito, ai sensi dell'articolo 12 della medesima legge n. 124 del 2007, al concorso alla tutela delle strutture e del personale del Dipartimento delle informazioni per la sicurezza (DIS) o dei Servizi di informazione per la sicurezza;
c) le identità di copertura, di cui all'articolo 24, comma 1, della legge 3 agosto 2007, n. 124, possono essere utilizzate negli atti dei procedimenti penali di cui all'articolo 19 della medesima legge n. 124 del 2007, dandone comunicazione con modalità riservate all'autorità giudiziaria procedente contestualmente all'opposizione della causa di giustificazione;
d) fermo restando quanto previsto dall'articolo 497, comma 2-*bis*, del codice di procedura penale, l'autorità giudiziaria, su richiesta del direttore generale del DIS o dei direttori dell'Agenzia informazioni e sicurezza esterna (AISE) o dell'Agenzia informazioni e sicurezza interna (AISI), quando sia necessario mantenerne segreta la reale identità nell'interesse della sicurezza della Repubblica o per tutelarne l'incolumità, autorizza gli addetti agli organismi di cui agli articoli 4, 6 e 7 della legge 3 agosto 2007, n. 124, e successive modificazioni, a deporre in ogni stato o grado di procedimento con identità di copertura [(3)].

2-*bis*. È affidato all'AISE il compito di svolgere attività di informazione, anche mediante assetti di ricerca elettronica, esclusivamente verso l'estero, a protezione degli interessi politici, militari, economici, scientifici e industriali della Repubblica italiana. Il Presidente del Consiglio dei ministri informa il Comitato parlamentare per la sicurezza della Repubblica con cadenza mensile circa le attività di ricerca elettronica [(4)].

(1) Alinea sostituito dall'art. 1, co. 1120, lett. d), l. 27.12.2017, n. 205, dall'art. 1, co. 15, d.l. 31.12.2020, n. 183, conv., con modif. dalla l. 26.2.2021, n. 21, dall'art. 1, co. 17, d.l. 30.12.2021, n. 228, conv., con modif., dalla l. 25.2.2022, n. 15, dall'art. 21, co. 1, d.l.

29.12.2022, n. 198, conv., con modif., dalla l. 24.2.2023, n. 14 e poi dall'art. 19, co. 1, d.l. 30.12.2023, n. 215, conv., con modif., dalla l. 23.2.2024, n. 18.

(2) Lettera modificata dall'art. 5, co. 1, l. 28.7.2016, n. 153.

(3) Comma sostituito dall'art. 1, co. 1, l. 17.4.2015, n. 43, in sede di conversione.

(4) Comma introdotto dall'art. 1, co. 1, l. 17.4.2015, n. 43, in sede di conversione.

10. L. 28 luglio 2016, n. 153. – Norme per il contrasto al terrorismo, nonché ratifica ed esecuzione: a) della Convenzione del Consiglio d'Europa per la prevenzione del terrorismo, fatta a Varsavia il 16 maggio 2005; b) della Convenzione internazionale per la soppressione di atti di terrorismo nucleare, fatta a New York il 14 settembre 2005; c) del Protocollo di Emendamento alla Convenzione europea per la repressione del terrorismo, fatto a Strasburgo il 15 maggio 2003; d) della Convenzione del Consiglio d'Europa sul riciclaggio, la ricerca, il sequestro e la confisca dei proventi di reato e sul finanziamento del terrorismo, fatta a Varsavia il 16 maggio 2005; e) del Protocollo addizionale alla Convenzione del Consiglio d'Europa per la prevenzione del terrorismo, fatto a Riga il 22 ottobre 2015 (*artt. 6-7*)

In Gazzetta Ufficiale 9 agosto 2016, n. 185

6. Punto di contatto ai sensi dell'articolo 7, paragrafo 4, della Convenzione internazionale per la soppressione di atti di terrorismo nucleare.

1. Il punto di contatto responsabile della trasmissione e della ricezione delle informazioni di cui all'articolo 7, paragrafo 4, della Convenzione di cui all'articolo 1, comma 1, lettera b), della presente legge è il Ministero della giustizia.

2. Quando procede in ordine a taluno dei reati di cui all'articolo 280-*ter* del codice penale, introdotto dall'articolo 4 della presente legge, il pubblico ministero comunica immediatamente al Ministro della giustizia l'avvenuto esercizio dell'azione penale.

3. Il pubblico ministero comunica altresì immediatamente al Ministro della giustizia l'avvenuta esecuzione di un provvedimento che applica la misura della custodia cautelare in carcere o gli arresti domiciliari nei confronti di persone indagate in ordine a taluno dei reati di cui all'articolo 280-*ter* del codice penale, introdotto dall'articolo 4 della presente legge, allegando copia del relativo provvedimento.

4. Nei procedimenti in ordine a taluno dei reati di cui articolo 280-*ter* del codice penale, introdotto dall'articolo 4 della presente legge, l'autorità giudiziaria procedente comunica immediatamente al Ministro della giustizia il passaggio in giudicato della sentenza ovvero il deposito del decreto di archiviazione, allegando copia del relativo provvedimento. Dà altresì immediata comunicazione al Ministro della giustizia del luogo dove i beni sono custoditi e delle modalità della loro conservazione, per le comunicazioni di cui all'articolo 18, paragrafo 6, della Convenzione di cui all'articolo 1, comma 1, lettera b), della presente legge.

5. Nei casi previsti dai commi 2, 3 e 4, primo periodo, il Ministro della giustizia comunica senza ritardo l'esercizio dell'azione penale, l'esito del procedimento ovvero l'adozione della misura cautelare agli Stati parte della Convenzione di cui all'articolo 1, comma 1, lettera b), interessati tramite il Segretario generale dell'Organizzazione delle Nazioni Unite. Nel caso di cui al comma 4, secondo periodo, il Ministro della giustizia informa senza ritardo il direttore generale dell'Agenzia internazionale per l'energia atomica.

7. Provvedimenti conseguenti nel caso di sequestro e confisca ai sensi dell'articolo 18 della Convenzione internazionale per la soppressione di atti di terrorismo nucleare.

1. L'autorità giudiziaria che dispone il sequestro di materia radioattiva o di un ordigno nucleare ovvero di un impianto nucleare, nei procedimenti relativi a taluno dei delitti di cui all'articolo 280-*ter* del codice penale, introdotto dall'articolo 4 della presente legge, ne dà immediata comunicazione al prefetto territorialmente competente, il quale, informati i Ministri dell'interno, dell'ambiente e della tutela del territorio e del mare e della salute e la Presidenza del Consiglio dei ministri – Dipartimento della protezione civile, su parere dell'ISIN, adotta i provvedimenti adeguati per la loro messa in sicurezza. In caso di urgenza il prefetto può comunque adottare i provvedimenti necessari.

2. I beni sequestrati o confiscati sono conferiti all'Operatore nazionale o al Servizio integrato di cui al decreto legislativo 6 febbraio 2007, n. 52, che provvede a gestirli sulla base delle indicazioni operative fornite dall'ISIN.

3. Nei casi in cui i beni mobili di cui al comma 1 devono essere restituiti a uno Stato parte della Convenzione di cui all'articolo 1, comma 1, lettera b), il Ministro dello sviluppo economico, sentito l'ISIN, vi provvede di concerto con i Ministri dell'interno, della giustizia e dell'ambiente e della tutela del territorio e del mare, stipulando, se del caso, specifici accordi.

11. Direttiva UE 15 marzo 2017, n. 541. – Lotta contro il terrorismo e che sostituisce la decisione quadro 2002/475/GAI del Consiglio e che modifica la decisione 2005/671/GAI del Consiglio

In Gazzetta Ufficiale 31 marzo 2017, n. 88

TITOLO I
Oggetto e definizioni

1. Oggetto.

La presente direttiva stabilisce norme minime relative alla definizione dei reati e delle sanzioni nell'ambito dei reati di terrorismo, dei reati riconducibili a un gruppo terroristico e dei reati connessi ad attività terroristiche nonché le misure di protezione, sostegno e assistenza per le vittime del terrorismo.

2. Definizioni.

Ai fini della presente direttiva si intende per:

1) «capitali»: attività di qualsiasi natura, materiali o immateriali, mobili o immobili, a prescindere dal modo in cui sono state acquisite, e documenti o strumenti giuridici in qualsiasi formato, anche elettronico o digitale, da cui risulti un diritto o un interesse riguardante tali attività, tra cui crediti bancari, assegni turistici (travellers cheques), assegni bancari, ordini di pagamento, azioni, titoli, obbligazioni, tratte, lettere di credito;
2) «persona giuridica»: soggetto avente personalità giuridica ai sensi del diritto applicabile, a eccezione degli Stati o di altre istituzioni pubbliche nell'esercizio dei pubblici poteri e delle organizzazioni internazionali pubbliche;
3) «gruppo terroristico»: un'associazione strutturata di più di due persone, stabile nel tempo, che agisce in modo concertato allo scopo di commettere reati di terrorismo; «associazione strutturata»: un'associazione che non si è costituita casualmente per la commissione estemporanea di un reato e che non deve necessariamente prevedere ruoli formalmente definiti per i suoi membri, continuità nella composizione o una struttura articolata.

TITOLO II
Reati di terrorismo e reati riconducibili a un gruppo terroristico

3. Reati di terrorismo.

1. Gli Stati membri adottano le misure necessarie affinché siano considerati reati di terrorismo i seguenti atti intenzionali, definiti reati in base al diritto nazionale che, per la loro natura o per il contesto in cui si situano, possono arrecare grave danno a un paese o a un'organizzazione internazionale, quando sono commessi con uno degli scopi elencati al paragrafo 2:

a) attentati alla vita di una persona che possono causarne il decesso;
b) attentati all'integrità fisica di una persona;
c) sequestro di persona o cattura di ostaggi;
d) distruzioni di vasta portata di strutture governative o pubbliche, sistemi di trasporto, infrastrutture, compresi i sistemi informatici, piattaforme fisse situate sulla piattaforma continentale ovvero di luoghi pubblici o di proprietà private che possono mettere in pericolo vite umane o causare perdite economiche considerevoli;
e) sequestro di aeromobili o navi o di altri mezzi di trasporto collettivo di passeggeri o di trasporto di merci;
f) fabbricazione, detenzione, acquisto, trasporto, fornitura o uso di esplosivi o armi, comprese armi chimiche, biologiche, radiologiche o nucleari, nonché ricerca e sviluppo di armi chimiche, biologiche, radiologiche o nucleari; [(1)]
g) rilascio di sostanze pericolose o il cagionare incendi, inondazioni o esplosioni i cui effetti mettano in pericolo vite umane;
h) manomissione o interruzione della fornitura di acqua, energia o altre risorse naturali fondamentali il cui effetto metta in pericolo vite umane;
i) interferenza illecita relativamente ai sistemi, ai sensi dell'articolo 4 della direttiva 2013/40/UE del Parlamento e del Consiglio nei casi in cui si applica l'articolo 9, paragrafo 3 o l'articolo 9, paragrafo 4, lettere b) o c), di tale direttiva in questione e interferenza illecita relativamente ai dati, di cui all'articolo 5 di tale direttiva nei casi in cui si applica l'articolo 9, paragrafo 4, lettera c), di tale direttiva;
j) minaccia di commettere uno degli atti elencati alle lettere da a) a i).

2. Gli scopi di cui al paragrafo 1 sono:

a) intimidire gravemente la popolazione;
b) costringere indebitamente i poteri pubblici o un'organizzazione internazionale a compiere o astenersi dal compiere un qualsiasi atto;
c) destabilizzare gravemente o distruggere le strutture

politiche, costituzionali, economiche o sociali fondamentali di un paese o di un'organizzazione internazionale.

(1) Così corretto con rettifica pubblicata in G.U.C.E L. *91 del 9.4.2018.*

4. Reati riconducibili a un gruppo terroristico.

Gli Stati membri adottano le misure necessarie affinché i seguenti atti, se intenzionali, siano punibili come reato:

a) direzione di un gruppo terroristico;

b) partecipazione alle attività di un gruppo terroristico, anche fornendogli informazioni o mezzi materiali, ovvero tramite qualsiasi forma di finanziamento delle sue attività nella consapevolezza che tale partecipazione contribuirà alle attività criminose del gruppo terroristico.

TITOLO III
Reati connessi ad attività terroristiche

5. Pubblica provocazione per commettere reati di terrorismo.

Gli Stati membri adottano le misure necessarie affinché sia punibile come reato, se compiuta intenzionalmente, la diffusione o qualunque altra forma di pubblica divulgazione di un messaggio, con qualsiasi mezzo, sia online che offline, con l'intento di istigare alla commissione di uno dei reati di cui all'articolo 3, paragrafo 1, lettere da a) a i), se tale comportamento, direttamente o indirettamente, ad esempio mediante l'apologia di atti terroristici, promuova il compimento di reati di terrorismo, creando in tal modo il pericolo che uno o più di tali reati possano essere commessi.

6. Reclutamento a fini terroristici.

Gli Stati membri adottano le misure necessarie per assicurare che sia punibile come reato, se compiuto intenzionalmente, l'atto di sollecitare un'altra persona a commettere o contribuire alla commissione di uno dei reati di cui all'articolo 3, paragrafo 1, lettere da a) ad i), o all'articolo 4.

7. Fornitura di addestramento a fini terroristici.

Gli Stati membri adottano le misure necessarie affinché sia punibile come reato, se compiuto intenzionalmente, l'atto di impartire istruzioni per la fabbricazione o l'uso di esplosivi, armi da fuoco o altre armi o sostanze nocive o pericolose ovvero altre tecniche o metodi specifici al fine di commettere o contribuire alla commissione di uno dei reati di cui all'articolo 3, paragrafo 1, lettere da a) a i), nella consapevolezza che le competenze trasmesse sono destinate ad essere utilizzate a tale scopo.

8. Ricezione di addestramento a fini terroristici.

Gli Stati membri adottano le misure necessarie affinché sia punibile come reato, se compiuto intenzionalmente, l'atto di ricevere istruzioni per la fabbricazione o l'uso di esplosivi, armi da fuoco o altre armi o sostanze nocive o pericolose ovvero altre tecniche o metodi specifici al fine di commettere o di contribuire alla commissione di uno dei reati di cui all'articolo 3, paragrafo 1, lettere da a) ad i).

9. Viaggi a fini terroristici.

1. Ciascuno Stato membro adotta le misure necessarie affinché sia punibile come reato, se compiuto intenzionalmente, l'atto di recarsi in un paese diverso da tale Stato membro, al fine di commettere o contribuire alla commissione di un reato di terrorismo di cui all'articolo 3, o di partecipare alle attività di un gruppo terroristico nella consapevolezza che tale partecipazione contribuirà alle attività criminose di tale gruppo di cui all'articolo 4, o di impartire o ricevere un addestramento a fini terroristici di cui agli articoli 7 e 8.

2. Ciascuno Stato membro adotta le misure necessarie affinché sia punibile come reato, se compiuta intenzionalmente, una delle condotte seguenti:

a) l'atto di recarsi in tale Stato membro al fine di commettere o contribuire alla commissione di un reato di terrorismo di cui all'articolo 3, o di partecipare alle attività di un gruppo terroristico nella consapevolezza che tale partecipazione contribuirà alle attività criminose di tale gruppo di cui all'articolo 4, o di impartire o ricevere un addestramento a fini terroristici di cui agli articoli 7 e 8; o

b) gli atti preparatori intrapresi da una persona che entri in tale Stato membro con l'intento di commettere o di contribuire alla commissione di un reato di terrorismo di cui all'articolo 3.

10. Organizzazione o agevolazione di viaggi a fini terroristici.

Gli Stati membri adottano le misure necessarie affinché siano punibili come reato, se compiuti intenzionalmente, tutti gli atti connessi all'organizzazione o agevolazione del viaggio di una persona a fini terroristici, come definito all'articolo 9, paragrafo 1, e all'articolo 9, paragrafo 2, lettera a), e nella consapevolezza che l'assistenza è prestata a tal fine.

11. Finanziamento del terrorismo.

1. Gli Stati membri adottano le misure necessarie affinché siano punibili come reato, se compiute intenzionalmente, la fornitura o la raccolta di capitali, in qualsiasi modo, direttamente o indirettamente, con l'intenzione che tali capitali siano utilizzati, o nella consapevolezza che saranno utilizzati, in tutto o in parte, per commettere o per contribuire alla commissione di uno dei reati di cui agli articoli da 3 a 10.

2. Qualora il finanziamento del terrorismo di cui al paragrafo 1 del presente articolo riguardi uno dei reati di cui agli articoli 3, 4 e 9, non è necessario che i capitali siano effettivamente utilizzati, in tutto o in parte, per commettere o per contribuire alla commissione di uno di tali reati, né occorre che l'autore sia a conoscenza del reato o dei reati specifici per i quali saranno utilizzati.

12. Altri reati connessi ad attività terroristiche.

Gli Stati membri adottano le misure necessarie affinché si configurino come reati connessi ad attività terroristiche i seguenti atti intenzionali:

a) furto aggravato allo scopo di commettere uno dei reati di cui all'articolo 3;
b) estorsione commessa allo scopo di commettere uno dei reati di cui all'articolo 3;
c) produzione o utilizzo di falsi documenti amministrativi allo scopo di commettere uno dei reati di cui all'articolo 3, paragrafo 1, lettere da a) a i), all'articolo 4, lettera b), e all'articolo 9.

TITOLO IV
Disposizioni generali relative ai reati di terrorismo, ai reati riconducibili a un gruppo terroristico e ai reati connessi ad attività terroristiche

13. Connessione con reati di terrorismo.

Affinché un reato di cui all'articolo 4 o al titolo III sia punibile non è necessario che un reato di terrorismo sia stato effettivamente commesso né è necessario, nei casi dei reati di cui agli articoli da 5 a 10 e all'articolo 12, stabilire un collegamento con un altro reato specifico elencato nella presente direttiva.

14. Concorso, istigazione e tentativo.

1. Gli Stati membri adottano le misure necessarie affinché sia punibile il concorso in uno dei reati di cui agli articoli da 3 a 8, e agli articoli 11 e 12.

2. Gli Stati membri adottano le misure necessarie affinché sia punibile l'istigazione a compiere uno dei reati di cui agli articoli da 3 a 12.

3. Gli Stati membri adottano le misure necessarie affinché sia punibile il tentativo di commettere uno dei reati di cui agli articoli 3, 6, 7, all'articolo 9, paragrafo 1, e all'articolo 9, paragrafo 2, lettera a), agli articoli 11 e 12, esclusi la detenzione di cui all'articolo 3, paragrafo 1, lettera f), e il reato di cui all'articolo 3, paragrafo 1, lettera j).

15. Sanzioni applicabili alle persone fisiche.

1. Gli Stati membri adottano le misure necessarie affinché i reati di cui agli articoli da 3 a 12 e all'articolo 14 siano punibili con sanzioni penali effettive, proporzionate e dissuasive che possono comportare la consegna o l'estradizione.

2. Gli Stati membri adottano le misure necessarie affinché i reati di terrorismo di cui all'articolo 3, e quelli elencati all'articolo 14, in quanto riconducibili a reati di terrorismo, siano punibili con pene detentive più severe di quelle previste per tali reati dal diritto nazionale in assenza della finalità specifica richiesta a norma dell'articolo 3, salvo qualora le pene previste siano già le pene massime contemplate dal diritto nazionale.

3. Gli Stati membri adottano le misure necessarie affinché i reati elencati all'articolo 4 siano punibili con la reclusione di durata massima non inferiore a 15 anni per i reati di cui all'articolo 4, lettera a), e non inferiore a otto anni per i reati di cui all'articolo 4, lettera b). Qualora il reato di terrorismo di cui all'articolo 3, paragrafo 1, lettera j), sia commesso da una persona alla direzione di un gruppo terroristico, come indicato all'articolo 4, lettera a), la pena massima non è inferiore a otto anni.

4. Gli Stati membri adottano le misure necessarie affinché, ove un reato di cui all'articolo 6 o 7 sia diretto verso un minore, si possa tenere conto di tale circostanza, conformemente al diritto nazionale, all'atto della pronuncia della pena.

16. Circostanze attenuanti.

Gli Stati membri possono adottare le misure necessarie affinché le sanzioni di cui all'articolo 15 possano essere ridotte nel caso in cui l'autore del reato:

a) rinunci all'attività terroristica; e
b) fornisca alle autorità amministrative o giudiziarie informazioni che esse non avrebbero potuto ottenere diversamente e che sono loro utili per:
   i) prevenire o attenuare gli effetti del reato;
   ii) identificare o consegnare alla giustizia gli altri autori del reato;
   iii) acquisire elementi di prova; o
   iv) impedire che siano commessi altri reati indicati agli articoli da 3 a 12 e all'articolo 14.

17. Responsabilità delle persone giuridiche.

1. Gli Stati membri adottano le misure necessarie affinché le persone giuridiche possano essere ritenute responsabili dei reati di cui agli articoli da 3 a 12 e all'articolo 14 commessi a loro vantaggio da qualsiasi soggetto, che agisca a titolo individuale o in quanto membro di un organo della persona giuridica e che detenga una posizione preminente in seno alla persona giuridica, basata su:

a) un potere di rappresentanza di detta persona giuridica;
b) la facoltà di adottare decisioni per conto della persona giuridica;
c) la facoltà di esercitare il controllo all'interno della persona giuridica.

2. Gli Stati membri adottano altresì le misure necessarie affinché le persone giuridiche possano essere ritenute responsabili quando la carenza di sorveglianza o controllo da parte di un soggetto di cui al paragrafo 1 del presente articolo abbia reso possibile la commissione di uno dei reati di cui agli articoli da 3 a 12 e all'articolo 14 a vantaggio della persona giuridica da parte di una persona soggetta alla sua autorità.

3. La responsabilità delle persone giuridiche prevista dai paragrafi 1 e 2 del presente articolo non esclude l'esercizio dell'azione penale nei confronti delle persone fisiche che siano autrici, istigatrici o complici di uno dei reati di cui agli articoli da 3 a 12 e all'articolo 14.

18. Sanzioni applicabili alle persone giuridiche.

Gli Stati membri adottano le misure necessarie affinché la persona giuridica ritenuta responsabile ai sensi dell'articolo 17 sia punibile con sanzioni effettive,

proporzionate e dissuasive, che comprendono sanzioni pecuniarie penali o non penali e che possono comprendere anche altre sanzioni quali:
a) l'esclusione dal godimento di contributi o sovvenzioni pubblici;
b) l'interdizione temporanea o permanente dall'esercizio di un'attività commerciale;
c) l'assoggettamento a vigilanza giudiziaria;
d) un provvedimento giudiziario di liquidazione;
e) la chiusura temporanea o permanente dei locali usati per commettere il reato.

19. Giurisdizione ed esercizio dell'azione penale.

1. Ciascuno Stato membro adotta le misure necessarie a stabilire la propria giurisdizione sui reati di cui agli articoli da 3 a 12 e all'articolo 14 nei casi seguenti:
a) il reato è commesso, anche solo parzialmente, nel suo territorio;
b) il reato è commesso a bordo di una nave battente bandiera di tale Stato membro o di un aeromobile ivi registrato;
c) l'autore del reato è un suo cittadino o residente;
d) il reato è commesso a vantaggio di una persona giuridica che ha sede nel suo territorio;
e) il reato è commesso contro le sue istituzioni o la sua popolazione o contro un'istituzione, un organismo, un ufficio o un'agenzia dell'Unione che ha sede nello Stato membro in questione.

Ciascuno Stato membro può estendere la propria giurisdizione quando il reato è stato commesso nel territorio di un altro Stato membro.

2. Nei casi in cui non si applica il paragrafo 1 del presente articolo ciascuno Stato membro può estendere la propria giurisdizione alla fornitura di addestramento a fini terroristici, di cui all'articolo 7 se l'autore del reato impartisce l'addestramento ai suoi cittadini o residenti. Lo Stato membro ne informa la Commissione.

3. Se un reato rientra nella giurisdizione di più Stati membri, ciascuno dei quali è legittimato a esercitare l'azione penale in relazione ai medesimi fatti, gli Stati membri in questione collaborano per stabilire quale di essi perseguirà gli autori del reato al fine di accentrare, se possibile, l'azione penale in un unico Stato membro. A tale scopo gli Stati membri possono avvalersi di Eurojust per agevolare la cooperazione tra le rispettive autorità giudiziarie e il coordinamento delle loro azioni.

Si tiene conto dei seguenti elementi:
a) lo Stato membro è quello nel cui territorio il reato è stato commesso;
b) lo Stato membro è quello di cui l'autore del reato ha la cittadinanza o in cui ha la residenza;
c) lo Stato membro è il paese di origine delle vittime;
d) lo Stato membro è quello nel cui territorio l'autore del reato è stato trovato.

4. Ciascuno Stato membro adotta le misure necessarie per stabilire la propria giurisdizione anche per i reati di cui agli articoli da 3 a 12 e all'articolo 14 se rifiuta di consegnare o di estradare verso un altro Stato membro o un paese terzo una persona indagata o condannata per uno di tali reati.

5. Ciascuno Stato membro provvede affinché sia stabilita la propria giurisdizione nei casi riguardanti un reato di cui agli articoli 4 e 14 commesso anche solo parzialmente nel suo territorio, a prescindere dal luogo in cui il gruppo terroristico è basato o svolge le sue attività criminose.

6. Il presente articolo non esclude l'esercizio della giurisdizione penale secondo quanto previsto da uno Stato membro conformemente al diritto nazionale.

20. Strumenti di indagine e confisca.

1. Gli Stati membri adottano le misure necessarie affinché le persone, le unità o i servizi incaricati delle indagini o dell'azione penale per i reati di cui agli articoli da 3 a 12 dispongano di strumenti di indagine efficaci, quali quelli utilizzati contro la criminalità organizzata o altre forme gravi di criminalità.

2. Gli Stati membri adottano le misure necessarie affinché le loro autorità competenti congelino o confischino, se del caso, in conformità della direttiva 2014/42/UE del Parlamento europeo e del Consiglio, i proventi derivati dall'atto di commettere o di contribuire alla commissione di uno dei reati di cui alla presente direttiva e i beni strumentali utilizzati o destinati a essere utilizzati a tal fine.

21. Misure per contrastare i contenuti online riconducibili alla pubblica provocazione.

1. Gli Stati membri adottano le misure necessarie per assicurare la tempestiva rimozione dei contenuti online ospitati nel loro territorio che costituiscono una pubblica provocazione per commettere un reato di terrorismo come indicato all'articolo 5. Si adoperano inoltre per ottenere la rimozione di tali contenuti ospitati al di fuori del loro territorio.

2. Gli Stati membri possono, qualora non fosse possibile rimuoverei alla fonte i contenuti di cui al paragrafo 1, adottare misure per bloccare l'accesso a tali contenuti agli utenti di Internet sul loro territorio.

3. Le misure relative alla rimozione e al blocco devono essere stabilite secondo procedure trasparenti e fornire idonee garanzie, in particolare al fine di assicurare che tali misure siano limitate allo stretto necessario e proporzionate e che gli utenti siano informati del motivo di tali misure. Le garanzie connesse alla rimozione o al blocco includono anche la possibilità di ricorrere per via giudiziaria.

22. Modifiche alla decisione 2005/671/GAI.

La decisione 2005/671/GAI è così modificata:
1) all'articolo 1, la lettera a) è sostituita dalla seguente:
«a) "reati di terrorismo": i reati di cui alla direttiva (UE) 2017/541 del Parlamento europeo e del Consiglio;
2) l'articolo 2 è così modificato:
a) il paragrafo 6 è sostituito dal seguente:
«6. Ciascuno Stato membro adotta le misure necessarie per garantire che le informazioni pertinenti rac-

colte dalle sue autorità competenti nel quadro di procedimenti penali collegati a reati di terrorismo siano accessibili il più rapidamente possibile alle autorità competenti di un altro Stato membro, quando dette informazioni potrebbero essere utilizzate a fini di prevenzione, accertamento, indagine o azione penale in relazione ai reati di terrorismo di cui alla direttiva (UE) 2017/541 in tale Stato membro, su richiesta o a titolo spontaneo, conformemente al diritto nazionale e ai pertinenti strumenti giuridici internazionali.»;

b) sono aggiunti i paragrafi seguenti:

«7. Il paragrafo 6 non si applica qualora la condivisione di informazioni comprometta le indagini in corso o la sicurezza di una persona, o qualora sia in contrasto con gli interessi essenziali della sicurezza dello Stato membro interessato;

8. Gli Stati membri adottano le misure necessarie affinché le loro autorità competenti adottino, all'atto del ricevimento delle informazioni di cui al paragrafo 6, misure tempestive conformemente al proprio diritto nazionale, secondo necessità.».

23. Diritti e libertà fondamentali.

1. La presente direttiva non pregiudica l'obbligo di rispettare i diritti fondamentali e i principi giuridici fondamentali sanciti dall'articolo 6 TUE.

2. Gli Stati membri possono stabilire le condizioni richieste dai principi fondamentali relativi alla libertà della stampa e di altri mezzi di comunicazione, e conformi a tali principi, che disciplinano i diritti e le responsabilità della stampa e degli altri mezzi di comunicazione, nonché le relative garanzie procedurali quando tali condizioni riguardano la determinazione o la limitazione della responsabilità.

TITOLO V
Disposizioni in materia di protezione e sostegno alle vittime del terrorismo e diritti delle stesse

24. Assistenza e sostegno alle vittime del terrorismo.

1. Gli Stati membri dispongono che le indagini o l'azione penale relative ai reati contemplati dalla presente direttiva non siano subordinate a una denuncia o accusa presentata da una vittima del terrorismo o da un'altra vittima del reato in questione, almeno nei casi in cui i reati siano stati commessi nel territorio dello Stato membro.

2. Gli Stati membri provvedono affinché siano posti in essere servizi di sostegno che affrontino le esigenze specifiche delle vittime del terrorismo in conformità della direttiva 2012/29/UE e che siano messi a disposizione di tali vittime immediatamente dopo un attentato terroristico e per tutto il tempo necessario. Tali servizi sono *forniti in aggiunta ai, o come parte integrante*, dei servizi generali di sostegno alle vittime, che possono avvalersi di entità già in attività che forniscono sostegno specialistico.

3. I servizi di sostegno devono essere in grado di fornire assistenza e sostegno alle vittime del terrorismo in funzione delle loro esigenze specifiche. I servizi hanno carattere riservato, sono gratuiti e facilmente accessibili a tutte le vittime del terrorismo. Essi comprendono, in particolare:

a) sostegno emotivo e psicologico, quali il sostegno e la consulenza psicologica per il trauma subito;

b) consulenza e informazioni su ogni pertinente questione giuridica, pratica o finanziaria, compreso il sostegno all'esercizio del diritto all'informazione delle vittime del terrorismo, di cui all'articolo 26;

c) assistenza per le richieste di indennizzo riguardanti il risarcimento delle vittime del terrorismo previsto dal diritto nazionale dello Stato membro interessato.

4. Gli Stati membri provvedono affinché siano posti in essere meccanismi o protocolli per l'attivazione di servizi di sostegno alle vittime del terrorismo nel quadro delle infrastrutture nazionali di risposta alle emergenze. Tali meccanismi o protocolli prevedono il coordinamento delle autorità, delle agenzie e degli organismi pertinenti per po*ter* fornire una risposta globale alle esigenze delle vittime e dei loro familiari immediatamente dopo un attentato terroristico e per tutto il tempo necessario, compresi mezzi adeguati che facilitino l'identificazione delle vittime e la comunicazione con esse e le loro famiglie.

5. Gli Stati membri provvedono affinché siano fornite cure mediche adeguate alle vittime del terrorismo immediatamente dopo un attentato terroristico e per tutto il tempo necessario. Gli Stati membri conservano il diritto di organizzare la somministrazione delle cure mediche alle vittime del terrorismo in funzione dei loro sistemi sanitari nazionali.

6. Gli Stati membri provvedono affinché le vittime del terrorismo che sono parti del procedimento penale abbiano accesso al patrocinio a spese dello Stato conformemente all'articolo 13 della direttiva 2012/29/UE. Gli Stati membri provvedono affinché si tenga debitamente conto delle circostanze e della gravità dell'illecito penale nelle condizioni e norme procedurali in base alle quali le vittime del terrorismo hanno accesso al patrocinio a spese dello Stato conformemente al diritto nazionale.

7. La presente direttiva si applica in aggiunta alle misure di cui alla direttiva 2012/29/UE e fatte salve dette misure.

25. Protezione delle vittime del terrorismo.

Gli Stati membri provvedono affinché siano disponibili misure destinate a proteggere le vittime del terrorismo e i loro familiari, in conformità della direttiva 2012/29/UE. Per determinare se e in quale misura tali persone debbano trarre beneficio da misure di protezione nel corso del procedimento penale, si presta particolare attenzione al rischio di intimidazione e di ritorsioni, nonché alla necessità di proteggere la dignità e l'integrità fisica delle vittime del terrorismo, anche durante gli interrogatori equando esse rendono testimonianza.

26. Diritti delle vittime del terrorismo residenti in un altro Stato membro.

1. Gli Stati membri dispongono che le vittime del terrorismo residenti in uno Stato membro diverso da quello in cui è stato commesso il reato di terrorismo abbiano accesso a informazioni sui loro diritti, sui servizi di sostegno disponibili e sui regimi di indennizzo nello Stato membro in cui il reato di terrorismo è stato commesso. A tal fine, gli Stati membri interessati adottano misure adeguate per agevolare la cooperazione tra le loro autorità competenti o le rispettive strutture che offrono sostegno specialistico per garantire alle vittime del terrorismo l'effettivo accesso a tali informazioni.

2. Gli Stati membri provvedono affinché tutte le vittime del terrorismo abbiano accesso, nel territorio dello Stato membro di residenza, all'assistenza e ai servizi di sostegno di cui all'articolo 24, paragrafo 3, lettere a) e b), anche se il reato di terrorismo è stato commesso in un altro Stato membro.

TITOLO VI
Disposizioni finali

27. Sostituzione della decisione quadro 2002/475/GAI.

La decisione quadro 2002/475/GAI è sostituita in relazione agli Stati membri vincolati dalla presente direttiva, fatti salvi gli obblighi di tali Stati membri relativi al termine per il recepimento della decisione quadro nel diritto nazionale.

In relazione agli Stati membri vincolati dalla presente direttiva, i riferimenti alla decisione quadro 2002/475/GAI si intendono fatti alla presente direttiva.

28. Recepimento.

1. Gli Stati membri mettono in vigore le disposizioni legislative, regolamentari e amministrative necessarie per conformarsi alla presente direttiva entro l'8 settembre 2018. Essi ne informano immediatamente la Commissione.

Le disposizioni adottate dagli Stati membri contengono un riferimento alla presente direttiva o sono corredate di un siffatto riferimento all'atto della pubblicazione ufficiale. Le modalità del riferimento sono stabilite dagli Stati membri.

2. Gli Stati membri comunicano alla Commissione il testo delle disposizioni fondamentali di diritto interno che adottano nel settore disciplinato dalla presente direttiva.

29. Relazioni.

1. Entro l'8 marzo 2020, la Commissione presenta al Parlamento europeo e al Consiglio una relazione in cui valuta in quale misura gli Stati membri abbiano adottato le disposizioni necessarie per conformarsi alla presente direttiva.

2. Entro l'8 settembre 2021, la Commissione presenta al Parlamento europeo e al Consiglio una relazione in cui valuta il valore aggiunto della presente direttiva riguardo alla lotta contro il terrorismo. Tale relazione valuta inoltre l'impatto della presente direttiva sui diritti e sulle libertà fondamentali, anche in materia di non discriminazione, sullo stato di diritto e sul livello di protezione e assistenza fornite alle vittime del terrorismo. La Commissione tiene conto delle informazioni trasmesse dagli Stati membri a norma della decisione 2005/671/GAI del Consiglio nonché di qualsiasi altra informazione pertinente relativa all'esercizio dei poteri conferiti dalle leggi antiterrorismo in relazione al recepimento e all'attuazione della presente direttiva. Sulla base di tale valutazione, la Commissione decide, se necessario, in merito al seguito adeguato.

30. Entrata in vigore.

La presente direttiva entra in vigore il ventesimo giorno successivo alla pubblicazione nella Gazzetta ufficiale dell'Unione europea.

31. Destinatari.

Gli Stati membri sono destinatari della presente direttiva conformemente ai trattati.

12. L. 20 novembre 2017, n. 167. – Disposizioni per l'adempimento degli obblighi derivanti dall'appartenenza dell'Italia all'Unione europea – Legge europea 2017 (*art. 24*)

In Gazzetta Ufficiale 27 novembre 2017, n. 277

24. Termini di conservazione dei dati di traffico telefonico e telematico.

1. In attuazione dell'articolo 20 della direttiva (UE) 2017/541 del Parlamento europeo e del Consiglio, del 15 marzo 2017, sulla lotta contro il terrorismo e che sostituisce la decisione quadro 2002/475/GAI del Consiglio, al fine di garantire strumenti di indagine efficace in considerazione delle straordinarie esigenze di contrasto del terrorismo, anche internazionale, per le finalità dell'accertamento e della repressione dei reati di cui agli articoli 51, comma 3-*quater*, e 407, comma 2, lettera a), del codice di procedura penale il termine di conservazione dei dati di traffico telefonico e telematico nonché dei dati relativi alle chiamate senza risposta, di cui all'articolo 4-*bis*, commi 1 e 2, del decreto-legge 18 febbraio 2015, n. 7, convertito, con modificazioni, dalla legge 17 aprile 2015, n. 43, è stabilito in settantadue mesi, in deroga a quanto previsto dall'articolo 132, commi 1 e 1-*bis*, del codice in materia di protezione dei dati personali, di cui al decreto legislativo 30 giugno 2003, n. 196.

TORTURA

1. D.Lgs. 15 dicembre 2017, n. 221. – Attuazione della delega al Governo di cui all'articolo 7 della legge 12 agosto 2016, n. 170, per l'adeguamento della normativa nazionale alle disposizioni della normativa europea ai fini del riordino e della semplificazione delle procedure di autorizzazione all'esportazione di prodotti e di tecnologie a duplice uso e dell'applicazione delle sanzioni in materia di embarghi commerciali, nonché per ogni tipologia di operazione di esportazione di materiali proliferanti (*artt. 1-2, 9-12, 16-21 bis*)

In Gazzetta Ufficiale 17 gennaio 2018, n. 13

1. Finalità ed ambito di applicazione.

1. Il presente decreto reca disposizioni di adeguamento dell'ordinamento interno a quello dell'Unione europea ed internazionale, con particolare riferimento alle disposizioni contenute nei seguenti regolamenti:

a) regolamento (UE) 2021/821 del Parlamento europeo e del Consiglio, del 20 maggio 2021, che istituisce un regime dell'Unione di controllo delle esportazioni, dell'intermediazione, dell'assistenza tecnica, del transito e del trasferimento di prodotti a duplice uso (rifusione) (1);

b) regolamento (UE) 2019/125 del Parlamento europeo e del Consiglio, del 16 gennaio 2019, relativo al commercio di determinate merci che potrebbero essere utilizzate per la pena di morte, per la tortura o per altri trattamenti o pene crudeli, inumani o degradanti (codificazione) (2);

c) regolamenti (UE) del Consiglio adottati ai sensi dell'articolo 215 del Trattato sul funzionamento dell'Unione europea, concernenti misure restrittive nei confronti di determinati Paesi terzi assoggettati ad embargo commerciale.

2. Il presente decreto non si applica ai materiali d'armamento di cui alla legge 9 luglio 1990, n. 185, né ai prodotti a duplice uso appositamente progettati o sviluppati, anche in conseguenza di modifiche sostanziali, per l'uso militare, in quanto ascrivibili alla categoria dei materiali d'armamento ai sensi delle vigenti disposizioni.

(1) Lettera sostituita dall'art. 23, co. 1, lett. a), n. 1), d.l. 13.6.2023, n. 69, conv., con modif., dalla l. 10.8.2023, n. 103.

(2) Lettera sostituita dall'art. 23, co. 1, lett. a), n. 2), d.l. 13.6.2023, n. 69, conv., con modif., dalla l. 10.8.2023, n. 103.

2. Definizioni.

1. Oltre alle definizioni contenute nei regolamenti di cui all'articolo 1, comma 1, e, per gli aspetti doganali, a quelle di cui al regolamento (UE) n. 952/2013 del Parlamento europeo e del Consiglio del 9 ottobre 2013, nonché sulla base di quanto previsto dalla normativa doganale unionale e dal decreto del Presidente della Repubblica 23 gennaio 1973, n. 43, ai fini del presente decreto valgono le definizioni seguenti:

a) per «regolamento duplice uso» s'intende il regolamento (UE) 2021/821 del Parlamento europeo e del Consiglio, del 20 maggio 2021, che istituisce un regime dell'Unione di controllo delle esportazioni, dell'intermediazione, dell'assistenza tecnica, del transito e del trasferimento di prodotti a duplice uso (rifusione (1);

b) per «regolamento antitortura» s'intende il regolamento (UE) 2019/125 del Parlamento europeo e del Consiglio, del 16 gennaio 2019, relativo al commercio di determinate merci che potrebbero essere utilizzate per la pena di morte, per la tortura o per altri trattamenti o pene crudeli, inumani o degradanti (codificazione) (2);

c) per «regolamenti (UE) concernenti misure restrittive» s'intendono le misure adottate ai sensi dell'articolo 215 del trattato sul funzionamento dell'Unione europea, concernenti misure restrittive nei confronti di determinati Paesi terzi assoggettati ad embargo commerciale;

d) «per azione comune» s'intende l'azione comune del Consiglio n. 2000/401/PESC del 22 giugno 2000, relativa al controllo dell'assistenza tecnica riguardante taluni fini militari;

e) per "prodotti a duplice uso listati" s'intendono i prodotti [,] elencati nell'allegato I del regolamento duplice uso (3);

f) per «prodotti a duplice uso non listati» s'intendono quei prodotti di cui all'articolo 3, paragrafo 2, del regolamento duplice uso, non elencati nell'allegato I del regolamento duplice uso, ma che possono comunque avere un utilizzo sia civile sia militare (4);

g) per «merci soggette al regolamento antitortura» s'intendono le merci elencate negli allegati II, III e IV del regolamento antitortura (5);

h) per «prodotti listati per effetto di misure restrittive unionali» s'intendono quei prodotti o quelle attività il cui commercio con determinati Paesi terzi è controllato conformemente ai regolamenti (UE) concernenti misure restrittive;

i) per «non proliferazione» s'intende l'attività volta a prevenire, rilevare e contrastare la realizzazione di armi di distruzione di massa, quali ordigni nucleari, armi chimiche, biologiche e radiologiche e correlati vettori. Sono incluse le iniziative tese ad individuare il traffico dei materiali connessi e di quelli cosiddetti dual use, nonché di tecnologie e know-how;

l) per «tecnologie o software di pubblico dominio» s'intendono le tecnologie o i software disponibili senza restrizioni per un'ulteriore diffusione;

m) per «ricerca scientifica di base» s'intendono quei lavori sperimentali o teorici intrapresi essenzialmente per acquisire nuove conoscenze dei principi fondamentali di fenomeni e fatti osservabili, non principalmente orientati verso obiettivi o scopi specifici pratici;

n) per "operatore" s'intende l'esportatore, l'importatore, l'intermediario o il prestatore di assistenza tecnica [6];

o) per «utilizzatore finale» s'intende qualsiasi persona fisica o giuridica che utilizzi definitivamente i prodotti controllati ai sensi del presente decreto.

(1) Lettera modificata dall'art. 23, co. 1, lett. a), n. 1), d.l. 13.6.2023, n. 69, conv., con modif., dalla l. 10.8.2023, n. 103.
(2) Lettera modificata dall'art. 23, co. 1, lett. a), n. 2), d.l. 13.6.2023, n. 69, conv., con modif., dalla l. 10.8.2023, n. 103.
(3) Lettera sostituita dall'art. 23, co. 1, lett. b), n. 1), d.l. 13.6.2023, n. 69, conv., con modif., dalla l. 10.8.2023, n. 103.
(4) Lettera modificata dall'art. 23, co. 1, lett. b), n. 2), d.l. 13.6.2023, n. 69, conv., con modif., dalla l. 10.8.2023, n. 103.
(5) Lettera modificata dall'art. 23, co. 1, lett. a), n. 3), d.l. 13.6.2023, n. 69, conv., con modif., dalla l. 10.8.2023, n. 103.
(6) Lettera sostituita dall'art. 23, co. 1, lett. b), n. 3), d.l. 13.6.2023, n. 69, conv., con modif., dalla l. 10.8.2023, n. 103.

9. Clausola onnicomprensiva mirata «catch all».

1. L'Autorità competente può subordinare al rilascio di un'autorizzazione l'esportazione di prodotti a duplice uso non listati, la prestazione di servizi di intermediazione o la fornitura di assistenza tecnica collegate ai medesimi prodotti ovvero l'esportazione di prodotti di sorveglianza informatica non compresi negli elenchi di cui all'allegato I del regolamento duplice uso, qualora abbia acquisito elementi informativi su una specifica operazione d'esportazione ai sensi degli articoli 4, 5, 6, 7, 8 e 10 del regolamento duplice uso, nonché di quanto disposto dal presente decreto. Con decreto del Ministro degli affari esteri e della cooperazione internazionale può essere vietata o subordinata ad autorizzazione l'esportazione di prodotti a duplice uso non listati ai sensi dell'articolo 9 del regolamento duplice uso [1].

2. Ai fini di cui sopra, l'Autorità competente comunica tempestivamente tale intendimento [al Ministero degli affari esteri e della cooperazione internazionale,] al Ministero dell'interno, al Ministero della difesa, nonché all'Agenzia delle dogane e dei monopoli [2].

3. L'esportazione di prodotti a duplice uso non listati, ovvero la prestazione di servizi di intermediazione o la fornitura di assistenza tecnica collegate ai medesimi prodotti, possono essere subordinate al rilascio di un'autorizzazione, ai sensi degli articoli 4, 5, 6, 8, 9 e 10 del regolamento duplice uso, anche su richiesta specifica, del Ministero dell'interno, del Ministero della difesa, nonché dell'Agenzia delle dogane e dei monopoli. La richiesta è *inviata all'Autorità competente* e comunicata alle altre amministrazioni interessate [3].

4. Laddove l'autorizzazione richiesta abbia ad oggetto materiali o informazioni classificati, la stessa è subordinata al parere vincolante del Dipartimento informazioni per la sicurezza.

5. Nel caso in cui vengano formulate osservazioni da parte di una delle amministrazioni interessate, entro dieci giorni lavorativi successivi alla ricezione della comunicazione o della richiesta, l'Autorità competente indice, entro i successivi cinque giorni lavorativi, una riunione interministeriale per il loro esame. Qualora all'esito della riunione venga confermato che l'esportazione o la prestazione di servizi di intermediazione o di assistenza tecnica è da assoggettare ad autorizzazione per motivi di non proliferazione, l'Autorità competente comunica tempestivamente tale decisione all'operatore, dandone contestuale notizia all'Agenzia delle dogane e dei monopoli ed alle altre amministrazioni interessate [4].

6. Nel caso in cui non vengano formulate osservazioni da parte di una delle predette amministrazioni, l'Autorità competente comunica tempestivamente all'operatore la subordinazione ad autorizzazione dell'operazione di esportazione, di fornitura di assistenza tecnica o della prestazione di servizi di intermediazione, dandone contestuale informazione all'Agenzia delle dogane e dei monopoli ed alle altre amministrazioni interessate [5].

7. Fermo quanto previsto dagli articoli 4, paragrafo 2, 5, paragrafo 2, 6, paragrafo 2, e 8, paragrafo 2, del regolamento duplice uso, quando sussistono motivi per sospettare che prodotti a duplice uso non listati o prodotti di sorveglianza informatica non compresi negli elenchi di cui all'allegato I del regolamento duplice uso sono o possono essere destinati, in tutto o in parte, a uno degli usi di cui all'articolo 4, paragrafo 1, del regolamento duplice uso, gli operatori interessati alla esportazione dei prodotti medesimi, ovvero alla fornitura di assistenza tecnica o alla prestazione di servizi di intermediazione collegate ai prodotti stessi, ne informano senza indugio l'Autorità competente [6].

8. L'Autorità competente, valutate le informazioni fornite ed esaminata la documentazione presentata, ove non ritenga infondata l'informativa di cui al comma 7, comunica la stessa al Ministero dell'interno, al Ministero della difesa, nonché all'Agenzia delle dogane e dei monopoli, attivando la procedura di cui ai commi da 2 a 6. Ai fini autorizzativi di cui al presente articolo, l'operatore presenta all'Autorità competente idonea istanza, sottoscritta dal legale rappresentante, secondo le modalità e procedure di cui all'articolo 10 [7].

(1) Comma sostituito dall'art. 23, co. 1, lett. h), n. 1), d.l. 13.6.2023, n. 69, conv., con modif., dalla l. 10.8.2023, n. 103.
(2) Comma modificato dall'art. 23, co. 1, lett. h), n. 2), d.l. 13.6.2023, n. 69, conv., con modif., dalla l. 10.8.2023, n. 103.
(3) Comma modificato dall'art. 23, co. 1, lett. h), n. 3), d.l. 13.6.2023, n. 69, conv., con modif., dalla l. 10.8.2023, n. 103.
(4) Comma modificato dall'art. 23, co. 1, lett. h), n. 4), d.l. 13.6.2023, n. 69, conv., con modif., dalla l. 10.8.2023, n. 103.
(5) Comma modificato dall'art. 23, co. 1, lett. h), n. 5), d.l. 13.6.2023, n. 69, conv., con modif., dalla l. 10.8.2023, n. 103.
(6) Comma sostituito dall'art. 23, co. 1, lett. h), n. 6), d.l. 13.6.2023, n. 69, conv., con modif., dalla l. 10.8.2023, n. 103.

(7) Comma modificato dall'art. 23, co. 1, lett. h), n. 7), d.l. 13.6.2023, n. 69, conv., con modif., dalla l. 10.8.2023, n. 103.

10. Autorizzazione specifica individuale.

1. L'autorizzazione specifica individuale è rilasciata, previo parere del Comitato consultivo, ad un singolo operatore e per uno specifico utilizzatore finale, in relazione a uno o più beni fisici o intangibili o ad una o più operazioni di trasmissione di software e tecnologia o di assistenza tecnica. La durata dell'autorizzazione non è superiore a quella indicata dai regolamenti di cui all'articolo 1, comma 1. Su richiesta motivata dell'operatore da presentare non oltre la scadenza, l'Autorità competente può accordare una o più proroghe (1).

2. La domanda per ottenere un'autorizzazione specifica individuale, sottoscritta da un legale rappresentante dell'operatore, è indirizzata all'Autorità competente, utilizzando, a seconda dei casi, la modulistica prescritta dai pertinenti regolamenti unionali. In caso di compilazione incompleta o errata è fatta salva la possibilità di regolarizzare successivamente la domanda. Le informazioni e i dati contenuti nella domanda e negli eventuali allegati si intendono dichiarati dall'istante sotto la propria responsabilità. Qualsiasi cambiamento intervenuto dopo la presentazione della domanda deve essere tempestivamente comunicato all'Autorità competente (2).

3. La domanda deve essere corredata di una copia del contratto di riferimento o comunque di sufficiente documentazione atta a comprovare l'effettiva volontà di acquisto da parte dell'utilizzatore finale; delle specifiche tecniche dei prodotti oggetto di esportazione o intermediazione; del profilo dell'utilizzatore finale e di una dichiarazione del medesimo, cosiddetta end user statement, contenente obbligatoriamente le seguenti informazioni:

a) l'esatta indicazione della denominazione o della ragione sociale, della sede legale e dell'attività svolta;

b) la descrizione dei prodotti importati, la loro quantità e valore, l'eventuale classifica di segretezza ed il relativo livello, gli estremi del contratto di riferimento;

c) l'indicazione dell'utilizzo specifico, civile o militare, dei prodotti importati, nonché del loro esatto luogo di destinazione ed impiego; in caso di merci soggette al regolamento antitortura, l'indicazione dell'utilizzo specifico, che non sia volto ad infliggere la pena di morte, la tortura, o altri trattamenti o pene crudeli, inumani o degradanti; in caso di servizi d'intermediazione, indicazioni sull'ubicazione dei beni nel Paese terzo d'origine e sui terzi implicati nella transazione;

d) l'impegno espresso, per i prodotti a duplice uso [e per i prodotti a duplice uso non listati], appartenenti al settore nucleare o che potrebbero essere, direttamente o indirettamente, impiegati nello stesso settore, a non utilizzare tali prodotti in applicazioni militari o esplosive nucleari, in attività civili nucleari in impianti non coperti da salvaguardia dell'Agenzia internazionale per l'energia atomica (A.I.E.A.) o in applicazioni collegate allo sviluppo e produzione di altre armi di distruzione di massa e di missili che possano essere utilizzati come vettori di tali armi (3);

e) l'impegno espresso, per le merci soggette al regolamento antitortura, a non utilizzare tali merci per infliggere la pena di morte, la tortura, o altri trattamenti o pene crudeli, inumane o degradanti;

f) l'impegno espresso a non riesportare, trasferire o dirottare, durante il viaggio, i prodotti importati;

g) eventuali altri impegni funzionali al rispetto dei regolamenti (UE) concernenti misure restrittive.

4. La dichiarazione di cui al comma 3 deve essere debitamente datata [, timbrata] e firmata da un legale rappresentante dell'utilizzatore finale. Essa deve essere autenticata dalla competente autorità amministrativa straniera o diplomatica italiana, qualora venga così richiesto dall'Autorità competente (4).

5. L'Autorità competente può richiedere all'esportatore, all'intermediario o al fornitore di assistenza tecnica di presentare anche un certificato internazionale d'importazione o un certificato di uso finale rilasciato dalla competente autorità amministrativa del Paese di appartenenza dell'utilizzatore finale.

6. Oltre a quanto previsto dai commi 1, 2, 3, 4 e 5, l'Autorità competente può sempre richiedere ulteriore, specifica documentazione, necessaria al completamento della relativa istruttoria.

7. L'esportatore, l'intermediario o il fornitore di assistenza tecnica, possono essere tenuti ad adempiere ulteriori specifici obblighi se richiesti dall'Autorità competente ed indicati nell'autorizzazione stessa. Come ulteriori obblighi possono essere indicati nell'autorizzazione: l'obbligo di produrre all'Autorità competente una dichiarazione di presa in carico dei prodotti sottoposti ad autorizzazione, redatta e firmata dall'utilizzatore finale; l'obbligo di effettuare, con cadenza indicata dall'Autorità competente, ispezioni nel luogo di destinazione finale dei medesimi prodotti indicato nell'autorizzazione, al fine di accertare che questi vi permangano e che la loro effettiva destinazione d'uso sia coerente con quella indicata nell'autorizzazione; l'obbligo di fornire all'Autorità competente idonea reportistica scritta e fotografica circa tali ispezioni.

[**8.** La documentazione relativa alle operazioni effettuate in regime di autorizzazione specifica individuale deve essere conservata negli archivi della sede legale dell'esportatore, dell'intermediario o del fornitore di assistenza tecnica, per un periodo non inferiore a tre anni a decorrere dalla fine dell'anno nel quale le operazioni hanno avuto luogo; deve essere esibita su richiesta dell'Autorità competente, che può disporre idonea attività di ispezione e controllo ai sensi dell'articolo 17; nel caso di operazioni riguardanti prodotti a duplice uso e prodotti a duplice uso non listati, comprende i documenti indicati nell'articolo 20, paragrafi 1 e 2, del regolamento duplice uso.] (5)

9. L'autorizzazione specifica individuale è negata, annullata, revocata, sospesa o modificata, sentito il parere del Comitato consultivo, secondo quanto stabilito dall'articolo 14.

(1) Comma sostituito dall'art. 23, co. 1, lett. i), n. 1), d.l. 13.6.2023, n. 69, conv., con modif., dalla l. 10.8.2023, n. 103.
(2) Comma modificato dall'art. 23, co. 1, lett. i), n. 2), d.l. 13.6.2023, n. 69, conv., con modif., dalla l. 10.8.2023, n. 103.
(3) Lettera modificata dall'art. 23, co. 1, lett. i), n. 3), d.l. 13.6.2023, n. 69, conv., con modif., dalla l. 10.8.2023, n. 103.
(4) Comma modificato dall'art. 23, co. 1, lett. i), n. 4), d.l. 13.6.2023, n. 69, conv., con modif., dalla l. 10.8.2023, n. 103.
(5) Comma abrogato dall'art. 23, co. 1, lett. i), n. 4 bis), d.l. 13.6.2023, n. 69, conv., con modif., dalla l. 10.8.2023, n. 103.

11. Autorizzazione globale individuale.

1. L'autorizzazione globale individuale è rilasciata ad un singolo esportatore non occasionale, in quanto già soggetto che ha ottenuto autorizzazioni individuali, per uno o più prodotti a duplice uso o per merci soggette al regolamento antitortura, sia nella forma di beni fisici che in quella di beni intangibili, quali operazioni di trasmissione di software e tecnologia o di assistenza tecnica, e per uno o più utilizzatori finali o Paesi di destinazione specifici. [Tali Paesi sono determinati secondo linee guida ad hoc che saranno predisposte dall'Autorità competente, sentito il Comitato consultivo.] [1]

2. L'autorizzazione globale individuale è rilasciata, previo parere del Comitato consultivo, con validità non superiore a quella indicata dai regolamenti di cui all'articolo 1, comma 1. Su richiesta motivata dell'operatore da presentare non oltre la scadenza, l'Autorità competente può accordare una o più proroghe [2].

3. La domanda per ottenere un'autorizzazione globale individuale, sottoscritta da un legale rappresentante dell'esportatore, è indirizzata all'Autorità competente, utilizzando la modulistica prescritta dai pertinenti regolamenti unionali. La domanda deve specificare se l'autorizzazione ha ad oggetto materiali o informazioni classificati. In caso di compilazione incompleta o errata è fatta salva la possibilità di regolarizzare successivamente la domanda. Le informazioni e i dati contenuti nella domanda e negli eventuali allegati si intendono dichiarati dall'istante sotto la propria responsabilità. Qualsiasi cambiamento intervenuto dopo la presentazione della domanda deve essere tempestivamente comunicato all'Autorità competente.

4. È escluso il rilascio dell'autorizzazione globale individuale in favore di operatori occasionali e qualora non ricorrano le condizioni di continuità e pluralità di rapporti commerciali con destinatari e utilizzatori finali di un determinato Paese.

5. Alla domanda è allegata una dichiarazione, sottoscritta da un legale rappresentante dell'esportatore, con cui l'esportatore si obbliga formalmente a rispettare, all'atto di ogni esportazione, le seguenti condizioni:

a) utilizzare l'autorizzazione ottenuta esclusivamente per i prodotti e per i Paesi di destinazione in essa indicati;
b) riportare sulle fatture e sui documenti di trasporto la seguente stampigliatura: «Autorizzazione globale individuale (numero e data del provvedimento)»;
c) richiedere in sede di conclusione del contratto, ovvero di accettazione della proposta contrattuale, una dichiarazione di impegno del committente estero o dell'utilizzatore finale a non riesportare, trasferire o dirottare durante il viaggio i prodotti a duplice uso listati o i prodotti a duplice uso non listati oggetto del contratto stesso o dell'ordinativo, e ad utilizzarli esclusivamente per scopi civili o per fini militari e non offensivi e non proliferanti nei settori chimico, biologico, nucleare, radiologico, missilistico e strategico, nel caso di merci soggette al regolamento antitortura, tale dichiarazione di impegno deve indicare che le merci in discorso non saranno riesportate, trasferite o dirottate durante il viaggio, né destinate, in tutto o in parte, ad infliggere ad esseri umani la pena capitale, la tortura o altri trattamenti o pene crudeli, inumani o degradanti [3].

6. Entro trenta giorni dalla fine di ogni semestre l'esportatore trasmette all'Autorità competente una lista riepilogativa delle operazioni effettuate in regime di autorizzazione globale individuale. Tale segnalazione deve contenere i seguenti elementi: copia del documento doganale, estremi della fattura e del contratto, quantità e valore dei beni spediti, categorie e sottocategorie di riferimento, corrispondenti codici delle voci e sottovoci della nomenclatura combinata, paese di destinazione, generalità del destinatario e dell'utilizzatore finale, data di spedizione, tipo di esportazione, definitiva, temporanea o transito.

7. Qualora l'esportatore non fornisca le indicazioni richieste dal presente articolo, l'autorizzazione precedentemente rilasciata viene revocata dall'Autorità competente, secondo quanto stabilito dall'articolo 14.

[**8.** La documentazione relativa alle esportazioni effettuate in regime di autorizzazione globale individuale è conservata negli archivi della sede legale dell'esportatore per un periodo non inferiore a tre anni, a decorrere dalla fine dell'anno nel quale le operazioni hanno avuto luogo e deve essere esibita su richiesta dell'Autorità competente, che può disporre idonea attività di ispezione e controllo ai sensi del presente decreto.] [4]

9. L'autorizzazione globale individuale è negata, annullata, revocata, sospesa o modificata dall'Autorità competente, sentito il parere del Comitato consultivo, secondo quanto stabilito dall'articolo 14.

(1) Comma modificato dall'art. 23, co. 1, lett. l), n. 1), d.l. 13.6.2023, n. 69, conv., con modif., dalla l. 10.8.2023, n. 103.
(2) Comma modificato dall'art. 23, co. 1, lett. l), n. 2), d.l. 13.6.2023, n. 69, conv., con modif., dalla l. 10.8.2023, n. 103.
(3) Lettera modificata dall'art. 23, co. 1, lett. l), n. 3), d.l. 13.6.2023, n. 69, conv., con modif., dalla l. 10.8.2023, n. 103.
(4) Comma abrogato dall'art. 23, co. 1, lett. l), n. 3 bis), d.l. 13.6.2023, n. 69, conv., con modif., dalla l. 10.8.2023, n. 103.

12. Autorizzazione generale dell'Unione europea.

1. L'esportazione dei prodotti a duplice uso [, dei

prodotti a duplice uso non] listati e delle merci soggette al regolamento antitortura può avere luogo con un'autorizzazione generale dell'Unione europea, limitatamente ai materiali, agli scopi ed ai Paesi di destinazione di cui ai regolamenti duplice uso e antitortura [(1)].

2. L'utilizzazione dell'autorizzazione generale dell'Unione europea è sottoposta alle condizioni e deve soddisfare i requisiti previsti dai regolamenti predetti. A tal fine, l'esportatore che intende avvalersi di detta autorizzazione deve notificare all'Autorità competente, precedentemente al primo utilizzo della stessa, tale intendimento con comunicazione sottoscritta dal legale rappresentante. Il nominativo dell'esportatore è iscritto automaticamente in un apposito «registro dei soggetti che operano con autorizzazione generale dell'Unione europea», tenuto dall'Autorità competente.

3. L'autorizzazione generale dell'Unione europea non può essere utilizzata quando ricorrano le condizioni ostative previste dai regolamenti predetti.

4. Entro trenta giorni dalla fine di ogni semestre, l'esportatore trasmette all'Autorità competente una lista riepilogativa delle operazioni effettuate in regime di autorizzazione generale dell'Unione europea. Tale segnalazione deve contenere i seguenti elementi: estremi della fattura e del contratto, quantità e valore dei prodotti spediti, categorie e sottocategorie di riferimento, voci doganali corrispondenti, Paese di destinazione, generalità del destinatario e dell'utilizzatore finale, data di spedizione, tipo di esportazione, definitiva o temporanea.

5. Qualora l'esportatore non fornisca le indicazioni richieste dal presente articolo, l'autorizzazione precedentemente rilasciata viene revocata dall'Autorità competente, secondo quanto stabilito dall'articolo 14.

[**6.** La documentazione relativa alle esportazioni effettuate in regime di autorizzazione generale dell'Unione europea è conservata negli archivi della sede legale dell'esportatore per un periodo non inferiore a tre anni, a decorrere dalla fine dell'anno nel quale le operazioni hanno avuto luogo e deve essere esibita su richiesta dell'Autorità competente che può disporre idonea attività di ispezione e controllo ai sensi del presente decreto.] [(2)]

7. L'utilizzo dell'autorizzazione generale dell'Unione europea può essere negato, annullato, revocato o sospeso secondo quanto stabilito dall'articolo 14.

(1) Comma modificato dall'art. 23, co. 1, lett. m), d.l. 13.6.2023, n. 69, conv., con modif., dalla l. 10.8.2023, n. 103.
(2) Comma abrogato dall'art. 23, co. 1, lett. aa), d.l. 13.6.2023, n. 69, conv., con modif., dalla l. 10.8.2023, n. 103.

16. Controllo dell'assistenza tecnica riguardante taluni fini militari.

1. Fatto salvo quanto disposto dal presente decreto, ai sensi del combinato disposto degli articoli 2 e 5 dell'azione comune è proibita l'assistenza tecnica destinata ad essere utilizzata ai fini di perfezionamento, produzione, manipolazione, funzionamento, manutenzione, deposito, individuazione, identificazione o disseminazione di armi chimiche, biologiche o nucleari o di altri congegni esplosivi nucleari o di perfezionamento, produzione, manutenzione o deposito di missili che possono essere utilizzati come vettori di tali armi.

2. Ai sensi del combinato disposto degli articoli 3 e 5 dell'azione comune è proibita l'assistenza tecnica riguardante fini militari diversi da quelli di cui al comma 1 e fornita ad uno dei Paesi di destinazione soggetto ad un embargo sulle armi deciso da una posizione comune o da un'azione comune adottata dal Consiglio o da una decisione dell'OSCE, o soggetto ad un embargo sulle armi imposto da una risoluzione vincolante del Consiglio di sicurezza delle Nazioni Unite. Ai fini del presente comma, l'assistenza tecnica riguardante fini militari comprende:

a) l'inserimento in prodotti militari figuranti nell elenco dei materiali di armamento degli Stati membri;
b) l'utilizzazione di apparecchiature di produzione controllo o analisi e loro componenti ai fini dello sviluppo, della produzione o della manutenzione dei prodotti militari figuranti nell'elenco di cui alla lettera a);
c) l'utilizzazione di eventuali prodotti non finiti in un impianto per la produzione di prodotti militari figuranti nell'elenco di cui alla lettera a).

3. Quanto previsto dal comma 1 non si applica all'assistenza tecnica:

a) allorché è fornita ad un Paese elencato nell'allegato II, sezione A, parte 2, del regolamento duplice uso [(1)];
b) allorché assume la forma di trasferimento di informazioni «di pubblico dominio» o per la «ricerca scientifica di base», come questi termini sono rispettivamente definiti dai regimi, enti e trattati internazionali di controllo delle esportazioni;
c) allorché è in forma orale e non è connessa agli articoli che devono essere controllati dai regimi, enti e trattati internazionali di controllo delle esportazioni.

(1) Lettera modificata dall'art. 23, co. 1, lett. q), d.l. 13.6.2023, n. 69, conv., con modif., dalla l. 10.8.2023, n. 103.

17. Misure ispettive.

1. Le operazioni di esportazione, importazione, trasferimento, intermediazione, transito, assistenza tecnica e le altre attività per le quali i regolamenti di cui all'articolo 1, comma 1, o il presente decreto impongono divieti o autorizzazioni preventive possono essere sottoposte a misure ispettive, riferite sia alla fase preliminare che successiva all'operazione, mediante riscontri documentali e verifiche presso la sede dell'operatore, allo scopo di accertare l'effettiva destinazione finale e l'effettivo uso finale dei prodotti e delle tecnologie oggetto di autorizzazione [(1)].

2. L'Autorità competente può richiedere all'esportatore, all'intermediario o al fornitore di assistenza tecnica idonea documentazione giustificativa in comprova dell'effettivo arrivo nel Paese di destinazione del materiale autorizzato, nonché ogni altro elemento idoneo alla conoscenza del luogo, del tipo e dello stato di utilizzo dei prodotti e delle tecnologie oggetto di autorizzazione.

3. L'attività di ispezione e verifica, fatte salve le attribuzioni e le competenze degli organi preposti alla tutela dell'ordine e della sicurezza pubblica, è svolta dall'Autorità competente, anche in collaborazione con gli organi preposti alla tutela dell'ordine e sicurezza pubblica ed al controllo doganale, fiscale e valutario, nonché con l'eventuale apporto dei Servizi di informazione per la sicurezza di cui alla legge 3 agosto 2007, n. 124, per i profili di rispettiva competenza. La Guardia di finanza agisce secondo le norme e con le facoltà di cui agli articoli 51 e 52 del decreto del Presidente della Repubblica 26 ottobre 1972, n. 633, agli articoli 32 e 33 del decreto del Presidente della Repubblica 29 settembre 1973, n. 600, nonché all'articolo 2 del decreto legislativo 19 marzo 2001, n. 68. L'Agenzia delle dogane e dei monopoli agisce ai sensi dell'articolo 52, commi da 4 a 10, del decreto del presidente della Repubblica 26 ottobre 1972, n. 633, delle norme di cui al decreto del Presidente della Repubblica 23 gennaio 1973, n. 43, recante approvazione del testo unico delle disposizioni legislative in materia doganale e successive modificazioni, nonché sulla base di quanto previsto dalle disposizioni della normativa doganale unionale [2].

4. [Con decreto del Ministro degli affari esteri e della cooperazione internazionale, d'intesa con le amministrazioni interessate, sono determinate le modalità attuative della collaborazione di cui al comma 3.] L'Autorità competente, con le risorse umane, finanziarie e strumentali disponibili a legislazione vigente e senza nuovi o maggiori oneri per la finanza pubblica, effettua visite ispettive presso le imprese mediante invio di ispettori che possono accedere ai locali pertinenti, nonché esaminare e acquisire copie di registri, dati, regolamenti interni e altri materiali relativi ai prodotti esportati, importati, trasferiti o ricevuti in base al presente decreto [3].

(1) Comma modificato dall'art. 23, co. 1, lett. r), n. 1), d.l. 13.6.2023, n. 69, conv., con modif., dalla l. 10.8.2023, n. 103.
(2) Comma modificato dall'art. 23, co. 1, lett. r), n. 2), d.l. 13.6.2023, n. 69, conv., con modif., dalla l. 10.8.2023, n. 103.
(3) Comma modificato dall'art. 12 della l. 23.12.2021, n. 238, successivamente dall'art. 35, co. 1, lett. c), d.l. 21.3.2022, n. 21, conv., con modif., dalla l. 20.5.2022, n. 51 e da ultimo dall'art. 23, co. 1, lett. r), n. 3), d.l. 13.6.2023, n. 69, conv., con modif., dalla l. 10.8.2023, n. 103.

18. Sanzioni relative ai prodotti a duplice uso [1].

1. Chiunque effettua operazioni di esportazione di prodotti a duplice uso listati o di prodotti a duplice uso non listati, anche in forma intangibile, di transito o di trasferimento all'interno dell'Unione europea, ovvero presta servizi di intermediazione o assistenza tecnica concernenti i prodotti medesimi, senza la relativa autorizzazione ovvero con autorizzazione ottenuta fornendo dichiarazioni o documentazione false, è punito con la reclusione fino a sei anni e con la multa da euro 25.000 a euro 250.000.

2. Chiunque effettua le operazioni ovvero presta i servizi di cui al comma 1 in difformità dagli obblighi prescritti dalla relativa autorizzazione [,] è punito con *la reclusione fino a quattro anni* e con la multa da euro 15.000 a euro 150.000.

3. L'operatore che, nei casi previsti dagli articoli 4, paragrafo 2, 5, paragrafo 2, 6, paragrafo 2, e 8, paragrafo 2, del regolamento duplice uso, omette di informare l'Autorità competente è punito con l'arresto fino a due anni e con l'ammenda da euro 15.000 a euro 90.000. La medesima pena si applica in caso di violazione dell'obbligo di informativa di cui all'articolo 9, comma 7.

4. Salvo che il fatto costituisca reato, è soggetto alla sanzione amministrativa pecuniaria da euro 15.000 a euro 90.000 l'operatore che:

a) omette di comunicare all'Autorità competente l'intervenuta variazione dei dati e delle informazioni contenuti nella domanda di autorizzazione entro quindici giorni dal verificarsi della variazione;
b) viola gli obblighi di tenuta, conservazione ed esibizione della documentazione relativa alle operazioni effettuate o ai servizi resi, di cui all'articolo 27 del regolamento duplice uso;
c) viola gli obblighi stabiliti dagli articoli 11, comma 6, 12, comma 4, e 13, comma 5;
d) non presenta i documenti richiesti dall'autorità competente ai sensi dell'articolo 17, comma 2.

(1) Articolo sostituito dall'art. 23, co. 1, lett. s), d.l. 13.6.2023, n. 69, conv., con modif., dalla l. 10.8.2023, n. 103.

19. Sanzioni relative alle merci soggette al regolamento antitortura.

1. È punito con la reclusione fino a sei anni e con la multa da euro 25.000 a euro 250.000 chiunque effettui [1]:

a) operazioni, diverse da quelle di cui alla lettera b), concernenti merci elencate all'allegato II del regolamento antitortura in violazione dei divieti previsti dagli articoli 3, 4, 5, 6, 7, 8 e 9 del regolamento medesimo [2];
b) operazioni di esportazione, importazione o transito di merci elencate nell'allegato II del regolamento antitortura, nei casi previsti, rispettivamente, dall'articolo 3, paragrafo 2, dall'articolo 4, paragrafo 2, e dall'articolo 5, paragrafo 2, del regolamento antitortura, senza la prescritta autorizzazione, ovvero con autorizzazione ottenuta fornendo dichiarazioni o documentazioni false [3];
c) operazioni di transito di merci elencate negli allegati III e IV del regolamento antitortura in violazione dei divieti di cui agli articoli 13 e 18 del regolamento medesimo [4];
d) operazioni di esportazione di merci elencate negli allegati III e IV del regolamento antitortura, ovvero presta servizi di intermediazione o di assistenza tecnica concernenti le merci medesime, senza la relativa autorizzazione, ovvero con autorizzazione ottenuta fornendo dichiarazioni o documentazione false [5].

2. Chiunque effettua le operazioni ovvero presta i servizi di cui al comma 1, lettere b) e d), in difformità dagli obblighi prescritti dalla relativa autorizzazione, è punito con la reclusione fino a quattro anni e con la multa da euro 15.000 a euro 150.000 [6].

[**3.** È prevista la confisca obbligatoria delle cose che

servirono o furono destinate a commettere i reati, di cui ai commi 1 e 2. Quando non è possibile disporre la confisca delle cose di cui al primo periodo è ordinata la confisca di beni, di cui il reo ha la disponibilità, per un valore corrispondente al prezzo o al profitto del reato.] [7]

4. Chiunque effettua le operazioni di cui al comma 1, lettere b) e d), è assoggettato alla sanzione amministrativa da euro 15.000 a euro 90.000 quando:

a) omette di comunicare all'Autorità competente le variazioni dei dati e delle informazioni contenuti nella domanda di autorizzazione entro 15 giorni dal verificarsi della variazione;

b) non provvede alla conservazione della documentazione relativa alle operazioni effettuate in regime di autorizzazione specifica individuale negli archivi della propria sede legale, per un periodo non inferiore a cinque anni a decorrere dalla fine dell'anno nel quale le operazioni hanno avuto luogo;

c) non presenta i documenti richiesti dall'Autorità competente a norma dell'articolo 17, comma 2;

d) viola gli obblighi stabiliti dall'articolo 12, comma 4 [8].

5. Alla stessa sanzione di cui al comma 4 soggiace l'esportatore che non provvede alla conservazione della documentazione relativa alle esportazioni effettuate in regime di autorizzazione generale dell'Unione europea negli archivi della propria sede legale per un periodo non inferiore a cinque anni [,] a decorrere dalla fine dell'anno nel quale le operazioni hanno avuto luogo e all'esibizione della stessa su richiesta dell'Autorità competente [9].

(1) Alinea modificato dall'art. 23, co. 1, lett. t), n. 1), d.l. 13.6.2023, n. 69, conv., con modif., dalla l. 10.8.2023, n. 103.
(2) Lettera modificata dall'art. 23, co. 1, lett. t), n. 2), d.l. 13.6.2023, n. 69, conv., con modif., dalla l. 10.8.2023, n. 103.
(3) Lettera modificata dall'art. 23, co. 1, lett. t), n. 3), d.l. 13.6.2023, n. 69, conv., con modif., dalla l. 10.8.2023, n. 103.
(4) Lettera modificata dall'art. 23, co. 1, d.l. 13.6.2023, n. 69, conv., con modif., dalla l. 10.8.2023, n. 103.
(5) Lettera modificata dall'art. 23, co. 1, lett. a), n. 3), d.l. 13.6.2023, n. 69, conv., con modif., dalla l. 10.8.2023, n. 103.
(6) Comma sostituito dall'art. 23, co. 1, lett. t), n. 5), d.l. 13.6.2023, n. 69, conv., con modif., dalla l. 10.8.2023, n. 103.
(7) Comma abrogato dall'art. 23, co. 1, lett. t), n. 5 bis), d.l. 13.6.2023, n. 69, conv., con modif., dalla l. 10.8.2023, n. 103.
(8) Comma sostituito dall'art. 23, co. 1, lett. t), n. 6), d.l. 13.6.2023, n. 69, conv., con modif., dalla l. 10.8.2023, n. 103.
(9) Comma sostituito dall'art. 23, co. 1, lett. t), n. 6), d.l. 13.6.2023, n. 69, conv., con modif., dalla l. 10.8.2023, n. 103.

20. Sanzioni relative ai prodotti listati per effetto di misure restrittive unionali.

1. È punito con la reclusione fino a sei anni chiunque, in violazione dei divieti contenuti nei regolamenti (UE) concernenti misure restrittive:

a) effettua operazioni di esportazione o importazione di prodotti listati per effetto di misure restrittive unionali;

b) presta servizi di qualsiasi natura soggetti a misure restrittive unionali;

c) partecipa a qualsiasi titolo a procedure per l'affidamento di contratti di appalto pubblico o di concessione soggetti a misure restrittive unionali o esegue, in tutto o in parte, uno o più dei medesimi contratti [1].

2. Chiunque effettua le operazioni di cui al comma 1 senza la prescritta autorizzazione, ovvero con autorizzazione ottenuta fornendo dichiarazioni o documentazione false, è punito con la reclusione fino a sei anni e con la multa da euro 25.000 a euro 250.000 [2].

3. Chiunque effettua le operazioni di cui al comma 1[,] in difformità dagli obblighi prescritti dalla relativa autorizzazione, è punito con la reclusione fino a quattro anni e con la multa da euro 15.000 a euro a 150.000 euro [3].

3 bis. Chiunque effettua le operazioni di cui al comma 1[,] è assoggettato alla sanzione amministrativa da euro 15.000 a euro 90.000 quando:

a) omette di comunicare all'Autorità competente le variazioni dei dati e delle informazioni contenuti nella domanda di autorizzazione entro 15 giorni dal verificarsi della variazione;

b) non provvede alla conservazione della documentazione relativa alle operazioni effettuate in regime di autorizzazione specifica individuale negli archivi della propria sede legale, per un periodo non inferiore a cinque anni a decorrere dalla fine dell'anno nel quale le operazioni hanno avuto luogo;

c) non presenta i documenti richiesti dall'Autorità competente a norma dell'articolo 17, comma 2 [4].

[**4.** È prevista la confisca obbligatoria delle cose che servirono o furono destinate a commettere i reati di cui ai commi 1 e 2. Quando non è possibile disporre la confisca delle cose di cui al primo periodo è ordinata la confisca di beni, di cui il reo ha la disponibilità, per un valore corrispondente al prezzo o al profitto del reato.] [5]

(1) Comma sostituito dall'art. 23, co. 1, lett. u), n. 1), d.l. 13.6.2023, n. 69, conv., con modif., dalla l. 10.8.2023, n. 103.
(2) Comma sostituito dall'art. 23, co. 1, lett. u), n. 1), d.l. 13.6.2023, n. 69, conv., con modif., dalla l. 10.8.2023, n. 103.
(3) Comma modificato dall'art. 23, co. 1, lett. u), n. 2), d.l. 13.6.2023, n. 69, conv., con modif., dalla l. 10.8.2023, n. 103.
(4) Comma introdotto dall'art. 23, co. 1, lett. u), n. 3), d.l. 13.6.2023, n. 69, conv., con modif., dalla l. 10.8.2023, n. 103.
(5) Comma abrogato dall'art. 23, co. 1, lett. u), n. 3 bis), d.l. 13.6.2023, n. 69, conv., con modif., dalla l. 10.8.2023, n. 103.

21. Sanzioni relative all'assistenza tecnica riguardante taluni fini militari.

1. Chiunque trasgredisce il divieto di cui all'articolo 16, comma 1, è punito con la reclusione fino a sei anni e con la multa da 25.000 a 250.000 euro [1].

2. Chiunque trasgredisce il divieto di cui all'articolo 16, comma 2, è punito con la reclusione fino a quattro anni e con la multa da 15.000 a 150.000 euro [2].

(1) Comma modificato dall'art. 23, co. 1, lett. v), n. 1), d.l. 13.6.2023, n. 69, conv., con modif., dalla l. 10.8.2023, n. 103.
(2) Comma modificato dall'art. 23, co. 1, lett. v), n. 2), d.l. 13.6.2023, n. 69, conv., con modif., dalla l. 10.8.2023, n. 103.

21 bis. Confisca obbligatoria [1].

1. Fermo quanto previsto dall'articolo 240, secondo comma, numeri 1) e 2) del codice penale, nel caso di condanna, o di applicazione della pena a norma dell'articolo 444 del codice di procedura penale, è sempre ordinata la confisca delle cose che servirono o furono destinate a commettere i reati di cui agli articoli 18, commi 1 e 2, 19, commi 1 e 2, o 20, commi 1 e 2, del presente decreto, nonché delle cose che ne sono il prodotto o il profitto. Quando non è possibile procedere alla confisca del denaro, dei beni e delle altre utilità di cui al primo periodo, il giudice ordina la confisca di altre somme di denaro, di beni e di altre utilità di legittima provenienza per un valore equivalente, delle quali il condannato ha la disponibilità, anche per interposta persona.

(1) Articolo introdotto dall'art. 23, co. 1, lett. z), d.l. 13.6.2023, n. 69, conv., con modif., dalla l. 10.8.2023, n. 103.

2. Regolamento UE 16 gennaio 2019, n. 2019/125 del Parlamento e del Consiglio, relativo al commercio di determinate merci che potrebbero essere utilizzate per la pena di morte, per la tortura o per altri trattamenti o pene crudeli, inumani o degradanti (*artt. 1-19, 35-36*)

In Gazzetta Ufficiale 31 gennaio 2019, n. 30

Capo I
Oggetto e definizioni

1. Oggetto.

Il presente regolamento stabilisce le norme dell'Unione che disciplinano gli scambi con i paesi terzi di merci che potrebbero essere utilizzate per la pena di morte, per la tortura o per altri trattamenti o pene crudeli, inumani o degradanti e le norme che disciplinano la fornitura di servizi di intermediazione, di assistenza tecnica, di formazione e di pubblicità riguardanti tali merci.

2. Definizioni.

Ai fini del presente regolamento si intende per:

a) «tortura»: qualsiasi atto mediante il quale sono intenzionalmente inflitti ad una persona dolore o sofferenze forti, fisiche o mentali, per fini quali l'ottenimento da essa o da una terza persona di informazioni o confessioni, la punizione per un atto che essa o una terza persona ha commesso o è sospettata di aver commesso, intimorire o far pressione su di essa o su una terza persona, o per qualsiasi altro motivo fondato su qualsiasi forma di discriminazione, qualora tale dolore o tali sofferenze siano inflitti da un funzionario pubblico o da ogni altra persona che eserciti pubbliche funzioni, su sua istigazione, o con il suo consenso espresso o tacito. Tale termine non include tuttavia il dolore o le sofferenze risultanti unicamente da sanzioni legali, inerenti a tali sanzioni o a esse connessi. In nessuna circostanza la pena di morte è ritenuta una sanzione legale;

b) «altri trattamenti o pene crudeli, inumani o degradanti»: qualsiasi atto mediante il quale sono inflitti ad una persona dolore o sofferenze, fisiche o mentali, che raggiungano un livello minimo di gravità, qualora tale dolore o tali sofferenze siano inflitti da un funzionario pubblico o da ogni altra persona che *eserciti pubbliche funzioni*, su sua istigazione o con il suo consenso espresso o tacito. Tale termine non include tuttavia il dolore o le sofferenze risultanti unicamente da sanzioni legali, inerenti a tali sanzioni o a esse connessi. In nessuna circostanza la pena di morte è ritenuta una sanzione legale;

c) «autorità incaricata dell'applicazione della legge»: qualsiasi autorità incaricata della prevenzione, dell'individuazione, delle indagini, della lotta e della repressione in ambito penale, tra cui, ma non esclusivamente, la polizia, i pubblici ministeri, le autorità giudiziarie, le autorità penitenziarie pubbliche o private nonché, se del caso, le forze di sicurezza dello Stato e le autorità militari;

d) «esportazione»: l'uscita di merci dal territorio doganale dell'Unione, tra cui l'uscita di merci oggetto di una dichiarazione in dogana e l'uscita di merci dopo il loro deposito in una zona franca ai sensi del regolamento (UE) n. 952/2013 del Parlamento europeo e del Consiglio;

e) «importazione»: l'ingresso di merci nel territorio doganale dell'Unione, compresi la custodia temporanea, la collocazione in zona franca, il vincolo ad un regime speciale e l'immissione in libera pratica ai sensi del regolamento (UE) n. 952/2013;

f) «assistenza tecnica»: qualsiasi ausilio tecnico connesso a riparazione, sviluppo, fabbricazione, prova, manutenzione, assemblaggio o qualsiasi altro servizio tecnico e che può assumere tra l'altro le seguenti forme: istruzione, pareri, formazione, trasmissione di conoscenze operative o di competenze o servizi di consulenza. L'assistenza tecnica comprende le forme verbali di assistenza e l'assistenza prestata con mezzi elettronici;

g) «museo»: un'istituzione permanente senza scopo di lucro, al servizio della società e del suo sviluppo, aperta al pubblico e che ricerca, acquisisce, conserva, comunica e espone a fini di studio, educazione e diletto le testimonianze materiali dell'umanità e del suo ambiente;

h) «autorità competente»: un'autorità di uno degli Stati membri, che figura nell'elenco dell'allegato I, abilitata, a norma dell'articolo 20, ad assumere decisioni sulle richieste di autorizzazioni o a vietare a un esportatore di ricorrere all'autorizzazione generale di esportazione dell'Unione;

i) «richiedente»:
   1) l'esportatore, per le esportazioni di cui agli articoli 3, 11 o 16;
   2) la persona fisica o giuridica, l'entità o l'organismo che trasporta le merci nel territorio doganale dell'Unione, per il transito di cui all'articolo 5;
   3) il fornitore di assistenza tecnica, per le forniture di assistenza tecnica di cui all'articolo 3;
   4) il museo che esporrà la merce, per le importazioni e le forniture di assistenza tecnica di cui all'articolo 4;
   5) il fornitore di assistenza tecnica o l'intermediario, per le forniture di assistenza tecnica di cui all'articolo 15 o i servizi di intermediazione di cui all'articolo 18;

j) «territorio doganale dell'Unione»: il territorio quale stabilito all'articolo 4 del regolamento (UE) n. 952/2013;

k) «servizi di intermediazione»:
   1) la negoziazione o l'organizzazione di transazioni dirette all'acquisto, alla vendita o alla fornitura delle merci interessate da un paese terzo verso qualunque altro paese terzo, oppure
   2) la vendita o l'acquisto delle merci interessate ubicate in un paese terzo per il loro trasferimento verso un altro paese terzo.

   Ai fini del presente regolamento, la sola fornitura di servizi ausiliari è esclusa dalla presente definizione. Per servizi ausiliari si intendono il trasporto, i servizi finanziari, l'assicurazione o riassicurazione, o la pubblicità generica o promozione;

l) «intermediario»: qualunque persona fisica o giuridica, entità o organismo, incluso un consorzio, residente o stabilito in uno Stato membro che fornisca i servizi definiti alla lettera k) dall'interno dell'Unione; qualunque persona fisica avente la cittadinanza di uno Stato membro, indipendentemente dalla residenza, che fornisca tali servizi dall'interno dell'Unione; qualunque persona giuridica, entità o organismo registrato o costituito a norma del diritto di uno Stato membro, ovunque abbia sede, che fornisca tali servizi dall'interno dell'Unione;

m) «fornitore di assistenza tecnica»: qualunque persona fisica o giuridica, entità o organismo, incluso un consorzio, residente o stabilito in uno Stato membro che fornisca assistenza tecnica come definita alla lettera f) dall'interno dell'Unione; qualunque persona fisica avente la cittadinanza di uno Stato membro, indipendentemente dalla residenza, che fornisca tale assistenza dall'interno dell'Unione; qualunque persona giuridica, entità o organismo registrato o costituito a norma del diritto di uno Stato membro, ovunque abbia sede, che fornisca tale assistenza dall'interno dell'Unione;

n) «esportatore»: qualsiasi persona fisica o giuridica, entità o organismo, incluso un consorzio per conto del quale è resa una dichiarazione di esportazione, vale a dire la persona, l'entità o l'organismo che sia titolare di un contratto concluso con il destinatario nel paese terzo interessato e abbia la facoltà di decidere l'invio di prodotti al di fuori del territorio doganale dell'Unione al momento dell'accettazione della dichiarazione di esportazione. Qualora non sia stato concluso un siffatto contratto o il titolare del contratto non agisca per proprio conto, l'esportatore è la persona, l'entità o l'organismo che ha la facoltà di decidere l'invio delle merci al di fuori del territorio doganale dell'Unione. Qualora ai sensi di tale contratto risulti essere titolare del diritto di disporre delle merci una persona, un'entità o un organismo non residente o stabilito nell'Unione, la qualità di esportatore è assunta dal contraente residente o stabilito nell'Unione;

o) «autorizzazione generale di esportazione dell'Unione»: autorizzazione per le esportazioni di cui alla lettera d) verso determinati paesi, concessa a tutti gli esportatori che ne rispettano le condizioni e i requisiti d'uso elencati all'allegato V;

p) «autorizzazione specifica»: un'autorizzazione rilasciata a:
   1) uno specifico esportatore per le esportazioni quali definite alla lettera d) verso un utente finale o un destinatario di un paese terzo e riguardante una o più merci;
   2) uno specifico intermediario per la fornitura di servizi di intermediazione quali definiti alla lettera k) verso un utente finale o un destinatario di un paese terzo e riguardante una o più merci; o
   3) una persona fisica o giuridica, un'entità o un organismo che trasporta le merci nel territorio doganale dell'Unione per il transito quale definito alla lettera s);

q) «autorizzazione generale»: autorizzazione rilasciata a uno specifico esportatore o intermediario per un tipo di merci elencate all'allegato III o all'allegato IV, che può essere valida per:
   1) le esportazioni quali definite alla lettera d) verso uno o più utenti finali specifici in uno o più paesi terzi specifici;
   2) le esportazioni quali definite alla lettera d) verso uno o più distributori specifici in uno o più paesi terzi specifici nel caso in cui l'esportatore sia un produttore di merci di cui all'allegato III, punto 3.2 o 3.3, o all'allegato IV, sezione 1;
   3) la fornitura di servizi di intermediazione relativi al trasferimento di merci ubicate in un paese terzo verso uno o più utenti finali specifici in uno o più paesi terzi specifici;
   4) la fornitura di servizi di intermediazione relativi

al trasferimento di merci ubicate in un paese terzo verso uno o più distributori specifici in uno o più paesi terzi specifici nel caso in cui l'intermediario sia un produttore di merci di cui all'allegato III, punto 3.2 o 3.3, o all'allegato IV, sezione 1;

r) «distributore»: un operatore economico che svolge attività all'ingrosso riguardanti le merci elencate all'allegato III, punto 3.2 o 3.3, ovvero all'allegato IV, sezione 1, quali l'acquisto presso i produttori oppure lo stoccaggio, la fornitura o l'esportazione di tali merci; le attività all'ingrosso di tali merci non comprendono l'acquisto di tali merci da parte di un ospedale, un farmacista o un professionista del settore medico esclusivamente finalizzato alla distribuzione al pubblico;

s) «transito»: il trasporto nel territorio doganale dell'Unione di merci non unionali che attraversano il territorio doganale dell'Unione con una destinazione esterna a tale territorio.

Capo II
Merci praticamente utilizzabili solo per la pena di morte, per la tortura o per altri trattamenti o pene crudeli, inumani o degradanti

3. Divieto di esportazione.

1. Sono vietate tutte le esportazioni di merci elencate all'allegato II, indipendentemente dalla loro origine.

L'allegato II include merci praticamente utilizzabili solo per la pena di morte, per la tortura o per altri trattamenti o pene crudeli, inumani o degradanti.

È fatto divieto a un fornitore di assistenza tecnica di fornire, anche gratuitamente, a qualsiasi persona, entità o organismo in un paese terzo servizi di assistenza tecnica riguardanti le merci elencate all'allegato II.

2. In deroga al paragrafo 1, l'autorità competente può autorizzare un'esportazione di merci elencate nell'allegato II, nonché la fornitura dell'assistenza tecnica connessa, purché si dimostri che il paese nel quale le merci saranno esportate le utilizzerà esclusivamente per l'esposizione al pubblico in un museo in considerazione del loro valore storico.

4. Divieto di importazione.

1. Sono vietate tutte le importazioni delle merci elencate all'allegato II, indipendentemente dalla loro origine.

È fatto divieto a qualunque persona, entità o organismo nell'Unione di accettare da qualunque persona, entità o organismo di un paese terzo assistenza tecnica, anche gratuita, connessa alle merci elencate all'allegato II.

2. In deroga al paragrafo 1, l'autorità competente può autorizzare l'importazione di merci elencate nell'allegato II, nonché la fornitura di assistenza tecnica connessa, purché si dimostri che lo Stato membro di destinazione le utilizzerà esclusivamente per l'esposizione al pubblico in un museo in considerazione del loro valore storico.

5. Divieto di transito.

1. È vietato il transito delle merci elencate all'allegato II.

2. In deroga al paragrafo 1, l'autorità competente può autorizzare il transito delle merci elencate all'allegato II, purché si dimostri che il paese di destinazione le utilizzerà esclusivamente per l'esposizione al pubblico in un museo in considerazione del loro valore storico.

6. Divieto di servizi di intermediazione.

È fatto divieto a un intermediario di fornire a qualsiasi persona, entità o organismo in un paese terzo servizi di intermediazione riguardanti le merci elencate all'allegato II, indipendentemente dalla loro origine.

7. Divieto di formazioni.

È fatto divieto a un fornitore di assistenza tecnica o a un intermediario di fornire ovvero offrire a qualsiasi persona, entità o organismo in un paese terzo formazioni sull'uso delle merci elencate all'allegato II.

8. Fiere commerciali.

È fatto divieto a qualsiasi persona fisica o giuridica, entità o organismo, incluso un consorzio, a prescindere dal fatto che essi risiedano o siano stabiliti in uno Stato membro o meno, di esporre o mettere in vendita le merci elencate all'allegato II in occasione di una mostra o fiera che ha luogo nell'Unione, a meno che non sia dimostrato che, in considerazione della natura della mostra o della fiera, una siffatta esposizione o la messa in vendita non promuova né sia determinante per la vendita ovvero la fornitura delle merci in questione ad alcuna persona, entità o organismo in un paese terzo.

9. Pubblicità.

È fatto divieto a qualsiasi persona fisica o giuridica, entità o organismo, incluso un consorzio, che sia residente o stabilito in uno Stato membro e venda o acquisti spazi o tempi pubblicitari all'interno dell'Unione, a qualsiasi persona fisica che abbia la cittadinanza di uno Stato membro e venda o acquisti spazi o tempi pubblicitari all'interno dell'Unione, nonché a qualsiasi persona giuridica, entità o organismo registrati o costituiti ai sensi del diritto di uno Stato membro che venda o acquisti spazi o tempi pubblicitari all'interno dell'Unione, di vendere a qualsiasi persona, entità o organismo in un paese terzo, o di acquistare da questi ultimi, spazi pubblicitari sulla stampa o su Internet ovvero tempi pubblicitari in televisione o radio in relazione alle merci elencate all'allegato II.

10. Misure nazionali.

1. Fatte salve le norme dell'Unione applicabili, compreso il divieto di discriminazione in base alla nazionalità, gli Stati membri possono adottare o mantenere misure nazionali che limitano il trasporto, i servizi finanziari, l'assicurazione o riassicurazione, o la pubblicità generica o promozione in relazione alle merci elencate all'allegato II.

2. Gli Stati membri notificano alla Commissione le eventuali misure adottate a norma del paragrafo 1, e le relative modifiche o abrogazioni anteriormente alla loro data di entrata in vigore.

Capo III
Merci che potrebbero essere utilizzate per la tortura o per altri trattamenti o pene crudeli, inumani o degradanti

11. Obbligo di autorizzazione di esportazione.

1. Tutte le esportazioni di merci elencate all'allegato III sono soggette ad autorizzazione, indipendentemente dalla loro origine. Tuttavia non è soggetta ad autorizzazione la merce solo in transito attraverso il territorio doganale dell'Unione, vale a dire quella cui non è attribuita una destinazione doganale diversa dal regime di transito esterno previsto dall'articolo 226 del regolamento (UE) n. 952/2013, tra cui il deposito di merci non unionali in una zona franca.

L'allegato III contiene esclusivamente le merci seguenti che potrebbero essere utilizzate per la tortura o per altri trattamenti o pene crudeli, inumani o degradanti:

a) merci utilizzate principalmente per finalità coercitive;
b) merci che, tenendo conto del modello e delle caratteristiche tecniche, sono esposte concretamente al rischio di essere utilizzate per la tortura o per altri trattamenti o pene crudeli, inumani o degradanti.

L'allegato III non comprende:

a) le armi da fuoco soggette a controlli in forza del regolamento (UE) n. 258/2012;
b) i prodotti a duplice uso soggetti a controlli in forza del regolamento (CE) n. 428/2009;
c) le merci soggette a controlli conformemente alla posizione comune 2008/944/PESC.

2. Il paragrafo 1 non si applica alle esportazioni nei territori degli Stati membri che sono al contempo elencati nell'allegato VI ed esterni al territorio doganale dell'Unione, purché le merci siano utilizzate da un'autorità incaricata dell'applicazione della legge sia nel paese o territorio di destinazione sia nella parte metropolitana dello Stato membro cui il territorio in questione appartiene. Le autorità doganali e altre autorità competenti hanno il diritto di accertare che questa condizione sia soddisfatta e, in attesa di tale accertamento, possono decidere di sospendere l'esportazione.

3. Il paragrafo 1 non si applica alle esportazioni nei paesi terzi, purché le merci siano utilizzate da personale militare o civile di uno Stato membro nell'ambito di un'operazione UE o ONU di mantenimento della pace o di gestione delle crisi nel paese terzo in questione oppure nell'ambito di un'operazione basata su accordi tra gli Stati membri e paesi terzi nel campo della difesa. Le autorità doganali e altre autorità competenti hanno il diritto di accertare che questa condizione sia soddisfatta. In attesa di tale accertamento l'esportazione è sospesa.

12. Criteri di rilascio delle autorizzazioni di esportazione.

1. Le decisioni riguardanti le richieste di autorizzazioni di esportazione delle merci elencate all'allegato III sono adottate dalle autorità competenti tenendo conto di tutte le considerazioni pertinenti, in particolare se una richiesta relativa a un'esportazione sostanzialmente identica è stata respinta da un altro Stato membro nei tre anni precedenti, come anche le considerazioni circa l'uso finale previsto e il rischio di sviamento.

2. L'autorità competente non rilascia alcuna autorizzazione se vi sono fondati motivi per ritenere che le merci elencate nell'allegato III potrebbero essere utilizzate da un'autorità incaricata dell'applicazione della legge o da qualunque altra persona fisica o giuridica in un paese terzo per la tortura o per altri trattamenti o pene crudeli, inumani o degradanti, comprese pene corporali giudiziarie.

L'autorità competente tiene conto:

a) delle sentenze disponibili emesse da tribunali internazionali;
b) dei risultati degli accertamenti compiuti dagli organi competenti dell'ONU, del Consiglio d'Europa e dell'UE, nonché delle relazioni del Comitato europeo per la prevenzione della tortura e delle pene o trattamenti inumani o degradanti del Consiglio d'Europa e del relatore speciale dell'ONU sulla tortura e altri trattamenti o pene crudeli, inumani o degradanti.

Possono essere prese in considerazione altre informazioni pertinenti, tra cui sentenze disponibili emesse da tribunali nazionali, relazioni o altre informazioni predisposte da organizzazioni della società civile e informazioni sulle restrizioni applicate dal paese di destinazione alle esportazioni delle merci elencate negli allegati II e III.

3. Al momento della verifica dell'uso finale previsto e del rischio di sviamento, valgono le norme di cui al secondo e al terzo comma.

Se il produttore di merci elencate all'allegato III, punto 3.2 o 3.3, chiede un'autorizzazione per esportare tali merci verso un distributore, l'autorità competente valuta gli accordi contrattuali tra il produttore e il distributore e le misure da loro adottate per garantire che tali merci e, se del caso, i prodotti nei quali verranno incorporate non siano utilizzati per la tortura o per altri trattamenti o pene crudeli, inumani o degradanti

Se è richiesta l'autorizzazione per esportare le merci elencate all'allegato III, punto 3.2 o 3.3, verso un utente finale, l'autorità competente può, in sede di valutazione del rischio di sviamento, tenere presenti gli accordi contrattuali in vigore e la dichiarazione sull'uso finale firmata dall'utente finale, ove presente. In assenza di una dichiarazione sull'uso finale, incombe all'esportatore dimostrare chi è l'utente finale e a quale uso sono destinate le merci. Se l'esportatore non fornisce informazioni sufficienti sull'utente finale e sull'uso finale, si considera che l'autorità competente abbia motivi fondati di ritenere che le merci possano essere utilizzate per la tortura o per altri trattamenti o pene crudeli, inumani o degradanti.

4. Oltre ai criteri di cui al paragrafo 1, al momento di valutare una richiesta di autorizzazione generale, l'autorità competente tiene conto dell'applicazione, da parte dell'esportatore, di mezzi e procedure proporzionati e adeguati atti a garantire il rispetto delle disposizioni e degli obiettivi del presente regolamento e dei termini e delle condizioni dell'autorizzazione.

13. Divieto di transito.

È fatto divieto a una persona fisica o giuridica, un'entità o un organismo, incluso un consorzio, a prescindere dal fatto che costoro risiedano o siano stabiliti in uno Stato membro o meno, di procedere al transito delle merci elencate all'allegato III qualora siano a conoscenza che una parte qualsiasi di una spedizione di tali merci è destinata a un uso finalizzato alla tortura o ad altri trattamenti o pene crudeli, inumani o degradanti in un paese terzo.

14. Misure nazionali.

1. In deroga agli articoli 11 e 12 gli Stati membri possono adottare o mantenere divieti di esportazione e importazione di ceppi, catene e dispositivi portatili per la somministrazione di scariche elettriche.

2. Gli Stati membri possono subordinare all'obbligo di autorizzazione l'esportazione di manette di dimensione totale massima in posizione allacciata, catene incluse, superiore a 240 mm, misurata dal bordo esterno di un bracciale al bordo esterno dell'altro. A tali tipi di manette gli Stati membri interessati applicano i capi III e V.

3. Gli Stati membri notificano alla Commissione le eventuali misure adottate a norma dei paragrafi 1 e 2 anteriormente alla loro data di entrata in vigore.

15. Obbligo di autorizzazione per determinati servizi.

1. È richiesta un'autorizzazione per tutte le forniture, a titolo oneroso o meno, da parte di un fornitore di assistenza tecnica o di un intermediario di, rispettivamente, uno dei seguenti servizi destinati a qualsiasi persona, entità o organismo in un paese terzo:

a) assistenza tecnica riguardante le merci elencate all'allegato III, indipendentemente dalla loro origine; e

b) servizi di intermediazione riguardanti le merci elencate all'allegato III, indipendentemente dalla loro origine.

2. In sede di decisione sulle richieste di autorizzazioni alla fornitura di servizi di intermediazione riguardanti le merci elencate all'allegato III, l'articolo 12 si applica mutatis mutandis.

In sede di decisione sulle richieste di autorizzazioni alla fornitura di servizi di assistenza tecnica riguardante le merci elencate all'allegato III, i criteri di cui all'articolo 12 sono tenuti in considerazione onde valutare:

a) se l'assistenza tecnica sarà fornita a una persona, un'entità o un organismo che potrebbe utilizzare le merci a cui tale assistenza tecnica si riferisce per la tortura o per altri trattamenti o pene crudeli, inumani o degradanti; e

b) se l'assistenza tecnica sarà utilizzata per la riparazione, lo sviluppo, la fabbricazione, la prova, la manutenzione o l'assemblaggio delle merci elencate all'allegato III destinate a una persona, un'entità o un organismo, ovvero per la fornitura di assistenza tecnica a questi ultimi, i quali potrebbero utilizzare le merci a cui l'assistenza tecnica si riferisce per la tortura o per altri trattamenti o pene crudeli, inumani o degradanti.

3. Il paragrafo 1 non si applica alla fornitura di assistenza tecnica qualora:

a) l'assistenza tecnica sia fornita ad un'autorità incaricata dell'applicazione della legge di uno Stato membro o a personale militare o civile di uno Stato membro, come indicato nella prima frase dell'articolo 11, paragrafo 3;

b) l'assistenza tecnica consista nel fornire informazioni di dominio pubblico; oppure

c) l'assistenza tecnica rappresenti il minimo necessario per l'installazione, il funzionamento, la manutenzione o la riparazione delle merci elencate all'allegato III la cui esportazione è stata autorizzata da un'autorità competente conformemente al presente regolamento.

4. In deroga al paragrafo 1, gli Stati membri possono mantenere il divieto di fornitura di servizi di intermediazione riguardanti ceppi, catene e dispositivi portatili per la somministrazione di scariche elettriche. Laddove gli Stati membri mantengano tale divieto, essi informano la Commissione se le misure precedentemente adottate e notificate ai sensi dell'articolo 7 bis, paragrafo 4, del regolamento (CE) n. 1236/2005 sono modificate o abrogate.

Capo IV
Merci che potrebbero essere utilizzate per la pena di morte

16. Obbligo di autorizzazione di esportazione.

1. Tutte le esportazioni di merci elencate all'allegato IV sono soggette a autorizzazione, indipendentemente dalla loro origine. Tuttavia non è soggetta ad autorizzazione la merce solo in transito attraverso il territorio doganale dell'Unione, vale a dire quella cui non è attribuita una destinazione doganale diversa dal regime di transito esterno previsto dall'articolo 226 del regolamento (UE) n. 952/2013, tra cui il deposito di merci non unionali in una zona franca.

L'allegato IV contiene esclusivamente le merci che potrebbero essere utilizzate per la pena di morte e che sono state approvate o sono realmente utilizzate a tal fine da uno o più paesi terzi che non hanno abolito la pena di morte. L'allegato IV non comprende:

a) le armi da fuoco soggette a controlli in forza del regolamento (UE) n. 258/2012;
b) i prodotti a duplice uso soggetti a controlli in forza del regolamento (CE) n. 428/2009; e
c) le merci soggette a controlli conformemente alla posizione comune 2008/944/PESC.

2. Qualora l'esportazione di prodotti medicinali richieda un'autorizzazione all'esportazione conformemente al presente regolamento e sia inoltre soggetta a requisiti di autorizzazione a norma delle convenzioni internazionali sugli stupefacenti e le sostanze psicotrope, come la convenzione del 1971 sulle sostanze psicotrope, gli Stati membri possono utilizzare una procedura unica per ottemperare agli obblighi loro imposti dal presente regolamento e dalla convenzione pertinente.

17. Criteri di rilascio delle autorizzazioni di esportazione.

1. Le decisioni riguardanti le richieste di autorizzazioni di esportazione delle merci elencate all'allegato IV sono adottate dalle autorità competenti tenendo conto di tutte le considerazioni pertinenti, in particolare se una richiesta relativa a un'esportazione sostanzialmente identica è stata respinta da un altro Stato membro nei tre anni precedenti, come anche le considerazioni circa l'uso finale previsto e il rischio di sviamento.

2. L'autorità competente non rilascia alcuna autorizzazione se vi sono fondati motivi di ritenere che le merci elencate all'allegato IV potrebbero essere utilizzate per la pena di morte in un paese terzo.

3. Al momento della verifica dell'uso finale e del rischio di sviamento, si applicano le norme di cui al secondo, terzo e quarto comma.

Se il produttore di merci elencate all'allegato IV, sezione 1, chiede un'autorizzazione per esportare i prodotti verso un distributore, l'autorità competente valuta gli accordi contrattuali tra il produttore e il distributore e le misure da loro adottate per garantire che le merci non siano utilizzate per la pena di morte.

Se è richiesta l'autorizzazione per esportare le merci elencate all'allegato IV, sezione 1, verso un utente finale, l'autorità competente può, in sede di valutazione del rischio di sviamento, tenere presenti gli accordi contrattuali in vigore e la dichiarazione sull'uso finale firmata dall'utente finale, ove presente. In assenza di una dichiarazione sull'uso finale, incombe all'esportatore dimostrare chi è l'utente finale e a quale uso sono destinate le merci. Se l'esportatore non fornisce informazioni sufficienti sull'utente finale e sull'uso finale, si considera che l'autorità competente abbia motivi fondati di ritenere che le merci possano essere utilizzate per la pena di morte.

La Commissione, in cooperazione con le autorità competenti degli Stati membri, può adottare orientamenti sulle migliori prassi riguardanti la verifica dell'uso finale e dello scopo per cui sarà utilizzata l'assistenza tecnica.

4. Oltre ai criteri di cui al paragrafo 1, al momento di valutare una richiesta di autorizzazione generale, l'autorità competente tiene conto dell'applicazione, da parte dell'esportatore, di mezzi e procedure proporzionati e adeguati atti a garantire il rispetto delle disposizioni e degli obiettivi del presente regolamento e dei termini e delle condizioni dell'autorizzazione.

18. Divieto di transito.

È fatto divieto a una persona fisica o giuridica, un'entità o un organismo, incluso un consorzio, a prescindere dal fatto che costoro risiedano o siano stabiliti in uno Stato membro o meno, di procedere al transito delle merci elencate all'allegato IV qualora siano a conoscenza che una parte qualsiasi di una spedizione di tali merci è destinata a un uso finalizzato alla pena di morte in un paese terzo.

19. Obbligo di autorizzazione per determinati servizi.

1. È richiesta un'autorizzazione per tutte le forniture, anche gratuite, da parte di un fornitore di assistenza tecnica o di un intermediario di, rispettivamente, uno dei seguenti servizi destinati a qualsiasi persona, entità o organismo in un paese terzo:

a) assistenza tecnica riguardante le merci elencate all'allegato IV, indipendentemente dalla loro origine; e
b) servizi di intermediazione riguardanti le merci elencate all'allegato IV indipendentemente dalla loro origine.

2. In sede di decisione sulle richieste di autorizzazioni alla fornitura di servizi di intermediazione riguardanti le merci elencate all'allegato IV, l'articolo 17 si applica mutatis mutandis.

In sede di decisione sulle richieste di autorizzazioni alla fornitura di servizi di assistenza tecnica riguardante le merci elencate all'allegato IV, i criteri di cui all'articolo 17 sono tenuti in considerazione onde valutare:

a) se l'assistenza tecnica sarà fornita a una persona, un'entità o un organismo che potrebbe utilizzare le merci a cui tale assistenza tecnica si riferisce per la pena di morte; e
b) se l'assistenza tecnica sarà utilizzata per la riparazione, lo sviluppo, la fabbricazione, la prova, la manutenzione o l'assemblaggio delle merci elencate all'allegato IV destinate a una persona, un'entità o un organismo, ovvero per la fornitura di assistenza tecnica a questi ultimi, i quali potrebbero utilizzare le merci a cui l'assistenza tecnica si riferisce per la pena di morte.

3. Il paragrafo 1 non si applica alla fornitura di assistenza tecnica, qualora:

a) l'assistenza tecnica consista nel fornire informazioni di dominio pubblico; oppure
b) l'assistenza tecnica rappresenti il minimo necessario per l'installazione, il funzionamento, la manutenzione o la riparazione delle merci elencate all'allegato IV la cui esportazione è stata autorizzata da un'autorità competente conformemente al presente regolamento.

35. Abrogazione.

Il regolamento (CE) n. 1236/2005 è abrogato.

I riferimenti al regolamento abrogato si intendono fatti al presente regolamento e si leggono secondo la tavola di concordanza di cui all'allegato XI.

36. Entrata in vigore.

Il presente regolamento entra in vigore il ventesimo giorno successivo alla pubblicazione nella Gazzetta ufficiale dell'Unione europea.

TRAPIANTI E DONAZIONI DI ORGANI

1. L. 26 giugno 1967, n. 458. – Trapianto del rene tra persone viventi (1) (2)

In Gazzetta Ufficiale 27 giugno 1967, n. 160

(1) Il d.lgs. 19.2.1998, n. 51 ha soppresso l'ufficio del pretore e, fuori dai casi espressamente previsti da questo decreto, le relative competenze sono da intendersi trasferite al tribunale ordinario. Lo stesso decreto ha soppresso l'ufficio del pubblico ministero presso la pretura circondariale e ha provveduto a trasferirne le relative funzioni all'ufficio del pubblico ministero presso il tribunale ordinario. Qualora questo provvedimento attribuisca, inoltre, funzioni amministrative alternativamente al pretore e ad organi della P.A., le attribuzioni pretorili si intendono soppresse. Sono altresì soppresse le funzioni amministrative di altre autorità giurisdizionali, eccezion fatta per il giudice di pace, se attribuite in via alternativa tanto al pretore che ad organi della P.A. Il potere del pretore di rendere esecutivi atti emanati da autorità amministrative è soppresso e gli atti sono esecutivi di diritto. Qualora questo provvedimento, infine, preveda l'obbligo di determinati soggetti di rendere giuramento innanzi al pretore per l'esercizio di attività, questo si intende reso innanzi al sindaco o ad un suo delegato.

(2) L'art. 1, co. 1, d.lgs. 1.12.2009, n. 179, ha dichiarato indispensabile la permanenza in vigore di questa legge.

1. – In deroga al divieto di cui all'art. 5 del Codice civile, è ammesso disporre a titolo gratuito del rene al fine del trapianto tra persone viventi.

La deroga è consentita ai genitori, ai figli, ai fratelli germani o non germani del paziente che siano maggiorenni, purché siano rispettate le modalità previste dalla presente legge.

Solo nel caso che il paziente non abbia i consanguinei di cui al precedente comma o nessuno di essi sia idoneo o disponibile, la deroga può essere consentita anche per altri parenti e per donatori estranei [1].

(1) L'art. 1, co. 1, d.lgs. 1.12.2009, n. 179, ha dichiarato indispensabile la permanenza in vigore di questo articolo.

2. – L'atto di disposizione e destinazione del rene in favore di un determinato paziente è ricevuto dal pretore del luogo in cui risiede il donatore o ha sede l'Istituto autorizzato al trapianto.

La donazione di un rene può essere autorizzata, a condizione che il donatore abbia raggiunto la maggiore età, sia in possesso della capacità di intendere e di volere, sia a conoscenza dei limiti della terapia del trapianto del rene tra viventi e sia consapevole delle conseguenze personali che il suo sacrificio comporta.

Il pretore, accertata l'esistenza delle condizioni di cui al precedente comma e accertato altresì che il donatore si è determinato all'atto della donazione di un rene liberamente e spontaneamente, cura la redazione per iscritto delle relative dichiarazioni.

L'atto, che è a titolo gratuito e non tollera l'apposizione di condizioni o di altre determinazioni accessorie di volontà, è sempre revocabile sino al momento dell'intervento chirurgico e non fa sorgere diritti di sorta del donatore nei confronti del ricevente.

Il pretore, accertata l'esistenza del giudizio tecnico favorevole al prelievo ed al trapianto del rene contenuto nel referto medico collegiale di cui all'articolo seguente, può concedere, con decreto da emettersi entro tre giorni, il nulla osta all'esecuzione del trapianto.

In caso contrario ed entro lo stesso termine, dichiara, con decreto motivato, il proprio rifiuto.

Contro tale decreto si può proporre reclamo con ricorso al Tribunale, che si pronuncia in Camera di consiglio.

Tutti gli atti del procedimento davanti al pretore e al tribunale non sono soggetti alle disposizioni della legge sulle tasse di registro e bollo [1].

(1) L'art. 1, co. 1, d.lgs. 1.12.2009, n. 179, ha dichiarato indispensabile la permanenza in vigore di questo articolo.

3. – Il prelievo e il trapianto del rene possono essere effettuati in Centri per i trapianti di organi, in Istituti universitari, ed in Ospedali ritenuti idonei anche per la ricerca scientifica. I Centri, gli Istituti e gli Ospedali predetti devono disporre di sanitari particolarmente qualificati per competenza medica, chirurgica, biologica e devono essere autorizzati dal Ministro per la sanità, sentito il parere del Consiglio superiore di sanità e per gli Istituti universitari, anche il parere della I sezione del Consiglio superiore della pubblica istruzione.

Il direttore dell'Istituto che intende eseguire un trapianto del rene, esperite e controllate tutte le indagini necessarie, riunisce in collegio medico i suoi collaboratori con la partecipazione di un medico di fiducia del donatore e provvede a redigere apposito verbale attestante l'idoneità del donatore anche sotto l'aspetto della istocompatibilità, nonché l'esistenza della indicazione clinica al trapianto nel paziente.

Tale verbale conclusivo con un giudizio tecnico favorevole, viene rimesso al medico provinciale, il quale, constatata l'ottemperanza alle condizioni del precedente comma, lo trasmette, entro 24 ore, al pretore per il rilascio del nulla osta all'esecuzione del trapianto, di cui all'art. 2 [(1)].

(1) L'art. 1, co. 1, d.lgs. 1.12.2009, n. 179, ha dichiarato indispensabile la permanenza in vigore di questo articolo.

4. – Il trapianto del rene legittimamente prelevato e destinato ad un determinato paziente non può aver luogo senza il consenso di questo o in assenza di uno stato di necessità [(1)].

(1) L'art. 1, co. 1, d.lgs. 1.12.2009, n. 179, ha dichiarato indispensabile la permanenza in vigore di questo articolo.

5. – Per l'intervento chirurgico del prelievo del rene, il donatore è ammesso a godere dei benefici previsti dalle leggi vigenti per i lavoratori autonomi o subordinati in stato di infermità; è altresì assicurato contro i rischi immediati e futuri inerenti all'intervento operatorio e alla menomazione subìta [(1)].

(1) L'art. 1, co. 1, d.lgs. 1.12.2009, n. 179, ha dichiarato indispensabile la permanenza in vigore di questo articolo.

6. – Qualsiasi pattuizione privata che preveda un compenso in denaro o altra utilità in favore del donatore, per indurlo all'atto di disposizione e destinazione, è nulla e di nessun effetto [(1)].

(1) L'art. 1, co. 1, d.lgs. 1.12.2009, n. 179, ha dichiarato indispensabile la permanenza in vigore di questo articolo.

7. – [È punito con la reclusione da tre mesi ad un anno e con multa da lire 300.000 a lire 6.000.000 chiunque a scopo di lucro svolge opera di mediazione nella donazione di un rene [(1) (2)].] [(3)]

(1) La multa è stata così elevata dall'art. 113, co. 3, l. 24.11 1981, n. 689. La sanzione è esclusa dalla depenalizzazione in virtù dell'art. 32, co. 2, della citata l. n. 689/1981.

(2) L'art. 1, co. 1, d.lgs. 1.12.2009, n. 179, ha dichiarato indispensabile la permanenza in vigore di questo articolo.

(3) Articolo abrogato dall'art. 4, co. 1, l. 11.12.2016 n. 236.

8. – Il Ministro per la sanità, di concerto col Ministro per il lavoro e la previdenza sociale, emanerà il regolamento di esecuzione della presente legge entro sei mesi dalla sua entrata in vigore [(1)].

(1) L'art. 1, co. 1, d.lgs. 1.12.2009, n. 179, ha dichiarato indispensabile la permanenza in vigore di questo articolo.

2. L. 1 aprile 1999, n. 91. – Disposizioni in materia di prelievi e di trapianti di organi e di tessuti *(artt. 1, 2, 4, 6, 7, 13, 15, 16, 22)*

In Gazzetta Ufficiale 15 aprile 1999, n. 87

Capo I
Disposizioni generali

1. Finalità.

1. La presente legge disciplina il prelievo di organi e di tessuti da soggetto di cui sia stata accertata la morte ai sensi della legge 29 dicembre 1993, n. 578, e regolamenta le attività di prelievo e di trapianto di tessuti e di espianto e di trapianto di organi anche da soggetto vivente, per quanto compatibili [(1)].

2. Le attività di trapianto di organi e di tessuti ed il coordinamento delle stesse costituiscono obiettivi del Servizio sanitario nazionale. Il procedimento per l'esecuzione dei trapianti è disciplinato secondo modalità tali da assicurare il rispetto dei criteri di trasparenza e di pari opportunità tra i cittadini, prevedendo criteri di accesso alle liste di attesa determinati da parametri clinici ed immunologici.

(1) Comma modificato dall'art. 1, co. 340, lett. a), l. 24.12.2012, n. 228.

2. Promozione dell'informazione.

1. Il Ministro della sanità, d'intesa con i Ministri della pubblica istruzione e dell'università e della ricerca scientifica e tecnologica, sentito il Centro nazionale per i trapianti, di cui all'articolo 8, in collaborazione con gli enti locali, le scuole, le associazioni di volontariato e quelle di interesse collettivo, le società scientifiche, le aziende unità sanitarie locali, i medici di medicina generale e le strutture sanitarie pubbliche e private, promuove, nel rispetto di una libera e consapevole scelta, iniziative di informazione dirette a diffondere tra i cittadini:

a) la conoscenza delle disposizioni della presente legge, nonché della legge 29 dicembre 1993, n. 578, e del decreto del Ministro della sanità 22 agosto 1994, n. 582;
b) la conoscenza di stili di vita utili a prevenire l'insorgenza di patologie che possano richiedere come terapia anche il trapianto di organi;
c) la conoscenza delle possibilità terapeutiche e delle problematiche scientifiche collegate al trapianto di organi e di tessuti.

2. Le regioni e le aziende unità sanitarie locali, in collaborazione con i centri regionali o interregionali per i trapianti di cui all'articolo 10 e con i coordinatori locali di cui all'articolo 12, adottano iniziative volte a:

a) diffondere tra i medici di medicina generale e tra i medici delle strutture sanitarie pubbliche e private la conoscenza delle disposizioni della presente legge, nonché della legge 29 dicembre 1993, n. 578, e del decreto del Ministro della sanità 22 agosto 1994, n. 582;
b) diffondere tra i cittadini una corretta informazione sui trapianti di organi e di tessuti, anche avvalendosi dell'attività svolta dai medici di medicina generale;
c) promuovere nel territorio di competenza l'educazione sanitaria e la crescita culturale in materia di pre-

venzione primaria, di terapie tradizionali ed alternative e di trapianti.

3. Per le finalità di cui al presente articolo è autorizzata la spesa complessiva di lire 2.000 milioni annue a decorrere dal 1999, di cui lire 1.800 milioni per l'attuazione del comma 1 e lire 200 milioni per l'attuazione del comma 2.

4. Dichiarazione di volontà in ordine alla donazione.

1. Entro i termini, nelle forme e nei modi stabiliti dalla presente legge e dal decreto del Ministro della sanità di cui all'articolo 5, comma 1, i cittadini sono tenuti a dichiarare la propria libera volontà in ordine alla donazione di organi e di tessuti del proprio corpo successivamente alla morte, e sono informati che la mancata dichiarazione di volontà è considerata quale assenso alla donazione, secondo quanto stabilito dai commi 4 e 5 del presente articolo.

2. I soggetti cui non sia stata notificata la richiesta di manifestazione della propria volontà in ordine alla donazione di organi e di tessuti, secondo le modalità indicate con il decreto del Ministro della sanità di cui all'articolo 5, comma 1, sono considerati non donatori.

3. Per i minori di età la dichiarazione di volontà in ordine alla donazione è manifestata dai genitori esercenti la potestà. In caso di non accordo tra i due genitori non è possibile procedere alla manifestazione di disponibilità alla donazione. Non è consentita la manifestazione di volontà in ordine alla donazione di organi per i nascituri, per i soggetti non aventi la capacità di agire nonché per i minori affidati o ricoverati presso istituti di assistenza pubblici o privati.

4. Fatto salvo quanto previsto dal comma 5, il prelievo di organi e di tessuti successivamente alla dichiarazione di morte è consentito:

a) nel caso in cui dai dati inseriti nel sistema informativo dei trapianti di cui all'articolo 7 ovvero dai dati registrati sui documenti sanitari personali risulti che il soggetto stesso abbia espresso in vita dichiarazione di volontà favorevole al prelievo;

b) qualora dai dati inseriti nel sistema informativo dei trapianti di cui all'articolo 7 risulti che il soggetto sia stato informato ai sensi del decreto del Ministro della sanità di cui all'articolo 5, comma 1, e non abbia espresso alcuna volontà.

5. Nei casi previsti dal comma 4, lettera b), il prelievo è consentito salvo che, entro il termine corrispondente al periodo di osservazione ai fini dell'accertamento di morte, di cui all'articolo 4 del decreto del Ministro della sanità 22 agosto 1994, n. 582, sia presentata una dichiarazione autografa di volontà contraria al prelievo del soggetto di cui sia accertata la morte.

6. Il prelievo di organi e di tessuti effettuato in violazione delle disposizioni di cui al presente articolo è punito con la reclusione fino a due anni e con l'interdizione dall'esercizio della professione sanitaria fino a due anni.

6. Trapianto terapeutico.

1. I prelievi di organi e di tessuti disciplinati dalla presente legge sono effettuati esclusivamente a scopo di trapianto terapeutico.

Capo III
Organizzazione dei prelievi e dei trapianti di organi e di tessuti

7. Princìpi organizzativi.

1. L'organizzazione nazionale dei prelievi e dei trapianti è costituita dal Centro nazionale per i trapianti, dalla Consulta tecnica permanente per i trapianti, dai centri regionali o interregionali per i trapianti, dalle strutture per i prelievi, dalle strutture per la conservazione dei tessuti prelevati, dalle strutture per i trapianti e dalle aziende unità sanitarie locali.

2. È istituito il sistema informativo dei trapianti nell'ambito del sistema informativo sanitario nazionale.

3. Il Ministro della sanità, entro novanta giorni dalla data di entrata in vigore della presente legge, con proprio decreto, d'intesa con la Conferenza permanente per i rapporti tra lo Stato, le regioni e le province autonome di Trento e di Bolzano, sentita l'Autorità per l'informatica nella pubblica amministrazione, stabilisce gli obiettivi, le funzioni e la struttura del sistema informativo dei trapianti, comprese le modalità del collegamento telematico tra i soggetti di cui al comma 1, nell'ambito delle risorse informatiche e telematiche disponibili per il Servizio sanitario nazionale ed in coerenza con le specifiche tecniche della rete unitaria della pubblica amministrazione.

4. Per l'istituzione del sistema informativo dei trapianti è autorizzata la spesa di lire 1.000 milioni annue a decorrere dal 1999.

13. Strutture per i prelievi.

1. Il prelievo di organi è effettuato presso le strutture sanitarie accreditate dotate di reparti di rianimazione. L'attività di prelievo di tessuti da soggetto di cui sia stata accertata la morte ai sensi della legge 29 dicembre 1993, n. 578, e del decreto del Ministro della sanità 22 agosto 1994, n. 582, può essere svolta anche nelle strutture sanitarie accreditate non dotate di reparti di rianimazione.

2. Le regioni, nell'esercizio dei propri poteri di programmazione sanitaria e nell'ambito della riorganizzazione della rete ospedaliera di cui all'articolo 2 della legge 28 dicembre 1995, n. 549, come modificato dall'articolo 1 del decreto-legge 17 maggio 1996, n. 280, convertito, con modificazioni, dalla legge 18 luglio 1996, n. 382, provvedono, ove necessario, all'attivazione o al potenziamento dei dipartimenti di urgenza e di emergenza sul territorio ed al potenziamento dei centri di rianimazione e di neurorianimazione, con particolare riguardo a quelli presso strutture pubbliche accreditate ove, accanto alla rianimazione, sia presente anche un reparto neurochirurgico.

3. I prelievi possono altresì essere eseguiti, su richiesta, presso strutture diverse da quelle di appartenenza del sanitario chiamato ad effettuarli, nel rispetto delle vigenti disposizioni sulla incompatibilità dell'esercizio dell'attività libero-professionale, a condizione che tali strutture siano idonee ad effettuare l'accertamento della morte, ai sensi della legge 29 dicembre 1993, n. 578, e del decreto del Ministro della sanità 22 agosto 1994, n. 582.

15. Strutture per la conservazione dei tessuti prelevati.

1. Le regioni, sentito il centro regionale o interregionale, individuano le strutture sanitarie pubbliche aventi il compito di conservare e distribuire i tessuti prelevati, certificandone la idoneità e la sicurezza.

2. Le strutture di cui al comma 1 sono tenute a registrare i movimenti in entrata ed in uscita dei tessuti prelevati, inclusa l'importazione, secondo le modalità definite dalle regioni

16. Strutture per i trapianti.

1. Le regioni individuano, nell'ambito della programmazione sanitaria, tra le strutture accreditate quelle idonee ad effettuare i trapianti di organi e di tessuti. Con decreto del Ministro della sanità, sentiti il Consiglio superiore di sanità ed il Centro nazionale, sono definiti i criteri e le modalità per l'individuazione delle strutture di cui al presente articolo, in base ai requisiti previsti dal decreto del Ministro della sanità 29 gennaio 1992, pubblicato nella Gazzetta Ufficiale n. 26 del 1° febbraio 1992, nonché gli standard minimi di attività per le finalità indicate dal comma 2.

2. Le regioni provvedono ogni due anni alla verifica della qualità e dei risultati delle attività di trapianto di organi e di tessuti svolte dalle strutture di cui al presente articolo revocando l'idoneità a quelle che abbiano svolto nell'arco di un biennio meno del 50 per cento dell'attività minima prevista dagli standard di cui al comma 1

3. Per l'attuazione degli articoli 13 e 15, nonché del presente articolo, è autorizzata la spesa di lire 2.450 milioni annue a decorrere dal 1999.

22. Sanzioni.

1. Salvo che il fatto costituisca reato, chiunque viola le disposizioni degli articoli 13, 15 e 16 è punito con la sanzione amministrativa consistente nel pagamento di una somma da euro 2.064 a euro 20.658 (1).

2. La sanzione di cui al comma 1 è applicata dalle regioni con le forme e con le modalità previste dalla legge 24 novembre 1981, n. 689, e successive modificazioni.

3. Chiunque procura per scopo di lucro un organo o un tessuto prelevato da soggetto di cui sia stata accertata la morte ai sensi della legge 29 dicembre 1993, n. 578, e del decreto del Ministro della sanità 22 agosto 1994, n. 582, ovvero ne fa comunque commercio, è punito con la reclusione da due a cinque anni e con la multa da lire 20 milioni a lire 300 milioni. Se il fatto è commesso da persona che esercita una professione sanitaria, alla condanna consegue l'interdizione perpetua dall'esercizio della professione.

4. Chiunque procura, senza scopo di lucro, un organo o un tessuto prelevato abusivamente da soggetto di cui sia stata accertata la morte ai sensi della legge 29 dicembre 1993, n. 578, e del decreto del Ministro della sanità 22 agosto 1994, n. 582, è punito con la reclusione fino a due anni. Se il fatto è commesso da persona che esercita una professione sanitaria, alla condanna consegue l'interdizione temporanea fino ad un massimo di cinque anni dall'esercizio della professione

(1) Comma modificato dall'art. 1, co. 340, lett. d), l. 24.12.2012, n. 228.

3. D.Lgs. 6 novembre 2007, n. 191. – Attuazione della direttiva 2004/23/CE sulla definizione delle norme di qualità e di sicurezza per la donazione, l'approvvigionamento, il controllo, la lavorazione, la conservazione, lo stoccaggio e la distribuzione di tessuti e cellule umani (*artt. 1-7, 10-24, 27*)

In Gazzetta Ufficiale 9 novembre 2007, n. 261

Capo I
Disposizioni generali

1. Obiettivi.

1. Il presente decreto stabilisce norme di qualità e di sicurezza per i tessuti e le cellule umani destinati ad applicazioni sull'uomo, al fine di assicurare un elevato livello di protezione della salute umana.

2. Ambito di applicazione.

1. Il presente decreto si applica alla donazione, all'approvvigionamento, al controllo, alla lavorazione, alla conservazione, allo stoccaggio e alla distribuzione di tessuti e cellule umani destinati ad applicazioni sull'uomo, nonché ai prodotti fabbricati derivati da tessuti e cellule umani destinati ad applicazioni sull'uomo. Qualora tali prodotti fabbricati siano disciplinati da altre norme di derivazione europea, il presente decreto si applica soltanto alla donazione, all'approvvigionamento e al controllo degli stessi.

2. Le disposizioni di cui al presente decreto legislativo si applicano anche alla donazione, alla raccolta, al controllo, alla conservazione di cellule staminali emopoietiche, ferme restando le disposizioni previste dalla normativa vigente in materia di attività trasfusionali.

3. Alle cellule riproduttive, ai tessuti e alle cellule fetali e alle cellule staminali embrionali, si applicano le disposizioni vigenti in materia. Per la conservazione si applicano le disposizioni di cui al presente decreto in quanto compatibili.

4. Il presente decreto non si applica a:

a) tessuti e cellule utilizzati per un trapianto autologo nell'ambito dello stesso intervento chirurgico;

b) sangue e suoi componenti secondo la definizione del decreto legislativo 19 agosto 2005, n. 191, e successive modificazioni;

c) organi o parti di organi, qualora la loro funzione sia quella di essere utilizzati per lo stesso scopo dell'organo intero nel corpo umano.

3. Definizioni.

1. Ai fini del presente decreto si intende per:

a) cellule: le cellule umane singole o un insieme di cellule umane non collegate da alcuna forma di tessuto connettivo;

b) tessuto: tutte le parti costituenti del corpo umano formate da cellule;

c) donatore: qualsiasi fonte umana, vivente o deceduta, di cellule o tessuti umani;

d) donazione: l'atto di donare tessuti o cellule umani destinati ad applicazioni sull'uomo;

e) organo: una parte differenziata e vitale del corpo umano, formata da diversi tessuti, che mantiene la propria struttura, vascolarizzazione e capacità di sviluppare funzioni fisiologiche con un sensibile livello di autonomia;

f) approvvigionamento: il processo che rende disponibile il tessuto o le cellule;

g) lavorazione: tutte le operazioni connesse con la preparazione, la manipolazione, la conservazione e l'imballaggio dei tessuti o delle cellule destinati ad applicazioni sull'uomo;

h) conservazione: l'uso di agenti chimici, alterazioni delle condizioni ambientali o altri mezzi impiegati durante la lavorazione per impedire o ritardare il deterioramento biologico o fisico di cellule o tessuti;

i) quarantena: lo stato dei tessuti o cellule prelevati, o di un tessuto isolato fisicamente o tramite altri mezzi appropriati, in attesa di una decisione sulla loro accettazione o sul loro rifiuto;

l) stoccaggio: il mantenimento del prodotto in condizioni adeguate e controllate fino alla sua distribuzione;

m) distribuzione: il trasporto e la consegna di tessuti o cellule destinati ad applicazioni sull'uomo;

n) applicazione sull'uomo: l'uso di tessuti o cellule su o in un ricevente umano, nonché le applicazioni extracorporee;

o) evento avverso grave: qualunque evento negativo collegato con l'approvvigionamento, il controllo, la lavorazione, lo stoccaggio e la distribuzione di tessuti e cellule, che possa provocare la trasmissione di malattie trasmissibili, la morte o condizioni di pericolo di vita, di invalidità o incapacità dei pazienti, o ne produca o prolunghi l'ospedalizzazione o lo stato di malattia;

p) reazione avversa grave: una risposta non voluta nel donatore o nel ricevente, compresa una malattia trasmissibile, connessa con l'approvvigionamento o l'applicazione sull'uomo di tessuti o cellule, che provochi la morte, metta in pericolo la vita o produca invalidità o incapacità dell'interessato, o ne produca o prolunghi l'ospedalizzazione o lo stato di malattia;

q) istituto dei tessuti: una banca dei tessuti, come prevista dalla legge 1 aprile 1999, n. 91, o una unità di un ospedale pubblico, o un settore di un servizio trasfusionale come previsto dal decreto legislativo 19 agosto 2005, n. 191, o una struttura sanitaria senza fini di lucro, in cui si effettuano attività di lavorazione, conservazione, stoccaggio o distribuzione di tessuti e cellule umani, o una struttura sanitaria autorizzata ai sensi della legge 19 febbraio 2004, n. 40, per le attività compatibili con la legge medesima. Fatte salve le competenze delle regioni e province autonome in materia di autorizzazione al funzionamento degli istituti, il Ministero della salute, le regioni e le province autonome di Trento e di Bolzano, di seguito denominate: province autonome, mediante accordo in Conferenza permanente per i rapporti tra lo Stato, le regioni e le province autonome di Trento e di Bolzano, emanano le linee guida per l'accreditamento delle attività di tali istituti, conformemente alla normativa vigente in materia, sulla base delle indicazioni fornite dal Centro nazionale trapianti, dal Centro nazionale sangue e dall'Istituto superiore di Sanità secondo i rispettivi ambiti di competenza. L'Istituto dei tessuti può inoltre essere incaricato dell'approvvigionamento o del controllo, comprendente anche l'esecuzione degli esami analitici, dei tessuti e delle cellule;

s) uso allogenico: cellule o tessuti prelevati da una persona ed applicati ad un'altra;

t) uso autologo: cellule o tessuti prelevati da una persona ed applicati sulla stessa persona.

4. Attuazione.

1. Il Ministero della salute e le regioni e le province autonome sono le autorità responsabili competenti per l'attuazione dei requisiti di cui al presente decreto.

Capo II
Obblighi delle autorità competenti

5. Vigilanza sull'approvvigionamento dei tessuti e delle cellule umani.

1. L'approvvigionamento e il controllo dei tessuti e delle cellule sono effettuati da personale in possesso dei requisiti richiesti dalla normativa vigente e che abbia formazione ed esperienza adeguate e si svolgono secondo modalità a tale fine autorizzate dalle regioni e dalle province autonome.

2. Con decreto del Ministro della salute, previa intesa con le regioni e le province autonome, sono impartite le disposizioni per assicurare che l'approvvigionamento dei tessuti e delle cellule sia attuato nel rispetto della normativa vigente nel settore e in coerenza ai requisiti di cui all'articolo 28, comma 1, lettere b), e) e f). I controlli, compresi gli esami analitici, richiesti per i donatori sono effettuati dalle strutture a tali fini specificamente individuate, autorizzate e accreditate secondo le modalità previste dalle regioni o dalle province autonome.

6. Autorizzazione e accreditamento degli istituti dei tessuti e.

1. Con accordo in sede di Conferenza permanente per i rapporti tra lo Stato, le regioni e le province autonome di Trento e di Bolzano, entro sei mesi dalla data di entrata in vigore del presente decreto, sono definiti i requisiti minimi organizzativi, strutturali e tecnologici degli istituti dei tessuti e le linee-guida per l'accreditamento, sulla base delle indicazioni all'uopo fornite dal CNT, dal CNS e dalla Conferenza dei Presidenti delle regioni e delle province autonome, per le rispettive competenze.

2. Ai sensi della normativa vigente e del presente decreto, gli istituti dei tessuti in cui si svolgono attività di controllo, lavorazione, conservazione, stoccaggio o distribuzione di tessuti e cellule umani destinati ad applicazioni sull'uomo sono autorizzati e accreditati dalle regioni e dalle province autonome, ai fini dello svolgimento di tali attività.

3. La regione o la provincia autonoma, previo accertamento della conformità dell'istituto dei tessuti ai requisiti previsti dalla normativa vigente e dal presente decreto, con particolare riferimento all'articolo 28, comma 1, lettera a), lo autorizza e lo accredita, ed indica le attività di cui è consentito l'esercizio, prevedendone le condizioni. La regione o la provincia autonoma autorizza ed accredita le attività relative ai procedimenti di preparazione dei tessuti e delle cellule, che l'istituto dei tessuti può svolgere nel rispetto della normativa vigente nel settore e dei requisiti di cui all'articolo 28, comma 1, lettera g). Gli accordi previsti all'articolo 24, conclusi fra un istituto dei tessuti e terzi sono esaminati nell'ambito di tale procedura.

4. L'istituto dei tessuti non apporta modifiche sostanziali alle proprie attività senza il rilascio della preventiva autorizzazione da parte della regione o della provincia autonoma interessata.

5. La regione o la provincia autonoma competente può sospendere o revocare l'autorizzazione e l'accreditamento di un istituto dei tessuti o di un procedimento di preparazione dei tessuti e delle cellule qualora l'ispezione o le misure di controllo attuate dimostrino che tale istituto o procedimento non soddisfano i requisiti previsti.

6. Con decreto del Ministro della salute, d intesa con la Conferenza permanente per i rapporti tra lo Stato, le regioni e le province autonome di Trento e di Bolzano, sono individuati, nel rispetto dei requisiti di cui all'articolo 28, comma 1, lettera i), i tessuti e le cellule specifici che possono essere distribuiti direttamente per il trapianto immediato al ricevente, a condizione che il fornitore abbia ottenuto per tale attività l'autorizzazione e l'accreditamento da parte delle regioni o delle province autonome competenti.

7. Ispezioni e misure di controllo.

1. La regione o la provincia autonoma organizza ispezioni e adeguate misure di controllo presso gli istituti dei tessuti, avvalendosi per gli specifici ambiti di competenza del supporto del CNT o del CNS, per verificarne la rispondenza ai requisiti previsti dalla normativa vigente e dal presente decreto.

2. La regione o la provincia autonoma assicura, inoltre, l'adozione di appropriate misure di controllo per quanto riguarda l'approvvigionamento di tessuti e cellule umani.

3. Le ispezioni e le misure di controllo, di cui ai commi 1 e 2, sono attuate a intervalli di tempo regolari e comunque non superiori a due anni.

4. Tali ispezioni e misure di controllo sono effettuate da personale incaricato che ha il potere di:

a) ispezionare gli istituti dei tessuti e le strutture dei terzi indicati all'articolo 24;
b) valutare e verificare le procedure e le attività svolte negli istituti dei tessuti, nonché nelle strutture dei terzi sopraindicati;
c) esaminare qualsiasi documento o altre registrazioni connessi a quanto richiesto dalla normativa vigente e dal presente decreto.

5. Con accordo in sede di Conferenza permanente per i rapporti tra lo Stato, le regioni e le province autonome di Trento e di Bolzano sono stabiliti, anche in conformità alle indicazioni fornite dagli organismi europei, i criteri relativi allo svolgimento delle ispezioni e delle misure di controllo, e quelli inerenti alla formazione ed alla qualificazione del personale interessato, al fine di raggiungere livelli omogenei di competenza e rendimento.

6. La regione o la provincia autonoma organizza ispezioni ed attua misure di controllo adeguate in caso di reazioni o eventi avversi gravi, avvalendosi per gli specifici ambiti di competenza del supporto del CNT o del CNS. In tale caso sono inoltre organizzate ispezioni e attuate misure di controllo su richiesta debitamente motivata da parte delle autorità competenti di un altro Stato membro.

7. Con accordo in sede di Conferenza permanente per i rapporti tra lo Stato, le regioni e le province autonome di Trento e di Bolzano sono stabiliti modalità e tempi per corrispondere alla richiesta della Commissione europea o di un altro Stato dell'Unione europea in ordine ai risultati delle ispezioni e delle misure di controllo attuate in relazione ai disposti del presente decreto.

10. Registro degli istituti dei tessuti e obbligo di presentare relazioni.

1. Gli istituti dei tessuti istituiscono e conservano un registro delle loro attività, nel quale sono riportati anche i tipi e le quantità di tessuti e/o di cellule prelevati, controllati, conservati, lavorati, stoccati e distribuiti o altrimenti utilizzati, e l'origine e la destinazione dei tessuti e delle cellule destinati ad applicazioni sull'uomo, in conformità alle norme vigenti e ai disposti di cui all'articolo 28, comma 1, lettera f). Gli istituti dei tessuti presentano, alle regioni o alle province autonome e al CNT, al CNS e all'Istituto superiore di sanità (ISS), secondo le rispettive competenze, una relazione annuale sulle attività svolte, accessibile al pubblico.

2. Le regioni e le province autonome istituiscono e aggiornano un registro degli istituti dei tessuti, accessibile al pubblico, nel quale sono specificate le attività per le quali ciascun istituto è stato autorizzato e accreditato.

3. Presso il CNT o il CNS o l'ISS, in relazione alle rispettive competenze, è istituito ed aggiornato un registro nazionale degli istituti dei tessuti in cui sono specificate le attività per le quali ciascun istituto è stato autorizzato e accreditato.

3. A livello europeo è istituita la rete dei registri nazionali degli istituti dei tessuti.

11. Notifica di eventi e reazioni avversi gravi.

1. Con apposito decreto di recepimento di direttive tecniche europee adottato dal Ministro della salute, di concerto con il Ministro dell'economia e delle finanze, viene definito un sistema atto a notificare, controllare, registrare e trasmettere le informazioni riguardanti eventi e reazioni avversi gravi che possono influire sulla qualità e la sicurezza di tessuti e cellule e che possono essere connessi all'approvvigionamento, al controllo, alla lavorazione, allo stoccaggio e alla distribuzione dei tessuti e delle cellule, nonché qualsiasi altra reazione avversa grave, inclusa la cessazione della funzione desiderata del tessuto valutata mediante follow up, osservata nel corso o a seguito dell'applicazione clinica, che possa essere in rapporto con la qualità e la sicurezza dei tessuti e delle cellule.

2. Il medico o la struttura sanitaria che utilizza tessuti e cellule umani, disciplinati dalla normativa vigente e dal presente decreto, comunica ogni informazione pertinente a tale utilizzo agli istituti coinvolti nella donazione, approvvigionamento, controllo, lavorazione, stoccaggio e distribuzione dei medesimi tessuti e cellule umani, per facilitare la tracciabilità e garantire il controllo della qualità e della sicurezza.

3. La persona responsabile dell'istituto dei tessuti, così come definita dall'articolo 17, garantisce che la regione o la provincia autonoma e il CNT o il CNS, per gli specifici ambiti di competenza, siano informati degli eventi o reazioni avversi gravi di cui al comma 1, e che ricevano una relazione analitica delle relative cause e conseguenze.

4. La procedura di notifica di eventi e reazioni avversi gravi è stabilita, in base alle indicazioni formulate in sede europea, con apposito decreto di recepimento di direttive tecniche europee adottato dal Ministro della salute.

5. Ciascun istituto dei tessuti stabilisce una procedura accurata, rapida e verificabile per ritirare dalla distribuzione qualsiasi prodotto che possa essere connesso a eventi o reazioni avverse.

Capo III
Selezione e valutazione dei donatori

12. Principi della donazione di tessuti e cellule.

1. La donazione di tessuti e cellule è volontaria e gratuita.

2. Il Ministero della salute, d'intesa con le regioni e le province autonome e con il CNT o il CNS, secondo le rispettive competenze, presenta alla Commissione europea relazioni in ordine alle iniziative intraprese in tale senso anteriormente al 30 giugno 2008 e in seguito ogni tre anni.

3. Il Ministero della salute, le regioni e le province autonome, il CNT o il CNS, in collaborazione con le rispettive associazioni e federazioni dei donatori volontari adottano, nei limiti degli ordinari stanziamenti di bilancio, tutte le misure necessarie per assicurare che le attività di promozione e pubblicità a favore della donazione di tessuti e cellule umani siano conformi agli orientamenti e alle disposizioni legislative vigenti.

13. Consenso ed espressione di volontà.

1. L'approvvigionamento di tessuti o cellule umani è consentito solo se sono soddisfatti tutti i requisiti previsti dalla normativa vigente in ordine al consenso informato o all'espressione di volontà o all'autorizzazione alla donazione.

2. Con decreto del Ministro della salute, d'intesa con la Conferenza permanente per i rapporti tra lo Stato, le regioni e le province autonome di Trento e di Bolzano, sono fissate le misure necessarie per garantire che i donatori, i loro congiunti o le persone che danno l'autorizzazione per conto dei donatori, ricevano, oltre a tutte le informazioni previste dalle norme vigenti, anche quelle di cui all'allegato al presente decreto.

14. Protezione dei dati e tutela della riservatezza.

1. Tutti i dati, comprese le informazioni genetiche, raccolti ai sensi delle disposizioni vigenti e del presente decreto ed ai quali abbiano accesso terzi, sono resi anonimi in modo tale che né il donatore né il ricevente siano identificabili.

2. A tale fine è garantito che:

a) siano adottate misure di protezione dei dati e misure di tutela volte ad evitare aggiunte, soppressioni o

modifiche dei dati non autorizzate negli archivi riguardanti i donatori o nei registri dei donatori esclusi, o qualunque trasferimento di informazioni;
b) siano istituite procedure volte a risolvere le divergenze tra i dati;
c) non avvenga alcuna divulgazione non autorizzata di tali informazioni, garantendo nel contempo la tracciabilità delle donazioni.

3. Nel rispetto delle disposizioni vigenti in materia, l'identità del o dei riceventi non è rivelata al donatore o alla sua famiglia e viceversa.

15. Selezione, valutazione e approvvigionamento.

1. Le attività connesse all'approvvigionamento dei tessuti sono effettuate in modo da assicurare che la valutazione e la selezione del donatore si svolgano nel rispetto delle disposizioni vigenti e di quanto previsto dall'articolo 28, comma 1, lettere d) ed e), e che i tessuti e le cellule siano prelevati, confezionati e trasportati in conformità alla normativa vigente e ai disposti di cui all'articolo 28, comma 1, lettera f).

2. In caso di donazione autologa, i criteri di adeguatezza sono stabiliti conformemente ai requisiti di cui all'articolo 28, comma 1, lettera d).

3. I risultati delle procedure di valutazione e controllo del donatore sono documentati e qualsiasi risultato anomalo significativo è comunicato al medesimo ai sensi della normativa vigente e dell'allegato 1 al presente decreto.

4. La persona responsabile dell'istituto dei tessuti garantisce che tutte le attività connesse con l'approvvigionamento dei tessuti si svolgano nel rispetto della normativa vigente e dei disposti dell'articolo 28, comma 1, lettera f).

Capo IV
Disposizioni relative alla qualità e sicurezza dei tessuti e delle cellule

16. Gestione della qualità.

1. Con apposito decreto di recepimento di direttive tecniche europee adottato dal Ministro della salute, di concerto con il Ministro dell'economia e delle finanze, sono individuate tutte le misure perché ciascun istituto dei tessuti istituisca e aggiorni un sistema di qualità, fondato sui principi di buona prassi.

2. Con provvedimento analogo sono recepite le norme e le specifiche comunitarie di cui all'articolo 28, comma 1, lettera c), per le attività relative al sistema di qualità.

3. Gli istituti dei tessuti adottano tutte le misure necessarie per assicurare che il sistema di qualità comprenda almeno la seguente documentazione:
a) procedure operative standard;
b) linee-guida;
c) manuali di formazione e di riferimento;
d) moduli per le relazioni;
e) dati relativi ai donatori;
f) informazioni sulla destinazione finale dei tessuti o delle cellule.

4. Gli istituti dei tessuti assicurano la disponibilità della documentazione di cui al comma 3 nel momento dell'ispezione da parte dell'autorità competente o delle autorità competenti, ai sensi dell'articolo 7.

5. Gli istituti dei tessuti conservano i dati necessari per garantire la tracciabilità come previsto dall'articolo 8.

17. Persona responsabile.

1. L'Ente titolare dell'autorizzazione e accreditamento, in funzione delle attività svolte dall'istituto dei tessuti, ne designa il responsabile che soddisfa almeno le seguenti condizioni:
a) possesso del diploma di laurea in medicina e chirurgia o in scienze biologiche; nel caso in cui la persona responsabile sia un biologo, gli deve essere comunque assicurata la possibilità di avvalersi di una professionalità medica per gli aspetti di competenza;
b) esperienza pratica di almeno due anni nei settori pertinenti.

2. La persona designata ai sensi del comma 1 ha le seguenti responsabilità:
a) garantire che i tessuti e le cellule umani destinati ad applicazioni sull'uomo, nell'ambito dell'istituto di cui è responsabile, siano prelevati, controllati lavorati, stoccati e distribuiti ai sensi delle disposizioni vigenti e del presente decreto;
b) fornire alla regione o alla provincia autonoma le informazioni richieste ai sensi dell'articolo 6;
c) attuare, relativamente alle attività svolte, le disposizioni previste agli articoli 7, 10, 11, 15, 16 ed agli articoli da 18 a 24.

3. L'Ente titolare dell'autorizzazione e accreditamento comunica alla regione o alla provincia autonoma il nome della persona responsabile dell'istituto dei tessuti. Qualora la persona responsabile debba essere temporaneamente o permanentemente sostituita, il sopraindicato Ente comunica alla regione o alla provincia autonoma il nome del nuovo responsabile e la data di assunzione delle funzioni.

18. Personale.

1. Il personale degli istituti dei tessuti che interviene direttamente nelle attività connesse con l'approvvigionamento, la lavorazione, la conservazione, lo stoccaggio e la distribuzione di tessuti e cellule possiede le qualifiche necessarie secondo la normativa vigente per svolgere tali funzioni e riceve adeguata formazione professionale, in conformità anche ai disposti di cui all'articolo 28, comma 1, lettera c).

19. Ricevimento dei tessuti e delle cellule.

1. Gli istituti dei tessuti garantiscono che tutte le donazioni di tessuti e cellule umani siano stati sottoposti ai controlli previsti dalla normativa vigente e alle disposizioni di cui all'articolo 28, comma 1, lettera e), e che la selezione e l'accettazione dei tessuti e delle cellule siano risultate conformi alle disposizioni vigenti e a quelle di cui all'articolo 28, comma 1, lettera f).

2. Gli istituti dei tessuti garantiscono la conformità dei tessuti e delle cellule umani e della documentazione relativa, alle norme vigenti e alle disposizioni di cui all'articolo 28, comma 1, lettera f).

3. Gli istituti dei tessuti verificano e registrano la conformità delle condizioni di confezionamento dei tessuti e delle cellule umani ricevuti alle norme vigenti e ai requisiti di cui all'articolo 28, comma 1, lettera f). I tessuti e le cellule non conformi a tali disposizioni sono scartati.

4. L'accettazione o il rifiuto dei tessuti o delle cellule ricevuti sono documentati.

5. Gli istituti dei tessuti garantiscono la corretta e costante identificazione dei tessuti e delle cellule umani. Ad ogni consegna o partenza di tessuti o cellule è attribuito un codice d'identificazione, ai sensi dell'articolo 8.

6. I tessuti e le cellule sono tenuti in quarantena sino al soddisfacimento dei requisiti relativi al controllo e all'informazione del donatore, ai sensi dell'articolo 15.

20. Lavorazione dei tessuti e delle cellule.

1. Gli istituti dei tessuti includono nelle proprie procedure operative standard ogni processo di lavorazione che incida sulla qualità e la sicurezza ed assicurano che tali processi si svolgano in condizioni controllate. Gli istituti dei tessuti assicurano che il materiale utilizzato, l'ambiente di lavoro, nonché l'organizzazione, la convalida e le condizioni di controllo dei processi siano conformi alle disposizioni vigenti e ai requisiti di cui all'articolo 28, comma 1, lettera h).

2. Qualunque modifica dei processi utilizzati nella preparazione dei tessuti e delle cellule è resa parimenti conforme ai criteri indicati al comma 1.

3. Nelle proprie procedure operative standard gli istituti dei tessuti adottano speciali disposizioni per la manipolazione dei tessuti e delle cellule da scartare, al fine di impedire la contaminazione di altri tessuti o cellule, dell'ambiente in cui avviene la lavorazione o del personale.

21. Condizioni di stoccaggio dei tessuti e delle cellule.

1. Gli istituti dei tessuti garantiscono che tutti i procedimenti connessi con lo stoccaggio di tessuti e cellule siano documentati dalle procedure operative standard e che le condizioni di stoccaggio siano conformi alla normativa vigente e ai requisiti di cui all'articolo 28, comma 1, lettera h).

2. Gli istituti dei tessuti garantiscono lo svolgimento di tutti i processi di stoccaggio in condizioni controllate.

3. Gli istituti dei tessuti istituiscono ed attuano procedure per il controllo dei reparti di confezionamento e stoccaggio, al fine di prevenire qualunque evento che possa compromettere la funzione o l'integrità dei tessuti e delle cellule.

4. I tessuti e le cellule lavorati non sono distribuiti fino a quando i requisiti previsti dalla normativa vigente e dal presente decreto non sono stati soddisfatti.

5. Con accordo in sede di Conferenza permanente per i rapporti tra lo Stato, le regioni e le province autonome di Trento e di Bolzano sono stabilite le indicazioni per gli accordi e le procedure che gli istituti dei tessuti, in caso di cessazione dell'attività per qualsivoglia ragione, pongono in atto per garantire che i tessuti e le cellule stoccati, in conformità al consenso informato o l'espressione di volontà o l'autorizzazione alla donazione acquisiti, siano trasferiti ad altro istituto o istituti dei tessuti autorizzati e accreditati ai sensi dell'articolo 6.

22. Etichettatura, documentazione e confezionamento.

1. Gli istituti dei tessuti garantiscono la conformità dell'etichettatura, della documentazione e del confezionamento ai requisiti previsti dalla normativa vigente e dall'articolo 28, comma 1, lettera f).

23. Trasporto e distribuzione.

1. Gli istituti dei tessuti garantiscono la qualità dei tessuti e delle cellule durante la distribuzione, che avviene nel rispetto delle condizioni previste dalle norme vigenti e dei requisiti di cui all'articolo 28, comma 1, lettera h).

24. Rapporti fra istituti dei tessuti e terzi.

1. Gli istituti dei tessuti, previa autorizzazione della regione o provincia autonoma, concludono accordi scritti con terzi, ogniqualvolta vi sia un intervento esterno e tale attività influisca sulla qualità e la sicurezza dei tessuti e delle cellule lavorati, in particolare nei seguenti casi:

a) qualora l'istituto dei tessuti affidi a terzi una fase della lavorazione dei tessuti o delle cellule;

b) qualora i terzi forniscano beni e servizi incidenti sulla garanzia di qualità e di sicurezza dei tessuti o cellule, inclusa la loro distribuzione;

c) qualora un istituto dei tessuti distribuisca tessuti o cellule lavorati da terzi.

2. Ove i terzi intervengano in una fase della lavorazione dei tessuti e delle cellule, preliminarmente alla stipula dell'accordo, sono sottoposti, da parte del CNT o del CNS, secondo le specifiche competenze, alla verifica del possesso dei requisiti prescritti dalla normativa vigente e dal presente decreto per lo svolgimento della specifica attività. Alla verifica del possesso dei requisiti segue il rilascio da parte del Ministero della salute di un nulla osta all'esercizio di detta attività di lavorazione a favore di istituti dei tessuti.

3. Gli istituti dei tessuti conservano un elenco completo degli accordi di cui al comma 1 che essi hanno concluso con terzi.

4. Gli accordi conclusi fra un istituto dei tessuti e terzi specificano in particolare le responsabilità che gravano sui terzi e le relative procedure dettagliate.

5. Gli istituti dei tessuti forniscono copia degli accordi conclusi con terzi alla regione o provincia autonoma e, in relazione alle specifiche competenze, al CNT o al CNS.

27. Sanzioni.

1. Salvo che il fatto costituisca più grave reato, chiunque preleva, procura, raccoglie, conserva, lavora, distribuisce cellule e tessuti destinati all'applicazione sull'uomo, nonché prodotti fabbricati derivati da tessuti e cellule umani destinati ad applicazioni sull'uomo al di fuori degli istituti di cui all'articolo 3, comma 1, lettera q), o in assenza o in violazione delle prescritte autorizzazioni è punito con l'arresto da uno a tre anni e con l'ammenda da euro 5.000 ad euro 15.000. Se il colpevole è persona che esercita una professione sanitaria, alla condanna segue l'interdizione dall'esercizio della professione per uguale periodo.

2. Salvo che il fatto costituisca più grave reato, la persona responsabile di un istituto dei tessuti, come definito dall'articolo 3, comma 1, lettera q), o il suo legittimo delegato, che non svolge una o più delle funzioni di competenza di cui all'articolo 17, comma 2, è punito con l'arresto da due a sei mesi, o con l'ammenda da euro 5.000 ad euro 15.000. Salvo che il fatto costituisca più grave reato, chiunque pone la persona responsabile di un istituto dei tessuti, in condizione di non *poter* svolgere una o più delle funzioni di competenza di cui all'articolo 17, comma 2, è punito con l'arresto da due a sei mesi, o con l'ammenda da euro 5.000 ad euro 15.000.

3. La persona che interviene nella raccolta, nel controllo, nella lavorazione, nella conservazione, nella distribuzione di cellule e tessuti destinati all'applicazione sull'uomo, senza possedere le qualificazioni previste dalla normativa vigente per svolgere tali attività, è punita con l'arresto da due a sei mesi o con l'ammenda da euro 5.000 ad euro 15.000.

4. Chiunque impedisca oppure ostacoli, in qualsiasi modo, il compimento da parte del personale incaricato delle attività di cui all'articolo 7, comma 4, o non assicuri la dovuta collaborazione, è punito con la sanzione amministrativa da euro 5.000 ad euro 30.000. Se si tratta di pubblico dipendente si applica l'interdizione dal pubblico ufficio per un periodo non inferiore a giorni novanta.

4. L. 19 settembre 2012, n. 167. – Norme per consentire il trapianto parziale di polmone, pancreas e intestino tra persone viventi

In Gazzetta Ufficiale 28 settembre 2012, n. 227

1. Trapianto parziale di polmone, pancreas e intestino.

1. In deroga al divieto di cui all'articolo 5 del codice civile, è ammesso disporre a titolo gratuito di parti di polmone, pancreas e intestino al fine esclusivo del trapianto tra persone viventi.

2. Ai fini di cui al comma 1 si applicano, in quanto compatibili, le disposizioni della legge 26 giugno 1967, n. 458, e del regolamento di cui al decreto del Ministro della salute 16 aprile 2010, n. 116.

3. All'attuazione della presente legge si provvede nei limiti delle risorse umane, finanziarie e strumentali disponibili a legislazione vigente e, comunque, senza nuovi o maggiori oneri a carico della finanza pubblica.

2. Entrata in vigore.

1. La presente legge entra in vigore il giorno successivo a quello della sua pubblicazione nella Gazzetta Ufficiale.

La presente legge, munita del sigillo dello Stato, sarà inserita nella Raccolta ufficiale degli atti normativi della Repubblica italiana. È fatto obbligo a chiunque spetti di osservarla e di farla osservare come legge dello Stato.

TRATTA DI PERSONE

1. L. 11 agosto 2003, n. 228. – Misure contro la tratta di persone

In Gazzetta Ufficiale 23 agosto 2003, n. 195

1. Modifica dell'articolo 600 del codice penale.

1. L'articolo 600 del codice penale è sostituito dal seguente:

"ART. 600. – (Riduzione o mantenimento in schiavitù o in servitù). – Chiunque esercita su una persona poteri corrispondenti a quelli del diritto di proprietà ovvero chiunque riduce o mantiene una persona in uno stato di soggezione continuativa, costringendola a prestazioni lavorative o sessuali ovvero all'accattonaggio o comunque a prestazioni che ne comportino lo sfruttamento, è punito con la reclusione da otto a venti anni.

La riduzione o il mantenimento nello stato di soggezione ha luogo quando la condotta è attuata mediante violenza, minaccia, inganno, abuso di autorità o approfittamento di una situazione di inferiorità fisica o psichica o di una situazione di necessità, o mediante la promessa o la dazione di somme di denaro o di altri vantaggi a chi ha autorità sulla persona.

La pena è aumentata da un terzo alla metà se i fatti di cui al primo comma sono commessi in danno di minore degli anni diciotto o sono diretti allo sfruttamento della prostituzione o al fine di sottoporre la persona offesa al prelievo di organi".

2. Modifica dell'articolo 601 del codice penale.

1. L'articolo 601 del codice penale è sostituito dal seguente:

"ART. 601. – (Tratta di persone). – Chiunque commette tratta di persona che si trova nelle condizioni di cui all'articolo 600 ovvero, al fine di commettere i delitti di cui al primo comma del medesimo articolo, la induce mediante inganno o la costringe mediante violenza, minaccia, abuso di autorità o approfittamento di una situazione di inferiorità fisica o psichica o di una situazione di necessità, o mediante promessa o dazione di somme di denaro o di altri vantaggi alla persona che su di essa ha autorità, a fare ingresso o a soggiornare o a uscire dal territorio dello Stato o a trasferirsi al suo interno, è punito con la reclusione da otto a venti anni.

La pena è aumentata da un terzo alla metà se i delitti di cui al presente articolo sono commessi in danno di minore degli anni diciotto o sono diretti allo sfruttamento della prostituzione o al fine di sottoporre la persona offesa al prelievo di organi".

3. Modifica dell'articolo 602 del codice penale.

1. L'articolo 602 del codice penale è sostituito dal seguente:

"ART. 602. – (Acquisto e alienazione di schiavi). – Chiunque, fuori dei casi indicati nell'articolo 601, acquista o aliena o cede una persona che si trova in una delle condizioni di cui all'articolo 600 è punito con la reclusione da otto a venti anni.

La pena è aumentata da un terzo alla metà se la persona offesa è minore degli anni diciotto ovvero se i fatti di cui al primo comma sono diretti allo sfruttamento della prostituzione o al fine di sottoporre la persona offesa al prelievo di organi".

4. Modifica all'articolo 416 del codice penale.

1. Dopo il quinto comma dell'articolo 416 del codice penale è aggiunto il seguente:

"Se l'associazione è diretta a commettere taluno dei delitti di cui agli articoli 600, 601 e 602, si applica la reclusione da cinque a quindici anni nei casi previsti dal primo comma e da quattro a nove anni nei casi previsti dal secondo comma".

5. Sanzioni amministrative nei confronti di persone giuridiche, società e associazioni per delitti contro la personalità individuale.

1. Dopo l'articolo 25-*quater* del decreto legislativo 8 giugno 2001, n. 231, è inserito il seguente:

"ART. 25-quinquies. – (Delitti contro la personalità individuale). – 1. In relazione alla commissione dei delitti previsti dalla sezione I del capo III del titolo XII del libro II del codice penale si applicano all'ente le seguenti sanzioni pecuniarie:

a) per i delitti di cui agli articoli 600, 601 e 602, la sanzione pecuniaria da quattrocento a mille quote;

b) per i delitti di cui agli articoli 600-bis, primo comma, 600-ter, primo e secondo comma, e 600-quinquies, la sanzione pecuniaria da trecento a ottocento quote;

c) per i delitti di cui agli articoli 600-bis, secondo comma, 600-ter, terzo e quarto comma, e 600-*quater*, la sanzione pecuniaria da duecento a settecento quote.

2. Nei casi di condanna per uno dei delitti indicati nel comma 1, lettere a) e b), si applicano le sanzioni interdittive previste dall'articolo 9, comma 2, per una durata non inferiore ad un anno.

3. Se l'ente o una sua unità organizzativa viene stabilmente utilizzato allo scopo unico o prevalente di consentire o agevolare la commissione dei reati indicati nel comma 1, si applica la sanzione dell'interdizione definitiva dall'esercizio dell'attività ai sensi dell'articolo 16, comma 3".

6. Modifiche al codice di procedura penale.

1. Al codice di procedura penale sono apportate le seguenti modificazioni:

a) all'articolo 5, comma 1, lettera b), le parole: ", 600, 601 e 602" sono soppresse;

b) all'articolo 51, comma 3-bis, dopo le parole: "di cui agli articoli" sono inserite le seguenti: "416, sesto comma, 600, 601, 602,";

c) all'articolo 407, comma 2, lettera a), nel numero 7-bis), sono inserite dopo le parole: "dagli articoli" la seguente: "600," e dopo la parola: "601," la seguente: "602,".

7. Ambito di applicazione delle leggi 31 maggio 1965, n. 575, e 19 marzo 1990, n. 55, e del decreto-legge 8 giugno 1992, n. 306.

1. All'articolo 7, primo comma, della legge 31 maggio 1965, n. 575, e successive modificazioni, dopo le parole: "513-bis, 575," sono inserite le seguenti: "600, 601, 602,".

2. All'articolo 14, comma 1, della legge 19 marzo 1990, n. 55, e successive modificazioni, dopo le parole: "previste dagli articoli", sono inserite le seguenti: "600, 601, 602,".

3. All'articolo 12-sexies, comma 1, del decreto-legge 8 giugno 1992, n. 306, convertito, con modificazioni, dalla legge 7 agosto 1992, n. 356, e successive modificazioni, le parole: "416-bis," sono sostituite dalle seguenti: "416, sesto comma, 416-bis, 600, 601, 602,".

8. Modifiche all'articolo 10 del decreto-legge 31 dicembre 1991, n. 419, convertito, con modificazioni, dalla legge 18 febbraio 1992, n. 172.

1. All'articolo 10 del decreto-legge 31 dicembre 1991, n. 419, convertito, con modificazioni, dalla legge 18 febbraio 1992, n.172, al comma 1, dopo le parole: "agli articoli" sono inserite le seguenti: "600, 600-bis, 600-ter, 600-*quater*, 600-quinquies, 601, 602," e dopo le parole: "codice penale" sono aggiunte le seguenti: "e di cui all'articolo 3 della legge 20 febbraio 1958, n. 75".

2. Nel caso in cui la persona offesa dal reato sia minorenne, resta fermo quanto previsto dall'ultimo periodo del comma 3 dell'articolo 14 della legge 3 agosto 1998, n. 269.

9. Disposizioni in materia di intercettazione di conversazioni o di comunicazioni.

1. In relazione ai procedimenti per i delitti previsti dal libro II, titolo XII, capo III, sezione I, del codice penale, nonché dall'articolo 3 della legge 20 febbraio 1958, n. 75, si applicano le disposizioni di cui all'articolo 13 del decreto-legge 13 maggio 1991, n. 152, convertito, con modificazioni, dalla legge 12 luglio 1991, n. 203, e successive modificazioni.

10. Attività sotto copertura.

[1. In relazione ai procedimenti per i delitti previsti dal libro II, titolo XII, capo III, sezione I, del codice penale, nonché dall'articolo 3 della legge 20 febbraio 1958, n. 75, si applicano le disposizioni dell'articolo 4, commi 1, 2, 5, 6 e 7, del decreto-legge 18 ottobre 2001, n. 374, convertito, con modificazioni, dalla legge 15 dicembre 2001, n. 438. Le operazioni indicate nei commi 1 e 2 del medesimo articolo 4 articolo 4 sono effettuate dagli ufficiali di polizia giudiziaria della Polizia di Stato, dell'Arma dei carabinieri e del Corpo della guardia di finanza, appartenenti alle strutture specializzate o alla Direzione investigativa antimafia, nei limiti delle loro competenze [(1)].

2. È comunque fatto salvo quanto previsto dall'articolo 14 della legge 3 agosto 1998, n. 269] [(2)].

(1) Comma sostituito dall'art. 1 ter, d.l. 14.9.2004, n. 241.
(2) Articolo abrogato dall'art. 9, l. 16.3.2006, n. 146.

11. Disposizioni di ordinamento penitenziario e relative a persone che collaborano con la giustizia.

1. Al comma 2 dell'articolo 9 del decreto-legge 15 gennaio 1991, n. 8, convertito, con modificazioni, dalla legge 15 marzo 1991, n. 82, e successive modificazioni, dopo le parole: "di cui all'articolo 51, comma 3-*bis*, del codice di procedura penale" sono aggiunte le seguenti: "e agli articoli 600-*bis*, 600-*ter*, 600-*quater* e 600-*quinquies* del codice penale".

2. Dopo il comma 8 dell'articolo 16-nonies del citato decreto-legge n. 8 del 1991, è aggiunto il seguente: "8-*bis*. Le disposizioni del presente articolo si applicano in quanto compatibili anche nei confronti delle persone condannate per uno dei delitti previsti dal libro II, titolo XII, capo III, sezione I, del codice penale che abbiano prestato, anche dopo la condanna, condotte di collaborazione aventi i requisiti previsti dall'articolo 9, comma 3".

12. Fondo per le misure anti-tratta [(1)].

1. A decorrere dalla data di entrata in vigore della presente legge è istituito presso la Presidenza del Consiglio dei ministri il Fondo per le misure anti-tratta.

2. Il Fondo è destinato al finanziamento dei programmi di assistenza e di integrazione sociale in favore delle vittime, nonché delle altre finalità di protezione sociale previste dall'articolo 18 del testo unico delle disposizioni concernenti la disciplina dell'immigrazione e norme sulla condizione dello straniero, di cui al decreto legislativo 25 luglio 1998, n. 286.

2 bis. Il Fondo per le misure anti-tratta è anche destinato all'indennizzo delle vittime dei reati previsti al comma 3 [(2)].

2 ter. L'indennizzo è corrisposto nella misura di euro 1.500,00 per ogni vittima, entro i limiti delle disponibilità finanziarie annuali del Fondo, detratte le somme erogate alle vittime, a qualunque titolo, da soggetti pubblici. In caso di insufficienza delle disponibilità finanziarie annuali del Fondo, le richieste di indennizzo accolte e non soddisfatte sono poste a carico del successivo esercizio finanziario ed hanno precedenza rispetto alle richieste presentate nel medesimo esercizio [(3)].

2 quater. La domanda di accesso al Fondo ai fini dell'indennizzo è presentata alla Presidenza del Consiglio dei ministri, a pena di decadenza, entro cinque anni dal passaggio in giudicato della sentenza di condanna che ha riconosciuto il diritto al risarcimento del danno ovvero dalla pronuncia di sentenza non definitiva al pagamento di una provvisionale, emesse successivamente alla data di entrata in vigore del presente decreto. La vittima deve dimostrare di non avere ricevuto ristoro dall'autore del reato, nonostante abbia esperito l'azione civile e le procedure esecutive [(4)].

2 quinquies. Quando è ignoto l'autore del reato, la domanda di cui al comma 2-*quater* è presentata entro un anno dal deposito del provvedimento di archiviazione, emesso ai sensi dell'articolo 415 del codice di procedura penale, successivamente alla data di entrata in vigore del presente decreto [(5)].

2 sexies. Decorsi sessanta giorni dalla presentazione della domanda, cui è allegata in copia autentica una delle sentenze di cui al comma 2-*quater* unitamente alla documentazione attestante l'infruttuoso esperimento dell'azione civile e delle procedure esecutive ovvero il provvedimento di archiviazione, senza che sia intervenuta comunicazione di accoglimento, la vittima può agire nei confronti della Presidenza del Consiglio dei ministri al fine di ottenere l'accesso al Fondo [(6)].

2 septies. Il diritto all'indennizzo non può essere esercitato da coloro che sono stati condannati con sentenza definitiva, ovvero, alla data di presentazione della domanda, sono sottoposti a procedimento penale per uno dei reati di cui all'articolo 407, comma 2, lettera a), del codice di procedura penale [(7)].

2 octies. La Presidenza del Consiglio dei ministri è surrogata, fino all'ammontare delle somme corrisposte a titolo di indennizzo a valere sul Fondo, nei diritti della parte civile o dell'attore verso il soggetto condannato al risarcimento del danno [(8)].

3. Al Fondo di cui al comma 1 sono assegnate le somme stanziate dall'articolo 18 del testo unico di cui al decreto legislativo 25 luglio 1998, n. 286, nonché i proventi della confisca ordinata a seguito di sentenza di condanna o di applicazione della pena su richiesta delle parti per uno dei delitti previsti dagli articoli 416, sesto comma, 600, 601, 602 e 603-*bis* del codice penale e i proventi della confisca ordinata, per gli stessi delitti, ai sensi dell'articolo 12-sexies del decreto-legge 8 giugno 1992, n. 306, convertito, con modificazioni, dalla legge 7 agosto 1992, n. 356, e successive modificazioni, in deroga alle disposizioni di cui ai commi 4-*bis* e 4-*ter* del medesimo articolo [9].

4. All'articolo 80, comma 17, lettera m), della legge 23 dicembre 2000, n. 388, sono aggiunte, in fine, le seguenti parole: ", ad esclusione delle somme stanziate dall'articolo 18".

5. Il comma 2 dell'articolo 58 del regolamento di cui al decreto del Presidente della Repubblica 31 agosto 1999, n. 394, è abrogato.

(1) A norma dell'art. 1, co. 371, l. 11.12.2016, n. 232, la dotazione del Fondo per le misure anti-tratta qui prevista è incrementata di 5 milioni di euro per l'anno 2017.
(2) Comma introdotto dall'art. 6, co. 1, d.lgs. 4.3.2014, n. 24.
(3) Comma introdotto dall'art. 6, co. 1, d.lgs. 4.3.2014, n. 24.
(4) Comma introdotto dall'art. 6, co. 1, d.lgs. 4.3.2014, n. 24.
(5) Comma introdotto dall'art. 6, co. 1, d.lgs. 4.3.2014, n. 24.
(6) Comma introdotto dall'art. 6, co. 1, d.lgs. 4.3.2014, n. 24.
(7) Comma introdotto dall'art. 6, co. 1, d.lgs. 4.3.2014, n. 24.
(8) Comma introdotto dall'art. 6, co. 1, d.lgs. 4.3.2014, n. 24.
(9) Comma modificato dall'art. 7, co. 1, l. 29.10.2016, n. 199.

13. Istituzione di uno speciale programma di assistenza per le vittime dei reati previsti dagli articoli 600 e 601 del codice penale.

1. Fuori dei casi previsti dall'articolo 16-*bis* del decreto-legge 15 gennaio 1991, n. 8, convertito, con modificazioni, dalla legge 15 marzo 1991, n. 82, e successive modificazioni, per le vittime dei reati previsti dagli articoli 600 e 601 del codice penale, come sostituiti, rispettivamente, dagli articoli 1 e 2 della presente legge, è istituito, nei limiti delle risorse di cui al comma 3, uno speciale programma di assistenza che garantisce, in via transitoria, adeguate condizioni di alloggio, di vitto e di assistenza sanitaria. Il programma è definito con regolamento da adottare ai sensi dell'articolo 17, comma 1, della legge 23 agosto 1988, n. 400, su proposta del Ministro per le pari opportunità di concerto con il Ministro dell'interno e con il Ministro della giustizia.

2. Qualora la vittima del reato di cui ai citati articoli 600 e 601 del codice penale sia persona straniera restano comunque salve le disposizioni dell'articolo 18 del citato testo unico di cui al decreto legislativo n. 286 del 1998. Particolare tutela deve essere garantita nei confronti dei minori stranieri non accompagnati, predisponendo un programma specifico di assistenza che assicuri adeguate condizioni di accoglienza e di assistenza psico-sociale, sanitaria e legale, prevedendo soluzioni di lungo periodo, anche oltre il compimento della maggiore età [1].

2 bis. Al fine di definire strategie pluriennali di intervento per la prevenzione e il contrasto al fenomeno della tratta e del grave sfruttamento degli esseri umani, nonché azioni finalizzate alla sensibilizzazione, alla prevenzione sociale, all'emersione e all'integrazione sociale delle vittime, con delibera del Consiglio dei ministri, su proposta del Presidente del Consiglio dei ministri e del Ministro dell'interno nell'ambito delle rispettive competenze, sentiti gli altri Ministri interessati, previa acquisizione dell'intesa in sede di Conferenza Unificata, è adottato il Piano nazionale d'azione contro la tratta e il grave sfruttamento degli esseri umani. In sede di prima applicazione, il Piano è adottato entro tre mesi dalla data di entrata in vigore della presente disposizione [2].

3. All'onere derivante dall'attuazione del presente articolo, determinato in 2,5 milioni di euro annui a decorrere dal 2003, si provvede mediante corrispondente riduzione dello stanziamento iscritto, ai fini del bilancio triennale 2003-2005, nell'ambito dell'unità previsionale di base di parte corrente "Fondo speciale" dello stato di previsione del Ministero dell'economia e delle finanze per l'anno 2003, allo scopo parzialmente utilizzando l'accantonamento relativo allo stesso Ministero.

4. Il Ministro dell'economia e delle finanze è autorizzato ad apportare, con propri decreti, le occorrenti variazioni di bilancio.

(3) Comma modificato dall'art. 17, co. 1, l. 7.4.2017 n. 47.
(4) Comma introdotto dall'art. 9, co. 1, d.lgs. 4.3.2014, n. 24.

14. Misure per la prevenzione.

1. Al fine di rafforzare l'efficacia dell'azione di prevenzione nei confronti dei reati di riduzione o mantenimento in schiavitù o in servitù e dei reati legati al traffico di persone, il Ministro degli affari esteri definisce le politiche di cooperazione nei confronti dei Paesi interessati dai predetti reati tenendo conto della collaborazione da essi prestata e dell'attenzione riservata dai medesimi alle problematiche della tutela dei diritti umani e provvede ad organizzare, d'intesa con il Ministro per le pari opportunità, incontri internazionali e campagne di informazione anche all'interno dei Paesi di prevalente provenienza delle vittime del traffico di persone. In vista della medesima finalità i Ministri dell'interno, per le pari opportunità, della giustizia e del lavoro e delle politiche sociali provvedono ad organizzare, ove necessario, corsi di addestramento del personale, nonché ogni altra utile iniziativa.

2. Dall'attuazione del presente articolo non devono derivare nuovi o maggiori oneri per il bilancio dello Stato.

15. Norme di coordinamento.

1. All'articolo 600-sexies, primo comma, del codice penale, dopo le parole: "600-quinquies" sono inserite le seguenti: ", nonché dagli articoli 600, 601 e 602,".

2. All'articolo 600-sexies, secondo comma, del codice penale, dopo le parole: "600-ter" sono inserite le seguenti: ", nonché dagli articoli 600, 601 e 602, se il fatto è commesso in danno di minore,".

3. All'articolo 600-sexies, quarto comma, del codice

penale, dopo le parole: "600-ter" sono inserite le seguenti: ", nonché dagli articoli 600, 601 e 602,".

4. All'articolo 600-sexies del codice penale è aggiunto, in fine, il seguente comma:

"Le circostanze attenuanti, diverse da quella prevista dall'articolo 98, concorrenti con le aggravanti di cui al primo e secondo comma, non possono essere ritenute equivalenti o prevalenti rispetto a queste e le diminuzioni di pena si operano sulla quantità della stessa risultante dall'aumento conseguente alle predette aggravanti".

5. L'articolo 600-septies del codice penale è sostituito dal seguente:

"ART. 600-septies. – (Confisca e pene accessorie). – Nel caso di condanna, o di applicazione della pena su richiesta delle parti, a norma dell'articolo 444 del codice di procedura penale, per i delitti previsti dalla presente sezione è sempre ordinata, salvi i diritti della persona offesa dal reato alle restituzioni ed al risarcimento dei danni, la confisca di cui all'articolo 240 e, quando non è possibile la confisca di beni che costituiscono il profitto o il prezzo del reato, la confisca di beni di cui il reo ha la disponibilità per un valore corrispondente a tale profitto. In ogni caso è disposta la chiusura degli esercizi la cui attività risulta finalizzata ai delitti previsti dalla presente sezione, nonché la revoca della licenza d'esercizio o della concessione o dell'autorizzazione per le emittenti radiotelevisive".

6. Al primo comma dell'articolo 609-decies del codice penale, dopo le parole: "dagli articoli" è inserita la seguente: "600," e dopo le parole: "600-quinquies," sono inserite le seguenti: "601,602,".

7. All'articolo 392 del codice di procedura penale, al comma 1-bis, dopo le parole: "agli articoli" è inserita la seguente: "600," e dopo le parole: "600-quinquies," sono inserite le seguenti: "601,602,".

8. All'articolo 398 del codice di procedura penale, al comma 5-bis, dopo le parole: "dagli articoli" è inserita la seguente "600," e dopo le parole: "600-quinquies," sono inserite le seguenti: "601,602,".

9. All'articolo 472 del codice di procedura penale, al comma 3-bis, dopo le parole: "dagli articoli" è inserita la seguente: "600," e dopo le parole: "600-quinquies," sono inserite le seguenti: "601,602,".

10. All'articolo 498 del codice di procedura penale, al comma 4-ter, dopo le parole: "agli articoli" è inserita la seguente: "600," e dopo le parole: "600-quinquies," sono inserite le seguenti: "601,602,".

16. Disposizioni transitorie.

1. La disposizione di cui al comma 1, lettera a), dell'articolo 6 si applica solo ai reati commessi successivamente alla data di entrata in vigore della presente legge.

2. La disposizione di cui al comma 1, lettera b), dell'articolo 6, ai soli effetti della determinazione degli uffici cui spettano le funzioni di pubblico ministero o di giudice incaricato dei provvedimenti previsti per la fase delle indagini preliminari ovvero di giudice dell'udienza preliminare, non si applica ai procedimenti nei quali la notizia di reato è stata iscritta nel registro di cui all'articolo 335 del codice di procedura penale precedentemente alla data di entrata in vigore della presente legge.

3. Le disposizioni del comma 2 dell'articolo 7 non si applicano ai procedimenti di prevenzione già pendenti alla data di entrata in vigore della presente legge.

La presente legge, munita del sigillo dello Stato, sarà inserita nella Raccolta ufficiale degli atti normativi della Repubblica italiana. È fatto obbligo a chiunque spetti di osservarla e di farla osservare come legge dello Stato.

2. L. 2 luglio 2010, n. 108. – Ratifica ed esecuzione della Convenzione del Consiglio d'Europa sulla lotta contro la tratta di esseri umani, fatta a Varsavia il 16 maggio 2005, nonché norme di adeguamento dell'ordinamento interno (*artt. 1-4, 18-26, 39, 40 Convenzione*)

In Gazzetta Ufficiale 15 luglio 2010, n. 163

1. Autorizzazione alla ratifica.

1. Il Presidente della Repubblica è autorizzato a ratificare la Convenzione del Consiglio d'Europa sulla lotta contro la tratta di esseri umani, fatta a Varsavia il 16 maggio 2005.

2. Ordine di esecuzione.

1. Piena ed intera esecuzione è data alla Convenzione di cui all'articolo 1, a decorrere dalla data della sua entrata in vigore, in conformità con quanto previsto dall'articolo 42 della Convenzione stessa.

3. Modifiche al codice penale in materia di tratta di persone.

1. Al codice penale sono apportate le seguenti modificazioni:

a) all'articolo 600, il terzo comma è abrogato;

b) all'articolo 601, il secondo comma è abrogato;

c) all'articolo 602, il secondo comma è abrogato;

d) dopo l'articolo 602-*bis* è inserito il seguente:

«Art. 602-*ter* (Circostanze aggravanti). – La pena per i reati previsti dagli articoli 600, 601 e 602 è aumentata da un terzo alla metà:

a) se la persona offesa è minore degli anni diciotto;
b) se i fatti sono diretti allo sfruttamento della prostituzione o al fine di sottoporre la persona offesa al prelievo di organi;
c) se dal fatto deriva un grave pericolo per la vita o l'integrità fisica o psichica della persona offesa.

Se i fatti previsti dal titolo VII, capo III, del presente libro sono commessi al fine di realizzare od agevolare i delitti di cui agli articoli 600, 601 e 602, le pene ivi previste sono aumentate da un terzo alla metà».

4. Clausola di invarianza.

1. Dall'attuazione della presente legge non devono derivare nuovi o maggiori oneri a carico del bilancio dello Stato.

La presente legge, munita del sigillo dello Stato, sarà inserita nella Raccolta ufficiale degli atti normativi della Repubblica italiana. È fatto obbligo a chiunque spetti di osservarla e di farla osservare come legge dello Stato.

CONVENZIONE DEL CONSIGLIO D'EUROPA SULLA LOTTA CONTRO LA TRATTA DI ESSERI UMANI

CAPITOLO IV
Diritto penale sostanziale

18. Reato di tratta di esseri umani.

Ciascuna delle Parti adotta le misure legislative e le altre misure necessarie per definire reati gli atti enunciati all'articolo 4 della presente Convenzione, se commessi intenzionalmente.

19. Reato di utilizzo dei servizi di una vittima.

Ciascuna delle Parti provvede ad adottare le misure legislative e le altre misure necessarie per definire reato, in conformità alla propria legge nazionale, l'utilizzo di servizi che sono oggetto dello sfruttamento di cui all'articolo 4 della presente Convenzione, se c'è la consapevolezza che la persona in questione è una vittima della tratta di esseri umani.

20. Reati relativi ai documenti di viaggio o d'identità.

Ciascuna delle Parti adotta le misure legislative, e le altre misure necessarie, per definire reati i seguenti atti, se intenzionalmente commessi allo scopo di rendere possibile la tratta di esseri umani:
a) fabbricare un documento di viaggio o d'identità falso;
b) procurare o fornire tale documento;
c) trattenere, sottrarre, alterare, danneggiare o distruggere il documento di viaggio o di identità di un'altra persona.

21. Complicità e tentativo di reato.

1. Ciascuna delle Parti adotta le misure legislative, e le altre misure necessarie, per definire reato qualsiasi forma di complicità, quando la stessa è intenzionale, allo scopo di commettere uno dei reati stabiliti in applicazione degli articoli 18 e 20 della presente Convenzione.

2. Ciascuna parte adotta le misure legislative o le altre necessarie per definire reato qualsiasi tentativo intenzionale di commettere uno dei reati stabiliti in applicazione dell'art. 18 e 20 lettera a, della presente convenzione.

22. Responsabilità delle persone giuridiche.

1. Ciascuna delle Parti adotta le misure legislative, e le altre misure necessarie, allo scopo di assicurare che le persone giuridiche siano ritenute responsabili dei reati stabiliti in applicazione della presente Convenzione, quando vengono commessi per loro conto da una qualsiasi persona fisica, che agisca sia individualmente sia come parte di un organo della persona giuridica o che eserciti un potere di direzione al suo interno e che abbia:
a) il potere di rappresentanza della persona giuridica;
b) l'autorità per prendere decisioni per conto della persona giuridica;
c) l'autorità per esercitare un controllo sulla persona giuridica.

2. Escludendo i casi già esposti nel comma 1, ciascuna delle Parti adotta le misure necessarie per assicurare che una persona giuridica possa essere ritenuta responsabile quando la mancanza di sorveglianza o di controllo da parte di una persona fisica indicata nel comma 1 abbia reso possibile che venisse commesso un reato, stabilito in virtù della presente Convenzione, per conto della suddetta persona giuridica, da parte di una persona fisica che abbia agito sotto la sua autorità.

3. In base ai principi giuridici della Parte in questione, la responsabilità di una persona giuridica può essere penale, civile o amministrativa.

4. Tale responsabilità viene stabilita in modo da non pregiudicare la responsabilità penale delle persone fisiche che hanno commesso il reato.

23. Sanzioni e misure repressive.

1. Ciascuna delle Parti adotta le misure legislative e le altre necessarie per far sì che i reati, stabiliti ai sensi degli articoli dal 18 al 21, siano punibili con sanzioni effettive, proporzionate e dissuasive. Tali sanzioni includono, per i reati stabiliti in attuazione dell'articolo 18, quando commessi da persone fisiche, pene che prevedano la privazione della libertà e che possano dar luogo all'estradizione.

2. Ciascuna delle Parti farà sì che le persone giuridiche responsabili in applicazione dell'articolo 22, siano soggette a sanzioni o misure penali o non penali effettive, proporzionate e dissuasive, ivi comprese le sanzioni pecuniarie.

3. Ciascuna delle Parti adotta le misure legislative e le altre misure necessarie per rendere possibile la confisca o comunque la sottrazione dei mezzi e dei profitti derivanti dai reati come definiti ai sensi degli articoli 18 e 20, lettera a, della presente Convenzione, o di beni il cui valore corrisponda a tali profitti.

4. Ciascuna delle Parti adotta le misure legislative o le altre misure necessarie per rendere possibile la chiusura temporanea o permanente di qualsiasi struttura usata per commettere la tratta di esseri umani, senza pregiudizio nei confronti dei diritti dei terzi in buona fede, o per interdire, a titolo temporaneo o definitivo, all'autore del reato, l'esercizio dell'attività nel corso della quale il reato è stato commesso.

24. Circostanze aggravanti.

Ciascuna delle Parti fa in modo che le seguenti circostanze siano considerate come aggravanti nel determinare la pena per i reati stabiliti ai sensi dell'articolo 18 della presente Convenzione:

a) il reato ha messo a rischio la vita della vittima deliberatamente o per grave negligenza;
b) il reato è stato commesso contro un minore;
c) il reato è stato commesso da un pubblico ufficiale nell'esercizio delle sue funzioni;
d) il reato è stato commesso nel quadro di un'organizzazione criminale.

25. Precedenti penali.

Ciascuna delle Parti adotta le misure legislative e le altre che diano la possibilità di prendere in considerazione, nel contesto della valutazione della pena, le condanne definitive inflitte da un'altra Parte, in relazione ai reati previsti in base alla presente Convenzione.

26. Norme che escludono la pena.

Ciascuna delle Parti stabilisce, in conformità con i principi fondamentali del proprio sistema giuridico nazionale, la possibilità di non comminare sanzioni penali alle vittime che sono state coinvolte nelle attività illecite, quando ne siano state costrette.

CAPITOLO VIII
Relazione con altri strumenti internazionali

39. Relazione con il Protocollo addizionale alla Convenzione delle Nazioni Unite contro la criminalità transnazionale organizzata per prevenire, reprimere e punire la tratta di esseri umani, in particolare di donne e minori.

1. Questa Convenzione non inficia i diritti e gli obblighi che derivano dalle disposizioni del Protocollo addizionale alla Convenzione delle Nazioni Unite contro la criminalità transnazionale organizzata per prevenire, reprimere e punire la tratta di esseri umani, in particolare di donne e minori. La presente Convenzione ha lo scopo di rafforzare la protezione stabilita dal Protocollo e di sviluppare le disposizioni ivi contenute.

40. Relazione con altri strumenti internazionali.

1. Questa Convenzione non inficia i diritti e gli obblighi derivanti dalle disposizioni di altri strumenti internazionali di cui le Parti della presente Convenzione sono parte o lo saranno e che contengono disposizione relative alle materie disciplinate in questa Convenzione e che assicurano una protezione ed un'assistenza maggiore alle vittime della tratta.

2. Le Parti della Convenzione possono concludere tra loro accordi bilaterali o multilaterali relativi alle questioni disciplinate dalla presente Convenzione, al fine di completare o di rafforzare le sue disposizioni o per facilitare l'applicazione dei principi che essa contiene.

3. Le Parti che sono membri dell'Unione europea applicano nelle loro mutue relazioni le disposizioni della Comunità e dell'Unione europea, nella misura in cui esistano disposizioni della Comunità e dell'Unione europea che disciplinino il relativo specifico oggetto e siano applicabili al caso di specie, senza pregiudizio per l'oggetto e per le finalità della presente Convenzione e senza pregiudizio per la sua integrale applicazione nei confronti delle altre Parti.

4. Nessuna disposizione della presente Convenzione incide sui diritti, gli obblighi e le responsabilità degli Stati e degli individui in virtù del diritto internazionale, ivi compreso il diritto internazionale umanitario e il diritto internazionale relativo ai diritti dell'uomo e in particolare, laddove applicabile, della Convenzione del 1951 e del Protocollo del 1967 relativi allo status di rifugiati e al principio del non– rimpatrio (non refoulement) ivi stabilito.

3. D.Lgs. 4 marzo 2014, n. 24. – Attuazione della direttiva 2011/36/UE, relativa alla prevenzione e alla repressione della tratta di esseri umani e alla protezione delle vittime, e che sostituisce la decisione quadro del Consiglio 2002/629/GAI

In Gazzetta Ufficiale 13 marzo 2014, n. 60

1. Principi generali.

1. Nell'attuazione delle disposizioni del presente decreto legislativo, si tiene conto, sulla base di una valutazione individuale della vittima, della specifica situazione delle persone vulnerabili quali i minori, i minori non accompagnati, gli anziani, i disabili, le donne, in particolare se in stato di gravidanza, i genitori singoli con figli minori, le persone con disturbi psichici, le persone che hanno subito torture, stupri o altre forme gravi di violenza psicologica, fisica, sessuale o di genere.

2. Il presente decreto legislativo non pregiudica i diritti, gli obblighi e le responsabilità dello Stato e degli individui, ai sensi del diritto internazionale, compresi il diritto internazionale umanitario e il diritto internazionale dei diritti umani e, in particolare, laddove applicabili, la Convenzione relativa allo statuto dei rifugiati, di cui alla legge 24 luglio 1954, n. 722, e il Protocollo relativo allo statuto dei rifugiati di cui alla legge 14 febbraio 1970, n. 95, relativi allo stato dei rifugiati e al principio di non respingimento.

2. Modifiche al codice penale.

1. Al regio decreto 19 ottobre 1930, n. 1398, sono apportate le seguenti modificazioni:

a) all'articolo 600:

1) al primo comma, dopo le parole: «all'accattonaggio o comunque» le parole: «a prestazioni» sono sostituite dalle seguenti parole: «al compimento di attività illecite» e dopo la parola «sfruttamento» sono inserite le seguenti parole: «ovvero a sottoporsi al prelievo di organi»;

2) al secondo comma, dopo le parole: «approfittamento di una situazione» sono aggiunte le seguenti parole: «di vulnerabilità,»;

b) l'articolo 601 è sostituito dal seguente:

«È punito con la reclusione da otto a venti anni chiunque recluta, introduce nel territorio dello Stato, trasferisce anche al di fuori di esso, trasporta, cede l'autorità sulla persona, ospita una o più persone che si trovano nelle condizioni di cui all'articolo 600, ovvero, realizza le stesse condotte su una o più persone, mediante inganno, violenza, minaccia, abuso di autorità o approfittamento di una situazione di vulnerabilità, di inferiorità fisica, psichica o di necessità, o mediante promessa o dazione di denaro o di altri vantaggi alla persona che su di essa ha autorità, al fine di indurle o costringerle a prestazioni lavorative, sessuali ovvero all'accattonaggio o comunque al compimento di attività illecite che ne comportano lo sfruttamento o a sottoporsi al prelievo di organi.

Alla stessa pena soggiace chiunque, anche al di fuori delle modalità di cui al primo comma, realizza le condotte ivi previste nei confronti di persona minore di età».

3. Modifica al codice di procedura penale.

Al decreto del Presidente della Repubblica 22 settembre 1988, n. 447, è apportata la seguente modifica: all'articolo 398, dopo il comma 5-*bis* è aggiunto il seguente comma:

«5-*ter.* Il giudice, su richiesta di parte, applica le disposizioni di cui al comma 5-*bis* quando fra le persone interessate all'assunzione della prova vi siano maggiorenni in condizione di particolare vulnerabilità, desunta anche dal tipo di reato per cui si procede».

4. Minori non accompagnati vittime di tratta.

1. I minori non accompagnati vittime di tratta devono essere adeguatamente informati sui loro diritti, incluso l'eventuale accesso alla procedura di determinazione della protezione internazionale.

2. Con decreto del Presidente del Consiglio dei ministri, di concerto con il Ministro degli affari esteri, il Ministro dell'interno, il Ministro della giustizia, il Ministro del lavoro e delle politiche sociali e il Ministro della salute, da adottarsi entro sei mesi dalla data di entrata in vigore del presente decreto legislativo, sono definiti i meccanismi attraverso i quali, nei casi in cui sussistano fondati dubbi sulla minore età della vittima e l'età non sia accertabile da documenti identificativi, nel rispetto del superiore interesse del minore, si procede alla determinazione dell'età dei minori non accompagnati vittime di tratta anche attraverso una procedura multidisciplinare di determinazione dell'età, condotta da personale specializzato e secondo procedure appropriate che tengano conto anche delle specificità relative all'origine etnica e culturale del minore, nonché, se del caso, all'identificazione dei minori mediante il coinvolgimento delle autorità diplomatiche. Nelle more della determinazione dell'età e dell'identificazione, al fine dell'accesso immediato all'assistenza, al sostegno e alla protezione, la vittima di tratta è considerata minore. Per la medesima finalità la minore età dello straniero è, altresì, presunta nel caso in cui la procedura multidisciplinare svolta non consenta di stabilire con certezza l'età dello stesso.

5. Obblighi di formazione.

1. All'interno dei percorsi di formazione realizzati dalle Amministrazioni competenti nell'ambito della propria autonomia organizzativa sono previsti specifici moduli formativi sulle questioni inerenti alla tratta degli esseri umani per i pubblici ufficiali interessati.

6. Diritto di indennizzo delle vittime di tratta.

1. All'articolo 12 della legge 11 agosto 2003, n. 228, sono apportate le seguenti modificazioni:

dopo il comma 2 sono aggiunti i seguenti:

«**2 bis.** Il Fondo per le misure anti-tratta è anche destinato all'indennizzo delle vittime dei reati previsti al comma 3.

2 ter. L'indennizzo è corrisposto nella misura di euro 1.500,00 per ogni vittima, entro i limiti delle disponibilità finanziarie annuali del Fondo, detratte le somme erogate alle vittime, a qualunque titolo, da soggetti pubblici. In caso di insufficienza delle disponibilità finanziarie annuali del Fondo, le richieste di indennizzo accolte e non soddisfatte sono poste a carico del successivo esercizio finanziario ed hanno precedenza rispetto alle richieste presentate nel medesimo esercizio.

2 quater. La domanda di accesso al Fondo ai fini dell'indennizzo è presentata alla Presidenza del Consiglio dei ministri, a pena di decadenza, entro cinque anni dal passaggio in giudicato della sentenza di condanna che ha riconosciuto il diritto al risarcimento del danno ovvero dalla pronuncia di sentenza non definitiva al pagamento di una provvisionale, emesse successivamente alla data di entrata in vigore del presente decreto. La vittima deve dimostrare di non avere ricevuto ristoro dall'autore del reato, nonostante abbia esperito l'azione civile e le procedure esecutive.

2 quinquies. Quando è ignoto l'autore del reato, la domanda di cui al comma 2-*quater* è presentata entro un anno dal deposito del provvedimento di archiviazione, emesso ai sensi dell'articolo 415 del codice di procedura penale, successivamente alla data di entrata in vigore del presente decreto.

2 sexies. Decorsi sessanta giorni dalla presentazione della domanda, cui è allegata in copia autentica una delle sentenze di cui al comma 2-*quater* unitamente alla documentazione attestante l'infruttuoso esperimento dell'azione civile e delle procedure esecutive ovvero il provvedimento di archiviazione, senza che sia intervenuta comunicazione di accoglimento, la vittima può agire nei confronti della Presidenza del Consiglio dei ministri al fine di ottenere l'accesso al Fondo.

2 septies. Il diritto all'indennizzo non può essere esercitato da coloro che sono stati condannati con sentenza definitiva, ovvero, alla data di presentazione della domanda, sono sottoposti a procedimento penale per uno dei reati di cui all'articolo 407, comma 2, lettera a), del codice di procedura penale.

2 octies. La Presidenza del Consiglio dei ministri è surrogata, fino all'ammontare delle somme corrisposte a titolo di indennizzo a valere sul Fondo, nei diritti della parte civile o dell'attore verso il soggetto condannato al risarcimento del danno.».

7. Meccanismo equivalente.

1. Il Dipartimento per le pari opportunità della Presidenza del Consiglio dei ministri, nell'ambito delle competenze ad esso devolute, è l'organismo deputato a:

a) svolgere compiti di indirizzo e coordinamento con riguardo agli interventi di prevenzione sociale del fenomeno della tratta degli esseri umani e di assistenza delle relative vittime, nonché di programmazione delle risorse finanziarie in ordine ai programmi di assistenza ed integrazione sociale concernenti tale fenomeno;

b) valutare le tendenze della tratta degli esseri umani, avvalendosi di un adeguato sistema di monitoraggio posto in essere anche attraverso la raccolta di dati statistici effettuata in collaborazione con le altre Amministrazioni competenti e con le organizzazioni della società civile attive nel settore;

c) presentare al coordinatore anti-tratta dell'Unione Europea una relazione biennale contenente i risultati del monitoraggio sulla base dei dati forniti ai sensi della lettera b) del presente comma.

2. Con uno o più decreti del Presidente del Consiglio dei ministri sono stabilite le modalità di attuazione del presente articolo.

8. Modifiche all'articolo 18 del decreto legislativo 25 luglio 1998, n. 286, recante Testo unico delle disposizioni concernenti la disciplina dell'immigrazione e norme sulla condizione dello straniero.

1. All'articolo 18 del decreto legislativo 25 luglio 1998, n. 286, dopo il comma 3 è aggiunto il seguente:

«**3 bis.** Per gli stranieri e per i cittadini di cui al comma 6-*bis* del presente articolo, vittime dei reati previsti dagli articoli 600 e 601 del codice penale, o che versano nelle ipotesi di cui al comma 1 del presente articolo si applica, sulla base del Piano nazionale d'azione contro la tratta e il grave sfruttamento degli esseri umani, di cui all'articolo 13, comma 2-bis, della legge 11 agosto 2003, n. 228, un programma unico di emersione, assistenza e integrazione sociale che garantisce, in via transitoria, adeguate condizioni di alloggio, di vitto e di assistenza sanitaria, ai sensi dell'articolo 13 della legge n. 228 del 2003 e, successivamente, la prosecuzione dell'assistenza e l'integrazione sociale, ai sensi del comma 1 di cui al presente articolo. Con decreto del Presidente del Consiglio dei ministri, di concerto con il Ministro dell'interno, il Ministro del lavoro e delle politiche sociali e il Ministro della salute, da adottarsi entro sei mesi dalla data di entrata in vigore della presente disposizione, previa intesa con la Conferenza Unificata, è definito il programma di emersione, assistenza e di protezione sociale di cui al presente comma e le relative modalità di attuazione e finanziamento.».

9. Modifiche alla legge 11 agosto 2003, n. 228, recante «Misure contro la tratta degli esseri umani».

1. All'articolo 13 della legge 11 agosto 2003, n. 228, dopo il comma 2 è aggiunto il seguente:

«**2 bis.** Al fine di definire strategie pluriennali di intervento per la prevenzione e il contrasto al fenomeno della tratta e del grave sfruttamento degli esseri umani, nonché azioni finalizzate alla sensibilizzazione, alla prevenzione sociale, all'emersione e all'integrazione sociale delle vittime, con delibera del Consiglio dei ministri, su proposta del Presidente del Consiglio dei ministri e del Ministro dell'interno nell'ambito delle rispettive competenze, sentiti gli altri Ministri interessati, previa acquisizione dell'intesa in sede di Conferenza Unificata, è adottato il Piano nazionale d'azione contro la tratta e il grave sfruttamento degli esseri umani. In sede di prima applicazione, il Piano è adottato entro tre mesi dalla data di entrata in vigore della presente disposizione.».

10. Disposizioni di rinvio.

1. Le Amministrazioni che si occupano di tutela e assistenza delle vittime di tratta e quelle che hanno competenza in materia di asilo individuano misure di coordinamento tra le attività istituzionali di rispettiva competenza, anche al fine di determinare meccanismi di rinvio, qualora necessari, tra i due sistemi di tutela.

2. Nelle ipotesi di cui al comma 1 dell'articolo 18 del decreto legislativo 25 luglio 1998, n. 286, allo straniero sono fornite adeguate informazioni, in una lingua a lui comprensibile, in ordine alle disposizioni di cui al predetto comma 1, nonché, ove ne ricorrano i presupposti, informazioni sulla possibilità di ottenere la protezione internazionale ai sensi del decreto legislativo 19 novembre 2007, n. 251.

3. All'articolo 32 del decreto legislativo 28 gennaio 2008, n. 25, dopo il comma 3 è inserito il seguente:
«**3 bis.** La Commissione territoriale trasmette, altresì, gli atti al Questore per le valutazioni di competenza se nel corso dell'istruttoria sono emersi fondati motivi per ritenere che il richiedente è stato vittima dei delitti di cui agli articoli 600 e 601 del codice penale.».

11. Clausola di invarianza finanziaria.

1. Dall'attuazione del presente decreto non devono derivare nuovi o maggiori oneri a carico della finanza pubblica. Le pubbliche amministrazioni interessate provvedono ai compiti previsti dal presente decreto con le risorse umane, strumentali e finanziarie disponibili a legislazione vigente.

Il presente decreto, munito del sigillo dello Stato, sarà inserito nella Raccolta ufficiale degli atti normativi della Repubblica italiana. È fatto obbligo a chiunque spetti di osservarlo e di farlo osservare.

4. D.P.C.M. 10 novembre 2016, n. 234. – Regolamento recante definizione dei meccanismi per la determinazione dell'età dei minori non accompagnati vittime di tratta, in attuazione dell'articolo 4, comma 2, del decreto legislativo 4 marzo 2014, n. 24

In Gazzetta Ufficiale 22 dicembre 2016, n. 298

1. Oggetto.

1. Il presente decreto, in attuazione di quanto disposto dall'articolo 4 del decreto legislativo 4 marzo 2014, n. 24, individua i meccanismi attraverso i quali, nei casi in cui sussistano ragionevoli dubbi sulla minore età della presunta vittima di tratta e l'età del minore non accompagnato non sia accertabile da documenti identificativi, si procede, nel rispetto del superiore interesse del minore, alla determinazione dell'età, se del caso mediante il coinvolgimento delle autorità diplomatiche, attraverso una procedura multidisciplinare, condotta da personale specializzato e secondo procedure appropriate, che tengano conto anche delle specificità relative all'origine etnica e culturale del minore.

2. Procedura di identificazione ed accertamento dell'età in via amministrativa.

1. In tutte le procedure finalizzate all'accertamento dell'età, il superiore interesse del minore è considerato criterio preminente.

2. Le Forze di Polizia, verificano l'età della persona interessata sulla base dei documenti ritenuti idonei ai sensi del comma 3, nonché, ove necessario, attraverso l'acquisizione di dati utili eventualmente presenti nelle banche dati del Ministero del lavoro e delle politiche sociali, o in altre banche dati pubbliche, secondo le modalità di accesso per esse previste, nel rispetto del principio di pertinenza del trattamento dei dati.

3. Sono ritenuti idonei ai fini dell'accertamento dell'età, salvo sussistano ragionevoli dubbi sulla loro autenticità, il passaporto o un documento di identità, anche non in corso di validità, ovvero altro documento di riconoscimento munito di fotografia. Documenti differenti da quelli di cui al primo periodo costituiscono principio di prova ai fini della valutazione di cui all'articolo 3.

4. Fuori dai casi in cui l'interessato sia in possesso dei documenti idonei ai sensi del comma 3, ovvero sia possibile procedere alla sua identificazione ed alla determinazione dell'età mediante l'accesso alle banche dati di cui al comma 2, le Forze di Polizia, fermi restando gli oneri informativi previsti da altre disposizioni normative, procedono, con l'ausilio, ove necessario, di un mediatore culturale e di un interprete ed in linguaggio comprensibile ed adeguato al presunto minore, ad un colloquio preliminare nel corso del quale rappresentano all'interessato l'importanza di dichiarare corrette generalità e le conseguenze giuridiche di una dichiarazione mendace e lo informano in via generale sulla possibilità che in caso di ragionevoli dubbi l'Autorità giudiziaria autorizzi lo svolgimento di accertamenti anche sanitari per la determinazione della sua età.

5. Gli adempimenti di cui ai commi 2 e 4 sono effettuati entro il termine di ventiquattro ore dal primo contatto con il presunto minore vittima di tratta ai sensi degli articoli 600 e 601 del codice penale.

6. Ove occorra, e fuori dai casi di cui al comma 7, può procedersi all'identificazione del presunto minore con il coinvolgimento delle autorità diplomatico-consolari; in tale ipotesi la Questura competente in relazione al luogo ove è situata la struttura di accoglienza inoltra la richiesta, nel minor tempo possibile, per il tramite del Ministero degli affari esteri e della cooperazione internazionale.

7. Quando il presunto minore manifesta la volontà di richiedere o richiede la protezione internazionale, ovvero emerge nei suoi confronti una possibile esigenza di protezione internazionale, è precluso ogni intervento o accertamento presso le istituzioni del Paese di appartenenza, presumibile o dichiarato, dell'interessato, nonché il coinvolgimento della relativa rappresentanza diplomatico-consolare.

3. Intervento dell'Autorità giudiziaria.

1. Quando, a conclusione degli adempimenti di cui al comma 5 dell'articolo 2, permangono ragionevoli dubbi circa l'età del presunto minore non accompagnato vittima di tratta, la Forza di Polizia richiede al Giudice competente per la tutela l'autorizzazione all'avvio della procedura di cui all'articolo 5. L'atto informativo rivolto al predetto Giudice contiene il resoconto dettagliato delle attività condotte per l'identificazione del presunto minore e dell'esito del colloquio preliminare di cui al comma 4 dell'articolo 2.

2. Il Giudice decide sulla richiesta di autorizzazione nei due giorni successivi alla ricezione dell'atto informativo, salvo che ritenga necessaria una integrazione degli accertamenti già condotti.

L'integrazione di cui al primo periodo è svolta immediatamente e comunque entro le successive quarantotto ore ed il termine per la decisione decorre dalla conoscenza dell'esito degli ulteriori accertamenti.

3. Quando il Giudice, sulla base dell'atto informativo di cui al comma 1 e degli accertamenti svolti ai sensi dell'articolo 2, eventualmente integrati ai sensi del comma 2, ritiene che non sussistono ragionevoli dubbi sulla minore età della presunta vittima, emette provvedimento motivato di diniego dell'autorizzazione all'avvio della procedura di cui all'articolo 5.

4. Quando il Giudice rilascia l'autorizzazione di cui al comma 1, indica il soggetto che anche temporaneamente esercita i poteri tutelari, nel rispetto di quanto previsto dall'articolo 19, comma 6, del decreto legislativo 18 agosto 2015, n. 142; il Giudice individua, altresì, la struttura sanitaria pubblica dotata di equipe multidisciplinare pediatrica presso la quale svolgere la procedura di cui all'articolo 5, avvalendosi, ove redatto, di un elenco di strutture idonee indicate dalle regioni o dalle province autonome e dettando le conseguenti disposizioni.

4. Diritto all'informazione.

1. Il presunto minore è preventivamente informato, da personale qualificato della struttura sanitaria designata ai sensi dell'articolo 3, comma 4, circa il fatto che si procederà a determinare la sua età mediante ricorso alle attività di accertamento di cui all'articolo 5. L'informazione è data in una lingua a lui comprensibile e in conformità al suo grado di maturità e livello di alfabetizzazione, anche mediante materiale di supporto multilingua e, ove necessario, con l'ausilio di un mediatore culturale. In ogni caso, il presunto minore è informato:

a) del fatto che la sua età sarà determinata mediante una procedura multidisciplinare che può comportare accertamenti sanitari;
b) delle attività in cui si articola tale procedura, di quali siano i risultati attesi e di quali siano le conseguenze;
c) del diritto a formulare ragioni di opposizione allo svolgimento di taluno degli accertamenti sanitari di cui all'articolo 5.

2. Le informazioni di cui al comma 1 sono fornite in presenza del tutore, o della persona che esercita anche temporaneamente i poteri tutelari, che assiste il presunto minore anche nella eventuale formulazione di ragioni di opposizione ai sensi della lettera c).

3. Quando la procedura può essere utilmente esperita senza gli accertamenti per i quali sono state espresse ragioni di opposizione il personale sanitario procede omettendone l'esecuzione.

4. Fuori dalle ipotesi di cui al comma 3, il personale sanitario che raccoglie la dichiarazione del presunto minore informa il Giudice della tutela delle ragioni di opposizione e indica quali accertamenti sanitari siano nel caso specifico indispensabili e sufficienti alla determinazione dell'età, privilegiando quelli di minor invasività.

5. Il Giudice della tutela, valutate le ragioni di opposizione e gli elementi offerti dal personale della struttura sanitaria, dispone a quali accertamenti procedere ed emette gli altri provvedimenti ritenuti opportuni.

5. Procedura multidisciplinare per l'accertamento dell'età.

1. L'accertamento dell'età è condotto da parte di personale qualificato presso la struttura sanitaria pubblica individuata dal giudice ai sensi dell'articolo 3, comma 4, mediante la procedura di cui al comma 2; agli accertamenti sanitari si procede secondo un criterio di invasività progressiva. In tutte le fasi dell'accertamento sono garantite la tutela e la protezione riservate ai minori considerando anche il sesso, la cultura e la religione.

2. La procedura per la determinazione dell'età è condotta da un'equipe multidisciplinare. Tale procedura consiste nello svolgimento di un colloquio sociale, vertente anche sulle pregresse esperienze di vita rilevanti per l'accertamento, di una visita pediatrica auxologica e di una valutazione psicologica o neuropsichiatrica, alla presenza, se necessario, di un mediatore culturale o di un interprete. Ove all'esito di ciascuna fase o stadio della procedura emergano elementi certi in ordine alla minore età dell'interessato non si procede ad accertamenti successivi.

3. La procedura è avviata entro tre giorni dalla data dell'autorizzazione rilasciata ai sensi dell'articolo 3, comma 4, e conclusa entro i successivi venti giorni. La relazione conclusiva, redatta dall'equipe multidisciplinare, riporta l'indicazione di attribuzione dell'età cronologica stimata specificando il margine di errore insito nella variabilità biologica e nelle metodiche utilizzate ed i conseguenti valori minimo e massimo dell'età attribuibile.

4. Gli esiti della procedura svolta sono comunicati al Giudice della tutela, al tutore o alla persona che esercita, anche temporaneamente, i poteri tutelari e al presunto minore in una lingua al medesimo comprensibile, tenendo conto della sua età, maturità e del suo livello di alfabetizzazione.

6. Provvedimento conclusivo del procedimento di determinazione dell'età.

1. Sulla base delle risultanze della procedura multidisciplinare espletata ai sensi dell'articolo 5 e di tutti gli altri dati acquisiti il Giudice della tutela adotta il provvedimento di attribuzione dell'età.

2. Quando gli elementi raccolti non consentono di stabilire al di là di ogni ragionevole dubbio l'età del soggetto, il Giudice emette il provvedimento conclusivo del procedimento dando atto dell'impossibilità di attribuire l'età e del valore minimo indicato nella relazione conclusiva di cui all'articolo 5, comma 3.

3. Il provvedimento emesso ai sensi dei commi 1 e 2 è notificato all'interessato, con allegata traduzione in una lingua al medesimo comprensibile, ed al tutore o alla persona che esercita, anche temporaneamente, i poteri tutelari, e può essere oggetto di reclamo secondo la disciplina applicabile agli atti del giudice emittente.

4. Quando divenuto definitivo, il provvedimento è comunicato alla Questura competente in relazione al luogo ove è situata la struttura di accoglienza e alla Forza di Polizia che ha richiesto l'autorizzazione alla procedura multidisciplinare; la Questura, ricorrendone i presupposti, dà comunicazione del provvedimento al Ministero del lavoro e delle politiche sociali per l'aggiornamento delle banche dati di cui all'articolo 2, comma 2.

7. Presunzione della minore età in pendenza ed in caso di esito dubbio del procedimento di determinazione dell'età.

1. Nelle more dell'identificazione e della determinazione definitiva dell'età, al fine dell'accesso immediato all'assistenza, al sostegno e alla protezione, la vittima di tratta è comunque considerata minore.

2. Per le medesime finalità la minore età dell'interessato è altresì presunta nel caso di cui all'articolo 6, comma 2.

8. Clausola di invarianza finanziaria.

1. Dall'attuazione del presente decreto non devono derivare nuovi o maggiori oneri a carico della finanza pubblica. Le pubbliche amministrazioni interessate provvedono ai compiti previsti dal presente decreto con le risorse umane, strumentali e finanziarie disponibili a legislazione vigente.

Il presente decreto, munito del sigillo dello Stato, sarà inserito nella Raccolta ufficiale degli atti normativi della Repubblica italiana. È fatto obbligo a chiunque spetti di osservarlo e di farlo osservare.

1. L. 28 febbraio 1985, n. 47. – Norme in materia di controllo dell'attività urbanistico-edilizia, sanzioni, recupero e sanatoria delle opere edilizie (*artt. 1, 2, 23-25, 28-44, 47 bis, 49-52*) (1) (2) (3) (4)

In Gazzetta Ufficiale 2 marzo 1985, n. 53

(1) I riferimenti al Ministro/Ministero del tesoro e al Ministro/Ministero del bilancio e della programmazione economica devono intendersi al Ministro/Ministero del tesoro, del bilancio e della programmazione economica (art. 7, l. 3.4.1997, n. 94 e art. 2, d.lgs. 5.12.1997, n. 430).

(2) L'art. 26, co. 1, d.lgs. 18.12.1997, n. 472, rubricato "abolizione della soprattassa e della pena pecuniaria", ha previsto che: «1. Il riferimento alla soprattassa e alla pena pecuniaria, nonché ad ogni altra sanzione amministrativa, ancorché diversamente denominata, contenuto nelle leggi vigenti, è sostituito con il riferimento alla sanzione pecuniaria, di uguale importo.

2. I riferimenti contenuti nelle singole leggi di imposta a disposizioni abrogate si intendono effettuati agli istituti e alle previsioni corrispondenti risultanti dal presente decreto.

3. Salvo diversa espressa previsione, i procedimenti di irrogazione delle sanzioni disciplinati nel presente decreto si applicano all'irrogazione di tutte le sanzioni tributarie non penali».

(3) A partire dal 1.1.1999 ogni sanzione pecuniaria penale o amministrativa espressa in lire in questo provvedimento si intende espressa anche in euro secondo il tasso di conversione irrevocabilmente fissato dal Trattato CE. A decorrere dal 1.1.2002 ogni sanzione penale o amministrativa espressa in lire nel presente provvedimento è tradotta in euro secondo il tasso di conversione irrevocabilmente fissato dal Trattato CE. Se da questa operazione deriva un risultato espresso anche in decimali, la cifra è arrotondata eliminando i decimali (art. 51, d.lgs. 24.12.1998, n. 213).

(4) Le prefetture sono trasformate in uffici territoriali del governo a decorrere dalla data nomina del primo governo costituito a seguito delle prime elezioni politiche successive all'entrata in vigore del d.lgs. 30.7.1999, n. 300. Il prefetto preposto a questo ufficio nel capoluogo della regione assume anche le funzioni di commissario del governo (art. 11, d.lgs. n. 300/1999).

Capo I
Norme in materia di controllo dell'attività urbanistico-edilizia. Sanzioni amministrative e penali

1. Legge-quadro.

Fermo restando quanto previsto dal capo IV, le regioni emanano norme in materia di controllo dell'attività urbanistica ed edilizia e di sanzioni amministrative in conformità ai principi definiti dai capp. I, II e III della presente legge.

Fino all'emanazione delle norme regionali si applicano le norme della presente legge.

Sono in ogni caso fatte salve le competenze delle regioni a statuto speciale e delle province autonome di Trento e di Bolzano.

2. Sostituzione di norme.

Le disposizioni di cui al capo I della presente legge sostituiscono quelle di cui all'art. 32, L. 17 agosto 1942, n. 1150, ed agli articoli 15 e 17, L. 28 gennaio 1977, n. 10.

23. Controlli periodici mediante rilevamenti aerofotogrammetrici.

Le regioni stabiliscono, con proprie leggi, quali aree del territorio debbano essere assoggettate a particolare controllo periodico dell'attività urbanistica ed edilizia anche mediante rilevamenti aerofotogrammetrici, ed il conseguente aggiornamento delle scritture catastali.

Le leggi regionali agevolano altresì la costituzione di consorzi tra comuni per la esecuzione dei rilevamenti e dei controlli di cui al presente articolo.

Lo Stato contribuisce ad integrare i fabbisogni finanziari per l'applicazione delle disposizioni del presente articolo con quota parte degli introiti di competenza statale di cui al capo IV.

Con la legge finanziaria si provvede alla determinazione della quota da destinare alla finalità suddetta.

Capo II
Snellimento delle procedure urbanistiche ed edilizie

24. Strumenti per cui non è richiesta l'approvazione regionale.

Salvo che per le aree e per gli ambiti territoriali individuati dalle regioni come di interesse regionale in sede di piano territoriale di coordinamento o, in mancanza, con specifica deliberazione, non è soggetto ad approvazione regionale lo strumento attuativo di strumenti urbanistici generali, compresi i piani per l'edilizia economica e popolare nonché i piani per gli insediamenti produttivi.

Le regioni emanano norme cui i comuni debbono attenersi per l'approvazione degli strumenti di cui al comma precedente, al fine di garantire la snellezza del procedimento e le necessarie forme di pubblicità e di partecipazione dei soggetti pubblici e privati. I comuni sono comunque tenuti a trasmettere alla regione, entro sessanta giorni, copia degli strumenti attuativi di cui al presente articolo. Sulle eventuali osservazioni della regione i comuni devono esprimersi con motivazioni puntuali.

25. Semplificazione delle procedure.

Le regioni entro centottanta giorni dalla entrata in vigore della presente legge emanano norme che:

a) prevedono procedure semplificate per la approvazione degli strumenti attuativi in variante agli strumenti urbanistici generali;

b) definiscono criteri ed indirizzi per garantire l'unificazione ed il coordinamento dei contenuti dei regolamenti edilizi comunali, nonché per accelerare l'esame delle domande di concessione e di autorizzazione edilizia;

c) prevedono procedure semplificate per la approvazione di varianti agli strumenti urbanistici generali finalizzate all'adeguamento degli standards urbanistici posti da disposizioni statali o regionali.

Le norme di cui al comma precedente devono garantire le necessarie forme di pubblicità e la partecipazione dei soggetti pubblici e privati, nonché i termini, non superiori a centoventi giorni, entro i quali la regione deve comunicare al comune le proprie determinazioni. Trascorsi tali termini i provvedimenti di cui al precedente comma si intendono approvati.

Le varianti agli strumenti urbanistici non sono soggette alla preventiva autorizzazione della regione.

[Le leggi regionali stabiliscono quali mutamenti, connessi o non connessi a trasformazioni fisiche, dell'uso di immobili o di loro parti, subordinare a concessione, e quali mutamenti connessi o non connessi a trasformazioni fisiche, dell'uso di immobili o di loro parti siano subordinati ad autorizzazione (1).] (2)

(1) Comma sostituito dall'art. 4, co. 20, d.l. 5.10.1993, n. 398, conv., con modif., dalla l. 4.12.1993, n. 493, come modificato dall'art. 2, l. 23.12.1996, n. 662.

(2) Comma abrogato dall'art. 136, co. 1 e 2, d.P.R. 6.6.2001, n. 380, a decorrere dal 1.1.2002, poi prorogato al 30.6.2002 dall'art. 5 bis, co. 1, d.l. 23.11.2001, n. 411, conv., con modif., dalla l. 31.12.2001, n. 463 e, infine, ulteriormente prorogato al 30.6.2003 dall'art. 2, co. 1, d.l. 20.6.2002, n. 122, convertito con l. 1.8.2002, n. 185.

28. Valore venale dell'immobile.

L'ufficio tecnico erariale è tenuto a determinare, entro centoventi giorni dalla richiesta del comune, il valore venale degli immobili in relazione alla applicazione delle sanzioni previste dalla presente legge.

Capo III
Recupero urbanistico di insediamenti abusivi

29. Varianti agli strumenti urbanistici e poteri normativi delle regioni.

Entro novanta giorni dall'entrata in vigore della presente legge le regioni disciplinano con proprie leggi la formazione, adozione e approvazione delle varianti agli strumenti urbanistici generali finalizzati al recupero urbanistico degli insediamenti abusivi, esistenti al 1° ottobre 1983, entro un quadro di convenienza economica e sociale. Le varianti devono tener conto dei seguenti princìpi fondamentali:

a) realizzare una adeguata urbanizzazione primaria e secondaria;
b) rispettare gli interessi di carattere storico, artistico, archeologico, paesistico, ambientale, idrogeologico;
c) realizzare un razionale inserimento territoriale ed urbano dell'insediamento.

La legge regionale stabilisce altresì:

a) i criteri e i termini ai quali devono attenersi i comuni per la individuazione e la perimetrazione degli insediamenti abusivi;
b) i criteri ai quali devono attenersi i comuni qualora gli insediamenti abusivi ricadano in zona dichiarata sismica;
c) i casi in cui la formazione delle varianti è obbligatoria;
d) le procedure per l'approvazione delle varianti, precisando i casi nei quali non è richiesta l'approvazione regionale;
e) i criteri per la formazione di consorzi, anche obbligatori, fra proprietari di immobili;
f) il programma finanziario per la attuazione degli interventi previsti con carattere pluriennale;
g) la definizione degli oneri di urbanizzazione e le modalità di pagamento degli stessi in relazione alla tipologia edilizia, alla destinazione d'uso, alla ubicazione, al convenzionamento, anche mediante atto unilaterale d'obbligo, da parte dei proprietari degli immobili.

Decorso il termine di novanta giorni, di cui al primo comma, e fino alla emanazione delle leggi regionali, gli insediamenti avvenuti in tutto o in parte abusivamente, fermi restando gli effetti della mancata presentazione dell'istanza di sanatoria previsti dall'articolo 40, possono formare oggetto di apposite varianti agli strumenti urbanistici al fine del loro recupero urbanistico, nel rispetto comunque dei princìpi di cui al primo comma e delle previsioni di cui alle lettere e), f) e g) del precedente secondo comma.

Le proposte di varianti di recupero urbanistico possono essere presentate da parte di soggetti pubblici e privati, con allegato un piano di fattibilità tecnico, economico, giuridico e amministrativo, finalizzato al finanziamento, alla realizzazione e alla gestione di opere di urbanizzazione primaria e secondaria e per il recupero urbanistico ed edilizio, volto al raggiungimento della sostenibilità ambientale, economica e sociale, alla coesione degli abitanti dei nuclei edilizi inseriti nelle varianti e alla rivitalizzazione delle aree interessate dall'abusivismo edilizio (1).

(1) Comma sostituito dall'art. 32, d.l. 30.9.2003, n. 269.

30. Facoltà e obblighi dei comuni.

In luogo della indennità di esproprio, i proprietari di lotti di terreno, vincolati a destinazioni pubbliche a seguito delle varianti di cui all'articolo 29, possono chiedere che vengano loro assegnati equivalenti lotti disponibili nell'ambito dei piani di zona di cui alla legge 18 aprile 1962, n. 167, per costruirvi, singolarmente o riuniti in cooperativa, la propria prima abitazione. Per i fini previsti dal presente comma e dal successivo secondo comma, i comuni che procedono all'adozione delle varianti di cui all'articolo 29 devono comunque provvedere, anche se non obbligati ai sensi delle norme vigenti, alla formazione dei piani di zona previsti dalla legge 18 aprile 1962, n. 167, senza tener conto del limite minimo del quaranta per cento di cui all'articolo 2, terzo comma, della legge 28 gennaio 1977, n. 10, ovvero procedere agli opportuni ampliamenti dei piani già approvati. I proprietari di terreni, coltivatori diretti o imprenditori agricoli a titolo principale, possono chiedere al comune, in luogo dell'indennità di esproprio, l'assegnazione in proprietà di equivalenti terreni, facenti parte del patrimonio disponibile delle singole amministrazioni comunali, per continuare l'esercizio dell'attività agricola.

I proprietari degli edifici per i quali è prevista la demolizione possono chiedere l'assegnazione di un lotto nell'ambito dei piani di zona di cui alla legge 18 aprile 1962, n. 167, per costruirvi la propria prima abitazione.

I soggetti abitanti, a titolo di proprietà o di locazione decorrente da data certa, anteriore all'entrata in vigore della presente legge, in edifici, ultimati ai sensi del secondo comma dell'articolo 31 della presente legge, alla data del 1° ottobre 1983, dei quali è prevista la demolizione, a seguito dell'approvazione degli strumenti di recupero urbanistico, sono preferiti, purché abbiano versato i contributi ex Gescal per almeno cinque anni, a parità di punteggio nella graduatoria di assegnazione in locazione di alloggi cui abbiano titolo a norma di legge.

Capo IV
Opere sanabili. Soggetti legittimati. Conservazione dei rapporti sorti sulla base di decreti-legge non convertiti

31. Sanatoria delle opere abusive.

Possono, su loro richiesta, conseguire la concessione o la autorizzazione in sanatoria i proprietari di costruzioni e di altre opere che risultino essere state ultimate entro la data del 1° ottobre 1983 ed eseguite:

a) senza licenza o concessione edilizia o autorizzazione a costruire prescritte da norme di legge o di regolamento, ovvero in difformità dalle stesse;

b) in base a licenza o concessione edilizia o autorizzazione annullata, decaduta o comunque divenuta inefficace, ovvero nei cui confronti sia in corso procedimento di annullamento o di declaratoria di decadenza in sede giudiziaria o amministrativa.

Ai fini delle disposizioni del comma precedente, si intendono ultimati gli edifici nei quali sia stato eseguito il rustico e completata la copertura, ovvero, quanto alle opere interne agli edifici già esistenti e a quelle non destinate alla residenza, quando esse siano state completate funzionalmente.

Alla richiesta di sanatoria ed agli adempimenti relativi possono altresì provvedere coloro che hanno titolo, ai sensi della L. 28 gennaio 1977, n. 10, a richiedere la concessione edilizia o l'autorizzazione nonché, salvo rivalsa nei confronti del proprietario, ogni altro soggetto interessato al conseguimento della sanatoria medesima.

Conservano efficacia gli atti ed i provvedimenti adottati in applicazione delle disposizioni dell'art. 6 del D.L. 31 luglio 1982, n. 486, dell'art. 9 del D.L. 30 settembre 1982, n. 688, e del D.L. 5 ottobre 1983, n. 529, non convertiti in legge. Restano fermi i rapporti giuridici sorti sulla base delle medesime disposizioni anche ai fini dei provvedimenti che i comuni, in ordine alle richieste di sanatoria già presentate, devono adottare per la definitiva determinazione della oblazione ai sensi della presente legge.

Per le opere ultimate anteriormente al 1° settembre 1967 per le quali era richiesto, ai sensi dell'art. 31, primo comma, della L. 17 agosto 1942, n. 1150, e dei regolamenti edilizi comunali, il rilascio della licenza di costruzione, i soggetti di cui ai commi primo e terzo del presente articolo conseguono la concessione in sanatoria previo pagamento, a titolo di oblazione, della somma determinata a norma dell'articolo 34 della presente legge.

32. Opere costruite su aree sottoposte a vincolo.

1. Fatte salve le fattispecie previste dall'articolo 33, il rilascio del titolo abilitativo edilizio in sanatoria per opere eseguite su immobili sottoposti a vincolo è subordinato al parere favorevole delle amministrazioni preposte alla tutela del vincolo stesso. Qualora tale parere non venga formulato dalle suddette amministrazioni entro centottanta giorni dalla data di ricevimento della richiesta di parere, il richiedente può impugnare il silenzio-rifiuto. Il rilascio del titolo abilitativo edilizio estingue anche il reato per la violazione del vincolo. Il parere non è richiesto quando si tratti di violazioni riguardanti l'altezza, i distacchi, la cubatura o la superficie coperta che non eccedano il 2 per cento delle misure prescritte.

2. Sono suscettibili di sanatoria, alle condizioni sotto indicate, le opere insistenti su aree vincolate dopo la loro esecuzione e che risultino:

a) in difformità dalla legge 2 febbraio 1974, n. 64, e successive modificazioni, e dal decreto del Presidente della Repubblica 6 giugno 2001, n.380, quando possano essere collaudate secondo il disposto del quarto comma dell'articolo 35;

b) in contrasto con le norme urbanistiche che prevedono la destinazione ad edifici pubblici od a spazi pubblici, purché non in contrasto con le previsioni delle varianti di recupero di cui al capo III;

c) in contrasto con le norme del decreto ministeriale 10 aprile 1968, n.1404, pubblicato nella Gazzetta Ufficiale n. 96 del 13 aprile 1968, e con agli articoli 16, 17 e 18 della legge 13 giugno 1991, n.190, e successive modificazioni, sempre che le opere stesse non costituiscano minaccia alla sicurezza del traffico

3. Qualora non si verifichino le condizioni di cui al comma 2, si applicano le disposizioni dell'articolo 33.

4. Ai fini dell'acquisizione del parere di cui al comma 1 si applica quanto previsto dall'articolo 20, comma 6, del decreto del Presidente della Repubblica 6 giugno 2001, n.380. Il motivato dissenso espresso da una amministrazione preposta alla tutela ambientale, paesaggistico-territoriale, ivi inclusa la soprintendenza competente, alla tutela del patrimonio storico artistico o alla tutela della salute preclude il rilascio del titolo abilitativo edilizio in sanatoria.

5. Per le opere eseguite da terzi su aree di proprietà di enti pubblici territoriali, in assenza di un titolo che abiliti al godimento del suolo, il rilascio della concessione o dell'autorizzazione in sanatoria è subordinato anche alla disponibilità dell'ente proprietario a concedere onerosamente, alle condizioni previste dalle leggi statali o regionali vigenti, l'uso del suolo su cui insiste la costruzione. La disponibilità all'uso del suolo, anche se gravato di usi civici, viene espressa dagli enti pubblici territoriali proprietari entro il termine di centottanta giorni dalla richiesta. La richiesta di disponibilità all'uso del suolo deve essere limitata alla superficie occupata dalle costruzioni oggetto della sanatoria e alle pertinenze strettamente necessarie, con un massimo di tre volte rispetto all'area coperta dal fabbricato. Salve le condizioni previste da leggi regionali, il valore è stabilito dalla filiale dell'Agenzia del demanio competente per territorio per gli immobili oggetto di sanatoria ai sensi della presente legge e dell'articolo 39 della legge 23 dicembre 1994, n.724, con riguardo al valore del terreno come risultava all'epoca della costruzione aumentato dell'importo corrispondente alla variazione dell'indice ISTAT dei prezzi al consumo per le famiglie di operai ed impiegati, al momento della determinazione di detto valore. L'atto di disponibilità, regolato con convenzione di cessione del diritto di superficie per una durata massima di anni sessanta, è stabilito dall'ente proprietario non oltre sei mesi dal versamento dell'importo come sopra determinato.

6. Per le costruzioni che ricadono in aree comprese fra quelle di cui all'articolo 21 della legge 17 agosto 1942, n.1150, il rilascio della concessione o della autorizzazione in sanatori a è subordinato alla acquisizione della proprietà dell'area stessa previo versamento del prezzo, che è determinato dall'Agenzia del territorio in rapporto al vantaggio derivante dall'incorporamento dell'area.

7. Per le opere non suscettibili di sanatoria ai sensi del presente articolo si applicano le sanzioni previste dal decreto del Presidente della Repubblica 6 giugno 2001, n. 380 (1).

(1) Articolo modificato dall'art. 4, d.l. 23.4.1985, n. 146, dall'art. 39, l. 23.12.1994, n. 724, dall'art. 2, co. 44, l. 23.12.1996, n. 662, dall'art. 2, d.l. 12.1.1988 ed infine sostituito dall'art. 32, d.l. 30.9.2003, n. 269.

33. Opere non suscettibili di sanatoria.

Le opere di cui all'articolo 31 non sono suscettibili di sanatoria quando siano in contrasto con i seguenti vincoli, qualora questi comportino inedificabilità e siano stati imposti prima della esecuzione delle opere stesse:

a) vincoli imposti da leggi statali e regionali nonché dagli strumenti urbanistici a tutela di interessi storici, artistici, architettonici, archeologici, paesistici, ambientali, idrogeologici;
b) vincoli imposti da norme statali e regionali a difesa delle coste marine, lacuali e fluviali;
c) vincoli imposti a tutela di interessi della difesa militare e della sicurezza interna;
d) *ogni altro vincolo che comporti la inedificabilità delle aree.*

Sono altresì escluse dalla sanatoria le opere realizzate su edifici ed immobili assoggettati alla tutela della L. 1° giugno 1939, n. 1089, e che non siano compatibili con la tutela medesima.

Per le opere non suscettibili di sanatoria ai sensi del presente articolo si applicano le sanzioni previste dal capo I.

34. Somma da corrispondere a titolo di oblazione.

I soggetti di cui al primo e terzo comma dell'art. 31 hanno titolo, fermo il disposto di cui all'art. 37, a conseguire la concessione o l'autorizzazione in sanatoria delle opere abusive previo versamento all'erario, a titolo di oblazione, di una somma determinata, con riferimento alla parte abusivamente realizzata, secondo le prescrizioni dell'allegata tabella, in relazione al tipo di abuso commesso ed al tempo in cui l'opera abusiva è stata ultimata.

Salvo i casi di cui al quinto comma del presente articolo, la somma dovuta a titolo di oblazione di cui l'allegata tabella è moltiplicata per 1,2, per 2 o per 3, a seconda che le opere abusive abbiano una superficie complessiva superiore, rispettivamente, a 400, 800 o 1.200 metri quadrati.

Qualora l'opera abusiva sia stata eseguita od acquistata al solo scopo di essere destinata a prima abitazione del richiedente la sanatoria e questi vi risieda all'atto dell'entrata in vigore della presente legge la somma dovuta a titolo di oblazione è ridotta di un terzo. Tale riduzione si applica anche ai casi in cui l'alloggio destinato a prima abitazione, ancorché ultimato ai sensi del secondo comma dell'art. 31 della presente legge, non sia ancora abitabile. Sono escluse da tale agevolazione le abitazioni qualificate di lusso ai sensi del decreto ministeriale 2 agosto 1969, pubblicato nella Gazzetta Ufficiale n. 218 del 27 agosto 1969, nonché quelle classificate catastalmente nella categoria A/1. Tale agevolazione si applica per i primi 150 metri quadrati di superficie complessiva.

Qualora ricorrano le condizioni e non sussistano le esclusioni di cui al comma precedente, i soggetti che stipulino con il comune la convenzione o sottoscrivano atto unilaterale d'obbligo di cui agli articoli 7 e 8 della legge 28 gennaio 1977, n. 10, sono tenuti alla corresponsione dell'oblazione nella misura del 50 per cento di quella determinata ai sensi del terzo comma del presente articolo (1).

Qualora l'opera abusiva sia stata eseguita od acquistata nel territorio del comune ove il richiedente la sanatoria abbia la residenza, o in comune contermine, per essere adibita a prima abitazione di parenti di primo grado, l'ammontare dell'oblazione è ridotto nelle misure indicate ai commi terzo e quarto, sempre che non sussistano le esclusioni di cui ai medesimi commi e venga sottoscritto atto unilaterale d'obbligo ai sensi e per gli effetti di cui all'art. 7 della legge 28 gennaio 1977, n. 10 (2).

Le disposizioni del terzo comma si applicano anche in caso di ampliamento dell'abitazione e di effettuazione degli interventi di cui alle lettere c) e d) dell'art. 31, primo comma, della legge 5 agosto 1978, n. 457, sempre che ricorrano le condizioni di cui allo stesso terzo comma [3].

Nei casi appresso indicati gli importi di cui all'allegata tabella sono ridotti del 50 per cento e l'oblazione è determinata come segue:

a) è ridotta di un terzo qualora le opere abusive riguardino costruzioni o impianti destinati all'attività industriale o artigianale con una superficie coperta complessiva inferiore a 3.000 metri quadrati; è invece moltiplicata per 1,5 qualora tale superficie sia superiore a 6.000 metri quadrati;
b) è ridotta di un terzo qualora le opere abusive riguardino costruzioni destinate ad attività di commercio con una superficie complessiva inferiore a 50 metri quadrati o con l'eventuale superficie minima prevista a norma di legge; è invece moltiplicata per 1,5 o per 2 qualora tale superficie non sia superiore, rispettivamente, a 500 metri quadrati o a 1.500 metri quadrati;
c) è ridotta di un terzo qualora l'opera abusiva sia destinata ad attività sportiva, culturale o sanitaria, o ad opere religiose o a servizio di culto [4];
d) è ridotta di un terzo qualora l'opera abusiva sia destinata ad attività turistico-ricettiva o agri-turistica ed abbia una superficie utile complessiva non superiore a 500 metri quadrati; è invece moltiplicata per 1,5 qualora tale superficie sia superiore a 800 metri quadrati;
e) è ridotta del 50 per cento qualora l'opera abusiva sia realizzata nelle zone agricole in funzione della conduzione del fondo e delle esigenze produttive dei coltivatori diretti o degli imprenditori agricoli a titolo principale.

(1) Comma modificato dall'art. 8, co. 1, d.l. 23.4.1985, n. 146, conv., con modif., dalla l. 21.6.1985, n. 298.
(2) Comma introdotto dall'art. 3, co. 1, d.l. 12.1.1988, n. 2, conv., con modif., dalla l. 13.3.1988, n. 68.
(3) Comma introdotto dall'art. 3, co. 1, d.l. 12.1.1988, n. 2, conv., con modif., dalla l. 13.3.1988, n. 68.
(4) A norma dell'art. 39, co. 16, l. 23.12.1994, n. 724, la riduzione di un terzo dell'oblazione di cui alla presente lettera è aumentata al 50 per cento.

35. Procedimento per la sanatoria.

La domanda di concessione o di autorizzazione in sanatoria deve essere presentata al comune interessato entro il termine perentorio del 30 novembre 1985. La domanda è corredata dalla prova dell'eseguito versamento dell'oblazione, nella misura dovuta secondo l'allegata tabella, ovvero di una somma pari ad un terzo dell'oblazione, quale prima rata [1] [2].

Per le costruzioni ed altre opere, ultimate entro il 1° ottobre 1983, la cui licenza, concessione od autorizzazione venga annullata, ovvero dichiarata decaduta o inefficace successivamente all'entrata in vigore della presente legge, il decorso del termine di centoventi giorni inizia dal giorno della notificazione o comunicazione alla parte interessata del relativo provvedimento.

Alla domanda devono essere allegati:

a) una descrizione delle opere per le quali si chiede la concessione o l'autorizzazione in sanatoria;
b) una apposita dichiarazione, corredata da documentazione fotografica, dalla quale risulti lo stato dei lavori relativi; quando l'opera abusiva supera i 450 metri cubi, devono altresì essere presentati, entro il termine stabilito per il versamento della seconda rata della oblazione, una perizia giurata sulle dimensioni e sullo stato delle opere e una certificazione redatta da un tecnico abilitato all'esercizio della professione attestante l'idoneità statica delle opere eseguite Qualora l'opera per la quale viene presentata istanza di sanatoria sia stata in precedenza collaudata, tale certificazione non è necessaria se non è oggetto di richiesta motivata da parte del sindaco [3];
c) un certificato di residenza, di data non anteriore a tre mesi nell'ipotesi di cui al terzo comma dell'art. 34, nonché copia della dichiarazione dei redditi nell'ipotesi di cui al primo e secondo comma dell'art. 36
d) un certificato di iscrizione alla camera di commercio, industria, artigianato e agricoltura, di data non anteriore a tre mesi, da cui risulti che la sede dell'impresa è situata nei locali per i quali si chiede la concessione in sanatoria, nelle ipotesi previste dal quinto comma dell'art. 34;

[e) la prova dell'avvenuta presentazione all'ufficio tecnico erariale della documentazione necessaria ai fini dell'accatastamento.] [4] [5]

Con decreto del Ministro dei lavori pubblici, di concerto con il Ministro per il coordinamento della protezione civile, sono determinati entro tre mesi dalla data di entrata in vigore della legge di conversione del decreto-legge 12 gennaio 1988, n. 2, gli accertamenti da eseguire al fine della certificazione di cui alla lettera b) del comma precedente, anche in deroga alle leggi 9 luglio 1908, n. 445, e successive modificazioni, 5 novembre 1971, n. 1086, 2 febbraio 1974, n. 64, e 14 maggio 1981, n. 219, e relative norme tecniche. Con lo stesso decreto possono essere previste deroghe anche alle disposizioni della legge 2 febbraio 1974, n. 64, riguardanti le altezze degli edifici anche in rapporto alla larghezza stradale e sono determinate altresì le disposizioni per l'adeguamento antisismico degli edifici, tenuto conto dei criteri tecnici già stabiliti con le ordinanze concernenti la riparazione degli immobili colpiti dal terremoto. Per le costruzioni realizzate prima della dichiarazione di sismicità della zona, gli accertamenti sono eseguiti senza tener conto della dichiarazione stessa [6].

Nei casi di non idoneità statica dell'opera, deve altresì essere presentato un progetto di adeguamento redatto da un professionista abilitato. In tal caso la certificazione di cui alla lettera b) del terzo comma deve essere presentata all'ultimazione dell'intervento di adeguamento [7].

Nei casi di non idoneità statica delle costruzioni esistenti in zone non dichiarate sismiche deve altresì essere presentato al comune un progetto di completo adeguamento redatto da un professionista abilitato ai sensi della legge 2 febbraio 1974, n. 64, da realizzare entro tre anni dalla data di presentazione della domanda di concessione in sanatoria. In tal caso la certificazione di cui alla lettera b) del terzo comma deve essere presentata al comune entro trenta giorni dalla data dell'ultimazione dell'intervento di adeguamento (8).

Nei casi di costruzioni di cui all'art. 1 della legge 5 novembre 1971, n. 1086, deve essere effettuato il deposito del progetto di completo adeguamento nei termini e nei modi prescritti dagli articoli 4 e 7 della legge medesima. Il certificato di idoneità statica è depositato negli stessi termini quando non occorra procedere all'adeguamento; negli altri casi, nel termine di cui al comma precedente (9).

Per le costruzioni eseguite nei comuni dichiarati sismici dopo la realizzazione delle costruzioni stesse si applicano le disposizioni di cui al precedente comma e per esse non si tiene conto delle disposizioni in materia, ai sensi dell'art. 2 del decreto-legge 20 novembre 1985, n. 656, convertito dalla legge 24 dicembre 1985, n. 780 (10).

Per le costruzioni eseguite nelle zone sottoposte a vincolo sismico prima della realizzazione delle costruzioni stesse, nel progetto di adeguamento, da redigersi in caso di inidoneità sismica delle strutture e da presentarsi al comune prima dell'inizio dei lavori, si deve tener conto, qualunque sia la loro volumetria, del grado di sismicità della zona su cui esse sorgono, tenendo presenti le disposizioni emanate con il decreto di cui al quarto comma. Per l'esecuzione dei suddetti lavori di adeguamento, da completarsi entro tre anni dalla data di presentazione della domanda di concessione in sanatoria, non occorre alcuna autorizzazione da parte dell'amministrazione preposta alla tutela del vincolo sismico. Nella fattispecie, la certificazione, da presentare al comune entro trenta giorni dalla data di ultimazione dell'intervento, con la quale l'idoneità sismica della costruzione viene attestata da un professionista abilitato, sostituisce a tutti gli effetti il certificato prescritto dalle disposizioni vigenti in materia sismica (11).

Il rilascio della concessione o dell'autorizzazione in sanatoria, qualsivoglia sia la struttura della costruzione, è subordinato, per quanto riguarda il vincolo sismico, soltanto al deposito presso l'amministrazione preposta alla tutela del vincolo stesso sia dell'eventuale progetto di adeguamento prima dell'inizio dei lavori che della predetta certificazione di idoneità sismica entro trenta giorni dalla data di ultimazione dei lavori stessi. Una copia di quest'ultima con l'attestazione dell'avvenuto deposito verrà restituita all'interessato (12).

Le disposizioni di cui ai commi precedenti valgono anche per quelle costruzioni in zona sismica per le quali il reato è stato dichiarato estinto per qualsiasi causa (13).

Ove all'adeguamento sismico prescritto non si provveda nei termini previsti dalla legge, il sindaco ha facoltà di fare eseguire i lavori in danno degli inadempienti (14).

Per le costruzioni ed altre opere di cui al primo comma dell'art. 31, realizzate in comprensori la cui lottizzazione sarebbe dovuta avvenire a norma dell'art. 8 della legge 6 agosto 1967, n. 765, il versamento dovuto per l'oblazione di cui all'art. 31 non costituisce titolo per ottenere il rilascio della concessione edilizia in sanatoria, che resta subordinata anche all'impegno di partecipare pro quota agli oneri di urbanizzazione dell'intero comprensorio in sede di stipula della convenzione.

Decorsi centoventi giorni dalla presentazione della domanda e, comunque, dopo il versamento della seconda rata dell'oblazione, il presentatore dell'istanza di concessione o autorizzazione in sanatoria può completare sotto la propria responsabilità le opere di cui all'art. 31 non comprese tra quelle indicate dall'art. 33. A tal fine l'interessato notifica al comune il proprio intendimento, allegando perizia giurata ovvero documentazione avente data certa in ordine allo stato dei lavori abusivi, ed inizia i lavori non prima di trenta giorni dalla data della notificazione. L'avvenuto versamento della prima e della seconda rata, seguito da garanzia fideiussoria per il residuo, abilita gli istituti di credito a concedere mutui fondiari ed edilizi. I lavori per il completamento delle opere di cui all'art. 32 possono essere eseguiti solo dopo che siano stati espressi i pareri delle competenti amministrazioni. I lavori per il completamento delle opere di cui al quarto comma dell'art. 32 possono essere eseguiti solo dopo che sia stata dichiarata la disponibilità dell'ente proprietario a concedere l'uso del suolo.

Il sindaco, esaminata la domanda di concessione o di autorizzazione, previ i necessari accertamenti, invita, ove lo ritenga necessario, l'interessato a produrre l'ulteriore documentazione; quindi determina in via definitiva l'importo dell'oblazione e rilascia, salvo in ogni caso il disposto dell'art. 37, la concessione o l'autorizzazione in sanatoria contestualmente alla esibizione da parte dell'interessato della ricevuta del versamento all'erario delle somme a conguaglio, nonché della prova dell'avvenuta presentazione all'ufficio tecnico erariale della documentazione necessaria ai fini dell'accatastamento (15).

Il diniego di sanatoria è notificato al richiedente.

Ogni controversia relativa all'oblazione è devoluta alla competenza dei tribunali amministrativi regionali, i quali possono disporre dei mezzi di prova previsti dall'art. 16 della legge 28 gennaio 1977, n. 10.

Fermo il disposto del primo comma dell'art. 40 e con l'esclusione dei casi di cui all'art. 33, decorso il termine perentorio di ventiquattro mesi dalla presentazione della domanda, quest'ultima si intende accolta ove l'interessato provveda al pagamento di tutte le somme eventualmente dovute a conguaglio ed alla presentazione all'ufficio tecnico erariale della documentazione necessaria all'accatastamento. Trascorsi trentasei mesi si prescrive l'eventuale diritto al conguaglio o al rimborso spettanti (16).

Nelle ipotesi previste nell'art. 32 il termine di cui al dodicesimo comma del presente articolo decorre dall'emissione del parere previsto dal primo comma dello stesso art. 32.

A seguito della concessione o autorizzazione in sanatoria viene altresì rilasciato il certificato di abitabilità o agibilità anche in deroga ai requisiti fissati da norme regolamentari, qualora le opere sanate non contrastino con le disposizioni vigenti in materia di sicurezza statica, attestata dal certificato di idoneità di cui alla lettera b) del terzo comma e di prevenzione degli incendi e degli infortuni [17].

Le modalità di versamento dell'oblazione sono determinate con decreto del Ministro delle finanze, da emanarsi entro trenta giorni dall'entrata in vigore della presente legge.

Qualora dall'esame della documentazione risulti un credito a favore del presentatore della domanda di concessione in sanatoria, certificato con attestazione rilasciata dal sindaco, l'interessato può presentare istanza di rimborso all'intendenza di finanza territorialmente competente [18].

(1) Comma modificato dall'art. 8, co. 2, d.l. 23.4.1985, n. 146, conv., con modif., dalla l. 21.6.1985, n. 298.
(2) Il termine per la presentazione della domanda di concessione o di autorizzazione in sanatoria qui prevista è prorogata fino al 31.3.1986 dall'art. 1, co. 1, d.l. 20.11.1985, n. 656, conv., senza modif., dalla l. 24.12.1985, n. 780 e, poi, dall'art. 1, d.l. 12.1.1988, n. 2, conv., con modif., dalla l. 13.3.1988, n. 68.
(3) Lettera modificata dall'art. 8, co. 2, d.l. 23.4.1985, n. 146, conv., con modif., dalla l. 21.6.1985, n. 298 e, poi, dall'art. 4, co. 1, d.l. 12.1.1988, n. 2, conv., con modif., dalla l. 13.3.1988, n. 68.
(4) Lettera soppressa dall'art. 4, co. 2, d.l. 12.1.1988, n. 2, conv., con modif., dalla l. 13.3.1988, n. 68.
(5) Secondo quanto disposto dall'art. 39, co. 4, l. 23.12.1994, n. 724, la documentazione qui prevista è sostituita da apposita dichiarazione del richiedente resa ai sensi dell'art. 4 l. 4.1.1968, n. 15.
(6) Comma integrato dall'art. 2, co. 1, d.l. 20.11.1985, n. 656, conv., senza modif., dalla l. 24.12.1985, n. 780 e, poi, modificato dall'art. 4, co. 3, d.l. 12.1.1988, n. 2, conv., con modif., dalla l. 13.3.1988, n. 68.
(7) Comma sostituito dall'art. 4, co. 4, d.l. 12.1.1988, n. 2, conv., con modif., dalla l. 13.3.1988, n. 68.
(8) Comma introdotto dall'art. 4, co. 4, d.l. 12.1.1988, n. 2, conv., con modif., dalla l. 13.3.1988, n. 68.
(9) Comma introdotto dall'art. 4, co. 4, d.l. 12.1.1988, n. 2, conv., con modif., dalla l. 13.3.1988, n. 68.
(10) Comma introdotto dall'art. 4, co. 4, d.l. 12.1.1988, n. 2, conv., con modif., dalla l. 13.3.1988, n. 68.
(11) Comma introdotto dall'art. 4, co. 4, d.l. 12.1.1988, n. 2, conv., con modif., dalla l. 13.3.1988, n. 68.
(12) Comma introdotto dall'art. 4, co. 4, d.l. 12.1.1988, n. 2, conv., con modif., dalla l. 13.3.1988, n. 68.
(13) Comma introdotto dall'art. 4, co. 4, d.l. 12.1.1988, n. 2, conv., con modif., dalla l. 13.3.1988, n. 68.
(14) Comma modificato dall'art. 8, co. 2, d.l. 23.4.1985, n. 146, conv., con modif., dalla l. 21.6.1985, n. 298.
(15) Comma modificato dall'art. 8, co. 2, d.l. 23.4.1985, n. 146, conv., con modif., dalla l. 21.6.1985, n. 298 e, poi, aggiunto dall'art. 4, co. 5, d.l. 12.1.1988, n. 2, conv., con modif., dalla l. 13.3.1988, n. 68.
(16) Comma integrato aggiunto dall'art. 4, co. 6, d.l. 12.1.1988, n. 2, conv., con modif., dalla l. 13.3.1988, n. 68.
(17) Comma sostituito aggiunto dall'art. 4, co. 7, d.l. 12.1.1988, n. 2, conv., con modif., dalla l. 13.3.1988, n. 68.
(18) Comma introdotto aggiunto dall'art. 4, co. 8, d.l. 12.1.1988, n. 2, conv., con modif., dalla l. 13.3.1988, n. 68.

36. Rateizzazione.

Nella ipotesi di cui al terzo e quarto comma dell'articolo 34 i soggetti che posseggono, alla data di entrata in vigore della presente legge, i requisiti di reddito per essere assegnatari in locazione di un alloggio di edilizia pubblica sovvenzionata, possono, allegando l'ultima dichiarazione dei redditi presentata da ciascun componente del nucleo familiare, versare all'atto della presentazione della domanda la prima rata in misura pari ad un ventesimo dell'oblazione determinata secondo il disposto dei menzionati commi. La restante parte dell'oblazione, determinata in via provvisoria, è suddivisa fino ad un massimo di diciannove rate trimestrali di eguale importo [1].

Nella ipotesi di cui al terzo e al quarto comma dell'articolo 34 i soggetti che posseggono, alla data di entrata in vigore della presente legge, i requisiti di reddito per accedere ai mutui agevolati dell'edilizia residenziale pubblica possono versare la prima rata in misura pari ad un dodicesimo di quella dell'oblazione determinata secondo il disposto dei menzionati commi. La restante parte dell'oblazione è suddivisa fino ad un massimo di undici rate trimestrali di eguale importo [1].

Per coloro che godono delle agevolazioni di cui ai commi precedenti, le rate successive alla prima sono maggiorate del tasso di interesse del 10 per cento in ragione d'anno [2].

Le rate di cui ai commi precedenti non possono comunque essere inferiori a lire 150.000.

Il nominativo dei beneficiari è trasmesso dal comune al Ministero delle finanze per l'inserimento nelle categorie di cui ai decreti concernenti i criteri per l'effettuazione dei controlli fiscali globali.

(1) Comma così sostituito dall'art. 5, d.l. 12.1.1988, n. 2, convertito in l. 13.3.1988, n. 68.
(2) Comma così sostituito dall'art. 8, d.l. 23.4.1985, n. 146, convertito in l. 21.6.1985, n. 298.

37. Contributo di concessione.

Il versamento dell'oblazione non esime i soggetti di cui all'art. 31, primo e terzo comma, alla corresponsione al comune, ai fini del rilascio della concessione, del contributo previsto dall'art. 3 della L. 28 gennaio 1977, n. 10, ove dovuto.

Le regioni possono modificare, ai fini della sanatoria, le norme di attuazione degli articoli 5, 6 e 10 L. 28 gennaio 1977, n. 10 la misura del contributo di concessione, in relazione alla tipologia delle costruzioni, alla loro destinazione d'uso ed alla loro localizzazione in riferimento all'ampiezza e all'andamento demografico dei comuni, nonché alle loro caratteristiche geografiche, non può risultare inferiore al 50 per cento di quello determinato secondo le disposizioni vigenti all'entrata in vigore della presente legge [1].

Le regioni possono inoltre prevedere la corresponsione di un contributo ai fini del rilascio della concessione in sanatoria per opere realizzate dopo il 1° settembre 1967 e prima del 30 gennaio 1977, in misura non superiore, comunque, a quello previsto per le opere di urbanizzazione; sempreché tali opere non siano state già eseguite a cura e spese degli interessati. A scomputo totale o parziale della quota dovuta il concessionario, o i concessionari eventualmente riuniti in consorzio, possono obbligarsi a realizzare direttamente opere di urbanizzazione indicate dal comune, con le modalità e le garanzie da questo stabilite.

Il potere di legiferare ai sensi del secondo e terzo comma è esercitato entro novanta giorni dall'entrata in vigore della presente legge; decorso inutilmente tale termine si applicano le norme vigenti all'entrata in vigore della presente legge (1).

(1) Comma così modificato dall'art. 8, d.l. 23.4.1985, n. 146, convertito in l. 21.6.1985, n. 298.

38. Effetti della oblazione e della concessione in sanatoria.

La presentazione entro il termine perentorio della domanda di cui all'articolo 31, accompagnata dalla attestazione del versamento della somma di cui al primo comma dell'articolo 35, sospende il procedimento penale e quello per le sanzioni amministrative.

L'oblazione interamente corrisposta estingue i reati di cui all'articolo 41 della legge 17 agosto 1942, n. 1150, e successive modificazioni, e all'articolo 17 della legge 28 gennaio 1977, n. 10, come modificato dall'art. 20 della presente legge, nonché quelli di cui all'art. 221 del testo unico delle leggi sanitarie, approvato con R.D. 27 luglio 1934, n. 1265, e agli articoli 13, 15, 16 e 17 della legge 5 novembre 1971, n. 1086. Essa estingue altresì i reati di cui all'articolo 20 della legge 2 febbraio 1974, n. 64, nonché i procedimenti di esecuzione delle sanzioni amministrative. Qualora l'immobile appartenga a più proprietari, l'oblazione versata da uno di essi estingue il reato anche nei confronti degli altri comproprietari (1).

Ove nei confronti del richiedente la sanatoria sia intervenuta con sentenza definitiva di condanna per i reati previsti dal comma precedente, viene fatta annotazione della oblazione nel casellario giudiziale. In tale caso non si tiene conto della condanna ai fini dell'applicazione della recidiva e del beneficio della sospensione condizionale della pena.

Concessa la sanatoria, non si applicano le sanzioni amministrative, ivi comprese le pene pecuniarie e le sovrattasse previste per le violazioni delle disposizioni in materia di imposte sui redditi relativamente ai fabbricati abusivamente eseguiti, sempre che le somme dovute a titolo di oblazione siano state corrisposte per intero. Copia del provvedimento di sanatoria viene trasmessa dal sindaco al competente ufficio distrettuale delle imposte dirette (2).

I soggetti indicati all'articolo 6 della presente legge, diversi dal proprietario, che intendano fruire dei benefici penali di cui al presente articolo ovvero di quelli di cui al successivo articolo 39, devono presentare al comune autonoma domanda di oblazione, con le modalità di cui all'articolo 35.

La somma dovuta viene determinata nella misura del 30 per cento rispetto a quella applicabile al proprietario ai sensi dell'articolo 34.

Si applicano le procedure previste dagli articoli 35 e 36.

(1) Comma così sostituito dall'art. 5, d.l. 23.4.1985, n. 146, convertito in l. 21.6.1985, n. 298 e poi così modificato dall'art. 6, d.l. 12.1.1988, n. 2, convertito in l. 13.3.1988, n. 68.

(2) Comma così modificato dall'art. 8, d.l. 23.4.1985, n. 146, convertito in l. 21.6.1985, n. 298.

39. Effetti del diniego di sanatoria.

L'effettuazione dell'oblazione, qualora le opere non possano conseguire la sanatoria, estingue i reati contravvenzionali, di cui all'articolo 38. Le sanzioni amministrative consistenti nel pagamento di una somma di danaro sono ridotte in misura corrispondente all'oblazione versata se l'interessato dichiari di rinunciare al rimborso (1).

(1) Articolo così modificato dall'art. 6, d.l. 23.4.1985, n. 146, convertito in l. 21.6.1985, n. 298.

40. Mancata presentazione dell'istanza.

Se nel termine prescritto non viene presentata la domanda di cui all'art. 31 per opere abusive realizzate in totale difformità o in assenza della licenza o concessione, ovvero se la domanda presentata, per la rilevanza delle omissioni o delle inesattezze riscontrate, deve ritenersi dolosamente infedele, si applicano le sanzioni di cui al capo I. Le stesse sanzioni si applicano se, presentata la domanda, non viene effettuata l'oblazione dovuta. In ogni altra ipotesi di abusivismo, la presentazione della domanda dopo il termine del 30 settembre 1986, e comunque non oltre il 31 marzo 1987, comporta il pagamento di una somma pari al doppio dell'oblazione (1).

Gli atti tra vivi aventi per oggetto diritti reali, esclusi quelli di costituzione, modificazione ed estinzione di diritti di garanzia o di servitù, relativi ad edifici o loro parti sono nulli e non possono essere rogati se da essi non risultano, per dichiarazione dell'alienante, gli estremi della licenza o della concessione ad edificare o della concessione rilasciata in sanatoria ai sensi dell'art. 31 ovvero se agli stessi non viene allegata la copia per il richiedente della relativa domanda, munita degli estremi dell'avvenuta presentazione, ovvero copia autentica di uno degli esemplari della domanda medesima, munita degli estremi dell'avvenuta presentazione e non siano indicati gli estremi dell'avvenuto versamento delle prime due rate dell'oblazione cui al sesto comma dell'art. 35. Per le opere iniziate anteriormente al 2 settembre 1967, in luogo degli estremi della licenza edilizia può essere prodotta una dichiarazione sostitutiva di atto notorio, rilasciata dal proprietario o altro avente titolo, ai sensi e per gli effetti dell'art. 4 della legge 4 gennaio 1968, n. 15, attestante che l'opera risulti iniziata in data anteriore al 1° settembre 1967. Tale dichiarazione può essere ricevuta e inserita nello stesso atto, ovvero in documento separato da allegarsi all'atto medesimo (2).

Se la mancanza delle dichiarazioni o dei documenti, rispettivamente da indicarsi o da allegarsi, non sia dipesa dall'insussistenza della licenza o della concessione o dalla inesistenza della domanda di concessione in sanatoria al tempo in cui gli atti medesimi sono stati stipulati, ovvero dal fatto che la costruzione sia stata iniziata successivamente al 1° settembre 1967, essi possono essere confermati anche da una sola delle parti mediante atto successivo, redatto nella stessa forma del precedente, che contenga la menzione omessa o al quale siano allegate la dichiarazione sostitutiva di atto notorio o la copia della domanda indicate al comma precedente [3].

Si applica in ogni caso il disposto del terzo comma dell'art. 17 e del primo comma dell'art. 21 [4].

Le nullità di cui al secondo comma del presente articolo non si applicano ai trasferimenti derivanti da procedure esecutive immobiliari individuali o concorsuali nonché a quelli derivanti da procedure di amministrazione straordinaria e di liquidazione coatta amministrativa [5].

Nella ipotesi in cui l'immobile rientri nelle previsioni di sanabilità di cui al capo IV della presente legge e sia oggetto di trasferimento derivante da procedure esecutive, la domanda di sanatoria può essere presentata entro centoventi giorni dall'atto di trasferimento dell'immobile purché le ragioni di credito per cui si interviene o procede siano di data anteriore all'entrata in vigore della presente legge [6].

(1) Comma modificato dall'art. 8 bis, co. 1, d.l. 23.4.1985, n. 146, convertito in l. 21.6.1985, n. 298 e, poi dall'art. 1, co. 2, d.l. 20.11.1985, n. 656.

(2) Comma modificato dagli artt. 8, co. 5 quater, e 8 bis, co. 2 d.l. 23.4.1985, n. 146, convertito in l. 21.6.1985, n. 298 e, poi dall'art. 1, co. 2, d.l. 20.11.1985, n. 656 e, poi, dall'art. 7, co. 1, d.l. 12.1.1988, n. 2, conv., con modif., dalla l. 13.3.1988, n. 68.

(3) Comma sostituito dall'art. 8 bis, co. 3, d.l. 23.4.1985, n. 146, convertito in l. 21.6.1985, n. 298 e, poi dall'art. 1, co. 2, d.l. 20.11.1985, n. 656.

(4) Comma modificato dall'art. 8, co. 5 quater, d.l. 23.4.1985, n. 146, convertito in l. 21.6.1985, n. 298.

(5) Comma introdotto dall'art. 8 bis, co. 3, d.l. 23.4.1985, n. 146, convertito in l. 21.6.1985, n. 298.

(6) Comma introdotto dall'art. 8 bis, co. 4, d.l. 23.4.1985, n. 146, conv., con modif., dalla l. 21.6.1985, n. 298 e, poi, sostituito dall'art. 7, co. 2, d.l. 12.1.1988, n. 2, conv., con modif., dalla l. 13.3.1988, n. 68.

41. Esecuzione delle sanzioni ai fini della commerciabilità dei beni.

Ai fini della commerciabilità dei beni, possono essere stipulati gli atti aventi per oggetto diritti reali relativi ad immobili la cui costruzione sia stata iniziata successivamente al 1° settembre 1967 per i quali sia esibita idonea certificazione rilasciata dall'autorità competente che attesti l'avvenuto integrale adempimento delle prescrizioni dei provvedimenti sanzionatori adottati ai sensi dell'art. 41 della L. 17 agosto 1942, n. 1150, modificato dall'art. 13 della L. 6 agosto 1967, n. 765, per il caso di opere eseguite senza la licenza di costruzione o in base a licenza annullata, e ai sensi del nono comma dell'art. 15 della L. 28 gennaio 1977, n. 10. Degli estremi dei documenti esibiti dovrà farsi menzione in atto; si applica in ogni caso il disposto dell'ultimo comma dell'art. 17 e del primo comma dell'art. 21 della presente legge [1].

Il pagamento delle sanzioni pecuniarie produce gli effetti di cui al penultimo comma dell'articolo 35.

La certificazione di cui al primo comma è rilasciata dalla competente autorità entro trenta giorni dalla presentazione della domanda, trascorso inutilmente tale termine, essa può essere sostituita da una dichiarazione dell'alienante attestante l'avvenuto integrale adempimento delle prescrizioni dei provvedimenti di cui al primo comma, accompagnata dalla copia conforme della domanda di rilascio della certificazione.

Le disposizioni di cui sopra non si applicano comunque agli atti costitutivi, modificativi od estintivi di diritti reali di garanzia o di servitù [2].

(1) Comma così modificato dall'art. 8, d.l. 23.4.1985, n. 146, convertito in l. 21.6.1985, n. 298.

(2) Comma introdotto dall'art. 8, d.l. 23.4.1985, n. 146, convertito in l. 21.6.1985, n. 298.

42. Prevalenza sulle leggi speciali.

Le disposizioni del presente capo prevalgono sulla diversa disciplina procedimentale stabilita dalla legge 15 aprile 1973, n. 171, e dal D.P.R. 20 settembre 1973, n. 791.

43. Procedimenti in corso.

L'esistenza di provvedimenti sanzionatori non ancora eseguiti, ovvero ancora impugnabili o nei cui confronti pende l'impugnazione, non impedisce il conseguimento della sanatoria.

Agli effetti delle disposizioni di cui al presente capo si considerano inoppugnabili i provvedimenti per i quali è intervenuta sentenza del Consiglio di Stato ancorché sia pendente il termine per il ricorso alla Corte di cassazione per motivi attinenti alla giurisdizione.

In ogni caso non sono ripetibili le somme già riscosse e restano ferme le altre sanzioni già eseguite, ancorché in forza di provvedimenti non ancora inoppugnabili.

Le somme versate si scomputano dal contributo di concessione.

Possono ottenere la sanatoria le opere non ultimate per effetto di provvedimenti amministrativi o giurisdizionali limitatamente alle strutture realizzate e ai lavori che siano strettamente necessari alla loro funzionalità. Il tempo di commissione dell'abuso e di riferimento per la determinazione dell'oblazione sarà individuato nella data del primo provvedimento amministrativo o giurisdizionale. La medesima disposizione per determinare l'oblazione è applicabile in ogni altro caso in cui i suddetti provvedimenti abbiano interrotto le attività edificatorie.

44. Sospensione dei procedimenti.

Dalla data di entrata in vigore della presente legge e fino alla scadenza dei termini fissati dall'articolo 35, sono sospesi i procedimenti amministrativi e giurisdizionali e la loro esecuzione, quelli penali nonché quelli connessi all'applicazione dell'articolo 15 della L. 6 agosto 1967, n. 765, attinenti al presente capo [1].

La sospensione di cui al comma precedente non si applica ai procedimenti cautelari avanti agli organi di giurisdizione amministrativa, previsti dall'articolo 21, ultimo comma, della legge 6 dicembre 1971, n. 1034 [2].

Decorso il termine del 30 settembre 1986 senza che sia stata presentata domanda di concessione o autorizzazione in sanatoria, la sospensione di cui al precedente primo comma perde efficacia [3].

I procedimenti sospesi possono essere ripresi a richiesta degli interessati [4].

(1) Comma modificato dall'art. 8, co. 4, d.l. 23.4.1985, n. 146, conv., con modif., dalla l. 21.6.1985, n. 298.
(2) Comma introdotto dall'art. 8, co. 4 bis, d.l. 23.4.1985, n. 146, conv., con modif., dalla l. 21.6.1985, n. 298.
(3) Comma introdotto dall'art. 8, co. 4 bis, d.l. 23.4.1985, n. 146, conv., con modif., dalla l. 21.6.1985, n. 298 e, poi, sostituito dall'art. 3, co. 1, d.l. 20.11.1985, n. 656.
(4) Comma introdotto dall'art. 8, co. 1, d.l. 12.1.1988, n. 2, conv., con modif., dalla l. 13.3.1988, n. 68.

49. Sanatorie regionali.

Coloro che abbiano già conseguito sanatorie in base alla normativa regionale vigente hanno diritto a detrarre l'importo delle somme versate dal contributo di cui al primo comma dell'articolo 37 della presente legge.

50. Variazioni di bilancio.

Il Ministro del tesoro è autorizzato ad apportare, con propri decreti, le occorrenti variazioni di bilancio.

51. Determinazione delle superfici.

Ai fini del calcolo dell'oblazione, i riferimenti alle superfici, previsti dalla presente legge, sono computati in conformità ai parametri di cui agli articoli 2 e 3 del decreto ministeriale 10 maggio 1977, pubblicato nella Gazzetta Ufficiale n. 146 del 31 maggio 1977 [1].

Le superfici delle opere che beneficiano della riduzione di cui al precedente articolo 34, quinto comma, lettera e), sono considerate superfici per servizi e accessori, ai sensi dell'articolo 2 del decreto ministeriale di cui al precedente comma, senza l'applicazione di alcun incremento [2].

Ai fini del calcolo dell'oblazione non sono computati i volumi tecnici delle costruzioni nonché quelli relativi a serbatoi, cabine o simili realizzati nell'ambito di stabilimenti soggetti a regime di concessione di pubblica utilità o servizio pubblico, la cui realizzazione sia prevista dal decreto di concessione emesso previo consenso dell'amministrazione comunale.

(1) Comma così sostituito dall'art. 8, d.l. 23.4.1985, n. 146, conv., con modif., dalla l. 21.6.1985, n. 298.
(2) Comma introdotto dall'art. 8, d.l. 23.4.1985, n. 146, conv., con modif., dalla l. 21.6.1985, n. 298.

52. Iscrizione al catasto.

[Alla domanda per il rilascio del certificato di abitabilità o di agibilità deve essere allegata copia della dichiarazione presentata per la iscrizione in catasto, redatta in conformità alle disposizioni dell'art. 6 del regio decreto-legge 13 aprile 1939, n. 652, e successive modificazioni ed integrazioni.] [1]

Le opere ultimate entro la data di entrata in vigore della presente legge che non siano state iscritte al catasto, ovvero le variazioni non registrate, devono essere denunciate, ai sensi degli articoli 3 e 20 del regio decreto-legge 13 aprile 1939, n. 652, e successive modificazioni e integrazioni, entro novanta giorni dall'entrata in vigore della presente legge, previa corresponsione dei diritti dovuti nella misura vigente.

Per le dichiarazioni di cui al comma precedente, presentate successivamente al 31 dicembre 1986, l'ammenda prevista dall'art. 31 del regio decreto-legge 13 aprile 1939, n. 652, convertito, con modificazioni, nella legge 11 agosto 1939, n. 1249, e successive modificazioni e integrazioni, è elevata a L. 250.000 [2].

(1) Comma abrogato dall'art. 136, co. 2, lett. f), d.P.R. 6.6.2001, n. 380.
(2) Comma sostituito dall'art. 1, co. 4, d.l. 20.11.1985, n. 656, conv., senza modif., dalla l. 24.12.1985, n. 780.

2. D.P.R. 6 giugno 2001, n. 380. – Testo unico delle disposizioni legislative e regolamentari in materia edilizia (Testo A) (*artt. 30, 44-45, 52-53, 58, 64-106*)

In Gazzetta Ufficiale 20 ottobre 2001, n. 245

PARTE I
Attività edilizia

Capo II
Sanzioni

30. (L) Lottizzazione abusiva.

1. Si ha lottizzazione abusiva di terreni a scopo edificatorio quando vengono iniziate opere che comportino trasformazione urbanistica od edilizia dei terreni stessi in violazione delle prescrizioni degli strumenti urbanistici, vigenti o adottati, o comunque stabilite dalle leggi statali o regionali o senza la prescritta autorizzazione; nonché quando tale trasformazione venga predisposta attraverso il frazionamento e la vendita, o atti equivalenti, del terreno in lotti che, per le loro caratteristiche quali la dimensione in relazione alla natura del terreno e alla sua destinazione secondo gli strumenti urbanistici, il numero, l'ubicazione o la eventuale previsione di opere di urbanizzazione ed in rapporto ad elementi riferiti agli acquirenti, denuncino in modo non equivoco la destinazione a scopo edificatorio.

2. Gli atti tra vivi, sia in forma pubblica sia in forma privata, aventi ad oggetto trasferimento o costituzione o scioglimento della comunione di diritti reali relativi a terreni sono nulli e non possono essere stipulati né trascritti nei pubblici registri immobiliari ove agli atti stessi non sia allegato il certificato di destinazione urbanistica contenente le prescrizioni urbanistiche riguardanti l'area interessata. Le disposizioni di cui al presente comma non si applicano quando i terreni costituiscano pertinenze di edifici censiti nel nuovo catasto edilizio urbano, purché la superficie complessiva dell'area di pertinenza medesima sia inferiore a 5.000 metri quadrati.

3. Il certificato di destinazione urbanistica deve essere rilasciato dal dirigente o responsabile del competente ufficio comunale entro il termine perentorio di trenta giorni dalla presentazione della relativa domanda. Esso conserva validità per un anno dalla data di rilascio se, per dichiarazione dell'alienante o di uno dei condividenti, non siano intervenute modificazioni degli strumenti urbanistici.

4. In caso di mancato rilascio del suddetto certificato nel termine previsto, esso può essere sostituito da una dichiarazione dell'alienante o di uno dei condividenti attestante l'avvenuta presentazione della domanda, nonché la destinazione urbanistica dei terreni secondo gli strumenti urbanistici vigenti o adottati, ovvero l'inesistenza di questi ovvero la prescrizione, da parte dello strumento urbanistico generale approvato, di strumenti attuativi.

4 bis. Gli atti di cui al comma 2, ai quali non siano stati allegati certificati di destinazione urbanistica, o che non contengano la dichiarazione di cui al comma 3, possono essere confermati o integrati anche da una sola delle parti o dai suoi aventi causa, mediante atto pubblico o autenticato, al quale sia allegato un certificato contenente le prescrizioni urbanistiche riguardanti le aree interessate al giorno in cui è stato stipulato l'atto da confermare o contenente la dichiarazione omessa (1).

5. I frazionamenti catastali dei terreni non possono essere approvati dall'agenzia del territorio se non è allegata copia del tipo dal quale risulti, per attestazione degli uffici comunali, che il tipo medesimo è stato depositato presso il comune.

5 bis. A decorrere dalla data stabilita con provvedimento del direttore dell'Agenzia delle entrate, d'intesa con l'Associazione Nazionale dei Comuni Italiani, gli adempimenti di cui al comma 5 vengono effettuati con modalità telematiche dall'Agenzia delle entrate mediante deposito, su un'area dedicata del Portale dei Comuni, dei tipi di frazionamento ad essa presentati per via telematica dai professionisti incaricati, preliminarmente alla loro approvazione. In sede di prima applicazione, l'Agenzia delle entrate comunica l'avvenuto deposito a ciascun comune competente, mediante posta elettronica certificata la cui ricevuta di avvenuta consegna sostituisce l'attestazione di cui al comma 5. Ulteriori o alternative modalità telematiche possono essere stabilite con successivo provvedimento del direttore dell'Agenzia delle entrate d'intesa con l'Associazione Nazionale dei Comuni Italiani (2).

6. [I pubblici ufficiali che ricevono o autenticano atti aventi per oggetto il trasferimento, anche senza frazionamento catastale, di appezzamenti di terreno di superficie inferiore a diecimila metri quadrati devono trasmettere, entro trenta giorni dalla data di registrazione, copia dell'atto da loro ricevuto o autenticato al dirigente o responsabile del competente ufficio del comune ove è sito l'immobile] (3).

7. Nel caso in cui il dirigente o il responsabile del competente ufficio comunale accerti l'effettuazione di lottizzazione di terreni a scopo edificatorio senza la prescritta autorizzazione, con ordinanza da notificare ai proprietari delle aree ed agli altri soggetti indicati nel comma 1 dell'articolo 29, ne dispone la sospensione. Il provvedimento comporta l'immediata interruzione delle opere in corso ed il divieto di disporre dei suoli e delle opere stesse con atti tra vivi, e deve essere trascritto a tal fine nei registri immobiliari.

8. Trascorsi novanta giorni, ove non intervenga la revoca del provvedimento di cui al comma 7, le aree lottizzate sono acquisite di diritto al patrimonio disponibile del comune il cui dirigente o responsabile del competente ufficio deve provvedere alla demolizione delle opere. In caso di inerzia si applicano le disposizioni concernenti i poteri sostitutivi di cui all'articolo 31, comma 8.

9. Gli atti aventi per oggetto lotti di terreno per i quali sia stato emesso il provvedimento previsto dal comma 7, sono nulli e non possono essere stipulati, né in forma pubblica né in forma privata, dopo la trascrizione di cui allo stesso comma e prima della sua eventuale cancellazione o della sopravvenuta inefficacia del provvedimento del dirigente o del responsabile del competente ufficio comunale.

10. Le disposizioni di cui sopra si applicano agli atti stipulati ed ai frazionamenti presentati ai competenti uffici del catasto dopo il 17 marzo 1985, e non si applicano comunque alle divisioni ereditarie, alle donazioni fra coniugi e fra parenti in linea retta ed ai testamenti, nonché agli atti costitutivi, modificativi od estintivi di diritti reali di garanzia e di servitù.

(1) Comma introdotto dall'art. 12 l. 28.11.2005, n. 246.

(2) Comma introdotto dall'art. 25, co. 1, d.lgs. 8.1.2024, n.1.

(3) Comma corretto in Gazz. Uff., 13.11.2001, n. 264 e abrogato dall'art. 1 d.P.R. 9.11.2005, n. 304.

44. (L) Sanzioni penali.

1. Salvo che il fatto costituisca più grave reato e ferme le sanzioni amministrative, si applica:

a) l'ammenda fino a 20658 euro per l'inosservanza delle norme, prescrizioni e modalità esecutive previste dal presente titolo, in quanto applicabili, nonché dai regolamenti edilizi, dagli strumenti urbanistici e dal permesso di costruire (1);
b) l'arresto fino a due anni e l'ammenda da 10328 a 103290 euro nei casi di esecuzione dei lavori in totale difformità o assenza del permesso o di prosecuzione degli stessi nonostante l'ordine di sospensione (2);

c) l'arresto fino a due anni e l'ammenda da 30986 a 103290 euro nel caso di lottizzazione abusiva di terreni a scopo edilizio, come previsto dal primo comma dell'articolo 30. La stessa pena si applica anche nel caso di interventi edilizi nelle zone sottoposte a vincolo storico, artistico, archeologico, paesistico, ambientale, in variazione essenziale, in totale difformità o in assenza del permesso [3].

2. La sentenza definitiva del giudice penale che accerta che vi è stata lottizzazione abusiva, dispone la confisca dei terreni, abusivamente lottizzati e delle opere abusivamente costruite. Per effetto della confisca i terreni sono acquisiti di diritto e gratuitamente al patrimonio del comune nel cui territorio è avvenuta la lottizzazione. La sentenza definitiva è titolo per la immediata trascrizione nei registri immobiliari.

2 bis. Le disposizioni del presente articolo si applicano anche agli interventi edilizi suscettibili di realizzazione mediante segnalazione certificata di inizio attività ai sensi dell'articolo 23, comma 01, eseguiti in assenza o in totale difformità dalla stessa [4].

(1) Sanzioni così aumentate dall'art. 32, co. 47, d.l. 30.9.2003, n. 269, conv., con modif., dalla l. 24.11.2003, n. 326.

(2) Sanzioni così aumentate dall'art. 32, co. 47, d.l. 30.9.2003, n. 269, conv., con modif., dalla l. 24.11.2003, n. 326.

(3) Sanzioni così aumentate dall'art. 32, co. 47, d.l. 30.9.2003, n. 269, conv., con modif., dalla l. 24.11.2003, n. 326.

(4) Comma introdotto dall'art. 1 d.lgs. 27.12.2002, n. 301 e poi modificato dall'art. 17, co. 2, lett. a), d.l. 12.9.2014, n. 133, conv., con modif., dalla l. 11.11.2014, n. 164 e dall'art. 3, co. 1, lett. t), d.lgs. 25.11.2016, n. 222.

45. (L) Norme relative all'azione penale.

1. L'azione penale relativa alle violazioni edilizie rimane sospesa finché non siano stati esauriti i procedimenti amministrativi di sanatoria di cui all'articolo 36.

[**2.** Nel caso di ricorso giurisdizionale avverso il diniego del permesso in sanatoria di cui all'articolo 36, l'udienza viene fissata d'ufficio dal presidente del tribunale amministrativo regionale per una data compresa entro il terzo mese dalla presentazione del ricorso.] [1]

3. Il rilascio in sanatoria del permesso di costruire estingue i reati contravvenzionali previsti dalle norme urbanistiche vigenti.

(1) Comma abrogato dall'art. 4, co. 1, p. 26), Allegato 4, d.lgs. 2.7.2010, n. 104.

PARTE II
Normativa tecnica per l'edilizia

Capo I
Disposizioni di carattere generale

52. (L) Tipo di strutture e norme tecniche.

1. In tutti i comuni della Repubblica le costruzioni sia pubbliche sia private debbono essere realizzate in osservanza delle norme tecniche riguardanti i vari elementi costruttivi fissate con decreti del Ministro per le infrastrutture e i trasporti, sentito il Consiglio superiore dei lavori pubblici che si avvale anche della collaborazione del Consiglio nazionale delle ricerche. Qualora le norme tecniche riguardino costruzioni in zone sismiche esse sono adottate di concerto con il Ministro per l'interno. Dette norme definiscono:

a) i criteri generali tecnico-costruttivi per la progettazione, esecuzione e collaudo degli edifici in muratura e per il loro consolidamento;
b) i carichi e sovraccarichi e loro combinazioni, anche in funzione del tipo e delle modalità costruttive e della destinazione dell'opera, nonché i criteri generali per la verifica di sicurezza delle costruzioni;
c) le indagini sui terreni e sulle rocce, la stabilità dei pendii naturali e delle scarpate, i criteri generali e le precisazioni tecniche per la progettazione, esecuzione e collaudo delle opere di sostegno delle terre e delle opere di fondazione; i criteri generali e le precisazioni tecniche per la progettazione, esecuzione e collaudo di opere speciali, quali ponti, dighe, serbatoi, tubazioni, torri, costruzioni prefabbricate in genere, acquedotti, fognature;
d) la protezione delle costruzioni dagli incendi.

2. Qualora vengano usati materiali o sistemi costruttivi diversi da quelli disciplinati dalle norme tecniche in vigore, la loro idoneità deve essere comprovata da una dichiarazione rilasciata dal Presidente del Consiglio superiore dei lavori pubblici su conforme parere dello stesso Consiglio [1].

3. Le norme tecniche di cui al presente articolo e i relativi aggiornamenti entrano in vigore trenta giorni dopo la pubblicazione dei rispettivi decreti nella Gazzetta Ufficiale della Repubblica italiana.

(1) Comma sostituito dall'art. 45, co. 2, lett. a), d.l. 6.12.2011, n. 201, conv., con modif., dalla l. 22.12.2011, n. 214.

53. (L) Definizioni.

1. Ai fini del presente testo unico si considerano:

a) opere in conglomerato cementizio armato normale, quelle composte da un complesso di strutture in conglomerato cementizio ed armature che assolvono ad una funzione statica;
b) opere in conglomerato cementizio armato precompresso, quelle composte di strutture in conglomerato cementizio ed armature nelle quali si imprime artificialmente uno stato di sollecitazione addizionale di natura ed entità tali da assicurare permanentemente l'effetto statico voluto;
c) opere a struttura metallica quelle nelle quali la statica è assicurata in tutto o in parte da elementi strutturali in acciaio o in altri metalli.

58. (L) Produzione in serie in stabilimenti di manufatti in conglomerato normale e precompresso e di manufatti complessi in metallo.

1. Le ditte che procedono alla costruzione di manufatti in conglomerato armato normale o precompresso ed in metallo, fabbricati in serie e che assolvono alle funzioni indicate negli articoli 53, comma 1 e 64, comma 1, hanno l'obbligo di darne preventiva comunicazione al Servizio tecnico centrale del Ministero delle infrastrutture e dei trasporti, con apposita relazione nella quale debbono:

a) descrivere ciascun tipo di struttura indicando le possibili applicazioni e fornire i calcoli relativi, con particolare riguardo a quelli riferentisi a tutto il comportamento sotto carico fino a fessurazione e rottura;
b) precisare le caratteristiche dei materiali impiegati sulla scorta di prove eseguite presso uno dei laboratori di cui all'articolo 59;
c) indicare, in modo particolareggiato, i metodi costruttivi e i procedimenti seguiti per la esecuzione delle strutture;
d) indicare i risultati delle prove eseguite presso uno dei laboratori di cui all'articolo 59.

2. Tutti gli elementi precompressi debbono essere chiaramente e durevolmente contrassegnati onde si possa individuare la serie di origine.

3. Per le ditte che costruiscono manufatti complessi in metallo fabbricati in serie, i quali assolvono alle funzioni indicate negli articoli 53, comma 1 e 64, comma 1, la relazione di cui al comma 1 del presente articolo deve descrivere ciascun tipo di struttura, indicando le possibili applicazioni e fornire i calcoli relativi.

4. Le ditte produttrici di tutti i manufatti di cui ai commi precedenti sono tenute a fornire tutte le prescrizioni relative alle operazioni di trasporto e di montaggio dei loro manufatti.

5. La responsabilità della rispondenza dei prodotti rimane a carico della ditta produttrice, che è obbligata a corredare la fornitura con i disegni del manufatto e l'indicazione delle sue caratteristiche di impiego.

6. Il progettista delle strutture è responsabile dell'organico inserimento e della previsione di utilizzazione dei manufatti di cui sopra nel progetto delle strutture dell'opera.

Capo II
Disciplina delle opere di conglomerato cementizio armato, normale e precompresso ed a struttura metallica

Sezione I
Adempimenti

64. (L) Progettazione, direzione, esecuzione, responsabilità.

1. La realizzazione delle opere di conglomerato cementizio armato, normale e precompresso ed a struttura metallica, deve avvenire in modo tale da assicurare la perfetta stabilità e sicurezza delle strutture e da evitare qualsiasi pericolo per la pubblica incolumità.

2. La costruzione delle opere di cui all'articolo 53, comma 1, deve avvenire in base ad un progetto esecutivo redatto da un tecnico abilitato, iscritto nel relativo albo, nei limiti delle proprie competenze stabilite dalle leggi sugli ordini e collegi professionali.

3. L'esecuzione delle opere deve aver luogo sotto la direzione di un tecnico abilitato, iscritto nel relativo albo, nei limiti delle proprie competenze stabilite dalle leggi sugli ordini e collegi professionali.

4. Il progettista ha la responsabilità diretta della progettazione di tutte le strutture dell'opera comunque realizzate.

5. Il direttore dei lavori e il costruttore, ciascuno per la parte di sua competenza, hanno la responsabilità della rispondenza dell'opera al progetto, dell'osservanza delle prescrizioni di esecuzione del progetto, della qualità dei materiali impiegati, nonché, per quanto riguarda gli elementi prefabbricati, della posa in opera.

65. (R) Denuncia dei lavori di realizzazione e relazione a struttura ultimata di opere di conglomerato cementizio armato, normale e precompresso ed a struttura metallica.

1. Le opere realizzate con materiali e sistemi costruttivi disciplinati dalle norme tecniche in vigore, prima del loro inizio, devono essere denunciate dal costruttore allo sportello unico tramite posta elettronica certificata (PEC) o portale telematico di riferimento [(1)] [(2)].

2. Nella denuncia devono essere indicati i nomi ed i recapiti del committente, del progettista delle strutture, del direttore dei lavori e del costruttore.

3. Alla denuncia devono essere allegati:

a) il progetto dell'opera firmato dal progettista, dal quale risultino in modo chiaro ed esauriente le calcolazioni eseguite, l'ubicazione, il tipo, le dimensioni delle strutture, e quanto altro occorre per definire l'opera sia nei riguardi dell'esecuzione sia nei riguardi della conoscenza delle condizioni di sollecitazione;
b) una relazione illustrativa firmata dal progettista e dal direttore dei lavori, dalla quale risultino le caratteristiche, le qualità e le prestazioni dei materiali che verranno impiegati nella costruzione [(3)].

4. La PEC di consegna o la ricevuta rilasciata dal portale telematico all'atto della presentazione allo sportello unico è da considerare attestazione di deposito rilasciata al costruttore che ha presentato la denuncia [(4)] [(5)].

5. Anche le varianti che nel corso dei lavori si intendano introdurre alle opere di cui al comma 1, previste nel progetto originario, devono essere denunciate, prima di dare inizio alla loro esecuzione, allo sportello unico nella forma e con gli allegati previsti nel presente articolo.

6. Ultimate le parti della costruzione che incidono sulla stabilità della stessa, entro il termine di sessanta giorni, il direttore dei lavori deposita allo sportello unico, tramite PEC o portale telematico di riferimento, una relazione sull'adempimento degli obblighi di cui ai commi 1, 2 e 3, allegando [(6)]:

a) i certificati delle prove sui materiali impiegati emessi da laboratori di cui all'articolo 59;
b) per le opere in conglomerato armato precompresso,

ogni indicazione inerente alla tesatura dei cavi ed ai sistemi di messa in coazione;

c) l'esito delle eventuali prove di carico, allegando le copie dei relativi verbali firmate per copia conforme.

7. All'atto della presentazione della relazione di cui al comma 6, lo sportello unico, tramite PEC o portale telematico di riferimento, rilascia al direttore dei lavori l'attestazione dell'avvenuto deposito su una copia della relazione e provvede altresì a trasmettere tale relazione al competente ufficio tecnico regionale [(7)].

8. Il direttore dei lavori consegna al collaudatore la relazione, unitamente alla restante documentazione di cui al comma 6.

8 bis. Per gli interventi di cui all'articolo 94-*bis*, comma 1, lettera b), n. 2) e lettera c), n. 1), non si applicano le disposizioni di cui ai commi 6, 7 e 8. [(8)]

(1) Così rettificato in Gazz. Uff., 25.2.2002, n. 47.
(2) Comma sostituito dall'art. 3, co. 1, lett. a), punto 1), d.l. 18.4.2019, n. 32, conv., con modif., dalla l. 14.6.2019, n. 55 e poi modificato dall'art. 18, co. 11 bis, lett. a), d.l. 24.2.2023, n. 13, conv., con modif., dalla l. 21.4.2023, n. 41.
(3) Comma sostituito dall'art. 3, co. 1, lett. a), punto 2), d.l. 18.4.2019, n. 32, conv., con modif., dalla l. 14.6.2019, n. 55.
(4) Comma sostituito dall'art. 3, co. 1, lett. a), punto 3), d.l. 18.4.2019, n. 32, conv., con modif., dalla l. 14.6.2019, n. 55 e poi dall'art. 18, co. 11 bis, lett. b), d.l. 24.2.2023, n. 13, conv., con modif., dalla l. 21.4.2023, n. 41.
(5) Così rettificato in Gazz. Uff., 25.2.2002, n. 47.
(6) Alinea sostituito dall'art. 3, co. 1, lett. a), punto 4), d.l. 18.4.2019, n. 32, conv., con modif., dalla l. 14.6.2019, n. 55 e poi modificato dall'art. 18, co. 11 bis, lett. a), d.l. 24.2.2023, n. 13, conv., con modif., dalla l. 21.4.2023, n. 41.
(7) Comma sostituito dall'art. 3, co. 1, lett. a), punto 5), d.l. 18.4.2019, n. 32, conv., con modif., dalla l. 14.6.2019, n. 55 e poi modificato dall'art. 18, co. 11 bis, lett. a), d.l. 24.2.2023, n. 13, conv., con modif., dalla l. 21.4.2023, n. 41.
(8) Comma introdotto dall'art. 3, co. 1, lett. a), punto 6), d.l. 18.4.2019, n. 32, conv., con modif., dalla l. 14.6.2019, n. 55.

66. (L) Documenti in cantiere.

1. Nei cantieri, dal giorno di inizio delle opere, di cui all'articolo 53, comma 1, a quello di ultimazione dei lavori, devono essere conservati gli atti indicati all'articolo 65, commi 3 e 4, datati e firmati anche dal costruttore e dal direttore dei lavori, nonché un apposito giornale dei lavori.

2. Della conservazione e regolare tenuta di tali documenti è responsabile il direttore dei lavori. Il direttore dei lavori è anche tenuto a vistare periodicamente, ed in particolare nelle fasi più importanti dell'esecuzione, il giornale dei lavori.

67. (L, comma 1, 2, 4 e 8; R, i commi 3, 5, 6 e 7) Collaudo statico.

1. Tutte le costruzioni di cui all'articolo 53, comma 1, la cui sicurezza possa comunque interessare la pubblica incolumità devono essere sottoposte a collaudo statico, fatto salvo quanto previsto dal comma 8-*bis* [(1)].

2. Il collaudo deve essere eseguito da un ingegnere o da un architetto, iscritto all'albo da almeno dieci anni, che non sia intervenuto in alcun modo nella progettazione, direzione, esecuzione dell'opera.

3. Contestualmente alla denuncia prevista dall'articolo 65, il direttore dei lavori è tenuto a presentare presso lo sportello unico l'atto di nomina del collaudatore scelto dal committente e la contestuale dichiarazione di accettazione dell'incarico, corredati da certificazione attestante le condizioni di cui al comma 2.

4. Quando non esiste il committente ed il costruttore esegue in proprio, è fatto obbligo al costruttore di chiedere, anteriormente alla presentazione della denuncia di inizio dei lavori, all'ordine provinciale degli ingegneri o a quello degli architetti, la designazione di una terna di nominativi fra i quali sceglie il collaudatore.

5. Completata la struttura con la copertura dell'edificio, il direttore dei lavori ne dà comunicazione allo sportello unico e al collaudatore che ha 60 giorni di tempo per effettuare il collaudo.

6. In corso d'opera possono essere eseguiti collaudi parziali motivati da difficoltà tecniche e da complessità esecutive dell'opera, fatto salvo quanto previsto da specifiche disposizioni.

7. Il collaudatore redige, sotto la propria responsabilità, il certificato di collaudo [in tre copie] che invia tramite posta elettronica certificata (PEC) al competente ufficio tecnico regionale e al committente, dandone contestuale comunicazione allo sportello unico. Il deposito del certificato di collaudo statico equivale al certificato di rispondenza dell'opera alle norme tecniche per le costruzioni previsto dall'articolo 62 [(2)].

8. La segnalazione certificata è corredata da una copia del certificato di collaudo [(3)].

8 bis. Per gli interventi di riparazione e per gli interventi locali sulle costruzioni esistenti, come definiti dalla normativa tecnica, il certificato di collaudo è sostituito dalla dichiarazione di regolare esecuzione resa dal direttore dei lavori [(4)].

8 ter. Per gli interventi di cui all'articolo 94-*bis*, comma 1, lettera b), numero 2), e lettera c), numero 1), il certificato di collaudo è sostituito dalla dichiarazione di regolare esecuzione resa dal direttore dei lavori [(5)].

(1) Comma modificato dall'art. 3, co. 1, lett. y), n. 1), d.lgs. 25.11.2016, n. 222.
(2) Comma modificato dall'art. 3, co. 1, lett. y), n. 2), d.lgs. 25.11.2016, n. 222 e, poi, modificato dall'art. 3, co. 1, lett. b), n. 1), d.l. 18.4.2019, n. 32, conv., con modif., dalla l. 14.6.2019, n. 55.
(3) Comma modificato dall'art. 3, co. 1, lett. y), n. 3), d.lgs. 25.11.2016, n. 222.
(4) Comma introdotto dall'art. 3, co. 1, lett. y), n. 4), d.lgs. 25.11.2016, n. 222.
(5) Comma introdotto dall'art. 3, co. 1, lett. b), n. 2), d.l. 18.4.2019, n. 32, conv., con modif., dalla l. 14.6.2019, n. 55.

Sezione II
Vigilanza

68. (L) Controlli.

1. Il dirigente o il responsabile del competente ufficio comunale, nel cui territorio vengono realizzate le opere indicate nell'articolo 53, comma 1, ha il compito di vigilare sull'osservanza degli adempimenti preposti dal presente testo unico: a tal fine si avvale dei funzionari ed agenti comunali.

2. Le disposizioni del precedente comma non si applicano alle opere costruite per conto dello Stato e per conto delle regioni, delle province e dei comuni, aventi un ufficio tecnico con a capo un ingegnere.

69. (L) Accertamenti delle violazioni.

1. I funzionari e agenti comunali che accertino l'inosservanza degli adempimenti previsti nei precedenti articoli, redigono processo verbale che, a cura del dirigente o responsabile del competente ufficio comunale, verrà inoltrato all'Autorità giudiziaria competente ed all'ufficio tecnico della regione per i provvedimenti di cui all'articolo 70.

70. (L) Sospensione dei lavori.

1. Il dirigente dell'ufficio tecnico regionale, ricevuto il processo verbale redatto a norma dell'articolo 69 ed eseguiti gli opportuni accertamenti, ordina, con decreto notificato a mezzo di messo comunale, al committente, al direttore dei lavori e al costruttore la sospensione dei lavori.

2. I lavori non possono essere ripresi finché il dirigente dell'ufficio tecnico regionale non abbia accertato che sia stato provveduto agli adempimenti previsti dal presente capo.

3. Della disposta sospensione è data comunicazione al dirigente del competente ufficio comunale perché ne curi l'osservanza.

Sezione III
Norme penali

71. (L) Lavori abusivi.

1. Chiunque commette, dirige e, in qualità di costruttore, esegue le opere previste dal presente capo, o parti di esse, in violazione dell'articolo 64, commi 2, 3 e 4, è punito con l'arresto fino a tre mesi o con l'ammenda da 103 a 1032 euro.

2. È soggetto alla pena dell'arresto fino ad un anno, o dell'ammenda da 1032 a 10329 euro [(1)], chi produce in serie manufatti in conglomerato armato normale o precompresso o manufatti complessi in metalli senza osservare le disposizioni dell'articolo 58.

72. (L) Omessa denuncia dei lavori.

1. Il costruttore che omette o ritarda la denuncia prevista dall'articolo 65 è punito con l'arresto fino a tre mesi o con l'ammenda da 103 a 1032 euro.

73. (L) Responsabilità del direttore dei lavori.

1. Il direttore dei lavori che non ottempera alle prescrizioni indicate nell'articolo 66 è punito con l'ammenda da 41 a 206 euro.

2. Alla stessa pena soggiace il direttore dei lavori che omette o ritarda la presentazione al competente ufficio tecnico regionale della relazione indicata nell'articolo 65, comma 6.

74. (L) Responsabilità del collaudatore.

1. Il collaudatore che non osserva gli obblighi di cui all'articolo 67, comma 5, è punito con l'ammenda da 51 a 516 euro.

75. (L) Mancanza del certificato di collaudo.

1. Chiunque consente l'utilizzazione delle costruzioni prima del rilascio del certificato di collaudo è punito con l'arresto fino ad un mese o con l'ammenda da 103 a 1032 euro.

76. (L) Comunicazione della sentenza.

1. La sentenza irrevocabile, emessa in base alle precedenti disposizioni, deve essere comunicata, a cura del cancelliere, entro quindici giorni da quello in cui è divenuta irrevocabile, al comune e alla regione interessata ed al consiglio provinciale dell'ordine professionale, cui eventualmente sia iscritto l'imputato.

Capo III
Disposizioni per favorire il superamento e l'eliminazione delle barriere architettoniche negli edifici privati, pubblici e privati aperti al pubblico

Sezione I
Eliminazione delle barriere architettoniche negli edifici privati

77. (L) Progettazione di nuovi edifici e ristrutturazione di interi edifici.

1. I progetti relativi alla costruzione di nuovi edifici privati, ovvero alla ristrutturazione di interi edifici, ivi compresi quelli di edilizia residenziale pubblica, sovvenzionata ed agevolata, sono redatti in osservanza delle prescrizioni tecniche previste dal comma 2.

2. Il Ministro delle infrastrutture e dei trasporti fissa con decreto, adottato ai sensi dell'articolo 52, le prescrizioni tecniche necessarie a garantire l'accessibilità, l'adattabilità e la visitabilità degli edifici privati e di edilizia residenziale pubblica, sovvenzionata ed agevolata.

3. La progettazione deve comunque prevedere

a) accorgimenti tecnici idonei alla installazione di meccanismi per l'accesso ai piani superiori, ivi compresi i servoscala;
b) idonei accessi alle parti comuni degli edifici e alle singole unità immobiliari;
c) almeno un accesso in piano, rampe prive di gradini o idonei mezzi di sollevamento;
d) l'installazione, nel caso di immobili con più di tre livelli fuori terra, di un ascensore per ogni scala principale raggiungibile mediante rampe prive di gradini.

4. È fatto obbligo di allegare al progetto la dichiarazione del professionista abilitato di conformità degli elaborati alle disposizioni adottate ai sensi del presente capo.

5. I progetti di cui al comma 1 che riguardano immobili vincolati ai sensi del decreto legislativo 29 ottobre 1999, n. 490, devono essere approvati dalla competente autorità di tutela, a norma degli articoli 23 e 151 del medesimo decreto legislativo.

78. (L) **Deliberazioni sull'eliminazione delle barriere architettoniche.**

1. Le deliberazioni che hanno per oggetto le innovazioni da attuare negli edifici privati dirette ad eliminare le barriere architettoniche di cui all'articolo 27, primo comma, della legge 30 marzo 1971, n. 118, ed all'articolo 1 del decreto del Presidente della Repubblica 24 luglio 1996, n. 503, nonché la realizzazione di percorsi attrezzati e la installazione di dispositivi di segnalazione atti a favorire la mobilità dei ciechi all'interno degli edifici privati, sono approvate dall'assemblea del condominio, in prima o in seconda convocazione, con le maggioranze previste dall'articolo 1136, secondo e terzo comma, del codice civile.

2. Nel caso in cui il condominio rifiuti di assumere, o non assuma entro tre mesi dalla richiesta fatta per iscritto, le deliberazioni di cui al comma 1, i portatori di handicap, ovvero chi ne esercita la tutela o la potestà di cui al titolo IX del libro primo del codice civile, possono installare, a proprie spese, servoscala nonché strutture mobili e facilmente rimovibili e possono anche modificare l'ampiezza delle porte d'accesso, al fine di rendere più agevole l'accesso agli edifici, agli ascensori e alle rampe delle autorimesse.

3. Resta fermo quanto disposto dagli articoli 1120, secondo comma, e 1121, terzo comma, del codice civile.

79. (L) **Opere finalizzate all'eliminazione delle barriere architettoniche realizzate in deroga ai regolamenti edilizi.**

1. Le opere di cui all'articolo 78 possono essere realizzate in deroga alle norme sulle distanze previste dai regolamenti edilizi, anche per i cortili e le chiostrine interni ai fabbricati o comuni o di uso comune a più fabbricati.

2. È fatto salvo l'obbligo di rispetto delle distanze di cui agli articoli 873 e 907 del codice civile nell'ipotesi in cui tra le opere da realizzare e i fabbricati alieni non sia interposto alcuno spazio o alcuna area di proprietà o di uso comune.

80. (L) **Rispetto delle norme antisismiche, antincendio e di prevenzione degli infortuni.**

1. Fermo restando l'obbligo del preavviso e dell'invio del progetto alle competenti autorità a norma dell'articolo 94, l'esecuzione delle opere edilizie di cui all'articolo 78, da realizzare in ogni caso nel rispetto delle norme antisismiche, di prevenzione degli incendi e degli infortuni, non è soggetta alla autorizzazione di cui all'articolo 94. L'esecuzione non conforme alla normativa richiamata al comma 1 preclude il collaudo delle opere realizzate.

81. (L) **Certificazioni.**

1. Alle domande ovvero alle comunicazioni al dirigente o responsabile del competente ufficio comunale relative alla realizzazione di interventi di cui al presente capo è allegato certificato medico in carta libera attestante l'handicap e dichiarazione sostitutiva dell'atto di notorietà, ai sensi dell'art. 47 del decreto del Presidente della Repubblica 28 dicembre 2000, n. 445, recante il testo unico delle disposizioni legislative e regolamentari in materia di documentazione amministrativa, dalla quale risultino l'ubicazione della propria abitazione, nonché le difficoltà di accesso.

Sezione II
Eliminazione o superamento delle barriere architettoniche negli edifici pubblici e privati aperti al pubblico

82. (L) **Eliminazione o superamento delle barriere architettoniche negli edifici pubblici e privati aperti al pubblico.**

1. Tutte le opere edilizie riguardanti edifici pubblici e privati aperti al pubblico che sono suscettibili di limitare l'accessibilità e la visitabilità di cui alla sezione prima del presente capo, sono eseguite in conformità alle disposizioni di cui alla legge 30 marzo 1971, n. 118, e successive modificazioni, alla sezione prima del presente capo, al regolamento approvato con decreto del Presidente della Repubblica 24 luglio 1996, n. 503, recante norme per l'eliminazione delle barriere architettoniche, e al decreto del Ministro dei lavori pubblici 14 giugno 1989, n. 236.

2. Per gli edifici pubblici e privati aperti al pubblico soggetti ai vincoli di cui al decreto legislativo 29 ottobre 1999, n. 490, nonché ai vincoli previsti da leggi speciali aventi le medesime finalità, nel caso di mancato rilascio del nulla osta da parte delle autorità competenti alla tutela del vincolo, la conformità alle norme vigenti in materia di accessibilità e di superamento delle barriere architettoniche può essere realizzata con opere provvisionali, come definite dall'articolo 7 del decreto del Presidente della Repubblica 7 gennaio 1956, n. 164, sulle quali sia stata acquisita l'approvazione delle predette autorità [1].

3. Alle comunicazioni allo sportello unico dei progetti di esecuzione dei lavori riguardanti edifici pubblici e aperti al pubblico, di cui al comma 1, rese ai sensi dell'articolo 22, sono allegate una documentazione grafica e una dichiarazione di conformità alla normativa vigente in materia di accessibilità e di superamento delle barriere architettoniche, anche ai sensi del comma 2 del presente articolo.

4. Il rilascio del permesso di costruire per le opere di cui al comma 1 è subordinato alla verifica della conformità del progetto compiuta dall'ufficio tecnico o dal tecnico incaricato dal comune. Il comune, nell'ambito dei controlli della segnalazione certificata di cui all'articolo 24, per le opere di cui al comma 1, deve accertare che le opere siano state realizzate nel rispetto delle disposizioni vigenti in materia di eliminazione delle barriere architettoniche. [A tal fine può richiedere al proprietario dell'immobile o all'intestatario del permesso di costruire una dichiarazione resa sotto forma di perizia giurata redatta da un tecnico abilitato.] [2]

5. La richiesta di modifica di destinazione d'uso di edifici in luoghi pubblici o aperti al pubblico è accompagnata dalla dichiarazione di cui al comma 3. I controlli della segnalazione certificata di cui all'articolo 24 prevedono la verifica della dichiarazione allo stato dell'immobile [3].

6. Tutte le opere realizzate negli edifici pubblici e privati aperti al pubblico in difformità dalle disposizioni vigenti in materia di accessibilità e di eliminazione delle barriere architettoniche, nelle quali le difformità siano tali da rendere impossibile l'utilizzazione dell'opera da parte delle persone handicappate, sono dichiarate inagibili.

7. Il progettista, il direttore dei lavori, il responsabile tecnico degli accertamenti per l'agibilità ed il collaudatore, ciascuno per la propria competenza, sono direttamente responsabili, relativamente ad opere eseguite dopo l'entrata in vigore della legge 5 febbraio 1992, n. 104, delle difformità che siano tali da rendere impossibile l'utilizzazione dell'opera da parte delle persone handicappate. Essi sono puniti con l'ammenda da 5164 a 25822 euro e con la sospensione dai rispettivi albi professionali per un periodo compreso da uno a sei mesi.

8. I piani di cui all'articolo 32, comma 21, della legge n. 41 del 1986, sono modificati con integrazioni relative all'accessibilità degli spazi urbani, con particolare riferimento all'individuazione e alla realizzazione di percorsi accessibili, all'installazione di semafori acustici per non vedenti, alla rimozione della segnaletica installata in modo da ostacolare la circolazione delle persone handicappate.

9. I comuni adeguano i propri regolamenti edilizi alle disposizioni di cui all'articolo 27 della citata legge n. 118 del 1971, all'articolo 2 del citato regolamento approvato con decreto del Presidente della Repubblica n. 384 del 1978, alle disposizioni di cui alla sezione prima del presente capo, e al citato decreto del Ministro dei lavori pubblici 14 giugno 1989, n. 236. Le norme dei regolamenti edilizi comunali contrastanti con le disposizioni del presente articolo perdono efficacia.

(1) Comma modificato dall'art. 5, co. 2, lett. a), n. 7), d.l. 13.5.2011, n. 70, conv., con modif., dalla l. 12.7.2011, n. 106.
(2) Comma modificato dall'art. 3, co. 1, lett. z), n. 1) e 2), d.lgs. 25.11.2016, n. 222.
(3) Comma modificato dall'art. 3, co. 1, lett. z), n. 3), d.lgs. 25.11.2016, n. 222.

Capo IV
Provvedimenti per le costruzioni con particolari prescrizioni per le zone sismiche

Sezione I
Norme per le costruzioni in zone sismiche

83. (L) Opere disciplinate e gradi di sismicità.

1. Tutte le costruzioni la cui sicurezza possa comunque interessare la pubblica incolumità, da realizzarsi in zone dichiarate sismiche ai sensi dei commi 2 e 3 del presente articolo, sono disciplinate, oltre che dalle disposizioni di cui all'articolo 52, da specifiche norme tecniche emanate, anche per i loro aggiornamenti, con decreti del Ministro per le infrastrutture ed i trasporti, di concerto con il Ministro per l'interno, sentiti il Consiglio superiore dei lavori pubblici, il Consiglio nazionale delle ricerche e la Conferenza unificata.

2. Con decreto del Ministro per le infrastrutture ed i trasporti, di concerto con il Ministro per l'interno, sentiti il Consiglio superiore dei lavori pubblici, il Consiglio nazionale delle ricerche e la Conferenza unificata, sono definiti i criteri generali per l'individuazione delle zone sismiche e dei relativi valori differenziati del grado di sismicità da prendere a base per la determinazione delle azioni sismiche e di quant'altro specificato dalle norme tecniche.

3. Le regioni, sentite le province e i comuni interessati, provvedono alla individuazione delle zone dichiarate sismiche agli effetti del presente capo, alla formazione e all'aggiornamento degli elenchi delle medesime zone e dei valori attribuiti ai gradi di sismicità, nel rispetto dei criteri generali di cui al comma 2.

84. (L) Contenuto delle norme tecniche.

1. Le norme tecniche per le costruzioni in zone sismiche di cui all'articolo 83, da adottare sulla base dei criteri generali indicati dagli articoli successivi e in funzione dei diversi gradi di sismicità, definiscono:

a) l'altezza massima degli edifici in relazione al sistema costruttivo, al grado di sismicità della zona ed alle larghezze stradali;
b) le distanze minime consentite tra gli edifici e giunzioni tra edifici contigui;
c) le azioni sismiche orizzontali e verticali da tenere in conto del dimensionamento degli elementi delle costruzioni e delle loro giunzioni;
d) il dimensionamento e la verifica delle diverse parti delle costruzioni;
e) le tipologie costruttive per le fondazioni e le parti in elevazione.

2. Le caratteristiche generali e le proprietà fisico-meccaniche dei terreni di fondazione, e cioè dei terreni costituenti il sottosuolo fino alla profondità alla quale le tensioni indotte dal manufatto assumano valori significativi ai fini delle deformazioni e della stabilità dei terreni medesimi, devono essere esaurientemente accertate.

3. Per le costruzioni su pendii gli accertamenti devono essere convenientemente estesi al di fuori dell'area edificatoria per rilevare tutti i fattori occorrenti per valutare le condizioni di stabilità dei pendii medesimi.

4. Le norme tecniche di cui al comma 1 potranno stabilire l'entità degli accertamenti in funzione della morfologia e della natura dei terreni e del grado di sismicità.

85. (L) Azioni sismiche.

1. L'edificio deve essere progettato e costruito in

modo che sia in grado di resistere alle azioni verticali e orizzontali, ai momenti torcenti e ribaltanti indicati rispettivamente alle successive lettere a), b), c) e d) e definiti dalle norme tecniche di cui all'articolo 83.

a) azioni verticali: non si tiene conto in genere delle azioni sismiche verticali; per le strutture di grande luce o di particolare importanza, agli effetti di dette azioni, deve svolgersi una opportuna analisi dinamica teorica o sperimentale;
b) azioni orizzontali: le azioni sismiche orizzontali si schematizzano attraverso l'introduzione di due sistemi di forze orizzontali agenti non contemporaneamente secondo due direzioni ortogonali;
c) momenti torcenti: ad ogni piano deve essere considerato il momento torcente dovuto alle forze orizzontali agenti ai piani sovrastanti e in ogni caso non minore dei valori da determinarsi secondo le indicazioni riportate dalle norme tecniche di cui all'articolo 83;
d) momenti ribaltanti: per le verifiche dei pilastri e delle fondazioni gli sforzi normali provocati dall'effetto ribaltante delle azioni sismiche orizzontali devono essere valutati secondo le indicazioni delle norme tecniche di cui all'articolo 83.

86. (L) Verifica delle strutture.

1. L'analisi delle sollecitazioni dovute alle azioni sismiche di cui all'articolo 85 è effettuata tenendo conto della ripartizione di queste fra gli elementi resistenti dell'intera struttura.

2. Si devono verificare detti elementi resistenti per le possibili combinazioni degli effetti sismici con tutte le altre azioni esterne, senza alcuna riduzione dei sovraccarichi, ma con l'esclusione dell'azione del vento.

87. (L) Verifica delle fondazioni.

1. I calcoli di stabilità del complesso terreno-opera di fondazione si eseguono con i metodi ed i procedimenti della geotecnica, tenendo conto, tra le forze agenti, delle azioni sismiche orizzontali applicate alla costruzione e valutate come specificato dalle norme tecniche di cui all'articolo 83.

88. (L) Deroghe.

1. Possono essere concesse deroghe all'osservanza delle norme tecniche, di cui al precedente articolo 83, dal Ministro per le infrastrutture e i trasporti, previa apposita istruttoria da parte dell'ufficio periferico competente e parere favorevole del Consiglio superiore dei lavori pubblici, quando sussistano ragioni particolari, che ne impediscano in tutto o in parte l'osservanza, dovute all'esigenza di salvaguardare le caratteristiche ambientali dei centri storici.

2. La possibilità di deroga deve essere prevista nello strumento urbanistico generale e le singole deroghe devono essere confermate nei piani particolareggiati.

89. (L) Parere sugli strumenti urbanistici.

1. Tutti i comuni nei quali sono applicabili le norme di cui alla presente sezione e quelli di cui all'articolo 61, devono richiedere il parere del competente ufficio tecnico regionale sugli strumenti urbanistici generali e particolareggiati prima della delibera di adozione nonché sulle lottizzazioni convenzionate prima della delibera di approvazione, e loro varianti ai fini della verifica della compatibilità delle rispettive previsioni con le condizioni geomorfologiche del territorio.

2. Il competente ufficio tecnico regionale deve pronunciarsi entro sessanta giorni dal ricevimento della richiesta dell'amministrazione comunale.

3. In caso di mancato riscontro entro il termine di cui al comma 2 il parere deve intendersi reso in senso negativo.

90. (L) Sopraelevazioni.

1. È consentita, nel rispetto degli strumenti urbanistici vigenti:

a) la sopraelevazione di un piano negli edifici in muratura, purché nel complesso la costruzione risponda alle prescrizioni di cui al presente capo;
b) la sopraelevazione di edifici in cemento armato normale e precompresso, in acciaio o a pannelli portanti, purché il complesso della struttura sia conforme alle norme del presente testo unico.

2. L'autorizzazione è consentita previa certificazione del competente ufficio tecnico regionale che specifichi il numero massimo di piani che è possibile realizzare in sopraelevazione e l'idoneità della struttura esistente a sopportare il nuovo carico.

91. (L) Riparazioni.

1. Le riparazioni degli edifici debbono tendere a conseguire un maggiore grado di sicurezza alle azioni sismiche di cui ai precedenti articoli.

2. I criteri sono fissati nelle norme tecniche di cui all'articolo 83.

92. (L) Edifici di speciale importanza artistica.

1. Per l'esecuzione di qualsiasi lavoro di natura antisismica in edifici o manufatti di carattere monumentale o aventi, comunque, interesse archeologico, storico o artistico, siano essi pubblici o di privata proprietà, restano ferme le disposizioni di cui al decreto legislativo 29 ottobre 1999, n. 490.

Sezione II
Vigilanza sulle costruzioni in zone sismiche

93. (R) Denuncia dei lavori e presentazione dei progetti di costruzioni in zone sismiche.

1. Nelle zone sismiche di cui all'articolo 83, chiunque intenda procedere a costruzioni, riparazioni e sopraelevazioni, è tenuto a darne preavviso scritto allo sportello unico, che provvede a trasmetterne copia al competente ufficio tecnico della regione, indicando il proprio domicilio, il nome e la residenza del progettista, del direttore dei lavori e dell'appaltatore.

2. Alla domanda deve essere allegato il progetto, in

doppio esemplare e debitamente firmato da un ingegnere, architetto, geometra o perito edile iscritto nell'albo, nei limiti delle rispettive competenze, nonché dal direttore dei lavori.

3. Il contenuto minimo del progetto è determinato dal competente ufficio tecnico della regione. In ogni caso il progetto deve essere esauriente per planimetria, piante, prospetti e sezioni, relazione tecnica e accompagnato dagli altri elaborati previsti dalle norme tecniche [(1)].

4. I progetti relativi ai lavori di cui al presente articolo sono accompagnati da una dichiarazione del progettista che asseveri il rispetto delle norme tecniche per le costruzioni e la coerenza tra il progetto esecutivo riguardante le strutture e quello architettonico, nonché il rispetto delle eventuali prescrizioni sismiche contenute negli strumenti di pianificazione urbanistica [(2)].

5. Per tutti gli interventi il preavviso scritto con il contestuale deposito del progetto e dell'asseverazione di cui al comma 4, è valido anche agli effetti della denuncia dei lavori di cui all'articolo 65 [(3)].

6. In ogni comune deve essere tenuto un registro delle denunzie dei lavori di cui al presente articolo.

7. Il registro deve essere esibito, costantemente aggiornato, a semplice richiesta, ai funzionari, ufficiali ed agenti indicati nell'articolo 103.

(1) Comma sostituito dall'art. 3, co. 1, lett. c), d.l. 18.4.2019, n. 32, conv., con modif., dalla l. 14.6.2019, n. 55.
(2) Comma sostituito dall'art. 3, co. 1, lett. c), d.l. 18.4.2019, n. 32, conv., con modif., dalla l. 14.6.2019, n. 55.
(3) Comma sostituito dall'art. 3, co. 1, lett. c), d.l. 18.4.2019, n. 32, conv., con modif., dalla l. 14.6.2019, n. 55.

94. (L) Autorizzazione per l'inizio dei lavori.

1. Fermo restando l'obbligo del titolo abilitativo all'intervento edilizio, nelle località sismiche, ad eccezione di quelle a bassa sismicità all'uopo indicate nei decreti di cui all'articolo 83, non si possono iniziare lavori senza preventiva autorizzazione [scritta] del competente ufficio tecnico della regione [(1)].

2. L'autorizzazione è rilasciata entro trenta giorni dalla richiesta [(2)].

2 bis. Decorso inutilmente il termine per l'adozione del provvedimento conclusivo, ove il dirigente o il responsabile dell'ufficio non abbia opposto motivato diniego, sulla domanda di autorizzazione si intende formato il silenzio assenso. Fermi restando gli effetti comunque prodotti dal silenzio assenso ai sensi del primo periodo, lo sportello unico per l'edilizia rilascia, anche in via telematica, entro quindici giorni dalla richiesta dell'interessato, un'attestazione circa il decorso dei termini del procedimento, in assenza di richieste di integrazione documentale o istruttorie inevase e di provvedimenti di diniego; altrimenti, nello stesso termine, comunica all'interessato che tali atti sono intervenuti [(3)].

3. Avverso il provvedimento relativo alla domanda di autorizzazione [, o nei confronti del mancato rilascio entro il termine di cui al comma 2,] è ammesso ricorso al presidente della giunta regionale che decide con provvedimento definitivo [(4)].

4. I lavori devono essere diretti da un ingegnere, architetto, geometra o perito edile iscritto nell'albo, nei limiti delle rispettive competenze.

(1) Comma modificato dall'art. 10, co. 1, lett. p bis), n. 1), d.l. 16.7.2020, n. 76, conv., con modif., dalla l. 11.9.2020, n. 120.
(2) Comma modificato dall'art. 8 bis, co. 5, d.l. 14.12.2018, n. 135, conv., con modif., dalla l. 11.2.2019, n. 12 e poi sostituito dall'art. 10, co. 1, lett. p bis), n. 1), d.l. 16.7.2020, n. 76, conv., con modif., dalla l. 11.9.2020, n. 120.
(3) Comma introdotto dall'art. 10, co. 1, lett. p bis), n. 1), d.l. 16.7.2020, n. 76, conv., con modif., dalla l. 11.9.2020, n. 120
(4) Comma modificato dall'art. 10, co. 1, lett. p bis), n. 1), d.l. 16.7.2020, n. 76, conv., con modif., dalla l. 11.9.2020, n. 120

94 bis. Disciplina degli interventi strutturali in zone sismiche [(1)].

1. Ai fini dell'applicazione delle disposizioni di cui ai capi I, II e IV della parte seconda del presente testo unico, sono considerati, nel rispetto di quanto previsto agli articoli 52 e 83:

a) interventi "rilevanti" nei riguardi della pubblica incolumità:
   1) gli interventi di adeguamento o miglioramento sismico di costruzioni esistenti nelle località sismiche ad alta sismicità (zona 1) e a media sismicità (zona 2, limitatamente a valori di accelerazione ag compresi fra 0,20 g e 0,25 g) [(2)];
   2) le nuove costruzioni che si discostino dalle usuali tipologie o che per la loro particolare complessità strutturale richiedano più articolate calcolazioni e verifiche, situate nelle località sismiche, ad eccezione di quelle a bassa sismicità (zone 3 e 4) [(3)];
   3) gli interventi relativi ad edifici di interesse strategico e alle opere infrastrutturali la cui funzionalità durante gli eventi sismici assume rilievo fondamentale per le finalità di protezione civile, nonché relativi agli edifici e alle opere infrastrutturali che possono assumere rilevanza in relazione alle conseguenze di un loro eventuale collasso, situati nelle località sismiche, ad eccezione di quelle a bassa sismicità (zone 3 e 4) [(4)];

b) interventi di "minore rilevanza" nei riguardi della pubblica incolumità:
   1) gli interventi di adeguamento o miglioramento sismico di costruzioni esistenti nelle località sismiche a media sismicità (zona 2, limitatamente a valori di ag compresi fra 0,15 g e 0,20 g) e zona 3 [(5)];
   2) le riparazioni e gli interventi locali sulle costruzioni esistenti, compresi gli edifici e le opere infrastrutturali di cui alla lettera a), numero 3) [(6)];
   3) le nuove costruzioni che non rientrano nella fattispecie di cui alla lettera a), n. 2);
   3-*bis*) le nuove costruzioni appartenenti alla classe di costruzioni con presenza solo occasionale di persone e edifici agricoli di cui al punto 2.04.2 del decreto del Ministro delle infrastrutture e dei trasporti del 17 gennaio 2018;

c) interventi "privi di rilevanza" nei riguardi della pubblica incolumità:

1) gli interventi che, per loro caratteristiche intrinseche e per destinazione d'uso, non costituiscono pericolo per la pubblica incolumità.

2. Per i medesimi fini del comma 1, il Ministero delle infrastrutture e dei trasporti, d'intesa con la Conferenza Unificata di cui all'articolo 8 del decreto legislativo 28 agosto 1997, n. 281, definisce, entro sessanta giorni dalla data di entrata in vigore della legge di conversione del decreto-legge 18 aprile 2019, n. 32, le linee guida per l'individuazione, dal punto di vista strutturale, degli interventi di cui al medesimo comma 1, nonché delle varianti di carattere non sostanziale per le quali non occorre il preavviso di cui all'articolo 93. Nelle more dell'emanazione delle linee guida, le regioni possono [comunque dotarsi di specifiche elencazioni o] confermare le disposizioni vigenti. Le elencazioni riconducibili alle categorie di interventi di minore rilevanza o privi di rilevanza, già adottate dalle regioni, possono rientrare nelle medesime categorie di interventi di cui al comma 1, lettere b) e c). A seguito dell'emanazione delle linee guida, le regioni adottano specifiche elencazioni di adeguamento alle stesse.

3. Fermo restando l'obbligo del titolo abilitativo all'intervento edilizio, non si possono iniziare lavori relativi ad interventi "rilevanti", di cui al comma 1, lettera a), senza preventiva autorizzazione [scritta] del competente ufficio tecnico della regione, in conformità all'articolo 94 (7).

4. Fermo restando l'obbligo del titolo abilitativo all'intervento edilizio, e in deroga a quanto previsto all'articolo 94, comma 1, le disposizioni di cui al comma 3 non si applicano per lavori relativi ad interventi di "minore rilevanza" o "privi di rilevanza" di cui al comma 1, lettera b) o lettera c).

5. Per gli stessi interventi, non soggetti ad autorizzazione preventiva, le regioni possono istituire controlli anche con modalità a campione.

6. Restano ferme le procedure di cui agli articoli 65 e 67, comma 1, del presente testo unico.

(1) Articolo introdotto dall'art. 3, co. 1, lett. d), d.l. 18.4.2019, n. 32, conv., con modif., dalla l. 14.6.2019, n. 55.
(2) Numero modificato dall'art. 9 quater, co. 1, lett. a), d.l. 24.10.2019, n. 123, conv., con modif., dalla l. 12.12.2019, n. 156.
(3) Numero modificato dall'art. 9 quater, co. 1, lett. a), d.l. 24.10.2019, n. 123, conv., con modif., dalla l. 12.12.2019, n. 156.
(4) Numero modificato dall'art. 9 quater, co. 1, lett. a), d.l. 24.10.2019, n. 123, conv., con modif., dalla l. 12.12.2019, n. 156.
(5) Numero modificato dall'art. 9 quater, co. 1, lett. b), d.l. 24.10.2019, n. 123, conv., con modif., dalla l. 12.12.2019, n. 156.
(6) Numero modificato dall'art. 9 quater, co. 1, lett. b), d.l. 24.10.2019, n. 123, conv., con modif., dalla l. 12.12.2019, n. 156.
(7) Comma modificato dall'art. 10, co. 1, lett. p ter), d.l. 16.7.2020, n. 76, conv., con modif., dalla l. 11.9.2020, n. 120.

Sezione III
Repressione delle violazioni

95. (L) *Sanzioni penali.*

1. Chiunque violi le prescrizioni contenute nel presente capo e nei decreti interministeriali di cui agli articoli 52 e 83 è punito con l'ammenda da L. 400.000 a L. 20.000.000.

96. (L) Accertamento delle violazioni.

1. I funzionari, gli ufficiali ed agenti indicati all'articolo 103, appena accertato un fatto costituente violazione delle presenti norme, compilano processo verbale trasmettendolo immediatamente al competente ufficio tecnico della regione.

2. Il dirigente dell'ufficio tecnico regionale, previ, occorrendo, ulteriori accertamenti di carattere tecnico, trasmette il processo verbale all'autorità giudiziaria competente con le sue deduzioni.

97. (L) Sospensione dei lavori.

1. Il dirigente del competente ufficio tecnico della regione, contemporaneamente agli adempimenti di cui all'articolo 96, ordina, con decreto motivato, notificato a mezzo di messo comunale, al proprietario, nonché al direttore o appaltatore od esecutore delle opere, la sospensione dei lavori.

2. Copia del decreto è comunicata al dirigente o responsabile del competente ufficio comunale ai fini dell'osservanza dell'ordine di sospensione.

3. L'ufficio territoriale del governo, su richiesta del dirigente dell'ufficio di cui al comma 1, assicura l'intervento della forza pubblica, ove ciò sia necessario per l'esecuzione dell'ordine di sospensione.

4. L'ordine di sospensione produce i suoi effetti sino alla data in cui la pronuncia dell'autorità giudiziaria diviene irrevocabile.

98. (L) Procedimento penale.

1. Se nel corso del procedimento penale il pubblico ministero ravvisa la necessità di ulteriori accertamenti tecnici, nomina uno o più consulenti, scegliendoli fra i componenti del Consiglio superiore dei lavori pubblici o tra tecnici laureati appartenenti ai ruoli del Ministero delle infrastrutture e dei trasporti o di altre amministrazioni statali.

2. Deve essere in ogni caso citato per il dibattimento il dirigente del competente ufficio tecnico della regione, il quale può delegare un funzionario dipendente che sia al corrente dei fatti.

3. Con il decreto o con la sentenza di condanna il giudice ordina la demolizione delle opere o delle parti di esse costruite in difformità alle norme del presente capo o dei decreti interministeriali di cui agli articoli 52 e 83, ovvero impartisce le prescrizioni necessarie per rendere le opere conformi alle norme stesse, fissando il relativo termine.

99. (L) Esecuzione d'ufficio.

1. Qualora il condannato non ottemperi all'ordine o alle prescrizioni di cui all'articolo 98, dati con sentenza irrevocabile o con decreto esecutivo, il competente ufficio tecnico della regione provvede, se del caso con l'assistenza della forza pubblica, a spese del condannato.

100. **(L) Competenza del presidente della Regione.**

1. Qualora il reato sia estinto per qualsiasi causa, il presidente della Regione ordina, con provvedimento definitivo, sentito l'organo tecnico consultivo della regione, la demolizione delle opere o delle parti di esse eseguite in violazione delle norme del presente capo e delle norme tecniche di cui agli articoli 52 e 83, ovvero l'esecuzione di modifiche idonee a renderle conformi alle norme stesse.

2. In caso di inadempienza si applica il disposto dell'articolo 99.

101. **(L) Comunicazione del provvedimento al competente ufficio tecnico della regione.**

1. Copia della sentenza irrevocabile o del decreto esecutivo emessi in base alle precedenti disposizioni deve essere comunicata, a cura del cancelliere, al competente ufficio tecnico della regione entro quindici giorni da quello in cui la sentenza è divenuta irrevocabile o il decreto è diventato esecutivo.

102. **(L) Modalità per l'esecuzione d'ufficio.**

1. Per gli adempimenti di cui all'articolo 99 le regioni iscrivono annualmente in bilancio una somma non inferiore a 25822 euro.

2. Al recupero delle somme erogate su tale fondo per l'esecuzione di lavori di demolizione di opere in contravvenzione alle norme tecniche di cui al presente capo, si provvede a mezzo del competente ufficio comunale, in base alla liquidazione dei lavori stessi fatta dal competente ufficio tecnico della regione.

3. La riscossione delle somme dai contravventori, per il titolo suindicato e con l'aumento dell'aggio spettante al concessionario, è fatta mediante ruoli esecutivi.

4. Il versamento delle somme stesse è fatto con imputazione ad apposito capitolo del bilancio dell'entrata.

103. **(L) Vigilanza per l'osservanza delle norme tecniche.**

1. Nelle località di cui all'articolo 61 e in quelle sismiche di cui all'articolo 83 gli ufficiali di polizia giudiziaria, gli ingegneri e geometri degli uffici tecnici delle amministrazioni statali e degli uffici tecnici regionali, provinciali e comunali, le guardie doganali e forestali, gli ufficiali e sottufficiali del Corpo nazionale dei vigili del fuoco e in generale tutti gli agenti giurati a servizio dello Stato, delle province e dei comuni sono tenuti ad accertare che chiunque inizi costruzioni, riparazioni e sopraelevazioni sia in possesso dell'autorizzazione rilasciata dal competente ufficio tecnico della regione a norma degli articoli 61 e 94.

2. I funzionari di detto ufficio debbono altresì accertare se le costruzioni, le riparazioni e ricostruzioni procedano in conformità delle presenti norme. Ai fini dell'esercizio dell'attività prevista dal presente articolo, sono individuati come prioritari i lavori avviati o effettuati sulla base di autorizzazione rilasciata secondo le modalità di cui all'articolo 94, comma 2-*bis* (1).

3. Eguale obbligo spetta agli ingegneri e geometri degli uffici tecnici succitati quando accedano per altri incarichi qualsiasi nei comuni danneggiati, compatibilmente coi detti incarichi.

(1) Comma modificato dall'art. 10, co. 1, lett. p quater), d.l. 16.7.2020, n. 76, conv., con modif., dalla l. 11.9.2020, n. 120.

Sezione IV
Disposizioni finali

104. **(L) Costruzioni in corso in zone sismiche di nuova classificazione.**

1. Tutti coloro che in una zona sismica di nuova classificazione abbiano iniziato una costruzione prima dell'entrata in vigore del provvedimento di classificazione sono tenuti a farne denuncia, entro quindici giorni dall'entrata in vigore del provvedimento di classificazione, al competente ufficio tecnico della regione.

2. L'ufficio tecnico della regione, entro 30 giorni dalla ricezione della denunzia, accerta la conformità del progetto alle norme tecniche di cui all'articolo 83 e l'idoneità della parte già legittimamente realizzata a resistere all'azione delle possibili azioni sismiche.

3. Nel caso in cui l'accertamento di cui al comma 2 dia esito positivo, l'ufficio tecnico autorizza la prosecuzione della costruzione che deve, in ogni caso, essere ultimata entro due anni dalla data del provvedimento di classificazione; nel caso in cui la costruzione possa essere resa conforme alla normativa tecnica vigente mediante le opportune modifiche del progetto, l'autorizzazione può anche essere rilasciata condizionatamente all'impegno del costruttore di apportare le modifiche necessarie. In tal caso l'ufficio tecnico regionale rilascia apposito certificato al denunciante, inviandone copia al dirigente o responsabile del competente ufficio comunale per i necessari provvedimenti.

4. Il presidente della Regione può, per edifici pubblici e di uso pubblico, stabilire, ove occorra, termini di ultimazione superiori ai due anni di cui al comma 3.

5. Qualora l'accertamento di cui al comma 2 dia esito negativo e non sia possibile intervenire con modifiche idonee a rendere conforme il progetto o la parte già realizzata alla normativa tecnica vigente, il dirigente dell'ufficio tecnico annulla la concessione ed ordina la demolizione di quanto già costruito.

6. In caso di violazione degli obblighi stabiliti nel presente articolo si applicano le disposizioni della parte II, capo IV, sezione III del presente testo unico.

105. **(L) Costruzioni eseguite col sussidio dello Stato.**

1. L'inosservanza delle norme del presente capo, nel caso di edifici per i quali sia stato già concesso il sussidio dello Stato, importa, oltre alle sanzioni penali, anche la decadenza dal beneficio statale, qualora l'interessato non si sia attenuto alle prescrizioni di cui al presente capo.

106. **(L) Esenzione per le opere eseguite dal genio militare.**

1. Per le opere che si eseguono a cura del genio militare l'osservanza delle disposizioni di cui alle sezioni II e III del presente capo è assicurata dall'organo all'uopo individuato dal Ministero della difesa.

USURA

1. L. 7 marzo 1996, n. 108. – Disposizioni in materia di usura [(1)] (*artt. 2-3, 6, 10, 13-18*)

In Gazzetta Ufficiale 9 marzo 1996, n. 58

(1) I riferimenti al Ministro/Ministero di Grazia e Giustizia devono intendersi al Ministro/Ministero della giustizia (d.P.R. 13.9.1999).

2. – 1. Il Ministro del tesoro, sentiti la Banca d'Italia e l'Ufficio italiano dei cambi, rileva trimestralmente il tasso effettivo globale medio, comprensivo di commissioni, di remunerazioni a qualsiasi titolo e spese, escluse quelle per imposte e tasse, riferito ad anno, degli interessi praticati dalle banche e dagli intermediari finanziari iscritti negli elenchi tenuti dall'Ufficio italiano dei cambi e dalla Banca d'Italia ai sensi degli articoli 106 e 107 del decreto legislativo 1° settembre 1993, n. 385, nel corso del trimestre precedente per operazioni della stessa natura. I valori medi derivanti da tale rilevazione, corretti in ragione delle eventuali variazioni del tasso ufficiale di sconto successive al trimestre di riferimento, sono pubblicati senza ritardo nella Gazzetta Ufficiale (A).

2. La classificazione delle operazioni per categorie omogenee, tenuto conto della natura, dell'oggetto, dell'importo, della durata, dei rischi e delle garanzie è effettuata annualmente con decreto del Ministro del tesoro, sentiti la Banca d'Italia e l'Ufficio italiano dei cambi e pubblicata senza ritardo nella Gazzetta Ufficiale.

3. Le banche e gli intermediari finanziari di cui al comma 1 ed ogni altro ente autorizzato alla erogazione del credito sono tenuti ad affiggere nella rispettiva sede, e in ciascuna delle proprie dipendenze aperte al pubblico, in modo facilmente visibile, apposito avviso contenente la classificazione delle operazioni e la rilevazione dei tassi previsti nei commi 1 e 2.

4. Il limite previsto dal terzo comma dell'articolo 644 del codice penale, oltre il quale gli interessi sono sempre usurari, è stabilito nel tasso medio risultante dall'ultima rilevazione pubblicata nella Gazzetta Ufficiale ai sensi del comma 1 relativamente alla categoria di operazioni in cui il credito è compreso, aumentato di un quarto, cui si aggiunge un margine di ulteriori quattro punti percentuali. La differenza tra il limite e il tasso medio non può essere superiore a otto punti percentuali [(1)].

(1) Comma modificato dall'art. 8, co. 5, lett. d), d.l. 13.5.2011 n. 70.

3. – 1. La prima classificazione di cui al comma 2 dell'articolo 2 verrà pubblicata entro il termine di centottanta giorni dalla data di entrata in vigore della presente legge. Entro i successivi centottanta giorni sarà pubblicata la prima rilevazione trimestrale di cui al comma 1 del medesimo articolo 2. Fino alla pubblicazione di cui al comma 1 dell'articolo 2 è punito a norma dell'articolo 644, primo comma, del codice penale chiunque, fuori dei casi previsti dall'articolo 643 del codice penale, si fa dare o promettere, sotto qualsiasi forma, per sé o per altri, da soggetto in condizioni di difficoltà economica o finanziaria, in corrispettivo di una prestazione di denaro o di altra utilità, interessi o altri vantaggi che, avuto riguardo alle concrete modalità del fatto e ai tassi praticati per operazioni similari dal sistema bancario e finanziario, risultano sproporzionati rispetto alla prestazione di denaro o di altra utilità. Alla stessa pena soggiace chi, fuori del caso di concorso nel delitto previsto dall'articolo 644, primo comma, del codice penale, procura a soggetto che si trova in condizioni di difficoltà economica o finanziaria una somma di denaro o altra utilità facendo dare o promettere, a sé o ad altri, per la mediazione, un compenso che, avuto riguardo alle concrete modalità del fatto, risulta sproporzionato rispetto all'opera di mediazione.

6. – 1. Sono fatte salve le disposizioni contenute nell'articolo 12- *sexies* del D.L. 8 giugno 1992, n. 306, convertito, con modificazioni, dalla legge 7 agosto 1992, n. 356, introdotto dall'articolo 2 del D.L. 20 giugno 1994, n. 399, convertito, con modificazioni, dalla legge 8 agosto 1994, n. 501.

10. – 1. Nel giudizio penale di cui all'articolo 1 della presente legge possono costituirsi parte civile anche le associazioni e le fondazioni di cui all'articolo 15.

13. – 1. Le domande di cui all'articolo 3 del decreto-legge 31 dicembre 1991, n. 419, convertito, con modificazioni, dalla legge 18 febbraio 1992, n. 172, e successive modificazioni, il cui termine di presentazione sia spirato alla data di entrata in vigore della presente legge, possono essere presentate, a pena di decadenza, entro novanta giorni dalla stessa data.

2. Per le domande relative a fatti verificatisi tra il 1° gennaio 1990 e il 2 novembre 1991, il termine fissato dal medesimo articolo 3 del citato decreto-legge n. 419 del 1991 decorre dalla data di entrata in vigore della presente legge.

3. Anche d'ufficio, il comitato previsto dall'articolo 5, comma 2, del citatodecreto-legge n. 419 del 1991 procede al nuovo esame delle domande per le quali è stato proposto o deciso il rigetto perché presentate oltre i termini fissati a pena di decadenza.

4. Su domanda che il soggetto legittimato deve presentare, a pena di decadenza, entro novanta giorni dalla data di entrata in vigore della presente legge, il comitato di cui al comma 3 procede all'esame delle domande sulle quali ha già formulato proposta al Presidente del Consiglio dei ministri senza tener conto del lucro cessante nelle valutazioni sull'ammontare del danno patrimoniale.

14. – 1. È istituito presso l'ufficio del Commissario straordinario del Governo per il coordinamento delle iniziative anti-racket il "Fondo di solidarietà per le vittime dell'usura".

2. Il Fondo provvede alla erogazione di mutui senza interesse di durata non superiore al decennio a favore di soggetti che esercitano attività imprenditoriale, commerciale, artigianale o comunque economica, ovvero una libera arte o professione, i quali dichiarino di essere vittime del delitto di usura e risultino parti offese nel relativo procedimento penale. Il Fondo è surrogato, quanto all'importo dell'interesse e limitatamente a questo, nei diritti della persona offesa verso l'autore del reato. La concessione del mutuo è esente da oneri fiscali (1).

2 bis. Fermo quanto previsto dal comma 7, l'erogazione dei mutui di cui al comma 2 è consentita anche in favore dell'imprenditore dichiarato fallito, previo provvedimento favorevole del giudice delegato al fallimento, a condizione che il medesimo non abbia riportato condanne definitive per i reati di cui al titolo VI del regio decreto 16 marzo 1942, n. 267, e successive modificazioni, ovvero per delitti contro la pubblica amministrazione, la fede pubblica, l'amministrazione della giustizia, il patrimonio, l'economia pubblica, l'industria e il commercio, a meno di intervenuta riabilitazione ai sensi degli articoli 178 e seguenti del codice penale. Avverso il provvedimento contrario del giudice delegato è ammesso reclamo al tribunale fallimentare, del quale non può far parte il giudice che ha emanato il provvedimento reclamato (2).

2 ter. Le somme erogate a titolo di mutuo ai sensi del comma 2-*bis* non sono imputabili alla massa fallimentare né alle attività sopravvenute dell'imprenditore fallito e sono vincolate, quanto a destinazione, esclusivamente all'utilizzo secondo le finalità di cui al comma 5 (3).

3. Il mutuo può essere concesso, anche nel corso delle indagini preliminari, previo parere favorevole del pubblico ministero, sulla base di concreti elementi acquisiti nel corso delle indagini preliminari medesime (4).

4. L'importo del mutuo è commisurato al danno subìto dalla vittima del delitto di usura per effetto degli interessi e degli altri vantaggi usurari corrisposti all'autore del reato. Il Fondo può erogare un importo maggiore quando, per le caratteristiche del prestito usurario, le sue modalità di riscossione o la sua riferibilità a organizzazioni criminali, sono derivati alla vittima del delitto di usura ulteriori rilevanti danni per perdite o mancati guadagni.

5. La domanda di concessione del mutuo deve essere presentata al Fondo entro il termine di ventiquattro mesi dalla data di presentazione della denuncia per il delitto di usura ovvero dalla data in cui la persona offesa ha notizia dell'inizio delle indagini per il delitto di usura. Essa deve essere corredata da un piano di investimento e utilizzo delle somme richieste che risponda alla finalità di reinserimento della vittima del delitto di usura nella economia legale. In nessun caso le somme erogate a titolo di mutuo o di anticipazione possono essere utilizzate per pagamenti a titolo di interessi o di rimborso del capitale o a qualsiasi altro titolo in favore dell'autore del reato (5).

6. La concessione del mutuo è deliberata dal Commissario straordinario del Governo per il coordinamento delle iniziative anti-racket sulla base della istruttoria operata dal comitato di cui all'articolo 5, comma 2, del D.L. 31 dicembre 1991, n. 419, convertito, con modificazioni, dalla legge 18 febbraio 1992, n. 172. Il Commissario straordinario può procedere alla erogazione della provvisionale anche senza il parere di detto comitato. Può altresì valersi di consulenti.

7. I mutui di cui al presente articolo non possono essere concessi a favore di soggetti condannati per il reato di usura, anche tentato, o per taluno dei reati consumati o tentati di cui agli articoli 380 e 407 comma 2, lettera a), del codice di procedura penale, ovvero sottoposti a misure di prevenzione personali o patrimoniali ovvero alla speciale misura di cui all'articolo 34 del codice delle leggi antimafia e delle misure di prevenzione, di cui al decreto legislativo 6 settembre 2011, n. 159. Nei confronti dei soggetti indagati o imputati per taluno di detti reati ovvero proposti per le suddette misure, la concessione del mutuo non può essere consentita e, ove sia stata disposta, è sospesa fino all'esito dei relativi procedimenti (6).

8. I soggetti indicati nel comma 2 sono esclusi dalla concessione del mutuo se nel procedimento penale per il delitto di usura in cui sono parti offese, ed in relazione al quale hanno proposto la domanda di mutuo, hanno reso dichiarazioni false o reticenti. Qualora per le dichiarazioni false o reticenti sia in corso procedimento penale, la concessione del mutuo è sospesa fino all'esito di tale procedimento.

9. Il Fondo procede alla revoca dei provvedimenti di erogazione del mutuo e della provvisionale ed al recupero delle somme già erogate nei casi seguenti:

a) se il procedimento penale per il delitto di usura in relazione al quale il mutuo o la provvisionale sono stati concessi si conclude con provvedimento di archiviazione, salvo quanto previsto dalla lettera a-*bis*), ovvero con sentenza di non luogo a procedere, di proscioglimento o di assoluzione (7);

a-*bis*) quando il procedimento penale non possa ulteriormente proseguire per prescrizione del reato, per amnistia o per morte dell'imputato e il giudice debba emettere per tali motivi il provvedimento di archiviazione o la sentenza, in qualsiasi fase o grado del processo, ai sensi dell'articolo 129, comma 1, del codice di procedura penale, quando allo stato degli atti non esistano elementi documentati, univoci e concordanti in ordine all'esistenza del danno subito dalla vittima per effetto degli interessi o di altri vantaggi usurari (8);

b) se le somme erogate a titolo di mutuo o di provvisionale non sono utilizzate in conformità al piano di cui al comma 5;

c) se sopravvengono le condizioni ostative alla concessione del mutuo previste nei commi 7 e 8.

10. Le disposizioni di cui al presente articolo si applicano ai fatti verificatisi a partire dal 1° gennaio 1996. Le erogazioni di cui al presente articolo sono concesse nei limiti delle disponibilità del Fondo.

11. Il Fondo è alimentato:

a) da uno stanziamento a carico del bilancio dello Stato pari a lire 10 miliardi per l'anno 1996 e a lire 20 miliardi a decorrere dal 1997; al relativo onere si provvede mediante corrispondente riduzione dello stanziamento iscritto, ai fini del bilancio triennale 1996-1998, al capitolo 6856 dello stato di previsione del Ministero del tesoro per l'anno 1996, all'uopo parzialmente utilizzando l'accantonamento relativo al Ministero della giustizia. Il Ministro del tesoro è autorizzato ad apportare, con propri decreti, le occorrenti variazioni di bilancio;

b) dai beni rivenienti dalla confisca ordinaria ai sensi dell'articolo 644, sesto comma, del codice penale;

c) da donazioni e lasciti da chiunque effettuati.

12. È comunque fatto salvo il principio di unità di bilancio di cui all'art. 5, legge 5 agosto 1978, n. 468, e successive modificazioni.

13. Il Governo adotta, ai sensi dell'articolo 17 della legge 23 agosto 1988, n. 400, apposito regolamento di attuazione entro sei mesi dalla data di entrata in vigore della presente legge.

(1) Comma, da ultimo, così modificato dall'art. 145, l. 23.12.2000, n. 388.
(2) Comma introdotto dall'art, 1, co. 1, lett. a), l. 27.1.2012, n. 3.
(3) Comma introdotto dall'art, 1, co. 1, lett. a), l. 27.1.2012, n. 3.
(4) Comma sostituito dall'art, 1, co. 1, lett. b), l. 27.1.2012, n. 3.
(5) Comma modificato dall'art, 1, co. 1, lett. c), l. 27.1.2012, n. 3 e, poi, dall'art. 38 bis, co. 2, d.l. 4.10.2018, n. 113, conv., con modif., dalla l. 1.12.2018, n. 132.
(6) Comma sostituito dall'art, 1, co. 1, lett. d), l. 27.1.2012, n. 3.
(7) Lettera sostituita dall'art, 1, co. 1, lett. e), l. 27.1.2012, n. 3.
(8) Lettera introdotta dall'art, 1, co. 1, lett. e), l. 27.1.2012, n. 3.

15. – 1. È istituito presso il Ministero del tesoro il "Fondo per la prevenzione del fenomeno dell'usura" di entità pari a lire 300 miliardi, da costituire con quote di 100 miliardi di lire per ciascuno degli anni finanziari 1996, 1997 e 1998. Il Fondo dovrà essere utilizzato quanto al 70 per cento per l'erogazione di contributi a favore di appositi fondi speciali costituiti dai confidi, di cui all'articolo 13 del decreto-legge 30 settembre 2003, n. 269, e quanto al 30 per cento a favore delle fondazioni ed associazioni riconosciute per la prevenzione del fenomeno dell'usura, di cui al comma 4 [1].

2. I contributi di cui al comma 1 possono essere concessi ai Confidi alle seguenti condizioni:

a) che essi costituiscano speciali fondi antiusura, separati dai fondi rischi ordinari, destinati a garantire fino all'80 per cento le banche e gli istituti di credito che concedono finanziamenti a medio termine e all'incremento di linee di credito a breve termine a favore delle piccole e medie imprese a elevato rischio finanziario, intendendosi per tali le imprese cui sia stata rifiutata una domanda di finanziamento assistita da una garanzia pari ad almeno il 50 per cento dell'importo del finanziamento stesso pur in presenza della disponibilità del Confidi al rilascio della garanzia;

b) che i contributi di cui al comma 1 siano cumulabili con eventuali contributi concessi dalle camere di commercio, industria, artigianato e agricoltura.

3. Il Ministro del tesoro, sentito il Ministro dell'industria, del commercio e dell'artigianato, determina con decreto i requisiti patrimoniali dei fondi speciali antiusura di cui al comma 2 e i requisiti di onorabilità e di professionalità degli esponenti dei fondi medesimi.

4. Le fondazioni e le associazioni riconosciute per la prevenzione del fenomeno dell'usura sono iscritte in apposito elenco tenuto dal Ministro del tesoro. Lo scopo della prevenzione del fenomeno dell'usura, anche attraverso forme di tutela, assistenza ed informazione, deve risultare dall'atto costitutivo e dallo statuto.

5. Il Ministro del tesoro, sentiti il Ministro dell'interno ed il Ministro per gli affari sociali, determina con decreto i requisiti patrimoniali delle fondazioni e delle associazioni per la prevenzione del fenomeno dell'usura ed i requisiti di onorabilità e di professionalità degli esponenti delle medesime fondazioni e associazioni.

6. Le fondazioni e le associazioni per la prevenzione del fenomeno dell'usura prestano garanzie alle banche ed agli intermediari finanziari al fine di favorire l'erogazione di finanziamenti a soggetti che, pur essendo meritevoli in base ai criteri fissati nei relativi statuti, incontrano difficoltà di accesso al credito.

7. Fatte salve le riserve di attività previste dalla legge, le fondazioni e le associazioni per la prevenzione del fenomeno dell'usura esercitano le altre attività previste dallo statuto.

8. Per la gestione del Fondo di cui al comma 1 e l'assegnazione dei contributi, il Governo provvede, entro tre mesi dalla data di entrata in vigore della presente legge, all'istituzione di una commissione costituita da due rappresentanti del Ministero dell'economia e delle finanze, di cui uno con funzioni di presidente, da due rappresentanti del Ministero dell'interno, di cui uno nella persona del Commissario straordinario del Governo per il coordinamento delle iniziative anti-racket ed antiusura, da due rappresentanti del Ministero dello sviluppo economico e da due rappresentanti del Ministero del lavoro e delle politiche sociali. È previsto un supplente per ciascuno dei rappresentanti. I componenti effettivi e supplenti della commissione sono scelti tra i funzionari con qualifica non inferiore a dirigente di seconda fascia o equiparata.
La partecipazione alla commissione è a titolo gratuito. Le riunioni della commissione sono valide quando intervengono almeno cinque componenti, rappresentanti, comunque, le quattro amministrazioni interessate. Le deliberazioni sono adottate a maggioranza dei presenti e in caso di parità di voti prevale quello del presidente [2].

9. I contributi di cui al presente articolo sono erogati nei limiti dello stanziamento previsto al comma 1.

10. All'onere derivante dall'attuazione del comma 1 si provvede mediante riduzione dello stanziamento iscritto, ai fini del bilancio triennale 1996-1998, al capitolo 6856 dello stato di previsione del Ministero del tesoro per l'anno 1996, utilizzando parzialmente l'accantonamento relativo al medesimo Ministero.

(1) Comma modificato dall'art. 13, d.l. 30.9.2003, n. 269.
(2) Comma modificato dall'art. 1, co. 2, l. 27.1.2012, n. 3.

16. – [**1.** L'attività di mediazione o di consulenza nella concessione di finanziamenti da parte di banche o di intermediari finanziari è riservata ai soggetti iscritti in apposito albo istituito presso il Ministero del tesoro, che si avvale dell'Ufficio italiano dei cambi] [(1)].

[**2.** Con regolamento del Governo adottato ai sensi dell'articolo 17 della legge 23 agosto 1988, n. 400, sentiti la Banca d'Italia e l'Ufficio italiano dei cambi, è specificato il contenuto dell'attività di mediazione creditizia e sono fissate le modalità per l'iscrizione e la cancellazione dall'albo, nonché le forme di pubblicità dell'albo medesimo. La cancellazione può essere disposta per il venire meno dei requisiti indicati al comma 3 e per gravi violazioni degli obblighi indicati al comma 4] [(2)].

[**3.** I requisiti di onorabilità necessari per l'iscrizione nell'albo di cui al comma 1 sono i medesimi previsti dall'articolo 109 del decreto legislativo 1° settembre 1993, n. 385] [(3)].

[**4.** Ai soggetti che svolgono l'attività di mediazione creditizia si applicano, in quanto compatibili, le disposizioni del Titolo VI del decreto legislativo 1° settembre 1993, n. 385, e del decreto-legge 3 maggio 1991, n. 143, convertito, con modificazioni, dalla legge 5 luglio 1991, n. 197, e successive modificazioni] [(4)].

[**5.** L'esercizio dell'attività di mediazione creditizia è compatibile con lo svolgimento di altre attività professionali] [(5)].

[**6.** La pubblicità a mezzo stampa dell'attività di cui al comma 1 è subordinata all'indicazione, nella pubblicità medesima, degli estremi della iscrizione nell'albo di cui allo stesso comma 1] [(6)].

[**7.** Chiunque svolge l'attività di mediazione creditizia senza essere iscritto nell'albo indicato al comma 1 è punito con la reclusione da sei mesi a quattro anni e con la multa da quattro a venti milioni di lire] [(7)].

[**8.** Le disposizioni dei commi precedenti non si applicano alle banche, agli intermediari finanziari, ai promotori finanziari iscritti all'albo previsto dall'articolo 5, comma 5, della legge 2 gennaio 1991, n. 1, e alle imprese assicurative] [(8)].

9. Salvo che il fatto costituisca reato più grave, chi, nell'esercizio di attività bancaria, di intermediazione finanziaria o di mediazione creditizia, indirizza una persona, per operazioni bancarie o finanziarie, a un soggetto non abilitato all'esercizio dell'attività bancaria o finanziaria, è punito con la reclusione da due a quattro anni [(9)].

(1) Comma abrogato dall'art. 28, co. 1, lett. b), d.lgs. 13.8.2010, n. 141.
(2) Comma abrogato dall'art. 28, co. 1, lett. b), d.lgs. 13.8.2010, n. 141.
(3) Comma abrogato dall'art. 28, co. 1, lett. b), d.lgs. 13.8.2010, n. 141.
(4) Comma abrogato dall'art. 28, co. 1, lett. b), d.lgs. 13.8.2010, n. 141.
(5) Comma abrogato dall'art. 28, co. 1, lett. b), d.lgs. 13.8.2010, n. 141.
(6) Comma abrogato dall'art. 28, co. 1, lett. b), d.lgs. 13.8.2010, n. 141.
(7) Comma abrogato dall'art. 28, co. 1, lett. b), d.lgs. 13.8.2010, n. 141.
(8) Comma abrogato dall'art. 28, co. 1, lett. b), d.lgs. 13.8.2010, n. 141.
(9) Comma modificato dall'art. 1, co. 3, l. 27.1.2012, n. 3.

17. – 1. Il debitore protestato che abbia adempiuto all'obbligazione per la quale il protesto è stato levato e non abbia subìto ulteriore protesto ha diritto ad ottenere, trascorso un anno dal levato protesto, la riabilitazione.

2. La riabilitazione è accordata con decreto del presidente del tribunale o con atto notarile su istanza dell'interessato corredata dai documenti giustificativi [(1)] [(2)].

3. Avverso il diniego di riabilitazione il debitore può proporre opposizione. L'opposizione è disciplinata dall'articolo 13 del decreto legislativo 1° settembre 2011, n. 150 [(3)].

4. Il decreto o l'atto di riabilitazione è pubblicato nel Bollettino dei protesti cambiari ed è opponibile ai sensi del comma 3 da chiunque vi abbia interesse [entro dieci giorni dalla pubblicazione] [(4)].

[**5.** Nelle stesse forme di cui al comma 4 è pubblicato il provvedimento della corte di appello che accoglie il reclamo.] [(5)]

6. Per effetto della riabilitazione il protesto si considera, a tutti gli effetti, come mai avvenuto.

6 bis. Il debitore protestato e riabilitato ha diritto di ottenere la cancellazione definitiva dei dati relativi al protesto anche dal registro informatico di cui all'articolo 3-*bis*, del decreto legge 18 settembre 1995, n. 381, convertito, con modificazioni, dalla legge 15 novembre 1995, n. 480. La cancellazione dei dati del protesto è disposta dal responsabile dirigente dell'ufficio protesti competente per territorio non oltre il termine di venti giorni dalla data di presentazione della relativa istanza, corredata del decreto o dell'atto di riabilitazione [(6)].

6 ter. Ove sussistano tutte le condizioni indicate nel comma 1, è consentita la presentazione di un'unica istanza di riabilitazione anche in riferimento a più protesti, purché compresi nello spazio temporale di un triennio [(7)].

(1) Secondo quanto previsto dall'art. 27, co. 4, d.lgs. 13.7.2017, n. 116, a decorrere dal 31.10.2025, le parole «presidente del tribunale» qui utilizzate saranno sostituite dalle seguenti: «giudice di pace», come previsto dall'art. 32, d.lgs. n. 116/2017 medesimo, modificato dall'art. 8 bis, co. 1, lett. a), d.l. 30.12.2019, n. 162, conv., con modif., dalla l. 28.2.2020, n. 8.
(2) Comma modificato dall'art. 23, co. 1, lett. a), d.lgs. 10.10.2022, n. 149, con effetto a decorrere dal 28.2.2023, come stabilito dall'art. 35, co. 1, d.lgs. n. 149/2022 medesimo, come modificato dall'art. 1, co. 380, lett. a), l. 29.12.2022, n. 197.
(3) Comma sostituito dall'art. 34, co. 15, lett. a), d.lgs. 1.9.2011, n. 150.
(4) Comma modificato dall'art. 34, co. 15, lett. b) e c), d.lgs. 1.9.2011, n. 150 e poi dall'art. 23, co. 1, lett. b), d.lgs. 10.10.2022, n. 149, con effetto a decorrere dal 28.2.2023, come stabilito dall'art. 35, co. 1, d.lgs. n. 149/2022 medesimo, come modificato dall'art. 1, co. 380, lett. a), l. 29.12.2022, n. 197.
(5) Comma abrogato dall'art. 34, co. 15, lett. d), d.lgs. 1.9.2011, n. 150.

(6) Comma introdotto dall'art. 3, l. 18.8.2000, n. 235, a decorrere dal 28.12.2000; modificato dall'art. 45, l. 12.12.2002, n. 273 e poi dall'art. 23, co. 1, lett. c), d.lgs. 10.10.2022, n. 149, con effetto a decorrere dal 28.2.2023, come stabilito dall'art. 35, co. 1, d.lgs. n. 149/2022 medesimo, come modificato dall'art. 1, co. 380, lett. a), l. 29.12.2022, n. 197

(7) Comma introdotto dall'art. 1, co. 4, l. 27.1.2012, n. 3.

18. – 1. Su istanza del debitore che sia parte offesa del delitto di usura il presidente del tribunale può, con decreto non impugnabile, disporre la sospensione della pubblicazione, ovvero la cancellazione del protesto elevato a seguito di presentazione per il pagamento di un titolo di credito da parte dell'imputato del predetto delitto, direttamente o per interposta persona, quando l'imputato sia stato rinviato a giudizio. Il decreto di sospensione o cancellazione perde effetto nel caso di assoluzione dell'imputato del delitto di usura con sentenza definitiva.

2. L. 23 febbraio 1999, n. 44. – Disposizioni concernenti il Fondo di solidarietà per le vittime delle richieste estorsive e dell'usura (*artt. 2-3, 6, 10, 13-18*)

In Gazzetta Ufficiale 3 marzo 1999, n. 51

2. Limitazione temporale e territoriale.

1. L'elargizione è concessa in relazione agli eventi dannosi verificatisi nel territorio dello Stato successivamente al 1° gennaio 1990.

3. Elargizione alle vittime di richieste estorsive.

1. L'elargizione è concessa agli esercenti un'attività imprenditoriale, commerciale, artigianale o comunque economica, ovvero una libera arte o professione, che subiscono un evento lesivo in conseguenza di delitti commessi allo scopo di costringerli ad aderire a richieste estorsive, avanzate anche successivamente ai fatti, o per ritorsione alla mancata adesione a tali richieste, ovvero in conseguenza di situazioni di intimidazione anche ambientale. Per evento lesivo si intende qualsiasi danno a beni mobili o immobili, ovvero lesioni personali, ovvero un danno sotto forma di mancato guadagno inerente all'attività esercitata (1).

1 bis. Fermo quanto previsto dall'articolo 4, l'elargizione è consentita anche in favore del soggetto dichiarato fallito, previo parere favorevole del giudice delegato al fallimento, a condizione che il medesimo soggetto non abbia riportato condanne per i reati di cui agli articoli 216 e 217 del regio decreto 16 marzo 1942, n. 267, ovvero per delitti contro il patrimonio, l'economia pubblica, l'industria e il commercio, a meno di intervenuta riabilitazione ai sensi degli articoli 178 e seguenti del codice penale, né sia indagato o imputato per gli stessi reati. In tale ultimo caso la concessione dell'elargizione non è consentita e, ove sia stata disposta, è sospesa fino all'esito dei relativi procedimenti (2).

1 ter. Le somme erogate a titolo di elargizione ai sensi del comma 1-*bis* non sono imputabili alla massa fallimentare né alle attività sopravvenute del soggetto fallito e sono vincolate, quanto a destinazione, esclusivamente all'utilizzo secondo le finalità di cui all'articolo 15. Il ricavato netto è per la metà acquisito dal curatore quale attivo sopravveniente del fallimento, e per la residua metà deve essere impiegato a fini produttivi e di investimento (3).

2. Ai soli fini della presente legge sono equiparate alle richieste estorsive le condotte delittuose che, per circostanze ambientali o modalità del fatto, sono riconducibili a finalità estorsive, purché non siano emersi elementi indicativi di una diversa finalità. Se per il delitto al quale è collegato il danno sono in corso le indagini preliminari, l'elargizione è concessa sentito il pubblico ministero competente, che esprime il proprio parere entro trenta giorni dalla richiesta. Il procedimento relativo all'elargizione prosegue comunque nel caso in cui il pubblico ministero non esprima il parere nel termine suddetto ovvero nel caso in cui il pubblico ministero comunichi che all'espressione del parere osta il segreto relativo alle indagini.

(1) Comma sostituito dall'art. 2, co. 1, lett. a), n. 1), l. 27.1.2012, n. 3.

(2) Comma introdotto dall'art. 2, co. 1, lett. a), n. 2), l. 27.1.2012, n. 3.

(3) Comma introdotto dall'art. 2, co. 1, lett. a), n. 1), l. 27.1.2012, n. 3.

6. Elargizione agli appartenenti ad associazioni di solidarietà.

1. L'elargizione, sussistendo le condizioni di cui all'art. 4, è concessa anche agli appartenenti ad associazioni od organizzazioni aventi lo scopo di prestare assistenza e solidarietà a soggetti danneggiati da attività estorsive, i quali:

a) subiscono un danno a beni mobili o immobili, ovvero lesioni personali in conseguenza di delitti commessi al fine di costringerli a recedere dall'associazione o dall'organizzazione o a cessare l'attività svolta nell'ambito delle medesime, ovvero per ritorsione a tale attività;

b) subiscono quali esercenti un'attività imprenditoriale, commerciale, artigianale o comunque economica, ovvero una libera arte o professione, un danno, sotto forma di mancato guadagno inerente all'attività esercitata, in conseguenza dei delitti di cui alla lettera a) ovvero di situazioni di intimidazione anche ambientale determinate dalla perdurante appartenenza all'associazione o all'organizzazione.

10. Criteri di liquidazione.

1. L'ammontare del danno è determinato:

a) nel caso di danno a beni mobili o immobili, comprendendo la perdita subita e il mancato guadagno, salvo quanto previsto dall'art. 7, comma 3;

b) nel caso di morte o di danno conseguente a lesioni personali, ovvero a intimidazione anche ambientale, sulla base del mancato guadagno inerente all'attività esercitata dalla vittima.

2. Il mancato guadagno, se non può essere provato nel suo preciso ammontare, è valutato con equo apprezzamento delle circostanze, tenendo conto anche della riduzione del valore dell'avviamento commerciale.

13. Modalità e termini per la domanda.

1. L'elargizione è concessa a domanda.

2. La domanda può essere presentata dall'interessato ovvero, con il consenso di questi, dal consiglio nazionale del relativo ordine professionale o da una delle associazioni nazionali di categoria rappresentate nel Consiglio nazionale dell'economia e del lavoro (CNEL). La domanda può essere altresì presentata da uno dei soggetti di cui all'art. 8, comma 1, ovvero, per il tramite del legale rappresentante e con il consenso dell'interessato, da associazioni od organizzazioni iscritte in apposito elenco tenuto a cura del prefetto ed aventi tra i propri scopi quello di prestare assistenza e solidarietà a soggetti danneggiati da attività estorsive. Con decreto del Ministro dell'interno, da emanare entro sessanta giorni dalla data di entrata in vigore della presente legge, di concerto con il Ministro di grazia e giustizia, sono determinati le condizioni ed i requisiti per l'iscrizione nell'elenco e sono disciplinate le modalità per la relativa tenuta.

2 bis. Non possono far parte dell'elenco di cui al comma 2 associazioni ed organizzazioni che, al momento dell'accettazione della domanda di iscrizione, non siano in regola con la documentazione antimafia di cui al libro II, capi dal I al IV, del decreto legislativo 6 settembre 2011, n. 159 [(1)].

3. Salvo quanto previsto dai commi 4 e 5, la domanda deve essere presentata, a pena di decadenza, entro il termine di cinque anni dalla data della denuncia ovvero dalla data in cui l'interessato ha conoscenza che dalle indagini preliminari sono emersi elementi atti a far ritenere che l'evento lesivo consegue a delitto commesso per le finalità indicate negli articoli precedenti [(2)].

4. Per i danni conseguenti a intimidazione anche ambientale, la domanda deve essere presentata, a pena di decadenza, entro il termine di un anno dalla data in cui hanno avuto inizio le richieste estorsive o nella quale l'interessato è stato per la prima volta oggetto della violenza o minaccia.

5. I termini stabiliti dai commi 3 e 4 sono sospesi nel caso in cui, sussistendo un attuale e concreto pericolo di atti di ritorsione, il pubblico ministero abbia disposto, con decreto motivato, le necessarie cautele per assicurare la riservatezza dell'identità del soggetto che dichiara di essere vittima dell'evento lesivo o delle richieste estorsive. I predetti termini riprendono a decorrere dalla data in cui il decreto adottato dal pubblico ministero è revocato o perde comunque efficacia. Quando è adottato dal pubblico ministero decreto motivato per le finalità suindicate è omessa la menzione delle generalità del denunciante nella documentazione da acquisire ai fascicoli formati ai sensi degli articoli 408, comma 1, e 416, comma 2, del codice di procedura penale, fino al provvedimento che dispone il giudizio o che definisce il procedimento.

(1) Comma introdotto dall'art. 38 bis, co. 1, lett. a), d.l. 4.10.2018, n. 113, conv., con modif., dalla l. 1.12.2018, n. 132.

(2) Comma modificato, prima, dall'art. 38 bis, co. 1, lett. b), d.l. 4.10.2018, n. 113, conv., con modif., dalla l. 1.12.2018, n. 132, e, poi, dall'art. 27 bis, co. 1, d.l. 22.6.2023, n. 75, conv., con modif., dalla l. 10.8.2023, n. 112.

14. Concessione dell'elargizione.

1. La concessione dell'elargizione è disposta con decreto del Commissario per il coordinamento delle iniziative antiracket e antiusura, su deliberazione del Comitato di cui all'art. 19. La deliberazione deve dare conto della natura del fatto che ha cagionato il danno patrimoniale, del rapporto di causalità, dei singoli presupposti positivi e negativi stabiliti dalla presente legge e dell'ammontare del danno patrimoniale, dettagliatamente documentato, salvo quanto previsto dall'art. 10, comma 2. Si applicano, in quanto compatibili, le disposizioni degli articoli 7, 10 e 13 della legge 20 ottobre 1990, n. 302. Si applica altresì l'art. 10– *sexies* della legge 31 maggio 1965, n. 575 e successive modificazioni.

1 bis. Qualora dalla disponibilità dell'intera somma dipenda la possibilità di riattivare in maniera efficiente l'attività imprenditoriale, previa concessione di provvisionale, ovvero di altre misure cautelari, da parte del giudice nel corso del giudizio relativo all'evento delittuoso posto a base dell'istanza, possono essere erogate somme di denaro a titolo di anticipo dell'elargizione, sino a concorrenza dell'intero ammontare [(1)].

2. Entro sessanta giorni dalla data della deliberazione, il Ministro dell'interno può promuovere, con richiesta motivata, il riesame della deliberazione stessa da parte del Comitato.

(1) Comma introdotto dall'art. 38 bis, co. 1, lett. c), d.l. 4.10.2018, n. 113, conv., con modif., dalla l. 1.12.2018, n. 132.

15. Corresponsione e destinazione dell'elargizione.

1. L'elargizione, una volta determinata nel suo ammontare, può essere corrisposta in una o più soluzioni.

2. Il pagamento dei ratei successivi al primo deve essere preceduto dalla produzione, da parte dell'interessato, di idonea documentazione comprovante che le somme già corrisposte sono state destinate ad attività economiche di tipo imprenditoriale.

3. La prova di cui al comma 2 deve essere altresì fornita entro i dodici mesi successivi alla corresponsione del contributo in unica soluzione o dell'ultimo rateo.

16. Revoca dell'elargizione.

1. Salvo quanto previsto dall'art. 7 della legge 20 ottobre 1990, n. 302, la concessione dell'elargizione è revocata:

a) se l'interessato non fornisce la prova relativa alla destinazione delle somme già corrisposte;

b) se si accerta l'insussistenza dei presupposti dell'elargizione medesima;
c) se la condizione prevista dall'art. 4, comma 1, lettera a), non permane anche nel triennio successivo al decreto di concessione.

2. Alle elargizioni concesse in favore dei soggetti indicati all'art. 7 non si applicano le disposizioni di cui alle lettere a) e c) del comma 1 del presente articolo e di cui ai commi 2 e 3 dell'art. 15.

2 bis. L'elargizione è revocata in tutto o in parte se, dopo l'elargizione stessa, vengono effettuati, per il medesimo danno, risarcimenti o rimborsi a qualunque titolo ad opera di imprese assicuratrici o amministrazioni pubbliche[1].

(1) Comma introdotto dall'art. 1, d.l. 13.9.1999, n. 317, così come modificato dalla l. di conversione 12.11.1999, n. 414.

17. Provvisionale.

1. Prima della definizione del procedimento per la concessione dell'elargizione può essere disposta, a domanda, la corresponsione, in una o più soluzioni, di una provvisionale fino al settanta per cento dell'ammontare complessivo dell'elargizione, con le modalità previste dal regolamento di cui all'art. 21.

2. Agli effetti di quanto previsto nel comma 1, il Comitato di cui all'art. 19 acquisisce, entro trenta giorni dal ricevimento della domanda, a mezzo del prefetto della provincia nel cui territorio si è verificato l'evento denunciato, un rapporto iniziale in ordine ai presupposti e alle condizioni dell'elargizione. L'esito dell'istanza deve essere definito in ogni caso, dandone comunicazione all'interessato, entro novanta giorni dal ricevimento della domanda.

3. Qualora risulti indispensabile per l'accertamento dei presupposti e delle condizioni dell'elargizione, il prefetto e il Comitato di cui all'art. 19 possono ottenere dall'autorità giudiziaria competente copie di atti e informazioni scritte sul loro contenuto inerenti il fatto delittuoso che ha causato il danno. L'autorità giudiziaria provvede senza ritardo e può rigettare la richiesta con decreto motivato. Le copie e le informazioni acquisite ai sensi del presente articolo sono coperte dal segreto d'ufficio e sono custodite e trasmesse in forme idonee ad assicurare la massima riservatezza.

4. Se per il delitto al quale è collegato il danno sono in corso le indagini preliminari, la provvisionale è concessa, sentito il pubblico ministero competente, che esprime il proprio parere entro trenta giorni dalla richiesta. Il procedimento relativo alla concessione della provvisionale prosegue comunque nel caso in cui il pubblico ministero non esprima il parere nel termine suddetto ovvero nel caso in cui il pubblico ministero comunichi che all'espressione del parere osta il segreto relativo alle indagini.

5. Si applicano le disposizioni di cui agli articoli 15, comma 3, e 16.

18. Fondo di solidarietà per le vittime delle richieste estorsive.

1. È istituito presso il Ministero dell'interno il Fondo di solidarietà per le vittime delle richieste estorsive. Il Fondo è alimentato da:
a) un contributo, determinato ai sensi del comma 2, sui premi assicurativi, raccolti nel territorio dello Stato, nei rami incendio, responsabilità civile diversi, auto rischi diversi e furto, relativi ai contratti stipulati a decorrere dal 1° gennaio 1990;
b) un contributo dello Stato determinato secondo modalità individuate dalla legge, nel limite massimo di lire 80 miliardi, iscritto nello stato di previsione dell'entrata, unità previsionale di base 1.1.11.1, del bilancio di previsione dello Stato per il 1998 e corrispondenti proiezioni per gli anni 1999 e 2000;
c) una quota pari alla metà dell'importo, per ciascun anno, delle somme di denaro confiscate ai sensi della legge 31 maggio 1965, n. 575 e successive modificazioni, nonché una quota pari ad un terzo dell'importo del ricavato, per ciascun anno, delle vendite disposte a norma dell'art. 2-*undecies* della suddetta legge n. 575 del 1965, relative ai beni mobili o immobili ed ai beni costituiti in azienda confiscati ai sensi della medesima legge n. 575 del 1965.

2. La misura percentuale prevista dall'art. 6, comma 2, del decreto-legge 31 dicembre 1991, n. 419, convertito, con modificazioni, dalla legge 18 febbraio 1992, n. 172, può essere rideterminata, in relazione alle esigenze del Fondo, con decreto del Ministro dell'interno, di concerto con il Ministro del tesoro, del bilancio e della programmazione economica e con il Ministro dell'industria, del commercio e dell'artigianato.

3. Con decreto del Ministro dell'interno, di concerto con il Ministro del tesoro, del bilancio e della programmazione economica e con il Ministro dell'industria, del commercio e dell'artigianato, sono emanate, entro sei mesi dalla data di entrata in vigore della presente legge, le norme regolamentari necessarie per l'attuazione di quanto disposto dal comma 1, lettera a).

3. D.L. 29 dicembre 2000, n. 394, convertito, con modificazioni, in L. 28 febbraio 2001, n. 24. – Interpretazione autentica della legge 7 marzo 1996, n. 108, recante disposizioni in materia di usura

In Gazzetta Ufficiale 30 dicembre 2000, n. 303

1. – 1. Ai fini dell'applicazione dell'art. 644 del codice penale e dell'art. 1815, secondo comma, del codice civile, si intendono usurari gli interessi che superano il limite stabilito dalla legge nel momento in cui essi sono promessi o comunque convenuti, a qualunque titolo, indipendentemente dal momento del loro pagamento.

2. In considerazione dell'eccezionale caduta dei tassi di interesse verificatasi in Europa e in Italia nel biennio 1998-1999, avente carattere strutturale, il tasso degli interessi pattuito nei finanziamenti non agevolati, stipulati nella forma di mutui a tasso fisso rientranti nella categoria dei mutui, individuata con il decreto del Ministro del tesoro, del bilancio e della programmazione economica previsto dall'articolo 2, comma 2, della legge 7 marzo 1996, n. 108, in essere alla data di entrata in vigore del presente decreto, è sostituito, salvo diversa pattuizione più favorevole per il debitore, dal tasso indicato al comma 3. Il tasso di sostituzione è altresì ridotto all'8 per cento con riferimento ai mutui ovvero a quote di mutuo di importo originario non superiore a 150 milioni di lire, o all'equivalente importo in valuta al cambio vigente al momento della stipulazione del contratto, accesi per l'acquisto o la costruzione di abitazioni, diverse da quelle rientranti nelle categorie catastali A/1, A/8 e A/9, per i quali spettano le detrazioni di cui alla lettera b) del comma 1 e al comma 1-*ter* dell'articolo 13-*bis* del testo unico delle imposte sui redditi, approvato con decreto del Presidente della Repubblica 22 dicembre 1986, n. 917, e successive modificazioni. La sostituzione di cui al presente comma non ha efficacia novativa, non comporta spese a carico del mutuatario e si applica alle rate che scadono successivamente al 2 gennaio 2001 (1).

3. Il tasso di sostituzione è stabilito, per le rate con scadenza a decorrere dal 3 gennaio 2001, in misura non superiore al valore medio per il periodo gennaio 1986-ottobre 2000 dei rendimenti lordi dei buoni del Tesoro poliennali con vita residua superiore ad un anno (2).

4. Le disposizioni legislative in materia di limiti di tassi di interesse non si applicano ai finanziamenti ed ai prestiti, in essere alla data di entrata in vigore del presente decreto, concessi o ricevuti in applicazione di leggi speciali in materia di debito pubblico di cui all'art. 104 del trattato sull'Unione europea.

(1) Comma sostituito dalla l. 28.2.2001, n. 24, in sede di conversione. La Corte costituzionale, con sent. del 25.2.2002, n. 29, ha dichiarato l'illegittimità costituzionale di questo comma, nella parte in cui dispone che la sostituzione ivi prevista si applichi alle rate che scadono successivamente al 2 gennaio 2001 anziché a quelle che scadono dal giorno stesso dell'entrata in vigore del decreto-legge.

(2) Comma sostituito dalla l. 28.2.2001, n. 24, in sede di conversione. La Corte costituzionale, con sent. del 25.2.2002, n. 29, ha dichiarato l'illegittimità costituzionale di questo comma, limitatamente alle parole "per le rate con scadenza a decorrere dal 3 gennaio 2001".

2. – 1. Il presente decreto entra in vigore il giorno successivo a quello della sua pubblicazione nella Gazzetta Ufficiale della Repubblica italiana e sarà presentato alle Camere per la conversione in legge.

1. L. 9 gennaio 2006, n. 7. – Disposizioni concernenti la prevenzione e il divieto delle pratiche di mutilazione genitale femminile (*artt. 1-8*)

In Gazzetta Ufficiale 18 gennaio 2006, n. 14

1. Finalità.

1. In attuazione degli articoli 2, 3 e 32 della Costituzione e di quanto sancito dalla Dichiarazione e dal Programma di azione adottati a Pechino il 15 settembre 1995 nella quarta Conferenza mondiale delle Nazioni Unite sulle donne, la presente legge detta le misure necessarie per prevenire, contrastare e reprimere le pratiche di mutilazione genitale femminile quali violazioni dei diritti fondamentali all'integrità della persona e alla salute delle donne e delle bambine.

2. Attività di promozione e coordinamento.

1. La Presidenza del Consiglio dei ministri-Dipartimento per le pari opportunità promuove e sostiene, nell'ambito degli ordinari stanziamenti di bilancio, il coordinamento delle attività svolte dai Ministeri competenti dirette alla prevenzione, all'assistenza alle vittime e all'eliminazione delle pratiche di mutilazione genitale femminile.

2. Ai fini dello svolgimento delle attività di cui al comma 1, la Presidenza del Consiglio dei ministri-Dipartimento per le pari opportunità acquisisce dati e informazioni, a livello nazionale e internazionale, sull'attività svolta per la prevenzione e la repressione e sulle strategie di contrasto programmate o realizzate da altri Stati.

3. Campagne informative.

1. Allo scopo di prevenire e contrastare le pratiche di cui all'articolo 583-*bis* del codice penale, il Ministro per le pari opportunità, d'intesa con i Ministri della salute, dell'istruzione, dell'università e della ricerca, del lavoro e delle politiche sociali, degli affari esteri e dell'interno e con la Conferenza permanente per i rapporti tra lo Stato, le regioni e le province autonome di Trento e di Bolzano, predispone appositi programmi diretti a:

a) predisporre campagne informative rivolte agli immigrati dai Paesi in cui sono effettuate le pratiche di cui all'articolo 583-*bis* del codice penale, al momento della concessione del visto presso i consolati italiani e del loro arrivo alle frontiere italiane, dirette a diffondere la conoscenza dei diritti fondamentali della persona, in particolare delle donne e delle bambine, e del divieto vigente in Italia delle pratiche di mutilazione genitale femminile;

b) promuovere iniziative di sensibilizzazione, con la partecipazione delle organizzazioni di volontariato, delle organizzazioni no profit, delle strutture sanitarie, in particolare dei centri riconosciuti di eccellenza dall'Organizzazione mondiale della sanità, e con le comunità di immigrati provenienti dai Paesi dove sono praticate le mutilazioni genitali femminili per sviluppare l'integrazione socio-culturale nel rispetto dei diritti fondamentali della persona, in particolare delle donne e delle bambine;

c) organizzare corsi di informazione per le donne infibulate in stato di gravidanza, finalizzati ad una corretta preparazione al parto;

d) promuovere appositi programmi di aggiornamento per gli insegnanti delle scuole dell'obbligo, anche avvalendosi di figure di riconosciuta esperienza nel campo della mediazione culturale, per aiutarli a prevenire le mutilazioni genitali femminili, con il coinvolgimento dei genitori delle bambine e dei bambini immigrati, e per diffondere in classe la conoscenza dei diritti delle donne e delle bambine;

e) promuovere presso le strutture sanitarie e i servizi sociali il monitoraggio dei casi pregressi già noti e rilevati localmente.

2. Per l'attuazione del presente articolo è autorizzata la spesa di 2 milioni di euro annui a decorrere dall'anno 2005.

4. Formazione del personale sanitario.

1. Il Ministro della salute, sentiti i Ministri dell'istruzione, dell'università e della ricerca e per le pari opportunità e la Conferenza permanente per i rapporti tra lo Stato, le regioni e le province autonome di Trento e di Bolzano, emana, entro tre mesi dalla data di entrata in vigore della presente legge, linee guida destinate alle figure professionali sanitarie nonché ad altre figure professionali che operano con le comunità di immigrati provenienti da Paesi dove sono effettuate le pratiche di cui all'articolo 583-*bis* del codice penale per realizzare un'attività di prevenzione, assistenza e riabilitazione delle donne e delle bambine già sottoposte a tali pratiche.

2. Per l'attuazione del presente articolo è autorizzata la spesa di 2,5 milioni di euro annui a decorrere dall'anno 2005.

5. Istituzione di un numero verde.

1. È istituito, entro tre mesi dalla data di entrata in vigore della presente legge, presso il Ministero dell'interno, un numero verde finalizzato a ricevere segnalazioni da parte di chiunque venga a conoscenza della effettuazione, sul territorio italiano, delle pratiche di cui all'articolo 583-*bis* del codice penale, nonché a fornire informazioni sulle organizzazioni di volontariato e sulle strutture sanitarie che operano presso le comunità di immigrati provenienti da Paesi dove sono effettuate tali pratiche.

2. Per l'attuazione del presente articolo è autorizzata la spesa di 0,5 milioni di euro annui a decorrere dall'anno 2005.

6. Pratiche di mutilazione degli organi genitali femminili.

1. Dopo l'articolo 583 del codice penale sono inseriti i seguenti:

«Art. 583-*bis*. – (Pratiche di mutilazione degli organi genitali femminili). – Chiunque, in assenza di esigenze terapeutiche, cagiona una mutilazione degli organi genitali femminili è punito con la reclusione da quattro a dodici anni. Ai fini del presente articolo, si intendono come pratiche di mutilazione degli organi genitali femminili la clitoridectomia, l'escissione e l'infibulazione e qualsiasi altra pratica che cagioni effetti dello stesso tipo.

Chiunque, in assenza di esigenze terapeutiche, provoca, al fine di menomare le funzioni sessuali, lesioni agli organi genitali femminili diverse da quelle indicate al primo comma, da cui derivi una malattia nel corpo o nella mente, è punito con la reclusione da tre a sette anni. La pena è diminuita fino a due terzi se la lesione è di lieve entità.

La pena è aumentata di un terzo quando le pratiche di cui al primo e al secondo comma sono commesse a danno di un minore ovvero se il fatto è commesso per fini di lucro.

Le disposizioni del presente articolo si applicano altresì quando il fatto è commesso all'estero da cittadino italiano o da straniero residente in Italia, ovvero in danno di cittadino italiano o di straniero residente in Italia. In tal caso, il colpevole è punito a richiesta del Ministro della giustizia.

Art. 583-*ter*. – (Pena accessoria). – La condanna contro l'esercente una professione sanitaria per taluno dei delitti previsti dall'articolo 583-*bis* importa la pena accessoria dell'interdizione dalla professione da tre a dieci anni. Della sentenza di condanna è data comunicazione all'Ordine dei medici chirurghi e degli odontoiatri».

2. All'articolo 604 del codice penale, al primo periodo, le parole: «da cittadino straniero» sono sostituite dalle seguenti: «dallo straniero» e, al secondo periodo, le parole: «il cittadino straniero» sono sostituite dalle seguenti: «lo straniero».

7. Programmi di cooperazione internazionale.

1. Nell'ambito dei programmi di cooperazione allo sviluppo condotti dal Ministero degli affari esteri e in particolare nei programmi finalizzati alla promozione dei diritti delle donne, in Paesi dove, anche in presenza di norme nazionali di divieto, continuano ad essere praticate mutilazioni genitali femminili, e comunque senza nuovi o maggiori oneri per lo Stato, sono previsti, in accordo con i Governi interessati, presso le popolazioni locali, progetti di formazione e informazione diretti a scoraggiare tali pratiche nonché a creare centri antiviolenza che possano eventualmente dare accoglienza alle giovani che intendano sottrarsi a tali pratiche ovvero alle donne che intendano sottrarvi le proprie figlie o le proprie parenti in età minore.

8. Modifiche al decreto legislativo 8 giugno 2001, n. 231.

1. Dopo l'articolo 25-*quater* del decreto legislativo 8 giugno 2001, n. 231, è inserito il seguente:

«Art. 25-*quater*. 1. – (Pratiche di mutilazione degli organi genitali femminili). – 1. In relazione alla commissione dei delitti di cui all'articolo 583-*bis* del codice penale si applicano all'ente, nella cui struttura è commesso il delitto, la sanzione pecuniaria da 300 a 700 quote e le sanzioni interdittive previste dall'articolo 9, comma 2, per una durata non inferiore ad un anno. Nel caso in cui si tratti di un ente privato accreditato è altresì revocato l'accreditamento.

2. Se l'ente o una sua unità organizzativa viene stabilmente utilizzato allo scopo unico o prevalente di consentire o agevolare la commissione dei delitti indicati al comma 1, si applica la sanzione dell'interdizione definitiva dall'esercizio dell'attività ai sensi dell'articolo 16, comma 3».

2. D.L. 23 febbraio 2009, n. 11, convertito, con modificazioni, in L. 23 aprile 2009, n. 38. – Misure urgenti in materia di sicurezza pubblica e di contrasto alla violenza sessuale, nonché in tema di atti persecutori

In Gazzetta Ufficiale 24 febbraio 2009, n. 45

Capo I
Disposizioni in materia di violenza sessuale, esecuzione dell'espulsione e controllo del territorio

1. Modifiche al codice penale.

1. All'articolo 576, primo comma, del codice penale, sono apportate le seguenti modificazioni:

a) il n. 5) è sostituito dal seguente: «5) in occasione della commissione di taluno dei delitti previsti dagli articoli 609-*bis*, 609-*quater* e 609-*octies*;»;

b) dopo il numero 5) è inserito il seguente: «5.1) dall'autore del delitto previsto dall'articolo 612-*bis* nei confronti della stessa persona offesa;» (1).

(1) Lettera modificata dall'art. 1, co. 1, l. 23.4.2009, n. 38, in sede di conversione.

2. Modifiche al codice di procedura penale.

1. Al codice di procedura penale sono apportate le seguenti modificazioni:

a) all'articolo 275, comma 3, secondo periodo, le parole: «all'articolo 416-*bis* del codice penale o ai delitti commessi avvalendosi delle condizioni previste dal predetto articolo 416-*bis* ovvero al fine di agevolare l'attività delle associazioni previste dallo stesso articolo» sono sostituite dalle seguenti: «all'articolo 51, commi 3-*bis* e 3-*quater*, nonché in ordine ai delitti di cui agli articoli 575, 600-*bis*, primo comma, 600-*ter*, escluso il quarto comma, e 600-*quinquies* del codice penale,» [(1)];

a-*bis*) all'articolo 275, comma 3, è aggiunto, in fine, il seguente periodo: "Le disposizioni di cui al periodo precedente si applicano anche in ordine ai delitti previsti dagli articoli 609-*bis*, 609-*quater* e 609– *octies* del codice penale, salvo che ricorrano le circostanze attenuanti dagli stessi contemplate" [(2)];

b) all'articolo 380, comma 2, dopo la lettera d) è inserita la seguente: «d-*bis*) delitto di violenza sessuale previsto dall'articolo 609-*bis*, escluso il caso previsto dal terzo comma, e delitto di violenza sessuale di gruppo previsto dall'articolo 609-*octies* del codice penale;».

(1) Lettera modificata dall'art. 1, co. 1, l. 23.4.2009, n. 38, in sede di conversione.

(2) Lettera introdotta dall'art. 1, co. 1, l. 23.4.2009, n. 38, in sede di conversione.

3. Modifiche all'articolo 4-bis della legge 26 luglio 1975, n. 354 [(1)].

1. All'articolo 4-*bis* della legge 26 luglio 1975, n. 354, e successive modificazioni, sono apportate le seguenti modificazioni:

a) il comma 1 è sostituito dai seguenti:

"1. L'assegnazione al lavoro all'esterno, i permessi premio e le misure alternative alla detenzione previste dal capo VI, esclusa la liberazione anticipata, possono essere concessi ai detenuti e internati per i seguenti delitti solo nei casi in cui tali detenuti e internati collaborino con la giustizia a norma dell'articolo 58-*ter* della presente legge: delitti commessi per finalità di terrorismo, anche internazionale, o di eversione dell'ordine democratico mediante il compimento di atti di violenza, delitto di cui all'articolo 416-*bis* del codice penale, delitti commessi avvalendosi delle condizioni previste dallo stesso articolo ovvero al fine di agevolare l'attività delle associazioni in esso previste, delitti di cui agli articoli 600, 600– *bis*, primo comma, 600-*ter*, primo e secondo comma, 601, 602, 609-*octies*, qualora ricorra anche la condizione di cui al comma 1-*quater* del presente articolo, e 630 del codice penale, all'articolo 291-*quater* del testo unico delle disposizioni legislative in materia doganale, di cui al decreto del Presidente della Repubblica 23 gennaio 1973, n. 43, e all'articolo 74 del testo unico delle leggi in materia di disciplina degli stupefacenti e sostanze psicotrope, prevenzione, cura e riabilitazione dei relativi stati di tossicodipendenza, di cui al decreto del Presidente della Repubblica 9 ottobre 1990, n. 309. Sono fatte salve le disposizioni degli articoli 16-*nonies* e 17-*bis* del decreto-legge 15 gennaio 1991, n. 8, convertito, con modificazioni, dalla legge 15 marzo 1991, n. 82, e successive modificazioni.

1-*bis*. I benefici di cui al comma 1 possono essere concessi ai detenuti o internati per uno dei delitti ivi previsti, purché siano stati acquisiti elementi tali da escludere l'attualità di collegamenti con la criminalità organizzata, terroristica o eversiva, altresì nei casi in cui la limitata partecipazione al fatto criminoso, accertata nella sentenza di condanna, ovvero l'integrale accertamento dei fatti e delle responsabilità, operato con sentenza irrevocabile, rendono comunque impossibile un'utile collaborazione con la giustizia, nonché nei casi in cui, anche se la collaborazione che viene offerta risulti oggettivamente irrilevante, nei confronti dei medesimi detenuti o internati sia stata applicata una delle circostanze attenuanti previste dall'articolo 62, numero 6), anche qualora il risarcimento del danno sia avvenuto dopo la sentenza di condanna, dall'articolo 114 ovvero dall'articolo 116, secondo comma, del codice penale.

1-*ter*. I benefici di cui al comma 1 possono essere concessi, purché non vi siano elementi tali da far ritenere la sussistenza di collegamenti con la criminalità organizzata, terroristica o eversiva, ai detenuti o internati per i delitti di cui agli articoli 575, 600-*bis*, secondo e terzo comma, 600-*ter*, terzo comma, 600-*quinquies*, 628, terzo comma, e 629, secondo comma, del codice penale, all'articolo 291-*ter* del citato testo unico di cui al decreto del Presidente della Repubblica 23 gennaio 1973, n. 43, all'articolo 73 del citato testo unico di cui al decreto del Presidente della Repubblica 9 ottobre 1990, n. 309, e successive modificazioni, limitatamente alle ipotesi aggravate ai sensi dell'articolo 80, comma 2, del medesimo testo unico, e all'articolo 416 del codice penale, realizzato allo scopo di commettere delitti previsti dal libro II, titolo XII, capo III, sezione I, del medesimo codice, dagli articoli 609-*bis*, 609-*quater* e 609-*octies* del codice penale e dall'articolo 12, commi 3, 3-*bis* e 3-*ter*, del testo unico delle disposizioni concernenti la disciplina dell'immigrazione e norme sulla condizione dello straniero, di cui al decreto legislativo 25 luglio 1998, n. 286, e successive modificazioni.

1-*quater*. I benefici di cui al comma 1 possono essere concessi ai detenuti o internati per i delitti di cui agli articoli 609-*bis*, 609-*ter*, 609-*quater* e, qualora ricorra anche la condizione di cui al medesimo comma 1, 609-*octies* del codice penale solo sulla base dei risultati dell'osservazione scientifica della personalità condotta collegialmente per almeno un anno anche con la partecipazione degli esperti di cui al quarto comma dell'articolo 80 della presente legge. Le disposizioni di cui al periodo precedente si applicano in ordine al delitto previsto dall'articolo 609-*bis* del codice penale salvo che risulti applicata la circostanza attenuante dallo stesso contemplata";

b) al comma 2-*bis*, le parole: "di cui al comma 1, quarto periodo" sono sostituite dalle seguenti: "di cui al comma 1-*ter*".

(1) Articolo sostituito dall'art. 1, co. 1, l. 23.4.2009, n. 38, in sede di conversione.

4. Modifiche al testo unico di cui al decreto del Presidente della Repubblica 30 maggio 2002, n. 115.

1. All'articolo 76 del testo unico delle disposizioni legislative e regolamentari in materia di spese di giustizia, di cui al decreto del Presidente della Repubblica 30 maggio

2002, n. 115, dopo il comma 4-*bis* è aggiunto il seguente: «4-*ter*. La persona offesa dai reati di cui agli articoli 609-*bis*, 609-*quater* e 609-*octies* del codice penale può essere ammessa al patrocinio anche in deroga ai limiti di reddito previsti dal presente decreto.».

5. Esecuzione dell'espulsione [(1)].

[**1.** Al comma 5 dell'articolo 14 del testo unico delle disposizioni concernenti la disciplina dell'immigrazione e norme sulla condizione dello straniero, di cui al decreto legislativo 25 luglio 1998, n. 286, sono aggiunti, in fine, i seguenti periodi: «Trascorso tale termine, in caso di mancata cooperazione al rimpatrio del cittadino del Paese terzo interessato o di ritardi nell'ottenimento della necessaria documentazione dai Paesi terzi, il questore può chiedere al giudice di pace la proroga del trattenimento per un periodo ulteriore di sessanta giorni. Qualora persistano le condizioni di cui al periodo precedente, il questore può chiedere al giudice una ulteriore proroga di sessanta giorni. Il periodo massimo complessivo di trattenimento non può essere superiore a centottanta giorni. Il questore, in ogni caso, può eseguire l'espulsione ed il respingimento anche prima della scadenza del termine prorogato, dandone comunicazione senza ritardo al giudice di pace.».

2. Le disposizioni di cui al comma 1 si applicano ai cittadini di Stati non appartenenti all'Unione europea anche se già trattenuti nei centri di identificazione e espulsione alla data di entrata in vigore del presente decreto.]

(1) Articolo soppresso dall'art. 1, co. 1, l. 23.4.2009, n. 38, in sede di conversione.

6. Piano straordinario di controllo del territorio.

1. Al fine di predisporre un piano straordinario di controllo del territorio, al comma 22 dell'articolo 61 del decreto-legge 25 giugno 2008, n. 112, convertito, con modificazioni, dalla legge 6 agosto 2008, n. 133, che ha autorizzato le Forze di polizia ed il Corpo dei vigili del fuoco ad effettuare, in deroga alla normativa vigente, assunzioni entro il limite di spesa pari a 100 milioni di euro annui, le parole: «con decreto del Presidente della Repubblica, da emanare entro il 30 aprile 2009», contenute nel terzo periodo dello stesso comma 22, sono sostituite dalle seguenti: «con decreto del Presidente della Repubblica, da adottarsi su proposta dei Ministri per la pubblica amministrazione e l'innovazione, dell'interno e dell'economia e delle finanze, entro il 31 marzo 2009».

2. In attesa dell'adozione del decreto di cui al quarto periodo del comma 23 dell'articolo 61 del decreto-legge 25 giugno 2008, n. 112, convertito, con modificazioni, dalla legge 6 agosto 2008, n. 133, e successive modificazioni, le risorse oggetto di confisca versate all'entrata del bilancio dello Stato successivamente alla data di entrata in vigore del predetto decreto-legge sono immediatamente riassegnate nel limite di 100 milioni di euro per l'anno 2009, a valere sulla quota di cui all'articolo 2, comma 7, lettera a), del decreto-legge 16 settembre 2008, n. 143, convertito, con modificazioni, dalla legge 13 novembre 2008, n. 181, per le urgenti necessità di tutela della sicurezza pubblica e del soccorso pubblico, al Ministero dell'interno e nel limite di 3 milioni di euro per l'anno 2009, per sostenere e diffondere sul territorio i progetti di assistenza alle vittime di violenza sessuale e di genere, al Fondo nazionale contro la violenza sessuale e di genere di cui all'articolo 1, comma 1261, della legge 27 dicembre 2006, n. 296.

2 bis. Il comma 2 dell'articolo 2 del decreto-legge 16 settembre 2008, n. 143, convertito, con modificazioni, dalla legge 13 novembre 2008, n. 181, si interpreta nel senso che non rientrano tra le somme di denaro ovvero tra i proventi ivi previsti, con i loro relativi interessi, quelli di complessi aziendali oggetto di provvedimenti di sequestro o confisca [(1)].

[**3.** I sindaci, previa intesa con il prefetto, possono avvalersi della collaborazione di associazioni tra cittadini non armati al fine di segnalare alle Forze di polizia dello Stato o locali, eventi che possano arrecare danno alla sicurezza urbana ovvero situazioni di disagio sociale.] [(2)]

[**4.** Le associazioni sono iscritte in apposito elenco tenuto a cura del prefetto, previa verifica da parte dello stesso, sentito il Comitato provinciale per l'ordine e la sicurezza pubblica, dei requisiti necessari previsti dal decreto di cui al comma 6. Il prefetto provvede, altresì, al loro periodico monitoraggio, informando dei risultati il Comitato.] [(3)]

[**5.** Tra le associazioni iscritte nell'elenco di cui al comma 4 i sindaci si avvalgono, in via prioritaria, di quelle costituite tra gli appartenenti, in congedo, alle Forze dell'ordine, alle Forze armate e agli altri Corpi dello Stato. Le associazioni diverse da quelle di cui al presente comma sono iscritte negli elenchi solo se non siano destinatarie, a nessun titolo, di risorse economiche a carico della finanza pubblica.] [(4)]

[**6.** Con decreto del Ministro dell'interno, da adottare entro sessanta giorni dalla data di entrata in vigore della legge di conversione del presente decreto, sono determinati gli ambiti operativi delle disposizioni di cui ai commi 3 e 4, i requisiti per l'iscrizione nell'elenco e sono disciplinate le modalità di tenuta dei relativi elenchi.] [(5)]

7. Per la tutela della sicurezza urbana, i comuni possono utilizzare sistemi di videosorveglianza in luoghi pubblici o aperti al pubblico.

8. La conservazione dei dati, delle informazioni e delle immagini raccolte mediante l'uso di sistemi di videosorveglianza è limitata ai sette giorni successivi alla rilevazione, fatte salve speciali esigenze di ulteriore conservazione.

(1) Comma introdotto dall'art. 1, co. 1, l. 23.4.2009, n. 38, in sede di conversione.
(2) Comma soppresso dall'art. 1, co. 1, l. 23.4.2009, n. 38, in sede di conversione.
(3) Comma soppresso dall'art. 1, co. 1, l. 23.4.2009, n. 38, in sede di conversione.
(4) Comma soppresso dall'art. 1, co. 1, l. 23.4.2009, n. 38, in sede di conversione.
(5) Comma soppresso dall'art. 1, co. 1, l. 23.4.2009, n. 38, in sede di conversione.

6 bis. Reclutamento di ufficiali in servizio permanente dell'Arma dei carabinieri [(1)].

[**1.** Nell'anno 2009, per le esigenze connesse alla

prevenzione e al contrasto della criminalità e al fine di garantire la funzionalità e l'operatività dei comandi, degli enti e delle unità, l'Arma dei carabinieri può procedere all'immissione in servizio permanente, a domanda, del personale in servizio di cui all'articolo 23, comma 1, del decreto legislativo 8 maggio 2001, n. 215, e successive modificazioni, che consegue tre anni di servizio a tempo determinato entro il 31 dicembre 2009, previo espletamento di procedure concorsuali, nel limite del contingente di personale di cui all'articolo 66, comma 5, del decreto-legge 25 giugno 2008, n. 112, convertito, con modificazioni, dalla legge 6 agosto 2008, n. 133, ferma restando l'applicazione dell'articolo 3, comma 93, della legge 24 dicembre 2007, n. 244, con progressivo riassorbimento delle posizioni soprannumerarie. Nelle more della conclusione delle procedure di immissione, l'Arma dei carabinieri continua ad avvalersi del personale di cui al precedente periodo nel limite del contingente stabilito dalla legge di bilancio (2).]

(1) Articolo introdotto dall'art. 1, co. 1, l. 23.4.2009, n. 38, in sede di conversione e, poi, abrogato dall'art. 2268, co. 1, d.lgs. 15.3.2010, n. 66.

(2) Secondo quanto stabilito dall'art. 4, co. 4, d.l. 30.12.2009, n. 194, il termine previsto da questo articolo è prorogato al 31.1.2010.

Capo II
Disposizioni in materia di atti persecutori

7. Modifiche al codice penale.

1. Dopo l'articolo 612 del codice penale è inserito il seguente:

«Art. 612-*bis* (Atti persecutori). – Salvo che il fatto costituisca più grave reato, è punito con la reclusione da sei mesi a quattro anni chiunque, con condotte reiterate, minaccia o molesta taluno in modo da cagionare un perdurante e grave stato di ansia o di paura ovvero da ingenerare un fondato timore per l'incolumità propria o di un prossimo congiunto o di persona al medesimo legata da relazione affettiva ovvero da costringere lo stesso ad alterare le proprie abitudini di vita.

La pena è aumentata se il fatto è commesso dal coniuge legalmente separato o divorziato o da persona che sia stata legata da relazione affettiva alla persona offesa.

La pena è aumentata fino alla metà se il fatto è commesso a danno di un minore, di una donna in stato di gravidanza o di una persona con disabilità di cui all'articolo 3 della legge 5 febbraio 1992, n. 104, ovvero con armi o da persona travisata.

Il delitto è punito a querela della persona offesa. Il termine per la proposizione della querela è di sei mesi. Si procede tuttavia d'ufficio se il fatto è commesso nei confronti di un minore o di una persona con disabilità di cui all'articolo 3 della legge 5 febbraio 1992, n. 104, nonché quando il fatto è connesso con altro delitto per il quale si deve procedere d'ufficio».

8. Ammonimento.

1. Fino a quando non è proposta querela per i reati di cui agli articoli 612-*bis* e 612-*ter* del codice penale, la persona offesa può esporre i fatti all'autorità di pubblica sicurezza avanzando richiesta al questore di ammonimento nei confronti dell'autore della condotta. La richiesta è trasmessa senza ritardo al questore (1).

2. Il questore, assunte se necessario informazioni dagli organi investigativi e sentite le persone informate dei fatti, ove ritenga fondata l'istanza, ammonisce oralmente il soggetto nei cui confronti è stato richiesto il provvedimento, invitandolo a tenere una condotta conforme alla legge e redigendo processo verbale. Copia del processo verbale è rilasciata al richiedente l'ammonimento e al soggetto ammonito. Il questore adotta i provvedimenti in materia di armi e munizioni (2).

3. Le pene per i delitti di cui agli articoli 612-*bis* e 612-*ter* del codice penale sono aumentate se il fatto è commesso da soggetto già ammonito ai sensi del presente articolo, anche se la persona offesa è diversa da quella per la cui tutela è stato già adottato l'ammonimento previsto dal presente articolo (3).

4. Si procede d'ufficio per i delitti previsti dagli articoli 612-*bis* e 612-*ter* quando il fatto è commesso da soggetto ammonito ai sensi del presente articolo, anche se la persona offesa è diversa da quella per la cui tutela è stato già adottato l'ammonimento previsto dal presente articolo (4).

(1) Comma modificato dall'art. 1, co. 3, lett. a), n. 1), l. 24.11.2023, n. 168.

(2) Comma modificato dall'art. 1, co. 4, d.l. 14.8.2013, n. 93, conv., con modif., dalla l. 15.10.2013, n. 119.

(3) Comma sostituito dall'art. 1, co. 3, lett. a), n. 2), l. 24.11.2023, n. 168.

(4) Comma sostituito dall'art. 1, co. 3, lett. a), n. 3), l. 24.11.2023, n. 168.

9. Modifiche al codice di procedura penale.

1. Al codice di procedura penale sono apportate le seguenti modificazioni:

a) dopo l'articolo 282-*bis* sono inseriti i seguenti:

«Art. 282-*ter* (Divieto di avvicinamento ai luoghi frequentati dalla persona offesa). – 1. Con il provvedimento che dispone il divieto di avvicinamento il giudice prescrive all'imputato di non avvicinarsi a luoghi determinati abitualmente frequentati dalla persona offesa ovvero di mantenere una determinata distanza da tali luoghi o dalla persona offesa.

2. Qualora sussistano ulteriori esigenze di tutela, il giudice può prescrivere all'imputato di non avvicinarsi a luoghi determinati abitualmente frequentati da prossimi congiunti della persona offesa o da persone con questa conviventi o comunque legate da relazione affettiva ovvero di mantenere una determinata distanza da tali luoghi o da tali persone.

3. Il giudice può, inoltre, vietare all'imputato di comunicare, attraverso qualsiasi mezzo, con le persone di cui ai commi 1 e 2.

4. Quando la frequentazione dei luoghi di cui ai commi 1 e 2 sia necessaria per motivi di lavoro ovvero per esigenze abitative, il giudice prescrive le relative modalità e può imporre limitazioni.

«Art. 282-*quater* (Obblighi di comunicazione). – 1. I provvedimenti di cui agli articoli 282-*bis* e 282-*ter* sono comunicati all'autorità di pubblica sicurezza competente, ai fini dell'eventuale adozione dei provvedimenti in materia di armi e munizioni. Essi sono altresì comunicati alla parte offesa e ai servizi socio-assistenziali del territorio.»;

b) all'articolo 392, il comma 1-*bis* è sostituito dal seguente:

«1-*bis*. Nei procedimenti per i delitti di cui agli articoli 572, 609-*bis*, 609-*ter*, 609-*quater*, 609-*quinquies*, 609-*octies*, 612-*bis*, 600, 600-*bis*, 600-*ter*, anche se relativo al materiale pornografico di cui all'articolo 600-*quater*.1, 600-*quinquies*, 601 e 602 del codice penale il pubblico ministero, anche su richiesta della persona offesa, o la persona sottoposta alle indagini possono chiedere che si proceda con incidente probatorio all'assunzione della testimonianza di persona minorenne ovvero della persona offesa maggiorenne, anche al di fuori delle ipotesi previste dal comma 1.»;

c) al comma 5-*bis* dell'articolo 398:

1) le parole: «e 609-*octies*» sono sostituite dalle seguenti: «, 609-*octies* e 612-*bis*»;

2) le parole: «vi siano minori di anni sedici» sono sostituite dalle seguenti: «vi siano minorenni»;

3) le parole: «quando le esigenze del minore» sono sostituite dalle seguenti: «quando le esigenze di tutela delle persone»;

4) le parole: «l'abitazione dello stesso minore» sono sostituite dalle seguenti: «l'abitazione della persona interessata all'assunzione della prova»;

d) al comma 4-*ter* dell'articolo 498:

1) le parole: «e 609-*octies*» sono sostituite dalle seguenti: «, 609-*octies* e 612-*bis*»;

2) dopo le parole: «l'esame del minore vittima del reato» sono inserite le seguenti: «ovvero del maggiorenne infermo di mente vittima del reato».

10. Modifica all'articolo 342-*ter* del codice civile.

1. All'articolo 342-*ter*, terzo comma, del codice civile, le parole: «sei mesi» sono sostituite dalle seguenti: «un anno».

11. Misure a sostegno delle vittime del reato di atti persecutori.

1. Le forze dell'ordine, i presidi sanitari e le istituzioni pubbliche che ricevono dalla vittima notizia del reato di cui agli articoli 572, 575, nell'ipotesi di delitto tentato, 583-*quinquies*, 600, 600-*bis*, 600-*ter*, anche se relativo al materiale pornografico di cui all'articolo 600-*quater*.1, 600-*quinquies*, 601, 602, 609-*bis*, 609-*ter*, 609-*quater*, 609-*quinquies*, 609-*octies*, 612-*bis* o 612-*ter* del codice penale, hanno l'obbligo di fornire alla vittima stessa tutte le informazioni relative ai centri antiviolenza presenti sul territorio e, in particolare, nella zona di residenza della vittima. Le forze dell'ordine, i presidi sanitari e le istituzioni pubbliche provvedono a mettere in contatto la vittima con i centri antiviolenza, qualora ne faccia espressamente richiesta [(1)] [(2)].

(1) Comma modificato dall'art. 1, co. 4 bis, d.l. 14.8.2013, n. 93, conv., con modif., dalla l. 15.10.2013, n. 119 e poi modificato dall'art. 1, co. 3, lett. b), l. 24.11.2023, n. 168.

(2) Secondo quanto stabilito dall'art. 3, co. 5, d.l. 14.8.2013, n. 93, conv., con modif., dalla l. 15.10.2013, n. 119 le misure qui previste trovano applicazione anche nei casi in cui le forze dell'ordine, i presidi sanitari e le istituzioni pubbliche ricevono dalla vittima notizia dei reati di cui agli artt. 581 e 582 c.p. nell'ambito della violenza domestica di cui al co. 1 dell'art. 3, d.l. 93/2013.

12. Numero verde.

1. Presso la Presidenza del Consiglio dei Ministri – Dipartimento per le pari opportunità è istituito un numero verde nazionale a favore delle vittime degli atti persecutori, attivo ventiquattro ore su ventiquattro, con la finalità di fornire, nei limiti di spesa di cui al comma 3 dell'articolo 13, un servizio di prima assistenza psicologica e giuridica da parte di personale dotato delle adeguate competenze, nonché di comunicare prontamente, nei casi di urgenza e su richiesta della persona offesa, alle forze dell'ordine competenti gli atti persecutori segnalati

12 bis. Norma di interpretazione autentica in materia di assicurazione obbligatoria contro gli infortuni sul lavoro e le malattie professionali [(1)].

1. Gli articoli 1 e 4 del testo unico di cui al decreto del Presidente della Repubblica 30 giugno 1965, n. 1124, si interpretano nel senso che le disposizioni ivi contenute non si applicano al personale delle Forze di polizia e delle Forze armate, che rimangono disciplinate dai rispettivi ordinamenti, fino al complessivo riordino della materia.

(1) Articolo introdotto dall'art. 1, co. 1, l. 23.4.2009, n. 38, in sede di conversione.

12 ter. Categorie dei dati da conservare di cui all'articolo 3 del decreto legislativo 30 maggio 2008, n. 109 [(1)].

1. In considerazione delle esigenze di adeguamento all'evoluzione tecnologica che comportano diverse necessità di intervento sulle infrastrutture di rete degli operatori di comunicazioni elettroniche, le informazioni relative alle categorie dei dati da conservare di cui all'articolo 3 del decreto legislativo 30 maggio 2008, n. 109, relativi ai differenti casi di non risposta in "occupato" o "libero non risponde" o "non raggiungibile" o "occupato non raggiungibile" o altre fattispecie, sono rese disponibili dagli operatori di comunicazioni elettroniche nei tempi e con le modalità indicati nei commi 2 e 3.

2. Per le chiamate originate da rete mobile e terminate su rete mobile o fissa, i dati di cui al comma 1 devono essere resi disponibili dagli operatori di rete mobile a far data dal 31 dicembre 2009.

3. Per le chiamate originate da rete fissa e terminate su reti fisse o mobili, tenuto conto del processo in atto riguardante gli interventi di realizzazione e sviluppo delle reti di nuova generazione in tecnologia IP, le informazioni di cui al comma 1 relative alle chiamate senza risposta generate dai clienti collegati alle reti fisse in tecnologia IP sono rese disponibili dagli operatori di rete fissa gradualmente e compatibilmente con le caratteristiche tecniche delle reti di comunicazione elettronica di nuova generazione degli operatori interessati e comunque non oltre il 31 dicembre 2010.

(1) Articolo introdotto dall'art. 1, co. 1, l. 23.4.2009, n. 38, in sede di conversione.

Capo III
Disposizioni finali

13. Copertura finanziaria.

[**1.** Agli oneri derivanti dall'articolo 5 valutati in euro 35.000.000 per l'anno 2009, in euro 87.064.000 per l'anno 2010, in euro 51.467.950 per l'anno 2011 e in euro 55.057.200 a decorrere dall'anno 2012, di cui euro 35.000.000 per l'anno 2009, euro 83.000.000 per l'anno 2010, euro 21.050.000 per l'anno 2011 destinati alla costruzione e ristrutturazione dei Centri di identificazione e di espulsione, si provvede:

a) quanto a 35.000.000 di euro per l'anno 2009, 64.796.000 euro per l'anno 2010 e 48.014.000 euro a decorrere dall'anno 2011, mediante corrispondente riduzione dello stanziamento del fondo speciale di parte corrente iscritto, ai fini del bilancio triennale 2009-2011, nell'ambito del programma «Fondi di riserva speciali» della missione «Fondi da ripartire» dello stato di previsione del Ministero dell'economia e delle finanze, per l'anno 2009, allo scopo utilizzando gli accantonamenti di cui alla allegata Tabella 1;

b) quanto a 3.580.000 euro per l'anno 2010, mediante corrispondente riduzione dello stanziamento del conto capitale iscritto, ai fini del bilancio triennale 2009-2011, nell'ambito del programma «Fondi di riserva speciali» della missione «Fondi da ripartire» dello stato di previsione del Ministero dell'economia e delle finanze, per l'anno 2009, allo scopo utilizzando gli accantonamenti di cui alla allegata Tabella 2;

c) quanto a 18.688.000 euro per l'anno 2010, 3.453.950 euro per l'anno 2011, e 7.043.200 euro a decorrere dall'anno 2012, mediante corrispondente riduzione della dotazione del fondo per interventi strutturali di politica economica di cui all'articolo 10, comma 5, del decreto-legge 29 novembre 2004, n. 282, convertito, con modificazioni, dalla legge 27 dicembre 2004, n. 307.] (1)

[**2.** Il Ministro dell'economia e delle finanze provvede al monitoraggio degli oneri di cui all'articolo 5, anche ai fini dell'adozione dei provvedimenti correttivi di cui all'articolo 11-*ter*, comma 7, della legge 5 agosto 1978, n. 468, e successive modificazioni. Gli eventuali decreti adottati ai sensi dell'articolo 7, secondo comma, numero 2), della citata legge n. 468 del 1978, prima della data di entrata in vigore dei provvedimenti di cui al presente comma, sono tempestivamente trasmessi alle Camere, corredati da apposite relazioni illustrative.] (2)

3. Per le finalità di cui all'articolo 12 è autorizzata la spesa annua di 1.000.000 di euro a decorrere dall'anno 2009. Al relativo onere si provvede mediante utilizzo dell'autorizzazione di spesa di cui all'articolo 19, comma 3, del decreto-legge 4 luglio 2006, n. 223, convertito, con modificazioni, dalla legge 4 agosto 2006, n. 248, come rideterminata dalla Tabella C allegata alla legge 22 dicembre 2008, n. 203.

4. Dall'attuazione delle restanti disposizioni del presente decreto non derivano nuovi o maggiori oneri per la finanza pubblica.

4 bis. Il Ministro dell'economia e delle finanze provvede al monitoraggio delle misure di cui all'articolo 4, anche ai fini dell'adozione dei provvedimenti correttivi di cui all'articolo 11-*ter*, comma 7, della legge 5 agosto 1978, n. 468, e successive modificazioni (3).

5. Il Ministro dell'economia e delle finanze è autorizzato ad apportare, con propri decreti, le occorrenti variazioni di bilancio.

(1) Comma soppresso dall'art. 1, co. 1, l. 23.4.2009, n. 38, in sede di conversione.
(2) Comma soppresso dall'art. 1, co. 1, l. 23.4.2009, n. 38, in sede di conversione.
(3) Comma introdotto dall'art. 1, co. 1, l. 23.4.2009, n. 38, in sede di conversione.

14. Entrata in vigore.

1. Il presente decreto entra in vigore il giorno successivo a quello della sua pubblicazione nella Gazzetta Ufficiale della Repubblica italiana e sarà presentato alle Camere per la conversione in legge.

Il presente decreto, munito del sigillo dello Stato, sarà inserito nella Raccolta ufficiale degli atti nomativi della Repubblica italiana. È fatto obbligo a chiunque spetti di osservarlo e di farlo osservare.

3. L. 27 giugno 2013, n. 77. – Ratifica ed esecuzione della Convenzione del Consiglio d'Europa sulla prevenzione e la lotta contro la violenza nei confronti delle donne e la violenza domestica, fatta a Istanbul l'11 maggio 2011 (*artt. 1-6, 29-48 Convenzione*)

In Gazzetta Ufficiale 1 luglio 2013, n. 152

Capitolo I
Obiettivi, definizioni, uguaglianza e non discriminazione, obblighi generali

1. Obiettivi della Convenzione.

1. La presente Convenzione ha l'obiettivo di:

a) proteggere le donne da ogni forma di violenza e prevenire, perseguire ed eliminare la violenza contro le donne e la violenza domestica;

b) contribuire ad eliminare ogni forma di discriminazione contro le donne e promuovere la concreta parità tra i sessi, ivi compreso rafforzando l'autonomia e l'autodeterminazione delle donne;

c) predisporre un quadro globale, politiche e misure di protezione e di assistenza a favore di tutte le vittime di violenza contro le donne e di violenza domestica;
d) promuovere la cooperazione internazionale al fine di eliminare la violenza contro le donne e la violenza domestica;
e) sostenere e assistere le organizzazioni e autorità incaricate dell'applicazione della legge in modo che possano collaborare efficacemente, al fine di adottare un approccio integrato per l'eliminazione della violenza contro le donne e la violenza domestica.

2. Allo scopo di garantire un'efficace attuazione delle sue disposizioni da parte delle Parti contraenti, la presente Convenzione istituisce uno specifico meccanismo di controllo.

2. Campo di applicazione della Convenzione.

1. La presente Convenzione si applica a tutte le forme di violenza contro le donne, compresa la violenza domestica, che colpisce le donne in modo sproporzionato.

2. Le Parti contraenti sono incoraggiate ad applicare le disposizioni della presente Convenzione a tutte le vittime di violenza domestica. Nell'applicazione delle disposizioni della presente Convenzione, le Parti presteranno particolare attenzione alla protezione delle donne vittime di violenza di genere.

3. La presente Convenzione si applica in tempo di pace e nelle situazioni di conflitto armato.

3. Definizioni.

Ai fini della presente Convenzione:
a) con l'espressione "violenza nei confronti delle donne" si intende designare una violazione dei diritti umani e una forma di discriminazione contro le donne, comprendente tutti gli atti di violenza fondati sul genere che provocano o sono suscettibili di provocare danni o sofferenze di natura fisica, sessuale, psicologica o economica, comprese le minacce di compiere tali atti, la coercizione o la privazione arbitraria della libertà, sia nella vita pubblica, che nella vita privata;
b) l'espressione "violenza domestica" designa tutti gli atti di violenza fisica, sessuale, psicologica o economica che si verificano all'interno della famiglia o del nucleo familiare o tra attuali o precedenti coniugi o partner, indipendentemente dal fatto che l'autore di tali atti condivida o abbia condiviso la stessa residenza con la vittima;
c) con il termine "genere" ci si riferisce a ruoli, comportamenti, attività e attributi socialmente costruiti che una determinata società considera appropriati per donne e uomini;
d) l'espressione "violenza contro le donne basata sul genere" designa qualsiasi violenza diretta contro una donna in quanto tale, o che colpisce le donne in modo sproporzionato;
e) per "vittima" si intende qualsiasi persona fisica che subisce gli atti o i comportamenti di cui ai precedenti commi a e b;
f) con il termine "donne" sono da intendersi anche le ragazze di meno di 18 anni.

4. Diritti fondamentali, uguaglianza e non discriminazione.

1. Le Parti adottano le misure legislative e di altro tipo necessarie per promuovere e tutelare il diritto di tutti gli individui, e segnatamente delle donne, di vivere liberi dalla violenza, sia nella vita pubblica che privata.

2. Le Parti condannano ogni forma di discriminazione nei confronti delle donne e adottano senza indugio le misure legislative e di altro tipo necessarie per prevenirla, in particolare:
– inserendo nelle loro costituzioni nazionali o in qualsiasi altra disposizione legislativa appropriata il principio della parità tra i sessi e garantendo l'effettiva applicazione di tale principio;
– vietando la discriminazione nei confronti delle donne, ivi compreso procedendo, se del caso, all'applicazione di sanzioni;
– abrogando le leggi e le pratiche che discriminano le donne.

3. L'attuazione delle disposizioni della presente Convenzione da parte delle Parti contraenti, in particolare le misure destinate a tutelare i diritti delle vittime, deve essere garantita senza alcuna discriminazione fondata sul sesso, sul genere, sulla razza, sul colore, sulla lingua, sulla religione, sulle opinioni politiche o di qualsiasi altro tipo, sull'origine nazionale o sociale, sull'appartenenza a una minoranza nazionale, sul censo, sulla nascita, sull'orientamento sessuale, sull'identità di genere, sull'età, sulle condizioni di salute, sulla disabilità, sullo status matrimoniale, sullo status di migrante o di rifugiato o su qualunque altra condizione.

4. Le misure specifiche necessarie per prevenire la violenza e proteggere le donne contro la violenza di genere non saranno considerate discriminatorie ai sensi della presente Convenzione.

5. Obblighi degli Stati e dovuta diligenza.

1. Gli Stati si astengono da qualsiasi atto che costituisca una violenza nei confronti delle donne e garantiscono che le autorità, i funzionari, i rappresentanti statali, le istituzioni e ogni altro soggetto pubblico che agisca in nome dello Stato si comportino in conformità con tale obbligo.

2. Le Parti adottano le misure legislative e di altro tipo necessarie per esercitare la debita diligenza nel prevenire, indagare, punire i responsabili e risarcire le vittime di atti di violenza commessi da soggetti non statali che rientrano nel campo di applicazione della presente Convenzione.

6. Politiche sensibili al genere.

Le Parti si impegnano a inserire una prospettiva di genere nell'applicazione e nella valutazione dell'impatto delle disposizioni della presente Convenzione e a promuovere ed attuare politiche efficaci volte a favorire la parità tra le donne e gli uomini e l'emancipazione e l'autodeterminazione delle donne.

Capitolo V
Diritto sostanziale

29. Procedimenti e vie di ricorso in materia civile.

1. Le Parti adottano le misure legislative o di altro tipo necessarie per fornire alle vittime adeguati mezzi di ricorso civili nei confronti dell'autore del reato.

2. Le Parti adottano le misure legislative o di altro tipo necessarie, conformemente ai principi generali del diritto internazionale, per fornire alle vittime adeguati risarcimenti civili nei confronti delle autorità statali che abbiano mancato al loro dovere di adottare le necessarie misure di prevenzione o di protezione nell'ambito delle loro competenze.

30. Risarcimenti.

1. Le Parti adottano le misure legislative o di altro tipo necessarie per garantire che le vittime abbiano il diritto di richiedere un risarcimento agli autori di qualsiasi reato previsto dalla presente Convenzione.

2. Un adeguato risarcimento da parte dello Stato è accordato a coloro che abbiano subito gravi pregiudizi all'integrità fisica o alla salute, se la riparazione del danno non è garantita da altre fonti, in particolare dall'autore del reato, da un'assicurazione o dai servizi medici e sociali finanziati dallo Stato. Ciò non preclude alle Parti la possibilità di richiedere all'autore del reato il rimborso del risarcimento concesso, a condizione che la sicurezza della vittima sia pienamente presa in considerazione.

3. Le misure adottate conformemente al paragrafo 2 devono garantire che il risarcimento sia concesso entro un termine ragionevole.

31. Custodia dei figli, diritti di visita e sicurezza.

1. Le Parti adottano misure legislative o di altro tipo necessarie per garantire che, al momento di determinare i diritti di custodia e di visita dei figli, siano presi in considerazione gli episodi di violenza che rientrano nel campo di applicazione della presente Convenzione.

2. Le Parti adottano le misure legislative o di altro tipo necessarie per garantire che l'esercizio dei diritti di visita o di custodia dei figli non comprometta i diritti e la sicurezza della vittima o dei bambini.

32. Conseguenze civili dei matrimoni forzati.

Le Parti adottano le misure legislative o di altro tipo necessarie per garantire che i matrimoni contratti con la forza possano essere invalidabili, annullati o sciolti senza rappresentare un onere finanziario o amministrativo eccessivo per la vittima.

33. Violenza psicologica.

Le Parti adottano le misure legislative o di altro tipo necessarie per penalizzare un comportamento intenzionale mirante a compromettere seriamente l'integrità psicologica di una persona con la coercizione o le minacce.

34. Atti persecutori (Stalking).

Le Parti adottano le misure legislative o di altro tipo necessarie per penalizzare un comportamento intenzionalmente e ripetutamente minaccioso nei confronti di un'altra persona, portandola a temere per la propria incolumità.

35. Violenza fisica.

Le Parti adottano le misure legislative o di altro tipo necessarie per penalizzare il comportamento intenzionale di chi commette atti di violenza fisica nei confronti di un'altra persona.

36. Violenza sessuale, compreso lo stupro.

1. Le Parti adottano misure legislative o di altro tipo necessarie per perseguire penalmente i responsabili dei seguenti comportamenti intenzionali:
a) atto sessuale non consensuale con penetrazione vaginale, anale o orale compiuto su un'altra persona con qualsiasi parte del corpo o con un oggetto;
b) altri atti sessuali compiuti su una persona senza il suo consenso;
c) il fatto di costringere un'altra persona a compiere atti sessuali non consensuali con un terzo.

2. Il consenso deve essere dato volontariamente, quale libera manifestazione della volontà della persona, e deve essere valutato tenendo conto della situazione e del contesto.

3. Le Parti adottano le misure legislative e di altro tipo per garantire che le disposizioni del paragrafo 1 si applichino anche agli atti commessi contro l'ex o l'attuale coniuge o partner, quale riconosciuto dalla legislazione nazionale.

37. Matrimonio forzato.

1. Le Parti adottano le misure legislative o di altro tipo necessarie per penalizzare l'atto intenzionale di costringere un adulto o un bambino a contrarre matrimonio.

2. Le Parti adottano le misure legislative o di altro tipo necessarie per penalizzare il fatto di attirare intenzionalmente con l'inganno un adulto o un bambino sul territorio di una Parte o di uno Stato diverso da quello in cui risiede, allo scopo di costringerlo a contrarre matrimonio.

38. Mutilazioni genitali femminili.

Le Parti adottano le misure legislative o di altro tipo necessarie per perseguire penalmente i seguenti atti intenzionali:
a) l'escissione, l'infibulazione o qualsiasi altra mutilazione della totalità o di una parte delle grandi labbra vaginali, delle piccole labbra o asportazione del clitoride;
b) costringere una donna a subire qualsiasi atto indicato al punto a, o fornirle i mezzi a tale fine;
c) indurre, costringere o fornire a una ragazza i mezzi per subire qualsiasi atto enunciato al punto a.

39. Aborto forzato e sterilizzazione forzata.

Le Parti adottano le misure legislative o di altro tipo necessarie per perseguire penalmente i seguenti atti intenzionali:

a) praticare un aborto su una donna senza il suo preliminare consenso informato;

b) praticare % un intervento chirurgico che abbia lo scopo e l'effetto di interrompere definitivamente la capacità riproduttiva di una donna senza il suo preliminare consenso informato o la sua comprensione della procedura praticata.

40. Molestie sessuali.

Le Parti adottano le misure legislative o di altro tipo necessarie per garantire che qualsiasi forma di comportamento indesiderato, verbale, non verbale o fisico, di natura sessuale, con lo scopo o l'effetto di violare la dignità di una persona, segnatamente quando tale comportamento crea un clima intimidatorio, ostile, degradante, umiliante o offensivo, sia sottoposto a sanzioni penali o ad altre sanzioni legali.

41. Favoreggiamento o complicità e tentativo.

1. Le Parti adottano le misure legislative o di altro tipo necessarie per perseguire penalmente il favoreggiamento o la complicità intenzionali in ordine alla commissione dei reati di cui agli articoli 33, 34, 35, 36, 37, 38.a e 39 della presente Convenzione.

2. Le Parti adottano le misure legislative o di altro tipo necessarie per perseguire penalmente i tentativi intenzionali di commissione dei reati di cui agli articoli 35, 36, 37, 38.a e 39 della presente Convenzione.

42. Giustificazione inaccettabile dei reati, compresi quelli commessi in nome del cosiddetto "onore".

1. Le Parti adottano le misure legislative o di altro tipo necessarie per garantire che nei procedimenti penali intentati a seguito della commissione di qualsiasi atto di violenza che rientra nel campo di applicazione della presente Convenzione, la cultura, gli usi e costumi, la religione, le tradizioni o il cosiddetto "onore" non possano essere addotti come scusa per giustificare tali atti. Rientrano in tale ambito, in particolare, le accuse secondo le quali la vittima avrebbe trasgredito norme o costumi culturali, religiosi, sociali o tradizionali riguardanti un comportamento appropriato.

2. Le Parti adottano le misure legislative o di altro tipo necessarie per garantire che, qualora un bambino sia stato istigato da una persona a compiere un atto di cui al paragrafo 1, non sia per questo diminuita la responsabilità penale della suddetta persona per gli atti commessi.

43. Applicazione dei reati.

I reati previsti ai sensi della presente Convenzione si applicano a prescindere dalla natura del rapporto tra la vittima e l'autore del reato.

44. Giurisdizione.

1. Le Parti adottano le misure legislative o di altro tipo necessarie per determinare la giurisdizione competente per qualsiasi reato previsto ai sensi della presente Convenzione quando il reato è commesso:

a sul loro territorio;

o b a bordo di una nave battente la loro bandiera o c a bordo di un velivolo immatricolato secondo le loro disposizioni di legge; o d da uno loro cittadino; o e da una persona avente la propria residenza abituale sul loro territorio.

2. Le Parti adottano tutte le misure legislative o di altro tipo appropriate per determinare la giurisdizione con riferimento a tutti i reati di cui alla presente Convenzione quando il reato è commesso contro un loro cittadino o contro una persona avente la propria residenza abituale sul loro territorio.

3. Per perseguire i reati stabiliti conformemente agli Articoli 36, 37, 38 e 39 della presente Convenzione, le Parti adottano le misure legislative o di altro tipo necessarie affinché la loro competenza non sia subordinata alla condizione che i fatti siano perseguibili penalmente sul territorio in cui sono stati commessi.

4. Per perseguire i reati stabiliti conformemente agli Articoli 36, 37, 38 e 39 della presente Convenzione, le Parti adottano le misure legislative o di altro tipo necessarie affinché la loro competenza riguardante i commi d. ed e. del precedente paragrafo 1 non sia subordinata alla condizione che il procedimento penale possa unicamente essere avviato a seguito della denuncia della vittima del reato, o di un'azione intentata dallo Stato del luogo dove è stato commesso il reato.

5. Le Parti adottano le misure legislative o di altro tipo necessarie per determinare la giurisdizione con riferimento a tutti i reati di cui alla presente Convenzione, nei casi in cui il presunto autore del reato si trovi sul loro territorio e non possa essere estradato verso un'altra Parte unicamente in base alla sua nazionalità.

6. Quando più Parti rivendicano la loro competenza riguardo a un reato che si presume stabilito conformemente alla presente Convenzione, le Parti interessate si concertano, se lo ritengono opportuno, per determinare quale sia la giurisdizione più appropriata per procedere penalmente.

7. Fatte salve le disposizioni generali di diritto internazionale, la presente Convenzione non esclude alcuna competenza penale esercitata da una delle Parti conformemente al proprio diritto interno.

45. Sanzioni e misure repressive.

1. Le Parti adottano le misure legislative o di altro tipo necessarie per garantire che i reati stabiliti conformemente alla presente Convenzione siano punibili con sanzioni efficaci, proporzionate e dissuasive, che tengano conto della loro gravità. Tali sanzioni includono, se del caso, pene privative della libertà e che possono comportare l'estradizione.

2. Le Parti possono adottare altre misure nei confronti degli autori dei reati, quali:

– il monitoraggio, o la sorveglianza della persona condannata;

– la privazione della patria podestà, se l'interesse superiore del bambino, che può comprendere la sicurezza della vittima, non può essere garantito in nessun altro modo.

46. Circostanze aggravanti.

Le Parti adottano le misure legislative e di ogni altro tipo necessarie per garantire che le seguenti circostanze, purché non siano già gli elementi costitutivi del reato, possano, conformemente alle disposizioni pertinenti del loro diritto nazionale, essere considerate come circostanze aggravanti nel determinare la pena per i reati stabiliti conformemente alla presente Convenzione:

a) il reato è stato commesso contro l'attuale o l'ex coniuge o partner, come riconosciuto dal diritto nazionale, da un membro della famiglia, dal convivente della vittima, o da una persona che ha abusato della propria autorità;
b) il reato, o i reati connessi, sono stati commessi ripetutamente;
c) il reato è stato commesso contro una persona in circostanze di particolare vulnerabilità;
d) il reato è stato commesso su un bambino o in presenza di un bambino;
e) il reato è stato commesso da due o più persone che hanno agito insieme;
f) il reato è stato preceduto o accompagnato da una violenza di estrema gravità;
g) il reato è stato commesso con l'uso o con la minaccia di un'arma;
h) il reato ha provocato gravi danni fisici o psicologici alla vittima;
i) l'autore era stato precedentemente condannato per reati di natura analoga.

47. Condanne pronunciate sul territorio di un'altra Parte contraente.

Le Parti adottano le misure legislative o di altro tipo necessarie per prevedere la possibilità di prendere in considerazione, al momento della decisione relativa alla pena, le condanne definitive pronunciate da un'altra Parte contraente in relazione ai reati previsti in base alla presente Convenzione.

48. Divieto di metodi alternativi di risoluzione dei conflitti o di misure alternative alle pene obbligatorie.

1. Le Parti adottano le misure legislative o di altro tipo destinate a vietare i metodi alternativi di risoluzione dei conflitti, tra cui la mediazione e la conciliazione, per tutte le forme di violenza che rientrano nel campo di applicazione della presente Convenzione.

2. Le Parti adottano le misure legislative o di altro tipo destinate a garantire che, se viene inflitto il pagamento di una multa, sia debitamente presa in considerazione la capacità del condannato di adempiere ai propri obblighi finanziari nei confronti della vittima.

4. D.L. 14 agosto 2013, n. 93, convertito, con modificazioni, in L. 15 ottobre 2013, n. 119. – Disposizioni urgenti in materia di sicurezza e per il contrasto della violenza di genere, nonché in tema di protezione civile e di commissariamento delle province (*artt. 1-5 bis*)

In Gazzetta Ufficiale 16 agosto 2013, n. 191

Capo I
Prevenzione e contrasto della violenza di genere

1. Norme in materia di maltrattamenti, violenza sessuale e atti persecutori.

1. All'articolo 61 del codice penale è aggiunto, in fine, il seguente numero:

"11-*quinquies*) l'avere, nei delitti non colposi contro la vita e l'incolumità individuale, contro la libertà personale nonché nel delitto di cui all'articolo 572, commesso il fatto in presenza o in danno di un minore di anni diciotto ovvero in danno di persona in stato di gravidanza" (1).

1 bis. Il secondo comma dell'articolo 572 del codice penale è abrogato (2).

1 ter. All'articolo 609-*ter*, primo comma, del codice penale, il numero 5) è sostituito dal seguente:

"5) nei confronti di persona che non ha compiuto gli anni diciotto della quale il colpevole sia l'ascendente, il genitore, anche adottivo, il tutore" (3).

2. All'articolo 609-*ter*, primo comma, del codice penale, dopo il numero 5-*bis*) sono aggiunti i seguenti:

"5-*ter*) nei confronti di donna in stato di gravidanza;

5-*quater*) nei confronti di persona della quale il colpevole sia il coniuge, anche separato o divorziato, ovvero colui che alla stessa persona è o è stato legato da relazione affettiva, anche senza convivenza".

2 bis. All'articolo 609-*decies* del codice penale sono apportate le seguenti modificazioni:

a) al primo comma, dopo le parole: "per il delitto previsto dall'articolo 609-*quater*" sono inserite le seguenti: "o per i delitti previsti dagli articoli 572 e 612-*bis*, se commessi in danno di un minorenne o da uno dei genitori di un minorenne in danno dell'altro genitore";
b) dopo il primo comma è inserito il seguente:

"Qualora riguardi taluno dei delitti previsti dagli articoli 572, 609-*ter* e 612-*bis*, commessi in danno di un minorenne o da uno dei genitori di un minorenne in danno dell'altro genitore, la comunicazione di cui al primo comma si considera effettuata anche ai fini dell'adozione dei provvedimenti di cui agli articoli 155 e seguenti, nonché 330 e 333 del codice civile" (4).

2 ter. All'articolo 612, primo comma, del codice penale, le parole:

"fino a euro 51" sono sostituite dalle seguenti: "fino a euro 1.032"» (5).

3. All'articolo 612-*bis* del codice penale, sono apportate le seguenti modificazioni:

a) il secondo comma è sostituito dal seguente:
"La pena è aumentata se il fatto è commesso dal coniuge, anche separato o divorziato, o da persona che è o è stata legata da relazione affettiva alla persona offesa ovvero se il fatto è commesso attraverso strumenti informatici o telematici" (6);

b) al quarto comma, dopo il secondo periodo sono inseriti i seguenti: "La remissione della querela può essere soltanto processuale. La querela è comunque irrevocabile se il fatto è stato commesso mediante minacce reiterate nei modi di cui all'articolo 612, secondo comma"» (7).

4. All'articolo 8, comma 2, del decreto-legge 23 febbraio 2009, n. 11, convertito, con modificazioni, dalla legge 23 aprile 2009, n. 38, le parole: "valuta l'eventuale adozione di provvedimenti" sono sostituite dalle seguenti: "adotta i provvedimenti".

4 bis. All'articolo 11, comma 1, del decreto-legge 23 febbraio 2009, n. 11, convertito, con modificazioni, dalla legge 23 aprile 2009, n. 38, le parole: "di atti persecutori, di cui all'articolo 612-*bis* del codice penale, introdotto dall'articolo 7" sono sostituite dalle seguenti: "di cui agli articoli 572, 600, 600-*bis*, 600-*ter*, anche se relativo al materiale pornografico di cui all'articolo 600-*quater*.1, 600-*quinquies*, 601, 602, 609-*bis*, 609-*ter*, 609-*quater*, 609-*quinquies*, 609-*octies* o 612-*bis* del codice penale, introdotto dall'articolo 7" (8).

(1) Comma sostituito dall'art. 1, co. 1, l. 15.10.2013, n. 119, in sede di conversione.
(2) Comma introdotto dall'art. 1, co. 1, l. 15.10.2013, n. 119, in sede di conversione.
(3) Comma introdotto dall'art. 1, co. 1, l. 15.10.2013, n. 119, in sede di conversione.
(4) Comma introdotto dall'art. 1, co. 1, l. 15.10.2013, n. 119, in sede di conversione.
(5) Comma introdotto dall'art. 1, co. 1, l. 15.10.2013, n. 119, in sede di conversione.
(6) Lettera sostituita dall'art. 1, co. 1, l. 15.10.2013, n. 119, in sede di conversione.
(7) Lettera sostituita dall'art. 1, co. 1, l. 15.10.2013, n. 119, in sede di conversione.
(8) Comma introdotto dall'art. 1, co. 1, l. 15.10.2013, n. 119, in sede di conversione.

2. Modifiche al codice di procedura penale e disposizioni concernenti i procedimenti penali per i delitti contro la persona (1).

1. Al codice di procedura penale sono apportate le seguenti modificazioni:

0a) all'articolo 101, comma 1, sono aggiunti, in fine, i seguenti periodi: "Al momento dell'acquisizione della notizia di reato il pubblico ministero e la polizia giudiziaria informano la persona offesa dal reato di tale facoltà. La persona offesa è altresì informata della possibilità dell'accesso al patrocinio a spese dello Stato ai sensi dell'articolo 76 del testo unico delle disposizioni legislative e regolamentari in materia di spese di giustizia, di cui al decreto del Presidente della Repubblica 30 maggio 2002, n. 115, e successive modificazioni" (2);

0b) all'articolo 266, comma 1, dopo la lettera f *ter*) è aggiunta la seguente:
"f-*quater*) delitto previsto dall'articolo 612-*bis* del codice penale" (3);

a) all'articolo 282-*bis*, comma 6, dopo la parola "571," sono inserite le seguenti: "582, limitatamente alle ipotesi procedibili d'ufficio o comunque aggravate,", le parole "e 609-*octies*" sono sostituite dalle seguenti: ", 609-*octies* e 612, secondo comma, "e sono aggiunte, in fine, le seguenti parole: ", anche con le modalità di controllo previste all'articolo 275-*bis*" (4);

a-*bis*) all'articolo 282-*quater*, comma 1, è aggiunto, in fine, il seguente periodo: "Quando l'imputato si sottopone positivamente ad un programma di prevenzione della violenza organizzato dai servizi socio-assistenziali del territorio, il responsabile del servizio ne dà comunicazione al pubblico ministero e al giudice ai fini della valutazione ai sensi dell'articolo 299, comma 2 (5);

b) all'articolo 299:

1) dopo il comma 2, è inserito il seguente: "2-*bis*. I provvedimenti di cui ai commi 1 e 2 relativi alle misure previste dagli articoli 282-*bis*, 282-*ter*, 283, 284, 285 e 286, applicate nei procedimenti aventi ad oggetto delitti commessi con violenza alla persona, devono essere immediatamente comunicati, a cura della polizia giudiziaria, ai servizi socio-assistenziali e al difensore della persona offesa o, in mancanza di questo, alla persona offesa [e ai servizi socio-assistenziali del territorio.]" (6);

2) al comma 3, dopo il primo periodo, è inserito il seguente:
"La richiesta di revoca o di sostituzione delle misure previste dagli articoli 282-*bis*, 282-*ter*, 283, 284, 285 e 286, applicate nei procedimenti di cui al comma 2-*bis* del presente articolo, che non sia stata proposta in sede di interrogatorio di garanzia, deve essere contestualmente notificata, a cura della parte richiedente ed a pena di inammissibilità, presso il difensore della persona offesa o, in mancanza di questo, alla persona offesa, salvo che in quest'ultimo caso essa non abbia provveduto a dichiarare o eleggere domicilio. Il difensore e la persona offesa possono, nei due giorni successivi alla notifica, presentare memorie ai sensi dell'articolo 121. Decorso il predetto termine il giudice procede" (7);

3) al comma 4-*bis*, è aggiunto, in fine, il seguente periodo:

"La richiesta di revoca o di sostituzione delle misure previste dagli articoli 282-*bis*, 282-*ter*, 283, 284, 285 e 286, applicate nei procedimenti di cui al comma 2-*bis* del presente articolo, deve essere contestualmente notificata, a cura della parte richiedente ed a pena di inammissibilità, presso il difensore della persona offesa o, in mancanza di questo, alla persona offesa, salvo che in quest'ultimo caso essa non abbia provveduto a dichiarare o eleggere domicilio" [8];

b-*bis*) all'articolo 350, comma 1, sono aggiunte, in fine, le seguenti parole: ", e nei casi di cui all'articolo 384-*bis*" [9];

b-*ter*) all'articolo 351, comma 1-*ter*, dopo le parole: "previsti dagli articoli" è inserita la seguente: "572," e le parole: "e 609-*undecies*" sono sostituite dalle seguenti: ", 609-*undecies* e 612-*bis*"» [10];

c) all'articolo 380, comma 2, dopo la lettera l-*bis*) è aggiunta la seguente: "l-*ter*) delitti di maltrattamenti contro familiari e conviventi e di atti persecutori, previsti dall'articolo 572 e dall'articolo 612-*bis* del codice penale;";

d) dopo l'articolo 384, è inserito il seguente: "Art. 384-*bis* (Allontanamento d'urgenza dalla casa familiare) –

1. Gli ufficiali ed agenti di polizia giudiziaria hanno facoltà di disporre, previa autorizzazione del pubblico ministero, scritta, oppure resa oralmente e confermata per iscritto, o per via telematica, l'allontanamento urgente dalla casa familiare con il divieto di avvicinarsi ai luoghi abitualmente frequentati dalla persona offesa, nei confronti di chi è colto in flagranza dei delitti di cui all'articolo 282-*bis*, comma 6, ove sussistano fondati motivi per ritenere che le condotte criminose possano essere reiterate ponendo in grave ed attuale pericolo la vita o l'integrità fisica o psichica della persona offesa. La polizia giudiziaria provvede senza ritardo all'adempimento degli obblighi di informazione previsti dall'articolo 11 del decreto-legge 23 febbraio 2009, n. 11, convertito, con modificazioni, dalla legge 23 aprile 2009, n. 38, e successive modificazioni (11).

2. Si applicano in quanto compatibili le disposizioni di cui agli articoli 385 e seguenti del presente titolo. Si osservano le disposizioni di cui all'articolo 381, comma 3. Della dichiarazione orale di querela si dà atto nel verbale delle operazioni di allontanamento (12)";

e) all'articolo 398, comma 5-*bis*, dopo le parole "dagli articoli" è inserita la seguente: "572," [13];

f) all'articolo 406, comma 2-*ter*, dopo le parole: "di cui agli articoli" è inserita la seguente: "572," e le parole: "e 590, terzo comma," sono sostituite dalle seguenti: ", 590, terzo comma, e 612-*bis*"» [14];

g) all'articolo 408, dopo il comma 3, è aggiunto il seguente:

"3-*bis*. Per i delitti commessi con violenza alla persona, l'avviso della richiesta di archiviazione è in ogni caso notificato, a cura del pubblico ministero, alla persona offesa ed il termine di cui al comma 3 è elevato a venti giorni." (15);

h) all'articolo 415-*bis*, comma 1, dopo le parole: "e al difensore" sono inserite le seguenti: "nonché, quando si procede per i reati di cui agli articoli 572 e 612-*bis* del codice penale, anche al difensore della persona offesa o, in mancanza di questo, alla persona offesa" [16];

h-*bis*) all'articolo 449, comma 5, sono aggiunti, in fine, i seguenti periodi: "Quando una persona è stata allontanata d'urgenza dalla casa familiare ai sensi dell'articolo 384-*bis*, la polizia giudiziaria può provvedere, su disposizione del pubblico ministero, alla sua citazione per il giudizio direttissimo e per la contestuale convalida dell'arresto entro le successive quarantotto ore, salvo che ciò pregiudichi gravemente le indagini. In tal caso la polizia giudiziaria provvede comunque, entro il medesimo termine, alla citazione per l'udienza di convalida indicata dal pubblico ministero" [17];

i) all'articolo 498:

1) al comma 4-*ter*, dopo le parole "agli articoli" è inserita la seguente: "572," [18];

2) dopo il comma 4-*ter* è aggiunto il seguente: "4-*quater*.

Quando si procede per i reati previsti dal comma 4-*ter*, se la persona offesa è maggiorenne il giudice assicura che l'esame venga condotto anche tenendo conto della particolare vulnerabilità della stessa persona offesa, desunta anche dal tipo di reato per cui si procede, e ove ritenuto opportuno, dispone, a richiesta della persona offesa o del suo difensore, l'adozione di modalità protette.".

2. Dopo l'articolo 132-*bis*, comma 1, lettera a), delle norme di attuazione, di coordinamento e transitorie del codice di procedura penale, di cui al decreto legislativo 28 luglio 1989, n. 271, è inserita la seguente: "a-*bis*) ai delitti previsti dagli articoli 572 e da 609-*bis* a 609-*octies* e 612-*bis* del codice penale;".

3. Al comma 4-*ter* dell'articolo 76 del testo unico delle disposizioni legislative e regolamentari in materia di spese di giustizia, di cui al decreto del Presidente della Repubblica 30 maggio 2002, n. 115, dopo le parole "La persona offesa dai reati di cui agli articoli" sono inserite le seguenti: "572, 583-*bis*," e le parole: "e 609-*octies*" sono sostituite dalle seguenti: ", 609-*octies* e 612-*bis*". Ai relativi oneri pari a 1 milione di euro per l'anno 2013 e a 2,7 milioni di euro a decorrere dall'anno 2014 si provvede, quanto a 1 milione di euro per l'anno 2013 e 400.000 euro per l'anno 2014, mediante corrispondente riduzione, per i medesimi anni, dello stanziamento del fondo speciale di parte corrente iscritto, ai fini del bilancio triennale 2013-2015, nell'ambito del programma «Fondi di riserva e speciali» della missione «Fondi da ripartire» dello stato di previsione del Ministero dell'economia e delle finanze per l'anno 2013, allo scopo parzialmente utilizzando, quanto a 1 milione di euro per l'anno 2013, l'accantonamento relativo al Ministero del lavoro e delle politiche sociali e quanto a 400.000 euro per l'anno 2014, l'accantonamento relativo al Ministero degli affari esteri, e quanto a 2,3 milioni di euro per l'anno 2014 e a 2,7 milioni di euro a decorrere dal 2015 mediante corrispondente riduzione delle risorse del Fondo di cui all'articolo 15, comma 5, della legge 6 luglio 2012, n. 96. Il Ministro dell'economia e delle finanze è autorizzato ad apportare con propri decreti le occorrenti variazioni di bilancio [19].

4. La disposizione di cui al comma 1, lettera c), entra in vigore dalla data di entrata in vigore della legge di conversione del presente decreto.

4 bis. All'articolo 4, comma 1, lettera a), del decreto legislativo 28 agosto 2000, n. 274, e successive modificazioni, dopo le parole: "alle fattispecie di cui al secondo comma perseguibili a querela di parte" sono inserite le seguenti: ", ad esclusione dei fatti commessi contro uno dei soggetti elencati dall'articolo 577, secondo comma, ovvero contro il convivente [20].

(1) Rubrica modificata dall'art. 1, co. 1, l. 15.10.2013, n. 119, in sede di conversione.
(2) Lettera introdotta dall'art. 1, co. 1, l. 15.10.2013, n. 119, in sede di conversione.
(3) Lettera introdotta dall'art. 1, co. 1, l. 15.10.2013, n. 119, in sede di conversione.
(4) Lettera modificata dall'art. 1, co. 1, l. 15.10.2013, n. 119, in sede di conversione.
(5) Lettera introdotta dall'art. 1, co. 1, l. 15.10.2013, n. 119, in sede di conversione.
(6) Numero modificato dall'art. 1, co. 1, l. 15.10.2013, n. 119, in sede di conversione.
(7) Numero modificato dall'art. 1, co. 1, l. 15.10.2013, n. 119, in sede di conversione.
(8) Numero modificato dall'art. 1, co. 1, l. 15.10.2013, n. 119, in sede di conversione.
(9) Lettera introdotta dall'art. 1, co. 1, l. 15.10.2013, n. 119, in sede di conversione.
(10) Lettera introdotta dall'art. 1, co. 1, l. 15.10.2013, n. 119, in sede di conversione.
(11) Comma modificato dall'art. 1, co. 1, l. 15.10.2013, n. 119, in sede di conversione.
(12) Comma modificato dall'art. 1, co. 1, l. 15.10.2013, n. 119, in sede di conversione.
(13) Lettera modificata dall'art. 1, co. 1, l. 15.10.2013, n. 119, in sede di conversione.
(14) Lettera sostituita dall'art. 1, co. 1, l. 15.10.2013, n. 119, in sede di conversione.
(15) Lettera modificata dall'art. 1, co. 1, l. 15.10.2013, n. 119, in sede di conversione.
(16) Lettera sostituita dall'art. 1, co. 1, l. 15.10.2013, n. 119, in sede di conversione.
(17) Lettera introdotta dall'art. 1, co. 1, l. 15.10.2013, n. 119, in sede di conversione.
(18) Lettera introdotta dall'art. 1, co. 1, l. 15.10.2013, n. 119, in sede di conversione.
(19) Comma modificato dall'art. 1, co. 1, l. 15.10.2013, n. 119, in sede di conversione.
(20) Comma introdotto dall'art. 1, co. 1, l. 15.10.2013, n. 119, in sede di conversione.

3. Misura di prevenzione per condotte di violenza domestica.

1. Nei casi in cui alle forze dell'ordine sia segnalato, in forma non anonima, un fatto che debba ritenersi riconducibile ai reati di cui agli articoli 581, 582 610, 612, secondo comma, 612-*bis*, 612-*ter*, 614 e 635, consumati o tentati, del codice penale, nell'ambito di violenza domestica, il questore, anche in assenza di querela, può procedere, assunte le informazioni necessarie da parte degli organi investigativi e sentite le persone informate dei fatti, all'ammonimento dell'autore del fatto. Ai fini del presente articolo si intendono per violenza domestica uno o più atti, gravi ovvero non episodici o commessi in presenza di minorenni, di violenza fisica, sessuale, psicologica o economica che si verificano all'interno della famiglia o del nucleo familiare o tra persone legate, attualmente o in passato, da un vincolo di matrimonio o da una relazione affettiva, indipendentemente dal fatto che l'autore di tali atti condivida o abbia condiviso la stessa residenza con la vittima [1].

2. Si applicano, in quanto compatibili, le disposizioni dell'articolo 8, commi 1 e 2, del decreto-legge 23 febbraio 2009, n. 11, convertito, con modificazioni, dalla legge 23 aprile 2009, n. 38, come modificato dal presente decreto. Il questore può richiedere al prefetto del luogo di residenza del destinatario dell'ammonimento l'applicazione della misura della sospensione della patente di guida per un periodo da uno a tre mesi. Il prefetto dispone la sospensione della patente di guida ai sensi dell'articolo 218 del decreto legislativo 30 aprile 1992, n. 285. Il prefetto non dà luogo alla sospensione della patente di guida qualora, tenuto conto delle condizioni economiche del nucleo familiare, risulti che le esigenze lavorative dell'interessato non possono essere garantite con il rilascio del permesso di cui all'articolo 218, comma 2, del codice della strada, di cui al citato decreto legislativo n. 285 del 1992 [2].

3. Il Ministero dell'interno – Dipartimento della pubblica sicurezza, anche attraverso i dati contenuti nel Centro elaborazione dati di cui all'articolo 8 della legge 1° aprile 1981, n. 121, elabora annualmente un'analisi criminologica della violenza di genere, comprendente il monitoraggio sulla fattibilità tecnica dell'impiego dei mezzi elettronici e degli altri strumenti tecnici di controllo di cui all'articolo 275-*bis* del codice di procedura penale, che costituisce un'autonoma sezione della relazione annuale al Parlamento di cui all'articolo 113 della predetta legge n. 121 del 1981 [3].

4. In ogni atto del procedimento per l'adozione dell'ammonimento di cui al comma 1 devono essere omesse le generalità del segnalante, salvo che la segnalazione risulti manifestamente infondata. La segnalazione è utilizzabile soltanto ai fini dell'avvio del procedimento [4].

5. Le misure di cui al comma 1 dell'articolo 11 del decreto-legge 23 febbraio 2009, n. 11, convertito, con modificazioni, dalla legge 23 aprile 2009, n. 38, trovano altresì applicazione nei casi in cui le forze dell'ordine, i presidi sanitari e le istituzioni pubbliche ricevono dalla vittima notizia dei reati di cui agli articoli 581, 582, 610, 612, secondo comma, 614 e 635 del codice penale nell'ambito della violenza domestica di cui al comma 1 del presente articolo [5].

5 bis. Quando il questore procede all'ammonimento ai sensi dell'articolo 8 del decreto-legge 23 febbraio 2009, n. 11, convertito, con modificazioni, dalla legge 23 aprile 2009, n. 38, come modificato dal presente decreto, e del presente articolo, informa senza indugio l'autore del fatto circa i servizi disponibili sul territorio, inclusi i consultori familiari, i servizi di salute mentale e i servizi per le dipendenze, come individuati dal Piano di cui all'articolo 5, finalizzati ad intervenire nei confronti degli autori di violenza domestica o di genere [(6)].

5 ter. I provvedimenti emessi ai sensi del presente articolo e dell'articolo 8 del decreto-legge 23 febbraio 2009, n. 11, convertito, con modificazioni, dalla legge 23 aprile 2009, n. 38, possono essere revocati su istanza dell'ammonito, non prima che siano decorsi tre anni dalla loro emissione, valutata la partecipazione del soggetto ad appositi percorsi di recupero presso gli enti di cui al comma 5-*bis* e tenuto conto dei relativi esiti [(7)].

5 quater. Le pene per i reati di cui agli articoli 581, 582, 610, 612, secondo comma, 612-*bis*, 612-*ter*, 614 e 635 del codice penale sono aumentate se il fatto è commesso, nell'ambito di violenza domestica, da soggetto già ammonito ai sensi del presente articolo, anche se la persona offesa è diversa da quella per la cui tutela è stato già adottato l'ammonimento previsto dal presente articolo [(8)].

5 quinquies. Si procede d'ufficio per i reati previsti dagli articoli 581, 582, primo comma, 610, 612, secondo comma, nell'ipotesi di minaccia grave, 612-*bis*, 612-*ter*, 614, primo e secondo comma, e 635 del codice penale quando il fatto è commesso, nell'ambito di violenza domestica, da soggetto già ammonito ai sensi del presente articolo, anche se la persona offesa è diversa da quella per la cui tutela è stato già adottato l'ammonimento previsto dal presente articolo [(9)].

(1) Comma modificato dall'art. 1, co. 1, l. 15.10.2013, n. 119, in sede di conversione e poi dall'art. 1, co. 1, lett. a), l. 24.11.2023, n. 168.
(2) Comma modificato dall'art. 1, co. 1, l. 15.10.2013, n. 119, in sede di conversione.
(3) Comma modificato dall'art. 2, co. 2, l. 24.11.2023, n. 168.
(4) Comma modificato dall'art. 1, co. 1, l. 15.10.2013, n. 119, in sede di conversione.
(5) Comma modificato dall'art. 1, co. 1, l. 15.10.2013, n. 119, in sede di conversione e poi dall'art. 1, co. 1, lett. b), l. 24.11.2023, n. 168.
(6) Comma introdotto dall'art. 1, co. 1, l. 15.10.2013, n. 119, in sede di conversione.
(7) Comma introdotto dall'art. 1, co. 1, lett. c), l. 24.11.2023, n. 168.
(8) Comma introdotto dall'art. 1, co. 1, lett. c), l. 24.11.2023, n. 168.
(9) Comma introdotto dall'art. 1, co. 1, lett. c), l. 24.11.2023, n. 168.

3.1. Particolari tutele per le vittime di violenza domestica [(1)].

1. L'organo di polizia che procede a seguito di denuncia o querela per fatti riconducibili ai delitti di cui all'articolo 362, comma 1-*ter*, del codice di procedura penale commessi in ambito di violenza domestica, qualora dai primi accertamenti emergano concreti e rilevanti elementi di pericolo di reiterazione della condotta, ne dà comunicazione al prefetto che, sulla base delle valutazioni espresse nelle riunioni di coordinamento di cui all'articolo 5, comma 2, del decreto-legge 6 maggio 2002, n. 83, convertito, con modificazioni, dalla legge 2 luglio 2002, n. 133, può adottare misure di vigilanza dinamica, da sottoporre a revisione trimestrale, a tutela della persona offesa.

(1) Articolo introdotto dall'art. 1, co. 2, l. 24.11.2023, n. 168.

3 bis. Decadenza dall'assegnazione dell'alloggio di edilizia residenziale pubblica per gli autori di delitti di violenza domestica [(1)].

1. In caso di condanna, anche non definitiva, o di applicazione della pena su richiesta delle parti ai sensi dell'articolo 444 del codice di procedura penale per i reati, consumati o tentati, di cui agli articoli 564, 572, 575, 578, 582, 583, 584, 605, 609-*bis*, 609-*ter*, 609-*quinquies*, 609-*sexies* e 609-*octies* del codice penale, commessi all'interno della famiglia o del nucleo familiare o tra persone legate, attualmente o in passato, da un vincolo di matrimonio, da unione civile o da una relazione affettiva, indipendentemente dal fatto della coabitazione, anche in passato, con la vittima, il condannato assegnatario di un alloggio di edilizia residenziale pubblica decade dalla relativa assegnazione; in tal caso le altre persone conviventi non perdono il diritto di abitazione e subentrano nella titolarità del contratto.

2. Le regioni e le province autonome di Trento e di Bolzano provvedono, quale livello essenziale delle prestazioni ai sensi dell'articolo 117, secondo comma, lettera m), della Costituzione, alla regolamentazione dell'assegnazione degli alloggi di edilizia residenziale pubblica in conformità alla presente disposizione.

(1) Articolo introdotto dall'art. 12, co. 1, l. 11.1.2018, n. 4.

4. Tutela per gli stranieri vittime di violenza domestica.

1. Dopo l'articolo 18 del testo unico delle disposizioni concernenti la disciplina dell'immigrazione e norme sulla condizione dello straniero di cui al decreto legislativo 25 luglio 1998, n. 286, è inserito il seguente [(1)]:
"Art. 18-*bis*
(Permesso di soggiorno per le vittime di violenza domestica)
"1. Quando, nel corso di operazioni di polizia, di indagini o di un procedimento per taluno dei delitti previsti dagli articoli 572, 582, 583, 583-*bis*, 605, 609-*bis* e 612-*bis* del codice penale o per uno dei delitti previsti dall'articolo 380 del codice di procedura penale, commessi sul territorio nazionale in ambito di violenza domestica, siano accertate situazioni di violenza o abuso nei confronti di uno straniero ed emerga un concreto ed attuale pericolo per la sua incolumità, come conseguenza della scelta di sottrarsi alla medesima violenza o per effetto delle dichiarazioni rese nel corso delle indagini preliminari o del giudizio, il questore, con il parere favorevole dell'autorità giudiziaria procedente ovvero su proposta di quest'ultima, rilascia un permesso di soggiorno ai sensi dell'articolo 5, comma 6, per consentire alla vittima di sottrarsi alla violenza. Ai fini del presente articolo, si intendono per violenza domestica uno o più

atti, gravi ovvero non episodici, di violenza fisica, sessuale, psicologica o economica che si verificano all'interno della famiglia o del nucleo familiare o tra persone legate, attualmente o in passato, da un vincolo di matrimonio o da una relazione affettiva, indipendentemente dal fatto che l'autore di tali atti condivida o abbia condiviso la stessa residenza con la vittima [(2)].

2. Con la proposta o il parere di cui al comma 1, sono comunicati al questore gli elementi da cui risulti la sussistenza delle condizioni ivi indicate, con particolare riferimento alla gravità ed attualità del pericolo per l'incolumità personale.

3. Il medesimo permesso di soggiorno può essere rilasciato dal questore quando le situazioni di violenza o abuso emergano nel corso di interventi assistenziali dei centri antiviolenza, dei servizi sociali territoriali o dei servizi sociali specializzati nell'assistenza delle vittime di violenza. In tal caso la sussistenza degli elementi e delle condizioni di cui al comma 2 è valutata dal questore sulla base della relazione redatta dai medesimi servizi sociali. Ai fini del rilascio del permesso di soggiorno è comunque richiesto il parere dell'autorità giudiziaria competente ai sensi del comma 1 [(3)].

4. Il permesso di soggiorno di cui ai commi 1 e 3 è revocato in caso di condotta incompatibile con le finalità dello stesso, segnalata dal procuratore della Repubblica o, per quanto di competenza, dai servizi sociali di cui al coma 3, o comunque accertata dal questore, ovvero quando vengono meno le condizioni che ne hanno giustificato il rilascio.

4 bis. Nei confronti dello straniero condannato, anche con sentenza non definitiva, compresa quella adottata a seguito di applicazione della pena su richiesta ai sensi dell'articolo 444 del codice di procedura penale, per uno dei delitti di cui al comma 1 del presente articolo, commessi in ambito di violenza domestica, possono essere disposte la revoca del permesso di soggiorno e l'espulsione ai sensi dell'articolo 13 del presente testo unico [(4)].

5. Le disposizioni del presente articolo si applicano, in quanto compatibili, anche ai cittadini di Stati membri dell'Unione europea e ai loro familiari.".

(1) Alinea modificato dall'art. 1, co. 1, l. 15.10.2013, n. 119, in sede di conversione.
(2) Comma modificato dall'art. 1, co. 1, l. 15.10.2013, n. 119, in sede di conversione.
(3) Comma modificato dall'art. 1, co. 1, l. 15.10.2013, n. 119, in sede di conversione.
(4) Comma introdotto dall'art. 1, co. 1, l. 15.10.2013, n. 119, in sede di conversione.

5. Piano strategico nazionale contro la violenza nei confronti delle donne e la violenza domestica [(1) (2)].

1.Il Presidente del Consiglio dei ministri o l'Autorità politica delegata per le pari opportunità, anche avvalendosi del Fondo per le politiche relative ai diritti e alle pari opportunità, di cui all'articolo 19, comma 3, del decreto-legge 4 luglio 2006, n. 223, convertito, con modificazioni, dalla legge 4 agosto 2006, n. 248, elabora, con il contributo delle amministrazioni interessate, delle associazioni di donne impegnate nella lotta contro la violenza e dei centri antiviolenza, e adotta, previa acquisizione del parere in sede di Conferenza unificata, un Piano strategico nazionale contro la violenza nei confronti delle donne e la violenza domestica, di seguito denominato "Piano", con cadenza almeno triennale, in sinergia con gli obiettivi della Convenzione del Consiglio d'Europa sulla prevenzione e la lotta contro la violenza nei confronti delle donne e la violenza domestica, fatta a Istanbul l'11 maggio 2011 e ratificata ai sensi della legge 27 giugno 2013, n. 77 [(3)].

2. Il Piano, con l'obiettivo di garantire azioni omogenee sul territorio nazionale, persegue le seguenti finalità, nei limiti delle risorse finanziarie di cui al comma 1:

a) prevenire il fenomeno della violenza contro le donne attraverso l'informazione e la sensibilizzazione della collettività, rafforzando la consapevolezza degli uomini e dei ragazzi nel processo di eliminazione della violenza contro le donne e nella soluzione dei conflitti nei rapporti interpersonali;
b) sensibilizzare gli operatori dei settori dei media per la realizzazione di una comunicazione e informazione, anche commerciale, rispettosa della rappresentazione di genere e, in particolare, della figura femminile, anche attraverso l'adozione di codici di autoregolamentazione da parte degli operatori medesimi;
c) promuovere un'adeguata formazione del personale della scuola alla relazione e contro la violenza e la discriminazione di genere e promuovere, nell'ambito delle indicazioni nazionali per il curricolo della scuola dell'infanzia e del primo ciclo di istruzione, delle indicazioni nazionali per i licei e delle linee guida per gli istituti tecnici e professionali, nella programmazione didattica curricolare ed extracurricolare delle scuole di ogni ordine e grado, la sensibilizzazione, l'informazione e la formazione degli studenti al fine di prevenire la violenza nei confronti delle donne e la discriminazione di genere, anche attraverso un'adeguata valorizzazione della tematica nei libri di testo;
d) potenziare le forme di assistenza e di sostegno alle donne vittime di violenza e ai loro figli attraverso modalità omogenee di rafforzamento della rete dei servizi territoriali, dei centri antiviolenza e dei servizi di assistenza alle donne vittime di violenza;
e) garantire la formazione di tutte le professionalità che entrano in contatto con fatti di violenza di genere o con atti persecutori;
f) accrescere la protezione delle vittime attraverso il rafforzamento della collaborazione tra tutte le istituzioni coinvolte;
g) promuovere lo sviluppo e l'attivazione, in tutto il territorio nazionale, di azioni, basate su metodologie consolidate e coerenti con linee guida appositamente predisposte, di recupero e di accompagnamento dei soggetti responsabili di atti di violenza nelle re-

lazioni affettive, al fine di favorirne il recupero e di limitare i casi di recidiva;

h) prevedere una raccolta strutturata e periodicamente aggiornata, con cadenza almeno annuale, dei dati del fenomeno, ivi compreso il censimento dei centri antiviolenza, anche attraverso il coordinamento delle banche di dati già esistenti;

i) prevedere specifiche azioni positive che tengano anche conto delle competenze delle amministrazioni impegnate nella prevenzione, nel contrasto e nel sostegno delle vittime di violenza di genere e di atti persecutori e delle esperienze delle associazioni che svolgono assistenza nel settore;

l) definire un sistema strutturato di governance tra tutti i livelli di governo, che si basi anche sulle diverse esperienze e sulle buone pratiche già realizzate nelle reti locali e sul territorio [(4)].

2 bis. Al fine di definire un sistema strutturato di governance tra tutti i livelli di governo, sono istituiti presso il Dipartimento per le pari opportunità della Presidenza del Consiglio dei ministri una Cabina di regia interistituzionale e un Osservatorio sul fenomeno della violenza nei confronti delle donne e sulla violenza domestica. Con uno o più decreti del Presidente del Consiglio dei ministri o dell'Autorità politica delegata per le pari opportunità sono disciplinati la composizione, il funzionamento e i compiti della Cabina di regia e dell'Osservatorio di cui al primo periodo. Ai componenti della Cabina di regia e dell'Osservatorio di cui al primo periodo non spettano compensi, gettoni di presenza, rimborsi di spese o altri emolumenti comunque denominati [(5)].

3. Per il finanziamento del Piano, il Fondo per le politiche relative ai diritti e alle pari opportunità di cui all'articolo 19, comma 3, del decreto-legge 4 luglio 2006, n. 223, convertito, con modificazioni, dalla legge 4 agosto 2006, n. 248, è incrementato di 5 milioni di euro per l'anno 2022 e di 15 milioni di euro annui a decorrere dall'anno 2023. Tali risorse sono destinate dal Presidente del Consiglio dei ministri o dall'Autorità politica delegata per le pari opportunità alle azioni a titolarità nazionale e regionale previste dal Piano, fatte salve quelle di cui al comma 2, lettera d), del presente articolo. Le risorse destinate alle azioni a titolarità regionale ai sensi del presente comma sono ripartite annualmente tra le regioni dal Presidente del Consiglio dei ministri o dall'Autorità politica delegata per le pari opportunità, previa intesa in sede di Conferenza permanente per i rapporti tra lo Stato, le regioni e le province autonome di Trento e di Bolzano, con il medesimo provvedimento di cui al comma 2 dell'articolo 5-*bis* del presente decreto [(6)].

4. All'attuazione delle disposizioni contenute nel presente articolo, fatto salvo quanto previsto dal comma 3, si provvede mediante l'utilizzo delle risorse umane, strumentali e finanziarie disponibili a legislazione vigente, senza nuovi o maggiori oneri a carico della finanza pubblica [(7)].

[**5.** All'attuazione delle disposizioni contenute nel presente articolo, fatto salvo quanto previsto dal comma 4 del medesimo articolo e dall'articolo 5-*bis*, si provvede mediante l'utilizzo delle risorse umane, strumentali e finanziarie disponibili a legislazione vigente, senza nuovi o maggiori oneri a carico della finanza pubblica.] [(8)]

(1) Rubrica sostituita dall'art. 1, co. 149, lett. f), l. 30.12.2021, n. 234.
(2) Articolo sostituito dall'art. 1, co. 1, l. 15.10.2013, n. 119, conv., con modif., dalla l. 15.10.2013, n. 119.
(3) Comma sostituito dall'art. 1, co. 149, lett. a), l. 30.12.2021, n. 234.
(4) Comma sostituito dall'art. 1, co. 149, lett. b), l. 30.12.2021, n. 234.
(5) Comma introdotto dall'art. 1, co. 149, lett. c), l. 30.12.2021, n. 234.
(6) Comma sostituito dall'art. 1, co. 149, lett. d), l. 30.12.2021, n. 234 e poi modificato dall'art. 1, co. 338, l. 29.12.2022, n. 197.
(7) Comma sostituito dall'art. 1, co. 149, lett. d), l. 30.12.2021, n. 234.
(8) Comma abrogato dall'art. 1, co. 149, lett. e), l. 30.12.2021, n. 234.

5 bis. Azioni per i centri antiviolenza e le case-rifugio [(1)]**.**

1. Al fine di dare attuazione a quanto previsto dall'articolo 5, comma 2, lettera d), del presente decreto, il Fondo per le politiche relative ai diritti e alle pari opportunità, di cui all'articolo 19, comma 3, del decreto-legge 4 luglio 2006, n. 223, convertito, con modificazioni, dalla legge 4 agosto 2006, n. 248, è incrementato di 10 milioni di euro per l'anno 2013, di 7 milioni di euro per l'anno 2014 e di 10 milioni di euro annui a decorrere dall'anno 2015. Al relativo onere si provvede, quanto a 10 milioni di euro per l'anno 2013, mediante corrispondente riduzione dell'autorizzazione di spesa di cui all'articolo 61, comma 22, del decreto-legge 25 giugno 2008, n. 112, convertito, con modificazioni, dalla legge 6 agosto 2008, n. 133, e successive modificazioni, e, quanto a 7 milioni di euro per l'anno 2014 e a 10 milioni di euro annui a decorrere dall'anno 2015, mediante corrispondente riduzione dell'autorizzazione di spesa di cui all'articolo 10, comma 5, del decreto-legge 29 novembre 2004, n. 282, convertito, con modificazioni, dalla legge 27 dicembre 2004, n. 307, relativa al Fondo per interventi strutturali di politica economica.
Il Ministro dell'economia e delle finanze è autorizzato ad apportare, con propri decreti, le occorrenti variazioni di bilancio.

2. Il Ministro delegato per le pari opportunità, previa intesa in sede di Conferenza permanente per i rapporti tra lo Stato, le regioni e le province autonome di Trento e di Bolzano, provvede annualmente a ripartire tra le regioni le risorse di cui al comma 1 tenendo conto:

a) della programmazione regionale e degli interventi già operativi per contrastare la violenza nei confronti delle donne;

b) del numero dei centri antiviolenza pubblici e privati già esistenti in ogni regione;

c) del numero delle case-rifugio pubbliche e private già esistenti in ogni regione;

d) della necessità di riequilibrare la presenza dei centri antiviolenza e delle case-rifugio in ogni regione[, riservando un terzo dei fondi disponibili all'istituzione di nuovi centri e di nuove case-rifugio al fine di raggiungere l'obiettivo previsto dalla raccomandazione Expert Meeting sulla violenza contro le donne – Finlandia, 8-10 novembre 1999] (2).

3. I centri antiviolenza e le case-rifugio, alle quali è garantito l'anonimato, sono promossi da:

a) enti locali, in forma singola o associata;

b) associazioni e organizzazioni operanti nel settore del sostegno e dell'aiuto alle donne vittime di violenza, che abbiano maturato esperienze e competenze specifiche in materia di violenza contro le donne, che utilizzino una metodologia di accoglienza basata sulla relazione tra donne, con personale specificamente formato;

c) soggetti di cui alle lettere a) e b), di concerto, d'intesa o in forma consorziata.

4. I centri antiviolenza e le case-rifugio operano in maniera integrata con la rete dei servizi socio-sanitari e assistenziali territoriali, tenendo conto delle necessità fondamentali per la protezione delle persone che subiscono violenza, anche qualora svolgano funzioni di servizi specialistici.

5. Indipendentemente dalle metodologie di intervento adottate e dagli specifici profili professionali degli operatori coinvolti, la formazione delle figure professionali dei centri antiviolenza e delle case-rifugio promuove un approccio integrato alle fenomenologie della violenza, al fine di garantire il riconoscimento delle diverse dimensioni della violenza subita dalle persone, a livello relazionale, fisico, psicologico, sociale, culturale ed economico. Fa altresì parte della formazione degli operatori dei centri antiviolenza e delle case-rifugio il riconoscimento delle dimensioni della violenza riconducibili alle diseguaglianze di genere.

6. Le regioni destinatarie delle risorse oggetto di riparto presentano al Ministro delegato per le pari opportunità, entro il 30 marzo di ogni anno, una relazione concernente le iniziative adottate nell'anno precedente a valere sulle risorse medesime.

7. Sulla base delle informazioni fornite dalle regioni, il Ministro delegato per le pari opportunità presenta alle Camere, entro il 30 giugno di ogni anno, una relazione sullo stato di utilizzo delle risorse stanziate ai sensi del presente articolo.

(1) Articolo introdotto dall'art. 1, co. 1, l. 15.10.2013, n. 119.
(2) Lettera modificata dall'art. 18, co. 1, l. 19.7.2019, n. 69.

5. L. 19 luglio 2019, n. 69. – Modifiche al codice penale, al codice di procedura penale e altre disposizioni in materia di tutela delle vittime di violenza domestica e di genere (c.d. Codice rosso)

In Gazzetta Ufficiale 25 luglio 2019, n. 173

1. Obbligo di riferire la notizia del reato.

1. All'articolo 347, comma 3, del codice di procedura penale, dopo le parole: « nell'articolo 407, comma 2, lettera a), numeri da 1) a 6) » sono inserite le seguenti: « , del presente codice, o di uno dei delitti previsti dagli articoli 572,609-*bis*, 609-*ter*, 609-*quater*, 609-*quinquies*, 609-*octies*, 612-*bis* e 612-*ter* del codice penale, ovvero dagli articoli 582 e 583-*quinquies* del codice penale nelle ipotesi aggravate ai sensi degli articoli 576, primo comma, numeri 2, 5 e 5.1, e 577, primo comma, numero 1, e secondo comma, del medesimo codice penale, ».

2. Assunzione di informazioni.

1. Dopo il comma 1-*bis* dell'articolo 362 del codice di procedura penale è aggiunto il seguente:
«1-*ter*. Quando si procede per i delitti previsti dagli articoli 572,609-*bis*, 609-*ter*, 609-*quater*, 609-*quinquies*, 609-*octies* e 612-*bis* del codice penale, ovvero dagli articoli 582 e 583-*quinquies* del codice penale nelle ipotesi aggravate ai sensi degli articoli 576, primo comma, numeri 2, 5 e 5.1, e 577, primo comma, numero 1, e secondo comma, del medesimo codice, il pubblico ministero assume informazioni dalla persona offesa e da chi ha presentato denuncia, querela o istanza, entro il termine di tre giorni dall'iscrizione della notizia di reato, salvo che sussistano imprescindibili esigenze di tutela di minori di anni diciotto o della riservatezza delle indagini, anche nell'interesse della persona offesa».

3. Atti diretti e atti delegati.

1. Dopo il comma 2 dell'articolo 370 del codice di procedura penale sono inseriti i seguenti:
«2-*bis*. Se si tratta di uno dei delitti previsti dagli articoli 572,609-*bis*, 609-*ter*, 609-*quater*, 609-*quinquies*, 609-*octies*, 612-*bis* e 612-*ter* del codice penale, ovvero dagli articoli 582 e 583-*quinquies* del codice penale nelle ipotesi aggravate ai sensi degli articoli 576, primo comma, numeri 2, 5, 5.1, e 577, primo comma, numero 1, e secondo comma, del medesimo codice, la polizia giudiziaria procede senza ritardo al compimento degli atti delegati dal pubblico ministero.
2-*ter*. Nei casi di cui al comma 2-*bis*, la polizia giudiziaria pone senza ritardo a disposizione del pubblico ministero la documentazione dell'attività nelle forme e con le modalità previste dall'articolo 357».

4. Introduzione dell'articolo 387-bis del codice penale in materia di violazione dei provvedimenti di allontanamento dalla casa familiare e del divieto di avvicinamento ai luoghi frequentati dalla persona offesa.

1. Dopo l'articolo 387 del codice penale è inserito il seguente:

«Art. 387-*bis* (Violazione dei provvedimenti di allontanamento dalla casa familiare e del divieto di avvicinamento ai luoghi frequentati dalla persona offesa). – Chiunque, essendovi legalmente sottoposto, violi gli obblighi o i divieti derivanti dal provvedimento che applica le misure cautelari di cui agli articoli 282-*bis* e 282-*ter* del codice di procedura penale o dall'ordine di cui all'articolo 384-*bis* del medesimo codice è punito con la reclusione da sei mesi a tre anni».

5. Formazione degli operatori di polizia.

1. Entro dodici mesi dalla data di entrata in vigore della presente legge, la Polizia di Stato, l'Arma dei carabinieri e il Corpo di Polizia penitenziaria attivano presso i rispettivi istituti di formazione specifici corsi destinati al personale che esercita funzioni di pubblica sicurezza e di polizia giudiziaria in relazione alla prevenzione e al perseguimento dei reati di cui agli articoli 1, 2 e 3 o che interviene nel trattamento penitenziario delle persone per essi condannate. La frequenza dei corsi è obbligatoria per il personale individuato dall'amministrazione di appartenenza.

2. Al fine di assicurare l'omogeneità dei corsi di cui al comma 1, i relativi contenuti sono definiti con decreto del Presidente del Consiglio dei ministri, di concerto con i Ministri per la pubblica amministrazione, dell'interno, della giustizia e della difesa.

6. Modifica all'articolo 165 del codice penale in materia di sospensione condizionale della pena.

1. All'articolo 165 del codice penale, dopo il quarto comma è inserito il seguente:

«Nei casi di condanna per i delitti di cui agli articoli 572, 609-*bis*, 609-*ter*, 609-*quater*, 609-*quinquies*, 609-*octies* e 612-*bis*, nonché agli articoli 582 e 583-*quinquies* nelle ipotesi aggravate ai sensi degli articoli 576, primo comma, numeri 2, 5 e 5.1, e 577, primo comma, numero 1, e secondo comma, la sospensione condizionale della pena è comunque subordinata alla partecipazione a specifici percorsi di recupero presso enti o associazioni che si occupano di prevenzione, assistenza psicologica e recupero di soggetti condannati per i medesimi reati».

2. Dall'attuazione delle disposizioni di cui al comma 1 non devono derivare nuovi o maggiori oneri a carico della finanza pubblica. Gli oneri derivanti dalla partecipazione ai corsi di recupero di cui all'articolo 165 del codice penale, come modificato dal citato comma 1, sono a carico del condannato.

7. Introduzione dell'articolo 558-bis del codice penale in materia di costrizione o induzione al matrimonio.

1. Dopo l'articolo 558 del codice penale è inserito il seguente:

«Art. 558-*bis* (Costrizione o induzione al matrimonio). – Chiunque, con violenza o minaccia, costringe una persona a contrarre matrimonio o unione civile è punito con la reclusione da uno a cinque anni.

La stessa pena si applica a chiunque, approfittando delle condizioni di vulnerabilità o di inferiorità psichica o di necessità di una persona, con abuso delle relazioni familiari, domestiche, lavorative o dell'autorità derivante dall'affidamento della persona per ragioni di cura, istruzione o educazione, vigilanza o custodia, la induce a contrarre matrimonio o unione civile.

La pena è aumentata se i fatti sono commessi in danno di un minore di anni diciotto.

La pena è da due a sette anni di reclusione se i fatti sono commessi in danno di un minore di anni quattordici.

Le disposizioni del presente articolo si applicano anche quando il fatto è commesso all'estero da cittadino italiano o da straniero residente in Italia ovvero in danno di cittadino italiano o di straniero residente in Italia».

8. Modifica all'articolo 11 della legge 11 gennaio 2018, n. 4, in materia di misure in favore degli orfani per crimini domestici e delle famiglie affidatarie.

1. All'articolo 11 della legge 11 gennaio 2018, n. 4, il comma 1 è sostituito dal seguente:

«1. La dotazione del Fondo di cui all'articolo 2, comma 6-*sexies*, del decreto-legge 29 dicembre 2010, n. 225, convertito, con modificazioni, dalla legge 26 febbraio 2011, n. 10, come modificato dall'articolo 14 della legge 7 luglio 2016, n. 122, è incrementata di 2 milioni di euro per ciascuno degli anni 2017 e 2018, di 5 milioni di euro per l'anno 2019 e di 7 milioni di euro annui a decorrere dall'anno 2020, per le seguenti finalità a valere su tale incremento:

a) una quota pari a 2 milioni di euro annui a decorrere dall'anno 2017 è destinata all'erogazione di borse di studio in favore degli orfani per crimini domestici e al finanziamento di iniziative di orientamento, di formazione e di sostegno per l'inserimento dei medesimi nell'attività lavorativa ai sensi delle disposizioni della presente legge, assicurando che almeno il 70 per cento di tale somma sia destinato agli interventi in favore dei minori e che la quota restante, ove ne ricorrano i presupposti, sia destinata agli interventi in favore dei soggetti maggiorenni economicamente non autosufficienti;

b) una quota pari a 3 milioni di euro per l'anno 2019 e a 5 milioni di euro annui a decorrere dall'anno 2020 è destinata, in attuazione di quanto disposto dall'articolo 5, comma 4, della legge 4 maggio 1983, n. 184, a misure di sostegno e di aiuto economico in favore delle famiglie affidatarie, secondo criteri di equità fissati con apposito decreto del Ministro dell'economia e delle finanze entro trenta giorni dalla data di entrata in vigore della presente disposizione».

2. Alla copertura dei maggiori oneri derivanti dall'attuazione delle disposizioni di cui al comma 1, pari a 3 milioni di euro per l'anno 2019 e a 5 milioni di euro annui a decorrere dall'anno 2020, si provvede mediante corrispondente riduzione dello stanziamento del fondo speciale di parte corrente iscritto, ai fini del bilancio triennale 2019-2021, nell'ambito del programma «Fondi di riserva e speciali» della missione «Fondi da ripartire» dello stato di previsione del Ministero dell'economia e delle finanze per l'anno 2019, allo scopo parzialmente utilizzando l'accantonamento relativo al medesimo Ministero.

9. Modifiche agli articoli 61,572 e 612-bis del codice penale, nonché al codice delle leggi antimafia e delle misure di prevenzione, di cui al decreto legislativo 6 settembre 2011, n. 159.

1. All'articolo 61, numero 11-*quinquies*, del codice penale, le parole: «, contro la libertà personale nonché del delitto di cui all'articolo 572,» sono sostituite dalle seguenti: «e contro la libertà personale,».

2. All'articolo 572 del codice penale sono apportate le seguenti modificazioni:

a) al primo comma, le parole: «da due a sei anni» sono sostituite dalle seguenti: «da tre a sette anni»;

b) dopo il primo comma è inserito il seguente: «La pena è aumentata fino alla metà se il fatto è commesso in presenza o in danno di persona minore, di donna in stato di gravidanza o di persona con disabilità come definita ai sensi dell'articolo 3 della legge 5 febbraio 1992, n. 104, ovvero se il fatto è commesso con armi»;

c) è aggiunto, in fine, il seguente comma: «Il minore di anni diciotto che assiste ai maltrattamenti di cui al presente articolo si considera persona offesa dal reato.».

3. All'articolo 612-*bis*, primo comma, del codice penale, le parole: «da sei mesi a cinque anni» sono sostituite dalle seguenti: «da un anno a sei anni e sei mesi».

4. All'articolo 4, comma 1, lettera i-*ter*), del codice delle leggi antimafia e delle misure di prevenzione, di cui al decreto legislativo 6 settembre 2011, n. 159, le parole: «del delitto di cui all'articolo 612-*bis*» sono sostituite dalle seguenti: «dei delitti di cui agli articoli 572 e 612-*bis*».

5. All'articolo 8, comma 5, del codice di cui al decreto legislativo 6 settembre 2011, n. 159, le parole da: «di cui» fino alla fine del comma sono sostituite dalle seguenti: «di cui agli articoli 1, comma 1, lettera c), e 4, comma 1, lettera i-*ter*), il divieto di avvicinarsi a determinati luoghi, frequentati abitualmente dalle persone cui occorre prestare protezione o da minori».

10. Introduzione dell'articolo 612-*ter* del codice penale in materia di diffusione illecita di immagini o video sessualmente espliciti.

1. Dopo l'articolo 612-*bis* del codice penale è inserito il seguente:

«Art. 612-*ter* (Diffusione illecita di immagini o video sessualmente espliciti). – Salvo che il fatto costituisca più grave reato, chiunque, dopo averli realizzati o sottratti, invia, consegna, cede, pubblica o diffonde immagini o video a contenuto sessualmente esplicito, destinati a rimanere privati, senza il consenso delle persone rappresentate, è punito con la reclusione da uno a sei anni e con la multa da euro 5.000 a euro 15.000.

La stessa pena si applica a chi, avendo ricevuto o comunque acquisito le immagini o i video di cui al primo comma, li invia, consegna, cede, pubblica o diffonde senza il consenso delle persone rappresentate al fine di recare loro nocumento.

La pena è aumentata se i fatti sono commessi dal coniuge, anche separato o divorziato, o da persona che è o è stata legata da relazione affettiva alla persona offesa ovvero se i fatti sono commessi attraverso strumenti informatici o telematici.

La pena è aumentata da un terzo alla metà se i fatti sono commessi in danno di persona in condizione di inferiorità fisica o psichica o in danno di una donna in stato di gravidanza.

Il delitto è punito a querela della persona offesa. Il termine per la proposizione della querela è di sei mesi. La remissione della querela può essere soltanto processuale. Si procede tuttavia d'ufficio nei casi di cui al quarto comma, nonché quando il fatto è connesso con altro delitto per il quale si deve procedere d'ufficio».

11. Modifiche all'articolo 577 del codice penale

1. All'articolo 577 del codice penale sono apportate le seguenti modificazioni:

a) al primo comma, numero 1, dopo le parole: «o il discendente» sono inserite le seguenti: «anche per effetto di adozione di minorenne» e le parole: «o contro la persona legata al colpevole da relazione affettiva e con esso stabilmente convivente» sono sostituite dalle seguenti: «o contro la persona stabilmente convivente con il colpevole o ad esso legata da relazione affettiva»;

b) al secondo comma, dopo le parole: «l'altra parte dell'unione civile, ove cessata,» sono inserite le seguenti: «la persona legata al colpevole da stabile convivenza o relazione affettiva, ove cessate,» e dopo le parole: «la sorella,» sono inserite le seguenti: «l'adottante o l'adottato nei casi regolati dal titolo VIII del libro primo del codice civile,»;

c) dopo il secondo comma è aggiunto il seguente: «Le circostanze attenuanti, diverse da quelle previste dagli articoli 62, numero 1, 89, 98 e 114, concorrenti con le circostanze aggravanti di cui al primo comma, numero 1, e al secondo comma, non possono essere ritenute prevalenti rispetto a queste».

12. Modifiche al codice penale in materia di deformazione dell'aspetto della persona mediante lesioni permanenti al viso, nonché modifiche all'articolo 4-bis della legge 26 luglio 1975, n. 354.

1. Dopo l'articolo 583-*quater* del codice penale è inserito il seguente:

«Art. 583-*quinquies* (Deformazione dell'aspetto della persona mediante lesioni permanenti al viso) – Chiunque cagiona ad alcuno lesione personale dalla quale derivano la deformazione o lo sfregio permanente del viso è punito con la reclusione da otto a quattordici anni. La condanna ovvero l'applicazione della pena su richiesta delle parti a norma dell'articolo 444 del codice di procedura penale per il reato di cui al presente articolo comporta l'interdizione perpetua da qualsiasi ufficio attinente alla tutela, alla curatela e all'amministrazione di sostegno».

2. All'articolo 576, primo comma, numero 5, del codice penale, dopo la parola: «572,» è inserita la seguente: «583-*quinquies*,».

3. All'articolo 583, secondo comma, del codice penale, il numero 4 è abrogato.

4. All'articolo 585, primo comma, del codice penale, dopo la parola: «583-*bis*» è inserita la seguente: «, 583-*quinquies*».

5. All'articolo 4-*bis* della legge 26 luglio 1975, n. 354, sono apportate le seguenti modificazioni:

a) al comma 1-*quater*, dopo le parole: «per i delitti di cui agli articoli» è inserita la seguente: «583-*quinquies*,»;

b) al comma 1-*quinquies*, dopo le parole: «per i delitti di cui agli articoli» è inserita la seguente: «583-*quinquies*,».

13. Modifiche agli articoli 609-bis, 609-ter, 609-quater, 609-septies e 609-octies del codice penale.

1. All'articolo 609-*bis*, primo comma, del codice penale le parole: «da cinque a dieci anni» sono sostituite dalle seguenti: «da sei a dodici anni».

2. All'articolo 609-*ter* del codice penale sono apportate le seguenti modificazioni:

a) al primo comma:

1) all'alinea, le parole: «La pena è della reclusione da sei a dodici anni se i fatti di cui all'articolo 609-*bis*» sono sostituite dalle seguenti: «La pena stabilita dall'articolo 609-*bis* è aumentata di un terzo se i fatti ivi previsti»;

2) il numero 1) è sostituito dal seguente:
«1) nei confronti di persona della quale il colpevole sia l'ascendente, il genitore, anche adottivo, o il tutore»;

3) il numero 5) è sostituito dal seguente:
«5) nei confronti di persona che non ha compiuto gli anni diciotto»;

b) il secondo comma è sostituito dal seguente: «La pena stabilita dall'articolo 609-*bis* è aumentata della metà se i fatti ivi previsti sono commessi nei confronti di persona che non ha compiuto gli anni quattordici. La pena è raddoppiata se i fatti di cui all'articolo 609-*bis* sono commessi nei confronti di persona che non ha compiuto gli anni dieci».

3. All'articolo 609-*quater* del codice penale sono apportate le seguenti modificazioni:

a) dopo il secondo comma è inserito il seguente: «La pena è aumentata se il compimento degli atti sessuali con il minore che non abbia compiuto gli anni quattordici avviene in cambio di denaro o di qualsiasi altra utilità, anche solo promessi»;

b) al terzo comma, le parole: «tre anni» sono sostituite dalle seguenti: «quattro anni».

4. All'articolo 609-*septies* del codice penale sono apportate le seguenti modificazioni:

a) al primo comma, le parole: «articoli 609-*bis*, 609-*ter* e 609-*quater*» sono sostituite dalle seguenti: «articoli 609-*bis* e 609-*ter*»;

b) al secondo comma, la parola: «sei» è sostituita dalla seguente: «dodici»;

c) al quarto comma, il numero 5) è abrogato.

5. All'articolo 609-*octies* del codice penale sono apportate le seguenti modificazioni:

a) al secondo comma, le parole: «da sei a dodici anni» sono sostituite dalle seguenti: «da otto a quattordici anni»;

b) al terzo comma, le parole: «La pena è aumentata se concorre taluna delle» sono sostituite dalle seguenti: «Si applicano le».

14. Modifiche alle norme di attuazione, di coordinamento e transitorie del codice di procedura penale e agli articoli 90-bis e 190-bis del codice di procedura penale.

1. Dopo l'articolo 64 delle norme di attuazione, di coordinamento e transitorie del codice di procedura penale, di cui al decreto legislativo 28 luglio 1989, n. 271, è inserito il seguente:
«Art. 64-*bis* (Trasmissione obbligatoria di provvedimenti al giudice civile). – 1. Ai fini della decisione dei procedimenti di separazione personale dei coniugi o delle cause relative ai figli minori di età o all'esercizio della potestà genitoriale, copia delle ordinanze che applicano misure cautelari personali o ne dispongono la sostituzione o la revoca, dell'avviso di conclusione delle indagini preliminari, del provvedimento con il quale è disposta l'archiviazione e della sentenza emessi nei confronti di una delle parti in relazione ai reati previsti dagli articoli 572,609-*bis*, 609-*ter*, 609-*quater*, 609-*quinquies*, 609-*octies*, 612-*bis* e 612-*ter* del codice penale, nonché dagli articoli 582 e 583-*quinquies* del codice penale nelle ipotesi aggravate ai sensi degli articoli 576, primo comma, numeri 2, 5 e 5.1, e 577, primo comma, numero 1, e secondo comma, del codice penale è trasmessa senza ritardo al giudice civile procedente».

2. All'articolo 90-*bis*, comma 1, lettera p), del codice di procedura penale, le parole: «e alle case rifugio» sono sostituite dalle seguenti: «, alle case rifugio e ai servizi di assistenza alle vittime di reato».

3. All'articolo 190-*bis*, comma 1-*bis*, del codice di procedura penale, le parole: «anni sedici» sono sostituite dalle seguenti: «anni diciotto».

15. Modifiche agli articoli 90-ter, 282-ter, 282-quater, 299 e 659 del codice di procedura penale.

1. All'articolo 90-*ter* del codice di procedura penale è aggiunto, in fine, il seguente comma:
«1-*bis*. Le comunicazioni previste al comma 1 sono sempre effettuate alla persona offesa e al suo difensore, ove nominato, se si procede per i delitti previsti dagli articoli 572,609-*bis*, 609-*ter*, 609-*quater*, 609-*quinquies*,

609-*octies* e 612-*bis* del codice penale, nonché dagli articoli 582 e 583-*quinquies* del codice penale nelle ipotesi aggravate ai sensi degli articoli 576, primo comma, numeri 2, 5 e 5.1, e 577, primo comma, numero 1, e secondo comma, del codice penale».

2. Al comma 1 dell'articolo 282-*ter* del codice di procedura penale sono aggiunte, in fine, le seguenti parole: «, anche disponendo l'applicazione delle particolari modalità di controllo previste dall'articolo 275-*bis*».

3. Al comma 1 dell'articolo 282-*quater* del codice di procedura penale, dopo le parole: «alla parte offesa» sono inserite le seguenti: «e, ove nominato, al suo difensore».

4. Al comma 2-*bis* dell'articolo 299 del codice di procedura penale, le parole: «al difensore della persona offesa o, in mancanza di questo, alla persona offesa» sono sostituite dalle seguenti: «alla persona offesa e, ove nominato, al suo difensore».

5. Dopo il comma 1 dell'articolo 659 del codice di procedura penale è inserito il seguente:
«1-*bis*. Quando a seguito di un provvedimento del giudice di sorveglianza deve essere disposta la scarcerazione del condannato per uno dei delitti previsti dagli articoli 572,609-*bis*, 609-*ter*, 609-*quater*, 609-*quinquies*, 609-*octies* e 612-*bis* del codice penale, nonché dagli articoli 582 e 583-*quinquies* del codice penale nelle ipotesi aggravate ai sensi degli articoli 576, primo comma, numeri 2, 5 e 5.1, e 577, primo comma, numero 1, e secondo comma, del codice penale, il pubblico ministero che cura l'esecuzione ne dà immediata comunicazione, a mezzo della polizia giudiziaria, alla persona offesa e, ove nominato, al suo difensore».

16. Modifica all'articolo 275 del codice di procedura penale.

1. All'articolo 275, comma 2-*bis*, del codice di procedura penale, dopo la parola: «612-*bis*» è inserita la seguente: «, 612-*ter*».

17. Modifiche all'articolo 13-bis della legge 26 luglio 1975, n. 354, in materia di trattamento psicologico per i condannati per reati sessuali, per maltrattamenti contro familiari o conviventi e per atti persecutori.

1. All'articolo 13-*bis* della legge 26 luglio 1975, n. 354, sono apportate le seguenti modificazioni:

a) al comma 1, le parole: «nonché agli articoli 609-*bis* e 609-*octies* del medesimo codice, se commessi in danno di persona minorenne» sono sostituite dalle seguenti: «nonché agli articoli 572, 583-*quinquies*, 609-*bis*, 609-*octies* e 612-*bis* del medesimo codice»;

b) è aggiunto, in fine, il seguente comma: «1-*bis*. Le persone condannate per i delitti di cui al comma 1 possono essere ammesse a seguire percorsi di reinserimento nella società e di recupero presso enti o associazioni che si occupano di prevenzione, assistenza psicologica e recupero di soggetti condannati per i medesimi reati, organizzati previo accordo tra i suddetti enti o associazioni e gli istituti penitenziari»;

c) la rubrica è sostituita dalla seguente: «Trattamento psicologico per i condannati per reati sessuali, per maltrattamenti contro familiari o conviventi e per atti persecutori».

18. Modifica all'articolo 5-bis del decreto-legge 14 agosto 2013, n. 93, convertito, con modificazioni, dalla legge 15 ottobre 2013, n. 119, in materia di riequilibrio territoriale dei centri antiviolenza.

1. All'articolo 5-*bis*, comma 2, lettera d), del decreto-legge 14 agosto 2013, n. 93, convertito, con modificazioni, dalla legge 15 ottobre 2013, n. 119, le parole da: «, riservando un terzo» fino alla fine della lettera sono soppresse.

19. Modifiche al decreto legislativo 9 novembre 2007, n. 204, recante attuazione della direttiva 2004/80/CE relativa all'indennizzo delle vittime di reato.

1. Al decreto legislativo 9 novembre 2007, n. 204, sono apportate le seguenti modificazioni:

a) all'articolo 1, le parole: «la procura generale della Repubblica presso la corte d'appello» sono sostituite, ovunque ricorrono, dalle seguenti: «la procura della Repubblica presso il tribunale»;

b) all'articolo 3, comma 1, le parole: «procura generale della Repubblica presso la corte d'appello» sono sostituite dalle seguenti: «procura della Repubblica presso il tribunale»;

c) all'articolo 4, le parole: «procura generale della Repubblica presso la corte d'appello» sono sostituite, ovunque ricorrano, dalle seguenti: «procura della Repubblica presso il tribunale»;

d) all'articolo 7, comma 1, le parole: «delle procure generali presso le corti d'appello» sono sostituite dalle seguenti: «delle procure della Repubblica presso i tribunali».

20. Modifica all'articolo 11 della legge 7 luglio 2016, n. 122, in materia di indennizzo in favore delle vittime di reati intenzionali violenti.

1. All'articolo 11, comma 2, della legge 7 luglio 2016, n. 122, dopo le parole: «secondo comma, del codice penale» sono inserite le seguenti: «nonché per il delitto di deformazione dell'aspetto mediante lesioni permanenti al viso di cui all'articolo 583-*quinquies* del codice penale».

21. Clausola di invarianza finanziaria.

1. Dall'attuazione delle disposizioni di cui alla presente legge non devono derivare nuovi o maggiori oneri a carico della finanza pubblica. Le amministrazioni interessate provvedono ai relativi adempimenti con le risorse umane, strumentali e finanziarie disponibili a legislazione vigente.

La presente legge, munita del sigillo dello Stato, sarà inserita nella Raccolta ufficiale degli atti normativi della Repubblica italiana. È fatto obbligo a chiunque spetti di osservarla e di farla osservare come legge dello Stato.

INDICE CRONOLOGICO DELLA NORMATIVA COMPLEMENTARE

INDICE ANALITICO

A

E

O

P

S

Finito di stampare nel mese di giugno 2024
nella Stampatre s.r.l. di Torino
Via Bologna, 220